中研院歷史語言研究所集刊論文類編

歷史編·秦漢卷

一

中華書局

圖書在版編目(CIP)數據

中研院歷史語言研究所集刊論文類編.歷史編.秦漢卷/
中華書局編輯部編.—北京:中華書局,2009.4
ISBN 978 - 7 - 101 - 06287 - 8

I.中…　II.中…　III.①社會科學 - 文集②中國 -
古代史 - 秦漢時代 - 文集　IV.C53　K232.07

中國版本圖書館 CIP 數據核字(2008)第 129427 號

責任編輯：張彥周

中研院歷史語言研究所集刊論文類編
歷史編·秦漢卷
(全四册)
中華書局編輯部 編
＊
中 華 書 局 出 版 發 行
(北京市豐臺區太平橋西里 38 號　100073)
http://www.zhbc.com.cn
E - mail:zhbc@ zhbc.com.cn
北京市白帆印務有限公司印刷
＊
787×1092 毫米 1/16·241 印張·6 插頁
2009 年 4 月第 1 版　2009 年 4 月北京第 1 次印刷
印數 1—700 册　定價:1700.00 元

ISBN 978 - 7 - 101 - 06287 - 8

圖一①　傅斯年函稿

圖一② 傅斯年函稿

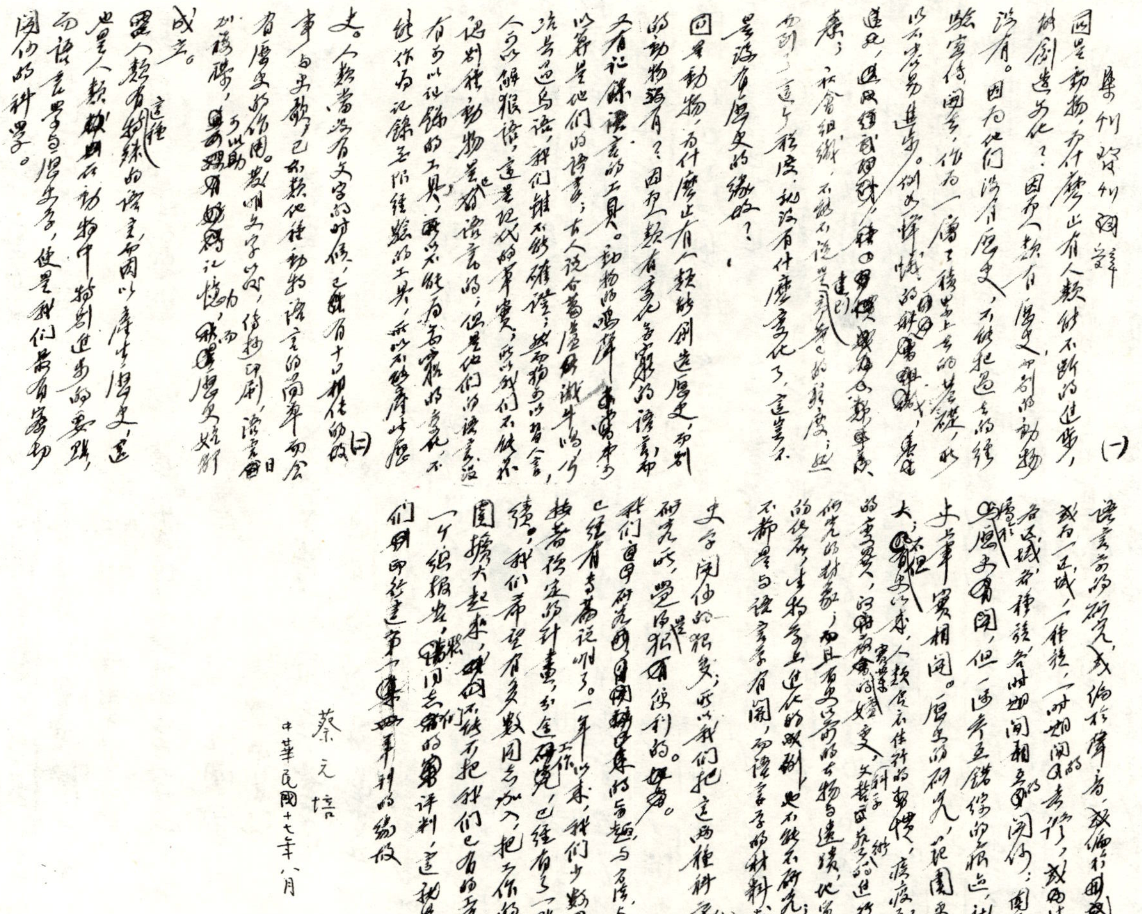

蔡元培

中華民國十七年一月

圖二　蔡元培《集刊發刊辭》稿

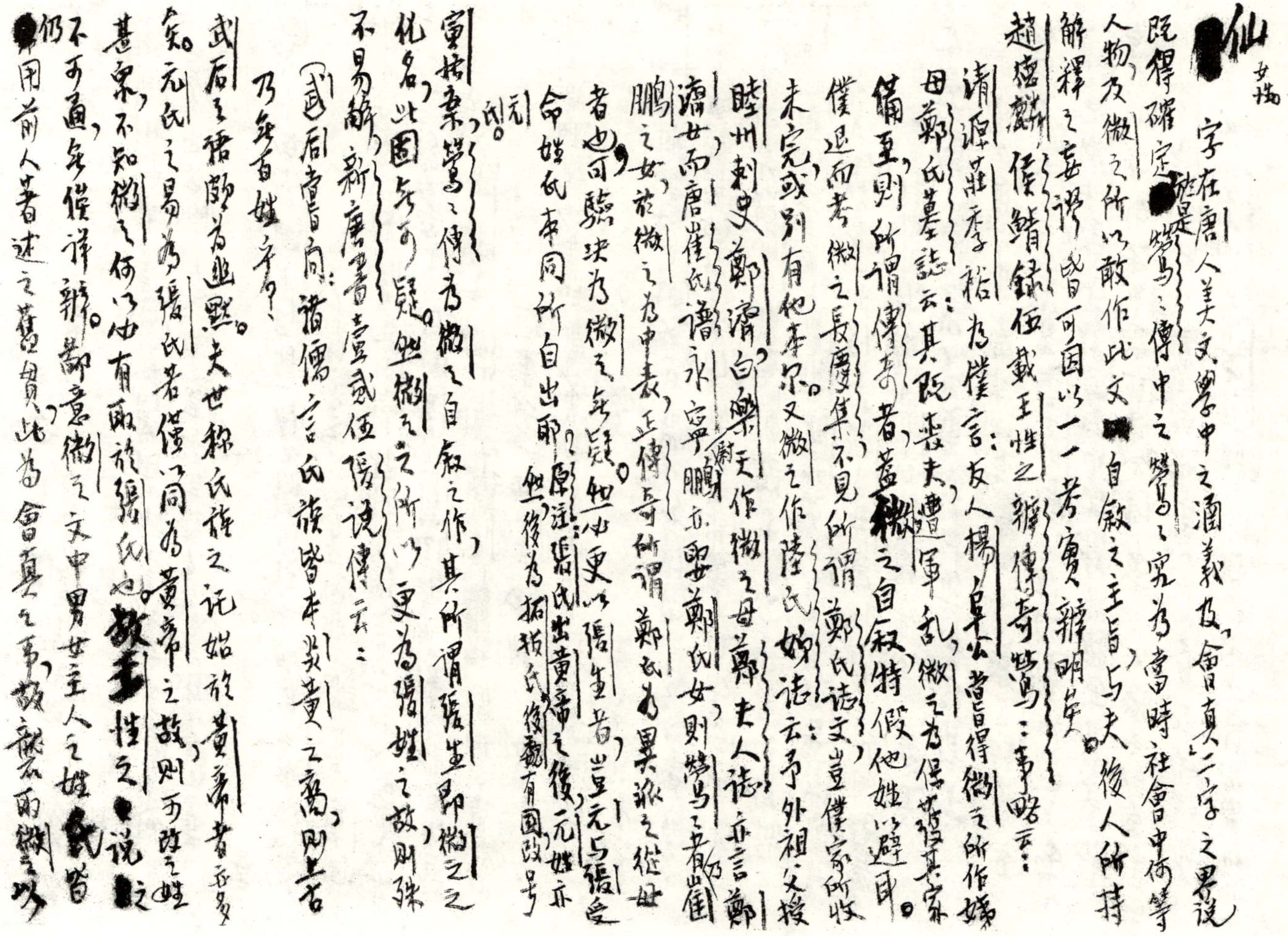

仙 女場
字在唐人美文學中之涵義及會真二字之界說
既得確定,鶯鶯傳中之鶯鶯究為當時社會中何等
人物,及微之所以敢作此文自敘之主旨與夫後人所持
解釋之妄謬,皆可因以一一考實辨明矣。
趙德麟侯鯖錄伍載王性之辨傳奇鶯鶯事略云:
清源莊季裕為僕言:友人楊阜公嘗得微之所作姨
母鄭氏墓誌云:其既喪夫,遭軍亂,微之為保護其家
備至。則所謂傳奇者,蓋微之自敘,特假他姓以避耳。
僕退而考微之長慶集,不見所謂鄭氏誌文,豈僕家所收
未完,或別有他本耶?又微之作陸氏姊誌云:予外祖父授
睦州刺史鄭濟,白樂天作微之母鄭夫人誌,亦言鄭
濟女,而唐崔氏譜永寧尉鵬亦娶鄭濟女,則鶯鶯者乃崔
鵬之女,於微之為中表,正傳奇所謂鄭氏為異派之從母
者也。可驗決為微之無疑。如此更以張生為豈元與張受
命姓氏本同所自出耶?(原注:張氏出黃帝之後,元姓亦
然後為拓拔氏,後魏有國改號
元氏。)
寅按,鶯鶯傳為微之自敘之作,其所謂張生即微之之
化名,此固無可疑。然微之之所以更為張姓之故,則殊
不易解。新唐書壹貳伍張說傳云云
(武)后嘗問諸儒言氏族皆本炎黃之裔,則上古
乃無百姓乎?
武后之語頗為幽默,夫世稱氏族之說始於黃帝者亦多
矣。元氏之易為張氏若僅以同為黃帝之裔,則可改之姓
甚眾,不知微之何以必有取於張氏也。故王性之說之
不可通,無俟詳辨。鄙意微之文中男女主人之姓氏皆
仍用前人著述之舊貫,此為會真之事,故亦不能不以

圖三② 陳寅恪《讀鶯鶯傳》稿

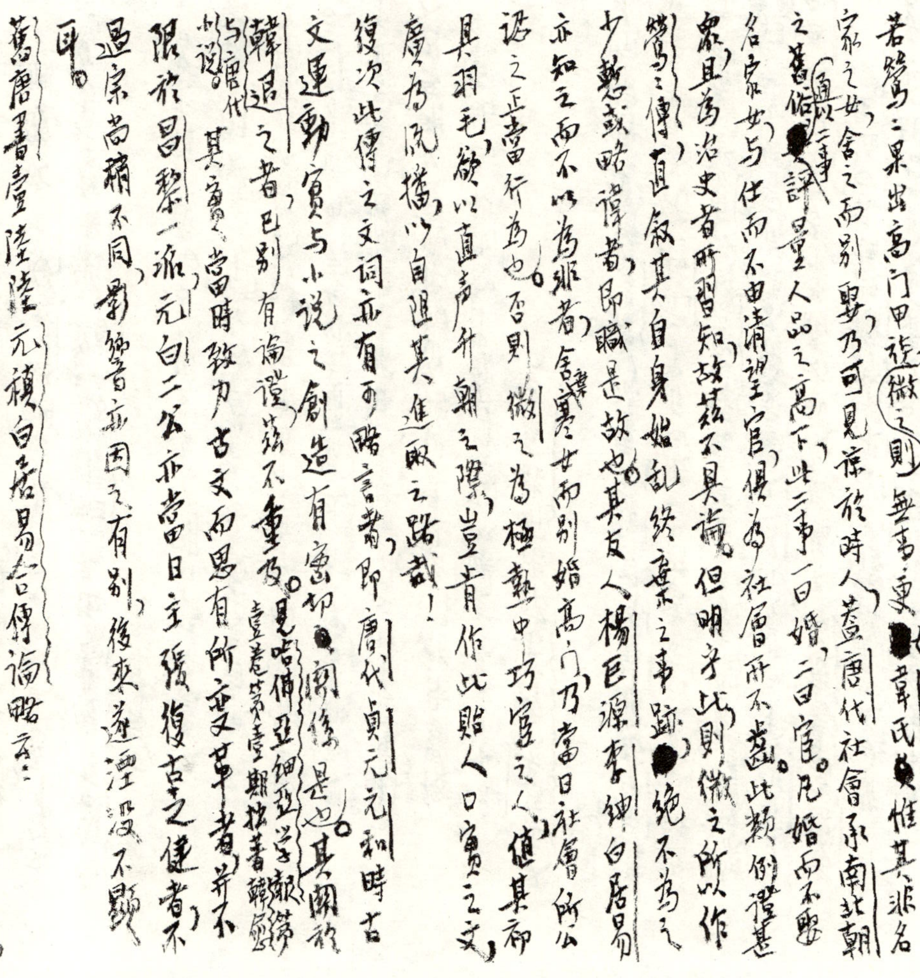

圖三⑥ 陳寅恪《讀鶯鶯傳》稿

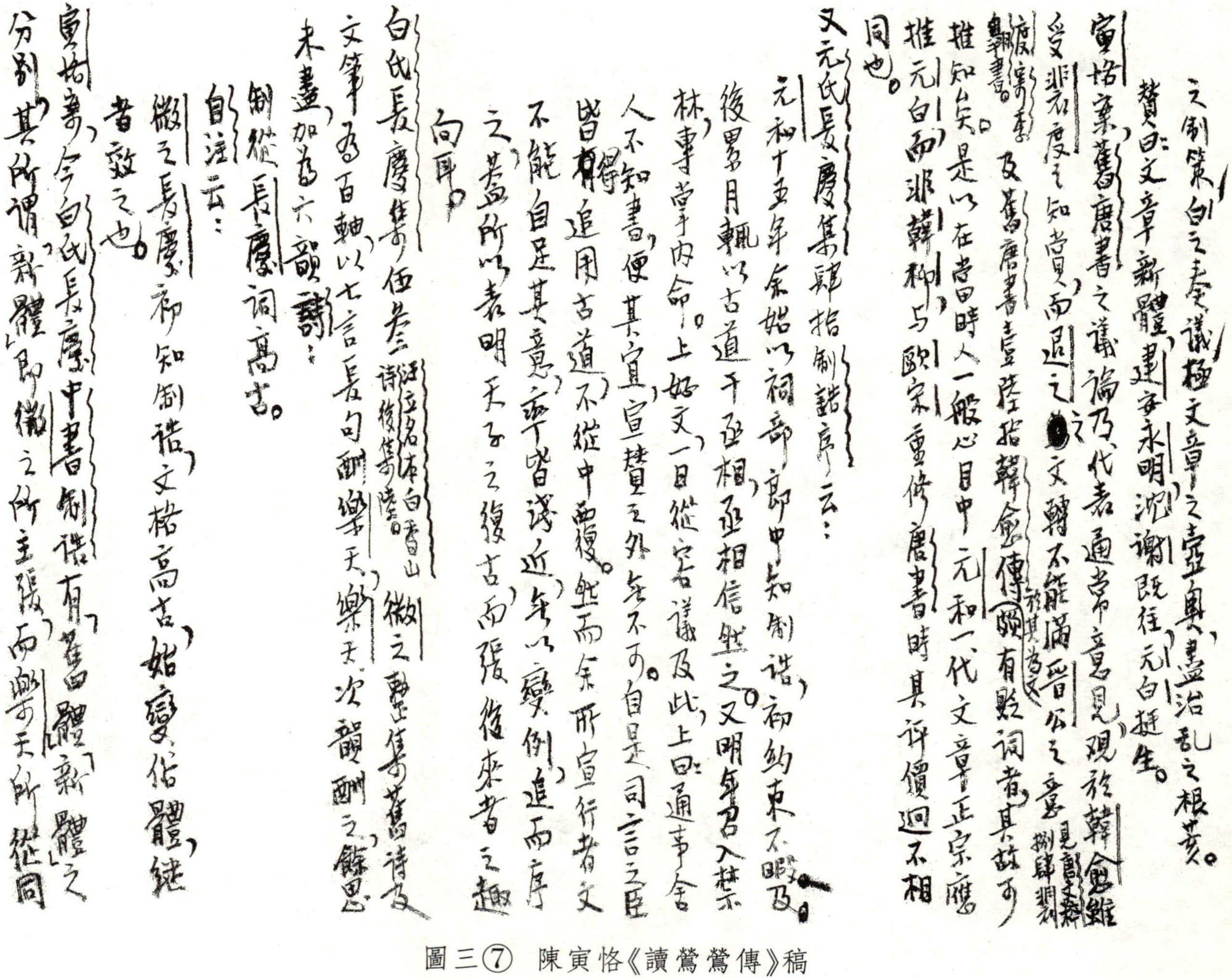

之制策，白之奏議，極文章之壼奧，盡治亂之根荄。

贊曰：文章新體，建安永明。沈謝既往，元白挺生。

寅恪案：舊唐書之議論，乃代表通常意見，觀於韓愈雖受裴度之知賞，而退之之文轉不能滿晉公之意（見唐文粹捌肆裴度寄李翺書），及舊唐書壹陸拾韓愈傳（譏其為文）有紕繆詞者，其故可推知矣。是以在當時人一般心目中，元和一代文章正宗應推元白，而非韓柳，與歐宋重修唐書時，其評價迥不相同也。

又元氏長慶集肆拾制誥序云：

元和十五年余始以祠部郎中知制誥，初約束不暇及。後累月，輒以古道干丞相，丞相信然之。又明年召入禁林，專掌內命。上好文，一日從容議及此，上曰：通事舍人不知書，便其宜，宣贊之外無不可。自是司言之臣皆得追用古道，不從中覆。然而余所宣行者文不能自足其意，率皆淺近，無以變例。追而序之，蓋所以表明天子之復古，而張後來者之趣向耳。

白氏長慶集伍叁（汪立名本白香山詩後集陸）微之整集舊詩及文筆為百軸，以七言長句酬樂天，樂天次韻酬之，餘思未盡，加為六韻重寄（詩）：

制從長慶詞高古。

自注云：

微之長慶初知制誥，文格高古，始變俗體，繼者效之也。

寅恪案：今白氏長慶集中書制誥有「舊體」「新體」之分別，其所謂「新體」，即微之所主張，而樂天所從同

圖三⑦ 陳寅恪《讀鶯鶯傳》稿

圖三⑨　陳寅恪《讀鶯鶯傳》稿

序

　　中央研究院歷史語言研究所創始於一九二八年，到二〇〇八年就是八十週年了。史語所創所伊始，即有《中央研究院歷史語言研究所集刊》，在《集刊》的第一本第一分中，傅斯年所長發表了《歷史語言研究所工作之旨趣》，提出新材料、新方法、新工具、新問題等主張，這些主張不但影響了《集刊》文章的風格，對近代史學界也產生了極大的影響。

　　目前為止，《集刊》已持續出刊近八十年，在近代中國，大部份學術刊物倏起倏滅，能持續到八十年的學刊，確實不多。從這一點來說，我們不能不珍惜這一個得來不易的成果。

　　除《集刊》外，史語所還出版專刊、單刊、田野工作報告、資料叢刊、目錄索引叢刊等，近二十年來，更有《新史學》（與台灣史學界同仁合辦）、《古今論衡》及在世界漢學界素有聲譽的 Asia Major 等刊物。

　　史語所從創所開始一直到今天，都是一個多學科、跨領域的研究所，所包含的學門基本上有歷史、語言、考古、人類學、文字、文籍考訂等，所以《集刊》所收文章的門類也就相當多樣。過去一二十年來，中國大陸出版界迭有要求，希望重印《集刊》，作為學術研究的參考。但是《集刊》卷帙浩繁，不易查索，究竟以何種方式呈現比較方便讀者，確實頗費思量。北京中華書局是卓負盛譽的出版單位，他們在獲得史語所授權之後，提出以類相從的辦法，出版《中研院歷史語言研究所集刊論文類編》。這種出版方式可以同時方便個人及機構，使得《集刊》文章能到達更多需要參考的人手中。

　　文章分類特別困難，在編輯的過程中，協助檢核分類者，依各卷順序為：語言所何大安先生，史語所陳昭容女士、邢義田先生、劉增貴先生、劉淑芬女士、柳立言先生、劉錚雲先生、李永迪先生、陳鴻森先生、王明珂先生等，另有張秀芬女士、陳靜芬女士協助整理，附此致謝。

中研院歷史語言研究所所長

王汎森　謹誌

凡　例

一、《中研院歷史語言研究所集刊論文類編》（以下簡稱《類編》）所收論文，取自《中研院歷史語言研究所集刊》（以下簡稱《集刊》）1928 年第 1 本第 1 分至 2000 年第 71 本第 4 分。《集刊》2000 年以後所刊載論文，待日後再行續編。

二、本次類編，根據《集刊》所刊載論文涉及的研究領域，分爲六編，其中《語言文字編》、《歷史編》下設卷，具體編、卷名目如下：

語言文字編（音韵卷、語法卷、方言卷、文字卷）
歷史編（先秦卷、秦漢卷、魏晋隋唐五代卷、宋遼金元卷、明清卷）
考古編
文獻考訂編
思想與文化編
民族與社會編

其中，《思想與文化編》中“文化”爲廣義的文化概念；《民族與社會編》涵蓋民族、生活禮俗、科技、醫療、工藝等方面；涉及跨斷代内容的論文，以最早斷代爲收録原則；論文具有多重性質者，以“研究者使用需要”及“論文重點”爲歸屬各編（卷）的標準。

三、爲體現《集刊》的辦刊宗旨，現將蔡元培先生撰寫的《發刊辭》、傅斯年先生撰寫的《歷史語言研究所工作之旨趣》置於《語言文字編》、《歷史編》、《考古編》、《文獻考訂編》、《思想與文化編》、《民族與社會編》所收論文前；《語言文字編》另增置傅斯年先生提議之《本所對語言學工作之範圍及旨趣》一文。

四、《類編》各編（卷）所收論文，均按刊期排列。爲便於閱讀、查檢，各編（卷）目録置於書前，《集刊》（1928—2000）《類編》總目置於書後；頁眉處標示本編（卷）通碼；頁腳處保留原刊頁碼；各篇論文文末附注原刊刊期，以“出自第某本第某

分"予以表示，括注公曆出版年月。

　　五、《類編》所收論文中，基本保留了原版面貌，個別表述與現行規範不相符合之處，做了適當的技術處理，敬請讀者鑑之。

　　六、因轉載著作權等原因，以下五篇論文未予以收錄：

　　　　陳槃《"戰國的統治機構與治術"劄記跋》（原刊《集刊》第 37 本下）

　　　　陳槃《"論貨幣單位鍰"劄記跋》（原刊《集刊》第 39 本上）

　　　　宋光宇《清境與吉洋——兩個安置從滇緬邊區撤回義民聚落的調查報告》（原刊《集刊》第 53 本第 4 分）

　　　　Aelence, Transitivity, Focus, Case and the Auxiliary Verb Systems in Yami（原刊《集刊》第 62 本第 1 分）

　　　　高去尋《李峪出土銅器及其相關之問題》（原刊《集刊》第 70 本第 4 分）

目　録

集 刊 發 刊 辭

同是動物，爲什麼止有人類能不斷的進步，能創造文化？因爲人類有歷史，而別的動物沒有。因爲他們沒有歷史，不能把過去的經驗傳說下去，作爲一層層積累上去的基礎，所以不容易進步。例如蜂蟻的社會組織，不能不說是達到高等的程度；然而到了這個程度，不見得永遠向上變化，這豈不是沒有歷史的緣故？

同是動物，爲什麼止有人類能創造歷史，而別的動物沒有？因爲人類有變化無窮的語言，而後來又有記錄語言的工具。動物的鳴聲本可以算是他們的語言；古人說介葛盧識牛鳴，公冶長通鳥語，雖然不是近代確切的觀念；然而狗可以練習得聞人言而動，人可以因經驗了解狼的發聲之用意，這是現代的事實；但是他們的鳴聲既沒有可以記錄的工具，且又斷不是和人的語言有同等複雜的根基的，所以不能爲無窮的變化，不能作爲記錄無限經驗的工具，所以不能產生歷史。人類當沒有文字的時候，已有十口相傳的故事與史歌，已不類他種動物鳴聲的簡單而會有歷史的作用。發明文字以後，傳抄印刷，語言日加複雜，可以助記憶力，而歷史始能成立。

人類有這種特殊的語言，而因以產生歷史，這也是人類在動物中特別進步的要點，而語言學與歷史學，便是和我們最有密切關係的科學。

語言學的研究，或偏於聲音，或偏於語式，或爲一區域，一種族，一時期間的考證，或注重於各區域，各種族，各時期間相互的關係；固不必皆屬於歷史，但一涉參互錯綜的痕迹，就與歷史上事實相關。歷史的研究，範圍更爲廣大；不但有史以來，人類食衣住行的習慣，疾疫戰爭的變異，政教實業的嬗變，文哲科學藝術的進行，都是研

究的對象；而且有史以前的古物與遺蹟，地質學上的化石，生物學上進化的成例，也不能不研究；固然不都是與語言學有關，而語言學的材料，與歷史學關係的很多；所以我們把這兩種科學，合設研究所，覺得是很便利的。

我們研究的旨趣，與方法，與計畫，已經有專篇說明了。幾個月來，我們少數同志，按著預定的計畫，分途工作，已經有開頭的一點小小材料，我們希望有多數同志加入，把工作的範圍擴大起來，不能不隨時把我們已有的工作作報告，聽同志們的評判，這就是我們開始印行這集刊的緣故。

　　　　　　　　蔡元培　中華民國十七年八月　南京

出自第一本第一分（一九二八年八月）

歷史語言研究所工作之旨趣

　　歷史學和語言學在歐洲都是很近才發達的。歷史學不是箸史：箸史每多多少少帶點古世中世的意味，且每取倫理家的手段，作文章家的本事。近代的歷史學只是史料學，利用自然科學供給我們的一切工具，整理一切可逢着的史料，所以近代史學所達到的範域，自地質學以至目下新聞紙，而史學外的達爾文論正是歷史方法之大成。歐洲近代的語言學在梵文的發見影響了兩種古典語學以後幾降生，正當十八十九世紀之交。經幾個大家的手，印度日耳曼系的語言學已經成了近代學問最光榮的成就之一個，別個如賽米的系，芬匈系，也都有相當的成就，即在印度支那語系也有有意味的揣測。十九世紀下半的人們又注意到些個和歐洲語言全不相同的語言，如黑人的話等等，「審音之功」更大進步，成就了甚細密的實驗語音學，而一語裏面方言研究之發達，更使學者知道語言流變的因緣，所以以前比較言語學尚不過是和動物植物分類學或比較解剖學在一列的，最近一世語言學所達到的地步，已經是生物發生學，環境學，生理學了。無論綜比的系族語學，如印度日耳曼族語學，等等，或各種的專語學，如日耳曼語學，芬蘭語學，伊斯蘭語學，等等，在現在都成大國。本來語言即是思想，一個民族的語言即是這一個民族精神上的富有，所以語言學總是一個大題目，而直到現在的語言學的成就也很能副這一個大題目。在歷史學和語言學發達甚後的歐洲是如此，難道在這些學問發達甚早的中國，必須看着他荒廢，我們不能製造別人的原料，便是自己的原料也讓別人製造嗎？

　　論到語言學和歷史學在中國的發達是很引人尋思的。西歷紀元前兩世紀的司馬遷，能那樣子傳信存疑以別史料，能作八書，能排比列國的紀年，能有若干觀念比十九世紀的大名家還近代些。北宋的歐陽修一面修五代史，純粹不是客觀的史學，一面却作集古錄，下手研究直接材料，是近代史學的真工夫。北南宋的人雖然有歐陽修的五代史，朱熹的綱目，是代表中世古世的思想的，但如司馬光作通鑑，「編閱舊史，旁採小說，」他和劉放劉恕范祖禹諸人都能利用無限的史料，玫定舊記，凡通鑑和所謂正史不同的地方每多是詳細考定的結果，可惜長篇不存在，我們不得詳細看他們的方法

，然尚有通鑑考異說明史料的異同。宋朝晚年一切史料的利用，及考定辯疑的精審，有些很使人更驚異的。照這樣進化到明朝，應可以有當代歐洲的局面了，不幸胡元之亂，明朝人之浮誇，不特不進步，或者退步了。明淸之交，浙東的史學派又發了一個好端涯，但康熙以後漸漸的熄滅，無論官書和私箸，都未見得開新趨向，這乃由於外族政府最忌眞史學發達之故。語言學中，中國雖然沒有普日尼，但中國語本不使中國出普日尼，而中國文字也出了說文解字，這書雖然現在看來只是一部沒有時代觀念，不自知說何文解何字的系統哲學，但當年總是金聲玉振的書，何況還有認識方言的輶軒使者？古代的故事且少論，論近代：顧炎武搜求直接的史料訂史文，以因時因地的音變觀念爲語學，閻若璩以實在地理訂古記載，以一切比核辯證僞孔，不注經而提出經的題目，並解決了他，不箸史而成就了可以永遠爲法式的辯史料法。亭林百詩這樣對付歷史學和語言學，是最近代的：這樣立點便是不朽的遺訓。不幸三百年前雖然已經成就了這樣近代的一個遺訓，一百多年前更有了循這遺訓的形跡而出的好成就，而到了現在，除零零星星幾個例外以外，不特不因和西洋人接觸，能夠借用新工具，擴張新材料，反要坐看修元史修淸史的做那樣官樣形式文章，又坐看章炳麟君一流人尸學問上的大權威。章氏在文字學以外是個文人，在文字學以內做了一部文始，一步倒退過孫詒讓，再步倒退過吳大澂，三步倒退過阮元，不特自己不能用新材料，卽是別人已經開頭用了的新材料，他還抹殺着，至於那部新方言，東西南北的猜去，何嘗尋楊雄就一字因地變異作觀察？這麼竟倒退過二千多年了。

　　推釋說去，爲甚麼在中國的歷史學和語言學開了一個好的端緒以後，不能隨時發展，到了現在這樣落後呢？這原故本來顯然，我們可以把一句很平實的話作一個很該括的標準。(一)凡能直接研究材料，便進步，凡間接的研究前人所研究或前人所創造之系統，而不繁豐細密的參照所包含的事實，便退步。上項正是所謂科學的研究，下項正是所謂書院學究的研究，在自然科學是這樣，在語言學和歷史學亦何嘗不然？舉例說，以說文爲本體，爲究竟，去作研究的文字學，是書院學究的作爲，僅以說文爲材料之一種，能充量的辯別着去用一切材料，如金文，甲骨文等，因而成就的文字學，乃是科學的研究。照着司馬子長的舊公式，去寫紀表書傳，是化石的史學，能利用各地各時的直接材料，大如地方志書，小如私人的日記，遠如石器時代的發掘，近如某

個洋行的貿易册，去把史事無論鉅者或細者，單者或綜合者，條理出來，是科學的本事。科學研究中的題目是事實之匯集，因事實之研究而更產生別個題目。所以有些從前世傳來的題目經過若干時期，不是被解決了，乃是被解散了，因爲新的事實證明了舊來問題不成題問，這樣的問題不管他困了多少年的學者，一經爲後來發見的事實所不許之後，自然失了他的成爲問題之地位。破壞了遺傳的問題，解決了事實逼出來的問題，這學問自然進步。譬如兩部皇淸經解，其中的問題是很多的，如果我們這些以外不再成題目，這些以內不肯捐棄任何題目，自然這學問是靜止的，是不進步的。一種學問中的題目能夠新陳代謝，則所得結果可以層層堆積上去，卽使年代久遠，堆積衆多，究竟不覺得累贅，還可以到處出來新路，例如很發達的天文物理化學生物等科目；如果永遠盤桓於傳留的問題，舊題不下世，新題不出生，則結果直是旋風舞而已，例如中國的所謂經學中甚多題目，如西洋的哲學。所以中國各地零零碎碎致力於歷史或語言學範圍內事的人也本不少，還有些所謂整理國故的工作，不過每每因爲所持住的一些題目不在關鍵中，換言之，無後世的題目，或者是自縛的題目，遂至於這些學問不見奔馳的發展，只表昏黃的殘缺。(二)凡一種學問能擴張他所研究的材料便進步，不能的便退步。西洋人研究中國或牽連中國的事物，本來沒有很多的成績，因爲他們讀中國書不能親切，認中國事實不能嚴辯，所以關於一切文字審求，文籍考訂，史事辯別，等等，在他們永遠一籌莫展，但他們却有些地方比我們範圍來得寬些。我們中國人多是不會解決史籍上的四裔問題的，丁謙君的諸史外國傳考證遠不如沙萬君之譯外國傳，玉連之解大唐西域記，高幾耶之注馬哥博羅遊記，米勒之發讀囘紇文書，這都不是中國人現在已經辦到的。凡中國人所忽略。如匈奴，鮮卑，突厥，囘紇，契丹，女眞，蒙古，滿洲等問題，在歐洲人却施格外的注意。說句笑話，假如中國學是漢學，爲此學者是漢學家，則西洋人治這些匈奴以來的問題豈不是虜學，治這學者豈不是虜學家嗎？然而也許漢學之發達有些地方正借重虜學呢！又如最有趣的一些材料，如神祇崇拜，歌謠，民俗，各地各時雕刻文式之差別，中國人把他們忽略了千百年，還是歐洲人開頭爲有規模的注意。零星注意中國向來有的。西洋人作學問不是去讀書，是動手動脚到處尋找新材料，隨時擴大舊範圍，所以這學問才有四方的發展，向上的增高。中國文字學之進步，正因爲說文之研究消滅了汗簡，阮吳諸人金文之硏

究識破了說文，近年孫詒讓王國維等之殷文研究更能繼續金文之研究。材料愈擴充，學問愈進步，利用了檔案，然後可以訂史，利用了別國的記載，然後可以考四裔史事。在中國史學的盛時，材料用得還是廣的，地方上求材料，刻文上抄材料，檔庫中出材料，傳說中辨材料，到了現在，不特不能去擴張材料，去學曹操設「發塚校尉」，求出一部古史於地下遺物，就是「自然」送給我們的出土的物事，以及燉煌石藏，內閣檔案，還由他燉壞了好多，剩下的流傳海外，京師圖書館所存摩尼經典等等旣藉，還復任其擱置，一面則談整理國故者人多如鯽，這樣焉能進步？(三)凡一種學問能擴充他作研究時應用的工具的，則進步，不能的，退步。實驗學家之相競如鬥寶一般，不得其器，不成其事，語言學和歷史學亦復如此。中國歷來的音韻學者審不了音，所以把一部切韻始終弄不甚明白，一切古音研究僅僅以統計的方法分類，因為幾個字的牽連，使得分類上各家不同，卽令這些分類有的對了，也不過能舉其數，不能舉其實，知其然不知其所以然，如錢大昕論輕唇舌上古來無之，乃自重唇舌頭出，此言全是，然何以重唇分出一類為輕唇，舌頭分出一類為舌上，竟不是全部的變遷，這層道理非現在審音的人不能明白，錢君固說不出。若把一個熟習語音學的人和這樣一個無工具的研究者比長短，是沒法子競爭的。又如解釋隋唐音，西洋人之知道梵音的，自然按照譯名容易下手，在中國人本沒有這個工具，又沒有法子。又如西藏，緬甸，遏羅等語，實在和漢語出於一語族，將來以比較言語學的方法來建設中國古代言語學，取資於這些語言中的印證處至多，沒有這些工具不能成這些學問。又如現代的歷史學研究已經成了一個各種科學的方法之匯集。地質，地理，考古，生物，氣象，天文等學，無一不供給研究歷史問題者之工具。顧亭林研究歷史事跡時自己觀察地形，這意思雖然至好，但如果他能有我們現在可以向西洋人借來的一切自然科學的工具，成績豈不更卓越呢？若干歷史學的問題非有自然科學之資助無從下手，無從解決。譬如春秋經是不是終於獲麟，左氏經後一段是不是劉歆所造補，我們正可以算算哀公十四年之日食是不是對的，如不對，自然是偽作，如對了，自然是和獲麟前春秋文同出史所記。又譬如我們要掘地去，沒有科學資助的人一鏟子下去，損壞了無數古事物，且正不知掘準了沒有，如果先有幾種必要科學的訓練，可以一層一層的自然發現，不特得寶，並且得知當年入土之踪跡，這每每比所得物更是重大的智識。所以古史學在現在之需用

測量本領及地質氣象常識，並不少於航海家。中國史學者先沒有這些工具，那能使得史學進步，無非靠天幫忙，這裏那裏現些出土物，又靠西洋人的腿，然而却又不一定是他們的腦袋，找到些新材料而已。整理自己的物事的工具尚不夠，更說不上整理別人的物事，如希拉藝術如何影響中國佛教藝術，中央亞細亞的文化成分如何影響到中國的物事，中國文化成分如何由安西西去，等等，西洋的東方學者之拿手好戲，日本近年也有竟敢去幹的，中國人目前只好拱手謝之而已。

由上列的三項看來，除幾個例外算，近幾世中中國語言學和歷史學實不大進步，其所以如此自是必然的事實。在中國的語言學和歷史學當年之有光榮的歷史，正因爲能開拓的用材料，後來之衰歇，正因爲題目固定了，材料不大擴充了，工具不添新的了。不過在中國境內語言學和歷史學的材料是最多的，歐洲人求之尙難得，我們却坐看他毀壞亡失。我們着實不滿這個狀態，着實不服氣就是物質的原料以外，即便學問的原料，也被歐洲人搬了去乃至偷了去。我們很想借幾個不陳的工具，處治些新獲見的材料，所以才有這歷史語言研究所之設置。

我們宗旨第一條是保持亭林百詩的遺訓。這不是因爲我們震憎於大權威，也不是因爲我們發什麼「懷古之幽情」，正因爲我們覺得亭林百詩在很早的時代已經使用最近代的手段，他們的歷史學和語言學都是照着材料的分量出貨物的。他們搜尋金石刻文以考證史事，親看地勢以察古地名。亭林於語言按照時和地變遷的這一個觀念看得頗清楚，百詩於文籍考訂上成那末一個偉大的模範著作，都是能利用舊的新的材料，客觀的處理實在問題，因解決之問題更生新問題，因問題之解決更要求多項的材料。這種精神在語言學和歷史學裏是必要的，也是充足的。本這精神，因行動擴充材料，因時代擴充工具，便是唯一的正當路徑。

宗旨第二條是擴張研究的材料

第三條是擴張研究的工具　這兩層的理由上文中已敍說，不再重復了。這三件實在是一句話，沒有客觀的處理史學或語言學的題目之精神，即所謂亭林百詩的遺訓者，是不感覺着擴充材料之必要，且正也擴充不了，若不擴張工具，也不能實現這精神，處置這材料。

關於我們宗旨的負面還有幾句話，要說。

　　（一）我們反對「國故」一個觀念。如果我們所去研究的材料多半是在中國的，這并不是由於我們專要研究「國」的東西，乃是因爲在中國的材料到我們的手中方便些，因爲我們前前後後對於這些材料或已經有了些研究，以後堆積上研究去方便些，好比在中國的地質或地理研究所所致力的，總多是些中國地質地理問題，在中國的生物研究所所致力的，總多是些中國生物問題，在中國的氣象研究所所致力的，總是些中國各地氣象觀察。世界上無論那一種歷史學或那一種語言學，要想做科學的研究，只得用同一的方法，所以這學問斷不以國別成邏輯的分別，不過是因地域的方便成分工。國故本來即是國粹，不過說來客氣一點兒，而所謂國學院也恐怕是一個改良的存古學堂。原來「國學」「中國學」等等名詞，說來都甚不祥，西洋人造了支那學「新諾邏輯」一個名詞，本是和埃及脫邏輯亞西里亞邏輯同等看的，難道我們自己也要如此看嗎？果然中國還有將來，爲什麼算學天文物理化學等等不都成了國學，爲什麼國學之下都僅僅是些言語歷史民俗等等題目？且這名詞還不通達，取所謂國學的大題目在語言學或歷史學的範圍中的而論，因爲求這些題目之解決與推進，如我們上文所敍的，擴充材料，擴充工具，勢必至於弄到不國了，或不故了，或且不國不故了。這層並不是名詞的爭執，實在是精神的差異之表顯。（二）我們反對疏通，我們只是要把材料整理好，則事實自然顯明了。一分材料出一分貨，十分材料出十分貨，沒有材料便不出貨。兩件事實之間，隔着一大段，把他們聯絡起來的一切涉想，自然有些也是多多少少可以容許的，但推論是危險的事，以假設可能爲當然是不誠信的事。所以我們存而不補，這是我們對於材料的態度；我們證而不疏，這是我們處置材料的手段。材料之內使他發見無遺，材料之外我們一點也不越過去說。果然我們同人中也有些在別處發揮歷史哲學或語言泛想，這些都僅可以當作私人的事，不是研究所的工作。（三）我們不做或者反對，所謂普及那一行中的工作。近百年中，拉丁文和希臘文在歐洲一般教育中之退步，和他們在學問上之進步，恰恰成正比例，我們希望在中國也是如此。現在中國希望製造一個新將來，取用材料自然最重要的是歐美的物質文明，即物質以外的東西也應該取精神於未衰敗的外國。歷史學和語言學之發達自然於教育上也有相當的關係，但這都不見得即是什麼經國之大業不朽之盛事，只要有十幾個書院的學究肯把他們的一生消耗到這些不生利的事物上，也就足以點綴國家之崇尚學術了——這一行的學術

。這個反正沒有一般的用處，自然用不着去引誘別人也好這個，如果一旦引了，不特有時免不了致人於無用，且愛好的主觀過於我們的人進來時，帶進了些烏煙瘴氣，又怎麼辦？

這個歷史語言研究所本是大學院院長蔡先生委託在廣州的三人籌備的，現在正計畫和接洽應舉的事，已有些條隨着人的所在小小動手，却還沒有把研究所的大體設定。稍過些時，北伐定功，破虜收京之後，這研究所的所在或者一部分在廣州一部分在北京，位置的方便供給我們許多工作進行的方便。我們最要注意的是求新材料，第一步想沿京漢路，安陽至易州，安陽殷墟以前盜出之物並非澈底發掘，易州邯鄲又是燕趙放都，這一帶又是衛邶故域。這些地方我們旣頗知其富有，又容易達到的，現在已着手調查及布置，河南軍事少靜止，便結隊前去。第二步是洛陽一帶，將來一步一步的西去，到中央亞細亞各地，就脫了純中國材料之範圍了。爲這一些工作及隨時搜集之方便，我們想在洛陽或西安燉煌或吐魯蕃疏勒，設幾個工作站，「有志者事竟成」！因爲廣州的地理位置，我們將要設置的研究所要有一半在廣州，在廣州的四方是最富於語言學和人類學的材料的，漢語將來之大成全靠各種方言之研究，廣東省內及鄰省有很多種的方言，可以每種每種的細細研究，並製定表式，用語音學幫助，作比較的調查。至於人類學的材料，則漢族以外還有幾個小民族，漢族以內，有幾個不同的式和部居，這些最可寶貴的材料怕要漸漸以開化和交通的緣故而消滅，我們想趕緊着手探集。我們又希望數年以後能在廣州發達南洋學：南洋之富於地質生物的材料，是早已箸明的了。南洋之富於人類學材料，現在已漸漸爲人公認。南洋學應該是中國人的學問，因爲南洋在一切意義上是「漢廣」。總而言之，我們不是讀書的人，我們只是上窮碧落下黃泉，動手動脚找東西！

現因我們研究所之要求及同人之祈向，想次第在兩年以內設立下列各組；各組之旨趣及計畫，以後分別刊印。

一，文籍考訂；

二，史料徵集；

三，考古；

四，人類及民物；

五，比較藝術；

　　以上歷史範圍；

六，漢語；

七，西南語；

八，中央亞細亞語；

九，語言學：

　　以上語言範圍；

　　歷史學和語言學發展到現在，已經不容易由個人作孤立的研究了，他既靠圖書館或學會供給他材料，靠團體爲他尋材料，並且須得在一個研究的環境中，才能大家互相補其所不能，互相引會，互相訂正，於是乎孤立的製作漸漸的難，漸漸的無意謂，集衆的工作漸漸的成一切工作的樣式了。這集衆的工作中有的不過是幾個人就一題目之合作，有的可就是有規模的系統研究。無論範圍大小，只要其中步步都是做研究工夫的，便不會流成「官書」的無聊。所有這些集衆工作的題目及附帶的計劃，後來隨時布白。希望社會上欣賞這些問題，並同情這樣工作的人多多加以助力！果然我們動手動脚得有結果，因而更改了「讀書就是學問」的風氣，雖然比不得自然科學上的貢獻較爲有益於民生國計，也或者可以免於妄自生事之譏誚罷？我們高呼：

一，把些傳統的或自造的「仁義禮智」和其他主觀，同歷史學和語言學混在一氣的人，
　　絕對不是我們的同志！

二，要把歷史學語言學建設得和生物學地質學等同樣，乃是我們的同志！

三，我們要科學的東方學之正統在中國！

　　　　　　　　　　　　　　　　　　中央研究院歷史語言研究所籌備處

　　　　　　　　　　　　　　　　　　中華民國十七年五月　廣州

出自第一本第一分（一九二八年八月）

莽權價值之重新考定

劉　復

五年前，我依據故宮所藏新嘉量，推得王莽時代的度量衡的價值，計：

一尺之値爲　230.887 mm.，

一升之値爲　200.634 c. c.，

一斤之値爲　226.667 grm.；[1]

這裏面尺與升的價值，大槪可以沒有多大的問題，因爲都是從許多方面比較推算所得的結果；斤的價值，却還有重新考定的必要，因爲只是根據漢書律歷志中"其重二鈞"一句話，把全器的重量稱了一稱，二分之爲鈞之値，更三十分之爲斤之値，並沒有能得到別種器物互相比較；且就本器而論，製作時旣然要顧到尺寸，又要顧到容量，同時還要顧到全體的重量，在事實上一定非常困難：尺寸與容量都還容易安排，重量有關於銅質的密度，在古代測算不精的時候，決然不能配置得恰好。

新近北平古物保管委員會得到了四個王莽時候的權（第一圖），大小不等，我覺得這是校補我以往的工作的好機會，就向馬叔平先生商量，借來檢定其價值。　承河北省度量衡檢定所所長張鴻鈞先生和檢定員韓寅淸先生熱心而且精細的幫助，我們得到了這四個權的正確分量如下：

甲權　　730.050 grm.，

乙權　　1446.150 grm.，

丙權　　2222.870 grm.，

丁權　　14775.000 grm.，

丙權上刻有"律九斤"字（第二圖），據此推測，甲權應爲三斤，乙權應爲六斤，丁權應爲六十斤；而丁權上刻有"律二口"·字（第三圖），其口應爲"鈞"字無疑。

取四權之分量相加，得總數 19174.070 grm.，以 3+6+9+60=78 除之，得

---

(1) 輔仁學志一卷一期，劉復："新嘉量之校量及推算"。

245.821grm.(A)。

以 3 除甲權之分量，得　　243.350 grm.，

”　6 ”乙 ” ” ” ” ，”　241.025 grm·，

”　9 ”丙 ” ” ” ” ，”　246.986 grm.，

”60 ”丁 ” ” ” ” ，”　246.250 grm.，

　　　總數　　　　　　977.611 grm.，

　　　平均　　　　　　244.028 grm.(B)

求 (A) (B) 二數之平均數，得 244.925 grm.，是爲斤之值；

30乘之，得……………… 7347.750 grm.，是爲鈞之值；

取斤之值以16除之，得………… 15.308 grm.，是爲兩之值；

更以24除之，得………… 0.638 grm.，是爲銖之值。

依民國初年所頒權度法 1 兩=37.301 grm. 算，則莽權 1 斤=6.566 兩；依國民政府所頒市用制 1 斤=500 grm.，1 兩=31.250grm. 算，則莽權 1 斤=7.809 兩；鈞，兩，銖之值，可依此類推。

依現在所求得的莽權斤之值爲 244.925 grm.，與從前就新嘉量所求得的 226.667 grm.相較，所差約 9.3%；但我們相信現在所求得的數目一定比從前所求得的數目正確，所以不再求此二數的平均數。

看四個權的重量是 3 斤，6 斤，9 斤，60 斤，可見當時的權，於十進法與十六進法之外，還兼有三進法的意義。　這意義的來源還有待於考證；但知道了這意義，也就可以知道三十斤爲一鈞，和二十四銖爲一兩，並不是全無意義的了。

我現在只是就四個權的分量上加以研究，至於考古學上的探檢，以及原器來源的敘述，馬叔平先生將另有論文發表。

　　　　　　　　　　　　　　　（二十三年一月二十二日，北平）

漢代奴隸制度輯略

勞　榦

　　昔人著史多不詳于社會習俗制度，偶有涉及，每甚疏落。　今欲集支節爲輪廓，拾破碎爲完整，固不能也。　自宋以來，雜記日衆，可拾者猶多，遠在漢晉，書缺有間矣。　今人談漢代奴隸制度者不一，然事實與推論相混，記載與假想不分，似未合『無徵不信』之義。　茲集兩漢書及其他文籍，言涉奴隸者，撮其大要成此一篇，至其全文，則原書具在，不具引焉。　書所不記，蓋闕如也。

　　甲骨鼎彝所記，奚童奴僕之屬大氐官奴。　自春秋以後，戰鬪併吞，貴賤迭變。阡陌旣開，傭耕之制亦從之肇始。　以其不附屬於土地，故亦無所謂恆產；自不免『天飢歲寒，嫁妻賣子』（韓非六反），而『買僕妾售乎閭巷之事』以起（國策秦一）。　商人中以鹽鐵起家若刁卓之徒，皆以畜奴著（史記漢書貨殖傳）。　漢猶承前代之制，而官私奴婢並稱也。

第一章　漢代之私奴婢

|漢代之畜奴者|漢代上自縣官，下至士庶，皆有私奴婢。|

　　漢代上自縣官，下至士庶，皆有私奴婢。　五行志『成帝鴻嘉之間好爲微行出游，選從期門郎有材力者，及私奴客，多至十餘，少五六人』，（前書卷二十七中之上），此天子之畜私奴者也。　外戚傳『孝昭上官皇后……自使私奴婢守祗，安冢』（九十七上），此皇后之畜私婢者也。　其王公卿大夫之畜奴者不能悉舉，其奴數之多者，若張安世有家僮七百人（五十九），楊僕亦有七百人（水經穀水注），王氏五侯（九十八元后傳），王商（卷八十二），馬防兄弟（後書五十四），濟南王康（後書七十二濟南王傳），竇融（後書五十三竇融傳），之奴婢皆在千人以上。　若昌邑王賀之奴婢百八十三人（卷六十三昌邑王傳），梁節王暢之奴婢二百人（後書八十梁節王傳），則皆得罪廢黜之諸侯王，非常例矣。　其豪富齊民之畜奴喬如卓氏八百人（卷九十一貨殖傳卓氏），折國八百人（後書一百十二上

—1—

方術傳折象），袁廣漢八九百人（西京雜記），郭珍侍婢數千人（御覽四七一引典論），蓋其豪侈亦與貴冑公卿相上下也。

奴婢之來原　奴婢大率由於鬻賣，嚴助所稱『或歲不登則民賣爵鬻子以接衣食』者是也（六十四上嚴助傳），漢初大飢饉『高祖乃令人得賣子就食蜀漢』（卷二十四上食貨志頁八），則其事且以公令行之。　至後漢時遂有『或孤婦女爲人奴婢，遠近販賣，不可勝數』（潛夫論）之事。　然『民賣僮者爲之繡衣絲履』（卷四十八賈誼傳頁十五），則奴之衣飾，或有過於常人者。　至奴之價值據王褒僮約爲萬五千（類聚三十五引），蓋卽一金有半也（居延簡中有『小奴二人直三萬大婢一人直二萬』之語，因未發表，故未全引）。

　　奴婢亦有作爲賞賜或餽遺者，武帝賜欒大童千人（卷二十五郊祀志上），賜金氏姊三百人（卷九十七外戚傳上），賜霍光百七十人（卷六十八霍光傳），後漢明帝賜東平憲王宮人奴婢五百人（後書七十二東平憲王傳），和帝賜清河王慶三百人（後書卷八十五清河王慶傳），餘如烏孫公主（卷九十六下西域傳），梁竦（後書卷六十四梁疎傳），桓榮（後書卷六十七桓榮傳），亦皆蒙賜以奴婢，此皆由天子賞賜者也。至若陳平以奴婢百人遺陸賈（卷四十三陸賈傳），卓王孫分司馬相如僮百人（卷五十七司馬相如傳上），則用以餽遺矣。　其出諸略賣者，則若竇廣國（卷九十七外戚傳竇廣國），欒布（卷三十七欒布傳），及王莽時邊郡流民（九十九王莽傳下），至若梁冀（後書卷六十四梁冀傳），侯覽（後書卷一百八宦者傳侯覽），以天子命臣虜奪良民爲奴婢，無復法紀，東漢之業衰矣。

私奴婢之任務　奴婢所司者大率爲家中瑣事（後書卷十上馬皇后紀，後書卷四十一劉聖公傳，後書卷五十五劉寬傳，卷五十八馮衍傳注，卷六十九劉平傳，卷一百八宦者張讓傳：類聚三十五引王褒僮約），出則扈從主人（漢書卷六十七胡建傳，卷七十七何並傳，卷七十六張敞傳，後書卷七十下班固傳，卷五十六蔡茂傳，卷一百七酷吏董宣傳），或以從戰役（漢書五十二灌夫傳），其女奴則有從事於歌舞者（漢書四十四衡山王賜傳，卷六十六楊惲傳，西京雜記），奴婢之近幸者則稱傅奴或傅婢（漢書七十二王吉傳，卷八十二王商傳，後書卷一百三公孫瓚傳，六十八馮魴傳，卷七十四列女傳），富家於牛馬耕種之事則以年長謹信者主之（類聚三十五引鳳

俗通）。

奴婢既多爲富貴人所畜，故往往奢侈逾度，論其應制裁者，若賈生（漢書四十八賈誼傳），鮑宣（漢書卷七十二鮑宣傳），王符（潛夫論），之流；以詔令限制者，有成帝永始四年，及安帝元初五年之詔，然皆無裨實際。惟王莽之童奴布衣馬不秣穀，以僞見稱於後世而已（九十九王莽傳上）。其越法犯禁者，若霍雲私出圍獵黃山苑中，而使蒼頭上朝謁（漢書卷六十八霍光傳），濟東王彭離與其奴殺人越貨（漢書卷四十七梁孝王傳），廣川王去（漢書卷五十三廣川王傳），及酇侯蕭獲（漢書十六功臣表），使奴殺人，霍光族人之奴持刀兵入市鬭變（漢書七十六尹翁歸傳），竇憲之奴客強奪財貨，篡取罪人，略奪婦女，（後書五十三竇憲傳），湖陽公主奴白晝殺人（後書蔡茂傳及酷吏董宣傳），班固奴干洛陽令車騎而醉罵之（後書班固傳見前），張讓監奴交通貨賂，威形諠赫（後書一百八宦者傳，張讓參見魏志孟達傳），馮殷調笑酒家胡（古詩羽林郎），皆或受主人之命，或倚主人之勢，不可以法治者也。

私奴婢之擅殺及放免

田儋傳稱儋之縣縛其奴，欲謁殺之，因殺縣令（卷三十三田儋傳），則秦漢之際可以謁殺奴，董仲舒說武帝『去奴婢專殺之威』（二十四食貨志上頁十五），是此事武帝時猶未革也。其後梁王立（四十七梁孝王武傳頁八），平干王元（卷五十三趙敬肅王傳頁九），首鄉侯段勝（大典本東觀記），均以擅殺奴有罪，趙廣漢且因此事入丞相府欲求魏相之罪（卷七十六趙廣漢傳），王莽亦因殺奴責其子獲令自殺（九十九王莽傳），是董仲舒之議行矣。至宋弘弟子爲奴誤傷致死，奴願就誅，則奴誤傷良人至死仍有死罪也（後書五十六宋弘傳）。

陳勝傳秦免驪山徒人奴產子以擊勝，（卷三十一陳勝傳），則奴之子仍爲奴（參見魏志毛玠傳）。袁盎以侍兒賜從史（卷四十九袁盎傳），王莽以朱子元無子，以私買侍婢與之（九十九王莽傳），則婢固可爲人妻生子，其子固不應爲奴也。然衞青之父鄭季與家僮通生青（卷五十五衞青傳），而其兄弟以奴畜之，不爲兄弟數，袁紹母爲傅婢，袁術以豪桀多附於紹，怒曰『羣豎不從吾，而從吾家奴乎？』（後書卷一百五袁術傳），公孫瓚亦稱紹母親爲傅婢，地實微賤（後書一百三公孫瓚傳），則婢所生子，地位猶殊於嫡出也。

奴婢自贖得免爲民（卷十六功臣表蒲侯夷吾坐婢自贖爲民後略爲婢免），或由主人放免（丙吉傳宮婢測事東觀記韓卓之奴竊食祭母因而免之）。　因不易免爲民，奴婢往往逃亡，故匈奴傳稱『邊人奴婢愁苦，欲亡者多』（卷九十四匈奴傳下），風俗通亦有蒼頭地餘竊車馬以亡之事（類聚三十五引），甚至如彭寵（後書卷四十二彭寵傳，李慈銘札記謂由寵任而然，可參攷。），吳漢之子（後書卷四十八吳漢傳），陰識之子（後書卷六十二陰識傳），皆爲奴所殺；其能託六尺之孤寄百里之命如李善者（後書七十一獨行傳李善），蓋亦不可數視矣。

限制奴婢之議始於董仲舒，漢書本傳曰：

　　『……身寵而載高位，家溫而食祿，因乘富貴之資力，以與民爭利……是故衆其奴婢，多其牛羊，廣其田宅，畜其委積，務此而無已，以迫蹴民。

　　故受祿之家不與民爭利，然後利可均布，而民可足』（卷五十六）。

當時此議未見於詔令，至成帝永始四年曾命有司漸禁多畜奴婢，亦未聞有若何效果，哀帝綏和二年又下詔令限制奴婢，有司議奏：

　　『諸侯王奴婢二百人，列侯公主百人，關內侯吏民三十人。　年六十以上，十

　　歲以下不在數中，……諸名田奴婢過品，皆沒入縣官』（九十九王莽傳上）

時田宅奴婢賈爲減賤，丁傅用事，董賢隆貴，皆不便也，詔書且須後，遂寢不行（漢書食貨志），及王莽篡位，莽曰：

　　『秦爲無道，厚賦稅，又置奴婢之市，與牛馬同闌。　……今更天下田曰王

　　田，奴婢曰私屬，皆不得買賣』（同上）。

因之『坐賣田宅奴婢，鑄錢，自諸侯卿大夫，至於庶民抵罪者不可勝數』。　後莽知民怨，迺下書曰：

　　『諸名食王田，皆得賣之，勿拘以法。　犯賣人者且一切勿治』。

於是奴隸公然買賣矣。　至後漢仍買賣使用奴婢，昌言曰：

　　『漢興以來，相與同爲編戶齊民，而以財力相君長者無數焉。　……豪人之

　　室，連棟數百，膏田滿野，奴婢千羣』（後書七十九王符傳昌言理亂篇）。

蓋亦仍前漢之舊，惜東觀不傳貨殖，故畜奴之豪，多不著於史耳。　至於中貲以下，亦且以畜奴婢爲常，故馮衍與婦弟任武達書稱『家貧無僮……惟一婢』（後書五十八

馮衍傳注）。 黃香傳稱其貧謂無僕妾（後書一百十上文苑傳黃香），然則當時蓋以
畜奴爲常情不畜奴爲變例矣。

第二章　漢代之官奴婢

官奴婢
所屬之
府寺 漢之官奴婢，蓋古代皂隸輿臺之遺制也，中都官及郡國蓋皆有之。　丙吉
傳『掖庭宮婢則，令民夫上書』（漢書七十四丙吉傳），漢舊儀『官人擇
宮婢年八歲以上侍皇后以下，年三十五出嫁，乳母取官婢』（大典輯本），
是掖庭有官奴婢也。　又漢舊儀云：

> 『庶子舍人五日一移，主率更長，不會輒斥，官奴婢擇給書計，從侍中以下，
> 倉頭青幘與百從事從入殿中。　省中待使令者皆官婢，擇年八歲以上衣綠者曰
> 宦人，不得出省門，置都監。　老者曰婢，婢教宮人給使。　尙書侍中皆使官
> 婢，不得使宦人。　奴婢欲自贖，錢千萬（按千當爲十之誤），免爲庶人』。

是諸省有官奴婢也。　又：

> 『丞相官奴婢傳漏以起居，不擊鼓，屬吏不朝。　且，白錄而已。　諸吏初
> 除，謁。　視事，問君侯。　應閤，奴名。　白事以方尺板叩閤大呼奴名。
> 君侯出入，諸吏不得見；見，禮爲師弟子狀』。

是丞相府有官奴婢也。　食貨志云：

> 『武帝時水衡置農官，往往卽郡縣沒入之。　其沒入奴婢，分諸苑掌狗馬禽
> 獸，及與諸官』。

是水衡有官奴婢也。　景紀如淳注：

> 『太僕牧師諸苑三十六所，……官奴婢三萬人，分養馬三十六萬頭，擇取教
> 習。　牛羊無數，以給犧牲』。

是太僕有官奴婢也。　食貨志：

> 『大農置工巧奴爲作田器』。

是大司農有官奴婢也。　淮南王安傳：

> 『王銳欲發，乃令官奴入宮中，作皇帝璽，丞相，御史大夫，將吏，中二千
> 石，都官令丞印，及旁郡太守都尉印』。

是諸王國有官奴婢也。　然則官奴婢從掖庭諸侯王至二千石以上，大率有之矣。

王尊傳『匡衡……又使官大奴入殿中，問行起居，還言漏上十四刻，行臨到，衡安坐不變色』（漢書卷七十六王尊傳）。　昌邑王賀傳『過弘農，使大農善以車載女子』（漢書六十三昌邑王傳），周壽昌補正曰『大奴謂羣奴之長也』，是奴之帥領者稱爲大奴。　又廣川王去傳『使其大婢爲僕射，主永巷』（漢書五十三廣川王傳），則婢之長者亦稱爲大婢矣。

續漢志補注引丁孚漢儀云『陰太后崩，……女侍史三百人皆着素參，以白素引棺挽歌下殿就車』（續漢書輿服志），據周禮鄭注云『古者從坐男女沒入縣官爲奴，其少有才智以爲奚，今之侍史官婢』（春官酒人），則侍史亦官婢之屬，是太后有侍史三百人也。　漢儀又云『靈帝葬馮貴人之女侍史一百人着素衣挽歌』，則貴人可有官婢一百人矣。

貢禹傳云：

> 『諸官奴婢十萬人，戲游無事。　稅良民以實之，歲費五六巨萬。　宜免爲庶人，稟食，令代關東戍卒，北乘邊亭，塞候望』。

則諸官奴婢凡有十萬人之衆，前引漢官儀供太僕牧養之奴婢三萬人，旣非戲游無事，又在邊郡，當然不在十萬人之數中，則漢代諸官寺之官奴婢，至少有十三萬人矣。

| 官奴婢 之待遇 | 鹽鐵論散不足云： |

> 『今縣官多畜奴婢，坐稟衣食，私作產業，爲姦利。　力作不盡，縣官失實。　百姓或無斗筲之儲，官奴累百金，黎民昏晨不釋事，奴婢垂拱遨遊也』。

廣川王去傳：

> 『昭信與去從十餘奴，博飮遊敖』。

安紀元初五年詔曰：

> 『至有走卒奴婢被綺縠，着珠璣』。

則奴婢頗有戲游無事，奢侈逾度者。　然此特京師諸官寺與王國之奴耳，太僕之奴婢則不然，杜延年傳云：

> 『擢爲太僕，……上以延年霍氏舊人，欲退之。　……遺吏考案，但得苑馬多

死，官奴婢乏衣食』。　師古曰『傳言延年身不犯法，但丞相致之於罪耳』。由此言之，則太僕之官奴婢，本即不接衣食，固不能安然累百金也。　至王莽傳所稱『地皇二年民犯鑄錢五人相坐沒入爲官奴婢，其男子檻車，兒女子步，以鐵鎖琅當其頸，到者易其夫婦。　愁苦死十六七』（九十七王莽傳下）。　則其所處爲尤酷矣。

官奴婢之來原或由於犯罪，武帝時所赦吳楚七國帑輸在官者（武紀建元元年），食貨志稱令告緡所沒之奴婢（食貨志下），王莽時以鑄錢沒入者（見前引），後書西羌傳所稱沒入杜琦王信之妻子五百餘人皆是也（後書一百十七四羌傳），或由於私奴婢募入官者，鼂錯所稱『募民以丁奴婢贖罪，及輸奴婢欲以拜爵者』（漢書四十九鼂錯傳），食貨志所稱『武帝募民能入奴婢者，得終身復，爲郎，增秩』（漢書二十四食貨志下），是也。　或由於沒入之私奴婢，任尙以爭功棄市，沒入田廬奴婢財物是也（後書一百十七四羌傳）。　或由於俘虜，金日磾以休屠太子，爲渾邪王所虜，沒入黃門養馬是也（漢書六十八金日磾傳）。　或由於自願，漢舊儀，『臣下有獻女者，入掖庭，爲家人』，刑法志，『文帝時，緹縈願沒入爲官婢以贖父罪』（漢書二十三刑法志），是也。　然其大要除自願者而外，類皆出自私奴婢及罪人。　案沒罪人家屬，本承秦法，韓非子所稱『公孫鞅之治秦也，設相告而坐其實，故秦法一人有罪，並坐其家室』（定法），即此事，文帝雖除收帑相坐律令（文紀後元年），然旋因新垣平事，復行三族法（刑法志），後遂不除。　故呂氏春秋開春論高誘注引漢律，『坐父兄沒入爲奴』，魏志毛玠傳鍾繇引漢律，『罪人妻子沒爲奴婢黥面』，皆其制也。

縣官可募入私奴婢爲官奴，亦可以官奴賜大臣，故官私之奴頗難嚴加分別（官奴亦有斥賣者見魏志齊王傳正始七年）。　王者無私固不應有私婢，然成帝及上官后固有私婢矣（見前引）。　髡鉗者應限於刑徒，然季布髡鉗賣與魯朱家（漢書三十七季布傳），田叔孟舒髡鉗爲張敖家奴（漢書三十七田叔傳），則私奴亦髡鉗矣（奴皆髡鉗，故稱菁頭——菁頭見後書光武紀注，五行志因昌邑冠奴，猶致譏辭）。　晉惠帝不辨蛙之爲官爲私，蓋因奴而誤也。

第三章　刑徒俘虜雇傭兵卒與奴婢之關係

刑徒亦稱奴，漢書刑法志云：

刑　徒

『其奴男子入於罪隸，女子入於舂槁，凡有爵與七十未齔者，　皆不爲奴……罪人獄已決定爲城旦舂，滿三歲爲鬼薪白粲，鬼薪白粲一歲及作滿爲隸臣妾，一歲滿爲庶人。　隸臣妾一歲滿爲司寇，司寇一歲如司寇皆滿爲庶人（漢書二十三）。

前刑徒亦有同於奴隸者，特有定期爲異耳。　刑徒之事若上林詔獄主治苑中禽獸宮館事（成帝紀引漢官儀），共工獄主考工（漢書七十七劉輔傳），暴室主染練（宣紀），織室主紡績（漢書九十七外戚傳薄太后），鐵官銅官徒主冶鑄（成帝紀陽朔三年永始三年，卷七十二貢禹傳），　此外或治城垣（惠三年，昭元鳳六年，後書建武二十六年），或治陵墓（景四年，宣元康元年，五鳳元年，成鴻嘉元年），或治宮室（武紀，後書六十四梁冀傳，八十四楊震傳），或治宗廟（昭元鳳四年，九十九王莽傳下，三輔黃圖），或治道路溝渠（後書卷五十王霸傳，四十六鄧訓傳，周禮秋官鄭注，通典禮典引漢官儀，隸釋引蜀郡太守何居閣道碑，鄐君開褒斜道摩崖刻石），是用徒之事至多，而待遇尙不如官奴之可以嬉游坐食，此鐵官徒所以攻官寺盜庫兵爲變也（見後書七十一鍾離意傳，御覽六一四引鍾離意別傳，鐵官徒見前）。

用徒于軍者亦至繁，今可考見者，有高十一年擊英布，武元鼎五年擊越，元封二年擊朝鮮，太初元年征大宛，天漢元年屯五原，天漢四年屯朔方，昭元鳳元年擊氐，元鳳五年屯遼東，宣神爵元年擊西羌，元永元元年擊西羌，後漢光武建武十二年屯北邊，明永平七年九年屯朔方五原，十六年屯朔方，十七年赦邊郡繫囚任兵事者，章元和元年，建初七年，章和元年，和永元元年，安延光三年，順永建元年，桓元嘉二年，永興元年，均以罪人任邊戍，（參見漢書六十一李廣利傳，南越傳，朝鮮傳，西南夷傳，後書四十六鄧訓傳，七十七班超傳，六十一賈琮傳，一百十六西南夷傳滇國，一百十九南匈奴傳，續郡國志引漢官儀），至司隸及京兆馮翊亦有徒奴（北堂書抄設官部引漢舊儀，三輔黃圖京兆馮翊），則猶今警察之職矣。

俘虜與
胡奴

漢及四夷之俘虜，皆以爲奴隸，蓋其通習（卷六八金日磾傳，卷七十常惠傳，九十四匈奴傳，九十五西南夷傳，九十六西域傳，七十陳湯傳，後漢一百十九南匈奴傳，西羌傳，流沙墜簡屯戍叢殘十一）。　然僅限於俘虜，而不及降人，故武帝責楊僕前破番禺捕降者以爲虜（卷九十酷吏傳），而汲黯欲將所得胡人悉以爲奴也（五十汲黯傳，指匈奴降者渾邪王之屬）。　如西南夷人之蒉僮（九十五西南夷傳），呂嘉稱越太后所賈至中國之越人（卷九十五南粤王傳），則固有出于略賣。　如西域獻李恂之胡奴（東觀記，後書李恂傳），遼西烏桓大人所貢之奴婢（後書一百二十烏桓傳），則又有出於奉獻者。　至如板楯七姓之嫁妻賣子（後書一百十六南蠻傳），則爲漢人所虜有以致之矣。

胡奴之衆至遍於鄉亭，後書應奉傳曰：

『奉少爲上計吏，許訓爲計掾，俱到京師。　自發鄉里，晝頓暮宿。　所見長吏，賓客，亭長吏卒，奴僕，訓皆密疏記姓名，欲試奉。　還郡出疏示奉，奉云前在潁川都亭，亭長胡奴名祿，以飲漿來，何不在疏，坐中皆驚』。

則距邊境較遠之潁川，亦有胡奴矣。　張騫傳：

『騫以郎應募使大月氏，與堂邑氏奴甘父俱出隴西，徑匈奴……留騫十餘歲……堂邑父胡人，窮急射禽獸給食』。

則出使所隨爲胡奴矣。　按張騫奉使，尚在武帝征伐匈奴以前，及後捕虜常以萬計，至於宣元，亦續有所獲（見五十五衞青傳，霍去病傳，七十常惠傳，九十四匈奴傳）。東漢匈奴已弱，征討較稀，然竇憲出征，猶虜獲不少（見後書五十三竇憲傳，一百十九南匈奴傳），則漢代胡奴常至衆。　又據辛武賢奏，欲虜羌人妻子（見六十九趙充國傳）；則征羌之初，已志在俘虜。　自西漢之末迄於東漢，征西羌及西域者，率捕虜數千（見七十九馮奉世傳，後書四十六鄧訓傳，四十九耿恭傳，五十二馬武傳，五十四馬防傳，九十五段熲傳，一百十七西羌傳），其征西南夷獲者亦以千萬計（見九十五西南夷傳，後書一百十六邛都夷傳），惟當時俘虜及斬首之數，往往不加分別，以致無從決定俘虜之數。　惟大抵四夷之中以匈奴人俘獲者爲最多，而匈奴俘虜又以武帝及和帝時爲最多也。

雇傭

自齊民取傭値以自給遂任奴婢之事，故稱庸奴（史記八十九張耳傳），其事仍多在農田（韓非外儲說左上，漢書食貨志，後書九十四吳祐傳，一百六孟嘗傳，一百六第五訪傳），亦或從事於工匠（漆工，後書八十三申屠蟠傳，冶家，九十七夏馥傳），及雜事者（景三年詔，昭始元元年，八十一匡衡傳，四十周勃傳，後書九十三李固傳，一百十三梁鴻傳，九十八郭太傳，七十七班超傳，一百六衞颯傳，一一六西南夷傳，大典本東觀記劉聖公載記）。監門本刑人之事（左莊十九年鬻拳事，戰國秦策姚賈事，刑法志），然其後酈食其，梅福亦當監門之任（四十三酈食其傳，六十七梅福傳），是前刑人之事，後亦以雇傭爲之，賣力爲生（一切經音義引蔡邕初學篇注），至貧且賤，此陳勝所爲輟耕太息也。（案中國地形不適於商賈之發展，西漢初年雖有以山海之利而致大富，然自武帝筦鹽鐵，徙富貲，班書所傳遂不復能有在朐邴之外者。此後豪家大姓皆大地主耳，畜奴任家事自有之，若謂賴其從事於農工礦冶，恐未必然。故畜奴多者皆貴戚世家，原不以爲生產，此事至明猶然。供地主之生產者則雇傭佃戶之流也）。

傭或謂之保（史記八十六荊軻傳，漢書十六高惠功臣表，三十七欒布傳，五十七司馬相如傳，後書八十七杜根傳，三十五張輔傳，桓榮傳，衞颯傳），或謂之養（公羊宣十二年，史記秦始皇本紀，漢書五十八兒寬傳，後書四十一劉聖公傳，廣雅釋詁），或稱賃，或稱僦，（漢書九十田延年傳，食貨志五十鄭當時傳，後書一百十三梁鴻傳，流沙墜簡），皆同事異名也。又雇工亦稱客，崔寔政論曰：

『夫百里長吏，荷諸侯之任，而食監門之祿。……一月之祿得粟二十斛，錢二千。長吏雖欲從約，猶當有從者一人。假令無奴，當復取客，客庸一千，芻膏肉五百，薪炭鹽菜又五百。二人食粟六斛，其餘財足給馬』（羣書治要引）。

則客以代奴任事也。其餘如胡建傳（卷六十七）尹翁歸傳（卷七十六）五行志（卷二十七上）衡山王賜傳（卷四十四）後書竇憲傳（卷五十三）均奴客並稱。蓋戰國食客如馮驩之流已理家事，其後客選日濫，遂不異奴。奴客之分惟去就之自由與工資之給付二者。然亦往往有契約關係（後書七十一范式傳）則其異於奴者幾希矣。

　　秦及漢初之營建，皆用官徒，不聞有傭賃者。　及成帝爲昌陵『卒徒工庸以鉅萬數』（卷七十陳湯傳），因之昌陵卒不可成，此亦世變之一大端也。　及平帝時以傭代徒，顧山錢三百（平紀元始元年），遂成定制，而徒傭幾不可別矣。

　　兵卒之制本皆由徵發，漢時遂並用傭募，昭紀元鳳四年注引如淳曰：

　　『更有三品，有卒更，有踐更，有過更。　古者正卒無常人，一月一更，是謂平更也。　貧者欲得更錢，次直者出錢顧之，月二千，是謂踐更也。　天下人皆直戍邊三日，亦名爲更……不可人人自行……因使往一歲一更，諸不行者出錢三百以給戍者，是謂過更也』。

溝洫志云：

　　『河堤成……以五月爲河平元年。　卒治河者爲著外繇六月（注，師古曰『以卒治河有勢，雖執役日近，皆得著繇戍六月也』）。　……後二歲，河復決平原……作治六月迺成……治河卒非平賈爲著外繇六日（注，蘇林曰『平賈，以錢取人作卒，顧其時庸之平賈也。』如淳曰『律說平賈一月得錢二千』。）』

故漢代兵制雖由徵發，實則可由應徵者傭兵自代，蓋亦雇傭盛行以後之事也。　至國家傭兵，則始於吳王濞，吳王濞傳曰：

　　『其居國以銅鹽故卒踐更輒予平賈』。　（注，服虔曰『以當爲更卒，出錢三百，謂之過更。　自行爲卒謂之踐更。　吳王欲得民心。　爲卒者顧其庸隨時月與平賈也』）（卷三五）。

此因吳國鑄銅煮鹽，國用已足，無庸賦稅於民。　兵役本賦稅之屬，自在豁免之列。而以傭兵代之。　蓋開漢代過更之先，而爲此後傭兵之始矣。

出自第五本第一分（一九三五年十月）

漢晉閩中建置考

勞　榦

閩中地定自秦時，史記東越列傳所稱『秦已并天下，皆廢其君長，以其地爲閩中郡』是也。　秦亡，越人復自立爲國，始爲閩越及東海（都東甌故亦稱東甌）二王，武帝時東甌自請徙江淮間，閩越叛，漢討之，分其國爲越繇及東越二王，然東越王威行國內，繇王第虛號而已。　武帝平南越後，回師滅東越，繇王亦降，因以兩越地屬會稽，而統於回浦，冶二縣之下。　（見史記漢書東越傳及漢書地理志）

東越傳『立無諸爲閩越王王閩中地都冶，是冶本閩越故地。　元和志『東甌今溫州永嘉縣是也，後以甌地爲回浦縣』嘉泰會稽志『閩越爲冶，東甌爲回浦』是回浦本東甌故地也。　東漢時省回浦入鄞，後更由鄞析出故回浦地置縣，改名曰章安，復由章安析置永寧縣。　其冶縣故地則置東部候官焉。　（見漢志及續漢志）

東甌在北，閩越在南，事甚明白。　因東甌在北接近中土，故其民可以內徙，若在南則不能踰閩越之境而內徙矣。　回浦東漢初併入鄞（見續漢志及宋志引太康記）亦當在冶以北，否則亦不能越冶之境而併入鄞。　是閩越爲冶東甌爲回浦當無疑義。三國吳以章安永寧置臨海郡（見宋書州郡志）以候官置建安郡，（見晉書地理志後又分置晉安郡）臨海郡在唐爲處州，溫州，台州；建安郡在唐爲福州，建州，泉州，漳州（見元和郡縣志）。　唐之州郡略同今地，是章安在北，候官在南，亦無疑義。故東甌之地與回浦，章安，臨海，及今浙江南部，一系相承。　而閩越之地，則與冶縣，東部候官，建安郡，及今福建大部一系相承。　雖其間開闢程度原不相同，然其分際大體略具於此（參見全祖望鮚埼亭集外編浙東分地綠）。

閩中兩縣地望所以有岐義者，始於續漢書郡國志：

『章安故冶，閩越地，光武更名』。

冶與章安本非一地，今謂章安爲冶遂不能不起絕大之疑問。　劉昭注曰『晉元康記曰（元當作太）本鄞縣南之迴浦鄉，章帝章和元年立，未詳』。　宋書州郡志曰『章安

令續漢志故治閩中地光武更名，晉太康記本鄞縣南之回浦鄉，漢章帝章和中立，未詳孰是』均致疑辭。　章懷於徐登傳注云『縣名，屬會稽郡，本名回浦，光武改爲章安』。　亦用太康記之說。　元和郡縣志於處州，溫州，安固縣，台州，台州臨海縣下並云『後漢改回浦爲章安』而於福州則云『按治即今台州章安故縣是也，後漢改爲東侯官吳于此立典船都尉（原作曲船）主謫徙之人坐船於此。　晉置晉安郡領縣八，屬揚州，南朝以封子弟爲王』則並用兩說。　以回浦及治俱爲章安之地。

洪适隸釋始言續漢志有誤，胡三省通鑑注亦言之云『當云章安故回浦章帝更名；東候官故治，閩越地，光武更名，于文乃足』。　何焯讀書記錢大昕廿二史考異更申述之，錢氏云：

> 章安……案鄭巨君傳，舊交阯七郡，貢獻轉運，皆從東冶泛海而至。　所云東冶即會稽之冶縣，巨君以章帝建初八年爲大司農，其時尚稱東冶，則非光武更名明矣。　又攷班志冶與回浦本是二縣，意者東漢初嘗省回浦入鄞縣，故有回浦之稱。
>
> 東部侯國——案宋書州郡志候官前漢無，後漢曰東候官屬會稽，此『東部侯國』，當即東部候官之譌，漢時未見封東部侯者也。　又鄭巨君傳引太康地志云，漢武帝名爲東冶，後改爲東候官，是章安爲回浦，東候官爲冶，各不相涉。　太康志本自瞭然，志以章安爲故冶，疑未可信。　（吳志虞翻傳太守王朗亡走浮海，翻道隨營護，到東部候官，候官長閉城不受）。

沈欽韓後漢書疏證亦云：

> 彪志謂章安故治閩越地光武更名，按治當作冶，州郡志漢武帝世，閩越反，滅之，徙其民於江淮間者頗出，立爲冶縣，屬會稽。　司馬彪云：章安是故冶，然則臨海亦冶地也。　……後分冶地爲會稽東南二部都尉；東部臨海是也，南部建安是也。　如沈志，則治爲冶之訛甚明。　自來三國志諸書，或治或冶，錯見不一。　傳訛已久矣。　然章安與冶不得爲一縣，彪志於此甚謬。　按前志有冶有回浦，後漢有章安，無回浦。　則章安爲回浦之更名，東部候官爲冶之更名，通言之，章安永寧同是冶地，沈約書之亦可通，而非漢之冶縣也。
>
> （錢案冶本閩越之都，以冶稱閩越，猶如以梁稱魏，以劉稱趙，自亦可通。　凡

國越故疆，本可通稱冶地，但謂爲故冶縣地，聊辭矣，沈氏甚是）。　會稽典錄朱育對太守濮陽興云，元鼎五年除東越，因以其地爲冶，立東部都尉，後徙章安，陽朔元年又徙治鄞，或有寇害，復徙句章，如育言章安與冶不得爲一縣甚明。　其云東部都尉徙治所于鄞，於章安，後乃復於冶縣立南部耳。　朱育漢末人，比彪生於晉代者，爲得其實。

今案錢沈二氏之說深切著明無可非者，載籍所言皆章安非冶之證，楊守敬三國郡國表補正謂續漢志有奪譌，『故冶』二字以釋東冶，非釋章安，其說甚確。　王國維會稽東部都尉治所攷以章安爲回浦後漢會稽郡東部候官考以東部候官即冶，亦並同錢沈之說。　惟侯康補注續以爲後漢改冶爲章安改回浦爲永寧，回浦本甌越地所以東甌鄉析置永寧縣也，然東甌不在閩越南，前已辨之，王先謙漢書補注謂後漢之章安永寧皆前漢冶縣地，後又改爲東候官，然言故冶地則可，言故冶縣地則不可，是亦未可據也。

　冶在中國之東，故亦稱東冶，亦猶蜀亦稱西蜀，（史記李斯傳）羌亦稱西羌（後漢書西羌傳）史記『閩越王都東冶』漢書無『東』字，漢書嚴助傳『閩王擧兵於冶南』，注引蘇林曰『今名東冶』，此皆東冶即冶之證，從來無謂東冶非冶者，近葉國慶君作古閩地攷謂東冶非冶，其言曰『東冶設候官，故曰東候官；冶設東部都尉，以其屬會稽也，故曰會稽東部都尉。　後漢書鄭弘傳有東冶，又順帝紀有會稽東部都尉，兩各分稱，其證一也。　書所紀載曰冶設東部都尉，不曰東冶設東部都尉，曰東冶設候官，不曰冶設候官；有東冶候官互稱，無冶與候官互稱，其證二。　都尉候官類多分治，具見王氏所考』。　今案都尉軍官名，東冶地名，順紀載寇盜事，故稱軍官，鄭弘傳載轉運事，故稱地，兩事本不相關，各有所置重之處。　兩各分稱，不足爲都尉向不在東冶之證。　冶設都尉見於吳志虞翻傳注引會稽典錄，東冶設候官見於後漢書鄭弘傳引晉太康志，二者僅各有一條，何足證明不可以互稱。　此二條一言冶與都尉之關係，一言東冶與候官之關係，均未言冶與東冶之關係（譬如一條言甲與丙之關係，一條言乙與丁之關係，據此決不能證明甲與乙之關係，甲是乙或甲非乙。但另有一條言甲是乙，亦決不能據前兩條否定之）。　據此二條，誠不足證明東冶即冶，但亦不足證明東冶非冶。　今既有蘇林東冶即冶之說，此外更無東冶非冶之說，則蘇說自無從否認。　又謂冶即章安候官即東冶，然候官在章安西南，不在其東，方

位不合。　若果如此，當云南冶，不得云東冶也。　葉君之誤在於遵信司馬彪而否認司馬彪以前之證據，其詳誠有可稱，其東冶非冶之說，未可遽信也。

　　吳以後設置郡縣，凡其前爲漢回浦地者，大體皆在浙江，凡爲冶地者大體皆在福建，此二地自漢武以後，皆爲中國人所置郡縣，以迄唐宋，未淪於異族；非如西北諸邊，郡縣時設時罷。　雖間有叛變，而設置相仍，故其中郡縣，皆一系相承，班班可攷，今就二地分論之：

　　漢地理志『會稽郡回浦南部都尉治』（輿地紀勝云『東漢末吳分冶縣爲東南二部都尉，東部臨海，南部建安。　注，此據張勃吳錄，無年月可攷。　……詳臨海建安二縣建置之始，則在東漢之末，三國之初，始分爲東南二尉。　赤城志年表亦引宋志云漢末分東南二部都尉，東部臨海，南部建安。　意者漢時東南一尉，至孫權始分爲東南二部都尉也』）。　續漢書『會稽郡章安注引太康記本鄞縣南之回浦鄉章帝章和元年立，永寧永和元年以章安東甌鄉爲縣』，是回浦一地，東漢分爲章安永寧二縣，晉書地理志，『臨海郡，吳置。　統縣八：章安臨海始豐永寧寧海松陽安固橫陽』（參閱畢氏補正不具引）。　是東漢之章安永寧二縣，吳置臨海郡，晉仍之。　宋志云『臨海太守……孫亮太平二年立，領縣立，章安令；……臨海令吳分章安立；始豐令，吳曰始平，晉武帝……更名；寧海令，何志漢舊縣；……樂安令，晉康帝分始豐立』。　『永嘉太守，晉明帝太寧元年，分臨海立，領縣五：永寧令，漢順帝……分章安東甌鄉立；安固令，吳立；（本名羅陽吳志孫權傳注引吳錄羅陽今安固縣）松陽令，吳立；（寰宇記九十九本章安縣之南鄉，漢獻八年吳立爲縣，御覽州郡引輿地志略同）。　樂成令，晉孝武……分永寧立；橫陽令，晉武帝……立，以橫嶼船屯爲始陽，仍復更名』。　是吳之臨海東晉又分爲二郡矣。　元和郡縣志云：（新舊唐地理志輿地廣記太平寰宇記所載分合略同）

　　處州……越王無疆七代孫閩君搖佐漢有功，立爲東越王，都東甌，今溫州永嘉縣是也。　後以甌地爲回浦縣，屬會稽。　世祖改回浦爲章安，晉立爲永嘉郡。　梁陳因之，開皇九年，隋平陳，改永嘉爲處州。　（隋志永嘉郡注開皇九年置處州，十二年改爲括州）。

　　溫州……本漢會稽東部之地，……晉大寧中于此置永嘉郡，隋廢郡地入處州，

……高宗上元元年于永嘉縣置溫州。

台州……漢立東部都尉，本漢之回浦鄉，分立爲縣，……吳大帝時分章安永寧置臨海郡，……武德四年……置海州，五年改海州爲台州。

其中縣治分合，具詳元和志今不悉引，至唐代處州台州設置所在，則今地尚存，無煩考證，觀其分合大略如下。　大抵閩中唐縣率仍漢縣，有增設，有新闢，而鮮移治也。

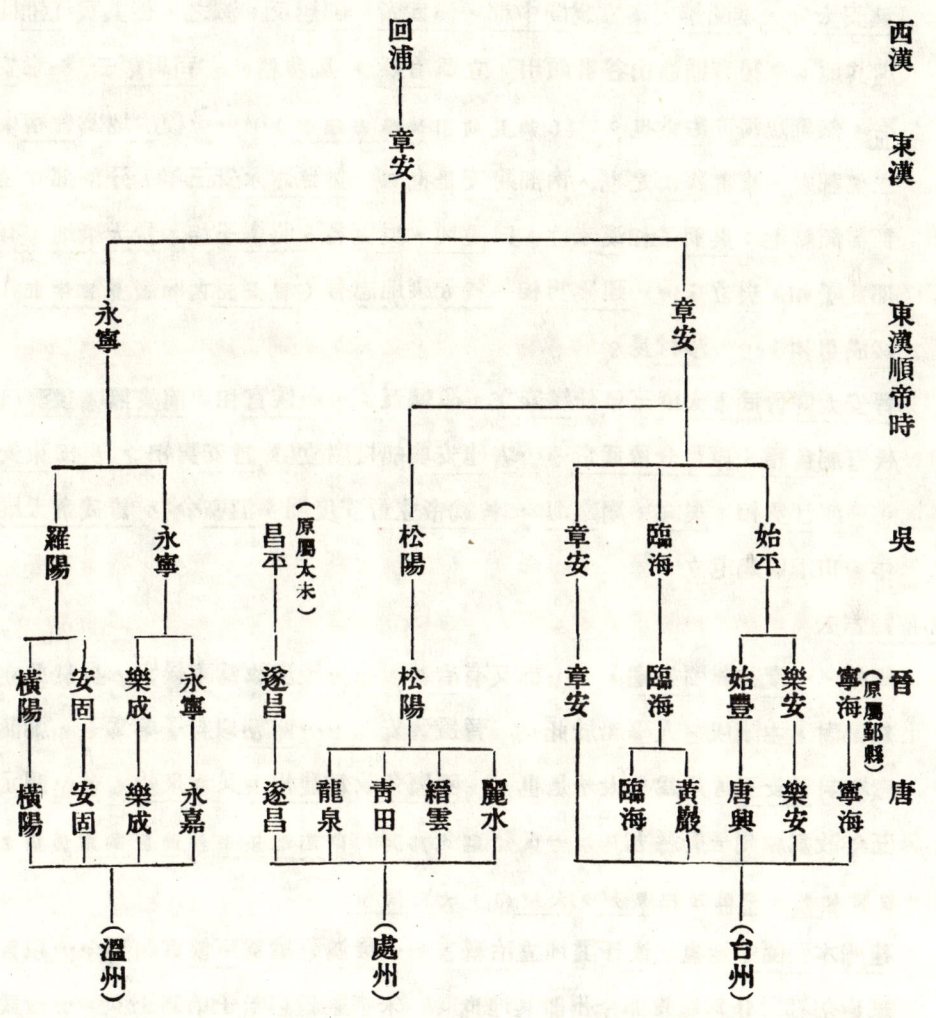

漢地理志『會稽郡冶，師古曰本閩越地』。　續志『會稽郡東部候官（原譌作國）晉書地理志『建安郡故秦閩中郡，漢高帝五年以立閩越王，及武帝滅之，徙其人，名爲東冶。　又更名東城後漢改爲候官都尉（當作都尉候官誤倒）及吳置建安郡，統縣

七：（畢沅補正云太平寰宇記晉廢建安郡以舊屬兼晉安郡。 東晉又立）。 建安，吳興，東平，建陽，將樂，邵武，延平』『晉安郡，太康三年置，統縣八：（畢沅補正云太平寰宇記東晉南渡，衣冠士族，多萃其地。 以求安堵，因立晉安郡。 今考沈志及晉地理志皆云，晉武帝太康三年，分建安立晉安郡。 則郡非東晉始立，可知樂史蓋誤）。 原豐，新羅，宛平，同安，候官，羅江，晉安』。 宋志云：

建安太守，本閩越，秦立爲閩中郡，漢武帝世閩越反，滅之，徙其民江淮間，虛其地。 後有遁逃山谷者頗出，立爲冶縣，屬會稽。 司馬彪云，章安故冶，然則臨海亦冶地也。 （辨見前引後漢書疏證）……復冶地爲會稽東南二部都尉，東部臨海是也，南部建安是也。 吳孫休永安三年，分南部立建安郡，領縣七：吳興子相漢末立，曰漢興，吳更名；將樂子相，晉太康地志有；邵武子相，吳立；……建陽男相，晉太康地志有（晉太元四年改見寰宇記）；綏成男相；……沙村長。

晉安太守晉武帝太康三年分建安立，領縣五：……候官相，前漢無，後漢曰東候官屬會稽；原豐令晉武帝……省建安典船校尉立；晉安男相，吳曰東安；……羅江男相，吳立，屬臨海，晉武帝立晉安度屬；溫麻令，晉武帝太康四年，以溫麻船屯立。

元和郡縣志云

福州……漢初爲閩越國，……郡又有冶縣，……後漢改爲東候官，吳於此立曲船都尉，主謫戍之人坐船於此。 晉置晉安郡……南朝以封子弟爲王，梁簡文帝初封晉安王，入爲皇太子是也。 陳廢帝改爲豐州，又爲泉州，……開元十三年改爲福州，管縣九。 ……（縣名略。 隋志建安郡注陳置閩州尋廢，後又置豐州，平陳改曰泉州，大業初，改曰閩州）。

建州本秦閩中地也，漢于其地立冶縣，……後漢改冶爲東候官，吳……以會稽郡南部都尉分爲建安郡今州即其地也。 宋齊梁皆以封子弟爲王。 ……武德四年……置建州，管縣五。 ……建安縣本漢冶縣之地，……又立建安縣，逐因不改。……

泉州舊泉州本理在今閩縣今泉州本南安縣也，……久祀元年……逐於南安縣置

武榮州，景雲二年改爲泉州即今理是也。

漳州本泉州地，垂拱二年析龍溪南界置。

汀州開元二十一年，福州長史……檢得諸州避役百姓，共三千餘戶，建置州。

綜上所舉，則今福建地方大都爲故冶縣所析置，其中沿革大略如下：

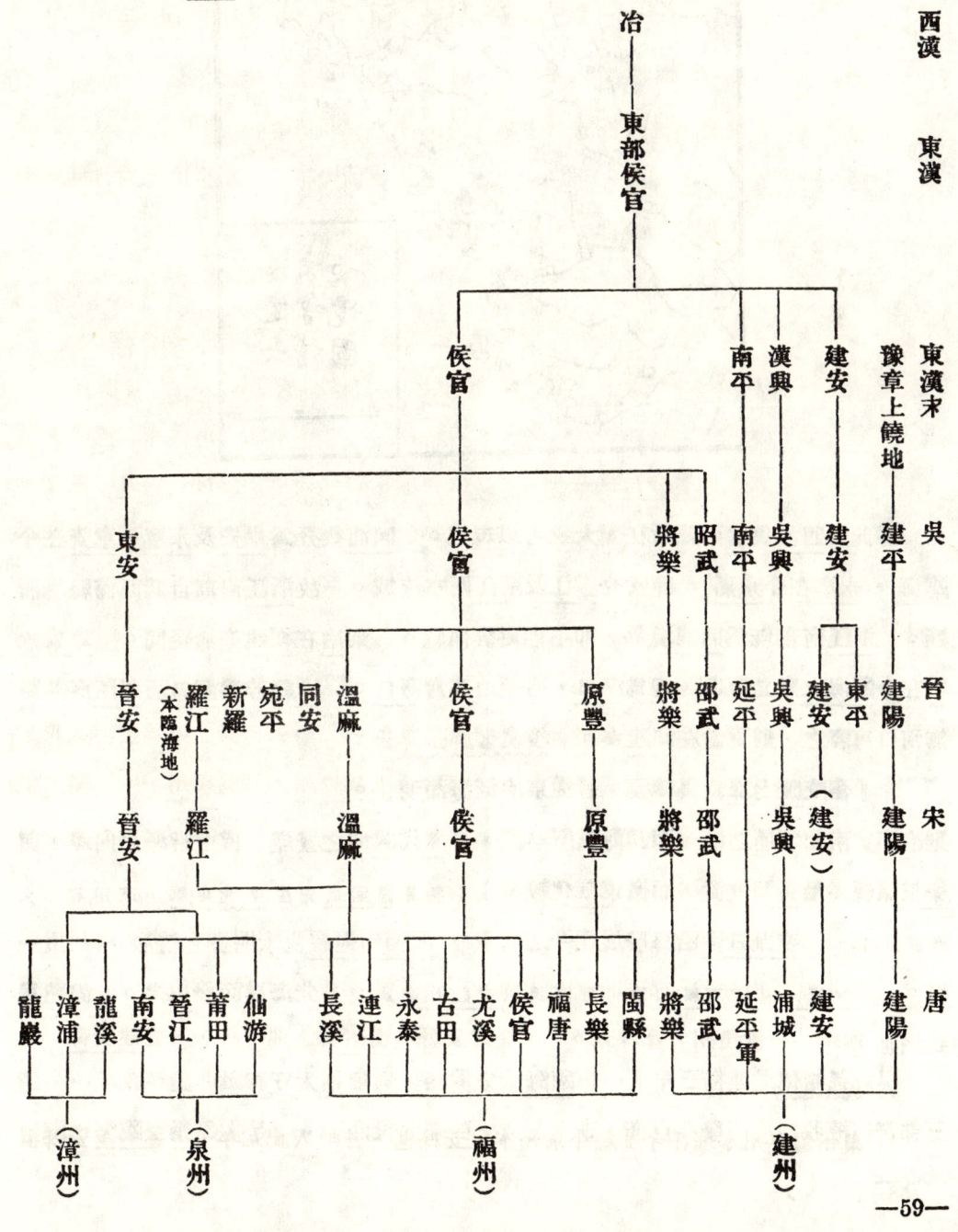

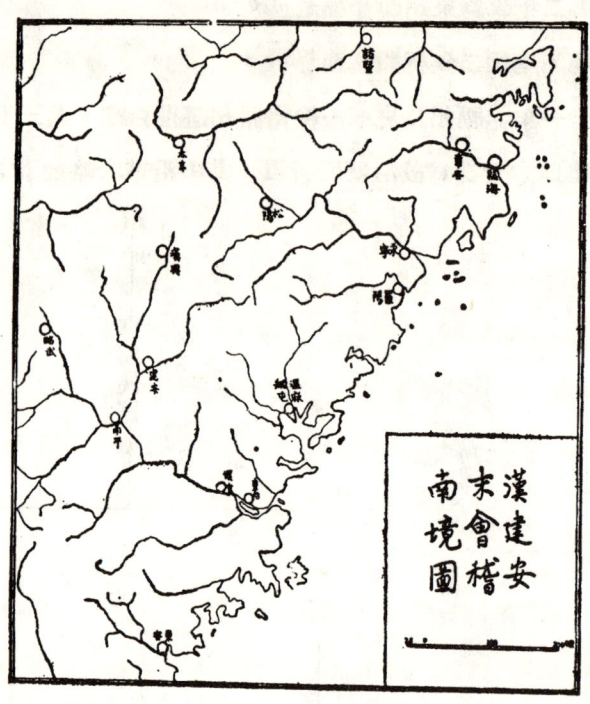

據此則回浦與冶兩縣所在，大致可以規定。　回浦後分爲章安及永寧，章安在今
臨海，永寧在今永嘉，即當今靈江及甌江兩水流域。　故浙江南部自爲回浦縣境無
疑。　浙江南部旣爲回浦境界，即不能更容他縣。　則冶在福建亦無疑問。　章安永
寧在今臨海永嘉二縣地，皆爲海口，冶縣地亦當海口。　冶縣若爲海口而浙江南部更
無海口可容之，則更當在福建矣。　後漢書鄭弘傳云：

　『舊交阯七郡獻貢轉運，皆從東冶泛海而至』。

則冶亦當南北轉運之樞，而爲海道所必經，蓋漢代閩地之發達，皆由沿海而內地，與
樂浪諸縣多沿黃海設置，而嶺東華化較淺；（參見傅孟眞先生東北史綱，茲用其中大
意於此）。　交阯日南沿海發展達今之南掌，而緬甸暹羅尙未開發之情形，如出一
轍。　（後漢永昌當有緬甸地但置郡遠較交阯日南爲晚）先海岸而後山嶽。　固殖民
通例也。

　吳志孫皓傳『連衡三年，……臨海太守奚熙，與會稽太守郭誕非論朝政，……遣
三郡督何植收熙，熙發兵自衞，斷絕海道，熙部曲殺熙』。　是從建業至臨海由海道

也。　後漢書衞颯傳云『先是含諢湞陽曲江三縣，越之故地，武帝平之，內屬桂陽。民居深山，濱溪谷，不出田租。　去郡遠者，或且千里。　吏事往來，輒發民乘船，名曰傳役。　……颯乃鑿山重道五百餘里，列亭傳置郵驛』。　是越地故無郵亭官道，以通吏事，惟賴舟船也。　惟其對京師交通率由海道，故治所必在海港，惟其於境內吏事賴舟船以通之，故治所又必沿江河，章安設置在靈江下游，永寧設置在甌江下游，卽由是故。　甌江以南，除閩江以外，無更大之河流，則西漢之冶，東漢之候官除今福州市附近以外，更無適宜之地矣。

　　漢時交阯北上海道大率從今廣州至今杭州灣附近，計今里約三千里，則海行當至少需月餘，其間淡水及糧食，自需在途中有供給之地。　今福州正當兩地之中央，則以福州爲停泊所，自爲最適。　吳志虞翻傳引吳書曰『翻始欲送朗到廣陵，朗惑王方平訊言，……故遂南行，旣至候官，又欲投交州』。　是南至交州必經候官也。　孫皓傳『建衡元年，遣監軍徐存，從建安海道就合浦擊交阯』。　東冶屬建安，建安海道，卽東冶海道，不云臨海海道，則東冶重於章安永寧可知。　吳於此設典船都尉卽以其地舘南北交通之故，其後盧循往番禺，陳羽寇永嘉，皆由海道，是閩地海重于陸也。　（漢代每於有特別性質之地設都尉，如水衡都尉主上林；關都尉主函谷，宜禾都尉主邊郡屯田，皆重職也。　吳蓋承其制，見宋志，及元和志。　吳志孫皓傳鳳皇三年送郭誕赴建安作船亦指此）。　又後漢書倭人傳『其地大較在會稽東冶之東』，吳志孫權傳『會稽東縣人　（會稽無東縣沿海縣上一字亦無以東名者，當爲東冶之誤）。海行亦有遭風至亶洲者』言對外交通而舉東冶爲例，是東冶且爲對外交通港口矣。

（吳在溫麻有船屯，晉改縣，見宋志。　其地在三沙灣，蓋東冶之補助港口也。　梁書海南諸國傳云『海南諸國大抵在交州及西南大海州上，……其西與西域諸國接。……其徼外諸國，自（漢）武帝以來，皆朝貢。　漢桓帝世，大秦天竺皆由此道遣使貢獻，及吳孫權遣宣化從事朱應，中郎康泰通焉……』大秦自交阯貢獻又見於後漢書大秦傳，當時海上交通之發達，由此可見。　吳志士燮傳『士燮爲交阯太守，出入鳴騎滿道，胡人夾轂焚燒香者，常有數十』。　胡人指西域之人，燒香乃奉佛之俗，交阯印度之交通，如不頻繁，度不至此。　後漢書陶謙傳稱丹陽人笮融大起浮屠寺，其事中原尙無先例，自係由於丹陽與海上交通之影響。　高僧傳言安世高來往於會稽南

海之間，亦在此稍前之事也。　丹陽會稽與南海突趾海上之交通，必經東冶，則東冶亦必爲西方之佛敎或沿海之道敎勢力所及之地，觀後漢書方術傳之徐登，與吳志士燮傳注引神仙傳之董奉皆東冶人，或『清靜禮神』，或得仙人之號，事皆與武帝時之越巫有別。　則閩中所受之外來影響深矣）。

吳增僅三國郡縣表考證云：

『洪志於建安郡屬，錄候官不錄東冶，考晉志建安郡故秦閩中郡，高祖以封南越王，及武帝滅之，徙其人名爲東冶，後漢改爲候官都尉，吳置建安郡，以候官屬焉，據此，則候官卽東冶矣。　然三國吳時候官東冶，史文幷見，吳志孫亮傳孫綝綝亮爲候官侯，呂岱傳會稽東冶五縣賊爲亂岱討之，五縣平定。　賀齊傳，王朗奔東冶，候官長商升爲朗起兵，據此諸文，候官東冶明爲兩縣。……考前漢冶縣爲今福州府治。　候官在福州西北三十里，……漢末旣立候官，尋又分爲東冶縣』。

案吳氏謂吳之候官不在西漢冶縣其事甚確，宋志『原豐令晉武帝太康三年省建安典船校尉立』。　候官相前漢無，後漢曰東候官屬會稽。　是晉時於福州附近，候官而外又別設原豐（原豐治所卽在東冶詳上）原豐不言分候官立而曰省建安典船校尉立，則原豐晉時當非候官也，其治所亦不當同在一城。　唐之候官縣距閩縣（卽原豐所改）三十一里（元和志），當卽仍晉時舊治也。　惟吳氏謂在吳時東冶曾設縣，則尙無確證。　呂岱傳所言東冶五縣，蓋謂故東冶境五縣，非謂東冶爲五縣之一，如爲五縣之一，當云東冶等五縣，或並舉縣名，不云東冶五縣也。　王朗奔東冶，候官長商升爲朗起兵，不言東冶有長令，是亦惟候官置長之證。　（吳志虞翻傳朗亡走……到東部候官，長閉城不受，翻往說之，然後見納。　若東冶別有令長，朗自可先依東冶矣）。大抵漢平閩越後，以其都爲冶縣。　而設會稽東都都尉。　（虞翻傳引會稽典錄）準諸西北邊境之例，當自有候官，惟冶旣爲縣治，則候官當不在冶，班志例不載候官，無從知其實耳。　（東漢西北諸郡候官大體依西漢之舊，楊雄傳東南一尉，西北一候，孟康謂尉指會稽都尉，二者迥稱，當情況相若，故東漢罷諸都尉，獨不罷北邊與此也）。及東漢省併諸縣，冶地遂併入候官而候官治所如故。　冶縣舊治，雖未設長吏，然爲行旅所必徑，此鄭弘傳所以稱從東冶泛海者也。　載籍所以或稱候官，或稱東冶者以

此。（猶如前烟臺爲福山縣屬，言海道，則稱烟臺；言政治區域，則稱福山；二者本不相悖也）。　東漢季年，候官改縣，（虞翻賀齊傳均言候官長，候官有長其已證縣可知），東冶爲南都都尉治，吳遷南部都尉於建安，而於東冶設典船都尉。　晉又以典船都尉爲晉安郡，以其治所爲原豐縣，而候官東冶行政上遂各不相兼矣。　（侯康後漢書補注續云：『晉志於候官下繫都尉二字，語亦未明。……此實南部都尉治也。宋志引張勃吳錄云後分冶地爲會稽東南二部都尉，東部臨海是也，南部建安是也，案臨海即章安，吳時立。　建安郡，分東候官置。　漢末建安初年立，卽以年號爲名，張勃此文據後來地名稱之，在後漢則東部治章安，南部治東候官也。　吳志賀齊傳…………策遣永寧長韓晏領南部都尉，將兵討升，以齊爲永寧長，晏爲升所敗，齊又代領都尉事。　案韓晏賀齊因討候官長，而領南部都尉，此卽南部在候官之明證。　賀齊傳又云候官既平而建安，漢興，南平復亂，齊進兵建安，立都尉府，是歲八年也。　爲此知前時南部雖治東候官，非卽後來立建安縣之地，故賀齊至是始立都尉府。　參觀諸書，南部治所凡三易，前漢治同浦，——見前志——後漢治東候官，建安初分東候官立建安縣，又移建安，其可見者如此。』今案侯說是也，惟王朗奔東冶，言有縣長而不言有都尉，則晉志所稱之都尉，亦非常置，故孫策之討王朗，權使縣令領之。及賀齊平建安諸縣，定治建安，乃爲常職耳。）

兩漢戶籍與地理之關係

勞　榦

戶口數目之升降

　　在二千年以後的現在，要對於二千年前人口的增減和稀密得一個很明確的輪廓，誠然不是一個容易的事。　我們現在只可憑正史的記載來估計，但正史所根據往往不是實際戶口數目而是納稅戶口數目，其中可靠程度自然要打個折扣。　依常例推測，每經一次大亂總有許多人口流亡，流亡的人口總是流動的，縱有能容納流亡的地方，也未必能全登載籍，因此人口總數便突然減少。　實際却不盡然。　再則人口數目的紀載只要不是同一個來源，往往有很大差異；如果拿來比較，結果會有許多不合理的增加和減少。　在這種種困難情形之下，直使人難於着手，而不能得到有力的結論。所以我們現在只可以將沒有矛盾的史料，依時代來排列，而互相矛盾的史料，則將史料來源加以辨別，再尋求比較可以說的過去的結論。

　　秦漢之際經過一次大的混亂，人口流亡，舊的都會變作荒涼地方。　漢書（以下凡引漢書者但標子目）陳平傳：

> 『高帝南過曲逆，上望其城室屋甚大，曰乚壯哉縣！　吾行天下獨見雒陽與此耳。コ　顧問御史曲逆戶口幾何，對曰乚始秦時三萬餘戶，間者兵數起多亡匿，今見五千餘戶。コ　於是召御史更封平為曲逆侯，盡食之，除前所食戶牖。』

可見漢初有些地方戶口尚不過秦時六分之一，但事後來招集流亡的結果，文景時許多地方都在高帝時一倍以上（見高惠功臣侯表序）。　自然流亡人民不見得都回故土的，我們看吳國和越國向來是斷髮文身，至戰國時越國亡後便寂然無聞於世，荊王劉賈也不值黥布的一擊。　但到吳王濞招致天下亡命者以後，會稽一郡居然產生了不少聞人（詳後），當然是中原去的人帶的中原文化無疑。

西漢人口增減的大勢，從循吏傳序可以看出來：

> 『漢興之初，反秦之敝，與民休息……天下晏然。　民務稼穡，衣食滋殖。
> 至於文景，遂移風易俗……而民從化。　孝武之世，外攘四夷，內改法度，民
> 用彫敝。　……孝昭幼沖，霍光秉政，承奢侈師旅之後，海內虛耗。　光因循
> 守職，無所改作。　至於始元元鳳之間，匈奴鄉化，百姓益富。　……及至孝
> 宣……興於閭閻……厲精爲治……稱中興焉。』

可知漢代人口在宣帝以前是日就增加的，武帝時雖然『外攘四夷，內改法度』但人民
的流徙，當然較死亡爲多。　而且當時政治有相當的安定，二百餘萬的流民都安置到
北邊（萬石君傳），尙有移就寬鄉的利益。　宣帝時雖然有人說一般二千石『僞自增
加，以蒙顯賞』（循吏傳）但這是沒有憑據的話。　現在姑不論宣帝是『信賞必罰綜
核名實』的人，不能隨便欺詐；卽令有之，而人口增加卽賦稅增加，二千石對於這新
增的算賦，從何處賠起？　大概漢代奉祿，並不十分充裕，一般官吏自要從賦稅中設
法，有人將『陋規』歸公來蒙顯賞，自然就有人不願意了。　所以武宣之世，人口定
有增加。

由宣帝到西漢末年又有五十多年，這五十多年人口又增加將近一倍，張敞傳云：

> 『山陽郡戶九萬三千，口五十萬以上。』

漢書地理志平帝元始時山陽郡的戶口則爲：

> 『戶十七萬二千八百，口八十萬一千二百。』

山陽郡在元帝以後是天災人禍頻經的（見元紀成紀哀紀），　尙能增加將近一倍，其
餘各地更可想而知。　王鳴盛十七史商榷云『元始王莽秉政，戶口之盛，必多增飾。
班豈不知，蓋取最後之籍以爲定，不必以其盛也。』　這話是不見得對的，第一王莽
增飾元始戶口並無直接證據可以斷定，第二班固所見的西漢人口總數的記載，必不僅
元始而已，如果增加得沒有道理，班必不取。　再王莽時如有增飾，也在改郡國名稱
的時候。　元始初年王莽初政，百三郡國非盡王莽私人，何能盡從王莽之意？　（東
郡戶口亦不少當時東郡正爲反對王莽的翟義）。

經過王莽末年的騷亂，人口數目又突然降下。　東漢人口從續漢書郡國志劉昭注
所引伏無忌的伏侯注可以看出增減的大勢。　今列其口數如下：

年代	口數	對中元二年之百分比
光武中元二年	21,007,820	
明帝永平十八年	34,125,021	163%
京帝章和二年	43,356,367	209%
和帝永興元年	53,256,229	254%
安帝延光四年	48,690,789	232%
順帝建康元年	49,730,550	237%
沖帝永嘉元年	49,524,183	236%
質帝本初元年	47,566,572	227%

以上的數目以和帝時為最多，這正是後漢書和帝紀論所說『自中興以後，迄於永元，雖頗有弛張而俱存不擾，是以齊民歲增，闢土世廣。』　自和帝以後突然減下去，大概由於羌禍，當時羌人居然『寇三輔，東犯趙魏，南入益州，殺漢中太守』（安紀永初二年），『寇河東，遂至河內』（永初五年）自然要增加不少的流亡。　及『詔隴西徙襄武，安定徙美陽，北地徙池陽，上郡徙衙』（永初五年），則西北各郡的一部分人民自然非逃即虜，人口總數是不能不大受影響的。　順帝以後稍有增加，正是流亡稍能定居之故，但當時正在梁冀當政的時代，『吏人齎貨求官請罪者，道路相望』（梁冀傳），吏治決不會清廉，沖質二帝時代人口略有減少，匿報的事大概是不能免的。

此外紀載東漢人口的另外又有個系統：

永和中（順帝）	53,869,588	（續漢郡國志注引漢官儀）
永嘉二年（沖帝）	61,086,224	（同上引帝王世紀云較前增 7,216,666）
永壽二年（桓帝）	56,486,856	（晉書地理志）

和前所引伏侯注相差甚遠，大抵伏侯注所載為徭役戶籍，此則並復除而言。　從永和到永壽十年之中增加二百餘萬當然是很可能的事。　據華陽國志桓帝永興二年巴郡的口數較郡國志所紀多出八十萬，或者根據的也是並復除者而言，但在此時候人口有增加是的確的。　永和到永嘉五年中從五千萬人口中增加七百餘萬，即五年中自然增加率為百分之十四，這個比例固然不算小，却也不是不可能。　劉昭注說『應劭漢官儀

……應載極盛之時，而……含永嘉多取永和少良不可解，皇甫謐校聚精審復并認記，未詳孰是，」則此數目中似尚有問題，不過劉昭注並無確切證據，我們不妨認應劭和皇甫謐所舉都可以相信。　至於桓帝時人口較冲帝時減少的原因，大概因為天災和人禍的頻仍，所以人口逃亡了。

人口的流亡與災荒和兵禍有密切的關係，現在凡有記載的災荒或兵禍，不論災情的輕重或災區的大小，只要在一年內所發生卽作為一次，如果一年中有幾處地方發生災荒或兵禍也只作一次災荒或兵禍算，如果同一災荒或兵禍延長兩年，則作兩次算。外寇內侵算，向外征伐不算。　如此，可列表如下：

世代	年數	災荒數	兵禍數
光武	三三	六	二一
明帝	一八	一	二
章帝	一三	二	四
和帝	一七	八	五
殤帝	一	一	一
安帝	一九	一四	一三
順帝	一九	九	一一
冲帝	一	一	一
質帝	一	一	一
桓帝	二一	一五	一六
靈帝	二一	一一	一七
獻帝	三二	七	一八

因為西漢的人口數目，只有元始時代可考，無從比較，所以未將西漢災荒和兵禍的次數列出。　東漢在和帝以前兩者的比例數都不大，所以人口增加。　安帝以後災荒和兵禍次數較多，所以人口的增加究竟比較安帝以前遲緩，而且有減少的時候，因此我們不能不注意天災和人禍在人口數目變化中影響的重大。

關 東 區 域

現在先討論關東的所在：

漢都函谷關以西，凡函谷關以東，應當都是關東，但依照漢人普通的習慣，却不盡如此。　關東固然可完全指函谷以東（見日知錄山東條），但也可以只包括江淮以北，沿北邊諸郡以南一帶地方，武帝紀元狩四年：

> 『有司言關東貧民徙隴西北地西河上郡會稽凡七十二萬五千口』

則長江流域的會稽，自然不在關東的範圍以內了。　貢禹傳：

> 『諸官奴婢十萬餘人……宜免爲庶人稟食代關東戌卒乘北邊塞候望』

則北邊諸郡又應當在關東範圍以內了（見趙充國傳賈捐之傳）。　本來關東在漢代只是一個廣泛名詞，他的範圍在漢代也本來未曾嚴格規定。　所以我現在爲方便起見，不妨將北邊除去燕代的舊疆，南邊除去荆揚二部，將淮河以北函谷和太行以東假定爲本篇中的『關東』。

關東大體上是距海面上二百尺以下的平原，既不似西北各處的沙漠和山嶺，也沒有東南各處江湖和藪澤。　自然在畜牧和農墾上是阻力最少的地方，我們不必繁徵博引，只要看一看殷商的都邑，和春秋參與盟會的諸侯所在，就知道這個地方在古代的中國是如何的重要。　我們在先秦的書籍和史記裏面很可以找出不少關於這些地方農業的發達工商的進展和人口繁密的記載，最可以注意的是漢代的濟陰郡，郡界不過相當現在曹州附近四縣的地方，而人口却就有一百三十多萬；他的發展，自然和各方面農工商業都有關係的，而我們尤其應當注意的却是這個地方爲什麼發展。　濟陰卽戰國之陶，史記貨殖傳：

> 『范蠡……之陶爲朱公，朱公以陶爲天下之中，諸侯四通，貨物所交易也，乃
> 治產積居與時逐……十九年之中三致千金』。

可知陶的發展，就因爲地方適中和交通便利的關係，不然陶距當時的名都，臨菑，曲阜，新鄭，洛陽，大梁，邯鄲，固然都不很遠。　但距雍，郢，並不算近。　只能算關東之中，如何能算天下之中？　以政治言周公營洛邑取其道里相均（見召誥），以軍事言戰國時人所說韓魏天下之樞都在陶以西數百里，可見先秦政治軍事中心的地理方位是和經濟的中心是不一致的。　陶爲天下之中的所謂天下只應當專指當時經濟的天下而言，自然不會包括西陲的都邑了。　梁惠王不攻趙而先舉秦，齊閔王不取宋而

先經營燕，或者更爲聰明些，所以不如此做，完全受了關東財富的引誘。　　結果關東諸侯戰爭的互相疲弊，使秦得以從容經營巴蜀的富源，而卒以吞併天下。

秦併天下以後徙天下富貨和豪傑於關中和巴蜀，對於關中的富力固然增加，但關東的富源，是不能移到秦國本部的。　　所以到漢代關東仍代表大部分國家的財富，我們從下列幾點可以看出關東的發展。

（一）農業──漢代最重要的生產是農業是毫無疑問的事，我們只看看當時一般人所發的重農論調，就知道當時農業是如何的重要，這種情形自不僅關東爲然，現在所要討論的不是關東的農業是不是重要的生產，所要討論的是關東農業比較其他地方究竟發展到如何的地步。　　我們現在看起來漢代領土除去關中和巴蜀均不足與關東相比擬的，而關中的糧食還要仰給於關東。　　在漢書本紀上面邊郡的災荒往往不大理會，而關東的災荒則大書特書。　　其實邊部大都在高原和沙漠，雨量自然遠不及關東，災荒自應當較關東爲頻繁，但因爲人口稀少和糧食出產不及關東的重要，所以闕而不書了。

漢代關中仰給關東的糧食，我們可以得下列的證據：

元鳳二年詔曰：『朕閔百姓未贍前年減漕三百萬石』。（昭帝紀）

鄭當時爲大司農言乚異時關東漕粟從渭上度，六月罷，而渭水道九百餘里，時有難處。　　引渭穿渠起長安旁南山下，至河三百餘里，徑易漕，度可令三月罷，罷而渠下田萬餘頃，又可得以溉，此損漕省卒，而益肥關中之地得穀。帝以爲然，令齊人水工徐伯表發卒數萬人，穿漕渠三歲而通，以漕，大便利。　　其後漕稍多，而渠下之民頗得以溉矣。　　後河東守番係言，漕從山東西歲百餘萬石，更底柱之艱，敗亡甚多。　　而煩費穿渠引汾，溉皮氏汾陰下，引河溉汾陰蒲阪下，……度可得穀二百萬石，……數歲河移徙，渠不利，田者不能償種。（溝洫志）

又與十餘萬人築衞朔方，轉輸甚遠，自山東咸被其勞。（食貨志）

張良……曰……夫關中……阻三面而固守。　　以一面東制諸侯，諸侯安定，河漕輓天下西給京師，諸侯有變，順流而下，足以委輸。（張良傳）

陳留天下之郊，四會五達之區，今其城中多積粟。（酈食其傳）

秦轉濱海之粟致之西河。（伍被傳）

夫漢幷二十四郡，十七諸侯，方輸錯出運數千里不絕於道，其珍怪不如東山之府，轉粟西鄉，陸行滿河，不如海陵之倉。（如淳曰言漢京師仰須山東漕運以自給也）（枚乘傳）

秦……又使天下飛芻輓粟，起於黃腄琅邪負海之郡，轉輸北河，率三十鍾而致一石。（主父偃傳）

從上可知秦漢建都關中之時，不僅關中需要大量的關東糧食，卽朔方北地一帶的糧食也是從關東運輸去的。　當時運輸的道路，大抵是在滎陽以下，分許多運河總共集中在滎陽。　運到滎陽以後，停儲在敖倉再行轉運上去。　敖倉旣然存儲大量的糧食，所以劉項的爭雄，景帝時和吳楚七國的叛亂，都以敖倉的得失爲成敗的關鍵。　雖然敖倉儲存下的糧食，是產自關東的。

關東農產的發展，固然仰仗天賦下一望無際的平原，但除此以外溝渠的發展也很有可觀。　禹貢一書完成的時代至晚當在戰國之世，從他紀載的詳略看去的確是關東人所作。　其中隨山導川，任土作貢，計畫的周密，調查的詳明，可以反映當時水利的大概。　此外關於水利的紀載如西門豹治鄴和鴻溝午道的開鑿之類，亦多有可指。　關東水工是經過長時間訓練的，秦人後來開渠仍然仰仗着關東的水工，如鄭國之流。　秦漢以後關東的水利更爲發展，史記河渠書漢書溝洫志所載除去關中蜀郡北邊一小部分外，大體都是屬於關東的。　水經注所載有水和無水的舊陂，也大部是在關東。　關東旣得着天賦的膏腴，更得着人工的灌漑，自然成了中國的穀倉了。

　（二）工織——田野開發農產豐富的地方，人口自然較其他未開闢的地方爲稠密，因之器用的產量也就增多，所以在農產區中的都會也就很容易，成爲附近區域的工業中心。　關東物產是豐富的，人口是繁密的，原料的供給，製造品的售賣，是不容易成問題的，自然有成爲當時中國工業最發展區域的可能。　漢書地理志中有工官的郡凡十，計河南郡，南陽郡，濟南郡，泰山郡，潁川郡，河內郡，蜀郡，廣漢郡，據續漢郡國志注說『凡郡縣有工多者置工官主工稅物。』　卽工人多的郡縣置工官，主製造物品和收稅，製造物品是供給皇室用的，其發賣者則由工官收稅，由此可知設工官地方，就是工業發達的地方，而其中除過兩郡在巴蜀外，其餘都在關東。

漢書地理志除工官以外，還有服官，所在爲陳留郡襄邑，齊郡臨菑，其中齊郡的服官似乎規模更大，元帝即位時貢禹上疏稱『齊三服官作工各數千人，一歲費數鉅萬』。　急就篇『齊國給獻素繒帛』，地理志謂『齊俗彌侈，織作氷紈綺純麗之物，號爲冠帶天下』，到元帝初元五年從貢禹言罷去。　但不久又恢復，所以哀帝即位又詔『齊三服官諸官，織綺繡難成害女工之物皆止作無輸』。　末言罷齊三服官，止言止作害女紅之物，可見三服官至哀帝尚未廢。　故後漢章帝紀尚有關於三服官的紀載，任城距齊國不遠，大抵也是出縑帛的地方，流沙墜簡：

> 『任城國亢父縑一匹，幅廣二尺二寸 ，長四丈，重二十五兩，直錢六百一十八』。

能遠及邊塞可知其產量了。　襄邑一地是織業的中心，元紀注『襄邑出文繡』，鹽鐵論本議『兗豫之漆絲絺紵』，王充論衡程材篇云『齊部世刺繡 ，恆女無不能 ，襄邑俗織綿，純婦無不巧』。　續漢輿服志『襄邑歲獻織成原文』，左思魏都賦『襄邑錦繡』，尚書正義和南齊書輿服志，也都說漢世袞衣和繡錦是出在襄邑的。　睢陽屬梁國距襄邑甚近，也是織業中心 ，灌嬰本爲睢陽販繒者 ，太平御覽八百十九引晉陽秋『有司奏依舊調房子睢陽綿，武帝不許』，元和郡縣志河南道『宋州出黃綿』，可見後世還承漢代之風，又國策『強弩之末不能穿魯縞』，鹽鐵論『齊陶之縑』，可見從現在的開封經過曹州兗州，泰安到青州一帶都是漢代產布帛的區域。

　　鹽鐵──鹽鐵是晚周的新興工業，史記貨殖傳對這些人是特別注意的，但他們所在的地方却大部分在關東和蜀郡，史記貨殖傳云：

> 『猗頓用鹽鹽起，(集解『孔叢曰猗頓魯之窮士也，……適西河，大畜牛羊於猗氏之南』) 而邯鄲郭縱以鐵治成業，與王者埒富』。
>
> 『燕……有魚鹽棗栗之饒；……齊帶山海，多文綵，布帛魚鹽；……陳在楚夏之交通，魚鹽之貨，其民多賈；……山東食海鹽，山西食鹽鹵，領南，沙北，固往往出鹽，大體如此矣』。
>
> 『蜀卓氏之先趙人也，用鐵治富，秦破趙遷卓氏，……臨邛』。
>
> 『程鄭山東遷虜也，亦冶鑄，賈椎髻之民，富埒卓氏俱居臨邛』。
>
> 『宛孔氏之先梁人也，用鐵治爲業，……家致富數千金』。

鹽鐵的出產，固然不限於關東，但關東爲人口密集之區，所以鹽鐵業在關東特別易於發達，蜀郡的卓氏程氏也是由山東遷去的。

漢書地理志所載有鐵官凡四十六，其在關東諸郡的有宏農二，濟南二，東海二，河內，河南，潁川，汝南，南陽，山陽，沛郡，魏郡，常山，千乘，太山，齊郡，東萊，琅邪，中山，膠東，東平，城陽，魯國，楚國，各一，計在關東的凡二十六，居鐵官總數的大半。　鹽官凡三十五，其中東萊五，琅琊三，北海二，鉅鹿，勃海，千乘，各有一個鹽官。　計在關東的凡十五，亦將近一半，其不在關東的只上郡有鹽官二，其餘各郡只有一鹽官，決不如東萊，琅邪規模之大。　則魚鹽之利，當然要數齊國舊疆爲最了。

王莽所作的五均六筦，實亦承受西漢的鹽鐵酒榷均輸，不過西漢的酒榷，均輸，鑄錢，名山大澤，統包在鹽鐵一個大題目之下，則鹽鐵的重要似乎不是可疑的事，王莽後竟因此爲失去關東原因之一。

(三)商賈——關東的商業，向來比關以西爲發展的。　我們看管子施政的方針，就和商君書有許多地方不同。　到戰國末年呂不韋以陽翟大賈，居然能左右萬乘大國。　在史記貨殖傳所紀，也大都分都在關東，因爲商業的發展地方也就是人口集中的都市，所以王莽時五都之市，（洛陽，臨淄，宛，邯鄲，成都。）有四個是在關東的。　陳豨起自趙代，公孫瓚起自燕南趙北，都距邯鄲不遠，所寵多商販庸兒，後卒因此致敗。　陳豨和公孫瓚皆一代驍雄，決不能無故授人以柄，其中有經濟關係，可想而知。　所以趙王彭祖爲賈人權會，遂可多於國租。　而劉盆子後半世的生活也僅恃均輸之稅。

因爲一切生產關東比其餘地方發達，人口也比稠密。　據漢書地理志，河南，東郡，陳留，南陽，潁川，均在一百五十萬人以上，而三輔反無過百萬者。　三輔地本非甚小，且經過若干次移民，而仍不及關東，可見關東地理環境之優越。

在人口比較稠密，產業比較發達狀況之下，當然貧富比較懸殊。　因之在豪富之家自然奢潛逾恆，所以女樂較爲發達。　而過剩的人口變成游食之民，所以生出說士和遊俠的現象●

戰國之時，已經有許多人離開田地，史記蘇秦傳『且使我有洛陽負郭田二頃，吾

豈能佩六國相印乎』？　　就是不能得百畝之稅，方做說客的（食貨志或耕豪民之田見
稅十五亦同此。）　　這種情形，自不能見於『寬鄉』。　　在漢初說士有齊人婁敬，羊勝，
公孫詭，鄒陽；楚人陸賈，伍被；薛人叔孫通；范陽人蒯通；高陽人酈食其；河陽人
息夫躬；趙人江充。　　無一人爲三輔涼州者。　　後來漢代的政治漸漸安定，諸侯亦不
能自置二千石。　　『說士』這一條路雖然走不通，但漢武又闢新的選舉方法，使士有
所歸。　　（見武紀元光元年，五年，元朔元年，元狩六年。）　　此外燕齊的方士，且
有得封侯尚主者。　　關東才智之士自不至窮而生變了。　　其時關東舉士之多，觀東方
朔傳可知。

> 『武帝卽位詔天下舉方正賢良文學材力之士，待以不次之位，四方之士多上書
> 言得失，自衒鬻者千數。』

其時所得之士，如公孫弘，嚴助，朱買臣，吾丘壽王，嚴安，徐樂，主父偃，東方
朔，終軍，枚皋等，無一人是關西將家之子。　　這正是關東關西的分際。　　但取士本
不止一端，史記龜策傳所稱『武帝卽位，博開藝能之路，悉延百端之學，通一伎之士
咸得自效。』　　確也是實在情形，因爲從先說士本非一端，決不是『縱橫家』三字所
能概括的。

　　其次是游俠之風，這也是繼承戰國諸公子養士之習的，漢書遊俠傳序云：

> 『陵夷至於戰國……列國公子，魏有信陵，趙有平原，燕有孟嘗，楚有春申，
> 皆籍王公之勢，競爲游俠。　　雞鳴狗盜，無不賓禮……及至漢興……代相陳
> 豨，從車千乘。　　而吳濞，淮南，皆招賓客以千數。　　外戚大臣魏其，武安之
> 屬，競逐於京師；布衣遊俠，劇孟，郭解之徒，馳逐於閭閻。』

這都是在人口繁密地方，優豫生活狀態之下產生的。

> 戰國策齊一『臨菑甚實而富，其民無不吹竽鼓瑟，擊筑彈琴，鬬雞走犬，六博
> 蹋鞠者。』　　（此雖未明言游俠，但『鬬雞走犬』和『六博』都是游俠的事，
> 觀下例可知：漢書宣紀『高材好學，然亦喜遊俠鬬雞走馬。』漢書袁盎傳『盎
> 曰劇孟雖博徒，然母死送喪客千餘乘，此亦有過人者。』漢書遊俠傳『陳遵字
> 孟公杜陵人也，祖父遂字長子，宣帝微時與有故相隨博奕數負進。』漢書朱傳
> 傳『好客少年捕搏敢行稍遷爲功曹仇俠好交。』）

可知戰國的齊已有此等現象了。　游俠之徒旣然是鬪雞，走犬，蒲博無所事事，必不是有煩重事務的人所能做的。　只有貴族和豪民方能做到，此外亦只有無業游民而依附於貴族及豪民者。　此卽所謂養士之『士』，若無人養，他們便自己組織起來，卽是遊俠。　漢時他們的首領劇孟『家無餘十金之財』而郭解『貧不中訾』此等人不必盡豪富也。　但他們必須在國內『財富的中心』，然後所用的錢，方有來源。　（此亦猶清代北京如非都城，亦不能有人『吃倉訛庫』也。）所以遊俠必須在人口繁密，生活優豫之地方。

我們從史記遊俠傳知道他們大概都是關東人。

『魯朱家與高祖同時，魯人皆以儒教，而朱家用俠聞。　……自關以東莫不延頸。』

『楚田仲以俠聞，喜劍，父事朱家。』

『周人以商賈爲資，而劇孟以任俠顯。』

『劇孟死家無餘十金之財，而符離人王孟亦以俠稱江淮之間。　是時濟南瞷氏，陳周庸，亦以豪聞，景帝聞之使使盡誅此屬，其後代諸白，梁韓無辟，陽翟薛況，陝韓孺紛紛復出焉』（集解陝擬當作郟潁川有郟縣南越傳郟壯士韓千秋也索隱陝當作郟）。

『郭解軹人也。　……徙豪富茂陵……上曰布衣權至使將軍爲言此其家不貧，解家遂徙，諸公送者出千餘萬。』

可見五陵遊俠是漢武帝徙豪富遊俠以後的事，以前只限於關東。　在漢書遊俠傳所補的幾個人，大概都是依附權門，自命爲遊俠而已，和史記所載的遊俠，完全『貌似神非』了。

其三是女樂，邯鄲是戰國產生女樂的地方，秦漢以後此風尙盛，所以李斯諫逐客書提到趙女，秦始皇和趙王遷的母都是邯鄲倡。　漢魏外戚傳中后妃以邯鄲倡進的甚多，在其他各傳中也能看出些例子，如：

江充傳『趙國邯鄲人也有女弟，善鼓琴，歌舞，嫁趙太子丹。』

類聚五七引王粲七釋『邯鄲子女，三齊巧士；名唱祕舞，承閑幷理。』

可見趙女的歌舞已成爲一種風氣，故澠池之食秦使趙王鼓瑟，其見於漢代者如：

楊惲傳『婦趙女也，雅善鼓瑟。』

鹽鐵論通有『趙中山帶大河，纂四通神衢，商賈錯於路，諸侯交於遺。　然民淫好末，侈靡而不務本，田疇不修，男女矜飾，家無斗筲，鳴琴在室。』

萬石君傳『有姊能鼓瑟。』

則良家婦女皆然，不限於倡伎了。　但善於音樂不限於趙地的，如：

戰國策齊一『其民無不吹竽鼓瑟，擊筑彈琴。』

齊王將閭傳『魏勃父以善鼓琴見秦皇帝。』

淮南王安傳『好書鼓琴。』

藝文類聚五十七張衡七辯『安存子曰淮南清歌，燕餘材舞，列乎前堂，遞奏代叙。』

定陶恭王傳『長多材藝習知音聲。』

初學記十五袁安伭酣賦『拊燕竽，調齊笙，引宮徵，調清平。』

其他都在東方，而秦人却只知道原始打擊音樂的缶，（史記藺相如傳李斯傳，）由是知東西習尚之不同和文化程度及社會狀況之各異了。

因爲東方生活狀況之不同，所以人口最密的齊人，也就是最詭詐的：

梁孝王傳『招延齊人羊勝，公孫詭鄒陽之屬，公孫詭多奇邪計。』

公孫弘傳『汲黯庭詰弘曰齊人多詐而無情，始與臣建此議今皆背之。』

張湯傳『王朝齊人，以術至右內史。』

在關中地方完全和關東不同，只有蜀却很相像文士有司馬相如揚雄，巧侫人有王商傳所載的張匡和儒林傳的趙賓，貨殖傳中除去關東人以外，還有巴寡婦清，臨卭卓氏一類的蜀人，大抵蜀郡成都一帶，富饒略同關東，而人民亦爲關東所遷往，如項羽傳所云：

『巴蜀道險，秦之遷民皆居之。』

卓氏之流原亦關東人，其中自有不少東方遺傳下來的習慣。　文翁等一二個賢太守，固然可以將文化稍爲提高，但以文化閉塞之區，忽而超出三輔以上，決不是一個偶然的事。

所以我們可以假定一個結論：

『關東爲中國古代文化發生之地，所以人口較關中爲密，財富較爲發達，文化較爲卓越，而風俗亦較爲澆薄。』

至東漢一代因爲都邑的關係，自然更注意關東，固然在續漢郡國志所記關東戶口不如漢志所在的多。　但在全國總數的比例中，仍爲最稠密之處。

西 北 邊 郡

西北邊郡指沿匈奴和西羌一帶的地方而言，在戰國時大都爲秦和燕趙的疆域和匈奴的舊壤。　因爲迫近胡寇，所以民風常較其他地方爲武勇。　從出產方面說，因爲是沙漠的高原，所以出產遠不及關內和關東。　在注意邊防的時候，固然加意經營但中央政權移到甘於自守的關東貴戚和不願多事鄉曲儒生手中，却往往主張棄邊。　因此衍成後來的大患。

邊郡的情形從以下幾條可推知其大概：

(一)民風

天水，隴西……安定，北地，上郡，西河，皆迫近戎狄，修習戰備，高上氣力，以射獵爲先。　……漢與六郡良家子選給羽林期門，以材力爲官名將多出焉。　……此數郡民俗質木，不恥寇盜。　自武威以西，本匈奴昆邦王休居王地，武帝時攘之，初置四郡，……其民或以關東下貧，或以報怨過當，或以悖逆無道，家屬徙焉。　……二千石治之，咸以兵馬爲務，酒禮之會上下通焉。　……鍾代石北迫近胡寇，……好氣爲姦，……冀部之盜賊常爲它州最，定襄雲中五原本戎狄也，顯有趙齊衞楚之徙，其民鄙朴少禮文，好射獵，雁門亦同俗。　（地理志）

秦漢以來，山東出相，山西出將，……漢與郁郅：王圍，甘延壽；義渠：公孫賀，傅介子；成紀：李廣，李蔡；杜陵：蘇建，蘇武；上邽：上官桀，趙充國；襄武：廉褒；狄道：辛武賢，慶忌；皆以勇武顯聞，蘇辛父子著節，此其可稱列者也。　（趙充國辛慶忌傳贊）

(二)物產及商業

天水隴西山多林木，……自武威以西，……地廣民稀，水草宜畜牧，故涼州

之畜，為天下饒，……鍾代石……好氣為姦不事農商。　（地理志）

董卓……曰『隴右材木自出取之甚易』。　（後書楊彪傳）

西域殷富，多珍寶，西域侍子，及督使賈胡數遺恂奴婢宛馬，金銀香罽之屬，一無所受。　（後書李恂傳）

陳龜……拜為度遼將軍上書曰，『今西州邊鄙，土地塉埆，鞍馬為居，射獵為業，男寡耕稼之利，女乏機杼之饒，守塞候望懸命鋒鏑。』（後書陳龜傳）

崔寔……出為五原太守，土宜麻枲，而俗不知織績，民冬月無衣，績細草而臥，其中見吏則衣草而出。　寔至官，斥賣儲峙，為作紡績織紝練縕之具以教之，民得免寒苦。　（後書崔寔傳）

廉范……世在邊，廣田地，積財粟，……　（後書篇范傳）

梁統……高祖父子都自河東徙居北地，子都子橋以貲十萬徙茂陵，至哀平之末歸安定。　（後書梁統傳）

上郡北地安定土廣人稀饒穀多畜。　（鄧禹傳）

蓋延……漁陽要陽人也，邊俗尚勇力而延以氣聞。　（蓋延傳）

賈宗建初中為朔方太守舊內郡徙人在邊者率多貧弱，不得為吏，宗擢用其任職者。　（後書賈復傳）

　　上谷完實控弦萬騎　（後書寇恂傳）

由上看來從遼西到敦煌的幾個邊郡有些共同之點，（1）地曠人稀，（2）風俗剽悍，（3）生活兼畜牧及游獵，（4）人民多內地貧民亡賴徙居者。

　　在右北平漁陽等郡是燕所開的，其徙民的事現已無可攷。　在秦代所開諸郡除係秦本土以外，大都是政府的命令去徙的（漢書晁錯傳）。　漢代政令因秦之舊，徙民事亦因而不改，到武帝開西北邊郡遂有大徙民的事，見於漢書者有：

元朔二年徙朔方民十萬口。

元狩四年有司言關東貧民徙隴西北地西河上郡會稽凡七十二萬五千口縣官衣食振業用度不足請收銀錫造白金及皮幣以足用。

元狩五年徙天下姦猾吏民於邊。

元鼎六年分武威酒泉地置張掖敦煌郡徙民以實之。

天漢元年發謫戍屯五原。　（以上見武紀）

始元二年發習戰射士朔方調故吏將屯田張掖郡。　（昭紀）

……驃騎將軍擊破匈奴右地，降渾邪休屠王，遂與其地，始築令居以西，初置酒泉郡。　後稍發徙民以實之，分置武威，張掖，敦煌，列四郡，據兩關焉。

自貳師伐大宛之後，西域震懼多遣使來貢獻，漢使西域益得職，於是自敦煌西至鹽澤，往往起亭，而輪臺渠犂皆有田卒數百人。　（西域傳）

由是可知邊郡徙民數目之多，其分布直到了現在的新疆。　其徙民又得田地耕牛種種優待（昭紀，鼂錯傳）武帝時屯田卒到六十萬人（食貨志）其中也有不少成為邊郡人民的，自然邊郡人民的數目較前增加，除去河西四郡比較稀少，其餘如五原代郡天水隴西和宏農漢中的密度是十分相近的。　所以西漢邊郡捍禦外寇，是有相當的力量。又因郡人總是和羌胡相抗禦，所以六郡良家子成為皇帝的期門羽林，而關西為出將之所。

到王莽時候因為邊警的原故，人口又減少起來：

初北邊自宣帝以來，數世不見煙火之警，人民熾盛，牛馬布野，及莽撓亂匈奴，與之搆難，邊民死亡係獲又十二，部兵久屯而不出，吏士罷弊，數年之間，北邊空虛，野有暴骨矣。　（匈奴傳）

光武初年因為匈奴邊警的關係竟徙民於內地（十年徙定襄十五年徙雁門代郡上谷並見本紀）邊郡更加空虛。　但這種狀況是不能持久的所以以後又有恢復原狀的必要。

續漢志引漢官儀『世祖中興海內人民可得而數，裁十二三，邊陲蕭條，靡有子遺，鄣塞破壞，亭隊絕滅。　二十一年始遣中郎將馬援謁者分築烽候，壁壘稍與立郡縣十餘萬戶，（孫星衍曰案二字有誤）或空置太守令長，招還人民。

上笑曰，今邊無人而設長吏，難如春秋素王矣，乃建立三營，屯田殖穀，弛刑徒以實之。』

但事實上究竟不能恢復的，光武紀注引東觀記云。

『時城郭丘墟掃地，更為上悔前徙之。』

到明帝時因為中國邊郡沒有力量，北匈奴的寇警，也要依仗南匈奴去擊退。　在永平五年再『發遣邊郡人在內地賜裝錢二萬。』　永平七年又募死囚徙發邊郡，邊郡人口

問題的嚴重可想而知了。

在如此忽略國防狀況之下，西北邊郡變成空虛，匈奴之患雖減，而羌禍又發。

西羌傳（安帝永安六年）羌遂入寇河東，遂至河內，百姓相驚皆奔南度河。……羌既轉盛，而二千石令長多內郡人，並無戰守意，皆爭上徙郡縣，以避寇難。　朝廷從之，遂移隴西徙襄武，安定徙美陽，北地徙池陽，上郡徙衙。百姓戀土不樂去舊，遂乃刈其禾稼，發徹室屋，夷營壁，破積聚。　時連旱蝗飢荒，而驅蹙劫略，流離分散，隨道死亡，或棄捐老弱，或爲人僕妾，喪其大半。』

在這種摧殘之後，西州元氣終漢之世不復，順帝永建四年雖然復安定北地上郡歸故士。詔郡國中都官死罪繫囚皆減死一等，詣北地，上郡，安定戍（後漢書順帝紀）但仍不足以填故士，以後又在永建十五年，徙西河治離石，上郡治夏陽，朔方治五原（後漢書南匈奴傳）於是西北遂顯出意外的蕭條了。　以下爲兩漢西北人口的比較：

郡國名	平帝時	順帝時	減
金城	149,648	18,974	130,071
天水	261,348	13,138	252,210
武威	76,419	34,226	42,193
張掖	88,731	26,040	62,691（由張掖分置之兩屬國都尉未計入，總數約萬六千人）
酒泉	18,137（戶數）	12,706（戶數）	5,431（酒泉續志無口數，故用戶數）
敦煌	38,335	29,170	9,195
安定	143,294	29,060	114,234
北地	210,688	18,637	192,051
上郡	606,658	28,599	578,088
武都	235,560	81,728	135,832
隴西	236,824	29,637	207,187
西河	698,836	20,838	679,998

朔方	136,628	7,843	128,785
五原	231,328	22,957	208,371
雲中	173,270	26,430	146,840
定襄	163,144	13,571	149,573
雁門	293,454	249,000	44,454
代郡	278,754	126,188	152,566
太原	680,488	200,124	480,364
上谷	117,726	51,204	66,588
漁陽	264,116	435,740	171,624
右北平	320,780	53,475	267,305
遼西	352,325	81,714	271,611

以上各郡東漢只有漁陽略增，其餘皆減少甚多。　漁陽的增加自然是因為在居庸關以東邊郡的人有徙到此處的。　郭伋傳『在職五歲戶口增倍』固然是政治的關係但也不能說不由於鄰郡徙民流亡到漁陽的原故。　但漁陽境況較好，仍然不能自給（劉虞傳舊幽部應接荒外資費甚廣，歲常割青冀賦調二億有餘以給足之，伏湛傳漁陽以東本備邊塞，安平之時尚資內郡）其餘人口零落的地方更漁想見，邊防如何能鞏固。

自然這些事實的養成決不是一朝一夕之故，在春秋戰國的時候關東諸侯早已目秦人為夷狄。　高帝都秦中以前，左右的山東人，還勸高帝都洛陽（劉敬傳）。　武帝時公孫弘主張棄朔方，昭帝時關東的儒生還輕視邊郡，從鹽鐵論中可以看出來。　光武即位以後所親信的陰樊鄧李諸族都是關東富豪，有田產在洛陽，和宛，更非高帝時無恆產之關東人可比，願為鞏固西北邊防而都長安；所以雖有遷返長安的議論，終究不克施行。　而棄邊郡與否的事，在東漢也是重要爭執問題之一。　以下的議論可以代表兩方的意見：

朝臣以金城破羌之西塗遠多寇議欲棄之，援上言『破羌以西，城多完牢，易可依。　其田土地肥壤，灌溉流通，如羌在湟中則為害不休，不可棄也。』　帝然之。　（馬援傳）

永初四年羌胡反亂，殘破并涼，大將軍鄧騭以軍役方費，事不相贍，欲棄涼州并力北邊；乃會公卿集議。　騭曰『譬若衣敗壞，一以相補，猶有所完；若不如此兩無相保。』　議者咸同。　詡聞之乃說李修曰『竊聞公卿定策當棄涼州，求之恐心，未見其便。　先帝拓土宇，劬勞而後定，而今憚小費舉而棄之。　涼州旣棄，卽以三輔爲塞，三輔爲塞，則園陵單外此不可之甚者也。　諺曰關西出將，關東出相，觀其習兵壯勇，實過餘州。　今羌胡所以不敢入擾三輔爲腹心之害，以涼州在後故也；其士人所以推鋒執銳，無反顧之心者，爲臣屬於漢故也。　若棄其境域，徙其人庶，安土重遷，必生異志。　如使豪雄相聚，席捲而東，雖使賁育爲卒，太公爲將，猶恐不足當禦。』（後漢書虞詡傳）龐參河南緱氏人……奏記於鄧騭曰『比年羌寇特困，隴右供徭役，內損日滋，官負人責，數十億萬。　今復募發百姓，調取穀帛，衒賣什物，以應吏求，外傷羌虜，內困徵賦。　遂乃千里轉糧，遠給武都西郡；塗路傾阻，難勞百端。疾行則鈔暴爲害，遲進則穀食稍損。　運糧散於曠野，牛馬死於山澤。　縣官不足，輒貸於民，民已窮矣，將從誰求？　名救金城，而實困三輔，三輔旣困，還復爲金城之禍矣。　參前數言宜棄西域，乃爲西州士大夫所笑，……果破涼州，禍亂至今。　夫拓境不寧，無益於彊，多田不耕，何救飢敝？　……三輔山原曠遠，民庶稀疏，故縣丘城，可居者多，今宜徙邊郡不能自存者入居諸陵，田戍故縣，孤城絕郡，以權徙之，轉運遠費，聚而近之，徭役繁數，休而息之；此善之善者也。』　（後漢書龐參傳）

以上可以代表兩方面的意見，但後漢的執政權者總是關東人，自然疲弊關東以事邊郡，不爲關東人所同意的，所以遷徙邊郡便屢屢成爲事實了。　邊境人口漸減，結果不能自守，所以不得不利用羌胡鮮卑互相嫉惡的弱點，來行以夷制夷之計。　當時或使其互相攻擊，或竟徵募爲兵卒，西漢北軍和屬國的胡騎決不能够喧賓奪主的，東漢後來便有董卓以羌胡兵入洛，漢家天下竟從此結局。　但這還不算厲害，五胡亂華還是這次種因也（參見晉書載記序）。

　　此外我們應當注意的便是河西四郡，照郡國志所載，順帝時的口數固然較西漢爲少。　但其減少的數目，遠不能與其他各郡成比例。　敦煌僅減少九千一百人，在涼

州諸郡所減的數目爲最少。　我們可以想到這四郡的比較安定。　後漢書孔奮傳：

> 『時天下擾亂，唯河西獨安，而姑臧稱爲富邑，通貨羌胡，市日四合。　每居
> 縣者不盈數月，輒至豐積。』

卽其顯例。　又其地當東西之衝，而『西域殷富，多財寶』（李恂傳）。　則其地人民之生活，除墾田外，又可以商業來維持。　在安定和殷實生活之下，自然可以在喪亂之際而維持舊有的人口數目。　此後到晉末之時，五胡亂華，中原雄桀，不是胡虜卽是胡化的漢人，而據此土的居然能有張軌和李暠，不維是純粹的漢人，而且是積學之士。　則其地不維對於西方文化的介紹，值得我們的注意，而對於中國文化的保存，也是不容忽視的。

關中的人口與徙民

西漢的徙民，是繼續秦時的政策。　當時的方式有兩種：第一徙民於關中，第二徙民於邊郡。　在秦時徙邊者爲罪人：

> 史記商君傳『秦民初言令不便者有來言令便者，衛鞅曰此皆亂化之民也盡遷之於邊城。』
> 史記秦始皇紀『三十三年發諸嘗逋亡贅婿，賈人，略取陸梁地，……又使蒙恬渡河取高闕，……築亭障以逐戎人，徙謫實之初縣。』

而徙關中者，則爲豪富：

> 史記秦始皇本紀『　二十六年……　天下大定……　徙天下豪富於咸陽十二萬戶。』

徙民於陵墓也是秦的事情，和徙民咸陽情形相同的：

> 史記秦始皇本紀『三十五年……　作麗山發北山石槨……　徙三萬家麗邑五萬家雲陽。』

至於徙民於邊郡爲的是『實邊』，而徙民於關內則爲『強幹弱枝』。　從鼂錯和班固所言便可看出來

> 鼂錯傳『錯言當世急務二事曰：遠方之卒守塞一歲而更。　不如……募罪人及免徒復作令居之。　不足，募以丁奴婢贖罪及輸奴婢欲以拜爵者。　不足，乃

募民之欲往者，皆賜高爵，復其家，予冬夏衣廩食，能自給而止。』

班固西都賦『若乃觀其四郊，浮遊近縣。　則南望杜霸，北眺五陵。　名都對郭，邑居相承，英俊之域，紱冕所興。　冠蓋如雲，七相五公，與乎州郡之豪傑，五都之貨殖。　三選七遷，充奉陵邑。　蓋以強幹弱技，隆上都而觀萬國也。』

鼂錯所說的可以算是漢代邊郡徙民的計畫書，班固所言則為西漢一代的總結束。　在鼂錯以前秦是只以罪人『充軍』的，鼂錯以後才募贖罪的奴婢和不能自存的貧民。這種辦法，可以說是後世募兵制度的先聲。　班固所言，分析關內徙民的種類，可以說有三種的，第一是貴族，第二是豪霸游俠之流，其三就是富有的商人，為的是『強幹弱技』換言之就是將有地位的人，不易駕取的人，和富人，都徙到關中。　來充實京師，並消滅各郡國的亂源。　（徙民時只說在關中與利田宅，而不說對於原有田宅如何處置，當然是仍歸原主。　原主既徙，其在外田地的收入，也必年年運到京師，而京師更得充實了。）

現在先說關中之遷徙。

西漢關中的移民是經過班固所說『七遷』的，『七遷』便是從高帝五年起到宣帝元康元年止凡經過七代，文選李善注說：

『元帝詔曰乚往者有司緣臣子之義奏徙郡國人以奉園陵，自今所為陵者，勿置縣邑。冂　然則元帝始不遷人，陪陵自元以上凡有七代也。』

漢代遷徙人民的事實據漢書所載如下：

地理志『漢興立都長安，徙齊諸田，楚昭，屈，景，及諸功臣家於長陵，後世世徙吏二千石，高訾富人，及豪傑并兼之家於諸陵。　蓋亦以強幹弱技，非獨為奉山園也。』

高紀『四年後九月徙諸侯于關中。』

高紀『九年冬十月徙齊楚大族，昭氏，景氏，屈氏，懷氏，田氏，關中，與利田宅。』

劉敬傳『上徙所言十餘萬口。』

景紀『五年春正月作陽陵邑夏募民徙陽陵賜錢二十萬。』

　　武紀『建元二年初置茂陵邑。』

　　武紀『建元三年賜徙茂陵者戶錢二十萬，田二頃。』

　　武紀『元朔三年夏徙郡國豪傑及訾三百萬以上于茂陵。』

　　武紀『太始元年春徙郡國吏民豪傑於茂陵，雲陽。』

　　昭紀『始元三年秋募民徙雲陵賜錢田宅。』

　　昭紀『始元四年夏徙三輔富人雲陵賜錢戶十萬。』

　　宣紀『本始元年正月募郡國吏民訾百萬以上徙平陵。』

　　宣紀『本始二年春以水衡錢爲平陵徙民起第宅。』

　　宣紀『元康元年以杜東原爲初陵，更名杜縣，徙丞相將軍列侯吏二千石訾百萬
　　以上者杜陵。』

　　由此可見徙民的目的地是在諸陵的。　功臣和吏二千石願意遷移於諸陵，而豪傑
并兼之家却不是願意的。　吏二千石如果不願徙，還可不徙，如疏廣地節三年爲太子
太傅，元康三年去。　元康元年正在位，但他却未奉園陵而回故里了。

　　陳湯傳『萬年（解萬年）與湯議，以爲……今作初陵……子公妻家在長安，兒
　　子生長安不樂東方，宜求徙，可得賜田宅俱善。　湯心利之，卽上封事，言初
　　陵之地最爲肥美，可立縣。』

　　遊俠郭解傳『及徙豪茂陵也，解貧不中訾，吏恐不敢不徙，衞將軍爲言，郭解
　　家貧不中徙。　上曰，解布衣權至使將軍，此其家不貧。　解徙，諸公送者千
　　餘萬，楊季子爲縣掾殺之。』

由是看來，當時二千石以上的官吏，遷徙到諸陵，是有得好田宅的優先權。　而郡國
豪俠，財產反可爲一般官吏所吞沒。　他們的待遇是截然不同的。　但二千石以上的
官吏，人數有限，郡國豪俠，高訾富人，方是陵墓徙民的主體。　這些多數人旣然都
不會願意，這件事當然要『不理於人口』。　在宣帝以前因爲法令嚴明，政府威信未
失，雖然屢次遷徙，尙不致動搖中國。　元帝以後所寬仁的只是一般官吏，在官吏方
面可以藉勢力來魚肉平民，在人主方面却失去生殺之柄，甚至受顧命的太傅也不能保
全，如何能制止對人民的侵奪。　景武宣所用的酷吏是稟承人主的意旨，來制裁新興
的豪猾和高訾富人，一種有計畫有組織的反動行爲。　當時富豪勢力方才有點萌芽，

在社會中自然不算是最有力者。 所以他的影響究竟不能深入整個的農村社會。 元帝以後寬容政治的結果，使得官吏的貪汙激增起來，農村的生產輾轉消費到京輔的大都市裏去，供貴戚，宦官，公卿們的奢侈。 直接受損害的是一般農民，間接受損害的是一般豪富。 自然天下皇皇，不能終日，訛言改制之說，層出不窮。 這種狀況，一直繼續到王莽篡位；及王莽篡位而不能善其後，平林赤眉之流便出來了。 所以元帝一代是西漢由盛而衰的大關鍵，徙陵的事也就因此不能實行。

> 元帝紀『永光四年，冬十月，乙丑，罷祖宗廟在郡國者，諸陵分屬三輔。 以渭城壽陵亭部原上為初陵。 詔曰：安土重遷，黎民之性，骨肉相附，人情所願也。 頃者有司緣臣子之義，奏徙郡國民以奉園陵。 今百姓遠棄先祖墳墓，破業失產，親戚別離，人懷思慕之心，家有不安之意。 是以東垂被虛耗之害，關中有無聊之民，非長久之策也。 詩不云乎，┕民亦勞止，汔可小康，惠此中國，以綏四方┐。 今所為初陵者，勿置縣邑，使天下咸安土樂業，亡有動搖之心，布告天下，令明知之。』

以元帝的節儉，而天下竟虛耗若此，可見當時的衰象了。 到成帝時曾一度要徙民陵縣竟未實行。

> 成帝紀『鴻嘉二年夏徙郡國豪傑貲五百萬以上五千戶於昌陵。』
>
> 陳湯傳『於是天子從其計，果起昌陵邑， 後徙內郡國民。 萬年自詭三年可成，後卒不就，羣臣多言其不便者，下有司議。 皆曰┕昌陵因卑為高，積土為山，度便房猶在平地上。 客土之中，不保幽冥之靈。 淺外不固，卒徒工庸，以鉅萬數。 至然脂火夜作，取土東山，且與穀同賈。 作治數年，天下徧被其勞。 國家罷敝，府臧空虛。 下至眾庶，熬熬苦之。 故陵因天性，據真土，處勢高敞，旁近祖考。 前已有十年功緒，宜還復故陵，勿徙民。┐上乃下詔罷昌陵。』

元帝之營初陵，以民不堪徙而不徙。 成帝時即營造陵墓之費也感覺困難了。 昌陵在霸陵曲亭南，其地距霸陵不遠，其高下當然和霸陵差不多。 文帝營霸陵，毫不費力，此時則『天下徧被其勞』，與衰之異簡直不可以道里計。 從此以後，終漢之世不復徙民陵墓。

官吏的徙到陵墓是自願的，而豪富徙到陵墓是強迫的。 所以二千石以上的官吏或徙或不徙。 不過漢武以前官吏徙者較少，而宣帝時所的徙爲獨多。 在宣帝時官吏多隸籍平陵和杜陵，而以前並不見得有許多隸籍各陵的。 這個情形我們由漢書帝紀可以看出來。 武帝以前的確完全注意於『 強幹弱枝 』所注意的的確只是豪傑富人，而官吏不過是個附帶，所以並不提出來要徙。 至宣帝時以水衡錢修平陵第宅，來優待徙者， 當然有許多官吏願意去撿便宜。 到徙民杜陵時更提到丞相將軍列侯吏二千石，可見對於官吏『 奉陵邑 』是十分注意的。 自然除遇淡泊的如疏廣之流外，其餘自然爲適合君主的意思而前往。 所以徙杜陵的官較平陵的尤顯。 這種情形之下平陵和杜陵便有不少的儒生和顯官，人口數目上雖然不及茂陵，然而占籍二陵的人，社會地位却就高於茂陵了。

徙民的事到東漢便停止了，關中又不爲國都所在，因此人口很顯著的減少，我們從下列數目字可以看出：

區域	前漢口數	後漢口數	比較
京兆尹	682,468	285,574	−396,894
左馮翊	917,822	145,195	−772,627
右扶風	836,070	93,091	−742,976

京兆最少相差在一倍以上，馮翊扶風幾相差十倍。 因此便爲戎狄所侵踞，至晉而不改。

晉書江統傳『漢興而都長安，關中之郡，號三輔。 ……及至王莽之敗，赤眉因之，西都荒毀，百姓流亡。 建武中以馬援領隴西太守，討叛羌，徙其餘種於關中，居馮翊河東與地，而與華人雜處。 數歲之後，族類蕃息，旣恃其肥彊，且苦漢人侵之。 永初之元，騎都尉王弘，使西域發調羌氐，以爲行衛。於是漢羌奔駭，互相扇動。 二州之戎，一時俱發。 覆沒將守，屠破城邑。鄧騭之征，棄甲委兵，輿尸喪師，前後相繼，諸戎逐熾。 至於南入蜀漢，東掠趙魏，唐突軼關，侵及河內。 及遣北軍中候朱寵將五營士於孟津距羌，十年之中夷夏俱斃，任尙，馬賢僅乃克之 ， ……自此之後 ， 餘燼不盡，小有際會 ， 輒復侵叛，馬賢狃忕，終於覆敗，段熲臨衝，自西徂東。 雍州之戎，常

爲國患。　　中世之寇，惟此爲大。

西漢一代的經營，到東漢便完全斷送，而西漢長安諸陵的富人和游食逐移到河南和南陽了。　　潛夫論卷三：

『今舉世舍農桑，趨商賈。　牛馬車輿，塡塞道路，游手爲功，充盈都邑，……今察洛陽浮末者什於農夫；虛僞游手者，什於浮末。　……或以謀姦合任爲業，或以游馭博奕爲事，或丁夫不傳犁鋤，懷丸挾彈，携手遨游。』

文選名都篇注引王逸荔支賦『宛洛少年，邯鄲遊士。』

古詩『驅車策駑馬，遊戲宛與洛，洛中何鬱鬱，冠帶自相索，長衢羅夾巷，王侯多第宅。』

這簡直西漢五陵游俠的情形了。　　由此可知後漢財富的東移。　　雖然後書陳龜傳所紀三輔尚有強豪之族。　　王允傳稱『三輔民庶熾盛，兵穀富實。』　　但政治中心已移，決不是西京的豪華富盛了。

東北的中國人及郡縣設置

東北所置郡縣戰國的燕已經有了。　　據史記燕世家秦始皇本紀和水經注我們知道始皇二十二年平燕以後置遼東郡和遼西郡。　　據漢書武紀元朔二年東夷薉君南閭等口二十八萬人降爲蒼海郡（元朔三年因公孫弘議罷去，見武紀及公孫弘傳）到元封三年平朝鮮以後又置樂浪玄菟臨屯眞番四郡（見武紀及朝鮮傳，始元五年罷眞番及臨屯見昭紀及後漢書東夷傳）於是遼寧吉林和朝鮮半島的大部分都爲中國所有。

傅孟眞先生的東北史綱對於燕秦漢與東北關係之步驟有下列的隱括：

1. 周漢時之朝鮮（當時之朝鮮境與今不同：當時朝鮮北有今遼寧省之一部，南有今朝鮮之大半，而所謂三韓者不等。）初爲箕子後人之國，繼爲衞滿自土之地，較之南粵與中國之關係更近。

2. 燕時遼東及朝鮮之一部皆屬燕，其建置可攷者有遼東郡（見史記匈奴傳）。

3. 秦代之東北境有遼東郡，遼西郡，漁陽郡，右北平郡，皆燕時所置（見匈奴傳）更以朝鮮屬遼東外徼。　　燕秦時今朝鮮西境皆臣服中國，最南所及已至今朝鮮城之南。……

4. 漢與稍向內徹守禦『復與遼東故塞，至浿水爲界，屬燕』。　然遼東仍爲重鎮，有高廟。

5. 漢武時以朝鮮王右渠不恭順爲借口而東伐，定其全部，置眞番臨屯樂浪玄菟四郡。　其北境之部族皆率服，其南境之三韓（辰韓，馬韓，弁韓，）皆入貢，於是朝鮮半島與今所謂『南滿』及『東海濱州』者，皆統一於中國之治焉。——（頁二九 —— 三〇）

其中證據已見東北史綱今不詳引，今當注意者，卽現在所謂『南北滿洲』『東海濱省』及朝鮮在漢代之前後，確長期爲中國實力與聲敎所及（自然東部亞洲常爲中國文化上或事實上的殖民地固不僅漢代，茲因論漢代故斷限於此）。　當時對於中國本部的關係，不下於浙江，湖南，和廣東，較之福建和雲貴，甚且過之（據今之地域較爲方便，故不從漢郡）。　此等地方到魏晉尚常爲中國的郡縣，直至永嘉亂後，始沒於鮮卑高句麗（三國時公孫度對於中原的關係不下士燮，此盡人所知者）。　自此以後兩廣福建因爲在南渡以後勢力範圍之內，逐漸經營與內地差異日少，而東北和朝鮮則無從過問。　隋唐一統中國對東北方開始經營，尚未竣功，又起安史之亂，東北所鄰爲河北諸鎮。　唐時藩鎮處在和中央對立情況之下，內受制於軍人，外和鄰鎮相妒忌，自然沒有向邊疆發展的可能。　反之長江以南常在比較統一而安定局面之下，自然很容易發展。　但到了宋代統一以後，連累代已經經營好的交趾變成化外了，玄菟樂浪還有什麼可說的呢？

在周秦之際，從遼河到朝鮮早已爲中國人分布的地方，後來衞滿又帶去不少燕齊之衆是無疑義的，從東北史綱所引的揚雄方言，可以知道。　燕齊人向來長於航海的，孟子稱齊景公欲『遵海而南放於琅邪』可見當時環繞個膠東半島並不算什麼了不得的事。　秦始皇時求神仙的燕齊方士，許多去海外不歸，如果對航海的事無相當經驗，決不會去。　在漢書藝文志方技書有海中星占驗十二卷，海中五星經雜事二十二卷，海中五星順逆二十八卷，海中二十八宿國分二十八卷，海中二十八宿臣分二十八卷，海中日月彗虹雜占十八卷，雖未曾著明作者籍里，亦可知非燕齊人莫屬。　據日本鳥居龍藏滿蒙古蹟考所考在漢以前渤海峽確已有交通。　又據樂浪所載之『占天地盤』，則齊人占驗之俗，實已及於樂浪。　後漢書循吏傳：

『王景字仲通樂浪䛁都人也，八世祖仲本琅邪不其人，好道術，明天文，諸呂作亂，齊哀王襄謀發兵而數問於仲，及濟北王興居反欲委兵師仲，仲懼禍及，乃浮海東奔樂浪山中因而家焉。』

在這一段有幾點可以注意，第一王仲『明天文，好道術』正和史記封禪書所稱『海上方士』一類人最近。 上所舉一類海上天文書一定可以利用的。 固然漢志所載一定有在王仲以後的時代所作，但當時也一定早有萌芽了。 第二他一去就能到樂浪山中，可見當時確有中國的居民留止，不然決不會孤立在一個異民族社會，八世而不改華風。（又魏志青龍二年及正始元年遼東流民渡海入齊郡，此雖較後之事，但亦可證黄海交通之易也）。

東北史綱云：

『所謂中國人者，指自燕齊一帶而往原以漢語爲母語之民族而言。 此民族挾其文化士之優越勢力及巨大組織，東向拓置自荒古已然。 所謂遼東半島者，或自始便與山東半島爲同一民族所居。 至於中國內部移出之記載最早有箕子之建東封，其地域容或在鴨綠江（古名馬訾水）之兩邊。 其後燕秦拓土曾越浿水（今大同江）而至洌水。 遼東，遼西皆置郡縣。 是則當紀元前三世紀之光景，中國勢力已拓置于朝鮮西半部，漢武之設樂浪郡，非創造事實，乃承前之再造也（詳見本書上章）。 中國人勢力更東南向以入辰國，所謂辰韓實卽中國人與土著之混合國家，其語言不僅包含若干中國語成分，且包含秦人方言。 後書云「辰韓耆老自言秦之亡人，避苦役，適韓國，馬韓割東界地與之。 其名國爲邦，弓爲弧，賊爲寇，行酒爲行觴，相呼爲徒，有似秦語，故或名之爲秦韓。」 魏志云「辰韓……其耆老自言古之亡人，避秦役來適韓國，馬韓割其東界地與之。 有城柵，其言語不與馬韓同，名國爲邦，弓爲弧，賊爲寇，行酒爲行觴，相呼皆爲徒，有似秦人，非但燕齊之名物也。」 是其顯證。 燕人衞滿挾其數萬之「亡人」東渡浿水，代箕氏以建國，濊貊眞番沃沮皆服屬，故收集之中國人尤多。 逮武皇統一之後，遼外諸郡逐爲固定之建置，而夫餘句驪濊貊皆服屬焉。 下至慕容氏之興四百餘年間，皆漢人拓張並穩固其勢力之時代。』（頁一一〇）

　　在其中尤可注意的是辰韓的問題。　秦的亡人何以能成羣結隊離開秦皇帝的勢力出函谷，涉大河，而到海外去，如果不成羣結隊有相當勢力，馬韓已經是一個據有土地的部落，何以能將一半地方割與毫不相干的外來民族。　我想這或者與秦的方士有關的。　史記秦始皇本紀云：

『二十八年齊人徐市上書，言海中有三神山，名曰蓬萊，方丈，瀛洲，仙人居之。　請得齋戒與童男女求之。　於是遣徐市，發童男女數千人，入海求仙人。』

『三十七年十月癸丑，始皇出游，……還過吳……北至琅邪。　方士徐市等入海求神藥　數歲不得費多恐譴，乃詐曰└蓬萊藥可得，然常為大鮫魚所苦，故不得至，願請善射者與俱，見則連弩射之。┐　始皇夢與海神戰如人狀，問占夢博士曰└水神不可見，以大魚蛟龍為候，今上禱祠初謹，而有此惡神，當除去，而善神可致。┐　乃令入海者齋捕魚具。』

可知徐市入海曾經失敗，後再返，乃以鮫魚為解，始皇竟信其語，則徐市必曾二次入海。　言令『入海齋捕魚具』則入海者又不僅一徐市，按伍彼傳則徐市確曾『得平原大澤止王不來』。　（史記封禪書亦言『使人乃齋童男女入海求之』惟其託過略耳）今雖不能竟謂辰韓即屬徐市所往，但以前引王仲事例之，則秦人隨方士結隊前往携捕魚具取馬韓一部，自非不可能之事　（秦禁兵器，方士自不可攜以往，今既命攜捕魚具，則不僅網罟可知，古捕魚本用弓矢，見左傳桓公矢魚于棠，言捕魚具固可以賅弓矢也）。　又徐市入海之處，相傳在滄州饒安（元和郡縣志），如其說果確，則入海之地亦距朝鮮為近。

　　以邊外為避難的區域，不惟秦代為然，後世亦有之，在西漢末年邊外比較為安定的：

後漢書逸民傳『逢萌字子慶北海都昌人也，……王莽殺其子宇，萌謂友人曰└三綱絕矣，不去禍將及人┐，即解冠挂東都城門，歸將家屬浮海客遼東。……及光武即位乃之琅琊勞山。』

後漢書獨行傳『王烈字彥方太原人也……黃巾董卓之亂乃避地遼東，夷人邀奉之，太守公孫度接以昆弟之禮，訪酬政事，欲以為長吏，烈乃為商賈自穢得

免。』

魏志管寧傳『字幼安，北海朱虛人也，⋯⋯天下大亂，聞公孫度令行於海外，遂與原（邴原）及平原王烈等至遼東。』

是東北爲中原人避難之場所，本非民國以後始如此也。

東北人口歷來較西北爲稠密，東漢較西漢略爲減少，但減少的比例，亦不及西北之甚，茲將兩漢東北人口表列於下

郡名	西漢數目	東漢數目	比較	
遼西	戶　72,654	14,150	−58,504	
	口　352,325	81,714	−290,611	
遼東	戶　55,972	64,158	+11,814	（遼東屬國戶口未計入）
	口　272,539	81,714	（此數有誤）	
玄菟	戶　45,006	1,594	−43,412	
	口　221,845	43,163	−178,782	
樂浪	戶　62,812	61,492	−1,320	
	口　406,748	257,050	−149,698	

遼西戶口所以減少的，固然由於東漢邊郡人口的數目大略均較西漢爲少，遼西不能外其例。　但遼西的且慮，新安平，柳城，狐蘇，文成，絫，均省去，而昌遼，賓從（改名賓徒）徒河又改屬遼東屬國，以前所有的十四城，現在只餘五城了。　所以人口減去二十餘萬。

遼東本有十八城，東漢只餘十一城（候城改屬玄菟，續漢志在遼東亦載此縣，應刪，則遼東僅十城而已，見錢氏攷異及後書集解引馬與龍語），其中候城，遼陽，高顯改屬玄菟；房，險瀆改屬遼東屬國，遼隊，居就，武次省；所去的戶口當然很多。但續漢郡國志所載戶數，較漢書所載尙有增加，可見內郡移居者的多了。　至於口數較少，大抵由於數目字的錯誤。　據續漢郡國志所載，遼西的口數爲八萬一千七百一十四，遼東以戶數也是八萬一千七百一十四。　兩個相鄰的郡，在同一個時期，人口數目完全相同，天下決沒有如此十分湊巧的事。　其中數目字有誤，大槪是可以斷定的。　我們從戶數的增加看來，口數也一定是增加的。　當然這時候玄菟和樂浪也許

有相當的擾亂，因此有避難到遼東去的，而玄菟樂浪的人口便因之減少。　但從以上所舉的證據看來，的確也有不少的內郡人東移，不僅玄菟樂浪人西徙。

　　玄菟郡當漢平帝時有四萬五千戶二十二萬口順帝時僅得七千五百戶四萬三千口，僅當前戶數三十分之一，口數五分之一。　（續志戶數作一千五百九十四以之除口數則每戶應有三十人，在兩漢不論內郡邊郡均無其例，且兩漢未有千戶而為郡者，大約『一千』以上脫一『萬』字，但此處無其他證據，只好不論戶數多少，只以口數為準。）　而其領地後漢却新增高顯候城遼陽三縣，則玄菟原有領土當然有損失的。據後漢書東夷傳說：

　　『句驪一名貊耳，有別種依小水而居，因名之小水貊。　王莽初，（據漢書王莽傳句驪為寇事在始建國三年）發句驪兵以伐匈奴，其人不欲行，彊迫之皆亡出塞，為寇盜。　遼西大尹田譚近擊戰死，莽令其將嚴尤擊之，誘句驪侯騊入塞斬之，傳首長安。　莽大說，更封高句驪王為下句驪侯，於是貊人寇邊愈甚。　建武八年高句驪遣使朝貢，光武復其王號。　二十三年冬……詣樂浪內屬。　二十五年春句驪寇右北平，漁陽，上谷，太原，而遼東太守祭肜以恩信招之，皆復款塞。　後句驪王宮……數犯邊境，和帝元興元年春，復入遼東，寇略六縣。　太守耿夔擊破之，斬其渠帥。　安帝永初五年遣使貢獻，求屬玄菟。　元初五年，復與濊貊寇玄菟，攻華麗城。　建光元年……攻玄菟遼東，焚城郭，殺傷二千餘人，於是發廣陽，漁陽，右北平，涿郡，屬國三千餘騎同救之，而貊人已去。　……是歲宮死……其後濊貊奉服東垂少事，順帝陽嘉元年置玄菟郡屯田六部。　（部順紀誤作郡。）

章懷注引魏氏春秋曰『遼東郡西安平北有小水南流入海，句驪別種因名之小水貊。據唐志『安東府南至鴨綠江北泊汋城七百里故安平縣也。』馬與龍曰（續志集解引）『據唐志當在鴨綠江北近海處』其地當在寬甸安東附近。　西安平北之小水當為渾江南流入鴨綠江入海，則小水貊之根據地當在摩天嶺東通化柳河一帶。　前漢志，玄菟高句驪下注云：『遼山遼水所出，西南至遼隊入大遼水，又有南蘇水西北經塞外。』此所謂遼水，一統志，漢志水道圖說，並以為即水經小遼水，即今渾河。　姑無論南蘇水所在何處，高句驪故城何處，渾河流域為高句驪縣屬地，則小水貊之地望與高句

驪縣，本相銜接，故小水貊亦稱高句驪。　　又吳增僅三國郡縣表玄菟攷云：

『魏志東夷傳漢武間玄菟郡治沃城，後爲夷貊所侵，徙郡句驪西北高句驪之
東千里。　　靈帝安寧二年句驪王伯周降遼東，喜平中伯因乞屬玄菟。　　通鑑青
龍元年，公孫淵置吳使秦旦等六十人於玄菟，玄菟在遼東二百里。　　胡注云此
非玄菟舊治也，據此則漢末玄菟已徙近遼東。』

楊守敬前漢地理圖位高句驪於今吉林樺甸縣松花江曲折處，而續漢郡國圖位高句驪於
今遼寧渾河發源處，大概是對的。　　因爲自王莽以後小水貊漸漸爲中國寇。　　其地在
高句驪故縣之東南，若西侵遼東並經漁陽上谷而到太原，則今樺甸一帶不能西通中
國，所以此地不復可守。　　於是玄菟郡漸漸西移，因爲棄地的關係，所以縣雖增加，
而戶口則減。　（安帝元初五年尚有華麗縣，見前引後書東夷傳，此縣不見續志，則
順帝時已失矣。　亦後漢蹙地之證也。）

　　樂浪人口減少的原因完全由於光武的『改流歸土』政策。　　後漢書東夷傳。

『濊北與高句驪沃沮，南與辰韓接，東窮大海，西至樂浪，……元朔元年……
武帝以其地爲蒼海郡數年乃罷，至元封元年滅朝鮮分置樂浪，臨屯玄菟眞番四
郡，至昭帝始元五年罷臨屯眞番以幷樂浪玄菟，玄菟復徙居高句驪，自單大領
以東，沃沮濊貊悉屬樂浪。　　後以境土廣遠，復分領東七縣，置樂浪東部都
尉。……建武六年省都尉官，遂棄領東地悉封其渠帥爲縣侯，皆歲時朝賀』。

樂浪東部都尉即蒼海郡故地，蒼海郡人口有二十八萬（見前引漢書）此時濊人無大兵
革當不至減。　　假定平帝時其口數與武帝時同，則樂浪領西口數當爲四十萬六千七百
中減去二十八萬，僅得十二萬六千七百。　　而續志樂浪居然有二十五萬七千可見漢人
移居此地之衆了。

江漢以南之人口與開發

後漢江漢以南之郡國大概是比較前漢有增加的，茲舉於下：

郡國	前漢口數	後漢口數	比較	百分比（以前漢爲標準）
南郡	718,540	747,604	＋ 29,064	150%
江夏	219,218	265,464	＋ 46,246	125%

盧江及六安	{ 457,333(盧) +178,616(六)	424,683	−211,276	69%
九江	780,520	432,426	−348,094	55%
臨淮及廣陵 （後漢臨淮改下邳其 東部諸縣併入廣陵）	{ 1,237,764(臨) +140,722(廣) =1,378,486	{ 611,083(下) +410,190(廣) =1,021,275	−357,213	74%
會稽（後漢分其北 爲吳郡）	1,032,604	{ 481,196(會) +700,782(吳) =1,181,078	+148,474	114%
丹陽	405,170	630,545	+225,375	155%
豫章	351,965	1,668,906	+1,316,941	477%
長沙	235,825	1,059,372	+823,547	469%
桂陽	156,488	501,403	+344,915	322%
武陵	185,758	250,913	+ 65,155	141%
零陵	139,378	1,001,578	+862,200	721%
漢中	300,614	267,402	− 33,212	89%
廣漢	662,249	{ 509,438(廣漢) 205,652(屬國)	+ 52,841	109%
蜀郡	1,245,929	{ 1,350,476(蜀) 475,629(屬國)	+580,170	131%
犍爲	489,486	{ 411,378(犍) 37,187(屬國)	+ 40,921	92%
越巂	408,405	622,418	+214,013	154%
益州（後漢分其 西爲永昌）	580,463	{ 110,802(益) 1,897,344(永)	+1,407,688	306%
牂柯	153,360	267,253	+113,893	174%
巴郡	708,148	1,086,049	+377,901	153%
南海	94,253	250,282	+156,029	266%
蒼梧	146,160	466,975	+320,815	319%
九眞	166,013	209,844	+ 43,381	125%
合浦	78,980	86,617	+ 7,637	109%
日南	69,485	100,676	+ 31,191	145%
交趾		後漢數目不詳		
鬱林		同		

以上各郡除鄰近中原的九江廬江臨淮漢中以外其餘是無不增加的。　增加的原因大抵有下列數點：

（1）中原人民的避亂南遷。

（2）中原人民的自然向南移殖。

（3）罪人的流放。

（4）循吏多在南方著名，足徵當時對中原人民的招集，和異族的歸化，有顯著的效果。

（5）對異族的武功征服。

中原喪亂，江左和嶺南，因爲地勢較僻而有險可守，所以往往可以據地自保。如楚漢時趙佗，吳芮；王莽時的錫光；三國時的孫權，士燮，呂凱；都是這一類的情形。　因爲可以得比較上的安定，所以中原人士自然要避亂南來了。　漢代之以避亂南遷見於紀載的幾於舉不勝舉（三國志晉書所記避亂江南者尤多今不悉舉）例如：

　　後漢書胡廣傳『六世祖剛，……王莽居攝……亡命交阯隱於屠肆之間。』

　　又，任延傳『更始元年有會稽都尉，……時天下初定，道路未通，避亂江南者皆未還中土，會稽頗稱多士。』

　　吳志士燮傳『士燮……蒼梧廣信人也，其先本魯國汶陽人，至王莽之亂避地交州。』

　　晉書儒林傳『范平字子安吳郡錢塘人也，其先鈺侯馥避王莽之亂適吳，因家焉。』

　　晉書隱逸傳『韓蹟字與齊廣陵人也，其先避亂居於吳之嘉興。』

　　新唐宰相表『姚姓……至田豐，王莽封爲代時侯以奉舜後，子恢過江居吳郡。』

可知在漢代以前，每遇亂事，中原人的南遷，已成通則。　後漢南方人口增多，王莽時亂事自屬重要原因之一。

其次是人口自然的南遷，這和交通有密切關係的。　楚策一云：

　　『張儀爲秦破縱連衡說楚王曰……秦西有巴蜀，方船積粟起於汶山循江而下至郢三千餘里，方船載卒一舫載五十人與三月之糧，下水而浮一日行三百餘里，里數雖多，不費汗馬之勞，下水而浮一日行三百餘里，不至十日而至捍關。』

華陽國志云：

> 『永興二年……巴郡太守望上疏曰郡治江州結舫水居五百餘家，承三江之會夏水漲盛壞散顛溺死者無數。』

由是可知巴蜀舟船使用的普遍了。　又史記淮南王安傳。

> 『伍被言吳王上取江陵木爲船，一船之載當中國數十兩車國富民足。』

晉釋道安高僧傳云：

> 『安清字世高……以漢桓之初到中夏……高遊化中國，事畢，振錫江南……行達都亭湖廟。　此廟舊有威靈，商旅祈禱乃分風上下，各無留滯……高同旅三十餘船，奉牲祈福。』

其辭雖未必無增飾，且恐以晉人論漢事，未必盡當，然以前例證之，有舟船之利，固實情也。　至於唐蒙稱下牂柯江『制越之一奇』，漢武平南越取道南海，則粵江流域交通也有相當的利便。　隸釋四引熹平三年桂陽太守周憬功勳碑云：

> 『郡又與南海接比，商旅所臻，自瀑亭至乎曲江豈由此水源也。　……府君乃命良吏……順導其經脈。　由是小溪乃平直，大道允通利，抱布貿絲交易而至。』

則桂陽舟楫之利與商賈之事在熹平以前已有相當的發達，周憬乃因勢而利導之，荒僻之地如此，則衝繁者可想。　許多中原氏族固有在避兵禍以外的原因，如因仕宦或避仇而往，然亦由南服開發，所以不復返中原了。

> 後漢書王充傳『會稽上虞人也，其先自魏郡元城徙焉。』（詳見論衡自紀篇）

> 後漢書方術傳『折像字伯式廣漢雒人也，其先張江者封折侯，曾孫國爲鬱林太守，徙廣漢，因氏焉。』

> 新唐宰相表『江夏李氏……（本趙郡人）昭少子就，後漢會稽太守高陽侯，徙居江夏。』

> 又『陸氏……（本京兆人）烈字伯元吳令豫章都尉。　既卒，吳人思之迎其喪葬於胥屏亭，子孫遂爲吳郡吳縣人。』

> 又『閻氏……車騎將軍長社侯顯生穆避難徙於巴西之安漢。』

> 又『沈氏……遵字伯式漢齊王太傅，居九江壽春……戎字威伯……徙居會稽之

烏程。』

又『朱氏……坐黨錮誅，子孫避難丹陽。』

又『唐氏……從居潁川……翔爲丹陽太守因家焉。』

這許多都是自北而南徙的，其由南而北者，只有嵇氏由會稽徙河內（魏志王毖傳晉書嵇康傳）而已。　又江南土地的肥沃，禹貢的作者尚不明悉，但後漢時，安帝永初七年，江南的租米便可供中原的不足了。

粵江流域開發情形，自亦因長江流域的開發而增進，意林引風俗通曰：

『汝南王叔漢父子方，出游二十餘年不還。　叔漢作尚書郎，有人告子方死於汝南，卽遣兄伯三往迎喪，叔漢卽發，詔書賻錢二十萬。　旣而子方從蒼梧還，叔漢詣闕乞納賻錢，受虛妄罪。　……詔書還錢復本官。』

可見中原人踪跡的遠了。

其次關於罪人的流放可由下引推知：

後書南蠻傳『凡交趾所統雖置郡縣，而言語各異，重譯乃通。　……後頗徙中國罪人，使雜居其間，乃稍知言語，漸見禮化。　光武中興，錫光爲交阯，任延守九眞，於是教其耕稼，制爲冠履，而設媒聘，始知姻娶，建立學校，導之禮義。』

則罪人之於南服影響，不可謂不大。　至於罪人且有成爲富豪者，可由漢書王章傳見之。

西漢吏治著稱的多在中原，而東漢則江南以吏治稱者不少，可知江南的開發，在東漢是進行很有成效的。　後漢書李忠傳：

『遷丹陽太守，是時海內新定，南方海濱多擁兵據土。　忠到郡招懷降附，其不服者，悉誅之，旬日皆平。　忠以丹陽越俗不好學，嫁娶禮義衰於中國，乃爲起學校，習禮容春秋鄉飲選用明經，郡中向慕之。　墾田增多三歲閒流民占著者五萬餘口。』

其在循吏傳者，如衞颯之設置桂陽的郵驛，流民稍還，漸成聚邑。　茨充爲桂陽太守，教民蠶織，北至長沙，皆得其利。　任延爲九眞太守，令民牛耕，鑄作田器，教之墾闢田疇，歲歲開廣。　王景爲廬江太守，墾闢倍多。　餘如許荊的爲桂陽太守，

孟嘗之爲合浦太守，皆有異政。　其時代也都在順帝以前，當然對於順帝時人口數目的增加有不少影響。

　　中原人開發大江南北是自北而南自上游而下游的，長江流域最北最上游的郡爲蜀郡，故蜀最先開發，爲天下饒，而工官多在蜀。　（地理志蜀郡巴郡均有工官又有橘官木官。　貢禹傳『廣漢主作金銀器。』　又日本人在樂浪故址所得漆器，亦題蜀郡所造。）　後書公孫述傳。

　　『李熊復說述曰……蜀地沃野千里，土壤膏腴。　果實所生，無穀而飽；女工之業，覆衣天下。　名材竹幹器用之饒，不可勝用。　又有魚鹽銅銀之利，浮水轉漕之便。』

　　班固西都賦：『竹林果園，芳草甘木，郊野之富，號爲近蜀。』

可知蜀地之肥饒，與蜀地爲天下人士所豔稱了（參見高紀六年，張耳傳，文翁傳，後書廉范傳）。　自從秦時用司馬錯幷蜀，秦益強，富厚輕諸侯，而藉之幷天下，（戰國秦策）漢高祖亦因之成帝業。　從此以後，巴蜀成爲關中的財源。　自然歷代帝王對於巴蜀的經營要特別注意，巴蜀更很快的發展起來。　後來文翁治蜀藉其富饒而更加之以教誨，於是『彬彬多文學之士矣』。　至西漢初吳王濞君臨吳國數十年，多招致天下流民游士，而江南銅鹽之利始稱饒富，自後會稽文士，兩漢均有不少。東漢會稽吳郡之分郡更是顯而易見的事。　吳和蜀的立國蓋於此肇其基。　至晉時文化與政治組織之正統反在此保存，亦前此所不及料者也。　其中異族如山越武都氐板楯之類，雖未同化，但皆在窮山僻地，決不能阻止中國的開發。

　　東漢對於長江流域是用文治，但對於滇越仍是用武功。　最顯著的是永昌郡的設置，永昌的人口有一百多萬。　既不是流亡的招集，亦非內地的移殖，則非出於武力的征服莫屬。　水經葉楡水注，稱馬援在建武十九年擊益州事云：

　　『不韋縣……故九隆哀牢之國也（按不韋始于秦時放呂氏之族漢武時置縣此蓋其言所屬之地）……世世不與中國通，漢建武二十三年王……攻漢鹿茤民……船沈沒溺死數千人，後數年，復遣六王將萬許人攻鹿茤，鹿茤王與戰殺六王。……郎遣使詣越舊奉獻，求乞內附，長保塞徼。　漢明帝永平十二年置爲永昌郡。』

華陽國志南中志：

> 『元初四年，益州，永昌，越嶲諸夷封離等反衆十餘萬，多所殘破。　益州刺
> 史張喬遣從事蜀郡楊竦將兵討之，竦先以詔書告諭，告諭不從，方略漅討。
> 凡殺虜三萬餘人，獲生口千五百人，財物四十餘萬，降赦夷三十六種，舉劾姦
> 貪長吏九十人，黃綬六十人，諸郡皆平。　竦以傷死，故功不錄，自是後少寧
> 五十餘年。』

因爲其民原爲土著，所以靈帝以後常有叛亂，到清代才慢慢的改土歸流。　再據華陽
國志，當時各郡官吏大半貪汙，這種情形也和明代的失安南，如出一軌。

至於交州領域和荆益的邊境，從巫山武陵以南，都是漢夷雜居之地。　自從建
武十九年馬援大舉以後（見光武紀及馬援傳），是常有叛亂的（建初元年，二年，五
年，永元四年，五年，十二年，十三年，十四年，元初二年，三年，四年，五年，六
年，延光二年。）但大半用州郡兵可以討平，用不着大舉。　並且常有內屬情事。
（建武二十七年，永平十九年，元和元年，永元九年，十二年，延光元年，三年）可
見東漢西南的問題，遠不如西北問題的嚴重。　但據晉書陶璜傳說：

> 『廣州南岸……不賓屬者乃五萬餘戶，……桂林復當萬戶，至於服從官役終五
> 千餘家。』

> 『合浦郡土地磽确，無有田農，百姓惟以采珠爲業，商賈出來，以珠貿米。』

則南海合浦到晉時尚在半開化之狀況，不能以唐宋以後情形比例的。　續漢郡國志的
人口，雖然較漢地理志增加，但對中原的關係，尚遠不若吳會的密切。

附記：本篇作時承傅孟眞先生討論指導，作成又經羅莘田先生校閱，用志申
謝。

出自第五本第二分（一九三五年十二月）

兩漢郡國面積之估計及口數增減之推測

勞　榦

我們現在要明瞭漢代人口分布的情形，　僅根據漢志和續漢志所載的數目是不夠的。　必須知道各郡國的面積的大概數目，才能算出每方里人口的大概數目，來推斷各地分布之概况。

但估計漢時郡國的面積，不是一個容易的事。　因爲各郡國的邊界，現在已無從察考。　現在只能照楊守敬的地圖邊界，畫到申報館所出的中國分省地圖上，（當時中國大地圖尚未出版），朝鮮部分則用滿鐵所出的最新滿洲地圖，安南部分則用法國百科全書所附的印度支那圖。　畫好以後，借用北京大學物理系的儀器 Planmetre 作大致的測定。　每郡國量算三次，以三數相差不遠，則以其平均數作爲結果，再根據此數計算郡國的面積（因爲儀器爲德製，所標的尺度爲米突制，所以計算的結果爲公里；爲簡單起見，不更化爲營造尺制，或建初尺制）。　如三數相差太遠，則重新量算，不過邊境的出入非常靠不住，北邊尤甚。　山東較小郡國的邊界的出入也有時對本土面積的比例很大。　這都是無法的事，只有希望將來對於邊界的考證，較現在更進一步，再來根據較大的圖重做，此次不過試作而已。　第一表就是兩漢郡國的面積和每公里的口數。

第二表是以後漢爲標準，　以前漢的數目來比較的。　前漢郡國的面積不同於後漢，所以將前漢各郡國口數以其縣數來除，則所得之數爲此郡國中平均一縣之口數。然後再依照沿革，計算成西漢時相當於東漢時郡國面積之地方所容納之人口，再和東漢郡國比較其增減。

關於對兩漢郡國面積作大致測算時，承北京大學物理系借給儀器，并承朱物華教授，和助教張一山先生給予誠懇的指導，謹此申謝。

第 一 表

兩漢郡國面積之估計及每公里平均口數

前漢郡國名	面積數目(平方公里)	每公里人口數目（郡國口數詳後表第六期）
京兆尹	8,599	79.0
左馮翊	14,247	63.0
右扶風	27,675	30.0
弘 農	41,130	12.0
河 東	36,090	28.0
太 原	51,750	13.0
上 黨	29,770	11.0
河 內	18,270	58.0
河 南	11,250	155.0
東 郡	13,500	123.0
陳 留	10,890	139.0
潁 川	10,710	207.0
汝 南	37,097	700.0
南 陽	46,170	48.0
南 郡	74,250	9.5
江 夏	76,518	2.6
廬 江	44,325	10.3
九 江	37,710	12.9
山 陽	9,000	89.0
濟 陰	6,210	223.4
沛 郡	36,990	5.5
魏 郡	10,800	84.2

鉅 鹿	7,440	111.2
常 山	15,930	42.6
清 河	4,500	194.5
涿 郡	16,020	48.8
勃 海	22,725	35.4
平 原	1,595	64.6
千 乘	5,481	80.9
濟 南	7,923	87.5
泰 山	18,000	40.3
齊 郡	6,147	90.2
北 海	7,830	75.9
東 萊	10,872	46.2
琅 琊	23,625	45.9
東 海	22,500	69.3
臨 淮	42,372	29.2
會 稽(閩中未計入)	83,970	12.1
丹 揚	59,700	6.9
豫 章	174,960	2.1
桂 陽	51,390	3.0
武 陵	116,100	1.6
零 陵	59,778	3.1
漢 中	69,894	4.3
廣 漢	55,953	11.8
蜀 郡	24,219	51.4
犍 爲	129,930	3.9
越 嶲	108,747	3.8
益 州	258,320	2.3

（若並計冶縣所屬地及未開闢者約當今浙
江南部及福建全境應爲 503470 方公里）

牂 柯	183,969	**0.9**
巴 郡	135,810	5.1
武 都	25,750	9.1
隴 西	26,925	8.5
金 城	59,500	2.5
天 水	17,000	15.4
武 威	83,250	0.9
張 掖	135,500	0.7
酒 泉	58,250	1.3
敦 煌	149,750	0.3
安 定	64,750	2.2
北 地	59,750	3.5
上 郡	44,784	11.3
西 河	44,010	15.8
朔 方	79,775	1.7
五 原	16,150	14.3
雲 中	17,750	9.8
定 襄	17,000	9.6
雁 門	18,900	15.5
代 郡	27,750	10.1
上 谷	31,250	3.7
漁 陽	37,900	6.9
右北平	36,750	8.7
遼 西	39,750	8.9
遼 東	83,700	3.2
玄 菟	84,750	2.6
樂 浪	69,750	5.9

（匈奴傳侯應曰……臣自北邊塞至遼東有陰山東西千餘里……至孝武世出師征伐伸奪此地撰之幕北邊塞徼起亭隧築外城設屯戍以守之……幕北地平少草木多大沙匈奴來寇少所蔽隱從塞以南徑深山谷往來善難則漢塞當在陰山之北大漠之南茲依楊國楨其大略並改以陰山以北爲界又按居延本在漢境其河西諸郡亦當由居延直指陰山然後郭塞方可守禦也）

南	海	95,670	0.9
鬱	林	125,190	0.6
蒼	梧	57,510	2.5
交	趾	77,490	10.0
合	浦	56,970	2.9
九	眞	55,620	1.4
日	南	94,500	0.7
趙	國	4,050	86.4
廣	平	1,199	177.4
眞	定	1,881	95.3
中	山	9,234	72.3
信	都	8,253	41.7
河	間	3,069	61.1
廣	陽	2,700	29.8
菑	川	1,431	158.9
膠	東	7,425	43.5
高	密	1,269	151.9
成	陽	3,375	6.1
淮	陽	11,000	89.2
梁	國	5,408	19.8
東	平	3,150	193.0
魯	國	5,400	112.4
楚	國	5,247	94.8
泗	水	3:375	35.3
廣	陵	7,467	18.9
六	安	10,881	16.4
長	沙	75,510	3.1

後漢郡國	面　積	每公里人口數
河南尹	11,250	89.8
河　內	18,270	43.8
河　東	36,090	15.7
宏　農	36,000	5.5
京兆尹	15,003	19.0
左馮翊	14,200	10.2
右扶風	27,675	3.4
潁　川	11,070	129.8
汝　南	34,470	60.9
梁　國	5,400	79 8
沛　國	29,970	8.2
陳　國	10,980	140.9
魯　國	5,400	71.1
魏　郡	12,753	54.5
鉅　鹿	7,560	79.6
常　山	15,130	41.7
中　山	16,920	39.2
安　平	2,900	66.2
河　間	6,007	105.6
清　河	4,500	168.9
趙　國	4,050	46.5
勃　海	17,397	63.6
陳　留	9,036	96.2
東　郡	10,719	57.2
東　平	3,060	146.5
任　城	1,053	185.3

泰　山	13,320	32.9
濟　北	2,555	92.3
山　陽	7,272	83.5
濟　陰	7,047	93.3
東　海	21,744	32.4
琅　琊	18,965	30.6
彭　城	4,419	111.5
廣　陵	36,000	11.4
下　邳	22,500	18.9
濟　南	5,472	82.8
平　原	10,595	94.6
樂　安	7,353	57.6
北　海	14,094	59.3
東　萊	17,100	28.3
齊　國	5,400	91.1
南　陽	49,958	49.0
南　郡	75,897	9.8
江　夏	76,518	3.4
零　陵	59,778	16.7
桂　陽	51,390	9.6
武　陵	114,530	2.2
長　沙	75,510	14.0
九　江	37,710	11.4
丹　揚	56,875	11.1
廬　江	42,300	10.0
會　稽	68,670	7.1
吳　郡	38,790	18.1

豫　章	174,960	6.7
漢　中	69,930	3.9
巴　郡	135,900	7.9
廣　漢	55,980	9.1
蜀　郡	24,210	56.2
犍　爲	129,930	3.2
牂　柯	183,960	1.8
越　巂	108,720	5.7
益　州	159,500	0.7
永　昌	98,820	19.2
廣漢屬國	16,840	12.8
蜀郡屬國	53,200	8.9
犍爲屬國	66,960	0.5
隴　西	44,775	0.7
漢　陽	16,750	7.9
武　都	25,750	3.2
金　城	41,650	0.4
安　定	64,750	0.4
北　地	59,750	0.3
張　掖	50,500	0.5
武　威	83,370	0.4
酒　泉	58,250	?
敦　煌	149,750	0.2
張掖屬國	22,750	0.7
張掖居延屬國	58,250	0.1
上　黨	29,790	4.3
太　原	45,360	4.4

上　郡	44,730	0.5
西　河	50,130	0.4
五　原	16,150	1.4
雲　中	17,930	1.5
定　襄	15,000	0.9
雁　門	25,000	1.0
朔　方	79,750	1.0
涿　郡	9,900	6.4
廣　陽	3,600	3.2
代　郡	22,000	5.7
上　谷	31,250	1.3
漁　陽	37,900	11.5
右北平	36,750	1.4
遼　西	21,930	3.2
遼　東	69,750	1.2
玄　菟	73,654	0.5
樂　浪	21,600	11.4
遼東屬國	57,510	?
南　海	96,230	2.6
蒼　梧	57,510	0.8
鬱　林	125,190	?
合　浦	56,970	1.5
交　趾	25,830	?
九　眞	18,540	11.3
日　南	31,500	3.6

第 二 表

兩 漢 郡 國 人 口 增 減 之 比 較

後漢郡國名	城數	人 口 數	前漢所屬郡國	前漢各郡國每縣平均口數	前漢時相當於後漢郡國區域所有之口數	增減比較及後漢人口對於前漢人口之百分數	附　　註
河南尹	21	1,010,827	河南郡（後漢省故市縣其地在滎陽原武之間仍當屬河南尹）	79,104	1,740,279（疆界無增減故用漢志口數下放此）	-729,452（58%）	
河內郡	18	801,558	仍前漢河內區域	59,283	1,067,097	-265,439（76%）	
河東郡	20	570,803	河東郡（後漢省左氏長修狐讘騏四縣）	40,100	962,912	-392,109（59%）	
弘農郡	9	119,113	弘農郡（後漢以京兆之湖華陰屬弘農以弘農之商上雒屬京兆以弘農之丹水析屬南陽）	43,269	475,954（漢志口數下放此）－4×43,269（弘農各縣平均）＋2×56,872（京兆各縣平均）＝416,632（應得結果數目）	-297,519（28%）	弘農二縣入京兆二縣入南陽凡減四縣故從弘農口數中減去弘農每縣平均口數乘四又京兆二縣入弘農故又從弘農口數中加入京兆各縣平均口數乘二
京兆尹	10	285,574	京兆尹（後漢以弘農之商上雒以左馮翊之長陵陽陵屬京兆又省船司空下邽南陵奉明四縣而以湖及華陰屬弘農）	56,872	682,468＋(2×43,269)＋(2×365,742)－(2×56,872)＝772,490	-486,916（37%）	京兆領有弘農二縣馮翊二縣故將二郡每縣平均口數乘二加入之京兆二縣入弘農故又將京兆口數減去京兆每縣平均數乘二
左馮翊	13	145,195	左馮翊（後漢以陽陵長陵屬京兆又省櫟陽翟道谷口鄜武城沈陽襄德徵雲陵九縣）	35,742	917,822－(2×35,742)＝846,328	-701,133（17%）	翊二縣入京兆故從馮翊口數中減去每縣平均數乘二

右扶風	15	98,091	右扶風（後漢省渭城鰲庢蘵郁夷好時虢六縣）	39,051	836,070	−742,976 (11%)	縣數雖減而疆域未改故西漢口數與東漢比較時不減去二縣之平均數
潁川郡	17	1,436,513	潁川郡（後漢省郟密高周承休三縣新置輪氏縣）	110,548	2,210,973	−740,460 (59%)	
汝南郡	37	2,100,788	汝南郡（後漢以沛之山桑城父屬汝南以汝南之長平屬陳國又省陽城縣）	70,166	2,596,148 + (54,877×2) −70,166 = 2,637,436	−436,648 (79%)	
梁　國	9	431,283	梁國（後漢以陳留之䣙寧陵山陽之薄屬之而以甾改名考城屬陳留以抒秋改屬沛國以己氏改屬濟陰新置穀熟縣）	11,861	106,752 + (88,773×2 +34,886) − (11,861×3) = 283,561	+147,722 (117%)	
沛　國	21	251,393	沛郡（後漢以梁國抒秋屬之以廣戚改屬彭城下蔡改屬九江山桑改屬汝南夏丘改屬下邳城父改屬汝南平阿改屬九江義成改屬九江輒與建成扶陽高高柴深陽東鄉臨都祁鄉後漢均省	54,877	2,030,480 +11,861 − (54,877×7) = 1,669,222	+461,258 (15%)	
陳　國	9	1,547,572	淮陽國（後漢扶溝改屬陳留圉改屬陳留固始省入陽夏）	109,047	981,423 − (10,947×2) = 960,629	+586,973 (172%)	
魯　國	6	411,990	魯國	101,230	607,381	−195,791	

						(69%)
魏　郡	15	695,606	魏郡（後漢以廣平之曲梁屬之省卽裴武始邯會邯溝四縣）		909,655 +124,409 =922,064	−226,458 (76%)
鉅鹿郡	15	602,096	鉅鹿郡及廣平國（後漢以鉅鹿之堂陽改屬安平又省廣阿象氏宋子臨平貰新市安定敬武歷鄉樂信武陶柏鄉安鄉十三縣）	50,536 （鉅鹿） 12,409 （廣平）	827,177 +198,558 −(50,536 +12,409) =962,790	−360,694 (63%)
常山國	13	631,184	常山郡及眞定國（後漢以太原之上艾屬之又省常山郡之石邑桑中封斯關樂陽平臺六縣而以常山之中丘改屬趙國上曲陽改屬中山又省眞定之藁城肥纍縣蔓諸縣）	37,664 （常山） 48,554 （眞定）	677,956 +178,616 +32,404 −37,664×2) =888,970	−257,792 (72%)
中山國	13	658,195	中山國（後漢以涿郡之蠡吾常山之上曲陽代郡之廣昌屬之又省深澤北新成新處陸成諸縣）	47,740	688,080 +27,509 +37,664 +15,486 =768,739	−110,544 (86%)
安平國	13	655,118	信都國（後漢以鉅鹿之堂陽河間之武遂涿郡之饒陽安平南深國屬之又以廣川改屬清	20,252	304,384 +50,536 +46,913 +(27,509×3) −(20,252×2)	+212,362 (148%)

			河修屬勃海又省濕辟陽武邑高堤樂鄉平堤桃西梁東昌諸縣）		=442,856		
河間郡	11	634,421	河間國（後漢以涿郡之易武垣中水鄚高陽諸縣勃海之文安東州成平東平舒屬之又省候井武隧二縣）	46,913	187,662 +(27,509×4) +(34,966×4) −46,913 =460,381	+234,040 (138%)	勃海所省之景成建成二縣以地望論應屬之
清河國	7	760,418	清河郡（後漢以信都之廣川屬之省清陽信成䣙題東陽信鄉繚棗彊復陽諸縣）	62,530	875,422 +20,502 =895,924	−235,506 (84%)	
趙國	5	188,381	趙國（後漢以常山之中丘屬之）	87,488	349,952 +37,664 =389,616	−201,335 (48%)	
勃海郡	8	1,106,500	勃海郡（後漢以信都之修屬之以文安東州成平東平舒改屬河間又省阜城千童定中邑高樂參戶柳臨樂重平安次景成建成京鄉蒲領諸縣）	34,966	905,119 +20,502 −(34,966×6) 616,574	+590,925 (181%)	景成建成二縣應改屬河間
陳留郡	17	869,433	陳留郡（後漢以梁國之甾改名考城屬之以淮陽國之圉及扶溝屬之以陌及寧陵改屬梁國又省成安長羅二縣）	88,773	1,509,054 +118,61 +(109,047×2) −(88,773×2) =1,916,555	1,047,122 (46%)	

東　郡	15	603,393	東郡（後漢以壽瓹改名壽張屬東平以須昌屬東平以茌平屬濟北又省黎利苗樂昌諸縣而以離狐廩丘諸縣屬濟陰）	75,410	1,659,028 −(75,410×3) =1,432,798	−829,405 (43%)	
東平國	7	448,270	東平國（後漢以東郡之壽張須昌泰山郡之寧陽屬之又分任城亢文樊三縣置任城國）	86,854	607,976 +(75,410×2) +30,275×2 −(86,854×3) =528,509	−80,839 (85%)	泰山所省乘丘應屬之
任城國	3	194,156	由東平國分置		260,562	−66,386	
泰山郡	12	437,317	泰山郡（後漢以東海之南城費改屬之又分盧蛇丘成剛四縣置濟北國以寧陽改屬東平又省肥成桑東平陽蒙陰華乘丘富陽桃山式諸縣）	30,275	726,604 +(41,036×2) −(30,275×8) =808,876	−129,359 (54%)	乘丘應改屬東平肥成當陽桃鄉應屬濟北
濟北國	5	235,897	分泰山郡所置又以東郡之茌平屬之		30,275×7 =211,935	+23,962 (114%)	泰山所省之三縣應屬之
山陽郡	10	606,091	山陽郡（後漢以薄改屬梁國以單父成武屬濟陰又省都關城都黃爰戚郜成中鄉平樂鄭甾鄉栗鄉曲陽西鄉諸縣新置金鄉防東二縣）	34,886	801,288 −34,886×5 =626,858	−20,762 (99%)	所省郜成在單父成武之間應屬濟陰
濟陰郡	11	657,554	濟陰郡（後漢以山陽之單父城武屬之以梁國之巳氏	154,031	1,386,278 +34,886×4 +11,861	−857,417 (44%)	山陽所省郜成應屬之

			屬之又省呂都葭密秸乘氏四縣）		=1,514,958	
東海郡	13	706,416	東海郡（後漢以瑯邪之贛榆屬之以臨沂卽丘繒改屬瑯邪以海西改屬彭城以下邳曲陽司吾瓦成改屬下邳南城費改屬泰山省平曲開陽闕祺山鄉建鄉容丘東安建陽于鄉平曲都陽郚鄉武陽新陽建陵昌慮都平諸縣	41,036	1,559,357 +21,120×2 -41,036×1 =1,150,207	-443,785 (61%) 瑯邪所省之伊鄉在贛榆之南應屬東海所省開陽應屬瑯邪
瑯邪國	13	570,967	瑯邪郡（後漢以城陽國併入以東海之臨沂卽丘繒屬之以不其長廣黔陬屬東萊以平昌朱虛改屬北海以贛榆改屬東海省梧成靈門虛水臨原祓柜缾郡零段雲計斤皋虛橫魏其昌兹鄉箕椑高廣高鄉柔卽來麗武鄉伊鄉新山高陽昆山參封折泉博石房山慎鄉聊望安丘高陵臨安石山三十九縣又省城陽國之慮縣）	21,120	1,079,100 +205,184 +41,036×4 -21,120×6 -21,120×5 =1,506,806	-935,839 (38%) 所省皋虞計斤應屬東萊境所省房山臨原柜應屬北海伊鄉應屬東海東海所省開陽應屬瑯邪

彭城國	8	493,027	楚國（後漢以沛國之廣戚屬之）	71,115	497,804 +54,877 =552,681	−59.654 (89%)	
廣陵郡	11	410,190	廣陵國（後漢以臨淮之東陽射陽鹽瀆輿堂邑以東海之海四屬之）	35,181	140,722 +42,683×5 +41,036 =395,175	+15,015 (104%)	臨淮所省之海陵應亦屬廣陵
下邳國	17	611,083	臨淮郡及泗水國（後漢以東海之下邳曲陽司吾良城沛國之夏丘屬之以東陽射陽鹽瀆輿堂邑改屬廣陵省公猶開陽繁其富陵西平高平開陵昌陽廣平闌陽襄平海陵樂陵諸縣）	42,683	1,237,764 +119,114 +41,036×4 +54,877 −42,683×6 =1,311,601	−700,518 (47%)	所省海陵應屬廣陵
濟南國	10	453,338	濟南郡（後漢以般陽改屬齊國省陽丘狋宣成三縣）	45,920	642,884 −45,920 =596,964	−143,626 (76%)	
平原郡	9	1,002,658	平原郡（後漢省重丘平昌羽阿陽楊合陽樓盧龍頟安八縣）	34,976	664,543	+338,115 (151%)	
樂安國	9	424,075	千乘郡（後漢以齊之利北海之益壽光屬之案漢志齊郡有鉅定臺鄉二縣後漢並省其地在利縣與徒縣之間利縣益縣晉志併為一縣稱利益縣則鉅定臺鄉故）	32,715	490,720 +46,204 +22,810×2 =582,544	157,469 (73%)	

				地固嘗屬樂安國 也後漢又省東鄰 溼沃平安建信琅 槐筱陽高昌繁安 延鄉諸縣		
北海國	18	853,604	北海郡及菑川高密 膠東三國（後漢 又以琅邪之平昌 朱虛屬之益及 壽光改屬樂安國 又省劇北海之魁 觚劇平望平的柳 泉樂望饒桑犢平 城羊石樂都石鄉 上鄉新成成鄉膠 陽諸縣高密之石 泉縣菑川之樓鄉 縣膠東國之昌武 郁秩挺邸盧諸 縣）	22,810	593,159（北海） ＋237,031（菑川） ＋323,331（膠東） ＋192,536（高密） ＋21,120×4 ＋46,204×2 －22,810×2 ＝1477,325	－623,721 （58%）	琅邪所省之房山臨 原柜齊國所省之鉅 定臺鄉均應屬北海
東萊郡	13	884,393	東萊郡（後漢以琅 邪之長廣黔陬不 其屬之省腄平度 臨朐育犁不夜陽 樂陽石徐鄉諸 縣）	29,570	502,693 21,120×5 ＝608,293	＋276,100 （144%）	琅邪所省之計斤皋 虞應屬東萊
齊　國	6	491,765	齊郡（後漢以濟南 之般陽屬之以利 改屬北海省鉅定 廣饒昭南臨朐北 鄉平廣臺鄉諸 縣）	46,204	554,444 ＋45,920 －46,204×3 ＝461,752	＋30,013 （107%）	鉅定臺鄉以地窰應 省入北海故多減去 兩縣之平均數惟此 二縣地處海濱僻處 人口自不及臨菑諸 縣之密此中自有應 修正處也
南陽郡	37	2,409,618	南陽郡（後漢以京	53,943	1,942,091	＋353,783	

			兆之丹水析屬之 又省杜衍新郪紅 陽樂成諸縣）		+56,872×2 ＝2,055,835	(117%)	
南　郡	17	747,604	南郡（後漢以武陵 之偽山屬之又省 鄀高成二縣）	39,918	718,540 +14,289×2 ＝747,138	+466 (100.1%)
江夏郡	14	265,464	江夏郡（後漢省襄 鍾武新置平春南 新市二縣）	15,644	219,218	+46,246 (121%)
零陵郡	13	1,001,578	零陵郡（後漢以長 沙之蒸陽屬之新 置昭陽湘鄉二縣）	13,938	139,378 +18,140 ＝157,578	+944,000 (628%)
桂陽郡	11	501,403	桂陽郡（後漢省陽 山新置漢寧）	14,226	159,488	+344,915 (378%)
武陵郡	12	250,913	武陵郡（後漢以偽 山屬零陵省無陽 義陵新置沅南作 唐）	14,289	185,758 -14,289×2 ＝157,180	+93,733 (166%)
長沙郡	13	1,059,872	長沙國（後漢以蒸 陽改屬零陵新置 醴陵縣）	18,140	235,825 -18,440 ＝217,685	+841,687 (489%)
九江郡	14	432,426	九江郡（後漢以沛 郡之下蔡平阿義 成屬之省豪皐東 城博鄉逮陽）	52,035	780,520 +54,877 ＝835,397	-402,971 (52%)
丹楊郡	16	630,545	丹楊郡（後漢省宣 城縣）	23,831	405,170	225,375 (156%)
廬江郡	14	424,683	廬江郡及六安國 （後漢省廬江之 樅陽皖湖陵邑松 茲四縣）	38,011	457,333 +178,616 635,949	-211,266 (62%)
會稽郡	14	481,196	會稽郡（後漢以其 北分置吳郡又省 錢唐同浦二縣分	39,715	1,032,604 -39,715×13 ＝516,309	-35,113 (93%)	前漢會稽郡之南部 較北部未開化則其 人口自願較稽此所

			章安爲永寧縣）			取爲平均數故後漢 會稽郡人口較前漢 相當之區域爲少實 際恐不如此也
吳　郡	13	200,782	分會稽郡北部十三 縣所置		37,715×13 ＝516,295	＋184,503 （136%）
豫章郡	21	1,668,906	豫章郡（後漢新置 石陽臨汝建昌三 縣）	19,498	351,965	＋1,316,941 （495%）
漢中郡	9	267,402	漢中郡（後漢省旬 陽武陵長利三 縣）	16,701	300,614	−33,212 （89%）
巴　郡	14	1,086,049	巴郡（後漢新置平 都宣漢漢昌三縣 續漢志稱永元二 年分閬中置充國 縣蓋廢而復置者 也）	64,377	708,148	＋377,901 （155%）
廣漢郡	11	509,438	廣漢郡（後漢分其 西北三縣置廣漢 屬國）	50,942	662,249 −50,942×3 ＝459,423	＋50,015 （111%）
犍爲郡	6	411,378	犍爲郡（後漢省符 邵鄡堂琅二縣以 漢陽朱提二縣屬 犍爲屬國今案堂 琅劉注云省朱提 下鄡又在其南 則並應屬於屬國 矣）	40,791	489,486 −40,791×4 ＝366,322	＋45,056 （112%）
牂牁郡	16	267,235	牂牁郡（後漢省都 夢縣）	9,021	153,360	＋11,389 （175%）
蜀　郡	11	1,350,476	蜀郡（分西部四縣 別置屬國都尉）	83,062	1,245,929 −83,062×4 ＝913,681	＋436,795 （148%）

越嶲郡	14	622,418	越嶲郡（後漢省灊街縣）	27,427	408,405	214,013 (152%)	
益州郡	17	110,802	益州郡（後漢以其西部分置永昌郡省來唯縣）	34,353	580,463 −34,353×6 =374,346	−263,543 (29%)	益州附近人口東漢均有增益唯此獨減東漢所分永昌二縣當爲益州郡中人口較密之處
永昌郡	8	1,897,344	分益州郡不幸嶲店比蘇楪榆邪龍雲南諸縣所置（又新置哀牢博南二縣）		34,353×6 =206,118	+1,691,226 (921%)	按哀牢夷傳永平十二年哀牢王柳貌遣子率種人內屬……口五十五萬三千七百一十……顯宗以其地置哀牢博南二縣割益州西部都尉所領六縣合爲永昌郡但以郡國志核算則順帝時新增者一百六十餘萬所增蓋三倍於明帝時矣
廣漢屬國	3	205,652	分廣漢郡置		102,826	+102,826 (200%)	
蜀郡屬國	4	475,629	分蜀郡置		332,248	+346,378 (143%)	
犍爲屬國	2	37,187	分犍爲郡置		123,164	15,987 (30%)	
隴西郡	11	29,637	隴西郡（後漢以金城之抱罕白石河關廆之而以上邽西縣改屬漢陽以羌道改屬武都省	21,524	236,824 +11,511×3 −21,524×3 =335,929	316,262 (8%)	

			首陽縣）				
漢陽郡	13	130,138	天水郡（後漢以隴西之上邽西縣屬之省街泉罕井清水奉捷等縣戎邑縣諸二道新置阿陽顯親二縣補注隴縣後漢省誤）	16,334	261,348 +21,524×2 =304,396	174,231 (43%)	
武都郡	7	81,728	武都郡（東漢省平樂道嘉陵道循成道以隴西之羌道屬之）	26,170	235,560 +21,524 =257,084	175,366 (32%)	
金城郡	10	18,947	金城郡（後漢以抱罕白石河關改屬隴西郡）	11,511	149,648 11,511×3 =115,095	97,148 (16%)	
安定郡	8	29,060	安定郡（後漢以北地之鶉觚屬之以參欒改屬北地以鶉陰祖厲屬武威又省復累安俾撫夷涇陽鹵陰密安定安武爰得朐卷月支道十二縣）	6,824	143,291 +11,089 -(6,824×3) =133,908	107,818 (22%)	
北地郡	6	18,637	北地郡（後漢以鶉觚與安定之參欒互易省馬領直路靈武陶衍方渠除道五街歸德回獲略畔郁郅義渠道大要諸縣）	11,089	210,688 +6,824 -11,089 =206,423	187,796 (9%)	平準書曰武帝徙貧民於關以西及元朔方以南新秦中又曰於是上北出庸關從數萬騎獵新秦中以勒邊兵而歸新秦中或千里無亭徼於是誅北地太守以下而令民得畜牧邊縣是朔方以南新秦中地屬北地郡無疑

武威郡	14	34,226	武威郡（後漢以安定之鸇陰祖厲屬之又以張掖之顯美屬之）	7,642	76,419 +（6,824×3） +8,873 =105,764	−71,538 （33%）	
張掖郡	8	26,040	張掖郡（後漢以顯美改屬武威又以居延一城置張掖居延屬國）	8,873	88,731 −（8,873×2） =70,995	−34,955 （33%）	續志稱張掖屬國為分張掖郡所置其中當有張掖戶口因不領縣未詳其數又匈奴傳張掖屬國都尉郭忠破犂汙王封成安侯後漢書稱竇融願以太守易張掖屬國則屬國都尉建武前仍與太守並行也
酒泉郡	9	戶12,706 口不詳	酒泉郡（後漢省天依縣置延壽縣）	8,525	口76,726 戶18,137	戶減5,431 （71%）
敦煌郡	6	29,170	敦煌郡	6,389	38,335	−9,265 （77%）
張掖屬國	5	16,952	續志注云武帝置屬國都尉以處降者安帝時別領五城	數口無		
張掖居延屬國	1	4,732	由張掖郡分置領居延一縣	8,873	8,873	−4,141 （53%）
上黨郡	13	127,403	上黨郡（後漢省余吾一縣）	24,126	337,766	210,363 （37%）
太原郡	16	200,124	太原郡（後漢以上艾屬常山國以廣武原平屬雁門郡省葰人汾陽二縣）	32,404	680,488 −（32,404×3） =583,276	−883,152 （34%）
上　郡	10	28,599	上郡（後漢省獨樂陽周木禾平都淺水京室洛都襄洛原都推邪高望等）	26,738	606,658	578,059 （47%）

			松宜都雕陰道諸 縣新置屬國候官 一城）			
西河郡	13	20,838	西河郡（後漢以大 城改屬朔方省富 昌騶虞鵠澤徙經 廣田鴻門宣武千 章增山武車虎猛 穀羅繞方利隰成 臨水上軍西部陰 山艗是博陵鹽官 諸縣）	17,726	698,836 −17,776 ＝681,060	659,323 （31%）
五原郡	10	22,957	五原郡（後漢省固 陵蒲澤南輿稒陽 英嬰河目諸縣）	14,458	231,328	−208,371 （10%）
雲中郡	11	26,430	雲中郡（後漢以定 襄郡之定襄成樂 武進屬之省陶林 楨陵犢和陽壽諸 縣新置箕陵縣）	14,741	173,270 +27,191×2 ＝227,652	−201,222 （12%）
定襄郡	5	13,571	定襄郡（後漢以雁 門郡之中陵善無 屬之以定襄成樂 武進改屬雲中省 都武襄陰武皋定 陶武要復陸諸 縣）	27,191	163,144 +（20,961×2） −（27,191×2） ＝66,840	53,270 （21%）
雁門郡	14	249,000	雁門郡（後漢以代 郡之鹵城太原之 廣武原平屬之以 中陵善無改屬定 襄省沃陽縣）	20,961	293,454 +15,486 +32,404×2 −20,961×2 ＝331,926	82,928 （75%）
朔方郡	6	7,843	朔方郡（後漢以西 河之大城屬之省	13,663	136,628 +17,776	7,561 （52%）

				修都臨河呼道廠渾渠撾諸縣）	=154,404	
涿　郡	7	633,724	涿郡（後漢以廣陽之方城屬之以南深澤屬安平蠡吾屬中山易屬河間鄚屬河間高陽屬河間安平屬安平饒陽屬安平中水屬河間武垣屬河間省毅丘容城廣望州鄉樊興成利鄉臨鄉益昌陽鄉西鄉阿陸阿武高郭新昌諸縣）	27,509	782,764 +17,664 −(27,509×13) =442,911	+190,813 (144%) 州鄉阿陵阿武高郭以地望應改屬河間
廣陽郡	5	280,600	廣陽國（後漢以上谷之昌平軍都勃海之安次屬之川方城屬涿郡省陰鄉縣）	17,664	70,658 +(7,851×2) +34,966 =121,426	159,174 (233%)
代　郡	11	126,188	代郡（後漢以廣昌改屬中山鹵城改屬雁門省延陵且如陽原參合靈丘諸縣）	15,486	278,754 −(15,486×2) =247,682	−121,494 (51%)
上谷郡	8	51,204	上谷郡（後漢以昌平軍都屬廣陽省泉上夷輿且居茹女祁諸縣）	7,851	117,726 −(7,851×2) =102,024	−50,820 (50%)
漁陽郡	9	435,740	漁陽郡（後漢省要陽白檀滑鹽諸縣）	21,843	264,116	+171,624 (137%)

郡國	縣數	面積	郡名（後漢沿革）	戶數	口數	增減	備註
右北平郡	4	58,475	右北平郡（後漢省平剛石成廷陵聚字白狼夕陽昌城驪成廢成平明諸縣）	20,049	320,780	-267,305 (13%)	
遼西郡	5	81,714	遼西郡（後漢以昌遼賓徒徒河屬遼東屬國省且慮新安平柳城交黎陽樂狐蘇文成衆諸縣）	25,766	382,325-(25,766×3)=305,027	-223,313 (27%)	
遼東郡	11	81,714	遼東郡（後漢以其西部三縣分置遼東屬國又以高顯候城遼陽屬玄菟又省遼隊險瀆居就武次諸縣）	15,136	272,539-(15,136×6)=181,723	-100,009 (45%)	與遼西口數相同恐有誤遼西戶數爲14,150 遼東爲64,188 相去甚遠不應口數相同也
玄菟郡	6	43,163	玄菟郡（後漢以遼東高顯候城遼陽屬之）	77,282	221,845-(15,136×3)=267,253	-224,090 (19%)	
樂浪郡	18	257,050	樂浪郡（後漢省提奚渾彌吞列東暆不而蠶台華麗邪頭昧前莫夫租等縣新置樂都縣）	16,269	406,748-(16,269×10)=244,058	+87,008 (15%)	後漢所省十縣加領東棄地故將十縣人口約數減去
遼東屬國	6	不詳	後漢分遼東遼西各三城所置				
南海郡	7	250,282	南海郡（後漢新置增城縣）	15,709	94,253	+156,026 (266%)	
蒼梧郡	11	466,975	蒼梧郡（後漢新置鄣平縣）	14,619	146,160	+326,815 (280%)	
鬱林郡	11	不詳	鬱林郡（後漢省雍雞縣）	5,930	71,162		
合浦郡	5	86,617	合浦郡	15,796	78,980	+7,634	

						(110%)
交趾郡	12	不詳	交趾郡（後漢新置封谿縣按志稱十二城而縣名只十一蓋漏馬援傳中所稱之望海縣也）	74,624	746,237	
九眞郡	5	209,894	九眞郡（後漢省都龐餘發二縣）	23,716	166,013	+43,881 (126%)
日南郡	5	100,676	日南郡	16,927	69,485	+31,191 (222%)

出自第五本第二分（一九三五年十二月）

說「廣陵之曲江」

傅 斯 年

　　余少讀文選，至枚乘七發之賦曲江潮，爲之神往，竊思何日得見此海天之大觀耶？二十餘年間，西遊歐洲，南居嶺外，終不得一親子胥之波臣，民國十七年秋，覊旅上海，于仲秋既望往觀于海寧，然後知枚生之辭，華而未嘗無實，舖張而恰中事情也。歸途坐小舟，遵江溪，景物清新，心曠神怡，竊意楚太子何事如彼頭巾寒酸氣，告以巨觀，曰病未能，告以孔墨，乃霍然愈？於是益覺枚生所稱曲江之潮非浙江潮莫當，而所謂乚廣陵之曲江冖一語，更不能釋然于心矣。後來稍稍詢之治地理者，廣陵之稱，終不可解。今北都再危，憂憤忘事，爰檢屈辭，遂及枚賦。舊情既萌，獨祭羣書，卒得證據，渙然冰釋矣。謹寫其解如下。

　　以曲江爲浙江者，朱竹垞也。既以曲江爲浙江，遂似不得不以廣陵爲錢塘之城。見曝書亭集卷三十一，與越辰六書。以廣陵爲近世所謂揚州城者，汪容甫也。既以廣陵爲揚州城，遂似不得不以曲江當甘泉縣之小水。實則廣陵正是後之廣陵，曲江亦即後之浙江，事在易而兩君求之難矣。

　　地名，人爲者也，可同名，可移徙，可訛謬。地理，自然界之事實也，人不得而改易，故論地當以自然事實爲先。今浙江之潮，誠世界希有之大觀，必入海之口爲胃形，然後能成此奇跡。今世上有此現象者，錢塘江之外，僅南非一大川類似。若從汪氏說，以曲江爲北江，則必二千年前，揚子江入海處與今日形狀大異，鎮江以下皆在海中，然後可也。夫崇明島至宋始大，今日東海海塘之築始于明代，固爲熟知之事實。然謂西曆紀元第二世紀中，即枚乘生時，長江入海處與今日情形如此大差異，誠不可能，區區二千年，在歷史上固爲久遠，在地質史上乃不成一單位。且

浙江潮固歷代著名者，若揚子有同類之潮，枚乘之後不便即無稱道之者，歌詠之者。
李善注固以曲江爲揚子江者，乃不得不引山謙之南徐州記，　南齊書地理志，　以佐證
之。　然所引僅謂有江濤耳，與七發所形容者迥別。　今揚子江潮猶及蕪湖，然非浙
江潮之類也。　枚乘固云，乚通望乎東海，丁則觀潮處必東近海口，設以揚子當之，
亦必如今日海門以下，非揚州鎭江之形勢也。　又云：

> 其始起也，洪淋淋焉，若白鷺之下翔，其少進也，浩浩澄澄，如素車白馬帷蓋
> 之張。　其波涌而雲亂，擾擾焉如三軍之騰裝。……　誠奮厥武，如震如怒。

則儼然今日浙江潮之畫圖也。　酈道元，古代地理學之第一權威也。　其序地理，雖
不能盡由目驗，亦皆折之事實，絕非抄襲史傳，排比文詞者可比。　其注江水，雖廬
江郡以下自宋已闕佚，然其注浙江則云，

> 常以月晦及望尤大，至二月八月最高，峨峨二丈有餘。　吳越春秋以爲子胥文
> 種之神也。　昔子胥亮（忠）于吳，而浮尸于江，吳人憐之，立祠于江上，名
> 曰胥山。　吳錄云，胥山在太湖邊，去江不百里，故曰江上。　文種誠于越，
> 而伏劍于山陰；越人哀之，葬于重山。　文種旣葬一年，　子胥從海上負種俱
> 去，游夫江海。　故潮水之前揚波者伍子胥，後重水者大夫種。　是以枚乘
> 曰：乚濤無記焉。　然海水上潮，江水逆流，似神而非，于是處焉。丁

酈君明明以枚乘之曲江爲浙江，汪氏舍此說，　而乞靈于南齊書志南徐州記，　誠忘輕
重。　且乚曲丁乚浙丁本一詞，其音變甚明。　今按之地形，徵之字義，曲江潮之必
爲浙江潮，無可疑也。

　　廣陵一名始見於史記六國表，愼靚王二年，卽楚懷王十年（四前三一九），乚城
廣陵。丁　此當由滅越而起，前此十餘年，越爲楚滅，故今城之。　史記此處固未示
吾人以廣陵之所在，然項羽本紀云：

> 廣陵人召平，于是爲陳王徇廣陵，未能下。　聞陳王敗走，秦兵又且至，乃渡
> 江矯陳王命，拜梁爲楚王上柱國。

是時項梁乚舉吳中兵，丁而召平渡江拜之。　則廣陵之在江北明矣。　且據上文所引
史記兩事，廣陵自戰國卽爲重鎭，不容錢塘江上又有一小邑，　用奪其稱。　自漢以
來，廣陵爲邑，爲國，爲郡，班班可考。　今按之沿革，廣陵城之必在江北，爲近代

所謂揚州城之前身，又無可疑也。

　　廣陵城既必在江北，曲江潮又必爲浙江潮，則∟廣陵之曲江┐一詞其不詞乎？
於是清帝弘曆曰：

　　　　七發之作，不過文人託事抒藻之爲，如子虛亡是，騁其贍博。　非必若山經地
　　　　志，專供考資者之脈落分明也。引見王先謙本水經注卷首

此語胡塗之極！　子虛亡是，固可空託，若言實在地名，則不能亂說，亂說必爲時人
所議。　崑崙玄圃，神話中之地名也。　故屈平可以肆用之，然雲夢息愼，則實際地
名矣，司馬長卿雖設子虛亡是，然不能言∟齊之雲夢┐∟楚之息愼┐也。　然則∟廣
陵之曲江┐一詞，必爲漢惠文時通行之語，或可通之稱，　今宜尋其所由。　若不然
者，則七發必後人書矣。

　　以爲廣陵國不涉江南者，乃誤讀漢地理志之故，漢志郡國皆哀帝元始二年制，與
前此之郡國分合不同。　漢志中之廣陵國境，乃成帝繼廣陵王胥之絕嗣，重立廣陵孝
王子守以後之分土。　元始二年，在王位者爲守子弘，此時廣陵王國早失在江南之郡
郡，不止會稽而已。　弘曆以漢志之廣陵國境論枚乘時事，其疏已甚。　又史記褚少
孫補三王世家記元狩六年廣陵王胥受封之策曰：

　　　　於戲小子胥，受茲赤社！　朕承祖考，維稽古建爾國家，封于南土，世爲漢藩
　　　　輔，古人有言曰，大江之南，五湖之間，其人輕心。　揚州保彊，三代要服，
　　　　不及以政。漢書武五子傳同

褚又曰∟孝武帝之時，同日而俱拜三子爲王，……各因子才力智能，及土地之剛柔，
人民之輕重，爲作策以申戒之。┐　又曰：∟夫廣陵在吳越之地，其民精而輕，故誡
之曰云云。┐　漢書亦云：∟同日立，皆賜策，各以國土風俗申戒焉。┐　夫五湖，
具區也，吳越，會稽郡是其本土。　設若廣陵王胥初受封時，並不及于會稽，則漢書
及褚補所云，皆爲不根之談矣。

　　景帝後三年，武帝立，時年十六。　武帝年∟二十九，乃得太子，甚喜，┐當在
元朔元年。　武五子傳云，∟元狩元年，立爲皇太子，年七歲，┐亦戾太子生在元朔
元年之證。　衛夫人王夫人並寵幸于武帝，元朔元年三月，立皇后衛氏，是太子生然
後立其母爲嫡，戾太子前，武帝當無子。　同日受封之齊閎燕旦廣陵胥三王，既皆不

長于戾太子，而三人中齊王當居長，廣陵王又爲燕王之同母弟。　三王世家首列霍去病上書云，└皇子賴天，能勝衣趨拜，┐又曰，└皇子或在襁褓而立爲諸侯王。┐又，閎立八年，薨，而謚曰└早死。┐　漢書燕王旦傳云，└旦壯大就國。┐　凡此皆足證明三王初立，正在數齡，未嘗卽就國也。　且由太子初生之元朔元年至三王受封之元狩六年僅十一年，尤爲三王受封時少小之明證。　廣陵王始封時旣未就國，則此國自等於虛設，會稽仍爲漢廷之郡。　封策中雖已列入吳越之地，行政上仍爲假設之邦。　其後元鼎元光中，武帝大用事于甌閩，會稽郡爲屯兵備戰之重地，則會稽之隸漢廷也，當仍而未改。　逮後來胥就國時，或卽沿此不得會稽郡矣。　江都易王時代，曾兼有會稽郡否，　今已不可詳知。　江都易王之立，└治故吳國，┐故吳都廣陵，則江都王亦都廣陵。　王先謙依此以爲江都兼有會稽之證，乃誤以└治故吳國┐爲└治吳┐或└都吳┐耳。　漢志會稽郡下云，└景帝四年屬江都，┐廣陵下云，└江都易王非廣陵厲王胥皆都此，並得鄣郡而不得吳。┐　顯相矛盾，未知孰是。考江都王建自殺國除在元狩二年，而建元三年卽有會稽守，見嚴助傳，則江都王或未嘗有會稽郡，或先有而後失之耳。　西漢諸王國境變化不常，時而益封，時而削地，時而自請歸之漢廷，今不可一一考證得之。　要之，江都國廣陵國皆不得以爲從來但爲江北國，皆一度兼得會稽郡，卽錢塘江游域，其踪跡今猶可尋也。

　廣陵國非以江北爲限，已如上文所述，然廣陵國之號旣始於元狩六年，枚乘又爲文景時人，在其前不應預知，豈七發固爲後人所作，抑此語爲後人所改耶？　曰，不然，以所治之邑名其郡國者，漢世之通習也，吳王濞之國治廣陵，不治吳，則王濞之國在世俗稱謂中，應曰廣陵，　不曰吳，作吳者策府之官號，作廣陵者民間之習語。　請舉例以說之。　終西漢之世，未嘗有吳郡，會稽郡治吳，郡不名吳也。　漢志會稽郡下云，└高帝六年，爲荊國，十二年，更名吳，┐此謂王濞之國爲荊之更名，非謂會稽郡。　王濞之國與會稽郡，大小固絕非一事。　漢志廣陵下云，└江都易王非，廣陵厲王胥，皆都此，並得鄣郡而不得吳。┐　此處之吳，指會稽郡言，故與鄣郡爲對。　然漢固未嘗有吳郡，是直以吳名會稽郡，卽以會稽郡所治邑名會稽郡矣。　例一也。　枚乘傳曰，└景帝召拜乘爲弘農都尉。┐　弘農置郡在武帝元鼎四年，景帝時已有弘農都尉者，漢初弘農當

屬河南郡，蓋爲河南郡都尉而治弘農。（錢大昕説）　河南都尉治弘農，即稱弘農都尉，是又以治所名都尉之官也，例二也。　劉濞之國，策名曰吳，然旣都廣陵不都吳，則民間自以稱之曰廣陵爲便。　越絕書二，「高皇帝更封兄子濞爲吳王，治廣陵，並有吳。立二十一年，東渡之吳，十日，還去。」　越絕書爲東漢會稽人袁康吳平所作，見楊慎丹鉛錄，其書稽古多不可據，而記會稽郡事則爲親見親聞，其稱吳王「治廣陵，並有吳」者，可徵當時人心中固以濞爲廣陵之王，彙制吳地，國旣在廣陵，國即稱廣陵矣。　綜是以觀，王濞之國稱廣陵者，當時之通稱也。　枚乘箸書稱「廣陵之曲江者，」依時俗也。　元狩六年封胥爲廣陵王者，昔日民間之通稱，今升爲官府之策名者也。　其稱曲江必曰「廣陵之曲江」者，明曲江在廣陵所隸境內，猶曰「楚之雲夢吳之具區」也。　知「廣陵」爲王濞國之俗稱，則「廣陵之曲江」一詞之解，當從其易，不必求其難矣。　閻百詩潛丘箚記三，論此事，與今此論有同處，然閻説無證，僅一假設，故爲錢曉徵所議。　今不引舉，讀者幸參看焉。

然則與其執「廣陵之曲江」一詞以疑七發爲枚乘作，毋寧執此以證其爲枚乘作耳。　　　　　　　　　　　　　　　民國二十三年六月

中國丹砂之應用及其推演

勞　榦

化學的發展，本來有兩個來源。　在理論方面啓發於希臘的哲學家，在實驗方面出於中世紀點金的術士（Alchemist）。　鍊賤金屬爲貴金屬雖然埃及時已有此思想，巴比倫，腓尼基，印度，也有許多應用的實驗，Chemistry 一字語根也是埃及的意思。　但發揚光大傳到歐洲乃出於阿拉伯人，其時當中國的宋代（十一世紀）到明代的中葉（十五六世紀），遠在中國鍊金術士以後。　中國和其餘民族一樣，在舊石器時代，已經重視丹砂，但希望從丹砂鍊出黃金，據紀載漢時不惟有此思想，而且有詳細的方法，阿拉伯的術士與中國的關係，一時雖不能爲詳確的證明，但中國的製鍊丹砂，確經過長時期的單獨發展，乃不容否定的事。　現在就與丹砂有關的史料敍其推演的經過如下。

一　尙赤與丹砂的關係

中國後代的尙黃是沿襲隋代的事，以前大都尙赤的，秦人據說曾經爲五行的關係而尙黑，但詳細制度難考。　禮記檀弓稱『夏后氏尙黑，殷人尙白，周人尙赤』，乃據漢人的三統說而言，未足爲信。　從各方面看來，只有周人尙赤是正確的。　夏代不能考見，殷人則不惟不尙白，反有尙赤的可能。　我聽見梁思永先生說在安陽殷虛，一切儀仗采繪都以紅色爲主，可見檀弓的話不盡合。　周人尙赤的事，因爲時代較近，所以三統說不能違反不遠以前的事實。　現在將周人尙赤的事，舉例如下：

（１）衣服

方叔率止，約軧錯衡，服其命服，朱芾斯皇。　（詩小雅采芑。）

四牡奕奕，赤芾金舄。　　（詩小雅車攻。　正義『天官屨人注舄有三等，赤舄爲上……此云金舄，則禮之赤舄也。』）

朱芾斯皇，室家君王。　　（詩小雅斯干。　箋：『芾者，天子純朱，諸侯黃朱。』）

錫汝玄衣黹純，赤芾朱黃。　　（頌鼎。　又趞鼎，師毛父毀，毛公鼎，師梌毀，揚毀，番生毀，休盤，均有錫朱芾之事。）

士玄衣纁裳，天子之冕朱綠藻。　　（禮記禮器。）

繡黼丹朱中衣，大夫之僭禮也。　　（禮記郊特牲。）

玄冠朱組纓，天子之冠也；緇布冠繢緌，諸侯之冠也；玄冠丹組纓，諸侯之齊冠也；玄冠綦組纓，士之齊冠也。　　（禮記玉藻。）

韠，君朱，大夫素，士爵韋。　　（禮記玉藻。）

天子袾裷衣冕，諸侯玄裷衣冕，大夫裨冕，士皮弁服。　　（荀子富國。　高注，『袾古朱字，裷與袞同，畫龍於衣謂之袞，朱袞以朱爲質也，衣冕猶服冕也。』）

（2）宮室及其他：

若作梓材，旣勤樸斲，惟其塗丹雘。　　（書，梓材。）

莊公二十三年，丹桓公楹。　二十四年刻桓公桷。　　（見春秋經，杜注，將逆夫人故爲盛飾。）

丹漆雕幾之美。　　（禮記，郊特牲。）

紅壁沙版，玄玉梁些。　　（楚詞招魂。　王逸注，紅赤白色，沙丹沙也。）

諸侯垣有黝堊之色，無丹青之采。　　（御覽一八七引新序。）

彤弓一，彤矢百。　　（書文侯之命。）

彤弓天子賜有功也。　　（毛詩彤弓序。　箋『諸侯設王所愾而獻其功，王饗禮之。　於是賜彤弓一，彤矢百，・玈弓一，玈矢千。　凡諸侯賜弓矢，然後得專征伐。』）

彤弓虎賁，文公受之，以有南陽之田。　　（左昭十五年。）

公車千乘，朱英綠縢。　　（詩閟宮。）

古者后夫人必有女史彤管之法，史不記過，其罪殺之。……　　彤管筆赤管也。
（詩靜女箋。）

從其有皮，丹漆若河？　（左宣二年。）

牲用騂尚赤也。　（禮記郊特牲。）

從上看來，衣服的赤色，是用來表示尊貴的；宮室及其他用具的赤色，是用來示盛美的。　在染料之中，除去衣服的顏色，現在無從知道外；其餘主要染料或塗料還是丹沙。　因此便以丹來代表紅色，如詩經『顏如渥丹，其君也哉』？　即其一例。重視紅色的原因，現在尚不能尋出較早的史料。　據漢人的說法，大抵由於拜火或拜日，太平經：（道藏太平部）

丙午丁巳火也，赤也。　丙午者純陽也，丁巳者純陰也。　陰陽主和，陽氣復和合，天下與也。　為者為利。　（二，二十三。）

五書中善者使青為下而丹字，何乎？　吾道乃丹青之信也。　青者生，仁而有心；赤者天下之正氣。　吾道太陽仁政之道不欲傷害也。　（四，十一。）

以赤心，心生於火，還以付火，為治象。　是則延年益算，萬不失一，吾不欺子也。　（七，六。）

吾書中善者悉使青首而丹目，何乎？　吾道乃丹者之信也。　青者生，仁而有正；赤者太陽，天之正色也。　（七，二十七。）

東方者好生，南方者好養，夫不仁用心不可與長共事，不明不可以為君長，故東方者，木仁有心，南方者火明也。　（六十九，二。）

夫太陽上赤氣乃火之王精也，火之王者乃光，上為日月者乃照察姦惡人。

（一一九，八。）

用這些材料來解釋後世道教尚赤的原因，較為確切，來解釋上古尚赤的原因，當然尚有問題。　但道士的重視丹砂沿襲自上古；其重視赤色，自亦有襲自上古的可能。在尚未有確切解釋以前，固可存此以備一說也。

因為丹砂是貴重的塗料，所以周人非常重視，庚嬴卣云：

隹王十月旣望，辰在己丑，王格於庚嬴宮，王蔑庚嬴歷。　錫貝十朋，又丹一栟。　庚嬴對揚王休，用作氒文姑寶尊彝，其萬年子子孫孫永寶用。

周代以貝爲錢幣，丹與並稱，可見丹的貴重。　禹貢荊州的貢品有礪砥砮丹，荀子中紀載丹沙，也認寶貴物品或裝飾，王制篇云：

> 南海則有羽翮齒革曾青丹干焉，然而中國得而財之；東海則有紫結魚鹽焉，然而中國得而衣食之。

又正論篇云：

> 孔子曰，天下有道盜其先變乎？　雖珠玉滿體文繡充棺，黃金充椁，加之以丹矸，重之以曾青，……人猶相莫之抇也。　（高注丹矸丹沙也，曾青銅之精，形如珠，其色極青，故謂之曾青。　加以丹矸，重以曾青，言以丹青朵畫也。）

都可證明丹沙的貴重。

再從地下的新發現看來，也是自然的。　董作賓先生甲骨文斷代研究例云：

> 將已刻文字的甲與骨，加以朱或墨的裝潢塗飾，這是武丁時代的一種特色。……　像書契精華式的大字，無論甲，骨，許多都塗過硃砂（塗墨的較少，字也細小一些。）　我記得最清楚的一段有經驗工人的談話；『村子裏也出大的骨版，但是太稀疏，字也小，永沒見過十四畝地（在第一區）出的那樣骨版，滿刻着紅鮮的硃砂大字』。　（蔡元培先生六十五歲論文集。）

此外在墓葬中用丹沙，還可以從安特生甘肅考古記，李濟先生俯身葬（本所安陽發掘報告三期），馬衡先生新鄭古物調查記（東方雜誌二十二卷一期），知道應用的普遍。　漢書佞倖傳，孔光奏徙董賢家屬云：

> 乃復以沙畫棺，四時之色，左蒼龍，右白虎，上著金銀，日，月，玉衣，珠壁，以棺至尊無以加。

又壽縣所獲的楚王棺板，上亦有金及朱的文飾，可證自上古，戰國，至漢都以丹沙爲貴重塗飾。　所以史記貨殖傳稱，『巴寡婦清，其先得丹穴，而擅其利數世，家亦不訾』，自非重視丹沙之時不致如此。　又楊雄蜀都賦，『其中則有玉石嶜岑，丹青玲瓏』。　易林乾之咸『三人求橘，反得丹穴，女貴以富，黃金百鎰』，大抵皆是指此。

二　丹書

不惟商代重要文籍塗朱，周代也是一樣，一貫的承受，一直到漢猶然。　大戴記武王踐阼云：

> 武王踐阼三日，召士大夫而問焉。　曰『惡有藏之約，行之行萬世，可以爲子子孫常者乎』？……　師尚父曰『在丹書，王欲聞之，則齋矣』。　（孔廣森補注云『丹書古策府之遺典』。）

左傳襄二十三年云

> 斐豹隸也，著於丹書。　欒氏之力臣曰督戎，國人懼之。　斐豹謂范宣子曰『苟焚丹書，我殺督戎』。　宣子喜曰『而殺之，所不請於君焚丹書者，有如日』。

晏子春秋內篇雜上：

> 景公游於紀，得金壺，乃發視之。　中有丹書曰『食魚無反，勿乘駑馬』。

漢書高紀：

> 又與功臣剖符作誓，丹書鐵契，金匱石室，藏之宗廟。

漢書高忠功臣表序：

> 封爵之誓曰『使黃河如帶，泰山若厲，國以永存，爰及苗裔』。　於是申之以丹書之信，重之以白馬之盟。

據以上諸則，凡傳世的典則，在奴隸的契約，傳後的箴銘，功臣的符契，都要用丹書以示鄭重，至漢猶然。　但鄭重的極致，歸於神祕，所以神祕的事也要用丹書來表示。　漢書王莽傳：

> 平帝崩……前煇光謝囂奏，武功長孟通浚井得白石。　上圓下方，有丹書著石，文曰『告安漢公莽爲皇帝』。　符命之起，自此始矣。

此外在緯書中，可以尋出許多關於丹書的話。　大抵在緯書中認爲凡應世帝王都有符命，而所有符命均係丹書。　其丹書或自鳳皇之類銜來，如詩文王序正義引春秋元命苞云：

> 鳳皇銜丹書，遊於文王之都。　西伯旣得丹書，於是稱王，改正朔，誅崇侯

虎。

又引尙書中侯云：

　　季秋之月，甲子，赤雀銜丹書，入豐，止於昌戶，再拜稽首受。

又引易是類謀：

　　文王比隆與始霸，伐崇，作靈臺，受赤雀丹書，稱王制命。

或以龍負出，御覽七九引尙書中候握河紀：

　　黃帝幽洛，河出龍圖，洛出龜書。　白威赤文像字，以授軒轅。

御覽八〇引尙書中候握河紀：

　　帝堯……龍馬銜甲，赤文綠地，自河而出。

御覽八一引尙書中侯考河命：

　　舜沈璧，黃龍負卷舒圖，出水壇畔，赤文綠錯。

或有魚出，魚有赤文丹書御覽九三六引河圖挺佐輔：

　　黃帝遊於洛，見鯉魚長三丈，青身無鱗，赤文成字。

詩商頌譜正義引尙書中候：

　　天乙在亳東觀於洛，黃魚雙躍，出濟於壇，黑鳥以雒隨魚亦上，化爲黑玉赤
　　勒。

御覽八四引尙書中候：

　　武王……渡於孟津，中流受文，命待天謀。　白魚躍入王舟，王俯取魚。　長
　　三尺，赤文有字。

或有龜出，龜負赤文丹書。　開元占經一八〇引尙書中候握河紀：

　　堯勵德匪懈，萬民和欣，則色龜背袤廣九寸，五色，領下有文，赤文似字。

御覽九三一引尙書中候：

　　堯沈璧於洛，玄龜負書，出於背上，赤文朱字，止壇場，沈璧於河，黑龜出赤
　　文題。

又云：

　　周公攝政七年，制禮作樂，成王觀於洛，沈璧，禮畢，王退。　有玄龜青純蒼
　　光，背甲刻書，上躋於壇，赤文成字，周公寫之。

酈元注水經洛水隱括其事曰：

> 黃帝東巡河過洛，脩壇沈璧，受龍圖于河，龜書於洛，赤文綠字，堯帝又脩壇
> 河洛，擇良卽沈，崇光出河，綠氣四塞，白雲起，迴風逝，赤文綠色，廣袤九
> 尺，負理平上有列星之分，七政之度，帝王錄記，興亡之數，以授之堯。　又
> 東；書于曰稷，赤光起，玄龜負書，背甲赤文成字，遂禪于舜。　舜又習堯
> 禮，沈書于曰稷，赤光起，玄龜負書，至于稷下，榮光休至，黃龍卷甲，舒
> 圖壇畔，赤文綠錯以禪舜。　舜以禪禹。　殷湯東觀于洛，習禮堯壇，降璧三
> 沈，榮光不起。　黃魚雙躍，出濟于壇，黑鳥以洛，隨魚亦上，化爲黑玉赤勒
> 之書，黑龜赤文之題也。　湯以伐桀。

以上除文王的赤雀銜書以外，其出赤文的地方非河卽洛，當然指河圖洛書而言。　易
繫辭：『河出圖，洛出書，聖人則之』，正義引鄭康成說，卽指龍圖龜書而言。　惟
尚書僞孔序以河圖爲八卦，洛書爲九疇，自是後起之義，不足以代表漢人的說法。
在經籍除易以外，較早的史料中只有論語『鳳鳥不至，河不出圖，吾已矣夫』。　有
點神祕的意義。　然而在這唯一有神祕性質的一條上，還要附着丹書赤文的話上去，
可見古代人對於硃沙字是有神祕的感覺的。　至於有朱字的卜辭或册書，周漢兩代是
否在河洛有所發見，而引起許多神祕的話，則現在無從考究了。

丹書既有神祕的意義，道教的術士所用的符籙自然要用丹書了。　符本指符節的
符，如周禮門關用符節，孟子離婁『若合符節』，荀子儒效『晻然若合符節』，史記
信陵君傳『晉鄙兵符在王臥內』，都指符節之符。　其他若符瑞，符兆等抽象的意
義，也只由此引申而出。　符籙之符最初當亦由符節之符變來，如類聚帝王部引尚書
璇機鈐：

> 湯受金符帝籙，白狼銜鉤入殷朝。　（注金符禹籙，縛束之要，明湯得天下之
> 要也。）

此所謂符籙卽符命之意。　及後漢書方術費長房傳云：

> 老翁又作一符曰『以此主地上鬼神』……遂能醫療衆病，鞭笞百鬼，及驅使社
> 公，……後失其符爲衆鬼所殺。

則符雖爲勅鬼之用，但由神仙手授，而不是凡人可以自作，仍與後來的符相差一間。

只方術解奴辜傳：

　　　　河南有麴聖卿，善爲丹書符劾，厭殺鬼神而使命之。

則與後來的符無異了。　　自然劾鬼之法不始於東漢，漢志有執不祥劾鬼八卷，惠棟在後漢書方術補注中引淮南子高誘注也如此說。　　但無論如何不能磨滅符籙和符命的相關之義。　　而解奴辜傳所稱丹書劾鬼，與緯書所稱帝王受命的丹書多少總有些關係，是不容置疑的事。　　至以丹書爲符自漢已然，藝術叢編所刊載的鳳翔陶瓶，周漢遺寶所刊載的陶瓶，和中央博物院所藏的藍田陶瓶（以上幾件是張政烺和高去尋兩先生告我的），皆用爲鎭墓，而字則丹書。　　又抱扑子登涉第十七所刊各符，後均說明要丹書桃板或丹書帛上。

三　丹沙之製鍊和服食

　　丹書的神祕性是一方面，其另一方面，丹沙的本身性質也從寶貴轉爲神祕。　　神

中國古代金丹家煉丹圖

轉載科學雜誌十七卷第一期

曹元宇：中國古代金丹家的設備和方法

仙的傳說，戰國時已有，史記封禪書：

> 自威，宣，燕昭，使人入海求蓬萊，方丈，瀛洲，此三神山者，其傳在勃海中，去人不遠，患且至則船風引而去。　蓋嘗有至者，諸仙人及不死之藥皆在焉。　其物禽獸盡白，而黃金銀爲宮闕。　未至望之如雲，及到三神山反居水下。　臨之風輒引去，終莫能至云。　世主莫不甘心焉。

此所謂不死之藥，尚須『求』而不是『煉』。　張良傳所稱避穀與赤松子遊，亦未言『煉丹』及『服餌』，似與煉丹尚無關係。　但海上求而不得，當然向內陸求之，所以在漢武淮南的時代，『煉』的方法便開始了。　煉的方法爲煉丹砂成黃金，藉丹沙所成的黃金以求仙藥，並非如後世的人直接將丹沙吞到腹內去。　史記封禪書：

> 少君言上曰：『祠竈則致物，而丹沙可化爲黃金；黃金成以爲飲食器，則益壽；益壽而海中蓬萊仙者皆耳見；見之封禪則不死，黃帝是也。

漢書劉向傳：

> 宣帝修武帝故事……復與神仙方術之事，而淮南有枕中鴻寶祕書；書言神仙使鬼物爲金之術及鄒衍重道延命方。　世人莫見，而更生父德武帝時治淮南獄得其書。　更生幼而讀誦，以爲奇，獻之。　言黃金可成，上乃令典尚方鑄作事。　費甚多，方不驗，上乃下更生吏。

據劉奉世和王先謙所考，因爲劉德和劉安時代不相及，淮南詔獄乃係劉澤詔獄，因涉及淮南鴻寶祕書而誤。　書之屬淮南，固不得因獄之非淮南而有疑義。　因郊祀志因云劉更生獻淮南枕中鴻寶祕之方，不言爲劉澤也。　今案御覽九八八引淮南萬畢術中有『朱沙爲澒』之語（澒即汞，氾勝之書亦有此語，與淮南同時），可證淮南確有丹砂的經驗。

　西漢求仙之術今所知者，僅此而止。　列仙傳所稱神仙雖然有服食丹沙之事。但此書決非劉向所作，從宋代陳直齋已經懷疑。　其書雖仿列女傳，但語法全和列女傳不類，最顯明的是列女傳贊，不用對偶，而列仙傳贊，多用對偶。　商丘子胥條其地名則有後漢的高邑，凡此等類，均可證明其後出，宜其不見於漢志。　所以此書雖言服食丹沙，却不能證明西漢已有其事。

　不但如此，方士煉藥，雖然爲對付君主和貴族，想出煉丹沙化黃金的方法；但在

一般人心目中，神仙仍然是求的。　　仙人唐公房碑云：

　　　居攝二年，君爲郡吏。……　　旁有眞人，左右莫察，而君進美瓜，又從而敬禮
　　　之。……　　乃與君神藥。……　　以藥塗屋柱，飲牛馬六畜。　　須臾有大風玄雲
　　　來迎公房，妻子屋宅，六畜，翛然與之俱去。

學仙本來非捐家室不可的，卽漢武帝尙稱『誠得如黃帝棄妻子如脫屣耳』。　　此則妻
子，屋宅，六畜，『翛然』與之俱去。　　如此得仙，誠天下之大樂，豈特南面王不易
而已哉？　　然而鍊丹沙的人却從不敢作此想。　　抱扑子勸人學仙可謂極辯令之美，但
決無一語及於飛昇到屋宅。　　神仙傳稱劉安雞犬昇天，雖大抵從唐公房事演化而成，
但已加以修改，不及屋宇。　　因爲劉安的藥是『煎泥成金，凝鉛爲銀，水鍊八石』；
若可飛昇屋宇，則古來之畫棟彫梁，皆以丹青爲飾，阿房長樂，早已蔚爲雲表之大
觀，縱在劉安本人恐亦不至相信也。　　由是可知方士術藝，與流俗傳聞，標準不同，
方法亦異。　　此由方士早已從求仙變爲鍊藥，流俗尙因仍從前之傳說。

　　大抵在東漢的方士已經注重服食，（以前當然也服食，如漢武說差可少病，史記
扁鵲倉公傳，齊王侍醫白練五石服之，之類，但東漢有專重服食者。　　導氣之說亦見
於莊子呂覽淮南，然固不稱爲內丹也。）　　論衡道虛篇云：

　　　道家或以導氣養性，度世而不死。……　　道家或以藥物，輕身益氣，延年度
　　　世，此又虛也。　　夫服食藥物，輕身益氣，頗有其驗。　　若夫延年度世，世無
　　　其效。　　百藥愈病，病愈而氣復，氣復而輕矣。

論衡讚服食而不讚泛海求仙，可知東漢中葉之方士，早已舍棄海上求仙之法。　　所以
求不死之方，則爲導氣或服藥。　　導氣卽包括後世所謂內丹，服藥卽包括後世所謂外
丹。　　但所稱百藥不純指丹沙耳（超奇篇『入山見木，長短無所不知；入野見草，大
小無所不識。　　然而不能伐木以作室屋，採草以和方藥』。　　則所謂方藥仍以百草爲
主也。）。　　古詩驅車上東門篇『服食求神仙，多爲藥所誤』，亦未明言丹沙也。

　　有系統的服食丹沙大約是東漢末年之事，太平經

　　　一者眞記誦冥諳憶，二者仙忌詳存無隱；三者探飛根吞日精，四者服開明靈
　　　符，……十者服華丹，……二十者作白銀紫金。　　（一，七。）

華丹當然和丹砂有關，至於周易參同契則全書幾卷爲鍊治丹沙之法。　　朱子語類一二

五周易參同契節雖然說：

坎離水火龍虎鉛汞之屬，只是互換其名，其實只是精氣二者而已。　精水也，坎也，龍也，汞也；氣火也，離也，虎也，鉛也。　其法以神運氣結而爲丹，陽氣在下初成水，以火鍊之，則凝成丹。

參同契朱注也以內丹來解釋，但到了『可入口』，『刀圭』等字，便無法解釋了。

服食丹沙之事至三國更盛，世說言語篇：

何平叔云，服五石散，非唯治病，亦覺神明開朗。　注云，『秦丞相寒食散之方，雖出漢代而用之者寡，靡有傳焉。　魏何晏首獲神效，由是大行於世，服者相尋也』。

秦丞相不知何許人，漢三公無姓秦者。　魏曹眞或譌姓秦，然魏人向待以宗室，不溯本姓。　惟魏明帝幸臣秦朗見明紀注引魏略，稱明帝卽位授以內官爲驍騎將軍給事中，四方以附近至尊，多賂遺之，富均公侯。　又曹眞傳引魏略曰『太祖爲司空時納晏母並收養晏，其時秦宜祿光阿蘇亦隨母在公家，並見寵如公子，蘇卽朗也』是朗與晏處境全同，其方當有互傳之機會。　丞相侍者曰宜祿，秦丞相之稱或涉其父而誤也。五石散卽丹砂，雄黃，白礬，曾青，慈石，見抱朴子金丹篇；此與參同契丹方爲異黨，但至抱朴子已兼收之。　晉人甚重視此方，清兪正燮癸巳類稿有專篇言及，近人周樹人亦曾論及，惜多未詳言出處耳。

漢書田千秋傳云『上每對羣臣，自歎曩時愚惑，爲方士所欺，天下豈有仙人卷妖妄耳；節食服藥，差可少病而已』。　蓋武帝時僅欲以丹沙鍊金，所服者當爲其他藥物，尙非丹沙。　故未中毒，因差可少病，年至七十餘。　自後晉人服丹沙者鮮不中毒。　至魏道武帝服寒食散以死（見魏書本紀），唐憲宗服金丹以死，穆宗餌金石之藥以死，武宗服方士藥，竟喜怒失常以死，宣宗季年中風毒（并見唐書本紀），尤昭昭在人耳目者也。　至唐太宗服胡僧藥以死，見舊唐郝處俊傳，然謂爲婆羅門舊方，或與中國術士未可類及。　王銍默記所載玄宗事，則野史謬悠之談，固難置信矣。

方士對於鉛和汞並重，在參同契作者時已開始。　其關於鉛的如：

故鉛外黑，內懷金華，被褐懷玉，外爲狂夫。　金爲水母，母隱子胎；水者金子，子藏母胞。　眞人至妙，若有若無。　彷彿大淵，乍沈乍浮，退而分布，

　　　　各守境隅。　　望之類白，造之則朱。　　鍊爲表術，白裹貞居，方圓徑寸，混而

　　　　相拘。

可見對於鉛的神祕觀念，還是由於鉛丹的紅色而起，所謂『望之類白，造之則朱』。

本來鉛白加熱卽可得密陀僧：

$$PbCO_3 \longrightarrow PbO + CO_2$$

密陀僧再加熱卽可變爲鉛丹，而且又是可逆反應：

$$6PbO + O_2 \rightleftharpoons 2Pb_3O_4$$

所以在方士看起來，有變動不居之感。　　這和丹砂加熱可成水銀，水銀與硫黃同加

熱，又復還爲丹砂，是一樣的神祕，故硫黃有黃芽之稱也。

　　　神仙傳云：

　　　　天門子者姓王名綱，尤善補養之要，故其經曰……陰人所以著脂粉者，法金之

　　　　白也。　是以眞人道士，莫不留心注意，精其微妙，審其盛衰。

這似乎透了一點消息，金丹和婦女的塗飾有關。　　在匈奴的烟支未普遍使用到中國以

前，婦女的塗澤就是朱和粉。　　殷虛中還發現盛朱的器具。　　鉛和汞是金丹家的兩

靈，而都在婦女面上尋得，不能不算奇事。　　世說容止篇注引魏略稱何平叔云『晏性

自喜，動靜粉白不去手』或者又有他的特別原因，不僅爲修飾而已。

　　　服食之事以唐爲最盛，宋時已爲餘波，如春渚紀聞所關專章，乃鍊金非服食也。

其得大名者，則爲論衡所稱導氣養性一類。　　宋代得名最大者爲陳希夷，然史稱隱居

武當山九室，服氣辟穀，歷二十餘年。　　其對周世宗則曰『陛下爲四海之主，然以致

治爲念，奈何留意黃白之事乎？』　　對宋太宗則曰『搏山野之人，於時無用，亦不知

神仙黃白之事，吐納養生之理，非有方術可傳；假令白日昇天，亦何益於世？』

（宋史隱逸傳）。　　朱熹注參同契發明內丹之旨，卽其遺教。　　至元代丘處機亦以清

心寡欲爲長生久視之道（元史釋老傳）。　　蓋服食之術其費甚大，不接近帝王貴胄則

力不能舉，養生導引爲費甚微，仍可從事隱逸。　　故後代雖有林靈素陶仲文，亦可有

陳希夷，丘長春。　　前此文成五利固不必論，卽傑出如葛洪猶必爲縣令嶺南，寇謙之

亦必依附權貴，賢如李郃侯仍非仙非俗，爲舊史所讚也。　　近代以還惟聞鮑春霆罷歸

以鍊丹致疾，至一般道士則以北平之白雲觀爲大宗，卽承自丘處機，自不復有鍊丹之

事。　其支流蕃衍傳播為過去士夫間，如同善社，悟善社，道德社，紅萬字會等，亦皆以靜坐求長生，不從事於金丹寒食散矣。

　　附註：關於中國方士的進展，美國 Obed S. Johnson 作有中國鍊丹術攷（商務印書館出版，並有譯本）。　其書許多地方都是正確的，只前兩章牽入老莊，殊為強勉，講後期的發展，未根據道藏，亦為美中不足。　又 A. Waley 在英國 Bulletin of School of oriental Studies 有補正一篇，前幾段是關於引書的提要，後兩段頗有意見。　惟對方士那羅邇娑婆寐事謂新唐書言其死於長安，因不能決其歸國與否。　實則新書亦採自酉陽雜俎，惟調停舊唐書及酉陽雜俎曰『後術不驗，聽還，不能去，死，』非更有所據（其言譎詐之事亦採自段氏，為舊書所無）。　新唐書好擅改，如郝處俊傳之『靈草祕石』，改作『奇花怪石』，有傷原意，無當宏旨，即其例也。　自不如據舊書及會昌一品集之方士論為得。

出自第七本第四分（一九三八年五月）

論魯西畫像三石——朱鮪石室，
孝堂山，武氏祠

勞　榦

一　石刻畫像與繪畫

在某一種藝術特別發達之時期，往往影響其他藝術。中國當商時大抵爲銅器上之裝飾最盛之時代，故安陽發現者，從衣服之圖案（從此可推出布帛之紡織），以及齒牙骨石器之雕刻，以及壁飾儀仗，皆與銅器取同一之圖案（據梁思永先生所論定）。西周銅器之文飾則不過殷商之餘波支裔，雖稍變化，然不離其宗，此後卽一步一步衰落。　至戰國晚年卽有全無文飾之銅器，再至漢代所有銅器除鏡鑑一小部分外，皆爲樸質無菲，以銅器之裝飾爲中心之時代，從此過去。　然戰國銅器之中，尙有新奇現象，卽鑄出較生動之人物，而非如商代金以幾何圖案爲主體，甚至鳥獸形體亦成單純之圖案化。　其中狩獵圖象頗多，詳見徐中舒先生古代狩獵圖象考（蔡元培先生六十五歲論文集）。此種風氣之來原，現在尙不能完全明瞭，然春秋戰國以來，繪畫藝術之發展，實爲深可注意之事。　如此，自然可將以幾何圖案等簡單裝飾爲中心之時代變成以繪畫爲中心之時代。　壁上文飾商代雖有，然不過鑲嵌工藝之一種，仍不能謂爲卽係後世之壁畫，左宣二年稱『晉靈公不君，厚斂以雕墻』，亦與壁畫未必盡同　（史前時代已有壁畫，然中國較進步之壁畫當在春秋戰國以後）。楚詞天問王逸追序當時之事，曰：

屈原放逐，……見楚有先王之廟，及公卿祠堂，圖畫天地山川神靈琦瑋僪佹，及古賢聖怪物行事，周流罷倦，休息其下。　仰見圖畫，因書其壁，呵而問之，以渫憤懣，舒瀉愁思。

則明指壁畫，此雖漢人追述，然非如此不足以解天問也。又山海經所言異物，大抵

亦由記述壁畫而然。 至關於器物之圖畫，如考工記云：

畫繢之事，雜五色，東方謂之青，南方謂之赤，西方謂之白，北方謂之黑，天謂之玄，地謂之黃。青與白相次也，赤與黑相次也，玄與黃相次也。 青與赤，謂之文；赤與白，謂之章；白與黑謂之黼，黑與青謂之黻。 五采備謂之繡。 土以黃，其象方；天時變，火以圜，山以章，水以龍，鳥獸蛇，雜四時五色之位以章之，謂之巧。 凡畫繢之事，後素功。

又韓非子外儲說：

客有爲周君畫筴者，三年而成。 君觀之與髹筴者同狀。 周君大怒。 畫筴者曰：『築十版之牆，鑿八尺之牖，而以日始出時加之其上而觀。』 周君爲之，望見其狀盡成龍蛇禽獸車馬萬物之狀，周君大悅。

此當然爲寓言，但當時如繪畫之藝術不發達，亦決想不到此事。 又外儲說：

客有爲齊王畫者，齊王問曰『畫孰最難者』？ 曰『犬馬難』。 『孰易者』？曰『鬼魅易。 夫犬馬人所知也，旦暮罄於前，不可類之，故難。 鬼神無形，不罄於前，故易之也。』

亦是戰國以後關於繪畫之紀載，其敘述較早之事如說命上：

『夢帝賚予良弼，其代予言，乃審厥象，俾以形旁求於天下。 說築於傅巖之野，惟肖。』

實本於史記商本紀。 而史記商本紀如下所言，實非畫象：

『武丁夜夢得聖人名曰說。 以夢所見視羣臣百吏皆非也。 於是迺使百工營求之野，得說於傅險中。 是時說爲胥靡築於傅險，見於武丁，武丁曰是也。』

故武丁得傅說最先尚是以名字徵求，此事與王莽指名求王興王盛事之方式如出一轍（見漢齊王莽傳）。惟王莽先不知王興王盛是否可用，僅根據讖緯；武丁或由『舊爲小人』，早知傅說可用，藉夢的啓示，以應於父兄百官，動機雖異，方式仍同。說命所言根據畫象特其衍義而已。

至於漢代，言繪畫之事愈多，其見於兩漢諸書者如：

漢書成帝紀，告甲觀畫堂。

劉澤傳，高后時齊人田生游乏資，以畫干澤，澤大悅之，用金二百斤爲田生壽。

廣川王越傳,去卽繆王齊太子也,師受易論語孝經,好文辭,方技,博奕,倡優。其殿門有成慶畫短衣大絝長劍,　去好之作七尺五寸劍,被服皆效焉。

又,昭信謂去曰前畫工畫望卿舍,望卿祖袚傅粉其旁。

又,廣川王海陽,畫屋爲男女贏。

蘇武傳,甘露三年單于始入朝,上思股肱之美,迺圖畫其人於麒麟閣,注其形貌,署其官爵姓名。

霍光傳,上止畫室不入。

又,察羣臣唯光任大重可屬社稷。　上迺使黃門畫周公負成王朝諸侯以賜光。

楊惲傳,惲上觀西閣上畫人,指桀紂謂樂昌侯王武曰,天子過此,過此問其過可以師矣。畫人有堯舜禹湯不稱而舉桀紂。

金日磾傳,日磾母敎誨兩子甚有法度,上聞而嘉之。病死,詔圖畫於甘泉宮,署曰休屠王閼氏,日磾每見畫常拜向之涕泣,然後迺去。

趙充國傳,初,充國以功德與霍光等列畫未央宮。　成帝時西羌嘗有警,上思將帥之臣,追美充國,迺召黃門郎揚雄卽充國圖畫而頌之。

王莽傳,莽乃博徵天下工匠,諸圖畫,以望法,庋算,及吏民以義入錢穀助作者絡繹道路。

叙傳,上以伯新起,數目禮之。　因顧指畫而問伯,紂爲無道,一至此乎?　伯對曰,書云迺用婦人之言,何有蹠肆於朝,所謂衆惡歸之,不如是之甚也。

後漢書朱祐傳論,永平中,顯宗追感前世功臣,乃圖畫二十八將於南宮雲臺,其外又有王常,李通,竇融,卓茂,凡三十二人。

後漢宋弘傳,弘當讌見,御坐新屏風,圖畫列女,帝數顧視之。　弘正容言曰,未見好德如好色者,帝卽爲徹之。

後漢姜肱傳,桓帝乃下彭城,使畫工圖其形狀,⋯⋯肱言感眩疾⋯⋯工竟不得見之。

後漢陳紀傳,豫州刺史嘉其行,表上尚書,圖象百城,以勵風俗。

後漢延篤傳,永康元年卒於家。　鄉里圖其形於屈原之廟。

後漢高彪傳，詔東觀畫彪象以勸學者。

後漢李業傳，益部紀載其高節圖畫其形象。

後漢陽球傳，奏罷鴻都文學曰，伏承有詔勅中尚方爲鴻都文學樂松江覽等三十二人，圖象立贊以勸學者。　臣聞傳曰：『君舉必書，書而不法後嗣何觀。』　案松覽皆出於微蔑斗宲小人，依憑世戚⋯⋯而位升郎中，形圖丹靑。

後漢紀王莽使長安中諸宮署及天下鄉亭皆置伯升象，旦起射之。

意林引新論，前世俊士立功垂名，圖畫於殿閣宮省，此乃國之大寶，亦無價矣。

東觀記，高彪除郎中，校書東觀，後遷外黃令，畫彪形像，以勸學者。

後漢西南夷傳，又是時郡尉府舍皆有雕飾，畫山神海靈，奇禽異獸，以眩耀之。

蔡邕傳兗州陳留聞皆畫像而頌焉。

淮南子主術訓：文王周觀得失，偏覽是非，堯舜所以昌，桀紂所以亡，皆著於明堂（高注著猶圖也）。

後漢書朱穆傳注引謝承書：⋯⋯宦者趙忠喪父，僭爲璠璵玉匣，穆下郡案唸。⋯⋯帝聞大怒，徵詣廷尉。⋯⋯冀州從事，欲爲畫像置廳事，穆留板書曰，勿畫吾形以爲重負忠義之未顯，何形像之足紀也。

孔子家語觀周篇：孔子觀乎明堂，覩四門墉有堯舜之容，桀紂之象，而各有善惡之狀，興廢之誡焉。

又有周公相成王抱之負扆，南面而朝諸侯之圖焉，孔子徘徊而望之，謂從者曰，此周之所以盛也。

御覽七百五十孫暢之述畫，漢靈帝詔蔡邕圖赤泉侯楊喜五世將相形象於省中，詔邕爲讚仍令自書之。

蔡質漢儀（初學記十一引），尚書奏事於明光殿中畫古烈士重行書讚。

又（初學記二十四引），省中皆以胡粉塗壁，此小素界之畫古烈士。

從以上紀載，繪畫從春秋戰國到漢代，日漸發展，而銅器則日漸衰落。　可證明繪畫之地位代替以前冶鑄之地位。　固然在商代自有繪畫，如最近在安陽發現的殘鼓；漢代亦有精巧之冶鑄，如鏡鑑之屬。　惟殘鼓花紋變化較少，而鏡鑑的花紋則

變化較多。（註一）殘鼓的花紋與銅器屬於同一系統，鏡鑑的花紋則大多與漆器屬於同一的系統，漆器花紋並不由銅器演出，而與繪畫有密切的關係。則謂繪畫代替以前冶鑄之地位，自不能謂爲無理由。

中國最早的人物繪畫在洛陽韓君墓發現，而最早之漆器則爲壽縣楚王墓的朱畫棺蓋。韓君墓之彩畫，發現後即歸毀滅，無從窺其究竟。　壽縣漆棺現藏歷史語言研究所，雖圖案仍爲戰國式，而其用筆設色頗與漢代彩繪多有類似之處。　晚至最近和縣發現之晉墓，其漆棺的斷片雖小，但與以上所舉亦復相類。其與商周銅器相異之處，則爲用筆取材遠較銅器爲自由。　其與後世繪畫相異之處，即全用細線鉤成。所以從戰國到晉，繪畫完全是一個系統。

漢代石刻畫象最早的爲元鳳時鳳皇畫像，其次爲朱鮪祠堂畫象。　元鳳鳳皇畫像雖然遠不及朱鮪祠堂畫象之工巧，但用筆與刀法則互相類似。　其特徵即爲先畫在石頭上，以後再按照所畫的筆跡刻上。　其較後者如皇聖卿石闕及武梁祠，上石以後，並不照畫象之筆跡刻上。　而在鉤出的畫面刻下去成爲陰文之畫面，則如皇聖卿闕；將鉤出的畫面留出，在畫面四周鐫刻，成爲陽文之畫面，則如武梁祠。此當然在技巧上是一種進步。　現在所發現的漢畫大都屬於後兩種之辦法，惟有李翕五瑞圖，時代雖晚而鐫刻之方法與元鳳畫像及朱鮪畫像相同，則大抵因爲畫面太大，又在下臨百丈之摩崖，不易施工之故。（註二）

（註一）商代銅器主要的花文，爲鳥獸形，而雜以雷文（殘鼓爲本所發現，曾列美展）。自然是先有雷文而後將鳥獸形裝飾上去的。　所以鳥獸形要還就雷文，因此得不到充分的發展。　本所在安陽，城子崖，諸城所得的黑陶，其粗者則爲布文，其精者則爲類似雷文的花紋，作成一個一個的 panel 印上去（尤以劉燿祈延霈兩先生在諸城所得爲顯著）。　則其脫胎於布紋爲近，郭沫若兩周金文辭大系圖說謂古者陶器以手製，其上多印有指紋，其後仿刻之而成雷文，似不合也。　黑陶有鬲鼎甗等，形狀與商周大同，其圖案當然爲商周銅器圖案之前身。

（註二）畫象雕刻分類，參照關百益南陽畫象集王獻唐山東圖書館藏漢畫石刻考釋跋。

　　朱鮪石室畫象之著錄始見於沈存中夢溪筆談，其卷十九云：

『濟州金鄉縣發一古塚，乃漢大司徒朱鮪墓，石壁皆刻人物祭器樂架之類。　人
之衣冠多只有如今之幞頭者，巾額皆方，悉如今制，但無脚耳。　婦人亦有如今之
垂肩冠者，如近年所服角冠兩翼抱而下垂及肩，略無小異。人情不遠，千餘年前
冠服已當如此，其祭器亦有類今之食器者。

然其所言恐僅賴傳聞，非由目驗，故翁覃溪謂以畫像驗之，與夢溪所言不相合。自
此以後，傳世轉希。　金石著錄家殊少言及之者。　畢沅作山左金石志時尚有二十
五石，清季多遭散佚，僅存十五石。　且多傳拓不精，故葉昌熾語石言殘泐已甚
也。　阮元小滄浪筆談三則謂：

　　今以石本驗之全與武祠諸刻異。　其中人物衣冠蕭疏生動，頗類唐宋人畫法，或
　　是抉溝後人追崇先世而作耳。

殊不知朱鮪墓明見於水經注，縱晚亦不至到唐宋。　至所言人物衣冠蕭疏，則樂浪
營城子諸畫已是如此，尤不得謂爲晚出。　蓋鐫刻苟簡，反保存原畫神理獨多，固
非晚出之證也。　今試將朱鮪石室人物填實，則大類武梁祠，將武梁祠雙鉤，亦與
朱鮪石室相似。二者固不可以工拙衡之。　其實武梁祠神采奕奕，亦不得指爲不生
動也。　（孝堂山石刻大類武梁祠，然攢得石所繪之龍，即與朱鮪石室及五瑞圖
相類，此亦刀法不同影響畫面之顯例也。）

二　畫象中之人物

（一）宴會

　　後漢書趙岐傳『建安六年卒，先自爲壽臧，圖季札子產晏嬰叔向四像居賓位，
又自畫其像居主位，皆爲頌讚。　勑其子曰「我死之日，墓中聚沙爲牀，布簟白衣，
散髮其上，覆以單被，即日便下，下訖便掩。」』蓋已至從儉薄，然猶爲畫像，可
知漢代畫象之事盛極一時。　其圖繪古人各分賓主，亦大致從當時俗習。　今案諸
石中大率皆有宴會賓客之畫象。朱鮪石室幾全爲此事，惜次序無從排列，故不能恢
復原狀。　然其大體，猶可推測。　其中題朱長舒三字之石，大抵即爲朱鮪畫象，
餘當爲其賓友也。更有數幅畫婦人，蓋其家屬，故以物間之，其間之者當即屏風。

屏風見後漢書宋弘傳，（見前引），又漢書陳萬年傳『萬年嘗病召咸，敎戒於牀下，語至夜半，咸睡，頭觸屏風，萬年大怒。』亦指此。（爾雅釋宮：『容謂之防』注：『形如今牀頭小曲屏風』，郝氏考如今之圍屏，則屏風亦卽今之屏風矣。）其執爨者之用具有盤盂瓶勺，形製與當塗及和縣所得晉器略同，（註）而與殷周所用鼎鬲簋簠之屬大異。　可證飲食器至漢而大變，繪畫之方法亦從銅器之鑄而移爲漆器之繪。　因之用筆亦大相殊也。

　　宴會之事又見於武梁祠前室第七石及前室第十四石，其用具惟有一敦略同戰國時器，其餘無不與古彝器異趣。　案壽州楚器當楚之將亡，然其用器種類尙多，且多爲金屬。及漢時則天子殉葬之器多用陶瓦，雖可以從儉解釋之，然器形之與古相殊，不得謂爲非鉅變也。　後漢書禮儀志大喪明器云：

厄八，牟八，豆八，簋八，形方；酒壺八，槃匜一具，瓦竈二，瓦甒一；瓦鼎十二，容五升；匏勺一，容一升；瓦案九，瓦大杯十六，容三升；瓦小杯二十，容二升；瓦飯槃十，瓦酒樽二，容五升；匏勺二，容一升。

其平民殉葬之物，如王盱墓所得者（見樂浪所載），爲漆杯，漆盤，漆盂，漆盌，漆匕，漆勺，漆壺，瓦甕，瓦盌，瓦壺。　其見於樂浪王光墓者則有瓦甕，瓦罐，漆案，漆盤，漆杯，漆勺，漆盂，漆奩，漆匣，等物。　較天子殉葬之物爲尤簡矣。　案漢天子殉葬之物，惟盤匜猶存古制，此則並匜而無之。　（螢城子漢墓中有所謂獸形瓦器者，似爲匜之變體。　然有四足，若爲溫水之用，則水過溫，不能如前代之奉匜沃盥矣。　故當是以匜注於盤盂者，此僅存奉匜之過渡形式。擂之食器，則由簠簋變爲盌，亦同屬由繁而簡也。　盌漢時稱爲杯，見樂浪。）　漢代食器由繁趨簡之原因，今難確知。　或由古代彝器徒尙儀文，分門別類，並無實用，此等制度原不行於平民。　今山川所出惟銅器爲繁，其餘陶瓦遠不能及，可資例證。　西漢君臣出身草莽，臨朝則拔劍擊柱，制法則漏網吞舟。　叔孫所制雖有朝儀，其餘禮樂，文帝猶謙讓未遑，則古代彝器之鑄遑應用，當然日就遺忘，可以

（註）當塗器見本所集刊三本三分徐中舒先生當塗出土晉代遺物考，和縣出土各物現亦歸安徽省立圖書館保存，與當塗出土者同類，惟種類較多，且稍完整。

想見。　上行下效，至武帝時已積六七十年，習尚已成，孰願以禮施於宴居以自縛，此或漢制遠異前代之最大原因歟？

　　孝堂山第十石及武梁祠前石室第三石第十四石左石室第九石皆爲宴飲之事。大體皆作樓形，婦人處其上，男子及賓客居其下，庖廚居其旁，車馬列其外。　大抵高冠而偉服者皆主人及賓客，其幘而不冠者，則蒼頭之流也。（註）　故客見主人長揖而不拜，而蒼頭則俯伏其下（見左石室九及孝堂山第十）。　至主人之位則或左或右初無定向。　蓋武氏祠牆壁方位今已失考，無從辨別東向西向以西方爲上，南向北向以南方爲上之意矣。　其猶有可辨者，則武氏祠主位大抵在左，而孝堂山主位皆在右，此或者武氏祠爲宴賓友，故主人在下位，而孝堂山則不然歟？按漢代守長於部屬有君臣之分，故太守府亦可稱朝。顧炎武日知錄二十四上下通稱條云：

　　漢人有以郡守之尊稱爲本朝者，司隷從事郭究碑云，本朝察孝，貢器帝庭，豫州從事尹宙碑云綱紀本朝是也（原注，三國志孫皓傳注邵疇爲會稽郡功曹自言位極朝右，晉盧諶贈劉琨詩繄其疲隷授之朝右，李善注朝右謂別駕也）。　亦謂之郡朝，後漢書朱寵傳，山谷鄙生，未嘗識郡朝是也。　亦謂之府朝，晉書劉琨傳造府朝設市獄是也（原注時琨爲并州刺史）。　亦有以縣令而稱朝，晉潘岳爲長安令，其作西征賦曰勵疲鈍以臨朝是也。

今按武氏三君仕不過執金吾丞，西域長史，州從事，原皆爲人部屬，不得臣吏人，則其宴會時自居主位當無疑義。　孝堂山決非郭巨祠，（此事當另有辨正，阮元小滄浪筆談三有考證，甚確，可參看。）　依隷續所稱則或當爲朱浮祠堂，或當爲仲家祠堂；若爲朱浮祠，則朱浮固久爲府主，若爲仲家祠，今雖不知其歷官如何，然能自居上位而賓客多人來朝，則必曾歷牧守，始可如此也。

　　（注）諸石冠制亦自不同，如武梁祠之夏桀，吳王，齊桓公，魯莊公，齊王，秦王，韓王，慶忌之冠，前有展筩，殆卽通天遠遊之屬。而管仲，趙襄子，使者，縣功曹，魏湯，孝孫，朱明，范雎之冠，前高後低，蓋進賢冠。　左石室第八石成王未冠，蓋因年幼之故。　其婦人首飾，則步搖也，詩稱『副笄六珈』卽此，以上並見續志。　衣皆有緣，與殷制同。　婦人衣皆曳地，且或有着深衣者，如清喬松年所說。

(二)都試及戰爭

武梁祠前石室及後石室均有攻戰圖，然詳核之，或是都試。　惟孝堂山第三第四石或爲攻戰。蓋分列部伍，矛戟相搏，前列騎兵，後藏步卒，自來說者認爲攻戰之事。（羅振玉霻窗漫稿與友人論古器物書謂爲大狩之圖，其說若確，則亦非攻戰也。）然其兵器不出矛戟弓矢，而尤以弓矢與戟爲多，蓋漢代戟行而戈廢矣。漢書鼂錯傳云：

> 兵法曰丈五之溝，漸車之水，山林積石，經丘川阜，草木所在，此步兵之地也，車騎二不當一。　土山丘陵，曼衍相屬，平原廣野，此車騎之地，步兵十不當一。　平陵相遠，川谷居間，仰高臨下，此弓弩之地也，短兵百不當一。　兩陳相近，平地淺草，可前可後，此長戟之地也，劍楯三不當一。　萑葦竹箭，草木蒙籠，支葉茂接，此矛鋋之地也，長戟二不當一。　曲道相伏，險阨相薄，此劍楯之地也，弓弩三不當一。

以上所言，漢之兵器，惟弓弩，長戟，劍楯，矛鋋。　今此畫劍楯而外，大率皆有（劍楯又見於武梁祠，此特失畫耳，非漢無有也）。而上古常用之戈，則旣不載於鼂錯傳，亦不見漢畫，則此物在漢久已不通用，已可證明。

又諸兵器之中，弓弩似爲尤要。　申屠嘉傳『以材官蹶張，從高帝擊項羽，遷爲隊率』注『如淳曰材官之多力，能脚踏彊弩張之，故曰蹶張，律有蹶張士。』李廣傳『以良家子從軍擊胡，用善射，殺首虜多爲郎，騎常侍。』此皆以善射而達者，其善擊劍用戟者無聞焉。　此風至唐尙然，舊唐李抱眞傳『抱眞密揣山東當有變，上黨且當兵衝，是時乘戰餘之地，土瘠賦重，人益困，無以養軍士，籍戶丁三選其一有材力者，免其租徭，給弓矢，令之曰農之際則分曹角射，歲終吾當會試，及期按簿而徵之，都試以示賞罰，復命之如初，比三年則皆善射，抱眞曰軍可用矣，於是舉部內鄉得成卒二萬』；此雖後代史料，然紀載差詳，亦足徵弓弩之用較大也。

武氏祠繪武事者有前石室第六石，後石室第七石，後石室第八石，第十石上部；後石室第八石第十石上部已漫漶，第七室大致與前石室第六石同，但少題識耳。故其所表現事實應從前石室第六石考之。第六石上部題尉卿車，（註）按漢代九卿

（註）題中溶指尉卿爲縣尉，然縣尉與武氏諸祠無與，且縣尉四百石至二百石，車不得施轓絡，而功曹亦不能爲縣尉前趨也。

中，惟衛尉及執金吾（中尉）有尉號，則尉卿含此二者莫屬。　然武氏諸人惟武榮曾爲執金吾丞，無人爲衛尉官屬者，則此尉卿當卽執金吾（日人大村四崖支那美術史雕塑篇從前室諸題識中考得歷官多與武榮合，因指前石室爲武榮祠，此亦前石室，尤可與此互證也）。　執金吾之職，據北堂書鈔設官部引應劭漢官儀云：

執金吾屬官府武庫令丞從騎二百人，持戟（續漢志注脫此二字）五百二十人，輿服導從，充滿道路，羣僚之中斯最壯矣。　中興以來，但專徼循，不與國政。

可知執金吾之職實未嘗與戰爭之事，東京一代亦未聞執金吾出征者。　馮雲鵷金石索『碑畫車騎戰士，題官名而不載人名，疑當日武氏有軍功者，故書於壁，今不可考。　如武班碑云「癘吏士哮虎之怒，薄伐（缺九字）百姓賴之，邦域以寧」，可見矣』之論，殊未足據也。

執金吾都試士卒，史無明文，然旣有兵，卽當練，執金吾之緹騎與光祿勳之羽林，同爲徼循守衛，光祿勳之職，據漢書霍光傳云『歲都試郎羽林』，則執金吾按理自亦當都試緹騎也。　然其所領亦僅緹騎而已，上引漢官儀可以證明。　前人言兵制者若錢文子補漢兵志，馬端臨文獻通考，王應麟玉海，陳樹鏞漢官答問，考訂西漢初年兵制，南軍屬衛尉，北軍屬中尉，尚稱精確。（註）然武帝時中尉旣改執金吾，又設八校

（注）前人言南北軍制者陳樹鏞最稱詳贍，然亦失之強勉。漢官答問云：『錢文子補漢兵志云，北軍在未央北爲軍壘恆，置中壘校尉，以一校守之，此則大誤也。　百官志明言中壘校尉掌北軍之壘門，非掌北軍也……蓋北軍自是中尉所掌，而京師重兵實在於此，不致盡寄其權於一人也，於是設監軍御史以監之（監軍御史見胡建傳，又曰監北軍使者，見劉屈氂傳），又未已也，又設中壘校尉以掌其壘門，又未已也，時使重臣領其兵。』按中壘官階與列校同，謂北軍諸校全爲中壘所掌固誤，然百官表明云『中壘校尉掌北軍壘門內，外掌四域』，旣曰『掌壘門內』，當然非僅掌壘門可知。陳氏力言中尉始終掌北軍，故有此失。其實北軍武帝時已分，而營壘早已興建，不能分屬諸校。故專設中壘校尉以掌之；又因事太簡，故使領與營壘無關之四域，其執金吾之中壘令，雖名仍舊，大抵另掌他事矣。　光武移洛陽，北軍非故營壘，故不設中壘校尉也。

分領禁卒　，則八校久與執金吾不發生從屬關係。（註）其中城門校尉多以大臣領之，至開幕府得舉吏（ 陳樹鏞所考 ），自非執金吾所能領屬；至射聲乃新募待詔射聲士；越騎，長水，胡騎，則哥薩克式禁軍，尤與中尉無干；惟屯騎（ 騎士 ）·步兵，虎賁（ 輕車 ）三校原爲中尉之兵，並中壘不過八校之半而已。雖至東漢尙沿文帝時北軍之名，實非文帝時北軍之舊也。　漢書百官表及後漢書百官志皆列諸校於司隸後，明示與司隸同等，其意甚明，前人非不知此，特必欲統一代之制而言之，失之固矣。

　　前石室第六石下段蓋亦爲都試之事，後石室第七石略同，但無題榜耳。　所繪者大抵爲太守之事，因所題官職皆太守部屬也。　其官名有功曹（ 續志太守無東西四曹有

〰〰〰〰〰〰〰〰〰〰〰〰〰〰〰〰〰〰〰〰〰〰〰〰〰〰〰〰〰〰〰〰〰〰

（注）列校自武帝設立後卽直屬禁省，同於九卿，唯官階較小而已。　其爲中壘校尉者有劉向劉歆及丙吉少子高，爲列校尉者有匡衡子昌，淳于長，金安上孫饒及參，甘延壽，陳湯，班況，丁宜，張安世孫放，又張氏以得幸爲侍中，中常侍，諸曹，散騎，列校尉者凡十餘人。後漢有來歷，賈宗，鄧嗣，耿國，耿夑，岑遵，竇章，趙代，梁冀，桓郁，桓焉，劉愷，班超，班雄，馮緄，竇武，崔烈等。　又後漢書劉般傳，『時五校官顯職閑，而府寺寬敞，輿服光麗，伎巧舉給，故多以宗室肺腑居之，每行幸郡國，般常將長水胡騎從。』是爲列校尉者，皆宗室，倖幸，功臣　，外戚　，及大臣子孫，皆天子近臣，惟爰延以儒學爲之，然亦重任，若孔安國之爲侍中也，故事實不必由執金吾轉達天子。　夫旣領禁兵，又可直達天子，當然不屬執金吾矣。倘書名屬少府，事實上倘已獨立，況此名義卽不屬執金吾乎？至東漢之季權歸宦官，五校卽實際入宦官之手，陵寶之事，宰相大將軍倘不能指揮，無論執金吾矣。

故武帝以後京師兵制大略如下：

南軍——屬衛尉

北軍——屬列校尉

不屬南北軍者 ⎰ 虎賁羽林中耶將——屬光祿勳
　　　　　　⎱ 緹騎——屬執金吾
　　　　　　　 城門兵——屬城門校尉

功曹）主簿（朱博傳爲琅邪太守，使主簿教尉拜起閣乃止），賊曹（續志諸曹略如公
府，太尉府有賊曹，又見朱博傳），主記（續志主記史主錄記曹催期會），游徼
（續志鄉置三老游徼，游徼掌徼循，禁司姦盜）。　　大抵賊曹游徼司姦盜，故掌武事，
其功曹主簿主記，則都試時記其殿最者也。　　然東漢無都試，續志具有明文，此顯
爲都試，頗可異，若解爲戰爭，則太守官屬車馬充滿全幅，敵人將誰屬乎？　　且軍
服當短衣大絝（參見王國維胡服考），此寬衣博袖，儒冠偉服，何以言戰乎？　　蓋後
漢廢都試及民兵，續志雖有明文，然後漢實屢發民兵，有時且由州郡官統率，未必
能盡廢也。（註）如罷輕車騎士材官樓船士爲建武七年事（見光武紀），而至建武
十一年卽發南陽武陵南郡兵，又發桂陽零陵長沙委輸棹卒，凡六萬餘人，騎五千
匹，皆會荊門擊蜀（見岑彭傳），則民兵亦不能終廢（杜詩請置虎符，亦七年至十四
年時事）。　　終後漢之世不惟擊匈奴西羌南蠻常發州郡兵，且騎士之制尚在，皇甫
嵩傳『黃巾起……於是發天下精兵，博選將帥，以嵩爲左中郎將，持節，與右中郎
將朱儁共發五校，三河騎士，及募精勇合四萬餘人，嵩儁各統一軍』，是其證。旣
有騎士，則性質相同，以地理需要不同，而分類別之材官樓船，當然仍有。　　漢
代民兵之制，大抵若現在日本之在鄉軍人，選一部分壯丁，教以武勇，有事則招
集，故有材官騎士之稱。　　邊郡有民兵，證之後漢書本文及新發現簡牘，其事應無
問題。　　三河不當邊郡，至後漢末尚有騎士，可證內地都試之事亦在。　　特後漢因
省費而罷都尉，且光武時曾一度罷民兵，司馬彪遂將後漢初年之制，認爲一代之
制，後世盡承其說，於是後漢無民兵，幾成定論矣（罷都尉非卽罷民兵，蓋其事並
於太守也）。殊不知光武建武七年罷民兵之理由爲『今國有衆兵，並多精勇』，此
後與光武初起之兵漸歸解散，而州郡又未聞有募兵之制，則無兵之國何以維持？祇
以山東『光武以來，中國無警，百姓優逸，忘戰日久』（後漢曹鄺太傳），雖有

（注）後漢州郡兵實未罷，其後山東討卓，州郡割據，在在均可爲證。至
晉武平吳始悉去州郡兵，大郡置武吏百人，小郡五十人而已（晉書山簡傳）。
因此劉石蹂躪州郡，曾無藩籬之固（交還于寶晉紀總論）。　　若在東漢，
除朝廷有計畫而棄涼州外，固無蠻夷內叛，不能捍禦之事也。

都試，漸成具文。　若全無都試之事，則武氏祠所圖，將全無所指矣。　（若非都試，非戰爭，而爲捕盜，則功賞，生簿，更何用者？）

（三）故事

漢代壁畫多爲故事圖畫，固不僅墓室祠堂爲然，前引漢代諸書涉及圖畫者，蓋凡宮室之壯麗者莫不以圖畫爲飾。　墓室祠堂之石刻，卽摹仿宮室而然，故其題材亦大同宮室。　其故事之範圍大率爲賢君，暴君，忠臣，孝子，義士，烈女，及於神怪，前所引諸書已可窺其大略，今更引漢魏賦二篇證之如次：

圖畫天地，品彙羣生，雜物奇怪，山神海靈。寫載其狀，託之丹青，千變萬化，事各繆形，隨色象類，曲得其情。　上紀開闢，遂古之初，五龍比翼，人皇九頭，伏羲鱗身，女媧蛇軀，鴻荒朴略，厥狀睢盱。　煥炳可觀，黃帝唐虞，軒冕以庸，衣裳有殊。上及三后，婬妃亂生，忠臣孝子，烈士貞女，賢愚成敗，靡不載敍。　惡以誡世，善以示後。　文選二王延壽魯靈光殿賦。命共工使作績，明五采之彰施，圖象古昔，以當箴規，椒房之列，是準是儀。　觀虞姬之容止，知治國之佞臣；見姜后之解佩，寤前世之所遵。　賢鍾離之讜言，懿楚樊之退身；嘉班妾之辭輦，偉孟母之擇鄰。　文選二何晏景福殿賦。　以上兩篇曾爲容庚先生所引。

據此，則畫像之意，不惟爲觀美，且爲『惡以誡世，善以示後』，『圖象古昔，以明箴規』。是所繪者卽漢人之標準道德，其深入人心當然較著於文字者爲尤勝。故漢人之道德觀念，悉可從圖像推之。　畫像之事早自戰國，而其範圍之廣，從帝王宮室，迄於廟宇，官署（後漢書西南夷傳），甚至及於郡縣卿亭（後漢陳紀傳及後漢紀），而富有平民亦復效爲之（鹽鐵論散不足今富者雕文檻楯，軿璧賛飾……繡繢帷幄，塗屏錯跗，中者錦綈高張，采畫丹漆。　所謂堊慝璧飾，璧之采畫也，塗屏錯跗，屏風之采畫也。　雖未嘗爲人物，然以前引諸則證之，當然多爲人物，證之今存諸石刻，益可信其然）。　其所畫事蹟，愈陳陳相因，則其標準愈歸於一致。　標準旣定，則時人藉其評騭是非，自不能免，觀前引楊惲班伯之事可以證明，而趙充國傳將成帝思將帥之臣追美充國召黃門郎揚雄卽圖畫而頌之，此亦評騭之類也。　（應劭傳，『初父奉爲司隸時，並下諸官府郡國，各上前人像賛，劭乃

連殺其名，綠爲狀人紀，又論當時行事著中漢輯序』，亦其體）。　此風旣開，當然非演成東漢之尚氣節重評論不可。趙翼廿二史劄記東漢尚名節條謂『自戰國豫讓聶政荊軻侯嬴之徒，以意氣相尙，一意孤行，能爲人所不敢爲，世競慕之，其後貫高田叔朱家郭解輩，徇人利己，然諾不欺，以立名節，馴至東漢其風益盛。蓋當時薦舉徵辟，必採名譽，故凡可以得名者，必全力以赴之，好爲苟難，遂成風俗。』　其言雖得其大凡，然其蔽亦多。　後漢之尚名節自是與游俠有相共之處，然決非僅游俠一端，所能影響。　至謂由薦舉徵辟，亦見其偏而不見其全。　蓋游俠之風，盛於戰國，至於西漢已成弩末，觀班固所紀游俠，不過爲權門鷹犬，若與史公所紀相比，立見眞僞懸殊；若謂全由游俠，則游俠向不容於世主酷吏，其風漸泯，決不能後漢反盛也。　至謂由於薦舉，則亦不盡然。　試觀流離張儉，天下同迎，其所欲必有甚於生者，遑言利祿？且後漢一代隱逸之士多矣，其得大名者如黃叔度，郭林宗，鄭康成之流，皆爲處士。　鄭康成戒子書自云：『舉賢良方正有道，辟大將軍三司府，公車再召，比牒併名，早爲宰相，惟彼數公，懿德大雅，克堪王臣，吾自忖度，無任於此。』　此則利祿而外，應別有安慰身心之所。　若謂此數子由時政不淸使然，然果爲利祿，寧計時政？且嚴光，周黨，梁鴻諸人之不仕，豈乏明時？趙氏此意蓋承漢書儒林傳贊謂：『一經說至百餘萬言，大師衆至千餘人，蓋祿利之路使然也』之言。　然西漢經學流弊，自由於祿利，東漢氣節，則盧名寶利大半不能兼顧，安在其同於說經至於百餘萬言之流也。　如薦舉而勵名節，誠有其人，然薦舉名節之世，亦由世俗尚名節而然；若世俗早棄名節如敝屣，則薦舉之事，便當私弊橫積，安得眞以名節相尙乎？又安得權奸如竇憲，梁冀，董卓之流，亦以徵辟淸流相尙耶？

　　蓋一代風俗之成，決非一二單純原因，所能率爾而解釋。游俠輕死，本封建遺風，其意氣相尙，一意孤行，乃其表現，非其原由也。　豫讓，聶政固爲游俠者流，然田橫五百士，亦不得謂非俠者。　其如此者，不知凡幾，則其事爲普遍風習，而非一意孤行矣。　旣爲普遍風習，則其事非僅由於好名，而由社會制裁不得不爾。其範圍普及全社會，非一二游俠之流，所能左右，後漢承其風，亦非其風益盛也。至於薦舉乃封建制度崩潰後之事，其例不勝枚舉，決不能使社會尚俠。　且後漢之

尚名節，其行雖略同游俠，而其實質已混入儒家倫理甚深，而儒術之中，又早與道墨諸家匯流，故其尚名節決非前代某一種學說所能範圍；亦非僅以利祿所能解釋；此自後漢之時代精神。　然其表現於圖畫者，則較爲朴質而親切，若在後漢人之理論求之，則往往爲門面語所掩，反不易見其眞相矣。　今將武氏諸祠所有諸石，分其類別，以示一斑：

（一）古帝王

伏羲女媧　祝誦氏　神農氏　黃帝　顓頊　帝俈　帝堯　帝舜　夏禹　夏桀

以上幷見武梁祠

（二）孝子

曾子　閔子騫　老萊子　丁蘭　三州孝人　羊公　魏湯　孝烏　孝孫　柏楡

邢渠　董永　章孝母　朱明　金日磾　以上見武梁祠

伯游　見前石室

（三）義士

李善　柳惠　程嬰杵臼　以上見武梁祠

顏淑　侯嬴　朱亥　范睢　靈輒　以上左石室

（四）刺客

曹沫　專諸　荆軻　要離　豫讓　聶政　以上見武梁祠

荆軻　見前石室

（五）列女

代趙夫人　梁節姑姊　齊繼母　京師節女　無鹽醜女鍾離春　梁高行　秋胡妻

義姑姊　楚昭貞姜　以上見武梁祠

齊義婦　秋胡妻　前石室

王陵母　左石室

（六）縱橫

藺相如　范雎　以上見武梁祠

（七）隱逸

何饋（註）　　何匜丈人　　以上新出一石

論語：『子路問成人。　子曰「若臧武仲之智，公綽之不欲，卞莊子之勇，冉求之藝，文之以禮樂，亦可以爲成人矣」。曰「今之成人者何必然，見利思義，見危授命，久要不忘平生之言，亦可以爲成人矣」』。　此儒者之標準人格也。　然所求不外尋常日用之間。後漢所崇拜希冀者，除曾閔之孝而外，大體皆非常人所能者。夫希特立獨行以震驚流俗，雖偏頗不顧，蓋已迥非儒者中庸之道。　至所舉列女，亦復各有特殊之個性，迥異後世正史方志之列女傳中千篇一律無事蹟可言者，則後世所謂節烈，皆庸言庸行，亦不足與漢世所希求者比矣。

漢代表彰忠臣孝子者儒術也，表彰何饋何匜則非儒術而爲黃老之風，表彰藺相如范雎則又縱橫之智，而刺客義士列女則又爲游俠之行，此皆武氏諸祠同所表彰者也。按復仇之智後漢甚盛，人復從而贊美之。　於是在後漢書屢有所載。　其在前漢雖民間或多復仇，然朝廷尙法，不能容人輒有報仇之事也。　漢書朱博傳：

遷琅邪太守……姑幕縣有羣輩八人報仇廷中，皆不得。　長吏自繫書言府，賊曹掾史自白請至姑幕，事留不出，功曹諸掾即皆自白，復不出，於是府丞詣閣。博醉見丞掾曰：『府告姑幕令丞言，賊發不得有書，檄到令丞就職，游徼王卿力有餘，除如律令。』　王卿得勅惶怖，親屬失色，晝夜馳鶩。　十餘日間捕得五人。

蓋西漢尙法不重情。復仇之事於法不能曲恕，郭解之誅亦以此也。　後漢初年桓譚尙極言復仇之非，後漢書桓譚傳云：

夫張官置吏，以理萬人；縣賞設法，以別善惡。　惡人誅傷則善人蒙福矣。　今人相殺傷，雖已伏法。而私結怨讎，子孫相報，後忿深前，至於滅戶殄業。　而俗稱豪健，故雖有怯弱，猶勉而行之。此爲聽人自理，而無復法禁也。今宜申明舊令，若已伏官誅，而私相傷殺者，雖一身逃亡，皆徙其家屬於邊。　相其傷者，加常二等，不得雇山贖罪。　如此則仇怨自解，盜賊息矣。

（注）何與荷通，何天之龍即荷天之寵也。　饋論語集解作簣，故釋爲草具，此作饋，故畫作執食器形。　然草具亦是食器，見范增傳，孔疏誤耳。

然此事至後漢之季，則持清議者逈異於前，後漢書蘇章傳：

　章……兄曾孫不韋，……父謙，初爲郡督郵，時魏郡李暠爲美陽令與中常侍具瑗交通……及謙至部案得其臧論輸右校。　漢法免罷守令自非詔徵不得妄到京師，而謙私至洛陽。………暠爲司隸校尉收謙詰掠死獄中，暠又刑其屍以報昔怨。　不韋……與親從兄弟潛入廡中，晝則逃伏，如此經月遂得傍達暠之寢室，出其牀下，值暠在廁因殺其妾，併及其小兒。………徑到魏郡掘其父阜冢，斷取阜頭，以祭父墳，又標之於市曰『李君遷父頭』。………士大夫多譏其發掘冢墓，歸罪枯骨，不合古義，唯任城何休方之伍員。　（伍員事參見公羊定四年傳及注）。太原郭林宗聞而論之曰：『子胥雖云逃命，而見用強吳，憑閭廬之威，因輕悍之衆，雪怨舊郢，曾不終朝，而但鞭蠡毀屍以舒其憤，竟無手刃後主之報。豈如蘇子單特子立，靡因靡資，強讎豪援，據位九卿，城闕天阻，宮府幽絕，埃塵所不能過，霧露所不能沾。不韋毀身燋慮出於百死，冒觸嚴禁，陷族禍門，雖不獲逞，爲報已深。況復分骸斷首以毒生者，使暠懷忿結，有得其命猶假神靈以斃之也。　力唯匹夫　功隆千乘，比之於員，不亦優乎？』　於是議者貴之。

此其論議固與東漢初年之桓譚不侔矣。蓋儒術東京最深入於世俗，然愈遍於世俗，則其世俗化亦愈深。　雖報仇者在法仍有重罪（見申屠蟠傳鍾離意傳）。　然郅惲，趙憙，魏朗，陽球亦皆以此知名，此所謂『俗稱豪健』，不得不然。　然由此可知漢人好圖畫荊軻聶政之故矣。

　　其次爲隱逸，隱逸之思想出於道家，儒者『三月無君則弔』，不尙此也。　漢初期儒家如轅固之流，力匡黃老，然世俗則爲黃老與游俠所雜糅之思想。　案之理論，黃老與游俠應背道而馳，而在事實上所表現，則黃老學者即多爲游俠之實行者，如張良（治黃帝老子之術，門多長者車），田叔（學黃老於樂鉅公，爲人廉直喜任俠），淮南王安（篹士，爲黃老言），汲黯（學黃老言，常慕傅伯爰盎之爲人，善灌夫鄭當時），鄭當時（以任俠自喜，好黃老言），耿況（字俠游，學老子於安丘先生）諸人皆是，此蓋黃老乃『家人言』而任俠乃『家人事』之顯證也。　然此特漢代初期之事，及後儒家雖在政治上定於一尊，而在學術上黃老之學早已混入儒家。始則孔子見老子之事公然見於先黃老而後六經之太史公書，繼則昭帝時之賢良文學

公然舉孔老以對抗稱管商之大夫御史。　更後則號爲儒生，實兼老術，如魏相有『軍旅之後必有凶年』之語，鄭均少好黃老書，翟酺四世傳詩，好老子，張純慕曹參之迹，范升習梁丘易及老子，張霸博覽五經而據老子『知足不辱』之旨以上病，皆其事也。　甚至出身太學以儒術稱之光武帝與臧宮之詔，亦公然行黃石公記『柔能制剛，弱能制強，柔者德也，剛者賊也』之旨，則儒生早不以黃老爲諱，此東漢重隱逸，魏晉談名理，固有一貫相承之事矣。

三　畫象中之名物制度

（1）車騎

　　古代車制今所存者惟考工記言之較詳，雖非漢制，而漢制實出於此。今先言考工記所言之大略，更以漢制比較之。

　　一　車輪

兵車之輪，六尺有六寸，田車之輪，六尺有三寸，乘車之輪，六尺有六寸——考工記

　　　　按周尺略同劉歆銅斛尺（隋志），合今市尺六寸九分。　六尺六寸合市尺四‧五五四尺，六尺三寸合市尺四‧三四七尺。

轂也者以爲利轉也，輻也者以爲直指也，牙也者以爲固抱也。—— 同上

所以貫轂者謂之軸，軸末謂之軎，………軎上鍵謂之舝（舝謂之舝）。　——阮元車制圖解。

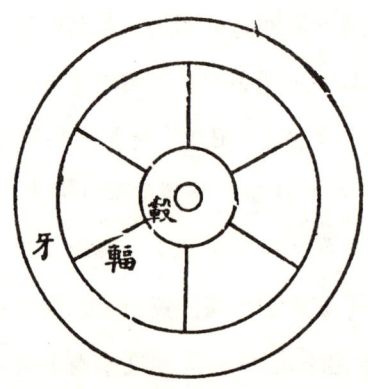

　　阮元車制圖解曰，考工記曰矺其漆內而中詘之以爲轂長，矺者橫充轂內而

度之之名也。今案六尺有六寸之輪除去牙上下兩面不漆之三寸六分六釐六毫，存之得五尺八寸六分六釐六豪。又中詘之，即爲轂長，是轂長二尺九寸三分三釐三豪。此兵車轂之至長者也。

又曰若夫牙寬牙厚之度，則有記文可求。記曰六分其輪，㮚其一以爲牙圍，是牙圍一尺一寸。所謂牙圍者，乃輞牙周帀之大圍圍。凡物圍者，乃謂之圍，牙圍一尺一寸即牙大圍面寬一尺一寸也。記又曰參分其牙圍而漆其二，是漆其近輻之二分，寬七寸三釐三豪，不漆其近地之一分，寬二寸六分六釐六豪也。

二　輿

車上受物曰輿（戴震考工記圖曰其深謂之隧），輿下四面材謂之軫（軫謂之收），輿前橫木謂之式，左右板謂之輢，輢上反出謂之輒，輢立木達輒謂之較，車轄謂之軨（轛橫軨也，軹道軨也），輿下鉤軸者爲轐（轐謂之輹，輹謂之伏兔），當式下圍輈者曰軓，所以拚軓者謂之陰。——阮元車制圖解。

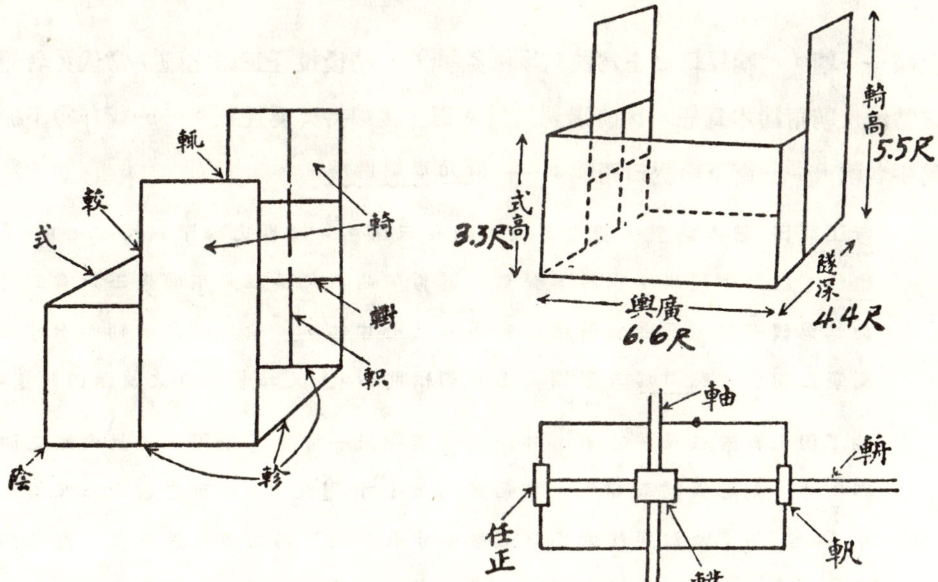

輿之度數——阮曰，考工記曰，輿人爲車輪，崇車廣衡長參一，是輿廣六尺六寸也。又曰參分車廣去一爲隧，是隧深四尺四寸也。

式較之度數——阮曰記曰三分其隧，一在前，二在後，以揉其式，又曰

以其廣之半爲式之崇，是式崇與廣等崇於三尺三寸，其兩旁居軨板上，則須揉治而觀之，一在前即式深，二在後即軨深也。……蓋與左右木板通謂之軨，參分軨隧，一在前，二在後，後高於前式二尺二寸，軨通高五尺五寸也。

軻——阮說即車耳，未誦，辨見後俟者車軻。

軹——阮曰軹之爲物蓋在與之前軫下正中，略如伏兔，爲半規形，以圍軸身。軸與與之力在後軫則有任正以持之，在前軫則有軹以衡之。故左右轉戾不致敗折。……故記曰環灂自伏兔不至軹七寸，考伏兔至軸一尺四寸許，環灂七寸居其半，餘七寸始至軸，軹當與軸寬等三寸許，與環灂俏離三寸許。故曰亇至軹，此由外而數至內也。記又云軹中有灂謂之國軸，案軹在與前，人所目見，若環灂在與底，目不及見，故須察之，此由外以觀內也。合此二者，其地確不可易如此。

陰——詩小戎曰陰靷鋈續，毛傳曰陰掩軹也，箋曰掩軹在式前垂軸上。阮曰掩軹則非軹，而爲式下板，當即車前板也。

三　軥

曲轅——軥。　軥縜軹以上爲侯（侯謂之頸），軥後投任正謂之踵，當伏兔者謂之當兔，軥兩端木爲任木，前端駕馬爲衡正，後端持與爲任正。……衡（𨍍）下扼馬牛者軶，……衡下兩軛曰兩軥。——阮元車制圖解。

考工記曰『軥人爲軥，軥有三度，軸有三理。國馬之軥深四尺有七寸。』鄭注『國馬謂種馬，戎馬，齊馬，道馬，高八尺兵車乘車軹崇三尺有三寸加軸與轐七寸，又並此軥深則衡高八尺七寸也。除馬之高，則餘七寸爲衡頸之間也。鄭司農云深四尺七寸謂轅曲中。』又云『田馬之軥深四尺』。注『田車軹崇三尺一寸半，并此軥深而七尺一寸半，今田馬七尺衡頸之間亦七寸，則軸與轐五寸半，則衡高七尺七寸。』又：『駑車之軥深三尺有三寸』。注『輪軹與轐大小之減率半寸也，則駑馬之車軹崇三尺，加軸與轐四寸，又并此軥深，則衡高六尺七寸也，今駑馬六尺，除馬之高，則衡頸間亦七寸』。

阮氏曰記曰國馬之軥深四尺有七寸，鄭注曰衡高八尺七寸，除馬之高，則餘七寸，爲頸衡間也。記又曰軹前七尺而策半之，鄭注曰謂軥軹以前之是

也。　據此則鄭意以輈深四尺七寸,爲輈端直垂下與軓平處之高得四尺七寸,除輪半崇及加軫與軓之四尺不入算也。　且以軓前十尺爲輈身之長也。夫使軓前十尺爲輈身,則輈身不能無撓,其撓之數,經無明文,於是又意爲解曰凡弓引之中參採輈之倨句中二可也。　中二卽三分損一耳,卽十尺之曲輈參分損一得六尺六寸六分之直弦,再以輈深之四尺七寸爲句以求其股,則股長四尺三寸三分有奇,卽使服馬尾近着陰板之前,而輈端之衡,已近居馬脊中突,有是理乎?……且卽以十爲弦,四尺七寸爲句,得八尺零八寸有奇之股,亦尙不足爲驂馬地也。……此皆由誤解記文之故。……元案記曰軓前十尺,此自軓前直引至輈端長十尺也。……記文一曰凡輈輈欲其孫,而無弧深,再曰輈深則折淺則負,深字皆指曲中而言,是所謂深者乃曲中之度,必非輈垂下之高明矣。今以通徑求外周以定輈身中心之長,考輈身有圓卽有徑,求記者之意其輈身當以徑三寸入算,何也。　蓋以此三寸合之四尺七寸,共深五尺爲半徑,合通徑十尺,適得平圓之半,圓形不差分釐也。　又輈身旣有圓徑之三寸,則當有朒有赢,今以軓前十尺內減兩端,輈身徑共六寸,餘九尺四寸之通徑,合四尺七寸之半徑求平圓半周得十四尺七寸六分五釐四毫,此輈身朒數也。　若並輈兩端身徑在內爲軓前十尺之通徑合輈身三寸,子深四尺七寸爲五尺半徑,求平圓半周得十五尺七寸零七釐九毫,此輈身外背之赢數也。　旣得赢朒二數,再以二數通徑相減,爲九尺七寸之通徑,合四尺八寸五分之半徑(適當輈圓之中心),得平圓半周一丈五尺二寸三分六釐六毫,此輈身中心之長也。

按兵車乘車軹崇三尺有三寸,加輈深四尺七寸,應適爲八尺,故衡高卽馬高也。蓋衡之底適接馬脊,中雖有輈,然縶馬在輈兩旁,其中部在衡與馬脊之間甚微,不得多至七寸。　至軫雖在軸以上,然亦在輈以上,不得在軫軸之間更加軫數。　軓與輈平,其數更無從加入也。　鄭注此處微有疏失。阮氏釋輈之處,惟『軓前十尺,此自軓前直引至輈端長十尺也』之論爲得其大約。　然不若程瑤田謂『軓前十尺,謂自輈平指至輈端下之度』爲較愈也。　蓋阮氏所設計之輈形爲半圓。　若其圓徑與地面平行,則馬之高,非與軹崇相等不可,卽馬非僅高三尺三寸不可。　若輈端與馬頸同高,(馬高八尺,當卽指馬頸高八尺,若僅照阮氏所云以六尺爲度,則輪崇六尺六寸,較馬頸爲高,馬將不勝車矣),則馬頸至軓,仍僅得八尺零

八寸如阮氏所求之數，仍不足為驂馬地也。　　大抵古軫形仍當如漢畫所繪，（采桑紡車之軫形仍作直形，不作弧形，則戰國時軫亦不甚曲，如阮氏所云也，西洋上古之車以及現在之馬車均有軫，然亦無作半圓形者），自軓前引更斜曲而上，直至馬頸，若作半圓不惟於理不通，且與記文『凡軓軫欲其孫而無弧深』亦不合，蓋從此句可知深者從軓所引之平行線直上而言，亦即鄭氏所謂高，若作半圓，是即『弧』矣，安得曰『無弧深』乎？戴震略同鄭氏，無所發明，故不論。程瑤田論軫之度甚是；然謂『軫在輿下者曰任正，軸在輿下者曰衡正』則非矣。

四　蓋

車蓋之杠謂之桯，蓋斗凱之部，其柄謂之達常，隆屈謂之弓，弓近部謂之蚤。

——戴震考工記圖

考工記曰輪人為蓋，達常圍三寸，桯圍倍之六寸，信其桯圍以為部廣，部廣六寸，部長二尺，桯長倍之四尺者二……弓長六尺謂之庇軹，五尺謂之庇輪，四尺謂之庇軫，參分弓長而揉其一，參分其股圍去一以為蚤圍，………是故蓋崇十尺。

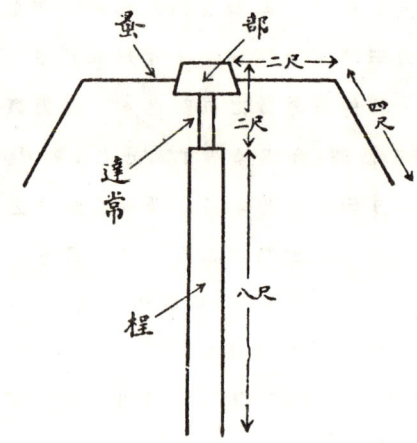

車制之大略如此，為求簡故，與車制有關之引證，力從刪落，然已累篇牘如右，蓋太簡則不明也。　今更以漢制證之如下。　　車制之見於文籍者，大略可分下列各種：

（一）兵車

（二）使者車

（三）軺車

（四）安車

（五）牛車

【兵車】即考工記之小車，然不常見於漢畫，蓋戰國時即已漸不通用，趙武靈王胡服騎射其尤著者，戰國時千乘之國，萬乘之國，不過代表大國小國而已，非眞有千乘與萬乘也（見狩野紀念論叢日本人所考）。　至漢則記兵車之事尤鮮，霍去病傳『大將軍青令武剛車自環爲營』，武剛車據續輿服志云有蓋有帷（兵車無之），蓋用作自環爲營作障礙物，與鹿角同，非駕駟馬以衝鋒陷陣也。　公孫賀傳『爲輕車將軍出雲中』，然所領者並非輕車，西漢列校中虎賁校尉尚有掌輕車之名，至東漢則因無所用之而裁去矣。　大抵在漢以前戎車尚用於兵事，至漢以後，則戎車僅用於運輸及作障礙物而已。後漢南匈奴傳『光武造戰車，可駕數牛，上作樓櫓，置於塞上，時人見之，或相謂曰：「讖言漢九世當卻北狄地千里，豈謂此耶？」　其後果拓地焉』。　是所用者乃用以瞭望之牛車，仍非戰車（後漢齊楊璇傳，璿嘗用戰車，然先以石灰使敵不得視，仍屬用奇兵，非恃車也）。　至續輿服志之輕車戎車，僅爲天子出行壯威儀而已。　此後用作發石攻城及障礙之用者，例如：

魏志袁紹傳袁紹在土山對曹公營放石擊，紹樓皆破，紹衆呼爲霹靂車。

魏志郝昭傳，諸葛亮圍陳倉，又使人說郝昭不下。　昭兵纔千餘人，亮進攻之。雲梯臨城，昭以大箭逆對其梯，又以繩連石磨其衝車，衝車折。

魏志田豫傳，虜伏騎擊之，軍人擾亂，莫知所爲，豫因地形迴車結圓陣，弓弩持滿於內，疑兵塞隙，胡不敢犯。

此皆與古兵車之用相殊。　用兵車而得利者惟劉裕攻慕容超事：

宋書武帝紀，乃退大軍，分車四兩爲二翼，方軌徐行，車張幰，御者執殳，以騎爲游軍。………比及臨朐，賊騎交至。　帝用參軍胡藩策，襲剋臨朐，賊乃大奔還廣固。

此車之用雖似爲作戰之用，其實仍用爲障礙物。　蓋其得勝，非由於車之本身，實利用車難進難退，可以相持，而乘隙以游軍襲剋臨朐也（劉屈氂傳『以牛車爲櫓』，其用亦同）。　是自漢以來車不能作爲單獨作戰之用可知。　至唐房琯用牛車作戰，

竟至敗績。　　朱徽宗時欲用戰車作戰，竟爲李復先沈括所讒，迄紹興造兵車而猶不能用（見宋史兵志），從此遂無能以兵車施諸戰陣者矣。　　故諸刻石所繪，皆鮮戰車，今所見惟孝堂山第三石而已。

【使者車】據續漢志云：

大使車，立乘，駕駟，赤帷，持節者重導從，賊曹車，斧車，督車，功曹車皆兩大車。　　伍百璅弩十二人，辟車四人，從車四乘，無節，單導從減半。　　小使車，不立乘，有騑赤屏泥油，重絳帷，導無斧車。　　近大使車蘭輿，赤轂白蓋，赤帷，從騎騎四十八人，此謂追捕考案，有所敕取者之所乘也。　　諸使者皆朱班輪，四輻，赤衡軛。　　其送葬白堊，已下，灑車而後還。　　公，卿，中二千石，二千石，郊廟明堂祠陵，法出，皆大車立乘駕駟，他出乘安車。

今武氏祠及孝堂山所見主車，大抵皆大使車，因立乘而非坐乘也。　　然大使車駕駟，而畫像皆爲一馬者，蓋畫像從簡，畫一馬已可見其大略，不必畫四馬方知爲使者車也。　　使者者與從車不同之尤顯而易見者，在其有交絡，交絡者絡帷裳也，續志云太皇太后皇太后法駕皆御金根加交絡，注徐廣曰靑交絡靑帷裳（絡並誤作路，今從陳景雲說改正，又續志『公，列侯，中二千石，二千石，夫人，會朝若蠶，各乘其夫之安車，右騑加交路』，路亦應作絡），故知交絡與帷裳同施於車者；其後大行載車云『交絡四角』，意尤顯矣。　　後漢書劉盆子傳『乘軒車大馬，赤屏泥，絳襜絡，而猶從牧兒遨遊』；注『襜帷也，車上施帷以屏蔽者，交絡之以爲飾，續漢志曰王公列侯安車加交絡帷裳也』。　　故高車施絡爲顯者之制。（劉盆子所乘車亦非天子車而爲大使車。　蓋天子車名路車不名軒車，說文軒曲輈藩車也，藩車卽指有耳之車，段注云，左傳杜注皆云軒車爲大夫車，是軒車非天子車矣。　　赤屏泥絳帷見前引續志大使車節。）

　　武梁祠前石室之卆車其車耳之制甚顯，（註）其制爲輢外更加橫板形物，直達式以前。續志云：

中二千石二千石皆卓蓋，朱兩轓，其千石六百石朱左轓，轓長六尺，下屈廣八寸，上業廣尺二寸，九文十二初，後謙一寸，若月初生，示不敢自滿也，景帝中

元五年始詔六百石以上施車轓。

轓或謂之車耳（漢書景帝紀中元六年，應劭注曰，車耳反出所以爲之藩屏靳塵泥也，……轓以簟爲之，或用革），或謂之轓（見前應劭注，又說文轓車耳反出也），或謂之簰箳（玉篇簰箳輧也），或謂之較（說文較車輢上曲銅也，崔豹古今注曰車較重耳也在車輢上重起如兩角然），或謂之藩（詩韓奕箋『簟茀，漆簟以爲車蔽，今之藩也』），其名雖異，其實則一。　蓋以長六尺廣二尺之簟或革，施於輢外，當輪上者廣尺二寸，屈於下者廣八寸。　因其在車兩側故謂之車耳，因其反出於輢外故又謂之轓也。　阮氏車制圖考謂輢上反出謂之輒，非是，說文云『輒車兩輢也』，輒自輢之別名，輢爲木製方可倚，而車耳則應注及鄭箋明言以簟或革爲之；則車耳非輢，而爲輢外之物明甚。

漢制六百石以上，即縣令以上，方有車耳，然亦有特例。　黃霸傳『霸爲潁川太守秩比二千石居官，賜車蓋，特高一丈，別駕主簿車，緹油屏泥於軾前，以章有德』。　續志注引謝承書『孔恂字巨卿，新淦人，州別駕從事，車前舊有屏星，如刺史車曲翳儀式；是時刺史行部，發去日晏，刺史怒，欲去別駕車屏星；恂諫曰，「明使君傳車自發晚，而欲徹去屏星，毀國舊儀，此不可行；別駕可去，屏星不可省」，即投傳去；刺史追謝請，不肯還；於是遂不去屏星。』　此州郡掾屬亦有車耳，然曰車前或式前，則車後無之；大抵僅有使者車車耳之半（因輢較式高，故輢可不障，而障式之兩旁也），因之不曰轓而曰屏泥或屏星也。　至陳遵初除河南太守，乘藩車入閭巷過寡婦飲，則使者車矣。

武氏祠前石室第三石第四石左石室第九石後石室第七石其主車均有物若布帛垂於車後，案此即飛軨也。　續志注『薛綜曰（乘輿）飛軨以緹油廣八寸長注地，畫左蒼龍右白虎繫軸頭，二千石亦然，但無畫耳。』　文選東京賦注引蔡邕獨斷『飛軨以緹紬廣八尺長挂地』。　曲禮『君車將駕，則僕執策立於馬前，已駕，僕展軨效駕』。　注『盧云軨轄頭麤也，舊云車軨也。』　是鄭注蓋從盧說。　按車闌即車軨間橫木，此軨字別解；說文『軨車軨間橫木』，桂氏義證『車軨間橫木者，後漢書趙壹傳，張衡傳注引竝同，玉篇軨車闌也』，又尚書大傳『未命爲士，車不得有飛軨』，鄭注『如今窗車也』，說文軨之重文作軨，與衛櫺同意之故，以釋軨字本

—117—

不誤，惟以釋飛輪及釋禮記之展輪則不可耳。　蓋君車法駕非窗車，不得有櫺，且車窗木闌亦不似緹油可以舒展，疏云『從車輪左右四面看視之，上至於闌』，乃曲解也。　輪自漢以來卽兼二義，故漢人釋飛輪者有時不免彼此牽強，然飛輪之制固在，續志所說自有所本。（宣紀：『太僕以輪獄車奉迎曾孫』，輪自當作櫺解，非飛輪也。　車制之名往往兼二義，『軌』字亦然，見段玉裁集。）

【輜車】立乘大車爲大使車，立乘小車則爲輜車，車之大小由於馬數而不同，大抵四馬爲大車，而一馬二馬爲小車。　平紀元始三年注引服虔曰『輜音遙，立乘小車也』；高紀五年注如淳曰『律，四馬高足爲置傳，四馬中足爲馳傳，四馬下足爲乘傳，一馬二馬爲輜傳』，皆是。　因其爲立乘，故可四望，隋書禮儀志『輜車，案六韜一名遙車，蓋言遙遠四顧之車也』；釋名『輜車，輜遙也，遠也，四向遠望之也』。　蓋輜車立乘與大使車同，均可遙遠四顧，後漢書賈琮傳『以琮爲冀州刺史，舊典傳車驂駕，垂赤帷裳，迵於州界，及琮之部，升車言曰：「刺史當廣聽糾察美惡，何有反垂帷裳以自掩塞乎？」乃命御者褰之。』大使車褰帷卽可望遠，此卽其證。　惟大使車因加儀飾更有專名，其後乃僅以無專名之小立車爲輜車；若究其原始，則輜車本爲兵車所改（晉書輿服志輜車古之時兵車也），兵車馬數多於二馬或一馬，則輜車之原義亦不當僅指一馬矣（輜車可駕三馬，王莽傳『巨毋霸輜車不能載，三馬不能勝，卽日以大車四馬……詣闕』，鹽鐵論論儒『故輜車良馬無所馳之』亦非僅指一馬而言）。　故輜車之準則，至爲無定，今依漢律定二馬及一馬立乘者皆爲輜車。　如武氏祠中主車以外之導車及從車，武梁祠之閔子騫父車，前石室十石十一石之行亭車皆是。　導車從車續志稱爲兩大車，大者對一馬之小車而言（二馬者單轅，一馬者雙轅，構造亦自不同），然旣僅有二馬，按之漢律仍當在輜車之範圍也。　至後漢晚期則輜車似專指一馬之車，書抄七十七引謝承書『許慶家貧爲郡督郵，乘牛車，鄕里號爲輜車督郵』。大抵督郵行亭應乘二馬車，與太守導車同，許慶只乘一牛，猶之一馬，故以輜車比附之，其實輜車非牛車，亦非專指一馬之小車也（史記季布傳索隱『輜車謂輕車一馬車也』，卽據後漢俗稱，與漢律不同）。宋書禮志：『漢代賤輜車而貴軺耕，魏晉賤軺耕而貴輜車』，桂馥義證引晉制中書令乘輜車，傅暢故事尚書令輜車黑耳後戶，僕射但後戶無耳爲說，甚是，蓋軺耕指

凡衣車不論牛駕馬駕者皆是。晉代馬少，通用牛車（說見後），故一馬之軺車已為貴矣。

【安車及輜軿】凡坐乘者曰安車，而有衣蔽者曰輜軿。　禮記曲禮：『大夫七十而致事，適四方，乘安車』。　注：『安車，坐乘，若今小車』　疏：『古者乘四馬之車，立乘，此臣已老，故乘一馬小車坐乘也』。　周禮春官王后五路有安車·注：『安車，坐乘車，凡婦人車皆坐乘』。　續漢輿服志：『太皇太后皇太后法駕皆御金根，加交路帳裳，非法駕則乘紫罽軿車……駕三馬。　長公主赤罽軿車。大貴人，貴人，公主，王妃，封君油畫軿車，大貴人加節畫軿，皆右騑而已。公，列侯，中二千石，二千石，夫人會朝若蠶，各乘其夫之安車，右騑，加交路，帷裳皆卓，非公會不得乘朝車，得乘漆布輜軿車』。　故輜軿者安車之一種，特供婦人所乘也。　安車本駕一馬，故有二轅，加兩驂則為三馬，加右騑則為二馬，不能駕四馬也（疏虞傳『賜安車駟馬，黃金六十斤罷』，此自恩澤特例，故鄉人以為榮，而懸其安車也）。　又安車有兩轅，故有時亦以駕牛，釋名『輜車載輜重臥息其中之車也；輜厠也，所載衣物雜厠其中也；軿車軿屏也，四面屏蔽，婦人所乘牛車也』。然劉熙之時代，據畢沅所考已當建安之際，是亦未可以三國分崩之俗上概漢世矣。

　　今輜軿見於畫象者，有武氏西闕南面，北面，武梁祠第一石，前石室第七石，前石室第十一石，後石室第二石，後石室第四石，孔子見老子象。　其有主名者則為後石室第二石之西王母車，孔子見老子象之老子車，皆老者及婦人也。　蓋老者畏風寒，故亦乘衣車，漢書張良傳：『上雖疾，強載輜車，臥而護之』；注，師古曰：『輜車衣車也』；後漢書桓榮傳：『榮為少傅，賜以輜車乘馬』；皆其事矣。

【牛車】馬車之轅曲，牛車之轅直，考工記云：

　　今夫大車之轅摯，其登又難，既克其登其覆車也必易。　此無故，惟轅直且無撓也。　是故大車平地既節軒摯之任，及其登阤，不伏其轅，必縱其牛，此無故，惟轅直且無撓也。　故登阤者，倍任者也，猶能以登，及其下阤，不援其邸，必縶其牛後，此無故，惟轅直且無撓也。

故牛車為直轅者。

　　在武氏祠畫象中，惟武梁祠第二石之處士車爲牛車，其餘如前石室第十一石所畫二車，其構造亦與牛車相同，卽轅較直，上以席爲蓬（現在牛車亦以席爲蓬與此相類），惟以馬駕之而已。　　在漢代牛車爲賤者所乘，宣紀『地節三年，求得外祖母王媪，媪男無故，弟武，皆隨使者詣闕，時乘黃牛車，故百姓謂之黃牛媼』；食貨志『賈人不得衣絲乘馬』，是也。　　貧者亦乘之，高五子傳：『其後諸侯貧者或乘牛車』；張湯傳：『載以牛車，有棺而無椁』；朱雲傳：『雲自是後不復仕，常居鄠田，時出乘牛車，從諸生所過皆敬事焉』；游俠傳：『朱家……衣不兼采，食不重味，行不過軥牛，專趨人之急，甚於己私』；是也。　　至劉寬父崎雖曾爲司徒，然寬尚隱居鄉里，故亦乘牛車，劉寬傳：『寬嘗行，有人失牛者，就寬車認之，寬無所言，下駕步歸，有頃認者得牛送還，叩頭謝』，則以處士不願駕馬，非盡由貧賤也。

　　漢以來每值亂事則馬減少，及休養平息則馬增多。大抵西漢初年馬少，西漢中葉馬增多，東漢初年馬減少，至三國時馬又減，於是牛車爲貴冑所乘矣。　　食貨志云：『天下旣定，民無蓋藏，自天子不能具醇駟，而將相或乘牛車』，足徵漢初馬少也。　　至武帝時則如食貨志所云：『初七十年間國家無事，非遇水旱，則民人給家足，……衆庶街巷有馬，仟陌之間成羣，乘牸牝者擯而不得會聚』，此漢中葉馬多之證也。　　其後征匈奴，馬稍減，然尚足用，故宣帝本始中伐匈奴發騎尚以萬計（見本紀）。　　及東漢初年光武初起馬尚少，光武初騎牛，殺新野尉乃得馬。　　至東漢中葉馬已減於西漢，如竇憲出師時與耿秉僅各將四千騎，餘則匈奴左谷蠡王萬餘騎，匈奴南單于萬騎，度遼將軍鄧鴻及羌胡義從八千騎，皆非中國本土之所有也（竇憲傳）。　　至三國時馬愈少，魏志鍾繇傳：『太祖在官渡與袁紹相持，繇送馬二千餘匹給軍；太祖與繇書曰，「得所送馬，甚應其急，關右平定，朝廷無西顧之憂，足下之勳也」』；是又與東漢不侔矣。

　　蓋西漢猶承秦人養馬故習，漢書景紀如淳注引漢舊儀『太僕牧師諸苑三十六所，分布北邊西邊，以郎爲苑監官，奴婢三萬人分養馬三十萬頭，擇取教習；牛羊無數，以給犧牲』。　　又官本漢舊儀：『天子六廏，未央廏，承華廏，騊駼廏，路軨廏，騎馬廏，大廏，馬皆萬匹』。故王朗奏云：『若夫西京雲陽汾陰之大祭，千有五百

之靈祀，上通天之臺，入阿房之宮，中廄則騂騩騂馬六萬餘匹，外牧則羱羮二萬，而馬十之，執金吾從騎六百，走卒倍焉』（魏志注引魏名臣奏）；卽謂此也。　東漢則西邊旣虛，北邊亦賦與南虜，例諸西京，飽不猶矣。至於魏世，邊鄙愈廢，盡括西北戶口，僅得新興一郡，馬之出產，尤不及東漢。　晉代魏政，創設未聞，武帝方崩，大亂繼起，而馬政遂不堪問矣，安得不將相乘牛車乎？

　　魏世以還，乘牛車已成通習，其事甚多，不可悉舉。　略舉數端，以見其例。　魏志韓暨傳：『徙監冶謁者，舊時冶作馬排，每一熱石，用馬百匹，更作人排，又費功力，暨乃因長流爲水排，計其利三倍』，是舊時用馬者，此時已更用人。　倉慈傳注引魏略：『顏斐爲京兆太守，始京兆從馬超破後，民多不專農殖。　………是時民多無車牛，斐又課民以閑月取車材使轉相敎匠作車，又課民無牛者，令畜猪狗，賣以買牛』，是當時牛尚不足，無論馬矣。　此雖京兆特情，亦自亂後通象，故人臣乘牛，至求之天子外廐，晉書劉超傳：『超後須純色牛，市不可得，啓買官外廐牛，詔便以賜之』，無怪富如石崇，貴如王導，亦皆駕牛不駕馬。　此風所播，直至隋唐，故今日除西洋之馬車外，更無曲輈痕迹。（石崇王導事，各見晉書本傳）。

（２）宮室

　　武梁祠第二石及第三石，前石室第三石，前石室第十四石，左石室第九石，左石室第一石，左石室第七石，孝堂山第一石第二石均有宮室之圖畫，其最可注意者爲武梁祠第三石，前石室第三石，左石室第九石，及孝堂山二石之樓前二柱形物。

　　在其他石刻中如兩城山石刻，及美國紐約Metropolitan博物院所藏石刻，有與此相類之物，惟此二石所畫者較寬，而武氏祠及孝堂山所繪者較狹而已，其地位及結構仍大略相同。　中國營造學社論文漢代的建築式樣與裝飾（彙刊五卷二期），認爲紐約所藏石刻爲闕，當無問題；若此石所繪者爲闕，則此其他諸石亦當然爲闕。

　　闕之實物現存者有山東及四川二省諸石闕，及嵩山之啓母闕。　明器中單間高樓亦甚多，如所謂『捕鳥塔』，『望樓』之類，大抵亦闕之變體。蓋闕爲多層而高聳者，有波士頓博物館所藏石刻可資證明也。　然漢制天子有闕，丞相有闕，城門有闕，廟墓有闕，士大夫未聞有闕之制。　則石刻之闕雖實際爲闕，而其名當不爲闕。

爾雅釋宮：『陜而脩曲者曰樓』，注：『脩長也』，是樓乃長而曲者，長而曲則似以閣道與他樓相連者矣。　月令：『可以居高明』鄭注：『高明謂樓觀』也，『觀』不可居，是『樓』亦可稱『觀』；『觀』即『闕』，則『樓』之名亦可施諸『闕』矣。（註）故其制同闕，其名當仍爲樓。

武氏祠所繪中樓有閣道可與兩旁相通，紐約所藏石刻中樓之闌干伸出兩旁，其交通之跡尤顯。　按漢世富貴之家多爲樓閣，王鳳傳：『大治第室，起土山漸臺，洞門高廊，閣道相屬』。　酷吏黃昌傳：『再遷陳相，縣人彭氏舊豪縱，起大舍，高樓臨道，昌每出行，彭氏婦人輒登樓而觀；昌不喜，遂勅收付獄案殺之』。　樊宏傳：『其所起廬舍，皆有重堂高閣』。　侯覽傳：『起第宅十有六區，皆有高樓池苑，堂閣相望，飾以綺畫丹漆之屬』。　由此證之，則樓固多有閣道，故樓閣後世常並稱也。　武氏祠樓，上有婦人，亦與陳豪彭氏之婦人上高樓者大略相同。

武氏祠及孝堂山皆爲四注屋，此亦較爲尊貴之制。四注屋殷人已有，見考工記。至周凡士大夫以上皆有之，見焦循羣經宮室圖所考（焦氏又謂諸侯以下但有四霤，無四阿，是其式非如今之歇山式不可，然今所見漢之歇山屋頂皆重檐，似今之單檐歇山時當尙未有，焦氏又云不得重屋，便不知所云矣。焦氏之證無四阿，僅據左成二年宋公樽有四阿爲侈一事，然樽固不必同於宮室也）。　漢大抵亦然，今石刻及明器仍以四注屋爲多，非如現在僅施於宮殿及廟宇也。

諸石刻宮室之中皆施有帷帳。　蓋漢代窗紙未行，故以帷帳蔽風日也。　然帷帳實可以示豪貴。張良傳：『沛公入秦宮室幃帳狗馬重寶婦女以千數』。陳勝傳：『其故

（註）闕通常即稱爲樓，三輔黃圖：『建章宮鳳凰闕漢武帝造，高七十丈五尺，……在圓闕門內二百步。　……楊震關輔古語云長安民俗謂鳳凰闕爲貞女樓』。　是闕亦通謂之樓，其天子與恆人異者，則天子之闕當門，而恆人之樓不當門。　公羊定二年注『禮天子諸侯臺門，天子外闕兩觀，諸侯內闕一觀』。　禮器云『天子諸侯臺門……家不臺門』。　正義『兩邊築闕爲基上起屋曰臺門』。　皆指當門者而言，若只當樓前，則雖其形同闕，自不得謂之闕。　又文籍所紀天子之闕低者亦二十丈，若恆人與樓略等者，則高不過漢尺四五丈，尤不侔矣。

人常與傭耕……勝出，遮道而呼涉，乃召見與歸，見殿屋帷帳，客曰夥涉之爲王沈沈者』。　晉書何曾傳：『性奢豪，務在華侈，帷帳車服，窮極綺麗』皆可見之。　至唐窗牖猶有不施紙者，如沈佺期侍宴安樂公主應制：『粧樓翠幌教春住，舞閣金鋪昔日懸』；王邵冬晚對雪憶胡處士：『寒更傳唱晚，清鏡覽衰顏，隔牖風驚竹，開簾雪滿山』，李商隱對雪：『旋撲珠簾過粉牆，輕於柳絮重於霜』。簾當牖，無窗紙可知，然此猶可謂承六朝遺習，如宋代已有紙窗，而簾櫳紬戶猶常見於題詠之事。　至若陶翰花蕚樓賦（英華四九），完全爲寫實，則可證明唐初猶不用窗紙也。　其祠云：

　前卷珠簾，後卻疏牖，分渭北之川光，別終南之峯首。　千門迴霽，百陌微明，
　翠幄凝烟，煖青軒以靄映，紅荷浸水，嬌綠浦以灤盈。

其所言適切與慶池旁面對南山之景，則珠簾翠幄，未必爲藝增也。

　　因用帷帳而不用紙窗，故窗較現在爲低。諸畫象中，因須露出室內之人物，故不用窗櫺。　然在明器中，則窗多爲斜交之窗格，成爲菱形之窗格孔。　其窗並未見門扇式之檻窗或支摘窗之痕迹。蓋門扇式檻窗或支摘窗亦用紙以後之現象，因窗櫺糊紙卽不能再通風，非開窗不可，若在用帷帳時，則啓閉不牽涉窗櫺也。

　　宮室之排列，自殷盧所發見之基礎以迄近世之宮室，皆是長方形之房屋，集中排列。　儀禮宮室之制雖聚訟紛紜，然其爲集中式之長方形房屋，則無人反對。　明器之房屋，雖因材料關係甚爲單簡，然大致亦是如此。　則漢代普通房屋之排列大致與今同，蓋中國式之房屋，確爲本土者，一種文化苟無絕大之原因，不致驟變也。若是則武氏祠及孝堂山高樓所處之地位亦可推測而得。

　　作宮室圖者，清任啓運之朝廟宮室圖較爲明晰，今更斟酌朱熹弟子之家山圖書，作平面圖如下。　所以不盡從前人者，則以凡一種建築在現在建造爲不可能者，在古代亦斷無實現之理，前人宮室圖，往往卽係不能建造者，故更定之。　至於所以如此改定之詳細節目與理由，爲避繁複，不具述，蓋宮室之平面圖應較車制易於明瞭也。

　　依此圖，凡釋儀禮宮室之制者，自李如圭以下，皆無大衝突，故暫決定如此。　漢代去古未遠，當不少共通之點，故對武氏祠及孝堂山之宮室制度，亦依此解釋之。

武氏祠及孝堂山所繪之宮室，大抵爲朝而非寢，則其闕式之樓閣，大抵亦即東西廂

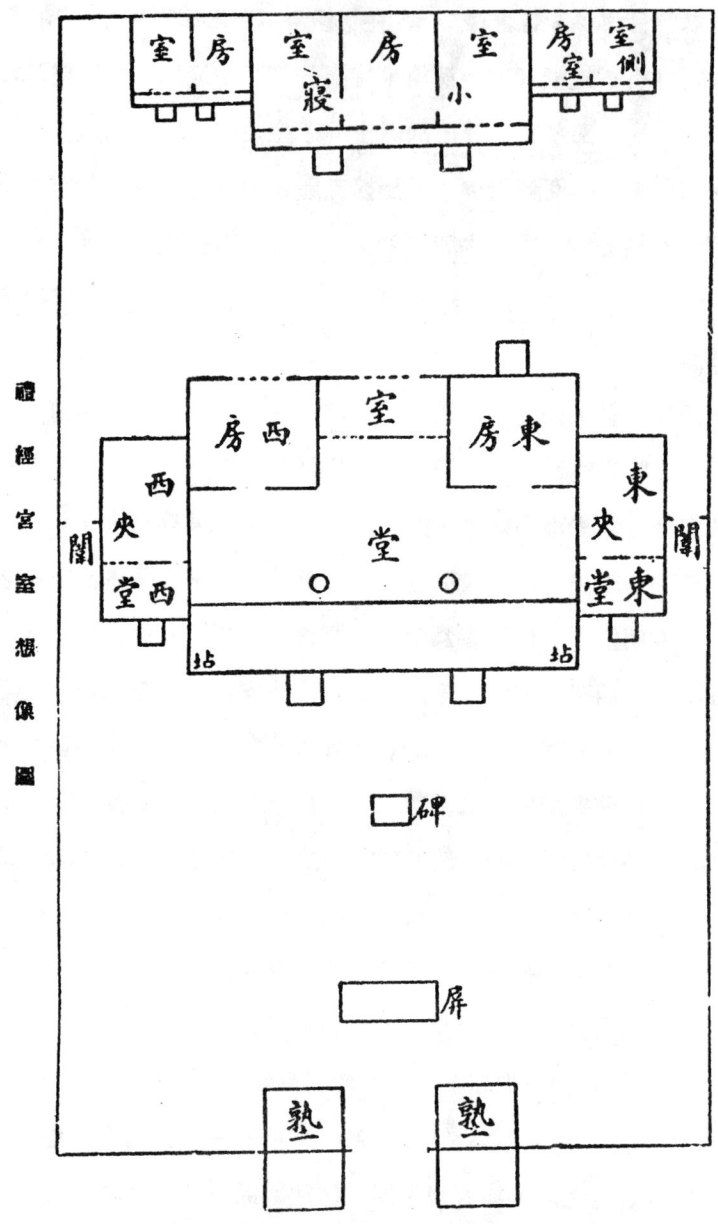

之變形；蓋東西廂當前望之爲其側面，故較狹，更加縮小，便成柱形。　在紐約所藏
石前兩闕較闊，尚存西廂形式。　　孝堂山所繪，則大抵三庭相續，兩廂爲公用者，
東庭之西廂即中庭之東廂，西庭之東廂即中庭之西廂也（兩廂較正殿爲高者，今倘
有此種形式，如大同善化寺之文殊普賢閣，此雖遼金建築，其所承受當仍有較早
之範本也）。

附記：

此稿作成在南京失守以前,中經遷徙數次,寄稿付印又經周折,故今日方出版,其中有亟須訂正者,具列於下：

(一)禮經宮室之制,應爲堂三間,其後爲東西房, 及室。堂之左右牆爲東西序,堂室房合爲一單位。東西序外爲東西夾,東夾之北牆達於與東房中部相當之處,其北不達於北階,故東西夾爲堂之附屬建築。兩夾之前爲東堂西堂, 其前有小階謂之東西垂或側墀。廊廡之制爲禮經所無也。

東西夾亦謂之闕,漢之天祿閣卽此類。漢畫兩旁之屋有高於中間之屋, 且有兩層者, 卽此種制度。

以上詳見最近拙著之『禮經制度與漢代宮室』,在北大紀念刊發表。

(二)武梁祠及孝堂山及南陽等畫象 , 貴人之後及左右 , 皆有八執半圓形之

武梁祠畫象 (穆王見西王母及車馬騎像)

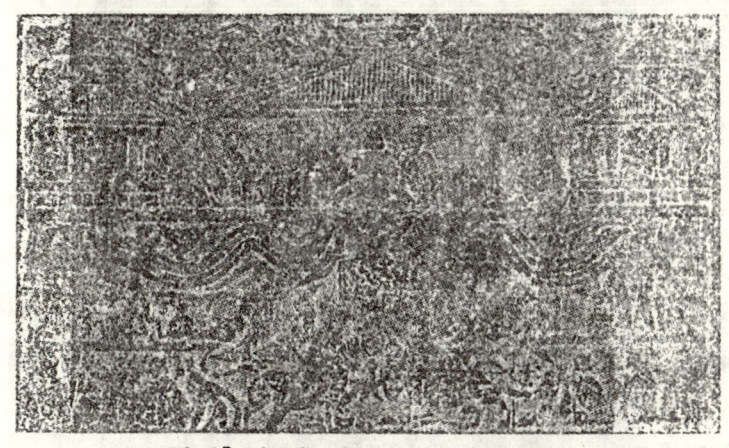

爾城山畫像之一 (宮廚)

物，此為扇。前過安南時，那廉君先生曾得一具，圖附入，至其證據，此處不能詳舉，當另為文論之。

　　二十七年十二月，昆明。

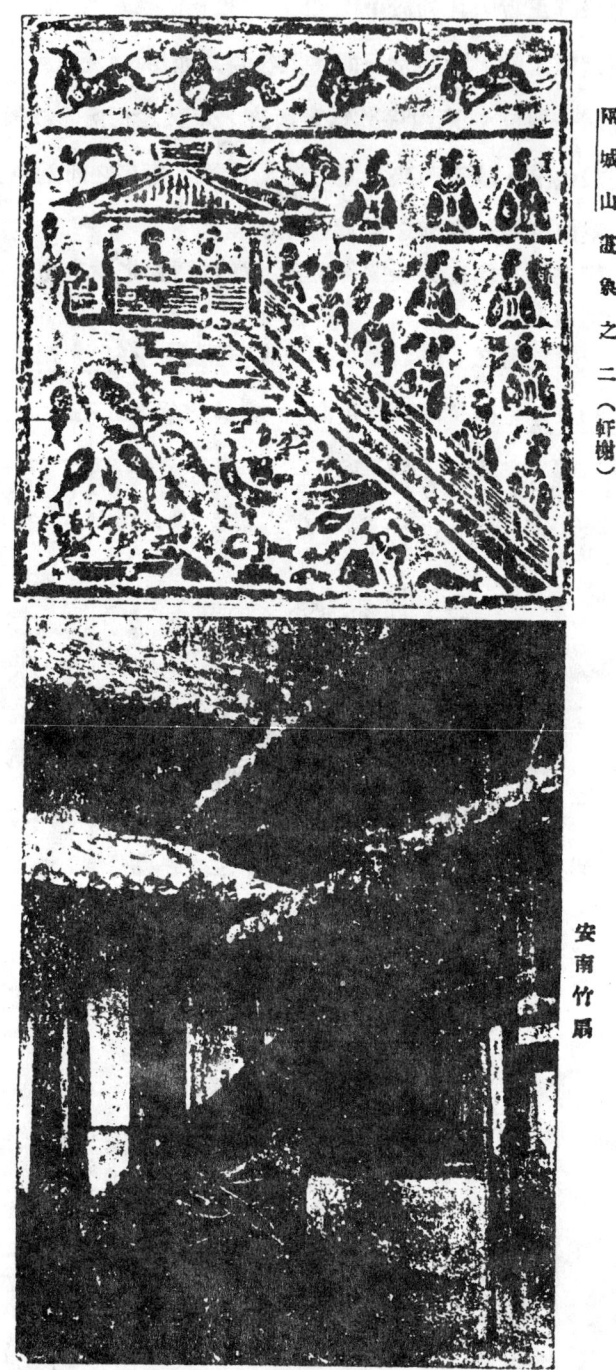

岡城山盧象之二（軒樹）

安南竹扇

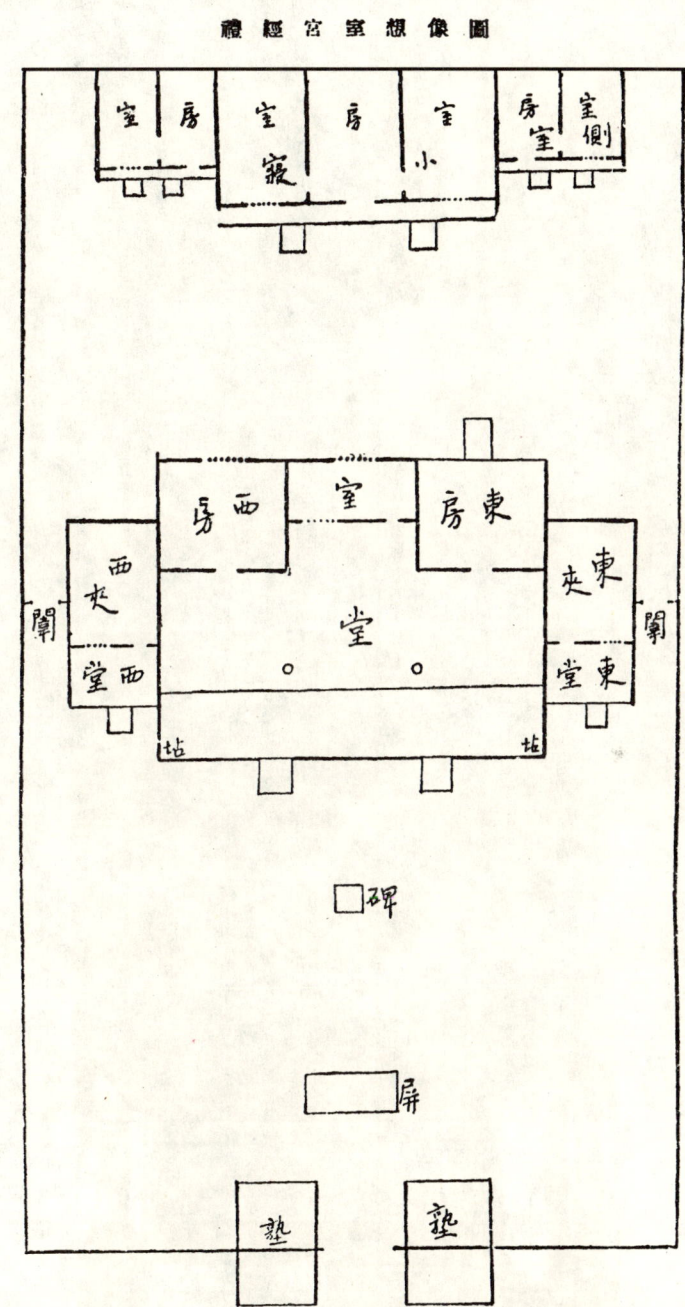

禮 經 宮 室 想 像 圖

從漢簡所見之邊郡制度

勞　榦

漢代邊郡屯戍之制散見於諸史籍中，及敦煌與居延漢簡發見以後，因材料集中之故，而其制尤易於論證。昔在北平時，西北考察團考釋居延漢簡曾躬與其事。今北平淪陷，底稿已不可知，惟烏蘭城（Ulan Durbeljin）所出，與余遜先生同釋之底稿尚有撮錄。今居延漢簡已在照像刊印中，不久可出版，故據以考訂漢代邊郡一般制度，並參攷流沙墜簡及漢晉西陲木簡所錄之敦煌漢簡而論列之。

（一）官府

（1）郡縣官制

漢書百官公卿表云：『郡守秦官，掌治其郡，秩二千石；有丞，邊郡又有長史，掌兵馬，秩皆六百石；景帝中二年更名太守；郡尉秦官，掌佐守，典武職甲卒，秩比二千石；有丞，秩皆六百石；景帝中二年更名都尉；關都尉秦官；農都尉，屬國都尉皆武帝初置。』在敦煌所出之漢簡，其地漢有敦煌太守，在居延所出之漢簡，其地漢有張掖太守。故簡牘每有與太守有關者。例如：

制詔酒泉太守，敦煌郡到戍卒二千人（下略）。（敦煌簡，隧書一。）（流沙墜簡縮稱敦煌簡，下同）。

四月庚子，丞（相）吉下中二千石，二千石，郡太守，諸侯相，承書從事下當用者。（敦煌簡，簿書三。）

此兩簡皆為詔書下太守者，後一簡丞字下脫相字，王國維流沙墜簡曾言之，居延簡亦有一簡與此略同；

二月丁卯丞相相下車騎將軍，將軍，中二千石，二千石，郡太守，諸侯相，承書從事下當用者，如詔書。少史慶，令史宜王，始長。（居延簡10.30.）

以此證之，丞字下脫相字無疑，丞相吉為丙吉，丞相相為魏相也。

　　至太守下屬吏之文檄則如：

　　　　□閱謹以文理遇士卒，毋令寃失職，稍稱令意，且遣都吏循行廉察不□，太守
　　　　府，書後，幸無忽，如律令。掾熹，屬壽，□□廣明。（居延簡14.40.）

　　　　以小簡一言已也，未臨會，五月朔以爲□□，然士大夫結法所當得，奉令安
　　　　揖，毋失職，方循行，不辦，不憂事者，白奏毋忽。（敦煌簡，簿書十。）

此則爲太守所下之書。都吏即督郵，漢書文帝紀元年，『二千石遣都吏循行，不稱者
督之。』注：『如淳曰，「都吏今督郵是也，閑惠曉事，即爲文無害都吏；」師古
曰，「如說是也，」』即此。（居延簡213.43云『各遣都吏督□課蓄積少不（中缺）
十月丙申張掖司馬章』此都吏亦指督郵。）此二簡，前簡爲太守下書致烽燧官，並遣
督郵廉察者；後簡爲太守令部屬安揖，毋失職，太守當自行縣省察者。續漢百官志云
『太守……常以春行所主縣，勸民農桑，振救乏絕，秋冬遣無害吏訊諸囚，平其罪
法，論課殿最，歲盡遣吏上計。』則後簡當爲春所下，前簡當爲秋冬所下也。

　　太守及都尉之官署均稱府：

　　　　地節五年五月丙子朔，丁丑，肩水候所以私印行候事，敢言之。都尉府移太守
　　　　府所移敦煌太守府書曰：『故大司馬博圉圉………。』（居延簡10.23.）

按漢書趙廣漢傳云『界上亭長戲曰，「至府爲我多謝趙君。」』翟方進傳云：『給事
太守府爲小史。』後漢書劉平傳序，「毛義，少節，………府檄適至，以義守令。』注
東觀記曰『義爲安陽尉，府檄到當守令也。』仙人唐公房碑云：『是時府在西成，去
家七百餘里。』此皆指太守府爲府，據此則都尉亦得稱府矣。

　　太守都尉皆有丞，惟據續漢百官志云，『丞一人，郡當邊成者，丞爲長史。』故
今在簡牘僅見有長史，不見有太守丞。如：

　　　　毋得貰賣衣財物，太守不遣都吏循行嚴教受官，長史各封臧。（居延簡213.15.）
　　　　長史敢言之。（居延簡。）

所言長史，即太守長史也，至都尉之丞則如：

　　　　十一月壬子，玉門都尉陽，丞□爵敢言之。謹寫敢言之／掾安，守屬賀，書佐
　　　　通成。（敦煌簡，簿書十三。）

　　太守掾屬，簡牘中所見者尚少，然前引居延簡14.40一條，有掾有屬，大略與續

志相合。至都尉掾屬，見於簡牘者尚多。前引敦煌簿書十三卽爲都尉掾屬，以下所引亦皆都尉掾屬也。

> 二月庚午敦煌玉門都尉子光，丞萬年，謂大煎都候寫移，書到弖郡□，言到日，如律令。／卒史山，書佐逯已、（敦煌簡，簿書六。）

> 閏月丁巳張掖城尉誼以近次兼行都尉事，下候城尉，承書從事下當用者，如詔書。／守卒史義。（居延簡 10.21.）

邊郡之縣多爲令，應劭漢官儀所謂『三邊始孝武皇帝所開，縣戶數百，而或爲令，』是也。間亦有長，皆置掾屬。

> 九月乙亥，牒得令延年，丞置，敢言之肩水都尉府，移肩水候官，告尉謁軍西南北都（中缺）義等補肩水尉史，隧長，亭長，關史，各如牒。□自致胡候五歲光成□石肖成貲（中缺）書牒署從事如律令，敢言之。（居延簡 97.10.）

> 居延令晉□（居延簡 15.13.）

> 居延令印（面）金與書到案。（背）（居延簡 77.11）

> 敢言之。龍勒長林，丞禹，叩頭死罪敢言之。（敦煌簡，簿書十七。）

究上各則具見邊郡備有令丞。據錢大昭所錄，邊郡以令爲多，然亦固有長也。其掾屬亦大要與太守府相類。如：

> 地節三年十一月癸未朔庚子，牒得守丞臨平移肩水候□處里□□成□爲肩水／掾充，令史式，光。（居延簡 560.17.）

漢世稱縣令長及丞尉皆爲長吏，續志云：『縣萬戶以上爲令秩千石至六百石，減萬戶爲長秩五百石至三百石，皆有丞尉秩四百石至二百石，是爲長吏；百石以下有斗食佐史之職，是爲少吏。』故長吏者二百石至千石之謂，千石以上爲二千石，非長吏矣。蓋漢代郡制，太守與下屬有君臣之分。後漢書陽球傳云：『出爲高唐令，以嚴苛過理，郡守收舉，會赦見原。……遷平原相，出教曰：「相前蒞高唐，志歸姦鄙，遂爲貴郡所見枉舉；昔齊桓釋管仲射鉤之讎，高祖赦季布逃亡之罪，雖以不德，敢忘前義，況君臣分定，而可懷宿昔哉；今一闓往愆，期諸來效；若受教之後，而不改姦狀者，不得復有所容矣；」郡中咸畏服焉。』故二千石與全郡有君臣之分。又三國志公孫瓚傳云：『後復爲郡吏，劉太守坐事徵詣廷尉，瓚爲御車，身執徒養。及劉徙日

南，瓚具米肉，於北芒上祭先人；舉觴祝曰：「昔爲人子，今爲人臣，當詣日南，日南瘴氣，或恐不還，與先人辭於此；」再拜慷慨而起。』亦可與前條相印證。審是則二千石爲一郡之君，所屬咸當爲一郡之吏，長吏少吏之名，蓋以此也。惟長吏多指縣令長而言，漢書文紀元年云：『賜物及當稟鬻米者，長吏閱視，丞若尉致。』注師古曰：『長吏縣之令長也，若者豫及之詞，致者送至也，或丞或尉自致之也。』王先謙補注引續志令長丞尉皆爲長吏以非師古之說，然此節長吏與丞尉對言，明專指縣令長，是長吏雖可包括丞尉，究以令長爲主也。

縣有倉長倉丞，漢書張敞傳云：『察廉爲甘泉倉長，』即此。

居延倉長禹移肩（水）……士毋留，如律令。（居延簡 204.6.）

建平二年閏月辛亥朔，丙寅，祿福倉丞敞，移書肩水金關，居延塢長，壬戌□所乘馬，各如牒，書到言，如……（居延簡 15.18.）

又按漢書成紀注，北邊郡庫官兵器之所藏，故置令，據此則更當有庫令，尚未見於簡牘也。

太守都尉縣令長之掾屬，大略相同，有掾，有卒史，有屬，有令史，有書佐，有循行（見前引各則），按續漢書百官志云：『郡……皆置諸曹掾史，略如公府，曹無東西曹，』又云：『縣……各署諸曹掾史，本注曰，略如郡員，』是郡縣掾屬略同，據簡牘，則都尉掾屬亦略同，漢舊儀云：『丞相史秩四百石，少史三百石，屬二百石，屬史百石，令史則斗食。』郡縣掾屬與此名同，其秩則降於此，然由此可推其相次之序。大約太守之卒史同於丞相之史，其下則爲屬及令史，更下尚有書佐及循行也。

卒史之職，按漢書尹翁歸傳云：『爲市吏……太守……召上辭問，甚奇其對，』除補卒史，張敞傳云：『敞本以鄉有秩，補太守卒史，』據此則卒史在有秩以上，有秩據續志稱爲百石，則卒史亦必百石方可，儒林傳：『郡國置五經百石卒史，』倪寬傳云：『補廷尉文學卒史，』注臣瓚曰：『漢注卒史秩百石。』孔廟有百石卒史碑，惟黃霸傳云：『補左馮翊二百石卒史，』蓋三輔加秩也。

屬次於卒史，漢碑中諸曹史皆屬也，續漢志注引漢官曰：『河南尹員吏九百二十七人，十二人諸縣有秩，三十五人官屬掾史；五人四部督郵；吏部掾二十六人；案獄仁恕掾三人；監津渠漕水掾二十五人；百石卒史二百五十人；文學守助掾六十人，書

佐五十人；循行二百三十一人，』總和僅得六百餘人，當有脫漏，蓋漏去屬史人數也。茲排比之，或當如下：

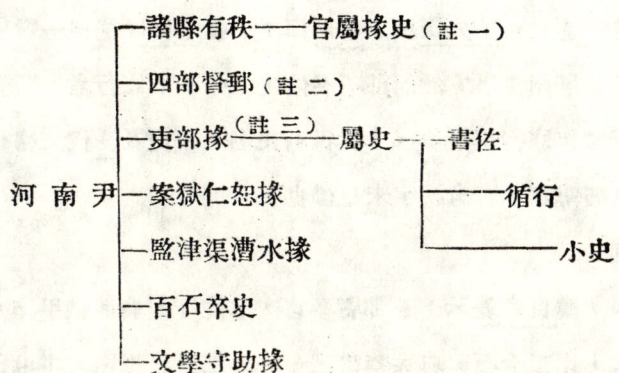

令史，史之小者，漢舊儀所謂『丞相令史斗食』是也，其候官行文，但以令史副署。

三月癸酉，大前都候嬰□下厭相守士吏方，承書從事下當用者，如詔書。／令史偃。（敦煌簡簿書四。）

□□丙寅，大前都候……士吏異，承書從事下當用者，如詔書。／令史尊。
（敦煌簡，簿書五。）

蓋候官之規模，仿縣而較小，故掾屬可但以令史主文書矣。

續漢志曰：『閣下及諸曹，各有書佐，幹，主文書，』漢書朱博傳云：『閣下書佐入，博口占檄文曰：「府告姑幕令丞，言賊發不得，有書，檄到令丞就職，游徼王卿力有餘，如律令。」』是書佐之職簽書文書也，王尊傳：『求為獄小吏，數歲，給事太守府，問詔書行事，尊無不對，太守奇之，除補書佐，署守屬盜獄，久之，尊稱病去職，……復召署守屬，治獄，為郡決曹史，』是小吏，書佐，屬，史，階次分明，而與簡牘可以印證也。

郡吏有曰循行者，居延簡 349.13 云

毋得貰賣衣財物，太守不遺都吏循行，（中缺）嚴教受卒官長吏各封臧。

（註一） 有秩亦有掾屬此蓋言每有秩一人，皆有掾史五人也，共三十五人也。

（註二） 漢舊儀言『督郵功曹郡之極位，』此未舉功曹，亦無主簿，蓋有脫漏。

（註三） 吏部掾猶言部吏掾。

又前引之居延簡 10.40 之循行，亦爲吏名。後漢書百官志注，晉書職官志與此簡皆作循行，惟北海相景君碑作修行。洪适隷續曰：『循修二字隷法只爭一畫，書碑者好奇，所以從省借用』，其言是也。王先謙續志集解曰：『案王充論衡曰一縣佐史之材任郡掾史，一郡修行之能，堪州從事，然而郡不召佐史，州不取修行者，巧智無害，文少德高也，證此則循行當作修行無疑矣。』案循行吏名，正史及漢代文書皆如此，王充所言，則自漢至今久經傳寫，容有誤字未足據也。

　　（2）烽燧官制

　　烽燧之官，屬於都尉，漢百官表云：『郡尉秦官，掌佐守，典武職甲卒。』後書曰：『每屬國置都尉一人，比二千石，典兵禁盜賊……邊郡置農都尉，主屯田殖穀，又置屬國都尉，主蠻夷降者。』其見於敦煌簡者，則爲玉門都尉中部都尉及宜禾都尉，見於居延簡者，則爲肩水都尉。

　　見前引敦煌簡簿書類六，十二，十三。

　　宜禾部燧第，廣漢第一，美稷第二，昆侖第三，魚澤第四，宜禾第五。

（敦煌簡燧燧七。）

王國維曰：『宜禾郡者，漢無此郡名，殆指宜禾都尉所轄全境。漢志，廣至縣下，宜禾都治昆侖障。案班氏作地理志，實據平帝元始時板籍，宜禾都尉之治昆侖障，蓋爲元始時事，其前當治宜禾，故稱宜禾都尉，猶中部都尉之稱步廣尉也，又其前則治魚澤，故孝武時有魚澤都尉之稱。據上簡則魚澤一變爲宜禾郡屬，又在昆侖宜禾二變之間，故魚澤都尉當即宜禾都尉之舊名』。

又簿書類四十二，王國維曰『步廣尉，即中部部尉。』

　　十一月甲申，張掖肩水都尉賢，司（中缺）候寫移書到如律令（居延簡 7.13.）

　　都尉之下有候官，續漢郡國志張掖屬國，遼東郡，玄菟郡，均有候官，而會稽郡復有東部候官，皆故候官城也，敦煌簡所有者則爲玉門都尉尉大前都候官，玉門候官，中部都尉之步廣候官，萬歲候官，及宜禾都尉所屬各候官。其見於居延簡者，則爲肩水都尉之肩水候官，今舉例如下：

　　二月庚午敦煌玉門都尉子光，丞萬年謂大前都候……（敦煌簡見前）

　　　大前都候官以次行（敦煌簡，燹隤五）

　　　玉門候造史周牛萌　□健□□□士吏。（敦煌簡，燹隤四。）

　　　萬歲東西部吞胡東部候長隊次走行。（敦煌簡，燹隤十）。

　　　敦德步廣尉曲平望塞有秩候長敦德亭間曰東武里五士王參秩庶士

　　　　　　　　　　　　　　　　　（敦煌簡，簿書四十二）

　　　肩水候官地節三年十月止，不盡四年九月，吏卒重食名。（居延簡13.1.）

　　　肩水候官次行（居延簡32.23）

候官有丞敦煌及居延簡均見之。

　　　輿訊□士況玉門關候滿，丞輿，君所□不宜□□藉□官，

　　　　　　　　　　　　　　　（敦煌簡，簡燹隤三。）

　　　□月乙卯，肩水候丞更得敢言之都尉府丞，連移卒（中缺）一編，敢言之。

　　　　　　　　　　　　　　　　　（居延簡306.2）

　　候官城有縣尉同治，又候官自有尉，即障塞尉也，漢書匈奴傳注師古曰：『漢律
近塞郡皆置尉，百里一人，士史（案當為吏字之誤。）尉史各二人，巡行徼塞也。』
後漢書陳禪傳以左馮翊左轉玄菟候城尉，復遷遼東太守，當即此。其見於簡牘者如：

　　　肩水守縣尉賞，移肩水金關居延縣（下缺）／嗇夫黨，佐忠。（居延簡140.5.）
此即縣尉也。又如：

　　　閏月丁巳，張掖肩水城尉誼，以近次兼行都尉事，下候城尉，承書從事下當用
　　　者如詔書。／守卒史義（居延簡10.29.）

　　　建武十九年玉門鄣尉戊告候長晏到任。（敦煌簡，簿書四十三。）

　　　氐池塞尉敦煌南□里（下缺）（居延簡119.53.）

候官有令史，有士吏（士吏見前引匈奴傳注。）候官缺，士吏可以行候事。

　　　閏月庚申，肩水士吏橫以私印行候事，下尉，候長，承書從事下當用者，如詔
　　　書。／令史得。（居延簡10.31.）

候官可以都尉司馬為之，按後漢書百官志云：『大將軍營五部校尉一人，比二千石；
軍司馬一人，比千石；部下有曲，曲有軍候一人，比六百石；曲下有屯，屯長一
人，比二百石。』（將軍以下之位次又參見王華傳下。）都尉亦比二千石，與校尉之

職略同，都尉以下爲候官，候長，燧長（見下），亦與校尉以下同列三級，則候官固宜比司馬之職矣。居延簡 14.3 爲：

　　　　印曰張掖肩水司馬印

　　肩水候

　　　　三月丁丑驛北卒樂成以來

當卽司馬兼攝候官也，其他簡牘言及司馬者，如：

　　　　各遣都吏督□課，蓄積少不（中缺）十月丙申張掖肩水司馬章。

　　　　　　　　　　　　　　　　　　　　（居延簡 213.43.）

　　　　張掖屬國司馬趙□功一勞三歲十月廿六日，漁陽守□司馬宋□到□。

　　　　　　　　　　　　　　　　　　　　（居延簡 138.7.）

　　　　本始六年五月辛亥，居延城司馬以近次行都尉（中缺）當舍傳舍，從者如律令。（居延簡 140.2.）

皆當爲候官之類，續漢志張掖屬國都尉所屬各城中有候官，千人官，千人司馬官。並爲城居，可證秩次略同。又百官公卿表，中尉有兩丞，候，司馬，千人，西域都護丞一人，司馬，候，千人各二人；戊巳校尉有丞，司馬各一人，候五人，秩比六百石。司馬，候，千人之次在有先後，亦可見職位略同。後漢書董恭傳，以御史爲雲中候，徵霸陵令，令千石官，卽雲中候亦當爲六百石或比六百石，與戊巳校尉之候略同也。

　　候官以下有候長，分爲東西南北各部，或以次第別之。

　　見前引敦煌簡燧類十

　　北部候長高聲頓首死罪敢言之。（敦煌簡簿書十六。）

　　北邊絜令第四候長候史日造及將軍吏（居延簡 10.28.）

　　肩水左後候長樊襃詣府對功曹，二月戊午平旦入。（居延簡 15.25 ）

　　元康四年十月乙卯朔，肩水左前候長信都敢言之，謹移亭燧□□□傳一編敢言之。（居延簡 329.1.）

　　元康元年十二月辛丑朔，壬寅，東部候長長生敢言之，候官移太守府所移河南都尉書曰：詔所名捕，及鑄僞錢賊財已未得，牛亡賣高處等廿四牒書所便。

　　　　　　　　　　　　　　　　　　　　（居延簡 20.12.）

候長以下有隧長，例如：

　　高望隧長買蒼令守候長，（敦煌簡變隧三十二。）

　　元康二年六月戊戌朔戊戌，肩水候長長生以私印行候事，寫移昭武隧如律令。

　　　　　　　　　　　　　　　　　　　　　　　　　　　（居延簡 20.11）

　　肩水候官訊胡隧長公大夫索路人中勞三歲一月，能書會計治民頗知律令，文，

　　卅七歲，長七尺五寸，氐池宜藥里，家去官六百五十里。（居延簡 179.4.）

候官有令史，候史，候長亦有候史。

　　乙未肩水候官守令史申敢言之（中缺）一編敢言之。（居延簡 183.14.）

　　肩水候官候史大夫尹□勞二月二十五日，能書會計治官民，頗治律令，文，年

　　廿三歲，長七尺三寸滕得成漢里。（居延簡 306.19.）

　　元康四年六月丁巳朔，庚申，左前候長禹敢言之，謹移戍卒買賣衣財物長書名

　　籍一編敢言之。卽曰蘭禹。六月壬戌金關卒延壽以來，候史充國。

　　　　　　　　　　　　　　　　　　　　　　　　　　　（居延簡 10.34.）

關有嗇夫，有佐，庫亦有嗇夫，復有軍嗇夫，嗇夫有小官印，當卽法言所謂半通之銅

也。

　　元年十一月壬辰朔，甲午，肩水關嗇夫光以小官印兼行候事敢言之，出入簿一

　　編，敢言之。／佐信。（居延簡 199.1）

　　漢代郵驛之制，縣設傳舍，漢書灌夫傳：『乃戲騎縛夫置傳舍』。薛宣傳：『始

惠為彭城令，宣從臨淮遷至陳留，過其縣，橋梁郵亭不修。』注師古曰『郵行書之

舍，亦如今之驛及行道館也。』（又後漢書光武紀亦宿傳舍）。故傳舍亦謂之郵或

驛。其在縣城者，則傳舍設於都亭，嚴延年傳：『毋從東海來，到雒陽適見報囚，便

止都亭不肯入』；司馬相如傳：『於是相如舍都亭』；皆是。今案簡牘所記，則傳舍

有嗇夫，如：

　　居延傳舍嗇夫始至里公乘（下缺）（居延簡 77.16.）

復有驛小史。如：

　　　　　乙亥出麥一石又驛小史一石十六

　　　　　丙子出麥八斗麳十九

丁丑出麥二斗荽廿

戊寅出麥石二斗荽十五

己卯出麥九斗荽廿

庚辰出麥石二斗荽廿一

辛巳出麥石二斗又一斗小史

四月十三日乙亥　壬午出麥石二斗荽廿五

癸未出麥石二斗荽廿

甲申出麥石斗荽廿二

乙酉出麥石二斗荽二

丙戌出麥石二斗廿六

丁亥出麥九斗廿五小史麥三石

戊子出麥石二斗廿四

己丑出麥石二斗廿八　　　　凡十五日

四月六日驛小史純尉史仲山取麥一石前後二石又石凡三石（居延簡56.1）

此簡蓋卽傳舍所記，其麥爲人所食，而荽則爲馬所食，驛小史卽嗇夫之吏，而尉史蓋卽都尉之吏也。

甘露二年正月辛卯朔，丙午，肩水庫嗇夫（中缺）載輸移落亭名樂里姓牛車各

（下缺）（居延簡37.51.）

二月丙戌，肩水軍嗇夫廣宗以來。（居延簡281.4）

以上所舉。凡兼行之職仍用本職印信，而不用兼職印信。其無官印者，則與私印行事，蓋漢世官易人則易印，而兼職代行者皆無之，是則與後世之制異矣。

(二)燧隧

說文解字阜部曰『隧塞上亭守燧火者也。』又火部曰『燧隧候表也，邊有警則舉火。』故隧指亭燧之建築，而燧指其所舉之候表，今按前所舉之官制，候長以下曰隧長，而不曰燧長，卽以隧本亭之異名，隧長卽塞上之亭長也。若言燧長則等於言候表之長，卽爲不詞矣。

言隧實可以及燧，統言之則爲燧隧。然舉燧實爲隧上之事，故有事言燧與積薪而

不必言㷙，具見如下：

> 望見虜一人以上入塞，㷙一炷薪，舉二烽，夜二苣火。見十人以上在塞北，㷙舉如一人，須揚。望見虜一百人以上，若攻亭障，㷙一炷薪，舉二烽，夜二苣火。不滿二十人以上，㷙舉如一百人同品，虜由亭障，㷙舉畫舉亭上烽，夜舉離火火，次亭逐合，㷙舉如品。（漢晉西陲木簡頁五十六。）

> 虜守亭障不得㷙薪舉。（漢晉西陲木簡頁五十二。）

> 虜守亭障，不得㷙薪，晝舉亭上烽一煙，夜舉離合苣火，次第㷙積薪，如品約。（居延簡 4.11.）

> 午日下哺時，見居延蓬二通，夜食時，堠上苣火一通，居延苣火。

> > （居延簡 332.13.）

> 堠上旁烽一通，同時付坹山，丙辰日入時。（居延簡 349.11.）

> 臨莫隧長留入戊申日西時，史□虜隧上表再通，堨上苣火三通。

> > （居延簡 126.40.）

是隧所舉者，可有三事：一為烽，二為積薪，三為苣火。歷來言烽隧者，惟墨子號令云：『候無過十里，居高便所樹表，表三人守之，北至城者三表，與城上烽燧相望，晝則舉烽，夜則舉火。』言舉火不言燧，是猶為古書，未如後世解說，混隧與所舉之火為一物，又如史記司馬相如列傳云：

> 聞烽舉燧燔。集解引漢書音義曰：『烽如覆米藆，懸着桔橰頭，有寇則舉之。燧積薪，有寇則㷙然之。』

漢書賈誼傳云：

> 候望烽燧不得臥。注文穎曰：『邊方備胡寇，作高土櫓，櫓上作桔皋頭，懸兜零，以薪草置其中，常低之，有寇則火然舉之以相告曰烽。又多積薪，寇至則然之以望其烟曰燧。』

雖解釋烽之制度猶可根據，然謂積薪為燧則二說皆誤。蓋燧上固積薪，然燧上之事不僅積薪而已，諸簡皆不稱積薪曰燧，凡言燧者皆指亭隧而言，二說於此未加分辨，猶為未達一間。又文穎謂積薪望其烟為燧，尤誤，前所舉居延簡 14.11 明謂晝舉亭上烽一煙，是煙為烽所出，與積薪無與。隧，積薪，與煙本三事，不能混為一談也。

又漢書賈誼傳注引張晏曰『晝舉烽，夜燔燧，』師古曰『張說誤也，晝則燔燧，夜則舉烽。』按燧不僅指積薪而言，張說已未允當，然所稱烽用於晝而薪用於夜猶未爲大失，顏師古則以不誤爲誤。以前所論者，如前引墨子號令，張揖（文選喻巴蜀檄，李善注引，）司馬貞（史記周本紀索隱，）張守節（史記司馬相如列傳正義，）皆與張晏說相同，惟廣韻同於顏說。大約廣韻襲自切韻，而顏說亦從切韻而來，其說至早不過能推至切韻，已不甚早。今以漢簡證之，則燧用於晝，苣火用於夜，而積薪則晝夜兼用，確定不可移易，而顏說爲失矣。

前引居延簡 126.40 『燧上表再通，』表指燧而言，說文云『燧候表也，』故燧亦曰表，又敦煌簡言表者亦頗多，例如：

　　縣承塞亭各謹候北塞燧即舉表皆和，畢南端亭以札署表到日時。

　　　　　　　　　　　　　　　　　　　　　　（敦煌簡燧隧三十五。）

　　扁書亭隧顯處令盡諷誦知之，精候望，即有燧火，亭隧回度舉毋必……

　　　　　　　　　　　　　　　　　　　　　　（敦煌簡燧隧三十七。）

　　七月乙丑日，日出二干時，表一通至，其夜食時苣火一通從東方來，杜充見。

　　　　　　　　　　　　　　　　　　　　　　（敦煌簡燧隧三十八。）

據此則燧表本是一物，二名互稱者，（墨子號令之垂，孫氏間詁云應作表，雜守篇之烽亦此物，王氏墜簡，考釋引之，）據前引司馬相如傳及賈誼傳注，則燧爲以桔橰舉兜零，燔烟而告遠者。王國維氏以爲有不然之烽，然兜零大不過數尺，若不燔草成烟，二三里外便難望見。漢代亭隧大率相去十里，懸數尺見方之兜零，決無可互相望見之理。若依王氏所說烽可相去三十里，則不惟不然火之兜零不可望見，即然兜零中烟亦不可望見矣。以近事例之，昆明城北之玄武祠金殿距城二十里，當晴季天日清和，附近山頭，遙望昆明五華山水塔，隱約可見，而圓通山五華山之樓閣皆不能驟辨。水塔方圓數丈，猶僅能見其隱約，若數尺之兜零，決無可見之理，昆明拔海五千餘尺，空氣高爽，當晴和之日，原無氛霧之虞，倘猶如此，則此事決不能通于塞外審矣。王氏亦知其如此，於是謂『晝中之烟，比夜中火光不能及遠，……夜中火光自可及數十里……故置燧之數，宜密置烽，此自然之理也。』然烽與燧分置，事實上靡費而反增不便，於情理不合，且木簡不惟無分置之證據，而前引居延簡 14.11（西陲木簡夏五十

六略同，）『畫舉亭上燧，夜舉離合苣火，』尤爲畫夜所舉皆在一地之確據，王氏流沙墜簡所攷多極精確，惟後出資料有爲王氏所未見者，故其攷釋終不免間有出於附會而距事實眞情爲遠也。（庾闌揚都賦注以下各條皆非漢世北邊之制，未足爲據。）

王氏所據以論燧驛異地者爲敦煌簡燧驛類第七簡：

宜禾部燧第：廣漢第一，美稷第二，昆侖第三，魚澤第四，宜禾第五。王氏因與驛之名目次第多寡不同，遂斷爲燧當與驛另設，今細釋此簡之意，昆侖（漢志廣至縣宜禾都尉治昆侖障，）魚澤（後漢書孫寶傳，寶從京兆尹左遷魚澤障候。）皆爲障，障有障候，王氏曾攷定卽候官，則此簡次第當爲候官次第。若其次第均爲候官，則所言燧者，乃泛指燧驛之事，非謂宜禾部僅有五燧也（此簡出敦六乙，還在宜禾以西，此特言傳燧之次第，亦卽傳苣火積薪之次第，言候官卽已兼包亭驛，非宜禾本部所記，原不必詳舉亭驛之名也。）

敦煌簡戍役類第二十九簡云：

二人削除亭東面，廣丈四尺高五丈二尺。

亭卽驛，簡中多亭驛並稱，如：

亭驛大遠，畫不見烟，夜不見火，土吏候長候史耿朔告具燔薪以□□候史

（下缺）（敦煌簡燧驛三十九。）

王氏謂燧臺（驛）高至五丈有餘（太白陰經，通典。）燧干之高亦至三丈（沙氏書第六百九十四簡釋文，原簡未印。）以證前第二十九簡，其說良是，惟此弟三十九簡，則畫之燧烟，夜之苣火，有時不可望見，而不得不燔薪者（前引簡云廡守亭障，不得燔積薪，此蓋指有廡處也，）則亭驛雖高亦不能及太遠也。

亭驛或曰塢，後漢書馬援傳注，『塢，小城也，』與亭驛之意亦同，蓋城驛均有壁可保也。

橄塢上旁燧一通。（居延簡379.27.）

火一通人定時出塢上苣火。（居延簡536.3.）

畜達詣近所，亭驛障壁收葆止行。（居延簡537.2.）

燧有戍卒三人，司候望事。（與墨子號令『表三人守之』之制相同。）

戍卒三人，以候望爲職，戍卒濟陰郡定陶羊亐里魏賢之死，夜直惟誰？夜半時

　　　　　紀不？誰得使戍卒除？（居延簡 183.7.）

爕有守狗：

　　　　　左後部小畜狗一日傳詣官急。（居延簡 74.6）

　　　　　出小狗一石（居延簡 75.19）

若有虜入塞舉爕火之法，見前引西陲木簡及居延簡，若遠望有火光而未入塞者，亦當

具告。

　　　　　□火四所，大如積薪。去塞百餘里。臣熹愚。（下缺。）（居延簡 564.28.）

凡爕爕之火，皆存火種，每節令例更新火。

　　　　　御史大夫吉昧死言丞相相上太常昌書言太史丞定言：『元康五年五月二日壬子

　　　　　日夏至，宜礿兵，大官邢井，更水火，進鳴雞，謁以聞，布當布者。』臣謹案

　　　　　比原宗御者，水衡抒大官御井，中二千石二千石官在長安雲陽者，其民皆受，

　　　　　以日至交火，庚戌礿兵不聽事，盡甲寅五日，臣請布，臣昧死以聞。

　　　　　　　　　　　　　　　　　　　　　　　　　　　　（居延簡 10.27,5.10）

此則漢世爕理陰陽故習，無關烽燧之事矣。

　　　　塞上設關，以關嗇夫掌之，嗇夫有佐（見前）。肩水之關名肩水金關，關之出入

者用符券，其文如下。前簡爲存根，次當爲符籍也。

　　　　　始元十年閏月甲辰，居延典金關爲出入六寸符券齒百，從第一至千尤居官，右

　　　　　移金關，符合以從事。／第八。（居延簡 65.8.）

　　　　書佐忠時年廿六，長七尺三寸，黑色，出一車乘，第三百九十八。

　　　　　　　　　　　　　　　　　　　　　　　　　　　　（居延簡 280.3.）

　　　　（上缺）年九月丁巳朔，庚申，陽翟□獄守丞就，兼行丞事，移函里男子李立

　　　　第臨，自言之居延，過所縣邑侯國，勿苛留，如律令。

侯句友。

　　　　陽翟獄丞：（居延簡 140.1）

其關名金關，則於居延簡 288.2,32.5,74.5 等簡見之，又居延簡 31.1 中有『金關爕

長威』一語，則設關之處，爕亦以關名，如敦煌有玉門關，亦有玉門爕矣。

　　　　關之設置，蓋限制出入者，漢書匈奴傳云：『中國四方皆有關梁障塞，非獨以備

塞外也，亦以防中國姦邪，放縱出爲寇害。』此雖以答單于請罷關梁，實亦設關之本旨。故關塞悉記出入者，如：

　　河陽里張爰年閱渡肩水要虜隧塞天田入今（下缺）（居延簡 10.22.）

　　鄭大□□□長七尺黑色，十一月辛亥出入，（居延簡 37.3.）

　　二月丁巳平旦入（居延簡 51.13.）

皆關吏所記也。

　　戍邊之卒有戍卒騎士，王國維流沙墜簡攷釋曰：

本書器物類第八，九，及三十，三十一四簡所記戍卒四人皆河東汾陰人，又沙氏釋文中所記者，則二爲上黨屯留人，一爲河南雒陽人，一爲潁川陽翟人，一爲廣漢人，其記年齒卒三十有餘，與上第一簡同。案漢制天下人皆直戍邊三日，謂之繇戍，如淳曰（漢書昭帝紀注引，）『天下之人皆直戍邊三日，亦謂之更，律所謂繇戍也，雖丞相子亦在戍邊之調；不可人人自行三日戍，又行者當自戍三日不可往便還，因便往一歲，諸不行者出錢三百入官，以給戍者，是爲過更也。』如是戍邊之期雖僅三日，然行者常一歲而更；故史記將相名臣表記高后五年令戍卒歲更，漢書鼂錯傳云：『今遠方之卒守塞一歲而更，』皆言其實也。漢時人人直戍邊，故敦煌戍卒有河東，上黨，河南，潁川，廣漢，各郡人，又漢制民二十始傳爲更卒（給事郡縣），歲一月，二十三爲正卒，一歲爲衞士，一歲爲材官騎士，水處爲樓船士，過此不服兵役，惟戍邊歲三日，至五十六乃免，故戍卒年齒往往至三四十，非如材官騎士之悉爲壯卒也。——然障塞所役亦不限戍邊之卒，下第十六至二十簡又有騎士，上簡有良家子，有適卒是也。良家子見漢書東方朔，趙充國，甘延壽諸傳。漢舊儀，羽林從官百人取三輔良家子，自給鞍馬。續漢志，羽林郎無常員，常選漢陽，隴西，安定，北地，上郡，西河，凡六郡良家子補。……則兩漢羽林兵皆補良家子，然良家子漢人成語，不必三輔六郡始有之，亦未足爲羽林兵戍邊之證。如第六簡所記非戍邊正卒，及敦煌郡兵又略可推測也。適卒者適戍之卒，蓋始於秦，漢書嚴助傳，淮南王諫伐閩越書云，秦之時嘗使屠睢擊越，秦兵大破，乃發適戍以備之，史記陳涉世家，二世元年發閭左，適戍漁陽九百人。……則秦時戍

卒，大牛以讁發也。……武帝時，兵革數動，徵發之士益鮮。……**太初元年發**
天下讁民，西征**大宛**，**天漢元年發**讁戍屯五原，四年發天下七科讁及**勇敢士伐**
匈奴，……第七簡之讁卒蓋即此種讁戍之卒。此簡書法在武帝之後……蓋**宣元**
以後亦偶行此制矣。

今案其言是也，然尙有未盡者，蓋簡牘中戍卒乃指內郡所戍，而騎士率爲邊郡之卒。
漢舊儀云：『邊郡太守各將萬騎行障塞烽火追虜』，此所謂騎者，即指騎士而言，**漢書**
賈誼傳所稱：『今西邊北邊之郡雖有長爵不輕得復，五尺以上不輕得息，斥候望烽燧
不得臥，將吏被介胄而睡。』後漢書陸康傳云：『舊制令戶一人具弓弩以備不虞，不
得行來。』亦即內郡戍邊之卒以外，邊郡吏民亦自爲守者，今案居延簡中多言騎士，
率爲邊郡之人也。例如：

昭武騎士市陽里儲壽。（居延簡 560.27.）

觻得騎士安定里楊山。（居延簡 560.12.）

（昭武）騎士市陽里莫常。（居延簡 560.3）

破羌騎士並廷里蘇憲十四。（居延簡 564.14.）

觻得騎士定安里楊霸卒馬一匹。（居延簡 560.8.）

觻得騎士常利里乙昌（居延簡 560.28.）

氐池騎士大昌里孫地（居延簡 560.26）

以上所舉騎士籍里皆在張掖，惟另一坑所出（564.14），**破羌在金城**，然亦邊郡非內郡
也。又凡爲正卒者雖定爲一歲，實則漢書列傳所記多未嘗爲正卒（戍邊因有過更之制
故未往者尤多）；而申屠嘉，公孫賀，甘延壽之屬，皆以正卒起家，事實上又決不止
一歲，謂無變例，恐亦非是。

戍卒以外有田卒，驛卒，渠卒，觀其年歲爲二十餘，蓋亦正卒爲之，例如：

田卒淮陽新平盛昌里上造孫道年廿三。（居簡延 11.2.）

田卒魏郡武安（下略）（居延簡 119.1.）

河東渠卒河東皮氏毋憂里公乘杜建年廿五。（居延簡 140.15.）

驛卒河東絳邑亭長枚敢年（下缺）（居延簡 121 16）

惟其籍里皆爲內地，蓋邊地尙騎，故以內郡之正卒司田驛諸事也。

(三)吏事

(1)察吏與計資

太守都尉歲科第屬吏而殿最，其勞資亦當為科第之科弟之殿最所據，勞資之簿皆
見於敦煌簡，如：

> 敦德步廣尉曲平望塞有秩候長敦德亭間田五士王恭秩庶士。新始建國上戊元年
> 十月乙未，迹盡二年九月晦，積三百六十日，除月小五日，定三百五十五。以
> 令二日當三日，增勞七十七日半日，為五月二十七日半日。

> （敦煌簡澤書四十二。）

以『二日當三日』之制，見於居延簡所載漢令，新世仍漢制不改，故仍云令也。

> 北邊挈令第四：候長候史及將軍吏，勞二日皆當三日。（居延簡 10.28.）

卽此令原文，其餘如：

> 十月己卯日罷軍病已不迹八日丙戌。（敦煌簡雜事十九。）

> 聊□以十一月壬申日不迹，入十一月十二日壬申日因何候。

> （敦煌簡雜事二十。）

則病中仍除勞積。

凡吏自書資歷，皆言因勞積如：

> 肩水候官執胡燧長公大夫索路人，中勞三歲一·日，能書會計治官民，頗知律
> 令，文，年卅七歲，長七尺五寸，氐池宜藥里，家去官六百五十里。

> （居延簡 17.94）

> 肩水候官並山燧長公乘司馬成，中勞二歲八月十四日，能書會計治官民，頗知
> 律令，武，年卅二歲，長七尺五寸，觻得成漢里，家去官六百里

> （居延簡 13.7.）

官之遷轉以功次，勞積有簿錄，居本官者復論其前功，以便稽考。如：

> 以功次遷除肩水候□（居延簡 62.56.）

> 元康四年功勞（居延簡 20.60.）

> 十一月五日長信少府丞王涉勞一歲九月十日（居延簡 41.22.）

> （按長信少府丞與邊事無涉，此蓋記其前功也。）

九月□都相，長史節前功一勞三歲六日。（居延簡53.7.）

（長史卽張掖郡長史，□都相卽前官也。）

六月廿一日西河北部都尉丞永勞二歲五月三日（居延簡41.10.）

卽有勳，勳狀之辨亦言功次。

勳狀辨曰：公乘日勒益壽年卅歲，姓孫氏，迺元康三年七月戊午以功次遷爲

（下缺。）（居延簡20.6.）

故漢代察吏首重功次，北魏停年格其制蓋早昉於此矣。

功曹主府中之功罪，（見尹翁歸，韓延壽，襲遂傳。）督郵察屬縣諸事（見尹翁歸傳。）屬縣皆太守之吏，故曰都吏也。

宣伏地再拜，請幼孫，少婦足下：甚苦，塞上暑時，願幼孫，少婦足衣強食，復塞上，宣幸得幼孫力過行還，毋它急，幼都以閏月十日與長史書，俱之居延，言史入，毋它急，發卒。不審得見幼孫不也？不足備來記。宣以十一月對，候官未決，謹因使奉書。伏地再拜。

幼孫少婦足下：幼季書願亭掾，掾幸爲到臨渠，襞長對幼孫治所，所書卽日起。候官行候，使者幸未到，願豫自辨，毋爲諸部殿。（居延簡10.16.）

此蓋告友人爲候長者，言候官行候，使豫爲備也。使者見朱博傳本指刺史而言，然刺史不察黃綬，黃綬以下司察之使者，當指督郵矣。其績優者，則加以遷次，如：

史宜其官，換爲橐他右南亭長。（居延簡118.5.）

卽邊塞微官，亦有遷轉之證。

漢代爲吏，必算其家貲，張釋之傳，『以貲爲騎郎，』注蘇林曰：『漢注，貲五百萬，得爲常待郎，』『司馬相如亦以貲爲郎，其不及五百萬者，不得爲貲郎，非不算貲也。如：

候長觻得廣昌里公乘禮忠年卅：

小奴二人直三萬，	大婢一人二萬，
軺車二乘直萬，	用馬五匹直二萬，
牛車二兩直四千，	服牛二六千，
宅一區萬，	田五頃三萬，
凡貲直十五萬。	（居延簡37.35.）

貲直十五萬，卽十五金，漢書文紀百金中人十家之產也，則中人戶十金與此爲近矣。

　　算貲與戶籍不同，算貲計其貲產，戶籍則記其丁口，居延簡中出入關籍有記其家人丁口者，漢代戶籍當與此從同，例如：

永光四年正月己酉，　　　妻大女昭武張氏年三十二，

地吞胡隧長張彭祖符，　　子大男輔年十九歲，

　　　　　　　　　　　　子小廣宗年十二歲，

　　　　　　　　　　　　子小女鳳年八歲，

　　　　　　　　　　　　輔妻南氏年十五歲，　皆黑色。

　　　　　　　　　（居延簡 29.2.）

永光四年正月己酉

□地延壽隧長孫時符。　　妻大女昭武□□里孫第臊年廿一，

　　　　　　　　　　　　子小女王女年三歲，

　　　　　　　　　　　　妹小女瓦年九歲。　　（居延簡 29.1,）

　　(2)刑法與爭訟

　　漢世以逐捕盜賊爲重，後漢書馬武傳光武言勿爲盜賊自致亭長，故盜賊爲亭長事，前引居延簡 20.12 亦以詔所名捕及鑄僞錢盜財已未得者爲言。又居延簡179.9云：

還界中書到遣都吏與縣令以下逐捕搜索郡界中，驗亡人所隱匿處以必得爲次。

詔所名捕盡事事當奏聞，毋留，如詔書律令。

此當爲詔書下太守者，太守更下詔書於障候，其所重乃在名捕亡人也。故匿亡人及不得者皆有罰，如：

不捕得，尤無狀，札到行罰。（居延簡 336.38.）

□審捕馳亡人所依倚處，必得。得，願知書，毋有令吏民相攀證任。發書以書答。謹□典候史廉辟北亭長歐等八人，戍卒孟陽十人處，索□□□□二人所□匿處，發書相□。（居延簡 255.27.）

故漢禁亡人至急，蓋大而叛逆，小而盜賊，率皆由亡人以起，如吳王濞招致亡命，周丘以下邳亡命，酤酒無行，爲之謀主，卒起大變。燕剌王旦亦曾臧匿亡命，以謀叛逆，其在邊塞，如匈奴傳所稱：『衛律爲單于謀，穿井築城治樓藏穀，與秦人守

之。』又侯應對匈奴事狀亦謂：『往者從軍，多沒不還者，子孫貧困，一旦亡出從其親戚；又邊人奴婢愁苦，欲亡者多，日聞匈奴中樂，秦候望急何，然時有亡出塞者。』至於三國，魏志牽招傳猶稱：『流亡山澤，叛入鮮卑，為中國患。』故禁亡人即所以整邊防，其事不為不大。中國刑法自李悝之網捕，及後世之捕亡，皆設專篇，即以此也。

　　漢世責臧吏至重，臧與盜同科。景後二年詔曰：『今歲或不登，民食頗寡，其咎安在？或詐偽為吏，吏以貨賂為市，漁奪百姓，侵牟萬民；縣丞長吏也，奸法為盜，甚無謂也。其令二千石各修其職；不事官職耗亂者，丞相請以其罪。』足見禁察姦吏，已始漢初。故兩漢已來，張蒼戴涉所舉人為姦利，雖為三公，亦或廢或死。凡臧吏有三世禁錮之制，見後漢書陳寵傳。惟丙吉及袁安以寬著稱，乃予臧吏長休，而不案驗。居延簡 14.19 為。

　　臧翁卿錢六百□卿入□。事以印為信。

入字下當為身字。蓋即案吏臧罪之事也。其告劾亦有名籍，如：

　　元康元年盡二年，告劾副名籍。（居延簡 255.21.）

卻副名籍之檢署，此為其副，正本蓋已上太守矣。

　　讞獄之事，簡牘中頗有爰書，如：

　　戍卒東郡□□函何陽　　坐關以劍擊傷同郡縣弋里斬龜，右眼一所，地節三年八月辛卯□繫，（居延簡 118.18.）

　　□□東郡畔弋里斬龜　　孟夏四月不害日，行貲到屋蘭界中，與戍卒函何陽口異言關，以劍擊傷右手指二所，地節三年八月己酉日繫。（居延簡 13.6.）

行貲蓋即商人，此為鬭毆之事。

　　其言盜賊之事者則如：

　　唐俱之子唐遼，安定郡界中，共賊殺□子又三人，以姝君為妻。事發。

　　　　　　　　　　　　　　　　（敦煌簡，簿書四十九。）

　　殺同郡略陽完城旦（下缺）。（敦煌簡簿書五十二。）

　　當時賊燔隨城，臧滿二百，不知何人發覺，種□。（敦煌簡，簿書五十三。）

　　所毆人死裏儀，亡入塞，裏（下缺），（敦煌簡簿書五十五。）

又如：

　　棄事樂見決事，與霸，德，安漢，不所坐不同，即上書對具。

（敦煌簡簿書五十。）

　　太守言詔用名，捕不知何人賊殺（中缺）所當已得罪名明白，安漢（下缺）。

（敦煌簡簿書五十四。）

此兩簡似言一事，亦爲盜賊或鬭毆之事。

至若：

　　（上缺）□□□□。戊戌令積滿八人，完爲城旦，（敦煌簡簿書五十一）

　　言律曰畜產相賊殺，參分償和，令仲出錢三千，及死馬骨肉，付循清平。

（敦煌簡簿書五十六。）

則其決事矣。唐律廄庫律曰：『諸犬自殺傷他人畜產者，犬主償其減價；餘畜自相殺傷者，償減價之半；即故放令殺傷他人畜產者，以故殺傷論。』疏議曰：『……餘畜除犬之外，皆是自相殺傷者，謂牛相觝殺，馬相踏死之類，假有甲家牛觝殺乙家馬，馬本直絹十疋，爲觝殺估皮肉直絹兩疋，即是減八疋絹，甲絹乙絹四疋，是名償減價之半，……。』當即從此律出，惟漢律不計死畜骨肉償三分之一，唐律則計入死畜骨肉償二分之一，計算之法，稍有差異耳。

　　以上爲訟獄之事，王國維謂塞上軍吏，亦兼治民，其說是也。東漢此事尤顯，屬國都尉所屬候官有專城，見郡國志。蓋亦承西漢舊制，非由新創矣。（敦煌簡簿書五十七，五十八兩簡，字體爲晉代者，故未列入。）

　　簡牘常見弛刑或適卒，皆以罪人從軍也。例如：

　　□以主□□復作爲職，居延發徒髡鉗城旦，大男斯毆署作府中寺舍。

（居延簡 560.2.）

　　元康四年二月己未朔，乙亥，使護鄯善以西校尉吉，副衛司馬富昌，丞慶，都尉寫重都（中缺）迺元康二年五月癸未，以都護檄書遣尉丞赦將弛刑士五十八送□□將車□發。（居延簡 118.17.）

漢制常以罪人爲甲卒，如武帝元鼎五年夏四月南越王相呂嘉反，遣路博德楊僕歸義侯嚴及甲卒皆將罪人江淮以南樓船士討之，太初元年發天下讁民西征大宛。天漢四年發

—179—

天下七科謫及勇敢士出朔方，元始六年募郡國徒築遼東玄菟城。此皆其例，王莽用罪人亦見本傳。東漢罷天下車騎材官之都試，故罪人從軍之事尤多。此簡大體皆爲宣帝時物，雖史籍用刑徒於邊戍之事未詳言，然從此簡可知自武帝至東漢迄未間斷也。

　　　　　　　　　　　　　　　　　　　　　　二十七年三月，昆明。

出自第八本第二分（一九三九年）

漢代兵制及漢簡中的兵制

勞　榦

〔壹〕論正卒——（甲）籍貫上正卒戍卒的區別——（乙）兵制上正卒戍卒的區別——（丙）正卒的種類——（丁）正卒的軍費——（戊）正卒的調發和率領——（己）正卒的編制　〔貳〕論戍卒——（甲）戍卒與衞士——（乙）衞士的番上和數目——（丙）漢簡上的戍卒　〔叁〕論繇役——（甲）繇役與賦稅——（乙）『更』有三品的問題——（丙）『平買』的解說——（丁）繇役和兵役的復除　〔肆〕論後漢的民兵　〔伍〕論募兵和刑徒的應用

〔壹〕論正卒

（甲）籍貫上正卒戍卒的區別

在漢簡上所記的兵卒，大致可分作兩種，一種爲騎士，另一種爲戍卒。

以下各條是關於騎士的例子；他們的籍貫都是邊郡人。

己酉：騎士十人，其一人候，其一人爲養，八人作墼，人作百五十墼，凡墼千二百。（敦煌簡戍役十七）

丁巳：騎士十人，九人作墼，一人養，人作百五十，凡墼千百五十。（敦煌簡戍役十八）

昭武騎士市陽里儲壽。（居延簡 560.27.）

觻得騎士安定里楊山。（居延簡 560.12）

破羌騎士並廷里輔憲十四。（居延簡 564.14.）

氐池騎士大昌里孫地。（居延簡 560.26.）

以下各條是關於戍卒的例子，他們的籍貫除少數邊郡人，大都是內郡人。

制詔酒泉太守，敦煌郡到戍卒二千人，發酒泉郡，其假候如品，司馬以下與將卒長吏，屯要害處，屬太守察地形，依阻險，堅壁，遠候望，母……（敦煌簡簿書一）

戍卒淮陽郡苦中都里公士薛寬，年二十七。（居延簡 65.1 ）

戍卒梁國已氏顯陽里公乘衛路人，年三十。（居延簡 50.18 ）

戍卒汝南郡西平中信里公乘李參，年二十五，長七尺一寸。（居延簡 15.22. ）

戍卒河東皮氏成都里傅咸，年二十。（居延簡 533.2 ）

戍卒張掖郡居延昌里大夫趙宣，年三十。（居延簡 137.2 ）

戍卒張掖郡居延當韭里大夫段則，年三十五。（居延簡 133.9 ）

戍卒張掖郡昭武便處里大夫薛襃。（居延簡 137.14 ）

在以上各條，可以看出騎士和戍卒在籍貫上的區別。此外尚有河渠卒和田卒兩種，也是內郡人。所以這也是由戍卒充任，不是由騎士充任的，舉例如下：

田卒淮陽就平盛昌里上造孫道，年二十三。（居延簡 11.2 ）

田卒東郡東阿昌國里大夫路壽，年二十八，長七尺。（居延簡 43.24 ）

河渠卒河東皮氏母憂里公乘杜建，年二十五。（居延簡 140.15 ）

在名籍上將田卒和河渠卒另外和戍卒分開的，是因爲屯田開渠，而不是守烽燧，在來源方面說田卒河渠卒和戍卒應當是相同的。

此外還有徒刑和私從，當在後面再爲討論。

　　　（乙）兵制上正卒戍卒的區別

要討論戍卒和騎士的分別，必須要將漢代的兵制說清，漢代兵制和縣役制度應當歸在一類的，即是：

（1）正卒——一生服役一年，按地方性質分爲騎士，軍士，材官（步兵），樓船，服役一年以後，遇軍事時尚可臨時被徵。自二十三起，五十六免。

（2）戍卒—— 也是一生服役一年：一種是在京師屯戍，稱做衛士，另一種是在邊郡屯戍，稱爲戍卒。倘若不願去的，可以按每月三百錢的標準，雇人替代。也是自二十三歲至五十六歲。

（3）縣役——這是每年對郡縣服務工作一月，其服務的年齡和正卒戍卒相同。亦稱爲更卒，倘若不親去的，要到縣交納三百錢，作爲本年縣中雇人作工一月的費用。

所以漢代一個壯丁，要對政府有三種的服務，即服務兩個一年以後，再每年服

務一月，到五十六歲爲止。自然還有許多特殊階級的人，可以免除服務，但在普通一般人是要服務的。免除服務的事，留在後面討論，現在先討論這三種的服務。

關於這三種的服務，漢書食貨志載董仲舒對武帝的話比較清楚，卽是：

> 又加月爲更卒，已復爲正一歲，屯戍一歲，力役三十倍於古。

所謂力役卽是統更卒，正（正卒），屯戍三種而言。這一句歷來多將句讀斷爲：

> 又加月爲更卒，已復爲正，一歲屯戍，一歲力役，三十倍於古。

照這個讀法必須將『屯戍』算作正卒，『力役』算作正卒的車騎材官，是非常勉強的。尤其『更卒』和『力役』成兩個對立的名稱，更爲費解。照此讀法雖然無礙於漢代力役的三分法，不過意義晦澀，且自相矛盾。不如照濱口重國的讀法（市村博士東洋史論叢）比較清朗些。上舉的第一種句讀，卽其讀法。

（丙）正卒的種類

現在先說正卒：

> 漢舊儀，『民年二十三爲正，一歲以爲衛士，一歲爲材官騎士，習射御馳戰陣。八月太守都尉令長相丞尉會都試，課殿最，水家爲樓船，亦習戰射行船。邊郡太守各將萬騎行郡塞追虜，長史一人，丞二人治兵民。當兵行，長史領置。部（都）尉，千人，司馬，候，農都尉皆不治民，不給衛士。材官樓船年五十六老衰乃得免爲民』（大典本漢舊儀，續漢志引漢官儀略同）。

所以正戍是騎士，車士，材官，樓船。錢文子補漢兵志云：

> 大抵金城，天水，隴西，安定，北地，河東，上黨，上郡多騎士，三河，潁川，沛郡，淮陽，汝南，巴蜀，多材官（高紀十一年，武紀元鼎六年，宣紀神爵元年，趙充國傳）。江淮以南多樓船士。（武紀元鼎五年，食貨志元鼎五年，朱買臣傳，嚴助傳）。其與發量地遠近，若宣帝以沛郡淮陽汝南征西羌，蓋罷民矣。

兵的種類依地方狀況而不同，這是對的，在漢代大約三輔和西邊北邊，卽三輔，幽，幷，涼各州的屬部大多爲騎士。內郡不產馬的地方多用材官，沿江海各郡兼用樓船。車士在漢代用的比較少些，最普通的是在喪儀上面用得着。

從漢書武帝紀，征和元年，昭帝紀元鳳三年，灌嬰傳，李廣利傳，燕刺王旦

傳，公孫賀傳，金日磾傳；黃霸傳，後漢書光武紀，彭寵傳，耿弇傳；可以看出騎士的地理分布，大約是從東北的漁陽上谷右北平起，向西到酒泉敦煌。中間包括着三輔。所以騎士凡是邊郡都有，漢官儀所說，『邊郡太守各將萬騎行部塞』，也是一個證據。三輔雖不是邊郡，但承秦舊制，也是用騎兵的。關東諸郡不當邊塞的和巴蜀都用材官，據高帝紀十一年，『淮南王（英）布反……上乃發……巴蜀材官』，注，『應劭曰，材官有材力者。』又趙充國傳，『願罷騎兵，留弛刑應募，及淮陽汝南步兵，舉吏士私從者……分屯要害處。』此處所說的步兵卽宣紀神爵元年三河，穎川，沛郡，淮陽，汝南材官（大約漢書作傳時，爲行文便利，縮減原文，所以只說淮陽，汝南二郡）。所以材官卽是步兵。至於江淮以南，吳王濞謀反所發的卒仍是步兵。征越所用的樓船是因爲越地阻水必需用船。嚴助傳，『臣聞越非有城郭邑里也，處谿谷之間，篁竹之中，習於水鬬，便於用舟……今發兵行數千里，資衣糧入越地，輿轎而踰領，柁舟而入水，行數百千里，夾以深林叢竹……。』可見發樓船只是攻越的需要，並非江南的兵只有樓船。錢文子用『多樓船』的『多』字，尙有斟酌。但不如反過來說『樓船士多在江淮以南』，比較更穩妥些。此外輕車似乎只是一個名稱，衞青傳稱元光六年公孫賀爲輕車將軍出雲中，但據匈奴傳，『漢使四將，各將萬騎』，公孫賀爲四將之一，是其所將仍是騎兵，並非車士。以後爲車騎將軍的『車』更只有一個空名了。只是衞綰以戲車爲郎，所戲的確是車。霍光傳云，『光薨，發材官，輕車，北軍五校士陳至茂陵。』金日磾傳，『薨……送以輕車介士。』後漢書吳漢傳，『及薨發北軍五校，輕車介士送葬，如大將軍霍光故事。』後漢書梁商傳，『及葬贈輕車介士。』續漢書輿服志所記天子鹵薄也有兵車。所以在漢代的兵車，雖然不大用來作戰的，但漢代儀仗上用輕車介士，尙是沿襲着舊日的風氣。

　　現在對於漢代戰車的應用，再申論一下。衞青傳，『上令大將軍青，票騎將軍去病各五萬騎，步兵轉者踵軍數十萬……青軍出塞千餘里，見單于兵陳而待，於是青令武剛車自環爲營，而縱五千騎往當匈奴。』這一條是有用車的疑問的。但據續漢輿服志戰車是不巾不蓋的，武剛車是有巾有蓋的。所以武剛車只是屬車，並非戰車，衞青的武剛車旣非戰車，其用處不過供將士的乘坐，這時只來借用作營柵鹿角

罷了。從這一段看來，武帝征伐匈奴的大軍，尚無使用車兵的痕跡。在武帝其他各種記載，並無車兵作爲實用，前段已說過了。

不過向前推溯，漢初確有用車兵的事實，在文帝時候，例如：馮唐傳，『爲車騎都尉主中尉及郡國車士』；匈奴傳，『文帝以中尉周舍，郎中令張武爲將軍，發車千乘，十萬騎軍長安以備胡寇』；鼂錯對策也說，『平原廣野，此車騎之地』；又說，『平原易地，輕車突騎，則匈奴之衆易撓亂也』；就以上幾節可見文帝時的確用着兵車。到景帝時吳王濞反，吳少將桓將軍也說，『吳多步兵，步兵利險，漢多車騎。車騎利平地。』到武帝初年衡山王賜反時，『私作輶車鏃矢』，膠東王寄也『私作兵車鏃矢』。但武帝自己用兵時，却又不見兵車的實際應用，所以武帝的前後應當是中國戰術革命的關鍵。

據周亞夫傳說，『亞夫不奉詔，堅壁不出，而使輕騎兵弓高侯等絕吳楚兵後食道。』漢多車騎，但却用騎不用車，這一點不能不說是一個重要成功的關鍵。從此以後，可想到漢家一定要騎重於車了。到武帝用兵匈奴，最初還有輕車將軍的名目，後來率直連輕車的名目也不用了。這一點又可以想到征伐匈奴對於軍制的改革，一定有相當的關係。只是武帝以前的軍事史料太少，無從徵考罷了。

自然，兵車雖然在實際上不用，決不是突然全廢的。宣帝時韓延壽都試時爲誇張起見要用他。王莽是個迂闊的書生，所以要『遣大司空王邑馳傳之雒陽，與司空王尋，共發郡兵百萬……車甲士馬之盛……未嘗有也。』據後漢書光武紀，均爲光武所獲。後漢時候據段熲傳說，『以騎五千，步萬人，車三千兩，三冬二夏，足以破定』；但據熲傳破羌時是『軍中張鏃，利刃長矛三重，挾以強弩，列輕騎爲左右翼』，並未用車，那車大概便只是運輸的用了。漢簡中言車的不少，未曾一字提到兵車。三國志所記幾回戰事，也沒有用兵車的。三國志袁紹傳注引英雄記敍袁紹和公孫瓚界橋一戰，在古書中要算最有聲有色了，但很清楚的沒有用兵車。此後劉裕伐燕曾有牛車，但用處是和古兵車不同的。至於房琯所用或沈括所譏剌的，那就更不能與古制相接了。

（丁）正卒的軍費

漢書景帝紀如淳注，後漢書和帝紀引漢舊儀云：

太僕牧師諸苑三十六所分布北邊西邊，以郎爲苑監，官奴婢三十萬人分養馬

三十萬頭，擇取教習，給六廄，牛羊無數，以終犧牲。

所以公家是有很多官馬的。其命將出征，亦由公家出馬。李陵傳，『上曰，「將惡

相屬耶？吾發軍多，無騎與汝。」』又云，『（路）博德故伏波將軍，亦羞爲陵後

距，奏言，「方秋匈奴馬肥未可與戰，願留陵至春俱將酒泉張掖騎五千人，並擊東

西，浚稽可必禽也。」書奏，上怒，疑陵悔不欲出，而教博德上書。』所以國家有

官備的馬，各郡亦自有官備的馬。據居延簡：

元鳳四年騎士死馬□黑。……(491.11)

・右私馬一匹。(19.1)

上簡只言騎士的馬而未言騎士何人的馬，所以應爲郡中官馬，備騎士所用的。下簡

言私馬一匹，可見尙有官馬。照此看來，騎士的馬似爲官備，並非私有的。

漢代作戰常用弓弩，在漢居延簡上記載弓弩的甚多，例如：

三月□□□十二□弦不可用。(65.16)

今餘陷堅茝矢二千四百。(74.14)

入稾矢百，(403.14)

計卌餘四石弩。(403.24)

入大黃弩十四。(433.2)

出弓一矢五十。(443-3,433-32)

稾茝矢七百卅。(90.6)

出稾矢銅鏃二百完。(10.15)

陷堅茝矢二百完。(10.5)

具弩一今力四石射二百。(341.3)

六石具弩一。(213.46)

三石具弩。(149.24)

官第一六石見弩一，今力四石卅二斤，射百八十步，完。(36.20)

收五石弩一傷□……。(112.8)

彈弓一直三百服負□九月奉。(462.2)

七石具弩十七，毋出入。(511.2)

五石弩射百廿步。(509.2)

三石具弩射百四步。(515.45)

六石以下弩凡十六。(445.5)

漢代材官所選，也以發矢張弩爲準。鼂錯傳，『材官騶發，矢道同的，則匈奴之革笥木薦勿能支也』申屠嘉傳，『梁人也，以材官蹶張從高帝擊項籍，遷爲隊率。』注，『如淳曰，材官之多力，能脚踏彊弩張之，故曰蹶張，律有蹶張士。』所以材官和騎士的區別是騎士是騎兵，材官是步兵。騎士所重的是騎術，材官所重的是多力能開彊弩。在戰時仍以弓弩爲主，白刃爲輔的。周亞夫傳，『軍士吏被甲銳兵刃，彀弓弩持滿。』陳湯傳，『夫胡兵五而當漢兵一，何者，兵刃朴鈍，弓弩不利，今聞頗得漢巧，然猶三而當一。』梁孝王傳，『多作兵弩弓數十萬。』李廣傳，『廣世世受射……用善射殺首虜多爲郎。』都可見弓弩之用。惟蹶張弩絕非騎兵所能用，邊塞的弩也常在六石以下。

（戊）正卒的調發和率領

正卒是由郡領率的，漢書百官公卿表，『郡守秦官掌治其郡，秩二千石，有丞，邊郡又有長史，掌兵馬，秩六百石，景帝中二年更名太守。』又說，『郡尉秦官，掌佐守，典武職甲卒秩比二千石，有丞秩皆六百石，景帝中二年更名都尉。』所以郡兵是統於太守而由都尉率領的。至於在縣，縣令長丞尉，雖然管番上都試之事，並無主甲卒的明文。百官表只云，『縣令長皆秦官，掌治其縣，……皆有丞尉』，其統率似仍受成於郡的，所以『郡兵』一詞在漢代常用，而『縣兵』却不常用。凡發兵時，由太守以漢虎符發兵而由都尉統率。漢書齊悼惠王傳云：

> 齊王聞此計，與其舅駟鈞，郎中令祝午，中尉魏勃陰謀，發兵，齊相召平聞之，乃發兵入衛王宮，魏勃紿平曰，『王欲發兵非有漢虎符驗也，而相君圍王固善，勃請爲君將兵衛衛王』。召平信之，乃使魏勃將，旣將，以兵圍相府。

在王國的制度，相等於太守，中尉等於都尉，所以由相發兵，中尉將兵。漢書韓延壽傳云：

望之遣御史案東郡具得其事，延壽在東郡時試騎士，治飾兵車，畫龍虎朱爵。延壽衣黃紈方領，駕四馬傅總建幢棨，植羽葆，鼓車歌車。功曹引車皆駕四馬載棨戟，五騎爲伍，分左右部，軍假司馬千人，持幢旁轂。歌者先居射室，望見延壽車噭咷楚歌。延壽坐射室，騎吏持戟夾陛列立，騎士從者帶弓鞬羅後。令騎士兵車四面營陳，被甲鞮鞪居馬上，抱弩負蘭，又使騎士戲車弄馬盜驂。……及取官錢帛私假繇使吏，及治飾車甲三百萬以上。於是望之劾奏延壽上僭不道。

這一段說韓延壽都試事有過於奢侈上僭的地方。不過都試的情形，由此段可以想到。卽郡中不是不應當由太守主持都試，而是不應當在儀節之中有接近天子的地方。漢舊儀稱『八月太守都尉令長相丞尉會都尉課殿最』。其事仍由太守總管的，且一郡往往不僅一都尉，亦無法由都尉總其事。又翟方進傳云：

（翟義）徙爲東郡太守……與東郡都尉劉宇，嚴鄉侯劉信，信弟武平侯劉璜結謀，……於是以九月都試日，斬觀令，因勒其車騎材官士。

據此都試亦以太守爲主，至於說斬觀令因爲『令丞尉亦各統其縣，守尉不得專』（補漢兵志），却未必然，因爲東郡有二十二縣，濮陽爲郡治，一個觀令決不能阻太守發兵的。此不過舉事之前以此示威，非縣令能各統其縣的。

秋射一事在烽燧上是很重要的，居延簡：

功令第卌五，候長士吏皆試射，射去埻帠弩力如故，發十二矢，中帠矢六爲程，過六矢賜勞十五日。(45.23)

其發矢的記載，例如：

射發矢十二，中帠十二賜勞。(232.21)

居延甲渠候官當曲隧長公乘關武，建平三年以令秋試，射發矢十二，中帠矢□。(133.14)

甘露元年秋以令射發矢十二，中帠矢十。(34.13)

□鳳二年秋以令射發十二矢，中帠六當……。(202.18)

□漢隧長，常以令秋射發矢十二，以六爲程，過六………(142.16)

從這一點看來，秋射是不是都試一部分，雖不敢確信，但都試以射爲主，再加試其

他的技術，是可以想見的。

　　漢代太守對於軍事上要負很大的責任，如有過失，可以被劾為『乏軍興』的
罪，乏軍興的罪，重則死，輕則免。

　　　　漢書趙廣漢傳，『坐擅斥除騎士，乏軍興，數罪腰斬。』師古曰，『斥除謂
　　　　逐遣之。』漢書循吏傳，『黃霸……發騎士詣北軍馬不適士，劾乏軍興，連
　　　　貶秩。』注孟康曰，『關西人謂補滿為適，馬少士多不相補滿也。』

　　　　漢書王莽傳，『羣下愈恐，莫敢言賊情者，亦不得擅發兵，惟翼平連率田況
　　　　果敢，發民十八以上四萬餘人，授以庫兵，與刻石為約。赤糜聞之，不敢入
　　　　界，況自劾奏，莽讓況未賜虎符而擅發兵，此弄兵也，厥罪乏興，以況自詭
　　　　必禽滅賊，故且勿治。』注，『師古曰，「擅發之罪，與乏軍興同科也。」』

所以太守對於軍事上所坐的法，多屬於乏軍興或其相當的罪的。

　　至於發兵擊賊，未得虎符是可以劾乏軍興，但有不法舉動，却不止乏軍興罪。
吳王濞傳：

　　　　將軍曰王苟以錯為不善，何不以聞，及未有治虎符擅發兵擊義國，以此觀
　　　　之，意非徒欲誅錯也。

蓋其罪為謀反。未得虎符，就是謀反的證明。

　　『符』有虎符和竹使符，後漢書杜詩傳：

　　　　初禁網尚簡但以璽書發兵，未有虎符之信。詩上疏曰，『臣聞兵者國之凶
　　　　器，聖人所慎，舊制發兵皆以虎符，其餘徵調，竹使而已。符策合會取為大
　　　　信，所以明著國命，斂持威重也。間者發兵但以璽書，或以詔令，如有姦人
　　　　詐偽，無由知覺。愚以為軍旅尚興，賊寇未殄，徵兵郡國，宜有重慎，可立
　　　　虎符以絕姦端……書奏，從之。』——注，『說文曰，「符信也，漢制以竹
　　　　長六寸，分而相合，前書文帝二年初與郡守為銅虎符竹使符。」音義曰，
　　　　「銅虎符第一至第五，發兵遣使符合乃聽之，竹使符以竹五寸鐫刻篆書亦第
　　　　一至第五也。」』

初與郡守虎符及竹使符事，見於文帝紀。其先但用檄，有急則用羽檄，高帝紀十
年：

陳豨反，趙代地皆豨有，吾以羽檄徵天下兵未有至者，今計唯獨邯鄲兵耳。注師古曰，『檄者以木簡爲書長尺二寸，用徵召也，其有急事則加鳥羽插之示速急也。魏武奏事云今邊右警，輒露檄插羽檄。』

但據前引齊悼惠王傳，文帝之前，太守雖無虎符，但王國中的相，應已有虎符了。

東漢初年的璽書亦是檄，虎符只是檄以外的符信。又按杜詩傳，發兵和徵調仍有區別，其區別固然不能勉強解釋。大致說來發兵和徵調可以有三種的區別。（一）徵集民兵爲發兵，調用屯兵爲徵調。（二）出境爲發兵，在本郡爲徵調。（三）調兵爲發兵，調民夫爲徵調。今按三者都是有能的，不過不敢確實的斷定罷了。據前引王莽傳田況發民年十八以上四萬餘人，又高帝紀：『二年蕭何發關中未傅者悉詣軍』，所言發都是指並非『常備』的正卒而言。至於徵調當然指已有的正卒和戍卒，並非新來徵發。例如漢舊儀所言的，『邊郡太守將萬騎行障塞』，以及史記陳涉世家索隱引漢舊儀，『大縣二人其尉將屯九百人。』太守在有盜賊的時候，對於這一類的軍士，似乎所用的方法是徵調的。此外郡兵領於太守，必須由太守發兵，中朝遣使亦必經由太守與太守合符方纔可以。嚴助傳，『上曰「⋯⋯吾新即位不欲出虎符郡國」，迺遣助以節發兵會稽，會稽守欲距法不爲發，助迺斬一司馬諭意指，遂發兵浮海救東甌。』此處言發兵當亦係徵發，而不是僅調原有的屯兵的。

　　（己）正卒的編制

現在還要牽涉到編制問題。續漢書百官志云：

將軍不常置，本注曰，『掌征伐背叛。』⋯⋯其領軍皆有部曲（大將軍營五部）——校尉一人，比二千石，軍司馬一人，比千石，部下有曲，曲有軍候一人，比六百石；曲下有屯，屯長一人，比二百石。其不置校尉部，但軍司馬一人，又有軍假司馬假候，皆爲副貳。

所以將軍出征的編制是：

將軍——（部）校尉，軍司馬——（曲）軍候——（屯）屯長。

這種制度在秦時已是如此，漢書蕭何曹參傳，樊酈滕灌傳，靳周傳，所言的秦將官職名稱都與此相合，所言楚將與此便不相合。漢朝開國以後是完全襲用秦制，一直到後漢。至於屯長係二百石官，屯長以下倘然當有小的編制。漢書申屠嘉傳，『以

材官遷爲隊率』；馮唐傳，『士卒盡家人子起田中安知尺籍伍符。』注，『李奇曰，「尺籍所以書軍令，伍符卽士伍伍相保之符信也」。如淳曰，「漢軍法吏卒斬首以尺籍書下縣移郡令人，故行不行，奪勞二歲。」伍符亦什伍之符要節度也。』按史記商君傳，『令民爲什伍，而相收司連坐』索隱，『劉氏云，五家爲保十家相連也。』所以家有什伍，軍亦有什伍，家制與軍制相通，卽此種制度在鄉制等於『保甲』，在軍制等於『什伍』。家以五家爲單位，丁以五人爲單位。所以秦漢民爵，無爵的稱爲士伍了。所以現在可以假定在屯以下，尚有隊的組織，和什伍的組織。

　　用敦煌漢簡和居延漢簡，整理出來邊郡烽燧的組織是：

　　　　太守——都尉——候官——鄣尉——候長——隧長

而郡縣兵制的組織則爲：

　　　　太守——都尉——縣令長——縣尉——鄉游徼或嗇夫——亭長

其組織大略是相當的，太守都尉邊郡內郡完全一致，亭隧可以互稱，中間的官職應當也差不多，太守爲郡將比將軍，所以太守和將軍應當同一地位，至後漢初年往往以功臣將軍兼太守更爲顯著。都尉比二千石與部校尉正同。候官略與縣令相同，亦卽略等於軍候，鄣尉與縣尉應當和比二百石的屯長；候長在敦煌簡所記是有秩，其地位應等於縣有秩卽游徼嗇夫，或者等於軍制中的隊率；亭長和隧長大概也就略同於軍制的什伍了。漢代的軍制和縣制抄襲自秦，毫無疑問，烽燧制度也顯然和郡縣制度同一來源。至於縣制下面本是秦代的保甲制度，秦的保甲制度也是全國皆兵情形下的軍事管理。所以這幾種不是不可以互爲比較的。

　　在此情形看來，所以漢代應當縣制卽軍制。正卒平時的管理訓練，應當卽寄記於鄉制之下，五人爲伍的組織平時已經組織好，到有事時便立時可以調發。正卒不足時，再調發正卒以外的兵士。內郡平時無養兵之費，大約就是這個辦法。至於在邊郡情形便不同，邊郡的正卒是時常要出屯的，在漢簡所記騎士和戍卒是同樣作隧卒的，而隧卒的生活，却是完全由公家擔負。在現在敦煌漢簡中還發見有任城國的縑帛。又王莽傳：

　　　　戍卒不交代三歲矣，穀常貴，邊兵二十萬人仰衣食，縣官愁苦。五原代郡尤

被其毒，起爲盜賊數千人。

在王莽時有在邊郡增兵和國內貧乏的事實是不錯的　，　但衣食仰給縣官並非從此時始，居延及敦煌漢簡中分類的器物和廩給兩部分很可證明衣食仰給縣官的事實，現在不必詳舉。

所以邊郡對於內郡在政治上說是保障，在經濟上說是煩費。所以漢代各邊，東南邊郡面積甚大似乎還可以自給，西北邊郡面積很小，出產也不多，若不由內郡供給，很難自存。所以在光武時自動的縮短邊界。居延烽燧也在建武時自動廢撤了（這是居延簡本身的證據，因爲光武紀建武二十二年稱『匈奴北徙，幕南地空，詔罷諸邊郡亭候吏卒』，而居延簡最晚的年號，也到建武爲止）。羌禍一起，關東士大夫便公開主張棄邊。潛夫論說到的很明白，見救邊和邊議兩篇中。

漢代公卿惡邊郡以爲煩費的例甚多，今不能一一舉證。但從此可知邊郡和內郡的軍備上是有一個分歧之點，現在大約可以看出來。卽西北邊郡有集中正卒的軍屯，格外更有內郡的戍卒，東南邊郡有正卒的軍屯，而出內郡的戍卒。內郡的正卒仍散處鄉亭，但已經組織好，隨時訓練，以供郡縣的調發的。

〔貳〕論　戍　卒

（甲）戍卒與衛士

關於戍卒和衛士，以前已經說過，人民二十三歲以後，除過每年一個月的縣役而外，要服兩年的兵役。其一爲正卒，其一爲屯戍，這是據食貨志董仲舒的話的。但據漢官儀却是一歲作正卒，一歲作衛士。現在就要討論衛士和屯戍的關係如何。

衛士東漢和西漢都是由衛尉率領，稱爲南軍，來防守宮城官署的，這一點的考證，歷來已詳，可無問題。衛士是由外郡番上的，蓋寬饒傳：

　　寬饒爲衛司馬……躬案行士卒，甚有恩，及歲盡交代，上臨饗罷衛士，衛卒
　　歡千人，皆叩頭自請，願復留更一年以報寬饒德。

王尊傳云：

　　正月臨幸曲臺臨饗罷衛士，丞相衡與中二千石大鴻臚常等坐於殿門下。

魏相傳云：

後人有告相賊殺不辜，事下有司，河南戍卒中都官者二三千人，遮大將軍自
言願留作一年以贖太守罪。

貢禹傳云：

又言諸離宮及長樂宮衞，可減大半以寬繇役……天子下其議……省建章甘泉
宮衞卒，減諸侯王廟衞卒省其半。

漢舊儀云：

正月五日大置酒饗衞士。

以上稱衞士爲更，爲繇役，爲戍，和車騎材官的正卒不同自無問題。但與邊郡戍卒
究竟同不同呢？

據以前所引的各條史料，漢代兵役只有兩年，卽是除正卒以外另外再服務一
年。這一年有的說是衞士，有的說是戍邊。倘若勉強作調停之論，說作正卒之外，
旣要作衞士又要戍邊，那豈不成要服務兵役三年，另外再加上每年一個月，那就對
於任何史料都有衝突。所以無論如何，不能不推到這麼一個結論，卽是如果作衞
士，便不戍邊。

　　　　（乙）衞士的番上和數目

漢代人口到平帝時將近六千萬，較早自然少些。今假設在昭宣時以五千萬計，
男子以二千五百萬計。年齡以平均四十歲計，則在同一歲的男子應當有六十二萬五
千，三輔的衞士，就是這個數目的十分之一也用不着。可見決不能所有的人都要作
衞士，所以衞士是一種選拔過的兵士，而不是適應兵士的全體。

漢代京師分南北軍，北軍的材官騎士由三輔番上，南軍的衞士不由三輔而由三
輔以外番上，這事歷來考證已詳。但是衞士的番上還是除三輔以外百三郡國都要番
上呢？還是只是一部分郡區番上呢？以現在揣測，大致只是百三郡國除三輔以外，
還只一部分要番上衞士的。

在王國方面是只做王國自己的衞士，京城的衞士和邊郡的戍卒都不做。續漢書
百官志，王國有衞士長，本注曰主衞士。膠西于王端傳，『端皆去衞，封其宮門，
從一門出入。』昌邑王賀傳，『卽捽善屬衞士長行法。』所以王國是有衞士的。賈
誼傳，『今淮南地遠者或數千里，越兩諸侯，而縣屬於漢，而欲得王至甚，遣逃而

歸諸侯者已不少矣。』所以諸侯王的人民是不向中央繇役的，此繇役當包括衛士及
屯戍而言。所以京師的衛士應除去王國的人。

又按魏相傳，『河南戍卒中都官者二三千人』，所謂中都官當包括衛尉所屬的
宮中衛士，和太常所屬的宗廟陵寢衛士，及長樂建章等宮衛而言。因為執金吾的北
軍，城門校尉的城門兵另有來源，當然不在此數目之內。所以此種屯戍應當即係衛
士。按河南郡平帝時二十七萬餘人，昭宣時應當在二十萬左右，二三千人應當約等
於郡民百分之一，應當約等於男子數目五十分之一，如果全國全來照這個比例充衛
士，衛士的數目便太多，和記載上衛士的約數超過太多了。所以衛士的充任，或者
以三河宏農等郡為主的，現在史料不充分，無從論定。

按賈山傳云：

　　陛下即位，親自勉以厚天下，損食膳，不聽樂，減外繇衛卒，止歲貢，省廄
　　馬以賦縣傳，去諸苑以賦農夫。

這一段完全說天子個人方面的節儉，所以『外繇衛卒』應當即指宮庭的衛士，與國
防無涉，但據溝洫志注，『孟康曰，外繇謂戍邊也』，又卜式傳注，『蘇林曰，外
繇謂戍邊也』，衛卒是外繇，戍邊亦是外繇，所以衛士和戍卒應當是同樣性質，即
同樣屬於外繇。亦即正卒以外的繇戍，所以以前的史料對於正卒以外的一年兵役，
或稱衛士，或稱戍邊。這樣看來，人民只要作衛士便可以不戍邊，戍邊亦就不為衛
士了。

衛士的數目在西漢初年有兩萬人，武帝省去一萬。建元元年詔，『衛士轉迎送
道常二萬人，其省萬人』，所以西漢衛士的數目是一萬人。韋玄成傳稱，『一歲祠
上食二萬四千五百五十五，用衛士四萬五千一百二十九人，祝宰樂人萬二千一百四
十七人，犧牲卒不在數中。』此所謂衛士的數目是按『工』而言，即每人服務一日
算作一人，應當等於漢簡的『積若干人』，例如：

　　出口大石一石七斗四升，始元二年七月庚子朔，以食吏一人，盡戊辰二十九
　　日，積二十九人，人六升。　（88.26）

所以一人用穀廿九日便算廿九人；一個衛士服務廿九個工，自然也可以算廿九人。
此外所謂祝宰樂人，自係指太常所屬的太樂令，太祝令所管的人而言，按宣帝紀本

始四年注引漢儀注云，『太宰令屠者七十二人，宰二百人。』照此比例，太樂和太
祝所管的人亦不過幾百人，決無一萬多人；所謂一萬二千多人，當然是將每次祭祀
所用的人加到一起（祝宰樂人數目較上食的數目爲少，是因爲每次祭祀不止上食一
種）。因此太常所屬的衛士，也決不能超過兩千人以上。亦卽不得超過祝宰樂人的
總數三倍或四倍以上。若太常所領有兩千人，則宮衛的衛士當有八千人，和衛士萬
人的說法相差不遠。到了東漢，衛士數目，據百官志所記的是，衛尉親領六十人，
南宮衛士令五百三十七人，北宮衛士令四百七十二人，加上左右都候及宮掖們司馬
所領共計二千四百二十九人。比較西漢衛士萬人，約合四分之一。

　（丙）漢簡上的戍卒

　照漢簡所記，戍卒大部分是關東人，此外還有少數的本郡人。漢代戍卒大致以
關東人居多，貢禹傳稱，『又諸官奴婢十萬餘人，戲游無事，稅良民以給之，歲費
五六鉅萬。宜免爲庶人，廩食，代關東戍卒乘北邊亭塞候望。』可見戍卒主要的是
關東人。至於張掖亦有戍卒，可見邊郡人除過作正卒以外仍要作戍卒，不過只在本
郡屯戍而已。

　戍卒和正卒的年齡，在漢簡上是看不出多大的差別的。王國維氏在流沙墜簡考
釋雖然提到戍卒的年齡要比正卒的年齡大，不過但據敦煌簡的材料是不夠的。居延
簡中甚至有一個年方二十的戍卒。照鹽鐵論，昭帝時從二十始傅改到二十三始傅。
這個簡雖然是在昭帝以前徵集的，但仍然可以看出，正卒和戍卒在年齡上並無絕對
的先後的。

　戍卒是一歲而更的，這一點自然使屯戍的人初來往往不懂烽燧的情形，不懂防
守的方法。不過漢代一般人大致都接近軍事，所以對作戰方面已經有些訓練，並且
戍卒是派到各個烽燧，而漢簡所記的候長和隧長都是邊郡人。每一隧的隧卒很有
限，所以到烽燧以後有隧長的訓練，大致可以差不多了。而且烽燧之中還有邊郡的
騎士，這一點可以不成問題。

　據漢簡所記戍卒衣食由公家供給，這一點可以和前引王莽傳所稱戍卒衣食縣官
一條互證，例如：

　　襲八千四百領。　　絝八千四百兩。　　在六月甲辰遺目常韋萬六千八百……。

(41.17)

田卒淮陽郡長平東洛里公士尉充年卅。　襲一領，　絝一兩，　私單絝一，
私絝練，　犬緟一兩，　私緟二兩，　買贊取。　（500.7）

田卒淮陽郡長平北利里公士陳世年廿三。　　襲一領，　絝一兩，　犬緟一
兩，　私緟一兩，　買贊取。　（500.26）

第一皁單衣八百領。　（504.19）

出穀卅七石七斗。　其卅七石七斗麥十石粟，　以食肩水斥候騎士十九人馬
十六匹牛二，九月十五日食。　（303.23）

麥一石九斗三升少，　以食庹充隆卒田事所九月食。　（10.3）

凡吏卒廿人用穀卅石。　（332.6）

所以烽燧的吏卒，不論何種來源都要供給衣食，以上只是一部例證，也大致可以看
出來，其餘過繁不再具引。此外除過公家的衣食以外，還有一部分是私家的，但由
烽燧發下，再由戍卒來取，可見不是親自帶到烽燧，而是由戍卒家中交給縣官，再
運到烽燧的。漢書匈奴傳，『中行說窮漢使曰，「而漢俗屯戍從軍當發者，其親豈
不自奪溫厚肥美齎送飲食行者乎？」』照此看來，不惟當出發時由家中齎送，出發
後仍陸續由家中齎送。不過這不是說漢縣官不供給戍卒衣食，而是除縣官所供給的
以外，還由私家齎送的。

〔叄〕論繇後

（甲）繇役與賦稅

　　漢代繇役和賦稅有時是有密切關係的，所以要先談漢代的賦稅。在這一節中對
於賦稅的敍述不免過詳些，但為的解釋明白起見，所以也不顧及了。

　　漢代的賦稅主要的可分三種來說。第一，田賦；第二，口賦；第三，繇役。此
外尚有其他的賦稅。

　　田賦制度據漢書食貨志說：

　　　　高祖約法省禁，輕田租十五而稅一。量吏祿，度官用以賦於民。文帝時鼂錯
　　　　說上曰，『使天下人入粟於邊以受爵免罪，邊食足支五歲，可令入粟郡縣。

足支一歲以上可時赦，勿收農民租。』上從其言，迺下詔賜民十二年租稅之
半。明年遂除田之租稅。後十三年，孝景二年，令民半出田租，三十而稅
一。武帝時董仲舒說上曰，『秦除井田，田租口賦鹽鐵之利二十倍於古，或
耕豪民之田見稅十五，宜限民名田……』

案景帝紀二年，『令民半出田租三十而稅一。』又鹽鐵論，『古者制田百畝，什而藉
一，先帝哀憐百姓之愁苦，衣食不足，制田二百四十步爲一畝，率三十而稅一。』
所以西漢例是三十而稅一的。至董仲舒所說的二十倍於古，乃合併口賦鹽鐵槀稅各
項總數而說。所以田賦在賦稅中占的數目並不大，所以田賦可以減半，甚至可以全
免。

　　自文帝十三年至景帝二年中間十三年不徵田租，此事從來所未有。後來清代曾
經免賦示惠，亦只各省輪免，且不能繼續到二年以上。胡致堂論此事以爲文帝節儉
的原故。其實如果毫無收入，亦亦無法節儉。這是因爲田賦以外尚有其他收入，當
天下承平，再加以節儉便足用了。清代庸調全入田租，所以田租便無法全免的。

　　到了東漢仍然襲用西漢田賦制度。後漢書光武紀建武六年十二月癸巳詔曰：

　　　頃者師旅未解，用度不足，故行什一之稅。今軍士屯田，糧儲差積，其令郡

　　　國以見田租三十稅一，如舊制。

西漢自景帝三十稅一以後始終未改，至王莽時才讙爲，「名爲三十稅一，實十稅
五」。東漢一代也未改三十稅一之制。到三國初年天下擾亂，曹操始改田租爲畝四
升，戶出絹二匹，綿二斤（三國魏志建安九年注，引魏書載魏武帝令）。

　　田賦徵收現穀，並非折納成錢，這在鼂錯的建議和建武六年的詔可以看得出
來。又按兒寬傳，『爲左內史，以負租課殿，當免……民輸租繈屬，課更以最。』
這一點可見由人民向官署自繳的。

　　土地的標準，已始自秦代了，史記六國表，『始皇三十一年，令民自實田。』
碣石刻詞『決通川防，夷去險阻，地勢旣定，黎庶無繇，天下咸撫，男樂其疇，女
修其業，事各有序，惠諸祕產，久並來由，莫不安所。』這也是陳報土地以後的
事。至於收租時大約縣吏或鄉官也要來敦促的，于定國傳，元帝責定國曰，『民田
有災害，吏不肯除，收趣其租，以致重困。』此所謂吏雖不知是縣吏或鄉官，但總

有人督促的。

田賦的正賦以外，還有槁稅，貢禹傳云，『農夫已奉穀租，又出槁稅，鄉部私求不可勝供，宜除租銖之律。』注，師古曰，『租稅之法皆依田畝，不得雜計百物之銖兩。』又後漢書和帝紀，『詔今年郡國秋稼爲旱蝗所傷其什四以上，勿收田租芻槁，有不滿者，以實除之。』注，『所損十不滿四者，以見損除也。』關於免田租和芻槁的事，有永平四年，六年，九年，十二年，十四年，十六年，元初元年，延光元年，三年，永建元年，三年，六年，永和三年，延熹八年。這都是田租以外尚有槁賦的證據。

鄉部私求是半公開性質，現在不得其詳。其臨時的附加，例如，桓帝延熹七年八月，『初令郡國有田者畝斂稅錢』，注，『畝十錢也』。至靈帝中平二年，『稅天下田畝十錢』，章懷注，『以修宮室』。此事又見於宦者張讓傳。桓帝稅畝十錢一事據陸康傳說是鑄銅人。這一類都是爲天子私用而起的臨時附加，但三十稅一實已無形打破。

口賦制度應當包括三類賦稅，卽是，口賦，算賦，和獻賦。口賦是徵收七歲以上兒童的。昭帝紀元鳳四年注；

> 如淳曰，『漢儀注民年七歲至十五歲出口賦錢，人二十三，二十錢以食天
> 子，其三錢者，武帝加口錢以補車騎馬。』（本三歲起，元帝時貢禹議改爲
> 七歲，見本傳。）

所以口賦只限於兒童，成人自十五歲至五十六都要出算賦，算賦是每人一百二十錢一年。女子也要出算賦，商人和奴婢算錢加倍。又家產加一萬錢以內的人出一百二十錢。家產在一萬錢以上，每增加財產一萬錢，每年多出一百二十錢。所以算賦實包括兩種性質，一爲人口稅，一爲財產稅。漢代作官的資格要有最低貲算的標準，景帝後元二年以前是貲算十才可以做官，景帝時改到貲算四便可以了。（見高帝紀四年，惠帝紀六年，景帝紀後二年。）

漢代算貲的例見於漢簡的，是：

> 候長觻得廣昌里公乘禮忠年卅。　　小奴二人直三萬，大婢一人二萬，軺車一
> 乘直萬，　用馬五匹直二萬，　牛車一兩直四千，　服牛二六千，　宅一區

萬，　田五頃五萬。　凡貲直十五萬。　　　　(37.35)

這是因為在邊郡，所以奴婢的價錢和田地價錢相等。比起來東方朔傳所說，『鄠鄗之間號為土膏，其買畮一金』，是不成比例了。不過有田地的人既要出田租，另外還要出算賦，所以實際上不是三十而稅一的。不過漢代算賦按財產核計，究竟還不算不公道，魏武以後直到兩稅法之前，不論貧富都出同樣戶調，便只以國家收入為主，無所謂合理了。

漢時算賦常有減免的事，見武紀建元元年。昭紀元鳳四年，元平元年，宣紀地節三年，五鳳三年，甘露二年，成紀建始二年。後漢書光武紀建武二十二年，明帝紀永平九年，安帝紀永初四年，元初元年，元初六年，建光元年，順紀永建三年，陽嘉元年，永和三年，後漢紀章帝元和元年，元和二年。

除去算賦和算貲以外武帝時還有商車和緡錢兩種。這是因為武帝征伐四夷，貨幣失了均衡，商人乘機取厚利，而貧民反要縣官賑濟。從此規定凡商人，貰貸，買賣，屯積，不論有無市籍，一律凡資本值二千出一算（一百二十錢）。凡製造的或鑄造的，值錢四千出一算。——以上的叫做緡錢。又除官吏，三老，騎士凡有軺車的出一算（軺車是乘坐的車）。商賈軺車出二算。船五丈以上的一算——以上的叫做商車。（以上見漢書食貨志。）這兩種在昭帝始元六年議鹽鐵時，賢良文學不加爭論，大概是昭帝時罷去的。

漢法常以八月算民（後漢書皇后紀注）。在漢宣以後因為歷歲承平，每年可餘二十萬錢，藏在都內（文選王元長策秀才文注引新論）。所以算賦常是有餘的。

在天子直轄的郡縣對人民所徵收的是口賦算賦。在王國侯國將口賦算賦轉獻給天子的叫做獻賦。獻賦在高帝時已有了・高帝紀十一年二月詔曰：

欲省賦甚，今獻未有程，吏或多賦以為獻，而諸侯王尤多，民疾之。今諸侯王通侯常以十月朝獻及郡各以其口數率人歲六十三錢以給獻費。

算賦是百二十錢，獻賦是六十三錢（即是算賦的一半再加三錢）。所以王國或侯國收到人民算賦百二十錢以後，獻給天子六十三錢，還可餘五十七錢。漢書貨殖傳稱，『秦漢之制，列侯封君食租稅，率戶二百，千戶之君則二十萬。』按漢承秦制大戶頗少，一家不過三口至五口，若每家以四口計，除獻天子以外，四乘五十七可

以有二百二十八錢。況且尚有未成年的，每戶也不過除獻費以外平均餘下二百錢。所以千戶約得二十萬錢。

漢代賦稅的大致情形，前面既已敍述過，現在再專談縣役。

貨殖傳稱，『庶民農工商賈亦歲萬息二千，百萬之家卽二十萬，而更縣租賦出其中，亦衣食美好矣。』所以更縣對於人民和租（田租），賦（算賦）是一樣的。更縣是除過正卒以外，一年一月，或一生一年的兩種縣戍，後一種卽衛士或戍邊，前已經說過，現在再說一年一月的更卒。

在漢初年一月的服役，有時要男女都發，惠帝紀三年，『春發長安六百里內男女十四萬六千人城長安，三十日罷。』又五年，『春正月復發長安六百里內男女十四萬五千人城長安，三十日罷。』不過發男女來服役，究係特殊情形，平時大抵不如此的。文帝紀後元七年，『發近縣卒萬六千人，發內史卒萬五千人，藏郭穿復土。』食貨志耿壽昌奏言，『故事，歲漕關東粟四百萬斛以給京師，用卒六萬人。』溝洫志，『鄭當時爲大司農言，「引渭穿渠起長安旁南山下……省卒而益肥關中之地。」……上以爲然，令齊人水工徐伯表，發卒數萬人穿漕渠。』又，『發數萬人作褒斜道五百餘里，道果便近，而水多端石，不可漕。』這一類的卒都是更卒。溝洫志云：

> 以五年爲河平元年，卒治河者爲著外縣六月。注：如淳曰，『律說戍邊一歲當罷，若有急者當留守六月，今以治河之故，復留六月。』孟康曰，『外縣謂戍邊也，治水不復戍邊也。』師古曰，『如孟二說皆非也，以卒治河雖執役日近，皆得比縣戍六月也。』

在此一段『外縣』爲縣戍或戍邊，是如淳，孟康和顏師古所公認，在此一點並無爭執。只是如淳認爲治河卒爲戍卒，以一年的期限尚不夠治河，再留作卒半年來治河。孟康認爲發卒治河以後，此種所發的卒原要當戍卒，此時特令作卒的人以後不再戍邊。顏師古則認爲發卒仍爲更卒，但因治河有功，可以免去戍邊半年。在此三說之中，如說謂再留役六月，當然不對，因爲此時河隄已成，無再留卒治河之理。所引律說雖然可以據，但與此事無關。孟說和顏說大致相同，顏說實際上是對於孟說的修正。不過孟說未說到治河卒的性質，而說『不復戍邊』也太籠統。顏說謂

『比縣戍六月』，言『比』可見治河卒雖非『戍卒』但可以『比戍卒』，而且說到六個月，可見只免六月，並非全免。按此段上文云，『三十六日河隄成。上曰，「東郡河決，流漂二州，校尉延世提防三旬立塞。」』是說河卒只工作三十六日，比平常更卒多了六天，因為成績特好，所以加殊賞，三十六天便可抵半年的工作了。

　　（乙）『更有三品』的問題

　　照食貨志董仲舒的話分為正卒，戍卒，更卒三種力役，不應當有若何的大問題。

　　所成問題的即『更有三品』的問題。後漢書明帝即位：

　　『又發天水三千人，亦復是歲更賦。注：前漢書音義云，『更有三品，有卒更，有踐更，有過更，古正卒無常人，皆當迭為之，有一月一更，是為卒更。貧者欲得雇更錢，次直者出錢雇之，月二千，是為踐更。古者天下皆當戍邊三日，亦名為更，不可人人自行三日戍，當行者不可往便還，因往一歲，次直者出錢三百雇之，謂之過更。』

此所謂漢書音義者，當即係如淳的漢書注，據漢書昭帝紀元鳳四年，『三年以前逋更賦未入者皆勿收』下，顏注云：

　　如淳曰，『更有三品，有卒更，有踐更，有過更。古者正卒無常人，皆當迭為之，一月一更，是為卒更也。貧者欲得顧更錢，次直者出錢顧之，月二千，是謂踐更也。天下人皆直戍邊三日亦名為更，律所謂縣戍也。雖丞相子亦在戍邊之調，不可人人自行三日戍，又行者當戍自三日不可往還，因便往一歲一更，諸不行者出錢三百入官，官以給戍者，是謂過更也。律說「卒踐更居也，居更縣中五月乃更也，後從尉律，卒踐一月休十一月也。」食貨志曰「月為更卒，已復為正一歲。屯戍一歲，力役三十倍於古」，此漢因秦法而行之也，後遂改易，有詔乃戍邊一歲耳。』

言漢代縣役制度以此為最詳，但問題亦最多。在此處未言及騎士材官一類的正卒，所言只是一歲的戍卒和一月的更卒而言，但其中卻生出許多糾結不清之處。

　　一、正卒本指車騎材官而言，但此處將一月一更的也叫正卒。

　　二、就照如淳注所講，卒更為一種，過更踐更為一種，只有二品，如何可算

　　成三品。

　　三、使民不過三日是董仲舒貢禹所說的上古之法，戍邊三日之事在漢人所說

漢制與此不符。

　　四、三日出錢三百，一月合錢三千。在更卒報酬爲太多。

　　五、有謂戍邊一事並不能全代一般人戍邊。據簡牘及文獻證據，終西漢未嘗

改易，不足以釋昭帝時事。

所以此一段述說雖詳，但糾紛至多，不能不加辨別。在東洋學報第十九卷第三號濱

口重國『如淳說踐更及過更之批判』對此即十分懷疑，認爲殊難置信。其說較繁，

今不能詳引。惟如淳說有相當誤解，固是事實。

　　漢書吳王濞傳，『其居國以銅鹽故，百姓無賦，卒踐更輒予平賈』。注云：

　　　　服虔曰，『以當爲更卒出錢三百謂之過更，自行爲卒謂之踐更。吳王欲得民

　　　　心顧其庸，隨時月與平賈也。』晉灼曰，『謂借人自代爲卒者，官爲出錢，

　　　　顧其時庸平賈也。』師古曰，『晉說是也。』

按此段服虔說和晉灼說的分別，是服虔說自行爲更卒的人，由官家給予工資，晉灼

說是替人作更卒的人官家給予工資。照服虔說自行作更卒的官家給予工資，即是等

於官家有役事的時候，一律雇人來做。那就不論自作代作，官家都一律給工資，不

必再來分辨是誰。照晉灼說那官家所給予工資的是代替他人作工的人，其親自來應

更卒的官家便不給以工資。照這樣辦官家先要甄別一次，不是應更卒的本人的，才

給工資。但甄別的結果，決無本人來應，官家反要憑空多一次甄別的煩費。並且吳

王要收買民心，爲什麼要獎勵替代的人，而不獎勵自應更卒的人，這也是不通之

尤。所以晉灼注在本身是不可能，不能不以服虔注爲準。

　　至於史記吳王濞列傳注，則有下列的解釋：

　　　　集解，『駰案，漢書音義曰，「以當爲更卒，出錢三百文謂之過更，自行爲

　　　　卒謂之踐更，吳王欲得民心，爲卒雇者，其庸隨時月與平賈，如漢桓靈時有

　　　　作與作以少府錢借民比也。」』

　　　　索隱，『案漢律卒更有三，踐更，居更，過更也。此言踐更輒與平賈，謂爲

　　　　踐更合自出錢，今王欲得人心，乃與平賈官讎之也。』

集解所引爲服虔音訓，只後邊被充一句。索隱則引漢律分更爲三類，未明爲解說。但司馬貞唐人，漢律巳不見隋志，不知從何處輾轉得來，未必可據（李源澄漢代賦役考卽如此說）。

　　所以分析分說的結果，比較時代早，而本身無矛盾的，只有服虔一說，現在就用服說來觀察。服說和如說有幾點顯然不同。

　　一、服說認爲踐更和過更爲更卒的兩方面，而如說則牽涉到屯戍。

　　二、服說認爲不爲更卒的人，請人替代便出三百錢，卽是二百錢算作一月的工資。如說則認爲三百錢是戍邊三日的工資。

　　現在卽就此兩點來討論。關於踐更和過更方面來說，吳王濞傳，『卒踐更輙予平賈。』如淳本注所引律說亦云，『後從尉律卒踐更一月休十一月也。』所以卒踐更爲一成語。李源澄漢代賦役考云『意謂當爲卒者至應爲卒之時而來爲卒，卽卒踐更也』，這是對的。按漢書游俠傳：

　　　（郭）解出，人皆避，有一人獨箕踞視之，解問其姓名。客欲殺之。解曰
　　　『居邑屋不見敬，是吾德之不修也，彼何罪。』乃陰請尉吏曰，『是人吾所
　　　重，至踐更時脫之』，每至直更數過吏勿求。

所以踐更卽係直更，如淳的『次更者雇之，月二千，是爲踐更』，顯然不對。

　　至於服說三百錢爲一月工資，顯然也比如說三百錢爲三日工資爲有理由，平帝紀元始元年條：

　　　天下女徒，已論歸家，顧山錢月三百。注，『如淳曰，「已論者罪已定也，
　　　令甲女子犯罪作如徒六月，顧山遣歸，說以爲當於山伐木，聽使入錢顧功
　　　直，故謂之顧山。」應劭曰，「舊刑鬼薪取薪於山以給宗廟，今使女徒出錢
　　　顧薪，故曰顧山也。」師古曰，「如說近之，謂女徒論罪旣定，並放歸家，
　　　不親役之，但令一月出錢三百以顧人也。」』

由此看來女徒所顧採薪的人，可以每月三百，而更卒所顧代的人，工價便要超出十倍，天下決無此情理。在居延漢簡錢穀類也可看出最低的俸是每月三百，並且還有『就錢三百』一條，所以照服虔說法，更卒的工資也是每月三百，那就便無若何問題了。

（丙）『平賈』的解說

溝洫志（河平三年），『治河卒非受平賈者，爲着外繇六月。』注，如淳曰，『律說，平賈一月得錢二千』，自然不能說如淳杜撰，但如淳的『次更者雇之月二千』，當卽從此條律說而來。不過漢代四百年，此條律說究係何時的律說，如氏却不加分辨。此條律說究竟曾適用多少時候，如氏亦未曾證明。則將一個臨時付價的律說二千錢，和一個定做大致標準的三百錢，認爲同時的數目，自然有矛盾衝突。有矛盾衝突而勉强解釋，自不免捍格不通。按漢代物價有時相差甚大，食貨志言宣帝時穀石五錢，而趙充國傳言，『張掖以東穀石百餘，芻槀數十。』後漢書虞詡傳注引續漢書曰，『詡始到穀石千，鹽八千，見戶萬三千。視事三歲米石八十，鹽四百，流人還郡，戶數萬。』所以在特殊狀況之下，相距不遠的時候，或同時兩個地方可以相差十倍，則漢代四百年中一月的工資自然可以有三百和二千兩個數目，但必要强爲調處，便適見其蔽了。

更卒止限一月，如逾一月則當給與平賈卽顧傭錢。功臣表信武侯靳亭，『孝文後三年坐事國人過律免』，注，『師古曰事謂役使之也。』又祝阿侯高成，『孝文後三年坐事國人過律免。』錢文子補漢兵志說，『如滿一月當代而過役之類。又功臣表東茅侯劉告，『孝文十六年坐事國人過員免。』注，『師古曰事謂役使之員數也。』這便是因爲直更有定數，否則爲過員了。

又卜式傳，『上識式姓名曰，「是固前欲輸其家半財助邊」，乃賜式外繇四百人，式又盡復與官。』注，『蘇林曰，「外繇謂戍邊也。一人出三百錢謂之過更，式歲得十二萬錢也」，一說，「在繇役之外得復除四百人也」，師古曰，「一說是也。」』按外繇爲戍邊，孟康亦如此說，當不誤，但過更三百錢却非戍邊，乃是一月一更的更卒。所謂「一說」者。是否蘇注原文今不得知，但此說顯然不對。王先謙漢書補注引郭嵩燾曰，『下云式又盡復與官，是所賜者四百人更賦錢又復納之官，非復除至四百人也，疑古無除其家至四百人之例，一說誤。』按族居數百人乃南北朝以後，因兵亂賦稅種種原因而成的事，漢承秦制，大都別居，式傳稱，『弟盡破其產，式輒分與弟者數矣。』卜式自己已經和弟分家，免不相干四百人的繇役，有何好處？此種賜與外繇，似不當作免賦解。說是賜給外繇錢，則更卒有過更

之例，戍邊是否如此，不敢斷言。如戍邊可以過更，則當然是卜式得戍卒四百人一年的工資。否則亦是賜當戍邊的四百人爲卜式工作一年，卜式所得的是四百人一年的勞力，但他不要仍舊復與官，這種解釋或者相差不遠了。

（丁）繇役和兵役的復除

以上的三種兵役，在若干條件之下是可以復除的，這在錢文子兵志已經詳爲搜集了。現在略述如下。第一是有身分的人：

惠紀，『詔吏六百石以上，父母妻子與同居，及故吏嘗佩將軍都尉印將兵，及佩二千石官印者，家唯給軍賦，他毋有所與。』

文紀四年，『復諸劉有屬籍家無所與。』

周禮鄉大夫，『國中貴者皆舍，鄭注云，「若今宗室及關內侯皆復是也」。』

儒林傳，『武帝詔爲博士官置弟子五十八復其身。』

儒林傳，『元帝好儒能通一經皆復。』

食貨志鼂錯奏云，『令民入粟受爵至五大夫以上，迺復一人，此與騎馬之功相去遠矣。』——補漢兵志曰，『自後漢改法至關內侯乃復也。』

高紀二年，『舉民年五十以上有修行能帥衆爲善，置以爲三老，鄉一人，擇鄉三老一人以爲縣三老，與縣令丞尉以事相教，復勿繇戍。』

惠紀四年，『舉民孝悌力田者，復其身。』

第二是有功的人：

高紀八年，『令吏卒從軍至平城，及守城邑，皆復終身。』

高紀十二年，『謂沛父兄其以沛爲朕湯沐邑，復其民世世無有所與。沛父兄以豐請，乃倂復豐比沛。』

高紀十二年，『詔云吏二千石入蜀漢定三秦者。皆世世復。』

高紀五年，『詔軍吏卒非七大夫以下皆復其身，及戶勿事。』

宣紀地節二年，『詔大司馬大將軍博陸侯復其後。』

功臣表元康四年，『復高帝功臣絳侯周勃百三十六人家子孫令奉祭祀世世勿絕，其無嗣者復其次。』

高紀二年，『關中卒從軍者復家一歲。』

高紀五年，『詔諸侯子在關中者復之，其歸者半之。』

第三是一種特典：

食貨志，『鼂錯奏云，民有車騎馬者復卒三八。』

宣紀地節三年，『詔流民還歸者假公田貸種食，且勿算事。』

高紀二年，『蜀漢民給軍事勞苦，復勿租稅二歲。』

賈山傳，『九十者一子不事。』

武紀建元元年，『詔民年九十以上已有受鬻法，為復子若孫。』

宣紀地節四年，『詔自今諸有大父母父母之喪者，勿繇事。』

周禮鄉大夫，『老者疾者皆舍，注云，「疾者謂今癃不可事者，漢律民年二

十三傅之疇官，高不滿六尺二寸為疲癃。」』

高紀七年，『詔民產子者復勿事二歲。』

在武帝時始令民入粟入奴婢來買復，以後又設武功爵令民買爵以得復除。徵發之士

益鮮（食貨志）。到元帝永光三年用度不足，民多復除，便無以給中外繇役了。

〔肆〕論後漢的民兵

後漢是罷去常備的民兵的，建武七年詔：

今國有衆兵，並多精勇，宜且罷輕車騎士，材官樓船士及軍假吏。

但軍備廢而軍籍未廢，三國志崔琰傳：

河東武城人，少樸訥，好武事，年二十三鄉移為正，始感激讀論語韓詩。

因未廢軍籍，有事仍然要徵發郡兵，但因為不如西漢訓練的嚴格，所以民兵的成績

亦不如西漢。漢官儀云：

蓋天生五材，民並用之，廢一不可，誰能去兵？……自郡國罷材官騎士之

後，官無警備，實啓寇心，一方有難，三方救之……黔首囂然，不及講其射

御。……是以每戰常負，王師不振。（續漢書百官志注引。）

按光武並無改西漢舊制之意，在這個時候正當水旱為災，又值中原殘破之後，光武

力圖省吏減賦與民休息。徵民和都試自然都是擾民的事，所以便一時罷去。此或因

光武的軍隊與高祖略異，高祖雖起自草野，但豐沛舊人有限，主要仍是秦的民兵。

光武部下則多爲山東綠林豪俠所改編，或爲豪族私部所投效。縱吳漢，耿弇，任光諸部原爲郡縣民兵，但和隨旣久，亦成了『衆兵』的一部。後來對於這些『衆兵』的罷遣，現在不能完全知道，不過在建武功臣列傳尚可看出陸續罷遣的痕跡，到了明章以後，天下承平，縣官仍襲儉約遺風，當然用不着再恢復正卒徵集的辦法。

東漢都尉一職的罷去，尚在材官騎士罷遣之前。但邊郡尚設都尉，後來有事時，也開設都尉。續漢百官志云：

> 中興建武六年，省諸都尉。並職，無都試之役。省關都尉，惟邊郡往往置都尉及屬國都尉，稍有分縣，治民比郡。安帝以羌犯三輔，有陵園之守，乃復置右扶風都尉，京兆虎牙都尉。

按都尉所領的是民兵，東漢偶有設置都尉之時，卽郡兵偶有恢復之時。自六年罷都尉，七年罷正卒，九年省關都尉，二十三年遂罷諸邊郡亭候吏卒（居延的亭候在建武的時候大約便廢去不少，現時漢簡只迄自建武）。光武紀稱，『初帝在兵間，久厭武事，且知天下疲耗，思樂息肩，自隴蜀平後，未嘗復言軍旅。』這段大約可作光武屢省兵事原因的解釋。但有時却因不得已而復置的，馬端臨文獻通考兵考：

> 光武罷都尉，然終建武之世，已不能守前法，罷尉省校輒臨時復置，七年罷長水射聲二校，十五年復增屯騎校，九年省關都尉，十九年復置函谷關都尉，而天下亦往復置都尉。

可見兵是無法全去的。按後漢緣邊十二郡仍有騎士，見竇憲傳，梁慬傳，班勇傳。郡有甲士見皇甫規傳。其設置都尉的事泰山都尉見桓紀，孔融傳，夏恭傳，孔宙碑。琅邪都尉見桓紀。九江都尉見質紀，滕撫傳，九眞都尉見桓紀。隴西南部都尉見順紀。屬國都尉見郡國志。

後漢時調發郡國兵的例，今擧如下：

明帝紀卽位，『詔所發天水三千人，亦復是歲更賦。』

又永平元年，『越巂始復叛，州郡討平之。』

章帝紀建初二年，『永昌越巂三郡民討哀牢破平之。』

又建初五年，『荊豫諸州兵討破武陵漊中叛蠻。』

和帝紀永元六年，『武陵漊中蠻叛，郡兵討平之。』

又永元十二年，『南象林蠻夷反，郡兵討破之。』

安帝永初三年，『海賊張伯路等寇略緣海九郡，遣派御史龐雄督州郡兵討破之。』

又永初四年，『海賊張伯路……攻厭次殺縣令，遣御史中丞王宗督青州刺史法雄討破之。……先零羌寇漢中，漢中太守鄭勤戰歿。』

又元初元年，『先零羌敗涼州刺史皮陽於狄道。』

元初二年，『先零羌寇益州，詔中郎將尹就討之……右扶風仲光，安定太守杜恢，京兆虎牙都尉耿溥與先零戰於丁奚城，光等大敗並歿，右扶風司馬鈞下獄自殺。』又，『武陵澧中蠻叛，州郡擊破之。』

又永初三年，『武陵蠻復叛，州郡討破之。』

又永初六年，『永昌蜀郡夷叛，與越巂夷殺長吏燒城邑，益州刺史張喬討破降之。』

又建光六年，『穢貊復與鮮卑寇遼東，遼東太守蔡諷追擊戰歿。……鮮卑寇居庸關，……雲中太守成嚴擊之戰歿。……高句麗馬韓濊貊圍玄菟城，夫餘王遣子與州郡並力討破之。』

順紀陽嘉四年，『烏桓寇雲中……發諸郡兵救之，烏桓退走。』

又漢安二年，『護羌校尉趙冲與廣漢太守張貢擊燒當羌於參䜌破之。』

又建康元年，『揚徐盜賊范容周生等寇掠城邑，遣御史中丞馮赦督州郡兵討之。……揚州刺史尹耀，九江太守鄧顯討賊范容於歷陽，軍敗，耀顯等為賊所沒。』

質帝紀元嘉元年，『九江賊馬勉稱皇帝，九江都尉滕撫討馬勉范容周生大破斬之……夏四月丹陽賊陸宮等圍城燒亭寺，丹陽太守江漢擊破之。』

桓帝紀建和二年，『白馬羌寇廣漢，殺長吏，益州刺史率板循蠻討破之。』

又建和三年，『九眞蠻夷叛，太守兒式討之，戰歿遣九眞都尉魏朗擊破之。』

又延熹三年，『荊州刺史度尚討長沙蠻平之。』

又延熹五年，『長沙零陵賊起，攻桂陽蒼梧南海交阯，遣御史中丞盛修督州郡討之，不剋……烏吾羌寇漢陽隴西，諸郡兵討破之……武陵蠻寇江陵，太

守李肅坐奔北棄市，以太常馮緄爲車騎將軍討之。』

又延熹八年，『桂陽胡蘭朱蓋等復反，攻沒郡縣，轉寇零陵，零陵太守陳球拒之，遣中郎將度尙長沙太守杭徐擊蓋蘭，大破斬之。蒼梧太守張敍爲賊所執，又桂陽太守任胤背敵畏懦，皆棄市。』

靈帝紀建寧二年，『江夏蠻叛，州郡討平之。丹陽山賊圍太守陳夤，夤擊破之。』

又熹平元年，『會稽人許生自稱越王，寇郡縣，遣揚州刺史臧旻，丹陽太守陳夤討破之。』

又熹平三年，『揚州刺史臧旻率丹陽太守陳夤大破許生於會稽斬之。』

又光和三年，『巴郡板楯蠻叛，遣御史中丞蕭瑗督益州刺史討之，不剋。』

又中平元年，『以河南尹何進爲大將軍屯都亭，置八關都尉官……遣北中郎將盧植討張角，左中郎將皇甫嵩，右中郎將朱儁討潁川黃巾……南陽黃巾張曼成攻殺郡守許貢。……汝南黃巾敗太守趙謙於邵陵，廣陽黃巾殺幽州刺史郭勳及太守劉衛，南陽太守秦頡擊張曼成斬之。

又，『交阯屯兵執刺史及合浦太守來達，自稱柱天將軍，遣交阯刺史賈琮討平之。』

又中平三年，『武陵蠻寇郡界，郡兵擊破之。』

又中平四年，『涼州耿鄙討金城賊韓遂，鄙兵大敗，遂寇漢陽，漢陽太守傅燮戰歿……漁陽人張純與同郡張舉舉兵叛，攻殺右北平太守劉政，遼東太守楊終，護烏桓校尉公綦稠等。零陵人觀鵠自稱平天將軍，寇桂陽，長沙太守孫堅擊斬之。」

又中平五年，『益州黃巾馬相攻殺刺史郤儉，……又寇巴郡殺郡守趙部，從事賈龍擊斬之。』

在東漢一代，州郡有事常是由太守領兵，間或由刺史督率。在邊郡有時用護匈奴中郎將，護烏桓校尉及護羌校尉來領兵。只有幾個特殊重要的軍事才由朝中派將軍，中郎將，侍御史之類來統率。所以後漢的軍事仍然以州郡兵爲主毫無疑問。除過州郡兵以外尙有若干處『屯兵』，但州郡兵的重要仍然不能疏忽的。所以決不能因爲

後漢末有普遍的車騎材官，便忽略州郡軍備的重要。只是對於訓練考察的都試，在建武初年廢止了，兵多不練。而且尙有長期的屯兵。所以募兵的方式東漢末年更爲顯著。民兵越來越不堪用了。鄭泰傳，泰對董卓曰：『光武以來中國無警，百姓優逸，忘戰日久，仲尼有言，不敎民戰是謂棄之。……關西諸郡頗習兵事，自頃以來，數與羌戰，婦女猶戴戟操戈，挾弓負矢，況其壯勇之士以當忘戰之人乎？』此雖故爲遁詞，但關東軍備的脆弱與關西情形懸殊，是可以想到的。

〔伍〕論募兵和刑徒的應用

弛刑募士和私從在漢簡上也是常看到的，例如：

廩施刑。（237.13）

二月尉薄食施刑屯士四人爲穀小石……（464.3）

元康四年二月己未朔，乙亥。使鄯善以西校尉吉，副衛司馬富昌，丞慶都，尉□重，卽……通元康二年五月癸未，以使都護檄書，遣尉丞赦將扜刑士五千人，送使將車□□……（118.17）

建平五年十二月丙寅朔，乙未，□北候長□充□言之。官下詔詣……右校……募謹募□戍卒庸□數□等□任□□府。（224.18,137.3）

右校復卒史漢□□□□高居里稍。（90.49,90.68,90.89）

施刑士馮翊帶羽掖落里王□。（337.8）

復作大男叢市。（60.2）

從者居延市陽里張侯，年廿一歲。（62.54）

從者□□里□□□。（37.58）

居延復作大男王建。（37.33）

出莢食馬三匹，給尉卿募卒吏四月十六日食，吏一人馬一匹卒一人馬一匹。（290.12）

令史田會粟三石三斗三升少十二月□□自取。

尉史□伊粟三石三斗三升少十二月□□自取。……（中略）……

郡卒樂勝之粟三石三斗三升少十一月戊子自取。

施刑桃勝之粟三石十一月庚子自取。(26.21)

此外尙有備工，例如：

出錢千三百冊七， 賦就入會水宜祿里蘭子房一兩。(506.27)

出錢四千七百一十四，賦就人表是萬歲里吳成三兩半， 已入八十五石少二
石八斗三升。(505.15)

按漢代雖然用的州郡徵兵，但有時用募兵和刑徒的。私從之制已見於武帝時。武帝
時的八校則已是募兵性質。 史記匈奴傳，『乃粟馬發十萬騎， 負私從馬凡十萬
匹，』正義，『謂負擔衣糧私募從者凡十四萬匹，』又漢書昭帝紀云，『益州反…
…遣水衡都尉呂破胡募吏民及發犍爲蜀郡㫄犇命擊益州大破之，』趙充國傳『願罷騎
兵留弛刑，應募及淮陽，汝南步兵與吏士私從者合凡萬二百八十一人。』馮奉世
傳， 『漢復發募士萬人拜定襄太守韓安國爲建威將軍（元帝時人，非武帝時韓安
國）。』這都是西漢時的例證。又如後漢書光武紀，『建武十一年春率征南大將軍
岑彭等伐公孫述……將南陽兵及弛刑募士三萬人泝江而上。』 明帝紀永平元年，
『募士戍卒隴右，賜錢人三萬。』馬援傳，『遂遣援率中郎將馬武、耿舒、劉匡、
孫永等將十二郡募士及弛刑四萬餘人征五溪』，這也是募兵的。至於正卒以外臨時
書音義曰，『擢選昭帝紀元始元年（有注），又見於翟方進傳，後漢書宋均傳引前
調發的稱爲奔命見精勇，聞命奔走，謂之奔命也。』這見是近於募兵的。

漢代用刑徒爲兵士的事更常見，例如：

武帝紀元封二年，『募天下死罪擊朝鮮。』

又元封六年，『益州昆明反， 赦京師亡命令從軍， 遣拔胡將軍郭昌將以擊
之。』

又太初元年，『遣貳師將軍李廣利發天下謫民西征大宛。』注師古曰『庶人
之有罪謫者也。』

又天漢元年，『發謫戍屯五原。）

又天漢四年，『發天下七科謫及勇敢士遣貳師將軍李廣利將六萬騎步兵七萬
人出朔方。』

昭帝紀元鳳元年，『武都氐人反遣執金吾馬適建，龍雒侯韓增，大鴻臚田廣

明，將三輔太常徒，皆免刑擊之。』

又元鳳五年，『發三輔及郡國惡少年，吏有告劾亡者屯遼東。』

又元鳳六年，『募郡國徒築玄菟城。』

宣帝紀神爵元年，『西羌反，發三輔中都官徒，及應募、伏飛射士、羽林孤兒、胡越騎、三河、潁川、沛郡、淮陽、汝南材官；金城、隴西、天水、安定、北地、上郡騎士；羌騎詣金城。』

李廣利傳，『太初元年，以廣利爲貳師將軍，發屬國六千騎，及郡國惡少年數萬人以往……引而還……士不過什一二。……天子聞之大怒……赦囚徒，扞寇盜，發惡少年及邊騎，歲餘罰出敦煌六萬人，負私，從者不與。……益發戍甲卒十八萬酒泉，張掖北置居延，休屠以衛酒泉。而發天下七科。謫及載糒給貳師，轉車人徒相屬至敦煌。』

趙充國傳，『時已發三輔太常徒弛刑。』

又，『願罷騎兵留弛刑應募……與吏士私從者。』

其在後漢則如：

後漢書明帝紀，『永平元年，燒當羌寇隴西，敗郡兵於允街，赦隴西囚徒，減罪一等。』

明帝紀永平八年『募郡國中都官死罪繫囚，減死一等，勿笞，詣度遼將軍營。』

又，『北匈奴寇西河，九年春，詔郡國死罪繫囚減罪與妻子詣五原朔方。』

又，永平十六年，『詔令中都官死罪繫囚，減死一等，勿笞，詣軍營屯朔方。』

又，永平十七年，『令武威，張掖，酒泉，敦煌，及張掖屬國繫囚右趾以下任兵者，皆一切勿治其罪諸軍營。』

章帝紀建初七年及元和元年，『詔天下繫囚減死一等詣邊戍。』

又章和元年，『令郡國中都官繫囚，減死一等詣金城戍。』

順帝紀永建五年，『詔死罪繫囚，皆減死一等詣北地，上郡，安定戍。』

又建康元年，『令郡國中都官繫囚，減死一等徒邊。』

吳漢傳，『十一年春，率征南大將軍岑彭伐公孫述……將南陽兵及弛刑募士三萬人泝江而上。』

馬援傳，『將十二郡募士，及弛刑徒四萬餘人征五溪。』

班超傳，『五年，遂以（徐）幹爲假司馬，將十二郡募士及義從千人就超。』

以上各則可見兩漢常用刑徒募士之類，至武昭時的惡少年，也是罪人的一種，在李廣利傳稱爲惡少年，而武紀太初元年則稱爲天下讁民。按漢書酷吏尹賞傳云：

賞以三輔高第選守長安令，得一切便宜從事。賞至修長安獄……乃部戶曹掾吏，與鄉吏亭長，里正，父老，伍人，雜舉長安中輕薄少年惡子，無市籍商販作務，而鮮衣凶服，被鎧扞，持刀兵者悉記之，得數百人。

輕薄少年惡子，亦即是惡少年，這在漢代是犯罪的。故發軍時準作讁民。至於後漢特提勿笞一語，則又見於後漢書郭躬傳：

章和元年赦天下繫囚，減死罪一等，勿笞詣金城，而文不及亡命未發覺者，躬上封事言，『死罪已下並蒙更生，而亡命捕得獨不沾澤，臣以爲赦前死罪而繫在赦後者可皆勿笞詣金城，以全人命，有益於邊』，肅宗從之。

在漢代因讁徙邊的人，例如陳湯傳云，『湯前有討郅支單于功，其免湯爲庶人徙邊，……於是湯與（解）萬年俱徙敦煌。』王章傳，『章果死，妻子皆徙合浦。』後漢書陽球傳，『球迻洛陽獄誅死，妻子徙邊。』馬融傳，『先是融有事忤大將軍梁冀旨，冀諷有司奏融在郡貪濁，免官髡鉗徙朔方。』北堂書抄四十五蔡邕徙朔方報楊復書云，『昔此徙者，故城門校尉梁伯喜，南郡太守馬季長，或至三歲，近者歲餘多得旅返。』這也都是刑徒徙邊的事實。此事自秦已然，史記始皇本紀，『發諸嘗逋亡人贅壻，賈人，略取陸梁地爲桂林，象郡，南海以適遣戍。』二世本紀，『少府章邯曰，「盜已至衆彊，今發近刑縣不及矣，酈山徒多請赦之授兵以擊之。」二世乃大赦天下，使章邯將。』司馬遷報任安書云，『不韋遷蜀，世傳呂覽。』漢書地理志益州有不韋縣，續漢郡國志在永昌。華陽國志云，『孝武置不韋縣徙南越相呂嘉子孫宗族居之因不韋以章其先人之惡。』又在巴蜀，當秦漢時亦曾遷徙罪人。高帝紀（韓王）『信對曰項羽背約而王君王於南鄭，是遷也。』註，如淳曰，『秦法有罪遷徙之於蜀漢。』所以有讁戍邊自秦已然了。

出自第十本（一九四八年四月）

漢武後元不立年號考

勞　榦

年號始自漢武，惟漢書所述，但稱後元年及後二年，末有嘉名。

清官本漢書引慶元刊漢書附劉攽刊誤曰：『案昭帝紀云「辭訟在後元二年前皆勿聽」，則當但稱後元年。』此謂漢武後元，於年月以上，但著『後』字者也。

吳仁傑兩漢刊誤補遺云：『武帝改元凡十有一，末有無年號者。……疑征和四年之明年，改稱征和後元年。』此謂後元以上，猶著『征和』年號者也。

清官本考證引王楙說以爲『武帝沿文景故事，復爲後元，然始以「後元」二字加於年號上，此爲異也，非史官追書之。』朱一新漢書管見及王先謙漢書補注，皆用其言，雖爲新說，亦未足據。惟趙與時賓退錄以爲『武帝雖屢更年號，偶最後不曾命名，獨稱元年……惟東都建武中元，恐是當時所命。』其說最爲盡情適理，然亦無確證，不足以辨析衆說之疑。

綜上所述，凡有四說，或謂年號但一『後』字，或謂年號爲『征和後元』，或謂爲『後元』，或謂但稱元年二年，不更別著年號。今欲決其疑，固非有新出資料，不足以供論斷也。

按居延漢簡所有文書簿籍，倘非殘缺，皆於日月之前記有年號，獨有兩條不記年號者。其原文爲：

> 入糜大石八石七斗，爲小石十四石五斗，二年八月辛亥朔，第二亭長舒受第六亭長延壽以☑。　275.21

> 入糜小石十四石五斗爲大石八石七斗，三年正月己卯朔辛巳，第二亭長舒，
> 受第六亭長延壽　278.9

此二簡所記，凡有二人，一爲第二亭長舒，一爲第六亭長延壽。從此二人之時代，可以推定此二簡之時代。居延漢簡尚有其他簡牘，可供推證，今列其四簡於後。

廩小石十一石□斗□□□□石八斗四升　征和（註一）四年十月癸亥朔乙丑第

二亭長舒受却適候長☑　　534.2—534.15

小石十五石始元三年四月乙丑朔丙寅第二亭長舒受序胡倉臨書 都 丞 延 喜

273.8

入廩小石十五石始元三年六月甲子朔甲子第三塢長舒受代田倉臨 都 丞 臨

273.14

出四年□□□一月一石四斗一升征和四年十二月辛卯朔己酉廣地里王郵付居

延農亭亭長延壽　　557.8

故在簡中所記之二人中，第六亭長延壽雖未得其時代之確證，而第二亭長舒爲武昭

間人，確無疑義。此人爲第二亭長之年代，自征和至於始元。後元洽在征和與始元

之間，故此人在後元時亦仍爲第二亭長。且此人在始元三年六月已改任第三塢長

（註二），則署名『第二亭長舒』之間，亦不應在此以後。若向前推，則居延建置前

不能蹟元狩，此簡亦無從過早也。

　　更以長歷證之（汪陳兩氏長歷相同），第一簡所記爲二年八月辛亥朔。今考自

武帝建元以至西漢末年，僅有相合者兩處，一爲後元二年，一爲居攝二年。但『第

二亭長舒』爲武昭時人，王莽時不得更有一『第二亭長舒』。且此簡字體與有武昭

『第二亭長舒』各簡出自一手，『舒』字簽署亦復相同。其人不得至居攝時尚生存

而仍爲第二亭長。故此簡爲武帝後元二年時物。

　　第二簡所記爲三年正月己卯朔。今檢長歷相合者惟居攝三年爲正月己卯朔，相

近者惟始元元年正月爲戊寅朔較此早一日，其餘均相差甚遠。此簡與前簡出自一

手，前簡非居攝時物，則此簡亦非居攝時物。蓋始元元年卽後元二年之次一年。而

此簡爲辛巳日所記，又爲新年之第四日，典守邊方簿籍者未必長於故事。是時初過

歲除，未見改元詔令，自易沿書爲三年也。

　　又是年正月爲戊寅朔，此誤作己卯朔。按一般簡牘及金石凡長歷不合者，應有

　（註一）簡文作『爰和』，馬叔平先生謂是延字。今但從一般習慣用法，仍書作征和。蓋古人已往，

　　　　　原不必究其命名原意。書作征和，一望而知爲漢武紀年，反較書作『延和』爲便也。

　（註二）塢長當卽候長，亭長當卽隧長，漢世塢候常並稱，亭隧亦常並稱也。

下列各類解釋。

　　（一）所用爲另一種歷法。

　　（二）誤置閏或誤失閏。

　　（三）連大月位置不同。

　　（四）書寫時之錯誤。

就第（一）點言，此簡與前簡出自一手，且相去時間不遠，（由八月至正月）不應同一人同一事而用兩種歷法，此點決不可能。就第（二）點言，則漢代不論四分太初及其他任何歷法，皆用無中氣置閏之制，不至相差太遠。後元元年閏正月，始元元年閏十月，後元二年無誤置閏或失閏之可能。縱令強置一閏月於後元二年，則始元元年正月當爲戊申朔，去己卯尤遠矣。若就第（三）點而論，歷法大小月相間，兩月合計爲五十九日。漢書律歷志云：『太初術一月之日二十九八十一分日之四十三。』即每月朔策爲 $29\frac{43}{81} = 29.53086419$ 倍之爲 59.06172838，故兩月之朔餘合計爲 0.06172838 日。其積足一日時，則成一連大月。連大月與連大月之距離咸有一定，不能隨意更動。故此點亦不可能。

　　以上各點既均不可能，除記錄時筆誤外，無其他解釋。此簡朔日與長歷僅相差一日，上下一日之干支，若非書寫時檢對歷譜，甚易誤記。此簡非正式文書，乃廩給簿錄，因疏忽而誤記日月之事自較多也。

　　綜上所舉，第一簡爲武帝後元時物，無復疑問。第二簡雖多錯誤。然以第一簡推按，亦無可疑。今敦煌所出及居延所出漢簡，自武帝太始征和以後至王莽，更始以迄東漢，凡有年月者，無不著紀元年號。此二簡爲特例，獨與武帝後元相合。則武帝後元時於年號未錫嘉名，但稱元年二年者，亦非一可疑之事矣。

　　附記：本文承傅孟眞先生及丁梧梓先生閱過，多所指正，統此致謝。

出自第十本（一九四八年四月）

居延漢簡考釋序目

勞　榦

目　錄

居延漢簡考釋序

敦煌漢簡和居延漢簡是數十年來對於漢代史料的最大發現。敦煌漢簡自斯坦因發現以後，經沙畹、王國維諸人的考釋，可以說榛莽已闢。居延漢簡係民國十九年西北科學考察團所發現的，發現時期較敦煌漢簡爲後，但其分量卻比敦煌漢簡要多出數倍。

居延漢簡雖然分量比較敦煌漢簡爲多，所可惜的是雖然發現許久，仍然未和世人相見。在北平未淪陷以前，由馬叔平，向覺明，賀昌羣，余讓之諸先生和我作了一部分釋文，也因北平淪陷，釋文隨着失去。所幸原簡已由徐森玉先生和沈仲章先生設法運出。經中英庚款基金董事會的資助能在流離板蕩之中出版，不能不說是千辛萬苦中的收穫（編者按：此書在香港淪陷時尙未出版）

現在的釋文，就是根據原簡的反體照片，這些是因爲製版由商務印書館攝影並由沈仲章先生經手拍攝的。爲寫成今體和校對分類，我已經費去兩年多的時間。但其中仍有許多地方，倘不能做到完全滿意。而且攝影的時候，底片倘有損壞由香港寄到昆明，曬像亦有損壞和遺失，數目上和編製上是不能和在滬翦貼複照的成書，完全一致。這一點是無可如何的。倘若在平時儘可有法參照，但現在是戰時，只好釋文和影本各自爲政。將來影本出版以後，再參照影本來做索引及補遺。

本篇的釋文是按照簡牘的種類來分類的。計分爲文書、簿冊、信札、經籍、雜類五類。在五類之中再分出若干小類。這個分類是變通羅振玉和王國維所設計之流沙墜簡的分類而成。墜簡的分類是：（一）小學術數方技書（二）屯戍叢殘（三）簡牘遺文。而屯戍叢殘再分爲簿書、烽燧、戍役、廩給、器物雜事各類。照這個分類法，屯戍叢殘一類包括太廣了。而且簿書是按簡牘的種類分，烽燧以下四類又按着性質分，所以在排比上不免有無所適從的地方。雜事一類大都是無類可歸或殘缺太甚的，其中不一定便是屯戍叢殘所能包括而沒有其他兩類上的簡牘。所以現在將屯戍叢殘所包括的，分爲文書，簿冊和雜事三類，改小學術數方技書爲經籍，改簡牘遺文爲信札。使得所有的類全是按照着簡牘的種類，再在種類的下，按性質分爲各個的小類。

　　因爲居延漢簡原發現人貝格曼先生的報告尙未出來，我們無法知道詳細出土的情形，和隨着出土的器物。現在手邊連一個詳細一點的居延附近的地圖也沒有，許多地方是不敢冒昧來說的，因此對於簡中所提到的烽燧名目，一律不敢加以排比。只記得從前在北平時西北科學考察團尙有一個居延地圖，漢簡出土最多的是在紅城子(Ulan Durbeljin)和壞城子(Mu Durbeljin)兩個地方，在(Ulau Durbeljin)出土的文書，簿檢，大半是屬於肩水候官的；在(Mu Durbeljin)出土的文書、簿檢，大半是屬於卅井候官的。現在不妨假設這兩個城，一個是肩水候官城，另一個是卅井候官城。肩水城大概屬於張掖肩水都尉，在卅井城大概屬於張掖居延都尉。肩水都尉不見於兩漢書地理志，在各紀傳中亦未提到。惟鹽鐵論中有『扇水都尉』或爲肩水都尉之誤。現在可以想到至晚在漢平帝時肩水都尉已經併職於居延都尉。至於這兩個候官亦未在兩漢書提到，這是前漢書地理志例不載候官，至續漢志亦沒有，可以知道後漢時候已經將這兩個候官罷去了。

　　居延漢簡的時代始自太初迄於建武，有一部份尙晚到永元。按漢書武帝紀太初三年『強弩都尉路博德築居延』。又李廣利傳『太初元年以廣利爲貳師將軍……期至貳師城取善馬。……士財有數千皆飢罷……引而還，往來二歲。……天子聞之大怒，……益發戍卒十八萬。酒泉，張掖北置居延、休屠、以衞酒泉。』漢書地理志注引闞駰十三州志云：『武帝使伏波將軍路博德築遮虜鄣於居延城。』所以居延城是太初時才建築的，居延的烽燧，或同時或稍後，大要總不出武帝時。又按衞靑霍去病傳附路博德傳云：『路博德西河平州人，以右北平太守從票騎將軍封邳離侯。票騎死後，博德以衞尉爲伏波將軍伐破南越。益封，其後坐法失侯爲彊弩都尉屯居延卒。』票騎將軍薨時爲元狩六年（本傳）。博德爲衞尉據百官公卿表在元鼎五年，以衞尉爲伏波將軍征南越據兩粵傳在元鼎五年秋。公卿表未載免衞尉時，但據景武昭宣元成功臣表，博德四年六月丁卯封（據霍去病傳爲元狩四年），十五年，太初元年坐見知子犯逆不道免。則博德爲衞尉不能更晚至此時。其伏波將軍至晚在此時亦已免去。十三州志所稱的伏波將軍，自係故伏波將軍。又按李廣傳附李陵傳『天漢二年貳師將三萬騎出酒泉……召陵使爲貳師將輜重，陵召見武臺，叩頭自請曰「……願得自當一隊。……」上曰「將惡相屬耶」。……因詔彊弩都尉路傳德將兵半道迎

陵軍，博德故伏波將軍，亦羞爲陵後距，奏言「方秋匈奴馬肥，未可與戰，臣願留陵至春，俱將酒泉張掖騎各五千人，並擊東西，浚稽方必禽也。」書奏，上怒，疑陵悔不欲出：而教博德上書。……召陵以九月發出遮虜鄣』。又『久之，上悔陵無救，曰，陵當發出塞，迺詔彊弩都尉令迎軍，坐預詔之，得令老將生姦詐。』所以從太初元年起至路博德死爲止，博德都將兵屯居延。博德死年今不可知，但截至天漢二年博德尚存，當時博德屯住居延已有六年。所以博德屯在居延或較六年尚長。居延的亭障都有爲博德經手經建的可能。漢簡中有一次稱將軍，有一次記載將軍的用器（見簿册器物類），但張掖太守居幔得而不在居延。都尉是等於校尉，不應稱將軍，博德是曾爲將軍的，現在不知道博德死後，是否尚在居延有以大將將屯的，假若漢代將屯居延的大將只有博德，那就居延漢簡可以推到路博德將屯的時候。除非有張掖太守而曾作將軍的在居延屯過。我們對路博德的生活之一片，也可從一個器物簿推到了。

　　建武時的簡有建武三年一簡，建武四年一簡，建武五年一簡，建武六年三簡，建武七年一簡。並有一簡爲七年四月。所以居延中的幾個烽燧城鄣至少在建武七年尚未罷去。據光武紀『建武六年六月辛卯詔曰：「夫張官置吏所以爲人也。今百姓遭難，戶口耗少，而縣官吏職所置尚繁，其令司隷州牧，各實所部，省減吏員，縣國不足置長吏可并合者，上司徒司空二府」，於是條奏并省四百餘縣。吏員減損，十置其一。』七年四月雖然在十個月之後，但居延的幾個鄣塞候官城，仍然有因爲這個詔令而隨時撤廢的可能，假若這幾個鄣塞是因爲撤廢而遭廢棄，那就可以想見當時許多邊吏捆收貴重的物件歸郡，其中積年的擋案是如何覺着不值運回而遺在廢棄的遺址，所以居延塞所得的殘篇斷簡可以有一萬多。不過居延塞中許多亭鄣是在建武中撤廢，這一層或者大致可以斷定。倘若因爲只能獲得建武七年四月是最後的文件，便推定在此時撤廢，但仍有相當危險。我們現時可以想到建武元年到七年的公文，也必然可以盈千累百，盈千累百的文件，現在只剩了幾條，便拿他決定某一件是最後的日月，其不可靠無待煩言。此外在建武一代與邊戍有關的事尚有建武二十二年『匈奴北徙幕南地空，詔罷諸亭候吏卒』。所以居延中幾個鄣塞在二十二年罷去，亦有可能。並且光武紀稱『十年省定襄郡，徙其於西河，』『十一年省朔方牧并

幷州』『十二年省金城郡屬隴西。』『二十年省五原郡徙其吏人置河東。』在這種『罷省』作風之下，也決不能斷定居延的兩個候官幾個郵塞，一定是於建武六年並省縣治時罷省，同時也決不能斷定是建武二十二年省減亭候吏卒時罷省。因爲這些郵塞大浪費了，在建武中某一時期單獨罷省亦有可能。所以現在決不能擅定在建武那一年罷省。不過居延漢簡截至建武爲止，建武的簡很可以尋出幾個，永平以後並無隻字。而建武又是極力施行罷省郡縣，罷省郵塞最爲顯著的一個時期。則居延諸塞的一部分，說是在建武一朝三十幾年中罷省，或者不算太武斷的。

居延郵塞是河西四郡的一部分其開發是在太初時，漢書有明文可據。而開發居延最初是利用屯田卒的。據路博德傳，及其他史料，我們已經知道路博德率領了一部分軍隊，在李廣利西征大宛之際開到居延，築起了城壁，長期在居延屯着，一直屯到路博德死，至於這一部分軍隊屯住的時候，究竟是什麼性質，是不大明瞭的。在居延簡中有兩簡，其一簡爲

　　　延壽迺太初三年中又以負馬田敦煌延壽與父俱來田事已……（書檄）

又一簡爲

　　　馬長吏卽有吏卒民屯士亡者具署郡縣里名姓年長物色房衣服初亡年月日人數
　　　白報具病已。案屬丞始元二年戌田卒千五百人爲騂馬田官寫涇渠迺正月巳酉
　　　淮陽郡……（書檄）

書檄前一簡爲簡中記日月最早之簡。第二簡雖然是昭帝初年之簡，但距李陵出塞時不過十四年，此時戍卒亦爲田卒，卽以戍卒屯田。可以想到當時邊塞的一般狀況。

再根據正史上的史料可舉於下：

　　　史記匈奴傳『後秦滅六國，而始皇帝使蒙恬將十萬之衆北擊胡，悉收河南
　　　地，因河爲塞，築四十四縣城臨河徙謫戍以充之………又度河據陽山北假
　　　中。』集解：『駟案北假北方田官，田主以田假與貧人，故曰北假。』
　　　漢書鼂錯傳『陛下幸憂邊境，遣將吏發卒以治塞，甚大惠也，然遠方之卒，
　　　守塞一歲而更，不知胡人之能，不如選常居者家室田作以備之……』上從其
　　　言，迺募民徙塞下。』
　　　史記匈奴傳『令大將軍青，驃騎將軍去病分軍，大將軍出定襄，驃騎將軍出

代・……是後匈奴遠遁，而幕南無王庭，漢度河往往通渠置田官，吏卒五六萬人，稍蠶食地接匈奴以北。』

史記平準書『初置張掖酒泉郡，而上郡朔方西河河西開田官，斥塞卒六十萬人戍田之。中國繕道餽糧遠者三千近者千餘里』。

漢書西域傳『初置酒泉郡，後稍發徙民以實之，分置武威、張掖、敦煌、列四郡，據兩關焉……自敦煌西至鹽澤，往往起亭。而輪臺，渠犂皆有田卒數百人。置使者校尉領護。』

漢書西域傳『征和中搜粟都尉桑弘羊與丞相御史奏言，「故輪臺以東，捷枝渠犂皆故國。地廣饒水草，有溉田五千頃以上，處溫和田美，可益通溝渠，種五穀。與中國同時熟。……臣愚以為可遣屯田卒詣故輪臺以東，益種五穀。田一歲，有積穀，募民壯健有累重敢徙者詣田所，就畜積為本業。益墾溉田，稍築列連城而西，以威西國，輔烏孫為便。臣謹遣徵事臣昌分部行邊。嚴勅太守都尉，明烽火、選士馬、謹斥候、蓄茭草，願陛下遣使西國以安其意臣昧死請」上迺下詔深陳既往之悔。曰：「前有司奏欲益民賦三十助邊用，是重困老弱孤獨也，而今又請遣卒田輪臺……今邊塞未正，闌出不禁，障候長吏，使卒獵獸皮肉為利，卒苦而烽火之失，亦上集不得。後降者來若捕生口虜迺知之。當今務在禁苛暴止擅賦，力本農脩馬復令以補缺，毋乏武備而已。……」由是不復出軍。』

綜以上各史料，可以看出屯田之事，在秦時當已有所萌芽。至漢武帝開闢河西之後，並用着軍屯和民屯，糧食不足仍要仰仗於內地。至於屯戍的方式，大致可以從桑弘羊屯田渠犂的計劃看出。屯田的計劃是利用屯田的戍卒來開渠墾田，一年以後，有了積穀，再募民壯健而有家口的前往，成為永業。此事雖未實行，但其計畫必係仿照邊郡成例而來，河西四郡最初也不會與此相差太遠。現在看西域傳『稍發徙民以實之』便知其是逐漸徙去的。徙民既眾，於是河西郡內的騎士，和關東更番的戍卒，互相幫助屯守。所以戍卒的數目也就減少了。昭宣以來數目不大明瞭，據王莽傳云：『穀常貴，邊兵二十餘萬人，仰衣食，縣官愁苦，』此時當匈奴單于囊知牙斯叛變之後，所用的邊兵數目尚較武帝時為少。可以知道最初建立邊郡的艱

難，和邊郡已建以後的效用。

正史對於邊塞屯戍的事，只能記載一點廣泛的一般原則，其具體事實的供給，則要倚賴發現的新材料。必須利用正史和新材料來鈎距參伍，才可以得着事實的眞像。

新發現的漢簡雖然非常殘缺零碎，但確是一個未曾開發的寶藏。只要能用心鈎稽，許多問題的眞像是可以藉此明瞭的。譬如兵制一事，食貨志引董仲舒的話說：『又如月爲更卒，已復爲正一歲，屯戍一歲。』而漢舊儀則稱『民年二十三爲正，一歲爲衛士，一歲爲材官騎士。』這兩段似乎衝突的。但現在已可從漢書和漢書注證明衛士與戍卒爲同性質的服務，至於那一項服務在前，那一項服務在後，則現在可由居延漢簡簿册名籍一目，看出戍卒並無嚴格的年齡區別而騎士名簿不記年齡。亦卽漢時的兵役，騎士有以年歲分級，抽調入營的具體事實而戍卒不然。所以前人考慮衛士正卒那個在先服務苦無根據，現在卻可以證實騎士在先了。

其次，漢代戶籍是以里爲基本的，現在只有許沖上說文表的召陵萬歲里公乘臣沖，和史記自序索隱引博物志『太史令茂陵顯武里大夫司馬「遷」年廿八三年六月乙卯除六百石』等少數證據。現在居延有大批的名籍都著上爵里，使我們看到漢代軍制和『保甲』制度是有密切關係的。自秦人以什伍組織秦民，以此併天下，漢代卽承此制。三國大亂，戶籍難徵，徵兵亦廢，於是鄉亭之制，名存實亡，什伍之法亦一往不返。宋神宗的保甲法，實是兵役的基礎，只是法出於嬴秦，而事託於周禮，自失所據罷了。

關於烽燧的制度，在未發現漢簡以前是無從想像的。現在有敦煌居延兩批漢簡，對於漢代的烽燧所有的嚴密組織，是可淸理了。關於烽燧的組織，是由都尉來管理，都尉是承受太守的指揮的。都尉以下有候官，候長，和隧長。候官的下候長的上間設郭尉，管理分司的烽燧。候官仿照縣的組織，置有掾屬，候長爲百石有秩，可以比鄉嗇夫，隧長則管一隧之事，略比亭長。這個制度是烽燧制度的基礎，只待居延漢簡發現，纔由我整理出來。戍卒的數目據敦煌簡和居延簡戍役一目所收，大致最少爲三人，最多可以到三十人，以十人爲最普通。據黃文弼先生『蒙古新疆兩地考古經過』云：『城旁有土墩，時有銅矢鏃及烽火遺屑，似爲烽火臺遺跡，每

十里必有一墩，每三十里必有一堡，可容數十人，似爲當時戍兵守望之所，每百里
有小城圈……。』這三種的障塞，來分配侯官，鄣尉，隊長三級情形恰合。至於都
尉治所，或在縣城。或在侯官城，與此不衝突的。

烽燧之制，比較早而紀載稍詳的只能推到唐代。宋曾公亮等武經總要云：

『烽燧軍中之耳目豫備之道。不可闕也。唐兵部有烽式，尤爲詳具，今之邊
塞所置，則頗爲簡略而易從。唐李筌所記法制適與今同，以唐式錄爲前，而
今法次之，庶參考用焉。

『唐法，凡邊城侯望。每三十里置一烽，須在山嶺高峻處，若有山岡隔絕，
地形不便，則不限里數。要在烽烽相望。若臨邊界，則烽火外周築城障。

『凡掌烽火置帥一人，副一人。每烽置烽子六人，並取謹信有家口者充副
帥。往來檢校烽子五人，分更刻望視，一人掌送符牒，並二年一代。

『置烽之法每烽別有土筒四口，筒間火臺四具，臺上插橛，擬安火炬，各相
去二十五步，如山險地狹，不及二十五步，但取應火分明，不須限遠近。其
煙筒各高一丈五尺，自半以下四面各間一丈二尺，向上則漸銳狹。造筒先泥
裏後泥表，使不漏煙，筒上着無底瓦盆蓋之，勿令煙出。下有烏爐竈口，去
地三尺，縱橫各一尺五寸著門開閉。每歲秋前別採艾蒿葖葉，葦條草節。皆
要相雜爲放煙之薪，及置麻藴火鑽狼糞之屬，所委積處以掘塹環之，防野燒
延燎，近邊者亦量給弓弩。

『凡白日放煙，夜則放火，先須看筒裏至實不錯然後相應時將火炬就烏爐竈
口裏焚蓺成煙，出外應滅訖，別捉五尺火炬安著土臺橛上，煙相應時，一爐
筒煙一人開閉，二筒煙時二人開閉，三筒煙三人開閉，四筒煙四人開閉，若
晝日陰晦霧起望煙不見，原放之所卽差腳力人速告前烽，霧開之處依式放
煙。若有一烽承兩道以上烽者，用騎一人擬告州縣發驛報烽來之處，若烽與
驛相連者，卽差驛馬。

『凡寇賊入境馬步兵五十人以上，不滿五百人放烽一炬，得蕃界事宜，又有
煙塵知欲南入，放烽兩炬，若餘寇賊，則五百人以上不滿三千人，亦放兩
炬。蕃賊五百騎以上，不滿千騎，審知南入，放烽三炬，若餘寇賊三千騎以

上亦放三炬，若蕃賊千人以上不知頭數，亦放烽四矩，若餘寇賊一萬人以上亦放四炬，其放烽一炬者，至所管州縣止。兩炬以上並至京原，放煙火處州縣須即錄狀馳驛奏聞。若依式放烽至京城訖賊回者，放烽一炬報平安。凡放烽告賊者，三應三滅，報平安者兩應兩滅。

以上在白帖曾略加徵引，又見於明茅元儀武備志，但武備稱爲唐制而未明著出處。清人官修圖書集成採取武備志無違礙的不少，但此段未被採取，甚至烽燧一門在圖書集成亦未列入，武備志曾爲禁書，武經總要雖收入四庫書中，但流傳未廣，所以唐代烽式幾在若存若亡之間。現在較詳的記載，以此爲最早，爲明瞭烽燧之制以便和漢代比較，故節錄原文。至李筌烽法較此爲略，王國維流沙墜簡亦曾稱引，所以不再詳舉。

按唐代烽法有許多是略同漢制的，殷因周繼，百代可知，假若是一個來原，其宗承是難改動於百變的。唐的烽式共分九段。其內容爲（一）烽燧的設置（二）烽燧的組織（三）烽火的種類（四）放烽火的程序（五）放烽火的方法（六）烽火報警的規律（七）傳警（八）密號（九）更番法。大致都可和漢代制度溯其來歷。

關於烽燧的設置，漢代烽燧是比唐代爲密的，黃文弼先生調查的結果烽燧相距大率十里，即照斯坦因所測的敦煌地圖，各烽相距也都在十里以內：後漢書馬成傳『繕治障塞，自西河至渭橋，河上至安邑，太原至井陘，中山至鄴，皆築保壁起烽燧十里一侯。』所以漢代亭障間距隔的標準是十里。

關於漢代烽燧的人數，例如：

右厭隧卒四人 （敦煌簡器物二十四）

口未 　（騎士十人其一人候　入作百五十　凡塹千三百　其一人爲養　其八人作塹） 　（敦煌簡戍役十六）

二月庚辰日卒四人 【其一人當候　其一人候　其二人積薪十日　率日致口口口新二里） （敦煌簡戍役十三）

（其一隧長　一人木工　一人守衛　廿六休不作　三人養　一人口口　一人病） （居延簡46,18,）

正月癸巳鄣卒十八 　（居延簡52,31,）

大約都在十人以內，此外尚有三十餘人的，和百人以上的，當然不是簡單的亭隧，

而屬於候官或部尉了。至於守塞的鄣卒，有戍卒有騎士，這也是唐代衞卒和鄉兵之比。

至於漢代烽火的種類，有積薪、炬火、和烽煙三類另外尙有布製的烽表。顯然比唐代的爲複雜，大約烽煙用於白日，炬火用於晚間，積薪日夜並用。另外尙有烽表的設備。至於燔薪舉隥之法，另有考證。今不詳及。今舉烽燧中用守禦器一則以見一斑。

望虜隧長充光 （積薪八母捫柴不塗塈 塢上樓櫓少二）

（大積薪二未更積 塢上大表一苦惡）

（小積薪二未更 塢上不驪除不馬矢塗）

（母卒取絜菱席 母候闌）

（諸水甖少一 母乾馬牛矢內無屋）

（汲桐少一 狗少一見不入籠）

（沙少三石見一石又多 母盾火炬五十）

（居延簡 264,32.）

至於漢代有無平安火的問題據王國維流沙墜簡考釋曰：

……漢人舉烽不知用何法，然沙氏書中別錄一簡釋文（原簡未印）云『六月丁巳丁亥第二百一十烽火一通從東方來，』所謂丁亥第二百一十者，蓋記自丁亥歲始，至六月丁巳所見之烽數，一百七八十日間而烽火之數至二百一十，恐漢時每夜亦有報平安之烽如李（太白陰經）杜（通典）二書所云也。

今按此條有誤證據不足，現在實無法證明漢代有平安烽火之制。其他瑣碎問題，可參看簿册類烽燧目中原簡，不再詳爲比較。

郵驛和烽燧是有密切相關的作用的。在居延簡中郵驛的紀載是很多的。漢簡上有對於某種事由某候官以郵傳。又記驛卒的授受和某地寄來公文的數目。驛有驛史驛卒，每驛備有官馬，並記着年歲和毛色。按郵驛本爲亭吏所掌。漢書平紀『宗師得因郵書言宗伯』注『郵行書舍，言爲付郵亭。』又黃霸傳注『郵亭行書舍傳送文書所止處也，即漢官儀五里一郵之制矣。』驛或稱爲置，文紀二年『太僕見馬餘財足，餘皆以驛傳置。』注：『傳置驛之所因名置也。』廣雅『驛置也。』這都是

驛亦稱置的例。漢代文書最快的如趙充國攻西羌的時候，從金城到長安約一千四百里，七日可以往返。但逾此限度即不可能。漢書霍光傳『上曰將軍之廣明，都郎屬耳，調校尉以來。未能十日，燕王何以知之？』可見充國時的驛傳，已算最快了。

以上只是舉出幾點大致說一說。至於比較詳細的節目，另有考證，不再贅及。

我最要感謝的是徐森玉先生，傅孟眞師，沈仲章先生。又董彦堂先生將釋文的歷法校了一次，我也要致謝的。

　　附記：原簡已在香港照像影印，照像甫畢，正在製版，其地突遭淪陷。此稿作時係根據照片副本，原缺照片約二十分之一，本擬依影印本清樣改正，今亦不可能。釋文中每簡之下有兩號碼，上號碼爲照片頁數，下號碼爲原簡編號。凡原缺照片可從號碼不銜接處大略檢得之。惟照片有損壞重照者，原亦編入號碼，故頁數缺號較多了●

出自第十本（一九四八年四月）

兩漢刺史制度考

勞　榦

一　御史與刺史

刺史制度的來源，在漢人的記載都要溯到秦的監郡御史。　但秦置監郡以後，到漢正式置刺史以前，監郡御史的制度時置時廢，並不能說刺史制度卽係監郡刺史所改。　現只能說漢代未置刺史以前曾經有此一種制度，這兩種制度有因襲的痕跡而已。

漢書百官公卿表云：

監御史，秦官，掌監郡。　漢省，丞相遣史分刺州，不常置。武帝元封五年初置部刺史，掌奉詔條察州，秩六百石，員十三人。　成帝綏和六年更爲牧，秩二千石。　哀帝建平二年復爲刺史，元壽二年復爲牧。

此所謂『丞相遣史分刺州，不常置，』卽爲刺史制度的前身。　不過在漢的初年，有時仍襲秦制度，用監郡御史。　北堂書鈔設官部引胡廣漢官解詁云：

惠帝三年，相國奏遣御史監三輔。

通典職官十四言此事更詳，但是否引自胡廣解詁，無從知曉，其言云：

惠帝三年，又遣御史監三輔郡，察詞訟，所察之事凡九條，二歲更之；常以十二月奏事，十二月還監。　其後諸州復置監察御史。　文帝十三年，以御史不奉法，下失其職，乃遣丞相史出刺，并督察御史。

由上看來，御史和刺史設置的變遷，不僅在監察區域的改變，卽『監郡』或『刺州』的不同，尤其在遣出監察的人員所屬府寺的不同。　在百官表所記，秦時監郡是監御史，而御史是屬於御史臺的。　孫星衍校大典本漢舊儀云：

御史員四十五人，皆六百石，其十五人衣絳，給事殿中爲侍御史。　宿廬在石渠門外。　二人尙璽持書給事，二人侍前，中丞一人領。　餘三十八留寺，理百官事也。

御史員三字漢書蕭望之傳如淳注所引作『御史大夫史員』。　但侍御史亦當爲御史大夫史員，侍御史因居中稱侍御史，則居外按理應去一侍字已足，卽應當稱御史。且御史大夫之名是領導侍御史的，史記秦本紀集解引應劭曰：『侍御史之率故稱大夫也』。　侍御史之率而稱御史大夫，並不稱侍御史大夫，可證御史和侍御史義有相通，且漢承秦制，漢官除御史臺職官外，無得稱御史的。　唐六典云：『周官有御史，以其在殿柱之間，亦謂之柱下史，秦改爲侍御史。　史記獨蒼自秦時爲御史主柱下方書，卽其任也。』　又案漢書獨蒼傳韻註云：『蒼自秦時爲柱下御史，明習天下圖書計籍，則主四方文書是也，柱下居殿柱之下，若今侍立御史矣。』　以上兩則雖然出自唐人。　但唐時漢官律令未亡失，應非無據。

關於秦代刺史監郡的事，在記載上比較的少。　只漢書中有幾段秦漢之際的事，比較可以依據：

蕭何傳：『以文毋害爲沛主吏掾，……秦御史監郡者與從事辨之注：丞晏曰，『何與共事備辦，明何素有方略也。』蘇林曰：『陪何與從事，秦輩無刺史，以御史監郡。』師古曰，『二說皆同』。　何迺給泗水卒史注：師古曰，『泗水郡沛所屬也，何爲郡卒史。』　事第一，秦御史欲入言徵何，何固請得毋行。』

曹參傳：『高祖爲沛公也，參以中涓從，擊胡陵，方與，攻秦監公軍大破之。』注：孟康曰，『秦御史監郡者，公名也。』　晉灼曰：『案高紀名平也，秦一郡置守尉監三人。』　師古曰，『公者時人尊稱之耳，晉說是也。』　案高紀秦二年十月：『沛公攻胡陵，方與，還守豐，秦泗川監平將兵圍豐二日，出與戰破之。』

嚴助傳：『臣閒長老言，秦之時嘗使尉屠睢擊越，又使監祿鑿渠通道注：丞晏曰，『監郡御史也，名祿。』　越人逃入深山林叢，不可得攻。』　南粤傳：『元鼎五年……蒼梧王趙光與粤王同姓，聞漢兵至，降爲隨桃侯；及粤揭陽令史定降漢爲安道侯，粤將軍取以軍降爲膫侯，粤桂林監居翁注：服虔曰，『桂林郡監也，姓居名翁。』諭告甌駱四十萬口降爲湘城侯。』

以上各條的郡監，除南粵傳一條外，皆爲秦時的事，南粵傳一條雖然在武帝時，但南粵原係自立爲王不遵漢制，只能說武帝時南粵的郡監尚遵秦制，與漢時中央政府無涉的。　現在所能知道的，是秦的郡監職權和太守並不能劃分清楚，如選舉，領兵和開渠等事，實際上應當屬於太守，而不應當屬於監郡的御史；但關於郡監的史料只有上列幾條，其與太守在職權上的關係如何，並不能究上列簡單的幾條所能完全知道。

　御史在秦時本天子左右親信之官，史記李斯傳云：『趙高使其客十餘輩詐爲御史，謁者，侍中，更往覆訊斯，斯更以其實對，輒使人復榜之。　後二世使人驗斯，斯以爲如前，終不敢更言。』　御史與謁者侍中並稱，可見其職任略近的。　謁者和侍中在漢時所承舊制尚爲天子近臣，御史亦當如此。　漢書公卿表：『御史中丞在殿中蘭臺掌圖籍祕書，外督部刺史，內領侍御史員十五人，受公卿奏事，舉劾按章。』　此種職守實和西漢末年以後尚書的職務相近。　成帝紀注引漢舊儀云：『初尚書四人爲四曹，常侍曹尚書主丞相御史事，二千石曹尚書主刺史二千石事，戶曹尚書主庶人上書事，主客曹尚書主外國事，成帝置五人有三公曹。』　所以尚書掌章奏和御史相同。　在武帝時尚書和御史同掌文書，見史記三王世家。　但到元成以後尚書的重要漸超過御史之上。　所以賈捐之傳稱尚書爲百官之本，而蕭望之張猛和宦官的政爭，中間參雜着尚書的問題（見蕭望之傳）。　又御史固然司糾劾，但尚書也司糾劾的。　陳樹鏞漢官答問云：『大臣有罪則尚書劾之（王章傳），天子責問大臣則尚書受辭（黃霸王嘉傳），選第中二千石則使尚書定其高下（馮野王傳），吏道捕有功則上名尚書因錄用之（張敞傳），刺史奏事京師則見尚書（陳遵傳）。』以上的職守本應屬御史，但西漢末年也曾經歸到尚書，因此御史和尚書職務是很相近的。續漢書本注曰：『職屬少府者，自太醫上林凡四官；自侍中至御史皆以文屬焉。』所稱：『以文屬焉』今尚不能得其確切的實際解釋，但按照漢代『文』字的用法，有時當作法令的文辭解，則所謂『以文屬焉』的意義，應當對其職屬而言，即謂在法令的舊文雖屬少府，而其實並不屬少府。　少府官職所屬本爲天子的近臣，御史以文屬少府，可見御史亦爲天子的近臣的。

　前漢時的詔書先由御史大夫再下丞相，此尚存御史大夫原爲天子近臣的痕跡。

漢書高紀十一月二月詔爲『御史大夫昌下相國，相國酇侯下諸侯王，御史中執法下
郡守。』　史記三王世家之元狩六年詔則爲『四月戊寅朔癸卯，御史大夫湯下丞相，
丞相下中二千石，二千石下郡太守諸侯相。』　而居延簡一〇之二一七則爲『御史大
夫吉昧死言丞相相上太常昌書』，都是詔令奏議由天子達於御史大夫或由御史大夫
以達於天子。　到後漢時便與此不同，如孔廟置百石卒史碑載元嘉三年三月壬寅詔
書是由『司徒司空下魯相，無極山碑載光和四年八月丁丑詔書是由尚書令下太常，
太常耽丞敏下常山相。』　此可見詔令奏議經由御史尚爲舊制，而後漢時則悉歸到
尚書（此事當另有考證），故或由尚書令下，或司徒司空直下，此時本已無御史大夫，
而御史中丞之職據太平御覽職官部引胡廣漢官解詁曰：　『建武以來省御史大夫官
屬入侍蘭臺，蘭臺有十五人，特置中丞一人以總之，此官得舉非法，其權次尚
書。』　此言中丞權次尚書，正可說中丞和尚書的職守仍相類似。　卽御史和尚書
同由天子的近臣變成糾察之官，其職守在後漢時仍爲同類，不過後漢尚書更爲重要
而已。

　　究以前所述，大致可決定御史本是對天子較爲接近之官，因此在秦時的監郡御
史，亦只是以天子的近臣監郡而已。　惠帝三年的遣御史監三輔，雖然尚仍秦制，
但據胡廣所說是相國奏請的。　在此便不能說秦漢遣御史監郡的動機完全一樣。
大典本衞宏漢舊儀云：

　　丞相初置吏員十五人，皆六百石，分爲東西曹。　東曹九人，出督辦爲刺史。
　　西曹六人，其五人往來白事東廂，爲侍中；一人留府曰西曹，領百官奏事。……
　　丞相刺史常以秋分行部，御史爲駕四封乘傳。　到所部郡國，各遣吏一人迎界上，
　　得載別駕，自言受命移郡國，與刺史從事盡界罷行，載從者一人，得從吏所察六
　　條。　刺史舉民有茂材，移名丞相，丞相考召。　……
　　日食，卽日下令赦曰：『制詔御史，其赦天下。　自殊死以下，及吏不奉法，乘
　　公就私，凌暴百姓，行權相放，治不平正，處官不良，細民不通，下失其職，俗
　　不孝弟，不務於本，衣服無度，出入無時，衆彊勝寡，盜賊滋彰，丞相以聞。』
　　於是乃命刺史出刺，幷察監御史，元封元年御史止不復監。
　　武帝元封五年，初分十三州刺史，假印綬，有常治所。　奏事各有常會，擇所部

二千石卒史與從。　傳食比二千石所傳。　刺史奏幽隱奇士拜爲三輔縣令，比四

百石居後，六鄉一切舉試，守令取徵事。　注：徵事比六百石，皆故吏二千石，不以贓罪免，

降秩爲徵事。

究以上所舉的漢舊儀，和前引的漢書百官表漢官解詁及通典，是秦本有監郡御史一

官，漢初曾經省過。　到惠帝時相國又奏請設監御史監三輔，其後又推行到各處。

漢文帝時更遣丞相史監御史及郡守，因此有刺史之稱。　到武帝元封元年廢去監郡

御史，至元封五年便制刺史爲常置，人數也由九人增到十三人。　十三部是此時特

設的，以前九人之制是否分部無從知曉，不過印綬，治所，期會，從事，行傳等事

都始於元封五年，以前似乎一切都是不固定的，因此都不能臆測十三部之前尚有九

州之制。

二　刺史官職之設置及其因革

在前章所述，可以看出秦的監郡御史和漢的刺史有很大的不同，秦的監郡御史

只是天子的近臣，而漢的刺史則由丞相掾史變成。　在丞相史刺州之時監御史尚未

廢去，因此監御史的作用或者有時與刺史近似，但決不能說監御史卽係刺史制度。

刺史所監的據漢舊儀所說，監御史是亦在其內的，百官表言丞相遣史分刺州，不常

置，武帝元封五年初置部刺史。　　則丞相史的刺州，亦和刺史常置的制度相去有

間。　但丞相史爲刺史制度的前身，則具有明文。

此外刺史制度未固定以前，以丞相史刺州之制和特使之制是有點相類的，因

爲都是有事始出而事已卽罷。（註1）西漢特使之制據紀載上可考者當始自武帝 元狩

元年，元狩三年，元狩六年，元鼎二年。　其後昭帝 元始元年，元始二年，　宣帝 元康四年，五鳳四年，

元帝建昭四年，　成帝建始三年，　均有特使。　但在武帝元狩元年至元鼎二年，八年之

間凡遣使四次要算最密。　自元鼎四年始武帝雖不復遣特使，但親自巡方，計寫：

元鼎四年：冬十月行幸雍……行至夏陽……立后土祠於汾陰脽上，……行幸滎陽，

（註1）東漢州郡之制已定，乃更遣特使，選素有名望的，並督州郡。　又與此相近，如後漢書

周舉傳所遣八使，卽其一例。

還至洛陽。

元鼎五年：冬十月行幸雍……遂踰隴，登空同，西臨祖厲河而還……立泰畤於甘泉。

元鼎六年：行東將幸緱氏，至左邑桐鄉聞南越破，以爲聞喜縣。

元封元年：行自雲陽，北歷上郡，西河，五原，出長城，北登單于臺，至朔方，臨北河，勒兵十八萬，旌旗經千餘里，威震匈奴。　遣使者告單于曰：『南越王頭已縣於漢北闕矣，單于能戰，天子自將待邊，不能亟臣服，何但亡匿幕北寒苦之地爲？』匈奴讋焉。　還祠黃帝於橋山，迺歸甘泉。　……春正月，行幸緱氏……行遂東行海上。　夏四月癸卯，　上還登封泰山，降坐明堂。　遂登泰山，至於梁父，然後升禋肅然，自新嘉與士大夫更始，其以十月爲元封元年。　行所巡至博，奉高，蛇丘，歷城，梁父。　……行自泰山，復東巡海上至碣石，自遼西歷北邊九原歸於甘泉。

元封二年：冬十月行幸雍……春幸緱氏，遂至東萊。夏四月還祠泰山，至瓠子，臨決河。　……還作甘泉通天臺，長安飛廉館。

元封四年：冬十月行幸雍，祠五畤。　通回中道。　遂北出蕭關，歷獨鹿鳴澤，自代而還。　遂幸河東。

元封五年：冬南巡狩，至於盛唐，望祀虞舜于九疑，登灊天柱山，自尋陽浮江，親射江中蛟獲之。　舳艫千里，薄樅陽而出，作盛唐樅陽之歌。　遂北至琅邪並海，所過禮祠其各山大川。　春三月，還至泰山增封。　甲子祠高祖于明堂以配上帝。　因朝諸侯王列侯受郡國計。　夏四月詔曰：『朕巡荊揚，輯江淮物，會大海氣，以合泰山，上天見象，增修封禪，其赦天下所幸縣，毋出今年租賦，賜鰥寡孤獨帛，貧窮者粟。』　還幸甘泉郊泰畤。　大司馬大將軍青薨。　初置刺史，部十三州。　名臣文武欲盡。　詔曰：『蓋有非常之功，必待非常之人，故馬或奔踶而致千里，士或有負俗之累而立功名。　夫泛駕之馬，跅弛之士，亦在御之而已。　其令州郡察吏有茂材異等，可爲將相反使絕國者。』

自此以後，武帝亦屢有巡狩的事，但其巡狩的地域，是不出以前曾經行過的區域以外的。　在元狩元年遣特使的原故，詔書明說『日者淮南衡山修文學，流貨賂，兩

國接壞，惑於邪說，而造篡弑。……已赦天下，滌除與之更始。朕嘉孝弟力田，哀夫老眊孤寡鰥獨，或匱於衣食，甚憐愍焉，其遣謁者巡行天下，存問致賜。』是詔書所說的動機爲的是淮南衡山之獄，恐有搖動天下之心，因施恩澤，以示與民更始。　元狩三年則爲『遣謁者勸有水災郡種宿麥，舉吏民能假貸貧民者以名聞，』已經較爲積極。　至元狩六年六月詔，則爲：

日者有司以幣輕多姦，農傷而末衆，又禁兼并之塗，故改幣以約之。　稽諸往古，制宜於今，廢期有月，而山澤之民未諭。　夫仁行而從善，義立則俗易，意奉憲者所以導之未明與？將百姓所安殊路，而撟虔吏因乘勢以侵蒸庶耶？何紛然其擾也。　今遣博士大夫等六人分循行天下，存問鰥寡廢疾，無以自振業者貸與之。諭三老孝弟以爲民師。　舉獨行之君子徵詣行在所。　朕嘉賢者樂知其人，廣宣厥道，士有特招，使者之任也。　詳問隱處亡位及寃失職，姦猾爲害，野荒治苛者舉奏。　郡國有所以爲便者，上丞相御史以聞。（以上並見漢書武紀）

此次所遣的爲博士，其他位已較謁者尊崇，而條舉的事，範圍甚廣，亦幾略同於刺史。　元鼎二年遣博士中等分循行關東大水，其範圍較元狩六年爲小。　但遣使猶仍在武紀所記載是前此所未有的。　此後更屢親自巡行，尤爲漢家所未見。

　　從元朔初年以元封末年，爲武帝功業的頂點。　就其所成就而言，可分述如下。

　　一、在內政方面。因爲淮南之獄，將漢初封建諸侯王的局面作一總結束，此後的王國除名稱方面而外，其餘完全和郡相同。　即漢書諸侯王表所說：『武有衡山淮南之謀，作左官之律，設附益之法，諸侯惟得衣食租稅，不與政事。』　其高帝以來所封侯國，元鼎五年不坐酎金免者，亦所餘甚少。　因此無論王國或侯國，到此時都無異重新淸算。

　　其次關於新置的郡縣，在此時也大有可觀。　今就漢書武帝紀所署，開列如下：

元朔二年春：收河南地，置朔方，五原郡。

元狩二年秋：匈奴昆邪王殺休屠王來降……以其地爲武威酒泉郡。

元鼎六年春：定越地以爲南海、蒼梧、鬱林、合浦、交阯、九眞、日南、珠崖、儋耳郡。　定西南夷以爲武都、牂柯、沈黎、文山郡。　秋分武威，酒泉地置張掖，敦煌郡。

元封二年六月：平西南夷未服者以爲益州郡。

元封三年夏：朝鮮斬其王右渠降，以其地爲樂浪，臨屯，玄菟，眞番郡。

　　二、在對外關係的發展方面，此應以元朔二年衛青收河南地爲勝利的開始，第二年元朔三年張騫自西域回，在對外關係上始開從古未有的新局面。　因爲這是首次得到關於西方正確的知識，對於帝國的經營進展，有所準則。　從此以後，漢家王朝遂逐漸成爲東方帝國的領導者。　而河西四郡——酒泉、武威、張掖、敦煌——的開發，又是建設東方帝國的礎石。　其平越，平西南夷，平朝鮮諸役，也都不是功在一時，而是功在萬世。　然而這許多事，都是在元朔二年以後二十年之中完成的。

　　這二十年爲漢武事業的頂點，而在這二十年之中，又當以元封元年爲頂點。史記太史公自序云：

遷仕爲郎中，奉使西征巴蜀以南。　南略邛筰昆明，還報命。　是歲天子始建漢家之封，而太史公留滯周南，不得與從事。　故發憤且卒，而子遷適使返，見父於河洛之間。　太史公執遷手而泣曰：『余先周室之太史也……今天子接千歲之統，封泰山，而余不得從行，是命也夫，命也夫！……』

對於封禪的眞摰和熱烈，尚在司馬相如之流以上。　是其時『受命成功』的盛典，有非後人所能想像的。　按續漢書祭祀志注引風俗通稱漢武帝泰山巓之石刻云：

石高二丈一尺刻之曰：『事天以禮，立身以義，事父以孝，成民以仁。　四海之內，莫不爲郡縣，四夷八蠻，咸來貢職，與天無極，人民蕃息，天祿永得。』

共四十五字。

實可代表武帝當時的功績。　自此以後，始建年號，通鑑考異云：『元鼎年號亦如建元，元光，實後來追改。』　這是不錯的，因爲有司言假取美名不以一元二元爲號是元鼎三年時事，載在封禪書和郊祀志但未及改元。　而改元的明文載在漢書本紀，却是元封元年，卽此事的後三年。

　　但漢武的事業，在元封爲最蓬勃的時候。　而漢武事業的衰象，也在此時現出了。　漢書公孫弘傳總贊武帝中興名臣云：

漢興六十餘載，海內艾安，府庫充實。　而海內未賓，制度多闕。　上方欲用文

武，求之如弗及。　始以蒲輪迎枚生，見主父而歎息。　羣士嚮慕，異人並出。
卜式拔於芻牧，弘羊擢於賈豎，衞青奮於奴僕，日磾出於降虜，斯亦曩時版築飯
牛之朋已。　漢之得人，於茲爲盛。　儒雅則公孫弘，董仲舒，兒寬。　篤行則
石建，石慶。　質直則汲黯，卜式。　推賢則韓安國，鄭當時。　定令則趙禹，
張湯。　文章則司馬遷，相如。　滑稽則東方朔，枚臯。　應對則嚴助，朱買臣。
歷數則唐都，洛下閎。　協律則李延年。　運籌則桑弘羊。　奉使則張騫，蘇武。
將率則衞青，霍去病。　受遺則霍光，金日磾。　其餘不可勝紀。
所言的名臣在此時頗有死去的。　如公孫弘元狩元年卒，　汲黯元鼎五年卒，　韓安國元朔
二年卒，　鄭當時以元狩三年免大農令後數年卒，當在元鼎時，　張湯元狩六年自殺，　司馬相如元封
前八年卒，當在元狩四年，　嚴助元狩元年誅，　朱買臣元狩六年誅，　張騫元鼎三年卒，　衞青元封
五年卒，　霍去病元狩六年卒，　都在此二十年中已經相次死去。時董仲舒和趙禹已老病
不堪政事。　蘇武未回。　霍光，金日磾年歷尙淺。　至於兒寬，卜式，石慶之流，
不過取其只有儒雅或質篤，以充大位而已。　武帝心目中的將相必不是這些人，在
石慶傳便可顯然的看到。　就中應當是衞青，霍去病，張騫之死對武帝的感觸最深。
故元封五年紀云：『大司馬大將軍青薨。　初置刺史，……名臣文武欲盡。　詔曰：
「……其令州郡察吏有茂材異等，可爲將相及使絕國者。」』　所以刺史的設置，在
情理上的推測，是爲應付新的局面，也可以說一部分的原因，是得臨時的謁者博士，
改爲永久性的刺史。　尤其是看老舊臣彫零殆盡，需要一個選舉賢才的機關，來代
替臨時使者的察舉，以補充將相的任務。
　　此外據史記平準書云：
天子始巡郡國，東渡河，河東守不意行至，不辦，自殺。　行西踰隴，隴西守以
行往卒，天子從官不得食，隴西守自殺。　於是上北出蕭關，從數萬騎，獵新秦
中，以勒邊兵而歸。　新秦中或千里無亭徼，於是誅北地太守以下，而令民得畜
牧邊縣。
太守不盡職，監御史亦不舉奏，天子自出方才知道。　按情理說似乎也是罷監郡御
史的一個原因。　因此爲元鼎四年事，元封元年罷監郡御史，在此事的三年以後。
　　武紀元封五年言『初置刺史，部十三州。』　其後咸稱部刺史，但對於部刺史

的區域，見於詔令的，則或州或部，並無一定。現在所能得到的解釋，只能說刺史
的區域是按照載籍的九州或十二州的標準加以增改，而刺史在政治上的地位，則顯
然的和載籍上的方伯連率並無相似之處。　因此，就區域上可稱爲州，就職務上說
則只能稱爲部。漢的刺史對於郡的關係和部督郵對於縣的關係，頗有幾分相似的。
尹翁歸傳云：『徙署督郵，河東二十八縣分爲兩部，閎孺部汾北，翁歸部汾南。
所舉應法，得其罪辜。長吏雖中傷，莫有怨者。舉廉爲繰氏尉。』　翁歸爲督郵
在昭帝時。　督郵的部和刺史的部，雖不能斷言誰抄襲誰。　但二者作用是相近的。
郡縣二級不能加入部刺史爲三級，猶之郡縣二級不能加入部督郵成爲三級一樣。
所以漢代郡縣組織，實際上應爲：

丞相
　　刺史
郡太守
　　督郵
縣令長　（註1）

因此六百石的刺史而監察二千石的太守，和百石的督郵而監察千石至三百石的縣令
長，同樣是不足怪的事。

　　然而在想恢復唐虞三代之治的儒生，自然覺得這種制度是不應經的。假若只有
郡縣區域，並無假借州的區畫來作監察的『部』，也就無從說起。　但此時却明顯
的有州的名稱而無州的實際的一種制度存在着。　所以成帝綏和元年，何武爲大司
空，與丞相翟方進共奏言：

（註1）丞相司直和御史中丞雖都統領刺史，但丞相總宰百官，而刺史前身亦爲丞相史，所以太
　　　守刺史都列丞相下較合。

古選諸侯之賢者以爲州伯，書曰『咨十有二牧』，所以廣聰明，燭幽隱也。 今部刺史居牧伯之位，乘一州之統，選第大吏，所鷹位高至九卿，所惡立退，職重任大。 春秋之義用貴治賤，不以卑臨尊。 刺史位下大夫，而臨二千石，輕重不相準，失位次之序。 臣請罷刺史更置州牧以應古制。（漢書朱博傳）

事經奏可。 但三年以後，哀帝建平二年，御史大夫朱博又奏言：

漢家至德溥大，宇內萬里，立置郡縣。 部刺史奉使典州，督察郡國，吏民安寧。 故事，居部九歲舉爲守相。 其有異材功效著者輒登擢。 秩卑而賞厚，咸勸功樂進。 前丞相方進奏罷刺史，更置州牧秩眞二千石位次九卿，九卿缺，以高第補。 其中材苟以自守而已。 恐功效陵夷，姦軌不禁。 臣請罷州牧，置刺史如故。 （漢書本傳）

但到元始四年王莽當政又復州牧之制。 王莽傳上云：

臣又聞聖王序天文，定地理，因山川民俗以制州界。 漢家地廣二帝三王。 凡十二（三）州，州名及界多不應經。 堯典十有二州，後定爲九州。 漢家廓地遼遠，州牧行部遠者三萬餘里，不可爲九。 謹以經義正十二州名分界，以應正始。 （顧頡剛先生兩漢州制考曰按此事莽傳載於元始五年，與平紀相差一年，未詳孰是。）

至光武建武年，尚襲王莽之制，州爲州牧，（註1）至建武十八年始改爲刺史。 至靈帝中平五年，又臨時特放出幾個州牧。 後漢書劉焉傳云：

靈帝政化衰缺，四方兵寇。 焉以刺史威輕，既不能禁，且用非其人，輒增暴亂。 乃建議改置牧伯，鎮安方夏，請選重臣居其任焉。 ……會益州刺史郗儉在政煩擾，謠言遠聞；而幷州刺史張懿，涼州刺史耿鄙並爲寇賊所害；故焉議得用，出爲監軍使者領益州牧。 太僕黃琬爲豫州牧，宗正劉虞爲幽州牧，皆以本秩居職，州任之重，自此而始。

但事實上並未編置州牧。 如袁紹傳云：『初平元年紹遂以勃海起兵，以從弟後將軍術，冀州牧韓馥，豫州刺史孔伷，兗州刺史劉岱，陳留太守張邈，廣陵太守張超，

（註1）光武初年朔方却設刺史，而非州牧，後漢書郭伋傳云建武十一年省朔方刺史併幷州，可見不稱州的仍爲刺史。

河內太守王匡，山陽太守袁遺，東郡太守橋瑁，濟北相飽信等同時俱起，衆各數萬。』是靈獻之際州牧和刺史仍是並置的。

刺史有治所，武紀元封五年注引漢舊儀云：

初分十三州，假刺史印綬，有常治所，常以秋分行部。御史爲駕四封乘傳。到所部郡國，各遣一吏迎之界上，所察六條。

又按朱博傳云：

遷冀州刺史……吏民數百人遮道自言……博出就車，見自言者，使從事明敕告吏民，欲言縣丞尉者，刺史不察黃綬，各自詣郡；欲言二千石，墨綬長吏者，使者行部還，詣治所注：師古曰，治所刺史所止理事處。其民爲吏所冤，及言盜賊辭訟事，各使屬其部從事。

據此，刺史確有治所，劉昭續漢書百官志補注曰：

孝武之末，始置刺史，監糾非法，不過六條，傳車周流，匪有定鎮。

與此不同，不過劉昭此言，是不能盡据的。因爲劉昭之言意在極言州牧之弊，並非詳考刺史之制，此注僅是論議，並非考證，涉筆之間，不可以辭害意。況『傳車周流，匪有定鎮，』所稱『定鎮』照六朝人用法當指管屬，非僅監督，刺史本係傳車周流，無有管屬，此事本與有無治所，不相涉及。決不能以含混之語，駁斥有明文之治所。況劉昭梁人，其對於漢時制度決不如衞宏班固之明瞭，亦是可以斷言的。全祖望經史問答云：

沈約之誤，與劉昭同，但刺史行部，必以秋分，則秋分以前，當居何所，豈犖萃於京師乎，則顏說未可非也。

這是很對的。

其次關於十三州的設置和司隸校尉的職守，官本二十四史齊召南考證曰：

案：（十三州）晉志冀、幽、并、兗、徐、青、揚、荊、豫、益、涼、及朔方、交阯，所謂十三州也。至征和四年又置司隸校尉，督察三輔，三河，弘農。

這和班固漢書地理志序論所說：

至武帝攘却胡越，開地斥境。南置交阯，北置朔方之州，兼徐涼幽并，夏周之制，改雍曰涼，改梁曰益，凡十三部，置刺史。

完全符合。 但武帝所置合司隸爲十四，王莽所置則爲十二（見王莽傳及揚雄十二州箴文引見古文苑及藝文類聚），光武則十二州合司隸爲十三（見續漢地理志），因此州數的紛紜往往易於爲前人所忽略。 又晉志幷州下云：

漢武帝置十三州，幷州依舊名不改，統上黨、太原、雲中、上郡雁門、代郡、定襄、五原、西河、朔方十郡。 又別置朔方刺史。 後漢建武十一年省朔方入幷州。

語意甚爲含混，可解釋爲原有幷州，後由幷州別分朔方刺史，另有分郡，不涉幷州，後漢又復併入。 也可解釋在幷州以內另設一朔方刺史。 又漢書平當傳顏注稱：

『武帝初置朔方郡，別令刺史監之，不在十三州之限。』 語亦疏忽。 以上均足以致羣疑而啓許多年聚訟的局面，成許多不合理的解說，語並見顧頡剛先生的兩漢州制考。

漢書地理志的本注是載有所屬州名的，不過這許多州名却與西漢無涉。 例如：

東郡，秦置，莽曰治亭，屬兗州。

汝南郡，高帝置，莽曰汝汾，分爲賞都尉，屬豫州。

南郡，秦置，高帝元年更爲臨江郡，五年復故，景帝二年復爲臨江，中二年復故，莽曰南順，屬荊州。

零陵郡，武帝元鼎六年置，莽曰九疑，屬荊州。

州名皆係於王莽所置郡以後，很有承上文的可能。 若爲漢制而非新制，應列在莽郡之名以前方合。 因爲照班氏地理志中敍述的方法，不論郡縣，凡莽制都在一切的事例之後，獨屬州若爲漢制而置在莽制之後，於義未安。 但言及司隸，又非莽制，頗爲費解。 且州制的區分顯然的和班氏的序論不合，無論如何在一篇之中不應自相衝突至此。 序論的州制和自注的州制顯然爲兩個系統，自注中乃經整飭過而分散在各郡名以下的，此非小事可以在不經意中忽略過。 除非自注不由於班氏，若由班氏決不至於疏忽至此。

在自注中的屬州是非常混亂和漏略，從班固到顏師古已六七百年，古書經過長時間的抄胥授受，尤其在表志是無法避免的事。 顧頡剛先生兩漢州制考曾加以撮錄並加志中的目次。 今舉於下：

（一）云『屬司隸』的有兩個是：

8 河內郡　9 河南郡

（二）云『屬冀州』的有九個，是：

22 魏郡　23 鉅鹿郡　24 常山郡　25 清河郡　84 趙國　85 廣平國　86 眞定國
87 中山國　88 信都國

（三）云『屬幷州』的有九個，是：

6 太原郡　7 上黨郡　62 上郡　63 西河郡　64 朔方郡　65 五原郡　66 雲中
郡　67 定襄郡　68 雁門郡

（四）云『屬幽州』的有十個，是：

26 涿郡　27 勃海郡　69 代郡　70 上谷郡　71 漁陽郡　72 右北平郡　73 遼西
郡　74 遼東郡　75 玄菟郡　76 樂浪郡

（五）云『屬兗州』的有八個，是：

10 東郡　11 陳留郡　19 山陽郡　20 濟陰郡　31 泰山郡　94 城陽國　95 淮陽
國　97 東平國

（六）云『屬青州』的有六個，是：

28 平原郡　29 千乘郡　30 濟南郡　32 齊郡　33 北海郡　34 東萊郡

（七）云『屬徐州』的有四個，是：

35 琅邪郡　36 東海郡　99 楚國　101 廣陵國

（八）云『屬豫州』的有五個，是：

12 潁川郡　13 汝南郡　21 沛郡　96 梁國　98 魯國

（九）云『屬揚州』的有五個，是：

17 廬江郡　18 九江郡　38 會稽郡　39 丹陽郡　40 豫章郡

（十）云『屬荊州』的有七個，是：

14 南陽郡　15 南郡　16 江夏郡　41 桂陽郡　42 武陵郡　43 零陵郡　103 長
沙

（十一）云『屬益州』的有八個，是：

44 漢中郡　45 廣陵郡　46 蜀郡　47 犍爲郡　48 越巂郡　49 益州郡　50 牂柯

郡　51巴郡

(十二)云『屬交州』（註1）的有六個，是：

　　77南海郡　　78鬱林郡　　79蒼梧郡　　80交阯郡　　81合浦郡　　83日南郡

以上共計七十九郡國，其未注屬州的有二十四郡國計為：

　　1京兆尹　　2左馮翊　　3右扶風　　4弘農郡　　5河東郡　　37臨淮郡　　52武

都郡　　53隴西郡　　54金城郡　　55天水郡　　5.武威郡　　57張掖郡　　58酒泉郡

59敦煌郡　　60安定郡　　61北地郡　　82九眞郡　　89河間國　　90廣陽國　　91膠

川國　　92膠東國　　93高密國　　100泗水國　　102六安國

在上所列，凡諸郡有所屬州的，都和東漢的所屬州相同。　其不紀所屬州的，大概有下列的情形。

一、司隸部：京兆尹、左馮翊、右扶風、弘農郡、河東郡。

二、涼州部：武都郡、隴西郡、金城郡、天水郡、武威郡、張掖郡、酒泉郡、敦煌郡、安定郡、北地郡。

三、後漢有改置的：廣陽國（光武省屬上谷，明帝後，和帝又郡，）膠川國，膠東國，高密國（三國省屬北海國），臨淮郡（明帝更名下邳國），泗水國（光武省入廣陵郡），六安國（光武省入廬江郡），　河間國（光武省屬信都，和帝永元二年後故）。

四、無特殊情形可指的：九眞郡。

以上幾類除過九眞郡應當是注者或抄者無意的脫落外，司隸所屬應當是因太顯著而不記的，因志中從京兆尹到河東郡皆列在諸郡之前，很易看出屬於司隸，獨河內河南兩郡中隔有屬幷州的太原郡和上黨郡。　此一二郡注出司隸，顯而易見以前各郡的不注，是註者因為覺得可以不注而非脫誤的。　其第二第三兩項所列，雖然不敢臆斷其原因，但其情形却可指出，此種情形不能謂為抄胥的脫誤，或注者無意中的疏

（註1）在後漢書紀傳對交州皆偽稱交阯。　獨三國志及續漢書則稱交州，後漢書本紀多引詔令原文，決不能後漢已沿舊制改交州，而詔令反因仍前漢成語。　三國志士燮傳有諸文稱交州，但為改牧以後事，不足據。　其餘皆後人撰述非引漢文，自可以晉制改漢制，所以交州一名偽認為變安始有，則附註亦應為建安以後的人所為。

忽，均有可以斷言的理由。　假如為班固所自注，在漢書著述一般的體例，是不應有此情形的。班固儘管可以在所有如條郡國之中，不注出州或部，決不應有此畸形的體例，並且又與序論有顯然的衝突的。假若為後人在班固本注後所加附注，經抄胥之手與本注相混，則此情形很容易解釋。因為加附注的人並無心著述，不過略備遺忘，所以用不著講著述的體例，記與不記本無關宏指的。　此種情形古書中並不少見，如史記秦始皇本紀結尾，忽有孝明皇帝十七年一節，此節當然非史遷原文，司馬貞索隱即言『此已是漢孝明帝訪班固評賈馬贊中論秦二世亡天下之得失，後人因取其說，附之此末。』　與此情形應相類。　附注本皆在本注以後，自顏師古將服虔應劭各家別行音義附入本注以後，於是此附注便夾在本注與各家音義之間。成為對後世的一種迷罔。

　　因此，關於西漢刺史部，只應從班固地理志序論，是不生問題的。

　　關於司隸校尉的設置，最初與刺史不同。　顧頡剛先生已經在兩漢州制考說到。現在再簡單的敍述一下。　司隸一名稱在周禮秋官曾見到，這是和漢的司隸校尉無關的。　漢的司隸校尉始於武帝征和四年為捕巫蠱而特置，其名是假古的『司隸』二字，再加上漢人常用的校尉（見漢書百官表，及續漢百官志注引荀綽晉百官表注。）　本有節，諸葛豐為司隸時，因得罪外戚許章而去節。　京師附近之地本為畿輔，但稱三輔三河宏農（見成帝鴻嘉元年春二月詔及溝洫志哀帝初平當領河堤寄），司隸督察京師，故畿輔亦在內，並無屬司隸所部一說。　司隸校尉到東漢時尚督察京師，陽球為司隸校尉，宦官不法者多繩以法，後因此遭忌乃徙為衛尉，遂不克卒其事，事見本傳。可見在東漢時其職權和刺史仍有殊異的。

三　刺史職權的發展和職位的除授

　　刺史以六條察州，後漢書百官志注引蔡質漢儀曰：

詔書舊典刺史班宜周行郡國，省察治政，黜陟能否，斷理冤獄。　以六條問事，非條所問即不省。　一條：強宗豪右，田宅踰制，以強陵弱，以衆暴寡。　二條：二千石不奉詔書，遵承典制，倍公向私。　三條：二千石不恤疑獄，風厲殺人，怒則任刑，喜則任賞，煩擾苛暴，剝戮黎元，為百姓所疾，山崩石裂，訞祥訛言。

四條：二千石選署不平，苟阿所愛，蔽賢寵頑。　五條：二千石子弟怙恃榮勢，

請託所監。　六條：二千石違公下比，阿附豪強，通行貨賂，割損政令。（註1）

這六條的範圍，是很廣汎的。　不過主要的是消極的防範，而不是積極的作爲。

刺史的職務，是限制太守不應如何做，並非督促太守應當如何做。　除過強宗豪右，

二千石不理會則刺史應加舉劾，其如爲太守能免過，則刺史是不應多所過問的。其

最要一點是續志所說：『諸州常以八月巡行所部郡國，考殿最，初歲盡詣京師奏事，

中興但因計吏。』　是刺史每年巡行有定時，舉奏有定時，不至於事事干涉郡太守。

且按漢時設置刺史，若所部太守違法，只能舉奏，而不能代治。　刺史職卑，居部

九歲始遷太守（朱博傳），諸州刺史上郡，並列鄉府言敢言之（後漢書朱儁傳引蔡質漢儀）

這也是任置的權衡。

　　西漢爲刺史有威名的，如何武，翟方進等，對太守多所罷免，然皆『應條奏

事』，何武錄囚，皆以屬郡，郡不決，方舉奏，並不代治。　薛宣傳稱：『成帝初，

上疏曰：「政教煩碎，大率咎在部刺史，或不循條職，舉錯各以其意，多與郡縣

爲□。」』　其法漸壞，從此可見，但並未聞有具體的事實。　惟孫寶當廣漢羣盜起，

選爲益州刺史，親入山谷，遣歸羣盜。　但這是臨時的特別任務，爲朝廷特選，不

在刺史職權以內的。　至哀帝時置州牧，但爲時不久，且只是秩位上的變更，非在

職權上。　且毋將隆，翟義（並見本傳），徐良（儒林傳），皆以州牧爲太守。　這由

當時州牧秩二千石，同於太守，和東漢末年秩眞二千石，位次九卿是不同的。

　　刺史的權在東漢初年較西漢爲增，後漢書朱浮傳云：

舊制州牧奏二千石長吏不任位者，皆先下三公，三公遣掾史案驗，然後黜退。

帝時用明察，不復委任三府，而權歸刺史舉之吏。　浮復上疏曰：『……陛下疾

往者上威不行，下專國命，即位以來，不用舊典，信刺舉之官，黜鼎輔之任。

至於有所劾奏，便加退免。　覆案不關三府，罪譴不蒙澄案。　陛下以使者爲腹

心，而使者以從事爲耳目。　是爲尚書之平，決於百石之吏。』

不過這只是重用刺史牽制太守，並非要以刺史的階代替太守，其作用仍是在消極方

（註1）百官表顏注，和通典所引，均略有字句的差異，但此處所引較爲明白。

而的。　明帝時馬嚴上封事曰：

　　臣伏見方今刺史太守，專州典郡，不務奉事盡心爲國。　而司察偏阿，取與自

己。　同則舉爲尤異，異則中以刑法。　不卽垂頭塞耳，採取財賂。　今益州刺史

朱酺，揚州刺史倪說，涼州刺史尹業，每行考事輒有物故，又選舉不實，曾無貶

坐。　是使臣下得作威福也。　故事，州郡所舉，上奏司直，察能否以懲虛實，

今宜加防檢式。　……

書奏，帝納其言（馬援傳附馬嚴傳）。　在此一事所可考見的，是刺史不惟司監察，並且

可以考問人犯。　這種職權雖不知始自何時，其爲積威漸成，非置刺史官職所應有，

是可以說的。　但據漢書朱博傳䌷老從事教吏民自言，爲博所察，殺此從事。則西

漢刺史已操生殺之柄，不能因此奏便斷爲東漢始有考問的事。　但刺史領兵，却始

於東漢。　安帝紀建光元年：『幽州刺史馮煥率二郡太守討高句麗穢貊不剋。』　法

雄傳：『（永初四年）張伯路復與平原劉文河……攻厭次城……乃遣御史中丞王宗

發幽冀諸郡兵……徵雄爲青州刺史，與王宗並力討之。』　南蠻傳：『安帝元初二

年，澧中蠻……攻城殺長吏，州郡募五里蠻六亭兵追擊破之。　……明年秋澧中

中蠻並爲盜賊，……州郡募善蠻討平之。』　哀牢夷傳：『安帝元初三年郡徼外夷

大羊等八種……內屬……五年……反畔……明年，　永昌益州及蜀郡夷皆畔應之。

……詔益州刺史張喬選堪能從事討之，喬乃遣從事楊竦將兵至楪榆擊之……皆求降

附。』　這都是刺史領兵的例，州地較郡廣，刺史領兵自然較太守領兵有其方便之

處。　郡國邊方有事，西漢是用三公，將軍，或太守督太守出征，東漢亦或用將軍，

列校，中郎將，謁者，並非全用刺史，但旣用刺史，便無異承認刺史在州中領有軍

政事權，雖然或領兵有功，究非強幹弱枝之策。　至順帝永建元年，詔幽幷涼州刺

史下察至黃綬；又告幽州刺史令緣邊郡增置步兵列屯塞下，更無異明詔刺史領郡。

到順帝陽嘉三年詔書便明稱『刺史二千石』，和前此成例詔令言中二千石二千石不

及刺史的顯有區別。　所以東漢州牧的割據，固然由於重臣出任，而刺史威權所積，

究非一朝一夕所致的。

　　現在再說到刺史的除授。　刺史雖然是六百石官，但因爲是『遠居淸要』，

所以選授比同秩的官要重要的。　今以西漢爲主，附入東漢。　刺史的選授或者從

博士：

孔光傳『博士三科，次爲刺史。』　　貢禹傳『徵爲博士涼州刺史』。　　翟方進傳『轉爲博士，數年遷涼州刺史。』　　儒林傳『胡常以明穀梁春秋爲博士部刺史』。又『琅邪徐良游卿爲博士州牧郡守』。

或者從侍御史：

杜鄴傳『以侍御史遷涼州刺史』。　　後書楊秉傳『爲侍御史，頻出爲豫荆徐兗四州刺史。　　後書王允傳『爲侍御史中平元年黃巾賊起，特選拜豫州刺史。』　　後書种暠傳『爲侍御史，出爲益州刺史。』　　後書黨錮傳『羊陟以故侍御史爲冀州刺史』。　　三國志劉繇傳『辟司空掾，除侍御史不就，詔書以爲楊州刺史。』

或者從列大夫議郎：

孫寶傳『以諫大夫爲冀州刺史』。何武傳『以諫大夫遷楊州刺史，又以諫大夫遷兗州刺史。』　　後書鄭興傳『以諫議大夫拜涼州刺史』。　　後書蘇章傳：『爲議郎遷冀州刺史換爲幷州刺史』。　　後書种劭傳『爲議郎遷幷涼二州刺史』。　　後書黨錮陳翔傳『以定襄太守議郎爲楊州刺史』。

或者從尙書令：

後書郭賀傳『以尙書令拜荆州刺史徵河南尹』。

或者從故九卿二千石：

楚元王傳『劉德以宗正免，起守刺史，歲餘復爲宗正。』　　張敞傳『爲京兆尹免拜爲冀州刺史』。　　王尊傳『爲京兆尹免拜爲徐州刺史』。

或者從中郎將：

蕭望之傳『蕭育以中郎將使匈奴還爲冀青兩州刺史』。　　度尙碑『拜中郎將，復拜荆州刺史以故秩居。』

或者從尙書郎：

三國志公孫度傳『除尙書郎稍遷冀州刺史』。

或者從諸中都官：

張敞傳『稍遷太僕丞，以切諫顯名爲豫州刺史。』　　馬宮傳『以廷尉平爲青州刺史』。　　谷永傳『以護苑使者爲涼州刺史』。　　黃霸傳『以廷尉正擧賢良擢揚州

刺史』。　陳咸傳『以大將軍長史補冀州刺史』。　平當傳『以丞相司直左遷朔方刺史』。　後書度尚傳『以右校令爲幷州刺史』。　後書陶謙傳『以車騎將軍司馬爲徐州刺史』。　三國志劉表傳『以大將軍掾爲北軍中候代王叡爲荆州刺史』。

或者從河堤謁者：

後書循吏傳『王景以河堤謁者爲徐州刺史』。

或者從戊己校尉：

後書董卓傳『以戊己校尉免拜爲幷州刺史』。

或者從縣令高第：

朱博傳『以長安令遷冀州刺史，徙幷州刺史。』　魏相傳『以茂陵令爲楊州刺史』。　後書魯丕傳『以新野令州課第一擢拜靑州刺史』。　後書賈琮傳『以京兆令擧爲交阯刺史』。　法雄傳『以宛陵令徵爲靑州刺史』。　後書周䋣傳『以平丘令稍遷幷州刺史』。　後書朱儁傳『以蘭陵令爲交阯刺史』。　後書循吏傳『王渙以溫令爲兗州刺史』。　後書黨錮傳『劉祐爲任城令，兗州擧尤異遷爲楊州刺史。』

或者從大將軍三公掾屬：

後書周景傳『辟大將梁冀府稍遷豫州刺史』。　後書趙岐傳『辟司徒胡廣府，出爲幷州刺史。』　後書黨錮傳『李膺辟司徒府以高第爲靑州刺史』。

或者從孝廉茂材稍遷：

後書張禹傳『擧孝廉稍遷楊州刺史，轉兗州刺史』。　後書左雄傳『擧孝廉，稍遷冀州刺史。』　後書王襲傳『擧孝廉，稍遷靑州刺史。』　後書郅壽傳『擧孝廉稍遷冀州刺史』。　後書劉虞傳『擧孝廉，稍遷幽州刺史。』

至於刺史的遷轉，以二千石守相爲最多：

張敞傳『爲冀州刺史，守太原太守，滿歲爲眞。』　王尊傳『爲徐州刺史遷東郡太守』。　孫寶傳『爲冀州刺史廣漢太守』。　循吏傳『黃霸擢楊州刺史，三歲爲潁川太守。』　後書魯丕傳『擢拜靑州刺史，七年免，再遷趙國相。』　後書法雄傳『爲靑州刺史，遷南郡太守。』　後書度尚傳『爲荆州刺史，桂陽太守。』　後書張禹傳『轉兗州刺史，遷下邳郡相。』　後書种暠傳『爲益州涼州刺史遷漢陽

太守。』　後書劉虞傳『幽州刺史，拜甘陵相。』　後書黨錮傳『劉祐楊州刺史河東太守』。　後書董卓傳『幷州刺史，河東太守。』　朱博傳『奏言漢家至德溥大，宇內萬里，立置郡縣。　部刺史奉使典州，督察郡國，吏民安寧。　故事，居部九歲舉爲守相。　其有異材功效著者輒登擢。』

或者徵爲三輔河南尹：

雋不疑傳『爲青州刺史擢爲京兆尹』。　後書郭賀傳『拜荊州刺史，徵爲河南尹。』　後書蘇章傳『爲幷州刺史，徵爲河南尹。』

或者爲九卿將軍列校：

楚元王傳『劉德守青州刺史，歲餘復爲宗正。』　蕭望之傳『蕭育爲冀青兩州刺史，長水校尉。』　後書李膺傳『爲青州刺史免，爲度遼將軍。』　三國志呂布傳『丁原以幷州刺史爲執金吾』。

或者爲丞相司直：

何武傳『遷楊州刺史，五歲爲丞相司直。』　翟方進傳『爲朔方刺史，甚有威名，遷丞相司直。』

或者爲司隸校尉：

何武傳『遷兗州刺史，徵爲司隸校尉。』　王駿傳『爲幽州刺史，遷司隸校尉。』

或者爲尙書：

後書王襲傳『稍遷青州刺史，徵爲尙書。』　邳彤傳『稍遷冀州刺史，三遷爲尙書令。』

或者爲侍御史：

後書循吏傳『王渙爲兗州刺史侍御史』。

或爲列大夫：

魏相傳『爲楊州刺史諫大夫』。　陳咸傳『補冀州刺史，奉使稱意徵諫大夫。』　谷永傳『遷爲涼州刺史，徵太中大夫。』　平當傳『左遷朔方刺史，徵爲太中大夫。』　後書鄭興傳『拜涼州刺史免，徵爲太中大夫。』　後書朱儁傳『交阯刺史諫議大夫』。

或爲中郎將：

後書黨錮傳『羊陟爲冀州刺史，再遷虎賁中郎將。』

或爲議郎：

後書左雄傳『稍遷冀州刺史，徵拜議郎。』 後書周舉傳『出爲幷州刺史，免，徵拜議郎。』 後書黨錮傳『陳翔以議郎爲楊州刺史，復徵議郎。』

或爲博士：

王吉傳『爲益州刺史，病去官，復徵博士。』

或爲大將軍從事中郎：

後書王允傳『爲豫州刺史，免，爲大將軍從事中郎。』

只有王渙以刺史爲侍御史爲洛陽令。 在兩漢是非常少的。 所以刺史實在是內外官升遷的重要階梯的一級。

至於州牧的除授，西漢末年和東漢初年一樣。 東漢末年又是一樣。 西漢末年和東漢初年是與太守互相轉任。

毋將隆傳『爲諫大夫，冀州牧，潁川太守。』 翟方進傳『翟義爲河內太守，青州牧，東郡太守。』 儒林傳『房鳳以九江太守至青州牧』。 後書郭丹傳『大司馬吳漢辟舉高第，再遷幷州牧使匈奴中郎將』。 後書鮑永傳『出爲東海相兗州牧』。 郭伋傳『爲上谷太守遷幷州牧，徵左馮翊，拜雍州牧，爲潁川太守，調幷州牧。』

東漢末年却是重臣出任，或逕由刺史除授，只能算亂世之制了。

後書劉焉傳『以太常爲益州牧。』 劉虞傳『以宗正爲幽州牧』。 劉表傳『以荊州刺史爲荊州牧。』 陶謙傳『以徐州刺史爲徐州牧』。 藝文類聚六引交廣記『建安二（？）年，南陽張津爲刺史，交阯太守士燮表……詔報聽許，拜津交州牧。』又晉書地理志『交州，建安八（？）年張津爲刺史，士燮爲交阯太守，共表立爲州，乃拜津交州牧。』

出自第十一本（一九四四年九月初版，一九四七年七月再版）

漢代社祀的源流

勞　榦

在漢簡中和漢時人民信仰有關的，只在居延簡中有幾條：

買芯册束給社　　　　　(32‧16)　(註1)

官封符爲社市買□……　　(63‧34)

　　　雞一　　　　酒二斗

對祠具　黍米一斗　　鹽少半斗　(10‧39)

　　　稷米一斗

第一，二條是提到社的，第三條所指的是一種祠祀，是否爲社，在本條中無從知道。不過究社祭一事在漢代民間最爲普遍這一端而言，自然屬於社祭的可能性較大。雖然不敢貿然下斷語，但決無法確指爲別一種的祭祀。

居延爲漢代比較邊遠之區，但『社』的信仰也隨着內地的移民而來。這一點顯示着中國文化的勢力已經植根在這個地方了。

『社』的信仰確是在中國古代的基本民族之中一個主要的信仰。最早的確實起源和發生的原因，我們當然不知道。倘若完全和現存原始民族中的圖騰崇拜或自然崇拜 (Nature Worship) 的原流來互相比較，有時也是一個危險的事。但我們仍然不妨追溯其較早的來源和其重要性。並且在本篇中還可和後代信仰追求其聯繫。

在相傳的文獻方面『社』可推溯到很早，在現在存在比較最早文字上的直接材

（註1）芯字不見於較早的字書，未知何物。不過在原簡上確是芯字。

料來說，據說在殷虛甲骨已經有『社』的祭祀（註1）。　所以決不能說是後起的。

在春秋戰國的習慣用法，『社稷』一詞常來代表國家。　可見社稷確是非常重要的。　古代國家的大事在祀與戎，而祀則分為天神地祇人鬼。　但人鬼實際上是分配到天神和地祇。　尤其比較偉大的祖先是分配在天上的。　例如詩經：

文王陟降，在帝左右。（大雅文王）

三后在天。　（大雅下武）。

秉文之德，對越在天。　（周頌淸廟）。

至於大乙和傅說為列星，也是這一類的思想。但有特殊關係的祠祀，例如山川和社稷，也是有偉大的人來配的。　關於社，實際上和社稷是一回事，即周人以稷配社的（註2）。

不過古代的祠祀是有階級上的差異的，禮記曲禮：

天子祭天地，祭四方，祭五祀；諸侯方祀，祭山川，祭五祀，歲徧；大夫祭五祀，士祭其先（註3）。

（註1）殷虛書契考釋王國維曰，『卜辭所紀祭祀，大都內祭也。　其可確知為外祭者，有祭社二事，其一曰，「貞竂于土，三小宰，卯一牛，沈十牛」（前一卷二四葉）。　其二曰，「貞，勿竂年于邦土，」（前四卷，一七葉）。　按土字卜辭假借為社。　詩大雅，「乃立冢土」傳曰，「冢土，大社也」商頌，「宅殷土茫茫史」。記三代世家引作，「宅殷社茫茫」公羊傳三十一傳，「諸侯祭土」，何注，「土謂社也」，是古國以土為社矣。邦土即邦社，亦即祭法之國社，漢人諱邦，改為國社，古當稱邦社也。』　這一點新進的甲骨文研究者，也並無反駁。

（註2）見傅孟眞先生新獲卜辭寫本後記跋（安陽發掘報告第二期），按商社相土而不及后稷，周社后稷而不及相土，乃無疑問的事。祇因甲骨未出，殷禮無徵，同時又有社配句龍一個傳說。　於是漢代鄭王諸家聚訟紛紜。　但必別社稷為二，以社配句龍稷配后稷，而相土遂無所屬。　今按社為地祇，鄭說為是。　但謂周代仍以句龍配社，亦少徵證。孟眞先生云『蓋夏商周同祀土，而各以其祖配之，夏以句龍，殷以相土，周以棄稷，』此其實可破千載之惑。　又參看胡厚宣先生甲骨文所見殷代之天神（責善2·16）。

（註3）漢書郊祀志『周公相成王，王道大洽，制禮作樂，天子曰明堂辟雍，諸侯曰泮宮，郊祀后稷以配天，宗祀文王於明堂以配上帝。　四海之內各以其職來助祭，天子祭天下名山大川，懷柔百神，咸秩無文。　五嶽視三公，四瀆視諸侯，而諸侯祭其疆內名山大川，大夫祭門戶井竈中霤五祀，士庶人祖考而巳。』　此段隱括諸書較具，今引於此。

所以士以下有許多神是不能祭祀的，所能祭祀的，除過自己先人以外，就算社了。

禮記祭法：

> 王爲羣姓立社曰大社，王自立社曰王社，諸侯爲百姓立社曰國社，諸侯自立
> 社曰侯社，大夫以下成羣立社曰置社。　（鄭注：『大夫不得特立社，與民族居百家以
> 上，則共立一社，今時里社是也。』）

因爲社是成羣而立的，所以士庶的集團信仰完全在社，一直到兩漢以後。

以上只是敍述一個概略，詳爲考訂，屬於治經學和上古史的人所治的範圍，所以不再詳說了。

由漢以前至漢，士庶合法的祭祀，只有社祭是在家門以外，而有團體性質的，所以『社』的重要決非其他祠祀可比。　社神的位置也就是一個團體中的保護神的位置。

在漢代里爲什伍以上的最小單位，積里爲亭，積亭爲鄉，積鄉爲縣，到縣便是中央所派的官吏了。所以國家所立的社稷到縣爲止，（註1）人民自立的社卻以里爲準。關於里社一事，禮記鄭注見前引。　其餘里社的例，如：

> 禮記郊特牲，『惟爲社事單出里』。

> 史記封禪書，『高祖初起禱豐枌楡社』。　注，『高祖里社』。　又『高祖
> 十年春有司請令春二月祀社稷以羊豕民里社各自財以祠』。

> 漢書食貨志，『社閭嘗新春秋之祠三百』。

> 漢書陳平傳，『里中社，分肉甚均』。

> 蔡邕獨斷，『大夫以下，成羣立社，曰置社。　大夫不得特立社，與民族居
> 百姓以上，則共立一社，今之里社是也。』

> 蔡中郎集，陳留雝晉庫上里社碑，『社祀之建尙矣，在昔聖帝有五行之官，
> 而共工子句龍爲后土。　及其沒也遂爲社祀，故曰社者土地之主也。』

今山東圖書館藏有漢梧臺里社刻石，所以漢代里置一社，當無多大問題。

所立的社，或用土，或用木，或用石，是不一定的。淮南子齊俗訓云：

（註1）見續漢書祭祀志下。

有虞氏社用土，夏后氏社用松，殷人社用石，周人社用栗。

其說社用石的，例如：

周禮春官小宗伯帥有司而立軍社，鄭注『社之主蓋用石爲之』。　賈疏，『案許愼云「今山陽俗祠有石主」彼雖施於神祠要有石主，主類其社，其社旣以土爲壇，石是土之類，故鄭注社主蓋以石爲之，無正文故曰蓋以疑之也。』

周禮夏官量人賈疏，『在軍不用命戮於社，故將社之石主而行。』

陳祥道禮書，『鄭氏曰「社之主蓋以石爲之」。　唐神龍中議立社主韋叔夏等引呂氏春秋及鄭玄議以爲社主用石，又後魏天平中大社石主還於社宮，是社主用石矣。』

其說社用樹木的，例如：

論語八佾篇，『哀公問社於宰我，宰我對曰，夏后氏以松，殷人以柏，周人以栗』。

墨子明鬼篇『必擇木之修茂者，立以爲叢社。』

戰國秦策，『亦思恆思神祠神叢歟？恆思有悍少請與叢博，……勝叢，叢借其神三日，逐勿歸。』

周禮地官大司徒，『設其社稷之壇，而樹之田主，各以其野之所宜木，遂以名其社與其野。』（鄭注：『田主田神，后土田正之所依也。詩人謂之田祖　所宜木謂松柏栗也。』）

白虎通義社稷篇，『社稷所以有樹何？尊而識之也使民人望見卽敬之，又所以表功也。　故周官曰「司徒班社而樹之，各以土地所生。」　尚書逸篇曰，「大社唯松，東社唯柏，南社唯梓，西社唯栗，北社唯槐。」』

漢書陳勝傳，『又令（吳）廣之次所旁叢祠中，構火狐鳴曰「大楚興，陳勝王。」』　沈欽韓疏證曰『古者，二十五家爲閭，閭各立社，卽擇木之茂者爲位，故名樹爲社又爲叢也。』

漢書東方朔傳，『柏鬼之庭也』注『言鬼神尙幽闇，故松柏之屬爲庭府。』

三國志注引邴原別傳，『嘗行而得遺錢，以繫樹枝，此錢不見取，繫錢者逾

多，……里中逐斂其錢，以爲社供。』

大唐開元禮諸里祭社稷議，『前一日社正及諸社人與祭者各清齋一宿於家正寢。　應設饌之家先修理神樹之下，又爲瘞埳於神樹之北方深取足容於物。……祭曰未明烹牲於廚（惟以特豕祝，以豆取牲血置於饌所，）夙興掌饌者實祭器，（……其尊一玄酒爲上，一實清酒次之，籩實麥栗，豆實菹醢，簋實稷黍，簠實稻粱，）掌事者以席入，社神之席設於神樹下，稷神之席設於神樹西，俱北向。　……』（太平御覽五三二尙有若干條，今不悉轉引。）

所以社主用石或用樹，似乎都是可以的。　若論是非當然另外是一類話，不過現在不是考經而是考史，不是論是非，而是論是否曾經存在過。　所以那一種用的對，現在看來並無關係，只是用神樹（Sacred　Groves）的事實的確較多，而且直到唐代（政和重修新禮無里社）。

對於中國接近的遊牧民族，也有社樹的事，漢書匈奴傳云：

『秋馬肥，大會蹛林，校人畜計。』　注服虔曰『蹛音帶匈奴秋社，八月中皆會祭處也。』　師古曰『蹛者繞林木而祭也。　鮮卑之俗自古相傳，秋天之祭無林木尙豎柳枝，衆騎馳遶三周迺止，此其遺法。』

匈奴八月祀神一事和漢族也是同時的；玉燭寶典引崔寔四民月令云：

八月筮擇月節後良日，祠歲時常所奉尊神。　前期七日擧家母到喪家及產乳家。　少長及執事者悉集案祠，薄掃滌務加謹絜。

漢人常所奉尊神社神竈神當然是最重要的。　所以八月所祭的神，當有社神。　這一點並非說漢與匈奴的社祭有何等相互密切的關係。　因爲二八月（註1）是擧行太社的時期，同時也是祭祖的時期。　中庸云，『春秋修其祖廟，陳其宗器，設其裳衣，薦其時食，』就是一個例子。　漢與匈奴同在北緯的亞洲東部，春秋都是佳日，此時有令節的關係，並不是費解的。

漢代民間的社神早已不是句龍，相土，或后稷了。　漢人自有配食的神。　漢

（註1）續漢書祭祀志，『建武二年立大社稷于雒陽，在宗廟之右，方壇，無屋，有牆門而已。二月，八月及臘，一歲三祠，皆太牢具，使有司祠。』

書欒布傳，云：

> 布薨，燕齊之間皆爲立社，號曰欒公社。

又社神亦稱社公，並且相信有法術的人，還可驅使社公。

> 禮記郊特牲 ，『社祭土而主陰氣也』疏引五經異義曰 ，『今人謂社神爲社
> 公。』

> 後漢書費長房傳，『遂能醫療衆病，鞭笞百鬼，及驅使社公』。

社中更有社鬼：

> 王莽傳，『分赦城中諸獄囚，皆授兵，殺豨，飲其血，與誓曰有不爲新室者，
> 社鬼記之。』

以上所舉，都可以表現社對一般人的生活上是比較密切的。 自然，社以外還
有若干祠祀，例如齊人的城陽景王，東漢由外國輸入的佛教。 但都不能使社的祭
祀失去重要性。

我們要追溯漢代的信仰，無法追溯太遠，並且也不應當追溯太遠。 不過漢人
禮俗因襲周秦，大致是有跡可尋的。周代的信仰，似乎在周初是有人整理過，將天
神地祇人鬼的系統整理好，而歸結於上帝。 凡不在祀典的則算做淫祀。 這不能
說不是一個有計劃的工作。 不過有兩個缺點。 第一，周人的宗教是政教合一的，
天子祭天地，諸侯祭山川，各有所祭的範圍。 這是和封建制度聯繫的，封建制度
若破壞了，宗教也就不能維持。 『季氏旅於泰山』便是一個例子。 第二，周的
封建諸侯似乎也並未完全接受王室的宗教，現所知道的，除過晉魯幾個宗邦外，齊
楚各公室似乎都自有其信仰。 到後來甚至伊川也有披髮而祭的了，邦畿之內也無
法統制。

宗教對於周人確實是十分重要的，不過周的政教合一是宗教寄託在政治上，而
非政治寄託在宗教上。 周人宗教的合於理性，似乎不是一般宗教所能企及（註1）。
不過政治色彩太濃，到周之季世，人亡政息，宗教信仰也就不振了。 魯是周的標

（註1）關於周人的上帝觀念及人道思想，可參考傅孟眞先生性命古訓辨證第二章周初之天命無
　　　常論。

準宗邦，周禮盡在魯。　但觀魚觀社，許多不是教規所許的事，也由公室做出；告朔的羊，成了周室宗教頹敗的象徵。　到了戰國，政治無主宰，而宗教也無主宰。

所以周代信仰的致命傷便是和封建制度聯繫的結果，一般人民不得崇拜上帝，上帝的信仰便隨着王室的崩潰而消失。　只有祖先的祭祀，和社的祭祀，原來准許一般人民舉行的尚存在，即是周代宗教系統，只存下一截。　一個一個單獨的社不能成爲一個有系統的宗教，自是當然的事。

周室的宗教隨着封建制度破壞了。　戰國諸子連儒墨在內都無建設宗教的宏願。墨子宗教氣息最濃，但其信仰仍寄託在政治上，而且並無一套系統化的神祇。　秦皇漢武政治上氣象雖然弘大，但宗教的信仰卻極端低陋。　從史記封禪書及漢書郊祀志看來，都只能談到巫鬼的信仰而已。

東漢以後，佛教輸入，道教長成。　帝王及士大夫表面上雖然接受着圜立方澤山川社稷的系統，但內心的信仰早已不是這麼一回事。　只有殘存的『置社』尚在社會活躍着，變爲城隍和土地的信仰。

城隍神和土地神對於佛教和天師道並無相關的痕跡，和縣社里社所崇拜的對象卻完全一致。　其分合之跡現在因爲史料有限無從作詳密的敍述。　只能得一個大略的概況。　趙翼陔餘叢考云：

按北史慕容儼鎮郢城，梁大都督侯瑱等舟師至城外，城中先有神祠一所，俗號城隍神，儼於是順人心禱之。　須臾風浪大起，凡斷其荻洪鐵鎖三次，城人大喜以爲神助，遂破瑱等。　隋書五行志梁武陵王紀祭城隍神將烹牛，有赤蛇繞牛口，是城隍之祀蓋始於六朝也。　至唐則漸遍，唐文粹有李陽冰縉雲縣城隍記，謂城隍神祀典所無惟吳越有之，是唐初尚未列於祀典。　張曲江集有祭洪州城隍文，杜甫詩有十年過父老，幾日賽城隍之句，杜牧集有祭城隍祈雨文，則唐中葉各州郡皆有城隍，五代錢鏐有重修城隍神廟碑記，書大梁開平二年……陸放翁寧德縣城隍廟記所謂唐以來郡縣皆祭城隍是也。宋史蘇緘殉節邕州後交人入寇，見大兵從北來呼曰蘇城隍來矣，交人懼遂歸，又范旺守城死邑人爲設像城隍以祭。　張南軒治桂林，見土地祠令毀之，曰此祠不經，自有城隍在，或問既有社，莫不須城隍否，曰城隍亦贅也，然載

在祀典，是宋時已久入祀典也。

據宋趙與時賓退錄及五禮通考引太平府舊志稱蕪湖城隍廟建於吳赤烏二年，未爲確據，太平廣記引唐牛蕭紀聞云，『吳俗畏鬼，每州縣必有城隍神，開元末宣州司戶卒引見城隍神，神所居重深，殿宇崇峻侍衛甲仗嚴肅……府君曰吾卽晉宣城內史桓彝也，爲是神管郡耳。』 所以城隍的職位是管郡的。 法苑珠林，『晉王文度鎮廣陵，忽見二騎持鵠頭版來召之，王大驚問騎我作何官，騎云尊作北平將軍徐兗二州刺史，王曰吾已作此官何故復召耶，鬼云此人間耳，今所作是天上官也，……王尋病薨。』 法苑珠林爲唐釋道世所作，則徐兗二州刺史亦是城隍神一類。 所以城隍神的祠祀在唐已經流行是確無疑問的。

不過城隍神的信仰確有地域的分配問題。 最初起源的地方似乎確在長江下游至多也只在長江流域附近的地方。 據宋會要卷一千二百零四所載宋代加封號的城隍和土地，大都是在長江流域和閩粵。

這一點卻不能以『吳人信鬼』一個理由來解釋的。 吳人固然信鬼，但城隍神的崇拜或者是受了吳人風俗中信鬼一事的影響，卻不能說是吳越本來的信仰。 城隍神的性質，照名稱方面說爲城郭之神，照職位方面說是管郡縣之神。 據漢書嚴助傳稱，『臣聞越非有城郭邑里也，處谿谷之間，篁竹之中。』 漢書郊祀志雖然談到越巫，似乎不能產生城隍神的信仰。 況且假如吳越本地早已有此信仰，漢武帝將以『寫放六國官室』的態度來採取，何至兩漢之中，毫無痕跡，所以起源絕不至太早。

城隍神的名稱顯然是城郭邑里的保護神，這一點當然在城市發展到相當的程度以後。 倘若認爲起源於長江下游，則長江下游的都市發展可以最早追溯到漢武帝山東移民七十餘萬人中到會稽移民。 此後由西漢末年到東漢，長江下游日漸繁榮，及孫權和東晉元帝在江南建國，江南物質上的富庶，已經超過北方，三吳的都邑，也就常見於記載。 所以城隍的名稱不應當早過這時。

關於在縣社配食的事也是在後漢以後比較普遍。 後漢書孔融傳，『郡人甄子然，臨孝存，知名早卒，融恨不及之，乃命配食縣社；』後漢書宋登傳，『爲汝陰令，政爲明能，號爲神父，……卒於家，汝陰人配社祀之；』晉書陸雲傳，『出補

逡儀令，……去官，百姓追思之圖畫其形像，配食縣社。』 所以縣社在後漢及晉

時已經有人配食，並且可以有圖畫形像的地方，即縣社不僅是壇，而且是廟了。

再就此幾條證據看來，縣社對於人民還是相當密切，並無僵化的朕兆。

　　但這是永嘉之亂以前的事，自永嘉之亂以後，海內播遷，據宋書志序說：

　　　　自戎狄內侮，有晉東遷，中土遺氓，播徙江外，幽并冀雍兗豫青徐之境，幽

　　　　論寇逆……百郡千城，流寓比室，人佇鴻雁之歌，士佇懷本之念，莫不各樹

　　　　邦邑思復舊井，旣而民單戶約，不可獨建，故魏邦而有韓邑，齊縣而有趙民，

　　　　且省置交加日回月徙，寄寓遷流，迄無定託，邦名邑號，難或詳書。

在這種狀況之下， 流民旣不願爲所居郡縣的人， 自無從奉祀所居郡縣的社。 但

『寄寓遷流，迄無定託，』其不能僑立社稷，又可想見。 在此時期禮壞樂崩，京

師雖有一般士大夫勉強維持，但僑郡豈能徧顧。在『魏郡而有韓邑，齊縣而有趙民』

的狀況之下，社稷的信仰自然是有的；但其方式決不能和平時一樣，那是一定的。

　　現在文籍殘缺，始終未發見代替僑郡社稷是用那一種方式的明文。 現在只知

道城隍和土地爲此時江南新的祠祀。 但假若城隍土地是一種僑郡臨時社稷的話，

那就最合適沒有了。 所以不論賓退錄所說蕪湖城隍廟是否建於孫權之世，但在這

種郡縣紛更狀態之下，社稷無從固定，人民的信仰移轉到和社稷作用相等，而不必

再分僑舊的城隍神，應當是一個相當自然的事。

　　關於記載城隍神的史料，有兩段是比較早些的：其一爲北齊書所記慕容儼的事；

其一則爲隋書五行志所記梁武陵王蕭紀的事。 按慕容儼傳稱：

　　　　梁司徒陸法和儀同宋蒩等，率其部下以郢州城內附。 時清河王岳率師江上，

　　　　……衆咸共推儼，岳以爲然，遂遣鎮郢城。始入便爲梁大都督侯瑱任約率水

　　　　陸軍奄至城下。 ……城中先有神祠一所，俗號城隍神，公私每有祈禱，於

　　　　是順士卒之心，乃相率祈請冀獲冥祐。

據北齊書陸法和傳，事在天保六年。 即在西魏入江陵以後。 地本梁有，後復歸

梁，所以住民仍是梁人。 郢州本爲江夏郡，郡治夏口。 宋書地理志云：

　　　　汝南侯相本沙羨土，晉末汝南郡民流寓夏口，因立爲汝南縣，沙羨合漢舊縣，

　　　　吳省，……後以其地爲汝南實土。

經過幾次土斷當留有僑郡的痕跡，以前應當僑郡當不止此一處。　又按隋書五行志。

　　　梁武陵王紀祭城隍，將烹牛，忽有赤蛇繞牛口，牛禍也。　……是時紀雖以

　　　赴援爲名，而實妄自尊。

按梁書武陵王紀傳：

　　　授持節都督益梁等十三州諸軍事，安西將軍益州刺史……及太淸中侯景亂不

　　　赴援，高祖崩後，紀乃僭號於蜀。

其時和慕容儁祭鄴州城隍只前五六年。　其地爲蜀。　按宋書地理志：

　　　懷寧太守，秦雍流民，晉安帝立，……寄治成都。

　　　始康太守，關隴流民，晉安帝立，……寄治成都。

　　　宋寧太守，宋文帝元嘉十年免吳營僑立，……寄治成都。

　　　宋興太守，宋文帝元嘉十年免建平營立，……寄治成都。

按劉裕實行土斷在晉安帝義熙七年，入蜀平譙縱在義熙九年，志稱晉安帝立，實即
是劉裕平譙縱後依土斷法所改定。在東晉南渡以後僑郡的設立，定較此爲繁，是可
以推定的。　所以正史最早記載兩處有城隍的地方，正是僑郡縣所在之地。　至於
照唐人所傳吳越崇奉城隍最盛，但吳越亦是僑郡縣最多之處，凡稍留意南北朝史事
的人，不必舉例，自能明白。　即隨便就洪亮吉的補東晉疆域志的僑郡來看，也大
致可以看出來。　所以城隍神的信仰，以時以地，都和流人的遷徙相符。　雖然現在
尙無流人如何崇奉城隍神的正史明文，但總可假定說不是偶然的事。　至於賓退錄
稱城隍廟在吳大帝時建在蕪湖，太平府舊志從之，野史稗官記一千年以前的事（吳
赤烏二年 239 ——宋嘉定十七年 1224），單文孤證，無從考核，現在證明和反駁
都說不上，只好列爲懸案。　據建康實錄黃武元年『詔楊州置牧以丹陽太守呂範爲
陽州牧，以東征將軍高瑞領丹陽太守，復自建業徙治蕪湖。』　蕪湖縣志則謂黃武
以前『故城在縣東三十里自黃武初徙縣治，故城遂廢。』　未知是否可靠。　此說若
確，頗有黃武元年徙治，至赤烏二年方立縣社之可能。　據陸雲傳晉時的縣社確有
房屋，據孔融傳，宋登傳，後漢的縣社或亦有房屋，（因爲無房屋，不大容易配
食），則蕪湖縣社亦可以原有房屋更改成後來的城隍廟。　蕪湖在晉爲豫州及上蔡
郡僑治之所，假若赤烏時的縣社變成南渡後的城隍神祠，亦非甚悖。　不過現在黃

武建城，赤烏立廟，均是一個不可十分相信的事，所以這一個解釋也只好懸而不決了。

　　土地神的名稱據白虎通義社稷篇說，『王者自親祭社稷何？社者土地之神也，土生萬物，天下之所主也。』所以土地和社應當沒有多少區別的。　御覽八八二引搜神記曰：

> 蔣子文者廣陵人也，嗜酒好色，常自謂己骨青死當爲神漢末爲秣陵尉，逐賊至於鍾山之下，賊擊傷額因解綬以縛之，有頃遂死。　及吳先主之初其吏見子文於道，乘白馬執白羽，侍從如平生。　文曰我當爲此土地神也。　爲吾立祠。　……吳主患之，封爲中都侯加印綬立廟，改鍾山爲蔣山，以表其靈。

此爲土地神三字見於記載之始。　不過言立廟而不言立社。　此或因吳主信神。已經出乎故吏所言立社的原來希望以上了。　明太祖御製集有南京城隍蔣子文祭文。到明時已正式認蔣子文爲城隍。　所以城隍土地實有共同之點。　徐鉉稽神錄卷六：

> 張鋋者累任邑宰，以廉直稱，後爲彭澤令，至縣宅堂後有神祠，祠前巨木成林，烏鳶野禽羣巢其上，糞穢積於堂中，人畏其神，故莫敢犯，鋋大惡之，使巫祝於神曰：所謂土地之神當潔淨縣署以奉居人，奈何使腥穢如是耶？爾二日中當盡逐衆禽，不然吾將焚廟而伐樹矣。　居二日有數大鶚奮擊而至，盡壞羣巢。　又一日大雨糞穢皆盡，自此宅居清潔矣。

此所言土地祠和樹是有關係的，樹的祠祀當卽社樹，所以土地祠亦卽社祠。　又宋張邦基墨莊漫錄卷五云：

> 蔡君謨作福守日，有一書生投詩來謁……君謨異之，尋令人伺其歸，至一山下忽不見，四顧無人，惟一社屋爾，意其社神也。

社屋應卽土地祠。　又宋孫光憲北夢瑣言十二云：

> 彭城劉山甫自言外祖李公敬彝郎中宅在東都鍤財坊，土地最靈。　家人張行周事之有應。

光憲生於唐末，所稱東都乃唐時洛陽。　所以唐時已有當坊土地。　又宋張舜民畫墁錄云：

北人信誓兩界非時不得葺理城堞。　李允則知雄州，欲展城無由，因作銀香爐寘城北土地堂，一旦使人竊去之，遂大喧勃，蹤跡去來。　辭連北疆紛紜久之，因興工起築。

此爲宋初的事。　所以『土地堂』在唐末宋初的時候，已經是普遍的稱呼。　雖然行文時尚有人叫做社屋，但實際上已經是『土地堂』了。

出自第十一本（一九四四年九月初版，一九四七年七月再版）

漢簡中的河西經濟生活

勞 榦

一 河西四郡之天然環境及移民

河西的區域就是指黃河上游以西的武威張掖酒泉敦煌四郡。 這四郡是有他們的特殊地理條件的。 據漢書地理志引朱贛的條奏說：

自武威以西本匈奴昆邪王休屠王地，武帝時攘之，初置四郡以通西域，鬲絕南疆匈奴。 其民或以關東下貧，或以報怨過當，或以誖逆無道，家屬徙焉。 習俗頗殊。 地廣民稀，水草宜畜牧，故涼州之畜爲天下饒。 保邊塞二千石治之，咸以兵馬爲務，酒禮之會，上下通焉。

所謂河西四郡因爲有特殊的地理上和歷史上的關係，所以形勢和風俗上自成了一個單位。 就地勢方面說，這裏是一個沙漠和高山的交會處最肥沃的地方。 東面比較上稍微開敞，所以能受到太平洋的季風。 南面是高出雪線以上的祁連山，所以冰河的下游，溶化以後可以利用來灌溉。 因爲這樣河西四郡比較西面和北面沙漠附近的地方要特別肥沃。 就交通方面說，這裏正是東西要道正穿過的區域，在東邊和西邊都有特殊的文化和物產。 從這個地方經過的是比較最平坦和最安全的一條大道。 所以就軍事、商業、文化各方面來看，這個區域也是非常重要的。

這個地方從來有許多遊牧民族移轉着。 漢時匈奴占有這個地方，還些人對於土地利用當然只作爲牧場。 充分對於土地的利用，是要從漢時的移民算起的。 漢書西域傳有一段是關於河西的建置的，現在寫在下面：

漢興至於孝武事征四夷，廣威德，而張騫開始西域之迹。 其後票騎將軍擊破匈奴右地降渾邪休屠主，遂空其地。 始築令居以西。 初置酒泉郡。

稍發徒民充實之。　　列四郡，據兩關焉。

　　現在雖然不能詳知當日徒民的總數，但按照推比的辦法來估計，如同元朔二年置朔方郡時徒民十二萬口，元狩四年關東貧民徒隴西，北地，西河，上郡，會稽，凡七十二萬五千口，又據李廣利傳伐大宛時前後曾發戌卒二十餘萬，在裏面屯戌在河西四郡的，一準不在少數。　　照這幾個例類推當日到河西四郡的移民準是大量的。　　再按地理志的數目來看，武威和酒泉七萬六千多，（此數或有誤，但和實數也相去不至於太遠。）張掖八萬八千多。　　敦煌三萬八千多。　　總數二十餘萬。　　這都是移民的子孫。　　西北邊疆土地出產不太多，所以人口蕃殖不應當太快。　　所以從地理志記載的元始時代上推一百年前的武帝時代，當地的移民大約應當有十幾萬人。

　　自然，這些移民決不是一時移去，而是陸續移去的。　　初移的時候一定照武帝本紀所說『縣官衣食振業』，和其他各處移民一樣。並且為的要給養大部分軍隊，一定要利用軍屯，軍屯不足還要內地運去糧食。　　這都是理所必然的，在漢書和漢簡中還可尋到些證據。

二　居延漢簡所見的屯田制度

　　就居延區域的位置來說，對於河西四郡的關係是非常重要的。　　因為額濟納河是個自南向北比較長的河流。　　在河流東西岸稍遠一點地方都是不毛的沙漠。　　所以居延一帶是由河西到漠北一條重要的道路，也就是北伐匈奴和匈奴南下的一條南北向的很方便的走廊。　　在這一帶是可以利用額濟納河作成溝渠來灌溉的，所以屯田是居延一個重要的事。　　因此，食貨志講到武帝晚年代田的事，對居延特別提出。

　　居延的屯田大約是在武帝時由路博德經理開闢的。　　漢書武帝紀，太初三年『強弩都尉路博德築居延』。　　又霍去病傳說，『路博德西河平州人，以右北平太守從票騎將軍封邳離侯。　　票騎死後博德以衛尉為伏波將軍伐南越，益封。　　其後坐法失侯，為彊弩都尉屯居延卒。』　　又按李陵傳天漢二年出居延以博德為陵後距。所以太初至天漢居延屯戌的事是屬於路博德的，大約死在武昭之際。

　　居延漢簡在昭帝時有一段屯田的記載：

……馬長史卽有吏卒民屯士亡者，具署郡，縣，名，姓，年，長物，色，房，
衣服，齎操，初亡年月日人數。　　白報具病已。　　謹案屬丞始元二年戍田卒
千五百人，爲辟馬田官寫涇渠，迺正月己酉淮陽郡……513‧17—303‧15

這是昭帝初年的事，當時淮陽郡遣到居延的屯田卒有千五百人。

又居延簡

守大司農光祿大夫臣調昧死言，受簿臣處，前以請給使護軍屯食守部丞武…
…以東至西河郡十一農都尉官，官調物錢穀漕糴爲民，因延尉調有餘給……
214‧33

這一個簡雖然殘缺，但大意仍可看出是屯兵糴米的事。　　這個簡的時代可以從『守
大司農調』幾個字看出。　　漢書百官公卿表『（元帝）永元二年光祿大夫非調爲大
司農。』　漢代的制度，第一年爲守，滿歲爲眞。　簡中說守大司農，可見尙是永元
二年的事。

在屯墾方面有田卒有渠卒，田卒比渠卒多。　　居延簡：

以食田卒制作女人二月盡八月　303‧28

□□十一石六斗　以食田卒六□□　303‧51

以食田卒東郡□□□里大夫許都　334‧7

以食戍田卒盡積廿九日積百一十六人　554‧6

河渠卒河東皮氏毋憂里公乘杜建廿五　140‧15

出麥五百八十石八斗，以食田卒劇作六十六人五月盡八月　303‧24

居延的屯卒是由將屯率領的。　　居延簡：

十月乙丑將屯居　227‧101

□□……□月丁亥□□受將屯告居延都尉德謂甲渠塞候都尉□……欲遷爲甲
渠候長，令遷壽之官　40‧2

這裏的將屯應當是較高的軍官。　　據漢書文紀和武紀將軍有冠以將屯二字的。　　據
漢書李廣傳『程不識故與廣俱爲邊太守，將屯。』　這裏說到的將屯大約在都尉以
上，也許是指太守的。

在屯田的組織裏面，農具是由公家供給。　　收穫的糧食也交官存在倉內。　　居

延簡：

更錢五千具位農田具。　135.36

第十部吏一人載穀三十斛致官。　95.12

倉詑出。　534.8

入粟十二石增廩五千二百廿五石，今五千二百卅七石受城倉。　112.21

倉設倉長來管理。　並有倉丞來輔佐。　郡縣的掾屬有倉曹。

三月丙午張掖長史延行太守事，肩水倉長湯兼行丞事。　下屬國農都尉小府，
縣官承書從事下當用者，如詔書守屬宗助府佐定。　10.32

建平三年閏月辛亥朔丙寅，祿福倉丞敞移肩水金關居延塢長王玫，所以乘用
馬各如牒，書到出，如律令。　15.18

□武士吏卒四月奉四月庚戌令史博付倉曹孫卿候且□卒陳。　279.17

居延的屯田在武帝的晚年曾經被使用到代田的方法。　這在漢書食貨志已經被
提到了。　在居延簡裏面有『代田倉』一個倉名，時代是昭帝時候，可見居延屯田
的收入，是另外設倉的。

入糜小石十五石始元三年六月甲子朔甲子，第三塢長舒受代田倉詑。　557.3

從上面幾段可以看出屯田的軍士是從內地派來的。　有將屯的軍官指揮着，分
成幾個部的組織。　官家供給農器。　收到的糧食交到倉裏存儲。　平常廩食的糧
再由倉裏領出來。

關於邊塞的倉 Aurel Stein 曾經在敦煌西面發現過。共有三個大的屋子，共有
四四〇英尺長，和二十五英尺寬(Ruins of Desert Cathay. vol. II. Chap. L.)。
並且還附着有像片，可以看出大略來。

又 Aurel Stein 在樓蘭故城發現的晉簡，也有許多關於屯田的事，可以和漢簡
互相證明的。　例如：

將尹宜部溉北河田一頃六月廿六日刺。

□因主簿奉謹道大候究犖與牛詣營下受試。

將張僉部見兵廿一人。　大麥二頃，已穫廿畝。　下床九十畝，溉七十畝小
麥卅七畝，已□廿九畝。　禾一頃八十五畝，溉廿畝，鋤五十畝。

將梁襄部見兵廿六人。　大麥六十六畝，己穫五十畝。　下床八十畝，溉七十畝。　小麥六十三畝，溉五十畝。　禾一頃七十畝，鋤五十畝，溉五十畝。

東空決六所並乘堤已至大決中……五百一人作……□增兵。

王國維氏說『與趙充國屯田奏所言賦人二十畝者，大略相近。』　其餘如分部和築渠各事也應當和漢代相差不至於太遠的。

三　農業技術和農場勞力

漢代的耕作技術確已發展到相當程度。　現時可以注意的是（甲）牛耕（乙）鐵器。　這樣兩點現在可以推溯到漢以前的二三百年。　秦時因為鐵耕的普遍使用，所以史記貨殖傳便記上有人靠鐵發了財。　到了漢代官家對於鐵的開採和鍊鑄要施行統制。　自然，牛耕和鐵器的應用還有巧拙的不同，所以漢代總是在那裏改革。本篇因為限於河西，所以着重和河西有關的幾點。

據漢書食貨志說：

武帝末年，悔征伐之事，迺封丞相為富民侯。　下詔曰：『方今之務，在於力農。』以趙過為搜粟都尉。　過能為代田一畮三甽。　歲代處，故曰代田，古法也。　……以二耜為耦，廣尺深尺曰甽，長終畮，一畮三甽而播種於三甽中。　苗生葉以上稍耨隴草，因隤其土，以附苗根。　……苗稍壯每耨輒附根，比盛暑隴盡而根深，能風與旱。　……其耕耘，下種，田器，皆有便巧。　率二十夫為田一井一屋，故畮五頃用耦犂二牛三人。　一歲之收常過縵田一斛以上，善者倍之。　過使教太常三輔，大農置工巧奴與從事為作田器。　二千石遣令長三老力田及里父老善田者受田器學耕種，養苗狀。　民或苦牛少，亡（無）以趣澤，故平都令光教過以人輓犂。　過奏光以為丞教民相與庸輓犂。　率多人者日三十畮，少者十三畮，以故田多墾闢。　過試以離宮卒田其宮壖地，課得穀皆多其旁田畮一斛以上。　令命家田三輔公田。又教邊郡及居延城。

所以居延城在武帝末年是用到代田法的。　這時正是早期的居延漢簡可以接上的時

代。　　代田法的主要原理，一爲『歲代處』，另外便是『深耕』，這就是城陽景王所說『深耕穊種立苗欲疏』的原理。因爲農器尙不能完全達到深耕的目的，所以還要培土固根，來間接做到深耕。　　這就是『苗稍壯每耨輒附根，比盛暑隴盡而根深，能風與旱』了。

關於一畮三甽的問題，前幾年做中國經濟史工作的人，曾經熱烈的討論過。最後還是根據徐光啓農政全書來作結。　　徐氏說『古者耜一牛兩人並耦之，其隴中田甽，隴上曰伐。　伐之言發也。　甽與伐高深廣各尺。　一畮之中三甽三伐，廣六尺長六百尺，以此計畝，故曰終畝，曰竟畝。』　證明代田還是兩田制，卽田分兩種，互相更換的。　伐卽古所謂代。　鄭注考工記『甽上高土謂之代，其壟中曰甽。』　至於呂氏春秋辨士篇『畮欲廣以平甽欲小以深』，也是分田作甽畮二種來更番替代的。

居延一帶是否僅屯田用代田方法，還是私有的田也使用過，現在還不知道。不過公田已有代田倉，那公田曾用過代田的方法，應當是事實。

生產勞力方面，公家使用田卒，前面已說過了。　此外還應當有刑徒和雇傭。私家方面除過自行種植以外，應當還有奴隸和雇傭的。

使用刑徒的例，如：

　　復作大男叢市　60.2

　　居延復作大男王建　37.33

　　與司空數十人　537.2

　　二月尉薄食施刑屯士四人爲穀小石……　464.3

　　（居）延四月旦見徒復作三百七十九人……六十八付肩水部遣吏迎受　34.8

按漢書趙充國傳說『顧罷騎兵，留弛刑應募，及淮南汝南步兵與吏士私從者……田事出賦人二十畝。』　所以漢代刑徒在屯田上和屯田卒是同樣應用的。　居延刑徒數目多至三百七十九人，並且還說明是『屯士』當然是要用作屯田之用的。

關於奴隸的例，如：

　　候長觻得廣昌里公乘禮忠年世　小奴二人直三萬　大婢一人二萬軺車一乘直萬　牛車二兩直四千　宅一區萬　用馬五匹直二萬　服牛二六千　四五頃五

　　　萬　　凡貲直十五萬　37‧23

在這一條所統計的，除過不動產以外，便是奴隸和牛馬，這當然指勞力上的意義的。

又敦煌簡說：

　　　永光五年六月辛卯，敦煌太守丞禹設玉門□□……毋取事取粟五十石時丞身

　　　臨予以奴婢□□……

這也是提到用奴婢的。　現在雖不知這類人對奴隸如何應用。　但總可以用到農場

的。

　　　關於公私使用雇傭的例，如：

　　　　……史嘗卒延壽里上官霸，僦人安故里譚昌。　214‧25

　　　　……月積一月廿七日運菱僦直。　350‧12

　　　　出錢四千七百一十四。　賦僦人表是萬歲里吳成三兩半　已入八十五石　少

　　　　二石八斗三升　505‧15

　　　　沈廣年廿五庸南閭里　515‧23

　　　　貲家安國里王盛車一兩九月戊辰載僦人同里時袋□到未言　267‧16

此外尚有不少使用傭工的例子。　在漢簡上雖然不能看出傭工和農業有甚麼關聯，

但漢代傭工用在農業上是個不容否定的事，食貨志也明說『教人相與庸輓犂』。

　　　又居延簡曾經提到田租的事。

　　　　右第二長官二處田六十五畝租廿六石　303‧7

這裏所說的租，當然是田租。　在漢代每畝收糧的數目，大約是畝一石（據食貨

志）這裏田六十五畝收租二十六石，收租的租額大約是百分之四十。　至於敦煌簡

所記：

　　　　入二年總　粟百五十六石　旁程卅一石　□田二頃十七畝　十月戊寅倉□□

　　　　□龍勒萬年里索良

差不多一畝一石，便應當是官家自己經營的了。　食貨志云，『武帝元狩四年，山

東被水災，民多饑乏，天子遣使賑貸民，尚不能救。　乃徙民於關以西及充朔方以

西新秦中七十餘萬口，衣食皆仰給縣官，數歲貸與產業，使者分部護，冠蓋相望，

費以億計。』　這一類的流民原來自耕農有多少，佃農有多少，現在是無從知道的。

不過流亡以後，政府用田貸給他們，並且用使者來分部監護，這就是政府取到地主的身分，農民是佃戶的身分了。　租穀的額數，照王莽傳說，『或耕豪民之田見稅什五。』　照居延簡的材料公田大約是十分之四較此略少。　晉書慕容皝載記說，『以牧牛給貧家田于苑中公收其八，二分入私。有牛而無地者亦田苑中，公收其七，三分入私。　皝記室參軍封裕諫曰：「……魏晉道消之世，猶削百姓，不至於七八，持官牛田者，官得六分，百姓得四分，私牛而官田者，與官中分，百姓安之。　……」皝乃令曰：「……貧者全無資產，不能自存者，各賜牧牛一頭，若私有餘力樂取官牛墾官田者，其依魏晉舊法。　……」』這一點可以想到魏晉對於漢制一定有因革承襲的關係。

四　錢貨的流通與商業

漢代是用錢來做貨幣的。　不過在漢代初年錢的種類和鑄造都不統一。到武帝元狩五年才『行五銖錢，罷半兩錢』。　並且這時『悉禁郡國毋鑄錢，專令上林三官。　鑄錢既多，非三官錢不行。　諸郡國前所鑄錢皆廢銷之，輸入其銅三官，而民之盜鑄益少，計其費不能當，惟真工大姦乃盜為之。』　所以武帝的貨幣政策是成功的。　只是邊郡上尚有沒有銷毀的小錢，居延簡：

校乃錢八百，其三百小錢。　74‧8

這是攙雜的小錢，官方尚要去校的。　至於漢簡上說到錢處很多，現在不能悉數，不過也有稱作泉的，例如：

元始元年三月齎泉。　508‧17

出羊一頭，大母。　子程從君巨買，買泉九百，出羊一頭，大母子程從君巨買，買泉九百，未至。　出羊一頭，大母，君巨去時令區相用魏仲通合子程買，買泉千。　413‧6

出泉百廿　繕□黍三……　110‧35

受官帛六千　當□□□匹一丈匹千二百積□泉三百凡當泉七千八百……前圖泉二千二百出泉六百五顧治圖財所直餘泉千六百八十五　當得付泉千二百□□二百五十泉　225‧45

這都是王莽時的記載，但應用仍是圓泉來算的。

至於漢代的物價，在居延簡記上的，種類數目都比從前任一種文籍為多。　所占的時代也集中在西漢的晚期。　其相互的關係是比較上容易來追尋的。　物價的意義是在交換的關係上面。假若在一個遼遠的時期，發現一條物價的孤證，其貨幣的價值對於其他商品毫無關聯，這一條史料也就很少有價值可言。　所以居延簡給予經濟史料上的價值，便是他能夠給予我們更多物價的史料，並且對於西漢晚期官吏的薪俸也給予許多條。　所以我們不但可以看出物物相互的關係，並且可以藉此推定一般平民大略的生活狀態。

現在先就居延漢簡記載的薪俸數目鈔在下面。　至於原文完全省去以省篇幅。因為另有釋文付印可以參證的。（註1）

　　　　候官一人　三月俸錢九千（一月三千）

　　　　尉一人　二月俸錢四千（一月二千）

　　　　二百石塞尉一人　三月俸錢六千（一月二千）

　　　　候長一人　一月俸錢一千三百

　　　　候長一人候史一人隧長六人　一月俸錢共計五千四百（五鳳時）

　　　　士吏一人　一月俸錢一千二百（河平時）

　　　　庶士士吏十三人　（一月）帛十八匹二尺泉四千四百四十三

　　　　嗇夫一人　一月俸錢七百二十

　　　　候史一人　一月俸錢九百

　　　　候史一人　一月俸錢九百（祿帛二匹直九百）

　　　　候史一人　一月俸錢六百七十（地節時）

　　　　候史一人　三月俸錢一千八百（一月六百）

　　　　斗食吏三人　三月俸錢二千七百（一人月俸錢九百）

　　　　司馬令史一人　一月四百八十（始元時）

　　　　令史一人　一月四百八十（始元時）

（註1）居延漢簡釋文現已分類寫定即由本所出版。

史一人　二月八百（一月四百）

書佐一人　一月三百六十（始元時）

屬令史一人　二十三月二十九日一萬一千九百零四

佐史八十九人　一月八萬零一百

隧長一人　一月一千一百

隧長一人　一月九百

隧長一人　一月六百（本始）

隧長一人　一月六百（元康）

就錢　（一月）三百

所以西漢河西的薪俸數目，從一月三百就錢，到一月三千的候官薪俸，相差適爲十倍。　不過其中有沒有隨着的時代加減的事，現在却不敢斷言。　譬如隧長的薪俸便有一月一千一百，九百，和六百三種。　究屬於時代前後的關係，地方重要和稍次的關係，或者屬於個人階級上的關係，現在都不能完全明瞭。　現在只能就大致的情況來推論。

以下再將漢簡上記載的物價鈔列下來。　這裏和前面舉出的一樣，只用漢簡上的材料，不把其他文籍的材料參雜進去。（註1）

甲　衣服

　　裘一領一千一百五十　　皁布單衣一領三百五十二

　　皁練複袍一領二千五百　　布複袍一領四百

　　皁複袍一領一千八百　　繙長袍一領二千

　　袴一兩八十　　皁袴一兩八百　　絝裏一一百

乙　布帛

　　帛六匹二千八百六十二　　帛二丈二尺千六百

　　帛二匹五尺五百　　帛一千九十匹三十五寸大三十五萬四千二百

　　廿兩帛三匹二尺大錢一萬三千五十八　　帛二匹九百

（註1）這些材料大致時代是西漢晚期，不過不記日期的太多了，所以不能各個注入確定的年代。

素丈六尺二百六十八　　縹一匹八百　　緣一匹八百

白練一匹一千四百　　鶉絞一匹一千　　九稯布三匹一千（九稯卽九升）

布一匹四百　　梭布一匹二百九十　　八稯布一匹二百四十

丙　　食物

穀六千零六十六石大二千一百二十五，穀六十六石二千三百一十　黍二石
三百　　粟一石一百一十　　粟一石一百零五　　粟三石三百九十　　大麥一石一
百一十　　穬三石三百六十　　脂十斤一百七十　　肉百斤七百

肉五百四十一斤二千二百六十四　　脂六十三斤三百七十八

（猪）頭六十　　肝五十　　肺六十　　乳二十　　迹二十　　舌二十　　胃一百　　榮
一百　　臟三十　　心三十　　腸四十　　牛胎一隻六十

羊一頭九百　　羊一頭一千　　麴四斗三十

麴五斗二十三　　豉一斗二十五　　大薺種一斗三十五

戎介種一斗十五

丁　　芻秣

菱五斗錢二　　菱二十束錢三十

戊　　器用

系絮二斤二百　　絓絮二斤八兩四百　　三十五寸蒲複席靑布緣二只計錢三
百　　劍一枚六百　　刺馬刀一枚七千　　筆（一枚）二百

𥀱二百（一札）六百　　彈弓一枚三百　　拓一枚三十　　絲長弦四枚一百　　繩
三十二丈五十　　服二具二十　　楊弩繩一枚十　　楯革一枚十　　火革一枚七十
膠二斤十五　　膠三斤六十七　　膠二十三斤一千三百三十　　楢皮一斗一百五
十

己　　田宅

田三十五𣙗九百　　田五頃五萬　　田五十畝五千　　宅一區萬　　宅一區三千

庚　　車馬

軺車一乘萬　　牛車兩乘四千　　馬五匹二萬　　服牛二六千　　牛二頭五千　　馬
一匹五千五百

辛　奴婢

　　　小奴二人三千　　大婢一人二萬

漢代一尺約爲〇・六九市尺，一升約爲二市合，一兩約爲五市錢。　（這只是大約的數目，確數見本所集刊三本四分劉半農先生莽幣價值之重新考訂。）　從以上舉出來的，可以知道漢代河西的大致生活狀況。　譬如月俸六百錢的隧長，除去官給廩食是不計算在內的。　那六百錢可以買粟五石至六石，或肉七十五斤。　折成市制合計現在戰前的物價約十一二元。　自然不算多的。　所以隧長要買衣服便有些困難。　如以邊塞不產絲麻，需要內地輸去。　（棉花在當時中國尚沒有）。　衣服自然是很貴的。　倘若要買車馬奴婢那就更辦不到了。

　　因爲邊塞有防務的關係，對於所住的人的行動，是要限制的。　倘若要到市場上去市買或到其他烽燧收債，應當得烽燧上允許並記錄下來。　現在就可憑着記錄下的漢簡，來看出經濟上的關係。　此外尚有公文和買賣的契券也可以看出來。

　　（甲）　商業及售買

　　官封符爲社市買□……　63.34

　　戍卒魏郡內黃利居里杜收　買賣縑綬一匹直千，廣地萬年隧長孫中前所平，音……　112.27

　　買賣校布一匹直二百九十儳得定安里隨方子惠所舍，叩門第二里三門束入，任者聞少季薛少鄉　287.13

　　戍卒魏郡貝丘功里楊通　買（賣）八稷布八匹，直二百卌，並直千八百卌，買者富安里二匹不實賈□□當利里淳于中君。　311.20

　　□□買賣官襲一領備南隧長陳長所賈錢□　88.13

　　毋得買賣衣財物太守不遣都吏循行……嚴教受卒官長史各封減。　213.15

　　……道馮河里陵廣地爲家私市張掖酒泉，衆□行食已□□……門鄣河津金關毋苛止錄復便敢言之　3.3

　　市酒泉持牛車三兩案毋……　402.12

　　永始五年閏月己巳朔丙子北鄉嗇夫忠敢言之。　義成里崔自當自言爲家私市居延，丞案自當毋官獄徵事，當得取傳謁移官□案□□居延縣索關敢言之。

15‧19

……居延寅私市張掖□……酉癸巳尉史宗敢言之。　218‧27

……二月戊寅張掖太守福庫丞承熹兼行丞事，敢告張掖農都尉，護田校尉，府卒入謂縣律曰『臧官物非錄者，以十月平賈計，』案戍田卒受官袍衣物貪利貴賣，乃貧困民吏，不禁止，漏益多，又不以時臨問。　4‧1

神爵二年十月廿六日廣漢縣□□里男子□寬德賣布袍一，陵胡隊長張仲□用買錢千三百……至……書符用錢十，時在旁候史張子卿，戍卒杜忠知卷，約□沽酒二斗。　（敦煌簡）

（乙）　債務

並山隊長何昌責乘胡隊長朱德　415‧2

秋里孟延壽　自言當責累候官尉史王□　158‧3

甲渠士吏孫根自言去歲官調根爲卒　，責故甲渠施刑宋後食□望卒徐樂錢五百，後至卒……　157‧11

……駟問收責有□　214‧11

自言責甲渠令史張子思錢三百　155‧27

在乙項可以看出相互債務的關係。　在甲項可看出和居延有關的商業市場，較遠的是張掖酒泉，較近的是居延縣。　要買物品是要到這些地方去的。　得允許以後記錄下來，發給『傳』一類的通行證才能前去。

邊塞上既然不產絲麻，所以布帛或衣服，是由戍卒帶去轉賣給邊人。　公家的衣服未經登記的，准許士卒出賣，但不許高抬價格。　這是爲的給邊人一種恩惠。

五　車馬運輸

內地和河西的交通，只有車馬的道路。　現在可以看出的從內地到邊地，戍卒前往，是要乘車馬的，輸送物品是要用車馬的，另外烽燧養着車馬供郵驛和運輸的用途，還有私人養着車馬。

戍卒所乘的車馬，例如：

戍卒鄭東利里，張徹第卅車　28‧11

戍卒□曾里石尊　　第卅車五人　477・4

內地到河西輸送的車馬，例如：

京兆尹長安棘里任尋方　弩一矢廿四劍一牛車一兩挾持，庫丞印封隔。
28・4

右第二車。　15・17

‥兩其一輸截出坌，循畫一輸一札折一兩完　第廿車　一兩貝丘第五車一‥‥
‥　一兩貝丘第九車三‥‥‥　一兩貝丘第十一車□□　24・6

內責第十五車入魏郡　101・29

邊郡互相運送的例，如同：

通望隧戍卒宋晏　迎穀肩水　廩　五月廿六日入　505・14

出轉穀□千七百五十九　其百‥‥‥千六百　99・4

第十部吏一人載穀三十斛致官　95・12

敦煌疆利里張廣成車一兩　□十二□□二石□一斗後卌四石二斗三升少　以
廩卒凡卅石六斗六升大　（敦煌簡）

邊塞上有專用的廄：

吞遠廄甘露元年出食　174・17

在烽燧中也養着車馬，有些是專作郵驛用的。

候馬二匹　515・45

丞富官守屬農令尊死馬出十一‥‥‥　19・42

第四候長候於馬一匹十‥‥‥　122・14

候馬九匹　90・30

‥‥‥□馬八匹十月食積二百卌匹匹一斗二升　65・2

二月庚戌食傳馬六匹盡戊午積九日廩二斗　503・19

以食候馬傳馬萃馬　497・2

候長王充粟三石三斗三升少　十月庚戌卒護取　馬食穬穋五石八斗十月庚申
卒護取　158・2

候史延壽馬食廩五石九斗卒湯取　157・2

此外還有許多私人用的車馬，例如：

　　書佐忠時年廿六長七尺三寸黑色　　出一車乘　　第三百九十八出　　280·3

　　氐池令史趙般　馬一匹　260·11

　　　右私馬一匹　19·1

　　登計掾衞豐　子男居延平里衞良年十三軺車一乘馬一匹　十二月戊子北出
505·13

　　昭武萬歲里男子呂未央年卅四　五月丙申入用牛二　15·20

　　在以上各種的車騎當中，其記錄的來源可以分做三種。　第一是倉庫運輸的記
錄，第二是烽燧廩給的記錄，其三是關塞出入的記錄。　由此可以看出車騎在邊塞
是如何的重要，因此對車騎在經濟上的貢獻也可以推測知道了。

出自第十一本（一九四四年九月初版，一九四七年七月再版）

兩 關 遺 址 考

勞 榦

一 太初以前的玉門關

漢代開關河西四郡以後，以玉門關和陽關作爲河西的西界，關內是河西，關外是西域。 漢書西域傳稱『列四郡據兩關』，四郡指武威，張掖，酒泉和敦煌；兩關指的是玉門關和陽關。 玉門關在北，陽關在南，距蒲昌海都是一千三百餘里。

〔（注）戴震本水經注河水注校文云：『案漢書西域傳「蒲昌海去玉門陽關三百餘里」後漢書同，惟水經注作千三百里，足證二書皆脫千字，』全趙無發明，今不引。〕

但這是漢武太初以後的玉門關和陽關，當漢武帝初關河西的時候，玉門關是在敦煌以東。 在這樣情形之下，應當沒有陽關的。 漢書李廣利傳說：

太初二年貳師將軍李廣利伐大宛。 還至敦煌，請罷兵，益發而後往。 天子聞之，大怒，而使使者遮玉門關曰：『軍有敢入者輒斬之』，貳師恐，因留敦煌。

這一條是沙畹發現的，在他著的『敦煌木簡』，指明是在斯坦因發現的九十四度稍西的廢址。 不過他發現這一條太史公的記載雖然很重要，但他的指出地望却被王國維氏誤會了。 沙氏書中明指出來是 TXIV，卽現在稱爲小方盤的一個地方，王國維的『流沙墜簡序』加以駁正，這是不必的。 又王氏指出舊關認爲卽現在的玉門縣，那就更不對了。

王氏認爲太初以前的玉門關卽是現在的玉門縣，他的根據是：

一、現在的玉門縣在酒泉和敦煌的中間。

二、現在的玉門縣卽是漢魏以來的玉門縣。

第一點是不錯的，只是太廣泛了。第二點說現在的玉門縣卽是漢魏以來的玉門縣，卻不是這麼簡單。　自明初葉嘉峪關以西之地，中國西疆便無玉門縣。　清初設的玉門縣，是東達里圖城設治後改稱，並非古玉門縣的遺址。　現在的玉門縣距酒泉城四百五十里，元和志記自漢迄唐的玉門縣，距肅州二百二十里。　現在的酒泉城卽唐的肅州城，所以現在的玉門城決不是漢唐的玉門城。　清一統志云：『通志（陝西通志）今赤金所去肅州二百三十里，與古玉門縣道里相仿，蓋卽古玉門縣也。』　楊守敬的沿革圖列古玉門縣是在赤金所的附近。　所以漢玉門縣尚在現在的玉門縣以東二百里以外，決不能說卽是一處。

又據太平寰宇記隴右道引闞駰十三州志云：

玉門縣漢置，長三百里。　石門周匝，山間纔經二十里，衆泉流入延興（顧祖禹引此文下多一『海』字），漢罷玉門關屯，徙其人於此，故曰玉門縣。

其『漢罷玉門關屯，徙其人於此』又見於漢書地理志顏師古注引過。　王氏因這段和『玉門關卽玉門縣』的假設不合，認爲不確。　不過闞駰十三州志是北魏的名著，劉知幾史通稱爲『言皆雅正，事無偏黨。』　況闞駰又是敦煌人，記載玉門關正是他鄉土上的事，更不至毫無根據。　現在去古已遠，倘若並無有力的證據來反駁一個去古未遠的名著，是個很危險的事。　所以不惟現在的玉門縣城不能認爲卽太初以前的玉門關，就是漢玉門縣城也不是漢代太初以前的玉門關。

雖然，在承認十三州志範圍之內，不妨對舊玉門關的位置加以推測，十三州志所舉玉門縣的山川，是周匝的石門，和衆泉流入的延興海。　延興海卽是現在名叫赤金湖的，赤金所的城垣就建在赤金湖畔。　周匝的石門應當卽南北二山間所夾的險要，就形勢而論應當指漢玉門縣縣東的嘉峪關，和縣西的赤金峽。　赤金湖附近宜於開墾而不宜於設防，嘉峪關和赤金峽宜於設防而不宜於開墾。　設防地點因爲有其他代替的地方而被撤消之後，駐防的人改成屯墾的人，一定不會在原處的。所以說漢玉門縣是從附近設防地點移來的，和十三州志原意並不違背。

現在所假想的漢代玉門舊關可能的在嘉峪關和赤金峽兩處。 寰宇記引十三州志『延壽縣在郡西，金山在其東，至玉石障。』 即金山在郡西延壽東，相傳即在嘉峪關，玉石障這個名稱與玉門關可以發生聯想的。 假若這個地方是舊日的玉門關，那就玉門縣的設立，是因爲西部新設了一個敦煌郡，西部鞏固了，在玉門關的戍卒也就向西擴張到赤金去屯墾。

假如認爲舊玉門關在赤金峽，那也是可以解釋的。 因爲漢玉門在今赤金，而漢冥安在今玉門附近。 兩縣之間赤金峽是一個最好的關隘。 同時玉門和冥安的縣界正是酒泉和敦煌的郡界。 玉門縣是屬於酒泉郡的，則玉門縣未置縣以前的屯卒亦當屬於酒泉。 赤金峽在酒泉郡的西界，即應當是酒泉的關隘所在，所以赤金峽也很有是玉門舊關的可能。 如同明清的肅州因爲嘉峪關是重要的關隘，嘉峪關外的玉門便不屬於肅州了。

若以形勢而論，赤金峽的形勢當在嘉峪關之上，不過不能以山川形勢作爲唯一的根據，所以對於太初以前的玉門關，不便輕爲擬定的。 至於新五代史于闐傳高居晦使于闐記：『至肅州後渡金河，又百里出天門關，又百里出玉門關，』這是指玉門縣而言，和近人 Cable and French 的 Through the Jade Gate 認現在的玉門縣是玉門關犯着同樣的錯誤。

二 漢代的玉門新關

漢武太初四年，李廣利伐大宛以後『西至鹽澤，往往起亭，』玉門關也在此時西徙。流沙墜簡序的推斷是不錯的。 據道光的敦煌縣志，認敦煌西北的小方盤城爲玉門關。 據斯坦因的 Serindia，他曾在敦煌西九十四度以西的遺址 Txiv 發現玉門關的公文，認此處爲玉門關。 這個地方照他地圖，平面測量附圖，及影片，和敦煌人叫做小方盤的是一處地方。 所以敦煌縣志和 Serindia 是符合的。

據史記大宛傳注引括地志稱玉門關在壽昌縣西北一百一十八里，寰宇記同。元和志作一百一十七里，也大略相符。 壽昌城即南湖東北的廢城，從此處到小方盤計三十六英里，和這個數目相當。

小方盤城周圍在外面量每面八丈，城垣壁厚，在六尺以上。 在其西面和北面

都有長城的遺跡，在其東南北三面尚有一個外郭的遺跡，每面約有三十丈。在一個堅固鄣塞的外圍，再築一個較低的外郭，這在額濟納河沿岸是常有的。　小方盤城的外郭雖然被風沙侵蝕得僅剩下不明顯的痕跡，但在額濟納河沿岸的地灣城卻保存得相當完好。　所以就小方盤本身而論顯着太小，不過連外郭算來，仍然可以住紮不少的軍隊。

在 Txiv 出土的木簡，有：

『太始三年閏月辛酉朔己卯玉門都尉護衆謂千人尚尉丞無署就』

『尉融使告部從事移……更主踵故以……從事□事令史□』

『與訊□出況玉門關候滿候丞與尹君所□不宜□□藉□官』

『玉門候造史龍勒周生萌　伉健□□□士吏』

『始建國天鳳元年玉門大前都兵完堅折傷簿』

『玉門都尉□屬吏　板籍』

『玉門官□』

從以上各簡看來，這個地方應當是玉門關都尉和大前都候所共治的城。　即就小方盤的建築狀況而論是一個『鄣』，『鄣』即塞上小城。　在額濟納河沿岸，甲渠候官的 Mu Dirvanjin，肩水候官的 Ulan Dirvan in，都是一個和小方盤類似的鄣。　甲渠有時便稱作甲渠鄣，肩水也有時稱作肩水鄣。　所以大前都候官治所便是在小方盤的鄣，而玉門關都尉也便在大前都鄣上治理。　因此就鄣而言是大前都，就關而言是玉門關。

玉門關都尉和大前都候官既同在一鄣，所以都尉府或在內郭或在外郭並不一定。　在小方盤的東北有一小邱，斯坦因記號爲 Txv，這一處也曾經發現漢簡。小邱上是一個烽臺的遺址，並有房屋和井的殘跡。　其西側和南側正是和外郭相連之處。　所以也是一個重要地方。　至於發現的漢簡，有：

『十一月壬子玉門都尉陽丞□敢言之謹寫移敢言之　掾安守屬賀書佐通成』

『敢言之　龍勒長林丞禹叩頭死罪死……滿書一封龍勒長印』

『建武十九年四月一日甲寅玉門都尉戍告候長晏到任』

以上都是都尉府的公文，所以都尉府也有在外郭的時候。　這是因爲郭太小了，並不能容納都尉府的全部，倘若不在一個十分緊急之際，外郭已經可以扼守了。

陶保廉的辛卯侍行記認大方盤是古玉門關，這是錯的。　大方盤在小方盤以東三十里，在一個坡的下面，距大道約一里。　大道在高岡平處走，是不經大方盤，要經過大方盤必須下坡以後再上坡。　這和小方盤高踞原頭二三十里便可望見是不一樣的。　著名的關隘決不會在僻地和窪地，所以在形勢方面不應是玉門關。　再就他的建築而論，是三間沒有窗戶的大屋子。　斯坦因在 Serindia 和 Ruins of Desert Cathay 便認爲只是一個倉庫，而不是一個適宜設防的所在。　現在就此處所發現的漢簡（斯坦遺址記號爲 TxvIII）看來並無一個木簡是關於玉門關或玉門都尉的，大部分都是廩給一類的事。　例如：

『入二年糧　粟百五十六石　秺穄冊一石　□田二頃七十畝　十月戊寅倉佐（善）□龍勒萬年里索良』

此簡有倉佐的名稱，也是這個地方是一個倉的證據。

三　陽關遺址

小方盤西面過了一個沙灘以後，便是叫做後坑的沼澤區，這個沼澤區可以北接疏勒河。　南湖的水是流到水尾爲止，但偶然大雨的時候，山水下來也可流到後坑。　所以南湖對於小方盤，是一個在水的上游，一個在水的下游。

南湖在敦煌的西南，距敦煌一百四十里，是一個不太大但很肥沃的水草田。在他的東南有一個草湖，經過長期間蘆葦的腐壞，土越墊越高，現在草湖的湖面已經高出南湖水草田兩三丈了。　草湖的水滲入地中，水草田便生出好幾處泉源。這些泉源便灌溉着水草田中的二百農戶的田地。　水草田的東北有一個破城，斯坦因稱做南湖城，大半被沙蓋着，早已不住人了。　水草田的西南當着大道經過的地方，還有一個遺址，滿地瓦礫，因爲常常有古物被人拾到，本地人稱做古董灘（辛卯侍行記作古銅灘）。　在古董灘的東南和西北各有一個舊烽燧遺址，距古董灘均爲五里。

南湖的破城相傳是壽昌城，按寰宇記壽昌距敦煌一百五十里（元和志作一百五

里，脫一『十』字），徐松西域水道記認爲南湖距敦煌一百五十里，故南湖廢址卽是壽昌城。　清一統志和辛卯侍行記的說法也一樣。

　　斯坦因在千佛洞發現的地志殘卷（Giles 在 Bulletin of School of Orient Studies Vol. 6, No.4 有影印本，岑仲勉先生定名爲張大慶抄地志），所敍的南湖環境和壽昌正合，在 Serindia 便略引此篇作爲舊唐書記壽昌由城南的壽昌澤得名以外更重要的新證據。　此篇記壽昌城的西南有壽昌海，又有渥洼水，大渠，長□渠，石門澗，無鹵澗等，俱在城西南三里至十里，渥洼水並在城西南三里發源。　現在要找一個距敦煌西南一百五十里的城，城西南有湖，距城西南三里有一個水源，除去南湖東北的破城再無第二處，所以南湖破城卽是壽昌城遺址。

　　據元和志寰宇記諸地理書，陽關距壽昌城六里。　陽關是個通西域大道所經，所以必然是臨着大道的。　現在壽昌故城循大道西行六里，只有古董灘一處是個遺址。　所以古董灘應當是陽關所在。　古董灘的遺址有半里見方，較壽昌城南北較長，東西相仿。　所有陶瓦碎片可以表示從漢至唐。　並且曾經發現過五銖貨泉半兩錢及銅箭鏃，這也可以表示從漢代以還已經被利用過。　照 Serindia 所記的遺物來看，這一個城和壽昌城都是從漢以來都有人經營利用，可見壽昌城是漢代的龍勒，而古董灘是漢以來的陽關。　不過此處正是山水經過的地方，曾經因無人管理被山水的冲灌，再經風沙的侵削，將城垣削平了。　現在除去米沙礫除去，倘偶然看出房屋殘破的遺址以外，只能從陶瓦的堆積來判斷住居的痕跡。　但從陶瓦堆積的格外多，也可想到住人並不在少數。

　　現在古董灘的位置是在南湖水草田西偏南的地方，在水草田的盡西是一個大渠，跨過大渠以後便是古董灘。　古董灘在大渠的西，在一個山水溝的東面，和山水溝平行的是兩條至三條沙嶺，過了沙嶺以後，便是十里左右的礫灘。　再向西去便到了沙邱區域，人馬都不易行過的。　這樣的沙邱行過六十里便到推莫兔，這是一個有溪水灌注的山谷，住有十幾家農戶，在現在推莫兔村的南部，尚有一個漢代的城障，對河並有一個烽燧。　向西七十里到多壩溝，或向西南九十里到庫拉斯台（照中部館地圖，辛卯侍行記作葫蘆斯台），都是大道，再行兩站便到苦水，可以和出小方槃到羅布諾爾之路相會。

關於通西域的大道，兩漢書西域傳記着自玉門關陽關出西域有兩條道，卽：

從鄯善傍南山北波河西行至莎車爲南道。

自車師前王庭隨北山波河西行至疏勒爲北道。

三國志魏志烏九鮮卑傳注引魏略西戎傳記着有三條道，卽：

從玉門關西出嬌羌，轉西越葱嶺，經縣度，入大月氏爲南道。

從玉門關西出，發都護井，回三隴沙北頭，經居廬倉，從沙井西轉西北，過龍堆，到故樓蘭，轉西詣龜茲，至葱嶺爲中道。

從玉門關西北經橫坑辟三隴沙及龍堆，出五船，北到車師界戊已校尉所治高昌，轉西與中道合龜茲爲新道。

北史西域傳所說出玉門的兩道和魏略的中道和新道相同。　洛陽伽藍記記宋雲使西域的事，走的是中道。　隋書裴矩傳的三道也和魏略相同。　至元和郡縣志所記的，是：

陽關謂之南道，西趣鄯善莎車。

玉門謂之北道，西趣車師前庭及疏勒。

假如將上列各道合併起來，共計有：

(甲)經樓蘭的：

一、西域傳的南道（元和志的南道同）。

二、魏略的中道。

(乙)經車師前庭的：

一、西域傳的北道（卽元和志的北道）。

二、魏略的新道。

(丙)經嬌羌的：

魏略的南道。

所以一共有五條道可走，其經樓蘭的兩條道，和經車師前庭的兩條道，據本文上看其分別是在從玉門關到樓蘭，和從玉門關到車師前庭，各有兩條不同的路線，到樓蘭或車師前庭以後，四條路線便合成兩條路線了。　在此五條路線之中，經車師前庭是只能走玉門關的，經樓蘭和嬌羌是可以走玉門關或陽關。　此外尙有一條專走

陽關到婼羌，卽現在走阿爾金山的路，還有不走漢玉門關及陽關到伊吾，卽玄奘所走的，這都是漢代大道所不經由，所以西域傳和魏略都沒說到，晚到北史也不提到。　卽是到西域的路實以玉門關為中心。

　　不過玉門關距西域的道路比較便捷，所以入境是入玉門關，如班超上書願得生入玉門關，敦煌漢簡『以食使沙車續相如上書良家子二人』，出使車師是走玉門關，如敦煌漢簡『以食使車師□君卒八十七人』，　但陽關也有重要之處，如斯坦因在 Serindia 說的陽關附近出產豐富可以作成供給站，並且阿爾金山一帶為流動的婼羌所據，陽關是個主要防線，都是對的。　所以西域傳說西域都護治烏壘城，去『陽關』二千七百三十八里，出『陽關』至近者曰婼羌，鄯善國去『陽關』千六百里，都是從陽關說起的。

　　清高宗作陽關考，駁相傳陽關在新疆之說，這是對的。　不過認為在紅山口，都不免有些錯誤了。　紅山口在古董灘北偏西三十分，南湖諸水合流向北流出的山峽，在山峽的上面有一個烽臺。　這一處從南湖諸水流到的水尾附近來看，確很險要。　不過這是一個坐南向北的山口，從南湖到小方盤，可以走到，從南湖走西行的大路到推莫兔，卻只經古董灘而不經過這裏。　古今記載都是自陽關直向西域，並無由陽關到玉門關再向西域的記載。　倘若不經玉門關出紅山口仍一直向西，那就一片沙漠，並無泉水，也無古廢址可尋。　古代的廢壘並不在紅山口一直向西的沙漠，而在出古董灘向西，現在尚有泉水的推莫兔和多壩溝等地。　並且現在紅山口只有一個烽墩，除此以外，別無遺址。　所以紅山口因為據著險要，從前曾經作為防守的一個據點，但按照遺址的規模和道路的方向，不能認為卽是古陽關所在。

　　倘若就古董灘的遺址論來，古董灘的遺址誠然太平坦一些。　不過由推莫兔溪畔的城堡到南湖，七十里路中有六十里沙原，中無滴水，其困難比較惠回堡到嘉峪關九十里無水的石子道還要困難些。　斯坦因也認為這是一個天然的防禦。　再就古董灘本身而論，現在因為城垣倒壞看不出險要，但假如長城修起來，有南（龍王廟）北（紅山口）兩個墩策應著一個千雉嚴城，也就可以看出是一個重要的陽關了。

四 唐以後的玉門關

唐初玉門關已東移，到唐中葉又東移，唐初的玉門關在距瓜州五十里的北方，據慧立大唐三藏法師傳云：

> 法師（在瓜州）因訪西路，或有報云從此北行五十餘里有瓠𤭛河，下廣上狹，洄波甚急，深不可渡。上置玉門關，路必由之，卽西境之咽喉也。關西北又有五烽，候望者居之，各相去百里，中無水草。五烽之外卽莫賀延磧，伊吾國境。

> ……於是裝束，與少胡夜發，三更許到河，遙見玉門關。去關上流十里許。兩岸可闊丈餘，上有胡桐樹。布草塡沙，驅馬而過。

到元和志的時候，便說玉門關在晉昌東的一百五十步和這一處不同了。

要知道唐初玉門關的地位，必先以瓜州地位來決定。瓜州所在迄無定說，斯坦因在 Serindia 認爲是安西以西的所謂瓜州城。他又認爲安西附近的疏勒河卽是玄奘所經的瓠𤭛河，因此他便認爲唐初玄奘的玉門關是在瓜州的東北。但據元和志說瓜州距肅州四百八十里，距沙州（卽敦煌）三百里，今安西以西的瓜州城距敦煌一百九十五里，距肅州六百餘里，和這個距離不對，是不能認爲卽唐代瓜州城的。

現在距肅州四百八十里，距敦煌三百里，只有苦峪城相符。清一統志云：『苦峪城在淵泉（卽安西城）東南，東去嘉峪關四百六十里，』再加上嘉峪關至肅州六十里，恰爲四百八十里，今城爲明成化十三年所修，但早已有遺址了。徐松西域水道記云：『斷碑沒草，尋其殘字曰：「大興屯墾，水利疏通，荷鋪如雲，萬億京坻」，耆舊相傳，是張義潮歸唐部人所造，以述功德。一面字勢不類唐人，殆曹義金時作也。』可證城之建造，至晚在明以前。現在本地人稱爲瑣陽城，瑣陽出於稗官，不足爲據。斯坦因的 Serindia 載發現的陶片，最晚到宋。所以此城決不太晚，此城爲安西關內最大的遺址，明代所建，當仍舊基。此城距河照 Serindia 的圖爲二十英里，與五十里之數相近，正北有一城基名破城子，或是玉門舊關。逾疏勒河便是出星星峽或青桐峽到哈密的大道。

開元天寶時，玉門關的位置，應仍和貞觀相同，岑參玉門關蓋將軍歌云：

　　蓋將軍眞丈夫，行年三十執金吾，……玉門關城逈且孤，黃沙萬里百草枯，
　　南連犬戎北接胡，騎將獵向城南隅，臘日射殺千年狐。

據聞一多及賴義輝對於岑參事蹟的考證（聞文見清華學報，賴文見嶺南學報），岑
參係天寶六年佐高仙芝戎幕，天寶七年在西域。　據此詩『臘日射殺千年狐』句，
知岑參係歲暮出關。　又此時尚有二絕句：

　　東去長安萬里餘，故人何惜一行書，玉關西望腸堪斷，況復嗚朝愍歲除（玉
　　關寄長安主簿）。

　　首蓿烽前逢立春，胡盧河上淚沾巾，閨中只是空思想，不見沙場愁殺人（題
　　首蓿烽寄家人）。

檢長曆，天寶六年丁亥十二月大，天寶七年戊子，正月初一日立春。　此三詩時
日，寄長安主簿有『明朝歲除』語，當爲十二月二十九日作，蓋將軍歌言『臘
日』，當爲十二月三十日作，寄家人詩當爲立春日即天寶七年元旦日作。

　　自首蓿烽西去，便到敦煌，岑參燉煌太守後庭歌云：

　　城頭月出星滿天，曲房置酒張錦筵，美人紅妝色正鮮，側垂高髻插金鈿，醉
　　坐藏鉤紅燭前。

城頭月出時的宴會，應當是上半夜當月在上弦的時候，即應在十五以前。　藏鉤行
酒據周處風土記和荊楚歲時記說是歲臘的風俗。　但時方正月猶是新年，李商隱詩
『隔座送鉤春酒煖』，言春酒，也應是新春的宴飲。

　　所以岑參的路，是從現在安西附近，即玄奘所出的玉門關西行，正月初一沿胡
盧河過首蓿烽，正月十五以前到燉煌。　現在從安西至敦煌，仍有沿河走的路。
假若照元和志所說唐中葉以後的玉門關是在晉昌縣東，晉昌即瓜州治應在今苦峪附
近，則由晉昌到敦煌便應走經踏實堡向西一直的路，距河總在五六十里以外，不得
云胡盧河上。　胡盧河即瓠壚河，斯坦因證爲疏勒河，甚爲精確，所以從玉門關西
去燉煌要在胡盧河上，非認爲即玄奘所經的玉門關不可。　所以貞觀到天寶，玉門
關未換位置，關的東徙，是天寶以後的事。

　　　　　　　　　　附記：　本篇承夏作銘先生指正數處，謹志感謝。

出自第十一本（一九四四年九月初版，一九四七年七月再版）

論漢代的內朝與外朝

勞　榦

　　中國官制有系統的機構，據現在可以知道的，祇有到漢代纔最完備。漢代以前當然在各期也會有他自己的系統，但現在祇有零星的官名存下來。從現在不完全的材料看來，當時的整個系統是無法復原的。周禮一書雖然有不少寶貴的材料，不幸的是早已被人增添修改作成了一部建國計畫，這書祇能代表『一家之言』而不能算某一代的官制實錄。加以始皇焚書，六國史記盡從毀滅，祇能知道從秦制因襲下來的漢制，再遠便很難推定了。

　　漢代官制的組織，分爲中都官及郡國官，凡在京師的都屬於中都官，凡在外郡和諸侯王國的都算郡國官。其屬於邊郡的武職及西域的官都算做邊官。中都官郡國官和邊官可互相轉調；中都官，郡國官的分別祇在職務上，其遷轉的限制不似後代的嚴。

　　中都官又分爲內朝和外朝，漢書劉輔傳云：

　　　於是中朝左將軍辛慶忌，右將軍廉褒，光祿勳師丹，太中大夫谷永俱上書。

注，孟康曰：

　　　中朝，內朝也。大司馬，左右前後將軍，侍中，常侍，散騎，諸吏，爲中朝，丞相以下至六百石爲外朝也。

劉奉世漢書刊誤曰：

　　　案文則丹永皆中朝臣也。蓋時爲給事中，侍中，諸吏之類。

錢大昕三史拾遺曰：

　　　漢書稱中朝漢官或稱中朝者，其文非一。惟孟康此注，最爲分明。蕭望之傳：
　　　『詔遣中朝大司馬車騎將軍韓增，諸吏富平侯張延壽，光祿勳楊惲，太僕戴長樂，問望之計策。』王嘉傳：『事下將軍中朝者，光祿大夫孔光，左將軍

公孫祿，右將軍王安，光祿勳馬宮，光祿大夫龔勝（龔勝傳又有司隸校尉鮑宣）。』
光祿大夫非內朝官，而孔光與議者，加給事中故也。此傳太中大夫谷永亦以
給事中故得與朝者之列，則給事中亦中朝官，孟康所舉不無遺漏矣。光祿勳
掌宮殿掖門戶，在九卿中最爲親近，昭宣以後，張安世，蕭望之，馮奉世，
皆以列將軍兼光祿勳，而楊惲爲光祿勳亦加諸吏，故其與孫會宗書自稱與聞
政事也。然中外朝之分，漢初蓋未之有，武帝始以嚴助主父偃輩入直承明，
與參謀議，而其秩尙卑。衞靑霍去病雖貴幸，亦未干丞相御史職事。至昭宣
之世，大將軍權兼中外，又澄前後左右將軍，在內朝預聞政事。而由庶僚加
侍中給事中者，皆自託爲腹心之臣矣。此西京朝局之變，史家未明言之，讀
者可推驗而得也。

按中國自有史以來皆屬君主專制政體，全國的所有官吏都祇對君主負責。君主是政
治上最後的威權所在。在這種政治組織之下，決不會有比較永久的法治可說。漢代
經常的政治設施是由丞相來管，但天子不一定常常和丞相接近的，例行的政事雖然
從丞相和九卿及郡國官吏聯絡，國家大計的決定卻常常另有一般人替天子策畫。等
到國家大計決定好了，再來交給丞相照辦。所以漢代政治的源泉往往不由於丞相而
由另外一般人，這就是所謂『內朝』。『內朝』的起原或由於軍事的處置不是德業
雍容的宰相所能勝任，因此將大計交給另外的人，但內朝和外朝旣有分別，漸漸的
在非軍事時期也常常有天子的近臣來奪宰相之權，因此宰相便祇成了一個奉命執行
的機關了。

　　漢代的政治是以武帝爲轉捩點，內朝外朝的分別便是在武帝時代形成的。在漢
的前代，秦的宰相是掌實權的。秦始皇帝雖然權石量書，親理庶政，但綜天下的政
治的，還是丞相。趙高在二世時當政，本爲變例，但因爲丞相綜理政務，所以他還
要加上一個『中丞相』的名義。到了漢代初年，漢高帝顯然將天下的政事信託給蕭
何掌管。孝惠時曹參爲相，仍然受領着天下的政治。在漢書曹參傳說得很明白：
　　　參代何爲相國，舉事無所變更，壹遵何之約束。擇郡國吏長大，訥於文辭，
　　　謹厚長者，卽召除爲丞相史。吏言文刻深，欲務聲名者，輒斥去之。……惠
　　　帝怪丞相不治事，以爲『豈少朕與？』……參免冠謝曰：『陛下自察聖武孰

與高皇帝？』上曰：『朕乃敢望先帝。』參曰、『陛下觀參孰與蕭何賢？』
上曰：『君似不及也。』參曰：『陛下之言是也，且高皇帝蕭何定天下，法
令旣具，陛下垂拱，參等守職，遵而勿失，不亦可乎？』

從這一節看來，在惠帝時期，除天子和丞相以外，在君主和丞相之間，並無可以干
預政事的人。自然也就無所謂『內朝』。到了文帝時候，也可以看出天子和丞相的
關係，漢書陳平傳：

上益明習國家事，朝而問右丞相勃曰：『天下一歲決獄幾何？』勃謝不知。
問：『天下錢穀一歲出入幾何？』勃又謝不知。汗出洽背，媿不能對。上以
問左丞相平，平曰：『各有主者。』上曰：『主者爲誰乎？』平曰：『陛下
卽問決獄，責廷尉，問錢穀責治粟內史。』上曰：『苟各有主者，而君所主
何事也？』平謝曰：『主臣！陛下不知其駑下，使待罪宰相，宰相者，上佐
天子，理陰陽，順四時，下遂萬物之宜，內塡撫四夷諸侯，內親附百姓，使
卿大夫各遂其職也。』

這一段對於天子和宰相的關係也可以明顯的看出來。在這一個時候，天下的大計是
決於丞相。所以天子對於國事是詢問丞相而不是在丞相以外還有一些人。陳平以後
是張蒼，無大改革。其後申屠嘉爲相，尙能折辱文帝的幸臣鄧通。到景帝時鼂錯始
以內史賞幸用事，景帝用鼂錯議侵削諸侯，『丞相嘉自絀，所言不用』，後竟因爲
此事歐血而死。但申屠嘉和鼂錯的爭執，還是在朝廷大議之中，並非在朝廷中另外
有一個『內朝』的組織。甚至於申屠嘉爲宗廟事還說：『吾悔不先斬錯，乃請之，
爲錯所賣。』可見丞相遇必要時還有斬有罪大臣之權，也可見丞相的政治地位了。

武帝時的丞相有衛綰，竇嬰，許昌，田蚡，薛澤，公孫弘，李蔡，莊靑翟，趙
周，石慶，公孫賀，劉屈氂，田千秋。就中以田蚡最稱信任，漢書田蚡傳曰：『當
時丞相入奏事，語移日，所言皆聽。薦人或起家至二千石，權移主上。上迺曰:「君
除吏盡未？吾亦欲除吏。」』在這種狀況之下，君臣之間自然便要生出疑忌，所以
漢書田蚡傳又說：『後淮南王謀反，覺。始安入朝時，蚡爲太尉，迎安霸上。謂安
曰：「上未有太子，大王最賢，高帝孫；卽宮車宴駕，非大王尙誰立哉？」淮南王
大喜，厚遺金錢財物。上自嬰（竇嬰）夫（灌夫）事不直蚡，特爲太后故，及聞淮南

事，上曰：「使武安侯在者，族矣。」』從此可見武帝對於田蚡，君臣之間是不甚相得的，竇嬰和淮南王兩件事，祇是最後的原因而已。田蚡以後，薛澤，公孫弘之流爲相，不過取其雍容儒雅，朝廷事是不由丞相的。漢書張湯傳：『湯每朝，奏事語國家用日旰，天子忘食，丞相取充位，天下事皆決湯。』萬石君傳：『是時漢方南誅兩越，東擊朝鮮，北逐匈奴，西伐大宛，中國多事。天子巡狩海內，修古神祠，封禪與禮樂，公家用少。桑弘羊等致利，王溫舒之屬峻法，兒寬等推文學，九卿更進用事，事不決於慶，慶醇謹而已。』這是很顯然的。國家最高的統治權在天子，『朕卽國家』，宰相祇對天子負責，天子願意委託宰相，宰相便有權，天子不願意委託宰相，宰相便沒有權。漢書杜周傳杜周說：『三尺安出哉？前主所是，著爲律；後主所是，疏爲令。當時爲是，何古之法乎？』杜周這幾句話依照法理的解釋，的確不錯。天子本身就是國家的最高立法機關，當然天子的意志便是法律，無所謂不對。

　　不過就此時的情況說來，還是『九卿更進用事』，九卿在後來仍屬外朝，此事雖然影響到丞相的失勢，但和中朝外朝的分別，還不能說便是一回事。中朝的起源是見於漢書嚴助傳說：

　　　　擢助爲中大夫。後得朱買臣，吾丘壽王，司馬相如，主父偃，徐樂，嚴安，東方朔，枚皐，膠倉，終軍，嚴葱等並在左右。是時征伐四夷，開置邊郡，軍旅數發。內改制度，朝廷多事。婁舉賢良文學，公孫弘起徒步至丞相。開東閤，延賢人，與謀議。朝覲奏事，因言國家便宜。上令助等與大臣辨論，中外相應以義理之文，大臣數詘。

注，師古曰：

　　　　中謂天子之賓客，若嚴助之輩也。外謂公卿大夫也。

在這裏很可以看出來，便是武帝時因爲國家多事，天子除去任用大臣之外，又添了不少的賓客。這一般人在政府的組織上，本來是沒有地位的。但因爲天子是法制的最後源泉，旣然天子要這樣做，政府組織自然也必須隨着天子的意思改動。這便是漢代內朝與外朝分別的起原。漢書司馬遷傳報任安書：『卿者，僕亦嘗廁下大夫之列，陪外廷末議』所謂『外廷』也就是『外朝』，可見在武帝時候不惟有此事實，

而且有此稱謂了。

漢書劉輔傳注引孟康曰：『中朝，內朝也；大司馬，前後左右將軍，侍中，常侍，散騎，諸吏，爲中朝。丞相以下至六百石爲外朝，』這其中的中朝官實在還可分作兩類；大司馬，左右前後將軍爲一類；侍中，常侍，散騎諸吏爲另一類。後一類自武帝時已經是天子左右的親近臣僚。前一類的武職是自霍光秉政以後纔成爲當朝的機要官職。武帝時天子的賓客，大都是掛着侍中頭銜與政的。但武帝時的將軍都是領兵出征，並不參與朝廷政治。甚至衞青和霍去病並爲將軍，加大司馬，親信無人可以比擬，但他們也都從來不過問國家的大計。到霍光纔用大司馬大將軍的名義當政，權力在宰相以上；從此將軍屬於中朝了。大司馬漢代是不輕易給人的，除去霍禹嗣霍光爲大司馬，後來因爲謀反被誅以外，祇有宣帝特以張安世，哀帝特以董賢爲大司馬；其餘作大司馬的，大都屬於外戚了，

內朝官屬於近臣一類的，除去孟康說的還應當有左右曹，給事中，尚書，計爲：

1. 侍中。
2. 左右曹。
3. 諸吏。
4. 散騎。
5. 常侍。
6. 給事中。
7. 尚書，

在這幾種之中又可以分爲三類；據漢書百官表云：

侍中，左右曹，諸吏，散騎，中常侍，皆加官。所加或列侯，將軍，卿大夫，將，都尉，尚書，太醫，太官令，至郎中。亡員，多至數十人。侍中，中常侍得入禁中。諸曹受尚書事。諸吏得舉法。散騎騎並乘輿車。給事中亦加官，所加或博士，議郎，掌顧問應對，位次中常侍。中黃門有給事黃門，位從將大夫，皆秦制。

從上文看出來可分爲以下各類：

第一類　得入禁中的，有侍中和中常侍。

第二類　天子的親近執事之官，有左右曹和散騎。

第三類　掌顧問應對的，有給事中，

以上都是天子的近臣，並且多是加官的。其不是加官，本職就是天子的近臣，職務和第三類接近的，便是尚書。

總括以上的三類，統屬於天子的近臣，因爲接近天子，結果將宰相的權侵奪了去。所以這些官職以官階而論原來不算很大。但在政治上的地位卻無與比倫了。現在再對於各官依次分述一下：

（甲）侍中

據漢書朱買臣傳說：『拜買臣爲中大夫，與嚴助俱侍中。』可見侍中的名稱實是加到中大夫上面的，侍中並非本官的名稱。當時在武帝元朔年間，和這同時的，有『去病（霍去病）以皇后姊子年十八侍中。』（漢書本傳）按衛皇后以元光五年立，大抵也應在元朔時。此外便是漢書霍去病傳的『荀彘以御見侍中』。據鹽鐵論，桑弘羊十五爲侍中，也應當是武帝初年的事。

關於侍中的職事，有下列的記載：

漢舊儀：侍中，無員。或列侯，將軍，衞尉，光祿大夫，侍郎，爲之。得舉非法，白請，及出省戶休沐，往來過直事。

漢舊儀：侍中左右近臣，見皇后如見帝；見婕妤，行則對壁，坐則伏茵。太平御覽職官部引漢官儀：侍中周官也。侍中金蟬左貂，金取堅剛，百鍊不耗；蟬居高食潔，目在腋下；貂內勁悍而外溫潤，貂蟬不見傳記者，因物論義。予覽戰國策乃知趙武靈王胡服也；其後秦破趙，得其冠以賜侍中。高祖滅秦亦復如之。孝桓末侍中皇權參乘，問貂蟬何法，不知其說：復問地震，云不爲災，左遷議郎，侍中便蕃左右，與帝升降。切問（據書鈔）近對，拾遺補闕莫密於茲。

續漢書百官志：『侍中秩比二千石』（劉昭注曰：『漢官秩云：「千石」，周禮太僕于寶注曰：「若漢侍中」。』）本注曰：『無員，掌侍左右，贊導衆事，顧問應對；法駕出，則多識者一人參乘，餘皆騎在車後。本有僕射一人，中興轉爲祭酒，或置或否。』

續漢書百官志注引蔡質漢儀曰：侍中常伯選舊儒高德，博學淵懿，仰瞻俯視，切問近對，喻旨公卿，上殿稱制，參乘佩璽秉見。員本八人，舊在尚書令僕射下，尚書上。今官入禁中，更在尚書下。司隸校尉見侍中，執板揖，河南尹亦如之。又侍中舊與中官俱止禁中，武帝時侍中莽何羅挾刃謀逆，由是侍中出禁外，有事乃入，畢即出。王莽秉政，侍中復入，與中官共止。章帝元和中，侍中郭舉與後宮通，拔刀驚上，舉伏誅，侍中由是復出外。

後漢書獻帝紀引漢官儀：侍中左蟬右貂。本秦丞相史，往來殿中，故謂之侍中。分掌乘輿御物，下至褻器虎子之屬。武帝時孔安國為侍中，以其儒者，特聽掌御唾壺，朝廷榮之。

按此節不經，當為淺人妄增，章懷誤引耳。乘輿御物乃少府所掌，不由侍中，據續漢書百官志云：『少府掌中服御諸物衣服，寶貨，珍膳之屬。』是乘輿御物明由少府掌之也。其少府屬官，如，『太醫令，諸掌醫』，『太官令，掌御飲食』，『守官令，主御紙筆墨，及尚書財用諸物及封泥』，而宦者尚有：『掖庭令，掌後宮』，『永巷令，典官婢侍使』，『御府令，典官婢作中衣服及補浣之屬』，是乘輿御物於少府屬官之中，各有主者，固不煩侍中為之。況侍中在武帝時本以加於郎大夫之親近者，其人多為文學材力之臣，與少府無涉；東漢改屬少府，然以儒者為之，其職尤尊；安得前漢侍中途與少府事乎？抑乘輿御物可掌者多矣，筆札飲膳之屬無一不可掌，豈侍中必褻器虎子之屬始得而掌，偶得掌御唾壺，朝廷始以為榮乎？況武帝時之為侍中者，嚴助，朱買臣，皆從容謀議，為天子賓客；霍去病以親戚貴幸；荀彘上官桀俱以材武；皆不必司褻器為宦者之事也。宮中豈少人，何至使之一皆司褻器乎？至於孔安國亦未嘗為侍中。史記孔子世家云：『安國為今皇帝博士，至臨淮太守，蚤卒。』未言為侍中之事。漢書儒林傳言『安國為諫大夫』亦未嘗為侍中。然漢書所言安國事尚有未可遽信者，即令漢書可信，漢書言安國之古文尚書久未得立於學官；若安國誠得為侍中，且暮見天子，則其古文不必待至巫蠱時始上矣。按豈武帝時會稽孔安國曾為侍中，唾壺事或從此而訛，以致混兩孔安國為一人。又其前『本秦丞相史，往來殿中，故謂之侍中』亦誤以御史之來源為侍中之來源。詳漢官儀此文自『本秦丞相史』起至『朝廷榮之』止，無一語不誤，應仲遠通逹古今，料不至此。此必六朝漢官儀卷子中，淺人或加旁注，鈔胥者誤為正文，途為李賢所據，俗語不實，流為丹青，此之謂也。

同上：至東京時屬少府亦無員。駕出則一人負傳國璽，操斬蛇劍參乘。與中官俱止禁中。

北堂書鈔設官部引漢官儀：漢成帝取明經者充爲侍中，使辟百官公卿參議可正，止殿行則負璽，舊高取一人爲僕射，後改爲祭酒。

初學記職官部引漢官儀：史丹爲侍中，元帝寢疾，丹以親密近臣得侍疾，候上獨寢時，丹直入臥內，頓首伏青蒲上。

文選陳太丘碑注引漢官儀：侍中周官號曰常伯，選於諸伯，言其道德可常尊也。

文選東京賦注，藉田賦注，安陸王碑注引漢官儀：侍中，周成王常伯任侍中　殿下稱制，出卽陪乘，佩璽抱劍。

初學記職官部引漢官儀：侍中冠武弁大冠，亦曰惠文冠，加金璫附蟬爲文，貂尾爲飾，謂之貂蟬。

通典職官部引漢官儀：漢官表曰，凡侍中，左右曹，諸吏，散騎，中常侍，皆加官也，

北堂書鈔設官部引漢官儀：漢因秦置侍中舍人。

按漢書周緤傳：『以舍人從高帝，常參乘』，然武帝以後常以侍中參乘，是高帝時以舍人任侍中事也。

從以上各則看來，侍中在天子近臣之中，要算最爲尊顯的。在天子平時生活之中，除去游宴後宮以外，通常是侍中在左右，贊導一切諸事。天子出外也選侍中的見聞較廣的，來準備着天子的隨時詢問。遇見朝會的時候，侍中也要接着天子的委託，質問公卿，或對公卿傳話。所以侍中對於政治上的地位，非常重要。因此侍中的選任也往往是和天子有特殊關係的。

兩漢書中所見的侍中，現在再列舉如下：

盧綰，以客從，入漢爲將軍，常侍中。

衞靑爲建章監，侍中。

霍去病以皇后姊子侍中。

朱買臣與嚴助俱以中大夫侍中。

茍彘以御見侍中。

李陵少爲侍中建章監,使將八百騎深入匈奴,拜爲騎都尉。

留侯子張辟彊爲侍中,年十五。

何並傳,邛成太后外家王氏貴,而侍中王林卿通輕俠。

上官桀,以未央廄令,親近,爲侍中。擢爲太僕,受遺詔,輔政。

王商父武,武父無故,(以宣帝舅封列侯。)商擢爲侍中,中郎將。元帝時至右將軍,光祿大夫。

史高以外屬舊恩爲侍中。

史丹,自元帝爲太子,丹以父高任爲中庶子,侍從十餘年,元帝卽位,爲駙馬都尉,侍中,出常驂乘。

史丹九男以丹任並爲侍中,諸曹,親近常在左右。

師丹爲少府,光祿勳,侍中。

房鳳以五官中郎將爲侍中。

王駿以光祿勳爲侍中。

劉歆以奉車都尉爲侍中,又以中壘校尉爲侍中,光祿大夫。

淳于長以水衡都尉爲侍中。

馮逡以郎召欲以爲侍中,復罷。(石顯傳)

董賢以駙馬都尉爲侍中。

韓增爲郎,諸曹,侍中,光祿大夫。

張安世子千秋,延壽,彭祖,俱爲中郎將,侍中。

張放爲侍中,中郎將,監平樂屯兵,左遷北地都尉。復徵入侍中,太后以放爲言,出放爲天水屬國都尉。復徵爲侍中,光祿大夫,秩中二千石。

張安世傳,自宣元以來,爲侍中,中常侍,諸曹,散騎,列校尉者,八十餘人。

吾丘壽王中郎將侍中,復徵光祿大夫侍中。

霍光以郎稍選諸曹侍中。

衛尉王莽子忽侍中。(霍光傳。)

霍山奉車都尉侍中，領胡越兵。

金日磾以黃門馬監遷侍中，駙馬都尉。

金日磾兩子賞，建俱侍中，賞爲奉車都尉，建駙馬都尉。

金安上少爲侍中，至建章衛尉。

金敞爲騎都尉，侍中。

金敞子涉本爲左曹，詔拜侍中，成帝時爲侍中騎都尉。

金涉兩子，湯，融，皆侍中，諸曹，將，大夫。

金欽，光祿大夫，侍中。

侍中樂成侯許延壽拜強弩將軍。（趙充國傳。）

于定國子永以父任爲侍中，中郎將。

灌夫傳，夫家居，卿相侍中賓客益衰。

　　以上見漢書。

臧宮，偏將軍，侍中，騎都尉，輔威將軍。

來歷，以公主子爲侍中，監羽林右騎，遷射聲校尉。

鄧藩，尚顯宗女平皋長公主爲侍中。

鄧康，越騎校尉，侍中，太僕。

鄧弘，鄧閶，侍中。

寇榮，爲侍中，誅廢。

耿承，襲公主爵爲林盧侯，侍中。

邳彤，以故少府爲侍中

傅俊，偏將軍，侍中，積弩將軍。

馬武，振武將軍，侍中，騎都尉。

竇憲，以郎稍遷侍中，虎賁中郎將。

竇景，瓌皆侍中，奉車駙馬都尉。

馬康以黃門郎爲侍中。

卓茂，更始以爲侍中祭酒。

魯恭以魯詩博士拜侍中，遷樂安相，又爲議郎拜侍中，遷光祿勳。

張酺以侍郎爲侍中虎賁中郎將，

爰延，徵博士，舉賢良，再遷爲侍中。

延篤，拜議郎，稍遷侍中。

歐陽地餘，以侍中爲少府。

魯丕，以中散大夫遷侍中，免，復爲侍中左中郎將。

劉寬，以太中大夫遷侍中，轉屯騎校尉。

伏無忌，侍中，屯騎校尉。

宋弘，以侍中爲王莽時共工。

蔡茂，哀平間以儒學顯，拜議郎，遷侍中，自免。

宣秉，隱居不仕，更始徵爲侍中，建武元年拜御史中丞。

承宮，以左中郎將拜侍中。

趙典，四府表薦，徵拜議郎，再遷侍中，出爲宏農太守。

趙謙，以故京兆郡丞，獻帝時遷爲侍中，司空。

蘇覓，以趙郡太守拜侍中。

楊厚，以議郎三遷爲侍中。

陰識，以關都尉爲侍中，守執金吾。

陰興，以守期門僕射遷侍中，拜衛尉，領侍中，受顧命。

馮魴子柱，侍中；柱子石，侍中，稍遷衛尉。

鄭弘，以平原相拜侍中，代鄭衆爲大司農。

梁安國，以嗣侯爲侍中，有罪免。

梁商，以黃門侍郎遷侍中，屯騎校尉。

梁冀，初爲黃門侍郎，轉侍中，虎賁中郎將。

曹充（曹褒父），持慶氏禮爲博士，拜侍中，曹褒，以河內太守徵爲侍中。

賈逵，以左中郎將爲侍中，內備帷幄，兼領祕書。

司馬均，位至侍中（賈逵傳）。

桓郁，以郎稍遷侍中，監虎賁中郎將。

桓焉，以郎三遷爲侍中，步兵校尉。

丁鴻，襲父爵，拜侍中，兼射聲校尉少府。

以上見後漢書。

所以侍中在西漢時是加官，到東漢便有專任尚書的，侍中僕射到東漢改爲侍中祭酒，然而這種官職自更始時已經有了。因此，侍中的專任可能是更始時開始的。至於侍中的人選方面，東漢和西漢也不盡同；在西漢的侍中大都屬於以下的各種人。

一、皇帝的舊友，如盧綰。不過當時有無侍中一職名稱，尚有問題。

二、皇帝的外戚；如衞靑，霍去病，史高，史丹。

三、皇帝的佞幸；如淳于長，董賢。

四、文學侍從之臣；如嚴助，朱買臣，吾丘壽王。

五、材武之士，如荀彘，上官桀。

六、功臣子弟，如張安世，金日磾諸家子弟。

七、重臣及儒臣，如師丹，劉歆，蔡茂。

在這七類之中，前六類作侍中的，都可以說是由於親信，到第七類便不然了，都是師儒重臣。但元成以前的侍中，祇有前六類，哀平以後纔有第七類。到東漢以後，凡佞幸，材武，以及文學侍從，都不再爲侍中，祇有外戚，功臣子弟，和重臣及儒臣三類了。所以侍中的演進，由親而尊，略可看出。

通典職官典云：

侍中，周公戒成王立政之篇，所云常伯，常任以爲左右，卽其任也。秦爲侍中本丞相史也，使五人往來殿內東廂奏事，故謂之侍中，漢侍中爲加官。凡侍中，左右曹，諸吏，散騎，中常侍，皆爲加官。所加或列侯，將軍，卿大夫，將，都尉，尚書，太醫官令。至郎中，多至數十人。侍中中常侍得入禁中，諸曹受尚書事，諸吏得舉非法。漢侍中冠武弁大冠，亦曰惠文冠，加金璫附蟬爲文，貂尾爲飾，便繁左右，與帝升降，舊用儒者，然貴子弟榮其觀好至乃襪抱受寵位，貝帶傅脂粉，綺襦紈袴，鵕鸃冠。（惠帝時侍中鵕鸃冠，貝帶，傅脂粉。張辟彊年十五，桑弘羊年十三，並爲侍中。）直侍左右，掌乘輿服物，下至虎子之屬。武帝時孔安國爲侍中，以其儒者，特聽掌御唾壺，朝廷榮之。本有僕射一人，後漢光武改僕射爲祭酒，或置或否。而又屬少府，掌贊導衆

事，顧問近對，喩旨公卿，上殿稱制，乘笏陪見。舊在尙書令僕射下，尙書
上。司隸校尉見侍中，執板揖。舊與中官俱止禁中，因武帝侍中馬何羅挾刃
謀逆，由是出禁外，有事乃召之，畢卽出。王莽秉政，侍中復入，與中官止
禁中。章帝元和中，郭舉與後宮通，拔佩刀驚上，舉伏誅，侍中由是復出
外，秦漢無定員（蔡質漢儀曰：「員本八人」。漢官曰：「無員，侍中舍有八區，論者因言員
本八人。」）魏晉以來置四人，別加官者則非數。

這一段大都根據漢官諸書，排列的相當清晰，然而也有矛盾的地方。例如說
『張辟疆年十五，桑弘羊年十三，並爲侍中』，張辟疆和桑弘羊非同時的人。又
前說『秦爲侍中，本丞相史也，使五人往來殿內東廂奏事，故謂之侍中。』而後面
卻說：『秦漢無定員』，彼此衝突。至於說『舊用儒者』，亦與事實不合。又說：
『惠帝時侍中，鵕鸃冠，貝帶傅脂粉』，是出於漢書佞幸傳：『漢興，佞幸寵臣，
高祖時有籍孺，孝惠有閎孺，此兩人非有材能，但以婉媚貴幸。與上臥起，公卿皆
因關說，故孝惠時郎侍中皆冠鵕鸃，貝帶，傅脂粉，化閎籍之屬也』。佞幸傳所說
的，是『郎侍中』，史記佞幸傳亦作『郎侍中』，究屬後來的侍中，抑或是侍中的
郎官，尙有問題；通典先言儒者而後言佞幸，也與時代的先後不合。況荀彧和上官
桀都是武帝的侍中，這般人祇能和武弁大冠相稱，再也不能鵕鸃冠貝帶。也可證明
通典的以偏概全了。

侍中任務的消長，和漢代政治的得失，關係相當重要。侍中是除此以外再無他
官可以入宮禁的士人官吏。除去文景時代無爲而治的君主以外，例如武帝時代，光
武時代，明帝章帝時代，以及王莽時代，都是宦官不以得志的時代。這便不能說不
是天子親近侍中的結果。因爲天子無論如何賢明，他總要和人商量得失。大臣元老
見天子時往往較爲嚴重，天子往往不能事事商量，因此事權便很容易到了近臣之
手，近臣如無士人，便要歸到宦者了。此外，成帝至平帝，是外戚政治，侍中不入
內無妨，東漢和帝以後是宦官戚互相消長的局面，大體說來是天子年幼，母后專政
的時期，總是外戚得勢；到天子年長，天子和外戚對立，結果是天子利用宦者的力
量除掉外戚，宦官便得勢了，外戚的團體有許多，宦官的團體最後還是一個，長久
的維持下去。爭競的結果，除非外戚篡位，最後的勝利，總在對於天子更爲親近的

宦官方面，侍中雖然有一個時期作成和天子親密的左右，但總是士人，對於後宮不便，終究代替不了宦官的作用。

（乙）其他內朝官

（左右曹‧諸吏，散騎，中常侍，給事中。）

左右曹，也是屬於內朝的加官。漢書百官表稱做加官，已經在前面引證到了。漢舊儀中也有兩段如下：

左曹日上朝謁，秩二千石。

右曹日上朝謁，秩二千石。

所以左右曹也是天子的親近之官。不過這兩個官職是『日上朝謁』，而不是『日侍左右』，所以對於天子總有些夠尊重卻還不十分夠親近之感。因此左右曹的人選和侍中也就有些不同了。

在漢代任左右曹的，計有：

韓增，少為郎，諸曹，侍中，光祿大夫。

劉德子安民，為郎中，右曹，宗家以德得宮宿衛者二十餘人。

劉岑，為諸曹，中郎將，列校尉。

劉歆，哀帝崩，王莽持政，莽少與歆俱為黃門郎，重之。白太后，太后留歆為右曹太中大夫，遷中壘校尉。

劉向傳：時恭，顯，許，史子弟，侍中諸曹皆側目於望之等。

蘇武。武官（典屬國）數年，昭帝崩。武以故二千石與計謀立宣帝，賜爵關內侯，食邑三百戶。久之衛將軍張安世薦武明習故事，奉使不辱命，先帝以為遺言，宣帝即時召武待詔宦者署。數進見，復為右曹典屬國。以武著節老臣，令朝朔望。號為祭酒，甚優寵之。……又以武弟子為右曹。

王商傳：商子弟親屬為駙馬都尉，侍中，中常侍，諸曹，大夫，郎吏者，皆出補吏。

史丹傳：九男皆為侍中諸曹，親近常在左右。

薛宣子況，為右曹侍郎。

張禹傳：長子宏嗣……三弟皆為校尉，散騎，諸曹。

王嘉傳：孫寵，右曹光祿大夫。

夏侯勝子兼，爲左曹太中大夫。

董賢傳：董氏親屬皆侍中諸曹奉朝請。

淳于長，列校尉，諸曹。

息夫躬，宋弘，皆光祿大夫 左曹，給事中。

張延壽，徵爲左曹，太僕。

杜延年，太僕，右曹，給事中。

楊惲，常侍騎郎，左曹，諸吏，光祿勳。

陳咸，以郎抗直數言事，遷爲左曹。

霍光，以郎稍遷諸曹侍中。

霍光傳：昆弟，諸壻，外孫皆奉朝請，爲諸曹，大夫，騎都尉，給事中。

孔光傳：霸，次子捷，捷弟喜，皆列校尉，諸曹。

金安上四子，常，敞，岑，明。岑，明皆爲諸曹，中郎將，光祿大夫。

金敞子涉，本爲左曹，上詔涉拜侍中。

辛慶忌，左曹中郎將。

以上是西漢時代的。至於東漢的，則有：

邳彤，以故少府爲左曹，侍中。

堅鐔，以揚化將軍爲左曹。

綜上各例，可見諸曹和侍中是有分別的。漢宣帝以霍光爲右曹，可見右曹在親近之官以內還表示着相當尊重，這種尊貴而親近的耆宿，在侍中之中尙找不見相同的例子。至於韓增，霍光，金涉和邳彤，俱以諸曹轉爲侍中，那是因爲諸曹不是不夠尊重，而是不夠親近。然而侍中後來也漸漸失去親近的意味，所以祇有光武時的功臣，邳彤和堅鐔爲諸曹，以後便無所聞了。

諸吏和左右曹相同，是天子近臣中的執事之官，和侍中常在天子的左右，左右曹每日朝謁，其間又有不同。百官表說諸吏是一種加官，已見前引。漢書中又有一段：

成帝紀，建始元年：『封諸吏光祿大夫關內侯王崇爲安成侯』。

注，應劭曰：

> 百官表，諸吏得舉法案劾。職如御史中丞，武帝初置，皆兼官。所加或列侯卿大夫爲之。無員也。

這裏說『武帝初置』是不十分對的。因爲賈山是文帝時人，當時上書已經說：『今方正之士皆在朝廷矣，又選其賢者使爲常侍諸吏，與之馳敺射獵，一日再三出，臣恐朝廷之解弛，百官之墮於事也。』所以在文帝之時已經有『諸吏』一官，祇是當時是『侍從馳驅』，而不是『舉法案劾』罷了。

漢代爲諸吏的，有以下各則見於漢書各傳：

劉向傳（附楚元王傳後）：『元帝初卽位，太傅蕭望之爲前將軍，少傅周堪爲諸吏光祿大夫。』注：『師古曰：加官也。百官公卿表云，諸吏所加或列將軍卿大夫，得舉不法也。

馮奉世傳：『右將軍典屬國常惠薨，奉世代爲右將軍典屬國，加諸吏之號，數歲爲光祿勳。』

張禹傳：『元帝崩，成帝卽位，徵禹，寬中（鄭寬中），皆以師賜爵關內侯。寬中食邑八百戶，禹六百戶，拜爲諸吏光祿大夫，秩中二千石，給事中，領尙書事。』

孔光傳：『上甚信任之，轉爲僕射，尙書令。有詔，光周密謹慎，未嘗有過，加諸吏官。……數年，遷諸吏光祿大夫，秩中二千石，給事中，賜黃金百斤，領尙書事。後爲光祿勳，復領尙書事，諸吏給事中如故。凡典樞機十餘年。』

霍光傳：『徙次壻諸吏中郎將任勝爲安定太守。』

辛慶忌傳：『拜爲右將軍，諸吏散騎給事中。』

平當傳：『哀帝卽位，徵當爲光祿大夫諸吏散騎。復爲給事中。』

蕭望之傳：『代丙吉爲御史大夫，五鳳中，匈奴大亂，議者多曰：「匈奴爲害日久，可因其壞亂舉兵滅之。」詔遣中朝大司馬車騎將軍韓增，諸吏富平侯張延壽，光祿勳楊惲，太僕戴長樂問望之計策。』

楊惲傳：『遷中郎將，擢爲諸吏光祿勳，親近用事。』

又，答孫會宗書曰：『惲幸得列九卿，諸吏宿衛近臣，上所信任，與聞政
事。』

從以上的各條可以看出諸吏的加官是加到參與謀議的大臣的，凡諸官加諸吏的，都
是位置在九卿將軍以上，並且得到天子信任的。他們的職務是實際與聞大政，處在
樞機的重臣，而不是文學侍從，或外戚貴游，隨侍天子左右之職。

散騎之官照前引漢書百官公卿表與侍中同為加官，據類書所引的漢官儀，計有
兩節：

秦置散騎，又置中常侍，漢因之，兼用士人，無員，多為加官。（初學記職官
部引。）

秦及前漢置散騎及中常侍各一人，散騎騎馬並乘輿車，獻可替否。（北堂書鈔
設官部及太平御覽職官部引。）

所以散騎最初祇是『騎馬並乘輿車』的一個人，後來便成了無定員的加官了。（這
兩段合併起來，祇有如此解釋的）。漢代加散騎之號的，大都為諫大夫以上至於九
卿。其見於漢書的，有：

劉向，散騎諫大夫給事中，擢散騎宗正給事中。

于永，散騎光祿勳。

張禹傳，長子宏嗣。……三弟皆為校尉，散騎，諸曹。

張霸，散騎中郎將。

張勃，散騎諫大夫。

其中尚有辛慶忌及平當，加諸吏散騎之號，見前引。可見加官中尚有加別的官，以
後又再加散騎的，是散騎自有本官的特質，漢官儀言散騎之職為天子的騎從，當得其
實。散騎在未加到較尊的官職之前，當由常侍騎郎衍變而來，史記袁盎傳云：『從
兄子種為常侍騎，持節夾乘，』索隱：『漢舊儀，持節夾乘與騎從者。』此即漢書
張釋之傳的『騎郎』，師古注引如淳曰：『漢注，貲五百萬得為常侍郎。』此外尚
有所謂『武騎常侍』的，史記李將軍列傳：『用善騎射，殺首當多，為漢中郎，廣
從弟李蔡亦為郎，皆為武騎常侍。秩八百石。』索隱：『謂騎郎而補武騎常侍也。』
以上的『騎郎』，『武騎常侍』，『散騎』，自卑而尊顯然可見。由此也可知道，

散騎--職本導源於騎從的郎官，因其接近天子，其中漸漸的參有重臣，因此也加到九卿諫大夫各職了。

　　中常侍據漢書百官表說是加官，已經在上文引到。並謂：『侍中中常侍得入禁中。』據續漢書百官志云：『中常侍千石，本注曰，宦者，無員。後增秩比二千石。掌侍左右。從入內宮。贊導內衆事，顧問應對給事。』漢舊儀：『中常侍宦者，秩千石。得出入臥內，禁中諸宮。』通典：『中常侍……永平中始定員數，中常侍四人。』續漢書百官志王先謙集解引李祖楙曰：『西京初惟有常侍，元咸後始有中常侍之名，然皆士人。中興用宦者，又稍異焉。朱穆疏：「舊制侍中中常侍各一人，省尚書事，黃門侍郎一人，傳發書奏，皆用姓族。自和熹太后以女主稱制，不接公卿，乃用閹人（原文作乃以閹人爲常侍。），假貂璫之飾，處常伯之任。」政愈乖矣。是中興之初尚用士人，後改制則不復舊也。』按李說有些是對的，但參詳，朱穆上疏的本文，也有應當斟酌的地方。後漢書朱暉傳附朱穆傳云：

　　徵拜尚書，穆旣深疾宦官，及在臺閣，旦夕共事，爲欲除之，乃上疏曰：『案漢故事，中常侍參選士人，建武以後乃悉用宦者；自延平以來，寖益貴盛。假貂璫之飾，處常伯之任，天朝政事，一更其乎，權傾海內。』（注，璫以金爲之，當冠前附以金蟬也。漢官儀曰：『中常侍秦官也，漢興或用士人，銀璫左貂。光武以後，專任宦者，右貂金璫。』常伯，侍中。）後穆因進見口陳曰：『臣聞漢家舊典，置侍中，中常侍，各一人。省尚書事；黃門侍郎一人，傳發書奏；皆用姓族。自和熹女主稱制，不接公卿，乃以閹人爲常侍，小黃門通命兩宮，自是以來，權傾人主。』

照朱穆前後所說看來，所謂『漢家舊典』當指西漢而言，至光武帝的建武時期，常侍已經全用宦官了。不過尚以侍中參省尚書事，用黃門侍郎傳通詔命的。到了殤帝延平元年，和熹鄧太后當政，不接見公卿，於是省尚書事的祇有中常侍，傳達詔命的也祇有宦官的小黃門了。於此宦官便『權傾海內』了。這也是逐漸而成，曾經變更幾次的。後來的五侯十常侍也是在社會習慣上，在政治制度上，必然的趨勢；『未嘗不太息痛恨於桓靈』，也不過惡居下流之意罷了。

　　關於漢代常侍及中常侍，在漢書中有下列幾個例子：

東方朔傳；『時有幸倡郭舍人，滑稽不窮，常侍左右。』

又：『上以朔爲常侍郎，遂得愛幸。』

又：『初建元三年，微行始出；北至池陽，西至黄山，南獵長楊，東遊宜春；微行常用飲酎已。八九月中與侍中，常侍武騎，及待詔隴西北地良家子，能騎射者，期諸殿門。……微行以夜漏下十刻迺出。』

司馬相如傳：『以貲爲郎，事景帝爲武騎常侍，非所好也，』

王商傳：『商子弟親屬，爲侍中，中常侍，諸曹，大夫，郎吏者，皆出補吏。』

孔光傳：『立拜光兩兄子爲諫大夫，常侍。』

照這裏看來，常侍本來是接近天子的郎官，甚至倡優，本無定職；到王商和孔光的時期，中常侍和常侍便成了貴族子弟的加官。加官的作用，自然是能在禁中，接近天子起居的。到光武帝時始纔嚴分內外，中常侍悉用閹人，常侍的一個名稱在東漢時也未曾加到任何士人官職上。東漢末年旣誅宦官，中常侍復用士人，到魏時又與散騎合爲散騎常侍了。宋書百官志下云：

散騎常侍四人，掌侍左右；秦置散騎，又置中常侍，散騎並乘輿車，後中常侍得入禁中。皆無員，並爲加官。漢東京省散騎，而中常侍因用宦者。魏文帝黃初初置散騎，合於中常侍，謂之散騎常侍，始以孟達補之，久次者爲祭酒，散騎常侍秩比二千石。

魏晉以後大都以貴族子弟來做，是一個政府要津的階梯。

給事中一職，據漢書百官公卿表云：『給事中亦加官（注：師古曰，漢官解詁云：『常侍從左右，無員，常侍中。』）所加或大夫，議郎，掌顧問應對，位次中常侍。』漢舊儀云：『給事中無員，位次中常侍。』漢書百官表注：『晉灼曰：「漢儀注」「諸吏給事中，日上朝謁平尙書奏事，分爲左右曹；」魏文帝合散騎中常侍爲散騎常侍也。』通典職官典引漢舊儀：『諸給事中，日上朝謁，平尙書奏事，分爲左右曹，以有事殿中，故曰給事中。多名儒國親爲之，掌左右顧問。』此所言給事中的左右曹，和另外左右曹的加官，卻自有不同，漢書各傳對於給事中和左右曹是不相混的。

給事中一職，在西漢時期，近臣加上的甚多。如：

漢書楚元王傳附劉向傳：『復拜爲郎中，給事黃門，遷散騎諫大夫，給事中，與侍中金敞拾遺於左右。四人（向，敞，太傅蕭望之及少傅周堪）同心輔政。』

楚元王傳附劉向傳：『徵堪詣行在所，拜爲光祿大夫，秩中二千石，領尚書事。猛復爲太中大夫，給事中。顯（石顯）幹尚書事，尚書五人皆其黨也，堪希得見，常因顯白事，事決顯口。』

馮奉世傳：『參字叔平……少爲黃門郎給事中，宿衛十餘年。……參昭儀少弟，行又敕備，以嚴見憚，終不得親近。』

終軍傳：『爲謁者給事中。』

匡衡傳：『上以爲郎中，遷博士，給事中，……遷衡爲光祿大夫，太子少傅。』

張禹傳：『禹小子未有官，上臨候禹，禹數視其小子，上卽禹牀下拜爲黃門郎給事中。』

孔光傳：『元帝卽位，徵霸（孔霸）以師賜爵關內侯，食邑八百戶，號褒成君，給事中。』

又：『遷諸吏光祿大夫，秩中二千石，給事中，領尚書事。後爲光祿勳，復領尚書諸吏給事中如故，凡典樞機十餘年。』

史丹傳：『右將軍給事中，徙左將軍光祿大夫。』

薛宣傳：『上徵宣，復爵高陽侯，加寵特進。位次師安昌侯，給事中，視尚書事。』

薛宣傳：『博士申咸給事中。』

谷永傳：『徵永爲太中大夫，遷光祿大夫給事中，元延元年爲北地太守。……對曰……臣永幸得給事中，出入三年，雖執干戈，守邊垂，思慕之心常存於省闥。』

師丹傳：『徵入爲光祿大夫，丞相司直。數月，復以光祿大夫給事中。由是爲少府光祿勳侍中，甚見尊重。』

韋賢傳：『（爲）博士給事中，進授昭帝詩。』

魏相傳：『宣帝卽位，徵相入爲大司農 ，遷御史大夫 。 四歲，大將軍霍光薨，上思其功德，以其子禹爲右將軍，兄子樂平侯山領尚書事。相因平恩侯許伯奏封事，言：「春秋譏世卿，惡宋三世爲大夫。……今光死子復爲大將軍，兄子秉樞機，昆弟諸壻據權埶 ，在兵官 ；光夫人顯及諸女皆通籍長信宮。或夜詔門出入，驕奢放縱，恐寖不制。宜有以損奪其權，破散陰謀，以固萬世之基，全功臣之世。」又故事諸上書者，皆爲二封署，其一曰副，領尚書者先發副封，所言不善，屏去不奏。相後因許伯言，屏去副封，以防壅蔽，宣帝善之。詔相給事中，皆從其議。』

丙吉傳：『遷大將軍長史，霍光甚重之，入爲光祿大夫給事中。』

夏侯勝傳：『（以故長信少府）爲諫大夫，給事中。』

儒林傳：『士孫張爲博士，至揚州牧，光祿大夫，給事中。』

息夫躬傳：『與宋弘皆光祿大夫，左曹，給事中。』

杜延年傳：『（爲）太僕，左曹，給事中。』

蔡義傳：『擢光祿大夫給事中，進授昭帝，拜爲少府。』

陳咸傳：『（以故少府）爲光祿夫夫給事中。』

霍光傳：『昌邑王賀……旣至，行淫亂，光憂懣，獨以問所親故吏大司農田延年，延年曰：「將軍爲國柱石，審此人不可，何不建白太后，更選賢而立之。」……光迺引延年給事中。陰與車騎將軍張安世圖計。逐召丞相，御史，列侯，中二千石，大夫，博士，會議未央宮。』

霍光傳：『昆弟諸壻外孫皆奉朝請，爲諸曹大夫，騎都尉，給事中。』

又：『光薨，上始躬親朝政。御史大夫魏相給事中。顯謂禹，雲，山：「女曹不務奉大將軍餘業，今大夫給事中，他人壹閒，女能復自救耶。」』

又：『出光姊壻光祿大夫給事中張朔爲蜀郡太守。』

金日磾傳：『欽太中大夫給事中。』

平當傳：『以明經爲博士，公卿薦當論議通明，給事中。每有災異，輒附經術言得失。』

又：『爲太中大夫，給事中　　』

孔光傳：『拜爲光祿大夫，秩中二千石，給事中。位次丞相。』

又：『莽白太后；帝幼少，宜置師傅；徙光爲帝太傅，位四輔，給事中，領宿衞，供養，行內署門戶，省服御食物。』

蕭望之傳：『儒生王仲翁，……至光祿大夫給事中。』

蕭望之傳：『賜望之爵關內侯，食邑六百戶，給事中，朝朔望，位次將軍。』

董賢傳：『以賢爲大司馬衞將軍……雖爲三公，常給事中，領尙書，百官因賢奏事……董氏親屬皆侍中，諸曹奉朝請，寵在丁傅之右矣。』

從上看來，給事中一職的性質，在諸加官中又和其他的加官略有不同。其他的加官大都起於天子隨侍左右或者是隨從車騎的近臣。給事中一職卻是自有此職以來加上的都是顧問應對之臣而非文學侍從之臣，（漢書東方朔傳稱朔爲太中大夫給事中，未可盡信。）在佞幸中也祇有董賢一個特例。這一點和左右曹相近，而給事中所負的任務更爲切實，所以有諸吏或左右曹再加給事中的。因爲給事中負有實際的任務，所以各官加上給事中的更爲廣泛；據以上所記，自大司馬，御史大夫而下，凡故丞相，將軍，列侯，關內侯，九卿，太傅，光祿大夫，太中大夫，諫大夫，博士，議郎，郎中，黃門郎，謁者，無一不可加上給事中的職務。

　　（丙）尙書

　　尙書一職，孟康未曾提到。實在尙書也是應屬於內朝的。史記三王世家，霍去病請封王子奏，以御史臣光守尙書令奏未央宮；制乃下御史，並及丞相。昭宣以來，有領尙書事的人，臣下奏事分爲二封，領尙書事的發其副封，不善者不進奏（霍光傳及魏相傳），大致說來，用人和行政，定於禁中、宰相奉行而已（見張安世傳）。元帝時，蕭望之領尙書，石顯以中書令管尙書事，尙書五人，皆石顯的黨羽，蕭望之遂爲所制。這卻是尙書組織的內部問題，不涉於丞相以下的事。

　　尙書的職權自漢以後是日就增進的。所以增進的原因，這是很顯明的。在專制政體之下，天子爲一切權力之源。天子信託丞相，丞相便有事可做；天子要自己管事，而又一個人的精力管不過來，那就祇有將政事從宰相之手移到近臣之手，中國歷朝政治總是近臣奪宰相之權，等到近臣變了宰相，那就又產生了新的近臣再來奪權，這樣便一層一層的推之不完，剝之不已。

西漢初年無為而治的局面之下，宰相以下至於太守縣令，祇要有法令可據，便不必再請示上峯的意見。重要的事到了丞相府也大致都可以解決了。除去諸侯王和四夷的事件，有丞相府不能解決的，天子纔召集廷會來解決，這已經很少了。照這樣看來，宣室前席祇問鬼神，正是當然如此，不足為異的。所以權力之源，雖在天子，但天子有權而不用，自然天下事祇好循歷來的成法了。到了武帝，他安心要開創一個新的局面，他有心要自己管事，因此天子的左右另外有了一般幕僚而給天子管詔令的祕書機關，尚書，也變成了特別重要了。天子的幕僚便是以前舉出的各項加官，天子的祕書機關便是在後代特別重要而成為丞相代替者的尚書臺。

尚書本是少府的屬官。據漢書百官表，少府有尚書，符節，太醫，太官，湯官，導官，樂府，若盧，考工室，左弋，居室，甘泉居室，左右司空，東織，西織，東園匠，共十六官令丞。所以尚書祇是少府下一個給天子管書札之官，從和尚書具有同等位置的十五官令丞看來，對於朝政的位置並不高。所以就設官的情狀看來，最初尚書決不能參與到朝政。

到了後漢，尚書的位置格外重要，所以續漢書百官志關於尚書的也格外加詳。雖然官制上仍屬少府，實際不過『以文屬少府』罷了。這和侍中亦在後漢屬少府，不為加官，是一樣的。他們在任何方面，早已非少府所能顧問的了。

續漢書中關於尚書的職掌，有如下列：

　　尚書令一人，千石。本注曰，承秦所置。（注：荀綽晉百官表注曰，唐虞官也，詩云，仲山甫王之喉舌蓋謂此人。）武帝用宦者，更為中書謁者令，成帝用士人，復故。掌凡選署及奏下曹文書眾事。（注，蔡質漢儀曰：『故公為之者，朝會不陛奏事，增秩二千石，故自佩銅印墨綬。』）

　　尚書僕射一人，六百石。本注曰，署尚書事。令不在則奏下眾事（注，蔡質漢儀曰：『僕射主封門，掌授廩假錢穀。凡三公列卿　將，大夫，五營校尉　行復道中遇尚書僕射，左右丞郎，御史中丞，侍御史，皆避車，豫相迴避。衛士傳不得迕臺官，臺官遇後乃得去。』臣昭案，獻帝分置左右僕射。建安四年，以榮郃為尚書左僕射是也。獻帝起居注，郃卒官執金吾。）

　　尚書六人，六百石。本注曰，成帝初置尚書四人，分為四曹。（注，漢舊儀曰：『初置五曹，有三公曹，主斷獄。』蔡質漢儀曰：『典天下歲盡課事。三公尚書二人，典三公文

書；吏曹尚書典選舉，齋祀屬三公曹。靈帝末，梁鵠爲選部尚書。』）常侍曹尚書，主公卿事。（注，蔡質漢儀曰：（主常侍黃門御史事，世祖改爲吏曹。』）二千石曹主郡國二千石事。（注。漢舊儀亦云：『主刺史。』蔡質漢儀曰：『掌中郎水火盜賊辭訟罪書。』）民曹尚書主凡吏上書事。（注，蔡質漢儀曰：『典繕，治功，作監池苑囿盜賊事。』）客曹尚書主外國夷狄事。（注，尚書：『龍作納言，出入帝命。』應劭曰：『今尚書官，王之喉舌。』）世祖承遵，後，分二千石曹，又分客曹爲南主客曹，北主客曹。（注，周禮天官有司會，鄭玄曰：『若今尚書。』）

左右丞各一人，四百石。本注曰：掌錄文書期會，左丞主吏民章報，及騶伯史。（注，蔡質漢儀曰：『總典臺中綱紀，無所不統。』）右丞假署印綬，及紙筆墨諸財用庫藏。（注，蔡質漢儀曰：『右丞與僕射對掌授廩假錢穀，與左丞無所不統。凡宮中漏夜盡，鼓鳴則起，鐘鳴則息。衛士甲乙徼相傳，甲夜畢，傳乙夜；相傳盡五更，衛士傳言五更，未明三刻後雞鳴，衛士起丞郎趨嚴上臺。不畜宮中雞，汝南出雞鳴。衛士候朱雀門外，專傳雞鳴于宮中。』應劭曰：『楚歌，今雞鳴歌也。』晉太康地道記曰：『後漢固始，鮦陽，公安，細陽四縣衛士習此由於闕下歌之，今雞鳴是也。』）侍郎三十六人，四百石。本注曰一曹有六人，主作文書起草。（注，蔡質漢儀曰：『尚書郎初從三署詣臺試，初上臺稱守尚書郎中，歲滿稱尚書郎，三年稱侍郎；客曹郎主治羌胡事，劇遷二千石或刺史；其公遷爲縣令，秩滿自占縣去，詔書賜錢三萬祖錢，他官則否。治嚴一日，準謁公卿陵廟乃發。御史中丞遇尚書丞郎避車執板往揖。丞郎坐車執板禮之，車過遠乃去。尚書言左右丞，「敢告治，如詔書律令。」郎見左右丞對揖，無敬稱，曰左右君。郎見尚書執板對揖，稱曰明時。見令僕執板拜，朝賀對揖。』）令史十八人，二百石。本注曰，曹有三（人），主書；後增劇曹三人，合二十一人。（注，古今注曰：『永元三年七月，增尚書令史員。功滿未犯禁者，以補小縣墨綬。』蔡質曰：『皆選蘭臺符節上稱簡精練有吏能爲之。』決錄注曰：『故事，尚書郎以令史久次補之，世祖改以孝廉爲郎。』）

其尚書的職事見於漢官各書的，有：

北堂書鈔設官部引王隆漢官解詁：『尚書出納詔令，齊衆喉口。』

又：『尚書唐虞曰納言，周官爲內史；機事所總；號令攸發。』

又：『士之權貴不過尚書，其次諸吏。

漢舊儀：『尚書四人爲四曹，常侍曹尚書主丞相御史事，二千石曹尚書主刺史二千石事，民曹尚書主庶民上書事，主客曹尚書主外國四夷事。成帝初置尚書五人，有三公曹，主斷獄事。』（據孫星衍校本，下同。）

又：『尚書令主贊奏封下書，僕射主開封；丞二人，主報上書者，兼領財用，火燭，食廚。漢置中書官，領尚書事；中書謁者令一人，成帝建始四年罷中書官，以中書謁者令爲中謁者令。』

又：『尚書郎四人，其一郎主匈奴單于營部，一郎主羌夷吏民，民曹一郎主天下戶口墾田功作，謁者曹一郎主天下見錢貢獻委輸。』

又：『中臣在省中皆白請，其宦者不白請。尚書郎宿留臺中，官給靑縑白綾被或錦被；帷帳，氊褥，通中枕；太官供食，湯官供餠餌果實，下天子一等；給尚書郎佐（原作伯，蓋草書佐字近于伯字也，伯字不可解，今校作佐，佐卽舊佐，漢簡書佐常省作佐。）二人，女侍史二人，皆選端正者從直，佐送至止車門還，女侍史執香爐燒薰，從入臺護衣。』

唐六典一引漢官儀：『尚書令主贊奏，總典紀綱，無所不統。秩千石。故公爲之朝會不陛奏事，增秩二千石。天子所服五時衣賜尚書令。其三公，列卿，將五營校尉，行複道中遇尚書（令）僕射左右丞皆迴車豫避。衛士傳不得紆臺官，臺官過乃得去。』

又：『尚書令奏官，銅印墨綬，每朝會，與司隸校尉，御史大夫中丞，皆專席坐，京師號爲三獨坐，其尊重如此。』

又：『僕射秩六百石，（故）公爲之，加至二千石。』

文選王文憲集序注引漢官儀：『獻帝建安四年，始置左右僕射，以執金吾營邵爲左僕射，衞臻爲右僕射。』

後漢書光武紀注引漢官儀：『尚書四員，武帝置，成帝加一爲五。有侍曹尚書，主丞相御史事；二千石尚書，主刺史二千石事；戶曹尚書，主人庶上書事；主客曹尚書，主外國四夷事；成帝加三公曹！主斷獄事。』

初學記職官部引漢官儀：『初秦代少府遣吏四，一在殿中主發書，故謂之尚書，尚猶主也。漢因秦置之，故尚書爲中臺，謁者爲外臺，御史爲憲臺，謂

之三臺。』

唐六典一引漢官儀：『尙書令，左丞總領綱紀，無所不統；僕射右丞掌廩假錢穀。』

北堂書鈔引漢官儀：『左右丞，久次郎補也。』

初學記職官部引漢官儀：『左右曹受尙書事，前世文士以中書在右，因記中書爲右曹，又稱西掖。』

北堂書鈔設官部引漢官儀：『尙書郎四人，一人主匈奴單于營部，一人主羌夷吏民，一人主天下戶口，土田，墾作，一人主錢帛，貢獻，委輸。』

初學記職官部引漢官儀：尙書郎初從三署郎選詣尙書臺試，每一郎缺，則試五人，先試箋奏。初入臺稱郎中，滿歲稱侍郎。』

太平御覽職官部引漢官儀：『尙書郎初上詣臺稱守尙書郎，滿歲稱尙書郎滿中，三年稱侍郎。』

北堂書鈔設官部引漢官儀：『郎以孝廉年未五十，先試箋奏，初上稱郎中，歲爲侍郎。』

唐六典一引漢官儀：『能通蒼頡史篇，補蘭臺令史，滿歲補尙書令史，滿歲爲尙書郎；出亦與郎同宰百里。郎與令史分職受書。令史見僕射尙書執板拜，見丞郎執板揖。』

初學記職官部引漢官儀：『尙書郎主作文書起草，夜更直五日于建禮門內。』

北堂書鈔設官部引漢官儀：『尙書郎給青縑白綾被（或）以錦被，幃帳氈褥，通中枕，太官供食，湯官供餅餌。五熟果實，下天子一等。給尙書史二人，女侍史二人，皆選端正從直。女侍史執香爐燒，從入臺護衣。奏事明光殿省，皆胡粉塗畫古賢人烈女。郎握蘭含香趨走丹墀，奏事黃門，郎與對揖。天子五時賜服，賜珥赤管大筆一雙，分墨一丸。若郎處曹二年，賜遷二千石刺史。

唐六典二引漢官儀：『曹郎二人，掌天下歲盡集課，有尙書曹郎，有考工郎中一人。

初學記文部引漢官儀：『尙書令僕丞郎，月賜澂麋大墨一枚小墨一枚。』

北堂書鈔引漢官儀：『漢舊置中書官領尚書事。』

初學記職官部引蔡質漢儀：『尚書奏事于明光殿省中，畫古烈士，重書行讚。』

又，居處部引蔡質漢儀：『省中皆以胡粉塗壁，紫朱界之，畫古烈士。』

書鈔設官部引蔡質漢儀：『尚書郎晝夜更直于建禮門內。』

就以上的各則看來。漢官各書言及尚書的比較多，也就可以知道尚書臺對於漢代政治上格外重要了。以下再就兩漢書中有關尚書臺諸官的具列下來。

昭帝立，霍光爲大司馬大將軍領尚書事，宣帝地節二年薨。（霍光領尚書事見昭帝紀及張安世傳。）

宣帝地節二年，霍山爲奉車都尉領尚書事，三年七月伏誅。（霍光傳）

宣帝地節三年，張安世爲大司馬車騎將軍領尚書事，元康四年薨。

（陳樹鏞漢官答問曰：『表云地節三年，安世爲大司馬車騎將軍，考安世傳言光死數月，魏相上封事，宣帝遂以安世爲大司馬車騎將軍領尚書事。光以二年三月薨，則安世之拜，不當在三年也。安世領尚書，後歲餘霍氏謀反夷宗。則表以此二事同列於地節三年之下，其誤甚矣。』今按仍當從百官表。蓋光以三月薨，而魏相上封事于次年二三月間，仍未踰一年也。魏相傳言：『大將軍霍光薨，上思其功德，以其子禹爲右將軍，兄子樂平侯山復領尚書事。相因平恩侯許伯奏封事，言春秋譏世卿，惡宋三世爲大夫……國家自後元以來，祿去王室，政繇冢宰，今光死子復爲大將軍——劉敞曰「禹不爲大將軍，字之誤也」——兄子秉樞機，……宜有以損奪其權，破散陰謀，以固萬世之基……又故事諸上書者皆爲二封，其一曰副，領尚書者先發副封，所言不善，屏去不奏，復因許伯白去副封，以防壅蔽。宣帝善之，詔相給事中，皆從其議。霍氏殺許后之謀始得上聞，乃罷其三侯令就第。親屬皆出補吏。』霍光傳：『光薨，上始躬親朝政，御史大夫魏相給事中。……會魏大夫爲丞相，數燕見言事，平恩侯與侍中金安上等徑出入省中。時霍山自若領尚書，上令吏民得奏封事，不關尚書，羣臣進見獨往來，於是霍氏甚惡之。』張安世傳：『光薨，後數月御史大夫魏相上封事曰「……車騎將軍安世事孝武三十餘年。忠信謹厚。……宜尊其位以爲大將軍……」……安世深辭弗能得，後數日竟拜爲大司馬車騎將軍領尚書事。數月罷車騎將軍屯兵更爲衞將軍，兩宮衞尉城門兵屬焉。時霍光子禹爲右將軍——據此知魏相傳大將軍爲右將軍之誤，百官表亦作右將軍——上亦禹爲大司馬，罷其右將軍屯兵。』就此三傳合觀之，霍光薨後宣帝即以霍山領尚書事。于是御

史大夫魏相因平恩侯許延壽上書，去尚書副封，而霍氏弑許后之事乃得上聞。四年四月遂以張安世爲大司馬領尚書事，而霍山猶領尚書事自若。至是年七月霍氏誅而張安世遂專領尚書事矣。惟張安世傳云：『禹謀反，夷宗族，安世素小心畏忌，已內憂矣。』其言隱約，似有所指者。顏師古注曰：『忌者戒盈滿之辭』猶未得其微意也。今案趙充國傳云：『初破羌將軍武賢在軍中時與中郎將卬宴語，卬道車騎將軍張安世始嘗不快上，上欲誅之，卬家將軍以爲安世本持槖簪筆，事孝武帝數十年，見謂忠謹，宜全度之。安世用是得免。』安世爲車騎將軍在昭帝崩後，迄于地節三年七月戊戌，轉爲衛將軍，至七月壬辰，誅霍氏。——長歷是年七月無戊戌壬辰，表誤——是安世爲衛將軍與霍氏見誅乃同月之事耳。當霍氏未誅時，宣帝方與霍氏爲敵，不應欲誅大臣。及霍氏就誅，則安世早任爲衛將軍矣。惟方誅霍氏時，安世爲衛將軍未久，故以車騎將軍稱之。是宣帝或竟欲以霍氏牽及安世也。蓋宣帝誅霍氏之前，魏相，許延壽，金安上皆與宣帝而敵諸霍；而張安世獨依違于二者之間無所建白。是時宣帝或疑其黨於霍氏而欲誅之。是安世之領尚書事蓋未能盡監察牽制之職責，而充國時任後將軍少府——據百官表，此時少府爲宋疇，充國蓋是長樂少府——曾與廢霍氏之謀，故能爲安世解說，此則由充國傳知之，證以安世傳而益明者也。）

神爵元年，韓增爲大司馬車騎將軍，領尚書事，五鳳二年薨。（韓王信傳）

　　于定國以御史中丞遷光祿大夫平尚書事（本傳）

　　張敞爲太中大夫與于定國共平尚書事（本傳）

至宣帝寢疾，引外屬侍中樂陵侯史高，太子太傅望之，少傅周堪至禁中，拜高爲大司馬車騎將軍，望之爲前將軍，光祿勳堪爲光祿大夫，皆受遺詔輔政，領尚書事。（蕭望之傳）——高永元元年免，望之及堪初元二年免，堪後又拜光祿大夫，領尚書事。

　　元帝初元元年，石顯以中書令幹尚書事，成帝卽位罷死。（石顯傳）

　　劉向傳：『周堪拜爲光祿大夫，領尚書，張猛爲太中大夫，給事中；顯幹尚書事，尚書五人皆其黨也。堪希得見，常因顯白事，事決顯。』

成帝卽位，王鳳爲大司馬大將軍領尚書事，陽朔三年薨。（外戚傳）

張禹爲諸吏光祿大夫，給事中，領尚書事。河平四年罷。（張禹傳，外戚傳。）

鄭寬中以光祿大夫領尚書事。（儒林傳）

孔光以光祿大夫領尚書事，遷光祿大夫領尚書事如故，永始二年遷御史大

夫。（孔光傳）

陽朔三年，王音為大司馬驃騎將軍領尚書事（代王鳳），永始二年薨。（外戚傳）

　　永始間，薛宣以故丞相為列侯加特進給事中，視尚書事，尊寵任政。（薛
　　宣傳）

永始二年，王商為大司馬衛將軍領尚書事（代王音），元延元年薨。（外戚傳）

元延元年，王根為大司馬驃騎將軍領尚書事（代王商），綏和元年免（外戚傳）

綏和元年，王莽為大司馬領尚書事（代王根），二年免。（外戚傳）

哀帝即位，師丹為左將軍領尚書事，月餘，徙為大司空。（師丹傳）

建平元年，傅喜為大司馬領尚書事，二年免。（外戚傳）

建平二年，丁明為大司馬衛將軍領尚書事，元壽二年免。（外戚傳）

元壽二年，董賢為大司馬衛將軍給事中領尚書事，三年，自殺。（佞幸傳）

平帝即位，王莽為大司馬領尚書事。（平帝紀）

後漢章帝即位，以太傅牟融，趙熹錄尚書事，融建初四年薨，熹五年薨。
（本紀）

後漢和帝即位，鄧彪以太傅錄尚書事，及竇氏誅，以老病免。（後漢書鄧彪傳）

殤帝延平元年，遷張禹為太傅錄尚書事，永初元年秋，免。（後漢書張禹傳）

安帝時馮石遷太傅，與太尉劉喜參錄尚書事，順帝既立，免。（後漢書馮魴傳）

順帝即位，桓焉為太傅與太傅朱寵並錄尚書事，視事三年，免。（後漢書桓焉
傳）

冲帝即位，李固為太尉，與梁冀參錄尚書事，桓帝立，為梁冀所殺。（後漢書
李固傳）

質帝崩，胡廣代李固為太傅，錄尚書事，以病退位。（後漢書胡廣傳）

冲帝即位，梁冀為大將軍與太傅趙峻，太尉李固參錄尚書事。元嘉元年，每
朝會與三公絕席，十日一入平尚書事。百官遷召皆先到冀門，牋檄謝恩，然
後敢詣尚書。延熹二年，伏誅。（後漢書梁商傳附傳）

永康元年，陳蕃為太傅錄尚書事，為王甫所殺。（後漢書陳蕃傳）

中平六年，何進為大將軍，錄尚書事（後漢書何進傳）

獻帝初平三年，周忠爲太尉，錄尚書事，初平四年以災異免。（後漢書周景傳）

初平四年，朱儁爲太尉，錄尚書事，明年秋以日食免。（後漢書朱儁傳）

　　以上領尙書事。至於其他和尙書相關的史料，現在再列舉於下：

漢書劉向傳：『元帝初卽位，太傅蕭望之爲前將軍，少傅周堪爲諸吏光祿大夫，皆領尙書事甚見尊任。更生年少于望之，堪。二人重之，薦更生宗室忠直，明經有行，擢爲散騎宗正給事中。與金敞拾遺于左右，四人同心輔政，患苦外戚許史在位放縱，而中書宦官弘恭石顯弄權。望之，堪，更生議欲白罷退之，未白而語泄，遂爲許史及恭顯所讒愬，堪更生下獄，及望之皆免官，語在望之傳。其春地震，夏，客星見昴卷舌間，上感悟，下詔賜望之爵關內侯，奉朝請，秋，徵堪，向，欲以爲諫大夫。恭顯白皆爲中郎。冬，地復震，時恭顯許史子弟侍中諸曹皆側目于望之等。……更生坐免爲庶人，而望之亦坐使子上書自冤前事，恭顯白令詣獄置對，望之自殺。天子甚悼恨之，乃擢周堪爲光祿勳，堪弟子張猛光祿大夫給事中，大見信任，恭顯憚之，數譖毀焉。……左遷堪爲河東太守，猛槐里令。……後三歲餘，……徵堪詣行在所，拜爲光祿大夫，秩中二千石。領尙書事。猛復爲太中大夫，給事中。顯幹尙書事（注，師古曰，『幹與管同，言管主其事』。按幹从倝从干，說文解字無之，當爲幹之俗體。然漢碑已有其字，則其譌誤已始自漢世矣。說文幹字，大徐音烏括切。段玉裁曰：『匡謬正俗云，「幹音筦，不音烏括反」，引陸士衡感思賦爲證。按其字从聲，則顏說是也，然俗音轉爲烏括切。又作管作斡，亦於六書音義無甚害也。』又曰：『引申言之。凡執柄樞運轉謂之幹。賈誼鵬鳥賦云，「斡流而遷」，張華勵志詩云，「大儀斡運」，皆是也。或假借斡字，楚辭云，「筦維焉繫，天極焉加，」或作幹字，程氏瑤田云，「考工記，旋蟲謂之幹，蓋斡之譌也。」』此言顯幹尙書事，卽言顯以中書令管尙書衆事；堪雖領尙書事，不如顯之可以直處握其事也。然後世知幹爲幹之誤字者甚鮮。相沿別幹與幹爲二字，幹爲烏括切，幹爲古案切；而幹又與斡之別體杆，桿等字相淆混，於是音義愈不可究詰。迄於今日，「幹事」一詞猶爲世俗所常用，然書作「管事」或「筦事，」必羣相駭怪，若書作幹事。則鮮不以不誤爲誤矣。）。……尙書五八皆其黨也，堪希得見，常因顯白事，事決顯口。』

鄭崇傳：『以丞相屬爲書尙僕射。』

何並傳：『是時潁川鍾元爲尙書令，領廷尉，用事有權。』

蕭望之傳：『初宣帝不甚從儒術，任用法律；而中書宦官用事。中書令弘恭石顯久典樞機，明習文法，亦與車騎將軍高（史高）爲表裏。論議常獨持故事，不從望之等。恭顯又時傾仄見詘。望之以爲中書政本，宜以賢明之選，自武帝游宴後庭，故用宦者。非國舊制，又違古不近刑人之義。白欲更置士人，繇是大與恭顯忤。上初卽位，謙讓重改作，議久不定。』

成帝紀建始四年：『罷中書宦官。初置尙書五人。』注：『臣瓚曰，漢初中人有中謁者令，孝武加中謁者令爲中書謁者令，置僕射。宣帝時任中書宦弘恭爲令，石顯爲僕射。元帝卽位，數年，恭死，顯代爲中書令，專權用事，至成帝乃罷其官。』

孔光傳：『博士選三科，高第爲尙書。……光以高第爲尙書，觀故事品式。數歲。明習漢制及法令，轉爲僕射，尙書令，加諸吏官。』

翟方進傳：『遷爲丞相司直，從上甘泉，行馳道中，司隸校尉陳慶劾奏方進，沒入車馬。旣至殿中，慶與廷尉范延壽語。「時慶有章劾，自道行事以贖論，今尙書持我事來，當於此決。前我爲尙書時，嘗有所奏事，忽忘之，留月餘。」方進於是舉劾慶曰：「桑慶奉使刺舉大臣，故爲尙書。知機事，周密壹統，明主躬親不解，慶有罪，未伏誅，無恐懼心，豫自設不坐之比。又暴揚尙書事，言遲疾無所在，虧損聖德之聰明。奉詔不謹，皆不敬，臣謹以劾。」慶坐免官。』

師丹傳：『尙書劾咸（申咸）。欽（炔欽）幸得以儒官選擢，備腹心。迺復上書妄稱譽丹，前後相違，不敬。』

師丹傳：『書尙令唐林上疏，……上從林言賜丹爵關內侯。』

丙吉傳：『霍氏誅，上親政，省尙書事。』

陳遵傳：『嘗有部刺史奏事過遵，值其方飲。……見遵母叩頭自白，當對尙書，有期會狀。』

司馬相如傳：『上令尙書給筆札。』

張安世傳；『少以父任爲郎，用善書給事尙書，精力於職，休沐未嘗出，上

幸河東，嘗亡書三篇。詔問莫能知，唯安世識之，具作其事。後購求得書以相校，無所遺失。上奇其材，擢爲尚書令。』

霍光傳：『山曰今陛下好與諸儒生語，人人自使書封事，多言我家者。嘗有上書言大將軍事，主弱臣強，專制擅權。今其子孫用事，昆弟益驕恣，恐危宗廟。災異數見，盡爲此也。其言絕痛。山屏去不奏其書。後上書者益黜，盡奏封事，使中書令出取之，不關尚書。』何焯義門讀書記曰：『使中書令出取，不關尚書，一時以防權臣壅蔽，然自此浸任宦豎矣。成帝以後，政出外家，有太后爲之內主，故宦豎不得撓。不然，霍氏之後，必有五侯十常侍之禍。』

金日磾傳：『欽……太中大夫給事中，欽從父弟遷爲尚書令，兄弟用事。』

陳湯傳：『先帝寢疾，然猶垂意不忘，數使尚書責問丞相，趣立其功。』

後漢書光武紀：『建武五年，尚書令侯霸爲大司徒。』

後漢書朱暉傳：『元和中肅宗巡狩，問暉起居，召拜爲尚書僕射，歲中遷太山太守，上疏乞留中，上許之。……後遷尚書令。』

又：『是時穀貴，縣官經用不足，尚書張林上言。』

又：『穆居家數年，在朝諸公多有相推薦者，於是徵拜尚書。穆既深疾宦官，及在臺閣，旦夕共事，志欲除之。』

樂恢傳；『徵拜議郎，入爲尚書僕射。』

何敞傳：『以高第拜侍御史，入爲尚書。』

張敏傳：『舉孝廉，五遷爲尚書。』

胡廣傳：『舉孝廉，旬月拜尚書郎，五遷尚書僕射……代李固爲太尉，錄尚書事。』

韓棱傳：『（以郡功曹）徵辟，五遷爲尚書令。……肅宗嘗賜諸尚書劍唯此三人特以寶劍。自手署其名曰，韓棱楚龍淵，郅壽蜀漢文，陳寵濟南椎成。』

周榮傳：『子興尚書郎。

周景傳：『（以故將作大匠）引拜尚書令，遷太僕，衞尉。』

郭躬傳：『弟子鎮……辟太尉府，再遷延光中爲尚書。……再遷尚書令。』

陳寵傳：『辟司徒鮑昱府……三遷肅宗初爲尚書。』

又：『皇后弟竇憲薦眞定令張林爲尚書。』

陳忠傳：『遷廷尉正，擢爲尚書，使居三公曹。……以久次轉爲僕射……遷尚書令……拜司隸校尉……出爲江夏太守……復留拜尚書令。』

陳忠傳：『上疏諫曰：今（安帝時）之三公，雖當其名，而無其實，選舉誅賞一由尚書，尚書見重於三公，陵遲以來，其漸久矣。』

班勇傳：『尚書問勇曰，今立副校尉，何以爲便？又置長史屯樓蘭，利害云何？』

翟酺傳：『遷侍中，時尚書有缺，詔將大夫六百石以上試對政事，天文，道術，以高第者補之。……酺對第一，拜爲尚書。』

又：『權貴共誣酺及尚書令高堂芝等。』

仲長統傳：『昌言法誡篇曰：光武皇帝慍數世之失權，忿彊臣之竊命，矯枉過直，政不在下。雖置三公，事歸臺閣。自此以來，三公之職，備員而已。然政有不理，猶加譴責。而權移外戚之家，寵被近習之豎。親其黨類，用其私人。內充京師，外布列郡。』

梁節王暢傳：『永元五年，豫州刺史舉奏暢不道，考訊辭不服。有司請徵暢詣廷尉，和帝不許。有司重請除暢國徙九眞。帝不忍，但削成武單父二縣。』

陳禪傳：『尚書陳忠劾禪。』

陳龜傳：『（以故度遼將軍）復徵爲尚書令。』

橋玄傳：『轉司徒……策罷，歲餘爲尚書令。』

崔寔傳：『拜遼東太守，行道，母劉氏病卒……服竟召拜尚書。寔以世方阻亂，稱疾不視事，數月免。』

楊震傳：『帝舅大鴻臚耿寶薦中常侍李閏兄於震……震曰；「如朝廷欲令三府辟召，故宜有尚書勅，遂拒不許。」』

楊秉傳：『拜太中大夫，左中郎將。遷侍中，尚書，出爲右扶風。』

又：『徵拜河南尹……單超弟匡客任方刺兗州從事，突獄亡走，尚書召秉詰責。』

又；『詔公車徵乘，不至。有司並劾著大不敬，尚書令周景與尚書邊韶議奏……明王之世必有不召之臣。』

又：『尚書召對乘掾屬曰：「公府外職而奏劾近官，經典漢制有故事乎？」』

楊賜傳：『拜少府，……以病罷，……拜賜尚書令，數日出為廷尉。』

楊彪傳；『代朱儁為太尉，錄尚書事●……及車駕還，復守尚書令。』

張皓傳：『尚書僕射，出為彭城相。』（自大將軍府掾屬五遷。）

又：『永寧元年徵拜廷尉。皓雖非法家而留心刑斷，數與尚書辯正疑獄，多以詳見從。』

張綱傳：『冀乃諷尚書以綱為廣陵太守。』

王龔傳：『徵拜尚書，擢司隸校尉。』

王暢傳：『梁商特辟舉茂才，四遷尚書令，出為濟相，……免……是時政事多歸尚書。桓帝特詔三公，令高選庸能。太尉陳蕃薦暢，清方公正，有不可犯之色，由是復為尚書。尋拜南陽太守。』

種暠傳：『徵拜議郎，遷南郡太守，入為尚書。……擢為度遼將軍。』

杜根傳：『初平原郡吏成翊亦諫太白歸政，坐抵罪。與根俱徵。擢為尚書郎，……免歸……後尚書令左雄，僕射郭虔，復舉為尚書。』

欒巴傳：『遷沛相，所在有績，徵拜尚書。』

劉陶傳；『三遷為尚書令，以所舉將為尚書，難與齊，乞從冗散，拜侍中。』

劉瑜傳：『以侍中平勳為尚書令。』

虞詡傳：『帝問諸尚書，尚書賈朗……證詡之罪，帝疑焉。

虞詡傳：『遷尚書僕射，……永和初遷尚書令。』

又：『寧陽主簿詣闕訴縣令之枉。……帝大怒，持章示尚書，尚書遂劾以大逆。詡因謂諸尚書曰：「小人有怨，不遠千里，斷髮刻肌詣闕告訴而不為理，豈臣下之義。」』

張衡傳；『初出為河間相，徵拜尚書。』

蔡邕傳；『轉治書侍御史，遷尚書。』

劉寬傳：『出為東海相……再遷尚書令。』（碑云司徒長史拜尚書，出為東海相）

伏湛傳：『爲平原太守，……徵拜尙書，使典定舊制，拜爲司直。』

郭賀傳：『以司徒掾累官尙書令，拜荊州刺史。』

馮勤傳：『以郎中給事尙書，拜尙書，尙書令，大司農。』

鄭均傳：『以公車特徵，拜尙書……乞歸，拜議郎。』

趙謙傳：『以故司徒爲尙書令。』

馮衍傳：『子豹，以武威太守徵爲尙書。』

到惲傳：『子壽，以冀州刺史三遷爲尙書令，擢爲京兆尹，以公事免，復徵
爲尙書僕射。』

襄楷傳：『詣闕上書，上卽尙書問狀。』

郭伋傳：『以雍州牧轉尙書令，出爲中山太守。』

樊宏傳：『準……宏之族曾孫也。……爲河內太守……以疾徵……三轉爲尙
書令，光祿勳。』

馮魴傳：『（孫石）遷太傅，與太尉東萊劉喜參錄尙書事。順帝旣立，石與喜
皆以阿黨閻顯江京等策免。』

鄭弘傳：『淮陰太守四遷，建初爲尙書令。舊制尙書郎補縣令長丞尉。弘奏
以爲臺職雖尊，而酬賞甚薄，請使郎補千石令，帝從其議。出爲平原相，徵
拜侍中。』

左雄傳：『徵拜議郎，……拜雄尙書。再遷尙書令。遷司隸校尉。初雄薦周
舉爲尙書，舉旣稱職，議者咸稱焉……坐法免，後復爲尙書。』

左雄傳：『案尙書故事無乳母爵邑之制，唯先帝乳母王聖爲野王君。』

左雄傳：『是時大司農劉據以職事被譴，召詣尙書。』

左雄傳：『每有章表奏議，臺閣以爲故事。』

周舉傳：『轉冀州刺史，……司隸校尉左雄薦舉，徵拜尙書。』

黃瓊傳：『拜議郎，稍遷尙書僕射。……遷尙書令，稍遷太常。』

韓韶傳：『尙書選三府掾能理劇者，乃以韶爲嬴長。』

陳寔傳：『（潁川）太守高倫，被徵爲尙書。』

陳紀傳：『豫州刺史嘉其至行，上尙書圖象百城以厲風俗。……拜太僕，又

徵爲尚書令。』

李固傳：『公卿舉固對策曰，……又詔書禁侍中尚書中臣子弟，不得爲吏察孝廉者，以其秉威權，容請託故也。而中常侍在日月之側，聲勢振天下，子弟祿仕曾無限極……今可爲設常禁，同之中臣。……今陛下之有尚書，猶天之有北斗也。斗爲天喉舌，尚書亦爲陛下喉舌。……尚書出納王命，賦政四海，權尊執重，責之所歸。……今與陛下共理天下者，外則公卿尚書，內則常侍黃門。』

李固傳：『舊任三府選令史，光祿試尚書郎，皆特拜，不復選試。』

杜喬傳；『爲太尉……冀屬舉氾宮爲尚書。喬以宮臧罪明著，遂不肯用。』

史弼傳：『弼由北軍中候遷尚書，出爲平原相。』

史弼傳；『父敞順帝時以佞辯至尚書郡守。

史弼傳：『裴瑜位至尚書。』

盧植傳：『爲侍中，遷尚書。』

皇甫規傳：『爲度遼將軍……徵爲尚書……遷宏農太守。』

陳蕃傳『稍遷拜尚書……徵爲尚書令……免……徵爲尚書僕射……以蕃爲太傅，錄尚書事，諸尚書畏懼權官，託病不朝，蕃以書責之。』

陳蕃傳：『永康元年，竇后臨朝。……蕃爲太傅錄尚書事，……（爲宦官曹節王甫等所殺）。』

陳蕃傳：『上書曰，「陛下宜割塞近習豫政之源，引納尚書；朝省之輩公卿大夫五日一朝。」……不納。』

樊準傳：『帝幸南陽，準爲功曹召見。帝器之，從車駕還宮。特補尚書郎，再遷御史中丞。』

徐防傳：『舉孝廉爲郎，辭貌矜嚴，占對可觀，顯宗器之，特補尚書郎，職典樞機，周密畏慎。奉事二帝，未嘗有過。和帝時稍遷司隸校尉。』

左雄傳：『廣陵孝廉徐淑年未及舉，臺郎疑而詰之。』

黃瓊傳：『尚書周永，昔爲沛令；素事梁冀；幸其威勢。坐事當罪，越拜令職。』

王允傳：『拜太僕，再遷，守尙書令。』

黨錮傳序：『初桓帝爲蠡吾侯，受學於甘陵周福，及卽帝位，擢福爲尙書。』

黨錮傳：『劉淑……拜議郎……再遷尙書，建議多所補益，又再遷侍中。』

又：『杜密……太山太守……去官，……桓帝徵拜尙書令，轉河南尹。』

又：『劉祐……初察孝廉，補尙書侍郎。閑練故事，文札強辨；每有奏議，應對無滯，爲僚類所歸。除任城令。……河東太守。……再遷延熹四年拜尙書令，又出爲河南尹。』

又：『魏朗……出爲河內太守。……尙書令陳蕃薦朗公忠亮直，宜在機密，復徵爲尙書。』

又：『尹勳……邯鄲令，……五遷尙書令。』

又：『羊陟……冀州刺史，……再遷虎賁中郎將，城門校尉，三遷尙書令。……拜陟河南尹。』

又范滂傳：『尙書責滂所劾猥多，疑有私故。』

又：『滂繫獄，尙書霍諝理之。』

竇武傳：『（宦官）召尙書官屬，脅以白刃，使作詔板，拜王甫爲黃門令。』

何進傳：『尙書得詔救，疑之，曰請大將軍出。』

鄭太傳：『以公業爲尙書侍郎。』

孔融傳注引典略：『路粹建安初以高第擢拜尙書郎。』

荀彧傳：『及帝都許以彧爲侍中守尙書令。』

董卓傳：『集議廢立，百僚大會……尙書盧植獨曰：「昔太甲旣立不明昌邑罪過千餘，故有廢立之事。今上富於春秋，行無失德，非前事之比也。」卓大怒，罷坐。』（植以故北中郎將徵爲尙書，見本傳。）

董卓傳：『及其在事，雖行無道，而猶忍性矯情，擢用羣士。乃任吏部尙書漢南周珌，侍中伍瓊，尙書鄭公業，長史何顒等。以尙書韓馥爲冀州刺史。』

又：『催汜等更以（賈詡）爲尙書典選。』

又：『使侍中劉艾出讓有司，於是尙書令以下，皆詣閣謝。』

劉表傳：『劉光，尙書令。』

劉矩傳：『太尉胡廣舉矩賢良方正，四遷尚書令。』

周紓傳：『召司隸校尉河南尹詣尚書譴問遣劍戟士收紆。』

陽球傳：『舉孝廉拜尚書侍郎，閑達故事，其章奏處議常爲臺閣爲崇信。』

又：『遷將作大匠……頃之拜尚書令。』

又：『球出謁陵，節勒尚書令召拜，不得稽留尺一。』

孫程傳：『迎濟陰王立之，是爲順帝，召尚書令，僕射以下從輦。』

曹節傳：『節逐領尚書令。』

戴憑傳：『帝卽勑尚書解遣禁錮。』

張馴傳：『徵拜尚書。』

周澤傳：『孫堪，徵爲侍御史，再遷尚書令。』

李育傳：『再遷尚書令。』

黃香傳：『拜尚書郎……拜左丞……累遷尚書令……後以爲東郡太守・……
復留爲尚書令，增秩二千石。』

劉梁傳：『召入拜尚書郎。』

周嘉傳：『舉爲孝廉拜尚書郎。』

陸續傳：『祖父閎，建武中爲尚書。』

李郃傳：『五遷尚書令。』

樊英傳：『令公車令導尚書奉引賜几杖。』

單颺傳：『爲漢中太守，公事免，拜尚書。』

周黨傳：『乃著短布單衣，穀皮綃待見尚書。』

王霸傳：『建武中徵到尚書。』

漢陰老父傳：『尚書郎張溫異之。』

東夷高句驪傳：『（宮死），子遂成立，姚光上言欲因其喪發兵擊之，議者皆
以爲可許，尚書陳忠曰：「宮前桀黠，光不能討；死而擊之非義也。」』

綜以上各條，關於尚書的職任可歸納出下列的幾件事：

（1）尚書的職守

　a. 最初尚書爲管天子筆札的官，屬於少府，

b. 因爲管筆札，成爲給天子下詔令和保管檔案的官。

c. 內朝和外朝在武帝以後有了分別，於是內朝的定案便從尙書臺通過，再下給三公。

d. 尙書的任務加重，於是昭帝以後，當政大臣加上領尙書事銜，來處理國家的政務。

e. 宣帝爲防權臣的擅權，更由中書處置尙書的文件。劉成帝時始改。

f. 光武以後將內朝的官職多歸裁倂，專任尙書。此時宰相的職務也成爲具文。

g. 東漢的晚期，宦官的中常侍和小黃門又成了新的內朝，控制着尙書臺事。

（2）尙書的選任：

a. 尙書令由故三公，九卿，將作大匠，侍中，尙書僕射，尙書丞，州牧，太守轉任。

尙書令轉爲三公，九卿，司隸校尉，三輔，太守，諸侯相及刺史。

b. 尙書僕射多由尙書轉任，或有由議郞及三公屬轉任。

尙書僕射多轉任尙書令，但亦有爲諸侯相的。

c. 尙書以故將軍，侍中，議郞，侍御史，三公屬，北軍中侯，博士，太守縣令轉任，或以尙書郞累遷。

尙書轉爲尙書僕射，侍中，司隸校尉，三輔，太守，諸侯相，侍御史。

尙書令在西漢已有由九卿來領職的。不過在西漢時其例尙少。到東漢時，尙書令作三公，三公作尙書令，已經不算希有的事了。尙書本來只管章奏，但到了東漢，朝中的詢問，糾舉，辟召，以及一切的國政，原由丞相和御史大夫擬議的，現在都完全歸入尙書之手。這就是『雖置三公，政歸臺閣』。

尙書和中書的關係，各書中頗有含混不明的。續漢志說：『尙書令一人千石，本注曰：承秦所置。武帝用宦者，更爲中書謁者令，成帝用士人，復故。』通典卷二十二便成着這個說法，以爲『漢承秦置尙書，武帝游宴後庭，始用宦者爲中書之職，成帝罷中書宦官，置尙書五人。』又：『成帝去中書，更以士人爲尙書。』照此說來，漢初本有尙書，到武帝時改爲中書，成帝時纔恢復尙書

的制度。今按漢武帝以司馬遷爲中書令，在太始年間，司馬相如傳的『尚書給筆札』，應在元光以前；史記三王世家的守尚書令在元狩六年；雖不足爲武帝時未曾改尚書爲中書之證，但張安世爲尚書令；卻在武帝的晚期；並且昭宣元三代的尚書也並見前引，可見說是成帝時纔恢復尚書；是不足爲據的。

這裏誤會的原因，是由於石顯傳說：『望之………以爲尚書百官之本，國家樞機，宜以通明公正處之。武帝游宴後庭始用宦者，非古制也。』蕭望之傳說：『望之以爲中書政本，宜以賢明之選，自武帝乃用宦者，非國舊制，白欲更置士人。』成帝紀建始四年：『罷中書宦官，初置尚書員五人』百官公卿表：『建始四年更名中書謁者令爲中謁者令，初置尚書員五人。』據這幾段的表面文字來看，當然是武帝置中書宦者來代替尚書，到成帝時重置尚書五人，但據其他的材料看來，卻不如此簡單（見前引），武帝到成帝時，尚書有令一人，僕射一人，尚書四人。此時另外有中書令一人，中書僕射一人。中書所管的，仍是尚書的事，所以在石顯傳稱爲『尚書百官之本』而在蕭望之傳，則稱爲『中書政本』。可見中書並非獨立於尚書之外的。至成帝時『初置尚書員五人』是在四人之中，加多一人，成爲五人。並非至此纔初置尚書。

至於劉向傳所說：『（石）顯幹尚書事，尚書五人皆其黨也』一事，在元帝時不應有尚書五人，或連僕射而言，總爲五人。因爲僕射也是秩六百石，和尚書相同的。又按百官公卿表『建昭元年：尚書令五鹿充宗爲少府』。（在賈捐之傳中言其爲尚書令事，在朱雲傳中言其爲少府事，和石顯是同黨的。）劉向傳所說，應在初元時，此時五鹿充宗或已爲尚書令，或仍作尚書，未能明晰，然從五鹿充宗事，也可以知元帝時尚書的人選了。

三國魏黃初元年，曹丕改祕書爲中書，以劉放爲中書監，孫資爲中書令；是爲後世中書省之始，雖然其名和西漢的中書相同，其內容卻是不同的。

　　（丁）將軍

將軍和大司馬一職，在孟康所說是屬於中朝。而錢大昕三史拾遺則稱：

　　衛靑霍去病雖貴幸，亦未干丞相御史職事。至昭宣之世，大將軍權兼內外，
　　又置左右前後將軍，在內朝預聞政事。

在漢代除大將軍以外，尚有車騎將軍（金日磾，竇憲，鄧騭，閻顯，何苗。）衛將軍（張安世，王商。）驃騎將軍（王根，董重。）皆輔政重臣，各置幕府，有長史，從事中郎，功曹，主簿，議曹，司馬，軍司空，武庫令，軍市令，校尉，等。而出征時大將軍管五部，部校尉一人，軍司馬一人；部下有曲，曲有軍侯一人；曲下有屯，屯長一人。又有假司馬，假侯，皆繼副貳。其別營領屬，爲別部司馬。又有將兵長史之類。此篇不擬詳述，擬在『漢代幕府考』一文中論之。

關於外朝諸官，本篇亦不擬詳述，擬另作『漢代公卿考』一文。現在止將內朝和外朝的關係大致說一下。在丞相和御史大夫的時代，丞相是非常重要的。雖然用人行政無所不統，但大體說來，京師之事有九卿直接天子。郡國之事卻由丞相統率。丞相五日一朝天子，若有政事，丞相具奏以聞，亦得引見。所以外朝以丞相爲主，而丞相實天子（治者）和郡國（被治者）的聯繫。漢代郡守和國相，雖然對天子而言是被治者，但在施政方面，還有比較大的自由，所以天子止要安心清靜無爲，丞相對天下事舉其大綱，是不太困難的。因此自高惠文景以還，用不着內朝外朝的分別。

到了武帝時代，丞相和郡守國相之權雖然尚仍舊貫，但天子方面對於丞相的壓力增加了。天子方面的壓力，便自然形成了一個集團，便是內朝，內朝結論總匯的所在，便是尚書。在這種狀況之下，尚書的組織便會龐大起來。

然而丞相府還是一個完整的機關，內朝的成立使得若干國家大計被內朝奪了去。但習慣上的用人行政，總還保持一貫的成例。到了司徒，司空，太尉，三府成立了，一個有力的丞相府再變成沒有力量的三個府，尚書臺接受了丞相府的事權，三府只成了一個承轉機關。尚書和侍中官位隆重了，尚書和侍中關係疏遠了，於是新的內朝，中常侍和小黃門，隨着起來。

出自第十三本（一九四八年九月）

漢 詩 別 錄

逯 欽 立

引 語

欽立頃事漢魏晉南北朝詩之整理，據馮纂古詩紀重爲校輯，而編古詩紀補正一書。蒐索證考，爲時較久，所得一知半解，不納入全書敘例，卽分著當篇之後矣。一俟清藁付梓，當持以就正於方家。然有頗多涉及文史而不能闌入本書之見，濚洄瀠注於心，有時興發，不能自已。茲當兩漢部分整理已畢、因以餘暇，撰述此文，名之曰漢詩別錄。斯後擬以次而作魏至隋各代詩別錄，以繼此篇焉。

夫欲窺見一代詩章之迹象，而探其精髓、自當以辨眞僞袪疑滯，爲其首要：此猶之稼穡須先耕芸也。作辨僞第一。又詩章之淵源不明，詩體之流變亦莫由明，故溯源所以別流也。五言七言，詩之正體，而皆昉於炎漢，不可略也。作考源第二。又樂府依詠，肇自漢武，朝章國采，一時稱盛，然時移世變，樂崩譜亡，聲辭體式，迄今愈晦，使有片辭單記可以鉤稽抽繹，藉得踪其線索者，亦斷乎不容緘默也。作明體第三。

至於別錄云者，無深奧之別旨也。昔劉向校書祕閣，錄奏篇目旨要以外，另有別錄，以推尋事迹。是校讎之餘業也。今此所述，頗與比類，故仿其此稱云。

* * * * *

辨　僞　第　一

　　兩漢詩歌，不可據信者頗多，如武帝落葉哀蟬曲，昭帝淋池歌，靈帝招商歌，（皆見王子年拾遺記），趙飛燕歸風送遠操（西京雜記），司馬相如琴歌（玉臺新詠），霍去病琴歌（琴操），王逸琴思楚歌（張溥百三家集），龐德公於忽操（古詩紀），諸葛亮梁父吟（藝文類聚），等，皆屬此類，固不獨李陵班婕妤之見疑於後代也。欽立頗勤稽考，冀能刪芟贋作、不使亂眞。如琴思楚歌，此本楚辭注文，並非王逸之詩。龐德公於忽操、乃宋王禹偁擬作，宋文粹明白載之，凡此旣皆削之矣。然如上列其他各篇，則以尚無確絕之反證，足以定其爲僞，而古籍旣早有載錄，後人又相沿選輯，故不得不仍加甄取、以疑傳疑。

　　然此不可據信之諸作，如蘇武李陵贈答詩，班婕妤怨歌行，以及古詩十九首，武帝柏梁臺集詩等，則至關詩體淵源，且爲後世爭辨之點，是則又須重考，以明其眞僞。蓋此數詩者，於考定五七言詩之起源時代，雖非具有充分性之例據，然如不加說明，則又考源上一大障礙也。今尋繹各詩用語，參之當世其他篇什，徵之史傳雜書，因斷蘇李詩爲靈獻時物，班氏怨詩亦爲曹魏時物，古詩十九首，大部分產於桓靈二代，然亦有新莽時代之作、而柏梁詩則仍出於西京也。請分論之。

（甲）蘇李詩

　　今存之蘇李詩，昭明文選七首（蘇武詩四首李陵別蘇武詩三首）以外，古文苑載有十首（李陵錄別詩八首，蘇武答詩一首又別李陵一首），而引見他書之李詩零句，又有四條。如：

　　　　清涼伊夜沒，微風動單帷。（北堂書鈔百三十二），

　　　　招搖西北馳，天漢東南流。（文選三十陸士衡擬明月皎夜光詩注），

此上帷流同韻，姑作一首；

　　　　嚴父潛長夜，慈母去中堂（文選二十一曹子建詠三良詩注），

　　　　行行且自割，無令五內傷（文選二十七石季倫王明君詞注），

此上堂傷同韻，姑作一首。完篇斷章，總計約有一十九首。然古文苑載有孔融雜詩二首，茲經考證，本亦出於李集，則蘇李詩之傳世者，且有二十餘首之多。孔融雜詩云：

　　巖巖鍾山首，赫赫炎天路，高明耀雲門，遠景灼寒素。昂昂累世士，結根在
　　所固，呂望老匹夫，苟爲因世故，管仲小囚臣，獨能建功祚，人生有何常，
　　但患年歲暮。幸托不肖軀，且當猛虎步，安能苦一身，與世同舉厝。由不慎
　　小節，庸夫笑我度，呂望尚不希，夷齊何足慕。

又

　　遠送新行客，歲暮乃來歸。入門望愛子，妻妾向人悲。聞子不可見，日已潛
　　光輝，孤墳在西北，常念君來遲。褰裳上墟丘，但見蒿與薇，白骨歸黃泉，
　　肌體乘塵飛。生時不識父，死後知我誰，孤魂遊窮暮，飄颻安所依。人生圖
　　嗣息，爾死我念追，俛仰內傷心，不覺淚沾衣，人生自有命，但恨生日希。

欽立案此詩前首幸託不肖軀，且當猛虎步二句，文選李注數引皆作李陵。又文鏡秘
府引或曰云：

　　五言之作，召南行露，已有濫觴。漢武帝時屢見全什，非本李少卿也。少卿
　　以傷子爲宗，文體未備，意悲辭切，若偶中音響，十九首之流也。

而上列「遠送新行客」一首，又適爲傷子之作，是此雜詩二首，唐時出於李集之顯
證也。尋古文苑宋時晚出之書，所載詩文，本難盡信。又卷中李陵孔融，前後相
次，亦易有竄亂。則據文鏡秘府及選注，定之爲李作必較近眞。然則吾人今日所能
依據之資料，與南朝所傳篇數，固當相差不遠也。

　　治史考古，無徵不信，今多方搜取，廣其例據，以茲判斷，自易收其結案之
効。然於判斷之前，吾人復能使此案件簡單化，即世稱蘇李詩云者，實僅李陵一人
之作是也。斯可以下列二點，以證明之●

　　一、宋初迄於齊末，僅有李陵詩之見稱以及模擬，而無所謂蘇武詩。　太平御
覽五百八十六引顏延之庭誥云：

　　荀爽云：詩者古之歌章。然則雅頌之樂篇全矣。以是後之□詩者，率以歌爲
　　名，及秦勒望岱，漢祀郊宮，辭著前史者，文變之高制也。雖雅聲未至，弘
　　麗難追矣。逮李陵衆作，總雜不類，元是假託，非盡陵制，至其善篇，有足
　　悲者。

李詩之見稱引，始於此文，然而不及蘇武。又文心雕龍明詩篇云：

孝武愛文，柏梁列韻，嚴馬之徒，屬辭無方。至成帝品錄，三百餘篇，朝章
國采，亦云周備，而辭人遺翰，莫見五言，所以李陵班婕妤見疑於後代也。

又南齊書文學傳論云：

少卿離辭，五言才骨，難與爭鶩。

又詩品總論亦僅云：

逮漢李陵，始著五言之目矣。

而俱不及蘇。且詩品所評，二百二十餘人，今古作家，亦云周備，而三品之中，不
列子卿，（詩品總論，又稱子卿雙鳬叔夜雙鸞，斯皆五言之醫醫云云，似鍾嶸亦品蘇作。然細核之，知子
卿為少卿之誤。有二證：一、詩品總論所舉名篇，皆屬上中二品內人，雙鳬作者，如為蘇武，則上中品不得
獨無其名。二、庾信哀江南賦云：李陵之雙鳬永去，蘇武之一雁空飛。仍作李陵，不作蘇武也。）江淹雜
體，其舉西漢，亦僅有班姬李陵，與劉勰所論者同。且詩品總論又云：

自王揚枚馬之徒，詞賦競爽，而吟詠靡聞。從李都尉迄班婕妤，將百年間，
有婦人焉，一人而已。

俱證宋齊時代，並無所謂蘇武詩者。而今傳之蘇詩，無論昭明所選，梁武所擬（代
蘇屬國婦，見玉臺新詠），裴子野所論（雕蟲論云，其五言為家，則蘇李自出），自令人疑其來源
矣。

二、蘇詩出於李集，本為李陵詩，好事者以其雜，故妄增蘇武名字。劉宋蕭
齊不聞蘇武有詩。甫入梁時，頓爾出見，誠至異之事也。案廣弘明集卷三載梁阮考
緒七錄云：

齊末兵火，延及秘閣。有梁之初，缺亡甚衆。爰命秘書監任昉，躬加部集。
又於文德殿內，別藏衆書，使學士劉孝標等重加搜進。乃分數術之文，更為
一部，使奉朝請祖暅撰其名錄。其佗書閣內，別藏經史雜書。華林園，又集
釋氏經論，自江左篇章之盛，未有踰於當今者也。

據此似因梁初大搜圖籍，異書鴟集，典策之盛，超邁晉宋，而蘇武各作於焉出現，
選錄仿效稱引之者，亦於焉興起。然檢隋書經籍志，梁有李陵集，無蘇武集。隋志
兼出梁時舊錄，以志其異同存佚。當時倘有蘇集，必不至於闕載。是則梁時並無新
出之蘇集、可知矣。李陵蘇武，有贈答各詩，而先唐舊集有附入他人詩文之習慣，

則新有之蘇詩，或卽出於李集也。

以蘇詩原屬李集，故他書引錄，尙多作李陵。如文選蘇詩第一首「骨肉緣枝葉」
篇。初學記引作李陵贈蘇武詩。又駱賓王和學士閨情啓云：

　　李都尉駕鵞之辭，纏綿巧妙。班婕好霜雪之句，發越清迥。

檢「骨肉緣枝葉」篇有「昔爲鴛與鵞」一句，駱氏所云，自必指此。又第二首「結
髮爲夫妻」篇，有云：

　　結髮爲夫妻，恩愛兩不疑。行役在戰場，相看未有期。握手一長歎，淚爲生
　　別滋。

而江淹雜體擬李陵云：

　　日暮浮雲滋，握手淚如霰，而我在萬里，結髮不相見。

是江淹擬詩，尙視此夫妻離辭，爲李陵之作也。又第三首「黃鵠一遠別」篇，藝文
類聚亦引作李陵贈蘇武詩。此文選蘇詩，他書署爲李陵之例。又古文苑蘇詩第二首
「雙鳧俱北飛」篇，白帖御覽（卷四百八十九，又九百十九。）俱作李陵贈蘇武詩，此質
之庾信哀江南賦所謂「李陵之雙鳧永去」云云者，其原爲李作，亦極足信。顧疑唐
人所引，乃別據李集舊本，卽顏延之所謂總雜者，以未從昭明文選，因而有此歧異
之現象也。

以蘇詩乃由李詩改成，雖署蘇武，未暇定爲何類之作，故其標題，梁時尙不一
致：文選蘇詩第二首「結髮爲夫妻」篇，昭明僅題作蘇武詩，而梁武帝作代蘇屬國
婦，針對此詩而反擬之，是必以蘇武此篇爲贈婦之作也。此種參差之現象，自妄改
李集者不善作僞之所致。而藝文類聚引此又作蘇武別李陵詩，是則蘇李竟是一雙夫
婦。尤見李集竄亂之可笑也。

　　　　　　　＊　　　　　　＊　　　　　　＊　　　　　　＊

李陵此二十餘篇之詩，古代別詩之雜匯也。故顏延年視爲「總雜」，蕭子顯目爲
「離辭」。然此別詩之篇，內容亦極不一致。有臨歧送別之辭，如「攜手上河梁」
「嘉會難再遇」，「良時不再至」，「骨肉緣枝葉」，「黃鵠一遠別」，「燭燭晨
明月」，「陟彼南山偶」，「雙鳧俱北飛」諸篇是也。有遊子自傷之辭，如「爍爍
三星列」，「晨風鳴北林」，「鍾子歌南音」，「童童孤生柳」諸篇是也。有征人

別妻之作，如「結髮爲夫妻」篇，有久別還之作，如「遠送新行客」篇。至於「寂寂君子坐」，「炎炎鍾山首」，則又作客者稱詠主人之辭也。各類詩章，旣彼此懸異。而其所詠之情物時地，亦鮮有同者。則此一組別詩，姑不問其是否一人之作，而其非一時一地之產物，則可斷言。

　　然此總雜之作，種類雖繁，以較李陵身世，則無一切合者，反之，詩中「江漢」「嘉會三載」「弦望有時」等語。且足以斷其決非李詩。蘇軾答劉沔書云：

　　　　李陵蘇武，贈別長安，而有江漢之語。及陵與武書，辭句儇淺，正齊梁間小兒所擬作，決非西漢人。而統不悟，劉子玄獨知之。眞識者少，從古所痛也。

又梁章鉅文選旁證引翁方綱曰：

　　　　自昔相傳，蘇李河梁贈別之詩，蘇武四章，李陵三章，皆載昭明文選。然文選題云：蘇子卿詩四首，不言與陵別也。李陵詩則曰李少卿與蘇武詩三首，而其中有「攜手上河梁」之語，所以後人相傳爲蘇李河梁贈別之作。今卽以此三詩論之，皆與蘇李當時情事不切。史載陵與武別，陵起舞作「徑萬里兮」五句，此當日眞詩也，何嘗有「攜手上河梁」之事。卽以河梁一首言之，其曰「安知非日月，弦望自有時」，此謂離別之後，或可冀會合耳。不思武旣南歸，卽無再北之理，而陵云「丈夫不能再辱」，亦自知決無還漢之期，此則日月弦望爲虛詞矣。又云，「嘉會難再遇，三載爲千秋」，蘇李二子之留匈奴，皆在天漢初年，其相別則在始元五年，是二子同居者，十八九年之久矣，安得僅云三載嘉會乎？就此三首其題明爲與蘇武者，而語意尙不合如此，況蘇四詩之全不與相涉乎？

欽立案容齋隨筆，野客叢談及日知錄等，且曾以詩中「盈」字觸犯漢諱，斷其決爲僞託，此說今不列舉。尋漢書蘇李各傳，陵武一生未嘗在南，詩中自不得有江漢之語。而嘉會三載，弦望有期之語，亦與蘇李之情事不合，斷其不出李陵，可謂定論。然諸賢僅能以詩中辭字，證其爲僞，而迄未有審其用語，以斷其時代者。且如蘇軾，竟謂爲齊梁小兒所作。夫擬作有似代言，必假李陵一生之動人事件，以描摹發揮，極其仿效之能事，如世習之李答蘇武書卽其一例。今此一組別詩，旣俱與李

陵身世不合，則謂其爲李作固非，謂其爲齊梁擬作，抑極可笑，况顏氏之庭誥已有稱引乎？

欽立嘗就此一組別詩，審其用語之時代性，及其時地相關性，知此組詩之一部分，實有數點自示其爲東漢末年文士之作，而與當時避地交阯之士大夫，且極有關，決可定其出於靈獻之際也。請試論之。

（一）中州　「燭燭晨明月」篇，其中有云：「山海隔中州相去悠且長」。檢中州一語，西漢文章，極罕見之，然至東漢末葉，卽漸習用，而以爲中原區域之代名。如隸釋三三公山碑云：

（靈帝）光和四年，歲在辛酉四月，（略）元氏左尉上郡白土樊瑋字子義（略）出從幽谷，遷於喬木。得在中州，尸素食祿。

又藝文類聚六引李尤函谷關賦云：

自周轍之東，秦虎眎乎中州。

又潛夫論實邊篇云：

今邊郡千里地，各有兩縣，戶財置數百，而太守周迴萬里，空無人民。美田棄而莫墾，發中州內郡，規地拓境，不能生邊，而戶口百萬。田畝一全，人衆地荒，無所容足，此亦偏枯躄痱之類也。

又吳志六孫賁傳，附子鄰傳云：

時太常潘濬掌荆州事。重安長陳留舒燮有罪，下獄。濬常失燮，欲賓之於法。鄰謂濬曰：舒伯膺兄弟爭死，海內義之，以爲美譚。仲膺又有奉國舊意。今君殺其子弟，若天下一統，青蓋北巡，中州人士，必問仲膺繼嗣，答者云：潘承明殺燮。於事何如？

又吳志十五全琮傳云：

是時中州人士，避亂而南依琮者，以百數。

又吳志九周瑜傳注引江表傳云：

中州之士，以此多之。

又吳志十二虞翻傳注引江表傳云：

及與中州士大夫會語，我東方人多才耳。但恨學問不博，語議之間，有所不

及耳，

又同書同傳注引吳歷云：

> 翻謂（華）歆曰竊聞明府與王府君（指王期）齊名中州，海內所宗，雖在東垂
> 常懷瞻仰。

又藝文類聚八十一引王粲迷迭賦云：

> 惟遐方之珍草兮，產崑崙之極幽，（略）揚豐馨於西裔兮，布和種于中州。

東漢末葉以來，此語習見不遑悉舉。然即此已足見其大概，且賈誼過秦，尚比以山
東二字表示中原，至李尤則已以中州代之，此尤其顯著。今此詩中有山海中州之
語，固自示其爲東漢以降之產物也。

（二）　「清言寂寂君子座」篇有云：「清言振東序，良時著西廂」。欽立
案，清談盛於魏晉，而實始於東漢季葉，此亦殆盡人而知者，爲徵信計，茲並略引
東漢清言之例，魏志一，武帝紀注引張璠漢記載鄭泰說董卓（後漢書鄭太傳同）云：

> 孔公緒能清談高論，噓枯吹生。

又魏志七臧洪傳青州刺史焦和卒下，注引九州春秋云：

> 初平中，焦和爲青州刺史，黃巾暴亂，和不能禦。入見其清談干雲，出則渾
> 命不可知。

又魏志十三鍾繇傳注引魏略載太子書曰：

> 得報知喜南方。至於荀公之清談。孫權之嫵媚，執書嗢噱，不能離手。若權
> 復點，當折以汝南許邵月旦之談。權優遊二國，俯仰荀許，亦已足矣。

又劉楨贈五官中郎將詩云：

> 清談終日夕，情盼敍憂勤。

欽立案清談清言，本爲一事，而此詩及之，是亦自示其爲東漢以來之作矣。夫以時
代之不同，觀念風尚隨之而異。文學最能反映時代者也，而其遣辭用字，如含有自
示。其時代之特殊口語，此於時代之鑑定，尤爲可寶。中州清言，其一例也。準此
二語，衡此衆篇，而後知李陵衆作，固爲東漢季葉之產物矣。

　　至定此組別詩之爲靈獻時作，且與避難交阯之士大夫有關者，則又以詩中「山
海隔中州」「暮聞日南陵」（有鳥西南飛篇）二句所示之時地相關性，俾吾人獲得極

明顯之證據也。文選蘇武詩第四首全篇云：

> 燭燭晨明月，馥馥秋蘭芳，芬馨良夜發，隨風聞我堂，征夫懷遠路，遊子戀
> 故鄉，寒冬十二月，晨起踐嚴霜。俯觀江漢流，仰視浮雲翔，良友遠別離，
> 各在天一方；山海隔中州，相去悠且長。嘉會難再遇，歡樂殊未央，願君崇
> 令德，隨時愛景光。

又古文苑李陵錄別詩第一首云：

> 有鳥西南飛，熠熠似蒼鷹，朝發天北隅，暮聞日南陵；欲寄一言去，託之牋
> 綵繪，因風附輕翼，以遺心蘊蒸。鳥辭路悠長，羽翼不能勝，意欲從鳥逝，
> 駑馬不可乘。

欽立案此上二詩，有極堪注意者，即「山海隔中州」所示行人將往之地，及「暮聞
日南陵」所示行人已在之所，是也。日南屬於交州，與交阯同爲南越七郡，世所共
知，自不俟論，而東漢邊鄙與中州有山海之隔者，當時亦實維交州，此則有待論
證，茲以下列各例徵之。魏志十一袁渙傳袁徽避亂交州句注引袁宏漢紀云：

> 初天下將亂，渙慨然歎曰：漢室陵遲，亂無日矣。苟天下擾攘，逃將安之？
> 若天未喪道，民以義存，唯彊而有禮者，可以庇身乎？徽曰：古人有言，知
> 幾其神乎！見幾而作，君子所以元吉也；天理盛衰，漢其亡矣。夫有大功必
> 有大事，此又君子之所深識退藏於密者也。且兵革旣興，外患必衆，徽將遠
> 迹山海，以求免身。及亂作，各行其志。

案此見後漢紀二十九，文字稍異，錄其後段如下：

> 徽曰：古人有言，知機其神乎！見機而作，君子所以元吉也。天理盛衰，漢
> 其已矣。夫有大功，必有大事，此又君子之所深識退藏於密者也，且兵革之
> 興，外患兼矣。徽將遠蹈山海，以求免乎？天下淆亂，各行其志。徽避地交
> 州，渙展轉劉備袁術呂布之間，晚乃遇曹公。

又晉書五十六陶璜傳云：

> 吳旣平，晉減州郡兵。璜上言曰：交土荒裔，斗絕一方。或重譯而言，連帶
> 山海，又南郡去（交）州，海行千有餘里；外距林邑，纔七百里。（千有餘里，
> 千字疑誤。）

俱以山海二字，指明赴交所經之艱阻，可知山海云云，乃係實寫，而非泛泛之形

容。考東漢以降，赴交之路，始有水陸兩途，前此蓋唯有航行之交通，後漢書六十

三鄭弘傳云：

> 舊交阯七郡，貢獻轉運，皆從東冶，（劉注東冶縣屬會稽郡）汎海而至，風波艱
>
> 阻，沈溺相係。弘奏開零陵桂陽嶠道，於是夷通，至今遂爲常路。

自鄭弘開此嶠道，陸路之交通以便，後人之赴交者、卽漸由此。所謂嶠道，五嶺之

山道是也。後漢書九十四吳佑傳云：

> 父恢，爲南海太守，佑年十二，隨從到官，恢欲殺青簡以寫經書。佑諫曰：
>
> 今大人踰越五領，追在海濱，此書若成，載之兼兩，嫌疑之間，誠先賢所慎
>
> 也。恢乃止。

欽立案南海亦交州七郡之一。吳恢赴任，踰越五嶺，自由鄭弘之嶠道而南，緣此爲

當時之唯一山道也（傳中「五領」「海濱」二語，且無異山海二字之注脚。）又是時自會稽入海

道者，亦仍多有。（後漢爲交州郡守者，多會稽人，或亦與當時海上交通有關）後漢書六十七桓

曄傳云：

> 初平中，天下亂，避地會稽，遂浮海客交阯，

又同書九十三袁閎傳，略謂：

> 弟忠棄官，客會稽上虞。後孫策破會稽，忠等浮海，南投交阯。

斯又當時海道赴交之例也。東漢以還，赴交者既有山海二道，而當時敍入交之艱阻

者，又適別有山海之文，則此詩「山海隔中州」云者，其明指交州一地，而與暮開

日南陵之所謂日南，爲同一處所之實寫，固可瞭若指掌矣。

上舉「燭燭」及「有鳥」二詩：其示行人之地，既證知必爲交州，吾人由此且

對「嘉會難再遇」篇，「臨河濯長纓」一句之言外意旨，亦可豁然而悟。竊謂「嘉

會」一篇，乃行人對於「燭燭」一篇之答什。詩中「濯長纓」一語兼假終軍「願受

長纓，羈南越王」之典，以喻此遠赴交州之事；贈詩以「山海隔中州」者惜別，而

此以「臨河濯長纓」者酬和，同驚心動魄於遊子將至之地，猶之二詩俱以嘉會難再

遇一句，致其將此長別之悲也。茲錄「嘉會」一篇如下，讀者校觀，自可知也。

嘉會難再遇，三載爲千秋。臨河濯長纓，念別恨悠悠。遠望悲風至，對酒不

　　　能酬，行人懷往路，何以慰我愁，獨有盈觴酒，與子結綢繆。

　　欽立又案此組別詩，其敍述亂離者，旣頗有其篇，其言別之作，又多爲感傷盛
時之難再，而此行乃所以違世避亂者。故同致還鄉無期之哀，是知此行役交州之
士，必以天下將亂，因之遠蹈山海，以求身免也，今列其證例如下，古文苑李陵錄
別第二首云：

　　　爍爍三星列，拳拳月初生，寒涼應節至，蟋蟀夜悲鳴，晨風動喬木，枝葉日
　　　夜零，遊子暮思歸，塞耳不能聽。遠望正蕭條，百里無人聲，豺狼鳴後園，
　　　虎豹步前庭。遠處天一隅，若困獨零丁，親人隨風散，歷歷如流星，三萍離
　　　不結，思心獨屏營，願得萱草枝，以解飢渴情。

又前引李陵詩云：

　　　嚴父潛長夜，慈母去中堂。

又李陵錄別第六首有云：

　　　鍾子歌南音，仲尼歎歸與，身無四凶罪，何爲天一隅。

此敍述亂離之例也。至如「良時不再至」篇有云：

　　　良時不再至，離別在須臾，風波一失所，各在天一隅，長當從此別，且復立
　　　斯須。

又「攜手上河梁」篇有云：

　　　攜手上河梁，遊子暮何之，徘徊蹊路側，恨恨不能辭。安知非日月，弦望自
　　　有時，努力崇明德，皓首以爲期。

又「黃鵠一遠別」篇有云：

　　　欲展清商曲，念子不得歸，俯仰內傷心，淚下不可揮。

而前引二詩，又俱有「嘉會難再遇」之語，此則爲詩人傷時感事，而行者還鄉無期
之例也。欽立案此遠赴交土之士，使係出仕邊裔，則雖官守有限，不能自由去來，
然決無終身不返之理，故如「念子不得歸」，「皓首以爲期」，「長當從此別」，
以及「日月」「弦望」之句，詩中不能有也。此必避難者之別什。居者行人，俱預
識天下將亂，且無底止，因一再有此良時不再之歎也。

　　又尋東漢迄晉，大亂凡有兩次，一在東漢末年，一爲西晉末年。然西晉之亂，

士大夫紛紛南渡，而克於極短期內，建立江左偏安之局，一時名流世宦，俱有寓居
安集之所，甚少更覽交土者。而東漢之末，則九州混亂，卽江南一隅，以袁術劉繇
孫策等之連歲攻戰，亦至普罹兵厄，如前舉桓曄袁忠之再由會稽，泛海投交者，以
此也。吳志士燮傳，稱「燮爲交阯，中國士人往依避難者以百數」，此百數士人，
雖難盡知，然據史傳所能考者，則計有袁忠袁徽（汝南入，見前引後漢書。）許靖（汝南人，
見蜀志八本傳），程秉（汝南人，見吳志八。）桓曄（沛人，見前引後漢書。）桓劭（沛人，見魏志武
帝紀注引賈矚傳。）薛綜（沛人，見吳志八本傳。）劉熙（北海人，見程秉傳及薛綜傳。）以及牟子
（見弘明集。）袁沛鄧子孝徐元賢（見許靖傳。）等一十二人。蓋知士燮傳當爲實錄，而
其時之赴交者爲甚夥也。

　　夫此組別詩，固非一人一時之作，此觀其龐雜之內容，自足默識，而古文苑之
標題錄別，則尤堪吟味。然通考衆作，旣證其撰作時代，決不在東漢中葉以前，
又其中顯有避亂交州之行人別辭，而士人因避亂而大量赴交者。又僅東漢末年有
一次，總此各點而判斷之，則自劉宋世傳之李陵衆作，固可確定其爲靈獻時代之產
物矣。

　　李陵詩之爲東漢末年士大夫之作，不惟可以徵諸詩之詞語，而案之詩之內容，
抑有足見。東漢末年，人倫臧否風行之下，士大夫矯情戾志，至於父子異居。又互
相標榜，品目雜沓。今此李陵各篇甚有表現此種風氣者，茲列二事，以爲本論之佐
證。

　（一）習俗上之相合。　文選蘇武詩第一首云：
　　骨肉緣枝葉，結交亦相因，四海皆兄弟，誰爲行路人。況我連枝樹，與此同
　　一身，昔爲鴛與鴦，今爲參與辰；昔者常相近　邈若胡與秦，惟念當乖離，
　　恩情日以新。鹿鳴思野草，可以喩嘉賓，我有一尊酒，欲以贈遠人，願子留
　　斟酌，敍此平生親。
此詩「昔者常相近」以下四句，頗難解釋。徐世溥榆林詩話云：
　　蘇「骨肉緣枝葉」篇，「昔者常相近，邈若胡與秦，惟念當乖離，恩情日以
　　新」四語，頗牴牾不相屬，恐有脫句，而從來論者，未嘗疑及，何歟？
欽立案此詩爲兄弟朋友同別之作，當中出此四句，良有可疑，然謂有脫句亦非也。

尋此四句，前二語敍平素之無恩誼，後二語言惜別之深情，臨行惜別，人之恆情。無足異者，惟前二語所言兄弟朋友之關係，則與後漢士人矯情戾志常乖親疎之道者，爲甚合。如後漢書九十八許劭傳云：

> 劭邑人李逵，壯直有高氣，劭初善之，而後爲隙。又與從兄靖不睦，時議以此少之。初劭與靖，俱有高名，好共覈論鄉黨人物，每月輒更其品題，故汝南俗有月旦評焉。

後漢書無李逵傳，逵與許劭之爲隙，不得其諱。而劭與靖之不睦，魏文帝典論，又別有記載，其文云：

> 劭與族兄靖，俱避地江東，保吳郡，爭論於太守許貢座，至於手足相及。

當此流宕之際，尙有斯種荒謬之行徑，則其夙昔之爭執違拗，毫無恩情，自在意中，兄弟如此，朋友亦如此，使果一旦兵禍迫及，行將離散之際如此三人者同塲作別，而臨歧有相贈之篇，則如「骨肉緣枝葉，結交亦相因，四海皆兄弟，誰爲行路人」，以及「昔者常相近，邈若胡與秦，惟念當乖離，恩情日以新」者，勢爲此篇應有之句矣。

（二）品目之相合　案東漢品題，積習成風，如八俊八廚一類之品目，極一時之熱鬧，而以龍爲稱號者，如曰「荀氏八龍，慈明無雙」，「公沙六龍，天下無雙」，「平輿有二龍」等，皆其例。今尋蘇武詩第二首云：

> 黃鵠一遠別，千里顧徘徊，胡馬失其羣，思心常依依；何況雙飛龍，羽翼臨當乖。幸有絃歌曲，可以喻中懷，請爲遊子吟，泠泠一何悲，絲竹厲淸聲，慷慨有餘哀，長歌正激烈，中心愴以摧。欲展淸商曲，念子不得歸，俛仰內傷心，淚下不可揮。願爲雙黃鵠，送子俱遠飛。

欽立案漢人旣有「八龍」，「二龍」之稱，而此詩適以「雙龍」喻二人之別，知詩人此一喻語，亦非泛泛應酬之辭。蓋自來詩文，率以飛龍作爲駕御之物，若使並無別旨，則非所以別友人者矣。

至於「遠送新行客」篇，所言出門送客，竟至於歲暮云歸，此亦東漢士人之習，後漢書中，此例亦多，今從略焉。

（乙）班氏詩

文選二十七班婕妤怨歌行云：

　　新裂齊紈素，鮮潔如霜雪。裁爲合歡扇，團圓如明月。出入君懷袖，動搖微

　　風發。常恐秋節至，涼飇奪炎熱；棄捐篋笥中，恩情中道絕。

玉臺新詠載此，作班婕妤怨詩，並有序云：

　　昔漢成帝班婕妤失寵，供養於長信宮，乃作賦自傷，併爲怨詩。

欽立案：文選、玉臺新詠選錄以外，他如劉勰文心，鍾嶸詩品，以及江淹雜擬，亦

並曾及之，此齊梁以來，班詩盛傳之證，而疑其爲僞託者，亦自茲始，文心雕龍於

此有說，可參觀也。然是詩雖屬僞託，究爲何一時代之物。此則迄今尙鮮論者。嚴

羽滄浪詩話謂此歌文選直作班姬之名，樂府以爲顏延年作，近人有從此說，卽定爲

顏詩者。案嚴氏所謂樂府，當指郭茂倩樂府詩集，然郭書實作班氏，不作延年，嚴

氏所說，恐不可信。且卽使古代樂錄有此題署，亦仍不足據。尋玉臺新詠卷二載傅

玄怨歌行朝時篇（又見樂府詩集四十二。）云：

　　昭昭朝時日，皎皎晨明月，十五入君門，一別終華髮。同心忽異離，曠若胡

　　與越。（略）正爾可奈何，譬如紈素裂。孤雌翔故巢，星流光景絕，魂神馳

　　萬里，甘心要同穴。

又樂府詩集四十二陸機班婕妤云：

　　婕妤去辭寵，淹留終不見，寄情在玉階，託意惟團扇。春苔暗階除。秋草蕪

　　高殿，黃昏履綦絕，愁來空雨面。

欽立案上擧陸機班婕妤，辭格不類晉人，樂府署名，容有譌誤。然傅玄所作，明以

十五以下二句寫班氏身世，且以紈素裂之語，摹仿怨歌行，是則班詩，晉初卽已流

傳，並非宋齊以降始出也。又傅玄別有扇賦云：

　　何皎月之纖素，□皓月而軟貞。晞篋笥之芳烈，隨變體而殊名，朗勁節以立

　　質，象日月之定形。

　　出茲扇于懷袖，激微風而增涼。（以上俱見書鈔百三十四）

「皓月」，「微風」，以及出于「懷袖」似皆襲自班詩，又張載羽扇賦云：

　　夫裂素製圓，剖竹爲方，五明起於名都，九華興於上京。（類聚六十九）

「裂素製圓」取自班詩，至於宋齊，文士作者，或襲取班語（如宋謝惠連白羽扇贊云：唯

茲白羽，體此皎潔，涼齊淸風，素同冰雪，揮之衿袖，以御炎熱。）　或摹擬班作（如江淹雜體）。 或
用爲典據（如齊王融謝竟陵王示扇啓云：子叔賞其如規，班姬儷之明月），紛複重杳，不一而足。
俱證此詩決非顏氏之作，而傅玄怨歌，卽擬此篇，並襲其題，自晉迄於齊梁，蓋無
不知其爲班氏之作也。

　　然此怨歌行卽爲班婕妤之作乎？是又不然，竊謂詠物之作，託喩情與者也。而
遇有一應合時會之傑作出現，而託喩者，嶄然新異，則此後卽多沿襲而摹仿之者，
且至寖盛。僅少數好古之士，抱殘守缺，仍用前此之傳統意境。此在文學史上不乏
其例。（此與一新體裁之漸見摹擬者，蓋同致）。　今欲略定此怨歌行之著作時代，以文獻不
足，僅依此法考論之。

　　檢詠扇之作，西漢蓁罕，東漢作者，則約有四五家之多，然各家所撰，率以君
子之用行舍藏者，爲惟一之託喩，前後二百年中，殆無大異。如傅毅扇銘云：

　　翩翩素圓，淸風載揚，君子玉體，賴以寧康。冬則龍潛，夏則鳳舉，知進知
　　退，隨時出處。（書鈔百三十四）

又崔駰扇銘云：

　　翾翾此扇，輔相君子，屈伸施張，時至時否，動搖淸風，以饗炎暑。（書鈔百
　　三十四）。

又班固竹扇賦云：

　　供時有度量，異好有圓方，來風避暑致淸涼。安體定神達消息，百王傳之賴
　　功力，壽考康寧累萬億。（古文苑）

又張衡扇賦云：

　　窬茲竹以成扇，乃畫象而造儀，惟規上而矩下，播采爛以雜施。
　　憺舟□以柔弱，隨俯仰而成形。（以上俱見書鈔百三十四）

又蔡邕圓扇賦云：

　　裁帛製扇，陳象應矩，輕微妙好，其輴如羽。動角揚徵 ，淸風逐暑 ，春夏用
　　事，秋冬潛處。

東漢詠扇之作，今所存者，僅此數首。而其主要託喩，悉在用行舍藏之一點，初無
見棄懷怨如怨歌行者。又晉傅盛扇賦云：

扇之爲德，蓋有云取，於執政用，爲用淸暑。涼風旣與，是焉屛處，行藏惟時，孔顏齊矩。

是證西晉文士，仍沿用行舍藏之傳統託喻也。然傅咸扇賦又有云：

大火忽以西流，悲風起乎金商，秋日凄棲，白露爲霜，歘然以思暖，御輕裘于溫房，棄我其如遺，去玉手而潛藏。君背故而向新，非余身之無良，哀徒勞而靡報，獨懷怨于一方。（以上俱見書鈔百三 四，又類聚六十九。）

此「棄我其如遺」以下六句，則別以見棄懷怨爲託喻，而與上引之賦辭，完全異致。則在西晉文士，此兩種新舊迥異之寓意，顯已並行於時。且自此以前，牽用舊喻，一沿傳統，自此以後，則悉取新譬，而仿效怨詩，彼此於西晉時際，成一交替衝接之關係。是則怨歌行之產生必距西晉不遠也。欽立又案徐幹圓扇賦云：

惟合歡之奇扇，肇伊洛之纖素，仰明月以取象，規圓體之儀度。（書鈔百三十四）

「合歡」「明月」，俱與怨歌行之用字同。又魏文帝代劉勳妻王氏雜詩云：

翩翩牀前帳，張以避光輝，昔將爾共去，今將爾共歸，緘藏篋笥裏，當復何時披。

緘藏「篋笥」，與怨歌行之棄損「篋笥」，命意又同，又王粲出婦賦云：

旣僥倖兮非望，逢君子兮弘仁。當隆暑兮翕赫，猶蒙眷兮見親。更盛衰兮成敗，恩情固兮日新，竦余身兮敬事，理中饋兮恪勤。君不篤兮終始，樂枯荑兮一時。（下略，見類聚三十。）

欽立案「當隆暑兮翕赫，猶蒙眷兮見親」，實出婦以扇自比之辭，蓋類書刪節，文義脫斷，女子之見親與否，竟以天氣之寒暖而定，此不辭矣。然則王粲之命意，亦與怨歌行同。是慣以婦女情節納入篇什之中，實鄴下文士之特殊作風也。總上所述，合歡圓扇之稱詠，見棄懷怨之意境，悉可證其始於鄴下文士，可知傳行西晉之怨歌，亦必產於斯時。大抵魏氏開國，古樂新曲，一時稱盛，高等伶人，投合時好，造爲此歌，亦詠史之類也。殆流傳 久，後人遂目爲班氏自作，此與以唐人胡笳十八拍歸諸蔡琰，蓋同類之事實也。

（丙）古詩

古詩者，卽指文選古詩十九首一類之五言詩也。近世論此類詩者甚夥，且似各

有異識別解，殆不必再繁，以疊床架屋矣。然尚有較要數問題，爲時賢未盡者，故重就以下三事，析而論之。

（一）玉臺新詠之枚乘詩

昭明文選所載之古詩十九首，其古詩之名，晉時已有。（陸士龍集卷八與平原書有云：「一日見正叔與兄讀古五言詩，此生歎息欲得之，謹啓」云云，則陸機與正叔所讀者，亦當卽其所擬，當時稱古五言詩。其證一。又世說新語文學篇云，「王孝伯在京行散，至弟王睹戶前。問古詩何句爲最。睹思未得。孝伯詠「所遇無故物，焉得不速老」，此句爲佳。案此爲「迴車駕言邁」篇中語。其證二。）古詩云者，無名氏之故作，猶之無名氏樂府歌之稱古辭也。（古詩與古辭相當，故常有互混之例，如：古詩「青青陵上柏」，書鈔引作古樂府，「迢迢牽牛星」一首，玉燭寶典引作古樂府，「上山採蘼蕪」篇，御覽引作古樂府詩，古樂府或古樂府詩，皆樂府古辭之義，此古詩混爲古辭之例。又如長歌行「青青園中葵」篇，文選李注引作古詩，隴西行「天上何所有」篇，類聚白帖俱作古詩，豔歌行「翩翩堂前燕」篇，類聚及鳴沙石室類書殘卷，俱作古詩，此樂府古辭稱古詩之例。）然此所謂古詩，至玉臺新詠凡刪取九首，署作枚乘，殆承劉勰「古詩佳麗，或稱枚叔」之言，因卽加以實錄，惟隋志稱梁有枚乘集二卷，是則玉臺所編，並常祭據此集。枚集出於梁時，後人所輯，本不足信，茲所欲論者，卽此雜詩九首，亦恐爲原本玉臺所無，今所見者，純係後人之所增入，此可以全書體例斷之也。

「非詞關閨闥者不收」（紀容舒玉臺新詠考異語），此玉臺新詠之基本編例。則凡不合此例者，當時必不甄錄，然此所謂枚乘雜詩，卽有三首適成例外者，如：

庭中有奇樹，綠葉發華滋，攀條折其榮，將以遺所思；馨香盈懷袖，路遠莫致之，此物何足貴，但感別經時。

明月何皎皎，照我羅牀幃，憂愁不能寐，攬衣起徘徊，客行雖云樂，不如早旋歸。

涉江采芙蓉，蘭澤多芳草，采之欲遺誰，所思在遠道，還顧望舊鄉，長路漫浩浩，同心而離居，憂傷以終老。

上列三詩，皆感時思友之作，俱與閨情無關，玉臺新詠何至闌入，以自亂其例。蔣是書卷九沈約古詩題六首，宋刻原注曰，八詠，孝穆止收前二首，此皆後人附錄，故在卷末。此唐人已有增竄之證。又卷一古詩八首，宋明本俱同，而楊守敬古詩存

目，謂古本玉臺新詠無，此亦後人加入他作之證。又卷十劉孝威古體雜意一首，詠佳麗一首，馮氏校本云：此二首宋本所無，是又明人增竄之證。此書既累經增竄，而羼入之篇，又可確證，則此枚乘雜詩之爲後人所添，得此益可知矣。

又陸機擬古，有擬「蘭若生春陽」一首，所擬原篇，玉臺新詠作枚乘雜詩，其辭云：

蘭若生春陽，涉冬猶盛滋，願言追昔愛，情款感四時，美人在雲端，天路隔無期，夜光照玄陰，長歎戀所思，誰謂我無憂，積念發狂癡。

案李善注文選數引「美人在雲端」以下二句，悉作枚乘樂府詩，（殆據樂錄一類之書，故有此題）而與晉時古詩之稱又異。然尚無雜詩之名也。今玉臺枚氏雜詩云云者，頗疑乃唐人襲劉總「或稱枚叔」之說，而删取古詩九首附入之李善所據之本，此人既未寓目，而此九篇，是否合於原書體例，並亦未暇辨別也。

（二）「玉衡指孟冬」辨

文選注曾摘「驅車上東門」「遊戲宛與洛」二語，斷定古詩十九首「辭兼東都」，意謂不盡西京之製。近人多因其說而側面推廣之，判其俱爲東漢產品。欽立竊謂此組古詩，固多東漢之作，然其中實有出於新莽時代者，則「明月皎夜光」一篇是也。蓋詩中「玉衡指孟冬」一句，所以似與全篇乖忤者，此因視爲夏正孟冬之故，若知爲新莽丑正孟冬，難解者即可渙然冰釋也。此詩原文如下：

明月皎夜光，促織鳴東壁，玉衡指孟冬，衆星何歷歷。白露沾野草，時節忽復易！秋蟬鳴樹間，玄鳥逝安適？昔我同門友，高舉振六翮，不念攜手好，棄我如遺跡。南箕北有斗，牽牛不負軛，良無磐石固，虛名復何益。

篇中如「白露」，「鳴蟬」，「玄鳥」皆仲秋八月景色，而突出「玉衡指孟冬」一句，以夏正言之，實與全詩牴牾，因之後人聚訟，亦莫衷一是。茲將各說，歸爲三類，而論列於下。

（1）斷爲夏正七月說

李善注文選，論此詩云：

上云促織，下云秋蟬，明是漢之孟冬，非夏之孟冬矣。漢書曰：高祖十月至霸上，故以十月爲歲首，漢之孟冬，今之七月矣。

欽立案李善蓋以此詩出於太初改曆以前，故此云云。顧太初以前，雖以十月爲歲首，然其時春秋四時，並未更動，此有史漢記載可以覆案，且詩中「白露」，「玄鳥」，明指八月節令，斷爲孟秋所作，亦不合也。

又元劉履選詩補注謂孟冬乃孟秋誤字，此說後人多從之。尋古詩秋字譌冬，頗有其例，如文選載劉楨贈五官中郎將詩，有云：

自夏及玄冬，彌曠十餘旬。

孫志祖文選考異，論之云：

「自夏涉玄冬，彌曠十餘旬」，說文繫傳疒部疨字，引作「自夏及徂秋，曠爾十餘旬」。案若自夏涉冬，則不僅旬矣。且詩三章明云秋日多悲懷，是秋而非冬也。

案劉楨此句，自以說文繫傳所引爲正，孫氏之說是也。此其例一。又陶淵明集，於王撫軍坐送客詩云：「秋日淒且厲，百卉俱已腓」。此襲毛詩「秋日淒淒，百卉俱腓」之語也。而宋曾集陶淵明集，秋字誤冬，此其例二。是則此詩，若謂孟秋譌爲孟冬，在古詩中固非孤例也。然案陸機擬「明月皎夜光」此篇，而以「招搖西北指」五字，摹仿此句。是字作孟冬，西晉已然，固不得以意改之也。

（2）斷爲夏正仲秋八月說

張庚古詩十九首解引吳淇六朝選詩定論云：

史記天官書云，斗杓指夕，衡指夜，魁指晨。堯時仲秋夕，斗杓適指西，衡指仲冬。然星宿東行，節氣西去，每七十二歲差一度，曆家謂之歲差。漢去堯二千餘年，應差一宮，此時仲秋夕斗杓當指申，衡應指孟冬。觀此詩所詠物色，的是中秋無疑。通曉曆法者自明，舊說泥定孟冬大誤。

欽立案史記天官，本書漢時天象，吳氏殆以其中引有「璿璣玉衡，以齊七政」之語，因立歲差說，而致茲誤。尋史記天官書原文云：

北斗七星，所謂「旋機玉衡，以齊七政」。杓攜龍角，衡殷南斗，魁枕參首。用昏建者杓，杓自華以西南。夜半建者衡，衡殷中州河濟之間，平旦建者魁，魁海岱以東北也。

據此知漢時觀測天候之法，乃以三時而有三建；杓衡魁，三建也，初昏、夜半、平

旦，三時也。天文家於此三相異之時間，根據三相異之斗建，以觀測同一之天象節候，故孟康注曰：「假令杓昏建寅，衡夜半亦建寅」，解釋至爲扼要。攄此，則「玉衡指孟冬」云云，詩人雖不必天文家，然其爲承襲斗建一說之常識而作此句，則可確知。必夜半其時也，孟冬其節也，詩人深夜吟詠，遂悠然而有此敍時紀節之語，盖不測夜半，即不至引起詩人衡建之意念，而不值孟冬，亦決無孟冬之一語。何者？若其時不爲孟冬，而爲仲秋，則昏時杓指申方，衡指午方，（見下表）與孟冬之方位無關。且昏時衡指午方，詩人亦決不至因此而有玉衡指仲夏之句也。然則，詩言孟冬，而吳淇定其時爲仲秋，亦全不相合矣。茲並據天官書以仲秋孟冬爲例，分附斗建之表如下，讀者可參觀也。

		杓	衡	魁
仲秋斗建（夏正）	昏昧，	酉方（指仲秋）	巳方（不指仲秋）	卯方（不指仲秋）
	夜半，	子方（不指仲秋）	酉方（指仲秋）	午方（不指仲秋）
	平旦，	卯方（不指仲秋）	子方（不指仲秋）	酉方（指仲秋）
		杓	衡	
孟冬斗建（夏正）	昏時，	亥方（指孟冬）	申方（不指孟冬）	巳方（不指孟冬）
	夜半，	寅方（不指孟冬）	亥方（指孟冬）	申方（不指孟冬）
	平旦，	己方（不指孟冬）	寅方（不指孟冬）	亥方（指孟冬）

（３）斷爲夏正孟冬十月說

近時徐君仁重作古詩明月皎夜光解一文，（見志學第三期）仍斷此詩作於夏正之孟冬。謂起首四句，寫目前景色。「白露沾野草」以下四句，則追述過去之事物。蓋篇中多以兩句互文見義，即以下句已言之義，反喩上句不言之義是也。如南箕北有斗，牽牛不負軛，下句言牽牛不負軛，則上句之箕不簸揚斗不挹酒亦可知，由此類推，白露沾野草，時節忽復易，下句言時節已變，則上句白露之變亦可知。「秋蟬鳴樹間，玄鳥逝安適」，下句言玄鳥已逝，則上句秋蟬之不見亦可知。並謂此詩主旨，述爲舊友所棄，以時節之變，與起朋友之變，時節不可復迴，則乖友不可復交，亦可知也。欽立案徐君謂此詩每以上下二句，互文見義，此說甚是，可謂知音，然如白露玄鳥，皆夏正八月之景物，作者本照月令，以屬辭比事，蓋吟哦之頃，並未實見野草白露之何若也。且詩人雖謂白露變，玄鳥逝，明其時已去八月，

然其時仍必與白露玄鳥所屬之節令，相距不遠。試思若至十月多雪之時，夫何至就白露玄鳥而稱詠之乎？是則斷此詩卽爲夏正孟冬之作，實不可也。且此詩，前四句誠敍當前景色。然「促織鳴東壁」，不出豳風「九月在戶」之義，則所謂當前景色，適足證其不爲十月，且漢人篇什，凡言蟀蟋，率同唐風以寫秋色，絕無以言冬景者，如後漢書六十襄楷傳云：

臣聞布穀鳴于孟夏，蟋蟀吟于始秋。

李賢注引春秋考異郵云：

孟夏戴勝降，立秋促織鳴。

又古詩「東城高且長」篇有云：

回風動地起，秋草淒以綠。晨風懷苦心，蟋蟀傷局促。

皆其顯例，則依徐說而判之，此詩之作，亦在秋不在冬也。

欽立以上述三事，歷證此詩之作，不在夏正七月及八月，而亦不在夏正之十月，欲求其是，故此先發其非。且此詩之作，必不出乎三秋初冬，上述之三種節候，旣不能合，則其應屬之月份，亦將以此不索而得也。

欽立謂此詩作於夏正九月，豳風所謂「九月肅霜」是也。九月而言孟冬者，新莽之孟冬，非夏正之孟冬也。莽用丑正，以夏正之十二月爲正月，當時改換月數，並易節令，新之孟冬，卽夏正之九月也。漢書九十九王莽傳上，莽下書略云：

以戊辰直定御王冠，卽眞天子位，定有天下之號曰新。其改正朔，易服色，變犧牲，殊徽幟異器制，十二月朔癸酉爲建國元年正月之朔。

又莽傳下始建國二年云：

冬十二月雷，

又莽傳下莽復下書云：

予之受命卽眞，到于建國，已五載矣。其以此年二月建寅之節，東巡狩。具禮儀調度。

又莽傳下云：

地皇元年正月乙未，赦天下。下書曰：方出軍行師，敢有趨讙犯法者，輒論斬，毋須時，盡歲止。於是春夏斬人，都市百姓震懼，道路以目。

總上所引，足知莽用丑正，時節俱變，其孟冬十月，適爲夏正之九月，時節較夏正建寅者提前一月也。欽立又案魏明帝青龍五年三月改元景初，景初新曆，亦用丑正，而以是年三月爲四月。然至景初三年十二月，復改從夏正，其間改正朔者，不滿二載，而新莽則始終丑正前後共一十五年。（始建國五年，天鳳六年，地皇四年）夫曆法之改換，非經久不能成習，則此詩之作必在新莽時代無疑矣。且自魏景初至於晉初，爲時至近，若爲魏人之作，博識如陸機者，亦不至不知其人也。

莽之孟冬，漢之夏正九月，其時玉衡夜半建戌。戌與亥皆西北方位，合乎所謂「招搖西北指」者，實則當詩人撰作此詩，其時是否標準之夜半而衡建之爲戌爲亥，恐皆未計及，更不至加以測量，特十月已交，又值深夜星月之下，景物淒涼，感秋冬之變，傷朋友之變，撫今追昔，因而成篇，極普通之天官月令常識，以時會之應合，並以納入其中。蓋如欽立前端所云，其時不瀕夜半，即不至引起詩人衡建之意想，節令不交十月，亦不至有玉衡指孟冬之句也。

欽立此說，似爲甚創，實則唐人於此，已似得其崖岸，特無證例，定其時代，進而自堅其說，故不爲後人所重。欽立所爲，亦僅補苴前賢之遺缺耳。文選五臣注，張銑釋此詩云：

上言孟冬，此述秋蟬者，謂九月已入十月節氣也。

「九月已入十月節氣」，實可謂先得吾心，前賢蓽路籃縷之功，不可沒也。今此鉤稽抽繹，以補訂之，雖未必言之成理，要爲持之有故也歟？

（三）「西北有高樓」說

古詩十九首「西北有高樓」篇云：

西北有高樓，上與浮雲齊，交疏結綺窗，阿閣三重階。上有絃歌聲，音響一何悲！誰能爲此曲，無乃杞梁妻？清商隨風發，中曲正徘徊，一彈再三歎，慷慨有餘哀。不惜歌者苦，但傷知音稀，願爲雙黃鵠，奮翅起高飛。

欽立案時賢或據洛陽伽藍記西北高樓之說，旁證此詩爲東都之作，並引後漢書，證阿閣爲帝王所居。其意蓋謂此高樓者，當時坐落於洛城內之西北角也。此說可否據信，茲置不論。欽立於此，擬獻一別解，謂阿閣不特帝居，即外戚第宅亦有之，環匝阿閣之高樓，亦曾建築於洛陽外郊，而又非皇城所獨有，且此西北高樓似爲梁冀

西第之偉大建築，而此詩正當作於東漢桓帝之時也。詩無達詁，聊此以爲說詩者之談助焉。藝文類聚六十三崔駰大將軍臨洛觀賦云：

> 臨曲洛而立觀，營高壤而作廬，處崇顯以開敞，超絕鄰而特居，列阿閣以環匝，表高臺而起樓。

又南齊書禮志上引馬融梁大將軍西第頌云：

> 西北戌亥，玄石承輪，蝦蟆吐寫，庚辛之域。

又文選景福殿賦注引馬融梁大將軍西第頌云：

> 騰極受櫨，陽馬承阿。

欽立案崔駰所謂大將軍，指竇憲，馬融則指大將軍梁冀，此可由後漢書駰融各傳而知，不必具論。然有極須注意者三事，當時高樓阿閣，似爲一種連合建築，此質之上詩及臨洛觀賦，自可曉然：蓋高樓中立，阿閣環匝，而樓之所以高，則又以高臺爲之基礎。此其一。竇憲梁冀皆以外戚而爲大將軍。而其第宅，皆建阿閣高樓（西第頌所謂陽馬承阿，阿當卽指阿閣之阿。）雖俱得僭擬，然亦當非毫無限制，蓋僅外戚之當權者始能有。此其二。竇梁此二建築皆在城外，而梁冀之西第，且又適在城郊之西北。此其三。考梁冀當時大起第舍，又於城西營西第，此並見於後漢書梁冀傳，其文云：

> 冀乃大起第舍，（略）窗牖皆有綺疏，青瑣，圖以雲氣仙靈，臺閣周通，更相臨望。（略）又起別第於城西，以納姦亡。或取良人悉爲奴婢，至數千人，名曰自賣人。

欽立案窗牖綺疏，臺閣周通，此殆當時最高貴華麗之營造方式。梁傳以此示其建築大凡，則更參以馬融西第頌之文，知梁冀西第之裝置，亦必如此。夫窗牖綺疏，卽「交疏結綺窗」也。臺閣周通，卽環匝阿閣之高樓也。而其此宅，坐落西北，適與所謂「西北有高樓」者合，綺疏阿閣，又僅外戚威權之所能有。故此敍寫第宅方位及營造華麗之詩，必與梁冀有甚大之關涉也。

且梁冀傳又稱冀「多從倡伎，鳴鍾吹管，連繼日夜，以騁娛恣」，而此詩自「上有絃歌聲」以下十二句，悉寫聲樂之事，亦與冀之躭於聲色者，合則所謂杞梁妻之曲，卽或自此跋扈將軍之梁宅，聲聞於外也。慷慨哀苦之歌者，將非西第之自賣人乎？

（丁）柏梁臺詩

顧炎武日知錄二十一，柏梁臺詩條云：

> 漢武帝柏梁臺詩本出三秦記，云是元封三年作。而考之於史，則多不符。按史記及漢書孝景紀，中六年夏四月梁王薨。諸侯王表梁孝王武立三十五年薨，孝景後元年共王買嗣，七年薨。建元五年平王襄嗣，四十年薨，文三王傳同。又案孝武紀，元鼎二年春，起柏梁臺，是爲平王之二十二年，而孝王之薨，至此已二十九年，又七年始爲元封三年。又按平王襄元朔中以與太母爭樽，公卿請廢爲庶人。天子曰：梁王襄無良師傅，故陷不義。乃削梁八城、梁餘尚有十城。又按平王襄之十年爲元朔二年來朝，其三十二年爲太初四年來朝，皆不當元封時。又按百官公卿表，郎中令，武帝太初元年更爲光祿勳典客，景帝中六年更名大行令，武帝太初元年更名大鴻臚。治粟內史，景帝後元年更名大農令，武帝太初元年更名大司農。中尉，武帝太初元年更名執金吾。內史，景帝二年分置左右內史，右內史，武帝太初元年更名京兆尹，左內史更名左馮翊，主爵中尉，景帝中六年更名都尉，武帝太初元年更名右扶風，凡比六官皆太初以後之名，不應預書於元封之時。又案孝武紀，太初元年冬十一月乙酉，柏梁臺災夏五月正曆以正月爲歲首定官名。則是柏梁既災之後，又半歲而始改官名、而大司馬大將軍則薨於元封之五年，距此已二年矣。反復考證，無一合者。蓋是後人擬作，勦取武帝以來官名及梁孝王世家乘輿駟馬之事以合之。而不悟時代之乖舛也。
>
> 按世家梁王二十九年（表擧景前七年）十月入朝，景帝使使持節乘輿駟馬迎梁王於關下。臣瓚曰：天子副車駕駟馬。此一時異數，平王安得有此。

顧君參稽史漢，構成上說，考證翔實，殆爲定論。惟此詩雖爲擬作，然其來源出處，亦爲甚古，顧君於此無考，且竟誤爲出於三秦記（詳下），則僅以年月官名不合者爲口實，抑尚有未盡也。且顧君於日知錄同卷別有「七言之始」一條云：

> 余考七言之興，自漢以前，固多有之，如靈樞經刺命眞邪篇，「凡刺小邪日以大，補其不足乃無害，視其所在迎之界。凡刺寒邪日以溫，徐往徐來致其神，門戶已閉氣不分，虛實得調其氣存」。（下略）

知顧君本在溯源七言，故兼有上舉辨偽之說，然尋靈樞雖出漢世，（七略已有著錄，即黃帝內經詳見余嘉錫四庫提要辨證子部二。又按梁弘景真誥嘗引靈樞經。）惟經中僅此七言數語，並非全篇如此，而柏梁臺詩則古人率以為七言之始，若於其擬作時代，略而不論，而別據不足為例之道經等以為言，則甚不可也。故茲重為證訂，以補其遺。

尋柏梁臺詩，本出東方朔別傳。梁初部集羣書，始入漢武帝集，以故隋唐人之引此詩者，或仍據朔傳，或已憑武集，遂至不復一致也。世說排調篇王子猷詣謝公謝曰云何七言詩條劉注云：

東方朔傳曰漢武帝在柏梁臺上，使羣臣作七言詩，七言詩自此始也。

證孝標所見柏梁臺詩，本在朔傳，又御覽三百五十二引東方朔傳云：

孝武元封三年，作柏梁臺。召羣臣有能為七言者，乃得上坐，衞尉周衞交戟禁不時。

案今古類書，相沿鈔襲，御覽此條，當係轉引，未必仍據朔傳，故同書卷二百二十五職官部御史大夫門所引刀筆之吏臣執之句，又與初學記同，而別作漢武帝集：匯鈔各書，自不免有此歧異也。顧由上所引，足徵二事，即一、漢人別集，率自別傳刪取，而刪取之者，率為梁人，漢武李陵以及蔡琰等文集之輯成，無不同此一軌，二、朔之別傳，中唐以後，即已不存，新出之武帝集則代之而行於唐宋兩朝是也。關此欽立別有先唐文集略論一文，專門論之，茲姑從略。又各書徵引，無作三秦記者，惟宋敏求長安志卷三柏梁臺條云：

廟記曰，柏梁臺，漢武帝造。在北闕內道西。三秦記曰，柏梁臺上有銅鳳，名鳳闕。漢武帝集，武帝作柏梁臺，詔羣臣二千石，有能為七言者，乃得上坐。帝曰，日月星辰和四時，梁王曰，驂駕駟馬從梁來。（下略）。

據此則顧君三秦記之說，當為誤讀敏求此書所致，而竟不知此詩之出於東方別傳，而再見於漢武帝集，捨此二書，固莫覓其出處也。

欽立又案，此詩既出東方別傳，則欲斷其時代，必先定此別傳之時代。且時代既明，而真偽自見。否則浮光掠影，終屬無根之談。竊謂東方朔別傳，本出西漢，即當時所謂「外家傳語」者，班固漢書朔傳，即已鈔而錄之，而鈔錄之迹，猶可窺見。特後人未曾加意，故為始終之秘耳。漢書六十五東方朔傳末尾云：世所傳他

專，皆非也。顏師古注云：

> 謂如東方朔別傳，及俗用五行時日之書，皆非實事也。

欽立案師古此說，固謂東方別傳行於班書以前。然其以皆非實事斷之，以明曾爲孟堅之所擯棄，此則未達一問；不悟漢書朔傳，固自此別傳删取也。茲分舉實例，以考孟堅之鈔襲別傳者：

> 自兩傳文字異同者言之。北堂書鈔百二十一引東方朔（別）傳云：

> 朔上書曰，臣十三歲學書，十五歲學擊劍，十六歲學詩書，十九歲學孫吳兵法戰陣之具。

而漢書朔傳，則云：

> 年十三學書。（略，案類書引文率從節錄，故此凡類書略者，此亦從略，下仿此。） 十五學擊劍，十六學詩書。（略）十九學孫吳兵法戰陣之具。（略）。

較別傳大同。減三歲字，是其小異。又太平御覽二引東方朔別傳云：

> 武帝常飲酎，以八月九月中，禾稼方盛熟，夜漏下水十刻，微行始出。

而漢書朔傳，則云：

> 常用飲酎，八九月中（略，原作與侍中，常侍武騎，及待詔隴西北良家子能騎射者，期諸殿門，故有期門之號）自此始微行，以夜漏下十刻迺出。

較別傳大同，而減禾稼方成熟一句。夜漏一句減水字，而句法亦變。是其小異。又書鈔百四十五引東方朔（別）傳云：

> 詔賜之肉，於前，似旣盡，懷其餘肉持去，衣盡汚。

史記六十六褚少孫補東方朔傳云：

> 時詔賜之食，於前飯已盡，懷其肉持去，衣盡汚。

文字尙無出入，而漢書朔傳，則云：

> 詔賜從官肉（略）即懷肉去。

較別傳大同，然僅以數字盡之，是其小異。夫兩傳文字，旣大體相同，自必有其淵源關係，換言之，非別傳鈔襲漢傳，即漢傳鈔襲別傳。然尋上舉各例，凡別傳皆文字稍繁，而漢傳則文字悉簡。此種差異，適足定其孰爲原料孰爲仿本，蓋自來史家之探纂前記綴輯所聞，率以刪繁芟穢，探撫精實，爲最要之筆削工作，而班固因史

記述漢書，淍字儉句，尤盡刪定之能事，則於朔傳之新撰，其採取史料，自亦循此一軌而不至於例外。然則漢傳之爲鈔襲別傳，此其明證一也。

自兩傳故實繁簡者言之。漢書朔傳，班固贊云：

> 朔之詼諧逢占射覆，其事浮淺，行於衆庶。而後世好事者，因取奇言怪語，附著之朔，故詳錄焉。

顏師古於此注曰：

> 言此傳所以詳錄朔之辭語者，爲俗人多以奇異，妄附於朔故耳。欲明傳所不記，皆非其實也。

據此，似班固之於東方故實，凡可信者，盡錄無餘矣，然檢漢書朔傳於射守宮條云：

> 朔自贊曰，臣嘗受易，請射之。迺別著布卦而對曰，臣以爲龍又無角，謂之爲虵又有足，跂跂脈脈善緣壁，是非守宮卽蜥蜴。上曰，善，賜帛十匹。使復射他物，連中輒賜帛。

是班固於射覆故實，僅詳一例，其他則以連中輒賜帛一語賅括之，而不復一一臚述其爲何事何物。然案東方別傳所載射中賜帛之事，甚有多條，而類書引之，皆先述所射之事物，終以賜帛若干之結語。如御覽九百五十引東方朔別傳云：

> 上置蜻蛉蓋下，諸數家獨使朔射之。朔對曰，馮翊馮翊，六足四翼，頭如珠，尾正直。長尾短項，是非勾篹卽蜻蛉。上曰，善，賜帛十疋。

又同書九百六十五，引東方朔（別）傳云：

> 武帝時上林獻棗，上以所持杖擊未央前殿檻，呼朔曰：吒吒先生，來來先生，知此筐中何等物也？朔曰：上林獻棗四十九枚，上曰：何以知之？朔曰：呼朔者，上也。以杖擊檻兩木；兩木林也。來來者，棗也。吒吒，四十九枚，上大笑，賜帛十疋。

據此，則別傳之於射覆故事，必一一列舉以至於連篇累牘層出不窮，且每中一物，卽賜以帛，亦正與射覆之事，相應繁複。假令史家欲實錄此射覆之辭語，而又擬刪其繁而芟其瑣，勢必先詳一例，並削其餘，而以使射他物連中輒賜帛之一語，賅括以代之，以求旣不乖乎舊錄前記，且又扼乎敍事之要也。今別傳之重複者如彼，而

漢傳之簡當者適如此，則班書之必襲別傳而纂定之，此其明證二也。

自兩傳謬誤雷同者言之，顧君謂柏梁臺詩，年代官名皆乖舛不合，因定此詩爲後人擬作，此就詩篇之謬誤者言之也。然案漢書朔傳，適有與此雷同之謬誤。漢書朔傳云：

> （略）益爲右扶風，季路爲執金吾，契爲鴻臚，龍逄爲宗正，伯夷爲京兆，管仲爲馮翊，魯班爲匠作，仲山甫爲光祿，申伯爲太僕，延陵季子爲水衡，百里奚爲典屬國，柳下惠爲大長秋，（略）

王先謙漢書補注、引周壽昌云：

> 右扶風以下諸官，多太初元年所改。公孫弘爲丞相，在元朔五年，薨在元狩二年，下去太初二十餘年。此文下云，上復問朔：方今公孫丞相云云，則所引官名多不合。疑朔此等雜文，後有改易流傳轉寫，致多僞舛也。

漢傳又云：

> 是時朝廷多賢材，上復問朔：方今公孫丞相，兒大夫，董仲舒，夏侯始昌，司馬相如，吾丘壽王，主父偃，朱買臣，嚴助，汲黯，膠倉，終軍，嚴安，徐樂，司馬遷之倫，皆辯知閎達，溢于文辭，先生自視，何與比哉！

漢書補注又引周壽昌云：

> 案（兒）寬之爲御史大夫，在元封元年，距公孫薨時已十有二年。其中如司馬相如等人，多已故者。此乃以方今二字冠下，相提並舉，益徵此文雜出，不能以事實繩之。

欽立案漢書武紀，建元六年，有大司農韓安國之語，亦以永初改官之名，稱永初以前之官，與此可謂同例。周氏於此發覆抉疑，可謂善於讀書者。尋司馬遷未爲東方立傳。其撰武紀，旋又佚落。班固自須纂輯其他史料，以述此紀傳，而其作朔傳，又適與柏梁詩同犯年代官名上之謬誤。斯又漢傳鈔襲別傳之證，否則其謬誤，必不至者是雷同也。

又漢書朔贊，班固稱其當時寓目之東方故實，不外談諧逢占射覆等淺浮之事，欽立茲就各書所引東方別傳而總輯之，觀其遺文逸事雖有多端，然若加區分，亦不過班固所見之三大類。如御覽八引東方朔（別）傳云：

凡占，長史東耕初出，（東耕初出四字，據書鈔百五十及百五十六引補）下車當視天有

黃雲來覆車，五穀大熟，青雲致兵，白雲致盜，烏雲多水，赤雲多火。

又同書九百二十三，引東方朔別傳云：

（朔）與弟子偕行，渴。令弟子扣道邊家求飲，不知姓名，主人開門，不與。

須臾見伯勞飛集主人門中李樹上。朔謂弟子曰：此主人姓李名伯，當爾呼李

伯，果有李伯應之，即入取飲。

又同書九百二十四，引東方朔別傳云：

占人被召，見人以罔求鶉，鶉飛入罔，知必有罪。入罔，罪自取也。

又同書九百五十四，引東方朔別傳云：

武皇帝時閒居無事，燕坐未央前殿，天新雨止，當此時（四字據別卷引補）朔執

戟在殿階旁，屈指（三字據別卷引補）獨語。上從殿上見朔（五字據別卷引補）呼問

之，生獨所語者何也？（七字據別卷引補）答曰：殿後柏樹上，有鵲立枯枝上東

向鳴。上遣侍中視之，（侍中之三字據他卷引補）如朔言。上問何以知之？（之字據

別卷引補）朔曰：以人事言之，風從東方來，鵲尾長傍風則傾，背風（四字據別

卷引補）則蹶，必當順風而立，是以知東向而鳴也。何以知立枯枝上？朔曰：

新雨生枝滑，枯枝澀。是以知立枯枝上。上大笑，賜帛十疋。（四字據別卷引

補。飲立案此文別見御覽三百五十二卷，九百二十一卷。又見書鈔百二十四卷。皆較此略）

又同書九百七十，引東方朔別傳云：

朔與三門生俱行。見一鳩占皆不同。一生曰：今日當得酒，一生曰：其酒必

酸，一生曰：雖得酒不得飲也。三生皆到主人，須臾主人出酒樽中，即安於

地，贏而覆之，訖不得酒，出門問其故。曰：見鳩取水，故知得酒。鳩飛集

梅樹上，故知酒酸。鳩飛去，所集枝折墮地，折者傷覆之象，故知不得飲

也。

凡此皆逢占之類也。至於射覆故事。已曾列舉於前。又如書鈔百三十六引東方朔

（別）傳云：

郭舍人四（案此上有脫誤）余精文章英，此乃玉之瑩，石之精，表如月光裏如衆

星，而兩人相覩，見相知情，此名曰鏡也。

又<u>御覽</u>三百九十一，引<u>東方朔</u>（別）傳云：

南山有木名爲柘，良工採之可以射，射中人情如掩兔，含人數窮可不早謝！

上乃搏髀大笑也。

抑又射覆之類，例也。茲並將詼諧滑稽之談，次之下方，以見<u>東方別傳</u>之另一內容。御覽四百五十七，引<u>東方朔別傳</u>云：

孝武皇帝時，人有殺上林鹿者，武帝大怒，下有司煞之。羣臣皆相阿，煞人主鹿，大不敬，當死。<u>東方朔</u>睹在旁，曰：是人罪一，當死者三，使陛下以鹿之故煞人，一當死。使天下聞之，皆以陛下重鹿賤人，二當死也。匈奴卽有急，推鹿觸之，三當死也。<u>武帝</u>默然，逐釋殺鹿者之罪。（又略見同書九百六，可參看。）

又<u>同書</u>九百八十四，引<u>東方朔別傳</u>云：

孝武皇帝好方士敬鬼神，使人求神僊不死之藥甚至，初無所得。天下方士，四面蜂至，不可勝言。<u>東方朔</u>睹方士虛語，以求尊顯，卽云上天，欲以喻之。其辭曰：陛下所使取神藥者，皆天地間之藥也，不能使人不死，獨天上藥能使人不死耳。上曰：然天何可上也？朔對曰：臣能上天。上知謾詫，（原注，謾侘二音）極其語，卽使<u>朔</u>上天求不死之藥。<u>朔</u>旣辭去，出殿門復還曰：今臣上天似謾詫者，願得一人爲信驗。上卽遣方士，與<u>朔</u>俱往，期三十日而反。<u>朔</u>等旣辭而行，日日過諸侯傳飲，往往留十餘日，期又且盡，無上天意。方士謂之曰：期且盡，日日飲酒爲奈何！<u>朔</u>曰：鬼神之事難豫言，當有神來迎我者。於是方士晝臥，良久，<u>朔</u>遽覺之。曰：呼君極久，不應我；今者屬從天上來。方士大驚，還具以聞。上以爲面欺，下<u>朔</u>獄。<u>朔</u>啼對曰：<u>朔</u>頃幾死者再。上曰：何也？<u>朔</u>對曰：天公問臣，下方人何衣。臣<u>朔</u>曰，衣出蟲。蟲若何？臣<u>朔</u>曰，蟲喙髯髯類馬，邠邠類虎。天公大怒，以臣爲謾言，繫臣，使下問，還報有之，名蠶，天公乃出臣。今陛下苟以臣爲詐，願使人上天問之。上大驚曰：善，<u>齊</u>人多詐，欲以喻我止方士也。罷諸方士弗復用也。由此<u>朔</u>日以親。

欽立案<u>東方別傳</u>所載動人聽聞之事蹟，不出上舉三類，而無一鬼怪故事曾附着之

朔，如漢武帝內傳等之小說以神化東方先生者。且自上舉別傳觀之，東方朔並因漢
武之惑於方士神僊，而旁以詼諧之言，委曲諫之。知此佚文斷記，仍爲班固朔傳藍
本之舊，一無後人增竄之迹可尋也。

　　漢傳之爲鈔襲別傳，以上四事，　蓋已可爲充分之明徵矣。　又班固稱劉向言：
「少時數問長老賢人通於事及朔時者，皆曰，朔口諧辭，不能持論，喜爲庸人誦
說，故今後世多傳聞者」。而褚少孫補東方朔等傳，亦自謂採自「外家傳語」。案
少孫元成間人，與更生時代相近，而兩人同此云云。是東方別傳，元成時際。殆已
流傳，而爲當時一膾炙人口之傳記也。

　　東方別傳，既係西漢之舊記，其中又鮮後人之所增益，則此柏梁臺詩，自爲當
時所傳之篇，年代官名等記載之不合，並不足否定其時代性。蓋此等記載之所以不
合，乃因作者追記之欠乎謹嚴，漢書朔傳且同此弊矣，何得以此而遽以爲後人之所
擬作乎？

　　欽立又案東方別傳，稱元封三年，武帝作柏梁臺，此一年代之記載，質之史記
封禪書且較漢書武紀之系於元鼎二年者，尚爲近實。史記封禪書云：

　　　文成言曰：上卽欲與神通，宮室被服，非象神，神物不至。迺作畫雲氣車，
　　　及各以勝日駕車辟惡鬼，又作甘泉宮，中爲臺室，畫天地太一諸鬼神，而置
　　　祭具以致天神。居歲餘，其方益衰，神不至。迺爲帛書以飯牛，詳不知。言
　　　曰：此牛腹中有奇書。殺視得書，書言甚怪。天子識其手書，問其人，果是
　　　僞書。於是誅文成將軍。隱之，其後則又作柏梁銅柱承露仙人掌之屬矣。

據此知甘泉宮及柏梁等建築之記載。乃史遷特書武帝因方士而大興土木之事。故於
文成誅死之時，卽又預書此招來僊人之第二次營造也。同書此文下又云：

　　　文成死明年，天子病鼎湖甚，巫醫無所不致。游水發根言上郡有巫，病而鬼
　　　神下之。上召置祠之甘泉。及病，使人問神君。神君言曰：天子無憂病！病
　　　少愈，彊與我會甘泉。於是病愈，遂起幸甘泉，病良已。大赦，置酒壽宮神
　　　君。（（神上當有脫文）

文成死明年，通鑑系之元狩五年。案漢書元鼎元年夏五月，「赦天下大酺五日」，
此等大事之記載，當無錯誤，則文成之死，在元狩六年，武帝病愈大赦，在元鼎元

年。若依漢書武紀，次年卽起柏梁臺，爲時至暫，與史遷所記，已似不合。蓋封禪書中如明年，後二年，後三年之記載甚多，築臺若在文成死後二年，史遷當不致漫有「其後」之語也。今案文成死後，繼之者有方士欒大及公孫卿，欒大時代，朝廷未有營造，而至公孫卿招來僊人，始又大興土木。封禪書云：

> 公孫卿曰：僊人可見，而上往常遽，以故不見。今陛不可爲觀如緱城，置脯棗，神人宜可致也。且僊人好樓居。於是上令：長安則作蜚廉桂觀，甘泉則作益延壽觀。使卿持節設具而候神人。乃作通天莖臺，置祠具其下，將招來僊神人之屬。於是甘泉更置前殿。始廣諸宮室，夏有芝生殿房內中，天子爲塞河興通天臺，若見有光云。

欽立案三輔黃圖，稱「通天臺，武帝時作，柏梁柱承露仙掌之屬」，與封禪書所言者，正指同一建造。又案封禪書，蜚廉通天，築於南粵旣滅之後，而漢書武紀，破南越在元鼎六年，築臺起觀，在元封二年，略與封禪書記載相合，是則封禪書其後則又作柏梁銅柱承露僊人掌云云者，正指元封中求僊築臺廣諸宮室之事，而東方別傳謂元封三年作柏梁臺，固可見其記載較實矣。

又檢柏梁列韻，辭句樸拙，亦不似後人擬作，此姑就其字重韻複者言之，柏梁臺詩云：

> 日月星辰和四時（帝），驂駕駟馬從梁來（梁王），郡國士馬羽林材　（大司馬），總領天下誠難治（丞相），和撫四夷不易哉（大將軍），刀筆之吏臣執之　（御史大夫），撞鐘伐鼓聲中詩（太常），宗室廣大日益滋（宗正），周衛交戟禁不時　（衛尉），總領從官柏梁臺　（光祿勳），平理請讞決嫌疑（廷尉），修飾輿馬待駕來（太僕），郡國吏功差次之（大鴻臚），乘輿御物主治之（少府），陳粟萬石揚以箕（大司農），徼道宮下隨討治（執金吾），三輔盜賊天下危（左馮翊），盜阻南山爲民災（扶風），外家公主不可治（京兆尹），椒房率更領其材（詹事），蠻夷朝賀常會期（典屬國），柱枅欂櫨相枝持（大匠），枇杷橘栗桃李梅（太官令），走狗逐兔張罘罳（上林令），齧妃女脣甘如飴（郭舍人），迫窘詰屈幾窮哉（東方朔）。

此詩全篇二十六句，共百八十二字，（官名姓名不計）而其中日、和、四、時、駕、從、來、郡、國、材、總、天、哉、吏、輿、主、盜、等字，皆二字相重。馬、

領、下、不、等字，皆三字相重。治、之、則皆四字相重，重者五十四字，佔全詩字數三分之一。 又全篇二十六韻，而時、來、材、哉皆二字重韻 ，治之則三字重韻，重者十四韻，佔全詩韻數二分之一。使果爲後人假託，其重複出拙陋，必不至於此極，故竊謂漢武柏梁之集，本有七言賦詩之事。 昭宣以降 ， 好事者爲東方朔傳，於此君臣盛會，欲有以鋪張之，而於原作有所增附，遂致多所乖牾也。

考源第二

兩漢詩章，傳世者旣少，而贋作又紛，吾人且不能充分應用之，則欲考鑑此三百年中之詩體演變，殊非易事也。然如五言七言、斯皆漢代新興之體，如不爲推溯其源、夫何以辨析其流，此又考源論始，近世之所以競者。夫五言出於樂府。七言變自楚聲，前賢時儁，言之者多矣。然悉證論缺略，莫由徵信。致使好奇之士，各立新說，紛紜雜遝，迄無底定。茲廣蒐例據，重斷此案，以爲此兩種體裁，實分別由樂府楚聲而來，而漢武一朝，又其發生之共同起點。因撰此篇，以與各家之論，較其是非得失焉。

（甲）五言詩

欲徵五言詩之淵源，須先標三準：凡稱五言詩，須通篇皆爲五言、一也。凡稱五言詩，不得含有兮字，二也。一體裁之成，須經長期之醞釀，今故不以某一人之有此作，定其原始，而分別以一段時間爲其發生期及成立期，三也。請先申其此義於下：

前人論五言詩之起源，皆推之姬周時代，藝文類聚五十六引摯虞文章流別論云：

> 古之詩，有三言，四言，五言，六言，七言，九言。古詩率以四言爲體，而時有一句二句雜在四言之間，後世演之 ， 遂以爲篇。古詩之三言者 ， 振振鷺鷺于飛之屬是也，漢郊廟歌多用之。五言者，誰謂雀無角，何以穿我屋之屬是也，于俳諧倡樂多用之。六言者 ， 我姑酌彼金罍之屬是也 ， 樂府亦用之。七言者，交交黃鳥止于桑之屬是也，于俳諧倡樂世用之。 古詩之九言者，泂酌彼行潦挹彼注茲之屬是也，不入歌謠之章，故世希爲之。

自仲治以召南行露此詩爲例，謂五言始於詩經，後人率從其說，如劉勰文心雕龍明詩篇，論五言之起源云：

　　按召南行露，始肇半章。

又同書章句篇云：

　　五言見於周代，行露之章是也。

是其明證，今案一詩之體，旣以五言爲稱名，則如五言之句，僅有半章，必不得以五言詩目之。摯劉之說，俱非是矣。次則鍾嶸詩品總論云：

　　夏歌曰，鬱陶乎余心，楚謠曰，名余曰正則，雖詩體未全，然是五言之濫觴也。

又文心雕龍明詩云：

　　按召南行露，始肇半章，孺子滄浪，亦惟全曲；暇豫優歌，遠見春秋，邪徑童謠，近在成世，閱時取證，五言久矣。

欽立案夏歌鬱陶，見於夏書五子之歌，其辭云：

　　嗚呼曷歸，予懷之悲，萬姓仇予，予將疇依，鬱陶乎予心，顏厚有忸怩，弗慎厥德，雖悔可追！

暇豫歌見國語晉語，其辭云：

　　暇豫之吾吾，不如鳥烏，人皆集於菀，我獨集於枯。

此兩歌俱非通篇五言，則與吾人之第一標準不合，其不能依鍾劉之說，以定五言詩之起於夏周者，自不俟言。今此所欲論者，則爲劉勰所謂孺子滄浪，卽含有兮字之歌，是否可視爲五言詩一事，進而以明五言詩具有其特殊風格，而不可與楚聲之歌混爲一談，此兩漢文體之大端，須先爲略加區別者也。孺子滄浪之歌，見於孟子離婁篇，辭云：

　　滄浪之水清兮，可以濯我纓，滄浪之水濁兮，可以濯我足。

此歌纓清爲韻，濁足相押，句句有韻，本與五言詩之兩句一韻者異格，茲姑略而不論。案劉勰之意，謂此歌者去兮字，則成爲一整齊之五言詩，此其主張，又別見文心雕龍之章句篇，其言曰：

　　詩人以兮字入於句限，楚辭用之，字出句外。尋兮字成句，乃語助餘聲，舜

詠南風用之久矣。而魏武否好，豈不以無益文義耶？

是總以楚辭兮字，出於句外，而無益於文義，故欲刪取滄浪之歌，以爲五言之例，欽立案此說實昧文理，不足爲訓。夫楚聲之含有兮字，乃其體格之當然。故此兮字，有時可省，然必省之而無傷其體，楚聲之變爲七言是也。有時必不能省，是此字不出句外，抑且與文義有關，則楚聲之不可削爲五言是也。後漢梁鴻適吳將行，作詩云：

逝舊邦兮遐征，將遙集兮東南。心惙怛兮傷悴，志菲菲兮升降，欲乘策兮縱邁，疾吾俗兮作讒，競舉枉兮措直，咸先佞兮唖唖。固靡慙兮獨建，冀異州兮尚賢。聊逍遙兮遨嬉，纘仲尼兮周流，儻云覩兮我悅，遂舍車兮即浮。過季札兮延陵，求魯連兮海隅，雖不察兮光貌，幸神靈兮與休。惟季春兮華阜，麥含英兮方秀，哀茂時兮逾邁，愍芳香兮日臭。悼我心兮不獲，長委結兮焉究，口囂囂兮余訕，嗟恓恓兮誰留。

此詩，楚辭九歌之屬也。倘依劉總，去其兮字，亦可以通篇變爲五言，然如「心惙怛兮傷悴」，刪爲「心惙怛傷悴」，「長委結兮焉究」，刪爲「長委結焉究」，此不特不合上二下三之五言詩格，抑且害辭害義，俾明白曉暢者，變而爲晦澀不通矣。此種弊端，本極易見，然東漢班固，即不能免。漢書郊祀歌天門篇，有云：

幡比翅回集，貳雙飛常羊，假清風軋忽，激長至重觴。

欽立案此四句本楚辭一類之歌，據王先謙漢書補注，原歌應作：

幡比翅兮回集，貳雙飛兮常羊，假清風兮軋忽，激長至兮重觴。

而漢書刪其兮字，強使此歌變爲五言，如「幡比翅回集，激長至重觴」，若作五言詩誦之，將乖違文義，而全不可通。然則楚聲之兮，亦有在句限而並關文義者，劉總實不得一概而論也。而其所舉滄浪之歌，本爲楚聲之辭。（楚辭漁父，亦載此歌）其不得去其兮，而目之爲五言，亦已甚明也矣。

復次近世之論五言起源者，率據一時之謠，一人之作，以定此一體裁之肇始。夫一新體之起，非一人所能剏，亦非一短期間所能成。傅師孟眞先生，嘗謂每一文體之發展，具有生盛衰亡四期程，誠至爲正確之史觀也。茲故略依其說，以爲此篇論斷之根據，而將詩體發展之第一期程，又分爲發生及成立二期，以考論之焉。

　　然則五言詩之發生及成立，究各斷爲何時乎？欽立竊謂自西漢武帝 （公元前一世紀）。至東漢章帝之時（公元一世紀）應定爲此一體裁之發生期。自東漢章帝至獻帝建安以前 （公元二世紀）應定爲此一體裁之成立期。此二期之釐分，足以辨章此一體裁之源流始末，抑足以說明與此體裁相涉之諸問題，請分以下三事，以論別之。

　　（１）由雜歌之自無名氏至有名氏者論之。

　　兩漢五言詩之有作者主名，始於東漢班固，詩品所謂「班固詠史，質木無文」者，是也。班固以後，作者世出，連綿至於建安，然前乎班氏者，如兩漢書，華陽國志等書，所載漢代歌詩，則無一有主名者。此不具主名之篇，清辭雅句，又足配班作，蓋皆當時詩人樂家之所造也。則以班固詠史爲一劃界，而斷其前後爲發生期爲成立期，自極允當也歟？茲以各朝帝王爲綱領，而分別次其實例如下：

　　（一），西漢武帝時。

　　何以孝悌爲？多財而光榮。何以禮義爲？史書而仕宦。何以謹愼爲？勇猛而臨官。（漢書貢禹傳，引武帝時俗語）。

　　代馬依北風，飛鳥揚故巢。 （後漢書班超說注引韓詩外傳，文選古詩十九首李注則引作韓詩外傳曰，詩曰云云。欽立案今本韓詩外傳凡詩曰云云，皆斷取詩經，無例外者，惟書中常引諺語，如語曰，「淵廣者其魚大」。又鄙語曰「不知爲吏，視已成事」。則此兩五言句，或卽當時諺語。外傳原作俗語引，選注引作詩者，蓋誤也。桓寬鹽鐵論亦直作故曰：「代馬依北風，飛鳥翔故巢」。）

　　（二），西漢宣帝時：

　　南郡獻白虎，邊陲無警備。 （漢書陳湯傳，耿育上書曰。應是云云。欽立案漢書郊祀志：「宣帝脩武帝故事，敬齋祀之禮，顏作詩歌，時南郡獲白虎，獻其牙皮，上爲立祠」。又後漢書西南夷傳，王襃劉雞頌云：「蒼龍見兮白虎仁，歸來可爲倫」云云，故疑此二句，爲宣帝時歌詩。 ）

　　（三），西漢成帝時：

　　安所求子死，桓東少年場，生時諒不謹，枯骨後何葬。（漢書尹賞傳，長安歌）

　　邪徑敗良田，讒口亂善人，桂樹華不實，黃雀巢其顚，昔爲人所羨，今爲人所憐。（漢書五行志，成帝時謠。）

　　（四），新莽末：

蕭蕭淸節士，執德實固貞，違惡以授命，沒世遺令聲。（華陽國志，國人爲譙君黃作詩。）

（五），東漢光武時：

游子常苦貧，力子天所富，寧見乳虎穴，不入冀府寺。大笑期必死，忿怒或見罝，嗟哉樊府君，安可再遭値。（後漢書樊曄傳，涼州歌。）

（六）東漢安帝時：

築室載直梁，國人以貞眞，邪娛不揚目，狂行不動身，奸軌避乎遠，理義協乎民。（華陽國志，巴人歌陳紀山。）

上天降神明，錫我仁慈父，臨民布德澤，恩惠施以序。穿溝廣漑灌，決渠作甘雨。（崔氏家傳，汲長老爲崔瑗歌。）

（七），東漢順帝時：

習習晨風動，澍雨潤禾苗，我后恤時務，我人以優饒；

遠望忽不見，惆悵當徘徊，恩澤實難忘，悠悠心永懷。（華陽國志，巴郡人爲吳資歌。）

（八），東漢桓帝時：

狗吠何諠諠，有吏來在門。披衣出門應，府記欲得錢。語窮乞請期，吏怒反見尤，旋步顧家中，家中無可爲。思往從鄰貸，鄰人已言匱，錢錢何難得，令我獨憔悴。（華陽國志，巴人刺巴郡守李盛。）

　以上自西漢武帝至東漢桓帝時無名氏五言歌詩。

（一），東漢章帝時：

三王德彌薄，惟後用肉刑。太倉令有罪，就逮長安城。自恨身無子，困急獨煢煢，小女痛父言，死者不可生。上書詣闕下，思古歌雞鳴，憂心摧折裂，晨風揚烈聲。聖漢孝文帝，惻然感至情，百男何憒憒，不如一緹縈。（班固，詠史。）

長安何紛紛，詔葬霍將軍，刺繡被衣領，縣官給衣衾。（班固詩。）

寶劍値千金，指之于樹枝。（班固詩。）

延陵輕寶劍，（班固詩。）

縹碧以爲瓦，（劉駒驗詩。）

（二），東漢安帝時：

邂逅承際會，得充君後房，情好新交接，恐慄若探湯。（下略，張衡同聲歌。）

浩浩陽春發，楊柳何依依，百鳥自南歸，翺翔萃我枝。（張衡定情歌。）

（三），東漢順帝時：

白璧不可爲，容容多後福。（後漢書左雄傳，順帝新立，大臣懈怠，朝多闕政，雄數言

事，其辭深切。尚書僕射虞詡以雄有忠公節，上疏薦之曰，「臣見方今公卿以下，類多拱默以樹恩

爲賢，盡節爲愚，至相戒曰，白璧不可爲，容容多後福」云云。則此爲當時公卿相戒之詩，姑歸入

此有名氏一類。）

（四），東漢桓帝時：

周公爲司馬，白魚入王舟。（侯瑾詩）

嬥母升玉堂。（侯瑾詩）

人生譬朝露，居世多屯蹇，憂艱常早至，歡會常苦晚。（下略，秦嘉贈婦詩。）

皇靈無私親，爲善荷天祿，傷我與爾身，少小罹煢獨。（下略，秦嘉贈婦詩。）

肅肅僕夫征，鏘鏘揚和鈴，清晨當引邁，束帶待雞鳴。（下略，秦嘉贈婦詩。）

哀人易感傷，（秦嘉答婦詩。）

過辭二親墓，振策陟天衢。（秦嘉詩）

巖石鬱嵯峨。（秦嘉詩）

（五），東漢靈帝時：

庭陬有若榴，綠葉含丹榮。翠鳥時來集，振翼修形容。回顧生碧色，勁搖揚

縹青。幸脫虞人機，得親君子庭，馴心托君素，雌雄保百齡。（蔡邕翠鳥詩。）

河清不可俟，人命不可延，順風激靡草，富貴者稱賢。（下略・趙壹疾邪詩。）

勢家多所宜，欬吐自成球；被褐懷金玉，蘭蕙化爲芻。（下略，趙壹疾邪詩。）

大道夷且長，窘路狹且促，脩翼無卑棲，遠趾不步局。（下略，酈炎詩。）

靈芝生河洲，勁搖因洪波，蘭榮一何晚，嚴霜瘁其柯。（下略，酈炎詩。）

　　　以上自東漢章帝至靈帝時有名氏五言歌詩。

總觀上列各例，自無名氏之五言論之，漢武以降，迄於東漢桓帝，其間謳歌詩篇，

二百餘年，賡續不絕，洪流浩浩，自濫觴於采詩作樂之漢武一朝。蓋前乎此，則尙無五言之先例，（水經河水注引楊泉物理論云：秦築長城，死者相屬，民歌云：「生男愼莫舉，生女哺用脯，不見長城下，尸骸相支拄」。欽立案陳琳飲馬長城窟行有此四句，然後二句非五言，當承秦時歌謠之舊。楊氏所載，慮有刪落，而不得視爲五言詩之先例。）後乎此，則已多不可忽略之篇什也。自有名氏之五言論之，班固之作詠史而外，斷篇佚句，尙有多種，知孟堅已普用此體，述其詠史之篇。自茲以降，此體作者，無世無之，且皆東都知名之士。是則章帝迄於桓靈，實足定爲五言詩之成立期，而與前此之發生一期，又復截然不同也。

（二）自樂府歌辭之由俗入雅者論之。

摯虞文章流別，謂五言多用于俳諧倡樂。此言有據，極宜深省。蓋五言實依附樂府爲其發展之根據也。而吾人循其此義，以覓五言倡樂之最早歌辭，亦適見其出於武帝之時，漢書李延年傳載延年侍上起舞歌云：

北方有佳人，絕世而獨立。一顧傾人城，再顧傾人國，寧不知傾城復傾國，佳人難再得。

此歌第五句多出三字，當係歌者臨時所加之襯字。是以玉臺新詠載此句作「傾城復傾國」，李注文選引此句作「寧知傾城國」，而俱無害此歌之體格音節，蓋此通篇，旣與烏生八九子之雜言不同，而與含兮之楚歌，亦迥乎有異，雖此多出三字，固可謂五言首次用於倡樂之實例也。史記佞幸傳李延年傳載：

李延年，中山人也。父母及身，兄弟及女，皆故倡也。

而漢書李延年傳，則云：

延年善歌爲變新聲（略）所造詩謂之新聲曲。

延年以故倡而善新聲，則此非四言非楚歌之北人佳人，其爲新曲可知，其爲五言之首用於倡樂亦可知。陳思稱其善於增損古辭，（見文心雕龍樂府篇）非偶然也。顧延年雖以五言新施於倡樂，而當時郊祀等樂辭，則仍多楚聲及雜言之體。尙無以五言爲之者，是其未入正樂之明徵。迨至東漢章帝，則已以此體爲國用鞞舞之歌辭。樂府詩集五十三，引古今樂錄曰：

鞞舞（略）漢曲五篇：一曰，關東有賢女。二曰，章和二年中。三曰，樂久長。四曰，四方皇。五曰，殿前生桂樹。並章帝造。

欽立案關東有賢女，章和二年中，及殿前生桂樹三篇俱爲五言，此可以後人擬曲以徵之，曹植鞞舞歌序云：

> 漢靈帝西園鼓吹李堅者，能鞞舞，遭亂播遷，西隨段煨。先帝聞其舊技，召之。堅旣中廢，兼古曲多謬誤。異代之文，未必相襲，故依前曲，改作新歌五篇，不敢充之黃門，近以成下國之陋樂焉。

欽立案，曹植鞞舞歌五篇，見宋書樂志及樂府詩集，其辭凡擬關東有賢女，章和二年中，及殿前生桂樹，皆通篇五言，而於其他兩篇，則全不然。且其擬關東有賢女篇，篇中云，「關東有賢女，自字蘇來卿」云云，明爲承用章帝之舊辭，是則曹植所謂依前曲改新歌者，乃一準舊歌之體裁爲之，而章帝原作三篇之爲五言，明矣。夫五言詩之在西漢，僅能施之倡樂，而至東漢，則一躍而入於黃門之正曲，此其詩體地位之大有變遷，可以概見。而知當時文士如班固者，所以有五言詠史，亦甚非偶然也。茲並據古今樂錄，將古曲及魏晉擬作，列一簡表，以明章帝三篇之必爲五言：

漢　舊　曲	曹　植　辭	傅　玄　辭
關東有賢女	精微篇（當關東有賢女），全篇五言。	洪業篇（當關東有賢女），全篇五言。
章和二年中	聖皇篇（當章和二年中），全篇五言。	天命篇（當章和二年中），全篇五言。
樂久長	大魏篇（當漢吉昌），雜言。	景皇篇（當樂久長），雜言。
四方皇	孟冬篇（當狡兔），前四言後五言。	大營篇（當四方皇），前四言，後五言。
殿前生桂樹	靈芝篇（當殿前生桂樹），全篇五言。	明君篇（當殿前生桂樹），全篇五言。

（鞞舞歌）

章帝鞞舞作歌以後，下至獻帝建安以前，其間五言詩之應用於正樂，與夫發展者爲如何，書缺有間，莫知其詳。然如江南可採蓮，雞鳴長歌行，豫章行，相逢行，步出夏門行，折楊柳行，豔歌行，上留田行等古辭，皆漢代舊曲之存者，是知五言之憑依樂府而資其發展者，固未嘗斷也。且建安以還，五言歌詩，雲起霞蔚，而舊傳漢曲之四言及雜言者，至此亦多以五言詩代之。此則尤堪注意者。茲以曹氏父子樂府詩，示其略例如下：

善哉行：　古辭來日大難篇，四言。魏武自惜身薄祜篇，魏文朝日樂相樂

　　　　　　　篇皆爲五言。

雍露：　　古辭雍上露何易晞篇，雜言。魏武惟漢二十世篇，陳思王天地無
　　　　　　窮極篇，皆爲五言。

蒿里：　　古辭蒿地誰家地篇，雜言。魏武關東有義士篇，用五言。

猛虎行：　古辭飢不從猛虎食篇，雜言。魏文與君結新婚篇，魏明雙桐生空
　　　　　　井，篇皆爲五言。

據此則東漢五言入樂之盛況，亦可不申而明，蓋東漢百年之中，如五言尙未底於成
立，而建安以後，決難又有此種現象也。然則吾人發生成立兩期之斷限，至此復獲
一明徵矣。

　　　（三）自五言之應用於其他題材者論之。

　　五言詩發生於漢武以降，而成立於漢章以降，上述二事，已足明之。茲更以五
言之用於其他題材者，證其東漢以降之發展情形。古文苑六馮衍車銘云：

　　　　乘車必護輪，治國必愛民，車無輪安處，國無民誰與。

欽立案：銘之爲文，四言雅體，衍以五言爲之，是五言進於雅矣。又衍之卒，在明
章之際，適與班固之時代相近，有此一例益足證成吾人之說。而此後文士之五言銘
若誄，且日益多，如，崔瑗座右銘云：

　　　　無道人之短，無說己之長。施人愼勿念，受施愼勿忘。世譽不足慕，唯仁爲
　　　　紀綱，隱身而後動，謗議庸何傷。無使名過實，守愚聖所臧，柔弱生之徒，
　　　　老氏誡剛強。在涅貴不緇，曖曖內容光，（此據李善本文選，六臣本強光二韻顛倒。）
　　　　硜硜鄙夫介，悠悠故難量。愼言節飲食，知足勝不祥。行之苟有恆，久久自
　　　　芬芳。

又藝文類聚二十三，引高彪淸誡云：

　　　　天地而長久，人生則不然，又不養以福，祿全其壽年。飲酒病我性，思慮害
　　　　我神，美色伐我性，利慾亂我眞，神明無聊賴，愁毒于衆煩，中年棄我逝，
　　　　忽若風過山，形氣各分離，一往不復還。上士愍其痛，杭志凌雲煙，滌蕩棄
　　　　穢累，飄邈任自然。退修淸以淨，吾存玄中玄，澄淸覉思慮，泰淸不受塵。
　　　　恍惚中有物，希微無形端，智慮赫赫盡，谷神綿綿存。

欽立案崔瑗自和帝以至安順，歷仕三朝，而高彪與馬融同時，為順桓間人，上舉之銘誠，足以說明東漢百餘年中，此五言一體恆為文士所應用，並已目為大雅之體裁也。

上列三論，僅就殘存之五言材料，鉤稽抽繹，以證鄙說，並不足以見五言詩發展之全豹，然即此一斑，已足知吾人斷限說之為合理也。抑尤有進者，漢武立樂府，采詩夜誦，有趙代秦楚之謳。則凡新體之升入廟堂，自以此時為最易，一也。漢武愛文，柏梁列韻，能七言者，始得上坐。漢書東方朔傳稱朔有七言之作，是知詩以字數別其體裁，亦適肇基於此時，二也。張騫入西域，得摩訶兜勒一曲，李延年因胡曲，更造新聲二十八解。延年籍貫中山，本鄰胡境，其所以能造新聲，或即以其素嫻胡樂之故。則若謂五言之興，有關胡樂，亦必以漢武一朝定其朔。三也。則按之實例，揆之情理，五言發生期之起點，固不得不定之漢武之時矣。又自章帝以來，君臣歌詩，銘誠雅什，均漸以五言出之。題材既多，範圍自廣，建安時代，五言所以騰踊者，基於此也。然則五言成立期之起點，又非斷自章帝一朝不可矣。

（乙）七言詩

七言之興，亦始於漢武一朝。漢書六十五東方朔傳云：

> 朔之文辭，其餘有封泰山，責和氏璧，及太子生褓，屏風，殿上，柏柱，平樂觀賦獵八言七言上下，從公孫弘借車。凡劉向所錄，具是矣。

又文選四十三孔德璋北山移文注引董仲舒集：

> 七言琴歌二首，

欽立案，仲舒琴歌，今已亡佚，而東方所作，則尚有殘存，文選二十二魏文帝芙蓉池作詩注引東方朔七言云：

> 折羽翼兮靡蒼天。

朔之七言，倘使通篇若此，皆上三下三，而以兮字間之，則漢人所謂七言者，乃當時之楚歌，七言云者，僅文士所稱之別名耳。史記載楚項羽歌云：

> 力拔山兮氣蓋世，時不利兮騅不逝。騅不逝兮可奈何，虞兮虞兮奈若何！

以句型言之，此歌與東方七言，完全相同，然漢初不名七言，而至此名之，此甚可注意者。尋西漢七言，此類之外，實別有悉句實字之篇，則柏梁臺詩及劉向七言是

也。柏梁臺詩，前篇已有論列，茲列劉向之七言如下。文選注引劉向七言云：

> 博學多識與凡殊，
>
> 時將昏暮白日午，
>
> 竭來歸耕永自疎，
>
> 晏處從容觀詩書，
>
> 結構野草起屋廬（選注引作劉歆，案卽向詩。）

上列各句，押韻相叶，其出於一首，自不必言。茲所欲論者，此類悉句實字之七言，方爲當時之七言正格，而七言一目之所以起，此正格之七言，實有以啓之。蓋必以正格七言之出，而七言之目遂行，然後七字含兮之楚歌，亦得混爲一類，而名之曰七言矣。不然則東方朔所作本與項王之歌，體裁相同，何緣至此而突有七言之稱乎？尋漢武時代，小學雜占之書，多用此種正格之七言，如司馬相如凡將篇，倘有殘句云：

> 淮南宋蔡舞嫗喩。
>
> 黃潤纖美宜禪制，
>
> 鐘磬竽笙筑坎侯。

又前引漢書東方朔傳射覆云：

> 臣以爲龍又無角，謂之爲虵又有足，跂跂脈脈善緣壁，是非守宮卽蜥蜴。

此等七言韻語，當時旣如是普遍，而漢武之柏梁七言，又適爲悉句實字，則七言新目之所以起，固在此而不在彼。研漢代七言詩，固當以悉句實字者爲基準也。

欽立又案：含兮七言之出於楚聲，此本不待言矣。然正格之七言，旣與當時之小學雜占等爲同型，又果何自而來乎？是則本篇所欲詳考者，尋柏梁詩與劉向七言，有一顯著之特色，卽句句用韻是也。此一特色，歷東漢以至兩晉，皆保留不變，而罕有例外者。（讀者可參看漢魏兩晉詩，實則宋齊人仍存此格，惟宋賁淑七言詠雪，齊王融淨住子頌，始用隔句爲韻一格）茲姑就兩漢之歌詩、雜文、小學、讖緯、鏡銘等，以略示其例。太平御覽九百十六引崔駰七言云：

> 鸞鳥高翔時來儀，應治歸德合望規，啄食楝食飲華池

欽立案：據後漢書各傳，東平王蒼杜篤崔瑗崔琦崔寔等，俱有七言之作。今雖悉

亡，然其爲句句用韻，殆可由題之此篇推知，又題曰七言，而句句用韻，此本沿襲
傳統之舊，尙無足異。而可異者，則當時凡七字成句之作，雖卽不題七言，亦槪爲
句句用韻者，是也。北堂書鈔百四十九，引李尤九曲歌云：

> 年歲晚暮日已斜，安得壯士翻日車。

又御覽五百九十八，引戴良失父零丁云：

> 敬白諸君行路者，敢告重罪自爲禍，積惡致災天困我，今月七日失阿爹，念
> 此酷毒可痛傷，當以重幣用相償，請爲諸君說事狀，我父軀體與衆異，脊背
> 傴僂捲如載，脣吻參差不相值，此其庶形何能備。請復重陳其面目，鴟頭鵠
> 頸獝狗啄，眼淚鼻涕相追逐。吻中含納無齒牙，食不能嚼左右蹉，□似西域
> □駱駝。請復重陳其形骸，爲人雖長甚細材，面目芒蒼如死灰，眼眶百陷如
> 羹杯。

此東漢歌詩雜文句句用韻之例，又史游急就章云：

> 急就奇觚與衆異，羅列諸物名姓字，分別部居不雜廁，用日約久誠快意，勉
> 力務之必有喜。（下略）

此又西漢小學之此例。又詩汎歷樞摘洛謠（見古微書）云：

> 剝者配姬以放賢，山崩水潰納小人，家伯罔主異哉震。

此又漢代讖緯歌謠之此例。又太平經鈔三十八丙部之四，師策文云：

> 吾字十一名爲士，丙午丁巳爲祖始，四口治事萬物理，子巾用角治其右。潛
> 龍勿用坎爲紀，人得見之壽長久。居天地間活而己、治百萬人仙可待，善治
> 病者勿欺紿。樂莫樂兮長安市，使人壽若西王母，比若四時周反始，九十字
> 策傳方士。

此又漢代道經七言之此例。又漢代鏡銘（此據金石索及小校經閣金石拓本，）云：

> 張氏作竟四夷服，多賀國家人民息，胡虜殄滅天下復，風雨時節五穀熟，長
> 保二親得天力，傳告後世樂無極。

> 漢有名銅出丹陽，雜以銀錫清而明，朱爵玄武順□□，八子九孫治中央。東
> 上泰山見神人，食而王央飲灃□，室宜官職保子孫。

> 尙方作竟眞大好，上有仙人不知老，渴飲玉泉汎食棗，浮游天下敖四海，非

冏名山采芝草，壽如金石爲國保。

涷治銅華清而明，以之爲鑒宜文章，延年益壽去不羊，與天毋亟如日光，千秋萬歲樂未央。

㴱言之紀從鑒始，涷治同華去惡宰，長保二親利孫子。

㴱言之始自有紀，涷治銅錫去其宰，辟除不祥宜古市，長保二親利孫子。

此又漢代鏡銘之此例也。總觀上例，則知當時凡屬七言，無不句句用韻，而與六朝以降之隔句用韻者，截然有別，斯固第一期七言歌詩之絕大特色矣。且此鏡銘，自稱七言肇始於鏡，此蓋冶工意斷之辭，未必可以爲據，然漢人視句句用韻之鏡銘亦爲七言，固足爲鄙說增一佐證也。

考句句用韻此本楚歌之特格；又楚歌之亂，雖含兮字爲八言，而其體裁音節，又與正格之七言實無異。則七言者，楚亂之變體歌詩也。楚辭招魂亂曰：

獻歲發春兮汩南征，菉蘋齊葉兮白芷生。路貫廬江兮左長薄，倚沼畦瀛兮遙望博。青驪結駟兮齊千乘，步及驟處兮誘先行。驚若通兮引右運，與王趨夢兮課後先，君王親發兮憚青兕，朱離承夜兮時不淹，皋蘭被徑兮斯路漸。湛湛江水兮上有楓，目極千里兮傷春心，魂急來歸兮哀江南。（末句原作「魂兮歸來哀江南」，案王逸注云，言魂魄當急來歸云云，知王逸見本有急字。今本歸來亦有倒誤。）

又九章抽思亂曰：

長瀨湍流泝江潭兮，狂顧南行以娛心兮，軫石崴嵬蹇吾願兮，超回志度行隱進兮。低徊夷猶宿北姑兮，煩冤瞀容實沛徂兮，愁歎苦神靈遙思兮，路遠處幽無行媒兮。道思作頌聊自救兮，憂心不遂斯誰告兮。（聊自救，原作聊以自救，注云，一無以字。案無以者是。又「無行媒」上原有又字，「斯誰告」，斯下原有言字。當俱爲衍文。）

上列各亂，皆含兮字爲八言，似與柏梁詩者，異矣。然正格之七言，由此而變，請具四證如下：

（1）張衡思玄賦，馬融長笛賦，俱以七言，造爲亂辭。此亂辭可變七言之證。張衡思玄賦，篇末系曰：

天長地久歲不留，俟河之清祇懷憂，願得遠度以自娛，上下無常窮六區；超

踰騰躍絕世俗，飄颻神舉逞所欲。天不可階仙夫希，柏舟悄悄吝不飛，松喬
高峙誰能離，結精遠游使心攜。回志朅來從玄謀，獲我所求夫何思。

又馬融長笛賦，篇末辭曰：

近世雙笛從羌起，羌人伐竹未及已，龍鳴水中不見己，截竹吹之聲相似。剡
其上孔通洞之，裁以當籥便易持，易京君明識音律，故本四孔加以一，君明
所加孔後出，是謂商聲五音畢。

欽立案思玄之系，笛賦之辭，均在篇末為結音，其卽楚辭之亂，自不待言。又張馬
兩賦，其本辭，仍以含兮之舊體出之，獨於此亂，去其兮字而變為七言，是此亂必
有可去兮字之先例或習慣，使之如此。

（2）淮南王八公操，七言為句，而結以兮字，其格與九章抽思之亂辭全同。
疑此操與楚亂本屬一類，至此而獨立成章，別為新體。則進而略去兮字。變為七
言，亦自然之塗徑。八公操云：

煌煌上天照下土兮，知我好道公來下兮。公將與余生毛羽兮，超騰青雲蹈梁
甫兮；觀見瑤光過北斗兮，還馳乘風雲使玉女兮。含精吐氣嚼芝草兮，悠悠
將將天相保兮。

欽立案，此歌見搜神記，而琴操及古今樂錄，亦皆有紀載，是以縱非劉安所作，來
源亦必甚古。且自其〔土〕〔下〕〔羽〕〔甫〕〔斗〕〔主〕用韻者觀之，亦知其
當為漢人之作也。（史記外戚世家天下為衛子夫歌以〔怒〕〔下〕為韻，漢書元皇后傳長安為王氏五
侯歌，以〔怒〕〔杜〕為韻，漢書溝洫志白渠歌以〔雨〕〔釜〕〔斗〕為韻，皆與此歌相同。）又案漢曲
有趨有亂，（參看樂府詩集二十六引古今樂錄。）而曲後之趨與曲前之豔，悉曾單獨為曲，
（如淮南子，有綠水之趨一語，漢曲有豔歌行等。）則聲制最美之亂，其可以獨立成章，自在
意中，（論語：關雎之亂。楚辭大招：叩鐘調竽，娛人亂只。）而其由獨立成章，進而略去兮
字，復變為正格之七言，亦在意中。

（3）漢晉西陲木簡彙，載漢人風雨詩簡云：

日不顯目兮黑雲多，月不見視兮風非（飛）沙，從（縱）㤪（從㤪或是從茲）蒙
（濛）水誠（成）江河，州流灌注兮轉揚波。辟（壁）柱槙（顛）到（倒）忘（亡）
相加，天門狹小路彭池，（滂沱）無因以上如之何，與詩教海（教海疑叫喚聲儳）

兮誠難過。

張鳳於此詩下跋曰：漢人古詩，大抵闕名，蘇李贈答，十九首柏梁諸作，久滋疑竇
微論主名難恃， 即體製亦異。 漢詩除樂府外，概承楚辭之後。此詩八句四兮字，
若將兮字盡行除去，即爲七言古詩，若補上四兮字，即皆爲楚辭。今或有或無，初
無憑準，蓋時尚楚辭與古詩遞嬗之際，故獨存此蛻化之迹云云。欽立案此詩作於漢
代何年，雖不能定，然以論楚亂七言之嬗變，可謂有力之證。 張氏之說， 誠有見
也。

（４）正格七言之源於楚歌，吾人尙有一事可論證者，即漢人已有渻除兮字之
習慣是也。欽立前文論五言之體，曾斷定班固刪兮字，致郊祀歌「幡比狨囘集」等
句。聲義俱晦，而幾於不辭。又郊祀歌天馬歌云：

　　太一況天馬下，霑赤汗沫流赭，志俶儻精權奇，籋浮雲晻上馳，體容與迣萬

　　里，今安匹龍爲友。

而史記此歌本云：

　　太一貢兮天馬下，霑赤汗兮沫流赭，體容與兮迣萬里，今安匹兮龍爲友。

欽立案史記此歌●當有刪節，然於兮字，則保留之。是知史遷以後，而班固以前，
漢人之省略兮字，亦已成一慣習，班固漢書，蓋可視爲當時之此一代表矣。

夫楚亂芟兮，旣可變爲七言，而漢人楚歌，適有芟削兮字之習，以及七言代替
亂辭之例，其風雨詩簡且自示楚亂七言嬗變之迹。然則吾人以以上四事，歷證七言
變自獨立成章之楚亂，固可謂信而有徵也夫？讀者三復，當自知也。

又尋此正格七言以外，漢代謠諺亦多七言者。然經細審，此謠諺七言，皆別具
一格，而與此正格七言，迥乎有異，茲列舉其例如下：漢書路溫舒傳，載溫舒於宣
帝時上書引諺云：

　　畫地爲獄議不入，刻木爲吏期不對。

又漢書樓護傳，載閭里歌云：

　　五侯治喪樓君卿。

又漢書張禹傳，載諸儒語云：

　　不欲爲論念張文。（今本漢書無不字，此據御覽引補。）

西漢七字謠言，所見僅此三條。然此三條有足徵其與正格七言絕異者，即句中第四字與第七字相叶，而兩句間並無押韻之關係是也。如畫地一諺，〔入〕與〔對〕不爲韻，此與正格七言句句用韻者異。而其句中〔獄〕與〔入〕叶，〔吏〕與〔對〕叶。又〔五侯治喪樓君卿〕，〔喪〕與〔卿〕叶，「不欲爲論念張文」，〔論〕與〔文〕叶，皆句中自爲韻，此亦正格七言之所無者。洎乎東漢，七言之謠諺益多，然體沿西京，幾乎無例外者。茲略依時代，次之下方：

關東大豪戴子高（後漢書百十三戴良傳，附祖轉傳），

避世牆東王君公（後漢書百十三逢萌傳），

一馬兩車茨子河（後漢書百六衛颯傳注引東觀漢記），

枹鼓不鳴董少平（後漢書百七董宣傳）。

厥德仁明郭喬卿，忠正朝廷上下平。（後漢書五十六蔡茂傳附郭賀傳），

說經鏗鏗楊子行，（後漢書百九楊政傳。）

關東觥觥郭子橫，（後漢書百十二郭憲傳），

解經不窮戴侍中，（後漢書百九戴憑傳。）

五經紛綸井大春，（後漢書百十三井丹傳。）

問事不休賈長頭。（後漢書六十六賈逵傳。）

城上烏鳴哺父母，府中諸吏皆孝友。（御覽二百六十二引益都耆舊傳云：張霸爲會稽太守，民歌曰云云。案後漢六十六張霸傳，霸爲會稽在明帝永平中。）

五經復興魯叔陵。（御覽六百十五引東觀漢記。後漢書五十五魯丕傳。）

道德彬彬馮仲文。（後漢書五十八馮衍傳，附子豹傳。）

殿中無雙丁孝公。（後漢書六十七丁鴻傳。）

關西孔子楊伯起。（後漢書八十四楊震傳。）

德行恂恂召伯春。（後漢書百九召馴傳。）

五經縱橫周宣光。（後漢書九十一周舉傳。）

難經伉伉劉太常。（藝文類聚四十九引華嶠後漢書。）

萬事不理問伯始，天下中庸有胡公。（後漢書七十四胡廣傳。）

五經無雙許叔重。（後漢書百九許慎傳。）

殿上成羣許偉君。（御覽四百九十六引陳留風俗傳。）

關東說詩陳君期。（御覽六百十五引東觀漢記。）

仕宦不止車生耳。（御覽四百九十六引漢官儀，里語。）

甑中生塵范史雲，釜中生魚范萊蕪。（後漢書百十一范冉傳。）

天下規矩房伯武，因師獲印周仲進。（後漢書九十七黨錮傳序。）

欲知仲桓問任安。（後漢書百九任安傳。）

居今行古任定祖。（同上。）

不畏強禦陳仲舉，九卿直言有陳蕃，天下模楷李元禮，天下好交荀伯條，天下英秀王叔茂，天下冰棱王秀陵，天下忠平魏少英，天下稽古劉伯祖，天下良輔杜周甫，天下才英趙仲經。（御覽四百六十五，引袁山松後漢書曰：桓帝時，朝廷日亂。李膺風格秀整，高自標尙。後進之士，升其堂者，以爲登龍門。大學生三萬餘人膀天下士，上稱三君，次八俊，次八顧，次八及，次八廚，猶古之八元八凱也。因爲七言謠曰云云。）

天下忠誠竇游平，天下義府陳仲舉，天下德弘劉仲承。（翠輔錄，三君。）

天下模楷李元禮，天下英秀王叔茂，天下良輔杜周甫，天下冰凌朱季陵，天下忠貞魏少英，天下好交荀伯條，天下稽古劉伯祖，天下才英趙仲經。（翠輔錄，八俊。）

天下和雍郭林宗，天下嘉特夏子治，天下英藩尹伯元，天下清苦羊嗣祖，天下珤金劉叔林，天下雅志蔡孟喜，天下臥虎巴恭祖，天下通儒宗孝初。（翠輔錄，八顧。）

海內貴珍陳子鱗，海內忠烈張元節，海內甕諤范孟博，海內通事檀文士，海內才珍孔士元，海內彬彬范仲眞，海內珍好岑公孝，海內所稱劉景升。（翠輔錄，八及。）

海內賢智王伯羲，海內修整恭嘉景，海內貞良秦平王，海內珍奇胡毋季皮，海內光光劉子相，海內依怙王文祖，海內嚴恪張孟卓，海內淸明度博平。（翠輔錄，八廚。）

此數十條謠諺，與前舉西漢之三則，體式並同，如出一模。然以較正格七言，則顯然大異，雖俱爲七字，其彼此並無淵源關係可知也。又檢謠諺之同乎正格七言者，

其在東漢，亦不無數例，如：

游平賣印自有平，不辟豪賢及大姓。（續漢五行志載桓帝時童謠。）

汝南太守范孟博，南陽宗資主畫諾，南陽太守岑公孝，弘農成瑨但坐嘯。
（後漢書黨錮傳序，桓帝時汝南南陽二郡民謠。）

父母何在在我庭，化我鳴梟啼所生。（後漢書百六仇覽傳。）

前隊大夫范仲公，鹽豉蒜果共一筩。（顏氏家訓書證篇引三輔決錄。）

車如雞棲馬如狗，疾惡如風朱伯厚。（後漢書陳蕃傳，附朱震傳）

閬君賦政明且昶，蜀苛去碎以禮讓。（華陽國志：閬盧為綿竹令，以禮讓為本，民謠
曰。）

魯國孔氏好讀經，兄弟講誦皆可聽，學士來者有聲名，不過孔氏那得成。
（孔叢子，引語。）

八九年間始欲衰，至十三年無子遺。（續漢五行志，載建安初荊州童謠。）

古人欲達勤誦經，今世圖官勉治生。（抱朴子審舉篇，引漢末謠。）

欽立案此少數之別例，固同於正格七言之體，然正格七言，遠起西漢，而此各例，則近值桓靈，二者之間，倘有淵源關係，必此晚期歌謠，至是已別襲正格之體，而決無相反之事實也。夫句中用韻之七言謠諺西漢有之，逮東漢而益多，此其自然之本格也。謠諺之同乎正格七言者，漢末始有，而前此無之，此又必其偶然之別格也。然則正格七言，實另有淵源，漢其不出於民間歌謠，至曉然矣。

或謂：如柏梁臺詩，及劉向七言等，安知不昉自西漢之小學雜占乎？欽立案小學雜占之應用七言，自相如東方朔始，其時正楚聲彌漫西京，而七言詩肇始之際，則二子之作，適足證其與正格七言為同源，一時應運而生者，此與鄙說亦毫無衝突也。

總上所論，漢代七言，約有三類。一為中含兮字之類，前舉東方朔之七言是也。一為句句用韻之類，即劉向所作，而吾人目為正格七言者是也。一為句中用韻之類，則兩漢七言謠諺是也。然溯源所以別流，覽古所以徵今，魏晉七言，悉為句句用韻，名篇佳什，後先承美。此繼乎漢代之正格七言也。宋齊以降，始復隔句用韻，此一變也。而陳隋以後，始復由駢及律，此二變也。（此二變皆受五言詩體之影響。

須詳論，今從略。）顧雖經兩變，而不離其宗，則總此流衍，以沿波討源，其能承先啓
後而克爲魏晉隋唐七言詩之始祖者，厥維欽立所謂之正格七言矣。至於含分之七
言，本楚歌舊體，雖前有所承，而後無所繼，其七言謠諺，則雖西京新格，而雙句
破碎，莫由成章，是以俱蔑乎其有嗣裔也。研漢詩者，固烏得泚而視之哉。

明 體 第 三

兩漢詩體之可論者，不外五言七言以及樂府。其五言七言詩，以材料所限，故
僅以前節論其成體之故，而不及其他。而此則專以論樂府詩也。又此樂府詩，其調
名與篇名漢本辭與奏曲等，各相互之關係，欽立已於古詩紀補正敍例中及之。其所
屬之樂調，如鐃歌等，時人論之已繁，如相和清商，欽立將於魏詩別錄中辨之，故
今皆從略。本篇所欲論者，則在論述兩漢樂府充分具有街陌謳謠之活潑性，而與楚
歌五言樂府俱不同，此可就其雜言成章，常不押韻，及多含虛聲者，分別論之。若
夫樂辭之拼湊，此有關章法，聲辭之雜寫，此涉及樂譜，凡此屬於樂府者，茲並論
之焉。

　　　○○○　　　　　○○○　　　　　○○○　　　　　○○○

樂府詩常兼有三言四五言等，而雜糅成篇，其中變化多端，略無格律之可尋，
然其辭句，以長短而有疾徐，極其縱橫淫液之致，雖久謝絲管，若仍含音節者。此
在鐃歌相和古辭及雜曲之類，蓋莫不如此。姑舉一二，以示一斑：

有所思：乃在大海南。何用問遺君，雙珠玳瑁簪。用玉紹繚之，聞君有他心，
拉雜摧燒之，摧燒之，當風揚其灰，從今已往，勿復相思；相思與君絕，雞
鳴犬吠兄嫂當知之。妃呼豨，秋風肅肅晨風颸，東方須臾高知之。（鐃歌，有所
思篇。）

上邪！我欲與君相知，長命無絕衰。山無陵江水爲竭，冬雷震震夏雨雪，天
地合，乃敢與君絕。（鐃歌，上邪篇。）

烏生八九子，端在秦氏桂樹間。秦氏家有遊遨蕩子，工用睢陽彊蘇合彈，左
手持彊彈兩丸，出入烏東西。唶我！一丸卽發中烏身，烏死魂魄飛揚上天。阿
母生烏子時，乃在南山巖石間。唶我！人民安知烏子處，蹊徑窈窕安從通。

白鹿乃在上林西苑中，射工尚復得白鹿脯。噫我！黃鵠摩天極高飛，後宮尚
復得烹煑之，鯉魚乃在洛水深淵中，釣鈎尚得鯉魚口。噫我！人民生各各有
壽命，死生何須復道前後！（相和，烏生八九子篇。）

欽立案凡雜言樂府，俱如上例，以繁，姑不再引。今僅就各篇，示其所用雜言之例
如下：

雜用三言七言八言者，如鐃歌，巫山高篇。

雜用四言六言七言者，如郊祀歌，日出入篇。

雜用三言四言六言七言者，如鐃歌，遠如期篇。

雜用三言五言七言九言者，如鐃歌，君馬黃篇。

雜用三言四言五言七言九言者，如鐃歌，戰城南篇。

雜用四言五言六言八言九言者，如雁門太守行。

雜用三言四言五言六言七言者，如古樂府秋風蕭蕭愁殺人篇。

雜用三言五言六言七言八言者，如東門行。

雜用三言五言六言七言八言九言者，如西門行，又蛺蝶行。

雜用四言五言六言七言八言十言者，如婦病行。

雜用三言四言五言六言七言八言九言十言者，如孤兒行。

上列各例，皆應用雜言，極其變化之致，試觀原篇，即可洞明。且此雜言各篇，其
構句尤多別致者，如五言：

孝和帝在時。（雁門太守行。）

洛陽令王君。（同上。）

暮得水來歸。（孤兒行。）

行吾去爲遲。（東門行。）

皆上三下二，與普通五言詩之句法不同。僅班固詠史，「太康令有罪」，無名氏孔
雀東南飛，「妾不堪驅使」及「黃泉下相見」，與此相類。凡此皆可於第三字下增
以兮字，而變爲楚歌，如太康令兮有罪，黃泉下兮相見者是也。此其別致之一，又
如七言：

從乞求與孤買餌。（婦病行。）

屬累君兩三孤子。（同上。）

服此藥可得神仙。（董逃行。）

皆上三下四，與普通七言詩之句法亦異。且如：

蛺蝶之遨遊東園。（蛺蝶行。）

一丸卽發中烏身。（烏生八九子。）

則雖爲七字，直非有韻之文矣。此其別致之二。又如八言，其句法且有五類：

（一）上四下四類。

爲我謂烏且爲客豪。（鐃歌，戰城南。）

少行學官通五經論。（雁門太守行。）

加笞決罪詣馬市論。（同上。）

坐中何人誰不懷憂。（古樂府歌。）

今時淸廉難犯教言。（東門行。）

（二）上五下三類。

我欲不悲傷不能已。（婦病行。）

工用淮陽彊蘇合彈。（烏生八九子。）

（三）上三下五類。

摧燒之當風揚其灰。（鐃歌，有所思。）

持之我入紫深宮中。（蛺蝶行。）

夫爲樂爲樂當及時。（西門行。）

人民生各各有壽命。（烏生八九子。）

（四）上二下六類。

陛下長與天相保守。（董逃行。）

射工尙復得白鹿脯（烏生八九子。）

（五）八字渾成類。

秦氏家有遨遊蕩子。（烏生八九子。）

死生何須復道前後。（同上。）

本自益州廣漢蜀民。（雁門太守行。）

八言之句，竟茲多種，是又其別致之三。凡此皆四五七言各體所罕見，而雜言樂府所持有之句法也。次則虛字虛聲，其應用亦夥。如鐃歌之「以烏路」，（朱鷺篇，詳下。）「妃呼豨」，（有所思）蜨蝶行之「何奴」，烏生八九子之「嗜我」，悉其顯例。是又四五七言各體樂府之所無者，至於音辭縱放，常不押韻，較之後代歌章，尤有大異。如郊妃歌日出入篇云：

日出入安窮，時世不與人同，故春非我春，夏非我夏，秋非我秋，冬非我冬，泊如四海之池。徧觀是耶謂何？吾知所樂，獨樂六龍，六龍之調，使我心苦，訾黃其何不來下。

此歌「春非我春」以下四句不韻，「吾知所樂」以下四句不韻。又鐃歌上陵篇後段云：

蒼海之雀赤翅鴻，白鷹隨山林，乍開乍合曾不知日月明，醴泉之水，光澤何蔚蔚。芝爲車，龍爲馬，覽遨遊，四海外。甘露初二年，芝生銅池中，仙人下來飲，延壽千萬歲。

此歌「蒼海」至「日月明」不韻，「甘露」至「千萬歲」不韻。又鐃歌遠如期篇云：

遠如期，益如壽，處天左側，大樂萬歲，與天無極，雅歌陳，佳哉紛，單于自歸，動如驚心。虜心大佳，萬人還來，謁者引牽殿陳。累世未嘗聞之，增壽萬年亦誠哉！

此歌「謁者」一句，與前後皆不韻，又如江南可採蓮：

江南可採蓮，蓮葉何田田，魚戲蓮葉間，魚戲蓮葉東，魚戲蓮葉西，魚戲蓮葉南，魚戲蓮葉北。

篇末東西南北四句不韻，與郊祀日出入篇之春夏秋冬四句不韻者，型類相當，凡此又皆漢樂府之特格也。夫漢代樂府，旣雜用各言，長短參差。（五言樂府姑不論。）其句法又變換無方，不拘一格，重以結體自由，常無韻腳，多附虛聲，以存音奏，故能極其縱橫抑揚不可捉摹之致，而與文士樂府迥乎其有異，漢世之街陌謳謠，能升之樂府，而爲後世之所豔稱，據此益見其非偶然矣。宋書樂志云：

凡樂章古辭之存者，並漢世街陌謳謠，江南可採蓮，烏生八九子，白頭吟之

屬，其後漸被於管絃，卽相和諸曲是也。

欽立案白頭吟及江南可採蓮，皆五言曲，茲姑置之不論，然如相和烏生八九子篇，其雜用各言，變化甚多，且有虛聲以聯絡之，是故最具民間歌謠之活潑性，而其縱态之聲節，至今猶能適會於脣吻也。又案漢書禮樂志云：

> 至武帝定郊祀之樂（略）乃立樂府，采詩夜誦，有趙代秦楚之謳。以李延年爲協律都尉，多舉司馬相如等數十人造爲詩賦，略論律呂，以合八音之調，作十九章之歌。

尋漢書所載郊祀歌一十九篇，卽此所謂十九章之歌。然其中如：天馬，景星，齊房，朝隴首，象載瑜，各篇，皆武帝自作。其青陽，朱明，西顥，玄冥四篇，則署鄒子樂。（案此或鄒陽所造。）他如練時日，帝臨，惟泰元，天門，后皇，華燁燁，五神，赤蛟等八篇，皆爲楚歌，而結體奧麗，非謳謠之比，是則此一十九篇，除日出入一篇外，餘皆武帝君臣所造爲，而非趙代秦楚之謳，甚明。然武帝專立樂府，采風被曲，此在漢書藝文志亦曾記載，如云：

> 自孝武立樂府，而采歌謠，於是有代趙之謳，秦楚之風。皆感於哀樂，緣事而發，亦可以觀風俗知厚薄云。

是知武帝采詩，乃當時實事，然郊祀歌幾悉出君臣手筆。則趙代秦楚之謳者，抑采用之何所乎？尋樂府詩集十六論鐃歌云：

> 案西京雜記，漢大駕祠甘泉汾陰，備千乘萬騎，有黃門前後鼓吹。（略）晉中興書曰：漢武帝時，南越加置交阯，九眞，日南，合浦，南海，鬱林，蒼梧七郡，皆假鼓吹。東觀漢記曰：建初中，班超拜長史，假鼓吹麾幢，則短簫鐃歌，漢時已名鼓吹，不自魏晉始也。崔豹古今注曰：漢樂有黃門鼓吹，天子所以宴羣臣也。短簫鐃歌，鼓吹之一章耳，亦以賜有功諸侯。然則黃門鼓吹，短簫鐃歌，與橫吹曲，得通名鼓吹，但所用異耳。

短簫鐃歌，旣嘗列於前後鼓吹，以祠甘泉汾陰，自可目爲郊祀樂之一部，則班書樂志之說，質之上列諸記，蓋可徵信。然則鐃歌相和歌之類，俱當時四方之謳，宜乎其具有上述之特格矣。（鐃歌中有宣帝時作，此殆以宣帝脩武帝故事，又有采緝。）

次則古辭五言樂府，率多拼合各章，而成一曲。如相和歌雞鳴篇云：

雞鳴高樹顛，狗吠深宮中，蕩子何所之，天下方太平。刑法非有貸，柔協正亂氓。黃金爲君門，碧玉爲軒堂，（略）舍後有方池，池中雙鴛鴦，鴛鴦七十二，羅列自成行，鳴聲何啾啾，聞我殿東廂。兄弟四五人，皆爲侍中郎。五日一來歸，觀者滿路傍，黃金絡馬頭，熲熲何煌煌。桃生露井上，李樹生桃傍，蟲來齧桃根，李樹代桃殭，樹木身相代，兄弟還相忘。

欽立案此歌自「黃金爲君門」，至「熲熲何煌煌」一段，與上下文不屬，似別爲一歌，而此則拼合者，故猶顯雜湊之迹。尋清調曲相逢行古辭云：

相逢狹路間，道隘不容車，如何兩少年，挾轂問君家。君家誠易知，易知復難忘，黃金爲君門，白玉爲君堂，堂上置尊酒，使作邯鄲倡。中庭生桂樹，華鐙何煌煌。兄弟兩三人，中子侍中郎。五日一來歸，道上自生光，黃金絡馬頭，觀者滿路傍。入門時左顧，但見雙鴛鴦，鴛鴦七十二，羅列自成行，音聲何囃囃，和鳴東西廂，大婦織綺羅，中婦織流黃，小婦無所作，挾瑟上高堂。丈人且安坐，調絲宋遽央。

兩相對照，知此卽雞鳴中段之藍本；特伶人不無更動，故同中略有微異耳。又楚調曲白頭吟云：

皚如山上雪，皎如雲間月，聞君有兩意，故來相決絕。〔一解〕平生共城中，何嘗斗酒會，今日斗酒會，明旦溝水頭，躞蹀御溝上，溝水東西流。（二解）郭東亦有樵，郭西亦有樵，兩樵相推與，無親爲誰驕。（三解）淒淒重淒淒，嫁娶亦不啼，願得一心人，白頭不相離。（四解）竹竿何嫋嫋，魚尾何離簁，男兒欲相知，何用錢刀爲！鯼如馬噉萁，川上高士嬉，今日相對樂，延年萬歲期。（五解）

此歌則直似一解一篇，互無聯屬。拼合之迹，尤爲較著，則割辭成曲，不問文義，是固樂府古辭之特色矣。

然此古辭，雖爲漢歌，而割辭成曲，則似昉曹魏，文心雕龍樂府篇云：

至於魏之三祖，氣爽才麗，宰割辭調，音靡節平。觀其北上衆引，秋風列篇，或述酣宴，或傷羈戍，志不出於淫蕩，辭不離於哀思，雖三調之正聲，

實韶夏之鄭曲也。

欽立案：魏明帝步出夏門行，其中「丹霞蔽日」等八句，及「月盈則冲」等八句，原爲魏文帝丹霞蔽日行之辭，「烏鵲南飛」等四句，原爲魏武帝短歌行之辭。（明帝此曲，宋書樂志載之，注云，晉荀勗撰舊辭施用者，樂府詩集稱爲魏晉樂所奏。）是則曹魏樂章，本有割辭成曲之例。彥和之說，倘卽指此？又樂府詩集三十一載古辭長歌行云：

> 仙人騎白鹿，髮短耳何長，導我上太華，攬芝獲赤幢。來到主人門，奉藥一玉
> 箱，主人服此藥，身體日康彊；髮白復更黑，延年壽命長。岩岩山上亭，皎
> 皎雲間星，遠望使心悲，遊子戀所生，驅車出北門，遙觀洛陽城。凱風吹長
> 棘，夭夭枝葉傾。黃鳥飛相追，咬咬弄音聲。佇立望西河，泣下沾羅纓。

「岩岩山上亭」至「遙觀洛陽城」八句，藝文類聚題作魏文帝於明津作，倘使樂府類聚爲不誤，是此樂辭，亦已雜湊成章。「仙人騎白鹿」以下十句，漢辭也。「岩岩山上亭」以下十二句，魏詩也。益徵彥和之說不誣。且上舉白頭吟一曲，此屬瑟調，亦荀勗選用之舊辭。（參看宋書樂志。）又雞鳴屬於相和，而相和曾爲魏明所部分。（參看宋書樂志。）則據樂府詩集，前者爲魏晉樂所奏，後者爲魏樂所奏，是知雜各辭而成一曲，俱似昉於曹魏也。然魏人相和，本承漢曲，如白頭吟，又漢時之街陌謳謠，則此割辭成曲之習，未必卽自曹魏始，考漢郊祀歌十九章中，已有此拼湊之例。則天馬一章是也。漢書禮樂志，郊祀歌天馬十云：

> 太一況天馬下，霑赤汗沫流赭，志俶儻精權奇，籋浮雲晻上馳，體容與迣萬
> 里，今安匹龍爲友。　　元狩三年，馬生渥洼水中作。
> 天馬徠從西極，涉流沙九夷服。天馬徠，出泉水，虎脊兩化若鬼。天馬徠歷
> 無草，經千里循東道。天馬徠執徐時，將搖舉誰與期。天馬徠開遠門，竦余
> 身逝崑崙。天馬徠龍之媒，游閶闔觀玉臺。　　永初四年，誅宛王獲宛馬作。

欽立案：此合成一章之二詩，史記樂書，亦分載之，而文字且有出入。（如獲宛馬作歌，史記有「經萬里兮歸有德，承靈威兮降外國」二句，而此章所無。）是殆李延年割辭成曲，以協音律，故存此刪削合拼之迹也。

又崔豹古今注稱延年曾分挽歌而定之爲兩曲，樂府詩集二十七薤露歌下引其說云：

> 薤露蒿里，並喪歌也。（略）至武帝時李延年分爲二曲。薤露送王公貴人，

蒿里送士大夫庶人。使挽柩者歌之。亦謂之挽歌。（今本古今注亦有此條。）

夫郊祀造歌，延年協其律，而天馬有拼湊成曲之例。薤露蒿里，各自成章，又有延年曾加剖分之說。是樂辭之分拼離合，皆曾見之漢武一朝，則凡古辭雜湊之曲，必並出當時伶工之手，此其重在音律不問文義，固漢曲之特色，其不始於曹魏明矣。惟漢末喪亂，禮崩樂壞，魏武修復古樂，志存舊典，殆多刪取可歌、被以管絃。而文明二帝，祖述不變，故為後人之所樂道耳。

復次漢曲之聲辭雜寫一事，本文擬就鐸舞（聖人制禮樂篇）巾舞（公莫篇）二曲以論之，以明漢晉以降之樂譜格式與夫變化，而並及其聲辭之分析焉。宋書樂志云：

> 聖人制禮樂一篇，巾舞歌一篇。按景初廣樂記言：字訛謬，聲辭雜書。（略）漢鐃歌十八篇，按古今樂錄，言聲辭豔相雜，不可復分。

又樂府詩集五十四鐸舞歌詩引古今樂錄云：

> 古鐸舞曲有聖人制禮樂一篇，聲辭雜寫，不復可辨，相傳如此。魏曲有太和時。晉曲有雲門篇，傅玄造，以當魏曲。齊因之。梁周捨改其篇。

又同書同卷鐸舞歌詩引古今樂錄云：

> 巾舞古有歌辭，訛異不可辨。江左以來，有歌舞辭。沈約疑是公無渡河曲。今三調中自有公無渡河，其聲哀切，故入瑟調。不容以瑟調雜於舞曲。惟公無渡河，古有歌有絃無舞也。

據宋志古今樂錄，此等古曲，所以不可詁解，兼以聲豔雜糅文字訛異之故。然劉宋鼓吹鐃歌，沈約即不能解。（宋書樂志云：宋鼓吹鐃歌辭四篇，舊史言詁不可解。又云：樂人以音聲相傳，訓詁不可復解。〔訓詁原作詁，據樂府詩集引改。〕是其證。）則文字訛謬，所關者少，而聲豔雜糅，所關者多也。又豔率在曲前端、獨成一段。較之聲字之雜者，又在次要。樂府詩集二十六引古今樂錄云：

> 又諸調曲皆有辭有聲，而大曲又有豔有趨有亂。辭者其歌詩也。聲者若羊吾夷伊那何之類也。豔在曲之前，趨與亂在曲之後，亦猶吳聲西曲前，有和後有送也。

據此豔與本辭之詁訓，本無若何之關涉，而最能淆混歌詩義解者，厥維雜書之聲字

矣。欽立案：古樂錄之著錄歌曲，原以大字書辭，細字書聲，聲辭雖雜，而其始尚可辨識。迨後人合寫聲辭，不分大細，遂至於雜而不可知。樂府詩集十九引古今樂錄云：

> 上邪曲四解。晚芝曲九解。漢曲有遠期，疑是也。艾而張三解。沈約云：樂人以音聲相傳，訓詁不可復解，凡古樂錄皆大字是辭，細字是聲，聲辭合寫，故致然耳。

此記可爲明徵。欽立又案：古樂錄所以以大字細字，分書聲辭，亦自有其故。考漢樂舊譜，名曰聲曲折，與歌詩分立，本不相混。惟降至魏晉，舊譜不存。樂人以音聲相傳，無形中曲歌合流，而聲辭以雜，然本身之分辭分聲以及曲折，彼此限界，固未嘗泯也。迨樂錄錄之，略去曲折，僅著聲辭，古譜之遺迹以泯。更以大字細字，混而不分，歌詩之辭義，亦瀕於不解。此其升沈離合之大凡也。然茲幸有六朝道曲之譜，尚隱人間，頗足參較，復見古譜之式。而古辭義解，亦可以略得而明，故此敬獻一解，以就正於世之研古樂者。道藏三百三十冊，洞玄部養字門上，玉音法事上卷，載玉京山步虛經步虛吟三首空洞一首，悉以大字書辭細字書聲，而以曲折聯絡之。茲臨摹原曲，而橫書列之如下：

步虛第一　七十字

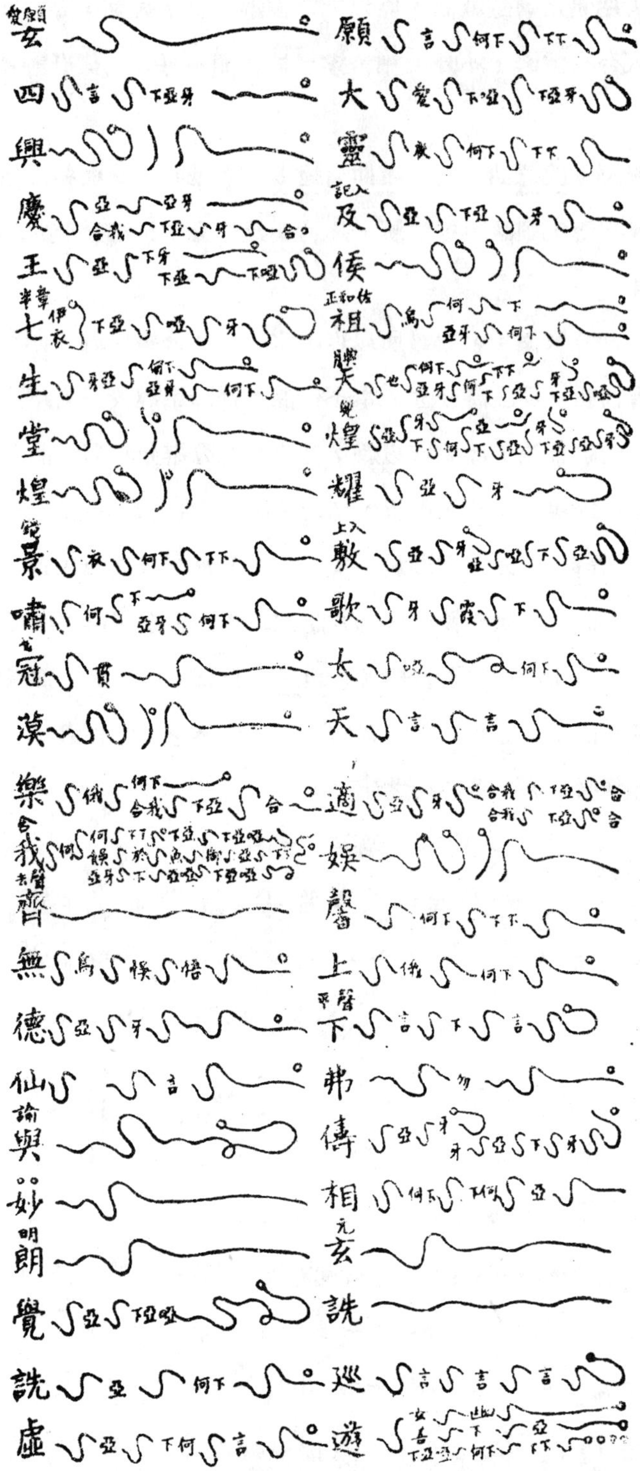

步虛第三（姑從略）

步虛第五（姑從略）

空洞謌謠中不必舉合字，徑從元字舉起

欽立案：唐宋以降，工尺之譜漸行，而此大辭細聲絡以曲折之式，與之大異。故其來源，必當較古。雖歌辭之間，間有平去等注音，然非唐宋之所創製，固可知也。又上列諸歌，早見六朝，亦可爲此譜出世較古之左證。上舉步虛吟，本有十章，玉音法事又於卷下別加著錄，因有說明云：

右玉京步虛十首。案太上玉京步虛經云：太極左仙翁葛玄，於天台山傳授弟子鄭思遠，思遠復傳仙翁從孫葛洪，號抱朴子者是也。鄭君說天翁去世時告

　　思遠曰：所受上淸大洞道經，付吾家門弟子。世世錄傳至人，勿閉天道。

欽立案：步虛吟是否出於晉時，雖難遽斷。然唐初釋法琳卽已見之。所選辯正論引玉京山步虛詞云：

　　長齊會玄都，鳴玉叩瓊鐘，法鼓會羣仙，靈唱豈不同。

檢此四句，玉音法事步虛之第十首有之。此其必爲先唐產品之證。又上擧空洞一曲，僅「元始開圖，敷落五篇，高唱空洞年」一十五字，（第一字〔合〕非歌辭。）而玉音法事於卷下又別出其辭，則作：

　　曜明高映，宗飆通玄，元始開圖，敷落五篇。赤書寶籙，黃雲四纏，八威備衞，靈獸侍眞。華光煥發，反香拂塵，綺合長阜，旋迴十天。高喝空洞，飛步入玄，枯魂昇陽，灰骸還入。神王度命，乘虛駕煙，禮誦洞章，與劫齊年。

兩相比較、是前擧空洞曲譜，已有佚落。而道士沿用，不敢增補。則其傳世之久，可以推知。且玉音法事於此歌辭，亦有說明云：

　　右曜明宗飆天帝君道經空洞靈章也。三十二天，各有一篇，或四言，或五言。見洞元部靈寶空洞靈章。

欽立案：廣弘明集九，周甄鸞笑道論十五論日月普集條，引諸天內音第三宗飆天八字文曰：「澤落覺菩薹緣大羅」云云。尋今本道藏太上靈寶諸天內音自然玉字經，其曜明宗飆天音第三云：曜明宗飆天中有自然之書八字，文曰，「澤洛菩薹緣羅大千」云云。是則甄鸞所謂飆天，卽屬曜明一宗，而上擧曜明宗之空洞靈章，又可證其且已通行於北周以前矣。夫此步虛吟及空洞靈章，遍行周隋以前，而其此譜又與後世工尺之譜不侔，是則此兼具聲辭曲折之格式，來源必爲甚古，其與古樂錄著錄聲辭時所據之樂譜，自當有淵源關係也。考漢書藝文志云：

　　河南周歌詩七篇。

　　河南周歌聲曲折七篇。

　　周謠歌詩七十五篇。

　　周謠歌聲曲折七十五篇。

上列兩歌，其詩與聲曲折，篇數並同。知詩者歌辭，而聲曲折者歌辭之譜（王先謙漢

書補注，已嘗言之。）　循名覈實，此歌辭之譜，必兼有聲字以及曲折，而與上列道曲之譜式蓋略同。班彪稱漢元帝「自度曲被歌聲，分別節度，」者，殆卽此種樂譜之製造也。

宋書樂志載張華表云：

按魏上壽食舉詩，漢氏所施用。其文句長短不齊，未皆合古。蓋以依詠絃節，本有因循，而識樂知音，足以制聲度曲。法用率非凡近所能改，二代三京，襲而不變。雖詩章詞異，興廢隨時，至其韻逗曲折，皆繫於舊，有由然也。是以一皆因就，不敢有所改易。

又載賀循答尙書下太常祭祀所用樂名云：

魏氏增損漢樂，以爲一代之禮。（略）自漢氏以來，依仿此體，自造新詩而已。舊京荒廢，今旣散亡，音韻曲折，又無識者。則于今難以意言。

所謂「韻逗曲折」，「音韻曲折」，似卽漢人之云聲曲折，指兼具聲字曲折之樂譜言之。惟張華之言舊曲，先則謂文句長短，後則稱韻逗曲折。而賀循亦謂不識音韻曲折，卽無從自造新詩，是皆魏晉樂譜，已雜歌辭之明徵。且曹植擬鞞歌，自述依前曲改作新詩，而其所作，兼襲舊辭。（已見前）又傅玄曉音，（文心雕龍樂府篇語。）足以制聲度曲，然其擬鐸舞以爲雲門，亦確有承用舊辭之處，抑可爲聲曲折與詩雜合之證。然則史稱樂譜，而謂爲「樂人以音聲相傳者，（見前引沈約語。）卽當時詩曲相雜之口頭樂譜，而「韻逗曲折」或「音韻曲折」者，卽此種譜式之著錄者矣。

此種樂譜，旣已兼具歌辭，卽與上列道曲之譜式同。而與漢代純粹之聲曲折稍異：則漢譜之舊格，至此始變，道曲之新譜，至此方興。故竊謂道曲此種樂譜之應用，當早出束晉以前也。

又道曲聲字，凡有二類。如：「下亞噁」，「賀俄阿」，「何下」，「下下」，等爲數最多，且各成定組，狀寫聲節。此譜中通用之字，姑名之曰甲類。又如「愛艾哀」、則專於〔太〕字下用之，「烏怳悟」，則專於〔無〕字下用之。此等字爲數最少，且因辭變換，並不固定。要須與本辭爲疊韻。此譜中特殊之字，姑名之曰乙類。（讀者可參看玉音法事步虛吟三曲。）甲類僅狀歌聲，乙類且叶辭韻，倘使晉人「音韻曲折」，「韻逗曲折」之言，本爲樂譜之實寫，則此甲類，卽音卽逗：音者，自

其爲歌曲之聲者言之。逗者，自其於曲折中之住節作用言之。而乙類卽所謂謳，自其與本辭爲叶韻者言也。是知晉時樂譜，雖已兼具歌辭，而時人描寫之，則仍重在聲字與曲折，是以不曰「韻逗曲折」，卽曰「音韻曲折」，然則「韻逗曲折」者，與聲曲折之義界無大異。而上列道曲之譜，固足代表魏晉時代之樂譜舊式也。欽立茲並以鐸舞巾舞兩曲之聲字，較此道曲之二類，以見其彼此譜式之同。試先就鄙意，析此二曲之聲辭，而列之下方：

鐸舞歌詩（聖人制禮樂篇。）

昔皇文　彌彌含善誰　　行許道衢　治萬　治萬　赫林　黃運　治萬
　　武　　晉時晉　　路來　邪路　邪路　邪　意　道晉　路　邪
善道明　金　善道明　金　近帝　　　聖皇八音　　　聖皇八音　　　同
　邪　金邪　邪　邪　武武邪邪　　　俱邪尊　　　及來儀邪　邪烏及來義邪
善草供國　　　近帝　　近帝　　　應節合用，　　酒期　善草供國
　晉咄等邪烏　邪武邪　武邪武邪　　武邪聲邪　義邪　晉咄等
近帝　近帝　　下音足本上爲鼓　應衆　樂　延否已　已禮祥
邪烏　邪　烏烏邪邪　　義晉　義邪　樂邪邪　邪烏　咄等
邪　素女有絕其聖　　（曲中「晉」「邪」「烏」「咄」「等」皆聲字。又「武武邪邪，」
　烏烏武邪　與「烏烏邪邪」相當，「儀邪」與「義邪」相當。故「武」，「義」亦聲字。又聲字「尊」「路」
「及」「幾」等，見宋鼓吹曲。「時」「來」等見下巾舞歌詩。凡此皆以小字書於下側。又「善道
明金，」「聖皇八音，」「善草供國，」及「近帝」等皆有疊字則小字書於上側。）

巾舞歌詩

不見公莫　　公　姑　　　茂　　　思　明月士轉起　　轉去
晉　　時晉何嬰　來嬰　時晉咄聲何爲　時來嬰當　晉　　晉何嬰　晉咄聲何
去轉南　　去　城上羊下食草　　　食草　汝　三年鍼縮　　亦老
爲　來嬰當　晉　　　晉何嬰來嬰　晉咄聲　何　　何來嬰晉　晉
平平門淫涕下　　　涕下　　昔結　馬客　　行　度四州洛四海　海
晉何嬰何來嬰　晉咄聲　昔　晉　來嬰晉常　晉　　　　晉何嬰
　　四海　嬌西馬頭香　洛　海五文渡汲水　誰　求兒
何來嬰何來嬰　晉咄聲　來嬰晉　道晉　　晉噫邪咄　當　毋何意
　錢健步　誰　求兒　　三鍼一發交　還弩心　弩心遙　弩心　復相
零　啕　當　毋何晉咄聲　時　意何零意　來嬰　咄聲
頭巾　　相　頭巾相　頭巾　後推排　　相　轉輪　轉
　意何來何邪　咄　晉來嬰　毋何何晉　來　潙何零子以邪　咄　晉來嬰　毋何
使君去　使　去　思晉去　　思來　去　　（此曲凡前
晉　　時　來嬰　時毋何　時意何零子以邪　時　嬰晉　時毋何晉香。
後重覆而無文義可尋者皆聲字，較易析出。）

此兩曲聲辭之分析，未必悉合，然大體當無錯謬。則其顯著聲字之組，固可資之以爲比較，檢鐸舞歌之「武邪，」「咄等邪烏，」與巾舞歌之「晉何嬰，」「意何零，」「子以邪」皆相當道曲中之甲類聲字。固定成組，僅狀歌聲，而如巾舞歌中之「姑」

及「茂」，則略與道曲之乙類聲相當，此等字因辭變換，故不特狀聲，且叶辭韻。
然則魏晉樂譜之同此道曲，質之此聲字，用法之相符，益見其確然無疑。而漢代曲
折之譜式，與夫演化，至此並明。古樂錄所以雜寫聲辭之故，至此亦明也。

　　又條鐸舞巾舞二曲，宋齊以後，本已不可訓釋，似不必于今日強作解人。然
此二曲，除聲字以外，是否真正有辭。而傅玄雲門一篇，又曾否襲用舊歌，均
須進而明之。以資證成鄙說。故並此既經析出之辭，而略為疏解之。鐸舞歌
辭，剔出聲字，則可重寫如下：

　　　昔皇文彌彌舍善誰行許道衒治萬赫赫黃運明金近帝聖皇八音同善草伇國應節
　　　合用酒期下音足水上鼓應衆樂延否已禮祥素女有絕其聖。

此辭，句讀且難，無由施以詁解，然若較以傅玄之擬作，則尚有數句可釋。並能見
其脫誤之所在。傅玄雲門篇云：

　　　黃雲門，唐咸池，虞韶夏夏殷濩，列代有五。振鐸鳴金延大武，清歌發唱形
　　　為主，聲和八音協律呂，身不虛動，手不徒舉，應節合度周其敘。時奏宮角
　　　雜之以徵羽，下厲衆目，上從鐘鼓。樂以移風與德禮相輔，安有失其所。

試以古曲比較傅作，則見「聖皇八音」，即「聲和八音」之所本，「應節合用酒
期」，即「應節合度周其敘」之所本，「下音足水上鼓應衆」，即「下厲衆目，上
從鐘鼓」之所本，而「明金」即「鳴金」，「禮祥素」即「禮相輔」之所本，以較
傅作，悉大同而有小異。是蓋古曲微誤之故也。欽立案傅玄擬篇，自非全襲舊辭，
如：「身不虛動手不徒舉」二句，傅作有而古曲無之，而「赫赫黃運」一句，則古
曲有傅作無之，皆其顯例。惟即此數語，已足見鐸舞之曲，其中本附歌辭，而傅玄
尚能識其一二，故襲而用之於擬作也。茲依前例，再列巾舞歌辭如下：

　　　不見公莫思明月之士轉起南，城上羊下食草，汝三年鍼縮亦老，平門涇涕
　　　下，昔結馬客行度四州洛四海。燋西馬頭香五丈渡汲水，誰求兒，錢健步，
　　　三鍼一發，交邅弩心，復相頭巾，推排相轉輪，使君去。

此辭，略可句讀，並可訓釋，如「城上羊下食草」，此與鮑照詩所謂「躑躅城上
羊，攀隅食玄草」之義相同。「行度四州洛四海」，洛當為略之借字，「錢健步」
者，錢又遣之借字，三國志鄧艾傳有「遣健步」之文。他如「推排」及「轉輪」，

亦皆漢魏習用之語。而篇中又有「平門淫涕下」一句，且可證其當爲西京之作也。

欽立又案宋書樂志稱「此歌相傳爲項莊劍舞，項伯以袖隔之，使不得害高祖，且語云公莫，古人相呼曰公，云莫害漢王也」云云。今檢此辭，並無與於項伯事，且辭有頭巾之語，此巾舞稱名之緣由，然亦無涉於項伯。又此歌發端云「不見公莫」，案此句應作不見公姥，而莫與茂皆其聲字。公姥者。漢人舅姑之謂，孔雀東南飛「奉事循公姥」，「勤心養公姥」，即其比例，似此本爲棄婦之辭，後人推之鴻門劍舞之事，甚無謂也。

欽立又案：古今樂錄於古曲聲字，僅舉〔羊〕〔吾〕〔夷〕〔伊〕〔那〕〔何〕六種，今檢上列二曲聲字，則有〔武〕〔邪〕〔吾〕〔時〕〔來〕〔路〕〔偶〕〔筭〕〔儀〕〔義〕〔烏〕〔及〕〔咄〕〔等〕〔何〕〔嬰〕〔聲〕〔哺〕〔爲〕〔當〕〔毋〕〔意〕〔零〕〔子〕〔以〕，共二十五種，漢曲聲字之繁，於此可見，而此二十餘種，抑且不足以盡之。然卽此固足較釋其他古曲之聲辭合寫者，如鐃歌朱鷺曲云：

朱鷺魚以烏路訾邪鷺何食食茄下，不之食不之吐，將以問諫者。

曲中〔魚〕〔以〕〔烏〕〔路〕〔訾〕〔邪〕六字皆聲，此照以上舉〔偶〕〔以〕〔烏〕〔路〕〔子〕〔邪〕等聲字，卽知，故可以細字大字，分書其聲辭如下：

朱鷺_{魚以烏路訾邪}鷺何食食茄下，不之食不之吐，將以問諫者。

則見文通字順，並無難解之處。且徵鐃歌十八曲之詮釋，俱有待於聲字之先事剔出。然明清人之盡注鐃歌，率不全瞭此處，故頗多可笑之論，如莊述祖鐃歌句解釋朱鷺曲云：

烏，當爲歍，歐，歍、吐也。訾，量也。鷺訾邪，言鷺吐魚不可訾量也。

又王先謙鐃歌釋文箋正云：

先謙案：烏，烏有也，猶言何有。

訾同疵，疵毀字，今相承作訾毀。疵，病也。鷺訾邪，不以魚之烏有，病朱鷺也。先恭曰：訾，恣也。路訾邪言魚之烏有，非朱鷺恣欲也。於義亦通。

此種穿鑿附會，幾至令人捧腹。以此而作詮釋，蓋不如無乎？

中華民國三十四年八月草於西川南溪之栗峯

出自第十三本（一九四八年九月）

居延漢簡考證補正

勞 榦

自居延漢簡考證出版後，於今一載。凡涉及前說未密者，輒記於書眉，共得如干事。今當六同別錄下册刊行，用寫而出之。惟所補正者僅限於考證之部，其釋文之部前考未及之者，補苴闕失，請以異日。中華民國三十四年十二月。

二月乙巳，肩水關候門嗇夫敢言之。☑

嗇夫之職，已見前考。又按漢書何武傳：『市嗇夫求商捕辱顯(何顯)家』。沈欽韓疏證曰：『唐六典注：「漢代諸郡國皆有市長，隋氏始有市令」。按此乃縣市，但置嗇夫』。此亦嗇夫隨在可置之證也。又庫嗇夫用小官印，見後文，（三一二）三一二、一六條考證。

元鳳三年十月戊子朔戊子，酒泉庫令定國以近次兼行太守事……

按漢書項籍傳：『會稽假守通』。注，張晏曰：『假守兼守也』。姚鼐惜抱軒筆記曰：『南史謝朏爲侍中，齊受禪，朏當日在直，侍中當解璽，乃引枕臥，傳詔使稱疾，欲取兼人』，王延之傳內載「宋孝武選侍中四人，王彧謝莊爲一雙，阮韜何偃爲一雙，常充兼假」。案侍中每日應有人在省，正直無人，攝者爲兼假。蓋重其官不遽以予人之意。謂假攝曰兼，此蓋漢制舊已有語，王莽傳，「宰缺者數年守兼」是也。今人不達古時俗語，觀晏此注，反增惑矣』。

御史大夫吉昧死言，丞相相上太常書言　太史丞定言，元康五年五月二日壬子夏至，宜寢兵，太官邢井，更水火，進鳴雞，謁以聞，布當用者。臣謹案比原宗御者邢太官御井，中二千石，二千石各抒別火官，先夏至一日，以除燧取火，授中二千石，二千石。在長安密陽者，其民皆受。以日至日易故火，庚戌寢兵不聽事，盡甲寅五日。臣請布，臣昧死以聞。

按漢書薛宣傳：『日至休吏』。師古曰：『冬夏至之日不省事，故休吏。』

又漢書百官公卿表：『大鴻臚屬官有行人，譯官，別火，三令丞』。如淳曰：『漢儀注，別火獄令官主治改火之事』。

☑☑廣明下丞相，承書從事下當用者，如詔書，書到言。☑☑郡太守諸侯相，承書從事下當用者，書到明白布☑到令諸☑☑縣从其☑☑如詔書律令，書到言

丞相史☑☑下領武校居延屬國都農都尉縣官承書☑

二月丁卯，丞相柤下車騎將軍，將軍，中二千石，二千石，郡太守，諸侯相承書書從事下當用者，如詔書。少史虘，令史宜王，始長。

漢書朱雲傳：『求下御史中丞，事下丞相。丞相部吏考立殺人罪』。是天子所下，下丞相則丞相治之，下御史中丞則御史中丞治之也。然郡國事則例至丞相府，薛宣傳：『谷永上疏曰，竊見少府宣為左馮翊，……姦軌絕跡，解訟者歷年不至丞相府。』郡國事既當至丞相府，則詔令下郡國亦必自丞相府矣。

漢書朱博傳：『初漢興襲秦官，置丞相御史大夫太尉。至武帝罷太尉，始寘大司馬以冠將軍之號，非有印綬官屬也。及成帝時何武爲九卿，建言……宜建三公官。……於是上賜曲陽侯根大司馬印綬，寘官屬。』又：『議者以爲古今異制，漢自天子之號下至佐史皆不同於古，而獨改三公，職事難分明｜無益於治亂。』武帝時大司馬本屬虛銜，迄宣元二世未改，丁卯簡乃下大司馬車騎將軍韓增以下者，故僅冒車騎將軍不言大司馬也。又何焯義門讀書記曰：『王莽，蘇綽，宋神宗皆昧此理（古今異制之理），然何武謂不可以丞柤獨兼三公則可採也。』今案國家政體，一而已矣。合之則治，分之則亂，專制之世，政在天子；民主之世，政在國會。而綜治權之大成者，則內閣也。若紛紜牽制，必使之割裂不成片段而後快，其極必使天下政出多門，不陷國家於危亡不止。義門何爲出此亡國之言乎？

☑長光糴粟四十石，請告入縣官，貴市平賈石六錢，得利二萬四千。又使從吏☑等持書請安，安聽入馬十匹貴九☑三萬三千，安又聽廣德姊夫弘請爲入馬一匹賞故貴壴故☑

漢書溝洫志：『治河卒非受平賈者，爲着外繇六月』。注，蘇林曰：『平賈以錢取人作卒，顧其時庸之平賈也。』如淳曰：『律說平賈一月，得錢二千。』

又吳王濞傳：『然其居國以銅鹽，故百姓無賦，卒踐更輒予平賈。』注，服虔曰：『以當爲更卒出錢三百謂之過更，自行爲卒謂之踐更，吳王欲得民心，爲卒者顧其庸，隨時月與平賈也』。晉灼曰：『謂借人自代爲卒者，官爲出錢，顧其時庸平賈也』。師古曰：『晉說是也，賈讀曰價，謂庸直也。』故平賈者平價之謂，溝洫志及吳王濞傳所言俱謂雇人爲卒之雇值也。此所晉平賈則爲米穀之平價，雖命意相同，而所施者則略異矣。漢書孫寶傳：『有詔郡平田予直，錢有貴一萬萬以上。』注，師古曰：『增於時價。』毋將隆傳。『頃之，太后使謁者買諸官婢，賤取之；復取執金吾官婢八人。隆奏言賈賤，請更平直』。此則贖沒之平直，稍異儲蓄；與此簡正可互爲證明也。

又前考所言穀價，有引證未備者，今更列之：

建武二年……初王莽末天下旱蝗，黃金一斤，易穀一斛，至是野穀旅生。麻尗尤甚，野蠶成繭，被於山阜，人取其利焉。（後漢書光武紀）。

時百姓饑餓，人相食，黃金一斤，易豆五斗。（後漢書馮異傳）。

穀價騰躍，斛至數千。（後漢書范升傳）。

　　以上光武時。

永平十二年……是時天下安平，人無徭役；歲比登稔，百姓殷富，粟斛三十。（後漢書明帝紀）。

　　以上明帝時。

建初中，南陽大饑，米石千餘。（後漢書朱暉傳）。

　　以上章帝時。

州郡大饑，米石二千。（後漢書安帝紀永初二年注引古今注）。

（永初）四年，羌寇轉盛，兵費日廣；且連年不登，穀石萬餘。（後漢書龐參傳）。

寇抄三輔，斷隴道；湟中諸縣，粟石萬錢。（後漢書西羌傳）。

翊始到（武都）穀石千錢，鹽石八千；見戶萬三千；視事三歲，米石八十，鹽石四百；流人還歸，郡戶數萬；人足家給，一郡無事。（後漢書虞翊傳，注引續漢書）。

甘雨屢降，報如景響，國界大豐，穀斗三錢。（元初四年元氏三公山碑）。

　　　以上安帝時。

歲饑，粟石數千，訪乃開倉賑恤，以救其敝。吏懼譴，爭欲上言。訪曰：『若上須報，是棄民也，太守樂以一身救百姓。』遂出穀賦人。順帝嘉之，由是一郡得全。（後漢書第五訪傳）。

　　　以上順帝時。

年穀屢登，倉庾惟億，百姓有蓄，粟麥五錢。（建寧四年西狹頌）。

年穀歲熟，百姓豐盈，粟斗五錢。（光和六年白石神君碑）。

夷人復叛，以廣漢景毅為太守討定之，毅初到郡，米斛萬錢。漸以仁恩，少年閒米至數十云。（後漢書西南夷傳）。

頃者以來，連年懽荒，穀價一斛至六七百。（蔡中郎集諫用三互疏）。

　　　以上靈帝時。

卓又壞五銖錢更鑄小錢，悉取洛陽及長安銅人，銅虡，飛廉，銅馬之屬，以充鑄焉，故貨錢物貴，穀石數萬。（後漢書董卓傳）。

時長安盜賊不禁，白日虜掠；催汜乃參分城內，各備其界，猶不能制，而其子弟侵暴百姓。是時穀一斛五十萬，豆麥二十萬。（後漢書董卓傳，又見獻帝紀興平元年）。

　　　以上獻帝時。

始元七年閏月甲辰，居延與金關為出入六寸符券齒百，從第一至千，左居官，右移金關，符合以從事。　第八。

從第一始太守，從第五始使者。符合為☑

　　此二簡前簡為居延出關之傳。後簡所言者當為虎符或竹使符之事。據漢書文紀注引應劭說，虎符及竹使符各為五校。此簡之意則為四在太守，一在使者，非五符之左符悉在郡也。又前考言宮中有門籍，今按王莽傳云：『署宗官，祝官，卜官，史官，虎賁三百人；家令丞各一人；宗祝史官皆置嗇夫，佐。安漢公在中府，外第虎賁為門衛，當出入者傳籍；自四輔，三公，有事府第皆用傳。』注，孟康曰：『傳符也』。此則用宮禁故事，非人臣之所宜有也。

又前考云：史記文帝本紀二年索隱引續漢書云：『驛馬，三十里一置』，若以簡牘記載推之，約爲三十里一候。今案左傳僖公二十三年：『晉楚治兵遇於中原，其辟君三舍。』注，『一舍三十里』。漢書賈捐之傳：『至孝文皇帝時，……有獻千里馬者。詔曰：「吉行五十里，師行三十里；朕乘千里馬，獨先安之。」』後漢書南蠻傳云：『明年(永和三年)召公卿百官及四府掾問其方略，皆議遣大將發荆揚究豫四萬人赴之。大將軍從事中郎李固駁曰：「……軍行三十里爲程，而去日南九千餘里，三百日乃到。」』是皆可以證三十里一置之事也。三國魏志注引魏略，言大秦：『郵亭驛置如中國』。又：『從安息繞海北到其國，人民相屬，十里一亭，三十里一置。』其說雖言大秦法，然當時中國亦固如是矣。

地節五年正月丙子朔丁丑，屑水候所以私印行候事，敢言之都尉府，府移太守府所移敦煌大守書曰：故大司馬博☒

按漢世罪人徙邊之事數見不鮮。高帝曾擬徙彭越於蜀，其後則解萬年徙敦煌，趙欽趙訢家屬徙遼西，並見成帝紀。傅晏妻子徙合浦，見傅喜傳。楊惲傳：『妻子徙酒泉郡』。毋將隆傳：『史立時爲中太僕，丁玄泰山太守，及尚書令趙昌諸鄭崇者爲河內太守，皆免官徙合浦。』李尋傳：『(夏)賀良等皆伏誅，尋及解光減死一等徙敦煌郡』。師丹傳：『諸造議冷褒段猶等皆徙合浦。』翟方進傳：『浩商捕得伏誅，妻子徙合浦。』息夫躬傳：『家屬徙合浦』。後漢書楊終傳上疏曰：『自永平以來，仍連大獄，有司窮考，轉相牽引，掠拷冤濫，家屬徙邊。』此皆可證徙邊之事，在漢爲常法也（參見地理志）。

地節二年六月辛卯朔……今可知實事詣官會月廿八日夕。……

後漢書百官志，『尚書左右丞各一人，四百名，本注曰，掌錄文書期會。』此亦期會之事也。今補。

元始三年八月甲辰朔丁巳，累虜候長□，塞曹史塞曹史塞曹史塞曹史。

曹全碑陰：『故塞曹史杜苗务始，故塞曹史吳產孔寸五百』。而蜀郡太守張納碑則無塞曹。非郡府無而縣有也。蓋蜀郡不當北邊，而曹全曾爲酒泉祿福長，地當北邊。塞曹非邰陽之塞曹，蓋祿福之塞曹也。

☑鉼庭隧還宿第卅隧，即日旦發第卅，食時到治所第廿一隧。☑病不幸死，宜六月癸亥所寧吏卒，書具塢上，不止入，敢言之。

　　三國蜀志諸葛亮傳注引漢晉春秋曰：『亮卒於郭氏塢』。此亦塢之在西北者也。又前考引敦煌寫本晉紀曰：『永嘉大亂，中夏殘荒，保壁大帥，數不盈卌，多者不過四五千，少者千家五百家。』當時疑數不盈卌爲數可盈卌之誤，以今觀之，卌或當作冊，而不字則未誤。蓋晉紀原意言保壁者甚少大帥，多則不過四五千家；其可稱大帥者，爲數不能盈卌也。

剌史治所，且斷冬獄。

　　司馬遷傳報任安書：『今少卿抱不測之罪，迫句月，涉季冬』。于定國傳：『冬月請治讞，飲酒益精明』。趙廣漢傳：『（劫盜）至冬當出死，豫爲調棺給葬具，告語之』。魏相傳：『久繫，踰冬令，會赦出』。夏侯勝傳：『繫再更冬，講論不怠』。此皆可證冬獄爲重罪之獄也。

將軍使者大守議貸錢古惡小萃不爲用，政更僞倩，設作五銖錢，欲使以錢行銖能☑

　　按漢書息夫躬傳云：『未聞將軍惻然深以爲憂，簡練戎士，繕修干戈，器用鹽惡，孰當督之。』注，鄧展曰：『鹽，不堅牢也。』師古曰：『音公戶反』，字作鹽，不作苦也。

庸任作者移名，任作者不欲爲庸・☑一編敢言之。

　　漢書兒寬傳：『受業孔安國，貧無資用，嘗爲弟子都養，時行賃作，帶經而鉏』。王先謙補注：『賃作爲人庸也。司馬相如傳顏注，「庸謂賃作者」。』其說是也。又尹翁歸傳：『諸霍在平陽，奴客持刀兵入市鬬變，吏不能禁』。此亦奴客並稱之一例矣。

守大司農光祿大夫臣調昧死言，守受簿丞慶前以請詔使護軍屯食，守部丞武☑以東至西河郡十一農都尉官上調物錢穀轉漕，爲民困乏脅調有餘給……

　　漢書地理志云，張掖郡，番和，『農都尉治』，其他不見注農都尉者。惟馮奉世傳云：『陽朔中，中山王來朝，參擊爲上河農都尉。』注師古曰：『上河在西河富平，於此爲農都尉。』清官本考證，齊召南曰：『地理志，西河有富昌縣，無富平縣，且富昌下亦不云農都尉治。又顏注敘傳曰：「上河地名；農都

尉者，典農事。」二注自和矛盾。案地理志富平有二，一屬平原郡故名厭次，
宣帝時更名也。一屬北地郡，有北部都尉，渾懷都尉，亦不云農都尉治也。惟
張掖郡番和縣有農都尉治明文』。沈欽韓漢書疏證曰：『河水注，「河水自麥
田山又東北逕眴巻故城西，河水於此有上河之名，又北歷峽北注，枝分東出，
又北逕富平縣故城西」。一統志：「眴巻故城在寧夏府中衞縣東，富平故城在
靈州西南」。漢屬北地郡，師古謬云西河』。王先謙漢書補注曰：『据此傳，
北地都尉當時或偶更名，志不詳載耳』。按上河一地依河水注應屬北地，不屬
西河，注中涉筆偶誤，沈欽韓好攻顏師古，故云其謬矣。今依此傳，更以地理
志核之，傳志相違。先謙稱『北地都尉當時或偶更名』其言蓋是。若更據班志
自西河以西，北邊諸郡錄其都尉，可得以下諸數：

西河	美稷	屬國都尉治	虎猛	西部都尉治
朔方	廣牧	東部都尉治		
五原	蒲澤	屬國都尉治	成宜 中部都尉治原高	西部都尉治成群
北地	富平	北部都尉治神泉障	渾懷	都尉治渾懷障
安定	參欒	主騎都尉治	三水	屬國都尉治
武威	休屠	都尉治熊水障	北部都尉治休屠城	
張掖	日勒	都尉治澤索谷	番和 農都尉治	居延 都尉治
酒泉	會水	北部都尉治偃水障	東部都尉治東部障	乾齊 西部都尉治西部都
敦煌	敦煌	中部都尉治部廣（步廣）候官	廣至 宜禾都尉治昆侖障	
	龍勒	有陽關玉門關皆都尉治		

共計九部二十二都尉，其中惟番和爲農都尉，其餘無一爲農都尉者。是地理志
之元始時期，若干農都尉已改爲非農都尉矣。而況都尉之中，若漢簡之眉水都
尉，以及趙充國傳之金城西部都尉，地理志俱失載，則所謂十一農都尉亦不得
以地理志所已載者定之也。按蕭望之傳云：『京兆尹張敞上書言，國兵在外；
以夏發隴西以北，安定以西吏民並給轉輸，田事頗廢。……願令諸有罪非盜受
財殺人及犯法不得赦者，皆得以差入穀此八郡贖罪』。注，師古曰：『八郡卽
隴西以北，安定以西』。從隴西以北，安定以西數之，計爲：安定，隴西，金

城，天水，武威，張掖，酒泉，敦煌，實得八郡。若倂西河以西之西河，朔方，五原，北地四郡，共爲十二郡；若倂上郡數之，共爲十三郡。然此十三郡。天水，隴西二郡實不臨邊，或者安定，金城，武威，張掖，酒泉，敦煌，西河，朔方，五原，北地，上郡十一郡，各有一農都尉，至哀平時始改也。漢書百官表云：『關都尉秦官，農都尉屬國都尉皆武帝初置。』是農都尉蓋與屬國都尉同置者。其地當同限於北邊；其事蓋專爲領導移民，屯田殖穀者。今雖史籍無徵，上河，番和以外不能詳言其處；然據此簡，則西河以西之農都尉凡十一，則其設置在北邊甚爲普遍；而於北邊開發之功用，自當甚偉，不待言也。

☒扁常案部見，吏二人，一人王美休謹輸正月書縄二十丈，封傳詔。

案漢書魏相傳曰：『故事諸上書者皆爲二封，署其一曰副，領尚書者先發副封，所言不善屏去不奏。』是上書之封也。路史餘論七引春秋運斗樞曰：『舜以太尉之號卽天子，東巡狩，中舟與三公諸侯臨觀河，黃龍五采負圖出置舜前，黃金爲匣，白玉檢，黃金繩，芝泥封兩端，文曰：天黃帝符璽。』此則漢人以漢代詔命之制設想而成，亦可藉以推漢制也。

南書一封居延都尉章，詣張掖太守府，十一月甲子□大半當曲卒昌受□□卒輔□亖盂食八分臨木卒□付卅井卒□□中界定行☒□二時二分。

前考以爲西漢時已分一日爲十二時，應不誤。惟漏刻百分與時之關係，前考尚有應爲修正者；蓋漢代記時之法至分而止，分（刻）以下更無再小單位之命名，而出土之漢代日晷（端方，懷履光 Rev. William C. White 及至德周氏所藏）亦無分以下之漏刻，不能謂有半分之制。漢代分以下旣無更小之單位，則其分配必利用加時法，不能應用劉半農先生所設想，或就半農先生所設想略加修正也。司馬彪續漢書律歷志曰：『推諸加時，以十二乘小餘，先減如法之半得一時，其餘乃以法除之，所得算之數從夜半子起，算盡之外，則所加時也。』在此一則中有『夜半子』三字，司馬彪雖晉人，然所述爲東漢之術，是東漢以夜半爲子也。宋寶祐四年丙辰會天具注歷，在每月月建下加時法，則爲：（嚴敦傑：『跋紅樓夢新考內西洋時刻與中國時刻之比較』曾引及之。）

　二月　　丑艮寅　辰巽巳　未坤申　戌乾亥

| 三月 | 子癸丑 | 卯乙辰 | 午丁未 | 酉辛戌 |
| 四月 | 寅甲卯 | 巳丙午 | 甲庚酉 | 亥壬子 |

此所謂：艮，巽，坤，乾；癸，乙，丁，辛；甲，丙，庚，壬；皆所加一刻於各時之末之所謂『加時』者也。以後每三月依此式更迭。若依續漢律歷志則加時之法隨歲而更，非隨月而更者。蓋歲中之日減去六十日之倍數而大餘其不及一日則爲小餘，東漢加時之法旣以小餘而定，則非逐月而改矣。惟其計時之法從夜半子起而夜半僅有半時，則起算之時（正子時）已至夜半第四刻末，似又與西漢算法不盡相同，故亦未敢輕指東漢之加時法卽西漢之加時法也。（漢舊儀漏刻之數晝夜分配亦與續志不同。）若以此簡論之，則西漢應有加時於蚤食（辰時）之一種現象，在此加時現象之下，此年之加時應爲：

　　　　　丑艮寅　辰巽巳　未坤申　戌乾亥

一種形式。但依照西漢之日晷，固定於日晷者乃刻數而非時名，足徵西漢各時因加時之關係而常在變易。西漢加時之術亦必有在子，午，卯，酉，以及在寅，申，巳，亥，之後者；非必定在辰，戌，丑，未之後也。

樂昌隧次鄉亭卒迹不在逢上塢爲囗

遣吏可用者，謹擇可用者隨亭隧……

可用者各隨亭隧不可用者☒

☒來囗囗臨亭隧彊落天田。

毋闌越天田出內迹。

陽朔三年十二月壬辰朔癸巳，第十七候長盧敢言之官移府舉書曰十一月丙寅☒渠銚庭隧以日出舉塢上一表一囗下鋪五分通府，府去銚庭隧百五十二里二百☒。

廥守亭障，不待燔積薪；畫舉亭上烽，一煙；夜舉離合苣火；次亭燔積薪，品約。

塞上士卒所據，大者曰城，其次曰鄣，又次曰亭隧。凡置郡縣之處，大都爲城。候官所治，則皆爲鄣。而候長隧長所在，則皆亭隧也。城之地寬闊，故其外不必定有外郭。鄣爲小城，亭隧則烽臺而已，其外皆需外壁，繞之，始足以容屋宇，此卽塢或壁也。亭，隧，塢，壁，諸名，其解釋已見前考；其關於隧者則見下列各條：

桂馥說文義證曰：『蒼頡篇：「障小城也」。（按見文選北征賦注）北征賦：「登障隧而遙望兮」。史記秦始皇本紀：「築亭障以逐戎人」。漢書張湯傳：「居一障間」。注云：「謂塞上要險之處，別築爲城而爲障蔽。」李陵傳：「陵以九月發，出遮虜障」。顏注：「障者，塞上險要之處往往修築，別置候望之人，所以自障蔽而伺虜也」。』

又案管子幼官篇：『障塞不審』。注：『所以防守要路也』。漢書武帝紀太初三年：『匈奴入定襄，雲中；殺略數千人，行壞光祿諸亭障』。注：『應劭曰：「光祿勳徐自爲所築列城，今匈奴從此往壞敗也」。師古曰：漢制每塞要處別築爲城，置人鎮守，謂之假城，此即郭也』。故障城即候官城，凡敦煌居延遺存之漢代候官城皆尉也。凡郡城皆設於形勢險要之處，以爲通路之要害，故諸關塞若玉門關，若肩水金關，又咸在郭間。以此論之，則函谷，陽關，蕭關，武關之屬亦當有障，此宏農縣利用函谷關城之事，亦得一證矣。至於漢書地理志，如武威休屠都尉治熊水障。酒泉會水北部都尉治偃水障，東部都尉治東部障。酒泉乾齊西部都尉治西部障。敦煌效穀治漁澤障，廣至宜禾都尉治昆侖障。北地富平北部都尉治神泉障，渾懷都尉治塞外渾懷障。五原郡稒陽北出石門障得光祿城。此所謂障者皆爲候官所治。至續漢郡國志，會稽郡東部候官（原作國，誤。）張按屬國有候官，遼東郡及玄菟郡並有候城，皆當故爲障城也。後漢書西羌傳：『詔魏郡，趙國，常山，中山，繕作塢候六百一十六所』。又：『築馬翅北界候塢五百所』。又：『虞翊書奏，帝乃復三郡，使謁者郭璜督促徒者各歸舊縣，繕城郭，置候驛』。此所謂候者，亦即指郭而言，而所謂塢者，則當指亭障以外之塢壁矣。

又障與塞常連言，漢書地理志下：『自日南障塞徐聞合浦船行五月有都元國』。漢書匈奴傳：『十年以外，百歲之內，障塞破壞，亭隧滅絕，當更發屯繕治，累世之功，不可卒復』。皆其例也。塞者，漢書匈奴傳：『起塞以來，百有餘年，非皆以土垣也；或因山巖石，木柴僵落，谿谷水門，稍稍平之；卒徒築治，功費久遠，不可勝計』。是塞爲邊境之防禦工事，而障則塞上險要之區屯兵置戍之所，故障塞常並言也。漢書匈奴傳：『匈奴三千餘騎入五原，略殺數

千人，後數萬騎南旁塞獵，行攻塞外亭障』。在此所言，塞者，『土垣』，『木柴僵落』；亭者烽隧塢壁；障者候城：三物不同，釐然有別，從可知矣。然障與塞常相關涉，故有時障塞互稱，漢書地理志敦煌宜禾都尉『治昆侖障』，而後漢書明帝紀：『遣奉車都尉竇固，駙馬都尉耿秉，騎都尉劉張，出敦煌昆侖塞』。此則由於『鄣謂塞上要險之處，別築爲城』，故或稱障，或稱塞，皆不難明其所指也。塞又與亭並稱：貢禹傳，『諸官奴婢十萬餘人，戲遊無事，稅良民以給，歲費五六鉅萬，宜免爲庶人，廩食，代關東戍卒乘北邊亭塞候望』。是其例，又塞亦稱爲徼。漢書食貨志下：『新秦中或千里無亭徼，於是誅北地太守以下，而令民得畜邊縣』。注：『晉灼曰，「徼塞也」。師古曰：晉說是也』。是亭徼者卽亭塞，亦卽烽隧與土垣，虎落，諸防禦工事；雖不言障候，而障候自在其中。三國志魏志鄧艾傳：『艾在西時，修治障塞築起城塢。泰始中羌虜大叛，頻殺刺史，涼州道斷，吏民安全者皆保艾所築塢焉』。故障塞城塢本爲有別之四物，此雖並稱，仍宜見其同異；後專稱塢，亦由塢多於城，吏民多保塢間，故特稱之也。

〔附註〕 鄣塞連稱者，如漢書高紀十一年注張晏曰：『邊郡將萬騎行鄣塞』，漢舊儀：『太守各將萬騎行鄣塞』，後書馬援傳：『援乃將三千騎出高柳，行鴈門代郡上谷障塞』，後書西羌傳：『初開河西，列置四郡，通道玉門，隔絕羌胡使南北不相交關，於是障塞亭燧出長城外數千里』，此皆鄣塞連稱者也。又單稱塞者如、高紀二年；『繕治河上塞』，高紀十二年：『盧綰與數千人，居塞下』，高紀二年六月：『興關中卒乘邊塞』，武紀太初三年：『遣光祿勳徐自爲築五原塞外列城，西北至盧朐』，鼂錯傳：『秦北攻胡，築河上塞』，匈奴傳：『單于自請留居光祿塞下』，又匈奴傳．『漢遣長樂衛尉高昌侯董忠車騎將軍韓昌……送單于出朔方雞鹿塞』，食貨志下：『初置張掖酒泉郡，而上郡，朔方，西河河西開田官，斥塞卒六十萬人戍田之』。(案此節當與農都尉有關，見前。)此皆鄣塞，或塞，之例也。

烽火之事，據漢書賈誼傳注：『文穎說：「邊方備胡，作高土櫓，櫓上作桔槔，桔槔頭兜零；以薪草置其中，有寇則火燃；舉以相告，曰烽。又多積薪寇至則燃之以望其煙，曰燧。」』今案漢書郊祀志上：『秦以十月爲歲首，常以十月上宿郊見，通權火』。注：『張晏曰：「權火，烽火也，狀如井挈皋矣。

其法類稱，故謂之權火，欲令光明遠照，通於祀所也。漢祀五時於雍，五十里一燎火。」如淳曰：「權舉也」。師古曰：「凡祭祀通舉火者，或以天子不親至祠而望拜，或以衆祠各處，欲其一時焉饗，宜知早晏，故以火爲之節度也。」』由此言之，桔橰所舉者爲火，文穎之說是也。其舉火於兜零則以兜零中（籠中）當盛有盆盎之屬，薪草置於盆盎之中故不致燃及兜零。亭隧相望有定處，一籠之火自可望見於數十里以外也。郊祀志所言通體大者雖爲祠神定時之用，然其物固與塞上無殊。自可相爲互證矣。（烽燧之火，蓋亦以日至日易故者。又改火之事至宋猶然，宋會要運歷二九一：『禁火乃周之舊制，唐及宋清明日賜新火，亦周人出火之制。』前文未引，今併及之）。至於苣火之制，則古今並用手持，不得在籠中。漢書蒯通傳：『卽束縕請火於亡肉家』。文選西京賦：『夷蘊崇之，又行火焉。』亦皆炬火一類。其炬火之有脂者，大而小雅之庭燎（參見詩疏），小而禮記檀弓童子所執之燭，以至於右文炎光諸字所從者，皆當與烽燧間苣火有相關之處。是簡言離合苣火者，常用手持離合其光以示警，自與桔橰所舉停而不動者，有所殊別矣。壁，簡中通作辟；今案漢書劉賈傳：『已而楚兵擊之，賈輒避不肯與戰』。清官本齊召南曰：『史記作賈輒壁不肯戰，是堅守壁壘意，此作避是避其鋒也。』王念孫漢書雜志曰：『避本作壁，壁不肯與戰，謂築壁壘而守之，不肯與戰也。吳王濞傳「條候壁不肯戰」，是其證；後書耿弇傳注「壁謂築壁壘也」。後人不知其義而改壁爲避，其失甚矣。荊燕世家正作「壁不肯與戰」。』案王說是也。惟壁字甚難改爲避字，原文當作辟；而辟又通避，（孟子：『段干木踰垣而辟之』，『伯夷辟紂』，皆其例）。遂爲人改作避矣。

簡文『第卅四隧池蓬鹿盧不調』，今案地蓬之設蓋由亭隧之外偶有高曠之地，便於望遠，故亦施烽竿；因其不在亭隧之上，故曰地蓬也。然其爲處必距亭隧不能過近，否則可以在隧上施之，不必立於地上矣。是地蓬用蓬竿施桔橰，應與隧上之蓬相同，無二致也。蓬竿三丈（沙畹六九四簡），合今度二丈一尺，桔橰懸其頂不能長過三丈，其兩端各一丈五尺，仍距地甚高，非人手所能及也。故蓬用桔橰上下，而桔橰又必用鹿盧（滑車）上下，然後可舉高而及遠。

然則以鹿盧上下桔橰，不惟地蓬用之，隊上之蓬亦當用之矣。

買芯卅束束四錢給社

官封符爲社市買□☑

入秋社錢千二百　元鳳三年九月乙卯□☑

對祀具　雞一，黍米二斗，稷米一斗，酒二斗，鹽少半斤。

　　漢書睦弘傳：『是時昌邑有枯社木，臣，復生。』注：『師古曰社木，社主之
　　樹也。』古微書引春秋潛潭巴曰：『里社鳴，此里當有聖人出，其晌，百姓歸
　　之，天辟亡』。三國志公孫度傳：『襄平延里社生大石，長丈餘，下有三小石
　　爲之足』。又六韜略地篇：『社叢勿伐』。此皆社樹及里社之例也。

出藥矢銅鏃二百，完。

　　淮南兵略篇：『疾如錟矢，何可勝偶』。王念孫校錟字當爲鏃字。呂氏春秋貴
　　卒：『所爲貴於鏃矢者，爲其應聲而至』。義與此同，亦當作鏃。注：『鏃（鏃）
　　矢，輕利也；小曰鏃（鏃）矢，大曰篇矢』。王氏引本文而不及此注。據此注則
　　鏃者鏃之小者，鏃小則羽必翦，而矢輕利矣，此相關之義也。凡以金爲鏑者始
　　可小而重，故詩疏引孫炎云：『金鏃斷羽，使箭重也。』文選注引李巡云：『鏃
　　以金爲箭鏑也。』凡爲矢鏑，骨石皆輕，惟金獨重，考工記鄭注：『（鏃矢）參
　　訂而平之者，前有鐵重也。』是其義。然鏃之原義，應爲矢之金鏑。翦羽乃自
　　小矢鏑而相承之義，而小鏑之義更自金銅鏑之義推衍而成。鏃字從金，本不宜
　　以翦羽爲初訓；矢之有鐵亦當起自戰國以後尤不得竟有其事於大雅行葦之時。
　　此所以漢簡中以鏃稱銅鏑正得古義，可以理釋經各家之惑者也。

吏奴下薄賤，多所迫。近官廷不得去尺寸。家數失住人，甚母狀。叩頭。子覆不羞
慈，負入收錄置意中，殺身見以報厚恩。彭叩頭。因道彭今年母狀小疾，內錢家
室，分離獨居，因致母禮物至，至子覆君沓前，甚母狀。獨賜膞賚，前歲宜弄走至
前。迫有行塞，未敢去署。叩頭請子覆君沓。

示便致言解俱叩頭。比得謁見。始餘盛寒不和，唯爲時平衣強奉酒食。愚戀母愈，
甚厚。叩頭。數巳張子春累母巳。子覆奉以彭故，不遺亡至亡得。已蒙厚恩，甚
厚。謹因子春致書，彭叩頭。單記□□不□。彭叩頭。

按臘祭自左傳『虞不臘矣』以至月令所記，皆在夏正十月。秦始皇以十月爲歲首，秦正月卽漢武帝太初歷十月，凡史記稱十月者皆史公追改之。秦以太初歷之九月爲嘉平，在秦則爲十二月也。是臘祭在秦已改在歲終。至太初改歷，臘祭遂自秦制改至建丑之十二月，非復建亥之九月矣。楊惲報孫會宗書曰：『田家作苦，歲時伏臘，烹羊，炮羔，斗酒自勞。』伏臘並言，伏者，夏至後稱三庚；臘者，冬至後第三戌也。漢書東方朔傳：『伏日詔賜從官肉。……朔……謂其同官曰：「伏日當蚤歸」。』又元后傳：『漢家正臘日，獨與其左右相對飲食』。可證飲食之會，伏臘相同。嚴延年母欲從延年臘者正謂與此飲食之會。御覽三十三引謝承書謂『第五倫母老不能之官，臘日常悲戀垂涕』，亦謂臘日之會矣。漢書天文志：『臘明日人衆卒歲一會飲食，故曰初歲』。初歲者，歲前之歲，一曰小歲，御覽三十三引崔寔四民月令：『臘明日，謂小歲。進酒尊長，修刺賀君師』。卽其事也。

出自第十四本（一九四八年六月付印，一九五九年十一月重印）

象郡牂柯和夜郎的關係

勞　榦

　　對於名實的關係，許多事物是同名異實的，許多事物是同實異名的，也有許多事物是名實之中一部分相關但不完全相等。在這許多名實繚繞的紛紜狀態之中，許多糾紛和誤會便由此產生。秦有象郡，漢武帝也曾設象郡；漢武帝時有夜郎國；漢書地理志牂柯郡也有一個夜郎縣為牂柯都尉治所。然而秦的象郡不應誤為漢的象郡；牂柯郡的郡界雖以夜郎國境為基礎，但也不是就等於夜郎國。郡治故且蘭也並非夜郎國都。

（甲）　秦的象郡和漢的象郡

　　秦的象郡應當在越南境內，這是一個用不着懷疑的事。史記秦始皇本紀云：『三十三年發諸嘗逋亡人，贅壻，賈人，略取陸梁地，為桂林，象郡，南海，以謫遣戍。』注韋昭曰：『今日南。』漢書地理志：『日南，故秦象郡。』晉書地理志：『日南郡，秦置象郡，漢武帝改名焉。盧容，象郡所居。』可見秦象郡在漢的日南，史家相承，向無異說。

　　至於象郡的地望，可以盧容為中心來推定。盧容所在，水經溫水注云：『……又南逕四會浦，水上承日南盧容縣西，古郎究內漕口，馬援所漕水，東南屈通郎湖，湖水承金山郎究究水北流，左會盧容壽泠二水。盧容水出西南區粟城高山，山南長嶺連接天障，嶺西盧容水淡，隱山遠西衛北而東逕城北。』又云：『自四會南入，得盧容浦口，晉太康三年，省日南郡屬國都尉，以其所統盧容縣還日南郡，及象林縣之故治。晉書地道記曰：「郡去盧容浦口二百里，故秦象郡象林縣治也」。』又云：『康泰扶南記曰：「從林邑至日南盧容浦口，可二百餘里。從日南發往扶南諸國，常從此口出也。」』照這幾段說來，盧容的方位是可以從：（1）四會浦，

（2）盧容浦，（3）區粟城等處來推定的。區粟城的坐落在水經注溫水注中也說到的。法國人鄂盧梭（Leonard Aurouseau）對於喬治・馬司帛洛（Georges Maspero）占婆史（Le Royaume de Champa）的書評（河內遠東法國校刊一九一四年十四卷九號，馮承鈞西域南海史地考證譯叢續篇有譯文，題爲占城史料補遺。）認爲『郞湖就是名曰 Câu-hai 的大海湖之東湖，四會浦就是順安（Thuân-an）海口，盧容浦就是 Câu-hai 湖在 Chu-may 西岬北邊的入海口。……古之區粟近在承天府河之南，就在今日 Ban bô 地方。嗣德陵通道所橫斷廢址之中。』這一個遺址在順化附近是一個最重要的遺址，可以證明爲漢代日南郡的西捲城和水經注所稱的區粟城的。照水經注所記盧容城約在區粟城的近處，且同在一個三角洲。此處卽現在越南京城順化所在，因此秦的象郡也不妨以順化爲中心來推定他的地域。

此外，照晉書地道記，晉的盧容浦口爲秦象郡的象林，這和漢代象林縣應在現在越南的廣南（Quang-nam）以南數十公里的 Dong-duong，是不同的，這又是一個同名異地的事。

現在再討論象郡的設置。秦時略取陸梁地，設南海，桂林，象郡。趙佗時仍前境域。漢武帝始分爲九郡。史記南越列傳云：『南越王尉佗者，眞定人也。姓趙氏。秦時已幷天下，略定揚越，置桂林，南海，象郡，以謫徙民。……（佗）行南海尉事。……秦已破滅，佗卽擊幷桂林，象郡，自立爲南越武王。』漢書南粵傳云：『夜郞兵未下，南粵已平，遂以其地爲儋耳，珠崖，南海，蒼梧，鬱林，合浦，九眞，日南，九郡。』所以秦的三郡，卽漢的九郡，象郡的領域當然在此九郡之中，而不應當在九郡之外。

但是漢武帝却也曾經在九郡之外設了一個象郡。按着地域說來，大都爲夜郞國境。夜郞是西南夷，象郡是舊陸梁地，兩處本有分別。並且史記明設趙佗擊幷象郡，而南越對於西南夷，却是：『南越以財物役屬夜郞，西至同師，然亦不能臣使也。』（史記西南夷列傳。）這樣顯然象郡不是西南夷。因此我們決不應當將二者來混爲一談。

誤解古書把秦象郡認爲卽漢象郡的有兩個人。一個是法國亨利・馬司帛洛，（Henri Maspero），他的論文在河內遠東法國學校校刊一九一六年第十六卷四九至

五五葉，一個是日本佐伯義明，(Y. Saegi) 他的論文見於一九二八年史學雜誌三十九卷十號。他們根據的不外下列四條：

　　a. 漢書昭帝紀，元鳳五年（前七六年）秋，罷象郡，分屬鬱林，牂柯。

　　b. 山海經海內東經，沅水出象郡鐔城西。入東注江，入下巂西，合洞庭中。

　　c. 山海經海內東經，鬱水出象郡而西南注南海。

　　d. 漢書高帝紀注，臣瓚曰，茂陵書，象郡治臨塵，去長安萬七千里。

這四條的根據，歷來談到象郡問題的都不相信，例如齊召南在清殿本漢書所附的考證說：

　　　按此文可疑，秦置象郡，後屬南越，卽故象郡置日南郡。以地理志證之，此時無象郡名，且日南郡固始終未罷也。

至於錢大昕的二十二史考異，全祖望的漢書地理志稽疑，吳卓信的漢書地理志補注，周壽昌的漢書注校補，王國維的秦漢郡考，也都不承認這幾條的眞實性。法國人鄂盧梭的秦初平南越考 (Leonard Aurouseau : La Premiere Conquete Chinoise des pays Annamites. 有馮承鈞譯本) 也是不承認有北方的象郡的。

　　鄂盧梭的理由較爲具體。他認爲在這四條理由之中，最有力是昭帝紀的一條，但這一條是毫無根據的。山海經的兩條也不可靠。因爲山海經是一部奇異而迷罔的書，四庫全書便把他列在子部小說之內。此書或成於西漢時代，最早的本子當在一世紀下期，惟自此以後，屢經改竄，若是僅僅根據此書的材料考訂古代的政治地理，是一種危險的事。至於茂陵書的一條。他以爲昔日的臨塵，在今廣西南寧之西，前漢時爲鬱林郡的一個屬縣，從長安到南寧，其距離要不過一千至兩千公里之間，別言之卽兩千到四千華里。茂陵書說萬七百五百里，數目太大了。不過里數似乎比地名難錯些，所以錯誤應當在地名上，卽臨塵乃由臨邑而誤，臨邑卽是林邑。義淨南海寄歸內法傳卷一云：『南至占波，卽是臨邑。』所以臨邑卽林邑，二字同音，例可通叚。因此他的結論認爲此四條都不可信據，他主張『毅然將此文屛除』。

　　但這能算這一個問題的最後結論嗎？當然不是。用這樣手續來處理這個問題當然還有漏洞。第一，漢代既無象郡，爲甚麼昭帝紀忽然竄入這一條，未免太突兀了。只說不可信賴而不能充分說明這條所以能夠出現的理由，還不能使人心服。第

二，據山海經的兩條，和戰國及秦代情況不合，自然非戰國及秦代舊文，其爲漢武帝時期以後的人竄入，也可以說不致有多大問題。但假設武帝時並無象郡，又何爲忽然參入此二條不屬於神話範圍的地理記載，而且以地望來說，也和昭帝紀所稱應爲接近鬱林和牂柯者冥若符契的相合？所以更不應當用『偶然現象』來解釋，說是都不可信據便算了事。第三，數目字的錯誤和名稱上的錯誤，機會至少相等，決不能說數目字難得錯誤些。據一般地理書來看，數目字或者更容易錯誤。況西漢日南郡治在盧容，不在林邑，並且西漢亦無林邑一個地名，只有象林縣，到後來二百餘年之後，林邑建國才有林邑一名，在茂陵書中無從預見『林邑』二字，更無從錯寫成『臨邑』，再從『臨邑』錯寫成『臨塵』。

　　因此，我們實在不敢因爲有一二處疑點，便對古代材料輕下斷語，說他是不可信。固然，秦的象郡在越南境內，是一個確然無疑的事；但漢的象郡在貴州和廣西之間，却也是一個不容否認的事。關於漢代的象郡爲甚麼不和秦代的象郡設到同一的地方，雖尙不能有最堅確的解答。揣測起來，似乎最近情理的可能，便是武帝通西南夷的目的，爲的是要平定南越，因此便在西南夷中最接近南越的地方，也設置一個象郡。這種相似的例子在三國和南北朝很容易找到。所以漢武帝象郡的設置應在元光五年（前一三〇）唐蒙通西南夷之後，而在元鼎六年（前一一一）平定南越之前。到南越既定，南越的象郡分成三郡，各立嘉名。未平南越以前在今貴州廣西一帶設置的象郡，便乃保存着象郡之名，一直到昭帝時代。

　　但漢通西南夷分兩個時期。在建元時因爲北方的情形還很嚴重，對於西南夷只能作初步的經營，此爲第一個時期。史記西南夷列傳云：

　　建元六年（前一三五年），六行王恢擊東越，東越殺王郢以報。恢因兵威使番陽令唐蒙風指曉南越，南越食蒙蜀枸醬，蒙問所從來，曰：『道西北牂柯』。牂柯江廣數里，出番禺城下。蒙歸至長安，問蜀賈人。賈人曰：『獨蜀出枸醬，多持竊出市夜郎。夜郎者，臨牂柯江，江廣百餘步，足以行船。南越以財物役屬夜郎，西至同師，然亦不能臣使也』。蒙乃上書說上曰：『南越王黃屋左纛，地東西萬餘里，名爲外臣，實一州主也。今以長沙豫章往，水道多絕難行。竊聞夜郎所有精兵，可得十餘萬，浮船牂柯江，出其不

意，此制越一奇也。誠以漢之彊，巴蜀之饒，通夜郎道，爲置吏，易甚』。
上許之，乃拜蒙中郎將。將千人，食重萬人，從巴蜀筰關入，遂見夜郎侯多
同。蒙厚賜喻以威德，約爲置吏，使其子爲令。夜郎旁小邑皆貪漢繒帛，以
爲漢道險，終不能有也，乃且聽蒙約還報，乃以爲犍爲郡。發巴蜀卒治道，
自僰道指牂柯江。蜀人司馬相如亦言西夷筰邛可置郡，相如以郎中往喩，皆
如南夷，爲置一都尉十餘縣，屬蜀。……及（公孫）弘爲御史大夫，是時方
築朔方，以據河逐胡。弘因數言西南夷害，可且罷，專力事匈奴，上罷西
夷，獨置夜郎兩縣一都尉，稍令犍爲自葆就。（集解，徐廣曰：『元光六年
南夷始置郵亭』。）

所以武帝通西南夷的動機，實在是爲的利用牂柯江在南越上游，藉此可以爲伐越的
準備的原故。因此，在西南夷設立一個和南越境界同名的象郡，是可能的。不過在
開通西南夷的初期，在西南夷只有一個『稍自葆就』的犍爲郡，其夜郎境內只有一都
尉兩縣，若說還有一個象郡，似乎對當時的史實不合。

到元鼎六年（前一一一年），南越反，漢對西南夷才作一個總的整頓。史記西
南夷列傳又云：

及至南越反，上使馳義侯因犍爲發南夷兵，且蘭君恐遠行，旁國虜其老弱，
乃與其衆反，殺使者及犍爲太守。漢乃發巴蜀罪人，嘗擊南越者，擊破之。
會越已破，漢八校尉不下，卽引兵還，行誅頭蘭。頭蘭者，常隔滇道者也。
巳平頭蘭，遂平南夷爲牂柯郡。夜郎侯始倚南越，南越旣滅，還誅反者。夜
郎侯遂入朝，上以爲夜郎王。南越破後，及漢誅且蘭邛君，並殺筰侯。冉駹
皆振恐，請臣置吏。乃以邛都爲越嶲郡，筰都爲沈犂郡，冉駹爲汶山郡，廣
漢以西白馬爲武都郡。

可見在伐南越時，還只有犍爲郡，牂柯越嶲各郡還是平越人之後才有的，象郡自然
談不到，因此說象郡是平南越以前設立的，根據就不充分了。又漢書西南夷傳說：

及至南粵反，上使馳義侯因犍爲發南夷兵。且蘭君恐遠行，旁國虜其老弱，
乃與其衆反。殺使者及犍爲太守。漢乃發巴蜀罪人，嘗擊南粵者八校尉擊
之。會粵已破，漢八校尉不下，中郎將郭昌衛廣引兵還，行誅隔滇道者且

蘭。(按且蘭當從史記作頭蘭，史記於反者作且蘭，而隔滇道者作頭蘭，明屬兩地，漢書俱作且蘭，蓋淺人妄改。)斬首數萬，遂平南夷爲牂柯郡。夜郎侯始倚南粤，南粤已滅，還誅反者，遂入朝，上以爲夜郎王。南粤破後，及漢誅且蘭，邛君，並殺筰侯，冉駹皆震恐，請臣置吏。以邛都爲粤巂郡，筰都爲沈黎郡，冉駹爲文山郡，廣漢西白馬爲武都郡。

據史記西南夷列傳太史公論曰：『後揃剽二方，卒爲七郡』。集解：『徐廣曰，犍爲，牂柯，越巂，益州，武都，沈犂，汶山地也』。集解是依照本傳以前所述的，恰爲七郡。中間並未提到象郡郡名。所以在平定南越的前後，均找不出來設置象郡的地位。因此對於象郡認爲是平定南越以前或初定南越時所設置，都是不合於歷史記載的揣測。

我們對於歷史上兩種互相矛盾的記載，除非萬不得已，並且確有堅強的證據，不但不應當認爲兩種記載是『必有一誤』，並且也不能『增字』，『減字』，或『改字』的。倘若認爲漢的象郡是平南越時的越地，那就無從相合於史記南越尉佗列傳的『遂爲九郡』，此九郡在漢書已指明爲：『儋耳，珠崖，南海，蒼梧，鬱林，合浦，交阯，九眞，日南』共爲九郡，倘若認爲象郡是平西南夷時的西南夷地，也無從相合於史記西南夷列傳前後所記以及徐廣指出的七郡。總之，統合南越和西南夷地，在這九和七共十六郡之中，除非改字釋史，實不是找到容納象郡的地位，因此無法認爲在元鼎六年(前一一一年)以前曾置有西南夷的象郡。

那麽，這一件事應當如何解決呢？在若干方面的夾縫中，只有一個可能的假設，那便是漢武帝元鼎六年(前一一一年)設置西南夷境中的七郡，而昭帝元鳳五年(前七六年)罷去象郡。象郡的設立，便在此三十五之間。卽象郡是武帝晚年或昭帝初年增置之郡，與舊日秦的象郡並無相承之處。

漢書昭帝紀元鳳五年罷象郡的一條材料，只說將象郡併入鬱林和牂柯，至於象郡在未設郡之前，其境是否屬於鬱林和牂柯，從這一條材料看，是無法知道。茂陵書所說象郡治臨塵，臨塵縣據漢書地理志是屬於鬱林郡的，與昭紀併象郡一部分入鬱林的記載相符，但未設郡之前和南越及與鬱林的關係，從這一條也不能知道。至於山海經的兩條，山海經本身當然要愼重審核，但這兩條和昭紀及茂陵書並無衝

突，未嘗不可以採用。其鄂盧梭所說隨時附益的話，按此書在劉向校書時卽已凝固，決不可以說有東漢以後的人的附益。

山海經海內東經：『沅水出象郡鐔城西，入東注江，入下巂西，合洞庭中』。又海內東經：『鬱水出象郡而西南注南海』。這兩條雖然也不能直接看出象郡和其他各郡的因革，但和昭帝紀及茂陵書互相參證，那就不難看出和西南夷境域的關係來。

鐔城，漢書地理志作鐔成，屬武陵郡，王先謙補注曰：

> 淮南人間訓，尉屠睢五軍：『一塞鐔城之嶺』，鐔城卽鐔成也。續志：『後漢因』。一統志：『今靖州，黔陽，綏寧，通道，會同，天柱縣地。故城在黔陽西南。』沅水篇：『旁溝水自牂柯故且蘭來，東至鐔成縣爲沅水，下入無陽』。

下巂，漢書地理志屬長沙國，王先謙補注曰：

> 一統志：『故城在沅陵縣東北』，後書馬援傳：『援征五谿，軍次下巂。』計其地當在澧州安鄉縣。然歷代地理志，俱以通城，巴陵，臨湘當之。馬援軍次下巂，進壺頭‧去岳州武昌，相隔千里。卽以沅陵爲下巂，亦屬可疑，下巂屬長沙，不應反在武陵西也。紀要：『巴陵縣本漢下巂縣地，故城在沅江縣東』，章懷注云：『在沅陵縣』，誤也。

王氏這裏的考訂是對的。照此說來，參以山海經的兩條。卽沅水發源於故且蘭的旁溝水，東至黔陽縣附近的鐔城爲沅水，再到沅江縣以東的下巂入洞庭。至於鬱水所在，據水經溫水注：『鬱水卽夜郎豚水也。……豚水東北流，……東逕牂柯郡且蘭縣，謂之牂柯水。水廣數里，縣臨江上，故且蘭侯國……牂柯郡治也。』所謂鬱水的大約等於現在的融江，下入柳州爲柳江。

上文所說的 (1) 臨塵(南寧附近)，(2) 鐔成(黔陽附近)，(3) 鬱水（融江），再加上牂柯和鬱林兩郡的交界區域，漢象郡的大略範圍，也就不難知道。漢象郡的境界是從湖南西部的黔陽，跨過湖南，貴州，廣西三省的交界處，例如貴州的天柱‧榕江，荔波；廣西的龍勝，三江，融縣等處。再按照臨塵的範圍，則宜山，南寧，百色，都應當在這個範圍之內。假若不然，那就在黔陽的鐔成和在南寧的臨塵，不能聯絡了。此外還有越南東京的宣光省在漢爲牂柯的西隨縣的，也應當屬於

在現在南寧的象郡郡治臨塵的象郡太守治下，因爲臨塵是一個比較接近的郡治。

這幾處地方，漢時在作地理志根據的元始時代，鐔戍是屬於武陵郡的；秦時武陵爲黔中郡（據續漢書郡國志，水經沅水注，並云武陵秦時爲黔中郡）。據淮南人間爲，鐔成爲秦時邊徼，應當卽是黔中的邊徼。到漢時改黔中爲武陵，所以鐔成也是武陵的邊徼，因此象郡的鐔成應當是從武陵郡撥去的。至於天柱榕江等處地方，適當蠻水上游應卽是且蘭故地。而百色附近，卻爲漢句町縣，也就是句町侯國，後爲句町王國，的所在。所以漢的象郡，應當是夜郎平定之後，分夜郎國以外的南夷諸地，再加上武陵郡的鐔成而設的。

據以上的分析，象郡的來源不難明瞭，據史記和漢書西南夷傳，漢將南夷地方設立牂柯郡，其中包括的是夜郎，且蘭，和句町諸國，漢象郡既包含且蘭的一部分和句町，其從牂柯分來是很顯明的。其臨塵附近雖不知是否原屬鬱林，但以鐔成的例子看來，似乎有原屬鬱林的可能。並且從『象郡』的命名看來，似乎郡治的臨塵，從前爲南越的一部。

（乙）　牂柯與夜郎

牂柯的境域，大部分在現代的貴州省，這是不成問題的。然而再稍加推求。牂柯境內主要的是夜郎國的地方；夜郎國的境域是怎樣的，那便有問題了。

關於夜郎國的位置，只有據下列幾條史料來推求：

（a）漢書西南夷傳：（唐蒙）見夜郎侯多同，蒙厚賜諭以威德，約爲置吏，使其子爲令。夜郎旁小邑，皆貪漢繒帛：以爲漢道險，終不能有也，迺且聽蒙約還報。迺以爲犍爲郡，發巴蜀卒治道，自僰道指牂柯江。

（b）後漢書西南夷傳：西南夷在蜀郡徼外者有夜郎國。東接交阯，西有滇國，北有邛都國，各立君長，其人皆椎結左袵。

這兩段雖然未將夜郎國的地位詳細指出來，但有幾個重要的啓示。

一，夜郎是在蜀郡徼外，不在巴郡徼外，卽夜郎的境域當在今成都以南，不在今重慶以南。

二，夜郎旁的小邑漢共收爲犍爲郡。但犍爲的僰道（宜賓），江陽（瀘縣），據

華陽國志却是自蜀郡畫入。因此這些地方還應當在僰道及江陽之南。此外夜郎以北的邛都國，在入漢以後爲越巂郡當現在的西昌一帶。所以夜郎應當在現在西昌之南，而與現在宜賓，瀘縣等地相去不太遠。

三，通夜郎的大道是『自僰道指牂柯江』，僰道卽現在的宜賓，從宜賓向南是雲南的東部和貴州的西部，所以夜郎應在此一帶。

因此，據以上的推論，對於夜郎境域的位置，自應假定爲『雲南和貴州之間』。

夜郎的位置現在可以大致知道了。現在再用水道和道里來決定，今摹出在下面：

(a) 漢書地理志，牂柯郡夜郎，豚水東至廣鬱，莽曰同亭。

(b) 水經溫水，溫水出牂柯夜郎縣。——注，縣，故夜郎侯國也。唐蒙開以爲縣，王莽曰同亭矣。溫水自縣西北流，逕談蒩（按當在今雲南平縣），與迷水合（按卽今白石江），水出益州之銅瀨縣（按卽今雲南馬龍）談府山，東逕談槀，右注溫水。溫水又西逕昆澤縣（按卽今雲南陸涼，昆澤卽陸涼海子），又逕味縣（按卽今雲南曲靖縣，王先謙以爲此句應在『又西逕昆澤縣』之前，甚是），縣，故滇國邑也。諸葛亮討平南中，劉禪建興三年，分益州郡，置建寧郡於此。水側皆是高山，山水之間悉是木耳夷居。語言不同，嗜欲亦異。雖曰山居，水差平和而無瘴毒。

(c) 水經溫水注，鬱水卽夜郎豚水也。豚水東北流，逕談蒩縣，東逕牂柯郡且蘭縣，謂之牂柯水，水廣數里，故且蘭侯國也。一名頭蘭，牂柯郡治也（按頭蘭非且蘭，酈氏誤）。楚將莊蹻泝沅伐夜郎，秫牂柯繫船，因名且蘭爲牂柯矣。

(d) 宋書地理志，寧州刺史。晉武帝太始七年，分益州南中之建寧，興古，雲南，永昌四郡立。……惠帝太安二年，復立。增牂柯，越巂，朱提，三郡。

(e) 宋書地理志，『牂柯太守……去州一千五百里』。『萬壽令，晉武帝立』。『且蘭令，漢舊縣，云故且蘭，晉書地理志無』。

(f) 宋書地理志，『夜郎太守，晉懷帝永嘉五年，寧州刺史王遜分牂柯，朱

提，建寧立，去州一千』。『夜郎令，漢舊縣，屬牂柯』。

　　(g) 宋書地理志，『晉寧太守，……去州七百三十。建伶令，漢舊縣』。根據以上水經注的材料，夜郎為溫水和鬱水發源的地方，溫水為今北盤江，鬱水為今南盤江，都在今雲南和貴州兩省的交界處。卽是在霑益，平彝，宣威，威寧各縣一帶發源。這和前節根據漢書和後漢書的西南夷傳假設夜郎國在雲貴之間正和符合。所以現在便將夜郎假定在霑益，平彝，宣威，威寧等縣地方，再按道里來決定那一個最合適。

　　道里的記載，只有宋書地理志的幾段，都是以寧州刺史及建寧太守所治城，味縣，為標準的。味縣的故址，據清一統志說卽在曲靖城西十五里平川中，舊名洪範川。雲南通志說，舊名三岔，故城遺址尚存。爨寶子碑卽在此附近發現的。寶子是晉的建寧太守，這是很可以證明的。此外諸言地理沿革的，也並無若何有力的異說。所以晉宋的建寧郡治在現今曲靖附近，可以說並無多大問題了，因此以這一個地方來作道里的標準是可以的。

　　現在便以道里的遠近來決定夜郎的坐落。宋書地理志所記道里當然是劉宋的尺度標準，未嘗不可以折合現在的道里，不過這一帶是山地，決不能輕易折合公路的數目，或驛路的數目：只能用宋代的附近地方的道里比較推勘，或者較為近似些。據宋書地理志，夜郎郡去州一千里，晉寧郡去州七百二十里，卽夜郎與晉寧去州距離之比，約為四比三稍強。晉寧治建伶，據清一統志在昆明西北（大約不能過二十里，因為太遠便入山了。）今假定建伶故址去昆明城十五里，那就自味至建伶和自曲靖至昆明略同。用這個標準算作三在地圖上來量，則自曲靖稍西至貴州的郎岱恰為四。不過自曲靖至昆明道路平坦，曲靖至郎岱道路崎嶇，所以計算道里為昆明曲靖間的三分之四稍強，自不為過。郎岱距北盤江不遠，和史記西南夷列傳中蜀賈人所述：『夜郎者，臨牂柯江』的記載相符。據水經注豚水和溫水都在夜郎縣境發源，今按北盤江（豚水）發源於宣威附近，距茅口不遠；南盤江（溫水）在郎岱附近是只有支流的；不過酈道元足跡未出北朝，記長江以南的事雖然所用材料甚好，但他間有謬誤，這一段也是不能不加以鑒別的。（據郵政地圖，曲靖至昆明為二二〇・一公里，曲靖至郎岱為三〇五・三公里，亦為三比四稍強。若以道里論再以沿

江的地域爲難，似乎茅口更合適些，不過茅口只是一個峽谷中的小鎮，有無遺址不可知，所以只好暫定爲郎份了。）

漢書地理志牂柯郡十七縣，其記有水道的，計有：

故且蘭，沅水東南至益陽入江，過郡二，行二千五百三十里。

鐔封，溫水東至廣鬱。入鬱，過郡二，行五百六十里。

鱉，不狼山鱉水所出，東入沅，過郡二，行七百三十里。（按鱉水卽烏江乃至涪陵入江，非入沅的，漢志誤。）

母斂，剛水東至潭中入潭。

夜郎，豚水東至泛鬱，都尉治。

西隨，麋水西受徼外，東至麊泠入佷龍谿，過郡二，行千一百六里。

都夢，壺水南入佷龍谿。

句町，文象水東自館食入鬱，又有來唯水，瀛細水 伐水。

這幾處地方，故且蘭，鱉，都屬於長江支流的沅水流域。（據志所記）。鐔封，母斂，夜郎，句町都屬於珠江流域。西隨和都夢都屬於紅河流域。據桑欽的水經本文：『沅水出牂柯且蘭縣，爲旁溝水，又東至鐔成縣爲沅水。『在鬱水並未提到且蘭城（經注的分，在此處各家無甚出入），但注中却說：『豚水東北流，逕談藁縣，東逕牂柯郡且蘭縣，謂之牂柯水。水廣數里，縣臨江上，故且蘭侯國也。』豚水卽北盤山，由北盤江到沅江發源處，中隔數百里，不能縣臨牂柯江上而屬地，到沅水上游。這是可疑的第一點。從北盤江而下，沿途皆高山深谷並無一處是有『江廣數里』的可以作郡治的。這是可疑的第二點。按『江廣數里』出於史記西南夷傳：『牂柯江廣數里，出番禺城下』，廣州城下的珠江廣可數里這是不錯的，但要說貴州境內的北盤江也廣數里便不對了。所以桑欽只在沅水說到且蘭，在鬱水不提到且蘭，這是對的。只酈氏誤會了史記西南夷傳的意義將番禺城下的牂柯江誤作且蘭城下的牂柯江，因此且蘭城便無法安置了。

今按桑欽和班固只說且蘭在沅水發源之處，卽現在平越和鎮遠一帶地方，更據水經沅水注：『無水出故且蘭，南流至無陽故縣，縣對無水，因以氏縣。無水又東南入沅，謂之無口。』沅水的源向東南流的，只有撫水，那古之無水應當卽今之撫

—223—

水，而故且蘭應當卽鎮遠了。水經注旣言故且蘭臨豚水（北盤江）上，又言在無水
發源處，中隔現在八九縣，相去四五百公里，顯然是互相矛盾的記載。這因爲無水
出自故且蘭一段，當採自漢魏以下的圖經，同時又誤會了史記的意思，認爲故且蘭
亦沿豚水，因此這一縣便無處可以適合了。楊守敬地圖中也認識了這個困難，便將
故且蘭安在定番，對於豚水和無水兩頭夠不上，這便是調停之失，和酈氏原意也不
見得相符的。

　　關於夜郎和故且蘭兩城，根據已有的證據，只好如此推斷。本篇未寫定之前，
根據古今人的推論已經改動了好幾次，然而最後根據較早的材料來分析，只有如
此。誠然，以郎岱爲夜郎國都，似乎太偏西北些。但據後漢書西南夷傳：『西南夷
在蜀郡徼外者，有夜郎國，東接交阯，西有滇國，北接邛都國。』此處所言的蜀
郡。係指夜郎立國時代的蜀郡來說的。當時沒有犍爲郡，江陽（瀘縣），僰道（宜
賓），等地還是歸巴及蜀。華陽國志巴志：『高帝乃分巴置廣漢郡，孝武又兩割澄
犍爲郡，故世曰，分巴割蜀，以成犍廣也』。按僰道高后六年城，見江水注，江陽
景帝封蘇息爲侯國，見漢書功臣侯長，都不過大江。江水注引地理風俗記曰：『漢
武帝感相如之言……鑿石開閣，以通南中，迄於建寧，二千餘里。』史記西南夷列
傳所謂：『發巴蜀卒治道，自僰道至牂柯江』，亦卽指此。所以自僰道以南，已至
夷地。自僰道南的朱提（昭通），堂琅（會澤）都應當爲夜郎旁的小國。尤其川滇
大道上的堂琅（假定爲 d'âng-lâng），或竟有爲頭蘭（假定爲 d'ûg-lân）屬地的可
能。（假定的標音，據董同龢先生上古音均表稿。）我們決不應當說某兩個名辭有
雙聲或疊均的關係便貿然決定爲一地。不過詳史記西南夷列傳，漢八校尉是從僰道
先至且蘭，平且蘭後，南越已平，乃經由夜郎由頭蘭而北，再經邛，筰入蜀。所以
頭蘭的地望頗有在夜郎之西，滇之東北，邛都以南，當朱提及堂琅一帶的可能。至
於頭蘭和堂琅兩個地名，第一，並非絕對全同，亦非在陰陽對轉或其他等條件有根
據；第二，他們的語源也全然不明瞭：說他們相同還嫌太早些。此外，從夜郎下牂
柯江，只是當時根據商人的傳說，有此一番擬議而已。其時在今日貴州除去東南角
的都江三合以外，浮船到廣西根本不可能。（都江三合一帶決非夜郎，因爲水道和
道里都不合。）所以八校尉平且蘭時，並未來得及到南越，顯然是受了交通的影

響。假如牂柯江上游真能通舟楫，那當時的八校尉恐也早已到了廣巂了。照此說來，若以原來制越的動機論，開關西南夷對此事並未收到預期的效果。只是南中開關，廣地萬里，有他本身的價值，也就不追問原有動機了。

牂柯郡晉時自故且蘭改治萬壽縣。華陽國志：『牂柯萬壽縣，郡治。』宋書地理志：『牂柯太守……去州（州治味縣）一千五百』，『萬壽令，晉武帝立。』前文說夜郎距味縣一千里，此處說萬壽距味縣一千五百，卻萬壽縣到味縣比夜郎縣遠五百里。按現在郵路說，曲靖到郎岱三〇五·三公里，自郎岱到平壩為一四一·六公里，則萬壽縣或在平壩。若以茅口起算，茅口至曲靖為二八二·八公里，茅口至安順為一二九·七公里，則萬壽也有為安順的可能。因為中國舊法記里是不太正確的，例如照清一統志計算，自曲靖至安順六百九十九里，但鄭珍巢經巢文集牂柯十六縣答問，却說：『今日安順府至曲靖府計里亦八百里而遙。』固然一統志所說為舊驛道，鄭珍所說也許為新驛道；據獨立評論第六期丁文江先生漫游散記舊驛道比新道要近六十里，但說八百里出遙，便過當了。所以中國計里的標準，也只有相對的根據。

華陽國志蜀志云：『六年（上當有建元二字，當據下文犍為郡下云『犍為建元六年置，增『建元』二字），分廣漢置犍為郡，元封元年分犍為置牂柯郡（地理志云『元鼎』六年開，先此一年），二年，分牂柯置益州郡。』今案此節說犍為為廣漢分出，尚不盡合，因為應當也有蜀郡的地方，不過大體上是對的，又云：『犍為郡孝武建元六年置，時治鼈。』鼈卽今遵義，諸書大率無異辭。所以牂柯實從犍為分出，犍為的郡治鼈縣，據漢書地理志後來也畫入牂柯了。史記西南夷傳：『（唐蒙）見夜郎侯多同，厚賜諭以威德，約為置吏，使其子為令。夜郎旁小邑皆貪漢繒帛，以為漢道險，終不能有也，乃且聽蒙約還報，乃以為犍為郡。』又：『上罷西夷獨置南夷夜郎兩縣一都尉，稍令犍為自葆就。』這還是屬於犍為郡的。至以後到元鼎六年平定南越之後，『漢八校尉……還行誅頭蘭，誅蘭，常隔滇道者也。已平頭蘭，遂平南夷為牂柯郡。』這時漢兵威所至，無不懾服，我們也不必懷疑於夜郎以西的朱提，堂琅，北的南廣，東北的江陽都屬於犍為，夜郎城却屬於牂柯，這正是因地制宜的政略。

　　夜郎自此以後爲漢內臣。據漢書西南夷傳，成帝河平中，夜郎與鈎町相攻，夜郎不受漢勸。牂柯太守陳立誅夜郎王興，平其亂。自後夜郎王不見於史，大抵漢已廢去其王了。　後漢書西南夷傳：『夜郎侯以竹爲姓，武帝元鼎元年平南夷爲牂柯郡，夜郎侯迎降。天子賜其王印綬，後遂殺之。夷獠咸以竹王非血氣所生，求爲立後，牂柯太守吳霸以聞，天子乃封其三子爲侯。死配食其父，今夜郎縣竹王三郎祠是也。』這一段大多本於邊徼傳聞，難爲信史。迎降的夜郎王，是夜郎多同，被殺的夜郎王是夜郎王興，後漢書誤混兩人的事爲一人了。只是封夜郎王三子爲侯的事，或者是曾有其事的。至於華陽國志或與後漢書抄自同一的舊史，但誤殺夜郎王的爲唐蒙，尤乖史實；水經注又沿華陽國志之誤，更難究詰了。

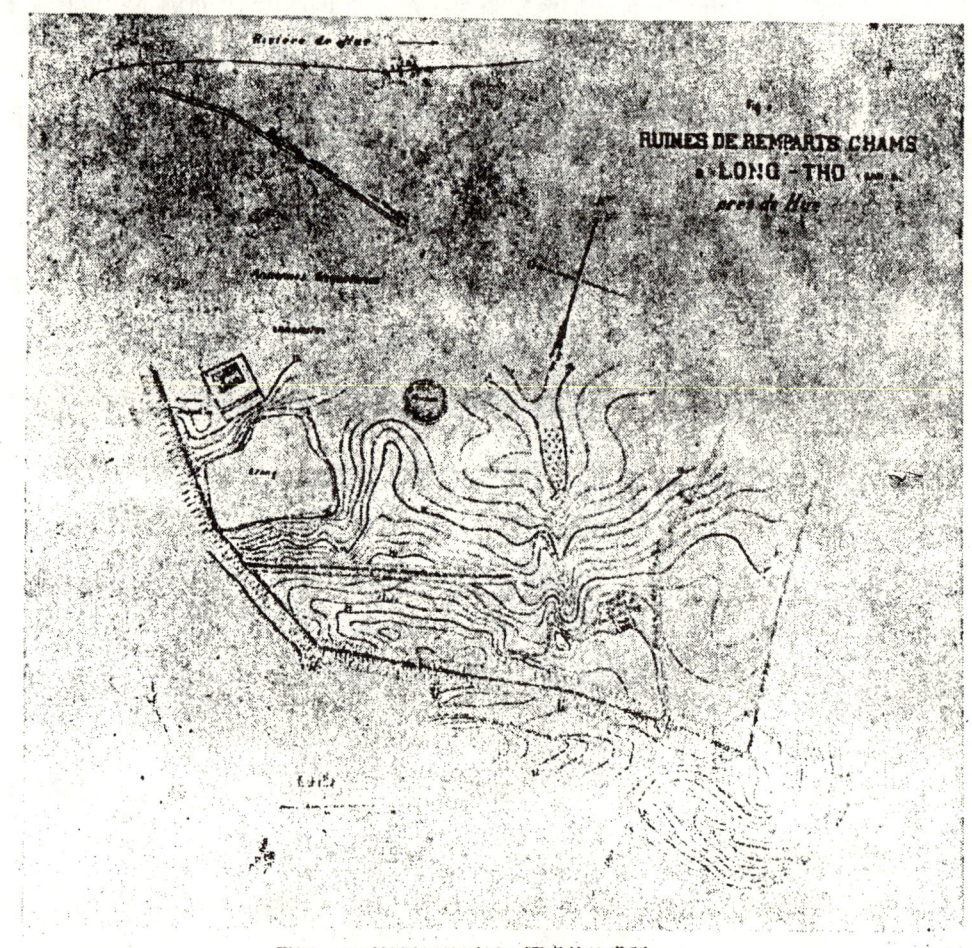

附圖一　西捲附近地圖採自鄂盧梭的書卷

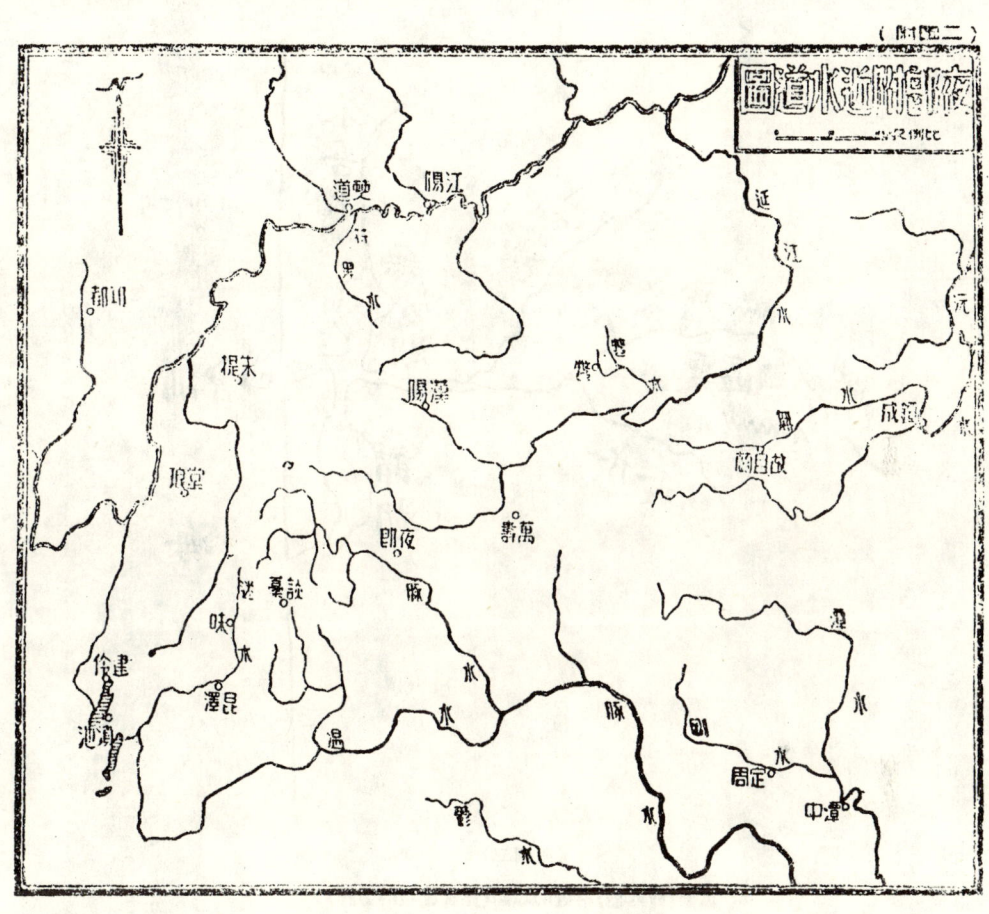

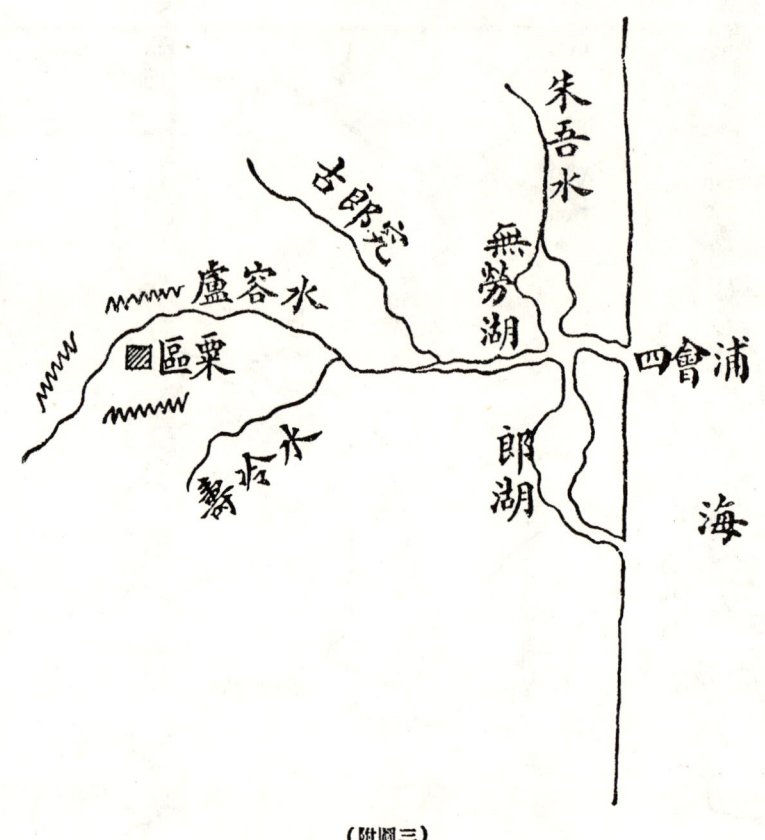

（附圖三）

區粟（即西捲）附近的草圖（據鄂盧梭的考訂）

出自第十四本（一九四八年六月付印，一九五九年十一月重印）

論漢代之陸運與水運

勞　榦

　　兗、冀、青、徐爲中國古代文化發揚之地。嶕函以西故爲戎狄之所薦居。自春秋、戰國以迄於漢，猶可於典籍中窺見邦國之富庶，人才之茂美，省東勝於西。惟秦起西陲，以河渭之間爲國家根本，集東方之財富以實西方。漢繼秦規，一循前代強幹弱枝之術。讀史者逐覺西方富實堪與東方相埓。況西北高原對河濟文化之區勢成居高臨下，農藝之民艱於守禦，有國者不得不悉其國力以防胡虜之南侵。於是邦國之政事與軍備皆北重於南，陸重於海；而西北之區逐爲國家首善。然以民族發展之方位言之，則經濟發展之趨向在南而不在北，國防發展之趨向在北而不在南。當茲紛紜矛盾交織之中，使民族前途陷於彷徨無主之岐路。對北對南逐感不能開發盡致。

　　漢代爲擁有人口六千萬之大國，其國力之充沛富實，並世無兩。若就其國力以從事發展，自宜無往不捷。第以匈奴亦爲同時大國，雖富庶弗如，而強毅善戰。漢憑其有效之國家組織與其富庶之國力，積數世經營之力，僅乃克之，而使單于伏闕稱臣。徒以塞上苦寒，不便耕殖，飛芻輓粟，艱苦百端。雖王師屢絕大漠，而郡縣之設，但到漠南。於是漠北雄區常爲胡人休養生息之地，北邊烽候亭障之防，無復已時。此數千年來所爲慨於平戎無上策也。今於漢世水陸交通略述其大要，以見漢朝帝國雖賴陸運以維持國家之完整，供給國防之軍資，而緣海之地則海運常重於陸運。漢人非不明海事，徒以陸上危機大於緣海。其間不能不有所輕重。此所以海南諸國，一葦可航，而卒不能成爲『中朝』內地也。

（甲）陸運

　　西漢京都雖在長安，然人口集中之處，實在關東。故以發號施令言，則天下之

道集中於京師。自京師以西，則自渭城經天水、隴西、金城以及河西四郡，度玉門而至西域 。京師西北 ，則自渭城、雲陽以至安定、北地。京師以北則自櫟陽、上郡、西河、以至五原。京師東北則自華陰渡河以至河東、太原、而北至燕、代。京師以南，則自鄠以南爲斜谷道，自陳倉以南爲陳倉道，自杜陵以南爲子午道，皆會於南鄭，經劍門入蜀。而京師之東則關東道路咸集於洛陽經函谷以至於京師，故宏農、河南爲天下重鎮。此西漢時京師與天下交通之大凡也。至於東漢，則洛陽爲京師，京師財富惟關東是賴。長安爲陵墓所在，保有三輔舊名，然其重要不在財富而在國防，方之西漢洛陽，爲稍減矣。

然此特就國家行政之道路而言耳。以當時貨殖之道路而言，則此猶未盡也。當時天下之財富在關東，關東之財富湊於齊、梁，而道路之中樞，實在梁國。韓、魏风稱天下之樞（戰國策）。張儀說魏王，謂爲『地四平，諸侯四通，條達輻湊，無名山大川之險。』陶在戰國及漢初爲魏邑，而史記貨殖傳謂范蠡『之陶爲朱公，朱公以陶爲天下之中 ，諸侯四通 ，貨物所交易也。』戰國時魏冉爲秦穰侯，執秦政柄，獨以陶爲封邑（史記穰侯列傳）。漢高帝平項羽，即天子位，亦獨在陶（漢書高帝紀）。及西漢時，濟陰一郡，爲全國人口最密之處。可知西漢之世，天下之湊在定陶而不在洛陽。

若以陶爲中心而衡論之，則其東北爲臨菑 ，故爲齊都 ；西漢初年已至十萬戶（漢書高五王傳）。西北爲邯鄲，故爲趙都；邯鄲之北則爲涿與薊；其南則壽春，故爲楚都，其西則洛陽。其西南則爲南陽之宛與潁川之陽翟，地理志稱宛有四萬七千五百四十七戶；稱陽翟有四萬一千六百五十戶，十萬九千口。此皆河濟間大平原之都會也。若自此而南，見於史記所記者，則若成都，若江陵，若會稽，若合肥，若番禺（並見史記貨殖傳），亦稱要地矣。

漢書賈山傳云：

> 『爲馳道於天下，東窮燕、齊，南極吳、楚。江湖之上，瀕海之觀畢至。道廣五十步，三丈而樹。厚築其外，隱以金椎 ，樹以靑松 ，爲馳道之麗至於此。』

此所言爲秦之馳道，或有辯士誇飾之言，未敢即引爲信據。即令有之，亦始皇巡幸

時方有此制，非平時所應有。觀漢武巡幸朔方，事出偶然，卽或千里無亭障（漢書武帝紀）。又當漢武有疾，義縱且不治甘泉道（漢書酷吏傳）。始皇雖濫用民力，然謂通秦之世，通天下之馳道皆如此，恐未必然也。惟秦世於道路固嘗致力，則從西南夷之開發，略可概見。史記西南夷列傳云：

> 『始楚威王時將軍莊蹻將兵循江上，略巴蜀黔中以西。……秦時常頞略通五尺道，諸此國頗置吏焉。』

此所謂『五尺道』卽秦通西南夷之道，索隱云：『謂棧道廣五尺』其言是也。至漢高所焚之斜谷棧道，尤顯屬故秦時所開，事有明徵，可不待論。

迄於漢代，道路之開闢與增築，歷見於史籍碑銘。如蜀郡太守蜀郡何君開閣道碑云：

> 『蜀郡太守平陵何君遣掾臨邛舒鮪，將徒治道，造尊楗閣，袤五十五丈，用功千一百九十八日。建武中元二年六月就道。史任雲陳春主。』（隸釋四）

又漢中太守鄐君開褒斜道碑云：（據歷史語言研究所藏拓本，下同。）

> 『永平六年，漢中郡以詔書受廣漢蜀郡巴郡徒二千六百九十人開通褒余道，大守鉅鹿鄐君，部掾治級王弘，史荀茂，張宇韓岑等興功作。大守丞廣漢楊顯將。相用始作橋格六百二十三間，大橋五，爲道二百五十八里。郵亭、驛置，徒司空，褒中縣官寺，幷六十四所。凡用功七十六萬六千八百餘人。凡卅六萬九千八百四器用錢。百四十九萬九千四百餘斛粟。九年四月成就，益州東至京師，去就安隱。』

又析里橋郙閣頌云：

> 『惟斯析里，處漢之右……緣崖鑿石，處隱定柱，臨深長淵，三百餘丈，接木相連，號爲萬柱。過者慄慄，載乘爲下。常車迎布，歲數千兩，遭遇隤納，人物俱隕。沈沒洪淵，酷烈爲禍，自古迄今，莫不創楚，於是太守漢陽阿陽李君諱翕字伯都……乃俾衡官掾下辯仇審，改解危殆，卽便求隱，析里大橋於今乃造。校致工堅，□□工巧；雖昔魯班，亦莫擬象，又醳散關之嶄嶸，從朝陽之平燥，減西□□高閣，就安寧之石道。……』

在前各則中可以見工程之鉅，用時之久，在後一則中可見當漢世中已漸從棧柱改爲

石道矣。此其例也。

就兩漢書所記，治道之事尤多。漢書武帝紀元光五年：

> 『夏，發巴蜀卒治南夷道；又發卒萬人治雁門阻險。』

又漢書武帝紀元封四年：

> 『行幸雍，祠五畤，通回中道。』

後漢書順帝紀延光三年：

> 『十月，乙亥，詔益州刺史罷子午道，通褒斜路。』

後漢書王霸傳：

> 『十三年，盧芳與匈奴烏桓連兵，寇盜尤數；緣邊愁苦。詔霸將施刑徒六千
> 餘人。與杜茂作飛狐道，堆石布土，築起亭障。』

後漢書杜茂傳：

> 『作飛狐道，堆石布土，築起亭障，自代至平城三百餘里。』

皆爲築道之事，至於後漢書衞颯傳稱在含洭，湞陽，曲江，三縣，『鑿山通道五百
餘里，列亭障，置郵驛』又後漢書鄭弘傳：『奏開零陵，桂陽嶠道，於是夷通，至
今遂爲常路。』則皆以陸路代水運之事。然特於中原嶺南之間增一通路，較爲便利
而已，水運固始終未廢也。

漢代之道路既於其境域之中無所不達，故凡陸路大都可以行車。巴蜀之道素稱
天下之險，然行車之事，亦固其常。前引析里橋郙閣頌云『常車迎布，歲數千兩』
可見蜀中來往，車乘之繁。又漢書王尊傳云：

> 『先是王陽爲益州刺史，至邛崍九折阪，歎曰：「奉先人遺體，奈何數乘此
> 險」。後以病去。及尊爲刺史，至其阪，問吏曰：「此非王陽所畏道耶」？
> 吏對曰：「是」。尊叱其馭曰：「驅之！王陽爲孝子，王尊爲忠臣。」』

漢書司馬相如傳：

> 『上拜相如爲中郎將，建節往使。副使者王然于，壺充國，呂越人，馳四乘
> 之傳，因巴蜀吏幣物以賂西南夷。至蜀，太守以下郊迎。』

後漢書張堪傳：

> 『蜀郡計掾樊顯進曰：「漁陽太守張堪昔在蜀漢，仁以惠下，威能討姦。前

　　　公孫述時，珍寶山積。捲握之物，足富十世。而堪去職之日，乘折轅車，布

　　　被囊而已。』』

此蜀中之車也。漢書朱買臣傳：

　　　『買臣隨上計吏爲卒將重車至長安。』

　　　『會稽太守且至，發民除道，縣吏並送迎，車百餘乘入吳界。』

後漢書趙曄傳；

　　　『會稽人也，少嘗爲縣吏，奉檄迎督郵。曄恥於斯役。遂棄車馬去。』

此會稽之車也。漢書南越王趙佗傳：

　　　『佗乃乘黃屋左纛，稱制與中國侔。』

此南海之車也。後漢書循吏傳：

　　　『孟嘗遷合浦太守被徵當還。民攀車請之。嘗既不得進，乃載鄉民船夜遁

　　　去。』

此合浦之車也。後漢書臧宮傳：

　　　『將兵屯駱越，……越人謀畔從蜀，宮兵力少，不能制。會屬縣送委輸車數

　　　百乘至，宮夜使鋸斷門限，令車聲回轉出入，至旦，越人候伺者聞車聲不絕

　　　而門限斷，相告以漢兵大至。』

駱越在南郡，此南郡有車也。

　　　故漢代漢人所至，亦卽車之所至。此與後世江淮以南鮮用車者頗異。惟嶺嶠之

間，路初未闢，故漢書嚴助傳云；『今發兵行數千里，資衣糧入越地，輿轎而隃

嶺。』是則非可以行車者。然至後漢時亦漸開通。後漢書鄭弘傳云：

　　　『建初八年代鄭眾爲大司農。舊交阯七郡，貢獻轉運皆從東冶泛海而至，風

　　　波艱阻，沈溺相係。弘奏開零陵桂陽嶠道，於是夷通，至今遂爲常路。』

此路既通，故嶺嶠之間，遂有車騎以返中原。後漢書吳祐傳云：

　　　『父恢爲南海太守，祐年十二，隨從到官。恢欲殺青簡以寫經書，祐諫曰：

　　　「今大人躬越五嶺，遠在海濱，其俗誠陋。然舊多珍怪，上爲國家所疑，下

　　　爲權戚所望，此書若成，則載之兼兩。」』』

祐之仕宦在安、順時，其十二歲當在和帝時，是嶺嶠之道路固已通達，故云『載之

兼兩』矣。

　　凡山區之縣邑道路，亦有至東漢方始開闢者。後漢書循吏衛颯傳曰：

『先是含洭，湞陽，曲江三縣，越之故地。武帝平之，內屬桂陽。民居深山，濱溪谷，習其風土，不出田租，去郡遠者，或且千里。吏事往來，輒發民乘船，名曰傳役，每一吏出，徭及數家。百姓苦之。颯乃鑿山通道五百餘里，列亭障，置郵驛。』

此嶺南縣邑中有至後漢方始開通者。然關西亦有竟不得開通而用水運者。後漢書虞詡傳：

『遷武都太守。……先是運道艱險，舟車不通。驢馬負載僦五致一。詡乃自將吏士，案行川谷。由沮至下辯數十里，皆燒石剪木，開漕船道。以人僦直雇借僦者。於是水運通利，歲省四千餘萬。』

則僻處之區，不足以國道論矣。

　　漢世道路之在平原者，仍為土路。若遇大雨，難以通行。陳勝吳廣為秦屯長，天大雨失期乃舉事（史記陳涉世家）。則自秦已然。蔡邕述行賦云；

『余有行於京洛兮，遭淫雨之經時。塗遨遭其塞連兮，潦汙滯而為災。……路阻敗而無軹兮，塗濘溺而難遵。……佇淹留以候霽兮，感憂心之殷殷。』

此平原大雨，道不能通也。又三國魏志曹真傳：

『真以八月發長安，從子午道南入。司馬宣王泝漢水，當會南鄭。諸軍或從斜谷道，或從武威入（按威當作都，本傳誤）。會大霖雨三十餘日，或棧道斷絕，詔真還軍。』

是則山中之棧道當大雨時亦不能通行。不僅平原為然矣。

　　漢世在京師與郡國，以及郡國之間，皆有驛傳。驛傳之用，驛以通郵書，傳以發車乘。漢書高帝紀注如淳引漢律曰：

『四馬高足為置傳，四馬中足為馳傳，四馬下足為乘傳，一馬二馬軺傳，急者乘一乘傳。』師古曰：『傳者若今之驛，古者以車，謂之傳車。其後又單置馬，謂之驛騎。』

其驛騎之置則漢世三十里一置（續漢書輿服志）。惟南海獻龍眼荔枝，『十里一置，

五里一候』爲特例（後漢書和帝紀）。有急，則一日可行四五百里。漢書王温舒傳
云：

> 『遷爲河內太守，……令郡具私馬五十匹爲驛，自河內至長安……奏行不過
> 二日，得可，事論報。』

據續漢書郡國志注，河內去洛陽百二十里，洛陽去長安九百五十里，凡河內至長安
一千七十里。奏行二日，是每日可行五百里也。又漢書趙充國傳云：

> 『六月戊申奏，七月甲寅，璽書報從充國計焉。』

洪邁容齋四筆曰：

> 『金城至長安一千四百五十里，往返倍之。中間更下公卿議臣，而自上書
> 得奏報，首尾纔七日爾。案初學記二十，漢舊儀云，「驛三騎行日夜千里
> 爲程。」』

若以公卿議一日，往返六日計之，則一日當行五百里矣。漢書霍光傳：

> 『蓋主，上官桀，安，及弘羊皆與燕王旦通謀，詐令人爲燕王上書。……
> 上曰「……朕知是書詐也，將軍亡罪。」光曰：「陛下何以知之。」上曰：
> 「將軍之廣明，都郎屬耳。調校尉以來，未能十日，燕王何以得知之？」』

按續漢郡國志注，薊在洛陽東北二千里，長安在洛陽西九百五十里。自燕至長安往
返約六千里。每日行千里則六日可畢。今昭帝以未及十日不能往返，是驛騎在平時
決無一日行千里之事。若以每日行五百里計，十二日始行六千里，不及十日不能達
到。如此，與昭帝之語意方能切合。然則初學記所引漢舊儀，驛三騎行日夜千里爲
程，不合於漢世實際情況矣。（以上之里俱指漢里）。

居延漢簡中有『以亭行』，『隧次行』，『以郵行』，『吏馬馳行』者。如

　『甲渠鄣候以亭行』（三三、二八）

　『肩水□隧次行』（二八八、三〇）

　『肩水候以郵行（張掖都尉更九月庚午卒孫惠以來）』（七四、四）

　『肩水候官吏馬馳行（甲辰十二月丙寅盡□〇入卒外人以來）』（二〇、一）

其以亭行或以隧次行者，則就亭隧而傳遞。以郵行當由驛馬傳遞，而云吏馬馳行，
則緊急公文矣。漢世凡公文之緊急以赤白爲囊，謂之奔命書，見丙吉傳，則所謂馳

行者，殆即是矣。

　　官家所發之車曰傳車，已見前引高紀如淳注。今按傳即符，漢世或曰傳，或曰符，見居延漢簡。漢書宣帝紀本始四年『民以車船載穀入關者，得毋用傳。』注師古曰：『傳符也』。漢書文帝紀二年九月：『初與郡守爲銅虎符』。注應劭曰：『銅虎符第一至第五，國家當發兵，遣使者至郡合符，符合乃聽受之。竹使符皆以竹箭五枚，長五寸，鐫篆書第一至第五。』又注，師古曰：『與郡守爲符者，謂各分其半，右留京師，左以與之。』此太守取自京師，爲發兵之符也。藝文類聚職官部引漢官解詁『衛尉主宮闕之內，……皆施籥於門……皆復有符，符用木長二寸（案當作尺二寸），以當所屬兩字爲鐵印，亦大卿兵符，當出入者。』此宮廷門禁之符也。後漢書陳蕃傳：『刺史周景辟爲別駕從事。以諫爭不合，投傳而去。』注：『投棄也，傳謂符也。』此郡縣之符也。居延漢簡；『□居延都尉，行塞藻隧，移過所』（四五、二八），過所者，周官司關鄭注云：『傳如今移過所文書』。又馬縞中華古今注卷中：『程雅問，「傳者云何？」答曰：「傳以木爲之。長一尺五寸，書符信於上，又一板封以御史印章，所以爲符信，即今之過所也。」』此行旅之符也。本作傳，傳車之傳即從此而言。至於東漢，遂廢傳車。晉書刑法志引魏新律序『秦世舊有廄置，乘傳副車食廚，漢初承秦不改。後以費廣稍省，故後漢但設騎置，而無車馬，律猶著其文，則爲虛設。故除廄律，取其可用合科者以爲郵驛令。』故漢世之季惟通行過所之名，傳之稱轉廢，而鄭氏云：『傳如今移過所文書』矣。漢書王莽傳：『徵天下通知逸禮，古記，天文，歷算，鍾律，小學，史篇，方術，本草，以及五經，論語，孝經，爾雅，教授者，在所爲駕一封軺傳。』注，如淳曰：『律，「當乘傳及發駕置傳者，皆持尺五寸木傳信，封以御史大夫印章。其乘傳參封之。」參三也。有期會累封兩端，端各兩封，四封也。乘馳驛傳，五封也，兩端各二，中央一也。軺傳兩馬再封之，一馬一封也。』師古曰：『以一馬駕軺車而封傳』。故以前引高紀如淳注對照言之，則馳傳五封，謂四馬高足也，期會者四封，謂四馬中足也；發駕置傳者三封，謂四馬四足也。此皆就馬之優劣以爲區別者也（漢驛馬分爲上中下三等，就馬籍中各馬分別標出之，見後引居延簡）。皆封以御史大夫以爲信。其二馬之軺傳，亦封以御史大夫印章。至在所爲駕一封軺傳，則

由郡縣之印封之，不必用御史印章矣。居延漢簡云：

『告尉爲傳』（二一八、四三）。

『元延二年十月乙酉，居延令尙，丞忠，移過所縣道河津關，遣亭長王豐以詔書買騎馬酒泉、敦煌、張掖郡中，當言舍舍，從者如律令。一守令史詡，佐褒。十月丁亥出。居延令印，十月丁亥出』（一七〇、三）。

此傳或言『告尉』，或以縣印一封之。則亦當爲駕一封軺傳也。

簡言『當言傳舍』傳舍卽郵亭。可以止宿者。漢書灌夫傳：『乃戲縛夫，置傳舍。』霍光傳：『去病……爲驃騎將軍擊匈奴，河東太守郊迎，置平陽傳舍』。薛宣傳：『至陳留，其縣郵亭橋梁不修。』注，師古曰：『郵亭行書之舍，亦如今之驛及行道館也。』翟方進傳附翟義傳：『義行太守事，行縣至宛。丞相史在傳舍，立持酒肴，謁丞相史。』魏相傳：『御史大夫桑弘羊詐稱御史至傳。』田廣明傳：『故城父令公孫勇，與客胡倩等謀反。倩詐稱光祿大夫，言使督盜賊止陳留傳舍，太守謁見，欲收取之。廣明覺知，發兵皆捕斬焉。』嚴延年傳：『母從東海來，到雒陽，適見報囚。母大驚，便止都亭，不肯入。』黃霸傳：『吏不敢舍郵亭，食飲道旁，烏攫其肉。』司馬相如傳：『於是相如舍都亭。』後漢書光武紀：『光武乃自稱邯鄲使者入傳舍。傳吏方進食。從者饑，爭奪之。傳吏疑其僞，乃椎鼓數十通。』郭伋傳：『行部既還先期一日，伋爲違信於諸兒，遂止於野亭中，須期乃入。』謝夷吾傳注引謝承書曰：『行部始到南陽縣，遇孝章皇帝巡狩，有詔刺史入傳，錄見囚徒。誠長吏勿廢舊儀，朕將親覽焉。上臨西廂南面，夷吾處東廂，分帷隔中央。夷吾所決一縣三百餘事，事與上合。』李郃傳：『縣召署幕門候吏。和帝卽位，分遣使者皆微服單行，各至州縣，觀采風謠。使者二人當到益部，投郃候舍。』趙孝傳：『嘗從長安還，欲止郵亭。亭長先時聞孝當還，以有長者客，掃洒待之。孝旣不自名。長不肯內。因曰：「聞田禾將軍子當從長安來，何時至乎？孝曰：「尋至矣」。於是遂去。』衞颯傳：『颯乃鑿山通道五百餘里，列亭傳，置郵驛。』任文公傳；『遣五從事檢行郡界，偝伺虛實，共止傳舍。』三國志魏志張魯傳：『諸祭酒皆作義舍，如今之亭傳。』御覽一九四引風俗通：『謹案春秋國語，疊有寓室，謂今亭也，民所安定也。亭有樓，從高省，丁聲也。漢家因秦，大率十

里一亭。亭留也。今語有亭留，亭待，蓋亭行旅宿食之所館也。』御覽六九三引桓譚新論：『余從長安歸沛，道病。蒙絮被，絳罽襜褕，乘騂馬，宿於下邑東亭中，亭長疑是賊，夜發卒來攻，余令吏勿鬬，乃相問，解而去。此安靜自存也。』周禮遺人：『凡國野之道，十里有廬，廬有飲食。三十里有宿，宿有路室，路室有委。』鄭玄注：『廬，若今野候有庌也。宿，可以止宿，若今亭有室矣。』漢書尹賞傳注如淳曰：『舊亭傳於四角面百步，築土四方，上有屋，屋上有柱出，高丈餘，有大板貫柱四出，名曰桓表。縣所治夾兩邊各一。』師古曰：『即華表也。』說文：『桓，郵亭表也。』御覽二九七引崔豹古今注：『今之華表以橫木交柱頭，狀如華，形似桔槔。大路交衢悉植焉。或謂之表木，以表王者納諫。亦以識衢路。』此皆漢魏言亭傳者之例證也。今綜合上文，具得下列諸義；

一、郵亭之制與亭隧之亭相通。

二、郵亭有屋，可以止宿。

三、郵亭在都邑者為傳舍，有傳吏可以具飲食。

四、郵亭之設以內官吏及其家屬為準則。平民行旅欲入郵亭者必待無官吏及其家屬止舍時方能投宿。

故漢世亭傳之設，所以供國家之急，達施政之宜。今按居延亭隧所記，則公私車馬之出入，咸有記錄。今就其例證之顯著者，舉列於次：

一、傳車：

□□充光謹案曰藉在宮者弟年五十九毋官獄徵事，願以令取傳乘所占用馬。

☑十月盡九月傳馬四☑

八月癸酉居延丞□奉光移過所河津金關毋苛留止。如律令。掾承。（二一八、二）

□□諸吏□□傳車二兩。（三一、一五）

右新陽符一，車十二。（五一五、一六）

告尉為傳（二一八、四三）

自言具傳（二一二、五八）

傳馬十二匹，傳車一乘。（二一二、六九）

二、軺車

弩一矢廿，輕車一乘，馬二匹。（三六、六）

牛車二兩，輕車☑（五四、一一，五四、一三）

敦煌效穀宜王里瓊陽年廿八。輕車一，乘馬四。閏月丙午南入。（五〇五、一二）

登計掾衛豐。子男居延平里衛良年十三，輕車一乘馬一匹，十二月戊子北出（五〇五、一三）

□□長□里張信，輕車一乘用馬一匹，十二月辛卯北出。（五〇五、九）

輕車一乘，馬一匹，騮牡，長九尺，高六尺。□□□輔入。（五〇六、三）

南馬二匹，輕車一乘。（四四、一五）

徐黨年三十七。輕車一乘，用馬一匹。八月庚子出，九月甲戌入。（二五、二）

居延爲檄，寧嗇。輕車一乘。（五一、六）

三、方相（方箱）車：

☑二，方相車一乘。（三三五、一五）

奉明善居里公乘丘誼年六十九。居延丞付方相車一乘，用馬一匹，騂牡齒十歲，高六尺。閏月庚戌□（五三、一五）

長安宜里閻常字仲兄。出。乘方相車，駕桃（花）牡馬一匹，齒七八歲，龐牡馬一匹，齒八歲。皆十月戊辰出。已。（六二、一三）

向壽□年廿二，池，無方相車馬齒六歲。（六二、三二）

□方相一乘，騮牡馬一匹，齒八歲，子潁。（四三、九）

四、牛車：

京兆尹長安棘里任尋方。弩一，矢廿四，劍一。牛車一兩挾持，庫丞印封隔。（二八〇、四）

☑書佐忠時年廿六長七尺三寸黑色。牛一車乘。第三百九十八。出。（二四九、二）

☑牛車二兩，輕車☑。（五四、一一，五四、一三）

☑市酒泉持牛車二兩，案毋☑。（四〇三、一二）

牛車一兩，牛二頭，二月甲戌南入。（四一、二八）

□□牛車一兩。尉史亮。（二〇六、三）

發牛車各繫一兩。（二六八、三九）

入牛車一兩。（三七、三〇）

□牛車一兩，弓一，矢廿四，劍一，三月己丑，出大麥。（三七、六，三四〇、三八）

□部吏陽里大夫封□年廿八，長七尺二寸，黑色，牛車一兩。五月戊戌□（四三、一三）

□□子鄭安自言持牛車一□，▨官獄徵事，官德▨（二一八、四五）

五、各地運輸之車：

戍卒梁國睢陽第四車父，宮南旦，一馬廣，鑣二，承□二破。（三〇三、六）

賣羊三十頭，不出。右第三車。（七四、二二）

將車河南郡第▨。（三四六、三九）

右第二車。（一五、一七）

新野第一車父連▨。（一四五、四）

戍卒鄲東利里張敞第卅車。（二八、一〇）

冠軍第二車吳湯□□。（一八〇、八）

右第八車父杜□□守父靳子衡，身一人。（一八〇、四〇）

第十車（五一四、五〇）

右第六車卒廿人。（二三〇、一〇）

第一車閏月甲辰居延▨。（五四、二四）

霓陽第十車父羔陽里郭□。（二八七、二一）

元城第八車卜廣，□□出。（三一一、三〇）

內黃第五車入，魏郡▨。（一〇一、二九）

戍卒□□曾里石磐，第卅車五人。（四七七、四）

元康四年二月己未朔乙亥，使鄯善以西校尉吉，副衛司馬富昌，丞慶，都尉□重郎▨通元康二年五月癸未，以使都護檄書，遣尉丞赦將扡刑士五千人送

致，將車□□□。（一一八、八七）

六、驛馬。

馬一匹，白，牡，齒七歲，高六尺。（六五、一二）

馬一匹，騂，□生□，齒九歲，高五尺。（五一〇、二七）

驛馬騂一匹。（一〇、一八）

一□□亡驛馬□□。（五一三、二一）

候馬二匹。（五一五、四五）

驛馬一匹□□牡齒□歲，高五尺八寸。上。調習。（一四二、二六）

官□驛馬一匹□駿牡□□齒十四歲，高五尺八寸。中。（二三、一三）

一月中馬二□。（四八五、二七）

候馬九匹。（九〇、三〇）

從以上諸例觀之，塞上傳車驛騎，亦同於內地。而運輸之車運至塞上者，且遠自梁國魏郡諸境。漢書主父偃傳：『秦又使天下飛芻輓粟，起於黃腄琅邪負海之郡，轉輸北河，率三十鍾而致一石。』案自龍門而上，黃河不可牽挽，則塞北轉輸固賴車運。鄒陽傳云：『關城不休，救兵不止，死者相隨，輦車相屬。轉粟流輸，千里不絕，』即其事也（惟至關中可用船，故宣紀本始四年云『以車船載穀』）。今據漢簡之文，山東之車率以若干車編為車隊，行數千里，轉運之難，大略可想。則漢世不能越大漠而收郡縣，雖為千古可惜之事，然亦可知其由矣。又據漢簡其他諸則，戍卒之布帛衣物，亦從山東來，固不必悉為糧秣也。

（乙）水運

中國之海上交通，若依地下遺物文化之分布定之，或竟在有史以前，已有相當發達。迄於春秋戰國，記載舟運之事，頗有可述者。而漢書藝文志所載天文書中亦有：

海中星占驗十二卷

海中五星經雜事二十二卷

海中五星順逆二十八卷

　　　　海中二十八宿國分二十八卷

　　　　海中二十八宿臣分（區分）二十八卷

　　　　海中日月彗虹雜占十八卷

以上諸書皆標明『海中』，則其爲舟行所記，可得而言。海中用及天文，在後世本
爲尋常而必需之事。今漢志記先漢海中天文之書其多如此，則其時海上交通固可以
想見也。海上行船所用之觀測，其在古昔本與方術相通。故史記封禪書云：

　　　『自齊威宣之時，騶子之徒論終始五德之運。及秦帝而齊人奏之。故始皇採
　　　用之。而宋毋忌，正伯僑，充尙，羨門子高，最後皆燕人。爲方僊道形解銷
　　　化，依於鬼神之事。騶衍以陰陽主運顯於諸侯，而燕齊海上之方士傳其術不
　　　能通。然則怪迂苟合之徒自此興不可勝數也。自威宣燕昭使人入海求蓬萊方
　　　丈瀛洲，此三神山者其傳在勃海中，去人不遠，患且至則船風引而去。……
　　　及至秦始皇并天下……使人乃齎童男女求之，船交海中，皆以風爲解。』

可知神仙雖未得，而齊燕方士固曾至海中也。後漢書王景傳云：

　　　『王景字仲通，樂浪讙邯人也。八世祖仲，本琅邪不其人。好道術，明天
　　　文。諸呂作亂，齊哀王襄謀發兵而數問於仲。及濟北王興居反，欲委兵師
　　　仲。仲懼禍及，乃浮海東奔樂浪山中，因而家焉。』

按漢書高五王傳，濟北王興居以文帝二年立，『歲餘，匈奴大入邊，漢多發兵，丞
相灌嬰擊之。文帝親幸太原。興居以爲天子自擊胡，遂發兵反。上聞之，罷兵，歸
長安。使棘蒲侯柴將軍擊破虜濟北王，王自殺。』據文帝紀事在文帝三年五月。濟
北王發兵反，欲襲滎陽。使棘蒲侯柴武爲大將軍，將四將軍十萬衆擊之。八月虜濟
北王興居，自殺。赦諸與興居反者。此興居謀反時，規模固甚大也。又按王仲爲琅
邪不其人，而濟北後爲泰山郡地，與琅邪不相接。當時濟北反而琅邪所屬之齊未
反。其勢不能相強。則仲當興居反時，固當與興居之事，而在赦前逃至朝鮮，史文
據王氏之家乘，因之有所回護也。然王氏之適朝鮮則自由於方術之士早已有至其地
者，否則又何得盡室以行乎？

　　　漢書伍被傳：『（始皇）又使徐福入海求仙藥，多齎珍寶童男女三千人，五種
百工而行。徐福得平原大澤，止王不來』。所謂平原大澤者今尙不敢確指其地，然

自燕齊泛海而東，得海外之地而居之，則可知也。後漢書東夷傳：『辰韓耆老，自言秦之亡人避苦役適韓國，馬韓割東界地與之。其名國爲邦，弓爲弧，賊爲寇，行酒爲行觴，相呼爲徒，有似秦語，或名之爲秦韓。』辰韓在朝鮮半島之東南，約當於後世新羅地。自中國前往，無論經由馬韓或直赴，皆非由舟船不能。又傳言其語有似『秦』人，此所言『秦』當承上文之秦而言，乃指關中，非指全中國。則『秦之亡人』云者，竟是秦之戍卒戍於燕齊者，此可徵泛海東指，不僅燕齊方士矣。

　　中國沿海之交通，其開展蓋已甚久。左傳哀公十年：『徐承帥舟師，自海入齊，齊人敗之，吳師乃還。』國語越語：『越之入吳也，范蠡古庸帥師自海詣淮以絕吳路』史記越王勾踐世家：『范蠡浮海出齊，變姓名自稱鴟夷子皮，耕於海畔』禹貢：『浮於江海，達於淮泗，』此皆遵海而北者也。孟子：『齊景公問於晏子曰，吾欲觀於轉附朝儛，遵海而南，放於琅邪。』此則遵海而南矣。琅邪山在青島西南，凡膠東半島南岸諸港，爲中國緣海自北而南之要衝。晉世法顯歸來隨風飄蕩，竟至青州長廣縣界，亦其地也。吳越春秋言：『越王勾踐二十五年，徙都琅邪，立觀臺以望東海，遂號令秦晉齊楚，以尊輔周室』據史記勾踐世家謂勾踐平吳乃以兵北渡淮，既去而以淮上地與楚，是徙都之時不長。然史記秦始皇本紀，始皇巡狩東土，徙黔首三萬戶琅邪臺下，立石頌德。始皇立石之地凡七，而徙民者獨此，則琅邪之重於當時，亦可知矣。

　　漢書司馬相如傳子虛賦：『且齊東陼鉅海，南有琅邪，觀乎成山，射乎芝罘，浮渤澥，游孟諸，邪與肅愼爲鄰，右以湯谷爲界。秋田乎青邱，彷徨於海外』注：『服虔曰，青丘國在海東三百里。』又上林賦：『今齊列東藩而外私肅愼，捐國踰限，越海而田，其於義未可也。』注：『師古曰捐棄也，謂田於青丘也。』此雖辭賦誇飾之言難爲論證，然齊國當時越海而田青丘，交肅愼，自亦無所不可也。

　　武帝征四夷，於胡則用騎士，而於兩粵及朝鮮則皆兼用樓船浮海以征之。漢書閩粵傳：『餘善刻武帝璽自立，詐其民爲妄言。上遣橫海將軍韓說出句章，浮海從東方往。樓船將軍僕出武林，中尉王溫舒出梅嶺。粵侯爲戈船下瀨將軍出如邪白沙，元封元年冬，咸入東粵。』又朝鮮傳：『天子募罪人擊朝鮮，其秋遣樓船將軍楊僕從齊浮渤海，兵五萬；左將軍荀彘出遼東。』皆可證水陸並出也。漢書朱買臣

傳云：『買臣因言故東越王居保泉山，一人守險，千人不得上。今聞東越王更徙處南行，去泉山五百里，居大澤中。今發兵浮海，直抵泉山，陳舟列兵，席卷南行，可破滅也。上拜買臣會稽太守。……居歲餘，買臣受詔將兵，與橫海將軍韓說等俱擊破東越。』則武帝以買臣爲會稽太守，所以領會稽之卒以破東越者。朝鮮傳已記楊僕帥領者爲齊卒，而韓說出句章之兵亦可證明以會稽之卒爲主矣。

漢代自定兩越而後，舟船之利益溥，於北則齊與樂浪・於東則會稽與東冶，於南則南海合浦以至日南，皆大漢舟船之會也（見本篇前後各節）。史記貨殖傳云：『舡長千丈（漢書注，師古曰總積舡之丈數也。）木千章，竹竿萬个，軺車百乘，牛車千兩……亦比千乘之家。』故以運輸之利言，舟車固相同矣。楊僕出師率取齊卒，韓說出師亦用會稽之卒，並已見前，可知齊地諸郡與會稽之人當以舟行，故遂可以爲樓船卒。宋錢文子補兵志謂漢世江以南多樓船卒，雖其言誠是而未盡也。

漢世都於長安，處渭水之南，橫橋南渡以法牽牛。長安之糧賴漕渠轉運之事如漢書張良傳言：『關中……阻三面而固守，獨以一面東制諸侯，諸侯安定，河漕輓天下西給京師，諸侯有變，順流而下足以委輸。』此漢世建都之初卽以漕運之利爲建都之經要矣。史記河渠書，漢書溝洫志亦皆屢言此後通漕轉運之事。是知河域舟船在漢固所常用也。

其在江域，向便行舟。漢書高帝紀二年：

『發使告諸侯曰，……悉發關中兵，收三河士，南浮江漢以下，願從諸侯王擊楚之殺義帝者。』

又漢書酈食其傳：

『諸侯之兵，四面而至，蜀漢之粟，方船而下。』

又漢書淮南王安傳：

『伍被言吳王上取江陵木爲船，一船之載，當中國數十兩車，國富民足。』

後漢書岑彭傳：

『裝直進樓船冒突露橈數千艘，……彭與吳漢及誅虜將軍劉隆，輔威將軍臧宮，驍騎將軍劉歆，發南陽，武陵，南郡兵；又發桂陽，零陵，長沙委輸棹卒凡六萬人，騎五千匹，咸會荊門。』

後漢書第五倫傳：

> 『拜會稽太守……坐法徵……老小攀車叩馬，嘔呼相隨。日裁行數里，不得
> 前。倫乃僞止亭舍，陰乘船去。』

後漢書衞颯傳：

> 『先是含洭，湞陽，曲江三縣，……內屬桂陽。……吏事往來，輒發民乘
> 船。』

華陽國志巴志：

> 『永興二年，巴郡太守墾疏曰：「郡治江州，結舫水居五百餘家，承三江之
> 會，夏水漲盛，壞敗顚溺，死者無數。」』

隸釋引熹平三年桂陽太守周憬功勳碑：

> 『郡又與南海接比，商旅所臻。至瀑亭至乎曲江，壹由此水源也……府君乃
> 命良吏……順導其經脈，由是小溪乃平直，大道允通利，抱布貿絲，交易而
> 至。』

此皆大江以南之舟船。足以證漢世水道運輸之重要者也。至於海運，則自長江流域
以至嶺南，幾皆惟此是賴。後漢書鄭弘傳所稱：

> 『建初八年代鄭衆爲大司農。舊交阯七郡，貢獻轉運，皆從東冶泛海而至。
> 風波艱阻，沈溺相係。弘奏開零陵桂陽嶠道，於是夷通，至今遂爲常路。』

東冶卽今福州。故交州大道乃經福建以至江南，更轉至洛陽。在鄭弘之前，固以海
上爲大道。在鄭弘以後，亦誠有經五嶺嶠道而至中州者。然海上往來亦固其常也。

後漢書桓曄傳：

> 『初平中天下大亂，避地會稽。遂浮海客交阯。越人化其節，閭里不爲訟。』

後漢書袁安傳：

> 『乃天下大亂，（袁）忠棄官客會稽上虞。一見太守王朗，徒從整飾，心嫌
> 之，遂稱病自絕。後孫策破會稽，忠等浮海南投交阯。獻帝都許，徵爲衞
> 尉，未到，卒。』

太平御覽六十引謝承後漢書：

> 『汝南陳茂爲交阯別駕，舊刺史行部不度漲海。刺史周敞涉海遇風，船欲

覆。茂拔劍呵罵水神，風卽中息。』

王國魏志王朗傳：

> 『舉兵逐與策戰，敗績。浮海至東冶，策又追擊，大破之。朗乃詣策，策以
> 儒雅，詰讓而不害。』注：『獻帝春秋曰：「孫策率軍如閩越討朗，朗泛舟
> 浮海，欲走交州，爲兵所逼，遂詣軍降。」』

三國吳志虞翻傳引吳書：

> 『翻始欲送朗到廣陵。朗惑王方平訊言……故遂南行，旣至候官，又欲投交
> 州。』

又三國志王朗傳：

> 『自曲阿展轉江海，積年乃至』。注：『被徵未至，孔融與朗書曰：「……
> 主上寬仁，貴德宥過；曹公輔政，思賢並立。策書屢下，殷勤款至。知擢舟
> 浮海，息駕廣陵，不意黃能突出羽淵也。」』

三國吳志孫皓傳：

> 『建衡元年遣監軍徐存從建安海道，就合浦擊交阯。』

凡此皆可證自鄭弘開嶠道之後，吳會與交州閩廣間交通，仍爲舟運也。至於三國志
孫權傳稱黃龍二年正月，遣將軍衛溫諸葛直將甲士萬人，浮海求夷州及亶州。雖因
浮海失道，但得夷州數千人而還。然其時入海規模之大，自亦不難明曉也。

　　漢世齊人有爲樓船卒者，已見前引漢書朝鮮傳。今更就大江以北之緣海交通，
略申述之。後漢書包咸傳：

> 『會稽曲阿人也。少爲諸生，受業長安。……王莽末，去歸鄉里。於東海界
> 爲赤眉賊所得……遣之。因住東海教授。』

自長安至會稽之陸道當經丹陽而不經東海，此則赴東海，爲自海道而達會稽也。至
吳時與公孫氏往來賂遺，亦經此道。三國志公孫度傳：

> 『明帝卽位，拜淵揚烈將軍，遼東太守。淵遣使南通孫權，往來賂遺。』注，
> 魏略曰：『國家知淵兩端而恐遼東吏民爲淵所誤，故公文下遼東，因赦之
> 曰：「告遼東玄菟將校吏民，逆賊孫權，遭遇亂階，因其先人，劫略州郡。
> 遂成羣凶，自擅江表。……比年以來，復遠遣船越度大海，多持貨物，誑誘

　　　邊民。邊民無分，與之交關。長吏以下，莫肯禁止。至使周賀浮舟百艘，沈

　　　滯津岸，貿遷有無。既不疑拒，齎以名馬。」』

三國志明帝紀：

　　　『太和六年，冬，十月。殄夷將軍田豫討吳將周賀於成山，殺賀。』

三國志田豫傳：

　　　『太和末，公孫淵以遼東叛。帝欲征之而難其人。中領軍楊暨舉豫應選。乃

　　　使豫以本官督青州諸軍，假節討之。會吳賊遣使與淵相結。帝以賊衆多，又

　　　以渡海，使豫罷軍。豫度賊船垂還，歲晚風急，必畏漂浪。東隨無岸，當赴

　　　成山，成山無藏船之處輒便循海，案行地形及諸山島　，微集險要　，列兵屯

　　　守。自入成山，登漢武之觀。賊還，果遇惡風，船皆觸山，沈沒波蕩，無所

　　　逃竄，盡虜其衆。』

次年吳遣太常張彌，金執吾許晏，復浮海使公孫淵　，遂爲公孫淵所殺　，亦由此道

也。

　　　自遼東以至吳會，可以海行，則從青齊以至遼東，海行尤易。三國志邴原傳：

　　　『黃巾賊起，原將家屬入海，住鬱洲山中。時孔融爲北海相，舉原有道。原

　　　以黃巾方盛，遂至遼東，與同郡劉政俱有勇略雄氣。遼東太守公孫度畏惡欲

　　　殺之。盡收捕其家。政得免，度告諸縣敢有藏政者與同罪。政窘急往投原。

　　　原匿之月餘。時東萊太史慈當歸，原因政付之。……原又資送政家，皆得還

　　　故郡。……後得歸太祖，辟爲司空掾。』

三國志管寧傳：

　　　『天下大亂，聞公孫度令行於海外，遂與原及平原王烈等至於遼東，度虛館

　　　以候之。……中國少安，客人皆還，唯寧晏然，若將終焉。黃初四年，詔公

　　　卿舉獨行君子，司徒華歆薦寧。文帝卽詔徵寧，遂將家屬浮海還郡。公孫度

　　　送之南郊。』注：『傅子曰：寧往見度，語唯經典，不及世事。還乃因山爲

　　　廬，鑿坏爲室，越海避難者，旬月而成邑。』

而魏之攻公孫氏，亦用舟師。三國志蔣濟傳注引司馬彪戰略：

　　　『太和六年，明帝遣平州刺史田豫乘海渡，幽州刺史王雄陸路，幷攻遼東。

蔣濟諫，……帝不聽，豫行竟無成而還。』

自後司馬懿遂用陸路自遼西而出。然據此節，魏固先曾用海上之師。惟司馬氏奇兵
獨出，克奏膚功。而田豫則不然，固非失之於海道也。

就以上所論凡中國江海之區，皆有水上交通爲昔人所利用。御覽七七一引郭璞
江賦曰：

『舳艫相接，萬里連檣；沂洄沿流，或漁或商。』

又御覽七七○引孫綽望海賦曰：

『商客齊暢，隨流往還；各資順勢，雙航同懸。』

皆可從之以想像漢魏以來江海之盛況。

自漢以來，南海交通要道，出於東冶，已見前引王朗傳。又後漢書東夷傳言：
『倭在韓東南大海中，依山島爲居，凡百餘國……其地大較在會稽東冶之東。』此
東方夷境，亦以會稽東冶爲準也。若南方諸國，則更以南海之番禺爲交易之都會。
漢書地理志云：

『粵地處近海，多犀象，毒冒，珠璣，銀銅，果布之湊。中國往商賈，多取
富焉。番禺者，一都會也。自日南障塞，徐聞，合浦船行可五月有都元國，
又船行可四月有邑盧沒國，又船行二十餘日有湛離國，步行可十餘日有夫甘
都盧國，船行二月餘有黃支國，民俗略與珠厓相類，其州廣大，戶口多，多
異物。自武帝以來皆獻見，有譯長屬黃門，與應募者俱入海市明珠，流離，
奇石，異物，齎黃金，雜繒而往，所至國皆稟食爲耦，蠻夷賈船，轉送致
之。……自黃支船行可八月到皮宗，船行可二月到日南象林界云，黃支之南
有已程不國，漢之譯使自此還矣。』

所記者最遠莫如黃支。其由中國往黃支計爲：

合浦至都元國——五月

都元國至邑盧沒國——四月

邑盧沒國至湛離國——二十餘日

湛離國至夫甘都盧國——步行十餘日

夫甘都盧國至黃支國——二月餘

約計共十二月餘至十三月餘

若由黃支往中國，則爲：

黃支國至皮宗國——八月

皮宗國至日南象林——二月

約計十月

去程自徐聞合浦，在東；而歸程至日南象林，在西。故所取之路乃向東南，更折而西，復從北歸，略同時鐘方向。然則其路徑當爲由菲律濱而婆羅洲，而爪哇或蘇門答臘，更經交阯支那以至安南也。即都元或當在菲律濱境，邃盧沒，湛離，及夫甘都盧或當在婆羅洲境，而黃支或當在蘇門答臘或爪哇矣。其所記月日或較實際航海所用之月日爲長，蓋海行多歷風險，不得不從長估計也。漢志所記自中國至黃支往返各有一路，不相重複，故其所記之地，決不能踰新加坡而西。若越新加坡而西，則往返之途不能不互相重疊，而皮宗象林間亦不能僅二月之期便能達到矣。前此論證漢志此節，其著者如法之費瑯 (G. Ferrand) 及日本之藤田豐八，皆認爲西漢使節曾達新加坡以西，且至印度。並列舉對音以證之。今並不取。惟洛佛(B. Laufer)據後漢書南蠻傳『元始二年日南之南，黃支國來獻犀牛』以爲當在馬來，或去事實不遠耳。蓋古蹟難明，但能取諸本證，若博引對音，轉滋聚訟，難言徵實，非所尚也。漢史所述黃支之事甚少，惟地理志所記『民俗略與珠厓相類，其州廣大，戶口多，多異物』及『平帝元始中，王莽專政欲耀威德，厚遺黃支王，令遣使獻生犀牛。』獻犀牛事又見於王莽傳。今據此處所言『民俗略與珠厓相類，』則似在南洋而不在印度。又云『其州廣大』，則似在島嶼而不在大陸，至於產犀牛一事，則爪哇及蘇門答臘並皆有之，即所謂 Javan rhinoceros 及 Sumatran rhinoceros 者，原不必踰重洋而取之印度也。凡爲考證，平實爲先，據現有史料論，至西漢晚年中國使節尚未踰新加坡至印度洋，陸路則亦僅有『身毒乘象以戰』之傳聞（張騫傳）似未嘗與印度發生直接關係也。

東漢明帝時佛教已入中國，章帝建初時之滕縣石刻亦有佛教故事之六牙象。然印度與中國之交通，亦僅在西域而不在南海。後漢書西域傳云：

『天竺國一名身毒……和帝時數遣使貢獻，後西域反叛，乃絕。至桓帝延熹

二年，頻從日南徼外來獻。』

故天竺與中國之海道交通，乃開發於和帝以後，桓帝以前之時期，和帝以前則經由陸路也。按自安帝永初元年（一〇七年）罷西域都護，至桓帝延熹元年（一五八年）中凡五十年，中印海道溝通，即在此五十年中。自此路交通後，至桓帝延熹九年，大秦國王安敦乃『遣使自日南徼外獻象牙，犀角，瑇瑁』（後漢書西域傳）。於是交廣兩地遂成東西市易之場。吳志士燮傳云：

> 『燮兄弟並爲列郡，（燮領交州，弟壹合浦太守，武南海太守。）雄長一州，偏在萬里，威尊無上，出入鳴鐘磬，備具威儀，笳簫鼓吹，車騎滿道，胡人夾轂燃香者，常有數十。』

依漢人通習，南海之人稱曰蠻人而不稱曰胡人。胡人者特指西域之人而言，王氏國維西胡考所述，可證也。此言胡人，當指西胡之人，若身毒，條支，安息之屬。而燒香一事亦原爲奉佛之俗。此三國初年之南海交通也。又梁書西域傳云：

> 『大秦……國人行賈，往往至扶南，日南，交阯。其南徼諸國人少有到大秦者。孫權黃武五年，有大秦賈人字秦論來到交阯。太守吳邈送詣孫權，權問土方謠俗，論具以事對。時諸葛恪討丹陽，獲黝歙短人。論見之曰：「大秦希見此人」，權以男女各十人，差吏會稽劉咸送論。咸於道物故，論乃迂還本國。』

又太平御覽七七一引吳時外國傳曰：

> 『從加那調州乘大伯舶，張七航，時風一月餘日，乃入秦，大秦國也。』

亦可證吳以後對遠西之南海交通矣。故中國在南海上之往來開始於西漢，發展於東漢，至吳已臻於繁盛。而和帝至桓帝之五十年間，西域陸道隔絕，尤爲海上交通進展之時期。自此而後，貿遷之事，未嘗斷也。若就海軍而言，則自東漢以還如馬援（後漢書本傳），宗慤（宋書本傳），劉方（隋書本傳），皆能率領舟師遠征不庭而所向克捷。就造船之技術與軍隊之作戰能力言，皆當有過人之處。然中國外患若就東南與西北比較言之，固在彼而不在此。其出發固非傾國之師，其克捷除馬援之外，亦鮮計及經營之道。此由不願疲中國以事遠略，非力之不逮也。

附記：本篇附印以後有應爲補入者二事，今附列於後。

（一）接到王毓銓先生來函云：

在兩漢時代，『傳舍』不是『郵亭』；而『郵亭』和原來的『亭』也不盡相同。『傳舍』是三十里（大致說來）一置，而『亭』則十里一置（此『里』非里居之里，下面有解釋）。『傳舍』是供官吏乘傳止宿之用，而『亭』之設則原爲徼巡禁盜賊。『亭』有樓，用以觀望。平時無事，可供行旅止宿。但止宿行旅，不是它本來的職掌。止宿『亭』不須要有『符』或『傳』，止宿的人不必然是政府的官吏；兩漢書，風俗通均載有平民止宿『亭』的事。至於『傳舍』，那是專爲政府官吏設備的。偶有平民止居『傳舍』，但非有特別理由不行。而且『傳舍』有副車，傳馬，廚，供傳馬，驛馬，和乘傳官吏飲食之用，而『亭』沒有這些設備。西漢末傳車漸廢，代以驛馬，距離間仍是三十里，而『亭』的距間也沒變，仍爲十里。看來兩事沒有合併爲一。漢代的『郵』，好像是另一傳遞消息或信件的設置，分佈也比較密。應劭說是『五里一郵』。有若干亭可兼作郵，所以有了『郵亭』，不過好像不可把『郵亭』看作完全和『亭』是一樣的東西，雖然事實上不行郵的亭怕是很少。還有一點應該注意的是驛馬只有『驛置』上有，亭上沒有。

與鄙意略有出入，但有可以補充鄙說者。

（二）關於『海中』二字，鄙意以爲與『海內』含義不同。陳槃厂先生以爲顧炎武旣有異義，而王先謙復有辨證，應爲補錄，其義始明，茲列於下：

王應麟曰：『後漢書天文志注引海中占，隋志有海中占星圖，海中占各一卷，即張衡所謂「海人之占」也。唐天文志開元十二年詔太史，交州測星以八月，自海中南望老人星殊高，老人星下衆星粲然，其明大者甚衆。』顧炎武曰：『海中者，中國也，故天文志曰，甲乙海外日月不占。』沈欽韓曰：『海中混茫，比平地難驗，著海中者，言其術精。算法亦有海島算經。唐封氏見聞記云：齊武成帝即位，大赦天下，其日設金雞，宋孝王不識其義，問於光祿大夫司馬膺之。答曰，案海中星占天雞星動必有赦。』先謙曰：『王，沈說是。』（漢書補註三十）

此二則因版已排就，未能補入，附列於此，並向王陳兩先生致謝。

出自第十六本（一九四八年一月）

漢晉遺簡偶述

陳　　槃

目　　次

壹　以空字或圓點爲標界　功令　秋射

<u>居延簡</u>：（參用勞貞一先生釋文本。下同。）

<u>居延</u><u>甲渠</u>逬胡隧長公乘<u>王毋何</u>　<u>五鳳</u>元年秋，以令射，發矢十二，中鄧六，
當。（二六六）三一二、九

<u>五鳳</u>二年九月庚辰朔己酉，<u>甲渠</u>候□彊敢言之，□書曰，□長士吏藭
隧長以令秋射，署功勞。長吏集試□□……。（二〇三）六、五

<u>甘露</u>元年秋，以令射，發矢十二，中鄧矢十。（二二一）三四、一三

□□　<u>初元</u>三年，以令秋射，發矢十二，中鄧矢六。（三〇八）四八五、五

<u>初元</u>四年，以令。（三〇八）四八五、一

<u>建昭</u>二年秋射，發矢五十二，中鄧矢。　……（二二五）無號

<u>建平</u>三年，以令秋射試，發矢十二，　中鄧矢□。（二一五）一三三、一四

□二年，毋令秋射。（二三八）四八五、一五

抵校因都試馳射，會月□。（二七八）四〇、一八

·功令：第卌五候長士吏省試射，二去埻鄧弩力如發，弩發十二矢，中鄧矢
六爲程；過六，矢賜勞十五日。（一四〇）四五、二三

·功令：第卌五士吏候長，逢隧長，常以令秋試射，以六爲程；過六賜勞，
矢十五日。（三八四）二八五、一七

◻漢隧長常以令秋試射，　發矢十二，　以六爲程；過六　（二四八）一四二、一六

<u>長安世</u>自言，常以令秋射，署功勞。……（三三一）二二七、一五

隧長常以令秋射，發矢十二，以六爲程；過六賜勞，矢十五日。（三五二）二七
〇、二三

□候長<u>賢</u>自言，常以令秋射，<u>賢</u>□□卽石力，<u>賢</u>

□□人數于牒，它如爰書。敢言之。（二〇三）六、一三

·右秋射爰書。（一八二）一七五、一

右秋以令秋射，二千石賜勞名籍及令。（一五一）四九、一四

按上文有以空格或圓點爲標界表識者，如『<u>五鳳</u>元年』簡，『<u>五鳳</u>』上空一格；

『建平三年』簡，『十二』下空一格；『功令』二簡，『功』上並有標記作·；『右秋射㢰書』簡，『右』上同：是也。漢人遺簡中，此例數見。俞樾云：『法苑珠林呪術篇所載呪語，皆每句空一字，蓋西域梵文傳入中國，不便誦讀，故以此法便讀者也。沈約宋書樂志鐸舞曲聖人制禮樂篇，每句空一字書之，蓋以此篇有聲無文義，恐人不得其讀耳。其時梵書盛行，殆即用其法也』。（九九消夏錄五，每句空一字。） 今按漢簡已以空格便誦讀，是不當云始于法苑珠林之箸梵呪矣。俞氏又云：『太室石闕銘前銘辭，後官名，其上皆作○。宋儒注四書，每章之首皆以一圈為界，亦有所本矣』。（曲園雜纂三六，以圈為標界。）今按太石銘作○，漢簡作·，其為用則一。太室銘東漢安帝元初間所作。漢簡時代，或更在前。至于或作○，或作·者，古人蓋亦隨意為之，孰為先後，不必深論可也。 （簡復有以乚為界識者，羅振玉氏已為拈出。亦有將『一』字斜豎者，例如居延簡〔三四一〕二一三、一三〔背〕及〔六〕三〇三、一二之等。又屯戌叢殘頁十三下第十一簡：『卒趙襄，單衣一見。十月乙巳生』。原簡『襄』下一點，『見』下一圈，此則同時以點與圈為標界者。）

　　『功令』一辭，向來頗不乏誤解。史記儒林傳：『太史公曰，余讀功令，至於廣厲學官之路』；索隱：『案功令，謂學者課功，著之於令，即今「學令」是也』；漢書儒林傳：『請著功令』；注：『師古曰，新立此條，請且著於功令。功令，篇名，若今之「選舉令」』。今按二氏似泥。武帝獎厲學官，其實即獎厲儒學。如二氏說，是不啻謂獎厲儒學之令為『功令』矣。然『秋射』本兵典，（後世所謂『兵』，古以為『軍』，實即軍禮也。）而其考績亦以『功令』，上引簡：『功令，第卅五候長』云云，是其例。然則『功令』者，一切考績署功勞之令之通稱。獎厲學官之令，自亦包括其中。若謂僅指獎厲學官之令而已，斯謬矣。清翟灝曰：『按近人用此，每若云公家之令，非』。（通俗編二四，功令。）按後世凡公家之令皆稱『功令』，誠失之。然翟氏義界亦不明。如其即以司馬，顏氏之說為依據，則亦辨之有未審矣。

　　『秋射』，『都試』，名異實同。歲秋大會試騎射之謂。（漢書燕剌旦王傳注，『都，大也，謂大會試之』。霍光傳注引孟康則曰，『都，試也』。）但書史不言『秋射』，而『都試』一辭則習見，漢書燕剌旦王傳，『將軍都試羽林』，韓延壽傳，『都試講武』，翟方進附翟義傳，『九月都試』，是也。亦或作『都肄』，霍光傳，『都肄郎羽林』，

—311—

是也。復有作『貙劉』者，說詳于下。

　　『秋射』之在兩漢，可云大典，顧書史語焉不詳。今取簡文而錯綜參互其事，有可述者。續禮儀志曰，『立秋之日，自郊禮畢，始揚威武，斬牲於郊東門，曰䳒陵廟。……武官肄兵，習戰陣之儀，斬牲之禮，名曰貙劉。兵官皆肄孫吳兵法六十四陣，名曰乘之。立春，遣使者齎束帛曰賜文官。貙劉之禮，祠先虞』。今檢簡文，屢記『以令秋射』，所記亦唯限于射，蓋名實相應，無所謂『貙劉』之等，意志說不出京師範圍；邊戍守禦，因地制宜，故吏卒逐以習射為主矣。然邊地雖以習射為主，其用意則則與京師之所謂『貙劉』者符同。蓋自古國君，四時田狩，以奉宗廟；（穀梁桓四年傳。亦或云三時，如王制等。）又從而講習戎事。此其初義也。是故京師與邊戍儀式雖有不同，其禮意則一也。

　　秋射期間，故書舊記，其說互歧。以邊郡言之，簡書多統云『秋』；唯五鳳二年一簡，明言為『九月』。後漢書順帝紀則言『立秋之後』。（文詳後。）胡廣言『以八月都試』者，（漢官解詁都尉條。北堂書鈔設官部引。）似不祇施于邊郡，蓋通內外言之。至于京師，史書多言『立秋』，如後漢書劉聖公傳：『欲以立秋貙膢時，共劫更始』。（『貙膢』即『貙劉』，亦省稱『膢』，詳後漢書，武帝紀注。）周禮『射人射牲』，鄭注『今立秋有貙劉』。漢儀注：『立秋貙劉』。（同上武紀注引。）又續禮儀志，文已前見。考之實際，則漢武以三月，（同上武紀：『太初三年春三月，令天下大酺五日，膢五日，比臘。）明帝永平元年以六月（通考兵部：六月，初令百官貙膢。）順帝永建元年以十月。（後漢書本紀。）魏書亦有『十月』之說，續禮儀志注引其文曰：『建安二十一年三月，曹公親耕藉田，有司奏：四時講武於農隙，漢承秦制，三時不講；唯十月車駕幸長安水南門，會五營士，為八陣進退，名曰乘之。今兵革未偃，士民素習，可無四時講武，但以立秋擇吉日，大朝車騎，號曰治兵，上合禮名，下承漢制也』。按魏書言漢講武于十月，又云于長安『水南門』，（魏志武帝紀注引作『長水南門』。按長水由陝西藍田縣西北流，經長安東南，則長水南門，其地仍不出長安也。）是其事應指西漢，但于史已無考。（元帝永光五年冬，及成帝元延二年冬之幸長楊校獵，殆屬尋常行樂，與講武習射之為國家大禮者異。子雲長楊賦之諷諫成帝，明其有見于此。）豈魏書所云者，竟指漢武以前耶？不然則西京之初，本亦以立秋講武。夏正立秋七月，當秦之十月。漢初用秦正，故曰『十月』；而其

實仍爲夏正之立秋七月耶？將『十』乃『七』之誤書耶？

　　續志云：『立春，遣使人齎束帛以賜文官』，是京師之禮；朝廷之賜，止及文官。今檢簡文有『秋射二千石賜勞名籍及令』之文，則士吏之等亦有勞賜，但由二千石主之。此二千石，即太守。漢書韓延壽傳曰：『徙爲東郡太守，及都試講武，設斧鉞旌旗，習射御之事』。郡縣秋試，由太守主持，此其證。胡廣漢官解詁言都尉『以八月都試』者，都尉本『將兵，副佐太守』。以其爲武職，故言之也。如淳曰：『太守，都尉，令，長，丞，尉會都試』。（漢書翟方進附翟義傳注引。）太守以下並數都尉，令，長之等者，詳言之也。

　　據續百官志五，中興建武六年，省諸郡都尉，幷職太守，都試遂廢。然順帝紀言：『永建元年，夏五月丁丑，幽幷涼州刺史……立秋之後，簡習戎馬』，是順帝世，緣邊諸郡，仍復舊制矣。此雖曰令之刺史，然刺史復令之郡縣，則責任固仍在太守矣。

　　秋射省試有定程，程以六；過六則署『功勞』，（簡文每云『賜勞矢十五日』，吾友夏作銘先生曰，曾以六爲程，過六則每矢賜勞十五日也。）署試有如未允，則與試者可以以『爰書』『自證』，故有『秋射爰書』之目。邊戍秋射之禮，書史已付闕如，今唯賴簡文得窺見其中之一點一滴，儻亦可備一時掌故之資，輒復疏記于此。

貳　不害日

居延簡：

　　□□東郡畔戍里靳龜　坐（罷）四月中不害日，行道到屋蘭界中，與戍卒函何陽異言，鬭，以劍擊傷右手指二所。●地節三年八月己酉，械繫。（四〇）一三、六

　　按此里民靳龜以『不害日』行道，與戍卒函何陽言語鬭傷，因坐繫械之牒書。『不害日』者，日占家習語。論衡譏日篇曰：『日之不害，又求日之剛柔。』『日之不害』，即『不害日』之謂矣。（亦或言『無害』，論衡同篇，『日吉無害，剛柔相得。』）

　　漢人信日占之說，行道有占固矣。史記日者傳褚少孫曰：『孝武帝時，聚會占家問之，某日可取婦乎？五行家曰，可；堪輿家曰，不可；建除家曰，不吉；叢辰家曰，大凶；歷家曰，小凶；天人家曰，小吉；太一家曰，大吉。辨訟不決，以狀

閒。制曰，避諸死忌，以五行爲主。人取於五行者也。』此言娶婦有占也。說文馬部：『驁，駿馬也。以壬申日死，乘馬者忌之。』是乘馬有占也。論衡辨祟篇曰：『世俗信禍祟，以爲人之疾病，死亡及更患，被罪，戮辱，懽笑，皆有所犯。起功，移徙，祭祀，喪葬，行作，入官，嫁娶不擇吉日，不避歲月，觸鬼逢神，忌時相害，故發病生禍，絓法入罪，至于死亡，殫家滅門。』又譏日篇曰：『沐書曰，子日沐，令人愛之。卯日沐，令人白頭。』又曰：『裁衣有書，書有吉凶。』又曰：『學書者諱丙日，倉頡以丙日死也。』是土功，移徙，祭祀，喪葬，行作，入官，嫁娶，沐浴，裁衣，學書，無乎不有占也。此類禁忌之在漢世，無上下皆然，故武帝有聚會占家之舉；元帝有『善日邪時孰與邪日善時』之問；（漢書翼奉傳。）寖假遂至于『人君興事，工伎滿閣；人民有爲，觸傷問時，鈔書僞文，由此滋生』矣。（論衡辨祟篇。）

漢晉西陲木簡頁四九第四一條曰：『壬，癸，亥，子，入官視事及舉百事凶』；又二編釋文頁三〇一條曰：『（上闕）曰，利以祓祠及行。壬子吉。不可殺牛』。此二簡，時代未詳。以其與論衡如上所論可互證，漫錄於此。

叁　新莽紀年

居延簡：

以始建國二年六月己巳除爲吏。盡其九月，當三月。（一四九）二六、一三

始建國二年十一月丙子下。（三一〇）二一〇、三五

始建國五年六月……（三一五）一六、二

始建國天鳳元年閏月乙亥，除補巡北隧長。（三一九）二二五、一一

始建國天鳳二年六月。（二六六）一五四、一

始建國天鳳二年十一月戊寅下。（二九一）九五、五

甲渠候□□始建國天鳳上戊二年　［年］（？）月吏□□至下士□別名。（Ｂ二一）二一〇、三四

南書一封，天鳳六年三月□亥。（八）三四六、四四

新始建國地皇上戊二年。（一七九）七一、二五

□部，新始建國地皇上戊三年二月，　郵書課。（二〇四）一一〇、一〇

按王莽篡竊以後，年號三易：曰始建國，曰天鳳，曰地皇。天鳳以後，始建國之號仍不廢，如曰『始建國天鳳』某年，『始建國地皇』某年，是也。此以卽位初元冠於新歷之上之例，光武同之，如續祭祀志之稱『建武中元元年』者是，吳仁傑兩漢刊誤補遺二後元一，洪适隷釋四蜀郡守何君閣道碑條已論之。（二事並承貞一舉似。）洪氏又引宋莒公紀年通譜，以爲建武中元之稱，『建武』二字，志紀或係，或不係。『俱出范氏，而所載不同，必傳寫脫誤，學者失於精審，以意刪去』，此則未必。檢上引簡有『天鳳六年三月』之稱一事，然則舊年號或係或不係，雖當時臣民之書旣然矣。

天鳳二年後，年號之下復繫以『上戊』，洪氏隷續卷二新莽候鉦條據孟康注云，莽所作歷名，是也（野客叢書六云：莽自以土德王，故曰『戊』；又以戊子代甲子爲首，故曰『上戊』，和孟說異。）至其稱始于何年，書史未詳，今排比簡文，知天鳳二年十一月猶未有是稱。同時有『始建國天鳳上戊二年』一條，而不詳其何月。豈其稱始于天鳳二年十一月之後耶？

肆　釋戾

居延簡：

□陶宜私里謝冠，迺已百痛□廣□戾，不能。（一五一）四九、一八

□當遠里公乘王同，卽日病頭痛寒戾。……（二二二）五二、一二

九月已丑，病寒戾，盡庚寅□二日，已愈。（二二二）三四、二五

第卅一隧卒尙武，四月八日病頭痛塞戾，飲藥五齊，未愈。　（三九五）四、四（背）

□亭隧□□里□□□□□□頭痛寒戾，不能飲。（五三〇）二七、一

□迺□戊辰病頭痛□戾，不能。（五二三）一一四、一九（面）

按『戾』字九畫。俞樾曰：『廣韻十二霽桂字下注云，「後漢太尉陳球碑，有城陽戾橫，漢末被誅。有四子，一守墳墓，姓戾；一子避難居徐州，姓香；一子居幽州，姓桂；一子居華陽，姓炔。此四字皆九畫」。今數之，「戾」「香」「炔」

皆八畫；「桂」十畫，無九畫者；可知漢人作字，「日」字作五筆，竟是中作三畫，旁作二豎也』。(續五九枝譚頁八。)驗簡文，兪說不誤。

說文火部，『炅』，見也。从火日。繫傳，從火，日聲。徐鉉删聲字。居迥反。玉篇火部，炔，古惠切，煙出皃。炅，同上。又乜迥切。(日部又云，香，古惠，古迥二切。見也。亦作炅。)類篇七上十四部，畎迥切。或作春，引桂氏譜云云。又俱永切。光也。段氏說文注，古迥切。

按簡文此處當訓熱，曰『頭痛寒炅』者，時寒時熱，內經太素云，『病風，且寒且炅，一日數過』(雜刺)；素問云，『病風，且寒且熱炅，汗出，一日數過。』(長刺節論)是其類也。按曰『且寒且炅』，寒熱對稱；又曰『熱炅』，『汗出』，是『炅』之爲熱，義故甚明。然則簡文『寒炅』，『炅』或作『昊』，或作『垦』；或作『炭』；『寒』或作『塞』者：並誤。

病熱曰『炅』，蓋漢人恆辭矣。顧許愼譔集說文，竟遺此義。玉篇以下，更無論矣。蓋居延漢簡者，漢武以至東京初期之物。『炅』字之習慣使用，則不知此其間應屬何世？熟語之使用，有時而變。許氏箸書已値東漢中葉，其不知『炅』之復當訓熱，不足爲異。古籍中唯素問猶保存此義于不墜，(如長刺節論，文已前見。又舉痛論，調經論，五過論——此三篇說文通訓定聲『別義』下亦引用。)與素問出于同一淵原之太素亦然。(卷二虛實所生，二七邪客。又二三雜刺，文已前見。)然則素問太素爲書，至少可以與上引簡文之時代相接　其書雖後出，(素問著錄，始見隋志。太素，隋楊上善注，見舊唐志。)而其書說則自漢以來流傳有緒，斷可知矣。

伍　呂政主

居延簡：

呂政主。(一三二)四二〇、四

按此語未詳所出。『呂政主』，蓋謂秦始皇。始皇，秦莊襄王子。莊襄王爲秦質子於趙，見呂不韋姬，悅而取之。時姬已有娠，所生子卽始皇也。名政。事具史記本紀暨呂不韋傳。始皇，質稱當爲嬴政，或趙政。曰『呂政』者，醜辭。班固秦紀論，『呂政殘虐』云云，亦其例。

陸　木索　爰書

居延簡：

……□□人數于牒，它如爰書，敢言之。（二○三）六、一三

……候長德敢言之，爰書，隧長蓋之等酒辛酉出時…… 未□塞下者 。……

（五六六）三○六、一二

三丈八尺，謹所言也，如爰書。（三五○）三二六、五

□欲言變事，後不欲言變事。……皆證也，如爰書。敢言之。（五二九）二七、

二一（背）

徒王禁責東門補發不服，
　　　　　　　　　　　　　●一事一封　四月癸亥，尉史同奏封。
移自證爰書。會十月。

　　　　　　　　　　　　　（三六二）二五九、一

☑皆不服，爰書自證。書到如律令。（三○九）二○六、三一

□□責不可得，證所言。●不服負，爰書自證。毕光見爲俱南隧長，不爲執

胡隧長。（四六九）一五七、二

右男子范長實自證爰書。（二三五）二○六、一

右自證爰書。（六四四）八九、一○

右自證爰書。（一五一）四九、二五

光勞謹移射爰書。　名籍一編。（三○九）四八五、四○

☑勞，謹移射爰書一編。……（三○八）四八五、四○

□衣，診視毋木索笑及處□□□審也，如爰書。敢言之。（五三○）二七、一

言之，謹移戍卒病死爰。（二三二）一九八、九

病死物爰書。（二二五）一四五、三五

疾卒爰書一編，敢言之。（三六三）四二、一一

按『笑双』，即『癸丑』。簡文或書作『癸双』；（屯戌澂殘一下之五。）癸，亦

或作『芺』。（漢晉西陸木簡初編八之一七。）

『木索』者，司馬遷報任安書曰：『其次關木索，被箠楚受辱』；又曰：『今交

手足，受木索』。據此，知其爲刑具之稱，且是當時成語。文選五臣注，張銑曰：
『關木柙，械索繩也，以拘縛之也』云云，徒爾能順辭釋字而已，猶有所未達。

　　『爰書』，由歸納簡文，知其具備兩種性質：一者，自辨書；二者，證書。但
自辨書其間亦兼引證；而證書則未必卽兼論辨。前者，如上引簡云『右自證爰書』；
『皆證也，如爰書』；『不服，爰書自證』；『負爰書自證』；某責某，『不服，
移自證爰書』；『皆證也如爰書』等是也。後者，如『病死物爰書』是也。按此
『病死物爰書』，度無非將病死者之物證具報，證實其事。已無所謂齟齬與『不
服』，自無所用其申辨。若然，則此類固屬于單純之證書。史記酷吏張湯傳曰：
『父爲長安丞，出，湯爲兒守舍；還，而鼠盜肉，其父怒笞湯。湯掘窟，得盜鼠及
餘肉，劾鼠掠治，傳爰書，訊鞫論報；幷取鼠與肉，具獄磔堂下。（集解，鄭展曰，罪
備具。）其父見之，視其文辭，如老獄吏，大驚，遂使書獄』。集解：『蘇林曰，
爰，易也，以此書易其辭處。張晏曰，爰書自證，不如此言，反受其罪』。索隱：
『韋昭云，爰，換也。古者重刑，嫌有愛惡，故移換獄書，使他官考實之，故曰傳
爰書也』。漢書本傳顏注曰：『爰，換也，以文書代換其口辭也』。王氏補注：『劉
奉世曰，爰書者，蓋趙高作爰歷，教學隸書。時獄吏書體蓋用此，故從俗呼爲爰書
也』。今按張湯受其父誤笞，『傳爰書，訊鞫論報』，卽自傳辨書，論證其事。此
與余如上所論之第一例相應。張晏以爲自證書，此張氏獨習知漢氏早年之遺辭賸
義，故其所論與簡文密合。自餘諸說，並不免于望文生義。

　　若謂湯傳有『視其文辭如老獄吏』句，『爰書』似當爲判決書，亦非也。按『視
其文辭如老獄吏』句，蒙上『幷取鼠與肉具獄磔堂下』，此論具鼠獄之『文辭』，
可視爲判決書。然此是一事，而『傳爰書』自證其無罪，又是一事。作傳者于『傳
爰書』與具鼠獄之間而加以『幷』字，明其爲二事。混爲一談，蓋誤。

柒　何一男子

居延簡：

　　邰柂刀劍鬥，☑以所持劍格傷不知何一男子左☑（四六九）一四八、四五

　　按『不知何一男子』，漢人習語，王莽傳曰：『又今月癸酉，不知何一男子遮

臣建車前」。又論衡實知篇曰：『孔子將死，遺讖書曰，不知何一男子，自謂秦始皇，上我之堂。……』按漢人已有此習語。則王充謂是孔子遺讖云云者，此爲方士之徒所欺也。

　　漢書劉屈氂傳曰：『妄一男子上書，卽得之矣』。補注：『蘇輿曰，妄一男子，當作一妄男子。晏子諫下，則嬰有壹妄能書足以治之矣，語意正同』。今按，蘇論固不妨聊備一說，然『妄一男子』與『何一男子』辭法尤切合。漢人之語，可以互證。牽引晏子之文，終覺其未免迂曲。

捌　使女使男　女子命名

居延簡：

俱起隧卒王並。
妻、大女嬓，年十七，用穀二石一斗六升大。
子、未使女毋知，年二，用穀一石一斗六升大。
凡用穀三石三斗三升大。（一七一）二〇三、一三

卒李謢宗。
妻、大女：足，年廿九，用穀二石一斗六升大。
子、使男彊，年七，用穀二石一斗六升大。
凡用穀四石三斗三升少。（一七二）二〇三、一九

妻、大女侍，年廿七。

子、未使男偃，年三。　省茭，用穀五石三斗一升少（一七二）二〇三、二三

子、小男霸，年二。

妻、大女君至，年廿八，用穀二石一斗六升大。

弟、大女侍，年廿三，用穀二石一斗六升大。

子、使男相，年十，用穀二石一斗六升大。（一七三）二〇三、三二

制虜隧卒張孝。
妻、大女茀，年卅四，用穀二石一斗六升大。
子、未使女解，年六，用穀二石一斗六升大。
凡用穀三石三斗三升少。（二六四）五五、二五

第四隧卒張霸。
弟、大男輔，年九。　見署用穀七石八升大。
弟、使男勳，年十。
弟、大女至，年十九。（二二八）一三三、二〇

俱起隧卒丁仁。
母、大女存，年六十七，用穀二石一斗六升大。
弟、大女惡女，年十八，用穀二石一斗六升大。
弟、使女屑，年十八，用穀一石六斗六升大。
凡用穀六石。（二四〇）二五四、一

制虜隧卒張放。
妻、大女自序，年廿三，用穀二石一斗六升大。
子、未使男彊，年二，用穀一石六斗六升大。（二九五）二三一、二五

執胡隧卒富鳳。
妻、大女君以，年廿八，用穀二石一斗六升大。
子、使女始，年十，用穀一石六斗六升大。

子、未使女窅，年三，用穀一石一斗六升大。
凡用穀五石。（三〇五）一六一、一

第四隊卒虞護。　　妻、大女脅，年十五。　　　見署用穀四石八斗一升少。
弟、使女自如，年十二。
　　　　　　　　　□未使女算者，年五。　　　（三二八）一九四、二〇

夷虜隊卒徐☑。　　妻、大女南弟，年廿，用穀三（？）石一斗六升大。
子、未使　益有，年四，用穀一石六斗六升大。
　　　　　　　　　□女曾，年一，用穀一升。
凡用穀四石六□　三一七、二

妻、大女止年廿一，用穀二石一斗六升大。　　凡用穀四石三斗三升少。

弟、使男陵，年十二，用穀二石一斗六升大。（三四七）二七、三

制虜隊卒周賢。　　妻、大女止耳，年廿六，用穀二石一斗六升大。
子、使女捐之，年八，用穀一石六斗六升大。
　　　　　　　　　子、使男壄，年十，用穀二石一斗六升大。
凡用穀六石。（三四七）二七、四

武成隊長孫青肩。　妻、大女謝，年卅四，用穀二石一斗六升大。
子、使女於，年十，用穀一石六斗六升大。
　　　　　　　　　子、未使女女足，年六，用穀一石六斗六升大。
凡用穀五石。（一四二）二〇三、七

第五隊卒徐誼。　　妻、大女職，年卅五。　　見署用穀五石三斗一升少。
子、使女侍，年九。
　　　　　　　　　子、未使女男有，年三。　（一四二）三〇三、三

按此吏卒家屬署廩名籍也。言『使男』，『未使男』，『使女』，『未使女』，『使』者，荀子解蔽，『況于使之者乎』，注，『使，役也』，是其義。論語學而，『使民以時』。『使男』『使女』云云，猶言『使民』矣。簡文有『大婢劉頃二匹十丈，三斤十二兩』；（【七九】三〇六、一六）『二人鬥女。車百九卝卝錦百九十六百五十十尺』（【七〇】五一三、五〇）之記，女子役使，此其例。安帝元初三年冬十月，『治郡國中都官，繫囚減死一等，勿笞，詣馮翊，扶風屯，妻子自隨，占著所在。女子勿輸』。注，『不輸作也』。按漢世邊塞屯戍，多以罪囚，妻子與俱。（漢書武紀，元狩五年，徙奸猾吏民于邊。按言奸猾吏民，蓋罪人亦在其中矣。）居延之屯，蓋亦視此。又由安帝詔令推之，則屯戍女子，服役是其當然，『勿輸』乃例外矣。唯言『女子勿輸』，則男子必輸作矣。雖隊長家屬亦在服使之列，蓋已署公廩則不能無義務故。

考簡文，男自七歲以上則爲『使男』，六歲以下則曰『未使男』。女子年限，今唯知八歲以上爲已使，六歲以下爲未使。至于是否亦七歲則使同于男子，無可考。男年七歲則使者，周禮秋官『司厲』，『其奴，男子入于罪隸，女子入于舂槀。凡有爵者，與七十者，與未齔者，皆不爲奴。』鄭注，『齔，毀齒也。男年八歲，

女七歲而毀齒。』說文同。而漢書貢禹傳云，『宜令民七歲去齒乃出口錢』，（漢儀注亦云七歲至十四歲出口錢，文引見下。）不分男女，是謂男女均七歲毀齒也。罪隸之子七歲毀齒則爲奴，蓋古人觀念以爲，男女至此年限，則可以服役矣。男年七歲以上則使，此其制，豈非亦有取於此耶？

友人夏作銘先生以余說爲不然，謂『「使男」「使女」之「使」字，雖源于使役之「使」，然已成當時戶籍中之專門名辭，並非指實際服役；否則十五歲以上之男女亦當服役，何以稱「大男」「大女」，而不統稱「使男」「使女」？按漢書昭帝本紀元鳳四年注，「民年七歲至十五歲，年出二十三錢爲口賦；民年十五至五十六，年出百二十錢爲祘賦」，（鎣按後漢書光武紀注引漢儀注作，『人年十五至五十六出賦錢，人百二十爲一算；又七歲至十四歲出口錢，人二十，以供天子。至武帝時又口加三錢，以補車騎馬。』）知「使男」「使女」者，乃納口賦之民；「大男」「大女」者，乃納算賦之民；「未使男」「未使女」者，乃未及納賦年齡之嬰孩。此當爲其時戶籍中登記之通用語，簡文卽依此意使用。（元注，有二簡爲例外，似皆由于誤書或誤釋。張霸弟輔年九稱大男，『九』字似誤，否則不應置之于年十歲者之前。又丁仁女弟眉年十八稱使女，『十八』疑誤，以其所用之穀僅一石六斗六升大，爲未使女或使女之分量，知『使』非『大』字之誤、然與其姊大女惡女同齡，恐有誤。）』此論甚有理致，今附存於此。

簡所載婦女命名，亦頗可注意。曰『女足』，曰『足』，曰『止耳』，（並前見。按『止耳』，『耳』原作『瓦』，今從貞一釋作『耳』。女子以『耳』名者，復有〔六四〕二九、一簡云：『弟小女耳』，是也。友人逯卓亭先生引魏志崔琰傳：『諺言，「生女耳」，「耳」非佳語』，以爲生女賤稱『耳』，東漢末年尙爾。）曰『止』，（簡〔二五八〕二五七、三〇）有不復需要之意；曰『捐之』，有棄去之意；曰『男有』，冀其由女以有男也；（東漢有劉成男，卽冠軍县公主，順帝女。）又有『惡女』，（並前簡。）有『倚郎』，（〔四六五〕五四、一九）有『侍』，（東漢有劉侍男，清河孝王女弟。）有『寄』，（並前簡。）並賤辭。此等處，充分足以表現漢人之重男輕女。

玖　文毋害

居延簡：

尉史張尋，　文毋害，可補☒（一〇四）——〇、二二

按『毋害』，漢人擇吏常辭。『毋』『無』字通，史記蕭相國世家，『以文無害，為沛主吏掾。』漢書本傳同。注，『服虔曰，為人解通，無嫉害也。應劭曰，雖為文吏而不刻害也。蘇林曰，毋害，若言無比也；一曰，害，勝也，無能勝害之者。晉灼曰，酷吏傳，趙禹為丞相亞夫吏，府中皆稱其廉；然亞夫不任，曰，極知禹無害，然文深不可以居大府。蘇說是也。師古曰，害，傷也，無人能傷害之者。蘇晉兩說皆得其意。服應非也。』補注：『劉奉世曰，持法者，或以已意私怨陷人謂之害，故貴於文毋害。毋害者，取其為人毋害於行，則可以為吏矣。文毋害者，蓋其時擇吏之二事也。亞夫所以稱禹無害，廉，其一節也；故韓信又云無行，不得推擇為吏。餘說太汎。先謙曰，宣紀，詔云，能使生者不怨，死者不恨，則可謂文吏矣。文者，循理用法之謂。過於理則為文深，為舞文。集解引漢書音義云，無害者，如言無比，陳留間語也。此無害之確詁。文毋害，猶言文吏之最能者耳。（蜀中舟子長年三老，號曰最能。唐杜甫有最能行。最能之稱，猶無害也。）周亞夫稱趙禹云，極知禹無害，然文深不可以居大府。顏注，無害，言無人能勝之者。訓為無比，意是也。而此注云，無人能傷害之，則尚拘於字義，不悟其為當時語耳。既言禹無害，又云然文深，則無害非無嫉害不刻害之義甚明。服應非也。索隱引韋昭云，有文理，不傷害。訓文為有文理，是訓毋害為無傷害，非也。續志，郡國秋冬，遣無害吏案訊諸囚，平其罪法。謂遣吏能最高者。劉昭注，律有無害都吏，猶今言公平吏。天下豈有公平而文深者，劉注誤矣。墨子號令篇，請擇吏之忠信者，無害可任事者。案，無害可任事者，猶云最能可任事者也。論衡程材篇論文吏云，巧習無害，文高德少，巧習無比。是無害二字，言吏高下皆可施用。』今按『毋害』有勝善之意，諸解作無比，最能，能最高，並碻。『毋害』一辭亦可泛稱，論衡譏日篇，『日吉無害』，是也；又通作『不害』，同上篇，『日之不害』，是也。按曰日『無害』，曰日『不害』，猶上世之言『吉日』，故曰『日吉無害』矣。吉者勝善，是日『不害』，日『無害』，猶言日勝善矣。正唯『無害』即『不害』，義為勝善，故戰國世告子勝名不害矣。（文選為曹洪與魏文帝書：『有子勝斐然之志』。善注引墨子：『告子勝，仁』。孟子告子趙注：『名不害，兼治儒墨之道者』。）以此推之，知『文毋害』亦即文勝善矣。然

則『文毋害』者，積極之辭，但亦自廕不傷害之意。至如蘇林引或說作無能勝害之者，是止從消極方面言之，蓋其論未盡。

拾　以卿爲美稱

居延簡：

　　郭中卿六百錢。　　林米亭錢六百。　　二千行女人。

　　常宛亭卿六錢。　　四千出錢。　　矢八六百。

　　事卿□錢　三千三百。　　庫錢二千。（二八三）一七三、三二

　　司馬卿。　　張卿。

　　將卿。　　□卿。

　　榮卿。　　陳卿。

　　盧卿。　　易三良。

　　□卿。　　凡九人，二十一錢。（二八三）一七三、六

　　司馬卿。　　間卿。　　張卿。　　輔聖。

　　王卿。　　陳卿。　　徐卿。　　伐胡。

　　趙卿。　　李卿。　　十九。　　次君。

　　臧卿。　　杜卿。　　辟北。　　長秋。　　（二八四）一七三、二八

按『卿』，美稱，史書稱張釋之曰張釋卿，（史記本傳作張釋之，漢書高后紀作釋卿。補注，齊召南曰，案張釋卿，恩澤侯表作張釋，無卿字；燕王劉澤傳作張卿，無澤字。先謙曰，觀蓋美稱，若言某甫矣。）是其比。求之上世則趙有虞卿；楚荀況，或曰荀卿；燕荊軻，或曰荊卿，（史記竝有傳。）亦其例。

漢人已以『卿』爲美稱，故喜以『卿』字，如孟喜，施讎，司馬相如均字長卿，（漢書儒林傳，史記司馬相如傳。）蘇武字子卿，（漢書本傳。）隗囂字春卿（後漢書本傳。）之等，是也。此亦如當時以『王孫』爲美稱，（史記淮陰侯列傳。又易林四小過之頤，『霄冥高山，道險峻難，王孫罷極，困於阪間』。王孫通稱，此亦一事矣。）故有田王孫，（漢書儒林傳。）卓王孫，（史記司馬相如傳。）楊王孫（漢書本傳。）之儔矣。然漢人雖喜字卿，至如首引簡文之某卿某卿云云，其爲美辭，固無疑義。

　　漢人之卿稱，不必限于尊貴，故簡文有『候長張卿』，（〔五〇五〕入入、入）『令史張卿，』（〔二四六〕二五八、四）『上計卒史郝卿』，（〔九一〕五〇三、一二）『倉曹孫卿』，（〔三三八〕二七九、一七）『官醫張卿』，（〔二七五〕一五七、二八）『縣廷卿』（〔五九〇〕二三九、二五）之等；而易林云，『匠卿操斧，豫章危殆』，（卷四小過之師。）則匠人亦可以卿稱矣；寢假，則雖婦女亦有其稱矣。

　　『卿』爲虛稱，由戰國以至兩漢，可先後互證如此；乃風俗通氏姓篇云，『卿氏，趙相虞卿之後』；（廣韻十二庚引。）『戰國有卿秦爲魏將。或云，項羽將卿子冠軍宋義之後』。（通志氏族略引。）按自古『天子建德，因生以賜姓，胙之土而命之氏；諸侯以字，爲諡，因以爲族；官有世功則有官族』。（左氏隱八年傳。）『卿』之得氏，蓋以官族故。虞卿，卿子冠軍並尊美之辭。卿氏之稱，不當遡原于此。因論之。

拾壹　耳鳴目瞤書

居延簡：

　　永通入□之。　耳鳴，得事。　耳鳴，望行事。　耳濡，有來事。（巨一）二六九、九

　　目𧢼。　左目潤。　右目潤。　（五六）四三三、六（面）

　　按此雜占之說。漢志雜占家有嚏耳鳴雜占十六卷。此言『耳鳴』，『耳濡』，豈卽漢志所著耳鳴書耶？

　　『目𧢼』，『𧢼』蓋當作『逮』，『睫』之假字。『睫』與『瞲』通，目動貌，見集韻入聲葉第二九。（易林蒙之姤：『目動睫瞤』，此『睫』當從說文作眉旁毛，非其比。）『潤』，當作『瞤』，訓目動同，見說文目部。

　　目瞤書漢志不著于錄。隋志五行家：『梁有嚏書，耳鳴書，目瞤書各一卷，亡』。通志藝文略五行雜占家：『目瞤書一卷』。按耳鳴，目瞤，均屬雜占，性質亦近似，故簡文已言『耳鳴』，『耳濡』；又言『目睫』，『目瞤』。易林與蔡邕廣連珠亦耳占，目占並提；（見後。）隋志所著錄，與此相應。然則漢志所收之嚏耳鳴雜占十六卷，蓋其中當有目瞤書一種。姚振宗條理云：『此十六卷以嚏占耳鳴占

在前，故卽舉以爲名。其下諸雜占如目瞤之類者，似亦在其中也』。姚說殆是也。

耳鳴書，隋時已亡。目瞤書，通志以後亦無見。西京雜記曰：『樊將軍問陸賈曰，自古人君皆云受命于天，云有瑞應，豈有是乎？賈應之曰，有之。夫目瞤則得酒食，燈火華得錢財。……故目瞤則祝之，火華則拜之』。（卷三。）易林曰：『目瞤足動，喜如其願，舉家蒙寵』；（卷一乾之需。）又曰：『目動睫（一作頰。）瞤，喜來加身』；（蒙之姤。）又曰：『孤公寡婦，獨宿悲苦，目張耳鳴，莫與笑語』。（卷四，歸妹之履。）蔡邕廣連珠曰：『臣聞，目瞤，耳鳴，近夫小戒也；狐鳴，犬嘷，家人小祅也：猶忌慎動作，封鎖書符，冀防其禍』。（御覽四五九引。）此類迷信，漢人之遺說如此；今更得漢簡合而觀之，則舊志之所著錄，雖已亡佚，而其消息，亦略可知矣。（姚振宗云：今俗所傳有所謂玉匣記者，亦載瞖耳鳴等諸占，不知是否猶存漢以來之遺法？手頭今無此書，末由參驗，聊復記之云爾。）

拾貳　令人不宜子孫六畜五穀

居延簡：

令人不宜子孫，六畜，五穀。（一五三）——九、三五

按此數術方技禁忌之說。龍魚河圖曰：『懸文虎鼻門上，宜官子孫，帶印綬。懸虎鼻門中周一年，取燒作屑，與婦飲之，二月中便有兒，生貴子』。（御覽八九一引。）簡文言如何則不宜子孫；此則言如何則宜子孫。同書又曰：『埋甕沙于宅亥地，大富，得蠶絲，吉利』。（古微書本。）簡文言如何則不利六畜，五穀；此則言如何則大富，得蠶絲，吉利。雖一正一反，然其內容不甚相遠。又占筮書如易三備，形法家書如宅經，亦有此類辭例，三備：『居得此宅，出二千石，宜子孫，富貴，大吉』。（燉煌鈔本殘卷。）宅經：『經云，治吉昌，奴婢成行，六畜良』；又：『大孳息，宜財帛五穀』。（卷下。）按三備，宅經亦近古之書，（三備淵原，別詳解題。宅經顗探集舊文，原書卷首詳之。）故其語辭猶可以與簡文相印證。然而此簡所鈔究爲何書，不可知矣。

拾叁　韻語似易林

居延簡：

　　三人俱行，一人亡羊。居上弋居，右門弔喪。有人爲裏，上下右□。（三七九）

三一一、三（面）

　　按此韻語體製，大似今本題焦贛（延壽。）譔之易林。由此復引起余對于易林之結集，有所擬度。別詳焦贛易林成書之推測，今略。

拾肆　紀日以數字不以干支

居延簡：

　　始元二年九月四日。……（三八九）五〇九、一七

　　未得元康四年三月十四日用錢。……（五七五）五六〇、四

　　建始□□十二月十七日。……（四六七）三二六、二〇（面）

　　陽朔元年三月二十日。（一八六）二六四、一五（背）

　　陽朔三年五月廿八日。……（三三七）二七九、八

　　元延三年十月廿三日。……（六六）一八一、七

　　元始五年九月，吏奉餘錢不□　未得五年十二月十二日以來乙。……（一八）

二八〇、一六

　　永元十年正月五日。……（五九七——六〇一）

　　按紀日以數字，不以干支，而其年代有可稽者，簡文屢見，其例略如上。始元，前漢昭帝年號；元康，宣帝；建始，陽朔，元延皆成帝；元始，平帝；唯永元爲東漢和帝。——此種紀日法，始于何時，未可知。以現在可能見到之材料論，則未有更早于此簡者矣。顧炎武云：『今人謂日，多曰日子。日者，初一初二之類是也；子者，甲子乙丑之類是也。……古人文字，年月之下，必繫以朔，必言朔之第幾日，而又繫之干支，故曰朔日子也。如魯相瑛孔子廟碑云：元嘉三年三月丙子朔，廿七日壬寅；又云：永興元年六月甲辰朔，十八日辛酉；史晨孔子廟碑云：建寧二年三月癸卯朔，七日己酉；樊毅復華下民租碑云：光和二年十二月庚午朔，十三日壬午，是也。此日子之稱所自起』。（日知錄二十年月朔日子。）按碑文元嘉，永興並東漢桓帝年號；建寧，光和則靈帝也。謂『日子之稱』當始于此時，非也。如顧

氏之論，『日者初一初二之類』；『子者，甲子乙丑之類』。此二書法，上世已有
之。如書日以初一初二之類，依上引簡文，昭帝以來已有可考；至于以『子』稱如
甲子乙丑之類，以今所知，則有商以來已然。（例如卜辭。）『日』『子』二書法，
上世已有之，則不當云始于東漢晚季矣。如謂前于此時之書法，或以數目，或以干
支，無兼書之例，而東漢晚季有之，故云『日子』之稱不得早于此際，亦不然。簡
文云：『元康五年五月二日壬子』，（〔二一〕〔二九〕五、一〇一〇、一一七）云『永元五年
七月壬戌朔，二日癸亥』：（〔五九七——六〇一〕）此即『日』『子』並書之例也。元
康，永元，前者，宣帝年號；後者東漢和帝也。此二事，並視顧氏所舉之例爲早。
惜乎，簡文後出，顧氏竟不及見之矣。

拾伍　符傳

居延簡：

☑甲辰，居延與金關爲出入六寸苻券，齒百，從第一至千。尤居……從事。
●第十八。（一）六五、九

始元十年閏月甲辰，居延□金關爲出入六寸符券，齒百，從第一至千。尤居
官。右移金關，符合以從事。　●第八。（一）六五、七

☑出入六寸苻券，自百六至□□廿三。（四〇）一一、二六

按此書史所謂關傳也。漢書文帝紀：『十二年三月，除關無用傳』。注：『張
晏曰，傳，信也，若今過所也。如淳曰，兩行書繒帛，分持其一，出入關，合乃得
過，謂之傳也。李奇曰，傳，棨也。師古曰，張說是也。古者或用棨，或用繒帛。
棨者，刻木爲合符也』。或作『傳』，或作『過所』，或作『棨』；而簡文作『符
券』，其實同也。　（簡亦或作『傳』，或作『過所』，勞貞一先生居延漢簡考證卷一頁三十二至三十
四詳之。）

『符』，統名也。其事非一，有銅虎符，竹使符。漢書文帝紀：『二年九月，
初與郡守爲銅虎符，竹使符』。注：『應劭曰，銅虎符，第一至第五。國家當發兵，
遣使者至郡合符，符合乃聽受之。竹使符，皆以竹箭五枚，長五寸，鐫刻篆書，
第一至第五』。按銅虎符，以建初尺度之，長皆二寸許，無逾三寸者。新莽之符

倍之。（參考羅振玉歷代符牌圖錄。又後錄。）此則傳世實物圖拓之可以目驗者也。宮禁亦有符，以木爲之。長二寸，刻齒。詳漢官解詁。（藝文類聚職官部引。）漢書平帝紀注引如淳曰：『律，諸當乘傳及發駕置傳者，皆持尺五木傳信，封曰御史大夫印章』，（馬縞中華古今注卷中，『傳，以木爲之，長一尺五寸，書符信其上……』云云，蓋其說本此。崔豹古今注問答釋義篇作長五寸，恐誤。）此則言爵位使命當乘傳及特發傳有符，符以木，長尺有五寸也。郡縣掾史亦有符，勞貞一先生引後書陳蕃傳：『刺史周景辟爲別駕從事，以諫爭不合，投傳而去』；注：『傳謂符也』，（居延漢簡考證同上）是也。普通出入關符傳或以木，或以繒帛。其以繒帛者，如文帝紀注引如淳說，已前見。亦或作繻，漢書終軍傳：『關吏予軍繻』；張晏曰：『符也，書帛，裂而分之，若契莂矣』，是也。其以木爲之者，則居延此簡是也。考證漢符之材料，其可論者大抵如此。顧亦不少矣。獨一般所用出入關木質符傳之形制，有賴于漢簡乃今知之耳。

　　說文云：『符，信也。漢制曰竹，長六寸，分而相合』。（竹部。）段注：『應劭云，……竹使符，……長五寸。……按許云六寸，漢書注作五寸，未知孰是』？今按許氏本未明言其爲何等符。應氏所舉似者，恐別是一事。至許氏所云六寸，與居延『符券』合。然而其詳不可得聞矣。

拾陸　校勘詔令

居延簡：

　　前三年十二月辛巳下，凡九十一字。（三二）一二六、九

　　☑十一月壬寅下，凡卅八字。（九九）一一七、四三、二五六、二五

　　□日可，孝文皇帝三年十月庚辰下，凡六十六字。（一二七）三三二、九、一七九、五

　　按此蓋校勘詔令之記注。時代未詳。疑此種校勘方法，至少前漢早年已有之。蓋文書之屬，莫重于詔令，故雖一字之微，罔敢疏漏。（光武中興以來，五曹詔書題鄉亭壁，歲補正，多有闕誤。永建中，兗州刺史過翔箋撰卷別，改著板上。［御覽五九三引風俗通。］北齊陽休之坐詔書脫誤，左遷。［北史陽尼附傳。］詔書不能脫誤，此亦其例。）此法擴充用之，蓋于是始有校書。司馬遷自序：『凡百三十篇，五十二萬六千五百字，爲太史公書』云云，殆卽

此校勘詔令方法之別一應用。劉向韓非子書錄云：『作孤憤，五蠹，內外儲，說難五十五篇，十餘萬言』；別錄云：『商君被刑，（尸）佼恐并誅，乃亡入蜀，自爲造此二十篇，凡六萬餘言』；（史記孟荀列傳集解引。）漢書藝文志云：『劉向以中古文校歐陽大小夏侯三家經文，酒誥脫簡一，召誥脫簡二。率簡二十五字者，脫亦二十五字；簡二十二字者，脫亦二十二字。文字異者，七百有餘，脫字數十』：如此之等，蓋亦其類。據是以推，則春秋緯『孔子作春秋一萬八千字』云云，（公羊昭十一年疏引。）當信其爲校書者之辭。以此類識緯爲古聖賢之『祕書徵文』者，非矣。

校讎義理，漢以前，未有聞焉爾。（魯語，『正考父校商之名頌十二篇於周太師，以那爲首』。章炳麟國故論衡明解故篇曰：『校莫審於商頌』、是以正考父校商頌爲校定商頌。王國維說商頌篇則曰：『疑魯語校字當讀爲效，效者，獻也』。莫能詳也。又易乾鑿度曰：『文王挺以校易，勤德也』。〔逸書考本頁二四〕是謂文王亦校書也。此說無疑不能甚早，然其晚至於何世，未可知也。）千古絕業，斷推劉向歆父子。卽令漢氏上世已不無校勘文書之端緒可尋，然此亦其迹之粗且淺者耳。七略別錄剙通義例，斯所謂難已。

拾柒 枸校

居延簡：

書到，枸校處實牒，副言遣尉史弘覈。（三三六）三一七、六

按『枸』，當作『拘』。『拘校』一辭，太平經中習見。卷四一件古文名書訣曰：『所言拘校上古，中古，下古道書者，假令衆賢共讀視古今諸道文也，如若得一善字，如得一善訣事，便記書出之。一卷得一善，十卷得十善，……億卷得億善。……書而記之，聚於一閒處，諸賢共視古今文章，竟都錄出之，以類聚之，各從其家，去中復重，因次其要文字而編之，卽已究竟深知古今，天地人萬物之精竟矣；因以爲文，成天經矣』。據此經，『拘校』有鉤稽比校之義。『拘』又作『鉤』，國策西周策：『弓撥矢鉤』；注：『鉤或作拘，古通』。按漢書陳萬年傳：『咸皆鉤校，發其姦臧』。『拘』『鉤』字通，故或作『拘校』或作『鉤校』矣。（漢書律歷志上：『鉤校諸歷用狀』。補注：『宋祁曰，鉤校當作鉤校』。按宋說是也。）『校』又與『效』通，易乾元序制記：『鉤効紀錄興亡』，（逸書考本頁三。）『鉤効』亦卽『鉤校』。

　　貞一亦釋『枸』爲『鉤』，引漢書趙廣漢傳：『尤善爲鉤距』；注：『蘇林曰，鉤得其情；晉灼曰，鉤，致』。因記。

拾捌　書疏稱記

居延簡：

　　今隧食盡，願君哀到爲封苻，遣叩頭，謹□□取記。（二四三）八九、七

　　常得奏都倉二公時二奴寄記書，相問音聲，意中快也。實中兄。五〇二、一四、（面）

　　記，宣以十一日對候官，未決理。因使奉書，伏地再拜

　　爲孫少婦足下……（七二）一〇、一六（背）

　　不□書□得毋爲也。謹由叩頭言，□衣塞時下家當有

　　長相未？坚叩頭。唯時ㄗ卽布來者，筆寄一記來。（四二八）一四〇、四（面）

　　衆弟寄書，二已未到。獨物米未耴。……（四二九）一四〇、四（背）

　　☑□官勳欲西起居，逢□藉不得入，自可☑。

　　☑子廣却願自□譚酒食。忽邑。時來記，詣……（B二）二五六、三二

又流沙墜簡：

　　□□□爲卿君力，舍中兒子毋恙。政不肖。

　　……領爲卿賜記。（簡牘遺文六之三七。羅釋以爲漢人書。）

　　按漢人書牘或曰『疏』，或曰『書』，或曰『記』。『記』之稱，無論奏聞公府，官事往還，抑或尋常書問，並得通用。漢書蕭望之傳：『（鄭）朋奏記望之』，此用於公府者也；上引第一簡，此官事也；第二簡以下諸例則私書也。文心雕龍書記篇曰：『戰國以前，君臣同書；秦漢立儀，始有表奏。王公國內，亦稱奏書。……迄至後漢，稍有名品：公府奏記，而郡將奏牋。記之言志，進已志也；牋者表也，表識其情也。……原牋記之爲式，旣上窺乎表，亦下睨乎書，使敬而不懾，簡而無傲，清美以惠其才，彪蔚以文其響：蓋牋記之分也』。今按書疏之有『記』稱，不始於後漢。鄭朋之『奏記』，是其顯證。（越絕書外傳紀吳王占夢篇：『王孫駱移記曰』云云，蓋漢人公牘文字格式，俞樾曲園雜纂卷十九已論之。）『記』之體式亦或雅，或俗，爲公，

爲私，都無一定，漢人之簡牘遺文則然。彥和有所未照，有所不可得而見，故不免空生此等議論。

拾玖　誤字塗去或旁注三點

雲麓漫鈔云：『古人書字有誤，卽墨塗之』。（涉聞梓舊本卷三。）按漢人遺牘有此例，簡牘遺文頁三下之三『幼卿君明力』一紙，『金城』二字塗去，改書『定襄』，是也。舊又有旁著三點例，俞樾茶香室四鈔曰：『國朝羅振玉面城精舍文甲云，隋甯嵩碑末云，終傳令，令字下衍傳字，旁著三點，以表其誤。今人作字有誤，輒墨注其旁，據此知隋人已然』。（卷十四誤字旁點。）今按敦煌掇瑣一九，『老翁答少』歌：『誰交教白髮面無㲻』。『交』字亦旁注三點，卽由本爲『教』，誤作『交』之故。但此鈔本，今不復能定其爲何時書矣。簡牘遺文三之一曰：『大子笑夫人叩頭，謹以琅玕一，致問（面）夫人春君。（背）』此木簡『子』字右旁有三點，其義不可曉。豈亦誤書之表記耶？

本所所藏卜辭，有一事作『于翌日，壬日，㲻中畢』。（六三八。）此『中』字如此作，無疑爲史官誤書之標識。但與後來祇注三點者又不同。蓋自古有此法，後人嫌其太繁，故省著三點。

貳拾　書啓稱死罪

唐李涪曰：『今代盡敬之禮，必有短啓短疏，出於晉宋兵革之代。時國禁書疏，非弔喪問疾，不得輒行尺牘；故羲之書首云「死罪」，是違制令故也』。（李氏刊誤下短啓短疏。）王楙曰：『僕觀書牘首云死罪，自漢魏以來已多如此，不但晉羲之也。恐非冒禁之故。孔融繁欽陳琳諸人書牘，皆先言「死罪」，然後云云；晉宋以來如阮嗣宗謝玄暉任彥昇之徒亦然。僕又觀墨客揮犀謂，法帖中多弔喪問疾者，蓋唐帝好晉人墨蹟，舍弔喪問疾之書，悉入內府；後歸昭陵，無有存者。惟弔喪問疾者以不祥故，多在人間』。（野客叢書四晉帖。）今按李氏誤，王氏辨之是也。然王氏亦有未諦者，『死罪』一辭，不始于孔陳繁欽之輩，西漢中世董仲舒詣丞相公孫弘記室書，（全漢文二四。）東漢初馮衍與陰就書（全後漢文二十。）並如此。居延漢簡亦

屢見。（釋文卷四信札。）居延簡者，漢武至東漢初期物，其時代固不甚晚。

　　『死罪』之稱，蓋原于秦以來奏議之所謂『昧死』。史記始皇本紀曰：『丞相臣⁽李⁾斯昧死言』；漢書高帝紀：『於是諸侯上疏曰，楚王韓信……昧死再拜言』。按君人操生殺之權，臣下不敢自專，故曰『昧死』。漢人書疏或曰『昧死』；或曰『死罪』，（漢簡同。）知二辭一事異稱，不可分輕重。然其在漢氏早年，此二稱止限于對尊上而已，且用意亦甚嚴肅。蓋建安以後之作，如陳琳之答東阿王牋，繁欽之與魏太子書，舉不過文酒聲歌，寫情哀樂，而其發端亦動曰『死罪』云云，即此已未免不倫。至于羲之，復已不切于事類，抑且漫施之平輩，則其爲濫甚矣。

貳拾壹　書啓稱不備不具

　　宋魏泰東軒筆錄十五曰：『近世書問，自尊與卑卽曰「不具」；自卑上尊卽曰「不備」；朋友交馳卽曰「不宣」。三字義皆同，而例無輕重之說，不知何人定爲上下之分，而舉世莫敢亂，亦可怪也』。王士禎香祖筆記九曰：『今人多不辨此，然三字之分別，殊亦不解』。車若水脚氣集上曰：『王右軍帖多於後結寫「不具」，猶言「不備」也。有時寫「不備」。其「不具」，草書似「不一一」。蔡君謨帖並寫「不一一」，亦不失理』。今按簡牘遺文五之九，晉牘曰：『今假貸市買使及趙霸去，倉卒及去人爲審，恨不備具』。『不備具』，析言之則或曰『不備』，或曰『不具』。此特對『倉卒』言之耳。居延漢簡亦有作『不備』者，（二四八）一四二，二八Ｂ條曰：『子麗足下，□白，過客五人，元不備，叩＝頭＝。謹因言，子麗☐許爲賣材……』。又簡牘遺文五之九，晉牘第五紙曰：『欲展辛苦，瞻望☐草，不備牧』。諸如此類漢晉人書牘，無論其作『不備具』，或『不備』，或『不備牧』，審其語氣，知其施于平輩，非有所謂『上下之分』也。宋人于此等處強爲之別，誠無所依據。

貳拾貳　書啓就題作答

　　張爾岐蒿庵閒話卷一：『漢陳遵善書，與人尺牘，皆藏弆，以爲榮。古人往來書疏，皆就題其末以答；唯遇佳書，心所愛玩，乃特藏之，別作柬爲報耳。晉謝安

輕獻之書，獻之嘗作佳書與之，謂必存錄，安輒題後答之，甚以爲恨』。按流沙墜簡簡牘遺文：『羌女白，取別之後，便爾西邁，相見無緣，書問疏簡。每念茲叔，不舍心懷，情用勞結。倉卒復致消息，不能別有書裁，因數字值信，復表。馬羌。』（羅本頁五下七。）此紙出蒲昌海北，高二百十三米里邁當，廣四十五米里邁當。審書字體勢，蓋晉人之作也。凡爲三行，首行十六字，二行十七字，三行十九字。度其情形，亦是就題其末以答，故末行限于空白，顯甚偏仄。（如留眞景本所示。）抑書云：『不能別有書裁』。曰『別』，曰『裁』，謂另裁紙以書也。『倉卒』『復表』，不能辦此，故曰『不能別有書裁』；其爲就題書末，尤爲明白。後世書疏常辭曰『裁答』，曰『裁復』，語有本原。然自此道通行，而附題之禮意，遂不復爲人所習知矣。

　　復次，王羲之帖云：『九月三日，羲之報，敬倫遘（屬讀不明。）諸人，去晦群禫，情日酸割。……奈何，奈何。及書，不飢。羲之批』。（全晉文二三。）按此云『及書』，蓋卽就其人之書而書；又曰『批』，卽書後批答之謂矣。

　　復次，世說新語云：『桓玄初幷西夏，領荊江二州，二府一國；于時始雪，五處俱賀，五版並入。玄在聽事上，版至，卽答版後，皆粲然成章』。（文學第四。）按此玄就原版題答，與以上所論就原牘題答者，同其意義。此等處可見古人簡易。然獻之以爲恨事；馬羌簡以『倉卒』『不能別有書裁』，有歉然之意：古風至此，亦稍稍變矣。

　　沈括曰：『前世風俗，卑者致書於所尊，尊者但批紙尾答之曰「反」，故人謂之「批反」，如官司批狀，詔書批答之類，故紙尾多作「敬空「字，自謂不敢抗敵，但空紙尾，以待批反耳。尊者亦自處不疑，不務過敬。前世書啓甚簡，亦少用聯幅者；後世虛文浸繁，無昔人款款之情，此風極可惜也』。（補筆談補第二十八卷後入件。）按沈氏之所謂『前世』，蓋至少李唐時尙爾，顏魯公帖或書『謹空』，或書『敬空』，（清胡鳴玉訂譌雜錄四蘆空條已論之。）是其例。至于用紙，沈氏所見，猶不過聯幅；明清士大夫所謂『全束』，或至七幅。（詳張萱疑耀四拜帖不古。俞樾茶香室四鈔十名帖。）據

王士禎說，則宋人所用有十幅者。（香祖筆記卷十）宋趙彥衛則云，有多至十餘幅者。
（涉聞梓舊本雲麓漫鈔卷四。）蓋踵事增華，昧其所自，亦已久矣。

貳拾叁　漢晉人書啓不定八行

俞樾九九消夏錄曰：『後漢書竇融傳，融玄孫章與馬融崔瑗同好，融與章書，
睿惟一紙，紙八行，行七字。（樾按後漢書竇融附章傳：『與馬融崔瑗同好』；注：『融集，與竇
伯向書曰，孟陵奴來，賜書見手跡，歡喜何量，見於面也。書雖兩紙，紙八行，行七字』。藝文類聚三一引
略同而多『七八五十六字，百十二言耳』兩句。俞氏傳注不分；又馬與竇書，本云『兩紙』，不云『惟一
紙』。俞氏竝失之檢。）今人稱八行書，當本此。北夢瑣言云，盧相光啓立，性周謹，
受知如租庸。張濬每致書疏，凡一事別為一幅。朝士至今效之。蓋八行重疊，別紙
自公始也。然則書疏每紙八行，自漢至唐並同』。（卷十一八行書。）今按流沙墜簡晉
人紙牘，例無定行，其長者或八行，（簡牘遺文四之五。）或九行，（同上四下之三。）或
十二行。（附錄一之三。）然此言八行者，亦僅就其殘存之數言之，原紙行款，或尚
不止此，亦未可知。據是而論，則晉人書疏，固不必定作八行。漢人書式，今不能
知其詳。（漢人紙牘未見。木牘無定行，居延簡則然。）意者每紙八行，是其中一格，亦未必
盡人相同，然獨八行體製，猶自流傳至于後世，亦可謂異矣。意者其亦因人而傳
歟。（古微書本孝經援神契曰：孔子趨往觀麟吐圖三卷，圖廣三寸，長八寸，每卷二十四字，其言赤劉當
起。按此所謂麟圖，高三寸，長八寸，蓋每字占一寸見方，長八寸為八行，高三寸為三格；如是每行三字。
八三，故共得二十四字。漢人書啓亦或八行者，豈以時風信讖，故有取于此耶。）

貳拾肆　八魁

北宋雍熙三年曆書：『八魁日，不開墓』；又：『（歲首）八日丁丑，水，閉。
……八魁，塞亢，（樾按他處或作『穴』，作『穴』是也。）吉』。（敦煌掇瑣入九。）按流沙
墜簡術數類，『永元六年曆譜』云：『十七日己巳，平，口八魁』；云：『二日，
除，八魁』。曆譜之著『八魁』，舊矣。羅氏考釋云：『八魁無考』。今按星經下：
『八魁九星，在北落東南，主獸之官。五星及客守之，兵起；金火星守，尤凶甚』。
（漢魏叢書本，題甘公，石申。）春秋文耀鉤曰：『八魁，主禽獸也』；宋均注曰：『八

魁九星，一虎，二豹，三熊，四羆，五犀，六象，七駝，八貜，一星名麟。一獸不見則一星亡也』。（黃氏逸書考本頁五一引清河郡本。）『八魁』，蓋謂此。

貳拾伍　塞上軍吏不治民

流沙墜簡中有賊殺犯罪八事，其主犯有隸屬他郡者，又有其事本在他郡界內發生者。但簡文並殘闕不完，無由斷定其果否亦涉及軍事。考釋則以爲民事，云，『殆塞上軍吏亦兼治民事』。（頁二。）今按此疑非也。漢書馮奉世傳注引如淳曰，『漢注，邊郡置都尉及千人司馬，皆不治民也』。當時之制，邊郡軍吏不兼治民，甚明。

貳拾陸　主者施行一辭不始于後世

流沙墜簡簿書三：『承書從事下當用者，乃漢時公文常用語，猶後世所謂主者施行也』。今按羅氏此處已云『漢時』，又云『後世』，是『後世』云者，漢以後之謂。其實『主者施行』一辭，後漢書黃瓊傳已有之，（本能改齋漫錄卷一說。）順帝朝詔中語也。此語已出現于東漢晚期之初，則不得云『後世』。

貳拾柒　一日十二時分法之起原問題

歷史上以十二地支紀時，始于何時，久成聚訟。吾友勞貞一先生論之曰：『晉人已明確使用卯時，申時等記法，而不用日出，餔時諸語，其中演進之事，料非一朝一夕所成也。按王莽傳云，以十二月朔癸酉，爲始建國元年正月之朔，以雞鳴爲時。十二月爲建丑之月，雞鳴爲指丑之時，二者顯有相關，決非偶然之事。通鑑胡注以丑時爲十二時之始，其說是也。故西漢之世雖不名雞鳴爲丑時，然以雞鳴與丑相合之觀念，早已存在』。又曰，『在漢簡之時代（西漢下半期。）已有一日十二時之分配法，其命名與左傳杜注相同，而與淮南子所分之十五時不同。然淮南子之時代前於漢簡者，不過四五十年，似不應十二時分配法四五十年間卽如此大備。故一日十二分法及其命名，或竟起於淮南子之前；淮南子之十五分法，或竟由此擴充而成矣』。（居延漢簡考證卷二。）按勞君以爲，以十二支紀時，王莽時已然。其說無可易。

　　然王莽建丑之說，原本三統，三統之思想，殆不能甚晚。勞君云，一日十二分法，或竟起于淮南子之前，蓋其慎。左暄之言曰：『尚書大傳曰，夏以十三月爲正，平旦爲朔；殷以十二月爲正，雞鳴爲朔；周以十一月爲正，夜半爲朔。三代子丑寅迭建，以初昏爲斗柄所指爲驗。今曰，周之正，夜半爲朔；殷之正，雞鳴爲朔；夏之正，平旦爲朔：則是夜半爲子，雞鳴爲丑，平旦爲寅，自古有此語矣。伏生生於秦漢之間而亦云然，則一日分爲十二時，不始於漢以後』。（三餘偶筆十四。）按左氏此說，甚可注意。三統之說，未詳所起。尚書甘誓云：『怠棄三正』。此『三正』，不審是否卽三統家之所謂『三正』？堯典有『修五禮，五玉，三帛』之文，此『三帛』，與聘禮所謂：『所以朝天子，……繼三朵，六等，朱白蒼』，蓋是一事，故禮含文嘉曰：『天子，三公，諸侯皆以三帛以薦玉』；宋均注曰：『其殷禮。三帛，謂朱白蒼，以象三正』。（曲禮疏引。）按朱白蒼者，三統之色，卽鄭玄注堯典此處亦曰：『高陽氏之後用朱繒，高辛氏之後用黑繒，其餘用白繒』。（曲禮疏引。）按本云三統色爲黑白赤，今云朱白蒼，以蒼當黑，似誤。其實不然。考禮器云：『或素，或靑，夏造，殷因』；鄭注：『素尙白，黑尙靑者也。變白黑言素靑者，秦二世時，趙高欲作亂，或以靑爲黑，黑爲黃；民言從之，至今猶存也』。是則禮器言『素靑』，卽聘禮之言『白蒼』，亦卽三統家之言『白黑』。禮器又云：『夏造，殷因』，與『素靑』相應，三統家說固謂殷白夏黑故也。然則鄭君之解不誤，而聘禮『朱白蒼』之爲三統說，亦決矣。聘禮『三朵』『朱白蒼』已決爲三統思想矣，堯典『三帛』，是否亦當如鄭、宋及讖緯家說，以三正釋之耶？卽此姑勿論，試論其明白易曉者。按三統所以建寅，建丑，建子之理論，于大傳中，今無可考；然其說固時時散見于佚周書，春秋繁露曁禮緯之等。周書曰：『惟一月，旣南至，昏，昴畢見，日短極，基踐長，微陽勤于黃泉，陰慘于萬物。是月，斗柄建子，始昏北指，陽氣廳，草木萌蕩。……越我周王，致伐于商，改正異械，以垂三統。』（周月解。）繁露曰：『三正以黑統初ㅅ正日月朔於營室，斗建寅。天統氣始通化物，物見萌達，其色黑，故朝正服黑。……正白統者，歷正日月朔於虛，斗建丑。天統氣始蛻化物，物始芽，其色白，故朝正服白。……正赤統者，曆日月朔於牽牛，斗建子。天統氣始施化物，物始動，其色赤，故朝正服赤。……』又曰：『親赤統，故

日分平明，平明朝正；……親黑統，故日分鳴晨，鳴晨朝正；……親白統，故日分夜半，夜半朝正』。（三代改制質文。）禮緯曰：『正朔三而反，文質再而復。三微者，三正之始，萬物皆微，物色不同，故王者取法焉。十一月時，陽氣始施於黃泉之下，色皆赤。赤者陽氣，故周爲天正，色尙赤。……』（後漢書章帝紀注引。白虎通三正論略同。）按上引諸書，雖詳略各異，然合而觀之，可互相發明。自餘禹得黑瑞，見于禹貢與墨子；（禹貢：『禹錫玄圭，告厥成功』；墨子非攻下：『高陽乃命〔禹〕玄宮，禹親把天之瑞令』。　按依三統說夏爲黑統，色尙黑。此云玄圭，玄宮，蓋卽天命以黑之義。檀弓上疏引禮稽命徵亦曰：『天命以黑，故夏有玄圭』。）周得赤瑞，見于泰誓佚篇與鄒子五德終始；孔子言三代更制典物，見于大戴禮虞戴德；言『行夏之時』，見于論語衛靈公。（孔叢子雜訓：『縣子問子思曰，夫子曰，行夏之時。若是，殷周異正爲非乎？子思曰，……三統之義，夏得其正，是以夫子云』。）如此之類，未可殫述。三統之說，先秦多有之，明其當頗早。此一事也。姑退一步，認爲此等處皆戰國間人所託；然而以歷言，夏正建寅，商正建丑，周正建子，自是事實。究之建寅，建丑，建子之歷，是否亦如三統家說，建丑者以雞鳴爲丑；推而至於建寅者，以平旦；建子者以夜半？果爾，則三統之思想，雖屬後起，而子丑寅等之時間觀念，則早經存在矣。此其二也。張萱曰：『祿命家言，自周以來有之。小雅曰：天之生我，我辰安在。辰卽所值歲時日月星辰五行之吉凶也。賈誼王充輩亦皆有祿命之說，但未知其術何若耳』。（疑耀五，祿命家言。）紀昀曰：『天有十二辰，故一日分爲十二時。至某辰，卽某時也；故時亦謂之日辰。國語，星與日辰之位，皆在北維，是也。詩，跂彼織女，終日七襄。孔穎達疏，從旦暮，七辰一移，因謂之七襄。（鑑按此鄭箋，紀氏以爲疏者誤。）是日辰卽時之明證。楚辭，吉日兮辰良。王逸注，日謂甲乙，辰謂寅卯。以辰與日分言，尤爲明白』。（槐西雜志二。）張、紀二氏所論可互證，而與三統之說殊途同歸。此其三也。顧亦有其不可解者，謂十二分法古已有之矣，乃左傳昭七年，卜楚丘有『日之數十故有十時』之說；而吳越春秋云：『時加日出』，『時加雞鳴』，『時加日昳』，『時加禺中』，（素問藏神氣論亦有『夜半』，『平旦』，『日出』，『日中』，『日昳』，『下晡』之名。）此其分法，與漢以來之十二分法正同；（以上左傳，吳越春秋及素問三事，日知錄二十古無一日分爲十二時條引之。）後于此之愼子亦曰：『晝夜百刻而辰周十二，故以八刻二

十〔八〕分爲一時』。（外篇。）或則明言十時，或則明其爲十二時，此復何耶？豈于古本有十二分法，十時云云，特其歧說，一如漢早年已實行十二分法，而淮南子猶自偏持其十五時說耶？將或主十，或主十二，有時代先後之不同耶？不然則吳越春秋與夫愼子者，短書駁說，有不可據者在耶？此等處，確成疑問。然無論如何，十二分說，其迹象之見于先秦古籍者，事例非一。左暄氏以爲『不始於漢以後』，此言宜不謬。但當早推至于何世，今則未可輕易遽下結論爾。

貳拾捌　如律令

『如律令』，兩漢詔令書檄常語，道家亦襲用之。唐李匡乂乃附會曲說，流沙墜簡考釋二已闢之矣。偶檢宋趙彥衞雲麓漫鈔卷七曰：『宣和中，陝右人發地得木簡子……云：「永初二年六月丁未朔廿日丙寅，得車騎將軍幕府文書，……討畔羌。急急如律令」。「急急如律令」，漢之公移常語，猶今云「符到奉行」。張天師漢人，故承用之，而道家遂得祖述』。又淸王棠知新錄曰：『袁紹檄豫州，曹操檄江東將校部曲，其末皆云「如律令」。李善注：「言當履繩墨，動不失律令也」；（棨按，此廛劭風俗通說，李氏引之耳。）呂延濟謂：「賞賜一如律令之法」。二說小異。然大槪皆近之。今道家符呪，類言「急急如律令」，蓋竊此語。李濟翁資暇錄乃謂，令，讀爲零。律令，雷邊捷鬼，善走，故云如此鬼之捷速。其說怪誕，不足信』。（卷十急急如律令。）按趙，王二君此論，羅說之先導。是不可以不表而出之。

貳拾玖　書啓稱信

宋黃伯思東觀餘論曰：『古者謂使爲信，故逸少帖云：信逐不取答；眞誥云：公至山下，又遣一信見告；謝宣城傳云：荆州信去，倚待；陶隱居帖云：明旦信還，仍過取反。凡言信者，皆謂使人也。近世猶有此語；……而今之流俗，遂以遣書饋物爲信，故謂之書信，而謂前人之語亦然，不復知魏晉以還所謂信者，乃使之別名耳』。（卷上第一帝王書。）今按王說有未安者。居延漢簡曰：『以印爲信』；（〔二〕一四、一九）曰：『以自書爲信』。（〔四一一〕三七、四四）漢人當『信』之物事，固不一而足。日知錄亦曰：『若古人所謂信者，乃符驗之別名。墨子：大將使人行

守，操信符；史記刺客傳：今行而無信，則秦未可親也。……周禮「掌節」注：節猶信也，行者所執之信。此如今人言印信，信牌之信，不得謂爲使人也』。（卷三信。）不特此也，簡牘遺文曰：『後有信相聞，宜（缺）不宜。則叩頭』（四下之九。）按此蒲昌海北晉人紙牘也。曰『後有信相聞，……不宜』，語意前後互照，若曰今『信』『不宜』，後復『有信』爾。然則『後有信相聞』，猶居延簡之言『故書記相聞』矣。（〔一四七〕一九一、七）蓋古人已可以文書符印之屬爲『信』，則推之其他徵驗之文書亦曰『信』，自然理順。書啓已爲徵驗文書之一種，其有『信』稱，宜不致甚晚。至于梁武帝賜到漑連珠云：『研磨墨以騰文，筆飛豪以書信』，顧炎武引之；（日知錄同上。）白樂天詩云：『信題霞綺誠情重，酒試銀舫表分深』，王棠引之。（知新錄二七信。）以書啓爲『信』，至少梁，唐以來已然。然則以爲始于『今之流俗』者，亦誤矣。

叁拾　以し爲句讀

流沙墜簡考釋二之四十五，敦煌漢簡：

隧長常賢し克世し縉し褙等後度稟郡界中。……

考釋曰：『第四十五簡，隧長四人，前三人名下皆書し以乙之，如後世之施句讀。蓋以四人名相屬，慮人誤讀故也』。今按し，即史記滑稽東方朔傳所謂乙。傳曰：『至公車上書。……人主從上方讀之，止，輒乙其處』。瀧川資言會注考證引通俗編曰：『輒乙其處，謂止絕處乙而記之，如今人讀書，以朱識其所止作し形，非甲乙之乙也』。按翟說是也。句讀以し，止絕處以し，其事其義同也。翟氏未嘗目驗古人乙讀標識，而所論乃冥相契合，可云妙悟。（書字有脫遺，鉤其旁而增之亦曰『乙』。十駕齋養新錄十塗改添注條曰：『鄉會試有塗改添注字數之例，洪容齋引貽子錄云：燭下試寫，無誤筆，即題其後云，並無揩改塗乙注；如有，即言字數。蓋唐，宋已有之。元史選舉志：塗乙注五十以上者，不考。』）

叁拾壹　天田

星經卷上：『天田二星，在角北，主天子畿內地，左對壇界城邑，邊塞』。（漢

魏叢書本。）按星經舊題甘公，石申譔。甘，石戰國間人。（史記天官書正義引七錄。）其書雖駁，然亦往往保存不少舊說。（即此天田說，與晉隋書天文志及春秋文曜鉤竝不同。十駕齋養新錄十四以爲僞撰，大約采晉隋志成之，其實有不盡然者矣。）此『天田』，與漢簡之所謂『天田』，無疑是一事之兩面。星象命名，大都不出人事範圍。獨『天田』，『田』而冠之以『天』；又卷下『天田』條有附圖，圖九星，排列作田字形。蓋天星中存此形象，以其在天，故曰『天田』矣。果爾則『天田』之稱，始于天文家說。塞上之有『天田』者，由『天田』星『左對壇界城邑邊塞』之說而附會之也。依此說，則同書卷下云：『天田九星，在牛東南，主畿內田苗之職』，是其意識，本謂『天田』爲耕植之田。至于塞上『天田』，如蘇林云：『以沙布其表，旦視其跡，以知匈奴來入』；居延簡云：『畫沙中天田』，『闌越天田出入跡』：（參考貞一考證二。）此明爲察候敵跡之田，無與于耕植。但燉煌簡復有『天田不耕畫不鉏治』之劾狀，曰『耕』，曰『鉏治』，又確有類于農事勞作。羅氏考釋即據之，以爲此『塞上屯墾之事』，『非徒區畫而已』。（流沙墜簡考釋二。）此何也？豈『耕畫鉏治』，其用不在于種植，在于候敵視迹耶？將『天田』或用于種植，或不用于種植，都無一定耶？

叁拾貳　漢酒價

漢書昭帝紀：始元六年，『賣酒升四錢』；貞一據宣帝本始，元康，神爵間穀價推之，謂不應酒貴至此。蓋升當作斗，因形近而譌。（居延漢簡考證卷二頁二一。）今按貞一說甚精。通典食貨榷酤：『孝昭始元末，丞相車千秋奏罷酒酤，賣酒斗四錢』，此與貞一所論是一事，正作斗，不作升。

漢書平當傳顏注引如淳曰：『律，稻米一斗得酒一斗爲上尊，稷米一斗得酒一斗爲中尊，粟米一斗得酒一斗爲下尊』。此言漢時取酒與所需米之比量，適成對等也。按食貨志下，王莽時，『一釀用麤米二斛，麴一斛，得成酒六斛六斗』，是酒與米爲三與一之比強。二說互異。豈如說指美酒，志說指市酤，品質有高下之不同耶？然俞樾云：『余疑古酒較今酒爲薄，不獨漢酤賣之齊如此，即三代亦然；是以「卒爵」，「卒觶」，載在禮經，得以通行；不然必有不勝杯勺者矣』。（茶香室四鈔二五漢酒薄。）按如俞氏說，漢酒薄，則食貨志之言以及漢人豪飲之勳以斗石計者，

不難瞭解；而如淳所據，有未可知者矣。

沈欽韓漢書疏證于昭紀『賣酒升四錢』下因論唐人酒值云：『至唐貞元二年，每斗榷百五十錢，則民酤酒每斗不下二三百也。杜甫詩，速宜相就沽一斗，恰有三百青銅錢……』。按宋王楙云：『歷陽郭次象多聞，嘗與僕論漢唐酒價，郭謂前輩引老杜詩，速令相就飲一斗，恰有三百青銅錢，以此知當時酒價。然白樂天與劉夢得沽酒閒飲詩曰，共把十千沽一斗，相看七十欠三年，當劉白之時，酒價何太不廉哉？僕謂不然，十千一斗，乃詩人寓言，此曹子建樂府中語耳。唐人引此甚多，如李白詩曰，金罇沽酒斗十千，……唐人言十千一斗，類然。一斗三百錢，獨見子美所云，故引以定當時之價。然詩人所言，出於一時，又未知果否一斗三百，別無可據。唐食貨志云，德宗建中三年，禁民沽以佐軍費，置肆釀酒，斛收直三千，此可驗乎？又觀楊松玢談藪，北齊盧思道嘗云，長安酒賤，斗價三百。杜詩引此，亦未可知』。（野客叢書十漢唐酒價。）如王氏說，是杜詩故可疑。王氏又曰：『僕謂，漢酒價，每斗一千。郭謂，出於何書？僕曰，此見典論曰，孝靈帝末年，百司涸酒，一斗值千文。此可證也』。（同上。）又明周嬰曰：『案神仙傳，漢桓帝時，王遠過吳胥門，以千錢與餘杭姥乞酤酒，信還，得酒五斗許，是斗二百也』。（卮林三輝王。）按典論宜可信。神仙傳，東晉葛洪書，其言儻亦有據。即至少，不妨視爲東晉初時值如此。比較西漢酒價，引用此等材料，似猶差勝。復因貞一論漢簡酒價嘗觸及如淳注與沈氏疏證之說，（居延漢簡考證卷二頁二十。）遂不覺拉雜書記一時所聞如此。

卅六年十一月六日，脫稿於南京本所之南樓。

出自第十六本（一九四八年一月）

秦漢間之所謂「符應」論略

陳　　槃

壹　序言

「符應」之說，由來久矣。鄒衍作終始五德之傳，蓋嘗繼承此類舊說而益以「怪迂之變」。海上燕齊方士傳其術，秦漢間思想，此其主潮矣。厄言曼衍，復有讖緯。夫讖緯者，卽此符應說下之產物，亦卽秦漢間人迷信之遺蛻。考史者，首當珍視此等材料，溯其淵原，流變，以及其影響之所屆，庶幾讖緯，歷史，溝通互證，相得益章。然而有未易言者。

「符應」，諸書或作「符命」，或「符瑞」，或「瑞應」（亦作「應瑞」），或「瑞命」，或「嘉應」，或「福應」，或「德祥」，或「禎祥」，或「祥瑞」，或「祥異」之等，其實一也。作「符應」者鄒衍書，說已因其書與其徒而始顯，故從其稱也。原夫符應思想，本與五帝德說互為因果，有德者必有符，有其符，是以知其德。二事似不可分。但自漢氏以後，符應事物，寖以彌繁，託者亦眾，就其本身，實另具一種歷史意義，有可以單獨提出探究之價值。顧今所敍述，舉不過逈言粗迹，無甚高論。若夫深微廣遠足以發明鄒衍學說流演之史事，而創通條貫，勒成一家者，則

吾師顧剛先生五德終始說下的政治和歷史之書在。

　　符應迷信，盛於東西兩京，東京以後，迄未衰歇，但亦不過複演前代之歷史而已，殊無特殊新義。至於譔述篇卷，其附見正史者則有宋書符瑞志，南齊書祥瑞志。其載籍可以考知其事若目者則有三國時魏溫室「圖以百瑞，綷以藻詠」，見魏都賦。吳孫亮作流離屏風鏤爲瑞應圖，凡百二十種，見崔豹古今注雜注。益州文翁學堂圖畫古聖賢及禮器瑞物，見北宋郭若虛圖畫見聞志卷一敘自古規鑒篇（原書作後漢蜀郡太守高眹——一作眹——所畫。按元費著譔或者東漢以前人物高眹所作，至晉張收董遄增益之。見所著全蜀藝文志四八成都周公禮殿聖賢圖考元注。二說孰是，未詳也。）宋宗炳造畫瑞應圖，南齊王融復加增定，梁庾元威爲盈縮其形制，見庾氏自撰論書（御覽七四八引）。南齊蘇偘撰聖皇瑞應記，永明中庾温（按，一作蕰。）撰瑞應圖，見南齊書祥瑞志序。陸雲公撰嘉瑞記，子瓊撰續記，均見南史陸瓊傳。隋書經籍志五行類有瑞應圖二卷，（佚名。）瑞圖讚二卷，（元注，梁有孫柔之瑞應圖記，孫氏瑞應圖讚各三卷，亡。）祥瑞圖十一卷，（佚名。）祥瑞圖八卷，（元注，侯寶撰。）祥異圖十一卷（佚名。）歷代名畫記三有大蒐（魏）神芝圖；（元注，十二。）符瑞圖（元注，十卷。行日月。楊廷光。共集孫氏，熊氏圖。鼇按，行日月，文有誤。）祥瑞圖。（元注，十卷。起天有黃道，失撰者。）又古瑞應圖二卷，無撰人名，不知何時書也。舊新唐志雜家類有熊理瑞應圖譜三卷，顧野王符瑞圖十卷，祥瑞圖十卷。日本國見在書目五行家有失撰人名之瑞應圖十五卷。崇文總目天文占書類有佚撰人名之祥瑞圖一卷。（鼇按，瑞應圖大都兼言天瑞，此蓋專言天瑞者也。）目錄類有顧野王撰符瑞目一卷。（金鍚鬯輯釋本。）中興書目有瑞應圖十卷，稱不知作者；又云，或題王呂齡撰；而李淑書目則以爲孫柔之。（據直齋書錄解題卷十）宋史藝文志天文類有佚撰人名之瑞圖，雜家類有魏徵祥瑞錄十卷，皆餘慶瑞應雜錄十卷，佚撰人名之瑞錄十卷，瑞應圖十八卷，魏玄成祥應（元注，一作瑞。）圖十卷。通志圖譜略符瑞類有佚撰人名之玉芝瑞草圖，靈芝圖。以上大略撮舉南宋以前諸家所載符應圖書要目。南宋以後，此類圖書，零殘略盡，見存者唯有唐劉賡之稽瑞。（後知不足齋本。）其不全者有敦煌出現不知作者並書名之瑞圖鈔本殘卷止存四十事。（伯希和編目二六八三號。有文有圖。日本支那學七卷一號載其文，圖闕。）孫柔之瑞應圖亦祇存輯本。（園部全書本。）而上善堂書目舊鈔類載述古堂藏本瑞應圖二本，云有錢遵王繪圖，極工，

則不知誰氏所譔，今亦不知尚在人間否。此類書之殘佚故可惜，然究其大體，亦不外根據書傳讖緯，轉相賈販，閒或皮傅時事，內容蓋無大差異，此六朝以來殘存舊文，有可徵信者也。然則言符應者，自當於秦漢人之歷史中觀其本源及其流衍。作秦漢間符應論略云爾。

貳 符應說之起原

秦、漢間符應之說，當溯原鄒衍。其書卽五德終始。史記孟荀列傳曰：

> （鄒衍）乃深觀陰陽消息而作怪迂之變，終始大聖之篇十餘萬言。先序今以上至黃帝，因載其禨祥度制。推而遠之，至天地未生，窈冥不可考而原也。先列中國名山大川通谷禽獸，水土所殖，物類所珍，因而推之及海外。稱引天地剖判以來，五德轉移，治各有宜，而符應若茲。

按所謂「符應若茲」者，呂氏春秋應同云：

> 黃帝之時，天先見大螾，大螻。黃帝曰，土氣勝。土氣勝，故其色尚黃，其事則土。及禹之時，天先見草木秋冬不殺。禹曰，木氣勝。木氣勝，故其色尚青，其事則木。及湯之時，天先見金刃生於水。湯曰，金氣勝。金氣勝，故其色尚白，其事則金。及文王之時，天先見火，赤烏銜丹書集於周社。文王曰，火氣勝。火氣勝，故其色尚赤，其事則火。（封禪書引小有異同，說見後。）

呂氏春秋引此文不著所出，其實乃鄒氏遺說也。此數說讖緯中今尚完全保存。（別詳論早期讖緯及其與鄒衍書說之關係弟肆。）此外又有一事，周禮春官「鍾師」，「王奏騶虞」，疏：

> 按異義，今詩韓，魯說，騶虞，天子掌鳥獸官。古毛詩說，騶虞，義獸，白虎黑文，食自死之肉，不食生物。人君有至信之德則應之。周南終麟止，召南終騶虞，俱稱嗟歎之，皆獸名。謹按古山海經，鄒書云，騶虞，獸。說與毛詩同。是其聖獸也。

按疏所謂鄒書，蓋卽鄒衍書。讖緯書言騶虞，亦用鄒說。（六帖等引瑞應書有。）又有直作白虎者，如孝經援神契曰，「德至鳥獸則白虎見」（類聚祥瑞部等引。）舊說固謂

騶虞爲白虎黑文也。

　　鄒書言符應，今可考者，僅此寥寥數事。然鄒氏所說與夫讖緯之所由承繼者，當不止此。玩鄒書所謂「禨祥度制」，「陰陽消息」者，本律歷之數與天官占候之事，今讖緯符應之說諸云，「政理太平，則時日五色」（說郛五引禮斗威儀）；「日含王字，則君臣和同，萬邦協和」（開元占經日辰占邦引春秋等）；「天子動容周旋中禮，則日月五星，不敢縱橫」，（占經日占一引禮緯）之等，疑是其類也。所謂「列中國名山大川通谷禽獸水土所殖物類所珍」者，意「南海輸以駁馬」（稽瑞四八等引禮斗威儀），「陵出玄丹」（稽瑞五九引孝經援神契），「海出大貝」（稽瑞四九引禮斗威儀）之等，蓋其類也。

　　復次，漢書藝文志敘五行家曰：

　　　　五行者，五常之形氣也。書云，初一曰五行，次二曰羞用五事。言進用五事以順五行也。貌言視聽思心失而五行之序亂，五星之變作，皆出於律歷之數而分爲一者也。其法亦起五德終始，推其極則無不至，而小數家因此以爲吉凶而行於世，寖以相亂。

按洪範以人事附合天道，謂天人可以互相感應。貌言視聽思心失而五行之序亂。五行之序亂者，謂災異應之也。反之則有休徵之祥。所謂休徵者：

　　　　曰肅，時雨若。（僞孔傳，君行敬，則時雨順之。）曰乂，時暘若。（君行政治，則時暘順之。）曰哲，時燠若。（君能昭哲，則時燠順之。）曰謀，時寒若。（君能謀，則時寒順之。）曰聖，時風若。（君能通理，則時風順之。）

又有所謂歲月時日順常及政治清明之徵，曰：

　　　　歲月時日無易，百穀用成，乂用明，俊民用章，家用平康。

此類即符應說也。後來讖緯書喜言王政治平則符應如何如何，言陰陽和順則符應如何如何，例如禮稽命徵曰，「出號令合民心則祥風至」（古微書引）；禮含文嘉曰，「王者賜命諸侯皆如其惪，則陰陽和，風雨時」（占經甘氏外官占六引）；孝經鉤命決曰，「春政不失，五穀蘗。初夏政不失，甘雨時。季夏政不失，地無□。秋政不失，人民昌」（黃氏逸書考引清河郡本。）云云，與洪範說大致相同。藝文志云，洪範有此說，而「其法亦起五德終始」。五德終始故鄒衍書也，則鄒書自有此類符應之

說，方士傳者鄒書，秦、漢間流行之符應說，其淵原在此。（說詳第三、入兩章。）然則讖緯中此類符應說，明亦當探本鄒衍。近人主張洪範爲戰國末年之作，多有根據。（如劉節，有洪範疏證，可參考。）然則洪範此處亦襲鄒書耳。志又云，此類思想「推其極則無不至，而小數家因此以爲吉凶而行於世，漸以相亂。」是方士所傳之說，其間雖本鄒書遺緒，不難見微知著，然方士投機取巧，矯詐詭變，誠爲常事，（詳見後）此又吾人言秦、漢間符應者所不可不知者也。

鄒書符應之說，蓋出於古之史官。自古在昔，史官實爲一切「知識」之藪府，神怪之說，亦從此出，故載籍中一切人神怪變之說，大都託之史氏。至其直接表見於故記如卜辭，春秋之等，斯更其明驗矣。

古史官符應之說，當考之于．一巫祝，二占候，三史典。分述如次：

（１）巫祝　巫祝之興，宜在上世。然卜辭以前，其事無可考實者。卜辭，巫作冊，（鐵雲藏龜一四三、一。）［形］，（同上一八八、三。）［形］（藏龜拾遺一、三、八。）諸形，象巫在神喔中，以兩手奉玉事神。（羅振玉說。）祝作［形］，（殷虛書契前編四、一八、七。）［形］，（同上六、一六、六。）［形］（龜甲獸骨文字二、二五。）諸形，象跪於神示之前，有所聽告。（郭沫若說。）巫、祝、史三者與祭祀之關係，大抵自來無甚不同，此處姑不姑借用所謂周官之說明，春官：

　　大祝，掌六祝之辭，以事鬼神示，祈福祥，求永貞：一曰順祝，二曰年祝，

　　三曰吉祝，四曰化祝，五曰瑞祝，六曰筴祝。

按「福祥永貞」者，統六祝言之。此類悉是符應。「福祝永貞」，從其內在言之。符應從其表徵言之也。

巫有男巫（亦曰覡），女巫之別，春官：

　　男巫，掌望祀，望衍，授號，旁招以茅。冬堂贈，無方無筭。春招弭以除疾

　　病。王弔則與祝前。

　　女巫，掌歲時祓除釁浴，旱暵則舞雩。若王后弔則與祝前。凡邦之大裁：歌

　　哭而請。

巫之性質，國語楚語下曰：

　　古者民神不雜，民之精爽不攜貳者而又能齊肅衷正，其智能上下比義，其聖

—5—

能光遠宣朗，其明能光照之，其聰能聽徹之，如是則明神降之，在男曰覡，

在女曰巫。

合此數事觀之，知巫主通神而祝主贊辭，二者相需爲用。荀子姦濁世「營於巫祝，

信禨祥」。（史記孟荀列傳。）禨祥，卽鬼神之說，亦卽一部分符應之說之所從出者

也。以巫祝禨祥相提並論，事實則然也。

巫祝之上，復有太史。春官曰：

大祭祀，與執事卜日戒。及宿之日，與群執事讀禮書而協事。祭之日，執書

以次位常。辨事者攷焉，不信者誅之。

巫與祝皆太史之屬官。左傳，「閔二年，狄滅衛，囚史華龍滑與禮孔以逐衛人，二人

曰，我大史也，實掌其祭。不先，國不可得也。乃先之，至則告守曰，不可待也。

夜與國人出，狄入衛」。按，巫祝皆統於史，故史華龍滑與禮孔云「實掌其祭」也。

周易，巽，九二，「巽在牀下，用史巫，紛若，吉」。楚語下，「夫人作享，家爲

巫史」。蓋巫爲史屬，故曰「史巫」，或「巫史」。周書金縢，周公「植璧秉珪，

乃告大王，王季，文王。史乃册祝曰」。史記齊太公世家，「史策祝以告神」。祝

爲史屬，故得稱「史册（策同。）祝」。巫祝之統於史，此又其可考者也。周官以

巫，祝與史三者平行並列，似乎不相統屬者，其實不然，周官於太史，首云，「掌

建邦之六典」。按六典者，禮記曲禮下曰，「天子建六太，曰太宰，太宗，太史，

太祝，太工，太卜，典司六典」。周官所謂六典，蓋卽此六太之典。此六太中，太

宗，太祝，太工，太卜均與祭祀有關，（並詳春官又國語楚語下。）而太史實掌之。不言

巫者，地卑，故略之爾。

古人祭祀，求所謂福祥，永貞者，其內容，不審何如。商頌烈祖：

嗟嗟烈祖，有秩斯祜。申錫無疆，及爾斯所。旣載清酤，賚我思成。

亦有和羮，旣戒旣平。鬷假無言，時靡有爭。綏我眉壽，黃耇無疆。

約軝錯衡，八鸞鶬鶬。以假以享，我受命溥將。自天降康，豐年穰穰。

來假來饗，降福無疆。

按此祀詩所祈禱者，不過具體提出二事，一者，眉壽。二者，豐年。至云「申錫無

疆」，「降福無疆」，甚含混，不知何指。商頌，詩序以爲孔子之先人正考父者，得

之於周之太師，說未知是否可信。（魯語曰，「正考父校商之名頌十二篇於周之太師」。章炳麟訓「校」爲校讎；王國維云，當讀爲「效」，謂獻也。莫能詳也。）西周後期之祀詩內容，與此似亦不甚相遠，例如：

> 鐘鼓喤喤，磬筦將將。降福穰穰，降福簡簡。威儀反反。既醉既飽，福祿來反。（周頌執競。）

> 豐年多黍多稌，亦有高廩，萬億及秭。爲酒爲醴，烝畀祖妣，以洽百禮，降福孔皆。（同上豐年。）

> 燕及皇天，克昌厥後。綏我眉壽，介以繁祉。（同上雝。）

禮記言祭祀之符應，視前爲詳。商頌，周頌止云「降福無疆」，「介以繁祉」，吾人不知其命意所在，禮記則較爲具體之說明。按禮記以爲禮者，自天子至於庶人必由之道，故禮運曰，「禮義也者，人之大端也，所以達天道順人情之大竇也。」禮之事宜多矣，而祭祀爲先，故祭統曰，「凡治人之道，莫急於禮。禮有五經，莫重於祭」。所以然者何，禮運曰，「祭帝於郊，所以定天位也。祀社於國，所以列地利也。祖廟，所以本仁也。山川，所以儐鬼神也。五祀，所以本事也。故宗祝在廟，三公在朝，三老在學，王前巫而後史，卜巫瞽侑，皆在左右。王中，心無爲也，以守至正」。

禮運一篇，主題在禮而終之以——

> 天不愛其道，地不愛其寶，人不愛其情，故天降膏露，地出醴泉，山出器車，河出馬圖。鳳皇，麒麟皆在郊棷，龜龍在宮沼。其餘鳥獸之卵胎皆可俯而闚也。

按，此所謂符應也。符應何與於禮，謂帝王能事鬼神，得禮之宜，故神明答之以嘉應也。祭統以爲「禮有五經，莫重於祭」，蓋謂此矣。

禮運所舉符應，讖緯皆有之，膏露，亦稱甘露，見孝經援神契等。（文選羽獵賦注，御覽休徵部一等引。）醴泉，見禮斗威儀等。（御覽休徵部二等引。）器車，亦作木根車，金車，山車，見孝經援神契等。（藝文類聚舟車部，事類賦什物部，清河郡本等。）至於馬圖，鳳皇，麒麟，龜，龍，讖緯書屢見，不具舉。

讖緯家於禮運之說似乎又推而廣之，如曰：

玉石章明，作樂制禮得天心則景星見。（清河郡本禮含文嘉。）

神晉（靈）滋液，百寶爲用則白象至。（說郛五引同上。）

天子得禮之制則山澤谷之中有赤龍。（占經龍魚蟲蛇占引禮稽命徵。）

祭五岳四瀆得其宜則黃雀見。（藝文類聚祥瑞部引禮稽命徵。）

王者得禮之宜則宗廟生祥木。（御覽休徵部二引中候合符后。）

諸如此類，無慮數十百事。按諸云「作樂制禮得天心」，云「神晉滋液」，云「得禮之制」，云「祭五岳四瀆得其宜」，云「宗廟生祥木」，皆指祭祀能達於天道爲言。其說固由來甚久，然其符應事物則與古人詳略故有所不同，此其原因當於下章詳焉。

（2）占候　占候者，觀察日月星雲風氣之變化以定其吉凶徵兆之謂。此史氏之職也。左傳，哀六年，「楚國有雲如（而）衆赤鳥，夾日以飛，三日，楚子使問諸周太史，周太史曰，其當王身乎。若禜之，可移於令尹，司馬。王曰，除腹心之疾而寘諸股肱，何益。遂弗禜」。太史占候，此其例也。又文十四年，「有星孛，入於北斗。周內史叔服曰，不出七年，宋、齊、晉之君皆將死亂」。此事豫言而驗，未可信，但其託於太史，要不失爲太史掌占候之一暗示。據春官，掌候望者又有眡祲，「掌十煇之灋，以觀妖祥」。馮相氏，「掌十有二歲，十有二月，十有二辰，十日，二十有八星之位，辨其敘事，以會天位。冬夏致日，春秋致月，以辨四時之敘」。保章氏，「掌天星以志星辰日月之變動，以觀天下之遷，辨其吉凶……」。豈詳其官屬則有別，統言之則但稱太史耶？將周官此制非古耶？

春秋以前史官觀象之占，唯晴雨及災祲之說可考，小雅漸漸之石，「月離於畢，俾滂沱矣」，此晴雨之占也。卜辭，「癸酉，貞，日夕又（有）食，隹若」，（簠室殷契徵文天一。）此以日食順之與否爲問也。詩小雅十月之交曰，「日有食之，亦孔之醜」。曰，「彼月而食，則維其常。此日而食，於何不臧」？此災祲之占也。卜辭又有祭星之文，（參考董作賓殷曆譜三交食譜，胡厚宣甲骨學商史篇殷代之天神崇拜。）其用意不可知，但有禍福人之觀念存乎其間，則可知也。福者福應，斯卽符應之謂矣。

史記天官書多有符應之說，例如：

狼比地有大星曰南極老人，老人見，治安。

按讖緯書春秋，（開元占經石氏外官占四引。） 春秋運斗樞，（同上引。） 春秋文耀鉤，（御覽休徵部一引。） 等有此說。又天官書於辰星之占，曰：

其當效而出也，（色）黃為五穀熟。

按占經辰星占一引讖緯書春秋有此說。於景星，天官書曰：

景星者，德星也。其狀無常，出於有道之國。

按孝經援神契作「憙至八表則景星見」，（禮運正義引。）春秋感精符等皆有之，說大同小異，唯孫氏瑞應圖說與天官書全合，其多出之句則與讖緯諸書合，可見讖緯書本有此二句，引家刪節，獨孫氏瑞圖猶存舊文也。

亦有說見於天官書而讖緯輯本今無其文，然可以以類求之者，如天官書曰：

歲（星）陰在酉，星居午，以八月與柳七星張辰出，曰為長王，作作有芒，國其昌，熟穀。

孝經援神契則曰，「歲星入心，五穀登」。（占經歲星占二引。）春秋文耀鉤則曰，「歲星之虛，五穀大熟」。（歲星占三引。）如此之等，與天官書說不甚相遠，豈天官舊說，史遷所不錄，而讖緯書獨傳之歟？抑其為後出之說歟？

史記天官書者，蓋史遷論次戰國以來史氏舊說，斷以己意而成一家之書。其言曰：

幽、厲以往尚矣，所見天變，皆國殊窟穴，家占物怪，以合時應。其文圖籍磯祥不法。

又曰：

天子微，諸侯力政，五伯代興，更為主命。自是之後，並為戰國。臣主共憂患，其察磯祥，候星氣尤急。近世十二諸侯，七國相王，言縱橫者繼踵，而皋、唐、甘、石因時務論其書傳，故其占驗，凌雜米鹽。

此等處似史公不甚依古，而於時說亦不輕置信，故又曰：

夫自漢之為天數者，星則唐都，氣則王朔，占歲則魏鮮。故甘、石歷五星法唯獨熒惑有反逆行，逆行所守，及他星逆行，日月薄蝕，皆以為占。余觀史記，考行事，五星無出而不反逆行。

然史公自敍則曰：

　　星氣之書多禨祥，不經。推其文，考其應，不殊 。 比論集其行事 ， 驗於軌

　　度，以次作天官書。

史公似矛盾，已云前人說不經，又云推其文考其應不殊，而論集其行事，以爲天官

書。可能之解釋，厥爲史公已不盡依前人之說，而亦未嘗不「擇善而從」。唯然，

故天官書之說有與甘、石二家合者，如老人星之符應，石氏略同，（占經六八老人星占

二九。）是其例。（又參考漢書天文志王先謙補注。）

　　　由於史遷天官書之作，嘗受戰國以來天官學者之暗示，影響，故天官書中符應

之說，亦可能包含不少戰國間舊說之成分。然戰國間人之于春秋以前流傳之緒，蓋

亦不能無所師承。殷商一代，天文知識，甚爲豐富，詩，書，左傳中有若干星象之

說，可以上溯卜辭，已爲今日學術界公認之事實。（參考胡厚宣甲骨文中之天象記錄，竺可

楨二十八宿起源之時代與地點。）天官書之取材，旣已介乎古「近」之間，然則古史官禎

祥符應之說 ， 雖無較早之載籍可憑 ， 不得已而求諸天官書，天官書之于古史官舊

說，倘其猶有具體而微之意乎？

　　　（３）史典　符應中，凡神怪事物，可以由無知識之巫祝之徒率意附會，至於

國家所寶之名物及四裔來貢諸珍品，如此之等，符應說中多有之，此恐非巫祝之輩

所能杜撰。此類知識，大抵出自歷世相傳之史官古記。

較舊之史典，有周書王會，其書記周公時四夷入貢之物事，其目有：

　　青馬黑歞，謂之母兒。　大麈。（孔注，麈似鹿。）　前兒。若獼猴，立行，聲似

　　小兒。　在子。□身人首，脂其腹，炙之霍則鳴曰在子。（揚州）禺揭，魚名。

　　解隃冠。（一作寇。）　鹿。鹿者，若鹿迅走。　雖馬。（舊駕一角，大者曰麟也。）

　　（青丘）狐九尾。　煇弦。去羊也。　白鹿。　白馬。　乘黃。似騏，背有

　　兩角。　海蛤。（蛤，文蛤。）　蟬蛇。順食之美。　文厴。（文蜃，大蛤也。）

　　玄貝。（照貝也。）　大鱉。　桂。　䖪。（其皮可以爲鼓首。）　茲白。若白馬，

　　鋸牙，食虎豹。　聲耳。身若虎豹，尾長三尺，其身食虎豹。　閭閻。（射禮

　　以閭象爲射器。）　隃冠。　貙犬。露犬也，能飛，食虎豹。　星施。星施者，

　　珥旄。（旄所以爲旄羽耳。）　羊。牛之小者也。　鼈封。若菟，前後有首。

麟（麐），獸也。　鳳鳥。戴仁，抱義，挾信，歸有德。　鸞鳥。　比翼鳥。（不比不飛，其名曰鶼鶼。）　皇鳥。（配於鳳者也。）　文翰。若皋雞。（息有文彩者。皋雞似鳧，冀州謂之澤特也。）　孔鳥。（孔與鸞相配也。）　丹沙。　闐采。（采生火中，色黑，面光，其堅若鐵也。）　桿莍。其實如李，食之宜子。　費。其形人身，技踵。自笑，笑則上脣翁其目。食人。北方謂之吐嘍。　狉狉。若黃狗，人面，能言。　善芳。頭若雄雞。佩之令人不昧。　嘛羊。羊而四角。　卭卭距虛。善走也。　距虛。（獸也，驢騾之屬。）　玄模。（模，白狐。玄模則黑狐也。）　靑能。　黃熊。　菽。（戎菽，荳藥也。）　白虎。　黑豹。　駃騠。（馬之屬也。）　白牛。　文馬而赤鬣，縞身，目若黃金，名古黃之乘。　毎牛。牛之小者也。　狻犬。巨身四尺。　玉目。（玉之有光明也。形甚小也。）　比閭。其華若羽，伐其木以為車，終行不敗。　菅（菅草，堅忍。）　大竹。　鼈。　鼓，鍾。鍾牛。（貢鼓及鍾而似牛形者。）　翟。（鳥。）　翡翠。所以取羽。

以上狐九尾見中候考河命等。（清河郡本等。亦見孫圖。）白鹿見禮斗威儀等。（藝文類聚祥瑞部等引。亦見孫圖。）乘黃見禮含文嘉等。（占經石氏中官占等引。亦見孫圖。）鳳鳥，皇鳥見樂稽耀嘉等。（古微書等引。）鸞鳥見孝經援神契等。（類聚祥瑞部等引。亦見孫圖。）孔鳥，蓋卽孔雀，見春秋元命包等。（古微書等引。）白虎見孝經援神契等。（類聚祥瑞部等引。亦見孫圖。）文馬赤鬣卽古黃之乘，見中候考河命。（清河郡本。亦見孫圖。）亦有不見於今本讖緯而孫氏瑞應圖有之者，如狻犬，卭卭距虛，黑豹，駃騠是也。蓋讖緯佚之。

按周書稱及太子晉，當成於靈王之後。然其書春秋時已有之，蓋戰國以後又展轉附益，故不免駁雜。（參考四庫總目別史類。）王會記周公之事，殆可能為早期遺文。

次又有記成王將崩時事之顧命，其中頗敍述傳世珍寶，如曰：

西夾南嚮，敷重筍席，玄紛純，漆仍几，越玉五重。陳寶，（偽孔傳，於東西序坐北，列玉五重，又陳先王所寶之器物。）赤刀，大訓，弘璧，琬琰，在西序。大玉，夷玉，天球，河圖在東序。（三玉為三重。夷，常也。球，雍州所貢。河圖，八卦，

伏羲氏王天下，龍馬出河，遂則其文，以畫八卦，謂之河圖，及典謨，皆歷代傳寶之。）眉之舞

衣，大貝，鼖鼓，在西房。（眉國所爲舞者之衣，皆中法。大貝，如車渠。鼖鼓，長八尺，

商周傳寶之。）

按，大貝說見禮斗威儀（稽瑞頁四九等引。）春秋運斗樞等。（藝文類聚珍寶部等引。亦見孫

圖。）玉璧見孝經援神契（御覽珍寶部八等引。）至於河圖之爲符應之說，連篇累牘，毋

論已。（古河圖與讖緯之河圖名同實異，別詳河圖解題。）

　　出於後人所編定之禹貢，其中記方物，荊州有丹，大龜。雍州有琅玕。末云，

錫禹玄圭，以告成功。按此數事皆讖緯家所謂符應事物，大龜卽神龜，諸書屢見。

琅玕見孝經援神契。（占經器物休徵占引。）禹受玄圭見樂稽曜嘉。（禮檀弓上正義引。）

丹蓋卽丹沙，見禮斗威儀（御覽藥部二引。）

　　又有所謂殷商貢典者，王會引之，云是伊尹所作。其事物有：

魚皮之鞞。（孔注，鞞，刀削。）　□䱱之醬。（䱱，魚名。）　　鮫瞂。（瞂，一作

瞂。　孔注，盾也，以鮫皮作之。）　珠璣。　珛珸。　象齒。　文犀。　翠

羽。　菌鶴。（可用爲旌。）　短狗。（狗之善者也。）　丹青。　白旄。　紕罽。

（王應麟補注，何承天纂文曰，紕，氐罽也。）　江歷。（珠名。）　龍角。（龍解角得也。）

神龜。　橐駝。　白玉。　野馬。　駒騟。　駃騠。　良弓。

以上諸事於讖緯見之者，翠羽蓋卽翡翠，見孝經援神契（稽瑞四一等引。）珛珸卽玟

珸，一作瑉珸，見同上。（御覽珍寶部六引。亦見孫圖。）白玉見禮稽命徵（初學記珍寶部等

引。）等（亦見孫圖）。文犀，未詳，孝經援神契有犀角戴通，（御覽休徵獸類引。）疑是

也。駒騟，駃騠，見孫氏瑞應圖。按，孫圖之說，出於讖緯，讖緯多遺佚，故說或

相應，或不相應爾。

　　禹貢及所謂伊尹所作之貢典，余不知其是否亦有若干早年之材料，然讖緯家據

之以皮傳其符應說，其意義與引用王會，顧命之篇同，殆爲事實。（解見後。）

　　讖緯符應之說，依據史典，約略如上所示例，文獻不足，其詳不可得聞矣。

　　以上敍述古符應之說出於史官，凡有巫祝，占候，史典三事，其說已竟。私意

以爲讖緯出自鄒書，而鄒書蓋亦多所採襲，匪由馮空虛構。史記歷書云，「天下有

道則不失紀序，無道則正朔不行於諸侯。幽，厲之後，周室微，陪臣執政，史不紀

時，君不告朔，故疇人子弟分散，或在諸夏，或在夷狄，是以其禮祥廢而不統。其後戰國並爭，在於彊國禽敵，救急解紛而已，豈遑念斯哉。是時獨有鄒衍明於五德之傳而散消息之分，以顯諸侯」。孟荀列傳云，鄒書「先序今以上至黃帝，因載其禮祥度制」。是鄒子明於古星曆之術之徵也。又云，「先列中國名山大川通谷禽獸，水土所殖，物類所珍，因而推之及海外」，與上述古史典之記珍奇事物者相應，是鄒子博綜史典之一啓示也。由是言之，鄒書雖云「怪迂之變」，亦非漫無根據，略可知也。

復次，讖緯之先，出於鄒子之徒。鄒書符應事物已甚富贍，則讖緯符應之說，亦必大體本之於鄒，蓋當然也。顧其間有可疑者二事：第一，鄒書十餘萬言，撫拾之富，故不成問題；但其書成一家言，故亦不能徒事剽竊，是必有其獨特之翹說，卽如古史典中物類，除極少數外，大都無甚神怪，徒以其稀罕，或者祖宗積世傳授，國家所寶，本無所謂瑞。以遠方稀罕之物為珍，意亦猶此。且四裔之獻，國有專典，所謂「制其貢，各以其所有」，（周書職方解。）所謂「昔武王克商，通道於九夷百蠻，使各以其方賄來貢，使無忘職業」，（魯語下。）是也。本出政令，何神之有？而讖緯家之所謂符應者則觀念夐乎不同，曰天人之所感召，福祥之所表徵，不期而物自至。史公所謂「怪迂之變」，此殆其一端歟？將鄒書厥初止列中國海外「水土所殖物類所珍」，讖緯家加以誇飾，遂有靈瑞之說歟？

第二、鄒子終始大聖之篇，由史遷所敍述者觀之，似未嘗雜神仙之說，而秦漢間符應說有之。（詳下章。）鄒衍別有重道延命方一書，專言神仙之事，其徒海上燕齊方士所以迷惑時君者，卽此類說也。而出於方士之符應說，亦多有此類思想，則不知鄒衍符應內容本來如此耶？抑方士「怪迂阿諛」，取鄒氏二書者（終始大聖之篇與重道延命方。）通而一之，以求「苟合」耶？鄒子符應，託始黃帝，而秦漢間求仙之說，亦以黃帝為中心人物。終始大聖之篇無傳書，其符應內容，無從知其所屆。然秦漢間符應中神仙之說與鄒有密切關係，此則可無疑也。

叁　符應說在秦與西漢間

「符應」之說雖自古有之，然其能在秦漢間發生重大之作用，則鄒衍之徒海上

燕齊方士宣傳之結果。（詳第八章。）

　　「符應」說在秦與西漢間，迹象故甚著；而清姚振宗氏後漢藝文志五行家祥異類乃曰：

　　　　范書賈逵傳注引東觀記云，章帝時，鳳皇，麒麟，白虎，黃龍，神雀，白燕
　　　　等見於郡國者，史官不可勝紀。又司馬彪續漢書云，孝和時，郡國言符瑞八
　　　　十餘品，咸懼虛妄，抑而不宣。瑞應圖當作於是時。（元注，又班書何武傳云，宣
　　　　帝時，天下和平，神爵，五鳳之間，屢蒙瑞應，則瑞應圖前漢時亦當有之。）

按「瑞應」即「符應」，即鄒衍之徒方士之書說也。姚氏疑此類書說宣帝時始有之，
非也。秦皇以後，由於「符應」即「瑞應」說而發生之變革，不一而足；推隱至顯，
即其底書亦約略可辨。今略舉其事以驗之。

　　考始皇信奉鄒衍書說，在其即位之第二十六年滅六國之後。史記封禪書曰：
　　　　秦始皇既并天下而帝，或曰，黃帝得土德，黃龍，地螾見。夏得木德，青龍
　　　　止於郊，草木暢茂。殷得金德，銀自山溢。周得火德，有赤烏之符。今秦變
　　　　周，水德之時，昔秦文公出獵獲黑龍，此其水德之瑞。於是秦更命河曰德
　　　　水，以冬十月爲年首，色上黑。

按，「或曰黃帝得土德」云云，此「或」人即燕齊方士，所引之說即出鄒書，唯呂
氏春秋應同篇引作黃帝時大螾，大螻見，此則易大螻爲黃龍。呂引湯時金刃生於
水，此則云銀自山溢。又呂引夏德無青龍，此處有之。彼時載籍，口說流傳，則不
知二說之孰爲近是也。抑方士援引鄒書隨事附合，諒亦不免。然大體固無害其爲鄒
說。（別詳論早期讖緯及其與鄒衍書說之關係弟肆。）唯然，故封禪書又曰：

　　　　自齊威，宣之時，鄒子之徒論著終始五德之運，及秦帝而齊人奏之，故始皇
　　　　采用之。

秦本紀亦推本此事謂出於鄒，曰：

　　　　始皇推五德之傳，以爲周得火德。秦代周德，從所不勝。方今水德之始。

此二十六年事也。越二年而有封禪之舉。帝王所以封禪者，管子封禪篇曰：

　　　　桓公既霸，會諸侯於葵丘而欲封禪，管仲曰，古者封泰山禪梁父者七十二
　　　　家，而夷吾所記者十有二焉，皆受命然後得封禪。桓公曰，寡人……九合諸

侯，一匡天下，諸侯莫違我。昔三代受命，亦何以異乎？於是管仲睹桓公不可窮以辭，因設之以事，曰，古之封禪，鄗上之黍，北里之禾，所以為盛。江淮之間一茅三脊，所以為藉也。東海致比目之魚，西海致比翼之鳥，然後物有不召而致者十有五焉。今鳳凰麒麟不來，嘉穀不生，而蓬蒿藜莠茂，鴟梟數至，而欲封禪，毋乃不可乎？

按，封禪之本指，管子此文詳之矣，即功成治平，符應並至，然後登封，告成功於天。符應並至者，受命之徵也。史記封禪書云，「自古受命帝王，曷嘗不封禪。蓋有無其應而用事者矣，未有睹符瑞見而不臻乎泰山者也」；孝經鉤命決云，「封乎太山，考績燔燎。禪乎梁父，刻石紀號。煥炳巍巍，教化顯著」：（御覽五三六引。）猶此意也。蓋鄒書本有此類說，方士稱道之，始皇遂信行之。管子多戰國間人思想，封禪篇之文，侈陳符應，尤與鄒子及其徒方士說近，殆不能甚早。又小匡篇言受命符應與此處大同小異，似複出之文。然彼固不言封禪。可疑也。

始皇之由封禪而繼以求仙真奇藥，蓋亦惑於符應舊說。漢武亦然。武帝時，公孫卿說之云，「黃帝以上封禪，皆致怪物，與神通」。（封禪書。）此方士相沿之說，亦即符應舊說也。所謂「怪物」者，神奇之事物，即符瑞也。盧生說始皇曰，「臣等求芝奇藥，仙者，常弗遇」（始皇本紀）；武帝封禪，「縱遠方奇獸，蜚禽及白雉諸物」（封禪書）；漢志有禎祥變怪二十一卷（見下）：曰「奇」，曰「怪」，皆此類也。符應舊說云：

王者德至於草木則芝草生。（御覽休徵部一等引孝經援神契。）

王者慈仁則芝草生，食之令人延年。（同上引孫氏瑞應圖。）

此以芝為德至之符應，與始皇自視有德由封禪而求所謂「芝奇藥」者密合。符應說又云：

君乘土而王，其政太平，黃真人遊於後池。（占經人瑞引禮斗威儀。）

黃帝時，西王母使乘白鹿來獻白環。（御覽八七二引孫氏瑞應圖。）

此謂德至則應之以仙真也。所謂君乘土而王，即黃帝也。黃帝所接之仙真人，不止一事，故或以為黃真人，或以為西王母。此與公孫卿所謂黃帝封禪與神通者亦相應。符應說此處止言君人有德則致怪物與神通，未明言封禪者，按，封禪即所以表

德，德至然後封禪。秦皇，漢武皆自以為德至而封禪，故封禪矣隨而求所謂德至之
應如怪物，神仙之屬。然封禪書云，天下皆畔始皇，「謳曰，始皇上太山，為暴風
雨所擊，不得封禪」。太史公曰，「此豈所謂無其德而用事者邪」。當時以為始皇
無德，竟不成其為封禪也。

　　復次，始皇本紀曰：

　　　　盧生說始皇曰，方中，人主時為微行，以辟惡鬼。惡鬼辟眞人至。人主所居
　　　　而人臣知之則害於神。今上治天下，未能恬倓。願上所居宮，毋令人知，然
　　　　後不死之藥，殆可得也。於是始皇曰，吾慕眞人，自謂眞人不稱朕。乃令咸
　　　　陽之旁二百里內宮觀二百七十，復道甬道相連，帷帳鐘鼓美人充之，各案
　　　　署，不移徙。行所幸，有言其處者罪死。

按符應說，黃帝德至，眞人「遊於後池」。今始皇自視有德，使盧生求仙，盧生亦
語始皇，人主所居，毋令人知。不爾，眞人不至。始皇於是遂為離宮別館。二事相
似，使人不期然而然發生一種聯想。方士之說，未始無所根據，但不能無所增飾於
其間，說愈後而愈夸大，故武帝元封二年，公孫卿遂言「僊人好樓居」；太初二年
方士乃言，「黃帝時為五城十二樓以候神人於執期」矣。（並見封禪書。）由「後池」
進步而為「離宮別館」，為「五城十二樓」，此亦踵事增華，後來居上。然則此諸
說者之孰為先後，易知也。

　　始皇於二十八年，封禪琅邪，還過彭城，禱祠求鼎，此亦惑於符應之一事。說
見於後。

　　本紀云：

　　　　（為始皇）候星氣者至三百人。

按占候與符應之關係，說已前見。始皇此舉，其中大有文章，可以想像，但又云：

　　　　秦法不得兼方，（正義曰，令民之有方伎不得兼兩齊，試不驗輒賜死，言法酷。）不驗輒
　　　　死。

又方士盧生等懼而亡去，於是而有坑術士之舉。本紀曰：

　　　　始皇聞（盧生等）亡，乃大怒曰，吾前收天下書，不中用者悉去之，悉召文學
　　　　方術士甚眾，欲以興太平。盧生等吾尊賜之甚厚，今乃誹謗我以重吾不德

也。諸生在咸陽者，吾使人廉問，或爲訞言，以亂黔首。於是使御史悉案問

諸生，諸生傳相告引。乃自除犯禁者四百六十餘人，皆阬之咸陽。

始皇所用方術之士，數目甚可觀，本欲有所作爲，但方士皆懼秦法酷，或加之誹

謗，或竟出之逃亡，自餘大部分皆見坑殺。始皇一代關於符應之事逐無多可考。

　秦政不綱而陳勝起。勝字涉。二世元年七月，發閭左適戍漁陽，屯大澤鄉，與

吳廣皆次當行，爲屯長。屬天大雨，道不通，度已失期。失期，法當斬，逐與廣舉

大事，而以魚腹丹書，篝火狐鳴爲號召。史記陳涉世家曰：

　　陳勝曰，今誠以吾衆詐自稱公子扶蘇，項燕，爲天下唱，宜多應者。吳廣以

　　爲然，乃行卜。卜者知其指意，曰，足下事皆成，有功。然足下卜之鬼乎。

　　陳勝，吳廣喜念鬼，曰，此敎我先威衆耳。乃丹書帛，曰，「陳勝王」，置

　　人所罾魚腹中。卒買魚烹食，得魚腹中書，固以怪之矣。又令吳廣之次近所

　　旁叢祠中，夜篝火，狐鳴呼，曰，「大楚興，陳勝王」。卒皆夜驚恐。旦日，

　　卒中往往語，皆指目陳勝。

按以丹書爲符應，鄒衍書倡之，所謂赤烏銜丹書集于周社者，是也。陳氏雖耕傭，

而孔叢子言其能讀國語，解稱引夏商舊事。（答問篇。）卽史記世家亦言其素有大志。

是則陳氏習聞方士之說，其智自足以辦此。然春秋潛潭巴有「里社鳴，此里有聖

人；其呴，百姓歸之，天子走」（占經城邑宮殿怪占引。）之說，疑此說蓋亦流傳民間。

里社何緣自鳴，是非憑藉狐鳴呼不可。陳氏之所作爲，抑其受此說之暗示，亦未可

知也。

　漢高之世之符應說，多可議。其較可信者，爲漢得水德之說。封禪書曰：

　　（高祖）二年，入關，問故秦時上帝祠，何帝也？對曰，四帝，有白，青，

　　黃，赤帝之祠。高祖曰，吾聞天有五帝，而有四，何也。莫知其說。於是高

　　祖曰，吾知之矣，乃待我而具五也。乃立黑帝祠，命曰北畤。

漢書郊祀志匡衡奏曰：

　　漢興之初，制儀未及定，卽且因秦故祠，復立北畤。

高祖以爲天帝有五，而秦時所立止於四，是待漢而始成其爲五，若曰，天意存焉

爾。史記歷書亦曰，「漢興，高祖曰，北畤待我而起，亦自以爲獲水德之瑞，雖明

智歷及張蒼等咸以爲然」。按鄒衍五德終始說，周，火也。水克火，故秦爲水德。今高祖自以爲得水德之應。高祖受鄒衍學說之影響，此其一事也。

此外又有斬蛇，天子氣及五星聚之說，則不無可疑。顧事雖可疑，然此故事假託之時間，可能甚早。因之故事雖僞，而產生此符應意識之時代則仍可爲吾人研究之對象。所謂斬蛇者，史記高祖本紀：

> 高祖被酒，夜徑澤中，令一人行前，行前者還報，曰，前有大蛇當徑，願還。高祖醉曰，壯士行何畏？乃前，拔劍，擊斬蛇。徑開，行數里，醉，因臥。後人來至蛇所，有一老嫗夜哭。人問，何哭？嫗曰，吾子，白帝子也，化爲蛇，當道，今爲赤帝子斬之，故哭。人乃以嫗爲不誠，欲笞之，嫗因忽不見。

> （立爲沛公）旗幟皆赤，由所殺蛇白帝子，殺者赤帝子，故上赤。

又漢書本紀贊：

> 漢承堯運，德祚已盛。斷蛇著符，旗幟皆赤，協於火德。自然之應，得天統矣。

按史，漢此處言斬蛇是一事，從而牽涉者又有神嫗言赤帝子斬白帝子及旗幟尙赤二事，當分別觀之。後二事卽所謂火德，此說殆起自西漢中葉以後，以下論之。假爲神母之哭，殊荒唐，不足辨。至於斬蛇，明楊循吉亦以爲誣，曰，此「沛公自託以神靈其身而駭天下之愚夫婦耳。大虹，大黿，蒼龍，赤龍，流火之烏，躍舟之魚，皆所以兆帝王之興起者，此斬蛇之計所由設也」。（史記會注高祖本紀引。）今按高祖被醉斬蛇，此事儻有可能。卽如楊說，出於自託，亦可以由此見得符應之說當時所重，高祖藉此以維繫人心。因之縱令此事爲僞，然此時之需要符應信仰，故是事實。

所謂天子氣者，史記本紀：

> 秦始皇帝常曰，東南有天子氣，於是因東游以厭之。高祖卽自疑，亡匿，隱於芒碭山澤巖石之間。呂后與人俱求，得之。高祖怪，問之，呂后曰，季所居，上常有雲氣。故往從，常得季。

又項羽本紀：

范增說項羽曰，吾令人望其氣，皆爲龍虎，成五采，此天子氣也。

按天子氣者，讖緯家占候說有之，如易通卦驗曰，「天子之氣，內赤外黃，正四方所出之處，當有王者起也。天子欲有遊逸處，其地先發氣如城闕隱隱在雲霧中，恆帶殺象，森森然如華蓋。天子之氣皆多上達於天，以王相日見」。（清河郡本。）是其例。蓋舊有此類說，故高祖或其徒——不然則好事者皮傅之，以神其受命。曰「其氣皆成龍虎」云云，與蛟龍感生之附會，似有連帶關係，蓋謂高祖感生於蛟龍，故氣亦成龍。曼衍其辭，遂成「龍虎」。（御覽八七引楚漢春秋曰，「亞父諫曰，吾使人望沛公，其氣衝天，五彩相糺，或似雲，或似龍，或似人」；論衡吉驗篇曰，「范增曰，吾令人望其氣，氣皆爲龍，成五采」：並止言其氣似龍，無「虎」字。）

　　所謂五星聚者，史記天官書：

　　　　漢之與，五星聚於東井。

又陳餘傳：

　　　　甘公曰，漢王之入關，五星聚東井。東井者，秦分也。先至必霸。楚雖彊，
　　　　後必屬漢。

漢書本紀：

　　　　元年冬十月，五星聚於東井。沛公至霸上。

按秦二世三年十月，五星聚東井，高祖乃以夏十月入秦。秦十月，當夏之七月，時間不相應。時人欲神漢瑞，故附合之。劉攽，齊召南等辨之，是也。（參考王先謙漢書補注高祖本紀。）

　　高祖符應之依託，亦有時間頗晚者，則蛟龍感生之說是也。史記本紀：

　　　　其先劉媼，嘗息大澤之陂，夢與神遇。是時雷電晦冥，太公往視，則見蛟龍
　　　　於其上，已而有身，遂產高祖。高祖爲人，隆準而龍顏，美須髯，左股有七
　　　　十二黑子。（正義曰，合誠圖云，赤帝爲朱鳥，其表龍顏，多黑子。按，左，陽也。七十二黑
　　　　子者，赤帝七十二日之數也。木火土金水各居一方，一歲三百六十日，四方分之，各得九十日。土
　　　　居中央，並索四季各十八日，俱成七十二日。故高祖七十二黑子者，應火德七十二日之徵也。）

　　　　常從王媼，武負貰酒，醉臥，武負，王媼見其上常有龍，怪之。

按東觀記曰，「詔書令功臣家各自記功狀，不得自增加，以變時事，或自道形貌表

—19—

相，無益事實。復曰齒長一寸，龍顏虎口，奇毛異骨；形容極變，亦非詔書之所知也」。（御覽三六三引。）人情喜誇飾祖先，大率類此。至於神化高祖，則除上述一般心理外，尚有「王命論」上之作用。高祖起自微賤，父曰「太公」，母曰「劉媼」，其上世蓋無可紀者。昭帝時，眭弘奏書始有「漢爲堯後有傳國之運」之說，（漢書本傳。）至世經出，而五行相生之歷史系統成立，於是堯遂爲火德，由堯下推歷舜、禹、湯、周、至漢亦爲火。（說詳漢書律歷志。）漢書郊祀志贊及荀悅漢紀高祖紀均云此說出劉向，歆父子。今按無論如何，西漢中葉以前，決無此說，故文帝時有漢爲水德抑土德之爭辨，曾不言火。（史記本紀，又封禪書。）高祖起兵，旗幟尚赤，雖史，漢歷歷言之，可能是事實。然恐當時本出偶然，未必卽寓帝德觀念。武帝已於太初改制，章服上黃矣，而李陵於天漢二年伐匈奴，其旗幟猶或黃，或白，（漢書本傳。）不一定與土德相應。然則僅據赤幟一事，以爲高帝已以火德自居，吾未敢承（錢穆評五德終始說下的政治和歷史云，漢初尚赤，是承用民間南方赤帝，西方白帝的傳說。東陽少年的蒼頭異軍特起，便是要另組織東方蒼色軍，不和南方赤色軍合作。榘按蒼頭軍，戰國魏襄王時已有之，見魏策一。魏不可謂東國，明蒼頭與方色無涉。又檢漢書霍光傳，「使蒼頭奴上朝謁」。後漢光武紀，「彭寵爲其蒼頭所殺」；注「秦呼人爲黔首，謂奴爲蒼頭者，以別於良人也。」按謂蒼頭之稱出於秦人，此未可知。至於奴稱云云，西漢中世以來尚爾，是可注意。）五行相生之說，直以漢代周，以秦爲閏統，無非遷就旗幟尚赤之故，說殊牽強。推原高帝當日情事，殆有未合。今本紀述高祖之感生及其體貌之異，完全以堯後火德之思想爲其背景，蓋史遷以後人所羼亂。（史記有後人附益之說，自南宋周密〔齊東野語卷十史記多誤條〕以下，多有論之者。）至於赤帝子斬白帝子云者，頡剛師以爲漢人已附會漢爲火德，由於五行相克之理論，漢滅秦，故秦應爲金德。金色白，故曰白帝子。火克金，火色赤，故云赤帝子斬白帝子也。（五德終始說下的政治和歷史第十一章。）果爾則此一神話性之故事中，竟有五行相生，五行相克二種學說爲其作用，似屬矛盾。然此類故事，本出虛構，不可以理性分析，如王莽據相生之說，土德自居，而其擊匈奴乃引「以土塡水」之讖，（漢書本傳。）是亦相生相克，兼容並包也。高祖神話，宜同此矣。

伏侯古今注記高祖五年，十年均黃龍見。（藝文類聚九八等引。）史，漢均不載，未詳其故。

惠帝在位日淺，呂后女主，對於此類粉飾太平之事，蓋有所未皇。

文帝時可考者有膏露，黃龍，河決金堤，神氣，玉杯，寶鼎，日再中七事。賈山至言曰：

（元年）膏露降，五穀登，此天之所以相陛下也。（漢書本傳。）

按膏露亦稱甘露，說見第二章。膏露之降，本紀，封禪書均不載，然必當時信爲符應，故賈山鄭重引之也。

黃龍者，史記封禪書：文帝十三年，

魯人公孫臣上書，曰，始秦得水德，今漢受之，推終始傳，則漢當土德。土德之應黃龍見，宜改正朔，易服色，色上黃。是時，丞相張蒼好律歷，以爲漢乃水德之始，故河決金堤其符也。年始冬十月，色外黑內赤，與德相應。如公孫臣言非也。罷之，後三歲，黃龍見成紀。文帝乃召公孫臣，拜爲博士，與諸生造改歷服色事。

按，龍爲帝瑞，卽上引鄒書所謂「黃帝得土德，黃龍，地螾見」者也。河決金堤以爲水德者，蓋從「殷得金德銀自山溢」之說推論而得之。顧武帝以河決爲憂，（封禪書。），成帝建始四年秋河決，冬十月，御史大夫尹忠且以不憂職自殺。（漢書成帝紀。）同一事也，前以爲瑞者而後以爲災，見解各異如此，可笑。

神氣事在文十五年，封禪書曰：

趙人新垣平以望氣見上，言長安東北有神氣成五采，若人冠絻焉。或曰，東北神明之舍，西方神明之墓也。天瑞下，宜立祠上帝，以合符應。於是作渭陽五帝廟，同宇。

按新垣平言，上帝神氣爲天瑞，氣五采，若人冠絻。此說今見于春秋緯。合誠圖曰：「天皇大帝，北辰星也，舒精吐光，居紫宮中，冠有五采」；（初學記服食部等引。）又曰：「大帝冠五采。五光垂彩，天下大嘉」，（古微書本。）是也。但依春秋緯說，此是天皇大帝，止是一帝，卽所謂『太一』。而依新垣平說，則竟立五帝廟，不主于一，何耶？按封禪書，方士言，太一之佐曰五帝。春秋佐助期亦曰：「紫宮爲皇后之居，太微爲五帝之佐」；宋均注：「紫宮，北極也。皇后，皆帝者之號。太微，天庭也，五帝居其中」。（清河郡本）豈五帝與天皇大帝同居北極，而

五帝又爲天皇大帝之佐，精氣本屬一體，故立廟亦主于五而不主于一耶？

所謂玉杯，寶鼎，事在十六年。封禪書曰：

> 新垣平使人持玉杯上書闕下，獻之。平上言曰，闕下有寶玉氣來者。已視之，果有獻玉杯者，刻曰，人主延壽。平言曰，周鼎亡在泗水中，今河溢通泗，臣望東北汾陰直有金寶氣，意周鼎其出乎？兆見不迎則不至。於是上使治廟汾陰南，臨河，欲祠出周鼎。人有上書告新垣平所言氣神事皆詐也。

按，新垣平行事之「詐」，史書敍述甚明，自無疑問，然其說蓋有所本。考始皇本紀云，二十八年封禪琅邪，還過彭城，齋戒禱祠，欲出周鼎於泗水，使千人求之弗得。按，求周鼎而舉行齋戒禱祠，是必以鼎爲神物矣。武帝時汾陰得鼎，有司亦曰，「聞昔泰帝興，神鼎一。黃帝作寶鼎三，象天地人。禹收九牧之金鑄九鼎。上帝鬼神遭聖則興。鼎宜見於祖禰，藏于帝廷，以合明應」。（封禪書。）蓋關於寶鼎，附會不一，或曰周鼎，或曰，泰帝，黃帝，夏禹並各有其寶鼎。並好者爲之。以爲周鼎者，蓋曩來以爲夏鼎遭聖則興，否卽隱沒不見。周政平，鼎乃出，故繫之周。周亡而鼎復隱。今方士之徒以爲鼎當爲漢出，卽此周鼎是也，故漢書吾丘壽王傳曰，「汾陰得鼎，武帝嘉之。羣臣皆上壽賀，曰，陛下得周鼎」。又壽王亦曰，「臣聞，周德始乎后稷，……顯於周公。上天報應，鼎爲周出」。按據上引封禪書云，有司曰，「聞昔」神鼎云云，壽王曰，「臣聞周德」云云，卽聞之書說，明非權時虛構。考禮含文嘉曰，「神鼎者，質文精也，知吉凶存亡，能輕能重，能息能行，王者興則出」。（說郛五等引。）孫氏瑞應圖曰，「黃帝作鼎，象太一。禹治水，收天下美銅以爲九鼎，象九州。王者興則出，衰則去」。（藝文類聚九九等引。）新垣平殆卽根據此類讖緯之書，因而作僞。武帝時有司及吾丘壽王之所稱引，蓋亦同爲讖緯之說（墨子耕柱篇亦有類似之神鼎說，但云作鼎者是夏后開，卽夏后啓，與秦漢間方士讖緯之說異。）新垣平同時又有「玉英」之託。史記文紀十五年同。十七年作「玉杯」。按孝經援神契曰，「神靈滋液，百珍寶用，則有玉英」。宋均注，「（玉英）玉石有英華色也」。（稽瑞頁十四引。）瑞應圖曰，「玉英，五常並修則見」。（文帝紀集解引。）玉石而有英華色者曰玉英，是文帝紀作玉英，封禪書作玉杯，一以色澤言，一以器物言，其實一也。忽而玉英，忽而玉杯，史記無說，而讖緯書有之，豈其爲舊說與神

鼎例同，賴讖緯而得保存至今者歟？

最後而有所謂日再中者，封禪書：文帝十六年，

　　（新垣）平又言，臣候日再中。居頃之，日卻復中。於是始更以十七年爲元

　　年。令天下大酺。（漢書本紀顏注引張晏曰，以爲吉祥，故改元年，以求延年之祚也。）

此事尤滑稽，然易辨終備云，「日再中，烏連嬉。仁聖出，持知時。」（古微書本。

又易林卷一大有之既濟條「視日再光，與天相望」云云，蓋亦日再中之謂。）蓋讖緯有是說，而新

垣平詐演之。如謂此說始自新垣平發之，則新垣平以欺紿致禍敗，盡人皆知之，讖

緯不當更引之以爲典要矣。

　　後元年冬，人有上書告新垣平所言神氣事皆詐也，垣平坐此誅夷。自是而文帝

遂亦怠於鬼神之事。（封禪書。）

　　景帝朝，符應之事，無可考者。其原因，大抵由於竇太后喜黃老，不樂儒術，

（史記儒林傳，又封禪書。）而彼時之儒生，多與方士同化，符應之說，卽此輩所倡導。

學派不同，故不能並立。又文帝晚年，不信此類鬼神之事，殆亦不無影響。

　　景帝雖未嘗相信符應，然不能謂此時符應之說已不存在。考司馬相如子虛賦，

其中「珍怪鳥獸」，大都與見存讖緯之所謂符應事物相應，例如「碧」卽「碧玉」，

亦稱「碧石」，見孝經援神契。（御覽珍寶部八，稽瑞頁三八等引。）「玫瑰」卽「玫瑰

齊」，見同上。（稽瑞頁四四等引。）「桂」「椒」，見春秋運斗樞。（稽瑞六十引。）

「豫樟」，見禮斗威儀。（水經注贛水注引。）「蘭」，見同上。（御覽休徵部二等引。）「馴

駮之駟」卽「駮馬」，見同上。（稽瑞四八等引。）「白鵠」，見孫氏圖。（初學記一六引。）

「明月珠」，見同上。（占經一一四引。）至於「神龜」，「毒冒」，（讖緯作玳瑁。）

「孔」，（按卽孔雀。）「鸞」，「白虎」，「玄豹」，「蚳蚳」，「距虛」，（按

讖緯以蚳蚳距虛爲一。）「駒駼」，「翡翠」，「玄鶴」，「金」，「銀」之屬之爲瑞

物，均已前見。（下半篇卽文選題爲上林賦者，所引符應事物，亦不下數十。以其作於武帝世，故略

之。）賦云，「衆物居之，不可勝圖」。按「圖」卽圖繪，相如作此賦時，蓋卽依據

此類書，傾箱倒篋出之。「不可勝圖」云云，反言之也。子虛賦作於游梁之際，（史

記本傳。）梁孝王之卒，在景帝中六年。（世家。）然則景帝之世，符應之說，已有專

門著錄之圖書矣。武帝所謂「披圖按諜」，（詳後。）曰「圖」，曰「諜」，亦卽此

類符應圖書之謂矣。漢書藝文志易家有神輸五篇圖一卷，（注，劉向別錄云，神輸者，王
道失則災害生，得則四海輸之祥瑞。）雜占家有禎祥變怪二十一卷，亦符應圖書之類，則不
知其成書視相如與武帝所見者，又孰爲早晚也。余檢校始皇以至西漢早年之所謂符
應，往往覺其有一種書說之根據，符應雖僞，而書說具在，故余論之，以爲符應之
說蓋始於鄒書之宣傳，繼以方士讖緯之推波助瀾，其影響遂著。豈不然乎？

　　竇太后崩於武帝建元六年。儒術之阻力已消逝，武帝於是遂選舉賢良文學之
士，前後數百人，銳意爲興致太平之工作。符應之說，據云爲太平禎祥，武帝亦自
始卽企踵思慕之不置，故元光元年（竇太后崩之明年。）詔賢良，有曰：

　　　　朕聞昔在唐、虞，畫象而民不犯。……周之成、康，刑錯不用，德及鳥獸，
　　　　……星辰不孛，日月不蝕，……麟鳳在郊藪，河洛出圖書。嗚虖，何施而臻
　　　　此與？（漢書本紀。武帝策賢良，屢以此事爲問，參考漢書董仲舒，公孫弘等傳。）

武帝旣已游心於此，於是符應之託，紛然出矣。

　　武帝世符應所謂寶鼎，說已前見。若德星，（封禪書，元封元年。）獲麟（同上，元
狩元年。）二事，書傳多言之，其說甚顯，亦不論。論其不經見者。

　　封禪書曰：

　　　　（元朔）六年，天子苑有白鹿，以其皮爲幣以發瑞應，造白金焉。

按以白鹿爲符應者，孝經援神契曰，「德至鳥獸則白鹿見」。（御覽獸休徵部等引。）
「造白金」，平準書作「造銀錫爲白金」，食貨志，漢書武紀略同，知此白金乃銀
錫之屬。銀錫，金屬之白者，故曰「白金」也。至於白金爲符應說，或者由鄒書言
湯時銀自山溢之例推演而得，亦未可知。白金，白銀，故是一事也。然符應書本有
此說，河圖括地象曰，「岐山，在崑崙山東南，爲地乳，上多白金。周之興也，鸑
鷟鳴於岐山，時人亦謂岐山爲鳳凰堆」。（御覽四十等引。）按此處白金與鸑鷟並提，
由白金亦爲瑞物。禮斗威儀曰，「爲人好殺不賊，白銀爲之常見」。（清河郡本。）
白銀卽白金矣。讖緯以白鹿，白金爲符應，而封禪書亦云用白鹿，白金「以發瑞
應」。武帝之說，豈其本諸此耶？

　　史記滑稽列傳東方朔傳（■先生補。）曰：

　　　　建章宮後閣重櫟中，有物出焉，其狀似麋。以聞，（武帝）詔東方朔視之。朔

曰，臣知之，所謂騶牙者也。遠方當來歸義而騶牙先見。其齒前後若一，齊等無牙，故謂之騶牙。其後一歲所，匈奴混邪王果將十萬衆來降漢。

以傳隸此事於混邪王降漢之年考之，則此元狩元年事也。騶牙卽騶虞，牙，虞一聲之轉。司馬相如頌漢瑞之辭云，「囿騶虞之珍羣」，（詳後。）卽指此。（參考吳仁傑兩漢刊誤補遺卷七。）騶虞，舊說以爲仁獸，王者有德則至。（說詳第二章。）此云「遠方當來歸義」則「先見」，與舊說稍異，殆後人因混邪王來降，因湊合之，非東方本義。

史記樂書曰：

　　嘗得神馬渥洼水中，復次以爲太一之歌。（集解，李斐曰，南陽新野有暴利長，當武帝時遭刑，屯田敦煌界，人數於此水旁見羣野馬中有奇異者，與凡馬異，來飮此水傍。利長先爲土人持勒靽於水傍，後馬玩習久之，代土人持勒靽收得其馬獻之，欲神異此馬，云從水中出。）

此事樂書不繫年，漢書武紀次元鼎四年，而禮樂志則作元狩三年，未知孰誤。武帝世所謂馬生水中者，並此爲二事，其另一事爲元狩元年夏，所謂馬生余吾水中者是也。（漢書本紀。）馬生余吾水中，未聞武帝有何等敷張，此次渥洼水出馬，則武帝極重視，以爲太一所況，（見歌詩。）又以太始二年，詔更黃金爲麟趾，褭蹏以協瑞。（漢書本紀。）按所謂渥洼水出馬，據集解引李斐說，以爲暴利長所假飾，極近事理。馬故無從水出之理，不寤武帝竟爲所愚。論語陰嬉讖曰，「聖人爲政，澤出馬」。（文選東京賦注引。）按澤，水地。澤出馬，卽水出馬矣。此類神話甚多，隨巢子亦曰，「三苗大亂，天命殛之，夏后受之無方之（按，此句有脫誤。）澤出神馬，四方歸之」。（稽瑞頁五六引。）至於易乾鑿度所謂，「帝王始起，河洛龍馬皆察其首，蛇亦然」云云，（逸書考本頁四七。）此則向來所謂龍馬負河圖者也。武帝所信奉者，不知何一舊說。遁甲開山圖云，「隴西神馬山有淵池，龍馬所生」。（水經漾水注等引。）西方能出龍馬，此尤其重要暗示。武帝豈其惑於此耶？又暴利長不審何如人？神馬之託，度無非效法所謂余吾水出馬耳。若讖緯云云，想暴利長未必有此一副頭腦。

封禪書曰：

　　迎鼎至甘泉，從行，上薦之。至中山，曃嗢有黃雲蓋焉。有司皆曰，今鼎至

甘泉，光潤龍變，承休無疆。合茲中山，有黃白雲降蓋，若獸爲符。唯受命而帝者，心知其意而合德焉。鼎宜見於祖禰，藏於帝廷，以合明應。制曰，可。

據本書，此元鼎四年也。方士喜言黃雲，（或曰黃白雲，都無憑準。）黃氣。黃雲如上引。黃氣者，同年秋，公孫卿託寶鼎神筴，其冬十一月，武帝郊拜太一，公孫卿言，是夜有靈光，及晝，黃氣上屬天云云。（封禪書。）按黃雲，黃氣，本是一事。漢自文帝以後，有土德之說，（已見上。）故方士因之有黃雲氣之附會。讖緯書曰，「人君政治休明，賢良悉用，陰陽以和，風雨以時，則黃雲繽紛於列宿之周」。（占經雲氣犯列宿占引春秋元命苞。）又曰，「君政治則黃雲入南斗」。（同上引禮儀斗威。）又曰，「黃帝之將興，黃雲升於堂」。（藝文類聚天文部引春秋演孔圖。）蓋亦舊有此類說而方士本之爾。

封禪書曰：

齊人公孫卿曰，今年得寶鼎，其冬辛巳朔旦冬至，與黃帝時等。卿有札書曰，黃帝得寶鼎宛朐，問於鬼臾區，鬼臾區對曰，黃帝得寶鼎神策，是歲己酉朔旦冬至，得天之紀，終而復終。於是皇帝迎日推策，後率二十歲復朔旦冬至，凡二十推，三百八十年，黃帝僊登于天。卿因所忠欲奏之，所忠視其書不經，疑其妄。卿因嬖人奏之，上大說，乃召問卿，對曰，受此書申公。申公已死。上曰，申公何人也？卿曰，申公齊人，與安期生通，受黃帝言，無書，獨有此鼎書，曰，漢興，復當黃帝之時。曰，漢之聖者在高祖之孫，且曾孫也。寶鼎出而與神通封禪。封禪七十二王，唯黃帝得上太山封。申公曰，漢主亦當上封，上封則能僊登天矣。

此元封元年也。公孫卿書偽託。然武帝卒爲所動。同時司馬相如，兒寬亦盛言符應，宜封禪。漢書兒寬傳曰，「及議欲效古巡狩封禪之事，諸儒對者五十餘人，未能有所定。先是，司馬相如病死，有遺書頌功德，言符瑞足以封泰山。上奇其書，曰問寬，寬對曰，陛下躬發聖德，統揖群元，宗祀天地，薦禮百神，精神所鄉，徵兆必報，天地並應，符瑞昭明，其封泰山，禪梁父，昭姓考瑞，帝王之盛節也」。司馬相如封禪遺文曾載漢書本傳，「昆蟲闓懌，回首面內，然後囿騶虞之珍羣，微

麋鹿之怪獸，導一莖六穗于庖，犧雙觡共抵之獸，獲周餘放龜于岐，招翠黃乘龍于沼，鬼神接靈圉，賓于閒館，奇物譎詭，俶儻窮變」。此其頌漢瑞辭也。武帝封禪由惑於符應之說，比於始皇之所爲，尤明顯矣。武帝又爲祠竈之事，其用意與封禪相類。封禪書：

> （李）少君言上曰，祠竈則致物，致物則丹沙可化爲黃金，黃金成以爲飲食
> 器則益壽，益壽而海中蓬萊僊者乃可見，見之以封禪則不死，黃帝是也。於
> 是天子始親祠竈，遣方士入海求蓬萊安期生之屬，而事化丹沙諸藥齊爲黃金
> 矣。

此武帝初卽位時事也。按符應舊說有五色之丹，孝經援神契曰，「德至山陵則出黑丹」。宋均注，「丹應五典，備五色也」。（御覽藥部二引。）又有化黃金之說，（別詳讖緯溯原上。）此類皆方士遺文也。武帝此舉與始皇之封禪求仙藥事同，其說出於符應書，方士以此惑人也。（參考上始皇封禪條。）

漢書本紀曰：

> 元封二年六月，詔曰，甘泉宮內中產芝，九莖連葉。上帝博臨，不異下房，
> 賜朕弘休。

考禮樂志，武帝因此作歌詩曰，「齊房產草九莖連葉。宮童效異，披圖按諜」。按「披圖按諜」者，言此奇異瑞草有徵於圖書舊說也。此圖書蓋卽讖緯瑞圖之類矣。武帝世符應之說，自有其根據，此尤其明徵矣。（淮南覽冥篇言，女媧「援絕瑞，〔一作應〕席蘿圖」；注：「殊絕之瑞應，援而致之也。羅列圖籍，以爲席尊」。按女媧羅列圖籍，援致瑞應，此圖籍，亦卽瑞應圖。是雖彼時方士託說，然而亦可以令人想象爾時已有所謂瑞應圖籍矣。）

漢書本紀曰：

> 太始二年，詔曰，往者朕郊見上帝，西登隴首，獲白麟以饋宗廟，渥洼水出
> 天馬，泰山見黃金，宜改故名。今更黃金爲麟趾，裹蹄以協瑞焉。

按孝經援神契曰，「四夷賓服則金勝土」。（藝文類聚寶玉部引。）王德至則金出土爲應，故武帝詔以爲宜改黃金故名以「協瑞」也。然其說由鄒書湯得金瑞一事推闡而出，亦未可知。

由此論之，自始皇統一以後至於漢武之世，符應卽瑞應之說，信而有徵，姚氏

乃獨數宣帝，何耶？宣帝以後，姚氏不以爲疑，且其事易知，可以不論。

肆　王莽與符應說

由於秦以來符應之說入人之深，至西漢季年王莽執政，乃利用之，爲假設其事，以文飾奸言，篡竊天下。此符應歷史之變局也。王莽野心之起，當然尚有其他因素，如昭帝時，泰山萊蕪山有大石自立，又上林苑枯柳臥地復起，睦弘奏書以爲：

今大石自立，僵柳復起，此當有從匹夫爲天子者。漢宜誰差天下，求索賢人，禪以帝位，而退自封百里，如殷、周二王後，以承順天命。（漢書本傳。）

此讓賢之論也。宣帝時蓋寬饒，成帝時谷永等，均有類此之說。蓋氏之言曰：

韓氏易傳言，五帝官天下，三王家天下。家以傳子，官以傳賢，若四時之運，功成者去，不得其人則不居其位。（漢書本傳。）

又成帝永始二年，有黑龍見東萊，谷永以爲危亡之應，因成帝問，永對曰：

臣聞，王天下有國家者，患在上有危亡之事而危亡之言不得上聞。如使危亡之言輒上聞，則商，周不易姓而迭興，三正不變改而更用。漢家行夏正，夏正，色黑。黑龍，同姓之象也。未知同姓有見本朝無繼嗣之慶，多危殆之隙，欲爲擾亂，舉兵而起者邪？（漢書本傳。）

谷永此處，雖未明言漢宜禪讓天下，然其云此爲危亡之象，結果則與睦，蓋之說，歸於一致。王莽覬覦之念，蓋此類議論足以啓之而有餘矣。（睦等之說，本之五德終始與三統，說詳五德終始說下的政治和歷史第九章，又錢穆劉向歆父子年譜。）然使無向來符應之迷信，則莽雖有貪心，亦何從假手？故曰，直接助成莽之篡漢者，符應之說是也。

王莽所託符應，名曰符命，曾班行天下。漢書本傳曰：

始建國元年秋，遣五威將王奇等十二人班符命於天下，德祥五事，符命二十五，福應十二，凡四十二篇。

此云四十二篇，據楊雄劇秦美新則云四十八章，未審孰是？

莽符命之佚，在建武之初。（後漢書尹敏傳，帝……令校圖讖，使鋪去崔發所爲王莽著錄比次。）唯本傳中猶附見如干條，諸它篇之所敍述，亦錯落可考。今略取其事，以意爲

次，論著如下。

本傳曰：

（元始元年春正月）始風益州，令塞外蠻夷獻白雉。（通鑑孝平皇帝上作白雉一，黑雉二。）

按莽於哀帝建平二年爲避太后外家故，以新都侯就國，吏上書爲莽訟寃者以百數。元壽元年，徵還京師。歲餘，哀帝崩，太后拜莽爲大司馬，與議立嗣。風令外夷獻白雉，在平帝卽位不久之後。亦稱「越裳氏重譯獻白雉」，（引見後。）文飾之辭也。胡三省云，「越裳之地，不在益州塞外。莽自以輔幼主，欲以致遠人，功德比周公，惑衆，故爲此耳」。（通鑑孝平皇帝上注。）顧剛師云，尙書大傳及書序有周公居攝，嘉禾產生，及越裳重譯而獻白雉之說。莽欲比德於周公，故僞託其故事。（五德終始說下的政治和歷史第十三章。）是也。莽已「致」白雉之瑞，於是羣臣盛陳莽功德，同符周公，宜賜號安漢公，益戶，疇爵邑。莽猶故爲謙辭，然卒拜太傅，賜號安漢公。自是以後，休徵屢至，漢書地理志下曰：

平帝元始中，王莽輔政，欲燿威德，厚遺黃支王，令遣使獻生犀牛。

又孫寶傳曰：

越巂郡上黃龍游江中。

按以上二事，據通鑑孝平皇帝紀上，均在元始二年。越巂郡已上瑞，太師孔光，大司徒馬宮等於是咸稱莽功德比周公，宜告祠宗廟。寶曰，「今風雨未時，百姓不足，每有一事，羣臣同聲，得無非其美者」。時大臣皆失色。按王莽操持，盈廷憒憒，不欺不罔，獨有孫寶一人，故宜表而出之。

繼又有所謂風雨時，甘露降之等。莽本傳言莽奏書太后曰：

今幸賴陛下德澤，間者風雨時，甘露降，神芝生，蓂莢，朱草，嘉禾休徵，同時並至。

按此嘉禾與莽所謂「予前在大麓，始令天下公田，井口，時則有嘉禾之祥」者，（本傳。）是一事，以公田宅，元始二年秋事，知之。莽以嘉禾之異爲已功，故樂道之。云「幸賴」「陛下德澤」，非其本心也。甘露者，孫氏瑞應圖曰，「美露也。神靈之精，仁瑞之澤。其凝如脂，其甘如飴。一名膏露，一名天酒」。（御覽十二

—29—

引。）孝經援神契曰，「王者德至天則甘露降」。（稽瑞頁二十引。）芝草，論衡符驗篇曰，「仙者所食」。孝經援神契曰，「王者德至於草木則芝草生」。（御覽休徵部一等引。）蓂莢，孫氏瑞應圖曰，「葉圓而五色，一名歷莢，十五葉，日生一葉，從朔至望畢。十六日毀一葉，至晦而盡。月小則一葉卷而不落。聖明之瑞也。人君德合乾坤則生」。（御覽八七三引。又略見白虎通封禪篇。）又曰，「堯時夾階而生」。（大戴禮盛德篇注引孝經援神契。）一曰，「舜受命，蓂莢孳」。（文選王融曲水詩敘注引尚書帝命驗。）朱草，孫氏圖曰，「隨土而生，大如芭蕉，色若丹沙，銜耀入目。暮夜置之暗室，明察秋毫。王者德感幽明則朱草生。」（龍大淵古玉圖譜二十引。）此類並神話中事物，王莽乃以之欺人。帝命驗曰，舜受命則蓂莢孳生，莽自命舜後，其託此物，豈其有深意於此耶？

　　同時，莽又奏，令中國不得有二名。此因公羊春秋譏二名，（定六年。）故莽效之。本傳記其作偽曰：

　　　　莽念中國已平，唯四夷未有異，乃遣使者齎黃金，幣帛，重賂匈奴單于，使
　　　　上書言，聞中國譏二名，故名囊知牙斯，今更名知，慕從聖制。

以上並元始二年事也。

　　元始四年，加莽稱號曰宰衡，太后策曰：

　　　　至德要道，通於神明，天符仍臻，元氣大同，麟鳳龜龍衆祥之瑞七百有餘。
　　　　普天之下，唯公（莽）是賴。（本傳。）

莽文致太平之結果，使漢氏自昭、宣、元、成以來災異頻仍，羣情搖惑之局面，頓爾改觀。衆祥之瑞，至於七百有餘。宜乎吏民稱頌功德，元后亦以爲「普天之下唯公是賴」矣。

　　此一年中，莽之作偽，本傳亦記一事：

　　　　莽既致太平，北化匈奴，東致海外，南懷黃支，唯西方未有加，迺遣中郎將
　　　　平憲等多持金幣，誘塞外羌，使獻地，願內屬。憲等奏言，羌豪良願等種，
　　　　願爲內臣。問良願降意，對曰，太皇太后聖明，安漢公至仁，天下太平，五
　　　　穀成孰，或禾長丈餘，或一粟三米，或不種自生，或蠒不蠶自成，甘露從天
　　　　下，醴泉自地出，鳳皇來儀，神爵降集。從四歲以來，羌人無所疾苦，故思

樂內屬。

按「北化匈奴」，謂匈奴單于順制作，去二名。「南懷黃支」，謂黃支獻生犀。均已前見。惟「東致海外」，據莽此年奏云，「東夷王度大海奉國珍」。（本傳。）其事未詳。

元始五年，加莽九錫。此五年間之符應，除上述事物外，復有河圖，雒書。莽策曰：

> 太皇太后臨政，有龜龍麟鳳之應。五德嘉符，相因而備。河圖，雒書遠自昆
> 侖出於重野。古讖著言，肆今享實。此迺皇天上帝所以安我帝室，俾我成就
> 洪烈也。（漢書翟義傳。）

此諸符應者，莽皆以爲己功，故曰「俾我成就洪烈也」。

然所謂符應七百有餘者，其中如白雉，嘉禾，及外夷慕義之詫，出自王莽所授意，史有明文，毋論矣。班固敍傳曰：

> 平帝卽位，太后臨朝，莽秉政；方欲文致太平，使使者分行風俗，采頌聲，
> 而（班）穉無所上。（師古曰，不稱符瑞及歌頌。）琅邪太守公孫閎言災害於公府。
> 大司空甄豐遣屬馳至兩郡，諷吏民，（師古曰，遣言祥應而隱除災害。）而劾閎空
> 造不祥，稱絕嘉應，媢害聖政，皆不道。

按莽本傳，元始四年，遣陳崇等八人，分行天下，觀覽風俗。風俗使者八人還言，天下風俗齊同，詐爲郡國造歌謠，頌功德，凡三萬言，莽奏定著令，與敍傳可互證。遣使風吏民上嘉應，否卽「不道」。此七百有餘之符應來歷，亦不過如此。

莽雖以數年之間，由新都侯致位大司馬，稱安漢公，加宰衡，重以九錫。然而慾望猶未也。本傳曰：

> 元始五年，前煇光謝囂奏，武功長孟通浚井得白石，上圓下方，有丹書著
> 石，文曰，告安漢公莽爲皇帝。

按莽符命總說曰，「開王於武功」。又曰，「武功丹石，出於漢氏平帝末年，火德銷盡，土德當伐，皇天睠然，去漢與新，以丹石始命於皇帝，皇帝謙讓，以攝居之」，卽指此。石出於武功井中，有丹文，故曰「武功丹石」。謂其受命始兆於此，故曰「開王於武功」也。此「丹書」之詫，蓋摹倣讖緯之說。文王時，赤雀銜丹書

於周社，見於鄒衍書，（已引見上。）讖緯更詳之，易乾元序制記曰，「伐崇，作靈臺，受赤雀丹書，稱王制命，示王意」。（逸書考本頁一。）春秋元命包曰，「鳳皇銜丹書遊於文王之都，西伯旣得丹書，於是稱王，改正朔」。（詩文王序正義引。）是以丹書爲受命之符也。丹石之託，蓋在平帝崩後不久。平帝之崩，在元始五年十二月。子嬰嗣立，不過二歲。莽利其幼小，可以爲所欲爲，託以卜相最吉而迎立之。丹石已出，莽料度情勢，猶有未可，遂以稱攝居之。本傳記其始末曰：

> 符命之起，自此始。莽使羣公白太后，太后曰，此誣罔天下，不可施行。太保舜謂太后，事已如此，無可奈何。沮之，力不能止。又莽非敢有它，但欲稱攝，以重其權，填服天下耳。太后聽許，……詔……令安漢公居攝踐祚，如周公故事。

按莽之居攝，不過權時之計耳，故武功丹石之後，復有所謂鐵券，石龜之等十餘事，駢轇俱出，其勢逼人。本傳載莽符命總說曰：

> 皇天睠然，去漢與新，以丹石始命於皇帝。皇帝謙讓，以攝居之，未當天意，故其秋七月，天重以三能文馬。（注，服虔曰，三台星也。晉灼曰，許慎說文，馬縞身金精，周成王時，犬戎獻之。）皇帝復謙讓未卽位，故三以鐵契，四以石龜，五以虞符，六以文圭，七以玄印，八以茂陵石書，九以玄龍石，十以神井，十一以大神石，十二以銅符帛圖。申命之瑞，寖以顯著，至于十二，以昭告新皇帝。皇帝深惟上天之威，不可不畏，故去攝號，猶尙稱假，改元爲初始，欲以承塞天命，克厭上帝之心。然非皇天所以鄭重降符命之意，故是日天復決其以勉書。（孟康曰，哀章所作策書也。言數有瑞應，莽自謙居攝，天復決其疑，勸勉令爲眞也。）又侍郎王盱見人衣白布單衣，赤繡方領，冠小冠，立于王路殿前，謂盱曰，今日天同色，以天下人民屬皇帝。盱怪之。行十餘步，人忽不見。至丙寅暮，漢氏高廟有金匱圖策，「高帝承天命，以國傳新皇帝。」明旦，宗伯忠孝侯劉宏以聞，乃召公卿議，未決，而大神石人談曰，趣新皇帝之高廟受命，毋留。於是新皇帝立登車之漢氏高廟受命，受命之日，丁卯也。丁，火，漢氏之德也。卯，劉姓所以爲字也。明漢劉火德盡而傳於新室也。皇帝謙謙，旣備固讓，十二符應迫著，命不可辭。新室旣定，神祇懽喜，申以福

應，吉瑞累仍。詩曰，宜民宜人，受祿于天。保右命之，自天申之。此之謂
也。

據符命總說，武功丹石以後符命，除上述十餘事外，又有二事，其一：

成命於巴宕。（注，晉灼曰，巴郡宕渠縣也。）

其二：

（賦）鴻言扶風雍石。（以上均見本傳。）

按上述符命，其中「鐵券」，「石龜」，「文圭」，「茂陵石書」，「扶風雍石」
五事無可考。所謂「玄龍石文」者，本傳：

（始建國五年）是時，民聞莽欲都雒陽，不肯繕治室宅，或頗徹之。莽曰，玄
龍石文曰，定帝德，國雒陽。符命著明，敢不欽奉。

託於何年，未詳。

所謂「虞符」，蓋虞帝符之簡稱，本傳曰：

始建國元年，莽又曰，予前在攝時，建郊宮，定祧廟，立社稷。神祇報況，
或光自上復于下，流為烏。或黃氣熏烝，昭燿章明，以著黃虞之烈焉。自黃
帝至于濟南伯王，而祖世氏姓有五矣。（補注，周壽昌曰，莽自述為楚項所封濟北王田
安之後，安失國，齊人謂之王家，因以為氏。安孫遂字伯紀，處東平陵，實濟南之地。莽所謂濟南
伯王即此人。因其字伯紀，謂之伯王。郊祀志，合七十年而伯王出焉。史記注，伯王，指秦始皇。
伯，讀曰霸。莽信符命，借此伯王以為祥也。）

按，此云「神祇報況」，光「流為烏」者，今文尚書泰誓記武王伐紂時事云，太子
發升于舟，中流，白魚入于舟中，王跪取出，涘以燎。既渡，至于五日，有火自上
復于下，至于王屋，流為烏，其色赤，其聲魄。（參考尚書大傳，史記周本紀，詩思文疏等
引。）莽蓋仿此也。莽喜託古，此其一事也。王氏自謂得土德，曰「黃氣熏烝」「以
著黃虞之烈」者，意謂此為土德之瑞。由於西漢末五行相生之說，虞舜亦土德，今
莽自居舜後而有黃氣熏烝之應，故曰「以著黃虞之烈」也。所謂「虞符」，豈謂是
耶？然莽又常佩帶「虞帝匕首」。（本傳，地皇四年。）虞帝安得有匕首，殆莽偽託符
應中有此事物。所謂「虞符」，抑或指此，未可知也。

所謂「銅符帛書」者，託於居攝三年。本傳：

十一月甲子，莽上奏太后曰，宗室廣饒侯劉京上書言，七月中，齊郡臨淄縣昌興亭長辛當，一暮數夢，曰，吾天公使也，天公使我告亭長，曰，攝皇帝當爲眞，卽不信我，此亭中當有新井。亭長晨起視亭中，誠有新井，入地且百尺。十一月壬子，直建，冬至，巴郡石牛，戊午，雍石文皆到于未央宮之前殿，臣與太保安陽侯舜等視，天風起，塵冥。風止，得銅符帛圖於石前，文曰，天告帝符，獻者封侯。承天命，用神令。騎都尉崔發等眂說。

所謂「勉書」者，哀章所作金匱策書。本傳曰：

元始五年，潼人哀章，學問長安，素無行，見莽居攝，卽作銅匱爲兩檢，署其一曰，天帝行璽金匱圖。其一署曰，赤帝行璽某傳予黃帝金策書。某者，高皇帝名也。書言王莽爲眞天子，皇太后如天命。圖書皆書莽大臣八人。又取令名王興，王盛。章因自竄姓名，凡爲十一人，皆署官爵，爲輔佐。章聞齊井石牛事下，卽日昏時，衣黃衣，持匱至高廟，以付僕射。僕射以聞。戊辰，莽至高廟拜受金匱神嬗，御王冠，謁太后，還坐未央宮前殿，下書曰，予以不德，託于皇初祖考黃帝之後，皇始祖考虞帝之苗裔，而太皇太后之末屬，皇天上帝，隆顯大佑，成命統序，符契圖文，金匱策書，神明昭告，屬予以天下兆民，赤帝漢氏高皇帝之靈承天命傳國金策之書，予甚祗畏，敢不欽受。以戊辰直定，御王冠，卽眞天子位。

勉書出，莽遂據以卽眞矣。按此勉書，與讖緯所謂舜受命之符圖酷似，春秋運斗樞曰，「舜以太尉之號卽天子，東巡狩，中舟與三公諸侯臨觀河，黃龍五采負圖出置舜前，黃金爲匣，白玉檢，黃金繩，芝泥封兩端，章曰，天黃帝符璽」。（路史餘論七。稽瑞頁一引匣下有「如櫃」二字。）舜符圖以櫝盛，王莽之符命亦加之銅匱。舜符圖署曰「天黃帝符璽」，而莽符命則曰「天帝行璽」。其契合如此，此其所以爲紹「黃虞遙統」也歟？

所謂「成命於巴宕」者，本傳曰：

（扈）雲言巴郡石牛，……莽皆迎受。

蓋卽指此。其事未詳。

莽專漢期間之瑞異，上文已明其爲僞。其受命卽眞之符命，當然亦不能例外，

故本傳曰：

　　是時爭爲符命封侯，其不爲者相戲曰，獨無天帝除書乎？

隗囂檄告郡國亦曰：

　　故新都侯王莽，矯託天命，僞作符命，欺惑衆庶。（後漢書隗囂傳。）

並寫實，非寃之也。

　　莽故亦恐人非議其後，因爲比傅盡人皆知之漢氏舊事，曲爲解說。本傳載其符命有曰：

　　其德祥言，文、宣之世，黃龍見於成紀，新都。（補注，沈欽韓曰，文紀，當五年，黃龍見於成紀。宣紀黃龍元年不言龍見，師古引漢注云，此年二月，黃龍見廣漢郡。地理志，廣漢郡有新都縣，則莽所指新都矣。）

又符命總說曰：

　　帝王受命，必有德祥之符瑞，協成五命，申已福應，然後能立巍巍之功，傳于子孫，永享無窮之祚。故新室之興也，德祥發於漢三七，九世之後，纂命於新都。

又曰：

　　及前孝哀皇帝建平二年六月甲子，下詔書更爲太初元將元年。案其本事，甘忠可，夏賀良讖書臧蘭臺。臣莽以爲元將元年者，大將居攝改元之文也。於今信矣。

按漢初自以爲土德，故成紀，新都黃龍見，文、宣以爲瑞。今莽乃引以爲已有，可閔笑。所謂臧蘭臺讖書者，哀帝以建平二年，由於待詔夏賀良等言赤精子之讖，以爲漢家歷運中衰，當再受命，改元易號，於是以建平二年爲太初元年，事具哀本紀。哀帝改元，今莽亦引爲已讖。哀帝改元同時即號曰陳聖劉太平皇帝。注引如淳曰：

　　陳，舜後。王莽，陳之後。謬語，以明莽當篡立而不知。

由如淳說，似陳聖劉太平皇帝之號亦爲莽篡立之讖，則不知莽符命中果有此說耶，抑淳皮傅之言耶？

　　赤厄三七之說，莽亦屢屢言之。（居攝三年，又始建國元年本傳等。）漢書路溫舒傳

曰：

> 溫舒從祖父受厤數，天文，曰爲漢厄三七之間，　（注，張晏曰，三七，二百一十歲
> 也。自漢初至哀帝元年二百一年也，至平帝崩，二百十一年也。）上封事曰豫戒成帝，時谷
> 永亦言如此。（師古曰，永上書所謂遭三七之節絕者也。）　及王莽篡位，欲章代漢之
> 符，著其語焉。

蓋莽符命中有此一事，故班氏之辭云爾。

　　莽既已比傅漢舊事矣，又牽引春秋家說。本傳曰：

> 始建國元年，莽曰，自孔子作春秋，曰爲後王法，至於哀之十四而一代畢。
> 協之於今，亦哀之十四也。　（注，張晏曰，漢哀帝卽位六年，平帝五年，居攝三年，凡十
> 四年。）

按孔子作春秋，「應天作新王之事，時正黑統」。（春秋繁露三代改制質文篇。）董仲舒
之說如此。黑統謂漢。（詳五德終始說下的政治和歷史第六章。）於是孔子爲漢制法之說出。
郼惲曰，「漢歷久長，孔爲赤制」。（漢書本傳。按郼王莽同時人。）蓋經生無不共持此
說，讖緯家更不待言矣。莽以此說甚顯，故曲解之。然春秋經終於哀之十四年，
公、穀則然。左氏經比公、穀又多出二年。莽此處信今文，不信古文。劉歆「以符
命」爲莽「四輔」，（莽語，見本傳。）則不知其何說之辭？

　　推莽之用心，可謂無微弗至。莽符命中有德祥一類，大體是僞託其祖宗德澤，
明其受命之有自。按秦以來信奉鄒衍五德終始說，西漢中葉以後而三統說興。此二
說者，主張天下以賢德爲依歸，不謂子孫帝王萬世。昭、宣、元、成之際如眭弘，
谷永等，共持此說，深入人心。又莽之得篡漢，得助於此說者不少。（解已前見。）
莽已矯誣欺世，昌言「火德銷盡」，「天生德於予」矣，自不妨居之「無媿」，
何必更煞費苦心，附會門第？漢高祖亦起自匹夫而有天下，於王莽乎何嫌何疑？
「述祖德」雖亦人情之常，然誣罔故不如是之甚。意者漢堯後火德有傳國之運之種
種神化故事，（說詳第三章。）此時已由附會而凝固，同時見諸箸錄。王命論云：

> 帝王之祚，必有明聖顯懿之德，豐功厚利，積累之業，然後精誠通於神明，
> 流澤加於生民，故能爲鬼神所福饗，天下所歸往。未見運世無本，功德不紀
> 而得屈起在此位者也。

此一段，亦必是多數心理共通之點。已不同於突如其來，自我作古，故爾恃之有
故，言之成理。莽於班生爲父執行，時代不甚相遠。王命論雖作於莽滅亡之後，然
王命論已爲代表西京後期之士大夫公論，則王莽當時必已習聞焉，使其精神方面，
大受壓迫。於是符命中德祥之說出矣。本傳曰：

> 其德祥言，高祖考王伯墓門梓樹生枝葉之屬。（補注，王先謙曰，四十二篇書不傳，
> 唯五行志中載白說德祥事云，初元四年，莽生之歲也，當漢九世火德之厄而有此祥，與於高祖考
> 之門，門爲闓通。梓，猶子也，言王氏當有賢子期通祖統，起於柱石大臣之位，受命而王之箭
> 也。）

按王伯墓門梓柱生枝葉之怪說，亦見五行志中之下，云，「元帝初元四年，皇后曾
祖父濟南東平陵王伯墓門梓柱，卒（猝）生枝葉，上出屋」。劉向亦曾爲此上封事，
見本傳。梓柱，絕無生枝葉之理。易秘臨之觀曰，「長生無極，子孫千億。柏柱載
青，堅固不傾」。（青，一作梁。按首二句極億叶韻，後二句當傾叶韻。作梁，蓋譌。）按「載
青」，即再青。柏柱再生枝葉，故曰「柏柱載青」。豈王莽以前有此符應觀念，而
莽效之，僞託梓柱再生，從而爲之侈陳其事耶。

　　漢書孝元皇后傳，載莽自本記莽祖宗積累之仁傳世之運最詳，以性質求之，亦
「德祥」之類。文曰：

> 孝元皇后，王莽姑也。莽自謂黃帝之後，其自本曰，黃帝姓姚氏，八世生虞
> 舜。舜起嬀汭，以嬀爲姓。自周武王封舜後嬀滿於陳，是爲胡公。十三世生
> 完，完字敬仲，犇齊，齊桓公以爲卿，姓田氏。十一世田和有齊國，二世稱
> 王。至王建爲秦所滅。項羽起，封建孫安爲濟北王。至漢興，安失國，齊人
> 謂之王家，因以爲氏。文景間，安孫遂字伯紀，處東平陵，生賀，字翁孺，
> 爲武帝繡衣御史，逐捕魏郡群盜堅盧等黨與及吏畏懦逗留當坐者。翁孺皆縱
> 不誅。翁孺以奉使不稱免，嘆曰，吾聞活千人有封子孫，吾所活者萬餘人，
> 後世其興乎？翁孺既免，而與東平陵終氏爲怨，遂徙魏郡元城委粟里，爲三
> 老。魏郡人德之。元城建公曰，昔春秋沙麓崩，晉史卜之曰，陰爲陽雄，土
> 火相乘，故有沙麓崩，後六百四十五年宜有聖女興，其齊田乎？今王翁孺正
> 直其地，日月當之。元城郭東有五鹿之虛，即沙麓地也。後八十年，當有貴

　　女興天下云。

由莽此說，其世系蓋自黃帝，虞舜，陳胡滿，陳完，田和，直至王翁孺爲其祖父，生元后，卽其姑也。元后之生，協「聖女」之瑞，所謂春秋沙麓崩，陰爲陽雄，土火相乘者是也。莽之託此，其意在己而不在元后。土火相乘者，漢火，莽土，明爲莽自道，故翟方進附翟義傳，莽放大誥作策，曰，「太皇太后（卽元后。）肇有元城沙鹿之君，陰精女主聖明之祥」。又曰，「太皇太后臨政，有龜龍麟鳳之應，五德嘉符，相應而備。河圖，雒書，遠自昆侖，出於重堥。古讖著言，肆今享實。此乃皇天上帝所以安我帝室，俾我成就洪烈也」。盛飾太皇太后之瑞，而結果歸美到自己，故「土火相乘」云云，莽當自視爲其「德祥」，假爲元后設，實爲莽設也。

（莽說虛僞，顧剛師已辨之，見五德終始說下的政治和歷史第十六章。）

　　莽傅會元后，又有一事，符命總說曰：

　　帝王受命，必有德祥之符瑞，協成五命，（注，師古曰，五命，謂五行之次相承目受

　　命也。申，重也。）申吕福應。

此謂帝王受命，先有德祥，然後福應隨之也。莽之福應，據本傳所述，有「雌雞化爲雄之屬」。按漢書五行志中之上，宣帝黃龍元年，未央殿中雌雞爲雄。又元帝初元中，丞相府史家，雌雞伏子，漸化爲雄。莽以爲福應者，大抵二事均屬之。五行志之說，諸家不同。其關於元后者曰：

　　一曰，黃龍，初元雞變，迺國家之占，妃后象也。孝元王皇后呂甘露二年生

　　男，立爲太子妃，王禁女也。黃龍元年，宣帝崩，太子立，是爲元帝。王妃

　　將爲皇后，故是歲未央殿中雌雞爲雄，明其占在正宮也。至元帝初元元年三

　　月……丙午，立王婕妤爲皇后，明年正月，立皇后子爲太子，故應是丞相府

　　史家雌雞化爲雄。元帝崩，皇太子立，是爲成帝。尊皇后爲皇太后，吕弟鳳

　　爲大司馬，大將軍，領尙書事，上委政無所與。王氏之權，自鳳起。

此一虛構之故事，漢家以爲災禍，而王莽則以爲福應，意謂雌雞化雄，王氏亦將由「聖女興」以有天下也。

　　莽已代漢，其託言符命以位置元后者甚詭。后傳曰：

　　冠軍張永獻符命銅璧文言，太皇太后當爲新室文母太皇太后。莽迺下詔曰，

予視羣公，咸曰休哉。其文字非刻，非畫，厥性自然。予伏念皇天命予爲
子，更命太皇太后爲新室文母皇太后，協于新室，故交代之際，信于漢氏哀
帝之代，世傳行詔籌爲西王母共具之祥，（師古曰，共居用反。）當爲歷代爲母，
昭然著明。予祗畏天命，敢不欽承？

按莽本傳，此始建國元年正月事也。「新室文母」一辭，甚怪。周頌雝，「亦右文
母」。文母，文王之后，武王之母，故曰「文母」。太皇太后，漢元后也，云何
「新室文母」，蓋莽以元后爲「聖女」爲偶像，運世有本，功德可紀，然而「協于
新室」，故曰「新室文母」也。所謂傳行西王母籌者，此事正式見於哀帝本紀，而
五行志下之上紀之特詳，曰：

> 哀帝建平四年正月，民驚走，持槁或板一枚，傳相付與，曰行詔籌，道中相
> 過逢，多至千數，或被髮徒踐，或夜折關，或踰牆入，或乘車騎奔馳，以置
> 驛傳行，經歷郡國二十六至京師。其夏，京師郡國民聚會里巷仟伯（陌）設
> 祭，張博具，歌舞祠西王母。又傳書曰，母告百姓，佩此書者不死；不信我
> 言，視門樞下當有白髮。至秋止。

此眞妖言惑衆，莽欲比傅張永太皇太后當爲新室文母之符命，故援引此事以證實
之，無賴已甚。

綜王莽符應之託，與前世大不相同。莽以前符應，大都由方士造作，世主特爲
其所愚。（詳第三章。）而王莽之符應，則皆出於莽之指意，因而出之。其特點在
此，其足開歷史惡例，流後來無窮之毒者亦在此，此吾人首當注意之一事也。下章
詳之。

王莽符應之出於方士者，以今所考，不過數事，例如：

> 地皇元年，莽下書曰，昔符命文立安爲新遷王，（注，服虔曰，安，莽第三子也。
> 遷音仙。莽改汝南新蔡曰新遷。師古曰，遷猶僊耳，不勞假借音。——補注，錢大昕曰，莽稱紫
> 閣圖文，太一，黃帝皆得瑞以遷。〔元注，今本或作僊。〕所謂新遷者，乃太一新遷之後也。）
> 臨國雒陽爲統義陽王。（榮按，臨，安弟也。）是時子在攝假，謙不敢當，而以
> 爲公。其後金匱文至，議者皆曰，臨國雒陽爲統，謂據中土爲新室統也，宜
> 爲皇太子。（本傳。）

此事出見於莽擬假詩，其在何年，不能確定。「新遷」者，錢氏說是。莽自以爲黃帝黃裔。黃帝僊登，舊有此說。方士媚莽，故擬之爲新僊也。莽故嘗欲效法黃帝登僊，說見後。

方士之另一造說，本傳曰：

地皇二年，郎陽成脩獻符命言，繼立民母。又曰，黃帝以百二十女致神僊，莽於是遣中散大夫，謁者各四十五人，分行天下，博采鄉里所高有淑女者上名。

按，莽以土德自居，以黃帝爲「皇初祖考」，舜爲「皇始祖考」，（本傳始建國元年莽曰。）故此處兩引黃帝符命，意謂當上繼黃帝也。

天鳳六年春則有所謂紫閣圖者，本傳：

（莽）下書曰，紫閣圖曰，太一，黃帝皆僊上天，張樂崑崙虔丘之上。後世聖主得瑞者，當張樂秦終南山之上。（注，服虔曰，長安南山，詩所謂終南，故秦地，故言秦也。——樂按，地皇元年莽下書，曰，「伏念紫閣圖文，太一，黃帝皆得瑞以僊，後世褒主，當登終南」，可以與上說參互讀之。）予之不敏，奉行未明，乃今諭矣。復以寧始將軍爲更始將軍，以順符命。

按武帝時方士公孫卿說武帝云，「寶鼎出而與神通封禪，封禪七十二王，唯黃帝得上太山封。申公曰，漢主亦當上封，上封則能僊登天矣」。又曰，「古者，祠天地皆有樂，而神祇可得而禮。或曰，太帝使素女鼓五十弦瑟，悲，帝禁不止，故破其瑟爲二十五弦。於是賽南越，禱祠太一，后土，始用樂舞」。（以上並見封禪書。）今紫閣圖言符瑞，張樂，求仙，及其託始太一，均與武帝世方士說同，然則紫閣圖，方士所託符讖也。

王莽假符應盜國，余粗識其本事如上。篡竊以後符應，亦有數事；然大都依前作法，牽強曲說，上下互欺，誕謾阿諛，直同兒戲，蓋無足記者。其中唯有一事，頗亦影響後世，本傳曰：

地皇四年，命明學男張邯稱說其德及符命事，因曰，易言「伏戎于莽，升其高陵，三歲不興。」「莽」，皇帝之名。「升」，謂劉伯升。「高陵」，謂高陵侯子翟義也。言劉升，翟義爲伏戎之兵於新皇帝世，猶殄滅不興也。墓

臣皆稱萬歲。

章炳麟曰：

> 易言「伏戎于莽，升其高陵」，故非謂王莽，翟義，鑪伯升也。然傅會之，
> 足以效。春秋傳稱「天未絕晉，必將有主。主晉祀者，非君而誰」。此自廥
> 唐叔子孫，乃鑪琨則舉以爲司馬氏。世家言程嬰存趙氏之孤，此自廥成季宣
> 孟後也，及秦檜則舉以爲宋。苟取名號相似，以爲後效，故書雅記下及小說
> 詩頌之流，其言亦或以時應事，何必讖記譎怪之文邪？何者？州國名氏之
> 號，不能離文字。文字恆用，不過五六千，而經典舊史具有之，其文字足以
> 樊籠衆名，讖者又分析其文，比其事類，（自注，分析其文者，如卯金刀爲劉也。比
> 其事類者，如趙爲秦，當塗高爲魏也。）尙安得無妄中？令誠有前識者，讖書亦衆
> 矣，是何效者之少，不效者之多也？故莊子曰，射者非前期而中之，天下皆
> 羿也，可乎？（檢論卷六。）

章氏之辨，備見本末，因錄焉。

> 莽自始建國至於敗亡，中間不過十五年。其亡也，本傳記：
> 地皇四年七月，莽自知敗，迺率羣臣至南郊，陳其符命本末，仰天曰，皇天
> 旣命授臣莽，何不殄滅衆賊？卽令臣莽非是，願下雷霆誅臣莽。因搏心大
> 哭。
> 十月戊申朔，兵從宣平城門入。三日庚戌晨旦明，莽就車之漸臺，欲阻池
> 水，猶抱持符命，威斗。商人杜吳殺莽。

符命之效，如此而已矣。臨命猶抱持之云，蓋醜辭爾。

伍　王莽作風之影響（上）

王莽僞爲符命，簒賊漢統，此其作風，影響匪淺。漢興至是，二百十有餘載
矣，其間雖有如新垣平，李少翁，公孫卿之徒之欺世妄主，（詳第三章。）然此等方
士作僞之目的，冀得美姬，厚利，佩大官印已矣，與莽之覬覦大位者，故自不同。
果也，曾援席之未皇，而奸臣非望之事，前出而後繼。莽本傳：

> （始建國元年十二月。）（李）豐託符命文爲更始將軍，與賣餅兒王盛同列。豐

父子默默　，時子尋爲侍中　，京兆大尹，茂德侯，卽作符命，新室當分陝立
二伯，以豐爲右伯，太傅平晏爲左伯，如周召故事。莽卽從之　，拜豐爲右
相。當述職西出，未行，尋復作符命，言故漢氏平帝后黃皇室主爲尋之妻。
莽以詐立，心疑大臣怨謗，欲震威以懼下，因是發怒曰，黃皇室主天下母，
此何謂也？收捕尋，尋亡，豐自殺。尋隨方士入華山，歲餘捕得，牽引公卿
黨親列侯以下，死者數百人。尋手理有「天子」字，莽解其臂入視之，曰，
此「一大子」也。或曰，「一六子也」，六者戮也，明尋父子當戮死也。

此尋蓋以手理有天子字，輒效莽故智，造作符命，其志殆不在小，故牽涉重要人物
亦如此之衆。莽雖「欲震威以懼下」，然其勢不可以已，故地皇二年又有王況之讖。
莽本傳：

> 魏成大尹李焉與王況謀，況謂焉曰，漢家當復興，君姓李　，李者徵，徵火
> 也，當爲漢輔。因爲焉作讖書，言文帝發忿居地下，趣軍北告匈奴，南告越
> 人，江中劉信，執敵報怨，復續古先，會合十餘萬言。焉令吏寫其書，吏亡
> 告之，莽遣使者卽捕焉，獄治，皆死。

況雖未嘗自謀爲天子，然其託爲符讖，圖翼大事，是不可謂非效莽之故智也。

越二載　，莽遂敗亡。天下靡沸，羣雄競逐，於是則有王昌、張豐、張滿、劉
德、公孫述之徒，竊號自娛。迹其原委，皆符應卽莽所謂符命之說有以啓之。

王昌者，一名郎。素爲卜相，長於星歷。其所業如此，其狡謀亦卽緣此而生。
後漢書本傳記其動機，曰：

> （郎）常以爲河北有天子氣。時趙繆王子林好奇數，（注，術數。）任俠於趙、
> 魏間，而郎與之親善。……展轉中山，來往燕、趙，且須天時。

又詳其起事之狀，曰：

> 林等……乃與趙國大豪李育，張參等通謀　，規共王郎。會人間傳赤眉將度
> 河，林等因此宣言，赤眉當立劉子輿，以觀衆心。百姓多信之。更始元年十
> 二月，林等遂率車騎數百，晨入邯鄲城　，立郎爲天子。分遣將帥徇下幽、
> 冀，移檄州郡，曰，制詔部刺史，郡太守，曰，朕孝成皇帝子子輿者也。昔
> 遭趙氏之禍，因曰王莽篡殺，賴知命者將護朕躬。普天率土，知朕隱在人

間。朕仰觀天文，乃興於斯，曰今月壬辰，即位趙宮。休氣薰蒸，應時獲

雨。……於是趙國曰北，遼東曰西，皆從風而靡。

按王莽世，長安中，或自稱成帝子子輿者，已爲莽所殺。（漢書莽傳。）王郎緣是冒

爲眞子輿，其實詐也。所謂「休氣薰蒸」，無中生有。以此推之，則所謂「天子

氣」，亦惑人之說也。曾不幾時，遂爲光武所破滅。

　張滿者，河南郡新城蠻中山賊。建武初，屯結險隘，爲百姓害。祭祀天地，自

云當王。建武三年，爲祭遵所執，斬之。由於遵傳，則滿亦爲符讖所惑。被執時尚

嘆曰，「讖文誤我」云。（華陽國志公孫述志作「爲天文所誤也。」）

　於時復有涿郡太守張豐，執光武使者，舉兵反，自稱無上大將軍，與彭寵連兵

者四年，終爲祭遵，朱祐等所擊殺。豐爲道士所誤，遵傳詳之，曰：

　　初豐好方術，有道士言，豐當爲天子。曰五采囊裹石繫豐肘，云石中有玉

　　璽。遂爲椎破之，豐乃知被詐，仰天歎曰，當死，無所恨。

此其愚可閔。

　劉揚，名揚，本眞定王。以其病瘦，故稱劉瘦。嘗造作讖記，曰：

　　赤九之後，瘦揚爲主。

按赤九，謂光武。解見後章。瘦欲奪光武之統，故其讖云然。瘦更交通綿曼賊。弟

林邑侯讓（林，一作臨。）及從兄細，（一作紺。）各擁兵萬餘。耿純誘納，悉誅之。此光

武即位不久之後也。具詳後漢書耿純傳。

　若張滿、張豐、劉瘦，尤其小焉者也。至於公孫述，據有蜀、漢，地廣人衆，

殆幾幾乎與光武抗衡均勢。光武終於勝之，亦幸矣。

　按後漢書述本傳，述之建元稱號，在建武元年四月。時有龍出府殿中，夜有光

耀，述以爲符應，因鐫其掌，文曰，「公孫帝」，乃自立。述故好爲符命鬼神瑞應

之事，傳稱：

　　妄引讖記，曰爲孔子作春秋爲赤制，而斷十二公，明漢至平帝十二代歷數盡

　　也。一姓不得再受命。又引籙運法曰，「廢昌帝，立公孫」；括地象曰，

　　「帝軒受命，公孫氏握」；援神契曰，「西太守，乙卯金」，謂西方太守而

　　乙絕卯金也。五德之運，黃承赤而白繼黃。金據西方爲白德而代王氏，得其

正序。又自言手文有奇及得龍興之瑞。數移書中國，冀吾感動衆心。

按，述之傅會詐僞，與王莽之作法如出一轍。考籙運法言「廢昌帝立公孫」，明指廢昌邑王立戾太子之孫卽宣帝。（詳漢書宣帝紀又霍光等傳。）宣帝未立時稱「公孫病巳」，見漢書五行志中之下。括地象言「帝軒受命公孫氏握」者，舊說黃帝姓公孫，名軒轅。（見史記五帝本紀。）讖文上曰「帝軒」，下曰「公孫」，互文也。此自指黃帝。「西太守乙卯金」，華陽國志公孫述志引作西狩獲麟讖，文曰，「乙子卯金」。志又引光武報書曰，乙子卯金，「卽以未歲授劉氏，非西方之守也」。按報書之意，謂此乃指高祖以乙未歲有天下也。公孫述之斷章附會如此。光武貼書又曰：

> 乃復以掌文爲瑞，王莽何足效乎。（述傳。）

王莽是效，述之病，正坐此。

東京自靈帝以後，王綱解紐，四方諸侯，各自爲政，與王莽季末正復相同。其間公孫度據遼東，伐高句驪，擊烏丸，越海收東萊諸縣置營州，蓋亦一方之雄；而袁紹，袁術兄弟則或鷹揚河朔，或跨帶江淮，其勢足以傾中國。顧皆惑於符應無根之說，卒取覆亡。按三國魏志公孫度傳，初平元年，度知中國擾亂，漢祚將絕，密與所親吏圖爲王，裴注引魏書記其事云：

> 度語（柳）毅（陽）儀，讖書云，孫登當爲天子。太守姓公孫，字升濟，升卽登也。

按後漢書光武紀，建武三年，銅馬，青犢，尤來餘賊共立孫登爲天子於上郡，登將樂玄殺登以降，則孫登赤眉賊，且已死之久矣。春秋保乾圖云，「漢賊臣名孫登，大形，小口，長七尺九寸。巧用法，多技方，詩書不用，賢人杜口」。（後漢書翟酺傳注引。）此讖蓋頗早，安帝時翟酺謂故太史令孫懿曰，「圖書有漢賊孫登，將以才智爲中官所害，觀君表相，似當應之」，（後漢書翟酺傳。）蓋卽指此類讖也。巧法多技，詩書賢人不用，是賊本性，孫登如此，何足尙之有？度豈未見此耶。愚昧可笑。度已有此意，於是附會之事出焉，本傳：

> 時襄平延里社生大石，長丈餘，下有三小石爲之足。或謂度曰，此漢宣帝冠
> 石之祥，而里名與先君同。社主土地，明當有土地而三公爲輔也。度益喜，

自立爲遼東侯，平州牧，追封父延爲建義侯，立漢二祖廟，承制設壇墠於襄平城南，郊祀天地，籍田治兵，乘鸞路九旒，旄頭羽騎。太祖（曹操）表度爲武威將軍，封永寧鄉侯。度曰，我王遼東，何永寧也？

按，冠石事見於前漢昭帝世。前漢書五行志中之上曰，「孝昭元鳳三年正月，泰山萊蕪山南匈匈有數千人聲，民視之，有大石自立，高丈五尺，大四十八圍，入地深八尺，三石爲足。石立處有白烏數千集其旁。眭孟曰爲石陰類，下民象。泰山，岱宗之嶽，王者易姓告代之處。當有庶人爲天子者。孟坐伏誅」。（亦見眭弘傳。）按此事地點在於泰山，以泰山爲王者易姓告代之處，故眭孟云爾。今石出於襄平，復何所取義乎？

公孫度猶不過僭擬王侯，而紹，術兄弟則直欲代漢矣。按紹素驕貴，有大志，魏志本傳注引英雄記曰：

是時年號初平，紹字本初，自以爲年與字合，必能克平禍亂。

紹之野心，蓋始基於此。武帝紀：

紹又嘗得一玉印，（後漢書徐璆傳注作袁術，誤，沈欽韓疏證已辨之。）於太祖坐中舉向其肘，太祖由是笑而惡焉。

按，言符應者以玉印，玉璽之類爲瑞物，讖緯書諸言帝王受命者具有璽章，例引見第四章。袁術亦嘗奪孫堅所得玉璽。（詳後。）張魯據巴漢，民有得地中玉印者，羣下卽欲尊魯爲漢寧王。（魏志張魯傳。後漢書本傳同。）時人對於玉璽玉印之觀念，如此。今紹獲得玉印，蓋有自矜之意，故舉以向曹矣。此事武帝紀次於議立劉虞之後，蓋紹等初欲立虞，爲虞所拒，（說見後。）及得玉印，遂爾有自謀之心矣。魏志公孫瓚傳注引典略載瓚表紹罪狀曰：

紹令崔巨業候視星日，（後漢書瓚傳作，紹令星工，伺望妖祥。）財貨略遺，與共飲食。

按，星官占候之術爲符應說來源之一，（說見第一章）紹之爲此，故自有深意。後漢書本傳曰：

紹旣幷四州之地，衆數十萬，而驕心轉盛，貢御希簡。主簿耿包密白紹，曰，（按三國志紹傳注引典略作私使主簿耿包密白。）赤德衰盡，袁爲黃胤，宜順天

意，吕從民心。紹吕包白事示軍府僚屬，議者以包妖妄，宜誅。紹知衆情未同，不得已乃殺包，以彌其迹。

此初平四年事也。厥後袁術於建安四年爲曹操所敗，乃歸帝號於紹，曰：

漢之失天下久矣，天子提挈，政在家門，豪雄角逐，分裂疆宇，此與周之末年七國分勢無異，卒彊者兼之耳。加袁氏受命當王，符瑞炳然。今君擁有四州，民戶百萬，以彊則無與比大，論德則無與比高，曹氏欲扶衰拯弱，安能續絕命，救已滅乎。紹陰然之。（魏志袁術傳注引魏書。）

同時紹從弟濟陰太守敍與紹書，内容略同。（見武帝紀注引獻帝起居注。）書中所謂「袁氏受命當王符瑞炳然」者，按後漢書術傳，術少見讖書言「代漢者當塗高」，自云名字應之。術字公路，以爲術，路皆與塗義合，故云「應之」也。又嘗以袁氏出於陳爲舜後，以黃代赤，得德運之序。既而聞孫堅得傳國璽，（亦見吳志孫堅本傳注。）輒拘堅妻，奪之。建安二年，因河内張烱符命，乃實行僭號，稱仲家。（魏志術傳作仲氏。）越二年卽建安四年，爲曹所敗，自知不免，故歸號於紹。據此，所謂「符瑞」者，傳國璽及當塗高之讖乃術視爲已之符瑞，無與於紹，豈袁出陳爲舜後，以黃代赤之序，可以與紹共之，所謂「符瑞炳然」，卽此之謂耶？抑玉印，年號，（說均見上。）亦其類耶？將耿包所稱說者，別有其事物耶？未之詳也。

紹又嘗謀立劉虞，後漢書劉虞傳云，獻帝初平二年，紹與冀州刺史韓馥及山東諸將議立虞爲主，而語焉不詳，據魏志武帝紀注引獻帝起居注云：

（曹）公上言，大將軍鄴侯袁紹前與冀州牧韓馥立故大司馬劉虞，刻作金璽，遣故任長畢瑜詣虞，爲說命錄之數。

按，紹，馥等爲虞說命錄之數，卽符應之類。魏志公孫瓚傳注引吳書曰：

馥以書與袁術云，（少）帝非孝靈子，欲依絳灌誅少主迎立代王故事。稱虞功德治行，華夏少二。當今公室枝屬，皆莫能及。又云，昔光武去定王五世，以大司馬領河北，耿弇，馮異勸卽尊號，卒代更始。今劉公（虞）自恭王枝別，其數亦五，以大司馬領幽州牧，此其與光武同。是時有四星會于箕尾，馥稱讖云，神人將在燕分。又言，濟陰男子王定得玉印，文曰，虞爲天子。又見兩日出於代郡，謂虞當代立。

符應之內容，大抵如此。唯此事劉虞本傳作獻帝初平二年，此作少帝時。以韓馥與術書證之，蓋後說爲允。以其與袁紹迷信行事有關，聊復論焉。

阻兵怙亂，爲符應之說所誤，東京晚年如公孫，二袁，其著明者也。

此等處，曹操似勝一籌。史書所記，曹氏亦有其符應，武帝紀，建安元年注引張璠漢紀，漢侍中太史令王立謂宗正劉艾曰：

> 前太白守天關與熒惑會，金火交會，革命之象也。漢祚終矣，晉魏必有興者。立後數言於帝曰，天命有去就，五行不常盛，代火者土也，承漢者魏也，能安天下者曹姓也，唯委任曹氏而已。公聞之，使人語立曰，知公忠於朝廷，然天道深遠，幸勿多言。

又二十四年注引魏略曰：

> 孫權上書稱臣，稱說天命，王以權書示外曰，是兒欲踞吾著爐火上邪？侍中陳羣，尙書桓階奏曰，漢自安帝已來，國統數絕，至於今者，期運久已盡，歷數久已終，非適今日也；是以桓靈之間，諸明圖緯者皆言，漢行氣盡，黃家當興。王曰，施於有政，是亦爲政。若天命在吾，吾其爲周文王矣。

阿諛之說，隨地有之，時勢則然。曹蓋亦未嘗不心許此矣，然但欲居其實，不擬竊其名，故曰「吾其爲周文王矣」。

魏文符應，尤繁富。以已代漢，當入三國範圍，今略。

陸 王莽作風之影響(下)

王莽作風之另一影響爲刺激東京符應之產生。王莽造作符命，宣傳赤數已盡，黃運當興。莽敗後，公孫述又繼之，幾幾乎三分天下有其一矣。從另一方面言之，光武初臣更始，中更嫌隙，使光武不能自安。更始故庸闇，無以收拾人心；坐是隗囂，劉盆子，王昌等或竊擁名號，或割據是雄。衆庶皇皇，無所歸命。以時人皆迷信符應，光武之符應遂不能不出矣。由此一點言之，似爲摹仿王莽之故技，但從光武之歷史地位言之，則爲轉移視聽，俾成就其漢氏中興之統。故以其謂爲效法王莽，毋寧謂其適應時勢，若曰，王莽乃至公孫述之徒皆僞也，漢家歷數在吾躬也。以歷史地位言，雖不可謂之效法王莽，然儻非王莽之徒之影響，則中興符應之說，

必不如是之紛綸焜耀，此則可斷言者也。

中興符應，以今所知，猶得二十餘事。後漢書本紀曰：

每郡國上瑞，帝輒謙損，祕而不宣，故史官罕得而紀云。

然則光武符應，故不止此數，但當時史官已莫能知其詳矣。

以下徵舉，略以時間先後為序。間下己意，不知蓋闕。

後漢書本紀論曰：

皇考南頓君初為濟陽令，自建平元年十二月甲子夜，生光武於縣舍，有赤光
照室中。

又曰：

欽異焉，使卜者王長占之。長辟左右，曰，此兆吉不可言。

又曰：

是歲，縣界有嘉禾生，一莖九穗，因名光武曰秀。

按論衡吉驗篇作「是歲有禾生景天備火中（按，句有奪誤。）三本一莖，九穗，長于禾
一二尺，蓋嘉禾也」。東觀記本紀作「是歲有禾生，一莖九穗，長大于凡禾，縣界
大豐熟」。宋書符瑞志上作「有嘉禾生產屋景天中，一莖九穗」。此類無非緣飾嘉
禾。「三本一莖九穗」，抑或「一莖九穗」，均近誣。和帝元年，濟陰城陽：及順
桓間宕渠所產嘉禾，亦並云一莖九穗。（前說見藝文類聚八五等引伏侯古今注，後說見華陽國志
巴志。）一莖九穗，幾成習語矣。至於光武之命名，與夫劉歆之所以中間更名，舊史
及注家一致以為，光武名秀，由於嘉禾。隨後而有所謂赤伏符者出，云劉秀當為
天子。劉歆因此改名秀，冀以應之。而章炳麟則曰，「夫假設事形而後卒有應者。
（元注，如王莽時，道士西門君惠言，讖秀當為天子，非定知為劉秀也。而光武因讖命名則應之，劉歆因讖
更名則不應，良由讖記既布，人所指目，故易以集事。然必非君惠所實知也。）今妄令取木札，署明
日當有某某至，亦會逢其驗也」。（檢論卷六。）如章說則以光武崩年六十三歲，
（據章懷注。）上推至哀帝建平元年即光武生之歲。劉歆改名秀字穎叔，亦在是年。
（本傳。）此時已有赤伏符，故光武以之命名，而劉歆亦以是改名。果爾則光武成
功，雖云適會，何其巧也？亦何惑乎後世以為「王者受命信有符」耶？以余考之，
章說與舊說並有其未可通者。王莽拔出同列，繼其四父以大司馬輔政，早在成帝

綏和元年。哀帝卽位，莽以帝外家故，避就第。未幾復起。於時有董宏者上書議尊哀帝祖母定陶傅太后，母丁姬，莽輒與師丹共劾宏誤朝不道。後日未央宮置酒，莽復折辱定陶太后，謂藩妾不得與太皇太后卽元后並。傅太后重怨恚莽。計哀帝卽位四年之間，莽兩罷就第；一益封，位特進，給事中朝，朔望見禮如三公；一遣就國。元壽元年重徵莽，自是莽遂大權獨攬。（以上詳莽本傳。）此一段史事說明：莽雖屢進屢退，當其進時則把握朝政，雖以哀帝至親，欲上一尊號，猶肆其抗言，至於凌侮。其退也，爲丞相朱博所劾，以爲「不廣尊尊之義，抑貶尊號，虧損孝道」。可見莽雖跋扈，朝綱尚存。哀帝建平二年又發生夏賀良等言赤精子之讖，漢家歷運中衰當再受命一事。哀帝初信此說，以其年改爲太初元年。同年八月，詔以賀等建言無驗，反道惑衆，下有司，皆伏辜。（以上亞詳哀紀。）夫夏賀良等建言，本欲効忠漢室，其愚可原，然猶以無驗見罪。今赤伏符乃曰四夷雲擾，劉秀當爲天子，此何說耶？以朝政言，以時勢言，均不容有此符之產生，此其一。退一萬步，卽有此符矣，劉歆何人，乃敢冒大不韙，公然改名，冀以當之？此其二。卽改名矣，在彼時視此，其爲悖逆，寧能少於王莽之所謂「誤朝不道」，朱博之所謂「虧損孝道」，與夫賀良輩之「反道惑衆」耶？何以朝廷上下竟充耳不聞也？此其三。歆已改名應符，是有自爲之心矣，何以又「以符命」爲莽「四輔」？（見莽傳）此其四。卽此四端。可以決赤伏符必不能於哀帝建平元年出見。歆之取名，絕不由符，卽光武亦另有所本。此不妨以常情度之，劉備幼年戲語，將乘羽葆車蓋，季父誡之，以爲此滅門之禍，（見蜀志本傳。）其事雖可能亦出傅會，然而未嘗不在吾人情理之中。光武生時，世運雖陵遲，猶未墜於地，何渠南頓君遂欲令孺子作天子耶？獨不忌滅門之禍耶？此人情有必不然者。以此論之，光武名秀，固由於其生時濟陽縣界之「大豐熟」，不基於赤伏符。劉歆之改名亦爾；同時歆又有一必須改名之理由，錢穆以爲，「哀帝名欣，諱曰喜。劉歆之改名，殆以諱嫌名耳。宣帝名詢，兼避洵，荀，改荀子曰孫子」。（劉向歆父子年譜。）此論於義理爲近，蓋是也。史書錯綜，都無倫次，如後漢書竇融傳曰，建武四年，「融等詔豪傑及諸太守計議，其中智者皆曰，今皇帝姓號見于圖書，自前世博物造術之士谷子雲，夏賀良等建明漢有再受命之符，言之久矣；故劉子駿改易名字，冀應其占。及莽末，道士西門君惠言劉秀當

爲天子，遂謀立子駿，事覺被殺。皆近事暴著，智者所共見也」。按此一段議論，唯「莽末道士西門君惠言劉秀當爲天子」句與漢書合，（詳下。）餘皆失之。谷子雲言成帝「涉三七之節紀，直百六之災阨」。（漢書谷永傳。）哀帝時夏賀良言，「漢家歷運中衰，當再受命」。（已見前。）未有言劉秀當爲天子者。今云劉歆改名，冀應谷，夏之占，斯謂無的放矢。至云劉秀爲天子之符出於西門君惠，此事詳見王莽傳，但亦經史家渲染，考地皇四年莽傳，「先是衛將軍王涉素養道士西門君惠，君惠好天文，讖記，爲涉言，星孛掃宮室，劉氏當復興，國師公姓名是也。涉信其言，以語大司馬董忠，數俱至國師殿中廬，道語星宿。國師不應。後涉特往對歆涕泣言，誠欲與公共安宗室，柰何不信涉也？歆因爲言，天文人事，東方必成。涉曰，董公主中軍精兵，涉領宮衛，伊休侯主殿中，如同心合謀，共刦持帝，東降南陽天子，可以全宗族。不者，俱夷滅矣。伊休侯者，歆長子也，爲侍中，五官中郎將，莽素愛之。歆怨莽殺其三子，又畏大禍至，遂與涉、忠謀欲發。歆曰，當待太白星出，迺可」。東觀記光武紀曰，「初王莽時，帝與伯叔及姊壻鄧晨，穰人蔡少公燕語，少公道讖言劉秀當爲天子，或曰是國師劉子駿也。帝戲言曰，何知非僕耶？坐者皆大笑」。按上引莽傳敍述君惠與劉歆對答之辭，殊合混。曰「劉氏當復興，國師公姓名是也」二句，以蔡少公與光武等戲言之文例證之，是君惠明明以劉歆當讖（即赤伏符）中之劉秀矣。卽歆云「天文人事東方必成」，亦是不敢自居之意。但何以君惠亦遂改口欲「東降南陽天子」？南陽天子卽光武矣。豈君惠初本屬意劉歆，因歆言「東方必成」，遂易其夙心，以光武爲符讖中人物耶？果爾，則君惠故非前知者也。已不能前知矣，此時之光武，不過更始軍中一太常偏將軍耳，何以遽稱之爲「南陽天子」？可疑也。余以爲此事出見於地皇四年卽更始元年光武大捷昆陽之後，殊堪玩索，可能光武於舉事之後，由其本人抑或臣屬故造此符，隨而流傳長安，君惠微有所聞，而以歆處國師之尊，素懷怨望，同時侍衛莽者又爲詢謀僉同之人，益以姓名切合，假以符說，可號召成事，故寄其希望於歆之身。因歆言，始轉擬「刦帝東降」。厥後光武史臣復故設此筆，增潤其辭，以神符讖，而不知其不能自圓其說也。

　　後漢書本紀論曰：

明年，（建平二年。）方士有夏賀良者上言哀帝云，漢家歷運中衰，當再受命。於是改號爲太初元年，稱陳聖劉太平皇帝以厭勝之。

又曰：

及王莽卽位，忌惡劉氏，目錢文有金刀，故改爲貨泉。或以貨泉字文爲白水眞人。

以上二事亦見王莽傳。白水眞人者，按東觀記，光武籍南陽蔡陽白水鄉。附會者以白水眞人卽光武受命之符讖也。

東觀記本紀曰：

先是有鳳凰集濟陽，故宮中皆畫鳳凰。

按論衡吉驗篇，此元帝初年間事。宋書符瑞志上作哀帝建平元年十二月，卽光武生之時月也，蓋有意比傅之。

後漢書本紀論曰：

望氣者蘇伯阿爲王莽使，至南陽，遙望見舂陵郭，喟曰，氣佳哉，鬱鬱蔥蔥然。

又本紀曰：

身長七尺三寸，善須眉，大口，隆準，日角。（惠棟補注，朱建平相書云，額有龍犀入髮，左角日，右角月，王天下也。孝經援神契云，伏羲大目，山準，日角。）

按高祖有體貌奇異及天子氣說，此亦效而託之。

後漢書李通傳曰：

李通父守，初事劉歆，好星歷讖記。莽末，百姓愁怨。通素聞守說讖云，劉氏復興，李氏爲輔。會光武避事在宛，通聞之，卽遣軼往迎光武。乃相見，通因具言讖文事。

按此王況爲李焉所說讖也。事具莽傳地皇二年。此時赤伏符似尚未出見，故讖云劉氏，都無主名。不然，通說光武，動之以赤伏符可矣。赤伏符始出見於此後二年，卽地皇四年。說見上。

後漢書本紀論曰：

及始起兵還舂陵，遠望舍南，火光赫然屬天，有頃不見。

按此火德與盛之意也。漢赤德，卽火德也。

東觀漢記本紀曰：

攻南陽，暮聞冢上有哭聲，後有人著大衣絳冠。

按有人云云，隱指光武。光武起兵衣絳衣赤幘也。此與高帝斬蛇神母夜哭之託，同其用意。

後漢書本紀曰：

（昆陽之戰）夜有流星墜（王尋，王邑）營中。晝有雲如壞山，當營而隕，不及地尺而散，吏士皆壓伏。

又曰：

（二年冬）至呼沱河，無船，適遇冰合得過，未畢數車而陷。進至下博城西，遑惑不知所之，有白衣父老在道旁，（注，蓋神人也。）指曰，努力，信都郡爲長安守，去此八十里。

又宋書符瑞志卷上曰：

光武平定河北，還至中山，將軍萬脩得赤伏符，言光武當受命。

又東觀記馮異傳曰：

上曰，我夢乘龍上天，覺悟，心中動悸。異因下席再拜賀，曰，此天命發于精神。異遂與諸將定議上尊號。

又後漢書本紀曰：

（三年六月）行至鄗，光武先在長安時同舍生彊華，自關中奉赤伏符，曰，劉秀發兵捕不道，四夷雲集龍鬥野，四七之際火爲主。

按此與哀章爲王莽託金匱策書，直同一公式。東觀史氏乃漢臣，故不聞微辭。使光武，王莽易地而處，則彊華有不爲哀章「無行」之譏者，幾稀矣。明王禕有言，「王莽好符命，將以此濟其篡逆，而公孫述效之，至光武亦以赤伏符自累，篤好而推崇焉。」（青巖叢錄頁一。）豈非亦有見於此耶？春秋保乾圖又有「建天子於鄗之陽名曰行皇」（續漢書祭祀志引。）之文，按光武於鄗南千秋亭五成陌設壇，卽皇帝位，（後漢書本紀。）讖文「建天子於鄗之陽」謂此。軍旅擾攘，未遑寧居，故曰「行皇」也。疑此亦勸進之符，或者稍後獻諛之作。

東觀記本紀曰：

建武二年，帝破聖公，與朱然書曰，交鋒之日，神星晝見，太白清明。

又後漢書本紀曰：

建武十二年夏，甘露降南行唐。六月，黃龍見東阿。

又曰：

十三年九月，日南徼外蠻夷獻白雉，白兔。

按，王莽矯誣德化，摹擬周公故事，因授意益州塞外蠻夷獻白雉。豈光武臣下粉飾太平，又效王莽之為耶？白兔，云亦瑞物，應德而出，孫氏瑞應圖曰，「王者敬事耆老則白兔見」。又云，「王者應事疾則見」。（並占經一一六引。）蓋舊說如此。

後漢書本紀曰：

十七年冬十月，有五鳳皇見於潁川之陝縣。（注，東觀記曰，鳳凰高八尺，毛羽五彩，羣鳥並從行列，蓋地數頃，停一十七日。）

東觀記本紀曰：

二十一年，甘露降四十五日。（按藝文類聚九八引伏侯古今注，「建武二十一年，甘露下日南朱梧，積四十五日」。據此東觀記有奪字。）

又後漢書本紀曰：

中元元年，是夏，京師醴泉湧出。（注，尚書中候曰，後父在官則醴泉出也。）飲之者，痼疾皆愈，惟眇蹇者不瘳。又有赤草生於水崖。（注，赤草，朱草也。大戴禮曰，朱草，日生一葉，至十五日以後日落一葉，周而復始。）郡國頻上甘露。

光武符應，今可考者，約略備是。此類符應，大抵一部分是史氏附會，一部分是當年所託。後漢書本紀論以光武當夏賀良漢家再受命之讖，疑即出史氏皮傅。然或在位者本有此意而史氏從而書之，未可定也。

其間亦有明為後人所造設者，如搜神記卷六曰：

古志有曰，赤厄三七。三七者，經二百一十載，當有外戚之篡，丹眉之妖，盜短祚。極於三六，當有龍飛之秀，興復祖宗。又歷三七，當復有黃首之妖，天下大亂矣。

按龍飛之秀，謂光武名秀也。此所謂古志，即符讖之類。敘事至於黃首之妖，即黃

巾也。明是靈帝世或者稍後之作，而宋書符瑞志引此以爲「元成之世道士言讖者」
之所云，謬甚。類此之說尚多，辨不勝辨，聊舉一事，附論於此爾。至於以上所示
諸例，其眞實性如何，個人所論，未足以爲依據，讀者以常識判斷之可也。

　　余尚欲指出一事者，卽光武世希風望幸之臣，僞造圖書，證據確鑿。按建武三
十年二月，羣臣上言宜封禪泰山，詔書不許，曰：

　　　　卽位三十年，百姓怨氣滿腹，吾誰欺，欺天乎？若郡縣遠遣吏上壽，盛稱虛
　　　　美，必髡，兼令屯田。

從此羣臣不復敢言。越二年卽建武三十二年二月，光武夜讀河圖會昌符文，曰：

　　　　赤劉之九，會命岱宗。不愼克用，何益於承？誠善用之，姦僞不萌。

按，赤劉之九卽漢九世帝光武，說詳蔡邕獨斷。光武感此文，乃詔梁松等復案索河
雒讖文言九世封禪事者，松等列奏，封禪之事遂決。其封禪刻石所引讖文，今選錄
數首如下：

　　　　河圖會昌符曰，赤帝九世，巡省得中，治平則封。誠合帝矩孔道，則天文靈
　　　　出，地祇瑞興。

　　　　帝劉之九，會命岱宗。誠善用之，姦僞不萌。

　　　　赤漢德興，九世會昌，巡岱皆當，天地扶九，崇經之常。漢大道之興，在九
　　　　世之王。

以上並據續漢書祭祀志上。此事可注意者二：一、上引符讖皆梁松等所奏上。二、
讖文與光武之詔處處針對而發，其爲松等主張封禪者所託以惑光武，情事顯然。
（說詳拙讓河圖提劉子，河圖會昌符解匯。）所可笑者，此次封禪本爲臣下所「誘進」，（光
武詔書語。）無所謂神，而阿諛之徒乃有「光武封泰山雲氣皆成宮闕」之記，（初學記
五引袁山松後漢書光武紀。）冀以此欺紿天下後世。

　　光武中興，已獲符應之助，卽位以後，益爲提倡，凡所嫌疑，多以決定。（後
漢書桓譚傳。）中元二年遂宣布圖讖於天下。（同上本紀。）諸臣中唯桓譚，尹敏，不
爲其學，然尹敏坐此沈滯，（儒林本傳。）桓譚則幾乎死矣。（本傳。）自餘趨附見機
之徒，皆馳騖穿鑿，和同稱顯。東京一代，符應之說之影響，比於前世，殆有過
焉，無弗及矣。

　　光武天下，已大定矣，然中元閒猶有濟南王之「招來州郡姦猾，案圖書，謀議不軌」。（後漢書本傳。）明帝可謂仁賢矣，永平中猶有楚王英之「交通方士，作金龜，玉鶴，刻文字爲符瑞」，及「造作讖書，大逆不道」。（同上本傳。）復有阜陵質王之「招姦猾，作圖讖，祠祭，祝詛」。（同上本傳。）光武提倡讖緯之後果，此足以見其一斑矣。

柒　符應說之發展結集及其與讖緯產生之關係

　　秦漢間信奉符應之說，讖緯緣是產生。讖緯中包含之思想，自不止一事，然而符應思想，要爲其骨幹。何以言之？讖之與緯，本是一體，而讖之得名，實先於緯。讖之義爲驗，其書有卽以「驗」爲名者，如尙書帝命驗之類，是其遺義也。「驗」嗣又轉爲「讖」，蓋二字聲同，字通，方士喜奇，故以爲其書之稱。（別詳論早期讖緯及其與鄒衍書說之關係弟捌。）然其義與「驗」及所謂符應，則固不隔。蓋符應者，取義於如符傳，符節之徵信，徵信卽「驗」矣。讖緯書之以「符」爲名者，河圖有聖洽符，會昌符，赤伏符，紀命符；書有中候合符后；春秋有感精符之等，是其符應之遺義也。又有以「徵」爲名者，如河圖有說命徵，稽命徵，祕徵，說徵；洛書有說徵示，禮有稽命徵。按「徵」者，徵應，亦卽符應矣。至如河圖說徵祥，中候我應瑞，禮瑞命篇，瑞應圖，春秋瑞應傳，孝經應瑞圖等，曰「祥」，曰「瑞應」，其爲符應之書，顯而易見。若夫河圖洛書，其在符應說中，本占最重要之位置。今其篇目可考者，無慮七八十事。讖書產生與符應思想之關係，觀於此等處，亦可以思過半矣。

　　更以讖緯內容考之，讖緯中符應之說，今雖不能窺其全，然漢書藝文志所著錄之禎祥變怪一種，凡二十卷。此符應專書也。其分量至於二十卷，豐贍可想。此書雖巳亡佚，但其中事物，與讖緯所載者，宜不甚相遠。以此類推，則讖緯中之符應說，亦勢必大有可觀。葉德輝曰：

　　各書之目不全，無從考其原數。據崔豹古今注云，孫亮作流離屏風，鏤作瑞應圖，凡一百二十種，則三國時原目，當與漢畫相符。而今所輯多至一百四十餘種，疑其中有分合之異。（孫柔之瑞應圖輯本序。）

按，孫亮鏤作瑞應圖，蓋圖其可圖者，如鳥獸草木蟲魚之類，至於天象瑞異之類，
其事瑣碎，而且單調，蓋不在鏤刻之列。以爲三國時原目止於此，大 ≡。（別詳拙讚
孫氏瑞應圖解題。）太平經曰：

> 天地人見樂與理（禮）而萬物各得其所，瑞應善物萬二千爲其具出矣。（某
> 訣第二百四。）

> 天地悅則陰陽和合，風雨調；風雨調則共生萬二千物。凡物樂則奇瑞應俱出
> 生。（闕題。）

按一萬二千之數，未可據。（同書分別貧富法第四十一有云，「天地之性，萬二千物，人命最重。」
然則此云萬二千物，所指固甚寬泛。）就讖緯見存及諸有關之材料勘之，事物蓋當以數百
計。遺佚之文，宜亦不少。然卽以數百計，已經占讖緯篇幅之大部分矣。但此類符
應之說，有鄒書舊說；有其徒方士託說；抑自王莽以後，權奸豪猾，自欺欺人，藉
以爲巧取豪奪之工具：符應之說，由是滋多。符應之說之發展，此一點，甚關重
要，此又吾人探討讖緯結集之歷史者，所當留意之一事也。

　　符應說中有一事焉，附庸蔚爲大國，卽所謂河圖洛書者是也。河圖，洛書，厥
初本各爲符應事物中之一單位。（參考第八章附表。）其性質與鄒書所謂「赤鳥銜丹書
集于周社」之丹書同。河圖洛書二事，是否見於鄒書，無可考。見存讖緯之所謂河
圖，洛書，無疑其出於秦漢間無數方士之手，文辭駁雜。然而持校鄒衍書說，大都
符同，是則河洛符應，是否本諸鄒說，雖未可知，然而傳鄒術之方士，取鄒說造飾
爲河圖，洛書，成功今日河洛讖緯之面目，故甚明，雖謂爲鄒衍思想下之產物，
無不可者。

　　符應說中，此一門類之發展，關係至鉅。蓋河圖內容，據讖緯作者云：

> 圖天地帝王終始存亡之期，錄代之矩。（尚書璇璣鈴。）

> 圖載江河山川州界之分野。（春秋命歷序。）

> 中有七十二帝地形之制，天文宮序位列分度，若天日月五星變。（春秋運斗
> 樞。）

洛書亦然。符應之說，發展至此，有許多方面，已完全超出符應範圍以外。換言
之，河圖洛書本爲瑞物之一，方士皮傅造託之結果，竟成爲文辭稠疊之書，上天下

地，無不囊括，直是帝王治國安民之寶典要道矣。

　　不特此也，已有此類河圖洛書矣，比傅六經之讖緯，亦緣是而出，桓譚曰：

　　　讖出河圖洛書，但有兆朕而不可知。後人妄復增加依託，稱是孔丘。（新論啓
　　　寤。　據嚴氏輯本。）

　　又曰：

　　　今諸巧慧小才技數之人，增益圖書，矯稱讖記（疏。　後漢書本傳。）

　　王蕃曰：

　　　末世之儒，增減河洛，竊作讖緯。（渾天說，晉書天文志引。）

按桓王二君之說，合而觀之，知所謂古河圖洛書者，但有兆朕，不可識別。技數之
人（即方士。）增飾依託爲富於文辭之河圖洛書，謂是孔子所作，而所謂易書詩禮春
秋等經讖緯，則又末世之儒增減河圖洛書而巧立名目之僞品也。（以上壹貳別論早期讖
緯及其與鄒衍睿說之關係弟肆、伍、陸、柒、捌。）此末世之儒卽桓譚所謂技數之人，亦卽方
士。方士喜以儒學文飾，故亦有儒稱。方士喜依託讖緯，拙撰戰國秦漢間方士考論
第三四章詳之。

　　然或以爲由河洛而更作三十六篇經讖緯者孔子，易乾鑿度曰：

　　　孔子曰，洛書摘六辟曰，建紀者歲也，成姬倉有命在河。聖孔表雄德，庶人
　　　受命握麟徵，易歷曰陽紀天心；別序聖人，題錄興亡州土名號姓輔反符。
　　　——鄭注，言孔子將此應之而作讖三十六卷。（逸書考本頁五十。）

按此讖首言洛書，河圖，（亦言易，然舊說易固出於洛書河圖，故主題只是洛書河圖。）注言孔
子將應此而作讖三十六卷，是謂此三十六卷讖出於洛書河圖也。此三十六卷讖，卽
隋以後所謂七經緯三十六種。古人讖緯不分，三十六讖，其實卽三十六緯也。（別
詳讖緯釋名。）注云，孔子本河圖洛書而作三十六讖者，蓋讖緯有此說，而注演之。
然此實欺人之語，桓譚以爲「巧慧小才技數之人」，王蕃以爲「末世之儒」，不誣
也。

　　諸讖緯之屬，河圖洛書之出在先，已如前論。由河圖洛書更滋生易、書、詩、
禮、春秋之等讖緯，顯有端緒可尋。此類讖緯，其名，易有河圖數，坤靈圖，合靈
孕；書有中候握河紀，中候雒予命，中候洛罪級，中候雒師謀，中候摘雒貳，中候

勑省圖，中候考河命；詩有摘雒謠；春秋有合誠圖，保乾圖，河圖挺命篇；孝經有孝經河圖：諸如此類，或明繫以「河圖」，或省稱「圖」，或從其爲龍馬所負圖而命之曰「靈」，或本諸雒書而省稱「雒」（同洛。），明其與河圖洛書關係密切。蓋河洛之篇在先，此等經讖緯後出。後出之讖緯，本以河圖洛書爲典要，故名雖附經，而數典猶不忘河洛之稱也。其內容亦爾。別詳論讖緯命名及其相關之諸問題第三章之丙。

　　唯其諸經讖緯皆出河圖洛書，故見存諸經讖緯之內容，往往與經義全不相涉，龐雜紛亂，一如上述河圖洛書之面目。吾人如不認識此點，則對於讖緯結集之現狀，將無法瞭解。

　　諸經讖緯，其中固有一部分材料，完全屬於經義經訓者。此類釋經之文字，無疑其中保存不少先秦之遺辭古義。然方士託說，亦所在多有，不可以一概論也。

　　由前觀之，讖緯之產生，與符應之說，故有不可分離之性。蓋此類符應說之結集，實爲讖緯之基本材料。其有讖稱，原因在此；其有河、洛、符、圖、徵、祥、瑞應諸等稱，原因亦在此。至於河圖洛書之託，其本身初不過爲所謂符應事物之一，歷經方士增益，終於使其內在竟乃淹有鄒衍書說之全部；則是其範圍固已擴充至符應思想以外，而自成一組織。然其名義仍冒之以河圖洛書，則仍不離夫符應之舊。已有此類河圖洛書可資取精用弘，而諸經讖緯，更由是而出。所謂經讖緯，其中固應有河圖洛書以外之材料，又西漢中世以後，時君尊經，與讖緯之託亦有直接之關係。然而此託讖緯之人，卽鼓吹符應之說之方士，亦卽以儒學文飾之方士，而此讖緯之形成，復與符應說有一線相承之歷史。余故論之如此。

捌　餘論

　　所謂符應事物，以今觀之，殊滑稽可噱，其中如神鼎，六足獸，山出器車之屬，全爲杜撰。又同一對象，解說紛然，莫衷壹是，例如後漢安帝元初七年，郡界有芝草生，太守劉祗欲上言之，以問唐檀，檀對曰，方今外戚豪盛，陽道微弱，斯豈嘉瑞乎？祗乃止。（後漢書方術唐檀傳。）是芝可以爲符應，又可以爲災祥也。又如孝經援神契以爲「孔子備春秋者，修禮以致其子，故麟來，爲孔子瑞」。（古微書

引。）而論語摘衰聖則以爲叔孫氏之車子獲麟，孔子到視之，曰，「今宗周將滅，天下無主，孰爲來哉！茲日出而死，吾道窮矣」。（同上。）是獲麟或以爲孔子所致符應，或則以爲孔子厄也。同一事物也，而可以有絕對不同之解釋，何以定其是非之標準乎？是以知其妄也。

其事雖妄，然秦漢間則奉之若神，宗教信仰，制度術學，胥由是乎決之；浸而王莽，曹氏假之以篡奪；公孫述，袁紹等之跋扈不臣，亦未始不基於此。雖符應之說，自古有之，然古人之迷信，恐不如是之甚也。

符應迷信，無疑起源甚早。然文字記載以前，無可徵信。卽殷虛，雖已有文字，然可考者亦無幾。考卜辭中有龍字，而文或簡略，或殘闕，殆無從揣知其取義。春秋或更前出世之商頌有二事，其一，玄鳥。其二，大球小球。玄鳥曰：

天命玄鳥，降而生商。

此本事，史記殷本紀詳之，曰，「殷契母曰簡狄，有娀氏之女，爲帝嚳次妃。三人行浴，見玄鳥墮其卵，簡狄取吞之，因孕，生契」。前於史記之天問亦曰，「簡狄在臺，嚳何宜。玄鳥致貽，女何嘉」。詩與天問，說甚略。史記之所詳，末悉何本？又遠古社會，男女之別，殆頗自由，儻有知其母而不知其父者矣。玄鳥生商之說，蓋屬此類。後人以爲神，謂爲聖人受命之符，此種意識亦不知始於何時？

所謂大球小球者，長發曰：

湯降不遲，聖敬日躋。昭假遲遲，上帝是祗，帝命式于九圍。

受小球大球，爲下國綴旒。何天之休！

按「受」謂受之於天也，故嘆美之辭曰，「何天之休」。顧命中有「天球」，（詳第二章。）與河圖等並列。球而繫之以「天」，亦謂受之於天也。殷亡而寶玉歸於周，（周書世俘解等。）此受之於天之「小球大球」，與周之所謂「天球」，不知是否一事？

周代符應如顧命篇中之大貝，璧玉，河圖之屬已前見。（第二章。）周書之中，記符應者又有大誓佚篇，周本紀引之，曰：

武王渡河，中流，白魚躍入王舟中，武王俯取以祭。既渡，有火自上復于下，至于王屋，流爲鳥，其色赤，其聲魄云。

詩思文箋引此又多出一事，曰：

　　（烏）五至，以穀俱來。

大誓，或云，武帝末始出，（偽古文尚書序疏引別錄。）或云，得於宣帝時，（同上疏引房宏等說。又論衡正說篇。）或則以爲史遷時旣得之。（同上疏。又孫星衍尚書今古文注疏卷十。）按後說可信，然今文書之來源，亦眞僞相參。「五至以穀俱來」之說，鄭康成以爲卽周頌思文所謂「貽我來牟」。（思文箋。）可備一說。其餘是否舊文，未可知也。

　　尚書復有所謂餽禾與嘉禾之佚篇，史記魯周公世家記其事，曰：

　　天降祉福，唐叔得禾，異母同穎，獻之成王。成王命唐叔以餽周公於東土，作餽禾。（亦略見周本紀及尚書大傳。）

　　周公旣受命，禾嘉，天子命作嘉禾。（亦見周本紀。又尚書大傳有此目。）篇已亡，眞僞亦無可考。

　　於詩經中，吾人可見如下諸事：周南麟之趾：

　　麟之趾，振振公子。于嗟麟兮。

召南騶虞：

　　彼茁者葭，壹發五豝。于嗟乎騶虞。

大雅生民：

　　厥初生民，時維姜嫄。生民如何，克禋克祀，以弗無子。履帝武敏歆，攸介攸止，載震載夙，載生載育，時維后稷。

　　誕彌厥月，先生如達，不坼不副，無菑無害。以赫厥靈，上帝不寧。不康禋祀，居然生子。

　　誕寘之隘巷，牛羊腓字之。誕寘之平林，會伐平林。誕寘之寒冰，鳥覆翼之。鳥乃去矣，后稷呱矣。

　　實覃實訏，厥聲載路。誕實匍匐，克岐克嶷，以就口食。蓺之荏菽，荏菽旆旆，禾役穟穟，麻麥幪幪，瓜瓞唪唪。

　　誕后稷之穡，有相之道，茀厥豐草。種之黃茂，實方實苞，實種實襃，實發實秀，實堅實好，實穎實栗，卽有邰家室。

誕降嘉種，維秬維秠，維穈維芑。恆之秬秠，是穫是畝。恆之穈芑，是任是負，以歸肇祀。

卷阿：

鳳皇于飛，翽翽其羽，亦集爰止。

鳳皇鳴矣，于彼高岡。梧桐生矣，于彼朝陽。

周頌思文：

思文后稷，克配彼天。立我丞民，莫匪爾極。貽我來牟，帝命率育。無此疆爾界，陳常于時夏。

載見：

載見辟王，曰求厥章。龍旂陽陽，和鈴央央。

依以上所輯，分類其事計有九：（一）麟（麟之趾）。（二）騶虞（騶虞）。（三）后稷感生。（四）嘉穀。（如秬秠之類。秬秠，讖緯有說，見初學記一等引孫氏瑞應圖。）（五）豐年（以上均生民）。（六）鳳皇。（七）梧桐（以上卷阿）。（八）貽我來牟（思文）。（九）龍（載見）。按此九事可能有大部是敍述當時之符應。其中如后稷感生，嘉穀，豐年，鳳皇，說甚昭顯，可勿論。梧桐，今日視爲常物，而古人與讖緯家故以爲瑞。（別詳孫氏瑞應圖解題。）麟與騶虞，詩人歎詠之指已不可捉摹。且騶虞古文家以爲瑞獸，（見第二章。）而今文說以爲獸官。不知詩人原義，竟何如也？旂用龍章，意義亦不明瞭，蓋可能爲瑞，亦可能爲初民之圖騰也。

以上九事中，是否全爲符應，故有問題，然無論如何，西周初年多有符應之說流行，合顧命所陳之事物觀之，可以斷定。諸所引詩時代，未可遽定，而余屬之周初者，以生民篇所述，全爲周代開國之神話。至卷阿中之鳳皇，蓋與周語下「周之興也鸑鷟鳴于岐山」之故事爲一。以是因緣，余故得謂之周初也。

殷商符應之說，吾人自不當忽略。但今所發見者，故不若周初之豐富。

春秋二百四十二年間之符應說，可考者並不多。春秋經屢書災異如日食，星隕，六鶂退飛之類，曾無一語涉及當時君國之符應。左傳亦然。左傳雖有若干豫言，類似所謂符應，如僖二十三年傳：

（重耳）過衞，衞文公不禮焉？出於五鹿，乞食於野人，野人與之塊。公子

怒，欲鞭之。<u>子犯</u>曰，天賜也。稽首，受而載之。（<small>按傳有刪節，晉語四，「天賜</small>
<small>也」下作「民以土服，又何求焉。天事必象，十有二年，必獲此土。二三子志之。歲在壽星及鶉</small>
<small>尾，其有此土乎？天以命矣，復以壽星，必獲諸侯，天之道也，由是始之，有此其以戊申乎？所以</small>
<small>申土也。再拜稽首而載之」。）</small>

此事與傳中一般豫言卒有効驗之託，同其性質，蓋皆<u>戰國</u>以後<u>陰陽五行</u>家所附會。
<u>國語</u>中並多載此類豫言，<u>墨子明鬼</u>下亦有帝享<u>鄭穆公明德</u>，（<small>孫氏閒詁云，鄭當爲秦之</small>
<small>譌，是也。</small>）使<u>句芒</u>錫子壽十年有九，國家蕃昌，子孫茂，毋失之說，其僞均視<u>左</u>
<u>傳</u>。

<u>新序</u>云：

　　<u>晉獻公</u>太子之至<u>靈臺</u>，蛇繞左輪。御曰，太子下拜。吾聞，國君之子蛇繞左
　　輪者，速得國。太子遂不行，拔劍將死之。……曰，見禨祥而忘君之安，國
　　之賊也。（<small>節士。</small>）

此亦符應之說，然頗有類短書，則不知其果<u>竹</u>故記也，否邪？至於<u>古竹書紀年</u>有雨
金之說，曰：

　　<u>晉惠公</u>二年，雨金。（<small>王國維輯本擄御覽八七七引史記。</small>）

此其記事之義，是否作爲嘉瑞，未可知。可勿論（<small>今本竹書，成王三十四年，雨金于咸陽。</small>
<small>沈約注，「咸陽天雨金，三年，國有大喪」。是有以雨金爲災異者。然亦有以爲瑞者，如下引史記正義</small>
<small>是。</small>）

<u>秦本紀</u>雖亦頗記<u>春秋</u>時<u>秦國</u>符應，其實可疑。說詳於後。

<u>六國</u>之際，符應之記，<u>秦趙</u>屬例外。（<small>詳後。</small>）其他諸國中，獨有<u>古竹書</u>載<u>梁惠</u>
<u>成王</u>八年「雨黍于<u>齊</u>」（<small>王輯本。</small>）一事。然此一事將爲符應？抑是記異？今亦不能
定。

　　<u>戰國</u>間，災異之說，多有可考，統<u>史紀六國年表</u>，<u>古竹書</u>計之，殆無慮數十
事。由此觀察，則<u>春秋戰國</u>之世，雖亦不無符應之記，然較之災異之說，則似其間
有輕重之不同；而於<u>秦</u>爲特殊。<u>秦本紀</u>中，符應之說屢見，疑<u>始皇</u>好方士，方士引
古，因爲渲染。其間僞託，信亦不免。<u>封禪書</u>記<u>秦</u>上世福祥，祠祭之類，是其例
也。然則<u>秦本紀</u>多符應之記異於他國者，<u>史公</u>取材未審，爲方士之徒所欺也。

　　其在讖緯，亦有一可異之現象，卽讖緯僞託符應之人物對象，據見有材料，大抵自開闢起，斷代於西周之成、康。再下以孔子及其門弟子畫一單位。再次接以秦、漢、三國。（六朝亦有之，究居少數。）其中有一特別情形，卽記秦穆公之符應是。

尙書中候曰：

> 維天降秦穆公，出狩，至於咸陽，天震，大雷，下有火，化爲白雀，銜綠丹書，集于公車。公俯取書，言穆公之霸也，訖胡亥秦家世事。（繹史卷五四。）

此無疑其爲秦、漢間方士所託。由於始皇喜方士，方士因而皮傅秦家世事，此蓋其材料之殘存者也。吾人本此眼光而讀秦本紀，於是對於秦先世之感生說：

> 秦之先，帝顓頊之苗裔。孫曰女脩。女脩織，玄鳥隕卵，女脩吞之，生子大業。大業……之子曰女華。女華生大費。大費生子二人，一曰大廉，實鳥俗氏。二曰若木，實費氏。其玄孫曰費昌。大廉玄孫曰孟戲，中衍，鳥身人言。（按趙世家云，「中衍人面，鳥嚙」。蓋一事之異文。趙世家嘗引所謂「秦讖」，疑中衍神話，本出「秦讖」也。）

神示說：

> 蜚廉生惡來，父子俱以材力事殷紂。周武王之伐紂，並殺惡來。是時蜚廉爲紂石北方，還，無所報，爲壇霍太山而報，得石棺，銘曰，帝令處父不與殷亂，賜爾石棺以華氏。
>
> 獻公十六年，雨金櫟陽。（正義，言金瑞見也。）

史占：

> 周太史儋見獻公，曰，周故與秦國合而別，別五百歲復合，合七十七歲而霸王出。

如此之等，與上引中候之說，殆不可分。封禪書中之記秦上世事，亦此類矣。

　　秦穆之霸。殆爲方士附會之中心人物，其託之於讖緯與秦本紀者，具如上。（墨家亦附會一事，已見上。）封禪書又載一事，曰：

> 秦繆公立，病，臥五日，不寤，寤乃言夢見上帝，上帝命繆公平晉亂。史書而記，藏之府。

趙世家亦有此類神話，託之簡子，同時即引秦繆神話爲比，是亦好事者爲之也（別
詳論早期讖緯及其與鄒衍書說之關係弟壹。）

　　由前論，吾人可以得一概念，即符應之說，殷商間有可考。周初材料，既頗豐
富。春秋、戰國間則災異之記多於符應。秦、趙之事，經方士塗附，宜爲例外矣。

　　或曰，春秋、戰國間諸子載籍，言符應者多矣，管子小匡曰：

　　　（管子語桓公）昔人受命者，龍龜假，河出圖，雒出書，地出乘黃。

道德經第一章曰：

　　　天地相合，以降甘露。

戰國策趙策曰：

　　　趙收天下，且以伐齊，蘇秦爲齊上書說趙王曰，臣聞，古之賢君，甘露降，
　　　風雨時至。

　　　諒毅（對秦王）曰，臣聞之，有覆巢毀卵而鳳皇不翔，刳胎焚夭而騏驎不至。

鶡冠子度萬曰：

　　　鳳皇者，鶉火之禽，陽之精也。麒麟者，玄枵之獸，陰之精也。萬民者，德
　　　之精也。德能致之，其精畢至。

　　　唯聖人能正其音，調其聲，故其德上及太清，下及泰寧，中及萬靈，膏露
　　　降，白丹發，醴泉出，朱草生，衆祥具，故萬口云。（一作去。）帝制神化，
　　　景星光潤。

荀子哀公曰：

　　　（孔子對哀公問曰。）古之王者，其政好生而惡殺焉，是以鳳在列樹，麟在郊
　　　野，鳥鵲之巢可俯而窺也。

若此之類，是春秋、戰國間人未嘗不信奉符應說之徵也。應之曰，未也。右引諸子
之文，不審有無僞託，（傅子辨管子，見劉恕通鑑外紀卷一帝舜紀。柳宗元辨鶡冠子，見本集卷
四。）即其不僞，曰「昔人」，曰「古之賢君」，曰「古之王者」云云，此不過稱
喻前世理想之治，發揮其思古幽情爾。老子，鶡冠子雖未明指古昔，然亦不確定爲
當時，則亦終爲理想已矣。夫學者有此說是一事。時君迷信與否，又是一事。雖然
吾人今日所依據之材料，並不完全，統計不定準確，然而書不止一種，而其不注意

當時符應之點，則完全一致，此其故可思矣。史記曆書曰：

> 幽、厲之後周室微，陪臣執政，史不紀時，君不告朔，故疇人子弟分散，是
> 以其禨祥廢而不統。其後戰國並爭，在於彊國禽敵，救急解紛而已，豈遑念
> 斯哉！

按「禨祥」，符應之說在其中也。「禨祥廢而不統」，是符應之說亦「廢而不統」
也。春秋、戰國間人符應之說不經見，蓋卽由此。曆書又云：

> （戰國後期）是時獨有鄒衍明於五德之傳而散消息之分，以顯諸侯。

然孟荀列傳云：

> 王公大人初見其術，懼然顧化，其後不能行之。

是戰國晚季，鄒子之學，若隱若見。厥初雖亦使人「顧化」，其後乃「不能行之」
也。

> 鄒說之再成顯學，蓋在始皇兼并天下之際。荀卿猶及見之。（按荀卿老壽，李斯相
> 秦皇并天下，卿逮見之，參考汪中述學補遺荀卿子年表說。）孟荀列傳云：

> 荀卿嫉濁世之政，亡國亂君相屬，不遂大道而營於巫祝，信禨祥。

按巫祝者，符應之說，多由此而出。（詳第二章。）「信禨祥」，卽信符應也。此
鄒說之主要部分也。荀卿蓋有感於鄒說之惑人，故爾著書闢之。其非五行，（非十二
子篇。）猶此意也。

> 封禪書述鄒說流布之過程，有曰：

> 騶衍以陰陽主運顯於諸侯，而燕齊海上之方士傳其術不能通；然則怪迂阿諛
> 苟合之徒自此興，不可勝數也。

按怪迂阿諛苟合之徒不可勝數，秦皇，漢武之世則然，故封禪書云：

> 及至秦始皇并天下，至海上，則方士言之不可勝數，始皇自以爲至海上而恐
> 不及矣。

又云：

> （武帝時）海上燕齊怪迂之方士，多更來言神事矣。

> 海上燕齊之間，莫不搤捥而自言有禁方能神僊矣。

按秦皇、漢武世之方士，卽傳鄒衍術之方士，神仙符應之說，皆出此輩，盧生、徐

市、公孫卿、李少君等其尤著者也。秦皇，漢武凡封禪，求仙，祠祀，符應之事，皆此等方士慫憑之結果。然則鄒衍說在戰國之末雖或有一期間「不能行之」，始皇兼幷以後，風靡一時，則其傳人「怪迂阿諛苟合之徒」有以使之然也。是故從歷史言之，則秦、漢間人之符應說，可謂淵原有自矣。從性質言之，則又不失其爲時代特產。

秦皇、漢武以後，由於方士造說，興作雖繁，然所謂符應事物，少者二三事，（如孝昭，孝成。）多者不過十許二十事，（如孝武，孝宣。）遠不若王莽以後之衆多。王莽執政之頃，云有「麟鳳龜龍衆祥之瑞，七百有餘」。（詳第四章。）而篡國以後之符命，尙不與焉。東漢章帝，在位不過十三年，而「郡國所上符瑞合於圖書者」，亦「數百千所」。（本紀。）蓋成帝以往，不免爲飾說者所愚，王莽則直以此爲盜竊欺世之資，無非矯誣者矣。光武亦以此爲累。上有好者，下必有甚焉者矣，章帝符應之有數百千所，固其宜哉。觀於時君之所興作，推究其所本原，是亦一時代得失之林也。綜所論述，爲秦漢間符應說源流圖表如下：

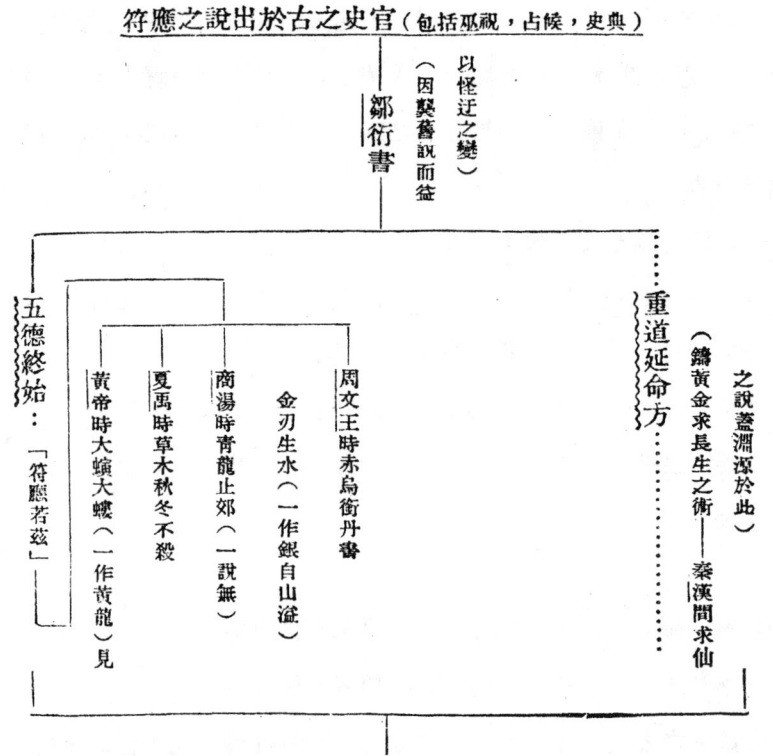

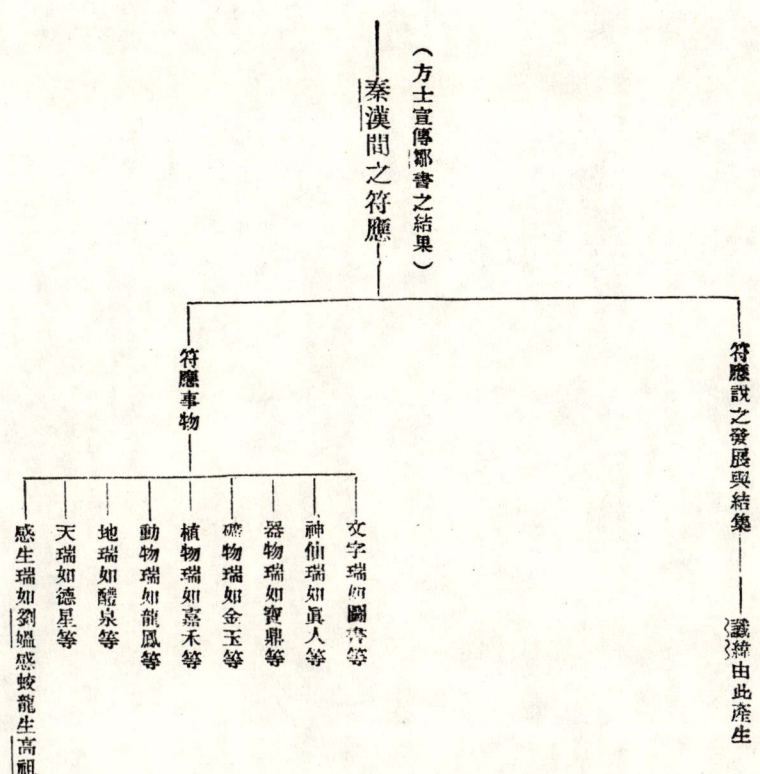

秦漢間之符應

（方士宣傳鄒書之結果）

符應事物

符應說之發展與結集

文字瑞如圖箓等
神仙瑞如真人等
器物瑞如寶鼎等
礦物瑞如金玉等
植物瑞如嘉禾等
動物瑞如龍鳳等
地瑞如醴泉等
天瑞如德星等
感生瑞如劉媼感蛟龍生高祖等

讖緯由此產生

卅四年二月五日，脫稿於李莊栗峯。

第二年之九月，于南京本所增訂畢。

漢代察舉制度考

勞　榦

　　漢代自高帝得天下以後，選任官吏主要的是兩種人，第一，功臣；第二，文吏。文景以後，功臣的後裔也常因舊有的資地，致位通顯。一般儒生的進身出路是不如武帝以後容易的。主要的關係是詔舉的一件事只有到武帝以後才常有。景帝以前僅偶一有之，得人的數自然不能和武帝以後相比擬了。

　　漢高帝本人是一個信陵君的崇拜者，他用太牢來祀孔子，是因爲孔子的地位，在當時已是學藝的宗師，至於對於一般儒生並不如何的重視，其所謂賢人，還是戰國以來『賢人』一詞的習慣用法，漢書高帝紀十一年詔曰：

　　　　蓋聞王者莫高於周文，伯者莫高於齊桓。皆待賢人而成名。今天下賢者智能豈特古之人乎，患在人主不交故也。士奚由進？今吾以天之靈，賢士大夫定有以天下以爲一家，欲其長久世世奉宗廟亡絕也。賢人已與我共平之矣，而不與我共安利之可乎？賢士大夫有肯從我游者，吾能尊顯之。布告天下，使明知朕意。御史大夫昌下相國，相國酇侯下諸侯王，御史中執法下郡守，其有意稱明德者，必身勸，爲之駕，遣指相國府，署行義年。有而弗言，覺，免。年老癃病弗遣。

　　這裏徵名的標準，是『賢士大夫』，遣使相國府時，標出的是『行義』和『年』，與後來察舉偏重知識的，完全不同。這裏由郡國推薦賢士大夫一點，雖然可以說是察舉的淵源；但就推薦的標準來說，和後來的察舉並不是一致的。並且這一次詔，只有『有而弗言，覺，免。』並未說限郡國必需舉若干人。那所有郡國守相當然能不舉便不舉，倘若舉人也一定先舉郡國的耆宿而不是舉郡國的後進。因爲郡國的耆宿，行義和年才有可觀。並且漢承秦法，舉人失當者有罪，縱然舉人，也要寧可選擇無能而謹愼的人，不敢選擇有才氣而不夠上穩妥的人。所以這一次舉出來的人，

史漢中均未紀載作出若何的著名事業。

在孝惠和呂后時代，止在鄉間設置孝悌力田，這些被推爲孝悌力田的人，所得的是『復其身』，即免除一切徭役，並不是選出這些人來作公職。其事有：

> 孝惠四年，春，正月；舉民孝弟力田者，復其身。呂后元年，春，正月；賜民爵戶一級；初置孝弟力田，二千石者各一人。^{各見漢書本紀。}

可見在孝惠四年，已經詔舉孝弟力田，但到呂后元年才規定二千石者各一人^{即每郡一}人，這一次下的詔爲的是推行恩澤，所以定每郡一人的，以示必須要舉。故有這一次的限制以後，後來察舉備用的官吏，各郡國也都有員額了，不能不說是從這一次定下的規模。

高帝的詔舉是『親士』，孝惠高后的詔舉是『勸農』，雖爲察舉制度的前身，究竟和兩漢通行的察舉制度有別。關於察舉士人以爲官吏的進身，是應當算從文帝時代開始的。漢書文帝紀：

> 二年，詔曰：『乃十一月晦，日有食之。二三執政舉賢良方正能直言極諫者，以匡朕之不逮。』

> 十五年，詔『諸侯王，公卿，郡守，舉賢良能直言極諫者。』

文帝十五年詔舉賢良能直言極諫者，鼂錯即在舉中。漢書鼂錯傳曰：

> 後詔有司舉賢良文學士，錯在選中。上親策詔之曰：『惟十有五年，九月壬子，皇帝曰，昔者大禹勤求賢士，施及方外。四極之內，舟車所至，人迹所及，靡不聞命以輔其不逮。近者獻其明，遠者通厥聰，比善戮力，以翼天子。是以大禹能失德，夏以長楙。高皇帝親除大害，去亂從，並逮豪英，以爲官師。爲諫爭輔天子之闕，而翼戴漢宗也。賴天之靈，宗廟之福，方內以安，澤及四夷。今朕獲執天子之正，以承宗廟之祀；朕既不德，又不敏；明弗能燭而治不能治，此大夫所著聞也。故詔有司諸侯王，三公，九卿，及主郡吏，各帥其志以選賢良；明於國家之大體，通於人事之終始，及能直言極諫者，各有人數，將以匡朕之不逮。二三大夫行此三道，朕甚嘉之，故登大夫於朝，親諭朕志；大夫其上三道之要，及永惟朕之不德，吏之不平，政之不宣，民之不寧，四者之闕，悉陳其志，毋有所隱。………朕親覽焉。』………

　　錯對曰：『平陽侯臣窋，汝陰侯臣竈，潁陰侯臣何，廷尉臣宜昌，隴西太守

　　臣昆邪，所選賢良太子家令臣錯，眛死再拜言，……』時賈誼已死，對策者

　　百餘人，唯錯爲高第，繇是遷中大夫。

這裏制策對策的制度，高第下第的區別，和後來制舉相同。可見文帝時已有正式察

舉制度了。然而當時祇詔舉賢良能直言極諫者，並未明白提出『吏民』，則當時所

舉恐僅爲『吏』而非『民』，似又與武帝以後不能盡同的。

　　孝文時舉賢良是一回事，舉孝弟力田又是一回事。漢書文帝紀十二年詔曰：

　　『孝悌天下之大順也，力田爲生之本也，廉吏民之表也。朕甚嘉此二三大夫

　　之行，今萬家之縣云無應令，豈實人情？是吏舉賢之道未備也。其遣謁者勞

　　賜者帛人五匹，悌者力田二匹，廉吏二百石以上率百石者三匹，及問民所不

　　便安，而以戶口率置三老孝悌力田常員，令各率其意以道民焉。』

這個詔較孝惠和呂后時又有進步。孝惠時只是復除，而此時則間有賞賜。呂后時是

每郡一人，此時則以戶口置常員。詔中提到萬家之縣，可能是每縣一人，大縣或不

僅一人了。雖然現在不知道究竟多少，但比呂后時顯然有所增加。不過據後文還可

看出孝悌力田至多只能成爲鄉官的一種，選舉中央官吏和這是不相干的。

　　關於孝悌力田一項，終漢代都在選舉的，今舉兩漢書所記如下：

　　武帝元狩六年，遣博士大等分循天下，諭三老孝弟以爲民師。

　　孝宣地節四年，詔郡國舉孝弟，有行義，聞於鄉里者各一人。

　　孝宣元康元年，加賜鰥寡孤獨三老力田帛。

　　孝宣元康四年，加賜孝弟力田帛。

　　中元二年，明帝即位，賜三老孝悌力田人三級。

　　明帝永平三年，賜三老孝悌力田人三級。

　　明帝永平十七年，賜三老孝悌力田人三級。

　　永平十八年，章帝即位，賜孝悌力田人三級。

　　和帝永元八年，賜三老孝悌力田人三級。

　　和帝永元十二年，賜三老孝悌力田人三級。

　　和帝元熙元年，賜三老孝悌力田人三級。

安帝元初元年，賜孝悌力田人三級。

安帝延光元年，賜三老孝悌力田人二級。

順帝永建元年，賜三老孝悌力田人三級。

順帝陽嘉元年，賜三老孝悌力田人三級。

桓帝建和元年，賜三老孝悌力田人三級。

靈帝光和四年，賜新城令，及三老力田帛各有差。

從以上各則看來，除去宣帝地節四年，詔『郡國舉孝弟，有行義，聞於鄉里者各一人』是一種察舉外，其餘都是給『孝弟力田』的帛和民爵，以及令『孝弟力田』敎民。從這一點看來這般人和三老並稱，當然是居鄉爲民表率而不是在都邑爲吏。更從光和四年一則看來，縣有力田，則自文帝十二年之後或已是一縣一人。其他見於漢書各處的，如文翁傳：『修起學官於成都市中，招下縣孝弟以爲學官弟子……高者補郡縣吏，次爲孝弟力田。』司馬相如傳：『檄巴蜀曰：故遣信使讓三老孝弟以不敎誨之過』韓延壽傳：『此事旣傷風化，重使賢長吏嗇夫三老孝弟受其恥。』食貨志：『二千石遣令長三老力田及里父老善田者受田器學耕種慕菑狀』都可見孝弟力田和三老一樣，是郡縣的常員了。

至於史記馮唐列傳云：『馮唐者，其大父趙人，父徙代，漢興，徙安陵，以孝著爲中郎署長，事文帝。』這裏所說的『以孝著爲中郎署長』，是先以徙安陵的大戶得爲郎，爲郎以後以孝著聞得爲署長。其中所謂『孝著』當爲中郎將主管諸郎，察諸郎的行誼而得。並非由於公卿二千石的推選。和郡國的『孝悌力田』不是一回事。

孝武時代對於漢代許多制度都開創了新的局面，選舉制度在孝武時代也有一個畫時代的變動。漢書武帝紀云：

『建元元年，冬十月，詔丞相，御史，列侯，中二千石，二千石，諸侯相，舉賢良方正，直言極諫之士。丞相綰奏所舉賢良或治申、商、韓非、蘇秦、張儀之言，亂國政，請皆罷。奏可。』

關於賢良方正直言極諫的舉法，和文帝時大致相同。但將申、商、韓非、蘇秦、張

儀之徒一概罷去，這一點卻樹立了中國學術上注重正統的新趨向，據董仲舒傳仲
舒便是在此次以賢良對策，列於上第。傳云：『自武帝初立，魏其武安爲相而隆儒
矣。及仲舒對册，明孔氏抑黜百家，立學校之官，縣郡舉茂材孝廉，皆自仲舒的對
策，是在建元元年，而丞相衞綰的奏，實不過是天子授意實行董仲舒的建議罷了。
但到第二年儒家運動被竇太后壓下去了，董仲舒不得不退爲江都相，並且董仲舒屢次
對策申明了田宅奴隸的社會政策，自然要爲公卿大臣所不滿。所以仲舒終於不能大用。到了元光元年竇
太后旣死，武帝對於選舉事業方能更有所策定。

　　元光元年這一年，無疑的，是中國學術史和政治史上是最可紀念的一年。這一
年十一月：『初令郡國舉孝廉各一人』。五月：詔賢良曰：

> 『朕聞昔在唐虞畫象而民不犯，日月所燭莫不率俾。周之成康刑錯不用。德
> 及鳥獸，敎通四海，海外肅眘，北發渠搜，氐羌徠服。星辰不孛，日月不
> 蝕，山陵不崩，川谷不塞。麟鳳在郊藪，河洛出圖書，嗚呼！何施而臻此
> 與？今朕獲奉宗廟，夙興以求，夜寐以思；若涉淵水，未知所濟。猗與偉
> 與！何行而可以章先帝之洪業休德？上參堯舜，下配三王。朕之不敏，不能
> 遠德，此子大夫之所睹聞也。賢良明於古今王事之體，受策察問，咸以書
> 對，著之於篇，朕親覽焉。』

　　漢書武帝紀說：『於是董仲舒公孫弘出焉』，一解，其中頗有錯誤。因爲董仲
舒係建元元年對策。此次『初令郡國舉孝廉各一人』係董仲舒的建議，並非董仲舒
由此次選舉出來。至於公孫弘係元光五年應選，漢書本傳有明文，也並非此次應選
的。

　　這一次選舉郡國的孝廉，雖然據漢書現存的史料看來並沒有了不得的人物。然
而就制度的本身說來，卻開中國選舉制度數千年堅固的基礎，這是應當特別注意到
的。

　　到元光五年，『徵吏民有明當世之務，習先聖之術者，縣次續食，令與計偕。』
公孫弘應選卽在此年。不過這一次比較以前並無甚特殊。只是『縣次續食，令與計
偕』，在待遇上特別提示出來，使得郡國被選的人都可以受到公家膳宿上的免費待
遇罷了。

　　然而當時公卿二千石對於選舉孝廉一事，並不見得都奉詔舉人的。因此在元朔
元年又有一個嚴格限制必需舉人一條詔書：

　　『公卿大夫所使　方略，壹統類，廣教化，美風俗也。夫本仁祖義，褒德錄
賢，勸善刑暴，五帝三王所繇昌也。朕夙興夜寐，嘉與宇內之士，臻於斯
路。故旅耆老，復孝敬，選豪俊，講文學；稽參政事，祈進民心。深詔執事
興廉舉孝，庶幾成風，紹休聖緒。傳不云乎「十室之邑，必有忠信」，「三人
並行，厥有我師」；今或至闔郡而不薦一人，是化不下究而積行之君子雍於
上聞也。二千石長官綱紀人倫，將何以佐朕，燭幽隱，勸元元，崇鄉黨之訓
哉？且進賢受上賞，蔽賢蒙顯戮，古之道也。其與中二千石禮官博士議不舉
者罪。有司奏議曰：……令詔書昭先帝聖緒，令二千石舉孝廉，所以化元
元，移風易俗也。不舉孝，不奉詔，當以不敬論；不察廉，不勝任也，當
免。奏可。』

據漢書武帝紀，用居延漢簡校。

從此以後，漢代察舉制度的規模，可以說從此大定。以後西漢各朝以及東漢各朝雖
然有所修正增改，但其中的大致範圍大致不能超出武帝時代了。

　　武帝紀元朔五年，制詔補博士弟子，郡國縣官有好文學，敬長上，肅政教，
順鄉里，出入不悖。所聞令相長丞尉屬所二千石，二千石謹察可者令與計偕
詣太常，得受業如弟子。

　　元狩三年，舉吏民能假貸貧民者以名聞。

　　元封五年，令州郡察茂材異等者。

　　孝昭始元元年，詔曰：地震於隴西郡……丞相御史中二千石舉茂材異等直言
極諫之士，朕狩親覽焉。

　　孝昭始元五年，令郡國舉賢良文學高第各一人。

　　宣帝紀本始元年，詔郡國舉文學高第各一人。

　　宣帝紀本始四年，詔舉賢良方正。

　　宣帝紀元康元年，舉吏民厥身修正，通文學明先王之術，宣究其意者。

　　宣帝紀地節三年，令郡國舉賢良方正，可親民者，舉孝有行義，聞於鄉里者

一人。

宣帝紀元康四年，詔舉茂材異論之士。

宣帝紀神爵四年，令內郡國舉賢良可親民者各一人。

元帝紀永光元年，詔丞相舉質樸，敦厚，遜讓，有行者，光祿歲以此科第郎從官。注師古曰：『始令丞相御史舉此四科人以擢用之。而見在郎及從官，又令光祿每歲依此科考校，定其第之高下用知其人之賢否也。』

齊召南考證曰，『案所云舉光祿四行者，即起於此。後漢書吳祐以光祿四行遷膠東侯相，注引漢官儀四，「淳厚，質樸，遜讓，節儉也。」』

元帝紀初元三年，詔丞相御史舉天下明災異者各三人。

元帝紀建昭四年，詔曰遣陳大夫二十一人，循行天下，存問耆老鰥寡孤獨乏困失職之人，舉茂材立之士。

成帝紀建始二年，詔三輔內舉賢良方正各一人。

成帝紀建始三年，詔臣相御史與將軍列侯中二千石，及內郡國舉賢良方正，直言極諫之士詣公車，朕將親覽焉。

成帝紀河平四年，日食，遣光祿大夫博士行濱河之郡，舉惇厚有行能直言之士。

成帝紀陽朔二年，奉使者不稱，詔丞相御史其與中二千石二千石難舉可充博士信者使卓然可觀。

成帝紀鴻嘉三年，詔舉敦厚有行義能直言者。

成帝紀永始三年，日食，遣大中大夫嘉等循行天下，存問耆老，民所疾苦，其與部刺史舉惇樸遜讓有行義者各一人。

成帝紀元延元年，詔以日食星隕，北邊二十二　舉勇猛知兵法者各一人。

哀帝紀建平元年，詔大司馬，列侯，中二千石，州牧，守相，舉孝悌，惇厚，能直言，通政子，延於側陋可親民者各一人。

哀帝紀建平四年，詔將軍中二千石，舉明兵法有大慮者。

平帝紀元始元年，日食，大赦天下。公卿將軍中二千石舉敦厚能直言者各一人。

平帝紀元始二年，秋，舉勇武有節，明兵法者，郡一人，詣公車。

平帝紀元始二年，冬，詔中二千石舉治獄平，歲一人。

平帝紀元始五年，召天下通知逸經、古記、天文、歷算、鍾律、小學、史
篇、方術、本草、及其論語、孝經、爾雅教授者，在所好駕一封軺傳，遣詣
京師。至者數十人。

王莽傳，始建國三年，莽曰：『百官改定，職事分移，律令儀法，未及悉
定；且因漢律令儀法以從事。公卿大夫諸侯二千石，舉吏民有德行，通政
事，能言者，明文學者各一人，詣王路四門。』

王莽傳，天鳳三年，復令公卿大夫諸侯二千石，舉四行各一人。

至於在後漢時代的，尚有以下的各條：

光武紀，建武六年，詔舉賢良方正各一人。

光武紀，建武十二年，詔三公舉茂材各一人；監察御史司隸州牧歲舉茂材一
人。

續漢百官志引漢官儀光武詔云：『方今選舉才能，朱紫錯用。丞相故事，四
科取士。……自今以後，審四科舉臣及刺史二千石，察茂材孝廉　吏務盡實
覈選，擇英俊賢廉潔平端於縣邑，務授試以職，有非其人，臨計過署，不便
習官事，書疏不端正，不如詔書，有司奏罪名，並正舉者。』

章帝紀建初元年，所徵舉率皆特拜，不復簡試；士或矯飾，謗讟漸生。詔曰：『夫鄉舉
里選，必累功勞；今刺史守相，不明真偽；茂材孝廉，歲以百數；既非能
顯，而當授以政事，甚無謂也。每尋前世，舉人貢士，或起畎畝；不繫閥
閱，敷奏以言，則文章可採，明試以功，則政有異迹。……其令太傅，三
公，中二千石，二千石郡國守相舉賢良方正能直言極諫之士各一人。』

章帝紀，元和二年，令郡國上明經者，口十萬以上五人，不滿十萬三人。

和帝紀，永元五年，詔『郡國舉吏，不加簡擇。故先帝明敕在所，令試之以
職。乃得充選，又德行尤異，不須經職者，列署狀上。』

安帝紀，建光元年，令公卿特進，中二千石，二千石，郡國守相，舉有道之
士各一人。

安帝紀，元初元年，詔三公，特進，列侯，中二千石，郡守，舉淳厚，質直各一人。

安帝紀，永初二年，詔曰，『間者公卿郡國，舉賢良方正，遠求博選；開不諱之路，冀得至謀，以鑒不逮；而所對皆循尚浮言，無卓爾異聞。其有百僚及郡國吏人有道術，明習災異陰陽之度，璇璣之數者，各使指變以聞。二千石長吏明以詔書博衍幽隱，朕將親覽，待以不次。』

順帝紀，陽嘉元年。除郡國耆儒十九人，補郎舍人。

冲帝紀，永嘉元年，尚書令左雄議，考察舉之法，限年四十以上，儒者試經學，文吏試章奏。胡廣駁之，詔從雄議。

桓帝紀：卽位詔曰：『孝廉廉吏當典城，……所在翫習，遂至怠慢。……其令秩百石，十歲以上，有殊才異行，乃得參選，臧吏子孫，不得察舉。』

又：建和元年：『詔大將軍公卿校尉舉賢良方正能直言極諫者一人，……又詔大將軍公卿郡國舉至孝篤行之士各一人。』

靈帝紀，建寧元年詔郡國守相舉有道之士各一人。

從上面所舉出來的，可以知道自武帝以後關於選舉的詔令便逐漸繁多，到東漢以後選舉的事漸漸成了一個固定制度，變化較少了。

關於漢代察舉的淵源，以及漢武帝以後的詔令，具如上述，現在再分別討論察舉制度裏面的各種項目。

(甲)孝廉

孝廉一項是包括一個範圍極廣的詔舉。北堂書鈔設官部引漢官儀說：

『中興甲寅詔書：方今選舉，賢佞朱紫錯用。丞相故事，四科取士。一曰，德行高妙，志節清白。二曰，學通行修，經中博士。三曰，明達法令，足以決疑，能案章覆問，文中御史。四曰，剛毅多略，遭事不惑，明足以決，才任三輔令。——皆有孝悌，廉正之行。自今以後，察四科辟召，及刺史二千石，察茂才，尤異，孝廉之吏，務盡覈選，擇英俊賢行廉潔平端。於縣邑，務授事以職。有非其人，臨計過署。不便習官事，書疏不端正，不如詔書，

　　　有司奏罪名，並正舉者。』

這裏所說的丞相故事，當然指西漢時代曾經有丞相時的丞相府選人標準而言。這四項的標準，既然標出『皆有孝悌廉公之行』，當然是指選察孝廉的標準而說。但漢元帝永光詔令，已經明白指出爲：『質樸，敦厚，遜讓，有行』者。王莽時又改爲『德行，言語，政事，文學。』與此俱不類。可知光武帝指明是『丞相故事』，若不在永光之前詔書未頒布四條之時，便是在永光之後，更改永光的詔書而成的。但假如在永光以前，有此故事，至永光而廢，則此故事廢自西漢；光武應稱爲舊故事；只有永光以後故事，爲王莽所廢，光武方可認爲有效，不必稱『舊』，而直以故事稱之。因此對於此段，與其認爲武帝或昭宣兩帝所有，不如認爲永光以後，較爲適合些。

所以光武帝所說的『丞相故事』最可能的是西漢丞相府最後的故事，而西漢的丞相卻終止於哀帝時代。況且其中所舉的標準，綜核名實，法家的氣味相當重。很像武宣兩代的作風。若出自武宣以後，也止有哀帝時代比較近似些。史稱孝哀皇帝文辭博敏，幼有令聞。欲彊主威，以則武宣。所以這個『丞相故事』除武帝至宣帝時代以外，哀帝時代的可能是有相當的大。

　　　假若孝廉是按着這個標準來辟召，那和這四科有關的可以屬於以下各類：

　　　一、德行高妙，志節淸白：

　　　　　子，孝者，　丑，廉吏　寅，賢良方正。

　　　二、學通行修，經中博士：

　　　　　子，文學，　丑，明經，　寅，　博士。

　　　三、明達法令，足以決疑：

　　　　　明法。

　　　四、剛毅多略，遭事不惑，才任三輔縣令：

　　　　　治劇。

所以漢代的察舉，除去特殊的；（一）茂才異等，（二）尤異，以及臨時的特別需要，例如：（一）知兵法，（二）通陰陽災異，以外。雖與孝廉異科，但其標準亦略同於孝廉之選。自然，在武帝時代孝廉之選雖分作二科，但到了昭宣之後，已經

漸漸的固定。到哀帝時代便可能的確實歸入相關的四類。因此除在官的特殊的曰尤異，而民間特殊的曰茂才，凡是歲舉的都歸入孝廉一類了。

現在再按照孝者和廉吏幾種的詔舉，將漢書和後漢書中記載的，例舉在下面。

子　孝者

馮唐傳：『以孝著者郎中署長，』

周壽昌漢書注校補曰：『文紀，賜三老孝者人帛五匹，弟者人帛三匹。以後帝紀孝者弟者分別屢見。此孝著疑者之誤。薛宣傳云：「其令平陵薛恭本縣孝者，功次稍遷」，亦孝者遷官之一證。』王先謙漢書補注曰：『史記，郎中、中郎，集解引應劭曰此云孝子郎也。據應說，漢代自有以孝舉爲郎者，師古正用應義，王鳴盛以爲謬解，實不然也。』俞樾湖樓筆談四曰：『元光元年，初令郡國舉孝廉各一人；謂孝與廉各一人，非郡國各一人也。蓋漢制，有以孝舉者，有以廉舉者，故元朔元年有司議曰：「不舉孝當以不敬論，不察廉當免」是孝重於廉也。馮唐傳，「以孝著爲中郎署長」，孔廟置卒史碑：「乙君察舉守宅，除吏孔子十九世孫麟廉」並其證。』

薛宣傳：『頻陽縣北當上郡西河，爲數郡湊，多盜賊，其令平陵薛恭，本縣孝者。功次稍遷，未嘗治民，職不辦。而粟邑縣小，辟在山中，民謹樸易治。鉅鹿尹賞久郡用事吏，更爲樓煩長，舉茂材，遷在粟、宣卽以令奏賞與恭換縣，二人視事數日，而縣皆治。』

後漢書崔實傳：『桓帝初，詔公卿郡國舉至孝行之士，實以郡舉，徵詣公車，病不對策，除爲郎。』

後漢書荀爽傳：『延壽元年太常趙典舉爽至孝，拜郎中。』

山陽太守祝君碑『以孝貢察，實於王庭，除北海長史，潁川鄢令，』北海淳于長夏承碑『爲主簿督郵五官掾，功曹，上計掾，守令，冀州從事，……克讓有終，察孝不行，太傅胡公歆其德美，旌招俯就，羔羊在公。』

丑　廉吏

韓信傳：『無行，不得推擇爲吏。』

注：李奇曰『無善行可推舉選擇也』。沈欽韓疏證曰：『管子小匡篇：「鄉
長修德進賢，名之曰三選，罷士無伍，」莊子達生篇：「孫休賓於鄉里，
逐於州郡，」韓非問田篇：「公孫亶回聖相也，而關於州郡。」楚策：「汗
明見春申君曰，僕之不肖，阨於州郡。」此戰國以來選舉之法。信以無
行，故不得推擇也。』

趙廣漢傳：『舉茂材，平準令，察廉爲陽翟令。』

張敞傳：『本以卿有秩補太子卒史，察廉補甘泉倉長。』

蕭望之傳：『以御史屬廉爲太常治禮丞。』

宣帝紀：『黃龍元年詔曰，舉廉吏誠欲得其眞也。吏六百石位大夫，有罪先
請，秩祿上通，足以效其賢材，自今以來毋得舉。』

黃霸傳：『補馮翊二百石卒史⋯⋯使領郡錢穀計，簿書正，以廉稱，補河東
均輸長。』

薛宣傳：『以大司農計食屬察廉補不其丞⋯⋯察宣廉遷樂浪都尉丞，幽州刺
史舉茂材，爲宛句令。』

薛宣傳：『池陽縣舉廉吏獄掾王立，府未及召，聞立受囚家錢，宣責讓縣，
縣案驗獄掾，乃其妻獨受繫者萬六千，受之再宿，掾實不知。掾慚恐自殺。
宣聞之，移書池陽縣曰：「縣所舉獄掾王立，私受賕而立不知，殺身以自
明，立誠廉士，甚可閔惜。其以府決曹掾書立之柩以顯其魂。」』

朱博傳：『時諸陵屬太常，博以太常掾察廉補安陵丞。』

王嘉傳：『以明經射策甲科爲郎，免。⋯⋯光祿勳于永除爲掾，察廉補南陵
丞，復察廉爲長陵尉。』

嚴延年傳：『延年察吏廉，有臧不入身，延年坐選舉不實，貶秩；笑曰：「後
敢復有舉人者矣」。』

尹賞傳：『以郡吏察廉爲樓煩長，舉茂材粟邑令。』

平當傳：『以大鴻臚文學察廉爲順陽長枸邑令。』

後漢書班彪傳：『彪後辟司徒玉況府⋯⋯後察司徒廉，爲望都長。』

北軍中候郭君碑：『三辟將軍府，徵書棐棐，貞亮直方，審審衎衎，忠信可

結；義然後諫。舉廉，比陽長。』

溧陽長潘乾校官碑：『溧陽長潘君，………除曲阿尉，………察廉除前，初厲清肅。』

孔廟置百石卒史碑：『乙君察舉守宅，除吏孔子十九世孫麟廉，請置百石卒史一人。』

寅　孝廉

武帝紀：『元光元年冬，初令郡國舉孝廉一人。』（1）

武帝紀：『元朔元年詔曰………其與中二千石，禮官，博士，議不舉者罪。有司奏議曰：…今詔書昭先帝聖緒，令二千石舉孝廉，所以化元元，移風易俗也。不舉孝，不奉詔，當以不敬論；不察廉，不勝任也，當免，奏可。』
（2）

路溫舒傳：『署決曹史，又受春秋，通大義；舉孝廉，爲山邑丞。』（3）

王吉傳：『王吉字子陽，琅邪皐虞人也。少時學明經以郡吏舉孝廉爲郎，補若盧丞。』『初吉兼通五經，………好梁丘賀說易，令子駿受焉，駿以孝廉爲郎。』（4）

蓋寬饒傳：『明經爲郡文學，以孝廉爲郎，舉方正，對策高第，遷諫大夫。』
（5）

劉輔傳：『河間宗室也，舉孝廉爲襄賁令。』（6）

楊雄傳：『解嘲曰………鄉使上司之士處虖今。策非甲科，行非孝廉，舉非方正；獨可抗疏時道是非，高得待詔，不報閒罷，又安得青紫。』（7）

杜鄴傳：『其母張敞女，鄴狀從敞子吉學問，得其家書，舉孝廉，爲郎。』
（8）

師丹傳：『治詩，舉孝廉爲郎，元帝末爲博士。』（9）

京房傳『治易以孝廉爲郎。』(10)

孟喜傳：『從曰王孫受易，………舉孝廉爲郎，曲臺署長。』(11)

後漢書趙孝王良傳：『平帝時舉孝廉，爲蕭令。』(12)

魏霸傳：『世有禮義，霸少喪親，兄弟同居，鄉里慕其雍和。建初中，舉孝

廉，八遷，和帝時爲鉅鹿太守。』(13)

章彪傳：『高祖賢，宣帝時爲丞相；祖賞，哀帝時爲大司馬。彪孝行純至，父母卒，哀毀三年不出廬。服竟羸瘠骨立，醫療數年乃起。好學洽聞，雅稱儒宗。建武末舉孝廉，除郎中，以病免。』(14)

馮衍傳：『子豹，豹字仲文。年十二，母爲父所出，後母惡之，嘗因豹夜寐，欲行毒害，豹逃走得免。敬事愈謹，而母疾之益深，時人稱其孝。長好儒學以詩春秋教麗山下，鄉里爲之禮曰：「道德彬彬馮仲文。」舉孝廉拜尚書郎。』(15)

鮑昱傳：『子昂………有孝義節………仕郡舉孝廉，稍遷金城太守。』(16)

郅惲傳：『客居江夏教授，郡舉孝廉爲東門候。………子壽時善文章，以廉稱，舉孝廉，再遷冀州刺史。』(17)

賈琮傳：『舉孝廉，再遷爲京兆令。』(18)

鄭弘傳：『從祖吉，宣帝時爲西域都護。弘少爲鄉嗇夫，太守第五倫行春，見而深奇之，召署督郵。舉孝廉。』(19)

周章傳：『初仕郡爲功曹，時大將軍竇憲免，封冠軍侯，就國。章從太守行春，到冠軍。太守猛欲謁之………章拔佩刀絕馬鞅，於是乃止，及憲被誅，公卿以下多以交關得罪。太守幸免，以此重章，舉孝廉，六遷爲五官中郎將。』(20)

張霸傳：『年數歲而知孝讓………鄉人號爲張曾子。七歲通春秋，………後就長水校尉樊儵受嚴氏春秋，遂博覽五經。諸生孫林，劉固，段著等慕之。各市宅其傍以就學焉。舉孝廉，光祿主事。』(21)

桓典傳 桓焉孫：『復傳其家業，以尚書教授潁川，門徒數百人，舉孝廉爲郎。』(22)

桓鸞傳：『焉弟子也。少立操行，褞袍精食，不求盈餘，以世濁，州郡多非其人，恥不肯仕，年四十餘，太守向苗有名迹，乃舉奢孝廉，遷爲膠東令。』(23)

桓曄傳 鸞子：『尤修志介。………賓客從者祇其志行，一餐不受於人。仕爲

郡功曹，後舉孝廉，有道方正茂材，三公並辟，皆不應。』(24)

丁鴻傳：『時大郡五六十萬舉孝廉二人，小郡口二十萬並有蠻夷者亦舉二人，帝 和帝 以爲不均，下公卿會議，鴻與司徒劉方上言。凡口率之科，宜有階品，蠻夷錯雜不得爲數。 自今郡國率二十萬口歲舉孝廉一人，四十萬二人，六十萬三人，八十萬四人，百萬五人，百二十萬六人，不滿二十萬二歲一人，不滿十萬三歲一人。帝從之。』(25)

馮緄傳：『父煥，安帝時爲幽州刺史。疾忌姦惡，數致其罪。時玄菟太守姚光亦失人和。建光元年怨者乃詐作璽書譴責煥光，賜以歐刀。又下遼東都尉龐奮使遼行刑。奮卽斬光，收煥，煥欲自殺。緄疑詔文有異，止煥曰：「大人在州，志欲惡去，實無他故，必是凶人妄詐，規肆姦毒，願以事自上，甘罪無晚，煥從其言，上書自訟，果詐者所爲，徵奮抵罪……緄由是知名，家富好施，賙赴窮急，爲鄉里所歸受，初舉孝廉，七遷爲廣漢屬國都尉。』注引謝承書曰：『緄子鸞，舉孝廉，除郎中。』(26)

楊璇傳：『父扶，交阯刺史，有理能名……璇初舉孝廉，稍遷，靈帝時爲零陵太守。』(27)

趙孝傳：『父普，王莽時爲田禾將軍。……州郡辟召，進退必以禮，舉孝廉，不應。永平中，辟太尉府。』(28)

淳于恭傳：『王莽末，歲饑，恭兄崇將爲盜所烹。恭請代，得與俱免。……初遭賊寇，百姓莫事農桑，恭常獨力田耕，……後州郡速召不應。遂幽居養志，潛於山澤，舉動周旋，必由禮度。建武中。舉孝廉，司空辟，皆不應。』(29)

江革傳：『少失父。……遭天下亂盜賊並起，革負母逃難，備經阻險，常採拾以爲養。……轉客下邳，貧窮裸跣行備以供母，便身之物，莫不必給。建武末年，與母歸鄉里，每至歲時，縣當案比。革以母老，不欲搖動。自在轅中輓車，不用牛馬。由是鄉里稱之曰江巨孝。……永平初，舉孝廉爲郎。補楚太僕，自劾去。』(30)

周磐傳：『祖父業，建武初爲天水太守。磐少游京師學古文尙書，洪範五

行，左氏傳。好禮有行，非典謨不言。諸儒宗之。居貧養母，儉薄不充，嘗
誦詩至汝墳之卒章。慨然而歎，乃解韋帶應孝廉之舉。和帝初，拜謁者，除
任城長。』(31)

趙咨傳：『父暢，爲博士。咨少孤，有孝行，州郡召舉孝廉，並不就。延熹
元年，大司農陳豨舉咨至孝有道，仍遷博士。靈帝初，太傅陳蕃，大將軍竇
武爲宦官所誅，咨乃謝病去。太尉楊賜特辟，使飾巾出入，請與講議，舉高
第，遷敦煌太守，以病免。……徵拜議郎。……復拜東海相，之官，道經滎
陽，令敦煌曹暠咨之故孝廉也，迎路謁候，咨不爲留。暠送至亭次，望塵不
及。謂主簿曰，「趙君名重，今過界不見，必爲天下笑。」卽棄印綬追至東
海，謁咨畢，辭歸家，其爲時人所貴如此。』(32)

第五倫傳：『爲鄉嗇夫，平徭賦，理怨結，得人歡心……客河東……鮮于褒
故高唐令 薦之於京兆尹閻興，興卽召倫爲主簿。……建武二十七年舉孝廉，
補淮陽國醫工長。』(33)

鍾離意傳：『少爲郡督郵，時部縣亭長有受人酒禮者，府下記案考之。意封
還記入言太守曰：「春秋先內後外，詩云刑於寡妻，至於兄弟，以御於家
邦。明政化之本，由近及遠。今宜先清府內，且闊略遠縣細微之愆。太守甚
賢之，遂任以縣事。建武十四年，會稽大疫，死者萬數，意獨身自隱親，經
給醫藥，所部多蒙全濟。舉孝廉，再遷辟大司徒侯霸府。』(34)

宋意傳：『父京，以大夏侯尚書教授。至遼東太守。意少傳父業。顯宗時舉
孝廉，以召對合旨，擢拜阿陽侯相。』(35)

寒朗傳：『博通書傳，以尚書教授，舉孝廉。永平初，以謁者守侍御史。』
(36)

朱穆傳：『年五歲，便有孝稱。父母有病，輒不飲食，差乃復常。及壯，耽
學，銳意講誦，或時恩至，不自知忘失衣冠，……初舉孝廉，順帝末，江淮
盜賊羣起，州郡不能禁。或說大將軍梁冀，……冀乃辟之。舉穆高第爲侍御
史。』(37)

樂恢傳：『爲功曹，選舉不阿，請託無所容。同鄉楊政數衆毀恢，後舉政子

爲孝廉，由是鄉里歸之。』(38)

張禹傳：『父歆………終於汲令，………禹性篤厚節儉，父卒，汲吏人賻送，前後數百萬，悉無所受。又以田宅推與伯父，身自寄止。永平八年舉孝廉。稍遷，建初中拜揚州刺史。』(39)

徐防傳：『祖父宣爲講學大夫，以易教授王莽。父憲，亦傳宣業。防少習父祖學，永平中舉孝廉，除爲郎。』(40)

張敏傳：『建初二年舉孝廉，四遷，五年爲尚書。』(41)

胡廣傳：『六世祖剛，清高有志節。………父貢，交阯都尉。廣少孤貧，親執家苦。長大隨輩入郡爲散吏，太守法雄之子眞，從家來省其父。眞頗知人，會歲終應舉。雄勑眞求眞才。雄因大會諸吏，眞自牖間密占察之，乃指廣以白雄，遂舉孝廉。既到京師，試以章奏，安帝以廣爲天下第一，旬月拜尚書。』(42)

袁安傳：『祖父良習孟氏易，平帝時舉明經爲太子舍人，建武初至成武令。安少傳良學，爲人嚴重有威，見敬於鄉里。初爲縣功曹，奉檄詣從事，從事因安致書於令。安曰：「公事自有郵驛，私請則非功曹所持」。辭不肯受。從事懼然而止。後舉孝廉，除陰平長，任城令。』注引汝南先賢傳曰：『時大雪，積地丈餘。令自出案行，………令人除雪入戶，見安僵臥，問何不出。曰：「大雪，人皆餓，不宜干人。」令以爲賢，舉爲孝廉也。』(43)

應奉傳：『曾祖父順………和帝時爲河南尹將作大匠，十子皆有才學。………奉少聰明………舉茂才………拜武陵太守，………子劭………少博覽多聞，靈帝時舉孝廉，辟車騎將軍何苗掾。』(44)

霍諝傳：『少爲諸生明經，有人誣謂舅宋光於大將軍梁商………諝年十五，奏記於商，………商高諝才，卽爲奏原光罪。由是顯名，仕郡舉孝廉，稍遷金城太守。』(45)

陳祥傳：『仕郡功曹察孝廉，州辟治中從事………車騎將軍鄧騭聞而辟焉，舉茂才。』(46)

龐參傳：『初仕郡，河南尹龐奮見而異之，舉爲孝廉，拜左校令。』(47)

陳蕃傳：『少有志氣，永建中舉孝廉，五遷五原太守。』(48)

橋玄傳：『七世祖仁，從同郡戴德學，著禮記四十九篇號爲橋君學，成帝時爲大鴻臚，祖父基，廣陵太守，父肅東萊太守。玄少爲縣功曹。時豫州刺史周景行部到梁國，玄謁景，因伏地言陳相羊昌罪惡。乞爲部陳從事，窮案其姦。景壯玄意而遣之。玄到悉收昌賓客，具考臧罪。昌素爲大將軍梁冀所厚。冀爲馳檄救之。景承旨召玄，玄還檄不發，案之益急。昌坐檻車徵。玄由是著名，舉孝廉，拜洛陽左尉。』(49)

周燮傳：『專精禮易，不談非聖之書，不修賀問之好。………舉孝廉，賢良方正特徵，皆以疾辭。』(50)

黃憲傳：『世貧賤父爲牛醫，………舉孝廉，五辟公府………暫到京師而還。』(51)

楊彪傳：『少傳家學，舉孝廉，州舉茂才，辟公府，皆不應，熹平中以博習舊聞，公車徵拜議郎。』(52)

張綱傳：『少明經學，雖爲公子，而屬布衣之節。舉孝廉，不就，司徒高第辟爲御史。』(53)

王龔傳：『世爲豪族，初舉孝廉，稍遷青州刺史。』(54)

王暢傳：『少以清實爲稱，無所交黨；初舉孝廉，辭不就，大將軍梁商特辟，舉茂才，四遷尚書令。』(55)

种暠傳：『始爲縣門下史，時河南尹田歆外甥王諶名知人，歆謂之曰：「今當舉六孝廉，多得貴戚書命，不能相違。欲自用一名士，以報國家，爾助我求之。」明日諶送客於大陽郭，遙見暠，異之。還報歆曰：「爲尹得孝廉矣，近洛陽門下史也。」歆笑曰：「當得山澤隱滯，近洛陽吏耶？」諶曰：「山澤不必有異士，異士不必在山澤。」歆即召暠於庭，辯詰職事，暠辭對有序，歆甚知之。召署主簿，遂舉孝廉，辟太尉府，舉高第。』(56)

种岱傳：『好學養志，舉孝廉，茂才，辟公府，皆不就，公車特徵，病卒。』(57)

陳球傳：『少涉儒學，好律令，陽嘉中，舉孝廉，稍遷繁陽令。』(58)

杜根傳：『根性方實，好絞直，永初元年舉孝廉，爲郎中。』(59)

劉陶傳：『濟北貞王勃之後。………游太學，………從陶舉孝廉除順陽長。』(60)

李雲傳：『性好學，善陰陽，初舉孝廉，再遷白馬令。』(61)

傅燮傳：『再舉孝廉，聞舉郡將喪，乃棄官行服，後爲護軍司馬，與左中郎將皇輔嵩俱討賊張角。』(62)

又：『初郡將范津明知人，舉燮孝廉，及津爲漢陽與燮交代，合符而去，郷拜榮之。』(63)

蓋勳傳：『家世二千石，初舉孝廉，爲漢陽長史。』(64)

臧洪傳：『以父功拜童子郎，知名太學，洪禮貌魁梧，有異姿，舉孝廉，補即丘長。』(65)

張衡傳：『祖父堪，蜀郡太守。衡少善屬文，游於三輔，因入京師，觀太學，遂通五經，貫六藝。………永元中，舉孝廉，不行。連辟公府，不就。………公車特徵，拜郎中。』(66)

左雄傳：『安帝時，舉孝廉，稍遷冀州刺史。』(67)

又：『雄又上言，「今之孝廉，古之貢士。出則宰民，宜協風教。若其面牆，則無所施用。孔子曰：四十而不惑，禮稱強仕。請自令孝廉，年不滿四十，不得察舉。皆先詣公府，諸生試家法，文吏課牋奏，副之端門，練其虛實。以觀異能，以美風俗。有不承科令者，正其罪罰。若有茂才異能，自可不拘年齒。」帝從之。於是班下郡國。明年有廣陵孝廉徐淑年未及舉。臺郎疑而詰之，對曰：「詔書曰有如顏回子奇，不拘年齒。是故本郡以臣充選。」郎不能屈。雄詰之曰：「昔顏回聞一知十，孝廉聞一知幾耶？」淑無以對，乃譴卻郡。於是濟陰大守胡廣等十餘人皆坐謬舉免黜，唯汝南陳蕃，潁川李膺，下邳陳球等三十餘人得拜郎中，自是牧守畏慄，莫敢輕舉。』又黃瓊傳云：『瓊以前左雄所上孝廉之選，專用儒學文吏，於取士之義猶有遺，乃奏增孝悌及能從政者爲四科，事竟施行。』(68)

周紆傳：『以父任爲郎，自免歸。後太守舉孝廉，復以疾去。』(69)

荀爽傳：『延熹元年太常趙典舉爽至孝，拜郎中。對策陳便宜曰：「………漢制使天下誦孝經，選吏舉孝廉。………」』(70)

李固傳：『少好學，常步行尋師不遠千里 注引謝承書曰……追師三輔，學五經積十餘年 司隸益州並命，郡舉孝廉，辟司空掾，皆不就。』(71)

杜喬傳：『少爲諸生，舉孝廉，辟司徒楊震府，稍遷爲南郡太守。』(72)

吳祐傳：『父恢爲南海太守……及年二十，喪父，居無擔石，而不受贍遺。常牧豕於長垣澤中。行吟經書。………後舉孝廉。將行，郡中爲祖道，祐越壇共小史雍丘黃直語移時，與結交而別。功曹以祐倨請黜之。太守曰：「吳季英有知人之明，卿且自言。」眞後亦舉孝廉，除新蔡長，世稱其清節。………祐以光祿四行遷膠東侯相。』(73)

延篤傳：『少從潁川唐谿典受左氏傳，旬日能諷誦之，典深敬焉。又從馬融受業博通經傳及百家之言，能著文章，有名京師舉孝廉，爲平原侯相。』(74)

史弼傳：『遷河東太守。補一切詔書當舉孝廉。弼知多權貴請託。乃豫勑斷絕書屬。中常侍侯覽果遣諸生齎書請之。并求假鹽稅，積日不得通。生乃說以它事謁弼而因達覽書。弼乃大怒曰：「太守忝荷重任，當選士報國，爾何人而僞詐無狀，命左右引出，楚捶數百………遂付安邑獄，即自考殺之。侯覽大怒，遂詐作飛章下司隸誣弼謗訕，檻車徵。吏人莫敢近者，惟前孝廉裴瑜送到崤澠之間。………及下廷尉詔獄，平原吏人奔走詣闕送之。又前孝廉魏劭毀變形服詐爲家僮瞻護於弼。弼遂受誣，事當棄市。劭與同郡人賣郡邸，行賂於侯覽，得減死一等，論輸左校。………裴瑜位至尚書。」』(75)

段潁傳：『西域都護會宗之從曾孫者。潁少便弓馬，尚遊俠，輕財賄。長乃折節好古學。初舉孝廉，爲憲陵園丞，陽陵令。』(76)

陳蕃傳：『初仕郡，舉孝廉，除郎中。』(77)

陳蕃傳：『時零陵桂陽山賊爲害，公卿議遣討之。又詔下州郡，一切皆得舉孝廉茂才。蕃上疏駁之曰：「昔高帝創業，萬邦息肩，撫慕百姓，同之赤子。今二郡之人亦陛下之赤子也。致令赤子爲害，豈非所在貪虐使其然乎？宜嚴勑三府，隱覈牧守令長，其有在政失和，侵暴百姓者，即便舉奏。………又三署郎吏二千餘人，三府掾屬過限未除。但當擇而授之，簡惡而去之，豈

煩一切之詔，以長請屬之路乎？」以此忤左右，故出爲豫章太守。』(78)

李膺傳：『祖父脩安帝時爲太尉，父益趙國相。膺性簡亢，無所交結，唯以同郡荀淑陳寔爲師友。初舉孝廉。爲司徒胡廣所辟，舉高第，再遷青州刺史。』(79)

劉祐傳：『中山安國人也。 注引謝承書曰：「祐宗室肩緒，代有名位。少修操行，學嚴氏春秋，小戴禮，古文尙書，仕郡爲主簿」 初察孝廉，補尙書侍郞。』(80)

宗慈傳：『舉孝廉，九辟公府，有道徵，不就。』(81)

巴肅傳：『初察孝廉，歷愼令，貝丘長。』(82)

范滂傳：『少厲清節，爲鄕里所服。舉孝廉，光祿四行 注漢官儀曰，「光祿舉敦厚，質樸，遜讓，節儉，是爲四行也。」 時冀州饑荒，盜賊羣起，乃以滂爲淸詔使案察之。……其所舉奏，莫不壓塞衆議，遷光祿勳主事。』(83)

尹勳傳：『家世衣冠，伯父睦爲司徒，兄頌爲太尉，宗族多居貴位者，而勳特持清操，不以地執尙人。州郡連辟，察孝廉，三遷邯鄲令。』(84)

蔡衍傳：『少明經，講授，以禮讓化鄕里，有爭訟者，輒詣衍決之。其所平處，皆曰無怨，舉孝廉，稍遷冀州刺史。』(85)

羊陟傳：『太山梁父人也。家世衣冠族，陟少清直有孝行，舉孝廉辟太尉李固府。』(86)

陳翔傳：『祖父珍，司隸校尉。少知名，善交結。舉孝廉，太尉周景辟舉。高第，拜侍御史。』(87)

范康傳：『少受業太學，與郭林宗親善，舉孝廉，再遷潁陰令。』(88)

檀敷傳：『少爲諸生，家貧而志清，不受鄕里施惡，舉孝廉，辟公府，皆不就。』(89)

劉儒傳：『郭林宗常謂儒口訥心辯，有珪璋之質，察孝廉，舉高第，三遷侍中。』(90)

賈彪傳：『少游京師，志節慷慨，與同郡荀爽齊名，初仕州郡，舉孝廉，補新息長。』(91)

鄭太傳：『司農衆之曾孫也，少有才略。靈帝末，知天下將亂，陰交豪傑。

家富於財，有田四百頃，而食常不足。名聞山東。初舉孝廉，三府辟，公車
徵，皆不就。』(92)

符融傳：『遊太學，師事少府李膺……融益知名，州郡禮請，舉孝廉，辟公
府，皆不應。』(93)

荀彧傳：『朗陵令淑之孫也。父緄爲濟南相，緄畏憚宦官，乃爲彧娶中常侍
唐衡女，彧少有才名，故得免於譏議。南陽何顒名知人，見彧而異之曰：
「王佐才也」。中平元年舉孝廉，再遷亢父令。』(94)

皇甫嵩傳：『度遼將軍規之兄子也。父節，雁門太守。嵩少有文武志，好詩
書，習弓馬，初舉孝廉，茂才；太尉陳蕃，大將軍竇武，連辟不到。靈帝公
車徵爲議郎。』(95)

朱儁傳：『少孤，母常販繒爲業，儁以孝養致名，爲縣門下書佐。好義輕
財，鄉閭敬之。……本縣長度尚見而奇之，薦於太守韋毅，稍歷郡職。太守
尹端以儁爲主簿，熹平二年，端坐討賊許昭失利爲州所奏，罪應棄市。儁乃
羸服間行，輕齎數金，賂主章吏，逐得刊定州奏，故端得輸左校。端喜於降
免，而不知其由，儁亦終無所言。後太守徐珪舉孝廉，再遷蘭陵令。』(96)

劉虞傳：『祖父嘉，光祿勳。注謝承書曰：「虞父舒，丹陽太守，虞通五經，東海王恭之
後。」初舉孝廉，稍遷幽州刺史。』(97)

公孫瓚傳：『家世二千石，瓚以母賤，遂爲郡小吏。……後從涿郡盧植學於
緱氏山中，略見書傳，舉上計吏。太守劉君坐事檻車徵，官法不聽吏下親
近。瓚乃改容服，詐稱侍卒，身執徒養，御車到洛陽。太守當徙日南，瓚具
豚酒於北芒上，祭辭先人。酹觴祝曰：「昔爲人子，今爲人臣。當詣日南，
日南多瘴氣，恐或不還，便當長辭墳塋。」慷慨悲泣，再拜而去，觀者莫不
歎息。既行，於道得赦，瓚還郡，舉孝廉，除遼東屬國長史。』(98)

陶謙傳：『少爲諸生，仕州郡。』注吳書曰：「陶謙察孝廉，拜尚書郎，除
舒令」。』(99)

袁術傳：『司空逢之少子也。少以俠氣聞，數與諸公子飛鷹走狗。後頗折
節。舉孝廉。遷至河南尹。』(100)

許荊傳：『祖父武，太守第五倫舉爲孝廉，武以二弟晏普未顯，欲令成名，乃讓之曰：「禮有分異之義，家有別居之道」於是共割財產，以爲三分。武自取肥田廣宅，奴婢彊者。二弟所得並悉劣少。鄉人皆稱弟克讓而鄙武貪婪。晏等於此並得選舉。………位至長樂少府。荊少爲郡吏。兄子世嘗報讎殺人怨者操兵攻之，荊聞，乃出門逆怨者，跪而言曰；「世前無狀相犯，咎皆在荊，不能訓導。兄旣早歿，一子爲嗣，如令死者傷其滅絕，願殺身代之。」怨家扶起荊曰：「許掾郡中稱賢，吾何敢相侵？」因遂委去，荊名益著。太守黃兢舉孝廉，和帝時稍遷桂陽太守。』(101)

孟嘗傳：『其先三世爲郡吏，並伏節死難。嘗少修操行，仕郡爲戶曹史。………後察孝廉，舉茂才，拜徐令。』(102)

第五訪傳：『少孤貧，常傭耕以養兄嫂。有閒暇則學文，仕郡爲功曹。察孝廉，補新都令。』(103)

劉矩傳：『叔父光順帝時爲司徒。矩少有高節，以叔父遼未得仕進，遂絕州郡之命，太尉朱寵，太傅桓焉嘉其志義，故叔遼以此爲諸公所辟，拜議郎。矩乃舉孝廉，稍遷雍丘令。』(104)

劉寵傳：『父丕，博學，號爲通儒，寵少受父業，以明經舉孝廉，除東平陵令。』(105)

陽球傳：『家世大姓冠蓋，球乃擊劍習弓馬，性嚴厲，好申韓之學。郡吏有辱其母者，球結少年數十人殺吏滅其家，由是知名。初舉孝廉，拜尙書侍郎。』(106)

劉昆傳：『平帝時受施氏易於沛人戴賓………王莽世教授弟子恆五百餘人………建武五年，舉孝廉，不行，遂逃教授於江陵。光武聞之，卽除爲江陵令。』(107)

包咸傳：『少爲諸生受業長安，師事博士右師細君習魯詩論語。………住東海立精舍講授。光武卽位，乃歸鄉里，太守黃讜署戶曹史。………舉孝廉，除郎中。』(108)

楊仁傳：『學習韓詩………靜居教授。仕郡爲功曹，舉孝廉，除爲郎。』(109)

董鈞傳：『習慶氏禮……元始中舉明經，遷廩犧令。病去官。建武中，舉孝廉。辟司徒府。』(110)

張玄傳：『少習顏氏春秋，兼通數家法律。………初爲縣丞，………去官。舉孝廉，除爲郎。』(111)

服虔傳：『少以清苦，建志入太學受業。有雅才，善著文論，作春秋左氏解。行之至今。………舉孝廉，稍遷，中平末拜九江太守。』(112)

潁容傳：『博學多通，善春秋左氏，師太尉楊賜。郡舉孝廉，州郡，公車徵皆不就。』(113)

許愼傳：『少博學經籍。………時人爲之語曰：「五經無雙許叔重」，爲郡功曹，舉孝廉，再遷，除汶長。』(114)

葛龔傳：『和帝時以善文記知名，性慷慨壯烈，勇力過人，安帝永初中舉孝廉，爲太官丞。』(115)

崔琦傳：『少遊學京師，以文章博通稱。初舉孝廉爲郎。』(116)

劉梁傳：『善屬文 舉孝廉，除北新城長。』(117)

高彪傳：『家本單寒，至彪爲諸生，遊太學，有雅才而訥於言。………後郡舉孝廉，試經第一，除郎中。』(118)

劉茂傳：『少孤，獨與母居，家貧，以筋力致養，孝行著於鄉里。及長能習禮經教授常數百人。哀帝時察孝廉，再遷五原屬國候。』(119)

周嘉傳：『嘉仕郡爲主簿，王莽末，羣賊入汝陽城。嘉從太守何敞討賊，敞爲流矢中，郡兵奔北，賊圍繞數十里，白刃交集，嘉乃擁敞，以身扞之。因呵賊曰：「卿曹皆人數也，爲賊既逆，豈有還害其耶？」………羣賊於是兩兩相視曰「此義士也」，給其車馬遣送之。後太守寇恂舉爲孝廉，拜尙書侍郎。(120)

戴封傳：『年十五詣太學師事鄭令申君。………時同學石敬平溫病卒，封養視殯斂，以所齎糧市小棺送喪到家更斂，見敬平行時書物皆在棺中，乃大異之。………後舉孝廉，光祿主事。』(121)

陳董傳：『少與同郡雷義爲友，俱學魯詩，顏氏春秋。太守張雲舉重孝廉，

重以讓義，前後十餘通記，雲不聽。義明年舉孝廉，重與俱在郎署。後與義俱拜尚書侍郎。』(122)

雷義傳：『初爲郡功曹，嘗擢善人，不伐其功 。……後舉孝廉 ，拜尚書侍郎。』(123)

戴就傳：『仕郡倉曹掾，楊鄉刺史歐陽歙奏太守成公浮減罪，遣部從事薛安案倉庫簿，領收就於錢塘縣獄，……安奇其壯節……太守劉寵舉就孝廉，光祿主事。』(124)

趙苞傳：『從兄忠爲中常侍，苞深恥其門族有宦官名勢，不與忠交通。初仕州郡，舉孝廉，再遷廣陵令。』(125)

向栩傳：『少爲書生，性卓詭不倫。……郡禮請辟舉孝廉，賢良方正 ，有道，公府辟皆不到。』(126)

劉翊傳：『家世豐產 ，常能周施而不有其惠。……河南种拂臨郡 ，辟爲功曹，翊以拂名公公子，乃爲起焉。……舉翊爲孝廉，不就。』(127)

王烈傳：『少師事陳寔，以義行稱，……察孝廉，三府並辟 ，皆不就。』(128)

謝夷吾傳：『少爲郡吏，學風角占候。太守第五倫擢爲督郵。……舉孝廉，爲壽張令。』(129)

李郃傳：『太守奇其隱德，召署曹史……郃歲中舉孝廉五遷尚書令。』(130)

公沙穆傳：『習韓詩公羊春秋 ，尤銳意思河洛推步之術 …… 後舉孝廉爲主事，遷繒相。』(131)

又：注引謝承書曰：『穆子孚，字允慈，亦爲善士，舉孝廉，尚書侍郎，召陵令，上谷太守也。』(132)

單颺傳：『以孤特清苦自立，明天官算術 ，舉孝廉 ，稍遷太史令侍中。』(133)

韓說傳：『博通五經，尤善圖緯之學，舉孝廉，……稍遷侍中。』(135)

華佗傳：『遊學徐土，兼通數經，曉養性之術。……沛相陳珪舉孝廉，太尉黃琬辟皆不就。』(136)

戴良傳：『良才既高達，而議論尙奇，多駁流俗，⋯⋯擧孝廉不就，再辟司空府，彌年不到，州郡迫之⋯⋯因逃入江夏山中。』(137)

姜詩妻傳：『詩事母至孝，妻奉順尤篤。⋯⋯永平三年，察孝廉。顯宗詔曰：「大孝入朝，凡諸擧者，一聽平之。」由是皆拜郎中。尋除江陽令。』(138)

敦煌長史武班碑：『州郡貪其高賢，□少請以□□歲擧□翼紫宮。』(139)

宛令李孟初神祠碑：『擧孝廉除□郎中。』(140)

泰山都尉孔宙碑：『少習家訓，治嚴氏春秋，緝熙之業既就，而閨闥之絲允恭，德音孔昭，遂擧孝廉，除郎中，都昌長。』(141)

執金吾丞武榮碑：『學優則仕，爲州書佐，郡曹史，主簿，督郵，五官掾，功曹，守從事。年三十六汝南蔡府君察擧孝廉，□□郎中，遷執金吾丞。』(142)

竹邑侯相張壽碑：『習父東光君業，兼綜六藝，博學多識，略涉傳記，矯取其用。股肱州郡，匡國達賢。⋯⋯擧孝廉，除郎中。』(143)

衛尉卿衡方碑：『仕郡辟州，擧孝廉，除郎中，卽丘侯相。』(144)

孝廉柳敏碑：『君父以孝廉除郎中，⋯⋯君追祖繼體，歷職五官功曹，守宕渠令。本初元年太守蜀郡□君復察擧君。』(145)

博陵太守孔彪碑：『孔子十九世之孫，穎川君之元子也　⋯⋯擧孝廉，除郎中，博昌長。』(146)

司隸校尉楊淮表記：『楊君厥諱淮，字伯邳，擧孝廉，尙書侍郎，上蔡雒陽令。⋯⋯弟諱弼字穎伯，擧孝廉，西鄂長。母憂去官，復擧孝廉，尙書侍郎，遷左丞，冀州刺史。』(147)

司隸校尉魯峻碑：『君則監營謁者之孫，修武令之子。體純穌之德，秉仁義之操，治魯詩，兼通顏氏春秋⋯⋯始仕佐職牧守敬憚恭儉，州里歸稱。擧孝廉，除郎中，謁者，河內太守丞。』(148)

郃陽令曹全碑：『君高祖父敏，擧孝廉，武威長史，巴郡朐忍令，張掖居延都尉。曾祖父述，孝廉，謁者，金城長史。夏陽令，蜀郡西部都尉。祖父

鳳，孝廉，張被鷹國都尉丞，隃糜侯相，金城西部都尉，北地太守。父瑻，
少貫名州郡，不幸早世，是以位不副德。君童齡好學，歂極瑟緯，無文不
綜，賢孝之性，根生於心。收養繼祖母，供事繼母，先意承志，存亡之敬，
禮無遺闕。是以鄉人爲之諺曰：「重親至歡曹景完」……歷郡右職，上計掾
史，仍辟涼州，常爲治中別駕……建寧二年，舉孝廉，除郎中，拜西域戊部
司馬。』(149)

封丘令王君碑王元賓：『敦詩悅禮，………兼業教授，門徒雲集，位極州郡，察
孝廉謁者。』(150)

成臯令任君碑任伯闈：『仕極州郡，察孝廉，除郎中。』(151)

北軍中侯郭君碑郭仲奇：『君惠兄竹邑侯相，次尚書侍郎，次濟北相順，弟臨
沂長，次徐州刺史，次中山相，次雒陽令，咸以孝廉，公府茂選。………君…
…三辟將軍府，舉廉比陽長。』(152)

從以上所舉的各條看來。『舉孝』『察舉』雖然和西漢末年以後的察舉『孝廉』，
不能說毫無關係。但到西漢的末年，可以顯看出來，『孝廉』已經自爲一科，由郡
守薦至朝廷。與『舉孝』所舉的孝，『察廉』所察的廉，已經並不相同了。至於『孝
弟力田』一目在呂后元年是二千石各一人，卽每郡一人。到文帝十二年詔說：『今
萬家之縣云無應令，豈實人情。』那就是到文帝時已經是每縣一人了。漢代孝廉之
舉，一直到東漢的亡，也未曾有過以縣爲標準的。卽在漢以後也未曾有那孝弟力田顯然
和孝廉不同，這是第一點。

其次，再就以『孝者』爲官的，照以前引到的來分析，也顯然和『孝廉』不同，
假如：

馮唐傳：『以孝著爲郎中署長。』

此處『以孝著』據周壽昌校當作『以孝者』與辭意尙無多大關係。主要的是以
『孝者』的資格爲郎呢？還是已經爲郎，再因『孝著』爲郎中署長呢？若已爲郎，
再因孝著爲署長，此與漢代孝廉制度不同，可以不論。若以『孝者』爲郎。那就是
史記馮唐列傳集解引應劭曰：『此云孝子郎也。』漢書張馮汲鄭傳顏師古注：『以
孝得爲郎中，而爲郎署之長也。』此言『以孝得爲郎中，』正和張釋之傳所說『以

—105—

貲得爲騎郎』同意。『以貲得爲騎郎』據漢書顏師古注如淳引漢注：『貲五百萬得爲常侍郎』，卽有相當的貲產，卽爲郎的一種資格，『以孝得爲郎中』是郡縣的『孝者』也是以爲郎的一種資格。自然，貲五百萬的，不盡都要爲郎，郡縣的孝者也不盡都要爲郎。這與漢代選舉孝廉爲郎的當然不同。況且馮唐以孝者爲郎，正是漢武帝元光元年察選孝廉以前的事，更可證明『孝著』或『孝者』和選舉孝廉不是一件事。又案薛宣傳：

> 『頻陽縣北當上郡西河，好數郡湊，多盜賊，其令平陵薛恭，本縣孝者，功次稍遷，未嘗治民。』

據漢書武帝紀元光元年，是『初令郡國舉孝廉各一人』可見孝廉是郡或國察舉，一直到東漢尚是這樣的。薛宣傳的『平陵薛恭』是『本縣孝者，功次稍遷』。顯然不是由郡察舉的。應當是憑着『孝弟力田』中的『孝者』資格爲吏。旣不是由郡察舉，當然不屬於『孝廉』之列。

所以西漢『孝者』的兩個例子，都和『孝廉』的察舉，是不相干的。

此外後漢書的兩個例子：

> 崔寔傳：『桓帝初，詔公卿郡國舉至孝篤行之士，寔以郡舉，徵詣公車。病不對策，除爲郎。』

> 荀爽傳：『延熹元年，太常趙典舉爽至孝，拜郎中。』

據後漢書桓帝紀，建和元年：『詔大將軍公卿，郡國，舉至孝篤行之士各一人。』崔寔所應的舉卽係此種特舉，與歲舉孝廉無關。至於荀爽傳所稱延熹元年的特舉，雖爲桓帝紀所漏。但旣爲太常所舉，也和郡國歲舉不同，所以此二則不能作東漢孝廉有單舉孝者的例證。至於山陽太守祝睦前後碑及淳于長夏承碑的『以孝察舉，賓于王庭』，『以孝貢察，讚拜王庭』『克讓有終，察孝不行』，雖然只說察孝，但東漢郡舉孝者與孝廉早已合併爲一，這兩個碑都是東漢晚期的碑。更無當時會有郡國單獨察孝之理。所言察孝應當卽是孝廉的簡稱，不過爲著修辭上的便利罷了。決不能據此爲證的。

至於廉吏一件事，有許多是和察舉孝廉是不相干的，例如：

> 韓信傳：『無行，不得推擇爲吏。』

案：此秦時的事，在漢武元光以前。

　　趙廣漢傳：『舉茂才，平準令，察舉爲陽翟令。』

案：平準令爲大司農屬國，不屬於郡，因此察廉是一般的察舉吏，不是郡國的歲舉
　　孝廉。

　　薛宣傳：『以大司農斗食察廉補不其丞……察宣補樂浪都尉丞。』

案：大司農非郡國官；而補不其丞乃由琅邪太守察廉，非宣本籍，與郡國歲舉孝廉
　　的情況不同。

　　薛宣傳：『池陽舉廉吏獄掾王玄。』

案：此爲縣舉，非郡舉，與郡舉孝廉情況不同。

　　王嘉傳：『光祿勳于永除爲掾，察廉補南陵丞，復察廉爲長陵尉。』

案：光祿察廉，不在郡國孝廉之列。南陵屬京兆，嘉爲右扶風平陵人，亦與西漢晚
　　年及東漢孝廉限於本郡人的不同。

　　平當傳：『以大鴻臚文學察廉爲順陽長，枸邑令。』

案：大鴻臚察廉，不屬於郡國之列。

　　後漢書班彪傳：『彪後辟司徒玉況府……後察司徒爲望都長。』

案：司徒察廉，不屬於郡國之列。

　　北軍中侯郭君碑：『三辟將軍府……舉廉，比陽長。』

案：將軍察廉，不屬於郡國之列。

　　孔廟置百石卒史碑：『乙君察舉守宅，除史孔子十九世孫麟廉，請置百石卒
　　史一人。』

案：此魯相察廉吏爲孔廟守廟百石卒史，與察舉孝廉一事，貢至帝庭的不相關涉。

　　綜上所舉，漢代所言察廉吏的和察舉孝廉不一定卽是一回事，只有以下諸條在
疑似之間，下文再爲闡明：

　　張敞傳：『本以鄉有秩補太守卒史，察廉補甘泉倉長。』

　　黃霸傳：『補馮翊二百石卒史……使領錢穀計，簿書正以廉稱，補河東均輸
　　長。』

　　朱博傳：『時諸陵屬太常，博以太常掾察廉補安陵丞。』

尹賞傳：『以郡吏察廉爲樓煩長，舉茂材，粟邑令。』案薛宣傳云：『鉅鹿尹賞久郡用事吏，爲樓煩長舉茂材，遷在粟。』

溧陽長潘乾校官碑：『溧陽長潘君……除曲阿尉，察廉除茲，初屬清肅。』

以上的幾條黃霸傳止說『簿書正以廉稱』，未曾說察貢廉吏，是否屬於孝廉中的察舉，甚有問題。校官碑一條係東漢時代，當時無縣尉察舉孝廉之制，不足爲據。止有張敞， 朱博及尹賞三條或可爲郡國舉廉之例證 。朱博傳言諸陵時屬太常，即太常當時亦可比郡國，故亦應有察舉孝廉之事。 若以時代先後言 ， 張敞被察廉吏當在武帝晚年或昭帝時，朱博當在宣帝晚年或元帝時。尹賞當在成帝時。據前引西漢時代被舉孝廉的有路溫舒（3），王吉，王駿（4），蓋寬饒（5），劉輔（6），杜鄴（8），師丹（9），京房（10），孟喜（11），劉良（12），共有十人都曾被舉。可知西漢郡國除察舉時專以廉來舉人以外， 也合併孝和廉兩項來舉人。 照前引武帝元朔元年詔，『有司奏議曰：「不舉孝，不奉詔，當以不敬論；不察廉，不勝任也，當免，」』分孝與廉爲二，可證元光元年：『初令郡國舉孝廉各一人』是郡國舉孝舉廉各有一人，一直到東漢前期郡國各舉孝廉二人，還是武帝時的定額。見前引丁鴻傳。 不過在詔令上看來，是要舉孝和察廉，並未說不許察舉兼有孝和廉兩類德行的人，詔令上也沒有說假若被舉的人兼有孝和廉兩類德行，在察舉時候只能按其中的一類來算。所以現存材料上來看，察舉兼具孝和廉兩類德行的人 ， 詔書是允許的 。 再看孝武元朔五年的詔書：『制詔補博士弟子，郡國縣官有文學，敬長上，肅政教，順鄉里，出入不悖。』而宣帝元永元年則：『舉吏民厥身修正，通文學，明先王之意者。』都可見當時國家還是希望一般都好的『全材』，這也似乎可以作兼有孝和廉的人可以被選的旁證。現在材料太少，不敢說當時選制是究竟如何衍進從分察『孝』和『廉』變成合併察舉『孝廉』，只是按照事實來看，在現在的史料中，西漢從郡國察舉的『孝』，幾乎沒有，從郡國察舉的『廉』，現在看來也很少。很顯明的幾個例子，都是被合併舉的『孝廉』。照馬端臨文獻通考所言，西漢『孝』與『廉』本爲兩目，東漢以降始連稱而混同。今根據現存史料，武帝元光原詔及元朔詔書，『孝』與『廉』爲兩目，是不錯的。不過連稱混同，似乎在西漢已經開始，不是始於東漢了。

以下再將被舉孝廉的人，就資歷，家世，以及任用，分項來說。

關於資歷一項，被舉的由於州郡及縣吏者有：

鮑昱 　仕郡舉孝廉。(16)

鄭弘 　以嗇夫署督郵舉孝廉。(19)

周章 　以郡功曹舉孝廉。(20)

桓曄 　以郡功曹舉廉。(24)

趙孝 　州郡辟召，舉孝廉。(28)

第五倫 　以京兆尹主簿舉孝廉。(33)

鍾離意 　以郡督郵舉孝廉。(34)

胡廣 　以郡散吏舉孝廉。(42)

陳禪 　以郡功曹舉孝廉。(46)

龐參 　仕郡舉孝廉。(47)

橋玄 　以縣功曹豫州從事舉孝廉。(49)

种暠 　以洛陽門下吏舉孝廉。(56)

陳蕃 　初仕郡舉孝廉。(77)

朱儁 　稍歷郡職，舉孝廉。(96)

公孫瓚 　以上計吏還都，舉孝廉。(98)

許荊 　少為郡吏，舉孝廉。(101)

孟嘗 　仕郡為戶曹史，舉孝廉。(102)

第五訪 　仕郡為功曹，舉孝廉。(103)

周嘉 　仕郡為主簿，舉孝廉。(120)

戴就 　以郡倉曹掾舉孝廉。(124)

趙苞 　初仕州郡，舉孝廉。(125)

劉翊 　為功曹，舉孝廉。(127)

謝夷吾 　為郡督郵，舉孝廉。(129)

李郃 　為戶曹吏，舉孝廉。(130)

武斑 　以州郡吏舉孝廉。(139)

武榮 　功曹，守從事，舉孝廉。(142)

衡方　仕郡辟州，舉孝廉。(144)

柳敏　歷職五官功曹，守宕渠令，舉孝廉。(145)

曹全　仍辟涼州常爲治中別駕，舉孝廉。(149)

任伯嗣　仕極州郡，察孝廉。(151)

由於明經以後爲州郡縣吏或爲州郡縣吏再學通經術，其被舉爲孝廉的，有：

路溫舒　署決曹史，又受春秋，舉孝廉。(3)

王吉　學明經，以郡吏舉孝廉。(4)

蓋寬饒　明經，爲郡文學，舉孝廉。(5)

袁安　傳孟氏易家學，爲縣功曹舉孝廉。(43)

霍諝　少爲諸生明經，仕郡舉孝廉。(45)

李固　學五經積十餘年，司隸益州並命，郡舉孝廉。(71)

符融　遊太學，州郡禮請，舉孝廉。(93)

陶謙　少爲諸生，仕州郡，舉孝廉。(99)

包咸　少爲諸生受業長安，署郡戶曹史，舉孝廉。(108)

楊仁　學習韓詩，仕郡功曹，舉孝廉。(109)

許慎　博學經籍，爲郡功曹，舉孝廉。(114)

雷義　學魯詩，爲郡功曹，舉孝廉。(123)

向栩　少爲書生，郡禮請辟，舉孝廉皆不到。(126)

張壽　兼綜六藝，股肱州郡，舉孝廉。(143)

魯峻　治魯詩，兼通顏氏春秋，佐職牧守，舉孝廉。(148)

王元賓　兼業教授，門徒雲集，位極州郡，察孝廉。(150)

其以儒生被察舉的，有：

王駿　治易，舉孝廉。(4)

杜鄴　從張敞子吉學問，舉孝廉。(8)

師丹　治詩，舉孝廉。(9)

京房　治易，舉孝廉。(10)

孟喜　治易，舉孝廉。(11)

章彪　好學洽聞，雅稱儒宗，舉孝廉。(14)

馮豹　長好儒學，以詩春秋教麗山下，舉孝廉。(15)

郅惲　客居江夏教授郡舉孝廉。子壽，善文章，以廉稱，舉孝廉。(116)

張霸　博通五經，舉孝廉。(21)

桓典　以尚書教授，舉孝廉。(22)

周磐　學古文尚書，洪範五行，左氏傳，舉孝廉。(31)

宋意　父京以大夏侯尚書教授，意少傳父業，舉孝廉。(35)

寒朗　以尚書教授，舉孝廉。(36)

朱穆　蚙學，銳意講誦，舉孝廉。(37)

徐防　傳易，舉孝廉。(40)

應劭　博覽多聞，舉孝廉。(44)

周榮　專精禮易，舉孝廉。(50)

楊彪　少傳家學，舉孝廉。(52)

張綱　少明經學，舉孝廉。(53)

种岱　好學養志，舉孝廉。(57)

陳球　少涉儒學，妙律令，舉孝廉。(58)

李雲　性好學，善陰陽，舉孝廉。(61)

臧洪　知名太學，舉孝廉。(65)

張衡　觀太學，遂通五經，舉孝廉。(66)

李固　追師三輔，學五經，舉孝廉。(71)

杜喬　少爲諸生，舉孝廉。(72)

吳祐　牧豕行吟經書，舉孝廉。(73)

延篤　博通經傳及百家之言，舉孝廉。(74)

段頎　折節好古學，舉孝廉。(76)

劉祐　學修操行，舉孝廉。(80)

蔡衍　少明經，舉孝廉。(85)

羊陟　少有學行，舉孝廉。(86)

范康　少受業太學，舉孝廉。(88)

賈彪　少遊京師，舉孝廉。(91)

符融　遊太學，師事少府李膺，舉孝廉。(93)

皇甫嵩　好詩書，習弓馬，舉孝廉。(95)

劉虞　通五經，舉孝廉。(97)

劉寵　少受父業，舉孝廉。(105)

劉昆　受施氏易，舉孝廉。(107)

服虔　入太學，作春秋左氏解，舉孝廉。(112)

潁容　博學多通，舉孝廉。(113)

葛龔　善文記知名，舉孝廉。(115)

崔琦　少遊學京師，以文章稱，舉孝廉。(116)

劉梁　善屬文，舉孝廉。(117)

高彪　遊太學，有雅才；舉孝廉。(118)

劉茂　習禮經教授常數百人，舉孝廉。(119)

戴封　詣太學師事鄮令申君，舉孝廉。(121)

陳重　學魯詩，顏氏春秋，舉孝廉。(122)

王烈　少師事陳寔，舉孝廉。(128)

公沙穆　習韓詩公羊春秋，舉孝廉。(131)

韓說　博通五經，舉孝廉。(135)

華佗　兼通數經，舉孝廉，不就。(136)

孔宙　少習家訓，治嚴氏春秋，舉孝廉。(141)

其以處士被舉的，有：

魏霸　世有禮義，兄弟同居，舉孝廉。(13)

桓鸞　少立操行，不仕州郡，舉孝廉。(23)

馮緄　家富好施，為鄉里所歸，舉孝廉。(24)

淳于恭　獨力田耕，幽居養志，舉孝廉。(29)

江革　以巨孝見稱，舉孝廉。(30)

趙咨　　少孤，有孝行，舉孝廉。(32)

張禹　　篤厚節儉，不受賄送，舉孝廉。(39)

陳龜　　少有志氣，舉孝廉。(48)

黃憲　　世貧賤，父爲牛醫，舉孝廉。(51)

王龔　　世爲豪族，舉孝廉。(54)

王暢　　少以清實爲稱，舉孝廉。(55)

杜根　　性方實，好絞直，舉孝廉。(59)

李膺　　家世二千石，性簡亢，舉孝廉。(79)

范滂　　少厲清節，舉孝廉。(83)

陳翔　　少知名，善交結，舉孝廉。(87)

鄭太　　少有才略，名聞山東，舉孝廉。(92)

荀彧　　少有才名，舉孝廉。(94)

袁術　　司空逢之少子也，以使氣聞，後頗折節，舉孝廉。(100)

劉矩　　少有高節，絕州郡之命，舉孝廉。(104)

陽球　　性嚴厲，好申韓之學，舉孝廉。(106)

單颺　　以孤特清苦，明天官算學，舉孝廉。(133)

姜詩　　事母至孝，舉孝廉。(138)

孔彪　　孔子十九世之孫，舉孝廉。(146)

其以故官被舉，或以故孝廉被舉的，有：

周䠠　　以父任爲郎，自免歸，後太守舉孝廉。(69)

董鈞　　以明經元始中舉爲廩犧令去官，建武中舉孝廉。(110)

張玄　　以縣丞去職，舉孝廉。(111)

楊弼　　舉孝廉，西鄂長，去官，復舉孝廉。(147)

以上的類別，只是就各傳所言，大致區分，其中有些本傳言及舉孝廉，未說到未舉孝廉以前屬於經生或文吏的，現在也不詳爲列舉。大體說來，照左雄傳所說，只是『諸生試家法，文吏課牋奏』黃瓊傳所言『憎孝悌及能從政者爲四科，事竟施行』這不過是增加『諸生』人數的比例而已(168)。所以不論資歷如何，都按平生所學分別諸生和文吏兩類，

此外就選舉孝廉的標準言，最初是分選孝和廉，以後便合併孝廉爲一科，漸至不必

兼有孝和廉兩類品德的人，只要是一個人材，便可被舉。因此在一個劇烈競爭的當

中，對於被選者的標準，在個人方面要因事知名，而在所屬的家族要爲世家大族。

這兩個標準的衍進，不用說對於東漢以後的歷史要有很重要的關係的。

關於孝廉的任用，其以孝廉爲郎的，有：

王駿 （4）	蓋寬饒 （5）	杜鄴 （8）
師丹 （9）	京房 （10）	孟喜 （11）
韋彪 （14）	桓典 （22）	馮鸞 （26）
江革 （30）	徐防 （40）	張衡 （66）
陳蕃 （77）	包咸 （158）	楊仁 （109）
張玄 （111）	崔琦 （116）	高彪 （118）
陳重 （122）	雷義 （123）	姜詩 （138）
李孟初 （140）	孔宙 （141）	武榮 （142）
張壽 （143）	衡方 （144）	柳敏之父 （145）
孔彪 （146）	魯峻 （148）	曹全 （149）
任伯嗣 （151）		

孝廉除受郎中，大致是一般的成例，除受郎中以後再遷的尚書郎。據陳重傳云：

『義明年舉孝廉，重與俱在郎署，後與義俱拜尚書侍郎。』但雷義傳卻說『後舉孝

廉，俱拜尚書侍郎。』不再敍述在郎署一事。在後漢書中也頗有說舉孝廉，拜尚書

侍郎的，應當先爲郎中再行除授尚書侍郎。例如：

馮豹 （15）	劉祐 （80）	陶謙 （99）
陽球 （116）	周嘉 （120）	公沙孚 （132）
楊淮 （147）	楊弼 （147）	

據魯峻碑：『舉孝廉，除郎中，謁者，河內太守丞』（146）所以舉孝廉之後，應當

是先除郎中，後爲謁者。其記述舉孝廉之後爲謁者的，例如：

周磐 （31）	寒朗 （36）	曹述 （149）
王元賓 （150）		

據後漢書范滂傳：『舉孝廉，光祿四行。時冀州饑荒，盜賊羣起，乃以滂爲清詔使案察之。⋯⋯其所舉奏，莫不壓塞衆議，遷光祿主事。』(83)光祿四行乃光祿勳屬官被舉的科目，不是官職。郎署屬於光祿勳，所以范滂也應當是先除爲郎，再遷光祿主事。其舉孝廉，爲光祿事的，尚有以下各例：

張霸　(21)　　戴封　(121)　　戴就　(124)　　公沙穆　(131)

在東漢時期，往往有舉孝廉以後再爲將軍三公辟爲掾屬的，例如：

桓曄　舉孝廉，有道，方正，茂材，三公並辟，皆不應。(24)

趙孝　舉孝廉，不應，永平中辟太尉府。(28)

淳于恭　建武中，舉孝廉，司空辟，皆不應。(29)

鍾離意　舉孝廉，再遷，辟司空府。(34)

朱穆　舉孝廉，辟大將軍梁冀府。(37)

應奉　靈帝時舉孝廉，辟車騎將軍何苗掾。(44)

陳禪　察孝廉，辟車騎將軍鄧騭府。(46)

楊彪　舉孝廉，茂才，辟公府，皆不應。(52)

王暢　舉孝廉，辟不就，大將軍梁商特辟，(55)

种暠　舉孝廉，辟大尉府，舉高第。(56)

种岱　舉孝廉，茂才，辟公府，皆不就，(57)

張衡　舉孝廉，不行，連辟公府。(66)

李固　郡舉孝廉，辟司空掾，皆不就。(71)

杜喬　舉孝廉，辟司徒楊震府。(72)

李膺　初舉孝廉，爲司徒胡廣所辟(79)

宗慈　舉孝廉，九辟公府，不就。(82)

羊陟　舉孝廉，辟太尉李固府。(86)

檀敷　舉孝廉，辟公府，皆不就。(89)

鄭太　初舉孝廉，三府辟，公車徵，皆不就。(92)

符融　舉孝廉，辟公府，皆不應。(93)

皇甫嵩　初舉孝廉，茂才，太尉大將軍連辟不到。(95)

董鈞　建武中舉孝廉，辟司徒府。(110)

華佗　舉孝廉，太尉辟，皆不就。(136)

戴良　舉孝廉不就，再辟司空府，彌年不到。(137)

北軍中侯郭君碑：『咸以孝廉，公府茂遷。』(152)

以上諸人有不應孝廉，爲公府所辟的；亦有應舉孝廉以後再爲公府所辟的，公府辟
後遷轉較由郎署出來容易些。但是這卻不是孝廉被舉以後的例行途徑。

　　總之，孝廉的任用是被舉以後便以在郎署爲主。在內由尙書郎遷尙書，侍中，
侍御史。在外則爲令長丞尉，再遷爲刺史和太守。所以孝廉一科在漢代極淸流之
目，而爲主要官吏的正途的。

乙、茂才

　　茂才本名秀才，後漢避光武諱稱作茂才。見書抄設官部引漢官義 孝廉是由郡太守察
舉的。茂才則丞相、御史、列侯、九卿、刺史等官，都可以察舉的。

　　孝廉爲武帝時開始詔舉的，茂才亦始於武帝時代。不過孝廉最初已爲常典，茂
才的察舉，只偶有之罷了。

武帝元封元年詔：『州郡察吏民有茂材異等，可爲將相及使絕國者。』

昭帝紀：『始元元年，丞相御史中二千石舉茂材異等直言極諫之士。』

宣帝紀：『元康四年，遣太中大夫彊等循行天下，舉茂材異能之士。』

元帝紀：『初元二年，詔丞相御史中二千石，舉茂材異等直言極諫之士。』

元帝紀：『建昭四年遣諫大夫二十一人，循行天下，⋯⋯舉茂材特立之士。』

趙廣漢傳：『少爲郡吏，州從事舉茂材，爲平準令。』

蕭望之傳附蕭咸傳：『爲丞相史，舉茂材，爲好時令。』

馮野王傳附馮逡傳：『以謁者舉茂材，爲美陽令。』

薛宣傳：『遷樂浪都尉丞，舉茂材爲宛句令。』

師丹傳：『治詩，舉孝廉爲郎，元帝主爲博士，免。建始中，州舉茂材，後
補博士，出爲東平王太傅。

尹賞傳：『以察廉爲長，舉茂材爲粟邑令。能治劇，絲爲頻陽令。

張安世傳附張勃傳：『元帝初卽位，詔列侯舉茂材，勃舉太官獻丞張湯，湯有罪，勃坐削戶二百。』

辛慶忌傳：『補金城長史，舉茂材，遷郞中車騎將。』

陳湯傳：『爲太官獻食丞，初元二年，元帝詔列侯舉茂材，勃舉湯。湯待遷。父死不奔喪，勃選舉不以實，坐削二百戶。湯下獄論。後復以薦爲郞。』

這是西漢時的茂材察舉制度。卽孝廉是從郡來選，所舉的大都不是朝廷的官吏。而茂材由於丞相御史列侯中二千石及刺史察舉，所選舉的大都是朝廷的官吏。孝廉自武帝時起已經是歲舉，而茂材終西漢之世還是屬於特舉一類。

到了東漢，茂材亦變成歲舉了，因此茂材和孝廉可以並稱。這是很大的變革。

後漢書光武紀建武十二年：『詔三公舉茂材四行各一人，司隸州牧歲舉茂材一人。』

因爲孝廉是郡舉，茂材是州舉，所以茂材數目是較孝廉的數目爲少。但因爲都是歲舉，所以性質卻很爲接近。章帝建初元年詔曰：

夫鄉舉里選必累功勞。今刺史守相不明眞僞；茂材孝廉，歲以百數；旣非能著，而授以政事，其無謂也。

因此可見茂材之濫和孝廉之濫也在同一程度之下。

至於東漢的茂材，據文籍所記，有以下各例。

王堂傳：『初舉光祿茂才，爲穀城令。』

陸康傳：『康少仕郡，以義烈稱；刺史臧旻舉爲茂材，除高成令。』

陳禪傳：『仕郡功曹；察孝廉，州辟治中從事；……車騎將軍鄧隲聞而辟焉；舉茂材。』

崔瑗傳：『舉茂才，遷汲令。』

楊震傳：『大將軍鄧隲聞其賢而辟之。舉茂才，四遷荆州刺史。東萊太守。……經堂邑，故所舉荆州茂才。王密爲堂邑令。……』

楊彪傳：『少傳家學，舉孝廉，舉茂才，辟公府，皆不應。』

王暢傳：『少以清實爲稱，無所交黨。舉孝廉，辭病不就。大將軍梁商辟舉茂才，四遷爲尙書令。』

种岱傳：『好學養志，舉孝廉，茂才，辟公府，皆不就。公車特徵，病卒。』

周舉傳：『辟司徒李郃府……後舉茂才爲平丘令。』

黃琬傳：『舊制光祿舉三署郎，以高功久次，才德尤異者，爲茂才四行。時權富子弟以人事得舉，而貧約守志者，以窮退見遺。』

後漢書左黃周列傳論曰：『古者諸侯歲貢士進賢賞，非賢貶。士升之司馬，辯論其才，論定然後官之，任官以後祿之。故王者得其人，進仕勸其行，經拜弘務，所由久矣。漢初詔舉賢良方正，州郡察孝廉秀才。斯亦貢士之方也。中興以後，增敦樸，有道，賢能直言獨行高節，清白敦厚之屬，榮路旣廣，觖望難裁，自是矯名僞服，浸以統兢，權門貢士，請謁繁興。』

梁冀傳：『增大將軍府舉高第茂才，官屬倍於三公。』

鄭玄傳：『坐黨禁，錮十有四年，而蒙赦令，舉賢良方正，有道，辟大將軍三司府，公車再召。………紹　遷舉玄茂才，表爲左中郎將，皆不就。公車徵爲大司農。』

桓榮傳附桓曄傳：『仕郡爲功曹，後舉孝廉有道方正茂才，三公並辟，皆不應。』

蔡衍傳：『稍遷冀州刺史，中常侍具瑗記其弟恭舉茂才，衍不受，乃收齎書者案之。』

王渙傳：『爲太守陳寵功曹，當職割斷，不避豪右，風聲大行，入爲大司農。和帝問曰「在郡何以爲理」！寵叩頭謝曰：「臣任功曹王渙以簡賢任能，主簿鐔顯拾遺補闕。臣奉宣詔書而已。」帝大悅，渙由是顯名，舉茂才，除溫令。』

孟嘗傳：『其先三世並伏節死難，嘗少修操行，仕郡爲戶曹史，後策孝廉，舉茂才，拜徐令。』

牟融傳：『以司徒茂才爲豐令。』

張楷傳：『張霸中子　通嚴氏春秋，古文尙書。門徒常數百人。賓客慕之。自父黨夙儒，咸造門焉。………司隸舉茂才，除長陵令，不至官。』

應奉傳：『大將軍梁冀舉茂才。』

葛龔傳：『拜蕩陰令，辟太尉府，病不就。州舉茂材，爲臨汾令。

范式傳：『三府並辟，不應。州舉茂才，四遷荆州刺史。』

王忳傳：『仕郡功曹，州治中從事。舉茂才，除郿令。

陳重傳：『_{以故尙書郎} 後舉茂才，除細陽令。』

雷義傳：『_{以故尙書郎} 舉茂才，讓於陳重，……三府同時俱辟。』

綜上所舉，茂才一科自州刺史以上方能察舉，所以較孝廉的任用爲重。孝廉察舉以後以在郡署任郎官爲原則。 由郎遷爲尙書郎，再由尙書郎遷爲縣令，是漢代一般郎官任用的規例。 三署郎遷爲尙書郎，再由尙書郎遷爲縣令，其制漢官儀有明文。 但茂才被選以後，一般任用的原則，是卽爲縣令。這件事可以看出茂材和孝廉任用方面的輕重顯然不同。在漢代官制方面說來，縣令是千石官，三署郎不過二百石官罷了 。 至於鄭玄以茂才爲左中郎將，起家使爲二千石，這當然變亂時的特例，不足爲故事的。 因此舉茂材的資地，也較舉孝廉爲嚴。除去幾個特殊得名的，例如陸康，王渙；以及從前曾爲官吏或者已經辟在三公或將軍府，例如周舉葛龔。其一般被察舉的，如陳禪、楊彪、王暢、种岱、桓曄、孟嘗、陳重、雷義、都是先舉孝廉 ， 後察茂才。 但漢代卻無先察茂才，後舉孝廉的例子。因此，可以斷定的是孝廉與茂才雖無明確的相關性，州刺史所察茂才以及三公所察茂才也並不一定限於何種資歷，但大致說來，多爲故孝廉，三公將軍掾屬，故朝廷官吏，以及三署的久次郎官，只有少數是州郡掾屬，這和孝廉多數由州郡掾屬察舉，是顯然不同的。

至於茂才的員額也遠較孝廉爲少，西漢及東漢初期每郡孝廉二人，百三郡國共舉數應爲二百零六人。其後雖有改定，應當總計員數亦相差不遠。但茂才據光武十二年詔，三公舉三人，十三部刺史舉十三人，總計不過十六人。再加上將軍，亦不過二十八人左右。因爲名額少，任用高，所以茂才較之孝廉更爲可貴了。

丙、賢良方正與文學

賢良方正在孝文帝二年已經詔舉了。自後武帝、宣帝、元帝、成帝、以至於東漢時代，大都曾經詔舉過。關於詔舉的原因，文帝二年是因爲日食。以後或因爲災

異，・或不是因爲災異而是因爲皇帝厲精圖治的特典，選舉文學一事較賢良方正的次數少些。起始於武帝時代。但孝昭始元元年是賢良文學同時被舉，據田千秋傳和鹽鐵論賢良文學是同時被策問。因此賢良方正和文學在性質上當然有相近的地方。

關於賢良方正的例子，具如下列：

漢書文帝紀：『二年詔曰·；乃十一月晦，日有食之，二三執政，舉賢良方正能直言極諫者，以匡朕之不逮。』

文帝紀：『十五年，詔諸侯王公卿郡守，舉賢良能直言極諫者，上親策之，傅納以言。』

武帝紀：『建元元年，詔丞相，御史，列侯，中二千石，二千石，諸侯相，舉賢良方正直言極諫之士。』

武帝紀：『元光元年五月：詔賢良曰「……賢良明於古今王事之體，受策察問，咸以書對，朕親覽焉。」於是董仲舒公孫弘等出焉。』

昭帝紀：『始元元年，遣故廷尉持節行郡國……詔曰：「地震於隴西郡，丞相御史中二千石，舉茂材異等直言極諫之士，朕將親覽焉」。』

昭帝紀：『始元五年，令郡國舉賢良文學高第一人。』

宣帝紀：『本始四年，舉賢良方正。』

宣帝紀：『地節三年，令郡國舉賢良方正可親民者，舉孝弟有行義同於鄉里者一人。』

宣帝紀：『神爵四年，令內郡國舉賢良可親民者一人。』

元帝紀：『永光二年三月，日有食之；詔令郡國舉賢良直言之士各一人。』

成帝紀：『建始二年，詔三輔內郡舉賢良方正各一人。』

成帝紀：『建始三年，十二月，日食地震，詔丞相御史與將軍列侯中三千石及內郡國舉賢良方正直言極諫之士詣公車，朕將親覽焉。』

成帝紀：『元延元年七月。詔曰：『迺者日蝕星隕，今孛星見東井，公卿大夫議以經對，與爲郡國舉方正能直諫極言者各一人。』

哀帝紀：『元壽元年正月，日有蝕之。詔公卿大夫其與將軍列侯中二千石，舉賢良方正能直言者各一人。』

後漢書光武紀：『建武六年，日有食之，冬十月詔勅公卿舉賢良方正各一人。』

光武紀：『建武七年，日有食之；詔「公卿司隸州牧舉賢良方正各一人；遣詣公車，朕將試覽焉。」』

章帝紀：『建初元年，山陽東平地震，詔令太傅三公中二千石二千石郡國守相，舉賢良方正能直言極諫之士各一人。』

章帝紀：『永元六年，詔令三公中二千石二千石內郡國守相舉賢良方正能直言極諫之士各一人，遣詣公車。』

安帝紀：『永初元年，日有食之。詔公卿內外衆官郡國守相舉賢良方正有道術之士明達古今能直言極諫者各一人。

安帝紀：『永初二年，京師及郡國四十大水雨雹，七月詔令公卿郡國舉賢良方正。』

安帝紀：『永初五年，日有食之，郡國十二地震，詔令三公，特進侯，中二千石，二千石，郡中諸侯相，舉賢良方正，有道術，達於政化，能直言極諫之士各一人。』

順帝紀：『即位，詔公卿、郡守、國相、舉賢良方正能直言極諫之士各一人。』

桓帝紀：『建和元年，京師地震。詔大將軍、公卿、校尉，舉賢良方正能直言極諫者各一人。』

桓帝紀：『建和三年，日有食之。詔大將軍、三公、特進侯，其與卿校尉舉賢良方正能直言極諫之士各一人。』

桓帝紀：『元嘉二年，京師地震，詔公卿校尉，舉賢良方正能直言極諫之士各一人。』

桓帝紀：『延熹八年，日有食之，詔公卿、校尉，舉賢良方正。』

桓帝紀：『永康元年，日有食之。詔公卿校尉，舉賢良方正。』

賢良方正的察選主要爲的是開直言之路，所以常在災異之後。安帝永初元年詔：『間令公卿郡國舉賢良方正。遠求博選，開不諱之路，冀得至謀，以鑒不逮。而所

對皆循尚浮言，無卓爾異聞。』可見歷次選舉賢良方正對策的目的了。大致文帝二年：『舉賢良方正能直言極諫者』十五年：『舉賢良能直言極諫者。』昭帝始元元年舉茂才異等，直言極諫之士。』此爲詔舉賢良卽直言之證。但在宣帝時兩次詔舉『賢良方正可親民者』又『賢良可親民者』是詔舉賢良的目的，尚在徵集親民的官吏。直到元帝建始三年詔舉：『賢良方正直言極諫之士』於是賢良方正和直言極諫不分了。

在漢代也有幾次詔舉直言，不言賢良方正的。

元帝紀：『河平四年，日食，遣光祿大夫，博士行濱河之郡，舉惇厚有行，能直言之士。』

成帝紀：『鴻嘉三年，詔舉敦厚有行義，能直言者。』

哀帝紀：『建平元年，詔大司馬、列侯、將軍、中二千石、州牧、守、相、舉孝悌、惇厚、能直言、通政事、延於側陋，可親民者各一人。』

平帝紀：『元始元年，日食，大赦天下，詔公卿，將軍中二千石舉敦厚能直言者各一人。』

後漢書安帝紀：『元初元年，詔三公特進列侯，中二千石郡守舉惇厚質直各一人。』參見陳忠傳

從以上的幾個例看來。河平四年所舉的直言之士，在性質上本和賢良方正的不同至爲有限。只是賢良方正是公卿郡國所舉。而此次的詔舉直言，則光祿大夫及博士所爲的特使舉出來的。因此課目上不便再稱爲賢良方正改稱作惇厚有行。後來惇厚直言的察舉成爲故事了。公卿郡國也察舉了，到了東漢還偶然選舉惇厚質直一次。然而惇厚直言是和賢良方正同類的選舉，假若賢良方正代表直言的選舉，並且還是如此的選舉下去。惇厚有行也沒有多少實際上的需要，所以在兩漢之世並不常舉。

文學與賢良是並稱的。文學的選舉始於武帝時代。漢書公孫弘傳：『武帝初卽位，招賢良文學士』漢書東方朔傳：『武帝舉方正賢良文學材力之士待以不次之位。』漢書循吏傳序：『始元元鳳之間舉賢良文學，問民所疾苦。』這是文學一科見於選舉之始。但正式見於詔令，則始於昭帝的始元五年：

昭帝紀：『始元五年，令郡國舉賢良文學高第各一人。』

以後尚有：

> 昭帝紀：『始元六年，詔有司問郡國所舉賢良文學，民所疾苦，議罷鹽鐵榷
> 酤。』
>
> 宣帝紀：『本始元年，地震，詔內郡國舉文學高第各一人。』
>
> 宣帝紀：『元康元年，詔博舉吏民厥身修正，通文學，明於先王之術，宣究
> 其意者，各二人。』

都是近於賢良一類的。只是科目名稱稍異罷了。至王莽時文學則歸入四科之舉。

> 王莽傳：『三年，莽曰：「百官改定，職事分移，律令儀法，未及悉定。且
> 因漢律令儀法以從事。公卿大夫諸侯二千石舉吏民有德行，通政事，能言
> 語，明文學者各一人，詣王路四門。」』

這實是文學一門察舉的擴大。至於東漢靈帝時的鴻都門文學，那就所選的多爲士類
所非，和西漢的賢良文學不足相並了。蔡邕傳云：『臣聞古之取士，必使諸侯歲
貢。孝武之士，郡舉孝廉又賢良文學之選。於是名臣輩出，文武並興。漢之得人，
數路而已。書廉辭賦才之小者，匡理國政，未有其能。』可見鴻都門文學是不能與
賢良文學同論的。

東漢安帝時代，選舉賢良方正時，曾連言『道術』，卽：

> 安帝紀：『永初元年，詔公卿內外衆官郡國守相舉賢良方正有道術之士，明
> 達古今，能直言極諫者各一人。』
>
> 又：『永初五年，詔令三公、特進、侯、中二千石、二千石、郡守、諸侯
> 相，舉賢良方正，有道術，達於政化，能直言極諫之士各一人。

『有道』卽是『有道術』，因爲注重道術，便特舉有道之士，在安帝建光元年，已
開始特舉，以後便爲東漢之常法。

> 安帝紀：『建光元年，令公卿、特進、侯、中二千石、郡國守相，舉有道之
> 士各一人。

自此有道便成爲東漢選舉科目之一了。

兩漢時代賢良文學見於列傳的，有：

> 晁錯傳：『後詔有司舉賢良文學，錯在選中。上親策詔之。……對策者百餘

人，唯錯爲高第，繇是遷中大夫。』

董仲舒傳：『自武帝初魏其武安侯爲相而隆儒矣及。仲舒對册，推明孔氏，抑黜百家，立學校之官，州郡舉茂才孝廉，皆自仲舒發之。』

王吉傳：『舉孝廉爲郎，補若盧右丞，遷雲陽令，舉賢良，爲昌邑中尉。』

貢禹傳：『徵爲博士，涼州刺史，病免。復舉賢良爲河南令。』

公孫弘傳：『少時爲獄吏，有罪免。年四十餘，乃學春秋雜說。武帝初卽位，招賢良文學士，以賢良徵爲博士。使匈奴，還報不合意，移病免歸。元光五年，復徵賢良文學士，菑川國復推上弘，弘謝，國人固推弘，弘至太常，擢弘對爲第一拜爲博士。』

董仲舒傳：『爲博士，武帝卽位，舉賢良文學之士前後百數，而仲舒以賢良對策焉。』

蓋寬饒傳：『明經爲郡文學，以孝廉爲郎，舉方正，對策高第，遷諫大夫。』

谷永傳：『舉太常丞……建始三年，詔舉方正直言極諫之士，太常陽城侯劉慶忌舉永待詔公車。………天子異焉。特詔見永，其下皆合，諸方正語在杜欽傳。』

杜鄴傳：『詔舉方正。』

魏相傳：『少學易，爲郡卒史，舉賢良，以對策高第爲茂陵令。』

轅固傳：『爲博士，清河太傅免，復以賢良徵。』

黃霸傳：『以丞相長史舉賢良。』

朱邑傳：『以太守卒史舉賢良。』

樓護傳：『平河侯舉方正爲諫大夫。』

鼌錯傳：『鄧公爲城陽中尉，上詔賢良，公卿言鄧先，鄧先時免，起家爲九卿，一年，復謝病免。』

杜欽傳：『後有日蝕地震之變，詔舉賢良方正能直言士。合陽侯梁放舉欽，……以前事賜帛罷，後爲議郎，復以病免。』

嚴助傳：『舉賢良，對策者百餘人。武帝善助對，繇是獨擢助爲中大夫。』

疏廣傳：『兄子受以賢良舉爲太子家令。』

後漢書蘇章傳：『安帝時舉賢良方正，對策高第爲議郎。』

後漢書劉平江革傳序：『毛義舉賢良公車徵遂不至。』

爰延傳：『太尉楊秉等舉賢良方正再遷爲侍中。』

崔駰傳：『舒小子篆……建武初幽州刺史又薦篆賢良』

种嵩傳：『轉遼東太守，坐事免歸，後司隸校薦舉嵩賢良方正，不應，徵拜議郎。』

劉瑜傳：『州郡禮請不就。延喜八年太尉楊秉舉賢良方正拜爲議郎。』

劉瑜傳：『子琬傳瑜學，舉方正不行。』

皇甫規傳：『以故郡功曹梁太后臨朝，規舉賢良方正對策。……梁冀忿其刺己，以規爲下第，拜郎中，託疾免歸。』

荀淑傳：『安帝時徵拜郎中，再遷當塗長。還鄉里。及梁太后臨朝，有日食之變。詔公卿舉賢良方正。光祿勳杜喬，少府房植，舉淑。對策譏刺貴幸，爲大將軍梁冀所忌。出補朗陵侯相。』

張奐傳：『少遊三輔，師事太尉朱寵。學歐陽尚書。後辟大將軍梁冀府，去官。後舉賢良，對策第一，擢拜議郎。』

劉淑傳：『州郡禮請，五府連辟，並不就。永興二年，司徒种嵩舉淑賢良方正。辭以疾。桓帝聞淑高名，切責州郡，使輿病詣京師，淑不得已而赴洛陽。對策爲天下第一，拜議郎。』

孔昱傳：『少習家學，大將軍梁冀辟不應。太尉舉方正，對策不合，乃辭病去。靈帝卽位，公車徵，拜議郎。

楊厚傳：『習業犍爲，不應州郡三公之命。方正，有道，公車特徵，皆不就。』

郎顗傳：『州郡辟舉，有道，方正，不就。』

樊準傳：『以尙書郎舉方正敦樸仁賢之士，再遷御史中丞。』

趙崎傳：『後舉賢良，對策第一，擢拜議郎。』

張霸傳附張楷傳：『司隸舉茂才，除長陵令，不就。五府連辟，舉賢良方正，不就。』

桓榮傳附桓曄傳：『仕爲郡功曹，後舉孝廉，有道，方正，茂才，三公並辟，皆不應。

馬融傳：『陽嘉二年詔舉敦樸，城門校尉岑起舉融，徵詣公車對策，拜議郎。』

陶謙傳：『趙昱元達，琅邪人，清己疾惡，潛志好學，太僕种拂舉爲方正。』

劉焉傳：『少仕州郡，以宗室拜郎中。去官。居陽城山，精學教授，舉賢良方正，稍遷南陽太守。』

陳蕫傳：『公府辟，舉方正皆不就。』

魯丕傳：『歸郡爲督郵功曹，所事之將，無不以師友待之。建初元年，肅宗詔舉賢良方正，大司農劉寬舉丕，時對策百有餘人，惟丕在高第，除爲議郎。』

李法傳：『和帝永元九年，應賢良方正，對策爲博士。』

郭均傳：『建初三年，司徒趙昱辟之，後舉直言，並不應。』

申屠剛傳：『七世祖嘉，文帝時爲丞相。剛質性方常慕史鰌汲黯之爲人，仕郡功曹。平帝時王莽專政……及舉賢良方正，遂對策。……莽令元后下詔曰：「剛所言僻經妄說，違背大義，其免歸田里。」』

江革傳：『永平初舉孝廉爲郎，補楚太僕，自劾去。……建初初太尉牟融舉賢良方正，再遷司空長史。』

法眞傳：『辟公府，舉賢良，不就。』

戴封傳：『詔書求賢良方正直言之士，有至行，能消災伏異者，公卿郡守各舉一人，郡及大司農俱舉封。公車徵，陛見對策第一，擢拜議郎。』

樊英傳：『舉賢良方正，有道，皆不行。』

董扶傳：『公車三徵，再舉賢良方正，博士，有道，皆稱疾不就。』

在後漢書被舉有道的也很多，例如：

後漢書申屠蟠傳：『再舉有道，不就。』

趙咨傳：『州郡詔，舉孝廉，並不就。……延熹元年大司農陳豨舉咨至孝有道，仍遷博士。』

荀爽傳：『五府並辟，司空袁逢舉有道不應。』

徐穉傳：『舉有道，家拜太原太守。』

劉瑜傳：『尹勳……桓帝時以有道徵，四遷爲尙書令。』

謝弼傳：『建寧三年，詔舉有道之士，弼與東海隍放，玄菟公孫度，俱對策，皆除郞中。』

宗慈傳：舉孝廉，九辟公府，有道徵，不就。』

郭太傳：『司徒黃瓊辟，太常趙典舉有道。』

桓榮傳附桓曄傳：『仕爲郡功曹，後舉孝廉有道，方正茂才，三公並辟，皆不應。』

趙曄傳：『受韓詩……召補從事不就，舉有道，卒於家。』

侯瑾傳：『州郡累召，公車有道徵，並稱疾不到。』

李南傳：『舉有道，辟公府，病不行。』

樊英傳：『舉賢良，方正，有道，皆不行。』

董扶傳：『公車令徵，再舉賢良方正有道，皆稱疾不就。』

從以上各條看來，賢良方正與有道本屬同科，但到了後來已經分歧爲二。只是不論是賢良方正，或者是文學，或者是直言，或者是有道，其與孝廉和茂才有一個根本不同之處，卽孝廉和茂才爲常科，而賢良方正，文學，直言，有道均係特科。所以孝廉和茂才到後來仍爲科舉項目，而特科便與後世科舉無直接關係了。

　　西漢時代『以安車蒲輪迎申公』後世傳爲美談。但西漢當時卻無公車特徵之稱，東漢時代，對於一般隱逸之士頗有由公車特徵的。不特公卿郡國的舉。其待遇則略同於賢良和有道對策以後的，例如：

後漢書淳于恭傳：『州郡連召不應，遂幽居養志，潛於山澤。………建初元年，肅宗下詔美恭素行，告郡賜帛二十匹，遣詣公車，除爲議郞。』

劉平江革傳序：『毛義舉賢良，公車徵，遂不至。』

楊彪傳：『熹平中以博習舊聞公車徵拜議郞。』

种岱傳：『舉孝廉茂才，並不就，公車特徵，病卒。』

周勰傳：『後舉賢良方正不應，又公車徵，玄經備禮，固辭廢疾。』

孔黑傳：『太尉舉方正，對策不合，乃辭病去。靈帝卽位，公車徵，拜議郎。』

鄭太傳：『名聞山東，初舉孝廉，三府辟，公車徵，皆不就。』

皇甫嵩傳：『太尉除蕭，大將軍竇武連辟並不到，靈帝公車徵爲議郎，遷北地太守。』

楊厚傳：『不應州郡三公之命，方正，有道，公車特徵，皆不就。』

董扶傳：『前後宰府十辟，公車三徵，再舉賢良方正，博士，有道，皆稱疾不就。』

所以公車特徵，往往卽爲舉察賢良方正而不就的人。公車徵到；卽拜議郎。也與賢良對策稱旨的，待遇相同。這也可算察舉的補充科目了。

丁、其他特科

賢良方正，直言，有道，雖科目的名義不同，但其來原還是一致；而所舉的人，彼此也有共同之處。並且這些特科，雖非歲舉，但在兩漢時也是常見的。至於偶然一舉，或者性質稍爲殊異的，可以有下列各科。

壹、明經及博士——漢代用人，自武帝以後已趨重經學。賢良之中本以儒者爲多。但專舉明經或博士的，亦有下列各例：

元帝紀：『永初二年九月，詔王國官屬墨綬下至郎謁者，其經明任博士，居鄉里有廉清孝順之稱，才任理人者，國相歲移名與計偕，上尚書公府通調，令得外補。』

元帝紀：『陽朔二年，奉使者不稱詔，丞相，御史，其與中二千石二千石雜舉可充博士位者，使卓然可觀。』

後漢書章帝紀：『元和二年，令郡國上明經者，口十萬以上五人，不滿十萬三人。』

後漢書質帝紀：『本初元年，令郡國舉明經，年五十以上，七十以下，詣太學。』

靈帝紀：『光和元年，詔公卿舉能通尙書、毛詩、左氏、穀梁、春秋各一

人，悉除議郎。』

貳、武猛兵法——漢代武猛兵法的察舉，始於哀帝時代息夫躬的建議 ^{見漢書本傳} 在西漢有元延元年，建平四年，元始二年；在東漢有建光元年，陽嘉三年，漢安元年，延熹九年。

叄、陰陽災異——漢代君臣都是相信陰陽災異與國政有關的。因此也有時要察舉明陰陽災異之士。其見於本紀的有後漢的初元四年及永初二年。而楊厚、郎顗、李郃、廖扶、樊英、董扶諸人的徵召，也都與陰陽災異有關。

此外在王莽當政時，『徵天下通知逸經古記、天文、歷算、鐘律、小學、史篇、方術、本草、以及五經論語爾雅教授者，在所爲駕一封軺傳，遣詣京師，至者數千人。』^{見漢書平帝紀} 更是範圍廣博，不過人數過多，糜費太甚，非當時財力所堪，不足爲治世之常經。所以東漢以後也就不再舉行了。

-129-

釋漢代之亭障與烽燧

勞　榦

　　中國自從發展爲農業的國家之後，再也不能和游牧的生活適應了。在蒙古高原一帶的草原地帶，便成爲游牧民族角逐的場所。游牧民族的道德觀念，本末和農業民族不同。游牧民族的對於另外一個團體的盜竊和掠奪，在農業民族方面本來是一個不能忍受的事。農業民族方面旣不能把全部牧地化爲農田，又不能改變自己的生活來適應牧地的生存，空着這一塊牧地終究要有人來住。但是來住的人卻不一定是友好的，因此只有一個辦法，便是推進屯墾，加強防禦。

　　中國的這一個國家是有許多地理上的優點來便於發展古代的文化。但國防方面卻有若干不可諱言的缺點。中國國防上最大的缺點是在中國的北面和中國的西北面過分的開展，對於這一面並無很顯明的國防線。而北方及西北方面卻經常是向大陸中沃壤侵略的敵人。倘若中國取攻勢，那就對於沙漠上長途的運輸負擔很重大的經費，倘若中國取守勢，那就要修築遙遠的工事，而徵集大量的軍隊。但後者較前者還要容易些，因此中國對付北方和西北總是防禦時多而進攻時少，卽令要想進攻，也是先顧到防禦，所以整個邊塞的政策還是建築在防禦方面上。

　　中國的北面是曾經建築過一個長城的，這一個長城是東起浿水，西至臨洮，亦卽從朝鮮的大同江沿岸築起，築到今甘肅的臨洮附近爲止。要經過遼寧的北部穿過熱河和察哈爾的中部，再經過綏遠的北部到寧夏沿河而西南，直到甘肅。到了漢武帝時收河西四郡，這條國防線便從寧夏的中部穿過額濟納河抵達敦煌西面的玉門關。這一帶的地方現在還可以零碎不斷發現當時的痕跡。

　　在漢代一般的邊境國防工事叫做塞，塞是一種阻塞內外的地方。在現代人看來秦漢以來的國防工事一定和明代一樣的都是修築成城垣，這是一個很大的誤會。誠然秦漢的塞是曾經築過城，並且也有長城這一個名字。但這個長城和明代的長城

（卽『邊牆』）幾點是不相同的，第一，秦漢的長城，在地位上和明代長城是不同的，明代長城靠南些，秦漢的長城卻遠在明代長城以北。第二，明代長城是有許多地方都是磚石築成的，秦漢的長城，據現在發現的只有版築的長城。第三，尤其不同的，是明代長城都是築成的邊牆，而秦漢的長城，據記載上說，卻不全是城垣，有若干的地方，卻是木柵。

這是很清楚的，中國的國防線，以農業的邊緣地帶爲防守的範圍。所以因防線所達到的地帶限於西北的農業邊緣區域；而在此更北的大漠地帶，那就只是在防禦狀態之下作成防禦性的零星前哨。至於大漠更北的森林及豐富的草原，因爲不便於運輸軍資，並且在常時的物質條件限制之下，也不能作爲大量移民屯墾的地帶，所以至多只能交給歸順中國的胡人，而不能由中國政府自行經營了。

因此漢代北邊的防禦線，共計有下列的幾種工事：

（1）城垣：

　　甲、大的城圈：郡城和縣城，因爲要住許多的人民。

　　乙、小的城圈：叫做障，在障裏面住着候官或障尉。

　　丙、長城：這不是一個城圈而是一條城垣的防線。

　　丁、塢：城是比較厚的牆壁，塢卻是一個比較薄的牆壁。在漢代的邊塞上我們已經發現的，凡障或烽臺的外面，大都又圍了一層較薄的塢。

（2）其他工事：

　　甲、木柵：又稱做虎落或疆落。

　　乙、天田：這是木柵以外的工事，將沙子敷在地面上，來看敵人的足跡。

（8）工事中交通的關口。關。這是在有都尉地方才設置，由都尉來管理的。

其次和工事有相關的便是烽臺了。烽臺古漢代稱做燧，也稱做亭。有時也亭和燧並稱，稱做『亭燧』。現在檢討亭燧的所在地方，共有下列的幾種：

（1）單獨的烽臺，四邊毫無倚賴，有時外邊還有『塢』牆。

（2）和長城聯絡在一塊的烽臺。

（3）和城或障相距不遠，作成城或障外圍的烽臺。

（4）幾個烽臺互爲犄角的烽臺。

從上面舉出來的，我們便知道漢代邊防上的設施的種類了。假如分成等級，城屬於第一級，障屬於第二級，周圍有圍墻的烽臺屬於第三級，而圍墻較小的烽臺屬於第四級。假若漢代的邊防官制來說那就應當是：

（1）太守，住的是城。

（2）縣令，住的是城。

（3）都尉，住的是城或障。

（4）候官，住的是障。

（5）障尉、住的是障。

（6）候長，住的是圍墻大的烽臺。

（7）隧長，住的是圍墻小的烽臺。

我們現在可以再注意到漢簡中的材料，對於各條舉出一個大致：

（1）塞

□火四所大如積薪去塞百餘里臣憙愚……　　　　　（403·19,433·40）　　（1）

橄曰甲申候卒望見塞外束北……　　　　　　　　　（564·13）

□朔壬子屑水守候橐他塞尉舉敢言之謹移穀……言之　（536·5）　　（2）

元始三年八月甲辰朔丁巳累虜候長祥塞曹史……　　（155·14）　　（3）

陽朔三年九月癸亥朔壬午甲渠不私亭候塞尉順敢言之　（35·8）　　（4）

十二月戊辰甲渠候長湯以私印行候事告塞尉　　　　（82·38）　　（5）

等不數循行甚毋狀未忍行罰……君行塞毋言□不辦毋忽如律令（326·7,）（6）

八月庚寅武威北部都尉□光在行塞敢言之大守府　　（42·6）　　（7）

陽朔元年五月丁未朔丙辰殄北守塞尉廣移甲渠候長　（157·5）　　（8）

吉兼行丞事敬告部都尉率人治書清塞下謹候望督烽火虜卽入（12·1）　　（9）

□長移往來行塞下者及畜產皆毋爲虜所殺略者證之審　（306·12）　　（10）

宣見塞外有亭橐駝……崇馬出塞逐橐駝　　　　　　（229·1）　　（11）

私去塞之他亭（飮）□　　　　　　　　　　　　　（403·10）　　（12）

□甲　坐君行塞登五闌□觸綏適車　　　　　　　　（403·15）　　（13）

去河水二里去隧塞□七十二里□廿二□　　　　　　（433·4）　　（14）

市陽里張延年闌渡肩水要虜隊塞天田入　　　　　　　(10·22)　　(1)

候長武光候史拓　十月壬子盡庚辰積廿九日迹從帶卅隊北盡隊庭餅北界　毋

蘭越塞天田出入迹　　　　　　　　　　　　　　　(24·15)　　(16)

甘露元年六月授爲珍北塞外渠　隊長　　　　　　　　(3·14)　　(17)

四月君行塞擧　　　　　　　　　　　　　　　　　(168·6)　　(18)

□月尉史報行塞擧　　　　　　　　　　　　　　　(285·4)　　(19)

□守候塞尉壽寫移□虜有大衆欲囗　　　　　　　　　(273·18)　(20)

去塞二百六十□　　　　　　　　　　　　　　　　(308·3)　　(21)

囗不知有闌出塞不獲覺至□吏名訊從所……　　　　(49·20)　　(22)

(2)邊：

府移居延書曰邊督……　　　　　　　　　　　　　(255·23)　(23)

□□吏卒□隊不以候望爲意尙行邊丞相御史常……　(227·91)　(24)

(3)城：

□□肩水候官城尉　　　　　　　　　　　　　　　(19·37)　　(25)

閏月丁巳張掖肩水城尉誼以近次兼行都尉事下候城尉承書從事下當用者如詔

書／守卒史義　　　　　　　　　　　　　　　　　(10·29)　　(26)

元延元年十月甲午朔戊子襃佗守候譴移肩水城官吏自言責嗇夫犖晏如牒書到

驗問收責報如律令　　　　　　　　　　　　　　　(506·9)　　(27)

(4)障：

囗始二年十一月甲申朔乙酉甲渠鄣候敢言之　　　　(46·5)　　(28)

河平五年正月己酉朔丙寅甲渠鄣候誼敢言之　　　　(35·22)　(29)

前過得□武言長鄣報長近詣言候□日去罪解□　　　(46·10)　(30)

(5)塢

建平三年閏月辛亥朔丙寅祿福食丞教移肩水金關居延塢長王玆所乘用馬各如

牒書到出如律令　　　　　　　　　　　　　　　　(401·6)　　(31)

病不幸死宣六月癸亥取所寧吏卒盡具塢上不乏人敢言之　(33·22)　(32)

五鳳二年八月辛巳朔乙甲渠萬歲隊長成敢言之迺十月戊寅夜墮塢陛傷要有廖

即日親事敢言之　　　　　　　　　　　　　　　　(6・8)　　　(33)

陽朔三年十二月壬辰朔癸巳第十七候長慶敢言之官移府舉書曰十一月丙寅□
渠餠庭隧以日出舉塢上一表一既下餔五分通府府去銚庭隧百五十二里二百…

　　　　　　　　　　　　　　　　　　　　　　　(28・1)　　　(34)

望禁姦塢上烽火　　　　　　　　　　　　　　　　(288・21)　　(35)

樂昌隧次鄉亭卒迹不在逐上場為□　　　　　　　　(19・5)　　　(36)

□令史光敢言之遣中部塢長始昌送獄獲所還……　(218・3)　　(37)

樂昌隧長己戊申日西中時使並山隧塢上表再通夜人定時管火三通己酉日□…

　　　　　　　　　　　　　　　　　　　　　　　(332・5)　　　(38)

望虜隧長充光　塢上塙擽少一　塢上大表一古惡　塢上不驅除不馬矢塗……

　　　　　　　　　　　　　　　　　　　　　　　(264・32)　　(39)

淩胡隧塢乙亥巳成　候長候史傳送□　　（敦煌簡）　　(40)

塢陸壞敗不作治戶與戊不調利天田不耕盡不鉏治（敦煌簡）　　(41)

（6）關

閏月庚子肩水關嗇夫成以私印行候事……　　　　(10・6)　　　(42)

千府移書曰關佐楊充　　　　　　　　　　　　　　(223・10)　　(43)

……所縣河津關遺　　　　　　　　　　　　　　　(192・29)　　(44)

關嗇夫嬰齊　　　　　　　　　　　　　　　　　　(539・8)　　　(45)

永始五年閏月丙子北鄉嗇夫忠敢言之義成里崔自當自言為家私市居延丞案自
當毋官獄徵事當得取傳謁移肩水金關居延縣索關敢言之　閏月丙子觻得丞彭
移肩水金關居延縣索關書到如律令　／掾要令史建　　(15・19)　　(46)

淸晨夜姚去復致出關　書到□令史□田裏字少備卻☑　(50・31)　　(47)

肩水守縣尉賞移肩水金關居延縣……　　　　　　(146・1)　　　(48)

禁止行者便轉關具騎逐田牧畜崔毋令居部界中……　(12・1)　　　(49)

☑曰居延有關塞□何得出牛子曰欲渡天田以校量之疑竇／牛子赦共☑………

　　　　　　　　　　　　　　　　　　　　　　　(102・10)　　(50)

肩水候官　六月庚戌金關卒乙以來　　　　　　　(408・17)　　(51)

肩水金關　　　辛關私印　　八月癸酉歐來　　　　　　　　　　（74‧5）　　（52）

肩水候官　　　關遂私印　　八月戊子金關辛德以來　　　　　　（5‧19）　　（53）

始元七年閏月甲辰居延與金關爲出入六寸符券齒百從第一至千左居官右移金

關符合以從事　　　　　　第八　　　　　　　　　　　　　　　（65‧7）　　（54）

匈奴人入塞及金關以北　塞外亭隧見匈奴入舉薪火□　　五十人以上能舉二薪

　　　　　　　　　　　　　　　　　　　　　　　　　　　　　（288‧7）　　（55）

不害隧母闌越關天田出入迹　　　　　　　　　　　　　　　　　（276‧11）　　（56）

三月辛亥迹盡丁丑積廿七日從萬年隧北界南盡次吞南界毋人馬闌越塞天田出

入迹三月戊寅送府君至卅井縣索關曰送御史李卿居延盡庚辰三日不迹………

　　　　　　　　　　　　　　　　　　　　　　　　　　　　　（206‧2）　　（57）

□迫秋月有徙民來關　　　　　　　　　　　　　　　　　　　　（168‧12）　　（58）

永光元年五月戊子糵得尉光尉□移過關卒若取□候往爲候之糵得取麥三百石

遣尉就家取□官官丞徐鄲等曰雨必詣肩水候官移□毋留止如律令……

　　　　　　　　　　　　　　　　　　　　　　　　　　　　　（562‧3）　　（59）

（7）堠

建昭二年十二月戊子朔戊子吞遠候長湯敢言之主吏十人卒十八人其十一人皆

作校使相校。不辦害堠上不乏人敢言之　　　　　　　　　　　（127‧27）　　（60）

北尺竟隧舉堠上離合　　　　　　　　　　　　　　　　　　　　（482‧7）　　（61）

（8）隧

庚戌麃卒道等六人□到隧巳間道等係安在曰係酒甲辰……（124‧2）　　（62）

元康四年三月戊子朔甲辰望宗隧長忠敢言之候官謹寫移成卒受書一編敢言之

　　　　　　　　　　　　　　　　　　　　　　　　　　　　　（255‧40）　　（63）

肩水候官隧次行　　　　　　　　　　　　　　　　　　　　　　（32‧23）　　（64）

樂昌隧長巳戊申日西中時使並山隧塢上表再通夜人定時葦火三通己酉日□…

　　　　　　　　　　　　　　　　　　　　　　　　　　　　　（332‧5）　　（65）

三月辛亥迹盡丁丑積廿七日從萬年隧北界南盡次吞南界毋人馬闌越塞天田出

入迹三月戊寅送府君至卅井縣索關因送御史李卿居延盡庚辰三日不迹

　　　　　　　　　　　　　　　　　　　　　　（206・2）　　（66）

□田北行出俱起隧南天田夾何還入隧南天田　　　（231・88）　（67）

元康四年十月乙卯朔肩水右前候長信部敢言之謹移亭隧折傷兵簿一編敢言之

　　　　　　　　　　　　　　　　　　　　　　（229・1）　　（68）

地節二年六月辛卯朔丁巳肩水候房謂候長光以姑臧所移卒傷候本籍爲行邊候

丞相史王卿治卒服候以校閱亭隊卒　　　　　　　（7・7）　　（69）

狀辭居延肩水里上造年廿六歲姓匽氏除爲卅井士吏主亭隧候望通烽火備盜賊

爲職　　　　　　　　　　　　　　　　　　　　（465・4）　　（70）

第十八隧長鄭疆從補郭西門亭長移居延　一事一封　六月戊辰尉史憙

　　　　　　　　　　　　　　　　　　　　　　（285・15）　（71）

□來□□臨亭隧疆落天田　　　　　　　　　　　（239・22）　（72）

遣吏輸府謹擇可用者隨亭隧　　　　　　　　　　（232・26）　（73）

（9）亭

四月丙子肩水辟北亭長敏以私印兼行候事謂關嗇夫寫從□□□如律令　／令

史憙√光√博√尉史賢　　　　　　　　　　　　（29・7）　　（74）

尉明白大扁書鄉市里門亭見　　　　　　　　　　（139・4）　（75）

……言之其母井者各積冰亭十石　　　　　　　　（534・9）　（76）

自言亭卒李侵无亭……　　　　　　　　　　　　（136・24）　（77）

卅井官以亭行　符普印　八月乙未卒良以來　　　（401・2）　（78）

甲渠部候以亭行　　　　　　　　　　　　　　　（58・6）　　（79）

甲渠候官以亭行　　　　　　　　　　　　　　　（58・29）　（80）

敢言之以亭次傳□獄　　　　　　　　　　　　　（148・44）　（81）

虜守亭障不得燔積新盡舉亭止薪一煙夜舉離合苣火次亭燔積薪如品約

　　　　　　　　　　　　　　　　　　　　　　（14・11）　（82）

發桓望亭畢　　　　　　　　　　　　　　　　　（280・1）　（83）

□□治亭士　　　　　　　　　　　　　　　　　（225・35）　（84）

隧長更生壘亭薄五□□□初壘亭盡甲辰女……二百九十　／五月乙巳作

肩水戍亭二所下廣二丈凡尺六簿餘穀百六十石　　　　　　(54‧23)　　(85)

小石十五石始元三年四月乙丑朔丙寅第二亭長舒受序胡倉臨建都丞延喜

　　　　　　　　　　　　　　　　　　　　　　　(273‧8)　　(86)

入麋小石十五石始元三年六月甲子朔甲子第二塢長舒受代田倉臨建都丞臨

　　　　　　　　　　　　　　　　　　　　　　　(273‧14)　　(87)

十一石六年　始元三年十二月壬戌朔壬戌通澤第二亭長舒受代田倉託

　　　　　　　　　　　　　　　　　　　　　　　(557‧3)　　(88)

縣承塞亭各謹候北塞隧即舉表皆和盡南端亭以札署表到日時　(敦煌簡)(89)

扁書亭隧顯處令盡諷誦知之精候望即有烽火隧隧回度舉毋……(敦煌簡)(90)

亭隧□遠盡不見煙夜不見火士史候長候史□相告□燔薪以□□□□　(敦煌

簡)　　　　　　　　　　　　　　　　　　　　　　　　　(91)

一人馬矢澄亭戶前地二百七十尺　　　(敦煌簡)　　　　　　(92)

二人削□亭東面廣丈四尺高五丈二尺　　(敦煌簡)　　　　　　(93)

(10)薰表

必得加慎毋忽督薰掾覽馹北姤廣關□□到利□關加慎毋忽方循行如律令

　　　　　　　　　　　　　　　　　　　　　　　(42‧18)　　(94)

狀辨居延肩水里上造年女六歲姓匜氏除爲卅井士史主亭隧候望通烽火備盜賊

爲職　　　　　　　　　　　　　　　　　　　(465‧4)　　(95)

……蘭平毋□索二地薰索二　　　　　　(145‧15)　　(96)

得會　吉彖行丞事敢告都尉庫人詔書請塞下謹候望督薰火虜即入(12‧1)(97)

廣田以次行至望遠止　寫移疑虜有大衆不去欲竝入爲寇檄到循行部界中嚴教

吏卒驚薰火明天田證□候候望禁止往來行者定薰火輩便兵戰鬭具毋爲虜所幸

繫已先聞知亡失重事毋忽如律令　　　　　(278‧7)　　(98)

望禁姦塢上薰火　　　　　　　　　　　(288‧21)　　(99)

日吏卒更寫爲薰火圖版皆放辟非隧書佐奮夫……　(199‧3)　　(100)

在時表火課常在內未曾見收不知鈎校候言……　(269‧8)　　(101)

□午日下餔時使居延薰一通夜食時堠上苣火一通居延苣火…(332‧13)(102)

樂昌隧長己戊申日西中時使並山隧塢上表再通夜人定時苣火三通己酉日……

　　　　　　　　　　　　　　　　　　　　　　（332·5）　（103）

……亭守乘蘢……　　　　　　　　　　　　（120·71）　（104）

臨莫隧長留入戊申日西中時使迹虜隧塢上表再通□塢上苣火三通

　　　　　　　　　　　　　　　　　　　　　　（126·40）　（105）

塢上旁蘢一通同時付並山丙辰日入時　　　　（349·11）　（106）

虜守亭障不閱燔積薪晝舉亭上蘢一煙夜舉離合苣火次亭燔積薪如品約

　　　　　　　　　　　　　　　　　　　　　　（14·11）　（107）

匈奴人入塞及金關以化　塞外亭隧見匈奴入舉蘢燔積薪　五百人以上能舉二

蘢　　　　　　　　　　　　　　　　　　　（288·7）　（108）

□□□廡不調利□如蘢索敝□干石小不任用以承□蘢破絕（206·6）　（109）

蘢不可上下連梃疾解翁多隨折長斧榫皆橧楣哰呼稾色不鮮明奚索幣絕弩長臂

曲戾不可……　　　　　　　　　　　　　　（127·24）　（110）

……百　八月甲子買赤白繒蘢一完　　　　　（284·24）　（111）

守御器簿　……　破蘢一　布蘢三　布表一　（506·1）　（112）

具木蘢一完　　　　　　　　　　　　　　　（563·4）　（113）

蘢承索八　　　　　　　　　　　　　　　　（49·3）　（114）

宜禾部蘢第廣漢第一美稷第二昆侖第三魚澤第四宜禾第五（敦煌簡）（115）

望步廣蘢　（敦煌簡）　　　　　　　　　　　　　　　（116）

大威關蘢　（敦煌簡）　　　　　　　　　　　　　　　（117）

七月乙丑日出二干時表一通至其夜食時苣火一通從東方來杜充見（敦煌簡）

　　　　　　　　　　　　　　　　　　　　　　　　　　（118）

沙上隧並和宜禾蘢火（漢晉西陲木簡）　　　　　　　　（119）

望見虜一人以上入塞燔一炷薪舉二蘢夜二苣火見十人以上在塞北燔舉如一人

須揚望見虜五百人以上若攻亭障燔一炷薪舉三蘢夜三苣火不滿一千人以上燔

舉如五百人同品虜守亭障燔舉晝舉亭上蘢夜舉離合火次亭遂和燔舉如品（漢

晉西陲木簡）　　　　　　　　　　　　　　　　　　　（120）

從以上引出來的各條，對於；塞，邊，城，障，塢，關，堠，隧，亭，蕭，表，的幾個名詞，我們可以更看得淸楚了。現在再根據上面的引證再來解釋一下：

邊是邊境的廣泛稱呼，這和禮記玉藻！『其在邊邑，』左傳成十三年：『虔劉我邊陲』，漢書元帝紀竟寧元年：『邊垂長無兵革之事』。爾雅釋詁：『邊垂也，』各條的的邊是一樣的。但是邊境上的工事，那就叫做塞了。

塞字也屢見於漢簡以外的其他文獻的。例如：說文土部：『塞隔也，從土𡨄聲。』段注云：『𡨄部隔下云，「塞也」是爲轉注，俗用爲窒塞字，而塞之義糞之形俱廢矣。廣韵曰：「邊，塞也。」明堂位：「四塞世告至，」注云：「四塞謂夷服，鎮服，蕃服，在四方爲蔽塞者，」按鄭注所謂天子守在四夷也。戰國策：「齊有長城巨防，足以爲塞。」呂氏春秋：「天下有九塞，」所謂守在四意也。』又按禮記月令；『完要塞，』注：『東北謂之塞，西南謂之徼。』史記秦始皇本紀：『三十三年，……城河上以爲塞。』漢書佞幸鄧通傳注：『人有告通盜出徼外鑄錢，』注：『徼猶塞也，東北謂之塞，西南謂之徼。徼塞者，以郵塞爲名，徼者取徼遮之義也，徼音工釣反。』補注，王先謙曰：『通鑑胡注：「匈奴傳，侯應上議曰，孝武攘匈奴於幕北，建塞徼起亭蕭，是北方之塞亦曰徼也。朝鮮傳曰，朝鮮屬遼東外徼，是東方之塞亦曰徼也。師古迨未深考歟？直言徼以要遮爲義，豈不明乎」』。漢書貨殖傳：『塞之斥也，唯橋桃以致馬千匹，牛倍之，羊萬。』注：『塞斥者，言國家斥開邊塞更令寬廣，故橋桃得恣其畜牧也。』漢書匈奴傳：『趙武靈王亦變俗胡服習騎射，北破林胡樓煩，自代並陰山下，至高闕爲塞。』又：『單于既約和親，於是制詔御史，匈奴遺朕書，和親已定，亡人不足以益衆廣地，匈奴無入塞，漢無出塞，犯今約者殺之。』又：『漢兵至邊，匈奴亦遠塞。』又：『復繕故秦時蒙恬所爲塞，因河而爲固。』此外說到塞的甚多，尤其顯明的是匈奴傳中侯應對答邊塞事的一段，今具錄到下面：

　　元帝以後宮良家子王嬙字昭君賜單于，單于驩喜，上書願保塞上谷以西至敦煌，傳之無窮，請罷邊備塞吏卒，以休天子人民。天子令下有司議，議者皆以爲便。郎中侯應習邊事，以爲不可許。上問狀，應曰：『周秦以來，匈奴暴桀寇侵邊境，漢興尤被其害。臣聞北邊塞至遼東外有陰山，東西千餘里，

草木茂盛，多禽獸，本冒頓單于依阻其中，治作弓矢，來出為寇，是其苑囿也。至孝武世，出師征伐，斥奪此地，攘之於幕北。建塞徼，起亭隧，築外城，設屯戍以守之，然後邊境得用少安。幕北地平，少草木，多大沙。匈奴來寇，少所蔽隱。從塞以南，徑深山谷，往來差難。邊長老言匈奴失陰山之後，過之未嘗不哭也。如罷備塞戍卒，示夷狄之大利，不可一也。今聖德廣被，天覆匈奴，匈奴得蒙全活之恩，稽首來臣。夫夷狄之情，困則卑順，彊則驕逆，天性然也。前已罷外城，省亭隧，今裁足以候望，通烽火而已。古者安不忘危，不可復罷，二也。中國有禮義之教，刑罰之誅，愚民猶尚犯禁，又況單于必其眾不犯約哉，三也。自中國尚建關梁，以制諸侯，所以絕臣下之覬欲也，設塞徼置屯戍，非為匈奴而已，亦為諸屬國降民，本故匈奴之人，恐其思舊逃亡，四也。近西羌保塞，與漢人交通，吏民貪利侵盜其畜產妻子，以此怨恨，起而背畔，世世不絕，今罷乘塞則生嫚易分爭之漸，五也（師古曰『乘塞登之而守也』）。往者從軍多沒不還者，子孫貧困，一旦亡出，從其親戚，六也。又邊人奴婢愁苦，欲亡者多，曰『聞匈奴中樂，無奈候望急何』，然時有亡出塞者，七也。盜賊桀黠，羣輩犯法，如其窘急亡走北出，則不可制，八也。起塞以來，百有餘年，非皆以土垣也，或因山巖石，木柴僵落，谿谷水門，稍稍平之，卒徒築治，功費久遠，不可勝計。臣恐議者不深慮其終始，欲以壹切省繇戍，十年之外，百歲之內，卒有它變，障塞破壞，亭隧滅絕，當更發屯繕治，累世之功不可卒復，九也。如罷戍卒，省候望，單于自以保塞守御，必深德漢，請求無已。小失其意，則不可測，開夷狄之隙，虧中國之固，十也。非所以永持至安，威制百蠻之長策也。』對奏，天子有詔勿議罷邊塞事，使車騎將軍口諭單于曰：『單于上書願罷北邊吏士屯戍，子孫世世保塞，單于鄉慕禮義，所以為民計者甚厚，此長久之策也。朕甚嘉之。中國四方皆有關梁障塞，非獨以備塞外也，亦以防中國姦邪，放縱出為寇害，故明法度以專眾心也。敬諭單于之意，朕無疑焉。……』

上文共計有十七個塞字，而其中所說的如『備塞』，『乘塞』，『起塞』都可見塞

是邊境上工事的總稱，而並非空泛的邊界。尤其所說的『起塞以來，百有餘年，非皆以土垣也，或因山巖石，木柴僵落，谿谷水門，稍稍平之，卒徒築治，功費久遠；不可勝計』一語，可見所說的塞，是包含幾種因素，第一是土垣，第二是因山巖石，第三是木柴僵落，第四是谿谷水門。這四種顯示着四種的地形，也就有四種的做法。居延簡：

> 所持木杜畫滅迹復越水門　　　　（236・32）
> 來南復臨亭際彊落天田　　　　　（239・22）

水門見於漢書溝洫志『今可從淇口以東爲石隄，多張水門』，『其水門但用木與土耳，』『今瀕河隄吏卒郡數千人，伐買薪石之費，歲數千萬，足以通渠成水門。』召信臣傳：『行視郡中水泉，開通溝瀆，起水門提閼（隄堰）凡數十處，以廣溉灌。』所以水門便是開閉的水關，在溝渠中用來節制水量，在要塞地區便來防備敵人侵襲了。

　　關於僵落二字，漢書作僵落，漢簡作彊落。在匈奴傳中顏師古注云：『僵落謂山上樹木摧折，或立死枯僵墜落者。』此注甚爲費解，塞上所用的樹，不應當只限於死樹。再看漢簡中所僵落，那就照顏注更不可通了。方詩銘先生曾說過落應當爲羅落之落，那就彊落應當爲彊上的羅落。漢書鼂錯傳：『爲中周虎落，』注：『鄭氏曰，虎落者，外蕃也，若今時竹落也。』所以彊落亦卽虎落。

　　至於彊落和天田並稱，可見和天田有關。鼂錯傳：『爲中周虎落』下注引蘇林曰：『虎落於塞要下，以沙布其表，且視其跡，以知匈奴來入，一名天田』（此節承賀昌羣先生見告，謹此注入。）在蘇林的原意，或者認爲天田是虎落的附屬物，在解釋虎落的時候將他加入，這是可以的，但很容易認爲虎落就是天田，那就錯了。所以顏師古注云：『蘇說非也，虎落者，以竹蔑相連，遮落之也。』所謂竹蔑相連，亦卽木柴僵落，或用竹，或用木，但要遮連，功效是一樣的。可是旣然認虎落爲竹蔑，便不應當以僵落爲死樹，來望文生義。

　　在漢簡中天田二字是常見到的。以前所擧的如第 15, 16, 50, 57, 66, 67, 都提到天田，而在流沙墜簡中的敦煌各簡如：

> 若干人畫天田率人畫若干里若干步

六人畫沙中天田六里　　率人畫三百步

天田上毋□塡人馬□

塢陛壞敗不作活　　戶與戊不調利　　天田不耕畫不鉏治

更據居延間：

廣田以次行傳行至望遠止　　寫移疑虜有大衆不去欲並入爲寇檄到循行部界中

驚烽火明天田　　　　　（278‧7）

可見天田的做法是耕畫和鉏治，天田的功用是視因人馬的痕跡，以便有所準備。因爲人馬馳行的速度不如傳烽，所以前哨的烽臺發現了人馬的痕跡，報給後方還來得及預防，這也看出天田的功用了。但照蘇林的話是『以沙布其表，且視其跡，以知匈奴來入，』現在看來，是不僅以沙布其表，還要耕鉏。這就是說僅僅沙的痕跡是不夠的，必需耕鉏的讓土更疏鬆些，人馬的行跡才看的更顯。因此看來，王氏國維所說的『唐崔敦禮神道碑，左校叛換，亞擾天田，……蓋用古語，殆謂天然之田，未經墾治者也，』一部分是對的；不過據敦煌簡，已說過要耕畫鉏治，那就天田只能說是已經墾治而未種植的田，用來看人馬的行跡。這樣說來，或者更近於事實些。（賀昌羣先生據漢書量錯傳注來釋，這是一個很重要的文獻。）

　　　＊　　　　　＊　　　　　＊　　　　　＊　　　　　＊

其次，再說亭障。亭障雖連稱爲常，但亭障顯爲二物。顧炎武日知錄云：

秦制，十里一亭，十亭一鄉（原注，風俗通曰：『漢家因秦，大率十里一亭，亭留也，蓋行旅宿會之所。』）以今度之，蓋必有居舍，如今之公署，鄭康成周禮遺人注曰：『若今亭有室矣』故覇陵尉止李廣宿亭下，張禹奏請平陵肥牛亭部處，上以賜禹，徙亭它所。前漢書注云：『亭有兩卒，一爲亭父，掌開閉掃除，一爲求盜，掌逐捕盜賊（原注：任安見爲求盜亭父，後爲亭長）是也。（原注：晉時有亭子，劉卞爲縣小吏，功曹銜之，以他事補亭子。）又必有城池，如今村堡。韓非子：『吳起爲魏西河守，秦有小亭臨境，起攻亭一朝而拔之。』漢書：『息夫躬歸國，未有第宅，寄居丘亭，姦人以侯家富，常夜守之。』匈奴傳：『見畜布野而無人牧者，怪之，乃攻亭。』後漢書公孫瓚傳：『卒逢鮮卑數百騎，乃退入空亭』是也。（原注：

減宣怒其吏成信，信亡藏上林中，宣使郿令將吏卒闌入林中上蠶室中，攻亭殺信，是上林中亦有亭也。）又必有人民，如今之鎮集，漢封功臣亭侯是也。又謂之下亭，風俗通，『鮑宣州牧行部，多宿下亭』是也。其都亭則如今之關廂，司馬相如往臨邛，舍都亭（原注：史記索隱曰，『郭下之亭也。』漢書注師古曰：『臨邛所治都之亭，』後漢書，陳寔嘗爲都亭刺佐。）嚴延年母止都亭，不肯入府。何並斬王林卿奴頭，幷剟所建鼓，置都亭下。後漢書：『陳王寵有彊弩數千張，出軍都亭』！『會稽太守尹興，使陸續於都亭賦民饘粥，』『酒泉龐娥刺殺讎人於都亭。』吳志：『魏使邢貞拜權爲吳王，權出都亭候貞』是也。京師亦有都亭，後漢書『張綱埋其車輪於雒陽之都亭，』『竇武會北軍五校士屯都亭，』何進率左右羽林五營士屯都亭，『王喬爲葉令，帝迎取其鼓，置都亭下』是也。蔡質漢儀：『雒陽二十四街，街一亭，十二城門，門一亭，人謂之旗亭。』史記三代世表：『褚先生言，與方士考功會旗亭下』是也（原注，西京賦曰：『旗亭五重』，薛綜注：『旗亭市門樓也，立旗於其上，故取名焉。）後代則但有郵亭驛亭之名，而失古者居民之義矣（原注，晉書載記，『慕容垂請入鄴城拜神廟，苻丕不許，乃潛服而入亭，吏禁之，垂怒，斬吏燒亭而去，』是晉時尙有亭名。）

在這裏顧氏所注意到的可以說有幾點：（1）亭是一種行政組織的單位。（2）亭有房屋。（3）亭有城池。（4）亭有居民。（5）都亭如同現在的關廂。——在以上各條看來，亭有房屋，和亭有居民是不錯的，但亭有居民卻只限於內地，在塞上並不盡然。至於說亭有城池，今按城則有之，池卻未必。在文獻方面，並無亭外有池的積極證據。所謂城的解釋，也不太充分，因爲亭是可守的，但可守的不一定便是城。在以前舉出漢簡中的證據，例如 33, 34, 35, 36, 37, 38, 39, 40, 41, 諸則，都可見到隧是有塢的，據說文的解釋隧是塞上的亭，所以隧是各種亭中的一種，亦卽隧可以稱亭，亭卻不能都稱做隧。在以上舉出的證據，有些隧是有塢的，據服虔通俗文說『營居曰塢，』營中是有類似城的壁壘，所以有些隧是壁壘，亦卽有些隧是圍繞着類似的城。既然所有亭的一部分可稱爲隧，而有些隧有了類似的城，這就是說

有一小部分的亭是有類似的城的，但類似的城並不全等於城。而據第 40 則的『凌胡隧塢乙亥已成』，那就是說乙亥以前凌胡隧的塢尙未成，因此便說塞上的亭都有城也是不行的。再看一看第 92，和 93 則漢代塞上的亭就是指墩臺，顧氏所引的匈奴傳，原文爲『單于旣入漢塞，未至馬邑百餘里，見畜布野而無人牧者，怪之，乃攻亭，時雁門尉史行徼，見寇，保此亭。單于得欲刺之，尉史知漢謀迺下，具告單于。』注師古曰：『尉史在亭樓上，虜欲以矛戟刺之，懼迺自下，以謀告。』此所謂『下』指下亭而言，比照着 92 和 93 兩則，便是下墩臺。墩臺較高，自然可守，那就不一定是守城了。

據說文稱隧爲塞上的亭，可見塞上的亭和內地的亭有異同。漢書百官表云：『大率十里一亭，亭有長，十亭一鄉，鄉有三老，有秩，嗇夫，游徼，』續漢書百官志劉照注：『里魁掌一里百家，』所以一亭應當是一千家，這是內地的制度。至續漢書百官志注引漢官儀：『設十里一亭，亭長亭候，五里一郵，郵間相去二里半』，那就是塞上或道路間的制度。兩種亭雖都叫做亭，但設置的方法是不同的。這是邊塞郵驛的組織和內地什伍組織的不同處。要講『亭』的制度時必需認淸的一點。但是亭對於地域的分配上盡管不同，但亭的本身仍然是一致的。亭字從高省，丁聲。這就表示着亭的本身就是一個高的建築。漢書酷吏傳注：『如淳曰，「舊亭傳於四角面百步，築土四方，上有屋，屋上有柱，出高丈餘，有大板貫柱四出，名曰桓表，縣所治夾兩邊各有一桓。陳宋之俗言桓聲如和，今猶謂和表。」師古曰，即華表也』。華表之形略如桔橰，崔豹古今注：『以橫木交柱頭，狀若華，形似桔橰，大路交衢悉施焉。或謂之表木，以表王者納諫，亦以表識衢路』。這些都和墩臺旗竿是有關係的。至於郡縣官吏和邊塞的官吏也可以互相比照，例如：

　　　郡縣：太守————都尉————縣令長————縣尉————鄉嗇夫————亭長

　　　邊塞：太守————都尉————候官————塞尉————候長————隧長

所以隧是亭的一種，因此隧也可以稱亭，也可以亭隧並稱了。

總結起來，『亭，』或『隧』，是邊塞視察哨的單位。有士築的烽墩爲中心，這個烽墩是稱做『燧。』廣泛說來，亭內所有建築的全部都稱爲亭，或隧；但單獨

來說，亭或隧也有時可專指『塢』來說。烽墩上是可以修房子來住人的，但假如房子需要多些，烽墩上蓋不了，那就只有蓋到烽墩下邊，這時必需修一個堅固的圍牆，這一個圍牆就叫做『塢』。塢的位置，有時是在亭的外面的，有時還有在障的外面的。『障』是塞上的小城，裏面有障尉來主持着，障尉亦稱塞尉，有時都尉或候官也在此治理，如果駐兵較多，非障所能容，那就只好在障外再修一圈的塢。例如肩水都尉，肩水候官所在的肩水城，今稱為紅城子的（又稱地灣，蒙古人稱為(Ulan Durbeljin)，裏面是一個障，外邊便有一道塢。亭的配置是『十里一亭』但還有『五里一郵』，郵並不等於亭。郵是『吏馬馳行，』專司傳遞文書的，那便是簡陋的『道班房』，而非堅固高聳的烽墩了。在漢簡中有『以亭行』的『隧次走行，』還有『以郵行』的，這其中當然有輕重的關係。『以郵行』的只是普通的公文，用常法來傳遞；而『以亭行，』『隧次走行，』『吏馬馳行』便顯然可以看出重要性的層次了。

至於亭隧的位置，可以說分兩種，第一種是緣塞設置的，第二種是緣路設置的。兩種都是以十里為準則，不過現在看來並不是如何嚴格的。緣塞的亭隧可以敦煌北面的為例，緣路的亭隧可以額濟納河沿岸為例。緣塞的亭隧，有長城的地方，有些是修在城垣，有些是修在長城以外或以外，隨着地形的方便，也並無一定的地位。只有一點是重要的，即不論是沿塞或緣路，一定是鄰近的隧可以彼此望見，並且也都在有水源的附近。

在 82 及 118 則，有『虜守亭鄣』一語，亭鄣連稱。又文獻中也頗有『亭鄣』（或作『亭障』）二字連用的，例如：

> 史記大宛傳：『王恢數使為樓蘭所苦，言天子，天子發兵令恢佐破奴擊之，封恢為浩侯，於是酒泉列亭障至玉門矣。』

> 史記秦始皇本紀三十二年：『築亭障以逐戎人徙讁實之。』

> 漢書賈捐之傳：『女子乘亭障。』

> 後漢書王霸傳：『得馳刑徒六百餘人，與杜茂治飛狐道，堆石布土，築起亭鄣，自代至平城三百餘里。』

> 蜀志先主傳注引典略：『備於是起館舍，築亭障，從成都至白水關四百餘區。』

但是亭障連稱和亭隧連稱是不同的，亭隧連稱，亭卽是隧；亭障連稱，亭和障是不同的兩種建築。此外尙有障塞連稱的，如：

> 續漢書百官志：『邊境有障塞尉，掌禁備羌夷犯塞。』

> 後漢書西羌傳：『於是障塞亭隧出長城外數千里。』

塞已見前，是防線之稱，鄣是塞上的小城，所以鄣和塞鄣和亭均是不同的。

鄣之稱謂除前舉的 28，29，30 等則以外，尙有：

> 右鄣候一人秩比六百石　　　　　　（259・2）

鄣候又見於漢書孫寶傳：

> 下寶獄，尙書唐林爭之。上以林朋黨比周，左遷敦煌魚澤障候。

王念孫讀書雜志云：

> 敦煌之魚澤障，自武帝時已改爲效穀縣，此云魚澤障候者，仍舊名也。地理志敦煌郡效穀，班氏自注云，『本魚澤障也。桑欽說，「孝武元封六年，濟南崔不意爲魚澤尉，敎力田，以勤效得穀，因立爲縣名。」』今本注首有『師古曰』三字，後人所加也，胡渭已辨之。（註一）

又流沙墜簡薶隧類第四十三簡：

> 建武十九年四月一日，甲寅，玉門鄣尉戍告候長晏到任。

王氏國維云：

> 右簡乃玉門鄣尉令候長到官之檄。……續志云，『邊縣有障塞尉，』又云：『諸邊障塞尉，諸陵校尉長皆二百石』。……

又流沙墜簡薶隧類第六簡：

> 候官謹口亭隨檢梜口口主謁

王氏國維曰：

> 候官者都尉之屬也。漢敦煌郡屬縣六，而綴邊者凡四：東則廣至，其時爲效穀，爲敦煌，爲龍勒。前漢於此分置四都尉，一，宜禾都尉，治崑崙障（在廣至縣境，）二，中部都尉治步廣候官（在敦煌縣境，）三，玉門鄣尉治玉

（註一）流沙障簡薶隧類第七及簡牘遺文第三十五皆均魚澤；後一簡且言及魚澤候，是效穀縣由魚澤障改，但魚澤仍未廢。大約改縣以後的魚澤障是還去的，非原處。

門關（在龍勒縣北境，）四，陽關都尉治陽關（在龍勒縣西境。）都尉之下
各置候官以分統其衆，亦謂之軍候，亦單謂之候。候官之名始見於漢書地理
志，卽上所云步廣候官是也。續漢志，張掖屬國下，亦有候官。又會稽郡下
之東部候國，吳志虞翻傳作東部候官，蓋卽會稽都尉下之候官。由是觀之，
則都尉之下，大抵有候官矣。其秩略當校尉下之軍候，續漢志：『大將軍營
五部，部校尉一人，比二千石，部下有曲，曲有軍候一人，比六百石』。都
尉名秩與校尉相當，則都尉下之候官，當卽校尉下之軍候。楊雄所謂東南一
尉，西北一候，尉謂都尉，候謂候官也……。今以敦煌郡各候官言之，則宜
禾都尉下可攷者，有魚澤候，漢書孫寶傳，寶從京兆尹左遷魚澤障候（按此
爲唐林事，見前引漢書孫寶傳。）本書簡牘遺文第三十五，王子方置敦煌魚
澤候守丞是也。中部都尉下則有步廣，平望，兩候官。步望一候見於漢志，
平望候官則見簿書類第五十九簡。……玉門都尉所屬則有玉門，大前都二候
官，第三，第五兩簡及沙氏書中所錄釋文有玉門候官語，足以證之。

今按王氏所攷候官之職，能究他的原委，說的很明白，這是對的。並且續漢書軍候
爲比六百石，居延簡部候亦爲比六百石，正相符合，可知鄣候卽候官。又據前引居
延簡第 28, 29, 兩則，均有『甲渠鄣候』字樣，但 79 則作『甲渠部候，』而 80
則作『甲渠候官』也。可見鄣候和候官可以互稱的。關於鄣的形式，據漢書張湯傳
顏師古注云：『鄣，謂塞上要險之處，別築爲城，因置吏士而爲鄣蔽以扞寇也。』
又武帝紀太初三年，顏師古注云：『漢制，每塞要處，別築爲城置人鎮守，謂之候
城，此卽鄣也。』候城又見於前引居延簡第26，中有『候城尉』一語，候城既屬
鄣，那就候城尉也就是鄣尉了。旣在旣然可以證明鄣候卽係候官，那就再看一看候
官是否有一個小型的城。就知道最確實的來說，敦煌玉門候官是在現在敦煌西面的
小方盤，張掖肩水候官是在額濟納河東岸的地灣城（卽（Ulan Durbeljin），甲渠
候官是在額濟納河西岸的 Mu Durbeljin，都是比較堅固而小的城。（這種城見附
圖。）因此，我們可以決定這一類的小城在漢代的命名是叫做鄣。同樣，現在的
黑城（Khara Khoto）是可證明爲漢代的居延縣治的（見居延漢簡考證卷二，第
七，第八葉，）而在現在黑城故址的東南部城內，也同樣有這樣一個小型的城

（註二），因此從先的遮虜障的所在，也可以知道了。

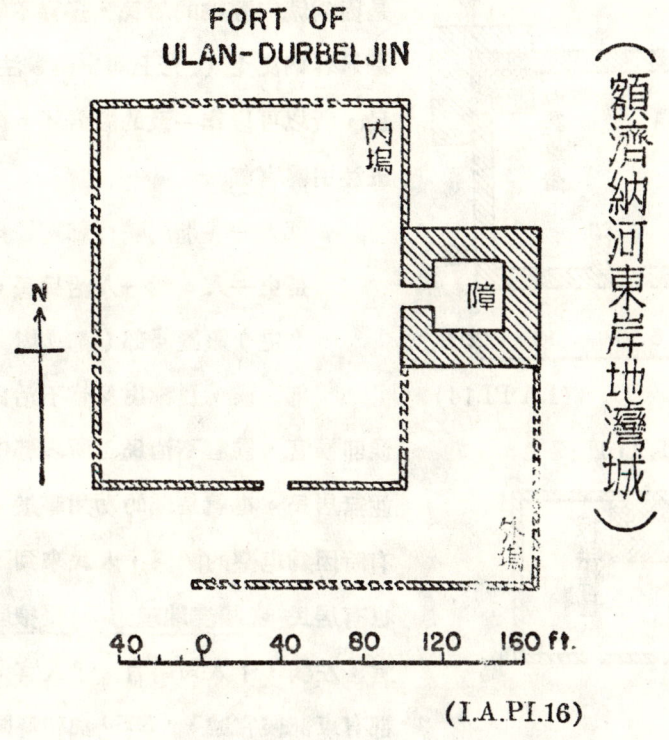

FORT OF
ULAN-DURBELJIN

（額濟納河東岸地灣城）

內塢

障

外塢

N

40　0　40　80　120　160 ft.

(I.A.PI.16)

地灣城自西東望

鄣的建築和城的建築有一個很大的區別，便是城的建築大小並不一律，形式也

（註二）原作候國，誤。當作候官，前人錢大昕，惠棟，洪頤煊並有考證，今不詳及。

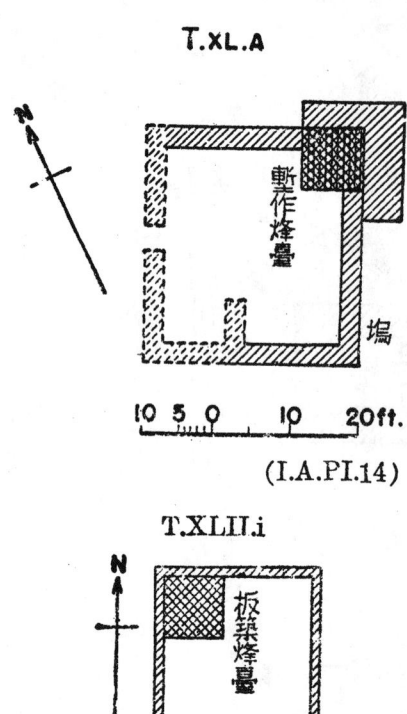

T.XL.A

斬作烽臺

塢

10 5 0　　10　20ft.

(I.A.PI.14)

T.XLII.i

板築烽臺

塢

30 15 0　　30　60ft.

(I.A.PI.14)

T.XXIII.U.

塢

40 20 0　　40　80ft.

(I.A.PI.14)

不一致；郭的建築卻大小形式都是一樣的。這是因爲城內容納的居民，多寡不能一致，郭卻是只容納吏士（見上節引漢書注，）並無居民，所以可以作一致的設計了。續漢書百官志五注引漢官儀云：

> 郡太守各將萬騎行郭塞烽火，追虜。置長史一人，丞一人治兵民。當兵行，長（史）領置。部（都）尉，千人，司馬，候，農都尉，皆不治民。

候卽候官，候官不治民，所以郭中只有吏士，並無居民。也就是郭的功用等於一個營堡。但有時因爲屯墾的關係，人民來到了，因此漸漸也有居民。續漢地理志，張掖屬國都尉有候官，左騎，千人司馬官，千人官，各城；會稽郡有東部候官城，（註三）都和縣同列。這也就是續漢百官志所說的在東漢時期，『邊郡往往置都尉及屬國都尉，稍有分縣，治民比郡的原因。』所以城和郭的區別，有時也不能嚴格來區別的。

＊　　＊　　＊　　＊

烽燧上的表記，統稱做烽火，實際上烽火，不是一種。關於烽火的種類在史記司馬相如列傳，和漢書賈誼傳中，前人作注解的有若干的解釋，但是均不如前引第101和120兩則所說的具體。照此處所記，烽燧上所舉出來的，共有四種：

A 蘪

（註三）向譯斯坦因西域考古記，較爲易得，其書二五六葉有斯坦因實測黑水故城圖，可以參看。

B　煙

C　苣火

D　積薪

這四種物件不同，用法亦不同，有時單用，有時兼用。在這四種之中，積薪自爲一類，煙自爲一類，薪表和苣火又共爲一類。積薪是很清楚的，不必多爲解釋。苣火就是火炬，用手來持着的，也不必多爲解釋。關於煙一項，在漢代烽臺的頂上，有一個煙籠，上面有一個煙突，現在尙可看出燒煙的痕跡。所成問題的只有薪表的一項中，有商討的餘地。

漢代以來屢稱烽火，實際上烽火是兩件事物。薪爲薪表，火爲積薪的苣火。薪表是不舉火成煙的，照前引諸簡 111, 112, 113, 114, 各條，看出薪是用縑（厚帛）或者用布（麻布）來做成的，並且是用赤白二色的，再加上木頭。薪和表有時互稱（註四）但據前引 112 條薪和表又有區別，現在雖然不敢斷定區別所在，但先薪後表，或者是大小的不同。又居延簡有『長七尺，廣五尺』一語（214,28），可能是指薪的長寬來說的。

薪用木在上面和下面綑住，再用薪索繫上，再另外植立着一個長三丈的薪竿，在薪竿頂上繫着一個滑車（註五），繩索穿在滑車上面，薪便可以上下了。薪竿在塢上立着，則爲塢上的薪(99, 103, 105, 106)，薪竿在地上植立的，則爲地薪（見下附注四），薪的結構應當是一樣的。至於漢書賈誼傳注引文穎說：『邊方備胡，作高士櫓，櫓上作桔槹，桔槹頭兜零，以薪草置其中，常低之，有寇則火燃舉以相告曰烽，又多積薪寇至則燃之，以望其煙曰燧。』此處釋烽燧之義與相承者頗有區別，但燧卽隊，亦卽墩臺，由墩臺出煙，本不太錯；又烽卽薪由烽竿來舉，也不算太錯。只是所舉兜零，據史記司馬相如傳引漢書音義，亦作『烽如覆米奠，』兜零是竹籠，覆米奠是漉米器，都是箕籠一類，和布製的薪表並非一物。除非晚間以竹籠盛陶器，中置薪火，舉到薪竿上面，這雖然是不是炬火，但與炬火同一功用。照

（註四）例如說文云：『薪隊候表也』。

（註五）居延簡『第三十四隧地薪鹿盧不調』(136.7)，鹿盧卽轆轤，大的轆轤來車水用的，無法在薪竿上使用，此處應當作滑車而言。

漢代舉烽之制、白天用蘊，晚上用炬火，這種辦法是很有可能的。文穎之說雖不全合漢簡，但也不爲無據。

固然，文穎的說法和漢簡不盡相符，但也不是不可以作另外的解釋的。現在發現的漢簡，都是西漢末年以至東漢初年的物件，文穎生當建安時期，又在這些漢簡至少一百年以後，在這期間決不能說蘊隊制度絕無任何變化。所以說來在今出漢簡時期，蘊表上竹籠中的火就是苣火的一類，當然可以；卽令不是漢簡中的制度，也不能說在文穎的時代不可以有。因爲蘊與炬的表記是相同的，只是日夜的不同，那麼舉蘊之處來舉炬火（類似的炬火，）並且將炬火一個名稱也包括在蘊的這個名稱之內，也並不是不合理。（自然，這只是炬火，並非手持的離合苣火。）

竹籠盛火一件事，並非奇異的事，現在四川等地在冬天時候，尚以竹籠中放一個瓦盆，瓦盆內生着木炭火來取煖（木炭在漢代也是有的，見漢書竇廣國傳。）假若將這一類的竹籠舉到桔槔頭的上面，瓦盆中的火也決不至於將竹籠燒着。此外我還記得很淸楚，當民國三十一年，到陽關外的推莫磧地方、和青海的撒拉爾兵同走着，當時庫拉斯台有流動的哈撒克羣，當深夜時候，撒拉爾兵關照着一根火柴也不可以刮。因爲在一個靜寂的沙漠，不會有火光的，倘若偶然有一星一點的火光，在百里左右的人也可以望見。同理，在一個高高的蘊竿上，舉上一個烘籃的燒草或炭火，沙漠中十里以外的墩臺上，能夠望見一定不是一個如何困難的事。因此史記司馬相如傳和漢書賈誼傳注中所引各家之說，雖然互相矛盾，但都應當各有各的根據和理由，現在論文穎說時再重申一下。

此外尚有若干應當申說的，爲節省地位起見，不擬再多爲重述。可以參看我的居延漢簡考釋考證之部，和從漢簡所見之邊郡制度（史語所集刊八本二分，）以及賀昌羣先生的烽燧考（中大文史哲季刊第一卷二期。）

出自第十九本（一九四八年十月）

新獲之敦煌漢簡

夏　鼐

　　古代簡策之出土，前代已數見於記載；然異世間出；旋滅隨之。近數十年來，東西學者考古西陲，所獲漢晉簡牘頗多；尤以斯坦因之發現敦煌簡及貝格曼之發現居延簡，成績最著。沙畹王國維勞貞一諸先生爲之考釋，鈎玄探賾，創獲甚多。關於古代輿地史事制度名物各方面，皆有貢獻。民國三十三年春，余奉命參加中央研究院、中央博物院及北大文科研究所合組之西北科學考察團，從向覺明先生赴敦煌考古。是年冬，向先生因事先歸，余與閻述祖先生冒雪衝寒，入漠探險，訪兩關遺址及漢代烽燧遺跡，掘得漢簡數十片，關於考察經過情形及出土各物詳表，將另述於正式調查報告中。茲將漢簡釋文先行發表，間附考證，以求教於海內博聞君子。

　　敦十四新獲第一簡（木簡削衣。長四十六公釐，廣十九公釐，厚〇·五公釐。）
（上缺）如炭和元（下缺）

　　按敦十四係依照斯坦因氏之編號，其地卽小方盤城，在敦煌縣城西北約百六十里。簡之出土地在小方盤城北郭小丘上。斯氏漢簡中標明「敦十四出土」者，亦皆係在此小丘上所獲。（A. Stein, Serindia, pp. 683—688.）

　　此簡其薄如紙，乃削牘後遺棄之木衣，類今之鉋花，古謂之柿。後漢書楊由傳云：「風吹削哺。」章懷注曰：「哺當作柿。」說文：「柿，削木札樸也。」顏氏家訓謂削柿乃削札牘之柿，古者書誤則削之。（書證篇十七）此類由簡牘削下之鉋花，烽燧遺址中發現頗多。邊塞物資欠缺，已用過之木簡，常削去一薄層以便再用，不僅「書誤則削之」也。賀昌羣先生云：『漢簡常削而再用，此殆漢世之常例，不僅書誤則削之，亦不僅邊塞物資欠缺也。漢書八十三朱博傳：「功曹惶怖，具自疏姦臧大小不敢隱。博知其對以實，廼令就席受敕自改而已，投刀使削所記，

—235—

遣出就職。」又三國志魏志一武帝紀建安十三年劉表大將文聘爲江夏太守條，裴注引衞恆四體書勢序曰：「上谷王次仲善隸書，始爲楷法。至靈帝好書，世多能者，而師宜官爲最，甚矜其能。每書，輒削焚其札。梁鵠乃益爲版而飲之酒，候其醉而竊其札。」又魏志十三王肅傳：「漢武帝聞其（司馬遷）述史記，取孝景及巳本紀覽之，於是大怒，削而投之。」是漢世削簡之事，乃常例也。』賀說是也。又其物皆爲小片，覿其削痕，似由刀削，並不用鉋。賀昌羣先生云：『削札之刀，謂之書刀。後漢書一〇四袁紹傳上：韓馥如廁自殺。章懷注引九州春秋曰：「至廁，因以書刀自殺。」故刀筆連文；後漢書六九周磐傳：「編二尺四寸簡，寫堯典一篇，幷刀筆各一，以置棺前，示不忘聖道。」司馬遷報任少卿書：「使刀筆之吏，弄其文墨耶？」即其例也。』

芟疑卽芺（征）字。金文中丁未伐商角中「征」字所從之正，卽省箠作止（說文古籀補。）若然，則「元」下所闕者，當爲「年」字。征和爲漢武帝年號，其元年卽公元前九十二年。征和之征，居延漢簡中皆作芺或延，無作征者。傅振倫氏謂馬叔平先生釋爲延字，並申其說曰：武帝年號本爲延和，（與居延延壽之延字相同），後人傳寫，誤以延作征，沿至今而不改（漢武帝年號延和說，見考古社刊第六期）。按其說非是。漢武帝年號原作征和，芺或延者，卽征字之別體。居延簡中征田年號凡十見（傅氏謂凡十有二。然第五三四簡之二及十五，乃一簡而裂爲二者，征和二字僅出現一次。第308·16並未見此年號。）其字皆從正從辵；惟辵字上半，或在「正」字之下（插圖一，甲式，凡六見），或在其右（乙式，凡四見）。至於居延、元延、延壽、延年之類，居延簡中皆有之，尤以居延二字出現次數最多，凡三百餘次。余曾窮數日之力，將勞氏釋文中有「延」字之三百六十二條，一一對照原物之照片（此數目字或少有出入，但無關宏

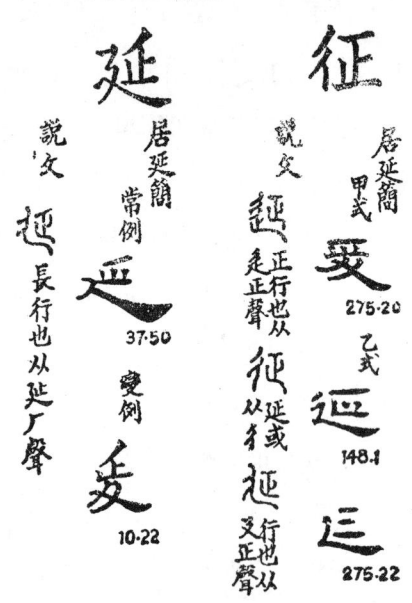

插圖一：　征延二字古代寫法

惛），其中百分之九十三以上，乃从辵从丿，（插圖一中延字常例）；又字書於止字下者，偶亦有之，但甚罕見，不過二十簡，僅佔百分之六，且其首筆爲斜筆（插圖一，延字變例）。蓋辵彳廴三字，古文中實爲一字之不同寫法（參閱羅振玉釋行篇，見貞松老人遺稿甲集內後丁戊稿）。漢代雖已加分化，延字多从廴，征字多从彳或辵，然尚不十分嚴格。征延二字之重要區別，爲丿字之筆劃傾斜，與正字之首筆平正者不同。最可注意者爲居延簡 557·8：「征和四年……付居延農亭之長延惡」（釋文卷二頁七十），原簡雖稍漫漶，然征延各字尚清晰：關於此點之區別，甚爲顯著（見插圖二）。今按說文辵部云：延，正行也，从辵，正聲；或从彳作征。（卷二）知二者實爲一字。羅振玉曰：从彳之字，古文或彳下增止爲辵；从辵之字，亦或省从彳。羅氏歷引契文金文及說文爲證，以明二者之爲一字。許慎說文細別之，訓彳爲小步，象人脛三屬相連，訓辵爲乍行乍止；然試觀辵部諸字，固無合乍行乍止之義者；咸因字形未明，義遂因之而舛也。（羅振玉釋行，見後丁戊稿）又按說文辵部云：延，行也；从辵，正聲（卷二）。字雖別出，然細察之，與征延實爲一字。篆文字體，辵彳相似（見插圖一）。羅振玉曰：辵部之辵，篆文作彴，古文所無；惟古文彳字或書作彳，或書作入，乃一字而寫法稍異，並非兩字。羅氏又引金文鄧侯馭方鼎及無異敦中諸「征」字爲證，以明說文中辵部之延與辵部之延征，實爲一字（羅振玉釋行，見後丁戊稿）。按羅說甚是。漢碑「延」字常寫作延，如華山廟碑，史晨後碑及吳谷朗碑，亦可爲當時辵彳二者互通之證。居延之延，說文在延部，从延丿聲，長行也。（卷二）與征字及其別體，音既不同，義亦有異。後人以征字之別體易與延字相混清，故逐漸專用从彳之征，於是不僅从廴之延被廢，即以辵之延亦不用矣。漢書中征和年號，據王紹蘭云：「考漢書諸侯王表作征和者五，王子侯表作征和者九，高惠高后文功臣表作征和者二，作延和者一，景武昭宣元成功臣表作延和者四（師古曰延亦征字也），作延和者八，作征和者一，外戚恩澤侯表作征和者一，百官公卿表作征和者二，志傳亦皆作征和字。」

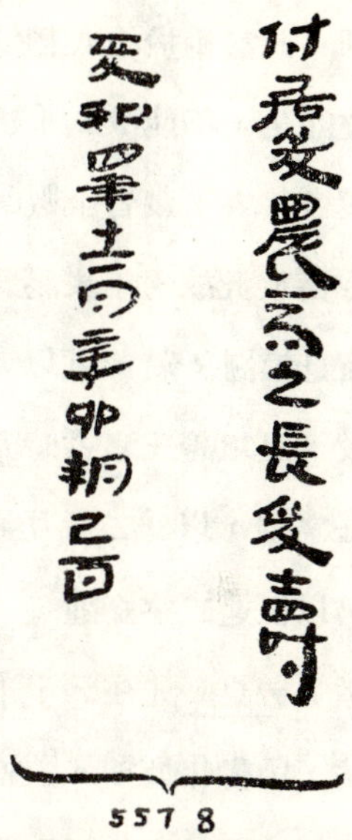

557 8

插圖二：　居延簡 557·8

（說文解字訂補卷二）王氏所據之漢書不知係何刊本。今商務影印之北宋景祐本漢書（百衲本廿四史中），其中王氏所云作延者已悉作延字矣。清殿本僅景武功臣表中平曲侯條作从辵之延，以其下有「師古曰延亦征字也」一語也。其餘皆作延或征。此當由於後人轉錄時延字已廢不用，故皆改爲征字以求一致。此條以有顏師古之注語，不能改爲「征亦征字也」，故得保留原形。嘉業堂影印之南宋鷺洲書院本漢書年表，幾皆全數改成征字，僅平曲侯條及緊接其後之亞谷侯條，仍作延字，當亦由於此故。年表易爲人所忽視，且有此顏師古曰「延亦征字也」之注語，故尙殘留此痕跡。就此可以考見古本漢書中征和之征，或从彳，或从辵，或从廴，並不一致，足以證三者古時互通。顏師古所見之本，平曲侯條征和之征从辵，故注語云亦征字也，以爲二者互通，並非誤字。及後來訛作延字，王先謙補注曰延乃延之誤，仍以征延二字互通。今傅振倫氏乃欲改征和爲延和，毋乃震於新發現而誤入迷途歟？勞貞一先生云：「征和簡文作延和，馬叔平先生謂是延字。今但從一般習慣用法，仍書作征和。蓋古人已往，原不必究其命名原意。書作征和，一望而知爲漢武紀年，反較書作延和爲便也。」（史語所集刊十本二分，漢武後元不立年號註一）。然此不僅爲方便問題，乃事實眞相問題，故不憚辭費，詳加剖析。

　　（此段寫成後，曾求正於陳援庵先生。陳先生言：漢書武帝紀征和年號下引應劭注曰言征伐四夷而天下和平。應劭熟於前漢掌故，且其時又距征和不過二百餘年，不應將延字誤讀爲征字。故初聞延和年號新說，即蓄疑而不敢信；今獲見此文，渙然冰釋矣。）

　　海鳥爰居，見於國語、爾雅、山海經、莊子、論衡等書，其字皆作爰居。玉篇廣韻添加鳥旁作鶢鶋；惟廣雅釋鳥獨作延居。朱起鳳辭通謂延爰古讀同聲。（頁二九○）按爰延二字之古音，若嚴格言之，實有差別，韻母雖同屬元部，而合口開口不同，聲母亦舌根舌尖有異。（見高本漢漢語分析字典 pp.95,379 及董同龢上古音韻表稿 pp.160,162。）漢簡隸體，延字或作延，與爰極相似。居延漢簡考釋中卽有將「延年」誤釋作「爰幸」者。（釋文卷一·頁四十八　第12·1 簡）。乃知實由形近致誤。此爲書訛，不能謂其古通也。友人勞貞一先生云：「此種字形相混，與修循相類，非由音也。」惟字音亦相近者，則更易致誤耳。

　　敦十四新獲第二簡（木簡，長六十七公釐，廣十四公釐，厚二公釐。）

（上缺）子　奉　謁　不（下缺）

　　此簡字體工整，每字之下，空一格書寫，與敦煌居延兩處出土之字書簡及信札簡相似。（例如流沙墜簡小學類中蒼頡簡第一第三兩簡，及急就篇第一章第十二章第十八章諸簡；又如居延簡 9·1, 59·38, 125·39, 260·18, 282·1, 307·3, 336·14, 及 336·34 諸簡，信札類如 492·1, 329·1 諸簡）余頗疑此簡亦爲字書或信札之殘片。賀昌羣先生言：「奉謁二字乃漢人晉見之常語，此簡恐非卽字書。其間隔疏遠處，似爲繩札之用，居延漢簡，多見此例。」

　　敦十四新獲第三簡（木簡，長百三十五公釐，寬二十六公釐，厚三·五公釐）

（上缺）長　　　酒泉玉門都尉護衆侯畸兼行丞事
　　　　　　謂天（？）忌以次（？）馬駕當舍傳舍詣行在所
　　　　　　夜（？）口傳（？）行（？）從事如律令

　　此簡後半文字磨滅，不可盡識。就全文觀之，乃玉門都尉告下之文。其出於都尉治所者，蓋具書之草藁也。此簡殊爲重要，或爲現存漢簡中可確定年代者最早之一簡。玉門（關）都尉見漢書地理志，屬敦煌郡。漢武帝設河西四郡之先後，漢書地理志與武帝紀歧異。後人多從武紀，以其直探官家記注，對於紀年先後，誤錯自當較少。近日學者中如張維華勞貞一諸先生，皆以武威郡之設置，不當如武紀所載之早，應移後於昭宣之間。但於敦煌郡之設置，多以武紀爲近是，大約在元鼎六年左右（公元前百十一年），酒泉郡之設置，更在其前，以敦煌係由酒泉分出者也。（張文見三大學中國文化研究彙刊第二卷；勞說見居延漢簡考釋考證篇卷一頁二至七）。此簡首稱酒泉玉門都尉，則在敦煌建郡以前，自無疑問。史坦因所發見之敦煌簡，最早者爲天漢三年(公元前九十八年)。居延簡則以居延開關在太初三年（公元前百另二年），亦不能過早。其中元朔元年（公元前百二十八年）詔令簡，則如勞貞一先生所云，恐爲已定著爲令之詔。（居延漢簡考證卷一頁十八）。似爲輾轉抄寫之副本，並非當時所頒之原簡。論其先後，或不及此簡之早也。

　　此簡之發現，又牽涉及玉門關初設置時之地點問題。自斯坦因於小方盤發現玉門都尉諸版籍後，其地卽爲漢之玉門關，已成定論。惟太初二年以前之玉門關，是

否亦在小方盤，尚成問題。史記大宛列傳云「〔太初二年貳師還至敦煌〕天子聞之，大怒，而使使遮玉門，曰：軍有敢入者輒斬之。貳師恐，因留敦煌。」沙畹據此以爲太初二年前之玉門關，應在敦煌以東。敦煌西北之玉門關，乃後來所改置者。王國維贊成其說，並確定其地點，謂太初以前之玉門關，當卽自漢迄今之酒泉玉門縣。（流沙墜簡序）。友人勞貞一先生繼承其說而加以修訂，謂當在今玉門縣東二百里之赤金峽，並非今日之玉門縣（勞榦，兩關遺址考，見史語所集刊第十一本。）余囊讀諸先生之說，竊有所疑，未敢苟同。太初二年以前，漢代勢力已及敦煌，則邊境極西要隘之設置，必在敦煌之西，不應在其東。當時頗疑大宛傳漢武使使所遮之玉門，或指酒泉之玉門縣。漢書於玉門下添一關字，當爲班氏臆測增入。曾以此意質疑於友人向覺明先生。向先生頗贊成鄙意，於其以方回筆名所發表之玉門關陽關雜考中，更申成其說。（見眞理雜志一卷四期）。向先生以史記大宛傳記載酒泉列亭障至玉門，其事約在元封三四年。漢書地理志注云濟南崔不意元封六年（向氏原文誤作三年）爲魚澤障尉。魚澤障在敦煌之北，則列亭障所至之玉門更在敦煌之西不應太初間尚在敦煌之東。故以爲敦煌於元鼎六年開郡，其年卽置玉門關。今得此簡，乃知在敦煌尚未由酒泉分出時，卽已設玉門關。敦煌建郡乃置關以後之事；惟其相隔，亦不必甚久，或爲同一年之事，僅略有先後而已。

王國維流沙墜簡序中關於玉門位置一節，頗多錯誤。首段論太初以前之玉門關在酒泉玉門縣，誤以現在之玉門縣卽漢魏時之玉門縣，已經勞貞一先生指出。次論敦煌玉門關遺址云：

近日秀水陶氏辛卯侍行記記漢玉門陽關道略，謂自敦煌西北行百六十里之大方盤城爲漢玉門關故地，又謂其西七十里有地名西湖，有邊牆遺址及烽墩數十所。斯氏於此發現關城遺址二所，一在東經九十四度以西之小鹽湖，一在東經九十三度三十分，相距二十餘分，與大方盤城及西湖相去七十里之說相近。然則當九十四度稍西者，殆卽陶記之大方盤城；當九十三度三十分者，殆卽陶氏所謂西湖耶？沙畹博士疑九十四度稍西之廢址爲太初以前之玉門關，而在其西者，爲後日之玉門關。余則謂太初以前之玉門關，當卽酒泉之玉門縣……當九十四度之廢址，疑爲漢太初後之玉門關，而當九十三度三十

　　分者，當爲玉門以西之他障塞。

　　按陶氏辛卯侍行記原文云，自敦煌百六十里爲大方盤城（原注，漢玉門關故地也），四十里小方盤城，三十里西湖（原注，一名後坑，有邊牆遺址及烽墩數十。）今王氏不僅未能釐正陶氏以大方盤城爲漢玉門關之誤，且似誤將大小方盤兩城混爲一談，其誤一也。斯氏所發現二城、一爲小方盤城，在九十四度稍西（九十三度五十四分左右），卽漢玉門關；一爲大方盤城，適當東經九十四度。至於東經九十三度三十分處，其地今仍名西湖，斯氏發現敦十，敦十一，敦十二等烽墩，及邊牆殘迹，但並未發現故城，其誤二也。沙畹以爲太初以前之玉門關，當在今日敦煌之東，雖未確定其地點，但並不以敦煌西北之小方盤城（卽九十四度稍西之廢址）爲太初以前之玉門關，其誤三也。沙畹以九十四度稍西之小方盤城爲太初二年以後之玉門關，與王氏之說正同，並未言九十三度三十分處有故城，更未言太初二年以後西遷之玉門關卽在九十三度三十分處，其誤四也。（沙氏以九十三度三十分之敦四，曾出永光五年簡，簡中有玉門都尉字樣、故疑元帝時或曾一度由小方盤城移至此處，王氏當由此致誤。據斯坦因原書，此永光五年簡出土地爲敦五，編號時誤書作敦四丁。敦五在東經九十三度十九分左右，爲一廢墩，並未故城，且不當孔道，不能設關。原簡玉門二字下殘缺漫漶，「都尉」二字係沙氏臆測，不足爲據。王氏考釋〔稟給類第二十四簡〕闕疑不釋，是也。）蓋由於王氏僅據斯氏行紀（Ruins of Desert Cathay）及其所附略圖，未見其後來所刊之正式調查報告及詳圖，且又不諳法文，致有此失。（王氏丁卯致藤田書二，自謂未能通讀法俄文字，見集林卷十六。）

　　史記大宛傳謂：貳師廢大宛之後「漢發使十餘輩至宛西諸外國，求奇物，因風覽以伐宛之威德，而敦煌置酒泉都尉，西至鹽水，往往有亭。」方詩銘玉門位置辨（見西北通訊創刊號）以爲此當爲天漢二三年間事；其時敦煌尚未建郡，隸屬酒泉，故其地所建之都尉得稱酒泉都尉；玉關西遷，當卽在其時也。今按敦煌建郡，乃在設立玉門關之後，此由新獲之簡可證。但敦煌建郡確在太初伐大宛以前。史記匈奴傳謂兒單于於元封六年卽位後，單于益西北，「左方兵直雲中，右方直酒泉敦煌郡。」可爲證明。漢書匈奴傳省去郡字，此或由於班氏以雲中酒泉皆爲郡名，讀者可由上下文推測敦煌亦必爲郡名，故郡字可省。史遷所根據之史料，以離敦煌

建郡之時尚近，或有誤解爲酒泉郡屬之敦煌縣或敦煌地方之可能，故於敦煌之下特加一郡字。或以爲敦煌郡之郡字，即兼涉及雲中酒泉二郡，說亦可通。大宛傳「敦煌置酒泉都尉」一語，似不能如方氏之所詮釋。酒泉都尉若指郡都尉，則酒泉郡尉應在郡治，不能在敦煌，且亦不始置於此時。若謂指屬國都尉或關都尉，則屬國都尉或關都尉皆有其專名。今既書明郡名，則專名更不應省略。張掖居延都尉，或用全名（如居延簡 188・21，163・19，506・17）或省稱居延都尉（其例甚多）。但另有張掖都尉，乃指張掖郡都尉，並非張掖居延都尉之省稱。以其中一簡云「印曰張掖都尉印」（居延簡 54・25），官印不能用省稱。一簡云「北書，張掖都〔尉〕」（103・17），張掖居延都尉所發之書簡皆爲入南書，張掖太守所發者皆爲入北書，知此必指張掖郡都尉也。若謂指所在地而言，應言敦煌置都尉或酒泉置都尉。都尉之前或可加其專名，如「玉門都尉」之類。但不能謂「敦煌置酒泉都尉」。徐廣云「敦煌有淵泉縣，或者酒字當爲淵字也」，蓋由於原文語意之不可通，故臆測其如此。梁玉繩史記志疑云「徐廣引別本，置字在都尉上是也。至於酒字爲淵則非。漢志敦煌淵泉無都尉」（卷三十五）。今按梁說是也。「敦煌酒泉置都尉」者，言敦煌酒泉兩郡置都尉。據漢書地理志，酒泉郡有北部、東部，西部三都尉；敦煌郡有中部、宜禾、玉門、陽關諸都尉。其中除玉門關已設於敦煌建郡以前，其餘各都尉，大半當即設於伐大宛之後，即天漢二三年間也。史記不言「添置」，僅言「置」者，疑酒泉三都尉皆當時所創置，敦煌各都尉則僅一部份爲當時所置，汎言置設，因彼以及此也。

　　玉門關之設置於敦煌之西，並不在貳師破宛歲餘之後，尚有一事可證。史記大宛傳敍貳師初次伐宛，無功暫歸，「還至敦煌，士不過什一二」。又述其二次伐宛，出敦煌者六萬人，馬三萬餘匹。及克大宛後旋師，「軍入玉門者萬餘人，軍馬千餘匹」。此明示玉門關爲入塞後最西之第一站。玉門關屬敦煌，故入玉門關，即可云至敦煌，義可互通。若玉門關遠在敦煌縣治東六百四十五里（據辛卯侍行記）之赤金峽，則其義不能互通。蓋敦煌若已建郡，則赤金峽屬酒泉郡，與敦煌無涉。若敦煌尚未建郡，則其地離酒泉郡治僅二百餘里，當爲酒泉郡下玉門縣或他縣轄境，亦與敦煌無涉。入玉門與抵敦煌，其義既不能互通，則計算人馬之損失，似當依初次失利及二次出發時之法，於其涉大漠抵敦煌時即可稽其數，何必更須東行

六百餘里至今日赤金峽附近，乃始稽核人馬損失。且二次出發時明言出敦煌，何以歸來時不言敦煌，若謂玉門關之西遷，卽在太初三年二次伐大宛之時，則向覺明先生已駁之云：「光祿諸亭障及居延塞之築，班氏以及史公尙爲之大書特書，而謂玉門關之遷徙，其重要倍徙於張掖酒泉北部都障塞者，反不著一字。馬班雖疎，恐亦不至是之甚也」（前文，頁三九四）。同時發生同一類之事，連類相及，似不應舉其細而遺其大者也。

以常理推測，漢代旣將敦煌地收入版圖（史漢太初二年以前之記事中亦屢提及敦煌）則縱使暫不建郡，隸屬於酒泉，然其所立之最要關隘，當在敦煌之西，否則無以盡「隔離內外稽查出入」之責。今又發現此簡，知其地於敦煌未建郡以前，卽有酒泉玉門都尉，換言之，敦煌未建郡以前，玉門關卽已在敦煌西之小方盤城。前文已論敦煌建郡當在太初二年以前，則玉門關在太初二年以前亦必已在敦煌之西。

惟余細讀大宛傳原文，以爲「使使遮玉門」一語，並不必須作玉門縣解，卽作玉門關解亦可通，或反較爲愜意。大宛傳原文云：

> 是歲太初元年也，……引兵而還，往返二歲，還至敦煌，士不過什一二。使使上書言「道遠，多乏食。且士卒不患戰，患饑，人少不足以拔宛。願且罷兵，益發而復往」，天子聞之大怒，而使使遮玉門曰：「軍有敢入者輒斬之」。貳師恐，因留敦煌。

王勞二氏節引此段作「太初二年貳師將軍李廣利伐大宛。還至敦煌，請罷兵，益發而復往，天子聞之大怒，而使使遮玉門（勞氏初稿此處誤衍一「關」字）曰，軍有敢入者輒斬之。貳師恐，因留敦煌。」但原文似並未確言還至敦煌以後，始請罷兵。若天子聞知貳師已還至敦煌，而乃使使遮玉門，則此玉門不論爲關名抑爲縣名，其位置必在敦煌之東。然觀原文之意義，似亦可解釋爲貳師由西域引兵東還，同時奏請罷兵益發而復往。至於「還至敦煌士不過什一二」兩語之所以插入此間，言其損失之重大及歸途之狼狽，以明其不得不回師也。奏疏雖在西域時卽發，但與答詔關係密切，故連下文敍述，貳師之意，原在借此收場，當時朝臣中卽多主張罷大宛之役。奏請益發而復往，不過陪襯之筆。若然則漢武聞奏後大怒而使使遮玉門者，以爲軍隊或尙未還入玉門。（貳師請還師之奏文中，或如班超之上書求代，有

「入玉門關」之語。）及漢武使者抵敦煌時，則貳師不待答詔，已能兵入玉門關，遂不得不變通辦法，不究既往，雖不允罷兵，而不能不採取貳師所奏「益發而復往」之政策。此新解釋若屬可取，則漢書李廣利傳於「遮玉門」下增一關字，亦事出有因，可謂「臆測而幸中」。此一新解釋與大宛傳下文接述貳師旋師時，「軍入玉門者萬餘人，軍馬千餘匹」之語，較爲切合。故余以爲較之舊說以「玉門」爲玉門縣，或以爲關而在敦煌之東者，似爲較勝。史遷寫此段時，此二「玉門」在相似之場合中出現，顯指一處，其位置及性質，似皆未有變更也。（參考拙作太初二年以前的玉門關位置考見南京中央日報文史週刊七十期。又向先生跋語，見七十一期。）

敦煌都尉護衆之名，亦見流沙墜簡簿書類第十二簡。彼簡亦十四敦出土，有漢武太始三年之年號，其職銜亦爲敦煌都尉。論者或謂漢法邊吏三歲一易（見漢書段會宗傳「三歲更盡」下如淳注），若護衆於元鼎六年敦煌建郡以前卽爲玉門都尉，下距太始三年，其間蓋十七年，已盡五更，毋乃太久。按漢例雖有此規定，然邊疆守禦，有貴熟手，恐亦未能嚴格實施三歲一易之制。勞貞一先生見告謂孟舒守雲中十餘年（史記田叔傳），又祭肜在遼東幾三十年（後漢書本傳），皆可爲明證。

侯畸當卽玉門都尉下之玉門侯。沙畹斯氏所獲流沙遺簡考釋第三百十五簡之「玉門侯卬」「此簡未曾照相製版，故王國維未加考釋），疑卽一人。都尉之重要公文，多須其丞副署，漢簡中其例頗多，茲略舉如下：

玉門都尉子光，丞萬年，謂大煎都侯⋯（敦煌簡簿書類第六簡，「萬」字原書未釋，細察原簡，疑是萬字）。

玉門都尉陽，丞□，敢言之。（同上，第十三簡）

居延延（原文衍）都尉萬歲，丞熹（居延簡 276·6）

〔肩〕水都尉政千人宗兼行丞事（同上 503·7，勞氏釋文初刊本卷一頁十三脫「政」字。本篇中引居延簡問有與勞氏釋文不同者，皆係根據原物照片，不復一一聲明。勞先生現正從事校訂，不久將有修正本釋文出版。）

居延都尉德丞延壽敢言之（同上，68·48）

侯卽侯官，王國維云：其秩當校尉下之軍侯，比六百石，（流沙墜簡卷二百十四）至於都尉之丞，據漢書百官表其秩爲六百石，較侯官稍高，遇缺時有以候官或他官

暫攝。兼行者謂以本官兼領他官。唐代貞觀令規定以散位兼職事官者，有各種不同之專稱。以職事高者爲守，職事卑者爲行（即稱「行某官事」），其次一階者爲兼。漢時似尚無此種分別。惟品秩相差過遠者，則特稱之曰「以近次兼行某官事。」例如居延簡 19·8, 102·6，及 303·12, ，皆言「酒泉庫令安國以近次行太守事」，以庫令之秩，與縣令相當，僅千石至六百石而已，與二千石之太守，品秩相差過遠，惟以近次，故得兼攝。居延簡 505·3 有庫令行丞事，則以丞亦爲六百石，故不必加入「近次」一辭。（關於「近次」一辭之詮釋參考勞氏居延漢簡考釋考證卷一頁三及頁三十八。）

「當舍傳舍」一語，亦見居延簡 170·3，其辭曰：「遣亭長王豐以詔書買馬酒泉敦煌張掖郡中，當舍傳舍，從者如律令」（釋文卷一頁八十二，當舍誤釋作當言）。漢代當大道諸亭，率有餘屋，以供行旅，凡有符傳，則亭長延入，故謂傳舍。（見勞氏考證卷一頁三五。又論漢代之陸運與水運，史語所集刊十六本。）

「詣行在所」一語，數見於前後漢書。武帝本紀云：元狩六年，詔舉獨行之君子，徵詣行在所。如淳注曰「蔡雍云，天子以天下爲家，自謂所居爲行在所。今雖在京師，行所在至耳。」師古曰：「此說非也。天子或在京師，或出巡狩，不可豫定，故書行在所耳，不得亦謂京師爲行在也。」按蔡雍即蔡邕。後漢書光武本紀注引蔡邕獨斷曰「天子以四海爲家，故謂所居爲行在所」。今本獨斷（四部叢刊影明弘治刊本）作「天子自謂曰行在所，猶言今雖在京師，行所至耳。」與此稍不同，或由於援引者加以更改，或由於今本傳寫有脫誤。

「如律令」爲漢代公文通用語。王國維曰：「漢時行下詔書，或曰如詔書，或曰如律令。……苟爲律令所已定，而但以詔書督促之者，則曰如律令。……如律令一語，不獨詔書，凡上告下之文，皆得用之。……其後民間契約，道家符呪，亦習用之。唐李匡乂資暇錄遂以律令爲雷邊捷鬼，不經甚矣。」（流沙墜簡卷二頁三）。賀昌羣先生言：如律令一語，漢晉間非禮亦嘗取爲壓勝之意。其後道家符呪乃相襲用。資暇錄以爲雷邊捷鬼，蓋有所本，未可斥爲虛構也。因引輓近洛陽長安出土漢晉朱書陶甕數事以爲證。（流沙墜簡補正，見圖書季刊二卷一期。）此次中研院西北考察團在敦煌所掘得漢晉（？）墓中鎮墓朱書陶礶，亦有「如律令」一語。

敦十四新獲第四簡（木簡，其木係松柏科植物，簡長七十五公釐，寬十四公
釐，厚二・五公釐。）

（上缺）上郡（？）

此簡過於殘闕，不知言何事。此外同地出土尚有數簡，無字可辨，不知係原來
空白未曾書寫，抑係原來有字，磨滅無痕。（以上 T. XIV. N.1—4, 皆見圖版一。）

敦十七，新獲第一簡（木簡，長一五五公釐，寬十一公釐，厚四公釐）

（上缺）候官謹以口書眾候長等

此簡被發現時，上端半露於地面，遭風沙之磨刮，上半節之文字已完全消滅。
候官爲都尉之屬，王國維云，其秩略當校尉下之軍候，比六百石。候長則爲候官之
下屬，乃百石以下之官。（流沙墜簡卷二頁十四）「書」上之字，勞貞一先生疑爲
「韻」字。

敦十七，新獲第二簡（木簡，削衣，其木係松柏科植物，簡長二十九公釐，
寬十公釐，厚一公釐）

脾一所（下缺）

敦十七，新獲第三簡（木簡，削衣，其木係松柏科植物，簡長四十三公釐，
寬十公釐，厚一公釐）

（上缺）爵某所隱迤（下缺）

此二簡寬度相同，木理亦相似，或爲同一簡牘之斷片。惟文義不相屬，中間有
否殘闕，不能斷言。

敦十七，新獲第四簡（竹簡，長二百十公釐，寬五公釐，厚一・五公釐）

戍卒【上】黨涅氏市東里賈名

此簡係戍卒之名籍。卒字下原脫一「上」字。漢書地理志上黨郡有涅氏及泫氏兩
縣，簡文中「泫」字雖稍殘缺，仍可認辨。案漢制天下人皆直戍邊三日，謂之繇戍。
又行者當自戍三日，不可往便還，因便往，一歲一更。諸不行者出錢三百入官，官
以給戍者，是爲過更。流沙墜簡所著錄之敦煌戍卒，有河東、上黨、潁川、廣漢
諸郡人（卷二頁二十三）。居延簡中之居延戍卒，有河東、潁川、淮陽、汝南、鉅
鹿、南陽等郡（勞氏釋文卷三，名籍類），知漢時內郡人士戍邊者頗多。

此簡竹製。西北苦寒無竹，故簡牘以木製者為多，此次所得有字竹簡，僅此簡與同地出土之第十五及第十八簡，共三簡而已。流沙墜簡所收之簡牘三百餘片，其中竹製者僅十二片，即蒼頡篇一簡及醫方類十一簡。（原書誤以醫方類各簡為木簡，此據斯坦因及沙畹二氏之記載，加以更正。）

　　敦十七，新獲第五簡（木簡，長二三二公釐，寬九公釐、厚二公釐）

西書一封　　囗月辛丑黃昏時受東亭卒尊付西亭卒萬時∨日入

此簡為登記郵書之簿籍。西書者，即入西書。流沙墜簡簿書類第五九至六二簡，所謂「入西簿書」或「入西書」，即其類也。入字有時可省，例如居延簡506‧17之「南書一封」，下注「居延都尉詣張掖太守府」，按居延在張掖之北，知其為入南書。又如居延簡二05.22有「北書七封」為張掖太守及河東太守等詣居延都尉府者，知其即入北書。此簡由東亭卒付與西亭卒，其為入西書而非西來書，更屬無疑。

　　漢時一日分為十二時，勞貞一先生曾詳加考證（見居延漢簡考證卷二頁九至十五）。一日中最後之三時，曰日入，曰黃昏，曰人定。此簡所記者為受付郵書之時日，蓋其時郵書皆由亭卒或燧卒以次傳遞至他亭燧。王國維云：「漢時郵遞之制，即寓於亭燧中，而書到日時與吏卒姓名，均有記錄，可見當時郵書制度之精密矣。」（流沙墜簡卷二頁十三）日字之上一字漫漶不清楚，友人勞貞一先生以為即施句讀之符號，流沙墜簡烽燧類第四十五簡，隊長四人，前三人名下皆書∨以乙之，即此類也。

　　此簡之長度為232公釐。此次所獲之完整者尚有二簡：一長231公釐（第六簡），一長233公釐（第十二簡）。其長度與王莽銅斛尺，貨布尺及建武銅尺（見羅福頤傳世古尺錄）之為231公釐者，實甚相近。敦煌漢簡之完整者，其長度平均為九至九‧五英寸，即約230至240公釐，（斯坦因 Serindia, P.660）。漢代普通簡牘，皆長約一尺。是以書札（漢書陳遵傳「與人尺牘」）軍令（馮唐傳「尺籍伍符」）及簡册（王充論衡「諸子尺書，文篇具在」），皆以尺名。「尺牘」一辭，今尚通行。至於詔書，則較之稍長，所謂「尺一之詔」是也（見後漢書陳蕃傳，又見史漢匈奴傳）。勞貞一先生謂居延漢簡中詔文有長243公釐者，有長240公釐者，但亦有稍短者，非必全合度也。（考證卷一頁二十）王國維云：漢時詔牘，僅有一尺尺

一兩種　此外別無所聞。（簡牘檢署考頁八，王忠愨遺書本）

　　敦十七新獲第六簡（木簡，長二三一公釐，寬八公釐，厚二公釐）

皿二

　　此簡係記器物之簿籍。流沙墜卷二器物類，及居延漢簡考釋卷三器物簿籍類，其例甚多，省首列器物之名，次記其數量。此簡之器物名，未能認辨。

　　敦十七新獲第七簡（木簡，長一二五公釐，寬十一公釐，厚四公釐）

字爲范子孫、名爲畢衆、年廿七

　　此簡爲名籍，敦煌及居延漢簡中其例頗多。漢書百官公卿表，成帝建始元年，河南太守畢衆爲左馮翊。然此簡之畢衆當另爲一人，其姓爲范氏。居延簡458‧1中亦有一人「姓孫氏字子孫」（見釋文卷一頁七十七）。

　　「七」字此簡作十，按殷虛卜辭及周代吉金皆如此作，故漢隸仍之。其字與十字相似，惟以筆畫之長短別之，賀昌羣先生云：漢簡中七字作十，橫畫長，直畫短，十則橫直相若。（流沙墜簡校補頁七）按賀說是也。銅器中如漢汾陰鼎有「十十枚」之文，大宮銅壺銘之紀年爲「建武十十年」，薛氏鐘鼎款識及嘯堂集古錄，皆誤釋爲二十，且摹寫時不注意筆畫之長短，故不復能辨認孰爲十字，孰爲七字。沈括夢溪筆談謂史記律書所言律之長短，凡七字皆當作十字，誤屈中畫耳（卷八。）實則西漢時之七字多不屈其中畫，僅恃直畫之長短以爲別，故甚易與十字互淆。金文續編卷十四，收入漢代「七」共三十條（頁十六）僅十條屈其中畫，此十條中標明年號屬東漢者凡七，其餘三條，亦似爲東漢時物也。漢人爲避免七字之被誤讀爲十，常以桼字代七。居延簡61‧24「建武桼年」，154‧33「少二百桼十」，146‧34「桼斗八升」，（勞氏釋文，卷二頁二十二，頁五十三及七十三）金文續編卷六亦有以桼代七凡五條（頁七）皆其例也。（參考勞氏考證卷一，頁五十四及說文解字詁林卷六下頁二七〇七至二七〇八。）

　　敦十七新獲第八簡（木簡，長一一五公釐，寬一〇公釐，厚三‧五公釐）

十七斤

　　此簡之十七兩字，亦僅以筆畫長短爲別；七字並不屈其中畫，惟其直畫較短而已。然兩字之分別，仍甚顯明。餘見前條考證。

敦十七新獲第九簡（木簡，長六十七公釐，寬九公釐，厚二公釐）

十一千八百四（下缺）

敦十七新獲第十簡（木簡，長四九公釐，寬九公釐，厚一‧‧五公釐）

甘露元年某（下缺）

按甘露爲漢宣帝年號，其元年爲西元前五十三年。

敦十七新獲第十一簡（木簡，長二三五公釐，寬九公釐）

十二石

此簡係將沙漠中常見之檉柳殘枝一段，上半節削一平面，以便書寫文字，下端仍保留原來樹皮，未加人工，與普通木牘之削成薄片者不同。疑此同於後世唱籌量糧所用之籌，故下半段仍留原形，以便插置於糧堆上也。

敦十七新獲第十二簡「木簡，長三三三公釐，寬八公釐，厚二‧五公釐）

獨（？）得以迣事者吏卒也有都尉府椵（？）丞及以行事施荆
吏土死知（？）故（？）者持藥（？）人有遣

簡中「迣」字，其義普通爲「徼巡」。敦煌簡簿書類第四十二簡，烽燧類第四十二及四十三兩簡，雜事類第二十簡皆有此字。王國維釋之曰：「徼迹之迹，他簡或作起字解。此處之義，似當爲走，不敢擅斷，然其意則謂徼巡也。」（流沙墜簡卷二頁二十一）。居延簡中此字亦甚常見，例如居延漢簡考釋釋文卷三資積類及簿檢類中數簡，其義亦皆爲徼巡。但亦有作「起」字解者，如敦煌簡戍役類第二十四簡「六人，迣八月丁亥，盡□□，廿九日」，第二十五簡「八人，迣八月丁末，盡乙卯，廿九日」。在此簡中，與事字連文，似亦可作「起」解。

「吏卒」二字連文，漢簡中數見之。例如敦煌簡烽燧類第一簡「以辜領吏卒爲職」，第三十三簡「逐名亡吏卒」，居延簡有「吏卒賦名簿」（見勞氏釋文卷三簿檢類）。乃泛指佐吏及士卒，並非專職之名。「椵」疑爲假字之訛。史記項羽本紀「爲假上將軍」，注曰「假、攝也」。漢書蘇武傳有假吏常惠，其義亦同。

「施荆」即弛刑，漢簡中多从方，亦有作「施」者，例如居延簡337‧8「施刑士」，308‧19「施刑□士」。施弛二字古通用。就字義言之，原應作弛。漢書趙充國傳「發三輔太常徒弛刑」，顏注「弛刑謂不加鉗釱者也，弛之言解也。」（又見宣

紀神爵元年條顏注引李奇釋義。）後書光武本紀建武十二年「將衆部施刑屯北邊」，注曰「施讀曰弛。弛解也。前漢音義謂有赦令去其鉗釱赭衣，謂之弛刑。」蓋其字又作弛，除後漢書此注之外，如和帝紀及馬援傳，並寫作弛，乃弛之變體也。經典中弛施二字通用之例甚多，見邵瑛說文解字羣經正字及朱起鳳辭通。賀昌羣先生云：「刑，漢簡有作荆者。漢高彪碑：荆不妄濫。隸釋云：以形爲刑。案一切經音義引春秋元命苞云，荆字从刀从井，井以飲人，人入井爭水陷於泉，以刀守之，割其情欲，人有畏愼以全身命也。故字从刀从井。弛刑之義，指當緩刑者而言，後書光武建武二十二年紀云：徒皆弛解鉗衣絲絮，注引倉頡篇曰，鉗釱也。前書音義云，釱，足鉗也，舊法在徒役者，不得衣絲絮，今赦許之。故亦稱弛刑徒，後書陳蕃傳稱「弛刑徒李脩」。又朱穆傳稱「施刑徒朱穆」時脩遭黨錮，而穆則以事觸帝怒，徵詣廷尉輸作左校也。」管繞谿先生云：「弛刑之義，當從顏注。亦即免刑，漢書昭紀元鳳元年武都氐反，發三輔太常徒，皆免刑，擊之。是其證也。」

　　「吏士」之「士」即「士」之或作。漢簡中多如此寫法，見王國維流沙墜簡考釋（卷二頁三）。管繞谿先生云：「吏士吏卒，隨文而異。後書趙充國傳謂北邊自敦煌至遼東，乘塞列隧，有吏卒數千人，即指此也。」惟漢簡中另有一通用語「士吏」，王國維舉王莽傳爲證，以爲乃主兵之官。然與此簡之吏士似無涉。

　　　　敦十七新獲第十三簡（木簡，長四六公釐，寬十一公釐，厚二公釐）
（上缺）太守君長（下缺）

　　　按君長或爲人名。居延簡 286・10 有鍾君長（見釋文卷二頁五十二）。

　　　　敦十七新獲第十四簡（木簡，長二百零一公釐，寬十一公釐，厚四公釐）
口口口口口　　　口口直五十
梁米五升直百　　杯六直百廿　　凡來所用直二千以入二百廿口
　　　　　　　　　　　　　　　　多一千口百口
恭（？）一石直百　　瞀（？）一直五十（正面）
幸　幸　幸　幸（背面）

　　　此簡爲器物計值之簿錄。梁米五升直百，則石米二千文。按西漢自文景以後，據漢書及居延簡，米價每石僅百餘，賤時石米僅數錢，惟王莽時天下大亂，米石二千（參閱勞氏居延漢簡考釋考證篇卷一頁二十至二十三）。今此簡所記較通常米價

遠昂，頗疑升字爲斗字之誤。五斗直百，則石米二百，與西漢通常米價相差不遠矣。漢隸斗字作什，形與升似，故二者常混誤。朱起鳳先生曾引數例：如戰國策王斗，漢書人表作王升…三國志華佗傳漆葉屑一升，後漢書作一斗；左傳昭公元年四升爲豆，後漢書朗顗傳注作四斗（辭通卷十頁十七，卷十五頁十三至十四）。向覺明先生言：「升斗二字，唐人書猶同漢代。寅恪先生讀秦婦吟曾及此。」（鼐按，讀秦婦吟見清華學報十一卷四期，文中云「承賀昌羣君告以古人所書升斗二字差別甚微，故易於誤認，並擧其近日讀漢簡之經驗爲例。」見頁 966）

杯六直百廿，則杯一直二十文。居延簡 326‧6 有「□柸一直卅」（勞氏釋文卷三頁二十六），細察原簡照片，似爲「大杯」二字。大杯直卅，以其體積旣大，其價自當稍昂也。

漢時蔥以石計，如居延簡 229‧52 即有「得蔥四石」一語（勞氏釋文卷三頁三十七）。瞀卽兜鍪，王國維曾加詳釋，見流沙墜簡卷二頁四十至四十一。惟此簡中「蔥」及「瞀」二字，殘缺漫漶，未能確定，姑釋之如此。

簡背諸字，乃隨意塗寫者也。初疑爲羍字，然細察之，似當釋爲幸字，其字形與流沙墜簡卷三簡牘遺文第二簡及第八簡中之幸字相似。王國維釋「幸」字曰：「諸簡中幸字多从犬，上犬下羊，……漢印中有大利長幸等語，其幸字皆从犬，與篆書从夭作不合，前人不敢確定爲幸字。然漢石刻中幸字皆从犬無从夭者。今證以諸簡，知漢人隸書幸字無一與篆文合者，是可異也。」（流沙墜簡卷三頁四）

此簡曾經火灼，蓋戍卒利用廢簡以作引火之用。晉書束晳傳記汲冢古簡云：「發冢者燒策照取寶物，及官收之，多燼簡斷札。」證之此簡，知漢代當時卽有燒策以引火之事。

敦十七新獲第十五簡（竹簡，長八十六公釐，廣十三公釐，厚三公釐）

（上缺）再拜（正面）

（上缺）□再拜□□（下缺）　（背面）

此爲書札殘簡。流沙墜簡考釋云：「伏地再拜，當是漢時書式如此「（卷三頁一）。此札當由東方來，故用竹子。西塞不產竹，故利用此舊簡削治之，狹首歧尾，（首部尖端有折斷痕，已非完器。）不知作何用途。

　　　　敦十七新獲第十六簡（木簡，長五十八公釐，廣十公釐，厚四公釐）

（上缺）臨壽（？）（下缺）

　　　　敦十七新獲第十七簡（木簡，長一百十九公釐，廣十九公釐，厚三公釐）

（上缺）從事敢言之

　　　　此簡爲下稟上之文書。王國維云：敢言之者，下白上之辭。引漢書王莽傳，論衡謝短篇及孔廟置百石卒史碑爲證（流沙墜簡卷二頁五）。「從事」此處似用作官名。後漢書百官志，諸州皆有從事史（卷三十八）。從事或曰「行事」，居延簡97·10「書牒署從事，如律令，敢言之。」271·20 則云「書牒署行事，敢言之」（勞氏釋文卷三頁三及頁三十四）。但此二處亦可作「做事」解，不必即爲官名也。

　　　　敦十七新獲第十八簡（竹簡，長百七十二公釐，廣八公釐，厚一公釐）

囗人月（？）陽（？）冬日局（？）者其名及既（？）知其名故囗明囗以來囗囗囗之

　　　　此係竹簡，惜文字漫漶，多不可識。冬字上若確爲陽字，則「陽冬」一辭或出於爾雅釋天所謂「十月爲陽」歟？及字下一字，友人勞貞一先生疑爲號字，故字下疑爲平明二字，之字上疑爲後門二字。

　　　　敦十七新獲第十九簡（木簡，長五十二公釐，廣十一公釐，厚一·五公釐）

（上缺）囗二百直囗（下缺）

　　　　敦十七新獲第二十簡（木簡，其木係松柏科植物，簡長四十公釐，廣十二公釐，厚一公釐）

（上缺）某年某月（下缺）

　　　　敦十七新獲第二十一簡（木簡，削衣，其木係松柏科植物，簡長四十三公釐，廣十一公釐，厚〇·四公釐）

（上缺）某郡某縣（下缺）

　　　　以上二片似爲一簡之斷片。二片皆字體工整；年月郡縣之上，皆用不定稱之「某」字，疑爲供初學者練習寫字及草撰文稿之範本。

　　　　敦十七新獲第二十二簡（木簡，長七十九公釐，廣十一公釐，厚三公釐）

（上缺）囗生育不得（？）謁（？）囗（下缺）

敦十七新獲第二十三簡（木簡，其木係松柏科植物，簡長九十二公釐，廣十

三公釐，厚一公釐）

（上缺）□鬭以劍刃刺傷乙在（下缺）

敦十七新獲第二十四簡（木簡，其木係松柏科植物，簡長三十六公釐，廣十

三公釐，厚一公釐）

（上缺）某所獄（下缺）

以上二殘片，似爲一簡裂爲二者，乃漢律之殘簡。按漢律久佚。程樹德曾搜集

各書所稱引之漢律，作漢代律令雜考二卷，收入於其所著之九朝律考中，但其中亦

無「鬭以劍刃刺傷人」一項。查唐律疏議卷二十一之鬭訟律，有「兵刃斫傷人」一

條，其律云：「諸鬭以兵刃斫射人不著者杖一百，若刃傷及折人肋眇其兩目墮人

胎，徒二年。」疏議曰「相爭爲鬭，相擊爲毆。」又曰：「刃謂金鐵，無大小之

限，堪以殺人者。」漢律九章，鬭訟不列專章，或包括於雜律章中。急就篇第二十

七有「鬭變殺傷捕伍鄰」一語；唐律此條疑卽由漢律而來。唐律議常設言甲乙

丙。按太平御覽引董仲舒決獄云：「甲父乙與丙爭言相鬭，丙以佩刀刺乙，甲卽以

杖擊丙，誤傷乙。」此簡亦謂「以劍刃刺傷乙。」知此點唐律亦係沿襲漢律。「在

某所」者，指其被刺傷之身體上部位。居延簡 13·6 及 118·18 記載二人互毆，一坐

鬭以劍擊傷右指二所，一坐擊傷右眼一所，致遭械繫。（勞氏釋文卷一頁八十三至

八十四）。蓋卽依此簡所書之律令以行法也。

敦十七新獲第二十五簡（木簡，其木係松柏科植物，簡長三十八公釐，廣十

五公釐，厚一公釐）

（上缺）東郡聞喜（下缺）

此簡東字上所缺者當爲河字。漢書地理志河東郡有聞喜縣：注曰「武帝於此聞

南越破，改曰聞喜」。

敦十七新獲第二十六簡（木簡，削衣，其木係松柏科植物，簡長三十二公

釐，廣十一公釐，厚〇·二公釐）

（上缺）□五五斗斗（下缺）

此簡爲學書者隨意傳寫者也。

敦十七新獲第二十七簡（木簡，長五十六公釐，廣十一公釐，厚〇・五公釐）

（上缺）官謁言當受者（下缺）

敦十七新獲第二十八簡（木簡，長二十一公釐，廣十一公釐，厚〇・五公釐）

（上缺）敢言[之]（下缺）

此二殘片，其木皆爲松柏科植物，字體亦相類，似亦爲一簡之斷片，惟其間尚有所缺，二者亦不相連屬。由「敢言之」一語，知爲下白上之書。「謁言」二字連文，漢簡中常見之。例如居延簡 430・4「會日謁言解」，139・36「會月十五日謁言府，如律令」（勞氏釋文卷一頁十七及頁二十五）。其義爲「謁見」。但「謁」字亦有作「謁刺」解者。史記高祖本紀「高祖乃紿爲謁曰賀錢萬」。司馬貞索隱曰：「謁謂以札書姓名，若今之通刺而兼載錢穀也」。酈生傳：「使者懼而失謁。」說文「謁，白也」。段玉裁注曰：「按謁者若後人書刺，自言爵里姓名，並列所白事」。今按居延簡 28・15「如牒謁以令賜奉」，285・2「如牒謁以令賜傌勞十五日」（勞氏釋文卷一頁二十六及頁三十三）。疑此處牒謁二字或連文，謁字似可作刺帖解。又居延簡 313・44「當以令取傳謁移過所縣道□□」，15・19「當得取傳移官□」。勞先生考證以「謁移」連讀屬下句。但同類之簡中，15・18「祿福倉丞敢，移肩水金關」。218・2「居延丞奉光，移過所津關」。170・3「居延令尙丞忠，移過所縣道河津關。」（以上均見勞氏考證卷一頁三十至三十一）。似乎「移」字連下句，而「傳謁」猶「牒謁」二字或屬連文以指書牒或書傳之簡札歟？

敦十七新獲第二十九簡（木簡，長十六公釐，廣十公釐，厚一公釐）

大黃（下缺）

按大黃雖亦可作藥名，如流沙墜簡卷一醫方類第四簡即有大黃。然此簡大黃二字在簡端，當係器物簿，指大黃弩而言。流沙墜簡器物類第十七簡，有「大黃承弦一。」王國維曰：「大黃弩名。史記李廣傳：廣身自以大黃射其裨將。孟康曰：太公六韜，陷堅敗強敵用大黃連弩是也。」（卷二頁三十七）居延簡 433・2「入大黃弩十四」，82・15「大黃力十石弩」，亦皆爲弩名也。（參閱勞氏考證卷二頁四十一）

敦十七新獲第三十簡（木簡，長三十一公釐，廣九公釐，厚一公釐）

（上缺）囚津令從團（下缺）

　　　按「以律令從事」亦漢簡中常用語。居延簡 231‧107 及 275‧13 皆有此語。（勞氏釋文卷一頁三十一‧及頁五十）

　　　　敦十七新獲第三十一簡（木簡，削衣，其木爲松柏科植物，簡長三十九公釐，廣十九公釐，厚 0.2 公釐）

（上缺）囗受降（下缺）

（上缺）界一里（下缺）

（上缺）貴燧四（下缺）

　　　按敦煌有受降燧及富貴燧。見流沙墜簡稟給類第十一，第十四及第十五簡。此簡貴字上所缺者，當卽富字。此簡之受降及富貴，當亦皆爲燧名。斯坦因所獲之三簡係敦十五及敦十六出土，與本簡之出土地敦十七相鄰。王國維考證各敦古名，此三敦皆從闕。余疑其中二者卽名受降及富貴也。

　　　　敦十七新獲第三十二簡（木簡，削衣，其木係松柏科植物，簡長四十公釐，廣十一公釐，厚〇‧二公釐）

（上缺）五月二日（下缺）

（上缺）壹騎（下缺）

　　　按漢簡記馬言幾匹，記人言幾人，其例甚多（參閱勞氏釋文卷三車馬類諸簡。）至於言幾騎者，多指瞭望時獲見騎馬之敵虜或盜匪而言。例如居延簡 271‧9「本始二年閏月乙亥虜可卒六騎入卅井」，又一簡「侯囗盜九騎至」（勞氏釋文卷二頁六及頁七）。疑此簡亦係偵侯燧卒發現形跡可疑之騎者時所書之報告也。

　　　　敦十七新獲第三十三簡（木簡，削衣，其木係松柏科植物，簡長四十五公釐，廣十公釐，厚〇‧二公釐）

（上缺）遣每（下缺）

（上缺）遇（？）毋已前（下缺）

　　　此簡察其木理，似與前簡或同屬一簡之殘片。

　　　　敦十七新獲第三十四簡（木簡，削衣，其木係松柏科植物，簡長二十四公釐，廣十‧四公釐，厚〇‧三公釐）

（上缺）囗弩一完

（上缺）服（？）一完

（上缺）百完

　　此簡乃記兵器完堅折傷者。服字漫漶，僅隱約可辨。百字之上當爲鏃或矢，但亦可能間以數字。兼記弓矢二者完堅折傷之漢簡，其例頗多。居延簡 418・2「三石具弩一完；橐矢銅鏃五十完」，283・12「六石具弩二系絃緯完，橐矢銅鏃三百，其八十六序呼，二百一十四完」（釋文卷三頁二十及頁二十七）。流沙墜簡器物類第21,23 及 24 諸簡，亦此類也。服蘭之制，王勞二氏皆有考證。王氏又根據漢書李陵傳及荀子，謂古人賦矢，每增以五十。又云：漢簡中凡言蘭者矢皆五十，言服者矢至六百，則蘭與服或有大小之別歟？（流沙墜簡卷二頁三十九至四十）。勞氏以六百矢是否俱納於服中尙無堅證，故以爲服未必能容六百矢也。（考證卷二頁四十一）。此簡記矢以百計，亦爲五十之倍數，知漢人賦矢確以五十爲一單位。惟每一服能容多少矢則仍未能確定也。

　　　　敦十七新獲第三十五簡（木簡削衣，長三十二公釐，廣十八公釐，厚〇・二公釐）

（上缺）囗書囗

　　　　敦十七新獲第三十六簡（木簡削衣，長三十五公釐，廣二十公釐，厚〇・二公釐）

（上缺）移

（上缺）拜

　　以上二殘簡，其木皆爲松柏科植物，木理相同，字跡亦相似，疑亦爲一簡之碎片。後簡之末描畫一動物形，不知何義。

　　　　敦十七新獲第三十七簡（木簡削衣，長五十公釐，廣十七公釐，厚〇・一公釐）

（上缺）伏地地囗（下缺）

　　　　敦十七新獲第三十八簡（木簡削衣，長二十二公釐，廣八公釐，厚〇・一公釐）

（上缺）再再（下缺）

　　以上二殘簡，其木皆爲松柏科植物，似亦爲同一簡之碎片。「伏地再拜」乃漢代書札格式，惟此簡似爲隨意傳寫者，並非原來之信札也。

除上列三十八簡外，此墩出土之無字簡牘尙頗多，其中三簡尙有字畫跡痕，惟以過於漫漶，無法認識。又有細小之碎片二十餘片，僅存一字，或半字，甚或僅存點畫，無法綴合，茲暫從略。（以上各簡 T.XVII.N.1—38, 見圖版一至三。）

敦二十三戊第一簡（木杙，長百四十四公釐，廣厚各十一公釐）

第一（？）（正面因剝落一片，已無字殘存，疑爲此二字。左側面有四橫畫）

敦二十三戊第二簡（木杙，長百二十五公釐，廣十一公釐，厚十公釐）

第二

敦二十三戊第三簡（木杙，長百七十九公釐，廣十四公釐，厚十二公釐）

第三（正面）（右側面有四橫畫）

敦二十三戊第四簡（木杙，長百七十九公釐，廣十五公釐，厚十一公釐）

第四（正面）（右側面有四橫畫）

敦二十三戊第五簡（木杙，長百四十一公釐，廣十五公釐，厚九公釐）

第五

敦二十三戊第六簡（木杙，長百四十四公釐，廣十公釐，厚八公釐）

第六

以上六簡，皆上端粗堅，剖面略成方形，下端削尖，以便椓杙，乃小木樁也。(圖版三 2,)古人或稱之爲楬。周禮秋官蜡氏：「若有死於道路者，則令埋而置楬焉」。鄭衆注云：「楬欲令其識取之，今時楬櫫是也」。漢書尹賞善：「瘞寺門桓東，楬著其姓名」。顏師古注云：楬，「杙也。椓杙於瘞處而書死者名也」。亦謂之杙。爾雅釋宮：「橜謂之杙」。郭璞注：「橜也」。周禮地官牛人鄭注：「橜謂之杙，可以繫牛」。凡此皆指小木橛而言。封氏聞見錄謂楬碣相通，其字本從木，後人以石爲墓碣，因變爲碣（卷六，碑碣條）。然楬字亦可泛指一切作標榜用之小木物。周禮秋官職金云：「辨其物之媺惡，與其數量，楬而璽之」。鄭玄注：「楬而璽之者，楬書其數量以著其物也。璽者印也。旣楬書揃其數量，又以印封之。今時之書，有所表識，謂之楬櫫」。賈公彥疏：「楬卽今之板書，揃卽今錄記文書。謂以版記錄量數多少幷善惡，爲後易分別故也」。地官泉府：「物楬而書之」。鄭衆注：「楬著其物也」。皆似指籤牌形之木楬而言。漢簡中有一種小木牌，短而廣，又圓殺其上，常有一穿，所書多爲器物之名及數量（插圖三，甲），王國維以爲卽古之楬，卽

繫於器物之上者。（流沙墜簡器物類第 6, 13, 15—19, 22、23, 33, 43, 共十一件）。
茲爲避免混淆起見，暫名此次所發現小木椿式之木楬曰木杙，以別於狹義之木楬，
後者或可改稱籤牌。二者皆楬著其物以作表識之用，惟前者椓杙於牆上或地上，後
者則繫於器物之上；使用之方法不同，因之形制亦大異。另有一種封檢式之木楬，
例如流沙墜簡雜事類第四十五簡（插圖三，乙）。簡作長方形，長 106 公釐，廣三十
九公釐，上端厚十五公釐，下端厚僅六公釐（厚度據沙畹原書）。上端有繩道三，乃
用以封緘者。上書「降歸義烏孫女子復脂獻驢一匹騂（？）牡兩拔齒四歲封頸以敦煌
王都尉章」。王國維以爲「乃著於驢頸上之木楬」。然其形製與施於囊橐之封檢相
似，雖亦作楬著之用，實與狹義之木楬不同也。

　　又流沙墜簡器物類第五簡亦爲一籤牌式之木楬，其上一面寫「兵完折傷簿」。
簡廣而短，又圜殺其上，且有一穿「插圖三，丙」，王國維疑爲簿之本制也（卷二
頁三十六）。傅振倫氏更推演其說，謂木楬似簿而小，其上有穿，卽以繫於器物之
上（簡策說頁十五，見考古社刊第六期）。似以簿與楬同形，惟有大小之殊。傅又
謂近世發見簡牘，有圜殺其上，或有穿以便穿連者，皆名物簿也（同上，頁二十
六），則又將籤牌式之木楬亦包括於名物簿中。今證之實物，則王傅二氏之說，尚
可商榷。流沙墜簡中標明器物簿者凡五簡，其中三簡皆狹而長，與其他簡牘無異。
王國維以爲「兵器簿錄之第一簡而標其目者」，其說是也。居延所出之永元兵器
簿，編繩猶存，共七十七簡編成一册，其簡皆與常簡相同（勞氏釋文卷三頁二七至
三十及所附插圖。）蓋「簿錄」一稱，乃指其作用而言，猶今日之清册或目錄，並
非另具一種形式也。其他標明器物簿之二簡，則短而廣，其一又圜殺其上，（插圖
三，丙）王氏疑爲簿之本制。然余頗疑此乃楬著名物簿之籤牌，猶今日清册之書
簽。簿錄之本身仍書於常簡之上，編成册後，以此木楬表識之。僅標明一物之籤
牌，並不列舉數物者，似不能稱爲簿錄。王氏名之曰「木楬」比之傅氏泛稱之爲簿
者，較爲恰當。其作標識簿錄用者，或可如勞先生名之爲「簿檢」（釋文卷三簿檢
類）。惟簿檢包括常簡式及籤牌式兩種形制，後者或可名之曰簿楬。居延所出之簿
楬，亦有無穿而兩側有齒以便施繩者，如 5·1, 36·4, 等是也。（插圖三，丁）

　　敦二十三戌所出之木杙六件，僅標明次第，不知作何用。出土時凌亂橫臥於土

中，似由牆上墮下者。按居延簡 240·2「第二十七」，260·9「第三」（釋文卷一頁四十五）其措辭與此相似。然二簡之形制，皆爲普通簡牘，其反面皆另有文書，與此木栈不同也。

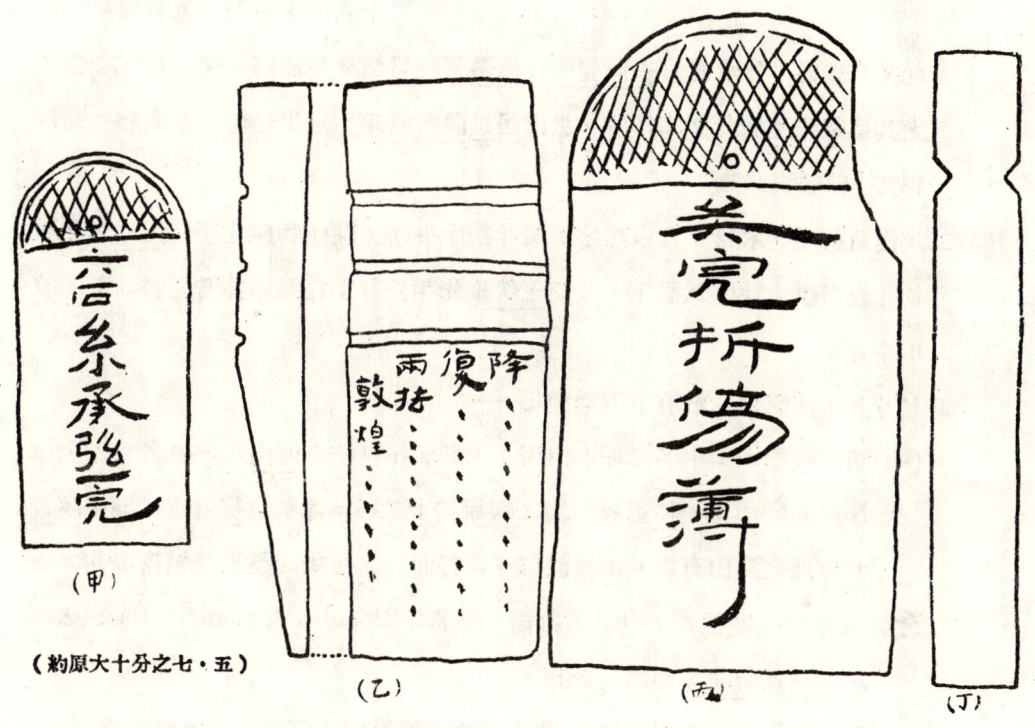

插圖三（甲）籤牌式之木楬；（乙）封檢式之木楬；（丙）籤牌式之木楬，薄楬；（丁）兩側有齒之木楬。

附錄一：敦十四出土刻字木櫛（木梳，長五十四公釐，廣四十四公釐，厚六至十一公釐）（拓本見圖版三，2）

百病如

減常樂

毋復

　　此木梳兩面皆以尖物刻字三行，惜背面之字已不可識。說文：「櫛，梳枇總名也」。釋名：「梳言其齒疏也，枇言其細相比也」。此梳之齒甚疏，而敦十八亦出一櫛，其齒甚細。或一爲梳而一爲枇歟？「常樂」爲漢人常用之吉祥語，焦氏易林

云：「常樂允康」（卷五）。漢鏡銘文有「常樂未央」及「常樂，富而大貴」之語
（羅振玉漢兩京以來鏡銘集錄，頁二至四）。又按太平御覽卷七百十四引曹魏時周
宣夢書云：「夢梳枇，爲憂解也。蟲盡去，百病愈」。此梳上刻「百病如滅，常樂
毋復」，其用意當亦相同也。

　　　　　　　　　　　　　　　　　三十六年十一月十九日寫畢

　　此文寫成後，曾承勞貞一向覺明賀昌羣管繞谿諸先生校閱一過，指正數點；
尤其是勞先生於此文寫作時，惠借居延漢簡照片，以供參考，並承助我商討
釋文，謹書此致謝！

附錄二：漢簡所用之木材，曾以無字者數片請中央研究院植物研究所何天相先生以
　　　　切片顯微鏡方法代爲鑑定，並經王伏雄先生校訂，茲轉錄其鑑定書如下，並
　　　　申謝意。

　　除竹片外，漢簡木片計有下列數種：——

　　(一)第三號標本：中名㮨杆（山西），別名杆兒松（河南），學名爲 Picea
　　　　Neoveitchii Mast. 雲杉一屬，國產約十二種。本種自鄂省東北部至陝晉
　　　　甘等地之高山有之。木材淡白，質輕而疏，可供建築器具棺槨等用。

　　(二)B 字第一號標本：中名毛白楊，學名爲 Populus tomentosa Carr. 本種
　　　　在甘肅及華北等地均有分布。

　　(三)第四號標本：中名水柳，[別名垂柳或垂枝柳（江浙）]，學名爲 Salix
　　　　babylonica Linn　附註：柳屬在我國約有五十餘種。本種乃長江以南
　　　　各地習見之樹；然亦可栽植於北方。水柳爲一優雅之庭園樹。

　　(四)第五號標本：中名檉柳，別名紅柳。學名爲 Tamarix chinensis Lour.
　　　　附註：檉柳爲沙漠中植物。本種乃青海甘肅新疆沙漠中習見之植物。

驥按：斯坦因云：敦煌漢簡所用木材，以白楊木（Populus alba）所製者爲最多。此
外爲松柏科植物，其生長地離敦煌最近者爲祁連山西部及中部。竹簡之取材來源更
遠。紅柳木枝製成者亦有之。（Serindia, p. 598）此次新獲漢簡中，竹製者三件（T.
XVII. N. 4等），紅柳製者一件（N.11.）杆兒松爲松柏科之一種。各簡木料紋理清晰，
顯示樹脂道者，皆可斷定爲松柏科，本篇中已於各簡後——注明，惟不知是否亦爲

杆兒松。削衣之簡，多爲此類木材，蓋以其不產於本地，取材困難，故遂將廢牘削去一薄層，以便再作書寫之用。至於斯氏所舉之白楊，屬於楊柳科(Salicaceae)，性宜寒冷地，分布甚廣，自北歐經西伯利亞直至朝鮮北部(陳嶸：中國樹木分類學。)白楊與水柳爲同科之植物，其木材亦相近似。本篇中未注明木材種屬之各簡，恐大都屬於楊柳科。然未經切片個別檢視，殊不易審定也。

　　　　　　　　　　　　　　　　　　　　三十七年七月補記

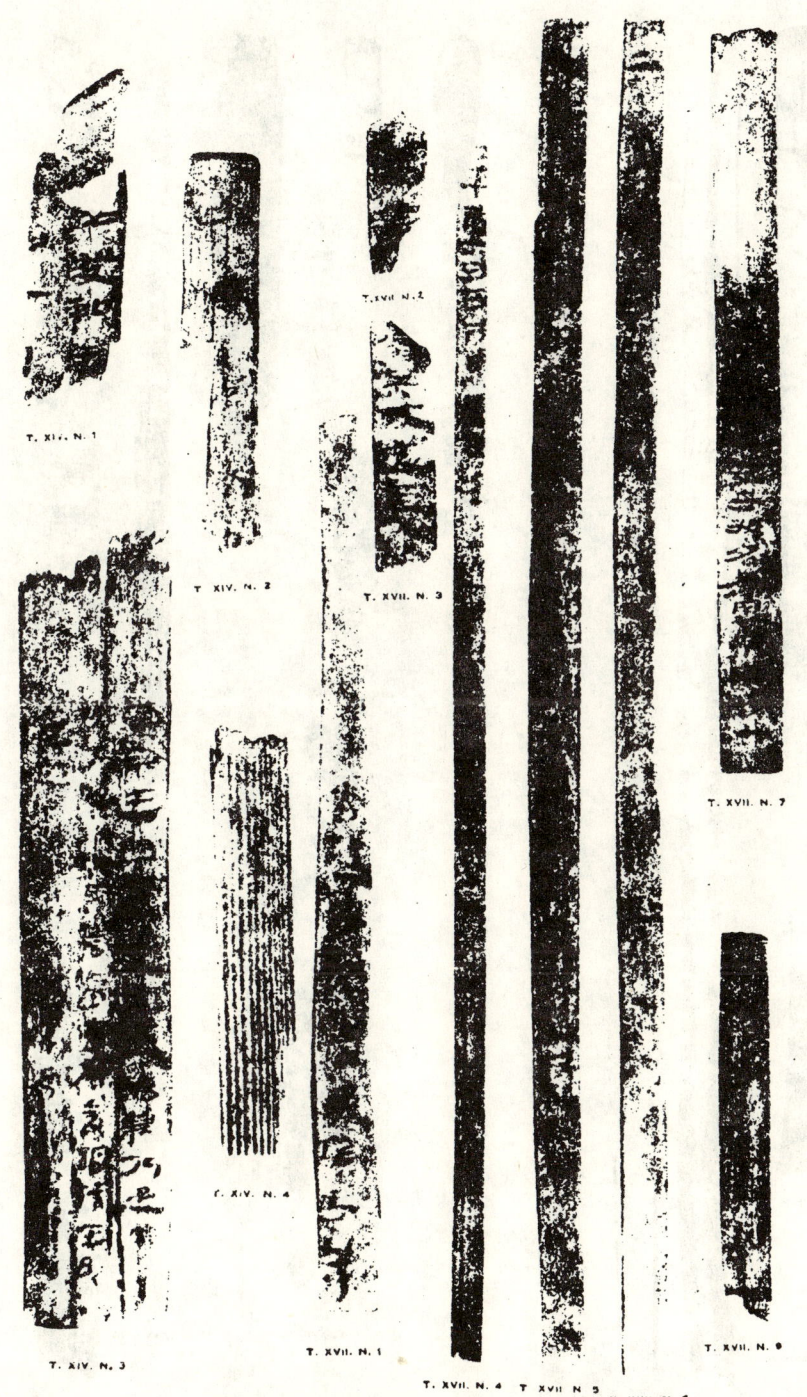

新獲之敦煌漢代簡牘（約原大五分之四）

圖　版　一

新獲之敦煌漢代簡牘（約原大五分之四）

圖 版 二

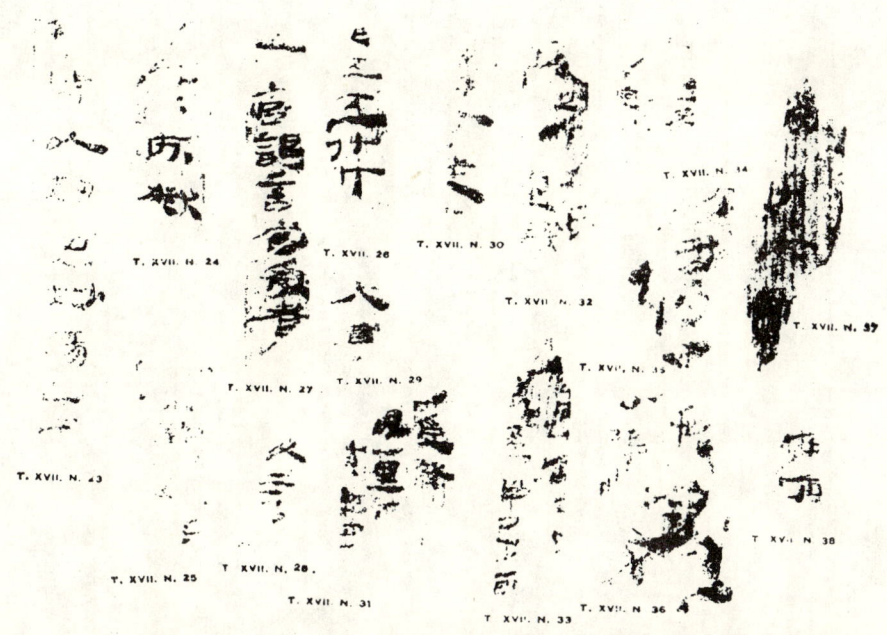

1. 新獲之敦煌漢代簡牘（約原大五分之四）

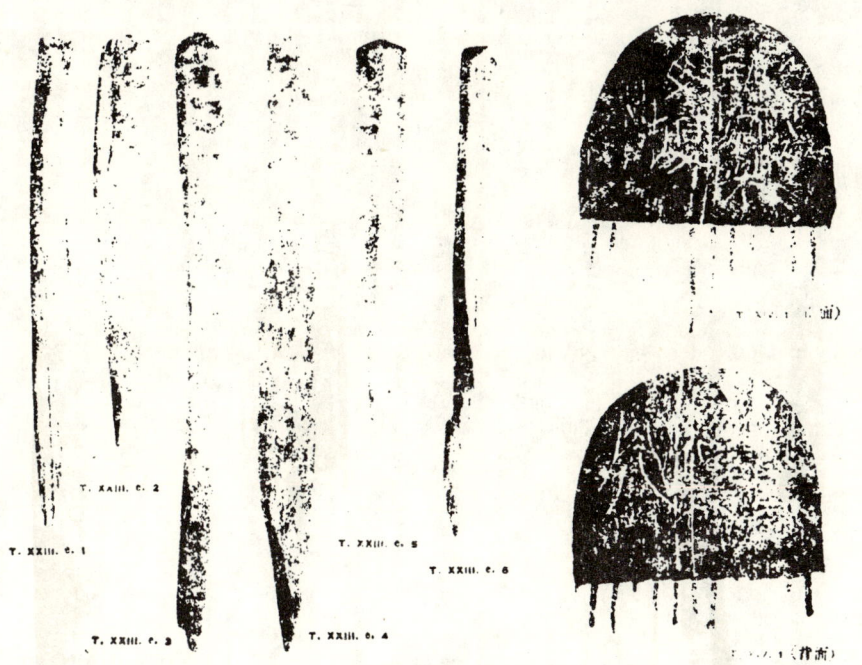

2. 敦煌出土之漢代標識木柹（約十分之四・五）及刻字木楬（拓片影本，約原大五分之四）

圖　版　三

出自第十九本（一九四八年十月）

論中國造紙術之原始

勞　榦

　　紙是中國人的發明，和埃及紙草的紙，在文獻上或理論上，並無任何的相關。因爲中國人是發明蠶絲的民族，紙的製造，就從蠶絲衍化出來。中國的蠶絲，發明甚早，李濟之先生在西陰村遺址，已經發現過半個蠶繭。這是很清楚的，將破碎的蠶繭，黏着到一塊兒，遠較將蠶絲抽出來織成縑帛爲價廉。紙的發見和製造，就應當從這一個原理出來。

　　紙字是絲，顯然的和蠶絲是有關係的。說文糸部：

　　　　紙，絮一箈也。從糸氏聲。

段玉裁注云：

　　　　箈應作笘，笘下曰澉絮簀也；澉下曰於水中擊絮也。……按造紙昉於漂絮，其初絲絮爲之，以笘莕而成之；今用竹質木皮爲紙，亦有緻密竹簾莕之是也。

關於漂絮這一件事，又見於莊子逍遙游。

　　　　宋人有善爲不龜手之藥者，世世以洴澼絖爲事。

郭象注云：

　　　　其藥能令手不拘坼，故常漂絮於水中也。

陸德明音義云：

　　　　澼普歷反，絖音曠。小爾雅云：『絮細者謂之絖。』李云：『洴澼絖者，漂絮於水上，絖絮也。』漂四妙反，韋昭云：『以水擊絮爲漂。』

史記淮陰侯列傳：

　　　　信釣於城下，諸母漂，有一母見信飢飯信，竟漂數十日。

集解引韋昭曰：

以水擊絮爲漂，故曰漂母。

照這樣看來，漂絮是一種長期的或臨時的職業。

漂絮既然是一種職業，可見這一類的事，在當時需要比較普遍，那就不得不從絮的性質上來求解釋。說文糸部：

絮敝緜也，從糸如聲。（大徐本作絮）

段玉裁注云：

緜者聯散也，因以爲絮之偁。敝者敗衣也，因以爲絮之偁。敝絲，絮緜也。是之謂絮。凡絮必絲爲之，古無今之木緜也。以絮納袷衣爲袍曰褚，亦曰裝褚，以作著，以麻縕爲袍亦曰褚。

又說文糸部：

纊絮也，從糸廣聲。春秋傳曰：『皆如挾纊。』絖，纊或從光。

段玉裁注云：

玉藻『纊爲繭』，注曰：『纊今之新緜也。』按鄭釋纊爲新緜者，以別於縕之爲新緜及舊絮也。許則謂纊爲絲絮，不分新故，謂縕爲麻紼，與鄭絕異。

又說文糸部：

絖治敝絮也。從糸店聲。

又說文糸部：

繫繫緦也，一曰惡絮，從糸縠聲。

段玉裁注云：

一曰猶一名也。繫緦讀如谿黎，疊均字轉爲繂纅，繂苦堅切。廣均十二齊一先皆曰『繂纅惡絮』是也。釋名曰：『煮繭曰莫，莫幕也。貧者著衣，可以幕絮也。或謂之牽離，煮熟爛牽引使離散如絮也。』……大徐本古詣切非也。此字之本音見周易釋文云，直作縠下糸者，音口奚反。集均繫牽奚切，引說文『繫緦今惡絮』，陸德明，丁度非不言之憭然也。而六朝以後，舍系不用，而段繫爲系，遂使繫之本義，薶蘊終古。至鼎臣奉敕校定此書，亦經云古詣切，何淺牽若此，尚自謂用唐均，不知唐均霽均之繫，非許書之繫緦也。十六部。

又說文糸部：

　　綈繫綌也，從糸虒聲，一曰維也。

以上和漂絮，絮，及斂絮有關的字，共有：絮、纊、紙、結、繫、綈六個字。在說文中，便是按着絮、纊、紙、結、繫、綈六個字先後的次序排列着。說文中各字次序的排列，大都是有意義的。紙字在這幾個字的中間，顯然和其他的五個有若干的關聯。

　　照明宋應星天工開物說：

　　凡取絲必用圓正獨蠶繭，則緒不亂。若雙繭，併四五蠶共爲繭，擇去取綿用。或以爲絲，則粗甚。

　　凡雙繭，并繅絲鍋底零餘，併出種繭売，皆緒亂不可爲絲，用以取綿。用稻灰水煮過（不宜石灰。）傾入清水盆內。手大指去甲淨盡，指頭頂開四箇。四四數足，用拳頂開。又四四十六拳數，然後上小竹弓，此莊子所謂洴澼絖也。湖綿獨白淨清化者，總緣手法之妙。上弓之時惟取快捷，帶水擴開。若稍緩水流去，則結塊不盡解，而色不純白矣。其治絲餘者，名鍋底綿，裝綿衣衾內以禦重寒，謂之挾纊。凡取綿人工，難於取絲八倍，竟日只得四兩餘，用此綿墜打線織湖紬者，價頗重。以綿線登花機者，名曰花綿，價尤重。（按宋陳旉農書已有「炙爛作絮」之語，又元王楨農書及明徐光啓農政全書亦略與宋說同。）

這是明代的造絮法，現在還差不多。只是他有幾個誤會。

　　第一、洴澼絖是漂絮，據淮陰侯傳，漂絮是在城下的河中，和宋氏所說的清水盆中，並不一樣，所以古代不見得是用手指、拳、和竹弓來頂。

　　第二、鍋底的絮不是纊。說文別有一字，卽：『絓，繭滓絓頭也。從糸圭聲。一曰以囊絮凍也。』與此不同。

所以還不敢說明代以來做法，是與古代相同。只能從明代的做法，來推想古代的大致。因爲蠶繭有膠，非煮不能撕開，明代如此，古代亦必如此。但明代和現代是在盆內用手來撕，而古代卻是在河內放在蓆子上來擊（見前紙字段玉裁注。）現代用手來撕的絲綿，當然是輕而煖，古代放在蓆子上來擊的絲綿，當然比較重而凝結了。並且在蓆子上來擊，剩下的殘餘黏在蓆子上的，從水裏取出蓆子之後，一定有

一片一片的薄片，這就是說文所說的紙了。

在西漢時代，傳說巳經有紙了。漢書九十七下趙皇后傳：

兒生八九日，後三日，客復持詔記，封如前予武。中有封，小綠篋，記曰：
『告武以篋中物書，予獄中婦人。武自臨飲之。』武發篋中有裹藥二枚赫蹏
書，曰：『告偉能努力飲此藥，不可復入，女自知之。』偉能卽宮……宮飲
藥死。顏師古注云：

孟康曰：『蹏，猶地也，染紙素令赤而書之。若今黃紙也。』鄧展曰：『赫
音兄弟鬩牆之鬩。』應劭曰：『赫蹏薄小紙也。』晉灼曰：『今如薄小物爲
鬩蹏，鄧晉應說是也。』師古曰：『孟說非也，今書本赫字或作擊。』

王先謙補注云：

沈欽韓曰：『玉篇䋶鯎赤紙也。』周壽昌曰：『據此西漢時巳有紙可作書
矣。赫狀其色赤，蹏狀其式小，孟說未爲非也。』

顏師古只說孟康的解釋不對，卻未曾說出所以然。因此周壽昌要來替孟康辯護。現
在看來，孟康的解釋大概是錯誤的。因爲赫蹏卽擊蹏，又卽鬩蹏。這和說文的緊蹏
顯然同爲一物。擊與緊都從毄得聲，蹏與綈都從虒得聲，其可以互通當無問題；又
鬩與緊本屬同部，聲類亦近，應可互通；赫與緊雖相去稍遠，但均爲收k之入聲；
且有鄧展注出音鬩之音，亦可證明漢人的音讀，精知和緊字相關。因此，要解釋漢
書的赫蹏，不如認爲卽係說文所說的惡絮（亦卽敝絮）做的紙比較淸楚些。赫蹏之
原義旣當爲敝絮，那就『蹏』訓地，『赫』訓赤，是孟康的望文生義，而顏師古所
說的『孟說非也』是對的了。

紙旣由絮造成，所以御覽六百五引服虔通俗文『方絮曰紙。』正是紙的初義。
方絮亦卽方形的緊綈，亦卽方形的赫蹏。絮作成方形是黏成的，帛作成方形是織成
的，所以方絮不是方帛而是方紙。（又劉熙釋名：『紙砥也，平滑如砥石也。』釋
名全書好以音爲訓，在此處紙砥也一語，在古音是不能相通的，這一處所用的只是
漢人平常所用較寬的韻讀，未足據爲典要。但平滑如砥石一語，卻可證明漢人的紙
是求其光滑。）因此我們可以意想到漢成帝宮中的赫蹏，是一種壓緊或者是黏緊的
方絮，寫上字再包上藥，裝盛匣子裏面的。此物爲大內之物，非出寒素，也可見到

是加工的廢絮，而精美到可供奢侈君主漢成帝的御用了。

到了後漢時代，紙已經漸漸的不僅用在包裹藥品等小的用途上。經傳也用紙來寫了。後漢書六十六賈逵傳：（按此文僅見於後漢書，是否被范蔚宗增飾，待證。）

> 肅宗立，降意儒術，特好古文尙書左氏傳。建初元年（七六年）詔逵入講北宮白虎觀，南宮雲臺。帝善逵說，使出左氏傳大義，長於二傳者。逵條奏之。……書奏，帝嘉之，賜布五百匹，衣一襲。令逵自選公羊嚴顏諸生高才者二十人，教以左氏與簡紙經傳各一通。（注：『竹簡及紙也。』）

許愼是賈逵的門徒，許冲上說文書曰：『臣父故大尉南閣祭酒愼，本從逵受大學。』所以賈逵用紙來寫的左氏，許愼不應該不知道。但說文解釋紙字，只有『紙，絮一苫也』一個意義，並無縑帛的解釋，可見賈逵所有的傳文紙質，也就是許愼所解釋的紙質，亦卽賈逵同時的紙，和漢成帝時的紙，同樣的是黏的絮，而不是織的帛。

說文成於和帝永元十二年（一〇〇年），其時已有紙字，並有『紙絮一苫也』的解釋，再加上成帝時的證據，可知西漢末年，東漢初年，已經有紙了。中國有紙相傳爲蔡倫所造，蔡倫在元興元年（一〇五年）才正式奏上所造的紙，因而天下才應用蔡倫的紙，事在說文成書之後的第六年，所以蔡倫對於紙，應當是改進的人而不是始創的人。再參考西洋人現代的發明史，最後成功的人大多不是草創的人，那蔡倫的紙以前還有一個前期，那也不足怪了。

敍述蔡倫事蹟最詳的是范曄的後漢書，范曄死於元嘉二十二年（四四五年），此書列傳的寫定在元嘉二年間（四二五年。）其後漢書七十八宦者傳說：

> 蔡倫字敬仲，桂陽人也。……建初中（七六年——八三年）爲小黃門。及和帝卽位，轉中常侍。倫有才學，盡心敦愼，數犯顏匡弼得失。後加位尙方令。永元九年（九七年），監作祕劍及諸器械，莫不精工堅密，爲後世法。自古書契多編以竹簡，其用縑帛者謂之紙，縑貴而簡重，並不便於人。倫乃造意用樹膚，麻頭、及敝布，魚網以爲紙。元興元年（一〇五年）奏上之，帝善其能，自是莫不從用焉。故天下咸稱『蔡侯紙。』

但這一段是從幾個來源來的。太平御覽六百五云：

> 東觀漢記曰：『黃門蔡倫典作尙方作紙，所謂蔡侯紙也。』（類聚五十八

同，書抄一〇四引東觀記云：『蔡倫典作尚方作紙』）

董巴記曰：『東京有蔡侯紙卽倫（脫一紙字）也。用故麻名麻紙，木皮名穀紙，用故魚網作紙，名網紙也。』

王隱晉書曰：『魏太和六年，博士河間張揖上古今字詁，其中部「紙今（脫一幡字）也，」其字從巾。古之素帛，依舊長短，隨事截絹。枚數重沓卽名幡紙，此形聲也。後和帝元興中，中常侍蔡倫以故布擣到作紙，故字從巾，是其聲雖同，系巾爲爲殊，不得言古紙爲今紙。』

又北堂書抄一百零四引張華博物志：

漢桓帝時（案桓字誤），蔡倫始擣故魚網以造作紙。

初學記三十一紙部敍事：

釋名曰『紙砥也，謂平滑如砥石也。』古者以縑帛依書長短，隨事截之，名曰幡紙，故其字從系，貧者無之，或用蒲寫書，則路溫舒截蒲是也。至後漢和帝元興，中常侍蔡倫到故布擣抄作紙。又其字從巾。東觀漢記云：『黃門蔡倫典作尚方作幡，所謂蔡侯紙是也。』又魏人河間張揖上古今字詁，其巾部云：『紙今幡』則其字從巾之謂也。（見漢記及王隱晉書。）一云倫擣故魚網作紙名網紙。後人以生布作紙絲縰如故麻紙，以樹木皮作紙名穀紙。（見董巴記及博物志。）

從以上各條看來，太平御覽條分縷析，最爲清楚。但是頗有誤字，並漏去博物志中一條。初學記將材料混到一塊兒，使人看不出史料原來面目，但是誤字甚少，可以校正御覽和書抄之誤。現在看來，各書所引的東觀記，只有『黃門蔡倫典作尚方作紙，所謂蔡侯紙也』一語。因此在東觀記中的本文無論如何省略，蔡倫作紙時只是小黃門加尚方令而非中常侍加尚方令。據司馬彪的百官志，尚方令只是六百石官，和小黃門同秩。小黃門加尚方令是一個榮譽，而中常侍就不需此了。當然蔡倫後封龍亭侯，其時必已爲中常侍，但造紙時卻未必任中常侍。這一點異文，范蔚宗應當是據他家後漢書，而不是據東觀記的。因此東觀記可能未給蔡倫立傳，後漢書蔡倫傳中的文字，一定有若干竄改和增定，出於魏晉以來的史家，不當屬於東觀記的原文。再看以下的一段，卽

自古書契多編以竹簡，其用縑帛者謂之紙。縑貴而簡重，並不便於人。倫乃造意用樹膚麻頭及敝魚網爲紙。

關係於造紙的歷史，非常重要。假若東觀漢記果有此文，那就類書中關涉及於造紙的應當首先徵引到。然而卻不如此，只引些『黃門蔡倫典作尙方作紙，所謂蔡侯紙也』一段。語氣輕重顯有不同，可見並非東觀記的原文。再對照王隱晉書，便知『其用縑帛者謂之紙』，是出於王書的『古之素帛，隨事截絹，枚數重沓，卽名幡紙』一段，而對照董巴輿服志，便知『倫乃造意用樹膚麻頭及敝魚網爲紙，是出於董記的『東京有蔡侯紙，卽倫也。用故麻名麻紙，木皮名穀紙，用故魚網作紙，名網紙也』一段。范蔚宗的後漢書誠然比東觀漢記多加了史料，但可惜的是王隱晉書已經有了誤會，范蔚宗作史時再加上史筆和潤色，因此這一篇的可信程度就不免打一個折扣了。

綜上所述，關於紙的發明一件公案，可以作下列的假定：

甲、早期的紙是用絲絮黏成的，也就是所謂赫蹏，在西漢的晚年已經有了。

乙、在明帝時經傳已經用紙來寫，這當然不是薄小紙的赫蹏，而是赫蹏以外的紙，很可能已經用絲以外的材料造紙了。

丙、到和帝的晚年，蔡倫爲尙方令，始採用魚網造紙之法。因此造紙之法更加進步。

這樣對於一切的史料才不致互相衝突的。

此外還有一個很重要的證據，便是後漢紀和帝紀：

永元十四年，冬，十月辛卯，立皇后鄧氏。……初陰后時諸家四時貢獻以奢侈相高，器物皆飾以金銀。后不好玩弄，珠玉之物不過於目。諸家歲供紙墨，通殷勤而已。

此段在通鑑中曾經援引，只稍爲改動了一些：

永元十四年冬，十月，辛卯，立貴人鄧氏爲皇后，后辭讓不得已，然後卽位。郡國貢獻悉令禁絕（原注：漢郡國貢獻，進御之外，別上皇后宮。）歲時但供紙筆而已。

胡三省注引毛晃的話說：

楮籍不知所始。後漢蔡倫以魚網木皮爲紙。俗以爲紙始於蔡倫，非也。案前
書外戚傳已有赫蹏矣。

這和史繩祖的學齋拈畢說：

> 蔡倫乃後漢時人，而前漢書外戚傳云：趙健伃，赫蹏書，注謂『小紙也』
> （原書應劭注），則紙已見於前漢，恐非始於蔡倫，但倫所造精工於前世，
> 則有之耳。

也和這意思差不多。

今按鄧后立時的永元十四年（一○二年），正是蔡倫奏上所造紙永興元年（一
○五年）的前三年，這時鄧后罷免一切的供奉（見後漢書十鄧皇后紀），只留了紙
墨也可見鄧后對於紙墨是有特別愛好的。（范蔚宗鄧后紀記載鄧后事較詳，只是對
於紙墨卻一字不提，那是范氏以前的後漢書爲袁宏所據的曾經說到紙墨，到范氏因
爲和蔡倫造紙一說衝突，將這兩字刪去了，這正是所謂史裁。由此看來修的好的史
書有時反而不能保存史料的原狀，這也就是新唐、新五代、新元、遠不如舊書的大
原因。以此而推也可見後漢書有時頗不足恃了。）因此蔡倫造紙的成功，很可能和
鄧后的好尚有若干關係。

中華民國三十一年的秋天，我和石璋如先生在額濟納河沿岸清理 Folke Berg-
man 所發掘過的遺址，在 Bayan Bogdo 山南，名叫 Tsakhortei 的烽燧下，掘
出了一張漢代的紙，這張紙已經揉成紙團，在掘過的坑位下，藏在未掘過的土裏
面。到了李莊之後曾經請同濟大學生物學系主任吳印禪先生審定，認爲係植物的纖
維所作。

根據中瑞考察團報告第四冊 (The Sino-Swiden Expedition, Book IV.) 第一百
四十面，F. Bergman 先生說 Tsakhortei 就是他發現過七十八根漢簡卷子的地
方。這七十八根簡其中大部分是永元五年至永元七年的兵器簿，還有別一根是永元
十年正月的郵驛記錄。其文爲：

> 入南書二封　居延都尉九年十二月二十七二十八日封詣府封完　永元十年正
> 月五日蚤食時時狐受孫昌

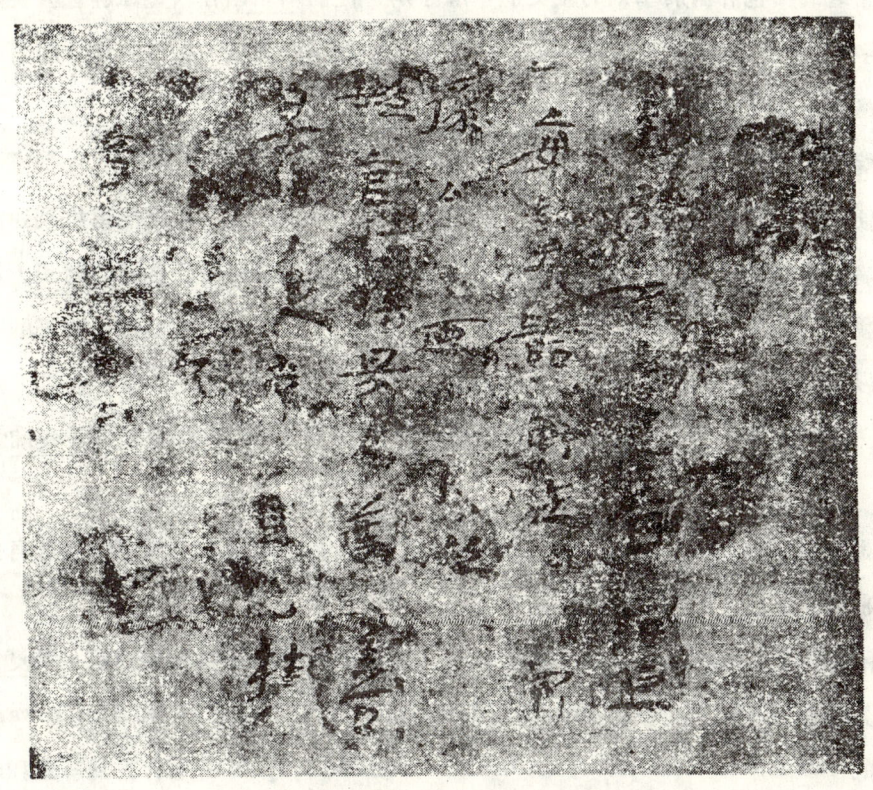

在 居 延 發 見 的 漢 紙

這一張紙是在坑位下面的，即其埋到地下比永元十年的簡要早些。不過永元十年的
木簡不一定就是永元十年埋到地下，當然還有再後的可能。這一張紙既然和永元的
木簡在一個地方，那就他的時代也是永元十年的前後。

　　永元一共十六年，蔡倫的紙是元興元年造成的，假若這張紙也是永元十年的，
那就在蔡倫造紙七年以前。然而七年以前的紙到七年以後才埋到地下，雖然烽燧中
事簡，按情理不應當有，卻也不是不可能。假若真像過去傳說一樣，元興元年以前
並無紙的痕跡，到這一年蔡倫才創造出來。那麼在京師的朋友，用了新發明的事
物，寫信給邊塞屯戍的朋友，送給他見一見『市面』，那就也沒有什麼不可以。所
以這張紙當然有在蔡倫造紙以前的可能性，但是也不是沒有在蔡倫造紙以後的可能
性。只是大致就時代說，可以說是和蔡倫同時的。所以這張紙發現的意義，在他的
本身，並不足為蔡倫造紙以前便已經有紙的充分證明，可是除這張紙以外尚有其他
證據，那就對於這種證據可以加強些，而在紙質方面因為這張紙是粗、厚，而簾紋

不甚顯著的，也許對於早期的紙更進一層了解。從前斯坦因在敦煌烽燧曾發現過用中國字的紙，但是字很少，而 Bergman 報告中所稱的漢紙，按着照片分明有『亦集乃路』字樣，那就時代很晚了。

　　綜合上面所有的材料來說，在西漢晚年已有原始的絮紙「赩䞉」，到東漢以後，便有可以寫書的大型『紙』了。假若再有新的材料出現，也只能再推到西漢晚年或者有大型的紙，而不能否認蔡倫之前是有紙的。這是一個很普通的例子，凡一個大發明的前身一定有若干未成熟的發明來做他的基礎。因此在蔡倫發明紙的一〇五年以前，當然可以有紙的製造。唐張懷瓘書斷云：

　　　　左伯，字子邑；東萊人，甚能造紙。漢興，用紙代簡，至和帝時蔡倫工爲之。而子邑尤行其妙。

這是說前有蔡倫，後有左伯，都是推進造紙方法的人。他的話可以說還是有分寸的。也可見在唐代已經有蔡倫以前尚有紙存在的認識了。

　　附記：此篇曾由韓鴻庵先生夏作銘先生石璋如先生周子範先生閱過。又夏作銘先生和周子範先生並以 Journal Asiatique 1915 見示，其中 E. Chavannes 的 Les Livres Chinois avant L'invention du Papier 一篇曾提到絲絮和紙的關係。並此向諸先生致謝。

『禁不得祠明星出西方』之諸問題

陳　　槃

史記秦始皇本紀：

（三十三年）禁不得祠明星出西方。

此九字，一九二七年，日人藤田豐八以『禁不得祠』爲句，謂『不得』爲梵文『佛陀』（Buddha）之對音。（中國石刻之由來。東洋學報十六卷第二號。）近年來，國內學人對此創說，頗亦熱烈提出討究。（見向達氏中外交通小史頁二八，湯用彤氏漢魏兩晉南北朝佛教史第一分第一章，馬元材氏秦時佛教已流行中國考，【文史雜誌五卷三四期合刊。】岑仲勉氏秦代已流行佛教之討論，【眞理雜誌一卷一期。】又釗天釋道安著作輯目，【輔仁學誌十四卷一二合期。】魏建功氏由高雄設到不得，【眞理雜誌一卷四期。】釋應順秦漢的佛教。【文史雜誌五卷三四期合刊。】）而槃所尋繹，有出於諸君論列之外者。今亦聊爾演爲此文。

案『禁不得』一辭，至少兩漢三國間法令詔書習用，書史亦然，例如：

漢書王莽傳：始建國元年，乃禁不得挾銅炭。

呂氏春秋淫辭：公孫龍言藏之三牙，甚辯。——高誘注：若乘白馬禁不得度關，因言馬白非白馬，此之類也。

魏武帝內戒令：復禁不得燒香。（御覽九八一葉。）

國語魯語上：獸虞於是乎禁罝羅，猎魚籠以爲夏犒。——韋氏解：禁，禁不得施也。

史記張蒼傳：吾極知其左遷。——索隱：諸侯王表有左官之律。韋昭以爲，左，猶下也，禁不得仕於諸侯王也。

『不』亦作『毋』，史記文帝紀曰：

詔曰：禁毋得擅哭。

亦或省『得』字，『毋』作『無』，漢書武帝紀曰：

禁無伐其草木。（又上引文帝遺詔，『毋』，漢書本紀作『無』。）

按『毋』『無』通作，古書屢例，不煩辭費。

　　　『禁不得』辭之另一用法。爲離析其文，於『禁』字下置一賓位；『不』亦或作『無』，如前所論。例如：

　　　春秋繁露止雨：禁婦人不得行入市。

　　　漢書虞丘壽王傳：禁民不得挾弓弩。

　　　春秋繁露求雨：禁男子無得行入市。

　　　漢書哀帝紀：禁郡國無得獻名獸。（例多不具舉。）

按綜以上所舉，可分三類：『禁不得』，『禁無得』，『禁毋得』，倂是一類；止言『禁無』而省『得』字者，爲第二類；『禁』字下置賓位者，爲第三類。此三類之使用，孰爲先後？今無可考。先秦是否有此辭例？亦未可知。上述高誘注呂氏春秋引『若乘白馬禁不得度關因言馬白非白馬』一則，雖無疑其爲戰國間名家舊說。但原文未審是否曾經高氏加以脩飾騣栝？（此一故事，言人人殊。韓非子外儲說上曰：『兒說，宋人，善辨者也。持白馬非馬也。服齊稷下之辨者。乘白馬而過關則顧白馬之賦。』六帖九等引桓譚新論曰：『公孫龍……爲堅白之論，……謂白馬爲非馬。……後乘白馬，無符傳，欲出關，關吏不聽。』古籍叢殘唐寫本類書頁十一白馬條曰：『公孫龍度關，關司禁曰：馬不得過。公孫龍曰：我馬白，非馬。遂過。』按高誘注與唐本類書爲近，但類書作『關司禁曰馬不得過』，高作『乘白馬禁不得度關』，則辭例亦不盡相同。）如確爲原來面目，則『禁不得』一辭，戰國間已通用。

　　　墨子號令篇亦有此辭例，其文曰：

　　　禁無得舉矢審若以審射寇。

其與此辭例相類似者，復有黃帝內經明堂，曰：

　　　禁不可灸，使人逆氣。（漸西村舍本頁三。）

『禁』字下置賓位之例，亦見管子輕重與文子上義法度。輕重篇曰：

　　　請以令，禁百鐘之家不得事鞴。

上義篇曰：

　　　古之置有司也，所以禁民使不得恣也。

法度篇曰：

道術，所以禁君使不得橫斷也。

按墨子號令，黃帝內經明堂，管子輕重，文子上義，法度雖亦有此類辭例，但諸篇皆可疑。號令篇有秦漢間名物；（參考孫詒讓閒詁，吳汝綸點勘。）內經明堂『多經後人竄改』；（黃以周敍。）輕重猥瑣，近人羅根澤先生直疑其為西漢中葉所託；（管子探原總目。）文子自顏師古，（漢書藝文志注。）柳宗元（柳先生集四辯文子。）以下，並以為駁書。唯孫星衍力言其為真。（問字堂集四文子序）然偽書中亦往往參雜舊文舊事，不可逐一概抹煞。以上諸書之有此辭例，其為舊文與否，誠未可知。唯左氏昭十八年傳曰：

　　禁舊客勿出於宮。

又國策魏策四曰：

　　夜行者，能無為姦；不能禁狗使無吠已也。（以上二事，承友人丁掊梓先生擧示。）

按曰『禁……勿』，曰『禁……無』，此與『禁』某『不得』某之句法近似。然則謂『禁』某『不得』某之一辭例，古既有之，似亦非不可能者。

　　又呂氏春秋季春紀曰：

　　禁婦女無觀。（禮月令同。）

按上所敍述諸辭例，於『禁不得』或省『得』字，『不』或通作『無』，『禁』字下或置賓位，則呂氏春秋此文，蓋亦『禁不得』一辭之『變例』（此語或非，姑藉用。）之一。以西漢間之三類辭例（既已前見。）同時通用推之，則始皇之世，亦可能同時有此種種不同之辭例。曰『禁婦女無觀』，曰『禁不得祠明星出西方』云云，豈不當作如是觀耶？然始皇本紀作於史遷。史公之世，『禁不得』一辭，已成熟語。以史公著書之喜於檃括成文，易古為近，則謂『禁不得』三字非原文，特史公以當時恆辭出之，蓋亦非不可能者。但西漢早年之有此辭例，必然亦有所繼承，不能憑空出現。漢承秦緒，即此一端，恐亦不能例外。然則謂此三字為史公之改筆，亦僅僅其為可能而已。以為始皇世無此辭例，蓋其不然。

　　關於作『禁不得祠』之解釋，縶個人殊無成見。然縶顏聯想及漢文帝遺詔之言，史記本紀引之曰：

　　毋禁取婦，嫁女，祠祀，飲酒食肉者。

按此一長句，分別言之則曰：

　　　（1）毋禁取婦。

　　　（2）毋禁嫁女。

　　　（3）毋禁祠祀。

　　　（4）毋禁飲酒食肉。

若反其意而以其同時習用之辭例寫之，則『毋禁』當作『禁毋得』；（文帝詔有此辭已見上），第三項當作：

　　　禁毋得祠祀

『毋』『不』通用，『禁毋得祠祀』，即『禁不得祠祀』矣。以此例之，則『禁不得祠明星出西方』之『禁不得』，不可更有他義。此術殆近乎詭辨，然而比擬儻未遽不倫。

　　　　　。。。　　　　　　　　。。。　　　　　　　。。。

　　始皇所禁祠之明星，竟爲何一明星乎？封禪書云：

　　　及秦并天下，令祠官所常奉天地名山大川鬼神，可得而序也：⋯⋯而雍有日

　　　月，參辰，南北斗，熒惑，太白，歲星，填星，二十八宿，風伯，雨師，

　　　⋯⋯百有餘廟；西亦有數十祠。

築以上始皇之所奉祠者，其中有『太白』，亦稱『明星』。湯用彤先生引詩大東毛傳曰：

　　　日且出，謂明星爲啓明；日旣入，謂明星爲長庚。

是謂『明星』爲大名，其東出則曰『啓明』，出於西方則曰『長庚』。（但史記天官書曰：『太白⋯⋯其始出東方，⋯⋯其庳近日曰明星。⋯⋯其始出西行，⋯⋯其庳近日曰太白。』又開元占經四五引石氏曰：『太白，出東方，高三舍，命曰明星。⋯⋯出西方，高三舍，命曰太白。』如二說，是以『太白』爲統名，以出東方者爲『明星』；而占經四五引荆州占：『太白⋯⋯出東方若東南爲明星；出西方爲太白』【御覽七引同。】云云，是又以出東及東南者爲『明星』。歷本亦有此分別之一說，厥後則亦混稱耳。）復有『上公』之號，天官書曰：

　　　太白，大臣也，其號上公。

築漢書地理志陳倉縣下云：

有上公明星，黃帝孫舜妻育冡祠。（此條湯先生亦引用。）

依此，則『上公明星』『祠』，即『明星』祠，亦即太白祠。始皇所禁者，豈即此類祠之謂耶？若然，則由封禪書及始皇本紀之文以推，是始皇初幷天下時，亦嘗奉祠明星，而其後復禁之矣。

始皇何爲始祠焉而終乃禁之？考天官星占曰：

太白，位在西方，白帝之子，大將之象也。（御覽七引。）

又郄萌曰：

太白，秦國之星也。主金，行輈。（占經五十引。同書同卷又引甘氏曰：『主秦鄭』。）案如天官星占及郄萌之說，太白，金星，主西方秦國，白帝之子。白帝之子，本象徵秦王，（天官書云『上公』，與此相應，因秦之先固稱『王』或『公』也。但又云『大司馬位』，而天官星占亦云『大將之象』。此雜說。秦人對於明星之觀念，不在乎此也。封禪書曰：『秦襄公旣侯，居西垂，自以爲主少暤之神，作西畤，祠白帝』；又曰：『櫟陽雨金。秦獻公自以爲得金瑞，故作畦畤櫟陽而祀白帝』；比至漢興，尚有赤帝子斬白帝子之神話附會，以赤帝子擬漢高，以白帝子爲始皇。案以白帝子擬始皇，此其早年之遺說也。（始皇已定天下，以爲水德，則當云『黑帝子』。明周嬰巵林卷一辨水條曰：『漢若爲火，則當云赤帝，不宜云赤帝子也。白帝子，又何義況乎？蓋由漢是土德，土生乎火。秦是水德，水生乎金。期則漢以土德爲赤帝子，秦以水德爲白帝子也。』如周氏說，則白帝子之說出於水德。氏未窺太白金星爲白帝子之說，又當作何解釋？且始皇所信從者，鄒衍之徒之五德相勝說，謂周火，秦以水克火，故應是水德。今周氏乃以相生爲說，與史事亦未有合。）夫秦之君人，旣以白帝子自居，明星即太白亦主秦國，爲白帝子，則民人私祠，自所不許。蓋諸侯大夫士不得祖祠天子，此自舊禮；況於始皇之專制忌剋？湯先生佛教史亦嘗引用錢穆先生但禁民間私祠之說。槃以爲，始皇果其但禁私祠者，則於此等處求之，似近是。

至於秦民之所以有祠明星之俗者，蓋如郄萌之說：太白爲秦國之星，又如天官書云：『其當期出也，其國大昌。』顧秦民之祠明星，雖其信念在此，但始皇之禁，則又別有其用意，可以分別觀之。

然余又疑始皇於已幷天下之後，迷信方士之說，以爲水德，從而改正，易服；（本紀）。正恐祠祀亦不能無所變革於其間。蓋其先公襄獻，自以爲主西方，祠白

帝，則始皇水德，自當主北方而祠黑帝。（據封禪书，秦獨無黑帝祠。然禁祠明星是一事，立黑帝祠又是一事，亦當分別觀看。）太白為白帝之子，蓋亦在禁祠之列。始皇後來之禁祠明星，抑其義在此，亦未可知也。

只因自古太白有『明星』之稱，故以上所提供之設論，一切皆基此為出發點。然吾人又須知，古人於『明星』之稱，亦相當廣泛，未始有所固定，如毛詩『明星有爛』，『明星煌煌』云云，是其例。管子侈靡曰：

　　　古之祭，有時而星；（注：或祭星，以斯風氣之和者也。）有時而星熺。（熺，星之明或有祭明星者。）

案古人『有時』或見大星之出也特殊明晳，則亦祠之。此亦祠『明星』，不必定其為太白與否。但不知於秦俗為何如。吾人今自無理由強謂始皇所禁祠之『明星』，亦如自古所謂『星熺』之祭，未必即專指太白。然而吾人固亦未可完全忽視此一史實之存在。

據錢坫說，則始皇所禁祠者，為太白上公妻曰女媊者。地理志陳倉縣下王先謙補注引錢氏曰：

　　　說文：甘氏星經曰，太白上公妻曰女媊，居南斗，食厲。天下祭之曰明星。
　　　史記始皇紀、三十三年，禁不得祠明星。（此條瀧先生亦引用。）

案地志唯言『上公明星』，無『妻女媊』之說。又『媊女食厲』，始皇何為禁之？蓋錢說未的。

清姚範又有『明星』即『靈星』之說，始皇本紀會注考證引之曰：

　　　明星，即靈星。封禪書，令天下立靈星祠。當是前祠，而秦皇廢之也。

案封禪書：『其後二歲，（案高祖即位之八年。）或曰：周興而邑邰，立后稷之祠，至今血食天下。於是高祖制詔御史，其令郡國縣立靈星祠。』集解：『張晏曰：龍星，左角曰天田，則農祥也。晨見而祭。』正義：『漢舊儀云，……龍星，左角為天田，右角為天庭。天田為司馬，教人種百穀，為稷。』據是則祠靈星者，社稷之祭，始皇廢之，何說？如謂后稷為周所立神，始皇滅周，故廢其所祠祀；漢滅秦，故復周祀。如此解釋，一廢一興，前後二事亦可云緊相切應。然細思，則問題故仍在。謂始皇既禁祠此一明星即『靈星』矣，何以云直至高祖時，仍『血食天下』？

此其一。風俗通祀典靈星條曰：

> 俗說，縣令問主簿：靈星在城東南，何法？主簿仰答曰：唯靈星所以在東南
> 者，亦不知也。
>
> 謹按左中郎將賈逵說，以爲龍第三有天田星。靈者，神也，故祀以報功。辰
> 之神爲靈星，故以壬辰日，祀靈星於東南。金勝木，爲土相也。

湯用彤先生示書亦引論衡祭意篇並黃暉注引獨斷。檢祭意篇曰：

> 世儒案禮，不知靈星何祀，其難曉而不識說。縣官名曰『明星』，緣『明
> 星』之名，說曰歲星。歲星，東方也。東方主春，春主生物，故祭歲星，求
> 春之福也。四時皆有力於物，獨求春者，重本尊始也。審如儒者之說，求春
> 之福，『及』（黃注據宋元本作反。）以秋祭，非求春也。月令，祭戶以春，祭
> 門以秋，各宜其時。如或祭門以秋，謂之祭戶，論者肯然之乎？不然，則明
> 星非歲星也，乃龍星也。龍星二月見，則【春】（依黃氏補。）雩祈穀雨；龍
> 星八月將入，則秋雩祈穀實。儒者或見其義，語不空生。春雩廢，秋雩興，
> 故秋雩之名，自若爲『明星』也。實曰『靈星』。『靈星』者，神也。神
> 者，謂龍星也。

黃注引獨斷曰：

> 舊說曰，靈星，火星也。一曰龍星。火爲天田。厲山氏之子柱及后稷，能殖
> 百穀，以利天下，故祠此三神，以報其功也。

又引續漢書祭祀志曰：

> 漢興八年，有言周興而邑立后稷之祀，於是高祖令天下立靈星祠。言祠后稷
> 而謂之『靈星』者，以后稷又配食星也。舊說，星，謂天田星也。一曰，龍
> 左角爲天田官，主穀。祀用壬辰位祠之。壬爲水，辰爲龍，就其類也。

案如上引說，是『靈星』卽『明星』（亦卽龍星。）矣。但所祠之方位，或曰東南，
（風俗通，論衡。）或曰東，（論衡推論當時儒說。）或則曰東北，（續祭祀志：『祀用壬辰祠之。
壬爲水，辰爲龍，就其類也。』案壬水爲北方，辰龍東方也。但風俗通則云：『故以壬辰日祀靈星於東南』。
二說互異，未遑詳也。）此與始皇所禁祠者不同，彼固祠西方之明星也。論衡本有『龍
星八月將入，則秋雩祈穀實，儒者或見其義，語不空生，春雩廢，秋雩興，故秋雩

之名，則若爲明星也』之說，豈所謂龍星將入，是指西方言之；王充世巳有祭西方龍星卽『明星』之禮，則祠雖在東南，（或東，抑或東北。）而權時之祭，亦儻設西方之位耶？又未可知也。此其二。據天官書，『東宮蒼龍』。既以爲『靈星』卽『明星』亦卽『龍星』，則理應立祠東向矣，何以復有東南、東北之說？而諸家云：龍星之中有『天田』；或曰天田官主稷，故祠之，以報功。但舊題甘石之星經下，則又以爲：『天田九星，在牛東南。』彼在東，而此則在北。此復何耶？

　　史記集解又引徐廣曰：

　　　皇甫謐云：彗星也。

姚範氏因之，復有脫字之說，曰：

　　　『出』上脫一『星』字，故注引皇甫謐，以證星爲彗星也。

案如姚說，則是始皇禁祠明星，是一事；而彗星出西方，又是一事。依此解釋，從而假定始皇所禁祠之明星，亦卽高祖所令立祠之靈星，則秦祠西方，漢祠東南，或東，抑或東北之一衝突，可自避免。然而自始皇禁祠之後，至於漢興八年，仍然『血食天下』之一史實，又當作何解釋？且增字以通史，實甚危險。然則姚氏此說，蓋亦不能解決問題。輒因論之。

三十七年十一月二日，於南京鷄鳴寺下。

岑仲勉先生說摘附

　　最近，陳君槃庵復檢數例見告。（中略）。案以上各例，可依文義解析之，如：

　　（1）禁……舉矢書，禁……以書，　禁……（以書）射寇。

　　（2）禁……採銅炭。

　　（3）禁……度關。

　　（4）禁……燒香。

　　（5）禁……仕於諸侯王。

　　又前引文紀　禁……擅哭。

凡此諸例，其『禁』字對下一動詞，一氣貫注。如果史記文爲『禁不得祠西方明星』，則變『禁……祠西方明星』，文義自無爭執。但『禁不得祠明星出西方』，

則變『禁……祠』，『禁……出西方』，義不能通。故上舉六例，表面雖是相似，然禁字祇管一箇動詞。若以明星出西方屬上讀，則禁字乃管兩個動詞————『祠……出』，文體旣不同，斯不得引爲證佐之的例矣。（大約古文『禁』下用『不得』或『毋得』字，特與英文 to Prevent from, to Prohibit from 等相比，卽英文之 from 也。）

錄自彌天釋道安著作輯目

出自第二十一本（一九四八年十二月初版，一九六四年一月再版）

漢　代　的　亭　制

勞　榦

　　漢代的亭，是縣以下的地方組織中的一個重要部分。因爲亭的組織對於行政各方面關係較多，所以一般講來，很容易只能涉及某一方面，而忽略各方面的關係。並且從來治史的人不是不注意問題，也不是沒有精銳的了解，而是歷來在行文時候都是用的文言文。因此在思想時使用文言文來想，所以思想形式，便很容易墜入了古文式的思想範疇。古文是不能用複雜句子的，而且古文的好處，就妙在不完全說明，因此歷史中許多問題，便只有個聰明的開端，而缺乏詳盡的解說和了解。

　　關於亭的問題，現有顧炎武曾經有過一個比較詳明的叙述。日知錄卷二十二說：

　　秦制，十里一亭，十亭一鄉。（自注：風俗通曰：『漢家因秦大率十里一亭，亭留也。蓋行旅會宿之所。』）以今度之蓋必有居舍如今之公署，鄭康成周禮遺人注曰：『若今亭有室矣』。故霸陵尉止李廣宿亭下，張禹奏請平陵肥牛亭部處，上以賜禹，徙亭它所。而漢書注云：『亭有兩卒，一爲亭父，掌開閉掃除，一爲求盜，掌逐捕盜賊是也。（自注：任安先爲求盜亭父，後爲亭長。晉時有亭子，劉卞爲縣小吏，功曹衙之，以他事補亭子。）又必有城池，如今之村堡。（自注：今福建廣東，凡巡司皆有城。）韓非子：『吳起爲魏西河守，秦有小亭臨境，起攻亭，一朝而拔之。』漢書息夫躬傳：『歸國未有第宅，寄居丘亭，姦人以爲侯家富，常夜守之。』匈奴傳：『見畜布野，而無人牧之，怪之，乃攻亭。』後漢書公孫瓚傳：『卒逢鮮卑，乃退入空亭』是也。（自注：涉宣怨其成信·信亡藏上林中，宣使郿令將吏卒闌入上林中蠡室門，攻亭，格殺信。是上林中亦有亭也。）又必有人民如今之鎭集，漢封功臣有亭侯是也。亦謂之下亭，風俗通：『鮑宣州牧行部多宿下亭是也。其都亭則如今之關厢，司馬相如臨邛印舍都亭。（自注：史記索隱曰：『郭下之亭也。』漢書注師古曰：『臨邛所治都之亭。』後漢陳寔嘗爲都亭刺佐。）嚴延年母止都亭不肯入府，何並斬王林卿奴頭，並所剝建鼓置都亭下。後漢書，陳王寵有彊弩數千張出軍都亭。會稽太守尹與使陸續於都亭賦民僧粥。酒泉龐娥刺殺讎人於都亭。吳志，魏使邢貞拜權爲吳王，權出都亭候貞，是也。京師亦有都亭，後漢書，張綱埋其車輪於雒陽都亭，竇武召會北軍五校士屯都亭；何進率左右羽林五營士屯都亭，王喬爲葉令，帝迎取其鼓置都亭下是也。蔡質漢儀：『雒

陽二十四街，街一亭，十二城門，門一亭，人謂之旗亭。史記三代世表：褚先生言與方士考功會旗亭下是也。（自注：西京賦曰：『旗亭五重。』薛綜注：『旗亭市門樓也，立旗於其上，故取名焉。』）後代則但有郵亭驛亭之名，而失古者居民之義矣。（自注：晉書載記：慕容垂請入鄴城拜廟，苻丕不許，乃潛服而入，亭吏禁之，垂怒斬吏，燒亭而去，是晉時尚有亭名。）

在以上的一段，顧炎武說到關於亭的，已經有好幾方面了，假如用了他的材料，再作一個敘述的方法，即可作成以下的敘述：

一、亭制的來源　承秦代的制度。

二、亭 的 組 織　（亭長以下），有求盜和亭父。

三、亭 的 狀 況　甲：有屋舍，供辦公及住宿。

　　　　　　　　乙：有城池。

　　　　　　　　丙：有人民。

四、亭 的 位 置　甲：都亭　在都會及縣邑的城外。

　　　　　　　　乙：下亭　在縣邑的郭外，相當於鎮集。

據以上所舉，亭的性質已經闡明了不少，不過有若干尚待補充和詮釋的，並且還有應當更正的地方。因此在下面幾段中再為分述。

第一：　關於亭的布置：據續漢書百官志注引漢官儀：『設十里一亭，亭長亭侯，五里一郵，郵間相去二里半。』又風俗通：『漢家因秦，大率十里一亭，亭留也，蓋行旅宿會之所。』所以亭的排列，應當是按着距離，以十里為標準來設置的。但據漢書百官表：『大率十里一亭，亭有長，十亭一鄉，鄉有三老，有秩，嗇夫，游徼。』這裏是里，亭，鄉並稱，成為一個系統，則里不是距離之里，而為以人口來計算之里。續漢書百官志劉昭注：『里魁掌一里百家』，則此十里一亭，應為一千家，而十亭一鄉應為一萬家。但萬戶之縣在漢代已算大縣，萬戶為一鄉之標準，在漢代似乎不可能，所以百家為里，可能是里的最大標準，實際上決不到百家，則一亭之數亦決到不了千家，只是千家為最大的限額罷了。詩鄭風無踰我里，傳曰：『里居也，二十五家為里。』據此，亭當為二百五十家，鄉為二千五百家，當較劉昭注尚近情理些。又蔡質漢儀說『雒陽二十四街，街一亭；十二城門，門亭，人謂：旗亭。』則此中所謂亭，既不以距離為標準，也未曾以人口為標準，而是以地位上的需要為標準。

所以亭的以『十里』爲標準的，其『里』已經有兩種『里』，並且還有在特殊狀況之下，不以『里』計，而以『街』或『城門』爲標準的。

亭是里所積而成，而里又兼有『里居』和『道里』兩種意義。但若追溯其原始，則里居之詁訓在前，而道里之詁訓在後。據說文解字，里字本訓爲居。鄭玄訓釋周禮，在『載師』，『縣師』，『遺人』，『遂人』各節亦各訓里爲居。即以從里得形之字如『釐』爲家福，『野』爲郊外，也都含着居住的意思。假如里爲居住，那就里居當爲原義，道里當爲引申義。亦卽是里居既定，再從田莊的數目，爲道里的標準，道里之義便從此而生。談到此處，又要牽涉到井田的存在問題，周禮系統與孟子系統的異制問題，這都是聚訟紛紜的事。在沒有確切證明以前不能詳爲引證。只是依據詁訓，里居之義在前而道里之義在後，在古制之下，二者本有相關。一直到了漢代，兩種意義的『里』制，仍在亭制上保持着聯繫。因此漢代的亭制，便成爲依照道里和里居的兩種標準，並且在洛陽一類的大城中，又依着特殊的需要，而按着街道的數目和城門的數目，來增加亭的數目。

第二： 關於亭的建築：亭字從高，以丁爲聲。高字象臺觀高聳之形。此外還有一個郭字，本作𩫏，中間的回象兩重城郭，外面的亼和亻象兩亭相對。說文解字說：『亭民所安定也，亭有樓。』許愼所說，至少在漢代是如此的，本篇是着重漢代的，不論上古是否如此，但如說漢代的亭是高而有樓，總不會太錯。（墨子備城門『百步一亭，高垣丈四尺，厚四尺，』亦取其高。）因此在如今設想的『亭』，便是一個土墩，土墩的上面建築着一個小小的房屋。這個土墩和房屋的功用，便是對於幾百家防衞的需要上，第一爲便於瞭望，第二爲便於據守。也就是在一個相當面積之內，有一個可以瞭望與據守的軍事堡壘。

誠然，亭的功用不僅防守而已，除去防守而外，還有對於外面有通信設備的必要。在這一點便想到應用旗竿上面。漢書酷吏傳注：『如淳曰：「舊亭傳於四角面百步，築土四方。上有屋，屋上有柱，出高丈餘。有大板貫柱四出，名曰桓表。縣所治夾兩邊各有一桓。陳宋之俗言桓聲如和，今猶謂和表。」』師古曰：『卽華表也』。在這一段如淳注釋之中，所謂『舊亭傳』之制，實是指的漢代制度。但所稱亭傳四角築臺，共有四臺，則只是大的傳舍，並不普遍於各亭。若據亭之本訓，卽是一個有屋的

士臺。照如淳意四士臺共有四柱，若是一臺，則亦只有一柱罷了。崔豹古今注說：『以橫木交柱頭，狀若華，形似桔槔，大路交衢悉施焉。或謂之表木，以表王者納諫，亦以表識衢路。』這裏指出的是路中的華表，但和亭上的華表本爲一物，也用不着多所懷疑。

　　以道里來計算，每十里應當有士臺的亭一所。但到了三十里的距離時，便除去士臺而外更有爲公務人員旅行時設備的傳舍。據周禮遺人：『凡國野之道，十里有廬，廬有飲食，三十里有宿，宿有路室，路室有委。』此雖漢以前（或是春秋戰國時期）的制度，但却和續漢書輿服志的驛騎三十里一置正相符合。晉書刑法志引魏新律序：『秦世舊有廐置，乘傳副車食廚，漢初承秦不改。後以費廣稍省，故後漢但設騎置，而無車馬。』傳舍應供官吏膳食，見漢書黃霸傳及後漢書光武紀。因此傳舍建築也要大些，後漢書謝夷吾傳注引謝承後漢書曰：『行部始到南陽縣，遇孝章皇帝巡狩，有詔刺史入傳，錄見囚徒。誠長吏勿廢舊儀，朕將親覽焉。上臨西廂南面，夷吾處東廂。分帷隔中央。夷吾所決一縣三百餘事，事與上合。』傳舍卽有東西廂，可見比較大些，不像一般的亭那樣簡單了。所以傳舍雖然在亭的附近，但只限於相距三十里的地方。因此也就比普通的亭大些。不過仍然還在有亭處，因此傳舍也統稱做『亭傳』。

　　傳舍本都在有亭的地方，因爲負有多人住宿，以及供給傳車的功用，所以特稱傳舍來和一般的亭有所分別。傳就是行旅的符，符上封有御史大夫的印，持符的人可以在傳舍要求供給二馬的輕車，到第二個的傳舍來更換。至於持有本郡印或本縣印的輕傳的，亦可在本郡境內或本縣境內要求供給一馬的輕傳。其不給傳車的符稱爲過所，只能供給住宿而不供給輕車。到東漢取消傳遞輕車之制，所以只有過所了。

　　亭是一個鄉間距離行政與軍事的基礎，傳舍仍是一個廣大的亭，所以仍然在一般亭中認爲是亭的一種。同樣在縣邑之中，也各以亭爲基礎，所以縣邑的城區也就各是一亭或一亭以上。這種亭稱爲都亭，也卽是傳舍所在之處。因此在兩漢時期，在縣邑的傳舍，或稱都亭，或稱傳舍。這就是表示着，縣邑附郭之亭，亦爲傳舍所在之處。所不同的，卽是亭爲一般亭的建築，而傳舍則爲附着於亭用以招待官吏的房屋。這個亭名往往卽以本縣之名來稱的，到王莽更改地名，凡附郭郡城之縣，以亭來稱，當然不定沒有原由的。

　　亭的主要建築既爲土臺子，所以漢簡之中，常以亭來稱呼烽臺。這種烽臺有時亦稱做堠，烽臺外的圍牆則稱做塢。烽臺和外面的墻今併起來則稱做隧。但是在塞內的亭則稱爲亭而不稱作隧，所以可以想像塞內的亭是沒有塢的。

　　在漢簡裏，例如下列各條，可以看出以亭稱烽臺：

　　　　肩水戍亭二所，下廣二丈八尺六。　（居延簡 54.23）

　　　　一人馬矢塗亭戶前地二百七十尺。　（敦煌簡）

　　　　二人削□亭東面，廣丈四尺，高五丈二尺。　（敦煌簡）

從下列一條，可以看出亭和隧確有不同。

　　　　縣承塞亭各謹候北塞隧，卽擧表皆和，盡南端亭，以札署表到日時。（敦煌簡）在此簡中『北塞』指北方的邊塞，據說文『隧塞上亭』的解釋，與此處正合。塞上的土地，在郡（或屬國都尉）以下，是屬於候官而不屬於縣，在候官以下的亭是叫做『隧』（候官以下，尚有候長一級，但亦在隧守候，只是多管幾個隧罷了），和縣下稱做亭的不同。在此簡中，稱縣內的亭爲亭，而稱塞上的亭爲隧，釐然有別。從這裏也可以看到隧和亭的建築是應當有不同的。據漢簡：

　　　　樂昌隧長已戊申日西中時，使並山隧塢上表再通。　（居延簡 332.5）

　　　　臨莫隧長留人戊申日西中時，使迹虜隧塢上表再通。　（居延簡 126 40）

可以證明塞上的隧是有塢的。據後漢書馬援傳：『詔武威太守令悉還金城客民，歸者三千餘口，使各返舊邑，援爲奏置長吏，繕城郭，起塢候。』注字林曰：『塢，小障也』。而服虔通俗文，則稱：『營居曰塢』。則塞上的隧不僅因爲隸屬的行政系統不同，卽就其建築而言，亦有差異。

　　第三：　關於亭的行政　在前面已經論到，亭爲許多里組織而成，而里又是依照住民的多寡來爲衡量的標準，道里之里亦由住民之里引申而來。漢代雖然計亭的標準並用里居和道里兩種，但其來原應當只有里居一種。

　　里的人數似乎似逐漸增加的。續漢書百官志：『里有里魁，民有什伍，善惡以告。』本注曰：『里魁掌一里百家，什主十家，伍主五家，以相檢察』。但是風俗通却說：『里者止也，五十家共居止也』。這裏又比較後漢書本注要少一些。百官志本注爲後漢之制，應無問題。但應劭風俗通所說的多據漢制，而此處與漢制及古制俱有

不同，那就可能漢制並不定每里都是百家了。又百家爲里一事似乎不大可能，說已見前。又按漢書匡衡傳：『初衡封僮之樂安鄉，鄉本田提封三千一百頃』據漢書恩澤侯表：匡衡以丞相侯六百四十七戶』。就此而言樂安鄉一鄉之戶爲六百四十七戶。倘若認續漢書一里百家爲正確，再照漢官儀的十里一亭的計算法來推，一亭實得千家，則此一鄉只有六百四十七家就是不合理。現在既不能證明西漢一鄉只有六百餘戶爲不確，並且一亭千家就漢縣一般狀況而言亦失之過大，那就一亭千家及一里百家的計算法只是就亭和里的最大限度而言了。

　　里的原義本爲里居，所以原義應當就住人地區的面積來說，既不盡依道里，亦不盡依戶口。住人的地區面積不大會變動，所以拿計算道里當然可以，至於所住人口，那就稀密並無一個絕對的標準。我們看一看古來言里中戶數之無定說，便可看出此中消息了。以里爲百家的如續漢書百官志，已見上。而管子度地，亦言『百家爲里』。以里爲八十家的，如公羊傳宣十五年：『什一行而頌聲作』，注『一里八十戶，其有辯護伉健者爲里正，比庶人在官』。以里爲七十二戶的，如尚書大傳咎繇謨：『八家爲鄰，三鄰爲朋，三朋爲里』共有七十二戶。以里爲五十家的則爲應劭說。以里爲二十五家的，如周禮地官遂人：『五家爲鄰，五鄰爲里』，詩毛傳鄭風將仲子『里居也，二十五家爲里，』則從周禮之說。莊子則陽：『少知問於大公調曰：「何謂丘里之言？」大公調曰：「丘里者合十姓百名而以爲風俗也。」』注：『李云，四井爲邑，四邑爲丘，五家爲鄰，五鄰爲里』亦從周禮之說，但『十姓百名』，決不是二十五家，則莊子所據而言的丘和里，雖與周禮所說的同名，但一定要比周禮所說的似要少些。（里有牆，詩將仲子『無踰我里』，因有牆，才可踰。里有門，漢書酈食其傳『爲里監門』，里門又見漢書石奮傳及見後漢書成武孝侯順傳，里既有定處，自不能因戶數之增減而伸縮。）

　　里既然是一個地區的單位而不是戶口的單位，再推而上去，從亭，鄉、縣以至郡，都是以地區爲主要的標準，而不是以戶口爲主要標準的。因此以戶來計算的什和伍，雖然在亭和里以下，但與亭和里並無一定分配之數量。假如這種推演的道理是正確的，那就一個里可以多到一百戶，一個亭可以多到一千戶；但假如戶口稀少，一個里或亭只分配到一個什或甚至一個伍也不算不合理的。

　·顧炎武談到亭的狀況，有屋舍，城池，和人民。今按亭有屋舍，是不錯的，亭有城池却不對。亭爲高築之士臺，臺上有屋，具見前考。因其爲高臺，所以可守可望，但却沒有城垣，除非塞上的㷭才有塢。至於池，就更沒有了。關於亭的人民，那都是附屬於亭的，由在亭上留守的亭長照管，住在亭的附近而並不住於亭的士臺子上。（論衡詰術篇：民間之宅與鄉亭比屋相屬，接界相連。）其人數則亦並無一定，具見上文。

　　鄉，亭和里是大小三級的縣以下地方行政單位，這三級是在相結屬的，不過各有所偏重。據續漢書百官志：『鄉置有秩，三老，游徼。』本注曰：『有秩郡所署秩百石……其鄉小者縣置嗇夫一人，皆主知民善惡，爲役先後，知民貧富，爲賦多少，平其差品。』又：『三老掌敎化，凡有孝子順孫，貞女義婦，讓財救患及學士爲民法式者，皆扁表其門，以興善行』。又：『游徼掔徼循，司姦盜，又有鄉佐屬縣，主民有賦稅』。百官志：『亭有亭長，以禁盜賊』，本注曰：『亭長主求捕盜賊，承望都尉』。又百官志：『里有里魁，民有什伍，善惡相告』。在以上各級而言，鄉的一級主要管的是戶籍和賦稅，亭的一級主要管的是捕盜賊，里的一級主要的是管監察人民行動。但是也決不是說除以上所舉而外，別的都不管。如同戶籍是由鄉來管，但是凡著戶籍的都著上里（例如史記自序引博物志，司馬遷是茂陵顯武里，又許冲上說文表，許冲是臺陵萬歲里，此外漢簡上名籍著里的還很多）。續漢百官志太守歲盡遣吏上計，注胡廣（漢官解詁）曰：『秋冬歲盡，各計縣戶口墾田錢穀入出，盜賊多少，上其集簿，』這許多記錄，當然是郡從縣得來，縣從鄉得來，鄉從亭及里得來，尤其著明里居所在，應當和里的負責人，里魁，有若干的關係。其大城商賈所在，應不歸里，另設有市，市之大者，據漢書食貨志，長安有東西市令，洛陽，邯鄲，臨淄，宛，成都，各有市長，郡國則有市嗇夫（見何武傳），商人在市著籍（史記平準書：『賈人有市籍者』），雖與里不同，但在戶籍上却有相互的關係。

　　亭長旣以備盜賊爲主要任的務，所以任務和警官是相近的。漢舊儀：『亭長敎射，游徼徼循，尉游徼亭長皆習設備五兵，五兵，弓，弩，戟，盾，刀，劍，甲，鎧。』又：『設十里一亭，亭長亭候。五里一郵，郵間相去二里半，司姦盜，亭長持三尺板以劾賦，索繩以收執盜。』漢書高帝紀：『爲亭長，求盜之薛。』漢書朱博傳：

『家貧少時給事縣爲亭長，……博本武吏，不更文法。』後漢書馬武傳：『武曰：臣以武勇可守尉督盜賊，帝笑曰，且勿爲盜賊，自致亭長斯可矣』。後漢書逢萌傳：『爲亭長時，尉過亭，萌候迎拜謁，既而擲楯歎。』注：『亭長主捕盜賊，故執楯。』所以亭長是教射和捕盜以武吏來做的。（又漢書酷吏傳王溫舒及後漢書吳漢傳，溫舒及漢亦曾爲亭長）那麼亭的建築比較特殊，也就有軍事作用的來源了。但據風俗通佚文（御覽一九四），『亭亦平也，民有訟諍，吏留辨處，勿失其正者也』，可見漢代亭長也管民事，有類於警政了。

亭是屬於郡縣的，五行大義引翼奉說：『游徼亭長外部吏皆屬功曹』功曹即縣功曹，縣則轉屬於郡。所以亭是治民的。至於和塞上的亭（即燧）則據漢舊儀：『邊郡太守各將萬騎行障塞烽火，追虜；置長史一人，掌兵馬；丞一人，治民；當兵行，長史領置；部都尉，千人，司馬，候，農都尉，皆不治民。』一則來看，隧長是屬於候官和部都尉，不屬於縣，候官和部都尉不治民，亦即隧下並無居民了。自然這並非絕對的，如農都尉本主屯田殖穀。候官也可以管屯田的事。漢書地理志敦煌縣效穀下注云『師古曰本魚澤障也，桑欽說，孝武元封六年，濟南崔不意爲魚澤障尉，教力田，以勤效得穀，因立爲縣名。』障尉本候官之尉，所以候官亦主屯田。我們在漢簡之中也可找出許多屯田的記載。只是屬於部都尉及農都尉的爲軍屯，屬於郡縣的則爲民屯。漢書西域傳：『征和中搜粟都尉桑弘羊與丞相御史奏言「……臣愚以爲又遣屯田卒治故輪臺以東，益種五穀。田一歲，有積穀，募民壯健有累重敢徙者詣田所，就畜積爲本業。益墾溉田，稍築列亭連城而西，以威西國。」』這是桑弘羊擬改西域爲郡縣的辦法，事雖未行，但可看出這是一個軍屯改民屯的成軌。到清初增闢敦煌安西各處的辦法仍和這差不多。所以我們看敦煌和居延漢簡時，關於當時行政組織，應當將軍屯和民屯分開，才能得到進一步的了解。

第四： 都亭和傳舍 關於都亭的故實，在日知錄中所引證的已經相當的詳備。現在所要了解的問題，便是都亭究竟在城內還是在城外。照史記司馬相如傳索隱：『郭下之亭也』，而後漢書何皇后紀王斌封都亭侯注：『凡言都亭者，並城內亭也』，一言郭下，一言城內，是注家對此的解釋有不一致之處。今按各材料之中，如陳王寵以彊弩數千張出軍都亭，以及魏拜孫權爲吳王，權出至都亭迎使者邢貞，那就都亭應

指郭下之亭。嚴延年母止都亭不肯入府，此都亭應亦卽傳舍所在，雖可認爲在城內，但亦未嘗不可在城外。因此都亭所在，認爲在城門之外或者比較順適些。據張綱埋輪於都亭，及何進以五營士屯都亭二則來看，此所指的部卒亦顯屬雒陽的城門之亭而非雒陽的街市之亭。後漢書桓帝紀梁太后徵帝到夏門亭，注：『洛陽城北西頭門也，門外有萬歲亭』，又靈帝紀，正月己亥帝到夏門亭，注：『東觀記，到夏門外萬歲亭羣臣謁見』，天子到初洛陽，當居城外，而羣臣亦在城外謁，與孫權迎魏使者至都亭之事相合，可見都亭卽是大城城外亭的統名。但是據蔡質漢儀及西京賦薛綜注，則雒陽城內和城外之亭統名旗亭，亦卽雒陽城內和城外之亭同屬一類，則都亭一名雖然可以指郭外之亭，也可以指城內之亭。因此在何后紀李賢注所稱都亭爲城內之亭仍然不錯。

都亭既在縣治的城外，所以道里應當從都亭算起，十里一亭，五里一郵，三十里一傳舍。其城門前都亭所在，亦卽郵和傳舍同時所在之地。後漢書郭伋傳：『行部既還，先期一日，伋爲違信於諸兒，遂止於野亭中，須期乃入』，此處的野亭就是對待都亭而言。因爲刺史到城，卽當入城不便休於傳舍，所以在野外的亭休止一宿，等待迎接他的兒童們。後漢書衞颯傳：『颯乃鑿山通道五百餘里，列亭傳，置郵驛。』魏志張魯傳：『詣祭酒皆作義舍。若今之亭傳』，以上亭傳並言，這是因爲傳舍在亭，所以如此說。亭本來很小，不能容納多人、只有都亭兼爲傳舍，所以都亭較大。嚴延年母及司馬相如各舍都亭也就是各居傳舍。此外如漢書灌夫傳，霍光傳，翟義傳，魏相傳，田廣明傳，後漢書光武紀，謝夷吾傳注，任文公傳，李郃傳，宦者縣程傳，所稱的傳舍也都各在都亭。假如以 A 爲都亭（附傳舍和郵），B 爲有傳舍之亭（附郵），C 爲無傳舍之亭（附郵），D 爲郵，則其排到當如以下的式（假設兩縣相距六十里）：

縣城-五里-十里-五里-十里-五里-十里-五里-十里-五里-十里-五里-縣城

A — D — C — D — C — D — B — D — C — D — C — D — A

假如兩縣相距不及六十里，則傳舍和傳舍的距離可能更密些。所謂三十里，也只是一個大率的數目罷了。當然，縣城以外有無傳舍還有問題的。

蔡質漢儀上所說，雒陽每街有亭，每門有亭，可能只是京城爲然。其在外面的郡縣，在文獻上都只提到都亭而沒說到有幾個都亭，可能在一個城都亭就只有一個，而

傳舍也只有一個。這種類似的設備，保存到清末尚有驛（由驛丞來管的），有公館或皇華館。漢書薛宣傳：『至陳留，其縣郵亭橋梁不修。』註：『師古曰，郵行書之會，亦如今之驛及行道館也。』唐之驛和行道館至清猶然。但驛即漢代的置驛，行道館即漢代的傳舍，俱由傳舍吏來執掌。而郵亭則和傳舍疏密不同，未可一概而論的。

　　漢代的傳舍恐怕也和唐至清的行道館相類，只有幾個大道中才有，不當幾個大道的地方就沒有。周禮遺人：『十里有廬，三十里有宿』。鄭玄注：『廬若今野候徒有庌也，宿可止宿，若今亭有室矣』。賈疏：『此舉漢法以況義，漢時野路候迎賓客之處皆有庌舍，與廬相似』。漢世傳舍三十里一置，鄭玄不以傳舍比宿而以亭比宿，可見傳舍設置並不如何的普遍。後漢書趙孝傳：『嘗從長長安還，欲止郵亭，亭長先時聞孝當還，以有長者客，掃洒以待之。孝既不自名，長不肯內。因曰：「問有田禾將軍子當從長安來，何時至乎？」孝曰：「尋至矣」，於是遂去』又後漢書劉寵傳亦有相類之事據御覽一八五引東觀記：『趙孝為郎，每告歸往來，常白衣步擔過道上郵亭，但稱書生，寄止於亭門塾』。此處的亭，是一個必需住宿的宿站，如其不然，亭長不會料到田禾將軍子（即趙孝）要一定來，而先掃酒以待。再據東觀記，趙孝因為亭長不納，而宿在門房（塾）。此處既是一個必宿之處，但後漢書及東觀記都說是郵亭而不是傳舍，那就可見傳舍不是每個宿站一定非有不可。誠然，在後漢時期減去驛的車馬，也許就減去傳舍，但趙孝少年時正在王莽時期，也不能以後漢時來說。在兩漢書中所記傳舍大率都在縣城，只有後漢書孫程傳有北部尉傳舍，這還是在洛陽，在漢簡中亦只有『居延傳舍嗇夫』（七七・一六），所以傳舍的主管者應當是嗇夫，而傳舍的設立只限於大的城邑。

　　據後漢書章帝紀建初元年詔：『流人欲歸本者，郡縣其實廩，令足還到，聽止官亭，無雇舍宿』，所以據兩漢書風俗通及太平廣記引還冤錄魏志張魯傳等平民雖可止宿官亭，但據此條則宿官亭的人民還要雇舍宿，亦即一般的人還要出宿費才可以住。

　　亭必有樓，軍壘亦有亭樓（漢書甘延壽傳：『嘗超踰羽林亭樓』，而長安市亭亦有樓（見前，又御覽一九一引宮闕記：『市樓皆重屋』。）洛陽伽藍記：『建陽里有土臺高三丈，上作二精舍，趙逸云，此臺是中朝旗亭也。』這和烽臺實同為一物。烽燧上是有鼓的（見居延簡器物類），也就可以想到城市鼓樓和舊時的關係。

漢代地方官吏之籍貫限制

嚴　耕　望

引　言

漢代地方官吏之任用有極嚴格之籍貫限制；惟其法令，除蔡邕傳「三互法」一條外，絕無記載。此篇根據二千餘任地方官吏之籍貫統計歸納而成，約其法規，可得下列數條：

（1）　中央任命之各級監官長吏不用本籍人——刺史不用本州人；郡守國相等不用本郡人；縣令丞尉不但不用本縣人，且不用本郡人。——惟西漢之司隸校尉、京兆尹、長安縣令丞尉不在此限。

（2）　後漢中葉以後，又有「不得對相監臨法」及「三互法」——此為第一條引伸。

（3）　監官長吏自辟之屬吏，必用本籍人；惟京畿郡縣可例外。

（4）　郡督郵分部督察屬縣，用本郡人，但不用所督諸縣之人；州之部郡從事，用本州人，但不用所部之郡人。

觀此四條，一言以蔽之曰：長官監察官必避本籍，屬吏必用本籍，他則由此推伸耳；惟京畿不在此限。

此制大約漢初已然，但至武帝中葉始嚴格執行，絕無例外。惟光武初卽位時，因特殊情形，監官長吏有一二任本籍人；黃巾亂後，中央政權瓦解時亦偶有之耳。

關於司隸刺史及郡國守相籍貫可考者凡一千數百條，已詳拙作兩漢太守刺史表（本所專刊之三十），今惟根據該表提出統計數字。縣長吏籍貫之可考者凡三百六十任，

原亦作表附本文之後，然字數倍於本文；本刊篇幅有一定限制，故暫刪削，亦惟提出統計數字而已，閱者諒之。

(一) 監 官 長 吏

監官長吏須避本籍，其事或始於秦，蓋武力征伐宜應有此，但未必已成典律耳。漢室初興，法令甚弛，當無嚴限，故任職本籍者往往而有。

案：漢之初興，諸侯各擅國政，故長吏之任多本籍。如史記 韓信傳，信少時爲淮陰屠中少年所侮，令出袴下；及爲楚王，召少年以爲楚中尉。張耳傳，趙相趙午、貫高。此皆本國人也。

至景帝及武帝初年，尚不乏此例；斯雖各有特殊原因，然亦足覘知縱有避籍之律亦不嚴矣。

案：史記韓安國傳：安國，梁人也。景帝時，梁孝王出入游戲，僭於天子，帝不悅，太后亦不懌。安國爲梁使，一言釋帝王之嫌，故朝廷重之，以爲梁內史。又爰盎傳：父楚人，徙安陵。吳、楚已破，更以平陸侯禮爲楚王，以盎爲楚相。此二例皆在景帝時。至武帝世，自守本郡，相本國者，凡四見，隴西李廣、會稽嚴助及朱買臣、齊國主父偃是也，皆在武帝初期。李廣一世名將，歷守北邊右北平、上谷、代郡、雁門、雲中、上郡、北地諸郡，爲匈奴所畏；隴西多事，自守本郡，亦意中事。嚴助、朱買臣、主父偃皆武帝幸臣；助習甌粵事，故允其自守本郡以榮之；東越數反，買臣自陳方策，故遂命之；偃欲歸本國以雪宿憾，因言齊王內有淫失之行，故卽以爲相。其事各見本傳。此皆守相本籍之例也。縣長吏亦然：卜式，河南人，爲河南緱氏令、成皋令以寵之，事亦在武帝前葉。凡此雖皆有特殊原因，非同恆制，然由此亦可知縱有限制，亦不嚴矣。至於邊疆初郡，時或卽任土著爲長吏，權宜羈縻，更意中事。漢書西南夷傳：『唐蒙以郎中將……見夜郎侯……約爲置吏，使其子爲令。』水經葉榆水注引交州外域記：『交州，昔未有郡縣之時，土地有雒田，……民墾食其中，因名爲雒民，設雒王雒侯主諸郡縣。』後越王滅之，令二使者典主交阯、九眞二郡民。及『漢遣伏波將軍路博德討越王……到合浦，越王令二使者……

詣路將軍，乃拜二使者爲交趾、九眞太守，諸雜將主民如故。』此最顯著之例也。其後制限日嚴，凡中央任命之官，上自郡國守相，下迄縣令長丞尉、邊候司馬，均限非本郡人；刺史限非本州人。就時論事，此蓋亦始嚴於武帝中葉歟。

案：西漢守相姓名籍貫頗多可考。就余搜考，除三輔外，凡四百二十四任，其籍可考者二百八十四任；而自守本郡相本國者，惟上述爰盎、李廣、嚴助、朱買臣、賈高、趙午、主父偃七人，皆武帝中葉以前事，其後絕無；且此二百八十餘任中，屬於武帝以後者遠過以前數倍，而竟絕無例外，足徵制限之嚴矣。西漢縣長吏除長安令丞外，其有籍可尋者，令長凡六十四任，丞尉七任。就中屬於武帝中葉以前者絕少，而卜式兩爲縣令皆在本郡；自此以後，所見令長丞尉，不但非本縣人，且非本郡，但以鄰近郡國爲多。如馮翊十三令，京兆、扶風居其七，扶風十七令，京兆居其五。惟平當家於平陵，而爲枸邑令；據地志，二縣同屬扶風，似爲例外。然此尙可有二解：平當傳並未直指爲平陵人，惟謂其祖父自下邑內徙耳。考平陵係昭帝所置，徙民當在其時，而當卒於哀帝建平三年（公卿表），倘當享年七十，則其生尙在下邑，不得卽謂爲平陵人，當傳不直稱爲平陵人，此其故歟？此一可能之解釋也。又據楊守敬漢志圖，枸邑爲扶風東北之蜂腰銳角。與本郡他縣隔一涇水，而斗入馮翊、上郡界上，則此縣在地形上應屬馮翊、上郡較爲合理；意者本非扶風境，末際蓋以別故始劃入之歟？斯又一解也。且三輔之制不同外郡，如三輔掾屬可用他郡人，（詳後），謂之「尤異」，則縣令用本郡人，或亦「尤異」之謂也。武帝以後有刺史，就余所考，除司隸外，凡五十一任，就中四十五人籍貫可考，皆非本州；蓋不用本州人也。

又案：通典卷三十三：『漢縣有丞尉及諸曹掾，多以本郡人爲之，三輔則兼用他郡。及隋氏革選，盡用他郡人。』唐六典卷三十注略同。此言主簿曹掾，是矣；言丞尉，誤也。唐時丞尉與主簿地位相同，故二書有此誤，後人論漢縣丞尉皆據此立說，不可不辨。

惟京畿之州（司隸）、郡（京兆）、縣（長安）不在此限。此蓋以其參預朝會，牛類中央官故歟？

案：西漢司隸校尉可考者十六人；昭帝時李仲，河南雒陽人（公卿表），成帝時蕭育・京兆杜陵人（蕭望之傳），皆本州也。三輔可考者一百四十二任・其籍可尋者七十五任。就中京兆尹杜陵陳遂在元帝時（公卿表），杜陵甄邯（王尊傳、公卿表）、長安宗正（公卿表）、杜陵朱博（本傳及公卿表）皆在成帝時，京兆金欽（金日磾傳、公卿表）在平帝時，凡五任皆本籍，其可用本籍無疑。扶風、馮翊理合與京兆同制，而本籍竟不一見，豈已有制限耶？長安令・其籍可尋者只四人，其一爲杜陵朱博（本傳）；長安丞但見張湯之父一人，亦杜陵人（湯傳）；是皆本郡人也。

東漢承之，制限益嚴，雖畿輔亦不得例外。

案：東漢刺史可考者凡二百八十人，知籍者百六十七人，無一本籍，是避本州也。惟漢末地方權臣相互表上者則有之，如趙岐傳，北海孫嵩，與平中流寓荊州、荊州牧劉表表上爲青州刺史，是也。司隸校尉之可考者八十二任，知籍者五十人，惟建武二年所任之馮翊宣秉爲本州人(第一任)，是亦不用本籍矣。郡國守相可考者凡一千四百六十五任，知籍者一千零五任，（河南尹在內），就中惟建武元年光武族兄劉順爲南陽太守（成武侯順本傳）；越巂長貴自立爲本郡太守，建武十四年歸漢，卽任以郡職（西南夷傳）；公孫度自稱遼東太守，其子康繼之（三國魏志度傳）；劉焉表漢中樊敏檢校本郡太守（隸釋樊敏碑）；又巴郡龔楊爲本郡太守（華陽國志士女目錄）亦在漢末劉焉時；凡六任爲例外。然皆在初興或末際亂世，且有自立者，有州牧自表暫時檢校者，此不足論也。縣令長其籍貫可考者二百五十九任，丞尉籍貫可考者二十六任，不但類非本縣人，且非本郡人。惟童恢，琅邪姑幕人，爲不其令(循吏傳)，漢地志不其雖屬琅邪，然續志無不其縣，此東漢事，不可據西漢志以難吾說，甚明。所不能解者：楊仁，巴郡閬中人，爲閬中令（儒林傳），不但本郡，且本縣矣；此恐有誤，或郡守暫命守職歟？據上所論，郡國守相及縣令長丞尉例不用本郡人甚明。尤可異者，京畿人才倍出，而河南尹六十九人，知籍者四十八人，竟無一本郡；雒陽令知籍者十人，亦無一本郡；可知京畿亦不用本籍人，他無論矣。

其後更制婚姻之家及兩州人士不得對相監臨。迄靈帝世，復有「三互法」，禁限益密，

至職缺不補，亦云繁矣。

　　案：後漢書蔡邕傳：『初朝議以州郡相黨，人情比周，乃制婚姻之家及兩州人士不得對相監臨。至是復有三互法，禁忌轉密，選用艱難，幽冀二州久缺不補。』邕上疏請無拘三互；不納。事在靈帝熹平中。注云：『三互，謂婚姻之家兩州人不得交互爲官也。』此注所云，實三互以前之制，非三互法也。蓋靈帝以前，兩州郡民有通婚者，則其家人士不得交互官臨。譬之甲州之李某與乙州之張某有親戚關係，則李某不得官乙州刺史，張某亦不得官甲州刺史。郡縣長官，其限制當亦如此。此蓋由本籍人士不得長治本州郡縣之限制引伸而來。又所謂兩州人士不得對相監臨者，謂若甲州人有任乙州刺史者，則乙州人不得任甲州刺史，以免相互比周之弊也。至於「三互法」則又前律之引伸：譬之甲州人士有監臨乙州，同時乙州人士有監臨丙州者，則丙州人士不但不能監臨乙州，且不監臨甲能州；又若人有爲甲州刺史而婚於乙州之女，則甲州人士亦不能任刺史於乙州；皆所以防止轉互庇護也。郡縣任官蓋亦如此。注引謝承書曰：『史弼遷山陽太守，其妻鉅鹿薛氏女，以三互自上，轉拜平原相。』是蓋當時鉅鹿太守爲山陽人故也。

至於由地方高級長吏權命試守領校者，則例多本州本郡之人矣。

　　案：高級長吏之權命，多以自己屬吏任之；屬吏律限本州本郡人（詳後），則此所謂試守領校者，自多本域之人，無待贅言；如前引漢中太守樊敏、巴郡太守龔楊，是也。至於以甲縣長吏行守乙縣事，則又他郡人矣。

（二）　地　方　屬　吏

州郡國縣道政府之屬吏由長官自辟，必用本域人，各以本州本郡國本縣道所轄之境爲準，不得用轄境以外之人。

　　案：此律當由古代封建社會之習慣法演伸而來。日知錄卷八掾屬條：『古文苑注王延壽桐柏廟碑人名，謂掾屬皆本郡人，可考漢世用人之法。今考之漢碑皆然，不獨此廟。蓋其時惟守相命於朝廷，而自掾曹以下無非本郡之人。』又云：『京房傳，房爲魏郡太守，自請得除用他郡人；因此知漢時掾屬無不用本郡人

者，**房之此請乃是破格。**』其言是也。其有似例外者，吾於碑傳中惟見兩例，其一史傳字譌，其一詳細推究，仍爲本籍，皆不足據以駁此說。後漢書蔡茂傳，建武中，茂爲廣漢太守，任雒陽郭賀爲主簿；東觀記亦作雒陽。然華陽國志謂賀是廣漢雒人。華陽志記本地人，若賀是河南雒陽人，決不入錄，可知作「雒」絕對正確，范書及東觀記衍一「陽」字，無疑。此一例也。又水經渠水注，延熹二年，陳相造四縣邸碑，有五官掾陳騑者，爲西華人。按漢書地理志及續郡國志，西華屬汝南。然其縣與陳國比境；後漢書陳敬王羨傳，永元十一年削西華、項、新陽三縣，是西華在和帝時故曾屬陳國，則陳國在延熹時亦可能更轄有西華縣；續志順帝時版籍，不足以槪延熹也。此其二例。詳觀史傳，惟此二事似例外，又皆不能成立，顧氏之說益堅矣。以上皆就郡國而言也。州之從事本皆選自本州諸郡之屬吏，自皆本州人。至於縣道屬吏亦例爲本縣人，此歷觀碑傳自瞭，不能枚舉。

惟客居既久有高名者，亦偶得爲客地掾屬。

> 案：廉范傳：『范京兆杜陵人，世爲邊郡守，或葬隴西襄武，故因仕焉。……京兆、隴西二郡更請召，皆不應。』班固傳・奏記東平王曰：『扶風掾李育……客居杜陵，茅室土階，京兆、扶風二郡更請……數辭病去。』又三國魏志管輅傳，清河太守辟輅爲文學掾。輅雖平原人，然彼時實從從兄居清河。此三者並其例也；而前二例又可以三輔尤異爲解。

至於畿郡，如西漢之三輔，東漢之河南，皆可用外郡人，縣亦可用外縣人；此亦所謂尤異也。

> 案：黃霸，淮陽人也，補左馮翊二百石卒史，見漢書循吏傳。樓護，齊人也，而爲京兆吏，見游俠傳。張湯，杜陵人也，而爲長安吏，見湯傳；是西漢之例也。故如淳曰：『三輔郡得任用他郡人，所謂尤異者也。』（循吏傳注）。又水經穀水注引建春門石橋紀功銘，述河南尹屬吏，有申翔者，睢陽人，亦非本郡；是東漢河南尹有尤異之制也。然此「睢」亦可能爲「雒」之譌，則亦本郡矣，姑存待考。

此外，初置邊郡有蠻夷者，亦與普通郡縣有異，屬吏常用內郡人，蓋以便統制也。

案：漢書地理志：『玄菟、樂浪，武帝時置，皆朝鮮、濊、貉、勾麗蠻夷。……郡初取吏於遼東。』又云：『武帝元狩元年，略以爲儋耳、珠厓郡，……自初爲郡縣，吏卒中國人，多侵凌之，故率數歲反。』是西漢然也。後漢書袁紹傳：公孫度，遼東人也，爲玄菟小吏。是東漢仍承西京之舊也。

以上皆就地方政府屬吏之一般籍貫而言。至若分部督察之吏又例不用所督區域內之人。如州之部郡從事不用所部之郡人，

案：碑傳所見部郡從事，其郡籍可考者惟十七任，今表列如次：

州別	部郡從事	姓名	郡籍（皆本州）	出　　　　處
司隸	河東從事	趙無忌	京兆	後漢書趙歧傳並注
豫州	陳國從事	橋玄	梁國	後漢書玄本傳
冀州	鉅鹿從事	管輅	原籍平原徙居清河	三國魏志輅本傳
兗州	泰山從事	侯成	山陽	隸釋侯成碑
兗州	東平從事	侯成	山陽	隸釋侯成碑
青州	濟南從事	劉繇	東萊	三國吳志繇本傳
荊州	江夏從事	苑鎮	南陽	隸釋苑鎮碑
荊州	江夏從事	潘濬	武陵	三國吳志濬本傳
荊州	武陵從事	樊佃	南陽	潘濬傳注引江表傳
揚州	九江從事	鍾離意	會稽	御覽二六五引意別傳
揚州	九江從事	王充	會稽	論衡自紀篇
揚州	丹陽從事	王充	會稽	論衡自紀篇
揚州	廬江從事	王充	會稽	論衡自紀篇
益州	廣漢從事	馮緄	巴郡	隸釋緄本碑
益州	蜀郡從事	楊洪	犍爲	三國蜀志洪本傳
益州	永昌從事	費詩	犍爲	三國蜀志詩本傳
幽州	右北平從事	酈炎	涿郡	全後漢文卷八二炎集遺令篇

觀上表十七例，雖皆本州人，而非本郡；此雖尚不能證明絕對不用本郡人，但至少可知大體以不用本籍爲原則。又魏及兩晉承之，諸州部郡從事郡籍有可考

者，皆爲本州人而非本郡人；如山濤爲司州部河南從事，王濟爲司州部河東從事，王接爲司州部平陽從事（以上皆見晉書本傳），趙至爲幽州部遼東從事（晉書本傳及世說新語言語篇注），謝鯤爲揚州部吳興從事（御覽二六五引王丞相集），雷煥之子爲江州部建安從事（藝文類聚六〇引雷次宗豫章記），孟嘉爲江州部廬陵從事，羅含爲荆州部江夏從事（皆見晉書本傳），凡八例，詳拙作魏晉南朝地方政府屬佐考（本所集刊第二十本上冊），亦足爲漢制之旁證。

郡部督郵不用所督諸縣之人，是也。

案：漢世郡國常就所轄諸縣分爲兩部、三部或五部，各置督郵一人督察屬縣。某分部督郵而其縣籍可考者已不可多尋；余遍尋碑傳，僅得十五任，茲譜爲下表，究其方位以明之：

	郡　名	部督郵	姓　名	縣籍及其應屬之部 （今地據一統志）	出　　　　處
△	陳　留	南部督郵	虞　延	東昏（今蘭儀蘭封境，於郡爲北部）	後漢書本傳補注引袁宏紀
△		中部督郵	郭　倚	蕃（今滕縣，於郡爲極南部）	
△	魯　國	南部督郵	侯　脩	文陽（今寧陽東北，於郡爲正北）	兩漢金石記竹葉碑
△		北部督郵	王　壽	魯（郡治所，爲中部）	
△	汝　南	北部督郵	劉伯夷	西平（於郡爲西部）	御覽二五二引列異傳
△	巴　郡	中部督郵	□　□	安漢（今南充北，於郡爲北部）	巴郡太守張納碑
△		南部督郵	□　□	閬中（今縣，於郡爲北部）	
△	漢　中	東部督郵	左　分	成固（今縣，於郡爲西部）	隸釋庸公房碑
△	會　稽	中部督郵	鉅離意	山陰（今紹興，東漢初，於郡於南部，說詳附注）	後漢書本傳補注引別傳及會稽典錄
△		北部督郵			
△	河　東	汾南督郵	尹翁歸	平陽（今臨汾西南，應屬汾北部）	漢書本傳
△	山　陽	西部督郵	張　儉	高平（今鄒縣西南，於郡治昌邑爲東北部）	藝文類聚四九張儉碑（後漢書本傳作東部督郵，非也）
△	蒼　梧	中部督郵	徐　徵	荔浦（於郡治爲西北邊境）	御覽二五三引廣州先賢傳
?	桂　陽	南部督郵	□　□	曲紅〔江〕（今縣，於郡治彬爲東南）	隸釋桂陽太守周憬碑
?	北海國	中部督郵	羽　忠	都昌（今昌邑，於郡治劇爲東，應屬中部或東部）	兩漢金石記北海相景君碑

附注：續郡國志，山陰爲會稽郡之治所，不屬北部，即屬中部。然此乃順帝分置吳郡以後事，鍾離

意喬東漢初年人，其時會稽郡兼有郡國志吳郡之地，治於吳，故山陰於郡爲南部。

右表所列凡十五任，其非本部籍者十三人，以△識之；其疑似未定，然尚不足以證其必爲本部籍者僅二人，以？識之。可知一般原則，不能自督本部，至爲明顯。

（三）　末　際　變　例

以上所論，皆就漢世法制而言；末季兵亂，籍限始弛，郡縣長官或有本籍者。

案：前引劉順以建武元年爲本郡南陽太守；越巂長貴自立爲本郡太守，歸降光武，因任之；及公孫度、樊敏等爲本郡太守；皆初興時或末際兵亂之時。又漢書游俠原涉傳，王莽時，扶風吏尹公守茂陵令，旋眞除。郡吏假守屬縣長吏乃常事，而眞除則亂世特例矣。東漢末亦然。吳志魯肅傳，肅，東城人，袁術聞其名，就署東城長，不就；此其例，然亦非朝廷眞除。

至於屬吏，外籍尤常見，蓋漢末大亂，人士類多寄寓，勢難嚴守舊典耳。

案：三國吳志胡綜傳，綜，汝南人，避難渡江，爲會稽門下循行。朱治傳，建安七年爲九眞太守，公族子弟及吳四姓多出仕郡。蜀志楊戲傳秀漢輔臣贊，王國山，廣漢郪人，爲荊州儀曹從事。皆其例。

而督郵部吏亦似有自督本縣者矣。

案：三國魏志滿寵傳：『寵……山陽昌邑人……守高平令。縣人張苞爲郡督郵，貪穢受取，干亂吏政，寵因其來在傳舍，率吏卒出收之。』是蓋自督本縣者。

又御覽二五三引會稽先賢傳：『茅開……餘姚人，爲督郵，……嘗之部，歷其家，不入門。』此其家未必卽在部內；縱是，亦當末際也。

（四）　評　　論

據上所考，監官長吏例避本籍，佐治屬吏必用本籍，其法甚嚴，有足稱者。蓋人情比周，鄉黨尤然，當官擇吏，每先鄉里，此古今之同病也。今嚴制以別，使監官長吏單車蒞任，親私之弊不戒自除。此其一也。然此猶消極者。常情好利，其次好名，旣私利之無從，則擇吏任政自能客觀，樂選賢能，與共圖治。此其二也。漢世各級地

方政府，惟長官除自中央；其下所有屬吏皆由長官自辟，且有絕對控制權，吏一受署，卽與長官有君臣之分，無掣肘之病；故監官長吏得諳習物情，因地敷治，責績下吏，垂拱總成；以中央集權之形式，宏地方自治之實效。此其三也。抑尤有進者；秦漢之世，中國始能統一，版圖遼闊，交通困難，文化風尚，因地異響；故中央一統，觀念難强，地方割據，私心易張。矯之之策，類非一端：歲貢除郎，遊學上庠，習政教，觀國光，此一策也；至於各地風尚之相互瞭解與觀摩齊和，則監官異籍，爲效實宏。功不限於政治，且於文化一統，與有力焉。此其四也。漢制之善如此。反觀今日，薦官辟吏，鄉曲爲先；長官異籍，則省府廳局有會館之譏；敷政鄉土，則昧於大義，有自雄之心；方於前世，其優劣又如何哉！

出自第二十二本（一九五〇年七月）

漢 代 的 雇 傭 制 度

勞　　榦

中國漢代的奴隸制度，是曾經被許多人注意到的，例如從 C. M. Wilbur: Slavery in China during the Former Han Dynasty 後面所附的徵引書目來看，就知道這個問題是如何的被時人看重。然而大致分析的結果，是漢代確有奴隸，並且曾用來作生產事業，但其工作上的效用雖是相對的重要，却還要受到若干限制的。

奴隸的勞動，在漢代說來只能算做社會上一種重要的工作來源，而不能算做唯一的工作來源。並且就其重要性而言，公私奴隸之間，有一個很大的差異，官奴隸的工作較爲重要，而私奴隸就要差些。再就時代來說，漢初奴隸的勞動力較爲重要，武帝以後要差些，到東漢就要更差些。——但就另一方面來說，國家和私人都同樣的需要勞力，假如奴隸的數目減少了，也就是雇傭的數目增加。因此只要看一看漢代雇傭制度在當時的重要，也就說明了漢代不是一個奴隸社會。

（一）　官家雇傭的使用

漢代的大帝國是接收了秦代的發展而來的，但無疑的，秦代却是一個官奴隸建築成的大帝國。秦代是嚴刑峻法的，而嚴刑峻法的目的，也可以說一方面便於集權的統治，另一方面却是利用嚴刑造成了大量的刑徒來使用不費錢的勞動力。如：

> 史記秦始皇本紀三十五年：『營作朝宮渭南上林苑中，先作前殿阿房。……隱宮徒刑者七十餘萬人，乃分作阿房宮或作麗山。』
> 又：『九月葬始皇酈山，始皇初即位，穿治酈山，及並天下，天下徒送諸七十餘萬人』。

漢代初年，仍然採用着秦代的習慣，如：漢書惠帝紀：

『三年六月，發諸侯王，列侯徒隷二萬人城長安』。

又景帝紀：

『中四年，秋，赦徒作陽陵者，死罪欲腐者許之』。

景帝時的官徒多少現在雖然不能明瞭，不過據惠帝三年修長安的記載，發長安六百里內的老百姓爲『男女十四萬六千人』，而奴隷不到二萬人，比起了秦代的七十萬人，業已不成比例了。

在這樣的情形下，大量的雇傭要用的着。漢書吳王濞傳：

『其居國以銅鹽，故卒踐更輒予平賈。』

註：『服虔曰：「以當爲更卒，出錢三百，謂之過更，自行爲卒，謂之踐更，吳王欲得民心，爲卒者顧其庸，隨時月與平賈也。」』

這是文帝或景帝初年之事，還是西漢的早期。但服虔注稱的『出錢三百』出於漢律，乃武帝以後之制，不能早至文景時代（參看臺灣大學文史哲學報三期，論漢代官俸文中）所以出錢三百之數是靠不住的。只是平賈二字，見於漢書本文。那就縱然不定是三百錢，平賈這件事還是有的。古代買和價二字相通，平賈卽平價，亦卽給予公平的工值。此處特別說明吳王給卒徒平賈，可見漢室中央是不給予平賈的。亦卽漢代初年的中央或地方的官家，對於給予兵卒以合理傭值之事是不常有的。

但到了成帝時代却就不然了，陳湯傳：

『上封事言，初陵京師之地，最爲肥美，可立一縣。天下民不徙諸陵，三十餘歲矣。關東富人益衆，多規良田，役使貧民，可徙初陵，以彊京師。……於是天子從其計，果起昌陵邑。……後卒不就。群臣多言其不便者，下有司議，皆曰：「昌陵因卑爲高，積土爲山……卒徒工庸，以鉅萬數，其然脂夜作，取土東山，且與穀同賈。」』

這裡所說的卒徒工庸，便是兵卒和刑徒（刑徒亦卽官奴隷的一種）的工值，但工值如何計算，却沒有說到。

漢書溝洫志：

『河堤成……以五月爲河平元年。卒治河爲著外繇六月（注：師古曰，『以卒治河有勞，雖執役日近，皆得著繇戍六月也』）。……後二歲，河復決平原，

……作治六月殿成……治河卒非平賈爲著外絲六月（注：蘇林曰：「平賈，以錢取人作卒，顧其時庸之平賈也。」如淳曰：「律說，平賈一月得錢二千」）。」

照這裡來看，平賈的解釋，很清楚的是公平的傭價，亦卽傭人的時價。在漢代的兵卒是可以給予『平賈』的，也有不給予『平賈』的。換言之亦卽兵卒的薪餉，一般說來，是低於雇工的工資，除非是臨時雇用的兵卒，那才給以當時雇工的待遇。在河平年間治河的有兩種，第一是平賈的，按照一般雇工的工資，第二是非平賈的，此時按照士卒的待遇，但因治河有成績，又另外發給六個月的薪餉（外絲的解釋，可以有時算作薪餉的錢，見本集刊十本『漢代兵制及漢簡中的兵制』）。

在居延所發現的漢簡，大率爲昭帝和宣帝時代，在敦煌所發現的漢簡，大率爲東漢初年，這裡有幾條有關於雇傭的居延簡：

……吏嘗卒延壽里上官覇，僦人安故里譚昌　　　　　（4.25）

……月積一月廿七日運發僦直　　　（350.12）

出錢四千七百一十四　賦僦人表是萬歲里吳成三兩半　已入八十五石　少二石八斗三升　　　（505.15）

口成承祿償居延卒李明長顧錢二千六百　　　（116.40）

出錢千三百冊七　賦就人會水宜祿里蘭子房一兩　　　（506.27）

又敦煌簡：

出麤二斛　元和四年八月五日　僦人張季元付平望西部候長憲　（Txiv.a.i.1）

這都是公家用的傭工，從漢簡中看來，漢代烽燧中。大致除去主管的候長或燧長之外；第一是吏員，如卒史，書佐之類；第二是兵士，本地人爲騎士，外處來的爲戍卒，田卒，渠卒；第三是刑徒，亦卽官奴隸或奴工。此外便是雇工或傭工，這一類在漢簡中發現的次數雖然不如前三類的次數多，但在烽燧中有時也用得着，却是事實。

（二）　奴隸制度和私家雇傭的發展

據上節來看，漢代官家確有對於雇傭的使用增加的趨勢，但其使用範圍之廣，還不如兵卒和奴隸兩大類。至於漢代的私人　對於雇傭的使用，却遠較公家爲廣泛。這一點可以說和私人奴隸使用的漸次減少，有密切的關係。

在西漢的前期，確曾有使用大量奴隸來生產的奴隸主人，史記貨殖列傳：

『蜀卓氏……致之臨邛，卽鐵山鼓鑄，運籌策，領滇蜀之民，富至僮千人。』

『齊俗賤奴虜，而刁閒獨愛貴之。桀黠奴人所患也，唯刁閒收取使之，逐漁鹽之利。』

『夫用貧求富，農不如工，工不如商。……通邑大都酤一歲千釀，醯醬千瓨，醬千瓨，屠牛羊豕千皮，販穀糶千鍾，薪藁千車，船長千丈，木千章，竹竿萬個，其軺車百乘，牛車千兩，木器髹者千枚，銅器千鈞，素木鐵器若巵茜千石，馬蹄躈千，牛千足，羊彘千雙，僮手指千，……此亦比千乘之家，其大率也。』

這就是說，有百個奴隸，就可比『千乘之家』。但是照一般記載來看，大量私人奴隸的奴主，却只有張安世家僮七百人（漢書五十九本傳），楊僕七百人（水經穀水注），王氏五侯（漢書九十八元后傳），王商（漢書八十二），馬防兄弟（後漢書五十四），濟南王康（後漢書七十二），竇融（後漢書五十三）等均有奴隸千人以上。這都是世冑貴族，不是一般的『編戶齊民』所敢望其肩背。

　　所以現在的推想，貨殖傳所說的是武帝以前的情形，但到了武帝以後，在武帝壓抑商人的經濟政策之下，豪富的商人不容易自存，而商人所用的奴隸也要抽重稅，這對於奴隸主人是不合算的，可能因此就減少下去。史記平準書：

『公卿言部國頗被蓄，貧民無產業者，募徙廣饒之地，陛下損膳省用，出禁錢以振元元，寬貸賦而民不齊出於南畝。商賈滋衆，貧者畜積無有，皆仰給縣官。異時算軺車賈人緡錢皆有差，請算如故。諸賈人末作貰貸買居邑稽諸物及商以取利者，雖無市籍各以其物自占，率緡錢二十而一算，諸作有租及鑄，率緡錢四千一算，非吏比者，三老，北邊騎士，軺者以一算（漢書食貨志作「軺車一算」），商賈人軺車二算，船五丈以上一算，匿不自占，占不悉，戍邊一歲，沒入緡錢，有能告者，以其半畀之。賈人有市籍者，及其家屬，皆無得籍名田以便農。敢犯令，沒入田僮（漢書作「沒入田貨」）。』

又漢書孝惠紀：

『六年，女子年十五至三十不嫁，五算。』注：『漢律，人出一算，賈人與奴

隸倍算。』

　　這就是說武帝對於商人的算賦，是加倍來抽稅，再據惠紀注引的漢律，對於奴隸的算賦，亦是加倍的。假如商人而兼爲奴隸主，除去自己加倍抽算賦之外，他的奴隸也是加倍來抽算賦。

　　武帝加倍抽奴隸，自然爲的是打擊商人，但這尙不是致命的打擊，因爲一算只有一百二十錢，倍算爲二百四十錢，按照傭工最低之價三百錢一月的數目來算，也還不至於使商人不能擔負。但是還有別的方法加上去。史記平準書：

　　　『楊可告緡徧天下，中家以上大抵皆遇告，杜周治之，獄少反者。乃分遣御史廷尉正監，分曹往。卽治郡國緡錢，得民財物以億計。奴隸以千萬數。田大縣數百頃，小縣百餘頃，宅亦如之。於是商賈中家以上大氐破，民偸甘食好食，不事畜藏之產業。

買人不得名田，犯者沒入田僮，再加以告緡，也沒入大量的奴隸，並且中家以上大率破產，那就顯然的商人中的大奴隸主沒有一個能於倖免了。這就是除去貴族之外，大奴隸主不能再行存在的大原因。

　　儒家是反對奴隸制度的，哀帝時師丹已主張限制，到王莽始建國元年再爲限制。

　　　莽曰……「又置奴婢之市，與牛馬同闌，制於民臣，顓斷其命，姦虐之人，因緣爲利，至略賣人妻子，逆天心，誖人倫，繆於天地之性人爲貴之義……今更天下田曰王田，奴婢曰私屬，皆不得賣買。」……坐賣買田宅奴婢鑄錢，自諸侯卿大夫，至於庶民　抵罪者不可勝數。（漢書王莽傳上）

至光武時更屢次解放奴隸，後漢書光武紀：

　　建武六年：『詔王莽時吏人沒入爲奴婢，不應舊法者皆免爲庶人。』

　　建武七年；『詔吏人遭饑亂及爲青徐所略爲奴婢下妻欲去者，恣聽之，敢拘制不遣，以賣人法從事。』

　　建武十二年：『詔隴蜀民被略爲奴婢自訟及獄官未報，一切免爲庶民』

　　建武十三年：『詔益州民自八年以來被略爲奴婢者，詔一切免爲庶民，或依託爲人下妻，欲去者，恣聽之，敢拘留者，比青徐二州，以略人法從事。』

　　建武十四年：『詔益涼二州奴婢，自八年以來，自訟在所官，一切免爲庶民，

　　賣者無還值。』

其中最可注意的是『賣人法』，或『略人法』，也就是後代的『拐賣人口法』應當是
即承王莽時的制度而來。這個法律，雖歷代不見得盡力執行，但確是人道主義上的一
線光明。

　　後漢書鄭興傳言：『侍御史舉奏興奉使私買奴婢，坐左轉蓮勺令』，這是說平民
本不該私買賣人口，奉使而私買奴婢，更是有玷官箴，所以因此坐罪

　　東漢時代除去一般貴胄有大量的奴隸之外，民間不常有大量的奴隸的，只有一個
較為希有的證據，後漢書方術傳：

>　　『折像字伯式，廣漢雒人也。其先張江者，封折侯，曾孫國為鬱林太守，徙廣
>
>　　漢。因封氏焉。國生像。國有貲財二億，家僮八百人。像幼有仁心，不殺昆
>
>　　蟲，不折萌芽，能通京氏易，好黃老言，及國卒，感多藏厚亡之義，乃散金帛
>
>　　貲產，周施親疏。』

折像的高祖雖然封侯，但在他這時候，已不是侯爵了。因此不便就附入貴胄之列。應
當只能算作富人。又後漢書樊宏傳：

>　　父重，字君雲，世善稼穡，好貨殖，重性溫厚，有法度。三世共財。子孫朝夕
>
>　　禮敬，常若公家。其管理產業，物無所棄，課役童隸，各得其宜，故能上下戮
>
>　　力，財利數倍，乃開廣田土三百餘頃。

此處所謂『課役童隸』，似乎只是一個僕役的泛稱，並非專指奴隸而言。（樊重雖為西
漢時代的人，但見於後漢書，其用語和方術傳是屬於同一的用法。）甚至於折像傳中
的『家僮八百人』也可能已經接近了唐人『家僮掃蘿逕』，『久歝家僮散』，宋人『
花落家僮未掃』的用法。在這僮字用法之中，西漢的司馬遷是常用『僮』字來代表奴
隸，東漢的班固已經儘量的慎重使用。『僮』字多出於司馬遷的原文，有時還將『僮』
字改掉。其班固所述非由司馬遷原文的，如史丹傳：『賞賜累千金，僮奴以百數，』
亦是『僮奴』二字連稱，而不只用一個『僮』字。到了後漢書又屢用『僮』字，除上
引兩段之外，如馬皇后紀：『后時年十歲，幹理家事，勅制僮御，內外諮稟，事同成
人』。史弼傳：『及下廷尉詔獄，平原吏人奔走諸闕訟之，前孝廉魏劭毀變形服，詐
為家僮，瞻護於弼』。這些僮字都使人不能知曉為雇傭的僕役或買賣的奴隸。因此在

折像這一條中，所謂家僮的性質仍是不能完全明瞭，當然可以認為全是奴隸，却也未嘗不可以認為全不是奴隸。

這種奴隸和雇傭不分的事實，顯示着一種特殊的情況。便是自東漢以還以至劉宋，雇傭和奴隸的身分，逐漸混淆。在好的一方面來說，是從西漢以來，對於奴隸在法律上的人身地位，逐漸加以保護的結果。在壞的一方面來說，便是士大夫已經成了一顯著的階級，凡不屬於士大夫階級的，不論甚為自由人或奴隸，都是同在一個很低的身分待遇上。

最使人觸目的，便是『奴客』二字的連用：

漢書胡建傳：『後為渭城令甚有聲。值昭帝幼，皇后父上官將軍與帝姊蓋主私夫丁外人相善，外人驕恣，怨故京兆尹樊福，使客射殺之。客藏公主廬，不敢捕，渭城令建將吏卒圍捕。蓋主聞之，與外人上官將軍多從奴客往犇，射追吏，吏散走。』

漢書尹翁歸傳：『是時大將軍霍光秉政，諸霍在平陽，奴客持刀入市鬪變，吏不能禁，及翁歸為市吏，莫敢犯者。』

漢書五行志：『成帝鴻嘉之間，好為微行出游，選從期門郎有材力者，及私奴客，多至十餘，少五六人。皆白衣幘帶，持刀劍，或乘小車御者在茵上，或皆騎，出入市里郊野。』

後漢書竇憲傳：『雖俱驕縱而（竇）景為尤甚，奴客緹騎，依倚形勢，侵陵小人。』

魏志董昭傳：『又聞或有使奴客名作，在職家人，冒之出入，往來禁奧，交通書疏，有所探問。』

太平經一一四卷：『時以行客賃作富家，為之奴使，一歲數千，衣出其中，餘少可視，積十餘歲，可得自用。』

列仙傳：『朱璜者，廣陵人也。少病毒瘕，就睢山上道士阮丘。丘憐之。……璜曰：「病愈當為君作客三年，不致自還。」』

客就是雇傭，和奴的地位不同的只有一點，便是去就自如。在作客的時候和奴是同樣的工作，同樣的地位。太平經所說的『行客賃作富家，為之奴使』，便是非常顯著的。而列仙傳稱朱璜應允道士阮丘，願『作客三年，不致自還。』也就顯然的雇傭的義

務，和奴隸有若干的相類。

又據群書治要引崔實政論說：

> 『夫百里長吏，荷諸侯之任，而食監門之祿，請擧一隅，以卒其餘。一月之祿，
> 得粟二十斛，錢二千，長吏雖欲崇約，猶當有從者一人。假令無奴，當復取
> 客。客庸一月千錢。芻，膏，肉五百。薪炭柴菜又五百。二人食粟六斛，其餘
> 才足給馬。豈能供冬夏衣被，四時祠祀，賓客斗酒之費乎，況沒迎父母致妻
> 子哉？』

從這一段來看，客和奴都稱爲『從者』（漢書李廣利傳『負私從者不與』和此處意
同。）工作是相同的，只是客支傭資而奴不支傭資罷了。

（三）　雇　傭　的　應　用

自秦漢以來，中國就成了一個整片土地的大國家。國家財政上的主要來源是男耕
女織；至於商人和手工業者對於國家的經濟貢獻，並不顯著。所以主持國家財政的人
要盡力的務本抑末，亦卽是勸農桑，抑商賈。由於農業發展及政權集中之影響，大都
市要發展起來，大商人利用他們的資本經營商業及手工業，也會發展起來。但從政府
立場看來，他們只是些取巧的浪費者。在西漢初年以至文景之世，如史記貨殖傳所
述，確在社會上是有支配力量的，但這是由於政府的縱容，而不是由於政府的同情和
培植。當時的政府，走的是黃老主義的路逕。而老子的主張却是：

> 『小國寡民，使有什佰之器而不用。使民重配而不遠徙。雖有舟輿，無所乘之。
> 雖有甲兵，無所陳之。使人復結繩而用之。甘其食，美其服，安其居，樂其俗，
> 鄰國相望，雞犬之聲相聞，民至老死不相往來。』

顯然和商業的發展是取並不同情的意見的，司馬遷是傾向於道家的人，所以史記貨殖
傳序也說：

> 『老子曰，「至治之極，鄰國相望，雞犬之聲相聞，民各甘其食，美其服，安其
> 俗樂其業，至老死不相往來」，必用此爲務，輓近世塗民耳目，則幾無行矣。』
> 『太史公曰，夫神農以前，吾不知已，至若詩書所述，虞夏以來，耳目欲極聲
> 色之好，口欲窮芻豢之味，自安逸樂而心誇矜，勢能之榮，使俗之漸民久矣。

雖戶說以眇論，終不能化。故善者因之，其次利道之，其次敎誨之，其次整齊
之，最下者與之爭。』

這正是代表西漢的『道家者流』的看法。雖然不同意於商人的發展，却主張不加以干
涉。因此許多富商大賈能以鹽鐵起家，他們擁有了礦山和鹽場，成爲生產者而兼販賣
者。他們聚積貨財的結果，又轉向土地投資，因此他們也就兼爲大地主和牧場主人。
並且因爲政府對於鑄錢事業加以放任，因此他們又兼爲造錢工廠的主人。他們的經濟
勢力可以左右一個區域的市場，是無庸懷疑的。但却有一點要注意，就是當時的政權
並不在他們自己或其代理人手中，因此也就決定不了國策。所以我們可以意識到，西
漢初年商人資本的勢力，在社會的發展上，是一個重要的勢力，却還夠不上說是一個
決定的勢力。

從別一方面來看，漢武帝統制鹽鐵，加倍算貲，鑄造五銖錢，禁商人名田，甚至
採用『告緡』之法來打擊商人。於是舊日的富商大賈破產了，而奴隸主人的奴隸，也
變成了官奴，以至太僕牧師諸苑，可以擁有三萬個官奴婢（漢舊儀），其他未見於記載
的，尙不知多少。但此時國土增加了，對外交通的道路開放了。對商人也等於開闢了
若干新的天地。況且楊可告緡，也就是那一次，此後商人貨財經過了一番休養生息，
當然也可以漸漸的恢復。（漢書哀帝紀卽位詔『賈人不得名田爲吏』可知當時商人又
可以置田宅了）所以昭宣以後，仍然有富商大賈。只是規模和力量，可能不如漢初，
而漢初的手工業在奴隸手中的，至此便轉爲要使用雇傭了。

先從農業來說，是早就使用雇傭來耕種的事，曾見於韓非子外儲說左。又史記
陳涉世家：

『陳勝者陽城人也字涉……陳涉少時嘗與人傭耕，輟耕之壟上，悵恨久之，
曰：「苟富貴毋相忘」。傭者笑而應曰：「若爲傭耕，何富貴也」。陳涉太息曰：
「燕雀安知鴻鵠之志哉」？』

又如漢書食貨志：

『敎民相與庸輓犂』。

都是在武帝時代及其以前之事。至於武帝以後的，如：

後漢書孟嘗傳：『隱居窮澤，身自耕傭』。

後漢書第五訪傳：『少孤貧，常傭耕以養兄嫂，有閑暇則以學文。』

三國志梁習傳：『表置屯田都尉二人，領客六百夫，於道次耕種菽粟，以給人牛之費』。

所以農田之上是用着雇傭的，從戰國一直到三國都是如此。誠然，並非說農田上不曾使用奴隸，然而雇傭的應用似乎比較奴隸重要。因為在兩漢書及三國志中，並未提到奴隸耕種之事，只在王褒的僮約見到。（類聚三十五引風俗通，則為年長謹信之奴主持耕種，非是耕種者）。而雇傭耕種之事，却屢屢出現。

但是在工業或礦冶方面，情況就不同了。史記外戚世家：

『竇太后……弟曰竇廣國，字少君，少君年四五歲，家貧為人略賣，不知其處，傳十餘家，至宜陽，為其主人作炭。寒臥岸下百餘人，岸崩盡壓殺臥者，少君獨得脫不死，自卜數日當為侯。』

至於在貨殖傳中，更可以比附出來。在武帝時期，則稱『大農置工巧奴，與從事為作田器』（漢書食貨志）。到成帝時『潁川鐵官徒申屠聖等百八十人殺長吏，盜庫兵，自稱將軍』（成帝紀陽朔元年）。『山陽鐵官徒蘇令等二百二十八人攻殺長吏，盜庫兵，自稱將軍』（成帝紀永始三年）。漢書貢禹傳亦稱：『諸鐵宮置卒徒，攻山取鐵銅，一歲功十萬以上』。所以武帝以後鐵官的鑄造，是使用官奴（刑徒）的，而官奴的使用，正表現着未接收鑄鐵工廠以前，廠中用的是私人奴隸。

但是到了東漢時期，就不同了。

夏馥傳：『乃自翦須，變形入林慮山中，隱匿姓名，為冶家傭。親突煙炭，形貌毀瘁。後馥弟靜乘車馬，載縑帛，追之湼陽市中。』

申屠蟠傳：『家貧傭為漆工』。

這便可以看出來，東漢的工藝及礦冶要用傭工來做了。

此外如後漢書中所記雇傭的各條，如：

鄭均傳：『兄為郡吏，頗受禮遺，均數諫不聽，則脫身為傭，歲餘，得錢帛歸。』

梁鴻傳：『遂至吳，依大家皐伯通，居廡下，為人賃。每歸，妻為具食，不敢於鴻前仰視，舉案齊眉。伯通察而異之曰：「彼傭使其妻敬之如此，非凡人也」乃方舍之於家。』

李固傳：『變姓名爲酒家傭。』

張驃傳：『盜皆饑寒傭保，何足窮其法乎？』

桓榮傳：『家貧無資，常客傭自給。』

吳祐傳：『時公沙穆來游太學，無資糧，乃變服客傭爲祐賃舂，祐與語大驚。遂訂交於杵臼之間。』

郭太傳：『庾乘游學宮，遂爲諸生傭。』

第五訪傳：『少孤貧，依宗人居，恆傭作爲資，暮輒還，爇柴以讀書。』

范式傳：『南陽孔嵩，家貧親老，乃變姓名爲新野阿里街卒。……嵩以先傭未竟，不肯去。』

這都是一般的傭工。　所以大致看來，　東漢時代自由傭作的工人，可能的較前增加起來。但是到了魏晉以後，因爲世兵及投靠之風盛行，所謂『客』的一個名稱，又帶着農奴的意味。錢大昕恆言錄云：

> 『晉書王恂傳：「魏氏給公卿以下租牛客戶，數各有差。自後小人憚役，多樂爲之，動以百數。又太原各郡，以胡人爲田客，多者數十，武帝即位，治禁募客。」食貨志：｜官品第一至於第九，各以貴賤占田。又得蔭人以爲衣食客及佃客。官品第一第二者，佃客無過五十戶，第三品十戶，第四品七戶，第五品五戶，第六品三戶，第七品二戶，第八第九品一戶。』

這種投靠的風氣，已經被政府法律的承認了，至於戶數的限制，不過具文而已。一直到唐部曲之制仍然盛行，見於唐代記載中更可看的清楚。至於後漢書朱儁傳：

> 『光和元年，即拜儁交阯刺史。令過本郡，簡家兵，及所調，合五千人，分從兩道而入。』

家兵二字據唐章懷太子註，則爲：

> 『家兵童僕之屬，調謂調撥之。』

東漢並無世兵之制，所謂家兵，只是私人招募的軍隊。但是到唐代，解釋就不同了。可見魏晉以後的動亂，又給社會上新增加一個不平等的因素，而西漢末年以迄東漢一代逐漸減少的奴隸制度，又得到了一個新的生命。

秦漢郎吏制度考

嚴　耕　望

目　次

約　　論

　　古代封建時期，貴族之最低級曰『士』，以講習射御爲事，入衛國君，外從征伐；庶民不得參與也。至春秋戰國，封建制度逐漸崩潰，農民軍隊應時興起，士庶之分遂爾漸淆，而『士』之稱亦轉屬讀書人。方是時，貴族壁壘雖弛，而君主集權轉甚，仍不得無親信之近衛，乃擇大臣子弟入奉宿衛、侍左右，出充車騎、從征伐；以其近居殿閣郎廡，故蒙『郎』稱。其性質、其地位與出身，蓋猶古代之『士』也。秦及西漢初葉，郎官宿衛宮闈，給事近署，職任親要一如往昔，而進身又大半由蔭任與訾選兩途，蔭任襲戰國之成規，訾選亦新興貴族（資產階級）之特權，則其性質與戰國之『郎』仍鮮殊異，是亦猶古代之『士』也，故或以『士』稱之。自武帝從董仲舒、公孫宏之議，創孝廉除郎及博士弟子射策甲科除郎之制，郎官性質漸變；迄乎東漢，訾選遂除，蔭任亦替，三署諸郎多郡吏與經生，貴族豪富之子弟較少。亦唯如此，職轉冗閒，不以宿衛給事爲要務，故東漢郎署專供行政人才之吸收訓練與回翔，不復爲天子之禁衛家臣矣。茲就郎官性質之轉變約條如次：

　　（1）秦及西漢：郎吏是宮官，是家臣；宿衛宮闈，給事近署；其進身多由蔭任與訾選，非貴族卽豪富；實貴族子弟纘繼父兄之業之捷徑，故饒貴族性。

（2）西漢末及東漢：郎吏是府官，是朝臣；專供行政人才之吸收與訓練，不以
宿衛給事為要務；其進身多由孝廉與明經，非文吏卽儒生；實優秀平民
參政官達之梯階，故富平民性˙。

（3）此種轉變之關鍵在武帝創孝廉、甲科除郎之制。

復考秦漢大臣絕大多數出身郎官。第就名臣而論：秦相李斯卽由此進；漢宣帝圖
中興名臣於麒麟閣，凡十一人（蘇武傳），亦絕大多數出身郎署（霍光、張安世、韓
增、趙充國、梁邱賀、蕭望之、蘇武等七人皆出身郎署；丙吉由郡吏稍遷至廷尉右監，
疑亦孝廉過署者，史省之耳；杜延年第一次官軍司空，劉德第一次官宗正丞，其出身
不可曉；惟魏相舉賢良為縣令，似不經郎署。）；其他公卿守相顯名當世者，更無論矣。
東漢郎官性質雖變，然為中央地方行政長官所自出，仍與西漢不異也。

政府人才既出郎署，而郎官性質之轉變又如此其劇，則秦漢政治本質之演化亦從
可推知。

蓋秦人雖迎合潮流，開放政權；然最上層之君主仍為古老貴族之傳統，革故鼎新，
時難澈底。漢祖崛起草莽，政府陣容可謂澈底平民化，此實曠古未有之新局面也。然
彼輩既純樸農工，於政治設施茫然不解，更無新的理想可言，故一切法制悉承嬴秦之
舊，『任子』『貲選』蓋其類耳。是以功臣封侯食采，子弟平流湧進，而不知隨時向
民間吸收新因素，以保持固有之本質，致政府與民間日逐懸越，在上人才日稀，在下
民情隔膜，上下不能脈貫，有僵化為新貴族政治之趨向，此實國史演程之逆潮，譬猶
江河漲溢，奔騰絕谷，傾注平地，其力萬鈞，不能無洄洑倒流以舒其勢。逮孝廉、甲
科除郎之制行，遂使民間優秀份子有進身之階，而政府亦可隨時與人民接觸，吸收新
空氣，增加新血輪，俾能新陳代謝，永遠保持有朝氣之新生命。故此一除郎新制實有
漢一代國家機構之大動脈，政府生命之活泉源，而郎署則此泉源滙儲之所也。然兩漢
儒風最盛，博士弟子以萬數，孝廉亦皆知識份子，彼輩參政，與漢初純樸之農工夫販
行伍出身者固自有別。此種政治舊無專稱，錢師賓四名之曰『士人政治』，是矣。自
此政權逐步開放，圓顱方趾精勤志業者，莫不有參政秉鈞之機會，則政府之植基，其
廣闊可知。蓋猶高江急峽，既墜平地，卽川流平衍之勢已成，故漢初雖有一時洄洑之逆
流，然不旋時而波瀾岸闊，百川滙歸，浩浩乎，逐浪排空，千里瀉注矣。惜乎東漢中

葉以降此種以郎署爲工具向民間吸收新空氣增加新血輪之優良制度爲達官世儒所把持，致政治社會又逐步僵化，逐啓魏晉、南北朝世家門閥之漸，此則運使之失靈，非作制之過也。

（一） 名 稱 與 組 織

『郎』之爲言『廊』也，君主侍衛，居於殿閣四周郎（廊）屋之中，故曰『郎中』。說文無廊字，漢書『郎』『廊』互用。如東方朔傳，朔諫曰：『今陛下累郎恐其不高也。』師古曰：『郎、堂下周屋。』又竇嬰傳：『所賜金陳廊廡下。』師古曰：『廊、堂下周屋；廡，門屋也。』可知郎即廊，有屋可居也。郎中以居於廊屋之中而得名，亦有明徵。韓非子說疑篇：『使郎中日聞道於郎門之外。』郎門即廊門，可知『郎中』之官即居郎門之內，其徵一也。韓策三，段產謂新成君曰：『今臣處郎中。』史記春申君傳，朱英謂春申君曰：『君置臣郎中。』（此傳本之楚策四，策云『君先仕臣爲郎中』，則史傳此『郎中』亦指郎官而言）任郎中，曰『處』曰『置』，其徵二也。韓非子三守篇：『國無臣者，豈郎中虛而朝臣少哉！』，郎中與朝臣對舉，則『郎中虛』意謂『廊內空虛無郎吏』，是此『郎中』實亦指郎官，而行文以『虛』字相狀，如僅謂『廊之中』者，蓋亦以郎中之官命意本謂『廊之中』耳。其徵三也。又武帝以後有羽林郎，續志：『本武帝以便馬從獵還，宿殿陛巖下室中，故號巖郎。』補注程大昌引李試義訓：『峻廊謂之巖。』是亦旁證。則郎中以所居之地受名，可斷言矣。

蓋與古代封建時期『士』之地位略相若，故漢人或以『士』目之。

公、卿、大夫、士、雖古代官爵之稱，亦即貴族之階級，而兩漢書中常以公、卿、大夫、郎吏連言；秦及漢初又有中大夫令、郎中令分掌大夫、郎中，則郎中比古之士甚顯。史記衛綰傳，綰以戲車爲郎，嘗對景帝自稱車士；尤其明徵。又其冠飾亦承戰國武士之遺，亦其證。

戰國時，三晉齊楚已均有『郎中』之職。

趙策三：『魏牟曰…王有此尺帛，何不令郎中以爲冠？王曰：郎中不知爲冠。』

趙策四：『春平侯者，（趙世家作春平君）趙王之所愛也，而郎中甚妬之 。』
及前引韓非子三守篇、說疑篇，則三晉有之也。楚策四、朱英謂春申君曰：君
先仕臣爲郎（春申君列傳同）。又有郎尹，見後引。是楚有之也。又韓非子外
儲說左篇：齊桓公勿衣紫，郎中莫衣紫。此當是韓子以時制爲言，恐非桓公時
果有此職也。

秦制，郎位已有三級，曰中郎、曰郎中、曰外郎。漢初承之。

秦昭王時，郎中閻遏、公孫衍，見韓非子外儲右篇。始皇初，有郎中，侍殿下，
見刺客傳。陛楯郎見滑稽傳。李斯以相國舍人爲郎，見斯本傳。而始皇本紀，
二世元年，『行誅大臣及諸公子，以罪過連逮少近官三郎無得立者。』索隱云：
『三郎，謂中郎、外郎、散郎。』案：漢書惠帝紀，帝卽位，『賜民爵一級，
中郎、郎中滿六歲爵三級，四歲二級；外郎滿六歲二級；中郎不滿一歲一級；
外郎不滿二歲，賜錢二萬。』則郎位亦是三級，時去秦未遠，制度多襲秦舊，
則始皇紀所謂三郎必中郎、郎中、外郎無疑；司馬貞之說非也。

蓋郎中員額日廣，與君主之關係遂有親疏之別。有以郎中給事禁中，視普通郎中尤爲
親密，故稱中郎，秩位亦高。

秦漢職官每以『中』爲稱，如『中丞相』『中車府令』（趙高）『中大夫令』
『中大夫』（此非上中下之謂，觀太中大夫一詞可知、）『中書謁者令』『中
常侍』『中黃門』『侍中』『給事中』等，皆以居中任事爲名也。（或云：中
書謁者令、中常侍、中黃門，皆以中人爲之故名。不知稱宦官爲中人，亦以其給
事禁中也。）中郎亦其一例。或曰：『中郎』『郎中』同著中字，何不以給事
禁中釋郎中乎？（初學記卷十一：「以其爲郎居中，故曰郎中，卽此義。」）應
之曰：郎中職稱較早，以居廊之中得名甚顯。（戰國時皆曰郎中，無稱中郎者。）
且郎爲名詞，當以『中丞相』『中大夫』等爲例，不能以『侍中』『給事中』
爲例也。

外郎者，蓋卽以居廊外爲稱。員外之職，地位自低。

錢文子補漢兵志釋惠帝紀之三郎云：『漢初郎官，唯有三等。諸言郎者，外郎
也；中郎者，內郎也；郎中者在二郎之中也。』所釋殊爲牽强。

至武帝時，中郎雖秩位較崇，而內侍給事之意義轉失，乃復增置常侍郎，簡稱侍郎，常侍左右。

　　史記李廣傳，爲郎武騎常侍，秩八百石。則常侍之稱、文帝時已有之。司馬相如在景帝時亦爲武騎常侍。此雖有常侍之名，然尙不綴郎爲稱。又董仲舒對策云：『今長吏多出於中郎郎中，吏二千石子弟。』則武帝初葉尙仍舊制，無所謂侍郎者。然史記滑稽傳褚先生補云，東方朔上書，『詔拜以爲郎，常在側侍中。』而朔自稱爲常侍侍郎。漢書東方朔傳：『上以朔爲常侍郎，遂得愛幸。』又藝文志，賦家有常侍郎莊忽奇。據嚴助傳，忽奇爲武帝時文士，常在左右。又劉屈氂傳太子反時，侍郎莽通從武帝在甘泉，奉使長安。律歷志上、侍郎寧與造太初曆。此皆侍郎見於記載之最早者。觀其職皆甚親近，蓋武帝中葉以後，特擢郎中常侍左右，因有常侍郎、侍郎之號。錢文子云侍郎武帝置，（補漢兵志）。其言得之。

其後遂爲定制，然亦如前此之中郎，不必果侍左右矣。

　　西漢中葉以後，侍郎頗常見。桓子新論：『宣帝元康神爵之間，丞相奏能鼓雅琴者渤海趙定、梁國龔德，召見溫室，拜爲侍郎。』（全後漢文一五引書鈔七一、御覽三四八）漢書儒林瑕丘江公傳、侍郎申輓、許廣與石渠議。傳介子傳、從介子使樓蘭手刺王者，詔皆補侍郎。鄭吉傳、宣帝時，吉以侍郎田渠黎。辛慶忌傳，以功拜侍郎。薛宣傳，子况爲右曹侍郎。龔勝傳，以子博爲侍郎。王莽傳有侍郎王盱。觀此諸條其職有可知者，未必皆侍左右也。

其時，郎官員額益增，且自成官署，不定在廊屋之下，故遂無所謂外郎。是以郎吏職位仍爲三級；曰中郎，秩比六百石；曰侍郎，秩比四百石；曰郎中，秩比三百石。終漢之世未革。（百官表，續百官志）

又有議郎者，不知何時所置，其性質與前述三種郎官不類，故郎官形成三署制度後，議郎不屬署，亦不直事。

　　百官表述議郎與其他三郎無別，蓋其時三署之制尙未形成，區別未顯。而續百官志，議郎次大夫之末，不屬三署，不在直中。漢官儀亦云：『議郎…不屬署，不直事。』（書鈔五六。）又和帝紀，永元七年，『令將大夫御史謁者博士議

郎郎官會廷中。』桓帝紀，建和元年，京師地震，『命列侯將大夫博士議郎郎
官各上封事。』續禮儀志中注引漢官名秩，職賜，『侍御史謁者議郎尙書令史
（原脫史字）各五千，郎官蘭臺令史二千。』議郎、郎官分別爲言，可知議郎
與一般郎官有別。而和帝紀元興元年注引漢官儀：『三署…凡有中郎議郎侍郎
郎中四等，・無員。』與續志及紀傳所見史事不合；必有誤。

郎吏無員限（百官表、續百官志），蓋戰國時已然。秦時或已多至數百人。

　　史記儒林傳序正義引衛宏古文尙書序云：『秦旣焚書，恐天下不從……諸生到
　　者拜爲郎，前後七百人，』伏機殺之。所言未必事實。然秦郎員額甚多，觀刺
　　客傳及滑稽傳亦可知也。又叔孫通傳，制朝儀，『殿下郎中俠陛陛數百人。』
　　實仿秦制。

西漢多至千人（百官表）。東漢，其員益廣，多至二三千，少亦七八百。

　　後漢書陳蕃傳，桓帝中葉，『詔下州郡，一切皆得舉孝廉茂才。蕃上疏駁之曰：
　　「…三署郎吏二千餘人，…但當擇善而授之，…豈煩一切之詔。」…以此忤左
　　右。』觀此，一切之詔行，則郎吏更不止此數矣。又楊秉傳，延熹五年，『秉
　　上言：三署見郎七百人。』

戰國時，各國郎中員額旣多，故置官以統之。楚曰郎尹。

　　漢書疏證四百官表光祿勳條：『淮南人閒訓，楚太宰子朱曰：令尹子國輕行而
　　簡禮，其辱人不難。明年，伏郎尹而笞之三百。（高誘曰：主郎官之尹。）郎
　　郎中令也。』

秦曰郎中令，蓋承三晉之制歟？

　　史記始皇紀及李斯傳：二世卽位，以趙高爲郎中令。又始皇紀，二世三年，丞
　　相趙高謀弒二世，使郎中令爲內應。故百官表云：郎中令，秦官。

漢初承之；武帝太初元年，更名光祿勳（百官表、續百官志）。

秦及漢初，郎雖三級，然惟中郎，郎中爲正員，故各置將率，皆屬郎中令。蓋其時，
中郎已有五官、左、右之別，故中郎將有五官、左、右各一人，秩比二千石。

　　百官表：『中郎有五官、左、右三將，秩皆比二千石。』漢舊儀：『五官中郎
　　將秩比二千石，主五官郎中。』（郎中應作中郎。）　漢官儀：『五官、左、

右中郎將，秦官也，秩比二千石。』

武帝以後增置侍郎，以屬右中郎將，不另置將率。

> 御覽二四一引漢舊儀：『左中郎將…主謁者。』『右中郎將…主常侍侍郎。』
> 今本漢舊儀：『左右中郎將…主謁者、常侍侍郎。』蓋主左右中郎，兼主謁者
> 與侍郎也。

郎中有車、戶、騎三種，又各有左右之別。車郎主車御。

> 左右車郎見後引漢舊儀、漢儀注。而百官表注、如淳曰：『主車曰車郎。』此
> 外漢書藝文志、有車郎張豐賦三篇。劉向傳：『年十二，以父德任爲輦郎。』注
> 引服虔曰：『輦郎，如今引御輦郎也。』桓譚新論：『余年十七，爲奉車郎。』是
> 皆車郎也，其職亦可知。

戶郎主戶衞。

> 左右戶郎亦見後引漢舊儀、漢儀注。百官表注引如淳曰：『主戶衞曰戶郎。』
> 史記褚少孫補滑稽傳，武帝時，徵北海太守詣行在所，王先生從。『太守入跪
> 拜，王先生謂戶郎曰：「幸爲我呼吾君至門內遙語。」戶郎爲呼太守。』漢書
> 蓋寬饒傳：『行郎中戶將事，劾奏……侍中陽都侯彭祖不下殿門。』是戶郎主
> 戶衞之明徵也。他如漢書霍光傳：『光…每出入下殿門，止進有常處，郎僕射
> 竊識視之，不失尺寸。』王嘉傳：『射策甲科爲郎，坐戶殿門失闌，免。』蕭望
> 之傳，『以射策甲科爲郎，署小苑東門候。』蓋亦戶郎之類也。

騎郎，蓋猶禁衞軍，內充侍衞，外從征伐。漢初兵戈之際，其員已廣，故極常見。

> 漢初征伐，以郎作戰者至多，不繁舉。而漢書灌嬰傳：『將郎中騎兵擊楚騎。』
> 又云：『將郎中騎兵，東屬相國。』又高祖功臣侯表、陽河齊侯其石，『以郎
> 中騎、從定諸侯。』赤泉嚴侯揚喜『以郎中騎、漢王二年，從起杜。』汾陽嚴
> 侯靳彊『以郎中騎千人，前三年從起櫟陽。』杜衍嚴侯王翳：『以中郎騎，漢
> 王二年從起下邳。』張節侯毛釋之『以郎騎入漢，還從擊諸侯。』可知漢初騎
> 郎之多。此外，史記張釋之傳：『以訾爲騎郎，事孝文帝。』衞青傳，武帝初，
> 公孫敖爲騎郎。武帝以後不復見。

郎中既有車、戶、騎之別，分左右，故郎中將亦有三種各分左右，秩皆比千石。

百官表：『郎中有車、戶、騎三將，秩皆比千石。』漢儀注：『左右車將主左右車郎，左右戶將主左右戶郎。』（百官表注引）。漢舊儀：『左車將主左車郎，右車將主右車郎。左戶將主左戶郎，右戶將主右戶郎；秩皆比千石。』案：前引蓋寬饒傳，行郎中戶將事。又漢書儒林瑕丘江公傳，蔡千秋，宣帝時爲郎中戶將。是戶將之別見者也。郎中騎將本極常見。如漢書樊噲傳：『遷爲郎中騎將，擊秦車騎壤東。』又高祖功臣侯表：吳房嚴侯揚武『以郎中騎將，漢元年從起下邳。』昌武侯單究『以郎騎將軍擊諸侯。』宣曲侯丁義『爲郎騎將，破鍾離昧軍。』魏其侯周止『爲郎騎將，破項籍東城。』清河侯王吸『爲騎郎將入漢。』史記李廣傳，孝景時，由隴西都尉徙騎郎將。索隱引小顏云：『謂主騎郎也。』然典章之書，惟百官表有記載；漢舊儀、漢儀注皆略而不言，蓋武帝以後不常置也。

又西漢初葉，郎官已分多署，署有長，秩位不崇，蓋中郎將，郎中將之屬也。

史記馮唐傳：『唐以孝著，爲中郎署長，（漢書作郎中）事文帝。』爰盎傳，盎爲中郎將，『上（文帝）幸上林，皇后愼夫人從。…及坐郎署長布席，盎引却愼夫人坐。』（漢書四九盎傳同。王氏補注云本無長布席三字，後人據史記誤加。）是漢初已有署且置長矣。又王莽傳下、劉歆董忠等謀反，事覺。『省中相驚，傳勒兵至，郎署皆拔刃張弩。更始將軍史諶行諸署，告郎吏曰…』後漢書李忠傳：『元始中，以父任爲郎，署中數十人，而忠獨以好禮修整稱。』曰諸署，曰署中數十人，（全體郎吏數百人）可知署別甚多矣。又案：漢中都官署長，秩皆甚低，例四五百石。馮唐傳云：『帝輦過，問唐曰：父老何自爲郎，家安在？』郎職在近衛，唐爲署長，其出身，君主且不悉，可知職位不崇，如一般署長矣。

自武帝創羽林期門制後，騎郎之職遂爲所奪，並騎將亦不常置。

羽林選西北六郡良家子任之，別爲左騎右騎兩種，皆騎士也。而武帝以後，騎郎不常見，其職爲羽林所奪可知也。別詳。

而車戶兩郎職掌亦漸不分，是以郎中之類別逐漸泯除。

桓譚新論：『余年十七，爲奉車郎，衛殿中小苑西門。』（御覽二一五）名爲

車郎，而實給戶郎事，可知職掌不別。

迄乎東漢、乃簡化機構，侍郎、郎中、亦如中郎，別爲五官左右三種，併歸五官、左、右中郎將統轄，分別部居，是爲三署。

續百官志二：『五官中郎將一人，比二千石。（本注曰：主五官郎）五官中郎比六百石，五官侍郎比四百石，五官郎中比三百石。』又曰：『左中郎將比二千石。（本注曰：主左署郎）中郎比六百石，侍郎比四百石，郎中比三百石。』又曰：『右中郎將比二千石。（本注曰：主右署郎）中郎比六百石，侍郎比四百石，郎中比三百石。』案：西漢郎署爲數甚多，而規模則甚小，（據李忠傳，每署僅數十人。），與其他中都官署不異，故郎不別署爲稱。東漢確定爲五官左右三署，與一般中都官署迥別，故常總稱爲『三署』『三署郎』。如漢官儀：『三署謂五官署也，左右署也。』（和帝元興元年紀注引）。後漢書楊秉傳：『秉上言，三署見郎七百餘人。』陳蕃傳：『三署郎吏二千餘人。』黃琬傳：『光祿舉三署郎。』樊鯈傳：『子梵爲郎……三署服其重愼。』隸釋六議郎元賓碑：『口口孝廉，允弘名於三署。』隸續一平輿令薛君碑：『初舉孝，三署播名。』皆是也。其郎中亦有別署爲稱者。如續律歷志中有五官郎中馮光，右郎中陳調（皆在靈帝時）。隸釋七馮緄碑『舉孝廉除右郎中。』本所藏有呂仲口左郎石拓本。是也。而西漢則絕無所見。

孝廉（孝廉必爲郎詳第三章）年五十以上屬五官署，其次分在左右署。（和帝元興元年紀注引漢官儀）。故五官署郎地位略尊，其主管長官五官中郎將亦然。

五官中郎將地位較尊，前漢已然。故漢舊儀云：『御史大夫爲丞相，…五官中郎將授印綬。拜左右前後將軍爲御史大夫…左右中郎將授印綬。』

又有主事者，蓋始置於前漢中葉，後漢三署各有之，一稱光祿主事，類擇孝廉郎中有德行者擢任之，秩四百石。推其意，蓋自治組織之領袖，猶今學校之有級長幹事也。

漢書張安世傳、爲光祿勳，『郎有醉，小便殿上；主事白行法。』時在西漢中葉。後漢尤恆見。張霸傳，舉孝廉，光祿主事。黨錮范滂傳，舉孝廉，光祿四行，遷光祿勳主事。獨行戴封傳，及戴就傳，皆云舉孝廉，光祿主事。戴就傳注引風俗通：『光祿奉盼上就爲主事。』方術公沙穆傳、舉孝廉，以高第爲主

事。是皆以孝廉郎有德行者任之。唐六典一引漢官儀：『光祿勳有南北廬主事，

三署主事，於諸郎之中察茂才高第者爲之，秩四百石。』是也。

魏晉以降，無復三署郎矣。

通典二五：『自魏晉以後無復三署郎。』宋志：『魏晉以來，光祿勳不復居禁

中，又無復三署郎。』

茲就上文所考，分爲三期，作組織系統表如次：

(1) 第一期——秦及漢初

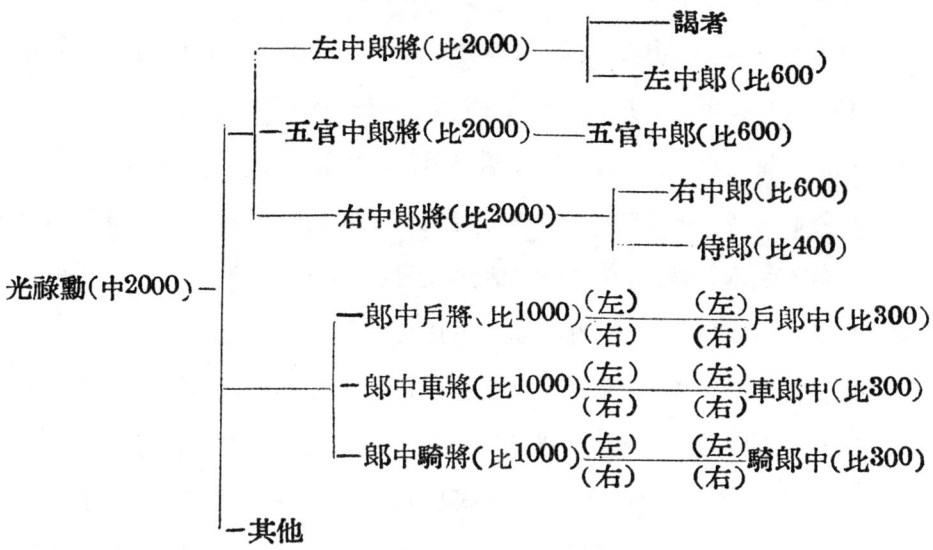

(2) 第二期——西漢中末葉（漢武以後）

（注：有主事，不知所屬）

(3) 第三期——東漢

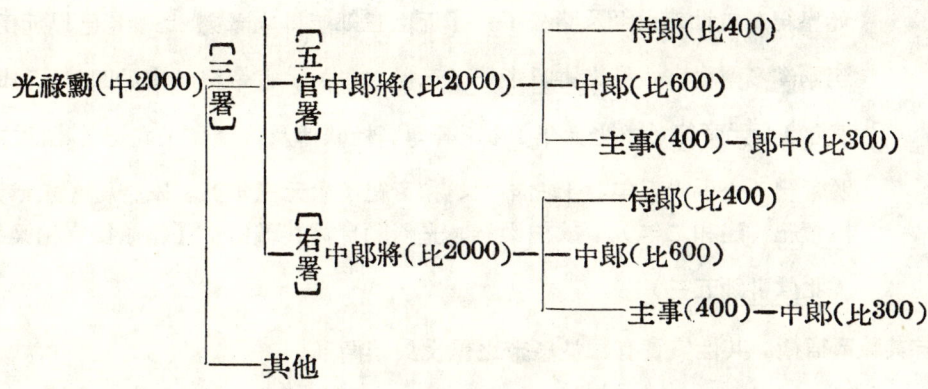

（二）　職　任　之　轉　變

秦及西漢，郎吏是宮官，是家臣；其職掌可大別爲兩類：一曰宿衞宮閩，侍從左右；二曰給事卿屬諸署，署愈親近者，給事亦愈多。迄乎東漢，侍從之職爲宦官所攘奪，宿衞之職亦爲三署支衍之虎賁羽林所分割；至於給事他署亦已形成定職，各自爲官，不復由三署諸郎臨時給事矣；故東漢郎署專供行政人才之訓練與回翔，不以宿衞給事爲要務。轉宮官爲府官，由家臣而朝臣，其大要可知也。茲分兩節詳述，以明郎吏性質之轉變。

（1）　由親近而疏遠

郎旣以居宮殿廊廡而受名，故自始卽爲近臣。

> 楚策四，朱英爲春申君謀殺李園，曰：『君先仕臣爲郎中，君王崩，李園先入，臣請爲君劃其腦殺之。』史記春申君傳同。韓策三：段產謂新城君：曰『今臣處郎中，能無議君於王，而不能令人毋議臣於君。』則郎中爲近臣可知。又趙策、老臣觸聾見太后，願其少子得補黑衣之數，是亦郎中之類也。

或竟與朝臣對稱，是明以家臣目之也。

> 韓非子三守篇：『國無臣者，豈郎中虛而朝臣少哉？』

秦漢郎吏入守門戶，出充車騎。

> 百官表：『郎謁者皆秦官…。郎掌守門戶，出充車騎。』（西漢郎中有車戶騎之別，其職自見。）續百官志：『凡郎官皆主更直執戟宿衞諸殿門，出充車騎。』

故史家亦目爲近臣從官。

始皇紀，二世誅大臣及諸公子，『近臣三郎無得立者。』是秦垰已以近臣爲稱。
至兩漢多稱從官，見漢書昭帝紀（元鳳二年）、宣帝紀（本始四年、元康二年、
三年）、元帝紀（永光元年）、王莽傳、杜欽傳及後漢書光武紀（建武二年）、
明帝紀（永平十五年、十七年）、和帝紀（永元三年）、安帝紀（永寧元年）、
桓帝紀（建和二年）；故柏梁詩、光祿勳自言其職曰：『總領從官柏梁臺。』
（北堂書鈔五三）

綜其職曰宿衛。其性質實有類於皇帝之差役與禁衛軍。

漢書董仲舒傳，對策曰：『郎中中郎，吏二千石子弟…未必賢…。臣愚以爲使
諸列侯郡守二千石，各擇其吏民之賢者，歲貢各二人，以給宿衛。』龔勝傳：
『勝爲郡吏，三舉孝廉，以王國人，不得宿衛補吏。』王商傳，商免相，『子
弟親屬爲駙馬都尉、侍中、中常侍、諸曹、大夫、郎吏者，皆出補吏，莫得留給
事宿衛者。』是西漢也。續百官志：『凡郎官…皆主更直執戟宿衛諸殿門。』
漢官儀略同，後漢書楊秉傳、諫曰：『大微積星，名爲郎位，入奉宿衛，出牧
百姓。』是東漢也。蓋內朝臣皆以宿衛爲稱也。又案前引續志云郎中更直宿衛；
東觀記樊焂爲署郎，每當直事，常駐車待漏；又鄧訓傳爲郎中，夜直事殿中。
是輪廻直事也，蓋西漢舊制歟？

惟析而論之：秦及西漢郎職極爲親近，而東漢則殊疏遠；此可就郎署位置之外移，郎
吏職任之漸奪，及郎中令中郎將之由親而疏觀察之。

（1）郎署位置之外移　　秦及西漢郎吏雖不必仍居廊廡，然其署尚在宮殿中，與宦
者署不異。

舊漢儀卷下：『宮殿中，宦者署、郎署、皆官奴婢傳言。』又卷上：『殿外門
署屬衛尉，殿內郎署屬光祿勳，黃門鈎盾屬少府。』北堂書鈔五三引楊雄光祿
勳箴：『京兆宮室，劃爲中外，廊殿門闥，限以禁界。』又案：漢書王莽傳下
董忠、劉歆謀反，事覺，『省中相驚傳勒兵至，郎署皆拔刃張弩。』省中即禁
中也。（漢舊儀，成帝外家王禁貴重，朝中諱禁曰省。）是亦郎署在禁中之一
證。又廣川王傳：『（王姬）昭信謂（王）去曰：…望卿…數出入南戶，窺郎
吏，疑有姦。…昭信知去已怒，即誣言望卿歷指郎吏臥處，具知其主名，又言

郎中令錦被。疑有姦。』此雖王國，亦可例知漢宮，可爲漢舊儀注脚。惟郎給事範圍甚廣，（詳後）上林尤多，故其中亦有郎署，蓋支屬也。如史記爰盎傳，盎爲中郎將，『上（文帝）幸上林，皇后慎夫人從。其在禁中、常同坐，及坐郎署，長布席，盎引却慎夫人坐。』正義引蘇林曰：『郎署，上林中直衛之署也。』是其例。

至東漢，郎署移至宮外與太學相對，蓋旨在造就行政人才，與太學不異，非復西漢近侍從官之比矣。

續百官志注引蔡質漢儀云：『五官中郎解對大學，左中郎解次五官，虎賁中郎解次右將府，羽林郎府次虎賁府。』則三署皆在宮外甚明。和帝紀元興元年，『引三署郎，召見禁中。』後漢書耿秉傳，爲郎，『永平中，召詣省闥，問前後所上便宜方略。』又桓典傳：『在御史七年不調，後出爲郎。』詣省禁須特召，（平時直事自亦入省），爲郎曰出，亦以郎署在外故也。據前引王莽傳，王莽初期郎署猶在省禁內，而後書杜林傳，『代郭憲爲光祿勳，內奉宿衛，外總三署。』時在建武十年，則三署外遷蓋亦在王莽改制時代歟？

　（2）郎吏職任之漸奪　　秦西漢及東漢，郎吏雖均以宿衛爲職，然秦及西漢之郎吏，朝則陛戟殿下；

史記刺客傳：『諸郎中執兵皆陳殿下，非有詔不得上。』滑稽傳：『秦始皇時，置酒而大雨，陛楯者皆沾寒，優旃見而哀之。…有頃，殿上上壽呼萬歲，優旃臨檻大呼曰：「陛楯郎。」郎曰「諾」。』是執兵殿下秦制已然。（蓋六國皆然，非獨秦也。）叔孫通傳，通制朝儀，『漢七年，長樂宮成，諸侯、群臣皆朝十月，…殿下郎中俠陛陛數百人。』是漢制仍仿之於秦也。終西漢至東漢初未改。漢書東方朔傳，朔爲中郎，『上爲竇太后置酒宣室，……朔陛戟殿下，辟戟而前。』後漢書更始傳：『更始既至，居長安宮，升前殿，郎吏以次列庭中。』是其證也。

居恒隨侍左右，

史記佞幸傳序：『漢興，高祖至暴抗也，然籍孺以佞幸；孝惠時有閎孺。此兩人……貴幸，與上臥起，公卿皆因關說，故孝惠時，郎、侍中皆冠鵔鸃貝帶，

傅脂粉，化閭孺之屬也。』則郎常侍左右可知。而漢書嚴助傳，武帝時，『朱
買臣，吾丘壽王、司馬相如、主父偃、徐樂、嚴安、東方朔、枚皐、膠倉、終軍、
嚴葱奇等，並在左右。』就中朱買臣爲中大夫，終軍爲謁者，膠倉待詔金馬門，
其餘八人皆爲郎。又史記滑稽傳、褚少孫補云：東方朔上書，『詔拜以爲郎，
常在側侍中，…人主左右諸郎半呼之狂生。』人主左右何不可戲呼，獨以諸郎
爲言，可知郎在左右之多矣。

實天子之近衛，常膺加官之號。

　　百官表：『侍中、左右曹、諸吏、散騎、中常侍，皆加官，所加或列侯、將軍、
　　卿、大夫、將、都尉、尚書、大醫、大官令，至郎中；亡員，多至數十人。』
　　漢舊儀：『侍中，無員，或列侯、將軍、衛尉、光祿大夫、侍郎爲之。』如漢書
　　吾丘壽王傳：『高才通明，遷侍中、中郎。』宣帝功臣侯表，楊惲以左曹中郎
　　發霍禹逆謀。劉德傳，子安民爲郎中右曹。薛宣傳、子况爲右曹侍郎。蕭望之
　　傳，子散騎中郎伋。皆其例也。（張安世傳。『賀有孤孫覇，年七歲，拜爲散
　　中郎將。』疑衍將字。）按：漢制，惟近臣始加官。

迄乎東漢，隨侍之職爲宦官之中常侍、小黃門及外戚之黃門侍郎所奪。（另詳士人與
宦官篇）而陛戟殿下，亦漸歸虎賁；蓋虎賁郎本爲郎中中郎之支衍，其分職也固宜。

　　漢書霍光傳述廢昌邑王之儀云：『太后…盛服坐武帳中，侍御數百人皆持兵，
　　期門武士陛戟陳列殿下。群臣以次上殿。』期門卽虎賁之本偁，以虎賁陛戟而
　　郎中不與，可見自西漢中末葉，其職已漸歸虎賁郎矣。東漢虎賁陛戟尤有事據。
　　案：續百官志，虎賁郎有左右僕射，左右陛長，各一人。本注：『陛長主直虎
　　賁朝會在殿中。』虎賁係由普通郎中支衍而成，而有陛長之職，可知此項職務
　　已有分割。而續禮儀志中云：『先臘一日大儺…侍中、尚書、御史、謁者、虎
　　賁羽林郎將執事皆赤幘，陛衛乘輿前殿。』續漢書：『桓帝臨辟雍，行禮畢，
　　公卿出，虎賁置弓陛下。』（後漢書朱穆傳注引）。又後漢書張陵傳：『歲首
　　朝賀，大將軍梁冀帶劍入省。陵…勅羽林虎賁奪冀劍。』是均朝會時，虎賁陛
　　戟殿下之徵也。又案：梁冀傳、桓帝詔誅冀，『使黃門令具瑗，將左右廄騶、
　　虎賁、羽林、都侯、劍戟士，合千餘人…圍冀第。』竇武傳『王甫將虎賁、羽

林、廐驪、都候、劍戟士，合千餘人屯朱雀門。』此皆直宿宮內之職，有虎賁
羽林郎，而不及三署郎。蓋武衛之任已爲後起兩郎所奪也。（陛戟郎惟見虞延
傳，此蓋虎賁郎陛戟者。）

（3）郎中令中郎將之由親而疏　　秦及西漢，郎中令（光祿勳）掌宮殿掖門戶（百
官表），職監宮中；

> 漢書陳平傳，呂后時，『審食其爲左丞相，…幸於呂太后（本爲后舍人）…爲
> 相不治，監宮中，如郎中令。』

號爲內卿；

> 漢書儒林房鳳傳：『時（哀帝時），光祿勳王龔以外屬內卿。』如淳曰：『邛
> 成太后親也。內卿，光祿勳，治宮中。』

故王莽更其職曰司中；

> 漢書王莽傳，莽篡位，『更名光祿勳曰司中。』

於諸卿中最爲親近。

> 史記周仁傳：『景帝爲太子時，拜爲舍人，積功稍遷，文帝時至太中大夫。景
> 帝初卽位，拜仁爲郎中令。仁爲人，陰重不泄，常衣敝補衣溺袴，期爲不潔淸；
> 以是得幸景帝，入臥內，於後宮秘戲，仁常在旁。至景帝崩，仁尙爲郎中令，
> 終無所言。』漢書仁傳同。其佞幸傳序：『寵臣，景帝唯有郎中令周仁。』大
> 臣至如佞幸，其職之親近可知。又前引陳平傳，審食其本爲左丞相；而史家比
> 之郎中令，亦謂郎中令本親幸之職也。

其時郎又有類於禁衛軍，是以君主之本非正統者，其初卽位，類以擢親信任郎中令爲
首要措施。如秦二世之任趙高，漢文帝之任張武，是爲顯例。蓋胡亥以詐謀立，文帝
由藩王進，故先掣宮衛以防有變也。

> 史記始皇本紀，二世元年，『趙高爲郎中令，任用事。』又李斯傳：『太子立
> 爲二世皇帝，以趙高爲郎中令，常侍中用事。』漢書文帝紀，帝卽位，恐有變，
> 『且夕，入未央宮，夜拜宋昌爲衛將軍，領南北軍；張武爲郎中令，行殿中。』
> 案：張武本文帝爲代王時郎中令。

又如宣帝寢疾，望之受任，元帝悔禍，周堪顯擢：此二人者皆以師傅尊用，蓋亦重宮

闕之意也。

　　漢書蕭望之傳：『宣帝寢疾，引外屬侍中樂陵侯史高、太子太傅蕭望之、少傅
　　周堪至禁中，拜高爲太司馬車騎將軍、望之爲前將軍光祿勳，堪爲光祿大夫，
　　受遺詔輔政。』又劉向傳：『望之自殺，天子甚悼恨之；乃擢周堪爲光祿勳；
　　堪弟子張猛，光祿大夫，給事中；大見信任。』

至於大臣欲制朝權者，亦置心腹，如趙高之任所親，霍光之任張安世，皆其著例。

　　始皇紀，二世三年，趙高欲弒二世，『乃陰與其壻咸陽令閻樂、其弟趙成謀…
　　…使郎中令爲內應。』集解、徐廣曰、『一作郎中令趙成。』案：此縱非高弟
　　趙成，亦必心腹也。又漢書張安世傳：『昭帝卽位，大將軍光秉政，以安世篤
　　行，光親重之，……白用安世爲右將軍光祿勳以自副爲。』昭帝崩、遷車騎將
　　軍，光祿勳如故。

又如武帝初立，竇嬰爲丞相，田蚡爲太尉，皆好儒術，推轂儒家趙綰爲御史大夫，王
臧爲郎中令，欲以抑黃老，隆儒術，設明堂，興太平。竇太后好道家言，乃罷趙綰、
王臧、免丞相、太尉（史記魏其武安侯傳），而以恭順醇樸行近黃老之石建爲郎中令
（史記萬石君傳），此雖與專擅朝政者不類，亦以其職在左右，可以影響幼主之思想
也。

　　漢舊儀上：『詔選諫大夫，議郎，博士、諸侯王傅、僕射、郎中令，取明經。』
　　漢廷政策以儒術敎諸王，以明經爲王國郎中令，與竇、田、太后之意正同。

中郎將、西漢職亦極親要，故外戚或金、張子弟多任之。

　　漢書霍光傳、自昭帝時，光子禹及兄孫雲皆中郎將。又次壻諸吏中郎將羽林監
　　任勝，羣孫壻中郎將王漢。恩澤侯表，宣元之世，王舜以皇太后兄侍中中郎將
　　侯；史高史元皆以悼皇考舅子侍中中郎將侯。王商傳擢爲諸曹侍中中郎將。此
　　皆外戚也。恩澤侯表、金安上於宣帝時以侍中中郎將侯。金安上傳：四子：常、
　　敞、岑、明。岑明皆爲諸曹中郎將，敞爲侍中中郎將。張安世傳、子千秋、延
　　壽、彭祖皆中郎將侍中；張放爲侍中中郎將，監平樂屯兵。彭祖與放之寵幸已
　　見前。是皆金張子弟也。

且多加官侍中、諸曹、諸吏之號。

前引諸例多有加官。此外如漢書恩澤侯表、平帝時、孔永爲侍中五官中郎將。段會宗傳，王章傳，皆爲右曹中郎將。趙充國傳、子卬爲右曹中郎將。班氏叙傳，班斿爲右曹中郎將。劉德傳，曾孫岑爲諸曹中郎將。皆有加官也。

郎中令，中郎將之職，親信如此，故往往有佞幸之嫌。

漢書佞幸傳序：『孝景、昭、宣皆無寵臣，景帝唯有郎中令周仁……，宣帝時侍中中郎將張彭祖，…號爲愛幸。』此二人者皆郎吏長官，而同受愛幸之嫌，實非偶然。

至於東漢，名義上雖仍以宿衛宮殿門戶爲職（續百官志），然親近寵幸則無所聞。

此外，尚有一事所當注意者，選黜郎中，自是郎令郎將之職，而東漢尤常見紀傳。

張安世傳、爲光祿勳，郎有過，主事白行法。史記張釋之傳，爲郎，欲免歸，中郎將爰盎『惜其去，乃請徙釋之補謁者。』漢書楊惲傳，惲爲中郎將，『郎謁者有罪過，輒奏免之，薦舉其高第有行能者，至郡守九卿。』是西漢職主選黜之僅見者。至東漢，則更常見。安帝紀，元初六年，詔『光祿勳與中郎將選孝廉郎五十人出補令長丞尉。』魯恭傳：『遷光祿勳，選舉清平，京師貴戚莫能枉其正。』杜林傳、建武十年，『爲光祿勳，…外總三署…選舉稱平，郎有好學者，輒見誘進。』陳蕃傳：『自蕃爲光祿勳，與五官中郎將黃琬共典選舉，不偏權富。』故續百官志云，光祿勳『典謁署郎…考其德行而進退之。』

蓋東漢三署頗類行政人員訓練所或儲養所，光祿勳中郎將亦非內宮禁衛之職，惟以管理郎署爲主要職務，故史家惟以選舉清濁衡其任職否耳。

（ II ）　由給事到冗散

前文云：諸郎職在宿衛，陛戟殿下，入守門戶，出充車騎，皆其要務。此外西漢諸郎又給事卿屬諸官署，宮內諸署尤多。

此詳後。而漢書楊敞傳：『故事……豪富郎（署郎）日出遊戲，或行錢得善部。』

不知此部字何指。按「部」「署」一義，或卽得給事好署之謂歟？

東漢初年亦有給事近署之制

後漢書儒林傳序：『肅宗…詔高才生受古文尚書、毛詩、穀梁左氏春秋，雖不立學官，然皆擢高弟爲講郎，給事近署。』

然已漸由給事形成定職，各自爲官，不屬三署；換言之，三署諸郎不複給事其他卿署矣。茲稍一一詳之：

秦漢諸卿各統若干官署，尚書本少府之一署，地位與他署不異，惟令丞爲正職，其下由光祿郎給事其中，故西漢末，其職雖崇，而百官表尚無尚書郎之職。

　　案：漢書張安世傳：『少以父任爲郎，用善書，給事尚書，精力於職。…上奇其才，擢爲尚書令。』後漢書馮勤傳：『光武初，…除爲郎中，給事尚書，以圖議軍糧，在事精勤…由是使典諸侯封事。』此二例最可推知尚書本未專置郎中一職，惟以光祿郎給事其中而已。

東漢形成定制，始有尚書郎之稱。然仍例由光祿勳就三署諸郎試補之：初上臺稱『守尚書郎中』；滿歲稱『尚書郎中』；三年，稱『侍郎』；是光祿郎給事之跡象仍存也。

　　後漢書李固傳：『舊任三府選令史，光祿試尚書郎；時（順帝末）皆特拜。』應劭漢官儀：『尚書郎、初從三署郎選詣尚書臺試。每一郎缺，則試五人。…初入臺，稱郎中；滿歲，稱侍郎。』（初學紀職官部引）〔書鈔舊本卷六〇引作：「（尚書）郎以孝廉年未五十，先試牋奏，初上稱郎中，滿歲爲侍郎。」御覽卷二一五引作：「尚書郎初上臺，稱守尚書郎，滿歲稱尚書郎中，三年稱侍郎。」〕蔡質漢儀：『尚書郎初從三署詣臺試，初上臺稱守尚書郎中，歲滿，稱尚書郎中，三年稱侍郎。』（續百官志三注引）漢官典職：『尚書郎從三署試；初上臺稱守尚書郎；三年，親御詔稱侍郎。』（書鈔舊本卷六〇引）

禁門曰黃闥（續輿服志），西漢治事其中者已有「黃門郎」之稱；諦考之，例以光祿郎（多爲侍郎）給事其中，非黃門自置職也。

　　漢書劉向傳，宣帝時，『復拜爲郎中（書鈔舊本卷五八引漢書作中郎），給事黃門。』孔光傳，『子男放爲侍郎，給事黃門。』揚雄傳：『奏羽獵賦，除爲郎，給事黃門（解嘲：「位不過侍郎，擢纔給事黃門。」則亦侍郎也）。』後漢書卓茂傳：『辟丞相府……以儒術，舉爲侍郎，給事黃門。』是最顯言者。而揚雄之職有直稱黃門郎（漢書匈奴傳及書鈔舊本卷一四一引桓譚新論），或黃門侍郎者（五行志中）　是簡稱也。又劉歆、王莽、董賢皆爲黃門郎，各見本傳（劉歆實黃門侍郎，見御覽二二一載劉向集；莽、賢蓋同。）揚雄傳云：

『除郎，給事黃門，與王莽、劉歆並哀帝之初，又與董賢同官。』是歆、莽、
賢等亦皆以郎給事黃門耳，直稱黃門郎，亦是簡稱，尚非正式官名也。

故亦稱給事黃門侍郎，

漢書藝文志，有給事黃門侍郎李息賦九篇。其人次在蕭望之後，揚雄前。

百官表無黃門郎黃門侍郎，而加官有給事黃門者，職此故歟？

表謂給事黃門，秦官、漢沿。然西漢中葉以前無所見，不知果始於何時也。

東漢中葉以後，給事之制漸轉變，黃門自置侍郎，獨立爲職，不復由三署郎給事矣。

後漢卓茂傳，光武以茂爲太傅，『次子崇爲中郎，給事黃門。』趙憙傳：『肅
宗即位，進爲太傅，…擢諸子爲郎吏者七人，長子代給事黃門。』考東漢爲黃
門郎之見於本傳者不知凡幾，惟初葉有此二例仍稱以郎給事，可知中葉以後獨
立爲職，不必盡由三署郎奉調給事矣。

故續百官志有黃門侍郎一職，屬少府，極爲權要。

志稱黃門侍郎六百石。本注：『無員，掌侍從左右，給事中，關通中外；及諸
王朝見，於殿中，引王就坐。』案：百官表給事黃門爲加官；續百官志，黃門
侍郎已爲實職；此正可察其演變之過程。

亦有仍稱給事黃門侍郎者，虛存給事之號耳。

獻帝紀，中平六年，『初令侍中、給事黃門侍郎員各六人。』注引漢官儀有給事
黃門侍郎，秩職與續志同。續百官志三注引獻帝起居注：『帝即位，初置侍中、
給事黃門侍郎員各六人，出入禁中，近侍帷幄，省尚書事。』又續禮儀志上注
引獻帝起居注，有給事黃門侍郎兼侍中劉瞻，時在建安十八年。蓋獻帝誅宦官
後，仿西京之職稱也。

由署郎給事形成定職，以尚書郎黃門郎最爲顯著。此外有尚符璽郎中，初蓋以郎中給
事少府屬之符節令署，後遂別自爲職。

漢書霍光傳：『殿中常有怪，一夜羣臣相驚，光召尚符璽郎；郎不肯授光。』
續百官，少府符節令，所屬有尚符璽郎中四人。本注：『舊二人，在中主璽及
虎符竹符之半者。』注引漢官：『當得明法律郎。』

少府若盧令屬有若盧郎中二十人，蓋以郎給事若盧署也。其演變當與符璽郎中同。

百官表、少府若盧令丞，注引如淳曰：『若盧官名，藏兵器。品令，若盧郎中二十人，主弩射。』是令丞以下治事者皆郎中也。（若盧治獄非其本職）

西漢郎有鼓琴者，蓋給事少府之樂府令署歟？

桓譚新論：『宣帝元康神爵之間，丞相奏能鼓雅琴者渤海趙定、梁國龔德，召見溫室，拜爲侍郎。（書鈔七一）

有戲車鼎躍者，蓋亦給事少府之屬署歟？

漢書衞綰傳：『以戲車爲郎，事文帝。』沈欽韓曰：『鹽鐵論除狹篇、賢良曰：今吏道壅而不選，戲車鼎躍咸出補吏。』

此二者東漢皆未見。

〔以上給事少府諸署〕

西漢謁者僅有一種，此外當以郎中給其事。東漢形成定制，故復有給事謁者、灌謁者郎中之目，仍試郎中補任之。

百官表、謁者掌賓贊受事，員七十八人，秩比六百石。續百官志、常侍謁者比六百石，卽前表之職；其下復云：『其給事謁者四百石，其灌謁者郎中比三百石。』觀「給事謁者」，「灌謁者郎中」之稱，已足推知本非正員；兩職名上各加「其」字，益顯其原由動詞轉變而來。續志本注：『本員七十人，中興但三十人，初爲灌謁者、滿歲爲給事謁者。』後漢書雷義傳注引應劭漢官儀亦云：『謁者三十五人，以郎中秩（當有脫文）滿歲稱給事，未滿歲，稱灌謁者。』（舊唐書禮儀志三引漢官儀亦同，惟「灌」作「權」，）則本由郎中給事益明矣。（又漢書孝哀傳皇后傳：『哀帝卽位，遣中郎謁者張由將毉治中山小王。』職稱中郎謁者，當亦以中郎爲謁者事也。）例試郎中補謁者尙有材料，詳下章補吏節。

〔以上仍屬光祿勳〕

西漢郎有典漏刻者，蓋給事太史令署歟？

桓譚新論：『余前爲郎，典漏刻燥溼，寒溫輒異度。』（初學記二五）。漢書佞幸董賢傳：『爲郎二歲餘，賢傳漏在殿下。……哀帝望見、說其儀貌。』皆其例。

東漢太史令署有望郎三十人，蓋由給事而定制，不屬三署矣。

應劭漢官儀：『太史令秩六百石，望郎三十人，掌故三十人。』案：史記儒林
傳序，公孫宏奏：『博士弟子……一歲輒試能通一藝以上，補文學掌故缺；其高
第，可以爲郎中。』又鼂錯傳索隱引漢舊儀：『博士弟子試射策，中甲科，補
郎中，乙科補掌故。』今太史署之望郎掌故地位高下與公孫宏所奏之制正同，
可知此郎似本由署郎給事之制形成定制。

西漢嘗以郎治曆，蓋給事太史令署者也。

漢書律曆志上，侍郎尊與造太初曆。

東漢有太史治曆郎，蓋非臨時給事矣。

續律曆志中有『太史治曆郎中郭香、劉固。』又曰：『劉洪上作七曜術。甲辰，
詔屬太史部郎中劉固，舍人馮恂等課校。』又云：『熹平中，故治曆郎梁國宗
整上九道術。』

西漢太常所領諸陵園廟寢，除令丞外，並有郎吏給事其中。

如車千秋爲高祖園寢郎（漢書本傳作高寢郎，全後漢文一七馬援集作高祖園寢
郎），馮參爲渭陵寢中郎、班穉爲延陵園郎（叙傳）皆是也。

惟其時已有定制之跡象矣。

漢書昭帝紀、元鳳四年，『孝文廟正殿火，……太常及廟令丞郎吏皆劾大不敬。』
百官表、太常江德坐廟郎夜炊失火免。漢書金安上傳：『敞……爲侍中。元帝崩，
故事，近臣皆隨陵爲園郎，敞以世名忠孝，太后詔留侍成帝。』據此廟郎似已
成定制。

西漢郎又有領護三輔都水者，蓋給事太常之都水歟？

漢書劉向傳：『成帝即位……向以故九卿召拜中郎，使領護三輔都水。』

又有爲禮容者，蓋給事太常某署歟？

漢書儒林傳：『高堂生傳士禮十七篇，而魯徐生善爲頌。』注，蘇林引漢舊儀
曰：『有二郎，爲此頌貌威儀事。』

凡此諸職，東漢皆未見。

〔以上給事太常屬之諸署〕

西漢太僕邊郡六牧師苑三十六所、以郎監其事。

百官表，太僕屬有『邊郡六牧師苑令，各三丞。』孫輯漢舊儀補遺：『太僕牧
師苑三十六所，分布北邊西邊，以郎為苑監。』（引見漢書景帝紀注、後漢書
和帝紀注、三輔黃圖等）

東漢省六郡牧師苑，唯漢陽有流馬苑，仍以羽林郎監領。（續志）

〔以上給事太僕屬署〕

西漢郎有主客者，蓋給事大鴻臚之大行令署也。

漢書金安上傳：『上召拳拜為郎、使主客。』師古曰：『官名，屬鴻臚，主胡
客也。』

東漢定制，大行令轄員吏四十七人，皆稱治禮郎；蓋猶太史令屬，由署郎給事之制演
化而來也。

續百官志：『大行令一人，六百石。（本注曰、主諸郎），丞一人，治禮郎四
十七人。』注引漢官曰：『其四人四科，五人二百石文學，五人百石，九人斗
食，六人佐，六人學事，十二人守學事。』又引東觀記曰：『主齋祠儐贊九賓。』

案：官以郎稱，當由署郎給事之制演化而來；秩位懸虛，則已別具系統，自成
定制，非復臨時給事之舊，可斷言矣。

〔以上給事大鴻臚屬署〕

東漢又以光祿郎典校秘書，故稱校書郎，又以書在東觀，郎居其中，又稱東觀郎。

漢書敘傳，固『永平中為郎，典校秘書。』後漢書班固傳同。而班超傳及馬嚴
傳，皆直稱固為校書郎。又賈逵傳：『拜為郎，與班固並校秘書、應對左右。』
而東平王蒼傳亦直稱為校書郎。可知校書郎即光祿郎在校書部者，本傳詳其本
事，他傳乃冠職為稱耳。非別為一官也。又馬融傳：『拜為校書郎中，詣東觀典
校秘書。』十年不調，自劾歸。太后詔禁錮之。『安帝親政，召還郎署，復在
講部。』注引融集云『離署，當免官。制曰、融典校秘書，不推忠盡節，而羞
薄詔除。』曰還郎署，曰離署、曰詔除，而鄧隲傳又單稱郎中，此亦即光祿三
署郎之一證也。又儒林孔僖傳：『拜僖郎中，…使校書東觀。』蔡邕傳：『召
拜郎中，校書東觀。』竇章傳『入東觀，為校書郎。』又文苑李尤傳：『同郡
李勝亦有文才，為東觀郎。』是所謂東觀郎者即校書郎。由郎中給事東觀校書

部也。

惟此一職，西漢所未見。

<h3 style="text-align:center">〔以上給事東觀不知屬何卿〕</h3>

以上皆光祿郎給事卿屬諸署之例。此外，西漢中葉以後，上將軍府已有從事中郎；蓋以光祿中郎入上將府與參謀議，故名。此又諸郎給事他署之制之推衍也。其秩位甚崇，而百官表不載，可知西漢末葉似仍以署郎與從事，尚非正式職官也。

漢書陳湯傳、湯爲射聲校尉，免。以習西域事，大將軍王鳳『奏以爲從事中郎莫府事一決於湯。』又毋將隆傳：『大司馬車騎將軍王音，內領尚書，外典兵馬。踵故，選置從事中郎，與參謀議。奏請隆爲從事中郎。遷諫大夫。』王先謙補注引姚鼐曰：『從事中郎，幕府之官，自漢至六朝皆有之，始見此傳。案中郎本天子之衛臣，以衛臣而從事公卿之幕府，故曰從事中郎。唐時藩鎮幕僚有郎官御史之祿，其端蓋已啓於漢也。』其言甚是，惟云始見隆傳、殊未審。

東漢上將軍府各置二人，秩六百石，多由府主表請故二千石任職，非復前漢署郎給事之比矣。

續百官志上將軍『從事中郎二人，六百石。』本注：『職參謀議。』後漢書文苑杜篤傳：『建初三年，車騎將軍馬防擊西羌，請篤爲從事中郎。』事又見第五倫傳。竇憲傳，拜大將軍，位在三公上，『從事中郎二人，六百石。』鄧隲傳，永初元年，車騎將軍隲從事中郎司馬鈞與羌戰大敗。梁商傳，商爲大將軍，請『李固、周舉爲從事中郎。』亦見李固傳及周舉傳。舉本蜀郡太守，坐事免、由商表任。馬融傳，『拜議郎，大將軍梁商表爲從事中郎，轉武都太守。』朱穆傳，大將軍梁冀請种暠爲從事中郎。應奉傳，爲武陵太守，免。『延熹中，武陵蠻復寇亂荊州。車騎將軍馮緄…上請與俱征，拜從事中郎。』事又見馮緄傳。竇武傳，武爲大將軍，『辟越巂太守荀昱爲從事中郎。』王允傳，允爲荊州刺史，免。大將軍何進請爲從事中郎，轉河南伊。

分署給事之外又有散給事者，如三署郎以經術通明侍講禁中，或授皇太子。

後漢書馬嚴傳：『除子續爲郎，令勸學省中。』儒林包咸傳：『除郎中，建武中，入授皇太子論語。…子福拜郎中，亦以論語入授和帝。』張酺傳：『除爲

郎，入授皇太子。』又永元中，酺子蕃『以郎侍講。』是皆以經敎授皇家之例也。又儒林傳序：『蕭宗，…詔高才生受古文尙書、毛詩、穀梁、左氏春秋，擢高第爲講郎，給事近署。』馬融傳『召還郎署，復在講部。』蓋亦侍講之類也。西漢當亦如此。

若有絕學，亦詔郎受讀。

漢書儒林梁丘賀傳：『宣帝時聞京房爲易明，求其門人得賀。…傳子臨，…宣帝選高才郎十人從臨講。』又瑕丘江公傳，蔡千秋精穀梁學、『上（宣帝）善穀梁說，…愍其學且絕，迺以千秋爲郎中戶將，選郎十人從受。』後漢書買逵傳，章帝令逵『自選公羊嚴顏諸生高才者二十人，敎以左氏…皆拜逵所選弟子及門生爲千乘王國郎，朝夕受業黃門署。』

此外，西漢有護北軍者（如任安，見史記褚先生補傳。），有護田穀於河上者（如田仁，同前。）有田西域渠黎者（如鄭吉，見漢書本傳。）有候神各山者，（漢書郊祀志、武帝時，齊人公孫卿以言黃帝鼎湖事稱意、拜爲郎，「使東候神於太室。」）蓋皆散給諸事，不屬專署也。

東漢省請室令、式道候、郡邸長丞等官、盡以三署郎典其事，雖久暫不同、然皆散給諸事，與前漢不異也。

續百官志、光祿勳、西京『有請室令，車騎出，在前請所幸，繳車迎白，示重愼。中興，但以郎兼，事訖罷。』又執金吾節、本注：『本有式道左右中候三人，六百石，車駕出，掌在前清道，還持麾至宮門，宮門乃開。中興但一人，又不常置，每出，以郎兼式道候，事已罷，不復屬執金吾。』又中興省郡邸長丞，但令郎治郡邸。

〔以上不屬卿署〕

觀上所述，可知西漢郎官頗多給事中都官諸署（諸卿屬之令長署），且卿署愈親近者，郎官給事者亦愈多。東漢，其制雖未盡廢（儒林傳序），且有全署皆以郎爲稱者，然多本署之正職，鮮由三署郎吏奉調給事者矣。蓋秦及西漢舊制，內朝外朝，其分未顯，九卿及其所屬諸官署，方由宮官演化而來，亦不脫封建家臣之特性，故各署但有令長丞尉，其下由「家臣培養所」之郎中羣郎分別給事。其後，卿屬諸官署摒在外朝，逐

漸行政官化，而郎吏本質亦變，非復皇帝家臣，故與諸官署之關係日見疏隔，遂少給事其中，淪爲冗吏之比。

> 西漢人無稱郎吏爲冗散者。東漢則常有之：後漢書蔡邕傳，奏曰：『墨綬長吏
> …還者多召拜議郎郎中。若器用優美，不宜處之冗散。』虞詡傳，永初中，朝
> 議欲棄涼州，詡請除涼州牧守令長子弟爲冗官。四府從其議，拜牧守令長子弟
> 爲郎。又楊秉傳、上言：『三署見郎七百餘人…浮食者衆。』皆其徵也。

然官制恒例，臨時給辦，每每形成定制。（故古今官名，推其本始，多爲動詞，如相、守、令、長、從事、給事、知事、通判、檢點、提調、平章事等皆其著者）漢世，中都諸官署其事既本由郎吏給任，後雖不爾，然官署自置正職亦或因循以郎爲稱，且或例由三署郎遷任矣。

政府各官署既自置定職，而禁中諸署（多文屬少府）亦轉由宦官給事

> 後漢書宦者傳序：『中興之初，宦官悉用閹人（劉攽曰宦應作內），不復雜調
> 他士。……自永平以後，迄乎延平，委用漸大，…兼領卿署之職（指禁中文屬
> 少府之官署而言）。』別詳宦官篇。

至靈帝末，盡誅宦官，復以郎補其所領諸署，然論其性質，乃以郎補吏，亦非給事也。

> 獻帝紀，中平六年，帝卽位，『賜公卿以下至黃門侍郎家一人爲郎，以補宦官
> 所領諸署，侍於殿上。』續百官志三注引獻帝起居注：『諸奄人官悉以議郎郎
> 中稱秩如故諸署令。』

（三） 除 郎 與 補 吏

（1） 除 郎 途 徑

漢之初興，諸臣由郎入仕者已甚多。就表傳統計其除郎途徑，由舍人例遷者居三之一中涓九之一，士卒及其他二之一。

> 漢書高祖高后功臣表，曾爲郎中者二十二人：周正、薛歐、樊噲、工師喜、奚
> 涓、單究、呂臣、徐厲由舍人遷；孫赤、毛釋之由中涓遷；其石、王翳、楊喜、
> 呂騰、公孫昔、劉澤、戚鰓、靳彊、單右車、奚意、衛毋擇、王恬啓、由士卒
> 及他職遷。恩澤侯表，呂更始亦由舍人遷。此外可以列傳補二人：灌嬰由中涓

遷，婁敬由戍卒擢，季布以他故除。都凡二十六人，由舍人者九，由中涓者三，由士卒及其他者十四。

由此可知初期除郎之梗概。以下所論則多文景以後之材料也。

（1）　蔭任　蔭任以父兄爲官任子弟一途最爲要徑，其次外戚，及其他親友關係亦時有焉。按郎官本皆貴族子弟，迄乎秦及西漢，制『吏二千石以上視事滿三年，得任同產若子一人爲郎。』

　　　　見北堂書鈔舊本卷六○引漢舊儀。漢書哀帝紀注應劭引漢儀注同。

此爲例拜，由此進者必甚多。

　　　　附表一所列傳主以父兄蔭任者外，如李廣三子皆爲郎，蘇武兄弟並爲郎，韓延壽三子皆爲郎，各見本傳，蓋皆父任也，任子之盛可知。

此外亦有特詔任子，不必二千石者。

　　　　史記滑稽傳、褚先生補云：東方朔爲郎，常在側侍中，任其子爲郎。漢書馮唐傳：『唐爲楚相（已卸任），武帝卽位，求賢良，擧唐。唐時年九十餘，不能爲官，迺以子遂爲郎。』眭弘傳、昭帝時，符節令眭孟上書言，當有天子起於民間，坐誅。『後五年，孝宣帝興於民間，卽位，徵孟子爲郎。』此其例。

任子之制實封建時代之遺，最爲敝政。武帝時董仲舒已洞察此幣，故建擧孝廉除郎中之策。（詳後）。宣帝時、王吉亦以此爲言。

　　　　漢書王吉傳、宣帝時，吉上疏曰：『今使俗吏得任子弟，率多驕驁不通古今，……宜明選求賢，除任子之令。』

至綏和二年，哀帝卽位，推行儒政，畜奴名田皆有程限，並除任子之令，實一劃時代之政令也。

　　　　此見哀帝紀。注引應劭曰：『任子令者，…不以德選，故除之。』

惜旋又恢復，蓋如限田令，固不易行耳。

　　　　漢書龔勝傳：『王莽…白遣勝、漢（丙漢），策曰：惟元始二年六月庚寅，光祿大夫太中大夫…以老病罷、…大夫其上子若孫若同產同產子一人，…皆除爲郎。』又後漢書趙孝傳：『父普，王莽時爲田禾將軍，任孝爲郎。』可知前令未行也。

然吏二千石以上任職三年必能任子之硬性法規却從此廢除，觀東漢任子制限稍嚴足以知之。考東漢三公似多能任子弟爲郎，且多在死後，由朝廷酌拜，非硬性規定也。

後漢書鄧禹傳，爲太傅將卒。『帝（明帝）數自臨問，以子男二人爲郎。』魯恭傳：『爲司徒…除子爲郎中。』罷官，卒于家，『以兩子爲郎。』趙憙傳：『肅宗卽位，進爲大傅，錄尙書事，擢諸子爲郎吏者七人。』牟融傳，爲太尉，建初四年，卒官，除其長子麟爲郎。杜林傳、爲大司空，薨，光武除其子喬爲郎。鮑宣傳，永平十七年爲司徒，除子得爲郎。張禹傳，爲大尉，太傅，後策免，卒于家，『除小子曜爲郎中，長子盛嗣。』胡廣傳，廣屢登三事，卒，『拜家一人爲郎中。』袁安傳，安屢登三事，有忠直節，卒官。及和帝『親萬機，追思前議者邪正之節，乃除安子賞爲郎。』皇甫嵩傳爲車騎將軍，卒，『拜家一人爲郎。』

此外，內而列卿、尙書、二千石勤於職守者，外而守令將校有功社稷者，皆得隨時持詔任蔭子弟爲郎中。

後漢書耿秉傳：『秉…爲執金吾，…帝每巡郡國及幸宮觀，秉常領兵宿衛左右，除三子爲郎。』宣秉傳，秉爲大司徒司直，卒官。光武惜之，除子彪爲郎。趙孝傳、孝爲長樂衛尉，卒。帝嘉其行，無子，拜兩侄爲郎。桓榮傳，榮授太子經，後爲太常。及明帝卽位，『尊以師禮，…拜二子爲郎。』周舉傳，舉爲九卿，卒，朝廷惜焉，拜子勰爲郎。羊續傳：祖父侵，司隸校尉；父儒，太常。『續以忠臣子孫拜郎中。』

安帝紀，建光元年，『以公、卿、校尉、尙書子弟一人爲郎、舍人。』獻帝紀、靈帝中平六年，獻帝卽位，『賜公卿以下至黃門侍郎家一人爲郎。』

〔以上中央職官任子〕

漢書何並傳、居郡有治績。建武中，以其孫爲郎。後漢書杜茂傳、建武九年，雁門大守郭涼有功，『帝擢涼子爲中郎。』陸康傳：『拜康廬江大守。…帝嘉其功（破賊有功），拜康孫尙爲郎中。』滕撫傳：以軍功爲左馮翊，『除一子爲郎。』周榮傳：官至尙書令，大郡太守，卒、『除子男興爲郎中。』陳球傳：爲零陵太守，破賊有功『拜子一人爲郎。』張綱傳，爲廣陵太守，降積賊張嬰。

旋卒，詔拜綱子續爲郎中。段熲傳，熲以中郎將，破太山賊，封爲列侯，『除一子爲郎中。』循吏王渙傳，爲洛陽令，有異政。旣卒，民爲立祠。鄧太后『以渙子石爲郎中，以勸勞勤。』酷吏董宣傳爲江夏太守，洛陽令，至廉潔。『帝傷之，曰董宣廉潔，死乃知之，…拜子並爲郎中。』西羌傳護羌校尉趙沖『擊諸種羌，斬首四千餘級，詔沖一子爲郎。』

〔以上守令將校以功任子〕

至於以事死節，則不論職守高低，一例除子弟爲郎，此兩漢之通制也。

後漢書劉茂傳惠棟補注引宋躬孝子傳：『漢法，死事之子皆拜郎中。』其例之可見者：楊震傳，爲大尉、被誣死。順帝卽位，『下詔除三子爲郎。』伏恭傳，隆以光祿大夫死王事，『以子援爲郎中。』耿恭傳：『子溥爲京兆虎牙都尉。擊羌歿陣，詔拜溥子宏雌並爲郎。』獨行溫序傳，爲護羌校尉，爲隗囂將苟宇所拘，自殺，詔拜三子爲郎中。南蠻傳：『永壽二年，…九眞太守兒式戰死，詔賜錢六十萬，拜子二人爲郎。』樂恢傳，爲尙書僕射，以忤竇憲飲藥死。和帝親政，以恢有忠節，除子巳爲郎中。然此猶公卿二千石也。又獨行劉茂傳，元初中，鮮卑犯塞，漁陽主薄衞福、兵馬掾嚴授死難，各拜一子爲郎中。又平原縣令爲賊所得，小吏所輔以身代死，拜其父爲郎中。是卑末小吏亦享有同等權利矣。

約計兩漢諸郎由父兄任者居五之一，其中以西漢爲多，倍於東漢。（表一）至於外戚任郎，西漢已然，惟由此途顯達者殊少耳。

漢書王吉傳，宣帝時、吉奏請除任子令。又曰：『外家故人可厚以財，不宜居位。』雖不必盡指爲郎吏而言，然以寵除郎，實意中事也。又史記酷吏周陽由傳『其父趙兼以淮南王舅父侯陽周，因姓周陽氏。由以宗家任爲郎，事孝文帝。』索隱：『案：與國家有外戚姻屬，比於宗室，故曰宗家也。』王國外戚且除郎，比於宗室，王朝外戚可知矣。但少發展者耳。

至東漢，以外戚而執政柄者如竇憲、鄧隲、梁商、竇武、何進等皆由郎進。外戚任郎之盛，從可知矣。

東漢外戚任郎除傳主外，其例尙多，玆略舉其著者：後漢書馬援傳、馬嚴爲明

德皇后之兄，官至五官中郎將，四子皆除爲郎。陰興傳，興卒，『封興子慶爲
鮦陽侯、慶弟博爲濦强侯，博弟員丹並爲郎。』鄧禹傳、『隲…女弟爲貴人，
隲兄弟皆爲郎中。』梁竦傳，和帝親政，知生母爲梁貴人，竦之女也，乃大行
封賞，『諸梁內外以親疏並補郎謁者。』清河孝王慶傳，和帝詔宋氏悉歸京師，
除慶舅衍、俊、蓋、暹、等皆爲郎。』

此外有以宗室關係拜除者，如劉焉是也。

宗室除郎必不甚少，而傳中少見，蓋少發展者。

(2) 訾選　漢初除郎，任子之外卽以訾選爲主要途徑，武帝置常侍郎，限訾滿五百
萬始可除任。

計訾補郎固是敝政，然西漢名臣亦頗有出其中，如張釋之、是也。史記張釋之
傳集解如淳引漢儀注：『訾五百萬得爲常侍郎。』漢書釋之傳注引如淳說作漢
注，亦云『訾五百萬。』師古曰；『如說是也。』而御覽二二四引陶氏職官要
錄：『漢初有騎郎常侍，有資者得爲騎郎，資滿五萬爲常侍郎。』云訾五萬，
與漢注不同。案：漢一金値錢一萬。文帝云、百金中人十家之產、則中人一家
產當十萬也。郎官仕宦顯途，吏二千石以上任職三年始得任蔭一人，自不輕除
平民，訾五萬尚不得比於中人之家，決無得爲常侍郎之理，則陶氏要錄脫一「
百」字必矣。又漢書景帝紀，後元二年，詔曰：『人…不患其不富，患其無厭
也，其惟廉士寡欲易足。今訾算十以上乃得宦，廉士算不必衆，有市籍不得宦，
無訾又不得宦，朕甚愍之。訾算四得宦，亡令廉士久失職，貪夫長利。』師古
注引服虔曰：『訾五萬錢算百二十七也。』引應劭曰：『古者疾吏之貪，衣食
足，知榮辱，限資十算迺得爲吏，十算十萬也。』王先謙補注引姚範曰：『此
所云宦，謂郎也。漢初郎須有衣馬之飾，乃得侍上，故以訾算。張釋之云，久
宦減仲之產，衛將軍青令舍人具鞍馬絳衣玉具劍，是也。漢之仕進，大抵郎侍
及仕州郡及卿府辟召三途，郎乃宦於皇帝者也。無訾不得宦於皇帝，自可仕於
州郡及卿府也。…應謂限訾十算乃得爲吏，不悟此制不通行於凡吏也。』耕望
案：此訾十算四算正就普通補吏而言，故詔稱『亡令廉士久失職，貪夫長利。』
此決非指郎官而言也。韓信家貧無行，不得推擇爲吏，更郡縣吏亦限訾產之的

　　　　　證矣；**姚**說非也。

算訾除郎與任子同爲敝政，**董仲舒**已洞察之，（見後引**仲舒**對策）。**武帝**雖從其議，詔
舉孝廉除郎中，定一代之良法，而於革除敝政之議則未採納，且以財計困竭，而制入
羊、入粟、入財皆得爲郎，其敝有過訾算，故史家有郎選浸衰之嘆。

　　　　　史記平準書，武帝元朔二年，以征伐四夷『府庫益虛，入羊爲郎始於此。』又
　　　　　孔僅爲大司農，『始令吏得入穀補官，郎至六百石。』又，元鼎初『**所忠**言，
　　　　　世家子弟富人或鬪雞走狗馬弋獵博戲亂齊民，遒徵諸犯令相引數千人，名曰株
　　　　　送徒，入財者得補郎，郎選衰矣。』**漢書食貨志**略同。

至**成帝**、**王莽**時，亦偶有入錢入粟補郎之令。

　　　　　漢書成帝紀，永始二年，詔曰：『關東比歲不登，吏民…入穀物助縣官振贍者
　　　　　已賜直、…三十萬（錢）以上…吏遷二等，民補郎。』**王莽傳**：『地皇元年…
　　　　　…令民入米六百斛爲郎。』

至**東漢**，訾選蓋廢。故史傳不見以訾爲郎者。

　　（3）孝廉　『**高后**選孝悌爲郎。』（**書鈔**六〇引**漢舊儀**）其性質雖與武帝以後孝廉
補郎之制不同，固亦其濫觴也。**文帝**時，又復詔郡縣察舉賢良吏民，但非經制，且不
一定拜郎。

　　　　　漢書文帝紀十二年詔曰：『孝悌，天下之大順也；力田，爲生之本也；廉吏，
　　　　　民之表也。…今萬家之縣云無應令，豈實人情，是吏舉賢之道未備也。』又**循吏**
　　　　　文翁傳：『以郡縣察舉，**景帝**末、爲蜀郡守。…選郡縣小吏開敏有材者……以
　　　　　爲右職，用次察舉，官有至郡守刺史者。』是**漢**初有郡縣察舉之制明矣。

故其時除郎之主要途徑僅蔭任與訾選。然富貴子弟多不賢，是以吏治日偷。至**武帝**時，
董仲舒銳眼有見及此，乃於對策時提出新方案，欲確定郡縣察舉之制，使列侯郡守二
千石歲貢其吏其民之賢能者以給宿衛。

　　　　　漢書董仲舒傳、對策曰；『今之郡守縣令，民之師帥，所使承流而宣化也。…
　　　　　今…或不承用主上之法，暴虐百姓…是以…黎民未濟。…夫長吏多出於郎中中
　　　　　郎，吏二千石子弟選郎吏，又以富訾，未必賢也。…臣愚以爲使諸列侯郡守二
　　　　　千石各擇其吏民之賢者歲貢各二人，以給宿衛，且以觀大臣之能，所貢賢者有

賞，所貢不肖者有罰，夫如是，諸侯郡守二千石皆盡心於求賢，天下之士可得而官使也。徧得天下之賢人，則三王之盛易，而堯舜之名可及也。』班固曰：『州郡舉茂才孝廉，皆自仲舒發之。』是也。

元光元年，始詔郡國歲貢孝廉各一人，蓋從仲舒之議也，（武帝紀）。其時，孝廉一途出路蓋不甚顯，故應選者殊少，是以元朔元年有嚴罰之詔。

武帝紀，『詔曰：「…興廉舉孝，庶幾成風，紹休聖緒。…今或闔郡而不薦一人，是化不下究而積行之君子雍於上聞也。　其…議不舉者罪。」有司奏議曰：「…不舉孝，不奉詔，當以不敬論；不察廉，不勝任也、當免。」奏可。』孝廉到京例拜郎中，即仲舒對策所謂「以給宿衞」者也。

案：應劭漢官儀：『郡國舉孝廉以補三署郎。』（和帝紀注引）。孫輯漢舊儀：『武帝…令郡國舉孝廉各一人詣御史舉試，拜爲郎中。』（北堂書鈔引）是孝廉例拜郎中也。和帝紀永元七年詔曰：『舊典，因孝廉之舉，以求其人，有司詳選郎官…才任典城者三十人…出補長相。』後漢書左雄傳、雄請舉孝廉限年四十以上，『唯汝南陳蕃、潁川李膺、下邳陳球等三十餘人得拜郎中。』姜詩妻傳：『詩…永平三年，察孝廉。顯宗詔曰：「大孝入朝，凡諸舉者一聽平之。」由是皆拜爲郎中。』尋其意，凡舉孝廉經朝廷認爲合格者皆拜爲郎中也。

故碑傳中，凡舉孝廉者，多言補郎中；其有直稱補令長或他職者，若非王國臣民，類是文省，非不經郎署也。

漢書龔勝傳：『勝爲郡吏，三舉孝廉，以王國人（楚人）不得宿衞；補吏，再爲尉，一爲丞。』是西漢對於王國臣吏之特別限制也。除此之外，孝廉通常皆補郎中，故列傳傳主，其事蹟多者往往省書補郎一階段。前漢除漢書外無他籍參證，不能具詳。而後漢書舉孝廉省書郎中者則頗可比徵：如袁安、馮緄、陳球、胡廣、橋玄補郎各見本碑，朱穆見朱文公鼎銘，第五倫見東觀記，劉寵、皇甫嵩皆見續漢書，而列傳皆省書，是也。蓋名臣事繁，故正史省書之耳。（後漢書明言舉孝廉補郎者，其平生事蹟類較少，故備言之。）茲再就全後漢文所載碑刻觀之，舉孝廉除官者共四十六人，凡碑主例書除郎中，都三十一人，佔全數三分之二以上。其餘縣令五人，縣長三人，其他七人，共十五人；然此十

五人中，絕大多數非碑主，且集中於兩三碑；如隸釋一二趙相雍勸碑述高祖以下四人；其一，孝廉河南令；其二，孝廉胞忍令；其三，孝廉弘農令；其四，孝廉成皋令。隸續一一楊淮碑，舉孝廉爲尙書侍郎；其弟弼，孝廉西鄂長，再舉孝廉爲尙書侍郎。曹全碑附述先世：其一，孝廉謁者；其二，孝廉郡長史；其三，孝廉都尉丞也。通體觀之，三分之二均經郎署，而此三家者各三四人，均不除郎，殊不合理。雍勸碑，一家子孫四人，舉孝廉均直接補大縣令，尤絕非事實，是必有省文無疑。然則孝廉必經三署，可斷言矣。又應劭漢官儀：『世祖詔…刺史二千石察茂才…孝廉之吏務盡實覈…有非其人，臨計過署，不便習官事（一作曹事）…有司奏罪名。』（續志一注引）。過署蓋指郎署而言，則縱舉孝廉卽補他官，亦必經郎署矣。

孝廉必經郎署，則孝廉員額及人選與郎吏制度關係至切，茲略述之：

初孝廉員額郡（國）各一人，不知何時增爲二人。和帝以爲不均，乃從丁鴻等議，以戶口爲率，內郡每二十萬口舉一人，邊郡稍有優待。

續百官志：『舉孝廉，郡口二十萬舉一人。』後漢書丁鴻傳：『（和帝）時，大郡口五六十萬，舉孝廉二人，小郡二十萬，並有蠻夷者亦舉二人。帝以爲不均，下公卿會議。鴻與司空劉方上言：「凡口率之科宜有品階，蠻夷錯雜，不得爲數。自今郡國率二十萬口歲舉孝廉一人，四十萬二人，六十萬三人，八十萬四人，百萬五人，百二十萬六人；不滿二十萬二歲一人；不滿十萬，三歲一人。」帝從之。』（河南尹舉六孝廉，見种暠傳，蓋其口在百二十萬以上）。又和帝紀，永元十三年，詔曰：『幽、幷、涼州，戶口率少，邊役衆劇，束修良吏進仕路狹。撫接夷狄，以人爲本。其令緣邊郡口十萬以上歲舉孝廉一人，不滿十萬二歲舉一人，五萬以下、三歲舉一人。』是於邊郡略示優待也。

但以守相視事滿歲始有察舉權，郡國中自當有脫歲不舉者，故每歲孝廉亦不過二百人。

順帝紀、帝卽位，詔云：『其令郡國守相視事未滿歲者，一切得舉孝廉吏。』據此可知當時經制，視事未滿歲者例不能舉。又王符傳載其潛夫論實貢篇：『略計所舉，歲且二百。』是就全國而言也。

此二百人者雖尙須經過朝廷考試甄選合格者始正式承認爲孝廉補郎吏，然爲數當亦不

甚少，則郎吏以孝廉爲最主要來源可斷言矣。是以兩漢書列傳傳主之爲郎者，以由孝
廉除任爲最多，約佔全額四分之一，若就後漢而言，比例尤大（參看附表一）。又據傳
世諸碑，碑主爲郎者三十八人，其三十一人由孝廉進，其他七人亦由州郡吏除任（附
表二）；其爲主要途徑尤爲顯著。可知東漢三署諸郎雖非絕大多數由孝廉出身，然孝
廉郎發展之機會較大，則可斷言。至於孝廉人選，前後標準頗有違異。大抵孝廉之貢
初本兩科，廉以吏選，孝以民貢。後併而爲一，遂吏民兼選，漫無限制。復以人事關
係，弊端叢生，故屢制科條，期杜積弊，於是漸演而有人限職吏，年限四十，且經考
試之制。入限職吏蓋始於光武帝孝廉必先試職之詔，而定於和桓之世。

　　舉孝廉本不必皆先試以職事，而續百官志一注引應劭漢官儀曰：『世祖詔，方
　　今選舉，賢佞朱紫錯用。…自今以後，…刺吏二千石察茂才尤異孝廉之吏，務
　　盡實效，選擇英俊賢行廉潔，平端於縣邑，務授試以職。有非其人，臨計過署
　　不便習官事（官一作曹）書疏不端正，不如詔書，有司奏罪名，並正舉者。』
　　是光武時孝廉雖不必職吏，亦當先試以職事始能貢舉矣。然仍不得眞才，故章
　　帝建初八年復申光武故詔，見和帝紀注引漢官儀。（文略與前詔同，蓋申前詔，
　　非誤建武爲建初也，觀後引和帝詔「出入九年」之語可知）。至和帝永元五年
　　三月，復詔曰：『郡國舉吏不加簡擇，故先帝明敕所在令試之以職乃得充選；
　　又德行尤異不須經職者，別署狀上。而宣布以來，出入九年，二千石曾不承奉，
　　恣心所好，…後有犯者，顯明其罰。』見和帝紀。觀其詞意則所舉以吏爲多矣。
　　然猶不必盡爲吏也。至桓帝卽位，又詔曰：『孝廉廉吏…其令秩滿百石十歲以
　　上有殊才異行迺得參選。臧吏子孫不得察舉，』見桓帝紀。是更硬性規定，非
　　郡縣久任職吏不能察舉矣。然其時政綱已亂，此詔未必收效耳。

年限四十以上且經考試之制乃順帝陽嘉元年左雄所奏，蓋鑑於郡國舉孝廉率取年少能
報恩者之弊也。

　　順帝紀陽嘉元年十一月『初令郡國舉孝廉限年四十以上，諸生通章句，文吏能
　　牋奏，乃得應選；其有茂才異行若顏淵子奇，不拘年齒。』左雄傳：『陽嘉元
　　年……雄…上言：「郡國孝廉、古之貢士，出則宰民，宣協風教；若其面牆，
　　則無所施用。孔子曰：四十而不惑，禮稱強仕。請自今，孝廉年不滿四十，不

得察舉。皆先詣公府，諸生試家法，文吏課牋奏，副之端門，練其虛實，以觀異能，以美風俗。有不承科令者，正其罪法。若有茂才異行，自可不拘年齒。」帝從之。於是班下郡國。…於是濟陰太守胡廣等十餘人皆坐謬舉免黜；唯汝南陳蕃、潁川李膺、下邳陳球等三十餘人得拜郎中。自是牧守畏慄，莫敢輕舉。迄乎永憙，察舉清平，多得其人。』案：漢制，孝廉爲仕進正途，故德舉將，視如君父；舉將亦以此樹恩以遺子孫，故率舉年少能報恩者。永平中，樊儵已洞察其弊，故上言：『郡國舉孝廉率取年少能報恩者，老宿大賢多見廢棄。宜敕郡國簡其良俊。』事未施行。左雄限年之議當亦頗由此而發也。

左雄所奏以「儒學」「文吏」兩科取士，其性質與初期「民之孝悌」「吏之廉潔」兩科相去殊遠。稍遲（蓋順桓之際），黃瓊復奏增「孝悌」及「能從政者」，並前爲四科，郎署人才亦從可知矣。

　　案：孔門有四科，故漢世丞相辟召與王莽舉士皆有四科之目。漢相四科，一曰德行高妙，志節清白，二曰學通行脩，經中博士；三曰明達法令，能案章覆問，文中御史；四曰剛毅多略，遭事不惑，才任三輔令。見續百官志注引漢官儀。王莽四科，一曰德行，二曰言語，三曰通政事，四曰明文學。見後漢書景丹傳並注引東觀記。孝廉之選，左雄奏爲兩科，黃瓊以其途礙，故亦奏增爲四科。

　　黃瓊傳：『瓊以前左雄所上孝廉之選專用儒學文吏，於取士之義猶有所遺，乃奏增孝悌及能從政者爲四科。事竟施行。』是也。

孝廉補郎，其制大略如此。至東漢又有計吏除郎之制。

　　和帝紀永元十四年：『初複郡國上計補郎官。』（注引前書音義，謂上計吏拜郎始於武帝時，誤會音義文意。）又楊秉傳：『時（桓帝延熹五年），郡國計吏多留拜爲郎。秉上言，三署見郎七百餘人，帑藏空虛，浮食者衆；而不良守相，欲因國爲池。…宜絕橫拜。自此終桓帝世，計吏無復留拜者。』據此則漢世本有拜計吏爲郎之制，後廢，和帝永元十四年複舊制，桓帝延壽五年復罷；文曰終桓帝世，則桓帝以後或又複舊制矣。計吏拜郎亦頗見於碑傳。如度尙王逸各見本傳，耿勳見本碑。是也。又張堪傳，光武時，蜀郡計掾樊顯以言事功，拜魚腹長。廣漢士女志劉寵上計闕下，見除成都令，亦其例也。惟省書除郎耳。

推其本始，不外兩途：或由言事稱意而特拜，或以孝廉落選而遞補；爲時旣久，遂例拜矣。是亦孝廉除郎之變也。

此職代表郡守言事，特拜自意中事，詳拙作兩漢地方行政制度。又隸釋六郎中鄭固碑：『仕郡…功曹…邦后瑯瑋，以爲儲舉，先屆計椽。…德能簡乎帝心，延熹元年…詔拜郎中。』稱曰儲舉，可知有儲以待補之意義矣。

孝廉旣爲除郎之最主要途徑，而論其品質，復有客觀之標準，不與蔭任同科，實署郎之正途也。制詔典籍，郎冠孝廉爲稱，職此故歟？

續百官志、諸卿屬有令丞。注引應劭漢官名秩：『丞皆選孝廉郎年少薄伐者。』又羽林左監注引漢官：『孝廉郎作。』章帝紀、建初元年，『初舉孝廉郎中寬博有謀任典城者以補長相。』安帝紀、元初六年、詔：『選孝廉郎寬博有謀清白行高者五十人出補令長丞尉。』此非以孝廉郎槪稱署郎，卽孝廉郎有優先補吏之權矣。

此外所當附述者：賢良方正之舉本待以不次之位，若處以閑散，亦議郎以上，然亦有除郎者，非常例也。

漢官儀：『議郎秩比六百石，特徵賢良方正敦朴有道。』是蓋謂補議郎也。而和帝紀、永元六年，『詔曰…其令三公中二千石內郡守相舉賢良方正能直言極諫之士各一人…帝乃親臨策問，選補郎吏。』又皇甫規傳、舉賢良方正，對策，忤權貴，下第，除郎中。是亦降格補三署郎也。

(4) 德行　漢世選舉，頗重德行，然專以德行進身除郎者則甚少，傳主中僅有八人，其六在東漢，就中孝悌居其半，蓋特重之耳。

此詳後附表。漢書馮唐傳：『唐以孝著，爲郎中署長，事文帝。』師古曰：『以孝爲郎中，而爲郎署之長也。』王先謙補注：『史記、郎中作中郎。集解引應劭曰：此云孝子郎也。據應說漢代自有以孝舉爲郎者，師古正用應義。』後漢書謝弼傳：『建寧二年，詔舉有道之士，弼與東海陳敦、玄菟公孫度俱對策，皆除郎中。』

(5) 明經　漢廷提倡經學，經師亦以致用相尙，故多以明經除郎者。其途徑多由博士弟子射策甲科，亦有徵召特拜者。博士弟子射策甲科除郎之制，係武帝時宰相公孫

宏所奏定。

　　史記儒林傳叙，丞相公孫宏奏曰：『請⋯爲博士官置弟子五十人，復其身。太
　常擇民年十八以上儀狀端正者補博士弟子。郡國縣道邑（漢書作郡國縣官）有
　好文學敬長上肅政敎順鄉里，出入不悖所聞者，令相長丞上屬所二千石，二千
　石謹察可者當與計偕詣太常，得受業如弟子。一歲皆輒試（漢書作課）能通一
　藝以上補文學掌故缺，其高第可以爲郎中。』制曰：『可。』案：此時尙無甲
　乙丙三科之稱，故云高第，後始形成專名。又鼂錯傳、索隱引漢舊儀：『太常
　博士弟子，試射策中甲科補郎中，乙科補掌故。』

傳主中雖僅有六人，然四人至丞相（何武、馬宮、翟方進、王嘉）一人至御史大夫（
蕭望之），一人至九卿（召信臣），其爲除郎要途亦可知矣。

　　漢書楊雄傳、作解嘲曰：『鄉使上世之士處虖今，策非甲科，行非孝廉，舉非
　方正，獨可抗疏時道是非，高得待詔，下觸聞罷，又安得靑紫？』據此亦可知
　甲科實補郎極主要途徑，傳主僅得六人者，蓋傳中謂明經爲郎實多以甲科進，
　徵召特拜固不應較歲課甲科爲多也。

東漢承之，歲額時有增減，或以百計。亦有臨時特詔課試太學生以補郎吏者。

　　史記儒林傳序注引漢儀：『弟子射策甲科百人補郎中；乙科二百人補太子舍人。』
　蓋卽蔡質之書，當是東漢之制。順帝紀、陽嘉元年，『以太學新成，試明經下
　第者補弟子，（儒林傳同。左雄傳作「詔試明經者補弟子」較妥），增甲乙科
　員各十人。』質帝紀，永初元年四月，『令郡國舉明經，年五十以上七十以下，
　詣太學，自大將軍至六百石，皆遣子受業，歲滿科試，以高第五人補郎中；次
　五人，太子舍人。』通典一三選舉典：『桓帝建和初，詔諸學生年十六，比郡國
　明經試次第上名高第五十人，上第十六人爲郎中，中第十七人爲太子舍人，下
　第十七人爲王家郎。』又：『永壽二年，詔復課試諸生補郎舍人。』靈帝紀、熹平
　五年十二月，『試太學生年六十以上百餘人除郎中太子舍人至王家郎，郡國文
　學吏。』獻帝紀，初平四年，九月，『試儒生（太學生）四十餘人，上第賜位
　郎中，次太子舍人。』宦者傳：『諸博士試甲乙科，爭第高下。』案：據上所
　引，則東漢仍有博士弟子課試甲科補郎之制，而傳中竟不一見，惟陳寔汝潁士

論；『汝南袁公著爲甲科郎中。』（梁冀傳惠氏補注引）可謂鮮見。蓋傳中明經
爲郎，卽多以甲科進也。

延及曹魏，此制仍行，惟遞試遞進，以至郎中，法稍變耳。

　　三國魏志王肅傳注引魏略儒宗傳序：『黃初元年之後，新主乃復始掃除太學之
　　灰炭，補舊石經之缺壞，備博士之員錄，依漢甲乙以考課申告。』通典五三吉
　　禮：『魏文帝黃初五年，立太學於洛陽。時慕者始詣太學爲門人，滿二歲，試
　　通一經者稱弟子，不通一經者罷遣。弟子滿二歲，試通二經者，補文學掌故；
　　不通二經者，聽須後輩試，試通二經，亦得補掌故。掌故滿二歲試通三經者，
　　擢高第爲太子舍人；不第者隨後輩試，試通亦爲太子舍人。舍人滿二歲試通四
　　經者，擢其高第爲郎中；不通者隨後輩復試，試通亦爲郎中。…』

至於特詔拜除，非經制，然以此進者，當亦不少。

　　後附表一，明經爲郎固多由甲科，然亦當有特詔拜除者。又左雄傳：『陽嘉元
　　年，太學新成，…除京師耆儒年六十以上爲郎舍人諸王國郎者百三十八人。』（
　　順帝紀、陽嘉元年『除郡國耆儒九十人補郎舍人。』二年『除京師耆儒年六十
　　以上四十八人補郎舍人及諸王國郎。』）是大批特拜也。儒林傳序：『蕭宗…又
　　詔高才生受古文尙書，毛詩、穀梁、左氏春秋，雖不立學官，然皆擢高第爲講
　　郎，給事近署。』

綜計兩漢諸郎由明經進者約居八之一，（附表一）

（6）才藝　才藝除郎，可分「文才」「經世才」「術學」「技藝」四類。漢世多有
上賦頌上書言世務者，若稱帝意，可拜郎中。此卽以「文才」「經世才」而特拜也。
武帝時，此風尤盛。

　　後附表一，文才經世才類凡七人，其六在武帝世。而漢書主父偃傳：『偃…上
　　書闕下，朝奏暮召見。…是時，徐樂嚴安亦俱上書言世務，書奏，上召見三人，
　　謂曰：「公皆安在哉，何相見之晚也？」迺拜偃樂安皆爲郎中。』三人上書同
　　時拜郎，可知當時此類事甚多。

至漢末靈帝時，鴻都門學生亦多以文學藝術爲郎中。

　　酷吏陽球傳，奏罷鴻都門學，曰：『鴻都文學樂松、江覽等…斗筲小人…附託

權豪，…或獻賦一篇，或鳥篆盈簡，而位升郎中。』

以術學進者蓋不常見。

　　除附表一傳主兩人外，如漢書郊祀志武帝時齊人公孫卿以言黃帝鼎湖事稱意拜

　　為郎，亦其例也。

技藝皆見西漢。

　　除附表一傳主衛綰鄧通外、當不乏其人。鹽鐵論除狹篇，賢良曰：『今吏道壅

　　而不選，戲車鼎躍，咸出補吏。』書鈔七一引桓譚新論：『宣帝元康神爵之間，

　　丞相奏能鼓雅琴者，渤海趙定，梁國龍德，召見溫室，拜為侍郎。』皆是也。

綜計兩漢傳主諸郎由才藝進者約居十五分之一，什九在前漢，東漢則絕少見。（附表一）

　　(7) 軍功　漢之初興，多以軍功除郎，已見前。武帝元朔六年，又制軍功小者拜郎。

　　史記平準書，元朔六年『軍功…大者封侯卿大夫，小者為郎。』漢書食貨志同。

　　惟西漢中葉以後，傳主以軍功為郎者絕少；有之，惟李廣，鄭吉而已。此外如

　　漢書傅介子傳從介子使樓蘭、手刺其王者，詔皆補侍郎。蘇武傳，與武同歸者

　　『常惠、徐聖、趙終根、皆為中郎。』或以軍功，或出使不辱，亦皆有功社稷

　　也。

中興之際，當亦多此類拜除，惟列傳中未詳述耳。

　　(8) 遷轉　遷轉有按秩節遷，有比秩轉換。就傳主而論，按秩節遷者半由公府掾屬，

此亦除郎重要途徑也。

　　李斯由相國呂不韋舍人遷郎，此公府屬為郎最早之著例。漢舊儀：『公府掾，

　　試博士者拜郎中。』是公府掾屬除郎亦常格也。

比秩轉換，其例必多，要以低級墨綬為常格。

　　後漢書蔡邕傳，奏七事，其六曰：『墨綬長吏，職典理人…褒賞之科所宜分明，

　　而今……遷者，多召拜議郎郎中。…』

綜計兩漢傳主為郎，其由他職遷轉者約居七之一，而西漢為多。（附表一）

　　(9) 由前高級官徵除　此更無定格，據附表一，以內外高秩令為多；至於太守（如，

甘延壽）九卿（如劉向）亦有處散郎署者；然多在西漢。

　　(10) 其他　此外亦時有恩拜，然究非常科，且在政類時也。

漢書王莽傳下、莽知將敗，『作告天策，自陳功勞千餘言，諸生小民…能誦策
文者，除以爲郎，至五千餘人，鬭譁將領之。』後漢書楊秉傳：『延熹…七年，
南巡至南陽，左右並通姦利，詔書多所除拜（郎）。』蔡邕傳，靈帝時，『侍中
祭酒樂松賈護多引…市買小民爲宣陵孝子者，復數十人，悉除爲郎中、太子舍
人。』

綜而言之：兩漢除郎，以「孝廉」「蔭任」「明經」爲主要途徑：「訾選」「德行」
「才藝」及其他遷轉次之。析而論之：西漢初葉，以「蔭任」「訾選」及「軍功」爲
多；中葉以後，以「蔭任」爲多，「孝廉」「明經甲科」次之，「才藝」「公府掾」
又次之；東漢半爲「孝廉」，「蔭任」次之，「德行」「明經」等及次之。觀此可知
除郎途徑演變之梗概矣。

（2）補　吏　途　徑

署郎補吏可分下列諸途徑：

（1）縣長吏　郎中本君主近臣，而韓非子說疑曰：『法也者，官之所師也，然使郎
中日間道於郎門之外，以至於境內日見法，又非其難者也。』此種主張，爲秦漢所採、
縣長吏大多由郎官出補，實亦郎官最主要出路，故「出牧百姓」「出宰百里」幾成術
語。

> 漢書董仲舒傳，對策曰：『夫長吏多出於郎中中郎。』後漢書明帝紀末段，『
> 館陶公主爲子求郎，不許，而賜錢十萬。謂羣臣曰，郎官上應列宿，出宰百里，
> 苟非其人，則民受其殃，是以難之。』（書鈔設官部引漢官儀作武帝時，蓋誤）
> 桓帝紀，帝即位，詔曰：『孝廉廉吏皆當典城牧民，禁姦舉善，興化之本恒必
> 由之。』（案：孝廉廉吏即謂郎也。）楊秉傳，延熹七年，上疏曰：『太微積
> 星，名爲郎位，入奉宿衛，出牧百姓。』唐六典一注引漢官儀：『光祿勳有南
> 北廬主事、三署主事，於諸郎之中察茂才高第者爲之…出宰百里。』

而郎之秩位有等差，故所補或縣長侯國相，或丞尉，且有至大縣令者。

> 史記司馬相如傳：『拜相如爲中郎將（漢書同；西南夷傳均作郎中將），建節往
> 使。』索隱：『四百石，五歲遷補大縣令。』案此當是釋郎中中郎，非釋郎將
> 也。後漢書章帝紀，建初元年五月，『初舉孝廉郎中寬博有謀任典城者以補長

相。』和帝紀永元元年三月，『初令郎官詔除者得占丞尉，以比秩爲眞。』注：
『漢官儀曰：羽林郎出補三百石丞尉，自占丞尉小縣丞尉（劉攽曰此丞尉二字
衍）三百石，其次四百石；比秩爲眞者，皆所以優之。』又永元七年：『詔曰
…舊典因孝廉之舉以求其人，有司詳選郎官寬博有謀才任典城者三十人。既而，
悉以所選郎出補長相。』又元興元年五月引三署郎，召見禁中，選除七十五人
補謁者長相。』安帝紀，元初六年二月『詔…光祿勳與中郎將選孝廉郎寬博有
謀淸白行高者五十人，出補令長丞尉。』三國志臧洪傳…『舉孝廉爲郎。時選
三署郎以補縣長：琅邪趙昱爲莒長；東萊劉繇，下邑長；東海王郎，莒邱長；
洪，卽丘長。』

綜計，兩漢書列傳傳主由郎補吏者以縣長吏爲多，約佔全額五之一（附表一）。又據碑
銘，由郎補吏者三十四人，其中十人爲縣長吏，而小縣長爲多。（附表二）

(2) 郡國丞長史　郡國丞長史，地位在縣令之下，故亦可由郎官直補。

　　案：郎補郡國丞長史，傳中少見，而碑中郎出補吏之可知者三十四人，其六人
　　屬此類，幾得六之一。（附表二）

(3) 王府長吏　東漢王府長吏多由郎官出補，西漢蓋同。

　　後漢書第五倫傳補注引東觀記，建武中，『諸王當歸國，詔書選三署郎補王家
　　長吏，除倫爲醫工長。』惟傳主中少此類材料。

(4) 刺史、二千石　此爲超遷，不常見也；又大半在西漢。

　　漢書京房傳，房奏考功課吏法，『上中郎任良，姚平，願以爲刺史，試考功法。』
　　惟列傳中無郎遷刺史者，蓋甚少也。傳主遷都尉者僅得三人，京房遷魏郡太守、
　　但以八百石居。其他見者：漢書高祖紀、趙國郎中田叔、孟舒等十人從王就獄，
　　『召見與語，漢廷臣無能出其右者。上說，盡拜爲郡守諸侯相。』霍光傳，昭
　　帝崩，無嗣；郎有上書言，苟利社稷，雖廢長立少可也。『言合光意，…擢郎爲
　　九江太守。』後漢書張衡傳注引漢武故事『上至郎署，見一老郎，…三葉不遇。
　　上感其言，詔爲會稽都尉。』此皆不次之遷也。

(5) 博士議郎　亦爲郎官遷補之重要途徑。

　　議郎實高級郎官，必多有由署郎遷昇者。後漢書儒林傳序：『及鄧太后稱制，

…樊準徐防…言儒職多非其人。於是制詔公卿妙簡其選，三署郎能通經術者，皆得察舉。』是郎得例遷博士也。

就兩漢書列傳傳主統計，郎吏遷博士議郎者約得全額十二分之一，後漢尤多。（附表一）

（6）上下大夫　郎可久次轉下大夫，亦可特擢之。

　　漢書楊雄傳，雄爲郎，『三世不徙官。及王莽簒位…以耆老久次轉爲大夫。』儒林瑕丘江公傳，蔡千秋精穀梁爲郎。『宣帝…善穀梁說，擢千秋爲諫大夫，給事中。』

遷上大夫者蓋甚少。統計兩漢書列傳傳主，郎官遷大夫者亦佔全額八之一，而多在西漢。然諦考之，多曾爲較郎爲高之官吏，非一般郎吏可比也。（附表一）

（7）尚書郎　西漢署郎給事尚書，縱有尚書郎之專稱，亦當在末季也。（詳前章）。始其地位與署郎等爾，故以令史補之；光武帝改用孝廉郎，地位始高一格。

　　續百官志三注引三輔決錄注：『故事，尚書郎以令史久缺補之；世祖始改用孝廉（即孝廉郎）爲郎，以孝廉丁邯補焉。邯…恥以孝廉爲令史職。』又引蔡質漢儀：『尚書郎初從三署詣臺試，初上臺稱守尚書郎中。』（初學記職官部及御覽二一五引應劭漢官儀、北堂書鈔六〇引漢官典職略同）唐六典一注引應劭漢官儀：『光祿勳有南北廬主事三署主事，於諸郎之中察茂才高第者爲之秩四百石，次補尚書郎。』

故補尚書郎惟東漢有之，約佔全補吏額八之一（附表一），碑中所見則得六之一（附表二）。至於尚書，亦有由郎官超遷者，是劇遷也。

　　後漢書韋彪傳，章帝初，上疏曰：『天下樞要在於尚書　尚書之選豈可不重；而間者多從郎官超升此位。』

（8）謁者　例由三署郎遷任。

　　孫輯漢舊儀補遺：『謁者缺，選郎中美鬚大聲者以補之。』章帝紀永元七年注引關駰十三州志：『謁者，秦官也，員七十人，皆選孝廉年未五十曉解儐贊者。』續百官志二注引荀綽晉百官表注，略同。和帝紀元興元年：『用三署郎…先除七十五人補謁者長相。』按近出土司徒袁安碑：『永平三年二月庚午以孝廉除郎中，四□十一月庚午，除給事謁者，五年正月乙□遷東海陰平長。』卽佳例。

傳主中由郎補謁者約**佔**遷除全額十五分之一（附表二）。可知亦重要途徑也。

（9）侍御史　此亦比秩例遷。

　　御覽二二七引續漢書百官志：『侍御史…秩六百石…或牧守議郎郎中爲之。』

　　案：今本續百官志無此條。

（10）諸曹、侍中、黃門侍郎　傳主以郎爲諸曹侍中多<u>西漢</u>人，其時尚爲加官，與一般補吏略有不同。遷黃門郎多在<u>東漢</u>。此類加官或遷補，在<u>西漢</u>甚重要，且多爲**親貴蔭任子弟**，此可注意者也。

（11）武騎常侍、期門　此二職惟<u>西漢</u>有之，亦爲郎官遷補之次要途徑。（附表一）綜觀諸曹侍中，黃門侍郎，武騎常侍與期門等，皆人主近侍從官，在<u>西漢</u>爲郎吏遷補之重要途徑，約**佔**全額六之一。<u>東漢</u>則不甚重要（附表二。）

（12）太子官右職

　　漢舊儀：『（太子）洗馬，職如謁者，十六人，選郎中補也。』續百官志四：『太子洗馬比六百石。』注引漢官：『選郎中補也。』

（13）卿屬令、長、丞、司馬、侯、監　此類官多選郎吏補任。

　　續百官志，諸卿之屬有諸令丞。注引應劭漢官名秩：『丞皆選孝廉郎年少薄伐者。』又：『羽林右監一人，六百石。』注引漢官：『孝廉郎作。』御覽二二九應劭漢官儀：『太官令…秩千石，丞四人，郡孝廉年五十清修聰明者，光祿上名乃召拜，皆秩四百石，三歲爲令。』獻帝紀，中平六年，帝卽位，時宦官盡誅，『乃賜公卿以下至黃門侍郎家一人爲郎，以補宦者所領諸署，侍於殿上。』

傳主由郎遷卿屬令長丞監者，約**佔**郎吏補官全額十之一，<u>西漢</u>尤多。（附表一）

（14）中郎將校尉　傳中頗不少，皆特擢也。

（15）卿　此爲<u>西漢</u>絕無僅有之特別。

　　漢書車千秋傳，千秋爲高寢郎，以託<u>高祖</u>夢白<u>戾太子</u>之冤。『<u>武帝</u>…曰…<u>高廟</u>神靈使公敎我。…立拜千秋爲大鴻臚。』

<u>秦漢</u>郎官補吏之途徑略如上述。綜而觀之：署郎補吏，出則縣長丞、侯國相、郡丞長史、王府長吏，劇至刺史、大縣令；亦有擢至守相者，是特例也。若在朝廷，**處散**則博士、議郎、下大夫，劇至上大夫；任職則尚書郎、謁者、諸曹、武騎常侍、卿屬諸

令、長、丞、司馬、侯、監、太子宮右職，劇至侍中、中郎將、校尉；亦有至九卿者，是絕無僅有之特例也。茲更析而論之：秦不可詳考；西漢補吏，以「縣令長」「大夫」「卿屬令長丞監」「諸曹侍中武騎常侍」為多，有特擢至九卿者；東漢以「縣令長」。「博士議郎」「尙書郎」「謁者」為多，「卿屬令長丞監」當亦不少，惟列傳碑銘中均少見。又三署諸郎秩位有差，故亦以次遷轉。

> 續百官志光祿勳屬，虎賁有中郎、侍郎、郎中、節從四級，『自節從虎賁久者轉遷才能差高至中郎。』他署當亦如此。如鄭吉由郎遷侍郎，主父偃由郎中遷謁者，轉中郎，是也，各見本傳。大抵初入署為郎中，若越等為中郎，則是超拜，如卜式是也，見食貨志下。

三署本為培養人才之機關，故諸郎入署，受訓三五年卽當補吏。

> 史記司馬相如傳，相如為中郎將。索隱曰，『四百石，五歲遷補大縣令。』此釋郎，非釋郎將，則在署例以五年為度也。安帝紀，延光二年八月，『初令三署郎通達經術任牧民者，視事三歲以上，皆得察舉。』是亦限年資也。

但事實有十年數十年乃至終生留滯郎署者，有到署卽得補吏者。

> 漢書張釋之傳，釋之為郎事文帝，十年不得調。後漢書宦者曹節傳，審忠為郎十五年。樊儵傳，子梵為郎二十餘年（御覽二一五引東觀記作二十三年），三署服其重慎。又漢書楊雄傳，年四十餘為郎，歷成、哀、平三世不徙官；及莽篡位，以耆老久次轉為大夫。張衡傳注引漢武故事，顏駟年少入郎署，事文帝，至武帝時，鬢眉皓白，始得補吏。是均數十年也。而後漢書樊準傳，準為南陽功曹，明帝巡南陽，拜郎中，從車駕還宮，特補尙書郎。胡廣傳，舉孝廉，試章奏，天下第一，旬月拜尙書郎。是過署卽補吏矣。

(四)　瑣　　　徵

(1) 除郎無年齡限制，高至六十歲以上

> 靈帝紀，熹平五年，『試太學生年六十以上百餘人除郎中，太子舍人。』

低或十二三歲。

> 平準書：桑弘羊年十三以工心計侍中。蓋亦郎也。後漢書儒林戴憑傳，年十六

拜郎中。宗均傳，建武中，以父任爲郎，年十五。臧洪傳，年十五，以父功拜
童子郎。左雄傳：『汝南謝廉，河南趙建年始十二，多能通經、雄並奏拜童子
郎。』東觀記作除郎中。三國魏志司馬朗傳，年十二，試經爲童子郎。是年歲
絕無限制也。

東漢之制，年五十以上屬五官署，以下屬左右署（見第一章）。署有多舍，或數人同
舍，如太學然。

　　漢書直不疑傳：『爲郎，事文帝，其同舍有告歸誤持其同舍郎金去，已而同舍
郎覺亡，意不疑，不疑謝有之。』後漢獨行陳重傳，重爲郎，『同舍郎有告寧
者，誤持鄰舍郎袴以去。』可知郎舍制度與太學不異也。

（2）秦及西漢時，諸郎恒著戎服；如冠鵕鸃貝帶是也。

　　史記佞幸傳，孝惠時、郎中皆冠鵕鸃貝帶。此卽趙武靈王所提倡之胡服，亦卽
武士所服者，見觀堂集林卷十八胡服考。至東漢，中郎將仍冠鵕鸃，見續輿服
志。鶡冠卽鵕鸃冠，是亦郎中冠鵕鸃之旁證也。

（3）及其他一切裝備，皆由郎自備。

　　史記田叔傳，褚少孫云，田仁任安俱爲衛將軍舍人。『有詔募擇衛將軍舍人以
爲郎，將軍取舍人中富給者，令具鞍馬絳衣，玉貝帶。』少府趙禹以爲無才略，
惟田仁任安爲可用。『衛將軍見此兩人貧，意不平…謂兩人曰，各自具鞍馬新
絳衣。』據此，郎官似須自具裝備也。按：張釋之爲郎，十年不調，云久宦減
仲之產。蓋卽以諸事自備，政府不供給故也。

（4）至於署中財用，原亦由本署以「山郎」方式籌給。宣帝以後，始度大司農以給
財用。管理亦漸嚴格。

　　漢書楊敞傳：『惲…遷中郎將。郎官故事，令郎出錢市財用，給文書，迺得出，
名曰山郎。移病盡一日，輒償一沐，或至歲餘不得沐。其豪郎日出游戲，或行
錢得善部，貨賂流行，轉相放效。惲爲中郎將，罷山郎，移長度大司農以給財
用。其疾病休謁洗沐皆以法令從事。』

（5）秦及西漢，郎卽禁衛軍，故平日亦習武藝，並定期都肄。

　　漢書霍光傳，上官桀安等詐令人爲燕王上書言：『光出都肄郎羽林，道上稱蹕。』

　　昭帝曰：『將軍之廣明，都郎屬耳。』師古曰：『謂總閱試習武備也。』燕王

　　旦傳略同。沈欽韓曰：此漢世敎練禁衛之制，至宋始詳宋史兵志。』

東漢郎吏性質已轉變，當不復肄武蓺矣。

　（6）諸郎在署，由光祿勳中郎將考其才行而黜陟之。（詳前第二章）。並有歲舉之法，

曰茂才，曰四行。四行大抵以德行選，蓋始於元帝永光元年之詔；茂才大抵以才能舉，

不知何所始。

　　漢書元帝紀、永光元年二月，『詔丞相御史舉質樸、敦厚、遜讓有行者。光祿

　　歲以此科第郎從官。』師古曰：『始令丞相御史舉此四科人以擢用之；而見在

　　郎及從官又令光祿每歲以此科考校，定其第高下，用知其人賢否也。』齊召南

　　曰：『案所云舉光祿四行者卽起於此。』何焯曰：『光祿以此科第郎從官，則

　　周官宰夫正歲於宮中群吏書其能者，與其良者，以告小宰大宰之餘意也。』又

　　吳祐傳注引漢官儀謂四行爲敦厚、質樸、遜讓、節儉；與元帝詔略有出入。後

　　漢書黃琬傳：『稍遷五官中郎將。時，陳蕃爲光祿勳，深相敬待。…舊制，光

　　祿舉三署郎，以高功久次才德尤異者爲茂才四行。時權富子弟多以人事得舉，

　　而貧約守志者以窮退見遺。京師爲之謠曰：欲得不能，光祿茂才。於是琬蕃同

　　心，顯用志士平原劉醇、河東朱山、蜀郡殷參，並以才行蒙舉。』

其人數蓋亦略有制限，大抵歲各二人。

　　黃琬傳補注引漢官儀：『三署郎有行應四科者，歲舉茂才二人，四行二人。』

皆得高補。

　　漢書何武傳，以射策甲科爲郎『光祿勳舉四行，遷爲鄂令。』後漢書吳祐傳，

　　舉孝廉爲郎，舉光祿四行，遷膠東侯國相。王堂傳『舉光祿茂才，遷穀城令。』

　　太尉李咸碑『舉孝廉除郎中，光祿茂才，遷衛國公相。』此四例者，皆得高補，

　　與一般郎不同也。

　（7）又署郎惟拜光祿勳，於三公及其他諸卿無敬，此通兩漢而未變者也。

　　孫輯漢舊儀補遺：『三署郎見光祿勳執板拜；若見五官左右將，執板不拜；於

　　三公諸卿無敬。』續百官志二注引蔡質漢儀略同。是通兩漢皆然也。

綜上諸端雖云瑣屑，然據此亦可徵郎官制度之性質。歲舉茂才四行，足徵郎署爲儲才

之所，固矣。他如鶀鷈貝帶，都肆武藝，足徵其由武士轉化而來。裝備自具，署用自籌，稚幼入署，不拜公卿，是又郎爲貴族進身之階，非政府正式官吏之徵也。

　　附表一：兩漢書列傳人（及附傳）除郎補吏表（①②③…示補吏途徑之類別）

除 郎 途 徑	姓 名	郎 別	補　　　　官	時　　代	見於兩漢書卷第	備　　注
孝　　　廉	王吉	郎	若盧右丞⑫	武末	漢書七二	由孝廉進者，多外遷；內遷爲近侍正者極少，更無一人爲諸曹侍中者。
	王駿	郎	諫大夫⑦	武昭之際	七二	
	蓋寬饒	郎	擧方正爲諫大夫⑦	昭宣之際	七七	
	孟喜	郎	曲臺署長⑫	同	八八	
	馮野王	郎	？		七九	
	京房	郎	特遷魏郡太守秩八百石	元	七五	
	馮譚	郎	天水司馬⑬	同	七九	
	馮逡	郎	謁者⑨	同	七九	
	師丹	郎	博士（或非直遷）	同	八六	
	班況	郎	？	同	一〇〇	
	杜鄴	郎	去官	成	八五	
	鮑宣	郎	去官	同	七二	
	張興	郎	去官	光武	後漢書列傳六九（儒林）	
	包咸	郎中	諫議大夫⑦	同	六九（儒林）	
	張玄	郎	博士⑥	同	六九（儒林）	
	第五倫	郎	淮陽醫工長⑤	同	三一（並補注引東觀）	
	韋彪	郎中	病免	同	一六	
	周防	郎中	博士⑥	光武明帝	六九（儒林）	
	袁安	郎	謁者⑨	同	三五（並補注引袁祀）	
	江革	郎	楚太僕⑥	明	二九	
	徐防	郎	特補尙書郎⑧	同	三四	
	姜詩	郎中	江陽令①	同	七四	
	楊仁	郎	北宮衛士令⑫	同	六九（儒林）	
	魏覇	郎	？	章	一五（並注引東觀記）	
	張翻	光主祿事	？	同	二六	
	戴封	光主祿事	去官	同	七一（獨行）	
	杜根	郎中	免，徵拜侍御史	安	四七	
	劉愷	郎	察四行除東平陵令①	蓋安帝	六六（並補注引續漢書）	
	陳蕃	郎中	去官	順	五六	

除郎途徑	姓名	郎別	補官	時代	見於兩漢書卷第	備注
	崔琦	郎	臨濟長②		七〇(文苑)	
	陳重	郎	尚書郎⑧	順	七一(獨行)	
	雷義	郎	尚書郎⑧	同	七一(獨行)	
	唐檀	郎中	去官	同	七二(方術)	
	公沙穆	光祿主事	繒相②	順桓之際	七二(方術)	
	戴就	光祿主事	去官，徵拜議郎⑤	桓	七一(獨行)	
	高彪	校書郎	內黃令①	同	七〇(文苑)	
	皇甫嵩	郎中	覇陵令①	同	六一(並注引續漢書)	
	范滂	光祿主事	?	桓靈之際	五七(黨錮)	
	劉寬	郎	稍遷幽州刺史	靈	六三(並集解引吳書)	
	桓典	郎	去官	同	二七	
	臧洪	郎	即丘長⑦	同	四八(參看魏志)	
(上計吏)	王逸	校書郎	?	安	七〇(文苑)	
(同)	度尚	郎中	上虞長②	桓初	二八	
賢良方正	皇甫規	郎中	去官	順	五五	忤權貴對策下第由德行進者多在東漢；亦多外遷。
德行	馮唐	郎	郎中署長⑫	文	漢書五〇	
	卜式	中郎	緱氏令①	武	五八	
	夏恭	郎中	再遷太山都尉④	光武	後漢書列傳七〇(文苑)	
	劉愷	郎	稍遷侍中⑩	和	二九	
	荀淑	郎中	再遷當塗長②	安	五二	
	崔寔	郎	?	桓	四二	
	荀爽	郎中	去官	同	五二	
	謝弼	郎中	黜爲廣陵府丞③	靈	四七	
明經①博士弟子射策甲科	蕭望之	郎	小苑東門候⑫	昭	漢書七八	亦多外遷。此六人皆名臣，就中召信臣爲九卿，蕭望之爲御史大夫，餘四人皆至丞相。
	何武	郎	光祿四行爲鄠令①	宣	八六	
	召信臣	郎	穀陽長②	宣元之世	八九(循吏)	
	馬宮	郎	楚長史⑧	元成之世	八一	
	翟方進	郎	議郎⑥	同	八四	
	王嘉	郎	免		八六	
②明經特拜	*吾邱壽王	郎侍中	東郡都尉④	武	漢書六四	此類當有由甲科者
	*翼奉	中郎	博士⑥	元	七五	
(實以明經進，	*費直	郎	至單父令①		八八(儒林)	
經進，	高康	郎	?	哀平之世	八八(儒林)	

除郎途徑	姓名	郎別	補　　　官	時代	見於兩漢書卷第	備　注
而傳未顯言者（加 *以別之）	卓茂	侍郎	?	蓋平帝	後漢書列傳一五	
	李業	郎	去官	平	七一(獨行)	
	耿況	郎	?	西漢末	九	
	*尹敏	郎中	辟公府	光武	六九(儒林)	
	鍾興	郎中	稍遷左中郎將⑭	同	六九(儒林)	
	戴憑	郎中	侍中⑩	同	六九(儒林)	
	*張酺	郎	擢侍中虎賁中郎將⑭	明	三五	
	*楊亨	中郎	免，徵拜諫郎⑥	安	二〇	
才藝①文才	司馬相如	郎	中郎將⑭	武	漢書五七	可知前漢重才藝
	枚皋	郎	?	同	五一	
	東方朔	常侍郎	太中大夫給事中⑦	同	六五	
	賈逵	郎	衛士令⑫	明	後漢書列傳二六	
②經世才	主父偃	郎中	謁者⑨	武	漢書六四	
	嚴安	郎中	?	同	六四	
	徐樂	郎中	?	同	六四	
③術學	許楊	郎	?	王莽	後漢書列傳七二	
	張衡	郎中	尚書郎⑧	安	四九(參續志序注引胡廣語)	
④技藝	衛綰	郎	中郎將⑭	文	漢書四六	
	鄧通	黃頭郎	?	同	九三(佞幸)	
軍　功	李廣	郎	武騎常侍⑪	文	漢書五四	西漢創業東漢中興之際必多以軍功除者
	鄭吉	郎	衛司馬⑬	昭宣之世	七〇	
蔭任①外戚	田蚡	諸曹郎	?	景	漢書五二	前漢非不任外戚為郎，蓋少發展者。
	竇憲	郎	稍遷侍中虎賁中郎將⑭	章	後漢書列傳一五	
	鄧隲	郎中	三遷虎賁中郎將⑭	和	六	
	何進	郎中	再遷虎賁中郎將⑭	靈	五九	除周陽由外，皆至將相
	梁商	郎中	黃門侍郎⑯	安	二四	
	竇武	郎中	越騎校尉⑯	桓	五九	
	周陽由	郎	?	文	漢書九〇	
②二千石以上官任子弟（實不必二千石以上）	袁盎	郎中	後為中郎將	蓋文帝	漢書四九	補吏途徑之可知者准二十人，就中十人補近侍臣，外遷為令長者僅四人。
	韓增	郎	諸曹侍中⑩	武	三三	
	蘇武	郎	稍遷移中廄監⑫	同	五四	
	張安世	郎	尚書令⑫	同	五九	
	霍光	郎	諸曹⑩	同	六八	

除郎途徑	姓名	郎別	補官	時代	見於兩漢書卷第	備注
	劉向	輦郎	擢諫大夫⑦	昭宣之世	三六	
	杜緩	郎	校尉⑮	同	六〇	
	韋元成	郎	常侍騎⑪	同	七三	
	楊惲	郎	常侍騎⑪	宣	六六	
	陳咸	郎	左曹⑩	同	六六	
	劉安民	郎	？	同	三六	
	馮立	郎	稍遷諸曹⑩	元	七九	
	王崇	郎	？	元成之世	七二	
	桓譚	郎	？	成	後漢書列傳一七	
	孔放	侍郎	？	同	漢書八一	
	翟義	郎	稍遷諸曹⑩	哀	八四	
	龔博	侍郎	？	同	七二	
	李忠	郎	？	平	後漢書列傳一〇	
	王隆	郎	去官	同	七〇（文苑）	
	高詡	郎中	符離長②	兩漢之際	六九（儒林）	
	伏恭	郎	劇令①	光武	六九（儒林）	
	耿秉	郎	謁者僕射⑨	同	九	
	宗均	郎	辰陽長②	同	三一	
	馬廖	郎	羽林左監⑫	光武明帝之際	一四	
	桓郁	郎	議郎⑥	明	二七	
	桓焉	郎	？		二七	
	周興	郎	尚書郎⑧	安	三五	
	何休	郎中	去官	桓	六九（儒林）	
	羊續	郎中	去官	同	二一	
	袁紹	郎	濮陽長②	同	六四	
	陸尚	郎中	？	靈	二一	
⑨其他	義縱	郎中	縣令①	武	漢書九〇	
	朱暉	郎	？	光武	後漢書列傳三三	
	梁慬	郎中	車騎將軍司馬⑬	和	三七	
	劉焉	郎中	去官	桓	六五	
訾選（實由訾選而傳未顯言者	張釋之	騎郎	謁者⑨	文	漢書五〇	
	司馬相如	郎	武騎常侍⑪	景	五七	
	＊黃霸	侍郎	謁者⑨	武帝末	八九（循吏）	

除郎途徑	姓名	郎別	補　　官	時　代	見於兩漢書卷第	備　　注
加*以別之）遷　轉	*馮奉世	郎	武安長②	同	七九	
	嚴安	郎中	騎馬令⑫	武	六四	(1.由公府掾屬
	匡衡	郎	博士給事中⑥	元	八一	
	揚雄	郎	久次轉大夫⑦	成帝至平帝	八七	
	云敞	中郎	諫大夫⑦	平	六七	
	卓茂	侍郎	密令①	西漢末	後漢書列傳一五	
	虞詡	郎中	朝歌長②	安	四八	
	田仁	郎中	？	武	漢書三七	(大將軍舍人)
	馬融	郎中	河間王厩長⑥	安	後漢書列傳五○	
	班固	郎校書中／典書校郎	玄武司馬⑬	明	三○	(2.由蘭臺令史
	傅毅	郎中書／校書郎	軍騎將軍司馬⑬	章	七○(文苑)	
	孔僖	郎中	臨晉令①	同	六九(儒林)	
	董賢	郎	黃門郎⑩	哀	漢書九三	(3.由太子舍人庶子
	公孫述	郎	清水長②	同	後漢書列傳三（並注）	
	蕭育	郎	病免	元	漢書七八	
	趙充國	中郎	軍騎將軍長史	武	六九	(4.由將軍司馬
	董卓	郎中	？	桓	後漢書列傳六二	
	辛慶忌	侍郎	校尉⑮	宣	漢書六九	(5.由卿屬諸官丞
	陳湯	郎	西域副校尉⑮	元	七○	(6.由前將軍司空令
	馮奉世	郎（高級）	衛候使西域⑬	宣	七九	(7.由駿馬監使大宛有功
	傅介子	中郎	平樂監⑫	昭	七○	(8.由羽林郎
	甘延壽	郎	期門⑪	蓋宣帝	七○	(9.由謁者
	主父偃	中郎	中大夫⑦	武	六四	(10)由御史
	桓典	郎	平津都尉④	靈	後漢書列傳二七	(11)由縣長
	蔡邕	郎中	議郎⑥	同	五○	
故高級官徵除	梁邱賀	郎	大中大夫⑦	宣	漢書八八	(1.故內外高秩令
	馮參	寢中郎	擢上河農都尉④	元成之世	七九	
	尹敏	郎中	諫議大夫⑦	光武	後漢書列傳六九	
	欒巴	郎中	四遷桂陽太守	順	四七	
	劉向（再任）	郎給事黃門	諫大夫給事中⑦	宣	漢書三六	(2.故諫議大夫
	甘延壽（再任）	郎中	諫大夫⑦	宣元之世	七○	(3.故遼東太守
	劉向（三任）	中郎	光祿大夫⑦	元	三六	(4.故九卿
	直不疑	郎	稍遷中大夫⑦	文	四六	

除郎途徑	姓名	郎別	補　　　　官	時代	見於兩漢書卷第	備　注
	甯成	郎	謁者⑨	景	九〇(酷吏)	
	張騫	郎	自西域歸為太中大夫⑦	武	六一	
	司馬遷	郎	太史令⑫	同	六二	
	田廣明	郎	天水司馬⑬	同	九〇(酷吏)	
	車千秋	高寢郎	超遷大鴻臚	同	六六	
	蔡千秋	郎	特擢諫大夫⑦	宣	八八	
	張堪	郎中	三遷謁者	光武	後漢書列傳二一	
	鄧訓	郎中	謁者⑨	明	六	
	黃香	郎中	尚書郎⑧	章	七〇(文苑)	
	樊準	郎中	特補尚書郎⑧	和	二二	

根據上表可綜合作兩簡單表式：

（1）除郎比例表（途徑不明者不列）

途　　徑		前　　　漢	後　　　漢	合　　　計
孝計	孝廉	$12\cdots\cdots\cdots\cdots^{1}/_{7}$	$29\cdots\cdots\cdots\cdots^{2}/_{5}$	$41\cdots\cdots\cdots\cdots^{1}/_{4}$
	計吏	0	2	2
賢良方正		0	1	1
德行		2	$6\cdots\cdots\cdots\cdots^{1}/_{12}$	$8\cdots\cdots\cdots\cdots^{1}/_{20}$
明經	射策甲科	$6\cdots\cdots^{1}/_{15}$ $\Big\}\cdots\cdots^{1}/_{7}$	0	6 $\Big\}\cdots\cdots^{1}/_{8}$
	明經特拜	$7\cdots\cdots^{1}/_{13}$	$5\cdots\cdots^{1}/_{15}$	$13\cdots\cdots^{1}/_{13}$
才藝		$10\cdots\cdots\cdots\cdots^{1}/_{9}$	1	$11\cdots\cdots\cdots\cdots^{1}/_{15}$
軍功		2	0	2
蔭任	外戚	$2\cdots\cdots\cdots$ $\Big\}\cdots\cdots^{1}/_{4}$	$5\cdots\cdots^{1}/_{15}$ $\Big\}\cdots\cdots^{1}/_{4}$	$7\cdots\cdots\cdots$ $\Big\}\cdots\cdots^{1}/_{4}$
	父兄任	$21\cdots\cdots^{1}/_{4}$	$14\cdots\cdots^{1}/_{5}$	$35\cdots\cdots^{1}/_{5}$
訾選		4	0	4
遷轉	公府掾屬	$6\cdots\cdots^{1}/_{15}$ $\Big\}\cdots\cdots^{1}/_{5}$	$2\cdots\cdots\cdots$ $\Big\}\cdots\cdots^{1}/_{9}$	$8\cdots\cdots^{1}/_{20}$ $\Big\}\cdots\cdots^{1}/_{7}$
	其他	$10\cdots\cdots^{1}/_{9}$	$6\cdots\cdots^{1}/_{12}$	$16\cdots\cdots^{1}/_{10}$
故高級官徵除		5	2	7
（共　　計）		（87）	（73）	（160）

(2) 補吏比例表（去官免官及不可知者不列）

途　　　徑	前　　　漢	後　　　漢	合　　　計
①縣令	5……1/13 ⎫	6……1/9 ⎫	11……1/11 ⎫
②縣長	3……… ⎬……1/7	9……1/6 ⎬…1/3至1/4	12……1/10 ⎬……1/5
③郡丞長史	1……… ⎭	1……… ⎭	……… ⎭
④郡都尉(特擢)	2	1	3
⑤王府長吏	0	3	3
⑥博士議郎	4……… ⎫	6……1/9 ⎫	10……1/12 ⎫
⑦上下大夫(有特擢)	14……1/5 ⎬……1/4	2…… ⎬……1/7	16……1/8 ⎬……1/5
⑧尚書郎	0	7……1/8 ⎫	7
⑨謁者	5……………1/13	3……… ⎬…1/5至1/6	8……………1/15
⑩諸曹侍中黃門郎	6……1/11 ⎫	3	9……1/14 ⎫
⑪武騎常侍，期門	5……1/13 ⎬……1/6	0	5…… ⎬……1/9
⑫卿屬令長丞監	9……………1/7	3	12……………1/10
⑬司馬侯	4	3	7
⑭中郎將(特擢或稍遷)	2	4	6
⑮校尉(特擢)	3	1	4
⑯其他	4	3	7
（共　　　計）	(67)	(55)	(122)

附表二： 碑主除郎補吏表（有與後漢書重出者亦列入）

除郎途徑	姓　名	郎　別	補　官	出　　處	備　注
孝　廉	張納	郎中	尚書侍郎	隸釋卷五	前表「郎別」一項
	元賓	郎	倉龍司馬	卷六	多爲郎，此表則什
	袁良	郎中	謁者	同	九爲郎中，足徵前
	馮緄	右郎中	廣都長	卷七	表諸「郎」皆「郎

除郎途徑	姓　名	郎　別	補　　官	出　　處	備　　註
	王純	郎	謁者	同	「中」之省文也。
	祝睦	郎	北海長史	同	
	孔宙	郎中	都昌長	同	
	張壽	郎中	給事謁者	同	
	馬江	郎中	？	卷九	
	費鳳	郎中	新平長	同	
	李翊	郎中	廣漢屬國候	同	
	魯峻	郎中	謁者	同	
	陳球	郎中	尙書符節郎	卷一〇	
	朱龜	郎中	尙書侍郎	同	
	魏元丕	郎中	尙書侍郎	同	
	樊敏	郎中	永昌長史	卷一一	
	費汎	郎中	屯騎司馬	同	
	任伯嗣	郎中	蜀郡丞	卷一五	
	劉脩	郎中	去官	某卷	
	孔彪	郎中	郡丞	同	
	梁休	郎中光 祿主事	？	隸續卷一	
	薛某	郎	平輿令	同	
	郭旻 王元賓（ 疑卽前元 賓）	郎中 郎	謁者 謁者	卷三及一九 卷一九	
	武榮	郎中	執金吾丞	全後漢文卷一〇一	
	曹全	郎中	西域戊部司馬	卷一〇五	
	衡方	郎中	卽丘侯相	卷一〇	
	胡廣	郎中	尙書侍郎	卷七六引蔡集	
	李咸	郎中	光祿茂才爲衞公國 相	同	
	橋玄	郎中	洛陽左尉	卷七七引蔡集	
	朱穆	郎中	尙書傳郎	卷七四引蔡集	
上計掾	烝固	郎中	？	隸釋卷六	
	度尙	郎中	上虞長	卷七	
	耿勳	郎	上黨郡丞	隸續卷一一	
州郡吏特拜	唐扶	郎中	察治劇鄖陽長	隸釋卷五	
	楊統	郎中	常山長史	卷七	
	楊某	郎中	右都候	卷九	
	張某	郎中	縠城長	全後漢文卷一〇五	

據此可總結爲下表（補吏途徑不明者不列）

除　　郞　　途　　徑	補　　吏　　途　　徑
孝廉（31）……………………$5/6$ 計掾（ 3 ）………………$1/13$ 〕……$10/10$ 州郡吏特拜（ 4 ）…………$1/9$ 共計（38）	小縣長相（ 7 ）……………$1/5$ 縣尉（ 1 ）〕……$1/3$ 大縣令相（ 2 ） 郡丞長史（ 6 ）………………$1/6$ 候司馬（ 5 ）…………………$1/7$ 尙書侍郎（ 6 ）………………$1/6$ 謁者（ 6 ）……………………$1/6$ 執金吾丞（ 1 ） 共計（34）

附案：正史文多省略，碑銘務爲詳贍，故碑銘中之除補比例較正史列傳爲正確。據此表，除郞者全爲州郡吏，而孝廉又佔絕對多數，可知郞吏雖不全由地方政府貢除，亦惟此輩最有發展之望也。又漢人謂郞官出宰百里，蓋就其最大出路爲言也，此表郞官補吏以縣長吏爲最多是爲强證。

附　　　記

郞吏制度對於秦漢政治之影響至鉅，然官微職卑，前人多忽而不論，近人考兩漢文官制度者，且有據平準書、食貨志『郞選衰矣』--語（書、志原文已詳引見第三章除郞途徑嘗選目）謂郞選之衰始於武帝。實則，武帝創孝廉、甲科除郞之制，開平民入仕之坦途，奠士人政治之基礎，實武帝在中國政治史上最大之貢獻，烏得謂郞選之衰始於武帝耶？蓋孝廉、甲科除郞之制雖始創於武帝，然功效顯著乃在其後，是史公所不及見，故就所忠一時之事率筆書來，有『郞選衰矣』之歎。班氏據錄，未深思耳。今考證漢制，乃據此爲斷，謬矣。爰詳徵史料，考而論之。

此文初稿成於一九四五年。近數年來，續讀魏、晉下迄隋、唐諸史、於秦、漢典籍稍感生疏，故材料考證改進殊鮮，深爲愧慽。然見解條理，竊所自喜，今本所刊行紀念傅先生專號，爰刪正補罅，藉資紀念，且以就正通人。又此文初稿曾承勞貞一先生

及錢樹棠兄各閱一過,再稿承陳槃庵先生詳閱一過,勞貞一先生再閱一過,並有指正;統此敬致謝忱。樹棠云:『郎制當上推及毛詩、左傳之公行公路,周禮之國子庶子。』其言良是。然余未讀先秦典籍,不敢詳有論列,敬俟博雅惠教爲幸。

一九五一年八月,於臺灣楊梅。

出自第二十三本上(一九五一年十二月)

漢晉遺簡偶述之續

陳　槃

壹　塞上軍吏治民說之再檢討

如淳曰：『漢注，邊郡置都尉及千人司馬，皆不治民也』。槃往譔漢晉遺簡偶述，嘗據此以駁流沙墜簡考釋『殆塞上軍吏亦兼治民事』之說。（弟貳拾伍條。載本彙刊第十六本。）比往復檢繹，始覺此問題複雜，不可以不綜覈名實。

按如氏所引漢注，說甚略，考衛宏漢舊儀下曰：『邊郡太守各將萬騎行障塞，烽火追虜。置長史一人，掌兵馬；丞一人，治民。當兵行，長史領。置部都尉，千人司馬，候，農都尉，皆不治民』。（平津館本。）

漢書百官公卿表上之說，微有出入。表云：太守『掌治其郡』，下有丞，佐治民；有都尉，『掌佐守典武職，甲卒』。若邊郡，則掌兵馬者爲長史。而續漢書百官志五則云：『郡當邊戍者，丞爲長史』。

以言郡以下則有縣令，長，（縣，萬戶以上爲令，不滿爲長。）掌治其縣。丞，各一人。尉，大縣二人，小縣一人。丞，署文書，典知倉獄。尉，主盜賊。（參百官公卿表上及續百官志五。）

按郡縣之中，有丞治民，有尉掌兵，而太守實綜其權柄。但有時亦因偏重軍旅之故，而省併其職守，如漢武以吾丘壽王爲東郡都尉，不復置太守；（漢書本傳。）光武于

建武六年，省諸郡都尉，并職太守：（續百官志五。）　如此之等，是也。亦或權時兼代，如元鳳三年，酒泉都尉安國，以近次兼行太守事；（居延漢簡〔六〕三〇三，一二——用勞氏排印本，彙參用原本，下同。）守張掖居延都尉曠行丞事（同上三一四）之等，是也。又翟義以南陽都尉行太守事，（漢書翟方進附傳。）亦其比。

復有所謂關都尉與屬國都尉。按百官公卿表上：關都尉，秦官，武帝初置。續志五云：建武九年，省。十九年，復置。（參續志集解引李祖楙說。）按關都尉所領亦有長，有丞。說在下。

屬國都尉，亦武帝初置。續志五曰・『主蠻夷來降者』；又曰：『稍有分縣治民，比郡』。

按敦煌郡，屬縣六：敦煌為中部都尉治；廣至，宜禾都尉治；龍勒有陽關，玉門關，皆都尉治。居延縣屬張掖郡，亦都尉治。（地理志上。）考龍勒有陽關，玉門關皆都尉治，此關都尉。（參考地理志補注。）其餘蓋皆所謂屬國都尉治。流沙墜簡有『龍勒長林』，（釋文二，五下。）又『玉門都尉護衆』之下有『丞』，（同上四下。按以上二簡並出敦煌。）此關都尉下有治兵治民職事設施之證也。居延簡云：『其一封，居延都尉章。……二封，居延令……』（一六八）；又云：『元康二年，……居延令勝之』（三七）；云：『竟寧三年，（榮按，元帝竟寧止一年，此云三年，蓋誤。）……居延令宣』（三四三）。按居延屬國都尉之下復有令，此即續志所謂『分縣治民比郡』也。後漢書西南夷莋都夷傳：延光二年，『分置蜀郡屬國都尉，領四縣如太守』。此亦一例也。

如上說，太守與都尉（兼指關都尉與屬國都尉。）雖亦設官分治，名位不同，然而可以統攝，可以兼代，即令其下復有治民治兵不同之分職，然其重要處理，必須透過太守或都尉之一層，可以斷言。是太守或都尉，事實上是軍民並治。但就官制言之，有尉主兵，有丞主民，亦未嘗不可云軍民分治。名實之不同，蓋如此。

復次，所謂太守『掌治其郡』，『信（申）理庶績』，此說甚籠統。實則太守本自有『郡將』之稱，（後漢書馬援傳。又鄭均傳。按『都尉將兵副佐太守』，因稱『副將』，見漢官解詁。〔平津館輯本。〕）有『誅討暴殘』之責。即不兼併都尉之職，亦未嘗不親軍政。至言邊郡，則直是軍事第一，故地理志以為，『自武威以西，本匈奴昆邪王，休屠王地，武帝時攘之，初置四郡，以通西域。……保邊塞，以二千石治之，咸以兵馬為務』。按史書言：

程不識故與李廣『俱目邊太守將屯』。（漢書李廣傳。）居延簡有『將軍器記』（一一），有『將屯張掖太守莫府』（三五五），此邊郡以兵馬爲務之事例也。然則邊郡雖軍民分治，而軍吏乃爲其實際之統治者，此又吾人所當注意之一事也。

友人嚴耕望先生曰：『屬國都尉主蠻夷降者，則自始卽兼民事。一般都尉，在法律上雖典武，但亦時涉民事，如始皇令持禁書詣守尉雜燒之，是也。又後漢書西南夷傳：「沈棃郡，至天漢四年，並爲蜀郡西部，置兩都尉，一居旄牛，主徼外夷；一居青衣，主漢人」。是均主民事，一普通都尉，一類屬國都尉耳。東漢改部都尉爲屬國，所改者亦不過獨立比郡而已。行政職權，非有他異也。西南夷傳曰：「先是，西部都尉廣漢鄭純爲政清潔，化行夷貊，君長感慕，皆獻士珍，頌德美」。是部都尉領縣治民之明證也』。桉此嚴先生兩漢地方行政制度草稿卷二邊郡制度與屬國之一節，可以補充鄙說。承擧以相示，今附記于此。

貳　『集薄』卽計簿

居延簡：

元鳳五年四月錢（錢）器出入集薄（一二）。

元康四年十二月四時褋薄（二一），

□□丞官十月癸薄（二二）。

漢晉邊陲木簡：

□□器車釦釦費集　薄（初編一九，一）。

屯戍叢殘：

癸四時薄（十一下之八）。

桉『薄』卽『簿』。簿書之簿，古人皆从艸，不从竹。錢大昕氏論之矣。（養新錄卷三，簿。）『集』『褋』字通，論衡別通：『東海之中，可食之物，集糅非一』；語增：『悉詣守尉集燒之』，（語增篇『集』，一本作『褋』，或作『雜』，蓋後人不知而妄改，黃暉校釋引王念孫曰：集，褋字通。是也。）並以『集』爲『褋』。今簡文亦或作『集』，或作『褋』。然則『褋薄』卽『集薄』，亦卽『集簿』矣。作『癸』『癸』者，蓋『集』之俗寫。

『集簿』一辭，亦見漢官解詁，曰：『太守，……秋冬歲盡，各計縣戶口，墾田，

錢穀出入，盜賊多少，上其集簿』。（續百官志五法引。）　按集簿由縣上之郡，太守復上之京師。居延，都尉治，是都尉亦上集簿矣。

復有所謂『上計』者，考續百官志五元注曰：『凡郡國皆掌治民，進賢，勸功，決訟，檢姦。常目春行所主縣，勸民農桑，振救乏絕；秋冬，遣無害吏案訊諸囚，平其辠法，論課殿最。歲盡，遣吏上計』。此謂郡國上計。又縣邑道則上計郡國。同上書『屬官每縣邑道』下元注曰：『皆掌治民，顯善，勸義，禁姦，罰惡，理訟，平賊，恤民時務。秋冬集課，上計於所屬郡國』。按曰『集課上計』，此『集課』，與『集簿』是一事。蓋郡縣庶政，皆有『集簿』。集而計之，上之，故曰『上計』矣。

上計之制，古既有之，說苑政理篇云，晏子對齊景公曰：『臣請改道易行而治東阿，三年不治，臣請死之。景公許之。於是明年上計，景公迎而賀之』。是其事也。又周禮天官：『小宰，……贊冢宰受歲會，歲終，則命羣吏致事』。注：『使齎歲盡文書來至，若今上計』；地官：『小司徒之職，……歲終，則考其屬官之治成而誅賞』。注：『治成，治事之計』。疏：『成，謂計簿』。又：『鄉大夫之職，……歲終，則令六鄉之吏皆會政致事』。注：『會，計也。致事，言其歲盡文書』。按周官此處所稱歲終致事，雖不云上計，而其實即上計，但未審是否西周舊有此制耳。

參　漢符傳六寸仍秦制

符傳之在居延簡中，並云六寸。說文引漢制同。（詳偶述拾伍。）　實則此秦制。史記始皇本紀：『秦水德，數以六爲紀：符，法冠，皆六寸』。集解：張晏曰，『水，北方，黑。終數六，故以六寸爲符』。按五行次序，諸家不同，此從洪範。洪範曰：『五行，一曰水，二曰火，三曰木，四曰金，五曰土』。（周書小開武解及關尹子六七，次序並同。）依所謂五行生成之數，一數爲『生』，再數爲『成』。再數之，水居六位，故始皇水德，以六寸爲符也。漢武于太初元年改歷，色上黃，數用五，見郊祀志下。按漢武已改歷，數用五矣，何以不改符爲五寸，而仍從秦之六寸？郊祀志下亦曰：『色上黃，官更印章以五字』。（漢書武紀注引張晏曰：『漢據土德。土數五，故用五，謂印文也』。蓋其說本此。）止改印而不改符，未詳其故。

肆　由『縣廷卿』再論漢人之『卿』稱

居延簡五九〇有『縣廷卿』之稱，不詳其所指？應劭引漢官曰：『大縣有丞，左右尉，所謂命卿三人；小縣一丞，一尉者，命卿二人』。（續百官志五注引。）此謂縣丞與尉有『卿』稱也。實則漢人卿稱，固甚濫，檗于前篇第拾條，已發之矣。偶復集得數事：漢書朱博傳：『長陵大姓尙方禁，少時嘗盜人妻。……府功曹受賂，白除禁調守尉。……博笑（謂紫）曰：……馮翊欲灑卿恥』。此以大姓豪右爲卿。趙廣漢傳：『富人蘇回爲郎，二人劫之。有頃，廣漢將吏到家，自立庭下，使長安丞龔奢叩堂戶，曉賊曰：京兆尹謝兩卿，無得殺質。此宿衛臣也』；後漢書獨行彭修傳：『修困迫，乃拔佩刀前持盜帥曰：父辱子死，卿不顧死邪』；又周嘉傳：『因呵賊曰，卿曹皆人隸也』。此並以盜賊爲卿。趙廣漢傳：『廣漢因（諝湖郭亭長）曰：還，爲吾謝界上亭長，勉思職事。……京兆不忘卿厚意』。此以亭長爲卿。

朱博又以游徼爲卿，同上傳曰：『口占檄文曰：「府告姑幕令，丞言，賊發不得，有書。……游徼王卿力有餘。如律令」。王卿得勅，惶怖，親屬失色』。按博檄文稱王游徼爲王卿，當時禮尙則如此。以班氏叙事，例質書名氏，今承博『王卿』之稱，則不免使讀其書者疑『王卿』于名氏。于他處亦有類此者：如蓋寬饒傳稱魏相爲『魏侯』；鄭崇蕭育傳稱貢禹爲『貢公』；敍傳稱桓譚爲『桓生』；循吏召信臣傳稱召爲『召父』。然此其人或重臣，或名德，當時有此嘉稱，（伏生，穆生，丁將軍，龔生等稱，亦其比。）故班氏特亦有意因而不改耳。至于游徼『王卿』云云，蓋其偶失之檢爾。

伍　舊簡遺篇

居延簡一一五：『像圖也。重門擊柝，以待暴客』。按『重門』以下八字，出易繫辭下。疑譔說者引喻此文，非謂此卽經籍。四六七簡：『□曰，觀之所數，人焉叟哉，人焉叟□』。（此簡面爲信礼。）按孟子離婁上：『聽其言也，觀其眸子，人焉廋哉，人焉廋哉』。簡文本此，而譌誤不可讀，類不學之人所隨意謄錄者。復有『若予采驪兜』（四三）；『二女同居』（一一一）兩簡。前者，堯典；後者，易睽，革兩卦象辭。此是否爲經籍

簡之片段，亦未可知。

　　同上二七八簡：『□□問□諸大夫曰：□□諸大夫□諭莫及寡人，作居有聞（聞）而三稱之。吳起進曰：不害亦□』。此一事，疑爲諸子文，但未詳何書。又居延簡有雜占家之耳鳴目瞷書，則槃前述（第拾壹。）已論之矣。然則邊陲木簡，頗亦不無先秦遺籍矣。良以障塞守禦，雖唯兵馬是務，然亦軍吏好尚各有不同，豈容其間遂無一二嗜學之士？流沙墜簡考釋一云：『今詳檢諸簡，則僅得蒼頡，急就，力牧，厤譜，算術，陰陽書，占書，相馬經，獸醫方諸書而已。始悟屯戍所用，得此已足，故不復有他籍也』。按吾人今只可云未見，不可決其必無。王說恐泥。

陸　亭與傳舍

居延簡：

　　元延二年十月乙酉，居延令尚，丞忠，移過所縣道河津關，遣亭長王豐以詔書買騎馬酒泉，敦煌，張掖郡中，當言傳舍。從者如律令。（一七〇，三。）

　　按『言傳舍』，夏作銘先生據新獲之敦煌漢簡『舍傳舍』之文例爲比，謂『言』當作『舍』，（集刊十九本。）是也。『舍傳舍』，當時詔令公移恆辭。例亦見漢書龔勝傳。（文引見下。）

　　簡文言，亭長王豐以詔書買馬，得止宿傳舍。按傳舍與亭不同。傳舍尊嚴，而亭簡便。龔勝傳：『自昭帝時，涿郡韓福，以德行徵至京師，賜策書，束帛，遣歸。詔曰：朕閔勞以官職之事，其務孝弟，以敎鄉里。行道，舍傳舍。……於是，王莽依故事，白遣勝，（邪）漢，……賜帛，及行道舍宿，……皆如韓福故事』。官本考證引孔武仲曰：『特詔行道舍傳舍，傳舍，如今驛舍也。漢得入驛，如此之嚴也』。按非官事不得舍傳舍，非詔書優禮特許，亦不得舍傳舍，是傳舍固尊嚴矣。而亭不然。同上鮑宣傳：『行部，乘傳，去法駕，駕一馬，舍宿鄉亭，爲衆所非。宣坐免，歸家』。按宣于時爲豫州牧。州牧，尊官，舍宿鄉亭，無威儀。故其坐免，此遂爲其原因之一。傳舍與亭，性質不同，如此。

　　亭雖簡便，然行旅止宿，亦不能漫無限制，而風俗通佚文云：『春秋國語，置有

寓望，謂今亭也，民所安也。……漢家因秦，大率十里一亭。亭，留也。今語有亭待，
蓋行旅宿食之所館也』。（御覽百九十等引。）依應氏此說，則一若此亭者，平民皆可止宿。
槃按後漢書章帝紀：『詔三州，（兗，豫，徐。）郡國……流人欲歸本者，郡縣其實稟，令
足還到；聽過止官亭，無雇舍宿』。是蓋謂平民行旅當雇舍而宿，唯特許乃得聽止官
亭矣。考漢制，亭以外，尚有所謂『客廬』，後漢書獨行范冉（丹）傳：『或寓息客廬，
或依宿樹蔭』。集解引沈欽韓曰：『周禮遺人注，「廬，若今野候，徒有庌也。宿，可止
宿。若今亭有室矣」。圉師注，「庌，廡也。言但有廊屋，無障蔽」。漢制，鄉本有客
舍。丹寓宿野廬，不於亭室，亦言其刻苦』。按客廬之設，視鄉亭為尤簡陋。然則專
供平民行旅棲止之用者，豈即此類客廬之謂邪？

　　載籍中有所謂門亭者，如續漢書：『薊中擾亂，（耿）弇既與上（光武）相失，以馬
與城門亭長，乃得出也』；（後漢書耿弇傳注引。）續百官志四，司隸校尉條本注：『門亭長，
主州正門』；同上志五：『（郡）正門有亭長』；後漢書陳寔傳：嘗為潁川郡西門亭長』。
緣此亭附諸城門，亭有長，故曰門亭長矣。槃又疑官亭位置，大氐皆附麗于門，州郡
有門亭，固矣。風俗通九云：『汝南汝陽西門亭有鬼魅』。此謂縣門有亭。居延簡云：
『□丞豐兼行丞事，大庫城倉□□明白大扁書鄉，里，市門亭，顯見』。（二一七。）按
鄉，里，市門亭者，鄉與里與市皆有門，有亭。此門亭，蓋即官亭，亦即所謂十里一
亭之亭。至于洛陽帝都則每門皆有亭，後漢書梁商傳：『帝幸宣陽亭』。注：『每城門皆
有亭，即宣陽門之亭也』；又東海恭王彊傳：『（明帝）從太后出幸津門亭發哀』。注：
『洛陽南面西頭門也。每門皆有亭』。洛陽城復有街亭，蔡質漢儀曰：『雒陽二十四街，
街一亭。十二城門，門一亭』。（續百官志四注引。）門亭以外又有街亭，蓋唯洛陽帝城為然
耳。因論之。

柒　大石小石

居延簡：

　　出□□粟，大石二石四斗八升（五一〇）。

　　入粟，大石廿五石（二六六）。

　　出粟，小石三石為大石一石八斗（四二）。

出麳，小石十二石爲大石七石二斗（四〇六）。

入麳，大石八石七斗爲小石十四石五斗（五一三）。

出麥，大石十石八斗（九二）。

麥，小石卅五石（一五〇）。

凡出穀，小石十五石爲大石九石（四一一）。

十月薄：餘穀，穤稬，大石六十一石八斗三升大（三〇九）。

秫□大石二石（五七一）。

　　漢書食貨志：『黍，千大斗』。師古注：『大斗者，異於量米粟之斗也』。日知錄因亦曰：『是漢時已有大斗，但用之量龱貨耳』。（卷十一，大斗大兩。）桉顏顧二氏說，未審。據上簡，知屯戍所用量器，大石，小石並用，無出入，無麳，粟，麥，穀，秫，穤稬皆然。量器之用，多在五穀，何謂精龱？

　　又桉曹瞞傳曰：『常討賊，廩穀不足，私謂主者曰，如何？主者曰，可以小斛以足之。太祖曰，善。後軍中言太祖欺衆，太祖謂主者曰，特當借君死以厭衆，不然，事不解。乃斬之，取首題徇曰，行小斛，盜官穀』。（魏志武帝操紀注引。）由此故事以推，則似大斛卽大石當爲通量，如用小石，必須宣示。曹氏反是，故口語以爲欺人矣。於漢簡中，則大石，小石，大都注明。其間亦有不注明者，豈卽大石之謂邪？

捌　漢人食量記載互異

流沙墜簡：

　　出粟十七石四斗，以食庠俟士，戍（缺）（釋文二，頁二九）。

王氏考釋：『案漢時稟食，率人日六升，漢書匈奴傳，嚴尤諫王莽曰，計一人三百日食，用糒十八斛，則百日得六斛，一日得六升，故上簡一斗二升者，二人一日食；……此十七石四斗者，十人二十九日食』。槃桉漢人食量，舊記互異，鹽鐵論散不足篇曰：『十五斗粟，當丁男半月之食』。此謂人日食一斗；漢書食貨志：『食，人月一石半』；靈樞經平人絕穀篇：『平人日再後（食），後（食）二升半，一日中五升』；後漢書南蠻傳：『去日南九千餘里，三百日乃到，計人稟五升（注：古升小，故日五升也。）』；魏畧：

— 356 —

『給（焦先）廩，日五升』。(魏志，管寧傳注引。)此並謂人日食五升。魏畧又云：嘉平中，縣官以鳳累孤老，『給廩日五升。五升不足食，頗行傭作，以裨糧』。(同上注引。)此則云，五升之食，或頗不足。論衡祀義篇曰：『中人之體七八尺，身大四五圍，食斗食，歠斗羹，乃能飽足；多者三四斗』。此謂人每食一斗，乃至二三斗，並羹合計之，乃至三四斗。至居延簡所記戍卒月食，則成人率粟穀二石一斗六升以爲常。(詳偶述捌。)以穀一石治米得六斗計，則此其月食，不過米一石二斗三升有奇，計一日之食，不過四升有奇，充其量亦不過五升，校以上述諸說，或頗懸殊，疑亦大石，小石，所據不同；而因時地之異，即同爲大量或小量，而彼此容積，亦不定齊一。考管子國蓄篇云：『中歲之穀，糴石十錢。大男食四石，……大女食三石』。按穀一石，以治米得六斗計，則穀四石，爲米二石四斗，是謂大男日食八升；莊子天下篇云：『請欲固五升之飯，足矣』。此蓋謂每飯五升。古人日或三食。(見下。亦或二食，然其所食量，必畧同三食，此常識。)如此，則日食斗五升矣。墨子襍守篇云：『參食，食參升。小半日再食』。此謂人日食九升；又耕柱篇云：『食之三升，客之不厚』；說苑尊賢篇云：田饒謂齊相宗衞曰：『三升之稷，不足於士』。此蓋謂人日食九升，嫌其未豐。史記廉頗傳云：『一飯斗米』。此謂日食二三斗，與上引論衡之說約略相當。案春秋戰國間人，或曰日食八升，或曰斗五升，或曰九升，或曰九升不爲足，或曰二三斗，其爲參差不一，與漢人說同。蓋自古旣然，秦漢統一，雖欲齊同劃一之，而國異政，家殊俗如故。禮記月令云，『同度量，平權衡』；桌氏爲量銘云，『嘉量旣成，以觀四國　永啓厥後，茲器維則』；(周禮，考工記。)秦始皇琅邪臺刻石云，『器械一量』；(史記本紀。)以今觀之，亦虛美之辭耳。

由魏晉間簡所見，亦或言：『日食五升』；(泰始六年二月一日簡。流沙墜簡釋二，頁三三)或言：『人日食六升』；(書同上。)或言：『（缺）增一升，日七（缺）』；(同上三四上。)或言：『□人食八升』。(同上三五上。)因記。

玖　細君

居延簡：

　　誼十二月中，使妻細君持使償郭敞馬錢。細君未行 (一七五)。

　　桉于古，邦君夫人有『小君』之稱。『細君』之義，同于『小君』。蓋嘗有僭稱者

矣；寖以普徧，至漢世婦女，遂有以爲名者，（以『王孫』『卿』爲名字，其例同也。說畧見偶述第拾。）漢書東方朔傳：『歸遺細君』。師古曰：『細君，朔妻之名』，是也。又江都王建女，亦名細君。（漢書西域烏孫傳。）

不知始于何時，『細君』乃以稱妾。俞正燮癸巳類稿七釋小補楚語莘內則總角義篇亦曰：『小妻曰姿……曰細君』。此誤。小妻之稱『細君』，不可謂古。

拾　婦女名負

居延簡：

移觖（牒）得：萬歲里鄭負自言，夫竪之病，不幸死。……（五三三）。

第廿三隧卒王音，妻大女貪，年廿（一七二）。

『貪』字从人，从負，勞氏釋文排印本作『債』。按第一簡作『負』，知漢人書法或省，亦或不省。

漢書高帝紀：『常從王媼，武負貰酒』。注：『如淳曰：武，姓也。俗謂老大母爲阿負。師古曰：劉向列女傳云，魏曲沃負者，魏大夫如耳之母也。此則古語謂老母爲負耳。王媼，王家之媼也；武負，武家之母也』；又蜀志劉焉傳注：『孔衍漢魏春秋曰，許負，河內溫縣之婦人。——臣松之以爲，今東人呼母爲負。衍以許負爲婦人，如爲有似』。此並從俗稱，訓『負』爲老母，即老婦者也。今按上二簡『貪』『負』並是婦人名。簡文中，婦人例舉名，此二事不應獨異。弟二簡尤顯明。倘如史注舊說釋爲老母，則『妻大女老母』云云爲不辭。于高紀中，則如淳與師古之說，自不妨並存。然即以爲名，比于簡文之稱，未嘗不可。至于許負，直是以『負』爲名。孔衍云『婦人也』，亦但釋其人之性屬而已，非謂以『負』爲『婦』。裴氏舉似一時方言，恐衍之本意，未必在此。

拾壹　八魁又一說

歷譜中有『八魁』，鑿嘗引尾經，春秋文耀鉤及宋均注，以八魁爲尾，爲主獸之官，又與兵事有關。（偶述弟貳碑。）今考後漢書蘇竟傳，與劉龔書曰：『夫仲夏甲申爲八魁。八魁，上帝開塞之將也，主退惡攘逆』。注：『歷法，春三月己巳，丁丑；夏三月

甲申，壬辰；秋三月己亥，丁未；冬三月甲寅，壬戌爲八魁』。(王先謙集解：工會汾曰，監

本，壬戌作壬寅。案上文言，春三月己巳，丁丑；夏三月甲申，壬辰；秋三月己亥，丁未：則十二支中，皆越四

位取之，獨除去子午卯酉不用也。多甲寅，當配以壬戌。作壬寅者，非是。定從宋本。惠棟曰：案元珠密語八魁

云，春己巳，丁巳；夏甲子，壬戌；秋己亥，丁未；冬甲午，壬辰：與此異也。)校以兵事有關一節，諸書

並同。(開元占經五二引荊州占亦曰：『太白守八魁，兵大起』。)至一云『上帝開塞之將』，一云『主

獸之官』，未詳。唯開塞之將一說爲曆譜家所采取，可無疑義。

拾貳　州牧八命黃金印

延居簡：

州牧八命，黃金印。如和如朋朋之公印所印 🔲 (十八)。

校漢武初置刺史，秩六百石。成帝綏和元年，更名牧，秩二千石。哀帝建平二年，

復爲刺史；元壽二年，復爲牧。光武建武十八年，復爲刺史。(漢書百官公卿表上，續漢書百

官志五。)云『州牧八命』者，本諸周禮春官大宗伯之所謂『八命作牧』也。

百官公卿表及續漢書輿服志，于州牧印綬，略不著錄。見存輯本漢官舊儀，漢官

解詁之等，亦無可考者。準以百官公卿表云：『徹侯，(校卽通侯，亦卽列侯。)金印紫綬；

『諸侯王，金璽盭綬』：(按太平御覽六八三引漢舊儀曰：『諸侯王，黃金橐駝，印文曰璽』，列侯，黃金龜

紐，文曰之印』。)則州牧黃金印，其制同于王侯矣。然百官公卿表云：『凡吏秩，比二千石

以上，皆銀印，靑綬』；又應劭漢官儀云：『孝武皇帝元狩四年，令通官印五分：王公

侯金；二千石銀』；(御覽六八三引。)漢舊儀云：『御史，二千石，銀印』。(百官公卿表注等引。)

校云二千石銀印，則州牧二千石，宜亦銀印矣。簡文乃云『黃金印』，何也？嚴耕望先

生以爲此王莽朝制，引莽傳中：『置州牧，見禮如三公。(元注，從王念孫句讀。)……公氏

作牧，侯氏卒正，伯氏連率，子氏屬令，男氏屬長，皆世其官』。校嚴說審也。莽傳

本言，依周官王制之文，故復五等之爵。今簡文云『州牧八命』，與莽之言依據周禮

者密合。夫州牧已同于三公，則黃金印無疑矣。

(附勞貞一先生來書)『州牧八命黃金印』一條爲莽制，弟亦早有此意，蓋漢制無一

命至九命之制也。九命一語，見於周禮及王制，漢制無之。王莽襲用古制，當

在所采用，而莽傳又無九命明文，吾兄引用『八命作牧』爲證，甚切當。惟亦

可存一異說。柀字文周亦曾改一至九品爲九至一命，見隋志。字文周可襲周禮而略變之，則王莽亦可襲古制而略變之。據莽傳，更名秩百石爲庶士，……中二千石曰卿，共爲九等，其中無三公，但亦不妨認三公九卿爲九命，以下逮差，至庶士爲一命，則二千石爲八命，亦爲州牧之秩也。惟漢代印制，諸侯王，列侯，丞相，大將軍，匈奴單于始爲金印，御史大夫，九卿，二千石皆銀印。莽制是否故改漢制而誇飾之，則未悉耳。至天鳳元年改太守制，以周官王制之文置卒正，連率，大尹，職如太守；屬令，屬長，職如都尉。置州牧部監二十五人，（牧）見禮如三公；監位上大夫，各主五郡。公氏作牧，侯氏卒正……皆世共官，其無爵者爲尹，似又改十二州及九州之制爲二十五州。州有爵者爲牧，無爵者（或爵氐于伯者）爲大尹，則州牧八命自宜從周禮之文，而以此簡在天鳳以後，更爲切當也。

拾參　『文毋害』舊義

漢世薦學士吏，動稱曰『文毋害』，本積極之辭，有勝善之義，而舊解紛紜，槃于初述（弟玖。）論之矣。考漢書文帝紀：『遣都吏循行』，注引如淳曰：『律說，都吏，今督郵是也。閑惠曉事，即爲文毋害都吏』。柀此『文毋害』碻詁。諸家引證未及。

續漢書百官志五，元注：『秋冬遣無害吏案訊諸囚，平其辠法，論課殿最』。劉昭注：『案律有無害都吏，如今言公平吏』。今案以『公平』二字釋『閑惠曉事』，尚不免隔去一層。

拾肆　別火官之置與廢

居延簡：

御史大夫吉昧死言：丞相相上大常書言，大史丞定言，元康五年五月二日壬子夏至，宜寢兵。大官邛井，更水火進，鳴雞謁，以聞。布當用者●臣謹案比原宗御者水衡邛大官御井，中二千石，二千石各抒別火官，先夏至一日，以陰燧取火，授中二千石，二千石官在長安雲陽者，其民皆受。以日至日易故火。庚戌寢兵，不聽事。盡甲寅五日。臣請布。臣昧死以聞（二一又二九。）。

　　按漢書百官公卿表『典客』下云：『屬官有行人，譯官，別火三令丞。武帝太初元年，……初置別火』。注引如淳曰：『漢儀注，別火獄令官，主治改火之事』。是別火官之設，始自武帝矣。然亦賴有此簡，始略得考見其事。

　　別火令丞中興以後省，見續百官志二大鴻臚條。

　　自餘與改火有關之史事，則勞貞一先生所考爲詳，今不贅。

拾伍　軍吏名籍　輶車　奴婢買賣

居延簡：

	小奴二人直三萬	用馬五匹直二萬	宅一區萬
倲長螺得廣昌里公乘禮忠年卅	大婢一人二萬	牛車二兩直四千	田五頃五萬
	輶車一乘直萬	服牛二六千	●凡貲直十五萬（一四六）
	妻妻	宅一區直三千	妻一人
	子男一人	田五十畝直五千	子男二人
二燧發長居延西道里公乘徐宗年五十	男同產二人	用牛二直五千	子女二人
	女同產二人		男同產二人
			女同產二人（二三〇）

　　按此漢代軍吏名籍，其爲用，同于民人之有戶籍。是故欲瞭解此軍吏名籍，則不可不知漢世之所謂戶籍。戶籍法，于周禮中已有可考者，秋官：『司民，掌登萬民之數，自生齒以上，皆書於版：辨其國中與其都鄙，及其郊野，異其男女；歲登　下其生死』。是也。云『版』者，以竹或木爲版書之之謂。于漢世則或曰『籍』，亦或曰『版』。上引周禮鄭注云：『版，今戶籍也』；又天官宮伯注引鄭司農云：『今時鄉戶籍，謂之戶版』；仲長統昌言損益篇云：『明版籍以相數閱』。（後漢書本傳。）按『籍』本竹版，後來則木版亦有其稱。或曰『籍』，或曰『版』，其實一矣。

　　其與民人戶籍卽鄉戶籍同其性質者，復有宗室籍，續漢書百官志三，宗正卿下本注云，『郡國歲因計上宗室名籍』，是也。有市籍，史記平準書，『賈人有市籍者』，是也。軍中吏卒亦有名籍，故居延漢簡封檢類有『元康元年九月吏卒名籍』；（七八）（一二六，三）而上引二簡，卽軍吏之名籍也。其別雖有鄉戶籍，宗室名籍，市籍，與夫軍吏卒名籍之不同，而其爲法之用意，一也。（詳後。）

　　考周禮地官小司徒之職，有云：『乃頒比要于六鄉之大夫，使各登其鄉之衆寡，六

畜，車輦，辨其物，以歲時入其數，以施政教，行徵令』。注：『衆寡，民之多少。物，家中之財。歲時入其數，若今四時言事』。按鄭注云『今』者，是指漢法。漢『四時言事』之法，其中包括民人戶口及家中財物，此與上引漢簡軍吏籍之性質極近似，而其實此『四時言事』，蓋即上計之類。漢官解詁云：『太守……秋冬歲盡，各計縣戶口，……上其集簿』。（續百官志五注引。）此言秋冬上計，而『四時言事』則不止于秋冬者，蓋四時各有計簿，但于秋冬則集而上之。或曰『四時』，或曰『秋冬』，各有所指云耳。又漢官解詁云，太守上計，其實則塞上軍吏亦兼治民如太守（詳上壹塞上軍吏兼治民設之再檢討篇。）故軍吏亦自上計，如簡云：『陽朔三年九月癸亥朔壬午，甲□不私亭候塞尉順敢言之，府書，移賦錢出入簿，與計偕。謹移應書一編，敢言之』。（居延漢簡〔一三九〕三五，八〔面〕）即其事也。

復次，上計者，各計其縣戶口，此其戶口，蓋包括其所治民及其部屬。若然，則上引漢簡中之軍吏名籍者，塞上軍吏之計簿亦即『集簿』中之物事耳。

漢世吏民戶籍，必著錄貲產，故上計之簿得有所根據。此類戶籍之登記，書史謂之『自占』。自占，向來注家以爲祇著戶口名，如顏師古曰：『占者，謂自隱度其戶口而著名籍也』；（漢書宣帝紀注。）後漢書明帝紀曰：『流人無名數欲自占者』。章懷注曰：『無名數，謂無文簿也。占，謂自歸首也』。今按舊注不甚了了。占籍固不止于隱度戶口名數，同時亦須隱度貲產。流民多不願自占者，以此。又當時與吏民貲產有關之種種措施，如漢初及武帝元光六年稅軺車；（平準書。漢書武紀作商車。）景帝後元元年以前，訾算十以上，乃得宦；二年以後，訾算四，得宦；（漢書本紀。）武帝元朔三年，徙郡國豪傑及訾三百萬以上于茂陵；元狩四年，初算緡錢；（注：李斐曰，緡，絲也，以貫錢也。一貫千錢，出算二十也。師古曰，謂有儲積錢者，計其緡貫而稅之。以上並漢書本紀。）又令賈人有市籍者及其家屬，皆無得籍名田，以便農；（平準書。）王莽天鳳間，壹切稅吏民訾，三十而取一；（漢書食貨志下。）莽又『數改錢貨，徵發頻數』。（本傳。）諸如此類，使戶籍不箸貲產，則天下之大，此倉卒煩重之勢，將使主其事者焉所憑藉？于何檢考。

食貨志，王莽即眞以後，下詔：『諸取衆物，鳥獸，魚鼈，百蟲於山林水澤及牧畜者；嬪婦桑蠶，織妊，紡績，補縫；工匠，醫巫，卜祝及它方技，商販，賈人坐肆，列里區，謁舍，皆各自占所爲於其所在之縣官，除其本，計其利，十一分之，而以其

一爲貢。敢不自占，自占不目實者，盡沒入所采取。而作縣官，一歲，諸司市常目四時中月，實定所掌，爲物上中下之賈，各自用爲其市平，毋拘它所』。此其名籍法，用益苛察周密矣。

漢時人口，每歲一占，續禮儀志上：『仲秋之月，縣道皆案戶比民』。集解：『惠棟曰，呂氏春秋八月紀，高誘云，今之八月比戶。……』比戶者，校驗人口，後漢書江革傳：『每至歲時，縣嘗案比』。注：『案驗以比之，猶今貌閱也』。是也。漢戶口法雖如此之密，而郡國作僞，『欲獲豐穰虛飾之譽，遂覆蔽災害，不揣流亡，競增戶口』者，（後漢書孝殤帝紀。）有之；而『同產子民無名數』『未占著』者，（同上紀。）亦有之。行法之難也如此。

流民亦多無戶籍。然若遇賢二千石勞來不怠，惠政有加，則流民亦向化而自占，如宣帝地節三年，詔以爲膠東相王成，治有異等，流民自占八萬餘口。（本紀。）或則勸之以爵。後漢明帝初卽位，詔，流人無名數欲自占者，人爵一級。（本紀。）桉爵不止于榮身，亦可鬻錢，（成帝世，爵一級，賈千錢。見本紀。）可贖罪。唯無戶籍者，不得以與此賞賜。有此限制，故流民願歸首而自占者，蓋有之矣。以後諸帝卽位，改元，遂亦大都奉循，用爲故事矣。

上引軍吏名籍，妻室子女並不記年齒，而鄉戶籍則必詳記年齒。桉漢書高祖紀：『四年八月，初爲算賦』。注引如淳曰：『漢儀注：民年十五以上至五十六，出賦錢，人百二十爲一算，爲治庫兵車馬』。又後漢書光武紀注引漢儀注：『又七歲至十四歲出口錢，人二十，目供天子。至武帝時，又口加三錢，目補車騎馬』。此類算賦，漢法常以八月。（後漢書皇后紀。又注引漢儀注同。）如戶口籍無年齒之記，則此類算賦，直亦無從措辦矣。以此推之，軍吏名籍恐亦不能例外。其年齒有未詳者，蓋其籍固不止一種。此軍吏名籍，其著重之處，不在年齒，故從畧耳。

武帝世稅軺車，爲吏者及三老，北邊騎士皆一算；商賈人皆二算。（平準書。）何以稅及軺車？余初不瞭解。今驗候長禮忠之軺車一乘，值錢萬，其爲費等于其所住宅一區，（二埇縣長之宅，乃不過值三千。）或田一頃，（一頃百畝。漢書貢禹傳，上書曰：『臣寶田百畝，以供車馬』。此車並馬才值一頃，疑其不屬軺車。）或牛車五兩，或服牛兩頭又半，或馬兩匹又半。此非中產以上之家不辦。（漢世一金爲一斤，值錢萬。漢書文紀：『百金，中人十家之產』，是中人之家不過

十金，值錢十萬。）蓋軺車之使用，在當時已以奢侈品視之矣。然則稅軺車，此猶今日之徵收私家汽車稅爾。

高祖初平天下，重稅租商賈人乘車，（平準書。）注家以爲亦卽稅軺車。今按當爾時凋敝之餘，『自天子不能具醇駟，而將相或乘牛車』，卽令高祖亦稅軺車，然其用意在尊本，抑末，史所謂『重稅租以困辱之』是也。至于武帝世，則所稅已不限于商賈，非其比矣。

候長禮忠一簡，小奴大婢並記值若干，（他簡亦有言買奴者，如云：『買奴□□□』；〔三五五〕『第十八隧長成買奴』〔四三三〕之等。）此由于當時奴婢得自由買賣之故。按奴婢買賣，本亦古制之遺，漢氏初不禁此，故季布逃死，匿濮陽周氏，氏將布並與其家僮數千，之魯朱家所賣之；（史記季布列傳。）高祖且嘗因天下大饑，令民得賣子；（食貨志上。）武帝築衞朔方，則募民能入奴婢者，得終身復；（輸奴婢以拜爵，文帝世鼂錯已有其議，見漢書本傳。）爲郎者增秩。（食貨志下。）迨王莽卽位，始禁令不得買賣。（本傳，始建國元年。）厥後光武亦頻下明詔，如建武七年，詔，吏人遭饑亂，及爲靑徐賊所略爲奴婢，下妻，欲去留者，恣聽之。敢拘制不還，目賣人法從事；又十四年十二月癸卯，詔，益涼二州奴婢，自八年目來，自訟在所官，一切免爲庶民。賣者無還直。（後漢書本紀。）

按奴婢買賣之禁，已始于王莽以後，今軍吏名籍公然記載奴婢價直，不以爲嫌，疑此爲王莽禁令以前之事。

光武詔云：『以賣人法從事』。王氏集解：『惠棟曰，盜律云，略人，略賣人，和賣和買人爲奴婢者，死。陳羣新律序曰，盜律有和賣買人。案此則漢律盜篇有賣人之條。前二年詔曰，敢拘執，論如律。所謂律者，卽賣人法也』。今案莽新以前，已不禁買賣人，莽雖有禁令，中興以後，亦未必承用亡新之律。蓋此賣人法，卽光武朝所制定。

簡云，小奴，人值錢萬五千；大婢二萬。按風俗通：『廬儉……行求老蒼頭謹信屬任者，年六十餘，直二萬錢，使主牛馬耕種』。（藝文類聚三五等引。）廬，東漢末人。其時奴值，與簡文所記，尚不甚相遠。

拾陸　『秋射』賸聞

　　簡言秋射，卽舊史所謂都試。其舉行也，或云秋，或云立秋，或云立秋之後，或云八月，或云九月；而魏書則云漢故事以十月：槃前旣論之。（偶述弟壹。）今又考後漢書光武紀注引漢官儀曰：『高祖命天下郡國，選能引關蹶張，材力武猛者，目爲輕車騎士材官。樓船常以立秋後，講肄課試，各有員數。平地用車騎，山阻用材官，水泉（槃按續百官志注補作家，張晏作處，並見下。作處是也。）用樓船』；又續百官志五注補引漢官儀曰：『民年二十三爲正，一歲以爲衛士，一歲爲材官騎士，習射御，騎馳，戰陣。八月，太守，都尉，令，長，相，丞，尉會都試，課殿最。水家爲樓船，亦習戰射，行船。過（官本考證曰：本亦作邊。槃按殿本漢書同。）郡太守各將萬騎行障塞，烽火追虜』；又漢書高紀注引張晏曰：『材官，騎士習射御，騎馳，戰陣。常以八月，太守，都尉，令，長，丞會都試，課殿最。水處則習船。邊郡將萬騎行障塞。光武時省』。槃以上諸說，同出一源，而其于都試時間亦或言八月，或言立秋後，蓋各有所據；而事實上亦不能無所遷改。至云舊制以十月，唯魏書一見；而漢官儀明云，高祖命以八月，（或云立秋後。）可證其非矣。（秦雖建亥，以十月爲歲首，但其月數則用夏正，前人旣有定論。漢初仍秦正，自亦不能例外。然則或云十月，或云八月者，並當以夏正視之。槃于前篇，疑魏書之所謂十月，儻是秦正，亦誤也。）

　　後漢書耿弇傳注引漢官儀云：『歲終郡試之時，講武勒兵，因以校獵，簡其材力也。』槃此云『歲終』，尤突兀。諸家並引漢官儀，唯此距離獨大。『歲終』二字，可疑也。

　　舊儀，邊郡太守，各將萬騎行障塞云云，說亦未盡。以漢簡考之，邊郡都試亦習射，課殿最，同于內郡。但騎馳戰陣之等，則未有可考者爾。

　　舊儀之說，雖有未備，然於郡國都試，以今所知，此猶爲唯一可參考之資料矣。

拾柒　『甚苦』　『良苦』

居延簡：

　　鄰趙中實足下苦，毋□（一二三）。

　　苦，毋恙。久不相見（一二四）。

足下，苦，毋恙。□□甚苦（三五六）。

竝伏地言：王務夫……甚苦。願到前，迫□吏。……(三一三)。

賞伏地再拜□，子卿足下，善，毋恙，甚苦事。……(二二○)。

□升不言，毋恙，甚苦官事。……(四三三)。

宣伏地再拜請，为孫少婦足下，良苦。塞上暑時。……(・七一)。

仲伏地再拜請，請明君足下，良苦官事。（缺）(二六)。

流沙墜簡：

为君少平足下，善，毋恙，甚苦事（釋文三，一）。

甚苦候墅（同上）。

少君足下，善，毋恙，甚苦事。……(同上三，二)。

按漢人相慰勞之辭，或曰『甚苦』，漢書循吏黃霸傳：『霸見迎（吏），勞之曰，甚苦。食於道旁，乃爲烏所盜肉』；後漢書逸民臺佟傳：『刺史乃執贄見佟曰，孝威居身如是，甚苦，如何』。或曰『良苦』，漢書李陵傳：『立政曰，咄，少卿良苦』；後漢書王常傳：『光武見常，甚歡，勞之曰，王廷尉良苦』；江表傳：周瑜謂蔣幹曰，『子翼良苦』。（吳志周瑜傳注引。）上引簡牘曰『苦』，曰『甚苦』，曰『良苦』，時人常語則然也。簡牘或曰『甚苦事』，或曰『甚苦官事』，史籍中亦不乏其例，漢書南粵王趙佗傳：『（文帝）賜佗書曰，皇帝謹問南粵王，甚苦心勞意』；又馮奉世傳：『上（宣）於是以璽書勞奉世，且讓之曰，皇帝問將兵右將軍，甚苦暴露』；又趙充國傳：『（宣帝）以書敕讓充國曰，皇帝問後將軍，甚苦暴露』。

拾捌　家弟

居延簡：

家弟寄書，已未到，獨物米來耳（四三九）。

按世說新語棲逸：戴安道答謝太傅曰：『下官不堪其憂，家弟不改其樂』。『家弟』一辭，檢今坊間辭書，並溯原於此。茲據簡牘，則知漢人既有是稱矣。舊韻書乃舉似唐書溫大雅傳，更失之遠矣。

拾玖　叩頭

居延簡：

　　□□久負三老，(叩)＝頭＝重叩頭 (一六二)。

　　□叩頭，叩頭，□言。……叩＝頭 (B一六) (一八，七) (背)。

流沙墜簡：

　　　　政伏地再拜言，為卿君明足下。……官薄身賤，書不通，叩＝，頭＝。……北邊

　　　　居陋，未有奉奏，叩＝，頭＝。……(釋文三，六)。

　　俞正燮曰：『吳志孫奮傳注引江表傳云，皓遣察戰，齎藥賜奮。奮不受藥，叩頭千

下。其事可憫。韋曜傳云，曜下獄，置對曰，囚被問，叩頭五百下。華覈救曜表曰，

謹通表，叩頭百下。蓋其時卑乞常語。公羊春秋，鄭伯乞盟。何休注云，使若叩頭乞

盟然。知東漢末常語若此。形容之文，非眞叩頭千，叩頭五百也』。(癸巳存稿七，叩頭。)

今桉上引流沙墜簡，據王氏考定，以爲其時代當在西漢之末。居延二簡，時代未詳，

度亦不致甚晚。西漢間書札，旣以『叩頭』爲常語，則俞氏以爲始于東漢之末者，誤

矣。又西漢人之書簡，一通之中，一再言『叩頭叩頭』，是並前後爲四叩頭矣。或言

『叩頭叩頭重叩頭』，是亦旣有以多爲貴之意矣。蓋乞憐者，其辭卑，故動稱千百矣。

然亦可知世愈降，而其去古人朴畧之意亦愈以遠矣。(日知錄二八，百拜條云：『平禮止是一拜，

再拜；卽人臣於君，亦止再拜。……禮至末世而繁，自唐以下，卽有四拜。……今人書狀，動稱百拜』。叩頭云千

百下，正其比。)

貳拾　晉人書啓稱『信』之一例

　　槃于初述論書啓稱『信』，以爲據漢晉間簡札，旣有迹象可尋，決不如宋人所謂

始于『今之流俗』。(偶述貳玖。)友人周一良先生旣讀余文，示書云：『晉書一百二劉聰載

記，「有一方白玉，題文曰，猗尼渠餘國天王敬信遮須夷國天王，歲在攝提，當相見

也」一節，似古人不唯稱致書使人曰信，作書問訊亦得曰信矣』。今桉載記，聰子約

死，道遇一國曰猗尼渠餘，引約入宮，與皮囊一枚，及蘇，開之，有白玉題文云云。

此神話，然無害其爲晉人書啓稱『信』之一證明也。

貳壹　複姓周生

流沙墜簡簡牘遺文考釋頁三『周生萌白』條曰：『周生爲敦煌著姓，魏志王肅傳有魏初徵士敦煌周生烈，裴松之注：「此人姓周生，名烈」。……又簡中有周生萌，周生並二人：則周生之爲複姓，信矣』。今桉後漢書馮衍傳有尙書周生豐，注：『風俗通曰，周生，姓也』。此等材料，並較王氏所引者爲早。唯路史云，『帝堯之後有周生氏』，（同上傳集解據惠棟引。）未詳何本？

貳貳　方相車

居延簡：

　　方相車一乘（四三）（三三五，一五）。

　　方相除色負卅五。……（五一）（四〇七，一一）。

　　居延丞付方相車一乘°……（八七）（五三，一五）。

　　乘方相車。……（一三）（六二，一三）。

　　方相一乘。……（一四八）（四三，九）。

桉『相』，謂車箱。本作『箱』，通作『相』。車箱方，故曰『方相』。周禮春官巾車：『庶人乘役車』。注：『役車，方箱，可載任器以共役』。疏：『知方箱者，桉冬官乘車曰，車橫廣，前後短。大車，栢車，羊車皆方，故知庶人役車亦方箱』。桉鄭云『方箱』，卽簡之所謂『方相』。車箱有方形之一種，古來如此。然『方箱』一稱，前此未聞，蓋漢人以爲恆辭，故鄭氏注經遂亦云爾矣。

貳參　勘論『枸校』

居延簡有云：『書到，枸校處實牒，副言遣尉史弘賚』。槃往嘗據太平經中習稱『拘校』，以爲『枸』當作『拘』；又以爲『拘』『鉤』通作，故漢書陳萬年傳作『鉤校』，而西周策『弓撥矢鉤』，『鉤』亦或作『拘』也。（偶述第拾柒。）今檢居延簡〔二六四〕五五，二　二二四，三一三七，六簡亦作『枸校』，文曰：『十一月，郵書留遟不中程，各如牒。晏等知郵書數留遟，爲府職，不事枸校所委』。蓋『枸』『拘』『鉤』

三字，聲同字通，故古人不拘如此。

周禮春官巾車：『金路鉤』。注：『故書鉤爲拘，杜子春讀爲鉤』；後漢書鄧禹附訓傳，章懷注：『孫卿子曰，「拘木必待隱括蒸揉，然後直也」。拘音鉤』；又順帝紀：『枸彌國遣使貢獻』。『枸』，一作『拘』。（集解：先謙曰，官本枸作拘。此汲古閣本從手，從木，字通作。）『枸』『拘』『鉤』同聲通用，此等處亦其例矣。

貳肆　粗製木人

居延簡中，有以長方木板畫作人面；或以楔形木刀刻加墨作人首，亦或畫身首粗備如木偶人者，凡二十有一事，其編號爲：（一七）一九八，九；（三六）一五六，六；（四七）八六，一一；（九九）一一七，三；（一〇五）一六三，一；（一一七）一五五，一〇；（一三一）三五七，三；（一三二）四六〇，七；（三〇五）三〇九，一三；（三一三）三〇九，一二；（四七八）三〇四，一；（四七八）三〇四，二；（四七八）三〇四，三；（四八五）二三，二；（四八六）六六，三；（四八九）一六七，九；（四九三）六〇，一〇；（B二七）三七七，三；（B二八）三七七，四〇；（B二九）六四，九；（B二九）二五六，四。

人面部分，大都有長髯，或髭鬚。狀貌或象常人，或則甚獰惡。木長短不一，長者〇·二四八公尺，寬〇·〇五七公尺；短者，〇·〇七九公尺，寬〇·〇一四公尺。（並據其未殘缺者。）貞一釋文作『人面』，今定爲粗製木人。

此等事物，不審何用？以載籍考之，木人事類，大氐有如下述：

（一）象人　古代或以木偶象徵生人，如史記西南夷傳，夜郎王興『刻木象漢吏，立道旁射之』。是也。漢書路溫舒傳：『故俗語曰，畫地爲獄，期不入；刻木爲吏，期不對』。（文選報任安書李注：『臣瓚曰，以爲患吏刻暴，雖以木爲吏，期於不對。此疾苛吏之辭也。』）此似譬喻假設之辭。如其果亦有古代史事爲之背景，則刻木表象生人，此亦一例矣。王朗家傳：『會稽舊祀秦始皇，刻木爲像，與夏禹同廟』；（三國魏志，王朗傳注引。）孫盛逸人傳：『丁蘭者，河內人也，少喪考妣，不及供養，乃刻木爲人，髣髴親形，事之若生』；（太平御覽四一四引。按漢武梁祠石刻有丁蘭立木爲父之像，見隸釋十六）魏志武帝紀：『（鮑）信力戰死，……衆乃刻木如信形狀，祭而哭焉』：此象死者例也。宋玉招魂云：『像設君室，靜閒安些』。此所謂像，蓋亦即木偶。相傳，昔『黃帝仙去，其臣有左徹者，削木爲黃帝

之像，諸侯朝奉之』。（意林，又御覽七九等引抱朴子。）此說雖荒忽，然至少可以反映戰國間人之有此一意識。

　　江表傳：吳孫皓『以張布女爲美人，有寵。皓問曰，汝父所在？答曰，賊以殺之。皓大怒，棒殺之。後思其顏色，使巧工刻木作美人形象，恆置座側』。（三國吳志，孫和何姬傳注引。）此其象徵死者，別是一種意義。蓋君親既可以以木偶爲之象徵，則推而廣之至於其他所親，亦事有必至。然而其源同，而其流則異矣。

　　古禮又以木主象徵死者，論衡亂龍篇曰：『禮，宗廟之主，以木爲之，長尺二寸，（黃暉校釋引白虎通宗廟篇：『方尺。或曰，長尺二寸』。）以象先祖。孝子入廟，主心事之。雖知木主非親，亦當盡敬』；五經異義：『主者，神象也。孝子既葬，心無所依，所以虞而立之以事之』。（通典吉禮引。）按木主之立，意既在敬恭鬼神，事之若生人，疑厥初本以木刻作人象，如會稽之祀始皇，丁蘭之奉親等，並刻削木人，蓋是其遺義。（松花江赫哲族人之奉祀祖先，亦刻木爲偶爭。〔參考凌純聲先生所著松花江下游的赫哲族附圖二五七。〕蓋初民風俗，不乏此例。後漢書東夷東沃沮傳：『其葬，作大木椁。……新死者，先假埋之，令皮肉盡，乃取置椁中，家人皆共一椁，刻木如主，隨死者爲數焉』。此『如主』，集解校補引魏志作『如生』。如作『如生』不誤，則亦是刻木偶之類矣。姑存疑問，以俟知者。）儻以爲『祖』字在卜辭中皆省作『且』，此似可以使人設想其即象長方形之木主，不作人象。按此種解釋，即使得實，吾人亦未可即就此而斷定最早之木主，亦必如此。蓋殷之先，尙有人類社會。此一人類社會之如何象徵其祖先，吾人今猶十分泛昧；而戰國以後，此種刻作木偶之風俗，是否仍保存殷以前之傳統，則固猶在未可知之列也。

　　復次論衡解除篇曰：『禮入宗廟，無所主意，斬尺二寸之木，名之曰主，主心事之，不爲人像』。此亦謂古禮木主之設，初非有刻爲人象之一義。然而王充之世，去古遠矣。『禮失而求諸野』，如會稽之祀秦皇，丁蘭之事親之等，所謂猶愈于『野』者，非邪？

　　（二）象神　　風俗通云：『今民間獨祀司命耳，刻木長尺二寸爲人像，行者擔篋中，居者別作小屋。齊「天」地大尊重之；汝南餘郡亦多有』。（卷八，司命。）此以木偶象天神之例也。

　　（三）明器　　明器者，殉葬之器。古墓葬器中，多有用木偶人者，其淵原當甚遠。

唯孔子云：『始作俑者』，『象人而用之』，（孟子，梁惠王。）不知其爲木偶？抑土偶？近世則楚漢墓葬中所發見之木俑，頗亦不少。（參考商錫永先生箸長沙古物聞見記，中國長沙古物指南；朝鮮古跡研究會出版之樂浪彩篋塜；中國學報一卷四期姚漢氏箸漢墓摘記。）按以木俑配葬，漢人載籍中亦有可徵者，鹽鐵論散不足曰：『古者，明器有形無實，示民不用也。……今厚資多藏器用如生人，郡國緣吏素桑採，偶車橚輪。匹夫無貌領，桐人衣紈綈』。（按潛夫論浮侈篇亦曰：『今京師貴戚，郡縣豪家，……死乃……多埋珍寶，偶人，軍馬』。）此桐人，卽木俑。（酉陽雜狙十三尸穸類云，明器用桐人，起戰國虞卿。）

又有一相傳爲春秋時之故事，云：『羊角哀，左伯桃二人爲死友，欲仕於楚，道阻，遇雨雪，不得行，飢寒，自度不俱生：伯桃謂角哀曰，俱死之後，骸骨莫收。內手捫心，知不如子。生恐無益而棄子之能。我樂在樹中。角哀聽之，伯桃入樹中而死。楚平王愛角哀之賢，以上卿禮葬伯桃。角哀夢伯桃曰，蒙子之恩而獲厚葬，正苦荊將軍冢相近，今月十五日，當大戰以決勝負。角哀至期日，陳兵馬，詣其冢，作三桐人；自殺，下而從之』。（後漢書申屠剛傳注引烈士傳。）按此云羊角哀詣左伯桃墓，作三桐人，然後自殺，其意義，與漢人所謂以桐人殉葬者同。蓋古人以事生者事死，生人有婢妾奴僕之屬，死者亦不可不備，故有以生人爲殉者；木偶，其替身也。角哀陳兵馬詣伯桃冢，作桐人，自殺，然則此桐人者，角哀以爲，此其地下之兵衛也。又吳孫晧左夫人死，晧『使工匠刻栢作木人，內冢中，以爲兵衛』，（三國吳志，孫和何姬傳注引江表傳。）其用意，一也。

（四）壓勝　　此本巫蠱方術。國策燕策二，蘇代約燕王曰：『秦欲攻安邑，恐齊救之，則以宋委於齊曰，宋王無道，爲木人以寫寡人，射其面』。立木像寫其人而射之，以爲可以傷害之，卽壓勝之之意。此術起源最早，本原始巫術之一種。金匱稱：『武王伐殷，丁侯不朝，尙父乃畫丁侯，三旬射之，丁侯病大劇』；（藝文類聚五九等引。）史記封禪書稱：『萇弘以方事周靈王。諸侯莫朝周，周力少，萇弘乃明鬼神事，設射貍首。貍首者，諸侯之不來者。依物怪，欲以致諸侯』。或曰畫像以射，或曰設貍首以射，其爲壓勝術一也。於漢代亦有畫其象而射者，如後漢書齊武王傳：『王莽素聞其名，大震懼；……使長安中官署及天下鄉亭皆畫伯升像於埻，（注：東觀記，續漢書並作『堋』。）且起射之』。又有用木偶人者，如上述夜郎王與刻木象漢吏，立道旁射之，是也。（按

史記酷吏郅都傳：『匈奴至爲偶人象郅都，令騎馳射之』。此不知是木偶，抑土偶。）復有巫蠱祝詛一類，如漢書江充傳：『上（武帝）以充爲使者，治巫蠱。充將胡巫掘地，求偶人。……掘蠱於太子宮，得桐木人』。（又見戾太子傳。）至論衡亂龍云：『李子長爲政，欲知囚情，以梧桐爲人，象囚之形，鑿地爲埳，以盧爲槨，臥木囚其中。囚罪正，則木囚不動；囚冤侵奪，木囚動出』。此雖與巫蠱祝詛事有別，然亦不曾同源異流矣。

（五）桃符　　古桃符，可大別爲二事：一者，以桃木刻爲神荼鬱壘，或則從簡但削桃爲板，畫神象其上，或則但挿桃枝于戶，是也。二者，削桃爲板，而畫山鬼等物事于其上，是也。

按惡鬼畏桃說，春秋時已有之，左氏襄二九年傳，『乃使巫以桃茢先祓殯』，昭四年傳，『桃弧棘矢以除其災』，是其事也。但漢世之桃符，本是桃木所刻之偶人，其本事，山海經逸文詳之，曰：『滄海之中，有度朔之山，上有大桃木，其屈蟠三千里，其枝間東北曰鬼門，萬鬼所出入也。上有二神人，一曰神荼，一曰鬱壘，主領閲萬鬼。惡害之鬼，執以葦索而以食虎，於是黃帝乃作禮以時驅之，立大桃人；門戶畫神荼鬱壘與虎，懸葦索以禦』。（論衡訂鬼篇引。）按此云『立大桃人』，續漢書禮儀志注引作『桃梗』，而諸他書說復不同，皇（按與黃通。）帝書云：『飾桃人……於門』；（風俗通桃梗引。）莊子逸文云：『挿桃枝於戶』；（藝文類聚八六等引。）論衡謝短云：『立桃象人於門戶』；亂龍云：『斬桃爲人，立之戶側』；萬（畢）典術云：『造桃板著戶』；（玉燭寶典卷一引。）魏議郎董勛云：『禮，……桃，鬼所惡。畫作人首，可以有所收縛，不死之祥』。（荆楚歲時記正月條引。）按『桃梗』，『桃人』，是一事，故齊策三，蘇秦謂孟嘗君曰：『今子，東國之梗也，刻削子以爲人』。蓋立桃人戶側以畏鬼，自戰國以來旣然矣。或云以『桃枝』，或云以『桃板』，或云畫人首于桃板者，蓋民間風俗，喜趨簡便，禮俗變遷，類此之例固甚多，不足異也。（挿桃枝之俗，卽吾鄕廣東五華至今尙然。）

桃符，厥初本是桃木所作之偶人，由上文言之，甚明矣。然稍後則以桃板畫神荼鬱壘，亦曰桃符，是籠統言之，桃符當包括二事：一者，桃偶人；二者，以桃板畫荼，壘其上，是也；而同時又有以柏代桃之一說，並詳見于後。

桃符上畫山鬼之例，以今所知者，敦煌掇瑣九三，所收有『護宅神曆卷』一種。（見附圖九。）此卷圖鬼首，注云，『山鬼』；又有雞首，符籙，各一事。文有云：『以桃木板

長一尺，書此玄（縣）宅四角，大吉利』。按此云『山鬼』，蓋卽所謂山臊惡鬼。荆楚歲時記正月條曰：『正月一日，……鷄鳴而起，先於庭前爆竹，以辟山臊惡鬼』；又引神異經曰：『西方山中有人焉，其長尺餘，一足，性不畏人，犯之，則令人寒熱，名曰山臊。人以竹著火中，烞熚有聲，而山臊驚憚遠去』。——神曆卷又畫鷄首者，按歲時記正月條曰：『帖畫鷄，或斵鏤五朵及土鷄于戶上』；又引莊子佚文云：『有掛鷄于戶，懸葦索於其上，插桃符於旁，百鬼畏之』。今按此神曆卷云，以桃木板長一尺爲之，又其所繪物事有山鬼，有鷄首，此其淵原，明明出于古之『桃符』。此俗不審始于何時？但不失其爲『桃符』之支流，此則可斷言者。

復次古『桃符』之形製，或刻削爲偶人，或則但畫神首于桃板之上。今神曆卷亦畫鬼首于桃板，疑厥初亦有刻削爲偶人者，民俗喜趨簡便，後來則亦但畫鬼首矣。

以上所述古木人事類，大凡五種，綜括言之，則亦不外乎象人，象神，曁象鬼三事。當然，槃一人現有之知識，于其所知者，不如其所不知者之衆，僅僅憑依此寡聞淺見，以之解決此居延木人問題，無疑其距離甚遠。然槃固亦不妨在此處提供其私見。

個人認爲此居延木人之形製，像一惡神，或鬼怪，不可能爲象人，或尊祀之神；同時，此象惡神或鬼怪之木偶，出土如此之多，可以使人想及其使用之普徧。由此二事觀之，似于表象神荼鬱壘之『桃符』近是。再次此木人下端尖銳，且尖銳部分有甚短小者，（如附圖二。）合于所謂飾門，所謂插戶。再次萬典（畢）術云，『造桃板著戶』；魏董勛云，『畫作人首』，桃符之中，有此一簡易作法，而此居延木人，亦間或作長方板片，畫人首其上。二者之間，亦不失爲切合。

但其中亦不無令人疑義之處，卽桃符者，已謂以桃木爲之，而居延木人所用木材，據槃目驗照片，則種類不一。其中有無桃木一類，原物遠在海外，今無由請敎專家，爲之鑑定。然卽令其中都不屬于桃木，吾人亦不能遂從而斷定其決非桃符。白澤圖云：『鬼畏桃，柏葉，故以桃爲湯，柏爲符爲酒也』。（玉燭寶典一引。）按白澤圖爲書頗早，（別詳批讀白澤圖解題，刊中央研究院歷史語言研究所集刊十二本。）依其書說，可能卽在早年旣有鬼畏桃復畏柏之說。曰以柏爲符，蓋亦造柏板作符，其形製同于桃符矣。（居延木人所用木材，其中亦有一種樹脂紋特顯，可決其爲松柏科者。但古人松，柏亦有別。至於居延木人，其爲松歟？柏歟？不可知矣。）是故，桃符不必限于桃木，卽亦不必限于柏木，有如其地不產桃柏，則亦自

然不用，而代之以他木。逮自五代以後，以迄于今，則所謂桃符者，又多以紙書春聯代之，（宋史五行志四：孟昶令學士題桃符板，以其詞非工，命筆自題曰，新年納餘慶，嘉節賀長春。按此民間以春聯爲桃符之始。）即木板亦大都廢棄不用矣。（亦有若干地區仍繼續保留，詳後。）此如古人解土用土偶人，（論衡解除。）今吾鄉五華，則以木版代之矣。類此事例至夥，今未皇論列。

　　以上者，依據桃符爲飾桃人，或造桃板；然後從而說明何以居延木人亦可能爲桃符。蓋桃符之本質，不無變演；故罄亦不得不就其變演者而觀之也。語其實，則早期之記，畫荼壘者，初無用桃板之說。此乃吾人今日所應特別注意之一事也。按山海經佚文曰：『立大桃人；門戶畫神荼鬱壘與虎』；（文詳上引。）獨斷曰：『常以歲竟十二月，……桃弧，棘矢，土鼓，鼓且射之；……已而立桃人，葦索，儋牙虎，神荼鬱壘以執之。儋牙虎，神荼鬱壘二神。海中有度朔之山，上有桃木，蟠屈三千里，卑枝東北有鬼門，萬鬼所出入也。神荼與鬱壘居其門，主閱領諸鬼。其惡害之鬼，執以葦索，食虎。……乃畫荼壘，縣葦索爲門戶，以禦凶也』。此並舊說也。如此說，是立桃人爲一事；而門戶畫荼壘，又是一事。按二事已不同，則是立桃人用桃木，而畫荼壘則不必限于桃木矣。但稍後之說，則二事乃混淆不淸，即如萬典（畢）術所謂『造桃板著戶』，已作桃板著戶，自更可以因便畫荼，壘于上，無用多費。但若因此遂謂畫荼，壘非桃板不可，則不免轉爲古人笑矣。

　　以此言之，則謂居延桃符畫荼，壘之用雜木者，正爾是古法。而以桃板畫者，因事設施，古人亦並行不悖。而有若今之是此非彼，斷斷計校，斯數典忘祖矣。

　　復次，有不少區域，（北平，南京，乃至雲南貴州等。）直至今日，猶時時可見人家門首着雜木板，板或正方，或長方，畫人面或虎頭其上，云用爲避邪。（承友人芮逸夫，李光濤兩先生見告。）按此亦古桃符之遺意也。人首者，荼，壘。荼，壘執惡鬼以食虎，故亦或畫虎矣。今人之桃符如此，與居延木人又抑何其近似？是亦不可以不思也。

　　儻謂塞上軍事設備，軍事管理，不必有此民間迷信，蓋其不然。余讀文帝世晁錯對策之論籌邊也，曰：『古之徙遠方目實廣虛也，……營邑立城，製里割宅，通用作之道，正阡陌之界，先爲築室；……爲置醫巫，目救疾病，目脩祭祀；男女有昏，生死相邮；墳墓相從，種樹畜長，室屋完安，此所目使民樂其處而有長居之心也』。（漢書本傳。）夫漢氏軍屯實邊之議，發于晁氏。如此，則塞上風俗，生活，與尋常之民間社會，曾

何以異？社祠之事，居延簡中，今猶可以考見；（貞一嘗論之，見考證卷二頁五五。）然則歲時之有桃符，亦固其宜矣。此木人者，豈卽其遺物耶？

貞一則疑其為『長生，』其言曰：『朝鮮有所謂長生者，乃為刻木作人面，柱植於地旁，作為守護神位及田土標識以及里程符記者。其埰古者為黃海道東岳郡漢明帝永平十五年石長生。歷新羅高麗以至於今並有之，見市村博士古稀紀念論叢孫晉泰長生考。居延簡中亦有楔形之木，上作人面，其形有類於朝鮮之長生，或說燕齊戍卒所為，其用亦略同於朝鮮之長生歟？』（考證卷二頁五九。）今桉居延木人形製，短者不過〇‧〇七九公尺。柱植地上，容易掩沒，殆不宜作為標識之用也。

此文已脫手，嘗就友人芮逸夫，楊希枚兩先生商榷，承舉似赫哲族薩滿敎之木人數事。此凌純聲先生調查所得。依其書，則赫哲族薩滿敎所供奉之木偶象，可述者有：（一）祖先；（已引見上。）（二）愛米——薩滿能通神，抵抗惡魔，而愛米又為保護及輔助薩滿之神；（三）房山神——司住宅平安之神；（四）司鬼神；（五）避邪神；（六）山峽神；（七）癆病神；（八）頭痛神；（九）打圍大神；（十）司皮神。（松花江下游的赫哲族上二之二，宗敎。）

槃桉此赫哲族薩滿之所信奉者，多神敎也。雲南麼些族東巴（巫師。）之木神牌，繪各神像鬼物，書以東巴文字，形製上寬下銳，當作道場時，安插地上，（北平圖書館圖書季刊新五卷第二三期，萬斯年氏迤西訪古工作報告。　中央研究院歷史語言研究所有此標本，承楊希枚先生撿示，都為二十一事：①鬼〔附圖十二〕；②鬼王〔附圖十三〕；③施鬼食時所用〔附圖十四〕；④口舌鬼〔側面張口〕；⑤情死鬼之男主角；⑥情死鬼之女主角；⑦女情死鬼王；⑧情死鬼王；⑨東方情死鬼；⑩西方情死鬼；⑪南方情死鬼；⑫北方情死鬼；⑬天地中央情死鬼；⑭情死鬼；⑮鬼；⑯鬼；⑰鬼〔有翼能飛〕；⑱鬼〔交木作十字形，像身手〕；⑲海〔湖〕中飛魔王；⑳牧場鬼；㉑九頭鬼。——以上各木牌長短大小不一，長者〇‧五五‧七公尺，寬〇‧〇七七公尺，厚〇‧〇〇六公尺；短者長〇‧三一五公尺，寬〇‧〇三三公尺，厚〇‧〇〇八公尺。）此亦其比。原始社會，大都崇拜多神，故古籍中動言『百神』，言『萬靈』。姑求之秦漢，如封禪書云：秦有陰主，陽主，月主，日主，參，辰，南北斗，熒惑，太白，歲星，塡星，二十八宿，風伯，雨師，四海，九臣，十四臣，諸布，（索隱：爾雅，祭星曰布。或諸布是祭星之處。）諸嚴，諸逑之屬，（會注考證：葉德輝曰，諸嚴，當作諸莊，避漢明帝諱改字爾。……逑，漢志作逐。……諸嚴，諸逑，謂路神耳。）百有餘廟；西亦有數十祠；於下邽有天神，灃滈有昭明，天子辟池；於社（杜）臺有三社主之祠，壽星祠；而雍菅廟亦有杜主。杜主，故周之右

將軍。各以歲時奉祠。唯雍四時上帝爲尊。其光景動人民唯陳寶。於漢則治枌楡社，祠蚩尤；長安置巫祠，有梁巫，祠天地，天社，天水，房中，堂上之屬；晉巫，祠五帝，東君，雲中君，司命，巫社，巫族人，先炊之屬；秦巫，祠社主，巫保，族纍之屬；荊巫，祠堂下，巫先，司命，旋麋之屬；九天巫，祠九天；其河巫，祠河於臨晉；而南山巫祠南山秦中。如此之等，是亦多神教之遺迹也。但此等衆多之神祠，不知其是否亦各立木偶爲神主。以木人爲神象之俗，已遠自秦以前有之；而秦祠上帝，據云尙有『木禺（通偶。）龍』，『木禺車馬』，然則謂其所祠神必有偶象，殆甚可能。但已無明文可徵。又民閒舊信仰，不見之于記載而今已失其傳者，多有之。卽其猶然保留至今者，個人限于見聞，亦無由引據；卽亦無從與居延木人者作一比較研究。然則此等處不可以不闕疑，以俟夫殫見洽聞之君子。

　　居延木人圖樣，今選摹八事如下，以便參考。敦煌『護宅神曆卷』，赫哲族人之祖宗造像，暨麼些之神牌，因附焉。（圖樣承潘寶君，黃慶樂兩先生摹繪，今志謝于此。）

附圖一

17 198,9

附圖二

47.86,11

附圖三

313.309.12

居延漢粗製木人圖式

黃慶樂　摹本

附圖四　　　　　　　　　附圖五

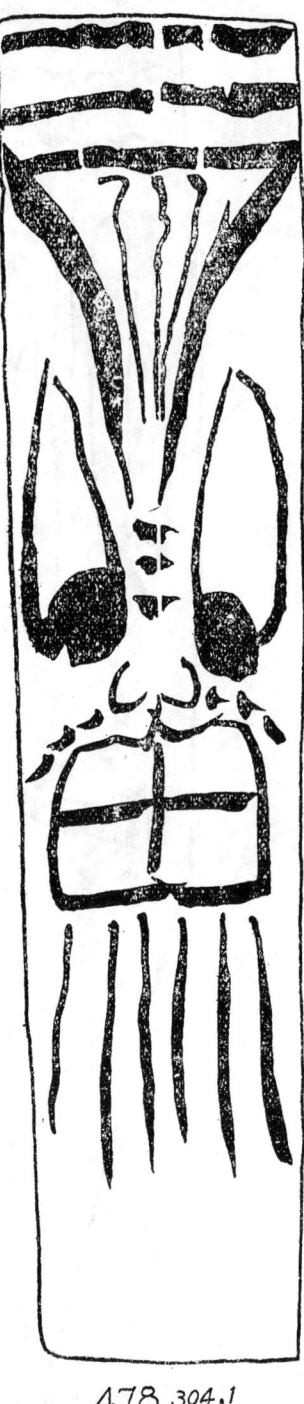

478.304.1　　　　　　　　　478.304.2

附圖六

478.304.3

附圖七

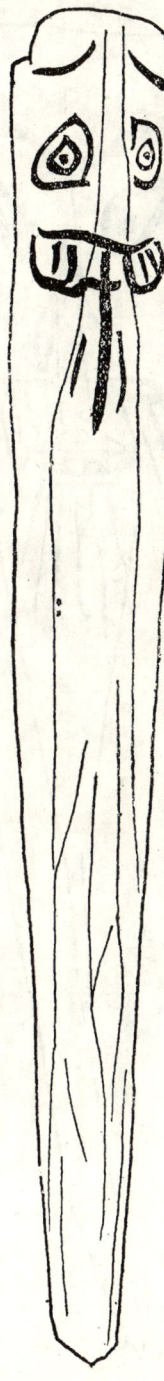

B29.250.4

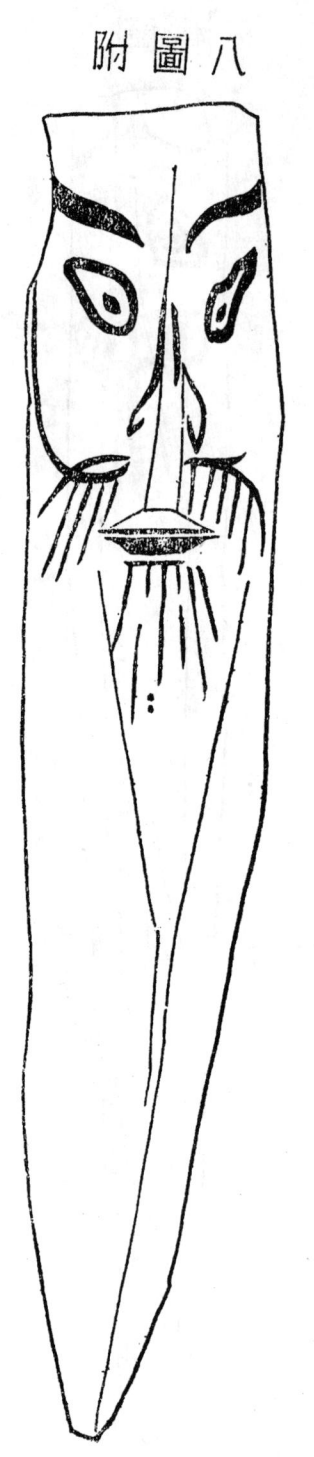

附圖八

敦煌掇瑣（九二）護宅神曆卷　　潘　愨　摹本

B29.64.9

附圖九

長尺書此玄宅四角大吉利

赴求宅舍不安六百白不自由瘩不感錢財不聚八神不安以桃木板

山　曰巛　生子　生子

董仲神若丸

附圖十　附圖十一

赫哲族人之老祖宗　黃慶樂摹

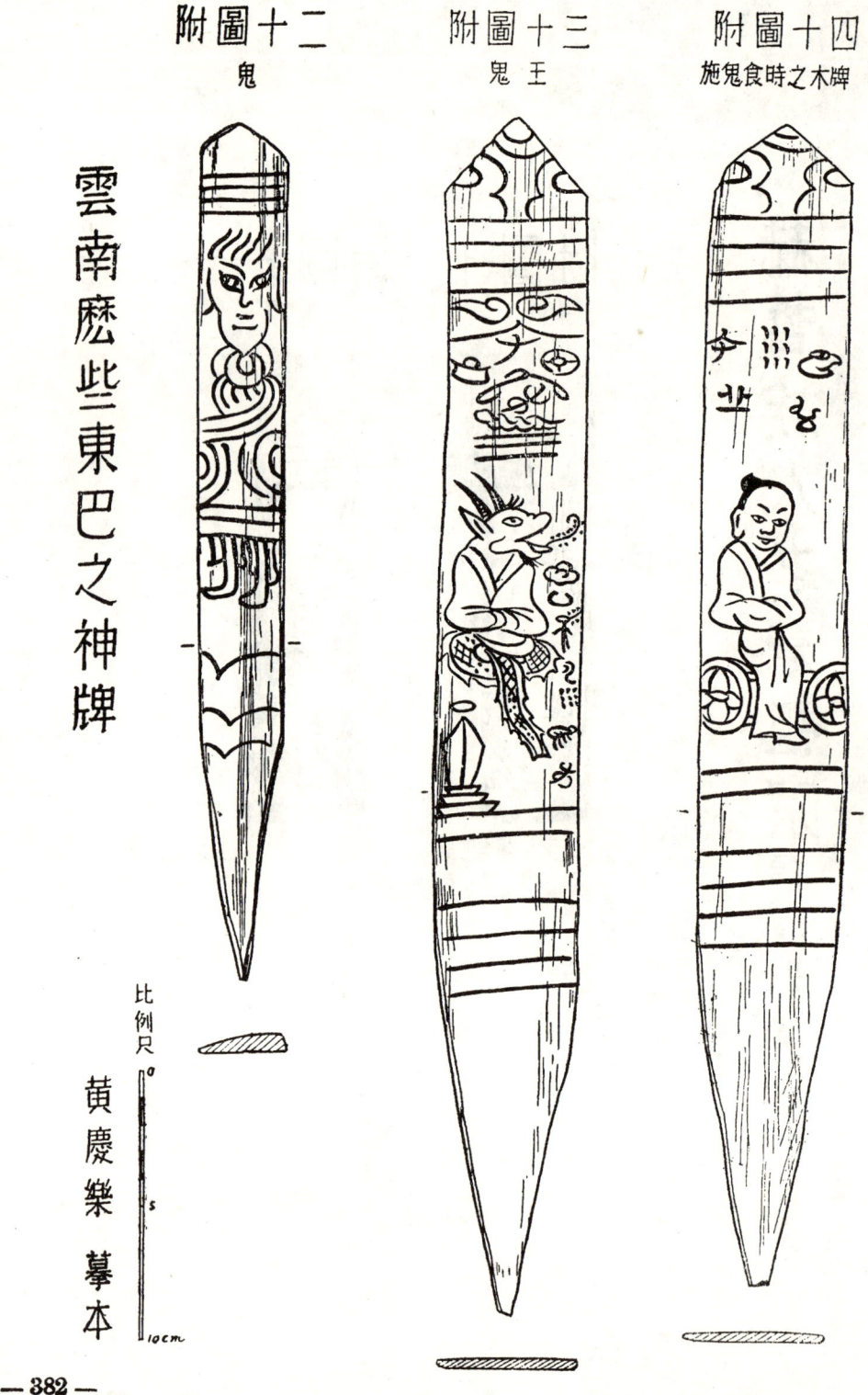

附圖十二
鬼

附圖十三
鬼　王

附圖十四
施鬼食時之木牌

雲南麼些東巴之神牌

比例尺

黃慶樂　摹本

附　記（一）

拙譔初篇第柒『何一男子』條，引『妄一男子上書』云云，本出漢書車千秋傳，似作劉屈氂傳，誤。

附　記（二）

本文作于來臺以後。初草卒事于一九四九年之冬，嘗承嶺南學報取付刊布，（出版于一九五〇年春。）不覺一年又半矣。篇中所提出之問題，無慮數十，旣已縈念在抱，亦有時而溫故知新，未敢固步自封，遂以餘罣，重加訂補，則今玆之所寫定者是也。其方相車及勘論枸校兩篇，則近譔也。一九五一年九月十日增修畢，因並識。時客桃園楊梅。

漢 代 常 服 述 略

勞　榦

漢簡中多有記載衣服的，今略舉數例，以見其餘。居延簡：

『昌邑國邲良里公士費塗人年廿三　袍一領　枲履一兩　單衣一襲，絝一兩』
(19.36)

『陽絝裏直百　　□安世官絝』　(233.52)

『襲八千四百領　　絝八千四百兩　　右六月甲辰遣□……常韋萬六千八百……
…』　(41.17)

『田卒淮陽郡長平長平里公士李休年廿九　　襲一領　絝一兩　犬絑一兩　私
絑一兩　自取』　(303.34)

『田卒淮陽郡長平容里公士程縮年卅　　襲一　絝一　犬絑一　介史賈贅取』
(303.46)

『田卒淮陽郡長平北朝里公士李宜年廿三　　襲一　絝一　犬絑一　賈贅取』
(509 6)

『田卒淮陽郡長平東洛里公士尉充年卅　　襲一領　絝一兩　私單絝一　私絝
練　犬絑一兩　私絑二兩　　賈贅取』　(509.7)

『……一編復襲布複襠布單襠褕各一領幸單絝布幱革履枲履各……』　(82.34)

『十月十日鄣卒張中功賞買皁布章單衣一領，直三百五十三，墇史張君長所。
錢約至十二月，盡畢己，卒史臨，掾史解子房知券。□』　(262.19)

『魏華里大夫曹□　　皁布複袍一領　皁布□襌衣一領　練複襃襲一領　皁布
複絝一兩』。　(101.23)

『官章單衣一領　官布複絝一兩　官布橐一　官枲履一兩　私韋單絝一兩　私
布橐一　官□二封□□□□』　(37.30)

以上所舉的爲居延簡，至於敦煌簡中，也有見到的。

『李龔文袍一領　直三百八十一　襲一領　直四百五十』　　（流沙墜簡器物三十六）

『……封里段干脩袍一領』　　（同，器物三十七）

『布復袍一領……練復襲一領　……枲履襲一領　枲履……』　　（同，器物三十八）

『卒趙襄　單衣一見　十月乙丑出』　　（同，器物三十九）

流沙墜簡器物類，王國維考釋曰：

『古四簡雜記衣服事。袍者，衣之有著者。玉藻（禮記）「纊爲繭，縕爲袍」是也。衣之有著者必具表裏，其無著則有複有單，複者謂之襲，謂之褶，單者謂之襧，亦謂之襌衣，單衣卽襌衣也。絑與韈同，淮南子說林訓，「均之縞也，一端以爲冠，一端以爲絑，冠則戴致之，絑則屨履之」。後漢書禮儀志：「絳袴韈絑」，皆作絑。釋名：「襪末也，在腳末也」。二兩者，一雙，古人履與韈皆以兩計也。』

我們根據以上居延漢簡和敦煌皇漢簡之中所說的，再照王國維的叙述，可以作以下的分類：

```
        ┌ 有著的──袍
        │          ┌ 單衣
上衣 ┤          ┌ 單層┤ 襧襧
        │ 無著的┤       └ 褕
        └          └ 複層──襲（或稱爲褶）

        ┌ 袴
        │ 襪
其他 ┤ 履
        └ 韈
```

以下再根據上表，再來加以叙明和分析。

　　按古代的衣服制度，據三禮注疏及諸史與服志及注，大別可分爲兩類，卽（1）弁服，（2）深衣。弁服是屬於禮服部分的，深衣是屬於常服部分的。關於禮服一類，漢簡中旣未曾提到，在本篇中也就不爲叙到。本篇所注意的，爲常服部分，亦卽『深衣』部分。

　　歷來討論深衣制度的，大率都以三禮中遺說爲根據，和漢代制度不能盡同。卽謂爲根據周制，也不能證明是否盡合。不過將古代制度正確的復原是一回事，根據前人

研究的結果，作爲解釋漢代制度的參考，又另外是一回事。本篇的設計和命意只是假借深衣制度作爲推測漢代常服根據的一部分，所以只略舉其大綱，而不再條辨其細目。

關於深衣制度，歷來折衷衆說，考證精審的，當推清代漢學家江永的深衣考誤和任大椿的深衣釋例。大槪江氏發其大凡，任氏更加推演。當然無論如何精審，也只做到一個『標準制度』。凡是根據三禮做出來的所謂『標準制度』，都是現代考古學中的重要參考，並無疑義；但是古人的實際生活，並不那樣的標準，因此所有的『標準制度』，和實際生活，仍然有一個很大距離。以下，只是毫不增改的將清人結論重述，重述之後，再用漢制解釋。

深衣和弁服的區別，是深衣的上衣下裳連綴在一處；弁服是將衣和裳分割爲二。深衣用布二幅，共二尺二寸；兩袖（卽袂）各用布二幅，共用布四幅。袖口（卽袪）尺二寸，袖肩仍布二尺二寸。因此兩袖的前端下面，因斜裁的關係而成爲半圓形。襟分內部和外部，兩襟相交，便成方領。腰圍全部七尺二寸，每圖三尺六寸。下擺（縫齊）四周全部爲一丈四尺四寸。

自腰至下擺爲裳的部分，前後各用布六幅，共爲十二幅。每幅的寬爲半幅布，在腰部和上衣連處用布四幅，兩旁左右又各綴布兩幅，謂之『袵』。袵上寬四寸，下寬一尺八寸。裳在腰帶以下的約四尺五寸，下距地約四寸。衣裳各有緣邊，稱之爲『純』，衣裳的緣邊均有寸半，領的緣邊則爲二寸。

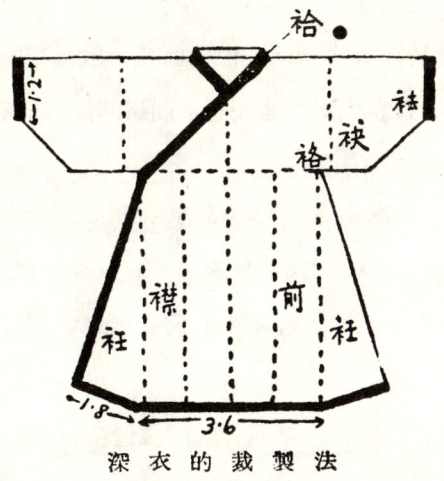

深 衣 的 裁 製 法

我們看到這種制度的叙述之後，可以得到一個印象，就是：『深衣是一種擁腫而費材

料的長袍』。——但這是古代常服的基礎，以下再分類來叙述。

（1）襌衣——襌衣就是單層的長袍。也就是所謂『絅』。說文：『襌衣不重』，大戴禮及黃小正傳：『襌單也』，所以是單層的。楊雄方言：『襌衣，江淮南楚之間謂之褋，關之東西謂之襌衣，有深裏者，趙魏間謂之袏衣（裏，郭注，「前施裏囊也」）。無裏者謂之裎衣，古謂深衣』。所以襌衣和深衣是最接近的。又稱爲單衣，後漢書馬援傳：『公孫述更爲援制都布單衣』章懷注卽引楊雄方言爲說，故『單』字亦卽是『襌』的省字。

但深衣和襌衣究竟還略有區別，因爲深衣是一種標準制度，而襌衣並不定要完全合於標準。急就篇：『襌衣蔽䣛布母傳』。顏師古注：『襌衣似深衣而褒大，亦以其無裏，故呼爲襌衣』。在此已經說明襌衣及深衣不必盡同。至任大椿深衣釋例則云：

> 又案士喪禮『浴衣用篋』注，其制如今通裁，正義如今通裁者，以其無殺，卽布單衣上下通直，不別衣裳，故得通裁之名。後世單衣與通裁同制，若深衣則猶別衣裳，特縫之不使殊耳。此布單衣與深衣又大同而小異耳。

這個分析比顏師古急就注，還要清楚些。我們在此可以得到更深的印象，就是古人衣服，原則上本是上衣而下裳，爲方便起見，衣裳至相縫接這就成爲深衣。再進一層，裁的時候，就上下相通，不要裁斷，成爲完整的長袍，這就成爲一般的襌衣了。與其說是衣服標準的不同，還不如說這是在衣服的設計中，爲著便於裁製，爲著便於穿著，一種自然的衍進。

（2）襜褕——襜褕是襌衣的一種，但可能比一般的襌衣更講究一些。釋名釋衣服曰：『褕，屬也。衣裳上下相連屬也。荆州謂襌衣曰布褕。亦曰襜褕，言其襜襜宏裕也。』

史記武安侯列傳：『坐衣襜褕入宮不敬』，索隱：『謂非正朝服，若婦人衣也』。——按詩碩人：『碩人其頎，衣錦褧衣』，箋：『褧襌也……尚之以襌衣』，褧卽絅，古婦人服不殊衣裳，襌衣亦不殊衣裳，所以索隱說『若婦人衣』了。

據任大椿深衣釋例

襜褕一衣，各異其質。張衡四愁詩：『美人贈我貂襜褕』。東觀漢紀：『耿純與從昆弟率宗族賓客二千餘人，皆衣縑襜褕奉迎世祖』，桓譚新論：『余從長安歸，

道病，蒙絮被，廚襜褕，宿於下邑亭中』，曰貂，曰縑，曰廚，與布單衣不同，
然則襜褕乃單衣之加飾者也。荀子子道篇，孔子云：『由是裾裾者何』，注『裾
裾衣服盛貌』。說苑裾裾作襜襜，裾裾襜襜同訓，皆言其盛也。釋名襜褕亦取義
於襜襜，然則襜褕為單衣之褒大者矣。

照這上面來說，襜褕和襌衣的不同處，共有兩點。第一，是由於質料的不同；第二，
是由於形式上的不同。就質料方面來說，還可以包括兩點（甲）是所用的原料，如縑
（厚的絲綢），如廚（毛織物），都是比較厚重的（乙）是外加的裝飾，如貂皮（因為貂
襜褕，只是貂的裝飾，借若是全貂就不是襜褕而是麑裘了）。至於第二點，從襜襜來訓
襜褕的襜字為宏闊，證據上尚嫌不夠。不適再從釋名『襜襜宏裕』來說，則任氏亦是
說對了。但襜褕和衣裾有關大致是不錯的，裾就是衣服的前襟。

　　說文：『直裾謂之襜褕』
在漢書的顏師古注中在外戚恩澤侯表武安侯下及雟不疑傳，又在急就篇的顏師古注中，
均作『直裾襌衣』。但漢書毋將隆傳及何並傳的顏師古注，却作：『曲襌裾衣』。直裾和
曲裾是不相同的，不應忽而直裾，忽而曲裾。同出一人之手而所指不同，必有一誤，
不過說文為漢代人的著作，應當以說文為準，認襜褕為直裾的襌衣，或者比較好些。
自然，還不能說凡是直裾襌衣都是襜褕，但可說凡是襜褕都應當是直裾。直裾，就是
直前襟之下是直垂的，而不用『續衽鉤邊』的衽，這樣腰部就要粗些，也就自然顯得
更為宏裕了。這一種宏博的衣服，應當作為外衣之用，這也就成為用厚料，加皮質裝
飾理由。

　　（3）　襦——『襦』及『衫』同為短製內衣。『衫』為單的，而『襦』為夾的。潛
夫論：『裙襦衣被，費繒百縑』。廣韻鐸韵：『襦，短夾衫』，類篇：『襦，短衫也』，方
言注：『今或呼衫為襌襦，……襌襦即衫也』（襌襦即單的襦，襦為短衣）。所以襦和衫
的不同在單或夾上面。又釋名：『衫芟也，末無袖端也』，古人的袖端有特殊的裁製，
第一是袖端要特加邊緣，第二是袖特大而袖端才收小，末無袖端便是和今人的中國式
衫相類，不再這樣複雜了。襦本為夾衣，簡中又有『複襦』一個名稱，那就是夾衣之
中更加襯布，或者就是習慣上義字疊用了。廣雅：『複襂謂之裲』，王念孫疏證曰：『此
說文所謂重衣也，襂與衫同。方言注以衫為襌襦，其有裏者則謂之裲，裲重也』，那就

裯和襗當爲同義字。

（4）　襲——釋名：『襲襲也，覆上之言也』，所以襲襲音義並同。禮記玉藻：『帛爲褶』，注：『謂有表裏而無著』，所以褶也是一種夾衣。急就篇：『襜褕袷複褶袴褌』注：『襺謂重衣之最上者，其形若袍，短身而廣袖，一曰左衽之袍也』。禮記內則：『寒不敢襲』，注：『謂重衣』，從上更可以看出襲爲夾衣的一種。

再綜合上列各條，更知道襲或褶更含有以下各種特質：

（1）　有表有裏的夾衣。

（2）　最外之衣。

（3）　短身之衣。

（4）　左衽。

以上四點，尤其是第（4）點，更和胡服相近。固然，襲的原名雖不是指胡服，如士喪禮：『襚者以褶，則必有裳』，褶和裳對舉，明褶加於端衣之上，而衣下尙垂有裳，仍是中國服裝，並非胡服。但此衣旣與胡服有共同之點，則胡服的外衣，自用『襲』或『褶』來稱呼較爲合適。軍服本以胡服爲便，因此軍服也就以『褶袴』爲稱，具見王國維觀堂集林胡服考，及流沙墜簡補遺考釋第三十七簡之下。

褶雖然是夾衣，但也有用絲綿絮的，如居延簡：

　　五十六五練襲一領，表裏用帛一匹，糸絮。　　（203.45）

那就短製的褶，也有實絮的了。

（5）　袍——禮記玉藻：『纊爲繭，縕爲袍』，注：『纊新綿，縕舊絮』，同是一樣的，只以新舊來分。論語：『衣敝縕袍，與衣狐貉者立，而不恥者，其由也歟』？左傳：『三軍之士，皆如挾纊』，正表明新舊之別。詩無衣章：『豈曰無衣，與子同袍』。毛傳：『袍繭也』，又爾稚釋言及方言也都說：『袍襺也』，那就新舊之稱亦不是那樣嚴格到不能互用。

袍的制度大概也是爲深衣之屬，禮記儒行：『孔子在魯衣逢掖之衣』，注：『逢猶大也，大掖之衣，大袂襌衣也』。續漢書輿服志云：『周公抱成王安居，故施袍，禮記，孔子衣逢掖之衣，逢掖其袖合而縫大之，若近今施袍者』，故逢掖爲大袖的單衣，而漢世的袍也是這種形製。但漢代一般的袍又是專指綿袍而言。再據急就篇：『袍襦表裏曲

裕裙』，顏注：『長衣曰袍，下至足跗，短衣曰襦，自膝以上』，正是袍和襦不同之點，據長短來分別。

因此，我們可以就漢代衣服的分別，大致做以下的分類：

長衣 { 有著的——袍
　　　 無著的 { 薄的——襌衣
　　　　　　　 厚的——襜褕

短衣 { 有著的 { 綿的——襦
　　　　　　　 夾的——襡
　　　 無著的——衫

其他絝，履，絑，在種類上大致均無甚問題，只是形製的問題罷了。至於幰字，不見於說文，但廣雅及釋名，均釋作車幔，可能是帳子一類的用具，或者是和衣服同橐所裝的車幔，因為收藏的關係，所以記載在同一的木簡上。

出自第二十四本（一九五三年六月）

漢 代 地 方 行 政 制 度

嚴 耕 望

目　次

敘論　附漢代地方行政組織系統圖

　我國政治制度之規模至秦而粗具。兩漢承之，續有因革，治臻清明，號爲盛世，而地方行政尤爲後世所稱道；蓋其立政作制義多可法，形於吏治標高今古故耳。

　蓋自春秋之季，陪臣執政，封建之制逐漸摧毀。迄乎七雄爭峙，集權中央，而經濟社會亦因以變質。其勢一往而不可遏，遊士貨殖無復宗國之見，所未統一者惟政治耳。秦起西陲，地險民悍，財富亦厚，復能首應世變，招攬山東人才，倂吞六國，奄有華夏，悉廢封建，盡爲郡縣。

　及秦政旣衰，六國遺民乘機復起，以成割據之局。漢祖雖能誅鋤異已，然迫於當時情勢，不能完全恢復秦代郡縣單軌行政之舊，逐制封建郡縣雙軌並行；而就勢位

言之，王侯固遠在守令之上也。下逮景武，嫉諸王權重，屢有離叛，寖不能制，乃繩
以法制，化以儒術，於是封國日削，而治權亦移諸二千石。至是諸王徒具爵號，論其
行政，無殊諸郡，雖謂郡縣政治單軌獨行復秦之舊，可也。

　　雖然，此仍皮相之言也；若諦思剖析，則猶有閒。古代封建政治雖早經崩潰，而
其流風積習猶自深厚，二千石縣令長雖遣自中朝，而郡府縣廷儼如邦國，長官之於吏
民自有君臣之義，郡縣掾屬宛若陪臣。凡此兩重君臣之名分，以視後世地方官吏但有
行政統屬之關係者，其意義與作用相去殊遠。此封建體系之變相也。秦漢政制由封建
時代蛻變而出，皇室之與政府，體別未顯。郡縣組織亦同中央，長官既擬君王，屬吏
遂同卿士，功曹相職，乃府具內外，少府家臣，而通籌四府（戶、尉、倉、金），家計
與國計不分，閫中與府中一體。此封建家國組織之蛻形也。屬曹掾史籍限本域，往往
政寄私門，權歸豪族。此封建世族權勢之反照也。然則漢世近古，地方行政亦頗寓封
建特性，第能融化滲透於行政，靈活運用於無形，此其所以足稱耳。

　　兩漢地方行政權之嬗變可由兩方面觀察之：一就行政權之性質而言，則有雙軌單
軌之迭代，前已疏述；一就行政權之消長而言，則有分權集權之更替，茲續論之。

　　戰國之世，已漸有中央集權之趨勢。秦皇統一天下，益謀收斂，既任大吏宰臨四
方，復遣近臣以相監司，集權規模於焉確立。迄漢，以政情屢變，治道多方，致地方
政權時有消長，跡其嬗替，可分五期：漢初垂拱無為，不事干預，諸王固自作威福，
郡守亦多功臣，各運籌策，專斷一方。分權性濃，是第一期也（甲A型）。景武以降，
政歸一軌，又置刺史監督郡國，籠一鹽鐵，奪其財源（其先雖利歸少府，實由郡國經
營）。集權政策，瞭然可曉，是第二期也（乙A型）。迄乎成哀，刺史之權日隆，地方
官化之程度日深，終成牧伯之制。是又由集權趨於分權矣，惟權在州牧耳，是第三期
也（甲B型）。及建武十八年，復刺史之制，然奏事因計吏，而權任亦逾於武帝始制遠
甚。故雖名仍西京，而質類牧伯，可謂為分權性之中央集權，是第四期也（乙B型）。
中葉以降，刺史威嚴益隆，守相畏如虎，秉軍治民，卒復州牧之制，於是夷守相為
臣僚，視天子如贅旒，是第五期也（甲C型）。綜此五變，散斂可知，而跡其推移，又
莫不與治術政風相互因發。

　　兩漢政風先後頗異，此可由地方官吏行政之技術與臨民態度窺測之。

　　蓋自秦人初併天下，臨以威猛。漢初反秦之敝，政崇黃老，網疏而吏治烝烝，上逸而下民從化。景武以降，政風丕變，臨民之官嚴親吏事，至于執術以御掾史，用心及於米鹽，操持豪強，糾伺奸慝，察察為明，始稱能吏。至於東漢，當政理務，類尚清簡，委任下吏，垂拱總成，閒雅雍容，有足多者。惜其末葉，流於浮華，文書委於官曹，繫囚積於囹圄，而虛飾亭傳，待望迎賓，股股沄沄，俾夜作書，窾事以延譽，方前漢蔑如矣。

　　涖政之態度既殊，則形於吏治亦自異響：親吏事任法術，其治自嚴而傷於酷；任下吏重德化，其治自寬而縱於弛。大較論之，西漢酷吏什九在武帝世，其風始於寧成、周陽由，其酷烈於義縱、王溫舒，虎冠鷹擊，為天下倡，而無救於盜賊之滋多。善乎史公之言曰：「法令者，治之具，而非制治清濁之源也！」昭世吏治趨緩。宣帝興於仄陋，知民疾苦，獎拔良能，不任酷烈，故良吏倍出，政化有成。元成以降，吏治日寬。迄乎東漢初葉，勵精圖治，頗尚峻急，然折衷武宣之間，未為酷也。章和以降，方吏既多儒雅，為政自尚寬和，雖或有浸弛之病，然無為自化亦時有焉。惜自後王綱不振，戚閹擅朝，政出私門，多滋奸慝，清寧之化不勝貪濁之風，此惠、文、昭、宣之治所以不見於安、順、桓、靈也。

　　由此以觀，則惠文之政寬緩而靜以化，孝武之政酷烈而劇以亂，孝宣之政嚴察而肅以和；至於中興初葉，頗師孝宣之嚴察，而終無和肅之效，中葉以降，略存惠文之寬緩，而不勝貪濁之擾；此雖操持各異，西京急而東京緩大較可知矣。推原其故，固由民有馴黠，網有疏密，而思想時風尤與有力焉。蓋西漢承戰國諸子爭鳴之後，秦法酷烈之餘，雖以人情厭亂，靜息一時，然其伏流未易盡泯，故學雜諸家，政糅儒法，文吏之勢駸過儒生。（大較論之，其政則儒，其術則法，故中央大臣如丞相者以儒家為多，實際親民治事者則文吏為眾，黃霸薛宣賢於治郡而拙於為相，其故在此。）自元成以降，定一尊於儒家，學術思想人生態度日趨醇化。迄乎東漢，上自朝廷大臣，下逮閭里細民皆薰儒風，矜經持禮，大異西京之倜儻自喜矣。（一代名將如皇甫規、皇甫嵩、張奐、朱儁之流亦皆恭謙多讓，儒術自頤，其他更無論矣。）由此以觀，兩漢世態時風截然異趣，西京法勝於儒，東京儒勝於法，從而涖政態度一嚴一寬，形於吏治有急有緩矣。

　　兩漢政制治道略論如前，利弊得失，大端可曉；茲更綜其機構與運用而申論之。

　　漢制之美自昔見稱；諦思其故，惟在體制圓通，而運用靈活耳。列舉其美，凡得十端：行政權力最怕分割。漢世疆吏既事權完整，擬於君王，故能因俗敷治，無所牽制，至有「州郡記如霹靂，得詔書但掛壁」之諺；下至縣令長鄉嗇夫皆能宏其德化。此其一也。行政制度最怕體系紊亂，秦漢行政組織，體系秩然，官吏職責專一，力無旁騖；豈若魏晉以降體系紊亂，兼職恆以十數，中央地方職任不分，上官下僚監臨乖序者乎？此其二也。行政區劃，幅員尚狹，政令易宣；上下不過二級，郡以仰達君相，縣以俯親民事，明簡通澈，無所壅滯。此其三也。官吏任職，出入內外，破地方之隔膜，寄蘄向於中央，故內外一體，無攜貳之心。地方屬吏為顯宦之津梁，故人才佈於四方，競以績效自見；而又階品不繁，遷轉尚易，有孝廉郎吏十餘年中四五遷而至公卿者，故賢盡其才，無下滯之弊。觀此二者，則上下內外之貫通，人才運用之靈活，地方吏治之優良，治權寄付之允當，蓋可思矣。此其四也。監官長吏例避本籍（縣長吏不但避本縣，且避本郡），而佐治屬吏例用本籍。擢其才俊自治鄉土，則諳悉物情，因地敷治，以中央集權之形式，宏地方自治之實效。此其五也。長官避籍則樂選賢能，辟署少私，固矣；抑尤有進者：秦漢之世始由列國滙為一統，版圖遼濶，交通困難，文化風尚因地不同，地方豪俊易思割據，於是有歲貢除郎、遊學上庠之制，俾四方英俊習一統之政教，觀上國之輝光；而各地風尚之相互瞭解與觀摩齊和，則監官異籍為效更宏。功不限於政治，且於文化一統與有力焉。此其六也。秦人武力統一，亦以武力統治，郡縣設施偏重軍事，守令不足，重以諸尉，別治羣分，星羅碁佈，又網以道路，節以亭候，邊縣標道為稱，告密律入郵傳，務路政以利軍事，務軍事以鎮反側，雖云謀劃詳密，抑豈撫綏敎養之道？漢制因承，雖面目不易，而作意已改，卽諸尉以練民兵，因亭候而治里落，設敎之與防檢，蓋有間矣。此其七也。刑罰關乎人命，為治亂所繫，漢世最重其事，故郡縣吏職此為先務，且有別置獄丞專司刑政者，雖實效未宏，意固嘉美。此其八也。刺史秩卑而權重，秩卑則其人激昂，權重則意可必行，故得有舉察之勤，不生陵犯之釁。其制至善，前人論之詳矣。此其九也。漢世近古，猶存鄉官之制，縣鄉各置三老，郡國亦時有之，位在羣僚之右，職與長吏相參，上達君相，領銜奏事，下率吏民，以意敎化。且漢人以孝為行本，農為業

先，故以戶口率置孝悌以敦風尚，置力田以勵生產，其意義皆足省發。此其十也。綜此十端，足徵其治。而推其究極，惟在折衷霸王，以法治之體制寓儒家之精神故耳。兼以去古未遠，素厚存封建之遺，體制猶新，機用鮮因累之弊，益顯樸茂渾然，後世莫逮矣。

　　雖然，利之所在，弊亦隨之。權重職專，每易繫斷自恣，任吏舉才，輒惟豪強是使。(宋書恩倖傳序云：「二漢郡縣掾史並出豪家。」此言大體可信) 公私常至混同，科曹微涉淆雜，此其短也；蓋亦封建餘韵，體制草創之故歟？

　　本文大意略述如此。茲再就研究結果，作漢代地方行政組織系統圖，以爲全篇之綱領。

一、郡縣制度淵源論略

　　西周尚爲宗法封建時代，無地方行政制度可言。東遷以後，封建制度逐漸解體，形成中央集權式之新軍國，遂有所謂郡縣制度，以官僚組織代替世襲采地，此實爲中國有地方行政制度之始。

　　縣之名始見於左傳：僖公三十三年(西元前六二七)，以先茅之縣賞胥臣。宣公十一年(前五九八)，楚子縣陳。十二年楚伐鄭，鄭伯有「使改事君夷于九縣」之語。十五年，晉侯賞士伯以瓜衍之縣。成公六年(前五八五)，韓獻子云敗楚之二縣。襄公二十六年(前五四七)，蔡聲子曰，晉人將與之縣以比叔向。三十年有絳縣人。昭公三年(前五三九)，州縣，欒豹之邑也；范韓二宣子曰，晉之別縣不唯州。又趙文子曰，溫吾縣也。五年，薳啓疆曰，韓賦七邑皆成縣也。又曰因其十家九縣，長轂九百，其餘四十縣遺守四千。(此蓋晉縣之總數)。十年，叔向曰，陳人聽命而遂縣之。二十八年，晉分祁氏之田以爲七縣，分羊舌氏之田以爲三縣。哀公十七年(前四七八)，子穀曰，(楚)文王實縣申息(此春秋初年事)。又史記秦紀，武公十年(前六八八)伐邽冀戎，初縣之。十一年，初縣杜鄭。吳世家，餘祭三年(前五四五)，予慶封朱方之縣。顧炎武據此類記載，謂「春秋之世滅人之國者固已爲縣矣。」是也。郡之名，春秋時代尚少見。晉語，夷吾謂秦公子縶曰，君實有郡縣。時在魯僖九年(前六五一)。又左傳哀公二年(前四九三)，趙簡子誓師曰，「克敵者，上大夫受縣，下大夫受郡」。是春秋時代

郡名僅見之兩例。蓋非經制歟？秦紀，惠文君十年（前三二八），魏納上郡十五縣。惠文稱王十三年（前三一二），伐楚取漢中地六百里，置漢中郡。甘茂傳，秦武王三年（前三〇八），茂謂秦王曰「宜陽大縣，名曰縣，其實郡也。」又范蜎曰，楚南塞厲門而郡江東。春申君傳，楚考烈王元年（前二六二），「以黃歇爲相，封春申君，賜淮北地十二縣。後十五歲，言於楚王曰，淮北地邊齊，其事急，請以爲郡，便。因並獻淮北十二縣，請封於江東。」匈奴傳，魏有河西上郡以與戎界邊。趙武靈王（前三二五——二九九）築長城自代並陰山下至高闕爲塞，而置雲中、雁門、代郡。燕亦築長城自造陽至襄平，置上谷、漁陽、右北平、遼西、遼東郡以拒胡。是戰國時代，郡制固已普遍施行(惟齊不見有郡制)；而縣名尤常見，更不待言。

觀前引魏納上郡十五縣，黃歇請以淮北十二縣置郡，則以郡統縣絕不能晚於戰國中葉。而春秋之末趙簡子有「上大夫受縣，下大夫受郡」之語，此與數十年後以郡統縣之制度大不相符。通常皆以簡子時縣大郡小爲釋。而姚鼐釋之曰：「郡之稱蓋始於秦晉，以所得戎翟地遠，使人守之，爲戎翟民君長，故名曰郡。……郡遠而縣近，縣成聚富庶，而郡荒陋，故以善惡異等，而非郡與縣相統屬也。」按：觀前引左傳諸條，知其時縣區已甚小，不能過大於秦漢以後之縣區，若郡較縣爲小，則鄉之比矣。且夷吾之語：郡在縣前，而中國歷代地方區劃之名稱，其轄地愈後而愈小，其地位亦愈後而愈卑，倘春秋末年郡小於縣，數十年後斷不能駕凌縣上且統轄之，故縣大郡小之說不足信，而姚鼐之說，於理爲順。至戰國時代，列強競爭激烈，荒陋者日益開闢，軍國向外拓展，邊郡日益增大，於是郡之地位驟高，乃仿近地之制分置諸縣以隸於郡，形成以郡統縣之兩級制。韓子難二，李克治中山，苦陘令上計而多入；時在入戰國後不久。中山爲魏別封之國，李克爲相。別封之國即郡之比，別封統縣，即郡統縣之旁證。而外儲又云，西門豹事魏文侯爲鄴令，期年上計，文侯收其璽；又期年上計，文侯迎而拜之。此與李克相中山同時而稍早。同在魏國，而縣有隸於若郡之別封者，有直隸於國君者，蓋鄴爲魏之近畿，而苦陘則遠縣，故統隸情形有異耳。又秦紀，孝公十二年(前三五〇)作咸陽，徙都之，並諸小鄉聚，集爲大縣四十一。此爲秦國地方行政制度一大進展，亦不云置郡以統之。秦之京畿以內史領縣治民，不置郡，蓋始於此時。然二十二年後，魏納上郡十五縣，而畿外之地置郡屢見矣。此亦近畿之縣直隸於

國君，畿外之縣統隷於郡之明證也。

　　春秋時代，郡之大小不可知，而縣制不能逾於秦漢，前已言之。戰國郡縣，土地
大小，戶口多少，尤可略徵。趙策，知伯請地於韓魏，二國各致萬家之邑一。又知過
說知伯曰，破趙則封二子者各萬家之縣一。是春秋戰國之際，縣之戶口不能逾於秦漢
之明證。趙世家，韓上黨郡有城市邑十七。又前引韓納上郡十五縣，春申君讓淮北十
二縣爲郡，則郡轄縣當在十餘以上，故趙以萬戶都三封馮亭，千戶都三封縣令，戶數
亦什一之比也。

　　關於郡縣長官之名稱。戰國時代，郡長官曰守，如吳起爲魏西河守，馮亭爲韓上
黨守，任鄙爲秦漢中守，王稽爲秦河東守，是也。縣長官，春秋時代，魯衞謂之宰，
楚謂之尹，亦謂之公，晉齊謂之大夫。戰國世，楚仍曰公曰尹。滑稽傳齊威王朝諸縣
令長七十二人，賞一人，誅一人。時在戰國前半期。按世家書此事云賞卽墨大夫，誅
阿大夫。又田單傳，樂毅破齊圍卽墨，卽墨大夫戰敗，時在前二八〇年頃。是迄戰國
末期，齊之縣長官仍曰大夫；滑稽傳令長之名乃史公以後制稱之耳。史記，戰國縣令仍
多見，是當時官名抑以後制爲稱，不可知。然秦紀孝公十二年（西元前三五〇）「並諸
小鄉聚爲大縣，縣一令。」商君傳云「集小都鄉邑聚爲縣，置令丞。」韓子屢稱縣令，
如西門豹仕魏爲鄴令，魏之別封中山有苦陘令，均在戰國初期。則戰國時代，秦及三
晉縣長官固曰令，惟齊楚異制耳。

　　據前引秦紀、商君傳，鄉聚之制甚早，而秦孝公十二年已以縣轄鄉。戰國時代亦
有亭，惟似非地方行政單位耳，詳後鄉亭章。

　　韓策三，安邑有令，有御史・副御史。又韓子內儲上，卜皮爲縣令，以計探刺縣
御史陰情。縣且有御史，郡應亦有之，秦制實沿戰國之舊耳。蓋戰國之世，諸國皆已
形成中央集權式之新軍國，故君主以近臣監察地方，漢代刺史制度實淵源於此。

　　郡守縣令爲地方行政長官；據前引韓子，縣有期年上計之制。直隷於國君者，上
計於國君，分隷於別封之國者，上計於別封之國，則分隷於郡者必上計於郡矣。又范
睢傳，秦昭王以王稽爲河東守，三歲不上計，是郡守亦上計於國君也。蓋封建時代，
諸侯述職，郡縣時代上計之制卽由諸侯述職之制蛻變而來歟？

　　此春秋戰國時代郡縣制度之大略也。戰國末年，郡縣之制雖已普遍施行，但仍有

封國參雜其間。秦始皇二十六年（西元前二二一年）統一天下，遂悉廢封國，仍以京畿直隸於中央，使內史領縣治民，而分天下爲三十六郡，其後向南北擴展土宇，稍有增置。以郡統縣，縣有蠻夷者別稱曰道。縣道下轄鄉亭，蓋亦戰國以來之制也。郡置守，秩二千石，掌統一郡之政；有尉，秩比二千石，佐郡守典武職甲卒。守尉各有丞爲之貳，又有卒史書佐之屬。而中央又遣御史監察之，稱爲監郡御史。故郡府組織略類於中央政府之有丞相太尉與御史大夫。縣，萬戶以上置令，秩千石至六百石；減萬戶置長，秩五百石至三百石；皆有丞、尉，秩四百石至二百石；是爲長吏。百石以下有斗食佐吏之秩，是爲少吏。大率十里一亭，亭有長，十亭一鄉，鄉有三老、有秩、嗇夫、游徼。三老掌教化、嗇夫聽訟收賦稅，游徼徼循禁賊盜。凡此設官分職除郡守尉之卒史書佐外皆具見於漢書百官表。兩漢之制即大體承此規模而發展者。

綜此而言，郡縣之制萌芽於春秋，演進於戰國，完成於秦代，至兩漢，運用變化臻於完備，爲郡縣制度之鼎盛時代。茲特詳爲考論之。

二、郡與郡府組織

（一）　郡　國　建　置

本章主旨雖在考論郡府之組織，然郡國建置情形亦不可不略爲述論以見梗概。秦建郡縣，政出一軌。漢初迫於當時政治情勢，採用郡縣行政與封建王國雙軌並行制度。自中原以西，置郡縣直隸於中央，如秦制。而東方半壁皆封諸侯爲王國，統郡縣，一如中央之制，各儼然一獨立國也。景武以後大削王國之土地與行政權，以國相、內史、中尉代行國政，與郡守都尉不殊，於是名爲郡國雙軌制，但就行政而言已恢復秦代之郡縣單軌制。茲略述其建置如次：

（1）　區劃之標準　　秦漢分郡頗有合理之標準：南方諸郡，如巴、蜀、漢中、黔中、長沙、豫章、廬江、會稽、南海、閩中皆地形各成一區，此以天然界限爲準者也。華陽國志巴志，太守但望奏請分巴爲二云：「江州以東，濱江山險，其人半楚，姿態敦重；墊江以東，土地平敞，精敏輕疾。上下殊俗，情性不同，敢欲分爲二郡，一治臨江，一治安漢，各有桑麻丹漆布帛漁池鹽鐵，足相供給。」漢末卒以施行。可知區劃郡域亦頗考慮社會習俗與經濟供求之情勢。至於江南諸郡轄境甚廣，或當今之

一省，而中原及西北沿邊諸郡，區域均狹，縑當今之數縣。同為一代之制，而廣狹竟懸距數十倍以上；蓋南方草萊未闢，又無強鄰之逼，郡區雖大，亦無政疏之虞，北邊鄰接羌胡，防務彌重，非縮小郡域，不能專守禦之任。中原經濟發達，人文蔚盛，故郡區亦較小。然則郡域區劃蓋以經濟文化之發展、政治國防之情勢為原則，而參以自然地形之條件歟？

（2）　等級與稱別　漢郡等級雖乏明文規定，然位有高低則甚顯：畿郡長官與九卿同列，或由九卿轉任，或由列郡課最入守、滿歲稱職為真；地位特崇，固無論矣。而元紀，建昭二年，「益三河郡太守秩中二千石（本無「中二千石」，王念孫據漢紀補），戶十二萬為大郡。」三年，「令三輔都尉大郡都尉秩皆二千石。」衞宏漢舊儀：「元朔三年，以上郡河西為萬騎太守，月奉二萬。建始（昭）二年，益三河及大郡太守秩。綏和元年，省大郡萬騎員秩，以二千石居。」本注：「十二萬戶以上為大郡太守，小郡守遷補大郡。」應劭漢官儀：「河隄謁者……遷超，或為小郡。」是列郡亦以戶口多少別大小也。又後漢書黃香傳，由尚書令遷東郡太守，疏曰：「卒被非望，顯拜近郡。」第五倫傳，為蜀郡太守，「擢自遠郡，代牟融為司空。」按東漢尚書令權位並隆，出守郡國不為昇遷，而香以近郡為顯拜。東漢初年，近郡太守擢為三公，並不足異，而倫以擢自遠郡為榮，雖蜀郡之大亦不例外。可知郡分遠近，位有高低矣。又宣紀，本始元年，詔內郡國舉文學高第。此後常詔內郡選舉。注引韋昭曰：「中國為內郡，緣邊有夷狄障塞者為外郡。」而北邊外郡又有營郡之目，見陳龜傳。此雖不關地位，而名號固不同也。至於郡之與國，地位高下亦先後不同。漢初王國地位自遠非列郡可比，後雖屢經削弱，而孔光傳：「是時（宣帝世），諸侯王相在郡守上。」是宣帝時王國地位仍在列郡之上也。至元帝初元三年春始「令諸侯相位在郡守下。」見本紀。今觀地志，西漢末年，各國轄境，惟廣平、中山、信都、長沙四國各十餘縣，餘皆數縣而已。而郡所轄通常皆十餘縣，二十餘縣，而汝南、南陽、沛郡、東海、西河皆三十餘縣，琅邪郡多至五十一縣。則郡國地位之懸殊自不待言。

（3）　數額　秦之郡數，前人考者不下數十家，要以全祖望漢書地志稽疑四十一郡之說最為穩健。漢世時有增益，漢志述之云：「本秦，京師為內史，分天下為三十六郡。漢興以郡太大，稍復開置，又立諸侯王國，武帝開廣三邊。故自高祖增二十

六，文景各六，武帝二十八，昭帝一；訖於孝平，凡郡國一百三。」就中除三輔外，
爲郡八十，爲國二十。而衞宏漢官舊儀：「漢舊制，天下郡國凡有百六。」不知據何時
版籍而言。東漢亦有時有省置。續志述之云 ：「世祖中興，惟官多役煩，乃命幷合，
省郡國十。……至明帝置郡一，章帝置郡國二，和帝置三，安帝又命屬國別領城比郡
者六，……至於孝順，凡郡國百五。」

（4）　治所　　郡國守相各有治所，漢書地理志及續郡國志皆列冠他縣。然此僅
據西漢元始年間、東漢永和年間一時之版籍，至其遷徙情形則不可詳考矣。續志郡國
治所皆列冠他縣，本志已有明文，無庸討論。至於西漢，郡國分合割益，變遷極大，
治所遷徙亦最頻，然最後定治亦即漢書地理志各郡國之第一縣，續志體例蓋即仿此。
此自酈道元注水經至胡三省注通鑑均無異說；直至閻若璩始作翻案文章，謂班志各郡
國第一縣不一定爲治所，王鳴盛王先謙等承襲其說，視爲定論。其實誤也，說詳拙作
漢書地志縣名首書者即郡國治所辨（刊本院出版朱家驊先生六十歲紀念論文集）。

（二）　長官——郡守、國相

百官表，「郡守，秦官，掌治其郡，秩二千石。」漢初承之，「景帝中二年更名太
守。」漢初諸侯王「掌治其國。」其屬官之有關於行政者有丞相統衆官，內史治國民，
中尉掌武職。「景帝中五年，令諸侯王不得復治國。」且改丞相曰相。「成帝綏和元年，
省內史，更令相治民如郡太守」。於是郡守國相名異而職掌實同。此種郡國行政首長
別稱郡吏（嚴助傳）、主郡吏（鼂錯傳）、郡長吏（潛夫論勸獎篇），又以其統兵，故亦
稱郡將（十七史商榷四引尹翁歸、嚴延年、孫寶、馬援、魯恭、第五倫等傳）、郡將軍
（魏志杜畿傳注引魏略）。郡爲漢代地方行政之骨幹，郡守於一郡政務，無所不統，百
官表云「掌治其郡」。明其專也。故爲一元首性之地方長官。至其職掌項目，漢官、續
志述之稍詳：

> 「太守專郡，信理庶績，勸農振貧，決訟斷辟，興利除害，檢舉郡姦，舉善黜
> 惡，誅討暴殘。」（漢官）
> 「凡郡國皆掌治民，進賢勸功，決訟檢姦。常以春行所主縣，勸民農桑，振救
> 乏絕。秋冬遣無害吏案訊諸囚，平其罪法，論課殿最。歲盡遣吏上計，並舉
> 孝廉，郡口二十萬舉一人。」（續百官志）

　　據此可知郡守行政之梗概。太抵守相行政，以典刑獄、緝盜賊、制豪強爲要務，而邊郡尤以拒寇爲第一職責。守相決獄，傳中隨處可見。王國內史治民，而何武奏云「典獄」(本傳)，則典獄爲治民之要務可知。緝盜賊爲守相要職，觀柏梁詩，左馮翊言所職云「三輔盜賊天下先」，右扶風言所職云「盜阻南山爲民災」，可知也。故傳中常以緝盜爲首課：如尹翁歸傳，扶風大治，盜賊課爲三輔最。張敞傳，上書自衒治績，亦但以輯盜爲功。是也。豪強縱橫亦地方官所最注意者，故屠戮游俠、殄滅豪強，時見循吏、游俠兩傳。而馬援傳，爲隴西太守，但總大體，亦曰：「若大姓侵小民，黠羌欲旅矩，此乃太守事耳。」是更以制豪強爲治首矣。邊郡太守以拒寇爲第一要務，自不待言。如李廣以善戰名，匈奴所畏，漢廷籍其威名歷守北邊諸郡；是著例。而後漢書廉范傳，邊郡「故事，虜人過五千，移書傍郡求救。」是五千以下，郡守獨力拒禦也。故毋將隆奏章有「漢家邊吏，職在距寇。」(漢書本傳)之語。

　　關于歲盡上計，詳後上計制度章。關於春月行縣，考察治績，例見漢書周勃、儁不疑、尹翁歸、韓延壽等傳，及後漢書劉寬、劉平、許荆等傳。文繁不錄。關於察舉制度，參看勞貞一先生漢代察舉制度考（本所集刊第十七本）與拙作秦漢郎吏制度考（本所集刊第二十三本上冊），今亦不贅。

　　綜觀漢代郡國守相，對於此類政務推行頗能澈底，臻於大治；此蓋由於其命令之執行多能貫澈，無留滯之弊。諺云：「州郡記如霹靂，得詔書但掛壁，」蓋不虛也。其命令所以能貫澈執行，推論其故，蓋由於郡守擁有四個基本而極重要之權力：一、對於本府官吏與屬縣行政有絕對控制權。二、對於刑獄有近乎絕對之決斷權。三、對於地方財政有近乎絕對之支配權。四、對於地方軍隊有相對之支配權。玆分別略論之：

　　一、對於官屬屬縣之控制權　　郡府官屬有佐官，中央任命之都尉、丞與長史是也；有屬吏，郡守自辟之功曹督郵主簿及列曹是也。郡守與屬吏有君臣之份，屬吏事郡守如臣子事君父，郡守於屬吏有絕對之任免賞罰權，固無論矣；即於丞與長史，不但不任以事，亦且能絕對控制(詳後佐官)，故史傳多丞掾並稱，而任丞與長史反不如曹掾之有治績也。惟西漢都尉職副太守，秩亦略均，強毅者，或與太守爭衡；然究統屬於太守。魏略云桓帝時唐衡弟爲京兆虎牙都尉，「不修敬於京兆尹，入門不持版，郡功曹趙息呵之曰，虎牙儀如屬城，何得放臂入府。促收其主簿。」(魏志閻溫傳注

引）想見西漢當不甚遠，其不能撓太守治權亦甚明。至太守對於屬縣行政之控制，勞貞一先生云：「縣實際是輔郡而治，郡可以決定縣的一切，如果太守想奪縣權，可使令長完全不能治事。」此語極精核，其所舉例證以尹翁歸咸宣兩條最重要。尹翁歸傳，拜東海太守，「縣縣各有記籍，自聽其政。」酷吏咸宣傳，爲左內史，「自部署縣名曹實物官吏，令丞弗得擅搖，痛以重法繩之。」此二例最爲顯豁。茲再就太守敎命權守令長諸例略申其說。

按郡國守相常簡右曹吏權守屬縣令長，如朱博爲馮翊，擢尙方禁連守縣令（漢書博傳），南陽太守選門下掾孔休爲新都相（王莽傳），扶風府吏尹公守茂陵令（游俠原涉傳），王梁以郡吏守狐奴令（後漢書本傳），張升以郡綱紀守外黃令（本傳），劉平守令長（本傳），抗徐試守宣城長，悉移深林遠藪椎髻鳥語之人置於縣下（度尙傳），是皆見於正史者。碑刻記載較詳，例證尤多：如潁川唐扶歷守舞陽丞、昆陽尉、潁陽令（成陽令唐扶碑），山陽侯成以郡功曹守金鄉長（本碑），張表以郡功曹守黎陽令（冀州從事張表碑），李翊以郡功曹守縣長（本碑），郭究以郡功曹守令長（司隸從事郭究碑），尹寅以郡功曹守昆陽令（豫州從事尹寅碑），夏承以上計掾守令（淳于長夏承碑）是也；此皆以郡府吏權守令長之例也。而命諸縣長吏互守之例亦常見碑傳；如尹翁歸爲緱氏尉，歷守郡中，所居治理，（漢書本傳）；王尊以虢令守槐里令，行美陽令（本傳）；毛義爲安陽尉，府檄守令（後漢書本傳注引東觀記）；寗祇以南平丞守滇陽長（桂陽大守周憬碑陰）；蜀郡守召靑衣尉趙孟麟守蜀鐵官長，徙守成都令（羊竇道碑）；田某補任尉，守廣平令、下曲陽令、斥章長（斥章長田君碑）；是也。亦有一人兼攝數縣者：如王莽世，公孫述補淸水長，太守以其能，使兼攝五縣（本傳）；是也。　此種守假，固有暫攝以待眞令者，如漢書原涉傳，茂陵令尹公辱涉，門下掾說尹公曰：「君以守令辱原涉如是，一旦眞令至，君復單車歸爲郡吏，涉刺客如雲，可爲寒心。」是也。而後漢書鮑昱傳，上黨人，建武初，太行山中有劇賊，太守戴涉……就謁，請署守高都長，……遂擊羣盜，誅其渠帥。」劉平傳，「王莽時爲郡吏，守菑邱長，政敎大行。其後每屬縣有劇賊，輒令平守之，所至皆理。」此似與眞令並居而奪之治矣。然此猶可曰有劇盜也。而卓茂傳，爲密令，吏民鄰城「嗤其不能。河南尹爲置守令；茂不爲嫌，理事自若。」注引東觀記：守令與茂並居，久之，吏民不歸往守令。」是更無端另署守

令，與眞令並居而奪之治矣。

太守可自聽縣政；可隨時另遣他人權知屬縣事，奪令長之治權；又分部署督郵經常在外督察屬縣，令長畏之如虎，（詳後屬吏節督郵條）；則守相對於屬縣行政有絕對控制權從可知矣。

二、對於刑獄之決斷權　　歷代司法行政多不獨立，其權類歸地方行政長官，而漢世任之尤專，雖死罪執行必先奏請，然徒有形式，類皆報可。故地方長吏得因緣比傅，操生殺之權。故漢書刑法志云：「郡國承用者駮，或罪同而論異，……所欲活，則傅生議，所欲陷，則予死比。」其例至多，而西漢尤甚。如酷吏嚴延年傳，爲河南太守，「其治務在摧折豪彊，扶助貧弱。貧弱雖陷法，曲文以出之；其豪桀侵小民者，以文內之，衆人所謂當死者，一朝出之，所謂當生者，詭殺之；吏民莫能測其意深淺，戰栗不敢犯禁。桉其獄，皆文致，不可得反。」又云：「巧爲獄文，善史書，所欲誅殺，奏成於手中，……奏可論死，奄忽如神。冬月傳屬縣囚會論府上，流血數里，河南號曰屠伯。」又王溫舒傳，爲河內太守，「以九月至，令郡具私馬五十匹爲驛，自河內至長安，……捕郡中豪猾相連坐十餘家，上書請大者至族，小者乃死，家盡沒入償臧，奏行不過二日，得可事論報，至流血十餘里。」又云：「爲中尉……姦猾窮治，大氐盡靡爛獄中，行論無出者。其爪牙吏虎而冠。」此數例皆最著者。

三、對於財政之支配權　　漢代地方財源，約有下列五種：（1），田賦。田賦雖歸中央，地方不得擅調（後漢書第五訪傳、劉平傳）；然地方經用之大部份仍出於此。此觀邊郡且仰給於內郡（平準書、伏湛傳），可知也。（2）郡國公田。公田有屬中央；亦有屬郡國者，見漢書溝洫志、東方朔傳、東觀記任延傳、武都太守耿勳碑。而後漢書黃香傳，爲東郡太守，「郡舊有內外園田，常與人分種，收穀歲數千斛。」指點尤明。（3）山澤之利。山海地澤之利，以鹽鐵爲主。漢初此類稅收雖歸少府，然地方得經營鼓鑄之。此觀平準書及漢書終軍傳可知也。至武帝元鼎元封之際，始盡收歸中央，由大農直接經營，事見平準書。至於東漢，郡國鹽鐵官皆屬郡縣，見續百官志。鹽鐵官既屬地方，則雖利歸中央，而地方亦頗有支配之權，此觀史弼傳，爲河東太守，侯覽求假鹽稅，可知也。（4）市租。郡縣有金曹主市租，參以馮唐傳、何武傳，市租卽歸郡縣。（5）附加私調。虞詡傳：「長吏二千石聽百姓謫罰者輸贖，號

爲義錢，託爲貧人儲，而守令因以聚斂。」張讓傳：「刺史太守復增私調。」此類當甚多。　有此五種財政收入，財源可謂甚寬。而漢法甚疏，地方官吏於地方政府之收入，幾可任意使用，與私人財產無別。如黃香傳，以郡公田賦民，曰「伐冰食祿之人，不與百姓爭利。」是視公田如私產也。又如渠水注引漢陳國相王君造四縣邸碑：「求賢養士千有餘人，賜與田宅吏舍，自損俸錢，助人成邸。」衡之常理，行政經費不以養士，而王君以公欵豢養千人，可知守相對於本府財政有自由支配權矣。地方財源既寬，又可自由支配，中央核審，惟恃上計，而上計考課之審計法又甚粗疏，就其執行期間論，則爲事後審查而非事前審查，就其審查手續論，則爲全部審查而非個別審查，故對於郡國守相之財政權殊無多大影響。財政爲一切行政之動力，今人對於中央集權與地方分權組織間之變化，動輒由財政觀點立論。漢世郡國財源甚豐，而守相對於地方財政又幾有絕對之自由支配權，此亦爲其行政有獨立精神之合理解釋也。

　　四、對於地方軍隊之支配權　　胡廣邊都尉箴云：「守撫其民，尉典其戎……文武程功。」（續古文苑一四）前人多有據此謂郡守都尉分掌民政軍事者。此大誤。按郡守於一郡政務無不綜統，兵權亦不例外。續百官志注引漢官儀：「民……一歲爲衛士，一歲爲材官騎士，習射御騎馳戰陣。八月太守都尉令長相丞尉會都試，課殿最。水家爲樓船以習戰射行船。邊郡太守各將萬騎行障塞，烽火追虜。」翟方進傳，翟義爲東郡太守，以九月都試發兵。韓延壽傳，累歷郡守，都試講武，並述其在東郡太守任內都試之威儀極詳。此皆足證太守主持都試，是兼掌兵權之強證，一也。文帝紀，二年「九月初與郡守爲銅虎符、竹使符。」注引應劭曰：「銅虎符第一至第五，國家當發兵，遣使者至郡合符，符合乃聽命受之。」嚴助傳：「上（武帝）曰……吾新卽位，不欲出虎符發兵郡國。迺遣助以節發兵會稽。會稽守欲距法不爲發。助迺斬一司馬諭意指，遂發兵……救東甌。」符以發兵者，天子與郡守分符，不與都尉分符；會稽守距法不發兵，亦非都尉。是一郡兵權之最高掌握者爲太守非都尉，其強證二也。其他太守將兵緝盜征伐之事例，史不絕書，無庸贅舉矣。至於都尉，百官表：「都尉，秦官，掌佐守典武職甲卒。」衞宏漢官舊儀：「都尉治盜賊甲卒兵馬。」應劭漢官：「都尉將兵副佐太守。」解詁：「言與太守俱受銀印部符之任，爲一郡副將；然俱主其武職，不預民事。」（孫星衍輯自書鈔、御覽；文略有誤）此言都尉佐助太守掌兵

事甚明，故太守稱郡將郡將軍（詳前），而都尉僅稱副將。蓋太守統治一郡，其事甚煩。秦漢之世，天下初歸一統，尤重軍事，地方軍務鞅掌，非郡守一人所能周顧，故于民事則太守自行直接處理，于軍事則別置都尉以佐之，太守責成都尉處理軍務，而自處於統轄節制之地位。故就都尉言，可謂分治軍事；然就太守言，則總治軍民諸政，有完整之行政權，非所語於分權也。胡廣之語，本就重點而言，且有語病，致貽誤後人耳。

　　郡國長官有此四種重要而且大多爲絕對之權力，故袁良爲梁相，帝親冊之，有「典郡職重，親執經緯，隱括在手。」之語（本碑）。守相於本國內能專斷，有絕對之控制權如此，宜乎賢良守相能貫澈推行其政令也。惜其所致力之政務過於側重斷訟、決獄、緝盜賊、制豪强、禦外侮，多屬消極方面；至於積極之勸農功與教化，雖常見於詔勅，而地方長官類多忽視；建設事業之發展更非所留意矣。蓋其爲政之目的只求安定，不求進步，漢世吏治號稱優良，尚且如此，後世更無論矣。

（三）　佐官——都尉、丞、長史

　　秦代郡守之佐官有尉與丞，漢承之。尉掌佐守典武職甲卒，秩比二千石，景帝中二年更名都尉，光武中興，省其官。本書原另立專篇，已抽刊於大陸雜誌特刊第一輯。今不重出。

　　百官表，郡守有丞，秩六百石。秦制也。續志同。又云王國相「有長史如郡丞。」考漢書馬宮傳，爲楚長史。則西漢國相已有長史，蓋仿中央丞相長史置之。郡丞國長史例僅一人，見續志。而東漢末年或有擅增其員者，如高頤碑：「州表蜀郡北部府丞。」是也。此猶可謂爲北部都尉丞也。魏志崔琰傳注引九州春秋：「融在北海……左丞祖劉義遜（祖字疑衍）清雋之士。……丞祖勸融自託强國，融不敢而殺之。義遜棄去。」若此文不誤，則丞之外又置左丞矣。

　　此內郡國也。而百官表：「郡守……有丞。邊郡又有長史掌兵馬。秩皆六百石。」衞宏漢舊儀：「（西漢）邊郡置長史一人，治兵馬；丞一人，治民；當兵行，長史領。」又居延簡釋文卷一有簡云：「張掖太守奉世、守部司馬行長史事、庫令行丞事，下居延都尉。」是西漢邊郡長史與丞並置，分佐太守治軍民也。而續志「郡當邊戍者，丞爲長史。」注引古今注：「建武……十四年，罷邊郡太守丞；長史領丞職。」是以軍

職兼理民事矣。然後漢書南蠻傳：「和帝永元十二年，日南象林蠻夷二千餘人寇掠百姓、燔燒官寺，郡縣……討擊，斬其渠帥。於是置象林將兵長史以防其患。」事又見和帝紀。又據任延傳，武威田紺爲郡將兵長史。是蓋邊郡軍務過煩，仍不得不於長史之外別置將兵長史以專董其事。然則東漢邊郡雖省郡丞；事實上似仍與西漢同制，惟易「丞」爲「長史」，易「長史」爲「將兵長史」歟。

　　丞與長史當有屬吏。孫志祖謝氏後漢書補逸五，孟政爲府丞虞卿書佐。是郡丞屬吏之僅見者。然縣丞有史，則郡國丞長史必當有之。惟不可考耳。

　　丞與長史秩皆六百石，故由朝廷任命。漢官儀：「丞者承也，長史衆史之長。」漢制，凡長官皆有丞或長史，職佐長官，不名一職。郡國自不例外。兹僅舉二事足表現其職掌與地位。　一、文書副署權。魯相史晨祀孔廟奏銘及魯置孔廟百石卒史碑載魯相奏疏，長史次魯相稱臣簽名再呼死罪。敦煌簡簿書一三：「玉門都尉陽、丞□敢言之……。」居延簡釋文卷一第四葉有簡云：「張掖長史延行太守事，肩水倉長湯兼行丞事，下屬國農都尉小府縣官……。」又第四十一葉有簡云：「張掖太守福，庫丞承熹兼行丞事，敢告張掖農都尉。」是郡府奏疏及一般文書，均經郡丞副署也。　二、行事權。續志注引古今注：「建武六年三月，令郡太守諸侯相病，丞長史行事。」而前引居延簡「張掖長史延行太守事」。考證云：「此簡爲西漢物，是長史行太守事，西漢亦曾如此矣。」按孫志祖謝氏後漢書補逸五：「孟政，地皇六年（？）爲府丞虞卿書佐，時太守缺，丞視事。」此又一例。

　　丞與長史雖於守相府吏中地位最高，且常代守相行事。然平時似多無實權，强汝詢漢州郡縣吏制考云：

> 「黃霸傳，爲河南太守丞。霸爲人明察內敏，又習文法，善御衆，爲丞處議當于法，合人心，太守甚任之。劉平傳，拜濟陰郡丞，太守劉育甚重之，任以郡職。案丞雖曰佐守，然實爲屬吏，非如後世郡丞得與太守抗也。故史每丞掾並稱，惟秩位稍尊，不由太守自辟爲異耳。黃霸劉平爲太守所任，史特記之，然則太守所不任者蓋徒署文書，權任反不如功曹主簿，故兩漢爲郡丞而有聞者甚少。」

按此論甚碻。王尊傳，爲安定太守，敎云：「直符史詣閤下，從太守受其事。丞戒之

戒之，相隨入獄矣。」太守輕蔑丞如此。嚴延年傳，爲河南太守，「丞義年老頗悖，
素畏延年，恐見中傷。延年本嘗與義俱爲丞相史，實親厚之，無意毀傷也，餽遺之甚
厚；義愈益恐。」丞畏懼太守又如此。皆足爲强說之證。蓋守相於郡國政務有絕對自
由處理權，丞長史爲中央所任命，不爲守相所親信，故見任反遠不如功曹督郵主簿等
屬吏耳。

（四）屬　　　吏

　　屬吏者，長官自由選任之吏也。漢舊儀：「舊制，郡國百石，二千石調。」論衡
程材篇：「東海相宗祥……設置三科，以第補史，一府員吏，儒生什九。」百石卽屬
吏，是明著郡國二千石自署也。其事例，碑傳中隨處可見，不勝舉。

　　此種屬吏制度，對於漢代地方吏治之關係極大，而百官表不載。考之列傳，秦郡
屬吏有卒史，見蕭相國世家、周昌傳(皆泗水)及陳勝吳廣傳(上谷)。西漢郡國皆有百石
卒史，見史記儒林傳序，又別見漢書文三王、武五子、尹翁歸、魏相、張敞、何武、
黃霸、朱邑等傳。蕭何世家：「爲沛主吏掾(功曹)，……秦御史監郡者與從事，常辨
之。何乃給泗水卒史，事第一，秦御史欲入言徵何。」是卒史爲大吏。索隱：「如淳
按：律，郡卒史書佐各十人。」汲黯傳集解亦引如淳曰：「律，太守都尉諸侯內史，史
各一人，卒史書佐各十人。」按黯傳，遷東海太守，「擇丞史而任之。」如淳引律卽
釋此，又通觀漢制，律文「各」上「史」必「丞」之譌。又按律兼國內史而言，必西
漢制，蓋承襲於秦者。然則西漢(蓋中葉以前)丞以下之大吏曰卒史，其員十人，各有
書佐以佐之。組織規模蓋不甚大。考五行大義引劉向洪範五行傳云：

> 「甲爲倉曹，共農賦。乙爲戶曹，共口數。丙爲辭曹，共訟訴。丁爲賊曹，共
> 獄捕。戊爲功曹，共除吏。已爲田曹，共畜養（一作羣畜）。庚爲金曹，共錢
> 布。辛爲尉曹，共本(卒)使。壬爲時曹，共政教。癸爲集曹，共納輸。」

又引翼奉述五官六府云：

> 肝之官尉曹。尉曹主士卒。尉曹以獄司空爲府，主士卒牢獄逋亡。
>
> 心之官戶曹。戶曹主婚慶之禮。戶曹以傳舍爲府，主名籍。戶曹主民利戶口。
>
> 肺之官金曹。主銅鐵。金曹以兵丁嗇夫爲府，主市租。
>
> 腎之官倉曹。倉曹以收民租。倉曹以廚爲府，主餼廩。廚主受付。

> 脾之官功曹，出禀四方，功曹事君，以信教授四方也。功曹以小府爲府，與四
> 曹計議，小府亦與四府籌用。

> 功曹有二府，所以爲五官六府。

此郡縣之制也，似尤以縣制而言（詳下縣廷組織附錄二）。向奉所言雖不盡相同，但分
曹情形大體可曉。而重要曹職之他見者有兵曹、決曹與主簿、督郵等。

東漢之制，略見續志。志云郡國皆置諸曹掾史。本注：「諸曹略如公府曹。無東
西曹；有功曹史，主選署功勞；有五官掾，署功曹及諸曹事。其監屬縣，有五部督郵
曹掾一人。正門有亭長一人。主記室史，主錄記書，催期會。無令史。閣下及諸曹各
有書佐、幹，主文書。」按續志記公府曹吏，除東西曹外有：

> 「戶曹主民戶、祠祀、農桑。　奏曹主奏議事。　辭曹主辭訟事。　法曹主郵驛
> 科程事。　尉曹主卒徒轉運事。　賊曹主盜賊事。　決曹主罪法事。　兵曹主
> 兵事。　金曹主貨幣鹽鐵事。　倉曹主倉穀事。　黃閣主簿錄省衆事。」

據此而言，兩漢郡府分曹略同。而續志劉注引漢官云：

> 「河南尹員吏九百二十七人；十二人百石（「百」上當脫一數字，參看縣屬吏），
> 諸縣有秩三十五人，官屬掾史五人，四部督郵史部掾二十六人，案獄仁恕三
> 人，監津渠漕水掾二十五人，百石卒吏二百五十人，文學守助掾六十人，書佐
> 五十人，循行二百三十人，幹小史二百三十一人。」

員吏多至九百餘人，誠屬可驚。此猶京郡特制也。據陸續傳，東漢初年，會稽郡已有
掾史五百人以上。又史晨碑，魯府薛縣屬吏及學官諸生與饗者九百七十人，則府吏當
亦不下三四百。是卽普通郡國屬吏員額視西漢中葉以前亦遠過之。又吳志朱治傳，建
安中，爲九眞太守，「公族子弟及吳四姓多出仕郡，郡吏常以千數。」蓋末季養客之風
使然。而魏略苛吏傳，宏農郡可享例假之吏二百餘人（魏志梁習傳注及杜畿傳注引）；
蓋曹氏大整吏治，減其員歟？抑有不能享例假者歟？然視西漢中葉以前仍遠過之，此
則各種政府組織演變之必然結果也。

今再綜合兩漢郡府屬吏制度詳爲考論如次：

先言等級。　據如淳引漢律，秦及西漢郡吏重要之等級爲卒史與書佐。然西漢中
葉以後至東漢，碑傳所見多曰掾曰史，而稱卒史者極少。掾史多冠曹爲稱，掾爲曹

長，史位次之，史且多有左右中之分，以佐掾治事者。

按：續志掾史屬辭含混，不能辨其為職位各異，抑一職二名。考漢碑題名，頗多同郡同時同碑同曹之吏有稱掾有稱史者。如史晨碑有戶曹掾史各一，華山亭碑有戶曹、供曹、將作，皆掾史各一。是二名迥別，不可通假。又同曹掾史並列，則史恆次於掾；諸曹掾史盡列，則先列諸曹掾，然後因己列曹掾之次序歷舉諸史，且或掾僅一人、史分左右中者，是史之地位固在掾下、副掾理事矣。其顯例莫過於中平五年巴郡太守張納碑，茲依原序分前後兩半表列如次，其或有史無掾，或有掾無史者，蓋事簡兼假，或此碑失載耳。

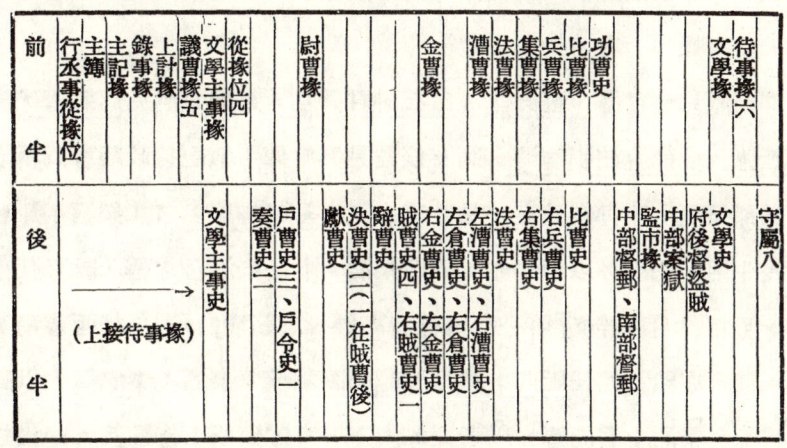

次有守屬，助掾史治事。次有書佐，閣下及諸曹均有之，掌文書之起草與繕寫。

按：續志，三公府有屬，位次掾史而在書佐之上。郡國亦有之。見前引張納碑。又流沙墜簡二：「玉門都尉……掾、史、守屬書。」皆位在史下之證。又王尊傳：「除補書佐，署守屬監獄，……為郡決曹史。」又樊毅復華下民碑，毅為宏農太守，上書尚書，後欵有「掾臣條、屬臣淮，書佐臣謀。」皆位低於掾史高於書佐之明證。續志，諸郡「閣下及諸曹各有書佐幹主文書。」按朱博傳，為琅邪太守，口占檄文，令閣下書佐書之。魏志董卓傳注引謝承書，太守使門下書佐出教勑曹下督郵。是閣下書佐也。其他各曹皆有書佐，詳後考。職主文書之繕寫，故多以通蒼頡史籀書者任之，見藝文志補注引吳仁傑語。又樊準傳永元中疏云，今「文吏則去法律而學詆欺。……宜下明詔……召郡國書佐使讀律令。」參之前引謝承書，則書佐不但繕寫，且起草矣。

位次書佐者有循行。再次為幹，或書作「干」，蓋主雜務者。最下為小史。

按：循行位在書佐下，見續志注引漢官。北海相景君碑陰，字作「脩行」，王充論衡亦然。翁方綱跋景君碑云：「漢隸脩循二字通用。」然當作「循行」為正，「循行」即巡行也。「幹」，漢碑中多作「午」，實「干」字，隸書似「午」耳。「午」即幹之省文。詳洪适跋景君碑陰。至其位在循行之下，見漢官。又屢見漢碑。而欒巴傳，為桂陽太守，「雖幹吏卑末，皆課令習讀。」是且少文字知識矣。小史位最卑，見景君碑陰、翟方進傳及續志注引漢官。

以上皆職吏也。又有祭酒者，地位甚高，因時設置，所以優異高賢之士者。又有從掾位、從史位、待事掾……者，皆散吏也。

按：郡祭酒見鮑宣傳、班固傳、白石神君碑陰，東閣祭酒見周磐傳，議曹祭酒見任延傳及杜畿傳注引魏略，師友祭酒見秦宓傳；無冠行政職曹為稱者。卓茂傳，為郡祭酒，不肯作職吏。是散吏也。考韋昭辨釋名：「祭酒，凡會同饗燕必尊長先用，先用必以酒祭先，故曰祭酒。」是祭酒乃尊稱，故必任德操。漢舊儀，丞相設四科辟。「第一科曰德行高妙、志節清白，……補西曹南閣祭酒。」是也。郡國亦然。如任延傳，尊高隱龍邱萇為議曹祭酒；秦宓傳，以高行，太守尊為師友祭酒；磐周傳，以孝聞，太守辟東閣祭酒；皆顯例。從掾拉，張納碑四人，蒼頡廟碑側二人。從史位見李翕天井道碑及郙閣頌。而爰盎傳及隸釋益州太守無名碑有從史，蓋從史位之省稱歟？待事掾見張納碑；而蒼頡廟碑陰，左馮翊有持事掾，太山太守李固恤奉高令敕（文館詞林六九九）有侍事掾，蓋一名而譌釋耳。考枚乘傳，梁有冗從；史晨後碑，魯有冗吏；胡廣傳，南郡有散吏；蓋皆從掾位從史位等之泛稱歟（參胡廣傳疏證）？兒寬傳，補廷尉文學卒史，「見謂不習事，不署曹，除為從史，之北地視畜數年還。」是從史亦治事，但不署曹耳。

次論秩奉。　續志：「一百石奉，月十六斛。斗食奉，月十一斛。佐史奉，月八斛。」百官表注引漢官名秩簿，同。掾史秩一百石，則守屬書佐蓋斗食佐史之奉矣。此通制也。惟史記儒林傳，以比二百石治禮掌故補內史卒史。又黃霸傳「補左馮翊二百石卒史。」如淳曰：「此謂尤異者」。謂三輔尤異也。

次論籍貫。　籍貫爲漢代地方長吏屬吏任職之重要限制。關於郡國屬吏，例用本郡國人，日知錄八掾屬條已論之。而畿郡如西漢之三輔、東漢之河南尹，可用他郡國人。此亦所謂尤異也。至於初置邊郡有蠻夷者，則例用內郡人，蓋便統治耳。並詳拙作漢代地方官吏之籍貫限制。

屬吏之等級、職散、秩奉、籍貫旣明，茲再考其分職。

漢代官司分職多以曹爲名。蜀志杜瓊傳，謂譙周曰：「古者名官職不言曹，始自漢以來名官盡言曹：吏曰屬曹，卒曰侍曹。」是也。按：薛宣傳，「賊曹掾張扶獨不肯休，坐曹治事。」曹全碑，「廓廣廳事官舍廷曹廊閣。」張玄傳，爲縣丞，「嘗以職事對府，不知官曹處。」魏志崔琰傳注引九州春秋，孔融在北海，「高談教令；盆溢官曹。」是曹均指機關舍宇而言甚明。蓋因各有舍宇謂之曹或官曹，故分職亦以曹爲稱耳。

屬曹有「右曹」「諸曹」之分。右曹位尊，如朱博傳，遷琅邪太守，「右曹諸大吏皆以故事移病臥。」張酺傳，爲東郡太守，擢王青爲極右曹。是也。又漢碑中稱郡吏之升遷多曰：「歷諸曹掾史、主簿、督郵、五官掾、功曹。」朱博傳云，以諸曹史補右曹；而碑陰題名復以功曹、五官、督郵、主簿等居首段。則所謂右曹者卽主簿、督郵、五官掾、功曹諸總攬內外眾務之職吏也。而此四職之升遷例由主簿而督郵，而五官掾，而功曹，而守令長或州從事。如尹寅、武榮、鄭固、李翊、郭究、侯成、夏承、淳于長夏君、冀州從事郭君……等昇遷步驟皆然，各見本碑。他如柳敏碑、平都相蔣君碑、圉令趙君碑、定陵侯相楊著碑及論衡自紀，均由五官而功曹，而守令或州從事；馬江碑，馬文伯由主簿而督郵；亦皆循序以進。惟馮緄碑，由督郵，而主簿，而五官，而功曹，次序略有變動，是特例。然則此四職者，功曹位最高，次五官，次督郵，主簿最低，可斷言也。又按：傳中常有郡綱紀。如陳留綱紀見張升傳，涿郡綱紀見魏志劉放傳，南陽綱紀掾見孫堅傳；徐宣陳矯爲廣陵太守陳登綱紀，見魏志宣傳。考晉書庾懌傳，東海王冲「清選綱紀，以懌爲功曹。」王羲之傳，爲會稽內史，與僕射書云：「循常推前，取重者及綱紀，輕者在五曹。」易雄傳，「遷別駕，自以門寒，不宜久處上綱。」王豹傳，爲豫州別駕，自稱大州綱紀。則綱紀卽右曹大吏之異稱甚明。

　　諸曹與右曹對稱，亦見朱博傳。漢碑亦常云歷諸掾史然後爲主簿至功曹等職。而比較漢碑題名之次序，似亦頗有規則，大抵首列右曹及文書參議諸吏，次及分職列曹，如戶、金、倉、集、法、兵、尉、賊、決等曹，末列散職及佐幹小史之屬。此當詳細參比張納碑、竹葉碑、樊毅華嶽廟碑、馮煥碑、隸續二一某殘碑、宋恩等題名碑、晉彭祈碑陰、蒼頡廟碑陰、中部碑、鄭季宣碑、曹全碑、費鳳碑、太公廟碑等。則分職各曹卽所謂諸曹也。又續志注引胡廣曰：「秋冬……詣郡課校其功……負尤多爲殿者，於後曹對責。」蕭育傳，扶風「召茂陵令詣後曹，當以職事對。」如淳曰：「賊曹決曹皆後曹。」是又似有前後之分；不可考矣。

　　此仍就屬曹之地位而言也。今再就組織體系與職掌性質分總揆、門下、列曹、監察四類一一考述之。至於散吏，已見前述，不重出。

(甲)　總　　　揆

　　（1）　功曹　　郡丞國長史雖地位甚高，然由中央除授，不爲守相所親任，無實權，已詳前論。功曹雖秩僅百石，然於守相自辟之屬吏中地位最高，且職統諸曹，故特爲守相所任委，其權逾於丞與長史遠甚。南朝劉湛云：「今世宰相何難？此政可當我南陽郡漢世功曹耳。」此雖過甚其辭，然亦可見漢世功曹之位尊職重矣。茲略論證之。

　　漢世郡府屬曹皆有掾爲之長，有史以佐之。惟功曹長官通常卽稱爲功曹，絕少稱功曹掾者(惟見隸釋益州太守某碑及流沙墜簡二；墜簡爲泰始時事，僅爲旁證)。而史則又極常見。續志亦僅有功曹史，無功曹掾。蓋功曹不置掾，卽以史爲之長。於諸屬曹中是特異矣。其下又有佐史，見謝夷吾傳補注引會稽典錄，有書佐見蒼頡廟碑側。會稽典錄(御覽二六四引)云，魏朗爲郡書佐，太守知朗有凌雲志，轉功曹佐，有不撓之節，進爲功曹史。則其階次可知也。　　前引翼奉語云：「功曹有二府」。又云：「功曹以小府爲府，與四曹計議，小府亦與四府籌用。」四曹者，戶倉金尉是也，皆郡縣主要曹職，而小府則守相私藏內庫，蓋功曹除本曹舍外(據晉書庾袞傳，郡功曹尙以功曹舍爲經常治事處)又兼錄小府事，出典本曹，入領小府，故職總內外，與諸曹計議以佐守相。劉向洪範五行傳云「功曹共除吏」。續志云：「功曹史主選署功勞。」翼奉云：「功曹職在刑罰。」及其他選用貢舉罷黜賞罰之例常見載籍，而吐綬鳥亦竟別名

功曹（崔豹古今注）；蓋郡吏之任免賞罰尤爲其主要職掌耳。故頌之者有「貢眞黜僞」（張表碑）之譽。而韋昭辯釋名（御覽二六四引）有「功曹，吏所羣聚」之語矣。關於郡國功曹選黜之例至多，略舉如次：

> 朱博傳，爲左馮翊，「府功曹受賂，白除（尙方）禁調守尉。」陳寔傳，「爲郡功曹時，中常侍侯覽託太守高倫用吏。……寔曰……寔乞從外署，不足以塵明德。」風俗通過譽：「趙仲讓爲郡功曹，所選頗有不用，因稱狂……出府。」御覽二六四引謝承書，太守黃讜高李壽名德，「召署功曹，每進見，常薦達郡中善人有異行者；讜輒序用。」蜀志許靖傳，與從弟劭私情不協，「劭爲郡功曹，排擯靖，不得齒敍，以馬磨自給。」是職主選用之例也。又樂恢傳，爲郡功曹，「選舉不阿，請託無所容。同郡楊政數衆毀恢，後舉政子爲孝廉。」是貢舉亦其任也。又韓延壽傳，「騎吏一人後至，勑功曹議罰白。」史弼傳注引謝承書，「爲郡功曹，承前太守宋訢穢濁之後，悉條諸生聚歛姦吏百餘人，皆白太守，掃迹還縣。」魏志袁渙傳，「郡命功曹，郡中姦吏皆自引去。」是職主黜免之例也。故郅惲爲郡功曹，風俗通過譽篇稱其「職在昭德塞違，爲官擇人。」許劭爲郡功曹，謝承書稱其「進善黜惡……所稱如龍之升，所貶如墮于淵。」

功曹既總攬衆務，又握羣吏進退之權，故地位尊顯。漢官儀：「督郵功曹，郡之極位。」（張酺傳注引）此猶與督郵並列未分尊卑也。而漢碑題名，功曹恆爲衆掾之冠，任郡吏者又多歷主簿、督郵、五官掾，始擢斯職，然後守縣令長或州從事（說見前），則功曹於郡吏中最爲尊顯，從可知矣。故丘許辭郡守召曰：「明府所以尊寵人者極于功曹。」（御覽五〇八皇甫謐高士傳）是也。曰論衡遭虎篇：「變復之家謂虎食人者，功曹爲姦所致也。其意以爲功曹衆吏之率，虎亦諸禽之雄也。」又曰「功曹之官，相國是也。」擬以禽中之虎，職中之相，則其地位最尊、權勢最隆，更無疑矣。是以守相之總綱存簡者或委任政務，一切取決。如黨錮傳序：「汝南太守宗資任功曹范滂，南陽太守成瑨委功曹岑晊。二郡爲謠曰：汝南太守范孟博，南陽宗資主畫諾；南陽太守岑公孝，宏農成瑨但坐嘯。」韓稜傳，爲郡功曹，「太守葛興中風疾不能聽政，稜陰代興視事，出入二年，令無違者。」魏志臧洪傳，太守張超請爲功曹，「政教威恩不由已出，動任臧洪。」荊州先德傳，周瑜領南郡，以龐士元爲功曹，「任以大事，

瑜垂拱而已。」（御覽二六四引）是皆其顯例。又守相因公離職，例由丞長史行事，但亦有委功曹者。如馮勤傳，太守姚期辟功曹，「期常從光武征伐，政事以委勤。」是也。

　　功曹之職掌與地位如此，劉宋去漢未遠；其時人士對於漢世郡功曹之地位權勢尙極淸析，故劉湛常云：「今世宰相何難，此政當我南陽郡漢世功曹耳。」此語雖稍涉誇張，然功曹之於一府，其職掌性質與地位亦猶宰相之於中央政府，固無疑也。

　　　　按：湛語見宋書本傳。南朝雖淹有江南，然戶口屬籍者甚少。據通考，劉宋大
　　　　明八年，見戶九十萬六千餘，見口四百六十八萬餘。而續志，南陽一郡有戶五
　　　　十二萬八千餘，口二百四十三萬九千餘；視劉宋全國之數，戶幾當三分之二，
　　　　口亦逾二分之一。故就戶口而言，東漢南陽一郡亦幾當劉宋一國。南朝宰相統
　　　　衆官佐君主以治全國，漢代南陽郡功曹統衆吏佐太守以治一郡，其性質亦相
　　　　類，故劉湛云然。

　　（2）　五官掾　　五官之名蓋起於晚周五行學說昌盛以後，聚其所指，或泛稱衆職，義同百官；或卽指五種官守而言；亦有單指一職而言者。如楚語下，觀射父對昭王曰：「天地神氏類物之官，是謂五官，各司其序，不相亂也。」急就篇：「諸物盡訖，五官出。」顏師古解訓：「古言五官者，總舉衆職以配五行，無所不包，事起五鳩、五雉，若今言百官也。」是泛指衆職之謂也。韓子十過，趙襄子避智伯之鋒，徙居晉陽。「君至，而行其城郭及五官之藏，城郭不治，倉無積粟，府無儲錢，庫無甲兵，邑無守具。襄子懼。」藝文志，陰陽家有五曹官制五篇。班氏本注：「漢制，似賈誼所條。」補注引疏證：「五曹算經云：一爲田曹，地利爲先；旣有田疇，必資人力，故次兵曹；人衆必用飲食，故次集曹；衆旣會集，必務儲蓄，次倉曹；倉廩貨幣相交質，次金曹。」顏師古急就篇解訓又曰：「禮記曰，天子五官，曰司徒，司馬、司空、司工、司寇，典司五衆也。」又淮南子兵略訓：「夫論除謹，動靜時，吏卒辨，兵甲治，正行伍，連什伯，明鼓旗，此尉之官也；前後知險易，發斥不忘遺，此候之官也；隊路亙，行輜治，賦丈均，處軍輯，井竈通，此司空之官也；收藏於後，遷舍不離，無淫輿，無遺輈，此輿之官也。凡此五官之於將也（實少一官，蓋有脫文），猶身之有股肱手足也。」凡此諸說雖有不同，然其指五種官守而言則一也。又齊策，靖郭

君謂齊王曰：「五官之計不可不聽也。」高誘注：「五官，齊之計簿書也。」漢世中央政府有五官中郎將；內爵十四等，其第十二曰五官，視三百石。是皆一職專稱也。

　　西漢郡國有五官掾，見王尊傳；東漢碑傳極常見；則爲專司一職者。續志：「有五官掾，署功曹及諸曹事。」蓋無定掌。然其地位僅次於功曹（考見前），而黃況以孝廉爲郡五官（黃香傳注引東觀記），夏侯纂爲廣漢太守，請秦宓爲帥友祭酒，領五官掾，稱曰仲父（蜀志宓傳），則其尊顯可知；蓋位尊而職散耳。故祭祀之時，五官於羣吏中實居首班。如桐柏廟碑，春秋侍祠官屬均首五官掾，次功曹，次主簿，次戶曹史。史晨饗孔廟後碑，從饗羣吏，首五官，次功曹，次戶曹，次守廟；此二者皆佳證也。又三公山碑，屬吏惟有五官、戶曹、將作。戶曹主祭祀，將作掾修葺廟宇，而冠以五官，是五官固有主祭之責也。而華陽國志廣漢士女志，諒輔爲郡五官掾，時天大旱不雨，輔引爲己過，乃積薪欲自焚以求雨。文館詞林六九九太山太守李固祀胡母先生敎，所遣奉謁齋祀者亦五官掾。此二事亦五官主祠祀之證。

（乙）門　　　　下

　　郡縣屬曹諸吏，除分職列曹如戶倉金尉等曹及司監察之督郵外，其餘似均可冠門下爲稱，此詳碑傳可知也。功曹出入內外總揆衆務，故別爲一類；五官職稍類似，故附功曹之後；他如主簿爲閣下羣吏之長，職最親近，主記室掾史錄事職掌文書，門下督盜賊門下賊曹職主侍衞，門下議曹職主謀議，並門下之職也。少府掌守相私藏，奏曹主奏議，職近主記，雖不見冠門下爲稱，然其職實近乎門下，故亦入之。

　　（1）　主簿　　續志，三公有「黃閣主簿錄衆事」。郡國亦有之，常見碑傳。韋昭辯釋名：「主簿，主諸簿書，簿（衍文）普關諸事。」是也。曹公卞夫人與楊太尉夫人書：「主簿，股肱近臣。」（古文苑一〇）。漢書嚴延年傳，爲河南太守，「所欲誅殺，奏成於手，主簿親近吏，不得聞知。」則公府郡府之主簿皆爲屬吏中之最親近者。强汝詢漢州郡縣吏制考引謝承書劉祐事，及吳錄包咸事，皆關郡守家務，以證主簿爲親近吏。是也。職旣親近，故有匡輔拾遺之責，例見王堂傳、張表碑。且常爲守相之代表，有書敎則爲宣讀，例見張敞傳、郅惲傳。有要函則爲奉送，例見趙壹傳。有尊客則爲招待，例見高獲傳。而長官有過亦先被收考：如魏略，唐衡弟爲虎牙都尉，不修敬於京兆尹，功曹呵之，「收其主簿。」（魏志閻溫傳注引）。吳志孫堅傳，起兵至南陽，

與太守會，以道路不治，軍資不具，收其主簿。是其例也。

按：孫寶傳：「御史大夫張忠辟寶爲屬……署寶主簿。寶徙入舍，祭竈請比鄰。忠……使所親問寶，……今兩府高士俗不爲主簿。子既爲之，徙舍甚悅，何……也？寶曰，高士不爲主簿，而大君以寶爲可，一府莫言非，士安得獨自高？」此雖中央，可推郡國。是西漢時主簿地位甚低也。東漢蓋不然，觀其皆由列曹擢任可知。強汝詢曰：「濟北先賢傳云，戴宏爲郡督郵，府君異之，即日教署主簿。按督郵爲郡極位，宏以見異而轉主簿，可見當時主簿之重也。」所言甚碻。蓋吏職之親近者，地位恆不甚高；然即以親近，故日形重要而地位日高矣。然則其職掌性質，其地位演變，蓋猶其時中央之尚書令歟？

又有直符史者，蓋亦親近執法之吏。如東觀記，張禹爲郡守，功曹史有過，「禹令直符責問。」王尊傳，爲安定太守，教云：「五官掾張醜……貪污不軌，……今將醜送獄。直符史詣閤下，從太守受其事。丞戒之戒之，相隨入獄矣。」疏證：「商子定法篇，主法令之吏各爲尺六寸之符。」是也。

（2）主記室　　續志，郡國有「主記室史，主錄記書，催會期。」簡稱主記史，見續輿服志、蒼頡廟碑陰、古文苑桐柏廟碑、隸釋熊君碑；又簡稱記室史，見袁宏傳注引謝承書。而張納碑有主記掾，序次主簿。蓋通常僅置史，有僅置掾者，有掾史並置者。其下有書佐，見鄭季宣碑陰。

（3）錄事　　張納碑有錄事掾，序次主記掾。員雖並置，而職蓋相近。尉氏令鄭季宣碑陰有記室書佐、錄事書佐；是縣亦並置。然則郡國亦當有書佐也。

（4）奏曹　　續志，三公府有「奏曹主奏議事。」郡國亦有奏曹。奏曹掾見蒼頡廟碑陰及御覽二五九引風俗通，史見吳志太史慈傳、竹葉碑、張納碑。書佐見魯峻石壁畫像。而本所藏漢殘石有奏書掾，即郡奏曹掾。衛宏漢舊儀，丞相設四科辟，「三科曰明曉法令，足以決疑，能案章覆問，文中御史，補四辟八奏。」郡國用人蓋同。

（5）少府　　少府始見於文翁傳。蒼頡廟碑亦有少府史。少府領於功曹，考見前。文翁傳云，爲蜀郡守，遣小吏詣京師受業博士。「減省少府用度，買刀布蜀物……以遺博士。」師古曰：「少府，郡掌財物之府以供太守者。」則少府財物似本供太守私家用度，如中央少府之於皇帝者。而洪範五行傳：「辰爲少府，金銅錢布。」五

行大義引翼奉曰：「小府亦與四府（戶金倉尉）籌用，……主出納餉糧。」考居延漢簡
釋文一有簡云：「移所付小府償□積□□府錢數……。」又簡云：「言小府當償責。」
皆事出納之例。是亦主錢糧如金曹倉曹者。郡國少府史料如此而已。職既與金倉兩曹
兼類，而金倉曰曹，此則稱府，且領於功曹，且籌用範圍兼及戶尉等曹，其性質與金
倉兩曹又顯有不同；參之文翁傳與中央少府之制，則郡國少府蓋守相之內府，總典守
相私家生活之一切事宜，而以財政為主，且與外曹籌用。此亦古代長官家政與公務不
分之必然情勢也。

　　（6）　門下督盜賊　　郡國置門下督盜賊，見續輿服志上、北海相景君碑陰及吳
志虞翻傳注引會稽典錄。而漢書游俠萬章傳、隸續碑圖中、後漢書伏湛傳及袁宏傳注
引謝承書有門下督，蒼頡廟碑及銚期傳有督盜賊，漢書武五子傳有督盜，皆門下督盜
賊之簡稱耳。又張納碑有府後督盜賊者，是又一職異稱矣。考武五子傳，山陽太守張
敞條奏：「故昌邑王居故宮，……督盜一人別主繳循察往來者，以王家錢取卒迎宮清
中，備盜賊。」此雖王宮，但觀督盜賊、府後督盜賊之名，要與此督盜同其職掌。伏
湛傳集解引通鑑胡注：「諸郡各有門下督，主兵衛。」是也。是以出則導從，見游俠
萬章傳及後引續輿服志。綜此而言，職主兵衛，防非常，故居則巡察，出則導從，蓋
猶今之侍衛隊長，必選有才武者任之，故萬章以任俠為京兆所辟，伏湛門下督以氣力
聞。

　　（7）　門下賊曹　　門下賊曹，屢見碑刻，如中部碑、本所藏漢殘石、晉南鄉太
守司馬整碑及後引兩刻是也。考續輿服志上：「公卿以下至縣三百石長導從置門下五
吏：賊曹、督盜賊、功曹皆帶劍三車從導，主簿、主記兩車為從。」是括郡國守相而
言。又隸續碑圖中，圖像第一行「功曹史」、「門下督」、「□（門）下賊曹」；此所繪蓋守
相出行圖。兩漢金石記嘉祥武宅山刻像第一幅，自前至後數之有「門下賊曹」、「門下
游徼」、「門下功曹」、「令車」、「主簿車」（蓋脫一「主記車」）；此所繪為縣令出行圖（縣
游徼即郡以上之門下督盜賊）。此二者足與輿服志參證，皆為「門下賊曹」與「門下督
盜賊」並置而位稍下之明證。

　　（8）　府門亭長　　續志，「正門有亭長一人。」周澤傳，孫堪為縣令，「謁府趨
步遲緩，門亭長譴堪御吏。」是職主守門糾儀也。有門卒，見韓延壽傳。

（9）　門下議曹　　漢舊儀，丞相府有議曹。郡國亦有之，見漢書龔遂傳、原涉傳、朱博傳。蒼頡廟碑有議曹掾史。掾又單見東觀記、張納碑、李翕碑。且有置祭酒者，見任延傳。按，袁宏傳注引謝承書有門下議生。張納碑，前列門下諸吏，後列分職諸曹，而議曹掾五人間在門下諸吏間。又北海相景君碑陰有門下議史，列於門下督、門下書佐之間。然則議曹亦門下之職也。朱博傳：「博尤不喜諸生，所至郡，輒罷去議曹，曰豈可復置謀曹耶？」是職參謀議之明證。龔遂傳，被徵入宮，議曹王生曰：「天子即問君何以治勃海，君不可有所陳對，宜曰皆聖主之德，非小臣之力也。」是以謀議佐郡守之例也。漢舊儀，丞相議曹以學通行修者補任。郡縣蓋同，故原涉以節孝聞而見任（本傳），龔丘萇以高隱爲祭酒（任延傳）。

（10）　門下掾、史、書佐、循行、幹、小史　　郡國有門下掾，見華山亭碑、李翕天井道碑。縣有門下史，郡蓋亦置。考晉書職官志有門下史，獨立爲職，非曹史之通稱，當承漢制。門下書佐，北海相景君碑陰有三人，即閣下書佐也，見續志及朱博傳等，前論屬吏等級已詳之。循行位次書佐，亦詳前論屬吏等級。門下循行見吳志胡綜傳及魏志司馬芝傳，皆在漢末。蓋循行惟門下有之，他曹不置。晉以下亦然。門下幹，見韓勅孔廟後碑陰；司馬芝傳有門幹，或省稱。續志「閣下及諸曹各有書佐、幹，主文書。」郡府小史中不見有冠門下爲稱者；然縣有之，郡亦必然。又漢官記河南尹小吏甚詳，而不見伍佰、鈴下之屬，蓋總稱小史歟？鈴下即幹下，乃幹前侍從之親近小吏，伍佰職在導引護衞兼行杖事。

> 按：續輿服志有幹下侍從。而魏志管輅傳及魏略苛吏傳（魏志梁習傳注引）有鈴下，當即幹下。苛吏傳，劉類爲宏農太守，「夜使幹廉察曹。後以幹不足信，又遣鈴下及奴婢轉相檢驗。」是地位僅在奴婢之上，而於屬吏中最爲親近者也。　又按崔豹古今注：「伍佰，一伍之伯也。五人曰伍，伍長爲伯，故稱伍伯。一曰戶伯。漢制，兵吏五人一戶竈，置一伯，故戶伯亦曰火伯，以爲一竈之主也。漢諸公行，則戶伯率其伍以導引也。」導從又見續輿服志。宋書百官志：「諸官府至郡各置五百者。舊說古君行師從，卿行旅從，五百人也。今縣令以上古之諸侯，故立四五百以象師從旅從，依古義也。韋曜曰，五百字作伍佰，伍當也，伯道也，使之導引當道伯中，以驅除也。周制五百爲旅帥皆大

夫，不得卑之如此說也。又周禮秋官有條狼氏掌執鞭以趨辟，王出入則八人夾
道，公則六人，侯伯則四人，子男則二人，近之矣，名之異爾。」又文苑禰衡
傳：「江夏太守黃祖……怒，令五百將出，欲加箠。」魏志梁習傳注引魏略苛
吏傳：「宏農太守……使五伯曳五官掾孫㳂入。」是主曳箠罪犯也。故宦者傳注
曰：「案今俗呼行杖人爲五百。」是唐世猶然。

（丙）　列　　　曹

（1）　戶曹、祠祀掾史　　戶曹置掾與史，見史晨孔廟碑與蔡邕伯夷叔齊碑（**續
五行志注引**）。掾又單見長沙耆舊傳（說郛五八）。而史尤恆見碑傳，如陸續傳、張納
碑、三公山碑、孔廟百石卒史碑、宋恩題名碑、少室石闕銘、古文苑桐柏廟碑及蜀志
劉巴傳注引零陵先賢傳皆有之。竹葉碑且有左右戶曹史，張納碑有戶令史。此其員之
可考者。五行大義引翼奉曰：「戶曹以傳舍爲府。」不知東漢如何。續志，公府「戶
曹主民戶、祠祀、農桑。」郡國戶曹是否兼勸農事不可知；而民戶祠祀之職則確然可
考。洪範五行傳：「戶曹共口數。」翼奉亦云「主名籍」「主民利戶口」。此卽曹名可
知也。酷吏尹賞傳，爲長安令，「乃部戶曹掾史……雜舉長安中輕薄少年惡子無市籍
商販作務而鮮衣凶服被鎧扞持刀兵者，悉籍記之。」是其例。故韋昭辯釋名云：「戶
曹，民所羣聚也。」翼奉又曰：「戶曹主婚慶之禮。」蓋因主民戶而兼及之。（郡國各有
容史，蓋於大典時爲禮容，見漢書儒林傳注蘇林引漢舊儀）。　推而至於祠祀亦職之。
如蔡邕伯夷叔齊碑：「熹平五年，天下大旱，禱請名山，……三府請兩使者與郡縣戶
曹掾史登山升祠。」（續五行志注引）。又古文苑桐栢廟碑，春秋侍祠官除總攬郡事之五
官掾、功曹、主簿外，卽戶曹；史晨後碑主饗官除五官功曹及事事孔廟之正副掾外，
亦爲戶曹；則郡國戶曹職主祠祀之明證也。其例又見蔡集喬玄碑陰與長沙耆舊傳。蓋
古者每有所獲，必先報神，故主賦之吏兼職祠祀耳。因緣推衍，至於神宇修葺，亦董
其事，例見泗水注、嵩山開母闕銘、少室神道石闕銘、三公山碑、古文苑華山亭碑。
其郡國境有先聖先賢廟及名山大川者則別設專吏以守祠之。　如魯國孔廟置百石卒史
（孔廟百石卒史碑）及副掾（史晨後碑），沛之高祖廟置嗇夫祝宰等（濟水注引東觀記），
潁川有監廟掾及廟佐，蓋供奉少室神廟及開母廟（少室神道石闕銘、後銘、開母廟闕
銘），宏農有供曹掾史各一人，蓋供奉西嶽廟（華山亭碑），常山有祠祀掾史，蓋祠祀

白石山、無極山及三公山者（無極山碑、白石山碑）是也。

（2）時曹　　續志，州有月令師，主時節祠祀。洪範五行傳：「時曹共政教。」蓋漢人重陰陽，忌時節，以爲違時節則政教失和故也。然碑傳竟不見，蓋亦戶曹兼職歟？

（3）田曹、勸農掾史　　漢世重農，故重田官。淮南天文訓：「何謂五官，東方爲田，南方爲司馬，西方爲理，北方爲司空，中央爲都。」前引五曹算經亦以田曹爲五者之首。洪範五行傳亦云：｜田曹共畜養」。可知此官普遍，而碑傳竟不一見。頗疑後漢不置。又據居延簡釋文一第三四葉，張掖有勸農掾。而晉初南鄉太守司馬整碑有南北中三部勸農。金石錄二〇晉彭祈碑陰跋，晉初，祈歷西郡酒泉略陽三郡太守，有中部勸農、西部勸農。蓋沿漢制。

（4）比曹　　張納碑，巴郡有比曹掾史各一人；史又見蜀學師宋恩等題名碑。日知錄二四比部條：「周禮小司徒，及三年則大比，大比則受邦國之比要。注云，大比，謂使天下更簡閱民數及其財物也。鄭司農云，五家爲比，故以比爲名。今時八月案比是也。」按江革傳，「每至歲時當案比，革以母老，不欲搖動，自在轅中輓車，不用牛馬。」卽其事也。漢既謂簡閱財物民數爲比，則比曹當卽簡核之機關。

（5）水曹及都水監渠等掾　　西漢都水屬少府（百官表），光武改屬郡國（續志）。郡國掌水利之職之可考者，如汝南置都水掾，見許楊傳；宏農及京兆亦置之，見華山廟碑。又如河南有水曹掾一人、史二人，見穀水注引建春門石橋紀功柱銘；蜀有水曹史一人，見宋恩題名碑。而緜竹江堰碑，廣漢有都水掾及水曹掾史各一人，是水曹與都水並置矣。建春門石橋銘與緜竹江堰碑皆紀治水之功，水曹實董其事。許楊傳，建武中，汝南太守欲修復鴻卻陂，「聞楊曉水脈……因署楊爲都水，使典其事。」皆掌水利之明證。又續志注引漢官，河南有監津渠漕水掾二十五人，蓋亦多爲水利而設。

（6）將作掾　　郡將作掾，見三公山碑及穀水注引建春門石橋紀功柱銘。蓋有所興作則置之。

（7）倉曹　　續志，公府有倉曹，主倉穀事。考郡亦有倉曹，如獨行戴就傳有倉曹掾，蒼頡廟碑陰有倉曹史。而巴郡太守張納碑有左右倉曹史。倉曹與戶金兩曹職相關聯，故諸碑倉曹多與戶金並列；獨蜀學師宋恩題名碑無倉曹而有穀曹史二人，名

與倉曹甚類，又與金曹比列，蓋倉曹之異稱耳。洪範五行傳：「倉曹共農賦。」翼奉亦曰：「倉曹收民租。」戴就傳，爲會稽倉曹掾，刺史奏太守臧罪，「遣部從事薛安案倉庫簿領，收就於錢塘縣獄。」是郡職同於公府之明證。

（8）　金曹、市掾、衡官　　續志，公府金曹主貨幣鹽鐵事。郡國亦置。巴郡太守張納碑有金曹掾及左右金曹史各一人，蜀學師宋恩題名有金曹史二人。洪範五行傳：「金曹共錢布。」是其職略同公府。又翼奉曰：「金曹以嗇夫爲府。」又曰：「金曹主市租。」考第五倫傳，京兆尹召爲主簿。「時長安鑄錢多姦巧，迺署倫爲督鑄錢掾，領長安市。倫平銓衡，正斗斛，市無阿枉，百姓悅服。」注引東觀記「鑄錢官，姦軌所集。……署倫督鑄錢掾，領長安市……市無姦枉。」後注又引華嶠後漢書：「上復曰，聞卿爲市掾」云云。此亦金曹之職並領市政者。而張納碑除金曹掾史外，別有監市掾一人。蓋市掾或與金曹並置，或省市掾併職金曹歟？又武都郡有衡官掾、衡官有秩，並預鑿山通道事，見李翕西狹頌與析里橋郙閣頌；蓋掌山林之職歟？

（9）　集曹　　巴郡太守張納碑有集曹掾、右集曹史各一人，則當有左史。史又見蜀學師宋恩題名。考匡衡傳，丞相府有集曹掾，主治郡國計。據此類推，郡國集曹蓋治縣計。然藝文志疏證引五曹算經：「既有田疇，必資人力，故次兵曹；人衆必用飲食，故次集曹；衆既會集，必務儲蓄，故次倉曹。」則似又當運集穀糧以實倉廩之任。故洪範五行傳云：「集曹供納輸。」

（10）　曹漕　　巴郡太守張納碑除集曹掾史外，又有漕曹掾及左右史各一人。續志注引漢官，河南尹有監漕掾，蓋卽漕曹掾。漢制，郡國之粟或存本郡，或漕集於京師，或轉運於他郡，一聽中央命令。考卜式傳「遷成臯令，將漕最。」續志，太倉令「主受郡國傳（轉）漕穀。」則漕送之職歸地方，此曹既以漕名，職主其事必矣。

（11）　法曹　　續志，公府法曹主郵驛科程事。考三輔決錄，摯茂爲郡法曹（御覽四七七）。又巴郡太守張納碑有法曹掾史各一人，史又見蜀學師宋恩題名碑，均間在集曹漕曹之中，是郡國亦置法曹，且職同公府也。

（12）　道橋掾史、津掾　　交通要樞或道路險阻，常特置道橋掾史，專主修治道路事。如武都有西部道橋掾，見李翕天井道碑與耿勳碑；蜀郡屬國有南部道橋掾，見辛李二君造橋碑；河南尹有道橋掾，見穀水注引建春門石橋紀功柱銘；蜀郡又有就道

史，見蜀郡太守何君閣道碑，蓋亦道橋掾史之類也。至渭水注引三輔黃圖，京兆馮翊各置便門橋令丞，是京師特制矣。又續志注引漢官，河南尹有監津掾。

（13）　敎化諸吏　　郡縣有學校，置掾、史、經師；以其性質與一般曹吏不同，故專章考論於後。此外如左馮翊有敎化史，見蒼頡廟碑側；魯有行義掾史，見孔廟禮器碑；蜀有孝義掾，見蜀學師宋恩題名碑；皆有關敎化之吏也。而平帝紀，元始五年，詔郡國皆置宗師。「二千石選有德義者以爲宗師，考察不從敎令有寃失職者。宗師得因郵亭書言宗伯，請以聞。」蓋王莽當政，名爲敎化，實伺察之。

（14）　兵曹、兵馬掾、監軍掾　　巴郡太守張納碑有兵曹掾及左右史各一人。掾又見後漢書高句麗傳；史又見蜀學師宋恩題名碑。又有書佐，見流沙墜簡屯戍叢殘。續志，公府兵曹主兵事；此卽曹名可知者。郡國必同。而漁陽有兵馬掾，臨陣作戰，見獨行劉茂傳。高句麗傳，遼東兵曹掾兵馬掾各一人，同時歿於戰陣。是且與兵曹同置，職掌亦同矣。又西羌傳，隴西監軍掾李苞將五千人與羌戰。蓋純爲將兵之職。而蜀郡屬國辛李二君造橋碑有軍功卒史，不知所職。

（15）　司馬　　韓延壽傳，爲東郡太守，有軍假司馬。蒼頡廟碑側亦有之，本郡人，雜在諸曹吏間，是左馮翊之屬吏，非中央任命者。又吳志孫堅傳，爲縣小吏，郡召署假尉。許昌之亂，「堅以郡司馬募召精勇得千餘人。」是亦掾屬之類。

（16）　塞曹、督烽掾　　西漢末邊郡有塞曹史，見居延漢簡釋文卷一第十四葉；當爲掌邊塞之職。又魏志東夷倭國傳，樂浪太守遣塞曹掾史張政等使倭。蓋承漢制。邊郡又置督烽掾。西羌傳，元和三年，號吾寇隴西，爲郡督烽掾李章所擒。是也。又居延簡釋文卷一有簡云：「督蓬掾從矤北始，度關□□到利□關，加愼無忽。」考證：「按流沙墜簡烽燧類四十『督蓬不察，欲馳詣府。』沙畹敦煌簡釋文第四三八簡『司馬王□督蓬。』居延簡『士吏疆付督隊長貴。』『督隊□□頭痛。』此皆督蓬掾及督隊長之例。」督蓬卽督烽也。

（17）　尉曹　　尉曹掾見巴郡太守張納碑，史見武都太守李翕天井道碑。續志，公府尉曹主徒卒轉運事。郡國蓋同。洪範五行傳：「尉曹共本（卒之譌）使。」翼奉曰：「尉曹主士卒。」是也。

（18）　賊曹、賊捕掾　　續志，公府賊曹主盜賊事。按洪範五行傳，「賊曹共獄

捕。」朱博傳，爲琅邪太守，「姑幕縣有羣輩八人報仇廷中，皆不得。……賊曹掾史自白請至姑幕。」則西漢郡國置賊曹掾史亦主盜賊事。掾又見薛宣傳及蜀郡屬國辛李二君造橋碑。史尤常見，而竹葉碑陰有中左右賊曹史，（中賊曹史又見岑眰傳及孔廟禮器碑），巴郡太守張納碑有賊曹史四人，右賊曹史一人，蓋職重員廣也。又張敞傳，爲京兆尹，「使賊捕掾絮舜有所案驗。」又見益州刺史李君神祠碑。蓋亦賊曹之別耳。漢舊儀，丞相設四科之辟，「第四科曰剛毅多略，遭事不惑，明足以照姦，勇足以決斷……補賊決。」郡國蓋同。

> 按前考門下之吏有「門下賊曹」；此不冠「門下」爲稱之賊曹掾史，就名稱論之，應卽「門下賊曹」之省稱。然前考門下賊曹，見嘉祥武宅山刻像及隸續碑圖中，同見者皆爲門下之職；而此不冠門下爲稱之賊曹掾史見於竹葉碑，張納碑，皆夾於辭決諸列曹之間，似其性質與冠門下者有別。且晉南鄉太守司馬整碑陰（卽隸續二一某殘碑，說詳拙作魏晉南朝地方政府屬佐考）前載門下諸職有門下賊曹；後載列曹掾史，又有賊曹掾；是二者同時並置，性質不同也。又漢中部碑亦門下賊曹與右賊曹掾史並置，位序亦與司馬整碑同。前者晉郡，後者漢縣，似皆足推證漢世郡國亦賊曹掾史與門下賊曹並置，而性質不同也。今姑分別立目，以待詳考。

　（19）　辭曹　　續志，公府辭曹主辭訟事。郡國辭曹史，見沛相楊統碑、竹葉碑及蜀學師宋恩等題名，而巴郡太守張納碑有二人。洪範五行傳云：「辭曹共訟訴。」是與公府職同。據漢舊儀，丞相府辭曹以明曉法令者任之；郡國必同。

　（20）　決曹　　續志，公府決曹主罪法事。郡國決曹置掾，見郭躬傳，周嘉傳；置史，見路溫舒傳、王尊傳、應奉傳，而竹葉陰碑有左右決曹史各一人；置書佐，見蕭育傳及沛相楊統碑。于定國傳：「于公爲縣獄吏、郡決曹，決獄平。」郭躬傳，父宏，「太守寇恂以爲決曹掾，……用法平，……郡內民比之東海于公。」應奉傳，「爲郡決曹史，行部四十二縣，錄囚徒數百千人。及還，太守問之，奉口說罪繫姓名，坐狀輕重，無所遺脫。」是職主治獄，且行縣錄囚徒矣。故以曉習文法者任之。如郭躬傳，「父宏習小杜律，太守寇恂以爲決曹掾。」黃昌傳，「曉習文法，仕郡爲決曹。」是也。又如路溫舒傳「爲獄吏。……太守行縣……署決曹史。」王尊傳，「署守屬治獄，爲

郡決曹史。」以治獄之吏遷補，是亦曉文法者。　又續志注引漢官，河南尹有案獄仁
恕三人。東觀記，魯恭爲中牟令，螟不入境。「河南尹……疑其不實，使仁恕掾肥親
往察之。」華陽國志漢中士女志，瓊玉，「太守遣仁恕掾論曰貞玦。」張納碑亦有中部
案獄。觀其名蓋決曹之分職者。

　　（21）　醫曹　　魏志華佗傳：「（沛）督郵徐毅得病，……謂佗曰，昨使醫曹吏（史）
劉租鍼胃管訖，便苦欬嗽。」此醫曹之僅見者。

　　（22）　獻曹　　巴郡太守張納碑有獻曹史。不知所職。

　　（23）　侍奉掾　　汝南有侍奉掾，見風俗通九怪神篇。不知所職。

（丁）　監察——督郵

　　漢初，郡國監縣蓋無一定職官。文帝紀，二年「有司請令縣道，年八十以上賜米
……肉……酒。其九十以上又賜帛……絮；長吏閱視，丞若尉致。未滿九十，嗇夫令
史致。二千石遣都吏循行，不稱者督之。」注引如淳曰：「律說：都吏，今督郵是也。」
考居延簡釋文一第二葉有宣帝時簡云「太守不遣都吏循行。」詞同文紀。而督郵職名
亦始見於西漢中葉以後。按都吏卽大吏，循行卽巡行，蓋西漢初，有事但遣大吏巡行
屬縣，中葉以後始形成督郵察縣之制。

　　督郵之名，常見傳碑，而漢書馮野王傳，趙都爲郡督郵掾。朱博傳、無極山碑及
高獲傳注引續漢書有督郵書掾（續志作督郵曹掾，曹蓋書之譌，詳後）。蓋督郵書掾
爲本名，省稱督郵、督郵掾耳。朱博傳：「爲督郵書掾，所部職辦。」疏證釋之云：

　　　「韋昭辯釋名曰：督郵書掾者，郵、過也，此官不自造書，主督上官所下過之
　　　書也。劉昭輿服志注：東晉猶有郵驛共置，承受旁郡縣文書，有郵有驛，行傳
　　　以相付，縣置屋二區，有承驛吏，皆條所受書，每月言上州郡。風俗通曰：今
　　　吏督書掾、府督郵職掌此。按督郵本以主郵書爲職，因得糾劾長吏耳。」
按，此言甚碻，茲詳其所掌，別爲三端。

　　一曰督察。此雖非其本職而後來轉成最主要職掌。韓延壽傳，爲左馮翊，曰「督
郵分明善惡於外。」及後引孫寶、尹翁歸、馮野王諸傳，是西漢已然。續志云：「其
（郡國守相）監屬縣，有五部督郵曹掾一人。」卽承西漢之制。又韋昭辯釋名：「督郵
主諸縣罰以負督郵殷糾攝之也。」（御覽二五三），雖其「譌舛特甚，文義殊不可解。」

（畢沅輯本案語），然謂督察諸縣則是明。故蔣崇有「守相以督郵爲耳目」（書鈔七七引謝承書）之語。其督察對像上及王侯親貴，下至豪民，漫無限制，而究以屬縣長吏爲主，刺其善惡稱職與否，一切白府，用便懲勸，時且受命驅逐或收捕之，至於令長治理縣廷之事，亦有橫加干涉者。關于督察對像之材料甚多，略徵如次：

漢書孫寶傳，爲京兆尹，「以立秋日署（侯）文東部督郵。入見。勑曰，今鷹隼始擊，當順天氣取姦惡，以成嚴霜之誅。……文曰無其人，不敢空受職。寶曰誰也？文曰霸陵杜穉季。……穉季者，大俠，與衞尉淳于長大鴻臚蕭育等皆厚善，……聞知之，杜門不通水火，……遂不敢犯法。」是察豪族也。後漢書張儉傳，「爲東部督郵。時中常侍侯覽家在防東，殘暴百姓，所爲不軌。儉舉劾覽及其母罪惡，請誅之。」是察親貴也。郅惲傳，子壽刺冀州，「時冀部屬郡多封王，賓客放縱，類不檢節。壽案察之，……又徙督郵舍王宮外，動靜得失，卽時騎驛言上奏王罪。」是察諸侯王也。又漢書尹翁歸傳，「徙署督郵……部汾南，所舉應法，得其罪辜，屬縣長吏雖中傷莫有怨者。」黃霸傳，爲潁川太守，「許丞老病聾，督郵白欲逐之。」後漢書卓茂傳，遷密令。「平帝時，天下大蝗，……獨不入密縣界。督郵言之。」蘇竟傳：「（蘇）謙初爲郡督郵。時，魏郡李暠爲美陽令，與中常侍具瑗交通，貪暴爲民患，前後監司畏其勢援，莫敢糾問。及謙至部，案得其臧，論輸左校。」鍾阮良吏傳：「（王）堂爲汝南太守，屬多闇弱。堂簡選四部督郵，奏免四十餘人。」（後漢書王堂傳補注引）。此皆督察長吏多以白府之例也。後漢書陳球傳：「爲繁陽令，時魏郡守諷縣求賂，球不與，太守怒撾督郵，令逐球；督郵不肯。」東觀記（御覽二五三），趙勤仕郡至督郵。「太守桓虞下車，葉令雍霸及新野令皆不遵法度，乃復勤爲督郵，至葉見霸，不問縣事，但高談清論以激厲之，霸解印綬去。勤還入新野界，令聞霸已去，遣吏奉……還印綬去。虞乃歎曰，善吏如良鷹矣，下韝卽中。」此皆受命驅逐之例也。漢書馮野王傳，爲左馮翊。「池陽令素行貪污，……野王部督郵掾祋祤趙都案驗，得其主守盜十金罪，收捕。」後漢書謝夷吾傳：「會稽……太守第五倫擢爲督郵。時烏程長有臧釁，倫使收案其罪。」謝承後漢書：「伍孚……其邑長有罪，太守使孚出敎勅曹下督郵收之」（魏志董卓傳

注引）。是皆收捕之例也。又竹邑相張壽碑，壽治功曹周憐之過，反爲督郵周紘
所訾，至於捐祿而歸。督郵督察長吏之苛如此。

其職如此，故誦其德者，謂爲鷹撮鷙擊，如冀州從事張表碑：「初仕郡爲督郵，鷹撮
鷙擊，威德日隆，糾剔荷（苛）愆，抵拂頑諭。屬城祗肅，千里折中。」後書郅惲傳，
太守歐陽歙敎曰：「西部督郵繇延天資忠貞，稟性公方，摧破姦凶，不嚴而理。」是
其例。

　　二曰督送郵書、奉宣敎令。　　督送郵書爲其本職，後雖以監察屬縣爲主要職務，
而全後漢文三七風俗通：「漢改郵爲置，置者度其遠近之間置之也（郭太傳注）。今吏
郵書掾府督郵職掌此（續輿服志注）。」是郵書本職不廢也。又魏略苛吏傳，劉類爲宏
農太守。「外託簡省，每出行，陽敕督郵，不得使官屬曲修禮敬。」（魏志梁習傳注引）
魏略又稱孟康爲宏農太守，「時出行縣，皆豫敕督郵平水，不得令屬官遣人探候，修
設曲敬。」（杜畿傳注）是奉宣敎令也。雖魏世；可例漢。

　　三曰因督察屬縣附帶引申之諸職，若奉詔捕繫、追案盜賊、錄送囚徒、催租點
兵、詢核情實之類。如後漢書范滂傳「詔下急捕滂等。督郵吳導至縣、抱詔書，閉傳
舍，伏牀而泣。滂……自詣獄。」魏略，桓帝時「詔中都官及郡部督郵，捕諸趙，尺
兒以上……皆殺之。」（魏志閻溫傳注）是奉詔捕繫也。居延簡釋文卷一第十二葉有簡
云：「書到，遣都吏與縣令以下逐捕搜索部界中，驗亡人所隱居處，以必得爲最。」
華陽國志巴志，太守但望奏：「時有賊發，督郵追案，十日乃到，賊已遠逃，縱跡絕
滅。」是追案亡匿盜賊也。東觀記，馬援「爲郡督郵，送囚至府，……哀而縱之。」典
略，建安中，武威太守張猛攻執雍州刺史商，「以商屬督郵。督郵錄商，閉置傳舍。」
（魏志龐淯傳注引）是錄送囚徒也。居延簡釋文卷一第二葉有簡：「各遣都吏督賦課蓄
積。」九州春秋：「孔融在北海……租賦少稽，一朝殺五部督郵。」（魏志崔琰傳注引）
魏志司馬芝傳，爲菅長，「差（郡主簿）節客王同等爲兵。……節藏同等，因令督郵以
軍興詭責縣。」是催租點兵也。又無極山碑，太常上書：「玄氏令王翊……爲無極山
神索法會，比三公山。臣疑……言不實，輒移本國□覈。今常山相言部督郵書掾成熹
募訊實問。熹縣令翊各言無極山與天地俱生，乞比三公、封龍靈山祠。」是有疑慮，
亦遣督郵詢核矣。

其權既重，弊端易生，擾政苛民在所難免。後漢書高獲傳，郡境大旱，太守鮑昱問何以致雨；獲曰「急罷三部督郵……雨可致也。」其意卽謂督郵苛擾致陰陽違度耳。此社會上對於督郵之反感也。至於縣長吏更常與督郵不睦，至有憤而鞭之者，如蜀先主傳縛杖督郵，是也。而晉書呂光載記・宋書良吏傳亦有鞭殺之記載（詳拙作魏晉南朝地方政府屬佐考），是長吏對於督郵之反感也。據此可知督郵檢劾必不免苛煩。又神農本草云：「徐長卿（藥名），味辛溫，主鬼物百精蠱毒疫疾邪惡氣溫瘧，久服强悍輕身，一名鬼督郵。」稱主治鬼物百病之藥曰鬼督郵，吏民畏懼之情尤可想見。故寬和爲政之太守，或召還督郵不令外督，如何敞傳，爲汝南太守，「以寬和爲政，立春日，常召督郵還府；分遣大吏，案行屬縣。」是也。

漢代郡制，凡出督外部之掾均不稱曹，如督道橋掾、就道史、勸農掾……皆是。督郵、督郵掾、督郵書掾之稱時見碑傳、亦絕無綴曹爲稱者；惟續志作督郵曹掾、但高獲傳注引續漢書仍作督郵書掾；則今本「曹」固「書」之譌也。且前引何敞傳「立春日，常召督郵還府。」郅惲傳「徙督郵舍王宮外。」則督郵於府外有舍，召還郡府乃權宜之策；此亦不當稱曹之證。蓋其職既在督察屬縣，宜其於府內不具常曹，亦不以曹爲稱耳。

至督郵分部，前漢已然。尹翁歸傳，河東郡二十八縣，分爲兩部，宏儒爲郵督，部汾北；翁歸爲督郵，部汾南。孫寶傳，侯文爲京兆東部督郵。是西漢時每郡已分兩部以上各置督郵矣。今本續志：「其監屬縣有五部督郵曹掾一人。」而高獲傳注引續漢書作：「監屬縣有三部，每部督郵書掾一人。」今本續志顯有奪誤，但「三」「五」未知孰是。其見於碑傳雖甚多，然僅竹葉碑可據以證魯國分中南北三部；而前引九州春秋，北海則分五部；續志注引漢官，河南則分四部。且汝南一郡，高獲傳云分三部，而鍾岏良吏傳云分四部，蓋亦先後不同也。然則每郡大體分爲三部四部或五部，並無一定限制矣。

分部置督，故其職名亦冠中東西南北爲稱。漢代監察官吏不用本監察區之人，如刺史不用本州人；州之部郡國從事，用本州人，但不用所部郡國之人；別有考論。今論督郵制度，亦附考其籍貫限制如次：

督郵爲守相自辟之屬吏，必用本郡國人，此無問題者。所當詳考者，是否能用所

督之部之人耳。按：任某分部督郵而其縣籍可考者已不可多尋，余遍搜羣書，僅得十
五任。河東汾南督郵尹翁歸籍平陽（漢書本傳），在汾北（據一統志及楊圖，後同）。
漢中東部督郵左分籍成固（唐公房碑），其時（西漢末）於郡爲西部。巴郡中部督郵某人
籍安漢（張納碑），於郡爲北部。巴郡南部督郵某人籍閬中（張納碑），於郡爲北部。汝
南北部督郵劉伯夷籍西平（御覽二五二引列異傳），於郡爲西部。陳留南部督郵虞延籍
東昏（本傳注引袁宏紀），於郡爲北部。山陽西部督郵張儉籍高平（藝文類聚四九引張
儉碑；而後漢書本傳作東部督郵，非也。）於郡爲東北部。魯國中部督郵郭尚籍蕃縣
（竹葉碑），於郡爲極南部。魯國南部督郵侯修籍文陽（竹葉碑），於郡爲正北部。魯國
北部督郵王壽籍魯縣（竹葉碑），卽郡治，爲中部。會稽中部督郵與北部督郵鍾離意
籍山陰（本傳補注引別傳及會稽典錄），其時（東漢初）於郡爲南部。蒼梧中部督郵徐徵
籍荔浦（御覽二五三引廣州先賢傳），於郡爲西北邊。桂陽南部督郵某人籍曲江（周憬
碑），在郡治郴縣東南。北海中部督郵羽忠籍都昌（北海相景君碑），在郡治劇縣東。
此十五任中，前十三任皆非本部人，惟最後二任不能定其是否本部人。則一般原則不
能自督本部，殆可斷言。

　　　　※　　　　　※　　　　　※　　　　　※　　　　　※　　　　　※

　　綜而論之，總揆之任，惟功曹爲然，總持政事，猶中央之丞相。五官掾職稍相
近，而實閒散。門下之職以閣下主簿爲首，猶中央之尚書令，亦猶今世之秘書長。此
外，文書則有主記室、錄事、奏曹；財用則有少府；護衛則有門下督盜賊、門下賊
曹；參議則有議曹；又有門下掾、史、循行、書佐，隨事調遣。監察之職則有督郵，
分部督察屬縣，如刺史之察郡國。列曹之職名目繁多，或法定之恆制，或因時地而暫
設，其詳情雖不可考，要可歸爲數類：一曰民政，戶曹、時曹、田曹、勸農、比曹、水
曹等是也。二曰財政，倉曹、金曹、市掾等是也。三曰交通，集曹、漕曹、法曹、道
橋掾史是也。四曰教育，學官及其他教化諸吏是也。五曰兵政，兵曹、司馬、塞曹、
尉曹是也。六曰保安，賊曹是也。七曰司法，決曹、辭曹是也。八曰衛生，醫曹是
也。衛生不關重要，學官別具系統，與普通行政亦殊，惟民政、財政、交通、兵政、
保安、司法六類分掌政事，各有一二劇曹，如戶、倉、金、集（或法）、兵、尉、
賊、決是也。猶中央之九卿矣。前引翼奉云：戶曹以傳舍爲府，倉曹以廚爲府，金曹

以嗇夫爲府，尉曹以司空爲府，功曹有二府，其一爲少府，與四府籌用。是爲五官六府。是以功曹列於五官也。而晉書王羲之傳，爲會稽內史，與僕射書曰：「自吾到此……循常推前，取重者及綱紀，輕者在五曹。」是功曹不在五曹之列。二者不同，其變遷蓋在東漢。按：交通類，當時蓋不甚重視，而東漢尉曹亦不如西漢之重要，故東漢列曹之最劇者爲戶、倉、金、兵、賊、決六曹。所謂五曹者，當在此中，與功曹、主簿、督郵並爲郡府之要職；餘則或閒散之比，或因時異制矣。

三、縣與縣廷組織

（一）縣之建置

（1）　區劃之標準　　郡下設縣。百官表，「縣大率方百里，其民稠則減，稀則曠。」是以土地戶口爲標準也。關於土地，蓋僅就中原關中而言，邊遠之縣，則遠爲廣大，仲長統昌言損益篇：「今遠州之縣有相去數百千里。」大過標準數十百倍。關於戶口，百官表云，縣萬戶以上爲令，減萬戶爲長。又陰溝水注，已吾縣下引陳留風俗傳：「故梁國寧陵縣之徙種龍鄉也，以成哀之世戶至八九千，冠帶之徒求置縣矣。」是縣之戶口，通常多在一萬左右，最多者或至數萬戶，如地志：長安八萬餘，長陵五萬餘，茂陵六萬一千餘，陽翟四萬一千餘，僞陵四萬九千餘，宛四萬七千餘，成都七萬六千餘，魯五萬二千餘，彭城四萬餘，是也。而渠水注：「平陸縣……高后元年封楚元王子禮爲侯國，建武元年以戶不滿三千，罷爲尉氏縣之陵樹鄉。是其經制最小之縣亦當有三四千戶。然則縣戶口最多者與最少者亦相去十餘倍二十倍也。

（2）　稱別與等級　　百官表：「縣，……列侯所食曰國，皇太后皇后公主所食曰邑，有蠻夷曰道。」續志略同。衞宏漢官舊儀：「內郡爲縣，三邊爲道，皇后太子公主所食曰邑。」亦略同。其名雖有縣、道、國、邑之別，但就行政而言，則皆縣也。道之名，前人多以導化爲解；實未必然。蓋秦人以武力統一天下，開拓土地，其所恃以維持統治權者，端賴築道路置亭傳，以便交通而利軍事，於邊疆未開化之區自應尤然，故邊縣之政惟重道路，卽以命名，蓋非所語於導化也。

百官表，「縣萬戶以上爲令，秩千石至六百石；減萬戶爲長，秩五百石至三百石。」漢舊儀：「縣戶口滿萬，置六百石令，多者千石；戶口不滿萬，置四百石三百

石長。」是西漢縣制按戶口數分令長兩大等，同一等中地位又有高低。續志：「縣萬戶以上爲令，不滿爲長。」又云：「每縣邑道大者置令一人千石，其次置長四百石，小者置長三百石；侯國之相秩次亦如之。」是令長兩等與西漢同，惟令秩無高低之差耳。

　　據此，兩漢縣制，爲令爲長全以戶數爲斷，而續志注引應劭漢官云：「三邊始孝武皇帝所開，縣戶數百，而或爲令；荆揚江南七郡唯有臨湘、南昌、吳三縣爾。及南陽穰中，土沃民稠，四五萬戶而爲長。桓帝時以江南（補注云當作汝南是也）陽安爲女公主邑，改號爲令；主薨，復其故。」是萬戶爲準之說又非絕對標準也。據錢大昭後漢郡國令長考及丁錫田補考，東漢之縣爲令爲長，其數略備。而據續志諸郡「城」「戶」之商亦頗可略測其令長數額之比率。合而觀之，頗副萬戶爲準之說。然南陽及長江流域諸郡不能強合者亦甚多（南邊諸郡令長多不可考，故不及）。茲就錢丁二氏所已考出之令長數及續志所載各郡城戶數，比列如次：

郡　別	令　　數	長　數	相　數	戶　　數	城　數	備　　　　　　　　　　　　　　　　　　　註
南　郡	5	13	12	528,551	37	
零　陵	1	2	5	212,284	13	
桂　陽	2	6		135,029	11	
吳　郡	1（吳）	7	1	164,164	13	據漢官，吳郡僅吳縣一令，以二萬戶計，則其餘十二縣平均尙各一萬二千餘戶。
豫　章	1（南昌）	6	2	406,496	21	據漢官，豫章僅南昌一令，以二萬戶計，則其餘二十縣平均尙各一萬九千三百餘戶。
巴　郡	5	5		310,691	14	此可假定令長各半，若置令者皆三萬戶，則其餘七縣平均尙各一萬四千戶。
蜀　郡	5	4		300,452	11	此可假定爲令者六縣各三萬戶，則其餘五縣平均尙各二萬四千戶。
犍　爲	1	5		137,713	9	

觀此諸郡之城數戶數及令長之比率，則其爲令不應如此之少，爲長不應如此之多（相多爲小縣），而吳郡、豫章、巴郡、蜀郡尤爲明顯。蓋以長江流域頗荒僻，又不界接強鄰，事少職輕，故雖戶口衆多，仍從小縣之制；北邊郡接羌胡，事繁職重，故雖戶

口甚少，亦從大縣之制耳。然則爲令爲長不徒以戶口爲準，亦因職事繁簡而異制歟？

（3）　數額　　百官表：「凡縣道國邑千五百八十七。」地理志：「訖於孝平，凡……縣邑千三百一十四，道三十二，國二百四十一。」（錢大昕云，以地志每郡國所領縣計之，止千有五百七十八，蓋史有脫漏也。）此兩項數字正同，是元始時之版籍也。續志云：「世祖中興……省……縣邑侯國四百餘所。至明帝……章帝……所省縣漸復分置，至於孝順，凡……縣邑道侯國千一百八十。」較西漢末幾省三之一。

（二）　長吏——令長相與丞尉

百官表，縣令長侯國相及其丞尉是爲長吏；百石以下有斗食佐史之秩，是爲少吏。則長官佐官皆稱長吏，故合述之。

（1）　令長相　　百官表：「縣令、長，皆秦官，掌治其縣。萬戶以上爲令，秩千石至六百石；減萬戶爲長，秩五百石至三百石。」漢舊儀：「縣戶口滿萬置六百石令，多者千石；戶口不滿萬置四百石三百石長。」二者不同。按百官表述秩後云：「成帝陽朔二年除八百石、五百石秩。」則官表所載爲成帝以前之制，舊儀所載爲成帝以後之制。續志：「每縣邑道大者置令一人，千石，其次置長四百石，小者置長三百石。侯國之相秩次亦如之。」是又省六百石之令矣。按漢代重要秩別有萬石、中二千石、二千石、比二千石、千石、六百石、四百石、三百石、二百石、百石十等，則同爲縣長官，而官位相距甚遠。

其職，百官表僅云：「掌治其縣」。續志：「皆掌治民，顯善勸義，禁姦罰惡，理訟平賊，恤民時務；秋冬集課上計於所屬郡國。」此其大略也。亦可貢士於所屬郡國與中央，如虞詡傳，「縣舉順孫，國相奇之，欲以爲吏。」是貢士於屬所郡國也。魯恭傳，爲中牟令，「詔百官舉賢良方正，恭薦中牟名士王芳，帝……禮之如公卿所舉。」是貢士於中央也。而襄楷傳，延熹末，上疏曰：「長吏殺生自己，死者多非其罪。」則其權亦甚重，略如郡守之於一郡矣。

（2）　丞尉　　百官表，令長相「皆有丞尉，秩四百石至二百石。」續志，令長相「丞各一人；尉大縣二人，小縣一人。」注引應劭漢官：「大縣丞左右尉，所謂命卿三人；小縣一尉一丞，命卿二人。」（漢書補注引錢大昭曰：漢刻武開明終吳郡府丞，而武榮碑稱爲吳郡府卿。綿竹江堰碑稱縣丞韙爲王卿，隸續平鄉道碑云丞什邡王

卿，尉縣竹楊卿。丞尉皆稱卿，與應說合。今漢石刻有祝其卿壎壇，上谷府卿壎壇，皆縣府丞也。）漢碑所見，縣尉或一人或左右各一人，與此合。惟尉之員額多少與爲令爲長似無關係，如溧陽有左右兩尉（校官碑），臨江有右尉（隸續嚴舉碑），當有左尉，滇陽（周憬碑）、朝歌（隸續張公碑）、碭縣（睢水注引橋玄碑）均有左尉，當有右尉，而其主管長官皆爲「長」，然則此所謂大縣者或僅指地域幅員而言歟？又居延漢簡釋文卷一第二十葉有簡背云：「印曰長安右丞。」衞宏漢官舊儀：「長安城方六十里中，皆屬長安令，置左右尉，城東城南置廣部尉，城西城北置明部尉，凡四尉。」是西漢京師特制也。續志注引漢官 ：「雒陽……丞三人四百石，孝廉左尉四百石，孝廉右尉四百石。」唐六典 ：「後漢洛陽置四尉，皆孝廉作，有東部西部南部北部尉。」是東漢京師特制也。

續志：「丞署文書，典知倉獄。」而居延漢簡釋文卷一第三葉簡文有祿福獄丞，第四十二葉簡文有陽翟獄丞。則或特置獄丞，專典訟獄 。（南朝建康置獄丞，見宋志；山陰置獄丞，見南齊書良吏傳序。）又印萃有睢陵馬丞印、上虞馬丞印，王蓮湖集印有東平陸馬丞印，查氏藏印有虢縣馬丞印（皆見金石索五），則又或特置馬丞，專知馬政。

續志 ：「尉主盜賊，凡有賊發，主名不立，則推索行尋，案察姦宄以起端緒。」是職主盜賊也。史記郭解傳 ：「解出入，人皆避之，有一人獨箕倨，……解陰屬尉史曰，是人吾所急也，至踐更時脫之。」是又主更卒番上也。其治所或與令長別，如江水注：「陽岐山……東有城，故華容縣縣尉舊治也。」又：「江水東得羨口……北岸上有小城，故監利縣尉治也。」是蓋東漢之例也。魏晉南朝之例，又數見水經注，引詳拙作魏晉南朝地方屬佐考。

（三）　屬　吏　（少吏）

漢官舊儀：「更令吏曰令史，丞吏曰丞史，尉吏曰尉史。」史記項羽本紀集解，晉灼引漢儀注，同。（漢書項羽傳注所引吏均作史，誤）蓋縣令丞尉各有屬吏，稱爲令史、丞史、尉史也。

按，令史常見紀傳。如陳嬰爲東陽令史，見項羽紀；夏侯嬰爲沛縣令史，見史記本傳；李壽爲新安令史，見漢書武五子傳及武帝功臣侯表；鉅鹿令史成，見

外戚恩澤侯表。文紀元年，詔縣邑賜高年米物，「不滿九十，嗇夫、令史致。」是各縣通稱也。考續志，三公府有令史，位在諸曹掾史之下，猶小史之職；而此處令史乃縣令屬吏之總稱，猶曰令之史，非小史也，此觀前引漢舊儀以令史、丞史、尉史同稱，可知也。且項羽紀，陳嬰爲縣令史，而正義引楚漢春秋作獄史，漢書項羽傳注引蘇林說，又釋爲曹史。蓋獄史乃其專職偏名，令史則泛稱之類名，蘇氏以曹史釋之，甚是。丞史，他處不見，而華陽國志梓橦士女志，張壽「少給縣丞楊放爲佐。」蓋卽丞史之類。尉史又見史記游俠傳、漢書趙廣漢傳、田廣明傳及居延漢簡釋文卷一第二十葉。（又尉有從佐，見後漢書周變傳及范冉傳補注引干寶書。）

其階級蓋亦如郡府，有掾、史（皆詳諸曹）、佐史（續志注引漢官、繁陽令楊君碑陰）、書佐（漢官、朱儁傳、尉氏令鄭季宣碑陰）、循行（漢官）、幹（漢官、沔水注引神異經、鄭季宣碑）、小史（谷永傳、漢官、鄭季宣碑）等級。又有祭酒者（鄭季宣碑陰、郃陽令曹全碑、中部碑），諸碑皆列於掾史之前。而魏志袁渙傳注引魏書：「（建安中）穀熟長呂岐善朱淵、袁津，……署淵師友祭酒，津決疑祭酒。」是亦虛銜賫榮，實散吏也。又有從掾位（酸棗令劉熊碑、溧陽校官碑、堂邑令費鳳碑）、從史位（據郡職推知），亦散吏。

其吏員，續志注引漢官云：「洛陽……員吏七百九十六人，十三人四百石，鄉有秩獄史五十六人，佐史鄉佐七十七人，斗食令史嗇夫假五十人，官掾史幹小史二百五十人，書佐九十人，循行二百六十人。」此雖京師特制，然一般縣吏員額亦略可想見。

其任免，一由縣令長侯國相，中央郡府不加干涉。此通觀漢籍可知也。

其秩祿，百官表云：「縣……百石以下有斗食佐史之秩，是爲少吏。」則亦與郡府全同。

其籍貫，碑傳所見縣吏皆爲本縣人，惟漢書游俠傳，張湯，杜陵人也，而爲長安吏，是京師例外也。

縣屬吏之等級、職散、員額、任免、秩祿、籍貫旣略論如上，茲續考其分職。續志，縣「諸曹略如郡員。」惟無督郵，而相當於郡五官掾之廷掾兼事督察屬鄉之責，

故今分總揆、門下、列曹三類考述之。

（甲）　總　　　揆

（1）　功曹　　蕭相國世家，何「以文無害爲沛主吏掾。」索隱：「漢書云何爲主吏。主吏，功曹也。」漢世，功曹、功曹史多見載籍，即以碑刻而言：酸棗令劉熊碑、堂邑令費鳳碑、斥章長田君碑、嘉祥武宅山刻像及清水注引太公廟碑有功曹，繁陽令楊君碑陰、郃陽令曹全碑陰有功曹史。蒼頡廟碑側有縣功曹及功曹史各一人，中部碑（此碑所載皆縣吏，詳後附辨）亦然，似功曹與功曹史各爲一職；然觀劉熊碑列故功曹二十三人而無一史，繁陽令楊君碑列故功曹史二十一人而無稱功曹者，則此二者似本一職而稱有繁簡耳。據翼奉語，功曹職總內外，兼領少府。此郡國所同者，其職已考見於郡屬吏。而翼奉又云：「游徼亭長外部吏皆屬功曹。」此則郡制所無者。又郡功曹絕無冠「門下」爲稱者；而縣功曹則常冠「門下」爲稱。此點頗值注意，惟職在總揆，且以郡例不入門下。

　　　按：續輿服志上：「公卿以下至縣三百石長導從置門下五吏：賊曹、督盜賊、功曹皆帶劍三車從導，主簿、主記兩車爲從。」考嘉祥武宅山刻像第一幅，令車後有主簿車，令車前自近數之，有門下功曹、門下游徼、門下賊曹；第十幅，令車前自近數之，有門下功曹、門下游徼。游徼即督盜賊。此二刻像足與輿服志相印證。又費鳳碑、中部碑、蒼頡廟碑側所列縣功曹皆冠門下爲稱，又皆有游徼、賊曹，亦冠門下；其餘曹史尚多，均不冠門下。是則冠「門下」不冠「門下」，非偶然也。而隸續八碑圖中，圖像第一行有「功曹史」「門下督」「□（門）下賊曹」，此爲郡守國相出行時車前自近而遠之三吏。然則漢人刻像，令前之功曹與游徼、賊曹均冠「門下」爲稱，而守相之三吏僅督盜賊與賊曹冠「門下」爲稱，功曹則否。此間分別甚微，但值注意。

（2）　廷掾　　延掾之名始見於褚少孫補史記滑稽傳述西門豹爲鄴令時事。據此可知至遲西漢中葉已有之。東漢如爰延傳、任光傳注引東觀記、三公山碑、少室神道石闕銘、文叔陽食堂畫像（八瓊四）皆見此職。續志，縣「諸曹略如郡員，五官掾爲廷掾，監鄉五部，春夏爲勸農掾，秋冬爲制度掾。」又八瓊四三公山碑，「遣廷掾□□具酒脯詣山請雨。」是亦郡五官掾職。然則縣廷掾實兼郡五官掾、督郵、戶曹、田曹、

勸農等職。而隸續建平郡縣碑：「建平五年六月，郡五官掾范功平……」（兩漢金石記二一補遺載陶南村古刻叢鈔，翁氏考爲哀帝世）東觀記王阜傳，重泉縣五官掾長沙疊。蓋卽廷掾之異稱耳。

（乙）　門　　下

（1）　主簿　　此職多見列傳。其見於碑刻者，如劉熊碑、費鳳碑、曹全碑、中部碑、鄭季宣碑陰、繁陽令楊君碑陰、斥章長田君碑。主簿爲門下之長，但碑中不見冠「門下」爲稱者，令行則爲後從之第一人，見前引續輿服志及嘉祥武宅山刻像。

（2）　主記室、錄事　　尉氏令鄭季宣碑陰有記室史一人，記室書佐一人或二人，主記書佐二人，錄事書佐一人。蒼頡廟碑側有主記掾一人，錄事史一人。中部碑有主記及主記史各一人。主記掾又見睢水注引橋玄碑，史又見華山亭碑、堂邑令費鳳碑、溧陽校官碑及鍾離意傳注引意別傳。錄事掾僅見郃陽令曹全碑。綜此觀之，錄事自爲一職，有掾、史、書佐；而主記、記室蓋皆主記室之省稱，亦有掾、史、書佐。據續輿服志及武宅山刻像第二幅，令行，則主記室從，在主簿後，其地位當高於錄事。

（3）　少府　　少府見竹邑侯相張壽碑。劉向洪範五行傳：「辰爲少府，金銅錢布。」翼奉曰：「功曹以少府爲府，與四曹計議。小府亦與四府籌用。」又曰：「小府主出納，主餉糧。」此所謂四曹府謂戶、倉、金、尉四曹。

（4）　門下游徼　　縣有游徼，見漢書趙廣漢傳、胡建傳、朱博傳、後漢書臧宮傳、東觀記鄭均傳、鍾離意別傳（御覽二六八引），而見於碑刻者盡冠「門下」爲稱，如費鳳碑、中部碑、蒼頡廟碑側及嘉祥武宅山縣令導從圖。據圖所示，前導者由近而遠有門下功曹一，門下游徼一，門下賊曹一；後從者自前而後有主簿一，主記一，亭長一。而續輿服志上：「公卿以下至縣三百石長導從，置門下五吏：賊曹、督盜賊、功曹皆帶劍三車從導，主簿、主記兩車爲從。」按督盜賊，郡國以上有之，然則縣游徼猶郡府門下督盜賊矣。且朱博傳，爲瑯邪太守「姑幕縣有羣輩八人報仇廷中，皆不得。……賊曹掾史自白，請至姑幕，事留不出。……博口占檄文曰：……（縣）游徼王卿力有餘，如律令。王卿得敕……晝夜馳騖，十餘日間，捕得五人。」再觀漢碑題名，游徼亦均與賊曹比列，則其職近賊曹，徼捕盜賊甚明。又趙廣漢傳，爲京兆尹，

「奏請令長安游徼獄吏秩百石。」則一般縣游徼不及百石，此其秩俸可考也。翼奉曰：
「游徼亭長，外部吏，皆屬功曹。」此其隸屬關係可考也。

又百官表，鄉有游徼，「徼循禁賊盜。」續志同。是職與縣門下游徼全同。按鄉
吏又有三老、有秩、嗇夫，常見碑傳，惟鄉游徼不一見。翼奉云：「游徼亭長，外部
吏，皆屬功曹。」此外部之游徼即鄉職也。然則鄉游徼即縣職之外部者耳，碑傳所見
游徼，其中或有出部者，惟同是縣吏，故統稱縣職歟？

（5）　門下賊曹　　費鳳碑、中部碑、蒼頡廟碑側、曹全碑陰皆有賊曹，且均冠
門下爲稱。前三碑，此職緊列於門下游徼之後，惟曹全碑無游徼而列於主簿後。又據
前引續輿服志及武宅山刻像，令行，門下賊曹亦爲前導，在門下游徼前。然則此職位
次於門下游徼。

（6）　門下議曹　　溧陽長潘乾校官碑有議曹掾二人。郃陽令曹全碑陰有門下議
掾，在門下諸吏間，不與分職諸曹同列。蓋其性質亦遊處門下而已。

（7）　門下祭酒、掾、史、書佐、循行、幹、小史　　門下祭酒見郃陽令曹全碑
陰，列於縣鄉三老之後，而在所有縣屬吏之前。尉氏令鄭季宣碑陰門下諸吏之前有□□
祭酒一人，當亦門下祭酒也。又前引魏書縠熟長呂岐署朱淵爲師友祭酒，袁津爲決疑
祭酒，此亦門下之任。　門下掾見曹全碑，列門下祭酒後。又鄭季宣碑陰，□□祭酒
後有□□掾一人，再後爲門□□曹史、主簿、門下史，則掾上所蝕蓋亦「門下」二字。

門下史亦見曹全碑、鄭季宣碑陰及堂邑令費鳳碑、繁陽令楊君碑陰各一人，校官
碑三人。　門下書佐見鄭季宣碑陰及本所藏縣令出行畫像。鄭季宣碑陰又有主記、記
室、錄事等書佐，則門下書佐當爲閣下之職。　循行惟見前引漢官，但不冠門下爲
稱。考漢世郡國惟門下有循行，諸曹無之。又晉志，縣制亦惟門下有循行，他曹亦
無。則漢官所述洛陽令之循行蓋亦門下之任。　幹見漢官及沔水注引神異經。漢碑作
干，如鄭季宣碑有直事干四人，是也。蓋亦如循行爲門下之任。　門下小史見鄭季宣
碑陰及本所藏縣令出行畫像。又武陽令鈴下見光緒二十七年昭通出土之孟孝琚殘碑。
博平縣鈴下，見周紆傳。注引漢官儀：「鈴下以名自定者也。」此蓋亦小史之類。

（丙）　列　　　曹

（1）　戶曹　　戶曹爲屬曹中之要職，故載籍屢見。即就漢碑而言，掾史並見華

山亭碑、校官碑、平鄉道碑，掾又見曹全碑，史又見三公山碑、少室神道石闕銘，而中部碑有左右戶曹史，是其員且不止一人矣。戶曹以傳舍爲府，職主戶口名籍婚慶祠祀諸事如郡制，詳前論郡國屬吏及後附五行大義節鈔。若有名廟則另設供曹掾史專司之。如帝堯碑，濟陰太守勅成陽縣設供曹掾史奉享堯廟。少室石闕銘，郡置監廟掾、縣置廟佐。是也。

（２）　時曹　　洪範五行傳：「時曹共政教。」蓋主時節者。

（３）　田曹　　洪範五行傳：「田曹共畜養。」

（４）　水曹　　中部碑有水曹。縣竹江堰碑，縣竹有水曹掾史各一人。

（５）　將作吏　　華山亭碑，華陰有將作掾史。蓋隨事設置者。

（６）　倉曹　　蒼頡廟碑側有倉曹掾。中部碑有中倉曹史。洪範五行傳：「倉曹共農賦。」翼奉曰：「倉曹收民租。」又曰：「倉曹以厨爲府，主餼廩。」

（７）　金曹　　曹全碑有金曹一人。中部碑有金曹掾史各一人。洪範五行傳：「金曹共錢布。」翼奉曰：「金曹主銅鐵。」又曰：「金曹以兵丁嗇夫爲府，主市租。」

（８）　市掾　　戰國時，縣市有吏，見韓子內儲上；田單爲臨菑市掾，見史記田單傳。於漢亦然。如平陽市吏見漢書尹翁歸傳，新野市吏見後漢書樊曄傳。其稱市掾者，見費長房傳、曹全碑陰、武梁祠畫像及八瓊四文叔陽食堂畫像。又靈臺碑陰，縣令署仲阿東「門下議生，都市掾官。」汝南先賢傳，黃浮爲濮陽令，「同歲子爲都市掾。」（御覽二六八引）亦卽市掾。主市籍，見何武傳。又洪範五行傳：「市官平準賣買。」是主物價。尹翁歸傳，河東平陽人。「時大將軍霍光秉政，諸霍在平陽，奴客持刀入市鬬變，吏不能禁。及翁歸爲市吏，莫敢犯者；公廉不受餽，百賈畏之。」是都掌市政治安也。

（９）　集曹　　集曹掾見蒼頡廟碑，史見曹全碑。洪範五行傳：「集曹共納輸。」

（10）　法曹　　中部碑有法曹及法曹史各一人，史又見曹全碑陰。

（11）　厩令史、嗇夫、司御　　張掖昭武有厩令史，見居延漢簡釋文卷三第七十五頁。圉縣有厩嗇夫，見漢書田廣明傳。沛縣厩司御，見夏侯嬰傳。不知是否爲門下吏。

（12）　郵書掾、郵亭掾　　郃陽令曹全碑有郵掾，中部碑有□部□書掾，漢安長

陳君閣道碑有郵亭掾。職司郵遞，與郡督郵同，見督郵條引續輿服志注引風俗通。

（13）　傳舍、候舍　　諸縣均有傳舍，而孫程傳，順帝幸北部尉傳舍，是尉治且有之。有舍吏及門長，見光武紀。又顯美傳舍斗食嗇夫見居延漢簡釋文卷三第六十頁；居延傳舍嗇夫見同書卷三第四十五頁。翼奉曰：「傳舍主賓客。」是也。又云「戶曹以傳舍爲府。」恐東漢未必然。張湛傳，洛陽有中東門候舍。注：「漢官儀曰，洛陽十二門，……每門候一人，秩六百石。候舍蓋候之所居。」按此秩甚尊，是京城特制也。普通之縣亦有候舍吏。如李郃傳，「縣召署幕門候吏。和帝……分遣使者皆微服單行……觀採風謠。使者……投郃候舍。」是也。

（14）　道橋津吏　　縣於道橋津要之處置專吏以守之。如方術段翳傳有津吏，漢安長閣道碑有道橋掾。又南安長王君平鄉道碑有主泊山史，蓋縣境有泊潭山當平鄉新道之要衝，故置史以護之。

（15）　兵曹　　中部碑有兵曹掾史各一人。

（16）　庫嗇夫　　居延漢簡釋文卷一頁三十四有簡云：「初元五年四月壬子，居延庫嗇夫賀以小官印行丞事。」吳式芬封泥考略曰有半通印，文曰「成都庫」。洪範五行傳：「庫官，兵戎器械。」考漢代邊郡置庫令，縣或皆置庫嗇夫歟？然成都有之，是不限邊縣矣。

（17）　塞曹　　郃陽令曹全碑陰有塞曹史。按其時西北諸郡多淪陷，郃陽已常有烽火，故如邊縣置塞曹歟？

（18）　尉曹、獄司空　　縣置尉曹掾史，並見都鄉正衞彈碑。史又見漢書趙廣漢傳、田廣明傳、中部碑、平鄉道碑。洪範五行傳曰：「尉曹主本（卒）使。」翼奉亦曰：「尉曹主士卒，宜施仁。」又曰：「尉曹以獄司空爲府，主士卒，（據原文前後例，此處當脫「獄司空主」四字）牢獄。」應劭漢官儀：「綏和元年罷御史大夫，法周制初置司空，議者以縣道官獄司空故復加大爲大司空。」

（19）　賊曹、賊捕掾　　前考門下賊曹皆與門下諸吏同列，又不綴掾史爲稱。而中部碑前列門下諸吏有門下賊曹，後列分職諸曹，又有右賊曹掾、右賊曹史；郃陽令曹全碑陰前有門下賊曹與主簿同列，後又有賊曹史與金、集、法曹史同列。然則，門下賊曹爲門下之任，賊曹掾史爲分職列曹，似同時並置，非一職也。洪範五行傳：

「賊曹共獄捕。」又御覽二六八引鍾離意別傳，「遷瑕丘令，男子倪直勇悍，……意到官召署賊捕掾。」蓋卽賊曹掾歟？

（20）　辭曹　　洪範五行傳：「辭曹共訟訴。」

（21）　獄吏　　秦時，曹咎爲蘄獄掾，司馬欣爲櫟陽獄掾，見項羽本紀，曹參爲獄掾，見曹相國世家。漢世，池陽獄掾見漢書薛宣傳，華縣獄掾見魏志臧覇傳。魯獄史見漢書丙吉傳，郯獄史見于定國傳，鉅鹿縣獄史見路溫舒傳，是有掾有史也。路溫舒傳：「學律令，轉爲獄史。……太守……見而異之，署決曹史。」薛宣傳：「池陽…廉吏獄掾王立……慙恐自殺，以府決曹掾書立之柩。」于定國傳：「父于公爲縣獄史，郡決曹，決獄平。」可知於縣則稱獄掾史，於郡則稱決曹掾史，其職一也。臧覇傳：「父戒爲縣獄掾，據法不聽太守欲所私殺。」亦足見其職。而趙廣漢傳：「奏請令長安游徼獄吏秩百石。」則其職雖劇，而一般縣獄吏秩祿尙不及百石也。

（22）　方略吏　　後漢書何進傳：「使洛陽方略武吏司察宦者。」華陽國志八，蜀末晉初，江原亦有方略吏。按晉書職官志，縣有方略吏四人，與縣尉同條，不與縣屬吏同列，豈亦佐官耶？

（23）　盟掾　　漢嘉縣有盟掾，見蜀郡屬國辛君造橋碑。蓋掌對蠻夷之交涉協盟者。又張禋題名碑（洪氏以爲蜀郡繁縣）橫分三列，上列書漢吏，中下二列書蠻夷王侯君長與夷民，皆三字名，而以夷淺口例掾趙陵字進德者領銜，不知其義，蓋漢官監護者歟？

＊　　　＊　　　＊　　　＊　　　＊　　　＊

綜而論之，縣廷屬吏組織與郡不殊。功曹總揆衆事，如中央之丞相。廷掾職與功曹參，而兼督五鄉，是兼郡五官、督郵之任也。門下以主簿爲之長；此外有主記室主文書，少府主財用，門下游徼、門下賊曹主兵衞，門下議曹參謀議，又有門下掾、史、循行等隨事調遣。列曹分職略與郡府同，而戶、倉、金、尉之職最重，故翼奉以與功曹合稱五官六府云。

<h3 align="center">本章附錄一　中部碑爲縣吏共立辨</h3>

洪氏跋中部碑曰：「諸曹史蓋縣吏也。」其言甚是。考隸釋隸續所載漢碑，其碑陰所列人名，有冠籍貫者，有不冠籍貫者。條其義例，其規凡三：第一，凡郡吏

爲本郡公事或某名人所立之碑，其書姓名必冠縣籍，且其列職多備衆曹之目。如靈臺碑陰、魯相韓勑碑陰、西嶽華山廟碑、亭碑、桐柏淮源廟碑、唐公房碑、李翕析里䬸閣頌、桂陽太守周憬碑陰、巴郡太守張納碑陰、沛相楊統碑陰、博陵太守孔彪碑陰、南陽太守秦頡碑、益州太守□□碑、武都丞呂國題名碑、韓勑孔廟後碑陰、北海相景君碑陰等皆是也。惟殽阮碑陰既不著職名，又不冠縣籍，但歷舉姓名，然後統稱爲郡吏，是變體耳。第二，酸棗令劉熊碑陰、尉氏令鄭季宣碑陰、繁長張禪等題名碑陰等所書郡吏皆本縣士人，安平相孫根碑陰所書郡吏均是同族，其不著縣籍也固宜。然一縣一族之人必不能備任一郡諸曹，故其所見郡吏不備衆曹之目，是又理所必然也。第三，若縣吏爲縣事共立碑銘，自能備列衆曹；然以其皆本縣人氏，自亦無庸冠書縣籍矣。今觀中部碑遍列衆曹，其不屬第二類可知；而其通篇不著縣籍，則非第一類亦甚明。故此碑非第三類則莫可屬。然則此碑所書曹史爲縣吏亦甚明矣。

本章附錄二　蕭吉五行大義第二十二論諸官條節鈔

此據佚存叢書本節錄。而知不足齋叢書本及續經解一〇七七陳喬樅齊詩翼氏學疏證卷二引案，頗與此異，今據以勘校。有出管見，則加耕望曰以別之。『……洪範五行傳曰：甲爲倉曹，共農賦。乙爲戶曹，共口數。丙爲辭曹，共訟訴。丁爲賦曹（陳引作賊曹），共獄捕。戊爲功曹，共除吏。己爲田曹，共畜養（不足齋作羣畜，陳同）。庚爲金曹，共錢布。辛爲尉曹，共本使（本字或卒之譌，樹棠說）。壬爲時曹，共政敎。癸爲集曹，共納輸。子爲傳舍，出入禁忌（禁，不足齋作敬，陳同）。丑爲司空，守政輔治（不足齋作守將班治，陳同）。寅爲市官，平準賣買。卯爲鄉官，親事五敎。辰爲少府，金銅錢布。己爲郵亭，行書驛站（不足齋作置，陳同）。午爲尉官，馳逐追捕。未爲廚官，百味悉具。申爲庫官，兵戎器械。酉爲倉官，五穀畜積。戌爲獄官，禁訊具備。亥爲宰官，閉藏完具。支干配官，皆從其五行本體，意略可解，不勞繁述。　翼奉云：肝之官尉曹，木性仁，尉曹主士卒，宜施仁（施，不足齋作得，陳同）。心之官戶曹，火性陽，戶曹主婚慶之禮（慶，不足齋作道，陳同）。肺之官金曹，金性堅，主銅錢。腎之官倉曹，水性陰凝藏物，倉曹冬收也，先王以冬至閉關，不通商旅，愼陰氣

也(氣，不足齋作無，陳改作凝，均非)。脾之官功曹，土性信，出稟四方，功曹事君，以信教授四方也。　尉曹以獄司空爲府，主士卒牢獄逋亡(牢獄，不足齋作獄閉)，與之姦，則蝥蟲生，木性靜，與百姓通使魚食於民(使魚，不足齋作則魚，陳改作則鼂)，從類故蟲。戶曹以傳舍爲府，主名簿；傳舍主賓客，與之姦，則民去鄉里；戶曹主民利戶口，奪民利，故悉去之。倉曹以廚爲府，主儎廩(不足齋作廩假，陳同)；廚主受付，與之姦，則賊盜起；倉曹以收民租，侵剋百姓則窮(不足齋窮上無則字，窮下有故字)。功曹以小府爲府，與四曹計議，小府亦與四府籌用(不足齋譒作則用，陳改爲利用)，故小府主出納(主，不足齋作倉，陳同)，主餉糧。功曹有二府，所以爲五官六府。游徼亭長外部吏，皆屬功曹，與之姦，則虎狼食人(自「與之姦」以下，陳缺)。功曹職在刑罰，內爲姦，故虎狼盜賊殺奪於民，上姦下亂也。金曹以兵丁嗇夫爲府，(兵丁，不足齋作兵賊，陳同)(耕望曰：據文例，此處當脫「主□□，嗇夫」數字)主討捕，與之姦，則城郭盜賊起，雨浸淫(三字、不足齋作兩偏施，陳引作施舍兩偏)；金曹主市租，侵奪，故上下相爭(不足齋作承，陳同)，故市買不平。(耕望曰：翼奉之言可分兩段，前段以五臟配五曹，後段卽五曹明其府。前段以尉、戶、金、倉、功爲次，後段以尉、戶、倉、功、金爲次，與前不同。蓋有誤。何者？功曹下云「與四府計議」「所以爲五官六府」，皆總述之辭，括金曹言之也，而金曹次居其後，實不合理。意者，金曹以下至此「市買不平」節本如前段次於戶曹後倉曹前，今本譒在最後耳。)……』

按劉向傳，有洪範五行傳論，藝文志作五行記。此引洪範五行傳卽向書。翼奉亦西漢末人，故此所載可視爲西漢中葉以後之制度。又陳喬樅曰：「此郡縣官」。其言是矣，而未之盡也。蓋嗇夫游徼亭長皆鄉部吏之屬於縣廷者，此言轄於功曹，是縣吏之系統甚明，郡職不得如此也。又獄司空，惟縣道有之，郡國亦無。反觀其他諸曹皆無郡國獨有縣道所無者。然則此其所言以縣吏爲主，非但不是中央吏，且非郡吏矣；但據縣亦可推郡耳。

四、郡縣學校制度

漢初郡國本無學校。景帝末，文翁爲蜀郡守，創起學官，郡中大化。武帝善其制，乃令天下郡國皆立學校。漢書循吏文翁傳詳其事云：

> 「景帝末爲蜀郡守，仁愛好教化。見蜀地辟陋，有蠻夷風，文翁欲誘進之……修起學官於成都市中，招下縣子弟以爲學官弟子，爲除更繇，高者以補郡縣吏，次者孝弟力田。……縣邑吏民……爭欲爲學官弟子，富人至出錢以求之；繇是大化。……至武帝時，乃令天下郡國皆立學校官，自文翁爲之始云。」

既郡國皆仿置，故他郡學校亦頗見載籍：如潁川郡有校官，見漢書韓延壽傳；揚州諸郡有學官，見何武傳。又元帝紀，元始二年，安漢公奏立學官，「郡國曰學。」王莽傳，班令郡國學官，教授莽書；是尤西漢末年郡國普遍立學官之明證。東漢仍之，如南陽有校官，見後漢書明帝紀；崔瑗爲作南陽文學官志，見本傳，蓋東漢時代南陽教育發達，故特志之。又會稽有學宮，見酷吏黃昌傳；又曰文學，見華陽志一○蜀郡士女志。魯有畔宮，見史晨饗孔廟後碑。名稱不同，其實一也。又濟陰有西宮，見孟郁修堯廟碑；清河有北黌，見魏志管輅傳注引輅別傳；是一郡或不止一所，故有東西南北之稱歟？

學官中有文學先生及弟子，見史晨後碑，蓋猶中央太學之有博士與弟子也。文學蓋掌教者之總稱，故極常見；然詳考之，其職稱亦有別。巴郡太守張納碑有文學主事掾史各一人，位次上計掾、議曹掾，而在文學掾及其他掾史之上，於教育吏員中最爲尊顯；郡無文學曹，其爲學校之首長無疑。次於文學主事掾史者有文學掾史。文學掾史除並見張納碑外，掾又單見後漢書儒林楊倫傳、楊由傳、孔廟百石卒史碑、蜀學師宋恩等題名碑、蒼頡廟碑側，八瓊補正三建初殘刻、同書四文叔陽食堂畫像刻字及陳壽益都耆舊傳，史又單見漢書鄭崇傳及隸續二一某殘碑。考魏志管輅傳，輅爲清河文學掾，注引輅別傳作清河北黌文學，是尤文學掾史即學校之職非曹吏之明證矣。

漢書儒林傳序云：「元帝好儒，郡國置五經百石卒史。」是必學官之職。東漢郡國學校又往往分科置掾史，置經師，此於蜀學師宋恩等題名碑最足徵知。此碑除文學掾外，又有易掾二人，尙書掾三人，詩掾二人，禮掾二人（此「禮」字原缺，據古文經

說之五經次序補；洪适以爲均是詩掾，非也。）春秋掾一人，文學孝掾一人，孝義掾
一人。同碑，又有文學師四人，易師三人，尙書師三人，其他不冠經別之師二十人。
據此題名，掾備五經、文學、孝義之目，師雖員額過掾，而名家者僅易、書兩經而
已，不具衆學。由此可知掾在所必置，而師或缺如；蓋前者爲國家之通制，而後者乃
視需要之程度而增設者也。下迄魏晉則又有文學祭酒之稱矣！如樂詳爲魏河東郡文學
祭酒，見魏志杜畿傳注引魏略，是其例。（集古錄三跋後漢文翁學生題名碑，有文學
祭酒一人，洪适以爲晉碑。）

　　凡此文學之職，以其職在教授，故以明經者任之，如蓋寬饒、諸葛豐、張禹、張
玄、魏應均以明經爲郡國文學，又如雋不疑治春秋，梅福明尙書、穀梁春秋，楊倫習
古文尙書，楊由習易，亦皆以所學爲郡文學，皆其例也。各見本傳。

　　學官子弟亦稱諸生。華陽國志蜀郡士女志，張霸爲會稽大守，「立文學，學徒以
千數，風敎大行。」生徒之衆，規模之大，於此可見。又管輅別傳，「父爲琅邪卽邱
長，時年十五，來至官舍讀書。於時黌上有遠方及國內諸生四百餘人，皆服其才。」
不拘其爲郡國學抑縣學，有遠方生徒，則不限本籍明矣。

　　至於敎學科目，郡文學既明經，而掾師或有五經之別，則五經自爲學官中之主要
科目。他如漢書王尊傳，習論語尙書於學官，則五經之外別有論語矣。又漢人極重孝
經，故州有孝經師，郡職無考，然宋恩等題名碑有孝義掾，文學孝掾，蓋卽孝經師之
類歟？而王莽傳，莽攝政，更以所言班於郡國，敎於學官；非恆制矣。

　　關於縣級學校，西漢不可考。至平帝三年，王莽立學校於縣、道、鄉、聚；縣道
邑侯國曰校，置經師各一人；鄉曰庠，聚曰序，置孝經師各一人。事見漢書平帝紀。
東漢之世頗用莽制，多稱校官，見中部碑、溧陽長潘乾校官碑及公乘校官掾王幽題名
碑、張禪題名碑；亦有稱學官者，見後漢書劉寬傳；又有稱學宮者，見東觀漢記王皂
傳及巴異傳。而潘乾校官碑云：「構修學宮，宗懿招德。」是尤學官卽校官之明證。
然則學官、學官、校官名稱雖異，其實一也。漢末大亂，學校制度寖廢，故建安八年
有興學之令，縣滿五百戶者皆置學官，事見魏志武帝紀。

　　縣學中之執敎者，中部碑有校官主□師、校官祭酒各一人；劉寬傳，縣有學官祭
酒；王幽題名碑及張禪題名碑則有校官掾。是否分科，則無考矣。

州本爲監察區，非行政區；刺史本爲監察官，非行政官；故州本無學。其後刺史
之職逐漸行政官化，故亦有置學者，如華陽國志蜀志「永初後堂遭火，……州奪郡文
學爲州學。」是也。故其從事有勸學典學之目，詳監察制度章。

五、鄉亭與鄉亭吏

（一）　鄉　亭　建　置

（甲）　鄉

漢承秦制，以縣轄鄉。據百官表，西漢末年有鄉六千六百二十二，平均每縣轄四
鄉有餘。據續志注引東觀記，東漢永興時有鄉三千六百八十一，平均每縣轄三鄉有
餘。鄉有城郭爲治所。如漢書朱邑傳，少爲桐鄉嗇夫，及死，「葬之桐鄉西郭外。」其
證一。續郡國志所記鄉城甚多，其證二。秦漢用兵常有拔鄉之語，如漢書陳吳傳，勝
廣攻大澤鄉，拔之；後漢書齊武王縯傳，襲取藍鄉，獲其輜重；曰攻曰襲曰取曰拔，
是有城郭，其證三。又周禮地官遺人疏謂鄉三老有宮室。而黃霸傳，爲潁川太守，「使
郵亭鄉官皆畜雞豚，以贍鰥寡貧窮者。」是且有衙署以供吏居。

（乙）　亭

韓子內儲上：「吳起爲魏武侯西河守，秦有小亭臨境，……（起）下令曰……有能
先登者，仕之國大夫。……於是攻亭，一朝而拔之。」魏策，張儀說魏王曰：魏「卒
戍四方守亭障者不下十萬。」張儀傳同。又范睢傳，王稽謂睢曰：先生待我於三亭之
南。稽辭魏去，遂過載睢入秦。是戰國之世，各國邊境已築亭障候望守備，道旁似亦
有亭以利行旅也。

秦既一統，大修馳道，東窮燕齊，南極吳楚，至漢武帝，疆宇新拓，必治道路，
如治西南夷道，穿穢貊朝鮮，起亭障通西域等。道路必賴管理與守望刺候，以事修整
且防叛逆（故告密令在郵傳律中，見晉書刑法志），則亭候傳舍之制興焉。而此軍事交
通性質之亭吏後來又兼管一亭部之政事，故亭亦爲地方最低級之行政單位，以隸於
鄉。

秦代亭數已不可考。百官表，西漢末有亭二萬九千六百三十五，平均每鄉轄亭四
又二分之一。據續郡國志注引東觀記，東漢永興時有亭一萬二千四百四十三，平均每

鄉轄亭三又三分之一。百官表云：「大率……十亭一鄉。」蓋規制如此，見於施行，則因地因時而異耳。

先言亭之名稱，有都亭、野亭、旗亭等稱別，皆因地位而異。

在京師及郡國縣道治所者曰都亭。後漢書張綱傳，埋車輪於洛陽都亭。竇武傳，軍於洛陽都亭，謀誅宦官。何進傳，黃巾起，進屯軍都亭以鎮京師。是京師有都亭也。陳王羨傳，黃巾起，王寵有彊弩數千張，出軍都亭，國人不敢叛。是王國都有都亭也。陸續傳，吳郡太守尹興使續於都亭賦民饘粥。是郡治有都亭也。漢書司馬相如傳，至臨邛，舍都亭。趙廣漢傳，為京兆尹，記召湖都亭長。何並傳，為長陵令，斷王林卿冠奴頭置都亭下。後漢書應奉傳，食於潁川綸氏都亭。李充傳，太守署充縣都亭長。是縣治亦有之。沈欽韓謂都亭卽治所之亭（陸續傳疏證），是也。蓋古者都為下邑之稱，戰國秦漢始移稱京師，而下邑仍稱都未改（日知錄二二都條），故京師及郡國縣道治所皆有都亭矣。居延漢簡考證卷一頁十五：「史記司馬相如傳，相如舍都亭。索隱，臨邛郭下之亭也。後漢書皇后紀注，凡言都亭者，並城內亭也。此簡言自言與家買客田居作都亭部。田在都亭不應在城內，當以附郭之說為近。蓋凡縣城城內及郭外亭皆當以都亭稱之，原不必泥於城垣內外也。」

在鄉野者通稱鄉亭，傳中極常見，而漢書召信臣傳，為南陽太守，出入阡陌，止舍離鄉亭。後漢書王景傳，遷廬江太守，為作法制，皆著于鄉亭。此二條最足徵其普遍性，但亦可解為鄉與亭。又郭伋傳，行部，止宿野亭。范式傳，孔嵩之京師，道宿下亭，亦卽鄉亭也。

說文：「𩏢，度也，民所度居也。從◎，象城郭之重，兩亭相對也。」是城郭門有亭也。證之他籍，無不合。如後漢書桓帝紀，梁太后徵帝到夏門亭。宋皇后紀注引漢官儀，十二門皆有亭。是京師城門有亭也。續郡國志，陳留襄邑有相門亭、黃門亭。耿弇傳注引續漢書，薊有城門亭長。陳寔傳，為潁川西門亭長。是郡縣門有亭也。又周禮司市注：「次，謂吏所治舍……若今市亭然。」說文義證引西京賦注：「旗亭，市門樓也。」日知錄二二亭條：「蔡質漢舊儀，洛陽二十四街，街一亭，十二門，門一亭，人謂之旗亭。史記三代世表，褚先生言與方士孝功會旗亭下。」則街市有市亭而與門亭通稱旗亭矣。

次言亭之涵義：則亭舍曰亭；亭舍旁之聚落城壁曰亭；而一亭所部之區域亦曰亭，謂之亭部。

一、亭舍之亭　　此但指公共建築物之亭舍而言。亭之建置原供交通之用，故在交通線上。如漢書武帝紀，元光五年，發巴、蜀治南夷道，史記將相表稱次年卽置郵亭。張騫傳，元狩中，擊破姑師樓蘭王，酒泉列亭障至玉門矣。西域傳，貳師伐大宛後，自敦煌西至鹽津，往往起亭。築道列亭，則亭在交通線上之的證矣。然此猶可曰邊疆特制。而鄐君開石門刻字云：「永平六年，漢中郡……開通襃斜道……爲道二百五十八里，郵亭驛置徒司空襃中縣官寺並六十四所。」衛颯傳，遷桂陽太守，鑿山通道，五百餘里，列亭傳，置郵驛。蜀志先主傳（建安二十四年）注引典略：「備於是起館舍，築亭障，從成都至白水關四百餘區。」是內地亦然。以上論證已極信確。又如後論供行旅寄宿，華表以識路衢，而亭亭有之，皆亭在道上之證。

關于亭與亭間之距離，百官表：「十里一亭」，「十亭一鄉」。此里乃指地方單位而言。而衛宏漢舊儀：「設十里一亭，亭長亭候，五里一郵，郵間相去二里半，司姦盜。」續志注引漢官儀全同。史記留侯世家索隱則云：「漢書舊儀云，五里一郵，郵人居間，相去二里半。按郵乃今之候。」此里則指道里而言。亭本爲交通軍事之用，似當以指道里而言爲正。然既云「五里一郵」又云「郵間相去二里半」，殊不可解，參以索隱所引，疑當作「郵亭間相去二里半。」漢舊儀、漢官儀皆脫「亭」字，索隱又誤「亭」爲「人居」耳。若此推測不誤，則道上亭郵之安排當如次：

	2½		5		2½	2½		5		2½	2½		5		2½
□		○		○		□	○		○		□	○		○		□
亭		郵		郵		亭	郵		郵		亭	郵		郵		亭

然亦僅規制如此，事實土之距離決不如此規律也。

關於此種建築物之形制亦可略考。王靜安謂邊塞亭隧高出地面五尺，爇干又高三丈，以便候望烽火。余考內郡之亭，其作用蓋原與邊燧不殊，其後性質雖漸演變，但遺型尚可跡察。漢書尹賞傳注引如淳云：「舊亭傳，於四角面百步築土四方，上有屋。」是亭基高出道旁如邊隧也。又曰：「屋上有柱，出高丈餘，有大板貫柱四出，名曰桓表。縣所治，夾兩邊各一桓，陳宋之俗言桓聲如和，今猶謂之和表。」師古曰：「卽華表也。」崔豹古今注曰：「今之華表以橫木交柱頭，狀如華，形似桔橰，大

路通衢悉施焉。……以表識衢路。秦乃除之，漢始復焉。」是亭在道旁，樹華表以識衢路明矣。又東觀記，趙孝從長安來，直上郵亭，寄止亭門塾。後漢書齊武王縯傳，莽使天下鄉亭皆畫伯升像於塾（東觀記作堺）。注：「蕭該音義亦作塾。引字林，塾，門側堂也。」沈欽韓云，塾即彈室。又後漢書樊曄傳，為天水太守。補注引張璠漢記：「曄之官，與故太守喪會於隴亭，亭吏移喪避曄，曄讓於正堂。」是亭有正堂。又說文，亭有樓。風俗通，汝南汝陽西門亭有鬼魅，郡侍奉掾宜祿鄭奇趨至樓下。御覽一九四引謝承書：「蒼梧廣信女子蘇娥行宿鵲巢亭，為亭長龔壽所殺……埋置樓下。」後漢書王忳傳，止宿螯亭，有鬼訴曰：「亭長枉殺妾家十餘口，埋在樓下。」則亭有樓無疑。急就章顏師古注：「亭有高樓，可以候望。」是也。然則，亭基皆高出地面，且樹華表以識衢路，亭門有塾，檢彈人民，亭內有正堂以供重要官吏居止，又有高樓以供候望盜賊，此其形制之大略也。

此種亭舍，既在大道上為交通而設，故官吏可止宿其中，前引樊曄事即其例。又漢書鮑宣傳，為豫州牧，行部，舍宿鄉亭。後漢書劉寬傳，為太守，每行縣止宿亭傳。郭伋傳，為幷州牧，行部既還，止宿野亭。王忳傳，除郿令，到官，止宿螯亭。此其證。此猶可謂亭本公署，可任官吏止宿也。而後漢書郭躬傳，陳伯敬還，觸歸忌，則寄宿鄉亭。謝承後漢書，蒼梧女子蘇娥行宿鵲巢亭（御覽一九四引）。是庶民寄宿也。劉寵傳：「累登卿相，而准約省素，……嘗出京師，欲息亭舍，亭吏止之曰：整頓灑掃以待劉公；不可得也。」東觀記趙孝傳：「嘗從長安來過直上郵亭，但稱書生，寄止於亭門塾。亭長難之，告有貴客過，……良久乃聽止。」官不自名，欲以平民資格止宿，則其平日固可供平民使用矣。又桓譚新論：「余從長安歸沛，道疾，蒙絮被絳罽襜褕，乘騂馬，宿于下邑東亭中，亭長疑是賊，發卒夜來攻。」東觀記延岑傳：「衣虎皮襜褕，宿下邑亭。亭長曰，睢陽賊衣絳罽襜襜，今宿客疑是。」疑客為盜，非但可證譚岑之寄宿非以官吏資格，且知任何人品皆有寄宿之權矣。然此種種，猶僅供旅客短時間之過宿，至於長時期之寄宿亦時有之。漢書息夫躬傳，為宜陵侯，歸國，未有第宅，寄止丘亭。司馬相如傳，相如至臨邛，舍於都亭。皆其例也。亭既供行人寄宿，故南北朝時，更有直稱亭為客舍者。河水注：「漫閒水……北有逆旅亭，謂之漫口客舍。」是也。

二、城聚之亭　　以上所言獨立建築物之亭舍，既當道路，交通便利，故每因亭會市成爲商業中心。如史晨孔廟後碑：「史君念孔瀆顏母井去市道遠，百姓酤買，不能得香酒美肉，於昌平亭下立會市。」續郡國志，雍有㘣鄉。補注引說文：「美陽亭，即㘣也，民俗夜市。」殺阮君神祠碑：「隄防沮潰……浸敗亭市。」僮約：「縣亭買席，往來都洛。」睢水注引列仙傳：「仙人文賓，邑（太丘）人也，賣鞾履爲業，以正月朔日會故嫗於鄉亭西社。」肥水注，壽春城東長瀨津，「津側有謝堂北亭，迻迎所薄，水陸舟車是焉萃止。」皆其證。亭既爲會市之所，爲鄉野商業中心，兼以亭長職禁盜賊爲地方一小行政中心，是以人民亦羣聚而居之，故說文：「亭，民所安定也。」釋名：「亭，停也，人所停集。」新語至德篇：「君子之爲治也……官府若無吏，亭落若無民。」論衡詰術篇：「民間之宅與鄉亭比屋相屬，接界相連。」是則猶今之鄉鎭矣。

亭舍旁有人民聚居如鄉鎭，故常築城垣以堅守禦。於是亭之稱亦有兼城郭而言者。如續郡國志，陳留長垣有羅亭，故長羅縣；圉縣高陽亭，文穎以爲邑名；東平陸有闞亭，杜預以爲闞城；上黨泫氏有長平亭，上黨記作長平城；又如地理風俗記：東武城有復陽亭，廣平縣有歷城亭，高城縣有柳亭，皆故縣（淇水注引）；平恩縣有南曲亭，廣川縣有辟陽亭，皆故縣（濁漳水注引）；平昌縣有石泉亭，淳于縣有膠陽亭，皆故縣（濰水注引）；朱虛縣有郚城亭，亦故縣（濟水注引）。皆其例。是亭固指城而言也。而河水注：「漢……西平亭……魏黃初中立西平縣，馮倚故亭，增築西南北三城以爲郡治。」汚水注：「汚水之左有騎城，周廻二里餘，高一丈六尺，即騎亭也。」是亭之城垣且甚大矣。

此兼聚落城垣而言之亭，即較廣義之亭也。而陳留風俗傳所記大鄉大亭，其名多有同者，如高陽縣有鉼鄉、鉼亭（睢水注引）；尉氏縣有波鄉、波亭，鴻溝鄉、鴻溝亭，陵樹鄉、陵樹亭；陳留縣有裘氏鄉、裘氏亭；扶溝縣有帛鄉、帛亭，匡城鄉、匡城亭；（以上均見渠水注引）。至酈氏所述鄉亭同名尤多。亭鄉同名，則此亭必多爲鄉之治所首亭，如郡之有治所首縣矣。

三、部域之亭　　以上所論建築物之亭與聚落城垣之亭，皆指點而言也。最廣義者則兼亭之部域幅員而言，謂之亭部。如元帝紀，永光四年，「以渭城壽陵亭部原上

爲初陵。」哀帝紀，建平二年，「以渭城西北原上永陵亭部爲初陵。」張禹傳，「自治冢塋，起祠堂，好平陵肥牛亭部處地。」章帝紀，元和二年，「詔鳳凰黃龍所見亭部無出二年租賦。」魏略，楊沛「黃初中……占河南夕陽亭部荒田二頃。」（魏志賈逵傳注引）芒洛遺文續編上漢孫成買地券：「建寧四年……孫成從洛陽男子張伯始買所名有廣德亭部羅伯田一町。」凡此皆亭有部轄之區域之證，是卽地方行政之單位矣。會稽典錄云：「夷吾省錄囚徒，有亭長姦部民者。」（後漢書方術傳疏證引），部民卽亭所部轄之民也。

關於漢代亭制，自顧炎武以來言者多家，勞貞一先生漢代的亭制，刊本所集刊第二十二本，最爲後出，議論多精審純正，與本文互有詳略。又陳槃厂先生漢晉遺簡偶述之續亭與傳舍條（刊本所集刊第二十三本下冊）周法高先生金文零釋說亭部篇（本所專刊三十四），希讀者並取參看。

（二）　鄉　亭　吏

時人慣以秦漢鄉亭制度與近代地方自治相比擬，甚有謂此卽地方自治者。其實不然：三老孝弟力田等鄉官猶可勉強稱爲準自治，別關鄉官制度章述之。至於主管鄉亭之有秩、嗇夫、游徼、亭長，直郡縣屬吏之出部者耳，毫無地方自治之意義也。茲分別述論之。

（甲）　鄉　　吏

（1）有秩、嗇夫　　韓子說林下，縣邑嗇夫，收中行文子後車。是戰國時邑有嗇夫也。百官表鄉有有秩、嗇夫，皆秦制。續志：「鄉置有秩，郡所署，秩百石，掌一鄉人。其鄉小者，縣置嗇夫一人。」注引漢官：「鄉戶五千，則置有秩。」是不及五千，皆置嗇夫也。注又引漢官述河南尹屬吏，諸縣有秩三十五人均列入，述洛陽縣屬吏，諸鄉有秩嗇夫鄉佐亦盡列入。是不但爲郡縣所署，且卽爲郡縣屬吏矣。鄉有秩他見者，張敞爲鄉有秩，見漢書敞本傳。高陵蓮勺池陽諸縣左鄉及萬年右鄉北鄉皆有有秩，見蒼頡廟碑側。其秩百石，地位甚高，故有績可補太守卒史，如張敞是也，見敞傳。漢代名臣之曾官鄉嗇夫者甚多，如朱邑、第五倫、爰延、鄭玄各見本傳；鄭宏，見會稽典錄；鄭產，見零陵先賢傳；孫性，見吳祐傳。可見此職較有秩遠爲普遍。又百官表，鄉有有秩嗇夫，下述其職云「嗇夫職聽訟收賦稅。」不舉有秩。而韓延壽傳，守左馮

翅，行縣至高陵，泛言鄉吏，亦但舉嗇夫，不言有秩。是皆以嗇夫包括有秩而言也。
蓋五千戶之大鄉甚少，故嗇夫幾成通制；至於有秩，乃特制耳。有秩嗇夫既爲郡縣所
署比於屬曹，故亦稱掾，如吳祐傳稱鄉嗇夫孫性爲掾，是其例。

　　百官表：「嗇夫職聽訟，收賦稅。」概有秩而言也。續志詳之云：「掌一鄉人。…
主知民善惡，爲役先後，知民貧富，爲賦多少，平其差品。」注引風俗通：「嗇者省
也，夫賦也，言消息百姓，均其役賦。」按虞預會稽典錄：「鄭宏爲靈文鄉嗇夫，民
有弟用兄錢者未還之，嫂詐訴之宏。」第五倫傳：「爲鄉嗇夫，平徭賦，理怨結，得
人歡心。」是聽訟收賦均役之例也。又急就篇：「攻擊劫奪檻車膠，嗇夫假佐扶致
牢。」是亦理盜賊事。

　　其時法制甚疏，親民小吏頗能自行其意，故賢惠者且可自興教化，彰著聲聞。如
漢書朱邑傳：「廬江舒人也。少時爲舒桐鄉嗇夫，廉平不苛，以愛利爲行，未嘗笞
辱人，存問耆老孤寡，遇之有恩，所部吏民愛敬焉。」後漢書爰延傳：「陳留外黃
人。…令史昭以爲鄉嗇夫，仁化大行，人但聞嗇夫，不知郡縣。」是著例。

　　（2）　鄉佐　　續志：「又有鄉佐，屬鄉，主民，收賦稅。」見於史傳者，如後漢
書張宗傳，王莽時爲陽泉鄉佐。第五倫傳，爲宕渠令，顯拔鄉佐玄賀。東觀記周黨
傳，鄉佐發黨徭道。考居延簡釋文卷一第四頁有簡云：「建平五年…廣明鄉嗇夫客、
假佐玄敢言之。」又第七十八頁有簡云：「（榮陽）西鄉守有秩志臣、佐順臨。」則鄉佐
與有秩嗇夫之關係，正如郡丞之於郡守，縣丞之於縣令矣。故續志述其職與有秩嗇夫
同。

　　（3）　游徼　　百官表：「游徼，徼循禁賊盜。」續志：「游徼掌徼循禁司姦盜。」
其與有秩嗇夫之關係，蓋亦如郡尉之於郡守，縣尉之於縣令長。然鄉游徼實即縣職之
分部於諸鄉者，屬功曹，已詳縣廷組織章。

（乙）　亭　　吏

　　（1）　亭長、亭佐　　高祖爲秦泗水亭長，是亭長之最早見者。據百官表，亭長
爲亭之主管吏。一稱行亭，見武梁祠畫像及八瓊補正文叔陽食堂畫像。衞宏漢舊儀：
「民應令選爲亭長。」（黃奭輯漢舊儀同，續郡國志注引「令」作「合」，誤。）見於傳
者：仇覽傳，縣召爲史，選爲蒲亭長；王忳傳，縣署大度亭長；朱博傳，「家貧，少時

給事縣爲亭長。」王溫舒傳，「少時椎埋爲姦，已而試縣亭長。」吳漢傳及逢萌傳皆云「家貧，給事縣爲亭長。」李充傳：「太守魯平請署功曹，不就。平怒…因讁署縣都亭長，不得已起親職役。」觀此可知亭長職在廝役（書鈔七九謝承書，胡奴爲潁川綸氏亭長，此亦低賤之證），而給事縣爲亭長云云，尤亭長乃縣廷小吏之明證。故五行大義引翼奉語云：「游徼亭長外部吏，皆屬功曹。」

　　按武英殿本及漢學堂本衞宏漢舊儀均曰：「材官樓船年五十六老衰乃得免爲庶民，就田里。民應令選爲亭長。」是爲亭長不限年在五十六免役之後也。而續志注引其文「應令選」上無「民」字，則當連上文讀，其任亭長當在五十六衰老免役之後。考史記任安傳，爲武功亭長，其年尙少。後漢書虞延傳，少爲戶牖亭長。及前引朱博傳、王溫舒傳亦皆少時爲亭長。是則亭長選署固不限年在五十六以上甚明。續志注脫一「民」字，無疑。

　關於亭長之職掌，可分兩層言之。　一本職：典武禁盜賊。續志：「亭有亭長，以禁盜賊。」本注：「亭長主求捕盜賊，承望都尉。」劉昭補注引衞宏漢官儀：「尉、游徼、亭長皆習設備五兵：弓弩戟楯刀劍甲鎧。」又云：「亭長持二尺板以劾賊，索繩以收執賊。」又更始傳，李淑上書曰：「今公卿大位，莫非戎陣…資亭長賊捕之用而當輔佐綱維之任。」是其本職司禁盜賊如尉與游徼也。本職如此，故爲宵禁法之執行者。如王莽傳，大司空士夜行過奉常亭，亭長呵之。周紆傳，竇篤從宮中歸，夜至止姦亭，亭長霍延遮止篤。是其例。　二、亭原爲軍事交通而設，其後既演變爲地方行政單位，自亦兼及民事，理辭訟。風俗通云：「亭，亦平也，民有訟諍，吏留辯處分勿失其正也。」潛夫論愛日云：「鄉亭部吏亦有任決斷者，而類多枉典。」急就篇：「鬭變殺傷，捕伍鄰，游徼亭長共雜診。」是亭長斷訟之明證。如後漢書仇覽傳，爲亭長，有母告其子不孝。魏志龐淯傳注引烈女傳，光和中酒泉龐娥爲父報仇，截仇人頭，「持詣都亭，歸罪有司。」皆其證。又漢書刑法志：「獄犴不平。」服虔曰：「鄉亭之獄曰犴。」疏證云：「服說本韓詩。釋文云，岸，韓詩作犴，云鄉亭之繫曰犴，朝廷曰獄。風俗通曰，犴，司空也。案司空卽圜土之類。」蓋亭長既掌捕盜兼理辭訟，宜其有獄犴以繫囚也。至於收賦稅，蓋非其重要職掌，故載籍迄不一見，蓋其性質究竟偏在兵刑歟？其職既兼民刑武事，性質實近於元首性之初級地方行政官，故賢

者任之，且可制科條，勸生業，勵風俗，興教化。 如仇覽傳，陳留考城人，「縣召補吏，選爲蒲亭長。勸人生業，爲制科令，至於果桑爲限，雞豕有數；農事既畢，乃令子弟羣居，還就廬學。其剽輕游恣者，皆役以田桑，嚴設科罰。 躬助喪事，賑恤窮寡。期年稱大化。…鄉邑爲之諺曰：父母何在？在我庭，化我鴟梟，哺我所生。」爲民愛戴如此，後世雖郡縣長官亦難能也。

又有亭佐，見東觀記趙孝王良傳。又如陳寔以都亭佐遷西門亭長，見本傳。蓋佐亭長理事，如鄉佐之於有秩嗇夫者。

（２）　亭候　　衞宏漢舊儀：「十里一亭，亭長、亭候。」續志注引漢官儀全同。又集古錄三後漢碑陰題名條有亭長、亭候（字本寫作侯， 然名列亭長之後， 應爲亭候，非封爵之亭侯，侯候一也）。 是亭長下有亭候也。考周禮遺人：十里有廬，三十里有宿。注：「廬若今野候，徒有庌也。」後漢書范冉傳疏證：「圉師注，庌，廡也，言但有廊屋，無障蔽。」是候不與長同治，蓋別築小廡以便候望捕盜，亦猶郡尉縣尉之於郡守縣令，別有治所矣。

（３）　求盜、亭父　　史記高祖本紀，爲泗水亭長，使求盜至薛治竹皮冠。集解引應劭曰：「舊時亭有兩卒：其一爲亭父，掌開閉掃除；一爲求盜，掌捉捕盜賊。」任安傳正義所引同。蓋通制有二卒分理內外也。但職卑位下，故各地習稱頗異。方言：「楚東海之間，亭父謂之亭公，卒（謂求盜）謂之弩父（郭注：主儋幔弩導幨因名之。錢繹箋疏：帑父猶負弩，以其所事爲名），亦謂之褚（郭注：言衣赤也。 參說文卒字條）。」而高紀索隱又引應劭曰：「舊亭卒名弩父，陳楚謂之亭父，或云亭部，淮泗謂之求盜。」續志注引風俗通云：「亭父舊名負弩，改爲長（卒之譌），或謂之亭父。」是亭父求盜更爲一職，但因地異名耳。蓋大亭有二卒分理內外，小亭蓋只一卒，故稱呼混淆歟？

（三）　里落與里落渠長

（１）　里、什、伍　　續志：「里有里魁，民有什伍，善惡以告。」本注：「里魁長一里百家，什主十家，伍主五家，以相檢察，民有善事惡事，以告監官。」劉注引風俗通曰：「周禮五家爲鄰，四鄰爲里，里者止也，里有司司五十家共居止。」家數不同，蓋事實上亦無絕對之規定數字耳。勞貞一先生云：「里是一個地區的單位而不

是戶口的單位」是也。又按里制甚古，自不待言，而韓子外儲右下有伍老，是伍亦古制也。惟什未考。漢代史傳亦不見「什」，亦非通判歟？

漢代城中之里，常見傳中；而古文苑四古梁父吟：「步出齊城門，遙望蕩陰里，里中有三墓，累累正相似。」是鄉野亦有里也。漢人極重視「里」一單位，其戶籍卽以此爲基本。如太史公自序索隱引博物志「太史令茂陵顯武里大夫司馬（遷），年二十八。」扁鵲倉公傳有安陵阪里公乘項處。許冲上說文表自稱召陵萬歲里公乘。皆是也。而居延簡之名籍皆著爵里，尤爲强證。里魁亦稱里正，見韓子外儲右下及漢書尹賞傳。魏志崔琰傳，少樸訥好擊劍，鄉移爲正，始感激讀論語韓詩。時在靈帝初，此當卽里正也。張耳陳餘之陳，爲里監門，酈食其爲里監門，是里有門置監也。而中部碑有里祭酒，可辨者十四人，蓋卽長老之謂歟？

韓子外儲有伍老。漢書韓延壽傳，「所至必…置正五長。」黃霸傳，爲潁川太守，「爲教條，置父老師帥伍長，班行之於民間。」似一般郡國未必置伍長也。續志亦但云有什伍，不云置長，魏志公孫度傳：「公孫昭守襄平令，召度子康爲伍長。」是後漢伍長之僅見者。

（２）聚、落　　秦紀，商君變法，集大小鄉聚爲縣。是秦有聚也。平帝紀，王莽立學校於縣道鄉聚，縣道侯國曰校，鄉曰庠，聚曰序。是西漢鄉下有聚也。東漢之聚，卽就續郡國志所載已不少。又史記酷吏王溫舒傳，爲中尉，置伯格長。集解引徐廣曰：「格，一作落（漢書作落），古村落字亦作格。」是西漢有落，且或置長也。後漢更常見，後漢書孫期傳「里落化其仁讓。」列女姜詩妻傳，「比落蒙其安全。」魏志管寧傳：「胡昭…居陸渾山中，…賊…自相約誓…不得犯其部落。」魏志邴原傳注引別傳：「遼東多虎，原之邑落獨無虎患。」皆其例。大抵聚落之制行於鄉野，或置渠長，或不置。

六、鄉　官　制　度

漢世，鄉縣有三老，郡亦時有之，昔稱鄉官，卽鄉里民官率民參政者也。近人恆以與有秩、嗇夫、游徼、亭長並論，失之遠矣。有秩嗇夫游徼亭長等乃郡縣屬吏分部鄉亭，純爲地方政府之行政屬吏，已詳前章；至於鄉官雖亦由政府擢任，然其性質與

屬吏絕殊。鄉官上與長吏參職，下以意率民，而無一定之實際職掌，此其一。代表民意，領銜呈訴，與地方政府之奏請絕異，此其二。有位無祿，此其三。東漢之制，大慶賜爵，賜民不賜吏，而三老孝弟力田咸在受爵之列，此其四。此四者皆有異於吏之徵也。平準書：「非吏比者三老北邊騎士，軺車以一算，商賈人軺車二算。」集解引如淳曰：「非吏而與吏比者官，謂三老北邊騎士也。」則漢人固亦僅視為「比於吏」，非眞正之「吏」也。此種鄉官實為秦漢時代地方政制一大特色。然此又與今日所謂地方自治有別，必欲釋以新辭，則縣三老近於縣參議長，鄉三老近於各鄉選出之縣參議員也。又有孝弟力田，亦鄉官也。茲並考論之。

褚補史記滑稽列傳，西門豹為鄴令，鄴三老廷掾為河伯取婦。似戰國時三晉已有縣三老。秦時鄉皆有三老，漢承之，見百官表。漢書高帝紀，二年二月詔云：

> 「舉民年五十以上有脩行能帥衆為善，置以為三老，鄉一人。擇鄉三老一人為縣三老，與縣令丞尉以事相教，復勿繇戍。以十月賜酒肉。」

漢代四百年縣鄉三老之制實定於此。惟不言舉者，考東觀記，秦彭為山陽太守，「擇民能率衆者以為鄉三老，選鄉三老為縣三老，令與長吏參職。」（後漢書本傳略同）此與高帝詔旨全同，而由郡守選任之；可補高紀所未備。又後漢書王景傳，樂浪人，「父宏為郡三老」，時在更始至建武初年。明帝紀，永平五年，帝在鄴，「常山三老言於帝曰…上生於元氏，願蒙優復。詔…復元氏縣田租更六歲。」是郡三老僅見之兩例，蓋非經制耳。

高紀云：「能帥衆為善。」文紀十二年詔亦云：「三老衆民之師」。「令各率其意以道民」。武帝紀，元狩六年亦云：「遣博士大等分循天下，…諭三老孝弟以為民師。」故百官表書其職云「三老掌教化」。續志詳之云：「三老掌教化。凡有孝子順孫貞女義婦讓財救患及學士為民法式者，皆扁表其門以興善行。」而司馬相如諭巴蜀檄有「遣信使…讓三老孝弟以不教誨之過」之語。

關於三老之地位性質，最足表徵者有三事：

一、高紀「與縣令丞尉以事相教。」其非佐吏甚明。蒼頡廟碑，縣三老鄉三老列冠縣吏之前。是政府重之也。劉盆子傳：「樊崇起兵於莒…自號三老。…衆既寖盛，乃相約，…最尊者號三老，次從事，次卒史。」是民間重之也。

二、地方吏民向中央有所申請由三老領銜。如漢書王尊傳，為京北尹，免。「湖三老公乘輿等上書訟，…天子復以尊為徐州刺史。」又為東郡太守，「吏民佳壯尊之勇節。白馬三老朱英等奏其狀，加賜黃金二十斤。」京房傳，焦延壽補小黃令，「愛養吏民，化行縣中，舉最當遷，三老官屬上書願留讚。有詔許增秩留。」劉向傳，周堪為河東太守。詔曰：「堪治未期，而三老官屬有識之士詠訟其美。」後漢書寒朗傳：「遷濟陽令，以母喪去官，百姓追思之。章和元年，上東巡狩過濟陽，三老吏人上書陳朗前政治狀。…詔三府為辟首。」皆其例也。足徵其性質近乎民意代表。

三、三老亦有印，詳兩漢金石記卷五。而高紀「以十月賜酒肉」。秦彭傳亦云「常以八月致酒肉以勸勉之。」諸紀中亦常有賜布帛之詔，似無祿者。蓋以民官故有印無祿耳。

又有孝弟力田亦鄉里民官也。惠帝紀，四年春正月，「舉民孝、弟、力田者，復其身。」高后紀，元年二月「初置孝、弟、力田，二千石者一人。」錢大昕曰：「二千石謂郡國守相也，案其文義當是二千石各一人，言令各舉一人也。」是其制萌於惠帝，定於呂后。二十二史劄記二：「孝與悌又稍有差別。文帝賜三老孝者帛人五匹，弟及力田人一匹。武帝賜縣三老孝者帛人五匹，鄉三老弟者力田人三匹。元帝詔賜三老孝者帛人五匹，弟者力田人三匹。」此西漢制。東漢蓋混孝弟為一，如孝廉然。據高后紀，孝、弟、力田亦由二千石擇任。循吏文翁傳：「修起學官於成都市中，招下縣子弟以為學官弟子…高者以補郡縣吏，次為孝弟力田。」此其證也。惟據此，全任二千石私意，不必實。其時制度始創便如此，以後更無論矣。

方三老孝弟力田制度之始創也，無定員，而郡縣亦少擇任應令者，故文帝紀十二年詔云：

「孝弟天下之大順也，力田為生之本也，三老眾民之師也，廉吏民之表也。朕甚嘉此二三大夫之行。今萬家之縣云無應令，豈實人情，是吏舉賢之道未備也。其（略）以戶口率置三老孝弟力田常員，令各率其意以道民焉。」

以戶口率置常員，可視為高帝高后詔令之重要補充條文。且由此詔可知孝弟力田之性質與三老全同，惟地位較低，不與縣令丞尉參職相教耳。

漢人最重孝行，故置孝弟以敦風俗，經濟政策以重農為中心，故置力田以勵生

產，至於三老乃庶民之師率與代表。其意義皆極重大，中央亦極重視，故高紀「復勿繇戍」。平準書，輕車不算。而賜爵賜帛見於帝紀者尤多，茲簡錄於次：

文帝紀，十二年，遣謁者勞賜三老孝者帛人五匹，悌者力田二匹。　武帝紀，元狩元年，賜縣三老孝者帛人五匹，鄉三老弟者力田帛人三匹。　宣帝紀，元康元年，大赦，賜爵民一級，加賜三老孝弟力田帛。四年，賜天下吏爵二級，民一級，加賜三老孝弟力田帛人二匹。　元帝紀，初元元年，賜三老孝者帛五匹，弟者力田三匹。五年，同。永光二年，大赦，賜三老孝弟力田帛。建昭五年，同。　成帝紀，建始元年賜三老孝弟力田鰥寡孤獨錢帛各有差。三年，大赦，賜孝弟力田爵二級。河平四年，同。綏和元年，賜三老孝弟力田帛各有差。　哀帝紀，帝即位，賜三老孝弟力田帛。〔以上西漢〕　明帝紀，帝即位，賜天下男子爵人二級，三老孝弟力田人三級。永平三年，立皇后太子，賜同前。十二年，賜同前。十七年，西域諸國遣子入侍，賜同前。　章帝紀，帝即位，賜民爵人二級，為父後及孝弟力田人三級。建初三年，立皇后，賜爵人二級，三老孝弟力田人三級。四年，立太子，賜同前。　和帝紀，永元八年，立皇后，賜同前。十二年，有災異，賜同前。元興元年立太子，賜同前。　安帝紀，永初三年，帝加元服，賜同前。元初元年，改年號，賜同前。延光元年，改元大赦，賜同前。　順帝紀，永建元年大赦，賜男子爵民二級，為父後三老孝弟力田三級。四年，帝加元服，賜為父後三老孝弟力田人二級。陽嘉元年，立皇后，賜爵民二級，三老孝弟力田三級。　桓帝紀，建和元年，帝即位，大赦，賜爵民二級，為父後及三老孝弟力田三級。　獻帝紀，建安二十年，立皇后曹氏，賜天下男子爵人一級，孝弟力田二級。〔以上東漢〕

據此，其事蓋始於文帝，至元成之世始漸多，然尚無定制。至東漢，凡國有大慶例賜爵視凡民為多。及漢末，漸少見，至三國，此典始廢，蓋軍旅之際，無暇及此，而率民參政之鄉官制度亦從此衰矣。

七、上 計 制 度

科學化之行政，在求「計劃」「執行」與「考績」三種行政之完備與協調，是稱三

聯制。秦漢法制，就一般言之，雖計劃與執行不若何清析，然考績則有上計與監察之制，蓋猶封建時代述職巡狩之遺意焉。先言上計。

（１）　上計制之起源　　古者封建時代，天子巡狩，諸侯述職，以考績效。自春秋戰國之際集權國家逐漸形成，於是諸侯述職之制一變爲上計之制。韓子外儲右下：「田嬰相齊，人有說王者曰，終歲之計，王不以數日之閒自聽之，則無以知吏之姦邪得失也。王曰善。…田嬰令官具押券斗石之計，王自聽計，計不勝聽。」是至遲戰國時有歲計之政也。又外儲左下：「西門豹爲鄴令，…甚簡左右，…居期年上計，君收其璽。…豹因…急事左右，期年上計，文侯迎而拜之。」是縣令直上計於國君也。韓子難二：「李克治中山，苦陘令上計而多入。」是縣令上計於郡守也。史記范雎傳：「昭王召王稽，拜爲河東守，三歲不上計」。是郡守上計於國君也。蓋古者封建時代，天子巡狩，諸侯述職，以考績效。自春秋戰國之際，封建制度逐漸崩潰，郡縣行政日漸形成，於是諸侯述職之制，一變而爲上計之法。其事例於每年歲終爲之，縣直屬於國君者，上計於國君，縣隸屬於郡者，上計於郡守，郡守再上計於國君。蓋其時地方行政，一級與二級相參，故上計制度亦一級與二級相參也。

（２）　漢代兩級計制及其時期　　續志述郡太守職云：「歲盡，遣吏上計。」是郡國上計於中央也。志又述縣令長之職云：「秋冬集課上計於所屬郡國。」是縣道上計於郡國也。蓋西漢地方行政爲兩級制，故上計制亦爲兩級。而續志又述州刺史之職云：「初歲盡詣京都奏事；中興，但因計吏。」又明帝永平九年，詔司隸刺史舉墨綬尤異，與計偕上。是州刺史亦上計矣。然無礙於郡縣兩級計制也。

關於郡國上計於中央之情形，材料甚多，詳後各條。至於縣道上計於郡國，續志注引胡廣曰：「秋冬歲盡，（縣）各計縣戶口、墾田、錢穀入出、盜賊多少，上其集簿；丞尉以下歲詣郡課校其功。功多尤爲最者，於廷尉勞之勉之，以勸其後；負多尤爲殿者，於後曹別責，以糾怠慢也。諸對辭窮尤困，收主者掾史，關白太守，使取法丞尉縛責以明下轉相督勅，爲民除害也。」其見於行事者：漢書尹翁歸傳：「翁歸治東海，收取人必於秋冬課吏大會中。」蕭育傳：「爲茂陵令，會課，育第六。而漆令郭舜殿，見責問。育爲之請。扶風怒曰：君課第六，裁自脫，何暇欲爲左右言？」此其例也。

　　關於上計時間，前引各條或云歲盡，或云秋冬，或云秋冬歲盡，而續志注引盧植禮注云：「計斷九月，因秦以十月爲正故也。」所謂「計斷九月」者，蓋一年政事以九月底爲結束，是課計舉行當在年冬，所謂歲盡也。此種計政一年一度如戰國時，至爲明顯。而前引秦時王稽爲河東守，不上計者三年，朝廷始以爲異。又漢書嚴助傳：「爲會稽太守，數年不聞問，…上書願奉三年計最。」後漢書西南夷傳：「更始二年，長貴自立爲邛穀王，領太守事。…建武十四年…遣使上三年計。」是漢代邊遠之郡亦有三年上計者。按崔寔政論：「漢法亦三年一考察治狀。」（全後漢文四六）蓋漢制每年一小考績，三年一大考績，故每年一上計，特殊情形下，亦不能遲過三年也。

　　（3）　計簿內容　　續志注引胡廣曰：「秋冬歲盡，各計縣戶口、墾田、錢穀入出、盜賊多少，上其集簿。」據此，計簿內容大略可知。又武帝功臣侯表，衆利侯郝賢，爲上谷太守，入戍卒財物計謾。續志宗正節：「郡國歲因計上宗室名籍，若有犯法當髠以上，先上宗正。」韓子難二：「李克治中山，苦陘令上計而多入。李克曰：無山林澤谷之利而入多者謂之窕貨，君子…不受窕貨。」韓子又自論之曰：「利商市關梁之行，能以所有致所無，客商歸之，外貨留之…則入多。…夫無山林澤谷之利，入多，因爲之窕貨者，無術之言也。」續郡國志吳郡海鹽縣，劉昭注：「案今計偕簿，縣之故治，順帝時陷而爲湖，今謂之當湖。」（當承漢制）則宗室狀況，斷獄情形，兵戎戍卒，山林澤谷之饒，關梁貿易之利，以及地理變遷無不入簿。然則蓋凡地方一切情形無不入計簿者。

　　（4）　奉計使者　　上計使者，時代先後，頗有不同。封建時代，述職之制，諸侯自行，故上計法之初行也，亦由主管長官自奉計簿送於中央，如前引韓子，西門豹爲鄴令，自上計於文侯，是也。

　　兩漢之制，先後頗異。漢官儀：「八月，太守都尉令長丞尉會都試，課殿最。」（續志注引。有都尉，是西漢制，故紀昀輯入漢官舊儀），及前引蕭育傳，均足徵西漢時代縣道上計於郡國皆令長丞尉自行也。漢舊儀又曰：「哀帝…以丞相爲大司徒，郡國守丞長史上計事竟，遣公出庭上親問百姓所疾苦。…勅曰，詔書殿下禁吏無苛暴，丞長史歸告二千石，順民所疾苦。」「御史大夫勅上計丞長史曰：…守丞長史到郡，與二千石同力爲民興利除害。」（續志司徒司空下注引）又漢書王成傳，宣帝「詔使丞

相御史問郡國上計長吏（史）守丞以政令得失。」黃霸傳：「京兆尹張敞…奏霸曰：竊見
丞相請與中二千石博士雜問郡國上計長史守丞，爲民興利除害成大化條。」又奏曰：
「宜令貴臣明飭長史守丞歸告二千石。」是西漢郡國上計於中央，由郡丞國長史代行，
固無疑矣。而據朱買臣傳，郡上計者除丞外，尙有掾史，此亦必然之事實也。

　　東漢之制，略從省簡，前引胡廣云：「秋冬歲盡，…縣…上其集課，丞尉以下歲
詣郡課校其功。」是縣道上計於郡國，但遣丞尉以下，令長不自行也。至於郡國上計
於中央，東漢史籍絕不見有郡丞國長史奉上計簿於中央者；而遣地位較高之掾史謂之
計掾、計史、計佐奉達計簿於中央之記載，時見紀傳。如應奉傳注引謝承書：「奉少
爲上計吏，許訓爲上計掾，俱至京師。」魏志邴原傳注引原別傳：「孔融在郡，教選
計當任公卿之才，乃以鄭玄爲計掾，彭璆爲計史（原譌爲吏），原爲計佐。」華陽國志
巴志，桓帝時，郡文學掾上書郡守，請奏分郡爲二曰：「乞以文書付計掾史。」是稱上
計掾史奉計之例也。又趙壹傳，舉郡上計，宏農太守皇甫規稱之爲計史。華陽國志漢
中士女志，程苞，光和二年上計吏。楊終傳疏證引論衡，「子山（蜀郡人）爲郡上計
吏，見三府，爲哀牢傳。」是稱上計吏奉計之例也。上許掾史爲郡國少吏，固矣；卽
上計吏亦掾史佐史之統稱耳。（前漢上計吏兼指守丞長史而言，見黃霸傳）何者？載
籍所見凡言舉上計吏，皆本郡人，上述趙壹、楊山、程苞，亦皆以郡人爲本郡計吏，
是計吏爲太守自辟之屬吏不包括朝命之守丞長史而言，甚明。且張堪傳：「帝（光武）
嘗召見諸郡計吏問其風土及前後守令能否，蜀郡計掾樊顯進曰：漁陽太守張堪昔在
蜀」云云。東觀記同。問計吏，而計掾對，知掾上並無丞長史也。又觀後引諸條，則
朝廷大典亦但見上計掾史參與其事，而不見有丞與長史焉。然則東漢郡國上計於中
央，但遣少吏掾史，而守丞長史不行，必矣。此種上計掾史係臨時選遣代表守相送計
中央，故皆選任才俊，地位甚崇，中央亦特加重視，時或與孝廉同科得拜郎除官，詳
拙作秦漢郎吏制度考除郎途徑節。以其臨時選遣，故不具常員常曹，是以續志述郡國
右曹甚詳，竟不著錄。

　　（5）　上計吏之職事　　上計者非但奉達計簿而已，而且一方面代表守相參與朝
會，備詢政俗；一方面承中央詔勅，宣達於守相，以爲行政之準則。　關於前者，東觀
記明帝紀：「永平元年，帝卽阼，…踰年正月，乃率諸王公主外戚郡國計吏上陵，如

會殿前禮。」續禮儀志上：「正月…東都之儀，百官四姓親家婦女公主諸王大夫外國朝者侍子郡國計吏會陵…君臣受賜畢，郡國上計吏以次當神軒占其郡國穀價，民所疾苦。……最後親陵遣計吏。」是參與朝會及其他大典也。而漢書王成傳：「宣帝…詔使丞相御史，問郡國上計長史守丞以政令得失。」續志注引漢舊儀：「郡國守丞長史上計事竟，君侯出坐廷上，親問百姓所疾苦。」張堪傳：「帝（光武）嘗召見諸郡計吏，問其風土及前後守令能否。」漢中士女志：「光和二年…巴郡板楯反，…天子訪問益州計吏，考以方略。」溫水注引范泰古今善言：「日南張重擧計入洛，正旦大會，明帝問日南郡北視日邪？重曰，日亦俱出於東耳，至於風氣暄暖，日影仰當，官民居止，隨情面向，東西南北，廻背無定，人性凶悍，果於戰鬪，便山習水，不閑平地。」云云。是備詢政俗也。　　關於後者，觀續古文苑五元壽二年丞相遣郡國計吏勑與御史大夫遣郡國計吏勑（續志司徒司空節注引漢舊儀略同），最足徵知。丞相勑曰：「詔書殿下，禁吏無苛暴，丞長史歸告二千石」云云，大意謂擇良吏，順民隱，勸農桑，贍乏絕，務節儉，恤疾病，無事厨傳繕修亭舍；文長不錄。御史大夫勑曰：「詔書殿下，布告郡國，臣下承宣無狀，…百姓不蒙恩被化。守丞長史到郡，與二千石同力爲民興利除害」云云，大意謂擧茂才，去貪吏，愼刑罰，禁奢侈，省善惡，去盜賊；文長不錄。又漢書黃霸傳，宣帝時，張敞奏曰：「宜令貴臣明飭長史守丞歸告二千石，擧三老孝弟力田孝廉廉吏，務得其人，郡事皆以善法令檢式；毋得擅爲敎條。」天子嘉納其言，召上計吏，使侍中臨飭如敞意指。此亦其證。按，此種禮式，至魏晉南朝仍存在，見晉書王渾傳、隋書禮儀志。

（6）　中央治計機關　　中央治計之詳情已難確考。按前引韓子外儲右下，田嬰相齊，人或說齊王自聽計；嬰不悅，故煩其事。是戰國時代，聽計爲相國之職，國君自聽乃特例也。至於漢代，張蒼傳云：「封北平侯，…遷爲計相，一月，更以列侯爲主計，四歲。是時，蕭何爲相國，而蒼乃自秦時爲柱下御史，明習天下圖書計籍…故令蒼以列侯居相府領主郡國上計者。」匡衡傳，爲丞相，「郡…上計簿，更定圖言丞相府。衡…曰主簿陸賜…曉知國界，署集曹掾。明年治計時…賜與屬明擧計。」又：「衡位三公輔國政，領計簿。」是西漢治計實丞相職也。又後漢書趙壹傳：「是時司徒袁逢受計，計吏數百人皆拜伏庭中。」是東漢受計之權仍在司徒。然漢律輯證引周禮

司會注，司會主天下之大計，計官之長，若今尙書令。疏，漢之尙書亦主大計。此當是東漢制度。蓋形式上仍歸司徒，實由尙書主之耳。

（7）　計政流弊與京房「考功課吏法」　　以上所述乃上計行政之大略也。然以法制疏略，易爲欺謾，故宣帝紀黃龍元年詔曰：「方今天下少事，繇役省減，兵革不動；而民多貧，盜賊不止，其咎安在？上計簿具文而已，務爲欺謾，以避其課。…御史察計簿，疑非實者按之。」貢禹傳亦奏云：「郡國…擇便吏書習於計簿能欺上府者以爲右職。…故…欺謾而善書者尊於朝。」是西漢時代，流弊已如此矣。如武帝功臣侯表，衆利侯郝賢，元狩二年，坐爲上谷太守入戌卒財物計謾，免。是其例。元帝時，京房有見於此，故奏「考功課吏法」。本傳載其事云：

> 「永光建昭間，…數召見問。房對曰：古帝王以功舉賢，則萬化成；…末世以毀譽取人，故功業廢…。宜令百官各試其功…。詔使房作其事。房奏考功課吏法。上令公卿朝臣與房會議溫室；皆以房言煩碎，令上下相司，不可許。上意向之，…令房上弟子曉知考功課吏事者，欲試用之。房上中郎任良、姚平，願以爲刺史，試考功法，臣得通籍殿中，爲奏事，以防壅塞。…石顯、五鹿充宗皆疾房，欲遠之。建言，…以房爲魏郡太守，秩八百石居，得以考功法治郡。房自請願無屬刺史，得除用他郡人，自第吏千石以下，歲竟，乘傳奏事。天子許焉。」注引晉灼曰：「令丞尉治一縣，崇敎化亡犯法者輒遷。有盜賊滿三日不覺者，則尉事也，令覺之自除，二尉負其皋。率相準如此法。」

其後京房雖多方努力求考功課吏法之普遍推行，然以丞相韋元成、中書令石顯等權貴之撓阻，故房卒以身殉法，而法蓋亦永未施行矣。

八、監察制度

（一）　刺史制度之演變

漢置州刺史監察郡國行政，爲中國史上有名之優良制度，故古今論者極衆，而顧頡剛師兩漢州制考與勞貞一先生兩漢刺史制度考論之尤詳。拙作原書於刺史制度愧無進一步之研究，今從刪削。惟刺史制度之演變關係漢代地方行政權之消長者極大，故仍就其演變略贅數言。

　　縱的監察制度實起於中央集權之發展。戰國之世，諸國漸成中央集權之國家，監察制度因緣萌芽，故有遣御史副御史監察屬縣者，前於第一章已略述之。

　　漢代刺史督察制度之演變，可分爲五個時期。

　　通典三二：「秦置監察御史，漢興省之。(按此據百官表。又按以上爲第一階段)。至惠帝三年又遣御史監三輔郡(按此據漢舊儀及漢官解詁，書鈔引之)，察詞訟，所察之事凡九條(按九條詳玉海六五引唐六典)，監者二歲更之，常以十月奏事，(以上據漢舊儀，見書鈔引)，十二月還監。其後諸州復置監察御史。(按以上爲第二階段)。文帝十三年，以御史不奉法，下失其職，乃遣丞相史出刺，並督監察御史。(按此據漢舊儀。又按以上爲第三階段)。」按此種出刺之吏實爲丞相東曹掾。漢舊儀，丞相「東曹九人，秩六百石，出督州爲刺史。」是也。大抵因時出刺，地無定域，是第一期也。

　　景武之世，中央深娛郡國二千石之專斷、豪彊之縱橫、封君之驕縱；武帝元封五年乃分全國爲十二三州，確定丞相史出刺爲定制，假印綬有常治所，是爲州刺史，事見漢舊儀與百官表(舊儀云，元年止御史不復監)。百官表注引漢官典職儀云：「刺史班宣，周行郡國，省察治狀，黜陟能否，斷治冤獄，以六條問事，非條所問卽不省：一條，強宗豪右田宅踰制，以強凌弱，以衆暴寡。二條，二千石不奉詔書遵承典制，倍公向私，旁詔守利，侵漁百姓，聚斂爲姦。三條，二千石不恤疑獄，風厲殺人，怒則任刑，喜則淫賞，煩擾刻暴，剝截黎元，爲百姓所疾，山崩石裂，祅祥訛言。四條，二千石選署不平，苟阿所愛，蔽賢寵頑。五條，二千石子弟恃怙榮勢，請託所監。六條，二千石違公下比，阿附豪強，通行貨賂，割損正令。」觀此六條以郡國二千石及豪彊爲督察對象，最爲明顯。然其職限於督察，倘或干預郡國行政，則爲非法，參鮑宣傳可知。此可視爲標準刺史制度時代，是第二期也。

　　其後刺史所察日廣，上至藩王(十七史商榷一四刺史察藩國條)，下至墨綬令長(朱博傳)，皆在督察之列。且以刺舉權重，守相側目，於是刺史越詔干政者時時有之。成帝時，薛宣上疏曰：「吏多苛刻，政敎煩碎，大率罪在刺史，或不循守條職，舉錯各以其意，多與郡縣事。至…譴呵及細微，責義不量力，郡縣相迫促，亦內相刻。」(本傳)。何武・翟方進奏曰：「今部刺史，牧伯之位，秉一州之統，選第大吏，所薦位高至九卿，所惡立退，任重職大。」(朱博傳)。皆不虛也。威權既日隆，地方官化

之程度亦日深，故成帝綏和元年更爲牧伯。旋雖暫復爲刺史（哀帝建平二年），不久仍從牧伯之制（元壽二年），歷王莽至光武中葉皆以州牧統郡國，爲州郡縣三級行政制此第三期也。

及建武十八年，以四方既定，欲削地方政權以利中央統治，故復廢牧伯置刺史（續百官志），廢三級行政制復爲郡縣二級行政制。然奏事但因計吏（續志，光武紀十一年），常駐州部，無異地方官吏。且朱浮傳云：「舊制，州牧奏二千石長吏不任職者，事皆下三公，三公遣掾史案驗，然後黜退。帝（光武）時用明察，不復委任三府，而權歸刺舉之吏。浮上疏曰…竊見陛下疾往者上威不行，下專國命，卽位以來，不用舊典，信刺舉之官，黜鼎輔之任，至於有所劾奏，便加退免，覆案不關三府，罪譴不蒙澄察，陛下以使者爲心腹，而使者以從事爲耳目，是爲尙書之平，決於百石之吏。」此雖建武初年事，然東漢始終不任三公，則雖改州牧爲刺史，至於奏事亦未必盡如西漢下三府按驗也。是刺史之名雖復西京之舊，然其性質地位介於行政官與監察官之間，與武帝所制純監察性之刺史制度，頗有殊異，此第四期也。

東漢中葉以降，郡國守相之權力益弱，地位益低，刺史對於郡縣長官之黜陟進退權又益加重。蘇章傳：「順帝時遷冀州刺史。故人爲淸河太守，章部案其姦臧，乃請太守爲設酒肴，陳平生之所好甚歡。太守喜曰，人皆有一天，我獨有二天。章曰，今夕蘇孺文與故人飮者，私恩也；明日冀州刺史案事者，公法也。遂舉正其罪。州境知章無私，望風畏肅。」太守德刺史擬之如天，可想見其畏憚之情。至於令長，若遇嚴刻刺史莅部，更多解印綬去者（詳朱穆傳、賈琮傳）。且其時內郡則盜賊蝟起，邊州則外族頻侵，均非一郡之力所能淸緝抗禦，故刺史得因時制宜，統軍經武，至於民財庶政亦多責成刺史，此多明著紀傳，非西漢所嘗有者。其黜陟及軍民之權如此，視西漢末之州牧猶有過之，名爲刺史，實州牧矣，惟秩次卑下耳。及黃巾亂起，劉焉因緣建策，復牧伯之制，淸簡名臣鎭安方夏，此不過予既成之事實以法律之追認而已。是第五期也。

（二）　州　　從　　事

蕭何傳，爲沛主吏掾，秦御史監郡者與從事，辨之。王尊傳注引如淳曰：「漢儀注，刺史得擇所部二千石卒史與從事。」是從事本爲動詞。而應劭漢官儀：「元帝時，

丞相于定國條州大小爲設吏員：治中、別駕、諸部從事。」（御覽二六三）及其他見於
諸傳者，皆爲官名。蓋出督之官，本無屬吏，但擇郡縣屬吏與從事而已；其後形成定
制，遂因從事之名。而續志作從事史，碑傳亦頗常見（後漢書西南夷傳、范式碑、黃
龍甘露碑等），蓋本以卒史從事，故名（郞中王政碑有從事掾，掾史一也）；從事特其
省稱耳。續志，「皆州自辟除。」觀兩書列傳無例外者。據漢官儀，于定國定制時「秩
皆百石。」續志同。位次於從事者有假佐。王尊傳，司隸遣假佐放云云。是西漢已
然。續志，司隸有從事史十二人，假佐二十五人，其分職組織略如下式（△爲假佐）

司隸校尉 ────────△主簿‥‥‥‥‥‥‥‥‥‥‥‥‥錄閣下事，省文書。
　　　　　　├─都官從事史（一人）──△都官書佐‥‥‥‥察擧百官犯法者。
　　　　　　├─功曹從事史（一人）──△功曹書佐‥‥‥‥主州選署及衆事。
　　　　　　├─別駕從事史（一人）‥‥‥‥‥‥‥‥‥‥校尉行部，則奉引錄衆事。
　　　　　　├─簿曹從事史（一人）──△簿曹書佐‥‥‥‥主財穀簿書。
　　　　　　├─兵曹從事史（一人）‥‥‥‥‥‥‥‥‥‥有兵事則置，主兵事。
　　　　　　├─部郡國從事史（每郡國各一人）──△典郡書佐‥主督促一郡國文書，察擧非法。
　　　　　　├────────△孝經師‥‥‥‥‥‥主監試經。
　　　　　　├────────△月令師‥‥‥‥‥‥主時節祠祀。
　　　　　　├────────△律令師‥‥‥‥‥‥主平法律。
　　　　　　└────────△門亭長‥‥‥‥‥‥主州正門。

他州略同，惟功曹曰治中，又無都官之職而已。都官既爲諸州所無，且職在監察中
朝百官，與地方無涉，今姑摒而不論。其他可考見於他處可資稍詳研究者有別駕、
治中、兵曹、部郡國諸從事及主簿；漢末又有從事祭酒及議論典學諸從事爲續志所不
載；今並述之如次：

（1）主簿　　州主簿又見於濟水注引沇州刺史薛君碑、蜀志先主傳、杜微傳及
魏志蔣濟傳。以三公及郡縣主簿例之，雖地位甚低，然「錄閣下事」，職最親近。

（2）別駕從事史　　衞宏漢舊儀上：「丞相刺史常以秋分行部，…乘傳到所部
郡國，各遣吏一人迎界上，得載別駕，自言受命移郡國，與刺史從事，盡界罷。」則
別駕乃與刺史別乘之謂，蓋刺史屬吏之最早有者。元帝時于定國定員，遂爲恆制。其

職既主奉引錄衆事，故爲州之重職。庾亮答郭遜書云：「別駕：舊典，與刺史別乘，周流宣化於萬里者；其任居刺史之半。」(御覽二六三引)。豫章烈士傳云：「別駕車前後舊有屏星如刺史車曲翳儀式。」位任車飾如此，所云舊典諒卽漢制。據此而言，不啻刺史之副矣。故於州吏中地位最高。

關於州吏地位，亦可考論。蜀志龐統傳：「魯肅遺先主書，龐士元非百里才也，使處治中別駕之任，始當展其驥足耳。」法正傳，張松爲益州別駕，而正說先主，謂松爲州之股肱。魏略，袁尙領冀州牧，以審配爲別駕，特爲謀主(賈逵傳注引)。可知別駕治中地位最崇。而仕州者又多由主簿、部郡從事而治中、別駕。如蜀先主傳，荆州主簿殷觀以功遷別駕。論衡自紀，辟揚州，歷部丹陽、九江、廬江，入爲治中。馮緄碑，以部廣漢從事入爲別駕、治中。侯成碑，歷部東平、泰山，入爲治中。此亦足證其位序。至比較別駕治中之地位，頗難判其高低。至漢末，別駕似在治中上，前引「謀主」「眩股」之言足爲旁證；而管輅別傳：「冀州刺史裴徽…檄召輅爲文學從事。…再相見，便轉爲鉅鹿從事；三見轉治中；四見轉別駕；至十月舉爲秀才。」(魏志管輅傳注引)，是別駕高於治中之明證矣。

（3）治中從事史　前引漢官儀，元帝時于定國定州吏員，已有治中。於司隸則爲功曹從事，見續志。續志云：「功曹從事主州選署及衆事。」按益都耆舊傳：「柳伯騫爲治中，…其所拔進皆世所稱，致爲牧守。」是主選署也。傅燮傳，涼州刺史耿鄙委任治中程球。是綱紀衆事也。則其職有類郡縣功曹，故於司隸曰功曹耳。又續志述別駕之職云，「校尉(刺史)行部，則奉引錄衆事。」似職主外，而治中主內，然則「中」者當以漢官通例之「中」釋之(如侍中、郎中)，謂內中，與周禮治中指簡册簿書而言者，蓋不相涉。

東漢末葉州牧時代，或置東曹掾，或且置長史，如魏攸爲幽州牧劉虞東曹掾(魏志公孫瓚傳注引魏氏春秋)，傅巽爲荆州牧劉表東曹掾(表傳)，耿武爲冀州牧韓馥長史(魏志袁紹傳)，是也；蓋仿公府將軍而置之。

（4）部郡國從事史　續志云「郡國各一人，主督促文書，察舉非法。」按漢官儀，此職亦定於于定國。又朱博傳，遷冀州刺史，行巡郡國，使從事告吏民曰：「其民爲吏所寃及言盜賊辭訟事，各使屬其部從事。」是西漢部從事之職已如此矣。惟

東漢剌史權重於西漢，部從事之權似亦較重。如後漢書戴就傳，會稽人，「仕郡倉曹掾。揚州刺史歐陽參奏太守成公浮臧罪，遣部從事薛安案倉庫簿領，收就於錢塘縣獄，幽囚考掠，五毒參至。就慷慨直辭，色不變容。…安深奇其壯節，…表其言辭，解釋郡事。」史弼傳：「（部平原）從事大怒，即收郡僚職送獄。」此猶收繫郡國屬吏而考按之也。又橋玄傳，「豫州刺史周景行部，…玄謁景，因伏地言陳相羊昌罪惡，乞爲部陳從事，窮案其姦。景署而遣之。玄到，悉收昌賓客，具考臧罪。…大將軍梁冀…馳檄救之，景承旨召玄，玄還檄不發，案之益念，昌坐檻車徵。」史弼傳，爲平原相，不舉鉤黨，「（部郡）從事遂舉奏弼，會黨禁中解，弼以俸贖罪得免。」吳志劉繇傳，「州辟部濟南。相中常侍子，貪穢不循，繇奏免之。」是奏免守相矣。又吳志潘濬傳：「劉表辟爲部江夏從事。時沙羨長贓穢不修，濬按殺之，一郡震竦。」是更按殺長吏矣。權重如此，故頌任此職者稱其「務鉏民穢」，威動郡縣。如樊敏碑：「嘗爲治中諸部從事，舉直錯枉，…彈譏糾貪，務鉏民穢。」苑鎭碑，爲部江夏從事，「過郡歷縣，莫不雲披風靡，畏威懷德。」是其例。

漢制，監察之任不能自監本籍，刺史督郵皆然，別有論證。部郡從事爲刺史所辟之屬吏，自爲本州人，此稍深於漢史者類能言之；所當考證者，部郡從事是否能用所督察之本郡國人耳。玆並魏晉之制亦連類及之。按漢魏兩晉關於此類行政，是否有成文之法規，不可得知，縱有成文，現亦湮沒不可考，故僅能廣搜事例以明之。今考：趙無忌，司隸京兆人，爲部河東從事，（趙岐傳並注）；橋玄，豫州梁國人，爲部陳國從事，（本傳）；侯成，兗州山陽人，歷任部泰山、東平兩郡從事，（本碑）；劉繇，青州東萊人，爲部濟南從事，（吳志本傳）；苑鎭，荆州南陽人，爲部江夏從事，（本碑）；潘濬，荆州武陵人，爲部江夏從事，（吳志本傳）；樊仲，荆州南陽人，爲部武陵從事，（吳志潘濬傳注引江表傳）；鍾離意，揚州會稽人，爲部九江從事，（御覽二六五引意別傳）；王充，揚州會稽人，前後歷任部九江、丹陽、廬江三郡從事，（論衡自紀）；馮緄，益州巴郡人，爲部廣漢從事，（本碑）；酈炎，幽州涿郡人，爲部右北平從事祭酒，（全後漢文八二炎集遺令篇）。以上東漢十一人，凡十四任。楊洪、費詩，皆爲益州犍爲人，洪爲部蜀郡從事，詩爲部永昌從事，（蜀志各人本傳）。以上蜀漢二人二任。管輅，冀州平原人，居清河郡，爲部鉅鹿從事，（魏志本傳）；山濤，司

州河內人，爲部河南從事，（晉書本傳。按世說新語政事篇注引虞預晉書作河內從事；然檢御覽二六五引王隱晉書，亦作河內人爲河南從事。預書誤。）；王濬，司州弘農人，爲部河東從事，（晉書本傳）。以上魏世三人，三任。王接，司州河東人，爲部平陽從事，（晉書本傳）；趙至，幽州遼西人，爲部遼東從事，（晉書本傳及世說新語言論篇注）；石邁，樂陵國厭次縣人（晉志，國屬冀州。按此爲太康時版籍；邁仕在西晉末，此國毗鄰青州），爲青州部濟南從事，（本所藏西晉石尠墓誌）。以上西晉三人，三任。謝鸞，揚州某郡人，但非吳興人，而爲部吳興從事，（御覽二六五引王丞相集）；羅含，荊州桂陽人，爲部江夏從事，（晉書本傳）；孟嘉，江州江夏人（按東晉中葉割荊揚二州置江州，江夏郡本屬荊州，此時割屬江州，然江州不恆置），爲江州部廬陵從事，（晉書本傳）；雷煥，江州豫章人，其子爲部建安從事，（藝文類聚六〇引雷次宗豫章記）。以上東晉四人，四任。余遍搜載籍，任州之部郡國從事而郡籍可尋者僅得以上二十六任，皆爲本州人，而非所部之郡國人。就邏輯理論而言，此尚不足以證明絕對不用本郡人，然二十六例無一例外，則就事實而言，大體當有此限制甚明。

　　部郡國從事，各有書佐。續志云：「每郡國各有典郡書佐一人，各主一郡文書，以郡吏補，歲滿一更。」

　　（5）　兵曹及其他武職　　續志，有兵事，則置兵曹從事。而幽州牧朱浮辟郭涼兵曹掾（杜茂傳），董卓爲涼州兵馬掾，常徼守塞下（本傳）；蓋異稱也。又漢末張楊爲并州武猛從事（魏志本傳）。晉遂廣置此職（晉志）。又馬騰爲涼州刺史司馬（董卓傳）；州牧時代，司馬尤衆。如劉焉牧益州，立「前後左右部司馬，擬四軍統兵，位皆二千石。」（華陽國志劉二牧傳），又置別部司馬、督義司馬（蜀志焉傳）、帳下司馬（華陽志二牧傳、蜀志張裔傳）。劉備因之，有前左右後四部司馬，位在諸部郡從事上，（黃龍甘露碑）。其他又有校尉都尉等名目，如劉焉牧益州，有軍議校尉（法正傳）、助義都尉、褒義校尉（樊敏碑）；韓馥牧冀州，有都督從事（袁紹傳注引九州春秋）；劉表牧荊州，置綏民校尉（隸釋熊某碑）；是也。

　　建安中，司隸又有督軍從事，似亦主兵事。如典略，馬超「爲司隸校尉督軍從事，討郭援，破斬援首。」（蜀志本傳注引）是也。而益都耆舊傳雜記，何祗「爲（州）

督軍從事。時諸葛亮用法峻密，陰聞祗⋯不勤所職，常奄往錄獄⋯祗密聞之，夜張燈火，見囚讀諸解狀。諸葛晨往，祗⋯答對解釋無所疑滯。」又廣漢王離「亦以才幹顯，爲督軍從事，推法平當。」（蜀志楊洪傳注引）。又蜀志楊戲傳，「爲督軍從事，職典刑獄，論法決疑，號爲平當。」是職主刑獄矣。

（6）　議曹從事史　　漢末荆益有議曹，如劉備牧益州，以杜瓊爲議曹從事（蜀志瓊傳），蜀初，王國山爲荆州議曹從事（蜀志楊戲傳）。

（7）　五業、文學、勸學、典學、師友諸從事　　漢末，荆州牧劉表辟宋夷爲五業從事（藝文類聚三八及御覽六〇八引王粲荆州文學記官志、隋書經籍志），五業即五經也，觀魏略稱「河東樂詳五業並授」之語可知。裴徽爲靑州刺史，辟管輅爲文學從事（輅傳注引別傳）。劉備牧益州，以張爽、尹默、譙周爲勸學從事（先主傳及尹默譙周傳），以來敏爲典學校尉、周羣爲儒林校尉（皆本傳）。蜀時，蔣琬領益州刺史，徙譙周典學從事，「總州之學者」（本傳）。是皆教授之職也。又劉璋牧益州，辟周羣爲師友從事（本傳），譙岍亦爲師友從事（譙周傳），蓋尊稱矣。

（8）　從事祭酒　　漢末州牧刺史常置從事祭酒。如酈炎爲幽州右北平從事祭酒（全後漢文八二引炎集遺令篇），桓階爲荆州從事祭酒（魏志本傳），秦宓（蜀志本傳）、何宗（先主傳）、程畿（楊戲傳）皆於劉備牧益州時爲從事祭酒，蓋榮譽之散吏也。

九、任　遷　途　經

漢制特重地方官吏，中央大員皆由此進，故地方官吏之遷昇在整個行政組織之運用中佔重要地位。明乎此，則漢世治權寄付之允當，官吏階品之簡妥，上下內外之脈貫，人才運用之靈活，與夫中央統治之政策，地方吏治之優良，皆可卽此推申，思過半矣。然任遷之律，班表、續志例不敘載，應、蔡諸書但存片段，難可據以立論。今試掇拾漢人遷昇之迹，統計而例明之。大抵任何一官之補任途徑，據碑傳統計比例，與實際情形或較能相近；而居官者未必能遷昇，遷昇者未必能列傳或立碑傳世，故據碑傳論其遷昇之比例殊難精確；然大體情形仍可據此統計想像見之，如據碑傳，縣令遷守相都尉者幾佔能遷昇之半數，此與實際情形必相去甚遠，然縣令能直遷守相都尉，且爲一最優良最重要之途徑，則不誤也；誠可謂雖不中，亦不遠矣。（本章例證太多，姑

仍存綱目體原式以清眉目）。

（一）縣　　長　　吏

（甲）　除補　　縣道令長職最親民，補任頗愼。約其途徑，不外數端：曰孝廉三
署郎，曰公府掾，曰尚書郎、令史，曰侍御史、謁者，曰州茂才等是也。

三署郎出補縣長吏，漢初已然。其時郎吏主要來源爲任子與貲選，未必得賢。武帝始
從董仲舒議，使郡國歲貢孝廉拜郎中；集天下之賢才，加一番訓練，再使出牧百姓，
誠良制也。此制推行未替，東漢尤盛。

董仲舒傳，對策曰：「今之郡守縣令，民之師帥，所使承流而宣化；…是以陰陽
錯繆…黎民未濟，皆長吏不明使至於此也。夫長吏多出於郎中、中郎；吏二千石
子弟選郎吏，又以富貲，未必賢也。…臣愚以爲使諸列侯郡守二千石各擇其吏民
之賢者，歲貢各二人，以給宿衞。…夫如是，諸侯吏二千石皆得盡心於求賢，天
下之士可得而官使也。」班固曰：「州郡舉茂才孝廉皆自仲舒發之。」案其言是
也。漢初郎吏既出宰諸縣，此後郎吏之質雖易，而出補長吏如故。明帝紀：「館
陶公主爲子求郎，不許，而賜錢十萬。謂羣臣曰：郎官上應列宿，出宰百里，苟
非其人，則民受其殃。」桓帝紀，卽位，詔曰：「孝廉廉吏皆當典城牧民，禁姦
舉善，興化之本，恆必由之。」楊秉傳，延熹七年，諫曰：「太微積星，名爲郎
位，入奉宿衞，出牧百姓。」此泛言郎官出補長吏者。章帝紀，建初元年，「初
舉孝廉郎中寬博有謀任典城者，以補長相。」和帝紀，元興元年，「引三署郎，
召見禁中，選除七十五人，補謁者長相。」安帝紀，元初六年，詔「選孝廉郎寬
博有謀，清白行高者五十人，出補令長丞尉。」和帝紀，永元元年，「初令郎官
詔除者得占丞尉，以比秩爲眞。」此特詔總除之例也。以三署諸郎各分中郎、侍
郎、郎中三品，秩有等差（中郎六百石，侍郎四百石，郎中三百石），故出補縣令
長相丞尉亦有不同。傳中由孝廉郎吏出補者極常見。前漢，如劉輔爲襄賁令，何
武爲鄠令，召信臣爲穀陽長，公孫述爲淸水長；後漢，如度尙爲上虞長，劉陶爲
順陽長，賈彪爲新息長，劉寵爲東平陵令，第五訪爲新都令，孔僖爲臨晉令，皇
甫嵩爲顯陵令，宗意爲阿陽相，吳祐爲膠東相，延篤爲平陽相；皆顯例。

與三署郎性質相似者，如南北廬主事與三署主事亦出補令長；羽林郎出補丞尉。

應劭漢官儀：「光祿勳有南北廬主事、三署主事，於諸郎之中察茂才高第者爲之，秩四百石，次補尚書郎，出宰百里。」（唐六典卷一注引）。又：「羽林郎出補三百石丞尉，自占丞尉，小縣丞尉三百石、其次四百石。」（和帝紀注引）

公府掾爲中央實際治事之吏，亦出補令長。

　　按：安紀，元初六年，「詔三府選掾屬高第能惠利牧養者各五人⋯出補令長丞尉。」詔命僅此一見。而實例則甚多：前漢，如何並爲長陵令，朱博爲櫟陽令，嚴延年爲平陵令，陳遵爲郁夷令；後漢，如廉范爲溫令，楊震爲襄城令，周舉爲平丘令，班彪爲望都長，法雄爲平氏長，韓韶爲嬴長，趙歧爲皮氏長；皆由公府舉治劇舉茂才出補。西漢公府掾地位較高，故多補令；東漢公府掾地位低，故多補長。

尚書郎補長吏乃後漢事，蓋前漢但以郎給事尚書臺，至東漢始有尚書郎之專職故也。鄭宏傳：「建初初，爲尚書令。舊制，尚書郎限滿補縣長；令史，丞尉。弘奏以爲臺職雖尊，而酬賞甚薄，至於開選，多無樂者。請使郎補千石令（本脫令字），令史爲長。帝從其議。」自從遂爲定制。

　　按：漢官儀：「尚書令史滿歲爲尚書郎，出亦與郎同宰百里。」（唐六典卷一注引）。又云：「尚書郎，初入臺爲郎中，滿歲爲侍郎，五歲遷大縣令。」（鄭宏傳補注引）。蔡質漢儀：「尚書郎初從三署詣臺試，初上臺稱守尚書郎中，歲滿稱尚書郎，三年稱侍郎⋯，公遷爲縣令，秩滿自占縣。」（續志注引）。古令注：「永元三年七月，增尚書令史員，功滿未嘗犯禁者以補小縣墨綬。」（同上）。又案：如劉祐爲任城令，陽球爲高唐令，服虔爲高平令，陶謙爲舒令，皆由此徑。

侍御史親近執法之吏，秩六百石，平遷亦補縣令。

　　案此見續志注引蔡質漢儀。如杜詩補成臯令，衛颯補襄城令，雷義補南頓令，王渙補洛陽令，皆由此。

謁者近臣，出補縣令長及府丞長史。

　　蔡質漢儀：「（謁者）出補府丞、長史、陵令。」（續志注引）。十三州志：「謁者，秦官也。員七十人，皆選孝廉年未五十曉解賓贊者，歲盡，拜縣令長史（劉攽云衍史字）及都官府丞長史。」案：續志，謁者有常侍謁者比六百石，給事謁者四百石，灌謁者郎中比三百石。比秩出補，故或令或長或丞。

州牧刺史歲舉茂才，亦出補大縣令。

　　案此見衞宏漢舊儀上。如龔勝爲重泉令，薛宣爲宛句令，班彪爲徐令，王渙爲溫令，王忳爲郿令。

縣長吏補任之主要途徑，略如上述。其同爲長吏，以秩祿頗殊，故亦以次遷轉，如丞尉遷令長，縣長遷縣令，幾爲定則。

　　案：西漢縣令秩千石至六百石，長秩五百石至三百石，丞秩四百石至二百石；東漢略同。以次轉遷固宜。其例：前漢，如平當由順陽長遷栒邑令，馮野王由當陽長遷櫟令。後漢，如祭肜由偃師長遷襄賁令，桓鸞由已吾長遷汲令，法雄由平氏長遷宛陵令，度尚由上虞長遷文安令，周磐由任城長遷夏陽令，袁安由陰平長遷任城令。而漢碑所見，長例遷令，益其明徵。

遷任之途徑已明，今茲再綜合碑傳（以有本傳附傳及本碑者爲限），觀其比例：縣長之任以孝廉三署郎爲主，約佔全額二分一；公府掾次之，約四分一。縣令之任，以縣長及三署高級郎吏爲主，各佔五分一，或六分一；公府掾州茂才次之，各約十分一；尚書侍郎侍御史又次之，各約二十分一。觀乎此，則大略可曉。

　　（乙）　遷昇　　大抵縣令能遷昇者，以遷守相都尉爲重要途徑。就碑傳所見，約佔縣令他遷全額二分之一。

　　案：此但就碑傳而言，實際比例自不如此。其例：前漢，如茂陵令魏相遷守河南，虢令王尊遷守安定，長陵令何並、夏陽令馮野王皆遷守隴西，陽翟令趙廣漢遷京輔都尉，好畤令蕭咸遷淮陽內史，定陽令蕭由遷太原都尉。後漢，如襄賁令祭肜遷守遼東，溫令廉范遷守雲中，穀城令王堂遷守巴郡，酈令鄭宏遷守淮陽，郟令馮魴遷守魏郡，上蔡令宗均遷守九江，任城令袁安遷守楚郡，襄城令衞颯遷守桂陽，博平令周紆遷相齊國，宛令黃昌遷守蜀郡，高平令服虔遷守九江。

其次則遷司隸刺史爲多。

　　案：前漢，如王尊由郿令刺益州，蕭育由茂陵令遷司隸；後漢，如魯丕由新野令、法雄由宛陵令皆刺青州，牟融由豐令遷司隸，蘇章由武原令刺冀州，楊震由襄城令刺荊州，賈琮由京令朱雋由蘭陵令皆刺交阯，王渙由溫令刺兗州。

至其內遷，處機樞，可中郎將、尚書，且有擢至尚書令者。

　　案：如上蔡令耿國、黽池令周澤等遷中郎將，阿陽侯相宗意、堂邑令鍾離意等遷

尚書。遷尚書令惟見酇令周榮一人。

若處閒散，可諫議大夫，又與議郎對轉。其他轉遷尚多，不贅。

　　案：如襄賁令劉輔遷諫大夫，江陵令劉昆、蒙令檀敷、洛令李固與議郎對轉。

縣長除例遷縣令外，亦可超遷小郡太守。

　　案：如上蔡長召信臣、山都長龍伯高皆超爲零陵太守。

（二）　郡　國　守　相

（甲）　除補　　守相之任，西漢以守相佐官之都尉、中尉、內史爲多，約得守相全額三之一。

　　案：如義縱由河內都尉遷守南陽，田廣明由河南都尉遷守淮陽，王溫舒由廣平都
　　尉遷守河內，韋玄成由大河都尉遷守河南，尹翁歸由弘農都尉遷守東海，陳咸由
　　楚內史遷守北海，蕭咸由泗水內史遷守張掖，何武由楚內史遷守沛郡。

若合前後漢而言，仍以縣令爲主要途徑，約佔全額五六分之一。次則州刺史爲多，約
得十分一。

　　案：縣令遷守相例已見前。朱博傳，奏曰：「部刺史奉使典州，督察郡國。…故
　　事，居部九歲，舉爲守相，其有異材，功效著，輒登擢。」此言法制；實不必九
　　年也。其例至多，如黃霸由揚州守潁川，馬宮由青州守汝南，王尊由益州相東
　　平，又由徐州守東郡，謝夷吾由荊州守鉅鹿，李固由荊州守太山，楊震由荊州守
　　東萊，法雄由青州守南郡，度尚由荊州守桂陽，楊秉由兗州相任城。

其次，東漢則與尚書、尚書令、僕換轉爲多。出入各當十分一。

　　案：尚書秩低，次補二千石，明著應氏漢官儀（唐六典卷二注引）；其例自多。然
　　尚書秉機樞，人情樂任，故由守相內遷者亦衆，如伏湛由平原，馮豹由武威，欒
　　巴由沛相，种暠由南郡，張馴由丹陽，是也。又如魏朗由尚書出守河內，復入爲
　　尚書，兩無軒輊。令僕亦常出守郡國。如郭伋守中山，韓稜守南陽，黃香、黃瓊
　　守魏郡，周榮守潁川，王暢相齊，鍾離意相魯，皆由此徑。而尚書令陳蕃由豫章
　　遷，僕射宋登由趙相遷，又如劉寬由東海相入爲尚書令，復出爲南陽守，邊韶由
　　北地太守入爲尚書令，復出爲陳相，此皆足覘其互相換轉也。然此中意義亦略有
　　別：大抵由守相入臺者，皆簡在帝心，故寵以權要。由臺職出任守相者，或微忤

權臣，故例遷，外示褒賞，內實擯之，如陳寵之忤竇憲是也；或久在機樞，爲帝所重，故寵其秩位，欲擢公卿，如韓稜、黃香是其著者。

再次，則與侍中、中郎將轉換爲多，亦約得十之一。

案：如楊彪由侍中爲京兆尹，復遷侍中，又由南陽守爲侍中；又如劉昆守弘農，袁敞守東郡，宋登守潁川，延篤爲馮翊，黃琬爲扶風，張衡相河間，陳紀相平原，皆由侍中。李忠守丹陽，梁統守酒泉，張輔守東郡，魏應守上黨，召馴守陳留，房鳳守九江，楊彪守潁川，皆由中郎將。而會稽守嚴助、定襄守班伯、東海相杜喬皆入爲侍中。隴西守馬援、北地守皇甫嵩皆入爲中郎將。此諸例皆足見其轉換。蓋侍中中郎將皆近臣寵任，秩比二千石，其與行政重職對轉固宜。

又御史中丞(蔡質漢儀)及中都諸大令，如太官令(六典一五注引漢官儀)亦可遷任。

他如散職諫大夫、博士、議郎等平遷亦至守相。

案：諫官補郡盛於宣帝。蕭望之傳：「是時選博士諫大夫通政事者補郡國守相，以望之爲平原太守。望之上疏曰：陛下哀愍百姓，恐德化之不究，悉出諫官以補郡吏。」是也。例如汲黯守東海，主父偃相齊，皆由中大夫。蕭望之守平原，魏相守河南，韓延壽守淮陽，召信臣守南陽，鮑永守魯，王良守沛，皆由諫大夫。趙岑相東海，傅燮守漢陽，史弼相彭城，欒巴守永昌，皆由議郎。董仲舒相江都，盧植守九江，周防守陳留，伏恭守常山，皆由博士。光祿大夫地位甚高，可與守相平轉，如鄧晨由常山入爲光祿大夫，復出守中山，又如光祿大夫龔勝遷守勃海，而平當、辛慶忌均由太守遷光祿大夫，皆無貶意。

以上所言皆平遷或轉換也。此外亦有超遷守相者，如小縣長、尚書侍郎、侍御史、謁者、公府掾是也。然皆守小郡，未有顯超大郡者。

案：縣長超遷例見前。蔡質漢儀，尚書侍郎「劇遷二千石，或刺史。」(續志三注)。謝承書，駱俊由尚書侍郎擢拜陳國相，是其例。漢儀，侍御史「出治劇爲刺史、二千石。」韋彪傳，章帝初，彪疏云：「御史外遷，動據州郡。」如張納守廣陵，陳球守零陵，陳翔守定襄，皆由御史。應劭漢官儀：「舊河堤謁者，世祖改以三府掾屬爲謁者領之，超遷御史中丞、刺史，或小郡。監黎陽謁者，…順帝改用公解府掾有清名威重者，遷超牧守焉。」(續志注)。如馬稜守廣陵，鄧訓守

張掖是也。崔實政論：「三府掾乃言行之本，禍福之主，及其遷除，或朞月而長州郡。」如西南夷傳，益州蠻叛，太尉掾巴郡李顒建策討伐，卽拜顒益州太守。

至於起家二千石，非權臣用事，卽末際優遇名流矣。

案：田蚡傳，「薦人或起家至二千石，權移人主。」楊雄傳：「哀帝時，丁、傅、董賢用事，諸附離之者，或起家至二千石。」是權臣用事也。徐穉傳，家拜太原太守，不就；姜肱傳，徵爲太守，不就。向栩傳，徵拜趙相。是優遇名流也。

（乙）　遷昇　　守相課功遷昇，多爲畿輔、九卿、列卿。

案：遷畿輔，詳後。朱博傳，奏曰：「故事，選郡國守相高第爲中二千石。」是守相爲卿乃例遷。見於百官表者甚多。東漢如遼東太守祭肜、涿郡太守楊震遷太僕，左馮翊鄭興、汝南太守胡廣遷大司農，魏郡太守爰延遷大鴻臚，魏郡太守徐防遷少府，魏郡太守黃瓊遷太常，會稽太守劉寵、鉅鹿太守魏覇遷將作大匠，南陽太守王暢遷長樂衞尉，皆其例。

超遷，西漢則副相御史大夫，東漢則爲三公。守相地位之崇高可知。

案：王吉傳，王崇由河南太守徵入爲御史大夫，哀帝詔曰：「朕以君有累世之美，故踰列次。」謂超遷也。今案公卿表，御史大夫七十二任，其由郡國守相遷超者，有上黨守任敖、淮陽守申屠嘉、齊相牛抵、河南太守番係、齊相卜式、膠東太守延廣、濟南太守王卿、西河太守杜延年、河南太守王崇凡九人（武帝以前之國相不計），恰爲全額八之一。東漢遷公之例亦夥，據錢大昭後漢公卿表，有沛郡太守韓歆、汝南太守歐陽歙、廣漢太守蔡茂、陳留太守玉況、左馮翊郭丹、鉅鹿太守邢穆、汝南太守鮑昱、蜀郡太守第五倫、南陽太守桓虞、潁川太守張敏凡十人，雖比例不大，亦謂衆矣。所當注意者，遷司徒爲多，司空次之，太尉則未見，以太尉三公首班，故重之也；又東漢初葉爲多，中末葉極少；地方長官地位日低故也。類由大郡大守超遷，國相與小郡不與；郡國有等差也。

蓋漢世習慣法，中央大員皆由地方大吏進，非如此不能明習政事也。

案：此觀公卿出身可曉，而蕭望之試政馮翊、王駿試政京兆，尤顯例，詳後節。

（三）　畿　輔　郡

畿輔之任位尊職繁，故重其選，西漢尤甚，大抵皆擢守相高第入守，滿歲稱職爲眞。

案：公卿表，三輔之任，其途徑之可知者七十三人，而守相高第三十八人，三輔都尉三人，論其比例已過半矣。此類遷補，多先守後眞。趙廣漢傳，由潁川入守京兆尹，滿歲爲眞。尹翁歸傳，爲東海太守，以高第入守右扶風，滿歲爲眞。韓延壽傳，在東郡，治績爲天下最，入守左馮翊，滿歲稱職爲眞。薛宣傳，爲陳留太守，盜賊禁止，入守左馮翊，滿歲稱職爲眞。此皆著例也。亦有不稱職而罷歸故官者。張敞傳，「潁川太守黃霸以治行第一入守京兆尹，霸視事數月，不稱，罷歸潁川。於是制詔御史，其以膠東相敞守京兆尹。自趙廣漢誅後，比更守尹如霸等數人，皆不稱職，京師窳廢。」又曰：「京兆典京師長安中浩穰，於三輔尤爲劇，郡國二千石以高第入守及爲眞，久者不過三二年，近者數月一歲，輒毀傷失名，以罪過罷；唯廣漢及敞爲久任職。」其任重慎選可見。

其次則由九卿及中央其他重職出任。蓋西漢之制，必試政事始能重用，凡中央大員才堪宰相而未經治民者，類試畿郡以觀其能，此亦殊有意義也。

案：蕭望之傳，爲平原太守。不久，「徵入守少府。宣帝察望之…才任宰相，欲詳試其政事，復以爲左馮翊。…使侍中金安上諭意曰：所用皆更治民以考功。君前爲平原太守日淺，故復試之於三輔。」翟方進傳，爲司直，有能名，「上以爲任公卿，欲試以治民，徙方進爲京兆尹，博擊豪彊，京師畏之。…遷御史大夫…爲丞相。」是其例也。而薛宣、王駿事尤顯。王吉傳，子駿遷少府。「成帝欲大用之，出駿爲京兆尹，試以政事。而薛宣從左馮翊代駿爲少府。會御史大夫缺。谷永奏言：聖王不以名譽加其實效，考績用人之法，薛宣政事已試。上然其議。宣爲少府月餘，遂超御史大夫至丞相，駿乃代宣爲御史大夫。」薛宣傳，謂宣由左馮翊爲少府，「月餘，御史大夫于永卒。谷永上疏曰：…少府宣…出守臨淮、陳留，二郡稱治；爲左馮翊，…功效卓爾，自左內史初置以來未嘗有也。孔子曰，如有所譽，必有所試。宣考績功課，簡在兩府，…臣聞賢才莫大于治人，宣已有效，…唯陛下留神考察。上然之，遂以宣爲御史大夫，數月代張禹爲丞相。」據此，則王駿之才既簡在帝心，欲大用之，其官歷又在宣前；第以政事未試，致競選副相，反落宣後。漢重治民，於此可見。

三輔之才既皆上選，故其遷昇例爲九卿或御史大夫。（公卿表及後附表）。

至東漢之河南尹亦以郡守入補爲多。其次諸卿，其次尙書令。惟其職殊不及西漢三輔之繁劇，未必以賢進也。及其遷昇，亦半爲九卿，亦有超遷上將者（梁冀、何進、何苗），以親戚進用，非階次也。

（四）州　刺　史

刺史之任以縣令侍御史爲主要途徑。碑傳所見，刺史之由縣令遷者約得全額三四分之一，由侍御史者亦四五分之一。其次則諫大夫、博士、議郎爲多，蓋比秩例遷也。

> 案：縣令遷刺史之例已見前。侍御史本督察之吏，劇遷刺史二千石（漢儀）。如杜鄴刺涼州，楊秉、王允刺豫州，朱穆刺冀州，橋玄刺涼州，皆其例。其比例甚大，故韋彪疏稱御史外遷動據州郡矣。孔光傳，「時博士選三科，高第爲尙書，次爲刺史，其不任政事以久次補諸侯太傅。」是博士例遷也。餘詳附表。

他如尙書丞郎（漢儀、漢官儀），上級謁者（漢官儀），公府掾（崔實政論）皆可超遷任之，然比例皆甚小。

及其遷昇，多任守相(詳前)，碑傳所見約得二之一。

此外可遷尙書、司隸、司直、中郎將，其詳請觀附表丁。

（五）屬　　吏

地方政府之屬吏，其地位亦有品程：縣以功曹最尊，次廷掾，次主簿，最下則列曹掾史，任職者多循級逐遷，可至郡吏。郡吏，功曹最尊，次五官，次督郵，次主簿，最下列曹掾史，任職者亦以次進至五官、功曹，或守令長，或州辟從事。此就恆制而言也，亦多由白衣超擢郡縣功曹者，長官自專，並無定限。（郡吏等級及其遞遷已詳郡府組織章，縣吏品程可據郡吏推知。）州從事，例擇郡縣右曹吏爲之，亦有自白衣擢任者(詳州從事節)。歲終，郡察孝廉，州舉茂才，例皆自擇高級屬吏貢之，此地方屬吏進身之階，亦漢世人才之所自出也。

（六）衍　　論

綜而論之：漢世任職多起地方屬吏，賢俊之士多獲鄉譽，由郡守貢於中央，曰孝廉，曰茂才；處散則補三署諸郎，任職則除尙書侍郎、諸卿令佐；既習律令威儀中都故事，則出補令長，敷政百里；三年考績，或直遷刺吏守相；或再入京師，處閒散則爲大夫議郎，諷議左右，秉機樞，則任尙書、諸校、中郎將等職，然後出補守相，宰制千

里；擢其高第以任九卿，亦有超至三公者。此種遷昇，頗有足稱：官吏任職出入內外，外試庶政，熟察民隱，內觀國光，諳習制程，破地方之隔膜，寄藕向於中央，使中央地方凝為一體。兩漢始由列國割據，滙為一統，控制為難，而卒能享國四百，政自內腐而外無瓦解之禍者，此其效乎？是其一也。下吏之與宰輔雖地位懸絕，而階品不繁，庸才溺職，幸進匪易，高才異等，報遷至速，有孝廉郎吏十餘年中四五遷而至公卿者（如張湯、卜式、陳萬年、魏相、王訢、牟融、馮魴、第五倫、張禹、袁安、伏恭等），故賢盡其才，無下滯之弊。豈若後世，階次重重，賢者或皓首不至卿相，而不肖者積年例遷有幸進之機哉！此其二也。下吏為補郎之階梯，郎吏為除官之準備，卽鄉亭末吏，惟自奮發，便可簡擢，望躋公卿；故有遠志者必自近始，人才佈於四方，羣以績效自見，品操自勵。後世達官下吏截然兩途，一為小吏，便永淪下僚，罕有進身之階，故意志銷沈，貪婪自棄；而大吏進自科舉，不習功令，不諳政事；上闒下姦，以視漢制，其優劣可復較哉？此漢世吏治所以冠絕百代歟？是其三也。韓子曰：「明王之吏，宰相必起於州部。」（顯學篇）漢實有之，後世莫逮。唐、宋以降，論治亂者首推堯舜，擬以兩漢；堯舜渺矣，惟漢可得實考，此亦其一端也。

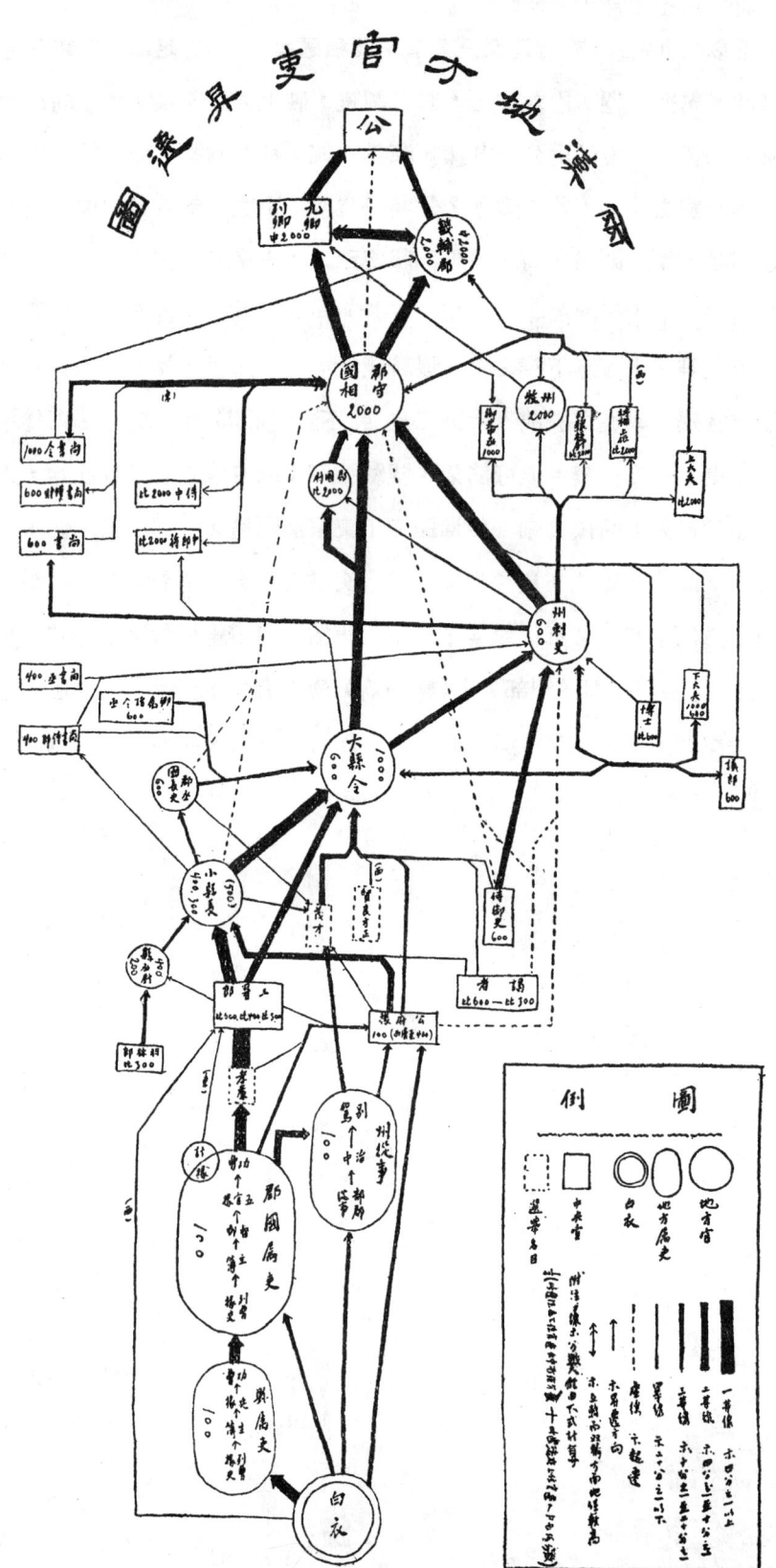

附表甲：縣令長任遷統計表

(1) 採漢書列傳

大縣	遷令 ↓	郎中孝廉二 } 察舉 孝廉三署郎六……1/6 謁者一 公府掾理劇四 故丞尉光祿茂才一 故校尉茂才二 } 茂才四……1/9 丞相史茂才二 太史掌故舉方正二 故縣令舉方正二 賢良高第舉賢良一 } 賢良方正四……1/12 縣長三 都尉丞一 故郡守一 平津令一 若盧丞一 } 中都令佐二 博士正一 鹽官長一 軍正丞一 副校尉一 諫大夫左遷一 司隸大夫左遷一 中涓一 沛公太僕一 } 其他九 —共三十五人—　　**縣令換遷九人**
	令遷 →	郡守七……1/4 中尉五 郡國尉五 } 都尉六……1/7 司隸刺史三 司隸刺史四……1/8 後徵諫大大夫一 後徵中大夫一 } 大夫六……1/6 諫大夫一 御史中丞一（薛宣由長安令） 國太傅一 郎中戶將一 將軍一 將軍長史一 衛司馬一 太僕一（夏侯嬰） —共三十一人—
小縣	遷長 ↓	郎二 孝廉郎四……2/3 } 察廉 郎二 中庶子一 諫大夫左遷一 —共六人—　　**縣長換遷一人**
	長遷 →	縣令三……3/5 超遷郡守一 後徵博士一 —共五人—
侯國相	遷侯相 ↓	
	侯相遷 →	

(2) 採後漢書列傳

大縣令

選令（→遷令）　縣令換選九人

——共七十八人——

- 太中大夫左遷二
- 大將軍護軍一
- 屬國都尉一
- 故博士一　其他四
- 侯國相三
- 故郡守三
- 中都令佐四 …… 1/10
- 縣國相十三 …… 1/5
- 侯國相三
- 州茂才五
- 州茂才四　十三 茂才
- 光祿茂才一
- 公府掾茂才一 …… 1/6
- 故公府掾二　掾五
- 公府掾四　公府 …… 1/15
- 侍御史四 …… 1/19
- 謁者一
- 議郎六 …… 1/13
- 尚書侍郎四 …… 1/19
- 郎中三　三署郎
- 侍郎一
- 孝廉郎九　孝廉郎十四 …… 1/5

令遷（令遷→）

——共六十一人——

- 大司空一（以符瑞特擢）
- 後徵縣長一
- 尚書令一（周榮特擢）
- 偏將軍一
- 中二千石丞一
- 中大夫一
- 太中大夫一
- 郎中二
- 博士一
- 議郎二
- 尚書一
- 司隸一
- 刺史九
- 都尉五 …… 1/6
- 國相五
- 郡守二十九　守三十四相 …… 1/2 …… 1/12

小縣長

選長（→遷長）　縣長換選一人

——共二十九人——

- 國醫工長一
- 州牧左遷一
- 郡守左遷一
- 故郡守丞二
- 故縣令二
- 公府察第一廉一
- 公府高第一
- 公府掾理劇三　掾七 …… 1/4
- 謁者一
- 黃門侍郎一
- 縣功曹二
- 郎中二　三署郎
- 孝廉五　孝廉郎十二 …… 2/3

長遷（長遷→）

——共二十二人——

- 後徵博士一
- 後舉賢良爲侯相一
- 後徵議郎一
- 司徒長史一
- 尚書郎一
- 校書郎一
- 郡丞一
- 縣令十一 …… 1/2
- 縣丞一
- 刺史一
- 尚書一
- 郡守四（其二曾任州牧）（其二超遷）…… 1/6

侯國相

選侯相（→遷侯相）　侯相換選二人

——共七人——

- 故縣長舉賢良一
- 公府掾一
- 光祿主事一
- 四行一
- 孝廉光祿一　孝廉郎一　孝廉二　三署郎四 …… 1/2

侯相遷（侯相遷→）

——共八人——

- 後徵議郎一
- 太中大夫一
- 尚書一
- 縣令三 …… 1/2
- 刺史一（由公國）
- 國相一

(3) 採漢碑　　　　(4) 合計

(3) 採漢碑

大一縣　遷令

縣令換遷六人

—共三十八人—
中都令佐五……1/6
郡國丞長史六……1/8
侯國相三……1/12
縣長九……1/19
公府掾茂才二……1/19
公府掾二
侍御史二
尚書侍郎二
議郎一
孝廉郎五
孝廉郎二　孝廉三署郎六……1/6

令　遷→

—共十九人—
後徵侍御史一
將軍長史一
後徵議郎二
刺史三……1/6
都尉五……1/4
國相六……1/8
郡守

小縣　遷長

—共十六人—
縣尉一
公府掾六……1/8
郎中一
孝廉郎中四
孝廉一　計掾二　計掾中二　孝廉三署郎九……8/9

長　遷→

—共九人—
縣令九……1

侯國相　遷侯相

—共七人—
都尉丞一
州茂才一
公府掾一
謁者一
尚書侍郎一(遷大侯相)
孝廉郎中二

國相　侯相遷→

—共六人—
縣令三……1/2
郡守二
都尉二……1/2

(4) 合計

大縣　遷令（縣令換遷二十四人）

—共一百五十一人—
其他十四
中都令佐十一
守相左遷或故守相十……
郡國丞長史七……1/6
侯國相六……1/21
縣長二十三……1/15
賢良方正四……1/14
諸茂才十八(內有公府掾)
公府掾理劇十一
侍御史六(後漢)
尚書侍郎六(後漢)
謁者二
議郎七(後漢)
孝廉三署郎二十六……1/6
(1/21　1/25　1/25　1/14　1/8)　1/21　1/15　1/14

令　遷→

—共一百十一人—
其他十五
博士議郎六(多後漢)
中諫大夫七(多前漢)
尚書令二(後漢)
尚書一
謁者一
司隸刺史十七……1/7
郡國尉十六……1/7
郡守州牧左遷二
故縣令郡丞四
郡國守相四十八……1/2

小縣　遷長（縣長換遷二人）

—共五十一人—
其他四
孝廉三署郎二十五……1/2
黃門侍郎一
謁者一
公府掾十三……1/4
故縣令州牧郡丞四

長　遷→

—共三十六人—
其他六
尚書郎一
郡丞一
謁者一
刺史一
縣令二十四……1/7
超遷郡守五……2/3
縣令六

侯國相　遷侯相（侯國相換遷二人）

—共十四人—
郡國丞一
舉賢良一
茂才一
公府掾二
謁者一
尚書侍郎一
光祿主事一
孝廉三署郎六……1/2

相　侯相遷→

—共十四人—
其他二
尚書一
刺史一
縣令六……3/7
郡丞一
郡尉二
守相三……2/7

附表乙：郡國守相任遷統計表

探漢書列傳

↓遷守相（共五十二人）｜故守相換遷三十五人
- 郡國內史傳三十五……1/3
- 州牧史二六……1/6
- 縣令長七……1/6
- 中中郎將二常侍二（召信臣）侍中超遷一……1/10
- 光祿大夫（八百石居以）一京房以……1/4
- 太中大夫四
- 諫大夫三
- 博士劉一
- 御史大夫三　對策一
- 丞相中司直三……1/7
- 將軍長史六……1/9
- 故九卿九卿左遷三……1/9
- 列卿左遷四……1/13
- 諸都尉校尉五……1/10

守相遷→（共六十一人）
- 左丞相一（劉屈氂）
- 御史大夫五……1/12
- 九卿十八……3/10
- 列卿四
- 將軍四
- 侍中一
- 詹事一
- 大司徒司直一
- 三輔十二……1/5
- 大鴻臚一
- 州牧二
- 光祿大夫六……1/10
- 後徵諫大夫三
- 太子太傅一

探後漢書列傳

↓遷守相（共一百七十六人）｜守相換遷四十九人
- 司隸校尉一
- 郡國太傅一
- 都尉四
- 州刺史牧十三……1/10
- 縣令長超遷五……1/11
- 郡丞四
- 尚書令十……1/5
- 尚書僕射三
- 侍中八
- 博士郎中十四……1/8
- 議謁者四
- 諫議郎者三十……1/7
- 太中大夫大夫二六……1/13
- 光祿中上佐二一
- 御史中丞七
- 將軍校三十七……1/17
- 前將軍左遷二
- 九卿左遷三（多初集）

守相遷→（共一百三十七人）
- 河南尹五
- 州牧三
- 司隸一
- 尚書令六……1/20
- 尚書僕射三
- 尚書郎一
- 侍中七
- 中郎將八
- 議郎六
- 後將軍四
- 光祿大夫大夫七……1/7
- 太中大夫四
- 諫大夫四……1/10
- 後議郎三
- 大度遼中軍長四……1/10
- 將軍桓校五
- 護烏二
- 羌校尉一
- 左將軍七
- 左遷縣長一
- 右遷縣令二

探漢碑

↓遷守相（共十五人）
- 都尉三
- 刺史四……1/6
- 縣令七……1/4
- 大侯相二
- 郡丞二
- 尚書僕射二……1/5
- 侍御史二
- 中郎將二
- 議郎一
- 御史中丞一
- 列卿長史二
- 將軍二……1/7
- 度遼將軍一

守相遷→（共十五人）
- 九卿五……2/6
- 列卿一
- 中郎將一
- 議郎二
- 後徵議郎二
- 光祿大夫一
- 太中大夫二
- 御史中丞一

合計

↓遷守相（共二百九十五人）｜守相換遷九十七人
- 郡國內史尉二十五……1/12
- 州內牧史二十八……1/10
- 縣令長超遷五……1/27
- 大侯相二
- 郡丞四……1/6
- 尚書令十八……1/9
- 尚書僕射五（後漢）
- 侍中十五
- 中郎將二六……1/13
- 光祿大夫大夫七……1/20
- 太中大夫大夫八
- 諫大夫大夫五
- 博士郎十一
- 議謁者五
- 御史中丞三
- 將軍校四一……1/21
- 故九卿列卿左遷十九……1/15
- 其他三十二（多將校）

守相遷→（共二百一十三人）
- 三公九卿十三
- 州隸牧七
- 司隸三
- 尚書令六（後漢）……1/11
- 尚書僕射三
- 侍中七
- 中郎將九
- 光祿中大夫十八
- 太中大夫四
- 諫大夫十一
- 御史中大夫四
- 議郎郎九一
- 後徵議郎二
- 後將軍三
- 左遷縣令二
- 徵都尉縣令三
- 徵上佐郎丞八
- 其他十五（多將校）

附表丙：畿輔任遷統計表　　　　　　　附表丁：刺史任遷統計表

十、籍貫限制補充材料

籍貫限制一章已抽刊於本所集刊第二十二本，題爲漢代地方官吏之籍貫限制。其結論如次：

(1) 中央任命之各級監官長吏不用本籍人。——卽刺史不用本州人；郡守國相等不用本郡國人；縣令長丞尉不但不用本縣人，且不用本郡人；惟西漢之司隸校尉、京兆尹、長安令丞尉不在此限。

(2) 後漢中葉以後，又有「不得對相監臨法」及「三互法」。——此爲第一條引申。

(3) 監官長吏自辟之屬吏，必用本籍人；惟京畿郡縣可例外。

(4) 郡督郵分部督察屬縣，用本郡人，但不用所督諸縣之人；州之部郡從事，用本州人，但不用所部之郡人。

此係根據可考見於載籍之二千餘任地方官吏之籍貫統計歸納而成。關於司隸刺史及郡國守相籍貫可考者一千數百條，已詳拙作兩漢太守刺史表（本所專刊之三十），故惟提出統計數字。關於縣長吏籍貫之可考者亦三百六十任，原亦作表附本文之後。當時國家正在最危難期間，編輯委員會決議各人論文儘量求其簡短，以省費用。余以此表篇幅甚多，故從刪削，亦僅提出統計數字而已。惟縣長吏之籍貫限制——不僅不用本縣人，且不用本郡人——實爲余研究漢代地方行政制度之一大發現，而其根據全在此表，今全書出版，不能再事刪削，故作爲該文之補充材料附刊於此，以饗讀者。

——知籍縣長吏表（據前後漢書、隸釋、隸續、兩漢金石記）——

（一）西　　漢

郡	縣官	姓名	籍貫(*本郡人)	出處(本傳略)	備註	郡	縣官	姓名	籍貫(*本郡人)	出處(本傳略)	備註
京兆尹	長安令	義縱	河東郡			左馮翊	高陵令	王尊	涿郡高陽		
		尹賞	鉅鹿楊縣				櫟陽令	馮野王	京兆杜陵		
		朱博	*京兆杜陵				夏陽令	馮野王	京兆杜陵		
		薛宣	東海郯縣				栗邑令	尹賞	鉅鹿楊縣		
	鄭令	尹賞	鉅鹿楊縣					薛恭	扶風平陵	薛宣傳	
	霸陵令	董恭	馮翊雲陽	佞幸傳			谷口令	原涉	扶風茂陵		
	杜陵令	朱雲	魯國				頻陽令	薛恭	扶風平陵	薛宣傳	

郡國	縣名	人名	籍貫	出處	註
		尹賞	鉅鹿楊縣		
翊		龔勝	楚國		
	重泉令	義縱	河東郡		
	長陵令	何並	扶風平陵		
	雲陽令	王吉	琅邪皐虞		
	平陵令	朱博	京兆杜陵		
右扶風	渭城令	胡建	河東郡		
	槐里令	朱雲	魯國		
	鄠令	何武	蜀郡郫縣		
	郁夷令	陳遵	京兆杜陵		
	美陽令	馮逡	京兆杜陵		
		王皓	蜀郡	李業傳	
	郿令	王尊	涿郡高陽		
		蔡勳	陳留	蔡邕傳	①
	桐邑令	平當			
	好時令	嚴延年	東海下邳		
		蕭咸	京兆杜陵		
	虢令	王尊	涿郡高陽		
	茂陵令	魏相	濟陰定陶		
		蕭育	京兆杜陵		
	平陵令	嚴延年	東海下邳		
		朱博	京兆杜陵		
		蔡千秋	沛國	儒林瑕邱江公傳	
河南	河南令	貢禹	琅邪郡		
	緱氏令	卜式	*河、南郡		
	成皋令	卜式	*河、南郡		
	滎陽令	汲黯	東郡濮陽		
河內	蕩陰令	貫長卿	趙國	儒林傳	
陳留	小黃令	焦延壽	梁國	京房傳	
	濟陽令	劉某	南陽郡	光武紀論	
汝南	上蔡長	召信臣	九江壽春		
潁川	陽翟令	趙廣漢	涿郡蠡吾		
山陽	單父令	費直	東萊郡	儒林傳	
濟陰	定陶令	蕭由	京兆杜陵		
	宛句令	薛宣	東海郯縣		
楚國	彭城令	薛惠	東海郯縣	薛宣傳	
沛郡	蕭令	劉良	南陽郡		
	轂陽長	召信臣	九江壽春		
	虹長	孔光	魯國		
	城父令	公孫勇	蓋淮陽	田廣明傳	
東海	襄賁令	劉輔	河間		
齊郡	臨菑令	薛修	東海郯縣	薛宣傳	
千乘	被陽令	王訢	濟南		
鉅鹿	南䜌長	蕭喜	沛郡鄼縣	蕭何傳	
中山	盧奴令	郭欽	扶風陰槃	鮑宣傳	
涿郡	阿武令	解延年	蓋河間	儒林毛公傳	
上黨	長子令	班回	雁門樓煩	班氏敍傳	
	某縣	義縱	河東郡		
雁門	樓煩長	尹賞	鉅鹿楊縣		
南陽	順陽長	平當	扶風平陵		②
南郡	當陽長	馮野王	上黨潞縣徙杜陵		
南海	龍川令	趙佗	眞定		
益州	連然長	陳立	蜀郡臨邛	西南夷傳	
	不韋令	陳立	蜀郡臨邛	西南夷傳	
以上縣道令長侯國相					
京兆	長安丞	張某	*京兆杜陵	張湯傳	
	南陵丞	王嘉	扶風平陵		
馮翊	長陵尉	王嘉	扶風平陵		
扶風	安陵丞	朱博	京兆杜陵		
	茂陵尉	張湯	京兆杜陵		
河南	緱氏尉	尹翁歸	河東平陽		
琅邪	不其丞	薛宣	東海郯縣		
豫章	南昌尉	梅福	九江壽春		
以上縣丞尉					

（二）東　漢

郡	縣官	姓名	籍貫(*本郡人)	出處(本傳略)	備註
河南尹	洛陽令	索盧放	東郡		
		虞延	陳留東昏		
		董宣	陳留圉縣		
		周紆	下邳徐縣		
		祝良	長沙	龐參傳	
		任峻	勃海	循吏王渙傳	
		王渙	廣漢郪縣		
		孔昱	魯國魯縣		
		周暉	廬江舒縣	周景傳	
	梁令	楊淮	犍為	本碑	
		劉寬	宏農	本碑	
	滎陽令	曹嵩	敦煌	趙咨傳	
	原武令	歐陽歙	樂安千乘		
	中牟令	魯恭	扶風平陵		
		繆肜	汝南召陵		
	苑陵令	法雄	扶風郿縣		
	卷陰令	劉章	南陽	齊王縯傳	
		申屠剛	扶風茂陵		
	穀城令	王堂	廣漢郪縣		
	成皋令	杜詩	河內汲縣		
		任伯嗣	南郡編縣	本碑	
	京令	夏勤	九江郡	樊儵傳	
		賈琮	東郡聊城		
	密令	卓茂	南陽宛縣		
	偃師長	祭彤	潁川潁陽		
河內	懷令	董宣	陳留圉縣		
		趙憲	南陽宛縣		
		張峻	山陽	清河王慶傳	
		虞翊	陳國武平		
	軹令	樊曄	南陽新野		
	野王令	王梁	漁陽要陽		
		劉梁	東平寧陽		
	溫令	廉范	京兆杜陵	本傳注引袁宏紀	
		王渙	廣漢郪縣		
	修武令	陳蕃	汝南平輿		
		宗慈	南陽安衆		
	共令	周榮	廬江舒縣		
	汲令	桓鸞	沛郡		

郡	縣官	姓名	籍貫(*本郡人)	出處(本傳略)	備注
郡		張歆	趙國襄國	張禹傳	
		崔瑗	涿郡安平		
	朝歌長	虞詡	陳國武平		
	蕩陰令	葛龔	梁國寧陵		
		張遷	陳留已吾		本碑
河東郡	平陽相	延篤	南陽犨縣		
	臨汾令	皇甫嵩	安定朝那		本傳注
		葛龔	梁國寧陵		
	汾陰令	丁邯	京兆陽陵		續志注引決錄
	皮氏長	趙岐	京兆長陵		
	聞喜長	陳寔	潁川許縣		
弘農郡	弘農令	公沙穆	北海膠東		
	華陰令	朱頡	甘陵陰縣		華山廟碑
	黽池令	周澤	北海安丘		
京兆尹	霸陵令	皇甫嵩	安定朝那		
	長陵令	尹敏	南陽堵陽		
		張楷	蜀郡成都		
	陽陵令	段熲	武威姑臧		
馮翊	雲陽令	朱勃	扶風	馬援傳	
	蓮勺令	鄭興	河南開封		
	臨晉令	孔僖	魯國		
	郃陽令	曹全	敦煌效穀		本碑
	夏陽令	周磐	汝南安成		
		曹述	敦煌效穀		曹全碑
	衙令	孫羨	朔方臨戎		蒼頡廟碑側
右扶風	槐里令	曹全	敦煌效穀		本碑
	平陵令	趙戩	京兆長陵		王允傳
	郿令	王忳	廣漢新都		
	隃麋相	曹鳳	敦煌效穀		曹全碑
	美陽令	李郃	魏郡		蘇不韋傳
以上司隸州					
潁	陽翟令	耿國	扶風茂陵		
	襄城令	衞颯	河內修武		
		劉方	平原	章帝紀	
		楊震	弘農華陰	本碑	

郡國	官名	姓名	籍貫	出處	
川郡	郎令	祝睦	濟陰已氏	本碑	
	臨潁相	邊韶	陳留浚儀		
	潁陰令	范麟	勃海	荀淑傳黨錮傳	
	許令	桓麟	沛郡	桓彬傳	
	新汲令	王馮	馮翊雲陽		
	郏令	馮紡	南陽湖陽		③
汝南郡	平輿令	韋彪	京兆杜陵	韋彪傳	
		薛某	蓋薛縣	本碑	
		耿國	扶風茂陵		
	上蔡令	宗均	南陽安衆		
		楊淮	犍爲	本碑	
	南頓令	雷義	豫章鄱陽		
	汝陰令	宋登	京兆長安		
	新息令	吳豐	陳留	吳祐傳	
	新息長	賈彪	潁川定陵		
	西華令	戴封	濟北剛縣		
	細陽令	虞延	陳留東昏		
		陳重	豫章宜春		
	銅陽相	吳馮	陳留	吳祐傳	
	愼令	巴蕭	勃海高城		
	新蔡長	黃眞	陳留	吳祐傳	
	朗陵相	荀淑	潁川潁陰		
	召陵令	任延	南陽宛縣		
	召陵相	周紓	下邳徐縣		
	固始相	周憬	下邳	本碑	
梁國	睢陽令	任延	南陽宛縣		
	虞令	馮紡	南陽湖陽		
	蒙令	檀敷	山陽瑕丘		
沛國	蕭令	應劭	汝南南頓	風俗通正失篇	
		費汜	吳郡	本碑	
	豐令	牟融	北海安邱		
	洨長	許愼	汝南召陵		
	蘄長	陳弇	陳留	歐陽歙傳	
		楊匡	陳留	杜喬傳	
	鈆令	朱震	陳留	陳蕃傳	
	芒長	到憚	汝南西平		
	符離長	高詡	平原般縣		
	太丘長	陳寔	潁川許縣		
陳國	陳令	韋義	京兆杜陵	韋彪傳	
	新平令	費鳳	吳郡	本碑	

郡國	官名	姓名	籍貫	出處	
魯國	騶令	鄭弘	會稽山陰		
	薛令	朱熊	河內溫縣	孔廟禮器碑	
		以上豫州			
魏郡	鄴令	甄邵	潁川	李燮傳	
	繁陽令	陳球	下邳淮浦	本碑本傳	
	魏令	丁瑞	河內京縣	孔廟禮器碑	
	元城令	孔宙	魯國	本碑	
鉅鹿	癭陶長	董昭	濟陰	賈琮傳	
常山國	元氏令	張況	趙國襄國	張禹傳	
	高邑令	蔡湛	河內修武	本碑	
	南行唐長	周紆	下邳徐縣		
	曲陽令	馮衍	京兆杜陵		④
	關長	張況	趙國襄國	張禹傳	④
中山國	望都長	班彪	扶風		
安平國	信都令	閻忠	漢陽	皇甫嵩傳	
	觀津長	黃就	梁國	賈琮傳	
河間國	易長	朗顗	魯國薛縣		
	文安令	度尚	山陽湖陸		
清河國	甘陵令	韋義	京兆杜陵	韋彪傳	
	貝邱長	巴蕭	勃海高成		
	廣川長	蔡湛	河內修武	本碑	
趙國	邯鄲令	尹勳	河南鞏縣		
勃海郡	高成令	陸康	吳郡吳縣		
	重合令	周磐	汝南安成		
	修令	徐淑	廣陵海西	左雄傳注	
		以上冀州			
陳留郡	雍邱令	劉矩	沛國蕭縣		
	外黃令	牛述	隴西	爰延傳	
		高彪	吳郡無錫	本碑	⑤
		劉揚	博陵安國	博陵太守孔君碑陰	
	平邱令	周舉	汝南汝陽		
	已吾長	桓鸞	沛國		
	考城令	王奐	河內	范冉傳	
	圉令	曹襃	魯國薛縣		
東	濮陽長	袁紹	汝南汝陽		

（左半）

郡國	官職	姓名	籍貫	出處
郡	白馬令	李雲	甘陵	
	頓邱令	耿國	扶風茂陵	
	博平令	霤峻	山陽昌邑	本碑
	聊城令	周紆	下邳徐縣	
	陽平令	范升	代郡	
	衛公相	李法	河內懷縣	
		第五種	京兆長陵	
		李咸	汝南西平	本碑
	穀成長	張遷	陳留己吾	本碑
東平國	壽張令	謝夷吾	會稽山陰	
	須昌長	童翊	琅邪姑幕	童恢傳
任城國	任城令	袁安	汝南汝陽	
		劉祐	中山安國	
	任城長	周磐	汝南安成	
	亢父令	荀彧	潁川潁陰	
泰山郡	嬴長	韓韶	潁川舞陽	
山陽郡	昌邑令	王密	荊州	楊震傳
	高平令	服虔	河南滎陽	
	瑕丘令	鍾離意	會稽山陰	
	防東長	樊毅	河南	華嶽廟碑
濟陰郡	宛句令	張納	勃海南皮	本碑
	成陽令	管遵	博陵蠡吾	成陽靈臺碑
		唐扶	潁川	本碑
	乘氏令	王沛	博陵安平	博陵太守孔君碑陰
	成武令	袁襄	汝南汝陽	
	濟陽令	朗	魯國薛縣	

以上兗州

郡國	官職	姓名	籍貫	出處
東海郡	蘭陵令	朱儁	會稽上虞	
	襄賁令	祭彤	潁川潁陽	
	陰平長	袁安	汝南汝陽	
琅邪郡	琅邪長	孫佑	潁川鄢陵	孫寶傳
	卽邱長	吳良	齊國臨淄	
		臧洪	廣陵射陽	
	卽邱相	衡方	東平東平陸	本碑
	繒相	公沙穆	北海膠東	
	不其令	童恢	琅邪姑幕	⑥
彭城	彭城令	楊統	廣漢新都	楊厚傳

（右半）

郡國	官職	姓名	籍貫	出處
城國	武原令	魏朗	會稽上虞	
		蘇章	扶風平陵	
廣陵國	廣陵令	趙苞	甘陵東武城	
	堂邑令	鍾離意	會稽山陰	
	海西令	費鳳	吳郡	本碑
		程曾	豫章南昌	
下邳國	下邳令	謝夷吾	會稽山陰	東觀記
		臨稜	潁川舞陽	
		徐宣	下邳良城	徐璆傳 ⑦
	徐令	班彪	扶風	
		孟嘗	會稽上虞	

以上徐州

郡國	官職	姓名	籍貫	出處
濟南國	東平陵令	劉寵	東萊牟平	
	鄒平相	溫壽	太原祁縣	溫序傳
平原國	平原令	楊匡	陳留	杜喬傳
	高唐令	陽球	漁陽泉州	
	安德相	劉瓛	彭城	孔廟禮器碑
北海國	劇令	任峻	勃海	循吏王渙傳
	營陵令	應劭	汝南南頓	風俗通
	都昌長	孔宙	魯國	本碑
	淳于長	夏承	冀州某郡	本碑
	高密相	第五種	京兆長陵	
	高密令	李咸	汝南西平	本碑
	膠東相	吳祐	陳留長垣	
	膠東令	桓衡	沛國	
		衡方	東平東平陸	本碑
東萊郡	昌陽令	唐扶	潁川	本碑

以上青州

郡國	官職	姓名	籍貫	出處
南陽	宛令	夏勤	九江	樊傳
		杜安	潁川	樂恢傳注
		黃昌	會稽餘姚	
		吳樹	下邳	梁冀傳
		种拂	河南洛陽	
		李孟郎	南郡襄陽	益州刺史李君碑
陽	新野令	魯丕	扶風平陵	
	西鄂長	堂谿典	潁川	蔡邕傳
		楊弼	犍為	楊淮碑

郡	職名	人名	籍貫	出處
郡	平氏長	法雄	扶風郿縣	⑧
	沘陽長	鮑昱	上黨	
	隨宰	侯霸	河南密縣	
	山都長	龍伯高	扶風	馬援傳
	筑陽相	任伯嗣	南郡編縣	本碑
	順陽長	劉陶	潁川定潁	
南郡	江陵令	劉昆	陳留東昏	
零陵郡	扶夷長	第五倫	京兆長陵	
桂陽郡	臨武長	唐羌	汝南	和帝紀
武陵郡	辰陽長	宗均	南陽安衆	
以上荊州				
九江郡	當塗長	荀淑	潁川潁陰	
	全椒長	劉平	楚郡彭城	
丹陽郡	溧陽長	潘乾	陳國長平	校官碑
廬江郡	舒令	陶謙	丹陽	
	龍舒相	桓良	沛郡	桓靈傳注
會稽郡	鄮令	申尹	東海	獨行戴封傳
	上虞長	度尚	山陽湖陸	本傳本碑
吳郡	吳令	郎宗	北海安邱	郎顗傳
豫章郡	鄡陽長	唐扶	潁川	本碑
以上揚州				
巴郡	江州令	任伯嗣	南郡編縣	本碑
	宕渠令	樊敏	梁國	本碑
		第五倫	京兆長陵	
	朐忍令	曹敏	敦煌	曹全碑
	閬中令	楊仁	*巴郡閬中	⑨
	魚復長	樊顯	蜀郡	張堪傳
廣漢郡	雒令	李固	漢中南鄭	
	新都令	第五訪	京兆長陵	
	什仿令	楊仁	巴郡閬中	
蜀郡	廣都長	韋義	京兆杜陵	韋彪傳
		馮緄	巴郡宕渠	本碑
犍為郡	武陽令	馮緄	巴郡宕渠	本碑
	江陽令	姜詩	廣漢	列女傳

郡	職名	人名	籍貫	出處
以上益州				
漢陽郡	阿陽相	宗意	南陽安衆	
金城郡	臨羌長	傅育	北地	西羌傳
酒泉郡	祿福長	曹全	敦煌效穀	本碑
以上涼州				
太原郡	曲陽長	孫羨	朔方臨戎	蒼頡廟碑側
	中都令	樊毅	河南	華嶽廟碑
以上并州				
涿郡	北新城長	劉梁	東平寧陽	
上谷郡	沮陽令	劉茂	太原晉陽	
漁陽郡	安樂令	吳漢	南陽宛縣	
以上幽州				
？	河平長	蔡邕	陳留圉縣	
	棗長	蔡壎	河內修武	本碑
以上諸縣不見志				
河南	洛陽左尉	橋玄	梁國睢陽	本碑本傳
河內	朝歌左尉	某	京兆	張公神碑
河東	平陽丞	李善	南陽淯縣	東觀記
弘農	華陰丞	張昜	河南京縣	華山碑
	華陰左尉	唐佑	河南密縣	華山碑
扶風	陳倉丞	張玄	河內河陽	
汝南	安陽尉	毛義	廬江	劉平傳序
魏郡	魏縣左尉	趙福	北海	孔廟禮器碑
	魏縣右尉	唐安	九江	孔廟禮器碑
常山	元氏丞	李郡	河南	白石神君碑
	元氏左尉	樊瑋	上郡白土	白石神君碑
東郡	白馬尉	齊智	博陵博陸	博陵守孔君碑陰
濟陰	成陽丞	王基	河內州縣	修堯廟碑
	成陽左尉	□惜	潁川潁陽	修堯廟碑
	成陽尉	楊調	潁川襄城	靈臺碑
下邳	下邳尉	尹茂	潁川新汲	靈臺碑

北海	膠東丞	戴某	濟　北	吳祐傳
南郡	巫　丞	李通	南陽宛縣	
丹	溧陽丞	趙勳	沛國銍縣	校官碑
	溧陽左尉	董並	河內汲縣	校官碑
陽	溧陽右尉	程陽	豫章南昌	校官碑
吳郡	曲阿尉	潘乾	陳國長平	校官碑

犍為	南安丞	王　某	廣漢什邡	平鄉道碑
犍為	南安尉	楊　卿	廣漢緜竹	平鄉道碑
蜀郡屬國	青衣尉	趙孟麟	犍為南安	羊竇道碑
武都	下辨丞	皇甫彥	安定朝那	西狹頌
以上縣道侯國丞尉				

備註：①平當祖父自梁國下邑徙扶風平陵。

　　　②漢志無順陽縣；續志屬南陽。

　　　③續志無郟縣，今從地志。

　　　④續志，曲陽關縣皆不屬常山。

　　　⑤傳作內黃令。

　　　⑥續志無不其縣；據地志屬琅邪，似本郡人。

　　　⑦據傳，此時下邳縣屬東海，故非本郡人。

　　　⑧傳云屬荊州。按前後志均無此縣，當是泚陽之僞，泚卽比也。

　　　⑨按此有問題，待考。

後　記

　　此文初稿完成於一九四三年。其後隨時補訂，至一九四七年，清繕爲再稿，擬卽付印；會國中內戰，本所遷臺，事遂中輟。余研究政治制度史，取材務求詳盡，爲便利讀者計，故採用綱目體式，俾讀者一目瞭然，無繁雜之感，近數年來在本所集刊所發表之論文皆此類也。此書本亦爲綱目體式，且徵引原文不厭盡詳，故篇幅多至二十五萬餘字。今以經費困難，印行不易，故易其體式且刪繁就簡，又刪去封建政策之演變及特種官守、王莽制度、政風述要諸章，務使篇幅減至最小限度；今除已抽刊於本所集刊第二十二本之漢代地方官吏之籍貫限制及抽刊於大陸雜誌特刊第一輯之漢代郡都尉制度（此二文尙存原體式）外，不過十萬字，刊佈於此，敬希海內外學人匡正爲幸。

　　又此書完成多得錢師賓四之指導與同窗錢君樹棠之切磋；及來本所，復承勞貞一先生詳閱兩過，指正數處；統此謹致謝忱。

　　　　　　　　　　　　　　　一九五四年二月十二日，於臺灣楊梅。

　　余家固貧，賴吾父　裕榮公及諸兄勤力耕商，漸臻小康，乃資余入學，屬望甚殷；第余性慨質魯，殊難進越，每一思維，不賚芒背。一九四六年先父見背家園，

享年八十；時余遠遊西川，不能見最後一面，深以爲憾。次年此書再稿完成，本擬題簽籍資紀念，事旣中輟，迄今又屆老母八秩之年，身處共區，生死未卜，恐亦無再見之望矣！此實終身之恨，靜夜思之，能不泫然。校稿至此，不勝感懷，爰志數語，聊寄思親之情。

六月三十日又記

引 用 及 參 考 書 目

國策　高誘注

史記　集解、索隱、正義
　史記志疑　梁玉繩撰（廣雅叢書本）

漢書　王先謙補注
　漢書疏證　沈欽韓撰
　漢書注校補　周壽昌撰

後漢書　王先謙集解
　後漢書疏證　沈欽韓撰

東觀漢記　陸錫熊紀昀等輯（湖北先正遺書本）

七家後漢書　汪文臺輯

謝氏後漢書補逸　孫志祖輯

三國志　裴松之注

晉書　吳士鑑等注

宋書

隸釋　洪适撰

隸釋續　同前

兩漢金石記　翁方綱撰

八瓊室金石補正　陸增祥撰

芒洛冢墓遺文正續編　羅振玉編

本所藏漢碑

古刻叢鈔　陶宗儀撰（知不足齋叢書本）

集古錄跋尾卷一至三　歐陽修撰

金石錄卷一三至二○　趙明誠李易安撰

金石索卷三　馮雲鵬馮雲鵷撰

水經注　戴趙兩釋本

流沙墜簡考釋　羅振玉王國維撰

居延漢簡考釋　勞榦撰

漢晉遺簡偶述之續　陳槃撰（集刊第二十三本下册）

漢官六種　孫星衍輯（四部備要本）
　衞宏漢官舊儀　紀昀等輯補（武英殿本）

又　黃奭輯（漢學堂叢書本）

應劭漢官儀　同前（同前）

王隆漢官　同前（同前）

胡廣漢官解詁　同前（同前）

丁孚漢儀　同前（同前）

漢律輯證　杜貴墀輯（郎園叢書本）

北堂書鈔卷四十九至七十九設官部　原本孔廣陶校

太平御覽卷二百零三至三百六十九職官部

唐六典

通典職官　杜佑撰

通考職官　馬端臨撰

新唐書百官志

七國考　董說撰（叢書集成本）

漢制考　王應麟撰（津逮祕書本）

漢州郡縣吏制考　強汝詢撰（求益齋全集本）

補漢兵制　錢文子撰（二十五史補編本）

後漢郡國令長考　錢大昭撰（二十五史補編本）

後漢郡國令表補考　丁錫田撰（同前）

後漢書補表　錢大昭撰（同前）

秦漢政治制度　陶希聖沈巨塵撰（商務版）

漢世亭傳之制　呂思勉撰（學林第四輯）

兩漢州制考　（蔡元培六十五歲紀念論文集）顧頡剛撰

漢簡中所見之邊郡制度　（本所集刊第八本）勞榦撰

兩漢刺史制度考　（集刊第十一本）勞榦撰

漢代郡制及其對於簡牘的參證（臺大傳故校長斯年紀念論文集）勞榦撰

秦漢郎吏制度考　（集刊第二十三本上册）嚴耕望撰

魏晉南朝地方政府屬佐考　（集刊第二十本）嚴耕望撰

韓非子

新語　陸賈撰

淮南子

鹽鐵論　桓寬撰

論衡　王充撰

潛夫論　王符撰

風俗通義　應劭撰

　風俗通義逸文　錢大昕輯（潛研堂集）

申鑒　荀悅撰

中論　徐幹撰

人物志　劉劭撰

古今注　崔豹撰

五行大義　蕭吉撰（佚存叢書本）

急就篇　顏師古注（靈鶴閣叢書本）

方言　錢繹箋證

說文解字　桂馥義證

應劭辯釋名　畢沅輯

全漢文　嚴可均輯

全後漢文　同前

全三國文　同前

文館詞林殘卷　許敬宗編（古逸叢書本）

古文苑卷一〇至一九　（守山閣叢書本）

續古文苑　孫星衍編（平律館叢書本）

三輔決錄　張澍輯（二酉堂叢書本）

華陽國志　常璩撰

零陵先賢傳　（說郛本）

長沙耆舊傳　（同前）

日知錄卷八至一二，二二，二四　顧炎武撰

二十二史劄記卷一至六　趙翼撰

陔餘叢考卷一六　同前

二十二史考異卷一至一七　錢大昕撰

十七史商榷卷一至四二　王鳴盛撰

觀堂集林　王國維撰

各國地方政府（商務版）　Harus 原著，張永懋譯

漢代的西域都護與戊己校尉

勞　　榦

（一）　西域的開通與屯田

　　漢代對於西域道路的開通，是張騫的功勞。也是所謂『鑿空』的事業。張騫先自西域還，再由霍去病擊破匈奴右地，降渾邪王及休屠王，於是西域才和中國直接交通。至於中國正式有效的控制西域，要等待到宣帝時候，設置西域都護，才算開始。

　　在霍去病擊破匈奴右地以後，到設置西域都護之前，還要有幾個準備時期。就中河西四郡的設置，和西域的經營關係最為密切。河西四郡的設置，前後經過了一個長的時期，至於屯田及開發，經過的時間更要多些，並且河西四郡的設置還牽涉到對西域的兩個問題，卽(一)李廣利的征伐大宛，因為河西四郡是最重要的後方勤務地區，因此加強了河西四郡的經營；(二)張騫到烏孫去，想勸回烏孫同到他們的故地，卽祁連敦煌一帶，而烏孫不肯，於是中國自己加強敦煌方面的移民及建置。

　　河西的建置及移民是成功的。河西四郡的成功，給漢民族以經營邊疆的信心及經驗，於是便在漢武帝的晚期，由桑弘羊的提議，把在河西的經驗推廣到西域，這就成於輪臺屯墾的擬議。輪臺的屯墾，是先從軍屯，逐漸改為民屯，也就是準備將西域地區，逐漸郡縣化。武帝雖然下了一個著名的『輪臺之詔』，打銷了這一個意見。昭帝以後，仍然恢復了一部份計畫。只是原來的計畫十分龐大，後來昭帝執行時，將這一個計畫縮小了。這一點的施行，就成為後來控制西域的基礎，但因為未做到大規模的屯墾以及利用民屯，也就影響到漢代後來對於西域的力量，只能達到一個限度，漢朝對於西域的控制，必需有才能的人，善於利用，才能有效。否則就發生問題了。

　　漢書九十六西域傳下云：

　　渠犂城都尉一人，戶百三十，口千四百八十，勝兵百五十人，……西有河，至

龜茲五百八十里。自武帝初通西域，置校尉，屯由渠犂，是時軍旅連出，師行三十二年，海內虛耗。征和中貳師將軍李廣利以軍降匈奴。上既悔遠征伐，而搜粟都尉桑弘羊與丞相御史奏言：『故輪臺以東，捷枝、渠犂皆故國。地廣饒水草，有溉田五千頃以上。處溫和，田美，可益通溝渠，種五穀，與中國同時熟。……臣愚以爲可遣屯田卒諸故輪臺以東，置校尉三人分護，各舉圖地形，通利溝渠，務使以時益種五穀。張掖、酒泉遣騎假司馬爲斥候，屬校尉。事有便宜，因騎置以聞。田一歲，有積穀，募民壯健，有累重，敢徙者，詣田所。就畜積爲本業，益墾溉田，稍築列亭連城而西，以威西國，輔烏孫爲便。臣與分部行邊。嚴勅太守都尉，明烽火，選士馬，謹斥候，畜茭草，願陛下遣使使西國，以安其意。（漢書九十六西域傳下）

這一個奏書上了以後，武帝並不以爲然，下了一個著名的詔書，其中云：

今請遠田輪臺，欲起亭隧，是擾勞天下，非所以優民也，今朕不忍聞。……當今務在禁苛暴，止擅賦，力本農，修馬復令以補缺，毋乏武備而已。郡國二千石各上進畜馬方略，補邊狀，與計對。（漢書九十六西域傳下）

從此不再出軍。到了昭帝時，方才略加恢復前議。漢書西域傳又云：

初貳師將軍李廣利擊大宛，還過杅彌，杅彌遣太子賴丹爲質於龜茲。廣利責龜茲曰：『外國皆臣屬於漢。龜茲何得受杅彌，』即將賴丹入京師。昭帝乃用桑弘羊前議，以杅彌太子賴丹爲校尉，將軍屯輪臺。輪臺與渠犂地皆相連也。龜茲貴人姑翼謂其王曰：『賴丹本臣屬吾國，今佩漢印綬來迫吾國而田，必爲害』，王即殺賴丹而上書謝漢，漢未能征。宣帝時長羅侯常惠使烏孫還，便宜發諸國兵，合五國人攻龜茲，責以前殺校尉賴丹。龜茲王謝曰：『乃我先王時爲貴人姑翼所誤，我無罪，執姑翼詣惠，惠斬之』。（漢書九十六西域傳下）

這裏再屯田杅彌，顯然是桑弘羊當政時的主張。但因爲當時政治還是保守的，桑弘羊的主張顯然還未十分貫徹。第一，原來計劃用三個校尉，此時只用一個校尉，並且還利用胡人爲校尉。第二並未曾照過去的擬議，大量的移民，大量的增築亭隧，並且還定一個逐漸進行的計劃。這種縮小了的輪臺屯墾，也就深深的影響到漢朝對於西域的地位。就成功的方面說，究竟有總比沒有好，後來的西域經營，當然還以輪臺的屯墾

為基礎。在壞的方面，是輪臺的屯墾，還是一個非常小規模的屯墾，和河西四郡的經營，簡直不能相比。西漢及王莽時期西域的旋服旋叛，以及東漢時期的『三絕三通』，一直不易永久的固定下來，當然是受了屯墾規模太小的影響。

到了昭帝元鳳四年，這時由霍光單獨當政，桑弘羊已經因謀反誅死。漢朝在樓蘭國設立屯田，不過規模還是很小。漢書西域傳上，鄯善國下云：

> 樓蘭國最在東垂，近漢，當白龍堆，乏水草，常主發導，負水儋糧，送迎漢使。又數為吏卒所寇，懲艾不便與漢通，後復為匈奴反間，數遮殺漢使。其弟尉屠耆降漢，具言狀。元鳳四年，大將軍霍光白遣平樂監傅介子，輕將勇敢士，齎金幣，揚言以賜外國為名。既至樓蘭，詐其王欲賜之。王喜，與介子飲，醉。將其王屏語，壯士二人從後刺殺之。貴人左右皆散走。介子告諭以王負漢罪，天子遣我誅王，更立王弟尉屠耆在漢者，漢兵方至，毋敢動，自令滅國矣。……封介子為義陽侯。乃立尉屠耆為王，更名其國為鄯善，為刻印章，賜以宮女為夫人，……祖而遣之。王自請天子曰：『身在漢久，今歸單弱，而前王有子，恐為所殺。國中有伊循城，其地肥美，願漢遣一將，屯田積穀，令臣得依其威重。』於是漢遣司馬一人，吏士四十人，田伊循以填撫之。其後更置都尉，伊循官置，始於此矣。

從此以後，漢朝除去渠犁的田官以外，又多了一個在樓蘭伊循城的都尉。當然，一個都尉所領率的人數，決不只四十人，這就對於聯絡上有一個更大的支援。據漢書九十六西域傳上說：『自貳師將軍伐大宛之後，西域震懼，多遣使來貢獻，漢使西域者，益得職(註一)。於是自敦煌西至鹽澤往往起亭，而輪臺、渠犁皆有田卒數百人，置使者校尉領護』輪臺、渠犁各有田卒數百人，那就伊循都尉部下也不會太少的。

在此所要指明的，就是輪臺及渠犁的屯田，被漢武帝否決之後，在桑弘羊當政時復置，當在昭帝始元元年至始元七年間（註二）；至元鳳四年，再設置鄯善的伊循都尉；均未曾前至武帝時代。上引西域傳的兩段『自武帝初通西域，置校尉屯田渠犁』以

（註一）　得職，顏師古註云：『賞其勤勞，皆得拜職也。』今案師古說非。漢人常語言無功效者曰『失職』，得職正為『失職』對語，即言自貳師將軍李廣利征伐大宛之後，西域震懼，而後出使者纔能更有功效。

（註二）　始元七年八月，改為元鳳元年。

及『自貳師伐大宛之後，……而輪臺渠犁皆有田卒數百人』。 都是一種大致的敍述。
若據此以爲在渠犁的屯田及設置校尉並在武帝時代，那就武帝輪臺之詔便不可通了。
在此對於漢書敍述含混之處，是應當加以辨明的。

（二）　西域都護的設立

自渠犁屯田以後，中國在西域有吏士及積穀，便成了設置都護的基礎。漢書七十
鄭吉傳云：

> 自張騫通西域，李廣利征伐之後，初置校尉，屯田渠犁。至宣帝時，吉以侍郎
> 田渠犁，積穀。 因發諸國兵攻破車師。 遷衞司馬，使護鄯善以西南道。神爵
> 中，（時爲神爵三年），匈奴乘亂，日逐王先賢撣欲降漢，使人與吉相聞。吉因
> 發渠黎龜茲諸國五萬人，迎日逐王口萬二千人，小王將十二人，隨吉至河曲，
> 頗有亡者，吉追斬之，遂將詣京師，漢封日逐王爲歸德侯。吉既破車師，降日
> 逐，威震西域，遂並護車師以西，北道；故號都護。都護之置，自吉始焉。上
> 嘉其功效，故迺下詔曰：『都護西域騎都尉鄭吉，拊循外蠻，宣明威信，迎匈
> 奴單于從兄日逐王衆，擊破車師兜訾城，功效茂著，其封吉爲安遠侯，食邑千
> 戶。』吉於是中西域而立莫府，治烏壘城，鎮撫諸國，誅伐懷集之，漢之號令
> 班西域矣。

漢書九十六西域傳上云：

> 至宣帝時，遣衞司馬使護鄯善以西數國，及破姑師未盡殄，分以爲車師前後王
> 及山北六國，漢獨護南道未能盡並北道也。然匈奴不自安矣。其後日逐王畔單
> 于，將衆來降，護鄯善以西使者鄭吉迎之，既至，漢封日逐王爲歸德侯，吉爲
> 安遠侯，是歲神爵三年也，乃因使吉並護北道，故號曰都護，都護之置，自吉
> 始矣。

從設立都護以後，西域諸國便時常在中國政府的輔導之下，得到和平及必要的調解。
不過西域的屯田，還是以吏士爲主，與河西四郡以移民爲主，全部同於內地的，還不
完全一樣。

都護的地位，在西域中是甚爲尊重的，因爲都護就是中國天子的代表。不過都護

一官，並非本官，而是加到別的官上面，成爲加官的。這就表示都護雖然可以將兵，其地位還是一個『使者』，和常設的官，如護羌校尉，以及後漢的護烏桓校尉，還不相同。護羌校尉原爲護羌將軍（見漢書七十六王尊傳），是一種純粹的武職，也就不是加官。西域都護的加官，除去鄭吉是以騎都尉加上的以外，尙有以別的官加上的。如：

　　甘延壽——漢書七十本傳云：『稍遷至遼東太守，免官，車騎將軍許嘉薦延壽
　　爲郎中，諫大夫，使西域都護騎都尉。』

　　段會宗——漢書七十本傳云：『竟寧中以杜陵令五府舉爲西域都護，騎都尉，
　　光祿大夫』

據漢書百官公卿表：『西域都護……以騎都尉諫大夫使護西域』，則甘延壽作西域都護時，當仍爲‥『西域都護，騎都尉諫大夫』。亦卽除鄭吉只有騎都尉爲本職以外，以後的西域都護，當兼有兩職，其一爲騎都尉，其一爲諫大夫或光祿大夫。騎都尉爲武職，而諫大夫或光祿大夫則爲文職。也就是代表西漢對於西域，是武力及政治力量相互爲用。

　　按照漢代的官階，諫大夫秩八百石，光祿大夫秩比二千石。（均見漢書十九佰官公卿表），不過故二千石可以爲諫大夫，而故二千石及九卿將軍可以爲光祿大夫，所以地位仍然相當尊重。至於騎都尉的官階，據漢書百官公卿表郎中令下：『宣帝令中郎將騎都尉監羽林，秩比二千石』，而續漢書百官志，也稱：『又有騎都尉比二千石，無員（言員額無定），本監羽林騎』。所以騎都尉亦爲比二千石。依照段會宗及甘延壽傳，西域都護及太守可以互相遷轉，也就是說雖稱爲比二千石，在朝廷看來，仍和二千石是一樣的。

　　再照漢書百官公卿表來看，『有副校尉，秩比二千石，丞一人，司馬，候，千人，各二人。』副校尉係常置之官，並非加官，亦足見西域都護之爲加官，係因表示都護之爲使者的身分而然。副校尉爲比二千石官，在此係比附郡中的都尉的，丞的位置亦當爲比附郡丞。至於司馬，候，千人之官，據續漢書二十三郡國志，張掖屬國都尉，候官，千人官，千人司馬官各居一城，則此等官職也和邊郡的官職相同的。

　　續漢書二十四百官志無西域都護，這是因爲以順帝時的官制爲準（註一）。但後漢書

──────────────────

（註一）　司馬彪續漢書的八志，多斷至順帝時，百官志亦然。百官志云：『順帝卽位，又以皇后父兄弟相繼爲
　　　　大將軍如三公焉』卽其證。安帝時已棄西域，故順帝時官制中無西域都護。

中的西域傳（後漢書卷八十八）對於西域都護卻敍述甚詳。西域傳云：

　　武帝時西域內屬，有三十六國，漢爲置使者校尉領護之。宣帝改曰都護（註一）。
元帝又置戊巳二校尉，屯田於車師前王庭。哀平間自相分割爲五十五國。王莽
篡位，貶易侯王，由是西域怨叛。……建武中，皆遣使求內屬，光武以天下初
定，未遑外事，竟不許之。……初平中，北虜乃脅諸國，共寇河西，城門盡
閉。十六年，明帝乃帝乃命將帥北征匈奴，取伊吾廬地，置宜禾都尉以屯田，
遂通西域。于寘諸國皆遣子入侍，西域自絕六十五載乃復通焉。明年始置都
護，戊巳校尉。及明帝崩，焉耆，龜茲，攻敗都護陳睦，悉覆其衆。匈奴車
師困戊巳校尉。建初元年春，酒泉太守段彭大破車師於交河城，章帝不欲疲敝
中國，以事夷狄，乃迎還戊巳校尉，不復遣都護。二年，復罷屯田伊吾，匈奴因
遣兵守伊吾地。時軍司馬班超，留于寘綏集諸國。和帝永元元年，大將竇憲大
破匈奴，二年，憲因遣副校尉閻槃將二千餘騎掩擊伊吾破之。三年，班超遂定
西域，因以超爲都護，居龜茲，復置戊巳校尉。領兵五百人，居車師前部高昌
壁，又置戊部侯，居車師後部侯城（註二）。相去五六百里。六年，班超復擊破
焉耆，於是五十餘國悉納貢內屬。……及孝和晏駕，西域背叛，安帝永初元
年，頻攻圍都護任尙段禧等，朝廷以其險遠，難相應赴，詔罷都護，自此遂棄
西域。（註三）……十數歲，敦煌太守曹宗患其暴害，……復欲進取西域，鄧太后
不許，但令置護西域副校尉，居敦煌，復部營兵三百人，羇縻而已。……延光
二年，敦煌太守張璫上書陳三策。……朝廷下其議，尙書陳忠上疏……以爲敦
煌宜置校尉，案舊增四郡屯兵，以西撫諸國，庶足折衝萬里，震怖匈奴，帝納
之，乃以班勇爲西域長史，將弛刑士五百人，西屯柳中，勇遂破平車師。自建
武至於延光，西域三絕三通。順帝永建二年，勇復擊降焉耆。於是龜茲，疏

　（註一）　案此處敍述太簡，未盡合事實。尤其元帝設戊巳二校尉，非西漢之制，西漢只有一校尉，見後考。
　（註二）　自東漢明帝永平時分戊巳校尉爲二，戊校屯車師前部，巳校屯姑墨任高昌壁者僅係戊校的部下。此時
　　　　　但新置戊校，並無巳校。所謂戊巳校尉，但係戊校尉。其『戊部侯』亦係分戊，校尉部下所置。並非
　　　　　戊校以外更有戊巳校或巳校。此處戊巳校尉的『戊巳』，亦只僅汎稱，實應只稱『戊校尉。』後漢書
　　　　　四十七班超傳：『初超被徵，以戊巳校尉任尙爲都護』，清殿本引劉攽曰：『案是時但有戊校尉，多巳
　　　　　字』，其說是正確的。
　（註三）　事詳後漢書四十七梁慬傳。

勒，于窴，莎車等十七國皆來服從，而烏孫蔥嶺以西遂絕。六年，帝以伊吾舊

膏腴之地，傍近西域，匈奴資之，以爲鈔暴，復令開設屯田，如永元時事。置

伊吾司馬一人。自陽嘉以後，朝威稍損，諸國驕移，轉相陵伐。元嘉二年，長

史王敬爲于窴所沒。永興元年，事師後王復反，攻屯營。雖有降首，曾莫懲

革，回是浸以疏慢矣(註一)。

這裏記述西域的事，比較成系統，在此可以看出來幾點(一)東漢西域都護，是一個實

官的官名，並非加官。和西漢不同。在後漢書卷四十七，班超傳及梁慬傳中所述都

護，也是一樣爲實官官名，並非加官。(二)自安帝時召回段禧以後，便不再設西域都

護。後來再通西域，也只有將兵長史。(三)此處說西漢置戊巳兩校尉是不對的，西漢

只有一個戊巳校尉，東漢始有兩個校尉，詳見後考。

（三）戊己校尉

西域都護之下，有戊巳校尉。漢書十九百官公卿表云：

> 西域都護加官，宣帝地節二年初置。以騎都尉諫大夫使護西域三十六國。有副
> 校尉秩比二千石。丞一人，司馬，候，千人各二人。戊巳校尉元帝初元元年
> 置。有丞，司馬各一人，候五人，秩比六百石。

關於戊巳二字的名稱，顏師古注稱：

> 甲，乙，丙，丁，庚，辛，壬，癸，皆有正位。惟戊，巳寄治焉。今所置校
> 尉，亦無常居，故取戊巳爲名也。有戊校尉，有巳校尉。一說，戊巳居中，鎭
> 覆四方，今所校尉，亦處西域之中，鎭覆諸國也。

在這裏有幾個問題，第一，漢書百官公卿表對於副校尉以下各官的官階敍述不清，究

竟那幾個官是比二千石，那幾個官是比六百石。第二『戊巳』之稱既有二說，究竟那

一個對。第三，戊巳校尉還是一個校尉，抑還是兩個校尉。

關於第一點，那幾個官是比二千石，還是比六百石一個問題。因爲續漢書百官志

(註一)　西域都護撤後，烏壘城爲龜茲所有，在桓帝時其地仍有漢人，並用桓帝永壽年號，見龜茲左將軍劉平
國石刻。至於戊巳校尉尚存，曹全曾以戊部司馬在靈帝時立功，見後漢書西域焉耆傳及曹全碑。晉書百
官志無戊巳校尉，但中央研究院歷史語言研究所考古組在玉門關舊址發見刻石可證西晉曾經營西域，
又東晉時張氏據涼州，在高昌有戊巳校尉，見晉書八十六張駿藏記及魏書九十九張駿傳。

中無戊巳校尉，以致無法比較。此層唐人也因而不甚了了。後漢書卷二明帝紀：『永平十七年，初置西域都護，戊巳校尉。』章懷太子注稱：『宣帝初置，鄭吉爲都護，護三十六國，秩比二千石；元帝置戊巳校尉，有丞，司馬各一人，秩比六百石。戊巳中央也，鎮覆四方，見漢官儀，亦處西域，鎮覆諸國。』此處對於戊巳校尉的官階，仍然采自漢書百官公卿表。似乎戊巳校尉就是比六百石，就其實，便大成問題。甲、依照漢書百官公卿表，西域副校尉秩比二千石，戊巳校尉與副校尉，不應官秩較低。西域都護比太守，副校尉及戊巳校尉亦略同都尉。不論都尉或屬國都尉皆爲秩比二千石，戊巳校尉亦不致例外。在兩漢的材料中，尚未見到稱爲『校尉』的官，而秩在千石以下的記載。乙、據漢書百官公卿表，都尉有丞，秩皆（按此皆字當爲比字之誤）六百石，戊巳校尉丞秩應與都尉丞同爲比六百石，是百官公卿表此處之『秩比六百石』當指『有丞，司馬各一人，候五人』而言。而戊巳校尉本官，決無與其丞同秩之理，可以斷言。因此，關於西域都護以下的官秩，應爲：

> 西域都護加官，其本官爲騎都尉光祿大夫或爲騎都尉諫大夫，秩二千石(註一)。丞一人，司馬二人，候及千人各二人（皆爲比六百石），副校尉一人，比二千石。戊巳校尉一人，比二千石。戊巳校尉丞一人比六百石，司馬一人比六百石，候五人，比六百石。

關於第二點。戊巳之稱，究係指『寄居』，還是指『居中』的問題。這是牽涉到戰國至漢人相信五行方位的一個問題。五行的方位，見於呂氏春秋的十二紀，淮南子的時則篇及禮記的月令。大都指寅卯辰爲東方，其天干爲甲乙；巳午未爲南方，其天干爲丙丁；申酉戌爲西方，其天干爲庚辛，亥子丑爲北方，其天干爲壬癸。戊巳之所在，則淮南子以爲當季夏之月，卽未月（呂氏春秋仍以屬丙丁，無戊巳所在之處）。禮記別有中央土，鄭玄注：『火休而盛德在土也』。孔穎達正義云：『年有三百六十日，則春夏秋冬各分居九十日。五行分配於四時，布於三百六十日間，以木配春，以火配夏，以金配秋，以水配冬，以土則每時輒寄王十八日也。雖每分寄，而位本未，宜處

(註一)　太平御覽職官部引應劭漢官儀云：『西域都護，武皇帝始開通西域三十六國，其後稍分爲五十餘國，置使者校尉以領護之。宣帝神雀三年，改爲都護，秩二千石。』西域都護的官秩，僅見此處。西域都護雖爲加官，但漢制加官可以有加官之秩，如侍中爲加官，而侍中秩比二千石。見後漢書三十五續漢書百官志。

於季夏之末，金火之間，故在此陳之也。』戊巳雖屬寄治，卻有固定的治所。這一點正和戊巳校尉的性質相符。戊巳校尉以漢官而設治於西域國家車師境內，故為寄治。但卻有一定治所，即屯田於車師前王庭，並非隨時移動。至於車師前王庭，在漢時為北道，並非在諸國之中，諸國之中乃都護所在之烏壘城，非戊巳校尉所在。所以釋戊巳為寄治是對的，釋戊巳為中央是不對的，但認為寄治就是並無一定治所，又是不對的。

　　關於第三點，戊巳校尉是一個校尉還是兩個校尉的問題。後漢書卷二明帝紀永平十八年：『北匈奴及車師後王圍戊巳校尉耿恭』。清殿本考證引劉攽刊誤云：

　　檢詳耿恭傳，恭作戊校，此不合有巳字也(註一)。

吳仁傑兩漢刊誤補遺云：

　　顏注百官表有戊校尉，有巳校尉，其容不然。屯田始置校尉，領護田卒。但以屯田校尉為稱，後乃有戊巳校尉。表初不言有戊校巳校兩官。考前書紀傳，亦無有為戊校巳校者。如徐普，刁護，郭欽，皆兼戊巳為官稱。獨烏孫傳云：『徙巳校尉屯姑墨。』顏注：『有戊巳兩校兵，此直徙巳校』，以理揆之，是則兵有戊校巳校之分，尉則兼戊巳為官稱也。顏亦知巳校為兵，而云兩尉者，殆見後漢書西域傳序言：『元帝置戊巳二校尉』，遂為此說。而范亦以後漢有戊巳尉，因謂元帝所置為二尉。耳其實兩都設官之制不同，先漢有戊校，巳校，而尉之官稱，則兼戊巳。後漢有戊巳校尉，戊校尉，而各以校兵為名，其可以此而律彼哉？又東都凡兩置戊巳校尉，永平十七年，恭寵皆為戊巳校尉者，以此兩人各將戊校巳校之兵故也。永元三年，復置戊巳校尉，將兩校兵如故。又置戊校尉，則所將只戊校兵耳。戊巳校尉自恭寵之後，有任尚，索頵，戊巳司馬有曹寬。凡紀傳言戊巳校尉，無慮十數，並同一辭，雖車師後王傳載戊部候嚴

（註一）　王先謙集解據汲古閣本，仍作：『恭為戊巳校尉』集解：『何焯曰：巳字衍。』惠棟曰：『東觀記，袁宏紀皆云「恭為戊巳校尉，屯後王部蒲城；寵為戊巳校尉，屯前王柳中城。」吳仁傑刊誤補遺亦同。今流俗本關寵下止云巳校尉，故何氏以恭為戊校尉而衍巳字也，但漢雖有戊巳兩校尉，不應以是改恭傳本文。』先謙曰：『御覽百九十二引續漢書，亦作兩戊巳校尉。』今案劉攽北宋時人，所見之本為『以恭為戊校尉』與以下『謁者關寵為戊巳校尉』對言，極可珍貴。今本關戊下只云巳校尉，無戊字，正是舊文遺跡，並非脫文，何焯據此證恭為戊校，正是何焯正確之點，而惠棟在此有疏失，東觀記及袁宏後漢紀均無舊本，無從核對。太平御覽引續漢書『兩戊巳校尉』乃是從稱。不能據此證明耿恭及關寵二人之官名均為戊巳校尉。

皓，戊校尉闕詳。後書言戊校者，獨此一事。其屬又有後部司馬，章懷注：『司馬卽屬戊校尉所統，和帝時置戊校尉鎮車師後部是也。』且戊校尉永元所置，刊誤謂『但和帝以後事，云戊巳校尉者，皆多巳字』，猶之可也。若恭寵爲校尉自在孝明世，乃曰恭作戊校，此不合有巳字，豈別有據耶？又馬融傳：『校隊按部，前後有屯，甲乙相伍，戊巳爲堅。』注謂戊巳居中堅也（註一）。詩曰：『中田有廬』，蘇黃門謂田中爲廬，以便田事。二校之設，自兵屯言之，則以其中堅而命名可也。然二校之外，乃無所謂甲乙諸屯，則其命名之意，殆如詩所云，取其屯田之中，以便田事而已。

言戊巳校尉者，以此說爲最辯。現在要討論的著眼點是（甲）兩漢是否有一個時期將戊巳校尉分爲部。（乙）假如分爲兩部是否卽係兩校尉。（丙）假如分爲兩校尉，是否卽是校尉一名戊校尉，另一校尉名巳校尉。因爲『戊巳校尉』一名，是一個通稱，也是一個泛稱。不能因稱爲『戊巳校尉』，其時就是不分戊巳的，所以不能以此泛稱來反證，所要討論的，只是戊巳兩校分而爲二的一事，是否確切曾經存在。

關於甲項，戊巳校尉確切分爲兩部，並且稱爲戊部及巳部，最好的證據，是曹全碑：

　　　除郎中，拜西域戊部司馬。

碑版文字爲當時遺物，不由傳抄，最爲可據。此事亦見於後漢書一百十八西域疏勒傳。但西域傳就有兩個錯誤，曹全之名誤爲曹寬，而戊部司馬亦誤戊巳司馬。此處官名應據碑版而不應據後漢書是不成問題的。

東漢時代戊巳校尉分爲兩部，一名戊部，一名巳部。再證以兩漢書亦確有戊部及巳部的名稱，雖然在兩漢書中不全是這樣，但戊部及巳部之名是正確的名稱。

關於乙項，中心問題在『校』字及『部』字所指的範圍。亦卽是否一校尉領一『校』或一『部』，或者一『校』或一『部』只容許一個校尉。假如一『校』或一『部』領導的軍官，卽是校尉，那就『戊部』『戊校』卽爲『戊校尉』所領，『巳部』『巳校』爲『巳校尉』所領。假如不是這樣，一校尉可領幾個校，或者一個校可容好幾個校尉，那就可

（註一）　馬融傳所稱，見後漢書七十馬融傳廣成頌。顧炎武日知錄亦引此釋戊巳校尉。但戊巳校尉在車師前王庭，似不得以居中爲說。若指爲屯田則居中，似更迂曲，且漢代屯田之軍，原不僅戊巳校尉，此名不應爲戊巳校尉所專有。似仍以寄土而治爲是。

－ 494 －

能有好幾種的變化。

關於『部』的名稱，據後漢書一百一十四百官志云：

> 大將軍營五部部，校尉一人，比二千石；軍司馬一人，比千石；部下有曲，曲
> 有軍侯一人，比六百石；曲下有屯，屯長一人；比二百石；其不置校尉部，但
> 軍司馬一人。

這是說：『部』是一級軍事單位的名稱。部是一級，曲是一級，屯是一級，『部』
爲校尉之部，因此『戊部』便應當是『戊校尉之部』。至於稱作『校』的，當然卽是
校尉的『校』。漢書卷七昭帝紀元鳳四年：『五月，孝文廟正殿火……發中二千石將五
校作治，六日成。』五校之義據顏注：『率領五校之士以作治也。』五校指京師五個
校尉，卽屯騎，步兵，越騎，長水，射聲(註一)。後漢書中，尤常言及五校，所以
『校』卽是屬於校尉的屬部。在漢書的李廣蘇建傳及衞青霍去病中，也常言及『校』，
其中『校』字普通指校尉之校，但有時也指大將軍屬下之一切裨將，這些裨將可以是
校尉，也可以是將軍。不過這還是由校尉之校引申而出，對出校屬於校尉的原義並不
違背。

在此，應當認『校』和『部』，都是屬於校尉的。亦卽每一校尉只有一校，每一校
只應當屬於一個校尉。除非這一部，或校，沒有校尉，（卽所謂『其不置校尉部』），
則由司馬率領，直接於將軍（或比將軍之『騎都尉』）。因此在戊巳校尉爲一校尉時，
應當只有一部，稱爲『戊巳部』；在戊巳校尉分爲兩人任職之時，則應當分爲二部，
其一部稱爲『戊部』，別一部稱爲『巳部』。稱爲『戊部』及『巳部』爲的是便於分
別，決不可以同稱爲『戊巳部』，或者一稱爲『戊巳部』而一稱爲『巳部』。所以漢書
烏孫傳(九十六下)：『漢徙巳校屯姑墨』。據徐松漢書西域傳補注，認爲當是『成帝建
始二年』時事。亦卽到成帝初年，戊巳校尉可能分爲兩校。不過據漢書百官公卿表，
戊巳校尉還只有一人(註二)。很可能戊巳校尉自領戊校居車師前王庭，而別分爲巳校
由司馬率領屯姑墨。此巳校爲無校尉之校。這是一個戊巳分部的開始，再一演變就會

(註一)　西漢本爲七校，中多胡騎及虎賁二校尉。東漢改爲五校，據此，則西漢有時亦用五校。

(註二)　漢書百官公卿表迄於孝平元始元年，於戊巳校尉未曾言有二人，可知至平帝時戊巳校尉當只有一人，
此爲一不可推翻的證據。後漢書西域傳雖言元帝時置戊校尉及巳校尉二人，很可能如以東漢事來解釋
西漢制度，范曄爲劉宋時人，遠在班固之後，自不能據後漢書來駁漢書。

成爲兩個校尉。

　　所以西漢西域都護以下的官制，似應爲：

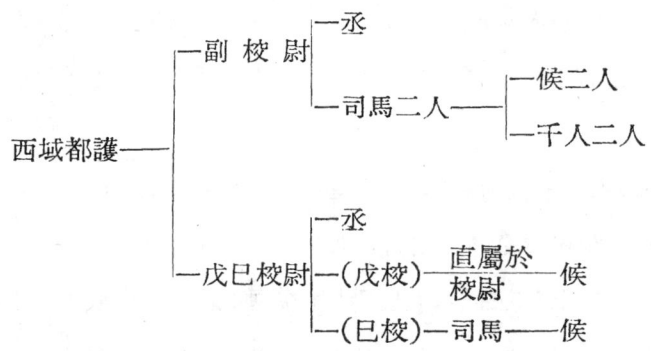

　　照這種分盡的畫法，當然比較特殊。因爲戊巳校尉本應爲一校，從一校分而爲二，又並無證據說巳校不由戊巳校尉指揮，這是和一般經常制度不能相同的。而這種的分畫法，就成爲東漢分爲二校的開始。

　　很顯然的，東漢自明帝永年十七年並以耿恭及關寵爲校尉以後，就分爲二校。這兩個校尉當然各有特定的名稱，不會都稱爲『戊巳校尉』，假如各有名稱，自以一稱爲戊校尉，一稱爲巳校尉爲方便。假如一稱戊巳校尉一稱巳校尉，或者一稱戊校尉而另一稱爲戊巳校尉，不惟名稱繁費而不需要並且也徒滋紛擾。吳仁傑認爲西漢和東漢不同，雖未舉出必要的證據，自屬具有識見。至於對於東漢制度，認爲戊校和巳校只限於兵，與校尉無干，指揮戊巳兩校的戊巳校尉和專指揮戊校的戊校尉可以同時並存，那就錯誤了。因爲原則上一校尉只管一校，西漢戊巳校尉並管兩校，而以其中一校分駐姑墨已算特例。若一校尉管一校半，同時另一校管半校，那就是一個不可想像的事。所以東漢時是應當有兩個校尉的，一個是戊校尉，管的軍隊是戊校，一個是巳校尉，管的軍隊是巳校。戊部司馬屬於戊校，歸戊校尉指揮，巳部司馬屬於巳校，歸巳校尉指揮。所有『戊巳校尉』的名稱，只是一種隨便的稱呼，或者並稱二校時所用，而不應當來稱呼二校中的任何一校。

　　　　　　　　　　勘誤：本篇題目係 "漢代的西域都護與戊己校尉"，排印
　　　　　　　　　　　　時多處將「己」字誤作「巳」字，特此更正。

司馬遷與希羅多德 (Herodotus) 之比較

鄧 嗣 禹

（1） 時代背景與傳記	（4） 史學方法與史觀
（2） 作史的動機與目的	（5） 優點與劣點
（3） 史書之組織與範圍	

司馬遷爲東洋歷史之祖，希羅多德爲西洋歷史之祖。兩人的著作，已並垂不朽；兩人的大名，常相提並論。而專門比較他們二人的文章，似乎很少見。因將此兩大史學鼻祖之生平及著作，作點綜合比較的研究。

當然在司馬遷以前，中國已有史學家，如孔子左邱明。在希羅多德以前，西洋也有史學家，如 Hecataeus of Miletus 及 Hellanicus of Lesbos，司馬與希羅是承先啓後的大著作家。他們將寫著歷史，成爲一種專門的學問，創造歷史學，故享受始祖的盛譽。他們雖非同時代的人（史遷生于紀元前二世紀，希羅生于紀元前五世紀(1)），而在東西史學界，佔同樣重要的地位，故可以比較討論。

（1） 時代背景與傳記

大概是 135 或 145 b.c.(2) 司馬遷生在陝西西安附近的仕宦之家。他的祖先們世典周史。古代史官的傳統是必須具有豐富的學識和眼光，知巫祝卜筮之事，兼有公正不阿，鐵面無私的職業道德。史官是政治家、預言家和新聞記者合而爲一的人物。(3)他的父親司馬談，是個博學的人；學天文於唐都受易于楊何，習道論於黃子。爲漢武太史公，職掌天時星曆，典司紀錄，保管文獻。當時天下遺文古事，靡不畢集太史公。紀元前 110 年卒。司馬遷承繼父親的學問及職位；所以他是一個有家學淵源的人。

他生在西漢隆盛時代。當時的版圖廣大，東至朝鮮，南至安南，西南至黔滇，西

至新疆乃至中亞。殊風異俗，傳至中土，可引起少年人的好奇心，激發少年人的遊歷狂。當他十歲的時候，他已經從名學者孔安國習尙書，到二十歲的時候，他隨着祖國新興事業的發展，開始遊歷全國的壯舉。首先"南游江淮"，"上會稽"，"探禹穴"，"闚九疑"，"浮於沅湘"，"北涉汶泗"，以印證他從前所得的書本上的知識。"講業齊魯之都，觀孔子之遺風，鄉射鄒嶧""戹困鄱薛彭城，過梁楚以歸"。於是乃"仕爲郎中"，扈從天子，巡幸四方，又開始了第二度的遠行。他曾"奉使西征巴蜀，南略邛笮昆明"，所以他的足跡，幾乎遍中國本部。時間前後經過十餘年，大概在他二十至三十五歲之間(4)。

司馬遷遊歷的目的，似乎主要是過歷史癮，訪求名勝古蹟，考察人證物證，以及風俗人情。他可以說是田野考察工作的開山大師 (a pioneer investigator of field work)，舉例來說吧。

"吾適楚，觀春申君故城宮室，盛矣哉。(史記"78. 22)(5)

"吾適豐沛，問其遺老，觀故蕭曹樊噲滕公之冢，及其素，異哉所聞。"(史記 95. 35)

司馬遷將書本上的知識，國家圖書館的檔案，地理上的考察，與社會上的經驗，冶于一爐，融會貫通，打成一塊。誠如傅孟眞所說，"史記是讀古書治古學的門徑書。"(6) ——— 是一部集大成的書

現在讓我們看希臘名史學家，希羅多德。他被稱爲說故事之王 (the Prince of Story-telling)，歷史之父 (the Father of History)，與人類學家之祖 (the Father of Anthropology)。在紀元前第五世紀的時候，希臘有雅典與斯巴達之爭，又欲將波斯人的勢力，驅除消歿。五世紀前半期，希臘王政衰頹，專制盛行，崇貴族，屈平民，希羅多德卽生于貴族家庭。他的出生地是小亞細亞的 Halicarnassus，那時小亞細亞在波斯人統治之下，故按國籍法，他生爲波斯人，可是僑居在小亞細亞的希臘人，常常想慕他們的祖國———歐洲希臘。大概年三十或三十五歲以後，他因故被迫離開他的生長地，住在雅典自由城。後又參加建設雅典在意大利的殖民地，Thurü 工作；他也許在 B.C. 430 年左右，死在這個地方。

希羅多德的父母，都是有身份的高級貴族。他的兄弟 Theodore，堂兄弟（一說

uncle) Panyasis 都是有名的詠史詩人 (epic poet)。他生在一個充滿古詩，古神話，故事以及酷好自由的家庭，自小就練習說故事，說給他的父母聽，兄弟聽；說的不好，他們替他改良；說好了，又另找故事。在這樣的家庭，從最小的時候起，希羅多德就受了很好的文藝訓練，環境薰陶。稍長，他愛窮搜博覽，當時所有的韻文詩歌，幾乎閱讀殆盡，此後成爲古代最優美的散文家之一(7)。所以司馬遷與希羅多德，都是有家學淵源的人，這是他們生活相同點之一。

　　跟司馬遷一樣，希羅多德也愛遊歷。他好奇，希望多知道人間一切的事情，因而在壯年的時候，到處去遊歷，他的足跡，不但印遍了希臘，也去過好些外國，如波斯、Assyria、巴比倫，跟 Scythia。他在埃及住過長期的時候，尤其是在尼羅河畔，勾留得很久，觀察得入微(8)。黑海沿岸，以及巴力斯坦一帶，他都觀光過。以時間論，他也差不多遊歷了十七年(從20至37歲)。他們兩個人的遊跡，都踏遍兩個人所知道的世界。可惜司馬遷不知有希臘的存在，希羅多德也不知道有中國的存在(9)。

　　希羅多德遊歷的動機，似乎與司馬遷的不完全一樣。司馬主要是過歷史癮，希羅起初彷彿是以商人的資格出遊。因此之故，他很小心的留意各種商品，如肉桂，桂皮 (III, 110–111)，麻布 (II, 105)，麻衣，角類 (IV, 74, VII, 126) 以及俄國南部的鹹魚 (IV, 53)。他愛描寫運輸方法，如幼發拉底與尼羅河中的船，尤其是他們的載重量，(I, 194; II, 196)。他注意到河中可以通航的階段，如在幼發拉底 (I, 194, 5) 與尼羅河 (II, 96,3)。他說到奇異的交易方法，如七譯之商業隊，及西非洲以手指作交易之法 (IV, 196)。他注意金銀礦，及其開礦的方法與收入 (III, 57; VI, 46, 47; VII, 112, 144; I X. 175)。因此種種，可知希羅多德是以商人資格，或同商人旅行(10)。

　　希羅多德的求知欲與好奇心，非常旺盛。他愛談奇禽怪獸，奇風異俗，婚姻禮節，食人肉之習，以敵人的頭顱骨爲飲器(IV, 65)，以生人殉葬(IV, 71)，插血爲盟(IV, 70)。各種人的皮膚色澤，家庭用具，生活狀況，他皆加以仔細的觀察與描寫(11)。(司馬遷在匈奴、大宛等外國傳，也談到這樣的事情；但在其他部份，限于體例，不能隨便插述)(12)希羅多德說，Souromatai 的女子，一定要殺掉一個與她本族爲仇的敵人，才可以結婚。(IV, 17)，他發現 Mount Pangain 人實行一夫多妻制。(V, 16) Lycians 人依母命名而不依父命名 (I, 173) 巴比倫有著名出賣女子的市場。(I, 196)

Thracians 有花錢買妻子的 (V, 6)，Pelasgians 或斯巴達人似乎實行過用武力强搶別人的女子爲妻奴的辦法，(VI, 64. 138)。他又說埃及人食蓮藕及蓖麻子油 (II, 92. 94) 巴比倫人常食將乾魚搗碎的魚粉 (I, 200)，也許把苧麻葉子作菸抽，Scythians 人愛食麵粉、葱、蒜、扁豆 (IV, 17) Libyans 人竟吃蝗蟲 (IV, 172)，猴子 (IV, 194) 跟蝨子 (IV, 168)。有的 Libyans 人，把頭髮前部剃光，後面留長，或左邊剃光，右邊留長。(IV, 175, 180; V, 191)，其他衣服、墨面、文身等制，希羅也加以描述。他確是一個不憚煩勞，仔細的，聰明的觀察者。所以他被稱爲現代人類學之祖，或稱之爲古代的馬可孛羅[13]。他的頭銜，確是不少。

可是希羅多德並沒有忽略歷史。在他的遊歷當中，也許在 Ionia 地方，在448年以前，他草成了一部波斯史。很顯然的他一面遊歷觀察，一面著書，大概到了他快要衰老的時候，大改變計劃，把他的波斯史改成現在的樣子。他晚年以公開說書爲職業，他去世後兩三年，書中的內容，即在雅典戲院中排演，劇場中的聽衆，好像對三國志演義一樣，多半熟悉其中的情節[14]。

結果，希羅多德的書，是一部歷史、考古、人類學、民俗學各方面兼收並蓄，娓娓動聽的名著。他講埃及波斯等國的古史，遲到現在，還有參考的價值。因爲材料豐富，方面廣博，若以俗手寫成，一定變爲零零碎碎的雜貨攤；但以希羅多德的高潔文藝處置之，成爲布置整齊的博物館的陳列品。他雖然不是單刀直入，平舖直敍的寫法，而是隨處離題旁涉的記述，却能引人入勝，讀之聽之，都覺得津津有味，從文筆論，從保存古代傳說資料而論，希羅多德的歷史，已證實了它能長久存在的價值。

（2） 作史的動機與目的

從他們的著作看，司馬遷父子都是聰明種子，有學問，有見地，有本領的人。否則司馬談不能以寥寥九百餘字，暢論六家要旨，原始要終，長短得失，一覽無遺。司馬遷也不能以五十餘萬言，寫出一部包括兩千餘年，體大思精的通史。他們父子有本領，也有脾氣，不甘受委屈。作史記的動機就是因爲不甘受委屈，要洩憤，才努力完成的。司馬談若爲庸碌之人，尸位素餐，漢武帝不叫他去參加封禪泰山的盛典，一時不愉快，不久也就處之泰然了。他可不然，他氣憤，傷感，以致于病；病到臨亡的時

候，握着兒子的手，哭着說，"余先，周室之太史也，自上世嘗顯功名。……今天子……封泰山，而余不得從行，是命也夫，命也夫！余死，汝必爲太史，無忘吾欲論著矣（130, 17-18）。"這樣才可以藉一部大著作使後人知道他的名字，不致爲漢武帝所輕視而湮歿無聞；他未能參與封禪泰山的典禮，就可以補償了。于是司馬遷俯首流涕曰，他一定要謹遵遺命，完成這部史書。

　　可惜司馬遷比他父親更不幸，在紀元前99年，爲相識人（並非莫逆至交）李陵降匈奴事，說了幾句公道話，武帝使他受腐刑。壯年人無辜受此酷刑，他的冤屈忿怒，遠在他父親之上。旣乏生人樂趣，又不願愚昧自殺[15]，只好咬緊牙根，聚精凝神，完成一部好書。因此他作史記的動機，一是恪遵父命，一是發洩受腐刑的恥辱。他自己也說古來許多名著，都是受了大刺激而產生的[16]。

　　他立志要寫一部垂之萬世的大作，要承繼孔子作春秋，使亂臣賊子懼。他不願率爾操觚寫文章，而是將所有的資料收集起來，精細安排，條理井然。好學深思，將古今事物，原始要終，見盛觀衰，究天人之際，通古今之變，成一家之言。這種大抱負，他算是達到了。

　　希羅多德的生活傳記，後人知道的很有限[17]。據說他堂兄弟，Pynyasis 爲反對波斯統治者，犧牲了生命。希羅多德，也被放逐于其生長地Halicarnassus之外[18]。因此他選擇了一個研究題目，東西之爭，——東方波斯人與西方希臘人之爭，在放逐生活當中，他到處遊歷流蕩。最初，如前所述，有點商業性的好奇，或隨商人同遊。由好奇而搜羅了各種奇風異俗。在這種過程當中，他的主題，東西人之爭，縮小爲波斯侵略希臘之爭。未在入本題以前，他要推究自由與專制之戰的原因。他描寫各種宗敎、風俗、城市、建築、生活習慣。凡是希臘人及野外人（Barbarian）的大事，他都要記載下來，使人不致於遺忘，兼使人知道彼此鬥爭的原因。他想以客觀的態度，記述往事，將有趣味的故事，隨時解釋，隨時穿插以增進聽衆的興趣，增加他以說書爲職業的收入[19]。他起初將史書朗誦給觀衆聽時，不很受歡迎。受了這點挫折，他到典雅去居住，在445年的時候，才接受了雅典公民的獎狀同獎金，其數量約當于現在1,500元[20]，不無可觀。

　　由此看來，希羅多德作史的原動機，是由於被放逐，與司馬遷受腐刑，同爲"發

憤” 而作。希羅多德作史的目的有三，一是述往事知來者，使人不致于遺忘。二是找出東西兩大民族相爭之理由與背景。三是將史事說得娓娓動聽，以便叫座賣錢。他似乎沒有司馬遷之 “藏之名山，傳之其人” 的遠大雄圖。

（3） 史書之組織與範圍

史記包括十二本紀，八書，十表，三十世家，七十列傳五部份。十二本紀，紀列代帝王的國家大事，近于政治史綱，八書近于社會，經濟等及文化史制度史。十表近乎年表。三十世家是封建時代的國別史，及其有功於國的諸侯，有影響於社會的特殊人物史。七十列傳，近乎普通人物的傳記和社會思想史。司馬遷從社會各階級中，挑選一百六七十個人物，將他們分類如循吏，刺客等，以代表春秋戰國至秦漢時代的社會生活，文化思想，以及 “四夷” 與中國的關係。這種紀傳表志體，又簡稱爲紀傳體，司馬遷創始以後，成爲中國二十六種正史的典型。天下古今萬物的史料，不管大小，皆可包羅，錯綜爲體，詳略互見，史記全書有整個的組織，每篇有各別的結構。每篇前後，多有論贊，彷彿新聞社評之提綱挈領略示已見。篇中則多以客觀的態度，敘述史事。故中山久四郎說，司馬遷爲紀傳體正史之創始者，論贊之創始者，年表書志之創始者。又自序中之六家要旨，開學術史評論之先河[21]，司馬遷的史記，確是體大思精，他有綜合，歸納，與創造的天才，前人評他的體例爲因襲，不足爲憑[22]。

希羅多德書之組織與範圍，比史記要簡單狹小。他的書，好像一種博士論文，主題是紀元前 490 年左右的波斯（侵略希臘的）戰爭，而他在入本題以前，寫了一篇很長的導言，佔全書約三分之二。在導言部份，主旨是清流溯源。全書分九章 (books)，六章爲導言。

第一章同溯遠古以來歐亞之爭，及波斯國之發達史，第二章述波斯侵略埃及因而考察埃及的歷史。第三章述 Cambyses 之征服埃及及其遠征 Ethiopea 與 Ammonia 之失敗，第四章述波斯王 Darius 之征 Scythians，因而談及北歐各民族之風俗，宗教與社會情形。第五章述波希相爭。第六章分析彼此相爭之原因。490 年波斯人在 Marathon 戰敗後，其國王 Darius 預備再戰等情。第八章希臘聯軍在 Salamis 大挫敵軍。末一章寫 480 年在 Thermopylae 之殊死戰，雙方損失慘重。可是波斯人侵略

希臘的雄圖，終未如願以逞，失敗而歸。

這是全書主要的骨幹，希羅多德却是從容不迫，輕描淡寫，用非正式的，說故事的體裁，寫希臘的悲劇隨時離題，插入其他許多相關聯的故事，人情哲理，將重要史事的政治地理社會文化的背景，和盤託出，令人讀之或聽之，有時如閱莊子寓言，天方夜談，或三國志演義，有時如在雄辯會中，戰爭場中，輕輕鬆鬆，感覺愉快，不必聚精凝神，記人物地名，年月時日，而主要的故事，自然印入腦中。所以希羅多德享盛名二千餘年，其書至今仍為人所誦讀。

在西洋學者當中，有認為這位"歷史之祖"頭腦很簡單的(23)，也有人以為古代西洋人寫史，是件容易的事，只要根據官方對事情的看法，能使讀者痛快滿意，不必證明某種學說與理論，就算成功之作(24)，希氏以聽眾的興趣，為選擇與佈置材料的標準，原書並不分章分段，現在的九章，是 1608 年印行時，編者替他勉強而分的(25)。其書雖目為通史，而忽略三個重要的國家，Phoenia, Carthage及 Etruria；雖詳紀戰爭，而對于 Trojan 之戰，言之極略。希羅多德的原來計畫也許就不想包羅萬有。可是以希氏遊歷之廣，見聞之富，印證之詳，敘述之美，雖至今日，他的書，仍是研究五世紀前希臘、波斯、埃及等國之必須參考書，他的貢獻也算不小了。

（4）　史學方法與史觀

司馬遷的歷史學方法，是先勤讀十年，然後遨遊全國，以印證所學。後又窮搜博覽，再事遊歷，將兩代（他父親及本人）所經營的歷史著作，徐徐佈置整理，細細思量考察。故能綜合前代史料而加以創造。

論其所據資料，有用現成的書篇，——紬史記石室金匱之書，整齊百家雜事。有用父親的舊檔，"請悉論先人所次舊聞""無忘吾所欲論著(26)。有用自己所搜集的材料，實際的見聞，與好學深思的推斷。"涉獵者廣博"，貫穿經傳，馳騁古今，上下數千年間，斯亦勤矣！"

他將辛勤搜集的資料，常常註明出處。在他全書中，他說明採用之書籍者，凡三十餘處，如殷本紀，"太史公曰"，余以頌次契之事，自成湯以來，采于詩書，"五帝本紀"，余觀春秋國語(27)等，大概當時所有的書，多已采用。其不見書本而註明聞之

人證者亦十餘處，如“吾聞之周生曰”，（7. 15項羽本紀）。“吾聞馮王孫曰”，（43. 96. 趙世家）等。其得之目視及物證者又十餘處，如“適魯，觀仲尼廟堂車服禮器”（47. 93. 孔子世家），“適長沙，觀屈原所自沈淵”（84. 36. 屈原傳）。“吾視郭解，狀貌不及中人，言語不足採者”（124. 17. 游俠列傳）。又如觀張良之圖，“狀貌如婦人好女”（55. 31. 留侯世家）又有採之于書或聞之于人而辨其不然，示以論斷者，如五帝紀，“百家言黃帝，其文不雅馴，薦紳先生難言之。……余嘗西至空桐，北過涿鹿，南浮江淮矣。至長老皆各往往稱黃帝堯舜之處，風教固殊焉，總之不離古文者近是”（1.66）。仲尼“弟子籍出孔氏古文，近是……余以弟子名姓文字，悉取論語弟子問，並次爲篇，疑者闕焉”（67. 53. 仲尼弟子列傳）。可見司馬遷的史學方法之一，是異說紛紜，莫衷一是時，根據一種比較足資憑信的材料。但他不願人云亦云，而在可能的範圍內表示獨到的見解。如周本紀，“學者皆稱周伐紂居洛邑；綜其實，不然”。（4.96）又如刺客列傳，“世言荊軻，其稱太子之命，……又言荊軻傷秦王；皆非也”。（86. 39-40）如酈生陸賈列傳，世之傳酈生書，多曰……酈生被儒衣往說漢王，迺非也”。（97.28）“世言蘇秦事事多異……吾故列其行事，次其時序，毋念獨蒙惡聲焉”。（69.62蘇秦列傳），“人皆以〔李〕斯極忠而被五刑死，察其本，乃與俗議異”，（87.45-46），可見司馬遷有疑古和考證學的方法。

若證據不足時，如老子問題，呂尙事周問題他採闕疑的態度，所謂“疑者傳疑，蓋其愼也”(28)。間或對于歷史原因不能充分解釋時，他歸之于“天”或天命，他的“天命”似爲上帝的主宰，或許相當乎數學上的無窮大 ∞ ，令讀者自己去決斷吧(29)。

對于史事的駕御，時代愈近司馬遷的記載愈詳。錯綜複雜的史事，若用文字描述，或使人不能卒讀，史遷乃列表以明之，使人一覽無遺。普通習見之事，常見之書，或略而不談(30)。他的史學方法，似乎相當近代化。

司馬遷的歷史觀，可說是社會史觀。他大量地紀錄普通人民的生活，把社會人民的生活，作爲歷史研究的對象。他對于古今許多特立獨行之士，爲人格正義而奮鬥之士，如伯夷，田橫，汲黯非常推崇。對于趨炎附勢的衞將軍驃騎，則甚痛恨。他表彰游俠，稱“其言必信，其行必果，已諾必誠，不愛其軀，蓋亦有足多者焉”（64.3）又曰“有足多者”，有足祿者，“曷可少哉”他尊敬布衣“歌頌郭解，荊軻，信陵君，藺

相如，魯仲連，陳涉，項羽等不同類型的英雄。如云 "相如一奮其氣，威信敵國，退而讓頗，名重太山，其處智勇，可謂兼之矣(81.25)"。又云 "魯連其指意雖不合大義，然多其在布衣之位，不詘于諸侯，談說于當世，折卿相之權。"(83.33) 他敢于指斥帝王，貶抑權貴，揚發黑幕，暴露罪惡。對于皇帝之愚昧殘暴，往往極盡諷嘲之能事。他寫循吏傳五人漢無一人。酷吏傳十人，而九人在漢武帝時，所謂相形見絀，相得益彰。他有廣大的興味，廣大的同情心。帝王諸侯的事，他感覺興趣，寡婦流氓（卽游俠）的事，他也感覺興趣。他沒有中國傳統的正統歷史觀念，專爲帝王歌功誦德，而忽視其他。他敢爲項羽與呂太后作本紀，爲孔子與陳涉作世家。他的歷史，是以全社會爲對象。傳記人物的選擇也是看他們對社會有無貢獻與影響爲標準，凡是有貢獻有影響于社會的，不管智愚貧賤，成敗得失，皆傳其人。故以文治名于天下者如管晏商鞅，以政運名于天下者如蘇秦張儀，以豪邁名于天下者如孟嘗平原。以經管影響社會者如卓氏宛氏。以行動影響社會者如刺客，游俠，滑稽，各傳，皆是爲全社會着想。

司馬遷的歷史觀與人生觀，有不可分離的聯帶關係。若不懂他的人生觀，也難完全了解他的歷史觀。他是一位非常容易傷感的人。例如 "太史公曰，余每讀虞書，至于君臣相敕，維是幾安，而股肱不良，萬事墮壞，未嘗不流涕也"(24. 2. 樂書)。"讀樂毅之報燕王書，未嘗不廢書而泣也"(80. 17) "余讀離騷，天問，招魂，哀郢，悲其志。適長沙，觀屈原所自沈淵，未嘗不垂涕，想見其爲人"(84-36)。"讀春秋曆譜諜，至周厲王，未嘗不廢書而嘆也"(14.3)。"余讀功令，至于廣厲學官之路，未嘗不廢書而歎也"(121.2)。因爲他是這樣的易于傷感，所以他有廣大的同情心。他唸書時，也彷彿時時刻刻不忘史官的職責，與見地。

司馬遷是一個講自由主義，個性很強的人。他的見解，不能爲任何人所左右，任何威武所屈服。他能父子異趣。父親崇拜道家，而他却崇拜儒家，繼孔子作春秋，以仁義爲準則[31]。他能獨排衆議，替他相識的人李陵說公道話，而不顧盛怒之下的武帝的意旨。

因爲個性強而對于史官的責任心重，所以他能堅守公羊左傳之筆誅傳統，時時求眞理，不黨同伐異；與史事以嚴正的批評。舉例來說吧，他最崇拜項羽，比之于舜，誇之爲 "近古以來，未嘗有也"。可是他評論項羽曰，"自矜功伐……謂霸王之業，欲

以力征，經營天下……身死東城，尚不覺寤，而自不責，過矣。乃引天亡我，非用兵之罪也，豈不謬哉！”（7.75-76）。可見他的態度很公平。司馬遷評袁盎鼂錯，(101)魏其，武安，灌夫，(107)公孫弘(112)，皆很坦白。漢劉向楊雄等人，皆以爲司馬遷的長處，在“不虛美”，“不隱惡”。

司馬遷以嚴正公平的態度，發揚他的社會史觀，凡渺視民瘼者，宜受誅討，“夏桀不務德而武傷百姓，百姓勿堪，……湯遂率兵以伐夏桀。”(2.49)“吾適北邊，……行觀蒙恬所爲秦築長城亭障，……固輕百姓力矣，……此其兄弟遇誅，不亦宜乎”。(88.11)

史遷反對嚴刑竣法，在酷吏傳，他引孔子曰，“導之以政，齊之以刑，民免而無恥”。老子曰“法令滋章，盜賊多有”。“太史公曰信哉是言也！”(122.2-3)。在呂后紀，他說，“刑罰罕用，罪人是希”。(9.38)

他提倡仁義。仁義二字，與法治相反，與孟子所謂“王道”，儒家所謂“德治”相近。他說一個國家，“形勢雖強，要之以仁義爲本(17.7)，一個小國能長保者，也要“篤于仁義，奉上法”(18.3)孝惠及孝景追修功臣，“諸侯子弟若肺腑，外國歸義，“咸表始終，當世仁義成功之著者也”。(19.3)

司馬馬常從史事中求教訓，得經驗，把歷史作爲修身齊家治國的教科書，所謂‘前事不忘，後事之師也”(6.91)“居今之世，志古之道，所以自鏡也”(18.5)在酷吏傳，他說“其廉者足以爲儀表，其汚者足以爲戒”(122.45)，從歷史教訓中，觀察一些日常生活的哲學。如云“國雖大，好戰必亡；天下雖平，亡戰必危”(112.12)“三王之道若循環，終而復始”(8.88)這是他所看出的歷史周期性。“國之將興，必有禎祥，君子用而小人退；國之將亡，賢人隱，亂臣貴。……甚矣，安危在出令，存亡在所任，誠哉是言也”。(50.8)他喜引諺語，以表達日常的人生哲學。例如“語有之，以權利合者，權利盡而交疎”(42.37)。又曰“女無美惡，居宮見妒；士無賢不肖，入朝見疑”(105)。

希羅多德的史學方法，在資料的搜羅與鑑別上，與司馬遷的相彷彿。他書中材料的來源，可分爲三種，一爲有文字的記載，如古詩散文，說書(logographoi)，占卜詞(oracles)演說詞，與檔案。他也用了一部份波斯政府的檔案(III, 89-97, V, 52-53)，

而以說書式的歷史 (logi) 用得相當多。二為考古學的材料；他用了 Amasis 與 Ladice 的石像 (II, 182; I, 181.5)， Scythia 國的靈墓 (IV, 71.1)，巴比倫皇后 Nitocris 的靈墓 (I, 187)，戰爭紀念碑 (VII, 225, 228) 古寺廟 (II, 101.2, 110) 埃及金字塔等。三為口述的資料，經他多年遊歷與考察得來的。而且這樣的材料，在他書中佔一大部份。例如他在第二章中對于埃及仔細的描寫，據他說，他的材料，多半是根據他自己的考察和訪問 (II, 29)。

說書家開希臘歷史之先河，他們想建立希臘的歷史，注重地理學與民俗學的資料，以增加聽衆的興趣，促成歷史的發展。這些資料，希羅多德加以充分的利用。他自己所蒐集的口碑資料，尤足以表示他的史學方法。他跟四十多個希臘城市的市民談過話，徵求材料[32]。有時他也說明材料的來源 "In all this I only repeat what is said by the Libyans" (IV, 261)。或述異聞 "Besides this there is another story told, which I do not att all believe" (VII, 423)，如傳說有誤，則改正之 (IV, 192)；或就所知者改良之。"yet so much I do know" (VII, 152)，或存疑 (II, 123; IV, 195; V, 9)，或闕疑，如對于歐洲地理，因他所知甚微，則略而不言[33]。或疑信參半，他相信北歐產多量的金子，但不相信有一隻眼的民族，叫作 Arimaspi，他們將金子從別處偷來的 (III, 117)，對于 Scythian 的人種與國家的起源，希羅多德先引 Scythians 人自己的傳說，而他自始就說，"I do not believe the tale," 次引希臘人關于 Scythians 人來源的說法，再次又引比較近乎情理的普通說法。他說：

> There is also another different story, now to be related, in which I am more inclined to put forth than in another. It is that the wondering Scythians once dwelt in Asia, and there warred with the Massagetae, but with ill success; they therefore quitted their homes, crossed the Araxes [Volga], and entered the land of Cimmeria. (IV, 5.8.11)

從此可知希羅多德的史學方法，與司馬遷是同樣的謹慎，但希羅多德似乎多用常識與邏輯學的判斷，顯得更科學化。司馬遷喜用抽象的描寫，以求行文的流利與簡潔；希羅多德却愛用具體詳細的描寫，以求敍事逼眞，使人相信他所說的故事，使聽者覺得他是觀察入微。 如關于埃及之土壤成分，氣候潮汐，他有時議論風生批評衆

說，表示巳見，如關于尼羅河各問題，使人讀之，樂而忘倦。有時他用統計數目字，描述人物，使人覺得他很科學化。

> Wonderful as is the Labyrinth.....The measure of its circumference is sixty schaenes, or three thousand six hundred furlongs, which is equal to the entire. length of Egypt along the sea coast. The lake....in its deepest parts is of the depth of fifty fathoms....In the center there stand two pyramids rising to the height of fifty fathoms above the surface of the water....Thus the pyramids are one hundred fathoms high, which is exactly a furlong (stadium) of six hundred feet....II. p. 134.

希羅多德愛用數目字描述。如在第七章中，記載海陸軍人數，爲 2,317.610 人，或 2,461.610 人 (VI, p. 414)。他說，波斯海陸聯軍，竟有五百餘萬人。據識者云，他的統計數目，多不可靠。他的天文與數學知識，非常薄弱。甚至加減乘除，亦常多誤。(34)

希羅多德的史觀，第一似爲秉客觀的態度，求記載的翔實：

> If things happened so or not, I know not, but I write what men say. For myself, [he says] though it is my business to set down what is told me, to believe it is not at all my business; let that hold for the whole of my history.(35) 所以他在書裏，他開章明義說，他要保存 "the great and wonderful actions of the Greeks and the barbarians from losing their due meed of glory." 其結果是 "in spite of his fondness for a good story and tendency to romanticize, there is no conscious dictation; that he was an honest and veracious historian....What Herodotus sees, he describes clearly, what he hears he relates faithfully, and he bestowes the same care on the composition as he had bestowed on the investigation.(36)

歷史家可不僅是以客觀的態度，求公平翔實的記載，而第二步在求眞理，歷史大事，不是單獨的存在與發生，而與其他事件，有互相關聯互爲因果的地方。史家的責任之一，是尋出前因後果。這與司馬遷的 "通古今之變" 是一樣的用意。希羅多德，

注意考察，留意尋源，——人類國家之源，甚至于尋尼羅河的河源。

見解與判斷，是希羅多德第三個着重點。他說：

> "In any experience, good judgment is more valuable than any other accomplishment. Even if something goes amiss the soundness of original judgment remains unaffected and its frustration is due to Fortune." (VII. 10)

在他書中，他常常侃侃而談，申述他自己對于某個問題的見解。

希羅多德也酷好自由。他以爲東西亞人之爭，主要爲自由與專制之爭。一個國家，最需要的第一是自由，第二是自主，第三是非專制的政體，第四是民主政體，他自己想作一個典型的希臘人，最喜歡雅典的自由，有人說，他也許以這本書敎訓青年之愛自由，崇拜英雄，不怕犧牲[37]。他推斷希臘之所以能戰勝波斯人，是因爲民主政體。在民主政體之下，每一個公民覺得是爲自己的自由而戰，非爲專制君主而戰[38]。

這些觀點，表示希羅多德之思想，是現代的。

可是他的宗敎哲學史觀 (religious philosophy of history)，就顯得有點陳腐了。在他生存的時候，筮卜 (oracles) 之風固然甚行，頗與殷周之習相似。然希氏一面求翔實客觀的記載，一面自己也沒明白反對 oracles 與夢兆，因爲在他書裏常常提到神靈可以干涉人的行動，可以決定人的成敗與幸福，以筮卜之結果，決定國家大事的行動；好像卜辭爲人神之間的交通媒介。好些史事的因果，好像爲超人力(supernatural agents) 或個人的狂念，或歷史傳統所決定[39]。稍後 Thucydides 就抛除了神怪的籠罩。司馬遷雖然也有非人力也的解釋，却沒有希氏相信迷信與神奇之深廣。司馬不忽略流行的筮卜之事，爲社會現象之一，而將這一類事情，歸納于日者列傳與龜策列傳之中，可是並沒有把這兩部份寫完。現在這兩篇，是褚先生等人東抄西補的。

（5） 優點與劣點

這兩大家的優劣之點，已屢經前人批評與誇獎，如班彪云，"採經撫傳，分散百家之事，甚多疏略……欲以多聞廣載爲功，論議淺而不篤"。班固云，"以身陷刑之

故，微文譏刺，貶損當世"。在西洋有以希羅多德爲撒謊之王，(Prince of Liars) 抄襲大家，從別人書中，雜採故事，而不注明出處者[40]。這些批評，不完全確當，前人辨之詳矣，不必多事重述。有一點當申明者，希羅多德之書，生前似已完成，並屢加文字上的推敲，死後數年，書中內容，已是家讀戶誦，凡是受了教育的人都已熟悉。原書流傳至今，少經竄亂。司馬遷之書，當他死時，未必已成寫定本，死後，其書稍出，宣帝時 (107-125) 外孫揚惲始宣布其書，其後褚少孫等人補之，楊終刪之。將史記自序中所說的五十二萬六千五百餘字，刪去十餘萬言，其後又經劉歆等人竄亂，以致現在約有六十萬字左右。史記的書名也是在漢靈帝獻帝 (170-220) 的時候，才確定的[41]，漢晉名賢，未將此書見重，大概在他死後三百餘年，至晉末徐廣 (352-425)，始加以研究，作史記音義。故史記有許多校讎與考證學上的問題，不在此文中討論的範圍之內，但在作大概的比較時不能不提到兩書的傳授系統。

在結構與組織方面，司馬遷最大的貢獻，是鑄成一個歷史的模型，可以包羅萬象，並用之於古今中外。不但中國歷朝正史用這個模型，日本史用之；近年羅爾綱寫太平天國史亦用之。甚至於美國史，也未始不可以此模型駕馭材料。如將各大總統作本紀，Adams, Morris, Rockfeller, and Ford 等作世家；將各科學家，文學家，實業家，電影明星作列傳，將社會，經濟，交通，地理等作專題研究；將各州發展史，內亂與大戰進展史作年表，則全部美國史，亦可以包羅排列，有的部分供人閱讀，有的供參考。所以司馬遷史記其應用，已非常廣博與攸久。希羅多德之書，沒有他這樣的體大思精。

從內容方面看，史記的優點，是包括全社會各階級二千餘年的通史。其中材料，多經過謹慎的搜羅與選擇。這也是希羅多德最大的長處。希氏的書是一部最初最大的文化史，包括無數有趣味的題材。他的歷史可說在史學上有三大貢獻，一爲記載人類各種活動，二爲盤根索源，三爲將近代史看作世界史，而不拘于一時一地的歷史。從趣味與驚人的故事方面看，希羅書中的內容比司馬遷的更有意思。司馬遷有時客觀的記述歷史事實時，在初學者與外國人讀之，不免枯燥無味。因爲司馬遷在本國游歷，各地的語言習俗，他早已了解，風俗人情，早已司空見慣，好些趣事，毋庸描寫。希氏在外國遊歷，外國的語言，他多半不明了，要依賴導遊者或翻譯者，供給他的材

料，凡是新穎的令人動聽的東西，他都很小心的記載下來了。用現代的眼光看，有的故事，雖然有趣味，却沒有很多歷史價值。有好些政治經濟的資料，司馬遷非常注意，而希氏却忽略了。司馬遷作正式的歷史，或簡稱正史，希氏作非正史的歷史。所以有兩位英國學者說：希羅多德對于上古與偏遠地方的記載，常常傾向于接受奇異的故事。他書中充滿了有趣味的跟有敎訓的故事，但不一定有歷史的價值。他缺乏時間觀念，使他的記載，有時先後失次，前後矛盾。他神學觀念太重，使他不能深刻明瞭歷史的原因[42]。

有幾種希羅多德的短處，恰是司馬遷的長處。希氏缺乏歷史的年代知識與工具，而司馬遷對于年代系統，非常留意，非常清楚，所以他能作出各種年表。中國上古史，若非司馬遷理清年代，提綱挈領，則其錯綜複雜，恐不亞于印度史。所以傅孟眞認爲"整齊殊國紀年"，爲司馬遷史學特色之一。

希氏描寫軍事與戰場情形，亦甚薄弱。而司馬遷能寫得生龍活動，有聲有色，如項羽紀，幾乎可以作電影。希氏描寫許多古代國家，對于地理學有貢獻，而他本人的地理智識，並不見佳。如說 Dauube 發源于 Pyrenees 而往南流。司馬遷對于地理學却特別見長，藤田元春認爲司馬遷是世界上人文地理學最初開拓者，他注重交通經濟地理，並建立自然與人文地理的關係[43]。此外，司馬遷對于地位與方向觀念，(sense of derection)。特別見長。從他的著作中，我們可以想像，凡是他所去過的地方，他可以劃出一個地圖。故凡寫戰場上的行軍布置及排列，宴會席上的座位，他皆以東西南北等方向，描寫得瞭如指掌。

希氏不注重政治史事，而司馬遷特重政治史事。

將兩書的內容略加分晰與比較，我們可以說，西洋若無希羅多德氏之作，其損失尙小；中國若無司馬遷的史記，其損失甚大。

就文章價值說，兩人皆很高超，西洋如 Cicero, Byron, Hume, Gibbon, Macanlay 等人皆讚美希羅多德的文筆，爲散文生光輝；中國如揚雄，韓愈，柳宗元，章學誠，曾國藩，各大家皆服膺司馬遷之文筆，爲唐宋元明散文之模範。在文章高妙之中，希羅長于說故事，折衷異說，辨別事理，有現代科學家的態度。司馬長于寫傳記，寫個性，有戲劇與雕刻家的天才，稍爲引申，當引 Macan 對于 Herodotus 的

評論：

Upon the materials which reached him one way or another, at various times and various places, the mind of Herodotus seems to have exercised a two-fold action, for the one-part critical and selective, for the other representative and creative. A very large part of the text of Herodotus, is occupied with the express statement and exposition of his own opinions, views, judgements, while indirectly and inferentially this element is largely reinforced by his methods of historiography.[44]

這是對于 Herodotus 最洽當，最有力量的估價。因爲希民有這樣的本能，所以雖然常常穿插，離題說話，而加入的故事，材料，本身有趣味，不使讀者厭倦，可是他書中的長篇演說詞，十之八九，是他想像虛構的。雖然寫得適合身份，洽到好處，而其歷史價值，不無疑問。

在司馬遷史記裏大大小小，表現好幾百不同的個性人物，比水滸傳與紅樓夢所表現的人物，更爲顯著，他能寫出各種不同的喜怒哭笑。常模擬各種身份不同的人所說的話，所用的字眼，常用漢代的白話解釋古典，使明白易曉，他避免穿插離題，而用詳略互見的方法，使文章清潔，他最善于用虛字，如之乎也者之類，將文章表現得輕鬆流暢，常露出法外之音，言外之意，使人閱讀之後，覺得有餘韻，有儁永之味，情不自禁地發生同想。他確是以詩人的性格寫歷史。但他書中的所引的長篇說詞，却不是臆造的。所以魯迅說：史記是 "史家之絕唱，無韻之離騷[45]" 同樣 Macan 也說：

The work of Herodotus is a prose Iliad and Odyssey in one rich in episodes and details and more disputedly one and indivisible than either Epos. (46)

就態度方面說，希羅多德爲希臘人而記希臘與波斯之爭，雖然有時免不了左袒或歌誦典雅人，而對于波斯人與其他野外人的記載，還算公平翔實[46]。司馬遷有詩人的性格，而兼受了腐刑，雖然有時不免以感情用事，如對于漢武帝與當時人物如李廣將軍，等略帶諷刺之意，把漢武帝寫成一個迷信極深神經病狂之人（參今之本紀，封禪書，與龜策列傳）而武帝之窮兵黷武，求神求仙，皆爲事實，值得譏評。史記全

書，對于人物的選擇，事實的申述，皆不失史家公謹，與冷靜的態度。

　　總之，希羅多德爲業餘史學家，司馬遷家爲專門史學家。兩人比較，强弱互見。(Thucydides 與班固，才能好好的對比)。古代文史不分，二人皆爲最大的文學家。他們的散文，充滿了幽默與詩意。希羅多德用紀事本末體，如章囘小說，偵探小說，原原本本，系統分明，條理井然。司馬遷用紀傳體，其組織之周密，包羅正式史料之廣博（如政治，人物，社會，經濟，文化各方面），似較希羅多德目光遠大，思想慎密。而希氏以客觀的態度，用數目字的描寫，討論衆說，折衷已見，似較司馬遷爲科學化。兩書影響東西史學界頗大。東西史學之興趣，已發端于兩大鼻祖。讀西洋史書如吃雜碎 (chop suey) 葷素作料，皆混合之，讀者讀之而已。讀中國正史，如吃西餐。本紀如牛排，列傳如素菜……讀者須自加抉擇，自己調味。東尋西找，頗費工夫。"把歷史割裂爲無數的碎片，誠爲紀傳體最大的缺點"[47]。希氏溝故事的方法，爲我們保存好些史料，否則已被人遺忘。講通史者也許仍然要奉希氏的方法，爲敎通史之金科玉律罷。

註

(1) Herodotus 的生卒年代，有的作 484-428？B.C. 有的作 484-425 B.C 有的說，Herodotus was born "not long before 480 B.C." "His death occurred a ltitle after 430." *Martin Classical Lectures*, I, 3 (Cambridge, Harvard University Press, 1930) The edition of Herodotus used in this essay is George Rawlinson's translation, and Rawlinson's translation edited by Manuel Komroff, New York, Tudor Publishing Co., 1941.

(2) 司馬遷的生卒年代問題，至現在尚爲熱烈辨論之點。其最普通的生年有二，一爲史記索隱說，生于建元六年 (135 B.C.) 二爲史記正義說，生于中元五年 (145 B.C.) 1911年王國維作太史公繫年考略，即根據正義說。1929鄭鶴聲又依據王國維之說，作司馬遷年譜，皆以遷生于 145 年。1934 桑原隲藏駁王國維說，以遷生于 135 年。(東洋文明史論叢，261-276)。以後施之勉主 135 年說（東方雜誌 40.16 (33.8) 30-34）。李長之也主張 135 年說（國文月刊47 (1946) 8b-9；1954曲頤生 "太史公行年考辨誤補證"，斷定司馬遷生年，實爲 135 B.C. (大陸雜誌 8.2 (January, 1954) 78)，1955 郭沫若，劉際銓，力證太史公生年爲 135 B.C. (歷史研究 5 (1955 十二月) 1956 一月鄭鶴聲，重版司馬遷年譜，極力反駁 135 年說，而維持 145 年生之說。兩說雖各有理由，實難作具體決定。比較起來，似以 135 年爲較近情理。其卒年在86或87亦無法考定。

(3) 參李長之，"司馬遷之史學及其他"，東方雜誌 42-10 (1946) 39-40 李氏論史記各文，陸續在東方雜誌，國文月刊等雜誌發表。後又印成單行本。因單行本一時找不到，仍用他在雜誌上發表之文章。

(4) 司馬遷自己說，"二十而南游江淮，上會稽，探禹穴，闚九疑"，當時交通不發達，在中國本部各省旅行一次，必費長期的時間。以後仕爲郎中，又西至空桐，奉使巴蜀滇中。這些事實鄭鶴聲司馬遷年譜（頁32-54 1956 重印本）言之甚詳，可供參考。

（5） 本文用瀧川資言，史記會注考證本。

（6） "6史記研究"，傅孟真先生集，中編，戊 1-17。

（7） SIR JOHN SANDYS, *History of Scholarship*, Vol. I, p. 371 and T. R. GLOVER, *Herodotus*, p. 20.

（8） J. ENOCH POWELL, *History of Herodotus*, (Cambridge, 1939) p. 29.

（9） HERODOTUS 只知道大夏 (Bactria) 和康居 (Sogodiana) 都向波斯納貢，只知道波斯于侵入希臘時，兩地皆曾出兵助薛克斯王 (Xerxes)；至于這兩地的高山大嶺，希氏似乎一無所知。他雖然知道阿爾泰山 (Altai)，但關于在波斯境內或邊界上的帕米爾與都盧什斯或喜馬拉耶等山的知識，則絕無所有。希氏對于裡海以東的平原，只說他是一片廣漠無垠的荒地。參吳祥麟 "希臘與西域及張騫之通使"，留日同學會季刊第一號，5-13 頁。

（10） W. W. HOW, *Commentary on Herododus* (Oxford 1912) 17, and JOHN L. MYRES, *Herododus. Father of History* (Oxford, Clarendon Press, 1953) 5.

（11） J. L. MYRES, "Herodotus and Anthropology" *Anthropology and Classics*, edited by R. R. Marett (Oxford 1908) 121-168.

（12） 詳參 "史記中的神話傳說和初民遺俗材料索引"，培正中學圖書館刊，一卷二期。

（13） L. R. FARNELL, *Outline History of Greek Religion*, p. 9; and ADOLF ERMAN, *Egyptian Religion*, p. 175.

（14） J. ENOCH POWELL, *The History of Herodotus* 86, 203-204.

（15） 李長之把司馬遷受腐刑事，寫得有聲有色。他也說，"司馬遷只活到四十六歲，或自殺死，亦未可知"。參 "司馬遷與李陵案"，東方雜誌 41.7 (1945 四月) 49-58

（16） "昔西伯拘羑里，演周易。孔子厄陳蔡，作春秋。屈原放逐，著離騷。孫子臏脚，而論兵法。………韓非囚秦，說難，孤憤。詩三百篇，大抵皆聖賢發憤之所爲作也"。130 28-29

（17） "We cannot escertain whether he [Herodotus] was single, or married, or the name of any of his closer friends or relatives." *The Cambridge Ancient History*, Vol. 5, ch, 14, p. 417.

（18） JOHN L. MYRES, *Herodotus, Father of History*, 2.

（19） JOSELP WELLS, *Studies in Herodotus* (Oxford 1923) 201-203.; and T. R. GLOVER, *Herodotus*, 194-95.

（20） *The History of Herodotus*, translated by George Rawlinson, edited by Manuel Romroff. (Tutor Publishing Co.; 1941) vii-viii.

（21） 中山久四郎, "司馬遷學之二大特徵"，史潮 7.2 (1937—一月) 22-28

（22） 鄭樵，邵晉涵，章學誠等，謂司馬遷的紀，傳，表，志，體爲因襲，非創始，是不確實的。邵氏江南文鈔，史記提要曰，"遷文章體例則參諸呂氏春秋而稍爲變通。呂氏春秋爲十二紀，八覽，六論，此爲十二本紀，十表，八書，三十世家"。按呂氏春秋體例，與史記絕不相同。邵氏之言，牽强特甚。參程金造，"史記體例溯源"，燕京學報37號 (1949) 95-120；及羅根澤, "從史記本書考史記本源" 國立北平圖書館館刊 4.2 (1930) 7-20

（23） ARNOLD J. TOYNBEE, *Greek Historical Thought*, xixff.

（24） JAMES T. SHOTWELL, *The Writing of History*, 169-70 and *passim*.

（25） JOHN L. MYRES, *Herodotus*, 64.

（26） 史記可能出自司馬談手筆者有，孝景本紀，律書，晉世家，老莊韓申列傳，刺客列傳，李斯列傳，酈生陸賈列傳。詳參李長之，"史記各篇著作先後可能的推測"，東方雜誌40.32 (1944) 39-57

（27） 羅根澤，"從史記本書考史記本源，" 國立北平圖書館創刊 4.2 (1930) 7-20

（28） "疑者闕焉"，(高祖功臣年表"。故疑者傳疑，蓋其愼也 "(三代世表)。"或言"，"或曰" (老莊列傳)。"至禹本紀山海經所有怪物，余不敢言之也" (大宛傳贊)。

(29) 史記卷十五六國年表序，"是秦之兵不如三晉之彊也，然卒並天下，必非險固便形埶利也，蓋若天所助焉"。卷十六，秦楚之際月表，"豈非天哉，豈非天哉！" 卷二三禮書敍，"宰制萬物，役使羣衆，豈人力也哉！" 卷五五留侯世家贊，"豈可謂非天乎？" 卷六一伯夷列傳，"余甚惑焉，儻所謂天道，是耶非耶？" 卷九八傳靳蒯成列傳，"此亦天授也"。卷一二七日者列傳"，自古……王者之興，何嘗不以卜筮決于天命哉"。

(30) 如"世既多司馬兵法，以故不論"(64.9)，管晏列傳，"至其書，世多有之，是以不論，論其軼事"(62.10)。吳起兵法世多有，故弗論；論其行事所設施者"(65.19)。"自如孟子至于吁子，世多有其書"，故不論其傳云"(74.14)。

(31) 參內藤虎次郎，支那史學史，p. 125

(32) JOHN L. MYERS, *Herodotus* p. 9.

(33) It is the normal rule of Herodotus, when he is writing on points of geography, not to make definite statements about regions of which his knowledge is worse than secondhand. With regard to Western Europe he makes his attitude perfectly clear in iii, 115 when he refuses to believe definitely in Eridanus (Rhodanus) saying that he has not been able to obtain the authoritative statement of an eye witness that there is an ocean on the farther side of Europe. Lionel Pearson, "Herodotus on the Source of the Danube", *Classical Philosophy*, 29 (Oct. 1934), 328-337.

(34) GLOVER, 155.

(35) MYERS, 176, and MARTIN, 14.

(36) MARTIN, 9.

(37) T. R. GLOVER, *Herodotus*, p. 146.

(38) JOHN H. FINLEY, Jr., *Thucydides*, 23-24.

(39) MACAN, *Herodotus*, vol. 1, vii-ix, lxxxvii; Glover, 267; and Myers, 57.

(40) 詳參宋高似孫，史略 I, 6-15；(古逸叢書本)；*Les Memaires Historiques de Se-Ma Ts'ien*, translated by Edouard Chavannes, t. I, CLXXXI-CXCVI and CCXXII-CCXXV; and John L. Myers, *Herodotus*, 17-31.

(41) 李奎耀，"史記決疑"，清華學報 4.1 (1927 六月) 1175-1275；楊明照，"太史公書稱史記考" 燕京學報26 (1939 十二月) 191-214

(42) H. H. HOW and J. WELLS, *A Commentary on Herodotus* (Oxford, 1912), 1-40.

(43) 藤田元春，認爲司馬遷是世界上人文地理學最初之開拓者，足跡遍十八省，他是 "當時第一流の實際地理學者"。史記全書中對于地理學有明確之認識，八書中之河渠書，實爲當時之漕運水利，即當代之交通地理學。平準書，貨殖傳爲經濟地理學，他注重陝西盆地，巴蜀盆地，齊魯平原。他在西域匈奴等傳，注意外國地理。他建立自然與人文之間的關係，確定地理區域的劃分。詳參 "司馬遷の人文地理學"，立命館文學 1.12 (1934) 1595-1616

(44) REGINALD W. MACAN, *Herodotus the 4th, 5th and 6th Books* (London 1895). I, cii.

(46) 魯迅全集 10.581

(46) MACAN, *op. cit.*, lxxiii; and *Martin Classical Lectures*, 16-18.

(47) "論司馬遷的歷史學"，中國史論集，37-74

中研院歷史語言研究所集刊論文類編

歷史編·秦漢卷

二

中華書局

論漢代的衛尉與中尉兼論南北軍制度

勞　榦

(一)　太尉
(二)　衛尉
(三)　中尉
(四)　南北軍制度

一、太　尉

在漢代京師職官之中，有太尉，衛尉，和中尉。這三個都稱爲尉，也都是職掌武事。此外還有廷尉，爲司法之官，不掌武事。但是按着漢書刑法志：『大刑用甲兵，其次用斧鉞，中刑用刀鋸，其次用鑽鑿，薄刑用鞭朴』，這是說古人觀念之中，兵與刑有相關之義。續漢書百官志，劉昭注引應劭曰：『兵獄同制，故稱廷尉』，也與此處意想相同。不過無論如何，刑究竟不是兵，廷尉之稱，始於秦代，以前但稱大理(註一)。所以在此只討論有關兵制的太尉，衛尉，和中尉，而不涉及廷尉。

太尉爲三公之一，其職甚尊。但其職卻不是經常設置的。漢初設太尉，曾以盧綰爲太尉，及盧綰封爲燕王，罷太尉官。高帝十一年，以絳侯周勃爲太尉。其後周勃以相國擊盧綰，又罷太尉官。至孝惠帝六年，絳侯周勃再爲太尉。至孝文元年，太尉周勃爲右丞相，以將軍灌嬰爲太尉，孝文三年，灌嬰爲丞相，太尉官省。直到孝武建元元年，武安侯田蚡爲太尉，復置此官，到建元二年，田蚡免官，此官又省。孝景三年，中尉周亞夫爲太尉，七年遷爲丞相，此官仍省。(註二) 到武帝元狩四年，設大司

(註一)　漢書王先謙補注云：『始皇紀有廷尉斯，周壽昌云：「韓詩外傳，晉文公使李離爲理；呂氏春秋，齊宏章爲大理；說苑，楚廷理；新序，石奢爲大理；是各國皆名理，或名大理，獨秦名廷尉也」』。今按周禮屬秋官大司寇，王制亦屬大司寇，是古代兵與刑是分開的，而且司刑亦有專名，與尉無涉，稱刑司爲尉只是秦人習尚。

(註二)　見漢書百官公卿表及補註。

馬，以大將軍衞青爲大司馬大將軍，票騎將軍霍去病，爲大司馬票騎將軍，兩人並爲大司馬，當時只是一種出征將軍的加號，在京師中並無職權（註一）。衞青及霍去病死後，並無人再加上。到武帝後元元年，始以侍中奉車都尉霍光爲大司馬大將軍，輔政。至地節三年，霍光薨，以車騎將軍光祿大夫張安世爲大司馬車騎將軍，再改爲大司馬衞將軍。霍光之子霍禹，仍爲大司馬，但只是一個空名，亦無印綬官屬。霍禹以罪被殺，張安世但爲大司馬衞將軍。此後大司馬遂成爲一種輔政的加官，加到將軍的上面（註二）。只有哀帝時董賢專爲大司馬（註三）。哀帝崩，董賢自殺，即由王莽繼爲大司馬，次年王莽即升爲太傅大司馬車騎將軍，以此爲篡位的基礎。

　　東漢時期，在建武時便設置大司馬。至建武二十七年，改爲太尉，設置掾屬。據續漢書百官志稱：

　　　　太尉⋯⋯掌四方兵事功課，歲盡即奏其殿最而行賞罰。凡郊祀之事，掌亞獻。
　　　　大喪則告諡南郊，凡國有大造大疑則與司徒司空通而論之。

　　　　司徒⋯⋯掌人民事，凡教民孝悌，遜順，謙儉，養生送死之事，則議其制，建
　　　　其度，凡四方民事功課，歲盡則奏其殿而行賞罰。凡郊祀之事，掌省牲祝瀡。
　　　　大喪則掌奉安梓宮，凡國有大疑大事，與太尉同。

　　　　司空⋯⋯掌水土事，凡營城起邑，浚溝洫，修墳防之事，則議其利，建其功。
　　　　凡四方水土功課，歲盡則奏其殿最而行賞罰。凡郊祀之事，掌掃除樂器，大喪
　　　　則掌將校復土。凡國有大造大疑，諫爭與太尉同。

所以在東漢時期，太尉的職守，一方面是三公會議中的一員，一方面是執掌國家兵事例行公文中的事務官。但是對於軍事的政策以及對於軍事的指揮，並不屬於太尉職掌之內。當然在三公會議之中，太尉可以有機會討論到國家的軍事政策，但太尉的發言權與司徒及司空相同，並非太尉所能單獨決定。

　　所以兩漢時代，除去大司馬是一個尊貴的虛銜以外，太尉也曾經有所職掌。西漢武帝以前，設立太尉時代，其職掌尙不能完全明瞭，但看東漢時代太尉的職權，可能西漢時代也差不多。也就是說，太尉只掌管軍事方面的例行事務工作，而指揮權不在

（註一）　見漢書衞青霍去病傳。
（註二）　見漢書霍光傳及張安世傳。
（註三）　見漢書哀帝紀及董賢傳。

內。在這樣職掌之下，太尉當然可以用文人來充任。從另一方面看，太尉的事務也可以合併於丞相或司徒職掌之中。這也許是西漢武帝以前，太尉之職，時置時罷的原因。

二、衛　　尉

衛尉和中尉就和太尉之職不相同。太尉之職為軍事上的行政事務工作。衛尉和中尉是直接率領軍隊，所不同的，是衛尉擔任率領的是衛士，而中尉擔任率領的是屯兵。在秦漢制度之下，衛士和屯兵是不同的。秦漢之制，凡男子二十三歲以上，必須服兵役，而兵役則分二種，一為衛士，一為正卒。(註一) 衛士是限制地區的 (註二)，但却不是到年齡就一定要去做。正卒是到年底以後就要徵集的；一般的人多是擔任步卒，步卒之選拔者稱為材官。在特殊地區，騎兵稱為騎士，水軍則為樓船卒。凡是正卒都可能調到京師去防戍屯守，則稱為屯兵。衛士是防守宮廷的，除去宮廷以外，還有諸離宮，寢園，也都用著衛士。換言之，即衛士的屯守，一定和皇帝有關的才是，凡不在宮殿，而在京師市里的守衛以及給京都官吏的屯衛都不是衛士。所以凡是衛士都只替皇帝服役；而率領為皇帝屯衛士卒的官長，就是衛尉。

衛尉為九卿之一，應當只有一人。依照漢書百官公卿表所列的，只有未央宮的衛尉，實際上除去了未央宮的衛尉以外，還有長樂宮的衛尉，以及建章宮衛尉。這些衛尉階級是相同的 (註三) 只是未央宮為皇帝所居，衛尉自以未央宮為主；至於長樂宮是因為特別尊崇太后，才加上一個衛尉。因為長樂宮衛尉是臨時設置的，雖位列九卿，而百官公卿表並不把這一個職務算在內。錢大昕二十二史考異云：

> 武帝時李廣為未央衛尉，程不識為長樂衛尉。表有廣無不識。宣帝時霍光長女鄧廣漢為長樂衛尉，女壻范明友為度遼將軍，未央衛尉，表有明友無廣漢，知

(註一)　見史語集刊十本，漢代兵制與漢簡中的兵制。

(註二)　衛士和邊防的戍卒為同類的兵役，但衛士是出於三輔，三輔以外便擔任邊境的戍卒。諸侯國人，則在其本國內擔任國王宮中的衛士。

(註三)　程不識為長樂宮衛尉，李廣為未央宮衛尉，兩衛尉並稱，見於漢書竇嬰傳，及漢書李廣傳。又宣帝紀元康元年置建章衛尉。元帝紀，初元元年罷建章宮衛令就農。

表所載惟未央衞尉也。未央長樂二尉分主東西宮，孟康云：『李廣爲東宮，程不識爲西宮』，予謂長樂宮太后所居，太后朝稱東朝，似長樂在未央之東矣。未央衞尉諸傳皆單稱衞尉，獨李廣，范明友稱未央宮者，以別於長樂也。韋玄成傳亦稱未央衞尉，則以其時始置建章衞尉，故亦稱未央以別之。

又錢大昕漢書拾遺云：

長樂宮高帝所築，惠帝時呂后居之，自後遂爲太后所居之宮。武帝時始見長樂衞尉；昭帝時有劉辟疆；昌邑王賀時有安樂；宣帝時有許舜，董忠；成帝時有史丹、王宏、王安、韋安世；哀帝時有王惲，蓋昭宣以後長樂宮常置衞尉矣。建章衞尉置於宣帝元康元年，罷於元帝初元三年，居其職者有丙顯，金安上，皆宣帝朝臣也。甘泉衞尉亦罷於初元三年，而史不見置衞尉之文。此宮創於武帝，未審何年始立宮衞，史亦未見除甘泉衞尉者。

長安城中未央宮在西，長樂宮在東，是沒有疑問的。二宮位置可參考水經註的渭水註，宋敏求長安志，和足立喜六的長安史蹟圖考，其確實位置都可以決定出來。所以孟康所說『李廣爲東宮，程不識爲西宮』是恰恰的說反了。錢大昕的這兩段考證，都是非常精確的。從錢氏所考，除去未央衞尉以外，還在武帝時期以後，曾經設置過長樂，建章，甘泉諸宮的衞尉，也是沒有問題的。不過按照漢書所記，還有宮廷以外的衞士，可能也屬於衞尉。漢書韋玄成傳。

昭靈后、武哀王、昭哀后、孝文太后、孝昭太后、衞思后、戾太子、戾后，各有寢園，與諸席合凡三十。所用衞士四萬五千一百二十九人，養犧牲卒不在數中。

既稱衞士，當然屬於衞尉，雖然未曾說是屬於那一個衞尉。不過未央衞尉爲常置之官，長樂，建章等衞尉只是一時增置之官，所以還是應當屬於未央衞尉之下的。

又據漢書百官公卿表，衞尉之下有丞，及公車司馬令，衞士令，旅賁令。則除未央以外，各宮衞的組成，凡設有衞尉的，自然亦應有丞及三個令。至於屯的數目，據漢書百官表云：

衞士令一人，丞三人，諸屯衞候司馬二十二人。

再據漢書元帝紀註云：

衛士令掌率衛士宿衞。宮有八屯，屯有衞侯司馬一人，每面二屯。

那就是說每宮只應當有八屯，而非二十二屯。所以陳樹鏞漢官答問，在此處註云『未詳』。案二十二之數，非八所能除盡，故其數甚有問題。百官公卿表截至平帝時期，前此在元帝初元三年，已罷甘泉及建章宮衞，故其時只有未央及長樂二衞尉，每宮有八屯，二宮共計十六屯，尚餘六屯。按照西漢時代所徙民的陵墓縣治，有長陵、安陵、陽陵、茂陵、平陵共爲五陵，加上杜陵，共爲六縣。其數洽符。

衞尉只率領宮中衞士，還有比衞士的階級要高一些的，這就是郎官，衞士只管屯戍，而郎官則屬於郎中令 (註一)，掌宮殿掖門戶 (註二)，而且出充車騎。也就是說郎官的階級較高，更和皇帝接近些。宮的內層守衞由郎官掌管屬於郎中令，外層的守衞，却是由衞士掌管，屬於衞尉。再向外一層，便是京城的屯兵，屬於中尉了。

三、中　　尉

中尉之職，據漢書百官公卿表云：

中尉秦官，掌徼循京師、有兩丞、候、司馬、千人 (註三)。武帝太初元年更名執金吾。屬官有中壘、寺互、武庫、都船、四令丞；又式道、左右中候、候丞、及左右京輔都尉，尉丞兵卒皆屬焉。

實際上中尉是承秦時舊制，專來管理秦本國軍隊的。用諸侯王國的中尉職守來比較就會更爲明白，百官公卿表云：

諸侯王……有太傅輔王，內史治國民，中尉掌武職。丞相統率衆官，羣卿大夫都官如漢。朝景帝中五年，令諸侯王不得復治國，天子爲置吏。改丞相曰相，省御史大夫、廷尉、少府、宗正、博士官。大夫、謁者、郎諸官長丞皆損其員。武帝改漢內史爲京兆尹，中尉爲執金吾，郎中令爲光祿勳，故王國如故，損其郎中令秩千石，改太僕曰僕，秩亦千石；成帝綏和元年省內史，更令相治

(註一)　郎中令武帝時改爲光祿勳。

(註二)　漢書百官公卿表：『郎中令，秦官，掌宮殿掖門戶』。初學記職官部引漢官儀云：『五官，左、右中郎將曰三署，中郎、侍郎、郎中皆無員，多至千人，主執戟宿衞宮，出充車騎』。所以郎應當同於後世的侍衞，而衞士則爲禁軍。二者不相同。

(註三)　顏師古註云：『候及司馬千人，皆官名，屬國都尉云有丞，候千人，西域都護下：司馬、候、千人，各二人。凡此千人，皆官名也。』所以中尉爲一領軍之職，和屬國都尉及西域都護尉以組織相同。

民如卽太守，中尉如卽都尉。

諸侯國內的中尉，是仿照天子九卿制度的，漢書三十八高五王贊云：

> 悼惠之王，齊最爲大國，以海內初定，子弟少，激秦孤立，亡藩輔，故大封同
> 姓以塡天下，時諸侯得自除御史大夫，羣卿如漢朝，漢獨爲置丞相。自吳楚誅
> 後，稍奪諸侯權。

這是說在景帝以前，諸侯的卿相，在其國內，和天子卿相職務相同的，因而王國內史
和中尉的職守，也就略同於天子的內史和中尉。又同上齊哀王傳：

> 其明年，高后崩，趙王呂祿爲上將軍，呂王產爲相國，皆居長安中，聚兵以威
> 大臣，欲爲亂。章以呂祿女爲后，知其謀。乃使人陰出，告其兄齊王，欲令發
> 兵西；朱虛侯，東牟侯欲從中與大臣爲內應，以誅諸呂，因立齊王爲帝。齊王
> 問此計，與其舅駟鈞，郎中令祝午，中尉魏勃陰謀發兵。齊相召平聞之，乃發
> 兵入衞王宮。魏勃紿平曰：王欲發兵，非有漢虎符驗也。而相君圍王固善。勃
> 請爲將兵衞王。』召平信之，乃使魏勃將，勃旣將，以兵圍相府。召平曰：『嗟
> 乎，道家之言，當斷不斷，反受其亂。』遂自殺。於是齊王以駟鈞爲相，魏勃
> 爲將軍，祝午爲內史，悉發國中兵。

從這一段來看，諸侯的兵是應當由中尉率領，而受諸侯相的監督。除中尉以外，並無
其他率領王國中軍隊的武職（衞尉只衞王宮，卻不管國內的軍隊）。以中央的官職來比
照，除去衞尉只管保衞王宮以外，皇帝的直轄區域，內史區域，亦卽三輔的軍隊，應
當屬於中尉的管轄。漢書循吏黃霸傳云：

> 爲京兆尹……坐發騎士詣北軍，馬不適士，劾發軍興。

騎士是正卒，北軍爲中尉所管（見後），亦卽三輔之正卒屬於中尉。

漢書百官公卿表關於中尉的職務，是：

> 中尉秦官，掌徼循京師。有兩丞、候、司馬、千人。武帝太初元年更名執金吾
> (註一) 屬官有中壘、寺互、武庫、都船、四令丞。又式道，左右中候。候丞，
> 及左右京輔都尉，尉丞，兵卒皆屬焉。

以上所說到的，中尉（執金吾）率領的兵卒相當廣泛。京輔都尉，爲內史（京兆）區

（註一）　京輔都尉只有一都尉，其上的『左右』二字當是衍文。

域掌地方兵之軍官，也可以證明內史區域（京兆區域）的軍隊爲中尉所統率。

京輔都尉以外，還有左右輔都尉，在百官公御表的『內史』下稱爲『二輔都尉』。

百官公卿表云：

> 內史、周官、秦因之，掌治京師。景帝二年分置左（左右）內史。右內史武帝
> 太初元年更名京兆尹。……左內史更名左馮翊。主爵中尉、秦官、掌列侯、景
> 帝中方年更名都尉，武帝太初元年更名右扶風。……與左馮翊，京兆尹是爲三
> 輔。……元鼎四年，更置二輔都尉，丞各一人。

王先謙補註云：

> 錢大昭曰：『二當爲三，地理志，左馮翊高陵，左輔都尉治，右扶風郿，右輔
> 都尉治，不言京輔都尉治，缺文也。田叔傳，子仁拜爲京輔都尉』。先謙曰：
> 『官本二作三，京輔都尉亦見霍光、蕭由、田叔、王尊、趙廣漢傳。案京輔都
> 尉見上文中尉下，非缺文，錢說誤。左右輔見食貨志，左輔都尉見蕭由傳，右
> 輔都尉見王訢，翟義，酷吏傳。』

這就是說，三輔區域，一共有三個都尉。按區域來分派，京兆區域應當有京輔都尉，
左馮翊區域應當有左輔都尉，右扶風區域應當有右輔都尉。只有京輔都尉的兵是屬於
執金吾的，而左右輔兩都尉的兵，並不屬於中尉或執金吾。這顯然是武帝元鼎四年更
設左右輔都尉以後的事。元鼎四年以前三輔的兵還是應當屬於中尉。

武帝時期還有九個校尉，以前都應當是屬於中尉部下的。據漢書百官公卿表云：

> 司隸校尉周官，武帝征和四年初置。持節，從中都官徒千二百人。捕巫蠱，督
> 大姦猾。後罷其兵，察三輔，三河，宏農。

> 城門校尉掌京師城門屯兵，有司馬，十二門候。

> 中壘校尉掌北軍壘門內，外掌四城。（註一）

> 屯騎校尉掌騎士。

> 步兵校尉掌上林苑屯兵。

（註一）　四城原作西城，誤，今據王念孫說改。王念孫曰：『自城門校尉以下，所掌皆京師及畿輔之事，不當
　　　　兼掌西城。下條西城都護，護西城三十六國，有副校尉，此別爲一官，與中壘校尉無涉。……漢紀孝
　　　　惠紀，中壘校尉掌北軍壘門內外及掌四城，是其證。』

越騎校尉掌越騎。（註一）

長水校尉掌長水宣曲胡騎。

又有胡騎校尉掌池陽胡騎不常置。

射聲校尉掌待詔射聲士。

虎賁校尉掌輕車。

——凡八校尉皆武帝初置，有丞，司馬。自司隸至虎賁，秩皆二千石。

以上各校尉，司隸校尉對於京師的督察職務，顯然是由中尉職守中分出的。後來專察三輔，三河，宏農，形成了一個中央區域的刺史，也還是由於避免和執金吾的職權混淆，才做此分畫。至於其除八校尉，都是率領京城附近的軍隊，顯然也都原屬於中尉的職守。只是武帝時期，加入了選拔的『射聲士』，再加上了胡騎和越騎，其包含兵種和人數，自然也比過去的時代大有不同了。

中尉或執金吾，職守比較重要，權責比較大，因而職守上的改變，也比較多。陳樹鏞的『漢官答問』對執金吾的職守，根據羣籍，有一個敍述，現在引證如下：

執金吾初名中尉，武帝太初元年更名執金吾（表）。秩中二千石，掌徼循京師（表）。戒伺非常水火之事（續百官志）。衞尉巡行宮中，則金吾徼於外，相爲表裏（續百官志引胡廣說）。月三繞宮外，主兵器（續百官志）。糾京師豪強不法者（郅都傳）。（註二）捕有罪，治大獄則使之（衞綰傳）。（註三）有車士（張釋之傳）。（註四）緹騎三百人，無秩，比吏食俸（續漢書百官志註引漢官儀）。執金吾出，從六百騎，走千二百人（北堂書鈔引漢舊儀）。輿馬導從，充滿道路（續百官志註）督捕姦盜，則司馬督候屬焉（漢舊儀）。

從這裏來看，執金吾的職責是非常重要的。因爲職責過分重要，所用在武帝時便把執

（註一）　註如淳曰：『越人內附以爲騎也』。補註，先謙曰：『宣紀言俠飛射士胡越騎，又此有宣曲胡騎，如說是。』

（註二）　陳氏自註云：『郅都傳：「是時民樸，畏罪自重。而都獨先嚴酷，行法不避貴戚。」寧成傳：「郅都死，長安左右宗室多犯法，上召成爲中尉，宗室豪傑人人自慴恐」觀此二傳，可知中尉之職』。

（註三）　陳氏自註云：『衞綰傳：「上廢太子，誅栗卿之屬，上以綰爲長者，賜告歸，而使郅都捕治栗氏。」又臨江王傳：「詣中尉府對簿。」』

（註四）　張釋之傳：『主中尉及郡國之車士』。案這一處中尉和郡國對稱；就是說中央地區行政方面是由內史（後改爲三輔）來管，軍事方面却是由中尉來管。車士是正卒的一種，乘車的爲車士，乘馬的爲騎士，後來因爲征伐匈奴，車戰漸歸淘汰（見集刊八本，晉西畫像三種刻石），便只以騎士爲主了。

金吾的權分開，成立了不屬於執金吾的九個校尉。但是執金吾在京師仍然是非常顯赫的。光武帝甚至有『仕宦當作執金吾，娶妻當得陰麗華』的話。(註一) 執金吾在前漢及後漢皆爲中二千石。續漢書百官志註引漢官秩云『比二千石』，可能有誤，因爲比二千石對於中二千石相差兩級，不大可能有一個時期改爲比二千石的。

又因爲執金吾爲九卿中最後一卿。而漢代九卿名爲九卿，而其數則爲十卿 (註二) 因而有把執金吾認爲『外卿』的一種說法。王先謙後漢書集解云：

惠棟曰 (註三)，『韋昭辨釋名曰，執金吾常繳巡宮外司執奸邪，至武帝更名金吾，爲外卿，不見九卿之列。』先謙曰：『百官公卿表有執金吾，翟方進自執金吾遷丞相，非不見九卿之列也。』

王先謙的話是對的。只是名爲『九卿』而實有十卿，而此十卿又均爲秦官，實有費解之處。我在寫『秦漢史』那本綱要式歷史的時候，也曾受學到了韋昭的影響，認爲中尉不在九卿之列。但是現在看來，秦代中尉之職，領關中所有軍隊，非常重要，決不當不在九卿之列。因而檢討漢代的諸卿雖均係秦官，其中也可能有原來不是九卿而改爲九卿的。因此執金吾就成爲第十卿了。

原來不是卿，而後來變爲卿的，當以郎中令一官的可能爲最大。因爲：(1) 凡九卿皆不稱令，令是九卿下一級的屬官，但是郎中令却稱爲『令』。這一種由『令』而升爲較導的階級，和後來的尚書令原爲少府屬官而升爲宰相，有類似的情況。(2) 秦始皇本紀始皇九年有中大夫令；二世元年，趙高爲郎中令。也就是秦時郎官及大夫各有一『令』主持，與漢代全屬於郎中令者不同。假如郎及大夫各有一令，其上必有一卿來做主持的事，這一個卿可能就是衛尉，郎中令本爲衛尉下的一個令。因爲郎中接近天子，而郎中令也就從『令』變於『卿』，這正和尚書令因爲接近天子而變爲尊官，正是一樣的情況。假如十卿之中，除去了郎中令，其數洽爲九 (註四)，也就是中尉自來

(註一)　見後漢書十光烈陰皇后紀。但據續漢書百官志，東漢執金吾仍爲中二千石，却不在九卿之內。

(註二)　計爲(1)奉常 (太常)，(2) 郎中令 (光祿勳) (3) 衛尉 (4)太僕(5)廷尉(6)典客 (大鴻臚) (7)宗正(8)治粟內史 (大司農) (9)少府 (10) 中尉 (執金吾) 共爲十卿。而京兆尹，左馮翊，右扶風三卿尚不計算在內。此處論證參看大陸雜誌第十五卷第十一期，勞榦：秦漢九卿考。

(註三)　案此見於惠棟的後漢書補註。

(註四)　還有京兆尹，左馮翊，右扶風，漢代也列於九卿。這是由於三輔主管本來只有一個『內史』。而治粟內史 (即大司農) 又和內史本爲一職。

就是九卿之一了。

四、中尉與南北軍制度

秦漢中央政府領軍的軍官，除去無甚事權，僅僅屬一種尊崇職務的太尉以外，眞正領軍的軍官，只有衞尉和中尉。衞尉和中尉各在各的範圍，正是『衞尉巡行宮中，則執金吾繳於外，相爲表裏』（續漢書百官志引胡廣說）。秦漢的政治軌道是天子的力量逐漸擴張，而中央機構也逐漸龐大。同樣的，中央軍的軍力也增加了。在這種狀況之下，衞尉及中尉的職雖大致仍舊，而其權卻被分散。這就是漢初的衞尉分爲長樂及未央兩宮，各有衞尉，後來更設一建章衞尉的原因。也就是中尉雖然未分爲幾個，中尉的權卻大爲分散的原因。

關於南北軍制度，自宋錢文子補漢兵志以後，若馬端臨的文獻通考，若文獻通考所引的山齋易氏說，若俞正燮癸己彙稿的漢南北軍義，若陳樹鏞的漢官答問，以及中央研究院社會科學研究所近代社會史研究集刊中兵制專號賀昌羣的漢南北軍考所言已詳，而尤其陳樹鏞所言爲最重要，其言云：

> 漢有南北軍，南軍者，衞尉掌之，所以衞宮。漢書百官公卿表云，『衞尉掌宮門衞屯兵』是也。北軍者中衞掌之，內衞京師，外備征伐。百官表云：『中尉掌繳巡京師』是也。——何以知衞尉掌南軍也？高后紀：『勃遂將北軍，然尚有南軍。令平陽侯告衞尉母內相國產殿門，產欲入宮爲亂，殿門弗內，產不得南軍，遂爲朱虛侯所誅。』故知衞尉所掌卽南軍也（註一）。何以知中尉掌北軍

（註一）　陳氏自註，『吳仁傑兩漢刊誤補遺，錢文子補兵志，胡三省通鑑註，馬貴與文獻通考皆如此說，可無疑矣。』又陳氏云：『文獻通考謂南軍屬衞尉，北軍屬中尉，其言不誤，而以光祿勳所掌亦爲南軍，則非也。然文獻通考戲山齋易氏辨光祿勳非南軍之說甚詳，而不能從之，可謂無識矣。』——按山齋易氏云（文獻通考引）『或曰漢制有郎衞，衞兵。衞尉旣屬衞尉爲南軍，而郎中令均是宿衞，故表志皆列於衞尉之前，而論者皆列爲南軍。若謂此中令所領皆郎，不可以軍言，則守門戶，出充車騎，孰謂其非軍也，郎而非軍，宣帝胡爲出之以擊羌哉？此說殆不其然。抑嘗考之，郎衞，兵衞固均爲宿衞之職，而郎中令，衞尉所掌又皆宮門內外之事。……然兵衞之屬衞尉固可考而知，若遂以光祿勳列於南軍，則有所不可考者。……所謂守門戶充車騎者若今之環衞，出爲天子導從儀衞而已，非可以軍名也。……文帝自代邸入未央宮，夜拜宋昌爲衞將軍領南北軍，張武爲郎中令行殿中，以是觀之則張武自別領郎衞之職，宋昌自兼領南北軍之職，兵衞郎衞分爲二職，則知郎衞非南軍明矣。』這是的確的，自郎中令列於九卿，而諸郎不屬於衞尉。馬端臨將光祿勳也屬於南軍，是不適宜的。但諸郎及衞士的職守實在關涉極深，難以分畫的十分清楚。只有認爲秦代郎中令屬衞尉，漢代郎中令始列於九卿，而諸郎自漢代起，才與衞士畫分清楚，這樣才好解釋。

也？百官表，中尉之屬有中壘令丞，而表又云，中壘校尉掌北軍壘門，夫中壘校尉而掌北軍之壘門，則北軍有中壘之名可知。中尉之屬官有中壘令丞與尉，則中壘即北軍而爲中尉所掌，又可知也。中尉所掌何以名北軍也？高祖紀，『蕭何立未央宮北闕東闕』，顏師古云：『北闕爲正門，又有東闕，其西南則無門闕矣。』據此，則未央宮以北闕爲正門，而中尉屯重兵於其外以備非常，以其地在北，故曰北軍也。衛尉所掌何以名南軍也？未央宮正門能在北，而其殿皆南向，衛尉屯兵殿門內以衛宮，其地在南，故曰南軍也。

闡明衛尉掌南軍，而中尉掌北軍，這是正確的。不過說中尉屯兵北闕以備非常，故爲北軍，衛尉掌諸南向之殿爲南軍，則不免迂曲。實在長安的結構，未央及長樂二宮並在南方，而官寺民里俱在兩宮之北。據三輔黃圖，水經註，宋敏求長安志，以及足立喜六的長安古蹟考都可以看的很清楚。衛尉防守宮廷（北闕亦在其中），在長安城之南部，故爲南軍，中尉防守京城，在長安城之北部，故爲北軍。原不必以北闕所在和殿的方向來解釋。

中尉掌北軍，衛尉掌南軍，中尉掌正卒，衛尉掌衛士，這一個觀念從宋代學者闡明以後，已經成爲定論。但這只是西漢初期之制，以後制度之中還有很多的問題成爲爭論，歷來講南北軍制度的人從來不把時代的演變算到裏面，因而治絲愈棼。今後再行討論這個問題必需先把漢代軍制的演變，分期討論，否則將成爲一無是處。

漢代軍制的演變，漢代開國至武帝初期爲第一時期，武帝中期以後至光武建武爲第二時期，光武建武以後爲第三時期。第一時期沿襲秦制，只有正卒，衛士以及邊境上的戍卒。第二時期加上了七個校尉統率的胡兵和募兵，因而中央軍制變成爲複雜的狀態。第三時期除去邊郡尙有正卒以外，內地已經沒有經常的正卒，因而內地的軍隊，除去了臨時的徵調以外，便只以募兵爲主 (註一)。在這種種不同狀況之下，衛士的徵調，已經止限於西漢時期，到了東漢時期的衛士也轉用募卒。至於所謂『北軍』，那就變化更大。一般人所講漢代南北軍之制，主要的根據是漢書高后紀，這只是西漢初期之制，若牽來用於武帝時代，便會發見扞格難通。

就第一時期來說，京師的軍隊，本只有南北二軍，但有時在外徵調屯兵，不在南北二軍之數。文帝即位以後，爲防止大臣的反側，除南北二軍以外，更任用代國舊臣

(註一)　見歷史語言研究所集刊第十本，漢代兵制及漢簡中的兵制。

宋昌爲衞將軍，領衞將軍屯兵 (註一)，並兼領南北軍 。 因之京師軍隊都在宋昌之手。

到了文帝二年，因爲帝位已經穩定 ， 衞將軍屯兵便成爲浪費 ， 才將衞將軍的屯兵罷

去。詔書云：

> 朕旣不能遠德，故惘然念外人之有非。是以設備未息。今縱不能罷邊屯，又飭
>
> 兵原衞，其能衞將軍軍，太僕見馬遺財足，餘皆以給傳置。

自此又恢復了南北二軍經常之制度。但是在文帝時期，仍常有在京師置屯兵之事，如：

> 文帝三年，五月，匈奴入居北地河南爲寇 (註二) ， 上幸甘泉，遣丞相灌嬰擊匈
>
> 奴。匈奴去。發中尉材官 (註三) 屬衞將軍。軍長安。

> 文帝十四年，冬，匈奴寇邊，殺北地都尉卬，遣三將軍軍隴西，北地，上郡。
>
> 中尉周舍爲衞將軍，郞中令張武爲車騎將軍，軍渭北。車千乘騎卒十萬人。……
>
> 以東陽侯張相爲大將軍，建成侯董赫，內史欒布皆爲將軍，擊匈奴，匈奴走。

> 文帝後元六年，冬，匈奴三萬騎入上郡，三萬騎入雲中， 以中大夫令免 (註四)

(註一)　宋昌之屯兵罷去，仍爲衞將軍。漢世列將軍或有屯兵或無屯兵，並不一致。武帝時衞青爲大將軍，霍去病爲驃騎將軍，亦有不出征時，不必皆屯兵京師。宣帝元康三年，罷車騎將軍及右將軍屯兵，是時車騎將軍爲張安世，右將軍霍禹。以後霍禹卽無屯兵。而霍禹誅後，韓增爲前將軍，車騎將軍，許延壽繼爲車騎將軍，均無屯兵，遂爲常制。

(註二)　河南卽河南地，亦卽後之五原郡。

(註三)　中尉材官亦卽內史境內選拔之步卒。

(註四)　『中大夫令』官名，卽衞尉；『免』人名，史失其姓。漢書於以下各人都稱姓，而獨於中大夫令免不稱姓，是因爲在班固時已無法稽考了。顏注曰：『中大夫官名，其人姓名免耳。比諸將軍下至徐厲皆書姓。而徐廣以爲中大夫令是官名，此說非也。據百官表景帝初改衞尉爲中大夫令，文帝時無此官，而中大夫是郞中晉官，秩比二千石。』周壽昌漢書注補正曰：『百官表：「惠帝七年率常免」，師古曰：「免名也」，此蓋其人，史失其姓耳。顏云「下書姓，此亦應是姓」，案七年中尉亞夫爲車騎將軍，郞中令張武爲彊土將軍，張武書姓，亞夫，悍，俱未書姓。謂景帝改衞尉爲中大夫令，文帝時當不能稱，則英布爲九江王時已稱淮南王。景帝大農令武帝太初元年更名大司農，而食貨志於衞青擊胡卽稱大司農。武帝設爲三輔，而景帝後五年治已稱三輔蓋補稱或追稱，此等處班史無定例也，似徐說爲正。』案周說是；中大夫令當爲官名，景帝中六年復改名爲衞尉(見百官公卿表)，文帝此時當已改衞尉爲中大夫令，百官表稱爲景帝初改，當有錯誤。因爲百官表只說景帝初而未曾指定是景帝那一年，語涉含混，可能只是一個猜想之詞，並非有確實的根據在百官表中，文景兩代的衞尉遷除，記錄甚少，可證在班固時材料並不完備。並且從帝紀和各志的記載互有出入，也可以看出帝紀和各志是出於不同的來原因。而帝紀中說可能是原文，而不是由於追稱。尤其是景帝後五年(按當爲景帝中六年)的詔書，也決無因爲刪改而使原文面目全非之理(此層可參證北平圖書館圖書季刊，勞榦漢簡中之武帝詔。』)因而『三輔』一詞，應當是景帝時已有此稱。全祖望的經史問答稱：『是時或已分有內史之地以與中尉，與左右內史並治京師，亦未可定。觀武帝營上林，其時亦常未定三輔，而詔中尉，左右內史表屬縣草田以償鄠杜之民，則中尉已與左右內史並治京師(按事見東方朔傳，師古注曰：「時未置京兆，馮翊，扶風，故云中尉及左右內史也」)。隱然分三輔矣。特其後始改定京兆馮翊扶風之名耳。』其言可採，王先謙補注亦稱：『全說近之』。則是帝紀中亦有可認爲不是追稱或補稱。大體說來，比較原始一些的材料多爲編年體，而修志修傳(尤其外國傳)反而可能是史家潤色過的材料，因而用帝紀以外的敍路部分來訂正帝紀，那就不能不先要愼重考慮了。——又中大夫令一官和衞尉可以互改。也就此可以說明中大夫令和衞尉的關係。中大夫令和郞中令之職本互相接近，只是中大夫令當爲諸大夫之首領，而郞中令則爲諸郞之首領。此二令在秦時應當屬於衞尉。自漢初郞中令列於諸卿，從前衞尉的職守被分出了一重要部分，文帝時改衞尉爲中大夫令，就等於廢去衞尉，直以衞尉以下之二令領卿。到武帝中六年『中大夫令直不疑更爲衞尉』，於是衞尉又復舊名。不過西漢中期以後的衞尉，不僅不率領諸郞，而諸大夫也屬於光祿勳(由郞中令改)之下了。

爲車騎將軍，屯飛狐。故楚相蘇意爲將軍屯句注。將軍張武屯北地，河內太守
周亞夫爲將軍，次細柳；宗正劉禮爲將軍爲將軍，次霸上；祝茲侯徐厲爲將
軍，次棘門；以備胡。

這一次軍車依照周亞夫傳，與此略有詳略。亞夫傳云：

> 文帝後六年，匈奴大入邊，以宗正劉禮爲將軍，軍霸上；祝茲侯徐厲爲將軍，
> 軍棘門。以河內守亞夫爲將軍，軍細柳；以備胡。上自勞軍，以霸上及棘門，
> 直馳入。將以下騎出入送迎，已而之細柳軍，軍士吏被甲，銳兵刃，彀弓弩持
> 滿。天子先驅至，不得入。先驅曰：『天子且至』！軍門都尉曰：『軍中聞將軍
> 之令，不聞天子之詔』。有頃上至又不得入。於是上使使持節詔將軍曰：『吾
> 欲勞軍』。亞夫迺傳言開壁門。壁門士請車騎曰：『將軍約，軍中不得驅馳』。
> 於是天子迺按轡徐行。至中營，將軍亞夫揖，曰：『介冑之士不拜，請以軍禮
> 見』。天子爲動，改容式車，使人稱謝：『皇帝敬勞將軍』。成禮而去。既出軍
> 門，羣臣皆驚。文帝曰：『嗟乎，此眞將軍矣。鄉者霸上，棘門，如兒戲耳。
> 其將固可襲而虜也。至於亞夫，可得而犯命？』稱善者久之。月餘。三軍皆
> 罷。迺拜亞夫爲中尉。

> 文帝且崩，戒太子曰：『卽有緩急，周亞夫眞可任將兵』。文帝崩，亞夫爲車騎
> 將軍。孝景帝三年，吳楚反，亞夫以中尉本太尉，東擊吳楚。歸復置太尉官，
> 五年遷爲丞相。

這裏所指出的，只是長安附近的屯兵。故中大夫令免，蘇意，張武的屯兵，不在關
中，所以都未計入。但關於周亞夫事，卻遠比文帝紀爲詳。在屯兵之時，周亞夫係以
河內太守入爲將軍，軍罷以後入爲中尉。更以中尉爲車騎將軍，這個車騎將軍的職
守，是爲修陵寢之用的（也就所謂『復土』之事）。到了葬事既畢，周亞夫又復任爲
中尉。到七國之變，周亞夫爲太尉，這個太尉之職，實際上還是一個指揮軍隊的超級
將軍。當然，是可以用『大將軍』名稱的，不過此時因爲要用一個外戚的賢者竇嬰爲
大將軍（註一），所以以周亞夫爲太尉。這個軍事時期的太尉，和平時的太尉，當然是

（註一）　漢書竇嬰傳：『孝景三年，吳楚反，上察宗室諸竇，無如嬰賢。……迺拜嬰爲大將軍。……嬰守滎
陽，監齊趙兵。七國破，封爲魏其侯。按周亞夫之職指揮全局，當爲大將軍。以周亞夫爲太尉，而更
立一大將軍，這是爲的不願獨任功臣，需要以外戚來監視的原故。』

有所不同的。不遇從這裏也可以看出中尉只是指揮關中平時正卒的，和將軍，大將軍以及太尉（平時及戰時）都不相同。這種情況到武帝時才改變。

衛將軍兵及其他屯兵，在文帝時皆為臨時徵調(註一)。武帝時因為特殊的需要，以及武帝誇大的作風，才在南北軍以外，又添加若干軍隊。這些軍隊都是不屬於中尉的，而且有些還是一種職業性的募兵，因為他們屯戍的地方仍在宮城之北，所以也稱為北軍。這種『北』(註二)軍的名稱，到東漢時仍然存在，究其實際，東漢京師屯兵，並不在宮城之北，和原來的北軍，更為不同了。

武帝時新增的屯兵，應當分三類：第一類是可以看出從中尉的部下分出來的，這就是中壘校尉。中壘校尉之職，既然是『掌北軍壘門內，外掌四城』（見前），那就正和周亞夫傳的『軍門都尉』，職務相近。在文景時代，京師軍隊咸歸中尉指揮，則中壘校尉為中尉的屬官，自不容疑。到武帝中期，中尉改為執金吾，執金吾所指揮的，僅有（一）緹騎三百人，（二）騎兵六百人（三）步卒一千二百人(註三)，共計二千一百人。因而這些少數的軍隊，只能作『督捕姦盜』之用(註四)。此外執金吾所屬，雖尚有左右京輔都尉(註五)，但所主管的只是『三輔兵』，應當只在三輔外縣而不在京城。所以過去北軍的營壘就用來住新添各校，在這種情形之下，中壘校尉也就獨立成為一校。執金吾所屬的小型營壘，就另設一個中壘令來掌管。但在文景時代，中壘令和中壘校尉，應當本是一官的。到了東漢時期，省中壘校尉，設北軍中候(註六)，監察五校。北軍中候為六百石，五校皆比二千石。這種監察的關係，略同於西漢刺史監察太

(註一) 陳樹鏞漢官答問認為漢時列將軍皆有兵。宣帝紀：『龍窸騎將軍，右將軍皆屯兵』是其證。『故宋昌以一人兼領三軍，衛將軍一也南軍二也，北軍三也』，這是對的。宣帝以前凡將軍大致皆有屯兵，甚至於衛青，霍去病雖然有時住在京師，其軍隊並未完全罷去。宣帝時車騎將軍為張安世，右將軍為霍禹，張安世為宣帝親信，其所領兵龍與不能本無所謂。當時要罷的就是霍禹的兵。此後遂開將軍不必領兵之例，此後韓增為前將軍，車騎將軍；許延壽為車騎將軍，均無軍隊直至東漢仍然如此。而將軍只是一個比照三公的尊貴官職罷了。

(註二) 如後漢書竇武傳：『召會北軍五校士數千人屯都亭下』北軍係指五校。

(註三) 見北堂書鈔引漢舊儀。

(註四) 見永樂大典輯本引漢舊儀。

(註五) 見漢書百官公卿表。

(註六) 續漢書百官志本注曰：『舊有中壘校尉領北軍營壘之事。有胡騎虎賁校尉皆武帝置。中興省中壘但置中候，以監五營。胡騎並長水。虎賁主輕車，並射聲』。即東漢只有北軍中候及屯騎，越騎，步兵，長水，射聲五校。

守，也只是監察而不是指揮的。

第二類是漢武帝時所設的七校。這七個校性質並不相同。（甲）其中原爲正卒的，有：（一）屯騎校尉卒領的騎士，應原來是中尉的騎士。（二）步兵校尉率領的步兵，應亦原來是中尉的步兵，而屯在上林苑的。（三）虎賁校尉率領的車士，應原來是中尉的車士。（乙）其中原爲選拔的職業兵，而不一定只限於中尉所率領的，有射聲校尉率領的待詔射聲士。所謂『射聲』，據顏師古注引服虔說：『工射者也。冥冥中聞聲則中之，因以名也』。所以射聲應當是選拔四方善射之士，所謂『待詔』（註一），也應當和漢代『待詔公車』，『待詔金馬門』解釋相同，也就一種候補的郎官。東方朔傳云：『武帝與侍中，中常侍武騎，及待詔隴西北地良家子能騎射者，期諸殿門，故有期門之號』，待詔射聲士的待詔，也就同於待詔隴西北地良家子的待詔。這種待詔大致應當屬於光祿勳，因爲別有一個校尉率領，後來就不由九卿管屬，成爲一個獨立之校了。（丙）其中原爲夷狄軍士的，有越騎校尉所率之軍士，長水校尉所率領之屯駐長水的胡騎，胡騎校尉所率領的屯駐池陽的胡騎。——以上（甲、乙、丙）這許多校尉，都是由於不同來源，等到成爲天子的禁軍以後，也就在通出中尉，衛尉，以及光祿勳所管領禁軍以外，又成爲許多分支。雖號稱爲『北軍』。而實際上已不是西漢初年所謂『北軍』了。

第三類是城門校尉。武帝以前本無城門兵，城門的防守應當屬於中尉。自武帝征和二年，巫蠱禍起，初置城門屯兵（註二），而城門校尉亦當始於此時。百官公卿表云『掌京師城門屯兵，八屯，各有司馬，十二城門候。並多由大臣領城門兵（註三）東漢時亦由城門校尉掌洛陽十二城門（註四）這又是一種南北軍以外的屯兵。

大致說來，光祿勳所領的，以及城門校尉，都是南北軍以外的軍隊。南軍爲衛尉的衛士，變化較少；北軍因爲時代不同，所包含的意義也就不同，比較複雜。論北軍而不論北軍的因革，是無法說明的。到了東漢，因爲京師的軍隊以北軍爲主，南軍很少說到。而北軍也專指五校，又與西漢不同了。

（註一）　顏師古注引應劭曰：『須詔所命而射，故曰待詔射也』。此是照『待詔射』字面來解釋的。因爲到了東漢時期，因爲不再徵謫正卒，五校都成爲募兵。其中的長水胡騎按續漢書百官志引漢官『烏桓胡騎七百三十六人』也與西漢不同。自然，應劭有時也不是完全說對了的。

（註二）　漢書武帝紀征和二年。

（註三）　見張安世孔光元后各傳。

（註四）　見續漢書百官志。

出自第二十九本下（一九五八年十一月）

居 延 漢 簡 考 證

勞　　　榦

序

　　居延漢簡考釋的考證部分，是一九四四年九月出版的。到今年九月，已經整整十五年了。在這十五年中，除去陸續的做長篇有關漢簡的考證，前後登載在「中央研究院」和臺灣大學的刊物以外，並且在一九四八年，排校釋文部分時，準備把考釋部分重行鉛印，因爲以後就遷到臺灣，一切均未就緒，未能卽時實現。到了一九五八年，才能經各方的協助，把漢簡的影片印出來。現在釋文部分，按影片的前後，重新排次，並加校正，已在排印之中，最近就可以出版。爲著和影片及釋文相輔而行，現在也把考證部分，重新補訂，排印出版。在補訂的時候，只就和原來考證有關部分，加以增訂和排次。排次的方法，過去是按葉數的，現在爲著頭緒清晰，加以分類。至於近來許多年研究的成果，如果全部加入考證補分，便會顯著體例上輕重失次，只有等將來有機會時再整篇的印出，現在不把它們一縮短，算做考證。這樣也許對於保存原有考證的體例，是一個比較適當的辦法。　　　　一九五九年八月，序於臺北。

　　本工作進行時承「中國東亞學術研究計劃委員會」推薦哈佛燕京學社補助，特此志謝。

附 初 版 序

　　自斯坦因獲漢簡於長城遺址，王氏國維作流沙墜簡一書發其端要，鉤深致遠，多所創獲。然其時僅據千簡，不足以供分析比較之事。冥搜墜緒，爲事至難，及西北科學考察團得萬簡於居延，舊制遺漏益鮮，誠文獻之大觀，學林之盛事也。比年國難旣

起，避地西南，幸國家以學術爲重，舊業得以不廢。陳書發篋，閱歷四載。三十一夏于役塞上，獲訪遺蹤，墜簡殘編，多可比證。次年度隴南歸，董理舊稿，寫成釋文四卷。李莊僻在川西，工料拙陋，譌誤孔多，然此時地能付印行，猶深自幸也。釋文既竟乃以一歲之力成考證十三萬言。漢家儀制，經緯萬千，原非此一書所成至。然願結集數年之業，以奉數於海內外賢達之前，亦未爲無用矣，傅孟眞師，時予誨正，並志於此，一九四四年六月。

居 延 漢 簡 考 證

目　　錄

甲、簡 牘 之 制

封 檢 形 式

東郡戍卒東阿靈里袁魯衣橐。一○○、一。

廣卿☒秋賦☒五千左四王德少三。二一、一。

☒十月秋賦錢五千。四五、二。

滎陽秋賦錢五千。四五、一。

貴里淳于輸衣橐☒阜布襦，枲服☒當韋☒犬袜。(五〇八)三四、一五。卷一，第五十九葉。

以上皆施於橐囊之封檢，其側面形爲🔲，上寬下狹，而正面之中部施封泥，與書牘之封檢異。蓋書牘之封檢施於簡札之上，故其檢扁平，上下一致。施於書橐者，書橐爲長方形，其檢在書橐之中部，故其檢亦扁平，惟橐囊之容物者，其橐囊必上小下大，故其檢乃上大下小，與橐囊相稱。書橐之上下有底，縫在正中，及二端對折，縫藏於內不可見，施檢之處卽在橐外。檢較橐爲短，或與橐同長，俱無妨也。容物之橐囊，或開口於上，或上下俱有口，其口並露於外，故施檢之處，卽緪縆之處，而檢之形製，亦與書牘之檢異矣。

檢 署 與 露 布

肩水候官　　三月☒　五五八、一。

肩水候官　　六月庚戌金關卒乙以來　四〇五、一七。

肩水候官　　　　　　　　　　　二一三、三八。

肩水候官　　□月甲戌□□史以來
　　　　　□捕酒泉大☒　　　二八〇、七。
　　　　　守男敦煌大☒

肩水候☒　　七四、一。

肩水金關　　辛關私印
　　　　　八月癸酉以來　七四、五。

肩水候官　　印曰朱千秋
　　　　　十一月壬申隧長勤光以來　五、二。

肩水候官　　廩名簿
　　　　　穀簿　　　　　五、六。

肩水候官　　歲留□
　　　　　關嗇私印　　　五、一九。
　　　　　八月戊子金關卒德以來

肩水候官　　印曰張猛
　　　　　三月乙巳金關卒弘以來　三三二、一。

肩水府左掾門下☒　二八八、一六。

肩水金關　　二八八、二。

肩水□隧次行　二八八、三〇。

肩水金關　　三二、四。

甲渠候官　　一七、三二。

甲渠官　　一二七、一九，一八五、一九。

卅井候官　　司馬□印
　　　　　二月庚戌卅井卒相國以來　四六五、五。

甲渠候官　　四五、八。

甲渠候官以亭□　　八月癸酉□□□□　　四四、二四。

甲渠官　　張宗印　　一二二、二。

第六燧□卒京賀自封　　二〇八、四。

甲渠官　　十二月　　四九、二八。

居延甲候　　二一八、三七。

甲渠候官　　四五、六。又二七一、二。又一七五、六。又一七五、七。

甲渠候官　　秦照　　一月庚申第八卒　　二六四、二二。

甲渠鄣候以亭行　　三三、二八。

甲渠候官　　一五八、九。

甲渠官　　王彭印　　四月乙丑卒月以來　　□　　一三三、四。又(二二四)一三三、五。

肩水候以郵行　　張掖都尉更　　九月庚午入　　孫惠以來　　七四、四。

肩水候官　　南□私印　　□□戊申禁姦卒延以來　　五、四。

酒泉大尹書一封　　酒泉大尹章　　三五〇、四〇。

肩水金關　　(三二)　　一九九、二二。

安漢□　　(三三)一〇、七。

卅井候官　　□□□□□　　十一月丙戌隧☑卒□□以來　　□　　四二八、四。

卅井官　　□□□□□　　□　　四二八、一。

卅井官以亭行　　一、八一、一二。

☑　　印曰閻禹　　六月壬戌金關卒壽以來　　續史充圖　　一〇、三四。

☑　　印曰張掖肩侯　　六月戊午如意侯安仁以來　　府令史商　　七、七。

肩水候　　印曰張掖都尉印　　三月丁丑驛北卒☑　　五四、二五。

肩水候官　　莊寶印　　二月丁酉鄣卒專以來　　一〇、三八。

肩水候官吏馬馳行　　甲辰　　十二月丙寅盡□□入卒外人以來　　□　　二〇、一。

肩水候官以郵行　　五三、一八。

肩水金關　　五三、一七。又三二、五。又三二、二二。

肩水候官隧次行　　三三、二三。

卅井官以亭行　　符青印
八月乙未卒良以來　（一一〇）四〇一、二。

卅井官以亭行　　□□塞印
□□候長崇夜十二月付　（一一〇）四〇一、四。

卅井官　十二月辛未隧長當　（一五）三九五、三。

甲渠塞候　（二二一）二四、九。

甲渠官以亭行　　揚放印
七月丁卯卒同以來、二事　（二二四）一三三、三。

甲渠官　　王彭印
四月乙丑卒月以來　□　（二一七）一三三、四。

甲埠候官　十月庚寅第十隧卒欣以來　（二二八）二八、二。

甲渠官　　張掖甲渠塞尉
九月癸亥卒同以來　□　（二三〇）一三三、一。

以上爲卷一五十七至六十八葉。

　　以上諸簡有與常簡同者，亦有寬博而短者。其與常簡同者當爲封函之檢署，而寬博而短者，蓋書囊之檢署也。蓋書囊之制爲兩端方底，其中可容封函數事，故書囊之寬博必過於常簡。就中檢署並列廩名簿，穀簿，歲留□（五、六）者，當卽一囊並容數簿矣。其上所書之甲渠候官，肩水候官，卅井候官等，當爲受書之官而非致書之官。而『五四、三五』及『一四、三』兩簡尤爲明白，卽致書者爲張掖都尉及張掖肩水司馬，而受書者則肩水候矣。其中各檢有具卽齒者，亦有不具印齒者，蓋由封固書囊，情況匪一，有需用封泥者，亦有不需封泥者，各從其便也。其郵遞之事，則書『以亭行』，『隧次行』，『以郵行』，『吏馬馳行』等。觀其大意，則以亭行者多爲露布之屬，就亭傳觀者。隧次行者，蓋由隧而傳遞，以郵行者，蓋漢制三十里一郵，郵有驛馬，當較隧次行者爲速。其吏馬馳行者，則事之尤急者，必以馳傳矣。

　　其著『隧次行』，亦有爲露布者。敦煌簡簿書二十三云：

玉門官隧次行　　永和二年五月戊申朔，廿九日，丙子，虎猛侯長異叩頭死罪敢言之官鑴日今朝宜秋
卒孫詣官□□虎猛侯馮國之東部責邊塞卒不得上灘亭尺寸□□卒有不□負薪當所，□

王氏國維以爲『露布不封之書』『蓋以一書露布，通告玉門所屬諸隧，故上題玉門官隧次行，次行者，以次行也。是足見漢代文書之簡易矣。』今案題玉門官者，因虎猛侯長上書於玉門官，玉門官爲受書者之衙名，非由玉門官發書也。隧次行者由諸隧以傳至玉門之意，亦非傳觀，惟此文書所言之事甚簡，故不封緘耳。非有意露布於諸隧也。

露　　布

☑禁止行者，便轉關，具騎逐田牧畜，毋令居部界中，警傳毋爲虜所在利。且□毋
狀，不憂者劾。尉丞以下，毋忽如法令，敢告卒人。／掾爰辛，書佐光　　（觚）

一二、一。(甲面)

得會。吉兼行丞事，敢告都尉卒人。詔書清塞下，謹侯望，督燧火，虜卽入。料吏可
備，中毋遠□□虜所□書已前下檄到卒入，遣尉丞司馬數循行嚴☑。　　　　一二、一

(乙面)

☑宗□□移敞就警備□□門毋爲虜，其□□毋忽如律令。一二、一(丙面)

☑都尉事，司馬登行丞事，謂肩水侯官寫移，檄到如大守府書，律令。一卒史安世，
屬樂世，書佐發羊。一二、一。(丁面)

　　此爲都尉下肩水侯官更轉致烽燧之書，肩水侯官屬肩水都尉，卽都尉上當有肩水
　　二字也。甲面當爲詔書，乙面當爲太守下都尉書，丁面爲都尉下侯官書，惟丁面
　　殘缺，或竟爲侯官傳致烽燧書矣。此爲露布，不封緘，故用觚爲之。其上當仍有
　　封泥，今已脫矣。

　　此簡言『虜卽入』，是諜知虜入寇記詔，郡縣先防也。按漢書匈奴傳：『（元鳳二
　　年）單于使犁汙王窺邊，言酒泉張掖兵益弱出兵試擊，冀可復得故地。時漢得降
　　者聞其計，天子詔邊警備。後無幾，右賢王犁汙王四千騎分三隊入日勒，屋蘭，
　　番和。張掖屬國都尉大破之，得脫者數百人。』自是匈奴不敢窺張掖。此簡雖不
　　著年月，然居延簡大率爲武帝至光武時物，尤以昭宣二朝爲多。建武時未聞匈奴
　　士舉入張掖。王莽時無太守都尉官名，宣帝甘露以後呼韓邪來歸保塞，則其事必
　　在宣帝甘露之前。然武昭宣之時，匈奴入塞，漢聞其計，而詔書使張掖爲備者，
　　僅元鳳二年一事，則此簡必在元鳳二年矣。

　　便轉關者，轉者轉櫓，關者門關，猶言明烽燧，謹門戶。具騎逐田牧畜猶言清
　　野，虜將入，必藏牛羊，使毋爲虜所得。部界指太守都尉所部之境界，乙面言
　　『詔書清塞下』亦此意也匈奴傳言武帝元光時大行王恢誘單于入塞，未至馬邑百餘
　　里見畜布野而無人牧之者，怪之，乃攻亭隧得行亭尉史，具得漢謀。蓋有警必藏

諸畜，無警必有人牧畜也。

版　　書

□□丞萱兼行丞事，下庫城倉□☒尉明白大扁書鄉市門亭見☒。一三九、七。

　　說文：『扁署也，從戶冊，戶冊者，署門戶之文也。』段玉裁注曰：『署門戶者，
　　秦書八體，六曰署書。蕭子良云：「署書，漢高六年所定，以題蒼龍白虎二闕」。』
　　扁亦曰版，世說新語方正篇：『太極殿新成，王子敬爲謝公長史，謝送版使王題
　　之，王有不平色，語信云：「可擲箸門外。」謝後見王曰：「題之上殿何若，昔
　　魏朝韋誕諸人亦自爲也。」王曰：「魏祚所以不長」。』注引宋明帝文章志言此事
　　云：『議者欲使王獻之題榜。』故門外署書，或作扁書，或作板書，亦或作版書
　　矣。

符　　券

始元七年閏月甲辰居延與金關爲出入六寸符券齒百從第一至千左居官右移金關符合以
從事　　　　　　　・第八　六五、七

奉葆姑臧西比夜里……河津關毋苛留　九七、九

從第一始太守從第五始使者符合爲……　三三二、一二

……里買勝年卅長七尺三寸出粟二石　　符第六百八　一一、四

……出入六寸符券自百六至……廿三　一一、二六

永元四年正月己酉　　橐佗吞胡隧長張彭祖符　　妻大女昭武萬歲里孫第卿年廿一
子小女王女年三歲　　弟小女耳年九歲　　皆黑色　二九、一

永光四年正月己酉橐佗延壽隧長孫時符　　妻大女昭歲萬歲里□□□年卅二　　子大
男輔年十九歲　　子小男廣宗年十二歲　　子小女足年一歲　　輔妻南來年十五歲
皆黑色　二九、二

……寸符券付居延第一里五士周□　二一一、一七

永始五年四月戊午入關傳……　五一六、二九

☒　凡出入關寫致籍　五〇、二〇

以上爲出入關之符傳，而最後一簡則記出入關簿籍之籤署也。

此所舉者雖同爲符傳，而其持有人之身分以及過關時之性質，與傳之命意亦自有別。傳者，就過關之事而言；符者，就傳上可以相合之證信而言。故在終軍傳中言後返之時更以爲傳之事，則稱傳；就驗傳之手續而言，則稱合符。合符者，不論以裂帛爲繻，或裂竹爲傳，左右兩部之中皆有墨畫或契刻，驗時相合爲信。至民國二十年代，內地之染坊，尙裂賭具竹牌爲二，凡往染布帛者與以一牛而以別一牛，繫於布帛之上，將來取染竣之布帛，則持以爲信，此亦舊時符契之遺。今之洗染店則以片紙爲收據，不用此物矣。

符傳之中以虎符最爲重要。虎符以發兵，藏其一方於帝王之手，郡國非有虎符，不得擅自調發。戰國及秦時本有虎符，漢初制簡，乃以羽檄徵天下兵。文帝二年，初與郡守爲銅虎符，竹使符。漢書文紀。然呂后崩，齊哀王欲發兵誅諸呂，中尉魏勃曰：『王欲發兵，非有漢虎符驗也。』史記齊悼惠王世家則漢初發兵似亦用虎符，與文帝紀異，或太史公涉筆成文，於此未及細檢也。漢書嚴助傳，武帝建元三年，東甌告急上曰：『吾新卽位，不欲去虎符召郡國。』乃遣嚴助以節發兵會稽，會稽守欲距法不爲發，助乃斬一司馬諭意指，遂發兵。此則一時權宜，發兵時固必以虎符爲準。故王莽居攝，翟義於都試時斬觀令，勒其部衆，乃得發兵。漢書翟方進傳。則亦由無虎符則不得擅發也。王國維觀堂集林十五，秦新郪符文四行，錯金書云：『甲兵之符，右在王，左在新郪。凡興士被甲用兵五十人以上，必會王符，乃敢行之。燔燧事雖無會符行殹』。其言虎符發兵之制，以此爲詳。

符傳之制各不相同，因而其形式亦各有別。大略言之，第一簡，第三簡，第五簡，皆較爲正式之符。第六，第七則爲塞上吏員，移家塞上，與以長期通過之符。第二，第八則爲省事臨時過關之符。第九之文較簡，且有殘缺，未能審諦其性質，從其文義觀之，則或爲過關之記錄，或亦臨時之符傳也。

塞爲工事關爲塞之門戶。就一般人所思索者而言，塞旣爲國境防務所在，關則當爲國境之入口。故出關卽出國，入關卽入國，關外不當更有政治區畫。究其實則不盡然，出國固是出關，而出關則不定是出國，蓋國境之中尙有關存在也。其在

漢世，函谷關，嶢關，武關，散關等，出關仍爲中國，原不必論。就塞上而言，肩水金關卽在居延城與張掖郡治之間，出肩水金關，乃到居延（詳見後考）。凡位在居延城者不論公私，必有符傳，乃可出入。此本節所舉符傳所以有種種不同之類別也。

符傳之屬，漢世或曰符，或曰傳。漢書宣帝紀本始四年：『民以事船載穀入關者，得毋用傳』。顏師古注：『傳符也』。此所謂關者指函谷關而言，是內地之關仍用符傳也。漢書終軍傳：『初軍從濟南當詣博士，步入關，關吏予軍繻，軍問曰：「以此何爲？」吏曰：「爲復傳，還當以合符」。軍曰：「大丈夫西游終不復傳」。遂棄繻而去。軍爲謁者，使行郡國，建節東出關關吏識之曰：「此使者乃前棄繻生也。」』是傳亦可稱爲符，然符傳左右之制，大體以右爲尊，故皇帝所持者爲右符。秦符皆以右符存於君王，漢符亦然。漢書文帝二年師古注：『與郡守爲符者，謂各分其半，右留京師，左以與之』。禮記曲禮篇：『獻粟者執右契』，注：『契，券也。右爲尊』，是也。若在關塞之間，如第一八簡則與此相反。金關屬肩水都尉而不屬居延都尉，居延都尉與金關爲客體，故自留左者，而以右符移金關，因而遂與虎符之法不同矣。至於家人閭里所用之契據，則或債權人所左或右，並不固定。老子：『是以聖人執左契而不責於人』，史記田敬仲世家：『常執左契以責於秦』，此債權人持左契者也。又國策韓策：『或謂韓公仲曰：「安成君東重於魏，而西重於秦，操右契而爲公責德於秦魏之王，裂地而爲諸侯，公之事也」』，則又債權人持右契者矣。說文：『券約也，分爲左右，以爲信也』，故債權人與債務人間，但取合符，原不計較左右，與虎符之鄭重不同，與關塞之符亦異，此由情理而言，可以推衍而知者也。

公務之符券，鄭重者爲銅虎符，其次爲竹符，更其次爲傳。其制歷代皆有因革。漢書文紀二年，『初與郡守爲銅虎符，竹使符』。顏注：『應劭曰：「銅虎符第一至第五，國家當發兵，遣使者至郡合符，符合乃聽受之。竹使符以竹箭五枚，長五寸，鐫篆書第一至第五｜張晏曰：「符以代古之圭璋，從簡易也」。師古曰：「與郡守爲符者，謂各分其半，右留京師，左以與之」』。沈欽韓疏證曰：『周禮典瑞注：「鄭司農云，牙璋發兵，若今時以銅虎符發兵。杜子春云：珍圭徵守者，若

今時徵守者以竹使符也」。按信陵君傳，「如姬竊魏王兵符與公子，奪晉鄙軍」。
隋書煬帝紀，煬帝幸遼東，命衞玄爲京師留守，樊子蓋爲東都留守，俱賜玉麟符
以代銅虎符。唐六典：「後魏有傳符，歷北齊周隋皆用之。武德初爲銀菟符，後
改爲銅魚符，以起軍旅，易守長。其傳符以給郵驛，通制命。太子監國曰雙龍之
符，左右各十。京師留守曰麟符，左二十，右十九。東方靑龍符，製方驪虞符，
南方朱雀符，北方玄武符，左四，右三。隨身魚符以明貴賤，應徵召。左二，右
一；太子以玉，親王以金，庶官以銅，皆題某位某姓名，其官只有一員者，不復
著姓名，並以袋盛。其袋三品以上飾以金，五品以上飾以銀」。冊府元龜四十，
七十五：「後唐長興元年給事中崔行奏。內庫每州皆有銅魚八隻，一隻大，七隻
小，兩隻右，五隻左。其右銅魚一隻，長留在內；一隻在本州庫，逐季申報平
安。左魚五隻皆鐫次第字號。每新除刺史到任後，卽差到當省領左魚，當日覆奏
內庫，次第出給左魚一隻，當省責領，到州集官吏取州庫右魚契合，卻差人送左
魚納省。如別除刺史，州司又請次第左魚，周而復始」。……「木契所以重鎮守，
愼出納。軍駕臨幸，皇太子監國，有兵馬受處分者爲木契。若王公以下，兩宮留
守，及諸州有兵馬受處分，並行軍所及，領軍五百人以上，馬五百匹以上征討，
亦各給木契。其在州及行用法式，並準魚符，王畿之內，左右各三，王畿之外，
左右各五，庶官鎭則左右各十」。宋史兵志：「康定元年頒木契，上下題某處契，
中剖之。上三枚好魚形題一二三，下一枚中刻空魚令可勘合，左旁題云左魚，右
旁題云右魚。合上三枚留總管鈐轄官高者掌之。下一枚付諸州城砦主掌。總管鈐
轄官發兵馬，百人以上先發上契第一枚，貯以韋囊，緘印之。遣指揮齎牒用弦，
所在驗契卽發兵」」。又漢書疏證於嚴助傳下注云：『以銅爲符，鑄虎爲節，中分
之。頒其右而藏其左，起軍旅時則以合中外之契。唐用銅魚符，宋以虎豹符，明
以金牌，用實調發，非古制』。——按沈氏所舉之符實可分爲兩大類，其一爲符
傳，其二則爲符籍。符傳可分爲兵符及出入關符，沈氏所舉大率皆爲兵符。兵符
雖出於牙璋，然與牙璋之用，似同而實異。兵符始於戰國，蓋戰國始有郡縣之
制，集財賦軍事之大權於中央，觀秦新郪虎符發兵五十人以上皆必待秦王之命，
其制可知。據王國維所考此虎符當在秦昭王五十四年，至秦始皇五年之間。若在西周至春秋，皆

爲封建之時，無是制也。周禮典瑞周禮大宗伯篇所稱之珍圭，實卽鎭圭注，杜子春曰：『珍當爲鎭，書亦成爲鎭，以徵守者』。而鎭圭則爲六瑞之一，周禮典瑞云：『王晉大圭，執鎭圭』。故徵調諸侯，但取王所執者以爲信物，非如秦漢之用璽書也。至於發兵之事，尤重於徵調，則以牙璋行之。璋者半圭，牙璋者其上有牙也。然諸經之說，發兵所用者非一不，必皆是用璋。典瑞節鄭注：『鄭司農衆云：牙璋琢以爲牙，牙齒兵象，故以牙璋發兵，若今時以銅虎符發兵。玄謂牙璋亦王使之瑞節』。孫貽讓正義云：『注，鄭司農云：「牙璋，琢以爲牙者。」玉人注云：「有鉏牙之飾於琰側」是也。云牙齒兵象，故以牙璋發兵者，以其鉏牙不平，故曰兵象。白虎通文質篇云：「璜以徵召，璋以發兵，琮以起土功之事。璋以發兵何？璋半圭，位在南方；南方陽極而陰始起。兵亦陰也，故以發兵也」。班說惟璋發兵，與此牙璋同，而義與先鄭異。又說璜徵召，琮起土功，此經皆無文。公羊定八年何注。亦云，「禮，琮以發兵，璜以發衆，璋以徵召」。說文玉部，又以琥爲發兵瑞玉，並與此經不同，蓋別有所據。云若今時銅虎符發兵者，御覽珍寶部引馬（融）注云：「牙璋，若今之銅虎符」與先鄭說同。以發兵者，王應麟云：「漢書齊王傳，魏勃紿召平曰：王欲發兵，非有漢虎驗也。吳王傳，弓高侯責膠西王曰，未有詔，虎符擅發兵，擊義國。嚴助傳，上曰，新卽位，下欲出虎符，發兵郡國，乃遣助以節發兵會稽，是也」。互詳掌節疏，云玄謂牙璋，亦王使之瑞節者，王使起軍旅，治兵守時持此爲瑞節，與珍圭以徵守恤凶荒同。左哀十四年傳，說宋公使向巢討向魋云，司馬請瑞，以命其徒攻桓氏。杜注云，瑞符節以發兵。又襄二十五傳，鄭入陳，司徒致民，司馬致節，司空致地，蓋皆起軍旅之節，故司馬請之致之也。云兵守，用兵所守者，謂疆場有警，治兵爲守禦也』。綜上所舉，古代用以發兵之瑞玉，可用璋，可琮，亦可用琥。是其所用者，特以玉好信物而已，因非必有一定之形製也。周禮所記之牙璋，頗疑爲春秋戰國間人從而規律化者，已漸非其朔。牙璋者，璋旁有齒文，而齒文之成因，蓋仿符契之齒文而來。前舉第一簡之照片，其上卽有齒文。而簡文亦記有齒，假如此簡爲玉所製而有齒文，卽牙璋矣。然則周禮稱以牙璋發兵，具時蓋已通行符契，就符契之製而引申爲之者，似未必曾通行於周公之世也。

符用於宮門出入者附籍而行。漢書文帝紀：『令從官給事宮司馬中者，得爲大父母，父母，兄弟通籍』。注：『應劭曰：籍者爲二寸竹牒，崔豹古今注引此條作尺二寸，是。蓋二寸竹牒太短，不能詳記用者之身分也。記其年紀，名字，物色，懸之宮門，按者相應，乃得入也』。漢書竇嬰傳：『太后除嬰門籍，不得朝請』，則列侯之奉朝請者，亦各有名籍。周禮天官宮正注：『無引籍不得入宮司馬門』。賈疏：『謂漢法，言引籍者，有門籍及引人乃得入也。司馬殿門者，漢宮殿門每門皆使司馬一人守門，比千右，不皆號司馬門』。周禮秋官士師注：『今宮門者簿籍』。疏云：『舉漢法以況之』。藝文類聚職官部引漢官解詁：『衞尉主宮闕之內，衞士于垣下爲廬，各有員部，居宮中者，皆施籍於門，案其姓名。若有醫巫儌人當入者，本官長吏爲封啓傳，審其印信，然後內之。……又有籍皆復有符。符用木長二寸，以當所屬兩字爲鐵印，亦太卿靈符。當出入者，案籍畢，復齒符，乃引內之也。』是唐六典所稱後魏有傳符，而唐時用金魚出入宮門者，實亦沿襲漢代宮門人符籍也。

契　　據

十日視事盡二月爲已縣官事買錢□□□□約沽酒勞二斗。五六四、七。

本始元年十月庚寅朔甲宣，樓里陳長子賣長綺，柘里黃子心買八十　九一、一。

建始二年閏月丙戌，甲鄣令史董子方，買鄣卒歐威裘一領，直千百五十，約里長錢畢已。旁人杜君雋。（一四九）二六、一。

□□□爲□□券書財物一錢，□□□到二年三月癸丑∅　二〇二、一五。

終古隧卒東郡臨邑高平里臺勝，字海翁。買賣九稯布三匹，匹三百三十三，凡直千。髐得富里張公子所舍在里中二門東入，任者同里張廣君。二八二、五。

七月十日鄣卒張中功買賣皁布章單衣一領，直三百五十二。堠史張君長所，錢約至二月盡畢已。旁人臨桐使解子房知券。□∅　二六二、一九。

∅置長樂里受奴田卅五畝，買錢九百，錢畢已，丈田卽不足，計畝還錢。商人淳于次孺王兄鄭少卿沽酒商二斗，皆飲之　五五七、四。

右諸簡並契券之屬，敦煌簡亦有一簡與此同類，其文曰：

神爵二年十月廿六日，<u>廣漢縣</u><u>廿鄭里</u>男子<u>節寬惠</u>布袍一，陵胡<u>隊</u>長<u>張仲孫</u>用，

買錢千三百，不在正月□□□至□□□□□正月書符用錢十。時在□候史<u>張</u>

<u>子卿</u>，戌卒<u>杜忠</u>知卷，約沽旁二斗。雜事類六

<u>王氏國維</u>考釋曰：

右篇文摩滅不可盡識，然由全文觀之，蓋賣布袍劵也。丐疑旁之別字。<u>漢書游</u>

<u>俠傳</u>：『<u>宣帝</u>賜<u>陳遂</u>璽書曰：制詔<u>太原</u>太守，官尊祿厚，足以償博進矣，妻<u>君</u>

<u>寧</u>在旁知狀。』此簡云時在旁某某知卷，語正相同，乃知<u>宣帝</u>詔書，實用當時

契劵中語也。在旁某某知卷，即今賣劵中之中人。<u>吳黃武浩宗</u>買地劵云：『知

卷者雒陽金□子』，<u>羅君</u>以卷爲劵之別構字，引<u>莊子庚桑楚</u>文爲證，其說甚

是。<u>漢</u>時又謂之旁人，<u>黃縣丁氏</u>藏<u>漢孫成</u>買地劵，末云：『時旁人，<u>樊永</u>，<u>張</u>

<u>義孫</u>，<u>孫然</u>，異姓<u>樊元祖</u>皆知劵，約沽酒各半。』又<u>澠陽端氏</u>藏<u>漢建初</u>玉買地

劵云：『時知劵約<u>趙滿何非</u>沽酒各二斗』，此簡末亦云沽□二斗，是一袍之買

賣，亦有中費矣。

從諸條觀之，諸契劵可見者凡有數事。(一)凡賣物者常爲內地人，買物者常爲鄣

塞之吏，而鄣塞吏以名籍觀之，率爲邊郡人。(二)官衣賦與私人者，亦得售賣。

(三)賣衣物亦署劵，且有人保證之。(四)保證者酬質爲沽酒二斗，二斗之酒價

爲十錢。前二事已於前文論及，今更論其後二者。按署劵之事，必其物之罕有者

始爲之。買衣持劵，若在後世事不恆有。然據諸簡所記多爲貰買。其劵雖爲買

衣，其實同於借債。故其劵當由賣者持之，是亦不必致疑於一衣之微而沽酒書劵

矣。至於第七簡五五七、四。乃買賣田畝之事，且非貰賣，其劵應由買者持之，又

與貰買衣物之劵有所不同矣。

至諸簡言貰賣者，如：

毋得貰賣衣財物，太守不遣都吏循行，☑嚴教受卒，長史各封臧☑　　二一三、一

五。

中不審日，係卒<u>周利</u>謂<u>鎮</u>曰：令史<u>屒卿</u>買錢皁服儋偷。二八五、一九。

二月戊寅<u>張掖</u>太守<u>福</u>，庫丞<u>承熹</u>兼行丞事敢告<u>張掖</u>農都尉，護田校尉府卒人，

謂縣，律曰：臧官物非錄者，以十月平買。案戌田卒受官袍衣、物，貪利貴買

貰，乃貧困民，不禁止，浸益多，又不以時驗問。(三九五)四、一。

隧卒張利親自言責候☐ (一三五)一二七、一四。

以上各則並爲錢債之事，第三簡所言尤顯，蓋塞上衣着爲難，得衣往往須購舊者。於是有衣者以重值貰與人。貰衣者因不出見錢亦願從而貰之。而錢債糾紛由斯而起。雖或禁之，猶不能止。凡此諸券，皆其事也。

編簡之制

☐扁常案部見吏二八，一人王美休謹輸正月書繩二十丈，封傳詔。(五〇二)四五六、五。卷一，四十九葉。

案敦煌簡：『凌胡隧壓胡隧各請輸札兩行，隧五十；繩廿丈；須寫下詔書。』與此簡所記同。案簡牘之用繩者，一爲編策，一爲封書。編策之繩如史記孔子世家：『孔子晚而喜易，讀易韋編三絕。』御覽六〇六引劉向別錄：『孫子書以殺青簡，編以縹絲綸。』荀勗穆天子傳序：『穆天子傳者，太康二年汲縣民不準盜發古冢所得書也，皆竹簡青絲綸。』南齊書文惠太子傳曰：『時襄陽有盜發古塚，相傳是楚王塚，大獲寶物。玉屐，玉屏風，竹簡書青絲綸。簡廣數分，長二尺，皮節如新。盜以把火自照。後人有得十餘簡，以示撫軍王僧虔，僧虔云：「是科斗書考工記，周官所闕文也。』御覽六〇六引瀨鄉記：『老子母碑曰，老子把持仙籙，玉簡金字編以白銀。」』舊唐書禮儀志三：『玉策四版，各長一尺三寸，廣一寸五分，厚五分，每策五簡，俱以金編。』居延簡廣地南部候兵物冊共七十七簡以麻繩二道編之如竹簾狀，可以舒卷。故簡編則爲冊，卷則爲卷。後漢書杜林傳：『前於西州得漆書古文尙書一卷。』縑帛非可以漆書者，則此所言一卷，當指可以舒卷之冊矣。凡此所舉皆書繩之用於編冊者也。

封書之繩當別爲用於封函及用於囊橐者。凡書，封函而後更施囊橐，故書繩之用，更有內外二重。其封於簡牘之函者，曰檢。說文：『檢書署也。』徐鍇說文繫傳：『檢書函之蓋也。玉刻其上，繩封之，然後塡以金泥，題書而印之也。』舊唐書禮儀志三：『玉策長一尺三寸，並玉檢方五寸，當繩處，刻爲五道，當封璽處，刻深二分，方一寸二分。又爲金匱二以藏配座玉策，又爲黃金繩玉匱金匱各

五周爲金泥以泥之。爲玉璽一枚，方一寸二分，文同受命璽，以封玉匱，金匱。』此唐人用元封故事以封禪者，故其簡牘之制略同漢世，而藉以推見書繩之制也。神仙傳：『陰長生裂黃表寫丹經一通，封以文石之函，著嵩高山；一通黃櫨簡染之，封以靑玉之函，著華山；一通黃金之簡，刻而書之，封以白銀之函，著蜀綏山。』其事雖虛，然自是簡牘之制。宋書朱齡石傳曰：『別有函書全封。齡石署函邊曰：「至白帝發書」，諸軍雖進，未知處分所由。至白帝，發書曰，衆軍悉從外水取成都。』御覽六〇六引傅子曰：『太祖徵劉曄授以腹心之任。每有疑事，輒以函令問，曄乃一夜數至。』今居延及敦煌並有封檢發見，其鑿印齒以客封泥，刻印齒之傍三周以至五周以約書繩，並略類於唐志。而敦煌所出之『顯明隧藥函』，有書繩及印齒，尤可旁證書函之制也。

封函以外更有書囊，其制略見於漢書東方朔傳，丙吉傳，趙皇后傳，後漢書公孫瓚傳。漢舊儀，蔡邕獨斷，西京雜記等。其形製之大要爲兩端俱方底，其中約署施檢而以白書繩緪之。赤白囊爲奔命書，詔文或用綠囊，而平時章表詔詰俱用皁囊也。王氏國維簡牘檢署考曰：『囊之形製漢書謂之方底。師古曰：「方底盛書囊，若今之算縢耳」，唐算縢之制不可故，舊書輿服志：「一品以下帶手巾算袋」，算袋卽算縢，亦不言其制。玉篇：「兩頭有物謂之縢擔」。廣韻：「縢，囊可帶者」，合此二條及漢舊儀觀之，其制亦不難測。舊儀云：「靑布囊，白素裏，兩端無縫，尺一板，中約署。」 唐六典引作兩端縫，尺一板。然續漢志，通典諸書所引縫上皆有無字，殆六典誤也。兩端無縫，則縫當縱行而在中央，約署之處卽在焉；則其形當略如今之稍馬袋，故兩頭有物可擔，其小者可帶，亦與縢之制合也。惟中央之縫必與囊之長短相同，否則書牘無由得入耳。』案王說書囊同於算袋其說甚是。嚴敦傑先生曾定居延簡中有若干爲算籌。按其形製與常簡同，則算袋應同於書袋，此可以證王說也。惟略有有可以修正者，卽書囊之制，義取謹嚴；通囊爲縫，關防難密。卽以王氏所舉今稍馬袋之例，亦僅兩端置物，短縫在中。若爲算袋，自應同然，則其爲書囊者，亦宜相似。故尺一之詔，其書囊必倍之有奇。書入牘囊，必對折其兩端，兩底相接，囊背在外，而其中縫則折於內，在外不可見矣。於是更施檢署，緪繩加印焉。又囊與帷蓋俱用長條，故帷與縢有相通之義，見廣雅『幭謂之幨』疏證。故

章奏所用之繩並施檢於內外也。

乙、公文形式與一般制度

詔　　書　　一

☐☐大夫廣明下丞相，承書從事下當用者，如詔書，書到言。☐☐☐郡太守諸侯相，承書從事下當用者，如詔書，書到明白布☐☐到令諸☐☐縣从其☐☐如詔書律令，書到言。丞相史☐☐下領武校居延屬國鄑農都尉，縣官承書☐　（二六）六五、一八。卷一，第四葉。

此簡當在昭帝元平元年至宣帝本始二年，大夫廣明卽田廣明，漢書百官公卿表元平元年『九月戊戌，左馮翊田廣明爲御史大夫，三年，爲祁連將軍。』漢書田廣明傳：『宣帝初立，代蔡義爲御史大夫，以前爲馮翊與議定策，封昌水侯。』卽其時也。此簡爲丞相御史下詔書文，其文當附入詔書，而詔書則今亡之矣。敦煌簡云：『四月庚子，丞(相)吉下中：二：千(二)(石)郡太守，諸侯相，承書從事下當用者。』流沙墜簡簿書三。王國維云：『右簡亦詔書後行下之辭，而脫其前詔，且語多訛闕，蓋傳寫之失也。以文例言之，當云丞吉下中二千石，中二千石下郡太守諸侯相。史記三王世家太僕臣賀請三王所以國名制曰：「立皇子閎爲齊王，旦爲燕王，胥爲廣陵王，四月丁酉奏未央宮。六年四月戊寅朔癸卯，御史大夫湯下丞相，丞相下中二千石，二千石，下郡太守，諸侯相，丞此字誤當作承。書從事下當用者，如律令。」以此例之，則此中下之小「＝」字明當在千字之下，而又脫「石＝」二字也。且「丞吉」二字間，疑脫一相字。考漢時行下詔書之例，如高帝十一年三月詔書，則由御史大夫昌下相國，相國酇侯下諸侯王，御史中執法下郡守。上所引元狩六年詔書，則由御史下丞相，丞相下中二千石，二千石，下郡太守諸侯相。孔廟置百石卒史碑載元嘉三年三月壬寅詔書，則由司徒司空下魯相。無極山碑載光和四年八月丁丑詔書，則由尙書令下太常，太常甤丞敏下常山相。此簡但云丞吉，不著何官之丞，漢代文書初無是例，則丞字下脫相字無疑也。漢時丞相名吉者，唯有丙吉，丙吉爲相在神爵三年四月戊戌，而卒於五鳳三年正月

癸卯中間凡四年，此四年中神爵四年，五鳳元二年四月均有庚子，此簡卽此三年中物也。承書從事下當用者乃漢時公文常用語，三王世家，孔廟置百石卒史碑，無極山碑均有此語，猶後世所謂主者施行也。』按敦煌簡中此簡乃當時學書者過錄之詔書，非原下者，故多誤字，然以居延簡諸下詔書文例之，則王氏所推定者是也。漢世詔書應有三部分，最前爲奏，次爲詔書本文，最後爲詔書下行於內外官署之文。其見於史籍者多經刪略，往往僅留詔書本文而刪其餘語。惟孔廟置百石卒史碑全錄詔文。碑前言：『司徒臣雄司空臣戒稽首言』至『臣雄臣戒愚戅誠惶誠恐頓首死罪死罪，臣稽首以聞』，則原有奏文，下詔書時並下其奏，以明原委者也。『制曰可』三字，則詔書本文。其『元嘉三年三月丙子朔，廿七日壬子，司徒雄司空戒下魯相，承書從事下當用者，選其年冊以上，經通一藝，雜試通利，能奉弘先聖之禮，爲宗所歸者，如詔書。書到言』，則下行之辭也。本書前節之丙吉奏(二一)五、一〇，(二九)一〇、二七。卽爲詔書前之奏文，隨詔書而下頒行者。此簡自『□□大夫廣明下丞相』以下，皆詔書本文以後行之辭。其全文應爲『御史大夫廣明下丞相，承書從事下當用者，如詔書。書到言。丞相義下中二千石，二千石，郡大守，諸侯相，如詔書　書到明白布……到令諸□□縣從其□□□如詔書律令書到言。丞相史下領武校，居延、屬國，部農都尉，縣官承書從事下當用者，如詔言，書到言。』卽此詔文自御史大夫下丞相，更自丞相下內外二千石以上，其諸武職則由丞相史下之。又據居延簡：『二月丁卯，丞相相下車騎將軍，將軍，中二千石，二千石，郡大守，諸侯相，承書從事下當用者，如詔書。少史慶，令史宜王，始長。』(二九)一〇、三〇自丞相下內外二千石以上，與此亦同。是諸郡國之守相受丞相所下書，乃由丞相直下，其間不必由九卿轉達。故史記三王世家之『二千石下郡太守諸侯相』中之『下』字爲行文。而王氏國維補正敦煌簡之原文作『相吉下中二千石，一二千石下郡大中諸侯相』者，亦發依居延簡例改爲『丞相吉下中二千石，二千石，郡大守，諸侯相』矣。此雖一字之微，然關於漢代政治機構者甚鉅。蓋漢代庶政總於丞相，而九卿後世之六部有殊。九卿所司者，除司農廷尉以外，類皆中央之事，而無與於郡國者也。故郡國歲終遣吏上計於丞相府，其郡國上書亦直上於丞相御史。武帝紀元狩六年詔：『郡國有所以爲

便者，上丞相御史以聞』，卽其例也。漢舊儀云：『丞相典天下誅討，賜奪，吏勞職繁故吏衆。』大典輯本卽漢世除國家大計由中二千石二千石博士議郞廷會以外，尋常庶事卽由丞相府決之。是以丞相能總天下之大成，無滯機，無廢事也。其在郡國，則依其土地戶口，分天下爲區畫百餘，使其略能捍衞邊防，而不能據土抗命。於是在一郡之中，盡其所有之權衡以賦之大守，大守秉承國策之大綱而壹切得以便宜行事。故郡府諸曲得以盡其力以施政，不至終日孜孜徒勞於應接文書，因之漢世吏治於國史中稱最焉。此所以丞相一府盡督天下事，不似後世尙書六部，條分縷析，而天下猶叢脞不堪，萬機並廢也。王氏見史記多一『下』字之衍文，又見末世潰亂之制乃奪相權而增六部之權，以爲漢代中朝政事亦自丞相府縱裂於諸中二千石，於是補正敦煌簡文爲：『中二千石下郡太守，諸侯相』。今以居延簡證之，則敦煌簡之誤文固顯而易見，而史記衍文亦於此得以訂正矣。

詔　書　二

二月丁卯，丞相相下車騎將軍，將軍，中二千石，二千石，郡大守，諸侯相，承書從事下當用者，如詔書。少史慶，令史宜王，始長。一〇、三〇

漢相百官公卿表，魏相以地節三年正月爲丞相，至神爵三年三月薨，共歷八年。此簡卽此書年中物也。又據百官公卿表地節三年四月戊申，車騎將軍張安世爲大司馬車騎將軍，七月戊戌更爲大司馬衞將軍，此後未置車騎將軍。至元康四年大司馬衞將軍張安世薨，神爵元年不詳月始以前將軍韓增爲大司馬車騎將軍。故此簡不能出地節三年，神爵元年，二年，三年以外。此四年中惟神爵元年二月癸丑朔，得有丁卯。其他三年二月皆無丁卯。故此簡應爲神爵元年物矣。韓增爲車騎將軍在漢書中宣紀，百官表，及韓王信傳俱不載月日。宣紀且未言其事。據此簡則韓增拜騎將軍，事在二月以前，此可以補史闕也。又宣帝時大司馬僅係加官並無職守。百官表云：『太尉秦官，金印紫綬，武帝建元二年省。元狩四年初置大司馬以冠將軍之號。宣帝地節三年置大司馬，不冠將軍，亦無印綬官屬。』故大司馬僅屬虛銜，其本職在張安世爲車騎將軍及衞將軍，在韓增爲車騎將軍。此詔下韓增者，所以稱車騎將軍不稱大司馬也。

又按史籍所引諸詔文，又居延簡宣帝初年詔文(二三)五五、三七及(二一)五、一〇(二九)一
〇、一一七。皆爲御史大夫下丞相，丞相下中二千石，二千石，郡太守，諸侯相。
而此簡及敦煌簡簿書三則自丞相直下，不由御史下丞相。此蓋宣帝中年特制，而
非前此故事所應有也。此簡之時爲神爵元年，敦煌簡簿書三之時爲神爵四年至五
鳳二年，兩簡年代銜接，復與前此詔不同，則謂爲宣帝中年新制應非無據矣。宣
帝任相之方本與武帝異，武帝之前雖有名相，然書闕有間，其時政治機構之相互
關係，未能詳悉。武帝時則諸事主上獨斷，丞相具位而已。公孫弘雖招徠賢士，
以文采自顯，然張湯已貴顯爲九卿，武帝意在征四夷，政事壹決於湯。名爲尊
弘，而綜其大綱者未必由弘也。宣帝舊爲小人，及卽大位遂周知政事，發霍氏之
謀，『始親萬機，厲精爲治，練羣臣，核名實，而(魏)相總領衆職，甚稱上意。』
魏相傳。其由天子直下詔於丞相，亦綜核名實之一端，故終宣帝之世，諸爲相者其
相業咸卓然有以自立，此其效也。然漢宣之世雖下詔有自丞相直下者，其由御史
大夫下丞相之舊制，似亦未全廢。例如成帝時簡：『綏和元年六月癸卯朔，大司
空武下丞相，丞相下當用者。』大司空原爲御史大夫，此時雖已改名，詔書猶先
由司空下也。又漢御史而外，尙有尙書。臣下章奏皆上尙書，尙書上於天子見史
記三王世家。詔書皆藏於尙書見漢夫傳：『案尙書大行無遺詔』。宣帝時因仍前制，至元帝時
遂有以『尙書爲百官本』者矣。見漢書買相之傳。此蓋因天子親理萬機，天子左右相
處者，乃尙書侍中，甚至爲中尙書中常侍而非丞相。宣帝以後率不能如宣帝時精
於吏職，故宣帝時相業亦不能再見於漢世也。

此簡及前引丙吉改火奏俱長漢尺一尺 此爲約數，丙吉奏長二四、三生的，此簡長二四生的，又
(二三五)二〇六、五簡文爲：『制曰可』長二三生的。或一尺零數分，其他諸簡爲烽燧文書者，
其長亦大略在漢尺一尺左右。故漢人所謂尺一之詔亦大略言之，非必全合度也。

詔　書　三

八月辛丑，大司徒宮下小府，安漢公大傅大司馬大師車騎☒(三五)五三、一，卷一，第五葉。
　　此元始元年至三年詔也。大司徒宮卽馬宮，漢書百官公卿表元壽二年九月右將軍
　　馬宮爲大司徒，元始五年四月大司徒宮爲大司馬。又漢書王莽傳元始元年正月封

為安漢公。又據漢書百官公卿表，是時孔光為太師，王舜為車騎將軍。而甄豐為少傅左將軍光祿勳甄邯為侍中奉車都尉，據王莽傳謂與光，舜同為四輔。而王莽為安漢公太傅大司馬幹四輔之事。幹通管，漢書劉向傳：『（石）顯幹尚書事』注師古曰：『幹與管同，言管主其事。』幹字不見於說文實即斡字所謂五均六斡，亦即五均六管也。此詔即在其時。至元始四年正月王莽加號宰衡，位上公，三公言事稱敢言之，與此詔之職官異矣。小府即少府，簡文下缺，不可得詳。或少府理天子私事，故由大司徒下之。而九卿郡國則由安漢公及四輔下之歟？王莽秉政，事多變革，今未能詳也。

印　　璽

二月乙巳肩水關侯門嗇夫敢言之□。（五）一九、一二七，卷一，第一葉。

肩水，部名。其地有都尉，有候官，部領居延以南諸烽燧障塞事，證見後文。元帝時使車騎將軍口諭單于曰：『中國四方皆有關梁鄣塞，非獨以備塞外也。』見漢書匈奴傳。是障塞，關梁，乃同設於四竟者，肩水本侯官，因有關在，故亦曰關候矣。門嗇夫即關門嗇夫，嗇夫本鄉官，主聽訟事，收賦稅，鄉大者置有秩，鄉小者置嗇夫。見漢書百官表及續漢百官志。然關塞之官與之有同秩者，故亦以嗇夫稱之，張釋之傳之虎圈嗇夫，亦其比也。

又居延簡云：『元年十一月甲辰朔，肩水關嗇夫光以小官印兼行候事。敢言之，出入簿一編，敢言之。佐信。』一九九、一，卷一，第五葉。此簡亦為關嗇夫上行文書。元年十一月甲辰，在成帝陽朔時。關嗇夫應即關候之門嗇夫，蓋塞外城鄣，地狹事簡，不得有兩嗇夫也。然兩簡之職名相異，是漢法雖嚴，然有時則猶疏闊矣。嗇夫兼行候事之候，即候官之候，候與候官簡中常通用。嗇夫之小官印即法言『半通之銅』。臨淄出土封泥，凡鄉印皆半通，鄉以嗇夫治之，故嗇夫印用半通，即小官印矣。佐即書佐，嗇夫之部屬，蓋嗇夫微官，不得置掾屬，故僅置書佐以理文籍。又嗇夫之職在塞上者，尚有庫嗇夫及軍嗇夫，並見居延簡，今不悉引。

小　官　印

初元五年四月壬子，居延庫嗇夫賀以小官印行丞事，敢言□。（三一二）三一二、一六，卷

一，三十四葉。

前考『元鳳三年十月戊子朔，戊子。酒泉庫令定國以近次兼行太守事』酒泉爲郡，故郡庫以令主之。此簡爲居延庫，居延爲縣，縣庫則嗇夫主之矣。御覽儀式部引漢官儀：『孝武元狩四年，令通官印方寸大，小官印五分。王公侯金，二千石銀，千石銅。』通官之通與通侯之通同意，言得通於上也。蓋漢制二百石以上，由丞相府除授，百石以下則由郡縣辟除，故二百石以上名具於丞相府，卽通官矣。後漢書鮑昱傳：『中元元年，拜司隸校尉，詔昱詣尙書，光武遣小黃門問昱有所怪不？對曰「臣聞故事通官文書不著姓，又當司徒露布。怪使司隸下書而著姓也。」帝曰，「吾欲令天下知忠臣之子復爲司隸也。」』此所言通官卽言得與朝籍者，鄉官及郡縣掾史不與朝籍，則非通官而用小官印矣。

吳式芬封泥考略四，有上郡庫令，漁陽庫令，北（地）庫令，皆爲方印，而成都庫三字印則爲半通。蓋上郡，漁陽，北地皆爲郡，而成都則爲縣也。周明泰續封泥考略亦有左庫及庫印半通印，蓋亦當爲嗇夫印。吳式芬於成都庫印後考證云：『右封泥三字半通印文曰：「成都庫」。按漢書地理志，成都蜀郡縣，考漢時郡國間有庫令，縣邑之庫未聞置官，然此成都庫印當爲主庫掾史之印。印廣半寸，高倍之。適當方印之半。兩漢金石記摹有園印及史印，略與此同，引揚子法言，「五兩之綸，半通之銅。」注，「有秩嗇夫之印綬，印綬之微者也。」後漢仲長統昌言曰，「身無半通青綸之命。」注，「十三州志曰，「有秩嗇夫得假半章印。」又明王氏集有廷掾半印。今封泥有司空半印。司空亦掾史，足證此爲成都掾史之印無疑。』按吳氏言半印爲半通之印甚是，然謂成都庫爲成都掾史之印則非。掾史固有假半通印者。嗇夫亦自可假半通印。何從而知主成都庫者必爲掾史而非嗇夫乎？今據此簡『居延庫嗇夫』爲一官名斷然可識，則主成都庫者當爲嗇夫而非掾史，不必繁言可證矣。小官印者，對大官印而言，嗇夫半通之印於方印僅得其半，故曰小官印也。漢世官印隨人而易，凡兼攝守領者仍用本官印，故庫嗇夫行丞事，仍自用嗇夫印，不用丞印。居延簡『閏月庚子，肩水關嗇夫成以私印行候事』（一三）一〇、六亦此類。惟此簡之庫嗇夫已假有半通印，而庚子簡之關嗇夫未假有半通印，其居嗇夫職當僅以私印行之。故其更由關嗇夫行候事亦用私印。此漢

制之疏闊處也。

漢世嗇夫俱用半通，鄉爲嗇夫所掌，故鄉印皆半通。漢封泥之鄉印如：魯共鄉、渭陽鄉、阜鄉、壁鄉。以上見封泥考略。南鄉、中鄉、東鄉、祁鄉、安鄉、都鄉、良鄉、西鄉、北鄉、臺鄉、正鄉、高鄉、武鄉、建鄉、廣鄉、定鄉、昌鄉、路鄉、呂鄉、左鄉、右鄉、麻鄉、晝鄉、昭鄉、端鄉、猶鄉等。以上見續封泥考略，及北京大學封泥存眞。此皆半通印而著鄉字者，當爲鄉嗇夫之印無疑。其不著鄉字而與縣名同者，如屯留、上黨郡。東陽、淸河郡。臨菑、齊郡。博城、齊郡。下東、齊郡，以上見封泥考略。其印之大小及字畫同於鄉印，當爲諸縣都鄉之印。蓋漢制凡諸縣皆有都鄉而都鄉半通印則未見著錄。此或由半通之印地位有限。若僅有都鄉二字則不能辨爲何縣之都鄉，反不如僅用縣名而以半通鑄之，仍可一望而知爲都鄉印也。然鄉印同於縣名者亦間有方印，如西平鄉、汝南。南陽鄉、南陽。縣名爲宛，此同於郡名。上東陽鄉、淸河。安平鄉、涿郡。利居鄉、千乘。平望鄉、北海。南成鄉、東海。宜春鄉、豫章。安國鄉、中山。陽夏鄉、淮陽。廣陵鄉、廣陵。而陳氏十鐘山房印舉中里唯之印亦多作方印。蓋方印半印之別，自孝武元狩始嚴，此方形鄉里之印，或在元狩之前也。

剛　卯

若一心堅明

安上去外英

長示六□　（甲面）　（一〇七）

□□□□

則□□□

□□□明　（乙面）　（一〇八）

□書□亡

□□□章

□□□□　（丙面）　（一〇九）

五鳳四年

□□□□

丞光□□　（丁面）　（一一〇）　三七一、一　卷四，第三十葉。

正月剛卯旣央

靈殳四方　（甲面）　（一一〇）

赤靑白黃

四色賦當　（乙面）　（一一〇七）

帝命祝融

以敎夔龍　（丙面）　（一一〇八）

庶役岡單

莫我敢當　（丁面）　（一〇九）　五三〇、九　卷四，第三十葉。

　　右二器俱爲木剛卯。前器長一生的半，寬一生的；後器長一生的半，寬九米釐。前器首銳削，後器則首尾狹相同。中且有孔穿以繩。字跡多不可識，後器因與後漢書所載略同，故可辨其大略也。剛卯之制，據續輿服志云：『佩雙卯（今本作印，羅中濬古玉圖錄定爲卯字，甚是。）長寸二分，方六分桑輿諸侯王公列侯以白玉，中二千石以下至四百石，皆以黑犀，二百石以至私學子弟，皆以象牙。上合絲，乘輿以縢貫白珠，赤罽蕤；諸侯王以下，以髝赤絲蕤；各如其卯質。刻書文曰：「正月剛卯旣央，（本志誤作決，今從前書王莽傳注。）靈殳四方，赤靑白黃，白色是當。帝令祝融，以敎夔龍，庶疫剛癉，莫我敢當」。「疾日嚴卯，帝令夔化，愼爾周伏，化茲靈殳，旣正旣直，旣觚旣方，庶疫剛癉，莫我敢當」。　凡六十六字』漢書王莽傳中云：『今百姓咸言皇天革漢而立新，廢劉而興王，夫劉之爲字，卯金刀也，正月剛卯，金刀之利，皆不得行。』注：『服虔曰：「剛卯以正月卯日作，佩之，長三寸，廣一寸四分，或用玉，或用金，或用桃，著革帶佩之，今有玉在者，銘其一面，曰正月剛卯。」……晉灼曰：「剛卯長一寸，廣五分，四方，當中央從穿作孔，以采絲葺其底，如冠纓頭蕤，刻其上作兩行文曰：（與續漢志文同，始正月剛卯，至莫我敢當。）其一銘曰：（疾日嚴卯至莫我敢當。）」師古曰：「今往往予土中得玉剛卯，案大小及文，服說是也。』宋馬永卿嬾眞子曰：『于士人王君諰家，見一物似玉，長短廣狹，正如中指。上有四字，非篆非隸，上二字乃正月字也，下二字不可認，

問之君求云，前漢剛卯字也，漢人以正月卯日作，佩之。銘其一面曰，正月剛卯。』與服虔及顏師古之說相合。然近時出土者多同於晉灼及續志，而與服虔所說僅刻一面者不同。瞿中溶古玉圖錄曾著錄一器，又言曾見三器並同晉說，吳大澂古玉圖錄則著錄三器，亦與晉說相同。近人陳大年言：『佩玉之中，常見小型長方形器，每方刻字一行或而行，每行四字或五字，是名剛卯，西漢多四方，東漢多六方。』謂各方刻字，亦與瞿說相同。然其形製，旣四方六方不等，其上刻字亦一行二行不等，則其器或刻全文，或刻文首正月剛卯四字，亦自可不拘定例。故剛卯定制雖刻全文，然服虔，顏師古，馬永卿所說，來嘗不可有此一體。顏師古僅是服虔，誠爲所見未廣。然必如瞿中溶謂馬永卿所見者爲宋人從舊玉僞作，則亦一偏之見也。今據居延發見者二器，後者之文同於續志及晉灼所說，前者之文未爲史籍著錄，以其無從比附，故其字跡更難雜認。然就其形制言，則其器爲剛卯，自無疑問也。且漢世佩雙卯者，蓋以剛卯爲古佩玉之遺，具見於續漢輿服志。佩玉之制，凡珩，璜，琚，瑀之類，皆雙雙相對，變爲剛卯，亦兩卯相對。雖刻語兩卯略有更改，然兩卯之形制應互相一致。此居延二器形制不同，或非出於一佩矣。

佩玉之飾本繫於革帶，秦人更爲剛卯之制，遂懸於佩印之綬。續輿服志云：『韍佩旣廢，秦乃以采組連結於襚，光明章表，轉相結受，故謂之綬，漢承秦制，用而弗改，故加以雙卯（原作印今正作卯。）佩刀之飾』是也。今案剛卯文云：『赤青白黃，四色是當當』，亦用秦故文。史記封禪書，高帝二年，『東擊項籍而還入關，問故秦時上帝祠何帝也，對曰：「有白青黃赤帝之祠」，高帝曰：「吾聞天有五帝，而有四何也？」莫知其說。於是高帝曰：「吾知之矣，乃待我而具五也」，乃立黑帝祠，命曰北畤。』故秦之帝爲四帝而非五帝，凡白青黃赤而四，與剛卯所記者『赤青白黃』之四色正同。其下文云『帝命祝融，以敎夔龍』當卽秦人之四帝矣。凡佩印之綬則自戰國以後，皆繫於腰。史記蔡澤傳：『懷黃金之印，結紫綬於腰。』風俗通：『秦昭王使（李氷）爲蜀守，開成都縣兩江，漑田萬頃，神須取女二人，氷因厲聲責之，因忽不見。良久有兩蒼牛鬥於江峯，有間輒還流。氷謂官屬曰：「吾鬥疲極，不當相助耶？南向腰中正白者，我綬也。」主簿刺殺

北面者，江神遂死。』凡此皆可證自戰國至漢，皆繫綬於腰，風俗通雖言秦時事，然所言本爲傳說，以東漢末年人記之，則當然爲東漢末年制度，至少亦自秦至東漢其制未變者也。北堂書抄儀飾部引漢官儀：『綬者有所承受也。長一丈二尺，法十二月，闊三尺，法天地人，舊用赤韋，亦不忘古也。秦漢易之以絲，今綬如此。』嚴助傳亦言：『方寸之印，丈二之組，鎭撫方外。』至光武以後，始以綬之長短定尊卑，見續輿服志，然結綬於腰，佩以剛卯，固未變也。曹魏時始不佩剛卯，隋唐以後，官印日大，雖定制有綬而不能佩印，麟玉魚符之佩，自此始矣。

剛卯言『靈殳四方』者，四方言剛卯爲方柱形，而靈殳則言剛卯之字體也。說文解字序云：『自爾秦書有八體……七曰殳書』段玉裁云：『蕭子良曰：「殳者伯氏之職也，古者文旣記笏，武亦書殳」，按言殳以包凡兵器題識，不必專謂殳，漢之剛卯，亦殳書之類。』其說是也。殳書者武器上所用之文書，以示壓勝逐疫，有符籙之意味者也。赤靑白黃亦或指剛卯雜色之綬，蓋亦以示巫術之功用者矣。

算　貲

候長輝得廣昌里	小奴二人直三萬	用馬五匹直二萬	宅一區萬
	大婢一人二萬	牛車二兩直四千	田五頃五萬
公乘禮忠年卅	軺車一乘直萬	服牛二六千	

　　　　　　　凡貲直十五萬　　　　　　三七、三五

此爲算貲之記錄。漢書景帝紀，後二年五月詔：『今訾算十以上乃得官』注：服虔曰：『十算十萬也』。漢世以十萬爲中人之產，故文帝紀言：『百金中人十家之產』，故中等之戶，當以十萬爲標準也。哀帝紀綏和二年：『水所傷縣邑及他郡國災害什四以上，民訾不滿十萬，皆無出今年租賦。』平帝紀元始二年：『天下民訾不滿二萬，及被災之郡不滿十萬，勿租稅。』此皆以訾十萬以上爲中等人家之例也。訾直十五萬則較中等人家最低之標準，猶爲稍過矣。史記淮陰侯列傳：『家貧無行，不得推擇爲吏，又不能治生爲商賈』，言家貧則不得推擇爲吏，是爲吏必有訾貲爲據也。張釋之傳：『以貲爲騎郎』注如淳曰：『漢注，貲五百萬得爲

常侍郎』，董仲舒傳仲舒言：『選郎吏又以富訾未必賢也』則郎官亦以訾產爲推擇之準也。漢世算貲之目見於文獻中，今有漢簡爲證，則不動產中所有者爲田及宅，而動產中所有者爲奴隸，車（牛車及軺車），牛、馬，其他用具衣物，則不在算訾之中。

算訾以後，當更向政府納算錢，算錢數據景紀後二年服虔注云：『訾萬錢算百二十錢』，今此簡所言『凡訾直十五萬』，則當爲十五算矣。其軺車之價值爲直萬，適爲一算，蓋漢代通例也。漢書食貨志云：『時公卿言，異時算軺車有差，請算如故。非吏比者，三老北邊騎士，軺車一算，（注師古曰，「比例也，身非爲吏之例，非爲北邊騎士而有軺車，皆令出一算），商賈人船車二算，船五丈以上一算，匿不自占，占不悉，戍邊一歲，有能告者，以其半畀之。』是北邊騎士及吏，軺車可以免算，若依此類推，則此人爲侯長，軺車自在免算之列，軺車若免算，則十五算中，不至僅減軺車爲十四算，蓋爲吏者當一切免算，不僅軺車也。漢世以十萬爲準爲中產之家，揚雄傳言雄自言家產不過十金，後漢書梁統傳，統曾祖橋以訾十萬徙茂陵，亦皆中人之家也。

殿　　最

卅井隧言，謹核校十月以來計最，會日謁言解。四三〇、四。

陽朔三年九月癸亥朔，壬午，甲渠不私亭侯塞尉順敢言之。將出移賦出入簿與計偕，謹移應書一編，敢言之。（面）

尉史昌　（背）　（一三九）三五、八，卷一，第十八葉。

漢書武帝紀言：『太初元年，夏，五月，正歷，以正月爲歲首色尙黃，數用五。』自此以前皆沿用秦歷，以十月爲歲首也。右二簡皆言上計事，淮南人間篇：『解扁爲東封，注，解扁，魏臣，治東封者。上計入而三倍，有司請賞之，文侯曰，吾土地非益廣也，人民非益衆也，入何以三倍。』是戰國之初，三晉或已有上計之制。漢興，則『郡守歲盡遣上計掾史各一人，條上郡內衆事，謂之計簿。』通典。故上計之事，乃在歲盡，以一歲言，應始於正月，今以十月爲始，猶仍秦歷之舊也。『計最』一名，見於漢書嚴助傳：『上書……願奉三年計最，詔許，因留侍中。』

注：『如淳曰，舊法當使丞奉歲計，今助自欲入奉也，晉灼曰，最，凡要也。』俱
可解說其大意。漢書衞靑傳：『最大將軍靑，凡七出擊匈奴。』注師古曰：『最亦
凡也』與此正同。居延簡：『最凡十九人家屬盡月。』（一七〇）二〇三、三七，卷二，四十
五。『見最凡粟二千五百九十石七斗二升少』（二四八）一四二、三二，卷二，五十二。最凡可
以互訓，故最凡亦並稱也。漢書嚴助傳沈欽韓疏證云：『韓非右儲篇，「西門豹爲
鄴令，期年上計。」漢法亦以歲盡上計，此三年計最，蓋遠郡如此，見後漢西南
夷傳。』案西南夷傳言上計事，乃指光武時越巂卬穀王長貴新歸朝廷，卽遣使上
三年計。其事本爲特例，原非定制。而嚴助所以奉三年計，親入朝以謝者，亦由
『拜爲會稽太守，數年不聞問，』而見詰責之故。是漢家定制，本爲一年一上計。
三年上計，皆爲變例，非常制所有也。又據漢書，知郡國年一上計於丞相府，有
時天子亦親受之。見漢書武紀，元封五年，太初元年，天漢三年，太始四年。宣紀黃龍元年。京房，
張蒼，匡衡各傳。今據簡牘，則郡國上計應由郡國以下諸官上計於守相，更由守相集
而上之。其烽燧財物亦在上計之列。簡牘中之簿錄，蓋亦有上計於太守者，今
猶可知其略也。景武昭宣元成功臣表，衆利侯郝賢下『坐爲上谷太守入戍卒財物
計，謾，免。』師古曰：『上財物之計簿而欺謾不實。』此亦可證明簡牘中之屯
戍簿錄，有若干應爲計簿之底冊矣。

別　火　官

御史大夫吉昧死言，丞相相上大常書言，大史丞定言，元康五年五月二日壬子夏至，
宜寢兵。大官邘井，更水火，進鳴雞，謁以聞，布當用者。臣謹案比原宗御者水衡邘
大官御井。中二千石，二千石各抒別火官，先夏至一日，以除燧取火，授中二千石，
二千石官。在長安雲陽者，其民皆受。以日至日易故火，庚戌寢兵不聽事，盡甲寅五
日，臣請布，臣昧死以聞。五、一〇，一〇、二七。

　　右丙吉奏，本爲二簡，余讓之先生察其字迹相同，合爲一奏。時在二十四年。前後
完整無缺文。此簡所言爲漢代改火事，蓋鑽燧取火，爲事甚難，故必保存火種，
以備時用。周禮夏官司爟云：『司爟掌行火之政令，四時變國火以救時疾。』鄭
注：『行猶同也，變猶易也。鄭司農說以鄹子曰：「春取楡柳之火，夏取棗杏之

火，季夏取桑柘之火，秋取柞楢之火，冬取槐檀之火。』賈公彥疏曰：『……釋
曰四時變國火以救時疾者，火雖是一，四時以木爲變，所以禳時氣之疾也。』故
據周禮，則爲四時變火，而據郰子，則爲五時變火。郰子或是談天衍，其五時變
火蓋從五德終始而出，未必爲周人原義也。又按論語：『宰我問三年之喪期已久
矣。君子三年不爲禮，禮必壞，三年不爲樂，樂必崩。舊穀既沒，新穀既升，鑽
燧改火，期可已矣。』則此言鑽燧改火爲一期年，又此異。何晏注引馬融說謂五
時變大，與先鄭引郰子說同。孔氏正義謂釋者云：『榆柳青，故春用之；棗杏赤，
故夏用之；桑柘黃，故季夏用之；柞楢白，故秋用之；槐檀黑，故冬用之。』此
正爲五時變火之本義，然非論語變火之事也。故論語期年一改，周禮一年四改，
郰子一年五改，咸有不同。而此簡所言夏至改火之說，與論語周禮及郰子俱不相
應。蓋期年改火，不當在夏至，四時改火當在立春，立夏，立秋立冬改之。五時
改火，應除四立而外更增季夏節小暑。夏至爲中氣而非節氣，與四時之界畫俱不
相涉。惟漢書魏相傳：『又數表采易陰陽及明堂月令奏之曰：「天地變化，必繇陰
陰陽，之分，以日爲紀。日冬夏至，則八風之序立，萬物之性成，各有常職，不
得相干」。』本傳云相少學易，是夏至改之說或竟與魏相所奏『日冬夏至，則八風
之序立，萬物之性成』同出一源，而與周禮及郰子相違異。後漢書魯恭傳：『易
五月姤用事，經曰后以施令誥四方，言君以夏至之日施命令止四方者，所以助微
陰也。』與此說略同。續漢書禮儀志：『夏至浚井改水，冬至鑽燧改火』，雖與此
奏以夏至爲分畫一年段落中一節之始，方式相同。然於易火易水之分，已有所修
正。隋書王劭傳：『劭以古有鑽燧改火之義，近代廢絕，於是上表請變火曰：「臣
謹按周官四時變火以救時疾，火不數變，時疾必興，聖人作法，豈徒然也」。』是
至隋時於漢二至易火之事已無所聞知矣。

又按釋文卷四，歷譜類十七葉，有元康五年四月至五月歷譜。一七九、一○自四月
廿九日庚戌寢兵，至五月四日甲寅盡，其中五月二日壬子爲夏至，與此簡相符。
此二簡奏文與此歷譜當時必置於同處，故亦當在同地得之。

又按史記秦始皇本紀：『三十五年除道道九原，抵雲陽，塹山堙谷直通之。』又：
『立石東海胊界中以爲秦東門，因徙三萬家麗邑，五萬家雲陽。』漢書武帝紀：

『太始元年春正月，徙郡國吏民豪桀于茂陵雲陵。』注師古曰：『此當言雲陽，而傳寫者誤爲陵耳。茂陵帝所自起，而雲陽甘泉所居，故總使徙豪桀也。鈎弋趙偼伃死葬雲陽。昭帝卽位始尊爲皇太后而起雲陵。武帝時未有雲陵。今按顏說是也。雲陽所以重於三輔者，以其爲北征大道之起點，且爲甘泉宮之所在。甘泉爲避暑行都，故亦略依長安，授民以火也。又漢書郊祀志云：『秦以十月爲歲首，故常以十月上宿郊見，通權火，拜於咸陽之旁。』此秦時郊天在咸陽也。至武帝於汾陰得鼎，薦於甘泉，於是漢始於甘泉立泰時以祀上帝矣。據此簡言授火雲陽，或亦由於通權火於此之故。惟秦郊在十月，漢郊在正月，雖與郊天之事不同，而通權改火則宜爲相關之事也。

養　老

酒一石　丞致，朕且使人問存，五、一三。

此存問耆老詔也。漢書高帝紀二年:『舉民年五十以上，有修行能率衆爲善者，置以爲三老，鄉一人。擇鄉三老一人爲縣三老，與縣令丞尉以事相敎，復勿繇戍。以十月賜酒肉』此高帝時事，其時已存問鄉縣三老，然猶未及於一般耆老也。至文帝元年，詔曰：『老者非帛不煖，非肉不飽。今歲首不時使人存問長老，又無布帛酒肉之賜，將何以佐天下……具爲令』有司請令縣道年八十已上賜米人月一石，肉二十斤，酒五斗，其九十已上又賜帛人二匹，絮三斤。賜物及當稟鬻米者，長吏閱視，丞若尉致。不滿九十者，嗇夫令史致。見漢書文帝紀，又史記較略今不引。又漢書武帝紀元狩元年詔曰：『……其遣謁者巡行天下，存問致賜。曰：「皇帝使謁縣三老孝存者帛人五匹。鄉三老弟者力田帛人三匹。年九十以上及鰥寡孤獨帛人二匹，絮三斤。八十以上，米人三石，有冤失職，使者以聞。』武帝紀元狩五年：『存問鰥寡孤獨廢疾，無以自振者貸與之』武帝紀元封元年：『加年七十以上，孤寡帛人二匹。』皆爲存問之事，雖武帝諸詔在漢書中不能盡詳，而昭宣以後，在漢書中亦不甚列舉，然此詔之爲存問耆老之事可無疑也。

☐月存視具最賜肉卅斤，酒二石，長尊寵，郡太守，諸侯相內史所明智也。不奉詔當以不敬論，不智☐。一二六、四一、三三二、二二、三三二、一〇。

此與前引『(二八)五、一三』，當爲同類之詔，皆尊養耆老者也。內史者王國內史。漢
書百官公卿表：『諸侯王高帝初置。有太傅輔王，內史治國。景帝中五年改丞相
曰相。成帝綏和元年省內史，更令相治民如郡太守。』此簡在成帝之前，王國內
史尚未省也。此簡『不奉詔當以不敬論』與武帝舉賢詔同，亦其不在元成以後，
重儒尚文之君所爲之證也。

撫　　　邺

各持下吏爲羌人所殺者，賜錢三萬，其印紱吏五萬。又上子一人，召尙尙書卒長☐。
奴婢三千，賜傷者各半之。皆以郡見錢給，長吏臨致，以安百姓。☐早取以☐錢☒
二六七、一九。

此當爲宣帝，時詔，先是先零羌爲變，遣後將軍趙充國，彊弩將軍許延壽擊西
羌，次年充國振旅而還，神爵二年。羌事逐平。以至西漢之末，羌不爲患。此詔卽
應在出兵之前後也。印紱吏者，有印綬之吏，續輿服志：『相國綠綬，……公侯
將軍紫綬，……九卿中二千石二千石青綬，……千石六百石黑綬，……四百石三
百石黃綬。』其百石吏僅假半通青綸，不得爲綬。故印紱吏指二百石以上而言，
而下吏則指百石以下而言也。上子言上子爲郎也。漢書百官表：『武帝取從軍死
士之子孫養羽林，官教以五兵，號曰羽林孤兒。』漢書龔勝傳。元始二年遣龔勝
邴漢策曰：『其上子孫若同產子一人，所上子男皆除爲郎。從漢書南蠻傳：『九眞
太守兒武戰死，詔賜錢六十萬，拜子二人爲郎。』皆其例也。長吏者，漢書文帝
紀元年：『賜物及當廩鬻米者，長吏閱視，丞若尉致。』注師古曰：『長吏縣之令
長也。』續漢書百官志云：『縣萬戶以上爲令，秩千石至六百石；減萬戶爲長，
秩五百石至三百石；皆有丞尉，秩四百至二百石；是爲長吏。百石以下有斗食佐
史之職，是爲少吏。』故長吏之稱依文紀則專指令長，不及丞尉；依續百官志則
並指令長及丞尉。此簡言郡見錢給，長吏臨致，在文紀則爲丞尉之事，雖養老賜
邺不全相同，然賜邺下及奴婢，似不能盡由令長也。故此簡所言，似又包括令長
及丞尉而言。流沙墜簡簿書一：『制詔酒泉太守：敦煌郡到戍卒二千人，發酒泉
郡；其假侯如品，司馬以下與將卒長吏將屯要害處。屬太守。察地形，依險阻，

— 341 —

堅壁壘，遠候望，毋……。』此詔王氏國維考定爲神爵元年下酒泉太守辛武賢詔，與此簡應時代相去不遠。將卒長吏當指領兵之縣令長縣尉及比縣之候官等，與此簡正可互證也。

依此推之，凡太守都尉之屬官，自千石至於二百石皆爲長吏。長吏者二千石之部屬，其秩較尊者也。漢代二千石比於大國之諸侯，其下之令長丞尉皆略比於大夫，而掾屬則比士矣，此所以長吏少吏爲兩絕不相同之階級也。

捕　亡

書輩賦發吏卒，毋大禁，宜以時行誅。願設購賞，有能捕斬嚴就君闌等渠率一人，購金十萬，黨與五萬，吏捕斬強力者皆輔。☐司劾臣謹☐如☐言可許臣請者。☐就等渠率一人☐黨與五萬☐。五〇三、一七、五〇三、八。

此爲購求盜賊渠率賞格詔。季布傳：『項籍滅，高祖購求（季布）千金，敢有匿，罪三族。』趙充國傳：『天子告諸羌人，能相捕斬除罪。大豪有罪者一人，賜錢四十萬。中豪十五萬，下豪二萬。大男三千，女子及老小千錢，又以所捕妻子財物與之。』王莽傳：『地皇三年，大赦天下。然猶曰：「故漢氏春陵侯羣子劉伯升與其族人、婚姻、黨與，妄流言惑衆，悖畔天命，及手害更始將軍廉丹，前隊大夫甄阜，屬正梁丘賜，及北狄胡虜逆輿，洎南樊虜若豆孟遷不用此書。有能捕斬此人者，皆封爲上公，食邑萬戶，賜寶貨五千萬。』此皆懸購徵捕之例。此詔懸金爲渠率十萬，黨與五萬，其數略遜於羌人中豪，更非劉伯升及匈奴單于之比，亦遠不及季布，當非可危及社稷之大盜，故漢書亦不載之。今據漢書武帝紀天漢二年：『泰山琅邪羣盜徐勃等阻山攻城，道路不通，遣直指使者暴勝之衣繡衣，杖斧分別逐捕，刺史郡守以下皆伏誅。』酷吏傳：『是時郡守尉諸侯相欲爲治者，大抵盡效王溫舒等，而吏民益輕犯法，盜賊滋起。南陽有梅免、百政；楚有假中杜少，齊有徐勃，燕趙之間有堅盧范主之屬，大羣至數千人，擅自號，攻城邑，取庫兵，釋死罪，縛辱郡守都尉，殺二千石。爲檄告縣趣具食。小羣百數，掠鹵鄉里，不可勝數。』成紀鴻嘉元年：『廣漢男子鄭躬六十餘人攻官寺，篡囚徒，盜庫兵，自稱山君。』四年冬：『廣漢鄭躬黨與浸廣，犯歷四縣，衆且萬人，拜

河東都尉趙護爲廣漢太守，發郡兵及蜀郡合三萬人擊之。或相捕斬除罪，旬月平，遷護爲執金吾，賜黃金百斤。』又成紀永始元年：『尉氏男子樊竝等十三人謀反，殺陳留太守，劫略吏民，自稱將軍，徒李譚等五人共格殺竝等，皆封爲列侯。』又：『山陽鐵官徒蘇令等二百二十八人攻殺長吏，盜庫兵，自稱將軍經歷郡國十九，殺東郡太守，汝南都封。遣丞相長史，御史中丞，持節督趣逐捕。汝南太守嚴訢捕斬令等，遷訢爲大司農，賜黃金百斤。』東觀漢記梁統對尚書狀曰：『元壽二年，三輔盜賊羣輩並起，至燔燒茂陵都邑，煙火見未央宮，前代所未嘗有。其後隴西辛興，北地任岸，西河漕況，越州度郡，萬里交結。或從遠方，四面會合。遂攻取庫兵，劫略吏人。國家開封侯之科，以軍法追捕，僅能破散也。』至王莽之世羣盜竝起，尤難悉數。凡史文所記，但就其著者而言。此簡所列者即於漢史無徵，可知史所不載者多矣。

證任毌牛延壽，高建等，過伯君家中者書□☒。三〇六、七。

元康元年十二月辛丑朔，壬寅，東部侯長長生敢言之。候官官移大守府所移河南都尉書曰：詔所名捕及鑄爲錢，盜賊　凡未得者牛延壽　高建等廿四人，書到滿☒　尉史旁，遂昌。二〇、一二

右二簡皆言捕亡事，證任猶言保證，漢書哀帝紀：『除任子令』師古注：『任者保也。』故證任即保證矣。此爲河南都尉所捕亡人，而邊郡猶相保證，其嚴可知。然此特武帝以後事耳。酷吏傳言：『漢興，破觚而爲圜，斲琱而爲樸，號爲罔漏吞舟之魚』，蓋於法多未盡備。賈誼亦云：『盜者別寢戶之簾，搴兩廟之器，白晝大都之中，剽吏而奪之金。矯僞者出十幾萬石粟，賦六百餘萬錢，乘傳而行郡國，此其亡行義之尤者也。』見漢書本傳。此皆武帝以前事，賈誼所言固舉其尤甚者，然亦可見行法猶疏。此簡爲武帝以後物，於是鑄僞錢及盜賊之未獲者乃名捕於天下矣。張儉望門投止，郡縣爲之殘破，雖後漢時事，原自武帝之後已然。固非朱家以閭里之雄，遂可以容季布也。

刺　　史

□坐死良家子自給車馬，爲私事論疑它不殺，書到相二千石以下從史毌通品，刺史禁

督，且察毋狀□，如律令。四〇、六

刺史治所，且斷冬獄。四八二、一九

　　案刺史之職見於續漢書百官志注引蔡質漢儀所稱刺史察州之六條。言詔書舊典，刺史班宣周行郡國。有察治政，黜陟能否，斷理冤獄，以六條問事，非條所問卽不省。其省察強宗豪右者一條，省察二千石者五條。漢書百官表顏注及杜佑通典俱引此文，略有同異，惟續漢書劉昭注較早，誤字亦少，宜從劉注也。其中所舉六條包括郡政甚廣，惟俱爲防範而非有所作爲，在限制太守非法，而非勸令太守爲善。其中『斷理冤獄』，尤爲要政。漢書何武傳：『遷楊州刺史，……九江太守戴聖，禮經號小戴者也，行治多不法，前刺史以其大儒優容之。及武爲刺史，行部錄囚徒，有所舉以屬郡，聖曰：「從進生姤欲亂人治」，皆無所決。武使從事廉得其罪，聖懼自免。』是刺史平反冤獄，仍以屬郡，郡當再決。若仍不問，刺史得以舉劾太守也。然刺史以其可以舉劾太守，故亦寖假而與郡縣之事。漢書薛宣傳：『成帝初，上疏曰：政教煩碎，大率咎在部刺史，或不循條職，舉錯各以其意，多與郡縣事。』蓋監察與執行，其間本難界畫顯然。監察之權不彰，則監察之職爲虛設，監察之權旣重，演進旣久未有不成爲更，高級之執行者。漢之刺史權寄較重，故西漢東年漸與郡縣之事，東漢州牧由重臣爲之，其積漸當溯於元成之季矣。冬獄者，重罪之獄。漢書竇嬰傳：『以十二月晦棄市渭城。』注，張晏曰：『著日月者，見春垂至，恐遇赦贖之。』漢書王溫舒傳：『十二月中無犬吠之盜，其頗不得，失之旁郡追求，會春，溫舒頓足嘆曰：「嗟乎！令冬月益展一月，足吾事矣」。』注，師古曰：『立春之後，不復行刑，故云然。』漢書嚴延年傳：『初延年母從東海來，欲從延年臘，到雒陽，適見報囚。』注，師古曰：『建丑之月爲臘祭，因會飲，若今之臘節也。』由此而言，冬月所斷者爲重囚，刺史斷理冤獄，故云『且治冬獄』也。又刺史在西漢已有治所，原非『傳車周流，靡有定鎭，』簡云『刺史治所』是也。武帝紀元封五年注引漢舊儀云：『初分十三州，假刺史印綬，有常治所，常以秋分行部。』又朱博傳云：『遷冀州刺史……吏民數百人遮道自言……博出就車，見自言者，使從事明敕告吏民。欲言縣丞尉者，刺史不察黃綬，各自詣郡。欲言二千石，墨綬長吏者，使者行部還，詣治

所。其民爲吏所寃，及言盜賊辭訟事，各使屬其部從事。』注，師古曰『治所刺
史所止理事處。』是刺史固有定治，與簡文可相互發明。宋書百官志云：『前漢世
刺史周行郡國，無適所治，從漢世所治始有定處，八月行部，不復奏事京師。』
劉昭續百官志補注亦言匪有定鎭。全祖望經史答問始疑之云：『沈約之誤，與劉
昭同，但刺史行部，必以秋分，則秋分之前當居何所，則顏說未可非也。』余季
豫先生始據朱博傳以證刺史之有治所。今據此簡，愈無疑竇矣。

十一月丁卯，張掖大守奉世，守部司馬行長史事，庫令行丞事，下居延都尉□□酒泉
大守□☑。五〇五、三。

☑水都尉千人宗兼行丞事，下官，承書從事下當用者，如詔書。

☑月廿七日　一兼掾豐，屬佐忠。五〇三、七，四九五、九。

右第二簡所言丞，卽都尉丞。漢書百官公卿表云：『郡尉秦官掌佐守典武職甲
卒，秩比二千石。有丞，秩皆二百石。』卽此。司馬及千人並都尉屬官，百官表
西域都護下有丞一人，司馬，候，千人各二人。續漢郡國志張掖屬國都尉下有候
官，左騎，千人司馬官，千人官。皆其比矣。淮南子兵略篇：『夫論除謹，注，論
除，謹愼也。論資除吏。動靜時；吏卒辨，此司馬之官也。正行伍，連什佰，明鼓
旗，此尉之官也。前後知，險易見，敵知難易，發斥不忘遺，此候之官也。隧路
亟，行輜知，賦文均，注，賦，治軍壘。處軍輯，井竈通，此司空之官也。收藏於
後，遷舍不離，無淫輿，無遺輜，此輿之官也。』漢書王尊傳：『大將軍王鳳奏
尊補軍中司馬。』楊敞傳：『給事大將軍幕府爲軍司馬，霍光愛厚之。』谷永傳：
『爲大將軍王音營軍司馬，轉爲長史。』吳王濞傳：『吳王之發也。吳臣田祿伯
爲大將軍，……諸賓客皆爲將，校尉，候，司馬。』趙破奴傳：『爲票騎將軍司
馬。』趙充國傳：『武帝時以假司馬從貳師擊匈奴。』蓋司馬掌營中職事，其官
位略同於候或候官。也。吳志芬封泥考略四，有豫章司馬封泥。考云：『右封泥四
字印文曰，豫章司馬。豫章郡詳前郡國。司馬見於印譜，有膠西司馬，建安司
馬，瞿氏集古印證謂隋以前郡國皆無司馬，疑後代私印。以余考之，漢書馮奉世
傳，奉世長子譚，太常舉孝廉爲郎功次補天水司馬，如淳曰，漢注邊郡置都尉，
及千人司馬，皆不治民也。又西南夷傳，金城司馬陳立爲牂柯太守，則郡國司

馬，漢書亦屢見，特百官表無之耳。又續漢百官志，「亭有亭長以禁盜賊」，本注
曰，「亭長主求捕盜賊，承望都尉。」注，漢官儀曰：當兵行，長領置都尉，千
人，司馬，候。」則封泥之郡司馬，郡候，固見於志傳注矣。封泥又有琅邪司
馬，□西司馬，盧都司馬，豫章候。印譜有膠西候，菑川候，濟南候，見桂氏繆
篆分均五者，及瞿氏印證。』今按吳說是也。司馬之官與千人候官同爲都尉屬
官，據續漢百官志『大將軍五部校尉一人，比二千石；軍司馬一人，比千石；部
下有曲，曲有軍候一人，比六百石。』校尉與都尉官秩相同，則校尉下之周馬與
都尉下之司馬，官秩亦應相同矣。

都 吏 司 馬

各遣都吏督賦，課畜稱，少不□　　十月丙申，張掖肩水司馬章。二一三、四三。卷一，第二
葉。

毋得貰賣衣財物，太守不遣都吏循行□　　嚴敕受卒，長史各封臧□。　二一三、一五。卷
一，第二葉。

告肩水候官，官所移卒責不與都吏移鄉，所舉籍不相應，解何。記到遣吏檢按，及時
未知不得白之。一八三，一五。

□選家中書到遣都吏與縣令以下逐捕搜索部界中驗亡人所隱匿，以必得爲最，詔所名
捕還，事事當奏聞，毋留，如詔書律令。一七九、九。卷一，第十二葉。

都吏卽督郵。漢書文帝紀：『二千石遣都吏循行，不稱者督之。』注引如淳曰：
『律說，都吏今督郵也，閑惠曉事卽爲文無害都吏。』蓋府中功罪，功曹主之，
府外功罪，都吏察之。其諸郡之事分爲若干部，每部有一督郵，而以一督郵書根
主之。續百官志郡守節：『其監屬縣，有五部督郵曹掾一人。』漢書尹翁歸傳：
『徙署督郵，河東二十八縣分爲兩部，翁歸部汾南，所舉應法，得其罪辜，屬縣
長吏中傷莫有怨者。』孫寶傳：『立秋日署（侯）文東部督郵。』御覽二六二引鍾
屼良吏傳：『王堂爲汝南太守，屬多闇弱，堂選四部督郵，奏免二十餘人。』是
一郡之中或分五部，或分四部，或分二部，各有督郵秉命於太守以司糾察也。其
所督察者，有縣令丞，後漢書卓茂傳：『茂遷密令……平帝時天下大蝗，……獨

不入密縣界，督郵言之。』漢書馮野王傳：『爲左馮翊……池陽令素行貪汙，……野王部督郵掾祋祤趙都案驗。』後漢書蘇竟傳：『(蘇)謙初爲郡督郵，時魏郡李暠爲美陽令，與中常侍具瑗交通，貪暴爲民患，前後監司畏其勢援，莫敢糾問及謙至郡案得其臧，論輸左校。』後漢書方術傳：『謝夷吾……會稽山陰人也。……太守第五倫擢爲督郵，時烏程長有臧釁，倫使收案其罪。』三國魏志董卓傳注引謝承書：『伍孚少有大節爲郡門下書佐，其本邑長有罪，太守使孚出教使曹下督郵收之，孚不肯受教。』漢書循吏傳：『務在成就全安長吏，許丞老病聾，注如淳曰許縣丞。督郵白欲逐之，(黃)霸曰：「許丞廉吏，雖老尚能拜起送迎。正頗重聽何傷。」』隸釋七竹邑侯相張壽碑：『督郵周紘承會表奉，君常懷色斯，舍無宿儲，遂用高逝。』隸釋八冀州從事張表頌：『初仕郡爲督郵，鷹撮霆擊，威德日隆，糾剔荷佽，抵拂頑訥。屬城祇肅，千里折中。』此皆督郵部察縣邑長吏之例，其長吏或於期會爲督郵所糾，或白太守察之，甚且可收案其罪。其太守所舉案者亦飭督郵奉宣焉。其平時太守行縣，太守有所教令亦以督郵宣飭之。三國魏志梁習傳注引魏略苛吏傳：『高陽劉類……嘉平中爲宏農太守……外託簡省，每出行陽飭督郵不得使官屬曲修禮敬，而陰識不來者。』又魏志杜畿傳注引魏略(杜恕附傳)：『孟康代恕爲宏農，(正始中)……時出案行皆豫飭督郵平水，不得令屬官遣人探侯，脩設曲敬』正始之後即爲嘉平，蓋劉類欲修孟康故事，而苛刻成性，不能自改也。然督郵宣飭教令，可由此見之。此雖魏事，自仍因漢制，甚爲明白。又督郵亦下察鄉亭，後漢書鍾離意傳：『少爲郡督郵，時部縣亭長有受人酒禮者，府下記考案之。意封還記言於太守曰：「春秋先內後外，詩云，刑於寡妻，以御於家邦，明政化之本，由近以及遠。今宜先清府內，且潤略遠縣細微之懲」，太守甚賢之，遂仕以縣事。』是太守考案亭長經由督郵也。又督郵至縣，縣吏奉檄迎之。後漢書范冉傳：『少爲縣小吏……奉檄迎督郵，冉恥之。』蓋郡之於縣，由督郵傳宣轉達其事，其重可知，故後漢書張酺傳注引漢官儀言『督郵功曹，郡之極位』，也。督郵於縣以下既無所不督，故訟獄捕亡諸事亦由督郵達之，簡中所及即指其事。文獻所記，如孫寶以侯文爲督郵，而霸陵杜穉季不敢犯法。漢書孫寶傳。張儉爲山陽東部督郵，重劾侯覽家人並及其母。後漢書黨錮傳。馬援

爲郡督郵，送囚至司命府，援哀而縱之。後漢書馬援傳。郅壽爲冀州刺史，冀部諸王賓客放縱，壽徒督郵舍王宮外，以察諸王動靜。後漢書郅惲傳。亦其證矣。督郵旣爲郡重職，故伏隆以節操立名始爲之也。後漢書本傳。

前文引如淳說：『律說都吏，今督郵也，閑惠曉事，卽爲文無害都吏』。閑惠當爲閑慧之假借，閑慧者閑習而明智也。漢書趙禹傳：『極知禹無害然文深不可以居大府』，若仁惠則不至文深，故知惠爲慧之假也。明智通達，則處事無疑滯，續漢書百官志本注『秋冬遣無害吏案訊諸囚，平其罪法，論課殿最』劉昭注：『案律有無害都吏，如今言公平吏』，明智通達不必卽是公平，而公平之必要條件則爲明智通達，此則漢世用語範圍與南朝固有不同矣。居延簡云：『文毋害可補☒』下文缺，今不知所補何吏，然必是屬於需要明決者，可以槪見也。由此言之，『害』者妨阻之意，引申爲疑滯，無害蓋卽無疑滯矣。無害之解釋在漢書蕭何傳王先謙補注言之甚詳，似終不如釋爲無疑滯之爲得也。

司馬都尉屬官，續漢百官志：『大將軍軍營五部校尉一人，比二千石，軍司馬一人，比千石。部下有曲，曲有軍侯一人，比六百石，曲下有屯，屯長一人，比二百石。』漢書百官表，中尉所屬有兩丞，候，司馬，千人。西域都護下有副校尉，丞各一人，司馬，侯千人，各二人。戊己校尉有丞，司馬各一人，候五人。又續漢百官志，城門校尉下有司馬一人，千石，本注曰，『主兵』。屯騎，越騎，步兵，射聲各校尉，各有司馬一人，長水校尉有司馬二人。都尉爲比二千石武職，略比校尉，故其下亦置司馬。續漢郡國志屬國都尉下所屬各城，往往有候官，千人官，千人司馬官，皆由武職演爲專城者也。漢世司馬之職，如楊敞給事大將軍幕府，爲軍司馬，稍遷至大司農。谷永爲大將軍王音軍司馬，轉爲長史。吳王濞發兵，吳臣田祿伯爲大將軍，諸賓客皆爲將校尉侯司馬。趙破奴爲驃騎將軍軍司馬。趙充國以良家子補羽林，武帝時以假司馬從貳師將軍擊匈奴。各見漢書本傳。竇憲拜大將軍，位在三公上，長史司馬秩中二千石。後漢書竇融傳。馬嚴拜將軍長史屯西河美稷，衞護南單于，聽置司馬從事，牧守謁敬，同之將軍。後漢書馬援傳。是司馬亦軍中要職矣。居延簡言及司馬者，如：『張掖屬國司馬趙槃功一勞三歲十月廿六日　漁陽守部司馬宋宜□護☒』（二六）五三、八。『五年正月癸未，守張

掇居延部尉曠，行丞事騎司馬敏，告乗勸農掾……』(三一四)一六、一〇。『☑長湯敢言之，謹移折傷兵名☑。☑□。已巳受遣。肩水司馬令史髃□猗坡里減安生』(一三九) 四五、七。可知居延都尉，肩水都尉及張掖屬國都尉並有司馬。又居延簡：『肩水侯，印曰張掖肩水司馬印，三月丁丑壁北卒樂成以來。』(七三)一四、三。此爲肩水司馬致書肩水侯者，足徵司馬與侯不在同城也。

『毋得貰賣衣財物』，蓋指官物而言，故曰『嚴敎受卒，長史各封臧』，受卒者，受官物之士卒也。士卒衣物見器物類各簡。其例如敦煌簡器物三十六：『李龍文袍一領直三百八十，襲一領直四百五十。』又雜事類六：『神爵二年十月廿六日，廣漢縣□□里男子□寬德賣布袍一，陵胡隧長張仲□用買錢千三百☑書符用錢十，時在旁候史張子卿，戌卒杜忠知莽，約□沽酒二斗』。居延簡例證甚多，今不悉舉。其中顯著之事，則賣衣物者率爲山東蜀漢人，而買衣物者率爲隧長候長之屬。據名籍類，隧長候長皆邊郡人，是塞上交易，乃山東蜀漢人賣衣物與邊郡人。御覽二七及八二六引崔實政論云：『僕前爲五原太守，土地不知緝織。冬至積草伏臥其中，若見吏以草繞身，令人酸鼻。吾乃賣儲峙，得二十餘萬，詣雁門廣武迎織師，使巧手作機及紡以敎民，具以上聞。』則五原東漢時仍不知緝織，西漢張掖敦煌可以想見。蓋邊郡比諸內地固工巧不如，亦由邊地苦寒，無以興蠶桑之利。衣被天下，固惟有待於棉種東來矣。

大 司 空 屬

建平五年八月戊辰朔，壬申☑。二〇九、八。

不以爲意奉葆敕月書到明☑詔書律令。

　　　　　　　　　　　屬臨，大司空屬禁。二〇九・六。

上二簡字迹相同，審爲一簡，按漢書朱博傳言：『何武爲九卿，建言古者民樸事約，國之輔佐必得賢聖，然猶則天三光備三公官，各有分職。今末俗之弊，政事繁多，宰相之材，不能及古，而丞相獨兼三公之事，所以久廢而不治也。宜建三公官定卿大夫之任，於是綏和元年三月何武以廷尉爲御史大夫，四月爲大司空，於是立三公之任。綏和二年由朱博議復丞相御史大夫舊制，逾六年元壽二年五月

仍行三公制，以迄建武三公名去大，西京名相政績從茲不可復覩。此簡建平五年
卽元壽元年，蓋八月尙未改制也。此簡建平五年』段當爲臣下奏議，而詔書則在
其十月以後，蓋大司空官次年五月方有之，建平五年八月尙無大司空官，不得先
有大司空屬也。大司空屬名禁，與元后父名同。蔡雍獨斷：『天子之門閣有禁，
非侍御之臣不得妄入，稱禁中；避元后父名，改省中。』今此名禁者尙未改名，
可知哀帝時尙無改字避外戚名諱之事。避禁字諱，當在元始時王莽秉政之後矣。

地 方 屬 佐

☑臚野王丞忠下郡，右扶風，漢中，南陽，北地太守。承書從事下當用者。以道次
傳，別書相報，不報書到言。

掾勤，卒史欽，書佐士。二〇三、二二。

野王卽大鴻臚馮野王，據本傳云：『元帝時遷隴西太守，以治行高入爲左馮翊。
遷爲大鴻臚。』百官表不載，然譚爲御史大夫竟寧元年，據本傳野王是時方爲大
鴻臚，則其在職時當元帝晚年也。以道次傳者指郵驛之事，見高紀五年注。居延
簡：『驛馬騂一匹』，(四〇)一〇、一八。『傳馬十二匹，傳車二乘』(五八九)二一三、六九。
是漢代郵驛並用傳馬及驛馬，亦卽並有傳車及驛遞也。書後署名有掾，卒史，
及書佐。卒史卽屬，諸曹史之通稱。續漢百官志引漢官『河南尹員吏九百二十七
人，十二人諸縣有秩，三十五人官屬掾史，五人四部督郵吏，部掾二十六人，案
獄仁恕掾三人，監津渠水掾二十五人，百石卒史二百五十八，文學守助掾六十
人，書佐五十八，循行二百三十人，幹小吏二百三十一人。』故其位次應如下
表：

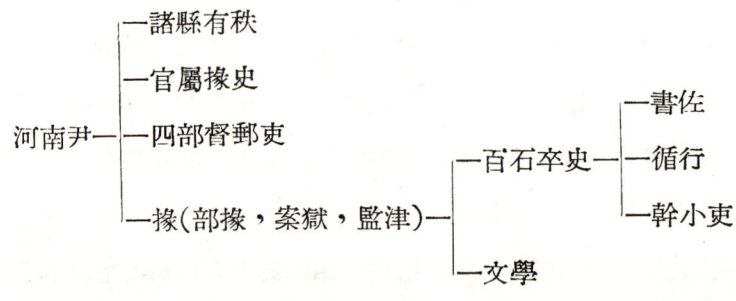

可知掾下之屬當爲卒史，卽文籍中單稱屬或史者，否則必不能多至二百五十人也。漢書尹翁歸傳：『爲獄小史，曉習文法。……田延年爲河東太守，……召上辭問，甚奇其對，除補卒史。』張敞傳：『敞本以鄉有秩補太守卒史，察廉爲甘泉倉長。』兒寬傳：『以射策爲掌故，功次補廷尉文學卒史』注：『臣瓚曰：「卒史秩百石」是也。若三輔卒史則二百石，黃霸傳「補左馮翊二百石卒史」。』朱邑傳：『少爲舒桐鄉嗇夫，遷補太守卒史，舉賢良爲大司農丞。』儒林傳：『郡國置五經百石卒史。』孔廟置百石卒史碑：『請置守廟百石卒史一人，典主守廟。』其職皆諸曹屬或諸曹史之職，故掾勤卒史欽，亦卽掾勤屬欽矣。

元始三年八月甲辰朔丁巳，累虜侯長□塞曹史塞郡史塞曹史。一五五、一一四。(面)

僉倉曹議曹史並拜再拜言肩水都尉府　　(背)

此簡爲任意書寫者，然所言各曹，則當時應太守都尉府中實有之，非鄉壁虛造也。漢世言郡府諸曹者，以隸釋五巴郡太守張納碑爲最詳。計有：議漕，尉曹，金曹，漕曹，法曹，集曹，兵曹，比曹，功曹，奏曹，戶曹，獻曹，辭曹，賊曹，決曹，倉曹。其不以曹名者則有從掾位，主簿，主記掾，錄事掾，文學主事掾，文學掾，督郵，市掾，案獄，府後督盜賊，府屬等。其未見於張納碑而見於他處者，則有：五官掾，漢書王尊傳，華陽圖志廣漢士女志，史晨，淮源諸碑。門下掾漢書朱博傳，後漢書郅惲傳。門下督，漢書游俠傳。醫曹三國魏志華佗傳。等。而其與張納碑所據，疑爲同實異名者，如道橋掾穀水注，隸續一辛李二君造橋碑等，疑卽尉曹掾。主計掾漢書黃霸傳疑卽集曹供曹隸釋二華亭碑，疑卽獻曹。之屬，今不傳舉。其縣廷吏職則以曹全碑所列爲詳，然，皆無塞曹。是塞曹者蓋亦邊郡所特有者矣。又：『(一一三)四二一、八』有督蓬掾，亦爲邊郡所特有者，或爲都尉屬官，省察烽燧，猶太守之督郵，省察諸縣也。

文　武　吏

□□侯長公乘蓬丘長富，中勞三歲六月五日。能書會計治官民頗知律令，武，年卅七歲，長七尺六寸……

肩水侯官並山隧長公乘司馬成，中勞二歲八月十四日。能書會計治官民頗知律令，

武，年卅二歲，長七尺五寸，觻得成漢里，家去官六百里。

肩水候官執胡隧長公大夫累路人，中勞三歲一月。能書會計治官民，頗治律令，文。年卅七歲，長七尺五寸，氐池宜藥里，家去官六百五十里。

張掖居延甲塞有秩士吏公乘段尊，中芳一歲八月廿日，能書會計，治官民，頗知律令，文。

□□候官罷虜隧長竇褒單玄，中功五勞三月，能書會計，治官民，頗知律令，文。應令居延中官里，家去官七十五里，屬居延部。

以上為邊塞之記錄，所注明者，除爵里，勞績，年歲，住址以外，仍注明文吏。或歲吏亦卽文武兩項，為吏士中主要兩類。

在兩漢書中，亦頗有涉及文吏或武吏者。漢書七十六尹翁歸傳：『翁歸少孤，與季父居。為獄小吏，曉習文法，喜擊劍，人莫敢當。是時大將軍霍光秉政。諸霍在平陽，奴客持刀兵入市鬭變，吏不能禁。及翁歸為市吏，莫敢犯者。公廉不受餽，百賈畏之。後去吏居家。會田延年為河東太守，行縣至平陽，悉召故吏五六十人。親臨見，令有文者東，有武者西。閱數十人，次到翁歸，獨伏不肯起。對曰：「翁歸文武兼備唯所施設。」功曹以為此吏倨敖不遜。延年曰：「何傷」？遂召上辭問。甚奇其對，除補卒史。便從歸府。案事發姦，窮竟事情，延年大重之。』是延年本文吏，而能擊劍，遂可以為武吏事也。

又漢書七十七何並傳：『是時潁川鍾元為尚書令，領廷尉，用事有權。弟威為郡掾，臧千金。並為太守，過辭鍾廷尉。廷尉免冠，為弟請一等之罪。願早就髡鉗。並曰：「罪在弟專君律，不在於太守」。元懼，遣人呼弟。陽翟輕俠趙季，李欵多畜賓客，以氣力漁食閭里。至姦人婦女，持吏長短，縱橫郡中。聞並至皆亡去。並下車求勇猛曉文法吏且十八。使文吏治三人獄，武吏往捕之，各有所部。』故武吏之職在於逐捕盜賊或有關治安之逐捕。

又漢書八十三朱博傳：『少時給事縣為亭長……以太常掾察廉補安陵丞……遷冀州刺史，博本武吏，不更文法。及為刺史行部，吏民數百人遮道自言，官寺容滿。……博駐決遣四五百人皆罷去，如神。吏民大驚，不意博應事變，乃至於此。』則亭長之職，當以武吏任之也。

又後漢書六十六循吏傳王渙傳：『自渙卒後，連詔三公特選洛陽令，皆不稱職。永周中以劇令勃海任峻捕之。峻擢用文武吏皆盡其能。糾剔姦盜，不得旋踵。一歲斷獄，不過數十。威風猛於渙，而文理不及之。』是糾剔姦盜當並用文武吏也。

至於文吏則以治獄爲主，漢書五十一路溫舒傳：『父爲里監門，使溫舒牧羊，溫舒取澤中蒲，截以爲牒，編用寫書。稍習善，求爲獄小吏，因學律令，轉爲獄史，縣中疑事皆問焉。太守行縣見而異之。署決曹史。又受春秋通大義，舉孝廉爲山邑丞。』漢書二十九張湯傳：『父爲長安丞，出湯爲兒守舍，還鼠盜肉，……湯掘熏得鼠及餘肉，劾鼠掠治傳爰書，訊鞫論報。……父見之，視文辭如老獄吏，大驚，遂使書獄。父死後，湯爲長安吏。』又：『是時上方鄉文學，湯決大獄欲傅古義，乃詣博士弟子治尚書春秋，補廷尉史。』故文吏所學，實以法令爲主。史記秦始皇本紀：『三十四年，……天下敢有藏詩書百家語者，悉詣守尉雜燒之，有敢偶語詩書者棄市，以古非今者族。吏見知不舉者，等同罪，今下三十日不燒，黥爲城旦。所不去者，醫藥卜筮種樹之書，若欲學法令，以吏爲師。』集解：『徐廣曰，一無法令二字』按一本無法令二字者當是史記本文，而法令二字則後人增入者。蓋以吏爲師者，據說文敍當爲學文字，及爲文吏治事，始以法令爲主，則有可言者也。

期　會

十月壬寅，甲渠鄣僕喜告尉，謂不得侯長赦等寫移，書到輒作治已成，言會月十五日，詣言府如律令。士吏宜，令史起。一三九、三六；一四二、三三。

☐發事當言府會月十五日，對舉及言轉畢皆會月廿日。二六四、一八。（面）

府所移太守書，所移凶錘或責侯長商事言會月十七日。二六四、一八。（背）

以上皆言期會事。漢自朝廷至郡吏並有期會，漢書賈誼傳所言：『大臣特以簿書不報，期會之閒以爲大故』是也。漢書陳遵傳云：『每此飲。賓客滿堂，輒關門取車轄投井中，雖有急，終不得去。嘗有部刺史奏事過遵，值其方方飲，刺史大窮，候遵霑醉時，突入見遵母，叩頭自白當對尚書有期會狀，母迺令從後閤出

去。』期會狀者，蓋卽言期會之札標也。唐律職制『事有期會而違者，一日笞三十。』疏議：『事有期會，謂若朝集使計帳之類。』蓋亦展轉承自漢律者。餘並見前考。

都　亭　部

建平五年八月□□□□□廣明，鄉嗇夫客，佐玄敢言之。善居男子丘張自言與家買客田，居作都亭部，欲取□□。案張等更賦皆給，當得取檢，謁移居延，如律令，敢言之。(二三)　(面)　放行(二四)五〇五、三七　(背)　卷一，第四葉。

案此爲鄉嗇夫上記於居延縣者，鄉嗇夫言於縣，縣與之檢，始得通行，戰稱過所，皆以爲驗也。『更賦皆給』者，言不給更賦，不得行官道間。按漢代賦役可分三種，一爲田賦，一爲口賦，一爲繇役。田賦卽三十稅一之制。口賦有三類卽口賦算賦及獻賦是也。據昭紀元鳳四年注，民年七歲至十五歲，年出二十三錢爲口賦。又據高紀四年注，民年十五至五十六，年出百二十錢爲算賦。其王國侯國中之算賦，以其中六十三錢獻於天子，謂之獻賦。此皆屬於口賦之制者。至於繇役之制，則通稱爲更。漢書董仲舒傳：『又如月爲更卒，已復爲正一歲，屯戍一歲。』『更卒』者民每年勞役一月之謂，『正卒』則山地材官，北邊騎士，水居樓船之謂。『屯戍』之卒，戍於宮衛者謂之衛士，戍於邊防者謂之戍卒。昭紀元鳳四年注引如淳說，其中一月之勞役謂之卒更，爲正卒及戍卒一歲謂之過更，雇人爲卒謂之踐更。而昊王濞傳引服虔說，則爲『以當爲更卒(每月)出錢三百謂之過更，自行爲卒謂之踐更。』如說言踐更過更之別不如服說爲長，然以繇戍爲更，則其說一也。由此言之，則更者繇役或繇戍之稱，賦者田賦及口賦之謂，更賦皆給者卽言勞役及賦稅並經完納矣。都亭者，縣治所在之亭，史記司馬相如列傳：『相如舍都亭』，索隱『臨卬郭下亭也。』漢書嚴延年傳：『初延年母從東海來，欲從延年臘，到雒陽適見報囚，母大驚，便止都亭，不肯入府。』後漢書皇后紀：『斌(王斌)還，遷執金吾，封都亭侯。』注：『凡言都亭者，並城內亭也。』此簡言：『自言與家買客曰，居作都亭部。』是田在都亭，不應在城內，當以附郭之說爲近。蓋凡縣城城內及郭皆當以都亭稱之，原不必泥於城垣內外也。居延本牧

地，及開屯墾，設縣邑，其田遂亦歸私有，可買賣，儼然內地矣。

傳　　舍

元延二年十月乙酉，居延令尙，丞忠移過所縣道河津關，遣亭長王豐以詔書買騎馬酒
泉敦煌張掖郡中，當言傳舍漢書，如律令一守令史羽，佐褒　十一月丁亥書　（一一六）
居延令印　十一月丁亥出　（一一七）　一七〇、三

簡言『當言傳舍』，今按傳舍卽郵亭，司止宿者。漢書灌夫傳：『乃戲縛夫，置傳
舍。』霍光傳：『去病……爲票騎將軍擊匈奴，道過河東　河東太守郊迎，至平
陽傳舍。』薛宣傳：『至陳留，其縣郵亭橋梁不修。』注：『師古曰，郵，行書之
舍，亦如今之驛及行道館也。』翟義傳：『義行太守事，行縣至宛，丞相史在傳
舍，立持酒肴，謁丞相史。』魏相傳：『御史大夫桑弘羊客詐稱御史至傳，』田
廣明傳：『故城父令公孫勇，與客胡倩等謀反，倩詐稱充祿大夫，從車騎數十，
言使督盜賊，太守謁見，欲收取之。廣明覺知，發兵皆捕斬焉。』嚴延年傳：『母
從東海來，到雒陽適見報囚，母大驚，便止都亭，不肯入。』黃霸傳：『吏不敢
舍郵亭，食飲道旁，鳥攫其肉。』司馬相如傳：『於是相如舍都亭。』後漢書光
武紀：『光武乃自稱邯鄲使者，入傳舍。傳吏方進食，從者饑，爭奪之，傳吏疑
其僞，乃推鼓數十通。』郭伋傳：『行部既還，先期一日，伋爲違信於諸兒，遂
止於野亭中，須期乃入。』謝夷吾傳注引謝承後漢書曰：『行部始到南陽縣，遇
孝章皇帝巡狩，有詔荆州刺史入傳，錄見囚徒。誠長吏勿廢舊儀，朕將親覽焉。
上臨西箱南面，夷吾處東箱，分帷隔中央，夷吾所決正一縣三百餘事，事與上
合。』後漢書趙孝傳：『嘗從長安還，欲止郵亭，亭長先時聞孝當還，以有長者
客，掃洒待之。孝既不自名，長不肯內，因曰：「聞田禾將軍子當從長安來，何
時至乎？」孝曰：「尋至矣。」於是遂去。』後漢書衛颯傳：『颯乃鑿山通道五百
餘里，列亭傳，置郵驛，於是役省勞息，姦吏杜絕。』魏志張魯傳：『諸祭酒皆
作義舍如今之亭傳。』故漢世當大道諸亭，率有餘屋，以供行旅。亭長司啓閉之
責，凡有符傳者，則亭長延入，故或謂亭，或謂傳舍，又亭長亦司郵驛之事，故
亦稱郵亭矣。郵亭之地位有限，故趙孝所至之郵亭，但能容田禾將軍子·孝父爲田禾

將軍。不知是孝，遂不肯延。而謝夷吾與章帝同到之郵亭，必以帷隔之，方能各決其事也。今按居延烽燧，及斯坦因所測烽燧圖，率以烽臺爲主，臺旁有屋大抵正屋三四間側屋亦三四間，故側屋應爲亭長所處，而正屋可以待來者。以此推之，則漢世內地之亭傳，或宜相類矣。

唐代亦略依漢制，唐六典卷五駕部郎中條云：『凡乘驛者，在京於門下給券，在外於留守及諸軍州給券。』又：『若乘驛經留守及都督府過者，長官押署，若不應給者，隨卽停之。』唐律詐僞律：『諸詐乘驛馬加役流。驛關等知情與同罪，不知情減工等，有符券不坐。』疏議曰：『驛馬本備軍速其馬所擬尤重。但是詐乘，無問馬數，卽合加役流。給馬之驛及所由之關，知其詐乘之情者，亦合加役流。不知情減二等，謂驛與關司，全不勘檢。又不知情減二等，猶徒二年半。故注云：「關謂應檢之處」。有符券者不坐，注云：「謂盜得眞符券，及僞作不可覺知者」，驛及關司並不坐。』又唐律職制中，驛使稽程條：『諸驛使稽程者一日杖八十，二日加一等，罪止徒二年。』疏議曰：『依令給驛者，給龍傳符，無傳符處爲紙券量事緩急，注驛數於符契上，據此驛數以爲行程』。又用符節事訖條疏議曰：『依令用符節，並由門下省，其符以銅爲之。左符進內，右符在外。應執符人有事行勘皆奏出本符以合右符，所在承用事訖，使人將左符還。其使若向他處，五日內無使次者，所在差專使送門下省，輸納其節，大使出卽執之，使還亦卽送納。……其傳符通用紙作，乘驛使人所至之處，事雖未訖，且納所司，事了欲還，然後更請至門下送輸。既無限日，行至卽納，違日者既非銅魚之符，不可依此科斷，自依紙券加官文書稽遲罪一等。其禁苑門符及交巡魚符，若木契等，於餘條得減罪二等輸納，稽遲者準例亦減二等，若木契應發兵者，同上符節之罪。』唐六典卷六司門郎中員外郎條：『凡度關者，先經本部本司請過所；在京，省給之；在外，州給之；雖非所部，有來文者，所在給之。』仁井田陞唐令拾遺引倭名類聚抄居處部道路類津條引唐令云：『諸度關津，及乘船筏上下經津者，皆當有過所。』唐律衛禁下：『諸不應度關西給過所若冒名請過所而度者，各徒一年，卽以過所與人，及受而度者，亦準此。』唐會要卷六一館驛條：『貞元……八年門下省奏，郵驛條式應給紙券，除門下外，諸使諸州不得給往還券，至所

詣州府納之，別給令還。其常參官府外，除授及分司假寧往來，並給等，從之。』
是貞元以前諸使諸州應得給往還券也宋王處厚靑箱雜記卷八云：『唐以前養驛並
給傳往來，開元中務從簡便，方給驛券，驛之給券，自是始也。』今案唐律疏議
已言紙券，是貞觀永徽時已有之，不必待至開元以後矣。至於乘驛之制則唐律職
制下疏議曰：『依公式令，在京諸司，有事須乘驛，及諸州有急速大事，皆合遣
驛。』唐會要六一館驛條：『(開元七年)七月一日，敕諸道按察使，家口往還，
宜給傳遞。』又：『(景雲二十二年七月七日，新除都督刺史，並闕三官州上佐，
並給驛發遣。』又唐會要二十三寒食拜掃條：『長慶八年八月敕，釐革應緣私事，
並不許給公券臣等商量惟寒食拜掃，著在令式，銜恩乘驛，以表哀榮。』凡此諸
端足徵官員乘驛範圍至廣，長慶祭制，正徵前此乘驛，多由私事，然其時紀綱已
紊，未必遂能禁斷也。又按唐律雜律不應入驛而入條，疏議云：『私行人職事五
品以上，散官二品以上，爵國公以上，欲投驛止宿者聽。邊遠及無旅店之處，九
品以上，勳官五品以上及爵，遇屯止宿亦職，並不得輒受供給。』又唐會要卷六
一館驛條：『貞元二年二月，河南尹充河南水陸運使薛珏奏：『當府館驛，準永泰
元年三月京兆尹兼御史大大夫第五琦奏，使人緣路，然故不得於館驛淹留，縱然
有事，經三日已上，卽于主人安置館置館存其供限。如有家口相隨，卽自須於村
杏安置，不得令館驛將雜物飯食，草料等，就彼供給。』凡此所云不得輒受供給
者，正因常有人取給於館驛之事在前也。唐令拾遺引倭名類聚抄居處部道路具驛
條：『唐令云：諸道須置驛者，每卅里置一驛，若地勢險阻，及無水草處，隨緣
置之。』此與漢制略同，史記文帝本紀二年索隱引續漢書云：『驛馬三十里一置。』
若以簡牘記載推之，約爲三十里一候，而簡牘所言驛馬亦大抵爲候長事也。宋曾
公亮武經總要引唐烽式言唐每三十里一烽，是唐三十里一烽亦卽三十里一驛，故
唐烽疏於漢，而驛則同於漢也。漢唐道里大小雖稍異，然三十里之準本約數，其大數相同，卽可
同在一地矣。顧炎武日知錄卷十館舍條：『予見天下之爲唐舊治者，其城郭必皆寬廣
街道必皆正直，館舍之爲唐舊俶者，其地必皆宏敞。李肇國史補卷下菹庫蔡伯喈
條云：「江南有驛吏以幹事自任典郡者初至吏白曰：驛中事已理，請一閱之。刺
史乃往，初見一室署云酒庫，又一室署云茶庫，又一室署云菹庫。」孫樵文集書

襄城驛壁云：「襄城驛號天下第一，及得寓目，視其沼則淺而汙，視其舟則離敗而膠，庭除甚汙堂無甚殘。」』是唐時館驛規模固已逾於漢矣。

車　馬　一

牛車不載詣官具對光叩頭死罪對曰光不敢廩吏☐。四〇三、二〇。

　　案居延故塞，當今額濟納河沿岸，除居延海自黑城東北移至黑城西北而外，山川形勢，古今尚不大殊。自張掖北行，今猶可循河東障塞故址繞湖而至河西。大漠少雨，雖車不常至，然循河北行，徹迹仍綿延不絕也。居延塞上以車輪運，見釋文車騎類，今不悉引。此簡所記為一牛車不載穀事。案漢代牛車與馬車相異，此自三代已然，漢特相承其舊耳。馬車為小車，以較人；牛車為大車，以載物。小車原於戎車，大車原於輜車。凡轅輈軶軌所以為駕者，其於大車小車各異，而全車結體，亦自所在相殊，觀嘉祥石刻諸圖可以立辨。漢末大亂，馬數驟減，牛車之用漸廣，遂代馬車而作乘人之車。考見錢大所二十二史考異二十。及隋唐以來畜馬漸多，然猶仍兩漢輦車之遺，而輜車竟不通用。至今中國北部以駕馬駕贏之車皆為牛車所變革而成，與三代兩漢之輜車無與也。

車　馬　二

奉明善居里。公乘丘誼年六十九　居延丞付方相車一乘　用馬一匹騂牡齒十歲高六尺　閏月庚戌出　閏月庚戌出　五三、一五。

長安宜里閻常字仲兄　出　乘方相車駕桃差牡馬一匹齒十七八歲龐牝馬一匹齒八歲　皆十一月戊辰出　已　六二、一三。　入方相車一乘騮牡馬一匹齒八歲　子穎　四三、九。

　　方相車即方箱車，方箱車，車之簡陋者，輜車之箱謂之輿，惟牛車之箱始謂之箱。輿之製見於周禮輿人，箱之製則在車人中附及之。箱之製較簡，故不詳言也。詩大東云：『睆彼牽牛，不以服箱』，毛傳云：『箱大車之箱也。』大車者牛車也。詩無將大車正義云：『冬官車人為車，有大車，鄭云，大車平地載任之車，則此是也。其車駕牛，故酒誥曰：「肇牽車牛，遠服賈用」，此小人之所將也』。故大車即牛車，而箱則為牛車之箱。此方箱而駕馬，即駕馬之牛車，亦即輦車。

漢簡中亦偶言及輂車(見一八三、一三)，是方相車亦是輂車之異名矣。輿圓而箱方，凡牛車輂車之箱無不方者，今言方箱者，亦以示別於軺車之輿也。 周禮春官巾車：『士乘棧車，庶人乘役車』。 鄭注：『役車方箱，可載任器以共役』。賈疏：『庶人以力役爲事，故曰車曰役車。 知方箱者，按冬官乘車，田車（獵車）前後短；大車（牛車），柏車（小車），羊車（宮中所用輜軿），皆方；故知庶人車亦方箱』。蓋士之棧車（柴車）猶用輿制，庶人之役車，則其制同於漢之輂車，故以方箱爲釋矣。桃差馬者，桃爲桃色，差者差次之意，言斑駁也。龐，駹二字通用，駹馬青馬也。

行　　　程

☑□都尉留河上安行道十四故官去新☑。四〇三、三八。

案自張掖至今黑城，行行程爲十二日，定行十四日，則古人行程，略同於今而稍緩。若以長安起算，則征途三千餘里，非十四里所能達矣。按漢代郵驛之制，據續漢書輿服志爲『驛騎三十里一置』，此正與周禮地官遺人：『凡國野之道，十里有廬，廬有養食，三十里有宿，宿有路室八路密有委。』相符合。此亦春秋戰國以來相承之制也。呂氏春秋不匱篇：『軍行三十里爲一舍，故三十里有宿』管子大匡篇：『三十里置遽委馬有司車之。從諸侯欲通吏從行者，令一人爲負以車，若宿者令人養其馬，食以委積』。 此戰國之書正與周禮遺人相合。此制猶通行於漢，輿服志亦合。大致漢人以三十里爲準，路程有一定。自張掖至居延（卽黑城）定行十四日，大致爲每日行六十里，則每日可行兩置。蓋三十里爲行師之準則，而六十里則爲平時行程之準則也。

丙、有關史事文件舉例

漢武詔書

☑幾成風，紹休聖緒，傳不云乎？『十室之邑，必有忠信。』一二六、三〇。

☑子雍於上聞也，二千石長官綱紀人倫。三三二、一六。

此武帝詔書也。漢書武帝紀『元朔年冬十一月詔曰：「公卿大夫所便總方略，壹統類，廣敎化，羛風俗也。夫本仁祖羛，襃德祿賢，勸善刑暴，五帝三王所緜昌也。朕夙興夜寐。嘉與宇宙之士，臻於斯路。故旅耆老，復孝敬，選豪俊，講文學，稽參政事，祈進民心。深詔執事與廉擧孝，庶幾成風，紹休聖緒。夫十室之邑，必有忠信，三人並行，厥有我師。今或至閭郡而不薦一人，是化不下究，而積行之君子雍於上聞也。二千石官長紀綱人倫，將何以佐朕燭幽隱，勸元元，厲蒸庶，崇鄉黨之訓哉？且進賢受上賞，蔽賢蒙顯戮，古之道也，其與中二千石禮官博士議不擧者罪。」有司奏議曰：「古者諸侯貢士，壹適謂之好德，再適謂之賢，三適謂之有功，廼加九錫。不貢士壹則黜爵，再則黜地，三則黜爵地畢矣。夫附下罔上者死，附上罔下者刑，與聞國政而無益於民者斥，在上位而不能進賢者退，此所以勸善黜惡也。今詔書昭先帝聖緒，令二千石擧孝廉，所以化元元移風易俗也。不擧孝不奉詔當以不敬論，不察廉不勝任也，當免」。奏可。』案此詔先下於丞相御史與中二千石雜議，其前或爲：『制詔丞相，御史大夫，中二千石，二千石』。後之有司議奏，或爲：『御史大夫臣蔡昧死言丞相弘上大常書言……』公卿表是年丞相爲公孫弘，御史大夫爲李蔡。奏可當卽『制曰可』。若按此詔見於邊塞之事推之，則此詔曾頒行天下，其後更當有：『御史大夫下丞相，丞相下中二千石，二千石，郡大守，諸侯相，承書從事下當用者』之下詔文辭也。此詔漢書所載與簡文異者，如『傳不云乎』作『夫』，『綱紀人倫』作『紀綱人倫』之屬，蓋漢書傳鈔已久，多歷改竄，應以簡文爲是。此詔在元狩元年，居延之開關在太初三年，詔文頒行先於居延開關者二十年，或此詔已定著令，故後置之處猶得見之歟？

此二簡簡寬俱市尺五分半，簡長前簡市尺六寸二分，後簡市尺五寸二分，惟前簡簡尾應有空白，今已失其大半。約尙餘空白二分，後簡簡尾空白處未失去，度得市尺一寸。前簡最後一字爲『信』字，故其後一簡應從『三人並行』起，至『綱紀人倫』凡得四十三字，今從後簡『子雍』計至『人倫』，凡十五字，每字平均合市尺二分八釐，若以四十三字計，合市尺一尺二寸零四釐。更加首尾各市尺二寸，共合市尺一尺四寸零四釐。約漢尺二尺零四分。然簡首應較長，約再加一寸

六分，便爲二尺二寸。漢詔尺一，漢律二尺四，若爲二尺二寺，則應爲尺一之詔
之簡矣。

五　　銖　　錢

將軍使者太守議貸錢苦惡小莘不爲用，政更舊制，設作五銖錢，欲使以錢行銖能☐。
（三一五）一六、一一，卷一、第三十四葉。

此漢武帝行五銖錢詔。莘爲碎之借字，碎攡也。古不攻嚴也。王念孫讀書雜志
曰：『見郡國多不便縣官作鹽鐵。器苦惡，買貴。如淳曰，「苦或作鹽不攻嚴也」。
臣瓚曰，「謂作鐵器民患苦其不好也」。師古曰，「二說非也，鹽旣味苦，器又脆
惡，故總云苦惡也」。念孫案：如說是也。苦讀與鹽同，唐風鴇羽傳云，「鹽不攻
致也」。言鐵器旣苦惡，而鹽鐵之價又貴也。史記平準書作：「見郡國多不便縣官
作鹽鐵，鐵器苦惡買貴」，鹽鐵論水旱篇：「今縣官作鐵器多苦惡」，皆其證。
師古讀苦爲甘苦之苦，而以鹽鐵器苦惡連讀，斯文不成義矣。高惠高后文功臣表
云：「道橋苦惡，」息夫躬傳云：「器用苦惡」，匈奴傳云：「不備善而苦惡」，管子
度地篇云：「取完堅，補弊久，去苦惡」，傳言苦惡者多矣，若讀如甘苦之苦，則
其義皆不可通。』此漢武爲詔文，尤可以證王說也。原文苦作古，尤存故誼。

自秦兼天下，以黃金爲上幣，銅錢爲下幣。廢六國紛紜繁雜之制，而以半兩錢通
行天下。其錢由官鑄或私鑄，雖於史無徵，然戰國時齊魏之錢已爲官家法貨，秦
亦宜然。況秦人以車同軌，書同文爲定法，而欲學者亦以吏爲師，萬無容許私家
鼓鑄錢幣之理也。

自陳涉起事，豪傑並作，連年軍旅，財用匱絕。漢乘其弊始令民得自鑄莢錢，以
通市用。（今出土莢錢，其文與秦錢同作半兩而其重弗如。）於是商民盡毀舊幣
以鑄莢錢，以致物價騰踊，米石萬錢。高帝季年始定盜鑄令。惠帝三年遣御史以
九條察郡，其第三條爲察鑄僞錢。見唐六典。至高后二年，始爲八銖錢，文仍曰半
兩，然錢重難行，至六年復廢，仍行五分錢。五分者以錢徑言，卽莢錢也。

按秦制以二十四銖爲一兩，半兩卽十二銖，高后八銖已經於秦錢，然盜鑄者更
輕，於是文帝五年，定鑄四銖錢，復除盜鑄令，使民得鼓鑄。於是吳鄧之錢滿天

下。景帝三年，既平吳楚七國之亂，於六年再行盜鑄令，然盜鑄之事，無由全禁。至武帝建元元年改鑄三銖錢，文曰三銖，銷舊半兩錢，而盜鑄至至死。然三銖錢輕，輕則易。詐錢益多而輕，物益少而貴，於是在元狩五年更鑄五銖錢。以上見史記平準書，漢書高至武紀及食貨志。史記平準書索隱『顧氏案古今注云，秦錢半兩，徑寸二分，重十二銖』，即食貨志所謂：『文曰半兩，重如其文』也。自孝文五年『爲錢益多而輕，乃更鑄四銖錢，其文爲半兩，除盜鑄錢令，使民放鑄。』三銖錢始於建元元年，至五年復行半兩錢（即四銖錢），及元狩三年，用兵於外，『大司農陳臧錢經用，賦稅既竭，不足以奉戰士』於是『銷半兩錢，鑄三銖錢，重如其文。』至元狩五年『有司言三銖錢輕，輕錢易作姦詐，廼更請郡國鑄五銖錢，周郭其質，令不得摩取鋊。』自此以後終漢之世皆以五銖爲準則。以迄於隋，猶通用五銖錢也。王莽變更錢制，爲召亂之一因，公孫述僭號於蜀，五銖漸廢，改鑄鐵錢，蜀童謠亦以『黃牛白腹，五銖當復』爲言，凡此具見五銖錢之爲人所信矣。當施行五銖之際，張湯爲御史大夫，而桑弘羊，孔僅，東郭咸陽用事，五銖之議蓋發於湯等也。湯於元鼎二年死，湯死而民不思。死後二年即元鼎四年，復以郡國鑄錢，民多姦鑄，錢多輕。『悉令郡國毋鑄錢，專令上林三官鑄，錢既多而令天下非上林三官錢不行，諸郡國前所鑄錢皆廢銷之，輸入其銅三官，而民之鑄錢益少，其費不能相當，唯眞工大姦廼盜爲之。』鹽鐵論錯幣亦云：『幣數易而民益疑，於是廢天下諸錢，而專命水衡三官作。』所謂上林三官或水衡三官者，即鍾官，辨銅及均輸三令丞，故屬少府，爲鑄錢之故移於上林，改屬水衡都尉，故曰上林或水衡也。漢食貨志云『自孝武元狩五年，三官初鑄五銖錢，至平帝元始中，成錢二百八十億萬餘云。』其時約計百三十年，每年約鑄二億三萬餘，比與安定漢代之政治及財富相關甚大，故錢貨制度自武帝始安定。若風俗通義謂文帝時『穀糴常至石五百，不升一錢』之語果確者，與昭宣間穀糴至數錢，相差甚遠。則從錢貨之安定與否言，或可得其消息矣。

又改革舊制作五銖錢之原因，全爲舊錢輕，易於盜鑄，而不適於用之故。食貨志已言之，今觀此簡益信。Marcel Granet: La Civilisation Chinoise 謂爲受五行思想，殊屬臆斷。況武帝定歷改制，始於太初，不得於元狩先爲之也。

王　路　堂

王路堂免書，初始元年十一月壬子□。三一二、六。

此王莽所下書也。漢書王莽傳中：『始建國元年，改公車司馬曰王路四門，長樂宮曰常樂室，未央宮曰壽成室，前殿曰王路堂。』此爲始建國以後下書，追述舊事，故稱王路堂也。初始元年卽居攝三年。王莽傳上：『三年居攝三年。十一月甲子莽上奏太后曰：「陛下至聖，遭家不造，遇漢十二世三七之阸，承天威命，詔臣莽居攝。受孺子之託，任天下之寄。臣莽兢兢業業，懼於不稱。宗室廣饒侯劉京上書言，七月中齊郡臨菑昌興亭長辛當一暮數夢，曰吾天公使也，天公使我告亭長曰：攝皇帝當爲眞，卽不信我，此亭中當有新井。亭長晨起視，亭中誠有新井，入地且百尺。十一月壬子直建冬至，巴郡石牛，戊午雍石文，皆到於未央宮之前殿。臣與太保安陽侯舜等視，天風起塵，冥，風止得銅符帛書於石前，文曰：天告帝符，獻者封侯。承天命，用神令，騎都尉崔發等眡說，及孝哀皇帝建平二年六月甲子改爲太初元將元年，案其本事，甘忠可夏賀良讖書臧蘭臺，臣莽以爲元將者大將居攝改元之文也，於今信矣。尚書康誥，王若曰；孟侯，朕其弟，小子封，此周公居攝稱王之文也。春秋隱公不言卽位，攝也。此二經孔子所定，蓋爲後法。孔子曰：畏天命，畏大人，畏聖人之言，臣莽敢不承用。臣謹共事神祇宗廟，奏言太皇太后，孝平皇后，皆稱假皇帝。其號令天下，天下奏事毋言攝，以居攝三年爲初始元年，漏刻以百二十爲度，用承天命。臣莽夙夜養育，隆就孺子，令與周公成王比德，宣明太皇太后威德於萬方，期於富而敎之，孺子加元服，明辟如周公故事」。奏可。衆庶知其奉符命指意，羣臣博議別奏以視卽眞之漸矣。』甲子爲十一月二十一日，至十二月朔遂改爲始建國元年，故初始元年，僅得十日耳。簡文稱初始元年十一月壬子當卽指巴郡石牛事，其事仍在居攝三年，尚未改元也。莽傳中之莽奏言巴郡石牛，石牛下有戊午二字，疑涉石牛二字而衍。莽信時日小數，故十一月壬子直建冬至，石牛石文及符命同到未央宮，又逾十二日甲子直建始上書，皆取建國之意。古建除家當就建除字面之吉凶定之，與後世黃道黑道不同。此與戊辰直定，入高廟取哀章銅策，用意正同。用直定之日，意取正

位卽眞以定天命之意，此在莽量猶鄭重申言，可證王莽決非不信建除家者。若僅石牛在壬子日到，而石文符命俱在戊午日爲莽所得，案淮南天文篇建除之術推之戊午當爲直破，時日大凶，莽決不爲也。況莽奏言：『十一月壬子直建冬至』，稱道特詳，是重視此日。若此日所到者僅爲一石牛，其主要之符命，反在與此日無涉之戊午，又何必稱道此日乎？又況下文依今本漢書爲『戊午雍石文皆到於未央宮之前殿』，石文但有一事，又何得言『皆』？故就王莽平生習性推，就奏文文字論，戊午二字皆當爲衍文，卽巴郡石牛雍石文，並是『十一月壬子直建冬至』同日到於未央前殿。是日旣爲直建之日，堪爲建國之兆，而冬至日始長，亦示新運之來，故天帝於是日更授以銅帛符也。此在王莽平時禁忌衡之，本爲一貫之事。則此簡所言『王路堂』，『初始元年十一月壬子』，於時於地皆無不合矣。『兔書者』，據王莽傳中，始建國元年：『秋，遣五威將王奇等十二人班符命四十二篇於天下，德祥五事，符命二十五，福應十二，凡四十二篇。……符命言井石金匱之屬，其文爾雅依託，皆爲作說，大歸言莽當代漢有天下云。總而說之曰：「帝王受命必有德祥之符瑞，協成五命，申以福應，然後能立巍巍之功，傳之子孫，永享無窮之祚。故新室之興也，德祥發於漢，三七九世之後，騰命於新都，受瑞於黃支，開王於武功，定命於子同，成命於巴宕，申福於十二應，天所以保祐新室者，深矣固矣。申命之瑞浸以顯著，至于十二以昭告新皇帝，皇帝深維上天之威不可不畏，故去攝號，猶尚稱假，改元爲初始，欲以承塞天命，克厭上帝之心。然非皇天所以鄭重降符命之意，故是日天復決其以勉書。』注：『孟康曰：「哀章所作策書也。言數有瑞應，天復決其疑，勸勉令爲眞也。」晉灼曰：「勉字當爲龜，是日自復有龜書，及天下金匱圖策事也。」師古曰：孟說是。』今案簡文作兔，與勉同。自以孟說爲是。此簡當卽班符命四十二篇於天下之簡，雖殘缺特甚，然其大致猶可想像得之也。

又初始通鑑作始初，考異云：『莽傳作初始，荀紀及韋莊美嘉號錄，宋庠紀元通譜，皆作始初，今從之』，今嘉靖本荀紀已改從漢書作初始，溫公所見與嘉靖本不同。然始初實誤，當據簡文以漢書爲正也。

王莽詔書用月令文

辨衣裳審棺槨之(薄)厚，營丘壟之小大，高卑，薄厚，度貴賤之等級。始建國二年十一月丙子下。二一○、三五。

此王莽所下詔也，今亡其前半。長歷，始建國二年十一月壬戌朔，丙子其十五日也。月令：『孟冬之月，飭喪紀，辨衣裳，審棺槨之薄厚，塋丘壟之大小，高卑，厚薄之度，貴賤之等級。』莽建丑，則其十一月在建亥之月，歲首雖更，四時無改也。簡文略有脫字，然塋作營則同於呂覽淮南而不同於禮記諸本，大小作小大，厚薄作薄厚，亦與呂覽淮南及開成石經並同，知簡文猶存舊文，今本禮記則有傳鈔之誤矣。簡後有下書月日，蓋王莽宗經，每月必下月令文而期其施行。然觀此簡脫一『薄』字，則鈔胥之吏但以奉行故事視之，不甚重視。則莽政不終，亦可觀其漸矣。至於漢代喪葬踰侈之事，屢爲儒生所譏，如鹽鐵論散不足，及孔光劾董恭葬董賢等皆可見之，圖與月令不悖也。此簡曾由丁梧梓先生檢示月令文，謹爲致謝。

西　域　一

詔夷虜候章發卒曰：『持樓蘭王頭詣敦煌，留卒廿人，女譯二人，留守證⊘。』三○三、一八。

按事在昭帝元鳳四年，漢書傅介子傳及西域傳並載其事。傅介子傳云：『介子謂大將軍霍光曰：「樓蘭龜茲數反覆而不誅，無所懲艾，介子過龜茲，其王近就人易得也。願往刺之，以威示諸國。……」於是白遣之。介子與士卒俱齎金帛，揚言以賜外國爲名，至樓蘭，樓蘭王意不親介子，介子陽引去，至其西界，使譯謂之曰：「使者持黃金錦繡行賜諸國，王不來受，我去之西國矣。」即出金幣以示譯，譯還報王，王貪漢財物見使者。介子與坐飲，陳物示之。飲酒皆醉，介子謂王曰：「天子使我私報王」。王起隨介子入帳中屏語，壯士二人從後刺之，刃交胸立死。其貴人在左右皆散走，介子告諭以王負漢罪，天子遣我來誅王，當立前太子質在漢者，漢兵方至，母敢動，動滅國矣。遂持王館詣闕。』此簡所記即其事

也。漢自李廣利克捷大宛，與之盟於城下以後，西域諸國雖或首施於胡漢之間，然漢自敦煌西至鹽澤，往往起亭，而輪臺渠型皆有田卒數百人，置使者校尉領護。見漢書西域傳。諸國亦不復敢以阻遠自恃。故王負漢，使者刺王，告以漢兵方至，國人遂亦慴伏不敢動。是漢世之立功西域，亦由於聲威久著，然後得以好謀而成，非全恃使者之勇略也。夷虜候當爲居延都尉下，甲渠候官所屬之候，『三一七、二』簡又有夷虜隧，蓋卽夷虜候所在矣。簡言詔夷虜候章發卒，蓋介子已刺樓蘭王，敦煌屯戍之卒不足遣，乃調居延之戍卒西行，所言及之夷虜候章，蓋亦在領卒西行之列。其自樓蘭發卒留守諸事亦皆由其人爲之。此簡據語氣考之，應爲夷虜候章奉之於樓蘭者，其人奉此詔後，持樓蘭王頭入玉門，詣敦煌。王頭既至長安，其人亦返居延。而殘詔亦留於居延塞上矣。據西域傳鄯善有譯長二人，又傅介子傳，譯者爲胡人，則此簡之『女譯』，亦當爲胡婦也。

西　域　二

元康四年二月已未朔，乙亥，使鄯善以西校尉吉，副衞司馬富昌，丞慶，都尉□重，卽□通，元康二年五月癸未，以使都護檄書，遣衞丞赦將扡刑士五千人送致將車□□□。一八、一七。

使鄯善以西校尉吉卽鄭吉，漢書鄭吉傳云：『自張騫通西域李廣利征伐之後，初置校尉，屯田渠犂。至宣帝時吉以侍郎田渠犂，積穀，因發諸國兵，攻破車師，遷衞司馬，使護鄯善以西南道。神爵中匈奴乖亂，日逐王先賢撣欲降漢，使人與吉相聞。吉發渠黎，龜茲諸國五萬人迎日逐王……吉既破車師，降日逐，威震西域。遂並護車師以西北道，故號都護。注，師古曰，並護南北二道，故謂之都，都猶大也，總也。都護之置自吉始焉。西域傳：『其後日逐王畔單于，將衆來降，護鄯善以西使者鄭吉迎之。既至，漢封日逐王爲歸德侯，吉爲安遠侯。是歲神爵三年也。乃說使吉幷護北道，故號都護，都護之起，自吉置矣。僮僕都尉由此罷，匈奴益弱不得近西域』。此簡在元康四年，前於都護初置之時者三年。鄭吉官名爲『使鄯善以西校尉』見於此簡，在吉傳及西域傳中均未著其官職之全銜，自宜以簡爲正。都尉當卽伊循都尉。漢書西域鄯善傳：『立尉屠耆爲王時在元鳳四年。……王自請天

子曰：「身在漢久，今歸單弱。……願漢遣一將，屯田積穀，令臣得依其威重。」
於是漢遣司馬一人吏士四十人以塡撫之，其後更置都尉，伊循官置始此矣。』據
此簡則元康間伊循蓋已設都尉矣。

此簡之月日在元康四年，其時事迹以漢書西域傳推之，大致可曉。西域傳云：
『地節二年，漢遣侍郎鄭吉，校尉司馬憙，將免刑罪人，田渠犁，積穀，欲以攻
車師。至秋收穀，吉憙發城郭諸國兵萬餘人，自與所將田士千五百人，共擊車
師。攻交河城，破之。……(車師)王擊匈奴邊國小蒲類，斬首略其人民以降吉。
……吉憙卽留一侯與卒二十人留守王，吉卽引兵歸渠犁。車師王恐匈奴兵復至而
見殺也，西輕騎奔烏孫。吉卽引共妻子置渠犁。東奏事至酒泉，有詔還田渠犁及
車師，益積穀以安西國，侵匈奴。……於是吉使吏卒三百人別田車師。得降者
言：「單于大臣皆曰：車師地肥美，近匈奴，使漢得之，多田積穀，必害人國，
不可不爭也。」果遣騎來擊田者。吉乃與校尉盡將渠犁田士千五百人往田，匈奴
復益騎來，……圍城數日乃解。……詔遣長羅侯將張掖酒泉騎出車師北千餘里，
揚威武東師旁，胡騎引去，吉乃得出，歸渠犁。……遂以車師故地與匈奴，……
是歲元康四年也。其後置戊巳校尉，屯田居車師故地。』蓋車師之棄在元康四
年，而日逐王歸降在神爵三年，其間凡歷三年。此簡正在元康四年二月，春日方
來，宜集農事，往田車師，或在其時。所言及之將車施刑五十人，在元康二年所
遣，以給資用於塞上者。此時有軍事，故未能遣歸也。將車，語見漢書朱買臣傳。

西　域　三

皇帝陛下車騎將軍下詔書曰烏孫小昆彌烏☒。五六二、二七，三八七、一九。
夷狄貪而不仁，懷挾二心，請編☒。三八七、七，五七四、一五。
☒就屠與呼韓單于誅☒。五六二、四。

此漢世有關西域文書一節，今前後俱亡失，上行下行亦不能盡曉矣。車騎將軍下
詔書者，言天子詔書自車騎將軍下也。烏孫小昆彌者，據漢書西域傳言，烏孫肥
王翁歸靡胡婦子烏就屠，當肥王傷時驚與諸翎侯俱居北山中，揚言有母家匈奴兵
來援，故衆歸之。後遂襲殺狂王自立爲昆彌。時楚王侍者馮嫽能史書習事，嘗持

節爲公主使，爲烏孫右大將軍妻。都護鄭吉廼使之說烏就屠以漢兵方出，必見滅，不如降。烏就屠恐，曰，『願得小號』，漢廼立楚公主解憂子元貴靡爲大昆彌，烏就屠爲小昆彌。分別其人民地界，大昆彌戶六萬餘，小昆彌戶四萬餘。其事據徐松漢書地理志補注謂當在甘露二年。然據漢書百官公卿表甘露元年二月車騎將軍許延壽薨，至黃龍元年十二月始以樂陵侯史高爲大司馬車騎將軍，則此詔當在黃龍元年以後，或在元帝初元之際矣。

羌　　人

各持下吏爲羌人所殺者，賜錢三萬，其印綬吏五萬。又上子一人，召尙書卒長……奴婢三千。賜傷者半之。皆以郡見錢給，長吏臨致，以安百姓。□早取以□錢……

二六七、一九。

此爲撫䘏因羌事而死傷者之詔書也。當爲宣帝時之詔文，居延漢簡多爲西漢昭宣以來者，與此正相符合。東漢羌禍雖重，然西邊之郡紛紛內徙，亦無餘力以各郡現錢撫䘏也。流沙墜簡簿書類一：『制詔酒泉太守，敦煌郡到戍卒二千人，發酒泉郡，其假候如品，司馬以下與將卒長吏將屯要害處，屬太守。察地形，依險阻，堅壁壘，遠候望，毋……』王國維考定爲神爵元年下酒泉太守辛武賢詔，與此簡正爲同時之物也。

後漢書西羌傳云：『武帝征伐四夷。開地廣境，北卻匈奴，西逐諸羌，乃渡河湟，築令居塞。初開河西，列置四郡，通道玉門，隔絕羌胡。使南北不得交關。於是障塞亭燧，出長城外數千里。時先零羌與養牢姐種解仇結盟，與匈奴通，合兵十餘萬，共攻令居，安故，遂圍抱罕。漢遣將軍李息，郎中令徐自爲將兵十萬人擊平之，始置護羌校尉，持節統領焉。羌乃去湟中，依西海鹽池左右。漢遂依山爲塞。河西地空，稍徙人以實之。至宣帝時，遣光祿大夫義渠安國覘行諸羌，其先零種豪言，願渡湟水，逐人所不田處，以爲畜牧。安國以事奏聞。後將軍趙充國以爲不可聽。後因緣前言，遂渡湟水，郡縣不能禁。至元康三年，先零乃與諸羌豪大共盟誓，將欲寇邊，帝聞復使安國將兵觀之。安國至，召先零豪四十餘人斬之，因放兵擊其種，斬首千餘級。於是諸羌怨怒，遂寇金城。乃遣趙充國與

諸將將兵六萬入擊破平之。』其事詳見於漢書趙充國傳。蓋諸羌攻擊金城，河西諸郡密邇金城，故亦頗遭波及。詔書所下亦不限於金城也。

丁、有關四郡問題

四　郡　建　置

元鳳三年十月戊子朔戊子，酒泉庫令定國以近次兼行太守事，丞步置謂過所縣何津請遣□官特□□□家去□□丞行事全城張掖酒泉敦煌郡，案會所占畜馬上匹當張舍張□如律令。掾勝胡，卒史廣。三〇三、一二。

漢書百官表云：『萬戶爲令，秩千石至六百石；減萬戶爲長，秩五百至三百石；皆有丞尉。』庫令蓋秩比縣令者。據吳式芬封泥考略，漢封泥有上郡，漁陽，北地諸郡庫令。漢書河間獻王傳，成帝建始元年，立上郡庫令良，是爲河間惠王。注，如淳曰：『漢官，北邊郡庫兵之所藏，故置令。』是雖其官不見於表志，猶見於漢官佚文及封泥也。庫有置長者，見居延簡第『(一八)二四八、一五』：『☑亥工卒史禹，庫長湯，嗇夫□☑』卷一，第五葉。又：『(五七)二八四、四』：『三月丙戌庫嗇夫宋宗以來』卷一，第七葉『(三一二)三一二、一六。』『初元五年四月，居延庫嗇夫賀以小官印行丞事，敢言□』卷一，第五十四葉。則庫亦或置嗇夫。此或因屬於太守，都尉，縣令者，庫之大小不同，其所置之官亦不相同。封泥考略有成都庫半通印，吳式芬以縣邑之庫未聞置官，當爲主庫掾史之印。今據居延簡知居延縣庫嗇夫所用爲小官印，則成都庫半通印，應亦爲嗇夫所用者矣。『以近次兼行太守事』，蓋據資歷言，非據職位言，以近位言則太守自有丞及長史，庫令之位於太守尙遠。居延簡『(八一)五〇五、三』：『十一月丁卯，張掖太守奉世守部司馬行長史事，庫令行丞事。』卷一，十二葉。是庫令亦或行丞事，非必於太守爲近次也。

『金城，張掖，酒泉，敦煌郡』，言河西諸郡，有金城，無武威。漢書昭紀及地理志並云金城郡爲昭帝始元六年置，簡爲元鳳三年物，在置郡三年之後。惟簡言金城及河西三郡，獨不及武威。又鹽鐵論西域篇言：『先帝推讓，斥奪廣饒之地，建張掖以西，隔絕羌胡』。鹽鐵之議發於昭帝始元六年，是至昭帝始元元鳳時猶

不言武威有郡也。然則武威立郡，或更後於金城，是河西四郡之置郡時期，固宜重爲審定矣。

按河西四郡之建立，原有岐說，漢書武帝紀云：

> 元狩二年秋，匈奴昆邪王殺休屠王，並將其衆，合四萬餘人來降，置五屬國以處之，以其地爲武威酒泉郡。

> 元鼎六年秋，又遣浮沮將軍公孫賀出九原，匈河將軍趙破奴出令居，皆二千餘里，不見虜而還。迺今武威酒泉地，置張掖敦煌郡。

漢書地理志云：

> 武威郡　故匈奴休屠王地，武帝太初四年開。

> 張也郡　故匈奴昆邪王地，武帝太初元年開。

> 酒泉郡　武帝太初元年開。

> 敦煌郡　武帝後元年分酒泉置。

紀志相違，無一同者。而傳志之間，又復乖異。漢書食貨志云：『明年南粵反，西羌侵邊，天子以爲山東不贍，赦天下囚，因南方樓船士二十餘萬人擊粵，發三河以西騎擊羌，又數萬渡河築令居，初置酒泉張掖郡。』此元鼎六年事，是以爲張也酒泉同爲元鼎六年所置也。史記匈奴傳：『是時漢東拔濊貊朝鮮以爲郡，而西置酒泉郡以隔絕與羌通之路。』漢拔朝鮮在元封三年，是又以爲置酒泉郡爲元封三年事。史記大宛傳云：『初天子發書易云：「神馬當從西北來」，得烏孫馬好，名曰天馬，及得大宛汗血馬，益壯，更名烏孫馬曰西極馬，名大宛馬曰天馬云。而漢始築令居以西，初置酒泉郡以通西北國，因益發使安息，奄蔡，黎軒，條支，身毒國，而天子好宛馬，使者相望於道。』此又以酒泉之置在得宛馬以後。武帝得宛馬在太初四年，是以爲酒泉設郡之時，且在地理志所記太初元年之後矣。

河西四郡設置之年代，就史漢所記諸說觀之，既岐互至此。則欲求覈實其事，必當有所從違。今案諸條史料，除史記武紀已亡不論外，班固漢書武紀直採官家記注，纂輯排比，增飾之處應爲最少。漢書食貨志史記平準書略同。史記大宛傳，史記匈奴傳傳錄所聞，間附己意，往往重在行文。雖所言爲當世之事，而時間排比，

未必盡當。漢書地理志所記則雜采圖經，縱令別有所據，自未可與本紀之史源，相提並論。由此言之，史料之中自以紀文爲可信。雖班固以己意刪定，可致譌誤。然規模具存，猶可辨章是非，定其去取也。

清代言河西建郡之先後者，若齊召南見漕官本二十四史漢書考證。錢大昕見二十二史考異皆言應從武紀。錢氏云：『按武帝元鼎六年分武威酒泉郡置張掖敦煌郡，敦煌爲酒泉所分，則張掖必武威所分矣。四郡之地雖皆武帝所開，然先有酒泉武威，而後有張掖敦煌。以內外之詞言之，武威當云元狩二年開，張掖敦煌當云元鼎六年分某郡置，不必云開也。昆邪來降在元狩間，而志以張掖屬元年，武威屬四年，皆誤。』所重者在昆邪來降一事，而以內外別先後。惟朱一新漢書管見則以志爲是，謂『豈開郡實在太初時，紀繫於此，乃終言之耶？』今案諸說咸有未密，欲明四郡建置之先後，必先就諸郡當時史料，分別言之，始爲完足也。

今先言酒泉及武威。按武威附近水草饒足，似置郡決不當在酒泉以後矣，然其實殊不然，史記全書無一語及於武威者，前引平準書一條，大宛傳一條，匈奴傳一條皆僅有酒泉而不及武威。平準書言及張掖，而大宛傳及匈奴傳則但及酒泉而已。又漢書西域傳云：『票騎將軍擊破匈奴右地，降渾邪休屠王，遂空其地，始築令居以西，初置酒泉郡，後稍發徒民充實之，分置武威張掖敦煌，列四郡據兩關焉。』則班氏西域傳亦以爲酒泉郡先置，與史記同。是酒泉先置，武威後置，除漢書武紀外，類皆衆口一辭。本紀根據記注，時日本可依據，而酒泉武威同時置郡一事則與其他史料無不牴牾，則原有記注應爲『元狩二年秋，匈奴昆邪王殺休屠王，並將其衆，合四萬餘人來降。以其地爲酒泉郡。』『元鼎六年秋，又遣浮沮將軍公孫賀出九原，匈河將軍趙破奴出令居，皆二千餘里，不見虜而還。廼分酒泉地置張掖郡。』原文應較此爲繁，經班氏刪削者。酒泉上之武威二字，乃班氏以意增入者。此或由東漢初年，武威已疆理大闢，蔚爲要地。班氏遂疑舊記有誤，爲之改竄，初不虞二千年後有舊簡遺文發其覆也。或竟係班氏漏列武威置郡之始，經後人竄入者。司馬光作資治通鑑　於漢元鼎二年下云：『烏孫王旣不肯來還，漢乃於渾邪之故地置酒泉郡。稍發徒民以充實之，後又分置武威郡以絕匈奴與羌通之道。』通鑑不以爲武威酒泉置在同時，其識甚卓。然以爲酒泉置在元鼎，則未爲然。通鑑記

元鼎二年張騫西使事本於史記大宛傳，大宛傳謂張騫欲招烏孫使居昆邪故地，而
烏孫不肯來。今假定其地尙空可以招烏孫，則漢未於此置郡可知。於是溫公遂以
漢立酒泉郡在烏孫不來，張騫返自西域之後矣。然史記此節實不可據。漢書張騫
傳亦載此事，而其異文凡有數處。史記未記烏孫王昆莫父之名，漢書記其名爲難
兜靡；史記言烏孫始爲匈奴所破而漢書言烏孫始爲大月氏所破；史記言烏孫爲匈
奴西邊小國，而漢書烏孫與大月氏俱在祁連敦煌間；史記言故渾邪地空無人，漢
書言昆莫地空；史記言招以益東，居故渾邪之地；漢書言招以東居故地。凡此諸
端具見漢書在張騫傳與史記大宛傳異者，皆有新史料增入。班氏世在西州，其於
烏孫事必別有所據。烏孫傳與史記之異文，應爲以新史料匡正史記遺失之處。故
應據漢書而不應據史記。通鑑除對烏孫西徙事大加刪節外，所據全爲史記之文，
似未能擇善而從也。王益之西漢年紀於烏孫事改從漢書。案昆邪降後，漢卽有河西之地。
當時漢徙昆邪舊部爲五屬國並在河以南。見霍去病傳及匈奴傳。蓋所以分其勢而防反
側也。其時武帝禁漢人與昆邪部交通，商人與市易者咸處重罪。見漢書汲黯傳。其所
以防匈奴者至深。況祁連山肥美宜牧畜，匈奴自失祁連山。未嘗不欲得其故地，
故有『失我祁連山，令我六畜不繁息』之歎。見史記匈奴傳索隱引西河舊事。若漢人徙
昆邪而空其地，豈不虞匈奴南下據之？夫昆邪降人尙不置信而使居其地，況空其
地而棄之敵乎？是徙昆邪舊部之後，固不能若徙閩越而空其地者審矣。漢平閩越尙
置都尉，漢書楊雄傳言東南一尉，吳志虞翻傳引會稽典錄所謂會稽都尉是也。故史記大宛傳云：『漢
遣驃騎將軍破匈奴西城數萬人，渾邪王率其民降漢，而金城河西並南山，至鹽
澤，空無匈奴。匈奴時有候者到而希矣。』言『匈奴時有候者到』，正可證漢得
其地卽設烽燧以候望匈奴，否則何以知到與不到乎？故昆邪降漢，漢卽於昆邪之
故地設酒泉郡。張騫欲徙烏孫之處，乃烏孫故地，卽班氏所言：『祁連敦煌間』，
約當今嘉峪關以外之區，不得包括酒泉也。按其地雖空無居人，仍爲酒泉屬土，惟未置城邑
烽燧耳，故元鼎六年置敦煌郡仍言分酒泉置。又史記大宛傳中，述元狩二年霍去病攻祁連山
之事曰：『是歲，漢遣驃騎破匈奴西城數萬人，至祁連山。』而史記大宛傳記烏
孫昆莫亦言『令長守西城』。王充論衡吉驗篇引此文亦作『西城』。是匈奴於河西應自有城。
『觻得』之名見於漢書霍去病傳武帝詔：『揚武乎觻得。』其地卽後張掖郡治，頗

疑匈奴曾築有城。匈奴所築城如趙信城，范夫人城等並見漢書，郅支亡至康居未

曾築城。又通典州郡部引西河舊事言姑臧城：『匈奴故蓋臧城』。是匈奴在河西或

竟有城。若果有城，則漢人因故塞置屯戍，決非一不可能之事也。史記大宛傳於烏

孫事，所據多有訛誤，匈奴西城事亦有可疑，然築城事以其他史料推之，或非盡妄也。又史記匈奴傳

云：『渾邪王殺休屠王，並將其衆降漢，凡四萬餘人，號十萬。於是漢已得昆邪

王，則隴西北地河西盆少胡寇，徙關東貧民處所奪匈奴河南新秦中以實之，而減

北地以西戍卒半。』漢書食貨志云：『山東被水災民多饑乏。……迺徙貧民於關

以西及充朔方以南新秦中七十餘萬口。』漢書武紀元狩四年：『有司言，關東貧

民徙隴西，北地，西河，上郡，會稽凡七十二萬五千口，衣食振業不足，請收銀

錫造白金以足用。』所言徙民之地雖互有異同，然均不及河西，漢書匈奴傳（元

狩四年）令大將軍青票騎將軍去病分軍，……絕幕擊匈奴……漢兵得胡首虜凡七

萬餘人，左王將皆遁走，票騎封狼居胥山，禪姑衍，臨瀚海而還。是後匈奴遠

遁，而幕南無王庭，漢度河自朔方以西至令居，往往通渠置田官吏卒五六萬人，

稍蠶食地接匈奴以北。』史記平準書：『數萬人渡河築令居，初置張掖酒泉郡。

而上郡，朔方，西河，河西開田官，斥塞卒六十萬人戍田之。中國繕道餽糧，遠

者三千，近者千餘里皆仰給大農，邊兵不足乃發武庫工官兵器以贍之。』故築令

居而後，其北邊田卒多至六十萬人。漢書萬上脫一『十』字，應從史記。而河西亦在其內。

惟史記漢書俱記在元狩四年以後，或先已屯田，此時更大舉屯田，故終言之。且

屯田之事原不妨後於置郡，武帝平越，平西南夷，平朝鮮，皆得其地旋卽置郡，

當時往往不於其地屯田。平準書云：『漢連兵三歲，誅羌，滅南越番禺以西以蜀

南者，置初郡十七。且以其故俗治，毋賦稅。南陽漢中以往各以地比，給初郡。

吏卒奉食幣物，傳車馬被具，而初郡時時小反，殺漢吏。漢發南方吏卒往誅之，

間歲萬餘人，費皆仰大農。』故漢得地雖至遠亦必置郡以軍吏屯之。雖不屯田亦

仍有吏卒。漢得酒泉，沃野千里，而地復接京師上游，萬無不卽置郡之理。其後

更增屯卒，徙貧民，乃逐步爲之，非一時之事。由是言之，漢得河西卽立酒泉

郡，事所宜有，不得依史記大宛傳之單文孤證，遂有所置疑矣。

酒泉置郡之時旣當從漢書武紀，再論武威置郡之時。據簡所言四郡，有金城而無

武威，武威置郡應在金城之後。今按漢書昭帝紀始元六年：『秋七月，以邊塞闊遠取天水，隴西，張掖各二縣，置金城郡。』張掖在武威之西，置金城郡取張掖二縣而不及武威，是此時武威郡也。更逾三年，當此簡所記之元鳳三年，仍無武威。鹽鐵之議發於元始六年春，較置金城前數月，於河西亦言張掖，不及武威。至宣帝初立，昌邑王罷歸故國，昌邑國名雖未廢，而昌邑國人則屯戍北邊，不以王國人遇之。昌邑國據昌邑王傳云王歸國後，地除爲山陽郡。但簡中戍卒尙有昌邑國名，或至少在數月之後。漢書公卿表本始四年，山陽太守梁爲大鴻臚不至晚過此時。此類名籍見釋文名籍類。其同時同地出土者，有大河郡及淮陽郡戍卒名籍。此二郡宣帝初年亦俱分封爲國，簡中名籍稱郡，正與昌邑未改郡同時。惟騎士名籍則張掖所屬諸縣，如觻得，昭武，氐池，日勒，番和，居延，顯美等縣俱有其人，而武威所屬諸縣則無一人。是宣帝初年武威蓋已立郡，故其正卒戍武威緣邊，不戍張掖屬之居延矣。及神爵元年發兵備羌者有武威郡兵而辛武賢奏言屯兵所在有武威郡，並見漢書趙充國傳。蓋猶在此以後也。故據漢簡推定武威置郡之大致年代，早不得逾元鳳三年十月，此簡行文之時代；晚不得逾地節三年五月，張敞視事山陽郡之時代。前後凡十年七月。其間本始二年五將軍十餘萬人出兵西河，雲中，五原，酒泉，張掖，並常惠領烏孫兵共擊匈奴。匈奴民衆死傷而去者，及畜產遠移，死亡不可勝數，於是匈奴遂衰耗。茲欲鄉和親，而邊境少事矣見漢書匈奴傳。此事前於地節三年約五年，然出兵亦僅發自張掖酒泉而不及武威，其規模之大，則爲武帝以後所鮮有，當出兵時固必有發關東衆庶運輸屯戍以繼其後者。姑臧附近正當其東三路其西二路及烏孫一路之中央，或者罷兵之後，匈奴無事，遂以未罷之屯戍於姑臧置郡歟？史文殘闕，不得其詳；惟假設在此時置郡，於現存史料，除漢書武紀及地理志而外，皆不相衝突而已。又張維華先生作漢河西四郡建置年代考疑，以爲武威置郡略後，其發表在鄙意之先，並記於此。

復次，更論張掖敦煌二郡設置之年代。地理志稱張掖開於太初元年，而敦煌置於後元年。然漢書記二郡之事，並有前於此者。漢書李陵傳記陵『將勇敢五千人，敎射酒泉張掖以備胡，數年，漢遣貳師將軍伐大宛，使陵將五校兵隨後』。陵敎射在貳師伐大宛前數年，太初元年爲貳師伐大宛之年，則張掖已先太初而立矣。

則本紀言張掖置郡於元鼎六年，事當不誣。惟李陵傳言數的酒泉張掖，實當是全部河西地區，敦煌當未置郡。紀所言敦煌，亦猶如紀所言武威乃班氏誤附一筆耳。敦煌一地故爲烏孫牧地，及烏孫不來，漢遂以罪人屯其地。漢書武紀元鼎四年：『秋，馬生渥洼水中。』注引李斐說，南陽新野人暴利長遭刑屯田敦煌界，於水畔得之。據唐寫本地志云在沙州壽昌界內即漢龍勒縣界。其說較後，然渥洼在敦煌從無異說。又漢書禮儀志作元狩三年，是年未必有屯戍至敦煌，殆因是年爲改有河西之年，因而繫之歟？及元鼎六年以後，元封六年濟南崔不意爲魚澤尉，敎力田，以勤效得穀，因立爲縣，名效穀。漢書地理志師古注引桑欽說。然效穀立縣乃終言之，決不在元封六年，此亦不足以證敦煌之置郡也。惟漢書劉屈氂傳記征和二年巫蠱事云：『其隨太子發兵以反，法族，吏士劫略者皆徙敦煌郡』。明言有敦煌郡者始此。其事在後元以前，元封以後，則敦煌置郡當以太初中爲近似，是志言酒泉張掖置於太初，當是涉敦煌而誤耳。又居延簡『(一一)三〇三、三九』『延壽延太初三年中，又以負馬田敦煌，延壽與父俱來田事已……。』亦可證早有屯田之事。窺其語氣似指敦煌郡而言，似亦可爲太初時期初置敦煌郡之旁證。更就敦煌木簡言，在敦煌以西玉門關遺址發現者有太始四年玉門都尉護衆之文書。是太始時玉門關已從敦煌之東部西徙，不得遲至後元始置敦煌郡也。

以下更就河西四郡之建置以討論玉門關問題。

玉門關是中國通西域大道上的一個最重要關口，漢書西域傳雖有『列四郡，據兩關』之說，此處所稱的兩關是指玉門關和陽關，但是玉門關似乎比陽關更爲重要。史記大宛傳稱：

自博望侯張騫死，(漢書百官公卿表，元鼎二年，騫爲大行令三年卒。)匈奴聞漢通烏孫，怒，欲擊之。及漢使烏孫若（集解，若，及也。）出其南，抵大宛，大月氏相屬。烏孫乃恐，使使獻馬。……而漢始築令居以西，初置酒泉郡以通西北國。……其使皆貧人子，私縣官齎物欲，賤市以私其利外國。外國亦厭漢使，人人有言輕重。度漢兵不能至，而禁其食物以苦漢使。漢使乏絕，積怨至相攻擊。而樓蘭姑師小國耳，常空道攻劫漢使王恢等尤甚。而匈奴奇兵時時遮擊使西國者。使者爭徧言外國災害，皆有城邑，兵弱易擊。於是天子以故遣從驃侯(趙)破

奴，將屬國騎及郡兵數萬至匈河水，欲以擊胡，胡皆去。其明年擊姑師，破奴與輕騎七百餘先至，虜樓蘭王，遂破姑師，因舉兵威以困烏孫大宛之屬。還，封破奴爲浞野侯（集解徐廣曰，元封三年）。王恢數使，爲樓蘭所苦，言天子，天子發兵令恢佐破奴擊破之，於是酒泉列亭鄣至玉門矣。

自大宛以西至安息國，……而漢使往既多，其少從半多進熟於天子，言曰，宛有善馬，在貳師城，匿不肯與漢使。天子既好宛馬，聞之甘心，使壯士車令持千金及金馬以請宛王貳師城善馬。宛國饒財物，相與謀曰：『漢去我遠，而鹽水中數敗……』遂不肯與漢使。……令其東邊郁成，遮攻救漢使，取其財物。於是天子大怒，……拜李廣利爲貳師將軍，發屬國六千騎，及郡國惡少年數萬人以往，是歲太初元年也。而關東蝗大起，蜚西至敦煌。貳師將軍軍西過鹽水，當道小國恐各堅城守，不肯給食，攻之不能下，下者得食，不下者數日則去。比至郁成，士至者不過數千，皆幾罷，攻郁成，郁成大破之，所殺傷甚衆。貳師將軍與哆（李哆）始成（趙始成）計，至郁成尚不能舉，況其王都乎？引兵而還，往來二歲，還至敦煌，士不過什一二，使使上書，言道遠乏食，且士卒不患戰，患饑。人少不足以援宛。願且罷兵，益發而後往，天子聞之大怒，而使使遮玉門曰：『軍有敢入者輒斬之』。貳師恐，因留敦煌。

在史記西域列傳中此兩段所說之『玉門』，顯然是一個地方，司馬遷決無在同一列傳中，用同一地名來指兩個地方之理由。在漢書的張騫李廣利傳中，曾用此兩段史料，並且頗有增改。在名稱上，前一段在張騫傳說：『於是天子遣從票侯破奴將屬國及郡兵數萬以擊胡，胡皆去。明年擊破姑師，虜樓蘭王，酒泉列亭鄣至玉門矣。』後一段在李廣利傳說：『天子聞之之大怒，而使使者遮玉門關曰，「軍有敢入者輒斬之」，貳師恐，因留敦煌。』前段未增『關』字，只作玉門，後段則作『玉門關』。可見班固當時看法，『玉門』即是『玉門關』，增關字或不增關字本無區別。因而未曾改動史記之原意。

玉門關地址所以發生問題者是玉門關之東又有一個玉門縣。玉門關之坐落，據漢書地理志言在敦煌郡的龍勒縣境內。其地自從武帝晚期以後即在今敦煌縣西偏北二百五十華里之小方盤已經不成問題。玉門縣之坐落，據漢書地理志是屬於酒泉

郡，亦卽應當在敦煌郡之東。玉門關在敦煌郡治（卽今敦煌縣）之西，玉門縣則
在敦煌郡治之東，所以玉門關和玉門縣，不可能在同一地點。

史記大宛列傳兩次說到之『玉門』，當然皆是指玉門關而非玉門縣。誠以玉門關是
國防上及交通上的重點，而玉門縣只是一個平常的縣治，在河西四郡之中，若玉
門縣一類之縣還有許多，玉門縣無特殊的理由可以格外加以強調。因而史記中兩
次說到之『玉門』，都不應是指玉門縣。

再從句中相關的辭意，來看此兩次說到之『玉門』，亦顯然指玉門關而不指玉門
縣。從『於是列亭鄣至玉門矣』一句而言，其著重之點是指國防線，國防線中包
含之因素，是亭鄣及關塞，亭鄣與玉門關之『關』，都在一組國防系統之內，說
亭鄣當然很方便類及到關。其次，關爲一個點，而縣却是一個面。縣境之中，可
以包括若干亭鄣，所以縣和亭鄣，不是對等名稱。至於塞上的關，正是與亭鄣互
相銜接之點，由亭鄣至關，不論在理論上，在事實上，皆是互相爲用。因而在
『列亭鄣至玉門矣』，一句中之『玉門』也當然是指屬關之門而言。

再從『使使遮玉門曰：軍有敢入者輒斬之』，此一處之『玉門』，亦甚明顯爲指玉
門關而說。只要細心讀書，一定會注意到『遮』和『入』兩個字並不相同。『遮』
是指遮關門，『入』是指入關門，不應當作其他解釋。一個縣境方圓數百里，決非
一個使者所能遮；遮只是指遮關門，甚至遮縣城亦不可能，除非遮縣城之城門，
但是原文上並不是如此說。要講『入』爲入縣，雖然勉強可通，但當時的重點，
是入國境，不是入縣境，因而詞意上遠不如解釋爲入關爲好。再就『入』字而言，
在居延漢簡中有過關的出入六寸符，其文云：

　　始元七年閏月甲辰居延與金關爲出入六寸符券，齒百，從第一至千，左居官，
　　右移金關，符合以從事。

所以經過關時，出關曰『出』，入關曰『入』，在居延漢簡釋文卷二，簿錄章，烽燧
類，其中多有『某某名諸官某日某時入』等一類記錄，按照各方材料的推論也應
當屬於關吏所記。因爲居延之肩水金關就是一個第二道國防線上之關，在肩水金
關以外，還有不少的亭鄣。在此類亭鄣上防守之人，進關時皆要有記錄，而進關
後記上之專用辭是『入』。

『入』字當然也可用在『入境』和『入國』諸語上，如漢書朱買臣傳：『入吳界』，馮奉世傳：『馮亭乃入上黨，城守於趙』。此處所謂『入』，是指所到的目的地而言。至於匈奴傳中的出和入，亦甚清楚。如：『將軍衞青出上谷，……公孫賀出雲中，……公孫敖出代郡，……李廣出雁門』，又如：『匈奴數萬騎入代郡……又入雁門，殺略千餘人。其明年，又入代郡，定襄，上郡，各三萬騎，殺略數千人』。以上兩段說到的出和入，皆指出塞和入塞而言。『上谷』實是指『上谷塞』，『雁門』實是指『雁門塞』。邊塞屬於郡，因而出入邊塞，也以郡爲主。除去特殊的地方如居延爲都尉所治，在地理上自成一區，因而在李陵傳稱『出居延』以外，平時咸不用縣名。所以『軍有敢入者輒斬之』一語中，此中的『入』字認爲是入關之入，其義較長。若認爲入玉門縣境，則李廣利旣非以玉門縣爲最後爲目的地，當言『過』而不當言『入』。並且天子也無從特別重視一縣，若謂李廣利已入敦煌縣，天子始特別重視玉門縣而不許入，實嫌過於牽強。

因此就邏輯的推論而言，漢武帝遣使者所遮的玉門，非是玉門關不可。亦卽是在李廣利征伐大宛以前，及征伐大宛成功以後，玉門關所在的位置並不相同。換言之，卽玉門關在李廣利征伐大宛以前，本設在敦煌之東，到李廣利征伐大宛成功以後，始遷移到敦煌之西。

以上所言，只是一個基本的觀點，本不必如此瑣細的分析。惟此一個不成問題之觀點，早已成爲爭論問題，所以不得不就推論上必然的結果，再爲申述。今再就觀點的提出及爭論的發生，再爲討論。

最早提出此觀點者爲沙畹 Edward Chavannes 在其的所著的敦煌木簡一書中根據史記大宛列傳中材料，說明玉門關曾經遷移過。至王國維作流沙墜簡，亦重述沙畹之發現。此在王氏流沙墜簡以後，大致成爲公認之事實。前作兩關遺址考，（見歷史語言集刊十二本）的時期，亦是承認沙畹及王國維之說，而加以補充。至今仍然認爲沙畹的發現是對的，但是這許多年之爭論，必需加以澄清。

認爲從來玉門關卽在敦煌之西，未曾遷徙過者是夏鼐先生及向達兩先生。最先提出此項意見者是夏鼐先生，以後又得向達先生的支持。向氏發表玉門陽關雜考在先（重慶印真理雜誌一卷四期）而夏氏的新獲之敦煌漢簡（見歷史語言集刊十九

本）更據他所發現的漢簡重申其說。自此以後，雖然還略有爭論，但因夏向兩先生持論甚辯，故十年來甚少異議。

向氏之根據是漢書地理志敦煌郡效穀縣下注云：師古曰：『本魚澤障也，桑欽說，孝武元封六年，濟南崔不意爲魚澤尉，敎力田，以勤效得穀，因立爲縣名。』據史記元封三四年亭鄣列至玉門，則魚澤障當卽此時所建。其實此一條，並不可以算證據，因爲列亭障至玉門在前，而崔不意爲魚澤尉在後，玉門已列亭障，然後再向西延展，到敦煌之魚澤，亦是並無如何不可之事。而況崔不意爲魚澤尉在元封六年，則魚澤障可能卽是元封六年才開始修建，更不能否定元封三四年間，亭障只列到魚澤以東之玉門。

再就此一條注來說，其中可能還有錯誤脫落或竄改，不可以單獨作爲證據。注上有『師古曰』三字，胡渭曰：『師古曰三字後人妄加，此非師古所能引也。地理志引桑欽者六，皆班氏原注，此桑說亦必班注。』但是胡渭之意見，假如細爲推證，實亦大成問題。地理志班氏原注引桑欽說，凡有六處，其文爲：

上黨郡	屯留	桑欽言絳水出西南，東入海。
平原郡	高唐	桑欽言漯水所出。
泰山郡	萊蕪	又禹貢汶水出西南入泲，桑欽所言。
丹揚郡	陵陽	桑欽言淮水出西南，北入大江。
張掖郡	刪丹	桑欽以爲道弱水自此西至酒泉，入合黎。
中山國	北新成	桑欽言易水西北東入滱。

班氏自注引桑欽語，均稱爲『桑欽言』，刪丹一條因有弱水的爭論，稱爲『桑欽以爲』，決無一條作『桑欽說』，此與班氏引桑欽語者慣例不符。其次桑欽所說皆是水道的方位並無傳說故事，其內容也與班氏取引桑欽語不符。從此兩點看，此處決非班氏原注。隋代以後除桑欽水經以外更無桑欽之書流傳，則師古所引的『桑欽說』可能是從其他傳世圖經轉引而來，其中所述內容既然不類桑欽著作所有，必是因爲古人引書無引號，誤將經中桑欽語以外的話當作桑欽語；否則崔不意事可能爲水經注逸文，爲水經注中經注混淆之一例。其爲錯誤，無待煩言。

此一條既屬顏師古引證錯誤，當然不能認爲西漢舊說，只可認爲一條來源不明之

材料，因此不可便作爲主要證據。

再就效穀縣爲魚澤障所改的事來看，亦甚有問題。因爲假如魚澤障改爲效穀縣，則武帝以後，便應只有效穀縣而不應再有魚澤障。漢書七十七孫寶傳說：

下寶獄，尚書僕射唐林爭之。上以林朋黨比周，左遷敦煌魚澤障候。

王念孫讀書雜志曾對此加以懷疑，他解釋說：

敦煌魚澤障，自武帝時已改爲效穀縣，此云魚澤障候者，仍舊名也。

照王念孫意思來說，唐林所做的應爲效穀候官，所謂魚澤候，只是史官沿舊日官名，未曾改正。照現存的敦煌漢簡來看，却是魚澤之名，仍然存在：

宜禾部鲞第：廣漢第一，美稷第二，昆侖第三，魚澤第四，宜禾第五。

宜禾部指宜禾都尉而言。其下五個地名，皆當爲都尉所屬的候官，則魚澤障和效穀縣當同時存在，決不如此單純式之改換。

按照顏師古引證的原文，亦只說崔不意爲『魚澤尉』並非『魚澤鄣尉』，（沙州圖經作『魚澤都尉』，衍一都字，誤）。魚澤尉應當只是敦煌的縣尉，並非鄣候之尉，當時並不見得魚澤有鄣。原文旣未言鄣，則據『列亭鄣至玉門』一語，謂魚澤一定就已有鄣，是一個理由不足之論據。當然敦煌縣尉可能爲防守起見而特起一鄣，但此係從敦煌縣爲中心，作四周之防守，與『列亭鄣至玉門』之一種長途相接之亭鄣，別是一回事，不應當牽而爲一。亦卽魚澤尉之事，與玉門關無涉。因而不能推翻史記對於玉門關之記載。

居延漢簡中有肩水金關。其他在居延城之南，而居延城有居延都尉及居延縣令。由張掖至居延必過肩水關。今尚保存不少關吏記錄，證明從居延到張掖需要通過文件。此種關外尚有都尉縣令之事，顯示玉門關以外尚有一個敦煌縣，在漢朝習慣之上，是一種合理之舉。過去一般學者疑心玉門關外不可能再有縣治之觀念，當然有修正之必要。而李廣利停留於玉門關外之敦煌縣亦非難以想像之事矣。

夏鼐先生於三十三年冬在小方盤玉門關遺址所得之漢簡中有一簡爲：『酒泉玉門都尉護衆，侯畸兼行丞事。謂天□以次馬駕，當舍傳舍，諸行在所。夜□傳行，從事如律令。』夏先生因而在『新獲之敦煌漢簡』一篇中力主其玉門關未曾遷徙之說。其謂敦煌郡乃元鼎六年立，在李廣利留居敦煌以前，此簡言『酒泉玉門』

是敦煌尚未置郡，當更在元鼎六年之前。『酒泉玉門』之簡發現於敦煌西之玉門

關遺址，是玉門關未曾有遷徙之事矣。——今按敦煌置郡於元鼎之事，理由本不

充分。班氏附武威於酒泉，附敦煌於張掖，武威之誤，已甚顯然，敦煌之誤，亦

屬同例。蓋敦煌置郡實宜在李廣利歸自大宛之後，其時爲太初二年至三年，則

『酒泉玉門』之簡，自亦不至早至元鼎時，因而不能據此簡以證李廣利東歸之際，

使使所遞之玉門，不是敦煌以東之玉門舊關。

『酒泉玉門』之原址，自應在酒泉之西，敦煌之東。此簡留存於敦煌以西者，當有

數種可能。

（甲）　在李廣利第二次征伐大宛成功之後，西域與中國之交通，更加頻繁。故

在敦煌尚未設郡之前，酒泉之玉門都尉，卽先徙至敦煌之西，以控制西域。故

『酒泉玉門』之簡，發現在敦煌縣之西。

（乙）　玉門都尉遷至敦煌以西以後，卽已改稱。但舊有稱『酒泉玉門』之簡，

歸入檔案者，亦可能隨都尉之遷移，而遷至敦煌以西之新址。

（丙）　玉門都尉遷至敦煌以西時，敦煌郡亦同時設立，但官名及印信皆未及

改，仍保持舊稱。此種官名保守之事，至淸代臺灣雖已設省，而臺灣巡撫則保

有『福建臺灣巡撫』之稱號，卽其顯例。

（丁）　『酒泉玉門都尉』雖冠以酒泉二字，但所負責任較爲重要，在行政系統上

並不屬於酒泉郡（猶如西域長史本爲敦煌長史，其後卽不屬於敦煌郡。）故遷

移至敦煌之西以後，仍冠以酒泉，與行政系統並無妨礙。及敦煌建郡，一切固

定之後，始去酒泉二字，但稱玉門都尉，並不稱『敦煌玉門都尉』。

以上四項可能，只需有一項存在，卽無礙於玉門之遷移說之成立。而尤其甲項之

可能性爲最大。因此，決不能以五分之一的或然性（上舉四項連夏先生所舉爲五

項），而否定大宛傳具有必然性之明文。故沙畹王國維以來之推論實具堅强之理

由，決不能用其他材料加以推翻者也。

此外玉門都尉護衆據段會宗傳『邊吏三歲一更』（此爲鄙意向夏先生提出者，夏先

生文中未明言，蓋此爲反面證據，爲客氣起見，不願公開駁鄙見耳）仍可注意，

漢代太守確有久居邊地者，而都尉則無其例，蓋都尉成績最當升太守，次者調，

下者免，不當久留於都尉之職也。

今為此說，實無故意與人爭勝之心，向夏兩先生學術成績縱不以玉門關問題立論不堅强而有所貶損。惟近十年來國內以至於國際間，對於兩關問題似尚未作進一步之分析工作，大率皆停留於承認『玉門關未曾遷移』之階段。進一步推求眞像，自有其必要。作一種科學工作，自不得以眞理為重，以事實為重，力求顯示確實之眞像，而不可以不可信為可信，此所以不得已於言者也。

祿　福　縣

十二月辛卯，祿福獄丞博行丞事，移旦所如律令。／掾海齊，令史衆。

五〇六、二〇

祿福，酒泉郡治，武威郡治見上簡，酒泉郡治見此簡。吳卓信漢書地理志補注云：『晉隋唐並作福祿。考郃陽令曹全碑云：「拜酒泉祿福長」，三國志龐淯傳：「有祿福長尹嘉」，皇甫謙列女傳載龐娥親事，亦云祿福趙君安之女，是漢魏之間，猶稱祿福，其改福祿，當自晉始，晉書張重華傳：「封中堅將軍為福祿伯」此其證也。』今此簡較曹全為早，仍作祿福，可證祿福是其舊名矣。

武　威　縣

八月庚寅，武威北部都尉□光行塞，敢言之太守府。□鄣□侯所觀□□□□□度武威⊠。四二、六　（面）

⊠官簿出侯長□歲承□一⊠平□長掾言□以⊠。四二、六　（背）。

漢書地理志武威郡休屠縣下，『都尉治熊水障，北部都尉治休屠城』。李廣利傳：『（太初二年）益發戍甲卒十八萬，酒泉張掖北置居延休屠以衛酒泉。』注，如淳曰：『立二縣以衛邊也，或曰置二部都尉。』二部都尉者，言張掖居延都尉及休屠都尉也。今據漢地理志則休屠都尉卽武威北部都尉。水經注禹貢山水地澤篇云：『都野澤在武威縣東北。縣在姑臧縣城北三百里，東北卽休屠澤也。……其水上承姑臧武始澤。澤水二源，東北流為一水，逕姑臧故城西，東北流。……澤水又東北流，逕馬城東，城卽休屠縣之故城也。本匈奴休屠王都，謂之馬城。河又東

北東北與橫水合，水出姑臧城下。……河水又東北，淸澗水入焉，俗亦謂之爲五
澗水也。……河水又與長泉水合，水出姑臧東揗次縣，王莽之播德也。……又東
北逕宣威縣故城南。又東北逕平澤晏然二亭東。又東逕武威縣故城東。……此氏
一流兩分。一水北入休屠澤，俗謂之西海。一水又東逕百五十里，入豬野，世謂
之東海，通謂之都海矣。』今按姑臧故城卽今涼州城。休屠澤當卽靑玉海，豬野
或卽今白亭海。則馬城河當爲自涼州城東北流經故休屠城卽武威城。更東北流至宣
威，更東北流至武威縣故城，然後分流入東西二海。是武威故城當在今民勤縣
附近，而休屠及宣威二城當在今涼州城及民勤城鎭番城。間矣。其城距今武威涼州
城，應不甚遠。李廣利於此置都尉，蓋爲其爲休屠故都，據有形勢。其後雖於姑
臧設治，猶以此爲北部都尉也。此簡言武威北部都尉，不言休屠都尉，蓋遠在貳
師囘師之後矣。

小　張　掖

葆小張掖有義里。一九、六七。

通鑑建安三年胡注：『沛郡治相縣，而沛自爲縣，時人謂沛縣爲小沛。』今案沛
縣稱爲小沛，以其非郡治，胡注之說是也。此簡之小張掖，當指張掖縣而言，張
掖郡治觻得，不在張掖，與小沛同例。惟據地理志張掖縣屬武威，此當爲西漢晚
期改屬者。簡牘多言張掖郡事，鮮言他郡事，則此時張掖縣應仍爲張掖郡屬縣
也。

居　延　城

徐子禹自言家居延西第五辟，用田作爲事。(面)　四〇一、七。

謹移檄□官發□宜錢簿一編謹☑問□欲所取□□所願。河平四年正月乙亥，遮虜候武
敢言之。(背)　四〇一、七。

此遮虜候所上文書也。遮虜候卽遮虜候官，簡中候與候官通用。遮虜候之命名，
當因治在遮虜障而得。遮虜障則築在居延城。漢書地理志張掖郡居延下，注師古
曰：『闞駰云，武帝使伏波將軍路博德築遮虜障於居延城』，是也。路博德傳言博

德『爲彊弩校尉屯居延』，而李陵傳則言『令兵士持二升糒一半水期至遮虜障』。
遮虜障即在居延，爲博德所屯。今此簡遮虜候言居延事，亦其證矣。惟闕駰言築
障於城，意不可曉，蓋旣有城，何必更於其中築障。然就今黑城遺址言，則城中
確有二鄣。二鄣俱在城東南角，西鄣較大，東鄣較小，西鄣結構與玉門關及紅城
子俱相仿。黑城爲居延城，本爲舊說相傳如此。以簡文所記方位證之，亦即以黑
城爲最合理。見封檢類各簡。是居延城中，固本有鄣也。惟今城乃後世增修，全非
漢舊，漢代居延城或在黑城一部，非今城之範圍。自後居延地位漸重，由屬國都
尉而西海郡，城郭亦逐漸擴大，遮虜障遂包在城中。闕駰時大抵已漸次擴大，障
在城中，與今時所見遺址相若，遂以爲路博德果築障於城矣。今於障中尙獲有漢
陶殘片，而障之形式亦與其他漢障全同，其爲漢築，應無疑問。惟城則未發見漢
代遺跡，則可證後代屢經經營，破壞甚烈也。至於以爲黑城即居延縣者，蓋除封
檢所記方位適合外，而所有各鄣，如肩水，卅井，甲渠，諸障，今皆能實指其
地，此外無有一處堪容縣城。惟黑城西北有一小城，蒙古名爲ㄚㄉㄨㄋㄚ　ㄎㄛ
ㄌㄚ（Aduna Kora），然於城中未訪得漢時遺跡，自難驟指爲居延縣。此城或爲
守衛黑城，築此以爲遙應者，其中碎陶亦唐宋以後物也。且黑城之中旣有漢代遺
跡，其城更經衍爲元代之亦集乃城，至明始廢，則此城自漢至元，亦必城郭居民
相沿不絕，雖歸胡歸漢不同，然此域至元代猶未經廢棄，則可斷言也。凡沙漠中
城市，皆擇水草茂美之區，而築塞之處，亦必擇形勢險要之地。就水草而言，黑
水自酒泉會水北流，至黑城復循故道東折，分若干支流入故居延海，其地在黑水
下游未改道之前，左右數百里中，當爲水草最美之地。就形勢言，則其地當大道
東西南北之衝途。今河道已改，故北行者其路在其稍西，不直經之。而黑河包其西及西北。
居延故海成半月形包其東北及東，形勢甚便。此則就地理狀況言，黑城與居延，
非屬同一之城不可也。酈道元禹貢山水澤地所在注云：『居延澤在其縣故城東北，
尙書所謂流沙者也，形如月生五日也。』此與居延故海及黑城位置全符。楊守敬
作水經注圖及漢書地理志圖，其時尙未知居延澤曾遷移，故作一大月形於嘎順及
索果二湖間，其背直達狼星山，爲適合酈注方位，遂置居延城於嘎順湖西南，而
不虞其地爲一荒磧，從無城郭也。今從黑城及居延故海關係推之，則怡然理順

矣。

魏孝明帝正光二年處柔然溥羅門於西海郡地，自是淪爲外族。其後突厥，回紇，黨項，蒙古相繼有其地，至明而毀之。故唐宋以來地理書於居延城及遮虜障皆不能知其故地，清陶保廉作辛卯侍行記素稱精核，而於居延故城猶力辯不在元時之亦集乃城也。

簡中『第五辟』之辟與壁同，猶言塢壁。漢人塢壁以數計，竇融傳：『（建武）八年夏，車駕西征隗囂，融率五郡太守及羌虜小月氏等，步騎數萬，輜重五千餘兩，與大軍會高平第一』。後漢書。二十三。續漢郡國志安定郡高平縣有第一城，有第一城亦必有第二城矣。此言第五辟，與言第一城政相類。今其遺址並廢，不可復見。以意擬之，或烽燧外只塢壁，居民卽在其間。則常時額濟納河沿岸墾田至廣，非如今日之荒廢也。

居 延 地 望

十月四日南書二封，封皆棄佗□□官一詣肩水都尉府　一詣昭武日出受沙頭卒同□□□卒同金關時　五〇二、一　（面）

寄去　（簡背）（1）

□□通府去除虜隧百率九里留行一時六分定行五時留進三時五分解何。

一八一、六　（2）

十二月廿五日　南書一封　張掖居延都尉詣張掖太守府十二月乙丑記　十二月丁丑□會卒忠□□下舖時☑　五〇六、一七　（3）

□□平明里大女子忠上書一封　居延丞印　建平元年二月辛未夜漏上水七刻起上公車司馬　居延庭左長昌行直□　二月甲戌夜食時駹馬卒良使沙頭卒守夜半時付不夜卒豐五〇六、五　（4）

二封記詣肩水　一封詣居延十二月　下舖時□部卒忠付駹北卒朝

五〇六、一六　（5）

南書一輩潘和尉印詣張掖都尉府　•六月廿三日庚申日食半五分沙頭亭長使駹北卒晉日東中六分沙頭亭卒宣付駹馬卒同　五〇六、六　（6）

南書一輩一封張掖肩候詣肩水都尉府　・六月廿四日辛酉日蚤食時沙頭亭長使辟北卒
晉日食時二分沙頭卒宣付辟馬卒同　五〇四、二　（7）

☑府記□□□□應廣地　三月甲子見時不憲使不□小吏晏昏時沙頭卒忠付辟北卒護
五〇五、六　（8）

十月十五日南書一封　一封橐佗塞尉□□□☑　五〇五、三一　（9）

二月十四日南單記城官都吏郝印受沙頭卒張詡人定時　五〇五、一九　（10）

四月廿一日北記一　記一左掾私印詣肩水候官　四月己未日昏時還
五〇六、一九　（11）

出亡入赤函表一北　元康三年☑臨渠隧長☑　昏時四分時乘胡隧長□付並山隧長普函
行三時中程　五〇二、三　（12）

十二月三日北書七封　□二封張掖大守廄□書一封皆十一月丙午起詔書一封十一月甲
辰起　一封十二月戊戌起皆詣居延都尉府　二封河東大守丞皆詣居延都尉府　十月甲
子起一十月丁卯一封府君章詣肩水　十二月乙卯日入卒憲父令卒恭夜昏時沙頭卒忠付
辟北卒復　五〇五、二二　（13）

☑一封詣廣地一封詣橐佗　☑記二張掾印　☑詣封　十二月丁卯夜半盡時夜□□使介
令卒恭雞前鳴時沙頭卒史付辟北卒復　五〇三、五　（14）

南書五封　一封詣肩水候　一封詣張掖肩候　十一月丙午起詣肩水府
五〇三、三　（15）

十一月十八日　南書二封皆丞送萬歲　五〇六、四　（16）

☑　一封居延都尉詣肩水府五月甲午起　☑詣肩水府　昏時辟馬卒良使沙頭卒同☑時
付□□卒豐　四九五、二八　（17）

甲寅起　日入時使來卒同付沙頭卒同□□時　四九五、一九　（18）

十二月十二日　二封張掖大守章一封詔書十二月丁卯起　一封　十二月丁巳起　四封
皆府君章其三☑　四九五、二　（19）

南書一輩一封居延都尉章　詣張掖大守府　九月辛巳日入時張掖□卒臨渠臨木□□□
□□月卅井高要隧半鄭升廣地北□隧卒□北母□□□城北隧卒卅八里定行三時・五分
□□三一☑　三八三、一九　（20）

入南書五封　三封都尉印並詣會中大粲具月九日責成屬行謹□右尉所詣□壽掾草一人

之渠塞尉即詣會承尉六月十一日起下史侯史即詣官六月十八日起十六年六月十七日平

且時橐他隧長萬世令史胡頌弛刑孫明　五二二、三，五二二、四　（21）

九月乙酉日出五分北書一通又蚤食盡北達書一通受卒同　一七〇、四　（22）

南書五封　一右檄張掖司馬母起日護屏右大尉府　右三封居延丞印八月辛卯起　一封

詣右城尉　一封詣京尉侯利　一封詣敎成東阿　八月辛丑日鋪時辟北使索何算良卒單

崇付頭卒周良　二八八、三〇　（23）

南書三封　十十己　共一封居延都尉章詣張掖☑　一封居延丞印詣廣地候官　一封居

延塞尉印詣屋蘭　三月戊辰☑卒明解時傳卅井卒□　一二七、二五　（24）

校臨木都書一封張掖居延都尉　十一月己未夜半當曲卒同使收降卒嚴下鋪臨木卒採付

誠靜北隧卒則　二一三、二　（25）

南書二封皆都尉章　一　詣張掖大守府　甲戌　六月戊申夜大半三分執胡卒□受不庸

卒樂己酉平且一分付誠北卒良　一八五、三，四九、二二　（26）

破虜　日鋪時卒孫則　四三七、一六，四三七、一五　（27）

☑都尉府☑都尉府　中己　十月甲辰日失中時誠北卒☑　鉼庭下鋪四分付臨木卒☑

一三二、一七　（28）

☑黃昏時盡乙卯日食時四五東　八五、二六　（29）

☑得以夜食七分付尉北卒責對七十里中程　八四、二四　（30）

☑賢隧卒辟受城北隧卒捐之臨木隧☑食時付卅井城務北隧卒尊□中十七里□□

四八四、三四　（31）

☑府辛丑食時遣　壬寅平且到　徐杜封　八四、一二　（32）

☑四月戊寅人定二分臨木隧☑務北隧卒賜去臨木☑□□中時候程四☑

四八四、一八　（33）

辛酉□□十二月辛未下鋪二分和受　一七八、二〇　（34）

☑詣居延都尉府　五月壬戌下鋪時臨木卒護受卅井官移□　隧卒□癸亥□食五分間☑

受□□卒□執胡□□收辟非☑□□居五官　二二九、三四　（35）

□薪日入三分鉼庭長周安付殄北　一六一、一六　（36）

十二月九日書一☑　二一〇、九　（37）

書一封張掖大守府　六月丁丑雞鳴時當曲隧卒趙宣使居延　一六一、二　（38）

雞復鳴五分當曲☑　一九三、一一　（39）

□月郵書二封張掖居延都尉十一月壬子夜食當曲卒同使收降

一八八、二一、一九四、二　（40）

☑乙未夜食當曲隧卒　使收　一八八、三　（41）

☑降卒嚴夜少半四分臨木大十　二二四、二三　（42）

三月庚戌日出七分吞遠卒□☑五分付不侵卒士　三一七、一　（43）

南書一封居延都尉章　詣張掖太守府　十一月甲子□大半當曲卒留受□□卒輔□丑蚤

食八分臨木卒□付卅井卒□□中□界定行☑二時二分　三一七、二七　（44）

三月丁丑入完當曲卒□□收隧卒徼夜六時分付不侵卒賀雞鳴五分付吞遠卒蓋

八二、一　（45）

八月庚戌夜小半臨木卒午受卅井☑甲□中　分當曲卒同付居延收降卒□☑五里□□□

時□□　二七〇、二　（46）

北書三封合檄板檄各一　其三封板檄張掖太守章詣府　合檄牛駿印詣張掖大守府牛掾

在所　九月庚午下餔七分臨木卒副受卅井卒弘雞鳴時當曲卒昌付收降卒福界中九十五

里定行八時三分實行七時二分　一五七、一四　（47）

詣張掖大守府　正月戊午食時當曲卒揚受居延收關卒襄下餔□□卒護時甚□□侯卒則

當□□被卅☑持中☑　五六、三七　（48）

☑月乙卯日過中時☑夜過半時不☑　五二三、二四　（49）

九月九日南書二封居延都尉　皆詣張掖太守府　九月丙辰□□時沙頭卒良付□□□日

西中二分□□卒同付破虜卒□　一八七、二三　（50）

日未付當井卒□所□八分□□兩卒發　五六、四一　（51）

十月甲申日中時甲渠尉史☑　一四三、一二　（面）

第七負平旦起候長☑　一四三、一二　（背）　（52）

入南書二封　□居延都尉章九月十日癸亥封一詣敦煌　一詣敦煌郵行　一所二人二年

九月十四夜半楊受趙伯　一三〇、八　（53）

☑前取憲曰皇詔□□□庚午下鋪入　三、二二，一二、二三　（54）

此爲郵驛記錄，其中蓋驛吏所記，字跡草率難於辨認，然可以證明漢代史蹟者數事，亦足貴也。今具舉之。

先言居延城之位置。按居延城之位置，以清何秋濤蒙古游牧記十六額濟約舊土爾扈特部注爲最可取信。其言曰：『秋濤指漢居延城，卽張掖郡屬之居延縣。自顏師古分爲二地，諸家異說紛起，幾於以不狂爲狂。然其原委非詳考莫能明也。漢書地理志：「張掖郡，居延，居延澤布東北，古文以爲流沙，都尉治。」師古注曰：「闞駰云，武帝使伏波將軍路博德築遮虜障於居延城。」又觻得下云：「羌谷水出羌中，東北至居延入海。過郡二，行二十二百里。」以此驗知居延在觻得東北，其里數亦約略可考。方輿紀要云：「居延城在甘州衞西北千二百里，其東北有居延澤，亦曰居延海。」按括地志云：「漢居延故城在今張掖縣東北千五百三十里，有遮虜障。」唐張掖縣卽明甘州衞也，二書所言里數不同，當以括地志爲正。漢書武帝紀：「元狩二年，夏，霍去病公孫敖出北地二千餘里，過居延，斬首虜三萬餘級」，「太初三年夏，彊弩都尉路博德築居延。」「天漢二年，夏，騎都尉李陵將步兵五千人出居延北，與匈奴戰斬首虜萬餘級。」注，師古曰：「居延匈奴中地名也，韋昭以爲張掖縣，失之。張掖所置居延縣者，以安處所獲居延人而置此縣。」按注文在元狩二年下。李陵傳：「天漢二年，詔陵以九月發，出遮虜障」。王氏應麟玉海曰：「河西之未入漢也，霍去病欲攻小月氏，則先望居延而濟，乃至天山。李陵欲涉單于庭，必先自居延北出，乃至浚稽，則知居延之出匈奴，乃其要路也。漢既全得月氏之地，立爲四郡，則居延又爲酒泉要路，故築塞其上以扼其來，名以遮虜，可見其實也。通典既於張掖甘州著居延塞，又於酒泉肅州著遮虜障者，甘州之西卽肅州之東，寇之來路亘於兩州之境，故遮虜障之設，亦亘兩境。李陵之軍自遮虜障北出，亦望遮虜障南入，可見虜路出入，無不由此也。居延塞卽遮虜障也。」秋濤按漢書匈奴傳：「太初三年使强弩都尉路博德築居延澤上，」是本紀所書築居延卽築於居延澤上也。地理志：「居延縣，有居延澤，」案居延縣卽路博德所築之城無疑。詳考浚儀所論，則知霍去病路博德李陵所出之居延塞遮虜障，與地理志之居延縣皆爲一地，韋昭闞駰距漢未遠，所

言灼然可據。而師古以爲非張掖縣，逞臆妄分，其說謬矣。又按後涼呂光嘗徙西海郡人於諸郡，而西海實領居延，則居延在呂氏時亦嘗移治。師古蓋誤認移治處爲漢舊縣，而轉以居延塞別爲一地也。元和郡縣志亦誤以遮虜障在酒泉縣北二百四十里，指爲李陵戰處，其致誤之由，蓋與師古同。胡東樵執師古之說轉訾班氏，以居延澤繫居延縣下爲未當，尤爲失考。一統志亦疑元和志所記遮虜障道里與漢書不合，而不能決其所在。今以諸書互證，曉然無疑矣。』其言鉤稽古今，獨抒主見，訂顏監而從浚儀，居延所在，至此可成定論。凡在此書之後而猶致疑於居延城之在居延澤上者，皆讀書失之眉睫者也。雖然，居延一澤，古今並已易處，此非昔人所知。而況虜塞之間，茫茫千里，故城今地，猶有疑焉。按匈奴傳云：『……是歲太初三年也，句黎湖單于立，漢使光祿徐自爲出五原塞數百里，遠者千里，築城障列亭至盧朐，而使游擊將軍韓說，長平侯衛伉屯其旁。使強弩都尉路博德築居延澤上』。是居延澤上一語，蓋承上文築城障列亭而言。雖明知城障必在居延澤上，然亦可強言列亭至澤上，而城障乃終言之，無以盡執爲曲說疑辭者之口也。至括地志所記方位道里，切至明白，必有所本。然濮王泰實在顏籀之後，又難以據後記而訂前修。凡此二端，雖不足以建立岐說，然事既有疑，便難堅信。凡立證之道，不僅在表裏分明，相依不懈，尤在萬殊一本，**事事圓**通。當何氏之時所有文籍徵證，所能施用者固已止此，原不能更進一步。及居延漢簡出土，沿額濟納東北直指居延澤故址，皆漢代烽候所及之區，已暗示遮虜障必在其臨近。更就簡中文字如前所舉者，則諸地之方位，更可得其大略矣。今具**舉如次：**

（甲）在南者。

張掖　（3）(13)(20)(24)(26)(44)(47)(50)(54)

肩水　（1）(6)(14)(17)

張掖肩候　(14)

昭武　（1）

東阿　(23)

河東　(13)

廣地　（24）

屋蘭　（24）

敦煌　（54）

（乙）在北者。

居延　（ 3）(13)(20)(23)(24)(44)(50)(54)

肩水　（ 5）(11)

橐佗　（ 1）(9)

番和尉　（ 6 ）

張掖肩侯　（ 7 ）

從以上各條察之，可知凡言張掖者悉在南，凡言居延者悉在北，而肩水則在南在北咸有之。其中所表之意，卽張掖在諸烽燧之南，居延在諸烽燧之北，而肩水則在諸烽燧間也。今更沿諸烽燧而北，憑諸目驗，惟有黑城一處爲城市遺址。則居延縣及遮虜障亦惟有黑城一處爲有可能。若其地爲故居延城，今驗其地正在故居延澤畔。則漢書匈奴傳言『使彊弩都尉路博德築居延澤上』一語正指遮虜障卽後之居延城而言，是此一條可以爲證矣。又以道里方位言之，括地志言居延在張掖東北，以黑城言，方位相類。惟今自張掖至黑城，不過千里，然沿途皆沙，若有時須行十二日，馬可波羅游記卽言自甘州至亦集乃城騎行十二日。卽與紀要所說爲近。苦括地志更合以唐代小程，則稍加增飾卽爲千五百餘里，無所不可也。故何氏之說若以新出史料證之，更無可非。而居延一城更可就地形證卽黑城遺址矣。

戊、邊塞制度

邊郡制度

三月丙午張掖長史延行太守事　肩水倉長湯兼行丞事　下屬國，農都尉，小府，縣官。承書從事下當用者，如詔書。／守屬宗　助府佐定。(二八)一〇、三三，卷一，第四葉。
閏月丁巳張掖肩水城尉誼以近次兼行都尉事，下侯，城尉。承書從事下當用者，如詔書。／守卒史義。一〇、二九。

閏月庚申肩水士吏橫以私卽行候事，下尉，候長。承書從事下當用者，如詔書。／令史得。一〇、八一。

　　此太守，都尉及候官，轉飭詔書與其屬吏之文也。詔書自丞相下，至二千石爲止，其二千石以下有用及詔書者，則由二千石下之，於是太守下都尉，都尉下候官及鄣塞尉，候官下候長，故天子詔書自太守三轉始達於烽燧間，每轉一次皆有下屬吏之文，卽『承書從事下當用者』，亦卽王氏國維所舉唐宋文書相當之用語，言『主者施行』也。長史行太守事，不言以近次，蓋邊郡以長史掌兵馬。漢書百官表。而東漢之制亦爲：『郡太守諸侯相病，丞，長史行事』。續漢書百官志建武六年三月令。此簡與東漢制同。然東漢無農都尉，屬國都尉亦比郡，不屬於太守，與此簡自太守下農都尉及屬國都尉之制亦異，則此簡仍當爲西漢物。是長史行太守事之事，西漢亦曾如此矣。以上第一簡及第三簡俱言行事，而不言以近次，惟第二簡言以近次，蓋長史以例行太守事，而城尉行都尉事則就本人之資歷而非就本官之職位言，見前考。故特言近次以示變例耳。士吏者，塞上主兵之官，漢書匈奴傳注引漢律曰：『近塞郡皆置尉，百里一人，士史尉史各二人，巡行徼塞也。』據簡牘所記，尉史皆仍作尉史，而士史皆作士吏，故知漢書注文訛誤，士史之史當依簡文作吏矣。候官缺，士吏行其事，不言近次，是則士吏之於候官，亦猶長史之於太守，分所當攝，不更言資歷也。小府者供太守用度之府藏，漢書文翁傳：『減省小府用度，買刀布蜀物，齎計史以遺博士』。注：『師古曰，小府掌財物之府以供太守者也。』蓋小府雖供太守私用，而官則郡官，故太守猶以詔書下之。

烽　燧　一

陽朔三年十二月壬辰朔癸巳第十七候長慶敢言之官移府舉書曰十一月丙寅☒渠鉼庭隧以日出舉塢上一表一□下餔五分通府府去鉼庭隧百五十二二百里☒　二八、一

曰吏卒更寫爲烽火圖版皆放羣非隧書佐齎夫　一九九、三

在時表火當在內未曾見收不知鈎枚候言☒　二六九、八

☒午日下餔時便居延蓬一通夜食時堠上苣火一通居延苣火　二三三、一三

樂昌隧長己戊申日西中時使並山隧塢上表再通夜入定苣火三通己酉日□☑

三二三、五

臨莫隧長留入戊申日西中時使迹虜隧塢上表再通□塢上苣火三通☑東望隧　　尸

七、三四

☑檄塢上旁蓬一通　三四九、二七

塢上旁蓬一通同時付並山日入時　三四九、一一

到北界舉塢上旁蓬一通夜塢上☑　一三、二

居延地蓬一會　一六、四一

三十日晦日舉塢上一盆火一通遮　中三井隧□☑　四二八、六

・虜守亭鄣不得燔積薪晝舉亭上烽一煙夜舉離合苣火次亭燔積薪如品約

一四、一一

戍卒三人以侯望爲職戍卒濟陰郡羊千里魏賢之死夜直候誰夜半付記不誰☑使☑卒除☑

一八三、七

苣火更申完　二〇五、三一

卒毋傷出　☑十二小　蓬布索皆火　蓬皆白　三一一、三一

☑不積具　別□☑　☑不事用　蓬火☑　☑爲辟蓋解☑　地蓬干頃　☑皆毋☑

四四、八二

第八隧長徐宗　倚陽弊不鮮明　小積薪上僮頭　卒張田取馬矢不左署山

二一四、一〇八

☑治之敢令　長七尺廣五尺□毋□　□亭叩頭不宣　靳干賚入卽火一通人定時使塢上

苣火一　五三六、三，三四九、二九

火當以夜大半付累虜

　　　　　　　　　　　□□□□

檄當以雞中鳴付累虜　　　　三〇五、一五

☑旁再蓬一☑　四五五、五

匄奴人入塞及金關以北　塞外亭隧見匄奴人舉蓬煙和□五百人以上能舉二蓬

二八八、七

火始悟寫先餔食早五分　二五六、二

□表　至第十二隧名不舉　二〇三、四六

出塢上蓬火一通　元延二年七月辛未　二一九、二〇

☑出燔一積薪夜入燔一積薪☑　二七九、一二

八月三日丁未　日餔時表二通　三、一一

放婁不鮮明轉櫨毋柅　二一七、一一

北尺竟隧上離合　四八二、七

第卅四隧地蓬鹿盧不調　一三六、七

☑黑不貫　繩索二所絞　胡籠一破　☑少一　□里不□治

二一四、二八

第廿六隧長宋登　弦角上盡破　轉櫨皆毋柅　蓬一不事用　□皆毋肩□　堆樓不塗塸

□一不事用　□□一頃　二一四、五

第廿四隧長淳子福　轉櫨毋柅　□一不任事　卒一人□　□矢□不□　□□二□□

□□□咔呼　□不事用　二一四、四九

第十八隧長單威　斥双決　蓬火固函桮傷　轉櫨皆毋柅　布双決狗少一　守何□□不

鮮明　小積薪上便頃　毋□　二一四、四七

傳言舉二苣火燔二積薪　□中盡受餔時付東山隧　竟殄胡舉二苣火燔一積薪　☑傳言

舉二苣火燔一積薪　四二七、二

發桓望亭畢　二八〇、一八

・宜禾第八卻舉火諸□□　一〇八、一〇

・宜禾第八獨和金城　都☑　一〇八、二

☑　八月甲子買赤白繒蓬一　完　二八四、二四

・具木蓬一完　五六三、四

斬幡三　二三三、二

第卅五隧蓬索長三丈一　完　元延二年造　三九二、九

　　以上見卷二第一至二十一葉，又卷三第一至十一葉。

　　　以上諸條並言烽燧之事，又漢晉西陲木簡亦有一條與以上諸條可以相證，其文

　　　為：

望見虜一人以上入塞，燔一炷薪舉二蓬，夜二苣火。見十人以上在塞北，燔舉如一人，須揚。望見虜五百人以上，若攻亭障，燔一炷薪，舉三蓬，夜三苣火。不滿二十以上燔舉如五百人同品。虜守亭障，燔舉晝舉亭上蓬，夜舉離合苣火，次亭遂和，燔舉如品。(五十六葉)

按歷來言烽燧者，惟墨子號令篇云：『侯無過十里，居高便所樹表，表三人守之，北至城者三表，與城上烽燧相望，晝則舉烽，夜則舉火。』說文云：『烓，燧侯表也，邊有警則舉火。』史記司馬相如列傳：『聞烽舉燧燔』。集解引漢書音集曰：『烽如覆米藪，縣着桔槔頭，有寇則舉之；燧積薪，有寇則燔然之。』漢書賈誼傳：『侯望烽燧不得臥』，注文潁曰：『邊方備胡寇，作高土櫓，櫓上作桔槔頭，懸兜零，以薪草置作中，常低之。有寇則火然，舉之以相告曰烽。又多積薪「寇至則然之以望其煙曰燧。』此皆甚略，未能盡烽燧之事。今就其大致言之，則烽臺之建築曰隧，而烽臺之記號曰烽，近三十年中之東西方研究，大致可以發揮此意，而作一結論。以下更據前列諸簡，將烽燧制度中可得而徵者。分析論之。

一曰表，或作蓬，以繒布爲之，色赤與白。

二曰煙。

三曰苣火。

四曰積薪。

其所舉之時，則積薪日夜兼用，表與煙用於晝，而苣火則用於夜也。

烽表之制據史記集解引之漢書音義，及漢書注引之文潁說，俱爲烽憑着桔槔頭而桔槔頭則憑於土櫓之上。(史記信陵君傳集解引文潁說作木櫓，木字爲土字之誤)。今簡文俱作櫓或作轉櫨，櫨者樓櫓，無頂之屋，可以四望，故曰轉也。前引簡中有『轉櫨無枙』之語，枙，說文作屍，廣雅：『屍柄也』。說文段玉裁注曰：『中山經注曰，「欚音絡枙之枙」，易姤初六，「繫於金枙」。釋文曰：「枙，說文作欚」。按昔人謂欚枙同字，依許則枙者今的簆車之柄，欚者今時籆絲於上之架子以受簆者也，故曰絡絲欚。』今按枙者卽絞盤，以受蓬繩者，放繩則蓬下，絞繩則蓬起矣。又據前舉之簡，『蓬索長三丈一完』，完指完整者而言，是蓬繩長三丈也。繩

長三丈，是蓬竿亦當三丈。沙畹敦煌漢簡第六九四簡：『□下蓬滅火蓬干長三丈』正與此合。可參證也。蓬有具木者，前舉五六三、四爲『具木蓬一完』。蓋蓬以布爲之，間以紅白，以便遠望。其後蓋以木爲端，使其挺直平坦，若旗帆之木夾或木梃矣。又前舉二一四、二八之『長七尺，廣五尺』，應卽指蓬而言，其具木之端，應長五尺也。

蓬着於蓬竿，以桔槔上下，桔槔之爲物，今農人猶用以汲水，雲南等地常見，不甚僻也。其形式見於宋應星天工開物卷上乃粒章。乃以橫梃中繫以繩，平懸於直竿之上，梃一端懸重物，一端繫汲桶，人引桶於井以汲水，則他端之重物自能引桶而上，桔槔引蓬而上亦此理也。太平御覽三三五引甘氏天文占：『權舉烽遠近沈浮，權四星在轅尾西，邊地警備烽侯相望，虜至則舉烽火十丈，如今桔槔，大錘其頭，若警然火放之，權重本低則末仰，人見烽火。』其中『大錘其頭卽指梃端重物而言，言權者謂『支點』在中，如權稱也。蓬表旣舉，下垂若胡，故蓬表亦謂之垂。孫貽讓注墨子，謂垂爲表之誤，今按垂字旣可通，自不如不改之爲得。然若謂垂爲甘氏天文占『大錘其頭』之錘，則亦不合，蓋舉在梃本，表在梃末，表賴錘舉，非是一物矣。又簡簡言轉櫓，皆在塢上，蓋烽臺較高，可以望遠，於其上自可以施烽竿，不必再加樓櫓。惟烽臺地狹，若舉烽較多，則遠處難辨，故更於塢上舉之，則烽與烽相去較遠，遠處之烽臺可辨爲幾烽矣。至塢壁較薄，立竿不易，而距守時亦難立人於其上，故更於塢壁間加樓櫓焉。此塢上之蓬，或又曰塢上旁蓬，與在亭隧上所舉之蓬，略有殊異也。其蓬在塢下者，又別者地蓬，蓋竿立於地，不在塢上或亭上者也。地蓬上下以鹿盧爲之。鹿盧或作轆轤，亦汲水器，惟以軸貫轂，以曲木爲柄承於轂端，手旋曲木，引繩以汲水下上，不用梃也。是必地蓬在距亭塢稍遠之地，別立竿以懸蓬，非亭上及塢上士卒之手所能及，故不能爲桔槔，在平地則竿高，竿高則蓬繩俱重，故懸蓬下蓬俱以鹿盧爲省力之具矣。據居延簡六八、一〇九言『地表幣，地表染埃』，是地表與塢上之表不同，又五〇六、一『布蓬三不任，布表一』此處別蓬與表爲二，或卽其一種指塢表，而別一種指地表也。

淮南子兵略篇云：『治壁壘，審煙斥，居高陵，舍出處，此善爲地形者也。』此

所言煙當卽烽煙之煙。前舉之一四、二一簡『晝舉亭上蓬一煙』亦卽此。言舉亭上蓬一煙者，蓋虜已迫近，不僅積薪不能燔，而地蓬及塢上蓬亦不能舉，故僅能舉亭上之蓬及煙也。然由此簡可知亭上僅能舉一蓬一煙。諸簡言蓬品若，多僅言蓬而不及煙，實則蓬爲烽表，煙爲亭隧之煙，二物相殊，本不相混。惟據此簡燔一煙亦舉一表，則舉表之時當與燔煙之時相應。蓋燔煙以示遠，舉表以定品，二物相須而成。因而烽煙遂爲世俗通用之名，而烽表與燔煙之別，亦從來無幾人能解矣。今從漢代烽臺之制察之，凡現存諸烽臺，其上常有竈口，竈卽在臺頂，上施煙突。其較完者，竈突尙黔，以草燔其中尙可以孤煙直上也。唐制與漢制稍異，其烽臺之下尙列有較大之烽筒四具，然其燔煙之法應亦沿漢制而來。宋武經總要引唐烽式云：『其煙筒各高一丈五尺，自半以下四面各闊一丈二尺，自上則漸銳漸狹。這筒先泥裏後泥表，使不漏煙，筒上着無底百盆蓋之，勿令煙出。下有烏爐籠口，去地三尺，縱橫各一尺五寸，者門闞閒。每歲秋冬前別采蒿艾莖葉，葉條草節皆要相雜以爲放煙之薪，及置麻繩火鑽狠糞之屬，所委積處以掘塹環之，防野燒延燎。』則漢人燔煙之法，應亦相去不遠。惟唐代之四烽筒，今保存者尙多，漢代烽燧，但有烽臺頂之一煙筒，無第二煙筒。故唐時虜數可由放煙之數定之，漢代則僅能放一煙，而其烽品則從烽表之數定之。煙可及遠而布作之烽表則不能及太遠，故唐烽臺之距，據唐烽式所記以三十里爲準則，漢代烽臺之距則或五里或十里，各從其便也。

晝舉烽表，夜舉苣火，前引漢晉西陲木簡：『晝舉烽，夜舉苣火』是也。通典兵五曰：『城上立四表以爲候視，若敵去城五六十步，卽舉一表；橦梯逼城，舉二表，敵若登梯，舉三表，欲攀女牆，舉四表，夜卽舉火如表。』是表與火替用，猶爲漢制，然唐代之表限於城垣，據兵部烽式，則唐烽燧閒不用之。漢代則通行於烽燧閒也。賈誼傳注：『文潁說，「邊方備胡作高土櫓，櫓上作桔橰，桔橰頭兜零，以薪草置其中，常低之，有寇則火燃舉以相告，曰烽，又多積薪，寇至則燃之，以望其煙曰燧。」張晏曰，「晝舉烽，夜燔燧也。」師古曰，「張說誤也，晝則燔燧，夜則舉烽。」此節後漢書光武紀十二年章懷注亦引之，惟未加按語，異於顏氏。其後又引廣雅：『兜零籠也』一語。今廣雅此條已佚，惟廣雅釋器云：

『實箁簽簑籭籗筶籠也』又：『帷箟樓箟帳囊也』。王念孫疏證云：『說文簏箁也，漢書韋賢傳，「遺子黃金滿籝，」如淳注，籝，竹器，受三四斗，今陳留猶有此器」。』又：『方言……箟或謂之樓，箟燕齊之間謂之帳，說文箟飲馬器也，箟猶兜也，今人謂以布盛物曰兜，義與此同。』故兜通箟，而䈰與等同從令得聲，皆有籠囊之義。又史記司馬相如列傳集解：『漢書音義曰烽如覆米䈰，懸着桔槹頭。』索隱釋之曰：『字林云，䈰漉未釃也，音一六反；纂要云，䈰淅箕也。』而廣雅王氏疏證則云，『方言「炊箓謂之縮，或謂之籔，或謂之匯」。郭注云，「漉米䈰也。」說文，「䈰漉米籔也。」太平御覽引纂文云，「䈰淅箕也，一曰籔，魯人謂之淅囊。」急就篇云，「笗簹薟莒䈰箅籗，」玉篇，「簯盜米具也，籔䈰漉米竹器也。漉與盜同，亦作盎。說文，「籔炊䈰也」。玉篇籔或作縮籔，方言又作縮，縮箓籔籔四字古音並相近。籔之言縮也，漉米而縮去其汁，如漉酒然。鄭興注周官甸師云，「束茅立之，祭前沃酒其上，酒滲下去，若神飲之，故謂之縮，縮浚也』。』故若兜䈰，若覆米䈰，要皆箕籠之屬，所以承薪草者。居延簡三一一、三一『胡籠一，破』，此所言胡籠，當卽兜䈰，其制與常籠殊，故曰胡籠也。兜籠盛薪草，見於文穎漢書音義，以理按之，薪草若散置籠中，則籠必焚，故必以草繩縄之成束，直立籠中，有警則燃薪草之束俾遠處可以望其光，此卽苣火矣。故由此推想，苣火之制卽爲一束之薪草，今居延烽燧故址，猶偶有殘存，其物以白草及蘆葦爲之，長約三尺，外縄以草繩者。苣火盛籠中以後，則由桔槹引之使上，晝間之懸表處卽夜間懸苣火處也。文穎謂火爲烽，煙爲燧，晝宜望煙，夜宜望火。顏師古以文穎之說爲主，訂張晏之說，謂爲晝則燔燧，夜則舉烽，王氏國維謂爲其識甚卓，是矣。然烽之意本爲烽表，燧之意本爲烽臺，文穎以與烽表同繫於桔槹之苣火爲烽，以烽臺所發之煙爲燧，雖諸物並各相關，究不能混爲同物。故其所言之事制則信然，而所用之名，則未確也。至若世俗相沿，則以烽煙爲烽，以積薪爲燧，張揖文選魏巴蜀檄李善注引，張晏漢書賈誼傳注。司馬貞史記周本紀索隱。張守節史記司馬相如列傳正義。等，大抵皆然且以爲烽主晝而燧主夜。是其所言之烽燧，與文穎及顏師古所言之烽燧，本非同物。今將漢簡所記及其他文獻所記並董理析正如上文，而後知古人所記常有勝義，然亦往往執偏以概全。今欲釐正其

是非，固必當鉤稽務博，參互求詳，而後可期於一得也。

積薪之制積於烽燧之外，據前引諸簡，則其上加以塗塈，蓋以防風雨及野燒者，積之齊整使不得傾圮。傾簡文作頃。遇有虜來則燔薪以傳號，惟虜騎已逼，薪不得燃，始不燃薪，而次亭則燔薪傳烽如品，蓋積薪之長在能晝夜兼用也。今按漢簡以胡桐作者甚多，西域傳亦每載產胡桐，今額濟納河沿岸猶多此樹，疏勒河沿岸亦然，則居延及敦煌塞上積薪，或以此物爲主矣。

舉烽之數，據墨子號令篇云：『望見寇舉一垂，入竟舉二垂，狎郭舉三垂，入郭舉四垂，入城舉五垂，夜以火皆如此。』又雜守篇：『望見寇舉一烽一鼓，入境舉二烽二鼓，射妻案妻字當是郭字之誤，古郭字本作(叀)，與妻字相類，易誤。舉三烽三鼓，郭會舉四烽四鼓，城會舉五烽五鼓。』從讀書雜志七，王引之校文。是戰國烽火可以至五，而漢簡所說，則迄三而止。或簡文闕漏，亦能至五，未可知也。其鼓之用，則『五〇六』簡有『鼓一』一語，是鼓之用，漢亦有之，惟戰國時鼓所傳號乃附於烽者，漢世不言鼓號，或亦附於烽也。又漢之表乃專指繒布之表而言，而通典一五二尺通鑑考異唐武德四年引太宗實錄，則烽煙亦得謂表，與漢略異。又隋書長孫晟傳言舉烽至四，且言『城上然烽』，此所言烽亦卽煙，據唐兵部烽式烽煙至四而極，而煙發於四煙筒中，應卽沿於隋制也。（楊聯陞先生告我，烽應包括煙，今從之，蓋烽字或熢字均從火，是必有烽必有煙也）

王氏國維云：『不云舉而云舉表者，意漢時寫上告警燎照之外，尚有不然之烽。漢書音義云：「烽如覆米算，懸着桔槔頭，有寇則舉之」，但言舉而不言照。蓋渾言之則燎表爲一物，分言之，則然而舉之謂之燎，不然而舉之謂之表。燎臺五丈，上着燎干，舉之足以代燔照矣。』烽表不燃，蓋從墨子猜度而來，王氏所見敦煌簡中並無證據，卽文穎所言之一『舉』字，亦在疑似之間，不足以供采證。然出於冥想，居然能與漢世塞上不燃之表相合，亦可謂特識矣。雖然，世間萬物渾言之可以畢同；事物理致之漸明，其要在于類析。今據居延簡，參以漢世以還文獻，桔槔上之所舉者誠有燃與不燃之分。然其燃者爲苣火，不燃者爲繒布之表，不得謂爲一物也。兜零之大，不過徑尺，中承雜草，遠望之與四周積沙雜草難分。縱加以五丈之臺，三丈之干，自十里外望之，雖極目力，應不過在日光斜

照，適當其上之時，略有所見而已。以此報警，更有何用？惟以闊五尺長七尺之
繒布，間以赤白，以桔橰引於烽竿之上，其面旣廣闊，其色比於黃沙白草亦特
顯，則十里外望之非難事也。若在夜間，則塞上鮮氛霧之阻，雖一星之火，十里
外猶可見之。則徑丈之籠，中承苣火，自可報警於邈遠。故日夜之間，各有所
宜，若僅以兜零爲日間所用之表，則亦未爲得也。

漢時是否有平安火之制，若唐代所爲，今無由得悉。沙畹書第八十四簡：『六月
丁巳　丁亥第二百一十　苣火一通從東方來。』王氏以爲自正月至六月，不過百
八十日。今其苣火次第乃有二百一十。報警不應若是之頻，應爲漢代有平安火之
證。今案此簡僅有沙氏釋文，原簡未印。依漢簡記烽火之例，除記所見之日以
外，並記所見之時，此簡獨不記所見之時，而有『第二百一十』諸字，則此諸字，
或係原簡字跡不明，爲沙氏所誤釋者。不敢遽斷其指平安火也。

烽　燧　二

元康二年六月戊戌朔，戊戌。肩水候長長生以私印行候事，寫移昭武隧，如律令。
二〇、一

元康元年十一月辛丑朔，壬寅。東部候長長生敢言之。候官官移太守府所移河南都尉
書曰：『詔所名捕及鑄僞錢，盜賊。凡未得者牛長壽，高建等廿四（人），書到滿囗。』
一一〇、一二

候史旁，逯昌。一一〇、一二（簡背）

此候長下隧長書，及候長上候官書也。烽燧制度前所未詳自敦煌簡出，王氏國維
始爲之董理於流沙墜簡曰：

敦德者，王莽所改敦煌郡名，步廣尉卽漢志之敦煌中部都尉治步廣候官是也。
按原簡爲『敦德步廣尉曲，平望塞有秩候長，敦德亭閒田東武里五士王參秩庶士。』曲者部曲，續漢
志領軍皆有部曲，『大將軍營五部，部校尉一人，比二千石；部下有曲，曲有
軍候一人，比六百石。曲下有屯。』漢制都尉秩視校尉，其下有二候官，蓋視
軍候，則候官卽校尉下之曲矣。平望者步廣尉所轄塞名，有秩候長者，候長之
秩百石者也。禮記注：『有秩，嗇夫』。漢書百官公卿表：『鄉有三老，有秩，

嗇夫。』續漢志有鄉有秩，秩百石。李翕西狹頌有衡官有秩，此簡有有秩候
長。漢制計秩自百石始，百石以下謂之斗食，至百石則稱有秩矣。

又云：按原簡第一簡爲：『☑即田武陽里年三十五歲，姓李氏，除爲萬歲候造史，以掌領吏卒爲職。』第
四簡爲：『玉門候造史周生萌，优健□□□士吏。』

　候官者，都尉之屬也。漢敦煌郡屬縣六，而緣邊者凡四，東則廣至，其西爲效
穀，爲敦煌，爲龍勒。前漢於此分置四都尉。一、宜禾都尉治昆侖障，在廣至縣
境。二、中部都尉治步廣候官，在敦煌縣境。三、玉門都尉治玉門關，在龍勒縣北境。
四、陽關都尉治陽關在龍勒縣西境。都尉之下各置候官以分統其衆，亦謂之軍候，
亦單稱候。候官之名始見於漢書地理志，卽所謂步廣候官是也。續漢志張掖屬
國之下亦有候官，又會稽郡下之東部侯國，吳志侯翻傳作東部候官，蓋卽會稽
都尉下之候官。由是觀之，則都尉之下大抵有候官矣。……此與下斥候之候名
同而實殊，斥候之候僅有候長候史，皆百石以下之官，候官則有候，有候丞，
其下又有造史，如右簡所記是也。……又據上第一簡，則萬歲候有造史，以掌
領吏卒爲職，諸斥候則有候史無造史。候史之職與士卒略同不得有掌領士卒之
事，唯玉門獨有造史。玉門之爲候官既有明證，則萬歲候亦候官之候，而非斥
候之候也。其所治之地與步廣相近，殆卽步廣之異名。

又云：

　右五簡中隧候之名五，簡文略其名爲大福候高望隧高望候及破胡西部。其地皆無可考。又
上諸簡之名，或云隧，或云侯。案漢書賈誼傳：『斥侯望烽燧不得臥』，東觀漢
記：『馬成繕治障塞，起烽燧，十里一候。』則隧候之事雖殊，其地則一也。
綜上二十四簡隧候之名共得二十，而見於他簡者，……並前共三十有九。

右云：

　右二簡亦記烽火事原第一簡：『亭隧□遠，晝不見煙，夜不見火，士吏候長，候史□相告□燔薪以
□□』案隧候之官，有士吏，有候長，有候史，有隧長。士吏者主兵之官，所轄
或不止一隧，故序於候長之上。

依王氏所論，漢代邊塞事以都尉及候官候主之。都尉之職比大將軍下之校尉，而
候官之職則比校尉之軍候，具斥候之事通白隧主之，隧候之事雖殊，其地則一

也。在隧候有隧長及候長，故凡一切亭隧，可稱爲隧，亦可稱爲候，由此推之，則候長與燧長乃由職事之不同，並不應相隸屬矣。然以居延簡按之都尉及候官之職守，王說甚是，候長與隧長之職任，則王說未允。蓋候長大而隧長小，候可以統隧故候與隧實爲相隸屬之兩級，非職事之不同也。

今更就居延簡證之：

　　出錢三千三百五十　候長胡覇二百　胡□隧長范安世四百□虜隧長屯仁五百去陰隧長應□五百五十　驚虜隧長富☑　俱南隧長王☑　俱起隧長孟昌六百（二七七）四〇、二〇 □□緊刻史杜君　候長一人錢三百　候史隧長九人錢九百。凡千二百　（三七〇）二一四、三七

　　出錢五千八百　得候長□宣八百　願北隧長范□出六百□□隧長□□五百　☑（三七一）二一四、四三

　　出十二月吏奉錢五千四百　候長一人　候史一人　隧長六人　五鳳五年五月丙子尉史壽王付第廿八隧長商奉世，卒功孫辟非　（四七三）三一一、三四

從以上各條證之，每一候長之下有候史一人，隧長數人。卽不得謂爲或云候，或云隧，隧候之事雖殊，其地則一也，如此，則邊塞職官中系統之大致　應如下列：

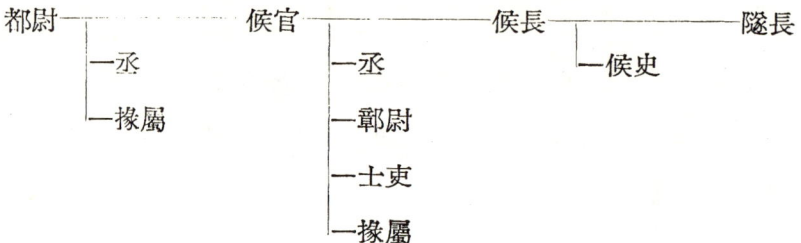

卽邊塞職官自都尉以下，凡有候官，候長，隧長，三級。其所居之地則大者曰城曰鄣，小者曰隧。其理之者則鄣有鄣尉，隧有隧長。都尉大率居於縣城或鄣，候長則治在隧間。鄣中士卒不定，其經常者如居延簡『（四三〇）二六、二一』所記鄣凡令史二人，尉史三人，鄣卒十人，施刑一人。若就今敦煌居延塞上諸鄣容積言，當可居住一二百人也。其諸鄣有鄣尉之證，例如魚澤有候官見敦煌簡，而漢書孫寶傳言寶爲敦煌魚澤尉，玉門有都尉及候官見敦煌簡，而敦煌簡亦有：『建武十九

年四月一日申寅，玉門鄣尉戊告候長晏到任』也。至於候長治所仍在隧，或稱亭
隧之證據，則爲居延及敦煌塞上諸城鄣爲數爲限，其地大都可實指爲候官治所，
勢難各分指之於諸候長。再就敦煌亭隧之分布觀之，候長治所非在隧上不可，雖
諸隧之高低大小各有不同，其房屋之基址大小亦異，然候長在亭隧而不在城鄣則
一也。都尉之下官階旣明，則分布之鄣塞亦有可得而言者。今將王氏所編次之敦
煌諸候隧重爲董理，可得其大略如下：

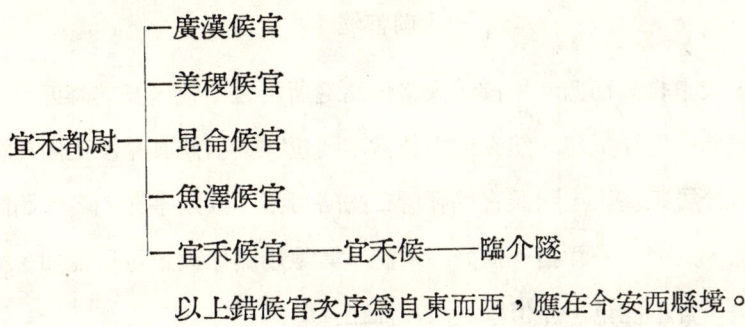

以上錯候官次序爲自東而西，應在今安西縣境。

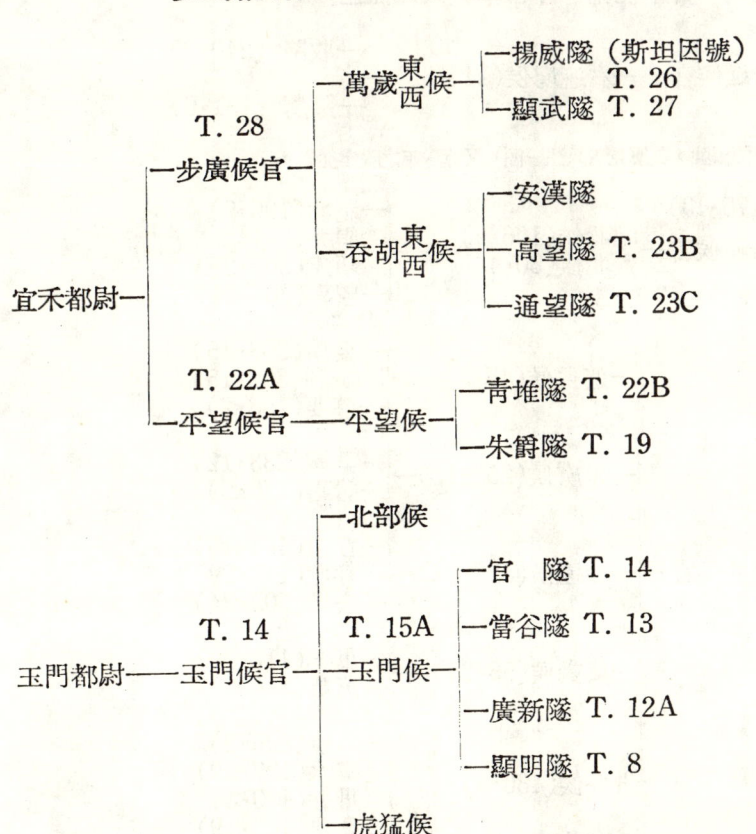

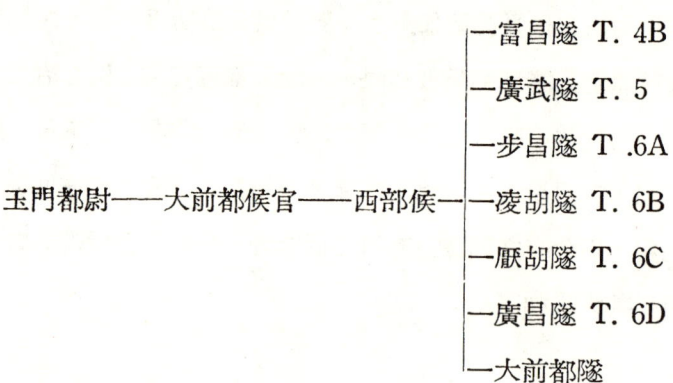

玉門都尉——大前都候官——西部候—
一富昌隧　T. 4B
一廣武隧　T. 5
一步昌隧　T .6A
一凌胡隧　T. 6B
一厭胡隧　T. 6C
一廣昌隧　T. 6D
一大前都隧

以上之排列方向，大率自東而西。所據者大略依諸隧所出之簡牘，及其鄰近諸隧之簡牘編次之，雖其中偶涉推想，然大致方位當不誤也。其引據具見沙王兩氏書中，今不多及。至於居延塞上，除候官城鄣所在約略可指，其諸亭隧地名，因諸簡出土地不甚詳悉，無從一一詳指。惟簡中所記，其隸屬關係大致可以推知，約舉於下。其中違失，自不能免，今但舉其大凡而已。

居延都尉——居延候官--右遮虜候(145·32)—^(注)
一收降（240·2）
一除虜（181·6）

(注)所注符號爲原簡編號，其屢見者只注一簡。又諸隧下之隧字從省。

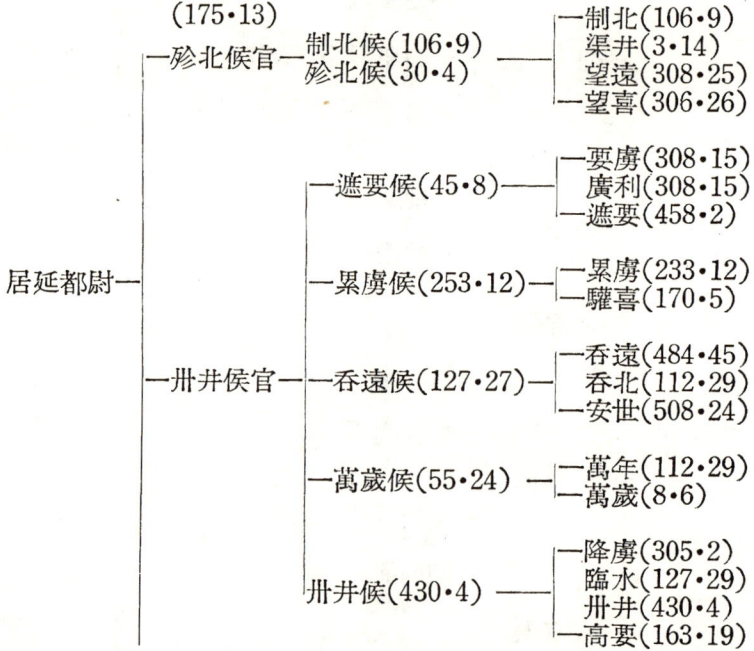

居延都尉—
一殄北候官—
（175·13）
制北候(106·9)
殄北候(30·4)
一制北(106·9)
渠井(3·14)
望遠(308·25)
一望喜(306·26)

一遮要候(45·8)—
一要虜(308·15)
廣利(308·15)
一遮要(458·2)

一累虜候(253·12)—
一累虜(233·12)
一驩喜(170·5)

一卅井候官—
一吞遠候(127·27)—
一吞遠(484·45)
吞北(112·29)
一安世(508·24)

一萬歲候(55·24)—
一萬年(112·29)
一萬歲(8·6)

卅井候(430·4)——
一降虜(305·2)
臨水(127·29)
卅井(430·4)
一高要(163·19)

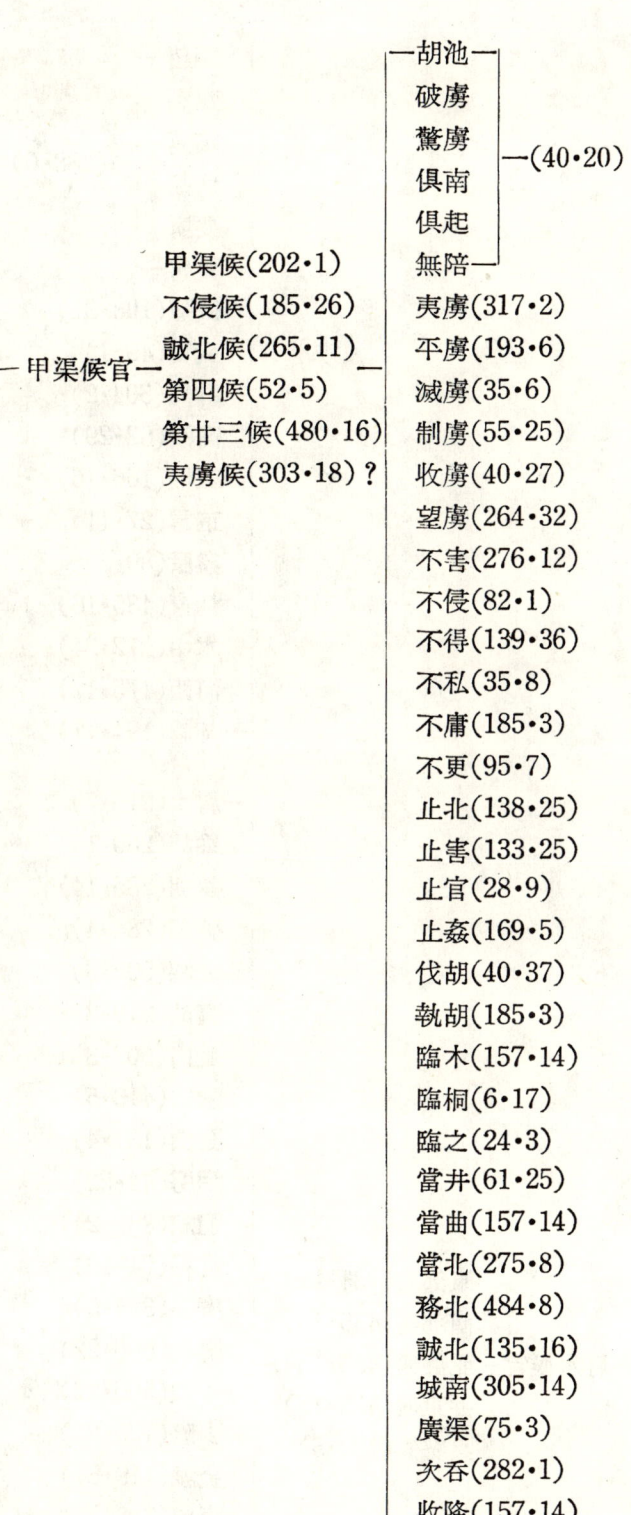

甲渠候官——甲渠候(202·1)
不侵候(185·26)
誠北候(265·11)
第四候(52·5)
第廿三候(480·16)
夷虜候(303·18)？

胡池
破虜
驚虜
俱南
俱起
無陪

(40·20)

夷虜(317·2)
平虜(193·6)
滅虜(35·6)
制虜(55·25)
收虜(40·27)
望虜(264·32)
不害(276·12)
不侵(82·1)
不得(139·36)
不私(35·8)
不庸(185·3)
不更(95·7)
止北(138·25)
止害(133·25)
止官(28·9)
止姦(169·5)
伐胡(40·37)
執胡(185·3)
臨木(157·14)
臨桐(6·17)
臨之(24·3)
當井(61·25)
當曲(157·14)
當北(275·8)
務北(484·8)
誠北(135·16)
城南(305·14)
廣渠(75·3)
次吞(282·1)
收降(157·14)

馴望一
臨利
臨莫
伏胡　　　—(288•6)
要虜
要害一

武彊(103•31)
武賢(49•1)
辟馬(504•2)
高沙(62•29)
三堆(166•16)
正言(27•11)
察徵(89•5)
林東(435•16)
木中(212•34)
河西(175•17)
—却適(194•17)

—肩水(215•7)
乘胡(280•15)
執胡(235•14)
破胡(284•4)
乘胡(502•3)
夷胡(219•3)
並山(502•3)
乘山(413•5)
登山(131•4)
窮虜(44•22)
窮寇(332•24)
當谷(74•19)
廣谷(324•5)
辟北(506•22)
沙頭(506•22)
少陽(126•21)
金城(119•54)
東望(7•34)

東部候(435•15)
南部候(435•15)
—肩水候官—北部候(435•15)—
井東候(435•15)
累虜候(120•5)

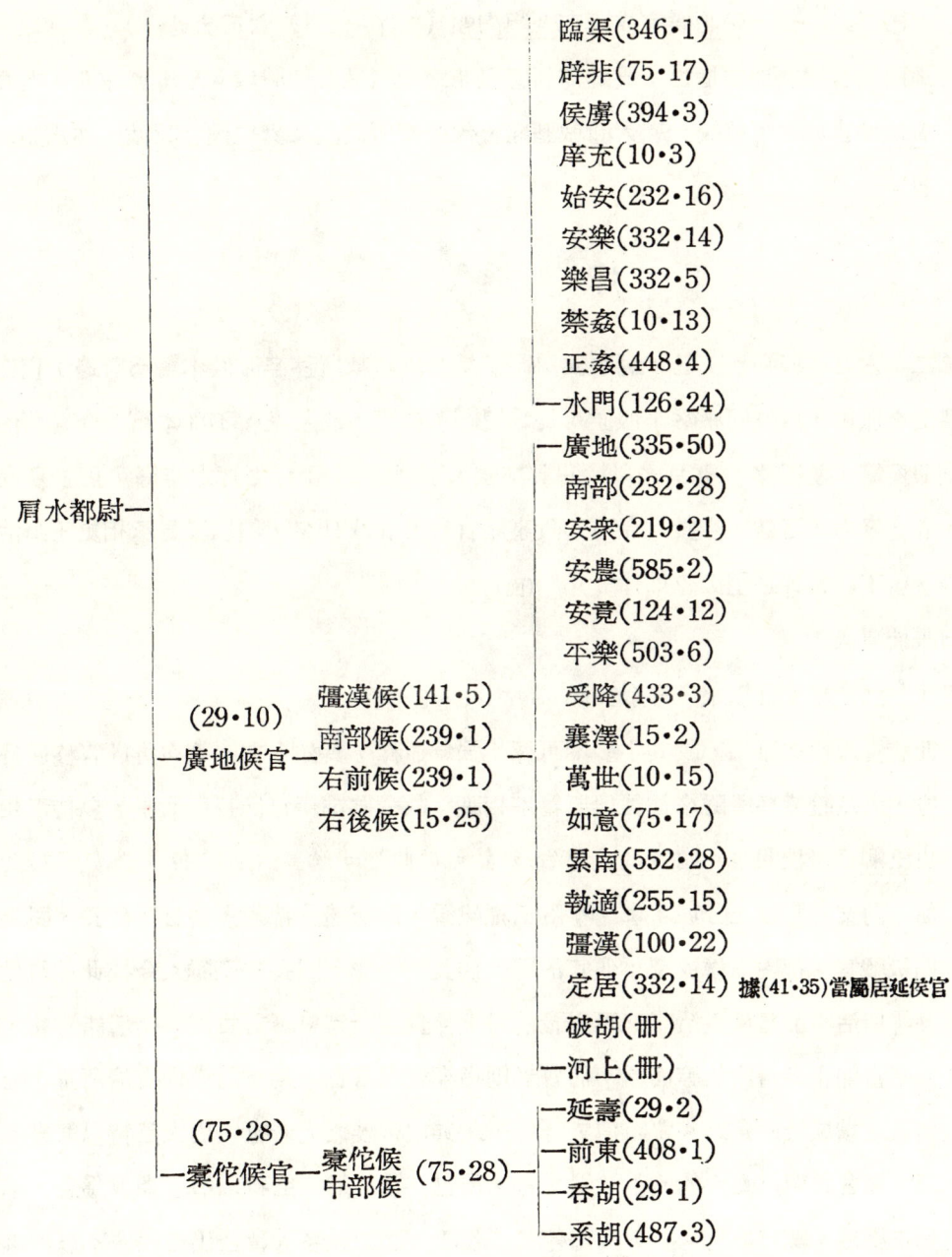

以上所列烽燧之系統，全係初步假設。將來簡牘出土所在如能完全明白，則此表
或應全部修正也。現所知者，居延都尉大抵卽在居延縣城，卽今黑城故址。肩水
都尉及肩水候官，據出土簡牘應在紅城子（ㄨㄉㄢ ㄅㄧㄦㄅㄢㄐㄧㄧㄥ），甲渠
候官應在破城子（ㄇㄨ ㄅㄧㄦㄅㄢㄐㄧㄧㄥ），卅井候官應在波羅纂吉（ㄅㄛㄉㄛ

ㄔㄜˊ ㄋㄐㄧ一），殄北候官或應在瓦顏陶賴（ㄨㄚ一ㄝㄣ ㄊㄜˊㄌㄞ一）。其橐佗廣
地兩候官據其地望推之，或爲鼎新縣以北之大灣城及地灣城。地灣城較北，其爲
廣地候官城之可能較大。大灣城歷經後代改修所假設爲橐佗候官故城，亦爲臆測
也。

<h1 style="text-align:center">烽　燧　三</h1>

地節二年六月辛卯朔，丁巳，肩水候房謂候長光以姑臧所移卒服候本籍爲行邊丞相史
王卿治卒服候，以校閲亭隧卒服候，長爲冒□不相應，或易處，不如本籍。今寫所治
亭則服候籍，並編移。書到光以籍閲具卒候，候所不應籍，更實定非籍。隧候所在
亭，各實弩力，石數，步數。今可知賫事詣官會月廿八日夕，須以集爲丞相史王卿治
事課，後不如會日必□毋忽如律令。　　（面）

印曰張掖肩候

六月戊午如意卒安世以來，守令吏禹　　（背）　七、七，卷一

　　此簡當爲移文原稿，故其字多不可釋。強爲通釋，具如上文。簡文爲候官移候長
　　書，大意證諸亭隧隧卒往往與原籍不相應，故令將卒籍寫候長所治亭，以待丞相
　　史王卿行邊校閲也。姑臧武威郡治，始見於此簡。候長治所爲亭，亦始見於此
　　簡。前文考訂塞上分城，鄣，亭隧三種建置，而防邊分都尉，候官，候長，隧長
　　四級職官。都尉治城或鄣，候官治鄣，候長治亭隧，隧長守亭隧。今據此簡言候
　　長『所治亭』是候長治亭又可以證前考矣。賫事詣官會者言賫記事諸簿詣官會，
　　其事當卽指名籍器物等而言。而會者則指期會而言也。期會爲漢代吏治所重，而
　　殿最之績咸於此定之。賈誼傳云『……此其亡行義之尤者也，而大臣特以簿書不
　　報，期會之間以爲大故。』注：『特，徒也。言公卿大臣特以簿書期會爲急，不
　　知正風俗，屬行義也。』尹翁歸傳：『收取人必於秋冬大會及出行縣，不以無事
　　時。』注：『於大會中及行縣時，則收取罪人以警衆也。』蕭望之傳附蕭育傳：
　　『後爲茂陵令，會課第六，而漆令郭舜殿，見責問。育爲之請，扶風怒曰：「君課
　　第六，裁自脫，何暇爲左右言」。』會指期會，課指簿書，今據此簡，正爲於期
　　會中省簿書。是賈誼傳之『簿書不報，期會之間以爲大故』亦指於期會中省簿書

事，故以不報者爲大故。顏注合言『簿書期會』，雖略得其解，然未盡諦也。

□　還　十二月乙酉廣地侯　五六二、九，四〇七、二。

☑檄曰甲申侯卒望見塞外東北☑　五六四、一三，四〇七、三。

□火四所大如積薪，去塞百餘里，臣憙愚　四〇三、一九，四三三、四〇，五六、四一八

　　此三簡字跡相同，當爲一文書裂爲數片者，今雖殘缺，猶可知其大略也。書爲乙
　　酉發，事則前一日甲申日事，卽侯卒望見東北有虜，有火四所大如積薪，在塞外
　　百餘里可以望見也。積薪者烽燧上傳烽之一種，其制當爲積於亭隧外之平地上，
　　有警則以火燃之，遠處可以望見火光，而知所警戒。虜在塞外，隧上遙見火光，
　　因積薪常用，故以擬之。

廣田以次行至望遠止☑（封泥孔。）寫移疑虜有大衆不去，欲並入爲寇。檄到循行部界中，
嚴教吏卒，驚烽火，明天田，證□侯候望，禁止往來行者，定烽火，輂長戰鬬具。
椠已先聞知，失亡重事，毋忽，如律令。十二月壬申彣北甲☑　（五四六、五四七、五四八）
二七八、七。

候長縷，卜央，候史包，隧長畸等，疑虜有大衆，欲竝入爲寇。檄到縷等各循行部界
中，教吏卒定蓬火，輂送戰鬬具，毋爲虜所幸。椠已先聞知，亡失重事，毋忽，如律
令。三、五四四，三、五四五，二七八、七。

十二月辛未，甲渠毋傷侯長毋得，　吏□人敢言之，□蚤食時臨木隧☑舉蓬煙一，積
新，虜卽西北去，毋所亡失，敢言之。／十二月辛未將兵護民田官居延都尉償，城倉
長禹兼行☑　二七八、七

（此面正面未照，今從旁面一部分釋出，補列於右）。

　　右觚應有四面，今照片僅能略知其三面，具釋如右。觚中有印齒（封泥孔）而文則露
　　布，蓋所用封泥非以密封面以示信也。漢書竇嬰傳：『孝景時嬰嘗受遺詔曰：「事
　　有不便，以便宜論上。」及灌夫罪至族，事日急，諸公莫敢明言於上，嬰廼使昆
　　弟子上書言之，幸得召見。書奏，案尚書大行無遺詔，詔書獨臧嬰家，嬰家丞
　　封，廼劾嬰矯先帝詔。』今據此觚，則示信之書固可以露布爲之，不致因開封而
　　破封泥。是景帝詔或言當時可以便宜論上，未必有意遺於嗣君者。及尚書不能檢
　　得遺詔，而嬰遂無以自明。嬰亦見其然，故使昆弟子言之，而不敢親上書，雖事

誠可疑，而法亦失之故入矣。又傳車之符白御史印封，亦當爲露布而用封泥，與此相類，然後沿途方能檢閱原符也。

此觚爲露布文移，前兩節文意大略相同，蓋所下之主官不同，故分爲兩節，亦由胡虜入寇，事至危急，故反覆申言，不避重複也。此觚所述，後一節爲十二月辛未日，甲渠毋傷候望見虜有大衆，意欲入寇，遂舉烽火示警，虜見有備，遂向西北去無所亡失。次日壬申，因文移諸候隧，警備烽火，修習戰具恐其復至，則前二節所述也。此與前舉卷一第七葉之三簡，情節相類。且俱爲十二月，以干支計，凡相差十日。則此觚與彼簡或意爲一歲中事，虜去未遠，十日後又爲別一烽燧所見矣。

觚屢言烽火，烽火者，隧上警號也。史記李牧傳：『日擊數牛饗士，習騎射，謹烽火，多間諜，厚遇戰士，爲約曰：「匈奴卽入盜，急入收保，有敢捕虜者斬。」匈奴每入，烽火謹輒。』漢書匈奴傳上：『匈奴入代句注邊，烽火通於甘泉長安。』又匈奴傳下：『前以罷外城，省亭隧，今裁足以候望，通烽火而已。』流沙墜簡烽燧三十九：『扁書亭隧顯處，令盡諷誦知之精候望，卽有烽火，亭候回度舉，毋必☐。』居延簡：『吏卒更寫爲烽火圖版皆放辟非隧，書佐嗇夫☐。』(一六)一九九、三。又：『狀辭居延肩水里上造，年四十六歲，姓匽氏，除爲卌井士吏，主亭隧候望，通烽火，備盜賊爲職』(一三七)四六五、四。此皆烽火連用之例也。按舉警之事略分四種：一、以布爲表，謂之烽表。二、燔煙爲號，謂之烽煙。三、然炬爲號，謂之炬火。四、然隧下積薪，謂之積薪。此四者其證並見後文。其烽表不燃者可單稱烽，其次三事皆藉火而發，故統稱烽火矣。

亭　障

直效於居☐樂士衆勿忘賈言屬爲之有朱陽起☐令一當雜於忠心非不慄然夾何時一封印
(面)
各守空亭今此豈可復說哉？昨金關趙與先☒☐宜於北成無死傷因小道之當相移不自☐
(背)　五五一、四。卷一

亭卽隧，隧之本字當爲𨺓或𨺉。說文解字曰：『𨺓塞上亭守熢火者也』。又：『熢

隧侯表也，邊有警則舉火。』故隧指亭隧之建築，而㸑或作烽。指其所舉之侯表。隧常就亭而置，相去十里，而城郭亦復加築土臺以通烽火，統稱之則爲亭障。史記秦始皇本紀三十二年：『築亭障以逐戎人，徙謫實之。』漢書張騫傳：『擊破姑師，虜樓蘭王，列亭障至玉門矣。』匈奴傳：『建塞徼，起亭隧。』又：『前以罷外城，省亭隧，今裁足以侯望過烽火而已。』賈捐之傳：『女子乘亭障。』後書王霸傳：『得弛刑徒六百餘人，與杜茂治飛狐道，堆石布土，築起亭郭，自代至平城，三百餘里。』後書西羌傳序：『於是郭塞亭隧出長城外數千里。』又西羌無戈爰劍傳：『西海之地初開以爲郡，築五縣邊海，亭隧相望焉。』三國志蜀志先主傳：『備於是起館舍，築亭障，從成都至白水關四百餘區。』亦皆亭障或亭隧連稱。又有單稱亭者，史記大宛傳云：『漢發便十餘輩，至宛西諸外國求奇物，因風覽以伐宛之威德，而敦煌置酒泉都尉集解徐廣曰酒字當爲淵字。非。西至鹽水，往往有亭。』（按此段材料非常重要，即是時敦煌當未置郡，而玉門都尉先已西移）。流沙墜簡戍役類：『一人馬矢塗亭戶前地二百七十尺。』『二人削亭東面，廣丈四尺，高五丈二尺。』王氏國維考釋云：『亭即烽燧臺，太白陰經及通典烽燧篇云：「臺高五丈，下濶二丈，上濶一丈。」右簡言亭面廣丈四尺，高五丈二尺，高低略同，蓋李杜所述，猶古制也。』今按李筌太白陰經與杜佑通典所述大略同於宋曾公亮武經總要引唐兵部烽武，其尺寸度數皆唐制而非漢制。唐官尺以唐小尺爲準，約等於日本曲尺一尺，漢尺一尺合小尺七寸六分，孫次舟先生河南出土唐尺考證一文可據也。若以漢制合唐尺，則漢烽臺高僅三丈八尺，濶僅一丈零六寸四分。今塞上所有遺跡，漢烽臺小而唐烽臺大可證也。

亭可指亭隧而言，然言亭者自不限於亭隧。亭之本義爲亭隧，指亭鄉者其引申義也。漢書百官表云：『大率十里一亭，亭有長；十亭一鄉，鄉有三老，有秩，嗇夫，游徼。』續漢百官志注引漢官儀云：『設十里一亭，亭長亭侯，五里一郵，郵間相去二里半，司姦盜，亭長持二尺版以劾賊，索繩以收執賊。』所謂五里一郵，十里一亭者，蓋即指其距離而言。後漢書高獲傳：『急罷三郡督郵，明府當自北出三十里亭，雨可致也。』三十里亭即三十里外之亭，與此正可互證。又人家之里則依戶數而言。續漢百官志云：『里有里魁，民有什伍，善惡相告。』注：

『里魁掌一里百家，什主十家，伍主五家，以相檢察。』里魁亦作里唯，見漢印。里下爲伍，漢書尹翁歸傳：『縣有名籍，盜賊發其比伍中。』師古曰：『比伍，謂左右相次也，五家爲伍，若今伍保也。』又韓延壽傳：『又置正伍家，相率以孝弟，不得舍姦人。』師古曰：『正者若今鄉正里正也，伍長同伍之中置一人以爲長也。』漢舊儀云：『長安城方六十里，經緯各十五里，十二城門，積九百七十三頃，有二十亭。』此則亭與里並不相符。蓋里之本義，以距離論則十里爲一亭，設於道路，以司監察姦盜。以面積論，則一方里亦爲一里，大率居住百家。是道路之里，以郊野爲準，而居住之里，則以城市爲準也。漢舊儀言長安城方六十里，乃就其周圍而言，每面實爲十五里，故當爲二百二十五方里，則每方里應爲三百九十六戶，較百家爲里之數所容者爲多，況京師宮闕官寺至少占面積三分之一以上，則每方里亦當有六百戶；蓋京師人口繁密，超過一般標準矣。

塢　　堡　　一

□長七丈七尺塢。

一塢高丈四尺，按高六尺，衡□高二尺五寸，任高二丈三尺。(面)

陽城馬寬高袤厚上下舉……負侯長侯史葆塞延袤道里……塢高士吏畫多三月奉付出之……□□隧史□□三月奉□□之　(背)

一七五、一九

守望亭北，平第九十三町。廣三步，長七步，積廿一步　三〇三、一七

去河水二里　去隧塞　□七十二里　□廿二□　四三三、四

☑來□□臨亭隧所落天田　二三九、二二

本始二年五月戊子日入時入辟　三六、一四

所持木杖畫滅迹，復越水門。三三六、三二

登山隧事到要虜五里　五一五、四九

亭一所☑　三一三、五二

☑闌越天田出入迹　四五五、二〇

毋闌越出入天田迹　六、七

市陽里張延年蘭渡肩水要虜隧塞天田入今☒　一〇、二二

樂昌隧次鄉亭卒迹不在逐上塢爲☐　一九、五

遣吏輸府謹擇可用者隨亭隧　二三二、二六

可用者各隨亭隧不可用者☒　二三二、六

。道上亭驛☒　一四九、二七

毋蘭塞天田出入迹　二四、一五

第三隧　卒☐☐甲申迹盡癸巳積十日　卒張枼甲午迹盡癸卯積十日　卒韓憲金甲辰迹

盡壬子積十日　。凡迹廿九日毋人馬蘭越天田出入迹　二五七、五

☒田北行出俱起隧南天田夾河還入隧南天田　二三一、八八

第廿二隧南致十七隧廿一里　一八八、二五

墇葆一發葆耳門　不害隧毋蘭越關天田出入迹　卒郭☐乙酉迹盡甲午積十日　卒董聖

乙未迹盡甲辰積十日　卒郭賜乙巳迹盡癸未積九日　凡迹廿九日毋人馬蘭越天田出入

迹　一八、八

至桓望亭畢　二八〇、一八

長里☐置天田　二一四、六四

　　以上見卷二，葉一至二十一。

　　　以上諸簡並記亭隧之事，亭或曰亭，或曰隧，或曰亭隧。亭外之小城或曰塢，或

　　曰壁，或假辟爲壁，其實一也。　　見前考。其見於敦煌簡者　如：

　　　一入草塗☐的屋上，廣丈三尺五寸，長三丈・積四百五尺。　　戍役二十七。

　　　一入馬矢塗亭戶前地二百七十尺。戍役二十八。

　　　二入削☐亭東面，廣丈四尺，高五丈二尺。戍役二十九。

　　塢陛壞敗不作治，戶與戉不調利，天田不耕畫不鉏治。戍役三十。

　　☐下蓬滅火蓬干長三丈。沙畹號第六百九十四簡。

　　　此皆言亭隧度數者，可與居延簡互證也。王氏考釋引通典及太白陰經所言烽臺

　　高五丈，下闊二丈，上闊一丈者，謂卽此烽臺，其不足據，已見前考。今按塞

　　上漢代烽臺，不論敦煌或居延，其較完者，多爲下闊市尺約數一丈左右，高市

　　尺三丈五尺左右，合以漢制，正與敦煌簡所記相合，而與唐制不同。今塞上唐

墩，猶多存者，與李杜所記正同，其前有煙筒四具。用法見武經總要引唐兵部烽式。尤與漢制相殊也。漢代烽燧之外，咸有圍牆，卽所謂塢者，斯坦因敦煌烽燧編號 VI. B.，當爲淩胡隧所在之地，其烽燧較大而較完，可以爲例證，今具摹取如下以明之。

依圖所示，烽臺曰隧，烽臺以外之牆垣曰塢，其間固不同矣。據前舉第五簡『長七丈七尺塢』，又云『塢高丈四尺』，故其高與長咸可知曉，七丈七尺約爲市尺五丈三尺九寸，而丈四尺則約爲市尺九尺八寸，而漢代之鄣，若玉門關，若紅城子，若黑城內之漢鄣，大都每面外長八丈，牆厚六尺，牆高三丈，較此爲大而堅，其不同甚爲顯著也。

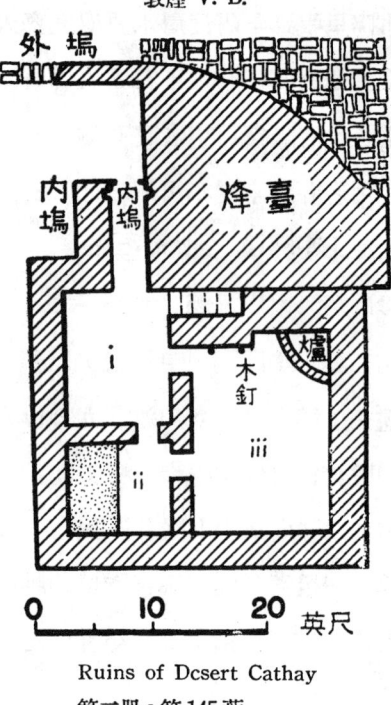

敦煌 V. B.

Ruins of Dcsert Cathay
第二册，第 145 葉

前舉第六簡『守望亭北，平第九十三町，廣三步，長七步，積二十一步』，以六尺爲步計之，蓋廣丈八尺，長四丈二尺也。今案町，說文云：『田踐處曰町』，左傳：『町原防』，杜注：『原防不得方正如井田，別爲小頃，町』，詩鄭風東門之壇，毛傳：『除地町町者，町町平意。』釋名州國篇：『鄭町也，其國多平，町町然也。』故町者，小段之地，經平除之者，平除之以施耕植，且供守望也。天田者，據敦煌簡：『若干人晝天田，牽人晝若干里，若干步，』『六人晝沙中天田六里，牽人晝三百步，』『□□□□部中天田，』『天田上毋□塡人馬。』以七月十四日庚午日迹，不晝，衆庚午日□候。』王氏考釋謂：『天田未詳，唐崔敦禮神道碑，「左校叛換，亟擾天田」蓋用古語。』賀君昌羣以爲卽漢書鼂錯傳注之天田，今按其說是也。鼂錯傳：『爲中周虎落，』注：『鄭氏曰；「虎落者，外蕃也，若今時竹落也。」蘇林曰：「作虎落於塞要下，以沙布其表，且視其跡，以知匈奴來入，一名天田。」師古曰：「蘇說非也，虎落者，以竹蔑相連，遮落之也。』顏說雖是，然虎落與天田本非一物，蘇林之說

以釋虎落則非，以釋天田則是。凡敦煌簡及居延簡諸條凡言天田者，曰晝，曰入，曰度，曰蘭，曰越。其天田上之物，曰沙，曰迹。凡此諸事，若以竹木障礙物釋之則不得其旨，若謂『以沙布其表，且視其處』，則簡中所言無不可通矣。此虎落與天田之必當分別者也。蓋隧與隧相隔或五里或十里，兩隧之間，若度人馬，日間可以望見，夜間則不可望見。惟以晝沙爲天田，若夜間有人馬度越，且卽可見，稽考甚易。且塞上少雨，亦不盡多風，敦煌及居延之馬跡，有數月不滅者，行人駝馬亦常依舊迹以定往返之途。故夜間之跡，達旦猶存也。惟經時既久沙或爲風捲走，以致不平；或有舊跡，存之無用，且妨稽考新跡，故更晝之，以就平正，其『六人晝沙中天田六里，率人晝三百步』，蓋六里當爲兩隧之距也。

以下各平面圖，出於 Aurel Stein 之 Innermost Asia 可以證塢隧之制者，今摹其大略。

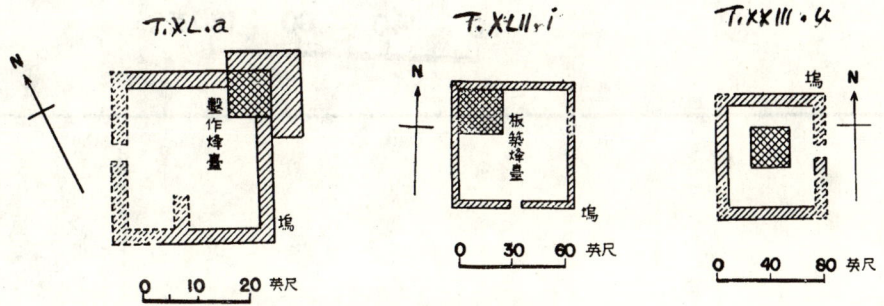

必得加愼毋忽，督蓬掾從殄北始，度關□□到剩□關，加愼毋忽，方循行，如律令（一一三）四二一、八，卷一，第十五葉。

按流沙墜簡烽燧類四十：『督蓬不察，欲馳詣府，宜禾塞吏敢言之』沙畹敦煌簡釋文第四三八簡：『司馬王□督蓬□□□□。』居延簡：『隧長胡錢六百，□年四月己亥士吏隖付督隊長貴。』二一四、一一三。『督隊□□頭痛，塞□不能飲』。二七、一（以上二簡照片亡失，今據賀氏烽燧考所引）。此皆督蓬掾及督隊長之例。後漢書西羌滇良傳：『號吾先輕入寇隴西界，郡督烽掾李章追之，生得號吾。』故督蓬掾本爲鄧職，據此簡則爲循行隊塞間。亦猶督郵循行屬縣也。督隊長不見其他各簡，或爲候長之別稱，未可知也。殄北據封檢所載，當爲居延塞上最北一候官。督烽掾從

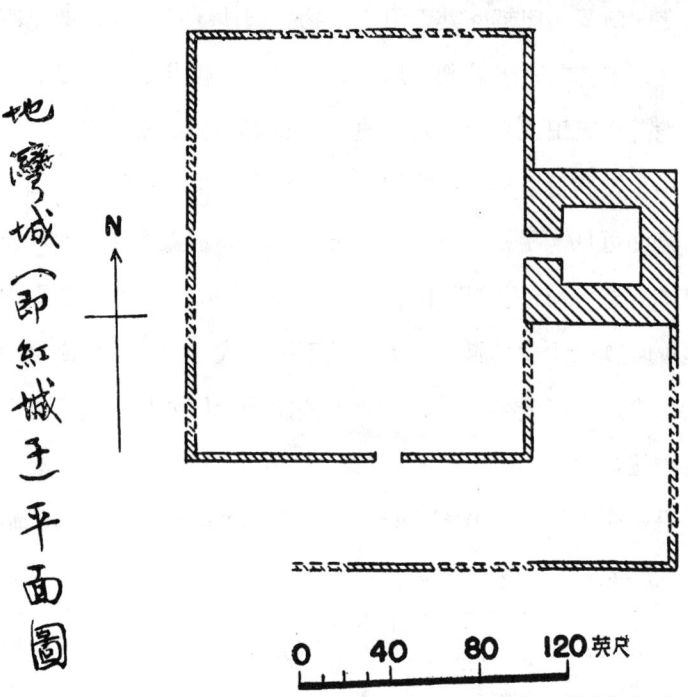

FORT OF ULAN-DURUJIN

地灣城（即紅城子）平面圖

地灣城（自西面向東望）

厥北始，則其督察當自北而南。居延都尉治遮虜鄣，稍近北。張掖太守治觻得，

則在諸塞之南。是督烽掾當爲都尉之掾，非太守之掾矣。敦煌簡之『欲馳詣府』

應指都尉府而言，西羌傳之郡督烽掾，蓋亦指都尉掾，因都尉本亦郡中武職，而東漢邊郡都尉亦未廢也。

塢　堡　二

☑鉼庭隧還宿第卅隧，卽日旦發第卅，食時到治所，第廿一隧。

☑病不幸死，宣六月癸亥所寧史卒，書具塢上，不止入，敢言之。三三、二二，卷一，第二十四葉。

此爲候長所上書，候長所治爲亭隧，已見前考，故言治所第廿一隧。居延烽燧大都有其本名，然有時爲簡捷或以數計。如卅隧廿一隧之類，惟鉼庭則候官所在，故稱其本名也。寧者假歸之意，漢書哀帝紀：『博士弟子父母喪，予寧三年』是也。塢通隝，說文：『小障也，一曰庳城也。』後漢書馬援傳：『繕城郭，起塢候。』注引字林曰：『塢小障也，一曰小城。』樊準傳：『轉河內太守，時羌復屢入郡界，準輒將兵討逐，修理塢壁，威名大行。』皇甫規傳：『後先零諸種陸梁，覆沒營塢。』西羌傳：『詔魏郡，趙國，常山，中山，繕作塢候六百一十六所。』『築馮翊北界塢候五百所。』『於扶風，漢陽，作隴道塢三百所。』順帝紀永和五年九月：『令扶風，漢陽，作隴道塢三百所，置屯兵。』流沙墜簡戍役類：塢埒敗壞不作治，戶與戊不調利，天田不耕盡不鉏治。』王國維考釋云：『塢陛』者，服虔通俗文云：「營居爲塢，」蓋卽謂亭也。陛者，說文云：「升高階也」亭高五丈餘，必有升降之處，故時須作治也。』王氏謂塢卽亭隧，但據敦煌簡，尙未爲確證，今據此簡，尤可證信塢隧之相關。然據其他居延簡，雖塢隧相關愈多明證，而塢隧同物，反難定言。今具舉之於下。居延簡：『望虜隧長充光，塢上大表一苦惡，塢上不騷除，不馬矢塗。』(一八二)二六四、三二『塢上矢目二，不事用。』(一九二)六八、九五。『塢戶窮』(一九二)六八、一〇九。『甲渠候鄣，塢上望火頭三不見所望，負二算；塢二望火頭二不見，負二算。』(一二〇〇)八二、一五二、一七。『塢上轉射二所，深日中不辟除，轉射空入承長辟。塢上轉射二所，深目中不辟除，一所轉射毋羺』(二四二)八九、二一。『察微隧，堠上深目少八，塢上深目少四。』(二四七) 一四二、三〇。『臨木隧長王橫，外塢戶下☑，內塢戶毋一☑。』

(一九六)六八、六三。 綜上各條及敦煌簡，塢有陛級，有內外門戶，有蓬表，有射具，如深目及轉射，塢且可以望遠。然塢與堠又自不同。若堠為烽臺，則塢不得為烽臺。且塢有內外戶，尤與烽臺不類。況說文字林皆以小城小障釋塢，後漢書則塢壁連用，或稱塢或稱塢壁。而順紀永和五年及西羌傳同記一事，一作塢，一作塢壁，尤可證塢與塢壁相同，即小城一類。蓋塢者，於烽燧之外，築壁環之，以資據守之謂也。今按居延漢代烽燧，當鼎新之北，大灣附近，蒙古語稱為ㄗㄚ ㄍㄜㄡ ㄌㄚㄌㄧㄥ (Dzagtou Laling) 者，尚有殘存牆壁，其高及厚俱不及障城，又地灣鄣城外亦有壁環之，敦煌玉門關遺址外亦約略有牆壁之跡，當即塢也。

又按居延簡：『五鳳二年八月辛巳朔，乙酉甲渠萬歲隧成敢言之。廼十月戊寅夜，墮塢陛傷要。有瘳，即日視事。敢言之。』(二〇三)六、八。此為記塢最早之一簡，時當宣帝時。 自每見於簡牘中，然漢書中則未見。王莽末年天下大亂，豪家大姓始漸為塢壁。後漢書酷吏李章傳：『時趙魏豪右，往往屯聚，清河大姓趙綱遂於縣界起塢壁，繕甲兵，所在為害。』其見於其他各傳者，如馮異傳：『三輔大姓，各擁兵衆。』銚期傳：『魏郡大姓數反覆。』彭寵傳：『諸豪桀皆與交結連衡。』郭伋傳：『三輔連被兵寇，百姓震駭，强宗右姓，各擁衆保營。』馮魴傳：『王莽末，四方潰畔，魴乃聚賓客，招豪傑，作營塹，以待所歸，為縣邑所敬信，故能據營自固。』以上諸條皆為大姓擁兵之例。據服虔通俗文：『營居曰塢』，則郭伋馮魴諸傳之營亦應可稱為塢。據營自固亦可謂為據塢自固也。其他各傳雖未言營塢之制，然强宗大姓，擁衆連衡，必有營壘，略可想見。三國初年，天下大亂，此風復盛。後漢書劉表傳：『時江南宗賊大盛』，注：『宗黨共為賊。』三國志許褚傳：『漢末聚少年及宗族數千家，共堅壁以禦寇。』常林傳：『故河間太守壁，陳馮二姓舊族寇暴；張楊利其婦女，貪其財貨，林率其宗族為之策謀。見圍六十餘日，卒全堡壘。』致皆聚保自固之例，而董卓所築，亦復稱塢。至於西晉覆亡，豪右相保，其事尤多。敦煌寫本晉紀曰：『永嘉大亂，中夏殘荒。保壁大師，數不盈冊，多者不過四五千，少者千家五百家。』此言豪右規模大者不多，大率千家五百家至四五千家也。鳴沙石室佚書。清華學報十一卷第一

期，陳寅恪先生桃花源紀旁證，曾列舉西晉末年戎狄盜賊並起，其不能遠離本之遷至他鄉者，則多糾合宗族鄉黨，屯聚塢堡，據險自守，以避時難。所舉者有晉書蘇峻傳，峻『結壘於本縣。』晉書祖逖傳有『塢主張平，樊雅，』及『蓬陂塢主陳川。』又水經注引戴延之西征記有洛水篇之『檀山塢』。故就以上所列而言，則或稱壁，或稱壘，或稱營，或稱塢，或稱堡，類皆保聚之城壁，與烽臺外壁名實雖不盡同而事有相關。寅恪先生又據稱塢者如袁宏後漢紀六，王霸之『塢候』；後漢書馬援傳之『塢候』；董卓傳之『郿塢』；倫敦博物館藏敦煌卷子斯坦因號九二二西涼建初二年敦煌縣戶籍陰懷條之『趙羽塢』等；皆可證塢之一名或始於西北。今西北烽燧中之簡牘屢見塢字，尤可以證明此說矣。

邸　閣

省卒廿二人　其二人養　四人擇韭　。二□□良　二人塗泥　一人注竹矢　五人望

二六四、四

五月一日卒百五十三人　其十□□　十三人往□　□人歸責　三人吏出☑

三九五、九

凡□□卒十二人　一三二、九

十一月丁巳卒廿四人　其一人作長　三人養　一人病　一人積藁　右解除十人　凡作十人收棄五百□　苟人伐卅　與□五千五百廿苟　一三四、二一

算山隊卒三人　五二、二六

粲墼　案墼　治薄　病　案墼　治薄　除土　案墼除土　塗　累　除土

二〇三、八

戍卒八十五人　十一月　一七六、四一

八月甲辰卒廿九人　其一人作長　三人卒養　□□四人　定作廿五人　二人山木　六人積荄　十四人單荄四千廿辛人二百九十　二人綴絡具　□□□功　三〇、一九

甲渠官尉吏　(前簡之背)

□□鄣辛十人　一人守園　一人助園　一人治計　一人取狗湛　一人吏着　一人馬下一人削工　二六七、二二

八月丁丑鄣卒十人　其一人守客　一人守邸　一人取狗湛　一人治計　二人馬下　一

人吏養　一人使　一人守園　一人助　二六七、一七

六月丁未卒十九人　卒史☒　二二〇、四

二十三日戊申卒三人　伐蒲廿四束大二事　率人伐八束　與此三百五十一束

一六一、二

☒　　☒　　　第十八卒陳隱　第十九卒成儀　第十九卒范直　第廿卒王弘　第廿卒張

□　第廿卒毋□　第廿一卒翟□　第廿一卒目□　第廿一卒☒　一六八、一九

丁酉卒六人　其一人養　一人病　四人伐茭百廿束　三一七、三一

十一月餘施刑一人　毋出入　二七九、二一

。右第二十六隧卒三人　二七、二五

。凡積九十人　其十人養　定作十六人得繩千六百丈率人廿丈買此三千二百丈

一四三、三，二一四、二四

四月己卯□卒十人　其一人□　一人削工　一人佐園　一人病　一人養

四、一四

　　以上諸簡記塞上戍役之事。任塞上之役者則皆鄣卒也。候官所在之鄣，其卒數自十人至百五十三人。蓋調遣不常，至少以十人爲率也。其諸隧之隧卒，大率一隧三人，有時且僅二人，並隧長計之，亦僅三人至四人而已。唐烽式云：『凡掌烽火，置帥一人，副一人，每烽置烽子六人，並取謹信有家口者充副帥，往來檢校。烽子五人分更刻望視，一人掌送符牒並二年一代，代日須敎新人通解，始得代去，如邊境用兵時，更加衛兵五人，兼守烽城，無衛兵則選鄉丁武健者給伎充。』是唐時每烽平時有六人，有警則增至十一人，並烽帥有十二人，而漢則三四人，是由唐烽大而疏，漢烽小而密。蓋烽大而人多，則便於守禦；此唐人修改漢制之處也。雖然一隧三人，在簿籍中最常見，然亦有四人者，如『戍卒四人，其一人請，三人見』（八一）五〇四、一四。『吏四人，卒四人。』（一八四）二〇二、六。亦有六人者，如前引第十二簡。是其中亦或時有增減，惟一隧之卒不能少於二人，則可知耳。

　　戍卒守望而外，則有治國，伐木，削木，伐茭，造繩，治壍，修亭，養馬諸事，

而農田之事則不及之。蓋軍田別有田卒爲屯墾事，而農令主之，不與烽候事也。敦煌簡云：『三人負粟步昌，二友致六橐，反復百八十八里百廿步，率人行六十二里二百卌步。』又：『三人負麻，人反十八束，反復卅里，人再反六十里，』蓋屯田所得之麻粟，又由戍卒負歸也。居延簡亦有『會卒芳胡麻』語，（一六四）無號。芳當爲刈之假借字，胡麻卽巨勝，抱朴子稱可延年，小說中所謂神仙胡麻飯者。沈括筆談以爲張騫得自西域。今名芝麻，用以作油。據此簡則亦見於塞上矣。

第十簡言以卒守邸，邸卽邸閣，文獻所見較晚，然據此簡則至晚東西漢間已有之，蓋邊塞之邸惟有邸閣，不得有邸舍之邸也。自三國以後，軍事頻仍，邸閣遂常見於內地。三國蜀志鄧芝傳：『先主定益州，芝爲邸閣督。』蜀後主傳：『建興十一年冬，言使諸軍運米，治斜谷口邸閣。』魏延傳注引魏略：『橫門邸閣與散氏之粟足食也。』此橫門指長安西北門而言。魏志張旣傳：『酒泉蘇衡反，旣擊破之，上疏請治左城，築鄣塞，置烽燧邸閣。』王基傳：『別襲步協於夷陵，協開門自守，基示以攻形，而實分兵取雄父邸閣，收米三十餘萬斛。』又：『南頓有大邸閣，計足軍人四十日糧。』吳志孫策傳注引江表傳曰：『策渡江攻繇牛渚營，盡得邸閣糧穀戰具。』又孫權傳：『赤烏四年，遣衞將軍全琮略淮南，渡芍陂，燒安城邸閣，收其人民。』又：『赤烏八年，自小其至雲陽，西城通會市，作邸閣。』周魴傳：『譎曹休箋曰，東主遣從孫奐治安陸城，修立邸閣，輦資運糧以爲軍儲。』晉書咸寧三年六月：『益梁八郡水殺三百人，沒邸閣別倉。』水經贛水注：『歷釣圻邸閣下，度支校尉治，太尉陶侃量移此。』凡此諸條，具見自漢魏以後軍用儲胥，屯於邸閣者比比皆是。閣之義本爲樓閣，爲閣道。漢書元后傳『王鳳大治第室，高廊閣道，連屬相望。』後漢書陶謙傳：『笮融大起浮圖寺，堂閣周迴可容三千餘人。』侯覽傳：『堂閣相望，飾以采畫丹漆之屬。』梁冀傳：『臺閣周通吏相臨望。』魏志甄后傳：『有立騎馬戲者，家諸姊上閣觀之，后獨不行，言此豈女子之所觀耶。』故閣者，樓臺間複道，懸空架木，周廻相望。儲糧之邸略同於閣，故亦曰邸閣矣，今居延沿河漢鄣遺址，城內皆有樓柱及樓枕木之跡，連屬城面四方，玉門關遺址亦然。其樓當卽邸閣。又居延簡內言及倉令庫令，其倉庫當卽以邸閣爲之，亦可推測而知也。

兵　器　一

左後部小畜狗一　傳詣官　急　七、四六

塢上車取丘□□　塢上轉□□□　狗少二　當道□見二　堅甲一綴絕　塙□□□
一九六、二

服胡隧左卒☑　一今力三石廿九斤射百八十步辟木郭(三八)一四二、二六 望虜隧長充光

積薪八毋將樧不塗壖　塢上撙櫓少一　大積二未更積　塢上大表一苦惡　小積薪二未

更　塢上不騷除不馬矢塗　毋卒取樧茭席　毋侯闌　諸水壘少二□　毋乾馬牛矢內無

屋　汲桐少一　狗少一見不入籠　沙少三石見一石又多土　毋角火炬五十
二六四、三二

弩長辟二不事一不事用　枱柱三井更二小　□二不入□少一　苣二幣一鍋不刮　塢上

矢目二不事用　六八、九五

☑署　□□□　☑斗五毋麛　狗少一　□上根不□塗　兩行少一　繩少十丈　連梃繩

解　六八、一〇五

門關戊隨　地表幣　塢戶窮　地表染埃　□□□鉏　□□　□少一

　　　　六八、一〇九

繠索　六、五六

籠　一、二　六八、四〇

臨木隧長王橫　□□折毋　外塢門下□　內塢門毋一□　汲桐少一　繠□不□□□
六八、六三

毋六楬　洞目二不事用　□大一罋一折不事用　□毋□　□□不事　(一九六)六八、六五

甲渠侯鄣　大黃刀十石弩一深強一分負一算　八石具弩一右頭矢負一算　六石具弩一

空上蚤負一算　六石具弩一衣不上負一算　一塢上望火頭三不見所望負二算　塢上望

火頭二不見所望負二算　□拍弦一脫負二算　・凡負十一算　八二、一五，五二、一七

甲渠臨木隧長卒鄭鳳代姜□見二人　侯音　同　六石赤耳具弩三完緜緱衣弦皆解弩一

文中布不札　五石赤冑具弩一完緜緱衣弦解　長辟二其一頓破旁口皆破端毋具　塢上

轉射二所深目中不辟除一所轉射空小不承長辟　塢上轉射二所深目中不辟除一所轉射

毋稱　遭□一疾利錢二能□　橐矢二□□折　橐矢天䗜呼長四寸　木桙二不事用　辟

□□毋積　八九、二一

第卅八隧長高遺　□章□城黑不解除　長臂□黑不解除　轉櫨皆毋杆　達□□□䗜呼

二五八、一六

察微隧　堠上深目少八　毋射埻　塢上深目少四　以壓廼上　積薪八皆毋□市

一四二、三〇

甲渠歲賢隧北到誠北隧同望　候史一人　隧□一人　□四人　□□卒六人　六石具弩

二　弩幩二　橐矢五　藊矢五百六十　□三　□□□各二　系承弦三　枲承弦三　革

甲鞮督各四　□□□各四　九九、一

第七隧長尊　藥繩二十不事用　毋斧　韋少一利　服屏風少一　深目一不事用　椓直

一不調利　守御器不動　弩一紱急　前塙不事用　劍削幣　尊火尊一不事用　塢上深

目一不事用少六　圖如竇　大小積薄隧　夆苣少廿七　門關按接不事用　表二不事用

八二、一

☑永　□□□　諸水關☑　毋狗二☑　長斧五☑　二二七、三七

第九隧長王禹　鋸不事用　膠少　轉櫨皆毋□　☑　小積薪上佳頭　大積薪二上佳頭

候櫨不堪　☑　二一四、八

第廿七隧長李宮　鋸不任事　斧一不任事

鑒一不任事　脂少一杯

轉櫨皆毋柲　薪　六石具弩一弦起大　二八五、一八

三月□□十二弦不可用　六五、一六

今餘陷堅藊矢二千四百　七四、一四

靳干廿七　靳幡廿七　有方五　□反三　五二二、四

計毋餘四石弩　四〇三、二四

　• 凡入四年新卒夆冊三　一九、一九

☑延三札不事用　弩幩　□□□繩五枚　蘭負索一□　□□緣幣　長辟二不具弩

二八四、一三

入大黃弩十四　四三三、二

出弓一矢五十　四三三、二六

出善兩得廿　善札百　四三三、三九

橐宦矢七百廿　九〇、六

出橐矢銅鏃二百完　九〇、一五

陷堅宦矢二百完　一〇、五

橐矢二百　三石具弩三　宦矢六十　三石承弩一　二三九、五三

□□帾一　服一　承絃二　宦矢百五十　蘭一　二六三、一

今毋絃之黃弩　二三六、一三

戍卒淮陽郡陳□上里□□□　六石具弩一　橐矢五十　七、二四

辥北亭卒東郡博平博里皇隨來　有方一　靳干幡各一　三石承弩一　革甲鞮瞀各一

弩帾一　一四、二

☑　有方十八　盾十八　鉏十八　東部　二三二、三一

南部際六所狗籠一　二三二、二八

彈弓一直三百服負□九月奉　四六二、二

弓一　矢五十　官劍一　三三四、四七

車牛一雨　弓一　見矢十二發　三三四、三〇

鞮瞀十二縏毋組、十一窆毋韋絞、毋綷毋四絆　一四、二二

第廿五車父陵年盟川　官見弩十　承弩二　有方三　橐矢三　百五十　橐宦矢五十

紺胡一　中收一　靳干十　靳幡十　弩帾二月餘陷堅橐矢銅鏃四百六十一

一九九、一二

具弩二矢六十支　二八〇、一三

弓一穳丸一矢十二　七、一二

弓一矢卅　一二〇、二七

持有方一劍一　七、二五

革鞮瞀四　有方一　二三九、八一

枲長絃一　弩帾一　二一三、三五

九　索十一　索皮十　服一　承絃十四　私劍八　一○、三七

守御器簿　具弩三百　長椎四　長梧四　長杆二　木間椎三　弩長臂二　刈馬矢索各

一　始十斤　出火遂二具　皮置枲革各一　桼墨二　破薀一　芮薪木薪各二石　瓬菟

柳各二斗少　沙馬矢各二石　羊頭石五百槍四十　小苣三百　柱苣九　傳廿　深目四

　布薀三不任　布表一　鼓一　狗廳　狗二　門關　樓櫟四　木椎二　門戊二篇一橐

門墼三百　門上下合各一　儲水嬰二　沒蔭二　大積薪三　藥盛橐四　五○六、一

左弋弩六百廿　五一○、三○

今餘斧金卅八枚　四九八、一

今餘鑿二百五　其百五十破傷不可用　五十五完　四九八、九

羊頭石二百五十　四九五、二五

楊橫　劍一刀一　二二八、一八

十二月漆雕橐矢銅鍭六十四　毋出入　四一三、四

要虜隧蘭冠一完　二八八、一九

第卅五隧橐矢銅鍭五十完　二九三、八

六石以下弩凡十六　四四五、五

橐矢十羽幣　四五、一四

弦加叵負三算　□辟一箭道不端負五算　二六五、一

□干二羽幣補不事用已作治成　卨矢四羽幣補不事用已作治成去　五八、三

第二十九車父白馬亭里富武都　桐亡其一傷　斧二　斤二　大鉗一　小鉗一

六七、二

出弓積札七　付都尉庫　二八、一九

六石具弩一銅鍱郭　橐矢銅鍭五十　八二、三二

戶關椎極各二不事用　一九四、一

隧長王倚　弩幅三折傷毋裏　蘭冠三其二俒皆毋裏　靳幡二幣　二七、二六

卒八人　六石具弩四系絃緯完　五石具弩二系絃緯完　橐矢銅鍭三百其八十六牂呼二

百一十四完　二八三、一二

第廿隧卒□丘定　有方一双生　右卒兵受居延　三一、二

□盾各一　五三四、二三

門關棲辟皆以簿　一三六、二三

出六石弩辟一　四六、三

出物故　戍卒魏郡內黃東郭里詹奴　三石具弩一完槀矢銅鍭五十完　五鳳二年五月壬子朔丙子　幡一蘭冠各一　負索一完　。凡小大五十五物

第五隧長李嚴　鐵鞮瞀二中毋絮今已裝　鐵鎧二中毋絮今已裝　六石弩一組緩今已更組　五石弩一左絃三分今已亭　槀矢十二痄呼未能會　寅矢十二痄呼未能會

三、二六

右諸簡所記，並爲守禦器。守禦簡文作守御（五〇六、一），省文也。其中最要者爲弓弩，然邊塞所用，用弩較用弓爲多，以上諸簡，弓僅一見，簡文所記大率皆弩也。其弩之大別，有具弩，有承弩，具弩常用，承弩不常用。蓋承者，備繼之詞，猶言弩之豫備者，但取弩身，未全配置；而具弩者，配置已完可以立用，故言具矣。

說文：『弩弓之有臂者，臂，簡文假作辟，或作長辟，皆言臂也。弩機咸在臂，釋名曰：『弩怒也，有勢然也。其臂曰臂，似人臂也。鉤絃曰牙，似齒牙也。牙外曰郭，爲牙之規郭也。下曰懸刀，其形然也。今言之曰機，言如機之巧也。亦言如門戶樞機，開合有節也。』關於此條，明茅元儀武備志據當時地下發見之弩機，用當代流行名稱爲之比附曰：『今曰機鉤，古曰牙；今曰照門，古曰規；今曰匣，古曰郭；今曰撥機，古曰懸刀；今曰墊機，古無名，機匣長一寸九分，闊四分有零，高五分。機鉤長七分，鉤總高五分。照門總高九分。挂弦闊口深二分，闊二分。墊機長一寸三分，闊四分，厚一分。匣眼，鉤眼，墊機眼，皆一分有零。撥機長一寸一分，闊四分，厚一分有零。二鍵長九分，大小各眼爲則。』以上尺度悉以明尺量古弩機而得，其數雖有奇零，然其比例應不致太誤也。又吳越春秋亦曾言及弩制：『橫弓着臂，施機設紐，加之以力。……郭爲方城，守臣子也。敎爲人君，命所起也。牙爲執法，守吏卒也。午爲中將，主內裏也。關爲守禦，檢去止也。錡爲侍從，聽人主也。臂爲道路，通所使也。弓爲將軍，主重負也。弦爲軍師，禦戰士也。矢爲飛客，主敎使也。金爲實數，往不止也。衞

副使，正道里也。又爲受教，知可否也。檦爲都尉，執左右也。』徐中舒先生在
『戈射與弩之溯源，及關於此類名物之考釋』史語集刊四本一分。謂此所處所言
曰臂，曰絃，曰郭，曰牙，與釋名同，敎卽武備志所謂照門，今所謂規也。牛當
指鍵而言。金爲錢，衞爲羽，釋名：『矢其旁曰羽，齊人曰衞，』卽指此矣。其
言大都可信，今不全引。又按『檦爲都尉，執左右也』之檦，原義爲青白色帛，
凡箭鏃插入箭幹之處，皆當以絲或帛纏其外，所以使箭鏃固定，不致偏倚者，則
以指此，亦當相合也。

漢代弩機之形式，大率相類，其分別在大小之不同，及各部比例之不同。今具以
宣和博古圖錄及西清古鑑所載，亦其長及闊於後，以見其大要。

		一	二	三	四	五	六	
宣和	長	0.43	0.5	0.46	0.51	0.51	0.57	宋官尺
	闊	0.12	0.12	0.11	0.12	0.12	0.14	
西清	長	0.3	0.49					清營造尺
	闊	0.11	0.12					

日本原田淑人先生著支那古器圖考兵器篇亦有弩機一具，爲朝鮮總督府藏，其照
像爲原物四分之三，合市尺四寸七分，則原物當長市尺六寸二分七釐。又日本東
方文化委員會樂浪王光墓報告中有較完之弩一具，具有完整之弩臂及弩機（臂長
六一·〇生的，餘未記。）與今制弩仍相同也。

以上各圖所表達者，雖出於明人武備志者居多，然與漢制仍同，武梁祠刻石與此
甚相類也。據前簡所記，弩之各部有臂，有郭，有弦，有檢，有深目，有帪，臂
及郭甚易明白，檢分左右，當卽鉤弦之鉤，今更論弦，帪，及深目。

弦有系弦有枲弦，『系』說文曰『細絲也』，故系絃卽絲弦。又尙書禹貢『岱畎絲枲』
正義『枲麻也』故枲弦卽麻弦。其弦之副者則曰承弦，王氏流沙墜簡考釋云：『承
絃未詳何物，但用系爲之，則非弓弩兩端繫弦之處，亦非機牙之鉤絃者，疑卽副
弦也。左傳：「子擊之，鄭師爲承，」承者，繼也，副也。弦必有副，所以備折
絕也。太白陰經器械篇：「弩二分，弦六分，副箭一百分，二千五百張弩，七千
五百條絃，二十五萬隻箭；弓十分，絃三十分，副箭一百五十分，弓一萬二千五

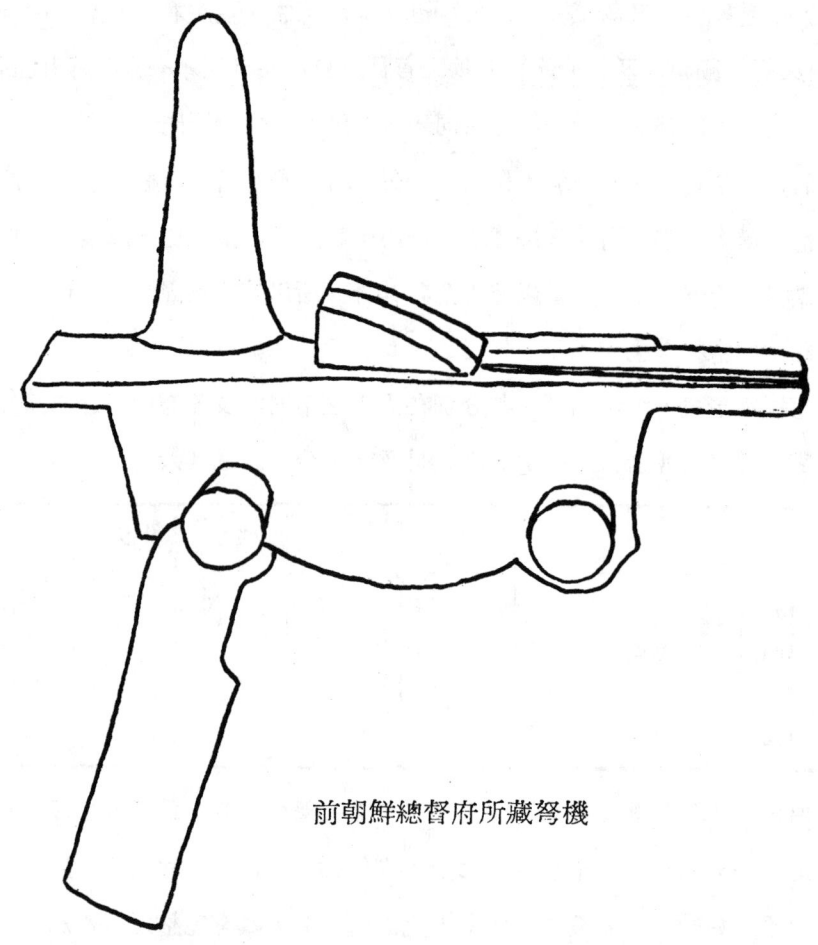

前朝鮮總督府所藏弩機

百張，弦三萬七千五百條，箭三十七萬五千隻」。則弓弩與絃常爲一與三之比例，承絃或謂是歟？』今按王說是也。據前(二七〇)九、九二所記，有六石具弩二，而有系承弦十，復有弩長絃五，較弩多數倍。則承絃之爲備用之絃，於茲可證。其衆長絃應亦爲備用者，蓋以其爲未裁定之絃料，故曰長也。

弩帾一語又見於流沙墜簡器物十四，『承弩帾』王氏考釋曰：『右簡之弩帾未詳何物。古人用弩行則或操之，或抱之，欲其發則蹶而張之。此帾或發弩時所用歟？』今按承弩帾之承，與承絃之承同，有副或準備之意，居延簡所記，有弩帾，無承弩帾，可證承爲附加之詞也。帾字據說文云『帾載米䉛也。』廣雅釋器云：『帾䉛也。』故帾爲收藏之器。又帾字從巾，廣韻：『布貯曰帾。』或猶本於切韻原文。今據居延簡(三六三)葉一簡，又(二七〇)葉一簡，蘭與帾同述。而(二七〇)九九、一

以下各圖乃摹自武備志者，
其細部雖與真弩機比例不盡
合，然其圖大致尚簡明，可
以窺見弩機結構之概略，故
今取之。

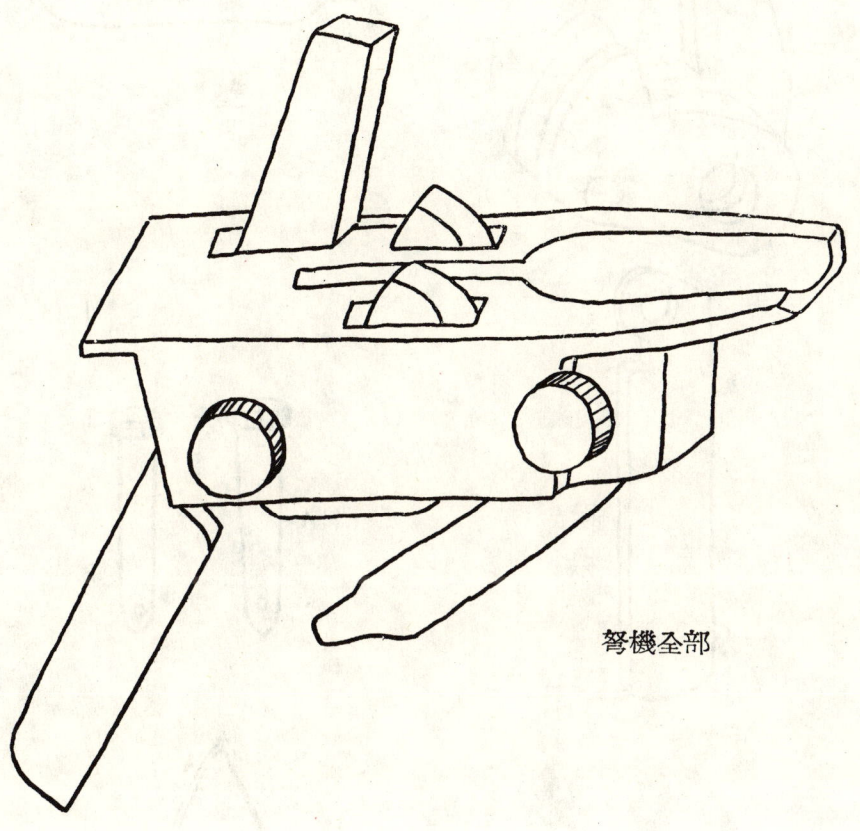

弩機全部

匣

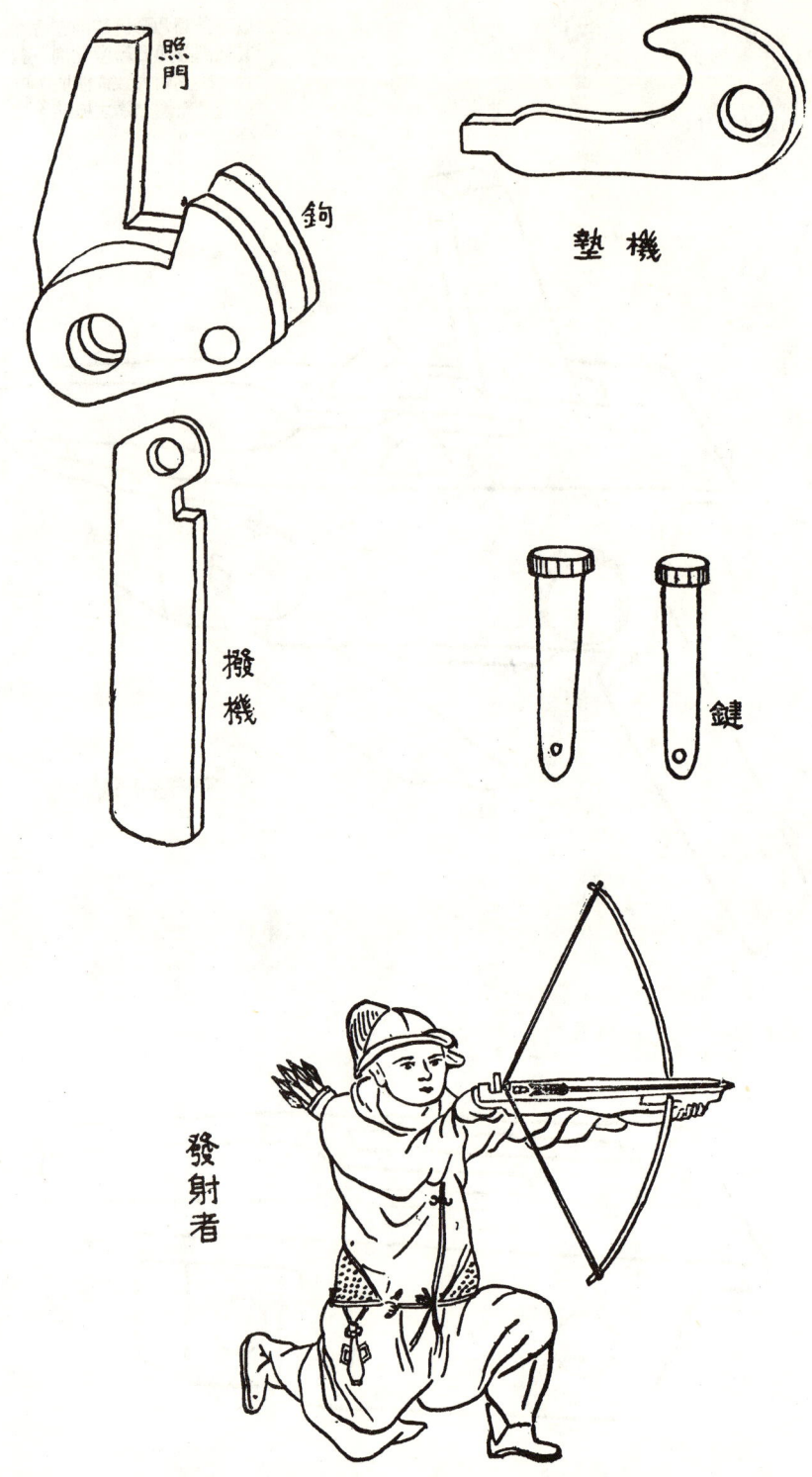

照門

鉤

墊機

撥機

鏈

發射者

簡內，弩之後卽弩帽，矢之後卽服與蘭，服與蘭俱爲盛矢之器，則弩帽應卽盛弩
之器矣。況弩架曰錡，原爲平時所用，行時負弩，自不能負錡而趨，則亦必當有
貯弩之囊若帽者矣。

矢分二種：一曰槀矢，一曰蚩矢，具見上引簡文。敦煌簡亦屢見之。王氏考釋
曰：『蚩矢短矢也。墨子備穴篇：「爲短矛短弩，蚩矢。」方言：「箭三鎌，長尺六
者，謂之飛蚩。」古者箭桿長三尺，飛蚩長尺六，則短於他矢矣。』又曰：『槀
矢未詳，槀本箭桿之稱，不應以名矢，疑卽嚆矢也。莊子在宥篇：「焉知曾史之
不爲桀跖嚆矢也」郭象注：「嚆矢，矢之猛者。」釋文引向秀注：「嚆矢，矢之鳴
者」，向說是也。字又作骹，唐六典武庫令注引通俗文：「鳴箭曰骹」漢書匈奴
傳：「冒頓乃作鳴鏑」，應劭曰：「骹箭也」又作骲，唐書地理志：「嬀州貢骲矢」，
贊並釋音「骲鳴鏑也」，然則曰嚆，曰骹，曰髀，曰骲，曰槀皆同字異音也。』
今案廣韻：『髇，髇箭，』是此字亦可作髇。槀，嚆與髇並從高得聲，其字音上
本有相通之處。然論證已制，純取音均相通，而不追理當時一般情實，其極仍流
於武斷。蚩矢之爲短矢，有墨子及方言直捷之訓釋，自不容疑；槀矢之爲鳴鏑，
僅在音均相通，仍有未足。況嚆矢是否鳴鏑，在向郭義中已非一致。而漢簡槀矢
與蚩矢對舉，尤似就其長短而言。短矢固可不鳴，若在長矢，亦不必盡皆鳴鏑
也。大凡鳴鏑之制，在於箭鏃之後，更作壺形而穿孔於其上，故其制較複而制作
較難。故塞上出土者，大率皆不鳴之鏃。據居延簡所記，槀矢可以多至，三百
(九)九〇、一五〇。二百，(三七五)二八三、
一二。三百五十，(七四)一〇、三七。四百
六十一，(一六)一九九、一二。且槀矢與
蚩矢同記亦有多於蚩矢者。(一九)二三
九、五三。『槀矢二百，蚩矢六十。』若
謂此盡爲鳴鏑，恐與實況不合。按周
禮夏官：槀人中士四人。』注：『鄭
司農云，槀讀如郤縠之縠，箭幹謂之
槀，此官主弓弩箭矢，故謂之槀人。』

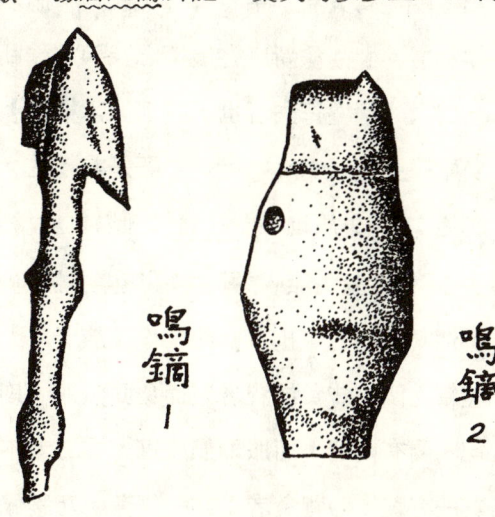

鳴鏑 1

鳴鏑 2

考工記云：『燕之角，荆之幹，妢胡之笴，吳粵之金錫，此材之美者也。』注：『荆，荆州也；幹柘也，可以爲弓弩之幹；妢胡，胡子之國，在楚旁；笴矢幹也；禹貢荆州貢櫄幹栝柏及箘簵楛，故書笴爲筍，杜子春曰，妢讀爲焚，咸丘之焚，書或爲邠，妢胡地名。也筍讀爲笴，笴讀爲藁，謂箭藁。』由此言之，在弓則柘幹可單稱爲幹，在矢則楛笴單稱爲笴，笴亦得假爲藁，故藁矢應即楛矢矣。箘簵亦材之美者，箘簵之矢，自亦得稱爲笴或藁也。蓋虆矢矢之短者，其長僅得長矢之半，故其矢材之限制，宜不若長矢之嚴。至若矢之長者，若矢材不選，較短矢更易屈曲柈呼，故其矢材必取箘簵楛之，因而以藁稱之。藁矢之名，義取於此。又莊子所稱之嚆矢，或與藁通。郭象注莊，多取向秀，此則與向秀相違。是猛矢之義，亦必有所獨得。蓋大弓長矢，取其力猛，此事理之易見者，清言簡約，無取繁辭也。

盛矢之器或稱蘭，或稱服。王氏國維云：『言蘭者矢皆五十，言服者矢至六百，則蘭與服又有大小之別歟？』其言據敦煌簡器物二十四而發，原簡云：

古厭胡隧卒四人　　虆矢六百　冊七羽敝干序呼　三百九十七完
　　　　　　　　　其九十三羽完干序呼　六十一羽敝干完　服一完

共六百矢是否俱約於服中，尚無確證。今按前引居延簡(二七〇)九九、一，則有服三蘭二，而矢合計六百二十。是服未必可容六百矢也。今按蘭本字作𥳎，說文：『𥳎所以盛弩矢，人所負也。』或從革，史記信陵君別傳：『負韣矢』，集解：『呂忱曰：韣盛弩矢。』索隱：『韣音蘭，謂以盛矢如今之胡簏而短也，呂姓忱，名作字林者。』胡簏新唐書儀衞志及兵志作胡祿。又漢書韓延壽傳：『抱矢負蘭』，師古曰：『蘭盛弩矢者也，其形似木桶。』是蘭爲木桶就可以負者，前引簡有『蘭負索一』(七)二八四、一三。一語是其證也。服亦作箙，詩小雅采薇：『象弭魚服』，鄭箋：『服矢服也。』孔疏：『以魚皮爲矢服』，此仍作『服』者；周禮夏官司弓矢：『仲秋獻矢箙，』鄭注：『箙盛矢器也，以獸皮爲之。』又：『田弋充籠箙矢』，鄭注：『籠竹箙也。』此字作『箙者。』大凡服以獸皮或竹爲之，與蘭不同。凡經籍之蘭，皆負於背者，而象弭魚服，則應爲佩帶之飾，非負者也。其在簡牘所記，蘭有蘭冠，而服則無服冠，亦二者不同。今據明人武備志，箭笥凡有二種，其一有蓋，乃背負者；其一無蓋，乃腰佩者。此二種箭笥人分，殆即古人服與蘭

之遺制歟？

據居延簡(二〇〇)八二、一五，五二、一七『大黃力十石弩一，右檢強，負一算；八石具弩一，右弭矢負一算；六石具弩一，空上蜚，負一算；六石具弩一，衣不上，負一算』。『十石弩』簡中言及者甚少，惟此處言十石弩，其弩則大黃弩也。敦煌簡：『玉門廣新隧大黃承絃一』，王氏考釋曰：「大黃弩名。史記李廣傳：「自以大黃射其裨將。」孟康曰：「太公六韜，陷堅敗強，敵用大黃連弩是也」。』按：『大黃射其裨將』一語，亦爲漢書所承用。師古注云：『服虔曰：「黃肩弩也」。孟康曰：「公陷堅却敵，用大黃參連弩也。」晉灼曰：「黃間卽黃肩也，大黃其大者」師古曰：「服晉二說是也」。』蓋孟康之說乃指連弩，而李廣所用爲單弩，故服晉二說爲是也。黃間又見於潘岳射雉賦，李善注以『黃肩機張』釋之，謂是弩名。顧愷之文史箴圖射雉正用弩。此亦可證大黃之爲弩名也。

弩之射準明人稱爲照門者，簡中稱爲深目。淮南泰族篇：『人知高下而不能，教之明管窺則喜；欲知輕重而無以，予之以權衡則喜；欲知遠近而不能，教之以金目則快。』注：『金目深目。所以望遠近，射準也。』此條由丁梧梓先生檢示者。今來福槍之標尺，眞切用與此同。據(二四二)八九、二一簡，深目有設於轉射之上者。轉射卽後世之弩牀也。墨子備城門：『有力者主適善，射者主發，佐皆廣矢，治裾諸高六尺，部廣四尺。皆無兵弩簡格轉射機，機長六尺，兩材合而爲之輻。輻長三尺，中鑿矢爲之道臂，臂長至梱。』蓋弩較小，一人主之，其二人以上主之者，爲弩牀，卽墨子中轉射，機簡文省稱則曰轉射矣。

據(一八六)五〇、六一簡，『羊頭石五百』，又破胡隧兵物簿有：『陷陣羊頭銅鍭箭卅八枚。』按羊頭者，三廉矢之稱。廣推『羊頭……鏑也。』其言或本於方言之：『凡箭鏃相合嬴者，四鐮或曰拘腸，三鐮者謂之羊頭，其廣長而薄鐮者，謂之錍，或謂之鈀。』故破胡隧兵物簿之羊頭箭爲其本訓；其稱爲羊頭石者，蓋三廉有双之石，象三廉矢鏃，故亦謂之羊頭矣。

兵双之屬刀劍而外有稱曰有方者。王氏考釋云：『有方亦兵器也。墨子備水篇：「二十船爲一隊，選材士有力者三十人共船。其二十人擅有方，十人擅苗」。畢沅校云苗同矛。又云：「臨三十人，入擅弩。」(按下文云：『計四有方，必善，以船爲轒輼。』)

矛與弩皆兵器，則有方亦兵器矣。韓非八說篇：「揹笰干戚不適有方鐵銛，亦其
證也。惟其形製則不可考矣。」今按古兵器之類屬，略可分爲長兵及短兵；短兵
爲刀劍，而長兵爲矛戟也。簡牘中有方與刀劍並記，則有方應非刀劍。又據墨
子，有方與長兵之矛同用於戰船，則有方應亦爲長兵矛戟之屬。有方之應用於舟
師者，蓋與水上之便利有關有方一器應爲特適於水上之用者。漢書鼂錯傳錯對策
曰：『平地茂草，可前可後，此長戟之地也，劍楯三不當一。萑葦竹蕭，草木蒙
籠，支葉茂接，此矛鋋之地也，長戟二不當一。』舟中所遇，平遠爲多，萑葦次
之。若夫曲道相伏，險阨相薄，陸上宜於劍楯之區而舟師不遇也。然則墨子所云
舟師三十人，其十人擅矛者，蓋以施之萑葦之間；其二十人擅有方者，蓋以施之
平遠之水上，若以陸地情狀概之，則有方應爲戈戟之類矣。戈戟在漢仍常用，漢
畫亦屢畫之，惟漢簡所記則有弓弩，有刀劍，而不見戈戟，若有方爲戈戟之屬，
則漢簡中非無戈戟，特其名異耳。又漢書武紀及南粵傳：樓船將軍與戈船將軍對
言。臣瓚注引伍子胥書謂『爲戈船載干戈』，其說良是。左思吳都賦：『戈船掩於
江湖。』李善注亦言：『越絕書伍子胥船有戈。』與臣瓚注意同。吳粵本皆南方，
漢代所用之戈船，與伍子胥施干戈之船應爲同物。張晏謂船下施戈以避蛟龍，本
爲臆說，顏監輒從，亦爲非是。劉攽刊誤以爲船下安戈，既難措置，又不可行，
顏北人不知行船，故信張說。其言甚得古人之意。審是則戈船應爲以船載戈，無
可疑者。若以墨子所言之有方爲戈戟之屬，與此可互證也。又韓非子言『有方鐵
銛。』史記秦本紀論贊，賈生曰『非銛於句戟長鎩也。』集解：『徐廣曰：「銛亦
作銤」，駰案如淳曰：「長臿矛也」，又曰：「矛臿上有鐵橫方，上曲句」。』此節
賈生原意銛字未必指兵器一種，而其音義所述如淳說之銛與韓非說正可互證。有
方者，卽矛臿上之鐵橫方，亦卽是矛頭之戟。其鐵橫方卽戟之鐵臿也。前引（三八
〇）三一一、二簡『有方一，臿生。』知有方爲有臿之兵器，今以此證之，則有方之
臿，亦鐵戟之臿矣。

革甲鞮瞀王氏考釋以爲卽革甲鞮鍪鞮鍪胄也。其說是也。今按居延簡之革甲鞮瞀
並裝有絮，此於古制尤多增一解矣。

簡牘之甲革甲多於鐵甲，蓋是自昔沿襲而來。考工記：『函人爲函，犀甲七屬，

兜甲六合，甲五屬左。』左傳宣二年：『牛則有皮，犀兕尚多，棄甲則那？』管子
中匡：『使以甲兵贖，死罪以犀甲一戟，刑罰以脅盾一戟。』楚辭九歌猶言『被
犀甲』皆革甲也。至呂氏春秋貴卒言『鐵甲』，淮南主術言『鐵鎧』，皆異於古制
矣。又兜鍪自商代而下皆以銅爲之，以鐵爲兜鍪亦較後之制，史記蘇秦傳始言
『鐵幕』，乃戰國時物也。

其斧椎槍諸特亦並爲守禦器，墨子備城門云：『長斧柄八尺』，又：『城上九尺一
弩，一戟，一椎，一斧，一艾，皆積參石，蒺藜渠長丈六尺』，又：『長斧長椎各
一物，槍二十枚』，凡此諸物略可見於前引諸簡，可互證其制也。槍之爲物，孫
貽讓墨子閒詁云：『國語齊語云：「挾其槍刈耨鎛」，韋注云：「槍椿也」，一切經
音義引三蒼云：「木兩端銳曰槍」』。

簡言守狗，守狗見於墨子備穴門篇。簡言門戊卽門牡，王氏考釋言漢書五行志師
古注『牡所下閉者也』據音之通轉，定爲卽簡中之門戊，其說是也。前引守御器
簡有『始一斤』語，今按始卽鉰，所以固牡於門，使不動者。淮南說林：『柳下
惠見鉰，曰可以養老；盜跖見鉰，曰可以黏牡，見物同而用之異，』高誘注曰：
『牡門戶籥牡也』，卽其義矣。

兵　　器　　二

出橐矢銅鏃二百完　　九〇、一五

二月餘陷堅橐矢銅鏃四百六十一　　一九九、一二

橐𧈧矢銅鏃少簿百五十　　一八五、一

橐𧈧矢銅鏃三百　　二八二、二〇

簡中鏃字屢見，今舉例如上。敦煌簡亦有之，王氏國維考釋云：『鏃者，爾雅：
「金鏃翦羽謂之鏃」，方言：「江淮之閒謂之鏃」，是以鏃爲矢之總名。考工記：
「鏃矢三分，一在前，二在後」。旣夕記：「猴矢一乘，骨鏃短衛」。毛詩行葦傳：
「鏃矢參亭一，則又以鏃矢爲矢之一種。此於𧈧矢橐矢之下，復云銅鏃，則非諸
書所謂鏃，而以鏃爲鏃也。』今按淮南兵略：『疾如鏃矢，何可勝偶。』王念孫
讀書雜志曰：『上文疾如錐矢，錐爲鏃之誤，此作鏃矢，鏃亦鏃之誤。侯字隸書

作矣，佳字隸書作隹，二形相似，族字隸書作狀，形與侯亦相似。故鏃矢之鏃非誤爲錐卽誤爲鏃。齊策疾如錐矢亦鏃矢之誤，高注以錐矢爲小矢，非也。史記蘇秦傳又誤作鋒矢。索隱引呂氏春秋貴卒篇：「所爲貴錐矢者，爲其應聲而至」，今本呂覽誤作鏃矢。莊子天下篇：「鏃矢之疾」，鏃亦鏃之誤。郭象音族，非也。鶡冠子世兵篇：「發如鏃矢」鏃本或作錐，亦當以作鏃爲是也。」今簡文正作鏃，不作錐及鏃。王氏念孫之說是矣。惟其訓釋則宜從邵晉涵之說。爾雅釋器：「金鏃翦羽謂之鏃。」郭璞注：『今之鋌箭是也』又：『骨鏃不翦羽謂之志。』郭璞注：『今之骨鉋是也。』邵晉涵曰：『此別矢之名也。鏃者：說文云，「族矢鋒也，鏃利也」。今人謂鏃爲鏑，以鐵爲鏑翦其羽者謂之鏃，射物之矢也。詩疏引孫炎云：「金鏃斷羽，使箭重也。」文選注引李巡云：「鏃以金爲箭鏑也」。（案此節見文選賈誼過秦論李善注引。）大雅行葦云：「四鍭旣均」。毛傳云，「鍭矢參亭」。考工記：「矢人爲矢，鍭矢參分，一在前，二在後。」鄭注云：「參訂之而平之者，前有鐵重也」。穀梁隱二年傳云：「聘弓鍭矢不出竟場」是也。……司弓矢有八矢，而爾雅祇釋其二者，以鍭矢居前最重，志矢居後最輕，故舉以例其餘也。其用諸喪禮則注云：「鍭猶侯也，侯物而射之矢也。骨鏃短衛，亦示不用也。生時鍭矢金鏃，凡爲矢五分笴長而羽其一。志猶擬也，習射之矢，無鏃短衛，亦示不用。生時志矢骨鏃，凡爲矢前重後輕也。』今案邵說是也。鍭者，金鏃之重者，鏃重則前重後輕，所以陷堅也。鏃之重者旣爲鍭，故銅鏑亦稱銅鍭矣。依鄭注，鍭矢之重，以其有鐵，今云銅鍭者，漢世用鏑內鐵而外靑銅，鐵取其靭，靑銅取其利。今敦煌及居延故塞間，猶往往得之，簡言銅鍭，蓋指此也。至段注說文：『鍭矢以翦羽得名，不必以金鏃爲義，』今案鄭義鍭矢之骨鏃者本限於明器，生人所用者若依鄭義當仍以金爲鏃。邵氏之『以鐵爲鏑，翦其羽謂之鍭』，律以簡中所記雖不盡合，然較諸段說，則邵說爲長矣。

屯　田　一

□詣居延爲田䗈遣故吏孝里大夫☑　五二、三〇

守農令趙入田卌取禾　九〇、四

田五畝六十晦　二四七、三三

第十三晦長賢　□井水五十步濶二丈五泉二丈五上可治田度給晦卒　一二七、六

☑爲注渠　一二○、一八

守府移將戍田卒☑　五一○、二一

當曲晦河邊水　二二五、一三

以九月且始運糞　七三、三○

☑除沙　一人積大司農麥　省□卅六□□至更　（B二）四七九、六　以上見卷二第二十二至第二
十八葉。

　　右諸簡並記屯田之事。居延有田卒名簿見釋文名籍類　可與此參證。居延一帶咸
賴額濟納水河漑田，古今當無大異。田卒中有渠卒，當卽任治渠引水之事也。惟
今河水僅及於張掖酒泉附近。居延一帶無論矣，卽其上游之金塔鼎新亦感水量不
足。簡文所記除用井以外卽是注渠，是當時祁連積雪，多於今日，蓋可知矣。漢
代屯田之組織不詳，今據諸簡有守農令，有長官。守農令者或農令之守護者，長
官當爲其別稱也。都尉之下有候官，農令或長官當亦屬於都尉，若候官之比矣。
上引第十簡言『一人積大司農麥，』則邊塞屯戍，除屯田之穀粟而外，大司農運
穀給邊，亦可於此簡見之。其事漢書及鹽鐵論諸書並有記述，惟運輸之系統及方
法，則文藉莫詳。今據此簡除沙與積麥同在一簡記之，則大司農之麥，蓋亦積於
烽候倉中矣。

屯　田　二

馬長史卽有吏卒民屯士亡者，具署郡、縣、里、名、姓、年、長物、色、房、衣服，
齎操，初亡年月日白報，具病己。謹案屬丞始元二年戍田卒千五百人，爲辥馬田官寫
涇渠，迺正月巳酉淮陽☑　五一三、一七

延壽迺太初三年中又以負馬由敦煌，延壽與父俱來，田事已。　三○三、三九

　　右二簡皆言屯田事，前簡則兼及捕亡。

　　爲方便起見，先論捕亡，再就屯田事略論之。

　　簡牘中頗有言及捕亡事者，例如：『還界中書到遣都吏與縣令以下逐捕搜索部界

中。驗亡人所隱匿以必得爲最，詔所名捕還事事當奏聞，毋留，如詔書律令。』(一八八)一七九、九。『證任毋牛延壽，高建等過伯君家中者書□☒』(四三)三〇六、七。『元康元年十二月辛丑朔，壬寅，東部候長長生敢言之。候官官移太守府所移河南都尉書曰：「詔所名捕及鑄僞錢盜賊凡未得者牛長壽高建等廿四，書到滿☒」。候史旁，遂昌。』(七一)二〇、一二。『☒到官里造捕必得□作治全莊事』。(一七九)七一、四四，七一、六一，七一、四九。『□審捕驗亡人所依倚匿處，必得，得，詣如書，毋有令吏民相牽證任，致書以書言，謹雜與候文廉騂北亭長歐等八人，戍卒孟陽等十人□處索新□□□亡人所依匿處，投書相牽。』(九八)二五五、二七皆言捕亡之事也。蓋漢禁亡人至急，良由大而叛逆，小而盜賊，皆由亡人以起。其見諸史籍者，如吳王濞招致亡命，爲七國亂首。淮南王安，燕剌王旦，均曾招輕薄亡命，並見本傳。若以外患言，則如匈奴傳：『衞律爲單于謀，穿井，築城，治樓，藏穀，與秦人守之。』衞律本漢人降匈奴，所稱『秦人』，亦中國亡人也。抱朴子登涉篇：『山中夜見胡人者，銅鐵之精；夜見秦人者，百歲木之精，勿怪之。』與此處用法同。又匈奴傳元帝時侯應對匈奴事狀亦謂：『往者從軍，多沒不還者，子孫貧困，一旦亡出，從其親戚。又邊人奴婢愁苦，欲亡者多。日聞匈奴中樂，奈候望急何。然時有亡出塞者。』至於三國，魏志牽招傳亦云：『流亡山澤，叛入鮮卑，爲中國患。』故禁亡人卽所以整邊防，中國刑法自李悝之網捕迄於後世之捕亡，皆設專章，卽以此也。

右兩簡又俱言屯田事，按居延之屯墾以自額濟納河引出之渠水爲灌溉之用。沿河兩岸並有可墾之地，惟水量有限耳。漢世居延屬張掖，而居延城在今黑城遺址。自張掖郡治至居延並爲烽燧所在，沿河一帶今稱爲大灣，地灣，紅城子（ㄨㄌㄢ ㄊㄧㄦㄎ ㄢㄐㄧㄣ），破城子（ㄇㄨ ㄊㄧㄦㄎ ㄢㄐㄧㄣ）等各地，並有沃壤，而尤以黑城左右爲多，如河水不乏，則沿岸皆美田也。惟今日上游張掖酒泉一帶需水甚多，用水時山中雪水額濟納河上游且不足用，故居延一帶遂歸廢棄矣。漢於屯田之地皆置田官，西域傳：『匈奴益弱，不得近西域，於是徙屯田田於北胥鞬，披莎車之地。屯田校尉始屬都護……都護治烏壘城，去陽關二千七百三十八里，與渠犂田官相近，土地肥饒，故都護治焉。』又匈奴傳：『令大將軍青，驃

騎將軍分軍，大將軍出定襄，驃騎將軍出代。……是後匈奴遠遁而漠南無王庭，漢度河往往通渠置田官，吏卒五六萬人萬上或有十字。稍蠶食地接匈奴以北。』故田官者領田卒以從事屯墾之官，及屯墾成功，遂募民置縣邑。西域傳言征和中搜粟都尉桑弘羊與御史丞相奏言：『故輪臺以東，捷枝渠犂皆故國，地廣饒水草，有溉田五千頃以上。處溫和田美，可益通溝渠，種五穀，與中國同時熟……臣愚以爲可遣屯田卒詣故輪臺以東，益種五穀。田一歲，有積穀，募民壯健有累重敢徙者詣田所，就畜積爲本業。益墾溉田，稍築列連城而西，以威西國。』故屯戍方案爲先用田卒屯墾，旣成熟田，更募民徙塞下，此蓋漢世屯墾通則，不僅渠犂也。今按居延設治之始爲路博德將屯，其築居延城在太初三年見武帝紀。此二簡皆時間較早，屯田民間往來居延敦煌二屯戍區之間，而辟馬田官所領田卒亦多至千三百人矣。更據此簡，可知敦煌與居延本極相類，敦煌爲酒泉塞外，而居延則爲張掖塞外，敦煌在玉門關外，而居延則在肩水關外，敦煌最初用屯田方式，而居延最初亦用屯田方式，惟敦煌當西域之衝，地位較居延爲重要，故自李廣利自西域囘後，而敦煌遂特設一郡矣。

屯　田　三

☐詣居延爲田，謹遣故吏孝里大夫☐　　五一一、三一

此當指移民作墾田事者。據漢書路博德傳及李廣利傳，更參證漢書食貨志，開發居延之始，爲路博德率領田卒，當李廣利征大宛之際始到居延，築遮虜障以衛之。其後更移貧民，試代田於此。而居延設治於遮虜障，卽承博德之餘緒者也。居延簡：『延壽迺太初二年又以負馬田敦煌，延壽與文俱來，田事已』（一一）三〇三、三九。又『馬長史卽有吏卒民屯士亡者，具署郡、縣、里、名、姓、年、長物、衣服、齋操、初亡年月日、人數白報、具病已。謹案屬丞始元二年戍田卒千五百人爲辟馬四官寫涇渠，迺正月己酉淮陽郡☐』（一一）五一三、一七，三〇三、一五。俱可與此簡互證也。

屯　田　四

右第二長官二處田六十五畝，租廿六石　三〇三、七

此爲塞上屯墾所收，六十五畝收租廿六石，則一畝收租凡有四斗也。食貨志引本悝語曰：『歲收晦一石牟』，此爲戰國收穫之數。淮南主術篇：『交民之爲生也，一人跖來而耕，不過十畝，中田卒歲之收，不過畝四石。』此言一人僅耕十畝，與相傳一夫百畝之說相違，則又爲漢世內地深耕所得，亦未必統漢世天下皆然也。案趙充國屯田，人賦二十畝，則依此比例六十五畝可賦與三人。據食貨志人月食一石牟，三人年需粟五十四石，更加租粟二十六石，是六十五畝可年收八十石，卽每畝可收粟一石三斗。此數與李悝所說相近。蓋塞上一般種植較爲粗放也。食貨志曾言居延試爲代田，而此則非是。是代田僅試行於居延，而未普徧實行於居延也。

將　　屯

十月乙丑將屯居☒　　二二七、一○一

將屯卽將屯兵。李廣傳：『程不識故與廣俱爲邊太守將屯。』西域樓蘭傳：『國中有伊循城，其地肥美，願漢遣一將，屯田積穀』，亦其意也。路博德傳：『其後坐法失侯，爲彊弩都尉屯居延，卒。』自是將屯之事。博德屯兵居延，最早可在太初元年李廣利開居延時，太初三年博德築遮虜障，天漢三年李陵出塞，博德尚在居延，其卒當在武昭間。自此之後將屯者當爲居延都尉矣。

農　都　尉

守大司農光祿大夫臣調昧死言，守受簿丞慶前以請詔使護軍屯食守部丞武☒以東至西河郡十一農都尉官上調物錢穀轉漕爲民困乏啓調有餘給　　（面）

□□□　二千　盡平　且盡　二一四、三三　（背）

此元帝永光二年或三年詔也。百官公卿表『（元帝）永光二年，光祿大夫非調爲大司農。』漢制，初除爲守，滿歲爲眞；今云守，必初除時事矣。元帝永元二年正值凶年，本紀云：『永光二年春詔曰……朕獲承高祖之洪業，託位公侯之上，夙夜戰栗。永惟百姓之急，未嘗有忘焉。然而陰陽未調，三光晻昧，元元大困，流散道路。』又：『六月詔曰，間者連年不收，四方咸困。元元之民勞於耕耘，又

無成功；困於饑饉，亡以相救。』此皆可證時情況，與此簡所稱調十一農都尉餘穀，轉給民困乏者，其事正合。農都尉之制據續百官志云：『農都尉武帝置，於邊郡主屯田殖田穀。』與郡都尉，關都尉，屬國都尉共爲四種。然漢地理志未明言各郡何者爲農都尉。惟於敦煌郡廣至下自注云：『宜禾都尉治崑崙障。』又敦煌郡效穀下師古注云：『本魚澤障也。桑欽說孝武元封六年，濟南崔不意爲魚澤尉，敎力田，以勤效得穀，因立爲縣名。』然其地烽候仍名魚澤，敦煌簡：『宜禾部烽第。廣漢第一，美稷第二，昆侖第三，魚澤第四，宜禾第五，』是也。就宜禾之名已當屬於農事，而其下之魚澤障，復以力田設縣，是宜爲農都尉，而班書則未嘗注明，則班書於農都尉蓋例不特者也。

居延簡云：『☑下領武校，居延，屬國，鄱農都尉，縣官承書☑』（二六）六五、一八『三月丙午張掖長史延行太守事，居延倉長湯兼行丞事，下屬國農都尉小府，縣官承書從事下當用者，如詔書。／守屬宗，助府佐定。』（二八）一〇、三三。似邊郡屬國都尉之外，皆農都尉。更就地理志求之，今自西河爲始，據班志所載西河以西諸邊郡，錄其都尉，至張掖爲止，可得以下諸數：

西河	美稷	屬國都尉治	虎猛	西部都尉治
朔方	廣牧	東部都尉治		
五原	蒲澤	屬國都尉治	成宜	中部都尉治原高。　西部都尉治成睾。
北地	富平	北部都尉治神泉障。　渾懷都尉治渾懷障。		
安定	參欒	主騎都尉治	三水	屬國都尉治
武威	休屠	都尉治熊永障　北部都尉治休屠城		
張掖	日勒	都尉治澤索谷	居延	都尉治

以上共七郡，凡十四都尉。此七郡咸在西河以西。其西河西南諸郡則不計入。凡此七郡皆可通渠溉田者，與其南諸郡農事賴諸雨澤者亦自異也。以上七郡除西河，五原，安定，各有一屬國都尉不計外共凡十一都尉。然安定之主騎都尉或僅司牧馬，未必屯殖田業，則自西河至張掖凡十都尉，然益以張掖之肩水，仍爲十一都尉也。肩水不見於班志，蓋由於脫漏。亦不見於他書，惟於簡牘中見之。然鹽鐵論復古篇云：『故扇水都尉彭祖寧歸言，鹽鐵令品，令品甚明，卒徒衣食縣

官，鑄作鐵器，給用甚衆，無妨於民。』扇水都尉不見於漢官，當爲肩水之誤
字。且言寧歸，必在外矣，尤與張掖肩水相符也。以上所舉十一都尉雖與原詔決
不盡符，然其中必有同於原詔所舉者。蓋此十一都以今地按之皆平衍沃土，渠水
通利。永光以來雨澤不時，獨此十一都尉利用弱水，馬城河及黃河者，應仍有收
穫，故轉漕而下，以濟凶荒焉。至於酒泉以西，金城上郡以南雖有都尉，然與西
河以西諸郡合計，分之合之俱不能得十一之數，故今於此，不更置論。蓋金城上
郡以南渠水之用載少，酒泉以西則道路遼遠，難於轉運矣。班書於元帝之世屢記
凶年，獨於振業之方，無所論述。據此簡則內郡荒歉，仍賴塞上軍屯餘粟以濟
之，是武帝以來之闢土開疆未必純爲煩費也。

罪　人　徙　邊

地節五年正月丙子朔丁丑，肩水候所以私印行候事。敢言之都尉府，府移大守府所移
敦煌大守書曰：故大司馬博☐　令史拓，尉史美　一〇、三五

　　按故大司馬博以下文字當爲『故大司馬博陸侯』，即霍禹官號，蓋霍光之官號爲
大司馬大將軍博陸侯，未有僅稱爲大司馬者。霍光以地節二年三月薨，詔稱霍光
爲大司馬大將軍博陸侯而不名。又蘇武傳：『甘露三年單于始入朝，上思股肱之
美，乃圖畫其人於麒麟閣，法其形貌，署其官爵姓名，唯霍光不名，曰大司馬大
將軍博陸侯姓霍氏。』皆作大司馬大將軍，惟霍禹以地節四年七月謀反誅，則稱
大司馬博陸侯。漢書宣紀詔曰：『廼者東織室令張赦，使魏郡豪李竟，報冠陽侯
霍雲謀爲大逆。朕以大將軍故，抑而不揚。冀其自新。今大司馬博陸侯禹……謀
爲大逆……欲危宗廟，逆亂不道，咸伏其辜。』稱霍禹爲大司馬博陸侯，與簡文
同，故簡文所指爲霍禹，非霍光也。地節五年即元康元年，是時方正月尙未改
元，故仍用地節年號。簡文下闕，不可得詳，然據漢書外戚思澤侯表博陸侯下
云：『元始二年四月乙酉，侯陽以光從父昆弟之，曾孫龍勒士伍，紹封三千戶。』
按漢書地理志，龍勒縣屬敦煌，是霍氏謀反家屬未誅者蓋徙敦煌，故霍光從父昆
弟之曾孫，至平帝時猶爲敦煌龍勒士伍也。

　　漢世徙罪人蓋仍秦制，『不韋遷蜀，世傳呂覽。』卓氏程鄭亦咸以亡國遷虜，徙

蜀致富。漢書項羽傳：『陰謀曰，巴蜀道險，秦之遷民皆居之。』猶循秦故事以
遷漢王，及漢文帝時，淮南王長亦以罪遷蜀。此皆秦及漢初罪人遷蜀之事也。至
武帝時，河西新闢，罪人始徙敦煌。巫蠱之變，爲太子劫略之吏士，並徙敦煌。
見劉屈氂傳。宣元以後，徙敦煌者有陳湯及薛宣子況。其時南土漸就開發，故王章
家屬逐徙合浦，東漢竇憲家屬亦徙合浦。而陰敞及閻顯家屬則更遠徙比景。亦足
證明開發漸廣也。至於漢世謀反者家屬徙邊之事，猶爲後世所承，唐律：『諸謀
反大逆皆斬，父子年十六以上皆絞。……伯叔父兄弟之子皆流三千里』疏議七。蓋
亦因仍漢律也。』霍氏家屬曾徙敦煌，據簡文及漢書恩澤侯表參互證明，應無多
大疑問，惟何以敦煌太守又移書居延，其事難曉。或霍氏家屬又有自敦煌逃亡
者，故移書追捕歟？移書捕亡之事已見上節所引『(四三)三〇六、七』及『(七一)二〇、
一二』二簡。又居延簡『……選家中書到遣都吏與縣令以下逐捕郡界中，聽亡人所
隱匿，以必得爲最。詔所名捕還事，事常奏聞，毋留，如詔書律令。』(八八)一七
九、九。『書輩賦發吏卒，毋大莢，宜以時行誅，願設購賞，有能捕斬嚴就君闌等
渠率一人賜金十萬，黨與五萬，吏捕斬強力者皆輔……司劾臣謹□如□言可許臣
請者。□就等渠率一人……黨與五萬……』(八一)五〇三、八，五〇三、一七。皆爲詔書
名捕者，與前引二簡可相參證。蓋居延本在邊陲，爲亡出塞者所經之路，此簡雖
不能證明其必然，蓋亦理所宜有也。傳梁冀家屬曾亡入羌，見水經注。

內郡人與戍卒

昭武騎士宜春里高明　五六四、三

觻得騎士敬老里張德　五六四、九

水門隧長張掖下都里公乘江陵客年卅　建昭二年□☑　六四、三一

戍卒趙國邯鄲縣蒲里董平　三四六、二

田卒大河郡東平富西里公士昭逐年卅九　三〇三、一三

庸舉里嚴德年卅九田卒大河郡東平北祠里公士張福年□☑　二、一八

肩水侯官並山隧長公乘司馬成中勞二歲八月十四日能書會計治官民頗知律令武年卅二
歲長七尺五寸觻得成漢里家去官六百里　一三、七

肩水並山隧長騂得成漢里騎士王步光　　四〇、三一

西和騎士安漢里□□□　五一七、九

右校復卒史漢□□□□高居里稍□　　九〇、四九，九〇、八九，九〇、六。

弛刑士馮翊帶羽掖落里王□☑　三三七、八

給車騂得郡都里都毋傷年卅六歲長七尺二寸黑色　三三四、三六

田卒昌邑國郡成里公士丘異　五一三、四一

昌邑國□恆里士五淳于龍年卅四　五一七、一

肩水侯官執胡隧長公大夫累路人中勞三歲一月能書會計治官民頗知律令文，年卅七歲
長七尺五寸氏池宜藥里家去官六百五十里　一七九、四

萬世隧長至　其六月甲子調守令史將護罷卒濟陰郡成陽縣南陽里狄奉　一五、二

武士安陵高里司非子　弩　疾溫　三九五、一

從者居延市陽里師侯年廿一歲　六二、五四

張掖居延庫卒弘農縣河陽里大夫武便年廿四　庸同縣陽里大夫趙勤年廿九　賈二萬九
千　一〇七、二

戍卒河東皮氏成都里傅咸年二十　五三三、二

張掖居延甲渠田塞有秩候長騂得長秋里公乘趙陽令□□尉年廿一代田□

一六一、一

河渠卒河東皮氏毋憂里公乘杜建年廿五　一四〇、一五

☑年廿八　富及有犛馬弓積願授爲侯史　二一四、五七

侯官罷虜隧長簪裊單玄中功五勞三月能書會計治官民頗知律令文年卅歲長七尺五寸應
令居延中官里家去官七十五里　屬居延部　八九、四三

　以上見釋文卷三第三十七至五十八葉。

　　上列諸簡所言皆皆戍卒事。漢代兵制凡天下男子皆服役。自二十三起，至五十六
　　免。其兵役之類別凡三，正卒，戍卒，更卒是也。正卒者，天下人皆當爲正卒一
　　歲，北邊爲騎士，內郡爲材官，水處爲樓船士，其服役之年，在郡由都尉率領，
　　由太守都尉都試以進退之。一歲罷後，有急仍當徵調也。戍卒者，天下人一生當
　　爲戍卒一歲。其在京師，屯戍官衛，宗廟，陵寢，則稱衛士，其爲諸侯王守宮衛

者亦然，其在邊境屯戍侯望者，則稱戍卒。其不願爲戍卒者，可雇人代戍，每月三百錢也。更卒者，服役於本縣，凡人率歲一月，其不願爲更卒者，則歲以三百錢給官，官以給役者，是爲過更也。故漢書食貨志上，董仲舒對武帝云：『月爲更卒，已復爲正一歲，屯戍一歲，力役三十倍於古。』月爲更卒者，言年必有一月爲更卒也。正者正卒，言騎士材官之屬，一生爲之者一歲，其屯戍者又一歲也。力役三十倍於古者，董仲舒言『古者使民不過歲三日』，漢之更卒歲一月，是十倍矣。其正卒及戍卒亦各以歲三日之十倍計之，故言三十倍也。其詳見拙著漢代兵制及漢簡中之兵制論文中所考。（歷史語言研究所集刊十本一分。）據上簡所記，凡田卒戍卒河渠卒多爲內郡人，而騎士率爲邊郡人；田卒戍卒河渠卒率著年歲，而騎士則率不著年歲。（諸詳見釋文名籍類，今不悉引。）由此二事觀之，內郡正卒平時不調至邊，其守邊者乃邊郡之正卒及內郡之戍卒，田戍河渠卒亦皆戍卒之力田與治渠者，非別有他役也。（漢書趙充國傳言：『願罷騎兵，留弛刑，應募，及淮陽汝南步兵，與吏士私從者，合萬二百八十一人。』以爲屯田。此爲命將出師之軍，所發乃以正卒爲主，以弛刑應募參之，並無戍卒在內。故雖同爲邊上屯田，但其所領部卒，與漢簡中應爲戍卒者，決不相同也。）復次，爲戍卒者畢生服役一歲，不限年齡，故可自二十至四十餘，如前引諸簡所記。至若正卒，則至年卽入伍，故不必繫以年歲也。敦煌簡王氏國維考釋曰：『戍卒年齒往往至三四十，非必如材官騎士悉爲壯卒也。』其說甚是。然敦煌簡中實無材官騎士名籍，王氏此言，純出猜度。若僅就敦煌簡之材料論，則立說雖是，而立證未充。故流沙墜簡初版中有此言，旋卽爲王氏所手削，羅氏再版此書無之。蓋卽因獨言『材官騎士悉爲壯卒』之言，嫌無確據也。今以居延簡徵之，雖無材官名籍，然騎士名籍獨無年歲則可以證王說爲是矣。

居延簡云：『北邊絜令第四，候長候史日迹，及將軍吏勞，二日皆當三日』(二九)一〇、二八。卽爲加惠於邊人也。以此例之，漢代之力役凡三，曰正卒，曰戍卒，曰更卒，邊人若已爲其二，卽可當力役之三矣。邊人爲騎士者甚多，而其爲戍卒者，則釋文各籍五百條中亦有七見。然則邊人亦非不爲戍卒，惟在塞上則內郡戍卒多於邊人耳。

前引第十七簡云：『調守令史，將護罷卒』，罷卒者，戍卒之罷歸者也。漢書蓋寬

饒傳：『上臨，饗罷衞卒。』注：『師古曰，得代當歸者也。』衞士與戍卒爲同類之役，故得代之衞士曰罷卒，得代之戍卒曰罷卒矣。凡戍卒率爲諸郡人，無諸侯王國人，蓋諸侯王國人自爲其國之衞士，不爲戍卒也。漢書賈誼傳云：今淮南地遠者或數千里，越兩諸侯而縣屬於漢，吏民繇役，往來長安者自悉而補，中道衣敝，錢用諸費稱此，其苦屬漢，而欲得王至甚。』故王國之民不往來長安，繇戍北邊。其在居延簡中，惟昌邑國爲特例。蓋昌邑王賀以罪廢，其國人不復同於王國之民。據公卿表本始四年大鴻臚梁以山陽太守爲大鴻臚又據漢書昌邑王傳，地節三年五月，張敞視事爲山陽太守。故昌邑國人遂與諸郡人同戍邊也。又大河郡卽東平國之故名，漢書地理志：『東平國故梁國，……武帝元鼎元年爲大河郡，宣帝廿露二年爲東平國。第十六簡言大河郡瑕丘，瑕丘地理志屬山陽，蓋封國時改屬者矣。

據第七簡，第八簡，第十五簡，第廿二簡，第廿四簡，第廿五簡，凡候長，隧長皆邊郡人（釋文中尙有他例，今不更舉。）蓋由於候長以下爲百石吏，斗食，及小吏，漢代凡郡吏皆以本郡人爲之，不獨邊郡爲然也。且戍卒率一年一易，而邊吏可蟬聯至若干年，釋文錢穀類諸簡有名爲第二亭長舒者，歷征和至始元，皆爲其人，此則非戍卒一年一易所能矣。第廿四簡言家富及有鞌馬求爲候史者，此亦當必爲邊人，若爲內郡人，則鞌馬不能至邊也。求爲吏者必有家貲，此爲漢代算貲之例。司馬相如及張釋之並以算貲得官見本傳，又居延簡有『二壔隧長居延西道里公乘徐宗』之家貲（二三〇）二四二、。及『候長騂得廣昌里公乘禮忠』之家貲（一四六）三七、三五。皆可見邊吏亦有算貲之事矣。

邊塞吏卒之家屬

☑所移騂得書曰，他縣民爲部官吏卒，與妻子在官。二二〇、五，一八八、一六

此簡所言爲吏卒在服務地方之妻子。

在漢簡中所記，凡吏名籍，必著其郡爵里。而爲吏者之資歷，則更記功勞，行能，文武，年歲，身長，縣，里，及家去官遠近，蓋所以便稽考也。其烽燧簿錄中，亦往記吏卒妻子所用糧食，蓋亦本於什經清冊，曾校正相符者。惟他縣民與

妻子在官者，若不清校，往往歧出，故亦常移文他縣，以校正之，此簡當卽其事
也。又居延簡：『書到，枸校處實牒，副言遣尉史弘實』(三一七、六) 枸校與鉤校
同。漢書陳萬年傳：『咸得鉤校，發其姦臧』。卽稽校正之意也。此簡在舊釋文
中，曾爲意義明確，便於省覽起見，釋枸校爲鉤校。然原字本作『枸』，今附識
於此。

雇 傭 與 客

庸任作者移名；任作者不欲爲庸☑一編敢言之。二二四、一九

庸卽雇傭，其他諸簡亦有言及者，例如：

　　☑史訾卒延壽里上官霸，傭人安故里譚昌。四、二五

　　☑月積一月廿七日運荄傭直。三五〇、一二

　　出錢四千七百一十四　賦傭人表是萬歲里吳成三兩半　己入八十五石，少二石

八斗三升。五〇五、一五

　　□成承祿償居延卒李明長顧錢二千六百。一六、四〇

　　出麥七石八斗，以食吏，吏私從二人，六月盡八月。三〇三、九

　　沈廣年廿五庸南闔里　三一五、二六

　　貰家安國里王嚴車一兩，九月戌辰載傭人同里時襄□到未言。二六七、一六

　　出錢千三百冊七，賦就人會水宜祿里蘭子房一兩　五〇六、二七

　　出糜二斛，元和四年八月五日，傭人張季元付平望西部侯長憲。敦煌簡戍役十六

按漢世雇傭之制或曰庸或曰傭。陳勝傳：『與人傭耕』。昭紀：『民匱於食，流庸
未盡還。』食貨志：『敎民相與庸輓犂，』功臣表：『孝宣皇帝……詔令有司求
其子孫，咸出傭保之中。』周勃傳：『居無何，亞夫子爲父買工官尙方甲楯五百
被，可以葬者。取庸苦之，不與錢，庸知其盜買縣官器，怨而上變。』司馬相如
傳：『與傭保雜作。』匡衡傳：『家貧庸作以供資用。』陳湯傳：『有司議皆曰，
昌陵因卑爲高，積土爲山，卒徒工庸以鉅萬數。』後漢書鄭均傳：『兄爲郡吏，
頗受禮遺，均數諫不聽，則脫身爲傭，歲餘，得錢帛歸。』張酺傳：『盜皆饑寒

傭保，何足窮其法乎。』申屠蟠傳：『家貧傭爲漆工。』桓榮傳：『家貧無資，常客傭自給。』李固傳：『變姓名，爲酒家傭。』吳祐傳：『時公沙穆來遊太學，無資糧，乃變服客傭爲祐賃舂，祐與語大驚。』夏馥傳：『乃自翦須，變形入林盧山中，隱匿姓名，爲冶家傭。』郭太傳：『庾乘遊遊學宮，遂爲諸生傭。』衞颯傳：『家貧好學問，隨師無糧，常傭以自給。』孟嘗傳：『隱居窮澤，身自耕傭。』第五訪傳：『少孤貧，依宗人居，恆傭作爲資。暮輙還，燃柴以讀書。』范式傳：『南陽孔嵩家貧親老，乃變姓名爲新野縣阿里街卒……嵩以先傭未竟，不肯去。』東觀記劉聖公載記：『官爵多羣小，里閭語曰：「使兒居市，不能得傭，之市空返何故？」曰：「今日都尉往會日也。」由是四方不復信。』鹽鐵論禁耕：『郡中卒踐更者，多不勘責取庸代。……良家以道次發僦運。』方言：『庸謂之術，轉語也』小爾雅：『庸償也。』此皆雇傭稱庸之例也。又食貨志：『天下賦輸，或不償者僦費。』田延年傳：『取民車三萬兩爲僦，車直千錢。』鄭當時傳：『當時爲大司農，任人賓客僦，入多逋負。』此亦雇傭之義，與前引漢簡相同也。又傭亦謂之保，前引功臣傳及司馬相如傳傭保並稱。李固傳稱變姓名爲酒家傭，而杜根傳則稱逃竄宜城山中爲酒家保，是保應略同於傭，又三國志杜襲傳注引先賢行狀稱『杜根爲酒家客，是客亦略同於傭保矣。今按衞太子傳：『乃使客爲使者，收捕充等。』魏相傳：『桑弘羊詐稱御史，止傳。丞不以時謁，客怒縛丞，相疑其有姦，收捕案其罪，論棄客市。茂陵大治。』趙廣漢傳：『廣漢客私酤酒長安市，丞相史逐去客。』胡建傳：『昭帝幼，皇后父上官將軍與帝姊蓋主私夫丁外人相善。外人驕恣，怨故京兆尹樊福，使客射殺之。客藏公主廬，吏不敢捕，渭城令建將吏圍捕。蓋主聞之，與外人上官將軍多從奴客往犇射追吏，吏散走。主使僕射劾渭城令游徼傷主家奴。』五行志：『成帝鴻嘉之間，微行出遊，選從期門有力者及私奴客多至十餘，少五六人。』後漢書梁冀傳：『孫氏宗親冒名而爲侍中卿校尉郡守長吏十餘人，皆貪叨凶淫，各遣私客籍屬縣富人，被以它罪。』又：『遣客出塞交通外國，廣求異物。』竇憲傳：『雖俱驕縱，而景爲尤甚，奴客緹綺，依倚形勢，侵陵小人。』廉范傳：『與客步負喪歸葭萌。』魏志董昭傳：『又聞或有使奴客名作，在職家人，冒之出入，往來禁奧，交通書疏，有所探問。』

太平經一百一十四卷：『時以行客賃作富家，爲其奴使，一歲數千，衣出其中，餘可少視，積十餘歲，可得自用。』列仙傳：『朱璜者，廣陵人也。少病毒瘕，就睢山道士阮丘，丘憐之。璜曰：「病愈當爲君作客三年，不致自還」。』以上可證傭工亦稱爲客，此卽後漢書崔駰傳所稱：『今富商大賈，多放錢貨，中家子弟爲之保役，趨走與臣僕等』者，故在漢世，凡雇傭之客與奴隸並稱爲奴客。蓋其身分雖殊，而其勞役則同，苟非相識其人，無由辨其爲奴爲客也。奴客亦稱爲從者。羣書治要引崔寔政論：『長吏雖欲崇約，猶當有從者一人，假令無奴，當復取客，客庸一月千錢。』李廣利傳：『發惡少年及邊騎，歲餘而出敦煌六萬人，負私從者不與。』注：『負私糧食及私從者不在六萬人數中。』趙充國傳：『請罷騎兵，留弛刑，應募，及淮陽，汝南步兵，及吏士私從者。』此與簡文『吏私從者』正可互證也。三國志魏志文德郭皇后傳：『水當通運漕，又多材木，奴客不在目前，當復私取官竹木作梁遏。』曹休傳：『年十餘歲，喪父，獨與一客擔喪假葬。』田疇傳：『疇乃自選其家客，與年少之勇壯，募從者二十餘騎。』梁習傳：『表置屯田都尉二人，領客六百夫，於道次耕種菽粟，以給人牛之費。』趙儼傳：『屯田客呂並自稱將軍，聚黨據陳倉。』管寧傳注引魏略：『焦先饑則出爲人客作，飽食而已。』亦皆客卽傭工之例也。錢大昕恆言錄云：『晉書王恂傳：「魏氏給公卿以下租牛客戶，數各有差。自後小人憚役，多樂爲之，貴戚之門動以百數。又太原諸部，以胡人爲田客，多者數千，武帝卽位，詔禁募客。」食貨志：「官品第一至於第九，各以貴賤占田，又得蔭人爲衣食客及佃客。其應有佃客，官品第一第二者，佃客無過五十戶，第三品十戶，第四品七戶，第五品五戶，第六品三戶，第七品二戶，第八第九品一戶。」』此所言客者卽佃戶，與漢世又異。按漢世言佃戶者，如食貨志或：『耕豪民之田，見稅十五。』寧成傳：『假貧民役使數十家。』潛夫論愛日篇及斷訟篇則沿舊稱爲領主及子民，尙不稱主客。客之一名至晉而更廣其用。高麗好大王牌及通溝所出高麗大兄冉牟墓誌，並以奴客泛稱子民，蓋亦援晉人通語也。

己、邊 郡 生 活

糧　　食

☑長光糴粟四千石，請告入縣官，貴市平買石六錢，得利二萬四千。又使從吏言等持
書請安，安聽入馬十匹貴九☑三萬三千，安又聽廣德姊夫弘請爲入馬一匹，賞故貴荳
故☑　二〇八八。

此簡所記者爲糴粟四千石，平買每石貴六錢之事。按漢代穀價及粟，在史籍上有
下列之記較，卽：

關中大饑，斛米萬錢，漢書高帝紀二年。

漢興，民失作業而大饑饉凡米石五千。漢書食貨志上。

漢興，以秦錢難用，更令民鑄莢錢，……米至石萬錢。漢書食貨志下

楚漢相距，滎陽民不耕種，米石至萬。漢書貨殖傳。

　　　以上高帝時。

漢文帝躬儉約，修道德，穀至石數十錢，上下饒美。書抄一五六，御覽三五，引桓譚新論
孝文帝粟升一錢，有此事否？ 按升爲斗字之誤，若升一錢，則石爲百錢，正漢人當價，不足異也
……謹按……文帝自勞兵至太原代郡 ， 由是北邊設屯，待戰設備備胡 ， 兵連不
解，轉輸絡繹，費損虛耗，因以年穀不登，百姓饑乏，穀糧常至石五百，不升一
錢。風俗通義。

　　　以上文帝時。

比年豐，穀石五錢。漢書宣帝紀，元康四年。

宣帝時，穀至石五錢，農人少利。漢書食貨志。

(本始時)金城湟中，穀斛八錢。漢書趙充國傳。

邊兵少，民守保，不得田作。今張掖以東粟石百餘，芻槁束數十。趙充國傳記神爵初
年事。

　　　以上宣帝時。

元帝卽位，齊地饑，穀石三百餘。漢書食貨志上。

(永光二年)京師穀石百餘邊，郡四百，關東五百。漢書馮奉世傳。

以上元帝時。

王莽時，米各二千。漢書食貨志上。

今地皇元年，雒陽以東，米石二千。漢書王莽傳下。

以上王莽時。

建武二年，……初王莽末天下旱蝗，黃金一斤易穀一斛。至是野穀旅生，麻尗尤甚。野蠶成繭，被於山阜，人收其利焉。後漢書光武紀。

時百姓饑餓，人相食，黃金一斤，易豆五斗。後漢書馮異傳。

以上光武時。

永平十二年。……是歲天下安平，人無徭役。歲比登稔，百姓殷富，粟斛三十。後漢書明帝紀。

以上明帝時。

建初中，南陽大饑，米石千餘。後漢書朱暉傳。

以上章帝時。

(永初)四年，羌寇轉盛，兵費日廣，且連年不登，穀石萬餘。後漢書龐參傳。

詡始到(武都)，穀石千錢，鹽石八千，見戶萬三千。視事三歲，米石八十，鹽石四百，流人還歸，郡戶數萬。人足家給，一郡無事。後漢書虞詡傳注引續漢書。

以上安帝時。

歲饑，粟石數千。訪乃開倉賑恤，以救其敝，吏懼譴，爭欲上言。訪曰：『若上須報，是棄民也。太守樂以一身救百姓。』遂出穀賦人，順帝嘉之，由是一郡得全。後漢書第五訪傳。

以上順帝時。

夷人復叛，以廣漢景毅爲太守討定之。毅初到郡，米斛萬錢漸以仁恩，少年間米至數十云。後漢書西南夷傳。

以上靈帝時。

卓又壞五銖錢更鑄小錢。悉取洛陽及長安銅人，鍾虡，飛廉，銅馬之屬，以克鑄焉。故貨賤漢貴，穀石數萬。後漢書董卓傳。

時長安盜賊不禁，白日虜掠。催氾稠乃參分城內，各備其界，猶不能制。而其子

弟侵暴百姓，是時穀一斛五十萬，豆麥二十萬。後漢書董卓傳。

　　　以上獻帝時。

以上所舉數字，大抵不屬於至賤卽屬於至貴。然除天下動盪之時，米價或貴至萬錢以外，然大都貴不過二千，賤可至數錢。若就其通常市價言之，則西漢應爲米價百餘，穀價七八十錢。東漢應爲米價二百錢，穀價百錢，例如文帝時穀至數十錢，虞詡視事三歲米價八十，皆爲較廉者，宣帝時至數錢，則傷農矣。其稍昂者，如趙充國傳稱：『張掖人東粟石百餘。』馮奉世傳稱：『永光二年，京師穀石二百餘。』皆當時以爲較標準爲高。則從較昂較廉之中數求之，自可約知其平價。今以穀價每石百錢計，據劉復先生『新嘉量之校釋及推算』，每石約合市石二斗。則以今市制計之，每市石穀約合五百錢，而每市石米，應合千錢也。

今史就東漢及西漢之市價比較之。西漢元帝時最高，但不及千錢以上，而東漢則可到千錢以上之高峯。卽平時市價，東漢一般應較西漢爲高。新論稱文帝時穀石數十錢。新論作者桓譚卒於建武中年七十餘。其生年雖在元帝時，然以穀石數十錢爲廉者，乃雜有東漢之標準。其在東漢，則米價八十錢，已爲甚廉，雖與文帝時相近，然決非宣帝時之比也。

漢書食貨志言：『穀石五錢，農人少利。』此自昭帝時已然。昭帝紀元鳳六年詔曰：『夫穀賤傷農，今三輔太常穀減賤，其以秋粟當今年賦，』是也。其在宣帝時亦間有荒歉。本紀本始三年，本始四年，地節四年，元康元年，並有恤水旱詔。惟元康四年紀則言：『比年豐，穀石五錢。』是自昭帝至宣帝時，穀價之賤乃因政令修飭，民庶安樂之故，其間非無凶年，然卒能饑而不害也。

又趙充國屯田事在神爵元年六月，卽元康四年之次年。其文見於漢書本傳云：

　　往者（按事在本始二年，充國時爲蒲類將軍。）舉可先行羌者，吾舉辛武賢。丞相御史復
　　白遣義渠安國，安國竟沮敗羌。金城湟中穀斛八錢，糴二百萬斛，羌人不敢動
　　矣。耿中丞請糴百萬斛，乃得四十萬斛耳。義渠再使，且費其半。失此二者，
　　羌人故敢爲逆。失之毫釐差以千里，是旣然矣。今兵久不決。四夷卒有動搖，
　　相因而起，雖有知者，不能善其後，羌獨足憂耶？……遂上屯田奏。

其時詔書責充國言：『張掖以東，粟石百餘，芻稾數十。』張掖以東當指武威金

城隴西諸地。若其地在元康時亦爲石五錢縱令此時穀價已增，亦不至如此之甚。
然則元康大熟，或指關東大河左右而言，隴阺以西，正未必爾也。此簡鄰近諸邑
爲宣帝時物，此簡或亦在宣帝時。簡言平價每石得利六錢，則每石價或且逾六
錢。又按居延簡：『黍米二斗，直錢卅』(三二)三六、七。卽黍每石爲一百五十錢。
又：『粟一石，直一百一十。』(一七八)一六七、二。『出錢二百廿，糴粱粟二石，石百
一十；出錢二百一十，糴黍粟二石，石百五；出錢百一十，糴大麥一石，石百一
十』(三七三)二一四、四。此三簡雖不能定爲同時之物，然大抵俱爲西漢末年者，相
差亦不致太遠。卽所有穀價均較百錢一石稍多。故西漢末年穀價，在邊郡大致應
爲百錢以上一石較東漢一般標準仍相差不遠也。至於穀統指米舂者而言，已舂者
統曰米，而穀之類別則爲粟(粱及黍)秫，稷之屬，穀與米之比例，則如居延簡：
『粟一斗得米六升』，(二〇五)一一〇、一四。可知其大致也。

穀　　　類

六年卒田石得穀　一九、三五

六月餘穀二千六百五十一石四斗　其四石☐　一八二、四三

董次入穀六十六石直錢二千三百一十　入錢二千一百八十七

・凡錢四四千百八十七　三〇三、三

十二月餘穀十石　四六七、一

通望戍卒宋晏　迎穀肩水　糜五月廿六日入　五〇五、一四

・凡入穀四石九斗二升　其二石五斗二升粟　二石四斗穬稷　二一五、一三

出穀卌七石七斗　其卅七石七斗麥　十石粟　以食肩水斥候騎七十九人馬十六匹粟三
百卅五石　三〇三、二三

　　　　以上穀

粟三百卅五石　三〇、一〇

出白米八斗　三三五、一五

入粟五十石　受第二丞萬年　一九、一〇

今餘粟五百五☐　五二三、一三

黃米一石以付從君舍　　一二六、二三

☑粟會水　　五一四、四七

米一石九斗三升少　　廩□谷隧卒秦詔方六月食　　一七七、三〇，一七七、一九

・凡出粟三十三石　　給卒驛小史十人三月食　　四一三、三

右吏四人　　用粟十三石三斗三升少　　二〇三、一〇

入粟大石百石　　車四兩　　弓□　　尉史李宗將　　一二二、六

餘□四斗　　糲粱粟二石　　多餘安在　　五五、三，五五、一五

☑□受錢六百　　出錢二百廿糲粱粟二石石百一十　　出錢二百一十糲黍粟二石石百五

出錢一百一十糲大麥一石石百一十　　三一四、四

壬寅出十斗董倩出五斗八升米王少史出三年二升米　　一六〇、七　（面）

凡四人食十六斗米　　一六〇、七　（背）

　　　　以上粟米及粱

出麥廿七石五斗二升　　以食斥候驛馬二匹五月盡八月　　三〇二、一二

出積麥二石六斗　　以候☑　　三八七、二三

出麥卌一石　　以食肩水卒九月十五食少十五石食九月入　　一〇二、一〇，一〇二、一一

出麥七石八斗　　以食吏吏私從二人六月盡八月　　三〇三、九

出麥五百八十石八斗八升　　以食田卒劇作六十六人五月盡八月　　三〇三、二四

麥一石九斗三升少　　以食庠充隧卒田事所八月食　　一〇、三

出麥二石　　以廩水門隧卒王糅五月食　　二五三、一〇，二八四、一四

□斗積麥　　二七四、二五

出積麥二石六斗　　以廩乘胡隧卒□☑　　二五三、六

　　　　以上麥

黍米二斗　　直錢卅　　三六、七

入糜十二石　　四月庚戌長掾☑　　一四、四五

出糜百四十斛　　用　　十二月□☑　　四九八、三

史杜君榜穬卅石　　其十五石廩柱馬食十五石　　廩候長候史馬二匹吏一入閏月食餘四斗

見　　五〇七、三

凡入穀四石六斗二升　其二石五斗二升粟　二石四斗穈穀　三五、一三

☑月十三出穈穀三石三斗三升少　卒□弓始□穈穀三石☑　一〇三、四八

秕□大石二石　令史張卿受郭□　橐佗□□□十月☑　二六九、一二

出穅二斛　元和四年八月五日傲人張季元付平望西部候長憲　　敦煌簡廩給十六

入二年糧　粟百五十六石　穈穀卌一石　□田二頃十七畝　十月戊寅倉□里□龍勒萬
年里索良　　敦煌簡廩給十七

　　　以上黍穈秕及穈穀

胡豆四石七斗　三一〇、二

　　　以上豆

入茭二百束　三四一、二一

□錢六　三月丁巳任時賣茭一束　河東卒史武賀取　二六九、三

用茭十二束　用穀八斗四升　五六〇、九

☑掾辰　出茭卌束　食得馬八匹　出茭八束　食牛　三二、一五

☑茭千五百束　十一月☑　三三〇、一〇，三三〇、一一

　　　以上茭

以上爲穀食之例，其詳見釋文錢穀類，卷二，三十至七十九葉。今不悉舉。就其所見多
寡之次數言其大略，除穀爲通名不計外，以粟麥爲最多。其次爲穈穀，黍及穈。
再次爲秕及豆。惟無稻耳。案今張掖高臺附近猶可爲稻，然僅限於龍首山以南，
可以屏蔽北風之地，漢世當仍爲粟麥田也。今所論在求諸穀之同異如何，以證上
引諸簡。

其一，禾粱與粟爲一物。

劉寶楠釋穀曰：『詩七月：「黍稷重穋，禾麻菽麥，」春秋莊二十八年「大無麥禾」
漢書食貨志，董仲舒曰：『春秋他穀不書，至於麥禾則書之，以此見聖人於五穀最重麥禾也。』管子封禪
篇：「鄗上之黍，北里之禾」。呂氏春秋本味篇：「元山之禾」。任地篇：「今茲美
禾，來茲美麥」。審時篇：「得時之禾」。淮南地形訓：「雒水宜禾，中央宜禾」。
說文：「禾嘉穀也。二月始生，八月而孰，得時之中，故謂之禾。禾木也，木王
而生，金王而死，从木，以象其穗。」是禾爲諸穀之一也。考之經傳，言穀必及

禾，否則舉禾實則曰粟，舉粟米則曰粱，俗稱小米。後世誤仞粱稷爲一物，於是禾之名幾不知所歸，禾之實不知所指矣。』按稷當與穄爲同類之穀物，而粱禾則小米，故非一物也。今按劉說是也。左傳隱公三年『夏四月鄭祭足取溫之麥，秋又取成周之禾。』四月麥熟，八月禾熟，種麥之田卽種禾之田也。雖溫洛地殊，而其田則爲同類矣。粟米之爲物，說文云：『粟嘉穀也，孔子曰，粟之爲言續也』。『米粟實也，象禾實之形。』春秋繁露實性篇，米出於粟，而粟不得謂米。』春秋說題辭曰：『粟之爲言續也。粟五變，一變而陽生爲苗，二變而秀爲禾，三警而粲然爲粟，四變入曰米出甲，五變而蒸飯可食。』御覽八百四十引。淮南繆稱曰：『夫子見禾之三變也……曰我其首禾乎？』許愼注云：『三變始於粟，粟生於苗，苗成於穗也。……禾穗垂而向根，君子不忘本也。』故屬於禾者，曰苗，曰秀，曰禾，曰實，曰粟，曰米，曰飯。凡古人之米之飯，以出於粟者爲主，粟田又兼種麥，故簡牘所記，粟麥最多，此正可與劉氏之言相應也。

又按說文：『粱米名也。』史記太史公自序曰：『糲粱之食，藜藿之羹。』索隱：『服虔曰：糲，麤示也。三蒼云，粱好粟也。』漢書霍去病傳：『重車餘棄粱肉。』師古曰：『粱粟類也，米之善者』。曲禮：『曰凡祭宗廟之禮，黍曰薌合，粱曰薌萁，稷曰明粢，稻曰嘉蔬』。孔疏曰：『粱黃粱白粱也。』又史記孟嘗君列傳，史記禮書，漢書朱邑傳，亦皆稱米之善者爲粱。據前引（九十八）葉一條，言『府君以下』，是知府君以下皆食積粟矣。又前引說文粱爲粟實，而曲禮孔疏則言粱爲黃粱白粱，則前引第（五十二）葉一條之黃米，亦是指粟實之黃者言，當可知也。然粱既指好粟之米，其引申之義遂可泛指一切好穀。廣韻粱字注曰：『稻粱也，廣志曰遼東有赤粱，魏武以爲粥也。』漢書郊祀志：『王莽種五粱禾於殿中。』師古曰：『五色禾也。』當指五穀之殊色者而言。崔駰七發：『元山之粱，不周之粟，』粱粟並稱乃辭賦中故避重字，似仍爲一類。若吳韋昭國語注：『稱稷粱也』，此自後起引申之義與遼東赤粱意同，故九穀考謂其『顯與經相戾矣。』

居延簡云：『黃君糒五斗』，（一八八）三二、二六。『右米糒』。（二四三）八九、四。今按說文：『糒乾飯也。』飯字各本脫，今依段玉裁注據李賢明帝紀注，隄囂傳注，李善文選注，玄應書，諸書所引補。糒爲軍中所用見漢書李廣傳。糒之形略如粗沙，

太平御覽五十引辛氏三秦記云：『河西有沙角山，其沙粒粗，有如乾糒。』水經
河水注引段國沙州記云：『望黃沙猶若人委乾糒於地，都不生草木。』河西青海
之沙色兼黃赤，粟飯之乾者，其色近之。簡言米糒，自應爲粟米所成之飯矣。

其二，黍穈與穄稷同，劉寶楠釋穀云：『說文「禾嘉穀也」。『黍禾屬而黏者也，
以大暑而種，故謂之黍』。夏小正：「五月初昏六火中，種黍菽穈」。尙書大傳：
並考靈曜，淮南子，說苑云：「大火中，種黍菽」。易革之恆云：「六月種黍，歲
晚無雨」。九穀考云：「呂氏青秋任地云，日至樹麻與，菽麻生於二三月，夏至後
則刈麻矣。今云日至樹麻，其爲樹穈之譌無疑。說文獨言大暑而種，蓋言種黍之
極時，其正時實夏至也。氾勝之種植書種者必待暑，與說文同，亦以極時言之。」
案農政全書引氾勝之書曰：「先夏至二十日，此時有雨，彊土可種。」又引齊民
要術言：「種黍穄之法，三月上旬首種不入。』鄭注：『舊說首種謂稷』。疏云：
『案考靈曜云：日中星鳥可以種稷，則百穀之類，惟稷先種，首邸先也，種在百
穀之先也。』若穈爲稷類，則穈當首種也。

又按說文：『穄穈也。』一切經音義長阿含經卷四引蒼頡篇曰：『穄大黍也，似黍
而不黏，關西謂之穈。』玉篇：『穄關西穈，似黍不黏。』篆隸萬象名義：『穄，
似黍不黏，』『穈，亡皮之穄。』蓋亦本於玉篇原本者。王引之廣雅疏證釋草：『引
之案，今北人呼穈爲穈黍，亦稱穄子，穄稷音相似而不同。雖今江淮之間亦稱穄
米，無作稷者。蘇恭所言楚人謂之稷，恐楚人自是呼穄，蘇氏誤聽以爲稷耳。稷
種於孟春，故月令謂之首種，穄與黍五月始種，故齊氏要術云夏種黍穄，穄之不
得爲稷明矣。李時珍以穄爲稷，以穈爲黍，穄穈一物而二之此則蘇恭未有之誤，
不足深辨者也。。』然九穀考以稷爲高粱則仍非是，近來 Michæl J. Hagerty
在哈佛亞洲學報一九四一年一月號中曾有考證，就中外材料，申明高粱乃外來穀
物，原名爲蘆稷者，可參證也。

說文：『穄穈穀名』。廣雅：『䅵，穄，穄穈，穄也。』玉篇：『穄穈穄名。』故穄
穈與穄爲同物也。據以上之引證，黍應分爲二類，其黏者謂之黍，其不黏者謂之
穄，穄之別名則爲穈及穄穈也。

至說文：『黍禾屬而黏者也。』禾仍指粟，與黍略異。蓋黍與粟俱爲黃色細粒，

惟黍大而先澤耳。依九穀考之解釋，黍與粟之別在穀穗，黍穗較舒散而勁直據月令鄭注。而粟穗則粒粒相聚，垂穎向根。據淮南子許注。而其實仍相類也。

簡中所記之麥即今之大麥，胡豆但知爲菽類，其詳未敢斷言也。

牛　犁

者以道次傳別，書到相牛，大司農調受簿編次，不辦者☐　一二二、二一

漢書食貨志云：『以趙過爲搜粟都尉，過能爲代田，一畮三甽……用耦犁二牛三人，一歲之收常過縵田畮一斛以上。……民或苦牛少，亡以趣澤。』注，師古曰：『趣讀苦趣，趣、及也，澤、雨之潤澤也。』蓋趙過之法始行於三輔太常，其地雨澤不足，必當及時而耕。代田之法異於縵田者爲深耕，故功勞而時綏，幸有雨澤，更須及時犁就，因之用牛更當多爲縵田矣。自武帝時始爲代田，用牛遂多於前代。此詔爲行於邊郡者，令邊郡相牛之善者，由大司農受簿編次，蓋亦爲農事也。大司農調即非調，見於百官表及溝洫志，其爲大司農在元成間。

服　御　器

將軍器記　大案七　小案七　圈五　大杯十一　小杯廿七　大槃十　小槃八　小尊二
大尊二　大權二　小權二　具目二　樫桯二　衣篋三　二九三、一，二九三、二
故畫一千三　墨畫干四　羹干一　故中絮一　☐☐樽五十其五枚破　赤墨畫代二亟其
一枚破　墨著大㭒廿　八六、一三（面）
大篋一　狗三枚大小　氏一具　故黑墨小㭒九　故大㭒五楔故　蕙孫坐四　書篋一
寫婁一封完　八九、一三（背）
器踈　綏耳一　更于一　弓二　苟一　鉊一　酒㭒十　小罝㭒十　㡑一　瓿一　盆二
斗去盧一　二斗去盧一　小盆一　贊一　☐二　蓋二　炊帚一　蓄一　稱主各一
二一〇、一八
鎧鐙鉊各入橐矢　二三一、九六

以上見釋文卷三、一至二十九葉。

以上爲服御器之簿錄。其器目與漢明器種類略同，可知生人服御所用，與下里葬物大都相類，蓋漢時死者所葬，亦卽生人所用，從樂浪諸冢之遺物題識可以徵知也。後漢書禮儀志下：『東園武士執事下明器。筲八盛客三升，_注，_{鄭玄注既夕曰：『筲器種類也，其容蓋與簋同。』}黍一，稷一，麥一，梁一，稻一，麻一，菽一，小豆一。甕三，容三升，醯一，醢一，屑一。_{注鄭玄注既夕曰：『屑薑桂之屬。』}黍飴載以木桁，覆以疏布。瓺二，容三斗，醴一，酒一，載以木桁，覆以功布。瓦鐙一。彤矢四，軒輖中亦短衛，彤矢四，骨短衛。_{注：『既夕曰，骹矢既夕曰：『樊匰臿器也。』}杖几各一，蓋一，鍾十六，無虡。鎛四，無虡。壎一。簫四。笙四。箎一。柷一。敔一。瑟六。琴一。竽一。筑一。坎侯一。干戈各一。笭一。甲一。胄一。_{注：『既夕謂之役器，鄭玄曰笭矢服也。』}輓車九乘。芻靈二十六四。瓦籠二。瓦釜二。瓦甒一。瓦鼎十二，容五斗。匏勺一，容一斗。瓦案九。瓦大杯十六，容三斗。瓦小杯二十，容二升。瓦飯槃十。瓦酒樽二，容五斗。匏勺二，容一斗。』此帝王殉葬之器，定制如斯，實際應更附有平生用物，當較此爲侈。然從此可推知生人服御器之大略也。其由發掘得之者，則樂浪王光墓有案七，几一，果盤七，飯盤四，耳杯五十　高杯一，杓一，匕一，洗一，圓奩三，方奩二，合子一，匣蓋一，大匣一。』樂浪彩篋塚前室有『彩畫漆奩一，漆大案，大漆耳杯八，彩文漆匣一，彩文漆卷筒二，漆椀一，水漆耳柘七，金銅扣漆奩一，硯及漆硯臺一，漆盤附漆匙一，漆車輈三，金銅扣漆壺一，漆文漆案一，彩酌一，金銅扣小盒一，漆玉案一，漆小酌一。』石巖里古墳則有：『居攝三年銘漆盤二，大利銘漆耳杯一，雕文漆匣一，漆案三，博山爐一，漆盤七，一樂，骨鏃短衛。鄭育曰：猴猶侯也，侯物而射之矢也。四乘曰乘，骨鏃短衛，亦示不用也。生時猴矢金鏃，凡爲矢五，分笴長而泊其一。通俗文曰，細毛猴也。』彤弓一。卮八。牟八。_{注，鄭玄注既夕曰：『珍盛湯將水。』}豆八。籩八，形方。酒壺八。槃匜一具。_{注，鄭玄注}漆耳杯八，雕文漆扇壺一，異形狀漆器一，銅洗一，元始四年漆耳杯一，殘漆耳杯一，獸銜環飾大型漆匣一，六角形漆器把平一，鐵提梁一，居攝三年銘漆耳杯一，雕文漆匣蓋一，無文漆匣身一，漆奩一，馬脚形漆器脚二。』金陵大學所藏之長沙古物，據三十二年出版目錄，則有漆羽觴(卽耳杯)，漆盒，銅鐙，銅鍾，銅方壺，銅

圓壺，銅薰爐，銅鬲，殘盒盒銅鏡，銅行鐙，銅鼎，銅帶鉤，鐵劍，鐵鐙，石鼎，石闔壺，名方壺，石豆，石羽觴，石圓盤，石方盤，石盂，石盅，石鍾，石簋，石舂，石硯，石勺，陶壺，筓物。以上所列明器與簡中所記，略有同異，然大致類屬相近，由發掘之遺物觀之簡中諸物之形制亦大致可以推想也。簡中各物以杯爲最多，樂浪發現者亦以耳杯爲最多，與此應屬同類之物。耳杯之名原爲日本人發掘後就形製而命之者，其上未刻有器名。金陵大學目錄更爲羽觴。羽觴一名雖爲漢人舊有，然是爵而非杯。漢書外戚班倢伃傳：『酌羽觴兮銷憂。』注：『師古曰酒行疾如羽也。孟康曰，羽觴爵也，作生爵形，有頭尾羽翼。如淳曰，以瑇瑁覆翠羽於下，徹上見。師古曰，孟說是也。』漢人既未以羽觴稱杯，則今人以羽觴稱杯，殊爲鄙俗可笑。若以漢代通用之名爲命名之準則，則寧取漢簡所稱之杯或置桮，似較爲得實也。圈卽杯圈之圈，孟子作棬，禮記作圈，實一物也。更于應卽錞于，周禮地官鼓人『以金錞和鼓。』注：『錞，錞于也，圜如碓頭，上小下大，錞和鳴之，與鼓相和。』蓋以節鼓者。淮南兵略篇：『兩軍相當，鼓錞相望。』注許愼曰：『錞，錞于，大鐘也。』是知錞于乃用於行陳者矣。今按漢塞所記，但稱曰于，或作錞作于本無一定歟？去廬卽凵盧。說文凵部，『凵盧飯器，以柳作之，象形』。『𥬇，凵，或从竹，去聲。』又匚部，『盧飯器也。』段玉裁曰：『士昏禮注，「筲，竹器而衣者，如今之筥𥬇簞矣，筥奎簞二物相似」。𥬇簞卽凵盧也。方言，「籅，趙魏之郊謂之去籅。』注：『盛飯筥也。』錢大昕曰：「去籅，卽凵盧也」。』簡文作去盧，正是此物。其物據說文去以柳爲之，塞上多檉柳叢，蓋卽以其枝編之矣。賓蓋鑽之省文。鉊據說文金部云：『鉊，大鐮也从金臺。聲鐮或謂之鉊，張徹說。』廣雅：『刈鉊句鉤鐵鐮也。』方言：『刈鉤，江淮陳楚間謂之鉊，或謂之鈎，自關以西或謂之鉤，或謂之鐮，或謂之鍥。』管子輕重已篇：『鉊鈶乂橿。』是稱鐮爲鉊乃關以東語，則此器疏當是關東戍卒所記矣。

酒 與 酒 價

所得酒飲之。招奴對曰：從廄徒周昌取酒一石，昌和沽酒一石，招取　（二三三）一九八、

一三

佐博受新賣酒二石　　(三一)二三七、九

　　按漢代二斗，據劉半農先生依莽量測定者爲約數四千立方公分。若以一立方公分
之水重一公分計，則四千立方公分之水約重四公斤，合市制八市斤，酒雖較輕，
然相去不致太遠。是漢人立約，固爲豪飲，非今時所能想像者矣。漢人好飲之
事，其見於文獻者亦多，今具述之以明漢俗。高紀屢言高帝貰酒及被酒，景紀後
元年，因旱禁酒，復令酤之。武紀天漢三年，初榷酒酤。昭元鳳元年，賜孝弟
羊酒。文紀『賜民爵一級，女子百戶牛酒，酺五日。』王莽傳：『莽休沐出振草
騎，奉羊酒，勞遺其師。』又：『置酒未央宮。』敍傳：『富平侯張放，淳于長始
愛幸，出爲微行，行則同輿執轡，入侍禁中，設宴飲之會，及趙李諸侍中，皆引
滿舉白，談笑大噱。』項籍傳：『宋義引酒高會。』盧綰傳：『高祖綰同日生，里
中持羊酒相賀兩家。』劉澤傳：『居數月，田生子請張卿臨，修具，張卿往見曰
生，帷帳具置如公侯。張卿驚。酒酣，廼屏人說張卿。』季布傳：『人言其勇，
使酒難近。』齊悼惠王傳：『孝惠二年入朝，帝與齊王宴飲太后前。』朱虛侯章
傳：『嘗入侍燕飲。』樊噲傳：『項羽曰壯士，賜之卮酒。』申屠嘉傳：『文帝嘗
燕飲鄧通家。』叔孫通傳：『羣臣飲爭功，醉，或妄呼，按劍擊柱。』袁盎傳：
『會天寒，士卒饑渴，飲醉西南陬，卒卒皆臥。』竇嬰傳：『孝王朝，因宴昆弟
飲，酒酣，上從容曰，千秋萬歲後傳王。』灌夫傳：『夫爲人剛直使酒。』田蚡
傳：『召客飲，坐其兄蓋侯北鄉，自坐東鄉。』中山靖王傳：『勝爲人樂酒好內。』
蘇武傳：『單于使陵至海上，爲武置酒設樂。』又：『李陵置酒賀武曰，今足下還
歸，揚名匈奴，功顯漢室。』司馬相如傳：『酒酣，臨卭令前奏琴曰，竊聞長卿
好之，願以自娛。』又『牛酒』見公孫弘傳及汲黯傳。東方朔傳：『銷憂者莫如
酒，臣朔所以上壽者，明陛下正而不阿，因以上哀也。』又：『復賜酏一石，肉
百斤。』又：『微行始出，北至池陽，西至黃山，南獵長楊，東遊宜春，微行常
月飲酎已。』又：『上爲竇太主置酒宣室。』趙充國傳：『(辛)湯數醉酗羌人，羌
人反。』陳湯傳：『令縣道具酒食以過軍。』疏廣傳：『廣旣歸鄉里，日令具設酒
食，請族人故舊賓客，與相娛樂。』于定國傳：『定國食酒至數石不亂。』又：

『子永嗣，少時耆酒多過失，年且三十，乃折節修行。』平當傳：『乞骸骨，……
上報曰……賜君養牛一，上尊酒十石。（注如淳曰：律。稻米一斗得酒一斗爲上
尊，稷米一斗得酒一斗爲中尊，粟米一斗得酒一斗爲下尊。沈欽韓疏證曰：造酒
法詳齊民要術，稻粱秫黍粟，各有釀法，其厚薄之齊，卽爲上中下之差。』王吉
傳：『昌邑王……使謁者千秋賜中尉牛肉五百斤，酒五石，脯五束。』龔勝傳：
『詔曰，朕閔勞以官職，其務修孝弟以教鄉里，縣次具酒肉食從者及馬，長吏以
時存問，常以歲八月賜羊壹頭，酒二斛。』丙吉傳：『吉馭吏耆酒，數逋蕩，嘗
從吉出，醉歐丞相車上。』龔遂傳：『王生日飲酒，不視太守會。』游俠陳遵傳：
『遵耆酒，……大率常醉，然事亦不廢。』游俠原涉傳：『嘗置酒請，涉入里門。』
後書來歙傳：『於是置酒高會，賜歙班坐絕席，在諸將之右。』馮異傳：『詔異
歸家上冢，使太中大夫齎牛酒，令二百里內太守都尉已下宗族會焉。』寇恂傳：
『乃勑屬縣盛供具儲酒醪。』臧宮傳：『陳兵大會，擊牛釃酒。』又：『至吳漢營
飲酒高會。』陰后紀：『永平三年冬帝從太后幸章陵，置酒舊宅，會陰鄧故人，
諸家子孫，並受賞賜。』馬武傳：『每勞饗賜諸將，武輒起摴酬於前。』又：『武
爲人嗜酒，闊達敢言，時醉在御前面折同列。』劉寬傳：『常於坐被酒睡伏。』劉
寬傳：『嘗坐客遣蒼頭市酒，迂久大醉而還，客不堪之，罵曰畜產。』張綱傳：
『綱乃單車入嬰壘大會，置酒爲樂。』吳良傳：『初爲郡吏，歲旦與掾史入賀，門
下掾王望舉觴上壽太守功德。』班超傳：『悉會其吏士三十六人，與共飲酒酣，
因激怒之。』周燮傳：『詔書告二郡歲以羊酒養病。』桓榮傳：『（桓彬）未嘗與
（馮）方共酒食之會。河間王傳：『碩耆酒多過失。蔡邕傳：『將就還，五原太守王
智餞之，酒酣，智起舞，屬邕，邕不爲報，……智銜之。』周舉傳：『三月上巳
日，（梁）商大會賓客，讌於洛水。舉時稱疾不往。商與親暱飲極歡。』盧植傳：
『能飲酒一石。』趙岐傳注引三輔決錄：『岐娶馬敦女宋姜爲妻，敦兄子融嘗至岐
家，多從賓，與從妹宴飲作樂，日夕乃出，過問趙處士所在，岐亦屬節不以妹聲
之故，屈志於融也。』郅惲傳注引東觀記：『汝南舊俗，十月饗會，百里內皆齎
牛酒到府飲。』操以上各條具見漢代宴會以置酒爲主，而牛羊雞黍皆下酒之物，
是無怪中人立約，亦沽酒二斗矣。至善飲之士雖世所常見，然漢代之飲酒一石，

約合市衡四十斤，倘非言增其實，卽非恆人之所能有也。

又按敦煌簡十錢二斗之酒價，今更以文籍比證之。昭紀始元六年：『罷榷酤官，令民得以律占租，……賣酒升四錢。』沈氏疏證云：『按漢初酒賈如是，至唐貞元二年，每斗榷百五十錢，則民沽酒每斗不下二三百也。杜甫詩，速宣相就沽一斗，恰有三百靑銅錢。黃鶴曰眞宗問唐時酒價，丁晉公以此詩對。宋史食貨志，小酒每升自五錢至三十錢，有二十六等。大酒自八錢至四十八錢，有二十三等。自政和以後，屢增酒錢，通考紹興三年添酒錢每升作一百五十文。孝宗乾道八年，知常州府劉邦瀚言，江北之民困於酒坊，至貧之家不捐萬錢則不能舉一吉凶之禮。葉適平陽縣代納坊場酒錢記曰：嘉定二年浙東提舉司言，溫州平陽縣鄉村坊店二十五，停閉二十有一。……蓋官自榷酒課日增，抑員不足徵額，其弊自宋而極矣。』沈氏所舉唐宋之制，其衡量及酒之原料及作法，皆不同於漢，而穀價亦與漢相殊，若以唐或宋之一斗一升卽漢之一斗一升，誠爲大誤。然今制一斗當漢五斗，唐宋之制尙小於今制。而唐之一斗三百貴於漢制者六十倍，若約略言之謂唐宋酒價增於漢，則無誤。若謂唐一斗酒當漢酒若干，宋一斗酒當漢酒若干，則此篇但考漢事，唐宋制但取作例證，不爲詳考也。又據漢簡二斗十錢，昭紀升酒四錢之升字，當爲斗字之誤，漢人書升字作升，而斗字作升，其差甚爲細微。稍一不愼，甚易鈔誤。簡言十錢買酒二斗，則每斗爲五錢。昭紀所言酒價乃就其康者而言，不應較漢簡所記，貴至八倍；若升字爲斗字之誤，則較簡中酒價尙少一錢，卽無疑竇矣。又按如淳注，漢人約爲一斗穀作酒一斗，加以人工，酒價應倍於穀價。若以斗酒五錢計，則穀每石應爲二十五錢。若以升酒五錢計，則穀每石應爲二百五十錢矣。按宣帝時穀價，本始元康間約爲五錢至八錢。神爵時金城湟中穀最貴，至石百餘。昭帝時天下承平，以斗酒四錢計，穀石二十錢，甚爲合理。是據敦煌一簡不惟可勘出本記誤字，且史不言昭帝穀價，從此亦可以知其大略矣。

塞　上　衣　著　一

方秋天寒，卒多無私衣。四七八、五。

陽朔元年五月乙未朔，丙辰。殄北守塞尉廣，移甲渠侯長書曰：第二十五隧☐責殄北

隧長王子恩官袍一領，直千五百錢。餅庭卒趙同責殄北備寇☐　　（面）

尉史宣，博　　（背）　（三七四）一五七、五。卷一，第三十九葉。

二月戊寅，張掖太守福，庫丞熹兼行丞事。敢告張掖農都尉，護田校尉。府卒入謂

縣，律曰臧官物非錄者，以十月平買計。案戍田卒受官袍衣物，貪利貴買賤，乃貧困

民，不禁止，滒益多，又不以時驗閱。四、一。

　　邊塞阻遠，屯戍既久衣履咸敝。漢書賈誼傳稱：『淮南之地遠者或數千里。……
　　而縣屬於漢。其吏民繇役往來長安者，自悉而補，中道衣敝。錢諸用費稱此。』
　　長安且然，況復邊塞？是以戍卒多無私衣也。王莽傳：『言戍卒不交代三歲矣，
　　穀常貴，遣兵二十萬人仰衣食。』仰衣食者，即指官衣官廩而言，自漢已然，原
　　非莽制，此特言之者，謂穀常貴，而二十萬人衣，食爲難耳。據以上三簡，塞上
　　衣著不易，戍卒多無私衣，而官袍之舊者，戍卒復往往貴其值以賣之。然亦可見
　　官袍既以與戍卒，即得賣之，不更繳還也。

塞上衣著二

昌邑國邟良里公士費塗人年廿三　袍一領　枲履一兩　單衣一襲　絝一兩

（一九、三六）

襲八千四百領　絝八千四百兩　古六月甲辰遣☐……常韋萬六千八百　（四一、一七）

田卒淮陽郡長平長平里公士李休年廿九　襲一領　絝一兩　犬絑一兩　私絑一兩　自

取　（三〇三、三四）

田卒淮陽郡長平容里公士程縮年卅　襲一　絝一　犬絑一　介史貫贊取　（三〇三、四六）

田卒淮陽郡長平北朝里公士李宜年廿三　襲一　絝一　犬絑一　貫贊取　（五〇九、六）

田卒淮陽郡長平東洛里公士尉充年卅　襲一領　絝一兩　私單絝一　私絝練　犬絑一

兩　私絑二兩　貫贊取　（五〇九、七）

緼復襲，布復褘，布單襜褕各一領。布單絝，布幝，革履，枲履各　……（八二、三四）

十月十日鄲卒張中功貰買阜布章單衣一領　直三百五十三　墏史張君長所　錢約至十

二月盡畢已　卒史臨　掾史解子房知券　（二六二、一九）

魏華里大夫曹□　皁布複袍一領　皁布□禪衣一領　練複褧襲一領　皁布複絝一兩
（一○一、二三）

　　以上爲見於居延漢簡者，而見於敦煌漢簡者，亦有：李龍文袍一領　直三百八十
一　襲一領　直四百五十　封里段干修袍一領

　　布復袍一領，練復襲一領，枲履　襲一領　枲履　卒趙襄　單衣一　見、　十月
乙丑出

　　流沙墜簡器物類，王國維考釋曰：

　　　右四簡雜記衣服事。袍者，衣之有著者，王藻：『纊爲繭，縕爲袍』是也。衣之
　　有著者必具表裏，其無著則有複有單。複者謂之襲，謂之褶。單者謂之絅，亦
　　謂之禪衣，單衣卽禪衣也。絑與韤同。淮南子說林訓：『均之縞也，一端以爲
　　冠，一端以爲絑，冠則裁致之，絑則展屨之。』後漢書禮儀志：『絳絝韤絑』。
　　　皆使絑。釋名：『韤末也，在脚末也。』二兩者一變，古人履與韤皆以兩計也。

　　今案衣之有著者卽今人所稱絲綿袍是也。然古之絲綿之類別又與今異。今之絲綿
　　皆新絲所成，由繭而製，則今之所謂袍，古之所謂纊也。纊較袍爲煖，左傳稱
　　『三軍之士，皆如挾纊』者是已。縕則由廢綿所製，故論語稱：『衣敝縕袍與衣狐
　　貉者立，而不恥者，其由也歟』？廢綿由舊絮帛漂水爲絮以製成，卽莊子所言之
　　洴澼洸，中國造紙之發明，實亦由此而漸進者也。

　　襲與袍之不同，雖由於無著與有著，然漢簡中有『布復袍』一語則布之復者亦得
　　稱袍，不盡由於著之有無。蓋襲與袴每連稱，則襲者短衣之謂。王國維之胡服考
　　言之已詳。則袍者自是長衣，不論有著與無著，惟有著但稱爲袍，無著者稱爲複
　　袍而已。袍之單者，則稱爲禪衣或襜褕，不稱爲袍也。

　　襲亦可有著，如居延簡：

　　　練襲一領，表裏用帛一匹，糸絮。（二○五、四五）

　　是襲亦有實絮者，糸絮者言用絲爲絮，非舊絮，亦非用麻爲著也。

　　絑有稱爲犬絑者，不知何意。或是犬皮所作之絑，塞上苦寒，得此用以保煖，今
　　西北尚有人用『狗皮韤子』或亦與此同類之物也。

　　衣著多由內地寄以塞上，然後由戍卒自取，所言貫贊取者，言委託他人代取也。

簡中『自取』或『貫贊取』之字跡，與以上之記錄非出一手，蓋取到時取物之本
人或代取物者所記，此亦簽收之類矣。

縑　　帛

出廣漢八稯布十九匹八寸大半寸直四千三百廿給吏百石一人元鳳三年正月盡六月積六
月　三〇三、三〇，九〇、五六

出河內廿兩帛八匹三尺四寸大半寸直二千九百七十八給使史一人元鳳三年正月盡九日
積八月少半日奉　三〇三、五

受六月餘河內廿兩帛　正月入三□二尺少半尺直萬三千五十八 五〇九、八

官使姝橐　用布三匹　系絮三斤十二兩　五〇五、三三

今卅餘七稯布☒　二六八、五

賣縑一直錢八約至□☒　一六三、三

廉敬䨍縑三匹券在宋始☒　一五五、一三

皁一丈六尺直十九　白☒　一五六、三四

䨍賣鶉絞一匹直千廣地際長孫中前所平者　一二、二七

十石入買練一匹至十月中不試□毌房　練丈□民☒

一八五、一五，二一七、一〇

戍卒魏郡貝丘功里楊通　䨍賣八稯布八匹四直三百卅並直八百卅□富安里二匹不實買
□□　常利里淳于中君　三一、二〇

　　以上爲布帛之記載，敦煌簡亦有之，例如：

　　　任城國亢父縑一匹，幅廣二尺二寸，重廿五兩，直錢六百一十八 器物類五十五
此文卽書在縑上。王氏國維考釋云：『右三十一字書於縑上案任城國章帝元和元
年建，亢父其屬縣也。縑者，說文云：「並絲繒也」。幅廣二尺二寸爲幅，長四丈
爲匹。鄭注鄉射記云：「今官布幅二尺二寸」。說文云：「匹四丈也」。淮南天文訓
云：「四丈而爲匹」。則漢時布帛修廣，亦用此制也。直錢六百一十八者，亦漢時
縑價，風俗通所謂「縑價數百錢，何足紛紛者也。」又考後漢光武十王傳，順帝
時羌虜數反，任城王崇輒上錢帛佐邊，故任城之縑得遠至塞上歟？』

今據前列居延簡及敦煌簡，就匹法，縷法，帛價，產地等，分述之。

漢書食貨志引古記云：『太公爲周立九府圜法，布帛廣二尺二寸爲幅，長四丈爲匹。』此雖言周制，然漢制實與此同，故不重述漢制也。又古記言幅與匹之長，皆兼布帛而言，漢以後亦皆如此。魏書食貨志：『舊制民間所織絹布，皆幅二尺二寸，長四十尺爲一匹，六十尺爲一端，令任服用。後乃漸至濫惡，不依尺度。高祖延興三年秋，更立嚴制，令一準前式。』宋書沈慶之傳：『年八十，夢有人以兩匹絹與之，謂曰：「此絹足度」寤而謂人曰：「老子今年不免矣，兩匹八十尺也，足度，無盈餘矣。」是歲果卒。』是南北朝匹法俱定爲四丈也。至於唐代，略有改定。唐六與金部郎中員外郎條下：『凡縑帛之類，必定其長短廣狹之制，端匹屯綟之差。』注：『羅，錦，綾，段，紗，縠，絁，紬之屬，以四丈爲匹，布則以五丈爲端。』此唐代布帛之匹法，帛爲四丈，布爲五丈，與漢稍異。然據王國維釋幣所考，則北朝常不依定制，唐之五丈法，當從此出。金元以後，廢絹布之征，布帛之修廣，尤循當時之便利，不依前制矣。

唐人稱帛以匹，稱布以端，漢人則不如此。上引居延簡卽以匹稱布，而古詩『貽我一端綺』亦以端稱帛。按左傳昭二十六年云：『齊侯將納公，命無受魯貨，申豐受女賈，以幣錦二兩，縛一如瑱，適齊師。』杜注：『二丈爲一端，二端爲一兩，所謂匹也。』又周官媒氏鄭注及小爾雅，亦以二丈爲端。此皆漢魏人言，未知是否有當於古，然漢魏之制若是，固可知者。

布帛之縷法，帛以兩計，布以稷計。兩之算法蓋依重量，今日生絹生紬尚有其重以計值者。據敦煌簡言匹重廿五兩，則居延簡之廿兩帛，亦當爲一匹重廿兩也。其以稷計者，則見於說文之：『布之八十縷爲稷，五稷爲稌，二稌爲秕。』稷亦作綬，史記景紀：『後元二年，今徒隸衣七綬布。』張守節正義：『八十縷也。』我又作升。儀禮喪服傳：『冠六升。』鄭注：『布八十縷爲升，升字當爲登，登成也。今之禮經皆以登爲升，俗誤已久矣。』按布之升數卽布縷精粗之別，本所以辨吉凶，儀禮喪服傳正義云：『總者，十五升，抽其半者，以八十縷爲升，十五升千二百縷，抽其半六百縷，縷粗細如朝服，數則半之，可謂總而疏，服最輕也。』清雷學淇古經服緯隱括喪服傳之大意云：『五等者：斬，齊，大功，小

功，緦衰。十有三者：斬衰，正服三升，義服三升半；齊衰，降四升，正服五升，義服六升；繐衰，四升半；大功，降服七升，正服八升，義服九升；小功，降服十升，正服十一升，義服十二升；緦則降義服，皆十五升，抽其半。』十五升抽其半者，言用十五升縷，其經則但用其半數，故其縷雖同於吉服，而布質則疏而薄也。今簡言給吏卒者，乃有八稯及十稯，在禮經雖爲大小功之凶服，然塞上衣難，早以之爲常服矣。

其布帛之價，據前引諸簡爲：

一、廿五兩縑一匹，直六百一十八。

二、廿萬帛八匹一丈三尺四寸大半寸，直二千九百七十八。

三、八稯布十九匹八寸大半寸，直四千三百七。

其數俱有奇零，未能適盡，不知何故。至其大略之數，則廿兩帛每匹當爲三百六十，八稯布每匹當爲二百二十。

就布帛之產地言，則有任城，河內，及廣漢。就其時代言，則任城之帛，在東漢時期，其餘當屬於西漢時期。今雖不能僅據之三條，遂謂此三郡國爲產布帛之地。惟此三郡國二在關東，一在巴蜀，俱爲漢代粟米布帛之鄉。拙著兩漢戶籍及地理之關係一文已略言之。見歷史語言研究所集刊本二分。是塞上布帛宜亦當取給於關東巴蜀，惟不能謂限於此三郡國而已。

襜　　褕

中不審日彌卒周利謂鎮曰：令史扈卿買錢皂服襜褕　(三八四)二八五、一九，卷一，第四十葉。

襜褕卽襜褕。釋名：『襹属也，衣裳上下相連屬也。荆州謂禪衣曰布襹，亦曰襜褕，言其襜：宏裕也。』方言：『襜褕江淮南楚謂之褈褕，自關以西謂之襜褕，其短者謂之短褕，以布而無緣敝而紩之謂之襤褸，自關而西謂之統裾，其敝者謂之緻。』故襜褕爲禪衣之一種，以其長短及敝否而有種種之異名矣。

禪衣者，夏小正傳曰：『禪單衣也。』方言：『禪衣江淮南楚間謂之褋，關之東謂之禪衣，有深衰者趙魏之間謂之袏衣，無衰者謂之裎衣，古謂之深衣。』急就篇：『禪衣蔽膝布無縛。』顏注：『禪衣似深衣而褎大，亦以其無裏，故呼爲禪

衣』禮記玉藻：『禪爲絅，帛爲褶。』鄭注：『禪有衣裳而無裏。』說文：『禪衣不重。』釋名：『禪衣言無裏也，又無裏曰單』故禪衣卽單衣，有上衣下裳而無裏之稱，若衣與裳相連屬，則謂之襜褕。

古婦人衣上下連屬而男子則否，惟襜褕上下連屬有類於婦人衣。史記魏其武安侯列傳：『子恬嗣，元朔三年武定侯坐衣襜褕入宮不敬。』集解：『表云，坐衣不敬，國除。』索隱：『襜尺占反，褕音踰，謂非正若婦人服也。』此言若婦人服者，卽以其上下連屬也。以其上下連屬故其制爲通裁，非如深衣之猶別衣裳，特縫合之不使殊耳，故其裾直而不曲。說文：『直裾謂之襜褕。』晉書音義引字林：『直裾曰襜褕。』漢書雋不疑傳顏師古注：『襜褕直裾禪衣也。』漢書外戚恩澤侯表武安侯下：『元光四年侯恬嗣，五年元朔三年坐衣襜褕入宮不敬免。』顏師古注：『衣謂著之也，襜褕直裾禪衣也。』心就篇顏師古注亦作『襜褕直裾禪衣。』惟漢書何並傳師古注作『襜褕曲裾禪衣，』蓋涉筆偶誤，未足據矣。

漢世襜褕雖非禮服，然在常服中尚爲華貴者。何並傳：『（王）林卿迫窘，廼令奴冠其冠，被其襜褕自代。』東觀漢記：『段熲滅羌，詔賜錢十萬，七尺絳襜褕一具。』大典輯本。藝文類聚三十五引桓譚新論：『余歸沛，道疾，蒙絮被，絳罽襜褕，乘騂馬，宿東亭，亭長疑是賊，發卒夜來，余令吏勿鬥，乃相問而去。』說文：『絳大赤也』，後漢書馬融傳：『居宇器服，多存侈飾，常坐高堂，施絳帳。』蓋絳色亦爲侈飾之色也。張衡四愁詩：『美人贈我貂襜褕，何以報之明月珠，』襜褕本爲單衣，不得爲裘，貂襜褕言以貂飾襜褕，亦言其珍侈也。襜褕既可以罽爲之，以貂爲飾，而可以被者，其形製正爲外衣。然以罽爲衣，飾以貂而被於外，實不應經典，頗疑其爲胡服也。

凡簡牘所記之衣服，曰襲，同褶。曰袴，曰袍，曰襜褕，曰單衣，而裳不聞焉。蓋軍中之制，率取利便，無取於裳。王氏國維於流沙墜簡補釋及胡服考重申軍中袴褶之制原於胡服之義，其言是也。今案襜褕之制亦頗與袴褶爲同類，惟褶短而襜褕長，其源則一也。俄人科斯洛夫 (Col. Kozlóv) 發掘庫倫附近古墓，其墓之時代與漢同時。其中出品據英人葉慈 (W. Perceval Yetts) 之 Links between Ancient China and the West. 所述云：『衣物甚夥，有一緣皮之絲袍及絲帽俱

完好無缺，惟多殘毀者，此或為盜墓者之所致耳。外有寬窄袖俱備緣以黑貂之絲袍，帽及披肩等之殘片。』據向覺明先生譯本，附斯坦因西域考古記後。

此墓為胡人之墓，其衣著為胡服。據一九三二年列寧格勒所出之 Camilla Trever: Excavations in Northern Mongolia 圖版第二十二卽為緣皮之絲袍及一毛織物之綺其絲。袍當卽葉慈所言及者，其制為貫頭之衣，為胡人之服，無可疑者。然其通裁之制及緣飾之皮，應與漢世襜褕之制有相侔之處。料漢世襜褕雖其源或出於古之深衣，然時移世易已失其朔。其後罽絲襜褕及貂襜褕等，雖就其名而言歸入古代深衣一類，而其裁製之風，必與胡人習尚有若干關係也。又千佛洞元魏供養人像，若八十三，九十三，二百十三，二百十五諸洞（張大千號）。男子所著皆紅衣至膝，或有被於外而緣以白皮者，則較長而亦為紅色。其衣之短及膝者，蓋漢人所云褶，而其長衣緣皮者，蓋卽漢人所謂襜褕矣。

社

買芯冊束束四錢給社　（一二七）三二、一六　卷二，四十三葉。

官封符為社市買□☑　（一三四）六三、三四　卷三，七十三葉。

入秋社錢千二百　元鳳三年九月乙卯□☑　（一八）二八〇、二五　卷二，三十三葉。

對祠具　雞一　黍米二斗　稷米一斗　酒二斗　鹽少半升（二九）一〇、三九　卷三、三十五葉

右四條俱為漢人祠祀之事，前三條為社，後一條未言是否為社，然以社之作用言，似亦當屬於社者。居延雖遠處塞上，而社之信仰則已隨內地移民而至矣。

社之信仰為華夏民族之基本信仰，其最早之起源及其發生之原因，在無確實之史料以前，不應多為懸擬。至於與原始民族之圖騰崇拜或自然崇拜之原流互為比較，縱能得若干假設，仍不足以取信。故今茲所考，以文籍著明者為限。其所不知則不記也。

文獻相傳，社之名稱可以追溯甚早。在今存較早之文字中，甲骨文已有社之祠祀。王國維殷虛書契考釋曰：『卜辭所記祭祀，大都內祭也。其可確知為外祭者有祭社二事。其一曰：「貞尞于土，三小宰，卯一牛，沈十牛」。前一卷，二十四葉。其二曰：「貞，勿桒年于拜土」。前四卷，一七葉。按土字卜辭假借為社，詩大雅：

「乃立冢土，」傳曰：「冢土，大社也。」商頌：「宅殷土茫茫」，史記三代世家引作「宅殷社茫茫」。是古固以土爲社矣。邦土卽邦社，亦卽祭法之國社，漢人諱邦，改稱公社，大當稱邦社也。』傅孟眞師新獲卜辭寫本後記跋云：『蓋夏商周同祀土，而各以其祖配之，夏以句龍，殷以相土，周以棄稷。』今案商社相土而不及后稷，周社后稷而不及相土，乃不容置疑之事。第甲骨未出，殷禮鮮徵，而社配句龍之舊說，亦無以位置於殷周二代。於是鄭王諸家私臆紛紜，遂成聚訟，遂强分社稷爲二，通三代而一之。以社配句龍，以稷配后稷，而相土遂無所屬。其不能通之往古，自無待論。今案以社爲地祇，鄭說爲是。而鄭氏謂周人以句龍配社，則爲强作調人，難言徵證。自宜認爲古代各族皆有其社，亦各以社配其先。其實以配社者，不僅句龍，相土，后稷，且當尙有其他也。

自周人以后稷配社，於是社稷連稱，相因成習。春秋以後，如『國君死社稷，大夫死宗廟』及『民爲貴，社稷次之』之屬，皆以社稷爲代國家之辭。則社稷之爲人所重亦可想見。是由國家以土地爲重，而社祀地祇，國不亡，社不屋也。且國之大事在祀與戎，而祀則分屬於天神地祇及人鬼。其人鬼之祀，實配列於神祇之中；是社之所著，天地而已。天神之帝，已見甲骨。古人爲祖宗之靈，上賓於帝。其見於三百篇者，如大雅文王『文王陟降，在帝左右』，大雅下武：『三后在天』，周頌淸廟『秉文之德，對越在天，』大略可見。同於此例者，如大乙及傅說，咸爲列星，亦上賓於天也。惟相土后稷，有功在地，是以特配地祇，此卽『聖王之制祭祀也，法施於民則祀之，以死勤事則祀之，以勞定國則祀之，能禦大菑則祀之，能捍大患則祀之』之義矣。

惟古代封建之制，祠祀咸有等差。曲禮云：『天子祭天地，祭四方，祭五祀，歲徧：諸侯方祀，祭山川，祭五祀，歲徧；大夫祭五祀，歲徧；士祭其先。』漢書郊祀志云：『天子祭天下名山大川，懷柔百神，咸秩無文；五嶽視三公，四瀆視諸侯，而諸侯祭其疆內名山大川，大夫祭門戶井竈中霤五祀，士庶人祖考而已。』是以古之祠祀，自諸侯以下爲差等，以迄士庶，但祀祖考於家，其百神歸本於天之義，無與於士庶也。然士庶人家門以外之祠祀，尙有社在。禮記祭法曰：『王爲羣姓立社曰大社，王自立社曰王社，諸侯爲百姓立社曰國社，諸侯自立社曰侯

社，大夫以下成羣立社曰置社。』鄭注云：『大夫不得特立社，與民族居百家以上，則共立一社，今之里社是也。』是士庶以下，祠祀祖考之外，仍得爲社中祠祀。於是周代以還，士庶集團之宗教信仰遂集中於社，直至周漢二千年之下。

自三代先秦以迄於漢，惟社祀爲士庶間合法之祠祀。據禮郊特牲士庶僅除祖考以外，得在家中祠戶或竈，此俗據崔寔四民月令仍存於漢世。（據玉燭寶典）。其家門以外者，惟社不屬於一家而屬於一團體。故社祀之重要超逾等倫，而社神遂具有團體中保護神之位置。漢自什伍以上，里之單位爲最小，積里爲鄉，積鄉爲縣，至縣之令長丞尉，始爲中央所命。故據續漢書祭祀志下，國家立社至縣爲止，其鄉以下之社，皆私社也。漢書五行志中之下，『建昭五年，兗州刺史浩賞禁民私所自立社，山陽橐茅社有大槐樹，吏或斷之，其夜樹復立其故處。』此所言社，乃鄉社鄉在縣以下者，故爲私社矣。此節師古注引張晏曰：『民間三月九月立社，號爲私社。』臣瓚曰：『舊制二十五家而爲一社，而民或十家或五家爲田社，是爲私社。』今案志文明言鄉社，自非十家五家之社，瓚說未是，其三月九月乃私社會期，不得謂會期時始有社，志所言大槐樹，非會期亦自有之，張晏說於此亦未能分辨也。蓋郡社縣社之前身本爲祭法之國社及侯社，皆公社也。其鄉里以下，卽鄭玄所言『大夫不得特立社，與民族居百家以上，則共立一社，今之里社是也。』是卽私社矣。

私社之例，如禮記郊特性：『惟爲社事單出里，』史記封禪書：『高祖初起，禱豐枌楡社，』注：『高祖里社。』又：『高祖十年春，有司請令春二月祀社稷以羊豕，民里社各自財以祠。』漢書陳平傳：『里中社，分肉甚均。』春秋繁露止雨篇：『令縣鄉里皆歸社下。』淮南說林篇：『無鄉之社，易爲肉黍；無國之稷，易爲求福。』蔡中郎案有陳留東昏庫上里社碑，山東圖書館藏有漢梧臺里社刻石，（梧臺社見水經注。）秋浦周氏藏有晉當利里社刻石。（見居貞草堂漢晉石影。）凡此俱里社及鄉社見於漢晉者，亦可見其通行於民庶間也。

社必有主，或以土，或以木，或以石，原無一定。論語八佾篇：『哀公問社於宰我，宰我對曰，夏后氏以松，殷人以柏，周人以栗。』周禮地官大司徒，『設其社稷之壝，而樹之田主，各以野之所宜木，遂以名其社與其野。』鄭注：『田主，

田神，后土田正之所依也，詩人謂之田祖。所宜木謂松柏栗也。』淮南齊俗篇：
『有虞氏社用土，夏后氏社用松，殷人社用石，周人社用栗。』此皆言三代之制
者，而其說不同。周禮春官小宗伯：『帥有司而立宗社』，鄭注『社之主蓋以石爲
之。』賈疏：『案許愼云「今山陽俗祠有石主」，彼雖施於神祠，要有石主，主類
其社。其社旣以土爲壇，石是土之類，故鄭注社主蓋以石爲之。無正文故曰蓋以
疑之也。』周禮夏官量人賈疏：『在軍，不用命戮於社，故將社之石主而行。』陳
祥道禮書：『鄭氏曰「社之主蓋以石爲之，」唐神龍中議立社主，韋叔夏等引呂
氏春秋及鄭玄議以爲社主用石。又後魏天平中大社石主遷於社宮，是社主用石
矣。』此言社主用石者也。其言社主用木者，爲論語哀公宰我之答問，周禮地官
大司徒本文及注，又墨子明鬼篇：『必擇木之修茂者，立以爲叢社。』戰國秦策
『木思恆思有神叢歟……恆思有悍少請與書博，勝叢。』白虎通義社稷篇：『社稷
所以爲樹何？尊而識之也。使人民望見卽敬之，又所以表功也。故周官曰：「司
徒班而樹之，各以土地所生。」尙書逸篇曰：「大社唯松，東社唯柏，南社唯
梓，西社唯栗，北社唯槐」。』此所引尙書逸篇，大社同於夏社，東社同於殷社，
而西社同於周社也。漢書陳勝傳：『又令吳廣之次所旁叢祠中，構火狐鳴曰，大
楚興，陳勝王。』沈欽韓疏證曰：『古者二十五家爲閭，閭各立社，卽擇木之
茂者爲位，故名樹曰社，又爲叢也。』其說是也。漢書東方朔傳：『柏，鬼之庭
也，』注：『言鬼神尙幽暗，故松柏之屬爲庭府。』三國志注引邴原別傳：『嘗
行而得遺錢，以繫樹枝，此錢不見取，繫錢者逾多。……里中遂斂其錢，以爲社
供。』大唐開元禮諸里祭社稷儀：『前一日社正及諸社人與祭者，各淸齋一宿於
家正寢，應設饌之家先修理神樹之下，又爲壝場於神樹之北方。深取足容於物。
……祭日未明烹牲於厨，惟以特丞祝，以豆取牲血置於饌所。夙興，掌饌者實祭
器，……其尊以玄酒爲上，一實淸酒次之，籩實麥栗，豆實菹醢，簋實黍稷，簠
實稻，粱掌示者以席入。社神之席設於神樹下，稷神之席設於神樹西，俱北向。』
此社主之用木者也。故社主用石或用樹，似無一定。在禮雖有爭論，在俗則但取
其約定之常，無施不可也。

祠社之期，據漢書祭祀志云：『建武二年立大社於雒陽。在宗廟之右，方壇，無

屋，有牆門而已，二月，八月及臘，一歲二祠，皆太牢具，使有可祠是大社一歲三祠也。在鄉社則一歲二祠，漢書韓延壽傳：『春秋鄉社，陳鼓鏜管絃，盛升降揖讓。』食貨志：『社閭嘗新春秋之祠三百。』玉燭寶典引四民月令，有在二月八月祠歲時常所奉尊神。三國志董卓傳言陽城二月社，民悉在社下。漢書五行志中之下，注引張晏曰：『民間三月九月立社，號曰私社』是私社社期蓋一年春秋二次，其或二月及八月，或三月及九月，或因地不同，而漢人一年二社，當相一致也。又御覽五二二引應璩與陰夏書：『乃知郎君微疴告祠社神，將以祈福。』微疴不必待至二月八月或三月九月，是社上亦有隨時之祠祀也。

當社時有肉黍爲社供。韓非子，陳平傳。陳鏜鼓管絃，韓延壽傳。其窮鄙之社，亦拊盆叩領，相和而歌。淮南子精神篇。今據居延簡則有雞，酒，黍，稷，鹽，之屬，其大唐開元禮所定者，仍略同於漢世也。

鄉里社祠後世稱爲土地祠，然其名漢代已有之。續漢祭祀志引孝經援神契曰：『社者土地之主也。』白虎通義社稷篇：『王者自親社稷向？社者土地之主也。土生萬物，天下所主也。』論衡譏日篇：『如土地之神，惡人擾動。』禮記郊特牲：『家主中霤而國主社，』疏引盧植曰：『諸主祭以土地爲本也。』至齊民要術遂有東西南北中五方土地之神。故後世之土地祠自社祠相沿而來，要無疑問。唐宋小說中於社屋與土地祠仍知其一貫相沿，故可互稱。至今流俗仍有土地神爲社公者，而土地祠前亦往往多有大樹。是知禮俗相承，其來有自矣。

古 代 記 時 之 法

各簡見前第三章居延地望節（75～79面）

以上各簡皆可證古代記時之法。按記時之法，自漢已分爲若干段落，淮南子天文篇云：

　　日出於湯谷，浴于咸池，拂于榑桑，是謂晨明。登于榑桑，爰始將行，是謂朏明。至于曲阿，是謂旦明。臨于曾泉，是謂旦食。次于桑野，是謂晏食。臻于衡陽，是謂隅中。對于昆吾，是謂正中，靡于鳥次，是謂小還。至于悲谷，是謂晡時。迴於女紀，是謂大還。經于淵隅，是謂高舂。頓於連石，是謂下舂。至于悲

泉，爰止羲和，爰息六螭，是謂懸車。薄于虞淵，是謂黃昏。淪于蒙谷，是謂定昏，日入崦嵫，經于細柳，入虞淵之氾，曙于蒙谷之浦。日西垂，景在樹端，謂之桑榆。

趙翼陔餘叢考卷三十四『一日十二時始於漢』條云：

古時本無一日十二時之分。左傳楚丘曰……『日之數十，故有十時』，是言一日只十時也。其見於史傳者，記日之早晚，則曰平旦，曰日中，曰日之夕。又如史記天官書，旦至食，食至日昳之類。記夜之早晚，則曰夜半，曰夜未央，曰夜向晨。又如漢書廣陵王胥傳雞鳴時，昌邑王賀傳夜漏未盡一刻之類，無所謂子丑寅卯之十二時也。況古人尚以甲乙丙丁戊分夜之五更，謂之五夜，若其時已有甲子乙丑紀時，又何得以甲乙紀夜乎；又淮南子『日出暘谷為晨明……至蒙谷為定昏。』是古時一日夜尚分十五時。且其所分之候，晝多而夜少。其以一日分十二時，而以干支為紀；蓋自太初改正朔之後，歷家之術益精，故定此法。如五行志日加辰巳之類，皆漢法也。杜預注左傳卜楚丘十時之法，則曰夜半，曰雞鳴，曰平旦，曰日出，曰食時，曰隅中，曰日中，曰日昳，曰餔時，曰日入，曰黃昏，曰人定；此雖不立十二支之目，亦分為十二時，而非十時矣。蓋歷家記載已用十二支，而民俗猶以夜半雞鳴等為候也。

故趙氏之結論，認為以干支紀時始於漢，然劉半農先生則不以為然，劉先生云：

我們知道漢武帝改朔，在通歷紀元前一百〇四年，而神爵二年卽是紀元前六十一年，綏和二年是紀元前七年，建平元年是紀元前六年。這已經在太初改朔之後近一百年了，還我不出以干支紀時的形跡，可見趙氏之說未可信。按劉先生據居延漢簡五〇二、三，五〇五、二，五〇六、六，五〇六、九，上有此三種年號。他的唯一證據是：『五行志日加辰巳之類』一語，可不知道辰巳等字是指方位，並不是指時間。如周髀算經『夏至夜半時，北極南游所指；冬至夜半時，北游所指；冬至日加酉之時，西游所極；日加卯之時，東游所極。』這分明說日在卯酉兩個方位上，不是說在這兩個時間上。（如果說是在時間上，下面就不能用『之時』二字。）又如淮南天文訓『月徙一神，復返其所』頭上都用『指』字，如『正月指寅』，『十二月指丑』之類；末了改用『加』字，『其加卯酉，則陰陽生，日夜平矣。』『加』卽是指』，所

指所加，均係方位，不是時間。這種方位因爲按着十二辰排列，所以叫作辰次。後來爲簡單起見，卽以某辰次之名，名曰在某辰次之時，此時辰二字所由起。時辰者，時在某辰也。唐代小曲中還用『夜半子』，『雞鳴丑』，『平旦寅』，『日出卯』『食時辰』……等紀時。按敦煌綴瑣三五，伯希和二七三四佛曲中以『夜半子』等起，卽其例。『夜半』『雞鳴』爲時，『子』『丑』爲辰，是時與辰並舉。今鄉間農民猶有『半夜子時』，『日出卯時』，『日入酉時』等語，但已殘缺不全。按正中午時，人定亥時亦間有人言之者。不再有『平旦寅時』，『食時辰時』等，以湊滿十二之數。『時辰』之法起於何時，尚有待於考定。我們知道是西漢時代還沒有，舉此以證趙氏之誤，並明晷面不刻『子』『丑』『寅』『卯』等字之理由。

按趙氏之證據，誠然不足，半農先生之駁議，亦僅能證漢代之史料中未見時辰合用之事，而不能確說漢代未有此事。今按時辰合用之事始見於晉世，晉以前有無不可知，然漢簡紀時不用之，似其通行使用不能早過東漢也。流沙墜簡簿書二十九，蒲昌海北所出木簡云：

　　☑□言□詡　□□史亻　還告追賊於犭閒☑

　　□獲賊馬悉還所掠記到令所部咸使聞知歛☑

　　會月廿四日卯時謹案文書書卽日申時到斯由神竹☑

　　☑振旅遠□里閭□□道涂稱☑

故晉人已明確使用『卯時』『申時』等記法，而不用『日出』，『舖時』諸語，其中演進之事，料非一朝一夕所成也。按王莽傳云：『以十二月朔癸酉爲始建國元年正月之朔，以雞鳴爲時』。十二月爲建丑之月，雞鳴爲指丑之時，二者顯有相關，決非偶然之事。通鑑胡注：『以丑時爲十二時之始』其說是也，故西漢之世雖不名雞鳴爲丑時，然以雞鳴與丑相合之觀念早已存在。惟西漢以後始以日晷之文鑄於鏡背（見 Yetts: The Cull Chinese Bronzes.）而其文飾僅有日晷文及其他不具壓勝意義之文飾。至東漢以後所鑄日晷文之鏡背，則更兼有十二支文及四神。（見 Yetts 書及猷氏博古圖與梅原末治歐美之中國古鏡等書。）可證四方十二支與日晷相合之事，至東漢始流行也。

前舉諸簡十二時俱有之，具如下列：

夜半　(14)(26)(40)(41)(44)(49)(53)　夜食　(42)

雞鳴　(14)(26)(38)(39)(45)(47)

平旦　(22)(52)

日出　(1)(22)(43)

食時　(早食)　(6)(8)(35)(44)(48)

東中　(隅中)　(6)

日中　(49)(50)(52)

日昳　(28)

下餔　(5)(6)(25)(24)(28)(34)(35)(47)(54)

日入　(14)(19)(36)

黃昏　(昏時)　(8)(11)(12)(13)(17)(29)　夜漏上水　(4)

人定　(10)(35)

其言分者如次：

一分　(26)

二分　(7)(34)(47)(50)(42)

三分　(26)

四分　(2)(28)(42)

五分　(2)(6)(20)(35)(46)(45)

六分　(2)

七分　(43)(47)

八分　(44)(51)

故在漢簡之時代（西漢下半期）已有一日十二時之分配法，其命名與左傳杜注相同，而與淮南子所分之十五時不同，然淮南子之時代前於漢簡者不過四五十年，似不應十二時分配法四五十年間卽如此大備。故一日十二分法及其命名或竟起於淮南子之前，淮南子之十五分法或竟由此擴充而成矣。今更就十二分法及淮南子中之命名校其異同則十二分法之命名較爲切近，其稱謂咸出於尋常日用之間，淮南子之十五時名則含義深蘊，顯然爲文人術士所創，非家人閭里所能行。故其命名所本，或出於十二分法，

或與十二分法同由別種分法衍出，而一日十二分法不出於淮南子之十五分法，斷可知也。至於史記天官書中雖未盡列一日十二時名，然所舉出之三時名則與十二分法中之名全同，與淮南子則異。司馬遷死於昭帝時，與紀時最早之神爵簡，時代略可相接。然天官書實爲太史公家學，傳自其父司馬談者，則十二時之分法應可至少上溯至武帝初年。故今假定十二分法在前，十五分法反應在後，或不甚謬妄也。

又簡言『夜漏上水』可知塞上定時用漏，又每時至八分而止，蓋逾八分則爲第二時矣。然漢世晝夜共分百刻，每時若得九分（九刻）則一晝夜須有一百零八刻，每時若得八分半（八分百刻於十二時，則每時應得八刻又三分之一，其數較爲奇零，在漏刻上難於分畫。今據端方，及開封聖公會主教懷履光 (Rev. William C. White) 與秋浦周氏所藏之西漢日晷，以上並見劉半農先生文中所引。其中刻畫亦僅至刻而止，半刻尚可分辨，若三分之一刻則不能分辨也。劉半農先生於此有一推測云：

> 我以爲當時晝夜分爲百刻，同時亦分爲十二時，但十二時之中，當繩的四時比較小一點，每時八刻。案當繩之四時，爲：夜半，日出，日中，日入，卽子午卯酉四時。其餘的時比較大一點，每時八刻半。……第三十五線爲日中，合其前後各四刻，卽自三十一線起，至三十九線爲一時。但三十九線至四十七線不算一時，直到四十七與四十八線的中央，才算一時其餘類推。但我只是看了圖中 x x 線之長，橫貫四刻，又 e f 線及 g f h 線似乎表示着中分的意義，因而加以冥想，此外別無所據，所以這一說，只能暫時加以保留。

今案劉先生所說，甚有新解，然與漢簡所記則不相合。蓋漢簡所記從各時之零分算起，而一分，二分，以至於七分或八分。各時之零分雖無零分之名，然所記單用本時之名不著分數者，應卽零分也。若依照劉先生算法，應記其時前一分至四分，某時後一分至四分，或如今語子初三刻，子正三刻，午初三刻午正三刻之類，而不應從一分記至七分矣。故漢代日中時當從日中算起，算至七分以後。若是則劉先生之算法爲不適用兵，故當重爲推測之。

漢代之日晷分圓爲百刻，而刻畫者僅有白晝六十九刻，其餘三十一刻則屬於夜間，有地位而無刻畫。其刻畫作六十九之數，則端氏及懷氏晷並同。周氏表不完全，不知其刻畫，故不論。此六十九之數，必代表一種意義。今排列如下表，並作推論以明之。

時名及刻數	日晷刻數
夜半　（丙夜）	（夜漏十六刻）　XII
一刻	（夜漏十七刻）
二刻	（夜漏十八刻）
三刻	（夜漏十九刻）
四刻	（夜漏二十刻）
五刻	（夜漏二十一刻）
六刻	（夜漏二十二刻）
七刻	（夜漏二十三刻）
雞鳴　（丁夜）	（夜漏二十四刻）
一刻	（夜漏二十五刻）
二刻	（夜漏二十六刻）
三刻	（夜漏二十七刻）
四刻	（夜漏二十八刻）
……………………………… III	
五刻	（夜漏二十九刻）
六刻	（夜漏三十刻）
七刻	（夜漏三十一刻）
平旦　（戊夜）	一
一刻	二
二刻	三
三刻	四
四刻	五
五刻	六
六刻	七
七刻	八
八刻	九
日出	

按初學記四引桓譚新論曰：『通歷數衆算法，推考其紀，從上古天元以來，訖十一月甲子夜半朔，冬至，日月若連璧』。可證漢代每日起於夜半也。

一刻　　　　十⋯⋯⋯⋯⋯⋯⋯ Ⅵ

二刻　　　　十一

三刻　　　　十二

四刻　　　　十三

五刻　　　　十四

六刻　　　　十五

七刻　　　　十六

八刻　　　　十七

食時　　　　十八

一刻　　　　十九

　刻　　　　廿

三刻　　　　廿一

四刻　　　　廿二

　　　　　　⋯⋯⋯⋯⋯ Ⅸ

五刻　　　　廿三

六刻　　　　廿四

七刻　　　　廿五

八刻　　　　廿六

隅中

一刻　　　　廿七

二刻　　　　廿八

三刻　　　　廿九

四刻　　　　卅

五刻　　　　卅一

六刻　　　　卅二

七刻　　　　卅三

八刻　　　　卅四

日中　　　　卅五⋯⋯⋯⋯⋯ Ⅻ

一刻	卅六
二刻	卅七
三刻	卅八
四刻	卅九
五刻	卌
六刻	卌一
七刻	卌二
八刻	卌三

日昳

一刻	卌四
二刻	卌五
三刻	卌六
四刻	卌七
五刻	卌八 …………… Ⅷ
六刻	卌九
七刻	五十
八刻	五十一

餔時　　　五十二

一刻	五十三
二刻	五十四
三刻	五十五
四刻	五十六
五刻	五十七
六刻	五十八
七刻	五十九
八刻	六十…………… Ⅵ

日入

一刻	六十一
二刻	六十二
三刻	六十三
四刻	六十四
五刻	六十五
六刻	六十六
七刻	六十七
八刻	六十八
黃昏　（甲夜）	六十九
一刻	（夜漏一刻）
二刻	（夜漏二刻）
三刻	（夜漏三刻）⋯⋯⋯⋯⋯⋯⋯⋯⋯⋯ Ⅸ
四刻	（夜漏四刻）
五刻	（夜漏五刻）
六刻	（夜漏六刻）
七刻	（夜漏七刻）
人定　（乙夜）	（夜漏八刻）
一刻	（夜漏九刻）
二刻	（夜漏十刻）
三刻	（夜漏十一刻）
四刻	（夜漏十二刻）
五刻	（夜漏十三刻）
六刻	（夜漏十四刻）
七刻	（夜漏十五刻）

如上所列自平旦在黃昏屬於晝，自黃昏至平旦屬於夜，而平旦及黃昏為晝夜之際。晝時較長每時得八刻又半，夜時較短每時得八刻。於是晝時自平旦至黃昏恰得六十八刻，與端氏懷氏所藏之西漢日晷上之刻畫凡六十九畫者，逐亦可以契合無間。如此分

配之後，前此之因晝夜百刻，不能平分爲十二時；以及日晷刻晝六十九奇零之數，莫知其意者，今並可略言其故矣。

漢代每日分百刻，每刻約計爲今十四分二十四秒。晝時始於平旦，爲夜半後十六刻十六刻，合今三時五十分二十四秒。卽平旦當今日時計之三時五十分二十四秒。越八刻半至日出，八刻半合今二時二分二十四秒，卽日出當今五時五十二分四十八秒。更越八刻半至食時，當今七時五十五分十二秒。更越八刻半至隅中，當今九時五十七分三十六秒。更越八刻半至日中，今正午十二時，更越八刻半至日昳，當今二時二分二十四秒。更越八刻半至餔時，當今四時四分四十八秒。更越八刻半至日入，當今六時七分十二秒。更越八刻半至黃昏，當今八時九分三十六秒。共計起自平旦至於黃昏凡六十九刻，與日晷之刻晝正同。

晝時應有六十八刻，夜時應有三十二刻，夜時自黃昏起，爲夜半前之十六刻，卽夜半前三時五十分二十四秒，當今下午八時九分三十六秒。是爲甲夜。越八刻，合今一時五十五分十二秒，至人定當今九時五十九分四十八秒，是爲乙夜。越八刻至夜半，當今十二時，是爲丙夜。越八刻至雞鳴，當今一時五十五分十二秒，是爲丁夜。越八刻至平旦，當今三時五十分二十四秒，是爲戊夜。於是晝時復起矣。

此種晝長而夜短之制，實與眞晝長不合。據劉半農先生推算，若此之晝夜惟在北緯五十一度，當今恰克圖，璦琿等地，夏至一日方能如此。是以時之分配雖以此爲定點，然晝夜漏刻則不能盡以此爲斷。初學記器物部引漢舊儀：『立夏立秋晝六十二刻，夏至晝六十五刻。』北堂書鈔儀飾部引漢舊儀：『冬至晝四十一刻，後九日加一刻，立春晝四十六刻，夜十四刻。』卽於晝夜漏刻隨時改定之事。然漢舊儀所言，夏至晝六十五刻則夏至夜爲三十五刻，冬至晝四十一刻則冬至夜爲五十九刻。夏至之晝長於冬至之夜六刻，冬至之晝長於夏至之夜六刻。立春晝四十六刻則立春夜爲五十四刻，立秋晝六十二刻，則立秋夜爲三十八刻，亦較之眞夜爲短，較之眞晝爲長。此蓋亦據晝刻六十八夜刻三十二之之標準而隨季更定者，具見漢人漏刻分於晝者爲多而分於夜者爲少也。

文選陸倕新刻漏銘注引漢舊儀『晝漏盡，夜漏起，宮中衞宮城門，擊刁斗，周廬擊木柝。』又：『夜漏起，宮中宮城門擊柝，擊刁斗傳五夜，百官繳直符，行衞士周廬，

擊木柝，傳呼備火。』此簡文選注亦引之，惟書鈔武功部所引較勝今從書鈔。五夜者，初學記器物都引漢舊儀：『甲夜，乙夜，丙夜，丁夜，戊夜』，是也。入夜以後其時有五，故言五夜矣。前引條四簡『夜漏上水七刻』則夜漏起後之第七刻，依前引舊儀蓋依冬夏而更。東方朔傳言夜漏下十刻，王尊傳言漏上十四刻，趙后傳言晝漏上十刻，夜漏上五刻，續漢禮儀志言夜漏未盡七刻，皆此類也。唐人亦分晝夜漏，仁井田陞唐令拾遺引日本宮衞令開閉門條集解：『釋云，唐令云，宮殿門夜漏盡，擊漏鼓訖開；夜漏上水一刻，擊漏鼓訖，閉。』其夜漏上水若干刻之稱與漢代同，是亦因仍漢法者矣。

晝夜百刻之法分配十二時，無論如何分法皆爲勉強。故哀帝時用夏賀良僞書，改漏刻爲百二十，後王莽亦用之，雖皆出於禁忌小數，亦取其便也。然莽死其法亦廢。至梁武帝時始改晝夜爲九十六刻，每時適得八刻，於法良便。見隋書天文志。然後世仍用百刻之制。五代會要：『晉天福四年司天監奏漏刻經云，晝夜一百刻分爲十二時，每時得八刻三分之一，六十分爲一刻，一時有八刻二十分。』按唐經籍志自何承天以下，至唐凡有四家，計爲何承天，朱史，宋景，及大唐刻漏經，凡四家刻漏經。此雖晉時所奏，然仍用百刻之制也。以迄宋世至於元明亦皆如此。雖其分配之法不同，然其爲百刻則一。自西洋歷法東傳，一刻之數無以與西洋歷法相應。故時憲歷復用九十六刻之制以至於今。據清史稿時憲志一，康熙四年楊光先等劾湯若望以大逆，改每日百刻爲九十六刻亦其一端。湯若望坐此廢黜。及後南懷仁推算五星合於天象，而楊光先等推算乖謬，乃復用西法，於是自康熙九年復行九十六刻之制。其法分每辰爲八刻，每刻合西法十五分，每點鐘適爲四刻。故漏刻九十六以分於十二辰則可以適盡，以用於西法分秒之制尤能密合，然非可語於授時大統以上者歷也。

又按以數記日而不以干支者，金石中始見於漢安會仙友題字今據第二十一簡及第五十三簡如『六月十一日』，『六月十八日』，『六月十七日』，『五月十四日』等，俱以數記，不以干支。釋文書牘類亦有之，中俱未記年載，惟第廿一簡所記爲『十六年』。然十六年僅見於建武，永平及永元，皆在東漢也。

五　　夜

乙夜一火，和木辟，卒光。丙夜一火，和臨道，卒章。丁夜一火，和木辟，卒通。

（四〇八）八八、一九。卷二，第十七頁。

漢制分夜爲五夜，卽後世之五更也。宋高似孫緯略云：『漢舊儀云，中黃門侍五夜，謂甲乙丙丁戊也。唐太宗所謂甲夜理事，乙夜觀書者本此。顏氏家訓曰：或謂一夜五更者何所訓？答曰，漢魏以來，謂甲夜乙夜丙夜丁夜戊夜，又謂之五更，皆以五爲節。西都賦曰，衞以嚴更之署，必以五爲節。言自夕至旦，經涉五時，雖冬夏之晷，長短參差，而盈不至六，縮不至四，進退五時之間，故曰五更也。』其言甚確。案北堂書鈔武功部引漢舊儀云：『夜漏起，宮中宮城門擊柝，擊刁斗，周廬擊木柝，傳呼備火。』又北堂書鈔儀飾部引漢舊儀云：『五夜甲乙丙丁戊夜，及相傳敕守火，帥內戶外數五止。』日本宮衞令開閉條集解引唐令云：『宮殿門夜漏盡，擊漏鼓訖，開。夜漏上水一刻，擊漏鼓訖，閉。五更三籌，順天門擊鼓。諸衞卽連擊小鼓，使聲徹皇城京城諸門。』故五更者漏籌更易之時，唐之五更卽漢之五夜也。『夜漏上水一刻』一辭已見於居延簡，可證塞上亦有漏刻，則五夜之分，由漏刻而定，從可識矣。高似孫所謂進退五時之間者，卽自黃昏入夜，至平旦而夜盡，凡歷黃昏，人定，夜半，雞鳴，平旦，共五時，故曰五夜。雖冬夜較長，其前已入日入之界，其後更入日出之界，亦不更計入，亦以五更限之。此種五更之制，相沿至今，在大陸失陷以前，凡諸縣邑城中，猶因仍不廢也。

大陸各城市所保存五更之制，每更皆有更卒擊梆子以告於住民。自二更起，二更則一次兩擊，三更則一次三擊，至五更一次五擊爲止，北方城市之中，北平，西安，濟南，太原等大城皆然。更卒巡行於坊巷，時間並不太準確，然就其大致而言，則爲：

一更　（甲夜）　夜八時　　（二十時）

二更　（乙夜）　夜十時　　（二十二時）

三更　（丙夜）　夜十二時　（零時）

四更　（丁夜）　二時　　　（二時）

五更　（戊夜）　四時　　　（四時）

此類舊制，今漸亡失，故附記之於此。

庚　書牘與文字

書　　牘　　一

宣伏地再拜請：

幼孫少婦足下，甚苦，塞上暑時，願幼孫少婦足衣稱食，隧塞上，宣畢得幼孫力過行
邊，毋它急。幼都以閏月十日與長史君俱之居延，言丈人母它。急發卒，不當見幼孫
不也，不足數來。宣以十一月對候官未決。謹因奉書，伏地再拜。（七一）一〇、一六(面)
幼孫少婦足下，朱幼季書願亭掾幸爲到臨渠隧長，對幼孫治所。●書卽日起，候官行
矣。使者幸未到，願豫自辯，毋爲諸部殿。（七二）一〇、一六　(背)　卷四，第二葉。

　　右簡爲漢人書牘，字畫完整無缺，深可貴也。敦煌簡簡牘遺文三十六，簡文雖較
長，然猶有缺文，不如此簡完整耳。此簡之『宣』爲致書者，『幼孫』爲受書者，
『少婦』蓋卽『幼孫』之婦也。敦煌簡簡牘三十六，亦言『政伏地再拜言，幼卿君明
足下』，君明應亦幼卿之婦，元后傳：『禁長女君俠，次卽元后政君，次君力，次
君弟。』後漢書皇后紀：『孝崇匽皇后偉明，爲蠡吾侯翼媵妾，生桓帝。』是君
明二字，俱可爲女子名矣。又：『願幼孫少婦足衣稱食，隧塞上，』與敦煌簡之
『願幼卿君明適衣進食，察郡事，』爲意略同，隧當卽算字之別構，猶言計慮也。
『長史君』當指張掖郡長史，續百官志言『郡當邊戍者，丞爲長史』是也。『丈人』
老者之稱，蓋幼孫父行，居張掖者，『毋它急，』漢人習用語，猶言毋恙。以辭
意推之，名宣者蓋在候官城，字幼孫者蓋與家俱在塞上，字幼都者隨長史自張幼
來，言幼孫之丈人無恙，其人急發，卒卒而去，不知能見幼孫否也。亭掾當卽隧
長之尊稱，隧長本郡吏，隧卽亭，故稱亭掾矣。

書　　牘　　二

宣伏地再拜言：

少卿足下，甚苦，爲事田，言宣以月晦受官物，因□請□□（二八一）三一一、一七　卷四，
第十葉。

　　此簡後半缺，致書人名宣，與前簡應爲同一人所作。『事田』蓋屯田之官吏，如農

令之屬也。『宣宜以月晦受官物，』官物蓋指屯戍衣物之類，其收致當以月終矣。
吏奴下薄賤，多所迫近。官廷不得去尺寸。　家數失住，人甚毋狀。叩頭。子覆不羞
悥，負入收錄置。意中殺身見以報厚恩，彭叩頭。因道彭今年毋狀小疾，內錢家室，
分離獨居，困致毋禮物至。至子覆君胥前，甚毋狀。獨賜藺貲，前歲宜當奔走至前。
迫有行塞有未敢去署。叩頭謁子覆君胥。(三八八)四九五、四　(面)

示便致言俱叩頭。比得謁見。始餘盛寒不和，唯爲時平衣强奉酒食。愚戀毋愈，甚
厚。叩頭。數已張子春累毋已。子覆奉以彭故不遺亡至忘得。已蒙厚恩甚厚。謹因子
春致書，叩彭頭，單記□□不□彭叩。(三八九)四九五、四　(背)　卷四，第十葉。

　　此亦書牘，其前半柹，毀缺去數行，然猶可見正反二面自爲起訖也。此書之致
書者名政而受書者字子覆，君胥蓋受書者之婦也。藺，臘或字。晏子春秋內篇諫
下：『景公令兵搏治，當藺冰日之間而寒，民多凍餒，而功不成。』字卽作藺。
說文臘字下云：『臘冬至後壬戌，臘祭百神。』段玉裁云：『月令「臘先祖五祀」，
左傳「虞不臘矣」，皆在夏正十月，臘卽腊也。風奇通云「禮傳夏曰嘉平，殷曰
清祀，周曰大臘。」皇侃曰「夏殷蜡在己之歲終」，皇說是也。秦本紀惠王十二
年初臘，記秦始行周政，亥月大臘之禮也。……鄭注月令曰，「臘謂田獵所得禽
祭也。」風俗通亦云，「臘者獵也。」按獵以祭，故其祀從肉。』又按腊說文作
昔，『昔，乾肉也，從殘肉，日以晞之。』故臘祭者，以腊祭之，亦卽以獵獲之
乾肉爲祭也。其臘祭之期，據月令，左傳諸書皆在夏正十月，及秦始皇三十一年
十二月更臘曰嘉平，秦之十二月當夏正九月，是秦之臘祭，至始皇時蓋己改至戌
月。蓋臘祭者，歲終之祭，周正建子，亥月爲歲終，故周時臘在孟冬之月。始皇
時正月建亥，戌月爲歲終，故始皇臘在季秋之月。漢武帝太初改歷，以寅月爲歲
首，而臘祭亦改在季冬建丑之月。此簡言『始餘盛寒』，正丑月之時令，非季秋
亦非孟冬，甚爲明白也。漢書嚴延年傳：『母從東海來，欲從延年臘。』注師古
曰：『建丑之月爲臘祭，因會飲，若今臘節也。』按諸傳文亦應在歲終，師古言
爲建丑之月，其說是也，正可與此簡相證矣。凡臘，其祭祀應在除夕。漢書天文
志：『臘明日人衆卒歲一會飲食，故曰初歲。』初歲者，歲首之意，冬至後三戌
不必定在歲首，是漢書天文志與許君說又不同，天文志蓋取漢人時俗，許君所

言，蓋別有從受之五經古義矣。其在漢世，臘祭之日名爲祀神，而實在與人互爲寒溫勞苦，作飲食之會。故漢書楊惲傳云：『田家作苦，歲時伏臘，烹羊，炮羔，斗酒自勞。』元后傳云：『莽改漢家黑貂著黃貂，又改漢正朔伏臘日，太后令其官屬黑貂，正漢家正臘日，獨與其左右相對飲酒食。』皆其例。今據此簡，則酒食之外，更相互餽遺，以爲儀文。此書之致書者卽言未備餽遺，而受書者餽遺已先至。以此書爲謝也。由此言之，則塞上卒歲辛勤，然歲時伏臘中飲食之會，亦所宜有矣。

「七」字作「桼」

建武桼年四月戊辰，甲渠鄣守候憲敢言之，前移隧長☒（一六七）六一、二四　卷一，二十三葉

漢人七多假爲桼，莽衡亦作桼，與簡文同。史記六律五聲八音來始，來則桼之譌字也。吳禪國山碑及天發神讖碑並以桼代七，至後魏程哲碑遂書桼作柒，唐人沿之。廣韻漆字俗字爲柒；蓋仍唐代字書之舊也。

蒼頡篇與急就篇文

蒼頡　　（一九）九七、八

伐檜柱馬柳☒　　（三四）三一、六，三一、九

☒幼子承詔

☒力盡夫□　　（三五）一二五、三九

☒嗣幼子承詔謹愼敬戒☒　　（一七八）一六七、四

佃堂庫府　　（二七三）二八二、一

蒼頡作書以敎後詣　　（二七六）一八五、二〇

瘁□病汪　　（三四〇）三九、三八

□□□敬務

挟起雖勞　　（四四六）二六〇、一八　（面）

□計嗣幼子承詔　　（四四七）二六〇、一八　（背）

第五　　戲表書插顚願重該巨起臣俟發傳約載赴蹟觀望　　（五四三）至（五四四）九、一　（甲面）

☑類沮孟離異戎翟給賓但致貢諾　（五四五）至（五四六）九、一　（乙面）

卅可駕羽逪逃際所往來前□漢兼天下海的並廁　（五四七）至（五四八）九、一　（丙面）

講□☑功☑玗　（五四三）至（五四四）九、二　（甲面）

☑□□驒狋□狞□　（四五）至（五四六）九、二　（乙面）

進□狎習辟曼　（五四七）九、二（丙面）

□婺霜摹婚姜奴縮勤音蠡伵□□都立其傳辭　（五四五）至（五四六）三〇七、三　（甲面）

未疊□盧裕編商□遙□見□□萌□□□□　（五四七）至（五四八）三〇七、三　（乙面）

蒼頡作書以□□□　（B十三）八五、二一

以上見釋文卷四第十九葉第二十葉。

　　右蒼頡篇舊文也。考漢藝文志，李斯作倉頡七章，趙高作爰歷六章，胡毋敬作博學七章，至漢閭里師並三篇斷六十字爲一章，凡爲五十五章。此蒼頡篇之本文也。至後揚雄，班固，賈魴，杜林，張揖，郭璞，張軌，或續本文，或爲訓故，然皆在西漢以後，與此上諸簡時代不相及矣。蒼頡篇之遺文爲許君說文敍引及者，有『幼子承詔』，郭璞注爾雅引有『考妣延年』，顏之推家訓書證篇引有『漢兼天下，海內并廁，豨黥韓覆，叛討殘滅。』敦煌簡有：『游敖周章，黚驢黔驢，羉黔黚賜，黚鞋赫報，儵赤白黃，』又：『□走病狂，疕疻災殃，』及『貍狸貔豰，』，寸薄厚廣俠，好醜長短。』王氏國維謂秦漢閭字書有二系，一以七字爲句，一以四字爲句。以七字爲句者，凡將，急就是也；以四字爲句者，蒼頡，訓纂是也。今案居延簡有『幼子承詔』及『漢兼天下』與許氏及顏氏所引者合，其爲蒼頡篇無疑，而以四字爲句，亦與王氏所推相符也。急就以皇象，鍾繇，衞夫人，王羲之，書爲法帖，因得展轉傳摹，幸存於後，而蒼頡遂亡。今據此數簡，知蒼頡篇首，當爲『蒼頡作書，以敎後詣。』『幼子承詔』章第二句當爲『謹愼敬戒。』而『漢兼天下』則在第五章。雖寥寥數簡，而蒼頡篇之結構，得以益明，亦可謂有稗小學矣。其中九、二簡爲木觚，存字獨多。今排列之，應爲：

第五　戲表書插顚顧重該巨起臣俟發傳約載赴蹎觀望升可駕羽連逃際所往來前□漢兼天下海內並廁

　　□□□類沮菳離異戎翟給賓但致貢諾□□□□

木觚共寫三面，每面一行五句二十字，三面共爲六十字。與漢藝文志言『漢興閭里書師合倉頡，爰歷，博學，三篇，雖六十字爲一章，凡五十五章，並爲蒼頡篇』者相合。其『漢兼天下海內並廁』，與顏氏家訓同，而其後二句則爲『□□□類，葅菹離異，』與顏引『豷黥韓覆，叛討殘滅』不同，蓋閭里流傳各異其文，無足異也。又按說文敍云：『秦始皇初兼天下，丞相李斯乃奏同之，罷其不與秦文合者，斯作倉頡篇，中車府令趙高作爰歷篇，大史令胡母敬作博學篇，皆取史籀大篆，或頗省改，所謂小篆者也。』故倉頡篇應以小篆書之，藝文志亦謂倉頡多古字，俗師失其讀。今諸簡皆以隸書寫之，是亦經俗師隸定矣。

銅釦鼎釦釦匜釦釦　（六八）三三六、一四　（面）

笹嵩蒚莒蓲萸簿　（六九）三三六、一四　（背）

絳緹緟紬絲絮☒　（六八）三三六、三四　（面）

量尺寸丁　（六九）三三六、三四　（背）　以上見卷四第十九葉。

此急就篇文也。前簡爲急就第十二章文，後簡爲第八章文。今若補其闕文，前簡當爲：

銅鍾鼎釬絹匜銚レ釭鋼鍵鈷冶錮鐈レ竹器簦笠簟籭除レ　（面）

笹籥篋莒蓲萸簿レ筵箪箕帚筐篋簍レ椯杅盤案杯笥盂レ　（背）

此外更應有一簡爲：

蠡斗參升半庣觛レ榑榢椑柶匕箸簪レ甄缶盆瓮罋罌壺レ

每章三行，每行三句二十一字。

至後簡則當爲：

絳緹緟紬絲絮綿レ叱敝囊橐不直錢レ服琑緰帶與繒連レ貰貸賣買販市便レ資貨市贏匹幅全レ紸絈枲緼裹約繮レ緉組綎綬以高遷レ　（面）

量丈尺寸斤兩銓レ取受付予相因緣レ　（背）

則每章二行，首行七句四十九字，次行二句十四字。若以敦煌所出急就篇較之，依王民國維所計，則又或爲每行二十一字，或爲每行三十二字。且此爲木簡，而敦煌所出者爲觚。是漢人書急就，或爲簡，或爲觚，字數可每行少至二十一，亦可多至四十九，均無定例也。

第一簡匝顏師古本作鉋　皇象本及趙子昂臨皇象本作匜，簡文與皇本同。第一簡簡背籅字顏本作算，皇本作英，以文義言簡文及顏本並通，而籅字草書頗類英，是皇本亦相承有自也。第二簡之緟字，顏本作絓，皇本作繝，今按三字均有粗重之意。絓字據顏注曰：『紬之尤麤者曰絓，繭滓所抽也。』緟字據說文云：『緟增益也』段注：『緟經傳統叚重爲之。』一切經音義八十四引蒼頡篇：『緟疊也』亦與此同意。繝字說文作繧：『繧粗緒也』亦有粗義。故此三字其字雖別，其義相兼。然則急就傳授雖各有異文，而其文義仍相一致也。

出自第三十本上（一九五九年十月）

史記項羽本紀中『學書』和『學劍』的解釋

勞　榦

（一）序　　言

史記項羽本紀云：『項籍少時，學書不成，去學劍。又不成。項梁怒之。籍曰：「書足以記姓名而已，劍一人敵，不足學，學萬人敵。」於是項梁乃教籍兵法。籍大喜，略知其意，又不肯竟學』。這裏的『學書』和『學劍』是一個非常著名的掌故。只是『學書』是什麼，『學劍』又是什麼，爲什麼要學書，又爲什麼要學劍，從來沒有被追究過。漢朝人的學書和學劍，是漢朝人日常生活的一部分，當然用不著解釋。後世的日常生活和漢代不同，雖然仍有書和劍，但其就學的目的，和漢人並不完全一致。只由後代的人並不注意這種分別，也就從來沒有詳明的注釋。

在這一點只有日本人曾略爲注意，他們究竟在生活上的距離，又稍遠些，反而不致含混的放過去。瀧川龜太郎史記會注考證七云：

雨森精翁曰：『考東方朔傳，書卽文史，言識古人姓名也。一說，書，六書也，如保氏所教。據此則下記姓名，猶曰名刺之用。』愚按後說是。去，猶罷也。

雨森所說的後說前半截是對的，後半截認爲記姓名爲作名刺之用，那就只是一種猜想，可以說只對了一半。不過有這前一半的提示，已經算非常有用了。

實際上保氏教以六書，只是周禮上的制度(註一)。周禮早廢，項羽不會遵照周禮的制度。項羽學書學劍都是不久卽棄去，終於學兵法；他能夠自作主張，其年歲決不會太幼。按項羽起兵之時爲二世元年年，二十四歲，上推到秦始皇二十五年全定楚地之時，當爲年十一歲。在此以前他是楚國大將的貴公子，所學可能另一回事，而學這些『應用』的書和劍，應當在十一歲以後。在此以前卽令學過文字，也是楚的文字，

(註一)　項羽楚人，楚國從來未遵從周室的制度，就這一點看，也不應以周禮爲據來說，而况周禮本身還有爭論。

非秦的文字。到了秦統一六國以後，還得照秦的標準再學。再看周禮並無學劍之制，和學劍並稱的學書，也應當不是周法而爲秦法。

說文解字序云：

> 周禮：八歲入小學，保氏教國子先以六書。……其後諸侯力政，不統於王，惡禮樂之害己，而皆去其典籍。分爲七國，田疇異畝，車塗異軌，律令異法，衣冠異制，言語異聲，文字異形。秦始皇帝初兼天下，丞相李斯乃奏同之。罷其不與秦文合者。斯作倉頡篇，中車府令趙高作爰歷篇，太史令胡毋敬作博學篇。皆取史籀大篆，或頗省改，所謂小篆者也。是時秦燒滅經書，滌除舊典，大發吏卒，興戍役，官獄職務繁。初有隸書以趣約易，而古文由此絕矣。自爾秦書有八體，一曰大篆，二曰小篆，三曰刻符，四曰蟲書，五曰摹印，六曰署書，七曰殳書，八曰隸書。漢興有草書。尉律：學僮十七以上始試，諷籀書九千字乃得爲吏。又以八體試之，郡移太史並課，最者收爲尚書史。書或不正，輒舉劾之。今有尉律不課，小學不修莫達其說久矣。

在這裏所引的秦法，學僮十七以上始試。項羽十七時，正爲秦始皇三十一年。當時秦控制天下正是非常有力量的時期。爲了出路，當然要依照秦法，這就是他學書的由來。所學的書，當然是倉頡，爰歷，博學諸篇。學了以後還得能應付考試，程度能夠及格才算『成』，否則就是『不成』。項羽本紀所說的『不成』，就是按著他的學書程度。尚不能達到可以爲吏的標準。

（二）　學書與記姓名

『書足以記姓名』並不是學了書以後，才能記自己的姓名，因爲自己的姓名只有少數的字，不必要照尉律學書以後才會記，並且記自己的姓名，也決無學不成之理。所以記姓名不應當只是自己的姓名，因而記姓名就是寫名刺，當然是不對的。『記姓名』應當指記別人的姓名。現在倉頡已亡，是否有一部分爲學記姓名，無從知道，不過急就篇的重要部分卻是爲的記姓名的。

急就篇：

> 急就奇觚與衆異，羅列諸物名姓字，分別部居不雜廁。用日約少誠快意，勉力

務之必有喜。請道其章：宋延年、鄭子方、衞益壽、史步昌、周千秋、趙孺卿、爰展世、高辟兵、鄧萬歲、秦妙房、郝利親、馮漢彊、戴護郡、景君明、董奉德、桓賢良、任逢時、侯中郎、由廣國、崇惠常、烏承祿、令狐橫、朱交便、孔何傷、師猛虎、石敢當、所不侵、龍未央、伊嬰齊、翟回慶、畢稚季、昭小兒、柳堯舜、樂禹湯。

在這以下還有許多姓名。這裏所寫的姓名，並非實有其人，只是把常見的姓和名，都舉出來，以備將來的應用。共舉出來的有一百一十三姓名，中無重複。其功用和後代的百家姓有些類似，只是百家姓只有姓，而急就列舉常有的名，並且姓名又列在最前，足見姓名對於當時應用的重要了。

『書足以記姓名而已』這一句話當然是對於學書的一個諷刺。但是從漢代的文書中，確實可以看到具有人名的占絕大多數。現在以居延漢簡來做例子，便知道公文中人的姓名是如何的顯著：

元康四年十月乙卯朔肩水右前候長信都敢言之，謹移亭隧（折傷）兵簿一編，敢言之。　　　（書檄類）

建平五年八月□□□□□廣明，鄉嗇夫客，假佐玄敢言之。善居里男子丘張自言與家買客田，居作都亭部。欲取□□案張等更賦皆給，當得取檢，謁移居延，如律令，敢言之。　　　（書檄類）

肩水候官　　即日朱千秋
　　　　十一月壬申隧長勤光以來　　　（封檢類）

書三封　　其一封呂憲印
　　　一封　王忠國　　十月癸巳令史弘發　　　（封檢類）
　　　一封　李滕

永光四年正月巳酉　　　　妻大女昭武萬歲里孫第卿年廿一
橐佗吞胡隧長張彭祖符　　子小女王女年三歲
　　　　　　　　　　弟小女耳年九歲　　　皆黑色　　　（符疢類）

永光四年正月巳酉　　　　妻大女昭武萬歲里□□年冊二
橐佗延壽隧長孫時符　　　子大男輔年十九歲
　　　　　　　　　　子小男廣年十二歲
　　　　　　　　　　子小女女足年九歲

輔妻南來年十五歲　　　皆黑色　　　　（符券類）

(田卒)昌邑國邱良里公士費塗人年廿三　　袍一領　　　枲履一兩
　　　　　　　　　　　　　　　　　　單衣一領　　　絝一兩　　（器物類）

駷北亭卒東郡博平博里皇隨來　　有方一　　靳干幡各一
　　　　　　　　　　　　　　　三石承弩一　革甲鞮瞀各一
　　　　　　　　　　　　　　　弩幅一　　　　　　　　（器物類）

　　檓得騎士定安里楊霸　　　辛馬一匹　　　　　（車馬類）

　　方子眞一兩就人周譚侯君實爲取　　　　　　　（車馬類）

　　出麥二石以廩水門隧辛王糅五月食　　　　　　（錢穀類）

　　始安隧長臨國　　　受奉　　　　　　　　　　（錢穀類）

　　戍卒淮陽郡苦中都里公士薛寬年廿七　　　　　（名籍類）

　　氐池騎士常樂里孟復　　　　　　　　　　　　（名籍類）

　　氐池騎士奉明里鉏昌　　　　　　　　　　　　（名籍類）

　　施刑士馮翊帶羽掖落里王□　　　　　　　　　（名籍類）

　　給車檓得祁都里郝母傷年卅六歲長七尺二寸黑色　（名籍類）

　　田卒昌邑國湖陵治昌里彭武年廿四　　　　　　（名籍類）

　　張掖居延庫卒宏農郡陸渾河陽里大夫武便年廿四

　　庸同縣陽里大夫趙勤年廿九賈二萬九千　　　　（名籍類）

　　候長檓得廣昌里公乘　　小奴二人直三萬　用馬五匹直二萬　宅一區萬
　　　禮忠年卅　　　　　　大婢一人二萬　　牛車二兩直四千　田五頃五萬
　　　　　　　　　　　　　軺車一乘直萬　　服牛二六千　　　凡貲直十五萬
　　　　　　　　　　　　　　　　　　　　　　　　　　　　　（名籍類）

　　就以上各例來看，幾乎各類都有人的姓名要記上去。因此說漢代的文書簿籍都是爲的記姓名的，並非太過。漢承秦制，秦代的制度和漢代相差不多，所以項羽就會說出這樣譏誚的話。

　　秦漢時期因爲戶口調查比較嚴密，所以在役政之中可以推行徵兵制度，踐更過更等勞役制度；在賦稅方面可以推行以人口計算的算賦和口賦，按照每人的財產多少，還可做到算貲的制度。這些辦法都需要有很詳細的記錄，這些記錄要以戶口登記的名

冊爲準，即所謂『籍』，因而在地方行政機關所接觸到的，當然都是一些人的姓名，『記姓名』一事，就成爲一般吏員的重要職務。到了三國以後，天下大亂，名籍多數散佚；憑戶口名冊來做的事，多不能順利的執行。所以漢代採用徵兵制度，三國以後只能採用募兵及世兵制度；漢代可以利用戶口名冊來舉行孝廉的察舉，三國就需要改行九品中正；漢代課稅以口爲準，而三國及晉代以後均以戶爲準（註一）。這種從一種嚴密的戶籍變爲粗略的戶籍，就使得姓名的常見次數，在地方政府的文書簿籍中，相對的減少。這也就成爲後世對於項羽所說：『書足以記姓名而已』一句的本意，不會再被人加以理會的原因。

（三）　文吏與武吏

漢代的吏是分爲文吏和武吏的，應當即是本於秦制。居延漢簡：

> 候長公乘蓬丘長富，中勞三歲六月五日，能書會計治官民，頗知律令，年卅七歲，長七尺六寸，……

> 肩水候官並山隧長公乘司馬成，中勞二歲八月十四日，能書會計治官民，頗知律令，武，年卅二歲，長七尺五寸，觻得成漢里，家去官六百里。

> 肩水候官執胡隧長公大夫累路人，中勞三歲一月，能書會計治官民，頗知律令文，年卅七歲，長七尺五寸，氐池宜藥里，家去官六百五十里。

> 張掖居延甲塞有秩士吏公乘段彄，中勞一歲八月廿日，能書會計，治官民，頗知律令，文。

> 候官羅虜隧長簪裊單玄，中功五勞三月，能書會計，治官民，頗知律令，文。應令居延中宜里，家去官七十五里，屬居延部。

其中所要注明的，除去爵，里，勞績，年歲，住址以外，還要注明是文吏或武吏。可見文武兩項，是吏士中主要的兩大類。

（註一）　漢書惠帝紀元年注：『漢律人出一算算百二十錢，唯賈人等奴隸倍算』。這是以口爲準的，晉書食貨志：『魏武初平袁氏以定鄴都，令收田租畝粟四升，戶絹二匹，綿二斤，餘皆不得振興，藏强賦弱，……晉武帝平吳之後，置戶調之式，丁男之戶，歲輸絹二匹，綿三斤，女及次男爲戶者半輸』這是說明了三國以後，不再以口爲準，而是改以戶爲準了。九品中正之制的產生，晉書衞瓘傳言是由於『魏氏承顛覆之運，起喪亂之後，人士流移，考詳無地』可見也是和戶籍的不完備有關的。

在兩漢書中，也頗有涉及文吏或武吏的地方，漢書七十六尹翁歸傳：

> 翁歸少孤，與季父居，爲獄小吏，曉習文法，喜擊劍，人莫敢當。是時大將軍
> 霍光秉政，諸霍在平陽，奴客持刀兵入市鬥變，吏不能禁。及翁歸爲市吏，莫
> 敢犯者。公廉不受饋，百賈畏之。後去吏居家。會田延年爲河東太守，行縣至
> 平陽，悉召故吏五六十人，親臨見。令有文者東，有武者西。閱數十人，次到
> 翁歸，獨伏不肯起。對曰：『翁歸文武兼備，唯所施設。』功曹以爲此吏倨敖
> 不遜。延年曰：『何傷。』遂召上辭問，甚奇其對，除補卒史，便從歸府。案
> 事發姦，窮竟事情，延年大重之。

在這一般中可以看到的，是尹翁歸本爲文法吏，但因爲善於擊劍，人不能抵當，因而
也具有武吏的資格。到田延年爲卽太守，悉召故吏時，尹翁歸自負有兩重資格，不就
文吏或武吏應當排列的部位。所以擊劍是武吏需要的技術，項羽所以去學劍，就是因
爲學文吏未能成功，而去轉學武吏。

此外，在漢書中再看關於武吏的應用。漢書七十七何並傳：

> 是時潁川鍾元爲尚書令。領廷尉，用事有權。弟威郡掾，臧千金。並爲太守，
> 過辭鍾廷尉，廷尉免冠，爲弟請一等之罪。願早就髡鉗，並曰：『罪在弟身與
> 君律，不在於太守。』元懼，遣人呼弟。陽翟輕俠趙季、李款多畜賓客，以氣
> 力漁食閭里，至姦人婦女，持吏長短，縱橫郡中，聞並至皆亡去。並下事求勇
> 猛曉文法吏且十人使文吏治三人獄，武吏往捕之，各有所部。

這是說武吏的職務，在於逐捕盜賊或其他有關罪犯的追逐。因此武吏也就只是『一人
敵』而已。當然項羽所說的『劍一人敵』所包括的範圍，還可以在作『吏』以外；但
用『書足以記姓名而已』一句推證，那就不妨縮小只指作『吏』的範圍以內。

又漢書八十三朱博傳：

> 少時給事縣爲亭長。……以太常掾察廉補安陵丞，入京兆，歷曹史，列掾。…
> …舉博櫟陽令，徙雲陽平陵三縣，以高第入爲長安令，京師治理，遷冀州刺
> 史。博本武吏，不更文法。及爲刺史行部，吏民數百人遮道自言，官寺盡滿。
> 從事白請且留此縣，錄見諸自言者，事畢迺發。欲以觀試博。博心知之，告外
> 趣駕。既白駕辦，博出就事，見自言者，使從事明敕告吏民：欲言縣丞尉者，

　　　刺史不察黃綬，各自詣部。欲言二千石，墨綬長吏者，使者行部還，詣治所。

　　　其民為吏所冤及言盜賊羣訟事，各使屬其部從事。博駐決遣四五百人皆罷去，

　　　如神。吏民大驚，不意博事變，乃至於此。

這是說一般武吏是不懂公文和法令的，朱博雖原為武吏，却能力相當的高，因而使一

民出於意料之外。

　　又後漢書六十六循吏傳：

　　　自（王）渙卒後，連詔三公特選洛陽令，皆不稱職。永和中以劇（北海郡縣名）

　　　令勃海任峻補之。峻擢用文武吏皆盡其能。糾剔姦盜，不得旋踵。一歲斷獄，

　　　不過數十。威風猛於渙，而文理不及之，

這裏雖然說『擢用文武吏皆盡其能』，但是後面言『威風猛於渙，而文理不及之』就

顯示著任峻的成功是糾剔姦盜。需用武吏的地方較多，這也可以說明武吏和威風的關

係。

　　　關於吏的辟署，按照法文序說：『尉律：學僮十七以上始試，諷籀書九千字乃得

為吏。又以八體試之，郡移太史並課，最者取為尚書史。書或不正，輒舉劾之。今有

尉律不課，小學不修，莫達其說久矣。』在這裏說明了漢代雖有試吏之法，到了許慎

時，並未嚴格去執行，因而法律等於具文，不能充分發生效力。這件事當然是逐漸演

進的，也就是除去考試以外，還可以由地方首長辟署。其仍沿秦制的，只限於漢代吏

員的辟署，似乎並無一定的規則，凡地方首長覺得可以署用的（註一），就用為吏。由

小吏逐漸提升的吏員，如漢書五十一路溫舒傳：

　　　路溫舒字長君，鉅鹿東里人也。父為里監門，使溫舒牧羊。溫舒取澤中蒲，截

　　　以為牒，編用寫書。稍習善，求為獄小吏，因學律令。轉為獄史，縣中疑事皆

　　　問焉。太守行縣見而異之，署決曹史。又受春秋通大義，舉孝廉為山邑丞，坐

　　　法免，復為郡吏。

（註一）　如魏相以學易為郡卒史，丙吉以治律令為獄史，王吉少時以明經為郡吏（並見漢書本傳），郭太早
　　　　孤，母欲其給事縣廷，林宗曰『大夫去焉能處斗筲之役乎？』遂辭就成皋屈伯彥學，（後漢書本傳）。
　　　　而京房為魏郡太守，自請不屬刺史，得除用他郡人（漢書本傳），更可證明郡吏不是全部以次序提升
　　　　的。至於郭丹以故吏更如諫大夫為縣功曹，到雍由縣令的卑身崇禮請為門下掾，爰延被請為廷掾（並見
　　　　後漢書本傳）就都是後漢的事了。

又漢書八十四翟方進傳：

> 家世微賤，父翟公好學爲郡文學。方進年十二三失父孤學，給事太守府爲小
> 史，遲頓不及事，數爲掾史所詈辱。……方進既厭爲小史……因病歸家，辭其
> 後母，欲西至京師受經。母憐其幼，隨至長安，織屨以給。方進讀經博士，受
> 春秋積十餘年，經學明習，徒衆日廣，諸儒稱之，以射策甲科爲郎。

又漢書八十九循吏文翁傳：

> 選擇郡縣小吏開敏有材者張叔等十餘人，親自飭厲，遣諸京師，受業博士，或
> 律令。

所以小吏並不是正式的吏員，而是向正式的吏員去做學徒的人(註一)。這種學徒制
度，在項羽學書的時候，可能已經有了，只是還未普偏推行，項羽還可以隨著自願去
找入學。到了秦始皇三十四年，實行焚書坑儒，明定了『以吏爲師』的制度，那就學
徒制度應當成爲正式的秦代制度。因爲假如不向吏去學，就沒有合法求學的地方的。
到了漢代，惠帝除挾書之律，文帝立博士，就學之處並不限於吏人(註二)，但是吏人招

(註一) 清代州縣的書辦（仍從秦漢的郡縣吏制因襲而來，只是科舉制度實行以後，吏的出身轉劣而地位也降
　　　　低了）就是從學徒出來的。到了民國初年，省政府及各廳已採用科員制度，在比較偏僻的省分中，縣
　　　　政府名義上雖爲科長科員，而書辦學徒制度，要到北伐以後，才全部廢止。

(註二) 史記秦始皇本紀，秦始皇三十四年：『丞相李斯曰，「五帝不相復，三代不相襲，各以治，非其相反，
　　　　時變異也。今陛下創大業，建萬世之功，固非愚儒所知……今諸生不師今而學古，以非當世，惑亂黔
　　　　首，丞相經斯昧死言古者天下散亂，莫之能一，是以諸侯並作，語皆道古以害今，以非上之所建立。
　　　　今皇帝兼有天下，別黑白而定一筆。私學而相與非法教人，聞令下則各以其學議之。入則心非，出則
　　　　巷議，夸主以爲名，異取以爲高，率羣下以造謗。如此弗禁，則主勢降乎上，黨與成乎下。禁之便。
　　　　臣請史官非秦紀皆燒之，非博士官所職，天下敢有藏詩書百家語者悉詣守尉雜燒之。有敢偶語詩書棄
　　　　市，以古非今者族，吏見知不舉，與同罪。令下三十日不燒，黥爲城旦，所不去者醫藥卜筮種樹之
　　　　書，若有欲學，以吏爲師」制曰可』這裏『若有欲學以吏爲師』普通本子作『若有欲學法令，以吏爲
　　　　師』，集解云：『徐廣曰一本無法令二字』這是對的，因爲秦代對於書同文字還是十分注意。前面所引
　　　　說文序說明尉律，及倉頡篇都是秦代的，秦代決不會把以吏爲師限制於法令一項，而給予私人傳授文
　　　　字一種方便，所以法令二字當爲漢人添加的夾注，被人轉抄爲正文的。而無法令二字的，才是史記的
　　　　本來面目。因此，在敦煌漢簡及居延漢簡有倉頡篇及急就篇，還有初學書學練習的字的事，才好解
　　　　釋。這就是說，到了漢代，邊塞上的吏，尙有收學徒的情事。至於文帝立博士，雖然還沒有設立弟子
　　　　員額，但既有了經學博士，博士在私家授經，也不會算違法，這以後當然就會從倉頡篇及法令，推廣
　　　　到經學上去。

收學徒（卽小吏）當然還是可以的，這就一直成爲中國郡縣吏一直有學徒的制度。

當然，這種限於學徒爲吏的辦法，因爲秦代實行較晚還未曾十分貫徹，仍依照舊日的辦法，『推擇爲吏』，漢書三十四韓信傳（又史記九十二淮陰侯列傳同）：

家貧無行，不得推擇爲吏。

注李奇曰『無善行可推擧選擇也』。其實就本傳來說，推擇爲吏的條件是兩種，第一是家貲富有，第二是有可以爲人稱道的善行，此外當然還要受過教育，有作吏的能力。韓信是受過教育的，從他傳內可以看出，只是未曾備具家貲及篤行二者之一，因而不被推擇。這種標準是從戰國因襲而來的。沈欽韓漢書疏證曰：

管子小匡篇：『鄉長修德進賢，名之曰三選，罷士無伍。』莊子達生篇：『孫休賓於鄉里，逐於州部。』韓非問田篇：『公孫亶回，聖相也。而關於州部。』楚策：『汗明見春申君，曰：「僕之不肖，阨於州部」。』案此戰國以來選擧之法，信以無行，故不得推擇也。

這種習慣到漢初仍有部分存在，如以家貲爲郎官，及以孝者爲吏之類。不過漢代對於一般吏人，看重能力尤過於家貲和品性，因而除去吏員較高的地位如功曹，廷掾之屬由主官禮請有聲望的人士以外，其餘的一般吏員，並不如何注意他們的家貲和聲望。

（四） 武吏與學劍及其職務

依照說文序：『學僮十七始試』，這是指文吏而言；就另一方面的材料來看，武吏也試要試的。漢書一高帝紀：

及壯試吏（史記八高帝本紀作試爲吏），爲泗上亭長(註一)。

卽是先試爲武吏，然後任爲亭長。這種試爲吏，再爲亭長的辦法，仍適用於漢代。漢書九十酷吏王溫舒傳：

少時椎埋爲姦(註二)，已而試縣亭長，數廢數爲吏。以治獄爲廷尉史，事張湯。遷爲御史，督盜賊，殺傷甚多，稍遷至廣平都尉。

(註一) 現在有些人認爲劉邦本名劉季（只是劉老三）劉邦的名字是做了天子才取上的，這完全是一個毫無根據的謬說。據漢簡，不惟亭長縣長無有人名爲伯仲叔的，卽是戌卒刑徒中也無有。每個人都有他的名字。劉邦早已爲吏，當然有他的名。劉季不過只是別人稱他的字罷了。又泗上亭長史記作泗水亭長。

(註二) 椎埋指盜墓之賊。

亭長在原則上是用武吏去擔任的，<u>朱博</u>以武吏爲亭長，已見前面所引<u>漢書朱博傳</u>。又據<u>續漢書百官志</u>。

　　　亭有亭長，以禁盜賊。本注曰：『亭長主求捕盜賊，承望都尉。』

劉昭注引<u>漢官儀</u>：

　　　民年二十三爲正，一歲以爲衞士，一歲爲材官騎士，習射御，馳戰陣。八月太守，都尉，令長，相，丞尉，會都試，課殿最。水家爲樓船，亦習戰射行船。郡太守各將萬騎行障塞烽火，追虜。置長史一人，丞一人，治兵民。當兵行，長領置部。尉，千人，司馬，候，農都尉，皆不治民，不給衞士。材官，樓船，年五十六，老衰，乃得免爲民，就田，應令選爲亭長 (註一)。亭長課徼巡。尉，游徼，亭長皆習設備五兵。五兵，弓弩，戟，楯，刀劍甲鎧。鼓吏赤幘行縢，帶劍，佩刀，持楯，被甲，設矛戟，習射。設十里一亭，亭長，亭候。五里一郵，郵間相去二里半，司姦盜。亭長持二尺版以劾賊，索以收執賊。

　　　亭長之職既然是『承望都尉』，而另一方面又是『捕盜』，所以亭長在原則上是武吏(註二)。<u>後漢書二十二馬武傳</u>：

　　　帝後與功臣諸侯讌語，從容言曰：『諸卿不遭際會，自度爵祿何所至乎？』<u>高密侯鄧禹</u>先對曰：『臣少嘗學問，可郡文學博士。』帝曰：『何言之謙乎？卿<u>鄧</u>氏子，志行修整，何爲不掾功曹？』餘各以次對。至<u>武</u>，<u>武</u>曰：『臣以武勇，可守尉捍盜賊。』帝笑曰：『且勿爲盜賊，自致亭長，斯可矣。』<u>武</u>爲人嗜酒，闊達敢言，時醉在御前，面折同列，言共短長，無所避忌，帝故縱之，以爲笑樂。

<u>後漢書八十三逢萌傳</u>：

　　　爲亭長時，尉過亭。<u>萌</u>候迎拜謁。既而擲楯歎曰：『大丈夫安能爲人役哉？』

(註一)　此或專指材官（有材力之選兵）及樓船士而言。就一般說來，兩漢書所記之亭長，並非在五十六以上之人。即就材官樓船而言，亦只有軍籍，大率居家，徵調時始就營，尉，千人，司馬，候，農都尉，其下僅有軍人，無平民，故不給衞士。

(註二)　邊塞的隧長（即亭長）有由文吏充任的，這是塞上不限文武，都要做以守工作的原故。

　　　遂去之長安，學通春秋經。

章懷太子注：

　　　亭長主捕盜賊，故執楯也(註一)。

所以亭長是在治安上的組織之內，而和鄉官其他職務以戶口爲主的不同。亭既然是
『承望都尉』，依照武職的系統來說，更應當直接被縣尉監督。逢萌傳稱縣尉過亭，亭
長奉謁，正是表示職務上相連繫的關係。

　　　按照漢代通用語辭，有『鄉亭』，有『鄉里』，却無『亭里』連用的習慣。因之在
鄉，亭，里三級不同鄉官組織之中，應當鄉亭爲一組，而鄉里又爲一組，亭和里的相
關性較小。這就應當從它們的職務分畫的性質來看。鄉有嗇夫，游徼和三老是分管著
民事，治安，和教化的。在鄉以下，就分爲兩組，民事屬於里的方面，治安屬於亭的
方面。教化不再區分，也合併於民事了。這就是就，嗇夫及三老屬於文職方面，以下
的事由里魁來管；游徼屬於武職方面，以下的事由亭長來管。

　　　假如用地面上的分布來看，縣和鄉都是整個的面，由縣畫分爲鄉，由鄉再分爲
里。亭的分布却是沿著道路而設立，依照道路遠近的距離而分布，每十里的長度設置
一亭。也就是縣和鄉以至於里都是面的分配，而亭却是線的分配。因而亭和里可成爲
兩組不同的機構。今就郡縣以下的系統來看，當如下式：

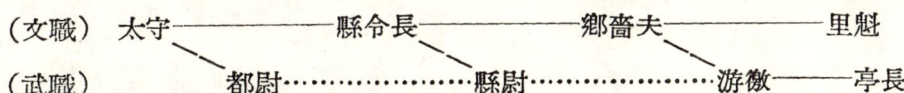

（文職）　太守―――――――縣令長―――――――鄉嗇夫―――――里魁
（武職）　　　　　都尉…………………縣尉…………………游徼―――亭長

在這個系統表上來看，亭爲鄉官，不是直屬於都尉的。但就武職的系統說，亭長
却在都尉及縣尉系統之下。這就是後漢書百官志，『承望都尉』之說所由來。

　　　從以上看來，亭長是武吏的一種，而且是從來要經過試選的。漢高帝是從試吏而
做了亭長，項羽却是文武兩種吏職都未曾做過。這不能說兩人的抱負有任何根本上的
差異，而是兩個人的家境是完全不同的。漢高帝只是出身於一個非常普通的人家，做

（註一）　漢書鼂錯傳：『平陵相遠，川谷居間，仰高臨下，此弓弩之地也，短兵百不當一。兩陣相迫，平地淺
　　　　草，可前可後，此長戟之地也，劍楯三不當一。萑葦竹箭，草木蒙蘢，支葉茂接，此矛鋋之地也，長
　　　　戟二不當一。曲道相伏，險阨相薄，此劍楯之地也，弓弩三不當一』所以劍楯正是相配的。武梁祠漢
　　　　畫中也畫著有持劍楯的兵士。

了吏就可以在鄉下有了相當的地位，項羽出身於楚國貴族，當然不在乎。這就可能是項羽連學不成的一個原因。

　　學兵法這一件事，在秦代也不見得有多大出路的。兵法爲百家語之一種，項羽的兵法只是由項梁傳授，不是官家所許。到了秦始皇三十四年，焚毀百家語，兵法當然也在焚毀之列。學過了兵法，並沒有作吏謀生的資格。但據項羽本紀，這時還是『吳中賢士大夫皆出項梁下，每吳中有大繇役及喪，項梁嘗爲主辦，羽陰以兵法部勒賓客及子弟』，也可以看出項家仍保有大家豪族的地位，原不必藉作吏以謀生。他們就成爲秦法中漏網之魚了。

出自第三十本下（一九五九年十月）

關東與關西的李姓和趙姓

勞　　榦

從唐代的寒山詩中，已經說到了『張、王、李、趙』，就是說，張、王、李、趙四大姓，在唐代的人數中，已經占了一個相當的比例，因而就形成了當時的俗語。在這四大姓之中，王姓不出自一源，戰國時周室和六國王家的後裔，都被稱爲王姓，可以不論。張姓本爲周大夫，後來入晉爲晉國大夫，再後又爲韓國的世卿，這一支族人爲什麼澎漲到這樣大，現在沒有確切理由可以解答，也只好存放著不論。只有李趙二姓的淵源流別，尚有可以討論的地方，現在就按這兩性加以論敍。

李趙二姓有一個類似的地方，就是這兩姓早已分爲東西兩支、東支在三晉區域，西支在秦。這兩支各自發展，到了唐代還成爲不同的兩系。這種有趣的事實，是值得加以討論的。

甲、李氏　　講氏族的書，大致將李氏的來源，認爲和皋陶的官職『理官』有關，並且還溯源於老子，如林寶元和姓纂卷一：(註一)

> 李——帝顓頊高陽之裔，顓頊生大業，大業生女華，女華生咎繇(同皋陶)，爲堯理官。子孫因姓李氏，(註二)云云。裔孫理徵得罪于紂，其子利貞，逃難伊侯之墟，食木子得全，因變姓李氏。利貞十一代孫老君，名耳，字伯陽，居苦縣賴鄉，曲仁里。曾孫曇，生二子，崇，璣。崇子孫居隴西，璣子孫居趙郡。崇五代孫朔生伯考，伯考生尚，尚生李廣也。廣以後生唐高祖李淵。

這是把李氏分爲趙郡和隴西兩支。而這兩支都被認爲老子的後人。以現今的觀察來評斷，這一段的問題很多，難以相信。就中皋陶爲『理官』一事，本來就根據非常薄弱。因爲尚書堯典的皋陶是：『汝作士』，孟子中亦稱：『舜爲天子，皋陶爲士。』不是做

(註一)　元和姓纂多已亡失，遺文散見於永樂大典及秘笈新書，此據孫星衍洪瑩校補元和姓纂輯本。

(註二)　此節自秘笈新書輯者，『云云』以下爲當時省略文字。

理官。理的本字原爲治玉，引申爲治訟獄，其義不至太早。管子小匡篇：『弦子章爲理：』尹知章注：『獄官也。』這是一部戰國時的書，又禮記月令：(註一)『孟秋之月，……命理瞻傷，視創。』鄭注：『理，治獄官也。有虞氏曰士，夏曰大理，周曰大因寇。』月令的文字也不會比戰國更早。所以理官可能爲六國時的官名，鄭玄的夏曰大理，可能也是一種揣測之辭。皋陶旣然未嘗做理官，那就卽使曾經有一個理姓，也是把皋陶附會上去的，可況還有『改理爲李』的一段曲折。至於說裔孫理徵得罪于紂，其子利貞逃難伊侯之墟，食木子得全，因變姓李氏，更是一個不可信的俗說。古代命氏同音字本可固相假借，漢初尙然，殷商當然更是如此，用不著改同音字。況且『食木子得全』更不成話。姓氏書中此類甚多原不必深究。不過李氏出於皋陶，向來爲人所信，所以還得分辯一下。從來把李氏分爲趙郡及隴西兩支來敍述，這是因爲這兩支在唐代都是望族。並不定是同宗。至於姓氏書中說是老子之後，更是不可信的。因爲老子的後人，在史記中曾特別道及。史記老莊申韓列傳說：

　　老子之子名宗，宗爲魏將，封於段干，宗子注，宮，玄孫假，假仕於漢孝文
　　帝，而假之子解爲膠西王卬太傅，因家於齊焉。

所以老子的後人在齊，而趙郡和隴西的李氏，都不是老子的後人。尤其隴西李氏是不然的，司馬遷在李將軍列傳說：

　　李將軍廣者，隴西成紀人也。其先曰李信，秦時爲將逐得燕太子丹者也。

司馬遷和隴西李氏有私人的交誼，假如他們眞和老子有關，他決無不說之理，反而只說一個普通的將領李信。而且老子後人在齊，不在隴西，所以隴西李氏非老子之後是一個不成問題的事。唐朝封老子爲玄元皇帝是高攀。這一點眞不如明太祖拒臣下提議攀附朱熹，還是英雄的本色。(註二)

　　理李二字本屬同音字，假如有姓理的，改爲李姓是可能的，如同韓改爲何，虢改

(註一)　呂氏春秋孟秋紀同，淮南子時則篇無此句，又按此段『理』的地位在『有司』之下，可能是『吏』的借字。

(註二)　帝王中如劉裕稱楚元王後，却是可能的，因爲楚元王非帝王嫡系，無繼承權。稱元王後，是彭城劉氏一般習慣，似乎不是出於劉裕始以此自稱。這和唐稱老子之後，利用老子的神秘傳說的是不相同。至於趙宋稱趙廣漢之後，至少亦是唐時舊說（見元和姓纂）非從宋開始。

爲郭，司徒改爲申屠，蟲改爲蚩，轅改爲袁，橋改爲喬，諸如此類，是數不完的。倘若記載上戰國以前有姓理的人，那從理轉爲李未嘗不可能。無奈歷史上從來未曾有過姓理的人（除去明末理安和因爲不願與李自成同姓，改李爲理以外）。當然，理李二字可以通用，但兩漢人敍述李姓祖先，以及漢朝李姓的碑文都不說到其先人爲皋陶，因理官得姓之事。只有唐以來氏族書才說及，可見其說出於唐代李氏族人的附會，不足採信的。(註一)

　　李氏支派衆多，雖然老子的後人只占李氏一小部分，但從老子的姓氏却可以比附其他李氏支屬得氏的淵源。老子的職守是守藏史或是柱下史，也就是史官的一種。按照左傳中的例子，如史蘇，史角之類，凡是做史官的，都只稱史某而不再稱姓氏。也就是這種職務的人都可以史爲氏。所以李耳即柱下史耳，也自然的可稱爲史耳。又史使，李三字本音義相通。左傳僖公十三年：

　　　　行李之往來，共其乏困，君亦無所害。

杜預注：

　　　　行李，使人。

孔穎達正義：

　　　　襄八年傳云：『一介行李，』杜云：『行李，行人也。』昭十三年傳云：『行理之命，』杜云：『行理，使人。』李理字異，注則同，都不解理字。周禮行理以節逆之，』賈逵曰：『理吏也，小行人也。』孔晁注國語，其本亦作李字，注云，『行李，行人之官也。』然則兩字本通用，本作理，訓之爲吏，故爲行人使人也。

所以使，李，理，吏諸字本可互相通用，而以上諸字又可以與史字通用。元和姓纂卷六史姓：

(註一)　唐張守節史記老子列傳正義說：『玄妙內篇云，李母懷胎八十一載，逍遙李樹下，遂割左腋而生。』又唐司馬貞老子列傳索隱云：『按葛玄云，李氏女所生，因母姓也。又云，生而指李樹，因以爲姓』所以道經中老子是指李樹爲姓，在唐人注史記時尚用此說，還沒有『改理爲李』之說，可見這種說法，較道經之說爲晚出，因此未曾爲史記注家所引用。唐人氏族之書任意附會祖先，如林氏本爲姬姓，世居於齊，而林寶便附會爲比干之後，所以鄭樵譏林寶不知林氏所自出。研究氏族的人尚如此，何況其他。

周太史史佚之後，以女弟爲戾太子良娣，生史皇孫進，進生宣帝，恭子高。

這是不錯的，不過史姓當出於曾爲史官的人，却不會都是周太史史佚之後。

鄧名世古今姓氏書辨語卷九云：

> 便　姓書漢少府便樂成，望出魯國，誤矣。謹按霍光傳：『故長史任宣謂霍禹
> 曰，「使樂成小家子也，得幸大將軍，至九卿封侯。」』師古曰：『使姓也，字
> 或作史，』然則使史通用，而姓書誤其字畫，以使爲便也。

所以姓『史』的可以有時寫成姓『使』，而『使』文和『李』字在古時音義並通，依照
古人的姓，不嚴格的用一定寫法，那就姓使的，姓史的，和姓李可以隨便在用了。所
以『史耳』假如寫作『李耳』，或『李耳』寫作『史耳』都是非常可能的。

因此姓李的祖先以官爲氏，大致是不錯的，不過應當是周代史官或行人官的後
世，若認爲皋陶之後，那就顯然是一種附會。

當然，皋陶爲士，士字和史雖然聲母清濁不同相去遠些，但還可以互相通轉。姓
氏中尚有『士』姓，元和姓纂云：

> 士　帝堯之裔杜伯之子隰叔爲晉士師，至士蔿生伯成缺，缺生會子孫氏焉。後
> 漢未交阯太守士燮。……士燮後生義總，唐戶部郎中。

卽姓氏書並不認爲士姓爲皋陶之後。士姓爲皋陶之後，並非不可能，只是認爲晉士師
之後，時代較近，更爲合理。至理姓爲皋陶之後，却絕對不成理由。現在既不承認士
姓爲皋陶之後，那就從士轉爲理，才成爲李姓的可能，就減到最小了。

因此，李姓爲皋陶之後，是不可能的。只有認爲從一般官氏爲姓，如史，使，或
士等類的音轉，才比較合理。假如是以史，使，士諸官爲姓，那就此類的官，春秋各
國皆有，因而李姓可能還是多元的。除去末耳後人到了齊國以外，趙郡及隴西西兩支
李氏，大致也並非同族。至於出於周時那一些有名的人，或者出於無名的人，那就不
必多爲注意了。

新唐書七十一宗室世系表說：

> 李氏出自嬴姓，帝顓頊高陽氏生大業，大業生女華，女華生皋陶，字庭堅，爲
> 堯大理，生益，(註一)益生恩成，歷虞夏商，世爲大理，以官命族爲理氏。紂之
> 時，理徵字德靈爲翼隸中吳伯，以直通不容於紂，得罪而死，其妻陳國契和與

子利貞，逃難於伊侯之墟，食木子得全，遂改理爲李氏。利貞亦娶契和氏女，生昌祖，爲陳大夫家於苦縣。生彤德，彤德曾孫碩宗，周康王賜采邑於苦縣，五世孫乾，字元果，爲周上御史大夫，娶益壽氏女嬰敷，生耳，字伯陽，一字聃，周平王時爲太史。其後有李宗，字尊祖，魏封於段，爲干木大夫。生同，爲趙大將軍。生兊，爲趙相。生躋，趙陽安君。二子曰雲，曰恪，恪生洪，字道弘，秦太子太傅，生興族，字育神，一名汪，秦將軍。生曇，字貴遠，趙柏人侯，入秦，爲御史大夫，葬柏人西。生四子，崇，辨，昭，璣。崇爲隴西房，璣爲趙郡房。

崇字伯祐，隴西守，南鄭公，生二子，長曰平燕。次曰瑤，字內德，南郡守，狄道侯。生信，字有成，大將軍，隴西侯。生超，一名伉，字仁高，漢大將軍，漁陽太守，生二子長曰元曠，侍中次曰仲翔，河東太守，征西將軍，討叛羌於素昌，戰歿，贈太尉，葬隴西狄道東川，因家焉。生伯考，隴西河東二郡太守，生尙，成紀令，因居成紀。弟向，范陽房始祖也。尙生廣，前將軍。二子，(註二)長曰當戶，生陵字，少卿，騎將尉。次曰敢，字幼卿，郎中令，關內侯，生禹，字子通，弟忠，頓丘房始祖也。禹生丞公，字丞公，河南太守。生先，字敬宗，蜀郡北平太守，生長宗，字伯禮，漁陽丞，生君況，字叔干，一字子期，博士議郎。太中大夫，生本，字上明，郎中，侍御史生次公，字仲居，巴郡太守，西夷校尉。弟恬，渤海房始祖也。次公生軌，字文逸，魏臨淮太守，司農卿。弟潛，申公房始祖也。軌生隆，字彥緒，長安令，積弩將軍。生艾，字世績，晉驍騎將軍，魏郡太守。生雍，字儁熙，濟北東莞二郡太守，生二子，長曰倫，丹楊房始祖也。次曰柔，字德遠，北地太守。雍孫蓋，安邑

(註一)　此處是一點也不可信的，皋陶未爲大理，其官名爲士，正見前考。益與皋陶爲同時人，非皋陶子，據堯典，益爲虞，調伏鳥獸，更未曾做過大理。又段干爲地名，此云封於段，爲干木大夫，亦誤。

(註二)　據漢書五十四李廣傳：『廣三子，曰當戶，椒，敢，皆爲郎，當戶早死，乃拜椒爲代郡太守，皆先廣記……敢男禹，有寵於太子，然好利，亦有勇。當戶有遺腹陵，將兵擊胡，敗降匈奴，後人告禹欲亡從陵，下吏死。』此云二子，與漢書異。此或眞出於隴西李氏家藏譜牒（椒或無後，故不著）不必以其與正史異而懷疑，至於老子及老子以前世系，顯然出於附會，不可以此相比。

房始祖也。柔生弇，字季子，前涼張駿天水太守，武衞將軍。生昶，字仲堅，涼太子侍講。生暠。

（暠）字玄盛，西涼興聖皇帝。十子，譚，歆，讓，愔，恂，翻，豫，宏，眺，亮。愔，鎭遠將軍房始祖也。其曾孫系，平涼房始祖也。翻孫三人，曰丞，姑臧房始祖也。曰茂，燉煌房始祖也。曰冲，僕射房始祖也。曾孫曰成禮，絳郡房始祖也。豫玄孫曰嗣，武陵房始祖也。

歆字士業，西涼後主，八子。勗，紹，重耳，弘之，崇明，崇產，崇塘，崇祐。重耳字景順，以國亡奔宋爲汝南太守。後魏克豫州，以地歸之，拜恆農太守，後爲宋將薛安都所陷。後魏安南將軍豫州刺史。生獻祖宣皇帝熙，字孟良，後魏金門鎭將，生懿祖光皇帝，諱天賜，字德眞。三子。長曰起頭，字安侯，生達摩，後周羽林監，太子洗馬，長安縣伯，其後無聞。次曰太祖（虎，後周柱國大將軍，唐國襄公）。次乞豆，定州刺史房。（註一）

以上所舉的隴西李氏來源，當出於隴西李氏原來譜牒，大致可信。不過據元和郡縣志唐朝的先代，其祖塋實在趙州的昭慶縣。並且再據有河北省隆平縣的唐光業寺碑，都可以證明唐朝的先世累代均葬在此處。據唐人追述唐室的先世，出於隴西，後徙武川，與趙州，趙郡並無淵源，何故葬在毫不相干的趙郡境界。此必李唐先世本爲趙郡人，後徙武川，祖塋仍在趙郡。及周太祖（宇文泰）入關，『諸姓子孫有功者，並令爲其宗長，仍撰譜錄，紀其所承。又以關內諸州爲本望』（隋書三十三經籍志史部譜序篇序）。於是原非關內籍貫的功臣，也改爲關內的郡望，趙郡的李氏，也就自然的換成了隴西李氏（註二）。等到後來隋唐時代，還是保存著舊有的傳統，不會輕易的改回去，隴西李氏的人雖然知道不是，但世族攀附一事已成南北朝以後的常態，與天子同族，也是很好的。趙郡李氏的人當然不敢輕議國姓，只有沉默。這一點在李吉甫（他就是趙郡李氏中人）的元和郡縣志，排列出來趙郡李氏的宗塋，並參雜唐代帝室祖先的宗塋，未嘗不是故意漏出了一個消息來。

（註一）　册府元龜帝王部帝系門，舊唐書一，高祖紀，新唐書一高祖紀，北史一〇〇序傳，晉書八七涼武昭王傳並同，但以新唐書宗室世系表所述西涼之世族爲詳。

（註二）　以上的意見採用陳寅恪先生：唐代政治史述論稿。

其次，關於趙郡李氏，新唐書七十二宰相世系表有以下記載：

趙郡李氏出於秦司徒量，次子璣字伯衡，秦太傅。三子，雲，牧，齊。

牧爲趙相，封武安君，始居趙郡。趙納頓弱之間，殺牧。齊爲中山相，亦家焉。即中山始祖也。牧三子，汨，弘，鮮。汨秦中大夫，詹事。生諒，左車，仲車，左車趙廣武君，生常伯，遐，遐字伯友，漢涿郡守。生岳，德文，班。岳家長卿，諫議大夫，生秉，義。秉字世範，穎川太守，因徙家焉。生翼，劦，敏。敏五大夫將軍，生護，道，朗。護字道謀臨淮太守，生哆，華，旭。哆字子讓，上黨太守，生護，元。護字鴻猷，酒泉太守，生武，昭，奮。武字昭先，東郡太守，太常卿，生讚，脩，奕，就。脩字伯游，後漢太尉，生諒，叔，訓，季。諒字世益，趙國相，生膺，字元禮，河南尹。生瓌，瓚，瑾。瑾字叔瑜，東平相，避亂後居趙，生志，恢，宣。恢字叔興生定，臺，獎，碩。定字文義，魏水衡都尉，漁陽太守，生伯括，機，叔括，季括。機字仲括，太學博士，臨江樂安二郡太守，生羣，瓌，密，楷，越。楷字雄方，晉司農丞，治書侍御史，避趙王倫之難，徙居常山。五子，輯，晃，芬，勁，叡。叡子勗，兄弟居巷東，勁子盛，兄弟居巷西。故叡爲東祖，芬與弟勁共稱西祖。輯與弟晃，共稱南祖。自楷徙居平棘南通，號平棘李氏，輯字護宗，高密太守，子愼，敦，居柏仁，子孫甚微，與晃南徙故壘，故輯晃皆稱南祖。晃字仲黃，鎮南府長史，生義字敬仲，燕司空長史，生吉，字彥同，東官舍人，生聰，字小時，尚書郎，二子眞，融。——在西祖系中，最知名的有李吉甫李德裕父子，皆爲宰相。

遼東李氏，璣少子齊，趙相，初居中山，十三世孫寶字君長，後漢玄菟都尉，徙襄平，生雄，車騎長史。生亮，字威明，原武令。生敏，河內太守，生信。生胤，字宣伯，晉司徒，廣陸成侯。生固字萬基，散騎侍郎。生志字彥道，陽平太守。嗣廣陸侯。弟沈，沈孫枚。——在此系中有後周太師，隴西公李弼，李弼的後人有唐初的羣雄李密，和唐德宗的宰相李泌。(註一)

(註一)　李弼在後周封隴西公，可見曾一度改爲隴西郡望，到了唐代，才又改回來。新唐書八十四李密傳（舊唐書五十三）李密以兄稱李淵，當亦由於舊譜俱屬隴西的原故。

江夏李氏，漢酒泉太守護，次子昭，昭少子就，後漢會稽太守，亮陽侯，徙居江夏平春。六世孫式，字景則，東晉侍中，生巍，巍生佁，字茂仲，生矩，字茂約，江州刺史，生充，字弘度，中書侍郎，生顗，舉孝廉，七世孫元哲。元哲徙居廣陵。——在此系中著名的有李善李邕父子。

漢中李氏：漢東郡太守太常卿武孫頡，後漢博士，始居漢中南鄭。生郃，字孟節，司徒。生因，字子堅，太尉。生三子，基字憲公，慈字季公，燮字德公安平相，十二世孫德林。——德林子百藥，百藥子安期相高宗。

據以上的引證，李氏除去了一般的庶姓不計在內以外，分爲趙郡和隴西兩大支。趙郡李氏有居關中的(如漢中李氏)隴西李氏也有居關東的(如范陽李氏)，不過大致說來還是東西兩大支別。李濟先生的 The Formation of the Chinese People ，曾經對李氏的兩支，列過一個總表，其式如下：

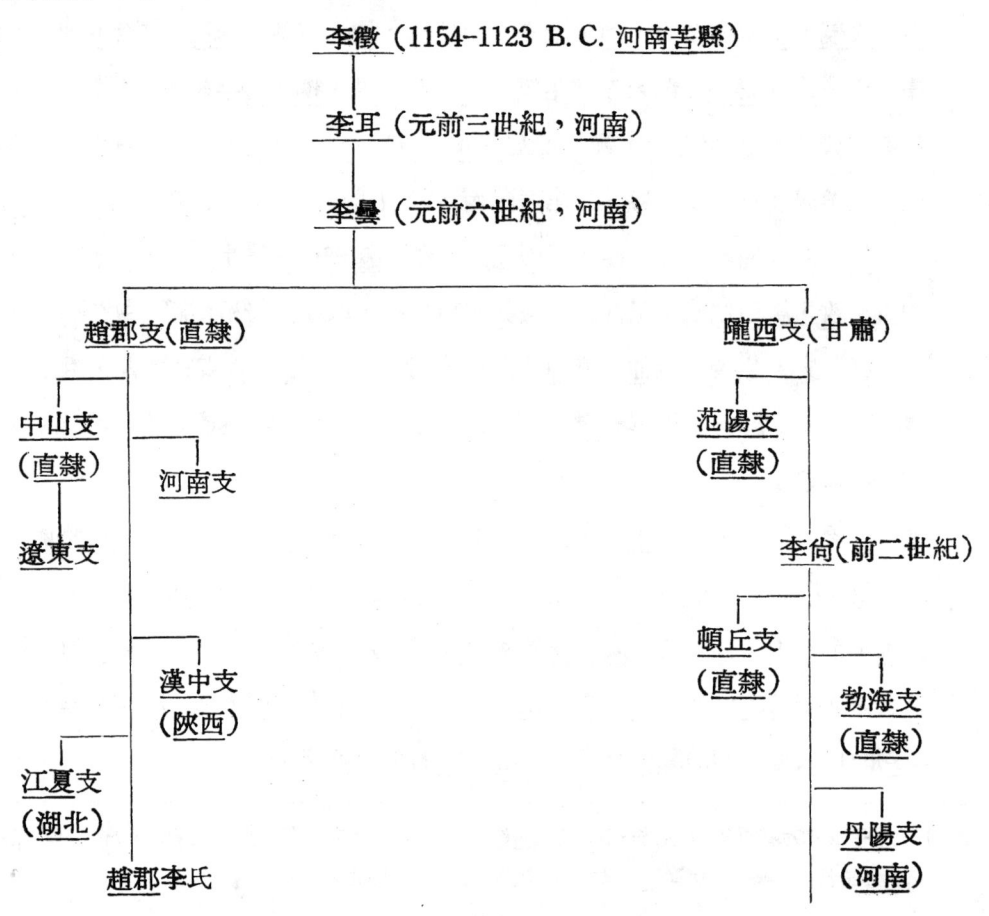

李徵 （1154-1123 B.C. 河南苦縣）

李耳 （元前三世紀，河南）

李曇 （元前六世紀，河南）

趙郡支(直隸)　　　　　　　　　　隴西支(甘肅)

中山支(直隸)　　河南支　　　　　范陽支(直隸)

遼東支

李佁(前二世紀)

漢中支(陝西)　　　　頓丘支(直隸)

勃海支(直隸)

江夏支(湖北)

趙郡李氏　　　　　　　丹陽支(河南)

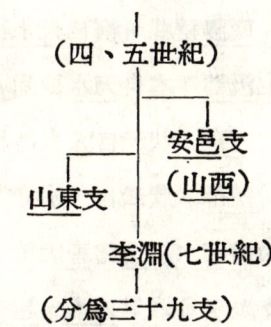

（四、五世紀）

安邑支（山西）

山東支

李淵（七世紀）

（分爲三十九支）

乙、趙氏和李氏相同，也是分爲東西二支。據新唐書七十三下宰相世系表，趙氏：

趙氏出自嬴姓，顓頊裔孫伯益，帝舜賜以嬴姓。十三世孫造父，周穆王封於趙城，因以爲氏，其地河東永安縣是也。六世孫奄父，號公仲，生叔帶，去周仕晉文侯，五世孫夙，獻公賜采邑於耿，河東皮氏縣有耿鄉是也。夙生共孟，共孟生衰，字子餘，諡曰成季，成季十八世孫遷，爲秦所滅，趙人立遷兄嘉爲代王，後降於秦，秦使嘉子公輔主西戎，西戎懷之，號曰趙王。世居隴西天水西縣。公輔十二世孫融，字長，後漢右扶風，大鴻臚。融七世孫瑤（後魏河北太守。）

這是以天水趙氏爲主的，不過趙氏在關東諸地的，也還有不少。元和姓纂趙姓下：

下邳　漢丞相趙周之後，十二代孫厥，魏廣陵太守，玄孫晉平原太守。

平原　後漢太守趙憙之後，本南陽宛人，徙平原。

河間蠡吾縣　本名潁川，亦趙王遷之後。漢京兆尹廣漢之後徙河間，裔孫全穀，唐金部員外郎洪州都督。

信都　尙書左丞趙涓生博。

其中蠡吾一支，就是趙宋皇室一族所自出，溯源於六國時趙國亡國的昏君趙王遷，未曾攀附天水。其他下邳，平原，信都，也未攀附天水。並且蠡吾一支，其下說『亦趙王遷之後』，可見尙有他支稱爲趙王遷之後的，因爲今本元和姓纂不全，無法知道了。

不過關東趙姓之中攀附天水的，在唐代確實也不少。如：

中山　稱本自天水徙中山曲陽，今定州。

新安　稱自天水徙焉。

> 南陽穰縣　　稱自天水徙焉。
>
> 汲郡　　本自天水徙焉。
>
> 河東　　狀云自天水徙焉。
>
> 長平　　狀云自天水徙澤州。　　　　（以上並見元和姓纂）

這是因爲天水趙氏爲唐代趙氏中望族，其他關東諸族，也都以攀附天水爲榮。只有少數的支派未曾攀附天水，趙宋皇室就是其中的一支(註一)。這種情形已經不太多了。

東方的趙氏，無論如何是自成一支的，除去左傳國策，史記，凡晉國及趙國的趙氏，如趙衰，趙盾，趙武，趙奢，趙勝都是東方的趙氏，並且秦漢間亦有不少趙氏的人，如史記一百十三南越尉佗列傳：

> 南越王尉佗者，眞定人也。姓趙氏。……佗秦時用爲南海龍川令。至二世時，南海尉任囂病且死，召龍川令趙佗……行南海尉事。……自立爲南越武王。……及孝文帝元年，初鎭撫天下，使告諸侯四夷，從代來卽位意，喻盛德焉。乃爲佗親冢在眞定，置守邑，歲時奉祀，召其從昆弟尊官厚賜寵之。

眞定爲故戰國時趙國的領土，和天水不相干，卽趙國亡後，故趙國的趙氏，尚有人在其地，並且還做秦時的邊方官吏。

又如史記十八高祖功臣侯表，深澤侯趙將夜：『以趙將漢王三年降』，趙將而姓趙，當是趙人而非秦人。此外如江邑侯趙堯，『從御史大夫周昌爲趙相而伐陳豨』（又見史記九十六周昌列傳）須昌侯趙衍『後爲河間守』，俱與趙國地界有關，也可能是趙國境內的人。又漢書十八外戚恩澤侯表：『周陽侯趙兼，以淮南王舅侯，（文帝元年）四月辛未封，六年，有罪免。』趙兼也是一個趙國的人。史記一百十八，淮南衡山濟北王傳：

> 淮南厲王長者，高祖少子也。其母故趙王張敖美人。高祖八年從東垣過趙，趙王獻之美人，厲王母得幸焉。有身：趙王敖弗敢內宮，爲築外宮而舍之。及貫高等謀反柏人，事發覺，並逮治王，盡收捕王母兄弟美人繫之河內。厲王母亦繫，告吏曰：『得幸上有身。』吏以聞，上方怒趙王未理趙王母。厲王母弟趙

（註一）　金人封宋徽宗爲天水郡王，宋欽宗爲天水郡公。後來人稱呼宋代，仍有稱爲天水朝的。當然是不合事實。——又後漢時沛國有趙孝，東郡人有趙杏，趙苞，趙忠，會稽人有趙曄，都是關以東的人。

　　兼因辟陽侯言呂后。呂后妬，弗肯白，辟陽侯不彊爭，及厲王已生厲王，薨，
　　即自殺，吏奉厲王詣上，上悔，令呂后母之，而葬厲王母眞定。眞定，厲王之
　　母家在焉。父世縣也。(註一)

這是說眞定有姓趙的累世在這個地方住，當然決不是從天水搬去的。

　　此外趙姓可以確知爲關東諸郡人的，如漢書八十八儒林傳：『(鄭)寬中授東郡趙
玄。』又：『趙子，河內人也。』九十二游俠傳：『南陽趙調之徒』。九十九外戚傳：『孝
武鉤弋趙倢伃，昭帝母也，家在河間。』這都是家在淮水以北，函谷以東的地區。而
尤其著名的，當然是涿郡蠡吾人趙廣漢。趙廣漢雖然不見一定是趙匡胤的嫡系祖先，
不過地域是相同，當不是全無根據的。

　　關西的趙氏，照姓氏書的傳述，爲趙公子嘉的後人，這是不可信的。誠然，秦滅
六國以後，六國之後，秦始皇仍然保存下來。但大都如同史記九十魏豹傳所說：

　　魏豹者，故魏諸公子也。其兄魏咎，故魏時封爲寧陵君。秦滅魏，遷咎爲家
　　人。

這裏說的很清楚，秦把六國後人，只是遷爲家人，並未曾做進一步的迫害。遷爲家人
就是把他們貶爲平民。他們的生活，就看他們治生能力怎樣。例如戰國策說齊王建後
來被秦『置之松柏之間，餓而死。』正和漢書佞幸傳說鄧通當窮餓而死一樣用法，鄧
通到死時，尙有長公主『令假衣食』，並非饋餒而卒，只是抑鬱而終。齊王建大約亦
屬此類。看來代王嘉被徙於秦，照一般降王世族的結果看來，把他的家徙居天水，作
老百姓，當然可能。不過說秦人重用他的子弟來治西戎，却有些不像。而且趙公子嘉
的後人，從此變成關中彊族，也是可疑的。

　　案關中的趙姓，實在應當是秦國的宗室，史記五秦本紀論：

太史公曰：『秦之先爲嬴姓。其後分封，以國爲姓。有徐氏，郯氏，莒氏，終
黎氏，運奄氏，菟裘氏，將梁氏，黃氏，江氏，脩魚氏，白冥氏，蜚廉氏，秦
氏。然秦以其先造父封趙城爲趙氏。』

(註一)　索隱：『案漢書作母家縣，謂父祖代居眞定也。』和趙佗家同在一地，眞定是趙氏聚居之處，一直到
　　　　三國時蜀大將趙雲也是眞定人。

這裏說的很清楚，秦國的公族並非秦氏，而是沿襲的用趙氏爲姓。所以史記云秦始皇本紀說：

> 及生名爲政，姓趙氏。

淮南子人間篇說

> 秦王趙政，兼吞天下而亡。

正和此處相應。關於始皇姓趙，司馬貞在史記秦始皇本紀索隱列舉兩說：

> 系本作政，又生於趙，故曰趙政，一曰秦與趙同祖，以趙城爲榮，故姓趙氏。

都是不對的，其實司馬貞未注意到秦本紀論，故有錯誤。這裏當然要以史記證史記，用『秦以其先造父封趙城爲趙氏』來解釋才可以。有此一句，證據明確，秦公室用趙姓當然毫無爭辯或懷疑的必要了。

史記八十八蒙恬列傳說：

> 趙高者，諸趙疏遠屬也，趙高昆弟數人，皆生隱宮。

這裏所謂『諸趙』，究竟是什麼意思，從來無適當的解釋。當然這兩個字決不會是毫無意義的。漢人用諸字的，例如諸項，諸劉，諸呂，齊諸田等，都是指的包括許多可注意的人組成的彊宗大族。這裏『諸趙』一辭，當然也不會例外。也就是說趙高是非常遠的秦宗室，比趙高近的房分，還有許多人。

在西漢時代，關中的趙氏，如漢書五十五，衛書霍去病傳：『趙食其殿朼人。』漢書九十酷吏傳：『趙禹斄人也。』漢書九十二游俠傳：『槐里趙王孫……雖爲俠而恂恂有退讓君子之風。』俱是關中的趙姓。而九十七外戚傳：『李成趙皇后本長安宮人』也應當作爲長安籍的宮人來解釋。因爲凡外戚傳所記諸后妃，皆有籍貫，獨趙皇后只說『長安宮人』可見長安就是籍貫了。又漢書六十九趙充國辛慶懇傳：『趙充國隴西上邽人也，後徙金城令居。始爲騎士，以六郡良家子善騎射補羽林。』也當然是祖籍關中的人。凡此關中的趙姓，其祖先皆爲秦時的『諸趙』，也就是當爲秦的公族，而非趙的公族。

元和姓纂以爲秦姓出於秦國，當然是錯的。鄧名世古今姓氏書辯證原序說：

> 自風俗通以來（如姓范，百家譜，姓纂）凡有所長，盡用其說，穿鑿訛謬，必

辨駁之。始於國姓，餘分四聲。(註一)……姓纂稍能是正數十條，而齊秦之屬，
亦所未暇。(守山叢書閣本據玉海補)

所以他對於秦姓另輯有新的材料，今本卷六十六：

秦氏，出自姬姓，周文公世子伯禽父，受封爲魯侯。裔孫以公族爲魯大夫者，
食邑於秦，以邑爲氏。春秋魯莊公三十一年，書築臺於秦即其地也。莊公大夫
曰秦子，乾時之後，代君任患，而身止於齊，其家遂昌阜於魯國。昭公時有大
夫曰商，曰遄，又有菫父者，仕孟氏爲孟僖子車右，以力聞諸侯。商孫，西
巴，有仁心，嘗放麑與其母，孟孫召爲太子傅而託國焉。漢興，高祖用婁敬
策，徙大姓實關中，秦氏始自魯徙居扶風茂陵。西漢有襲與襲從，同時爲二千
石者五人。世號萬石秦氏。襲孫彭，字伯平，爲後漢循吏，有傳。自彭而下，
顯者代不乏人。

所以秦姓應當是別有來源，不關秦國。戰國時亦只有東方人姓秦的(如燕將秦開)，而
秦人卻未聞有姓秦的，若是公族那就不應毫無所聞了。至於日本姓秦的，自稱爲秦始
皇之後，也只能認爲雖是中國遷入日本的移民，卻不能認爲秦代的宗室。秦代宗室遺
留在關中的，還都是姓趙。

在南方的長江流域還未曾充分開發的時期，中國東西兩方的區分，更比較南北的
區分還要重要。這一點傅斯年先生的夷夏東西說曾有詳考。一直到了漢代，關東和關
西仍是重要的兩大區分。李氏和趙氏的東西南支，正可作爲代表。西支是代表秦，東
支是代表三晉。在李姓中，西支的代表是漢代著名將軍李廣，東支的代表是趙國著名
大將李牧。在趙姓中，西支是秦的公族，在漢代可以趙充國爲代表，東支是趙國的氏
族，在漢代以趙廣漢爲代表。氏族的整理，在唐代是一個重要時期，因爲建都長安，
而關中氏族顯著優越。唐代皇家可能就是由趙郡冒充隴西，但李弼的後人還是把他們
歸入到原有遼東一支去。宋代皇家本來就是關東的人，並未冒充天水趙氏，不過後人
講氏姓還是以西方的隴西(李氏)和天水(趙氏)爲主。宋以後考試制度用彌封方法，郡

(註一)　今本仍用永樂大典輯佚而成，所闕不少。趙姓在『三十小』韻下，非在卷首，已失舊第。並且趙姓下所
　　　　敘僅有『漢京兆尹度漢之後居涿郡，代踰年紀，而僖祖皇帝生焉。』一小段，關於宋代國姓的考證，
　　　　決不止此，今並闕遺。

望世族不太重要。於是凡李皆是隴西，凡趙皆是天水，郡望成了一種氏姓的代稱，不再含有分別支系的意義了。

本工作進行時，承『中國東亞學術計劃委員會』推薦哈佛燕京學社補助，特此志謝。

方 相 氏 與 大 儺

楊 景 鸘

一、方相氏之職掌及其有關之諸事物

（一）　方相、方良、罔兩、罔象

周禮夏官載方相氏之職掌曰：

> 方相氏掌蒙熊皮，黃金四目，玄衣朱裳、執戈、揚盾、師百隸而時難，以索室
> 毆疫。大喪，先匶；及墓，入壙，以戈擊四隅，毆方良。

方相氏主要的任務是驅除一切不祥之物，大儺時驅疫，大喪時驅方良。所謂方良，鄭注曰：「罔兩也。天子之椁，柏黃腸爲裏，而表以石焉。國語：木石之怪夔罔兩。」鄭氏同意國語魯語的說法，天子之椁是有木有石的，所以才有「夔」和「罔兩」等怪物。說文虫部云：「蝄蜽，山川之精也。」左傳宣公三年云：「魑魅罔兩」。杜注曰：「罔兩，水神。」續漢書禮儀志引漢宮舊儀曰：

> 顓頊氏有三子，生而亡去爲疫鬼。一居江水，是爲虐；一居若水，是爲罔兩蜮
> 鬼。一居人宮室區隅，詎唲，善驚人小兒。

罔兩就是蝄蜽，亦卽魍魎，史記孔子世家作「罔閬」，和方良疊韵。文選張衡東京賦云：「斬蜲蛇，腦方良。」薛綜注曰：「方良，草澤之神也。」同文中提及罔象，其職司與罔兩相同，既是木石之怪，也是水中之神。莊子達生篇云：「水有罔象。」郭注：「狀似小兒，黑色，赤衣，大耳，長臂，名曰罔象。」陸氏釋文曰：「司馬本作無傷，

云狀如小兒，赤爪，大耳，長臂。一云水神名。」國語魯語亦云：「水之怪龍罔象。」
白澤圖云：「水之精名罔象，其狀如小兒，赤色，大耳，長爪。」（見馬國翰玉函房輯佚書）
罔象還有一種吃人肝腦的癖性，唐封演封氏見聞記卷六引風俗通曰：「罔象，好食人
肝腦。」達生篇云：「野有方皇。」成疏曰：「其性如蛇，兩頭五采。」孫詒讓周禮正
義云：「方皇與方良，音亦相似，疑皆一神。」由上面所引諸說看來，似乎有兩種怪
物：一種是長得像小兒，赤爪，大耳，長臂，好吃人肝腦，名爲罔象或無傷的。一種
是像蛇，兩頭五采，叫做方良或方皇，也叫罔兩、蝄蜽、魍魎或罔閬的。但據俞樾
說，罔兩和罔象本是一物。羣經平議中說：

> 樾謹按鄭君泥木石之說，其說轉近迂曲。據魯語曰：木石之怪曰夔蝄蜽，水之
> 怪曰罔象。賈注謂有夔龍之形而無體，然則罔兩罔象、其義一也。楚辭哀命篇
> 神罔兩而無舍，王注曰：罔兩，無可依據貌也。文選洞簫賦，罔兩相求。李注
> 曰：罔兩虛無罔象然也。蓋皆疊韻連語，爲恍惚窈冥之義。

江紹原氏於中國古代旅行之研究中也說：

> ……一言以蔽之，山精、水精、壙精、木石之精，新故丘墓之精……皆得名罔
> 兩或罔象。罔兩寫爲蝄蜽、魍魎、罔浪、罔閬或方良，罔象寫作無傷，也都可
> 以。（頁十四）

俞氏說罔兩和罔象「蓋皆疊韻連語、爲恍惚窈冥之義」。莊子外篇寓言云：「眾罔兩問
於景曰。」王先謙曰：「影外微陰甚多，故曰眾罔兩。」唐段成式酉陽雜俎（卷十一）云：

> 道士郭采眞言，人影數至九……又說九影各有名，影神一名右皇，二名魍魎，
> 三名洩節樞，四名尺鳧，五名索關，六名魄奴，七名灶図，一曰図，舊抄九影
> 名在麻面紙中，句下兩字魚食不記，八名亥靈胎，九魚全食，不辨。

罔兩無論是「影外微陰」或「影」，都和俞氏「恍惚窈冥」之說相符。

至於驅鬼的方相本身，似也和方良罔象同屬一物。酉陽雜俎（卷十三）云：

> 據費長房識李娥（一曰俄）藥丸，謂之方相腦，則方相或鬼物也，前聖設官象之。

李娥故事見晉干寶搜神記卷十五。

> 漢建安四年二月，武陵充縣婦人李娥，年六十歲，病卒，埋於城外已十四日。
> 娥比舍有蔡仲，聞娥富，謂殯當有金寶，乃盜發冢求金；以斧剖棺，斧數下，

娥於棺中言曰：「蔡仲，汝護我頭。」仲驚遽，便出走……娥女聞母活，來迎，出將娥回去。武陵太守聞娥死復生，召見問事狀。娥對曰：「聞謬爲司命所召，到時得遣出，過西門外，適見外兄劉伯文，驚相勞問，涕泣悲哀……於是娥遂得出，與伯文別，伯文曰：『書一封以與兒佗……』……」乃致伯文書與佗，佗識其乃是父亡時送箱中書也。……乃請費長房讀之，曰：『告佗，我當從府君出案行部，當以八月八日日中武陵城南溝水畔頓，汝是時必往。』到時，悉將大小於城南待之。須臾果至。但聞人馬隱隱之聲，詣溝水，便聞有呼聲曰：「佗來，汝得我所寄李娥書不耶？」曰：「即得之，故來至此。」……久謂佗曰：「來春大病，與此一丸藥，以塗門戶，則辟來年妖癘矣。」言訖鬼去，竟不得見其形。至來春，武陵果大病，白日皆見鬼，唯伯文之家鬼不敢向。費長房視藥丸曰：「此方相腦也。」

明李時珍本草綱目卷五十一獸部罔兩條中云：

方相有四目，若兩目者爲魃，皆鬼物也，古人設官像之。昔費長房識李娥藥丸用「方相腦」，則其物每入辟邪方藥，而法失傳矣。

段成式和李時珍都知道方相是一種鬼物，古代專門有人來裝扮他的。搜神記的故事指明這種鬼物的腦可辟邪怪。東京賦中有「腦方良」之句，薛注曰：「腦，陷其頭也。」是否因「方良」之腦可辟邪，故陷而取之？宋劉義慶幽明錄云：

廣陵露白村人，每夜輒見鬼怪，有異形，醜惡，怯弱者算敢過。村人怪如此，疑必有故，相率得十人，一時發掘，入地尺許，得一朽爛方相。故老咸云

嘗有人冒雨送葬，至此遇魃，一時走散，方相陷入泥中。

朽爛方相，尙能作怪。總之，方相和方良，從各方面來看，都沒有什麼不同，所以方相恐也只是罔象一類。若以方相和方良罔象同類而以方相擊方良，在巫術中稱爲同類相尅，詳細情形，留待下節討論。

總上所說：

（一），從讀音方面看，據前引兪樾之說，謂罔兩和罔象是「疊韻連語」。其實何止罔兩和罔象，方相和方良也都是疊韻連語。查董同龢師上古音韻表稿，方相等六字同屬於陽部。

方 Piwang　　　　　罔 Miwang

相 Siang　　　　　　象 Ziang

良 Liang　　　　　　兩 Liang

（二），方相、方良、方皇、罔兩、蝄蜽、魍魎、罔閬、罔象、無傷所指之事物似也相同。

（三），罔象罔兩等名字，可能只是通稱，和「神」「鬼」之爲通稱類似；所以可以想像爲兩頭的蛇，也可以想像爲赤爪長臂的小兒，可以是山精，水怪，也可以是木石之怪。

（四），罔兩或罔象本也可作人影或「恍惚窈冥」之義解。

前引江紹原氏著作之序中說：

我前之提議解罔兩爲無影，罔象是無體，尙被前賢「象罔然」「有象無已」和「忘象」等哲學的解釋所誤，然後才明白此二名實在和許多鳥獸草木及各種活動和名稱一樣，其本質只是聲音，這聲音可以表示許多形體上絕不相同的字，然而用這些字者，已把它們的本義甚至引申義均擱置一旁。

周禮中有「方相氏狂夫四人」之句，鄭注：「方相猶言放想，可畏怖之貌。」可知至少在漢代還有稱可怖之貌爲放想或方相的。那領導驅鬼的人，可能因爲扮成可怕的樣子，才被稱爲「方相氏」。他所驅除的也是些可惡可怖之物，就稱爲方良、罔兩或罔象等。這些名稱，只是像其聲而無所取義的。至此，罔象罔兩的「恍惚窈冥」之義可以拋開不論了。

郭沫若氏以爲罔兩是實有其物的，大約是猩猩一類的東西。他說：

罔兩在古代應實有其物，驅方良殆卽逐獸。古南洋人爲漢族所逐，由中原退去，但其語言頗有殘留；今南洋人謂猩猩爲 Orang （人） Utan （林），意爲林中之人，罔兩之發音與 Orang 近，殆卽人與猩猩的搏鬪。(註一)

章太炎也以爲罔兩可作獸解，其文始曰：「古怪獸與人不甚分別，故离螭魍魎，則鬼神禽獸通言之矣。」罔兩是否爲一種獸，且爲獸類中的猩猩，均需待進一步的研究

（註一）　見常任俠引郭氏之說，載於我國音樂舞蹈與戲劇的一考察文中。(1954)

了。

（二）　方相、魌頭和假面

上節已經說過，方相和罔兩、罔象等同類，均爲不利於人的精靈鬼怪。但「方相」一辭，又可作爲面具或面具一類之物解，是「方相氏」戴了來驅鬼逐疫的。辛村出土的方相，卽可爲證。周禮中說方相氏蒙熊皮，由此我們又可以推出它和魌頭的關係。鄭玄周禮注曰：「蒙，冒也。蒙冒熊皮者，以驚敺癘疫之鬼，如今魌頭然。」魌卽頪，又作倛，亦可寫作娸，和傲也相通。說文頁部云：「頪，醜也，从頁其聲，今逐疫有頪頭。」是漢代逐疫，亦用頪頭，和方相之功用同。荀子非相篇云：「仲尼之狀，面如蒙倛。」楊倞注曰：「倛，方相也。」又引韓愈的話說：「四目爲方相，兩目爲倛。」酉陽雜俎卷十三也說：「四目爲方相，兩目爲傲。」足見頪頭就是方相，唯一不同的地方；是有人以爲方相是四目的，頪頭是兩目的。方相和頪頭的區分，實是較後的事；在最初，兩者並無差別，都是驅鬼逐疫者所戴的面具而已！後齊時，政府曾下令劃分出方相與頪頭的尊卑，隋書卷六禮儀志云：

> 後齊定令……，三品以上及五等開國用方相，四品以下達於庶人以魌頭。

> 開皇初，高祖思定典禮……徵學者撰儀禮百卷……喪紀……四品以上用方相，七品以上用魌頭。

杜佑通典卷八十六引隋書注說：「魌頭與方相小異。」所謂小異，恐怕就是指四目和兩目了。如果還有不同，那就是硬性規定的兩者品級之高下了。方相是四品以上才能用的，頪頭則通行於七品以上甚至庶人之間，雖然如此，兩者仍時相混雜。太平廣記卷三七一引牛蕭紀聞說：

> 太平城東北數里，常有鬼道，身長丈二……鬼正出行，不疑(卽竇不疑)逐而射之，鬼被箭走，……明日，往尋所射岸下，得一方相，身則編荆也。

這裏所說的方相，便不能按刻板的解釋了。搜神記(卷九)云：

> (庾某)鎮荆州，登厠，忽見厠中一物，如方相，兩眼盡赤，身有光耀，漸漸從土中出。乃攘臂以拳擊之，應手有聲，縮入地。

方相也不一定是四目。關於方相四目的問題，以後還要討論，此處從略。

方相或魌頭之形，極其醜惡，魌的意思是醜。淮南子精神篇云：「視毛嬙西施，

猶言顗醜也。」日人伊藤清司則更進一步，認爲顗頭上還有披着的亂髮。(註一)晉陶潛
搜神後記卷七曰：

> 宋王仲文爲河南郡主簿，居緱氏縣北。得休，因晚，行澤中，見車後有白狗。
> 仲文甚愛之，欲取之，忽變形如人，狀似方相，目赤如火；磋牙吐舌，甚可憎
> 惡。仲文大佈……

方相之醜惡，由此亦可看出。濬縣辛村衞墓出土若干方相，可分爲兩類。一類是耳目
口鼻分開的，一類是合體的。郭寶鈞氏描述二種形式說：

> 二種形式均有變化，耳之變化，有𝌱形，𝌲形，𝌳形三種。目之變化，有◎
> 形，𝌴形二種，眉之變化，有🠻形，🠼形，🠽形三種，角之變化，有𝌵形，𝌶
> 形，𝌷形三種，口之變化，有🠾形，🠿形，🡀形三種，鼻之變化，有🡁形，🡂
> 形，🡃形三種，雖大同小異，非同組物，無重形者。(註二)

由所列的耳目口鼻之形，知合起來必是一醜陋可怖的面貌。

　　周禮中說方相氏黃金四目，方相可由金屬製成。辛村出土的方相，卽可爲證。但
方相亦可用竹製。前引牛肅紀聞有「得一方相，身則編荊也」之句，注曰：「今京方
相編竹，太原無竹，用荊作之。」則荊和竹均可作方相了。從「其」字的字體看，尤
可明白方相用竹編製之事實。其字在古文字中之形如下：

> 甲骨文作𝌃(殷盧書契卷一第一葉)，🠻(同上卷二第二葉)，𝌃(同上卷三第一葉)，𝌃(同上卷
> 七第二十四葉)。金文作𝌃(頌鼎)，𝌃(孟鼎)，𝌃(史頌匜)，𝌃(湯鼎)，𝌃(王孫鐘)。古文
> 作𝌃，籀文作𝌃，小篆作𝌃。(註三)

這些都是籔箕的象形，×，xx和∨是表示編竹的形式，顗、魖和俱都來自竹籔箕的其
文，足見它們和竹子有關。顗從頁，頁爲人頭，是人頭和其的合併字，表示頭上蒙了
竹製的如箕的假面。俱從人，是人和其的合併字，表示人戴了竹製的如箕的假面。至
於魖，是鬼和其的合併字。鬼字小篆作𝌃，說文云：

> 人所歸爲鬼，從人，象鬼頭，鬼陰氣賊害，從厶。

(註一)　參考伊藤清司：古中國の祭儀と假裝，頁九十，史學第三十卷第一號，昭和三十二年。(1957)

(註二)　郭寶鈞：濬縣辛村古殘墓之清理 p. 187，田野考古報告，第一册，民二十五年。

(註三)　伊藤清司：前引文，頁八十八所引。

鬼字的原始意義，沈兼士說是一種似人的獸類，引申作異族人種之名，再引申爲抽象的「畏」及其他奇偉譎怪的形容詞；最後才是人死後所想像的靈魂(註一)從字形上看，鬼字可作爲長有醜怪頭部的人形獸，也可作爲戴了醜怪面具的人。至於厶，似乎是後加上去的，因甲骨文的鬼，就不帶厶。卜辭中鬼作𤤴(殷虛書契菁華第五葉)(殷虛書契前編四卷十八葉之字類似)。鐵雲藏龜拾遺第十一葉有𤰞字，葉玉森釋鬼，郭沫若氏於卜辭通纂考釋征伐第四九八片下云：

　　葉玉森釋鬼，案係象人戴面具之形，當是魃之初文。

無論如何，魃字總和戴面具的人，而且是戴竹製如箕狀面具的人有關了。姚鑒氏認爲鬼和頬不論在何處，所表示的均爲同一事物，此兩者的古音都讀爲 ki (註二)，鬼和魃的關係，是更爲密切。

　　方相或魃頭，不但可用金屬和竹製，亦可用皮製。文選神女賦李善注引慎子曰：

　　毛嫱西施，天下之至姣也，衣之以皮倛，則見之者皆走也。

辛村出土的方相，有一類是耶目口鼻分間來綴於皮革之上的，這大概就是所謂的皮倛了吧。但皮倛爲何要言「衣」？想來這種裝扮是不止在臉部的，可能聯著下面所披的獸皮。周禮中說方相皮蒙熊皮，隋書禮儀志說熊皮蒙首，到唐代段節安所撰的樂府雜錄，就已是衣熊裘了。從披熊皮到衣熊裘，從戴方相到衣皮倛，其差別原是很微小的。此外，頬和方相尙可用木製。續漢書禮儀志云：

　　百官官府，各以木面獸能爲儺人。

木竹製的面具之使用；當較金屬面具爲早，因原始民族知使用金屬遠遲於使用木竹；出土遺物中不見早期的木竹面具，想是不易保存之故。

　　御覽卷五五二引風俗通佚文曰：「俗說亡人魂氣游揚，故作魃頭以存之，言頭魃魃然盛大也。或謂魃頭爲觸壙，殊方語也。」所謂亡人魂氣游揚，作魃頭以存之，似乎是指魃頭之來源，也表示了古代死者戴假面的風俗；此假面實具有辟邪、逐凶和厭勝的作用。但魃頭之由來是否如風俗通所言起源於存亡人之魂氣？我們可由一般的面具來考察，宗敎倫理百科全書中說：

（註一）　沈兼士：鬼字原始意義之試探，國學季刊五卷三期，民廿四年。

（註二）　姚鑒：營城子古墳の壁畫について，頁三十五，考古學雜誌二十六卷六期，昭和十四年(1939)。

我們可以斷定，無論是巫術的或宗教的、同化的意見、恐懼或保護甚至假扮的意見都是從屬的 ，假面最初的意義是戲劇的 ；假面是模倣本能的具體結果。

(註一)

蒙昧的人們，總以爲宇宙中的各種現象可用神秘的方法來影響，這就是所謂的巫術。James George Frazer 說，巫術是根據兩條法則來的：

如果我們分析那作爲巫術基礎的思想原則，可發現它們分爲兩點。第一，同類產生同類，或是結果同於原因。第二，曾一度互相接觸過的各物，在實體接觸過以後，分離了仍能繼續其動作。前一條原則可稱作類似律 (Law of Similarity)，後一條稱爲接觸律或傳染律 (Law of Contact or Contagion)。從第一條原則，卽類似律，巫師斷定，他可只用模倣產生他所希望的任何結果。從第二條，他斷定，他對一物體做了任何事，可影響到與此物體一度接觸過的那個人。建立於類似律上的魔力，稱「感致巫術」或「模倣巫術」。建立於接觸律或傳染律上的魔力，稱「傳染巫術」。(註二)

接觸律這裏且不討論，類似律的「感致巫術」，用俗話說起來，就是以毒攻毒之法，方相氏的趕鬼，正是這類。或者我們可以用更細的分法，說類似律還可以分爲兩點，一是同類相生(Like Cause Like)，模仿類似的事來引起眞的結果。如拴一個結，就可止住風或使身體的機能受阻，而解開一切卽可恢復。一是同類相尅 (Like Cure Like)，模仿類似的事物來制止眞的事物。譬如被瘋狗咬了，有一種古老的醫治方法，是嘴裏喃喃地念道：「拔一根咬過你的狗的毛。」方相氏的驅鬼是用凶物來辟邪怪，屬於同類相尅。(註三)齋伯守說：把魖頭存亡和罔象食肝腦的話對照起來看，戴假面的目的可能是用來嚇走吃屍體的惡鬼(註四)。這是兼了保護和威嚇的雙重目的，都是次於模倣的了。

錫蘭島上有十九種假面，是爲十九種病魔準備的。巫師作法時，先在病房設立祭

(註一)　A. E. Crawley. Mask p. 483, Encyclopaedia of Religions and Ethics vol. VIII. (1926)

(註二)　J. G. Frazer. Golden Bough. The Magic Art vol. I,. pp. 52. (1926).

(註三)　參考 C. S. Burne. The Handbook of Folk-lore. pp. 142, (1914).

(註四)　參考齋伯守氏之方相について，民俗學五卷九號，昭和八年(1933)。

壇，供奉鮮花食物，然後戴上假面，手舞足蹈，跳起一種適合於此妖魔的舞。他們扮成病魔，跳着特殊的舞的用意，是要將病魔從病人身上誘出來，置於巫師身上；然後巫師就到郊外，僞裝死去，以除掉身上的病魔。此外上述的舞蹈，也可用來召回被惡魔擠出去的靈魂。一旦靈魂召回來了，他們就在病人的手腕上加上腕枷，防止捉住的靈魂再度逃走。(註一)防止靈魂逃走而加上腕枷，豈不和怕死人魂氣游揚而加上魌頭的功用相同？但這不是使用假面最初意義，假面最初的意義是模倣。

　　上述錫蘭島人的驅逐病魔，戴面具的巫師是裝扮得和病魔一樣，這就是用同類來治同類，亦卽方相氏的扮方良逐方良，伊藤清司說：

　　　　應該是頭部所戴的叫魌頭，戴這種東西驅鬼的職就叫方相。(註二)

似乎不必如此。那戴在臉上形狀可怖的東西叫方相，也叫魌頭，原沒有什麼區分。以後雖有過尊卑之別，也不嚴格，稱之爲方相爲魌頭大半還是由時代和地域來決定；某一處的人喜歡呼之爲方相，某一時的人又願意稱之爲魌頭，而所指的都是同一事物。方相之名最初見於周禮，周禮中的官名，常由他所掌管之事物來直接稱呼。管挈壺的就叫做挈壺氏，管鞮鞻的就叫做鞮鞻氏，管扮方相驅方相的就叫方相氏；並沒有某者爲裝扮之物、某者爲裝扮者之職的分別。這種面具從早期到晚期自然是有變化的，很可能從片狀變成籠狀或袋狀的東西，整個套在頭上，這從後世記載的胡頭或戲頭上可推想而知。(註三)

　　原始民族戴假面或不戴假面的記載，Farzer 的金枝 (Golden Bough) 中記載頗多，此處不及細引。(註四)其中可注意的是七世紀時日本有所謂 Tsuina 或 Oni-yarabi 的逐疫之典，似乎就是中國傳過去的。日本的逐疫典禮也行於宮中，以二十青年爲一隊，共四隊，戴四目的面具，左手執戈，驅逐惡鬼，從宮的四面步出。另一有關此典禮的記載是說一人扮成疫鬼，被朝臣們用桃弧和棘矢射擊驅逐，並用桃枝，這顯然是

(註一)　參考南江二郎之原始民族假面考第二章，地平社，昭和四年(1929)。

(註二)　伊藤清司：前引文，頁八十七。

(註三)　胡頭見梁宗懍荆楚歲時記，「村人並擊細腰鼓，戴胡頭。」戲頭見太平御覽卷五三〇引建康實錄「孫興公常著䩦頭爲戲，至桓宣武家，宣武覺其實對不凡，推問之，乃興公。」按孫興公，晉太原中都人，桓宣武爲東晉武將。

(註四)　Frazer, G. B.　The Scapegoat.　Chap. XIII.　The Public Expulsion of Evil (1925).

中國大儺的翻版。(註一)

（三）黃 金 四 目

方相氏之裝扮中有所謂黃金四目的。周禮正義曰

> 云黃金四目者，鑄黃金爲目者四，綴之面間，若後世假面也。

用金屬鑄成眼睛，綴在腋上，這正是辛村衞墓那種分開的方相，但衞墓中的方相，只有兩目。濬縣彝縣中說：

> 右面具出土墓八，原編19號，共耳目口鼻六條爲一組。目有穿，鼻有梁，可綴柔革上，配爲人面形。目徑三寸二分一厘，鼻高三寸六分三厘，耳高一寸九分八厘，口寬五寸八分，共重十二兩五錢一分二厘。

其形如附圖〔一〕，(註二)。另一種是合體的，也只有兩目。(註三)，漢代的石刻畫像，很有些被認爲是大儺圖的。如沂南石墳前室北壁正中，有一雕刻的怪物。

> 虎首，頭上頂着插三根箭的弩弓，張口露齒，胸垂兩乳，四肢長着長毛，左手持着短戟，右手舉着帶纓的短刀，右足握一短劍，左足握一刀，跨下還立着一盾牌(註四)。

這怪物即方相氏，(註五)。其形狀雖奇異，却非四目。（見沂南古畫像石墓發掘報告第十四幅畫，圖版第三十三）。營城子古墓之壁畫，在南外壁有執蛇之怪物。

> 通路的上和左右兩側，除與前所記的東壁外面同樣表現出斜格子外，更在拱的上部，有如三山冠的東西，張大眼，露齒，有鬚髯的半身怪神，能隨意地左右伸兩腕，右手執旗，左手執蛇。又在怪神的左方，畫着執旗姿勢的虎。(註六)

姚鑒氏認爲此怪物即方相(註七)，其頭形如附圖〔二〕，(註八)。中國泥像 (Chinese Clay

(註一)　參考 Frarer: G. B. Scapegoat p. 213.

(註二)　孫海波編濬縣彝器，河南通志文物志吉金編上，頁七十一，民二十六年。

(註三)　同註三，第七十四頁之圖版。

(註四)　沂南古畫像石墓發掘報告，頁十五，(1956)。

(註五)　孫作雲：評沂南古墓畫像石墓發掘報告考古通訊一九五七年六期。

(註六)　森修、內藤寬，營城子，東方考古學叢刊第四册，頁三十三，昭和九年(1933)。

(註七)　姚鑒：前引文，頁二十三。

(註八)　營城子：圖版第四十四。

Eigures) 中的十五、十六和十七三圖，Laufer 說是方相。十五和十六只是一像，十

五爲正面(見附圖〔三〕)，十六爲背面，兩像都穿了緊身無袖的皮鎧甲。該書第一九七至

一九八頁說。

> 古代的皮製鎧片甲，對我們說是很重要的事實，因有一些表示此種類型盔甲的
>
> 古代泥像在，這些在我們的保有物中屬於早期，可排在上古期 (Archaic Per-
>
> iod)，並可參考此刊物的第二部份當做討論的註。據我們的解釋，他們是被當
>
> 做古代巫師之像(即巫或方相氏)。

此兩像都表示出武士的姿勢，右臂舉起，拇指和食指相對，顯然是在作投擲標槍的動

作。那標槍，據推測是木製的，所以腐朽無存。他們的左手伸出，握拳，兩脚分開站

立，集中力量於右側，這生動的戰鬥姿勢和身上的鎧甲，表示他們是和惡魔從事一場

鬥爭。圖版十五之像，有斜的杏形的眼睛。圖版十七之像，也有一雙斜的眼睛，眼球

突出，顴骨特別顯著。姚鑒氏在關於營城子古墳之壁畫中說：

> Laufer 氏載在中國泥像中有方相圖三幅，身披甲，豎尖利目，右手高舉着大
>
> 概是矛類的武器，作與罔兩戰鬥之姿。濱田博士之支那古明器泥像圖說也載一
>
> 持盾武士，大身軀，大口，臉頗奇怪、手短小，右手持盾。東京帝大亦藏有相
>
> 同之器，頭被幘，左手持盾，右手執武器，右手有插武器之孔，與 Laufer 所
>
> 載者相同(註一)。

山東武梁祠後石室第三石之第三層畫像，一般人以爲是離奇難解的，如果認爲是大儺

圖，就容易解釋了。(此圖見鄭振鐸所編之偉大的藝術傳統圖錄圖版第三)。姚氏說：

> 右側的三人着假面，該是豎目被金面的方相吧。一人執小兒之手食其足，這或
>
> 者是表示食罔兩的方相……其中還有一人似熊而短尾，這大概是蒙熊皮的方相
>
> (註二)。

鄭德坤編著之中國明器圖譜圖版二十爲漢魌頭。圖說云：

> 魌頭作坐獸形，蝦蟆口，犬鼻，凸目，高眉，耳如馬而空穴，頭上單角而七
>
> 旋，背着三翅而蜂尖，魚身空腹，蹲坐扁台上，尾豎立，鳥足而三指，形狀奇

(註一)　姚鑒：前引文，頁二十七。

(註二)　姚鑒：前引文，頁二十八。

怪，姿勢權衡極佳，爲漢代明器中的佳作，土質黝黑，身着白彩，面部塗淺紅粉，脣肉塗紅彩。

所謂「巨眼」「豎尖利目」「凸目」或斜目而有突出之眼球，都是表示眼睛的大或凶，和辛村衞墓方相的三寸直徑的鼓眼睛比起來，知道「巨」和「凸」和「豎」才是方相眼睛的特色，並非數目的多寡。北魏的墓誌邊緣裝飾畫，有刻方相的，見附圖（四），其形張口怒目，十分威猛有力。(註一)，另一隋代的石棺裝飾畫，陝西咸陽出土，所刻方相獸面鷹爪，作化呼追逐的神態，見附圖〔五〕。(註二)，兩者都是二目。濱田耕作之支那古明器泥像圖說圖版九十二之一七〇號，是一漢代魖頭，張開圓口，雙足向前蹲踞，兩眼大而且突。同書圖版四八、四九，爲唐代魖頭坐像，見附圖〔六〕附圖〔七〕，其形怪頗怪。一是獸身人面，頭上生角，背有長翅。一是獅面單角，背生長鬣，而眼睛却是一律兩隻。河南信陽長台關戰國墓出土漆繪彩色鎮墓獸，見附圖〔八〕(註三)有圓而突出的巨目，湖南長沙出土的戰國木雕鎮墓神，見附圖〔九〕(註四)，方頭大眼，舌長過頸，這些作爲殉葬物，和方相的功用正相同，也都是兩目。但文獻中的記載，如周禮、續漢書禮儀志、隋書禮儀志、唐書禮樂志、大唐開元禮以及樂府雜錄中的方相，均爲「黃金四目」，由是出土的遺物就和文獻的記載有了差別。關於大儺，方相和逐疫等，中外學者討論的已經很多了，只是對「黃金四目」一點，大半用寥寥數語，輕輕帶過。齋伯守將方相和邪視的習俗聯想，贊同孕婦爲四眼的說法，卽孕婦和其夫，被認爲與胎兒共有四隻眼睛，因此被認爲是邪視者。並說：

我們可以推測，想出四目面具來驅鬼的人們也許聯想到邪視的那種習俗，至少可作爲中國古代邪視習俗存在的一個間接材料(註五)。

邪視在英文中稱爲 Overlooking，是有邪眼 (evil eye) 者的眼睛之動作。民俗學標準字典 (Standard Dictionary of Folklore) 中說，有些人一注視兒童，就會不知不覺

（註一）　王子雲：中國古代石刻畫選集，圖版第八，民四十六年。

（註二）　同上，圖版第十九。

（註三）　文物參考資料，一九五七年第九期。

（註四）　楚文物展覽圖錄，頁二十三(1954)。

（註五）　齋伯守：前引文。

地產生一種惡效果。(vol. p. 359)，同書中說邪視的產生是因為相信有異於常人的眼睛者是有巫術的，這其實只是一種懼怕陌生人的特殊形式，普遍存在於很多人種中。譬如地中海區的人是黑眼睛，有藍眼睛的就被當做是邪視者；在北歐，黑眼睛又被當做是邪視者了。(vol II. p. 837)，邪視能產生死亡、疾病、貧困以及其他種種不幸。羅馬曾出土一「邪眼細木工」屬 Antoninus 時代(紀元二世紀)。在這這畫面上，邪眼被箭射穿，有各種動物作卽將撲上去的姿態，泰然坐在邪眼上的是梟，牠是凶兆的鳥，也是邪眼的同伴。這細木工是為了辟邪而做的。(註一)，方相氏的巨、突、斜利之目是異於常人的，且有辟邪的作用，正合乎邪視之原則。姚鑒氏論饕餮之邪視說：

　　饕餮之邪視為自方相魌頭之逐凶辟邪原義退化而來(註二)。

殊不知方相魌頭之能逐凶辟邪，正因為他的眼睛異於常人，是邪視者，才能產生這種效果。但黃金四目是否和孕婦的四眼有關，却是很可疑的事。因孕婦的四目是母體之目加上體內嬰兒的目，其着重點在新生命之孕育，方相却沒有這一特點。此外稱孕婦為四眼人始於何時？是否為一早期現象？也是值得探討的問題。姚氏論方相之目，也只着重它的「大」和「怒」。

　　周禮記方相氏黃金四目，特別提出四目，一切方相與魌頭之圖像也是圓的瞪着的表示怒目和大眼(註三)。

江紹原氏以為四目訓「四面」。他說：

　　關於面八九所云方相未必定是四目，參看國立中央研究院河南省政府合組河南古蹟研究會所出「成立三週年工作概況及第二次展覽會展品說明」(民廿四，開封)面二，面七，又面十至十一。……方相者，『西周時代之假面具也，亦名魌頭。每四面為一組，出土墓之四隅或墓門，為殿墓及鎮墓之用。又名方相，周禮謂「方相氏狂夫四人，掌蒙熊皮、黃金四目、大喪先匶、及墓、入壙，以戈擊四隅，殿方良。」即此物，惟荀子「面如蒙倛」注，有四目為方相說，當係根據黃金四目之文而來，但四目方相，吾人尙未發現，古銅器圖案，亦無作四目裝

（註一）　世界美術全集，第四冊，頁四十四之邪眼のモザイク，平凡社，昭和五年(1930)。

（註二）　姚鑒：前引文，頁二十七。

（註三）　同上。

飾者。頗疑四目之訓，當爲四面。古文中如首頁夏等象面之字，皆與目形近，聞宥氏目文研究，言之綦詳，若訓四目爲四面，則與狂夫四人文合，與出土實況亦合，故鄭氏周禮注卽以方相爲魌頭，不別云四目也。……」(註一)

說目四訓四面，果然容易明白。但我以爲出土面具之四個一組，大約只是配合狂夫四人之「四」，並不涉及「目」訓「面」的問題。因文獻上記載有四目的，不止方相一種，蒼頡就是四目。論衡骨相篇說：「蒼頡四目，爲黃帝史。」路史卷六謂蒼頡：「四目靈光。」羅苹注曰：「按春秋演孔圖，春秋元命苞敍帝王之相云，蒼頡四目，是謂並明。」漢喜平六年所立之蒼頡碑曰：「天生德於大聖，四目重光，爲百王作憲。」相傳和黃帝戰於涿鹿之野能作雲霧的蚩尤，也是四目。梁任昉述異記說蚩尤道：「俗云，人身牛蹄，四目六手。」藝文類聚卷一〇〇引神異經云：

南方有人長二三尺，袒身而目在頂上，走行如風，名曰魃，所見之國大旱。

魏志云：

成平五年晉陽傳死魃，長二尺，面頂各二目。

陳夢家氏根據這兩傳說「旱鬼」是四目的，其商代的神話與巫術中說：

目在頂上或面頂各有二目卽四目之謂，旱鬼四目，故方相比飾爲鬼之狀爲「黃金四目」(註二)。

方相氏是否裝扮旱鬼姑且不論，古人相信某些神奇的人物不止兩隻眼睛却是事實。黃金四目似不必釋爲黃金四面。民修學標準字典卷二頁八三七中說邪視之來，是由於相信有異於常人的眼睛者能行巫術。在異於常人之眼下有一括弧，注曰：

Pliny 向人們引證 Phylarchus 一隻眼睛中有兩瞳子，另一隻眼睛中有一馬的像。

Pliny 是羅馬的作家。Phylarchus 是希臘的史學家，他的全盛時代在公元前三世紀，他的身世似乎不太清楚，有人說他是雅典人，又有人說他是埃及人；他寫了廿八冊歷史，包括希臘、埃及、馬其頓以及同時代的許多國家之記載。像這樣一個偉大而身世不明的人物，很容易被人在身體或行爲上加些異於常人的特點，毋怪乎 Phylarchus

---

(註一)　江紹原：中國古代旅行之研究，附錄頁一一三，商務，民國二十六年。

(註二)　陳夢家：商代的神話與巫術，燕京學報第二十期，民國二十五年。

有如此奇怪的一雙眼睛了。E. S. Gifford 在邪眼 (The Evil Eye) 一書中提到同一件事。

> Pliny 相信，羅馬的演說家 Cicero 也相信並證明，邪視者可能在雙眼中有重瞳子，或一眼中有重瞳子，另一眼中有馬的像。Aulus Gellius (紀元二世紀)，一羅馬的法律家和雜聞收集者，讀了關於邪視者重瞳子的信仰，但不表同意。他說：「對此種無價值的記載，我深表厭惡，它對豐富或有益之生活毫無貢獻可言。」

> 真正的重瞳子似乎並非自然產生，但向眼睛上一擊，使虹彩的一部份和它周圍的附着物鬆散 (iridodialysis) 可能產生這種現象。這種瞳子不是圓的，醫學著作中，只有很少的多瞳子事件之報告，被視為一種天然的變態，但也缺乏顯微鏡檢查的最後證明。虹彩中產生天然的幾個洞，或由於傳染及傷害虹彩而產生了幾個洞，對 Pliny 同時代的人說，將是不易明白的，重瞳子的觀念如何在古人中產生是一個謎。(註一)

無論是先天的變態或後天的傷害，童瞳子現在總是可能發生的了。Pliny 同時代的人醫學常識還粗淺，也許不明白虹彩中的洞和瞳子的關係，但他們相信巫術，相信能禍福人類的各種神祇，這就是足夠解釋種種荒誕無稽的傳說和反常的現象了。眼睛中有馬的像果然稀奇，眼睛中有雙瞳子雖特別，卻非絕無僅有。舜據說是重瞳子，力能拔山氣能蓋世的項羽也是重瞳子。太公史就說過：

> 舜目蓋重瞳子，又聞項羽亦重瞳子，羽豈其苗裔邪？(史記卷七項羽本紀)

舜的時代久遠了，不容易證實，以武帝時代的太史公記載漢楚時的項羽，該不會相差太遠吧！由此我們可以得一結論，所謂四目，並非四隻眼睛，可能是每隻眼睛裏長了四個瞳子。書堯典云：「詢于四岳，闢四門，明四目，聽四聰。」孔疏曰：「明四方之目，使為已遠視聽也。」顧頡剛不以為然，他說：

> 又舜有重華之號，又有「目重瞳子」的傳說，這種傳說的原始，或許是說舜長着四隻眼睛，所以堯典又有「明四目」的記載(註二)。

(註一)　E. S. Gifford. The Evil Eye, p. 21. (1958)

(註二)　顧頡剛：書經中的神話序文，商務，民二十八年。

「明四目」也許不是「遠視聽」吧，但可能也不是「舜長着四隻眼睛」，而只是兩隻眼睛裏有四個瞳子而已！這種特點一經誇張，就變成了四目。有重瞳子的眼睛是異於常人的，所以被認爲是邪視者。敺鬼逐疫的方相，正需要一雙凶狠不凡的眼睛，以達成他所負的任務；於是有各種形容其目的說法，或形容其大，或形容其凸，或形容其豎，或形容其尖利，自然也有形容其爲重瞳子的。以後由於傳說演變慣有的誇大現象，使重瞳子變成了四目的記載，目的也只在表示它的凶狠與不凡，與「大」「凸」「豎」的意義完全一樣。這或許就是一切方相的造像與畫像都是兩目而記載却有四目的緣故了。

（四）　時　儺

方相氏逐疫儀式之舉行，每年有一定時間。鄭氏注周禮注曰：「時難，四時作。」難就是儺，也卽禓，禮記郊特牲有「鄉人禓」，論語作「鄉人儺」。皇侃疏曰：「儺，逐疫也……天子使方相氏黃金四目，蒙熊皮，執戈揚楯，玄衣朱裳，口作儺儺之聲，以敺疫鬼也。」說文中有戁字，爲「見鬼驚詞」，段玉裁說文解字注曰：

> 見鬼驚駭，其詞曰戁也，戁爲奈何之合聲，凡驚詞曰那者，卽戁字。

儺本是驅鬼時的呼聲，以後才變成驅鬼典禮的名稱。鄭氏說儺是四時作，賈疏却說：「按月令，唯有三時儺。」禮記月令季春：「命國難，九門磔攘，以畢春氣。」呂氏春秋季春紀作「國人儺」。淮南子時則篇作「令國儺」。月令仲秋云：「天子乃難，以達秋氣。」月令季冬云：「命有司大難旁磔，出土牛，以送寒氣。」鄭注的四時缺了一時，卽少了夏儺。禮記月令孔疏曰：

> 六月宿直柳鬼，陰氣至微，陰始動，未能與陽相競，故無疾害可儺也。

蔡邕月令問答曰：

> 四時等而夏無儺，由行也。春行少陰，秋行少陽，冬行大陰，陰陽皆係不干其
>
> 類；故冬春儺以助陽；秋儺以達陰；至夏太陽行，太陽自得其類，獨不儺也。

這是用陰陽五行來解釋夏儺之缺，雖然玄妙，却不能使人心服。夏季氣候炎熱，疾病最多，比其他三時更需要儺。夏季最大的節日端午，就是個五毒聚集，瘴癘叢生的日子，這一天生下的孩子都是不祥的，應該立刻殺死(註一)，如何能說「無疾害可儺」？

(註一)　參考大方之鍾馗故事的衍變，大陸雜誌四卷十一期，民四十一年。

附圖(一)　辛村衛墓方相銅面具

附圖(三)　方相圖

附圖(二)　營城子方相圖

附圖(四)　北魏墓誌邊緣裝飾畫方相圖

附圖(五)　隋代石棺裝飾畫方相圖

附圖（六）　唐代魌頭坐像

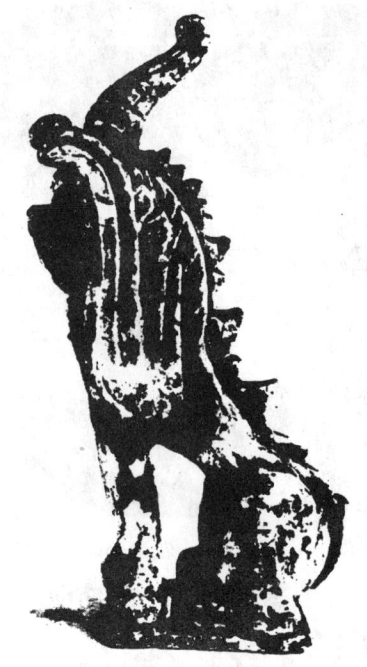

附圖（七）　唐代魌頭坐像

附圖（八）　戰國漆繪彩色鎮墓獸

附圖（九）　戰國木雕鎮墓神

法人葛蘭言 (M. Granet) 提出了「伏」,其古中國的跳舞與傳說中說:

> 人們沒有提到夏季的儺,但在秦國 , 如果我們記得史家所說的 , 是創立了伏
> (Le Sacrifice), 它是在城的四門磔一隻狗來禦蠱(或是驅逐蠱),這種改革 (如果它
> 是改革的話),並未為儀典所接受(註一)。

史記卷五秦本紀云:「二年 德公二年),初伏,以狗禦蠱。」集解曰:「孟康曰,六月伏
日,伏也,周時無,至此乃有之。」正義曰:「六月三伏之節起,秦德公為之,故云
初伏。伏者,隱伏避盛暑也。蠱者,熱毒惡氣為傷害人,故磔狗以禦之。」蠱,左傳
說是皿蟲,不論是皿蟲還是惡氣,總是不利於人之物,夏季炎熱,為害尤烈。方相氏
所驅逐的,本包括一切不祥之物在內,「疫」及「方良」不過是概括之語。續漢書禮儀
志詳細列了被逐之物,其中有「窮奇騰根共食蠱」,足見蠱實為被逐物之一,也足見它
的被逐可和鬼魅癘疫同時,不必單獨舉行,毋怪它不為儀典所接受了。如果將它特別
提出,放在夏儺的空擋裏,湊成「四」之數,似嫌不妥。

對夏儺之缺,姜亮夫解釋道:

> 這與古代民族對時間與宗敎的觀念有關。古人對於夏是一個最安閒的時間,想
> 像夏的社會似乎是種安眠的狀態,而一切宗敎儀式的舉行,也以春秋為重,夏
> 天最不重。農事則以春秋二季最活動,夏天是人事最不活動的時期,冬天是農
> 村休息城市活動的時期,從這方面看來,夏天不論從「神事」從「人事」兩方
> 面,總是休止的多點,所以夏天之不儺,當因於此。若以疾病的多少由於陰陽
> 之氣來解釋 (指漢唐學者的解釋)夏天 , 則夏天多病人不在春秋之下 , 還學醫學常
> 識,豈不大背人事(註二)。

以夏為安閒時期 , 似乎是較好的解釋。鄭玄說四時作 , 可能因為一年有四季而總其
說,可能是說定期的大儀典一年只有三次,而不定時的小規模的逐疫之典,一年四季
都可舉行,滿洲人有所謂的「跳神」,可說是保存古儺禮最多的一種儀式,專司跳神的
巫師稱「薩瑪」,男女均可擔任。寧古塔一帶的跳神,尙不需專業的巫覡,普通婦女也
可兼習。跳神是滿洲的大典,貴賤富貴,莫不行此,但跳神次數的多寡,就須視跳神

(註一)　M. Granet. Danses et Légendes de la Chine Ancienne. Tome I p. 329 (1926)

(註二)　姜亮夫:儺考,民族二卷十期,民二十三年。

之家的**經濟狀況**來**決定了**。吳振南寧古塔紀略中說：

　　有跳神禮，每於春秋二時行之。

楊賓氏之柳邊紀略，記吉林的跳神云：

　　滿人有病必跳神，亦有無病者而跳神者，富貴家或月一跳，或季一跳，至歲

　　終，則無有弗跳者。

只要有錢，每月都可跳神，足見驅鬼逐疫之典，隨時都可舉行。寧古塔之跳神，於春秋二季行之，吉林雖貧窮之家，歲終亦必跳神，知春秋二季和歲終之典禮，是大規模的，較隆重的。以此比照方相氏的「大儺」，就可明白爲何月令只有三「時儺」，而鄭玄却說是「四時作」了。

二、大儺之起源及演變

（一）　大儺起源之種種說法

　　儺是一羣戴了假面化了裝的人，伴着簡單的音樂，舞着、叫喊着來驅鬼逐疫的一種典禮。它的起源有種種不同的說法。常任俠說儺是一種驅祟的神舞，從原始的人鬪獸而來，以後就成爲戲劇性的表演。舞發生在巫之前，巫就因擅舞而得名，而巫和舞原本是一個字的不同寫法。舞的最初形式已不可考了，到周代才分爲「文舞」和「武舞」兩種，文舞用羽籥，武舞用干戚，甲骨文和金文的舞字，都作人操牛尾或鳥尾的樣子。武舞執干戚，始於人與獸鬪或人與人鬪，在原始社會的狩獵中，部落種族的戰爭中，就安放了武舞的基礎。鬪獸舞也是武舞的一種，由於表演狩獵跳舞，而有模擬獸類動態的舞蹈形式產生。尙書皋陶謨「予擊石拊石，百獸率舞」，擊石拊石是伴奏的拍節，當產生於石器時代，石磬正是這一類的打擊樂器；百獸率獸，當爲人蒙獸皮的擬獸舞，大儺的逐獸，在部落時代已開其端(註一)。

　　葛蘭言氏以爲大儺來自農業社會，他認爲中國古代有所謂「男子會所」之類的東西，冬天農事完畢時，或爲避妻子的孕期，男子們就聚在一幢公共的房屋裏，而儺，本是這種長期聚居的消遣，以後才加入了驅鬼的宗敎意義。其中國文化中說：

　　秋收完畢後，農夫們聚在一起消磨休息季 (La morte-saison)，村中的屋舍屬

（註一）　參考常任俠氏之關於我國音樂舞蹈與戲劇起源的一考察，中國古典藝典(1954)。

於婦女們，卽使她們是媳婦的身份。但男子們擁有一幢公共房屋，儀典仍舊使
人發起那一些事，卽它們指定在妻子分娩時，丈夫必須避居於此。……當他們
在那閒散的長期聚居中，農夫們常舉行宴會，從這裏產生了兩個古代的典禮，
大儺和八蜡，一以迎休息季，一以送休息季，時間在兩農年的交替時，兩者都
接近至日 (Solstice)。漸漸地這些儀式枯燥而系統化，並附上天文日期，逐失
去其聚集性及根本意義，開始時它們就是有關聯的節日，在降霜和化冰期間，
它們是冬季祀典 (Liturgie hivernale) 中的兩件大事(註一)。

在古中國的跳舞和傳說中，葛氏也表示了「男子會所」的觀念。他說冬季是一個休息
季，人們在休息季，停止了一切正式的活動，隱閉於村中，爲怕災疫，關閉了城鎮之
門，因之，驅鬼逐疫以打開城門爲結束；冬季的大驅逐，也以向門奉獻爲結束。葛氏
並認爲休息季只人們過一連串節日的機會。

我們已注意到一些痕跡，使人想到男子會所或會館 (une maison des hommes
ou d'un prytaneé)。中國可能在古代，已明白給男子實習的冬季制度了(註二)。
葛氏的說法有一個根本的錯誤，他認爲大儺來自男子們聚集的公共房屋之消遣，此種
公共房屋之觀念，實出自詩經豳風七月。

九月肅霜，十月滌場，朋酒斯饗，曰殺羔羊，躋彼公堂，稱彼兕觥，萬壽無
疆。

葛氏解釋「躋彼公堂」道：「走向那公共的房屋去。」(À La Maison Commune alley)
(註三)，由「公堂」再推及「男子會所」；大儺就從這裏產生了。公堂，據朱傳曰：「君
之堂也」，卽豳公之堂，並非作「公共」解。中國古代縱使有過男子會所，其存在也
必須另提證據，七月中的「躋彼公堂」，是不知爲據的。

陳夢家氏認爲歌舞起源於巫術行爲，但能强調是源於巫術行爲的一種——求雨。
其商代的神話與巫術中說：

卜辭的「舞」，完全應用於求雨，無一例外，而舞爲巫的特技，求雨是巫者的專

(註一)　Granet.　La Civilisation Chinoise pp. 197-8 (1929)

(註二)　Granet.　Danses et Légences de la Chine Ancienne. Tome I. pp' 332-3.

(註三)　Granet.　La Civilisation Chinoise. p. 198.

業，然則說歌舞起源於巫術行為──即求雨，乃是頗合理的(註一)。

姑不論卜辭中的舞字是否全用於求雨，即便如此，也不能證明歌舞是起源於巫術中的求雨。歌舞的起源，實由於感情的發洩。禮記檀弓曰：

> 人喜則斯陶，陶斯咏，咏斯猶，猶斯舞，舞斯慍，慍斯戚，戚斯嘆，嘆斯辟，
> 辟斯踊矣。

謳歌、舞蹈、憤怒、嘆息，以至於暴跳如雷，都是感情的發洩。毛詩關睢序曰：

> 情動於中，而形於言；言之不足，故嗟嘆之；嗟嘆之不足，故歌詠之；歌詠之
> 不足，不知手之舞之、足之蹈之也。

這種發洩，也是巫術行為中所必需的。Malinowski 說過：「巫術行為的核心，乃是情緒底表現。」(註二)，因此巫師必定擅舞。人類在實際活動中，常會遇到若干意想不到的阻礙，這時，知識無用了，通去的經驗和專門的技巧也失效了，失望，恐懼，焦慮，以及對成功的迫切需要使人們接納了巫術，並對這施行產生了堅定的信仰。重要業務的失敗，無力可施的憤怒、死亡、失戀等情況，都使人傾向於巫術行為，又豈止是求雨呢？

陳氏並以為「難祭」本也只是一種求雨之祭。

> 我以為難祭本是一種求雨之祭，說文謹瘝艱難和玉篇「魃，驚敺疫屬之鬼」的
> 魃，皆從卜辭莫一字衍化而來，天暵故疫疾生，故有飢饉，故為艱難，而敺疫
> 鬼之事亦謂之魃或難(註三)。

但論語皇侃疏中有「口作儺儺之聲，以敺疫鬼也」。說文釋儺魃曰：「見鬼驚駭，其詞曰儺。」儺該是逐鬼時的呼喚或咒語。詩經中的儺字，並無乾旱及敺鬼之意，檜風隰有萇楚曰：

> 隰有萇楚，猗儺其枝，夭之沃沃，樂子之無知。
> 隰有萇楚，猗儺其華，夭之沃沃，樂子之無家。
> 隰有萇楚，猗儺其實，夭之沃沃，樂子之無實。

(註一)　陳夢家：前引文，頁五三九。

(註二)　B. Malinowki 巫術科學宗教與神話，頁七八，李安宅譯，商務民二十五年。

(註三)　陳夢家：前引文，頁五六一。

王引之經義述聞釋猗儺曰：「猗儺乃美盛之貌。」衛風竹竿有「巧笑之瑳，佩玉之儺。」傳云：「儺，行有節度。」小雅隰桑曰：「隰桑有阿，其葉有難。」傳云：「阿然，美貌，難然，盛貌。」商頌那曰：「猗與那與，置我鞉鼓。」馬瑞辰毛詩傳箋通釋中說：

> 猗那二字疊韻，皆美盛之兒，通作猗儺，阿難，草木之美盛曰猗儺，樂之美盛曰猗那，其義一也。

可知猗那、猗儺、阿難本是一詞，用來形容一種姿態的優美適度，亦卽現在所寫的「婀娜」。遇見鬼時，驚惶失措，口裏叫出的聲音是 Nɔ，逐鬼之時，威嚇鬼或念咒語的聲音是 Nɔ Nɔ……，這恰和阿難之「難」同音，於是借它過來，寫成難或儺。至於加鬼旁的魌，姜亮夫認爲是漢人的俗體字，爲說文中許多專造字的一個。並說：

> 因了此字的索解，不僅這個字有漢以後專造的嫌疑，而儺這種風俗，在秦以前似乎沒有一定的專名，只是以聲音爲代表，這一點景象也可以想像得出(註一)。

災疫疾病飢饉，在乾旱燥熱之時固然容易發生，久雨成災或河水氾濫之時又何嘗不易發生？儺的本意，若只從字形上輾轉解釋，便定爲求雨之祭，未免失之於武斷。

大儺其實只是一種巫術行爲，它是爲了消除實際生活中的各種阻礙而行的一種手段，其主要憑藉有三：一是動作，卽舞。一是聲音，包括自然界各種聲音的模仿及用以申述或命令的咒語。另一是傳統的加諸巫師身上的限制：消極的是不許如何做，積極的是必須如何做。試看文獻中有關儺的記載，續漢書禮儀志中有方相和十二獸的舞蹈，有詳細的咒語內容。禮記，呂氏春秋和淮南子所載只是儺的片斷，周禮比較詳細，其中規定方相氏要穿「玄衣朱裳」，一般漢及漢以後的記載，也指明方相氏的服裝是紅黑兩色的，這想是加於巫師身上的限制吧。Malinowski 於巫術科學與宗教中說，在蠻野社會所見的幾種巫術類型中，作「巫術樔」投擲姿勢的黑巫術可能是最流行的了。他形容那種施行道：

> 將一個有尖的骨或棍，或某種動物的脊骨，用模仿的儀式向所要加害的人底方向刺去，投去或指着，便算要將那個人弄死……巫術師執行這種儀式時所有的姿態與表情，很少有人提及，然而這才是最重要的現象。倘若一個旁觀的人突

(註一) 姜亮夫：前引文。

　　　然間出現在米蘭尼西亞的某地，而見巫覡正在運用法術，他也許不明白他看的
　　　是什麼，但他不是認為眼前是個瘋子，便要疑心那是盛怒之下的狀態；因為巫
　　　師儀式底一件主要行為不但將骨標指向對方，且要恨怒兇狂地將牠刺出去，反
　　　轉來，擾動着，好像劇攉在敵人底傷口；然後猛撼一下，將牠拔出。所以在這
　　　裏表演出來的，不只是暴烈的刺擊，且有狂劇的感情(註一)。

方相氏的執戈揚盾，應是這類黑巫術，「以戈擊四隅，毆方良」雖是輕描淡寫的兩句，
其中卻可能包含着像狂人般的暴烈舉動。所以周禮夏官中才有「方相氏狂夫四人」之
句，續漢書禮儀志才把參加大儺儀式的人稱「侲子」，(說文謂侲：「狂也」)全是據其舞蹈的
狂態而言。

　　　常氏說儺中的舞是模擬獸類的動態，「模擬」此一意見是不容懷疑的。但儺中之扮
裝，尚不止獸類，它包括一切不利於人之物，有想像中的精靈和真正的凶獸。人們裝
扮了被逐者之形，而行驅逐他們的儀式，這種例子在原始民族中處處都可發現，它的
淵源，可推溯到有巫術觀念的起始，有宗教意識的開端。說到巫術觀念和宗教意識，
似乎還有討論一下的必要。Frazer 認為巫術是早於宗教的，即在人類用祭祀和祈禱
來乞憐於自然界之前，曾有過一個相信用強硬手段可迫使自然界就範的時代，那就是
巫術時代。他在 Golden Bough 中說：

　　　雖然巫術在很多地方很多時期曾和宗教相混和，卻還有若干理由可以推想此種
　　　混合不是原始的，曾有一個時期，人類相信只靠巫術便可滿足他們動物性的渴
　　　望。首先，對巫術和宗教基本觀念之考慮，就可使人有此傾向，即推測在人類
　　　的歷史上，巫術是早於宗教的(註二)。

Frazer 的說法，頗有自相矛盾的地方，很受一般人的批評，茲舉 A. Lang 的批評於
下：

　　　Frazer 下宗教的定義為：「綏和或撫慰那些可控制自然程序和人類生命的超人
　　　力量」。很清楚，這定義並不包括我們所謂宗教的全部……如這定義是對的，
　　　Frazer 先生準備提出一落後的種族，無房屋，無農業，金屬，家畜馴養；在

(註一)　Malinowski：前引文，頁七八。

(註二)　Frazer. G. B. abr. p. 54 (1929)

Frazer 的觀念中，亦無宗教。Frazer 先生說，他們有巫術，但無宗教，他又立刻告訴我們，「女子所生的第一個孩子被部落吃掉當作宗教儀式的一部份。」所以他們是有宗教的，它是一種血腥的宗教。

那種族是澳洲人……

我們立刻看到 Frazer 先生所提的事實和他們的說法相矛盾了(註一)。

Frazer 層次說被他自己所舉的事實推翻了，大多數的人類學家都相信巫術和宗教是同時發生的，Marett 氏在其宗教入門一書中說：

我們的假定並不排除某些宗教曾與巫術同時存在的可能，這一點，我附添，可能曾是並存的，儘管巫術可以產生某一種宗教。因為從各方面看，宗教的生長是複雜而且是多方面的，它是一座森林，不是一棵樹(註二)。

Malinowski 也說過：

無論是怎樣原始的民族，都有宗教與巫術，科學與科學態度(註三)

宗教和巫術同是相信超自然主義(Supernaturalism)，是自始就有的，它們互相混合，無法分解。Marett 氏說宗教「是一座森林，不是一棵樹」，誠然如此，原始人的宗教本包含了種種的觀念，用一種觀念來解釋各種複雜現象，遠非他們的能力所及，當一種觀念不能自圓其說時，其他的觀念自然應時而生。巫術信仰、鬼魂崇拜、泛靈主義(animism)、馬那主義(manaism) 可能都或多或少，或強或弱地包含於其中了，所以我們才說，大儺驅鬼儀式的起源，可以上溯至有巫術觀念的起始，有宗教意識的開端了。

（二）　大　儺　之　演　變

周禮、禮記月令、呂氏春秋和淮南子中關於儺的記載都很簡單，後三者所載幾乎雷同，似出自同一來源。續漢書禮儀志記載的儺就複雜得多了，不但記出了人數，衣飾，所用樂器，裝扮了的逐疫者及被逐者之名；還說出了當時所念的咒語和前所未見的桃梗、鬱儡及葦茭。

(註一)　Andrew Lang.　Magic and Region pp. 48-9 (1901)

(註二)　R, R. Marett.　The Threshold of Religion p. 39 (1909)

(註三)　B. M Malinowski 前引文，頁一。

先臘前一日大儺，謂之逐疫。其儀選中黃門子弟年十歲以上，十二歲以下百二
十人爲侲子，皆赤幘皁製，執大鼗。方相氏黃金四目，蒙熊皮，玄衣朱裳，執
戈揚盾。十二獸有衣毛角，中黃門行之，冗從僕射將之，以逐惡鬼於禁中。
夜漏上水，朝臣會侍中，尚書、御史、謁者、虎賁、羽林、郎將、執事者皆赤
幘，陛衞乘輿御前殿。黃門令奏曰：「侲子備，請逐疫。」於是中黃門倡，侲
子和曰：「甲作食殐，胇胃食虎，雄伯食魅，騰簡食不詳，攬諸食咎，伯奇食
夢，强梁祖明共食磔死寄生，委隨食觀，錯斷食巨，窮奇騰根共食蠱。凡使十
二神追惡凶，赫女軀，拉女幹節，解女肉，抽女肺腸，女不急去，後者爲糧。」
因作方相與十二獸儛，歡呼周徧，前後省三過，持炬火送疫出端門。門外驅騎
傳炬出宮，司馬闕門。門外五營騎士傳火棄雒水中。百官官府各以木面獸能爲
儺人師訖，設桃梗、鬱儡、葦茭畢，執事陛者罷。葦戟，桃杖以賜公卿，將
軍，特侯，諸侯云。

記載漢代大儺的另一文獻是張衡的東京賦。

爾乃卒歲大儺，毆除羣厲，方相秉鉞，巫覡操茢，侲子萬童，丹首玄製。桃弧
棘矢，所發無桌，飛礫雨散，剛癉必斃。煌火馳而星流，逐赤疫於四裔。然後
凌天地，絕飛梁，捎魑魅，斮獝狂，斬蜲蛇，腦方良。囚耕父於清泠，溺女魃
於神潢；殘夔魖與罔像，殪野仲而殲游光；八靈爲之震慴，況魁蜮與畢方？度
朔作梗，守以鬱壘，神荼副焉，對操索葦，目察區陬，司執遺鬼。（文選卷三）

這兩段實在活生生地畫出了一幅驅鬼的大場面，主要的角色是方相氏和十二個裝扮的
獸，其次是侲子，那場方相和十二獸的舞是全儀典中的一個高潮，最後把火炬拋在
水中，再安排出厭勝辟邪的桃梗、鬱儡、和葦茭，逐疫之典於是告成。在古人的觀念
中。水的潔淨作用，不但及於肉體，也及於靈魂，而且它還有一種祓除不祥之特點。
周禮春官女巫：「掌歲時祓除釁浴。」鄭注曰：「歲時祓除，如今三月上巳如水之類。」
詩鄭風溱洧云：

溱與洧，方渙渙兮，士與女，方秉蕑兮。

韓詩薛君章句云：

鄭國之俗，三月上巳之溱洧兩水之上，招魂續魄，秉蕑草，祓除不祥。

史記卷十二孝武本紀云：「天子祓，然後入。」集解曰：「駰案漢書音義曰，崇潔自祓除然後入。」後漢書卷六十一列傳第五十一周舉傳曰：「六年三月上巳日，商大會賓客，讌於洛水。」章懷注曰：「司馬彪續漢書曰：三月上巳，宮人皆禊於東流水，上自洗濯祓除，爲大禊也。」荆楚歲時記曰：「三月三日，士民並出江渚池沿間，爲流杯曲水之飲。」大儺之將火炬抛於河中作結束，實在是有其作用的。但這一點，周禮和禮記等書均未提及。此外，周禮中說「時儺」，呂氏春秋等書記載了春、秋、冬三儺，續漢書禮儀志只說了一個冬儺，姜亮夫於儺考中說：

> 自漢代以後，春儺秋儺之名皆已廢，而實質方面已併入春秋二祭的時祭去了。

但隋代除冬儺外，尚有春秋二儺，冬儺規模較大，侲子數目是八隊，二時儺只有四隊。隋書卷八禮儀志云：

> 隋制季春晦儺，磔牲於宮門及四門，以禳陰氣，秋分前一日，禳陽氣，季冬傍磔大儺亦如之；其牲每門各用羝羊及雄鷄一，選侲子如後齊，各八隊，二時儺，則四隊。

由此知姜氏之說，不可盡信。南北朝與隋、唐的儺，和漢代大同小異，其記載未提及投火於水之事，却有磔牲，這是漢代大儺所無的。大唐開元禮將儺分爲中央和州縣兩部舉行。中央規模較大，儀式亦較隆重複雜，除奠酒脯磔牲外，還有向太陰之神的祝告。葛蘭言說：

> 唐代的儀典無疑地將大儺儀式和太陽的生命相聯，這不能證明此意見是近時的也不能證明是儀式的主要部份(註一)。

北魏時，由歲終的大儺，演變出一種軍事演習。魏書卷一百八禮儀志云：

> 高宗和平三年十二月，因歲除大儺之禮，遂耀兵示武，更爲制令。步兵陣於南，騎士陣於北，各擊鐘鼓，以爲節度。其步兵所衣，青、赤、黃、黑、別爲部隊，值稍矛戟，相以周廻轉易，以相赴就，有飛龍騰蛇之變，爲函箱魚鱗四門之陣，凡十餘法，趭起前却，莫不應節。陣畢、南北二軍皆鳴鼓角，衆盡大譟，各令騎將六人來去挑戰。步兵更進退以拒擊，南敗北勝，以爲勝觀，自後

(註一)　Granet.　Danses et Légendes de la Chine Ancienne. p. 305.

踵以爲常。

近世西藏地方，尙有所謂的「觀兵式」，冑甲武士中，雜有喇嘛，扮爲鬼怪的童子，以及魔像；想來也是由逐鬼之儺變來，和北魏的耀兵示武類似。中華全國風俗志下篇卷十藏民之歲時令節中說：

> 二十四日(正月)，有揚武之式，卽觀兵式也。此日達賴坐於寶殿之側廡，駐藏大臣坐於正樓閱之，文武諸官，皆着禮服，集於樓下。番兵着盔甲，馬亦穿鐵葉甲，僅露兩眼，手持金爐，中一人操大鈴。更有喇嘛六十餘，列於兩邊，各打大鼓。又有持大鐃及銀笳者各四人，或吹或敲，極爲喧囂；各色旗旛數十將，又次持之者，皆白袍白帽，又次則魔像，喇嘛僧抬之。又有童子五六十名皆爲鬼裝從之，狀最奇怪。次有護法神披白袍鎧，盔上插鷄毛，口流延沫，爲癡愚之狀。若有憑附之者；送至市外，各番兵以放銳焚草畢送禮。總之，行裝奇異，如百鬼夜行之觀。

同書下篇卷七赤溪民俗紀(在廣東)說：

> 正月間復有舞獅之戲，鑼鼓闐咽，魅面及執矛盾者隨之，超距擊刺，與舞師相間。鄉人之儺，兼以習武海徼，熙春之樂，大率類是。

借「儺」習武，一則儉省了時間，再則也增加了逐疫者的聲勢。

荆楚歲時記曰：

> 十二月八日是爲臘日……諺言臘鼓鳴，春草生，村人並繫細腰鼓，戴胡頭，及作金剛力士以逐疫。

這裏已是用金剛力士來代替方相了。自佛敎流行以後，民間人深受影響，一般村人百姓，可能根本沒有分清兩者間的區別，在他們想像中，這儀式的領導者，只是一裝扮了的相貌凶狠的强有力者，能達成任務壓服鬼怪就行，稱之爲方相爲金剛力士都未嘗不可。中華全國風俗志下篇卷五壽春歲時紀中說：

> 十二月初八日，曰臘八，……又各鄉人擊鼓扮神，神曰金剛力士，舞流星以逐疫，論語曰：「鄉人儺」，此蓋儺之流派也。

壽春在古代，本屬楚的範圍，則是否從佛敎輸入以後，以金剛力士逐疫，在荆楚一帶最盛？

唐李淖秦中歲時記曰：

秦中歲除日儺，皆作鬼神狀，二老各作儺翁儺母。

大儺中出現了「儺翁」和「儺母」，這使人想起了湘西苗族的風俗，湘西苗族調查報告中說：

他們以洪水故事中的兄妹二人爲儺神，稱之爲儺公儺母，凡遇人口不安，六畜不旺，五穀不豐，財運不濟，瘟疫風行，以及其他災厄口角，或見了怪異現象等等，經巫師卜知犯了儺神，就要許願酬儺。此外如沒有子女的要求子女，也只要求儺神，家中終年平安無事，也以爲是儺神之賜，都要許願酬儺(註一)。

這裏儺神掌管的實在太廣，但唐代陝西的「儺翁」「儺母」是否也可向之祈福請願？陝西的民俗，是否可能與苗民的風俗有關？都是很有趣而值得探討的問題。

常任俠說大儺「是一種原始的宗教，也是一種原始的舞劇。」(註二)，這儀典有模擬的舞蹈和喧嘩的音樂。孔子說蜡祭：「舉國之人皆欲狂」，(禮記雜記)，大儺的引人當不在蜡祭之下。漢唐的大儺，皇帝和王公大臣都集於宮中觀看，這固然表示慎重，也因爲它含有娛樂成份。宋楊侃之兩漢博聞卷二十曰：

太后(和熹鄧太后)以軍數興，詔饗食勿設戲作樂，減逐疫侲子之半。

將「設戲作樂」和「逐疫侲子」並舉，足見大儺所含娛樂成份之高了。宋周去非嶺外代答曰：

桂林儺隊；自承平時聞名京師，曰靜江諸軍儺，而所在坊巷村落，又自有百姓儺，嚴身之具甚飾，進退言語，咸有可觀，視中州裝隊仗以優也。推其所然，蓋桂善治戲面，佳者一值萬錢，他州貴之如此，宜其聞矣。

桂林善治「戲面」，因之儺隊特佳，和孫與公著「戲頭」逐疫並看，知化裝技巧愈進步，儺的戲劇性娛樂性也愈高。清顧景星白茅堂集卷二十四鄉儺詩說：

*春社作已畢，土風尙儺驅。雲旂夾翠罕，鉦鼓趨中衢，婦穉俟門喜，羅拜陳牲*醹，田蠶及鷄彘，禳祝憑神巫。雕幾列神像，被以紅錦襦。中坐天寶帝，左右雙明姝。太尉復何人，題額黃金塗。鳳冑雷將軍，位與睢陽俱。郎君白玉面，

(註一)　凌純聲、芮逸夫：湘西苗族調查報告，頁一七八，民三十六年。

(註二)　常任俠：我國傀儡戲的發展與俑的關係，中國古典藝術。(1954)

細馬腰雕弧。酒酣招百戲，囉嗊何紛挐。假獅西涼舞，鬆鬆騎蠻奴，似聞涼州破，西向悲唏噓。千秋事已往，此舞胡爲乎，旣非周禮制，法部乃荒蕪。祈年比腊臘，鄉儺聊歡呼，獻酬若大酺，瓮中寧有無。

白茅堂集卷三十一並詳記蘄州的儺道：

> 楚俗尙鬼，而儺尤甚。蘄有七十二家，有清潭保中潭張王萬春等名，神架雕鏤金臚，製如椸，刻木爲神首，被以綵繪，兩袖垂散，項繫雜色紛悅，或三神，或五六七八神，爲一架焉。黃袍遠游冠，曰唐明皇。左右赤面塗金粉金銀兜鍪者三，曰太尉。高髻步搖，粉臘而麗者，曰金花小娘，社婆。髯而翁者，曰社公。左騎細馬，白面黃衫，如俠少者，曰馬二郎⋯⋯。

這儀式中有歌有舞，其歌非詩非詞，長短成句，一唱衆和，最後是以舞獅爲結束。蘄州的儺神，數目極多，其中張王是張巡，萬春爲雷萬春，都是唐代的名將，不知爲何與唐明皇同列爲儺神？顧氏說：「或者因巡厲鬼殺賊一語，故以驅厲，而以玄宗爲厲主耶。」清錢塈蘄州志卷二十云：

> 張王爲睢陽無疑，每見有塑許遠雷萬春以從祀者。楊州志云張士誠父，非也。
> 蘄俗五月迎其神，導衛甚盛，鄉村各爲社，或相值爭道以毆，謂之撞張王；又作紙船，揚旍旛其上，送之江，謂之送瘟，豈沿公死爲厲鬼一語而訛歟？

可怪的是儺神數目如此之多，連社公社婆都算上了，却無一與方相有關，這很像流傳至今的迎神賽會，和周禮中的儺，距離相當遠了。

清吳士進嚴州府志卷四曰：

> 臘月二十四日夜，設果送籠，儺戲於街。

康熙會稽縣志卷七曰：

> 臘月終旬⋯⋯時丐人飾鬼容，執器仗，緣門相逐疫，略如古之儺者。

黃岡縣志卷一曰：（明茅伯符氏裁定本）

> 端午稱天中節，⋯⋯巴河鎭有迎會者，又有儺人，花冠文身，鳴金逐疫。

凡此均不同於古之記載。嚴州之儺，與送籠同時舉行。會稽之逐疫者，由沿門求乞的丐人擔任。黃岡縣儺人逐疫，不在歲終，而在端午；正是炎熱的夏季，打破了夏季不儺的說法。現今廣東開平地方，還可看到方相逐疫的遺跡，據吳玉成說：

開平人很信鬼，因而鬼特別多，且能為祟的，故關於為鬼而有的種種習俗實在
多着呢。在開平地方，無論那一處，凡有欲建造屋宇的，首先要擇一個日子舉
行所謂「淨地」；是於夜間請一位喃嘸先生到建房的地方來施法術，又請許多小
童子拿着短小兵器，如破矛壞兵等東西，種種色色，無不應有盡有，舉行大規
模的驅鬼運動，意欲使鬼怪們盡逐出這範圍地外。蓋這樣的事實，在粵南已成
為一個老慣例了(註一)。

這豈不就是方相氏的索室毆疫嗎？那位喃嘸先生相當於方相氏，那些小童子就相當於
漢唐的「㑌子」；所不同的是這種毆疫在「室」建立之前就舉行了。平開人的老例，實
源自一極古老的習俗。

　　方相氏不但能為活人驅災疫，還能為死者除邪祟。古人都有靈魂不朽的信仰，相
信死者是存在於另一世界中，活人既怕凶邪，死者亦當如此。由此觀念演變出來的行
動，就是對生者的「時儺」和對死者的「毆方良」了。續漢書禮儀志大喪篇記天子之
喪道：

　　　方相氏黃金四目，蒙熊皮，玄衣朱裳，執戈揚盾，立乘四馬前驅。

御覽卷五五二引蔡質漢官儀記太后之喪道：

　　　陰太后崩，前有方相及鳳凰車。

晉書卷三十一后妃列傳記元楊皇后之喪，左貴嬪誄曰：

　　　華轂曜野，素蓋被厚，方相仡仡，旌旗翻翻。

前述御覽同卷引晉公卿秩記上公之喪道：

　　　上公薨者，給以方相車一輛，安平王孚薨，方相車駕馬。

北史卷八十三樊遜傳曰：

　　　(遜)行遇輀車，顰眉下淚，指方相曰：「何日更相煩君一到。」數日而卒，雇方
　　　相送葬，乃前所逢者。

樊遜死時官至員外郎，不到「給以方相車」的地位，只好自己雇用，而方相可隨意雇
用，也和現在的和尚道士一樣了。活人除邪祟，一年可行一次或數次，死者也如此，

未免過於麻煩，爲求一勞永逸計，就在墓中放下辟邪逐凶之物，或在墓磚上刻畫種種圖像；辛村衞墓的方相，戰國墓中的鎮墓獸，隋代石棺上的方相圖，其用意都在此。後世明器中的俑和武士，也和原始的方相有關。後魏中山墓出土的土俑行列中有一對武士，軀體極高大，相貌凶惡，眼睛猙獰可怕，口頗大，一切的姿勢都和漢的方相類似(註一)，可說是由方相演變而來。唐墓出土的甲冑武士，人多以爲是四天王，這是佛教的影響所致。(註二)，窮其淵源，仍可推到古代的方相。一般唐墓中，大半有四武士，兩兩成對，據王去非說，是一對鎮墓俑和一對鎮墓獸鎮墓獸。兩鎮墓獸一作獸頭形，一作人頭形，臂上長有很多長翅，頭上生角，足下多踏怪獸，大半放在墓室入口處，左右相對，面向羨道。鎮墓俑作天王形，分別放在兩鎮墓獸的後面，王氏並以爲這就是大唐開元禮中的四神，也卽唐六典及通典中的當壙、當野、祖明和地軸。因爲合乎四神的出土人俑，必須具備下列三個條件。

①是一般墓中所常用的。

②必比其他的人物高大。

③在造型上帶有某些特徵而與普通人俑不同。

合於這三條件的，只有這兩對鎮墓俑和鎮墓獸了(註三)。通典卷一〇八大唐開元禮篡類三雜制條曰：

> 百官葬……明器（原註：三品以上九十事，五品以上六十事，九品以上四十事，四神駞人及人不得尺，余晉樂鹵薄不過七寸）。

唐六典卷二十五甄官令條曰：

> 凡喪葬則供其明器之屬，三品以上九十事，五品以上六十事，九品以上四十事，其餘音聲隊人與僮僕之屬，威儀服玩，各視生之品秩，所有以瓦木爲之，其長率七寸。

周禮中的「方相氏狂夫四人」，伊藤清司疑「狂夫」和「四神」相似，並認爲和現今江西地方開路神之四䰢導「壙塯」有關：

（註一）　參考姚鼐：前引文，頁三十二。

（註二）　同上。

（註三）　參考王去非：四神、巾子、高髻，考古通訊，一九五六年五期。

……但江西地方，葬儀有所謂壙壙者。這是由裝扮成奇形怪狀的四人組成的一個團體，做開路神——方相氏的嚮導，在葬列前進時，始終演出狂態，又跳又叫，到墓地則跳入墓中，揮刀驅除穴中的惡靈邪鬼。與這種葬儀相比照，我以爲周禮的狂夫四人，當和後世的當壙、當野、祖明、地軸，或上述的壙壙比較相近，有一種辟邪作用的。這還要待後考正(註一)。

酉陽雜俎卷十三云：

世人死者有作伎樂，名爲喪樂，魌頭所以存亡者之魂氣也，一名蘇，衣被蘇蘇如也，一曰狂阻，一曰觸壙，四目曰方相，兩目曰僛。

狂阻又名蘇及觸壙，似卽周禮中的狂夫，而「觸壙」「當壙」「壙壙」，顧名思義，應和方相氏的「入壙」有關。前引御覽載風俗通佚文有「或謂魌頭爲觸壙，殊方語也。」那意思是說，方言不同，稱呼才不同。孫楷弟說：「余謂方相稱觸壙，觸壙蓋以戈擊壙四隅之義也。」(註二)恐怕這解釋比較適合。方相魌頭，本是一物，稱蘇，所謂「衣被蘇蘇如也」，是指他的衣飾裝扮而言；稱狂阻，是指他舞蹈的狂態；稱觸壙，是指他入壙以後以戈擊四隅的舉動。因爲從不同的角度觀察，就有了不同的名稱。辛村出土之方相，每四個爲一組，和「狂夫四人」及「四神」之數均合，四神之「四」字，絕非偶然。

續漢書禮儀志記大儺，有「強梁祖明共食磔死寄生」之句，四神中的祖明，早在漢代就巳知名了。王氏據續漢書的記載推想，以爲四神中的祖明和地軸可能是兩鎮墓獸。四神、巾子、高髻中說：

……知祖明與強梁共食橫死寄生之獸，故宜置於墓中，則祖明在四神中應更接近獸形。如按四神名意推之，當壙，當野或卽二鎮墓俑，祖明，地軸或卽二鎮墓獸。因無確實佐證，姑附於此，以待進一步的研究(註三)。

王氏的推測或許不無道理．因爲和祖明共負食「磔死寄生」之責的強梁，就是獸類或接近獸類之物。山海經大荒北經曰：

(註一)　伊藤清司：前引文之註五十一。

(註二)　孫楷弟：傀儡戲考原，漢學第一輯，頁八十六，民三十三年。

(註三)　王去非：前引文之註四。

又有神銜蛇操蛇，其狀虎首人身，四蹏長肘，名曰彊良。

郝氏箋疏曰：

> 懿行按，後漢書禮儀志云，強梁祖明共食磔死寄生，疑強良卽彊良，古字通
> 也。

強梁和彊良很可能是一物，而且是和虎有關的。虎的性情兇猛，據風俗通說，不但可
以食鬼魅，而且可以辟邪惡。

> 虎者陽物，百獸之長也，能執搏挫銳，噬食鬼魅，今人卒得惡遇，燒悟虎皮飲
> 之，擊其爪，亦能避惡（卷八）。

論衡亂龍篇云：「畫虎之形，著之門闌。」封氏見聞記引風俗通佚文曰：

> 周禮、方相氏葬日入壙驅罔象，好食亡者肝腦，人家不能常令方相氏立於側，
> 而罔象畏虎與柏，故墓前立虎與柏。（按覽御卷九五四亦引此條，惟罔作魍，入前壙無「葬
> 日」，好食前多「罔象」立於側後多「以禁禦之」四字）

虎在墓側的功用原來是代替方相氏的。李善注東京賦引漢舊儀說：

> 以歲十二月，使方相氏蒙虎皮。

足見方相氏也可用虎皮裝扮。沂南石墓北壁正中雕了一個戴面具的方相，在他之上一
一卽北壁上橫額所刻之圖像，據孫作雲氏解釋，是十二獸逐凶圖。其中有一個，是虎
頭銜蛇的怪物，孫氏認之爲後漢書禮儀志中的強梁，也卽山海經的彊良。他解釋虎和
強梁的關係說：

> 又虎爲什麼叫強梁，因爲古人把強暴的人或物叫強梁，老子所謂「強梁者不得
> 其死」，強梁在這裏是虎的綽號（註一）。

由此可知，強梁就是虎或虎形物了，他在大儺中是和祖明負同樣職責，則推想祖明也
是獸形物，並無悖理之處。

　　四神在宋代又增加了一名，宋史卷一百二十四禮志中，曾數見「當壙、當野、祖
明、祖思、地軸、十二時神」等明器名。但宋以後的明器中，却不見方相及類似者的
形像了。其原因有二，一是以木製品代替陶製品，入土不久便已腐朽。二是用冥器代

（註一）　孫作雲：許沂南古畫像石墓發掘報告 p.82 考古通訊一九五七年第六期。

替明器，方相用紙或絹糊成，然後焚燒，因之不能傳至後代。中華全國風俗志下篇卷
三儀徵婚葬禮俗記曰：

> ……以此出殯，各官示牌前導，次銘旌亭，再次各職事，鳴鼓呵道，儀從畢
> 陳，鼓吹交作，又有方弼方相等紙絹人，相望於道。

同書同卷南京婚喪禮俗中曰：

> (發引)又謂之出殯，羽葆紛繁，鼓樂導引，喪儀盛者，數十人數百人不等。其儀
> 節則有誥命亭 (有職官者)，開路神 (赤髮藍面)，方弼方相 (身高丈餘)，……衛牌，儀
> 仗，僧道。民國以來多有增用軍樂者。

同卷六合縣之喪禮曰：

> 發引日，用僧樂輓歌，以導輀車，亦有陳列紙帛人物祭章亭幔，及用方弼方相
> 者。

方弼不知起於何時，既與方相並舉，當是類似之物。開路神在伊藤清司文中曾被提
及，那演出狂態的壙壏就是開路神的響導，三教源流搜神大全開路神條說：

> 開路神乃是周禮之方相氏是也。相傳軒轅皇帝周遊九垓，元妃螺祖死於道，令
> 次妃好如監護，因買方相以防夜，蓋其始也。俗名險道神，一名阡陌將軍，一
> 名開路神君。其神身長丈餘，頭廣三尺，鬚長三尺五寸，鬚赤面藍，頭載 (作者
> 按，當係戴字之誤) 束髮金冠，身穿紅戰袍，腳穿皀皮靴；左手執玉印，右手執方
> 天畫戟。出柩，以先行之；能押諸凶煞，惡鬼藏形，行柩之吉神也，普傳之於
> 後世矣。

明刻出像增補搜神記卷六開路神曰：

> 即周禮之方相氏也。相傳軒轅黃帝周遊九垓，元妃螺祖死於道，令次妃好如監
> 護，因買方相以防夜，蓋其始也。俗名險道神，一名阡陌將軍，一名開路神。

宋張君房撰雲笈七籤卷一百軒轅本紀云：

> 帝周遊行時，元妃螺祖死於道，帝祭之以為祖，神令次妃嫫母監護於道，以時
> 祭之，因以嫫母為方相氏。

注曰：

> 響其方也，以護喪，亦曰防喪氏。今人將行，設酒食，先祭道，謂之祖餞祖送

也。顏師古注漢書云：黃帝子爲道神，乖妄也。崔寔四人月令復曰黃帝之子，

亦妄也，皆不得審詳祖禖祖之義也。

三書敍述同一件事，却因時代先後而頗有出入。軒轅本紀中說監護元妃的是次妃嫫

母，嫫母亦即方相氏。出像增補搜神記和宣統元年刻的三教源流搜神大全都說「令次

妃好如監護」，方相氏又名險道神，亦稱阡陌將軍和開路神，是買來防夜的，與黃帝

次妃並不相干。試比較三種著作，時代晚的，記載反而詳細，到清末的搜神大全，已

將開路神的衣飾相貌描畫得清清楚楚。足見一傳說流行愈久，其內容愈爲後人所增

竄了。軒轅本紀中說嫫母就是方相氏，大約因她貌醜之故。路史卷十四(後紀第五) 黃帝

曰：

　　次妃嫫母，兒惡德克，帝內之曰：「屬女德而弗忘，與女正而弗襄，雖惡何

　　傷。」

此外，注中說方相亦曰防喪，也合周禮「大喪、先匶、及墓、入壙」之意。防喪，是

防止罔兩等物在喪禮中的騷擾。但南京的喪禮，既有方相方弼，爲何還要用等於方相

的開路神？頗使人疑心兩者並非一物了。中華全國風俗志下篇所載，全爲清末民初之

風俗，是否在此時，本爲方相的開路神，已經自立門戶，和方相併肩執行起「防喪」

的任務了？

　　酉陽雜俎中說：「世人死者有作伎樂，名爲樂喪」，這和活人驅鬼演變爲儺戲一

樣，喪禮的儀式也和娛樂相混了。它從逐凶進爲娛神：又從娛神進爲娛人。孫楷第在

傀儡戲考原中說，漢時的傀儡就是方相。他認爲大儺中方相與十二獸的逐疫之舞，相

當於今日喇嘛敎的打鬼，都可以算作舞劇；而風俗通所謂的「魁櫑，喪家之樂」，也

就是舞劇了。(註一)續漢書五行志劉昭補注引風俗通佚文曰：

　　時京師賓婚嘉會皆作魁櫑，酒酣之後，續以挽歌。魁櫑，喪家之樂，挽歌，執

　　紼相偶和之者。天戒若曰，國家當急殄瘁，諸貴樂皆死亡也。自靈帝崩後，京

　　師壞滅，戶有兼屍虫而相食，魁櫑挽歌，斯之効乎？

喪家之樂的傀儡，因藝技受重視而趨精巧，漸用於其他的宴慶集會上，所以賓婚嘉禮

(註一)　參考孫楷第：傀儡戲考原，第一節。

中也可作魁儡。同樣周因，因重視娛樂，喪禮時常有特定的戲目，往往和方相逐兇辟邪之事不相干了；這種例子在明代的小說中頗多，此處不再細引。曾出現於大儺中的舞獅，亦在喪禮中出現。全國風俗志下篇卷二濟南採風記曰：

> 殯期至，親及最契之友，送獅豹。獅豹者，用花毯作身，木作首尾，一人裹於其中。開弔時，列於大門左右，及啓靈，獅豹先入於靈前舞蹈，喪家先備制錢一千或兩千，置於靈几，舞蹈畢，臥于旁，從腹中出小獅討喜錢，即攫几前錢去。間有用數人假戲場衣冠；於舞獅豹畢，演戲一折，然後啓靈。此等鄉間皆親友爲之，城市有用貧人者。發引儀制，亦同於他省。

綜合以上所說，可知從同一觀念出發的「時儺」和「歐方良」，演變結果，都歸於戲劇一途。換言之，戲劇的起源，是該在宗教儀式的扮裝和歌舞中去找尋它的根源。

（三）　桃及神荼鬱儡

漢代大儺的末尾，要陳設鬱儡和桃梗等。東京賦中有「桃弧棘矢」，有「度朔作梗，守以鬱壘，神荼副焉，對索操葦，目察司陬，司執遺鬼」。神荼鬱儡和桃木以及桃木所製之物，實具有辟邪，除凶和守護的作用。

續漢書禮儀志劉昭補注引山海經佚文曰：

> 東海中有度朔山，上有大桃樹，蟠屈三千里，其卑枝門曰東北鬼門，萬鬼出入也。上有二神人，一曰神荼，一曰鬱儡，主閱領衆鬼之惡害人者，執以葦索，而用食虎。於是黃帝法而象之，歐除畢，因立桃梗於門上，畫鬱儡執葦索以御兇鬼，擊虎於門，當食鬼也。

王充論衡亂龍篇曰：

> 上古之人有神荼鬱儡者，昆弟二人，性能執鬼，居東海度朔山上，立桃樹下，簡閱百鬼。鬼無道理而妄爲人禍，荼與鬱儡，縛以蘆索，執以食虎。刻畫效象，冀以禦凶。

應劭風俗通及蔡邕獨斷所載，與此大同小異，俞正燮認爲神荼鬱儡只是一神，由桃椎輾轉而生，癸巳存稿卷十三說：

> 風俗通引黃帝書，神荼鬱律兄弟二人，性能執鬼，居度朔山桃樹下。引此言者甚多，或以爲黃帝書，或以爲山海經，荼或作蔡，律或作壘，義雖太古，亦經

淺人附會。蔡邕獨斷云：「歲竟畫荼壘並懸葦索以禦凶。」晉司馬彪續漢書禮儀志云：「大儺訖，設桃梗鬱儡。」是專有荼壘成鬱儡一桃木人而不云神荼神蔡。晉葛洪枕中書云：「元都大眞王言蔡鬱壘爲東方鬼帝。」語雖不可據，然可知漢魏晉道士相傳，神荼鬱壘止是一神，姓蔡名鬱壘。漢時宮廷禮制，亦以爲一人，而通儒及漢時道家黃帝書，皆以爲二人。乃知古禮制，古道說各不相踰也。審究其義，神荼鬱律由桃椎展轉生故事耳。

常任俠饕餮終蔡神荼鬱壘石敢當小考中說：

> 神荼鬱壘由於桃椎，故後轉變爲桃符，桃符演變之過程，先爲桃棒，桃梗，桃板之屬(註一)。

椎本是逐鬼的武器，又名終葵。考工記玉人云：「大圭長三尺，杼上終葵首。」鄭注：「終葵，椎也，爲椎於杼上，明無所屈也。」說文木部云：「椎，所以擊也，齊謂之終葵。」可知椎之被稱爲終葵，實由於方言的變化，正好像楚人稱虎爲於菟一樣。顧炎武說古人多有名鍾葵者，不知是取椎之形，抑是取辟邪之義？日知錄卷三十二終葵云：

> 蓋古人以椎逐鬼，若大儺之爲耳。今人于戶上畫鍾馗像，云唐時人能捕鬼者，未必然也。魏書堯暄本名鍾葵，字辟邪，則古人固以鍾葵爲辟邪之物矣。又有淮南王佗子名鍾葵，有楊鍾葵、邱鍾葵、李鍾葵、慕容鍾葵、喬鍾葵、段鍾葵；于勁字鍾葵，張白澤本字鍾葵，唐書有王武俊將張鍾葵，則以此名字甚多，豈以其形似而名之，抑取邪辟之義與？左傳定公四年分康叔以殷民七族，有終葵氏，又不知其立名之意也。

鍾葵和辟邪相關似源自方相氏的以椎逐鬼。鍾葵就是終葵，也就是椎，它的本意是「擊」，是大儺時方相氏及其助手用來驅鬼逐疫的一種武器。既是以它擊鬼，必是鬼所懼怕的，因此凡想到椎，就聯想到驅鬼，想到鬼的懼怕，不需要加上驅鬼的行動了。也卽是說，只椎的本身就已有了辟邪的功能了。爲某一個人命名爲鍾葵，希望他像椎一般有逐鬼的威力，而以椎的聯想功能辟邪爲字，實是很自然的事，倒不必着重在

（註一）　常任俠：饕餮終葵神荼鬱壘石敢當小考，民俗藝術考古論集，民32年。

「形似」與否。後世所傳食鬼的鍾馗,也由椎演變而來,涵芬樓藏孤本元明雜劇第三十冊有鬧鍾馗一劇,原標慶豐年五鬼鬧鍾馗,明人撰。記終南秀才鍾馗死後被玉帝封爲天下都領判官,統領天下邪魔鬼怪;鍾馗又託夢殿頭官,殿頭官再轉奏皇帝,於是合各處都畫鍾馗像,以驅除邪魔怪。驅鬼和辟邪的功能俱在,終葵之變爲終南秀才鍾馗,可說是一種傳說中的擬人化。至於方相氏所執之武器,似乎並無嚴格規定。周禮中說方相氏執戈揚盾,東京賦中說執鉞,營城子之方相執旗,沂南漢畫像中之方相,四肢均執兵器,有刀有劍有短戟,椎只是其中的一種而巳。神荼鬱儡和鍾馗同由椎之擊鬼辟邪而來,經長時期的演變,前者成爲守門的門神,後者成爲小鬼的剋星。稱神荼鬱儡爲門神的記載見於荊楚歲時記:

> 正月一日,繪兩神貼戶左右、左神荼、右鬱壘,俗稱之門神。

營城子南壁內面的畫像,是一圓頭巨眼之怪物,兩旁各有一人,執旗相向而立。日人森修、內藤寬曰:

> 右方人物,頭髮逆立,髯鬚黝黑,右手執拔出之劍,旗之頂端,飾有如鳥之羽毛。左方人物戴冠,雖有髯鬚,然稍顯溫和貌,此等怪物與人物,自其所描位置上說,乃此墓道之門神或守護神者明矣(註一)。

姚鑒氏更肯定此門神來自神荼鬱壘(註二)。

四川樂山柿子灣一享堂羨道口的左右側,刻有兩人,左側之人:

> 象一人左手執箕,右手執鋤(也有人以爲是帚),這說明了他的職掌是掃除。

右側之人:

> 這個人和左側的一個很不同,第一原來的裝飾比較奇特,額上似乎有兩角……耳上也有圓形的飾物,第二兩手所執也不如上一圖 (作者按,指左側之人) 的明確,第三在陶俑中還沒有發現相同的事例(註三)。

閻宥氏釋爲漢代的兩亭卒,亭父和求盜。(註四)伊藤清司不以爲然,他說:

(註一)　森修、內藤寬、營城子,頁三三及圖版四十。
(註二)　姚鑒:前引文,頁二十三。
(註三)　閻宥、四川漢代畫像選集,圖六三,六四及解釋(1955)
(註四)　同上

但我認爲聞宥此說不如上一個解釋爲是著動物假面（animal mask）好。這種誇大的耳殼，與在西安東郊十里鋪三三七號唐墓出土的三彩魌頭及西安郭家灘唐墓出土的魌頭大耳同類，絕不是亭父求盜的人物所有的耳朵。這些不如看作是魌頭類(註一)。

柿子灣的兩人，從其守墓之職務及其相貌中某些誇大的部份看，必和除凶辟邪有關；且神荼鬱儡所執之物，除繩索外，文獻上並未指定，故此人像，與其說是亭父求盜，不如認爲是來自神荼鬱儡的門神爲佳。

唐以後，門神已非神荼鬱儡，而由唐太宗時名將秦叔寶和胡敬德擔任。三教源流搜神大全卷七門神二將軍云：

門神乃是唐朝秦叔寶胡敬德二將軍也。按傳，唐太宗不預，寢門外抛磚弄瓦，鬼魅號呼，三十六宮七十二院夜無寧靜。太宗懼之，以告羣臣。秦叔保出班奏曰：「臣平生殺人如剖瓜，積屍如聚蟻，何懼魍魎乎！願同胡敬德戎裝立門以伺。」太宗可其奏，夜果無驚。太宗嘉之，謂二人守夜無眠，太宗命畫工圖二人之形像，全裝，手執玉斧，腰帶鞭鍊弓箭，怒髮一如平時，懸於宮掖之左右門，邪祟以息。後世沿襲，遂永爲門神。

至於前述之椎用桃製，因古人相信桃有一種祓除不祥的特牲。左傳襄公二十九年：

公在楚，釋不朝正于廟也。楚人使公親禭；公患之，穆叔曰：「祓殯而禭，則布也。」乃使巫以桃茢先祓殯。

孔疏曰：

檀弓云：君臨臣喪，以巫祝桃茢執戈惡之也。鄭玄云爲有凶邪之氣在側。桃，鬼可惡，茢，萑苕，可埽不祥……茢是帚，蓋桃爲棒也。

禮記玉藻篇云：

膳於君，有葷桃茢，於大夫去茢，於士去葷，皆造於膳宰。

鄭注曰：「葷、桃、茢、辟凶邪也。」孔疏：「葷謂薑之屬也。桃、桃枝也。茢、炎

(註一)　伊藤清司：前引文，頁九十二。

帶。」周禮夏官戎右曰：「盟則以玉敦辟盟，遂役之，贊牛耳桃茢。」賈疏曰：

> 云桃，鬼所畏也。茢、苕帚、所以掃不祥者。殺牲取血，旁有不祥，故執此兩
> 者於血側也。

左傳之說，表示人死了有凶邪之氣在側。周禮認爲殺牲取血，也有不祥。玉藻篇說連獻美食於君，也有凶邪之氣來犯。大約美食中有肉類，肉類必須殺牲，於是就產生了凶邪之氣；這類凶邪不祥，和「死」是很有些聯帶關係的。看玉藻篇的記載，君吃飯，要桃，葦，茢三樣，大夫減去了茢，士只要桃一樣就夠了，似乎地位愈高，愈不能抵禦凶邪；而桃在三者之中爲最重要最有威力的辟邪物，也是很明白的事了。左傳襄公二十九年所記，桃茢只是一件東西，是桃木作柄的掃帚。玉藻却說是兩物，周禮戎右也說是兩物。其實桃和茢都有祓除不祥的特牲，兩者同時使用，力量更大，將它們製成一器或分之爲二本無多大關係。可能兩種在古代都存在過，採取那一種是視該地該時的習俗而定，並無應用上的統一性。

藝文類聚卷八十六引莊子佚文云：

> 插桃枝于戶，連灰其下，童子入不畏，而鬼畏之。

玉燭寶典卷一

> 斷鷄於戶，懸葦灰於其上，插桃其旁，連灰其下，而鬼畏之。

爲何桃會使鬼害怕？淮南子詮言篇云：「羿死桃棓」。高注曰：「棓、大杖、以桃木爲之，以擊殺羿，由是以來，鬼畏桃也。」羿在古代的傳說中，是以善射出名的大英雄，左傳中說他是有窮的國君，離騷曰：「羿淫遊以佚畋兮，又好射夫封狐。」淮南子本經篇記他射了十個太陽，斷修蛇，擒封豨，山海經海內經說他的功績道：「羿是始去恤下地之百艱」。勇猛如羿尚且死在桃棓之下，何況其他的小鬼乎？如果這傳說是可信的，我以爲正因爲桃有辟邪降凶的特性才能殺死羿，而非羿死於桃棓之下，桃才有了辟邪降凶的特性。高誘的注是本末倒置了。左傳昭公四年云：「桃弧棘矢，以除其災」。孔疏曰：「服虔云，桃所以逃凶也。」因桃和逃同音，就可以逃避凶邪。日人橋本循在關於桃的傳說一文中，說到鬼爲何畏桃的理由，他認爲有三點。第一，古人認爲桃是陽氣最盛的，因它在仲春之時開花，所以是祓除陰氣最有效的，而一切鬼怪不祥都屬於陰物。第二，整部詩經中，不見鬼畏桃的傳說，但常以桃花比喻人顏色

之少壯。如桃夭之「桃之夭夭，灼灼其華」，何彼穠矣之「何彼穠矣，華如桃李」；至少人們有一種觀念存在，卽希望有桃花一樣的容色，這結果是使桃花變成吉祥之物，可以祓除凶邪不祥。第三，桃有一種藥味，古人認爲可以除凶邪。(註一)誠然，桃是生命的象徵，因之才被認爲是陽氣最盛的，才以它比喩人顏色之少壯。從這一點演釋出來，又使人覺得桃可長生，西王母園中三千年一結子的仙桃，吃了可得極壽（見漢武故事），卽是一例。但橋本氏的說法並非全部中肯。第一，陰陽五行之說，雖在戰國秦漢頗爲流行，將桃和陰陽之氣相聯的記載却全爲漢或漢以後的著作，不是早期現象；而在左傳和周禮之時，已說到桃枝辟邪的功用了。所以最初認桃能辟邪的觀念大約與陰陽之氣無關。第二，吉祥之物固可除不祥，不祥之物本身更可除不祥，對付凶邪最好還是利用凶邪；這在討論假面時已經提過了。前引元明雜劇第二十九冊有桃符記一劇，原標太乙仙夜斷桃符記，明抄本。記洛陽閭府尹家二桃符化爲女子，自稱東門娘，西門娘，以魅府尹之子；適逢太乙仙經過，於是召諸神擒獲二妖。這雖是元、明的戲劇，却也表示了可除邪祟的桃符本身就可爲祟。第三，比桃藥味重的草木，不知有多少，以此爲主要點的話，根本數不上桃。我以爲造成桃的辟邪能力可能有多種，其中最重要的恐怕還是由桃花的顏色──紅色。桃花很普遍，開起來又繁盛，一片嫣紅，予人印象頗深。古人對於紅色有一種特殊的感覺，是混合了恐懼，敬畏和神秘的感覺。這或許和血液的紅色有關，在初民的觀念中，血是一種神秘的東西，是生物精氣所在、生命力所聚的地方；關係着生和死、存和亡的大轉變。以中國古代來說，祭祀時要殺牲，會盟時要歃血，遇到突臨的災異，也要奉犧牲，所有這些神聖的儀式中，無不用血來立誓或奉獻。和血同色的舌頭，也沾了它的魔力，舉手邊的例子來說長台關戰國墓出土的鎭墓祭獸（見附圖〔八〕），和長沙出土戰國木雕鎭墓神（見附圖〔九〕），就都伸長着舌頭，增加它守衛的力量。紅色本身是帶有巫術性的，所以方相氏要穿「朱裳」，所以仲夏之月，要以「朱索」施門戶(註二)，所以道士的符，要用「硃筆」畫。桃花是紅色，再加上它特有的氣味，加上與桃同音，以及其他種種原因，遂被選作辟邪逐凶之物了。考工記有「桃氏爲刃」「桃氏爲劍」之語。製造刀劍的官的什麼要稱

(註一)　參考橋本循：桃の傳說について，頁四九至五十，支那學第一卷，大正九年。

(註二)　續漢書禮儀志載：「仲夏之月，陰氣作萌，以朱索施門戶。」

桃氏？孫詒讓於周禮正義中說：

> 桃氏爲劍者，桃爲名義未詳，疑卽鈄之叚字。說文斗部云：「鈄，一曰利也。」
> 爾雅曰：「鈄之謂鉇。」有司徹桃匕。注云：「桃之謂歃。」卽是雅訓，而又以
> 桃爲鈄，是其證也。刃劍鋒利有似匕鉇，故以名工。

孫氏此說是忽略了巫術性，Biot 在考工記注中說：

> 造劍的工人稱爲桃氏，因爲人們用劍驅仇敵，正像用桃木驅惡靈一樣。(註一)

桃氏名稱之用意應該在此。同樣的，桃椎、桃杖、桃梗、桃符、桃弧均來自桃的巫術
性，明白了椎之演變和桃之特性，就可明白大灘爲何要設神荼鬱儡和桃梗了。

(註一)　F.E. Boit. Le Tcheou-li Tome II. p. 490 (1851)

孔廟百石卒史碑考

勞　榦

　　孔廟百石卒史碑是曲阜孔廟漢碑中一個很重要的碑，這個碑從宋代的著錄來看，大致尚稱完好，到明代殘缺漸多，不過根據好的明拓本或清初拓本，尚可從缺文看到原文的大致，甚至於可以補宋代已殘缺的缺文；北京大學所藏的藝風堂拓本和本所藏的小校經閣拓本都十分精審，從前我曾利用這兩處拓本加上隸釋的著錄把原碑校錄過，大致可以把全碑的字補完，現在把校補的全文錄列如下：

　　司徒臣雄司空臣戒稽首言魯前相瑛書言詔書崇聖道勉學藝孔子作春秋制孝經刪述五經演易繫　（一行）

　　辭經緯天地幽讚神明故特立廟褒成侯四時來祠事已卽去廟有禮器無常人掌領請置百石卒史一　（二行）

　　人典主守廟春秋饗禮財出王家錢給犬酒直須報謹問大常祠曹掾馮牟史郭玄辭對故事辟廱禮末　（三行）

　　行祠先聖師侍祠者孔子子孫大宰大祝令各一人皆備爵大常丞監祠河南尹給牛羊豕雞犬兔各一　（四行）

　　大司農給米祠臣愚以為如瑛言孔子大聖則象乾坤為漢制作先世所尊祠用眾牲長吏備爵今以加　（五行）

　　寵子孫敬恭明祀傳于罔極可許臣請魯相為孔子廟置百石卒史一人掌領禮器出王家錢給犬酒直　（六行）

　　他如故事臣雄臣戒愚戇誠惶誠恐頓首死罪死罪臣稽首以聞　（七行）

　　制曰可　　（八行）　　　　　　司徒公河南原武吳雄字季高　（八行附加）

　　元嘉三年三月廿七日奏雒陽宮　（九行）　　　司空公蜀郡成都趙戒字意伯　（九行附加）

元嘉三年三月丙子朔廿七日壬寅司徒雄司空戒下魯相承書從事下當用者選其年
冊以上經通一　（十行）

藝雜試通利能奉弘先聖之禮爲宗所歸者如詔書書到言　（十一行）

永興元年六月甲辰朔十八日魯相平行長史事下守長擅叩頭死罪敢言之　（十二
行）

司徒司空府壬寅詔書爲孔子廟置百石卒史一人掌主禮器選年冊以上經通一藝雜
試能奉弘先聖　（十三行）

之禮爲宗所歸者叩頭死罪死罪謹案文書守文學掾魯孔龢師孔憲戶曹史孔覽等雜
試龢修　（十四行）

春秋嚴氏經通高第事親至孝能奉先聖之禮爲宗所歸除龢補名狀如牒平惶恐叩頭
死罪死罪上　（十五行）

司空府　（十六行）

讚曰巍巍大聖赫赫彌章相乙瑛字少卿平原高唐人令鮑疊字文公上黨屯留人政教
稽古若重規矩　（十七行）

乙君察舉守宅除吏孔子十九世孫麟廉請置百石卒史一人鮑君造作百石吏舍功垂
無窮於是始備　（十八行）

孔廟漢碑有百石卒史碑，韓勑碑及史晨碑等三碑，其中以百石卒史爲最早，此碑直抄
公文，表面上以此碑最爲隆重；實際上就立碑人的身分說，似乎不如韓勑和史晨。碑
中未曾敍及立碑的人，不過按照稱魯相乙瑛爲君，稱魯令鮑疊爲君，那就此碑決不屬
於官家所立，而應爲魯國的民庶所立，且碑陰中又無立碑人，不像是集款所立的碑。
因此只有和百石卒史一職有關的人才會樹立此碑。所以此碑大致就是補百石卒史的孔
龢所立。

　　樹立此碑的目的，顯然的並非爲歌功頌德，而是爲對設立百石卒史一事援引詔
文，作爲法律的根據；這就表示著設立百石卒史一事是並不容易的，設立成功，一定
經過了不少的周折；所以在批准以後就鄭重的刊石立碑，以免以後的官方有所改動，
這就是此碑以公文爲主的原因。換言之，此碑是實用的，不是孔廟的裝飾品，因而有
些地方過分的實用化，就立碑的體例來說，確有不純之處。

　　漢代立碑的風俗，以歌功頌德居多，立碑來做法律的根據的比較少，此碑顯然以實用為主；可是以歌功頌德來做裝飾，因而有歌頌的文字；並且還有讚美孔子的讚詞，不過却都在不重要的地方，而碑的大部分却被公文占滿了。當然，完全做成一個詔書碑是可以的，問題是此碑又刊勒詔書，又兼著頌功德，而頌功德的文章又有些因陋就簡，顯出來是雜湊，或者是隨後加入的、或者是原來的設計被改動了。

　　就此碑的原有設計，滿十六行，到司空府三字為止，是無問題的。到刻好以後，也許有人覺著還有地位，於是加了兩句頌聖的文句，再把乙瑛鮑疊的頌辭放入，以後覺著又要頌吳雄和趙戒，碑中沒有地方了，又加到八行及九行的下面，成了兩行的附加。這些顯然不是原來設計所有，如原來有此設計，就會注意排列一下。

　　也許會和孔麟有關，但此碑只有孔龢的百石卒史職守有關，原和孔麟並無關係，不過孔麟是由乙瑛察舉的孝廉，在東漢說來，是一件非常重要的事，為著表示對於乙瑛感謝之意，就此一碑兩用，此亦省事之一法。

　　再就『讚曰巍巍大聖赫赫彌章』幾句來看，只頌揚孔子，與立百石卒史事毫不相及，顯然語氣未完，這表示著寫碑時把後文省略掉了。省略的原因又很像為著地位不夠，省去了許多字；而且『於是始備』也像語意未完，後面還有要寫的話。所以此碑的碑文和原來設計是決不相符的，也可能原來要在碑陰刊刻許多文字，後來因為碑陰不能刻字，一律刻在碑陽。也可能孔家的意見不一致，把原來設計改了。這要看一看碑陰情況是怎樣的，才可以決定那一種的可能大。

　　還有一個可能，這也許是最大的可能，就是漢代刻碑已經成為商業化了，寫碑的人都是刻碑店去找的人，根本和碑主不相干。只有熹平石經因為特別慎重，才會由蔡邕等親自去寫。其他各碑從來未有書碑的人（這和近世廣告上的書體從不知道誰寫的一樣）。西嶽華山碑算鄭重的了，只寫『郭香察書』，並非郭香去寫，而是派郭香去校正一下碑店的抄寫，有無錯誤。漢碑中如張遷碑，把『爰暨於君』，寫成『爰旣且於君』。這種錯誤，只有匠人才會發生。卽令為書佐所書，也不會不加關照的。這個碑在未刻之前，碑主人可能有一個設計。不過交給碑店的時候，沒有關照明白，頌讚之辭被碑店寫到碑陰去了。等到碑主發現之時，已經刻到第十七行頭幾個字，只好把『讚曰』只留下二句，其餘的空白儘量的補入頌揚之辭，因而文氣不貫，文理不通，成為

漢碑中特殊的例子。

古代對於書法，並未曾認爲是一種可以名家的藝術。但是對於金石上的文字，却也選擇書法純熟的人去寫，才能排列整齊，所以書法在應用上也需要書匠去寫。書匠的身分雖然不如後世書家那樣的高，可是也得有相當的訓練才可以（這種情形，中外都是一樣。外國並不重視書法，可是寫廣告，寫工程圖上的字，都要經過訓練的）。從殷商的銅器文字開始，就可以看出寫字的人確實經過了一番訓練。只有一點，就是許多字不像寫成的，有一點像做成的。這種做作的情況從兩周金文，漢代碑文，一直到南北朝碑版石刻，都是一樣。直到唐碑才完全脫離了做作的痕跡，完全表現出手寫的筆鋒，這是表示著到唐代碑文才完全由工匠之手轉入了藝術家之手。

但是宋初的人對此却不能了解，宋人張稚圭便在碑後刻文云：『後漢鍾太尉書，宋嘉祐七年張稚圭按圖題記』。當然這是非常錯誤的。宋洪适隸釋云：

> 鍾繇以魏太和四年卒，去永興七十八年，圖經所云非也。

據張懷瓘書斷云，鍾繇以太和四年薨，年八十(註一)，則立碑的時候，鍾繇年方二歲，是不可能書此碑的。清惲敬大雲山房文集，乙瑛碑跋云：

> 右張子潔所藏乙瑛碑，頗有神采。整暇暢美，爲八分書作嚆矢矣。宋張穉圭定
> 爲鍾元常書，隸釋考元常生年與立碑歲月不相及。然此碑韻勝處，視元常正書
> 行押書亦相發。二王風流始于元常，蓋東漢之末，其風氣漸及六朝，可以觀世
> 變也。

東漢之末，尤其在靈帝時期，書法是一個變化時期，因爲靈帝重視書法，而鴻都門的侍詔，有以書法進的，從此書家的地位確實更高了起來。不過此碑在靈帝以前，與靈帝時之風氣並不相及。其實和乙瑛碑類似的筆意，在西漢的簡牘中，有時也可以看到。惲氏『可以觀世變也』這句話就需要重爲估定了。

漢書元帝紀贊曰：

> 臣外祖兄弟爲元帝侍中，語臣曰：元帝多材藝，善史書，鼓琴瑟，吹洞簫，自
> 度曲，被歌聲，分刌節度，窮極幼眇。少而好儒，及卽位，徵用儒生，委之以

（註一）　魏志鍾繇傳，繇太和四年薨，未言歲數，張懷瓘書斷言八十。

政，貢薛韋匡，迭為宰相。而上牽制文義，優游不斷，孝宣之業衰焉。

這裏所說的史書，當然是書法，並且在班固之時，和音樂並稱，也就承認為一種藝術。不過史書指那一種書法，東漢末年的應劭，還有錯誤的解釋。這並非『史書』二字，在東漢晚年已經不常應用。而是這一段所謂『應劭注』根本有問題。

錢大昕發現了應劭的錯誤，雖然他認為史書卽隸書仍然不對，可是已有進一步的解釋了。按漢書元帝紀注引應劭曰：

(史書)周宣王太史史籀所作大篆。

錢氏二十二史考異曰：

應說非也。漢律，太史試學童能諷書九千字以上，乃得為史(見藝文志)。貢禹傳：『武帝時盜賊起，郡國擇便巧史書者以為右職。俗皆曰：「何以禮義為？史書而仕宦。」』酷吏傳：『嚴延年善史書，所欲誅殺，奏成於手中，主簿親近吏不得聞知。』蓋史書者，令史所習之書，猶言隸書也，善史書者謂能識字作隸書耳，豈皆盡通史籀十五篇乎？外戚傳：『許皇后聰慧，善史書。』西域傳：『楚主侍者馮嫽善史書。』王尊傳：『少善史書』。後漢書安帝紀：『年十歲，好學史書。』皇后紀：『鄧皇后六歲能史書。』『梁皇后少好史書。』章八王傳：『安帝所生母左姬善史書。』齊武王傳：『北海敬王睦善史書，當世以為楷則。』明八王傳：『樂成靖王黨善史書，喜正文字。』諸所稱善史書者無過諸王、后妃、嬪侍之流，略知隸楷，已足成名，非真精通篆籀也。魏志管寧傳：『潁川胡昭善史書，與鍾繇、邯鄲淳、衞覬、韋誕並有名。尺牘之迹，動見模楷。』則史書卽隸書明矣。

據此引證，可見從西漢中葉到三國時期，『史書』這個辭彙，一直沿用不絕，應劭不應該對於這個辭彙的意思都不知道。並且『史書』還是當時流行的口語，在應劭當時已根本不需要注，應劭在此處有求深反晦之嫌。當然還有一個更合情理的解釋，就是顏師古所見的應劭注，在這裏有後人竄入之嫌，顏氏拿來當原注引用。這一類的竄入，在古代抄本中是常有的，不過現在找不到直接證明罷了。

應劭注誠然是有問題的，不過引導出來錢大昕一段引證却是非常有用。現在只是要把錢氏隸書的結論再修正一下。

所謂『應劭注』稱史書爲大篆，當然不是。不過史書究竟指什麼，却應當用漢書原文來看，也不能輕易就定爲隸書。漢書中，比較最清楚的兩段材料的全文是：

　　貢禹傳：『武帝，始臨天下，尊賢用士，闢地廣境數千里。自見功大威行，遂從耆欲，用度不足，廼行壹切之變，使犯法者贖罪，入穀者補吏，是以天下奢侈，官亂民貧，盜賊並起，亡命者衆。郡國恐伏其誅，則擇便巧史書，習於計簿，能欺上府者，以爲右職。姦軌不勝則取勇猛能操切百姓者，以苛暴威服下者，使居大位。故亡義而有財者，顯於世；欺慢而善書者，尊於朝；浮逆而勇猛者貴於官，故俗皆曰：「何以孝弟爲？財多而光榮；何以禮義爲？史書而仕官；何以謹愼爲？勇猛而臨官。」』

　　酷吏傳：『嚴延年，……尤巧爲獄文，善史書。所欲誅殺，奏成於手中，主簿親近史不得聞知。奏可論死，奄忽如神。』

從嚴延年傳看來，史書彷彿就是隸書。因爲他善獄文善書寫，奏章一切親自辦理，極端秘密，下屬吏員全然不知。不過再從貢禹傳看來，就不這樣簡單。因爲貢禹傳所說武帝時代郡國中需要的人，是一種擅長公文技巧，明白計簿方式規程的人，而不是長於書寫藝術的人。所以史書的意思，應當指的是公文的草擬和公文的書寫兩項，都是指的實用方面，不是屬於藝術的。若就狹義的史書用法來說，應指漢代日常通用的書法，包括隸書和草書。

　　在漢書和後漢書有兩段相似的用法，一段指明爲史書，一段却未指明爲史書。在漢書游俠陳遵傳說：

　　略涉傳記，贍於文辭，性善書，與人尺牘，主皆藏去以爲榮。……起爲河南太守，旣至官，當遣從史西召善書吏十人於前，治私書，謝京師故人。遵馮几口占書吏，且省官事，書數百封，親疏各有意。河南大驚。

後漢書齊武王縯傳附北海敬王睦傳：

　　又善史書，當世以爲楷則。及寢病，帝驛馬令作草書尺牘十首。

這兩段所涉及的，第一是善書的人，第二是『史書』一辭，第三是尺牘，第四是草書，第五是一般人對於精寫尺牘的重視。就敦煌和居延的木簡來看，凡是私人的通

信，用的都是木牘(寬的木簡)，寫的都是草書(註一)，沒有例外。書法技巧當時已經有高下之別，不過並不像後代那樣的嚴格，例如在河南郡便可找到善書的人十人，所寫的亦爲當時所重。所以在西漢晚期，『善書』的標準還不是特別的高。『藏去以爲榮』一半還是因爲致書的人是名人，不完全是由於客觀的藝術標準。又凡是尺牘，都是用草書，北海敬王傳所以特別說到用草書，是因爲漢代章奏是用隸書(奏草才用草書)，諸侯王致天子書是不可以用草書的，除非有天子的命令。北海敬王是由天子指明用草書，所以傳中才特別說到。從這裏來看，可見當時對於書法的看法，草書高於隸書。草書和隸書的區別，也就是後來『碑』和『帖』的區別。東晉南北朝以後，南方仍維持禁止立碑的傳統，而北方却允許立碑。南方書家的字傳世較多，而北方的却甚少。因而『碑』和『帖』兩種，在一般講書法的書中，就用南方書體及北方書體來做代表。實際說來，北朝的帖傳世者極少。不過在北朝以前，晉代的李柏書在新疆發見，已和右軍書勢頗有共通之點。而東晉時的寶子碑，劉宋時的爨龍顏碑，以及蕭梁時的幾個華表，也和北朝的碑體完全一樣，這就是帖是『寫』成的，碑是『做』成的。到了隋代碑中書寫的筆勢漸次增加，唐代歐虞褚薛以及李北海等都以書勢寫碑，於是唐碑就成了新的面目了。

　　碑文列舉漢代的公文，這在保存公文形式上，是非常重要的。武億授堂金石三跋云：

　　　　碑載三月丙子朔，二十七日壬寅，司徒雄，司空戒下魯相，又下文永興元年六月甲辰朔，十八日辛酉云云，以後漢書推之，雄吳雄，戒趙戒也（今按吳雄及趙戒之名今碑文並闕），吳望南兩漢刊誤補遺云：『三王世家竝載諸臣奏疏，其著朔可爲後世法程曰：「三月戊申朔，乙亥，臣光守尙書令，丞非下御史，書

（註一）　後漢書文苑張超傳：『超又善於草書，妙絕時人，世共傳之』。補註惠棟曰：『王僧虔傳鐵云：「超善草書，不及崔張」，謂瑗芝』。晉衛恆作四體書勢（見晉書衛瓘傳，三國志劉劭傳註省節略），言古文、篆書、隸書(卽楷書)、草書之法。然其中最重要的，還是草書那一段。後漢書蔡邕傳：『初(靈)帝好學，自造皇羲篇五十章，因引諸生能爲文賦者，本頗以經學相招，後諸爲尺牘及工鳥篆者皆加引召，遂至數十人。』所謂尺牘，當然指草書，而鳥篆則指古文。所以當時工書仍以草書爲重。不過草隸之法相通，爲草書的亦兼擅隸書，因而四體書勢言及隸書時，舉靈帝時的師宜官，並且爲袁術書耿球碑，這是東漢晚期的事。但是師宜官仍爲職業的書家，也只比工匠略高一籌罷了。

到言，丞相臣青翟，御史大夫臣湯昧死上言，臣請立臣閎，臣旦，臣胥爲諸侯王，……云云……制曰可。四月戊寅朔，癸卯，御史大夫臣湯下丞相，丞相下中二千石，二千石，下郡守(今按此處衍一下字)諸侯相。』前言戊寅朔，則癸卯爲二十六日矣。中興以後有司失其傳，如先聖廟碑載三月丙子朔，二十七日壬寅，司徒雄，司空戒下魯國；又修西嶽廟碑載十二月庚午朔，十三日壬午，弘農太守臣毅頓首死罪上尙書(武氏自注，案魯相晨祠孔廟奏銘建寧二年三月癸卯朔，七日己酉，魯相臣晨，長史臣謙死罪上尙書，亦無此同文)。烏有知朔爲丙子庚午，而不知壬寅壬午爲二十七日、十三日者哉？斯近贅矣。今世碑記祭文踵先漢故事可也。』余按中興之初，猶存西漢遺制，後漢書隗囂檄文云：『漢復元年七月己酉朔己巳，言己巳則爲二十一日也。吳氏之言，信有本哉？(註一)

又敦煌漢簡有幾段屬於公文性質，與此碑可以互相對證的，王國維曾有跋文，今列於下：

(1) 制詔酒泉太守，敦煌郡到戍卒二千人，發酒泉郡，其假候如品，司馬以下與將卒長吏將屯要害處屬太守，察地形，依阻險，堅辟壘，遠候望，毋……
　　　……陳却適者賜黃金十斤。

　　□□元年五月辛未下。

王氏曰：此宣帝神爵元年所賜酒泉太守制書，獨斷云：制書，其文曰制詔三

(註一)　關於吳仁傑和武億指出西漢紀日之法和東漢紀日之法不同，西漢平常只記朔日的干支和當日的干支，東漢除去記朔日的干支，及當日的干支以外，又記當日的日次，確有特見。在漢簡中西漢和東漢大體也是有這樣的不同，不過西漢亦或記日次，東漢木簡有時連干支也不要了。漢安會仙友題字，不用干支，確爲東漢以後的風氣。不過這種衍濫，也是有道理的。上古曆法，月和旬本是兩種不同的週期，干支屬於旬而不屬於月。卜旬用癸日，與月無干。記月的地位用初吉，哉生魄既望，旁死魄等名稱，爲了和旬日配合，才加上干支。『旬』實在是古代的一種『星期』制度，有實際上的用途。漢代五日一休沐，唐代十日一休沐，都和『旬』制傳統有關。不過日次更爲重要。漢簡中和甲骨中的甲子次數就表示甲子次數並不好記。近代一般人中除去卜日算卦的以外，能記甲子次數的，實在不多。吳仁傑『今世碑記祭文踵先漢故事可也』，實在是一個不可行的事。實際用來，與其『踵先漢故事』，又何必不在文章中刪去干支，只留日次，豈不更簡單嗎？

公，刺史、太守、相；又云：凡制書有印，史符下遠近皆璽封，尚書令重封，故漢人亦謂之璽書。漢書武五子傳，『元康二年遣使者賜山陽太守璽書曰：制詔山陽太守。』陳遵傳：宣帝賜陳遂璽書曰：『制詔太原太守』。趙充國傳：『制詔後將軍』。下文目爲進兵璽書，則璽書之首例云，制詔某官，此簡之『制詔酒泉太守』，則賜酒泉太守書也。

(2) 四月庚子，丞吉下中二二二千郡太守諸侯相，承書從事下當用者。

王氏曰，右簡亦詔書後行下之辭，而失其前詔者。且語多譌闕，蓋傳寫者之失也。以文例言之，當云丞吉下中二千石，中二千石下郡太守諸侯相（今按實應云丞相吉下中二千石，二千石，郡太守，諸侯相）。史記三王世家：『太僕臣賀請三王所立國名，制曰：立皇子閎爲齊王，旦爲燕王，胥爲廣陵王，四月丁酉奏未央宮。六年四月戊寅朔癸卯，御史大夫湯下丞相，丞相下中二千石，二千石，下（今按史記原文爲後人衍一下字）郡太守，諸侯相，丞（王氏曰當作承）書從事下當用者如律令。』以此例之，則此中字下之小二字，當在千字之下，而其下又脫石二二字也。又丞吉二字之間，疑脫一相字，考漢時下詔書之例，如高帝十二年二月詔，則由御史大夫昌爲下相國，相國酇侯下諸侯王，御史中執法下郡守。上所引元狩六年詔書，則由御史大夫下丞相，丞相下中二千石，二千石下郡太守諸侯相。孔廟置百石卒史碑載元嘉三年壬寅詔書，則由司徒司空下魯相。無極山碑載光和四年八月丁丑詔書，則由尚書令下太常，太常紈丞敏下常山相。此簡但云丞吉不著何官之丞，漢代文書初無是例，則丞字下脫相字無疑也。……承書從事下當用者乃漢時公文常用語，三王世家、孔廟置百石卒史碑、無極山碑並有此文，猶後世所謂主者施行也。

(3) 十一月壬子，玉門都尉陽，丞□敢言之，謹寫移，敢言之。／掾安，守屬賀，書佐通成。

王氏曰，右簡爲玉門都尉言事之書，敢言之者，下白上之辭。漢書王莽傳：莽進號宰衡，位上公，三公言事稱敢言之。論衡謝短篇：郡言事二府稱敢言之。孔廟置百石卒史碑：魯相平，行長史卞，守長擅，叩頭死罪敢言之司徒

司空府。此簡不云叩頭死罪而但云敢言之，或係都尉與敦煌太守之書，而出
於都尉治所者，蓋具書之草稿也。

這個碑中一共包括了四個公文。第一個是吳雄和趙戒轉達魯相乙瑛的呈辭上奏皇帝，
第二個是皇帝的認可制文，第三個是吳雄趙戒下魯相的文書，第四個魯相平行長史事
卞守長擅報告設置百石卒史，並選定守文學掾孔龢爲孔廟百石卒史。

在居延漢簡中，三公與郡守間的公文，亦頗有可與此碑相互證的，如：

(1) 御史大夫吉昧死言，丞相相上太常昌書言太史丞定言，元康五年五月二日壬
子（按此卽西漢時亦記日次之例）夏至，宜瘳兵，大官抒井，更水火，進鳴
雞，謁以聞，布當用者。臣謹案比原宗御者水衡抒大官御井，中二千石，二
千石令官各抒別火官，先夏至一日，以除燧取火，授中二千石，二千石官在
長安雲陽者，其民皆受，以日至易故火，庚戌瘳兵不聽事，盡甲寅五日，臣
請布，臣昧死以聞。

(2) ……大夫廣明下丞相，承書從事下當用者如詔書，書到言……郡太守，諸侯
相，承書從事下當用者如詔書，書到明白布……到令諸□倉□以從其□□□
如詔書律令，書到言。……丞相史……下領武校居延屬國鄣農都尉，縣官，
承書……

(3) 三月丙午，張掖長史延行太守事，倉長湯兼行丞事，下屬國，農都尉，小
府，縣官，承書從事下當用者，如詔書。／守屬宗助府，佐定。

(4) 二月丁卯，丞相相下車騎將軍，將軍，中二千石，二千石，郡太守，諸侯
相，承書從事下當用者，如詔書。／少史慶，令史宜王，始長。

(5) 八月辛丑，大司徒官下小府，安漢公，太傅，大司馬，太師，太保，車騎…

(6) 臚野王丞忠下郡右扶風，漢中，南陽，北地太守，承書從事下當用者，以道
次傳，別書相報，不報書到言，／掾勤，卒史欽，書佐士。

(7) 守大司農光祿大夫臣調昧死言，守受簿丞處前以請給使護軍屯食守部丞武…
…以東至西河郡十一農都尉官官調物錢穀漕轉糴爲民困乏，啓調有餘給……

從這裏可以看出西漢例行公文的程序是九卿郡國上丞相，丞相由御史大夫轉上天子，
天子再制可，批給御史大夫，下丞相，丞相再下給九卿郡國，這是由於御史大夫

原來所做的是後來尚書令的職務，所以例行公文，終西漢不改。但是天子制詔却由尚書直下，不必經由御史大夫。到了東漢，行三公制，太尉管軍事行政，不涉文治，一般政事由司徒司空辦理，稱爲二府。例行公文需要備辦兩份，再由二府會銜上報。因此尚書令成爲集中審核的人，尚書令的權便增大了。此碑魯相平的呈文先言司徒司空府，後只言司空府，便可證明這是抄自上司空府文書的原稿。此項呈文因爲要上給二府，所以不論是上司徒的或是上司空的都把兩府的名寫出來。後面是指此份呈文送達的機關，所以前面有二府，後面只有一府。抄錄的人只抄一份稿子，因而也就只有司空府了。若以立碑的體例來說，當然不對。可是更表示出來原文的真像，因而更爲可貴了。

　　關於『敢言之』一語，在漢簡中發現的非常多，都是下屬上行之文。在前引居延漢簡(1)，後面應當有『制曰可』，可是並沒有。但別的單獨一條簡上，却有『制曰可』三字。用此碑來互證，可知『制曰可』確實是單獨占一行，就是下行的文，引用詔書，而不是詔書本身，也不例外。從此可以知此碑的行格是保存原有公文格式，『制曰可』占一行，『司空府』也是按原有格式占一行，這都是對於了解漢代公文形式，非常有用的。

　　其次，司徒司空下魯相書言『書到言』，而實際上的覆文要在三月以後，那就『書到言』並非就指覆文。前引漢簡(6)說『別書相報，不報，書到言。』這就是說『書到言』只是一個簡單的收條之類，和正式的覆文，不是一囘事。

　　再關於碑文，有些可以解釋的，列下：

魯相——山東通志云：『出王家錢者，東海王也。據後漢書東海恭王彊，光武太子，以母后郭氏廢，卽讓太子，封爲東海王，帝優以大封，兼食魯郡，以魯恭王靈光殿猶存，詔彊都魯、然仍稱東海，不稱魯王，終漢之世不改。而魯國事則以魯相治之，王不與也。』這是對的，據續漢書郡國志，魯國在豫州，六城，戶七萬八千四百四十七，口四十一萬一千五百九十。東海郡在徐州十三城，戶十四萬八千七百八十四，口七十萬六千四百一十六。兩地不在一州。可知在郡國志所據的順帝時代，東海郡已直屬中央，不屬於東海國。據後漢書四十二東海王彊傳稱，東海王彊在永平元年病卒，薨前上書讓嗣子政不材，願還東海郡，而希望封其三女爲小國侯。東海王彊只

有一子名政，後來政立爲東海王，誠然不克負荷（朝廷未削東海國封，還是念東海王彊，加以寬典）。東海王彊一女後封爲沘陽公主，適郭勖。其他二女不詳。以此推之，大致亦曾封爲縣公主（據周壽昌所考）。則東海王彊薨後，朝廷常照他的意思，收回了東海郡。所以後來的東海王，名爲東海國王，其實已不領東海郡，只有魯國。所以就王來說，王號還是東海王，可是王國相的名稱，不是東海相，而是魯相。爲什麼不改王國的名稱爲魯國，大約還是因爲紀念東海王彊的緣故。後漢書集解東海郡下，引馬與龍說，東海雖置郡，因地屬魯，始終未置太守。此說殊不合理，因爲地若屬魯，就當列於豫州，不當列於徐州，徐州刺史決不可以越州，而按六條原則監察魯相。爲便於徐州刺史監察，則東海必有專人負責，因而一定有太守了。

褒成侯四時來祠，事已卽去——山東通志曰：『漢書外戚恩澤侯表褒成侯孔均元始元年六月丙午封，其國在瑕邱。又孔光傳；霸還，長子福名數於魯，奉夫子祀。名數者，戶籍也。戶籍在魯，而所居乃瑕邱，非曲阜也。瑕邱今滋陽縣，在曲阜西三十里，故云事已卽去也。此從來釋碑者所未知也。』按列侯率居長安，朝朔望，不之國。文帝二年，始令列侯之國，罷丞相周勃，遣就國。文帝十一年周勃薨於國，此後列侯未有就國的。褒成侯當然也是居在京師。此爲東漢時事，當居洛陽，所以『事已卽去』了。

百石卒史——後漢書二十八百官志：『每郡置太守一人，二千石……皆置諸曹掾史。』本注曰：『諸曹略如公府』。注引漢宜曰：『河南尹員吏九百二十七人。十二人百石，諸縣有秩，三十五人官屬掾史，五人四部督郵吏，部掾二十六人，案獄仁恕掾三人，監津渠漕水掾二十七人，百石卒史二百五十人，文學守助掾六十人，書佐五十人，循行二百三十人，幹小史二百三十一人。』案河南尹所屬之員吏，大率爲百石吏及斗食吏二種，督郵、掾、文學、百石卒史均爲百石。而書佐、循行、幹、及小史則均爲斗食。其卒史階級屬於令的稱爲令史；屬於丞的，稱爲丞史；屬於尉的，稱爲尉史。漢書儒林傳：『郡國置五經百石卒史』，兒寬傳：『補廷尉文學卒史』，可見九卿及諸郡，凡關於文學職務的，都是卒史。只是有時單稱文學，有時因爲有幾個文學，由其中一人做管理員，就稱爲掾了。

牛羊豕雞犬兔各——舊釋犬兔二字闕，今據拓本補。張穆序齋詩文集曰：『財出

王家錢給犬酒直 ， 犬或誤仞作大，……夫酒酒也 ， 犬牲也，犬酒猶之乎牛酒羊酒云爾。乙瑛請以王家錢給犬酒直者，不敢仰給大官也。所以止云犬酒者，比諸鼉小祀之牲，不備物也。禮，宗廟之牲犬曰羹獻，而五祀之牲門用犬。周官犬人，掌凡祭祀用犬牲。魏高堂隆曰：「案舊典薦新之祭，大夫以上將之以羔，或加之以犬，不備三牲也。……下文太常旣據故事祀先聖師，河南尹給牛羊豕□□各一（雞字據隸釋漢隸字源尙摹有此字，然劉球隸韻已不收，知其磨滅久矣）。 此如今日案牘之引例。而下云請出王家錢給犬（二字今亦闕）酒直，則第如乙瑛請，未嘗加給牛羊豕雞諸牲也。觀建寧二年史晨奏書仍以無公出酒脯之祠爲言，是並犬酒之禮，亦不久卽廢。直至晉太始三年，詔太學及魯國備三牲以祀孔子，而春秋饗禮之典，乃有加矣。」今案張說甚是。惟因碑文犬兎二字闕，故未能互證。今據舊拓本補（此二字藝風堂本亦甚模糊，但極力辨識尙可略見其字形。）則犬酒二字無誤，其他各家釋大，釋發，都是不對的。

爲漢制作——桂馥札樸曰：『孔龢碑云：「孔子大聖，則象乾坤，爲漢制作。」韓勑碑：「孔子爲近聖，爲漢定道。」史晨碑：「臣伏念孔子 ， 乾坤所于建， 西狩獲麟，爲漢制作。」許沖表：「深維五經之妙，皆爲漢制。」班固典引：「蓄炎上之烈精，蘊孔佐之宏陳。」論衡程材篇：「董仲舒表春秋之義，稽合於律，無乖異者。然則春秋漢之經，孔子製作，垂遺於漢。」……公羊解詁云：「夫子素按圖錄，知庶姓劉季當代周。」……馥案碑及諸書，出於中候演孔圖，視大聖人之大經大法，等諸後代術士，豈不誣哉？」又云『班彪王命論：「是故劉氏承堯之祚，氏族之世著於春秋。」班固漢書贊：「春秋，晉史蔡墨有言，陶唐氏旣衰，其後有劉累，范氏其後也。范氏爲晉大師，魯文公世出奔秦，後歸於晉，其處者爲劉氏。賈達上言。左氏與圖讖合，明劉氏爲堯後，因見信用。范蔚宗謂賈達能傅會文致，最差貴顯者也。」案後漢書三十六賈達傳云：『建初元年，詔達入講北宮白虎觀，南宮雲臺。帝善達說，使出左氏傳大義長於二傳者，達於是具條奏之 。「……五經家皆無以證圖讖明劉氏爲堯後者，而左氏獨有明文。五經家皆言顓頊代黃帝，而堯不得爲火德。左氏以爲少昊代黃帝，卽圖讖所謂帝宣也。如令堯不得爲火，則漢不得爲赤。其所發明，補益實多。」……』又范曄論曰：『鄭賈之學，行乎數百年中，遂爲儒宗，亦徒有以焉爾。桓譚以不善讖流亡，鄭興以遜辭僅免。賈達能附會文致，最差貴顯。世主以此論學，悲矣哉！』所以『爲漢

制作』那一套，正是因爲君主們都迷信，儒生藉此爲促進儒學的藉口，實際上儒術眞義原不在此的。至范曄之論，可能本於七家後漢書，所以和後漢書方術列傳序所稱：『鄭興賈逵以附同稱顯，桓譚尹敏以乖忤淪敗。自是習爲內學，尙奇文貴異數，不乏於時矣』不同。惠棟云：『興傳以不善讖，故不能任，此云附同稱顯，與傳異。』兩傳不同，當以賈逵傳爲是。

至於賈逵傳所稱賈逵利用左傳，明著漢爲火德，當然是一個非常複雜的問題，而且成爲兩漢學術史中一個討論的關鍵。五德終始之說本始於鄒衍，漢世符讖灾異之說，多從此而來。不過鄒氏之說是『先驗小物，推之無垠』，所以他大致以自然現象爲本，來從他的看法去推衍的、所以他的排列法應當和呂覽，淮南，及禮記月令的次序相符，卽五德按四時之序，循著春夏秋冬，周而復始的順列下去、如按『四時之序，成功者去』(註一)的道理來說，卽就應當照以下的排列法：

　　春──甲乙木──其帝太昊

　　夏──丙丁火──其帝炎帝

　　夏季─────戊巳土──其帝黃帝

　　秋───庚辛金───其帝少昊

　　冬───壬癸水───其帝顓頊

太昊、炎帝、黃帝、少昊、顓頊、正是一個時代先後的次序，卽按照四時之序來排，以應『自天地創制以來』自然之理，則五德之運應當是相生的，不是相克的。

　　不過呂氏春秋是一本雜湊而成的書，其中並非根據一家之學，所以又說出來一種相克的系統。這可能是鄒衍以後，再發展出來的另外一種五德終始，雖然和四時之序並不相符，可是就戰國時的時勢來說，當時要的就是戰勝攻取，這種相克之說正爲合適(註二)。秦並天下，推五德之運，是採用這一種相克的說法。漢承秦制，大致以秦法

（註一）　此戰國時諺語，見戰國秦策。

（註二）　五行的次序，按照洪範的次序是一曰水，二曰火，三曰木，四曰金，五曰土，只是把五行爲做五種不同的質料，按着堅實的程度來分，並無生克的關係在內，這當然是最早期的看法。不過秦始皇用水德，數以六爲紀，還是採用這個系統。可見戰國時講五行之術，鄒衍只是一個大派，另外一定還有許多不同的家數。

爲歸。當漢代初年，依照當時政治系統，只有兩種選擇，一是不改秦制，完全承受了秦的水德型制度。另一個是更改秦制，用相克的原理，認爲漢克秦爲土德。爲着客觀的形勢，改制說漸漸占了優勢，因而張蒼水德的主張，逐漸的被公孫臣，賈誼，司馬遷等土德主張所代替。截止武帝太初改曆，還是採了五德之運相克的系統、雖然相生的系統早已經存在了(註一)。

自宣元以後，因爲教育發展的原故，儒家之學大爲暢行、而且自夏侯勝以陰陽五行之說取富貴、於是翼奉、京房、李尋之流更昌言災異。但怪力亂神，儒家正統書中不大言及。學者附會非常奇異可怪之說，就不能不向百家雜說之中去找出路，這就是讖緯起於哀平之際的原因。而孟喜說易，遠出師法之外，也是這個原因。

太初改曆在儒學上說，是一個勝利。不過等到陰陽五行更爲注重的時候，還會覺得不滿。因爲還有幾種矛盾，非把相克的五德終始改爲相生不能解決的。

(1) 在天人感應原則之下，政治交替應當合於四時之序，只有相生的五德終始才合適。

(2) 當時儒生希望有一個禪讓的朝代出現。而禪讓常是相生，不是相克。相克之序是非改爲相生之序不可了。依相生之序排列下來，周爲木德，以漢繼周，當爲火德。漢既爲火德，要先找火德之瑞，於是乎把『赤帝子』那個傳說找到了。這個傳說不過是學陳勝籌火狐鳴的故智，沒有什麼了不起。至於『赤帝子』一名的使用，因爲楚在南方來剿滅西方的白帝子(秦)，和五德終始是不合的（因爲秦自稱水德，不是白帝子)。等到漢高帝成功了，雖然假的符瑞也得算爲真的。不過在五行生克中却用不上，也就不用了。這時要把漢排成火德，這個傳說正好利用，此其一。

其次按五行相生之序，漢爲火德，恰好和炎帝及堯相同，要找根據，這就難了。炎帝太早，不要管他。五帝中從黃帝起，不必再管炎帝。可是堯和漢代的關係就太難扯上了。劉本庶姓，其祖先是誰並無記錄。（和後來王偉替侯景立七廟一樣，只有捏

造祖先之一法。）要找姓劉的，國語上却有的是，不過劉爲周室大夫，原屬姬姓，與五德終始之義毫無補助，於是就不得不放棄連篇累幅的周室中劉姓而不問，去在左傳中找單文孤證『其處者爲劉氏』一語來證明漢爲堯後。其實左傳本由中秘古文轉寫而成，這個字本來可能由其他的轉寫轉錯。卽令眞是劉字，這個字只出現一次，而周大夫的劉氏出現過許多次，則其確實性遠不如周大夫劉氏爲可靠。而況劉邦祖先據說出於魏而不出於秦，士會之後在秦的才爲『劉』氏。魏爲畢公之後，本周大夫，則劉邦先世出於周更爲近似。但是漢代的儒生一切都不管，只採用這個疑似之間的孤證。爲什麼？爲的是要證明漢爲堯後才好，就用了很不邏輯的方法。這並非先有漢爲堯後之說才做出左傳，而是排了漢爲堯後之說，只有左傳這一條可利用，此其二。

　　這些符讖之學，除去極少數的人還有理想以外，大多數的人無非爲著利祿。王莽只是一個假借符讖的人，並非創爲符讖的人，因而他自己也不免爲符讖所誤。到了王莽失敗，光武和公孫述各據符讖，甚至於光武和公孫述還辯論符讖。光武成功了，一切有關符讖的解釋都變爲對於漢朝有利了，從此『漢承堯後』就變爲不刊之典。從左傳，再推及春秋，於是春秋緯中『爲漢制法』一說，竟成爲孔子的重要工作了。但是漢代號稱堯後，可能漢朝皇帝自己也還相信（雖然一定不是眞的）。可是到了曹魏，就三易其祖（考見顧炎武日知錄），最後附會爲舜後，以符五德之運。這就曹氏父子自己也不見得相信。到了司馬炎和劉裕，感覺到無附會古帝王的必要，也就不再附會了（劉裕祖先大約還是漢的宗室，不過這和五德之運又不相符，也就不再用五德之運來附會祖先了）。

出自第三十四本上（一九六二年十二月）

東 漢 黨 錮 人 物 的 分 析

金　發　根

（一）　前　　言

　　東漢黨錮之禍先後有兩次，第一次發生在桓帝延熹九年（166 A. D.）十二月。後漢書黨錮列傳：

> 時河內張成善說風角，推占當赦，遂敎子殺人。李膺時爲司隸校尉（原作河南尹，從通鑑考異改），督促收捕，旣而逢宥獲免；膺愈懷憤疾，竟案殺之。初成以方伎交通宦官，帝亦頗訊其占（訊原作誶，從集解錢說改）。成弟子牢修因上書誣告膺等（註一）：養太學遊士，交結諸郡生徒，更相驅馳，共爲部黨，誹訕朝廷，疑亂風俗。於是天子震怒，班下郡國，逮捕黨人，布告天下，使同疾忿。遂收膺等，其辭所連及陳寔之徒二百餘人（註二）。或有逃遁不獲，皆懸金構募；使者四出相望於道。

次年（永康元年）經尙書霍諝城門校尉竇武的表請赦免，李膺等在口供中也攀附了許多宦官的子弟，於是濁流大懼（註三），乃得赦歸。清流雖被禁錮終身，但聲譽却越來越高，『希之者唯恐不及』，如李膺鄉居在陽城山中時，『天下士大夫皆高尙其道，而汙穢朝廷』；又如范滂遇赦，『始發京師，汝南士大夫迎之者數千兩』。而且清流互相標

榜的風氣也越來越盛了。

　　靈帝建寧元年（168 A. D.）九月，大將軍竇武太傅陳蕃因密謀誅滅宦官的消息洩漏而遇害，尹勳劉瑜馮述等也被夷族。濁流雖然得勝，但是大部份清流仍然存在；因此在次年十月又發生了第二次黨錮之禍。先是張儉同鄉朱並仰承中常侍侯覽的意思，上書告儉與同鄉二十四人共爲部黨，圖危社稷。後漢書黨錮列傳：

> 大長秋曹節（同書靈帝紀作中常侍侯覽）因此諷有司奏捕前黨故司空虞放、太僕杜密、長樂少府李膺、司隸校尉朱寓、潁川太守巴肅、沛相荀昱、河內太守魏朗、山陽太守翟超、任城相劉儒、太尉掾范滂等百餘人皆死獄中(註一)，餘或先沒不及，或亡命獲免。自此諸爲怨隙者，因相陷害，睚眦之忿，濫入黨中。又州郡承旨，或有未嘗交關，亦離禍毒，其死徙廢禁者六七百人。

　　實際上清濁流的衝突由來已經很久了。從東漢中葉以後，清流就不斷的以正氣大義與濁流相搏鬥，不過其時所攻擊的主要對象是外戚。延熹二年（159 A. D.）八月丁丑梁冀被誅，單超左悺等五人同日封侯，於是宦官的勢力高漲，『兄弟姻戚皆宰州臨郡』(註二)，胡作非爲，以至『辜較百姓，與盜賊無異』；更嚴重的是影響到選舉與徵辟的混亂，因爲宦官既居權要，有些公府和州郡遂望風迎附，加以他們自己也常常直接的干預，於是不僅一般小民痛苦萬分，卽連想藉正當途徑以求仕進的士子也感到嚴重的威脅。漢朝的仕途本極狹窄，原已競爭得非常激烈，現在他們的機會自然更少了。有些清流大臣由於世代參預漢室的政權，所以對政治是有其理想的，對漢朝是有或多或少的忠義之心的；這時看到宦官的專權和急劇的擴張，以及暴虐百姓的情形，自然更是氣憤。這些人遂合併了爲公爲私的兩種動機起來抗鬥。他們一方面運用清議的力量，攻訐濁流，並且以『舊典』和『故事』疏請皇帝斥減宦官，一方面以職權所及更直接的予以打擊。所以從延熹二年到延熹八年雙方激烈的衝突就有十餘次之多，自

（註一）　後漢紀卷23作：故司空王暢，太常趙典，大司農劉祐，長樂少府李膺，太僕杜密，尚書荀緄、朱寓、魏朗，侍中劉淑、劉瑜，左中郎將丁栩，潁川太守巴肅，沛相荀昱，議郎劉儒，故掾范滂，皆下獄誅；……其餘死者百餘人。

（註二）　宦官的勢力發展到地方已由來甚久，如後漢書李固傳：『先是（順帝漢安元年 142 A.D.）周舉等八使按察天下，多所奏劾；其中並是宦者親屬。』如後來梁冀亦曾『賂遺左右，交通宦者，仕其子弟以爲州郡要職』（後漢書朱穆傳）。不過在延熹二年以後發展得更快些。

中央到地方所在多有。尤其是延熹九年南陽太守成瑨考殺宛之富豪張汎（係桓帝美人之外親，以賂遺中官得顯位），並殺其宗族賓客二百餘人；太原太守劉瓆（後漢書桓帝紀瓆作質）考殺小黃門趙津；以及山陽太守翟超沒入中常侍侯覽在防東的財產，更使衝突的形勢尖銳化，同年的張成事件遂正式的觸發了黨錮之禍。

　　本文旨在分析黨錮人物，因爲清濁流的衝突由來已很久了，黨錮之禍不過是其最高潮；所以本文以楊震、左雄、黃瓊等人爲開始。在建寧二年之後，清流的勢力已漸式微，但兩者也還仍然在作着鬪爭；如熹平元年（172 A.D.）太學生也被收捕，被繫的達千餘人；熹平五年由於永昌太守曹鸞上書大訟黨人，言辭非常率直，靈帝一怒之下，卽詔檻車收鸞，送往槐里獄掠殺，而且『又詔州郡，更考黨人門生故吏父子兄弟，其在位者免官禁錮，爰及五族』（後漢書黨錮列傳）；如光和二年（179 A.D.）永樂少府陳球、步兵校尉劉納、司徒劉郃與衞尉陽球等謀誅宦官，因事泄被下獄死；甚至後來袁紹袁術誅盡宦官二千餘人，都可說是這一衝突的延續。一直到東漢末年初平和建安時期，有些黨人以及黨人的子弟與門生故吏在紛亂的局面中，也還擔任着重要的角色，與其時的政治密切相關，所以本文分析到建安末年爲止。

（二）　黨人集團的構成

　　漢人所稱之黨與我們今日的政黨是截然不同的，漢人所說的黨不過是朋黨而已，這種風氣至遲在西漢時就有了。如漢書趙廣漢傳：

> 潁川豪桀大姓相與爲婚姻，吏俗朋黨。

清濁流在衝突時，雙方都曾以此互相指謫。如後漢書黃瓊傳延熹七年黃瓊疾篤上疏：

> 又黃門協邪羣輩相黨。

如全後漢文卷九五中官騫碩與中常侍趙守典書：

> 大將軍兄弟秉國專朝，今與天下黨人謀誅先帝左右，帮滅我朝。

清濁流都是有朋黨的。如後漢書黨錮列傳：

> 初（李）膺與廷尉馮緄、大司農劉祐等共同心志，糾罰姦倖。

> 後漢書馮緄傳：（馮緄）復爲廷尉，山陽太守單遷以罪繫獄，緄考致其死，遷故車騎將軍單超之弟，中官相黨，遂共誹章誣緄。

又如靈帝卽位後，陳蕃竇武輔政，引用大批名士及廢黜的清流爲同志。後漢書竇武傳：

> 武旣輔朝政，常有誅翦宦官之意，太傅陳蕃亦素有謀。……於是引同志尹勳爲
> 尙書令、劉瑜爲侍中、馮述爲屯騎校尉，又徵天下名士廢黜者前司隸李膺、宗
> 正劉猛、太僕杜密、廬江太守朱寓等列於朝廷，請前越嶲太守荀昱爲從事中
> 郎，辟潁川陳寔爲屬，共定計策。

　　黨人集團大致上是清流豪族的結合體，其中包括世宦的，循規蹈矩和財力比較差
的豪族，一部份經學世家和疏遠的宗室，希望通經致用、恥與閹豎爲伍和喜歡激濁揚
清的士子，以及依附他們的宗親賓客和門生故吏，兩漢本就有結交賓客的風氣，如四
世三公的袁氏：『自安以下，皆博愛容衆，無所揀擇，賓客入其門，無賢愚皆得所
欲；爲天下所歸。』（三國志袁紹傳注引魏書）。桓靈時期因爲清濁流衝突的尖銳化，
逐益爲發展。如徐幹中論譴交篇所記：

> 桓靈之世其甚者也，自公卿大夫州郡牧守，王事不恤，賓客爲務，冠蓋塡門，
> 儒服塞道。……下及小司，列城墨綬，莫不相尙以得人，自矜以下士。星夜夙
> 駕，送往迎來。……把臂扼腕，扣天矢誓，推託恩好，不較輕重，文書委於官
> 曹，繫囚積於囹圄而不遑省也（註一）。

牟修在告發李膺等人時所說的：『膺等陰養太學遊士，交結諸郡生徒，更相驅馳，共爲
部黨。』雖事實的眞相並不太遠，如後來陳竇謀誅宦官事泄時，陳蕃卽曾『將官屬諸生
八十餘人，並拔刃突入承明門』，不過値得注意的是清流集團中不僅有太學生（註二），
而且他們與諸郡的生徒也有聯繫。

　　在剛開始時自然並無所謂集團，不過他們的言論和作風都確是站在同一個立場。
如第一次黨禍范滂被繫下獄時。

> 後漢書黨錮列傳：（桓帝使中常侍王甫以次辨詰滂等）王甫詰曰：『君爲人臣，
> 不推忠國，而共造部黨，自知褒擧，評論朝廷，虛構無端，諸所謀進，並欲何
> 爲？……』滂對曰：『臣聞仲尼之言，見善如不及，見惡如探湯；欲使善善同
> 其清，惡惡同其汙，謂王政之所願聞，不悟更以爲黨。』甫曰：『卿更相拔擧，

（註一）　此條係引自楊聯陞先生：東漢的豪族。

（註二）　竇武對太學生也曾加以攏絡，如後漢書本傳所記：『武得兩宮賞賜，悉散與太學諸生。』

迭爲脣齒，有不合者則見排斥，其意如何？』滂乃慷慨仰天曰：『古之循善，自求多福，今之循善，身陷大戮。身死之日，願埋滂於首陽山側，上不負皇天，下不愧夷齊。』甫愍然爲之改容。

但後來清流爲了共同的利害，和濁流的衝突愈來愈尖銳時，團結也就日益嚴密了。如第二次黨錮之禍虞放等百餘人被害後，又命州郡大舉鉤黨。

後之漢書靈帝紀：制詔州郡舉鉤黨，於是天下豪傑及儒學行義者一切結爲黨人。

本章擬從兩方面來探討黨人集團的構成。

（1）黨人的家世

清流的領導人物大多數都是以經學傳家的世宦豪族。如早期的：

王龔：『世爲豪族。』（後漢書本傳）

李固：『司徒郃之子也。……少好學，常步行尋師，不遠千里。遂究覽墳籍，結交英賢。』（後漢書本傳）

杜喬：『累祖吏二千石。喬少好學，治韓詩、京氏易、歐陽尙書，以孝稱。雖二千石子，常步擔求師。』（後漢書本傳注引續漢書）

黃瓊：『魏郡太守香之子也。』（後漢書本傳）

楊震：『八世祖喜高祖時有功封安平侯，父寶習歐陽尙書，哀平之世隱居敎授。……震少好學，受歐陽尙書於太常桓郁，明經博覽，無不窮究。』（後漢書本傳。）

如後來領袖清流的三君：

劉淑：『祖父稱司隸校尉，少好學，明五經。』（後漢書黨錮列傳）

陳蕃：『祖河東太守。』（後漢書本傳）

竇武：『安東戴侯融之玄孫也。父奉定襄太守，武少以經行著。』（後漢書本傳）

如八俊中的：

李膺：『祖父脩安帝時爲太尉，父益趙國相。』（後漢書黨錮列傳）

王暢：卽前引太尉王龔之子。

劉祐：『祜宗室胤緒，代有名位。少修操行，學嚴氏春秋，小戴禮、古文尙

書。』（後漢書黨錮列傳注引謝承書）

羊陟：『家世衣冠族，陟少淸直有學行。』（後漢書黨錮列傳）

趙典：『父戒爲太尉。』（後漢書本傳）

如八顧中的：

尹勳：『家世衣冠，伯父睦爲司徒，兄頌爲太尉，宗族多居貴位者。』（後漢書
　　　黨錮列傳。同書劉瑜傳作：『從祖睦爲太尉，睦孫頌爲司徒。』）

范滂：『滂父顯故龍舒侯相也。』（後漢書黨錮列傳集解引謝承書）

如八及中的：

張儉：『父成爲江夏太守。』（後漢書黨錮列傳）

岑晊：『父豫爲南郡太守。』（同上）

劉表：『魯恭王之後也。』（後漢書本傳）

陳翔：『祖父珍司隸校尉。』（後漢書黨錮列傳）

孔昱：『七世祖霸成帝時歷九卿，封褒成侯。自霸至昱，爵位相係，其卿相牧
　　　守五十三人，列侯七人，昱少習家學。』（同上）

其他如：

陳龜：『家世邊將。』（後漢書本傳）

虞放：卽虞延之曾孫，『（延初爲南陽太守）永平三年（60 A.D.）代趙憙爲太
　　　尉，八年代范遷爲司徒，歷位二府十餘年。』（後漢書虞延傳）

應奉：『曾祖父順……和帝時爲河南尹，將作大匠。……生十子，皆有才學。
　　　中子疊江夏太守，疊生彬、武陵太守，彬生奉。』（後漢書應奉傳）

劉矩：『叔父光順帝時爲太尉（原作司徒，從集解改）。』（後漢書循吏傳）

馮緄：『父煥安帝時爲幽州刺史。』（後漢書馮煥傳）

張奐：『父惇爲漢陽太守。』（後漢書本傳）

橋玄：『祖父基廣陵太守，父肅東萊太守。』（後漢書本傳）

桓彬：卽東漢初年經學大師桓榮之後。

何休：『父豹少府。』（後漢書儒林傳下）

王允：『世仕州郡，爲冠蓋。』（後漢書本傳）

袁忠、袁弘、袁閦：(司徒袁安之後)，『父賀爲彭城相。』（後漢書本傳）

鍾皓：『爲郡著姓，世善刑律。』（後漢書本傳）

劉瑜：『高祖父廣陵靖王，父辯清河太守。』（後漢書本傳）

劉陶：『濟北貞王勃之後。』（後漢書本傳）

張升：『御史大夫湯八世孫。』（全後漢文卷八二）

周舉：『陳留太守防之子。』（後漢書本傳）

陽球：『家世大姓冠蓋。』（後漢書酷吏列傳）

楊秉：『(太尉震中子)，少傳父業，兼明京氏易，博通書傳。』（後漢書本傳）

楊賜：『(太尉秉子)，少傳家學，篤志博聞。』（同上）

楊彪：『(司空賜子)，少傳家學。』（同上）

楊修：『(司徒彪子)，好學有俊才。』（同上）

陳球：『父寔廣漢太守。』（後漢書本傳）

第五種：卽明帝時司空第五倫之曾孫，『(倫少子頡) 歷桂陽、廬江、南陽太守
　　　　所在見稱。……(順)帝卽位，擢爲將作大匠(原爲太中大夫)，卒官。倫
　　　　曾孫種。』（後漢書第五倫傳）

种暠：『父爲定陶令，有財三千萬。』（後漢書本傳）

劉翊：『家世豐產。』（後漢書獨行傳）

蓋勳：『家世二千石。』（後漢書本傳）

羊續：『其先七世二千石卿校，祖父侵安帝時司隸校尉，父儒桓帝時爲太常。』
　　　　（後漢書本傳）

史弼：『父敞順帝時以佞辯至尙書郡守。』（後漢書本傳。注引續漢書曰：『敞
　　　　爲京兆尹，化有能名，尤善條敎，見稱於三輔也。』）

劉茂：父愷安帝初列位二司，安帝親政後拜太尉。

趙岐：祖父爲御史。

皇甫規：『祖父稜度遼將軍，父旗扶風都尉。』（後漢書本傳）

張奐 ：『父惇爲漢陽太守。』（後漢書本傳）

只有少數幾個例外。

> 度尚 ：『家貧，不修學行，不為鄉里所推舉。』（後漢書本傳。惟本傳注引續漢
> 　　　書作：『尚少喪父，事母至孝，通京氏易，古文尚書。』）
> 陳寔 ：『出於單微。』（後漢書本傳）
> 郭泰 ：『家世貧賤。』（後漢書本傳）
> 檀敷 ：『少為諸生，家貧而志清。』（後漢書黨錮列傳）

黨人集團中的的領導階層絕大多數都是世宦的豪族，有幾位是疏遠的宗室。他們的社會背景和精神結構（mind set）是相同的，由於祖上世代參加漢室的政權，而本身又都受過經學的薰陶，所以對政治是有其理想的，對漢朝是有或多或少的忠義之心的。當政權逐漸被濁流侵奪時，彼此因為利害的相同，遂形成聲氣相通的結合體了。

（2）黨人與門生故吏

東漢門生故吏與府主宗師的關係是非常密切的。其所以如此，係由於當時的選舉和辟舉；舉主與辟召者同被舉辟的人遂因此發生關係。有的太守且在送孝廉應選之前，常設宴贈送以為聯絡。

楊聯陞先生在東漢的豪族一文中，對當時的門生故吏與府主宗師的關係有極精審的研究。他指出：凡在某一牧守或公府之下作過掾吏的，就有了君臣之誼，這種關係是永遠保持着的，卽使長官後來雖已改任或去職，他們也仍算是他的故吏。最初三府及州郡的辟召，沒有謁署的普通不得算故吏，到後來為了依附，雖未就的也算作故吏了；如荀爽就曾如此。楊先生認為門生也是一種依附，到後來也並不一定要受業，只是假借與有力者發生關係，冀圖任用。不過據後漢書黨錮列傳，當時的門生是有一種錄牒的；如建寧二年李膺遇害後，他的『門生故吏及其父兄並被禁錮，時侍御史蜀郡景毅子顧為膺門徒，而未有錄牒，故不及於譴』，門生與宗師的關係較諸故吏與府主似乎要嚴格些。東漢的門生故吏對府主宗師是非常忠心的，這與後者握有既能貴之，又能賤之的權力，自然也是原因之一。有的甚至死難相共，如安帝延光三年(124 A. D.)太尉楊震被譖罷黜回本郡，憤而飲酖自殺後，他的門人虞放陳翼所表現的情形；如李固杜喬被害後：

> 御覽卷 420 引續漢書：梁冀乃露固屍於四衢，令有敢臨者加其罪。固弟子汝南
> 　　郭亮年始成童，左提章鉞，右秉鈇鑕，詣闕上書，乞收固屍。

後漢書杜喬傳：(杜喬)與李固俱暴屍於城北，……喬故掾陳留楊匡聞之號哭，

星行到洛，乃著故赤幘，託爲夏門亭吏，守衞尸喪，驅護蠅蟲，積十二日；都

官從事執之以聞，梁太后義而不罪，匡於是帶鈇鑕詣闕上書，並乞李杜二公骸

骨，……成禮殯殮送喬喪還家，葬送行服。

又如史弼由平原相遷河東太守後，因拒絕侯覽的請托而被誣致罪時：

後漢書史弼傳：及下廷尉詔獄，平原吏人奔走詣闕訟之，又前孝廉魏劭毀變形

服，詐爲家僮，瞻護於弼。

在東漢，每當府主宗師死後，他的門生故吏就爲他服喪和立碑。今日所能見及的漢碑

中，門生故吏的名字通常是書在一起的，只有劉寬碑是唯一的例外(見隷釋卷21)。門

生不但爲宗師的祖父立碑，且爲宗師的兒子立碑。前者如太尉楊震碑之一卽其孫沛相

統的門人汝南陳熾等一百九十多人所立；後者如立於靈帝光和四年 (181 A. D.) 的童

子逢盛碑，隷釋卷十：

童子名盛，年十二而夭，門人孫理等立此碑。

門生故吏爲府主宗師服喪的非常普遍，有的且多至三年。如

延篤 ：『舉孝廉，爲平陽侯，……相以師，喪棄官奔。』(赴後漢書本傳)

傅燮 ：『聞所舉郡將喪，乃棄官行服。』(後漢書本傳)

桓鸞 ：『太守向苗舉鸞爲孝廉，遷膠東令。苗卒 ， 鸞去職奔喪 ， 終三年然後

　　　　歸。』(後漢書本傳)

李恂 ：『太守李鴻請署功曹，鴻卒，恂送喪還鄉里，旣葬，留起冢墳，持喪三

　　　　年。』(後漢書本傳)

東漢這類史實非常多。後漢書荀淑傳集解周壽昌『大約漢服舉主之喪，過於子孫』的

見解是對的，不過要補充一點的是漢人爲宗師服喪的也是如此。替府主宗師服喪幾乎

已成爲當時的道德規範之一。

黨人之間許多人是具有這種宗師門生，府主故吏的關係的，屬於前者的有：

鄭玄與第五元：『玄去吏，師故兗州刺史第五元。』(後漢書黨錮列傳集解引鄭

　　　　玄別傳)

李膺與魏朗：『(朗) 又詣太學授五經，京師長者李膺之徒爭從之。』(後漢書黨

　　錮列傳）

　　張奐與朱寵：『奐少游三輔，師事太府朱寵，學歐陽尙書。』（後漢書張奐傳）

　　符融與李膺：『（融）後遊太學，師事少府李膺。』（後漢書符融傳）

　　李固李膺與荀淑 ：『當世名賢李固、李膺皆師宗之。』（後漢書荀淑傳）

　　劉表與王暢：『同郡劉表年十七，從暢受學。』（後漢書王暢傳）

　　胡騰與竇武：『武府掾桂陽胡騰，少師事武。』（後漢書竇武傳）

　　王烈荀爽賈彪李膺韓融與陳寔：『（烈）以潁川陳太丘爲師，二子爲友，時潁川
　　　　荀慈明賈偉節李元禮韓元長皆就陳君學。』（三國志王烈傳注引先賢行狀）

　　陳寔與樊英：『隱居家敎授。……自陳寔之徒少時從英。』（後漢紀卷十八）

　　范丹與樊英馬融：『從樊英、馬融受經。』（世說新語卷一德行上）(註一)

　　虞放陳翼與楊震：『順帝卽位……震門生虞放、陳翼詣闕追訟震事。』（後漢書
　　　　楊震傳）

有故吏與府主(舉主)關係的，如：

　　鄭玄與杜密：『（密）行春到高密縣，見鄭玄爲鄉佐，知其異器，卽召署郡職，
　　　　遂遣就學。』（後漢書黨錮列傳）

　　杜密與胡廣：『爲司徒胡廣所辟。』（同上）

　　陳蕃與胡廣：『（廣）所辟命皆天下名士，與故吏陳蕃、李咸竝爲三司。』（後漢
　　　　書胡廣傳）

　　劉矩與胡廣：『太尉胡廣舉矩賢良方正。』（後漢書循吏列傳）

　　李膺與胡廣：『初舉孝廉，爲司徒胡廣所辟，舉高第。』（後漢書黨錮列傳）

　　劉淑與种暠：『永興二年（154 A.D.）司徒种暠舉淑賢良方正。』（同上）

　　范滂與黃瓊：『復爲太尉黃瓊所辟。』（同上）

　　張儉與翟超：『延熹八年太守翟超請爲東部督郵。』（同上）

　　荀爽與趙典：『太常趙典舉爽至孝，拜郎中。』（後漢書荀爽傳）

　　陳蕃李膺荀緄杜密朱寓陳翔與周景：『景辟汝南陳蕃爲別駕，潁川李膺、荀緄、

<hr>

（註一）　後漢書獨行列傳：『范冉字史雲。章懷注：冉或作丹。集解惠棟曰：衆漢書及貞節先生碑皆作丹，獨
　　　　范史作冉，疑誤。』

　　　杜密、沛國朱寓爲從事。』（後漢書周景傳集解引謝承書）

　　　『陳翔、太尉周景辟。』（後漢書黨錮列傳）

岑晊與成瑨：『（瑨）聞晊高名，請爲功曹。』（同上）

檀敷與黃瓊：『太尉黃瓊舉方正。』（同上）

郭泰與黃瓊趙典：『司徒黃瓊辟，太常趙典舉有道。』（後漢書本傳）

申屠蟠與黃瓊：『黃瓊辟不就。』（後漢書本傳）

陳寔與黃瓊竇武：『司空黃瓊辟，選理劇。……靈帝初，大將軍竇武辟以爲掾。』
　　　（後漢書本傳）

陳蕃與王龔：『（龔）遷汝南太守。……好才愛士，引進郡人黃憲陳蕃等。』（後
　　　漢書王龔傳）

陳蕃與李固：『太尉李固表薦，徵拜議郎。』（後漢書陳蕃傳）

何休與陳蕃：『太傅陳蕃辟之與參政事。』（後漢書儒林傳）

杜喬與楊震：『辟司徒楊震府。』（後漢書本傳）

陳球與楊秉：『太尉楊秉表球爲零陵太守。』（後漢書陳球傳）

劉瑜與楊秉：『延熹八年，太尉楊秉舉賢良方正。』（後漢書劉瑜傳）

爰延與楊秉：『太尉楊秉等舉賢良方正。』（後漢書爰延傳）

欒巴與李固：『荊州刺史李固薦巴（桂陽太守）治迹，徵拜議郎。』（後漢書欒巴傳）

欒巴與竇武陳蕃：『靈帝即位，大將軍竇武、太傅陳蕃輔政，徵拜議郎。』（同上）

趙岐與延篤：『京兆尹延篤復以爲功曹。』（後漢書趙岐傳）

周舉與左雄：『陽嘉三年（134 A. D.）司隸校尉左雄薦舉，徵拜賢良方正。』（後
　　　漢書周舉傳）

孔融荀爽與王允：『中平元年（184 A. D.）黃巾賊起，特選拜（允）豫州刺史。
　　　辟荀爽、孔融等爲從事。』（後漢書王允傳）

范丹爰延與牛述：『縣令隴西牛述好士知人，乃禮請延爲廷掾、范丹爲功曹。』
　　　（後漢書爰延傳）

徐稚姜肱袁閎韋著李曇與陳蕃：『尚書令陳蕃薦五處士曰：「……處士豫章徐
　　　稚、彭城姜肱、汝南袁閎、京兆韋著、潁川李曇德行純備，著于民聽，宜

　　　　登論道。』』（後漢紀卷22）

由於薦舉、辟舉、察舉和從學，黨人間幾乎都很容易攀上門生、故吏、同門、共事的
關係。如李膺、杜密、劉矩都是胡廣所辟舉的，陳蕃又是他的故吏；范滂、檀敷、郭
泰、申屠蟠、陳寔都曾爲黃瓊所辟；符融是師事李膺的；王龔曾辟陳蕃爲吏；而陳蕃
又薦龔子王暢。後漢書王龔傳：

　　桓帝特詔三公令高選庸能，太尉陳蕃薦暢清方公正，有不可犯之色，由是復爲尚
　　書。

陳蕃、李膺、陳球等三十餘人都因左雄的薦舉得拜郎中，周舉也因他的薦舉而拜尚
書；王烈苟爽賈彪李膺韓融都受過陳寔的教授，黃瓊楊賜都是桓焉的弟子；周景曾辟
陳蕃爲別駕，辟李膺、苟緄、杜密、朱寓等爲從事；楊震曾教過虞放和陳翼，又辟過
杜喬、陽球；楊秉曾表陳球爲太守，舉劉瑜與爰延爲賢良方正。……這種種錯綜複雜
的關係平時尚不易看出，但一旦作生死利害的鬥爭時，自然就因而聯繫在一起了。如
陳蕃與黃琬因共典選舉，而爲權富郎所中傷時，『事下御史中丞王暢、侍御史刁韙，
韙暢素重蕃琬，不舉其事，而左右復陷以朋黨』（後漢書黃瓊傳）了。

　　豪族之間又世代通婚。如李膺和鍾皓兩家：

　　『皓兄子瑾母膺之姑也，瑾好學慕古，有退讓風。與膺同年，俱有聲名。……
　　復以妹妻之。』（後漢書鍾皓傳）

李膺的中子瓚位至東平相(註一)，他快死時對兒子李宣說：

　　『時將亂矣。……張孟卓與吾善，袁本初汝外親，雖爾勿依，必歸曹氏。諸子
　　從之，並免於亂世。』（後漢書黨錮列傳）

所以李家與袁家也有婚姻關係。又如楊彪與袁術也有婚姻關係，後來曹操就是借這個
藉口殺害楊修的。

　　另一方面，地域與交友也是構成黨人集團的因素之一，漢人是非常重視鄉誼的；
在交友方面如：

　　何顒與郭泰賈彪：『少遊學洛陽，顒雖後進，而郭林宗賈偉節等與之相好。』

（註一）　袁山松後漢書同，謝承書瓚作珪，另據范書集解惠棟曰：『世系云：李膺三子瓚、珪、瑾，瑾字叔
　　　　瑜，東平相，避難復居趙，生志、恢、宜。』則此處似應作「幼子李瑾」。

（後漢書黨錮列傳）

陳寔與郭泰陳蕃：『（寔）詣太學，郭林宗陳仲舉爲親友。』（太平御覽卷181引
謝承後漢書）

苑康與郭泰：『康少受業太學，與郭林宗親善。』（後漢書黨錮列傳）

郭泰與李膺：『（泰）乃游洛陽，始見河南尹李膺，膺大奇之，遂相友善。』（後
漢書郭泰傳）

因此，黨人集團的形成不是偶然的，更不是一旦一夕的事，而是有長遠的歷史關
係；由累世的經學，累世的卿相和宰州臨郡，累世的樹恩與通婚而形成的。察舉、辟
召、薦舉和從學尤其是其中最大的關鍵。

（三） 黨人的地域分佈

東漢的疆土大致可分成六區：(1) 北方及東北邊郡（包括西河）。(2) 關東區域
（太原、上黨、河南、宏農、南陽以東，淮水以北）。(3) 三輔及西北邊郡。(4) 長江
中下游（南郡、武陵以東）。(5) 長江上游及西南各郡。(6) 南部各郡（包括嶺南蒼
梧、南海、鬱林、交阯、九眞、日南、合浦、桂陽等郡。）

黨人屬於北方及東北邊郡的僅陽球一人（漁陽泉州）。

關東區域的有：

姓　名	郡(國)縣	姓　名	郡(國)縣	姓　名	郡(國)縣	姓　名	郡(國)縣
陳　翔	汝南邵陵	袁　閎	汝南汝陽	黃　穆	汝南安成	應　奉	汝南南頓
許　劭	汝南平輿	陳　蕃	汝南平輿	謝　甄	汝南邵陵	陳　逸	汝南平輿
袁　著	汝　南	蔡　衍	汝南項縣	范　滂	汝南征羌	黃　憲	汝南愼陽
袁　忠	汝南汝陽	袁　弘	汝南汝陽	周　景	汝南汝陽	殷　陶	汝南征羌
黃　浮	汝南陽安	陳　寔	潁川許昌	陳　紀	潁川許昌	陳　堪	潁川許昌
荀　淑	潁川潁陰	荀　爽	潁川潁陰	荀　昱	潁川潁陰	荀　曇	潁川潁陰
荀　彧	潁川潁陰	賈　彪	潁川定陵	杜　密	潁川陽城	李　膺	潁川襄城

荀緄	潁川潁陰	荀悦	潁川潁陰	劉翔	潁川潁陰	劉陶	潁川定陰
鍾皓	潁川長社	鍾迪	潁川長社	鍾敷	潁川長社	韓韶	潁川舞陽
韓融	潁川舞陽	韓演	潁川舞陽	王龔	山陽高平	王暢	山陽高平
檀敷	山陽瑕丘	張儉	山陽高平	劉表	山陽高平	度尚	山陽湖陸
檀彬	山　陽	褚鳳	山　陽	張肅	山　陽	薛蘭	山　陽
馮禧	山　陽	魏玄	山　陽	徐乾	山　陽	田林	山　陽
張隱	山　陽	薛郁	山　陽	王訪	山　陽	劉祇	山　陽
宣靖	山　陽	公緒恭	山　陽	朱楷	山　陽	田槃	山　陽
疏耽	山　陽	薛敦	山　陽	宋布	山　陽	唐龍	山　陽
嬴杏	山　陽	宣褒	山　陽	史弼	陳留考城	申屠蟠	陳留外黃
茅容	陳　留	夏馥	陳留圉	范丹	陳留外黃	蔡邕	陳留圉
楊匡	陳　留	虞放	陳留東昏	朱震	陳　留	史堅元	陳　留
張升	陳留尉氏	秦周	陳留平丘	爰延	陳留外黃	符融	陳留浚儀
延篤	南陽犨	何顒	南陽襄鄉	朱穆	南　陽　宛	宗慈	南陽安眾
岑旺	南陽棘陽	張敞	南　陽　穰	公族進階	勃　海	滕延	北　海
苑康	勃海重合	巴肅	勃海高城	鄭玄	北海高密	孫嵩	北海(註一)
劉儵	河　間	劉郃	河　間	劉淑	河間樂城	劉矩	沛國蕭
朱寓	沛　國	黃尚	南郡邔	桓典	沛郡龍亢	桓鸞	沛郡龍亢
桓彬	沛郡龍亢	种暠	河南洛陽	尹勳	河　南　鞏	劉頊	平原高唐
襄楷	平原濕陰	孔昱	魯國魯陽	蕃嚮	魯　國	劉儒	東郡陽平
謝弼	東郡武陽	王考	東平壽張	孔融	魯國魯陽	何休	任城樊

（註一）　後漢書鄭玄傳：『及黨事起，(玄) 與同郡孫嵩等四十餘人俱被禁錮。』餘人姓名均不可考。

陳球	下邳淮浦	審忠	梁國	張逸	東平壽張	胡母班	泰山
羊陟	泰山	王璋	東萊曲城	穎容	陳國長平	何衡	陳國陽夏
何夔	陳國陽夏	張均	中山光和	劉祐	中山安國	劉猛	瑯邪
樂巴	魏郡內黃	陳耽	東海	習鬷	彭城	姜肱	彭城廣戚
魏桓	安陽	王柔	太原晉陽	郭泰	太原界休	賈淑	太原界休
王允	太原祁	王宏	太原祁	杜喬	河內林盧	杜衆	弘農
成瑨	弘農	羊續	泰山平陽	郝絜	太原	胡武	太原
孔昱	魯國魯陽	陳雅	成固	霍諝	魏郡鄴	陳龜	上黨泫氏
邊韶	陳留浚儀	王烈	太原				

三輔及西北邊郡：

姓名	郡(國)縣	姓名	郡(國)縣	姓名	郡(國)縣	姓名	郡(國)縣
第五種	京兆長陵	趙岐	京兆長陵	趙息	京兆長陵	趙戩	京兆長陵
韋著	京兆杜陵	李固	漢中南鄭	張奐	敦煌酒泉	宋果	扶風
魏傑	扶風杜陽	李雲	甘陵	蓋勳	敦煌廣至	皇甫規	安定朝那

長江中下游：

姓名	郡(國)縣	姓名	郡(國)縣	姓名	郡(國)縣	姓名	郡(國)縣
黃瓊	江夏安陸	黃琬	江夏安陸	周景	廬江舒	媯皓	吳郡餘杭
徐稚	豫章南昌	劉瑜	廣陵	魏朗	會稽上虞	左雄	南郡涅陽
劉茂	廬江	楊喬	會稽烏傷				

長江上游及西南部分：

姓名	郡(國)縣	姓名	郡(國)縣	姓名	郡(國)縣	姓名	郡(國)縣
張綱	犍爲武陽	殷參	蜀郡	馮緄	巴郡宕渠	趙典	蜀郡成都

屬於南部各郡的亦僅胡騰（桂陽）一人。

其中曹鸞、許永、壺嘉、和海、張牧、翟超、馮述和衞羽等人的籍貫無法查到。就前述已知的黨人分佈區域來看，關東區域佔着最大的多數，兩漢時代『關東出相，關西出將』的諺語是有其正確性的；而其中又尤以汝南、潁川、山陽三郡爲最多；這與黨人的領袖人物大多是汝潁兩郡，以及其地的富庶，自有密切的關係。而汝潁也確是當時人才薈萃之地。所以後來曹操與荀彧的信中都還說：

『自志才亡後，莫可與計事者。汝潁固多奇士，誰可以繼之？』（全三國文卷三）東漢末年，長江的中下游雖已非常開發，已遠非西漢初年所能比，但是究竟還不如關東。所以此區的黨人並不多。

（四）　黨　人　的　出　身

黨人的出身大致可分爲四途。

（1）　選舉

李固　：『少好學。……司隸、益州並命，郡舉孝廉，辟司空掾，皆不就。陽嘉二年（133 A. D.）公卿舉固對策。』（後漢書本傳。又續漢書作：陽嘉二年詔公卿舉敦樸之之士，衞尉賈建舉固也）

劉淑　：『淑少好學，明五經。……州郡禮請，五府連辟並不就。永興二年（154 A. D.）司徒种暠舉淑賢良方正，辭以疾。桓帝聞淑高名，切責州郡，使輿病詣京師，淑不得已赴洛陽，對策爲天下第一，拜議郎。』（後漢書黨錮列傳）

孔昱　：『大將軍梁冀辟，不應；太尉舉方正，對策不合，乃辭病去。……靈帝即位，公車徵拜議郎。』（同上）

劉瑜　：『瑜少好學。……州郡禮請不就，延熹八年太尉楊秉舉賢良方正。……徵拜議郎。』（後漢書本傳）

爰延　：『（縣令）請延爲廷掾。……後令史昭以爲鄉嗇夫，仁化大行，人但聞嗇夫，不知郡縣。在事三年，州府禮請不就。桓帝徵博士，太尉楊秉等舉賢良方正，再遷爲侍中。』（後漢書本傳）

荀爽 ：『延熹元年（158 A. D.）太常趙典舉爽至孝，拜郎中。』（後漢書荀淑附
　　　　傳）

謝弼 ：『建寧二年詔舉有道。……（對策）除郎中。』（後漢書本傳）

王暢 ：『初舉孝廉，辭不就。大將軍梁商特辟舉茂材，四遷尙書令。』（後漢書
　　　　本傳）

趙典 ：『益州舉茂材，以病辭。太尉黃瓊胡廣舉有道方正，桓帝公車徵對策，
　　　　爲諸儒之表。』（後漢書本傳章懷注引謝承書，惟本傳作：建和初四府
　　　　表薦，薦拜議郎。）

應奉 ：『舉茂材。……拜武陵太守。』（後漢書本傳）

賈彪 ：『初仕州郡，舉孝廉，補新息長。』（後漢書黨錮列傳）

橋玄 ：『玄少爲郡功曹。……舉孝廉，補洛陽左尉。』（後漢書本傳）

陳蕃 ：『初仕郡。……舉孝廉，除郎中。』（後漢書本傳）

霍諝 ：『少爲諸生，明經。……仕郡，舉孝廉；稍遷金城太守。』（後漢書本傳）

劉祐 ：『初察孝廉，補尙書侍中。』（後漢書黨錮列傳。章懷注引謝承書曰：
　　　　『（祐）少修操行，學嚴氏春秋、小戴禮、古文尙書，仕郡爲主簿。』）

朱穆 ：『及壯耽學，銳意講誦。……初舉孝廉（後爲大將軍梁冀所辟）。「章懷
　　　　注引謝承書曰：年二十爲督郵，……舉孝廉」。集解惠棟曰：朱公叔
　　　　鼎銘云：「初舉孝廉，除郎中、尙書侍郎。」』（後漢書本傳）

陳球 ：『少涉儒學，好律令，陽嘉中舉孝廉，稍遷繁陽令。』（後漢書本傳）

劉陶 ：『游太學。……後陶舉孝廉，除順陽長。「集解汪文臺曰：類聚十九謝
　　　　承書作樅陽長，類聚五十、御覽二六七續漢書作湞陽長。」』。（後漢
　　　　書本傳。）

陳龜 ：『永建中舉孝廉，五遷五原太守。』（後漢書本傳）

蓋勳 ：『初舉孝廉，爲漢陽長史。』（後漢書本傳）

李雲 ：『性好學、善陰陽；初舉孝廉，再遷白馬令。』（後漢書本傳）

杜喬 ：『少爲諸生，舉孝廉。辟司徒楊震府，稍遷南郡太守。』（後漢書本傳）

延篤 ：『博通經傳，……有名京師，舉孝廉，爲平原侯相。』（後漢書本傳）

成瑨：『少修仁義，篤學，以清名見舉孝廉，拜郞中。』（後漢書黨錮列傳注引謝承書）

馮緄：『少學春秋、司馬兵法，……初舉孝廉，七遷爲廣漢屬國都尉。「集解惠棟引車騎將軍碑曰：弱冠詔除郞，還更仕郡，歷代曹史、督郵、主簿、五官掾功曹，舉孝廉」』（後漢書本傳）

蔡衍：『少明經，講授。……舉孝廉，稍遷冀州刺史。』（後漢書黨錮列傳）

苑康：『少受文學。……舉孝廉，遷潁陰令。』（同上）

檀敷：『少爲諸生。……舉孝廉，連辟公府皆不就。「集解惠棟引韓敕碑陰，敷嘗爲大將軍掾」。桓帝時博士徵不就，靈帝卽位，太尉黃瓊舉方正(註一)，再遷議郞，補蒙令。』（同上）

符融：『游太學。……州郡禮請，舉孝廉，辟公府，皆不應。』（同上）

劉矩：『矩少有高節。……乃舉孝廉，遷雍丘令。』（後漢書循吏傳）

桓彬：『初舉孝廉，拜尙書郞。』（後漢書桓榮附傳）

黃憲：『舉孝廉，五辟公府。……暫到京師而還。』（後漢書本傳）

王龔：『初舉孝廉，稍遷青州刺史。』（後漢書本傳）

左雄：『安帝時舉孝廉，稍遷冀州刺史。』（後漢書本傳）

李膺：『初舉孝廉，爲司徒胡廣所辟，舉高第，再遷青州刺史。』（後漢書黨錮列傳）

巴肅：『初察孝廉，歷塡令，貝丘長。』（同上）

范滂：『舉孝廉，光祿四行。……乃以滂爲清詔使……遷光祿勳主事。』（同上）

尹勳：『州郡連辟，舉孝廉，三遷邯鄲令。』（同上。又同書劉瑜傳作：『桓帝時(勳)以有道徵，四遷尙書令。』）

宗慈：『舉孝廉，九辟公府，有道徵，不就。』（同上）

羊陟：『少淸直，有學行，舉孝廉，辟太尉李固府。』（同上）

陳翔：『舉孝廉，太尉周景辟舉高第，拜侍御史。』（同上）

(註一)　據後漢紀黃瓊卒於桓帝延熹七年(164 A.D.)。此處必有錯誤，若敷係黃瓊爲太尉時所舉，則仍在桓帝時，非靈帝卽位後之事。

　　劉儒：『察孝廉，舉高第，三遷侍中』（同上）

　　荀彧：『中平元年舉孝廉，再遷亢父令。』（後漢書本傳）

　　桓鸞：『舉鸞孝廉，遷爲膠東令。』（後漢書桓榮附傳）

（2）　公府辟除

　　張綱：『少明經學。……舉孝廉不就，司徒辟高第，爲侍御史。』（後漢書張皓
　　　　　傳附）

　　杜密：『爲司徒胡廣所辟，稍遷代郡太守。』（後漢書黨錮列傳）

　　楊秉：『少傳父業，兼明京氏易，博通書傳。……年四十餘乃應司空辟，拜侍
　　　　　御史。』（後漢書楊震傳附）

　　楊賜：『少傳家學，篤志博聞。……不答州郡禮命，後辟大將軍梁冀府，非其
　　　　　好也。出除陳倉令，因病不行。公車徵不至，連辟三公之命，後以司
　　　　　空高第，再遷侍中。』（同上）

　　劉表：『黨禁解，辟大將軍何進掾。……（初平元年）詔書以表爲荆州刺史。
　　　　　「集解惠棟引鎭南碑云：辟大將軍府，遷北軍中候，在位十旬，以賢
　　　　　能特遷荆州刺史。」』（後漢書本傳）

　　蔡邕：『少博學。……建寧三年（170 A.D.）辟司徒橋玄府。』（後漢書本傳）

　　周舉：『博學洽聞，爲儒所宗。……延光四年（125 A.D. 延光原作延熹，從集
　　　　　解錢大昕說改）辟司徒李郃府。』（後漢書本傳）

　　魏朗：『少爲縣吏。……（因爲兄報讐，亡命到陳國），從博士郤仲信學春秋圖
　　　　　緯，又詣太學授五經。……初辟司徒府，再遷彭城令。』（後漢書黨錮
　　　　　列傳）

　　第五種：『少厲志義，爲吏冠名州郡。永壽中以司徒掾清詔使冀州廉察災害。
　　　　　……還，以奉使稱職，拜高密侯相。』（後漢書本傳）

　　韓融：『少能辯理，而不爲章句學，聲名甚盛，五府並辟，獻帝初至太僕。』
　　　　　（後漢書韓韶傳附）

　　孔融：『州郡禮命皆不就，辟司徒楊賜府。』（後漢書本傳）

（3）　任子

何休：『以卿子，詔拜郎中，非其好也，辭病而去，不仕州郡。……太傅陳蕃

　　　　辟之與參政事。』（後漢書儒林傳下）

周勰：『以父任爲郎，自免歸。後太守舉孝廉，復以疾去。』（後漢書周舉傳附）

黃瓊：『初以父任爲太子舍人，辭病不就。』（後漢書本傳）

黃琬：『後瓊爲司徒，琬以公孫拜童子郎，辭病不就。』（同上）

（4）　其他：包括徵拜和未被察舉孝廉（或舉而不就）的地方小吏。

劉翊：『种拂臨郡，引爲功曹。……舉翊孝廉，不就。……獻帝遷都西京，翊

　　　　舉上計掾，……詔書嘉其忠勤，特拜議郎，遷陳留太守。』（後漢書獨

　　　　行傳）

李燮：『州郡禮命，四府並辟，皆無所就；後徵拜議郎。』（後漢書李固傳附）

張儉：『初舉茂材，以刺史非其人，謝病不起。延熹八年（165 A.D.）太守翟

　　　　超請爲東部督郵。』（後漢書黨錮列傳）

荀淑：『安帝時徵拜郎中，後再遷當塗長。』（後漢書本傳）

楊彪：『少傳家學，舉孝廉、州舉茂材、辟公府皆不就。……（熹平中）公車徵

　　　　拜議郎。』（後漢書楊震傳附）

黃浮：『補尙書令史，奉公憂氏，以功除昌慮長，濮陽令。』（後漢書宦者列傳

　　　　注引汝南先賢傳）

岑晊：『（太守）聞晊高名，請爲功曹。』（後漢書黨錮列傳）

張牧：『（太守弘農成瑨）又以張牧爲中賊曹史。』（同上）

趙岐：『仕州郡，以廉直疾惡見憚。』（後漢書本傳）

范冉：『少爲縣小吏。』（後漢書獨行傳）

鄭玄：『少爲鄉嗇夫，得休歸，常詣學官，不樂爲吏。……遂詣太學受業。』

　　　　（後漢書本傳。同書杜密傳作：（密）行春到高密縣，見鄭玄爲鄉佐，

　　　　知其異器，卽召署郡職，遂遣就學。）

鍾皓：『少爲郡功曹。』（後漢書本傳）

陳寔：『少作縣吏，嘗給事廝役爲都亭刺佐。』（後漢書本傳）

史弼：『弼少篤學，……仕州郡，辟公府，遷北軍中侯。』（後漢書本傳）

　　王允：『年十九爲郡吏。』（後漢書本傳）

　　張升：『仕郡爲綱紀，以能出守外黃令。』（後漢書文苑傳）

　　許劭：『初爲郡功曹。』（後漢書本傳）

　　韓韶：『少仕郡，辟司徒府。……以韶爲嬴長。』（後漢書本傳）

　　度尙：『家貧，……積困窮，迺爲宦者同郡侯覽視田，得爲郡上計，升拜郎
　　　　　中，除上虞長。』（後漢書本傳）

上面所擧七十八人的出身以選擧類居最多數，有四十四人，公府辟除類有十一人，任
子類僅四人，第四類十九人。

　　徵拜郎中後是做縣令長，擧孝廉做郎官後多半也是做縣令長，如被公府辟去做掾
屬的，不久或數遷後就可做太守刺史，或者在稍遷後做侍御史、尙書郎。黨人以任子
出身的非常少，這固然是東漢對任子之限制較嚴，但卽使依照後漢書集解惠棟所引車
騎將軍碑的說法，將出身孝廉的馮緄算入，也不過五人，而且很明顯的，他們都不肯
就。其中周勰是『常隱處竄身，慕老聃淸靜，杜絕人事』，所以後來再三辟擧他，連
『公車徵，玄纁備禮』都固辭，還可說本來就不願仕宦；但是黃瓊、黃琬、馮緄等人
後來的官都很大。又如宗室之後劉淑、劉祐，世宦之後李膺、尹勳、陳翔、陳蕃和
橋玄等人的出身都是孝廉。另如史弼、王允等都出身於地方小吏。誠如嚴歸田師所
言：『漢代仕宦途徑以郎吏爲基點，凡百卿相，顯名列朝者，無不出身於此，然地方
小吏考績優等察考廉者，又爲補郎之最主要途徑，則謂地方小吏爲達宦之初階可也』
（中國地方行政制度史上編序言 p.5）。另一方面也使我們想到，這仍然與故舊報恩有
密切的關係，因爲兩漢是郡國察擧孝廉的，黨人世代的仕宦，世代的經學，察擧的孝
廉，所辟的掾屬和教授的門生自然爲數衆多，這些門生故吏總有幾個會出人頭地的；
後者一旦做到公卿，或到府主宗師的州郡去做牧守時，對他們的後裔自然會儘量優遇
的。最簡便的方法就是辟爲掾屬或擧爲孝廉茂材，因此世宦的子弟都寧願放棄任子之
途了。如宋書恩倖傳序卽言：

　　（漢代）郡縣掾史並出豪家，負戈宿衞皆由世族。非若晚代分爲二途者也(註一)。

漢朝的地方小吏和公府掾屬在社會和辟主的眼光中，地位是很高的，很被尊重的。公

(註一)　此條係嚴歸田師所提示。

府牧守在辟舉掾屬時固是慕名而辟，應辟的也是慕名而來。如

> 『廣陵徐球爲汝南太守，請(許劭)爲郡功曹，球亦名士，解褐事之。』（後漢紀
> 卷27）

> 『(劉翊) 常守志，臥疾，不屈聘命。河南种拂臨郡，引爲功曹，翊以拂爲名公
> 之子，乃爲起焉。』（後漢書獨行傳）

> 『(范滂) 遷光祿主事，時陳蕃爲光祿勳，滂執公儀詣蕃，蕃不止之，滂懷恨投
> 版棄官而去。』（後漢書黨錮列傳）

> 『(汝南太守王龔) 好才愛士，引進郡人黃憲陳蕃等。……蕃性氣高明，初到龔
> 不卽召見之，乃留記謝病去。』（後漢書王龔傳）

另如檀敷、巴肅、陳寔、宗慈、楊匡、趙岐等做縣令長時，都曾因守相非其人或貪賄
而自己去職。

地方小吏如眞有才能，升遷也是很快的。如前引鄉嗇夫爰延就是一個佳例。至於
公府的掾屬，升遷的機會更多。如北堂書鈔六八引崔寔政論說：

> 三府掾屬位卑職重，及其取官又多超卓，或期月而長州郡，或數年而至公卿。

左雄在再遷尚書令後，上疏提出改革吏治的辦法之一，卽是『吏職滿歲，宰府州郡乃
得察舉。』可見東漢有些吏職被公府州郡察舉之快。

黨人中只有欒巴的出身比較奇特。

> 後漢書欒巴傳：(巴)順帝世以宦者給事掖庭，補黃門令，非其好也 。……(後
> 乞退) 擢拜郎中，四遷桂陽太守。

現在所能見及的史料中，黨人大部出身於上述四途，只有欒巴是唯一的例外。

（五） 黨 人 的 風 尙

黨人大多是世官的豪族，禮法世家，都有一家之學。如弘農楊氏四五代都是『少
傳家學』、『篤學博聞』，所以五世四公也並不偶然。很多黨人都是品德高尙，學問很
好，非常被鄉里和時人尊重的。如

> 宗慈：『南陽羣士益重其義行。』（後漢書黨錮列傳）

> 范滂：『少勵清節，爲州里所服。』（同上）

　蔡衍：『少明經。……以禮尙化鄉里。鄉里有爭訟者，輒詣衍決之，其所平
　　　　處，皆曰無寃。』（同上）

　陳寔：『寔在鄉閭，平心率物，其有爭訟，輒求判正，曉譬曲直，退無寃者。
　　　　至乃歎曰：「寧爲刑罰所加，不爲陳君所短。」』（後漢書本傳）

　陳紀：『亦以至德稱，兄弟孝養，閨門雍和，後進之士皆慕其風。』（同上）

　謝弼：『中直方正，爲鄉邑所宗。』（後漢書本傳）

因此他們的一言一行莫不影響到當時的士子。如

　『郭林宗李元禮等爲談論之首，一言一行天下以爲准的。』（初學記卷廿引袁山
　松後漢書）

　『李膺言出於口，人莫得違也。有難李君之言者，則鄉黨非之；李君與人同輿
　載，則名聞天下。』（御覽卷四四七引袁子正書）

　『（郭泰）周遊列國，嘗於陳梁閒行遇雨，巾一角墊。時人乃故折一角，以爲林
　宗巾。』（後漢書本傳）

清流領袖的一褒一貶幾乎可以左右士人的進退。如

　『後進之士，升其（李膺）堂者，以爲登龍門。』（袁山松後漢書。范書黨錮列傳
　作：『時朝廷日亂，綱紀穨陁，膺（時爲司隸校尉）獨持風裁，以聲名自高，士
　有被其容接者，名爲登龍門。』）

　『郭林宗始上京師，時人莫識，（符）融一見嗟服，因以介於李膺，由是知名。』
　（後漢書本傳）

　『李元禮一世龍門，時同縣聶季寶小家子，不敢見元禮。杜周甫知李寶賢，不
　能定名，以語元禮。元禮呼見，坐置砌下牛衣上，一舉言，卽曰：「此人當作
　「國士。」』（世說新語補卷八）

時人對清流領袖是非常仰慕的。如

　『（郭泰）後歸鄉里，衣冠諸儒送至河上，車輛數千，林宗唯與李膺同舟而濟，
　衆賓望之，以爲神仙焉。』（後漢書郭泰傳）

　『荀爽嘗就謁膺，爲其御；既還，喜曰：「今日乃得御李君矣。」其見慕如此。』

(同書黨錮列傳)

建寧二年大殺黨人時，許多清流之從容赴難，與這些領袖人物之精神感召是有密切關係的。如

魏朗：『朗以黨被徵，乃慷慨曰：「丈夫與陳仲舉李元禮俱死，得非乘龍上天乎！」於丹陽牛渚自殺。』(御覽卷438引會稽典錄)

范滂：『(與母訣別) 母曰：「汝今得與李杜齊名，死亦何恨；既有令名，復求壽考，可兼得乎！」』(後漢書黨錮列傳)

黨人對不好學的權豪勢家是看不起的，對濁流是憎惡的。因此表現在他們交友方面的是求志好的相同。如

李膺：『時河南尹李膺以簡重自居，不妄接士，賓客敕外，自非當世名人及與通家皆不得白。』(後漢書孔融傳)

『膺性簡亢，無所交接。唯以同郡荀淑陳寔爲師友。……(還居綸氏教授) 南陽樊陵求爲門徒，膺謝不受。陵後以阿附宦官致位太尉，爲節志者所羞。』(後漢書黨錮列傳)

陳蕃：『性方峻，不接賓客。市民亦畏其高。』(後漢書本傳)

范丹：『遊集太學，知人審友，苟非其類，無所容納；介操所在，不顧貴賤。』(全後漢文卷七七)

劉陶：『與人交，志好不同，雖富貴不顧也；所行齊趣，雖賤必尊貴。疾惡太甚，以此見憎。』(後漢紀卷24)

桓彬：『時中常侍曹節女婿亦爲郎，彬厲志操，與左丞劉歆、右丞杜希同好交善，未嘗與方共酒食之會，方深怨之。遂章言彬等爲酒黨。……彬遂以廢。』(後漢書桓榮附傳)

蔡衍：『徵拜議郎，符節令，梁冀聞衍賢，請欲相見，衍辭不往，冀恨之。』(同書黨錮列傳)

夏馥：『同縣高氏蔡氏並皆富植，郡人畏而事之，唯馥比門不與交通，由是爲豪族所仇。』(同上)

趙岐：『娶扶風馬融兄女，融外戚豪家，岐嘗鄙之，不與融相見。』(後漢書本

傳）

張升 ：『任情不羈，其意相合者則傾身相交，不問窮賤；如乖其志好者，雖王
　　　　公大人，終不屈從。』（同書文苑傳）

陳寔 ：『時中常侍張讓權傾天下，讓父死，歸葬潁川，雖一郡畢至，而名士無
　　　　往者，讓恥之。』（後漢書本傳）

濁流受到清流如此的奚落自然要恨之刺骨了。後來大殺黨人，與此也有關係。陳寔卽
因曾去弔過張讓父親之喪，以至『後復誅黨人，讓感寔，故多所全宥。』

　　當時世族的勢力已經很大，但黨人的交往還沒有很深的門第觀念。後漢書黃憲
傳：

　　（黃憲）世貧窮，父爲牛醫。潁川荀淑至愼陽，遇憲於逆旅，時年十四，淑竦然
　　異之；揖與語，移日不能去。謂憲曰：『子吾之師表也。』旣而至袁閬所，未
　　及勞問，逆曰：『子國有顏子，寧識之乎？』閬曰：『見吾叔度邪？……』同郡
　　陳蕃周舉常相謂曰：『時月之間不見黃生，則鄙吝之萌復存乎心。』

不過他們對出身不是良好家庭的子弟是不願交接的。如岑晊小時就有過一次很窘的遭
遇。後漢書黨錮列傳岑晊傳：

　　父豫爲南郡太守，以貪叨誅死。晊年少未知名，往候同郡宗慈，慈方以有道見
　　徵，賓客滿門，以晊非良家子不相見。

　　私人教授的風氣在西漢末期已很普遍，在『遺子千金，不如遺子一經』的觀念下，
遺子弟求學的自然很多。東漢的黨人也常常私人教授，這與當時門生對宗師的尊敬也
有關係。所以每當清流一旦以事或以病免歸時，就執起教鞭來了。如

劉淑 ：『少好學，明五經，遂隱居，立精舍講授，諸生常數百人。』（後漢書黨
　　　　錮列傳）

李膺 ：『以公事免官，還居綸氏教授，常千人。』（同上）

延篤 ：『以病免歸，教授家巷。』（同上）

檀敷 ：『立精舍教授，遠方至者常數百人。』（同上）

韋著 ：『隱居教授。』（後漢紀卷22）

蔡衍 ：『少明經，教授。』（後漢書黨錮列傳）

趙典 ：『典少篤行隱約，博學經書，弟子自遠方至。』(後漢書本傳)

郭泰 ：『及黨事起，遂閉門敎授，弟子以千數。』(後漢書本傳)

姜肱 ：『博通五經，兼明星緯，士之遠來就學者三千餘人。』(後漢書本傳)

張奐 ：『時禁錮者多不能守靜，或死或徙，奐閉門不出。養徒千人。』(後漢書本傳)

楊賜 ：『閒居敎授。』(後漢紀卷廿五)

楊秉 ：『少傳父業，隱居敎授。』(後漢紀卷廿二)

竇武 ：『少以經行著稱，常敎授於大澤中「集解引袁宏紀曰：諸生自遠方來受業者百餘人。」』(後漢書本傳)

黃瓊 ：『江夏黃瓊敎授於家。』(後漢書徐稚傳)

鍾皓 ：『以詩律敎授，門徒千餘人。』(後漢書本傳)

趙典 ：『典學孔子七經，河圖洛書，內外藝術靡不貫綜，受業者百有餘人。』(後漢書本傳章懷注引謝承書)

　　兩漢的選舉是由鄉舉里選的遺意來的， 所以非常注重鄉論。 因而演變成品評人物，互相標榜。黨人在社會上政治上勢力的表現，最先就是這種淸議。這對郡國的察舉和中央的徵辟影響是非常大的。也因此而招致濁流之忌。如趙岐全家就是因此而被害的。後漢書趙岐傳：

　　先是中常侍唐衡兄玹爲京兆虎牙都尉，郡人以玹進不由德，皆輕侮之。岐及從兄襲又數爲貶議，玹深毒恨。延熹元年 (158 A.D.) 玹爲京兆尹。……玹果收岐家屬宗親，陷以重法，盡殺之。

有的淸流因未曾危言深論而免爲濁流所害。如郭泰袁閎：

　　後漢書郭泰傳：林宗雖善人倫，而不危言覈論，故宦官擅政而不能傷也。及黨事起，知名之士多被其害，惟林宗及汝南袁閎得免焉。

這種好談論和多務交游的風氣從東漢中葉以後就日益盛行了。如潛夫論卷一務本第二說：

　　今學問之士好語虛無之事， 爭著彫麗之文， 以求見異於世。 品人鮮識從而高之。……今多務交游，以結黨助。偸世竊名以取濟渡，夸末之徒從而尙之。此

　　逼眞士之節而衒世俗之心者也。

　後來更是日甚一日，放言爲高。如果不好談論，反會受到時人的譏笑。如後漢書荀鍾
韓陳列傳論說：

　　　漢自中世以下，閹豎擅恣，故俗遂以遁身矯潔，放言爲高，士有不談此者，則
　　　芸夫牧豎已叫呼之矣；故時政彌惛而其風愈往。

　當時的太學實際上已成爲游談的場所。

　　　後漢書循吏傳：（仇）覽入太學，時諸生同郡符融有高名，與覽比宇，賓客盈
　　　室。覽常自守，不與融言。融觀其容止，心獨奇之。乃謂曰：『與先生同郡
　　　壤，鄰房牖，今京師英雄四集，志士交結之秋。雖務經學，守之何固？』覽乃
　　　正色曰：『天子修設太學，豈但使人游談其中？』高揖而去，不復與言。

　這時的太學生共有三萬餘人，郭泰賈彪是其中的領袖。他們『並與李膺、陳蕃、王暢
更相褒重』。扶風的魏傑和勃海的公族進階也好危言深論，申屠蟠早就看出這種情形
的危險了。後漢書申屠蟠傳：

　　　先是京師游士汝南范滂等非訐朝政，自公卿以下皆折節下之，太學生爭慕其
　　　風。……蟠獨歎曰：『昔戰國之世，處士橫議，列國之王至爲擁篲先驅，卒有
　　　阬儒燒書之禍，今之謂矣。』乃絕跡於梁碭之間。……居二年（後漢紀卷廿二，
　　　二年作三年），滂等果罹黨禍；或死或刑者數百人，蟠確然免於疑論。

　第一次黨錮之禍後，清流集團的標榜之風更盛了。

　　　後漢書黨錮列傳：指天下名士爲之稱號：上曰三君，次曰八俊，次曰八顧，次
　　　曰八及，次曰八廚，猶古之八元八凱也。竇武劉淑陳蕃爲三君，君者言一世之
　　　所宗也；李膺荀昱杜密王暢劉祐魏朗趙典朱㝢爲八俊，俊者言人之英也；郭林
　　　宗宗慈巴肅夏馥范滂（集解惠棟曰：三君八俊錄無范滂有劉儒）尹勳蔡衍羊陟
　　　爲八顧，顧者言能以德引人者也；張儉岑晊劉表陳翔孔昱苑康檀敷翟超爲八
　　　及，及者言其能導人追宗者也；度尚張邈王考劉儒（集解惠棟曰：三君八俊錄
　　　無劉儒有劉翊）胡母班秦周蕃嚮王章爲八廚，廚者言能以財救人也。

　並且把這些人的字再加上讚語編成七個字一句。

　　　天下忠誠竇游平（竇武）　　　天下德弘劉仲承（劉淑）　　　天下英秀王叔茂（王暢）

天下和雍郭林宗（郭泰）	天下通儒宗孝初（宗慈）	天下臥虎巴恭祖（巴肅）
天下慕恃夏子治（夏馥）	海內賽諤范孟博（范滂）	天下英藩尹伯元（尹勳）
天下雅志蔡孟喜（蔡衍）	天下清苦羊嗣祖（羊陟）	海內忠實張元節（張儉）
海內珍好岑公孝（岑晊）	海內所稱劉景升（劉表）	海內貴珍陳子鱗（陳翔）
海內才珍孔梁人（孔昱）	海內彬彬苑仲眞（苑康）	天下璜金劉叔林（劉儒）
海內珍奇胡母季皮（胡母班）	（以上係後漢書集解卷67校補侯康引自靈輔錄。）	
不畏強禦陳仲舉（陳蕃）(註一)	天下楷模李元禮（李膺）	天下良輔杜周甫（杜密）
天下稽古劉伯祖（劉祐）	天下忠平魏少英（魏朗）	天下才英趙仲經（趙典）
天下氷凌朱季陵（朱㝢）	海內清平度博平（度尙）	海內嚴恪張孟卓（張邈）
海內依怙王文祖（王考）	海內光光劉子相（劉翊）	海內貞良秦平王（秦周）
（以上係後漢書集解卷67惠棟引自學中語）		
海內通士檀文有（檀敷）	海內修整蕃嘉景（蕃嚮）	海內賢智王伯義（王章）
天下好交荀伯脩（荀昱）	（以上係後漢書集解卷67引自三君八俊錄）	

只有少數人對這種好交游的風氣是不以爲然的。如前引的仇覽和周璆：

後漢書周舉附傳：（周璆辭去郎官囘家後）父故吏河南召疊爲郡將，卑身降禮，

致敬於璆，璆恥交報之，因杜門自絕。

清流中自然也有矯做作以獲虛譽的。

後漢書符融傳：漢中晉文經梁國王子艾並恃其才智，炫曜上京，臥託養疾，無

所通接。洛中士大夫好事者承其聲名，坐門問疾，猶不得見。三公所辟召者輒

以詢訪之，隨所臧否以爲與奪。（符）融察其非眞，乃到太學，並見李膺曰：

『二子行業無聞，以豪傑自置，遂使公卿問疾，王臣坐門，融恐其小道破義，

空譽違實，特宜察焉。』膺然之。二人自是名論漸衰，賓徒稍省，旬日之間慙

嘆逃去。後果爲輕薄子，並以罪廢棄。

有的甚且不近人情。如范冉：

後漢書獨行傳：遭黨人禁錮，推鹿車載妻子，捃拾自資。（注引袁山松後漢書

（註一）　後漢書集解卷67校補侯康曰：御覽卷465引袁山松書不畏強禦陳仲舉，九卿直言有陳蕃；又靈輔錄作

天下義府陳仲舉。』

曰：丹去官，嘗使兒挈麥，得五斛，鄰人尹臺遺之一斛，囑兒莫道。丹後知，即令併送六斛，言麥已雜矣。遂誓不敢受。）

但是黨人大多是以名行相尙，篤於故舊，確實不愧爲當時的人望。臨難時也不圖苟免。如

　　申屠蟠：『始與濟陰王子居同在太學，子居臨沒，以身託蟠。蟠乃躬推鹿車送喪，歸于鄉里，遇司隸從事於河鞏之間，從事義之，爲封傳護送，蟠不肯受，投傳於地而去，事畢還學。』（後漢書本傳）

　　孔融：『初山陽張儉與融兄褒友善，亡命來詣，褒適出；時融年十六，儉不告，融知儉長者，有窘迫色。謂曰：「吾獨不能爲君主也？」因留舍藏之。後以人客發泄，國相以下密就掩捕，儉得脫走，收融及褒送獄。融曰：「保內藏舍者融也，當坐之。」褒曰：「彼來求我，我之由；非弟之過，我當坐之。」兄弟爭死。』（後漢紀卷卅）

　　朱震：『（執陳蕃送黃門北寺獄，卽日害之。徙其家屬於比景，宗族門生故吏皆斥免禁錮）蕃友人陳留朱震時爲銍令，聞而棄官，哭之，收葬蕃尸，匿其子逸於甘陵界中，事覺繫獄，合門桎梏，震受（受原作授，從集解劉攽說改）考掠，誓死不言，故逸得免。』（後漢書陳蕃傳）

　　李膺：『後張儉事起，收捕鉤黨。鄉人謂膺曰：「可去矣。」對曰：「事不辭難，罪不逃刑，臣之節也。……」乃詣詔獄考死。』（後漢書黨錮列傳）

　　范滂：『以黨事下黃門北寺獄，滂以同囚多嬰病，乃請先就格，遂與同郡袁忠等爭就楚毒。』（華嶠後漢書）

　　　　　『建寧二年遂大誅黨人，詔下急捕滂等。督郵吳導至縣，抱詔書，閉傳舍，伏狀而泣。滂聞之曰：「必爲我也。」卽自詣獄，縣令郭揖大驚出解印綬，引與俱亡，曰：「天下大矣，子何爲在此？」滂曰：「滂死則禍塞，何敢以罪累君，又令老母流離乎！」』（後漢書黨錮列傳）

　　昱（通鑑昱作翊）：『膺坐黨事，與杜密荀翊同繫新汲縣獄。時歲旦，翊引杯曰：「正朝從小起。」膺謂翊曰：「死者人情所惡，今子無戚色者何？」翊曰：「求仁得仁，又誰恨也。」』（同上書荀淑傳集解惠棟引李膺家傳）

巴肅：『中常侍曹節後聞其謀，收之，肅自載詣縣。縣令見肅入閤，解印綬與
　　　俱去。肅曰：「爲人臣者有謀不敢隱，有罪不逃刑，旣不隱其謀矣，
　　　又敢逃其刑乎？」遂被害。』（後漢書黨錮列傳）

樊巴：『蕃武被誅，巴以其黨，復譴永昌太守以功自效。辭病不行，上書極諫，
　　　理陳竇之冤。帝怒，下詔切責，收付廷尉，巴自殺。』（後漢書本傳）

當時離戰國雖已五百多年了，但是社會上仍普遍的流行着任俠的風氣。如

何顒：『友人虞偉高有父讐未報，而病將終；顒往候之，偉高泣而訴。顒感其
　　　義，爲復仇，以頭醱其墓。』（後漢書黨錮列傳）

魏朗：『兄爲鄉人所殺，朗白日操刀報讐於縣中，遂亡命到陳國。』（同上）

又如張邈少時也是以俠氣聞名的。

黨人普遍的風尙還有爲府主宗師服喪和避辟以坐門養望等。

（六）　黨人的抱負、政治主張、仕宦和隱居

　　東漢安順以後濁流專政的結果，政局逐步的衰退。地方吏治敗壞的原因之一是：
中央對地方官吏沒有明確的是非觀念和賞罰的標準，鄉官的祿也很薄，於是地方官吏
變成不負責任，輕忽去就，貪汚和做表面工作。如後漢書左雄傳再遷尙書令上疏中說：

典城百里，轉動無常，各懷一切，莫慮長久；謂殺害不辜爲威風，聚歛整辦
爲賢能，以理己安民爲劣弱，以奉法循理爲不化。……視民如寇讐，稅之如
豺虎。監司項背相望，與同疾狋，見非不舉，聞惡不察，觀政於亭傳，責成於
期月，言善不稱德，論功不舉實，虛誕者獲譽，拘檢者離毀，或因罪而引高，
或色斯以求名，州宰不覆，競共辟召，踴躍升騰，超等踰匹。或考奏捕案而亡
不受罪，會赦行賂，復見洗滌。……故使姦猾枉濫輕忽去就，拜除如流，缺動
百數。鄉官部吏職斯祿薄，車馬衣服一出於民，廉者取足，貪者充家，特選橫
調，紛紛不絕。送迎煩費，損政傷民。

政風敗壞的結果，一方面是中央的大臣不負責任，地方的官吏互相推諉。

『方今公卿以下，類多拱默，以樹恩爲賢，盡節爲愚。』至相戒曰：『白璧不可
爲容，容多後福。』（同上）

『今州曰任郡，郡曰任縣，更相委遠。百姓怨窮。以苟容爲賢，以盡節爲愚。』

（全後漢文卷五六虞詡上疏）

一方面是大家不敢說話。如後漢書黃瓊傳黃瓊疾篤上疏說：

　　諸梁秉權，豎官充朝，重封累職，傾動朝廷，卿校牧守之選皆出其門。……言

　　之者必族，附之者必榮，忠臣懼死而杜口，萬夫怖禍而木舌。

在這種情形之下，清流自然憤慨萬分。他們都想力挽狂瀾，以實現他們的抱負。如：

　　張綱：『時順帝委縱宦官，有識危心。綱常感激慨然曰：「穢惡滿朝，不能奮

　　　　　身出命，埽國家之難，雖生吾不願也。」』（後漢書本傳）

　　王龔：『龔深疾宦官專政，志在匡正。』（後漢書本傳）

　　岑晊：『雖在閭里，慨然有董正天下之志。』（後漢書黨錮列傳）

　　范滂：『郡召以爲功曹，卽褰衣就車，急痛於時也。……後爲太尉黃瓊所辟，

　　　　　登車攬轡，有澄淸天下之志。』（後漢紀卷廿二）

有的因爲遭到種種現實的阻礙，不能展其抱負，因而齎志以歿。如

　　范冉：『臨命遺令敕其子曰：「吾生於昏闇之世，值乎淫侈之俗，生不得匡世

　　　　　濟時。」』（後漢書獨行列傳）

　　張奐：『遺命曰：「吾前後仕進，十要銀艾，不能和光同塵，爲讒邪所忌，通

　　　　　塞命也。……」』（後漢書本傳）

　　張升：『有大志，歎曰：「人世白駒過隙耳，安能曲道媚世俗哉！」守外黃令，

　　　　　遇黨錮去官。道逢友人班荊而語曰：「今闕下閹宦專權。」因相向而

　　　　　泣。……升竟以黨錮下獄死。』（太平御覽卷407引范曄後漢書）（註一）

黨人的政治主張大致上可以歸納爲：

（１）　諫劾濁流，希望君主近賢臣，遠閹豎和廣開言路

延熹二年後，宦官的勢力大量的由中央發展到地方。

　　後漢書楊秉傳：（延熹）五年（162 A. D.）冬，（楊秉）代劉矩爲太尉，是時宦官

　　方熾，任人及子弟爲官，布滿天下。

　　同上書周景傳：（延熹）六年（周景）代劉寵爲司空，是時宦官任人及子弟充塞列

──────────────────────────

（註一）　發根按：張升御覽原作張叔升，從范書文苑傳改。惟今范書該傳並無此條記載。

位。

同上書黨錮列傳：復遷（劉）祐河東太守，時屬縣令長率多中官子弟，百姓患之。

在延熹九年以前，宦官的子弟姻戚任守相令長，其姓名確切可考的有（註一）：

官　　　名	姓　　名	與宦官關係	備　　　註
京　兆　尹	唐　玹	唐　衡　兄	後漢書趙岐傳
山　陽　太　守	單　遷	單　超　弟	後漢書馮緄傳
朔　方　太　守	董　援	單　超　外　甥	後漢書第五種傳
河　東　太　守	單　安	單　超　弟	後漢書宦者列傳
濟　陰　太　守	單　匡	單　超　弟　之　子	〃　（註二）
沛　　　相	具　恭	具　瑗　兄	〃
陳　留　太　守	左　敏	左　悺　弟	〃
河　內　太　守	徐　盛	徐　璜　弟	〃
下　邳　令	徐　宣	徐　璜　兄　子	〃
吳　郡　太　守	徐　參	徐　璜　弟	後漢書黨錮列傳
平　原　國　相	徐　曾	徐　璜　兄	後漢書杜喬傳
益　州　刺　史	侯　參	侯　覽　弟	後漢書楊秉傳
野　王　令	張　朔	張　讓　弟	後漢書黨錮列傳（註三）
河　間　相	曹　鼎	曹　騰　弟	〃
東　郡　太　守	曹　紹	曹　節　從　弟	後漢書謝弼傳
河　東　太　守	左　勝	左　悺　兄	後漢書趙岐傳

（註一）　姓名不可考的尚有：隸釋卷七車騎將軍馮緄碑所云之河內太守中常侍左悺弟，與後漢書黨錮列傳魏朗傳所云之彭城國相。

（註二）　同書第五種傳作單超兄子，另楊震傳陳蕃傳又均作單超弟。

（註三）　後漢紀作陽翟令張興。

這些人都是不學無術的，因此只知一味的巧取豪奪，以至『虐徧天下，民不堪命。』
如：

侯參：『參爲益州刺史，累有贓罪，暴虐一州。』（後漢書楊秉傳。同書宦者列
　　　　傳作：參爲益州刺史，民有豐富者輒誣以大逆，皆誅滅之；沒入財
　　　　物，前後累億計。）

　　　　『牂牁男子張叔居爲富室，參橫加非罪，云造訛言，殺叔家八人，沒入
　　　　廬宅。』（同上注引謝承書）

徐宣：『宣爲下邳令，暴虐尤甚。先是求故汝南太守下邳李暠女不能得，及到
　　　　縣，遂將吏職至暠家，載其女歸，戲射殺之。』（同書宦者列傳）

張朔：『朔爲野王令，貪殘無道，至乃殺孕婦。』（同書黨錮列傳）

蘇康管霸：『中常侍蘇康管霸用事於內，遂固天下良田美業、山林湖澤，民庶
　　　　窮困，州郡累氣。』（同上）

單匡：『匡爲濟陰太守，負勢貪放。』（同上書第五種傳）

因此清流先後以『舊典』和『故事』爲據，疏請皇帝禁用宦官及其子弟，並且提出任
用士族與賢臣的積極主張。如

朱穆：『漢家舊典置侍中中常侍各一人，省尙書事；黃門侍郎一人傳發書奏，
　　　　皆用姓族（士人有族望者）。自和熹太后女主稱制，不接公卿，乃以閹
　　　　人爲常侍，小黃門通命兩宮，自此以來，權傾人主。……皆宜罷遣，
　　　　博選耆儒宿德與參政事。』（後漢書本傳）

張綱：『尋大漢初隆及中興之世，文明二帝德化尤盛，……中常侍不過二人。
　　　　……頃者以來，不遵舊典，無功小人皆有官爵。……伏願陛下少留聖
　　　　恩，割損左右。』（後漢書本傳）

馮緄：『舊典中官子弟不得爲牧人職。』（全後漢文卷58馮緄轉河南尹後上言）

李固：『詔書所以禁侍中、尙書、中臣子弟不得爲吏察孝廉者，以其秉威權容
　　　　請託故也。而中常侍在日月之側，……今可設爲常禁，同之中臣。
　　　　……又宜罷退宦官，去其權重。裁置常侍二人，方直有德者，省事左
　　　　右；小黃門五人，才智閑雅者，給事殿中。如此則論者厭塞，升平可

致。』（後漢書本傳）

劉瑜：『今中官邪孽比肩裂土，皆競立胤嗣，繼體傳爵，或乞子疏屬，或買兒市道，殆乖開國承家之義。……惟陛下設置七臣，以廣諫道。……遠佞邪之人。』（後漢書本傳）

桓鸞：『（拜議郎）上陳五事；舉賢才、審授用、黜佞倖、省苑囿、息役賦，書奏御，牾內豎，故不省。』（後漢書桓榮附傳）

蔡邕：『宜擢文右職，以勸忠蹇，宣聲海內，博問政治。』（全後漢文卷71上封事陳政要七事）

陳蕃：『陛下深宜割塞近習豫政之源，引納尚書朝省之事，公卿大官五日一朝，簡練清高，斥黜佞邪。』（後漢書本傳）

（2）　地方吏治

左雄主張對政績卓著的守相長吏應增加其秩祿，並規定不得輕易去官，吏職至少要滿一年後，宰府州郡才能辟舉，親民之吏全用儒生，孝廉要限年試才。

後漢書左雄傳：守相長吏惠和有效顯殊者，可就增其秩；勿使移徙，非父母喪不得輕易去官；其不從法禁，不式王命，錮之終身，雖會赦令不得齒列；若被劾奏，亡不就法者，徙家邊郡，以懲其後。鄉部親民之吏皆用儒生，清白任從政者，寬其負算，增其秩祿。吏職滿歲，宰府州郡乃得辟舉。……郡國孝廉古之貢士，出則宰民，宣協風教，若其面牆，則無所施用，……請自今孝廉年不滿四十不得察舉，皆先詣公府；諸生試家法，文吏課箋奏。

黃瓊又奏增孝悌及能從政者。

同上書黃瓊傳：瓊以前左雄所上孝廉之選，專用儒學文吏，於取士之義猶有所遺。乃奏增孝悌及能從政者為四科。……又雄前議舉吏先試之於公府，又覆於端門，後尚書張盛奏除此科，瓊復上言：覆試之作將以澄洗清濁，覆實虛濫，不宜改革。帝乃止。

蔡邕諫行三互法。

同上書蔡邕傳：初朝議以州郡相黨，人情比周。乃制婚姻之家及二州人士不得對相監臨，至是復有三互法。禁忌轉密，選用艱難，幽冀二州久缺不補。邕上

疏曰：『幽冀舊壞，鎧馬所出，……闕職經時，吏人延屬，而三府選舉踰月不
停。臣經怪其事，而論者云避三互，十一州有禁，當取二州而已，又二州之士
復限以歲月，狐疑遲淹以失事會。愚以爲三互之禁，禁之薄者；今但申以威
靈，明其憲令，在任之人豈不戒懼，而當坐設三互自生留閡邪？……臣願陛下
上則先帝，蠲除近禁，其諸州刺史器用可換者，無拘日月三互，以差厥中。』
（書奏不省）

（3）　奏罷鴻都文學

鴻都文學的設立在靈帝光和元年（178 A. D.），據後漢書卷八靈帝紀注：『鴻都門
名也，於內置學。時其中諸生皆敕州郡三公舉召，能爲尺牘辭賦及工書鳥篆者相課試
至千人焉。』其下集解汪注曰：『御覽二百一引華嶠書：置學下有畫孔子及七十二弟
子像。』據同書蔡邕傳這些人『或出爲刺史太守，入爲尙書侍中，乃有封侯賜爵者，
士君子皆恥與爲列焉。』陽球與蔡邕都先後上疏請罷鴻都文學。

後漢書酷吏傳：（陽球）拜尙書令，奏罷鴻都文學曰：『伏承有詔，勑中尙方爲
鴻都文學樂松江覽等三十二人圖象立贊，以勸學者。……案松覽等皆出於微蔑
斗筲小人，依憑世戚，附託權豪，俛眉承睫，微進明時；或獻賦一篇，或鳥篆
盈簡，而位升郎中，形圖丹青；亦有筆不點牘，辭不辯心，假手請字，妖僞百
品，莫不被蒙殊恩。……是以有識掩口，天下嗟歎。……今太學、東觀足以宣
明聖化，願罷鴻都之選，以消天下之謗。』

同上書蔡邕傳：又尙方工技之作，鴻都篇賦之文可且消息，以示惟憂。……宰
府孝廉士之高選，近者以辟召不愼，切責三公；而今並以小文超取選舉，開請
託之門，違明王之典。……願陛下忍而絕之。

黨人的政績都燦然可觀，在范書各傳中所看到的，凡曾仕宦的黨人都有很好的獻
替。如劉矩並被列入循吏傳。清流做到公卿以上的大部份都做過守相令長。茲將清流
人物最後所任官職繪表如下：

一、在第二次黨禍前已卒者

姓名	官職	出處	姓名	官職	出處	姓名	官職	出處
左雄	尚書	本傳	黃瓊	司空	本傳	李固	太尉	本傳
王龔	太尉	〃	楊震	太尉	〃	周景	〃	〃
种暠	司徒	〃	周舉	光祿大夫	〃	朱穆	尚書	〃
杜衆	五官掾	李雲傳	謝弼	廣陵府丞	〃	成瑨	南陽太守	陳蕃傳
李雲	白馬令	〃	延篤	京兆尹	〃	劉瓆	太原太守	〃
第五種	兗州刺史	本傳	楊秉	太尉	楊震傳	馮緄	廷尉	本傳
杜喬	太尉	〃	荀淑	朗陵相	本傳	張綱	廣陵太守	張皓傳
陳龜	尚書	〃	度尚	遼東太守	〃	黃尚	司徒	周舉傳(註一)
楊匡	平原令	杜喬傳	韓韶	嬴長	〃	衞羽	從事	第五種傳
霍諝	廷尉	本傳	應奉	司隸校尉	〃	孫斌	門下掾	〃
魏傑	皮氏長	黨錮傳序	黃穆	郡主簿	黨錮范滂傳	滕延	京兆尹	宦者侯覽傳
黃浮	東海相	陳蕃傳	爰延	大鴻臚	本傳	劉矩	太尉	循史傳
羊陟	河南尹	黨錮傳	王考	冀州刺史	黨錮傳序	韓演	司隸校尉	宦者單超傳
陳翔	御史中丞	〃	秦周	北海相	〃	壺嘉	都尉	黨錮杜密傳
宗慈	修武令	〃	蕃嚮	郎中	〃	孔昱	洛陽令	黨錮傳
蔡衍	議郎	〃	王璋	少府	〃	苑康	太山太守	〃(註二)

二、在第二次黨禍時罹難者

姓名	官職	出處	姓名	官職	出處	姓名	官職	出處
陳蕃	太尉太傅尚書錄事	後漢書本傳	馮述	屯騎校尉	後漢書竇武傳	虞放	司空	後漢書黨錮傳序

(註一)　黃尚以下廿五人卒年不詳疑均已在第二次黨禍前物故。

(註二)　本表均係引自范書各傳。

竇武	大將軍	後漢書本傳	虞祁	洛陽令	後漢書竇武傳	翟超	山陽太守	後漢書黨錮傳序
劉瑜	侍中	〃	祝瑨	侍御史	〃	王暢	司空(註一)	後漢書王暢傳
朱震	鈺令	後漢書陳蕃傳	荀緄	尚書	〃	樂巴	議郎	後漢書本傳
杜密	太僕	後漢書黨錮傳	劉儵	侍中	後漢書陳球傳	張升	外黃令	後漢書獨行傳
李膺	長樂少府	〃	劉儒	議郎(註二)	後漢書黨錮傳	范滂	太尉掾	後漢書黨錮傳
劉淑	虎賁中郎將	〃	趙典	太常	後漢紀卷23	尹勳	尚書令(註三)	後漢書竇武傳
丁栩	左中郎將	後漢紀卷23	朱寓	司隸校尉	後漢書黨錮傳序	劉祐	河南尹(註四)	後漢書黨錮傳
巴肅	潁川太守	(註五)〃	荀昱	從事中郎	(註六)後漢書竇武傳	魏朗	尚書(註七)	〃

三、在第二次黨禍後遇害、病卒、及初平建安時期尚存者

姓名	黨禍時官職	最後所任官職	出處	備註
何顒	尚書		三國志何夔傳注引魏書	顒為尚書，有直言，由是在黨中，諸父兄皆禁錮。顒有未遇害，不詳。
張儉	山陽東部督郵	衛尉	後漢書黨錮傳	黨事解，大將軍三公並辟，又舉敦樸，公車特徵起家拜少府，皆不就。建安初徵為衛尉
岑晊	已去官	未再仕	〃	原為郡功曹，因收捕張汎，逃竄，會赦出，州郡察舉，三府交辟，並不就。及李杜之誅因復逃竄。

(註一)　後漢書王暢傳：『建寧元年遷司空，數月以水災免，明年卒於家。』未言罹黨禍，集解引沈欽韓曰：『袁紀云：暢與李膺等下獄誅，誤。』

(註二)　後漢書黨錮列傳序作任城相，惟同書黨錮列傳劉儒傳：『出為任城相，頃之徵拜議郎。』則以議郎為是；後漢紀卷23同。

(註三)　後漢書黨錮列傳尹勳傳作大司農，同書竇武傳劉瑜傳並作尚書令；似以後說為是。

(註四)　後漢紀卷23作大司農，按祐為大司農係在桓帝時，此從後漢書黨錮列傳、竇武傳；又祐在陳竇事敗後蹣躇，不久即卒，未及禍。

(註五)　後漢書靈帝紀、黨錮列傳序、後漢紀卷23均作潁川太守；惟後漢書黨錮列傳巴肅傳：『歷慎令、貝丘長，……辟公府，稍遷拜議郎，與竇武陳蕃等謀誅閹宦。』則應作議郎。

(註六)　後漢書靈帝紀、黨錮列傳序、荀爽傳並作沛相，惟同書竇武傳作：『請前越巂太守荀昱為從事中郎。』似以武傳為是。

(註七)　後漢書靈帝紀、黨錮列傳序均作河內太守；惟據同書黨錮列傳魏朗傳：『出為河內太守，政稱三河表，尚書令陳蕃薦朗公忠亮直，宜在機密，復徵為尚書。』故作尚書；後漢紀卷23同。

　　　　又後漢書靈帝紀、黨錮列傳序，後漢紀卷23：第二次黨禍時罹難者百餘人，其餘姓名均不可考。

張 牧	已 去 官	未 再 仕	後漢書黨錮傳	原爲中賊曹史，因收捕張汎，觸怒濁流，逃竄。
檀 敷	蒙 令（？）	〃	〃	在黨禍前，疑已以郡守非其人，棄官去。
賈 彪	新 息 長	〃	〃	以黨禁錮，卒于家。
何 顒	未 仕	北軍中侯	〃	黨禁解，顒辟司空府。累遷，及董卓秉政，逼顒以爲長史，託病不就。
荀 曇	廣 陵 太 守	未 再 仕	後漢書荀淑傳	曇以黨禁錮終身，疑黨禁未解即卒。
劉 陶	未 詳	諫 議 大 夫	後漢書本傳	舉孝廉，除順陽長……頃之拜侍御史。黨禍時任何官不可考。
陳 耽	〃	司 徒	〃	
曹 鸞	〃	永 昌 太 守	後漢書黨錮傳序	
羊 續	大 將 軍 掾	南 陽 太 守	後漢書本傳	靈帝以續爲太尉，以未能輸東園錢，不登公位。徵爲太常，未及行，會病卒。
審 忠	郎 中	公 府 掾	後漢書宦者傳	
皇甫規	度 遼 將 軍	護 羌 校 尉	後漢書本傳	黨禍起，上書自訟黨人，朝廷知而不問。
陽 球	未 詳	衞 尉	後漢書酷吏傳	
趙 岐	幷 州 刺 史	太 常	後漢書本傳	
范 冉	已 去 官	司 空 掾	後漢書獨行傳	原爲太尉府掾議者欲以爲侍御史，逃遁去。黨禁解，三府並辟，應司空命。
陳 寔	大 將 軍 府 掾	未 再 仕	後漢書本傳	黨禁解，大將軍何進司徒袁隗遣人敦寔，並不就。
陳 紀	未 仕	大 鴻 臚	後漢書陳寔傳	
韓 融	未 詳	太 僕	後漢書韓韶傳	
荀 爽	已 去 官	司 空	後漢書荀淑傳	原爲郎中，黨禍前已棄官去。
張 鈞	未 詳	郎 中	後漢書宦者傳	後漢紀鈞作均，郎中作中郎將。
張 奐	護匈奴中郎將	太 常	後漢書本傳	黨禍時，曹節以奐新徵，不知本謀，矯制使奐率五營士圍竇武。後以黨罪禁錮。
李 燮	未 詳	河 南 尹	後漢書李固傳	
劉 猛	宗 正	諫 議 大 夫	後漢書宦者傳	原任司隸校尉，熹平時以忤宦官旨，不急捕太學生，左轉諫議大夫，未幾遇害。

荀悅	未詳	秘書監侍中	後漢書荀淑傳	
何休	太傅掾	諫議大夫	後漢書文宛傳上	
劉茂	已免官	太中大夫	後漢書劉般傳	桓帝時爲司空與太尉陳蕃，司徒劉矩共上書訟成瑨，劉瓆，坐免。
王允	郡史	司徒守尙書令	後漢書本傳	
趙瑨	未仕	相國長史	〃	
王宏	未詳	右扶風	〃	
袁忠	〃	沛相	後漢書袁安傳	初平中爲沛相，獻帝都許，徵爲衞尉，未到卽卒。
橋玄	〃	太中大夫	後漢書本傳	
蔡邕	未仕	左中郎將	〃	
黃琬	已廢黜	司隸校尉	後漢書黃瓊傳	桓帝時爲五官中郎將，以典選擧爲權富郎所見中傷，被廢幾二十年。
刁韙	未詳	東海國相	〃	
陳球	〃	永樂少府	後漢書本傳	
劉郃	〃	司徒	〃	
許劭	〃	郡功曹	〃	
胡騰	大將軍掾	尙書	後漢書竇武傳	黨錮解，官至尙書。
張敞	令史	未詳	〃	
楊賜	未詳	司空	後漢書楊震傳	
許永	〃	司隸校尉	後漢書皇后紀下	
劉表	〃	荊州刺史	後漢書本傳	第二次收捕黨人時，以亡走獲免。
張邈	〃	陳留太守	後漢書呂布傳	
胡母班	〃	將作大匠	後漢書袁紹傳	
葢勳	〃	潁川太守	後漢書本傳	

欒 賀	未　　　詳	雲 中 太 守	後漢書欒巴傳	
陳 雅	〃	巴 郡 太 守	全後漢文卷81	雅靈帝時為諫大夫，上疏不納，出為巴郡太守，最後任職未詳
和 海	〃	上 祿 長	後漢書黨錮傳序	海光和初為上祿長，最後任職未詳
荀 彧	未　　　仕	侍中光祿大夫	後 漢 書 本 傳	
史 弼	已 廢 黜	彭 城 相	〃	桓帝時河東太守，以忤侯覽旨被廢。光和中出為彭城相
李 瓚	未　　　詳	東 平 相	後 漢 書 黨 錮 李 膺 傳	
孔 融	〃	少 府	後 漢 書 本 傳	
桓 彬	已 廢 黜	未 再 仕	後漢書桓榮傳	彬為尚書郎時，被誣濁流所誣，遂以廢。光和元年卒於家。
桓 典	未　　　詳	光 祿 勳	〃	
桓 鸞	〃	議 郎	〃	
陳 逸	〃	魯 相	後漢書陳蕃傳	黃巾賊起，大赦黨人，乃追還逸，官至魯相。

　　當清流與濁流作生死鬪爭之時，尤其在黨錮之禍發生以後，也有一部份憂時識勢之士看到形勢的險惡，於是多韜光晦跡，遁世自保。如應奉：

　　　『薦為司隸校尉。……及黨事起，奉乃慨然以疾自退，追愍屈原，因以自傷，著感騷三十篇，數十萬言。』（後漢書本傳）

有的且絕口不談國事，如黃瓊死後將卜葬時，清流中的徐稺趕去弔祭，哀哭以後就走了。當別的清流知道他已來過後，就推善於辭令的茅季瑋去追他，請他到酒肆中吃飯。但『季瑋請國家之事，稺不答；更問稼穡之事，稺乃答也』（後漢紀卷22）。並要茅容轉告郭泰：『大樹將顛，非一繩所維，何為栖栖，不惶寧處？』（後漢書徐稺傳）有的便以『老子之道自好，游心六藝，兼善圖讖』，他們對政局完全心灰意冷，所以隱逸的也非常多。如

　　　何夔：『漢末閹官用事，夔從父衡為尚書，有直言，由是在黨中；諸父兄皆禁錮。夔歎曰：「天地閉，賢人隱」，故不應宰司之命。』（三國志本傳注引魏書）

郭泰　：『司徒黃瓊辟，太常趙典舉有道，或勸林宗仕進者，對曰：「吾夜觀乾
　　　　象，晝察人事，天之所廢不可支也」；遂並不應。』（後漢書本傳。全
　　　　後漢文卷六十二作：吾晝察人事，夜看乾象，天之所廢不可支也。方
　　　　向運在明夷之爻，值勿用之位，蓋盤桓潛居之時，非在天利見之會
　　　　也。雖在原陸，猶恐滄海橫流，吾其魚也，況可冒衝而乘奔浪乎？未
　　　　若巖岫頤神，娛心彭老，優哉游哉，聊以卒歲。）

夏馥　：『諸府交辟，天子玄纁徵，皆不就。嘗奔喪經洛陽，歷太學門。諸生
　　　　曰：「此太學門也。」馥曰：「東野生希遊帝之庭徑。」去，不復顧。
　　　　卿聞而追之，不得而見也。』（後漢紀卷廿二）

黃憲　：『太守王龔在郡禮進賢達，多所降致，亦不能屈憲。……憲初舉孝廉，
　　　　又辟公府，友人勸其仕進，憲亦不拒之，暫到京師而還，竟無所就。』
　　　　（後漢書本傳）

魏桓　：『數被徵，其鄉人勸之行。桓曰：「夫干祿求進，所以行其志也。今後
　　　　宮千數，其可損乎？廐馬萬匹，其可減乎？左右悉權豪，其可去乎？」
　　　　皆對曰：「不可。」桓乃慨然歎曰：「使桓生行死歸，於諸子何有哉！」
　　　　遂隱身不出。』（後漢書周黃徐姜申屠列傳序）

襄楷　：『太傅陳蕃舉方正，不就。鄉里宗之，每太守至，輒至禮請，中平中與
　　　　荀爽鄭玄俱以博士徵，不至，卒于家。』（後漢書本傳）

陳寔　：『及黨禁始解，大將軍何進司徒袁隗遣人敦寔，欲特表以不次之位，寔
　　　　乃謝使者曰：「寔久絕人事，飾巾待終而已。」時三公缺，議者歸之，
　　　　累見徵命，遂不起。閉門懸車，棲遲養老。』（後漢書本傳）

姜肱　：『諸公爭加辟命，皆不就。二弟（仲海季江）名聲相次，亦不應徵聘。
　　　　……後與徐穉俱徵不至，桓帝乃下彭城使畫工圖其形狀，肱臥於幽
　　　　闇，以被韜面，言感眩疾，不欲出風，工竟不得見之。中常侍曹節等
　　　　專執朝事，新誅太傅陳蕃大將軍竇武，欲借寵賢德，以釋眾望；乃白
　　　　徵肱為太守。肱得詔乃私告其友曰：「吾以虛獲實，遂藉聲價，明明

在上猶當固其本志，況今政在閹豎，夫何爲哉？」乃隱身邅命，遠浮海濱。再以玄纁聘，不就。卽拜太中大夫，詔書至門，肱使家人對云：「久病就醫。」遂羸服間行竄伏青州界中，賣卜給食，召命得斷。家亦不知其處，歷年乃還。』（後漢書本傳）

申屠蟠：『太尉黃瓊辟，不就。及瓊卒，歸葬江夏，四方名豪會帳下者六七千人，互相談論，莫有及蟠者，唯南郡一生與相酬對。既別，執蟠手曰：「君非聘則徵，如是相見於上京矣。」蟠勃然作色曰：「始吾以子爲可與言也，何意乃相拘教樂貴之徒邪？」因振手而去，不復與言。再舉有道，不就。……大將軍何進連徵不詣。（後博士徵、公車徵均不至）』（後漢書本傳）

鍾瑾：『瑾好學慕古，有退讓風。……瑾辟州府，未嘗屈志。』（後漢書鍾皓傳）

李曇：『徵聘不至，唯以奉親爲歡。』（後漢紀卷廿二）

韋著：『隱居敎授，不修世務。』（同上）

許嘉：『辟司徒府，到京師；會黨錮起，李杜受誅。嘉歎曰：「仲尼遊於趙郊，不入危國；今人衆矣，吾其行也。」投劍潛歸。』（北堂書鈔引汝南先賢傳）

周勰：『以父任爲郎，自免歸家。……後太守舉孝廉，復以疾去。時梁冀盛貴，被其徵命者，莫敢不應，唯勰前後三辟竟不能屈。後舉賢良方正，不應。又公車玄纁備禮，固辭廢疾。常隱處竄身，慕老聃清淨，杜絕人事，巷生荆棘，十有餘歲。』（後漢書周舉附傳）

上面所舉的十五人中，除應奉外，陳寔做過太丘長，周勰被任過郎官，何夔在後來不得已做了曹操的掾屬，但都不大；其餘均終生未仕。綜觀他們隱逸的原因，都是感到政在閹豎，小人道長，不能行其志的緣故。值得我們注意的是這些隱逸的人物中，只有周勰的祖上是世宦，鍾瑾是『世善刑律，爲郡著姓』外，其餘都不是世宦的豪族。

（七）　初平建安時期的黨人

靈帝死後何后臨朝，袁紹與何進謀誅盡宦官，因事機不密，何進又被閹豎殺害，

袁紹聞訊後勒兵殺盡宦官；濁流至此終算受到致命的打擊。不過西方的軍閥董卓也在這時擁兵到洛陽，廢皇子辯，另立皇子協，獨斷朝政了。

雖然清流從延熹九年起，不斷的遭到禁錮和殺戮，他們的門生故吏和家屬也被株連。但是一種政爭畢竟不是殺戮所能奏效的，所以還是有許多清流遺留下來，有的是黨錮人物的子弟和門生故吏，有的本身就是當初漏網的人物。雖然這時清流的力量已經式微，但他們對政局仍然有很大的影響。

董卓在立獻帝後，就『與司徒黃琬、司空楊彪俱帶鈇鑕詣闕上書，追理陳蕃竇武及諸黨人，以從人望。於是悉復蕃等爵位，擢用子弟』（後漢書董卓傳）。又

> 擢用羣士，乃任吏部尚書漢陽周珌、侍中汝南伍瓊、尚書鄭公業、長史何顒等，以處士荀爽為司空；其染黨錮者陳紀韓融之徒皆為列卿，幽滯之士多所顯拔，以尚書韓馥為冀州刺史，侍中劉岱為兗州刺史，陳留孔伷為豫州刺史，潁川張咨為南陽太守。

董卓這些措施自然有藉此以建立他個人聲譽的動機在內，不過在表面上，他對清流確是非常的禮遇。如

> 荀爽：『董卓輔政，復徵之；爽欲遁命，吏持之急，不得去。因復就拜平原相，行至宛陵，復追為光祿勳；視事三日進拜司空。爽自徵命，及登台司九十五日。』（後漢書本傳）

> 蔡邕：『（董卓）又切敕州郡舉邕詣府，邕不得已，到署祭酒，甚見敬重。舉高第，補侍御史，又轉持書御史，遷尚書，三日之間，周歷三臺。』（後漢書本傳）

> 黃琬：『董卓秉政，以琬名臣，徵為司徒，遷太尉，更封陽泉鄉侯。』（後漢書本傳）

> 陳紀：『董卓入洛陽，乃使就家拜五官中郎將，不得已到京師，遷侍中。』（後漢書本傳）

但是獻帝以後的政局已起了極大的銳變，與桓靈時代截然不同，清流人物根本已無法控御。如初平元年（190 A. D.）韓融袁紹等十餘人在關東起兵討卓時，董卓就鴆殺了弘農王，想遷都長安。

後漢書董卓傳：欲遷都長安，會公卿議，太尉黃琬司徒楊彪廷爭不能得，而伍瓊周珌又固諫之。卓因大怒曰……遂斬瓊珌。而彪琬恐懼，詣卓謝曰：『小人戀舊，非欲沮國事也。』卓既殺瓊珌，旋亦悔之。故表彪琬爲光祿大夫（先是卓已命司隸校尉宣播奏免彪琬），於是遷天子西都。

　　初平三年（192 A.D.）四月辛巳王允連絡呂布刺死董卓，這原可成爲漢末政局的一個轉機，却因爲王允的迂闊和猶豫，一再把機會錯失了。更不幸的是竟因而引起地域性的衝突，使關中塗炭。

後漢書王允傳：允初議赦卓部曲，呂布亦數勸之。既而疑曰：『此輩無罪，從其主耳。今若名爲惡逆而特赦之，適足使其自疑，非所以安之道也(註一)。

王允的性格也不是能安定這種危局的人物。後漢書王允傳所記：

允性剛稜疾惡，初懼董卓豺狼，故折節圖之，卓既殲滅，自謂無復患難。及在際會，每乏溫潤之色，仗正持重，不循權宜之計，是以羣下不甚附之。

並且也毫不寬容，如董卓被殺後，另一淸流蔡邕因『言之而歎，有動於色』，卽被收付廷尉，下獄死，他『乞黥首刖足，繼成漢史（邕前曾在東觀與盧植韓說等撰補後漢記）』都不可得。實際上蔡邕與董卓的關係並不如何密切，在早先他還曾與從弟蔡谷商議，想離開董卓，逃到山東去。因爲蔡谷的勸告：『君狀異恆人，每行，觀者盈集，以此自匿，不亦難乎？』才停止的。

　　從西漢以來，關中與關東一直有不很明顯的地域性的衝突存在，尤其在東漢以後，六郡良家子更有一種被壓抑的感覺。董卓軍隊中的將校大多是涼州人，王允想解散他們。

後漢書王允傳：或說允曰：『涼州人素憚袁氏，而畏關東，今若一旦解兵（兵下原有關東二字，從集解劉攽說省），則必人人自危。可以皇甫義眞爲將軍就領其衆，因使留陝以安撫之，而徐與關東通謀，以觀其變。』允曰：『不然，關東舉義兵者皆吾徒耳；距險屯陝，雖安涼州，而疑關東之心，甚不可也。』

（註一）　後漢書獻帝紀初平三年『五月丁酉大赦天下』其下集解惠棟曰考異云：『案是年正月大赦，及李催求赦，王允曰：「一歲不再赦。」然則五月必無赦也。』是月丁未董卓之部曲李郭樊張等刦圍攻京師。又後漢紀作『五月丁未大赦天下。』

這時又傳出『當悉誅涼州人』的謠言，於是關中的董卓軍隊都擁兵自守，他們既不獲赦，又擔心有被解散及殺害的可能，遂與董卓在關東的部曲將李傕郭汜相聯，圍攻長安。

其時掌握關東諸州的：幽州是公孫瓚、冀州是袁紹、兗州是曹操。荊州是劉表，益州是劉焉，揚州是袁術。其中劉表劉焉是疏遠的宗室，袁紹袁術是四世公輔的大豪族，可是他們已經沒有齊心擁戴中央的意念。

袁紹的本性與清流豪族是很接近的，如他做濮陽長時以母喪去官，服喪三年後，感到幼年喪父，又爲父服喪。他也『愛士養名』。後漢書袁紹傳注引英雄記：

> 紹不妄通賓客，非海內知名不得相見，又好游俠；與張孟卓、何伯求、吳子卿許子遠皆爲奔走之友。

何顒等人都是有名的清流人物，袁紹到河北以後，特別的優禮鄭玄荀彧和荀堪，也仍是禮法世家的一貫作風。

劉表是黨錮之禍時的八及之一，當『詔書捕案黨人，表亡走得免。』他所據的荊州北接漢沔，東連吳會，西通巴蜀，南遙交廣，眞是縞縠四方，境廣地勝。他雖帶甲十餘萬，但是並無忠心爲國的表現，如李傕等入長安後，他還『遣使奉貢』，後來也僅是消極性的不斷送軍資到洛陽和遣兵助修宮殿而已。

> 後漢趙書岐傳：興平元年(194 A. D.)……會帝當還洛陽，先遣衞將軍董承修理宮室。(趙)岐謂盛曰：『今海內分崩，唯有荊州境廣地勝，……年穀獨登，兵人差全。……欲自乘牛車，南說劉表，可使其身自將兵來衞朝廷，與將軍並心同力共獎王室，此安士救人之策也。』承即表遣岐使荊州督租糧。岐至，劉表即遣兵詣洛陽助修宮室，軍資委輸前後不絕。

而且在曹操與袁紹相持於官渡時，『紹遣人求助，表許之，不至；亦不援曹操，且欲觀天下之變。』

在黨錮之禍時，胡母班與邈張都被稱爲八厨之一的，但這時也沒有甚麼表現，張邈且聽信陳宮的游說，迎呂布共據兗州，也想觀天下形勢之變。

曹操是宦官曹騰的後人，不是出於禮教的世族，他對於清流豪族的作風自然不會贊同。從全三國文卷三魏武與太尉楊彪書很明顯的可以看出清流豪族和他有相當的距

離。

　　……足下不遺，以賢子見輔，比中國雖靖，方外未夷。今軍征事大，百姓騷擾，吾制鐘鼓之音，主簿宜守，而足下賢子（指楊修）恃豪父之勢，每不與吾同懷。……

魏武三令也顯著的有打擊禮法世家的意味。

　　有的黨人雖投身曹氏，但只是因緣寄託，並且他們最初還以為曹操是『首興義兵，以匡寧國，』所以荀彧『越河冀，間關以從曹氏』。一直到形勢不可為時才消沉下去。如

　　　　張儉：『建安初，徵為衞尉，不得已而起。儉見曹氏世德已萌，乃闔門懸車，不豫政事。』（後漢書黨錮列傳）

　　　　荀悅：『時政移曹氏，天子恭己而已，悅（時為侍中）志在獻替，而謀無所用。乃作申鑒五篇。』（後漢書荀淑附傳）

荀彧在建安十七年（212 A.D.）終於因為反對董昭等人的『進操爵國公，九錫備物』之議，而為曹操所害。

　　有的則見局勢將亂，只圖避難；已經完全沒有一點獨木支大廈的精神。如後期重要的清流，好覈論鄉黨人物的許劭：

　　　　後漢書許劭傳：司空楊彪舉方正，……皆不就。或勸仕，對曰：『方今小人道長，王室將亂，吾欲避地淮海，以全老幼。』

如公族的子孫袁微：

　　　　後漢紀卷廿九：（司徒滂子）渙少與弟微俱以德行稱，是時漢室衰微，天下將亂，渙與微閑居，從容謀安身避亂之地。渙慨然歎曰：『漢室陵遲，亂無日矣。苟天下不靖，逃將安之？若天將喪道，民以義存，唯強而有禮可以庇身乎？』微曰：『古人有言，知機其神乎！見機而作，君子所以元吉也。天理盛衰其已矣夫！……且兵革之興，外患衆矣。微將遠蹈山海以求免乎（後避亂至交州）！』

如王烈管寧邴原等至遼東避難：

　　　　三國志管寧傳：天下大亂，聞公孫度令行海外，遂與原及平原王烈（註一）等至於

（註一）　後漢書獨行傳王烈傳，平原作太原。

　　遼東。

　　勞貞一師在其所著魏晉南北朝史首章論及東漢黨人時曾說：『社會上過於看重了道德的因素，忽略了能力的培養，因而行政幹部難以尋覓富有活力的人才。』這就初平建安時期的史實來看，尤其是非常的正確。如何顒、王允、劉表、張邈、胡母班、張儉等人的素譽都是很高的，郭泰嘗稱王允是『一日千里王佐才也』，但這時並不能安定危局。雖然他在長安城陷時，臨難不苟。

　　因此到曹操秉國，政權逐漸爲他所控制時，他就發了魏武三令，用人的政策完全轉換到另外一個方向了。

（八）　結　語

　　黨錮之禍發生時被株連的人是非常多的。如第一次黨錮時：

　　　後漢書史弼傳：時詔書下舉鉤黨，郡國所奏，相連及者多至數百(註一)；唯(平原相)弼獨無所上。詔書前後切却州郡，髡笞掾史從事坐傳責曰：『詔書疾惡黨人，旨意懇惻，青州六郡其五有黨，近國甘陵亦考南北部，平原何理而得獨無？』弼曰：『……它郡自有，平原自無，胡可相比。若承望上司，誣陷良善，淫刑濫罰，以逞非理，則平原之人戶可爲黨，相有死而已，所不能也。』從事大怒，即收郡僚職送獄，遂舉奏弼，會黨禁中解，弼以俸贖罪得免，濟活者千餘人。

第二次黨禍時，清流『死徙廢禁者六七百人』。後漢書黨錮列傳序言：

　　　凡黨事始自甘陵汝南、成於李膺張儉，海內塗炭二十餘年，諸所蔓延皆天下善士。

實際上清濁流的衝突在安順時期就開始了，它的餘波至東漢末葉猶振盪未已。時間既是這樣的漫長，地區更是普及全國。所以即連許多與黨人沒有關係的人也被牽連。如夏馥『雖不交時官，然以聲名爲中官所憚』，而被誣爲黨人；何休鄭玄是東漢有數的大儒，也因爲是陳蕃杜密的故吏被捲入，鄭玄且被禁錮十四年。至於張儉等人在亡命逃奔之時，所『經歷之處，皆被收考，辭所連引，布徧天下。』因而『伏重誅者以十

　　(註一)　後漢紀卷22作：詔書下諸郡察黨人，時所在怖懼，皆有所舉，多至數千人。

數，宗親並殄滅，郡縣爲之殘破』。如袁閎潛身於土室達十八年(註一)。

> 後漢書袁安傳附傳：延熹末，黨事將作，閎遂散髮絕世，欲投迹深林，以母老不宜遠道，乃築土室四周於庭，不爲戶，自牖納飲食而已。且於室中東向拜母，母思閎時往就視，母去便掩閉，兄弟妻子莫得見也。……年五十七卒於土室。

如夏馥自毀形貌逃入林慮山中，連親弟都不敢認。

> 後漢紀卷廿二：黨事之興，馥名在捕中。馥乃翦鬚髮，易姓名，匿迹遠竄，爲人傭賃(註二)，馥弟靜駕車馬載絹餉之，於滏陽縣客舍見馥，顏色毀悴，不能復識也。聞其聲乃覺之，起向之拜，馥避之，不與言。夜至馥所，呼靜語曰：『吾疾惡邪佞不交通，以此獲罪，所以不恥飢寒者，求全身也。奈何載禍相餉也？』明旦各遂別去，以獲免。

當時人情的恐惶，社會心理的緊張是後人所不能想像的。許多卓越的有抱負的人才被殺害了，國家的元氣被斲傷了。於是直接間接地導致東漢的覆亡。

有些黨人誠然是互相標榜，以收虛譽，有時也不近人情，可是他們忠君孝親、篤於故舊、不畏強禦、崇尚氣節、慷慨赴難的精神確實是當時社會的表率，眞是要道德昇華後才能做得到的。並且他們也是代表光面的一面，所以在黨禍發生時，有的人尙以不能被株連爲恥。如

> 景毅 ：『時侍御史蜀郡景毅子顧爲膺門徒，而未有錄牒，故不及於譴，毅乃慨然曰：「本謂膺賢，遣子師之，豈可以漏奪名籍，苟安而已。」遂自表免歸。』(後漢書黨錮列傳)
>
> 皇甫規：『黨事大起，天下名賢多見染逮。規雖爲名將，素譽不高，自以西州豪傑，恥不得豫，乃先自上言：「臣前薦故大司農張奐，是附黨也；又臣昔論輸左校時，太學生張鳳等上書訟臣，是爲黨人所附也；臣宜坐之。」』(後漢書本傳)

(註一) 後漢紀卷廿二作『十五年』。

(註二) 後漢書黨錮列傳夏馥傳作：『自翦須變形，入林慮山中。隱匿姓名，爲冶家傭，親突煙炭，形貌毀瘁，積二三年人無知者。』又滏陽作涅陽。

他們雖然也引用私人，但多半是任賢。如范滂堅不肯用自己的外甥：

> 後漢書黨錮列傳：滂外甥西平李頌，公族子孫，而爲鄉曲所棄。中常侍唐衡以
> 頌請（太守宗）資，資用爲吏，滂以非其人，寢而不召。資遷怒捶書佐朱零，
> 零仰曰：『范滂清裁，猶利刄勢腐朽，今日寧笞死，而滂不可違。』資乃止。

如蓋勳誓不舉高進爲孝廉：

> 後漢書蓋勳傳：時小黃門京兆高望爲尚藥監，倖於皇太子，太子因蹇碩屬望子
> 進爲孝廉，（京兆尹）勳不肯用。或曰：『皇子副主，望其所愛，碩帝之寵臣，
> 而子違之，所謂三怨成府者也。』勳曰：『選賢所以報國也，非賢不舉，死亦
> 何悔。』

他們在政治上的許多主張確是出自至誠，站在爲公的立場。如冲帝崩後，李固杜喬卽主強立『年長有德』的清河王蒜，梁冀爲便於專政却立樂安王八歲的兒子瓚。後來李固杜喬卽因此被誣害而死。

　　當時一般平民和中產份子是同情黨人的主張的，有的地方官吏也是如此。如詔捕黨人時的勃海高城令、汝南征羌的督郵吳導和縣令郭揖(見五章引)，以及張儉逃命時的外黃令毛欽。

　　清濁流長時期衝突的結果，後來竟有意氣之爭的情形。如苑康荀昱荀曇的態度也太過，王宏且恨及與濁流有來往的人。

> 苑康：『（常侍侯覽母之）宗黨賓客或有迸匿太山界者，（太守）康旣常疾閹官，
> 　　　　因此窮相收掩，無得遺脫。』（後漢書黨錮列傳）

> 荀昱荀曇：『昱爲沛相，曇爲廣陵太守，兄弟皆正身疾惡，志除閹官，其支黨
> 　　　　賓客有在二郡者，纖罪志誅。』（後漢書荀淑傳）

> 王宏：『初爲宏農太守，考案郡中有事宦官買爵位者，雖位至二千石，皆掠考
> 　　　　收捕，遂殺數十人。』（後漢書王允附傳）

黨人對宦官的子弟是纖罪必誅，但是對清流豪族的子孫却完全不同。如北堂書鈔七十三引謝承書所記：

> 戶曹史袁叔穎以微過，太守郭琮怒，閉閤罰之。衆皆悚懼，（主簿朱）震排閤直
> 入，乃前諫曰：『袁史則故御史珍之孫，何爲苛罰？脫有奄忽如何？』遂釋之。

黨人陳寔的孫子陳羣，在魏明帝蒞政時的上疏中就指出了結黨之病。

全三國文卷廿六：夫臣下雷同，是非相蔽，國之大患也。若不和睦，則有讐黨；有讐黨則毀譽無端，毀譽無端則直僞失實，不可不深防備，有以絕其源流。

范蔚宗的後漢書都是稱譽清流，痛詆濁流的。其中的黨錮列傳宦者列傳自然更甚，全書只有王符傳和循吏列傳中的仇覽傳是例外（見五章引）。因爲范書是間接出諸黨人之手的。從三國到齊梁前後作後漢書的共有九家，范蔚宗以前的七家後漢書所取的史料大部份都出於東觀漢記。該書的開始編撰在召班固詣校書部，除蘭臺令史之時，據史通正史篇安帝時曾兩續其書，桓帝時延篤等人又續作：

後漢書延篤傳：以博士徵，拜議郎，與朱穆、邊韶共著作東觀。

靈帝時：

史通正史篇：熹平中，光祿大夫馬日磾、議郎蔡邕、楊彪、盧植等著作東觀，接續志傳之可成者。

另據四庫全書總目提要，後來楊彪尚有所增補。

今考列傳之文，間記及獻帝時事，蓋楊彪所補也。

上述諸人中延篤、朱穆、蔡邕和楊彪都是黨人，馬日磾和盧植也是非常同情黨人的。如靈帝光和元年（178 A. D.）盧植因日食之異而上的封事中，就曾請求赦免黨人。

『凡諸黨錮，多非其罪，可加赦恕，申宥同枉。』（後漢書盧植傳）

七家後漢書採東觀漢記的材料而成書，劉宋范蔚宗又根據七家之書而成後漢書。

宋書范曄傳：曄以宋文帝元嘉元年（424 A. D.）由尙書吏部郎左遷宣城太守，不得志，乃刪衆家後漢書爲一家之作。

又據後漢書集解述略：

范氏原以東觀記爲本書，又廣集學徒，窮覽舊籍，刪繁補略，取資宏實，然進退衆家以成一家之言。

所以范蔚宗不僅是『刪衆家後漢書爲一家之作』而已，不過他所根據的主要史料是東觀漢記則是無可疑義的。今日范書中尙可以明顯的看到許多東觀漢記的原文。

而袁宏後漢紀所根據的主要史料也是東觀漢記和諸家後漢書。據後漢紀袁宏自序：

予嘗讀後漢書，煩穢雜亂，睡而不能竟也。聊以暇日撰集爲後漢紀。其所綴會

漢紀（指東觀漢記）、謝承書、司馬彪書、華嶠書、謝忱書、漢山陽公記、漢靈
獻起居注、漢名臣奏，旁及諸郡耆舊先賢傳，凡數百卷。……經營八季，疲而
不能定，頗有傳者；始見張璠所撰書，其言漢末之事差詳，故復探而益之。
由此可知范書和袁紀之源多出自東觀漢記，而該書是經過黨人的編撰增補的。他們的
態度自然是右袒本身，力斥濁流之非了。所以後人在范書袁紀中看到的黨人是一片忠
義之心。其中有些自然是事實，不過增飾的一定也有。大部份黨人確是由於效忠漢室
和自己對政治的理想，而起來和濁流抗鬪的；但是也有一些是爲了爭奪政權；至於依
附清流領袖的那些門生故吏和賓客，則效忠漢室的成分小，爲府主宗師死難的成分大
了。

後　記

（一）本文係承勞貞一師之指導撰成，初稿完成於一九五七年五月，一九六一年
　　　夏，一九六二年十月曾兩度修訂。

（二）修訂完成後，曾蒙嚴歸田師陳槃厂師詳爲審閱、賜正、並提示寶貴之材料；
　　　在修訂時，徐芸書先生亦有所指正；貞一師並迭次自美來示指導勉勵；統此
　　　敬致謝忱。

　　　　　　　　　　　　　　　　　　一九六三年一月十六日於南港舊莊

補　記

　　本文付印後，復承槃厂師以宋項安世撰之項氏家說（叢書集成本）卷九讀徐幹中
論條及應劭條見示。該文前人迄未稱引，特錄如下：

　　讀徐幹中論：予讀徐幹中論，至考僞遣交（遣、漢魏叢書中論作譴）二篇，
　　釋然而笑曰：前篇蓋詆郭林宗之徒，周行郡國，訓掖後學；後篇蓋詆徐孺子
　　之徒，游學四方，千里會葬者也；然以諸賢皆前世所重，故但歷述其行，而
　　不敢正出其名。……其終篇以爲此皆聖人之所禁，春秋之所誅，奸亂盜賊之
　　人也。嗟夫！士生末世，爲富貴所誘，禍難所迫，雖博聞自好之士，其所議
　　論，悖謬至此，況餘人乎！幹雅爲魏氏父子兄弟所敬，想見當時人士講說，

大率類此。

應劭條：應劭風俗通義，劭之辨訛正俗，據經守禮，賢于徐幹遠矣。至論漢
之人物，則意與幹同。以韓稜陰助太守，為當禁錮終身，以皇甫規上書入
黨，為當伏大辟，至謂范滂、杜密、徐穉、郅惲皆為罪人。

項氏由徐幹與曹魏父子兄弟關係之密切，遂疑及其書之眞實性。據三國志王粲傳：
『幹為司空軍謀祭酒掾屬五官將文學。』卒於獻帝建安二十二年（原作二十三年，此
從三國志集解盧弼說改），四十八歲（170 A. D.—217 A. D.）；靈帝中平元年（184A.
D.）黨禁解時徐幹已十五歲。以其去清濁流衝突時期之近，如中論記載可靠，則洵為
甚佳之直接史料。東漢自和安以後，士人好交游，結賓客之風卽日盛；如王符潛夫論
卷一務本第二（見本文 p. 26 引）、論榮第四、卷二考績第七均言之甚詳。如黃瓊死
後，『歸葬江夏，四方名豪會帳下者六七千人』（後漢書本傳）；如陳寔死時，『海內起
者三萬餘人』（後漢書本傳）。如羊陟並非封子衡之故吏，然子衡葬母時亦自劾歸家行
服。

風俗通義卷三愆禮：河南尹太山羊翩祖（據後漢書黨錮列傳翩當作嗣）在家，
平原相封子衡葬母，子衡故臨太山數十日。時翩祖去河南矣，子衡四從子曼
慈復為太山，士大夫用此行者數百人，皆齊衰絰帶。時與太尉府，自劾歸
家。故侍御史胡母季皮獨過相候，求欲作養。謂君不為子衡作吏，何制服？
曰：衆人若此，不可獨否。又謂足下徑行自可，今反相歷，令子失禮，僕豫
慙。古有弔服，可依其制。因為裁縞冠幘袍單衣，定，大為同作所非。然潁
川有識陳元方、韓元長、棗母廣明咸嘉是焉。

至於門生賓客，如楊震被黜歸時，也仍有門生追隨。另如陳蕃去光祿勳時亦然。

風俗通義卷七窮通：太傅汝南陳蕃仲舉去光祿勳，還到臨潁巨陵亭，從者擊
亭卒數下，亭長閉門收其諸生人客。

此種風尙過份發展後自有其流弊，如朱穆卽曾做過絕交論。故徐幹中論所云，尙
屬平允。應劭為黨人應奉之後，卒年不詳。後漢書本傳僅言『卒于鄴』，當早於徐幹。
風俗通義自序泰山太守南頓應劭撰，據後漢書本傳、獻帝紀及朱儁傳劭係靈帝中平六
年任泰山太守，至獻帝興平元年去任（此係引自嚴歸田師：兩漢太守刺史表）。其書

論及之黨人有羊陟、徐穉、皇甫規、劉矩、范滂、韓演、姜肱、韋著、陳蕃諸人，大致公允。如卷五聘士姜肱韋著條言黨錮事：『靈帝踐祚，太后臨朝，陳竇以忠見害；中常侍曹節秉國之權，大作威福，冀寵名賢，以弭己謗。』至項氏謂應劭『以皇甫規上書入黨，爲當伏大辟。』案應書卷四原作：『規顧弟親也，離局姦也，誘巧詐也，畏耎慢也，四罪是矣，殺決可也。』並非僅言上書入黨一罪而已。且應劭亦未如項氏所云，言范滂徐穉爲罪人，風俗通義卷五范滂條僅云：『范滂吾無取焉耳。』同書卷三徐孺子條亦僅言孺子於黃瓊墓前哭醊後，當問勞子琰，不應卽去。

本文第七章已詳言曹操係宦官曹騰之後，其對清流豪族自有距離。如建安十年孔融之被曹操所殺，主要原因卽由於孔融爲當時重要清流領袖，『好士，喜抜後進，及退閑職，賓客日盈其門。……薦達賢士，多所獎進，知而未言，以爲己過；故海內英俊皆言服之』（後漢書孔融傳）。絕非如其宣示孔融罪狀令所云之『違天反道，敗亂倫理』（全三國文卷二）。但黨錮人物獲得社會廣泛之同情與宦官之虐民均爲漢末不移之史實，故曹操雖打擊清流豪族，亦自言曾違忤宦官，藉取清譽。

> 全三國文卷三曹操讓縣自明志令：孤始舉孝廉，年少，自以本非巖穴知名之士，恐爲海內人之所見凡愚。欲爲一郡守，好作政教，以建立名譽，使世士明知之，故在濟南始除殘去穢，平心選舉，違忤常侍，以爲彊豪所忿，恐致家禍，故以病返。

又後漢書劉陶傳言曹操曾與陳耽上疏切諫宦者子弟賓客貪污穢濁。

> 光和五年（182 A. D.）詔公卿謠言舉刺史二千石，時太尉許馘司空張濟承望內官，受取貨賄，其宦者子弟賓客雖貪污穢濁，皆不敢問；而虛紏邊遠小郡清秀有惠化者二十六人。吏人詣闕陳訴，耽與議郎曹操上言：公卿所舉率黨其私，所謂放鴟梟而囚鸞鳳，其言忠切。

此條前人卽已懷疑，如集解引通鑑考異云：案陳耽已爲司徒，不應與議郎同上言。惟王沈魏書云：是歲以災異博問得失，太祖因此上書切諫，不言與耽同上言也。然無論眞僞均足以證明曹操亦不齒濁流之所爲。曹丕典論論黨錮曰：

> 全三國文卷八魏文帝典論：桓靈之際，闍寺專命於上，布衣橫議於下，干祿者殫貨以奉貴，要名者傾身以事勢，位成于私門，名定乎橫巷，由是戶異議，

人殊論，論無常檢，事無定價，長愛惡，興朋黨。

綜上所言，中論考僞譴交所述確係東漢中葉以後之實際情形，並未厚誣前人。徐幹與曹氏父子之關係固極密切，亦不能據之以云其黨魏而必曾顚倒史實。且曹丕論黨錮時亦尙平允，徐幹更毋須以此爲利祿之階。應劭撰風俗通義時，曹操尙未秉權。兩書雖皆有見仁見智之言，惟均非如項氏所云之失實。項氏之懷疑精神固令人欽佩，然所論實不足信。

　　　　　　　　　　　　　一九六三年兒童節初校畢並補後記

六 博 及 博 局 的 演 變

勞 榦

　　賭博，是一種娛樂，也是一種人類的病態生活，縱然賭博對於人類社會的影響是壞的，可是對於人類社會的重要性，却是一種事實，在中國古代賭博對於生活上所占分量，是不容忽視的。"六博"就是中國古代賭博的代表，中國古籍中許多訓詁牽涉到六博，六博的制度不明，那就許多方面的訓詁也不明。六博的風尙甚爲普徧，因而六博的形製也用在裝飾方面，漢鏡中最普通的一種，卽過去被稱做"TLV 鏡"的，自從楊聯陞先生根據"仙人六博鏡"的形製，確定爲博局的形狀以後，這個問題已經解決了。不過六博的方法，古代也有許多不同的形類，現在就現存的材料來分析，所謂"六博"並非限於一種方式的，要把這許多方式的異同分別出來，才有進一步了解的可能，本篇就是依著這一個方向，先來試作。

① 簡式的博，和"瓊"的形製

　　六博的形製及其用法，是比較複雜的，不過在南北朝時代，却有簡化了的賭博法，從這個簡化的賭博來看，就比較淸楚了，據顏之推顏氏家訓雜藝篇說：

　　　　古者六博則六箸，小博則二煢，今無曉者。比世所行，一煢十二棋，數術短淺
　　　　不足可翫。

這種"一煢十二棋"的博具，就比早期的六博，要簡單的多了，其中包括兩種賭具，一爲煢，另一種爲棋，現在先說煢。

　　煢是一種投擲采數的博具，和現在所用的"骰子"（ㄕㄞˇㄗˇ），有類似的用處，顏氏家訓盧文弨注說：

　　　　煢卽瓊也，溫庭筠詩"用雙瓊"卽二煢也，瓊與煢通用。

所以煢亦有時寫作瓊。列子說符篇張湛注引古博經說：

其擲采用瓊爲之。瓊昃方寸三分，長寸五分，銳其頭，鑽刻瓊面爲眼，亦名爲齒，二人互擲采行棋。

又後漢書梁商傳附梁冀傳：“性耆酒，能挽滿，彈棊，格五，六博”，句以下，注引鮑宏簺經說：

簺有四采：塞，白，乘，五，是也。至五卽格不得行，謂之格五。

注又引鮑宏博經說：

用十二棊，六棊白，六棊黑，所擲頭謂之瓊，瓊有五采，刻一畫者謂之塞，刻兩畫者謂之白，刻三畫者謂之黑，一邊不刻者，五塞之間謂之五塞。

就上面看來，“塞”，“瓊”和“瓊”是同一的博具，只是“格五”和“六博”的方法，稍有不同。照漢書六十四上吾丘壽王傳：“年少以善格五，召待詔。”注說：

蘇林曰：“博之類，不用箭，但行梟散。”劉德曰：“格五，棊行簺法，曰塞，白，乘，五，至五格不得行，故曰格五。”(按“塞，白，乘，五，當作”塞，白，黑，五。“黑字草書略近於乘字，所以易於抄錯。”)

所以格五和六博最大的異點，是六博用箭，而格五不用箭。依照用瓊擲采一點來看，那就並無分別的。至於瓊（或稱塞）的形製，也就只有四采的一種，鮑宏簺經所說和劉德所說是相同的，被引的鮑宏博經所說“瓊有五采”五字顯然是一個錯字，隸書四字常作三，很容易和隸書五字作メ的相混（因爲注文較小，而且古卷子的紙張容易漫漶），“瓊有五采”實際上是“瓊有四采。”

綜合上文來看瓊的形製，應當是一個六面體，除去兩面各有一個尖頭以外，還剩四面。在這四面之上是：

第一面刻一畫──叫做塞

第二面刻二畫──叫做白

第三面刻三畫──叫做黑

第　四　面　不　刻──叫做五

這個“五”也就是“五塞之間謂之五塞。”因爲“塞，”“白”“黑”都有他正面的價值，第四面叫做“五”的卻不是。他沒有贏的數字，只有輸的數字，也就是說他沒有正的數值，只有負的數值。其負的數值，是照其他五面來算的，換言之，這一面的數

值是負五，所以不稱爲四而稱爲"五，"或稱爲"五塞。"

　這種四面的投子（骰子）不論在中國或者在中東，都是較爲古老的辦法，其六面的投子，却是從這種四面的投子變化而來的。不僅如此，四面的投子也未曾完全廢棄，直到如今，陞官圖所用的投子，還是四面的。其中"德"、"才"、"功"三面，代表正的數值，而第四面"贓"代表負的數值，正和古代的"瓊"是一致的。所稍有不同的，只是古代的瓊有兩面尖頭，而陞官圖用的只有一面尖頭，另一面改爲一個小柄，以便持柄來轉，和陀螺一樣的轉，來定采值罷了。

②　博局中的"棋"的形製

　棋是棋局上或博局能够移動的小標幟，圓形的棋如中國象棋或圍棋固然是棋，可是其他形狀，能够在局上移動的，例如陞官圖上的碼子，也是屬於棋的一種。（日本將棋棋形作長方形，當然也算做棋）。博局的棋大致是長方形的，不是圓形的。列子說符篇張湛注引古博經說：

　　二人互擲行棊，棊行到處卽豎之，名曰驍。

"互擲"局是輪流來擲投子。依照采的大小來定行棋的步數，到達終點以後，就成爲驍棋（或稱梟棋，驍和梟二字通用，所以驍雄亦稱做梟雄），把他直立起來表示分別。其未成驍的棋，就稱爲散棋（梟散並稱見戰國策秦策"一驍之不勝五散亦明矣。"因爲一個驍棋，實際上不如五個散棋的取勝機會更多一些）。驍棋可以攻擊別人的驍棋，也可以放棄走的機會不動，散棋却是不能的。這和西洋的"王棋"（checkers）有點相類似。王棋中到達對方邊界的棋子，上面再加上一個棋子，這就時古人所謂"驍"。王棋中成王的棋，可以前進，也可以倒退，不成王的棋不能，這也是驍棋和散棋的分別。

　古代的中國瓊尙未被發現，只有就文獻上的記載，和現在的各種投子，以及國外發現的古代投子，來推斷他的形製，大致是可以斷定的。至於古代博局上的棋，那就更容易用地下實物來比證了。從楊聯陞先生"再志古代六博"（An Additionol Note on the Ancient Game Liu-po, Harvard Journal of Asiatic Studies 1952）附圖版兩幅來看，都可以知道棋的形製，這兩種圖版，一爲日本水野精一先生在山西陽高發

現的，另一種是倫敦大英博物院（圖版三）收藏的，陽高發現的是一種長方形的骨器（圖版四），大英博物院收藏的却是畫鳥獸花紋的木塊。那些骨器和木塊只有認爲是棋，才好解釋，尤其大英博物院那四塊木塊，凡一面畫鳥就全部都畫鳥，凡一面畫獸也就全部畫獸。所畫的是那種鳥，或那種獸，似乎並無特殊意義，只爲的表示畫鳥的是代表一方，畫獸的又代表另一方，這用鳥獸來表示，和一方用白，一方用黑的功用完全一樣，至於都用長方形，顯然的爲著平放和豎立是一樣的方便，平放可以代表散棋，豎立可以代表驍棋，（近世牙牌麻雀牌之類，雖無驍散之分，却仍然沿襲長方的形式）。

此外認爲長方塊是棋的，還有一個證明，就是大英博物院所藏的漢代陶俑（圖版二）經楊先生指爲博戲的，他的博局上有長條形，和長方塊形，對于這兩種博具，我們只能認前者是博籌（解釋見後），而後者是博棋。這個博棋正和陽高的骨製長方塊及大英博物院藏的木長方塊形狀相同。這就更增加了對於博棋形狀的認識。

③　博局的形製和行棋的棋道

依照漢鏡的構圖，再根據武梁祠石刻及四川漢代浮雕（圖版五），博局都應當是TLV 形式的，雖然魏晉以後可能有別的形式，這却是以後的發展。

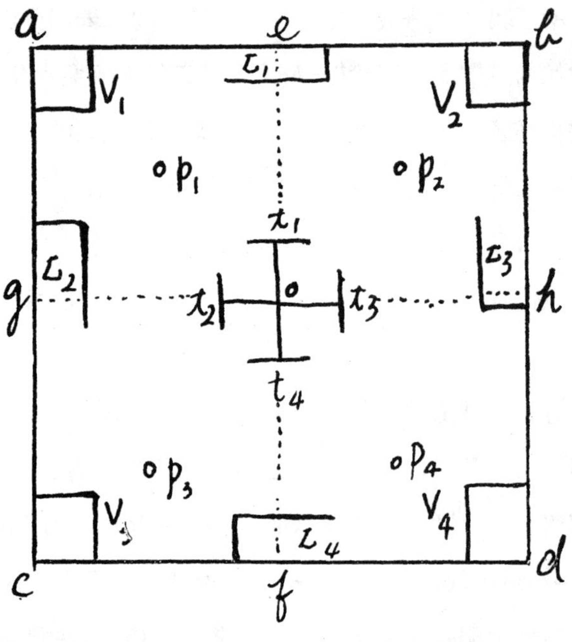

TLV 的博局，具如左式：博局爲正方形 abcd 、博局的中點爲 o，四邊中點的垂線 ef 和 gh 將博局分成爲四個小的正方形。

在博局的四角有 V_1，V_2，V_3，V_4四個小的區域，（即所謂 V 的所在），博局四邊的中部有 L_1，L_2，L_3，L_4 個小直線（即所謂 L

附圖一

的所在），而中心的周圍又 t_1，t_2，t_3，t_4 四個小區域（即所謂 T 的所在），這些都應當是放置博棋的地方。此外在分成四個小四方形的中部，還可定上 p_1，p_2，p_3，p_4 四點。這是依照四川漢代浮雕去加上的。

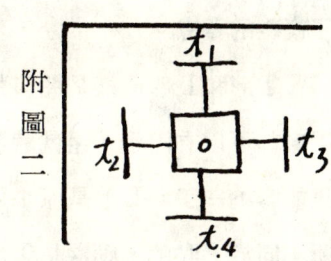

附圖二

博局中心部分依照四川浮雕，四個T形是相接的（如附圖一），但依照"仙人六博鏡"却是中心還有一個方塊（如附圖二），仙人六博鏡要早一些，這種有方塊在中心的，應當是早期的形式，也許更是標準的形式。只是前者較簡單一些。所以被後來的人採用了。

當兩人對博的時候，兩方的棋，每方六個，都擺在自己前面"L"範圍之內，這是從梁武祠石刻畫像前石室第七石看出來的（附圖三）。此時六個棋子都在"L"形限制以內，出棋時候只能一個一個的魚貫而出。並且"L"形的出口都在各人的右手方，所以出棋的時候是從右手方依次出來的。

出棋的時候，每次可能有一定的步數，不能超過。並且步數的多少，是從擲瓊的點數來規定的。擲得高點的人，走棋的步數可以多些，擲得低點的就少些。擲得最壞點數的便只能停止不動。這樣的輪流前進，誰的棋子達到對方邊界線上的，便可算為梟（或稱驍），梟棋是直立起來的，行動較未成梟的比較少些限制。可以囘頭吃掉別人，也可以囘到自己陣地中來。等到一方有兩個梟時，就算勝利，其勝利的大小，再擲瓊來依照點數決定。

現在看來，博局的形式頗為複雜。不過分析起來却只有三種形式為著放置棋子的。即：

1 封口的，即 V 形。

2 開口的，即 L 形和 T 形。

3 無界線的，即四個小方形中心的 P 點。

V形既然是封口的，一定有一種封閉的意思存在著，也就是和所謂"下逃於窟"的窟的作用相符，逃到窟中的棋子，不再受對方的攻擊，可是要攻擊對方的棋子，也得從窟中出來才可以，不能從窟中直接攻擊對方。因此在行棋的時候，就要受到限制，不擲得高采，就不能利用窟內的棋。為著怎樣才可以爭取先贏的機會，兩方博者就多出

了複雜的考慮。

　　T形和L形同樣是開口的，可是L的區域較長，T形每邊較短，L形只有一邊，T形却可以有兩邊，這就意識到形L可以容納許多棋子，T形每邊容棋較少，可能就只能容納一子。L形是原來停放棋子的地方，而T形却應當是棋子休息的地方。T形所不同於P點的，應當是T形只能一面進出，比較有防衞的意義，而P點則四方受敵，情況不同了。

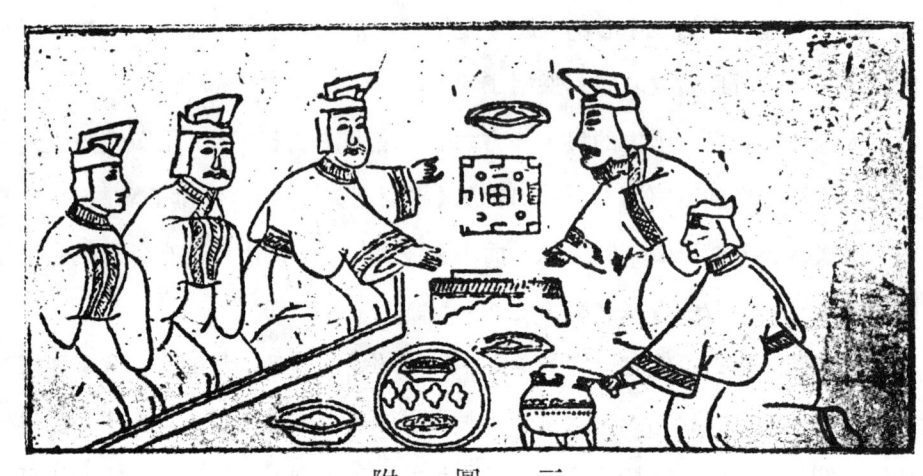

附　圖　三

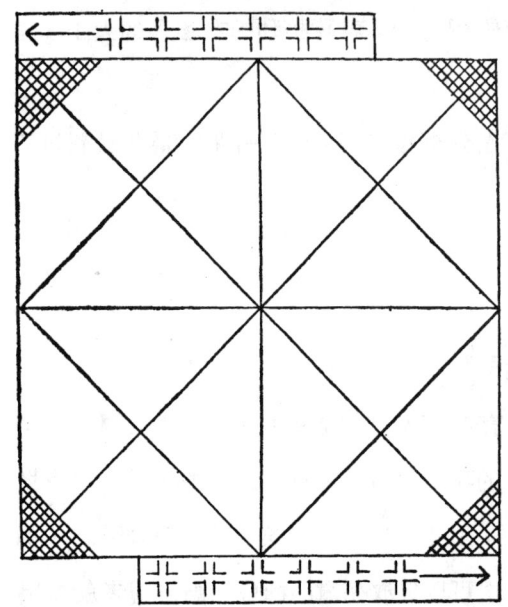

附　圖　四

武梁祠前石室第七室的六博圖，（轉載自三十七年一月二十一日上海中央日報文物周刊，楊寬：六博考附圖，因爲此圖由於轉摹比較清楚。又按楊寬文搜集材料不少，只可惜他未見楊聯陞文。）

　　從上來看，博局是非常複雜而且非常離奇的，若就博言博，似乎無此複雜而離奇的必要，照現在推測，是應當溯源於過去的傳統游戲，並非賭博本身上的需要（解釋見後文）。假如這個看法不錯，那爲容易明瞭起見，博局是可以簡化的。左面就是簡化的假設。

以上表示的博局，分爲四區，四區的分配是兩區靠著自己，兩區靠著對方。每一區都畫有對角線，而相交於四區的中心。四區緣邊之線及對角線，都是行棋的道路。在每方靠自己緣邊之處，另外畫出一個地方，作爲排列棋子之用。在這一區域的棋子，一共六個，只能依次從右方出去。在未出去以前，不受別人的攻擊，也不能攻擊別人（這是漢鏡中的L區域）。從這個區域出發，卽到轉角的地方（附圖三畫黑三角地方，亦卽漢鏡中的V區域），仍是一個封閉區域，不能作戰。直到從這個區域再出來，才能發生戰鬪。這可能爲保護L區的棋子以及從L區出來的棋子，都是散棋（卽未成爲梟的棋），免得受對方梟棋的攻擊，有一些藏躱的地方。

從博局自己緣邊右下角出發的"散棋"，前進的目的地是對方的緣邊，然後再成梟回來，每次輪流到行棋的步數，由擲瓊決定。所以行棋的路線，要找最經濟而且最安全的路線，還要乘機攻擊敵方，這就成博局上的戰略問題了。西京雜記載安陵許博昌六博之術爲：

　　方畔揭道張，張畔揭道方；張究屈玄高，高究屈玄張。

　　張畔揚道方，方畔揚道張；張究屈玄高，高究屈玄張。

這實在是非常費解的，只有楊聯陞先生的解釋最爲清楚，現在以楊先生的解釋爲主，稍加補充，說明如下：

　　"方畔揭道張"是"從方形以區域的邊緣起，有條路通至伸張的區域。"

　　"張畔揚道方"是"從伸張的區域的邊緣起，有條道路通到方形的區域。"

"方形的區域"應當指從自己地方出發的區域，卽右下角區域，"伸張的區域"應當指比方形的區域較遠的區域，卽右上角區域，這兩句說從右下角區域出發，成爲梟棋之後，仍從右上角區域轉回來，不必經左方的區域。——這是行棋的基本形式。

其次"張究屈玄高，高究屈玄張"兩句確實費解一些，不過楊聯陞先生已經解釋"屈"爲窟 (註一)。而"究"字亦當指箭或瓊而言。那就"玄"和"高"當算作兩個地

玄	張
高	方

區，與上方所說的"張""方"兩區共爲四個地區，則此四個地區應爲。"因此"張究屈玄高"應爲從"張"區出發，可以經"玄"區而囘到"高"區，"高究屈玄張"則爲從"高"區出發，可以經"玄"而囘到"張"

<hr>

（註一）　HIAS; 1952，葉135。

區，其中可能有時逃入窟中，並且還要利用擲瓊的點數，這都要靠戰術上精密的斟酌。

④　六　博　與　投　壺

以下，依次討論到箸（也就是箭），壺，以及分曹的博戲：

複雜的六博，是要用到箸的。顏氏家訓雜藝篇說；"古爲六博則六箸，小博則二 煢，今無曉者。"顏氏言當時只用一煢，已不用箸。不過我們却可從各方面記載來歸 納，凡古代的博戲，大致用煢就不用箸，用箸就不用煢，箸和煢可是以相互代替的。 爲的是箸和煢都是投擲出來一個數目，作爲行棋之用（註一）。

韓非子外儲左上說：

秦昭王令工施鈎而上華山，以松柏之心爲博箭，長八尺，棋長八寸，而勒之 曰："昭王嘗與天神博於此矣。"

這次博戲是用博箭，不是用煢；至於戰國策秦策所說：

亦思恆思神叢歟？恆思有悍少請與叢博，……左手爲叢投，右手自爲投，勝叢。

這種兩手分投應當是用煢的，兩者比較，似乎用箭的比較複雜，而用煢的簡單一些用 箭的博戲可能和投壺有關，史記一二六滑稽列傳淳于髠傳說：

乃州閭之會，男女雜坐，行酒稽留，六博投壺，相引爲曹，握手無罰，目眙不 禁。

這裏的"六博"和"投壺"，可能爲兩件事，也可能是一件事。憑著史記本文雖然不 能決定。可能根據倫敦大英博物館（British Museum, London）所藏的漢代陶俑 （註二）。就是六博的博具旁邊擺著一個壺，這個壺的性質是不容易解釋的。對于這個陶 俑，魯德福先生（Prof. R. C. Rudolph）認爲和投壺有關（註三）。這是不錯的。我們從 這裏看出來六博和投壺間的連繫。使得對於淳于髠傳有一個比較清楚的了解。

(註一)　直到近世的麻雀牌，還是先擲骰子，再打牌。擲骰就是擲煢，打牌就是行棋，雖然和六博面目全非， 可是仍然淵源有自的。

(註二)　Illustrated London News, 13 May, 1933.

(註三)　R. C. Rudolph: The Antiquity of Tow Hu—Antiquity 34, 1950.

　　如認為投壺可以為六博進行中的一種程序。那博箭就是投壺的箭，在進行六博戲的時候，先用投壺的方法來決定點數，再按著點數行棋。經過的手續是比較繁複一些，不過許多遊戲是要依靠繁複的程序來增加趣味，這並不算怎樣不合理的。

　　用箭和用爰的程序和形式雖然不同。但是行棋的方法應當大致差不多的。行棋得到結果以後，才能決定輸贏，大致需要一個比較長的時候。因此，為熱鬧起見，六博投壺也就不是兩個人對博，而是分為兩組的遊戲，兩面各有許多人認定，這就是所說的分曹了。

　　楚辭招魂說：

　　　　菎蔽象棋，有六博些，分曹並行，遒相迫些，成梟而牟，呼五白些。

王逸注“菎，玉；蔽，博箸；以玉飾之也。或言蔽蕗，今之箭囊也。”以玉飾箸，是不可想像的。不過“菎蔽”解釋為玉爰（或玉瓊）那就比較明顯了。“成梟而牟”據王逸注“倍勝而牟”意指成梟而後，便成倍勝。而所以能成梟，却由於“五白”的出現。但是“五白”是爰的采，非箭的采。以後證前，更可知“菎蔽”非解釋做“玉爰”不可了。

　　關於五白的解釋，顏氏家訓風操篇說：

　　　　凡避諱皆須得以同訓以代換之，桓公名白，博有五皓之稱。

這是說在春秋時期已有“五白”的一種博采，和戰國時相同。

　　依照唐代李翱的五木經及唐代李肇的國史補(註一)，唐時的擲點法是用五瓊（即五爰），每瓊四齒，一齒全白，稱為“白”，一齒全黑，稱為“黑”，一齒黑而刻二，稱為“牛”（或犢），一齒白而刻二稱為“雉”。擲得貴采的得連擲，並得行馬（即行棋）(註一)，其采的算法，是：

（註一）　李翱五木經見四部叢刊李文公集，李肇國史補見太平廣記二二八卷。

（註二）　禮記四十投壺“請賓曰：‘順投為入，比投不勝，勝飲不勝者。’正爵既行，請為勝者立馬，三馬既立、請慶多馬。’請主人亦如之。正爵既行請徹馬”鄭注“馬，勝筭也，謂之馬者，若云技藝如此。任為得帥乘馬也。（鄉）射投壺，皆所以習武，因為樂。所以馬是指筭籌而言。

此處指行棋為“行馬”應即溯源於投壺制中的立馬。其後唐宋的六博變為打馬（見李清照打馬圖經），“馬”字的使用當然和這事有關，到了現代的賭局仍然把賭籌稱做“籌碼”。碼字的來源，也應毫無問題的從投壺舊制中稱筭為馬的習慣而來。引申到金融名稱，稱通貨為籌碼，又是從賭局的籌借用的。

貴采：

1. 盧——五瓊均黑，十六采。

2. 白——五瓊均白，八采。

3. 雉——兩雉三黑，十四采。

4. 牛——兩牛三白，十采。

雜采：

1. 開——一雉，一牛，三白，十二采。

2. 塞——一雉，一牛，三黑，十一采。

3. 塔——二雉，二白，一黑，五采。

4. 禿——二牛，二黑，一白，四采。

5. 撅——三白，二黑，三采。

6. 梟——三黑，二白，二采。

這裏的“白”顯然的就是春秋戰國時的“五白”。不過“白”雖列入貴采第二，采數却不多，那就又是經過了後代的改變的。而且再按照出現的或然性來說，五瓊均雉以及五瓊均牛的可能也不大，那就雉當爲五瓊均雉，牛應爲五瓊均牛才對。其兩雉三黑，以及兩牛三白，當屬於雜采而非貴采。即令不是抄寫中的錯誤，也應當屬於較後時期的改變。無論如何，“五白”爲戰國時貴采中采數較多的，當無疑義。

據楚辭招魂，分曹的博戲，在戰國時已經有了，因爲加入博戲的人各人認定各人的組，因此各個人的賭注就放在賭局上面。這種賭注就叫做壓。(說文“鎭”博壓也。“博壓就是賭注”。)所以博戲本是以兩人爲主，到了兩方都有人放置賭注，就成爲分曹的局面了。李商隱詩：“隔坐送鈎春酒煖，分曹射覆蠟燈紅，”射覆之戲是一種猜對方覆蓋的東西來打賭的(見漢書六五東方朔傳)。射覆也是分爲兩方，所以也可以有分曹的形式，和六博之戲成爲類似的分爲不同的組合。

如博戲不用瓊而用箭，那就應當和投壺有若干的關係。投壺可以說是小型的鄉射，鄉射又是小型的大射，從大射以至於投壺，都是古代重要的典禮，並且這些典禮，又顯然的和古代狩獵有關的。從六博中擲采的命名來看，盧就是獵狗，雉和犢也都是狩獵中獵取的對象，也可以想像到它的來源也可能和狩獵多少有些關係。

其次六博所以稱爲六博，也似乎和射藝直接有關，因而間接可以涉及狩獵，據楚辭招魂王逸注稱：

> 投六箸，行六棋，故爲六博也。

投六箸，卽投六箭，正和秋射時射六箭是一致的，居延漢簡：

> 功令第卌五，士吏，候長，烽燧長常以令秋試射，以六爲程，過六賜勞矢十五
> 日（居延漢簡圖版 371 頁）。

這是說漢代正式秋射，是以六發爲度，中了六矢的人，再給予獎勵。這種以六矢作爲一個單位來計算的方法，正和六博的六箭數目相符。再向前追溯儀禮的鄉射和大射，也都是兩人一組各發三矢，合爲六矢，也和漢朝秋試共發六矢有因革的關係。

大射鄉射以及投壺其根本的原則是出於習武及校獵。所不同的只是規模上和身份上因時因地而制宜的區別。所以不論在野外或在庭中，其中根本原則上有彼此互相類似之處。等到由校射變爲投壺，其形式上和六博已經甚爲接近。所不同的，投壺還是鄉黨中行禮式的娛樂，而六博就成爲金錢上的賭博。投壺因爲古代社會組織上的限制，只是專爲男子而設的娛樂，六博就從來不限男女的性別，這就表示春秋戰國的社會已經和舊有的氏族社會有了變化了。

因此，對於六博的博局也就可以做一個假定的解釋。就是說博局的布置是以古代宮室的形式爲基礎的，依照殷虛的發掘，以及早期青銅器亞字形的標記，可以推測出來，古代宮室的基本形式是亞字形，這種亞字形排列的方式，就是現在中國四合院房屋的早期形式，王國維的明堂廟寢通考（觀堂集林卷三）雖然尙有應當修正之處，不過他的以四合院爲基本形式這一個原則，却是正確的。所謂"四合院"實際上是用四所建築，拼湊起來，把中間做成了一個中庭或現在所謂"天井"。因此依照了四合院形式，就可畫成右邊的平面圖（附圖五）。

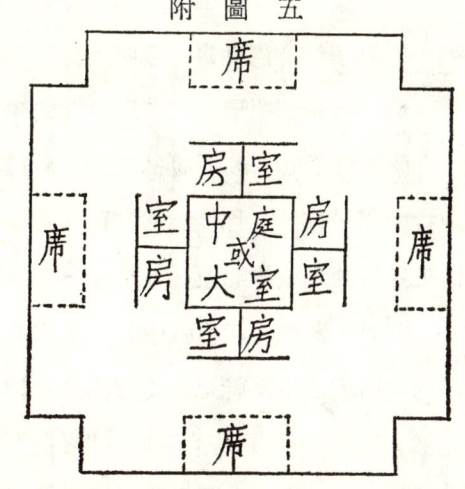

附　圖　五

照這圖來看，房和室就成爲 TLV 鏡中的 T，席的部分就成爲 TLV 鏡中的 L，而四

個空角就成爲 TLV 鏡中的 V，按照禮記投壺篇，席的位置是在兩楹之間，正是客人的坐位。再以博局來看，也正是六個棋子排列之處，所以六博不僅要採用投壺的方法，而且博局也是從宮室的式仿效而來。這就不難找出六博創始時所用的根據了。

⑤　魏晉以後十二道的博局

TLV 形的博局是漢代或漢代以前採用的。到了漢代晚期至魏晉時代，顯然在博局形式上起了一個變化，這種變化是把繁複的博局簡化了。列子說符篇：

> 虞氏者梁之富人也，家克殷盛，錢帛無量，財貨無訾，登高樓，臨大路，設樂陳酒，擊博樓上，俠客相隨而行，樓上博者射，明瓊張中，反兩搤魚而笑。

張湛注引古博經云：

> 博法二人相對坐，向局，局分十二道，兩頭當中名爲水，用碁十二，故法六白六黑，又用魚二枚，置於水中，其擲采以瓊爲之。……二人至擲采行碁，碁行到處卽豎之，名曰驍，碁卽入水食魚，亦名牽魚。每牽一魚獲二籌，翻一魚，獲三籌。若已牽兩魚而不勝者，名曰波翻雙魚，彼家獲六籌爲大勝也。

又張湛注說：

> 凡戲爭能取中皆曰射，亦曰投。裴駰曰："報采獲魚也。"

張湛注又說：

> 明瓊，齒五白也，射五白得之，反兩魚故大笑。

列子及列子注有兩件事可以特別提出的，第一，是棋局中心的空白處，被稱水的部分。第二，是"明瓊"或"五白"的采，到張湛時尚存在。

張湛注引古博經所說的"水"，這種形式還保存在象棋中的"界河"裏。中國的象棋本出於印度、印度象棋和西洋象棋都並無所謂界河，界河本是中國獨創的制度。而把界河加到象棋局上，卻是從一種博局中採用過來的。

其次，關於"明瓊張中"一語來看，"張"應卽西京雜記所說的"張"，當指對方局內。明瓊張中，就是擲瓊時瓊擲到博局內，並且在對方的博局中。再依照張湛注明瓊卽"五白"，可見著列子時，"五白"仍受重視，據唐國史補，五白仍爲貴采。不過不算貴采中的高采。可見列子成書時采的算法和唐代應當不一樣。

　　至於西京雜記所記，和漢代的博局相符，似乎比列子所記還要更早一點。西京雜記是一個後出的書(註一)，比列子成書爲晚，不過所用的材料，除過有些是作者杜撰的而外，還包括有眞的漢代遺文。所以較早方式的六博出現在西京雜記書中，並非一個不合理的事。此外，凡是游戲的事，一定有許多不同的形式存在著。當西京雜記的時代，並非不可能還有一種較古形式的博局。例如顏之推所說的是"一煢十二棋"，可是五木（卽五煢）的辦法到唐代還流行，可見博戲的形式，決不是在某一個時代只有一種。

　　雙陸的游戲，實是從六博變來，所謂雙陸，解釋尙不一定。不過按照雙陸所用的棋子，每方爲十二或十五（十五棋子實際上也只有十二棋）。數目爲六博所用的二倍（而行棋時也是每次行二棋）。"雙"的得名可能由於棋子二倍而來，據錢稻孫"日本雙陸談"(註二)，說：

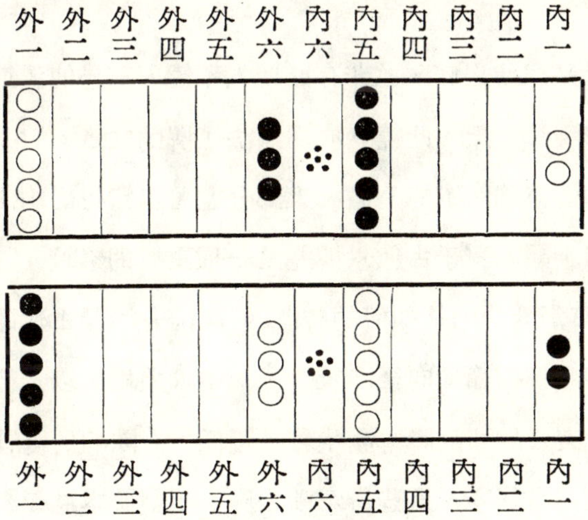

附圖六：日本雙陸局

（為出棋之門）

外一 外二 外三 外四 外五 外六 內六 內五 內四 內三 內二 內一

（為出棋之門）

外一 外二 外三 外四 外五 外六 內六 內五 內四 內三 內二 內一

古法大致不殊譜雙所云："日本雙陸，白木爲盤，闊可尺許，長尺有五，厚三寸，刻其中爲路。置二骰子於竹筒中，搣而擲諸盤上，視采以行馬。馬以青白二色，琉璃爲之。如中國棋子狀，馬先歸一處者爲勝。"

又說：

盤不必白，筒不必竹，馬不必琉璃。盤之尺寸亦未確，然無大差。刻本之圖則殊不類，今圖其布局如左。十二格分內六外六，皆謂之地，俱相對。內六通常有門，蓋譜所謂雙門。或亦無之，俾隨地定內外陣。依法設席必外陣在外而內陣在內，視室而定也。二人對局，一人以右的內，一人以左爲內。行馬俱由此內陣出，歷外陣而入人之內陣。馬謂之駒，呼 koma，亦謂之右，呼 ishi，視

（註一）　見勞榦 "論西京雜記之作者及成書時代"（史語所集刊三十三本）。

（註二）　民國二十四年四月清華學報十卷二期。

采行馬，分行爲本。例如得采四與六，則一馬行四地，一馬行六地。必無可分，乃行一馬四地，再行六地，或先六後四。舉筒而撼必齊胸。撼時有所禱采，謂之乞目 (koime)，乞目不必大采，有時而乞其小。蓋孤駒有被切 (kiru) 之虞，敵衆有莫入之患。一地有敵二駒，則敵衆不敢入。孤駒獨居一地，敵至輒被切。切之言猶打，被打則置之溝中。得采還歸己之內陣。還陣必得其間，已有二駒無論敵我輒不得還。如是互行，輸駒入人之內陣，地各塞以二駒爲勝。故駒之數十有五，其用十二而已，行之視所緩急先後，一在乎籌之熟，計之確，尤在乎遇之巧。對局極重禮貌，不得論敵是非，不得乞不利人之目，不得悔。撼筒不得隱於盤下，不得以筒觸盤，不得以指入筒口傾骰，不得使筒口向上。傾骰落盤外，謝而不行。拾人之骰必讀其采而後收。徒然草教人雙六母求勝，但求無負。必計如何輒速負，雖爭一目亦求後負，其言雋永，不啻淮南。

顯然的，錢稻孫這篇論文的原意是想使人懂，並非存心使人不懂，不過他這篇文章做的失敗了。他受到了舊文章的表現法太深，此篇竟成爲無法了解的文章。只是看到了其他有關六博的材料以後，他的這篇雖然不能全懂，大部分還可以猜得出來，使得我們意識到日本雙陸還和六博大同小異，對于古代六博還是一種重要的參證。

　　從上文來看，可知六博一事牽涉到的是如何的廣泛。向前會涉及古代的狩獵生活，以及大射，鄉射，投壺等等各種禮節。向後涉及骰子，中國象棋，以及後世種種賭博的形式，並且間接可能和近東及歐洲的賭博發生若干關係。（歐洲的紙牌還可能是中國傳去的，又和印刷術的發展有關），這些事牽涉太廣，不屬於本篇範圍以內。不過無論如何，六博在中國人古代生活中，確占一顯著位置，是不容懷疑的。例如唐宋以來設想中的仙人娛樂，是圍棋；而在漢代，根據漢鏡和漢畫來看，却是六博，這一個轉變，使人更意識到六博在古代社會中的重要性了。

⑥　唐代以後的投子

　　古代瓊（或煢）的體製，在近世已經甚少看到，現在通行的都是六面的投子，這在第一段中已經說到。至於在什麼時代才開始變化呢？據程大昌演繁露，他說是起於

唐代。演繁露卷六：

博之流爲樗蒲，爲握槊（卽雙陸也），爲呼博，爲酒令，體製雖不全同，而行塞勝負，取決於投，則一理也。蔡澤說范雎曰"博者或欲大投"，班固奕指曰："博懸於投，不必在行"，投者擲也。桓玄曰："劉毅樗蒲，一擲百萬"皆以投擲爲名也。古惟斲木爲子，一具凡五子，故名五木。後世轉而用石，用玉，用象，用骨。故列子之謂投瓊，律文之謂出玖，凡瓊與玖，皆玉名也。蓋謂博者借美名以命之，未必眞皆用玉也。御覽載繁欽威儀箴曰："其有退朝，偃息閑居，操樻弄棊，文局樗蒲，言不及義，勝負是圖。"注："樻，瞿營反，博子也。"樻之讀與瓊同，其字仍自從木，知其初制本以木爲質也。唐世則鏤骨爲竅，朱墨雜塗，數以爲采。亦有出意爲巧者，取相思紅子，納實竅中，使其色明現而易見。故溫飛卿艷詞曰："玲瓏骰子安紅豆，入骨相思知也無？"凡此二者，卽今世通名骰子也。本書爲投，後轉爲頭。北史周文帝命丞郎擲樗蒲頭，則昔云投者逐轉爲頭矣。頭者，總首之義，自鏤骨爲骰以後，不惟五木舊制，埋沒不傳，而字直爲骰，不復爲投矣。若其體制，又全與用木時殊異矣。方其用木也，五子之形兩頭尖銳，中間平廣，狀似今之杏仁。惟其尖銳，故可轉躍，惟其平廣，故可以鏤采也。凡一子悉爲兩面，其一面塗黑，黑之上畫牛犢以爲之章，犢者牛子也。一面塗白，白之上卽畫雉，雉者，野雞也。凡投五子皆現黑則其名盧，盧者黑也，言五子皆黑也。五黑皆現，則五犢隨現，從可知矣。此在樗蒲爲最高之采，捼木而擲，往往叱喝使致其極，故亦名呼盧也。其次五子四黑而一白，則是四犢一雉，則其采名雉，用以比盧，降一等矣。自此而降，白黑相雜，每每不同。故或名爲梟，卽鄧艾言云，六博得梟者勝也。或名爲㹱，謂五木十擲輒㹱，非其人不能是也。凡此采名樗蒲，雖經皆枚載，然反覆推較，率多駁而不通也。至於骰子之制，固知祖襲五木，然而詳略大率不同也。五木只有兩面，骰子則有六面，故骰子著齒自一至六，爲采亦益多。率其大者而言之，則是裁去五木，兩頭尖銳而臗長爲方，既有六面，又著六數，不比五木，但有白黑兩面矣。五木之制，至晉世猶復用木，然列子已言投瓊，則周末已嘗改玉骨也耶？或者形製仍同五木，而質已用玉石也。今世蜀地織

綾，其文有兩尾尖削而中間寬廣者，旣不象花，亦非禽獸，乃逐名爲樗蒲。豈古制流於機織，至此尙存也耶？

古書言六博和樗蒲之制的，應以演繁露爲最詳。在演繁露中說明變盧雉爲一至六的數目始於唐代。這是一個非常珍貴的啓示，因爲盧雉和一至六的數目顯然是屬於兩個系統，唐代投子整個系統的轉變，應當不是逐漸轉換而成的，而是受了外來的影響。據現在可能知道的，大致用數目作點的投子，是從西方傳入的。等到六面而用點的投子採用以後，較爲簡明，原來盧雉的投子就再不爲人所採用了。

程氏依據詳明，只是有幾個誤解。古投子是四面的，他却認爲只有兩面，這種誤解一經發生，對於古樗蒲經改正的地方，就很有問題了。程氏引古樗蒲經只有四木（卽四個投子），程氏改爲五木，改爲五木是可以的，不過用四木也不見一定不對，因爲古代賭博的方法相當繁多，決不僅一種而止的。至於列子爲魏晉時人的書，程氏當時還不知道，因而對列子投瓊之說，不能得到適當的解釋。但他對於列子和其他史料的矛盾，已有相當的注意了。

　　附記：此篇承金發根先生精心校對，並提出意見，特此志謝。

鏡 博 六 人 仙

英聚古鏡興古鏡紹興先生治末原梅本日見

倫敦大英博物院院藏六博陶俑

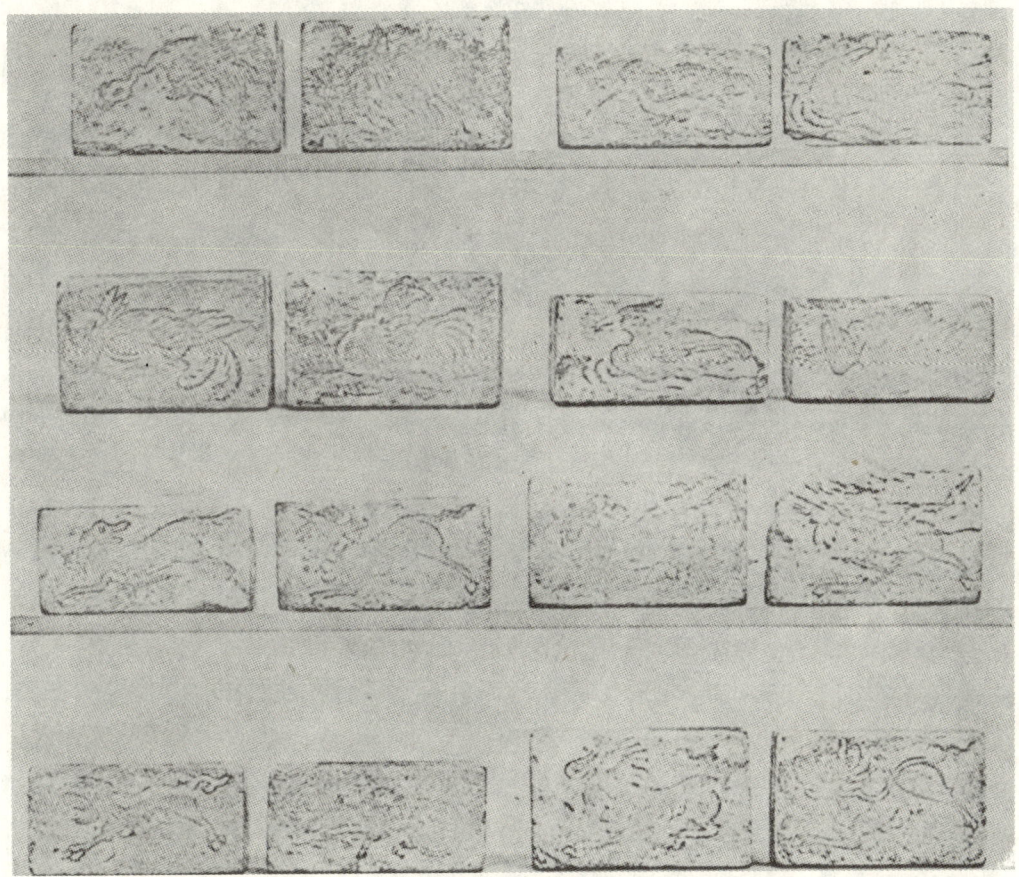

倫敦大英博物館藏六博用的棋

四川漢塼畫像

西漢政權與社會勢力的交互作用

許　倬　雲

秦一宇內，憑藉武力結束了列國並峙的局面。然而秦以高壓手段治天下，激水過山，造成懷山襄陵的大亂，馳道四達，終究擋不住阿房一炬的結局。此無他，爲了秦政權缺乏社會基礎而已。劉邦以泗上亭長，提三尺劍，却能立四百年基業。在這四百年中，中國眞正的鎔鑄成爲一個完整的個體。這一段鎔鑄的過程，不在漢初的郡國並建，不在武帝的權力膨脹，而在於昭、宣以後逐漸建立起政權的社會基礎。在武帝以後，中國開始了政治至上的一元結構：權力的惟一來源是政治，而智勇辯力之士最後的歸結也惟有在政治上求出頭；一切其他途徑都只是政治勢力的旁支而已。所謂「士大夫」階級也在武、昭以後才開始取得其現有的涵義，而不再是軍人與武士的別稱(註一)。一元的權力結構與「士大夫」在中國歷史上有極度密切的功能關係，有一位社會人類學家認爲士大夫是中國社會變動的安全瓣，使中國社會史上減少了不少激劇的革命(註二)。士大夫一方面是未來官吏的儲備人員，另一方面也是社會上的領導份子，或以教育程度，或以地位，或以富貲成爲鄉里的領袖(註三)。本文所要討論的也就是西漢「士大夫」的逐漸形成爲一個特殊的羣體，以及士大夫構成西漢政權之社會基礎的過程。下文將逐漸由三個角度考察這個問題：各個時期的政權性質，社會秩序，及地方政府結構；尤其最後這兩項與「士大夫」羣的生根茁長似有密切關係。

（一）

西漢各個時期政權的性質由丞相來源卽可看出其不同。自高祖至於景帝，丞相十

(註一)　余英時，「東漢政權之建立與士族大姓之關係」，新亞學報第一卷，第二期，(1956)，pp. 259-261。

(註二)　Fei Hsiao-t'ung, China's Gentry, Chicago: University of Chicago Press, 1953, p. 12.

(註三)　Ho Ping-ti, The Ladder of Success in Imperial China, New York, Columbia Univerity Press, 1962, p. 34 ff.

三人，都是列侯，不爲高祖從龍功臣，卽是功勳子嗣。武帝朝在列侯之外，加上外戚、宗室，及一個臨時封侯的公孫弘。昭、宣兩朝的丞相則絕大多數出身郡縣掾吏，或公府僚屬，都是文吏。元帝以下，丞相多屬儒生，除王商是外戚外，多是經學之士，見下表(註一)。

時代	丞相	功臣	功臣子弟	外戚(宗室)	掾史文吏	經學之士	其他
高帝	蕭何	×					
惠帝	曹參	×					
	王陵	×					
	陳平	×					
	審食其	×					
文帝	周勃	×					
	灌嬰	×					
	張蒼	×					
	申屠嘉	×					
景帝	陶青		×				
	周亞夫		×				
	劉舍		×				
	衞綰						車戲爲郎
武帝	竇嬰			×			
	田蚡			×			
	許昌		×				
	薛澤		×				
	公孫弘				×		

(註一)　周道濟，漢唐宰相制度，臺北，政治大學博士論文油行本：pp. 273-276。周道濟，「西漢君權與相權之關係，」大陸雜誌史學叢書第一輯，第四册，pp. 14-15，周君的「西漢丞相一覽表」是根據漢書「百官公卿表」編列的，參看漢書補註(王先謙，長沙，虛受堂本)卷十九下及各人本傳。昭帝以後，權在大將軍，但在此處爲求標準一致計，我們仍用丞相作爲參考指標。

帝	丞相					
	李蔡					六郡良家子
	嚴青翟	×				
	趙周	×				
	公孫賀		×			
	劉屈氂		×			
	田千秋					高寢郎
昭帝	王訢			×		
	楊敞			×		
	蔡義			×		
宣帝	韋賢				×	
	魏相			×		
	丙吉			×		
	黃霸					富貲爲郎
	于定國			×		
	韋玄成				×	
	匡衡				×	
成帝	王商		×			
	張禹				×	
	薛宣			×		
	翟方進				×	
	孔光				×	
哀帝	朱博			×		
	平當				×	
	王嘉				×	
	馬宮				×	
平帝	平晏				×	

史家亦早已指出：漢初丞相專任列侯的事實。范曄在「朱景王杜馬劉傅堅馬列傳」

末曾論贊：

> ……降自秦漢，世資戰力，至於翼扶王運，皆武人堀起。亦有嬃繒屠狗輕狷
> 之徒，或崇以連城之賞，或任以阿衡之地。故勢疑則隙生，力侔則亂起。蕭
> 樊且猶繠絏，信越終見葅戮，不其然乎。自茲以降，迄于孝武，宰輔五世，
> 莫非公侯。遂使縉紳道塞，賢能蔽壅，朝有世及之私，下多抱關之怨(註一)。

武帝的朝廷則又顯出另一番氣象，漢書「公孫弘傳」贊：

> ……是時漢興六十餘載，海內艾安，府庫充實，而四夷未賓，制度多闕。上
> 方欲用文武，求之如弗及。始以蒲輪迎枚生，見主父而歎息。羣士慕嚮，異
> 人並出。卜式拔於芻牧，弘羊擢於賈豎，衞青奮於奴僕，日磾出於降虜，斯
> 亦曩時版築飯牛之朋己(註二)。

誠所謂異塗競進，漢興以來號為得士。然而仔細檢核，這時期表面上似乎活潑的社會
波動，事實上只是若干特例，影響只及於皇帝特選的個人，並沒有一個制度化的上升
通道，從社會基層作普遍的選拔。易言之，從漢初的功臣集團獨佔性質演變到武帝時
的名臣出身龐雜，也許只是表示功臣集團的權力讓渡給皇帝一人，並不是政權的社會
基礎有任何改變。

漢初功臣集團對於高祖本人的領袖地位，自從韓彭黥陳被削平後，始終確信無疑。
因此王陵和申屠嘉才有「天下是高帝天下，朝廷是高帝朝廷」的想法(註三)。同時，他
們也分沾高祖的所有。如前所說，丞相必自列侯中選任，到功臣老死殆盡時，申嘉屠
以當年隊率之微，也居然擢登相位。郡守中以高祖功臣身份出任者也佔不少(註四)。

在這種狹窄的小集團觀念下，首都區域的關中並不把關東視為可以信賴的部份。
文景以前的諸侯王始終是中央猜疑見外的對象。入關出關須用符傳，關防嚴緊，宛如
外國。新書「益通篇」：

> 所謂建武關、函谷關、臨晉關，大抵為備山東諸侯也。天子之制在陛下。今

(註一)　後漢書集解（王先謙，長沙，乙卯王氏刊本），22/12-13。

(註二)　漢書補註，58/14。

(註三)　漢書補註，3/5-8，40/18，42/7。

(註四)　漢書補註，4/8，4/26，文帝即位時，漢郡國六十二，而二千石以從高帝受封者至少有二十人之多。

　　　　大諸侯多其力，因建關而備之，若秦時之備六國也。……所謂禁游宦諸侯，

　　　　及無得出馬關者，豈不曰諸侯得衆則權益重，其國衆車騎則力益多，故明爲

　　　　之法，無資諸侯(註一)。

漢書「景帝本紀」中元四年：

　　　　御史大夫綰奏，禁馬五尺九寸以上，齒未平者，不得出關。

「昭帝本紀」始元四年：

　　　　夏罷天下亭母馬及馬弩關。（……孟康曰舊馬高五尺六寸，齒未平，弩十石

　　　　以上，皆不得出關，今不禁也。）(註二)

可知對東方防範之嚴，到昭帝時方才放寬。

　　　「王國人」不得宿衞，不得在京師選吏，也就是說，王國的人民雖然也是大漢的

百姓，却不能和大漢諸郡的人民平等(註三)。以李廣的戰功，和梁孝王的爲漢力拒吳

楚，終以李廣曾受過梁王的將軍印，而有功不賞(註四)。武帝建立的阿附藩王法，禁止

官吏交通諸侯王(註五)。五經博士的舉狀中，據漢官儀，有「身無金痍痼疾，世六屬不

與妖惡交通，王侯賞賜，行應四科，經任博士」的句子(註六)。

　　　另一方面，諸侯王在景帝以前對於國內有相當大的權力，而諸侯王所封的地方又

是關東文化傳統深厚的區域，再加上中央官吏鄙視「山東」人士，鹽鐵論「國難篇」所

謂，「（丞相史曰）世人有言鄙儒不如都士，文學皆出山東，希涉大論。(註七)」於是山

東豪俊往往先在諸侯處試試運氣，鹽鐵論「晁錯篇」：

　　　　日者淮南、衡山修文學，招四方游士，山東儒墨咸聚於江淮之間(註八)。

漢書「主父偃傳」：

　　(註一)　新書，(漢魏叢書本)，3/8。

　　(註二)　漢書補註，5/6，7/4。

　　(註三)　漢書補註，71/11-12，72/16。

　　(註四)　漢書補註，54/1。

　　(註五)　後漢書集解，1b/17。

　　(註六)　後漢書集解，33/5-6，集解引漢官儀。

　　(註七)　鹽鐵論，(漢魏叢書本)，7/6。

　　(註八)　鹽鐵論，3/1。

　　　　　　主父偃，齊國臨菑人，學長短從橫術，晚迺學易、春秋、百家之言，游齊諸

　　　　　　子間，諸儒生。相與排儐不容於齊。家貧，假貸無所得，北游燕趙中山皆莫

　　　　　　能厚，客甚困。以諸侯莫足游者，元光元年，迺西入關(註一)。

毛公、申公、莊忌、枚乘也莫不都先在關東諸侯處求出身的(註二)。

　　　誠如王毓銓所說，中央政府在制服關東諸侯以前，能直接掌握的區域實在只限於
畿輔一帶而已(註三)。在結構上說，西漢初中央政府能施之於諸侯王的制衡工具只是與
王國犬牙相錯的諸郡及親子弟所封的王國，例如淮陽之設，據新書說：

　　　　　　今淮陽之比大諸侯，僅過黑子之比於面耳，豈足以爲禁御哉。而陛下所恃以

　　　　　　爲藩悍者，以代、淮陽耳(註四)。

這些郡守又大都由功臣、外戚、或出身郎署的親近人物擔任。嚴耕望先生兩漢太守刺
史表的西漢部份列了武帝以前的太守共七十三任，其中四十四任是上述幾類人物，其
餘二十九任來歷或身份不明(註五)。似乎武帝以前，西漢中央與山東之間維持一種倚靠
實力的穩定局面，而郡守的任務就在監督那些諸侯。於是郡守以軍人爲多，嚴耕望先
生以爲不僅漢初守相爲功臣，武帝時也甚多以軍功補地方官，其多者竟可達當時郡國
守相三分之一以上。無怪乎太守總治軍民，其軍權之大，威儀之盛，不是後世地方官
以獄訟錢穀爲專責者可以比擬。此所以郡守握虎符，號爲「郡將」；而「守」之一詞，
更足說明其職責的本意在軍事，不在治民(註六)。由於不理庶務，西漢的守相是可以辦
到「臥治」的，如曹參，汲黯之類。只要四境安堵，似乎一般性的日常公務竟可以完

(註一)　漢書補註，64a/16-17。

(註二)　漢書補註，88/15，88/20，51/9，51/23。

(註三)　Wang Yü-chüan, "An Outline of the Central Government of the Former Han Dynasty,"
　　　　Harvard Journal of Asiatic Studies XII (1949), p. 135.

(註四)　新書，1/17漢書文略同，文句次序稍顛倒，見48/32-33淮陽與代都是文帝親子的封地。淮陽旋即於景
　　　　帝四年恢復爲郡，據錢大昕說，見47/7補註引。「淮陽爲天下郊，勁兵處」，故文帝初年守淮陽者爲高
　　　　帝隊率，功臣僅存者之一的申屠嘉；景帝恢復爲郡後，則以勇敢尙氣的灌夫守之。見41/6，52/7。

(註五)　嚴耕望，西漢太守刺史表(本刊專刊之三十)，上海：商務印書館，1948。

(註六)　嚴先生對於此節有極具見地的一段討論，見中國地方行政制度史上編，卷上，（「秦漢地方行政制度」
　　　　部份，本所專刊之四十五），臺北：歷史語言研究所，1961。pp. 73-75，93-96，388。參王鳴盛，十
　　　　七史商榷，14/10。

全放手不管(註一)。由於郡國守相的注意力並不集中於日常地方事務，漢初中央政權對於地方的固有社會秩序幾乎可說未加擾動。

另一方面，漢初用人以軍功、蔭任、貲選、諸途登進(註二)。換句話說，這種方式吸收的人材仍大部局限於原已參與政權者，對於從全國普遍的吸收新血仍缺乏制度化的途徑。於是武帝以前的中央政權並不能在社會的基層扎下根，同時也沒有把原來的地方性社會秩序加以改變或擾動。

（二）

社會秩序中最重要的是地方的領袖，也就是所謂豪傑或豪俠之輩。以「游俠傳」中的人物為例，早期的郭解，「以匹夫之細，竊殺生之權」，可以指揮尉史，決定誰當絲役；又可以為人居間，排難解紛。然而，郭解也尊重其他豪俠的勢力範圍，不願「從它縣奪人邑賢大夫權(註三)」。

直到武帝從主父偃的謀議，於元朔二年「徙郡國豪傑及貲三百萬以上者于茂陵(註四)。」地方的社會秩序才第一次受到嚴重的干擾。關于人口遷徙，武帝並非始作俑者。秦始皇曾徙富人於咸陽，漢高帝也曾徙六國大族於關中(註五)。一般人也往往根據班固兩都賦所說：「七相五公，與乎州郡之豪傑，五都之貨殖，三選七徙，充奉陵邑，蓋以彊幹弱枝，隆上都而觀萬國。(註六)」就以為西漢曾七次大事遷徙吏二千石，高貲富人及豪傑並兼之家。事實上，高帝所徙的只是六國王族；這些王孫公子與一般的郡國豪傑頗有不同，所集中的區域也比較有限。數字則有十餘萬人(註七)。嗣立諸帝大率「募」民徙陵，顯然未用強迫手段。人數則多少不等，少的可少到安陵只有幾千人

(註一)　漢書補註，39/11，50/9，50/13。

(註二)　嚴耕望，「秦漢郎吏制度考」，歷史語言研究所集刊第二十三本 (19511) pp. 13-118。

(註三)　漢書補註，92/4-5，92/1，關於游俠的性質，是勞榦，「漢代的游俠」，臺灣大學文史哲學報，I (1950)。

(註四)　漢書補註，6/10，64a/19。

(註五)　史記會註考證，30/6，漢書補註，43/13。

(註六)　後漢書集解，40a/10。

(註七)　漢書補註，43/13。

(註八)　漢書補註，40/2，5/5及28-a/38註引關中記。

(註八)。甚至武帝初立茂陵時，似乎也未用强迫遷徙。元朔二年（127 B.C），第一批被徙的人口，包括貲三百萬以上及郡國豪傑。太始元年(96 B.C)，又第二次「徙郡國吏民豪傑于茂陵雲陵。」理由則主父偃曾說了，「茂陵初立，天下豪桀兼並之家亂衆民，皆可徙茂陵，內實京師，外銷姦猾，此所謂不誅而害除(註一)」。茂陵一縣人口，據「地理志」所載，多達二十七萬七千二百七十七人，超過三輔全部的總人口(2,434,360)的十分之一；而當時三輔轄縣多達五十七個，茂陵不過其中之一而已(註二)。

　　未經遷徙的地方領袖——豪傑之屬，當仍不少。然而他們也面臨並不更好的命運。「酷吏傳」中人物大多爲武帝時郡守，或在霍光掌權時，這不能說酷吏獨出於此時爲多，只能說武帝及其繼承遺志的人鼓勵郡守們以非常手段剷除豪彊(註三)。增淵龍夫注意到一個現象：這些「酷吏」大多曾在中央政府擔任御史，他認爲這一特點也並不出於偶然。「酷吏」中至少七人並非世家子，而是出於刀筆吏。這些出身寒微的「內朝」「近臣」正是，執行武帝個人專制權力的最佳工具(註四)。刺史制度的確立，也在武帝之世。刺史所察的六條中，第一條就針對着地方豪彊而設，所謂「强宗豪右，田宅踰制，以强凌弱，以衆暴寡。」其餘五條則以二千石爲問事對象。是以王毓銓以爲刺史由中央派出，事實上是皇帝的直接工具(註五)。由此，皇權的直接干涉地方社會秩序，旣見之於皇權人格化的「酷吏」，又見之於制度化的部刺史制。中央勢力的伸張及於地方基層是漢初放任政策下所未見的。漢初汲黯、鄭當時之類學黃老，好游俠，任氣節，對於酷吏則深致不滿(註六)，其對立的態度並不純由於道德標準方面，毋寧說是由於雙方對地方社會秩序採承認與干涉兩種不同的觀點。

(註一)　漢書補註，6/3，6/10，6/35，64a/19。

(註二)　漢書補註，28a/19，28a/38。

(註三)　漢書補註90，十三人中在武帝朝的有九人。

(註四)　增淵龍夫，中國古代の社會與國家，東京：弘文堂，1957，PP. 235 ff. 關於御史的性質，參看櫻井芳郎，「御史制度の形成」，東洋學報23, 23 (1936)及勞榦，「兩漢刺史制度考」，歷史語言研究所集刊XI (1942)，第二章。

(註五)　勞榦，「兩漢刺史制度考」p. 43。嚴耕望，中國地方行政制度史，同前部份，p. 275 ff. Wang Yü-Chüan, 前引文，P. 156 ff.。

(註六)　漢書補註50；增淵龍夫，前引書，p. 246 ff.。

　　豪傑之外，富人也是中央政權要壓抑的對象。戰國末及秦漢之交的貨殖人物確實
有過一段相當自由的時期。他們以富役貧，使中家以下為之奔走；甚至還可借高利貸
役使貴人，使封君低首，仰承意旨(註一)。掌握社會勢力的豪傑，與掌握財富的富人，
二者都構成對於政權的威脅，桑弘羊所謂：

　　　　民大富則不可以祿使也，大彊則不可以威罰也(註二)。

何況二者又經常結合，譬如採山冶鐵的事業可以致富，却必須有集結千百人的能力方
可從事。如鹽鐵論「復古篇」所說：

　　　　往者豪彊大家，得管山海之利，采鐵石鼓鑄煮鹽，一家聚衆，或至千餘人。
　　　　……成姦僞之業，遂朋黨之權(註三)。

政權對於這種可能的威脅，必須盡一切力量加以壓制，於是而有鹽鐵專賣，平準均
輸，以及算緡錢等等，與商賈競爭。甚至賣官鬻爵及輸穀贖罪的措施也是政府吸取
民間剩餘資本的手段；政府以名位和法律作為兌易實際財富的本錢，這是一種只有
具有強制力量（coercive power）的政治權力辦得到，民間無法具備任何足以對抗的
實力。賣爵和輸穀的收入在文帝前元二年（178 B.C）晁錯建議時開始實施，十年
之間，政府蓄積可以當北邊五年之用及全國十二年租稅之豐，顯然這一筆收入是一
個很可觀的收入(註四)。若這一大筆資金不曾被政府吸取，而用於工商生產事業，其
對於經濟發展作用之大是可以想像的。何況這還只是西漢若干同樣措施中的一次而
已。

　　對於工商業最大的打擊還是武帝時（117 B.C）的楊可告緡，「得民財物以億計，
奴婢以千萬數，田大縣數百頃，小縣百餘頃，宅亦如之，於是商賈中家以上抵破。」
文景武三朝所收集的民間多餘資本為數之鉅，使漢初七十年間富積之厚盛于任何時
期，大農、上林、少府蓄積足夠武帝開邊及種種用度。同時，由戰國後期開始發達的

(註一)　史記會註考證，129；漢書補注，191，24a/13-14，24b/10。

(註二)　鹽鐵論，2/1。

(註三)　鹽鐵論，2/6。

(註四)　漢書補註，24a/14-15，24b/7，12-13，24b/19，關於晁錯上輸邊疏的年份，見 Nancy L. Swann
　　　　(tr. and annotated), Food and Money in Ancient China, Princeton: Princeton Univessity
　　　　Press, 1950. P. 158. Note 162.

貨殖事業也從此一蹶之後，許久不振(註一)。

　　剷除豪傑與富人，對於漢代的地方社會秩序有嚴重的後果。如前面已經說過，漢初郡國守相的職任偏重在監督可能向中央挑戰的諸侯王及「盜賊」，而不完全在於處理行政事務(註二)。於是守相必須把日常行政事務，例如賦斂、解紛、捕賊一類的小事，都交托給鄉亭組織與三老。這些鄉官和低級鄉吏，事實上是政府與人民之間的中介，例如朱邑曾擔任過的桐鄉嗇夫(註三)。三老與卒史在老百姓心目中的地位可由赤眉初起時稱號覘見，據後漢書「劉盆子傳」：

> (樊)崇等以困窮爲寇，無攻城徇地之計。衆既寖盛，乃相與爲約：殺人者死，傷人者償創。以言辭爲約束，無文書旌旗部曲號令。其中最尊重者號「三老」，次「從事」，次「卒史」，氾相稱曰「臣人(註四)」。

卽是由於老百姓習慣于聽取他們的命令。大致說來，發號施令的人與接受命令的人之間距離愈遠，或通訊方法愈困難，傳達命令的中介愈有自由解釋命令的自由，也由之愈有假借的權威，而上級對之也愈具依賴性。漢世命令的傳達系統通常須經過丞相、二千石、(可能尙須經過縣令一關)、達於屬吏，而「卒史」一階則是執行命令的人，直接壓在小兵或百姓上面。如居延漢簡：

> ☑□大夫廣明下丞相，承書從事下當用者，如詔書，書到言。☑☑☑郡太守諸侯相，承書從事下當用者，書到明白布☑☑到令諸□□縣從其□□如詔書律令，書到言。丞相史□☑下領武校居延屬國鄙農都尉，縣官承書☑（65，18。卷一，第四葉）

> ☑水都尉千人宗兼行丞事，下官，承書从事下當用者如詔書。☑月廿七日，

(註一)　漢書補註，24b/16。春秋時期亦有過若干突出的商人，如子貢、足以結交諸侯卿相，又如國語晉語，「夫絳之富商韋藩木楗以過於朝，唯其功庸少；也而能金玉其車，文錯其服，能行諸侯之賄。」似乎春秋末葉商人已有某種勢力。然而工商業的全面發達是戰國時事，貨幣也須到戰國時才有大量的流通量。這一條附註承陳槃厂師指示，謹致謝。

(註二)　嚴耕望，中國地方行政制度史，同前部份 pp. 74-75。

(註三)　嚴耕望，同上，pp. 237-251；謝之勃，「先秦兩漢卿官考」，國專學刊，3-5 (1936)，pp. 8-14，參看漢書補註，89/9-10，76/10。

(註四)　後漢書集解，11/9。

一兼據豐，屬佐忠。(503.7, 495.9)

☑臚野王丞忠下郡，右扶風、漢中、南陽，北地太守，承書從事下當用者。

以道次傳，別書相報，不報書到言。據勤，卒史欽，書佐士。(203, 22)

閏月丁巳，張掖肩水城尉誼以近次兼行都尉事，下候，城尉。承書從事下當

用者，如詔書。守卒史義。(10. 29)(註一)

在這種正式的結構以外，地方社會秩序的領導權還另有一個非正式的結構，也就

是地方上的豪傑與游俠一流人物。其典型例子已見前節。漢之賢二千石，如趙廣漢、

張敞，甚至酷吏如王溫舒，都必須借這些豪傑爲耳目爪牙(註二)。

也許有人會問，漢代豪傑游俠一類人物何以能成爲一種社會現象。爲答覆這一

點，本文必須先考察西漢社會集團的性質。在一般的理論上說，總是以爲中國的家

族是社會集團最根本的形式。事實上，在西漢中葉以前，家族的團聚作用還並不如

後世那樣有力。西漢的家族形態究竟是那一種，至今未見定論。大致說來，西漢的

豪族也並不是單純的由某一形態獨占。一切的證據都還不足以作全盤性的理論重建

(註三)。

漢初家族形態也許仍是沿襲商鞅以來秦國的小家庭制：子壯必須分異，另立門

戶。不分異就必須加倍賦稅的罰則似乎在漢代從未正式廢止過。縱然西漢後半期及東

漢都以幾代同堂，幾世不分財爲佳話，這條禁令却似乎要等到曹魏時方被廢止。魏明

帝時曾由陳群、劉邵等人定魏律，其中「序略」部份見於晉書「刑法志」：

正殺繼母與親母同，防繼假之際也。除異子之利，使父子無異財也。殿兄

(註一)　勞榦，居延漢簡，(考釋之部本所專刊之四十)，臺北，歷史語言研究所，1960。「考證」pp. 7，14，
　　　　　16，33。

(註二)　漢書補注，76/14，76/15-16，90/7-9。

(註三)　日本學者在這一方面有頗豐長的討論。他們之中，有的以爲漢時豪族形態爲「三族制」，有的以爲應
　　　　　是擴大型的家族。下列三篇文字對於在這條線上彼邦人士的討論有角度不同的分析與解釋。參看宇都
　　　　　宮清吉，「漢代豪族論」，東方學23 (1962)；同氏，漢代社會經濟史研究，東京：弘文堂，1955，第十
　　　　　一章。守屋美都雄，漢代家族の形態に關する考察，東京：ハーバード，燕京同志社東方文化講座委
　　　　　員會，1956。下一期的集刊中，我將有一篇專文討論這個問題。

姊，加重五歲刑，以明教化也(註一)。

漢初去秦未遠，這條「異子之科」的處置並不全是具文。漢初動輒提到「五口之家」；「地理志」中戶與口的比數也平均爲 1：4.88。凡此都足說明漢初分家是常態(註二)。西漢並且確曾實行强迫分散一些大族的措施。如後漢書「鄭弘傳」注引謝承書，「其曾祖父本齊國臨淄人，官至蜀郡屬國都尉，武帝時徙强宗大姓不得族居，將三子移居山陰，因遂家焉(註三)」。

(註一)　晉書（廿四史乾隆四年刋本）30/12，此節守屋美都雄也作過註釋，以爲「異子」二字指「分異」而言，又把「科」學字誤釋爲禁止之意；遂把整節釋爲禁止「兒子分出去。」見守屋前引書，p. 22-25。其實此句與「使父子無異財也」聯讀，即表示未除該條以前，父子應當是異財的；「異子」當指未分出去的兒子，是科倍賦的對象。關於漢人幾世共財的現象，以東漢爲主，守屋氏曾做了很仔細的考察。見同書 pp. 33-36，44-46。又參看越智重明，「魏晉における異子之科について」東方學22(1961)。

(註二)　此點承嚴耕望先生提示，謹致謝。又參看守屋都美雄，前引書，p. 37；佐藤武敏，「戰國時代農民の經濟生活」(上)人文研究 X, 10，(1954) p. 30。由居延漢簡的資料看來，漢人的戶籍包括妻、子女、及未成年弟妹；也有包括老母的例子，如：

> 俱起隊卒丁仁　母大女存年六十七用穀二石一斗六升大
> 　　　　　　　弟大女惡女年十八用穀二石一斗六升大
> 　　　　　　　弟使女肩年十八用穀一石六斗六升大
> 　　　　　　　凡用穀六石（勞榦，居延漢簡釋文，4207）

> 二橔隊長居延西道里公乘徐宗年五十
> 　　　　妻「妻」　宅一區直三千　妻一人
> 　　　　子男一人　　田五十畞直五千　子男二人
> 　　　　男同產二人　用牛二直五千　　子女二人
> 　　　　　　　　　　　　　　　　　　男同產二人
> 　　　　　　　　　　　　　　　　　　女同產二人
> 　　　　　　（同上，p. 83，4085，24.2B）

> 永光四年正月己酉橐佗延壽隊長孫時符
> 　　　　妻大女昭歲萬歲里□□□年卅二
> 　　　　子大男輔年十九歲
> 　　　　子小男廣宗年十二歲
> 　　　　子小女起年一歲
> 　　　　輔妻南來年十五歲
> 　　　　皆黑色（同上原片，29.2，考證 p. 4）

(註三)　後漢書集解，33/12，此條承同事金發根兄檢示，謹致謝。

　　由於家族形態是「核心家族」爲主，個人並不像後世那樣容易以大家族作爲社會團聚體，從大家族制尋求對於個人的保護與幫助。而戰國的社會由於封建的崩壞，個人從封建關係中解脫出來，游俠集團就發展爲掩護個人的結合，由智勇之士集合一羣人構成一個比較單獨個人强大的力量(註一)。漢初游俠豪傑之盛，亦卽繼承這一傳統。也就是說，漢初社會秩序的基層結構是由這種個人結合的集團來維持的。集團領袖成爲帝國政治權威疑懼的對象。而漢武帝對於豪傑的打擊，尤其强迫遷徙郡國豪傑，正是以破壞這種結合爲目的。地方社會秩序則難免因失去領袖趨於混亂。下面一個年表可以顯示對於郡國的嚴條峻法與郡國變亂的關係：

公元	史　　　　事	來　　源
127B.C,	徙郡國豪傑及訾三百萬以上者茂陵。	漢書補注，6/10，
122B.C,	淮南衡山王叛，郡國豪傑坐死數千人。	同上，6/13，44/13，
119B.C,	榷天下鹽鐵，算緡錢。	同上，24b/12-13，
117B.C,	捕盜鑄錢者以百萬。	同上，24b/14，6/16-17，
	大赦。	
	博士褚大等巡行郡國以撫循百姓。	
116B.C,	楊可告緡起，中家以上均破。	同上，24b/16，6/18，
109B.C,	山東騷動，處處盜賊。	同上，6/34，90/12，
	嚴關門之禁。	鹽鐵論，3/1，
108B.C,	大赦。	漢書補注，6/34，
107B.C,	徙郡國豪傑吏民及訾百萬以上茂陵。	同上，6/35，
86B.C,	昭帝卽位。	
81B.C,	賢良方正請罷鹽鐵榷酤。	同上，7/5，
80B.C,	齊王燕王交結郡國豪傑以千數謀反。	同上，63/11，71/2，

昭宣時政府開始注意到這種不安，因此才逐步改變中央對地方的關係。昭帝詢賢良方

(註一)　增淵龍夫，中國古代の社會と國家，第一篇，第四章。參看拙作，Cho-yun Hsu, "The Transiton of Ancient Chinese Society," International Association of Historians of Asia Second Biennial Conference Proceeding, Taipei, 1962, pp. 13 ff.

正以民間疾苦，及宣帝的禁官吏暴虐，都反映這一顧慮(註一)。

三

　　中央與地方間的橋樑中最要緊的一道是孝廉和博士弟子員的察舉。漢代賢良方正和其他特科的察舉在武帝以前及以後都有過許多次，勞貞一師已有豐長研究，茲不贅述(註二)。武帝還曾在有名的元朔元年詔書中規定，每郡必須舉薦一人，「不舉孝」及「不察廉」的二千石都須受罰(註三)。然而，武帝以前的賢良方正一類選出來的人物，雖也委任爲常侍郎中，却未必都擔任實際的職務，如漢書「賈山傳」：

　　　　今陛下念思祖考，術道厥功，圖所以昭光洪業休德，使天下舉賢良方正之士。
　　　　天下皆訢訢焉。……今方正之士皆在朝矣。又選其賢者使爲常侍諸吏，與之
　　　　馳毆射獵，一日再三出。……今從豪俊之臣，方正之士，直與之日日獵射，
　　　　擊兔伐狐，以傷大業，絕天下之望。……(註四)

顯然，這些由各方徵來的賢良方正只成爲宿衞之臣，也就是說與「保宮」中的質子差不多，事實上並沒有成爲政府構成份子的新血輪。兩漢各科的察舉似乎都不是定期的，往往每隔若干時候，政府下一次詔令，說明目前須察舉的何種人才及命令某種官吏負責察舉。若這些是定期舉行的常例，就不必每次特地下詔了。只有元帝永光元年曾有詔書：

　　　　二月詔丞相御史舉質樸敦厚遜讓有行者，光祿歲以此科弟郎從官。(註五)

勞貞一師引漢官儀的西漢舊例：

　　　　中興甲寅詔書：方今選舉，賢佞朱紫錯用，丞相故事，四科取士。一曰德行
　　　　高妙，志節淸白；二曰學通行修，經中博士；三曰明達法令，足以決疑，能
　　　　案章覆問，文中御史；四曰剛毅多略，遭事不惑，明足以決，才任三輔令一

(註一)　漢書補註，7/5，8/11。
(註二)　勞榦，「漢代察舉制度考」，中央研究院歷史語言研究所集刊 XVII (1948)。
(註三)　漢書補註，6/8-9。
(註四)　漢書補註，51/6-7。董仲舒在其對策中請求「學貢各二人」，是否曾照其建議付之實施，殊未易知。
　　　　見漢書補注56/13。此點承嚴耕望先生指示，敬謝。
(註五)　漢書補註，9/7。

　　　　　　一皆有孝悌、廉正之行。

勞氏據此以爲「四科」卽是孝廉的察舉標準，縱與永光詔書所列四條不盡一致，却只爲了前後衍變而有不同 。 勞氏雖未明說 ， 顯然認爲永光詔書也是指明孝廉的察舉科目(註一)。永光詔書規定丞相御史以此舉士，光祿以此每年科弟見在郎及從官。雖然丞相是否每年察舉，不得而知；由同一詔令光祿須每年考校，可以推知丞相察舉也當是每歲舉行的。更主要者，自此以後，詔書只書舉茂才、賢良、直言……等項，未再見專以孝廉爲對象者。也許，自永光以後，孝廉成爲常科了。孝廉之成爲歲舉恐怕還是由每年郡國上計的制度發展而來，如漢書「儒林傳」載武帝元朔五年詔書：

　　　　郡國縣官，有好文學，敦長上，肅政教，順鄉里，出入不悖者。所聞令相長
　　　　丞上屬所二千石二，千石謹察可者，常與計偕。詣太常受業如弟子，一歲皆
　　　　輒課……其高第可以爲郎中。

又如漢書「黃霸傳」，記宣帝時張敞奏：

　　　　宜令貴臣明飭長吏守丞，歸告二千石，舉三老、孝弟力田、孝廉、廉吏，務
　　　　得其人。……天子嘉納敞言，召上計吏，使侍中臨飭，如敞指意(註二)。

計吏上京時，大約把察舉的名單一併帶去，於是孝廉就變成歲舉了。

　　　孝廉是可以卽刻進入政府的，而與計吏相偕的那些博士弟子員，也可以算得上一條次要的人才登庸途徑。正式的博士弟子員額更經過昭帝由五十人增爲百人，宣帝由百人增爲二百人，元帝增至千人，成帝增至三千人；郡國並置五經百石卒史。中央的太學，配合上武帝以後郡國倣文翁在蜀所設地方學校，使西漢人才之在郡國者不僅有了孝廉的登庸機構，又有了正式的訓練機構(註三)。

　　　自此以後，地方上智術之士可以期待經過正式的機構，確定的思想，和定期的選拔方式，進入政治的權力結構中，參加這個權力的運行。縱然這時其他權力結構，如經濟力量，與社會力量，都已經服屬在政治權力結構之下了；一條較狹，但却遠爲穩定的上升途徑反使各處的俊傑循規蹈距的循序求上進。於是漢初的豪傑逐漸變成中葉

（註一）　勞榦，「漢代察舉制度考」pp. 87-88。

（註二）　漢書補註，88/4，89/8。

（註三）　漢書補註，88/6，89/2-3，嚴耕望，中國地方行政制度史，同前部份，第七章。

以後的士大夫。對於任何權力結構，老百姓能否接受是這一結構是否能成爲穩定和合
法的第一要件；而老百姓中俊傑份子能否有公開的途徑被選參加這一機構，則是老百
姓願否加以接受的要件(註一)。

　　另一方面，昭宣以後嚴格實行廻避本籍的規定，對地方政府結構上起了根本性的
影響。廻避本籍在漢代不算新規定，但是武帝以前執行並不嚴格，韓信、李廣、袁盎、
朱買臣等等在本籍作長吏的頗不乏其例。據嚴耕望先生研究，自武帝中葉以後，限制
日嚴，西漢二百八十餘任郡國守相的籍貫，絕無例外，都是外郡人。縣令縣長六十四
任，丞尉七任，不但非本縣人，且非本郡人。刺史五十一任，其中四十五人籍貫可
考，也都不是本州人。僅京畿部份長吏不在此限。地方掾史却照例須用本地人，嚴耕
望先生也作了很徹底的研究，證實顧炎武日知錄「掾屬」條：

　　　　古文苑注王延壽桐柏廟碑人名，謂掾屬皆郡人，可考漢世用人之法。今考之
　　　　漢碑皆然，不獨此廟，蓋其時惟守相命於朝廷，而掾曹以下無非本郡之人，
　　　　故能知一方之人情而爲之興利除害。……(註二)

由於長吏不及掾史熟知「一方之人情」，長吏的依賴掾史是必然導致的後果，韓延壽
治郡的方法，「所至必聘其賢士」及「接待下吏，恩施甚厚」，卽是一個例證。「酷吏
傳」中的人物，也一樣需要掾史的協助，王溫舒爲廣平都尉，「擇郡中豪，敢往吏十
餘人爲爪牙，皆把其陰重罪，而縱使督盜賊(註三)」。其中素行不檢的掾史就難免借此
聚歛，作威作福。如王尊任安定太守，卽曾教敕掾功曹，各自底屬助太守爲治」，而
處罰其中貪暴的張輔，漢書「王尊傳」：

　　　　五官掾張輔，懷虎狼之心，貪汙不軌，一郡之錢，盡入輔家。然適足以葬
　　　　矣。今將輔送獄。……輔繫獄數日死，盡得其狡猾不道，百萬姦臧(註四)。

又如「薛宣傳」：

(註一)　關於這一部份所謂「選拔參與」(co-öptation) 的理論，參看 Philip Selznick, TVA and the Grass
　　　　Roots, Berkeley: University of California, 1949. pp. 259 ff.。

(註二)　日知錄集釋（世界書局版）上，p. 184-185。嚴耕望，中國地方行政制度史，同前部份，pp. 345 ff,
　　　　351 ff.

(註三)　漢書補註，83/1012，90/78。

(註四)　漢書補註，76/21。

（櫟陽令）賊取錢財數十萬，給爲非法，賣買聽任富吏，買數不可知(註一)。

　　掾史以其接近長吏，近水樓臺先得月，往往成爲察舉的對象。文翁在蜀，先從郡縣小吏中選拔開敏者，遣詣京師，學成囘郡仍爲郡中右職，「用次察舉」，最後有官至郡守刺史(註二)。文翁的設施的後半段，從右職中察舉，可說是郡吏與察舉兩個制度的自然連結。嚴耕望先生曾列表統計兩漢郎吏，其在西漢以孝廉除郎者只有十一人：王吉、王駿、蓋寬饒、孟喜、京房、馮譚、馮逡、師丹、班況、杜鄴、及鮑宣。(註三)以下是他們的出身：

　　　王吉：以郡吏舉孝廉爲郎。

　　　王駿：以孝廉爲郎。

　　　（龔勝：爲郡吏，三舉孝廉，以王國人不得宿衞。）

　　　鮑宣：爲縣鄉嗇夫，後爲太守都尉功曹，舉孝廉爲郎。

　　　京房：以孝廉爲郎。

　　　蓋寬饒：明經爲郡文學，以孝廉爲郎。

　　　馮譚：奉世長子，太常舉孝廉爲郎。

　　　馮逡：奉世子，通易，太常察孝廉爲郎。

　　　杜鄴：以孝廉爲郎。

　　　師丹：治詩，事匡衡，舉孝廉爲郎。

　　　孟喜：受易，舉孝廉爲郎。

　　　班況：舉孝廉爲郎。(註四)

其中不可考者四人，以外戚舉於太常者二人，以明經舉者二人；此外三人都由郡吏察舉，比外戚和明經各多一人。不過總數太小，不能由此抽繹任何結論。此外，賢良方正、茂才、或公車特徵中有六個人曾爲郡吏：雋不疑、魏相、趙廣漢、文翁、朱邑、及樓護。早於武帝者只有文翁一人，在武帝世者只有雋不疑一人，其餘均在武帝以

（註一）　漢書補註，64/3。

（註二）　漢書補註，89/2。

（註三）　嚴耕望，「秦漢郎吏制度考」p.134，原表列十二人，馮野王係誤人，當除去。另在下表補上龔勝。

（註四）　漢書補註，72/3，8，16，20，75/5，77/1，79/6，8，85/19，86/15，88/8，100/2。

後(註一)。

四

綜合說來，西漢中葉以後的士大夫顯然已與察舉到中央的人士及地方掾史羣，合成一個「三位一體」的特殊權力社羣。也就是說，士大夫在中央與地方都以選拔而參預其政治結構，構成漢代政權的社會基礎。

一般情形，掌握權力的人與掌握財富的人一樣，都願意把這種基業傳留給子孫(註二)。昭帝以後，已頗有些大姓在郡國形成中。大姓的勢力往往可能與地方「三合一」的權力份子有關。如以何武爲例：武詣博士受業，治易，以射策甲科爲郎，光祿舉四行，選爲鄠令，坐法免歸。兄弟五人皆爲郡吏。「郡縣敬憚之」的結果，「武弟顯家有市籍，租常不入，縣數負其課，市嗇夫求商捕辱顯家，顯怒欲以吏事中商。」何氏一家有郡吏，有在外服官的，還有在家鄉仗勢做生意的；而得罪他們的人，可以用吏事中傷！以同樣方式發展，每一個地區將只能由幾家把持，而這幾家又很可能延續幾代，變爲所謂世族大姓。彼此之間的奧援，自然又可促成權勢的延續。「何武傳」中又有一段可以爲例子：

> 初武爲郡吏時，事太守何壽，壽知武有宰相器，以其同姓故厚之。後壽爲大司農，其兄子爲廬江長史，時武(以揚州刺史)奏事在邸。壽兄子適在長安，壽爲具召武弟顯及故人楊覆衆等，酒酣見其兄子曰，此子揚州長史，材能駑下，未嘗省見。顯等甚慙，退以謂武，武曰，刺史古之方伯，上所委任，一州表率也。職在進善退惡，吏治行有茂異，民有隱逸，乃當召見，不可有私問。顯、覆衆强之，不得已召見，賜卮酒。歲中，廬江太守舉之。(註三)

又如「薛宣傳」：

(註一)　漢書補註，71/1，74/1，76/1，89/2，9，92/7-8。

(註二)　Gaetano Mosca, The Ruling Class (tr. by Hannah D. Kahn), New York: McGrawhill, 1939, pp. 59-69.

(註三)　漢書補註，86/2-3。又如隸釋所載靈臺碑陰的諸仲，共三十一人，泰本爲州郡掾史，亦有外仕爲司徒掾，鉅鹿太守，及呂長者，其主持人則爲廷尉 (1/11)。裴壽碑陰，載南陽府掾以終、蓋、陳三氏佔絕大比例(9/11)。

> 薛宣字贛君，……琅邪太守趙眞行縣，見宣甚悅其能，從宣歷行屬縣。還至
> 府，令妻子與相見，戒曰：贛君至丞相，我兩子亦中丞相史。蔡宣廉，遷樂
> 浪都尉丞(註一)。

可知東漢時舉主與舉子的關係，在宣元之際也已有之。

　　這些世家大姓，盤根錯節，在地方上已有了不可忽視的勢力，此所以元帝永光四年（40B.C,）詔：

> 安土重遷，黎民之性，骨肉相附，人情所願也。頃者有司緣臣子之義，奏徙
> 郡國民以奉園陵，令百姓遠棄先祖坟墓。破業失產，親戚別離。人懷思慕之
> 心，家有不安之意。是以東垂被虛耗之害，關中有無聊之民，非久長之策
> 也。……今所爲初陵者，勿置縣邑，使天下咸安土樂業，亡有動搖之心。布
> 告天下，令明知之(註二)。

成帝永始二年(15B.C,)又有昌陵不成，罷廢不事的記載。哀帝以後遂無復徙陵(註三)。事實上，恐怕都是由於東方的大族不願遷徙，而他們此時已在中央有發言權，不再像武帝時一樣輕易的受人支配了。

　　世家大姓的勢力，在王莽時更顯得不可忽視。據余英時的研究，莽末郡國起兵，大都世族大姓爲核心，大則主動的進兵州郡，小則據守堡岩。據余英時統計，八十八個起兵集團中，有五十六個是世族或大姓(註四)。

　　現在舉例說明這些大姓的實際情形。若是在平時，大姓的子弟可以預期在地方政府中取得一席掾史地位，後漢書「馬武傳」中記有光武與鄧禹的一段對話：

> 帝後與功臣讌語從容言曰，諸卿不遭際會，自度爵祿何所至乎？高密侯禹先
> 對曰，臣嘗學問，可郡文學博士。帝曰，何言之謙乎？卿鄧氏子，志行修

(註一)　漢書補註，83/1。

(註二)　漢書補註，9/10。參看嚴耕望，中國地方行政史上編，卷中（「魏晉南北朝地方行政制度」部份）pp. 397 ff.

(註三)　漢書補註，10/12。趙翼，陔餘叢考16/17，「成帝作初陵，繼又改新豐戲鄉爲昌陵，又徙郡國豪傑，賞五百萬以上者，哀帝作義陵，始又詔勿徙。」

(註四)　余英時，「東漢政權之建立與世族大姓之關係」，p. 226 前附表。

潔，何爲不掾功曹(註一)。

又如「寇恂傳」：

> 寇恂，字子翼，上谷昌平人也。世爲著姓，恂初爲郡功曹，太守耿況甚重
> 之(註二)。

等到天下混亂時，這些大姓就變成地方的實際統治者；宗族人口多的更成爲地方力量
的結集中心。因此後漢書「吳漢傳」：

> 時鬲縣五姓共逐守長，據城而反。……(漢)乃移檄告郡，使收守長，而使人
> 謝城中。五姓大喜，卽相率歸降(註三)。

同書「馮異傳」：

> 時赤眉延岑暴亂三輔，郡縣大姓各擁兵衆(註四)。

他們發展的過程，可以據「第五倫傳」說明：

> 王莽末，盜賊起，宗族閭里爭往赴之。倫乃依險固，築營壁，有賊輒奮屬其
> 衆，引強持滿以拒之(註五)。

同書「馮魴傳」：

> (馮氏)遷於湖陽，爲郡著姓。王莽末，四方潰畔。魴乃聚賓客，招豪傑，作
> 營塹，以待所歸。是時，湖陽大姓虞都尉反城稱兵，先與同縣申屠季有仇而
> 殺其兄，謀滅季族，季亡歸魴(註六)。

　　王莽時的遍地世族大姓自然不能在王莽時方才開始發生，其肇端當在數世前。所
惜漢世譜系傳下而可靠者甚少，遂致無法稽考各姓起源在何時。但至少元成以後，
世族已成爲美稱對象，才有「王吉傳」中哀帝詔書所說，「以君有累世之美」一語
(註七)。

(註一)　後漢書集解，22/11。

(註二)　後漢書集解，16/17。

(註三)　後漢書集解，18/4。

(註四)　後漢書集解，17/5。

(註五)　後漢書集解，41/1。

(註六)　後漢書集解，33/7。

(註七)　後漢書集解，72/9。

　　換句話說，世姓豪族，不僅如楊聯陞先生所說，是東漢政權的基礎(註一)；而且也構成西漢中葉以後政治勢力的社會基礎。整個兩漢由漢初政治權力結構與社會秩序，各不相涉的局面，演變爲武帝時兩方面激烈的直接衝突，又發展爲昭宣以後的逐漸將社會秩序領袖採入 政治權力結構 ，而 最後歸結爲 元成以後帝室與士大夫共天下的情勢。光武中興，僅使這一情勢成爲東漢明顯的制度而已。值得注意的是士大夫與統治者共天下的情勢竟延續了許多世紀，成爲中國歷史上的一大特色。

　　附記：返臺後，承東亞學術研究設計發展委員會給予連續補助，得於任教臺大之外，作漢代社會史研究，惠我良多，今於一年又三個月完成斯篇，敬向該會致謝。 本文實受楊聯陞 、 余英時兩先生宏文啓發，而基礎則藉重勞貞一、嚴耕望兩先生歷年研究之成果，文成又承芮逸夫、陳槃厂、嚴耕望三先生審閱，金發根學兄多所指正，均謹致謝意。

(註一)　楊聯陞，「東漢的豪族」，清華學報 XI，4 (1936)。

塢堡溯源及兩漢的塢堡

金 發 根

一、塢 堡 溯 源

李濟之先生在他早先的著作 The Formation of the Chinese People 第三章中說「最早期的漢族羣是東亞各民族中最活躍的城壁構築者。」(註一)雖然該章的目的並不在討論城的起源、建築城的過程或產生建築城的起因，但是李先生這個論定與「中國本土之內任何一地城壁的建立，就表示漢族羣已在該處定居」的推論却是非常正確的。例如殷商的甲骨文中已有⊕字，據王國維先生的研究，那就是"墉"字。(註二)經過我國田野考古工作者近四十年的努力，現在已經證實：我國早在新石器時代，有些聚落的外面已有防禦性的圍牆的建築。如梁思永先生在他龍山文化：中國文明的史前期之一第二節；龍山文化的一般特徵中說：(註三)

> 村落很少孤立，四面總有鄰村，以安陽城區四圍爲例，洹河沿岸十五華里一個地段就有十九個居集區，日照和壽縣也有同樣的情形，其中有少數村址達到了小鎮市的程度，最大的一個居集區就是兩城鎮，其面積有 360,000 平方米，比起現代的兩城鎮要大得多，這些村落的廣度和密度與現代村落的情形，頗爲類似。……有時，居集區全部有一個厚實而打緊的夯土牆圍着，例如在城子崖

(註一)　Si Chi: The Formation of the People, 1928, Harvard University Press.

(註二)　參見朱芳圃文字編五卷十葉「壴」字下引。

(註三)　梁思永：龍山文山：中國文明的史前期之一。第六屆太平洋學術會議會誌第四本，1933, 69-79 pp. 本文係引自考古學報第七册（1954）中譯本。"鄭州商代遺址的發掘"，考古1957年第一册，該遺址共發現兩殺夯土牆。又

的。

這種夯土牆，近年在大陸各地的遺址續有發現。如鄭州的商代遺址。(註一)根據禮記卷十檀弓下：「遇負杖入保者息。」鄭玄注曰：「保、縣邑小城。」以及同書卷十五月令：「四鄙入保」鄭玄注曰：「小城曰保。」，則我國新石器時代有些聚落外面的圍牆實是後日城堡的前身。堡既是小城，根據我們常理的推測，則城卽由堡演進而來，但是史籍中對城的記載甚多。如詩經小雅出車、大雅文王有聲、烝民各篇都有築城的謳歌，左傳對築城也是大書特書，從下述兩條古代對築城時功力的分配，時期的限制，材料之輸送以及給養的準備在先前都有稠密的計劃：

> 左傳宣十一年：令尹蒍艾獵城沂，使封人慮事，以授司徒，量功命日，分財用，平板榦，稱畚築，程土物，議遠邇，略基趾，具餱糧，度有司，事三旬而成，不愆于素。

> 又昭三十二年：士彌牟營成周，計丈數，揣高卑，度厚薄，仞溝洫，物土方，議遠邇，量事期，計徒庸，慮財用，書餱糧，以令役于諸侯，屬役賦丈，書以授帥。

對堡的記載反甚簡略，較早的史料且只有逸周書一條：

> 逸周書大武第八：伐有四時：……一、春違其農，二、夏食其穀，三、秋取其刈，四、冬凍其葆。晉孔晁注曰：「凍葆謂發露其葆聚。」清陳逢衡補注：「葆與堡通，小城也。凍其葆，謂毀其屯聚，使彼皆凍餒也。」(註二)

這也可能因爲築城是一國的大事，所以記載較詳，而堡是民間的防禦性的建築，遂爲史臣所忽略了。根據左傳隱公元年條，大國、中國、及小國的城是各有其一定的規格的：

> 祭仲曰：都城過百雉，國之害也。 杜預注：祭仲、鄭大夫，方丈曰堵，三堵曰雉，一雉之牆長三丈，高一丈，侯伯之城方五里，徑三百雉，故其大都不得過百雉。先王之制，大都、不過

(註一)　請參見張光直先生的 The Archaeology of Ancient China 1963, Yale University Press, 該書稱引近年大陸田野考古工作者甚多，此處玆不贅述。

(註二)　此條係承陳槃庵師提示。詳所著逸周書冬凍其葆義（札記，未刊）。

　　叁國之一，中、五之一，小、九之一。今京不度，非制也。(註一)

則小國之城已甚小，與堡也相去不遠。自然這只是較早的先王之制，後來逾制的一定
是與時俱增。堡在春秋戰國時期的記載中已甚多。如前引的禮記檀弓及月令。又如：

　　　左傳成公十三年：「夏三月戊午，晉侯使呂相絕秦曰：『……迭我殽地，奸絕
　　　我好，伐我保城。……』」

　　　又襄公八年：使王子伯駢告于晉曰：「君命敝邑脩而車賦，儆而師徒，以討亂
　　　略，蔡人不從，敝邑之人不敢寧處，悉索敝賦，以討于蔡。獲司馬燮，獻于邢
　　　丘。今楚來討曰：『女何故稱兵于蔡？』焚我郊保？(註二)馮陵我城郭？……」

　　　又襄公九年：令隧正納郊保。奔火所。(註三)

　　　又定公十二年：將墮成，公斂處父謂孟孫：「墮成，齊人必至於北門；且成、
　　　孟氏之保障也，無成是無孟氏也。」

國語卷十五晉語九趙簡子使尹鐸為晉陽節，所記之「保障」已有抽象名詞之意味。也
可藉以反證保障久已存在：

　　　趙簡子使尹鐸為晉陽。請曰：「以為繭絲乎？抑為保障乎？（韋氏解曰：……
　　　保障、蔽捍也，小城曰保。……）簡子曰：「保障哉！」

墨子書中言堡者更多，不過該書各篇寫成的年代不一，如卷十五號令篇雖記"葆宮"
甚詳，但言「筦閉必須太守之節」，可知此篇寫成年代已經甚晚。所以此處只舉時代
較早的幾條：

　　　墨子卷五非攻中：至夫差之身，北而攻齊，舍於汶上，戰於艾陵，大敗齊人，
　　　而葆之大山。東而攻越，濟三江五湖，而葆之會稽。（孫詒讓墨子閒詁引左傳
　　　哀元年曰：「吳王夫差敗越於夫椒，遂入越，越子以甲楯五千保於會稽……葆
　　　保字通。）九夷之國，莫不賓服。

孫氏此處引左傳哀公元年之文以證「葆之會稽」係指越王勾踐退保會稽，則「葆之大

（註一）　此條係承勞貞一師函示。

（註二）　杜預於"保"下註曰：郭外曰郊，保、守也。

（註三）　杜預於"火所"下注曰：隧正、官名也，五縣為隧，納聚郊野保守之民，使隨火所起往救之。孔穎達
　　　　　疏：郊野保守之民。

山」難道也是指齊人退保泰山？這樣轉彎抹角的解釋，不僅求顯反晦，且於文義語氣均不相合。如果明白此〝葆〞卽塢堡之堡就很容易解釋了，因爲葆是一種小城，在軍事上則用作戍守的據點，葆之所至卽其勢力之所至。此處卽謂夫差敗齊越後，其勢力北及泰山，東到會稽。另一條孫詒讓也因爲不知葆卽塢堡之堡，而推翻孫星衍之說，連兪樾也因爲不明葆義，强作解人。

> 墨子卷八明鬼下：有曰：日中，今予與有扈氏爭一日之命，且爾卿大夫庶人，予非爾田野葆士之欲也。孫詒讓墨子閒詁曰：「孔書無此三十二字。……孫（星衍）云：『墨子所見古文書與今本異，或脫簡，或孔子所刪也。葆同保，鄭注月令云：小城曰保。俗作堡，言不貪其土地人民。』兪（樾）云：『葆士無義，士疑玉字之誤，葆士卽寶玉也。史記周本紀：屢九鼎葆玉。徐廣曰：葆一作寶，卽其例也。』按兪校近是。」予共行天之罰也。

孫星衍的註釋自然是對的，不過「不貪其土地人民」如改爲「不貪其土地、城堡及人民」則更恰當些。又墨子卷十四備城門、卷十五迎敵祠言城堡之守禦與迎敵甚詳。後人疑此係兵家之文，其成書在戰國時。

> 墨子卷十四備城門：守堂下爲大樓，高臨城，堂下周散，道中應客，客待見時，召三老在葆宮中者，與計事得失，（發根按：舊本在誤左，宮誤官，失原作先，並從孫氏閒詁及王引之之說改），行德計謀合，乃入葆，葆入守，無行城，無離舍。

> 又卷十五迎敵祠：凡守城之法，縣師受事，出葆，循溝防，築薦通塗，修城。

由史記列傳第廿一李牧傳，可知漢民族至遲在戰國時期已在北邊築堡以防禦匈奴。

> 李牧者，趙之北邊良將也，常居代鴈門，備匈奴。……厚遇戰士，爲約曰：「匈奴卽入盜，急入收保，有敢捕虜者斬。」匈奴每入，烽火謹，輒入收保。
> （註一）

惟其下唐張守節正義云：「急入壘，收歛而保護。」王叔岷先生以爲如「入收」兩字連讀，則保當爲「營堡」之堡。我覺得正義將〝保〞字當作動詞，仍係不明〝保〞卽堡之故。而且也必需有營堡小城始能「急入」、「輒入」，始能藉之以防守，以及藉之以「謹烽火」。

（註一）　此條係承王叔岷師函示。

清人金鶚認為古時邑之外都有城，其城卽謂之保：

> 求古錄禮說卷九邑考：凡邑雖小，亦必有城，其城謂之保。都鄙有之，鄉遂亦
> 有之。……每一邑為一保，保者以其可以守禦也。孟子謂同井守望相助。必有
> 保乃可守望也。 保之制嘗卽牆之高而堅固者，以其有似于城 ， 故又謂之小城
> 也。(註一)

我國近代的學人最早言"塢"的是王國維氏，他在流沙墜簡考證中說：「塢與亭
繫同物」。雖然後來各家對此說法不同(詳次節)，但是對"塢"之名稱起於西北邊塞一
節似已成為定論。我國後漢書以前的史籍中均無"塢"的記載，有之則自該書酷吏李
章傳始。現由居延漢簡，可以推知至遲在西漢昭帝始元三年(84 B.C.)時，西北的邊塞上
已經有塢。

> 入糜小石十五石， 始元三年六月□□朔甲子， 第三塢長舒受代田倉驗見都丞
> 臨。(7173/p. 147, 273.14/p. 440)

日本學人最早言塢的是那波利貞博士，其塢主考成稿於日本昭和十七年十月(1943)，同
年十一月十四日在京都帝國大學人文科學研究所開所紀念講演會講演，次年二月在該
校人文學報二卷四號發表。該文係專言塢，而對與塢同一物之堡壁則無一字述及，且所
言塢之最早記載為後漢書馬援傳建武十一年 (35 A.D.)，是稍嫌失檢的。實則同書酷吏李
章傳第五倫傳(見本文第三節引)等記王莽末年三輔、趙、魏等地的塢壁營堡甚多。那波博
士根據管子立政篇中「分國以為五鄉，鄉為之師，分鄉以為五州，州為之長，分州以
為十里，里為之尉，分里以為十游，游為之宗，十家為什，五家為伍，什伍皆有長，
築障塞匿」之"築障塞匿"，以推論塢之實質在先秦時代卽已慣行。雖然他所據的史料
僅此一條，而且管子成書的時間亦極複雜，却確是他史識的過人處。不過今天我們已
很明白，先秦時代聚邑外面所築的工事，應該是堡而不是塢。至於那波博士以左傳隱
公十一年「王取鄔、劉、蒍、邘之田於鄭」之"鄔"，推想鄔卽隖聚，亦卽塢聚；則是
不能成立的，因為鄔係地名 (卽專有名詞)，而隖或塢則係普通名詞，並且塢聚連書至早

(註一)　此條係陳槃庵師提示。發根按：金鶚此說係受孟子趙注之影響，孟子梁惠王章上趙岐注曰：「廬井邑
　　　　居各二畝半，以為宅，多入保城，二畝半，故為五畝也。」

要到東漢以後。

聚邑是我國最早的村落名稱，它們通行於先秦及東漢以前，但當戰亂頻仍，鄉亭聚里的制度無法維繫時，就逐漸被塢堡所取代了。這個重要的轉變就在兩漢的末年。

二、兩漢邊塞之塢堡

塢堡在火藥沒有發明以前，用作防守是非常有效的。它們與壁、壘、障是類似的。如許慎說文解字：「隖、小障也，一曰庳城也。」「障、隔也。……蒼頡篇障、小城也。」「壁、垣也。」「壘、軍壁也。」服虔通俗文：「營居爲塢。」埤蒼：「小障曰塢。」說文雖無堡字，但根據前引的禮記鄭玄注，堡、縣邑小城也。」可見塢堡與壁、壘、障所不同的僅是大小，因此後漢書與後漢紀記同一事，而所稱不同。

> 後漢書王霸傳：是時盧芳與匈奴烏桓連兵，寇盜尤數，緣邊愁苦。詔霸將弛刑徒六千餘人與杜茂治飛狐道，堆石布土，築起亭障，自代至平城三百餘里。

> 後漢紀卷六：是時芳與匈奴連兵，烏桓數爲寇盜，緣邊愁苦。霸乃築塢候，起亭障，自代郡至平城三百餘里。

而後漢書在兩處記同一事，亦可名稱各異。

> 後漢書順帝紀：令扶風、漢陽、築隴道塢三百所。

> 同書西羌傳：又於扶風、漢陽、隴道作塢壁三百所。

且同一所在既可名壘，亦可名塢。

> 元和郡縣志卷六：白超故城，一名白超壘，一名白超塢。

塢堡在兩漢的西北邊塞是用來作防禦工事的。但各家對"它"的說法却頗不一致。如：

1. 王國維先生：「服虔通俗文：營居爲塢。蓋卽謂亭也。」(註一)

2. 賀昌群先生：「營塢爲屯兵防禦之所，亭隧所在，必築營塢。……塢非謂亭。……蓋塞上亭塢所在，必築防禦工事，圍以城垣，謂之塢壁。大者爲障爲塞，

（註一）　王國維：流沙墜簡考釋　民國三年出版。

小者爲塢。」(註一)

3. 勞貞一先生：「今據此簡（發根按：即3612號簡，見後引）尤可證言塢隧之相關，然據其他居延簡，雖塢隧相關愈多明證，而塢隧同物，反難定言。……蓋塢者、於烽燧之外築壁環之，以資據守之謂也。今按居延漢代烽燧，當鼎新之北，大灣附近，蒙古語稱爲ㄗㄚㄍㄊㄡ　ㄌㄚㄌㄧㄥ (Dzagtou Laling) 者，尚有殘存牆壁，其高及厚俱不及障城。又敦煌玉門關遺址外約略有牆壁之跡，當卽塢也。」(註二)

「塢是建築在亭燧或障外面的一道圍牆，如肩水都尉、肩水候官所在的肩水城，今稱爲紅城子的，（又稱地灣、蒙古人稱爲 Ulon Durbeljin），裏面是一個障，外面便有一道塢。(註三)

4. 陳夢家先生：「（陳氏引說文、後漢書馬援傳注、西羌傳、順帝紀、皇甫規傳、及服虔通俗文諸解）由此可知：塢、塢壁、營塢及塢候之塢皆指亭隧。」(註四)

上述四家，賀勞二說相近，王陳二說實同。敦煌、居延兩處的漢簡記載塢的共有卅八簡，記堡壁的共有十一簡。(註五)但是王陳二家"塢卽亭隧"之說卻甚難成立。如下述三簡：

　　望禁姦隧塢上蓬火

　　蓬火 　　　　　　　　　　　　　　　　　(2318/p. 47, 288.11/p. 113)

　　□積薪東頃十四隧長房井塢上北面新傿不補。(5344/p. 111, 104.42B/p. 323)

　　凌胡隧塢乙亥巳成　謹罷卒，侯長侯史傳送衞。(66 (221) 敦煌簡玉、烽隧41)

如果塢卽亭隧，則隧塢連書如首條"禁姦隧塢"毫無意義，而漢簡中此類例子甚多，如並山隧塢、迹虜隧塢及凌胡隧塢。第二條爲十四隧長之記事或其上級對其工作考核之記載，但無論爲何，十四隧必非房井塢，且房井塢可能是屬於十四隧所管轄的。所

(註一)　賀昌羣：烽燧考，國立北京大學四〇週年紀念論文集乙編卷上，民國27年12月17日編印，29年1月20日出版。

(註二)　勞榦：居延漢簡考證　民國33年9月初版，此係引自民國四十九年四月臺初版 p. 44。

(註三)　勞榦：釋漢代之亭障與烽燧，史語所集刊第17本，民國卅七年四月。

(註四)　陳夢家：漢簡所見居延邊塞與防禦組織，考古學報　1964年第一期。

(註五)　居延簡記塢者有：

以塢與亭隧雖然相關，但卻絕非一物。勞賀二先生之說自然比較近於史實。不僅漢簡可爲之證明：障有塢的如甲渠候障 ，隧有塢的如察徼隧、 望虜隧、 萬歲隧、渠鉼庭隧、臨莫隧、臨木隧、和樂昌隧；而且勞先生曾親自到塞上作實地的勘察，見到殘存的遺址。不過，我懷疑當時尙有單獨的塢。如以下各簡：

3720/p. 75, 52.16/p. 189	2098/p. 43, 15.18/p. 102
3472/p. 69, 175.19A/p. 173	6822/p. 141, 73.15/p. 426
3667/p. 74, 68.63/p. 186	3479/p. 69, 175.19B/p. 174
3594/p. 72, 68.109/p. 182	6665/p. 138, 28.3/p. 418
7173/p. 147, 273.14/p. 440	7314/p. 150, 214.118/p. 448
2492/p. 50, 513.16/p. 121	4231/p. 86, 89.21/p. 233
3588/p. 72, 68.95/p. 182	793/p. 17, 13.2/p. 39
2422/p. 49, 196.2/p. 118	1780/p. 36, $\frac{536.3}{349.29}$/p. 83
769/p. 16, 349.11/p. 38	1973/p. 40, 96.2/p. 96
757/p. 16, 349.27/p. 38	5696/p. 119, 39.20/p. 353
2318/p. 49, 288.11/p. 113	5241/p. 108, 82.1/p. 315
7952/p. 164, $\frac{88.17}{88.18}$/p. 506 $\frac{}{273.6}$	3738/p. 75, $\frac{82.15}{52.17}$/p. 190
4262/p. 87, 142.30/p. 237	3612/p. 72, 33.22/p. 183
492/p. 11, 332.5/p. 25	3494/p. 70, 264.32/p. 175
3759/p. 75, 6.8/p. 193	5344/p. 111, 104.42B/p. 323
4084/p. 83, 28.1/p. 220	76/2, 19.5/p. 5
652/p. 14, $\frac{126.40}{536.4}$/p. 32	甲編 2438, 原無編號，勞書無。

敦煌簡記塢者：

185(228)/p. 214	437 (T.i.r.b.i.7)/p. 226
433 (T.i.r.b.i.6)/p. 226	66(221)/p. 208

居延簡記堡壁者：

261/p. 6, 539.2/p. 14	6722/p. 139, 119.67/p. 421
1321/p. 27, 181.2A/p. 62	6212/p. 129, 88.19/p. 392
5894/p. 123, 285.14/p. 372	3593/p. 72, 68.81/p. 182
3676/p. 74, 145.23/p. 187	2808/p. 57, 238.3/p. 136
8248/p. 170, 307.3B/p. 525	2106/p. 43, 401.7A/p. 103
366/p. 8, 97.9/p. 19	

上引居延簡之第一數係勞榦先生編號，下面爲其居延漢簡釋文頁次；第二數爲西北科學考察團原來編號，其下爲漢簡圖版頁次。敦煌簡頁數爲勞榦先生編號，括號內爲沙畹原來編號，其下爲勞著敦煌漢簡校文頁次。下引各簡同。

乙巳，晨時都吏葛卿從南方來出塢巳塢舍里葛卿去二送巳，圭倉錢校錢□得□

今日下餔時軍候到出塢□□□（甲編2438號）（註一）

入糜小石十五石，始元三年六月□□朔甲子第三塢長舒受代田倉驗見都丞臨。

(7173/p. 147, 273.14/p. 440)

第三隊卒橋建省治萬歲塢。(7314/p. 150, 214.118/p. 448)

建平三年閏月辛亥朔丙寅，祿福倉丞敞移肩水金關居延塢長王玫，所乘用馬各

如牒書，到出如律令。(2098/p. 43, 15.18/p. 102)

□令史光敢言之，遣中部塢長始昌送詔獄所還。(6665/p. 138, 218.3/p. 418)

勞先生居延漢簡考證居延城及塢堡二條中說：「兩漢邊塞之亭隊爲書寫便捷計，有本

名，也有數名。」(註二)此並可就漢簡本身的記載證明。如：

東望隊第卅三　　　　（甲編32）

宜禾部烽第：廣漢第一、美稷第二、昆崙第三、魚澤第四、宜禾第五。敦煌61

(151及173)（王、烽燧七）

甲編32簡非常清晰，而且"三"之後確已無字，故可證東望隊之數名爲卅三。所以7173

簡的第三塢自然也可以作這樣的解釋。如果塢僅是小的城圈，且都是附設在亭隊或障

的外面，則其所在之亭隊既有亭長，隊長、障尉或候官，便沒有同時再架床疊屋地設

置塢長的必要；祿福倉丞更沒有向居延塢直接移書的理由；甲編2438簡也沒有把都吏

與軍候到塢記得這樣清楚的必要。所以我推想在兩漢邊塞尙有一些單獨的塢，可能是

亭隊間的距離遠了，或者是某一亭隊負責的區域過大了，遂再設置一些小規模的塢來

補充。從下簡很清楚的可以看出此塢不在亭隊或障的外面：

到北界，舉塢上旁蓬一通，夜塢上。(793/p. 17, 13.2/p. 39)

不過，塢是隸屬於亭隊或障的，前引5344簡十四隊的房井塢就是一個很好的例子，居

延塢也可以解釋爲屬於肩水隊，萬歲塢可能就是屬第三隊的。所以塢上發生的事情或

器物的短缺損壞，都由隊長或障尉記錄及向上報告。因此兩漢邊塞的職官系統中，隊

長之下尙有塢長一職。

（註一）　甲編2438號，原無編號，該簡照片係馬衡先生所藏。

（註二）　勞榦：居延漢簡考證居延城、p. 31；塢榦⎰p. 44。

至於堡壁，我的推想是既有附屬於障隧的，也有獨立設置的。如：

□□障壁　　　　　　　　(2308/p. 57, 238.3/p. 136)

寫□□□候三

甲渠前卅七隧長李　　　(3593/p. 72, 68.81/p. 182)

其亭甚苦可爲辟□□

畜逢詣近所亭隧鄣壁，收葆止行。(261/p. 6, 539.2/p. 14)

徐子禹自言家居延西第五辟，用田作爲事。(2106/p. 43, 401.7A/p. 103)

上引各簡除首條外，都有獨立的意味，堡壁也都是隸屬於障隧的，居延簡與敦煌簡關於堡壁的記載遠沒有塢多，不過從有關於塢的記載，對於堡壁也可以推測到一個大致。

　　因爲有些塢是在障隧外面的，所以這些塢與塢間的距離，應該和障隧間的距離相同。三十餘年來東西各家的考定，亭隧間的距離大率是十里。但是根據居延簡：

登山隧事到要虜五里。　　　　(甲編2243)

第廿二隧南至十七隧廿一里。(188.25)

由次簡，則兩隧間的距離應爲四又五分之一里，但首簡則言五里，(要虜爲隧名) 這可能是爲簡單而言成數的緣故。但十里之說却甚難成立，從另簡並可以得到旁證：

　　☑餅庭隧還宿第卅隧，卽日且發第卅，食時到治所第廿一隧。☑病不幸死，宜

　　六月癸亥取寧吏卒，盡具塢上，不乏人，敢言之。(3612/p. 72, 33.22/p. 183)

從第卅隧到第廿一隧的間隔有九，如按照五里計算則全程爲四十五里，如按照四又五分之一里計算，則全程爲卅七又五分之四里。此簡的"且"當係"平旦"之簡書，"平旦"與 "食時" 爲漢人記時之時名。根據勞先生的考證：「平旦當今日時計之三時五十分二十四秒，越八刻半至日出，八刻半合今二時二分四十秒，卽日出當今五時五十二分四十八秒，更越八刻半至食時，當今七時五十五分十二秒，更越八刻半至隅中，當今九時五十七分三十六秒。」(註一)剛從平旦到食時約四五小時左右。在這段時間內走卅

　(註一)　勞榦：居延漢簡考證古代記時之法，p. 71。勞先生推論晝時較長，每時得八刻半，一刻約爲今十分二
　　　　十四秒。此處平旦爲三時五十分二十四秒，係就其第一刻而言，實際上可以晚至五時五十二分。四十
　　　　八食時亦然，可以早至七時五十五分十二秒，晚至九時五十七分卅六秒。所以此簡所記的時間尚有伸
　　　　縮。

七里到四十五里左右的路自然是合理的。西漢一里約爲 417,53米(註一)較今爲小。如果
兩隧間的距離爲十里，則全程長至九十里，則無論如何也不能在四五小時之內走到。
所以兩漢居延一帶亭隧間的距離該是四五里左右。這自然是"大率"如此，而非硬性
的規定，可能塞內與塞外也有差別。且邊塞上構築各種工事，尚須考量地形的因素。
如敦煌簡所云：(註二)

> (制)詔酒泉郡太守，敦煌郡戍卒二千人發酒泉郡其假 (候) 如品，司馬以下與將
> 卒長吏將屯田守處，屬太守，察地形，依阻險，堅壁壘，遠候望，毌……

60(289)(王、薄書B一)

但是又有一些獨立的塢，所以塢與塢間的距離，目前尚是一個不能解決的問題。

漢簡中言塢的大小的以3472簡正面所記的最清楚：

陽城塢寬高袤厚上下舉

負候長候史治名葆塞延袤道里

塢高　　　　　　　　　　　(3479/p. 69, 175.19B/p. 174)

士吏晝多付出之

□□隧史□□三月奉□□之

長十丈七尺塢

塢高丈四尺五寸柀高六尺御□高二尺五寸任高二丈三尺 (3472/p. 69, 175.19A/p. 173)

此簡最不易明白的是 "柀"、"御"、"任" 所指究爲何物？承勞貞一師函示：「御與禦
同，應爲塢上之短垣，以抵禦敵人之箭者。任或爲蓬竿，其意與周禮考工記車人所言
"任正"之"任"同義，猶言支柱所在也。」柀則可能即是1635簡守御器簿所云"案壘"之
簡稱。漢尺一尺合今七寸，此塢確實不大。根據斯坦因 (Aurel Stein) 西域考古記，
兩漢邊塞的烽隧及城牆上是塗有堊粉的，這樣可以使遠處的人易於見到烽隧。塢堡的
外面自然也不會例外。下述甲編二簡所運到之 "壁" 可能即係堊粉的原料：

> 第廿五隧長張奉世，六月癸未受檄載壁，以己丑到隧，得壁十五石。

(甲編 975) (破城子)

(註一)　此說引自陳夢家：畝制與里制，考古1966第一期。

(註二)　王國維流沙墜簡考釋卷三，考得此簡係西漢宣帝神爵元年下酒泉太守之詔書。

　　　　☑長單戚　六月癸未受檄載塏，以己丑到☑

　　　　　　　　　　　　（甲編 976）（破城子）

塢堡與亭隊多是用土磚卽墼築成的，敦煌居延二地的漢簡記此者甚多。如：

　　　　第廿四隊卒孫長　治墼八十　治墼一十　除土　除土　除土　除土　除土　除

　土　（甲編 433）（破城子）

據斯坦因的觀察，所有的亭隊與邊牆都儘量利用自然的形態，並細心地利用地形。碉樓的位置既宜防守，復宜瞭望。他並且懷疑那些烽燧的位置是利用反光鏡擺成的。

　　　塢並有陛，（王國維先生已考定其爲升降之階）、有蓬表、㝵樓、轉射及可以望遠之"深目"，有的塢上深目且爲數甚多：

　　　　　　　塢上深目少八　毋射埻

　　　察微隊　塢上深目少四　以墼廼上

　　　　　　　積薪八　　　　皆毋塗布

　　　　　　　　（4262/p. 87, 142.30/p. 237）

塢除塢長外，並有卒。如

　　　　武□□塢第五卒　　（2492/p. 50, 513.16/p. 121）

塢也如亭隊一樣，負責瞭望、傳遞訊息，漢簡記塢舉烽、望烽者甚多。如

　　　火一通人定時發塢上苣火一　（1780/p. 36），$\frac{536.3}{349.29}$/p. 88）

　　　塢上旁蓬一通同時付並山，丙辰日入時。　（769/p. 16, 349.11/p. 38）

　　　臨莫隊長留入，戊申日西中時使迹虜隊塢上表再通，□塢上苣火三通。

　　　　　　　　　　　　　　　　　　　　（652/p. 14, $\frac{126.40}{536.4}$/p. 32）

　　　樂昌隊長巳戊申日西中時，使並山隊塢上表再通，夜人定時苣火三通，己酉日

　　　再。　（492/p. 11, 332.5/p. 25）

如塢上因疏忽而未見到鄰近亭隊或塢所舉的烽火時，且有紀錄及處分。如：

　　　　一塢上望火頭三不見所望，負三算

　　　　塢上望火頭二不見所望，負二算　（3738/p. 75, $\frac{82.15}{52.17}$/p. 19）

塢內並住有人家。如：

　　　　卒王成主塢戶　　　　敦煌簡 185 (167)/p. 214

　　　　□不審曰安世坐塢戶死□立□安世□　　(3720/p. 75, 52.16/p. 189)

有些塢戶是田卒，(註一)卽從事屯田的眷屬。在邊塞上集居在塢內，自然便於保護些。如前引居第五辟的徐子禹就是以“田作爲事”的。另一部份可能卽是戍卒的眷屬。

　　由敦煌與居延兩地漢簡的記載，兩漢的西北邊塞上固然有甚多位於亭隧或障之周圍的塢，但是也有一些獨立的塢。塢且有長、有卒有塢戶，不過它是隸屬於亭隧或障的。所以不能說塢卽亭隧，而就塢上的設備及其職司來看，亦非僅係圍繞在亭障外面的小城圈。至於塢名之始，陳寅恪先生已懷疑其始於西北，(註二)勞貞一師與那波利貞博士亦均主張塢名始於西北。不過那波博士所根據的是後漢書，他看到後漢與西羌作戰的頻繁，於是懷疑“塢”字可能是西南民族羌語的音譯。今就兩地的漢簡來看，他的懷疑自然不能成立。至於塢何時始在內郡盛行，我在下節擬作詳細的推論。

三、兩漢內郡之塢堡

　　在秦漢之際記載較多的是壁，因爲這時戰爭頻繁，攻守雙方都以之作爲工事。史記白起傳、王翦傳、淮陰侯傳記載得很多，最膾炙人口的，如項羽本紀記楚軍渡河舊擊秦軍時，「諸將皆從壁上觀。」西漢統一後，在內郡也仍然可以看到應用在軍事上的壁。如文帝到細柳勞軍時，一直到「使使持節詔將軍曰：『吾欲勞軍。』，亞夫迺傳言開壁門。」(漢書周勃附周亞夫傳)。後來“七國之變”時，雙方也常以壁壘扼守。內郡塢堡大量的出現是在新室末年之後。天鳳元年 (14 A. D.) 北邊大饑，次年戍守在五原代郡的軍隊，因糧食的不濟而發生兵變，接着就各地盜賊紛起。這種動盪混亂的局勢要到東漢建武末年纔慢慢安定下來，其間豪右大姓遂紛紛構築塢堡營塹自保。三輔、河南、荊州、東郡、淸河、趙郡、中山國、南陽、陳留、漁陽、安定、和北地都有塢堡的分佈。如：

　　　　後漢書第五倫傳：(倫) 少介烈，有義行。王莽末盜賊起，宗族閭里爭往附之。
　　　　倫乃依險固，築營壁，有賊輒奮勵其衆，引強持滿以拒之，銅馬赤眉之屬前後

(註一)　漢簡中記塢戶的各簡，很易混淆；有的係指內外門戶，如3667簡、敦煌 437 簡。但上引兩簡當係指塢
　　　　內住戶無疑。

(註二)　陳寅恪：桃花源記旁證，淸華學報十一卷一期　民國廿五年一月。

數十輩皆不能下。

又儒林周澤傳：(孫)堪、河南緱氏人也。……王莽末兵革並起，宗族老弱在營保間，堪常力戰陷敵，無所囘避，數被創刃，宗族賴之。

又馮魴傳：王莽末，四方潰畔，魴乃聚賓客，招豪傑，作營塹，以待所歸。

又虞延傳：王莽末，天下大亂，延常嬰甲冑，擁衛親族，捍禦鈔盜，其全者甚衆。

又郭伋傳：更始新立，三輔連被兵寇，百姓震駭，强宗右姓各擁衆保營，莫肯先附。

又馮異傳：時赤眉延岑暴亂三輔，郡縣大姓各擁兵衆。(此並見同書張宗傳)

後漢紀卷四：三輔饑，民人相食，諸有部曲者皆堅壁清野，赤眉擄掠，少所得。

後漢書樊宏傳：更始欲以宏爲將，宏叩頭辭曰：「書生不習兵事。」竟得免，歸，與宗家親屬作營塹自守，老弱歸之者千餘家。

又劉盆子傳：三輔郡縣營長遣使貢獻，兵士輒剽奪之，又數虜暴吏民，百姓保壁由是皆復固守。……時(建武三年)三輔大饑，人相食，城郭皆空，白骨蔽野，遺人往往聚爲營保，各堅守不下，赤眉虜掠無所得。

又酷吏李章傳：光武卽位，拜陽平令，時趙魏豪右，往往屯聚，清河大姓趙綱遂於縣界起塢壁，繕甲兵，爲在所害。

又杜茂傳：(茂)與中郎將王梁擊五校賊於魏郡、清河、東郡、悉平諸營保，降其大將三十餘人。(發根按：續漢書作「降其渠帥大將杜猛，持節光祿大夫董敦等。」)

又耿弇傳：弇與建義大將軍朱祐、漢中將軍王常等擊望都故安西山賊十餘營，皆破之。……與中郎將來歙分部徇安定，北地諸營保，皆下之。(此條並見同書馮異傳)

又趙憙傳：時江南未賓，道路不通，以憙守簡陽侯相，憙不肯受兵，單車馳之。簡陽吏民不欲內憙，憙乃告譬，呼城中大夫，示以國家威信，其帥卽開門面縛自歸，由是諸營壁悉降。

又光武紀下(建武十六年秋九月)：郡國大姓及兵長羣盜處處並起，攻劫在所，害殺長吏，郡縣追討，到則解散，去復屯結，青、徐、幽、冀四州尤甚。

在上引的十四條史料中，擁兵衆部曲自保的是强宗右姓，郡縣大姓及"豪右"，樊宏是周
室之後，馮魴是魏國貴族之後，自然都是大姓。只有虞延是普通人家，但做過亭長。
他們所保的是宗族閭里與親族，不過此處所見的多爲營塹、營堡、堡壁，只有酷吏李
章傳一條爲塢壁，而首領的名稱爲營長或渠帥。這些擁有宗家親族、部曲、賓客和家
兵的塢堡營塹，在東漢初年實有舉足輕重的影響，如光武的大將馮異鄧禹爲赤眉所挫
敗時，卽曾「召集諸營保數萬人與賊約期會戰」(後漢書馮異傳)。後來光武並聽陳俊的建
議，令百姓各自堅守塢壁，使盜賊無所得。

> 後漢書陳俊傳：五校引退入漁陽，所過掠奪。俊言於光武曰：「宜令輕騎出賊
> 前，使百姓各自堅守壁，以絕其食，可不戰而殄也。」光武然之，遣俊將輕騎
> 馳出城前，視人保壁堅完者，勅令固守；放散在野者，亦掠取之。賊至無所
> 得，遂敗散。

又令馮異毀壞兵家的營壁，無使復聚。

> 後漢書馮異傳：光武勅馮異曰：「三輔遭王莽更始之亂，又遇赤眉延岑之弊，
> 兵家縱橫，百姓塗炭。將軍今奉辭付諸不軌，兵家降者，遣其渠師，皆詣京
> 師；散其小民，令就農業；壞其營壁，無使復聚。

當東漢王朝正式建立後，對這些有地方勢力的塢堡營壁，自然不再允許其存在。但
是，另一種性質的塢壁，此後却爲數激增，如光武不斷的派遣王霸、杜茂、馬成、馬
援等大將在涼州以及緊鄰邊郡的各郡縣構築塢堡。

> 後漢書馬援傳：(建武十一年，馬援擊破涼州先零羌後)援奏爲(金城)置長吏，繕城郭，起
> 塢候，開導水田，勸以耕牧。

> 又馬成傳：代驃騎大將軍杜茂繕治障塞，自西河至渭橋，河上至安邑，太原至
> 井陘，中山至鄴，皆築保壁，起烽燧，十里一候。

> 又鄧禹傳附鄧訓傳：(章帝章和二年88 A.D. 公卿舉訓代張紆爲護羌校尉，平定叛羌迷唐種後)遂
> 罷屯兵，令各歸郡，唯置施刑徒二千餘人分以屯田，爲貧人耕種，修理城郭塢
> 壁而已。

西羌是東漢中葉後的大患，爲防禦西羌，於是三輔也大量地修建塢候。

> 後漢書西羌傳：(和帝永元) 五年 (93 A.D.) 都尉貫友代爲校尉。……遂夾逢留大河

築城塢。……(元初三年116 A. D.)任尚遣兵擊破先零羌於丁奚城，秋築馮翊北界候塢五百所。

西北邊郡的平民自己也建立營壁，以防羌人的擄掠。後來郡縣內遷時，當地的守令卽毀壞邊民的營壁，以逼迫他們內遷。如：

潛夫論卷五實邊：太守令長畏惡軍事，皆以素非此土之人，痛不着身，禍不及我家，故爭郡縣內遷。至遣吏兵發民禾稼，發徹屋室，夷其營壁，破其生業，彊劫驅掠，與其內入。

王符潛夫論卷五救邊第二所云：「往者羌虜背叛，始自涼幷，延及司隸，東禍趙魏，西鈔蜀漢，五州殘破，六郡削迹，周圍千里，野無孑遺。」雖略有誇大的地方，因爲他是安定人，目視羌亂與政府的一味放棄，自然特別痛心疾首。但是羌患從邊郡延及內郡則是事實。所以從安帝後，在內郡各地也大量地構築塢壁塢候。此後塢之名稱遂在內郡盛行。如：

後漢書西羌傳：永初五年 (111 A. D.) 春，任尚坐無功徵免，羌遂入寇河東，至河內，百姓相驚，多奔南渡河。使北軍中侯朱寵將五營士屯孟津，詔魏郡、趙國、常山、中山繕作塢候六百一十六所。……元初元年 (114 A. D.) 春遣兵屯河內，通谷衝要三十三所皆作塢壁，設鳴鼓。(集解引通鑑胡注曰：自太行山北至恆山，限隔幷冀，其間多有谷道以相通，今於衝要之地作塢壁，以備羌寇。)……(順帝永和六年141A.D.) 又於扶風漢陽隴道作塢壁三百所，置屯兵，以保聚百姓。

又樊準傳： (永初) 五年轉河內太守，時羌復屢入郡界，準輒將兵討逐，修理塢壁，威名大行。

塢候，塢壁既爲防禦羌人的工事，所以每次羌人寇時輒將它毀滅。如：

後漢書段熲傳：明年(延熹三年160 A.D.)餘羌復與燒何大豪寇張掖，攻沒鉅鹿塢，殺屬國吏民。

又西羌傳：(延熹)四年零吾復與先零及上郡沈氏、牢姐諸種並力寇並涼及三輔，會段熲坐事徵，以濟南相胡閎代爲校尉。閎無威略，羌遂陸梁，覆沒營塢，寇患轉盛。

又張奐傳：永康元年(167 A. D.)，東羌先零五六千騎寇關中，圍祋祤，掠雲陽，

夏復攻沒兩營，殺千餘人。

東漢中葉後，在內郡作亂的盜賊也構築塢壁，以資守禦。如：

後漢書方術趙彥傳：延熹三年，瑯邪賊勞丙與太山賊叔孫無忌殺都尉，攻沒瑯
邪屬縣，殘害吏民。……彥推遁甲教，以時進兵，一戰破賊，燔燒屯塢；徐兗
二州，一時平夷。

靈帝中平元年(184 A. D.)黃巾之亂起，此後一直到西晉滅吳，都是戰亂的歲月，中
央政府的威權又再度解體，社會秩序崩潰，而此時的豪右大姓經過東漢一朝有利的發
展，其勢力益大於前，他們不僅有門生、故吏、賓客的依附，更有大批的部曲和家
兵，於是紛紛建塢堡營壁以保護自己及親族的生命和財產。如：

元和郡縣志卷六：白超故城，一名白超壘，一名白超塢，在縣西北十五里，壘
當大道，左右有山，道從中出，漢末黃巾賊起，白超築此壘以自固。

三國志杜恕傳註引杜氏新書：恕遂去京師，營宜陽一泉塢，因其壘塹之固，小
大家焉。

又許褚傳：漢末聚少年及宗族數千家，共堅壁以禦寇。

又常林傳：林乃避地上黨。……依故河間太守陳延壁，陳馮兩姓舊族冠冕，張
楊利其婦女，貪其資貨。林率宗族為之策謀，見圍六十餘日，卒全堡壁。

又王脩傳：膠東人公沙盧宗彊，自為營塹。

從後漢書陶謙傳也可以看出當時堡壁的普遍：

初平四年(193 A. D.)曹操擊破彭城、傅陽，謙退保郯，操攻之不能克，乃還。過
拔取慮睢陵夏丘，皆屠之，凡殺男女數十萬人，雞犬無餘，泗水為之不流，自
是五縣城保無復行迹。

漢獻帝嘗郭汜李傕相爭時也在塢中避難：

後漢書獻帝紀：(興平二年夏月) 丁酉郭汜攻李傕，矢及御前。是日李傕移帝幸北
塢。 (其下章懷註引山陽公載記曰：時帝在南塢，傕在北塢，時流矢中傕左耳，乃迎帝幸北塢，帝不肯
從，強之乃行。)

另如袁術、公孫瓚、董卓也建立塢壁堡障以為進退之據。

元和郡縣志卷六：袁術固一名袁公塢，在(雍氏)縣西南十五里。宋武北征記曰：

少室山西有袁術固，可容十萬衆，一夫守隘，萬人莫當。

三國志公孫瓚傳：瓚軍數敗，乃走還易京固守，爲圍塹十重，於塹裏作京，(此下集解引後漢書章懷注曰：「公孫瓚頻失利，廼臨易河築京以自固，故號易京。其城三重，周匝六里……)。皆高六丈，爲樓其上，中塹爲京，特高十丈，自居焉。積穀三百萬斛，瓚曰：「……今吾樓櫓千重，食盡此穀，足知天下之事矣」。

後漢書董卓傳：築塢於郿，高厚七丈，號曰萬歲塢。積穀爲三十年儲，自云：事成雄居天下，不成，守此足以畢老。

田疇的塢戶多至五千餘家，塢內且有嚴密之規律：

三國志田疇傳：率舉宗族他附從數百人，……遂入徐無山中，營深險平敞地而居，躬耕以養父母，百姓歸之者數年間至五千餘家。疇謂其父老曰：「諸君不以疇不肖，遠來相就，衆成都邑，而莫相統一，恐非久安之道。願推擇其賢長者以爲之主。皆曰：「善」，同僉推疇。……疇乃爲約束，相殺傷犯盜諍訟之法，重者至死，其次抵罪，二十餘條，又制爲婚姻嫁娶之禮，與學校講授之業，班行其衆，皆便之。至道不拾遺，北邊翕然服其威信，烏丸鮮卑並各遣譯使致貢遺。

此一時期塢堡的力量非常强大，如曹操與袁紹相爭時，後者門生賓客的塢堡對曹氏就曾構成很大的威脅。

三國志滿寵傳：時袁紹盛於河朔，而汝南紹之本郡，門生賓客布在諸縣，擁兵拒守，太祖憂之。以寵爲汝南太守，寵募其服從者五百人，率攻下二十餘壁，誘其未降渠帥於坐上，殺十餘人，一時皆平，得戶二萬，兵二千人。

東漢末年的塢堡有些並未被毀壞，如董卓的郿塢後來即爲盜賊所據：

御覽卅五引魏略：從興平元年至建安二年，其間四歲中，國家東遷，三輔大亂，咸陽蕭條。後賊李堪等始將部曲入長安，居卓故塢中，拔取酸棗藜藿以給食，發冢取衣蓋形。

如前引杜恕所築的一泉塢晉時仍爲其孫杜尹所據。

晉書魏該傳：時杜預子尹爲弘農太守，屯宜陽一泉塢。

西晉建國未久，就發生八王之亂，接着又有永嘉之亂，其間關東關中是受戰火蹂躪最

慘的地區，沒有遷走的豪右大姓，面對縱橫的盜賊，剽悍的胡騎，以及源源不斷遷來的游牧民族，遂在岡巒起伏，河流環繞及形勢險要之處，紛紛的築塢堡自保，另一方面，在四川和江南也可以看到許多塢堡。其中有些塢堡可能是漢末三國時期遺留下來的，但是絕大多數是新築的。由晉書、陳書、水經注及初學記的記載，這時大多數都以塢堡為名，稱壁者甚少，以營壘為名的已經幾乎沒有(註一)。這跟東漢初年就截然不同了。

四、結　語

塢是縣邑小城，起源甚早；遠在新石器時代，我國有些聚落的外面即已有類似城圈的圍牆，殷商的甲骨文中已有"墉"字；塢在春秋戰國已很常見。塢之名稱則較晚出，係起於西漢的西北邊塞；所以許慎說文以小障釋塢，服虔通俗文以營居釋塢。已發現的漢簡中記塢最早的是西漢昭帝始元三年(84 B.C.)的七一七三簡。塢堡在兩漢的邊塞也是主要的防禦及瞭望工事，有獨立的，也有附在亭隧或障的外面的。塢有塢長、塢卒，有的塢內並住有人家，其設備與職司與亭隧相差不遠，但前者係隸屬於後者，受後者管轄，所以不能說"塢即亭隧"。我推測可能是有些亭隧或障所負責的區域過大，遂在其區域內再設置一個或二個塢來補充。因而我認為兩漢邊塞職官系統中，隧長之下尚有塢長一職；塢才是最基層的單位。因為塢的名稱係始於西北邊郡，所以西漢的內郡尚無塢之名稱。王莽末年豪右大姓藉以自保的建築物亦多以營、營壘、或營堡為名，以塢為名的只有清河郡大姓趙綱築塢壁一條。西羌是東漢一朝的大患，從和帝開始就在西北邊郡大量的構築塢候。後來因為羌亂侵及內郡，於是安帝順帝先後命三河、三輔、魏郡、常山、中山國、漢陽等內郡也大規模地構築塢候，此後塢在內郡大增，這是塢之名稱由邊郡流行至內郡的由來。黃巾之亂時豪右大姓已開始修建塢堡自保，在漢末三國時期塢堡在內郡已非常多見，到西晉永嘉之亂後，留在關中關東的豪右大姓藉以自保的建築或屯據之地則多以塢堡為名了。此後塢堡並漸漸成為我國常見的村落名字。不過西晉永嘉亂後的塢堡與兩漢的塢堡，在實質上是不同的；兩漢的塢堡軍事意義較重，邊郡固然如此，內郡也是。王莽末年與東漢晚年擁部曲賓客或宗

(註一)　請參見拙著永嘉亂後北方的豪族第五章永嘉亂後關東關中塢堡分佈表 pp. 79-82 中國青年學術著作獎助委員會叢書之三，民國四十九年油印五十三年正式出版。

族鄉里據塢壁營堡自保的，志在保護自己的家族或鄰里鄉黨的多，但是西晉永嘉亂後的塢堡則不僅有軍事的意義，也有政治、經濟的意義。其時的塢堡實際上就是自足自給的小莊園。

內郡塢堡力量的消長與中央王朝的威權是成反比的。每當政府力量衰退，社會動盪不安時，高門大姓就構築塢堡，建立武力以保護自己及宗族鄉里，或以塢堡爲根據地而作亂。如後來元末明初寨堡就非常盛行，並有很大的力量，本所前輩王崇武先生曾有專文言此。(註一)明人茅元儀輯的武備志中有尹耕做的堡約十二章，從該書可以看到當時塢堡的規則。

因爲堡字較晚出，一直到三國志上纔有，在此以前的各種史籍及漢簡均書作"保"或"葆"，因而前人在訓註古書時如杜預、孔穎達、顏師古等都將保或葆誤訓爲守，只有禮記鄭玄注與韋昭的國語解作縣邑小城。甚至清代的大家孫詒讓、俞樾等人都沒有弄清楚。

"保障"因爲常常連書，逐成爲一個普通名詞，不過在首節引的國語卷十五晉語九「趙簡子使尹鐸爲晉陽，請曰：『以爲繭絲乎？抑爲保障乎？』『保障哉？』」已有抽象名詞的意味，在三國志卷廿六郭淮傳：「涼州休屠胡梁元碧等率種落二千餘家附雍州，淮奏請居安定之高平，爲民保障。」則已經是非常明顯的抽象名詞，後來甚至用作動詞，如我們今日習用的"保障人權"就是一個例子。

後　　記

本文原爲拙稿永嘉亂後北方的豪族中之一小節，因增訂該書時，發現材料甚多，因而擴大成此篇。鼓勵我寫成和發表的是勞貞一師和陳槃厂師，初稿寫定後曾請陳槃厂師、張以仁兄和許倬雲兄賜閱，他們曾給我許多寶貴的意見。最後重寫定稿後，張存武兄又替我細看一遍。並承張以仁兄替我精校。良師益友，惠我甚多，我僅在此向他們表示衷心的感激和謝意。

　　　　　一九六四年冬初稿　一九六六年春重寫時客居美國　康橋　陋廬

（註一）　王崇武：明初之用兵與寨堡，本所集刊第八本第三分。

漢代河西四郡的建置年代與開拓過程的推測

兼論漢初西向擴張的原始與發展

張 春 樹

一

本文的目的有三：

　　1. 對漢代河西四郡建置年代的推定。

　　2. 對漢代邊境開拓過程中行政制度底演化的推測。

　　3. 參照上述二者的研究對漢代開拓河西地區過程的全貌作綜合敍述。

學者們論述漢代邊塞制度的很多，考證河西四郡建置年代的尤衆，自從漢簡發現

後，對這些問題之研究更是開了新的境界，自沙畹（法人 Edauard Chavannes 1865
～1918）以至於勞貞一師，以至於近來日本學者的對漢簡的集體研究，都對這些問題
中的爭論處提供新見解，今天作爲一個歷史研究者來說眞是較前人幸運的多了(註一)。
雖然如此，不過似乎還沒有學者將四郡建置年代與邊塞制度演化過程二者連在一塊兒
看而作綜述，個人以下所述乃本諸前人與時賢的成果而由這個角度去研究這兩個問
題，工作之中心爲以下數點：

(註一)　沙畹氏是漢簡研究之開創者，一九一三年他將斯坦因（Aurel Stein）氏在我國西北調查所得之簡及
　　　其他文件整理釋文考證由兩千多件中取可識者千多件公佈於世，書名：

　　　Les documents Chinois découverts par Aurel Stein dans les sables du Turkestan
　　　Oriental (Oxford, 1913)

此書遂成爲漢簡研究之第一本著作，其論四郡問題者見於此書之 Introduction 中，頁 v-vi；一九二
一年此 Introduction 由沙夫人與 H. W. House 氏譯爲英文載於 New China Review IV (1922)
號，頁341～359；427～442。後來此文又於1940年與其他相關的文章印成單行本稱 *Notes on Ancie-
nt Chinese Documents*共76頁。一九一四年王國維氏據沙氏之書以成流沙墜簡，國人研究漢簡以此
始，王氏之書鈎深致遠，多所創獲，於漢代邊境制度組織大多發明。
　　　一九二〇年 A. Conrady 出版 Die Chinesischen Handschriften und Kleifunde Sven He-
dins in Lou-lan 亦公佈不少史料（但年代上則很遲，而且簡也不多，其收最多者是在紙上的）。
　　　斯坦因氏第三次在我國西北調查所得簡牘及其他史料交給法國漢學家馬伯樂氏(Henri Maspero)
整理，考釋，馬氏於1920～1936年間盡心於此，原稿於一九三六年完成，但因戰爭及經濟上之困難於
1953年始由大英博物院出版，共收 930件史料，而不幸馬氏已於1945謝世，未及親見此書出版，此書
　　　名 Les documents Chinois de la Troisième Expédition de Sir Aurel Stein en Asie
　　　Centrael
其 Introduction 已由美國學者 L. C. Goodrich 氏譯成英文發表中央研究院歷史語言研究所集刊
第28本上册，1956，頁 197～218。前於 Goodrich, 楊聯陞師曾於 Harvard Journal of Asiatic
Studies 之十八卷一、二合刊號 (June, 1955) 對馬氏之書作評，校正補充甚多（頁142～158），故
Goodrich 之譯文已採取了楊先生之意見將馬氏之錯誤加以改正。
　　　另外先於馬氏之書，國人張鳳氏已將這批材料中漢晉時代之木簡之大部印成漢晉西陲木簡彙編，
，於一九三一年發表。
　　　一九三〇年西北科學考察團在居延一帶發現萬多片漢代簡册，最初由馬叔平、向覺明、賀昌羣、
余讓之和勞貞一諸先生負責整理和考釋，後因抗戰北平淪陷，這批釋文也隨之失去，後來輾轉始由勞
先生一人，完成此一工作，釋文之部於1942年完成，一九四三年由中央研究院歷史語言研究所出版
(四川、李莊)，考證之部則於1944年完成印出，此兩部合稱居延漢簡考釋。最近勞先生又將這些簡的

（轉下頁）

(一)研究史記、漢書關於此二問題的紀載找出以下數點：

1. 史漢二書對四郡開發與建置年代的紀載中所共同肯定的不矛盾的地方。

2. 漢初以至武帝時期漢向西方發展的階段與其相當之年代間隔。

3. 這些間段中的共同特點：

(1) 擴張的步驟。

(2) 開拓某一特定地區的步驟。

(二)觀察漢簡及其他有關史料中對(一)中所言所肯定的地方，所補充的地方，以及有新發現的地方。

(三)研究四郡建置年代與邊塞開拓步驟的相互關係，亦卽由拓開步驟去看四郡建置年代，而由建置年代貫連四郡之拓開過程而加綜述。

現在先就史漢所記建置年代說起。

(接前頁)圖版之部分三册印出（中央研究院史語所1957）稱爲居延漢簡圖版，另外，又將考證之部重加修訂增補，釋文之部重新按圖版次序編排，兩者合爲一册出版，稱居延漢簡考釋之部（中央研究院史語所1960）。其中論四郡建置年代之部載考證部.（上所述1960版）頁24～27。

　　關於西北科學考察團所發現的這批漢簡的另一釋文工作除勞先生之書外，尚有最近發表的居延漢簡甲編（1959），除小部分外其中收錄大多都是與勞先生重的不過此書包括二千五百多漢簡圖版（但釋文則多依勞先生之釋文），編輯工作於1957年十一月完成，編者自云尚未見勞先生新出之三册圖版。

　　研究漢簡的主要材料便是以上所述這些其中尤以沙、馬、勞三氏之書爲主要而對於研究漢代史者來說勞先生的書則最重要者，因沙馬二氏之書包括之材料不純，簡所綜括之年代亦不止漢代，甚雜。

　　研究漢簡及利用漢簡的材料而對某些問題作重大發明者甚多，而其中勞先生在這兩方面的貢獻當稱最大，但日本學者所作之集體研究工作，似應在此特別一提，他們在京都大學設立了漢簡研究班，森鹿三氏爲班長集合了許多學者對漢簡以勞先生之書爲底子作系統之研究，所論則遍及漢代各方面之問題而對邊境之制度與組織用功尤深，他們並將其成果在東洋史研究上出了兩期特刊。第一集出版在該雜誌之十二卷三號（1953）名爲居延漢簡之研究由八位學者執筆共七篇論文，一篇居延漢簡年代，另外並附有簡牘研究文獻目錄,此集之主要看重點在邊境之制度與防衞線之組織,其中尤以伊藤道治氏之 "漢代居延戰線之展開" 與米田賢次郎氏之 "漢代之邊境組織" 與本文最爲相關。第二集出於第十四卷一二合刊號（1955）稱爲漢代綜合研究由九位學者執筆，共論文九篇。所論涉及漢代各方面，尤偏重於地方制度之探索。此二論集可謂洋洋大觀，對漢簡及漢代史方面是開了許多新境界。

附註：綜合一切漢簡資料和古籍與特賢論著而對漢代之擴張，邊疆組織與一般制度問題作全盤研究者，則爲拙著 A Study of The Han Frontier System.

二

A. 史記漢書對四郡建置年代的紀載

河西四郡建置年代的問題之所以發生，在於史漢紀載的紛歧：

1. 史記所記不明顯而又不一致。

2. 漢書所記不一致。

3. 史記與漢書所記互異。

現在將各種說法都羅列出來，其中有明言的，有必須從上下文及相關事件來推定的（對於後者筆者將加注釋並說明推斷根據）。

(一)史記中的紀載：

1. 酒泉郡

　　a. 平準書(註一) "其明年，南越反，西羌侵邊爲桀〔瀧川資言考證：元鼎五年〕，於是天子爲山東不贍，赦天下，因南方樓船卒二十餘萬人，擊南越，數萬人發三河以西騎擊西羌。又數萬人渡河築令居置張掖、酒泉郡〔徐廣曰：元鼎六年〕。"

　　此當是元鼎六年。

　　b. 匈奴傳(註二) "是時漢東拔穢貉、朝鮮以爲郡，而西置酒泉郡，以鬲絕胡與羌通之路。〔考證：元封三年〕。

　　此當言元封三年左右立酒泉郡（漢拔朝鮮在元封三年）。

　　c. 大宛傳(註三A) "自博望侯死後，匈奴聞漢通烏孫，怒，欲擊之。及漢使烏孫，若出其南〔徐廣曰：漢書「若」作「及」〕，抵大宛、大胝相屬，烏孫乃恐，使使獻馬，願得尙漢女翁主爲昆弟〔徐松曰：漢通大宛、月氏……事在元封初。〕天子問羣臣計議，皆曰：必先納聘、然後乃遣女。初，天子發書易曰：'神馬當從西北來'。

（註一）　瀧川資言　史記會注考證（以下簡稱史記或史）文學古籍刊行社版(1955) 卷三十，頁38。

（註二）　瀧川資言　卷一百十頁57。

（註三A）瀧川資言　卷一百二十三，頁23～24。

　　　　　　得烏孫馬好，名曰天馬——及得大宛汗血馬益壯，更名烏孫馬曰

　　　　　　西極，名大宛馬曰天馬云。(註三B)而漢始築令居以西，初置酒泉

　　　　　　郡以通西北國。"

　　　此是言元鼎末或元封初年立郡(註一)

　2. 張掖郡

　　　a. 平準書——見酒泉條中之"a"

　3. 敦　煌

　　　　　　史記中沒有說到敦煌初置郡之事。

　4. 武威郡

　　　　　　史記中根本沒有提到武威。

(二)漢書中的記載：

　　　在漢書所記四郡建置年代中有些是重鈔史記的，如食貨志所記完全同於平準

　書；張騫傳所記完全鈔錄大宛傳；匈奴傳照鈔史記匈奴傳，這些都不再重錄。至

(註三B)照傳統的標點法，這段文字則表示酒泉郡之置當在李廣利伐大宛之後，個人則以為我們當從別一觀點
　　　去標點這段文字，把 "而漢始築令居以西，初置酒泉郡以通西北國" 之語是隨通大宛，大月氏之事而
　　　來，"及得大宛血汗馬……名大宛馬曰天馬云" 之句應與 "得烏孫馬好，名曰天馬" 用破折號分開，
　　　因其為附帶之註釋。

(註一)　據漢書張騫傳：

　　　　"騫還拜為大行，歲餘騫卒，後歲餘其所遣副使通大夏之屬者，皆頗與其俱來，於是西北國始通
　　　　於漢矣……而漢始築令居以西，初置酒泉郡以通西北國。"(漢書補注臺北藝文印書館版。1955，
　　　　頁1240)。

　　　又漢書公卿表元鼎二年

　　　　"中郎將張騫為大行令，三年卒。"(同上書，頁323)

　　　據史記大宛傳記騫事：

　　　　"……烏孫發導譯送騫還。騫與烏孫遣使數十人，馬數十匹報謝，因令窺漢知其廣大。騫還到，
　　　　拜為大行，列於九卿，歲餘卒。……其後歲餘，騫所遣使通大夏之屬者，皆頗與其人俱來，於是
　　　　西北國始通於漢矣。(史記頁4978)

　　　由以上所引，足知張騫於元鼎二年拜為大行，如從漢書騫傳及史記大宛傳其於拜大行令後歲餘卒，則
　　　當為元鼎三年至四年間，與公卿表三年說相差無幾，那末在其死後歲餘漢始通西北國，當是元鼎五年
　　　左右之事，而酒泉置郡又在此後，故當為元鼎末元封初之事。

於西域傳所記：

> "驃騎將軍擊破匈奴右地，降渾邪休屠王，遂定其他；始築令居
> 以西，初置酒泉郡，後稍發徙民充實之，分置武威、張掖，敦煌，
> 列四郡據兩關焉。"(註一)

則是一般性之總述，只可說明發展層次不足引爲斷定年代之據。

　　漢書對四郡建置年代最有系統之紀載在武帝紀與地理志，可惜所記互異，這便成爲古今史學家的一個爭論、推測、批評、費腦筋的大疑案。

1. 武帝紀(註二)：

> ○元狩二年秋，匈奴昆邪王殺休屠王，並將其衆合四萬餘人來降，
> 置五屬國以處之，以其地爲武威、酒泉郡。

> ○元鼎六年秋，又遣浮沮將軍公孫賀出九原，匈河將軍，趙破奴出
> 令居，皆二千餘里不見虜而還。迺分武威酒泉地，置張掖敦煌郡。

2. 地理志(註三)

> ○武威郡　　故匈奴休屠地，武帝太初四年置。
> ○張掖郡　　故匈奴昆邪王地，武帝太初元年開。
> ○酒泉郡　　武帝太初元年開。
> ○敦煌郡　　武帝後元年分酒泉置。

爲清楚計今列表以比觀二說之異：

	武帝紀	地理志
酒泉	元狩二年秋	太初元年
張掖	元鼎六年秋	太初元年
敦煌	元鼎六年秋	後元元年
武威	元狩二年秋	太初四年

(註一)　班固，前漢書　王先謙前漢書補注本（以下簡稱漢書或漢），臺北藝文印書館1955版，共二册，所引　　　見於頁1638。

(註二)　前漢書補註，頁91與95。

(註三)　前漢書補註　頁805, 806, 807

史漢兩書對四郡建置年代的說法是如此地不一致，我們自然要問：

1. 諸說之中是否有一組是對的？（如武帝紀的說法是對的。）

2. 沒有一組是對的，但個別的說法中有的是對的，如武帝紀中的年代系統是錯的，但說酒泉設郡於元狩二年則對。

3. 我們是否要建立新說法——包括對全部四郡之年代或其中某些個郡之年代。

歷來研究這個問題的學者就是沿了這三條路發展下來。由於材料的限制和研究的態度與出發點的不同，他們對四郡建置年代的看法可以歸為三類，而這三類說法也很巧合地代表了對這個問題研究的三個階段。

B.　關於四郡建置年代研究的三個階段與其批評

（I）

最初研究這個問題的學者都集中在前漢書中武帝紀與地理志的兩組說法，而大多數的學者以為紀對而加採取。司馬光於其資治通鑑中漢武帝元鼎二年下說：

“……烏孫王既不肯東還，漢乃於渾邪王故地置酒泉郡，稍發徙民以充實之；後又分置武威郡，以絕匈奴與羌通之道。”(註一)

司馬光不從武紀說以酒泉郡與武威郡同置，且根據史記大宛傳之說而定酒泉於元鼎二年置郡，甚具卓識。但是他的懷疑精神也只是在這一點上用史記去更正漢書，至於張掖、敦煌二郡他則仍從漢書武紀以為於元鼎六年由武威、酒泉分出。(註二)

“（元鼎六年）……於是天子遣浮沮將軍公孫賀將五千騎出九原二千餘里，至浮沮井而還。匈河將軍趙破奴將萬餘騎出令居數千里，至匈水河而還，以斥逐匈奴，不使遮漢使，皆不見匈奴一人。乃分武威、酒泉地置張掖、敦煌郡，徙民以實之。”‘

（註一）　司馬光，資治通鑑（或簡稱通鑑），標點資治通鑑委員會編，古籍出版社出版，1957第一册，頁658

（註二）　同上書　第一册頁675

這完全是鈔武帝紀而來而他自己在資治通鑑考異中聲明，立論乃是根據武帝紀。
（註一）

> "漢書武紀：元狩二年，渾邪王降，以其地爲武威酒泉郡。元鼎六年分
> 置張掖、敦煌郡。而地理志云：張掖、酒泉郡太初元年開。武威郡太初
> 四年開；敦煌郡，後元元年分酒泉置。今從武紀。"

司馬光雖聲明是從武紀，但他却已開始懷疑武紀的說法，所以才把自己陷在
矛盾中而以武威後於酒泉置郡，而酒泉置郡是在元鼎二年左右，這顯然不是
武紀的說法。後來胡三省注通鑑則竟於上引"後於分置武威郡"之下引地理
志之說以解釋這個『後』字：

> "本匈奴休屠王所居，太初四年分置武威郡。"（註二）

這便太糊塗，如武威爲太初四年所置，其下司馬光何得說張掖又是於元鼎六
年分武威置張掖郡。溫公明言從武紀之說，而又不從武紀，而胡氏又以地理志之
說去解釋司馬光之矛盾，以至更矛盾更紛亂！

不知是否受了司馬光的影響，降至清代，大多數的學者都從武帝紀的說法，
如全祖望於其漢書地理志稽疑中河西四郡各條下皆說建郡之年代當從武紀。於酒
泉郡下，他更說：

> "據匈奴傳則初置酒泉一郡，武威亦稍後之。"（註三）

於武威郡條下又說：

> "本紀與志置郡之年不合，溫公曰本紀是也。"（註四）

由此我們可以知道，全祖望走的仍是司馬光的路子，他也懷疑武紀所云武威
與酒泉同時置郡之說。與全氏同時的齊召南也認爲武帝紀之說對，他認爲地
理志記張掖郡在太初元年置郡是錯的：

> "按孝武紀、武帝置酒泉於元狩二年。至元鼎六年又分武威、酒泉地，置

（註一）　司馬光，資治通鑑（或簡稱通鑑），標點資治通鑑委員會編，古籍出版社出版，1957，又資治通鑑考
　　　　　異四部叢刊本　上海　第一冊，頁9 B至10'A。
（註二）　司馬光，資治通鑑（或簡稱通鑑），標點資治通鑑委員會編，古籍出版社出版，1957。
（註三）　全祖望，漢書地理志稽疑，在開明書店所印之二十五史補編（上海，1935）。第一冊，頁1257～1258
（註四）　與上註，註三同。

　　　　　　張掖、敦煌，具不俟至太初年間也。志於張掖，酒泉並云太初元年開，

　　　　　　誤也。酒泉與武威建郡同時。張掖稍在其後，如志所云，武威之置反在

　　　　　　張掖之後矣。"（註一）

對於地理志記武威、於太初四年開，齊氏亦認錯誤：

　　　　　　"武紀元狩二年，匈奴昆邪王殺休屠王並將其衆來降，置五屬國以處

　　　　　　之，以其地爲武威，酒泉郡，豈遲至太初四年乎？志與紀自相矛盾，自

　　　　　　應以紀爲實。"（註二）

齊氏只以紀駁志，但未說明何以 "自應以紀爲實" ？在這一點上錢大昕的說

法便比較清楚的多，在其所著廿二史考異卷七張掖郡條下他說：

　　　　　　"武帝紀元鼎六年分武威、酒泉郡、置張掖、敦煌郡，敦煌爲酒泉所

　　　　　　分，則張掖必武威所分矣。四郡之地雖皆武帝所開，然先有武威、酒泉

　　　　　　而後有張掖、敦煌。以內外之詞言之，武威、酒泉當云元狩二年間，張

　　　　　　掖、敦煌當云元鼎六年分某郡置，不必云開也。昆邪來降，在元狩間而

　　　　　　志以爲太初，張掖乃武威所分，而志以張掖屬元年，武威屬四年，皆

　　　　　　誤。"（註三）

錢氏是以地理上的相對位置來替武紀辯護，以爲武威、酒泉當是先『開』，

而張掖敦煌乃是後來分置，他的說法自是比較有系統些，後來吳卓信著漢書

地志補志便由這個『分置』之說上去駁地理志所記「張掖爲故匈奴昆邪王地」：

　　　　　　"按張掖非昆邪所屬，志誤也。武帝紀明言分武威所置是矣。"（註四）

由這個觀點出發，自然就整個四郡建置年代來說，吳氏也是走司馬光通鑑的

路子而從本紀。（註五）

（註一）　見淸官本　二十四史中漢書考證。

（註二）　同註一，並見漢書補注頁805。

（註三）　商務印書館　1958年版，頁151。

（註四）　廿五史補編第一册　頁895。

（註五）　注18引，頁892，吳氏於武威郡下引齊召南駁地志之說，並云：

　　　　"按司馬公通鑑云本紀是也。"於張掖郡條下則引上引錢大昕說駁地志；於酒泉，敦煌二郡下亦並云

　　　　本紀是地志非。（見廿五史補編頁895, 899, 901）。

　　離開司馬光從武紀說的傳統的，在清代的學者中眞是微乎其微，朱一新
是其中之一，他反對武紀的說法，而反以地理志的說法爲對，對於武紀所記
於元鼎六年分武威、酒泉地置張掖、敦煌郡，朱氏說：

　　　“地理志：張掖，太初元年開，敦煌，後元分酒泉置。並與此不合。且
　　武威酒泉均在太初時開，此時尤無從分其地也，當是紀誤。”（五一）

這是據志以駁紀，也沒有說出何以志對的理由，他之反志正如全祖望以下諸
人之反志，都祇是以一個『誤』字了事，不過朱氏對紀的「誤」也有一個解
釋，對於武紀言元狩二年置武威、酒泉郡事，朱氏說：

　　　“地理志……與此不合。豈開郡實在太初時，紀繫於此乃終言之耶？”
　　（註二）

　　介乎從武紀說與從地志說二派之間，還有一個中間派，是要折衷志紀說
的矛盾，倡此說的以王竣(1694～1751)最早，對於地志言太初四年開武威郡
事他說：

　　　“武帝紀元狩二年置武威酒泉，元鼎六年又分置張掖，敦煌郡，紀、志
　　年分互異，意者紀但記創置之年，志則因其營建城郭設官分治之歲乎
　　？”（註三）

以王氏之說，志、紀，乃是各記這個問題的一端，而大家中間並沒有矛盾。
王氏的說法雖是折衷之言，但最具啓發性，他引出這個問題的複雜性，比從
紀或從志的二元論多出許多活動性，但沒有人繼續跟着他這條路子走下去。

綜合這第一階段而言，我們可歸結如下：

一、從武紀說是一個主流，清代大多數學者都從此說，而他們都以司馬光爲
　　宗師，而在駁地理志說後總是加上一句“通鑑從武紀”。（直到王先謙作
　　漢書補註仍是如此。）

二、以地理志所言對而以武帝紀所記錯者似乎僅有朱一新一人，另外則是王

（註一）　見所著　漢書管見，卷一頁9 A（拙盦叢稿第八册）。

（註二）　同注20, 8 B。

（註三）　見所著，漢書正誤（頤慶堂藏版），卷二頁25。

峻的中間派，似乎也只有他一人主張此說。

三、無論贊成武紀說與地志說的都未舉出所以如此的證據，都只是空言「紀誤」或「地志誤」而武紀說中最後的武器是訴之於司馬光。

四、贊成武紀說的自司馬光以至全祖望曾懷疑過武威與酒泉同時立郡之說，而以武威立郡稍後，但他們都未曾駁指武紀說是錯，而且最後都又歸到一個"武紀是也。"而這派後來的人便連這一點懷疑都拋棄了，一意盲信武紀的說法。

他們共同的缺點是：

一、把眼光只放在武帝紀與地理志兩說上，不再注意史記，漢書中對四都建置年代的其他說法。

二、不能貫通史漢二書。廣搜一切相關材料作比較分析以觀究竟，或對武紀、地志二說予以考證、批判。

他們的態度與缺點既是如此，所以也沒有新發見，對四郡建置年代的研究上這是一個停滯的時期，除重覆漢書中武紀與地志之說外便無其他可言，這也許與時代和治學風尙有關，不過司馬光、全祖望二氏之懷疑精神與王峻氏之折衷說法對後來的學者提供了可懷疑點與這一問題的應重新考慮的需要，這對下面所說的第二階段的研究是有其影響的。

（Ⅱ）

第二階段是在民國以後，懷疑的風氣大開，對於河西四郡建置年代先後的問題舊說之矛盾武斷自然令人生疑，於是學者便想到四郡年代問題不可僅拘泥於武紀與地理志二者，我們需要有新的態度新的材料去解決這個矛盾，至少是搜羅史記、漢書中一切有關此一問題的紀載比較分析去看紀對還是地志對，如二者都不對，便要根據材料去立新說找出這個問題的眞面目。這是一種新的態度，它是基於一種客觀的懷疑精神，司馬光、全祖望都懷疑過班固的立論，但到頭來都跳不出班氏的圈子，現在則不同了，正如張維華先生所說：(註一)

(註一)　張維華，"漢河西四郡建置年代考疑"　載中國文化研究彙刊　第二卷(1942)頁31~42，所引見頁32

“固書記一代典制，時有忽略，州郡建置之年代卽其中之一。網羅一代史實，本非易事，拾遺補闕，乃後學之責，不必盡爲前賢諱也。”

張維華先生也正是這一階段的代表人物，對於史漢所記之相關材料可說網羅殆盡。以直接引文（卽用引號括引者）來算，不算上面所引武帝紀與地理志兩段文字張氏共找出二十八處，使後來論此問題者所據史、漢材料幾乎竟是不能多於此，張氏此文在研究四郡建置年代研究的歷史上顯然是一劃時代之作，因此我在此將略述其方法及論點。

張先生一開頭也是從司馬光與全祖望所懷疑的問題說起，卽武威的置郡年代當較酒泉爲後。他所引否定武紀說的材料共分三類：

A　史漢中言河西首先置郡爲某某郡而不包括武威者。

B　史漢中如武威與酒泉同時置郡當述及武威的場合而不提武威者。

C　明言酒泉不與其他郡同時建置者。

三類材料之量的分配如下：(註一)

表　一

類　　　別	數　　　目
A	7
B	4
C	1
總	12

武威旣不與酒泉同時置郡，當爲何時置郡？張氏未肯定地說出爲某年，但他用兩個相關之史料肯定這個年代當在某一時期內。首先他引漢書昭帝本紀始元六年有關金城郡建置之文：

“秋七月……以邊塞闊遠，取天水、隴西、張掖各二縣，置金城郡。”

（註一）　上文，A類見頁32～33；B類頁36與37～38；C爲漢書西域傳序：

　　“漢興，至於孝武，事征四夷，廣威德，而張騫始開西域之迹。其後驃騎將軍擊破匈奴右地，降渾邪休屠王，遂空其地，始築令居以西，初置酒泉郡，後稍發徙民充實之，分置武威、張掖、敦煌郡，列四郡據兩關焉。”

　　見張文頁32。

張掖郡在武威郡之西，置金城郡（在武威之東南）取張掖二縣而不提及武威，是此時尚無武威郡，就史料所述之年代來說，始元六年便當是此一時期之上限。張氏又引漢書趙充國傳中論用兵西羌事提及屯兵武威，而漢用兵西羌始自宣帝神爵元年，故是年當為此一時期之下限。故武威之置郡不早於始元六年不遲於神爵元年，是在昭帝末至宣帝初之間(註一)

至於酒泉之置郡年代問題，張氏首先以武紀元狩二年說為錯，因：

A. 元狩三、四年大量移民均不及河西之地。

B. 據史記大宛傳載張騫說漢武帝連烏孫事，元狩五年前後河西故渾邪地空無人，此乃直接證明尚未立郡。(註二)

那末酒泉當於何時置郡？張氏引史記大宛傳張騫死後漢始通西域諸國的一段記載（見本文前引）認為：

　　　　　"酒泉郡建置之年代……總在張騫自烏孫還，西北交通發展之際。"

在此他舉出三點理由以支持他的論斷：

A. 此時烏孫已明白表示不欲東還，漢廷不能再任昆邪王故地廢置不顧。

B. 此時西北之交通線已開，西域諸國使臣逐漸東來，漢欲維持此交通線有在河西建郡之必要。

C. 西域通後，漢熱切向西域發展，對於通西域所必經由之河西地帶，自當積極經營。

而其結論是，酒泉之建郡大體總在元鼎二、三年間，(此與司馬光之看法正同。)(註三)

至於張掖郡，張先生的結論是元鼎六年置。此與武紀所記相同。其推論之方法同與上二郡，首先他用一條史料證明地志所云張掖立郡是太初元年不對。漢書李陵傳述李

(註一)　上引張氏文　頁36與38其所引趙充國傳之文如下：
　　　　"充國計欲以威信招降罕（羌之一種）及却略者，解散虜謀，徼極乃擊之。時上已發三輔太常徒弛刑，三河、潁川、沛郡、淮陽、汝南材官，金城、隴西、天水、安定、北地、上郡騎士羌騎，與武威、張掖、酒泉太守各屯其郡者，合六萬人矣。酒泉太守辛武賢奏言……屯兵在武威、張掖、酒泉，萬騎以上，皆多羸瘦，可益馬食。……"(張文，頁38)

(註二)　上引文，頁33～34。

(五三)　上引文，頁34～35。

陵在李廣利伐大宛之前數年已“敎射酒泉，張掖”。而伐大宛事始自太初元年，故地志說不足信。進一步說，太初元年之前數年必是元封中，那末張掖郡是在元封中已存在，且供練兵之地。元封前爲元鼎，則本紀元鼎六年建郡之說爲可據。(註一)

地志言敦煌爲後元元年立郡，張氏舉出七條史料證明此說錯，而其中最有力者爲漢書劉屈氂傳述征和二年巫蠱事變云：

“……其隨太子發兵以反，法族；吏士劫略者，皆徙敦煌郡。”

是征和二年已有敦煌郡，此先於後元元年三年。那末敦煌於何時立郡？漢書地理志敦煌郡效穀縣下顏師古注云：

“本魚澤障也。桑欽說：孝武元封六年，濟南崔不意爲魚澤尉，敎力田以勤效得穀，因立爲縣名。”

張氏引此文以證元封六年前已有敦煌郡，因效穀爲敦煌縣屬之一，元封之前緊接元鼎，故“帝紀之說轉足取信，可以明矣”，是張氏以敦煌建郡於元鼎六年。(註二)

四郡建置之年代旣是如此，張氏進一步作結論如下：(註三)

“根據以上所考，漢於河西建郡，最初祇有酒泉一郡，蓋因土地初闢，空曠遼闊，不能一時作充分之經營。推其性質，僅於軍事與交通立一要點而已。其後匈奴遠徙，威脅解除……自有餘力可以經營。且其時西北交通增繁……地方以隨之發展，商賈往來，士民移徙，亦必與時俱增。又朔方營築，與朝鮮南越之討平，亦均於元鼎六年以前完成，餘力可以集中西北。總此一切，元鼎六年酒泉而外，別建敦煌張掖二郡，實屬可能。至於武威一郡此時尙未建立，其郡屬乃爲張掖轄統也。”(註四)

(註一)　張文，頁39～40其所引李陵傳文如下：
　　　“陵字少卿，……善騎射，……武帝以爲有廣之風，………將勇敢五千人，敎射酒泉張掖以備胡。數年，漢遣貳師將軍伐大宛，使陵將五校兵隨後，行至塞，會貳師還，上賜陵書，陵留吏士，與輕騎五百出敦煌，至鹽水，迎貳師還，復留屯張掖。”(張文，頁40)

(註二)　張文，頁41。

(註三)　上引文，頁41。

(註四)　上引文，頁40，張氏據地志武威郡內有張掖縣而認爲張掖原轄武威，其後因土地遼濶，析爲二郡，武威居其東，張掖居其西部，遂致有張掖之名遺留於武威境。

由此結論足知張氏對此河西開發事不但有年代上的考訂，且對整個發展有一系統的解釋，他的解釋和考訂都是據歷史的發展來的，此遠勝於上述第一階段內的口號 "武紀錯" 或 "地志錯者多多。

　　在河西四郡建置年代所引起的諸問題中張氏差不多已討論過全部了，現在所剩下的便是何以武紀所記與地志所記互異。這問題在第一階內王蘧氏曾有個調和性的解釋，卽紀所記乃創置之年，志所言乃，營建城郭設官分治之歲。(見本文前引)。這種說法似乎是促使張先生作這個系統研究的動機之一，他批評它說 "此亦臆想"。因：

　　　　"武威旣建於元狩二年，而其地又獨居東部，與內地隔河相接，不當郡治城郭之建置，反出張掖、酒泉之後。且志於敦煌之建置，言於後元元年分酒泉置，明示是年爲建郡之始，與郡治城郭之建置，似無涉也。"(註一)

而張氏之自己的解釋如何？張氏首先研究紀與志所根據之材料：

　　　　"余意固書武紀之文乃取之史記而經改纂；地志之文，則取之漢末圖籍，故二者互異。"(註二)

然則何以互異？張氏說：

　　　　"圖籍晚出，對於年代之記載，或不免別有所指；而武紀旣經改纂，自不免涉諸臆想。讀史者必當分別觀之。(註三)

張氏此言實說明了這些相關史料之眞實性的差別性，因材料之源不同，處理之手法不同，自然其可信之成分上亦有差異，決不能等量齊觀。這說明了作爲一個歷史研究者對材料之處理與研究的方法與態度，同時這也正是第一階段與第二階段的學者在史學方法與觀念上的差異。

　　但是從另一個角度來說，張先生的論證和方法也有很多可商量的地方。時代背景上來說，他所處的時代是要懷疑而要求大膽論辯，其所着重者在發現問題，引出問題，正譬如航行，是要脫開舊的狹窄的小河而要開到汪洋大海，生活在一個新境界新視野內。但這種風尙也有其必然的缺點，那就是廣搜證據的野心而使證據有時趨於牽

(註一)　上引文，頁32。
(註二)　上引文，頁41。
(註三)　同註二。

强，立論易於附會；而就整個分析方法來說是易粗略而不精細，就文章及見解來說多是大綱之類型，缺少嚴密之論證。張先生的文章的缺點所在也正是其優點所在，它們代表着這個學風的本質，如：

一、許多證據是非常是牽强的。例如在證明武威非與酒泉同置之證據中的 B 類（見前引），很多張先生認為『當述』武威的地方，並非必然性，那末便不能拿去做一個否定的證據，如漢書李陵傳言李陵教射酒泉張掖而未包括武威一事。因酒、張二郡靠西邊，比較是前方地帶，而武威則靠東邊，何必練兵如在酒泉、張掖便也必應在武威呢？

二、對所引材料疏於分析。如引史記大宛傳論李廣利伐大宛事所提「貳師恐，留敦煌」中之敦煌，張先生以為是指郡而言；其實由上文「而使使遮玉門曰：『軍有敢入者輒斬之。』」來看此處之敦煌必為『塞』或『縣』，決非郡。(註一)

三、推理的不嚴謹。如在論敦煌郡建置之年代一節中，引效穀縣於元封六年由魚澤障改設一節，因效穀縣屬敦煌郡遂謂敦煌建郡必在其先。我們看不出這中間的必然性。敦煌郡因可先於此時而立，但也可以後於此而立——因效穀可能原屬酒泉轄而後分出屬敦煌郡，如上引昭帝始元六年之分天水、隴西、張掖各二縣以置金城郡之例子。

以上三點是張先生所疏忽者，但一般說來張氏之貢獻大於其可批評處甚多，因為：

一、他打破了傳統的看法，增廣了解決這個問題的材料，擴展了這個問題的視野。

二、他考訂出了一組較眞實的年代，一組新的說法。

三、他對武紀與地志所以互異的原因找出了比較合理的解釋。

河西四郡建置年代的問題至此已由第一階段的武紀說與地理志說之爭而進入一個廣濶的範圍，卽關於引起爭論之材料的本身也由『臆測』（王峻語）而進入合理的解釋。

（註一）　註上引張氏文，頁37～38。

（註二）　張氏之論見上引文頁40～41，勞貞一先生以此處所引敦煌爲縣，玉門爲關，見所著居延漢簡考證（1960版）頁27～28。

在舊有的史料中這第二階段的成就可說已達極端，後來者只能從上述諸缺點中修正其論點。如要有更進一步的確定性的論斷必要有新材料，而漢簡的發現正補了這個缺。而對於這個問題的研究也進入第三個階段。

（Ⅲ）

漢簡（敦煌簡、居延簡及其他）的發現遠在張維華先生爲文之先（註一），但他並沒有應用，大概是材料不方便的關係。第一個系統地利用漢簡材料考證四郡建置年代問題的是勞貞一先生（註二），他的論點發表於所著居延漢簡考釋中考證（1944）部分中。不過漢簡的材料究竟有限，其可用之於考證此一問題者僅及於武威與敦煌二郡。

居延簡中有：

> 元鳳三年十月戊子，朔戊子，酒泉庫令定國以近次兼行太守事，丞步置謂過所縣何津請遣□官特□□□家去□□，丞行事金城、張掖、酒泉、敦煌郡，案會所占畜馬上匹當張舍張□如律令。掾勝胡，卒廣史。
>
> （六）三〇三、一二。

此簡言，金城、張掖、酒泉、敦煌河西諸郡，且按由東到西之次序排列，有金城而不及武威。勞先生據此以爲武威之置郡必不早於此簡行文之時代——元鳳三年十月。（註三）此較上述張維華先生之上限拉近了三年多。關於武威置郡年代之下限，勞先生則認爲不遲於地節三年五月，較張氏之推斷又拉近了六年多。（註四）。他所據之理由如下：

> 1. 宣帝初立，昌邑王罷歸故國，昌邑國名雖未廢，而昌邑國人則屯戍北邊，不以王國人遇之。居延簡中甚多此類名籍，如

（註一）　E. Chavannes' 之 Les documents Chinois etc. 出版於 1913 其論四郡建置年代問題者見該書之頁 v-vi 另此書之 Introduction 之英譯亦發表於1922，見本文之註 "1"。

王國維氏之流沙墜簡則出版於1914，張鳳氏之漢晉西陲木簡彙編於1931均早於張氏爲文之時間。至於居延簡則在1943年始公佈於學界，故實際上張先生可利用而未用的漢簡材料只包括沙氏、王氏及張氏三批材料。

（註二）　沙腕氏曾論及四郡建置年代問題，（見上註）。但他申證司馬光的說法並未作詳細考證。

（註三）　居延漢簡考釋考證一（以下省稱考證一）（1944，9月）頁2, 6～7。

（註四）　上引文　頁7a。

戍卒昌邑國東緒楊里魏奉親（一〇二）五一、三七（註一）

而據前漢書昌邑王傳昌邑王歸國後地除爲山陽郡。那末簡中之昌邑國名或至少是在 數月之後 ， 所以至晚 應不得逾地節三年五月張敞視事山陽郡之後。（註二）

2. 與上述有昌邑國名之簡同時同地出土者，有大河郡及淮陽郡戍卒名籍。此二郡宣帝初年亦俱分封爲國，簡中名籍猶稱郡，正與昌邑未改郡同時。惟騎士名籍則張掖所屬諸縣，如觻得、昭武、氐池、日勒、番和、居延、顯美等縣俱有其人，而武威所屬諸縣則無一人，是宣帝初年武威蓋已立郡，故其正卒戍武威緣邊，不戍張掖屬之居延。（註三）

這是由考古學的觀點上認有昌邑國、大河郡、淮陽郡、張掖諸縣之簡既爲同時同地出土同屬同一時代，那末據張掖騎士名籍之全屬張掖諸縣來看此時武威當已立郡；據昌邑改郡，大河與淮陽由郡改國之時代來說此當爲宣帝初年簡；而又據地節三年張敞視事山陽郡來說，武威之郡不遲於此時。所以綜合言之，武威之立郡就在元鳳三年十月至地節三年五月這十年七個月之間。這比張維華先生的推斷少了九年多——將近一半。

那末在這十年又七個月中武威可能於何時立郡呢？勞先生認爲可之能在本始二年五將軍出兵共擊匈奴後其，推斷之理由如下：（註四）

1. 此事前於地節三年約五年，然出兵亦僅發自張掖、酒泉而不及武威。（可能武威此時尙未置郡？）

2. 五將軍十餘萬人和常惠所領烏孫兵共擊匈奴，而使匈奴死亡不可勝數，遂衰耗，茲欲鄉和親而邊境少事矣。此正爲立新郡之機會。

3. 此次出兵爲武帝以後規模最大者，當出兵時固必有發關東衆庶運輸屯戍以

（註一）　勞先生並未引此簡，此爲作者爲使其論證顯計而加引的，此簡之釋文在上引書 釋文三，頁45b. 名籍類在本卷頁37b〜60b，據作者統計，名籍類中類似此簡言昌邑國者凡數十處。

（註二）　上引勞先生書，考證一，頁6b。

（註三）　上引文，頁6b〜7a。

（註四）　上引文，頁7a。

維其後者，姑臧附近正當其東三路其西二路及烏孫一路之中央。可能罷兵之後，匈奴無事，遂以未罷者屯戍於姑臧置郡。

我們在上面曾述及張維華先生推定敦煌郡是置於元鼎六年而他所根據的是漢書地理志敦煌郡效穀縣下師古注所引桑欽語：元封六年濟南崔不意爲魚澤尉，教力田以勤效得穀因立爲縣，名爲效穀。勞先生認爲 “效穀立縣乃終言之，決不在元封六年，此亦不足以證敦煌之置郡也⁽註一⁾而他也認爲漢書劉屈氂傳述征和二年巫蠱事中之提到敦煌郡爲第一次，但其推論則異於張氏：

> “其事在後元以前，元封以後，則敦煌置郡當以太初中爲近似，是志言酒泉張掖置於太初，當是涉敦煌而誤耳。”⁽註二⁾

作爲此論之旁證，勞先生引居延簡中的一條簡文：

> 延壽迺太初三年中，父以負馬田敦煌，延壽與父俱來田事巳。 （一一）
> 三〇三、三九

此可證在敦煌區早有屯田之事，當然此處之敦煌可能是指郡，指縣或指塞而言，所以勞先生說「窺其語氣似指敦煌郡而言，似亦可爲太初時期初置敦煌郡之旁證。」⁽註三⁾

早在一九一三年沙畹在其所著 Les documents Chinois decouverts par Aurel Stein dans les Sables du Turkestan Oriental 中提出玉門關在李廣利伐大宛前是在敦煌以東，到李廣利伐大宛成功（卽西元前101）以後始遷到敦煌以西，⁽註四⁾王國維先生於其所著流沙墜簡也認爲沙氏此說對⁽註五⁾，一九四三年勞先生著兩關遺址考一文重申沙氏的說法，並對伐大宛前後玉門關的地址詳加考證補充⁽註六⁾。與玉門關遷

（註二）　同註一。

（註三）　同註二。

（註四）　見沙氏書之頁 vi (Introduction 中)。英譯之 Introduction 的單行本頁19～20。

（註五）　見所著流沙墜簡圖版部之序，頁1b與2，王氏雖贊成沙氏之基本說法，但反對沙氏所擬定的前後玉門關的地址。

（註六）　載史語所集刊第十一本 (1943)，頁 287～296 勞先生於此文中指出王國維氏對沙氏所擬地址之反對乃是由於他誤會沙氏的所指的結果，並又指出王氏所擬之地址亦誤。
　　　　反對沙氏之說，卽認爲玉門關並未遷移過者有夏鼐與向達兩先生。關於玉門關的位置問題以後當詳加討論，此略。

移問題相連的便是敦煌之立郡年代問題，勞先生在作居延漢簡考證中的「四郡建置年代」一文中雖未直接說明玉門關西移與敦煌設郡約爲同時，但其行文間似乎肯定這點（註一），所以勞先生特引一條敦煌簡文證明地理志所云後元間置郡說爲錯：

　　　　　太始三年閏月辛酉朔己卯，玉門都尉護衆謂千人尙尉丞糵署就。（註二）

因此簡係於敦煌以西之玉門關遺址發現，那末當是在太始時玉門關已從敦煌之東西徙，根據上面西徙與置郡約同時之說，則志說後元年立郡爲不可能。（註三）

　　利用漢簡的材料去修正第二階段內的說法，使其更加精確，是這第三階段研究的一個特色，它的另一個特點，便是搜集第二階段所遺漏或忽略的文獻而在舊有的基礎上作補充和修正。勞先生對酒泉與張掖建郡年代的討論便是這個路線。對於酒泉之建郡他認爲是在元狩二年，反對元鼎年間立郡（武紀、司馬光、張維華）的說法。他從史漢的材料中提出新論證：

　　1. 主張元鼎年間立郡說者是根據史記大宛傳張騫說烏孫一段（見本文所引張維華先生的論點）。勞先生則指出記同一件事的漢書張騫傳所記有五點與大宛傳相異，他認爲班氏世在西州，其於烏孫事必有所據，我們對兩傳之異文應從張騫傳，"以新史料匡正史記違失之處"。（註四）勞先生所提出的五點異文中有兩點如下：

史記　大宛傳	漢書　張騫傳
a. 故渾邪地空無人	昆莫地空
b. 招（烏孫）以益東，居故渾	招以東居故地「勞先生據騫傳之"在

邪之地。　　　　　　　　　　　　　祁連敦煌間"定此地區約當今嘉峪

　　　　　　　　　　　　　　　　　關以外，不包括酒泉。〕

　　根據這兩點的不同，所作的推論便也大不同，如以漢書所記可信，則招烏孫
東來所居之地乃是昆莫故地而非渾邪地，那末說元狩五年左右（見前文，即
張騫建議之年）渾邪地仍空無人便失去根據，亦即無法證明元狩二年於渾邪
降後，未於其地即置酒泉郡。（註一）

2. 漢武帝於渾邪降後乃徙其部爲五屬國（均在河以南），這是分其勢力而防反
　側。漢書汲黯傳並言武帝禁漢人與昆邪部交通，商人與市易者咸處重罪，其
　所以防匈奴者至深。烏孫亦外人，漢何獨信之而招之以居河西地？（註二）

3. 史記大宛傳云："漢遣驃騎將軍破匈奴西城數萬人，渾邪王率其民降漢，而
　金城、河西並南山至鹽澤空無匈奴；匈奴時有候者到而希矣"。
　　勞先生據此說匈奴既時有候者到，可證得其地即設烽燧以候望匈奴，因此可
　知渾邪降漢後，漢即於其故地設酒泉郡。（註三）

　　但是酒泉何以應在元狩二年置郡？勞先生於歷述元狩三、四年間大量向西方一帶
移民之史漢紀載後，作以下之結論：

　　　"漢得酒泉，沃野千里，而地復接京師上游，萬無不即置郡之理。其後更增
　　　屯卒，徙貧民，乃逐步爲之，非一時之事。由是言之，漢得河西即立酒泉
　　　郡，事所宜有。不得依史記大宛傳之單文孤證遂有所置疑矣。"（註四）

　　張掖郡，勞先生認爲是元鼎六年置，其論證同於張維華先生。（註五）

　　屬於此第三階段的第二類研究者另有施之勉先生的河西四郡建置考。其稿成於一
九五〇年（註六），論酒泉郡以爲元鼎六年置，異於勞先生。施氏亦引張騫傳，但他拋開

（註一）　上引1944年版勞先生之考證一頁4～5。
（註二）　同註一。
（註三）　同註二頁5。
（註四）　考證一，頁5～6。張維華先生於上所引之論文亦歷引史、漢對元狩三、四年大量向西方移民之諸項
　　　　紀錄，但他的結論則正與勞先生相反，見前文。
（註五）　考證一，頁7。
（註六）　見施先生所著漢史辨疑（1954，臺北）所附之 "錢穆教授來書"。此文先發表於大陸雜誌三卷五期（一
　　　　九五一，九月）頁20～21，後又收入上述之書頁25～30。

它與大宛傳的異文不言而注意此傳後來所述之"築令居以西，初置酒泉郡"，據此施氏認此二事爲同時。因之據漢書、武紀則趙破奴出令居爲元鼎六年，而酒泉亦當於此年置郡，（註一）施先生更說：

> "蓋博望至烏孫後，西北諸國始通於漢，河西地當衝要，遂置酒泉郡也。"
> （註二）

另外，作爲此元鼎六年說的一個附證，施先生指出據史記大宛傳與漢書武帝紀知元鼎六年漢欲以南北兩道通大夏，故在西南定西南夷而置越巂、牂柯、沈黎、汶山郡，但最後卻因昆明復爲寇，南道竟莫能通；至於北道方面最後的結果是「北道酒泉抵大夏」，因此以渾邪王地開酒泉郡當爲其中諸措施之一。（註三）

武威郡方面，施先生從勞先生說。張掖郡施氏則以爲當爲太初元年開（地理志說），未舉出任何特殊理由。敦煌郡之建置年代施氏之說最爲特殊，他以爲當爲後元年置，其所舉論證如下：

1. 根據大宛傳，知太初四年漢伐大宛後敦煌置酒泉都尉，是太初四年敦煌未置郡。

2. 漢書西域傳記開陵侯擊車師事，第言張掖吏卒，酒泉驢橐負食出玉門迎軍，但不言敦煌。此事在征和三年（據武紀、功臣表、李廣利傳；西域傳作四年），是此時尚未有敦煌郡。

3. 漢書西域傳記桑宏羊等建議屯田輪台事，桑曾提及「張掖酒泉遣騎假司馬爲斥候，屬校尉」，通鑑繫此事爲征和四年，而此處不言敦煌是此時尚未置郡。

敦煌於征和四年尚未置郡，其下便是後元，則志所言後元年分酒泉置不誤。（註四）

四郡建置之年代勞施二氏之說既如此，他們對載紀所云如此紛亂如何解釋？勞先

（註一）施先生河西四郡建置考（漢史辨疑中），頁28。

（註二）上引文，頁28，此理由與張維華先生所論同。

（註三）上引文，頁29。

（註四）上引文，頁29～30，按張、勞二氏所引之漢書劉屈氂傳所記征和二年因巫蠱事「吏士劫略者徙敦煌郡」一條，施氏則未引用。

生認爲班書武紀乃據當時記注寫成，所云河西建郡之文應爲：

　　“元狩二年秋，匈奴昆邪王殺休屠王，並將其衆，合四萬餘人來降。以其地爲酒泉郡。

　　“元鼎六年秋，又遣浮沮將軍公孫賀出九原，匈河將軍趙破奴出令居，皆二千餘里不見虜而還。廼分酒泉地置張掖郡。

而原文應較此爲繁，這是經班氏刪削者。武紀原文酒泉之上武威二字乃班氏以意增入者。此或因東漢初年，武威已疆理大闢，蔚爲要地，班氏遂疑舊記有誤，爲之改竄。另外，也可能係班氏漏列武威置郡之年，後人疑而竄入。(註一)而紀中張掖之下敦煌亦與武威之情形同，乃班氏誤附一筆耳。(註二)而敦煌旣爲太初中置郡，則地理志所云酒泉，張掖置於太初乃是涉敦煌而誤也。(註三)勞先生這種解釋固然與張維華氏之態度與路子相同，但比較具體的多了。施之勉先生的看法，則一切全係「誤繫」，他未作具體，深入的解釋。(註四)

　　就此第三階段來說，當然勞先生的貢獻最大：

　1.他利用漢簡的材料去補正史籍紀載，而把武威置郡年代的可靠時間間隔縮小，並作了敦煌置郡的大約年代。

　2.擴大這問題解決的途徑，利用了沙畹氏玉門關遷移的說法。

　3.對村料本身作更一進步的分析，如指出史記大宛傳所記異於漢書之張騫傳，我們不能只是鈔錄推排材料完事。

　4.對於志、紀之互相矛盾作了更具體的解釋。

　　至於施先生的貢獻則是在舊有的基礎上又加一些可供分析研究的材料。（勞先生也新找出了數條可供參考的史料。）

(Ⅳ)

　　綜合以上所分析，我們可以看出河西四郡建置年代研究的歷史、問題發展的路線

（註一）　考證一，頁4ab。

（註二）　考證之1960版，頁26。

（註三）　同65，連同註65，此二點爲1944年初版所無，乃新加入者，其意則一貫。

（註四）　上引施文，頁30。

與所引起的問題。從其方法上來說，自第二階段起（第一階段無方法可述）基本點如下：

1. 搜集史漢中凡提到四郡之名的所有材料。

2. 然後去看這些材料中可斷定年代者中有無提到那一郡，如沒有提到便是這年
那一郡還沒建置。

這種「反證法」本可幫助我們去判證某些問題，但如不先審定材料本身的差異性而一概「套入公式」，便會出毛病。因為我們不能假定四郡中凡提一郡別的郡也應提及。施之勉先生對敦煌郡建置年代的推論便是這個缺點的一個典型。他從漢書西域傳記開陵侯擊車師事及桑宏羊輪台屯田奏中之提及敦煌而證明征和三、四年間尚未置敦煌郡，但漢書劉屈氂傳則明言征和二年已有敦煌郡.！

從另一個觀點上著眼，則大家所集中者都在材料搜集，比排與分析上，而對史記、漢書作者們對當時漢向西方發展的整個時間層次的看法未曾予以注意或作系統地研究，因此遂孤立起了這個問題以為它是一個紙上的把戲，而忘了它是歷史的一環。

河西四郡之開發在漢代所開拓之諸地中是一個特別類型，由史籍及考古上的材料來看，它有一定的開發步驟，演進層次。每開拓一地——尤其是立一郡、每一步都經過一定的措施與擇定一定的場合、時機。而在這三個階段的學者似乎都忽略了這點。

我們由最後兩個階段所承受的是以下三組主要的說法：

表　　二

		張　　維　　華	勞　　　　幹	施　之　勉
酒	泉	元鼎二、三年間	元狩二年	元鼎六年
張	掖	元鼎六年	元鼎六年	太初元年
敦	煌	元封六年前（或元鼎六年）	太初中	後元元年
武	威	元鳳元年——神爵元年間	元鳳三年十月——地節三年五月之間〔或本始二年〕	從勞說

在這個表中最肯定的是武威，其次是張掖；最紛歧的是酒泉和敦煌。後元年之說已證明為誤，而張掖太初說似可能性亦甚小。在他們三位先生的研究中，大概史籍上與考古上直接相關的材料差不多都搜羅盡了，但是由於上述之在方法與觀點上的缺點，對於這一問題我們還有作更進一步研究的必要，我們要找出那一組或那一說是可

能對的，或者我們需要另訂新說。我們要在觀點上，問題之視野上、方法上與處理技術上求改進。我個人以下之研究卽本於此一原則。

　　我們首先來看史漢材料本身所十分肯定者為那些點。

三

對史記漢書關於四郡建置年代紀載的分析

A. 史記

　　　　從匈奴傳、大宛傳、平準書、衞霍列傳等篇（見前文所引）分析，下列諸事似甚肯定：

　　　　1. 除平準書外，皆云酒泉郡為首置。

　　　　2. 初置酒泉郡與「始築令居以西」相連。

　　　　3. 酒泉置郡之目的有二：一為隔絕匈奴與羌之通路，一為通西北國。

　　　　4. 以置郡事來說除酒泉郡（張掖一次）外，書中未提及建置他郡之事。

　　　　5. 未提及武威郡一次。

B. 漢書

　　　　所記可分成三個系統：

　　　　（一）　張騫傳、匈奴傳、食貨志等：肯定A中1至4各項

　　　　（二）　西域傳：

　　　　　　1. 肯定A中之 “2”。

　　　　　　2. 酒泉首置郡，後又分置武威、張掖、敦煌三郡。

　　　　（三）　武帝紀與地理志：此為史記漢書所記之最完全者；但紀說與志說互相矛盾，而成為歷代學者爭論之點。不過，我們細看二文所記則以下三點為二說所共同肯定者：

　　　　　　1. 最先置者最多為二郡，其中之一必為酒泉。

　　　　　　2. 其後再由先置之二郡各分為二'。

　　　　　　3. 敦煌係酒泉分置。〔而張掖分置武威〕

　　在此三個系統中，我們可以看出系統（一）所言乃據史記而來，所提及者只是河

西初置郡之情況與時機，內中除食貨志外所述僅是酒泉一郡涉及之問題，所以這個系統在時間上來說應是早期的情形。系統(三)所述則是一個全部發展步驟，其所根據當是另一批材料，此可斷言，而在時間上來說當較系統（一）爲遲（材料與所述事節皆然）。而系統（二）則是兼包（一）與（三），似是漢書西域傳作者對此二系統的一個折中或綜合，因爲此二系統太不相連，此傳作者面對這兩批紀錄乃取（一）所述初開郡之情況與時機與（三）中之「分置」的觀念綜合而言之。

C. 由以上二節所述，我們作以下之綜述而與任何系統不相衝突：

　　　　漢在河西地域所首置之郡最多只有兩個，而其中酒泉必是首置的郡，它的置
　　　　郡工作是與「始築令居以西」相連，其目的則在隔絕匈奴與羌之通路並通西
　　　　北諸國。至於敦煌則是後來由酒泉分置的。（武威郡如說也是分置出來的，
　　　　則除去武紀外，與其他說法全無衝突之處。）

這是就史記漢書二書之所記河西置郡事節的材料所得的一個大輪廓，我們所用的材料，全是具肯定性，沒用任何只供推測性的在內。我們現在要來看這個大輪廓與整個當時向西邊及西北邊境發展的歷史如何配合。如何用這西向發展史去使這個輪廓具體或加以修正。

四

漢初西向開拓的各層次

（一）

　　河西四郡中最西者爲敦煌，因此我們所需觀察的是從漢勢力在河西之初步開展以至於敦煌的全部開發的歷史。關於這一段時期，漢書所記大體鈔錄史記，所以此處我們所述也以史記所錄爲主，間以漢書補充，必要時又參以其他文獻。史記所記漢向西方發展的材料集中於衛將軍驃騎列傳、匈奴傳、大宛傳，而其中以大宛傳所記在時間上爲最長。我們綜合諸傳所記，河西的發展可分爲五期，現在分述於下。

　　1. 第一期——自漢立至元狩二年。

　　關於河西一帶在漢以前的歷史史記與漢書的紀載似稍有出入，而學者們的意見亦甚紛歧。茲以對史記、前漢書、後漢書各書所作的分析所得作一綜述如下：

A. 月氏强盛時期：

史記大宛列傳：(註一)

"月氏居敦煌祁連間。"

漢書西域傳大月氏國下亦言"大月氏……本居敦煌祁連間。(註二) 據此兩段史料我們知道至少大月氏在西徙西域以前曾佔據過敦煌祁連之間，而後漢書西羗傳說的更爲清楚：

"湟中月氏胡，其先大月氏之別也，舊在張掖酒泉地。"(註三)

這是說大月氏的一支以前曾佔據張掖酒泉一帶，比上言敦煌祁連間可能更稍靠東邊些。

又據史記匈奴傳言冒頓單于在滅東胡王後。

"旣歸，西擊走月氏，南幷樓煩，白羊河南王。"(註四)

由此「南」「西」之對稱來看，我們可知大月氏的勢力曾經申展到過黃河河套地帶的西北部一帶過，而其東邊便緊接匈奴而爲其威脅。

綜合以上所言我們可斷定大月氏曾在一段時期很强盛，其勢力自河西一帶延伸到中國的西北部，所以史記匈奴傳說當秦始皇遣蒙恬將十萬之衆（漢書匈奴傳作數十萬）北擊胡的時候，月氏很盛，匈奴受其威脅，頭曼單于竟將其子質於月氏。漢書西域傳幷說月氏有"控弦十餘萬，故强輕匈奴。"(註五)

月氏是一隨畜移徙的游牧民族(註六)秦代已以其弓箭之兵游徙中國西及西北部而稱覇，可能秦之攻匈奴使匈奴弱而助長了月氏的勢力。直到楚漢相爭之際其始爲匈奴所首次攻破，勢力稍西移。

(註一)　史記頁4966

(註二)　漢書頁1651

(註三)　范曄後漢書王先謙集解本，臺北藝文印書館1955年版〔以下省稱後漢書或後漢。〕頁1038

(註四)　史記頁4515。考證引顏師古曰 "二王之居在河南。" 丁謙曰 "白羊山名，在大同府東廣靈縣境，但此時白羊樓煩二部均居新秦中，故稱河南王。" 中井積德曰 "河南王三字疑衍。" 關於對新秦中的研究見羽田明："新秦中と橄中"載東洋史研究卷四，4.5號 (June, 1939)，頁67～69。

(註五)　史記頁4511～12；前漢頁1651。

(註六)　史記大宛列傳4966；前漢1651

此時與大月氏同時居於河西地區者尚有烏孫及諸羌。烏孫（亦爲游牧民族）似乎居於大月氏之西，或稍北而與月氏共存，故漢書西域傳記：

“烏孫本與大月氏共在敦煌間。”

而張騫傳更說：

“烏孫王昆莫，昆莫父難兜靡本與大月氏俱在祈連敦煌間，小國也。”

因其爲小國可能當月氏强大時，其爲附庸(註一)。至於諸羌則散居於河西地區之南的山區內。史記大宛列傳記大月氏爲匈奴所破後，其一部入南山依諸羌：

“其餘小衆不能去者，保南山羌，號曰小月氏。”

而後漢書西羌傳則言：

“其（月氏）羸弱者，南入山阻依諸羌居止。”

是河西以南山區在此時爲諸羌的勢力範圍。(註二)

總結以上所言，我們可以繪一幅當時形勢圖的大概如下：

大月氏：最强，控制地自河西地區伸展至黃河河套附近地帶。

匈　奴：次强，勢力在河套以北地區，但受制於大月氏。

烏　孫：大月氏附庸，居敦煌一帶，是大月氏主要勢力的西界。

諸　羌：居於河西以南的山區內，似乎爲一中立勢力。

他們大多都是游牧民族，以弓箭兵稱勝。

(註一)　前漢1958，1239；郭嵩燾以烏孫居月氏稍北，見漢書補注引(頁1240)。

關於烏孫與月氏的居地與相對位置學者間的意見頗爲紛紜，日本學者在這方面所做的研究最多。藤田豐八氏以爲月氏之勢曾申張到張掖，武威(甘肅東部)，但在其西遷前則是以敦煌爲根據地而及天山。至於烏孫則居敦煌之一部，到其西移前似乎已居天山的東北側。（見東西交涉史の研究頁58～59，69）；白鳥庫吉氏以爲烏孫之原居地爲敦煌酒泉間之鶯河（Tang）與布隆爾河(Bulungr)流域間，而大月氏在其東部遠至武威一帶，（見西域史研究上，頁23，275）；桑原隲藏氏則認爲烏孫與月氏共居河西之地，而烏孫居東方，相當於漢之張掖郡一帶，月氏反在其西(見東西交通史論叢頁22～23)。其他之說法尚多，不及一一詳引，見上三氏文章中所引各文。我個人則以爲烏孫、月氏當時所居之地爲今甘肅省之中西部，月氏在烏孫之東——或者界限不如此明顯，月氏最强時則伸張至甘肅東部地區，見下文。

(註二)　史記，4966，後漢，頁1037。

B.匈奴的逐漸擴張時期：河西的大變動時代。

匈奴的歷史甚久，但到秦代由於蒙恬將數十萬的攻打，而又夾在强大的東胡與月氏之間，當已勢弱，故北徙十餘年，此爲頭曼單于時代(註一)；但秦的滅亡，楚漢之際的混亂給了匈奴喘息的機會而逐漸强大起來。至冒頓單于竟一舉而滅東胡，同時向西攻擊月氏，迫使月氏的勢力向西移動。此爲匈奴第一次的攻打月氏，也是月氏霸權開始衰敗之時，大概這是在西元前第三世紀的最末幾年。(註二)匈奴此時既已滅東胡，其勢力在東方已"直上谷以往者東，接穢貉、朝鮮。"(註三)，以後便集中在向漢及大月氏進攻，展開了一連串的對月氏的打擊，最後大月氏王竟被殺，其民亡向大夏，根本離開了河西地區。

負責向西方攻打大月氏的是右賢王之衆，由於冒頓單于第一次攻擊的結果，匈奴在西方的勢力已擴展至上郡以西，界接月氏於這一地帶，同時又緊沿着黃河向南擴展而與南邊山區一帶的諸羌接上了頭，所以史記說：

"匈奴……右方王將，居西方直上郡以西，接月氏、氐羌"。(註四)

匈奴此時的右方政策爲連結了羌向東邊的漢侵擾，大概在漢高后中年匈奴已完全掌握了沿黃河西邊的地區而開始向隴西、北地諸郡侵襲 (註五)。匈奴對西方的月氏政策 則爲繼續迫其西移，而又連結在月氏西邊的烏孫夾攻月氏 (註六)，結果反在漢文帝初期月氏攻殺了烏孫王難兜靡打破了烏孫，

(註一)　史記，頁4509～4511。

(註二)　史記4515～4516。

(註三)　史記頁4517。

(註四)　史記4517漢書匈奴傳只言："右方王將居西方直上郡以西，接氐羌"，無月氏，想是漏掉。但這也證明了匈奴沿河南下與氐羌相連結。

(註五)　沈維賢前漢匈奴表在開明書店二十五史補編 (1935) 頁1755以下，數載匈奴入攻隴西一帶之事。又前漢書匈奴傳：

　　　　"至孝文即位，其三年匈奴右賢王入居河南地。" (頁1599)。

(註六)　前漢書張騫傳：

　　　　"大月氏攻殺難兜靡奪其地，人民亡走匈奴。" 頁1239)。

　　　　史漢未明言此以前匈奴與烏孫之關係，但由此文烏孫人願投匈奴來看，可證烏孫人與匈奴人是有交往，因烏孫原受月氏統治，故可能其願聯匈奴以抗月氏，此政策亦正爲匈奴所樂取。

⁽註一⁾但匈奴右賢王的軍隊也立即打破了月氏⁽註二⁾小部分月氏南逃入山依諸羌

共婚姻號曰小月氏⁽註三⁾大部分的月氏西逃打破了塞人的居地而佔據其處⁽註四⁾

(註一)　如上註，又史記言匈奴攻破烏孫，以歷史發展觀之，似應以漢書爲對，且漢書較史記晚出必有所據以

　　　　更正史記所云。

　　　　　　　至於大月氏破烏孫之年代，史漢未載明，但史記說烏孫被破之時：

　　　　　　　　　"昆莫生弃於野，烏嗛肉蜚其山，狼往乳之。"（頁4975）。

　　　　　　　漢書張騫傳說的更詳細：

　　　　　　　　　"大月氏攻殺難兜靡奪其地，……子昆莫新生，傅父布就翎侯抱亡置草中爲求食，還見狼乳

　　　　　　　　　之，又烏銜肉翔其旁。"（頁1239）

　　　　　　　此可證昆莫新生，至少也可說他甚幼，不會超過一歲多。至元鼎初年左右張騫第二次出使西域，

　　　　　　　至烏孫昆莫已很老：

　　　　　　　　　"昆莫年老，國分不能專制"（頁1659）

　　　　　　　說"老"且對國事不能完全一主，如假定爲六十歲左右當可能──此文之徐松注亦說昆莫蓋在六

　　　　　　　十餘，那麼上推六十年，當爲漢文帝三年（B.C. 177）左右。此與漢書匈奴傳所記匈奴右賢王破

　　　　　　　大月氏之年代（文帝三年或四年）亦合。

(註二)　漢書匈奴傳記孝文三年右賢王入居河南地，漢向匈奴抗議指其失"昆第無侵害邊境"之約，而四年單

　　　　于致文帝書中云，因右賢王破約居河南地已罰其西征月氏，而破之，並統一了西方。故匈奴之破月氏

　　　　當在文帝三年至四年間。從另一方面說右賢王之入居河南地並非他之私自破懷漢與匈奴互不侵邊之

　　　　約，而爲一連串大軍事行動之第一步，即先由河南地出發，繼續西向攻擊月氏，將月氏趕出河西地

　　　　帶，這一切都是有計劃的，言『罰』乃是僞辭。故可能是匈奴與烏孫連結要破月氏，而月氏發覺先殺

　　　　了烏孫王，而後匈奴右賢王的軍隊也趕到打破了月氏，因有前約故收容了烏孫民衆，而養敎烏孫幼

　　　　主，待其長大還其民衆。（此詳下文）。上引史記言烏銜肉飛被棄於野之昆莫與狼乳之事，單于怪以爲

　　　　神而收養之事，當非可能，類似神話。（漢書所記與史記略同。）參漢書頁1239，史記4975，又漢書1599。

(註三)　史記頁4699，漢書頁1651，後漢書頁1037。但史記前漢誤擊於老上單于時事皆誤，見下文。

(註四)　漢書西域傳烏孫國下：

　　　　　　　"本塞地也，大月氏西破走塞王，塞王南越縣度，大月氏居其地"。（頁1658）

　　　　　　又張騫傳：

　　　　　　　"時月氏已爲匈奴所破，西擊塞王，塞王遠走南徙，月氏居其地。"（頁1240）

　　　　　　　關於月氏第一次由河西地區西移之年代，學者間的看法頗不一致：白鳥庫吉氏以爲是在匈奴老上

　　　　單于時代（B.C. 174～158）〔見上引其書之頁29〕；藤田豐八氏也同意是老上時代，但却認爲此時代之

　　　　下限應爲西元前160或161而非158（見上引其書之頁84）；桑原隲藏氏則認爲是在漢文帝八年至後元三

　　　　年或四年間（即B.C. 172～161或160）〔見上引其書之頁18～19〕。三氏皆以爲月氏西移之年代與烏

　　　　孫王難兜靡之年代（即文帝三年）不同。桑原氏之斷定月氏西移之年代必爲文帝八年（即B.C. 172）

　　　　之後是根據賈誼新書內論匈奴之言：(轉下頁)

而烏孫人依附了匈奴，(註一)同時匈奴又在西方征服了樓蘭，呼揭等二十六
國，而控制了河西以及西域東部全部地方，因此冒頓單于在文帝四年致漢文
帝的信中說：(註二)

> "………右賢王使西方求月氏擊之，以天之福吏卒良馬力强以滅月
> 氏，盡折殺降下定之〔史記『之』在『定』上〕，樓蘭、烏孫、呼揭
> 及其旁二十六國，皆已爲匈奴，諸引弓之民幷爲一家，北州以定。"

匈奴雖幷了諸引弓之民，但對大月氏之攻擊並未了。不數年後冒頓單于
死(文帝六年)而其子老上單于卽位，仍承其父志向西發展。同時昆莫爲匈奴
收養後亦逐漸長大，單于使其將兵數次立功，因而以其父難兜靡之民予之，
令長守於西城，而昆莫亦假此一機會逐漸擴張自己的勢力，最後竟有控弦數
萬之衆(註三)，這時昆莫配合了老上單于的政策自請攻打月氏，而以報父仇爲
名。單于當然許可，昆莫遂領兵攻破月氏(註四)，殺月氏王以其頭獻單于，單

接上頁(註四)

> "將必以匈奴之衆，爲漢臣民制之。今千家而爲一國，列處之塞外，自隴西延至遼東，各有
> 分地以衞邊，使備月氏灌窳之變，皆屬之直郡，然後罷戍休邊。"

桑原氏考定賈誼上此議略時在文帝八年，因此議中尚言以匈奴制月氏，是月氏尚在漢之邊境，所以其
西移年代必不此時之前。(上引桑原書頁16～18；引文，參看四部備要本新書卷四，頁1ab.) 不過這
段文字不見於漢書賈誼傳，而新書據陳直齋：

> "多錄漢書語，其非漢書所有者，輒淺駁不足觀：決非誼本書也。"(古今僞書考引，姚際恆
> 著，顧頡剛校點本，頁58，賈誼新書條下。)

而且從另一個角度想，賈誼上文帝對付匈奴的策略雖是在六年或八年 (B. C. 174 或 172)，但其初稿
却於數年前寫就，而彼時月氏尚未敗於匈奴，而勢力很大，且冒頓單于亦正在進逼月氏地，故誼思以
匈奴攻防月氏。及至文帝六年或八年月氏已退而西走，是時匈奴反而統一了河西東部地區而威逼中
國，誼於建議中便改變了方針而只談匈奴之事了，故就朝廷紀錄寫成的賈誼傳中沒有這段文字，這個
推測也是可能的。

(註一)　漢書，頁1239。

(註二)　漢書匈奴傳頁1599，此處冒頓單于 "諸引弓之民並爲一家" 洋洋得意之辭，更證其所言 "罰" 右賢王
西征之詞戲僞，匈奴是有計劃地要平定河西等地。史記頁4525～26。

(註三)　史記 (大宛傳) 頁4975，漢書 (張騫傳) 頁1239。

(註四)　史記 (大宛傳) 頁4975，漢書 (張騫傳) 頁1239～1240，史記未載其攻打月氏事。

于以之爲飲器（註一）。這事當在漢文帝後元四年或稍前，因不久老上單于卽死（後元四年）。（註二）大月氏旣爲烏孫所破，其民又西遷而至大夏佔據其地以設王庭（註三），同時昆莫也在大月氏地〔原爲塞地〕定下，立了國仍號烏孫，因老上單于旣死而其勢力已大，乃不肯再朝事匈奴。（註四）而匈奴亦無可奈何。

月氏，諸羌，烏孫，匈奴皆曾游牧河西地，到此時月氏，烏孫已遠去，羌人仍居高山，獨匈奴獨佔了河西地帶，至此誠如冒頓單于所言河西『幷于一家』了，河西的大變動局面遂告一段落，另一大轉變亦逐漸到來。

C.匈奴控制下之河西：

這一段時期起點當自昆莫攻破月氏而在大月氏土地上重建烏孫計之，因此後河西地便純爲匈奴一族之勢力，而其終點則爲渾邪王降漢之元狩二年，自是年起漢已接收了匈奴在河西的宗主權而主有全部河西地區。

其在此一地區之控制界限如何？據史記大宛傳：

（註一） 漢書西域傳月氏國下：“……老上單于殺月氏（王）以其頭爲飲器”（頁1651），史記亦言此事（頁4966），皆以爲老上單于殺月氏王。但詳考之則可疑，因自右賢王擊敗月氏而月氏西居塞地後，直到昆莫攻破月氏，月氏並未遷徙過也，未與匈奴有大到國王被殺的大交戰，有之則是昆莫這一次，而且下文明言自此戰昆莫攻破月氏，而月氏乃西走徙大夏地。而其後不久老上單于亦死，無機會與月氏接觸，故老上單于並沒有殺月氏王而是昆莫殺的，史漢因昆莫係在匈奴老上單于的指揮下，而誤以爲老上單于殺月氏王以其頭爲飲器。而漢書張騫傳且忽略了指出在那個單于治下，昆莫攻破了月氏。漢書西域傳言老上單于殺月氏王後，月氏乃西擊大夏而臣之，更足爲昆莫殺月氏王說之證。

漢書西域傳，史記大宛傳俱言月氏爲老上單于〔實應爲昆莫〕攻破西走大夏，而其餘小衆不能去者保南山羌號小月氏，實皆錯，因此時月氏已居塞地，其南並沒有南山，而爲大沙漠地，故後漢記爲冒頓單于時事爲對。

（註二） 漢書張騫傳頁1240，匈奴傳1560，洪維賢（前漢匈奴表）頁1757。

（註三） 史記，4699；前漢1240，1651。

月氏再西移之年代諸說紛紜，如白鳥庫吉氏以爲匈奴老上單于之死年（B. C. 158）（見上引書頁31）；桑原隲藏氏則以爲是在 B. C. 139 年稍後（上引書頁26～29）；藤田豐八氏亦認爲老上單于之卒年左右但是 B. C. 160 或 161 年（孝文後元四五年內），（見上引書頁84）。白鳥與藤田氏之看法較爲正確，詳見藤田氏之考證。

（註四） 史記4976；漢書1240。

　　"其明年（元狩二年）渾邪王率其民降漢，而金城、河西、西並南

　　山、鹽澤空無匈奴。"（註一）

這是當時匈奴的勢力範圍所及，東可達漢之金城郡地方，中有河西地區，而

西至南山、鹽澤。

　　史記匈奴傳記此事則言：

　　　　"於是漢已得渾邪王，則隴西、北地、河西益少胡寇。"（註二）

　　史記衛將軍驃騎列傳於述渾邪王降後鈔錄漢武帝嘉獎驃騎將軍之功曰：

　　　　"西域渾邪王及厥衆萌咸相犇率，……綏及河塞，庶幾無患，幸旣

　　　　永綏矣。"

而同傳又記渾邪降後，漢乃減隴西、北地、上郡戍卒之半，以寬天下之繇。

（註三）由這三段史記的紀載我們可知：

　　（1）元狩二年前漢與匈奴在西方並非以黃河爲界。

　　（2）匈奴的勢力似乎佔據沿河區域。而以隴西、北地，上郡一帶爲匈奴

　　　　對漢之最前線。

　　（3）河西全區在匈奴的控制下。

　　關於漢與匈奴以隴西一帶爲第一接觸線之說，漢書張騫傳說地更明白

些，其述張騫第一次出使西域事（建元三年）有云：

　　　　"騫以郎應募使月氏。與堂邑氏奴甘父，俱出隴西經匈奴，匈奴得

　　　　之。（註四）

這是說出去隴西便是匈奴的地盤。

　　在隴西與鹽澤間這個大地區內，匈奴的主要勢力是在河西地區。史記匈

奴傳記霍去病出隴西西征匈奴至焉支山與祈連山一帶，每次均得胡首虜騎數

萬，至焉支山得匈奴休屠王祭天金人。由此判斷，此兩地區當是匈奴在漢西

（註一）　史記4794～4795；漢書（張騫傳）1239。

（註二）　史記4547。

（註三）　史記4589～4590。

（註四）　漢書1238。

方的一個核心地區，故史記索引引西河舊事云：

> "祁連山在張掖酒泉界上，東西二百餘里，南北百里，有松柏五木，美水草，冬溫夏涼，宜牧畜。匈奴失二山乃歌云：亡我祁連山，使我六畜不蕃息；失我燕支山，使我嫁婦無顏色。"（註一）

焉（燕）支山據史記正義引括地志云：“一名刪丹山，在甘州刪丹縣東南五十里。”（見註一），史記匈奴傳則云二山相距數百里，焉支山至隴西較近，祁連山則距隴西、北地二千里（亦見註一）。對之今日之地圖其地適爲甘肅省之中西部，河源縱橫，有高原平地確爲一牧游之最佳地，故昔日烏孫大月氏居其他，大月氏與匈奴所爭鬪者亦爲此地，當有其地理之重要性在。介乎山區之中間者便是一個匈奴的大城——西城，其爲匈奴在燕支與祁連間的一個活動中心，其地近祁連而爲其一屏障，昆莫曾住於此一地區，城內有數萬人之衆。元狩二年夏霍去病征匈奴，先破此城而始抵祁連，足見此城與祁連之相關了。（註二）

匈奴在河西之地理根據旣是如此，其活動又是如何？匈奴的右方集團是在漢西方及西北部。是以右賢王爲統領，佔據黃河河套一帶地區，至於河西地區則爲渾邪王與休屠王之控制範圍，二者之相對位置據漢書地理志所記則爲休屠王在東，渾邪王在西，其實恐非如此分明，當爲二王共游牧此區。他們的活動可分爲四類：

(1) 游牧，習戰騎弓射。

(2) 向西域一帶擴張勢力，加以控制，以貫徹其“引弓之民幷爲一家”的政策。

(3) 與西域及漢人交易，以其大城（如西城）爲中心交往點。

(4) 攻侵漢邊境，而目標爲隴西、北地、上郡一帶（註三），漢頗受其威脅而在這些邊郡設重防，耗費甚大。（註四）

（註一）　所引諸條見史記頁　4545～4546。

（註二）　史記，頁4974。

（註三）　沈維賢，頁1755～1761。

（註四）　見上頁註3

D. 河西地區的歸漢：

　　漢武帝的大規模征伐匈奴，其意本在解決一個自漢立國以來朝夕受威脅之外患，而後來竟變爲擴張的政策。武帝早期的大征伐均集中於河套北環地帶，亦卽河南地區，重心放在打擊匈奴右賢王上，而以衞靑立功最多，如元朔二年之立朔方郡，由此漢逐漸轉向塍邊，而匈奴屢受攻伐，遂走上衰敗的一方，不復當年"諸引弓之民幷爲一家"的得意局面了。霍去病的出現較衞靑稍晚一點，他於元朔六年左右隨衞靑出征始露頭角，他的出現似乎也代表着武帝一代向外征伐的大轉捩點。元狩二年的春天，他領兵自隴西出發，向河西進攻：

　　　　"踰烏盭、討遬濮，涉狐奴，歷五王國，輜重人衆，儇愯者弗取，冀獲單于子〔徐廣曰，子一作與〕，轉戰六年，過焉支山千有餘里，合短兵，殺折蘭王，斬盧胡王，誅全甲，執渾邪王子及相國都尉，首虜八千餘級，收休屠祭天金人。"(註一)

由此足見匈奴右臂之受打擊的嚴重。而是年夏，霍去病更完成了一個對匈奴右方勢力最嚴重，致命的攻擊，史記衞霍列傳記此事說：

　　　　"驃騎將軍踰居延，遂過小月氏攻祈連山，得酋涂王，以衆降者二千五百人，斬首虜三萬二百級，獲王五，五王母，單于閼氏，王子五十九人，相國將軍當戶都尉六十三人。"(註二)

由這些數字我們可以看出匈奴的傷亡損失是如何的嚴重，其在西方之勢力已敗弱不堪，在這種情形下單于嚴責渾邪王而欲召誅之，但因此反引起匈奴在河西勢力的結束，因爲渾邪先與休屠共議降漢，後來可能休屠反悔，渾邪王遂殺之而率四萬衆單獨降漢(註三)（就此四萬多人來看，可見匈奴在河西一帶之勢力已式微不堪一擊。）

(註一)　史記4583～4584；"八千餘級"匈奴傳作"萬八千餘級"。

(註二)　史記，4585～4586，漢書衞靑霍去病傳　1156～57。

(註三)　史記（衞霍傳）4587～88，（匈奴傳）4547。漢書（匈奴傳）1604，（衞霍傳）1158，（武帝紀）91。
　　史記匈奴傳明言實爲四萬人而號稱十萬，故漢書武帝紀與匈奴傳皆言四萬餘衆。"十萬"乃是號稱。又就當時匈奴兵臨時在黃河邊岸上之混亂情形看，可能匈奴兵不願降。而休屠王亦悔，爲鎭定軍心計渾邪將其殺死；或者他是死於亂軍之中；也可能是爲霍去病所殺。

休屠的死，渾邪與其四萬人的降，結束了匈奴在河西一帶四十多年的歷史，所以霍去病的出現具有以下的歷史意義：

(1) 擊破匈奴在漢西方的勢力。

(2) 河西地區歸漢。

(3) 有漢一代之向西的大擴張以此爲起點，而漢之西向發展的成功，缺了河西地便不會成功。

2. 第二期——自元狩二年至元鼎初年。

渾邪既降，而漢已有河西，然其結果，影響與漢政府之措施如何？

最直接的結果是匈奴對隴西、北地、上郡一帶的威脅的解除，故史記大宛傳記渾邪降後：

> "金城、河西西垃南山至鹽澤空無匈奴。(註一)

而衞將軍驃騎列傳說：

> "爰及河塞，庶幾無患，幸既永綏矣。"(註二)

因此漢乃減隴西、北地、上郡及以西戍卒之半，以寬天下之繇。(註三)對於降卒漢則分徙於五郡故塞外以爲五屬國。而渾邪王封爲漯陰侯其諸裨王亦各封侯。(註四)但史漢各書則未載對河西地區是如何處置，只有史記大宛列傳提到：

> "匈奴時有侯者到，而希矣。"(註五)

這是說漢已在此區設了守望的工事，不然何知匈奴侯者到。但至於移民，及此一地區之組織則均不載。而史記匈奴傳却說：

(註一)　見上註　頁713（註一），匈奴傳只言『益少胡寇』。（頁4547）。

(註二)　史記4589，或4589—4590。

(註三)　史記4590，漢書匈奴傳作 "西減北地以西戍卒半。"（頁1604）。

(註四)　史記4588～4590，至於五屬國各在何處諸說不一。正義："五郡，謂隴西，北地，上郡，朔方，雲中，竝是故塞外，又在北海西南。"（頁4590），杜佑則以爲安定、上郡、天水、張掖、五原爲五屬國所在地（見漢書補注頁91）。胡三省注通鑑則又以正義說爲對（同上，頁91）。周壽昌則以爲安定、天水、上郡、西河與五原。諸說與對其討論詳見鐮田重雄之漢の屬國都尉，載於其所著之漢代史研究（頁287以下）。又嚴耕望之漢代郡都尉制度（載於其中國中古政治史論叢），勞榦之漢代郡制及其對於簡牘的參證（在漢史論文彙編中）。

(註五)　史記4975；漢書1239。

"漢已得渾邪王，………徙關東貧民，處所奪匈奴河南新秦中以實
之，而減北地以西戍卒半。"(註一)

而漢書武帝本紀記：

"〔元狩〕四年冬，有司言關東貧民，徙隴西、北地、西河、上郡、
會稽凡七十二萬五千口。"(註二)

此處所徙之地中除會稽外皆是我們以上所述之地區，人口竟達七十二萬多，不爲不
鉅，但並未提及河西一地，而綜合此二條所言則是於渾邪降後，漢在西方所徙民處
爲：

河南新秦中——→西河——→上郡——→北地——→隴西

一線，是自朔方以至隴西沿黃河區一條長帶，而皆在河東。

史記匈奴傳又記在元狩四年春大將軍衞青，驃騎將軍霍去病約幕擊匈奴，衞青北
至闐顏山趙信城，單于大敗幾喪生；而驃騎將軍封於狼居胥山，禪姑衍，臨翰海擊潰
左賢王將得首虜凡七萬餘級，而是後匈奴遠遁"幕南無王庭"，因之漢乃渡河：

"自朔方以西至令居，往往通渠，置田官吏卒五六萬人，稍蠶食。"(註三)

自朔方以西至令居（令居在漢屬金城郡）是較上述新秦中至隴西更西的一條線，因令
居在今永登（平番）縣西北，所以這條線應當在黃河的西岸，以漢代的地理來說，它
的南段便正在河西區與內地的通口上。另外，此文言「通渠」「田官」「度河」當是
指在河以西新開土地而言。此事是在元狩四年大出擊之後，是否早於上述之元狩四年
冬移民之事不詳，但因全文中曾言：

"是後匈奴遠遁而幕南無王庭。漢度河……"

故可能是元狩五年之事。如果在五年，則自元狩二年渾邪王降後漢在西陲之發展如
下：

　　(1) 羣固舊郡地——大量移民新秦中——→隴西線，此亦爲渾邪未降之舊
　　　　國防線。

(註一)　史記，4547。

(註二)　漢書，91。

(註三)　史記　4549～4550。

（2）開發新土地——移民開墾朔方以西至令居線。

我們可將此一發展繪成略圖如下：(註一)

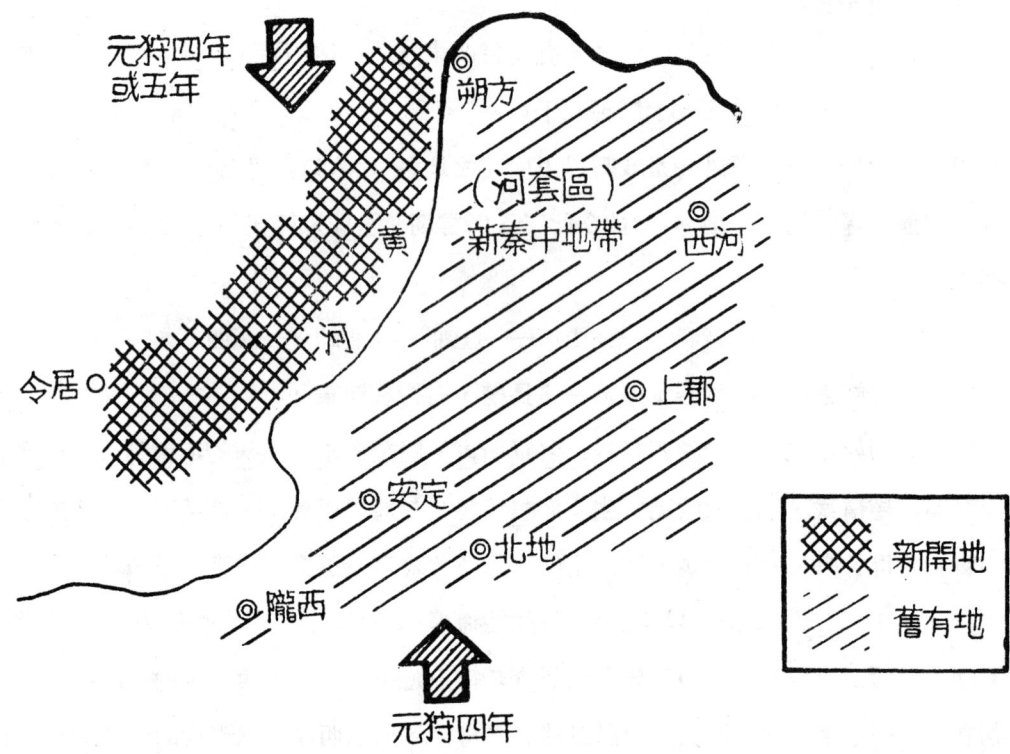

　　大概這一鞏固與開發的工作一直在進行中，漢書武帝紀元狩五年下仍記"徙天下姦猾吏民於邊"(註二)。所以大概說來，這第二期是一個安頓、固舊、逐漸向西推進的時期。

　　3. 第三期——元鼎中至元封末。

　　武帝建元三年張騫的第一次出使西域其目的為聯盟月氏共擊匈奴，那時漢尚在匈奴嚴重的威脅之下。到了元狩五年前後，大局已變了，衛青與霍去病可以說從根本上擊敗了匈奴，漢之聯絡西域其目的除去武帝個人之興趣外當是為了向外擴張，而河西

（註四）　程光裕和徐聖謨編著：中國歷史地圖集第一册 (1955)，頁14～17。

　　　　　王澂石編：中國歷史地圖，第二幅。

（註二）　漢書，91。

一地在這種情形下也有了特殊的重要性，它成了漢與西域間的一個通道，成了有漢一代西向擴張的一個起點，也可以說是一個基礎點。

　　張騫的二次出使西域的 "官方性" 的任務據史記大宛傳爲：

　　　　"今單于新困於漢 ， 而故渾邪地空無人，蠻夷俗貪漢財物，今誠以此時而厚幣賂烏孫，招以益東，居故渾邪之地，與漢結昆弟。"(註一)

而漢書騫傳則說：

　　　　"今單于新困於漢，而昆莫地空……厚賂烏孫招以東居故地……。"
　　　　(註二)

因一言故渾邪地一言昆莫地；一言居故渾邪地一言東居故地，便引起學者們對此事的許多爭論 ， 其實我們在上面已經說過故烏孫地 ， 故昆莫地（ 史記明言其曾居西域一帶 ），故渾邪地（ 甚至故月氏地 ）皆爲一地——卽以祁連山與焉支山中間的地方爲核心的一塊地區，相當於今日甘肅中西部的地方。昆莫地與渾邪地實二而一，只是在時間上不同而已。

　　由此我們可以知道當此時（ 元狩末年 ）漢已開始注意到經營河西地帶。對於在西方新開的邊地漢常願以與非匈奴的民族共同經營而由漢控制，如後漢書西羌傳湟中月氏胡下所說：

　　　　"霍去病破匈奴取河西地，開湟中，於是月氏〔按此當爲小月氏之一部〕來降，與漢人錯居，……從漢兵戰鬥……。"(註三)

大概漢最忌匈奴，平城之恥，永刻在漢朝皇帝的心上成爲一個「結」(Complex)，至於其他民族漢倒樂於聯結以收以夷制夷之效，其在西域聯車師等國以攻匈奴卽是一例。

　　聯烏孫之終極目的仍爲斷匈奴右臂（ 其實匈奴右臂早斷，這是一句老口號 ），另一主要目的則是：

　　　　"旣連烏孫，自其西大夏之屬，皆可招來而爲外臣。"(註四)

（註一）　史記4976。
（註二）　漢書1240。
（註三）　後漢書1037。
（註四）　同註一和註二。

　　由此足見漢的眞正心機的所在。張騫大槪是元狩末或元鼎元年左右出使西域，並未完全成功，因昆莫拒絕東回故地，但騫也另遣了副使使大宛，康居、月氏、大夏等國。他於元鼎二年回國，烏孫也派了使者數十人來漢報謝。但其不東歸故地的態度已明。因此漢便於元鼎二年開始有計劃地經營令居，而又以其爲據點積極向河西地域發展。(註一)同時因爲要向河西擴張，隴西一帶地區的本身也更加發展了，因此便在元鼎三年，分置了安定與天水郡。(註二)另外，在張騫死後之一年多（元鼎五年左右）他所遣使大夏等國的副使也都和其所使國的遣使一塊來漢廷，於是這響往已久的通西域是成功了，而在國內掀起了一股通西域的熱潮(註三)。在這樣的情形下漢武帝當然要大規模地開發河西了，所以便在元鼎六年派趙破奴將屬國騎及郡兵數萬從令居出擊匈奴在河西地區的殘餘勢力，他出令居數千里以至匈河不見匈奴一人而還。(註四)經過這樣的大軍掃蕩後，安全已有保障，漢便大量移民開發其地，據史記平準書：

　　　　　　“上郡、朔方、西河、河西開田官，斥塞卒六十萬戍田之。”(註五)

史書中述移民河西屯田者此爲首見。此處同時紀載移民上郡、朔方等地正符合我們在本節“2”中所作之分析——開拓新地（最前線地）亦同時鞏固「舊地」（第一後方線）。

　　河西已正式大規模地開墾，當時必是一股西向的熱潮激動着漢朝，自河西再向西便是西域之地了，爲了確保河西的安全，澈底打通西域通道，而且也要顯示漢家兵威

(註一)　此點於拙著 A Study of The Han Frontier System 中詳加討論，並參看日本大島利一氏之 “屯田與代田”(載東洋史研究，Vol. 14, No. 1 and 2, pp. 1-22) 之頁5~6；日比野丈夫氏之 “河西四郡の成立について”(載京大人文科學研究所創刊廿五周年紀念論文集 1954，頁120~140) 頁 140。日比野丈夫氏之結論爲自元鼎二年後漢以令居爲中心向河西進展（據通鑑，張維華氏論）；酒泉爲元鼎六年置（施之勉論）；元封間有張掖郡；敦煌立於天漢間；武威則由張掖於宣帝時分出（張維華、勞貞一先生論）。本人早沒有得讀此文，及稿成乃見之不及對其說法詳加分析，特插引其結論在此；其論當亦屬第三期者也。

(註二)　漢書（地理志）頁804，808。

(註三)　史記（大宛傳）4980~4983；漢書（張騫傳），1240~1241。

(註四)　史記（匈奴傳），4551，（大宛傳）4983；漢書（武帝紀）95，（張騫傳），1241。

(註五)　史記，2048。

給西國看看，趙破奴於是便又披甲他征，史記大宛傳記其：

> "擊姑師，破奴與輕騎七百先至，虜樓蘭王，遂破姑師；因舉兵威
> 以困烏孫、大宛之屬。"(註一)

繼兵威之後又是移民河西，漢書武帝紀元封三年：

> "秋七月，……武都氐人反，分徙酒泉郡"。(註二)

同時漢又向西作更進一步的開拓，而自酒泉列亭鄣至玉門。(註三)

如此漢的勢力步步向西發展，至元封末太初元年左右已擴張到了上述玉門之西的敦煌塞。史記大宛傳中數言敦煌，由上下文語氣看是指關塞而言，在當時它被認爲是漢之最西的據點，如：

(1) 李廣利第一次伐大宛失敗（太初元——二年），領軍歸來，司馬遷便說："還至敦煌〔——等於我們今天說及抵國境〕，士不過什一二。"下文便是武帝的命令不准入玉門；李懼，因留敦煌，可見敦煌是在玉門之西。

(2) 同傳又言太初元年，關中蝗大起，蜚西至敦煌。

(3) 同傳又記在籌備第二次伐宛調動兵馬中，"歲餘而出敦煌者六萬人。"可見其爲一塞，而出此塞即爲遠征西域之起點，此正如上述霍去病出隴西進擊匈奴之言。

(4) 此傳下文又說當時，發天下七科適，及載糒給貳師，轉車人徒相屬連至敦煌。"此又言敦煌爲一關塞點。本傳又記"初，貳師起敦煌西以爲人多，道上國不能食，乃分爲數軍從南北道。校尉王申生……千餘人別到郁成。"可見出敦煌以西再無漢家關塞，而即爲奔西域的大道了。(註四)

(註一)　頁4983，漢書（張騫傳）1241，徐廣、王先謙以此事爲元封三年。

(註二)　頁97。

(註三)　史記（大宛傳）4985；漢書，1241。

(註四)　以上俱見史記（大宛傳）頁4990～4996，此處牽涉到玉門關的遷徙問題，即當時玉門關尚在敦煌城之東，此處之分析更證實此點。沙畹氏首言玉門關曾遷過，本文前已討論過。反對此說的爲夏鼐先生（"新獲之敦煌漢簡"，集刊19期）與向達先生（"玉門關、陽關雜考"，真理雜誌一卷一號）。但夏、向兩先生之論實出於對許多漢代河西四郡發展過程的誤解，不能成立，見前引勞貞一先生1960年清華學報新二卷一期之論文。

　　漢之得河西地乃是爲了解除匈奴在西方的侵襲而作反擊的結果，而河西之地的開發却又是因要保持通西域的走道的原故。 河西的開發 史正是 代表着漢武帝一代對外（ 尤其是在西方 ）發展的趨勢。下面這第四階段便更足說明這一點。

　　4. 第四期——太初及以後

　　第三期是河西的初步開發期。第四期則爲河西的鞏固化時期，而這一鞏固河西的工作又與李廣利之伐大宛連在一起。漢家在西域的威望，特權地位，大宛的天馬，加上武帝個人的野心與一般人心的要求促成了這次的伐大宛。對河西來說，可能這是第一次漢人對它有了「國土」的感覺。軍隊的調動頻繁和補給線的聯絡便貫通了內地與河西的交通。我們看以下的統計，便知道當時的盛況了：(註一)

　　(1) 赦囚徒材官，益發惡少年及邊騎，歲餘而出敦煌者六萬人。而負馬私從者不與。伐宛凡五十餘校尉。發戍甲卒十八萬。發天下七科適，及載糒給貳師。轉車人徒相連屬敦煌。

　　(2) 牛十萬，馬三萬餘匹，驢騾橐駝以萬數，多齎糧，兵弩甚設。

這是何等的一個局面，眞如司馬遷所描繪是天下騷動了，而忽然之間河西竟成了漢家歷史的中心，爲擧天下所注目之地。這樣的局面當然是加速了對河西的大開發了，流民隨之而去者日增。 另外 ，軍事的活動也使河西更向邊界擴張，如大宛傳記太初二年，漢廷便在“酒泉、張掖北置居延、休屠以衞酒泉。”(註二)並派强弩都尉路博德築居延。(註三)其後居延一帶便成爲匈奴與漢所經常接觸之地。(註四)匈奴雖也偶入酒泉一帶，但這時的酒泉就等於元狩二年前之隴西、朔方一樣，只是被侵擾的邊郡而已，其地位已是鞏固。

　　太初四年伐宛成功使漢在西域的威名大振 ， 同時漢勢力也伸入西域內部 ， 並自敦煌至鹽水築起了亭障。 因此敦煌已不再是漢家疆域的最前線了 ， 其地盤在逐漸擴張，人口增加，漢廷便於太初末在敦煌設立了酒泉都尉以指揮管理一切。(註一)至此作

（註一）　史記，4992～93。

（註二）　同上。

（註三）　漢書頁99。

（註四）　漢書（匈奴傳）頁1606～1607。

為河西四郡最西的敦煌郡初型已定。另外，就全河西地域而言，在這次戰爭中它與內地的交通和聯繫都增進了許多，而其開發亦隨之加速，河西從此便逐漸鞏固下去了，因為不斷地移民——包括有計劃的移民與流民二者，河西也逐漸趨向繁盛。河西的初步開發工作至此完成。

（二）

就我們以上對河西地區的開發史的研究來看，下列幾點最值得注意。第一，河西是漢朝所完全新得的一塊土地，其開發過程當具有些代表性。它的過程代表着漢朝由防衞性的戰略轉到擴張性的對外用兵的層次。河西便在這個轉變中發展起來，因為它是通西域的要道。第二，在漢武帝時期對西北之用兵中，前期兵力的運用是以自衞為主的打擊匈奴，軍力幾乎全是精銳和實在的，而後期的軍事活動是以通西域為首要，軍力甚不整齊，而不得已乃基於一種「鑿空」性的活動，而全國也因而掀起了一股向西域前進的大潮流，最後卒動員天下兵力以伐大宛（中間因之使河西興起）。這個轉變對整個武帝一代的影響如何是耐人尋思的一個問題。第三，就河西開發史來說，漢政府是採用了以下兩個政策：

(1) 新開闢一地區前必先出動大軍掃清敵人的殘餘勢力以確保地面上的安全。

(2) 如計劃開發某一地區，必先對其接隣（尤其是近內地一方面）的地區移民充實，以為堅固之屏障。

在我們以後對本文之主題——四郡建置年代的研究中，這三點是頗為相關的，它們應是我們作判斷的部分根據。

五

亭郵、都尉、郡

照以上所述之四郡開發史的紀載來說，漢於元狩二年得河西後並未立即移民置

（註一）　史記，頁4999。

郡，但由史記大宛傳所記"匈奴時有侯者到"來看，漢政府必有守望工事和設置於其地，但其詳細發程過程則爲史籍所不載。這種疏漏大概由於河西在初期不甚重要而不爲人所注意所致。史、漢所記河西和西域事多有錯誤，足證二書之作者對此二地區亦知之不詳。從另一方面來說，河西是自張騫第二次通西域後始變爲重要，因之史漢記河西事也是自元鼎起始比較詳細。自元鼎後，因漢之擴張政策經已形成，決定銳意發展河西，其地逐爲人所注目，而對其發展情形載錄亦較多。在這一段時間，河西最西的一郡敦煌便由點式的據點逐漸擴張加大而形成。史籍對其發展有較詳細之紀載，我們可以據之以重建這一發展的過程，而敦煌之經營過程或可代表漢政府開闢其他先置之河西郡地的措施與步驟，有可供我們參考引證之處。(註一)

（一）敦煌的發展程序

I

史記大宛傳記自元鼎末年至元封三年間漢武帝派公孫賀、趙破奴等屢屢出兵河西地域肅清匈奴的殘餘勢力，且於元封三年遠及西域邊緣擊破樓蘭，於是漢乃：

> "自酒泉列亭障至玉門。"(註二)

漢書地理志敦煌之效穀縣下，顏師古的注說：

> "本魚澤鄣也"。(註二)

史記大宛傳記漢於太初四年伐大宛成功後：

> "敦煌……西至鹽水往往有亭"。(註四)

漢書作「往往起亭」(註五)

由以上這些紀載我們可以看出：起「亭障」是開發一個新地域的第一步，也是最基本的一步；敦煌郡的開發便是從置亭障起一步步地發展起來的。

(註一)　頁1028。
(註二)　史記，4983～4984。
(註三)　頁809。
(註四)　頁4999。
(註五)　頁1638。

II

不過亭障還只是些據點，要對一個地域加大擴展就必須再從這些點上擴大屯田和移民，上面所引的魚澤鄣便是一個例子，據桑欽所記，其發展如下：

> 孝武元封六年濟南崔不意爲魚澤尉，教力田，以勤效得穀，因立爲縣名(註一)。

沙州圖經引此文作「魚澤都尉」，(註二)王國維氏以爲武帝時有魚澤都尉，(註三)。如果這種看法對，我們可以說效穀縣的發展是先起「亭」，而又擴大成大一點的鄣，然後又由鄣擴大成都尉區，最後又立爲縣，我們可將此一過程列表如下：

> 亭──→魚澤鄣──→魚澤都尉區──→效穀縣。

可能在魚澤都尉時期魚澤鄣仍是有的，這種情形從居延漢簡中所見的居延都尉下仍有有居延候官，居延亭，可爲明證(註四)。

漢書西域傳記鄯善國王請求中國派兵屯田伊循而漢乃遣司馬一人，吏士四十人，田伊循，而其因發展進步更置「都尉」，(註五)其開發地點與方式雖異，但設都尉之代表高階層之經營則同。

漢書地理志於敦煌郡下共述六縣，有效穀縣在，但並無魚澤都尉。而敦煌出土之木簡中却在宜禾都尉下有漁澤鄣(註六)，這可能是在立效穀縣後，魚澤都尉已改或取消，而後來連魚澤鄣也改屬廣至縣境的宜禾都尉，因據王國維氏說效穀與廣至兩縣是相隣的(註七)。

與效穀縣發展相似的還可舉出敦煌縣。史記大宛傳記李廣利伐大宛事中數次提到

(註一)　漢書，頁809。胡渭、錢大昕等認爲此本班氏原文，非顏氏所注，「師古曰」三字乃衍文。清、王紹蘭於其漢書地理志校注中亦詳辨桑欽原有地理志一書，見開明書店印二十五史補編第一册，頁498～499。

(註二)　東方學會印，鳴沙石室佚書第三册，27頁。

(註三)　流沙墜簡考釋二，頁16。

(註四)　勞貞一先生，居延漢簡圖版之部，第一册，頁9～10。

(註五)　漢書，頁1642。

(註六)　沙畹，Les documents etc. (1913) 頁25～26；王國維，墜簡，頁15；勞榦，考證(1960) 頁38。

(註七)　王國維，上註三所引書之頁14～15。

敦煌：(註一)

　　　　“〔太初元年〕而關東蝗大起，蜚西至敦煌。”

　　　　“往來二歲，還至敦煌，士不過一二。”

　　　　“天子聞之大怒，而使遮玉門曰：「軍有敢入者輒斬之」，貳師恐
　　　　　因留敦煌。”

　　　　“歲餘而出敦煌者六萬人。”

　　　　“發天下七科適，及載糒給貳師。轉車人徒相連屬至敦煌，……。”

　　　　“初貳師起敦煌西，……。”

　　由這些紀述來看，我們可以確定在太初元年至三年或四年間，「敦煌」一詞尚非
指「郡」而言，並且它是在漢帝國的最西的邊地上，是向西域用兵的起點(註二)，是一
個大的關塞或城。(註三)。伐大宛的大軍事調動使敦煌的地位加重，漢乃在這區大量屯
田移民，如居延漢簡記：(註四)

　　　　延壽姪太初三年中父以負馬田敦煌，延壽與父俱來田事已。(一一)
　　　　三〇三・二九

　　同時伐大宛的成功也使漢的勢力向西擴展了許多，如上所引的通鹽澤間起亭燧，
也可能一部分伐宛人員在敦煌一帶留居下來。這種種因素當然使原來的敦煌地面擴大，
所以就在伐宛之後在其處設了酒泉都尉，(註五)成爲一個較大的並重要的行政上與軍防
上的單位。

　　在漢書地理志的敦煌縣下並無酒泉都尉，而有中部都尉（治步廣侯官）(註六)。這
可能是成立敦煌縣後原來的酒泉都尉便改爲中部都尉而其治所也隨之遷移。總結以上
所述，可將敦煌縣的發展列圖如下：

（註一）　史記，頁4990〜4995。

（註二）　此可證玉門關此時尚在敦煌之東，也可證玉門關確曾遷移過。見本文前所引各家論。

（註三）　勞貞一先生認爲在邊地用「出」「入」字眼的地方，是指「關塞」而言，見考證(1960)，頁28。

（註四）　勞貞一先生之考釋 (1949)，頁三。

（註五）　史記，4999。

（註六）　漢書，807。

太初元年——→四年初間　　　太初四年

敦煌城或塞————————————————→酒泉都尉——→敦煌縣
　　　　　　　　　（移民屯田擴大）　　　　　　⇢中部都尉

中部都尉治下有兩候官：一爲步廣 ，一爲平望 (註一) 王國維氏據斯坦因 （Aurel Stein） 的考古調查紀錄斷定 "敦22" 遺址卽爲故平望候官所在地(註二)，斯坦因氏又在 "敦22C" 的遺址中發現一漢簡其文如下：

天漢三年十月　　　隧長趙除居平望(註三)

這可證明遠在天漢三年已有平望，其地遠在敦煌城之西北，其距步廣候官（敦22遺址）甚遠，王國維氏以爲中部都尉之最西者。(註四)，於此亦可見當時敦煌附近發展之概況，或者敦煌之立縣就在天漢三年左右。

我們已在上文中提到過敦煌在初伐大宛時是漢帝國最西的關塞和向西方進軍的出發點。而由 "使使遮玉門曰：……貳師恐，因留敦煌" 來看，它的東邊尙有一個玉門關。又漢書地理志酒泉郡玉門縣下顏師古注曰：

"闞駰云：漢罷玉門關屯徙其人於此。"(註五)

由以上所述可知玉門關在未罷之前是一關塞，此與後日在敦煌西之玉門都尉不同，因後者轄有一相當大的地區（見下文）。可能這個在敦煌東的老玉門關在較早的一段時期是漢帝國最前線的一都尉區，轄有許多分散的亭障，但後來因漢勢力的銳意西進，而佔據和開拓之地西出玉門甚遠，至太初年間敦煌更變成了漢家的極西門戶，老玉門關便失去了其特殊軍事地域的意義，而其轄地又因酒泉郡的整頓與增設縣轄區使倂入普通的縣治內了。 所以 ， 此時玉門就成了一個孤立的關城，這樣的關城是可以遷徙

(註一)　王國維，叀簡，頁146。勞貞一先生考證 (1960)，頁38。

(註二)　Aurel Stein, Ruins of Desert Cathay (1912), Vol. 1. 所附之 Map Showing Ancient frontier line with Adjacent Tracts, North and West of Tun-huang, Vol. II 之頁 1~158。
　　　　王國維氏叀簡釋三末所附之地圖與表。

(註三)　沙畹，前引書，簡271 號(頁 65)；王國維，叀簡之釋二頁29 b. 勞貞一先生，考釋 (1949) 所附之敦煌漢簡校文中「趙」作「遂」，(頁42)。

(註四)　上引王氏書，頁15。

(註五)　頁807。

的，如元鼎三年的遷函谷關於新安。（註一）在李廣利率兵伐大宛前，漢的勢力可能已稍
向敦煌以西沿着蘇勒河（今稱疏勒河（註二））探進，或有小的亭防工事，及至伐大宛，
漢人西出敦煌者更多，亭障之建竟西至鹽澤，而敦煌之最西前線之地位也逐漸失去，
那末爲了向西發展的指揮工作，與確保向西的大通道，漢政府便必須再在敦煌以西
的前線地帶建立起一個坐鎮指揮統轄諸亭防的關，就在此時那個古老的玉門關便被遷
移到了敦煌以西斯坦因稱爲敦十四區遺址小方盤的地方，因其仍屬酒泉郡故稱酒泉玉
門都尉。（註三）這樣的一個關都尉是轄有一個都尉區的，它應包括以下兩部分：

1. 玉門關的本身。〔卽敦十四遺址〕
2. 其附近之侯官亭障的組織，以斯坦因之調查紀錄來說就是自敦十一以下所
   包括之地方。（註四）

就漢簡中所見者而言，勞貞一先生將玉門都尉所轄地列成下表：（註五）

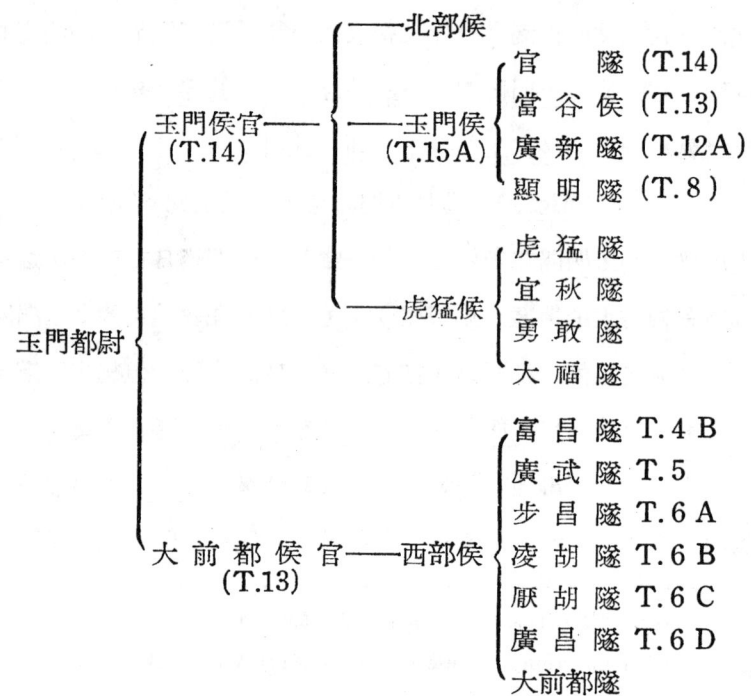

（註一）　漢書頁92。
（註二）　上頁註二所引 Stein 及王國維氏之地圖。
（註三）　夏鼐先生在民國三十三年於此地獲一簡卽有如比之稱謂，見前引其在集刊19本論文之頁239。
（註四）　見前頁註二。
（註五）　考證（1960）頁38，（此係綜合沙畹、王國維之研究而成。）日本藤枝晃氏復增虎猛侯下之各隧，見
　　　　所著之 "釋「見署用穀」ほか"（載東洋史研究 Vol. 14, No. 1，2, pp. 151-156）之頁 152。

當然在太初及天漢年間其組織也許還不到如此複雜，但其形式則必相同，此處所提到的，甚多是載於天漢太始間的簡上的，如大前都侯。不過這種關都尉區並不改縣，此為一特點。

總結以上所言，我們可以看出亭障區的擴大便形成一個較大型的統一組織，這便是都尉區，一個大地方可以同時存在好幾個都尉區，而它們的性質有時也不同。這樣的都尉區兼管軍事與民政兩方面的事務，等於一個邊防特別組織。從都尉區再向上發展就是立縣，一立縣民政一方面的事務便歸於縣的組織所轄，而都尉便專管這樣一個邊地的軍防事務，卽亭隧候望的組織。同時，由於各都尉區的再擴大，有些都尉區便改成了縣，這樣的一個大地面又需要一個統一的組織，那便是要立『郡』了。

III

就敦煌郡的發展來說有兩點我們不甚清楚：

　　(1) 立縣在先還是在立郡時就將某些都尉區改成縣，如敦煌縣；或者兩者兼行。

　　(2) 敦煌於何時立郡？

我們先從第二個問題說起，在敦煌漢簡中有一簡如下：(註一)

　　　　太始三年閏月辛酉朔己卯玉門都尉護衆謂千人尙尉丞某某署就。

此簡出土於敦十四遺址，就在同一遺址夏鼐先生於民國卅三年發現另一簡，其文如下：(註二)

　　　　酒泉玉門都尉護衆，侯畸兼行丞事……。

我們比較這兩個簡中對玉門都尉的紀載可以看出後一簡的時代是在玉門都尉仍屬於酒泉郡的時候，到太始三年敦煌已立郡便只稱玉門都尉了，因此我們可以說敦煌之立郡必在太始三年前。

至於第一個問題因現有材料不充分我們不能作確切地論斷，不過就我們以上討論的來說我們可以斷定下列各點：

　　(1) 因敦煌郡係由酒泉郡發展擴張而來，在其立郡時有些都尉區已改成縣，如效

（註一）　沙畹上引書之頁71（簡305號）；王國維，上引書之釋二頁46；勞榦，敦煌漢簡校文頁48。

（註二）　夏鼐，前引文，頁239。

穀縣。

（2）玉門都尉區在立郡後不改，只是將「酒泉」二字除掉。

至於酒泉都尉區之改成敦煌縣與立敦煌郡在時間上的相對關係，則難確定，不過作者相信很可能立縣與設郡是同時。在斯坦因所發現漢簡中有簡如下：（註一）

> 降歸義烏孫女子，
>
> 復幕獻驢一匹（驛）牡
>
> 兩㭫齒（二）歲封頸以
>
> 敦煌王都尉章

王國維氏以爲此處稱敦煌王都尉與史籍所載前漢敦煌有四都尉說不稱，故以爲此簡之年代是在後漢光武帝省官之後，因其時敦煌只有一郡。（註二）不過此簡出土於敦十四之二的遺址中，同時出土的尚有漢元帝初元二年和四年左右之年號簡且更無晚於此者。（註三）因此可能此簡也是前漢之物。我們在上面已提到敦煌原有酒泉都尉，不過後來因敦煌立縣，原來之酒泉都尉之地便歸縣治，而軍事方面之事務也就另立了中部都尉加以統轄了。這個中部都尉可能是因爲設在敦煌或者地位有些特殊而是敦煌郡之最重要的都尉便又稱敦煌都尉。如此，則上簡中之文句便可說的通了。如果這個推測對，敦煌之立縣，立郡，與中部都尉的設置或是互相關聯的，可惜沒有更進一步的證據以爲更深一層的研究。

（二）

亭障區——→都尉區——→〔縣〕郡

I

從以上對敦煌郡發展過程的分析來說，在一個新郡的開拓中以下之程序甚爲明確：

（註一）　沙畹，前引書頁78（No. 341）；王國維前引書釋文二頁50b；勞榦敦煌漢簡校文頁53，此處引文係根據勞氏修正者。

（註二）　王國維，上註所引。

（註三）　沙畹，上引書頁77～80。勞榦，上引之校文頁52～56。No. 338 沙畹作初元元年，勞作二年，沙對。沙之No. 339應作 T. XIV. II. 沙誤寫成 T. IV. II.

亭障時期—→都尉時期—→〔縣〕郡

不過我們還沒有討論到每一時期的狀況，以下再就這方面作些補述。

在武帝一代的西向和西北向的擴張中，第一步的工作便是先在所要開拓的地方建築亭障。此點在上文中已略涉及，今更詳述之。後漢書西羌傳提及武帝拓邊之事便說：

> "通道玉門，隔絕羌胡，使南北不得交關。於是障塞亭燧出長城外數千里。"(註一)

我們上文已提到敦煌的建立也是由亭障發展起，自敦煌再向西方發展也是「起亭」。史記匈奴傳記徐自爲於太初三年出五原塞向外擴張也說：

> "漢使光祿徐自爲出五原塞數百里，遠者千餘里，築城障列亭，至盧朐。"(註二)

武帝征和四年桑弘羊等上奏建議屯田故輪臺以東，武帝下了著名的輪臺詔，內中也說這樣的擴張計劃是：

> "今請遠田輪臺，欲起亭隧"。(註三)

建築亭障都是作爲擴張與防守的據點，就形制來說，亭（又稱隧，或連稱亭隧）是最小的單位據點；而障是比較大的單位——如上引徐自爲事中障與城並稱，勞貞一先生以爲是一小城，(註四)如此便可以用大一些的建築——障爲中心，再在四圍環圍着些小一點的亭成爲一個開發中心據點，而在開發某一地的第一步便是建立起這樣的衛星式中心據點，然後再由這樣的點向四外擴張，因此由以上引的紀載來看，起「亭障」便是擴張的開始，所以這第一期可稱爲亭障時期。

在這樣的一個地區內（如以酒泉出發向西進的地區），亭障是一步一步地向外推進的。一個據點的設置有下列必備條件：

(1) 阻險之地。(註五)

(註一)　後漢書 (藝文版)，頁1028。

(註二)　史記，頁4559。

(註三)　漢書，頁1667。

(註四)　"釋漢代之亭障與烽燧" (集刊十九本頁501～522)，頁502，518。

(註五)　沙畹書，No. 60 簡 (頁25)；史記 (匈奴傳) 頁4510；漢書 (張湯傳) 頁1223，師古對之注，但障却非只置於塞上，魚澤障即爲一例。

　　(2) 近水源。(註一)

　　(3) 聯絡方便或爲通道之地。(註二)

　　(4) 附近有肥沃可灌溉之田地。(註三)

　　各據點之間的距離也沒有硬性規定，單看條件適合與否，敦煌附近之各亭隧遺址間距離之不定卽爲一證。另外，在這樣的亭障時期與制度下，因其目的是在擴張，所以有居民住在障中屯田經營向外擴張，如黃文弼先生在羅布淖爾沿岸所發現的漢代遺址烽燧區，和上述之魚澤地區都是例子。(註四)上引桑弘羊等於征和四年建議屯田故輪臺以東事有下列之語：

　　　　　　　可遣屯田卒詣故輪臺以東，置校尉三人分護，………。田一歲有積
　　　　　　　穀，募民壯健有累重敢徙者詣田所，就畜積爲本業，益墾溉田，積
　　　　　　　築列亭，連城而西，………。(註五)

桑弘羊這個計劃必有所本，勞貞一先生以爲是本諸漢開發河西的經驗而設計的。(註六)照黃文弼先生在羅布淖爾沿岸所發現的漢烽燧遺址及漢簡來看，這樣的軍屯繼之以民屯的政策也確曾實行過(註七)，因此我們可以用這段文字爲證明來總結在西向擴張中亭障期的各點如下：

　　(1) 亭障是開發的起點，以這樣的據點爲中心以移民、屯田來逐漸向外擴
　　　　張。亭障是一步一步向西推進的。

(註一)　見上引 Stein 之地圖敦煌附近各遺址，都靠水源；又漢書（匈奴傳）言「路博德築居延澤上」；黃
　　　　文弼，羅布淖爾考古記 (1948) 頁 105；居延之情形亦如此，見前頁註四引勞貞一先生文，頁516。

(註二)　黃文弼，上引書，頁105；上引勞貞一先生文前頁註四，頁516。

(註三)　漢書（西域傳）頁1665。

(註四)　黃文弼，上引書，頁105～112。居延一帶之情形略異可參閱 Bo Sommarström 氏之報告，Archaeo-
　　　　logical Researches in the Edsen-gol Region, Inner Mongolia, 2 Vols, 1958。舊說以爲障只
　　　　住吏士（見前頁註五引顏師古注）。又陳直，兩漢經濟史論叢頁28述廣地候官有五家庫，亦足作有居
　　　　民之證。

(註五)　漢書頁1665。

(註六)　"漢代的西域都護與戊己校尉"（集刊28本，頁485～496），頁485。

(註七)　黃文弼，上引書頁105～112，1 9～213。

(2) 大的亭障爲居民之處，上言一歲而募民前往，必是所募之民先居於老亭障中，因一歲之間又種田，又防衞，加之材料不方便決不可能築起大城。

(3) 一個亭障區是一個軍事性地域，其目的在發展擴張。而指揮這樣一個系統的亭障區的是一軍官。

II

亭障區仍是比較小而分散的據點。由於這些點所處的位置的不同與當時環境的需要與否，這些點中有的便在有利的條件下繼續發展，有的便停滯不進，有的甚至放棄。這樣演進的結果，那些在擴張中的便自然加大，而亭障的數目也加多，因此這樣的地區也由點擴張成一個面；統一指揮這個面是都尉，所以我們稱這樣的一個地區是都尉區。關於這樣的發展，我們可舉居延地區爲例證。

元狩初年在漢軍對河西一帶的征伐中已提到居延，如：

> "驃騎將軍復與合騎侯數萬騎出隴西、北地二千里，擊匈奴，過居延⋯⋯。"(註一)

此處之「居延」照出隴西、北地兩千里始過之來看當是指今鄂濟納河 (Edsen-gol) 上游某支流。至元狩二年渾邪王率衆降漢，河西已屬漢，卽於其地置候望開發，(註二)而其中當是以亭鄣爲據點。以地勢度之，從北地、隴西出發向河西開發，當是沿河西走道而西下。至於對居延地區之開發則又當是沿鄂濟納河自南而北上，逐漸擴延；由對這一帶的考古報告和我國人對居延這一帶在當時的屯田情形的研究都說明毛目(鼎新)是這一向北沿河而上的總起發點，(註三)漢書李陵傳記：

> "武帝以爲〔陵〕有廣之風。使將八百騎，深入匈奴二千餘里，過居延視地形，不見虜，還。"(註四)

下文又言武帝拜李陵爲騎都尉，將勇敢五千人，敎射酒泉、張掖以備胡；又說此事之

(註一)　史記頁4546。

(註二)　史記頁4974～75："匈奴時有候者到，而希突"。勞榦，考證 (1960) 頁25～26。

(註三)　Sommarstöm 上引書；黃文弼，上引書，頁59；Stein, Innermost Asia。

(註四)　頁1145。

數年後卽爲貳師將軍伐大宛之時。因此我們可以判定此事是在元封中期左右，而其時河西已立了酒泉、張掖郡，那末此處所言的居延當非額濟納河之上游的地方；從所述「二千餘里」及「視地形」來看，當是在此河之下游，所以當是指居延澤而言。而且匈奴之勢力此時正是以居延澤以北之地面爲中心（註一），這深入二千里，過居延視地形，更當是指居延澤而言。這段紀載告訴了我們自元封中以後漢的勢力已逐漸向居延澤方向擴張。照以上所言的擴張的通則則當是「起亭鄣」了。不過史書對於這一點却未載錄，但對於居延一帶的開發有以下之紀載：

漢書武帝紀太初三年：

　　　　　“强弩都尉路博德築居延。”（註二）

而匈奴傳則記：

　　　　　“太初三年……，使强弩都尉路博德築居延澤上”（註三）

衞霍傳所附之路博德傳則言路博德：

　　　　　“……爲强弩都尉，屯居延，卒。”（註四）

但李廣利傳則記太初二年：

　　　　　“益發戍甲卒十八萬酒泉、張掖北，置居延、休屠以衞酒泉。”（註五）

此處所言「置居延……」，如淳的注以爲「立二縣以衞邊也。或曰置二部都尉。」（註六）以上所言太初三年漢武帝始以路博德正式經營居延一帶，此處所言立縣與置都尉顯然都不對。不過在伐大宛的長征中先鞏固河西地域之北防，以免匈奴乘虛入侵亦爲必要，所以漢有必要在大調動軍馬之際先在居延一帶有所行動，所謂「置居延」很可能就是將已有之亭鄣加以整頓統一化而築一居延城作爲總指揮，所以緊接看便在太初三年派了强弩都尉路博德正式在居延澤一帶擴大經營而以「都尉」總指揮一切，所以用

（註一）　見漢書匈奴傳對其活動之記載，如受降城之爭戰可爲明證。（1962 年中華書局標點本，以下省稱漢書(1962)，頁3774～3776)。

（註二）　漢書 (1962) 頁201。

（註三）　漢書 (1962) 頁3776。

（註四）　漢書 (1962) 頁2493。

（註五）　同上，頁2700，又史記大宛傳，4993。

（註六）　同上，頁2701。

「屯」用「築」來指明其任務。漢書地理志張掖郡居延縣下之師古注說：

　　　　“闞駰云：武帝使伏波將軍路博德築遮虜鄣於居延城。”（註一）

太初三年路博德已不是伏波將軍，此處所言當是「故伏波將軍」。（註二），但居延則確

有遮虜鄣，居延漢簡中卽有一遮虜侯言居延事者：（註三）

　　　　徐子禹自言家居延西第五辟，用田作爲事。（面）401.7。

　　　　謹移檄□官發□宜錢簿一編謹☑問□欲所取□□所願。河平四年

　　　　正月乙亥，遮虜侯武敢言之。（背）401.7。

此處遮虜侯之命名當因治在遮虜鄣而得，（註四）另外，漢書李陵傳記天漢二年李陵擊匈

奴事云：

　　　　“上壯而許之，因詔彊弩都尉路博德將兵半道迎陵軍。博德……亦

　　　　　羞爲陵後距，奏言：

　　　　「方秋匈奴馬肥，未可與戰，臣願留陵至春，……。」

　　　　書奏，上怒，……詔陵：「以九月發出遮虜鄣，……。」

　　　　陵於是將其步卒五千人出居延，……。”（註五）

又記陵於戰敗後：

　　　　“令軍士人持二升糒，一半冰，期至遮虜鄣者相待。……遂降。軍

　　　　　人分散，脫至塞者四百餘人。”（註六）

照以上第一段引文來看路博德所居確爲遮虜鄣，因其由遮虜鄣上奏言「留」陵至春，

所以武帝才令李陵卽出此鄣北擊匈奴。不過，結果是李陵出的是居延，所以他是帶兵

居留居延而非遮虜，可見二者不同，闞駰所云博德築遮虜鄣於居延城的話也不對。勞

貞一先生於其居延漢簡考證中亦指闞駰說爲錯，而他的解釋如下：

　　　　“黑城爲居延城，……。以簡文所記方位證之，亦卽以黑城爲最合

（註一）　同上，頁1613。

（註二）　見勞貞一先生之詳論，考釋（1949），頁三。

（註三）　勞先生考證（1960）頁三十所引，但釋文（1949）頁28所釋與此不同。

（註四）　勞先生說，見上注引考證（1960）頁三十。

（註五）　漢書（1962），頁2451。

（註六）　同上頁2455。

理。……是居延城中固本有鄣也。惟今城乃後世增修，全非漢舊，漢代居延城或在黑城一部，非今城之範圍。自後居延地位漸重，由屬國都尉而西海郡，城郭亦逐漸擴大，遮虜鄣逐包在城中。閼駰時大抵已漸次擴大，障在城中，……逐以爲路博德果築障於城矣。"（註一）

此言遮虜鄣建築時本與居延城相連。從上引漢書記李陵事之第二段文字來看，遮虜鄣在當時是一個負總指揮與護衞責任的大塞，所以李陵使其軍士逃奔此塞，而結果也有「四百多人」安全入塞。居延地區的鄣一般只容一二百人，而此處竟容四百多人避入，亦可見遮虜鄣之大了。

綜合以上的討論我們似乎可以作以下的結論：

(1) 漢武帝太初以前漢之勢力已及於黑城一帶，並於毛目一帶出發以起亭鄣方式向這一地區推進。據 Sommarström 氏之考古報告，此區有許多「半兩錢」發現，或亦可爲漢之勢力早及於此區之旁證。（註二）

(2) 太初二年爲配合伐大宛的軍事進行與防止匈奴乘機南下，漢於此區築居延城加強防務並作積極經營。

(3) 此一政策之結果乃又於太初三年派路博德大量營築居延澤地區，增加亭障防衞工事，其中之一卽爲遮虜鄣，此鄣當在太初二年所建之居延城近地，而他本人卽坐鎮此鄣總指揮此一地區之經營，並「遮」匈奴不使其南下，所以才名之爲「遮虜」鄣。（註三）

(4) 路博德屯築居延地區始自太初三年，天漢二年尙，在其地據上引其傳所言則一直到他死都坐鎮此區。（註四）

(註一) 1960版，頁30。

(註二) 上引其書之第二册，頁197與198。

(註三) 漢書匈奴傳（1962，頁3776）載此時武帝又派徐自爲出五原塞築城鄣列亭至盧朐，並派韓說、衞伉屯其旁。此皆爲「遮虜」不使其在伐大宛時南侵，並與路博德互應。

(註四) 居延漢簡中有一簡如下：

　　☑六石
　　☑一石十・石　　征和四年十月壬辰朔癸已第二亭長舒受將軍從吏德。
　　　　　　　　　　(512) 275.22.〔勞氏考釋 (1949)，頁335〕。

（註文轉下頁）

路博德經營居延地區時是彊弩都尉，後之有居延都尉必是由此而來，因居延經博德逐漸擴展，至其死漢乃援其例仍派一都尉治理而名居延都尉，此正如太初元年因杅將軍公孫敖築塞外受降城而後由「受降都尉」治理一樣。(註一)在路博德屯營時居延地區的組織正史沒有紀載，但其有很多單位當是必然之事。照居延出土的漢簡來看，居延都尉地區的組織上的層次如下：(註二)

居延都尉──→候官〔共四個各有名稱〕(註三)──→候〔共數十個，各有專名〕──→亭隧〔數目上百，各有專名〕(註四)

在路博德時代候官，候、亭隧在數目上當然沒有這樣多，不過組織的體系是不會有出入的，而且從敦煌出土的漢簡分析出來的都尉區的組織層次也完全與此相同，可見這是漢代開發河西時期中的一個通制。

我們現在所見到的漢簡都是從這個組織層次中某一單位地出土的，所以它應當是在這樣的組織層次中的人物的一個生活紀錄。以下我們要來看這是怎樣的一種生活，並由此來看它所代表的歷史上的意義。我們先舉出與本節所論主題相關的生活的類別來：(我們必須聲明，以下只是簡而又簡的一個大綱，其目的只在供給一幅略圖而已。)

1. 參加這個組織層次的人物的身分：(註五)

軍人（如戍卒，田卒，募卒，私從，……）

（文接736頁註四）

（「征和」馬叔平先生以爲「延和」，錯；夏鼐先生已詳辨之，見上引夏氏文頁236～238）如果漢代將屯居延的將軍只有開創時的路博德（故伏波將軍），則此處所言之將軍當是路博德，那末可能是征和四年路氏尚在，不過要算是特別長壽的了。

(註一)　築受降城事見漢書(1962)頁200；「受降都尉」見田廣明傳（頁3664）。

(註二)　勞貞一先生：考證(1960)，頁38～40；圖版(1957)，頁9～10。
　　　　伊藤道治："漢代居延戰線之展開"載東洋史研究十二卷三號(March, 1953)，頁29～49。
　　　　Sommarström，上引書頁18～19。

(註三)　此不包括肩水都尉所轄之候官。廣而言之則應包括，那便一共有七個候官之多。

(註四)　居延之農亭當爲一特別的亭，是爲屯田者，見陳直所著之兩漢經濟史料論叢(1958，以下簡稱論叢)，頁58。

(註五)　詳細之區分，諸看陳直先生之論叢頁5～14。陳氏所論都是引據漢簡的，此處不再重引。勞氏考釋(1949)，頁6所引簡；考證(1960)，頁54～56。

　　　　　普通人（如一般居民，吏卒家屬，奴婢，客民，……）

　　　　　罪犯（如徒，弛刑士，……）

　　　　　其他（如屬國兵馬，……）

　　2. 在這個系統中人物的活動範圍：

　　　　（1）軍事性的，如候望，烽燧方面的工作。(註一)

　　　　（2）農作方面的，如屯田及與其相關的活動。(註二)

　　　　（3）商業性的活動，如戍所官府之貸放米粟，(註三) 貸借資本給官吏爲
　　　　　　商，(註四)出租房屋，(註五)出租田地，(註六)等等。

　　　　（4）法律方面的，如刑獄的設置。(註七)

　　　　（5）宗敎方面的，如社祀。(註八)

　　　　（6）知識生活方面的，如經書──尚書、周易等之學習；急就章、倉頡
　　　　　　篇及簡單的算數之練習等等。(註九)

　　3. 與這些活動相關的一些建置和制度：

　　　　（1）戍所設小府、錢府主管財政。(註一○)

　　　　（2）庫、倉的設立以管制農作及其他方面的產品與積物。(註一一)

(註一)　論叢，頁二。勞貞一先生考證（1960），頁34～36，40～41。

(註二)　論叢，頁45～60。考證（1960），頁52～53。極微之工業性活動亦有之，但只能爲農業或軍事方面之
　　　　附屬而已，見論叢頁66～67。勞貞一先生"漢簡中的河西經濟生活"（載集刊十一本，頁61～75），
　　　　頁62～68。

(註三)　論叢頁23。

(註四)　見上註。

(註五)　論叢頁34。

(註六)　論叢頁51，關於註三至本註所涉及者並請參閱上引勞貞一先生的"漢簡中的河西經濟生活"頁68～73。

(註七)　論叢，頁40。考證（1960）頁13～14。

(註八)　論叢，頁64。考證（1960），頁66～67；又勞氏之 "漢代社祀的源流" 載集刊十一本，頁49～60。

(註九)　論叢頁65。

(註一○)　論叢頁39，41。勞先生 "漢簡中的河西經濟生活。" 頁68～70，72～73。

(註一一)　論叢頁28，52～58。考證（1960），頁45～46。代田倉即爲一例。

　　(3) 置田舍以居田卒。(註一)

　　(4) 土地所有權的制規，如卒與土地的關係。(註二)

　　(5) 奴婢的使用。(註三)

　　(6) 移民；(註四)居民住於塢壁中(註五)。

4. 都尉府的組織很系統化，如太守府一般：(註六)

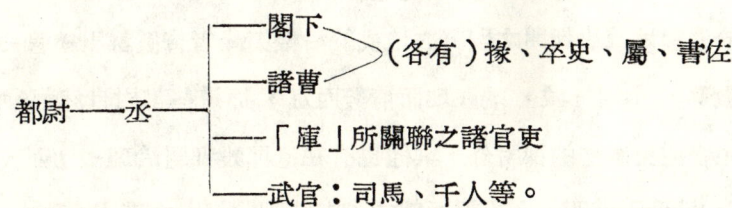

從這些項目來看，這個系統內包括了一般的軍事方面的活動而又多加了與其相連的民事一方面的事務，我們可以看出這是一個邊區的特有制度。當然它是以軍事為中心，但是要對這個地區開發便也脫離不開屯田和移民，那末便也脫不開商業、居住問題、土地所有權等各方面所牽涉的活動，因此這便形成一個以軍事為主而又附帶民事的一種特別的社會。總管這樣一個組織的是都尉，而都尉又設有一個類似太守府的行政機構，(註七)這也可看出這樣一個地區的特殊性來。

　　再就漢代在邊境所設之都尉來說，於新開蠻夷之地，是置都尉總管軍民各方面之一切事務而為獨立的行政單位獨當一面，如武帝元光、元朔間之置都尉於夜郎地區；(註八)

(註一)　論叢頁60。

(註二)　論叢頁59。

(註三)　論叢頁28，72～73。考證（1960），56～57。

(註四)　論叢頁44～45。

(註五)　考證（1960），頁30～31。

(註六)　藤枝晃："漢簡職官表"載京都大學人文科學研究所創立廿五周年紀念論文集(1954)，頁630～657。

(註七)　勞貞一先生也認為都尉開府如太守府一樣，見所著 "漢代郡制及其對於簡牘的參考。" 載臺大傅故校長斯年先生紀念論文集（1952），共33頁；所論者在抽印本之第三十二頁。

(註八)　史記（1959年中華書局出版之標點本，共十冊，以下省稱史記（1959），頁2995。原文可見下引嚴耕望先生書中，此處不再重引。
　　　　嚴耕望先生，中國地方行政制度史上編（二冊，1961）第三章中有專論漢代邊郡都尉及其官屬之文（頁154～175），論引甚為詳博，論此事曰："治蠻夷但置都尉，……秦訖漢武帝初，邊疆初郡或但置都尉，不置郡守……。"（頁155）。

其後元狩間渾邪王率衆降漢，武帝乃分置五國屬以處之，而以都尉總管之；（註一）另外，漢書載太初元年匈奴左大都尉欲殺單于而使人私報漢廷：

　　　　　　　　“我欲殺單于降漢，漢遠，漢卽來兵近我，我卽發。”

武帝得報後便派公孫敖在塞外築受降城以接引左大都尉，（註二）田廣明傳記治此城者爲「受降都尉」。（註三）此亦與上舉夜郎地區與屬國置都尉事甚於同一原則。所以我們可以說於邊塞地統治新開之蠻夷之地或統治蠻夷降者皆置都尉總管一切，而其所轄者則大或數縣，小則一城，端視地面情勢而定，而這些都尉自然都兼治民事。不過除去這些主管蠻夷事務的都尉外，其他也有在邊郡設都尉治理一切而成爲一獨立行政單位的，如武帝天漢四年在蜀郡西部的靑衣特設一都尉主漢人事務；（註四）而西漢末年邊郡分部置都尉，及至東漢初，部都尉則有管轄數縣者，如益州西部都尉卽領有六縣之多。（註五）可能部都尉自始亦兼治民事，漢書趙充國傳記金城郡之西部都尉有府，可爲一證。（註六）

　　總結以上所述是漢於邊境與新闢之地有但置都尉總攬軍民一切之制，一個都尉所治之地小則僅一城，大則一二縣或數縣不等，所治或蠻夷或漢人因地點與情勢所需而定，但都尉所治之區顯然是不小於一城之地的。較之於郡來說，都尉治區是一個軍事彩色較濃而又爲初開發之地，似是一個過渡性的統治設施，如再向上發展便是立郡，如上述益州西部都尉轄區之六縣便於永平十二年合入其他縣立了永昌郡；（註七）而

（註一）　漢書（1962），頁176（武紀，元狩二年下）；735（百官公卿表，典屬國條下）。
　　　　　史記頁4590（衛將軍驃騎列傳）。嚴書頁157～159對屬國都尉事有詳細討論，討論所引各文此處不再重錄。其於結論中云：“屬國都尉……則自始卽兼理民事。”（頁159）
（註二）　漢書（1962），頁200，（武帝紀），3775（匈奴傳）。
（註三）　漢書（1962），頁3664。
（註四）　後漢書（西南夷傳），頁1020嚴書，頁159。
（註五）　後漢書頁70（明帝紀），1018（西南夷列傳）。嚴文，頁160。
（註六）　漢書（1962），頁2975～2976。嚴書頁161。開府置丞必治民，見陳槃厂先生“漢晉遺簡偶述之續”一文，載集刊第23本（1952），頁349～383，其中有一條爲“塞上軍吏治民說再之檢討”（頁349～351）詳引漢簡論邊郡都尉兼治民事，與嚴先生結論同。陳、嚴兩先生之文皆博引詳論，此處論漢代邊境都尉制度（專指有轄區者而言）受益甚多。
（註七）　見本頁註五，明帝紀作：“置永昌郡罷益州西部都尉。”（頁70）

罷了益州西部都尉。同時一個郡也可因不固定或其他原因而又改為都尉所治，如後漢書西南夷列傳所記：

> "莋都夷者武帝所開以為莋都縣，……元鼎六年以為沈黎郡 ，至天漢四年並為蜀郡西部，置兩都尉：一居旄牛 ，主徼外夷；一居青衣主漢人。"(註一)

又和帝紀記：

> "永元十四年，……繕修故西海郡，徙金城西部都尉以戍之。"(註二)

同時我們也可以看出都尉治區的時代，如果就某一地區的開發程序來說，它是代表中間的某一階段（在這個範圍內屬國都尉及與其同性質者不包括在內）。而就這一點來論，則漢在西南邊地與西北邊地的開發過程中設都尉之場合則又有不同處，一般說來在西南一帶都尉治區是縣與郡之間的一個階段，上引諸例可為明證；而在西北，都尉治區之設則似乎在時間的層次上要早些，因此所治之地也要小些——一般是一個城與所附管之地域為治地，如敦煌之酒泉都尉，受降城之受降都尉。

　　由上面所論我們知道在漢代（尤其是自武帝初年至東漢初年間）於邊境或新闢之土地上曾行着一種都尉轄區的制度，關於這個制度的各方面我們可以列成下表：(註三)

　　1. 這樣一個轄區的 最高長官為都尉 ；而其責任則兼及軍事與 民事兩方面。

　　（但以軍事居最重要地位。）

　　2. 以其所統轄之地域來說可分下列三類：

　　（1）僅一城及其附近地域。

　　（2）管一二縣者。

　　（3）治數縣比郡者。

　　3. 在這樣一個轄區的人民也可以有下列的區分：

　　（1）單是蠻夷。

(註一)　後漢書，頁1020。

(註二)　後漢書（和帝紀），頁93。

(註三)　參閱陳槃厂、嚴耕望兩先生文中所引文獻及本文上述諸節。

(2) 單是漢人。

(3) 蠻夷與漢人混雜皆有。

4. 就這樣一個轄區的地位來說：

(1) 它可能是設在一個郡的下面而分治數縣。

(2) 它可能是在開發某一地區的程序（由初開到立郡）中的一個階段：

A. 是比縣高而比郡低的一個層次，此可由下表例示：

$$\text{縣}\binom{\text{一個或}}{\text{數　個}}\longrightarrow \text{都尉區}\longrightarrow (\text{立})\ \text{郡}$$

因此，都尉便是未立郡前而又轄有縣區的一個階段。

B. 是初開發一地的第一步，卽以設都尉來着手開闢某一地區者。

C. 是初開發某一地區的第二階段，如某一地已經初步開拓（如設亭鄣等等），為要進一步經營便設都尉來統一管理作有計劃的開闢。

　　參照以上這些分析，現在再來看居延都尉區的情形。首先從以上所論邊地設都尉開府兼治軍民事務乃漢代通制來說，居延都尉府之兼治軍民事務的看法是更加肯定。當然上面所述的居延都尉組織內活動的情形比路博德時代者必是複雜的多，但是大致的規模必是路氏經營時期遺留下來的。路氏經營居延地區是以都尉名義，而先其時漢已開始發展此一區域而且築了居延城，所以這一切都是合乎上述漢代邊區置都尉轄區的制度的。路博德所經營的居延為一都尉轄區似不可疑了。現在再試論其發展。

　　以上我們已論到太初二年營築居延時史書紀載是「酒泉、張掖北，置居延……」而其目的為「以衛酒泉」，此處顯然不是說居延屬於張掖，此與漢書地理志所記居延在張掖郡下不同。同時我們細考「酒泉、張掖北」中之前四字實不僅指兩個郡地而言，而有統指全河西地區之意。漢書、西域傳引桑弘羊等建議屯田故輪臺地以東事中有以下的句子：

　　　　　　"張掖、酒泉遣假司馬為斥候，……且騎置以聞。"（註一）

此為征和中事（通鑑繫此事於征和四年），敦煌立郡不至於晚至此時，而此處言接

_____

（註一）　漢書（1962），頁3912。

濟、補給西域方面軍屯工作竟捨河西地域最西之地敦煌而不言，且張掖又在酒泉之西，如接補西域之軍屯當以酒泉為指揮站，且以上已講到伐大宛後漢勢力已推及敦煌城以西甚遠，所以此處如以「郡」的地區觀念來說決無並提張掖之必要。而總觀桑氏等建議之內容其意為把在河西地區屯田移民開發的經驗推廣到西域，而以河西地區為接補指揮站。(註一)。由以上這各方面的論點來而言，故漢人有以此二郡名連用以代「河西」之習稱。另外在李陵傳中記陵於將八百騎遠征匈奴回來後，拜為騎都尉：

　　　　　　"將勇敢五千人，教射酒泉、張掖以備胡。"(註二)

此為元封中事已見上論，此處以二郡之名連用且言陵之使命為在那一區域備胡，如說陵教射二郡之地固通，但說陵教射「河西一帶」備胡則更達其意。照以上之研究來看當然元封中尚沒有敦煌郡，而武威郡之立一般學者之意見更非在武帝之時，那末河西在元封中便只有酒泉、張掖二郡，不過也正是因為河西在很早的一段時間只有此二郡，所以漢人慣以此二郡名連用統指在黃河以西的那塊地區，蓋自元狩二年渾邪王眾降漢後這片土地的主權便歸於漢，但在實際上則沒有一定之界線，而所謂「河西」之界域就實際領土之掌握來說，它是隨時間之不同而變的；就其中演變來說，漢人所知最早的「河西」的概念便是由酒泉和張掖兩個郡所形成的，而後來因實際上不斷地開發由二郡之地外擴成為四郡之地，但漢人卻仍慣以酒泉、張掖二郡之連用以統指「河西」之地，蓋沿舊習也。由以上所作之分析看來，「酒泉、張掖北，置居延……以衛酒泉」之語確含意居延在當時（太初二年）是獨立於酒泉、張掖二郡以外的一塊新開的土地，也就是就現有的「河西」之地之北另擴置居延之地之意。故又言其目的在保衛酒泉而非「酒泉和張掖」二者。居延地區既然最初是獨立發展的一塊土地，那由以上所作的種種的討論便可來綜述它的開發的初步輪廓了。

　　大概是自元封中開始漢之勢力由毛目一帶向北推進，逐漸以列亭鄣的方法向故居延澤一帶發展；(註三)其間可注意者為元封中亦為漢在西線方面自酒泉列亭鄣至玉門之時間，是否漢於這時間是在「北」、「西」兩線作有計劃地齊進，史籍無載。至於

(註一)　見前頁勞貞一先生："漢代的西域都護與戊己校尉"，頁485～486。

(註二)　漢書（1962），頁2451。

(註三)　故居延澤較今者略靠南。

太初二年間，由於伐大宛的關係漢便正式大規模地發展居延地區，並且築了一個大一點的居延城，其用意為防匈奴趁漢伐宛的機會南下襲擊。這種發展的工作至太初三年便更加具體化，派了路博德以强弩都尉的身份來坐鎮此區統一指揮開發的工作。居延地區是一個都尉轄區，其工作之中心除軍事性者外便是屯耕，並不時有移民進入。

照以上討論的來說，居延地區是以居延城和遮虜障為集中地。在某一段時間內居延城在全國行政組織上是站有特殊地位的，如漢書食貨志所言：

> "〔武帝末年〕，以趙過為搜粟都尉。過能為代田 ，一畮三甽。……過試以離宮卒田其宮壖地，課得穀皆多其旁田畮一斛以上。令命家田三輔公田，又教邊郡及居延城"(註一)

此處以居延城與「邊郡」並列，且是單獨提出不言所屬，不僅證明了居延地區是獨立發展的說法，而且也說明了居延城是這一地區的中心。以文中之意來看，「居延城」自然是指居延城所轄的地區而言。又，此處言「城」而不言「縣」，是此時尚無居延縣也。而且，居延縣是設於居延城，(註二)，如此時已有「縣」，決無言「城」之理。

史書未載居延縣於何時設置，(註三)居延簡中有關居延縣之名最早的紀載為下簡：
(註四)

　　　　　元康二年正月辛未朔癸酉都鄉嗇夫☒

　　　　　當以令取傳謁移過所縣道□☒

　　　　　正月癸酉居延令勝之丞延年☒（面）

　　　　　印曰居延令印。　　　313.44＝213.28（背）

是元康二年已有居延縣，上距本始間才數年，故居延之立縣必在本始元康間。居延縣立後當如漢書地理志所記成為張掖郡屬地，此概因其臨接張掖的關係，而且它最初也是以張掖為根據地所開發的。居延縣的成立自然將居延都尉區的民事方面的行政接管

(註一)　漢書（1962），頁，1138～39。

(註二)　勞貞一先生，考證（1960）頁31～33。勞先生以漢簡材料證明清何秋濤漢居延城即張掖郡屬之居延縣，並肯定即後日之黑城址。

(註三)　如淳於李廣利傳記太初二年置居延、休屠事下注曰："立二縣以衞邊也"，但他自己却不能肯定，所以又接着說："或曰置二部都尉"。因此可以說他也是不清楚的。

(註四)　釋文（1949版），頁10。

了，而居延都尉便以軍事爲主要任務，但仍兼管一些與其相關聯的民事，如移民與屯田所關的種種以及其他的事務，它最初的特性仍保留下來許多，此可由我們上面所列居延都尉組織中活動的範圍看出。這個新的居延都尉也內屬了張掖郡；漢簡中有以下一簡：

五年正月癸未守張掖居延都尉曠行丞事……。16.10^(註一)

五年而又爲正月癸未者西漢末不見，只有神爵元年正月爲癸未。^(註二)邊地遠，傳達不快，往往換了年號尚不知道而仍書舊年號，如將地節元年書爲本始五年，元康元年書爲地節五年等等。^(註三)此處可能爲「元康五年正月癸未」，是出於同一錯也。如是，則此爲言居延都尉屬張掖最早之簡，上距設居延縣之時間也甚近，想是這一切爲同時所進行者。即便立了居延縣，居延都尉似仍居於一特殊地位，而居延令所治僅爲純民事者而且範圍也不大。

總結以上所述居延地區之發展史，可列爲下表：

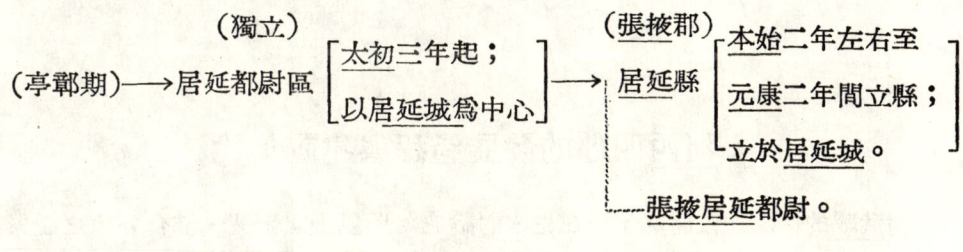

（三）

四郡建置的問題

由以上兩節的討論，我們知道了在河西的初開發時期中，某些地域的開拓經營是經過以下的程序的：

亭鄣期——→都尉轄區期——→一般化的行政區（如縣，……）

至於河西四郡的建置是否也全經過這一過程呢？由以上述及者看來敦煌郡在其開發過程中曾是如此，至少張掖郡的部分土地也是由這一過程開拓出來的。就整個的酒泉

（註一）　釋文（1960版），頁105（第5062號）。

（註二）　上引董作賓先生書，頁247。

（註三）　這樣的例子甚多，見 Michael Loewe, "Some Notes on Han-time Documents From Chü-yen." (T'oung-pao, Vol. XLVII, Livr. 3-5, pp 294 -322)，頁316～317。

郡、張掖郡、武威郡而言則當先作以下的區別：

1. 酒泉郡照所有史料言之是第一個在河西地域所建的郡。

2. 武威郡經本文上半段分析的結果是由張掖郡地因擴展與人口的增多而分出來的，但它的分離的情形與敦煌不同。後者是因向外（主要爲西方）擴張，而將新闢的土地分析出另立一郡；而武威則多是由已發展完成的張掖郡的內部（東部）裂置的，所以很少牽涉到擴張程序的研究方面。

3. 張掖郡如果是如酒泉郡一般也是在河西地方第一個（卽最初一起共置二郡）立的郡，那末其初步的發展的研究當與酒泉郡者同；如果張掖後立且係由在很短時期內由河西第一個郡——酒泉向外闢擴分出，那末其初步情形便要類似敦煌郡的過程了。

以下我們便 就這些點 以上文中所 有的析論爲根 據來對河西地域各郡的發展來作一綜述。

六

河西四郡的發展過程與建置年代

因武威的情形比較簡單，現在先來討論它。照以上之研究，綜合各家之說與對舊史料之分析武威係由張掖郡分置是定論，而照漢書地理志所記之四郡戶口來說：(註一)

郡	戶	口	比　　較
武　　威	17,581	76,419	第　　三
張　　掖	24,352	88,731	第　　一
酒　　泉	18,137	76,726	第　　二
敦　　煌	11,200	38,335	第　　四

武威旣接張掖之東，而戶口又較其少，更可證明是由張掖郡由土地及戶口太多而分置者。上已論武威分置不在武帝與昭帝年間，勞貞一先生已推定是在元鳳三年十月至地節三年五月之間，可能爲本始二年事。此甚合當時漢開發河西時每於大軍事行動（此

（註一）　均見地理志各郡下。

處為五將軍出兵事）後卽建置土地的一般原則，當是定論，今從之。

　　敦煌郡已於上論定為由酒泉郡逐漸向西發展而成，且已詳論必在太始三年前，或卽天漢三年左右。

　　酒泉郡之建立時代牽涉的比較多，史書紀載中所可全肯定者為：

　　　　(1) 四郡中首置者。

　　　　(2) 其置郡與「始築令居以西」與「隔絕匈奴與羌之通道」相連。

水經注以令居縣為元鼎二年置，但後漢書西羌傳却有以下之紀載：

　　　　　　"及武帝征伐四夷，開地廣境，北却匈奴西逐諸羌，乃度河湟築令

　　　　　　居塞，初開河西列置四郡。……通道玉門，隔絕羌、胡。"(註一)

後書是以築令居塞與初開河西相連，水經注言元鼎二年置令居亦必有所據。又與上引史記平準書所言「又數萬人度河築令居」事相對則初築之令居為一「塞」（或城）而非「縣」，又照以上所論此事是在元鼎二年張騫二次出使西域歸來、烏孫已決定不東歸、漢決心發展河西之地之時，那末水經注必是誤令居塞為令居縣了。自立令居後漢卽以此地為總指揮站向河西之地開發，但照漢開發敦煌與居延地區之情形來看，漢是在河西一帶採取「逐漸開發」（由靠近漢地者一據點為指揮中心）而最後置一般行政機構的步驟，而非先於其地置郡縣等一般機構而向外開發者，所以不大可能在元鼎二年已立了酒泉郡。又照其「隔絕匈奴與羌之通道」為立郡目的言之，則元鼎五年西羌十萬之衆反，與匈奴通使，攻故安，圍枹罕是匈奴與羌相通攻漢之最重者，(註二)其前並無嚴重威脅，所以至早酒泉立郡當在元鼎五年之後。元鼎六年武帝派公孫賀、趙破奴出兵攻匈奴而示威西域之輕視中國者，並保護通西域之通道，趙氏是以令居為出發點，此亦證酒泉之未於此時前置郡。同時「西域通道」，「匈奴與羌相通」等問題使漢決意在河西之地立酒泉郡地來統領已着手經營了四年的河西之地，且又在大兵行動之後（出令居數千里不見匈奴人，安全亦較前大了），凡此一切皆合立郡之條件；同時史書亦多載此年酒泉立郡，所以酒泉應在此時立郡。

　　史書中提到張掖郡與酒泉同置的只有一處，但就李陵傳載陵於元封中或初年教射

（註一）　世界書局版水經注（1936），頁25；後漢書，頁1028。

（註二）　通鑑，册一，頁669～670。

酒泉，張掖言之，則此時已有張掖郡。那末與元鼎六年酒泉立郡時也只差三年左右。再就漢人慣以張掖、酒泉二郡之名連稱之事判之，則張掖置郡可能與酒泉同時，河西如此之大，似乎漢也不會孤置一郡，且酒泉又靠西邊，所以當是二郡同時於元鼎末年置，（卽不同置，似亦只相差一兩年左右）。

總結以上四郡建置年代之推論，列爲下表：

郡　　名	置　郡　年　代
酒　　泉	元鼎六年
張　　掖	元鼎六年（或稍晚一、二年）
敦　　煌	天漢三年左右（太初以後太始三年前）
武　　威	宣帝本始二年左右（從勞說）

　　根據這些年代上的定點，現在再來綜述河西地區於這段時間的發展過程。理論上來講，自元狩二年渾邪王降漢後，河西之主權卽屬於漢，但實際上的領土界線却是一步步擴展來的，元狩二年後漢卽集中於臨黃河岸地區之開拓，將勢力一步步自河東岸移進至河西岸土地，以至建起自朔方至令居間一條開拓線，而同時也在近漢之河西地置候望開始了小規模的開發。至元鼎二年漢始以令居爲據點正式向河西地區作有計劃的經營，在這經營期間當是置亭鄣以至於都尉或類似的軍事性轄區，不過史漢均無紀載。至元鼎六年左右因此一地區已立規模，軍事上的安全已很大，而又因通西域與隔胡羌相通等問題所連，漢乃於河西之地首置了酒泉郡——與極可能地——張掖郡，而集中開發河西。其後又以此二郡爲中心向西方及北方以起亭鄣的方式發展。元封三年在西方已擴張至舊玉門關之地，在北方也於此時以毛目爲據點向居延澤一帶進展。至太初間，伐大宛的軍事行動使酒泉一帶向西擴張的路線激進，以前爲河西漢所控制地之最西者的敦煌城逐漸變成了酒泉以西擴張所得的地區的一個中心，而亭鄣之設遠及鹽澤；同時玉門關也西移至敦煌以西；最後此區卒於天漢三年左右由酒泉郡分出立了敦煌郡。又，太初年間，漢在北方的擴張也廣及於居延澤一帶，但其地區却成爲一個獨立的都尉轄區，不過居延以南之地區則盡屬張掖。到了天漢三年左右河西已有三郡，而張掖郡則統領酒泉以東之河西地區，其爲內地至河西之門戶，因此移民開發者

特別多，此可由地理志所記人口四郡中以張掖最多爲證，此爲武威立郡後之數字，可以想見武威未立郡前張掖人口之多。也正是因爲張掖人口與所轄的土地太多與太大，所以才將其所轄土地之一部分出而另立了武威郡，此當在宣帝本始年間，上距河西初屬漢（元狩二年）時已近五十年了，距酒泉、張掖之立郡亦近四十年，於此可見河西四郡開發之久。可能也正在武威由張掖分置之時居延都尉區改爲縣而都尉也內屬了張掖郡。至此河西四郡的輪廓已大致已成，但是擴張，發展却仍是繼續下去，一代又一代向前進。

一九六二年在美國麻州劍橋

後　　記

　　這篇短文是在一九六二年的夏天寫成的，那時作者尙在美國東部的麻州劍橋，其後因遷移的緣故便沒有校對發表。現在略加校正發表，而其大旨和行文則仍如一九六二年之原文未加修改。

　　又此文經陳槃庵師審閱一遍，多所指正，謹此誌謝。至於錯誤疏忽之處則仍是作者之責任。

一九六五年元月五日在美國威斯康辛州的河城

論漢簡及其他漢文獻所載的黑色人問題

（居延漢簡中所見漢代人的身型與膚色讀後）

楊　希　枚

一、序　　言

一九六〇年，勞貞一教授所著居延漢簡考釋重訂出版，著者拜讀之餘，發現其中不少的簡載有如下列所見「某郡某縣某里某人年若干歲幾尺幾寸黑色」一類的記錄：

> 居延都尉給事佐居延始至里萬賞年卅四，長七尺五寸黑色。（勞著 No. 2863）
>
> 河南郡河南縣北中里公乘史孝年卅二，長七尺二寸，黑色。（同上 No. 2872）
>
> 驪軒萬歲里公乘兒倉年卅，長七尺二寸，黑色。（同上 No. 1219）
>
> 書佐忠時年廿六，長七尺三寸，黑色。（同上 No. 350）
>
> 里買勝年卅，長七尺三寸，黑色。（同上 No. 791）

隨手圈記，計得四十餘簡。著者當時想到這類簡牘不但是漢代居延遺存下來的地方戶籍檔案資料，且應是有關漢代西北邊塞民族生體學研究 (Somatological study) 的一項重要史料。特別是黑色和漢制七尺餘的體高這兩項人體特徵 (physical character) 究是一般黃膚蒙古人種的漢族抑屬其他人種的特徵，也顯然是值得注意的一項問題。雖然，其後幾年中，著者迄以其他研究工作，對於這項材料却未作進一步的探索。

一九六六年夏，友人張春樹博士自美寄來居延漢簡中所見漢代人的身型與膚色一文（下簡稱張文），囑轉交慶祝李濟先生七十歲論文集編委會，並希提供意見。著者於張先生這篇論文深有先得我心之感，因爲他引用的史料固然是著者所見的漢簡材料（但著者漏圈了幾條），而且他討論的主題也正是著者擬論而未果的漢簡黑色人種族

系屬的問題。尤其張先生曾考證漢簡上「黑色」一詞應指膚色之黑，而未始不疑漢簡「黑色」人或即黑膚人種。雖然在結論上，張先生却認爲漢簡「黑色」人非特殊種族，而是較常人略黑的一般漢族人。著者頗置疑於張文的這一推論，但當時以正趕寫計劃中的研究報告，且手邊缺乏其他材料，難以提供具體意見，因此僅欺然地把張先生論文呈送陳槃庵主任，並轉請代撰跋文。

今春，張文和槃庵先生的跋文均經發表[1]。而槃庵先生在跋文內雖指出中國古代華夏民族血統並不純一，且春秋時代族類尤爲複雜，但於漢簡黑色人則同意張文的結論。

由於張文的提出，年來著者再次思索漢簡「黑色」人的問題，且意外地從漢文獻易林一書內偶檢得少數幾條材料，似可補充春樹未盡之意，也即著者初始的想法。於是趁着剛好完成另一研究報告的空暇，寫出本文的初稿。這時，春樹恰因事返國，著者即以初稿就正。月餘，春樹返美，函促著者發表該稿，值研究所同仁籌編慶祝李方桂教授六十五歲論文集，因再就該稿修正而成本文[2]。既以爲李方桂先生壽，也以就正於槃庵主任、春樹博士和海內外方家。

二、漢簡黑色人非特殊種族？

人種膚色在任何一種族中均顯示有相當大的個體差異 (individual variation)，因此很難僅據膚色以論斷個體的種族系屬。雖然，就蒙古人種、尼哥羅人種 (Negroid)、高加索人種 (Caucasoid) 或稱爲黃種、黑種、白種而言，却說明膚色仍是具相對分類意義的一種體質特徵[3]。實際上，如著者說，某日在臺北（或其他國際性都市）遇見一位黑人，則很少人會懷疑著者說的該不是黑種人；縱然那位黑人確是膚色較常人爲黑的中國人。易言之，在某一地區中既有不同膚色人種存在，則很難全然否定某種膚

---

(1)　1967，慶祝李濟先生七十歲論文集下册，PP. 1033-1045。

(2)　原文曾彙論漢軹縣建置年代、相關史事、與先秦時代黑膚人種等問題。前後修正數次，原擬一併發表，因時間匆促，故僅先發表此文。

(3)　實際上，在人種分類上也是重要的特徵之一。CF. A. C. Haddon, Races of Man, P. 7.

色的人不是某一特殊種族的人，縱不能全然肯定其就是該一種族的人。關於漢簡「黑色」人，著者的基本看法也是如此，請試申論如下。

　　按，在張文引用的漢簡材料（六十條）中，計有四十六條事涉「黑色」人；但非全如上文所見的詳盡，而有的或缺漏姓名、居地、年齡、或是體高。春樹考訂「黑色」一詞義指膚色，這一點是無可置疑的。因此，這四十六簡的「黑色」人應是黑膚人。

　　漢簡「黑色」人不但是黑膚人，且就下列兩簡而論：

　　永光四年正月已酉，橐佗呑胡隧長張起祖。妻大女……年卅二。子大男輔，年

　　　十九歲。子小男廣宗，年十二歲。子小女女足，年九歲。輔妻南來，年十五

　　　歲。皆黑色。（張文 No. 54, 勞 No. 1273）

　　永光四年正月已酉，橐佗延壽隧長孫時符。妻大女昭武萬歲里孫弟卿年廿一。

　　子小女玉女，年三歲。弟小女耳，年九歲。皆黑色。（張文 No.55, 勞 No. 1274）

事實應可說明漢簡的黑膚人，至少其中某些黑膚人的膚色並非源於個體偶然的差異，而顯屬先天的遺傳性體質。因爲這裡所知的張、孫兩家族，老幼共十人皆「黑色」，而竟無一例外！自然，我們不能據此而以偏概全地推證漢簡四十六例的五十四黑膚人都屬遺傳性的黑膚人。但果相反的認爲這些黑膚人必是由於個體差異而使然的膚色較黑的一般漢族人，則顯然更失之武斷。然則何以張、孫兩家人都有遺傳性的黑色體質？這不能不使我們想到特殊種族的因素。易言之，其所以舉家黑膚色者，當由於他們原是以黑膚色爲其體質特徵之一的特殊種族。

　　其次，不但是黑膚特徵，漢簡黑膚人七尺餘的體高特徵也是值得注意的。雖然，體高在各種族的個體間的差異較之膚色或更爲顯著。按，張文曾就漢簡所載十八歲以上三十六成年人的體高，統計出其平均體高爲漢尺七尺三寸，約合1.679公尺[4]。此外並指出河西籍的十四人較來自內郡各地的七人平均體高略高（7.33：7.25漢尺）。就歷史上人種體質的研究而言，這項統計顯然是富有意義的史料。

----

(4)　張文據一漢尺合二十三公分計算。

不過，張文的平均體高值可能是據漢簡兼載體高和膚色以及僅載體高的材料而計算的，而非僅屬黑膚人的平均體高，因此對於後者，需另行計算。按，漢簡兼載膚色和體高的計有四十人。其中十二歲未成年者一人，體高六漢尺。另三十三人確知體高均在七漢尺以上（161—177.1公分），平均為7.25漢尺（166.75公分）。另六人僅知為「□□五寸」、「□尺五寸」（計三人）、「□尺三寸」（或二寸，計三人）。如果依上舉三十三人的大多數例，假定這六人體高記錄上脫落的字均為「七尺」，則此六人的平均體高為 7.37 漢尺（169.51公分）。如以此六人與另三十三人體高合併計算，則漢簡三十九黑膚人的平均體高約為 7.27 漢尺（167.20公分）；較張文所計略低，而不及一公分。

然則漢簡三十九黑膚人平均體高為 167.2 公分究具甚麼意義？這可以就中國各民族的平均體高限度來加以了解。首先，據人類學家的調查和統計，蒙古人種的平均體高一般低於167.0公分[5]。這說明漢簡三十九黑膚人平均體高略高於蒙古人種的平均體高，雖然差異並不十分大。再，中國境內各民族的體高限度據知有如下的分配情形[6]：

（I）　中矮體高（Ca, 156.3—163.2公分）[7]：

  (1)　西南倮、麼、擺、苗等族…………155.0—163.5公分。

  (2)　臺灣高山族…………………157.2—164.8公分。

  (3)　藏族………………………158.7—164.6公分（東部略高，近

        中常身材，157.0—166.9公分）。

  (4)　突厥族東支烏梁海等族…………154.0—159.7公分。

（II）　中常體高（Ca, 162.5—167.6公分）：

  (5)　突厥族中支維吾爾、哈薩克等族…163.8—167.6公分。

  (6)　漢族………………………161.2—167.6公分（華北 168.5，

(5)　1947, E. A. Hooton, Up From The Ape, P. 634.

(6)　1929. A. C. Haddon, The Races, of Man, PP. 29—34; also 1953, 芮逸夫「中華民族的構成」，大陸雜誌 vol. 7, No. 1, PP. 25-34。

(7)　括弧中數字係各族體高的加權平均值。

華中164.2，華南160.9公分）。

（Ⅲ）　中高體高（Ca, 164.2—168.7公分）：

（7）　通古斯、滿洲、布利雅特等族……161.4—168.4公分。

（8）　白膚加索種(Caucasoid)塔吉克族…166.9—168.9公分。

漢簡三十九人爲七尺至七尺七寸（161.0—177.1公分），平均167.2公分。就上表的比較，可知漢簡三十九黑膚人的平均體高（167.2公分）較近於漢族體高的上限（167.6公分），且尤近於華北人的體高（168.5公分）。易言之，漢簡黑膚人的體高更近於中高型的體高。實際上，如就三十九漢簡黑膚人體高限度（161.0—177.1公分）來比較，則漢簡黑膚人不但應列入中高型體高組（164.2—168.7公分），且其上限竟超過中高體高的上限，尤其是白膚高加索型體高的上限（168.9公分）了！雖然，我們却不能以此而認爲漢簡黑膚人較之漢族華北人是更近似白膚高加索型的人的，因爲兩者顯有膚色黑白之分。

但是，另一方面，我們更知道非洲和亞洲的黑膚人種有着下列的體高分配情形[8]：

（1）　The African Negroid:

1. The West Sudan and the Congo Negro　：165—169cm

2. The South African Negro　：　—170cm

3. The Nilotic Negro　：170—178cm

4. The Negrito　：　—150cm

5. The Bushman-Hottentot　：　—160cm

（2）　The Oceanic Negroid-The Melanesian-Papuan：　—165cm

而且除了非洲及亞洲的165公分以下的黑膚人以外，其餘非洲的純正尼格羅黑膚人，尤其是東北非區的尼羅河黑膚人的體高（170—178公分），也顯與漢簡黑膚人體高（165.6—177.1公分）是最近似的。

---

(8)　Hooton, Ibid., PP. 620–622.

　　綜合以上的分析，我們或可如是推論，即：漢簡黑膚人體高限度雖近似中國境內白膚高加索種的塔吉克人，但兼就體高限度和膚色而言，則顯更近似非洲的黑膚尼羅河區或蘇丹區的黑膚人，縱然不必就是來自非洲的黑膚人。事實上，漢簡黑膚人大多居於地近西域的河西，且身高七尺二寸（165.6公分）的兒倉所居的張掖郡驪軒縣也或云就是漢世因驪軒國（即大秦國）人的入降而建置的[9]。因此，果我們推想漢簡黑膚人或即隨大秦國入降而來的部份非洲黑膚人，也顯然不是不可能的。

　　最後，著者願提到的，即張文漢簡黑膚人非特殊人種的結論雖是未可厚非的另一種看法，但是該文結論所依據的幾點分析却略有商榷的餘地。按，張文指出當我們論及漢簡黑膚人族系問題時，或會聯想到：

　　　這羣人是(1)屬於一個特殊的社會階級，(2)來自一個特別的地理區域，或(3)屬於
　　　一個不同於漢族人的種族。

且於分析漢簡有關材料後，認爲這三點因素都不能成立。因爲：

　　　「就第一點來說……這羣人在職業和身份上是遍及各層的……就第二點來論，
　　　這羣人並非屬於某一特殊區域，而是來自漢帝國的各郡……黑色與地域沒有任
　　　何關聯。同時就已討論的各點，也可看出這羣人並非屬於某一特殊種族，而是
　　　一般的漢人。」(P. 1045)

　　但首先，證諸上引張文，所謂不能成立的「三點」，事實似僅有兩點，即社會階層和地理分佈，而所稱第三點則爲由以上兩點衍出的結論。

　　其次，社會階層，即職業身份，似乎難據爲論斷人種系屬的標準。此於今日體質人類學論著之有關人種分類上應可證明。實際上，就張文分析的漢簡材料而言，既說明黑膚人可擔任各項公職，而與一般漢人原無何種差異，也顯證社會階級因素原就不是可以辨分漢代黑膚與非黑膚人種系的標準。同樣，就今日確知有黑白人種同處的美國大都市而言，我們也顯難就其人所任的公職而論斷其所屬的人種系統。倒是果然知道任某職者是黑膚人，或可推證其人或是黑種人。

---

(9)　參閱王先謙漢書地理志補註。又 1957, Homer H. Dubs, A Roman City In Ancient China.

　　最後，就地理分佈因素而言，張文曾統計簡文兼載有體高和籍貫（而不必是黑膚）的二十一人中計有「十四人屬河西」，餘者七人則分來自內地各郡。這說明二十一人雖非都屬黑膚人，但其中三分之二的多數人却都隸籍河西。易言之，這二十一人在地理分佈上實有顯著的差異。尤值得注意的，卽張文指出載有籍貫而未必兼載體高的二十五黑膚人中竟有十七人隸籍河西，僅八人分隸內地各郡！而且分佈河西區的黑膚人似集中於張掖郡（計有六人）；分佈內郡的黑膚人則見於六地。凡此，說明不惟漢簡黑膚人在地理分佈上有顯着的差異，且河西的張掖郡似尤爲漢簡黑膚人的集居地。上文曾提到學者認爲張掖郡的驪軒縣或卽以驪軒國降人而建置的[10]，於此益證這種說法的可信，從而說明漢簡黑膚人，至少是河西張掖郡的黑膚人，更可能是來自異域，或卽驪軒國的特殊種族的人。

　　總之，綜合上文所論，事實上旣說明：

　　㈠　中國古代，尤其春秋之際，種族複雜，血統不一。

　　㈡　漢簡黑膚人的膚色應屬遺傳而非偶然的個體差異。

　　㈢　漢簡黑膚人的膚色和體高異乎一般漢族人，而要近乎非洲尼羅區的黑膚人。

　　㈣　漢簡黑膚人要集居於河西尤其張掖郡，且張掖郡的驪軒縣或以驪軒國的降人而建置。

我們應可合理的推論漢簡黑膚人應極可能是來自異域（縱非卽非洲）的特殊種族的人。反之，我們縱難全然否定，却顯然更乏客觀的論證以支持，漢簡黑膚人非特殊種族的說法。

三、易林所見蝸螺母女和烏孫女之類深目黑膚人

　　⑴　易林舊題爲焦氏易林、或崔氏易林，而有西漢昭帝宣帝之際焦延壽、或新莽光武帝之際崔篆所撰的異說。晚近經胡適先生考訂，曾斷言易林應卽崔篆所撰，且其

⑽　史記及漢書匈奴列傳均載有以降人置屬國之事。漢書顏註卽云驪軒縣「蓋取此國爲名」。補註應據顏註。

時代不晚於 8—9 A. D. ⑾。總之，易林是一部漢代的文獻，是無可置疑的。而且就其撰述時代而言，與要屬昭帝宣帝兩朝遺物的漢簡，也顯然是先後差可銜續的，縱非同時。事實上，據後漢書篆孫崔駰傳的記載，篆初爲郡文學，繼以明經曾徵詣公車而不就，後爲建新大尹。篆母以通經學，受莽寵禮，賜號義成夫人。篆兄以佞巧幸於莽，位至大司空。篆孫崔駰幼年博學通經，也與班固、傅毅齊名於大學。此外，據後漢書孔僖傳，稱僖曾祖少遊長安，與崔篆友善。是證崔篆一門非僅世代通經，顯於莽世，且似曾久居長安。因此，易林一書雖要據前代文獻爲繇辭的題材，其中也當不乏有著者及其親輩所目睹與傳聞的資料。甚至於易林雖題爲崔篆所撰，或正如漢書，也未必不是祖述先人遺業，而由篆最後總其成的。本節下文擬論的蝸螺和烏孫氏女之類的黑膚人很可能就是崔駰或其親人所目睹的事物。茲試分述如下：

(2)　按，易林云：

蝸螺生子，深目黑醜，似類其母；雖或相就，衆人莫取。（㈨「剝」）

蝠螺生子，深目黑醜，雖飾相就，衆人莫取。（「恒」）

這兩條記載無疑係指同一史實，且這一史實應可說明蝸螺之女是漢世居留於中國的異族人。「黑醜」於此意指膚色形態，是無庸多說的。而「深目」一詞，據下列史書證之：

自大宛以西至安息，國雖頗異言，然大同俗，相知言。其人皆深目，多鬚髯。（史記大宛列傳、漢書西域列傳）

自高昌以西諸國人等深目高鼻。（魏書西域傳）

也顯然是用以描述非漢族，且特別是西域人種體質的一項常用語詞。尤其就史記而言，史遷幾乎認爲「深目」就是足資區別西域人種與漢族的唯一體質特徵了。按，「深目」特徵關係着眼眶上嶠卽眉嶠(Supraorbital or brow ridge)、鼻樑，和顴骨的隆凸。蒙古人種面部扁平鼻樑較低、顴骨發達而前凸，而西方人種則眉嶠較發達、鼻樑多高聳、顴骨較後縮；兩相比較，西方人種因顯得比東方人種是「深目」的⑿。因

⑾　1948，「易林斷歸崔篆的判決書」，中央研究院歷史語言研究所集刊，Vol. 20, PP, 25—48。

⑿　Hooton, Ibid. P. 576, P. 731.

此，縱不論蝸螺之女的黑膚色，如果依以史遷為代表的漢代人的分類人種標準，我們說蝸螺之女是非漢族的特殊種族或西域人種的人，也顯非無據的。

如果我們認為蝸螺之女是特殊種族的人，則就其黑膚色而言，這種體質應是先天遺傳性的 (hereditary character)，而非偶然的個體差異 (individual variation)。事實上，黑膚的蝸螺之女既是「似類其母」，也顯證女母正是深目黑膚的。換句話說，蝸螺母女是一個黑膚家族的人，而且蝸螺之稱果非個體而是族羣之稱的話，則蝸螺很可能是一個黑膚的特殊種族的族羣。雖然，這一種族或族羣却不必在漢代中國境內。

如果我們上文的分析不誤，則可以進一步了解何以蝸螺之女「雖飾相就，衆人莫娶」的婚姻障礙。因為蝸螺之女是黑膚異族人，體態異於一般漢人，由於種族心理的偏見，因此也就不是「衆人」樂於論婚的對像。而此所謂「衆人」應就是一般漢人。

總之，我們就蝸螺母女的深目、黑膚的遺傳性體質特徵，就其與一般漢人通婚上的困難而言，說明蝸螺母女之類的深目黑膚人較之漢簡黑膚人更可能是特殊種族的人。

(3) 又易林云：

　　烏孫氏女，深目黑醜，嗜欲不同。

如以此條併合上條討論，則上條所稱蝸螺母女也許就是本條所說深目黑膚的烏孫氏女，而蝸螺果非個人名字，則或卽烏孫種人中的部份族羣，也都說不定的。烏孫自然不是漢族人，而是西域民族，因此也就與漢人的「嗜欲不同」。而所謂「嗜欲」也就是生活方式 (The way of life)、文化模式 (the pattern of culture)。然則深目黑膚且嗜欲不同的烏孫氏女或蝸螺母女之類的人，其體質及文化旣並異於一般漢族人，其應屬異國的特殊種族，當可無疑了。何況事實上烏孫人確然就是西域人種，而非漢族！

誠然，我們或以為烏孫為西域人種固無疑問，但問題似在於史家素認為烏孫為青眼赤鬚的白種而非黑膚人(13)！因此，易林所稱「烏孫氏女，深目黑醜」云云果非誤

---

(13) 參閱林惠祥中國民族史下册，pp. 293-310。

記，便顯難加以解釋。但著者的看法却異於是，雖然並非認爲烏孫必非白種人。

首先，證諸史記匈奴列傳，漢代中國與西域各國交通關係密切者似應首推烏孫；烏孫曾獻良馬，且曾與漢室結親。而崔篆久居京師，縱非目見，也應自親輩聞知烏孫究爲白種抑黑膚人，而不致混淆不辨。因此，易林此條的記載應非出於疏誤。

其次，縱認烏孫爲白種人，易林「烏孫氏女，深目黑醜」云云，也顯非不可解釋。著者以爲「烏孫氏女」應可解爲烏孫人某氏（也卽某家）的女眷或侍妾僕從之屬，且是深目黑膚的，而非白種人。這就是說，烏孫人雖爲白種，但烏孫人的家屬中或有非白種的深目黑膚女人（當然，也許還有深目黑膚的男性僕從）。而且果然這種解釋不誤的話，則這種深目黑膚的女人（或類似的男人）也就極可能是與其家主烏孫人同來自西域，或是烏孫臨近之地。總之，我們可以多少肯定地說，深目黑膚且嗜欲不同的「烏孫氏女」之類的人應是異域特殊種族，而非一般漢代的中國人。說者或認爲著者的解釋過於巧合而未必有其史實。但證諸歐洲古代及近代美洲史事，則充分說明黑白人種同處和通婚顯屬司空見慣之事。

最後，著者於此願略爲提到的，卽烏孫究否如史家所稱而確屬白種因而確屬白膚人，也似乎是值得注意的。至少是由於易林「烏孫氏女」的記載。事實上，白種人既非盡有白晳的膚色，且「印歐人種」(Indo-European race) 中的印度人也顯具較暗褐或黑的膚色。因此，烏孫人縱有靑眼赤鬚，也不證其膚色卽是白晳。然則烏孫人會否如今之印度人而具黑褐的膚色？這當然是問題。尤其易林的記載雖是難以據論，但顯然不能全視爲誤謬。此外，就中國譯述的外國人名地名而言，雖要爲對音，但在可能時或未嘗不兼顧音義。例如西方史上的 "Hun"，今幾認爲就是中史上的匈奴，而匈奴很可能就兼有「凶奴」的輕藐含義。事實上，據漢書匈奴列傳載，天鳳二年，王莽卽曾改號匈奴曰恭奴，單于曰善于。因此，烏孫之「烏」原來究否無「莫黑匪烏」的烏黑之意，而暗示烏孫人爲黑色？也就顯然難說了。再說，印度西北部地近中亞，且與大夏顯有交通，因此烏孫人會不會是類似、或與印度人有關的黑色但屬白種的族羣，也是值得考索的問題。事實上，據說印度南部的古老黑膚色的德拉維狄亞人 (Dravidian) 曾來自印度西北部，至少在語言上與今印度河以西巴基斯坦西南部（卽

巴魯基斯坦 Baluchistan)的巴魯基斯人有關，而且巴魯基斯坦地區自紀元前七世紀初
迄紀元前二世紀初曾隸波斯帝國，並北與大夏、安息臨近(14)。然則縱不論烏孫人究否
爲黑膚人，類乎「烏孫氏女」的深目黑膚人會否卽經由安息、大夏而來自巴魯基斯坦
的黑膚人，也是可堪注意的問題。總之，就上文分析而言，果我們說烏孫或係白種中
膚色較黑的人，也似難斷言爲絕不可能的事。至如深目黑膚的「烏孫氏女」之類的人
應屬非漢族的西域特殊種族，就似乎不需煩辯了。當然，烏孫究否爲黑膚白種人仍待
詳細考證，而此處以主題所涉，僅提出一些基本看法而已。

(4)　又易林云：

三斑六黑，同室共食，日月長息，我家有德。（卷十蠱）

照通常的解釋，「三斑六黑」一語意指黑白髮色，從而「同室共食」云云自意指少長
同堂的室家之樂。但就上例「烏孫氏女」的解釋而言，則這段繇辭究否非指黑白種人
同處的融洽情趣？這就難說了。

(5)　又易林云：

鶪鶵娶婦，深目窈身……（卷六蒙）

就史記用語而言，「深目」於此當指非漢族體質特徵。「窈身」應卽修長身型之意，
而西方人種體高，除黑膚侏儒似外，也一般較東方人種爲高。因此，「深目窈身」的
鶪鶵之婦也可能是非漢族的特殊種族的人，雖然不能確知其究是白膚或黑膚人。

姑撤開上列易林(4)、(5)兩條不論，僅就前三條材料而言，我們當可試作如下的結
論，卽：

易林所載蝸螺母女和烏孫氏女之類的深目黑膚人很可能是來自異國，尤其是
西域的黑膚特殊種族的人。實際上，這類黑膚人旣與一般漢人嗜欲不同，且
不相通婚。

然則易林的著者崔篆何以不厭其煩地屢以深目黑膚人做爲他的繇辭的素材？這類
素材究取於前代史籍，或傳聞自親朋，又或係崔篆所目覩？就最保守且最可能的推想

---

(14)　1965, C. S. Coon, The Living Races of Man, P. 198; W. R. Shepherd, Historical Atlas, Pl.
18, 19, 137.

而言，這類素材應是崔篆所親見的，而且可能崔氏熟悉這種黑膚人的體態和生活，留有深刻印象，因此筆觸所及而很容易地成爲他的著作中的部份材料。如果這種推想不誤的話，我們應可進一步推想崔氏筆下描述的黑膚人物或卽與烏孫等西域人寄居在長安或其他大都市的異域僑民。而崔氏，就上文所知，也顯然曾居住過長安。

至於長安，據史記大宛列傳所載見，於漢初通西域後，由於各國使節、商胡、販客、以及嚮慕中國富厚者的東來，固然是當時漢帝國的政治中心和國際貿易的重鎮，且由於異國僑民嗜欲的不同，而曾有過「離宮別館盡種蒲陶，苜蓿極望」的盛況！尤其漢書匈奴列傳載宣帝甘露三年 (51 B. C) 呼韓邪單于入降，詔見於長平一事云：

> 使使者道單于先行，宿長平⋯⋯上登長平，詔單于毋謁，其左右當戶之羣臣
> 皆得列觀。及諸蠻夷君長王侯數萬咸迎於渭橋下，夾道陳。⋯⋯單于就邸，
> 留月餘，遣歸國。單于自願留居光祿塞下。

可證當時京師長安或其他近區留居的蠻夷君長王侯竟達數萬之衆！如果這些異國的君長並非孤身留居中國，而或有十數僕從隨侍，則其總數應可達數十萬[15]！崔篆記載的烏孫氏女和蝸螺母女之類的黑膚女人應或就是這數萬以至數十萬衆中的部份異域僑民。易言之，這類黑膚女人應非崔篆初撰易林時始來自中國，而是留居中國多年了。

如果著者上文的分析尚非全誤，則對於前節居延漢簡的黑膚人問題於此應可更做進一步的解釋。尤其漢簡要屬昭帝、宣帝兩朝而兼及光武帝期的遺物，易林屬新莽朝或略早的文獻，兩者所載的史科也顯可以互爲參證。

首先，漢簡黑膚人旣已定居河西和內郡各地，曾任職爲漢室邊吏，且有的娶妻生子——如上列永光四年 (47 B. C) 張起祖和孫時符個兩「皆黑色」的家族——則其初居居延當或更早。實際上，據永光四年簡云張起祖妻「年四十二」。如張起祖更年長其妻數歲，則這一黑膚家族居留中國應或逾四十五年；其初來之期或可上溯至昭帝初年甚或武帝朝了。

其次，漢簡黑膚人寄居河西等地，而河西地近西域，因此或如易林烏孫氏女一類

---

[15] 魏晉以來西域交通衰落，但寓居洛陽胡人仍多至萬戶。據此漢時京師外僑之數更當遠逾萬戶。參閱白壽彝中國交通史，PP. 55-81；劉伯驥中西文化交通小史 PP. 9-24。

黑膚人係來自西域；或則如上文的推論，漢簡黑膚人也初或屬居留京師大城的部份異國僑民，其後或以漢室邊務的需要，或以生活上的便利，而應募或移徙至河西等地，從事邊政工作。

　　綜上所論，史實旣說明漢代，至少是宣帝朝，京師地區曾住有萬衆異國僑民（更不說以降人建置的屬國），則易林著者崔篆所見深目黑膚的人，居延漢簡記載河西等地的黑膚人或卽同屬部份異國僑民，也就是特殊種族，顯然是極可能而非無據的推論了。

　　其實，有關古代中國境內黑膚特殊種族的存在也顯非任何新奇的問題，中西學者如德拉古百里 (Terrien De Lacouperie)、李濟和凌純聲博士等[16]，都曾先後有所討論，且認爲東漢之際中國境內曾分佈有非漢族的黑膚人種。人類學家魏敦瑞 (Franz Weidenreich) 和孔恩 (C. S. Coon) 先後論及數萬年前洪積統晚期中國華北和華南地區曾存在黑膚人種[17]。雖然，凡此黑膚人種却要認爲應是體型較矮的矮民或小黑人 (Pygmy or Nigreto)、或美拉尼西亞型 (the Melanesoin type) 的海洋黑膚人 (the Oceanic Negroids)，而非本文所論體高平均166.8公分或烏孫氏女一類的黑膚人。此外，著者在近期發表的安陽殷墟頭骨研究簡報中也指出：若干殷墟頭骨顯具類似海洋黑膚人或非洲黑膚人種的某些特徵[18]。換句話說，這些頭骨果然是黑膚人種頭骨的話，却不必是海洋黑膚人而非非洲黑膚人種。最後，著者願提到的卽在擬發表的中國古代黑色人另文中[19]，著者主要卽試論先秦時代中國西北邊裔分佈的西戎民族中的驪

[16] 1887, Lacouperie, The Languages of China Before The Chinese, PP. 74–75; 1928, Li Chi, The Formation of The Chinese People; 1956, Ling Shun-sheng, "Negritoes in Chinese History", Annals of Academia Sinica, No. 3, PP. 251–267; etc.

[17] F. Weidenreich 1943, The Skull of Sinanthropus Pekinensis, Palaeantologia Sinica, N. S. D. 10, P, 251, 1939, On the earliest representatives of modern mankind recovered on the soil of East Asia, Peking Nat. Hist. Bull., Vol. 13, Pt. 3, PP. 161–174; C. S. Coon, 1963, The Origin of Races, PP. 467–470.

[18] 1966, "A Preliminary Report of Human Crania Excavated From Hou-chia-chuang and Other Shang Dynasty Sites At An-yang, Honan, North China", The Annual Bulletin of The China Council For East Asian Studies, No. 5. PP. 1–13.

[19] 本文原卽屬中國古代黑色人一文中的首章。因全文一時校改不及，故僅先發表本文。

戎應即「黑戎」（the "Black Barbarians"），且極可能即與本文所論黑膚人有關的一種黑膚族羣。總之，自先史時代迄於殷、周、東漢，中國境內既曾陸續不斷地有黑膚人（且可能是非同一種黑膚人）存在的史實或跡像，則漢簡及易林所載河西及內地的深目且體型較高的黑膚人應即特殊種族的看法應非新奇或怪異之論。

四、結　　論

(1)　要屬西漢昭帝、宣帝兩朝而兼有迄於東漢光武帝期的居延漢簡、和要屬西漢晚期的易林均載有黑色人曾存在中國河西等郡或京師大都。

(2)　居延漢簡黑色人大多分佈河西地區，尤其張掖郡；體高限度為 165.6—177.1 公分，近乎中國境內帕米爾型（Pamiri type），即白膚高加索種系人的中高體高（164.2 168.7公分），而與屬中常體高 (161.2—167.6公分) 的一般漢族體高略有不同。

(3)　漢簡黑色人均任職為漢室邊吏，其定居河西等地之初或可早至漢昭帝初際。

(4)　易林所載烏孫氏女和蝸螺母女具深目黑膚體質，嗜欲既與一般漢人殊異，且不相通婚。這類黑膚女人或曾寓居京師，曾為易林著者崔篆所見，因成為易林繇辭中常引用的素材。

(5)　漢代，至遲在宣帝朝，京師或其近區曾寓居數萬以至數十萬的異國僑民，且長安無疑為一國際觀光的重要都市。

(6)　居延漢簡及易林所載見的黑色、深目且嗜欲異於一般漢族的人或即來自異域的部份特殊種族的僑民；尤可能是來自西域的僑民。

　　　　　　　一九六七年除夕寫於南港中研院安陽骨骼陳列室

後記：本文曾由編輯委員會金發根先生校閱，謹此致謝。又發根先生曾惠示本文數處宜加補註或修正，茲謹附註於此。

㈠　本文第三頁所論兼載黑色人體高的四十簡已見張春樹先生論文，茲更註其簡號於下，以便於覆按：

　　　11，350，789，875，781，976，1020，1219，1222，1235，1253，1254，

1259，1262，1517，1804，2066，2082，2267，2821，2863，2868，2872，2901，2974，3001，3003，3010，6340+6343，6571+6578，6580，6754，6799，6826，6827，7221，8134，8867，8966（並見勞着釋文）；720（見考古所居延漢簡甲編）。

㈡ 又同頁論及兼記膚色及體高的簡中有六簡僅記寸數，而尺數不詳。著者曾因餘者三十三簡所記成年人體高（除一人爲十六歲，體高爲六尺以外）均在七尺以上，而假設此六簡所記黑色人體高或均爲七尺餘，並進而計算三十九黑色人平均體高。發根兄認爲或有不妥，縱然只是一種假設。著者同意發根兄的意見，因此原來合併計算的三十九黑色人平均體高也就不十分適用。不過，卽僅以三十三人體高爲準，也似乎不影響原來的推論。

㈢ 本文第五頁，著者曾論及漢簡所載黑色人大多居於近西域的河西區域。發根兄認爲此說似有不妥，因爲「兼記載膚色和體高的漢簡僅三十八簡，而其中記有籍貫的又僅十一簡。但屬於河西的只有五人，而屬於內郡的有六人」。按，著者論黑色人的地域分佈時僅涉及膚色，而不計及體高，因此據載有籍貫的黑色人而言，其簡數卽不僅十一簡，且不僅十一人。此外，在本文第六頁，著者曾就張春樹先生材料分析，而得到黑色人集居河西區的論點，只因著者未引用張先生原文，因欠明瞭，茲更錄張文如下，以供參考：

> 「這羣人（按，指五十三黑色人）並非屬於某一特殊區域，而是來自漢帝國的各郡：內郡者（按，計八人）……河西者有張掖郡六人（居延縣二人、觻得縣三人、驪軒縣一人）、武威郡鸞鳥縣一人。另外，大概(54)、(55)二簡中的十人也是屬於河西地區的。」

按，另外兩簡的十人分隸兩戶，戶長分任居延區兩地的隊長，應可能是該區的土著，因此春樹先生或以此而推想也是屬於河西區的。此外，張文第⑽條更載有一北地黑色人。果此北地或卽北地郡，因與河西毗連，也可廣泛地說是屬於河西區的。如我們不否認春樹先生的推論，則屬河西區的黑色人共有十七或十八人，且張掖一郡卽有六人！因此，縱置(54)、(55)的兩戶十人不論，專就張掖一郡的六黑色人與分見於內地六郡

的八黑人而言，果不認為內地各郡為黑色人的集居地，則張掖郡所在的河西應可說是黑色人的集中居住的區域。尤其據王先謙、德效騫的說法和考訂，果然張掖郡的驪軒縣是以大秦國的降人而置縣的話，則河西不唯或為黑色人的集中地，且其來源也應可由此得到進一步的解釋，著者於此已撰有另文，即可發表，茲不贅。

（四）　本文第十一頁，著者曾引漢書匈奴傳「及諸蠻夷君長王侯數萬咸迎於渭下」等語以證漢世京師近區應有數萬或十數萬異國僑民寄居。此外，著者並引史記大宛列傳材料以為補充，而在附註中也提到魏晉以降，雖西域交通見衰，洛陽一地竟仍有萬戶胡人之衆。發根兄因漢書上文云漢於單于王寵以殊禮，位在諸侯王上，而認為下文「諸蠻夷君長王侯」似非僅指異國君長，也當兼有漢室王侯。著者頗同意此一解釋，雖然究竟史實却仍難確論。且縱應依發根兄的解釋，著者原來的推論也可保留，因為武帝以來漢與西域交通正繁密的盛世，京師近區或至少如魏晉之際，而有萬戶的西域人，則其人數也至少當在數萬至十數萬，證之「離宮別館盡種蒲陶，苜蓿極望」的觀光措施，這也許就不是不可能的了。

最後，著者仍再願向發根先生表示謝忱，特別是他的認眞治學態度，使本文得以免去不少疏誤。

　　　　　　　　　　一九六八年五月九日再記於安陽骨骼陳列室

PREFECTURES AND POPULATION IN SOUTH CHINA

IN THE FIRST THREE CENTURIES A. D.

by

Rafe de Crespigny

Lecturer in Chinese,

The Australian National University

The spread of the Chinese people to the south has been one of the most impressive movements in the history of human migration. From its first beginnings in the loess-land of the northwest and the great plain of the Yellow River, Chinese civilisation, over the centuries, extended into the valley of the Yangtse and onwards to the shores of the Pacific. In modern times, the frontiers of the Chinese world are to be found in south-east Asia and on the eastern coast of Taiwan, but it is the purpose of this paper to study an earlier period of this great migration, and to examine the process by which the government and culture of the Chinese people were established in the lands of the Yangtse.

Chinese civilisation depended on settled agriculture; and for a people to live in Chinese style it is essential that they should be able to farm the land and have permanent settlements. The tribes of the northern steppes had to base their economy on the grazing of animals, and the animals' needs for pasture in a land where grass grows seldom tall enough for harvest compelled the herders to travel from place to place in the search for food. It was impossible for people in these lands to adopt more than a few materialistic aspects of the Chinese way of life. In South China, however, a different geographical situation existed, and in the course of time the barbarian people could be settled and educated and brought within the government of the empire.

The Chinese colonists who passed from the valley of the Yellow River to the basin of the Yangtse were moving from a dry climate to a damp and tropical one. In the north, the staple grain is wheat, and the first techniques of water control had been developed to maintain the Yellow River in a settled course and to allow for the irrigation of farmlands with limited rain. In the south, the main crop is rice, but the same methods of dams and canals could be readily adapted to the draining of low-lying marsh-land and to the seasonal control of paddy-fields. As a result, Chinese were able to settle the valleys of the rivers and till the land, and many barbarians were sinicised through the example of their new neighbours or through intermarriage. The non-Chinese people who were unwilling to accept Chinese customs also lacked the organisation to make effective resistance to the invaders, and they were steadily driven into the hills.

The first centuries A. D. are an important phase in the history of this expansion, for as late as the Han dynasty, in the last two centuries before the Christian era, the Yangtse valley was still considered a frontier of the empire. Since the great Chou 周 dynasty state of Ch'u 楚, this southern land was well within the boundaries of the Chinese world, and the outposts of the Former Han 漢 empire extended as far south as present-day Vietnam, but the balance of power was settled on the Yellow River, and the interests of the court lay rather in the north and west than in the south. It was not until the end of Later Han, in the second century A.D., that colonisation of the south began its full development. Early in the third century, the unified government of Han was succeeded by three warring states, Wei 魏 in the north, Shu 蜀 in the west and Wu 吳 in the south. Despite its economic weakness and its scant resources of population, the state of Wu managed to maintain its independence for more than three-quarters of a century, and in doing this it laid the basis for the refugee Chinese dynasties of the south in the Period of Division that succeeded Western Chin 晉.

A general outline of the development in the south has already been given by Professor Hans Bielenstein in his article on 'The Census of China during the period 2-742 A.D.' In this work, dot maps were used to show the distribution of population recorded in five geographical treatises of the dynastic histories from Han to T'ang 唐, and the sites of prefectural cities (縣城 *hsien-ch'eng*) were the basis of the placement of the dots. By adjusting the number of dots to the population of each administrative division, Bielenstein was able to give a detailed and accurate picture of the spread of Chinese settlement in the empires of Former Han, Later Han, Sui 隋 and T'ang. Unfortunately, however, there are no satisfactory census records for the four hundred years between Later Han and Sui. The population figures in the histories of the Period of Division were collected for taxation purposes and not for census, and they cannot be used as guides either for the number of people in the succeeding Chinese empires nor for their distribution of settlement.

The maps presented here are designed to fill the gap in the demographic history of South China between Later Han and Chin. In order to do this, a different method has been used, based on the establishment and abolition of the prefectures. The existence of prefectures is evidence of Chinese settlement, and although prefectures give a less accurate picture of the spread of population, this indirect technique is the only one which can indicate the progress of Chinese colonisation. Moreover, as will appear blow, the plans of the central government were an important factor in the advance of the Chinese people, and maps of prefectures can be used to show the varying frontier policies of succeeding rulers of China.

The design of the maps:

Map I shows the sites of the capital cities of the prefectures of south and west China at the time of the Former Han census of 2 A.D., recorded in the *ti-li chih* 地理志 of *Han Shu* 28A and 28B, together with those listed by the Later Han census of 140 A.D., in the *chün-kuo chih* 郡國志 of *Hou Han shu* treatises 19 to 23B. The points on the map show under which dynasty each prefecture was established. Map II compares the prefectural cities of 140 A.D. with those listed by the Chin dynasty census of 280 A.D., recorded in the *ti-li chih* of *Chin shu* 14 and 15.[3]

Both maps illustrate prefectures in the same area, the territory of the Later Han provinces (州 *chou*) Yang 揚, Ching 荊 and Yi 益, together with parts of Chiao 交, Hsü 徐, Yü 豫, Ssu-li 司隷 and Liang 涼. The commanderies (郡 *chün*) and kingdoms (國 *kuo*) at the time of the census of 140 A.D. are listed below, and their capitals are shown, for reference purposes, on Map III[4].

Yang province: Chiu-chiang　九江
　　　　　　　　 Tan-yang　　丹陽
　　　　　　　　 Lu-chiang　　廬江
　　　　　　　　 K'uai-chi　　會稽
　　　　　　　　 Wu　　　　　吳
　　　　　　　　 Yü-chang　　豫章

Ching province:	Nan-yang	南陽
	Nan	南
	Chiang-hsia	江夏
	Ling-ling	零陵
	Kuei-yang	桂陽
	Wu-ling	武陵
	Ch'ang-sha	長沙
Yi province:	Han-chung	漢中
	Pa	巴
	Kuang-han	廣漢
	Shu	蜀
	Chien-wei	犍爲
	Tsang-ko	牂牁
	Yüeh-hsi	越嶲
	Yi-chou	益州
	Yung-ch'ang	永昌

and the dependant states (屬國 *shu-kuo*) of Kuang-han, Shu, and Chien-wei

Chiao province:	Nan-hai	南海
	Ts'ang-wu	蒼梧
	Yü-lin	鬱林
	Ho-p'u	合浦
Hsü province:	Kuang-ling	廣陵
	Hsia-p'i	下邳
Yü province:	Ju-nan	汝南
	P'ei	沛
Ssu-li:	Ching-chao	京兆
	Yu-fu-feng	右扶風
	Hung-nung	宏農
Liang province:	Wu-tu	武都
	Lung-hsi	隴西
	Han-yang	漢陽

The sources for the maps:

The study of practical government was one of the chief reasons for the compilation of the standard histories, and the historians had a great quantity of material available to them, including the imperial archives. Each dynasty recorded the placenames of its administrative divisions, and errors in one list can be corrected against contemporary texts or lists of earlier and later periods. The late Ch'ing scholar, Wang Hsien-ch'ien, summed up much of the geographical criticism in his *Han shu pu-chu* and *Hou Han shu chi-chieh*. Wang's commentaries, and the compilations of other scholars, make it possible to trace the history of each prefecture through the periods of Han, the Three Kingdoms and Chin.

In identifying the ancient sites of the prefectural capitals I have followed the commentaries to the standard histories, the historical atlas *Li-tai yü-ti yen-ko hsien yao t'u* of Yang Shou-ching, and *Chung-kuo ku-chin ti-ming ta-tz'u-tien* (*Encyclopaedia of Chinese Place-names*). The latter work, like other modern Chinese encyclopaedias of geography, is based on the *Ta-Ch'ing yi-t'ung-chih* 大清一統志 which was compiled by Hsü Ch'ien-hsüeh 徐乾學 (1631-1694) and others and was first printed in 1744. The great gazetteer is based largely on the commentaries to the standard histories, and its identifications of places in China are almost always accurate.

Despite these aids, however, in all three dynasties there are some prefectures whose sites are now uncertain. In each case, I have shown a tentative position. For such small-scale maps as these, there is little likelihood of serious error, since individual prefectures can be safely grouped with others whose sites are known and who were governed by the same commandery.

Beyond the borders of modern China the historical tradition is less reliable, and the records of ancient settlements in the territory of present-day Vietnam are unfortunately not sufficient to allow accurate identification of many of the prefectural sites of Han and Chin. For this reason, I have not extended the maps south of the border beyond modern Kwangtung and Kwangsi provinces, and so the three southernmost commanderies of the Later Han Chiao Province are omitted. These commanderies were Chiao-chih 交趾, Chiu-chen 九眞 and Jih-nan 日南, and their territories ran in that order south along the coast of North and South Vietnam.

Estimates of Population in Han and Chin:

Before we can discuss the changes in the patterns of Chinese settlement from one dynasty to another, we must appreciate the quality of the statistics in the histories. Bielenstein has shown that the population of the empire, with slight fluctuations, remained at about fifty million individuals for the seven hundred years between Han and T'ang, a stability which is not unexpected for a primitive economy where the bulk of the population was at the subsistence level.[5]

From this assumption, it appears that traditional records of great variations in numbers of people are based on misinterpretation of the material in the histories and are often caused through confusing census figures with taxation lists. *San-kuo chih* 8, p. 22b, says that at the end of Later Han only one-tenth of the former population remained, and the geographical treatise of *Chin shu* calculates that about 280 A.D. the total population of the empire was two and a half million households and some sixteen million individuals, a decline of three-quarters of the households and two-thirds of the individuals in the century and a half since the census of 140 A.D.   About 363, Huan Wen 桓溫 of Eastern Chin claimed in a memorial that the population of the empire was no more than that of a commandery of Han.[6]   However, the figures given by *San-kuo chih* and officials like Huan Wen were designed simply to impress their readers. It is impossible that any period of civil war should cause such devastation, and it is impossible that these figures are a true representation of the population of China.   General statements were often intended to give an impression of disaster and difficulty, but it is far more likely that the Chinese of that time did not know themselves how many they were. In fact, although the *Chin shu* treatise gives a figure for the individuals in the whole empire, it records only the number of households in each commandery, and it is clear that the data come not from a census but from a taxation list.

As any modern government can understand, an accurate census requires a high degree of organisation and an effective control of the people who are to be counted. It is not surprising that the settled dynasties of Former and Later Han should have been able to accomplish such a task, and that the Chin dynasty, soon after the end of a long-drawn civil war, should have found the full work beyond its powers. Nevertheless, even as a taxation list, the figures in the *Chin shu* treatise reflect a weakness in the central government. Unlike the records of the two Han dynasties, which tried to give a precise figure for households and individuals, the Chin list describes the households of each commandery in round numbers. Where Later Han, for example, has the population of Yü-chang commandery as 406,496 households and 1,608,906 individuals, Chin has 35,000 households; where Later Han has 71,477 households and 250,282 individuals in Nan-hai, Chin has 9,500 households. Not only did the number of households decline, but the government was evidently prepared to base its assessments on an approximate figure of taxable households, and it did not have sufficient energy for a full census.[7]

As we have seen, general estimates for the total population of the empire are quite unacceptable. It also happens, unfortunately, that even in the treatises the totals for major units such as provinces or for the whole country are very often wrong. In *Chin shu*, Liang province is said to have 76,300 households, but the total obtained by adding the figures for each commandery is 82,600; in *Hou Han shu* the total population of the empire is given as 9.7 million households and 49.2 million individuals, but the total of the census is 9.5 million households and 48 million individuals. Obviously, similar errors must have occurred when the prefectural returns were added together to give the figures for each commandery. Since the prefectural records are no longer preserved, we have no direct way to check the ancient addition, but the figures are comparatively small, and excessive errors can be checked by comparing each commandery with its neighbours and by considering the real probabilities of its population.[8]

The early Chinese administrators were far more reliable in their figures than any of their contemporaries in other civilisations, but they could still make mistakes in large-scale calculation. As a general rule, unsupported estimates of population are useless for statistical purposes, although they may be interesting evidence of official opinion at the time they were made. Other figures, presented with some basis of detail, can be accepted with care, although large numbers may be affected by mistakes in addition and should be checked against their subtotals. In all cases, the authority for the figures should be borne in mind, and it is clear that a detailed census carried out by a well-established and effective government will be more accurate than a collection of taxation returns from a weaker government in the early stages of a new administration. For the two Han dynasties, at least, the commandery populations appear realistic and reliable, but there is no list that gives details of prefectural totals, and these figures can only be estimated by taking an average of the commandery figures or by calculations from other administrative sources.

Variations in the populations of prefectures:

If every prefecture under every dynasty governed the same number of people, the maps of prefectures would also be accurate maps of population. Since the size of prefectures differed, both from place to place and from time to time, we must make some assessment of the effects of these variations before we can make any use of prefectural maps for the purposes of demography.

The prefecture was the grass-roots level of the imperial administration. The chief officials of the prefectures were the lowest officials of the local government who received their appointment directly from the capital and who were commissioned officers of the emperor. Provincial and commandery units could be revised and adjusted for political or military reasons, but the internal security of the empire and the regular supply of taxation depended on the efficiency of the prefectural administrations, and these small units of local government were tied very closely to the people that they controlled.

Under Han, the rank and salary of the head of a prefectural administration was fixed by reference to the population under his command. A prefecture of more than 10,000 households was ruled by a Prefect (令 *ling*) with a salary rated at 1000 piculs (石 *shih*), prefectures with less than 10,000 households were ruled, by Chiefs (長 *chang*), with salaries of 400 or 300 piculs, depending on size. If a prefecture was the fief of a marquis (侯 *hou*), the Chancellor (相 *hsiang*) of the marquisate also had his salary determined by the same scale.[9] Under the Chin dynasty, prefectures were still headed by Prefects and Chiefs but the number of their subordinate officers (屬吏 *shu-li*) was also determined by the size of the prefecture. Where the population was less than 300 households, twenty-two officers could be appointed, and the number increased for populations up to 500, 1000, 1500 and 3000 households. For the largest prefectures, more than 3000 households, these junior officers numbered 114.[10] Both in the Han dynasties and in Chin, government appointments, and the expenses of official salaries, were directly related to the current census figures or taxation lists.

In these circumstances, no government was going to set up prefectures without good cause. Indeed, under Later Han, there is evidence that the local administration was lagging behind the movement of population. From 2 to 140 the populations of Ch'ang-sha, Ling-ling and Yü-chang commanderies increased five times: Ch'ang-sha rose from 235,825 individuals to 1,059,372, Ling-ling rose from 139,378 to 1,001,578, and Yü-chang rose from 351,965 to 1,608,906. Despite this immense increase, more than three million individuals, none of the commanderies were subdivided and few new prefectures were set up. As a result, in the three commanderies, the average population of each prefecture rose from 15,000 on 20,000 in Former Han to about 80,000 in Later Han. Although the administrative control over these developing territories must have become increasingly slack, the central government saw no need for additional administrators.

This restrained and conservative policy towards the administrative divisions in the settled regions of the empire can also be traced in the records of the Wei and Chin dynasties. The area of Ju-nan and P'ei in Later Han contained 58 prefectures, 604,930 households and 3,352,181 individuals. In Former Han, the same area had contained 69 prefectures, about 800,000 households, and 4.3 million individuals; thus between 2 A.D. and 140 the population of the area had declined by about one quarter and about one sixth of the prefectures had been done away with. By 280 the area contained only 43 prefectures. It is not, in fact, very likely that the population had suffered any great decline: the imperial Ts'ao family of the state of Wei came from P'ei commandery, so the region would be favoured by imperial policy; and the economic records of the Chin dynasty mention considerable works of agriculture and irrigation which were carried out in the third century A.D.[11] Almost certainly, the decline in the number of prefectures represents the rationalisation of local government in a prosperous and settled area rather than a reflection of falling population.

From the histories, statistics and maps, it seems fair to assume that the prefectures of the three dynasties each bore the same relationship to the territories and the people that they administered. Population per prefecture varied greatly from time to time and from place to place, but the changing pattern of prefectures on the map gives a clue to the reality of population on the ground. In settled areas, the local organisation responded very little to increases in population, but in the frontier society of South China, where the Chinese people and their government advanced into the lands of the barbarians, the geography of administration illustrates the conquest.

Government policy and Chinese migration:

At this point of the discussion it is appropriate to clarify the two terms 'prefectures' and 'population' in the context of early South China. In the established ground north of the Yangtse, all territory was under the control of the imperial government, every person was a Chinese citizen, and the prefectural administrations, from their headquarters in leading cities, controlled all the people and all the land.

The situation in the south was different. Throughout the Later Han dynasty, under the pressure of Hsiung-nu 匈奴 and Ch'iang 羌 barbarians on the north and west, many Chinese had emigrated to the lands of the Yangtse valley, bringing their cultural traditions with them, settling the level ground along the rivers and between the hills to farm the land as peasants, and still remaining subject to the imperial government. By the second century A.D., the Chinese population of the south had increased immensely, and the census of 140 recorded the change. However, the imperial censors only counted those who were registered as Chinese subjects. Many barbarians within the nominal borders of the Chinese empire in the south avoided the calculations of census and the rigours of taxation by escape into the hills and by defensive warfare against the local forces of the colonising Chinese. Blank spaces on a population map of the Chinese empire do not necessarily indicate an absence of people, but only their reluctance to be counted.

The existence of a prefecture was a question of administration and policy. When sufficient people had collected in one district to make it appropriate that they should be administered on the spot, prefectural offices were established (置 *chih*) with headquarters in one of the chief settlements. In some cases, the government found that administration could be carried on even though there was only one prefect to 80,000 people, in other circumstances, many prefectures contained fewer than 3,000 people. Obviously, when a prefecture was abolished (省 *shcng*), its territory was incorporated under a neighbouring administration, but the local inhabitants were little affected and generally stayed exactly where they were.

With these points in mind, it is clear that the frontier of the Chinese empire in the south during this early period was extremely fluid, and that individual prefectures in many cases were islands of settlement surrounded by non-Chinese peoples. Under the Han dynasties, from 2 to 140 A.D., the government in the north was not particularly interested in a forward policy south of the Yangtse. Several commanderies, such as Ch'ang-sha, Kuei-yang, and particularly Wu-ling, have a history of 'barbarian rebellion' at this time, which is surely the natural defensive reaction of the non-Chinese people to the pressure of colonisation. The government, however, though it organised armies to restore order, made little attempt to extend its sway over the difficult country of the highlands. Without official support for expansion, the Chinese immigrants from the north moved into the areas already lightly settled, and they consolidated, rather than advanced, the frontiers of the Chinese world. Those few who went further out, establishing themselves in the wilderness beyond the control of the prefectures, ceased to be Chinese subjects.

From Han to Chin:

In the half-century after the Later Han census of 140, the government of the empire declined steadily into chaos. By 190, the dynasty was in the final stages of collapse, and rival warlords competed for the succession to power. By 220, when the last Emperor made his formal abdication, three great states had divided China between them. In the north, the Wei dynasty of the Ts'ao 曹 family controlled the heartlands of the empire about the Yellow River valley until 266, when a coup-d'etat of the Ssu-ma 司馬 family established the Chin dynasty. In the west, the adventurer Liu Pei 劉備 took over the government of the Later Han Yi Province in 214, and he and his descendants ruled the territory of modern Szechwan, Kweichow and Yünnan until the conquest by Wei in 263. In the south and east, the Sun 孫 family of Wu had gained control of the middle and lower Yangtse by 200, and the state was not conquered by Chin until 280. At its greatest extent, Wu could claim all the territory south and east of the Kweichow hills, across the Nan Ling into modern Kwangtung and Kwangsi, and south along the coast of Vietnam.

This century of division brought disorder to much of settled China, although it is not likly that the warfare of the times caused a large-scale or long-lasting fall in population. When armies marched, they could leave a swathe of devasta-tion behind them, but the effect was essentially transitory. Despite the accounts of contemporaries, there is evidence from Map II that the requirements of war in many districts actually stimulated the development of colonisation. On the borders of the state of Shu, where mountain ranges gave opportunities for close defence, settlements were encouraged close to the frontier on both sides, largely for military purposes.

On the eastern section of the frontier between Wei and Wu, in the marshy ground near the junction of the Han with the Yangtse, a similar situation prevailed. Both states set their prefectures extremely close, several prefectures were contested, and Chiang-hsia commandery was divided between them. Further east, however, on the flat open ground between the Hwai and the Yangtse, in the territory of the Later Han commanderies of Lu-chiang, Chiu-chiang and Kuang-ling, the country was too exposed to be habitable in time of war. Both sides could raid, and neither side could successfully protect peaceful pursuits in forward areas. As a result, many of the prefectures were abandoned,[12] and although Wei maintained the development of the Hwai valley by agricultural colonies and large-scale irrigation, the colonisation of the lands in this border area received a set-back from which it had only begun to recover under Chin.

The state of Wu and the development of the south:

Map I, from Former Han to Later Han, shows a static policy. Map II, from Later Han to Chin, is a picture of expansion. In south and east China, the territory of the state of Wu, the number of prefectures more than doubled between Later Han and Chin. In 140 A.D., the area of Wu south of the Yangtse had contained 174 prefectures; in 280, 13 of these had been abolished, but 197 new ones had been set up.[13] Not only had local government increased intensity at this time, but new districts had been opened where no settlement was recorded in the past.

In the west, the conservative policy of Shu is a striking contrast. In 140 A.D. the area of the state contained 122 prefectures; but by 280, 14 had disappeared and only 34 new ones had been established.

The difference between the two states obviously reflects different government policies. Both Wu and Shu were anxious to gain the support of non-Chinese people for their warfare against the northern state of Wei. The position was serious, for it can be calculated that the area of Wei had contained seven-tenths of the Chinese population at the time of Later Han, that Wu had one-fifth, and Shu only a tenth. In Shu, however, according to the histories, the great minister Chu-ko Liang 諸葛亮 was content to defeat and pacify the barbarian tribes and then leave them to the government of their own chieftains so long as they paid practical allegiance to the court.[14]

In Wu, the government was far more active. In the very earliest years of the state, the general Ho Ch'i 賀齊 had been given command of the region south of Hangchow Bay, with orders to subdue the barbarians and 'rebels' and to extend the boundaries of K'uai-chi commandery.[15] About the same time, the great minister Lu Hsün 陸遜 gave his advice to Sun Ch'üan 孫權, the ruler of Wu:

'At this time, all the brave men are fighting for power, and they look over the empire like wolves upon their prey. Without great numbers of men, it is impossible to defeat enemies or to settle disorders.. Moreover, the rebels of the hills have long been a trouble to us, and they rely on the natural difficulties of their lands. Until this heart of our country is at peace, it will be difficult to make any plans for action at a distance. The best thing to do is to raise strong armies and seize their best soldiers.[16]

Sun Ch'üan supported this policy, and even while his state was fighting for survival against attack from the north and west, expeditions were sent regularly into the difficult land of the hills. East of the Po-yang Lake, and south and west of Hangchow Bay, the people known variously as 'barbarians of the hills' (山越 *Shan-yüch*), 'hills bandits' (山賊 *shan-tse*) or simply as 'hills people' (山民 *shan-min*), were steadily brought under the centrol of the Sun government. Some were certainly non-Chinese, others were refugees who had fled from the disorders of civil war, but all the able men were immediately pressed into the armies of Wu to serve on the frontier against Wei, and the rest of the captives were settled on flat ground and administered by prefectures.[17] In 237, in Tan-yang, Chu-ko K'o 諸葛恪 starved the *Shan-yüch* from the hills by a policy of strategic hamlets and by an 'Open Arms' programme, and from the literary evidence it appears that the government of Wu had pressed its power at that time far into the territory which was formerly uncontrolled.[18] By the middle of the third century, the Yangtse valley and the hills around it were firmly in the hands of a Chinese government, and the people who lived in those remote regions were brought to swell the armies of Wu and to help maintain the defences of the state in civil war.

By its exertions on these frontiers of the Chinese world, the government of Wu survived against odds and maintained its power. Even after the fall of Shu, another seventeen years were gone before Wu succumbed to the overwhelming forces of the new empire of Chin. The taxation list of 280 preserves a picture of the structure of local administration in the fallen empire, and one generation later, by the irony of fate, the ruling house of Chin was itself compelled to take refuge in the lands of the southeast. The third century defences of Wu along the Yangtse became the battle-lines of Eastern Chin and the succeeding Chinese dynasties of the south as they struggled to survive against the barbarian tribal states that had conquered and ruled North China, and in this period of division the southern dynasties maintained their economic and military power on the foundations laid by the state of Wu. In later centuries, the balance of power and civilisation swung to the south, from the Yellow River to the Yangtse, but the beginnings of that movement came in the first centuries A.D., and its impetus developed from the policies and achievements of Wu.

NOTES

1　'The Census of China...', pp. 127-131 and 145 and Plate IV.

2　In his article on 'The Chinese Colonisation of Fukien until the end of T'ang', Bielenstein has used the placement of prefectures for a study of demography. The present work deals, in much the same way, with a wider area but a more limited time.

3　The date of the Former Han census, and hence evidently of the list of prefectures, is given as the second year of the Yüan-shih 元始 period in *Han shu* 28A, p. 11a. The Later Han date ppears similarly in *Hou Han shu* treatise 19, p. 5b, as the fifth year of Yung-ho 永和.

　　Chin shu 14, p. 7a, gives a total census figure for the whole empire, by households (戶 *hu*) and individuals (口 *k'ou*), as in the first year of T'ai-k'ang 太康 reign-period (also written 泰康), which is generally equated to 280 A.D. Since the last ruler of the state of Wu surrendered in the third month of that year, no census of any form could have been compiled for the whole empire of Chin before that time. On the other hand, *Chin shu* 15, p. 4a, refers to Shun-yang 順陽 and Yi-yang 義陽 commanderies being established 'during T'ai-k'ang' (太康中), which seems to imply a slightly later date than the very first year of that reign-period.

　　The list of commanderies and prefectures in *Chin shu* cannot have been compiled later than the third year of T'ai-k'ang, for *Chin shu* 14, pp. 15b and 18b, while listing the two provinces of Ch'in 秦 and Ning 寧, notes that they were abolished as separate entities in that year. It seems clear, then, that the list of provinces, commanderies and prefectures in the *Chin shu* treatise was compiled soon after the fall of Wu in 280 A.D. and certainly no later than 282.

　　It may be noted that a 'geographical record' (*Ti chi*) and a list of names of provinces, commanderies and prefectures (*Chou chün hsien ming*), both compiled in the third year of T'ai-k'ang, are recorded by the bibliographical treatise of the two T'ang histories (e.g. *Chiu T'ang shu* 46, p. 29a, in the Po-na edition). Fragments of the former work have been collected by the Ch'ing scholar Pi Yüan and by others, and the partial reconstruction of the *Chin T'ai-k'ang san-nien ti chi* differs on some few points with the *Chin shu* treatise.

4　In Later Han, there was no practical administrative distinction between a commandery and a kingdom. A commandery was governed by a Grand Administrator (太守 *t'ai-shou*), who was appointed by the court. A Kingdom was a commandery which has been granted to one of the cadets of the imperial house as a fief, but it was administered by a Chancellor (相 *hsiang*), who was appointed on the same terms as a Grand Administrator of a commandery, and the King (王 *wang*) had no power but merely received a pension from the revenues of his state. Both commanderies and Kingdoms were grouped into provinces and were subject to supervision from Inspectors (刺史 *tz'u-shih*). Inspectors were lower in rank than Grand Administrators and Chancellors and they had no executive authority over them, but they were empowered to report direct to the capital on the conduct of the local government in their districts.

5　'The Census of China ...', p. 157.

6　*Chin shu* 98, p. 14a. Ju-nan was the most populous commandery of Han, with 461,587 households and 2,596,148 individuals.

7　It must be pointed out that Yü-chang and Nan-hai commanderies of Later Han were very much larger than the territories of the same names under Chin. At the end of Later Han and during the Three Kingdoms, old commanderies were often subdivided. *Hou Han shu* lists 99 commandery units in the whole empire, but *Chin shu*, for essentially the same area, has 173. As a result of this sort of change, direct comparison between the larger units of one dynasty and another is generally meaningless.

8　For example, in 'The Census of China...', Bielenstein has made appropriate corrections of the population of P'ei under Later Han from 251,939 to 1,251,939 individuals, and Ch'en from 1,547,572 to 547,572 individuals (p. 159).

9　*Han shu* 19A, p. 14b, *Hou Han shu* treatise 28, p. 7a, and *Li-tai chih-kuan piao* 54. A Marquis could be enfeoffed with a prefecture in the same way that a King was enfeoffed with a commandery: a Chancellor was appointed instead of a Prefect or Chief, but the recipient of the title gained no power, but only a pension, from his nominal fief.

10 *Chin shu* 24, p. 14b.

11 Yang Lien-sheng, 'Notes on the Economic History of the Chin Dynasty', pp. 164-170.

12 e.g. *San-kuo chih* 14, p. 18b.

13 These are the totals for all prefectures in the state of Wu south of the Yangtse, including those belonging to the commanderies in modern Vietnam, not shown on the maps.

14 e.g. *San-kuo chih* 35, pp. 8a and 8b, commentary quoting the *Han-Chin ch'un-ch'iu* 漢晉春秋 by Hsi Tso-ch'ih 習鑿齒 of the fourth century.

15 *San-kuo chih* 60, pp. 1b ff.

16 *San-kuo chih* 58, p. 1b.

17 e.g. *San-kuo chih* 66, pp. 3b f and 17b.

18 *San-kuo chih* 64, pp. 3a-4a. For similar policy further west in Wu-ling, see *San-kuo chih* 61, p. 2a.

Bibliography:

Bielenstein, Hans: 'The Census of China during the period 2-742 A.D.', in *Bulletin of the Museum of Far Eastern Antiquities*, No: 19, Stockholm, 1947, pp. 125-163 with X plates.

Bielenstein, Hans: 'The Chinese Colonisation of Fukien until the end of T'ang', in *Studia Serica Bernhard Karlgren Dedicata*, Copenhagen, 1959, pp. 98-122.

Ch'ang Ch'ü 常璩 (fl. 347) and others: *Hua-yang kuo chih* 華陽國志, 12 *chüan*, Ssu-pu ts'ung-k'an 四部叢刊 edition.

Ch'en Shou 陳壽 (233-297): *San-kuo chih* 三國志, with commentary compiled by P'ei Sung-chih 裴松之 (372-451), 65 *chüan*, Po-na 百衲 edition.

Chi Ch'ao-ting: *Key Economic Areas in Chinese History as revealed in the development of public works for water-control* (Second edition), New York, 1963.

Chi Yün 紀昀 (1724-1805), Lu Hsi-hsiung 陸錫熊 (1734-1792) and others: *Li-tai chih-kuan piao* 歷代職官表, Peking, 1784.

Chin T'ai-k'ang san-nien ti chi 晉太康三年地記, reconstructed by Pi Yüan 畢沅 (Ch'ing), in *Ts'ung-shu chi-ch'eng* 叢書集成, vol. 3061.

de Crespigny, Rafe: 'The Military Geography of the Yangtse and the Early History of the Three Kingdoms State of Wu', in *The Journal of the Oriental Society of Australia*. 4, no. 1, pp.61-76.

Fan Yeh 范曄 (398-446): *Hou Han shu* 後漢書 (annals 10 *chüan* and biographies 80 *chüan* by Fan Yeh, treatises 30 *chüan* from the *Hsü Han shu* 續漢書 of Ssu-ma Piao 司馬彪 (c. 245-c. 305) 120 *chüan*, *Hou Han shu chi-chieh* 後漢書集解 edition of Wang Hsien-ch'ien 王先謙, Changsha, 1923.

Fang Hsüan-ling 房玄齡 (578-648) and others: *Chin shu* 晉書, 130 *chüan*, Po-na edition.

Fang K'ai 方愷 (Ch'ing): *Hsin chiao Chin shu ti-li chih* 新校晉書地理志, in *Erh-shih-wu shih pu-pien* 二十五史補編 III, pp. 3561-3577.

Giles, L.: 'A Census of Tun-huang', in *T'oung Pao* XVI, Leiden, 1915. pp. 468-488.

Li Tao-yüan 酈道元 (d. 529): *Shui-ching chu* 水經注, 40 *chüan*, in Ssu-pu ts'ung-k'an edition.

Pan Ku 班固 (32-92): *Han shu* 漢書, 100 *chüan*, Po-na edition; also *Han shu pu-chu* 漢書補註 edition of Wang Hsien-ch'ien 王先謙, Changsha, 1900.

Pi Yüan 畢沅 (Ch'ing): *Chin shu ti-li chih hsin pu-cheng* 晉書地理志新補正, in *Erh-shih-wu shih pu-pien* III, pp. 3529-3559.

Ting Wen-chiang 丁文江: *Chung-hua min-kuo hsin ti-t'u* 中華民國新地圖, published by the Shen Pao 申報, Shanghai, 1934.

Tsang Li-ho 臧勵龢 and others: *Chung-kuo ku-chin ti-ming ta-tz'u-tien* 中國古今地名大辭典, published by the Commercial Press, Shanghai, 1931.

Wu Tseng-chin 吳增僅 (Ch'ing): *San-kuo chün-hsien piao* 三國郡縣表, with additional commentary (*fu*) *k'ao-cheng* 附考證 by Yang Shou-ching 楊守敬, in *Erh-shih-wu shih pu-pien* 二十五史補編 III, pp. 2821-2968.

Yang Lien-sheng, 'The Economic History of the Chin Dynasty', in *Studies in Chinese Institutional History* (Harvard-Yenching Institute Series XX), Cambridge, Mass., 1961, pp. 119-197; first published in *Harvard Journal of Asiatic Studies* 9, 1946, pp. 107-186.

Yang Shou-ching 楊守敬 (1837-1915): *Li-tai yü-ti yen-ko hsien-yao t'u* 歷代輿地沿革險要圖, Ocheng 1906-1911.

蜀布邛竹傳至大夏路徑的蠡測

桑　秀　雲

一、前　　言

史記卷 123，大宛傳：

> （張）騫曰：「臣在大夏時，見邛竹杖蜀布。問曰：『安得此？』大夏國人曰：『吾國人往市之身毒。』身毒國在大夏東南可數千里，其俗土著，大與大夏同。而卑濕暑熱云。其人民乘象以戰，其國臨大水焉。以騫度之，大夏去漢萬二千里，居漢西南；今身毒國又居大夏東南數千里，有蜀物，此其去蜀不遠矣。今使大夏從羌中險，羌人惡之，少北則爲匈奴所得，從蜀宜徑，又無寇。」……天子欣然，以騫言爲然。乃令騫因蜀犍爲發間使四道並出，出駹，出冉，出徙，出邛僰，皆各行一二千里。其北方閉氐筰，南方閉嶲昆明……終莫得通。然聞其西可千餘里有乘象國，名曰滇越，而蜀賈姦出物者或至焉。

上面這一段張騫和漢武帝之間的談話，使我對它發生很大的興趣。它告訴我們兩件事：其一，我國在張騫出使西域以前，和印度北部已經有了商業上的交通；其二，我國和西域的往還，除了取道「絲道」以外，從中國的西南部也有道路可以通往。雖然在漢武帝時，通蜀印道未見成功，但不能證明當時沒有這條路。我認爲蜀布邛竹除了取道雲南，緬甸，印度而至大夏外，不可能有別的走法。後來，發覺伯希和 (P. Pelliot)，R. C. Majumdar，和羅香林諸位先生也有這樣的看法 (註一)，更加強了我的信念。本文主要在探索中國西南部和西域之間的通道；但這條通道是因大夏而起，所以下文先考大夏，最後對蜀布及邛竹也作一個簡單的研討。

(註一)　伯希和著，馮承鈞譯：交廣印度兩道考上卷，臺北，商務，一版，民 51，頁 10-11; R. C. Majumdar: Ancient Indian Colonisation in Southeast Asia, Raopura, Baroda, 1955, P. 4 ; 羅香林：百越源流與文化，見中華叢書，臺北，中華叢書委員會，民 44。頁 91。

二、大夏考略

1. 名稱：

以「大夏」爲名的國家，有的是從帝禹夏后氏而得名 (註二)。但張騫出使西域時所見的「大夏」其名稱是怎樣得來的呢？有些學者認爲是譯音。例如王靜如 (註三)，張星烺 (註四) 等，而張氏認爲大夏和吐火羅同是 Tuhara 一字的譯音。新唐書卷 221 下，西域傳，挹怛國條也說：「大夏卽吐火羅也」。

Tuhara 是 Scyths 民族中的一種。Scyths 是遠古時候一種遊牧民族，以野蠻聞名於世。他們住在兩個分開的區域：一是黑海以北的草原，一是鹹海以東的地區。在紀元前七世紀時，他們侵入了中國西北，但後來又被驅逐出去 (註五)。這種 Scyths 民族就是我國史書上所謂的塞種（或稱釋種），漢書卷 96 上，西域傳，罽賓條：

> 昔匈奴破大月氏，大月氏西君大夏，而塞王南君罽賓。塞種分散，往往爲數
> 國，自疏勒以西北，休循捐毒之屬，皆故塞種也。

大宛、大月氏、大夏、罽賓、以至休循、捐毒（北部）皆在錫爾河 (Syr Darya) 和阿姆河 (Amu Darya) 兩河流域的地方，這一區域是 Scyths 民族活動的範圍。因此，漢書所謂之塞種，也就是西史上的 Scyths 民族。Scyths 民族包括有若干部族，他們在語言，習慣及生活方式上大部份相似，在對付中亞和北亞的遊牧民族，也多少採取聯盟的態度。這些部族之中，有一種叫 Tochari，分佈在錫爾河和阿姆河兩河上游之間的山中，大致在現在蘇俄中亞烏孜別克 (Uzbek) 共和國的地方；另有一種叫 Dahae，分佈在裏海以東，Hyrcania 以北，Herat 以西，大致在現在蘇俄中亞土庫曼 (Turkmen) 共和國的地方 (註六)。Tochari 譯成吐火羅似已不成問題，而 Dahae 似與大夏之音較近。

大夏，一般都認爲就是西史上的 Bactria。大夏和 Bactria 之間又有什麼關係？

(註二) 晉書卷130赫連勃勃載記：「自己匈奴夏后氏之苗裔也，國稱大夏」。

(註三) 王靜如：西夏研究第一輯，中研院史語所單刊甲種之8，民21，頁77。

(註四) 張星烺：中西交通史料匯編第一冊，上古時代中外交通，臺北，世界，初版，民51，頁20。

(註五) Tamara Talbot Rice: The Scythians, Thames and Hudson London, 1957, 3rd Edition, 1961, P.20。

(註六) G. Rawlinson: The Sixth Great Oriental Monarchy, P 1872, P. 17.。

在紀元前五世紀至四世紀時，Bactria 是在波斯人統治下的一省。 那時的 Achae-
menid Persian Empire 疆域廣大，西至地中海和愛琴海，東北至錫爾河。在興都庫
什山 (Hindu Kush) 和阿姆河之間通到鹹海的一塊平原，便是 Bactria 省。在 Bactria
的西北部，便是 Dahae 部落的活動範圍。 在 Dahae 部落的東邊， 也就是錫爾河和
阿姆河兩河之間的上游，就是 Tochari 部落的所在地。因此，我認爲無論就語音上或
地望上來說，大夏應是 Dahae 而不是 Tuhara 。 大夏和吐火羅同是塞種民族中的兩
個部落，而不是一個部落或地方。

2. 地望

大夏的位置，漢書卷 21 上，律曆志：

> 黃帝使泠綸自大夏之西，崑崙之陰，取竹之解谷。

崑崙有兩種說法：一說是國名；一說是山名。此處作「崑崙之陰」，顯然是指的「崑
崙山」。當時的地理位置，從上文看來，似乎是在「大夏之西」，就是「崑崙之北」，
所以大夏的位置，大約在現在新疆省的和闐和玉門之間。

帝堯時，曾接受過我國教化。賈誼，新書：

> 帝堯教化，訓及大夏渠搜。

渠搜，尚書禹貢作渠搜，逸周書王會篇和漢書作渠叟。這個地方的地理位置，據尚書
禹貢所記：

> 黑水西河惟雍州，……浮于積石，至于龍門西河，會于渭汭。織皮：崑崙、析
> 支，渠搜、西戎即敍。

上面一段是記大禹在雍州治水的情形。上古雍州在現在陝西、甘肅、青海三省及寧夏
西部的地方。渠搜在這個區域內； 而賈誼新書又將大夏渠搜並列， 兩地應該相去不
遠，因此，大夏亦應在本區之內。禹時大夏已向東移至山西的西部，史記卷 6. 秦始
皇本紀：

> 禹鑿龍門通大夏。

龍門， 山名， 在山西河津及陝西韓城之間。 (註七) 鑿龍門， 即溝通山西和陝西之間
的交通， 由此可通大夏， 大夏據史記正義括地志云：「大夏，今幷州晉陽及汾絳等

(註七)　屈萬里，尚書釋義，現代國民基本知識叢書。臺北，中華文化出版事業委員會，初版，民45，頁34。

州。」(註八) 可見大夏已逐漸發展到山西省的西部。堯時，大夏在陝西境內，禹時已東移至山西省的西部，在堯和禹中間的舜的時代，大夏也不應距離這個區域太遠。因此，自堯至禹時，大夏的位置，大致在中國的陝西和山西省的西部。

商湯時，大夏的方位，據逸周書卷 7，王會篇所附伊尹朝獻商書所記：

> 正北空同，大夏，莎車，姑他，旦略，豹胡，代，翟，匈奴，樓煩，月氏，孅犂，其龍，東胡，請令以橐駝，白玉，野馬，騊駼，駃騠，良弓為獻。

商湯時，湯居毫。毫，在今山東省曹縣南二十里 (註九)，他的正北方，應該在今察哈爾省。因此，我以為商湯時，大夏的位置，已由陝西和山西省的西部向東移動，到了今日的察哈爾一帶。

周成王時成周之會，大夏曾經入貢。逸周書卷 7，王會篇：

> 大夏茲白牛，茲白牛野獸也，牛形而象齒。

但是沒有提到大夏的方位。自東周後期至秦統一全國後，其位置似又向南移，囘到山西汾水一帶。史記卷 32，齊世家：

> 於是桓公稱曰：寡人南伐至召陵望熊山，北伐山戎、離枝、孤竹；西伐大夏，涉流沙；束馬懸車登太行山，至卑耳山而還。（正義：大夏，幷州晉陽是也。）

史記卷 6，秦始皇本紀：

> （始皇二十八年）作琅邪臺，立石刻，頌秦德……皇帝之土，西涉流沙，南盡北戶，東有東海，北過大夏。（正義：杜預云：「大夏，太原晉陽縣，按在今幷州」）

上引二條之大夏，據史記正義：「大夏、太原晉陽縣，在今幷州。」因此自東周至秦初，大夏的位置又囘到現在山西省境內。

大夏的地理位置，黃帝時似乎是在新疆甘肅一帶，從堯至禹這一段時間，向東至陝西和山西境內，至商湯時，東遷到察哈爾一帶，到了秦朝，又囘到了山西。因此，從黃帝至秦這一段時間內，這個民族似乎徘徊在中國北部，西起新疆東至察哈爾的地方，南北大約在北緯三十五度至四十五度之間。

但是在漢朝時，大夏的位置，已越過了中國現在的西境。史記卷 123，大宛傳：

> 大夏在大宛西南二千餘里，媯水南……及大月氏西徙，攻敗之，皆臣畜大夏，

（註八）　見史記卷 6. 秦始皇本紀。

（註九）　王國維：說毫見觀堂集林卷12，臺北，藝文，再版，民47。

……其東南有身毒國。

大夏在大宛的西南，大宛又在何處？大宛的位置，據漢書卷 96 上，西域傳：

> 自玉門陽關出西域，有二道：從鄯善傍南山，北波河，西行至莎車，爲南道。
> 南道西踰葱嶺，則出大月氏，安息。自車師前王庭隨北方波河，西行至疏勒，
> 爲北道。北道西踰葱嶺，則出大宛、康居、奄蔡焉。

關於大宛、康居、奄蔡三個地方，丁謙的蓬萊軒地理學叢書，漢書西域傳考證，說的很清楚。

> 北道踰葱嶺，出大宛、康居、奄蔡者，則從喀什噶爾北上察克瑪克，越圖魯噶
> 爾特山口，西北過古爾槎俄礟臺，歷鄂什，安集延二城，以至浩罕，即漢大宛
> 國。再西北抵塔什干，順錫爾河北行至鹹海，即漢康居國，再西由裏海北至今
> 俄國南黑海濱，即漢奄蔡國也。

大宛大約是在現在俄國中亞吉爾吉斯 (Kirghiz) 共和國境內。嬀水是現在的阿姆河，身毒即是現在的印度。因此，漢朝大夏的位置，大約是在今日的阿富汗境內。

大夏的地理位置，由黃帝至秦朝的中國北方，遷至漢時的今阿富汗境內，其原因何在？古時民族的遷移，多半由於原來居住的地方，有不適合生存的因素，如遭受天災，或是人禍。最顯明的例子，北匈奴之向西遷移，由於南匈奴和漢朝聯合，繼續不斷的予以打擊；以及氣候奇寒，牲畜多半凍斃。大月氏的西遷，是由於匈奴的逼迫。大夏的西遷，究竟是什麼原因呢？從史籍上，找不出在上古時中國北方有任何重大天災發生，另一可能便是受到外力的壓迫。例如前面提到的，齊桓公曾西伐大夏。秦穆公也曾對西方用兵。史記卷 5，秦本紀：

> （穆公）三十七年，秦用由余謀伐戎王，益國十二，開地千里，遂霸西戎。

秦穆公「開地千里」，可能已到了今日的新疆，而古代大夏在中國境內建國的地方，便可能在新疆和青海這個區域以內。由於秦齊向西方用兵，這個區域內的民族，有的臣服，但也有不願臣服，因而遠走他方。大夏是否在這種情形下西徙，我們不敢斷定，但無疑的有這個可能。

3. 史蹟：

大夏立國很早，相傳黃帝正音律，派遣泠綸（又作伶倫）出外找竹子，就已有這個國家的存在。因此，至少在黃帝時，公元前二千五百年左右，大夏似乎就已經建

國。帝堯時，大夏和渠搜，同時接受我國的教化。禹鑿龍門以通大夏，至周成王大會諸侯時，大夏以茲白牛入貢。東周、秦齊二國對西方用兵，大夏之名，間或出現。此後，直至漢武帝時，張騫出使西域各國，在大夏見到蜀布邛竹，才又見大夏的名稱。

關於大夏的情形，如果僅僅根據我國古籍上有限的記載，是不容易得到充分的瞭解的。所幸這個地方在古代地位重要，是東西文化的會合點。因此，西方也有不少關於大夏的著述，正好作爲補充。

大夏，在紀元前五世紀至四世紀時，是在波斯人的統治之下。紀元前四世紀時，馬其頓 (Macedonia) 崛起，亞力山大大帝 (Alexander the Great) 於紀元前 334 年領兵東征，不到五年的時間，便征服了小亞細亞，叙利亞，埃及和伊朗高原。在紀元前 329 年，征服了 Bactria 和 Sogdiana。Sogdiana 在 Bactria 的北部和東北部，是波斯帝國的邊防重地。亞力山大征服了這兩處地方以後，便在這裏設立守備隊。亞力山大在東征時，每征服一處地方，便在該地建立起希臘化的殖民地，以傳播希臘文化。Bactria 是東征的最後一站，距離希臘本土最遠；但却是在叙利亞以東接受希臘文化最深的地方，其原因何在？由於亞力山大征服 Bactria 以後，建立起龐大的帝國，與東方的印度，阿拉伯，以及北方的高加索之間的關係都很好，唯一的威脅，便是來自錫爾河那邊的塞種 (Saka) 遊牧民族。在波斯帝國時，Sogdiana 便配置重兵防守，迨亞力山大征了這塊地方，自然也從波斯人手中接替了這裏的邊防重任。因此，希臘殖民地在 Bactria 建立了，希臘文化也在這裡發榮滋長。繁榮的結果，使得 Bactria 即使和歐洲的希臘以及其他的希臘文化中心斷絕來往以後，他仍然保持一段時期的中心地位，繼續傳播着希臘文化。

亞力山大大帝在紀元前 324 年去世，他所建立的大帝國也分裂爲三。亞力山大的老家馬其頓，由Antigonus 王朝統治；埃及由 Ptolemy 王朝統治；自西亞以至印度北部，由 Seleucus 統治，而 Bactria 自然也在 Seleucus 王朝統治之下。Seleucus 王朝爲了要抑制埃及 Ptolemy 王國的發展，另一方面要保持自己在地中海沿岸的勢力，便將首都設在國土的最西邊——叙利亞的 Antioch；同時在底格里斯設立一個副王，監督東方的事務。這樣的安排，造成了東方各地的離心力，成爲分離的希臘城邦。因此，在紀元前三世紀中葉，Bactria 的地方官 Diodotus 一宣佈獨立，便得到

希臘殖民地強力的支持（註一〇）。Bactria 獨立以後，逐漸強大，不受敘利亞的控制，同時與波斯互爭雄長（註一一）。從紀元前 206 年至 185 年之間，是 Bactria 最繁榮的時期，他從一個小王國擴張爲一個大帝國，佔有今日阿富汗大部份地方。 Bactria 王 Demetrius 並越過印度河，到了 Punjab 區，並征服 Hydastes 河上的城市（註一二）。

此後，大夏國勢盛衰不定，至紀元前一百七十年左右，月氏被匈奴壓迫向西移動，分爲兩支，小月氏南下，大月氏向西，過伊犁河，到大宛和錫爾河流域。不久，見逼於烏孫，又繼續向西，來到阿姆河和裏海，大夏被迫退到阿姆河以南。漢書卷96上，西域傳：

> 大月氏，本行國也。……本居敦煌祁連間，至冒頓單于攻破月氏，而老上單于殺月氏，以其頭爲飲器，月氏乃遠去，過大宛西擊大夏而臣之，都嬀水北爲王庭。……大夏本無君長，城邑往往置小長，民弱畏戰，故月氏徙來皆臣畜之，共稟漢使者。有五翎侯。

大月氏破大夏是在匈奴老上單于殺月氏王以後的事，老上單于大約和漢文帝同時而稍晚。漢書卷 94 上，匈奴傳：

> 孝文即位，復脩和親。三年夏，匈奴右賢王入居河南地爲寇，文帝發車騎八萬詣高奴，遣丞相灌嬰往擊之，……明年，單于遣書復求和親，許之。頃之，冒頓死，子稽粥立，號曰老上單于。

老上單于即位較漢文帝晚四年，漢文帝是在紀元前 179 年即位的，所以稽粥大約是在紀元前 176 年即單于位。因此，大月氏破大夏也是在紀元前 176 年以後的事。

大月氏破大夏以後，成立五翎侯，到紀元前結束不久，五翎侯之一的貴霜翎侯丘就卻，又攻滅了其他四翎侯，擴張領土；丘就卻的兒子閻膏珍又滅天竺，國勢很盛。後漢書卷 118，西域傳：

> 大月氏國，……初月氏爲匈奴所滅，遂遷於大夏。分其國爲休密，雙靡，貴霜，肸頓，都密，凡五部翎侯。後百餘歲，貴霜翎侯丘就卻攻滅四翎侯，自立

（註一〇）　G. F. Hudson: Europe and China, 1931, Beacon paperback in 1961, pp. 55-57.

（註一一）　G. Rawlinson: The Sixth Great Oriental Monarchy, p1872, pp. 58-59

（註一二）　同上 pp. 62-63.

爲王，國號貴霜王。侵安息，取高附地，又滅濮達，罽賓，悉有其國。丘就卻
年八十餘死，子閻膏珍代爲王，復滅天竺，置將一人監領之。

至此，大夏可說已滅亡了。而張騫到大夏的時間，是紀元前 139 年前後。這時的大
夏，已被月氏入侵，正是貴霜王朝的時期。

三、蜀印交通

　　漢初，從四川至印度的道路，可以有三個可能的途徑。第一、北道：是大紆迴的
路徑，從四川先至長安，再從長安取道河西走廊，經新疆，越帕米爾高原，至大夏、
印度。第二、西道：從四川向西走，經西康、西藏至印度。第三道、南道：從四川向
南，經雲南，緬甸北部，再折而向西至印度。

　　第一道，亦即從四川先至長安，再從長安取道河西走廊的道路，係張騫通西域以
後，印度和中國之間的主要交通路線。無論是使節往來，或是商賈貿易，皆走的這一
條道路。但是張騫在大夏所見的蜀布邛竹，却似乎走的不是這一道。因爲走這一道的
貨物，必須先經過大夏，然後才到印度。大夏人不太可能再到印度去購買已經經過大
夏本境的東西。其次，張騫在這一條道路上來往不止一次，逗留的時間也很長久，如
果蜀布邛竹果眞走的這一條路，即使他沒有親見，至少他也應該風聞，不太可能一見
到蜀布邛竹，便有「身毒國去蜀不遠，其間有道可通」的想法(註一三)。

　　第二道，從四川向西走，經過西康，西藏至印度的這一條路，至少在漢武帝元狩
年間是不可能的。漢武帝曾先後派使甚至派兵，希望從四川向西找出一條通往大夏的
道路，可惜都沒有成功。當時還以爲是氐、筰、嶲、昆明等國從中作梗，實際上，恐
怕眞正是無路可通。此後，由於從北道酒泉抵大夏使者多，漢廷也就不再積極尋求從
蜀通往大夏的道路了。史記卷 123，大宛傳：

　　（張）騫曰：「……今使大夏從羌中險，羌人惡之；少北則爲匈奴所得。從蜀
　　宜徑，又無寇……。」天子欣然，以騫言爲然。乃令騫因蜀犍爲發間使四道並
　　出，出駹，出冉，出徙，出邛僰，皆各行一二千里，其北方閉氐筰，南方閉嶲
　　昆明。昆明之屬無君長，善寇盜，殺略漢使，終莫得通。

(註一三)　史記卷123，大宛傳：「自身毒國……此其去蜀不遠矣。」又同卷：「今使大夏……從蜀宜徑……。」

同書卷 116，西南夷傳：

　　（張）騫因盛言大夏在漢西南，慕中國，患匈奴隔其道。誠通蜀，身毒國道便
　　近，有利無害。於是天子乃令王然于，栢始昌，呂越人等使間出西夷，指求身
　　毒國。至滇，滇王嘗羌乃留爲求道四十餘輩。歲餘，皆閉昆明，莫能通身毒國。

同書卷 123，大宛傳：

　　是時，漢旣滅越，而蜀西南夷皆震，請吏入朝。於是置益州，越嶲，牂牁，沈
　　黎，汶山郡，欲地接以前通大夏。乃遣使栢始昌，呂越人等歲十餘輩出此初
　　郡，抵大夏。皆復閉昆明，爲所殺，奪幣物，終莫能通至大夏焉。於是漢發三
　　輔罪人，因巴蜀士數萬人而去。其後遣使昆明，復爲寇，竟莫能得通。而北道
　　酒泉抵大夏使者旣多，而外國益厭漢幣，不貴其物。

　　西藏和漢族發生直接的關係，是從唐朝開始。唐太宗時以文成公主嫁棄宗弄讚，
公主篤信佛教，入藏時帶了一個釋迦牟尼的佛像，奠下藏人信仰佛教的基礎。嗣後，
棄宗弄讚更派人至印度研究佛法（註一四）。以佛教傳播力之大，而西藏在地理位置上，
又和印度毗鄰，竟沒有受到影響，要等唐初文成公主入藏，才將佛教帶入，可以想像
唐朝時候的西藏，其交通是十分蔽塞的。也可以想像在漢時，其蔽塞的程度更甚於
唐，當時的西藏跟外界可說毫無接觸。因此，從西藏通往印度的路也是不太容易的
了；即使漢廷越過西康，也無法突破西藏這一道障礙而到印度的。

　　第三道，從四川向南，經雲南，緬甸北部，再向西至印度。蜀布邛竹取道這一條
道路，似乎是唯一的可能了。法國漢學家伯希和 （P. Pelliot）認爲：「此種中國西南
之出產，似祇有緬甸一道可以輸出。」（註一五）。此外，R.C. Majumdar 也認爲：「紀
元前二世紀時，中國和東印度之間；經由雲南和上緬甸，有一條經常可通行的陸上貿
易路線。」（註一六）。他們並沒有說出這一條路是怎樣走法，他們只是有此假定，有此
懷疑而已。

　　在研究蜀印交通的可能性之前，第一步先研究四川至雲南交通的可能性。四川和

（註一四）　周昆田：漢藏兩族的傳統關係。載西藏研究，臺北，中國邊疆歷史語文學會，民 49，頁 5。

（註一五）　伯希和著，馮承鈞譯：交廣印度兩道考上卷，臺北，商務，一版，民 51，頁 10-11。

（註一六）　R.C. Majumdar: Ancient Indian Colonisation in Southeast Asia, Raopura, Baroda, 1955
　　　　　P. 4.

雲南之間的交通，可能開始的很早。史記卷116，西南夷傳：

> 秦時，常頞略通五尺道，諸此國頗置吏焉。

所謂「常頞略通五尺道」，「五尺道」位於何處？正義引括地志：「五尺道在郎州」。郎州在現在的貴州邊義縣。而顏師古云：「其處險阨，故道纔廣五尺。」一般說來，四川以南，地勢崎嶇，道路修築不易，因此，通往蠻夷的道路，只有五尺寬，而郎州的五尺道，只是其中的一條。所謂的「諸此國」應指的是巴蜀西南外蠻夷——夜郎，滇，邛都，巂，昆明，徙，筰都，冄，駹，白馬諸地中的某一些地方。例如：邛筰冄駹，秦時便設立郡縣。史記卷117，司馬相如傳：

> 天子問相如，相如曰：「邛、筰、冄、駹者，近蜀，道亦易通，秦時嘗通爲郡
> 縣，至漢興而罷。」

邛筰冄駹是在四川西南，雲南西北地方，秦時既在上述地區設置郡縣，那麼兩地之間的交通，應該是沒有問題的了。

漢時，始通滇國。史記卷123，大宛傳：

> 漢以求大夏道，始通滇國。

滇國據丁謙漢書西南夷兩粤朝鮮傳地理攷證：「滇國以滇池名，今雲南昆明縣。」漢時，四川和雲南之間，不僅有交通往來，且有商業行爲。史記卷116，西南夷傳：

> 秦滅及漢興，皆棄此國而開蜀故徼。巴蜀民或竊出商買，取其筰馬僰僮髦牛，
> 以此巴蜀殷富。

筰馬是筰都之馬，筰都：索隱引韋昭云：筰縣在越巂郡，在雲南西北部。僰僮，僰：芮逸夫先生認爲：「兩漢僰人的主要分佈地域，當在今四川西南，岷江和金沙江下游，川江上游，舊叙州府屬各縣地。」(註一七)

蜀人的商業往來，遠到夜郎，由夜郎再至南越。史記卷123，西南夷傳：

> （王）恢因兵威使番陽令唐蒙風指曉南越，南越食蒙蜀枸醬，蒙問所從來，
> 曰：「道西北牂柯，牂柯江廣數里，出番禺城下。」蒙歸至長安，問蜀賈人。
> 賈人曰：「獨蜀出枸醬，多持竊出市夜郎。夜郎者，臨牂柯江，江廣百餘步，
> 足以行船。南越以財物役屬夜郎，西至同師，然亦不能臣使也。

(註一七)　芮逸夫先生，僰人考。中研院史語所集刊第二十三本上冊。民40，頁251。

由於蜀賈人足跡甚廣，漢武帝時史書所見的北至長安，東到夜郎，西至筰都，南方也到了雲南西北和東部。

蜀賈人南下，究竟到了什麼地方。史記卷 123，大宛傳：

然聞其（按：指舊昆明）西可千餘里有乘象國，名曰滇越，而蜀賈姦出物或至焉。漢時的昆明在現在大理西南（註一八），其西千餘里有滇越國，以象爲騎乘代步。

後漢書卷 118，西域傳：

從月氏高附國以西，南至西海，東至磐起國，皆身毒之地。

張星烺認爲：「磐起國據古音考之，似即孟加拉 (Bengal)」（註一九）。

三國志卷 30：

盤越國，一名漢越王，在天竺東南數千里，與益部近。其人小，與中國人等，蜀人賈似至焉。

張氏以盤越國就是後漢書上的磐起國。盤越與益部近，更可證明爲孟加拉 (Bengal)（註仝上）。

梁書卷 54，諸夷傳：

從月氏高附以西，南至西海，東至槃越，列國數十。每國置王，其名雖略，皆身毒也。

後漢書之磐起國，三國志之盤越國，梁書之槃越，皆是一地。在現在巴基斯坦的孟加拉，漢時蜀賈人似乎來到這裡。而史記上的滇越，和盤（槃、磐）越又有什麼關係呢？

「滇越」據史記正義的說法：「昆郎等州皆滇國也，其西有滇越，越嶲，則通號越，細分而有嶲滇等名也。」（註二〇）。同時史記又記「滇越」是在昆明（今大理西南）以西千里的地方，其地位大致和三國志上盤越國的地位相符，說明了「滇越」「盤越」二者之間的地理關係，即使不同一地，至少也相當的接近。因此，我們說漢初蜀賈人的足跡曾至孟加拉，應該不是誇張之詞。

蜀人至孟加拉，最便捷的道路，便是向南至雲南西部，經過緬甸向西走，到孟加

（註一八）　仝上，頁 263-265。

（註一九）　張星烺：中西交通史料滙編第六冊，古代中國與印度之交通。臺北，世界，初版，民 51，頁 42。

（註二〇）　見史記卷 123，大宛傳。

拉。由四川向南至雲南西部的道路已通，前面說到，漢武帝時因通大夏道而通滇國，又因昆明阻道而對之用兵，滇國今昆明，漢昆明今大理西南。所以從現在的昆明到大理這一段在漢武帝時已和四川相通。雲南西部在地形上稱爲「滇西縱谷」，這一區域內的山脈、河流都是南北縱走的方向。山脈有雲嶺、怒山、高黎貢山，江心坡，野人山等；河流有元江，瀾滄江，怒江，恩梅開江，邁立開江，更的宛河等沿上述山脈而成縱谷。兩旁的山嶺，高出河谷一、二千公尺或數百公尺不等。河流多屬上游，坡度和落差皆大，水勢急，不利於航行。因此，這一地區的河流雖然多，但是交通價值不大。儘管這一地區地勢險惡，河流的交通價值不大，但自古以來，山谷和河流就是最好的自然交通孔道。

　　關於滇緬之間的交通路線，我們可以根據歷史上的記載，從現在向上推溯，以找出漢武帝時滇緬之間可能的交通路線。

　　第一、滇緬公路。這一條公路築於抗戰後期，路線從昆明市向西，經下關，保山，龍陵等地，更由國界上的畹町，南通緬甸的臘戍。

　　第二、抗戰以前，由雲南西部入緬甸有三道。由雲龍、滇錄卷 1：

　　　1. 由維西，經茨開（舊菖蒲涌行政區域），至坎底。

　　　2. 由瀘水，經片馬，至密支那。

　　　3. 由騰衝，經干崖，蠻允，至八莫。

以上三路，由維西至坎底的這條路，中間經隴格、敢當等土司，及雪山、埜王、李克等高山，極爲難行。由坎底至密支那亦有路可通，全程需廿七、八日。由騰衝至八莫，全程只需八日，又係舊日的驛道，是滇緬商人往來的孔道。

　　第三、唐時，樊綽蠻書對當時雲南的交通情形，記載的很詳細。但西邊只到大理爲止；大理以西、以南都沒有記載，只在山川江源中略提一二，而不能構成一個交通線。此外，唐貞元時賈耽曾有邊州入四夷道里記載，共有七道。其中第六道是安南通天竺道，經過路線是自安南、經雲南、緬甸至印度。此處將自大理至印度的路線摘下，共有兩道。新唐書卷 43 下，地理志下：

　　　……自羊苴咩城西至永昌故郡三百里，又西渡怒江至諸葛亮城二百里，又南至樂城二百里，又入驃國境，經萬公等八部落至悉利城七百里，又經突旻城至驃

國千里，又自驃國西度黑山至東天竺迦摩波國千六百里。……一路自諸葛亮城西去騰充城二百里，又西至彌城百里，又西過山二百里至麗水城，乃西渡麗水、龍泉水二百里至安西城，乃西渡彌諾江水千里，至大秦婆羅門國，有西渡大嶺至東天竺北界箇沒盧國。

伯希和在交廣印度兩道考中，稱自羊苴咩城至迦摩波國爲「雲南入緬甸之西南一道」；自諸葛亮城至箇沒盧國爲「雲南入緬甸之正西一道」。據他的考訂，西南一道的羊苴咩城是現在的大理，永昌今縣，諸葛亮城在騰越之西，樂城伯氏認係舊唐書卷 197 之些樂城，亦就是蠻書卷 6 之磨些樂城；而磨些樂城，向達懷疑應該在騰衝以南 (註二一)。萬公，張星烺認爲是孟拱 (註二二)。悉利城在太公 (Tagaung) 城之南，曼大來城 (Mandalay) 之北。突旻似爲蒲甘 (Pagan)，黑山爲 Arakan Range，迦摩波國在今阿薩密 (Assam) 的 Kamarupa。正西一道，騰充今騰越之西，彌城皆不知今地，向達謂只知其在麗水（伊洛瓦底江）以東而已 (註二三)。麗水國，伯氏認爲係八莫或其北之一地，向達認爲在騰越西，麗水東，確實地點亦不敢決定。安西城，向達認爲只知道在麗水西而已 (註二四)。彌諾江，伯氏認爲是 Chindwin，大嶺爲 Barel Range，大秦婆羅門似在 Manipur 附近。箇沒盧、即是迦摩波國，二地同爲 Kamarupa 之譯音。即在 Assam 的 Gauhati。

　　這兩道用現代地名表示：西南一道是自大理至永昌，渡怒江至騰越之西，向南經騰衝南入驃國，經孟拱，又經太公城和曼大來城之間，至蒲甘向西穿越 Arakan Range 到阿薩密的 Gauhati。正西一道，自騰越西經麗水東岸至八莫或其北某地，渡麗水至麗水西岸，再渡 Chindwind 到 Manipur 附近，度 Barel Range 到阿薩密的 Gauhati。

　　第四、這一條道路是滇緬之間通路的最早記載，是在東漢時候。後漢書卷 116，哀牢夷傳：

（註二一）　向達：蠻書校注卷 6，1962, P.167。

（註二二）　張星烺：中西交通史料匯編第六冊，古代中國與印度之交通。臺北，世界，初版，民 51，頁 109。

（註二三）　同上。

（註二四）　同上。

（永元）九年（97 A.D.）徼外蠻及撣國王雍由調遣重譯，奉國珍寶，和帝賜金
印紫綬，小君長皆加印綬錢帛。……永寧元年（120A.D.）撣國王雍由調復遣使
者詣闕朝貢，獻樂及幻人，能變化，吐火，自支解，易牛馬頭，又善跳丸，數
乃至千，自言我海西人，海西即大秦也。

一般認爲，撣國就是現在的南北撣邦(Northern and Southern Shan States)（註二五）。
以上四條是從抗戰後期上推至東漢時滇緬之間的通路，前三條都可找到現在所經過的
地方。從上面的道路看來，雖然滇西可以有好幾條通往緬甸的道路，最主要的似乎
是從永昌經騰衝至緬甸八莫的這一道。這一條路自唐以來就成爲滇緬之間的幹道，至
今已有千年的歷史。一條天然道路的形成，是經過許多人，經過若干年的摸索，探
尋，比較而得到兩地之間最便捷的一條道路。在同樣的地理環境之中，沒有新的築路
技術，沒有新的交通工具發明的情況下，一條已經形成的道路，可以一直使用下去。
這便是騰衝至八莫這一條道路有千年歷史的原因。實際上，還不止千年之數。唐時，
這條路上已有驛館的設置，表示當時交通量已經很大，這條路已成爲驛道。因此，這
條道路的形成，更可以往上推若干年。我認爲撣國入貢的路線，有極大的可能是從八
莫至永昌、昆明，而至長安。而大秦賈人由海路至緬甸，經伊洛瓦底江口逆流上航至
八莫，再取撣國入貢的路線至中國。

　　撣國入貢是在紀元後97年及120年，而蜀布邛竹流傳至大夏的時間是在紀元前
122年（漢元狩元年）以前。時間上相差了二百年。即撣國入貢前的二百年，這條入貢
的道路是否已經通行？我認爲撣國雖在紀元後97年首次入貢，並不表示這條道路在紀
元後97年才有，它必定早於紀元後97年，也有可能早二百年前便已通行了，從史記、
漢書中可以看出，漢武帝不止一次派使臣到四川求通大夏的道路，派到各地的使臣，
只有在昆明（今大理西南）一地有漢使被殺，財物被掠奪的事情發生；各地派出去找路
的人都沒有找到，而漢廷偏派昆明尋找不力，要對他用兵。細想起來，其中也不無道
理。漢時昆明在滇西，正控制滇緬之間的交通。我認爲當時昆明與緬甸之間的交通已
很普遍，昆明怕漢使知道這件事實，所以殺之以滅口。漢使既被殺，財物自然也被沒
收；其次，也許漢廷根本已經知道從雲南可通大夏，所謂的「道不通」只是由於昆明

從中作梗，所以要對他用兵，以示儆戒。可惜的是，當時的漢朝要用全力對付北方的匈奴，沒有餘力再來開發南方；同時由於取道絲道也可以通往大夏，因此便沒有再積極的尋求通大夏的道路了。

在滇西縱谷上的交通，最大的困難是如何通過縱谷兩側高度數百公尺至一、二千公尺的崇山峻嶺，以及波濤洶湧，無舟楫航行之利的急流。從若干記載上，可以看出橫度縱谷的情形。向達，蠻書校注卷 1，雲南界內途程第一：

> 從河子鎮至末柵館五十里，至伽毗館七十里，至清渠舖八十里，渡繩橋，至藏僑館七十四里。

同書卷 2，山川江源第二：

> 龍尾城西第七驛有橋，即永昌也。兩岸高險，水迅激，橫亘大竹索爲梁，上布簀，簀上實板，仍通以竹屋蓋橋。
>
> （向）達案：自龍尾城七驛至永昌，中經漢博南縣，即今永平。由此西渡博南山，今名丁當丁山，下山度蘭津，即瀾滄江橋，過橋爲羅岷山。博南、羅岷夾峙江上，所謂兩崖高險者是也。過羅岷西南八十里至永昌，唐宋以前俱用竹索爲橋，元更木構，明清改爲鐵索，有西南第一橋之稱。

現在此一地區的交通，橫渡縱谷時，通用索橋。索橋高懸兩岸，上舖木板，以通行旅。這種「索橋」可能是由古老的方法「懸度」演變而來。懸度的方法，我國早已經採用，國語齊語記桓公：

> 西征攘白狄之地，至於西河，方舟設泭，乘桴濟河，至于石枕，懸車束馬，踰太行與卑耳之谿拘夏，西服流沙、西吳、南城於周，反胙于絳。

而前、後漢書上更以這種過渡的方法作爲地名(註二六)，更可證明這種方法之古老。所謂懸度，就是河或谷的兩岸牽引一根繩子，人身懸空，用手在繩上移動而到彼岸。所謂懸空而度，或許就是「懸度」得名的由來。不僅人可以這樣度過山谷，動物和貨品也可以這樣度過。所謂「束馬懸車」，也就是用的這種方法。當然這種方法很危險，於是在下端也牽引一根繩子，使足部也有立足點，手足同時移動，一方面比較省力，另一方面速度較快。如果同一個地方同時有兩個這樣手足同時移動的過渡設備的話，

(註二六)　見漢書卷 96 上，罽賓傳。卷 96 下，烏孫傳。後漢書卷 118，德若國傳。魏書卷 102，阿鈞羌傳。

他們總有一天會發現將兩根下面的繩子連起來，可以增加安全，走更多的人，運更多的貨物，這便是繩橋。繩索上面再舖木板，可以走的較安穩，於是「索橋」便這樣產生了。由造橋材料的進步，由索橋進而爲木橋，鐵橋。縱谷上最大的交通困難解決，滇緬之間的交通也就沒有問題了。

　　蜀印交通已經解決，附帶一提的是大夏和印度的交通。印度人的主幹，原是高加索 (Caucasian) 種的一支。在很早的時候，沿喀布耳 (Kabul) 河進入印度，和當地的居民混合，成爲印度雅利安型 (Indo-Aryan)。當初的移民，由兩條路徑，一由西北入境，分佈在現在的旁遮布 (Pajab) 和喇日埔坦那 (Rojputana) 兩省。另一由北方的 Gilgit 和 Chitral 進入，路徑極爲難走（註二七）。亞利安人進入印度的時間已不可考，各家的說法也不一致。折衷的說法，以紀元前二千年左右，亞利安人已進入印度（註二八）。

　　紀元前四世紀時，亞力山大東征。他在紀元前 327 年，越興都庫什山，從喀布耳河進入。在紀元前 326 年，渡過印度河 (Indus R.)，然後進入 Takkasila 城。這個繁榮的城市是印度河和 Hydaspes R. 之間的地方的首都。從 Takkasila 向東，襲擊在 Hydaspes R. 和 Akesines R. 之間的統治者 Poros。亞力山大渡 Hydaspes 得到大勝，正準備乘勝前進，但他的攻勢在 Hyphasis 受阻，他的士兵不肯再往前進，只好循着來路退兵（註二九）。

　　紀元前二世紀左右，大月氏破大夏。國勢很盛，曾統治天竺、東離等國。後漢書卷 118，天竺國傳：

　　　　從月氏高附國以西，南至西海，東至磐起國，皆身毒之地。身毒有別城數百，城置長；別國數十，國置王。雖各小異，而俱以身毒爲名，其時皆屬月氏，月氏殺其王而置將，令統其人。

同卷，東離國：

　　　　東離國，居沙其城，在天竺東南三千餘里，大國也。其土地物類與天竺同，列城數十，皆稱王。大月氏伐之，遂臣服焉。

（註二七）　林惠祥，世界人種誌，第五章。上海，商務，民 21，P. 135。

（註二八）　Vincent A. Smith: The Oxford History of India, Oxford, 1920, p. 8.

（註二九）　同上，p.p. 59-64.

東離國，丁謙認爲在孟加拉部加爾各答城西南，沙奇城似乎是西北部的沙遮亨普爾城（註三〇）。

　　從地理上看，印度的地形可分爲三部份。一、由恒河和印度河所形成的北部平原。二、在 Narbada R. 之南；Krishna 和 Tungabhadra R. 之北的德干高原。三、極南部份，包括 Tamil States（註三一）。三個區域之中，北部平原土地肥沃，地形又呈開放性，易引起外族的入侵。從雅利安人開始，主要在印度北部；然後是亞力山大，從印度的西邊，大月氏從印度的東邊，這一連串經由東西兩路，由北而南的外族入侵和軍事行動，自然引起印度本境民族的遷移，直接影響到交通的發展。因此，在漢武帝時，甚至是以前，印度南北之間的往來，商賈的旅行，已經是很普通的事了。

四、釋蜀布邛竹

　　在漢朝時候，我國的絲織品已經很有名氣。絲織品和刺繡，已經由朝廷的贈予或是商人販賣的方式，取道「絲道」——即河西走廊，經天山南北路，跨帕米爾高原，向南經今日的阿富汗，伊朗，小亞細亞，北經蘇俄中亞，同達地中海的東岸，也就是羅馬帝國的東境。而大夏正位於這條路線上，如果在這裏發現我國的絲織品，應該是毫不足奇的一件事。但張騫在這裏所看到的是「蜀布」，因此，在這裏要附帶地討論一些有關「蜀布」的問題。

　　「蜀布」究竟是什麼？首先我們要澄清一下對「布」的觀念。現在的觀念，都以布是棉織品，實際上，棉花傳入我國很晚，到宋朝時才傳入（註三二）。因此，我國早期所謂的布，皆指「麻」「枲」「葛」一類的織物所說的。

　　蜀最早的「織」物，首先見於夏。夏禹平定水患，分天下爲九州。巴蜀之地稱爲梁州。梁州的貢物之中，有一種叫做「織」的東西。尙書禹貢：

　　　厥貢璆，鐵，銀，鏤，砮磬，熊羆狐狸，織皮。

孫星衍，尙書今古文注疏以爲：「織皮者，罽之屬。……」。艾南英、禹貢圖註以爲：「熊羆狐狸，四獸之皮，製之可以爲裘，其毳毛織之可以爲罽也。」看以上的說法，

（註三〇）　丁謙，蓬萊軒地理學叢書一，後漢書西域傳地理考證，臺北，正中，初版，民51，頁320-31。

（註三一）　Vincent A. Smith: The Oxford History of India. Oxford, 1920，p.p. ii-iii.

（註三二）　于景讓，明李時珍本草綱目「木棉」項箋釋。大陸雜誌，第九卷，第五、六、七期。

以野獸的皮織之爲織皮，毳毛織之爲罽。織皮，只是獸皮的加工，罽可能是很粗陋的編織物。可能當時已有了「織」的技術。

周武王克殷，從當地的物產中，發現了「織」物的原料。華陽國志，卷 1 ：

> 武王旣克殷，以其宗姬於巴，爵之以子。……其地東至魚復，西至僰道，北接漢中，南極黔涪，土植五穀，牲具六畜，桑蠶麻紵，魚鹽銅鐵，丹漆茶蜜，靈龜巨犀，山雞白雉，黃潤，細布，皆納貢之物。

桑蠶麻紵，自然是「織」物的原料。蠶絲與麻的出產，在巴、蜀甚爲普遍。巴郡的墊江縣和巴西郡、蜀郡皆有桑蠶、武都郡梓潼縣有麻田，蜀郡安漢和上下朱邑也出好麻（註三三）。由蠶絲與麻所織成的織物，自然是「帛」與「布」了。文獻上有「帛」與「布」記載，已在秦惠王時候。華陽國志、卷 3 ：

> 巴與蜀仇，故蜀王怒伐苴侯，苴侯奔巴，求救於秦。秦惠王方欲謀楚，……司馬錯、中尉田眞黃曰：「蜀有桀紂之亂，其國富饒，得其布帛金銀，足給軍用。水通於楚，有巴之勁卒，浮大船舫以東向楚，楚地可得。得蜀卽得楚，楚亡則天下幷矣。」惠王曰：「善」。

由此看來，巴蜀的「布」和「帛」，似是同時開始的。但發展到後來，以絲爲原料的織物，無論在技術上，染色上，花紋圖案上，都大大的超過了以麻爲原料的「織」物。由於織作技術的不同，因而產生了許多不同名目的絲織品，而最亨盛名的，便是「蜀錦」。

「蜀錦」，華陽國志，卷 3 ：

> 始文翁（孝文帝時蜀守）立文學精舍講堂，作石室，一作玉室，在城南。永初後堂遇火，太守陳留高眹更修立，又增造二石室。州奪郡文學爲州學，郡更於夷里橋南岸，道東邊起文學，有女牆；其道西，城，故錦官也。錦江，織錦濯其中，則鮮明，濯他江則不好，故名曰錦里也。

蜀郡治夷里橋的南岸，道東邊是郡文學，道西有城，卽錦官所在，又稱錦里。有特別適合濯錦的錦江。凡此，皆足以說明在東漢安帝永初年間 (107-113 A.D.)，「蜀錦」已很普遍了。那麼，「蜀錦」應該在東漢安帝以前便有了，至於早到什麼時候？是否

（註三三）　見華陽國志卷 1、2、3。嘉靖四十三年張氏刊本。

早到漢武帝時，張騫在大夏所見的「蜀布」便是「蜀錦」呢？這似乎不太可能，其原因：

一、漢朝的絲織業以及附帶的刺繡手工藝，其中心都不在蜀。王充、論衡卷12，程材篇：

> 齊郡世刺繡，恒女無不能；襄邑俗織錦，鈍婦無不巧，日見之，日爲之，手狎也。

漢時刺繡中心是齊郡，織錦中心是襄邑。不僅織、繡業不在蜀，與織繡有關的製衣中心也不在蜀。漢時供應天子衣服的三服官，也在齊地。漢書卷72，貢禹傳：

> 故時齊三服官輸物不過十笥，方今齊三服官作工各數千人，一歲費數鉅萬。

漢書卷28上，地理志也說：齊郡臨淄縣和陳留郡襄邑縣都設有服官。而襄邑既是織錦的中心，又是服官的所在地，其繁榮是可以想見的。所以漢時的絲織業可以說是偏在東方。

由於我國蠶絲業發明很早，一般農家，只要氣候適宜，都以飼蠶作爲副業，所謂「五畝之宅，樹之以桑，五十者可以衣帛矣。」桑樹除了葉子可以飼蠶外，其他的經濟價值不大，因此，有桑的地方必定飼蠶。在四川，從華陽國志上可以看出很多地方種植桑麻，因此，蜀地飼蠶必很普遍，只是絲織業尚未發展到執其中牛耳的地步。這是斷定「蜀布」不是「蜀錦」的第一個原因。

二、漢時，蜀以製作金銀器著名。漢書卷72，貢禹傳：

> 蜀、廣漢，主金銀器，各用五百萬。

蜀地礦產豐富，禹貢上便記有：「鐵、銀、鏤」等名稱。漢時蜀地金銀器的製作，一歲費五百萬錢，相信人力的配合運用也相當的多。在金銀器製作上消耗的人力物力既多，相對的，在絲織業方面必少，這也是漢朝蜀地絲織業不能全力發展的原因。

三、張騫是漢中郡人，漢中在地理上和巴蜀毗鄰，兩地的交通必很頻繁，因此，彼此間的情形一定瞭解的很清楚。同時，張騫自建元中爲郎官，出身不低。此後，出使西域各國，經歷的地方既多，所見所聞自然也很豐富，因此，不太可能「布」「錦」不辨。基於以上三個原因，「蜀布」爲「蜀錦」之誤的可能是非常的少。

「蜀布」既不可能是「蜀錦」，便是屬於麻葛一類的製品了。漢書顏注採服虔的

說法：「布，細布也。」(註三四)這種「細布」，可能是一種纖維很細，織作的很緊密的一種布。華陽國志卷 3 ，蜀志：

　　　　（蜀郡）安漢，上下朱邑出好麻，黃潤細布，有姜筒盛。

用蜀郡安漢和上下朱邑所生產的好麻，織成的細布，顏色略黃，但很光滑細密，用姜筒盛着以資保護。這種黃潤細布，可以上溯到周初時代。華陽國志卷 1 ，巴志：

　　　　武王旣克殷，以其宗姬於巴，爵之以子 。 ……土植五穀， 牲具六畜， 桑蠶麻
　　　　紵，魚鹽銅鐵，丹漆茶蜜，靈龜巨犀，山雞白雉，黃潤，細粉，皆納貢之物。

這裏所說「黃潤、細粉」之黃潤，應該就是安漢和上下朱邑所出產的「黃潤細布」的黃潤。以「黃潤」來代表這種細布，正足以說明這種布的特色，顏色略黃，但織作的很光滑細密。這種「黃潤細布」成為當地的特產，具有代表性的意義，隨着蜀賈人的足跡而帶到全國各地。

　　其次，討論邛竹的問題。史記集解(註三五)和正義(註三六)皆以係產於邛山之竹，節高實中，可為杖，所以又稱邛竹杖。所謂邛山，究竟指的是那一座山，位置在何處？我認為「邛山」並不是專指一座山，而是泛稱邛地之山皆是「邛山」。邛在蜀郡西南徼外，大約在四川西南一帶。

五、結　　語

　　蜀布邛竹傳至大夏的路徑，大致是這樣：蜀布在四川中部，取道嘉陵江至川江，逆流航行至四川南部，取道僰道，至滇國，再向西至昆明（大理），經過滇西縱谷，至緬甸，再向西至孟加拉；邛竹在四川西南，或經過越巂郡至滇西縱谷，或者取道僰道，和蜀布的路徑相同。 蜀人的足跡止於孟加拉 ，而蜀布邛竹或許被印度人帶到印度，被大夏人買去，或許由大夏人直接在孟加拉購去，這已不關本題宏旨了。總之，漢武帝時滇緬之間的交通說明二件事：一、中國和西方的交通，除了絲道外，尚有西南一道；二、商業上的活動，早於政治上的活動。

（註三四）　見漢書卷61，張騫傳。

（註三五）　見史記卷 116。

（註三六）　見史記卷 123。

出自第四十一本第一分(一九六九年三月)

匈奴政治制度的研究

謝　　劍

一、前　　言

匈奴史事因受文獻的制約，加以本身並無文字流傳（註一），故研究上倍感困難；

（註一）匈奴有無文字，迄今並無定論。史記匈奴傳及漢書匈奴傳上均謂「毋文書，以言語爲約束」，後漢書南匈奴傳亦謂「無文書簿領」，惟近人呂思勉疑之。呂氏以漢書元帝紀所載，「建昭四年（35B.C.）春正月，以誅郅支單于，告祠郊廟，赦天下，羣臣上壽置酒，以其圖書示後宮貴人」一事，認西域胡書，豈後宮貴人所能識？因而以此作爲「鐵證」，斷定匈奴與中國同文（燕石札記，上海，民26，頁18-9）。按語言與文字雖爲二事，但一民族之文字必須與其語言有所關聯，始得稱爲該民族之文字。以常理推測，單于幕中必有諳漢文者，並置有漢文書記。但如謂匈奴民族與漢民族同文，則呂說證據似欠充分。其次，洪鈞元史譯文證補卷二七上記載：「晉時匈奴西徙，……與西國使命往來，壇坫稱盛，有詩詞歌詠，皆古時匈奴文字。註：羅馬有通匈奴文者，匈奴亦有通拉丁文者，惜後世無傳焉。」則歐洲史上之匈人（Huns）似有文字，此點可證諸普力士卡斯（Priscus）之旅行記中（M. Brion Attila: The Scourge of God, tr. by H. Ward, New York: Robert M. McBride, 1929, p.115）。但晉時歐洲史上之匈人，其與漢代匈奴之關係究竟如何，尚難論斷（參看 Otto Maenchen-Helfen, 'Archaistic Names of the Hiung-nu', Central Asiatic Journal, Vol. VI, Nr. 4, 1961, p. 249, 氏認從語音上證明歐洲之匈人〔Huns〕卽是中國之匈奴說，並不健全；其次，歐洲匈人之名，首見於古希臘地理學家托雷密〔C. Ptolemaeus A.D. 87-A.D. 165〕之著作中，作 Χοΰνοι，遠較一般所認匈奴西遷入歐之時代爲早。此點可參看 F. Altheim, Geschichte der Hunnen, Berlin: Walter De Gruyter, 1959, erster Band, S. 3.）。是故前者雖有文字，不足以證明後者之必有文字。研究中亞古史之麥高文氏（W.M. McGovern），認漢代匈奴所操之語言可能爲都蘭語（Turanian）之一支，不適於以中國方塊字書寫。換言之，匈奴民族應不致通用漢文。是說至爲允當（參看 The Early Empires of Central Asia, Chapel Hill, North Carolina: The University of North Carolina Press, 1939, pp. 106-7）。

卽以晚近考古學上的發現而言，所獲材料亦僅止於說明物質文化，尙不足以用來解釋人事，其中尤以錯綜複雜之政治制度爲然。文獻旣失之簡略，而關係政治制度者又多重複與相互抵觸處，因此問題叢生，乃致諸家說法互異。本文主旨，在對現存資料予以系統的排比和分析，並藉若干考古資料，及與匈奴相關文化的比較，冀能探索匈奴政治制度的些許輪廓，從而明瞭其在整個社會結構中的功能。換言之，本文係作者預擬研究匈奴社會組織中的一部份。惟因社會組織牽涉極廣，故先擬就若干子題，予以分別撰寫。在方法上，鑒於初民社會中諸如親族組織及政治制度等雖各有範疇，但彼此息息相關，因而在寫作過程中不得不借助若干人類學觀點，特此一併說明。

二、官制與政體

初民社會政治制度的研究，須兼以血緣及地緣爲基點，並擴及此兩種因素所交互產生的影響（註一）。設如僅及其一，則必將難窺全貌，乃至蒙蔽事實眞象。今試以匈奴史事爲例，史家於論及其政治制度時，率多沿襲史籍之片斷記載，鮮有能通觀全局，予以排比分析者（註二）。以初民社會民智未開，往來交通不便，政令旣不易傳達，自難期其具有運作靈活之政治組織。是故往往藉基於血緣的親屬關係，以完成部份政治功能。甚或有以親屬關係，爲一切政治關係中之唯一因素者（註三）。但此類社會畢竟不多，而親屬關係所能涵括的範圍亦必有限，因此須將地緣因素並作同等考慮。按匈奴向爲史家所重視，不僅因其幅員廣袤，且常能動員衆多兵力，以與鄰國相頡頏。

（註一）　Robert H. Lowie 著，呂叔湘譯，初民社會，民24，上海商務，頁474。

（註二）　近人之討論匈奴政治制度者，如美人麥高文、波蘭人查普力卡（M.A. Czaplica）等，均有誤解我國史籍之處。麥氏誤將出身貴姓之左右骨都侯，列入王族分封之二十四長內（The Early Empires of Central Asia, pp. 117-8）；查氏更以匈奴二十四部，是由六王子及六行政官所治理（The Turks of Central Asia, Oxford: Clarendon Press, 1918, p. 64），顯係對我國史籍的重大誤解。但如日人護雅夫氏，所著「匈奴」の國家（史學雜誌，第五十九編第五號，東京，昭和25〔1950〕）一文，兼及血緣與少許地緣關係，實爲不可多得的佳構。

（註三）　H.S. Maine, Ancient Law, London: John Murray, 1906, p. 137; Lowie 著，呂叔湘譯，社民社會，頁473。

即以此一外在現象觀察，匈奴在政治結構上應非簡單之部落社會 (註一)。本章主旨即
在分析其官制與政體，從而了解其內在的組織與結構。

（一）　同姓分封與畢姓置官

我國的史有關匈奴政治制度的具體記載，先後見於史記、漢書、後漢書、及晉書
。其中漢書匈奴傳的前一部份是沿襲史記匈奴傳，內容雖大體相同，但關係政治制度
者卻有極重能的增補。至於後漢書南匈奴傳和晉書四夷傳北狄匈奴條，涉及政治制度
者則遠較史記和漢書詳盡。此中原因作者已在另文中討論，故不再贅述 (註二)。茲為
行文方便起見，試將前舉四史有關政治制度的記載條列如下表：

正史中有關匈奴政治制度記載之分目比較表　　(節錄原文)

A. 史記匈奴傳	B. 漢書匈奴傳	C. 後漢書南匈奴傳	D. 晉書四夷傳
1.（未舉單于之姓。）	1. 單于姓孿鞮氏。	1. 單于姓虛連鞮氏。	1. 北狄以部落為類，其入居塞者有屠各種……。凡十九種，各有部落，不相雜錯。屠各最豪貴，故得為單于，統領諸種。
2. 甲、置左右賢王、左右谷蠡王、左右大將、左右大都尉、左右大當戶。	2. 甲、置左右賢王、左右谷蠡、左右大將、左右大都尉、左右大當戶。	2. 甲、其大臣，貴者左賢王、次左谷蠡王、次右賢王、次右谷蠡王，謂之「四角」；次左右日逐王、次左右溫禺鞮王、次左右斬將王，是為「六角」。	2. 甲、其國號有左賢王、右賢王、左奕蠡王、右奕蠡王、左於陸王、右於陸王、左漸尙王、右漸尙王、左朔方王、右朔方王、左獨鹿王、右獨鹿王、左顯祿王、右顯祿王、左安樂王、右安樂王。凡十六等、皆用單于親子弟也。

(註一)　史記匈奴傳載東周末季，「各分散居谿谷，自有君長，往往而聚者百有餘戎，然莫能相一」。是則
　　　　匈奴在頭曼單于 (?~209 B.C.) 之前，應為部落社會。

(註二)　謝劍，匈奴社會組織的初步研究，中央研究院歷史語言研究所集刊，第四十本下冊，民57，臺北南港
　　　　。第一章。

乙、匈奴謂賢曰屠耆，故常以太子爲左屠耆王。	乙、匈奴謂賢曰屠耆，故常以太子爲左屠耆王。	乙、（「四角」及「六角」）皆單于親子弟，次第當爲單于者也。	乙、其左賢王最貴，唯太子得居之。
丙、自如左右賢王以下至當戶，大者萬騎，小者數千。凡二十四長，立號曰萬騎。……而左右賢王、左右谷蠡王最爲大國。	丙、自左右賢王以下至當戶，大者萬餘騎，小者數千。凡二十四長，立號曰萬騎。……而左右賢王、左右谷蠡最大國。		
丁、諸二十四長，亦各自置千長、百長、什長、裨小王、相封(註一)、都尉、當戶、且渠之屬。	丁、諸二十四長，亦各自置千長、百長、什長、裨小王、相、都尉、當戶、且渠之屬。		
3. 甲、呼衍氏、蘭氏、其後有須卜氏。此三姓，其貴種也。	**3.** 甲、呼衍氏、蘭氏、其後有須卜氏。此三姓，其貴種也。	**3.** 甲、異姓有呼衍氏、須卜氏、丘林氏、蘭氏。四姓爲國中名族，常與單于婚姻。	**3.** 甲、其（餘）四姓，有呼延氏、卜氏、蘭氏、喬氏。
乙、置……左右骨都侯。……左右骨都侯輔政。〔集解〕骨都，異姓大臣。〔考證〕徐孚遠曰：骨都，單于近臣，不別統部落有分地也。	乙、置……左右骨都侯。……左右骨都侯輔政。〔集解〕先謙曰：骨都侯異姓大臣。	乙、異姓大臣左右骨都侯、左右尸逐骨都侯；其餘日逐、且渠、當戶諸官號，各以權力優劣，部衆多少爲高下次第焉。……呼衍氏爲左；蘭氏、須卜氏爲右，主斷獄聽訟。	乙、呼延氏最貴，則有左日逐、右日逐，世爲輔相；卜氏則有左沮渠、右沮渠；蘭氏則有左當戶、右當戶；喬氏則有左都侯、右都侯。又有車陽、沮渠諸雜號，猶中國百官也。

上表中項1涉及單于的族屬；項2是王族子弟的分封情形；項3則是異性置官情形。

按匈奴的統治集團，是由一個在血緣上接近封閉，實行內婚的兩部組織（dual

(註一) 梁玉繩史記志疑卷三三引徐廣：「封，一作將，蓋譌爲封字，漢書無此字也。」故瀧川史記會注考證疑此爲衍字。近人王國維氏謂「相封」實卽「相邦」（舉秦有相邦呂不韋爲證），亦作「相國」（舉史記衛將軍驃騎列傳屢言獲匈奴相國爲證）。所以易「邦」爲「國」、爲「封」者，蓋避漢高諱（參看匈奴相邦印跋，王觀堂先生全集，冊三，頁 896-7，民57，臺北文華出版公司）。

organization) 新構成。 此點不僅可以證之於上表各條有關權力安排的正面記載，同時也可以從兩個半部族（moiety）——即王族和貴姓——交相婚姻的關係中求得（註一）。大體說來，此一兩部組織並不對稱。單于所出之王族攣鞮（或虛連鞮）氏，以其近親分封全國核心部份，成爲匈奴主權之所寄；與此相對立的另一個半部族，則是由三至四個氏族所構成，經由與單于所屬半部的族世相婚姻，形成我國史籍所謂的「貴種」、「貴姓」、或「名族」。 從後者所擔任的職司來看，誠如瀧川考證引徐孚遠所言，既不別統部落，亦未領有分地，完全是居於「留庭輔政」的從屬地位。但此一早期的政治結構模式並非一成不變，從上表所簡錄的史料中，似可察出若干遞變的痕跡。例如史記匈奴傳但言貴姓出任左右骨都侯，漢書匈奴傳前半部於敘述匈奴政制中雖沿襲此一記載，未予增補，然而後半部卻明白指出姻族之中，尚有且渠及當戶等官號。如云：

　　　　虛閭權渠單于立，………黜前單于所幸顓渠閼氏。顓渠閼氏父左大且渠怨望。

又如；

　　　　復株絫單于復妻王昭君，生二女，長女云爲須卜居次，小女爲當于（當戶）

　　　　（註二）居次（以上引文均見漢書匈奴傳上）。

其中「須卜」爲貴姓之一，世任骨都侯（註三），而「且渠」及「當戶」則是官名，有時亦用來代表氏族（註四）。換言之，從上述引文中，知單于姻族貴姓集團已擁有「骨都侯」、「且渠」、及「當戶」三種官號，且有與時俱增之勢（參看上表 CD3 乙項）。

（註一）　參看拙作匈奴社會組織的初步研究，第三章。

（註二）　漢書匈奴傳顏注引李奇：「居次者，女之號，若漢公主也。」王先謙漢書補注引錢大昭語以斥其非，云：「案云是伊墨居次，因爲須卜當之妻，故亦稱須卜居次耳。沈欽韓曰：以常惠與烏孫兵獲單于嫂居次驗之，居次是其王侯妻號，猶今王妃稱福晉也，非公主之比。」又師古曰：「須卜、當于皆其夫家氏族。」按漢書匈奴傳下云：「呼都而尸單于輿立，貪利賞賜，遣大且渠奢與云女弟當戶居次子醯櫝王俱奉獻至長安。」則「當于」又作「當戶」，後者原爲官名，後用以代表氏族，如「且渠」然。又參看註四。

（註三）　史記及漢書匈奴傳均謂「大臣皆世官」，以骨都侯一職爲例，須卜氏族入前後有數人擔任此職。如王莽時的須卜當，及靈帝時的須卜氏某。

（註四）　晉書沮渠蒙遜載記：「沮渠蒙遜，臨松盧水胡人也。其先世爲匈奴左沮渠，遂以官爲氏。」

此一趨向，似涉及權力的轉移。按後漢書南匈奴傳的記載，貴姓集團除擁有骨都侯、且渠、當戶等官號以外，更有日逐及尸逐骨都侯等官，並明言「呼衍氏爲左；蘭氏、須卜氏爲右，主斷獄聽訟」（C3乙）。以匈奴尊左抑右之俗，無疑已指出貴種諸姓中亦分尊卑。此外，更說明貴姓諸官的主要職責僅是「主斷獄聽訟」，可與史記之「輔政」互爲補充。

　　政治上原有理想結構模式的衰落，南北匈奴分裂（A.D. 48）之前固已顯露端倪，但仍以分裂之後最爲明顯。以骨都侯一職爲例，不再是史記及漢書所說的「輔政」，故後漢書南匈奴傳已有呼衍骨都侯之領兵屯雲中，郎（蘭）氏骨都侯（註一）之屯定襄，各擁兵自重（註二），非復瀧川考證引徐孚遠所謂「單于近臣，不別統部落有分地」的情形。此種貴姓集團的權力擴張現象，也可從其他方面察出。例如「日逐王」一詞，首見於史記建元以來侯者年表，其次爲漢書所舉之「日逐王先賢撣」、「日逐王伊屠知牙師」、及「日逐王都」等，但均係出自單于族攣鞮氏，且無一例外。後漢書南匈奴傳更以「日逐王」列爲「六角」之首，明言「皆單于子弟，次第當爲單于者也」（C2乙），惟又謂貴姓亦擁有此一官號，故有「呼衍日逐王西訾」及「須（卜）日逐（王）鮮堂輕」（註三）等實例。晉書則更以貴姓呼延氏（註四）專任左右日逐，世爲輔相，而王族十六等官號中竟無「日逐」之名。此類現象，似可解釋爲統治集團中權力的逐漸轉移，即王族權力的削弱，和貴姓權力的擴張（C3乙）。

　　其次，晉書四夷傳所載匈奴貴姓各有專職的說法（D3乙），也不同於以往的記述。此或係南匈奴大規模遷居漢地後，客觀情勢已有所改變，乃導致權力的重新安排，使某一貴姓專有某一名號，以收制衡之效，從而保持政治上的穩定。其中另一值得注意之點，即是南北匈奴分裂前世爲輔相的須卜氏，至此其地位已被呼延氏所取代，並退居較次要的沮渠一官。

（註一）　郎氏或即蘭氏，見護雅夫，「匈奴」の國家，頁 8-9。

（註二）　後漢光武建武二十六年（A.D. 50）事，是時有五骨都侯領兵駐屯外地。

（註三）　「須日逐鮮堂輕」或係「須卜日逐王鮮堂輕」之簡略。參看護雅夫，「匈奴」の國家，頁15。即「須（卜）」其姓，「鮮堂輕」其名，「日逐（王）」爲官號。

（註四）　晉書斠注四夷傳北狄匈奴條注：卜氏即須卜氏，呼延氏即呼衍氏。

（二）　官名與官等

　　王族所封之近親，前四等名稱各書記載大致相同，僅晉書四夷傳作「左右突蠡王」，而非史記、漢書、後漢書的「左右谷蠡王」。晉書斠注解釋此一差異，認係譯音之譌。惟後漢書南匈奴傳明言，「其大臣貴者左賢王、次左谷蠡王、次右賢王、次右谷蠡王，謂之『四角』」，則是肯定左谷蠡王貴於右賢王，而與史記、漢書、及晉書所記官等次序迥異，蓋後三者均將右賢王列在左谷蠡王之前（A.B.D2甲）。因此一官序關係單于名位的繼承，正面記載既不足徵，則惟有求諸歷史中的實例。考匈奴習俗是以左賢王爲儲副，其不以左賢王地位繼承單于名號者，例數既少，且非常態（註一），故可略而不論。但新單于每於登基時，循例必擢升近親諸侯，重新調整其權力結構。如就此類實例加以研究，或可獲得解決此一問題的線索。例如：

　　　　復株絫若鞮單于（雕陶莫皋）立，……以且麋胥爲左賢王、且莫車爲左谷蠡王、囊知牙斯爲右賢王（漢書匈奴傳下）。

　　　　烏絫單于咸立，以弟輿爲左谷蠡王，……以弟屠耆閼氏子盧渾爲右賢王（同上）。

　　　　單于安國（永元）五年立。……左谷蠡王師子素勇黠多知。……師子以次，轉爲左賢王（後漢書南匈奴傳）。

　　以匈奴俗重長幼排行及親疏遠近，根據例一，雕陶莫皋、且麋胥、及囊知牙斯既依次爲兄弟（註二），分封時亦必按此序列；例二可得相同之推論；例三明言原任左谷蠡王的師子，「以次」，轉升爲左賢王，當時另有右賢王在，如果左谷蠡王地位較低，則擢升者必然是右賢王。故作者認爲，後漢書南匈奴傳所載「四角」的官階次第，以史事證明，似較史記、漢書、及晉書的記載接近眞象。

　　史記與漢書匈奴傳、及後漢書南匈奴傳，所載王族分封官號，均僅列五等十級，但晉書四夷傳則爲八等十六級（A.B.C.D2甲）。但細察史記及漢書似文意未盡，蓋

（註一）　參看拙作匈奴社會組織的初步研究，第二章。

（註二）　漢書匈奴傳下：「始，呼韓邪娶左伊秩訾兄呼衍王女二人。長女顓渠閼氏，生二子，長曰且莫車，次曰囊知牙斯；少女爲大閼氏，生四子，長曰雕陶莫皋，次曰且麋胥，皆長於且莫車，少子成、樂二人，皆小於囊知牙斯。」按照此一記載，諸兄弟之年齡長幼，依次應爲雕陶莫皋、且麋胥、且莫車、囊知牙斯、成、及樂。

又云「自如左右賢王以下至當戶，大者萬騎，小者數千。凡二十四長，立號曰萬騎」（A.B 2 丙），則總數似爲二十四級。如再就前三史加以仔細比較，除前四級的官號名稱大體相同外，史記及漢書的後六級，與後漢書的「六角」，所用名稱完全不同。或謂後漢書的「六角」，乃是史記及漢書末六級的發展（註一）。按「六角」所列官名，其中若干起源極早（註二），史記與漢書匈奴傳均未將其收入所述十級官號之內，則無疑必屬低於此十級者，故不能將後漢書的「六角」，與史記及漢書十級中的末六級相對等。其次，從譯音上說，此種可能性也不大，因無法證明史記與漢書的「左右大將」，卽是後漢書的「左右日逐王」；「左右大都尉」，卽是「左右溫偶鞮王」；「左右大當戶」；卽是「左右斬將王」。

　　近人呂思勉氏，認史記及漢書匈奴傳所云，「諸二十四長，亦各自置千長、百長、什長、裨小王、相封、都尉（註三）、當戶、且渠之屬」，係諸侯各就封地之內選擇部落豪酋，充任次級官吏，而不必再是王族所樹之藩屏（註四）。呂氏此一看法頗中肯綮，因爲就地置官旣可將就原有建制，又可藉以坐收事權統一之實效。惟如呂氏謂匈奴必以「同姓主外，異姓主內；同姓主兵，異姓主刑」（註五），則又未必。盖理想的政治制度之結構模式，事過境遷，往往與實際者不盡相符。說已見前，此處不贅。

　　漢書匈奴傳及後漢書南匈奴傳均有「奧鞬」或「薁鞬」的官號。有時單獨使用，如「左右奧鞬」、「左奧鞬王」、「右奧鞬王」（以上均見漢書匈奴傳）；亦有加於其他官號之上者，如「薁鞬左賢王」、「右薁鞬日逐王」、「薁鞬日逐王」等（以上均見後漢書南匈奴傳）。王先謙漢書補注引周壽昌，以西域康居有「奧鞬小王」及「奧鞬城」，故認匈奴在未通西域之前，可能早已有另一地名「奧鞬」者，從而暗示此官號出自原來的地名。此一推論似近附會，盖左右王將各處東西兩向，封地旣不相同，

（註一）　護雅夫，「匈奴」の國家，頁20。

（註二）　後漢書南匈奴傳所載「六角」中之左右日逐王，首見於史記建元以來侯者年表，又數見於漢書匈奴傳，且均出自王族變鞮氏（參看頁236）。其次，「六角」中的左右溫偶鞮王，初見於漢書匈奴傳下，作「溫偶駼王」。顏注：「偶音五口反，駼音塗。」王先謙補注：「溫偶卽溫禺。」

（註三）　參看頁234註一。

（註四）　呂思勉，燕石札記，頁 123。

（註五）　同上。

各自的活動範圍亦復相異（註一），豈可以同一地名作爲封號？作者亦嘗從血緣上追溯每一「奧鞬」的關係，結果發現皆出自王族攣鞮氏（註二），僅一例疑爲貴姓，此卽漢書匈奴傳上所云：

> 後，左奧鞬王死，（握衍朐鞮）單于自立其小子爲奧鞬王，留庭。奧鞬貴人共立故奧鞬王子爲王，與俱東徙。

按史記及兩漢書所謂匈奴「貴人」一詞，語言籠統，旣可指王族攣鞮氏人，亦可指「貴種」、「貴姓」、及「國中名族」的貴族集團。

以上引史料，單于旣可以己子爲奧鞬王留庭；而原奧鞬王子又復爲其貴人所立，並擁之東去，則「奧鞬」二字原意似非指某特定之地名。或如「屠耆」之謂賢，在匈奴語言中，「奧鞬」僅是含有敬意的尊稱。

其次，匈奴官號往往可以重疊，分則爲二，合則爲一。如「骨都侯單于」，卽此某一單于原曾出任骨都侯（註三）。以此推測，他如「奧鞬左賢王」、「奧鞬日逐王」、「尸逐骨都侯」等，或亦重複有以致之。此外，最常見者尚有「尸（日）逐」、「若

（註一）　左右封地之不同詳下節。其次，考查個別的實際情形，如漢書匈奴傳上的左奧鞬王，與同傳下的右奧鞬王，封地顯然不同。

（註二）　試將兩漢書所載各奧鞬（奧鞬）之世系圖示如下：

1. 左奧鞬王（漢書匈奴傳上）

　握衍朐鞮單于△────△左奧鞬王

2. 右奧鞬王（漢書匈奴傳下）

　┌─△狐鹿姑單于──────
　│　　　　　　　　　　┌─△右奧鞬王
　└─△左大將─────┤
　　　　　　　　　　　└─△日逐王先賢撣

3. 右奧鞬日逐王比（後漢書南匈奴傳）

　┌─　鳥珠留單于──△右奧鞬日逐王比
　│
　└─△單于輿

4. 奧鞬日逐王師子（後漢書南匈奴傳）

　單于比△──────△單于適──────△奧鞬日逐王師子

5. 奧鞬日逐王逢侯（後漢書南匈奴傳）

　休蘭尸逐侯鞮單于△──────△逢侯

上列各奧鞬皆系出王族攣鞮氏，無一例外。

（註三）　如後漢書南匈奴傳所載，建安時有匈奴須卜骨都侯出爲單于，世稱「須卜骨都侯單于」。

鞮」等加於單于名號之前的尊稱法（註一）。

（三） 地 方 制 度

史記匈奴傳首次述及匈奴左右王將的封地時，云：

> 左方王將居東方，直上谷以往者東，接穢貉、朝鮮；右方王將居西方，直上
> 郡以西，接月氏、氐、羌。而單于之庭，直代、雲中。

此一簡單的敘述，應是指秦末漢初，冒頓統一北疆，南臨中國的大致情形（註二）。以
匈奴遷徙無定的遊牧民族特性，領域當可因勢而異，故無所謂一定的疆界。如果以南
北匈奴的分裂爲基點（即光武建武二十四年，A. D. 48），分析前期的匈奴國勢，冒頓
嘗東向破滅東胡；北服渾庚、屈射、丁零、鬲昆、及薪犁等國；南下據有秦蒙括所佔
河套一帶地；西進夷滅月氏、定樓蘭、鳥孫、呼揭、及其旁二十六國（註三）。是時之
匈奴，儼然爲北亞唯一大帝國。此種形勢，雖然受到武帝時右地渾邪王及日逐王先後
降漢的影響，然而終前漢之世，匈奴始終爲漢之大患，形成一大威脅。例如當時匈奴
的左方王將就曾數度進擊烏桓。即以西部右地而言，影響亦始終存在，如邊遠的康居

（註一） 「日逐」又作「尸逐」，或係譯音之異。班固燕然山銘云：「斬溫禺以釁鼓，血尸逐以染鍔。」（後
　　　　漢書竇憲傳。）所云「溫禺」及「尸逐」，似分別指匈奴溫偶鞮王及日逐王。又單于尊號之中，往往
　　　　有「若鞮」、「尸逐」等詞。前者如「復株絫若鞮單于」，後者如「醯若尸逐鞮單于」。按後漢書南
　　　　匈奴傳注云：「匈奴謂孝爲『若鞮』。自呼韓邪單于降後，與漢親密，見漢帝謚，常爲孝慕之至，其
　　　　子復株絫單千以下皆稱『若鞮』，南單于比以下直稱『鞮』也。」惟「尸（日）逐」一詞則未知其意
　　　　義。

（註二） 白鳥康吉認興安嶺連互南北，形成匈奴東方與東胡之自然疆界（方壯猷譯，東胡民族考，民23，上海
　　　　，頁8）。又史記大宛傳云：「匈奴右方居鹽澤以東，至隴西長城。」據英人巴克爾（E. H. Parker）
　　　　的意見，今之羅布泊（即古代鹽澤）、塔爾巴哈台、及賽蘭海一帶，皆匈奴右部之勢力範圍（黃靜淵
　　　　譯，巴克爾著〔E.H. Parker〕，韃靼千年史，民55，臺北，上冊，頁14）。至丁謙謂右地含括今之
　　　　新疆（見蓬萊軒地理叢書，匈奴傳考證，上篇），與實際情形或有出入。雖漢書西域傳上明營西域諸
　　　　國皆「役屬匈奴」，及「匈奴西邊日逐王置僮僕都尉，使領西域」，但並不意指今之新疆全境。即以
　　　　匈奴勢力所及的部份而言，其中若干小國亦僅東向羈事之，性質似與匈奴帝國二十四長所轄之核心領
　　　　域不同。此點本文以下各節將加以討論，又參看 M.G. Levin and L.P. Potapov. ed. by Stephen
　　　　Dun, Chicago: The University of Chicago Press, 1956, pp. 70-1, 80。其次，關於單于之庭的
　　　　所在地，據丁謙考證，即今外蒙古塞音諾顏汗所轄塔米爾河流域。其地西、南、東三面皆杭愛山所環
　　　　繞（匈奴傳考證，下篇）。

（註三） 史記匈奴傳，漢書匈奴傳上。

亦東向羈事之（註一）。此係分裂以前，西漢時匈奴領域的大致情形。

匈奴的左右兩分官制，不僅見於中央留庭輔政的貴姓官吏，同時也表現於王族分封於地方的諸侯。美人麥高文（W. M. McGovern）認爲此一兩分官前源於中國，但並未提出充分的證據（註二）。若謂同一時代之秦、漢官制有左右之分，且以中國習慣但言「左右」而非「右左」，從而論斷匈奴尊左抑右的兩分官制起源於中國，似係一大誤解。考匈奴之俗，史記匈奴傳謂「其坐長左而北鄉」，北向之左應指西，何以匈奴反令較尊貴之王將居於東方？要之，匈奴俗似係北向尚東，此點又可從其宗教意識「朝出營，拜日之所生」（註三）一語獲得佐證。但因主、客觀的不同，中國習俗面南以東爲左，所謂「江左」、「山左」，卽是指「江東」、「山陽」之意，故中國史乘中稱匈奴東方王將爲左方王將，然而對匈奴來說，東方王將應是其右方王將。此匈奴不同於中國者一。退一步言，匈奴之俗亦如中國均面南背北，以東爲左，但因其左方王將貴於右方，故亦不得謂與漢官制相同。理由是漢代官制尚右，所謂「右賢左戚」（註四），應是最好的尚右證明。此匈奴不同於中國者二。基於以上的兩點理由，作者認爲匈奴的左右二分官制不必是源於中國。人類學家莫多克（G. P. Murdock）以爲不同文化中如果社會組織有雷同之處，很可能是純粹出於機會（sheer chance），而未必是傳播的結果（註五）；當代人類學也經常提到「有限可能性原理」（principle of limited possibilities），卽認定在不同文化之中，人類的創新和發明能力受着某種限制，故往往有相似的創造。其表現於社會組織方面者尤爲顯着，例如許多文化中常可見到核心家族（nuclear family）（註六）。換言之，不同的民族，基於共同具有的左右方位概念之限制，很可能各自獨立創造出相似的左右二分官制，而不必經由文化的傳播

（註一）　漢書西域傳上。

（註二）　McGovern, The Early Empires of Central Asia, p. 107。

（註三）　史記匈奴傳，漢書匈奴傳上。

（註四）　漢書王陵傳：「太尉（周）勃爲右丞相，位第一；（陳）平徙爲左丞相，位第二。」又史記孝文帝紀：「右賢左戚。集解：右猶高，左猶下也。」似皆爲漢官制尚右之明證。其實尚右之俗，可溯及秦、漢以前，如史記廉頗藺相如傳：「以相如功大，拜爲上卿，位在廉頗之右。索隱：職高者名錄在上，於人爲右；職卑者名錄在下，於人爲左。是以謂下遷爲左。正義：秦、漢以前用右爲上。」

（註五）　G. P. Murdock, Social Structure, New York: Macmillan, 1949, pp. 191-3.

（註六）　ibid. p. 200。

或採借。其次，漢書西域傳臚列西域二十餘國皆置有左右二分官制（註一），是傳雖明言「西城諸國大率土著，有城廓田畜，與匈奴、烏孫異俗」，但其中鄯善竟置有和匈奴完全同一名稱的「左、右且渠」。因「且渠」二字係匈奴官號之漢音音譯（註二），故作者認爲，匈奴與鄯善的二分官制，其關係似較與漢之兩分官制爲密切。

　　王族攣鞮氏子弟分封於全國各地，立號各稱萬騎的二十四長，史籍中除叙明「各自置千長、百長、什長、裨小王、相、都尉、當戶、且渠之屬」以外，僅謂二十四長中的「左右賢王，左右谷蠡王最爲大國」（A2 丙）。俄人勒溫（M.G. Levin）及薄達波夫（L.P. Potapov），據此認爲匈奴的內圈核心領域，係二十四個部落(tribe)經由軍事聯盟(military alliance)的方式而構成（註三）。此一推論，似忽視匈奴政治制度中極其重要的血緣因素，及其與地緣因素的關係。按「聯盟」一詞，現代社會科學的用語中是指多個居於平等地位的自主體，因面臨共同的敵對者，從而採取某些相互支援的行動（註四）。按二十四長雖名義上各有分地，但皆系出攣鞮氏，以單于近親子弟的身份接受分封。因此不僅必須承認單于的絕對權力，且本身的升遷廢立亦操諸單于之手（註五）。換言之，二十四長與其領地並無永久性的關係，亦非部落所產生的地方領袖，而是受制於中央王庭的扈從。卽以二十四長本身之間而言，亦可因封爵尊卑之

（註一）　漢書西域傳中，如小宛、扜彌、皮山、尉頭、溫宿、龜玆、尉黎、危須、焉耆、卑陸、烏貪訾離、郁立師、單桓、蒲類、蒲類後國、狐胡、東且彌、西且彌、山國、車師前國、車師後國、姑墨、莎車、疏勒、及鄯善，莫不置有左右二分官制，如左右騎君、左右將、左右驛長、及左右都尉之類。

（註二）　匈奴官號之漢音音譯者有谷蠡、當戶、且渠等；意譯者有大都尉、斬將王、安樂王等；但如賢王又稱屠耆王，則是意譯又兼音譯。

（註三）　Levin and Potapov, The Peoples of Siberia, p. 80.

（註四）　J. Gould and W·L. Kolb, A Dictionary of the Social Sciences, Taipei: Hsin Yih Press 1964.

（註五）　二十四長之升遷廢立，每於新單于登位時行之。玆略舉數例如下：

　　（一）　狐鹿姑單于立，以左大將爲左賢王。數年，（左賢王）病死，其子先賢撣不得代（漢書匈奴傳上）。

　　（二）　烏珠留單于（釐知牙斯）立，以第一閼氏子樂爲左賢王，以第五閼氏子輿爲右賢王（漢書匈奴傳下）。

　　（三）　烏累單于咸立，以弟輿爲左谷蠡王（原爲右賢王），烏珠留單于子葋屠胡本爲左賢王，以弟屠耆閼氏子盧渾爲右賢王（同上）。

不同，發生權利和義務的差異（註一）。基於上述的兩點理由，似不宜稱之為「聯盟」（關於匈奴的國家形式，詳見第三章）。

　　至於二十四長轄下的人民，如從晉書四夷傳觀察，所云「北狄（匈奴）以部落為類，其入居塞內者，……凡十九種，各有部落，不相雜錯」，以此推測南北分裂前的匈奴社會，不同種屬者似亦不同部落。換言之，從部落人口的的來源觀察，匈奴應是單元純質的（homogeneous）社會。此點也可求證於匈奴父系氏族社會中所表現的強烈排外性（註二）。作者前在分析匈奴的社會組織時，曾假定晉書所說「種」之下，必再分為若干個氏族（註三）；而同種的一個或多個氏族，即構成了地域性的政治單位——部落。例如史記驃騎傳云：

　　　　驃騎將軍率戎士踰烏盩，討遬濮，涉狐奴，歷五王國。……殺折蘭王、斬盧
　　　　胡王。（漢書霍去病傳略同。）

按史記索引認「遬濮」音作「速卜」，並引崔浩，認係匈奴部落名稱。日人護雅夫根據此點，更以是傳下文趙破奴「再從驃騎將軍斬遬濮王」一節，認此「遬濮」即是單于姻族貴姓之一的須卜氏，而「遬濮王」即是須卜氏的部落領袖（註四）。證之漢書顏注謂「折蘭，匈奴中姓也，今鮮卑有是蘭姓者」的記載，護雅夫以「遬濮」即是「須卜」的推斷，以非無見。但此「遬濮王」是否是須卜氏部落的地域領袖；抑係單于族子弟，分封領有此一部落的王將？則作者毋寧傾向於後者。因近人丁謙氏考證，烏盩即是烏蘭，地在今蘭州東北買子城附近（註五）；又史記地名考一書亦作相似之認定，謂地當今蘭州東北靖遠縣南百二十里（註六）。是時匈奴右部渾邪王尚未降服（註七），該地似應仍在匈奴本土範圍之內，直接受制於單于所分封之近親王將，如此方能符合其建制。是故與其解釋「遬濮王」為當地的部落首領，不如解釋為分封於該地的鑾

（註一）　參看拙作匈奴社會組織的初步研究，第二章。又參看頁242註五。

（註二）　同上，第二、三章。

（註三）　同上，第二章，氏族的繁衍一節。

（註四）　護雅夫，「匈奴」の國家，頁7。

（註五）　丁謙，匈奴傳考證，上篇，頁60。

（註六）　錢穆，史記地名考，香港太平書店，民51，頁60。

（註七）　按漢書武帝紀及霍去病傳記載，霍去病出隴西討遬濮，事在元狩三年（120 B.C.）春，而匈奴右部渾邪
　　　　王降漢，則在是年秋季。

鞮氏族人。要之，匈奴政制似係以血緣因素與地緣因素相互凝結，地緣性的部落人民以種為類，務使部落內為種屬相同的氏族，而單于族攣鞮氏經由與此類氏族中之豪強者的相互婚姻，並留其族長於庭以「輔政」的策略，坐收羈縻之効；此外，單于復分封近親子弟監領其地，從而切實部勒其人民。

諸侯所轄千長、百長、什長各官，乃至裨小王、相、都尉、且渠、當戶之設，呂思勉認係「沿其部落酋長之遺，非必王室所樹為藩屏者」（註一），作者以是說至為允當。按什長、百長、千長，乃至萬騎的十進法制度，是以能作戰之成員（騎）為最小單位，合軍事與民政為一的制度。其與當時漢人農業社會地方制度的最大差異，是後者係以戶為最小單位（註二）。由於社會性質之不同，漢人定居從事農耕，而匈奴則遊牧無定，且貴壯賤老，人人以騎射戰攻為生計（註三），故表現於制度上者，即是軍事與民事的合而為一。日本學者田村實造氏，嘗以柔然之十進法軍制比擬於匈奴者，並認此一制度乃柔然社會結構之基礎，後之突厥、回紇、及蒙古等北亞民族多沿襲之（註四）。田村之意，或亦暗示匈奴為軍事化的社會結構。但作者認為十進法是絕大多數文化所採行的一種計算方式，其表現於軍制者，遊牧社會固多，而農業社會亦不乏實例，如我國古代的千夫長、百夫長；及羅馬率國的百夫長（centurion）、什夫長（decurion）即是（註五）。是故匈奴社會的特徵似在軍事與民事的合一，而不在十進法的軍事組織。

諸侯王將轄下的裨小王、相、都尉、當戶、且渠等官，似係仿單于王庭所設骨都侯、大當戶、大且渠等近臣的制度，作為諸侯貼身襄助者。因史料中有一頗引人注意

（註一）　呂思勉，燕石札記，頁 123。

（註二）　後漢書百官志：「里有魁，人有什伍；里魁掌一里百家，什主十家，伍長五家。」又管子立政篇已謂「十家為什，五家為伍，什伍皆有長焉。」故推測當時地方制度之最小單位係以戶計。

（註三）　史記匈奴傳：「其俗寬則隨畜，因射獵禽獸為生業；急則人習戰攻以侵伐，其天性也。」

（註四）　田村實造，「北アジアにおける歷史世界の形成」，ハーバード・燕京・同志社，東方文化講座，第十輯，昭和31(1956)，東京，頁37。

（註五）　尚書牧誓：「千夫長，百夫長。〔疏〕：傳師帥、卒帥。正義曰：周禮二千五百人為師，師帥皆中大夫；百人為卒，卒長皆上士。孔以師雖二千五百人，舉全數亦得為千夫長。故以千夫長為師帥，百夫長為卒帥。」又古代羅馬帝國之軍事組織中有所謂「百夫長」(centurion) 及「什夫長」(decurion)（見 H.M.D. Parker, The Roman Legions, Oxford: The Clarendon Press, 1928, p. 14）。要之，十進軍制似不限於遊牧或農業社會。

之點，卽每當漢軍進擊匈奴之諸侯王庭時，往往連帶捕獲其轄下的裨小王、相、都尉
、及當戶等官（註一）。此事似非偶然，或者可以用來說明諸侯王將與裨小王、相、都
尉、當戶、及且渠之間的密切關係。

（四）　匈奴單于制度的沒落

匈奴單于政治制度的沒落，實肇因於南北匈奴的分裂，本節擬從兩方面叙述。其
中受漢勢力驅迫，因而逐漸西遷之北匈奴，我國史籍中固乏詳細記載，卽以世所疑爲
北匈奴後裔之歐州匈人（Huns），西史於涉及其政治制度時，多謂當時匈人並無一至
高無上的君主權威，一如漢代時的匈奴單于，而僅是由若干各自爲政的貴族政府行使
權力。換言之，至高無上的中央集權形式經已消失，原因是王族中已無有力領袖，可
以贏得其族人之完全臣服（註二）。至於南匈奴，初雖維持原有建制，但因逐漸受漢之
影響，幾經變遷，終於名存而實亡。

當分裂之初，南單于比因須依附漢朝以抗拒北庭，故光武建武二十六年（A.D.50）
乃有請求漢使監護之舉。光武立遣中郎將段郴立其庭，是卽以後設置「使匈奴中郎將」
或「護匈奴中郎將」一職之嚆矢（註三）。同年冬，以南匈奴爲北虜所敗，復詔其率部
移居西河之美稷，並令地方長官助中郎將以護匈奴。冬屯夏罷，自後以爲常例（註四）
。惟當時南匈奴仍能保有原來建制，並列置部王，以爲扞戍（註五）。明帝永平八年

（註一）　茲舉數例如下：

  （一）　元朔五年（124 B.C.）春，令（衞）青將三萬騎，出高闕。……圍右賢王。右賢王驚，夜逃。……
        …得右賢裨王等十餘人（漢書衞青傳）。

  （二）　元狩三年（120 B.C.）春，（霍去病）爲票騎將軍。將萬騎，出隴西。……執渾邪王子及相國
        都尉（漢書霍去病傳）。

  （三）　去病至祁連山。……得單于單桓（王）、酋涂王，及相國、都尉以衆降下者二千五百人（同上）。

  （四）　（霍去病）獲屯頭王、韓王等三人，將軍、相國，當戶、都尉八十三人（同上）。

  （五）　御史校尉常惠與烏孫兵至左谷蠡庭，獲單于父行及嫂居次，名王犁汗都尉、千長、將以下三萬
        九千餘級（漢書匈奴傳上）。

（註二）　齊思和，「匈牙利哈瑪塔（Jean Harmatta）教授關於『阿提拉時期匈人社會』的論文」，歷史研究
      ，1958, 1, pp. 92-3; McGovern, The Early Empires of Central Asia, pp.365-6。

（註三）　後漢書百官志，南匈奴傳。

（註四）　後漢書南匈奴傳。

（註五）　後漢書南匈奴傳；又清高宗勅撰，歷代職官表卷七十一云：「漢自宣帝以後，匈奴稱臣入朝，未嘗加
      以漢爵，其印文曰『匈奴單于璽』，不冠以漢字，蓋不以純臣待之也。光武立，南匈奴亦用前漢呼韓
      邪故事。」所云亦卽認南匈奴雖臣服於漢，初時仍得維持其原有建制。

（A.D.65），漢更置度遼將軍於五原之曼柏，以斷南北匈奴交通（註一）。全此，兩匈奴已進一步爲漢所制。獻帝建安二十一年(A.D. 216)，南單于呼廚泉爲漢所誘致，令羣夷失統，而代以親漢之右賢王去卑歸監其國（註二）。後曹操更分其入塞之衆爲前（南）、後（北）、左、右、中五部，各選尊貴者爲帥（魏末復改帥爲都尉），以漢人爲司馬監督之（註三）。魏明帝太和五年(A.D. 231)，復置「使匈奴中郎將」一職，以并州刺史兼領（註四），晉興循之（註五）。是時，匈奴原有單于政治制度之名實均已無存，不僅王侯降同編戶，部衆例須稍納賦稅（註六），且連帶發生生活方式及意識形態的改變（註七）。

三、國家形式

國家形式 (form of state) 卽是指一國之國體，但因「國家形式」或「國體」一

（註一）　後漢書明帝紀，南匈奴傳。

（註二）　單于呼廚泉之留鄴，後漢書獻帝紀與南匈奴傳，及三國志魏志武帝紀，均只謂單于來朝，曹操乃留之於鄴。但細察事實經過，或不如此單純。按三國志魏志鄧艾傳及晉書江統傳，皆明言呼廚泉之來朝，實漢所誘致。務令北狄失統，漢可從而加以抑制。

（註三）　資治通鑑今注，漢紀五十九；晉書四夷傳。

（註四）　三國志魏志明帝紀、田豫傳、孫禮傳、陳泰傳、梁習傳；晉書石鑒傳，劉琨傳。

（註五）　見晉書職官志：「護匈奴、羌、戎、蠻、夷中郎將，或領刺史，或持節爲之。」

（註六）　三國志魏志梁習傳記匈奴入居塞者，「單于恭順，名王稽顙，部曲服事供職，同於編戶」；晉書劉元海載記亦云：「自漢亡以來，魏、晉代興，我單于雖虛號，無復尺土之業。自諸王侯，降同編戶。」是皆可證明原有政治制度之解體，及其部衆被納入漢人體制的情形。其次，有關納稅的記載，如晉書食貨志云：「又制戶調之式，丁男之戶，歲輸絹三匹，綿三斤。女及次丁男爲戶者半輸。其諸邊郡或三分之二，遠者三分之一。夷丁輸賓布，戶一匹，遠者或一丈。……遠夷不課田者，輸義米，戶三斛，遠者五斗。極遠者輸算錢，人二十六文。」

（註七）　如三國志魏志陳泰傳所記，「泰爲并州刺史，加振武將軍。使持節護匈奴中郎將，懷柔夷民，甚有威惠。京邑貴人多寄寶貨，因泰市匈奴婢」；又如晉書王恂傳所載，「太原諸部，亦以匈奴胡人爲田客，多者數千」。所謂「婢」與「田客」，似皆屬於生活方式的改變。再者，當時匈奴人的意識形態，亦深受漢人影響，如晉書劉聰載記云：「聰后呼延氏死，將納其太保劉殷女，其弟乂固諫。聰更訪之於太宰劉延年，太傅劉景。劉景等皆曰：臣常聞太保自云周劉康公之後，與聖氏本源旣殊，納之爲允。聰大悅。」明顯表示劉聰已深受漢人同姓不婚的氏族外婚觀念所影響。

詞過於抽象，故實際上仍得取決於具體的政治制度 (註一)。其次，國家 (state) 一詞，或以爲係政治制度發展之較高者 (註二)，故使用時要求也比較嚴格。以匈奴並非簡單的部落社會，其政治制度中，確已發展出相當程度的權限劃分，固定的官位層次結構，及高度的中央集權體系，並以此對其領域內的人民行使權力。故稱之爲國家，似無不妥 (註三)；且學術著作中不乏若干先例（詳下文）。惟各家對匈奴國體之解釋固未盡同，而其中又多可資商榷處。今試舉若干具有代表性的意見，予以分析和批評：

一、日人田村實造認爲匈奴王國，是部族聯合體所構成的嚴密部族制遊牧國家。其特徵是社會實行軍事體制，單于爲全國最高首長，統治各部族，主持國家祭典，並召集部族會議（一如蒙古之 kuriltai）。但此一最高權力首長，是由貴族及國中的部落首領 (tribal chieftain)，從特定氏族中擇立的 (註四)。

二、日人護雅夫比較着重政治制度中的血緣關係。氏謂此一國家的統治階級，是由一個對外封閉的內婚集團所形成。其中的攣鞮氏卽是單于名位的世襲者，且以該氏族的男子，分任左右賢王、左右谷蠡王等官，駐於左右兩部。其次，單于又以統治階級中的姻族，在其直接控制之下出任骨都侯等職，並遣之至諸侯封地，以處理司法及行政事務 (註五)。又認匈奴「撑犁孤塗單于」的稱號，係承受中國稱君主爲「天子」的影響。此一最高名位固由攣鞮氏人所世襲，但其繼承順序則受制於單于的遺志、母氏出身的貴賤、及氏族會議的決定承認與否。並以攣鞮氏人的出任左右王將，卽是一種封建封度的形式，使被征服地區置於攣鞮氏族人之直接控制下。惟對異種之土着部落首領則假以名號，俾資籠絡，如烏桓王、義渠王、昆邪王、休屠王、及呼揭王等 (註六)。

三、日人江上波夫氏，認冒頓、老上單于時，匈奴人口僅三十萬左右，由二、三

(註一)　李劍農，政治學概論，長沙商務，民28，頁 180, 186。

(註二)　RAIGBI (The Royal Anthropological Institute of Great Britain and Ireland), Notes and Queries on Anthropology, London: Routledge and Kegan Paul, 1951, p. 134; R.L. Beals and H. Hoijer, An Introduction to Anthropology, New York: Macmillan, 1953, p. 445.

(註三)　參看拙作「政治權威的起源發展和類型」，新時代，第五卷第十期，民54，臺北，頁31-2。

(註四)　田村實造，北アジアにおける歷史世界の形成，頁36-7，及篇末所附英文提要。

(註五)　護雅夫，「匈奴」の國家，頁20-1。

(註六)　江上波夫編，北アジア史，昭和31(1956)，東京山川社，頁 32-4。

十個遊牧部落，以攣鞮氏部落爲中心，構成一個部落聯盟的國家（註一）。

四、俄人勒溫及薄達波夫，認爲匈奴國家之核心部份，是以單于爲首，由東西兩翼二十四個部落所構成的一個軍事聯盟。並以部落之間的共同傳統，使之團結一致。但因兼併四周相鄰的部落，令置於匈奴帝國統治之下，故其外圍領域極爲遼闊。像俄國考古學家在葉尼塞河（R. Yenisey）流域阿巴康（Abakan）所發現的古代遺存，勒氏等疑卽李陵及其與匈奴妻子所生後裔，因受單于差遣，前往統治該地土著時所留下者。該地土著，卽是日後新唐書回鶻傳所記之黠戛斯（Khyagasy）。二氏並引克斯列夫（S.V. Kiselev）的意見，認爲此種由匈奴差遣代表前往邊遠地區的統治方法，不僅有助於當地社會秩序的開展，且可提携和加強當地統治集團的力量（註二）。

五、波蘭人查普力卡（M.A. Czaplicka）認單于冒頓（Mété）分其帝國爲二十四部，以六王子（princes）及六行政官（administrators）治理。並且在各部之內，實行什長、百長、千長、乃至萬騎的嚴格軍事組織。此二十四部中有十九部的人民屬於突厥族的維吾兒人（Uigur）。其中的十部形成所謂 On-Uigur 聯盟；另有九部則在 On-Uigur 的北方組成 Togus-Uigur 聯盟。氏並引拉德洛夫（Radloff）的意見，以爲 On-Uigur 乃是構成匈奴帝國的主要部份，甚至華語中的匈奴（Hun-nu）一詞，也是從 On-Uigur 一詞的省略 On-Ui 而來（註三）。

六、美人麥高文氏認爲匈奴國家組織中具有某種封建因素，理由是二十四長雖受制於單于，但卻各爲其封地的領主（lord），有權委派轄下的官吏，如千長、百長、十長、且渠、當戶、都尉之類。惟此種地方分權（decentralization）的現象，並不妨碍匈奴成爲統一的國家，處於單于一人號令之下。又因無具體的名位繼承法則，故紛爭時起。其次，麥氏更以匈奴的邊遠部份，是和本土構成一大聯邦的狀態（註四）。

七、國人林旅芝氏其在「匈奴史」一書中，嘗就匈奴的國家組織作一概括性的叙述。云：

匈奴之官制頗爲精密。……高級官吏爲世襲，單于之承繼法是按「四角」次

（註一）　江上波夫，ユウラシア古代北方文化，昭和23(1948)，東京山川社，頁21。
（註二）　Levin and Potapov, The Peoples of Siberia, pp. 70-1, 80.
（註三）　M.A. Czaplicka, The Turks of Central Asia, Oxford: The Clarendon Press, 1918, p. 64.
（註四）　McGovern, The Early Empires of Central Asia, pp. 117-9.

，間有遞補至「六角」。其國境分東西兩大區，左方王將居東，右方王將居西，左右賢王與左右谷蠡王自成政治單位，各置官吏。單于總攬全政，爲最高之元首。其政治組織近似世之聯邦制，政權操於貴族之手，異姓大臣處於輔政之地位 (註一)。

八、國人呂思勉氏認匈奴爲一封建國家，厚於同姓而薄於異姓。以同姓居外，異姓居內；同姓主兵，異姓主刑。並引晉書劉元海載記，「宗室以親疏爲等，悉封郡縣王；異姓以勳謀爲差，皆封郡縣公侯」，作爲元海繼續漢時匈奴封建舊制的證明 (註二)。

九、國人鄭欽仁氏認爲匈奴國家應有廣狹二義。廣義者是指史記匈奴傳所云：「定樓蘭、烏孫、呼揭、及其旁二十六國，皆以爲匈奴」的「匈奴遊牧帝國」；狹義者是指居於支配地位的攣鞮氏「匈奴部族」。因爲此一匈奴部族勢力之逐漸擴大，故其匈奴的稱呼也被擴大採用。惟鄭氏承認，居於支配地位的「匈奴部族」，其中不止姓攣鞮的一個氏族，至少還包括須卜氏等四大「貴姓」。至於此一遊牧帝國的國家形式，則毋寧是封建的，但對少數土著部族的族長，間亦加以王號，以資羈縻。後者如烏桓王、東胡王、呼揭王等皆是。至於單于名位的繼承，鄭氏認係由龍城的「國會」所選出，惟被選者必須出自攣鞮氏 (註三)。

此外，如研究中亞史的沙莫林 (W. Samolin) 亦嘗稱匈奴爲「聯邦」(confederacy) (註四)；匈奴史家底格柔 (J. J. M. De Groot) 則以其分封兩翼的制度比附於漢 (註五)；日人橋本增吉直以匈奴所立二十四長，乃中國封建制度的仿傚 (註六)。要之，綜合上引各家之說，問題的癥結似在匈奴的國家形式究係近似「封建制」抑或「聯邦制」。作者認爲以匈奴幅員之廣，兵衆之盛，簡單的以基於血緣的「封建制」，似

(註一)　林旅芝，匈奴史，香港中華文化事業公司，民52，頁24-5。

(註二)　呂思勉，燕石札記，頁123。

(註三)　鄭欽仁，「匈奴」，新時代，第九卷第四期，民58，臺北，頁22-8。

(註四)　W. Samolin, East Turkistan to the Twelfth Century, the Hague: Mouton, 1964, p.26。

(註五)　J.J.M. De Groot, Die Hunnen der vorchristlichen Zeit, Berlin und Leipzig: Walter De Gruyter, 1921, SS. 51-61.

(註六)　橋本增吉，「亞細亞南北兩系民族の抗爭」，東洋史講座，第二卷，昭和5 (1930)，東京雄山閣，頁32。

不能概括全局，但亦不類所謂「聯邦」。故此一問題的解決，除了必須考慮單于名位的繼承問題外，尤應對諸侯王將、及外圍屬國與中央王庭之間的關係加以分析。今試分別申論如下。

（一）　從諸侯屬國看國家形式

匈奴在分裂之前，其勢力所及的範圍，顯然可以分作兩大部份。其內圈的核心部份卽是二十四長所分封的左右兩區，大體上一如史記匈奴傳所云：「諸左方王將居東方，直上谷以往者東，接穢貉、朝鮮；右方王將居西方，直上郡以西，接月氏、氐、羌」（漢書匈奴傳上略同）。有關左右的方位問題前已論及，此處只擬討論東西兩翼內諸侯王將與中央王庭之間的政治結構。按前漢上谷，地當今察哈爾省延慶縣北（註一），位於橫亙南北之興安嶺餘脈。上文曾提及白鳥庫吉氏嘗以之爲匈奴與東胡民族之自然疆界（註二），其說似具見地。換言之，匈奴實際控制範圍，東向可及上谷附近，而爲該區綿亙南北之山脈及沙漠以與東胡諸民族阻隔。因中間不適於人類居住，故史記匈奴傳稱之爲「甌脫外弃地」（註三）。其次，甌脫棄地以西乃匈奴左方王將之實際控制領域，亦可證之於下列記載：

> 其明年（元狩四年，119 B.C.），票騎之出代郡二千餘里，與左王接戰，漢兵淂胡首虜者七萬餘人，左王將皆遁走（漢書武帝紀、匈奴傳上；又漢書霍去病傳及史記驃騎將軍傳略同，僅謂漢軍兼自代及右北平出）。

> 其年（征和三年，90 B.C.），匈奴復入五原、酒泉，殺兩部都尉。於是漢遣貳師將軍出五原。……左賢王驅其人民度余吾水六、七百里，居兜銜山（漢書匈奴傳上）。

（註一）　青山定男，讀史方輿記要索引：支那歷代地名要覽，昭和 8（1933），東京開明堂。

（註二）　參看頁 240 註二。

（註三）　史記匈奴傳：「東胡王……西侵，與匈奴中間有弃地，莫居千餘里，各居其邊爲甌脫。東胡使使謂冒頓曰：匈奴與我界甌脫外弃地，匈奴非能至也，吾欲有之。」丁謙認「甌脫者，人不可居之地，今沙漠是也。沙漠無所產，不可以居人，猶瓶甌脫其底，不可以盛物」（匈奴傳考證）。揆諸東胡使者所言「匈奴與我界甌脫外弃地，匈奴非能至也」一節，丁謙斷其爲無人地帶，似非無見，但如丁氏就其字義，解作「猶瓶甌脫其底」，則又失之無據。又今人劉義棠氏以「甌脫」爲「中間地帶」或「中空地帶」，與突回語文 ortra 一詞有淵源關係，或系匈奴語之晉譯，原義爲「中」或「中間」之意（「甌脫考」，邊政學報，第八期，民58，臺北，頁13）。

按票騎將軍出兵之代與右北平，分別當今山西大同及熱河平泉境，正直左方王將封地。丁謙氏據此，斷言其接戰地區當在今外蒙古克魯倫河附近 (註一)。至於左賢王越余吾水所避居之兜銜山，根據日人駒井義明的考證，認即克魯倫河北之額林達班嶺，而余吾水即是克魯倫河 (註二)。在此一區域內活動之上述「左王」、「左王將」、及「左賢王」，皆指系出王族，列名二十四長，而受單于分封於此者，即是將此一地區置於攣鞮氏族人之直接控制下。

相似的情形亦見於匈奴右地，如漢書西域傳上云：

匈奴西邊日逐王，置僮僕都尉，使領西域，常居焉耆、危須、尉黎間，賦稅諸國，取富給焉。

按焉耆即今新疆焉耆，危須當古焉耆城東百里 (註三)。尉黎又作尉犁，王先謙補注謂即今博斯騰湖西，焉耆西南之布古爾地。位處天山南麓，塔里木盆地之北緣，係新疆精華地區之一。匈奴狐鹿姑單于曾以其弟左賢王之子先賢撣爲日逐王，分封於此 (註四)。因日逐王先賢撣之具有王族世系，事極明白而肯定。以此推測，東向更近王庭的右方王將，亦應爲單于所分封之近親子弟。且終匈奴分裂以前，右方王將在此地區之活動記錄，例不勝舉 (註五)。總之，作者認爲史記匈奴傳所載之匈奴左右兩部，似係其本土範圍，直接受制於單于所分封的近親子弟。故異種諸王存在於此一地區的可能性，相對大爲減少。

上列護雅夫所列舉的「異種」諸王，如昆邪王、休屠王、呼揭王、及烏桓王；與

(註一) 丁謙，匈奴傳考證，頁63。

(註二) 駒井義明，「前漢匈奴地名略考」，史林，第十五卷第三號，昭和5 (1930)，京都，頁70-2。此外，馬長壽引法人格洛塞 (R. Grousset, L'Empires des Steppes, Chapter 1, 1939) 的意見，亦以左賢王庭位於克魯倫河上游 (參看馬著北狄與匈奴，民51，頁55)。

(註三) 青山定男，支那歷代地名要覽。

(註四) 參看漢書匈奴傳上，西域傳上；又王先謙補注引徐松：「匈奴傳狐鹿姑單于始以左賢王子先賢撣爲日逐王，蓋罝在太始 (96B.C.-93B.C.) 時。」作者認匈奴罝王將使領西域的制度，或可上溯更早。參看註五例二。

(註五) 例如元朔五年 (124 B.C.)，都尉韓說從衞青出窴渾 (史記衞將軍傳作窳渾，集解：在朔方)，至右賢王庭 (漢書衞青傳)；天漢二年 (99B.C.)，匈奴賢王與貳師將軍戰於天山 (漢書武帝紀，李陵傳，匈奴傳上)；元鳳二年 (79B.C.)，匈奴右賢王入侵日勒、屋蘭、番和，近張掖 (漢書匈奴傳)；王莽時，匈奴右伊秩訾冦西域 (同上)。類似之例極多，皆匈奴右方王將活動之痕跡。

鄭欽仁氏所列舉的「土著族長」諸王，如烏桓王、丁靈王、東胡王、及呼揭王，其中的昆邪王、休屠王、甚至呼揭王三者，作者均懷疑其是匈奴的「異種」或「土著族長」，反之似皆爲匈奴人，甚或系出匈奴的王族攣鞮氏，並與單于王庭保持一種直接的從屬關係，而不同於東胡王、烏桓王、丁靈王、及義渠王。作者在未說明理由之前，須先澄清所謂「異種」二字的意義。按護氏之意，旣以昆邪、休屠、及呼揭三王與明顯爲東胡民族之烏桓王等並列，是肯定此三者和匈奴民族「異種」，而非晉書四夷傳所言，匈奴民族本身又內分爲十九種之「異種」。此一前提旣經假定，作者當就此三王一一分析，探究具種屬，並及其在匈奴國家政治結構中的關係。

（甲）昆邪王

　　昆邪別作渾邪或渾耶，初見於史記建元以來侯者年表，謂匈奴渾邪王將衆十萬降漢，漢遣霍去病迎之歸，武帝乃封爲漯陰侯。至於詳細經過，史記匈奴傳記載最詳。是傳云：

> 其秋（元狩二年，121 B.C.），單于怒渾邪王、休屠王，居西方，爲漢所殺虜數萬人，欲召誅之。渾邪王與休屠王恐，謀降漢。漢使驃騎將軍往迎之。渾邪王殺休屠王，并將其衆降漢。凡四萬餘人，號十萬。於是漢已得渾邪王，則隴西、北地、河西益少胡寇（漢書匈奴傳上略同）。

從以上引文分析，其中可資重視之點有二：一是渾邪降漢後，隴西、北地、河西益少胡寇，漢且以渾邪故地分置張掖郡（註一）；二是渾邪所部人衆極多，因損失過大，恐遭單于誅殺而降漢。從第一點分析，張掖一帶是時爲匈奴右地之核心部分，近右賢王庭（註二）。當時右地之極西部份尚且置於單于子弟日逐王控制下（註三），豈有任令此一河西要地爲「異種」盤據之理？此可疑爲「異種」者一；從第二點分析，直接受命於單于之渾邪王，不僅所部人衆極多，且轄下有裨小王、相國、都尉、及當戶等官（註四）

（註一）　漢書武帝紀。

（註二）　丁謙匈奴傳考證云：「衛青出高闕六、七百里，夜圍右賢王。知其時右賢王庭駐地距河套西北不遠。按張掖、武威正直河套之西，度其地望，當近右賢王庭。其次，史記衛將軍傳載韓說出朔方之窳渾，至匈奴右賢王庭，地望與此相若。

（註三）　參看頁 251，註四。

（註四）　參看漢書霍去病傳。

，其建制一如單于所分封的王族二十四長（A. B2 丁），此事斷非巧合。綜前所述，江上渾邪王爲匈奴「異種」之說是可疑的。反之，渾邪不僅是匈奴族，並且很可能是以攣鞮氏的血緣背景，而列名於二十四長的諸侯。

（乙）休屠王

按漢書武帝紀記載，武帝於元狩二年（121 B.C.）以原休屠王地置武威郡。武威近張掖，就地理位置言，休屠王不應爲匈奴異種之理由，與上述渾邪王同。此外從漢書金日磾傳中，亦不難發現若干比較積極的證據。是傳云：

> 金日磾，字翁叔，本匈奴休屠王太子也。武帝元狩中，票騎將軍霍去病將兵擊匈奴右地，多斬首虜，獲休屠王祭天金人。其夏，票騎復西過居延，攻祁連山，大克獲。於是單于怨昆邪、休屠，居西方，多爲漢所破，召其王欲誅之。昆邪、休屠怨，謀降漢。休屠王後悔，昆邪王殺之，并將其衆降漢。漢封昆邪王爲列侯。日磾以父不降見殺，與母閼氏弟倫俱沒入官，輸黃門養馬，時年十四矣。

上文固已明言休屠王爲匈奴族人，此外尚有兩點可以積極證明休屠王並非匈奴之異種。其中之一卽是和「祭天金人」有關的宗敎信仰；其二是「閼氏」一詞的稱謂。

按匈奴信仰天神，故金傳贊又云「休屠作金人爲祭天主」，而漢書郊祀志下記載，「雲陽有徑路神祠祭休屠王」。所謂「徑路神」，顏注認「本匈奴之祠」。高去尋師曾研究匈奴之宗敎信仰，懷疑「徑路神祠祭休屠王」記載的正確性，惟對顏注卻持肯定的態度（註一）。作者以爲徑路神和休屠王之間必有某種關係，而江上波夫亦認徑路神爲匈奴民族之原始信仰（註二）。故從宗敎信仰言，休屠王應非匈奴民族之「異種」。其次，關於「閼氏」一詞，王先謙漢書補注謂「匈奴（王侯）妻妾並稱閼氏」，但如和匈奴異俗，並曾一度臣服於匈奴的烏孫，史家則稱其王昆莫之妻妾爲「夫人」（註三）。故在史家看來，二者顯然有別。休屠之妻旣稱「閼氏」，則證明休屠身份與匈奴諸

（註一）　Kao Chü-hsün, 'The Ching Lu Shen Shrines of Han Sword Worship in Hsiung-nu Religion', Central Asia Journal, Vol. V, No. 3, 1960, p. 222。

（註二）　江上波夫，ユウラシア古代北方文化，頁271-2。

（註三）　漢書西域傳下。

侯王將無異。此從語言稱謂上言(註一),休屠應非匈奴民族之異種。後人如梁朝范雲倣古伐匈奴詩,卽云「朝驅左賢陣,夜薄休屠營」(註二),直是將休屠王與二十四長之首的左賢王並列,其指休屠之爲匈奴,用意十分明顯。

如謂匈奴王族或貴姓之具有爵號者,率多冠有「左」、「右」二字,昆邪王及休屠王名號之前既未冠以左右,似係與匈奴民族異種之土著部落領袖,一如東胡王等。按此一臆測亦不可恃,因匈奴封號之不冠左右二字者,其例極多(註三)。既以冠有左右二字的二十四長而言,史記及漢書列名者僅五等十級(A.B2甲丙)。換言之,現有史料畢竟有限,尙不足以供作此種範圍廣泛的推演。反之,史記及漢書的「休屠」一詞,作者根據休屠王在匈奴右部的地理位置及發音關係,疑其與後漢書的匈奴「右部休著各胡」或「休屠各胡」有關,而晉書四夷傳更以「屠各種」列爲匈奴入塞十九種中之最豪貴者。王先謙後漢書集解引錢大昕,認「休著各」胡、「休屠各」胡、及「屠各」種三者或有語音上的關係(註四)。是則休屠王不僅爲匈奴族,抑且可能爲匈奴民族中最豪貴的屠各種。

(丙)呼揭王

「呼揭」一詞,僅兩次見於漢書匈奴傳。按護氏的認呼揭王係匈奴異種,及鄭欽仁氏的列爲土著部落領袖,或皆由於是傳謂「定烏孫、樓蘭、呼揭、及其旁二十六國

(註一) 白鳥在追溯匈奴民族之起源時,認匈奴語「閼氏」與蒙古語 asi(妻)及突厥語 izî(妻)音近,以之作爲論斷匈奴源於蒙、突、及通古斯三族的證據之一。故休屠王妻既稱「閼氏」,種屬上似亦與匈奴有關。

(註二) 丁福保編,全漢三國晉南北朝詩,民51,臺北世界書局,頁1058。

(註三) 例如漢書匈奴傳所載握衍朐鞮單于之弟爲伊酋若王,屠耆單于之徒弟爲休旬王,封號之前均未冠有左或右字。

(註四) 匈奴右部休著各胡,後漢書集解引錢大昕云:「靈帝紀作休屠各。按休屠之屠,音儲;而著亦音直慮切,譯語有輕重,其實一也。烏桓、鮮卑(傳)俱云休著屠各,此必讀范史者音著爲屠,後遂摻入正文耳。晉書匈奴傳北狄以部落爲類,其入居塞者有屠各、鮮支、寇頭、烏譚等十九種。屠各最豪貴,故得爲單于。」按後漢書烏桓傳記載張奐擊平之「休著屠各」,同書張奐傳作「休屠各」,知二者爲同一名稱,惟作者不同意錢氏對「休著屠各」四字的解釋。查郡國志有「休屠縣」(原匈奴休屠王地),而循吏任延傳載有雜種胡騎「休屠黃石」,故「休著屠各」、「休屠各」、或「休著各」似均可解釋爲「休屠」地方的「屠各」種胡人。其次,有以漢書霍去病傳顏師古注(認匈奴休屠王祭天金人卽是佛像),及魚豢魏略西夷傳(謂哀帝元壽元年遣使大月氏王口授休屠經)中之「休屠」一詞,卽佛家之「浮屠」或「佛陀」(見諸橋轍次,大漢和辭典,卷一,頁666)。作者懷疑此一說法,因霍去病收休屠王祭天金人事在前漢武帝元狩二年(前一二一),是時佛敎是否已東來傳至匈奴休屠領地,實屬可疑,且其與「休屠經」之間亦缺乏可靠的聯繫。

，皆以爲匈奴」的一段記載。考呼揭位在烏孫之北（註一），其爲匈奴之異域自不待言
，但同傳所提到的呼揭王是否係與匈奴異種之土著領袖，抑或匈奴人分封於呼揭國者
，則仍是疑問。按同傳記載五單于爭立之經過中有云：

> 是時西方呼揭王來，與唯犁當戶謀，共讒右賢王，言欲自立爲烏藉單于。屠
> 耆王殺右賢王父子，後知其冤，復殺唯犁當戶。於是呼揭王恐，遂畔去，自
> 立爲呼揭單于。

就此一簡單叙述，實無法判斷該呼揭王究係匈奴族，抑或與匈奴異種之土著族長。甚
至不能推測出此一呼揭王和前引冒頓所定呼揭國之間的關係。既如假定其確是該呼揭
國之王，但揆諸匈奴曾使降者長水胡人衞律爲丁靈王，及漢人盧綰爲東胡王的史實
（註二），亦不能斷其必爲呼揭國之土著領袖。至於此一呼揭王的族屬究竟如何，在無
相當證據之前，作者未敢判斷。

綜合以上的分析，作者認爲昆邪王及休屠王，甚至包括呼揭王，似非與匈奴異種
，故不可和東胡王、烏桓王、丁靈王、及義渠王等並列。其中昆邪王及休屠王二者和
單于王庭的政治關係，或如二十四長，係因具有王族血緣背景而接受分封，共同構成
匈奴國家堅強之內圈領域。居於此一領域內的左右王將，雖可沿其封地部落酋長之遺
，委以裨王、相、都尉、且渠、當戶之屬，使爲弼輔，但就其地方政治結構而言，毋
寧是以千長、百長、什長爲骨幹的軍事化組織，而諸侯本身則兼爲封地之民政及軍事
首長，直接命於單于。

如就此一內圈領域來觀察匈奴之國家形式，似難稱之爲「聯邦」，因「聯邦」之
要件是「二元政府」（dual government），卽中央與地方平等的立於同一最高主權
（sovereignty）之下（註三）。稱之爲單一的封建制國家似較妥當，蓋取「封建親戚，
以蕃屏周」（註四）之義，惟宜留意下列各點：

（註一）　青山定男，支那歷代地名要覽。

（註二）　衞律，父本長水胡人，律生長漢。既降匈奴，使爲丁靈王（參看漢書李陵傳）；盧綰，豐人，與高祖
　　　　　同里，封燕王。後將其衆亡入匈奴，使爲東胡王（參看史記及漢書盧綰傳）。二者皆非所王之地的土
　　　　　著領袖。

（註三）　李劍農，政治學概論，頁275。

（註四）　左傳僖公二十四年。

　　（一）匈奴並無像我國古代封建時代的宗法制度，故其政權（polity）中無固定不變的世襲階級。因單于名位的繼承非必傳嫡長，而是由血緣、官階、年齡、品德、甚至母氏出身貴賤等一套複雜因素所決定（註一）。影響所及，儘管血緣上接近封閉的統治階級獨佔大權，並且官階制度（hierarchy）中的結構層次固定不變，但人物的升遷或貶抑卻變化無常（註二）。換言之，諸侯王將與其封地，並無永久性的固定關係。卽以史記匈奴傳「其大臣皆世官」一語而言，雖具有某種程度的眞實性（註三），但例外亦多，蓋中央王庭往往出而干涉諸侯繼承人之世襲權利（註四）。

　　（二）匈奴封建制度中政治功能的分割究竟如何，因史料限制，實難詳細討論。如以有限的史料分析，作爲國家最高首領的單于，不僅掌握着全國政治、軍事、及經濟大權，並且也在宗教生活中扮演着極重要的角色（詳下文）。惟裁判權似交付與異姓大臣，史記及漢書匈奴傳所載「左右骨都侯輔政」固已言之於先，而後漢書南匈奴傳更以「異姓有呼衍氏、須卜氏、丘林氏、蘭氏，四姓爲國中名族，……主斷獄聽訟，當決輕重，口白單于」記之於後，似皆有所依據。有關中央王庭在政治上的功能分割，所知僅止於此。或正反映着當時的實際情形，蓋政治制度中缺少分工、或分工不

（註一）　參看拙作匈奴社會組織的初步研究，第二章。

（註二）　每當新單于卽位時，諸侯王將循例皆依次遞升。如狐鹿姑單于立，以弟左大將升爲左賢王，使爲儲副；復株絫若鞮單于立，以長弟且麋胥爲左賢王，二弟且莫車爲左谷蠡王，三弟囊知牙斯爲右賢王；且麋胥立，升且莫車爲左賢王、升囊知牙斯爲左谷蠡王；且莫車立，再升囊知牙斯爲左賢王（以上參看漢書匈奴傳）；單于宣立，以弟安國爲左賢王，侄師子爲左谷蠡王；單于安國立，升師子爲左賢王（以上參看後漢書南匈奴傳）。亦有應升遷而反遭貶抑者，如單于輿立，其弟伊屠知牙師應升任左賢王，因輿欲另傳他人，乃黜殺之（參看漢書匈奴傳下及後漢書南匈奴傳）。又參看，註四。

（註三）　茲略舉數例，作爲史記匈奴傳「其大臣皆世官」一語的證明：

　　　　（一）　左大且渠（顓渠閼氏之父）──→左大且渠都隆奇（顓渠閼氏之兄）

　　　　（二）　左奧鞬王（父）──→左奧鞬王（子）

　　　　（以上參看漢書匈奴傳上）；

　　　　（三）　骨都侯須卜當（天鳳二年，A.D.15，王莽封爲後安公）……──→須卜骨都侯某（歿於中平六年，A.D.189）。

　　　　（以上參看漢書匈奴傳下及後漢書南匈奴傳）。

（註四）　如狐鹿姑單于在位時，其弟左賢王死，子先賢撣不得代，被貶爲日逐王；又如左奧鞬王死，其子不得代，狐鹿姑單于自立其小子爲奧鞬王，留庭。奧鞬貴人不服，共立故奧鞬王子爲王，東徙（均見漢書匈奴傳上）。參看註二。

够精密，亦卽是封建制度成立的要件 (註一)。反之，如中央王庭分工精密，則具有地方分權性 (decentralization) 的封建制度當無由發生。

　　（三）單于與諸侯在權利上的劃分，除本文第二章第三節中所述，諸侯各立號曰萬騎，轄有千長、百長、什長，並仿中央王制，各置裨王、相、都尉、且渠、當戶等官以外，史記匈奴傳的另一段記載中，暗示地方分權或尚包括裁判權。是傳云：

　　　　其法，拔刃尺者死，坐盜者沒入其家。其罪小者軋，大者死。獄久者不過十

　　　　日，一國之囚，不過數人（漢書匈奴傳上略同）。

所記法簡而刑重的社會控制 (social control) 措施，似很符合匈奴貴壯賤老，以戰鬪爲生計的倫理觀，以使法律和軍事化的社會組織緊相配合 (註二)。惟所記「一國之囚，不過數人」一節，以匈奴幅員之廣，人衆之盛 (註三)，卽令流動性遊牧社會有斷獄迅速的必要，但一國之囚，當亦不止數人。然則所記「不過數人」的根據何在？細察其上下文意，作者認爲此數似僅指中央王畿之地，經由單于近臣骨都侯所審理者，而諸侯領地則由領主權宜行使裁判權。反之，果全國之囚均集中王庭審判，恐非左右骨都侯或少數貴姓所能勝任。又上引護雅夫氏所謂單于遣骨都侯至每一封地處理司法事務之說，似亦不可能。蓋匈奴早期建制，左右骨都侯應爲單于近臣，此點作者已於第二章第三節中申論，此處不再贅述。

　　匈奴之外圈領域較不固定，叛服無常，端賴匈奴國勢之強弱而定。其與匈奴王庭所構成的政治關係，非若內圈諸侯之基於血緣紐帶，因血緣網絡 (context) 畢竟範圍有限，不足以適應當時情勢的發展。但如上引麥高文氏所謂的「聯邦」、或勒溫氏所謂由單于派遣代表前往監督藩屬的統治集團，似僅能說明部份事實。反之，匈奴外圈屬國，甚與匈奴單于王庭之間的關係，似有多種形式。作者根據此類屬國的王號，察其種屬，及其與匈奴王庭之間的政治關係，使分爲下列三類：

（註一）　Gould and Kolb, A Dictionary of the Social Sciences.

（註二）　人類學家羅維 (R. H. Lowie) 認爲，在土著部族之中，傳統的法律必與已被公所接受的倫理原則相
　　　　　一致 (Social Organization, New York: Rinehart, 1953, p. 159)；人類學家賀貝爾 (E. Adamson
　　　　　Hoebel) 亦以原始法律，爲形戎 (shaping) 和維繫文化的工具 (Man in the Primitive World,
　　　　　New York: McGraw-Hill, 1958, p. 482)。二氏的說法，似均可證之於匈奴社會。

（註三）　參看拙作匈奴社會組織的初步研究，第四章。

　　（甲）有地域性土著領袖，政治上羈事匈奴，但仍保有相當主權者。如漢書西域傳上所記，「匈奴西邊日逐王，置僮僕都尉，使領西域（諸國）」，即是所指。此類屬國爲數最多，除西域諸國外，東方的烏桓亦屬此一類型。茲試舉數例如下：

　　烏孫：一度完全臣服於匈奴，強大後掙脫其控制，僅東向羈事之，不願再往朝會
　　　　　（參看漢書西域傳下，匈奴傳上）。

　　車師：地節二年（67 B.C.），西域城郭共擊車帥國，擄其王及民衆而去。匈奴壹
　　　　　衍鞮單于復立原車師國王之弟兜莫爲車師王，領其餘民東徙，使羈屬匈奴
　　　　　（漢書匈奴傳上）。

　　樓蘭：先，冒頓單于定樓蘭、烏孫、呼揭，及其旁二十六國，皆以爲匈奴。元封
　　　　　三年（109 B.C.），樓蘭爲趙破奴所擊，降漢。匈奴再敗之，於是樓蘭遣一
　　　　　子質匈奴，一子質漢，同時羈事二國。但自征和元年（92B.C.）以後，樓蘭
　　　　　復傾向匈奴。元鳳四年（77B.C.），昭帝以其數度遮殺漢使，乃遣傅介子往
　　　　　刺其王，並代以親漢之尉屠耆，更其國名爲鄯善（史記建元以來侯者年表
　　　　　，霍去病傳，匈奴傳；漢書西域傳上）。

　　康居：東向羈事匈奴，漢書西域傳顏注：「爲匈奴所羈牽也。」

　　蒲類：漢宣帝時曾遣蒲類將軍出塞，西擊蒲類澤，得單于使者蒲陰王。王先謙漢
　　　　　書補注引徐松，認蒲陰在蒲類之陰，蒲陰王即蒲類王。又宣帝地節二年（
　　　　　68 B. C.），車師王與貴人議擊匈奴邊國小蒲類，以取信於漢。徐松以「小
　　　　　國」即匈奴「裨小王之國」，「裨小王亦稱諸侯」，並引漢書匈奴傳所載
　　　　　「匈奴西邊諸侯」一語爲證。又元帝時，有匈奴所屬東蒲類王茲力支將衆
　　　　　降漢（參看漢書匈奴傳上、西域傳下）。作者認爲蒲類、蒲類澤、小蒲類
　　　　　、東蒲類、及蒲陰等名稱，地理上或有所關連，但「小國」應非徐松所說
　　　　　，即是「裨小王之國」，亦即是「匈奴西邊諸侯」。蓋「裨小王」係匈奴
　　　　　左右諸侯轄下官吏，說已見前，此處不贅。

以上諸國係位於匈奴之西方者。

　　烏桓：東方烏桓，自爲匈奴冒頓單于所破後，勢遂孤弱，常臣服匈奴。武帝時遣
　　　　　驃騎將軍霍去病擊破匈奴左地，因徙烏桓於上谷、漁陽、右北平、遼東等

郡之外，使察匈奴動靜。昭帝時復破烏桓。宣帝五鳳二年 (56B.C.)，匈奴烏桓屠耆單于子左大將軍率衆降，漢封爲信成侯。從稱號分析，「屠耆單于」似係烏桓土著領袖，但因以匈奴爲宗主，模仿匈奴制度，故有「單于」及「左大將軍」等名號。蓋匈奴單于自認係「天地所生，日月所置」，「單于者，廣大之貌也」（註一），豈能有二主之理？宣帝時烏桓雖稍內服於漢，但及王莽當政，匈奴又誘致其豪帥，使羈屬之（參看漢書功臣表，匈奴傳上）。

（乙）有屬國領袖雖爲匈奴人，但並非系出王族攣鞮氏而接受分封者。如前引漢書李陵傳所載之衞律，父本長水胡人（註二），降匈奴後受封爲丁靈王。顏注：「丁靈，胡之別種也。立爲王主其人也。」

（丙）有漢人投降匈奴後，接受單于分封者。如上舉前漢燕王盧綰，亡入匈奴後受封爲東胡王，其子盧它之襲東胡王位，至景帝時歸漢；又如李陵降匈奴後，且鞮侯單于以女妻之，封爲右校王（新唐書囘鶻傳作右賢王，與漢書李陵傳之右校王迥異。如係右賢王，應列二十四長之第三級）。其與胡女所生之子封烏藉都尉（按大都尉屬於二十四長之第九或十級），惟父子二人之封地均不詳（註三）。新唐書囘鶻傳以黠戛斯卽漢時堅昆，其人黑瞳者自稱係李陵後裔。上引葉尼塞河阿巴康地方所發現之漢代遺物，勒溫等疑卽李陵及其後人封地之所在（註四）。

綜合上述匈奴國家之外圍領域，其最大特徵有三：

（一）就血緣因素而言，匈奴國家之外圍屬國諸王，或爲土著族長、或爲漢之降者、或爲單于外戚、或雖爲匈奴族，但並非出自王族攣鞮氏者，故與內圈領域之左右諸侯王將，率皆爲王族近親子弟者不同。

（二）就政治結構言，外圍屬國非如內圈諸侯之直接受命於單于，而多是間接與

（註一） 漢書匈奴傳上：「單于姓攣鞮氏，其國稱之曰撐犁孤塗單于。匈奴謂天爲『撐犁』，謂子爲『孤塗』。單于者，廣大之貌也，言其象天，單于然也。」

（註二） 長水，地當今陝西省藍田縣西北（參看靑山定男，支那歷代地名要覽）。按衞律父本長水胡人，以方位推測，或爲已漢化之匈奴人。

（註三） 參看漢書功臣表、盧綰傳、李陵傳、匈奴傳；新唐書囘鶻傳。

（註四） Levin and Potapov, The Peoples of Siberia, p. 70.

單于王庭發生聯繫。漢書西域傳上記載，「匈奴西邊日逐王，置僮僕都尉，使領西域」諸國，即是最好說明。

（三）最重要者即是此類外圍屬國轄下人民，似皆非匈奴族。上舉東胡、烏桓（註一）、堅昆（註二）、及「西域諸國大率皆土著」（註三）者固不必論，即以顏注所謂「胡之別種」的丁靈（或丁零、丁令），近代學人亦認其與匈奴種屬相異（註四）。因此，表現於政治結構上，外圍屬國似不若內圈諸侯之穩定和團結。例如漢書西域傳上有「去胡來王」，顏注認即「言去離胡、戎來附漢也」；再如同傳記載甚多西域小國置有「擊胡官」，王先謙補注引徐松，謂是近匈奴之國，用以防備匈奴者。鄯善（樓蘭）、焉耆、疏勒、龜茲、危須皆是，其中鄯善、危須、及焉耆，一度完全爲匈奴所臣服，後又掙脫（註五），故有此類官職的設置，上述匈奴外圍諸國，可稱之爲匈奴「藩屬」，雖間或因權宜之計與匈奴本部結成軍事聯盟，但不能據此以稱匈奴之國家形式爲「聯邦」。

以上匈奴外圍屬國及其與匈奴的政治關係之分析，大抵係冒頓之後（209 B.C.），至漢宣帝本始三年(71 B.C.)以前的情形。以匈奴連年與漢頡頏，加上本始三年的大風雪，丁靈、烏桓、烏孫乘勢夾攻，匈奴遂大虛弱，故史稱「諸國羈屬者皆瓦解」（註六）。匈奴之勢，從茲一蹶不振。迄南北匈奴分裂（A. D. 48），情勢又一變，單于政治制度已失其功能，並逐漸接受漢化，詳情已見第三章第四節。

（註一）　日人白鳥庫吉雖駁斥東胡及烏桓卽通古斯族（Tungus）之說，並以之與匈奴並列爲蒙古種之一族（東胡民族考，頁18,20），但接受前說者仍多（參看林惠祥，中國民族史，民25，上海商務，第七章；劉師培，中國民族志，民51，臺北中國民族學會，葉14下；周昆田，中國邊疆民族簡史，民50，臺北臺灣書店，頁6-7）。本文以東胡及烏桓與匈奴列爲不同民族係從文化着眼。

（註二）　新唐書回鶻傳：「黠戛斯，古堅昆國也。……人皆長大，赤髮、晳面、綠瞳，以黑髮爲不祥……。」林惠祥氏據此推測古堅昆係白種（高加索種）（中國民族史，頁306-7）。

（註三）　漢書西域傳上：「西域諸國大率皆土著。」顏注：「言著土地而有常居，不隨畜牧移徙也。」故至少在文化上和匈奴不同，似可列爲不同民族。

（註四）　例如白鳥庫吉認丁靈爲突厥種，匈奴爲蒙古種（白鳥庫吉著，何健民譯，匈奴民族考，民25，上海中華書局，頁六）；又參看本頁註一。

（註五）　參看漢書匈奴傳上，西域傳上。

（註六）　漢書匈奴傳上。

（二）　從領袖制度看國家形式

史家有關匈奴單于的領袖制度，論說最為紛歧。除襲承或選舉之說外，甚至有忽視初民社會特性，認單于名位無一定之繼承法則者（註一）。本節主旨，在對襲承或選舉問題作一較澈底之分析，從而以之推斷匈奴的國家形式。

自秦二世元年（209 B. C.）冒頓單于弒父自立，迄後漢獻帝建安二十一年（A.D. 216）單于呼廚泉留鄴止，單于之有名號可考者，計共五十六人（註二），其中除一人系出貴姓須卜氏而非王族攣鞮氏外（註三），實得五十五人。今試就其立位經過，一一詳為分析，按個別情形分為襲立、自立、擁立、及議立四個標準（註四），並臚列其人數如下：

襲立	33 （人）
自立	9
擁立	9
議立	2
不明	2

其中可資田村氏用作「單于係由全國部族族長及貴人會議，從特定的氏族中所擇立」（註五）的實例，主要為「議立」一項的兩個個案。其一出自史記匈奴傳，云：

> 兒單于立三歲而死，子年少，匈奴乃立其季父，烏維單于弟，右賢王胸黎湖，是歲太初三年（102B.C.）也。（漢書匈奴傳略同）

又後漢書南匈奴傳云：

> 南匈奴醢落尸逐鞮單于比者，呼韓邪單于之孫，烏珠留若鞮單于之子也。自呼韓邪後諸子以次立，至比季父單于輿時，以比為右薁鞮日逐王，部領南邊

（註一）　McGovern, The Early Empires of Central Asia, p. 106.

（註二）　不包括兩起惽代單于位者，及王莽所立匈奴各部十五單于。

（註三）　單于須卜骨鄒侯（AD. 188-9?），係出身貴姓須卜氏者（後漢書南匈奴傳）。

（註四）　此處所稱「襲立」，是指循例預立儲副（即左賢王），或雖無立儲記載，但其繼承關係順遂者；「擁立」是指當事人非出於本身意志，亦無繼承權利，而為少數人擁戴為單于者；「自立」是指當事人並無繼承權利，而自命為單于者；「議立」是指由貴人會議所擇立者。

（註五）　田村實造，北アジアにおける歷史世界の形成，頁25，及篇末所附英文提要。

及烏桓。……初，單于弟右谷蠡王伊屠知牙師以次，當左賢王，左賢王即是
單于儲副，單于欲傳其子，遂殺知牙師。……比見知牙師被誅，出怨言曰：
「以兄弟言之，左谷蠡王次，當立；以子言之，我前單于長子，我當立。遂
內懷猜懼，庭會稀闊。單于疑之，乃遣兩骨都侯監領比所部兵。……會五月
龍祠，因白單于，言奧鞬日逐夙來欲爲不善，若不誅，且亂國。時比弟漸將
王在單于帳下，聞之馳以報比。比懼，遂斂南邊八郡衆四、五萬人，待兩骨
都侯還，欲殺之。骨都侯且到，知其謀，皆輕騎亡去以告單于。單于遣萬騎
擊之，見比衆盛，不敢進而還。（光武建武）二十四年（A.D.48）春，八部大
人共議立比爲呼韓邪單于。以其大父嘗依漢得安，故欲襲其號。

上舉兩例，以第二例內容最爲具體，但事情的發生，顯然係在特殊情況之下，故不能
視作常規，遽爾斷定單于名位的繼承是由各部大人共議擇立，乃致於抹煞絕大多數單
于均是襲承的個案（55 例中佔 33 例）。至於第一例，其中雖可含有「議立」或「擇
立」之意，但係因預定的繼承人年少，故有「匈奴乃立其季父」之舉。要之，二例皆
不得視作常規。

　其次，根據史籍記載，「貴人」、「大人」、或「諸王」之干入單于名位繼承事
件者，尚有下例數起：

（一）初，且鞮侯兩子，長爲左賢王，次爲左大將。（且鞮侯）單于病且死，言
　　　立左賢王。左賢王未至，貴人以爲有病，更立左大將爲單于，左賢王聞之
　　　不敢進，左大將使人召左賢王而讓位焉（漢書匈奴傳上）。

（二）（狐鹿姑）單于病且死，謂諸貴人，我子少不能治國，立弟右谷蠡王。及
　　　單于死，衛律等與顓渠閼氏謀，匿單于死，詐撟單于令，與貴人飲盟，更
　　　立子右谷蠡王爲壺衍鞮單于，是歲始元二年（84 B.C.）也（同上）。

（三）虛閭權渠單于立九年死。自始立而黜顓渠閼氏，顓渠閼氏即與右賢王私通
　　　。右賢王會龍城而去，顓渠閼氏語以單于病甚，且勿遠。後數日，單于死
　　　，郝宿王刑未央召諸王未至，顓渠閼氏與其弟左大且渠都隆奇謀立右賢王
　　　屠耆堂爲握衍朐鞮單行（同上）。

上舉三例，均不能證明由貴人會議「擇立」嗣君。反之，一、二兩例事實上說明單于

已預立儲副；第三例似係在緊急狀況下召集諸王以決定繼承人，但亦未能實現。關於單于名位的繼承，看似混亂，實則自有其襲承法則在。其中情形，作者已另文討論（註一），此處不再重複。其次，從情理衡量當時的客觀情勢，由大人或貴人會議擇立新單于似有若干困難，理由如下：

一、以匈奴幅員之廣，及當時交通之不易，臨時須召集各部大人或貴人集會固無可能，而每年例行之龍城會議似亦無此一權責（詳下文）。

二、單于不僅出身攣鞮氏，似且有一定範圍之世系羣（lineage group），故血緣觀念極嚴（註二）。跡象顯示，該世系羣保持此一名位惟恐不及，豈有以擇立嗣君之權授予各部大人甚或異姓貴人，形成太阿倒持之理？

或有以匈奴龍城之會，一如蒙古民族之 Khuriltai，具有選舉嗣君功能者。日人箭內亙雖認 Khuriltai 之俗可以上溯至匈奴的龍城之會，但並不能確定後者有擇立嗣君之例（註三）。作者固不否認在非常情況下，有大人或貴人對繼嗣問題的干入，但亦不認為龍城之會具有建構化擇立嗣君之權。例如史記匈奴傳云：

> 歲正月，諸長小會單于庭祠。五月大會龍城，祭其先、天、地、鬼、神。秋，馬肥，大會蹛林，課校人畜計（漢書匈奴傳上略同）。

又如後漢書南匈奴傳云：

> 匈奴歲有三龍祠，常以正月、五月、九月戊日祭天神。南單于既內附，兼祠漢帝。因會諸部議國事，走馬及駱駝為樂。

從以上引文分析，集會期中主要的活動有四：

一、祭祀先祖及天地鬼神；

二、核算人畜數字；

三、會集各部大人議論國事；

四、走馬及駱駝為樂。

其中第一項是藉宗教信仰來加強共同傳統，及第四項以娛樂溝通部落之間的情感，目

（註一）　見拙作匈奴社會組織的初步研究，第二章。

（註二）　同上。

（註三）　箭內亙，蒙古史研究，昭和5 (1930)，東京刀江書院，頁367。

的均在團結全民。至於第二項的計算人畜數字，似具有經濟上的意義，可能用作諸侯向單于王庭貢獻的標準。又如此類集會具有擇立嗣君之權，是必包括在第三項「會諸部議國事」之中，但史籍中並無龍城之會曾擇立嗣君的記載。

　　綜合以上的分析，就單于名位的繼承關係而言，得知主要是基於血緣因素的世襲制度，而不是操於各部大人之議立或選舉。換言之，中央王庭似具有超然的權威，而非受制於代表地方的左右諸侯。因此，以領袖制度觀察匈奴之國家形式，就其本土而言，似接近於多少具有地方分權的封建體制。

四、結　　　論

　　總結本文的研究，作者認爲匈奴政治制度似具有下列的特徵：

　　一、由一對互爲婚姻的半部族（moities）所構成的兩部組織，實際上享有全部統治權力。其中世襲單于各位的一方，以近親子弟分封本土二十四部，形成堅實的內圈領域；列爲「貴姓」的一方，除和單于所屬半部族常相婚姻之外，政治上則居於留庭輔政，不別統部落的從屬地位。

　　二、理想的政治結構構式與實際者常有距離。雖單于族一方每於形勢變動時予以適當調整，務使其接近理想，但因時勢遷移，權力結構的改變在所難免，其中最顯着者卽是貴姓權力的擴張，如後期骨都侯不只留庭輔政，且有領兵屯駐外地的實例。卽貴姓集團之內也有權力的消長，像後期的呼延（衍）氏已逐漸取代前期須卜氏的世爲輔相地位。

　　四、有關單于族自左賢王以下的二十四長官號及官等，作者根據各書的不同記載，重加考訂。發現前四等官號，似以後漢書南匈奴傳所記「四角」之官等次序最爲接近事實。此點因涉及單于名位繼承人的順序，故有特別指明的必要。

　　四、關於匈奴的左右兩分官制，我國史籍皆以匈奴尊左抑右，且以左方王將居東方，右方王將居西方。惟作者據史記匈奴傳「其坐長左而北鄉」一語，及其拜日之宗教習俗，認匈奴風俗可能是北向尚東。對面北之俗的匈奴而言，東卽是右，但對面南的中國人而言，東卽是左。按言之，史籍中的左或右，似係中國史家客觀的左或右。其次，作者以匈奴的左右二分官制，與古代相關文化交互比較，懷疑其源於中國之

說。

　　五、出身單于族的地方諸侯，似各沿部落酋長之遺，仿單于王庭之制，於其領地內設置裨小王、相、都尉、當戶、且渠之屬，以爲弼輔。又以『騎』爲單位，由什長、百長、千長構成地方基層組織，務期軍事與民政結合爲一，從而配合其遊牧社會的機動性。

　　六、匈奴外圍屬國諸王多係地域土著領袖，間或亦有漢之降人、單于外戚、及雖爲匈奴人，但非系出王族或貴姓而接受分封者。此類外圍屬國除所轄部民多非匈奴族以外，並且在政治結構上，與單于王庭之間具有多種形式的關係，且多屬間接者。反之，本土諸侯似皆爲單于近親子弟，並直接受命於單于，故較外圍屬國穩定而團結。

　　七、作者分析單于王庭與地方王將之間的關係，發現二者並非在同一最高主權之下，居於對等的法定地位，而僅是一種片面的從屬關係。再以單于名位的繼承而言，絕大多數的個案皆是基於血緣因素的世襲制度，而不是所謂由代表諸侯的大人或貴人會議擇立嗣君。因此，以之推測匈奴本土的國家形式，似接近於單一的、多少具有地方分權性的封建體制。

　　　　　　　本論文寫作期間，承　『國家科學委員會』補助，又蒙　芮逸夫師及高去尋師指導，謹此一併致謝。

中日文參考書目

丁福保（清）編

　　全漢三國晉南北朝詩，民51，臺北世界書局。

丁謙（清）

　　「匈奴傳考證」，蓬萊軒地理叢書，臺北正中書局據民國四年浙江圖書館校刊本
　　影印。

王先謙（清）

　　前漢書補注，光緒26(1900)，虛受堂刻本。

　　後漢書集解，民48，長沙新刻本。

王國維

　　「匈奴相邦印跋」，王觀堂先生全集，冊三，民57，臺北文華出版公司。

孔安國（漢）傳，孔穎達（唐）等疏，阮元（清）校勘。

　　尚書正義，民48，臺北啓明書店據粹芬閣藏版印行。

方壯猷譯，白鳥庫吉（日）著

　　東胡民族考，民23，上海商務印書館。

內田吟風（日）

　　「後漢末期匈奴より五胡亂勃發に至る匈奴五部の狀勢」，史林，昭和9(1934)，
　　第十九卷第三號，京都。

司馬遷（漢）

　　史記，民50，臺灣開明書店據殿版二十四史縮印本。

司馬光（宋）撰，李宗侗等校註

　　資治通鑑今註，民55，臺北中華叢書編審委員會。

永瑢（清）

　　歷代職官表，叢書集成初編，民25，上海商務印書館。

左丘明？（周）撰，杜預（晉）注，孔穎達（唐）正義，阮元（清）校勘

　　春秋左傳正義，民48，臺北啓明書店據粹芬閣藏版印行。

田村實造（日）

　　「北アジアにおける歴史世界の形成」，東方文化講座第十輯，ハーバード・燕
　　京・同志社，昭和31(1956)，東京。

江上波夫（日）編

　　ユウラシア古代北方文化，昭和23(1948)，東京山川社。

　　北アジア史，昭和31(1956)，東京山川社。

呂思勉

　　燕石札記，民26，上海商務印書館。

呂叔湘譯，R.H. Lowie 著

　　初民社會，民24，上海商務印書館。

李劍農

　　政治學概論，民28，長沙商務印書館。

何健民譯，白鳥庫吉（日）著

　　匈奴民族考，民25，上海中華書局。

房喬（唐）等

　　晉書，民50，臺灣開明書店據殿版二十四縮印本。

林旅芝

　　匈奴史，民52，香港中華文化事業公司。

林惠祥

　　中國民族史，民25，上海商務印書館。

青山定男（日）

　　讀史方輿紀要索引：支那歷代地名要覽，昭和8(1933)，東京開明堂。

周昆田

　　中國邊疆民族簡史，民50，臺北臺灣書店。

范曄（劉宋）

　　後漢書，民50，臺灣開明書店據殿版二十四史縮印本。

洪鈞（清）

　　　元史譯文證補，叢書集成初編，民25，上海商務印書館。

班固（漢）

　　　漢書，民50，臺灣開明書店據殿版二十四史縮印本。

馬長壽

　　　北狄與匈奴，民51。

梁玉繩（清）

　　　史記志疑，叢書集成初編，民25，上海商務印書館。

陳壽（晉）

　　　三國志，民50，臺灣開明書店據殿版二十四史縮印本。

黃靜淵譯，E.H. Parker 著

　　　韃靼千年史，民55，臺北商務印書館。

諸橋轍次（日）

　　　大漢和辭典。

管仲（周）

　　　管子，四部備要子部，民25，上海中華書局據明吳郡趙氏本校刊。

齊思和

　　　「匈牙利哈瑪塔（Jean Harmatta）教授關於『阿提拉時期匈人社會』的論文」

　　　歷史研究，民47，第一期。

歐陽修（宋）等

　　　新唐書，民50，臺灣開明書店據殿版二十四史縮印本。

鄭欽仁：

　　　「匈奴」，新時代，第九卷第四期，民58，臺北。

劉師培

　　　中國民族志，民51，臺北中國民族學會。

劉義棠

　　　「甌脫考」，邊政學報，第八期，民58，臺北。

箭內亙（日）

蒙古史研究，昭和 5 (1930)，東京刀江書院。

駒井義明（日）

「前漢匈奴地名略考」，史林，第十五卷第三號，昭和 5 (1930)，京都。

錢穆

史記地名考，民51，香港太平書店。

橋本增吉（日）

「亞細亞南北兩系民族の抗爭」，東洋史講座，第三卷，昭和 5 (1930)，東京雄山閣。

謝劍

「政治權威的起源發展和類型」，新時代，第五卷第十期，民54，臺北。

「匈奴社會組織的初步研究」，中央研究院歷史語言研究所集刊，第四十本，下冊，民58，臺北。

瀧川資言（日）

史記會注考證，民54，臺北藝文印書館。

護雅夫（日）

「『匈奴』の國家」，史學雜誌，第五十九編第五號，昭和25(1950)，東京。

西 文 參 考 書 目

Altheim, F.

　　1959–62, Geschichte der Hunnen, Berlin: Walter De Gruyter.

Beals, R.L. and Hoijer, H.

　　1953, An Introduction to Anthropology, New York: Macmillan.

Brion, M.

　　1929, Attila: The Scourge of God, New York: R.M. McBride.

Czaplicka, M.A.

　　1918, The Turks of Central Asia, Oxford: The Clarendon Press.

De Groot, J.J.M.

　　1921, Die Hunnen der vorchristlichen Zeit, Berlin und Leipzig: Walter De Gruyter.

Gould, J. and Kolb, W.L.

　　1964, A Dictionary of the Social Sciences, Taipei: Hsin Yeh Press.

Hoebel, E.A.

　　1958, Man in the Primitive World, New York: McGraw-Hill.

Kao, Chü–hsün

　　1960, 'The Ching Lu Shen Shrines of Han Sword Worship in Hsiung–nu Religion', Central Asia Journal, Vol. V, No. 3.

Levin M.G. and Potapov, L.P.

　　1956, The Peoples of Siberia, ed. by Stephen Dunn, Chicago: The University of Chicago Press.

Lowie, R.H.

　　1953, Social Organization, New York: Rinehart.

Maenchen–Helfen, O.

　　1961, 'Archaistic Names of the Hsiung–nu', Central Asia Journal, Vol. VI,

No. 4.

Maine, H.S.

1906, Ancient Law, London: John Murray.

McGovern, W.M.

1939, The Early Empires of Central Asia, Chapel Hill: The University of North Carolina Press.

Murdock, G.P.

1949, Social Structure, New York: Macmillan.

Royal Anthnopological Institute of Great Britain and Ireland (RAIGBI)

1951, Notes and Queries on Anthropology, London: Routledge and Kegan Paul.

Samolin, W.

1964, East Turkistan to the Twelfth Century, the Hague: Mouton.

A STUDY OF THE POLITICAL ORGANIZATION OF THE HSIUNG-NU

(A SUMMARY)

Jiann HSIEH

This paper is an attempt to analyze the political organization of the Hsiung-nu from the viewpoint both of their kinship and their territorial factors. The following are the major findings of this study:

1. The highest political power was in the hands of two intermarrying moieties. One of the moieties was the royal clan of the Shan-yu, and the other the aristocratic group that was in support of the regime.

2. There was a constant gap between the ideal pattern of political structure and the actual behavior of the political authorities. Although rearrangement of power was usually made within this dual organization in times of critical situations, usurpation and shift of power were still unavoidable.

3. The Hsiung-nu territory included two categories, namely, the inner Hsiung-nu or Hsiung-nu proper and the outer dependencies. The former was composed of a number of vassals, who organized their populace into combat units based on a decimal system, under direct control of the Shan-yn, while the latter comprised a number of chieftains under indirect control of the Shan-yu who assumed suzerainty over them.

4. By an analysis of the titles of the vassals and of the chieftains as well as the rules of succession to the Shan-yu throne, Hsiung-nu seems to be a kingdom with its power laid rather on a less centralized administration than on an authority-divided system among the vassals and the local chiefdoms. In other words, the Hsiung-nu political system is feudalistic instead confederationistic in nature.

— 272 —

漢代黃金及銅錢的使用問題

勞　　　榦

㈠　遠古銅幣的演進和圓錢的建立

關於中國經濟史有關貨幣的使用尤其有關漢代貨幣的使用，過去曾有不少人討論過。但是到如今還有不少的誤解，爲著淸除這些誤解，現在把這些問題再提出來討論，依照我自己的意見來批評，來解釋。

人類的文明是從創造工具開始的，但是工具的使用價值形成了以後，工具的應用只要不限於製造工具的人，那就工具的交換價值也立刻顯現出來。無疑的，工具的需要是甚爲普徧的，也就形成了工具交換的頻數性，工具是比較其他物品爲耐久的，也就形成了工具交換的固定性。早期的工具當然是石製的，和工具質料及性質類似的，還有石製骨製或介殼製的裝飾品，這也發生類似的交換應用。更進一步，這些工具及飾物不僅來直接交換，並且也很方便的作爲間接交換的媒介物，這就形成了貨幣上的意義。不僅如此，直到後來鑄幣，還是仿傚著古代工具的形式或者仿傚著古代飾物的形式。

當著商代及周代初期，從石製工具延伸出來的圭和璧，誠然是非常重要的貨品，代表較高的價值。而平常交換的物品，可能石刀、石斧、石鏟等會用得著，因爲後來的銅錢，有些是仿效他們的形式而鼓鑄的。如其不曾使用過當作交換媒介，採用這些形式就毫無意義。此外工具的製作是早期的事，作爲交換價值來應用，在現存石器時代的人類中，是一個普徧的事。如其中華古代民族曾經把他仍當作交換的媒介，也就一定要追溯到新石器時代以至於舊石器時代，決不可能在鑄錢的前夕才有這種事實發生。所以把工具當作交換媒介，在中國的遠古是一個存在的事實，這一點文獻的記載是不够的，實物的遺留更可以證明這個事實。

就中貝殼來做交換媒介一事，那是文獻上記載分明的，在文獻上爲什麼以貝殼來

做標準而不以圭璧或石刀石鏟做標準。大概是並非圭璧或石斧石鏟之類不能做交換媒介，而是因爲任何一種玉器或石器都不夠標準化。每一個石器的交換價值，會隨著它的品質，大小，精粗而發生變異。只有貝殼，尤其是古代中國人認爲貨幣的『子安貝』，每一個的差異都不大，因此就被認爲是有標準性質的。十個貝算做一朋，十朋或百朋就被認爲是一個較大的貨幣數量(1)，這是在甲骨，金文以及詩經中都有明顯的記載。這裏並非說古人交換，一定非用子安貝不可，而不能用其他物品，例如石刀，石斧之類來代替，而是說貝與積貝而成的朋，是衡量價格的標準。其他物品如有交換價值，也就依其質和量來議定，照朋的標準來核算。所以不必記錄作交換用的其他實物，而一律以朋的名稱來概括了。

做貨幣用的貝是子安貝，已有不少出土，這種貝殼只產在臺灣以南的海水中，而不產於大陸緣海各地。商周時代用這種貝殼來做貨幣並不代表那時中國大陸緣海當產這種貝殼。如其認爲是從海上運來，在論證上還比認爲古代在大陸緣岸漁獲容易的多。因爲這樣就不必牽涉到洋流變化或生物分布變化上的問題。專講古代海上交通，那卻是幾千年來已經存在的事實。不僅印第安人到美洲及馬來人到馬拉加西是史前時代的事，即就現代有些玻利尼西亞人仍然保持史前的生活來說，他們仍然是優秀的航海技術者。所以就商代一般狀況說，海洋的交通是可能的，所以子安貝的輸入，用不著太多的疑問(2)。

用貝殼來做貨幣究竟是一個在不得已求得的一個辦法。貝殼究竟是一個天然物品，非人力所能控制，因而不算一個最好的辦法。用實物來做貨幣（除去完全靠人爲的維持的紙幣以外），沒有比金屬更好的。因爲金屬有其耐久性，和隨意等分的可能與其標準性，都非其他物品所能及。就遠古來說，貝殼的耐久性及標準性，都有一點類似金屬。但其供求量就會有時過多，有時過少，完全不能控制。這就無法樹立一種貨幣制度。自從銅的功用發現以後，銅鑄的貨幣就自然的會取貝殼來代替。

據國語說周景王鑄大錢，一般認爲是鑄錢做貨幣的開始。不過根據國語的本文，單穆公諫周景王，認爲鑄大錢是『廢輕用重』。也就是鑄一種一錢當數錢的大錢。據國語韋昭注(3)及漢書食貨志的顏師古注(4)，也都是同樣的發揮這種意見。所以周景王鑄大錢並非是鑄幣的開始，而是在周景王以前早就有一種小型銅錢的存在。這自然可

以推到春秋以前或者甚至到西周時代。只是所謂太公的九府圜法（漢書食貨志）是根據周禮中的太府、玉府、內府、外府、泉府、天府、職內、職金、職幣共九府而言。這種制度是否是周初的制度那是十分有問題的。對於這一項，不應當做爲根據。但無論如何，就周禮完成的時代（戰國初期）來說，顯然的已有金屬貨幣了。

周景王鑄的大錢，國語中未說到它的形狀，漢書食貨志卻說『文曰寶貨，肉好皆有周郭』。這是國語原文中沒有，經班固加上去的。這一點吳韋昭注國語也不置信的，他說：

> 唐尚書云，『大錢重十二銖，文曰大錢五十』。……王莽時錢……文曰大泉五十唐君所謂大泉者乃莽時錢，非景王所鑄明矣。戰國秦漢，幣物改轉不相因。先師所不能紀。或云大錢文曰寶貨，皆非事實(5)。

這是韋昭駁班固的話。今案文曰寶貨的圓錢，確有此物，班氏想也曾看到。不過這種寶貨，並不能算做大錢的證據，也沒有屬於周景王所鑄的任何證據。附之於周景王是不適宜。韋氏的意見是不錯的。

在鑄銅質的貨幣初期，似乎各種性質的錢是同時並行的。指圓錢的鍰字始見於呂刑。呂刑所說的『王享國百年』據說是周穆王事（堯典的『金作贖刑』寫定時應當更晚，所以不能引用），那就這篇最早的限度可以推到西周中葉。不過拿春秋時鑄刑書鑄刑鼎那些事當受人譏議，呂刑中表現的頒布成文法的觀念不會太早。也許呂刑至早就是春秋晚期的作品。所以一定說周人在西周時已經用了圓錢，確實證據還不够。

因此周景王所鑄的錢，是圓錢或者不是圓錢，仍然大成問題。就錢字和鍰字兩個字來說，鍰字是專爲圓錢來造的，錢字卻本意爲農器中的鏟子。詩經『庤乃錢鎛』(6)，錢就和鏟字命意相同。但爲什麼錢字通行而鍰字反而廢置？這裏的原因應當是錢字來指金屬貨幣早已通用，鍰字後起，難以破除已通用的習慣把錢字取代。如其錢字應用較早，那就表示最早通用的錢應當是鏟形的貨幣而不是圓錢。所以周景王鑄的大錢，就可能是大型的鏟形錢而不是大型的圓錢。

現在被發現過的春秋晚期以至戰國的錢應當有這幾種(甲)蟻鼻錢，就是用銅製的仿子安貝(乙)鏟形錢，王莽的貨布就是漢代人仿鏟形錢的形式，因此後人就把這種叫做布。(丙)刀形錢。(丁)圓形錢。其中鏟形錢的變化最多，分布也最廣。刀形錢只限

於齊國附近一個特殊區域，蟻鼻錢出土的並不多，圓錢大致比較屬於後期的。就這幾種現象來說，表示其中幾種銅貨幣的相關性。

事實表現出來，鏟形錢和刀形錢應當是平行的，早期鑄造的兩種錢。也可能是地域的分別，齊國及齊國以外的區域同時鑄造。漢詩中的『何用錢刀為』⑺正是戰國古語表示並用的兩種貨幣。蟻鼻錢是戰國時代的錢，並不早於鏟形錢。可能的是初期鼓鑄鏟形錢時，子安貝仍然並用，並且有輔幣的功用。為著流通上的需要，子安貝是不敷應用的，所以有鼓鑄銅子安貝的必要。但是後來也分鑄小型鏟形錢以及圓錢。這樣就用不著再鑄一種鑄造及携帶都不方便的蟻鼻錢了。至於圓錢，當然是最方便的一種錢，也就是最後成功的形式。

從發展的經過來看，鏟形幣無疑的是中國銅幣發展經過上的主要貨幣，這也是毫無疑問的，把鏟形幣的名稱『錢』變成了貨幣總稱的原故。『空首布』⑻正是最早的鏟形錢，還遺留下鏟柄的形製，後來不僅柄部只留一點痕跡，下面的兩個尖端也漸漸變圓了。這種演進的趨勢自然是最後走到圓的設計按照鏟形的結構是不穿洞的，其後來穿洞的鏟形錢，又是受到了刀形錢及蟻鼻錢的影響。

如其圓錢早已使用，或者圓錢是和鏟形錢及刀形錢同時平行的出現，那圓錢早就應該替代其他不規則形態的錢了。然而事實上並不這樣簡單。人類文化的進步，往往兜著不必要的圈子，憑著許多錯誤和改正，才走上了應當走的路。圓錢誠然是一個非常簡單的設計，可是從鑄別的形式的銅幣，到使用圓錢，似乎也費了至少一二百年的時間，到現在還不知道如何開始的。有人猜測是從璧或環縮小來轉變的，那麼就應當很早，不會畸形的鏟形錢那樣通行。有人猜測是從齊國刀錢的環變成的，這也不太對，因為圓錢是從西方(二周及秦)開始的，其錢孔的應用，也許受到齊刀的影響，但說到從齊刀直接簡化而成，卻又不像。因此我懷疑圓錢的產生是從許多複雜因素促成的(甲)現在圓錢具有國名的有東周和西周⑼，這是舊日天子的王畿而號稱為『天下之中』。雖然周室政權已經微弱，但洛陽的繁榮仍然繼續。洛陽附近的住民本來除去殷商遺民只有靠商買為生以外，其中所謂『王室親姻』⑽的，無非在封建組織之下依靠『土田』的收入。及至周室國力衰微，不能再保證他們的財產，他們就只有轉業為商了。在這個中原區域，洛陽再加上陽翟和陶，就成為東西南北貨物集散之地。這個區

域正是鏟形錢的區域（當然齊刀也會因貿易而流入的），也正是圓形錢開始發展的區域，其中演變因革的原因自然是因為銅錢的計數和運輸，只有標準化的圓錢最為方便之故。鏟錢鼓鑄的趨向，是走向標準化，而標準化的極致，就非用圓形不可。(乙)鏟形錢除去依照工具交換的傳統以外，不代表什麼意義的，到戰國中葉以後，因為天文學的發展，渾天蓋天諸說逐漸盛行。『天圓地方』就是一個蓋天的傳統，這也可能影響到鑄錢。(丙)戰國時對西域方面當無直接的交通，所知不多。不過間接的交通，確實是有的。而西域的玻璃珠，也曾鑲嵌到戰國銅鏡之上。西域的貨幣一定也會到戰國人的手中。從這個觀念下的影響，也會覺到圓錢更為方便而鑄圓錢。這一點從圓錢開始在中國比較西部地方，也正可支持這一個可能。

戰國時雖然已經開始有圓錢，而且圓錢也逐漸增多。不過一般貨的使用，還是非常雜亂的。除去蟻鼻錢量數太少不計外。其他的各種錢，如周秦的標準圓錢，齊國的標準刀錢，以及各種形式（包括各種標準化及非標準化的）鏟形錢，一定是同時在各國的市面流通。而在各國的市面上也一定有公認的比值。也許還有若干地方性的差異。這樣複雜的幣制，很容易使商人上下其手。到了最後沒有辦法時，便只有將貨幣也用衡量來稱（當然比生銅的價值高些）。所以最後秦的半兩錢就是這樣來的。既已標明半兩，就可以每個以半兩計，不必再稱。結果半兩錢是用數目來數的，別的錢仍用衡秤稱的。所以半兩錢決不是秦統一天下才有，六國時的秦就已開始用了。

(二)　秦代圓錢的進展

秦始皇統一天下，把一切制度有計劃的標準化。當然這並不是秦始皇的創意，周代的『周道』(11)和『雅言』(12)已對於標準化做過初步的努力。只是在周初時期那時政治發展並未成熟，標準化的時機未至。秦始皇統一六國以前，六國國內都已經漸次樹立了統一的規模，等到一個更大的統一來到，對於制度的標準化就容易更有效的執行了。這項標準化的範圍是相當廣泛的，史記上雖然舉出來一些，如同文字的統一，度量衡的統一等等，但是更重要的還有法律的統一，政治制度的統一以及幣制的統一。自從秦代把半兩錢定為唯一的標準貨幣，所有舊的錢幣如同刀形錢鏟形錢等，顯然的是政府收回改鑄。所以除去既有出土的錢幣，可算得秦時漏網之劫餘以外，其中大部

分六國錢幣，經秦代鎔化改鑄的，一定不在少數。

　　誠然，秦代怎樣處置六國舊幣，史記上未曾說過。不過除去有計劃的收囘再改鑄發行以外，似乎還沒有其他辦法。因爲中國對於銅的出產，並不豐富。秦時除去豫章(13)（應當是今安徽境內的銅鑛）及巴蜀的銅鑛外，境內的銅產，並不太多。秦代併吞六國，發展的很快，秦軍到了一個地方，最重要的事項，便是控制政治，安定經濟，這才可以真正化六國爲秦。如其要安定經濟，就得要整理市面，供給通貨。六國原有的雜牌貨幣既然在法律爲半兩錢所取代。那就得供給市面足够的半兩錢。但半兩錢是實物，必需準備充分的原料才可以。如其不利用舊幣，那就天下之廣，雖然豫章巴蜀加緊的開採，也不能在一個不太長的時期，供給天下的需要。其次，舊幣如其不用，就必需有一個處置方法，否則就等於凍結國富。處置的方法，就只有改鑄別的。一般民用器物，如錫釜之屬，就當時政府的立場來說，還不如由政府收囘改鑄半兩錢爲合算。所以在當時統一錢幣政策之下，除去用半兩錢換囘舊錢，再把舊錢改鑄半兩錢以外，不可能有別的方法。

　　戰國時代是中國境內各區域的經濟狀態充分發展的時代。生產工具方面已由靑銅器時代轉變爲鐵器時代，生產技術的進步及資本的蓄積也無疑的有長足的收穫。所謂『戰國』一辭，是由『四海之內戰國七』(14)一語而來的，戰國是指有足够的國力可以攻戰和防禦而言，所以也就是強國或列強的同意語。用戰國一辭來指這個時代，也就等於說當時並無一個統一的政府而由強國共同維持的一個時代。戰國一辭就一般的想像是一個整天打仗的時代，但就史記六國年表分別來看，各國的和平時期遠比戰爭時期爲多。這些和平的段落，就是各國國內經濟發展的時期。自然，戰國時幾次大規模戰役，也確實的嚴重損害幾個城市的經濟發展，不過確也有些城市未曾經過戰禍或很少經過戰禍，例如洛陽、成都、長沙、吳(15)，以及晚期數十年中的臨淄便很少受到戰禍的波及。這就戰國經濟發展來說，很有幫助。其最阻礙經濟發展的，還是各國各自爲政，築起來關稅的壁壘，如同孟子所說：『古之爲關也將以止暴，今之爲關也，將以爲暴』以及孟子所設想的『關市譏而不征』(16)，都是針對戰國時局面而發的。到了秦統一天下，國與國間的境界破除了。除去函谷關以外其他無數的關塞不再發生作用，這件事再加上幣制的劃一，都會很大的裨益於經濟的發展。史記貨殖傳所舉少數

富人便屬於秦時候的。這只是一點選樣，秦代成功的富人當然不只這一點。

秦代政治是純法家的政治也就是以暴政見稱的。不過也看就那一方面來說。法家政治的壞處是後面沒有一個價值觀念來指導，所走的完全是一個冷酷的路。結果會造成一種官僚政治，一切都只有一個形式的軀殼，以致終於腐爛掉。但是在其有效時期，確能做到道不拾遺，夜不閉戶，這對於國民經濟的發展確有好處。法家原則是限制每個人的政治自由郤未曾限制每個人的經濟自由。可是對於商人方面，在政策上郤有進退失據之處。法家賤商人，因為商人的財富太過，可能威脅政權。但另一方面國家要發展財富，郤要倚賴商人。所以一方面要發展商人的財富，另一方面郤要商人能以了解並且安於財富不是提高社會地位的條件，尤其是財富決不能構成干預政治的條件。但是秦代對於這件事已不能堅守立場，史記貨殖傳中的烏氏倮和巴寡清就以資財受到褒寵。漢高帝不准商人衣絲和坐馬車（只允許坐牛車）一定也是沿襲秦的政策，不過不久也成具文。所以賈誼說：『美者黼繡，是古天子之服，今富人大賈，嘉會召客者以被牆』[17]，這就表示著法家賤商政策的成功性是非常有限度的。惟其如此，就開新方面來說，法家政策做『創業垂統』的大經，實在很不够的，可是就原有的狀況來說，法家對於經濟基礎郤也照舊維持一點也不會破壞。所以秦併天下以後各城市中的市場不僅維持了過去的繁榮，還會更進一步的繁榮。這一點對於半兩錢的功能方面去看，是成功，不是失敗。

半兩錢在漢人看來，是太重了。不過半兩錢的鑄造，是代替六國雜牌各種錢的。不論鏟錢或刀錢，其重量大率都比半兩錢重，也就是說六國時銅幣代表的單位比較大。半兩錢既然來代替這些稍大的單位，那就半兩錢不能太輕。也就是說半兩錢一個錢的購買力，是應當超過漢代及後代一錢的購買力許多的。食貨志引李悝說：『戰國時米石三十錢』[18]，秦代應當是一樣的。

在秦時半兩錢是鏟錢及刀錢代替品，這是依照舊時傳統而來，其購買力之高，非後人所能想象。漢書蕭何傳說：

　　　高祖以吏繇咸陽，吏皆奉錢三，何獨以五[19]：

奉錢三，明明是送給三錢，何獨以五，明明是蕭何送五個錢。顏師古就不能明瞭此事，注說：

去錢以資行。他人皆三百，何獨五百。

顏師古對於漢代史事，是十分熟悉的。這個出錢的規矩，見於漢書昭帝紀元鳳四年(2)，詔賜三年以前逋更賦未入者皆勿收。章懷太子注引如淳曰：

> 古者正卒無常人，皆當迭爲之，一月一更，是謂卒更也。貧者欲得顧更錢者，次直者出錢顧之，月二千，是謂踐更也。天下人皆直戍邊三日，亦名爲更，律所謂繇戍也。雖丞相子亦在戍邊之調。不可人人自行三日戍，又行者當自戍三日，不可往便還。因便往，一歲一更，諸不行者，出錢三百入官，官以給戍者，是謂過更也。

史文云『高祖繇長安』正合於繇戍一條。亦卽當時劉邦在戍邊之調，到咸陽去擔任戍卒。這一點就漢制論秦制，大概是不錯的。若就錢數來說，一月二千，三日三百，若以昭宣時所寫的漢簡來核對，那就不僅不能對秦代標準適合，竟然連西漢時的標準也不是。如淳所引漢律，顯然就東漢時的漢律做準則的（東漢時已廢都試及普徧徵兵。但在有些特殊情況下當有正卒及戍卒，所以此律未廢只就當時薪水標準隨時調整）。所以說一般吏人送劉邦三百而蕭何五百是不適合秦制的。這一點牽涉計算問題，且放下不論，而另一問題也同樣發生。這就是所謂『吏奉錢』所指的是什麼的問題。因爲如其蕭何及其他吏人也當值戍，則所給的錢是『過更錢』而不是『吏奉錢』。今稱做吏奉錢，顯然是過更錢以外的『餽饟』而不是過更的本身。再說過更錢是給官，官再給戍者，而此『吏奉錢』係直接送達，更非過更錢之比。旣然是餽饟，那就要接著送禮人的景況和送禮人與收禮人的關係來決定的，劉邦和蕭何都是縣吏，比一般平民的景況好些（當然比起來薛公致孟子的餽饟一出手就幾十鎰就差遠了），這種標準可以拿當時縣吏的月薪作爲大致的估量。縣吏大致都是『百石吏』每月的收入大致八石稍多一點・以每石三十錢計，每月大約是二百四十多錢，若按照漢制上推，漢制半錢半米，每月應當是一百二十餘錢。送三錢是月薪百分的二點五，送五錢是月薪百分的四點一七。照送禮講都不算過分。

照這樣說，秦代一錢却具有其購買力，漢代情形，照漢書竇田灌韓傳說，灌夫『平生毁程不識不直一錢』。正是表示一錢是最小的貨幣單位，對於一般人的應用，一飯一錢已經够用了。

（三）　漢代初期的錢幣問題

　　這樣情形下的物價，是相當低廉的。不過錢既然是最小的單位，還可以買一個相當數目的食物或物品，那在值一錢貨物之中，就無法再分別精粗美惡，至於找零的問題，更無法解決，這就形成了輔幣單位太大的問題。也就是漢書食貨志所謂『漢興，以爲秦錢重難用』[21]。這點確實不錯的，不過下接『更令民鑄莢錢』却是另外一回事。如其嫌錢重難用，更鑄別一種補助的錢來和半兩『子母相權』可算做一種經濟政策。如其鑄莢錢（或榆莢錢）以致通貨膨脹，再由通貨膨脹發生了商人屯積居奇的事，這是戰時病態，和經濟政策全不相干。半兩錢重是事實，不過漢代政府卻未曾做過任何補救的政策，只有楚漢戰爭時有過通貨膨脹的現象。

　　這種通貨膨脹情勢的發生，當然由於政府的濫鑄。不過如其要追究責任，恐怕還相當複雜。也許漢王的政府負一部分責任，也許漢王政府完全不負責任。自秦政府崩潰以後，到處諸侯據地稱王。他們都是以獨立王國自居，鑄幣之權是不會放棄的，漢王當時也不過諸王國之一，在平定項羽之前，沒有人把他當做天子。如其漢王鑄幣，實際上也和其他王國一樣。秦的半兩久已通行，已經是一種成功的貨幣。諸侯鑄幣一定也是鑄圓錢，其影響到半兩幣值，不論上面鑄半兩二字或鑄上別的字，結果是一樣的。所以更令民鑄莢錢一語，依照戰時經濟政策來說，是違反政府原則的。現在居然漢王有『令』聽民私鑄，其中當然有不得已的複雜原因在內。現在想到的可能原因，第一、可能鑄榆莢錢是一個已經存在的事實，基於經濟上的理由，非承認不可。第二、可能漢王政府自己也在鑄榆莢錢，也就不能拿半兩錢的正常標準來衡量所有的錢幣。

　　從兩周戰國以來，錢根本是由交換的工具演變而來的，似乎根本就沒有把貨幣鑄造之權，一定完全歸到政府的必要。據食貨志引賈誼說『法使天下公得顧租，鑄銅錫爲錢，敢雜以鉛鐵爲它巧者，其罪黥』這裡所說的『法』是漢高帝『禁盜鑄錢令』以外的『法』，也就是漢代承用的秦法。這裡所引的是秦法中對於鑄錢方面質的標準，當然也一定還有量的標準，就是『半兩』。秦代依照了這個標準（銅錫合金的半兩）來控制天下的鑄錢，當然是公也鑄私也可以鑄。秦自始皇統一天下，政治已上軌道，

如有敢偷工減料鑄錢的，也不難發現。但是在楚漢之際，甚至於到了漢高帝平定天下以後，鑄錢的標準已經混亂，再按照舊的法律來辦，就不易推行了。這就是漢高帝平定天下後，將所用鑄錢之權收歸國有，嚴禁私鑄的原因(22)。

　　漢高帝雖然禁私鑄，實際上客觀的環境仍然無法把秦半兩舊制完全恢復。第一、從高帝到文帝並未曾把半兩的量恢復起來，高帝所鑄名為半兩，仍是輕錢，史記索隱顧氏案古今注云『莢錢重三銖』(23)。照食貨志說孝文時『錢益多而輕』正可見真正的半兩未曾恢復，僅僅把鑄幣之權收歸官有罷了。第二、即使收回官有，中央政府對於諸侯王仍無力限制，而且輕錢是既成事實，不曾銷毀，對於私鑄小錢也不能有效的完全禁止，以致形成了幣制的混亂。照賈誼所說是：『民用錢郡縣不同』，『或用輕錢，百加若干；或用重錢，平稱不受』(24)。是說用錢的標準隨地方性的習慣而異。有的是可以接受輕錢，但是每百錢之中，必需要搭上定數的標準半兩，才能交易；另外一種是以標準半兩錢計數，如用輕錢，就得過稱來稱；並且還要比稱桿的標準高些，即令稱桿是平的，仍然不夠，一定要補的多一點才受。所以當時在市場之上形成了不同的習慣，為著整頓起見，確有重訂新辦法的必要。這就文帝五年廢除盜鑄錢令（只保存秦鑄錢標準法），同時也減輕錢的標準重量，從半兩改為四銖的原因。

　　文帝的改革在原則上是無可非議的。賈誼和賈山曾反對過。賈山傳中的意見，除了認為不應當變更先帝舊法以及鑄錢為『人主之操柄』(25)不可與人以外，不見其他。賈誼意見除見於漢書食貨志尚見於賈子新書，所以還可以看出他大致的意見來。不過賈誼的意見，似乎並未針對漢文帝當時政策的需要，其不見聽是有理由的。

　　鑄幣之權所以要掌握在中央政府手中的原因，並非因為這是『人主的權衡』而是因為貨幣只是一種市場的籌碼，應當按著需要來調整，在調整時，對於整個國家的經濟是非常有用的，並且調整適宜對於國家稅收也只有好處。但專就調整的機關本位來說，是不應該有盈利可說的；就國家來說，也不可以憑鑄幣來賺取盈餘。就製造的成本來說，官營的作坊或工廠一定較私營的成本稍高。官營的可以做到精工，但很難做到節省。文帝為人是主張減刑薄賦，節省民力的。而且依照『無為』的觀念，政府應當做事越少越好。所以他的改鑄四銖錢，立下標準，開放錢禁的主張，在原則上是無可非議的。當然執行起來，卻有技術的困難，文帝也不見得不知道。只是這些困難是

可以解決的，還是無法解決的，就成爲爭執的中心問題。

　　再就漢初的情形來說，當時商業誠然已經有某種程度的進展。不過市場中供求的變動，究竟不大。當時對於通貨的需要顯然的是隨時可以補充新鑄的錢幣，而不是估計市場的需要來調整錢幣的數量。如其只爲供給定時定量的錢幣，那就官鑄或私鑄，結果可以無甚分別的。文帝把錢的重量定爲四銖，再按照舊以質的標準爲銅錫合金，當時一定計算過，在某些地區人民按這個標準去鑄，一定可以多少有些餘贏的。賈誼所說『然鑄錢之情，非殽雜爲巧，則不可得贏』(26)。可能只是某些地區是這樣的，決不是一個普徧存在的事實。但也一定有些地區，贏利在成本之中，變成了臨界的狀態，稍雜一點鉛鐵，就有贏利，否則就沒有。當時化學分析的方法是不知道的，檢查成品很難斷定出來銅錫的純度，因而問題就會發生了。這就是賈誼所指出的，吏如認眞，那就到處是犯罪的，吏如不認眞那就錢法會壞下去，就不如簡單的禁鑄，反而是一個簡捷明瞭的辦法，這個意見確實接觸了實際問題。不過終文帝之世不改這種政策，直到景帝中六年才再禁止私鑄，而文景之世又是著名的盛世。所以文帝的辦法誠然一定有其缺點，但如一定說一點優點也沒有，卻又是不見得的。

　　依照賈誼的意見，不僅應當禁私鑄錢，還應當國家對銅加以管制。依照食貨志引賈誼的建議說（賈子新書略同）(27)：

　　　　姦數不勝而法禁數潰，銅使之然也，故銅布於天下，其爲禍博矣。今博禍可除
　　　　而七福可政也。何謂七福？上收銅勿令布，則民不鑄錢，黥罪不積，一矣。僞
　　　　錢不蕃，民不相疑二矣。采銅作者，及於耕田，三矣。銅畢歸於上，上挾銅積
　　　　以御輕重，錢輕則以術領之，重則以術散之，貨物必平，四矣。以作兵器，以
　　　　假貴臣，多少有制，用別貴賤，五矣。以臨萬貨，以調盈虛，以收奇羨，則官
　　　　富實而末民困，六矣。制吾棄財以與匈奴爭其民，則敵必懷，七矣。故善爲天
　　　　下者，因禍而爲福，轉敗而爲功。今久退七福而行博禍，臣誠傷之。上不聽。

這個意見是一個很極端的意見，也可說是一個革命性的意見，從來沒有人想到這樣做，更沒人敢這樣做的。因爲依照他的辦法，是只許官家採銅，而嚴禁私採。這樣採銅的人就減少了（卽所謂『采銅作者，及於耕田』），銅的生產量也就大減。從秦到漢，錢的法定重量從十二銖（半兩）減到四銖，正表示銅量不敷鑄造流通貨幣之用。

若再減少銅的生產量，國家還是要鑄幣的，一定發現了銅荒，而不是像賈氏那樣的如意算盤，國家控制了充分的銅量可以運用。這種類似的意見，到漢武帝時用來做管制鐵器，卻未曾用來管制銅。顯然的大致用了賈氏的思想，只因爲管制鐵是可能的，管制銅就有事實上的障礙了，仍然比較賈氏爲緩和的。

　　我總覺得中國君主之中，漢文帝是一個智慧極高的統治者。不僅就文帝一代統治的成績看得到一點，從對於賈誼的關係上也可以看得出來。賈誼當然是一個很有學問而且不多見的思想家。不過檢討賈誼的議論，其中啓發性遠過於實行的可能。漢文帝確實欣賞賈誼，因爲和他討論得到不少的啓發。但如其要言聽計從，那就只有宋神宗那樣朝乾夕惕，懷抱大志，而智慧只有中才的君主才會的。依照賈誼傳中所記，漢文帝說：『久不見賈生，自以爲過之，今不及也』(28)。漢文帝的智力、判斷力，不在賈生之下，那是眞的，決非誇辭。不過一個日理萬幾的君主，當然不會有那麼多的時間，去學，去思。他說『今不及也』也是實話。他任賈生爲二千石，却又任賈生爲二千石中的閒職，其中當然有分寸的。他是要等著適當機會才用賈生。可惜賈生來不及任用就死了。

　　依照漢書食貨志說：文帝五年『乃更造四銖錢，其文爲半兩』(29)但現在出土的錢確有其文爲四銖的，但卻不合標準，這是爲什麼呢？照現在的解釋，四銖錢文爲半兩食貨志並不會錯。不過文帝當時的法令，決不會說今更造四銖錢，仍用半兩爲文，那樣自相矛盾的詔書，而是只說造四銖錢，未明定所用的文字。鑄造的時候，可能就有人用四銖爲文，也有人用相承的半兩爲文（因爲楡莢錢重三銖，也是用半兩爲文）。當時是可以私鑄的，吏員檢查時只檢查是否合於標準，卻不曾管上面的文字，因而上面的文字就兩者並用。食貨志只用半兩一種，所以說其文爲半兩了。

（四）　景武時期的錢幣改革

　　因爲漢朝初期，漢天子不能十分有效的控制諸侯王，對於鑄幣的法令不論禁私鑄或不禁私鑄，都是沒有好辦法把各地紛亂的情形改正。幸虧是當時天下已經長期太平，卽令各地地方性的幣制比較混亂一點，卻也對於國內經濟的繁榮，尙無大礙。到了景帝平定了七國之亂，中央收囘了對諸侯王控制之權，對於整頓幣制的確掃除了一

番障礙。不過景帝時對於錢幣問題並非七國平定就處理的，而是要等到九年以後的中元六年才開始做。但看一看漢書景帝紀，中四年罷諸侯御史大夫官，中五年，更名諸侯丞相爲相，是損抑諸侯之權到中五年才告一段落。到了中六年，定鑄錢，僞黃金棄市律，顯然的，和損抑諸侯權有連帶之作用。

　　這一個『鑄錢僞黃金棄市律』和高帝時的『盜鑄錢令』是略有不同的。雖然都是把私鑄錢的處死刑。不過高帝時是『令』，景帝時的是『律』。令是比較臨時性的，秦律有關的條文並未廢止，只是在令未廢時，照令來補充律文。至於景帝時的却是改定律文。過去有關的律文不再有效，完全照新定的律文爲準。其次舊律只有鑄錢一項，不及僞黃金，如有僞作黃金的，只能比照鑄錢辦理。這條新律却是鑄錢及僞黃金都定上去了。當然比較舊律要嚴格多了。

　　關於這條律文的解說，在漢書顏師古注中曾討論過。注文說[30]：

　　　應劭曰：「文帝五年，聽民放鑄，律當未除。先時多作僞金，僞金終不可成。而徒損費，轉相誑耀，窮則引起爲盜賊，故定其律也。」孟康曰：「民先時多作僞金。故其語曰：金可作，世可度，費損甚多而終不成。民亦稍知其犯者希，因此定律也。」師古曰：「應說是。」

實際上這個律牽涉兩部分，鑄錢，私僞黃金，應孟兩氏只說到第二部分。定律的原因是由於鑄黃金者多而非由於犯者漸希。當以應說爲是。不過應氏所說的『文帝五年，聽民放鑄，律當未除』，數語非常含混。律和令的分別，應氏當然是明白的。高帝禁鑄是令，文帝放鑄也是令，律當然指秦律而言。此所謂『律尙未除』乃指聽民放鑄，而不合標準的，則加以黥罪。至此改定前法，舊律始除。凡私鑄者處死。意思是這樣的。其中意義不明之處，可能是應注被刪削的原故。

　　景帝雖然對於私鑄的事把法律加嚴，盜鑄並未曾禁絕，也沒什麼顯著的成績，通行的官鑄四銖錢，和文帝時並無多大的分別。不過武帝初年，府庫中是盈餘的，這不僅由於文帝的積蓄，主要的還是景帝時的積蓄。

　　大致說來，這種以四銖錢爲主，照地方性習慣，把成貫的錢，有條件的增加小錢數目，或用稱來稱，對於貨幣使用，妨害並不甚大，也就是對於經濟上的阻礙，還不算十分大。而其中最成問題的，還是涉及到治安問題。在景紀這段的應劭注已經接觸

到治安問題，其實治安問題還不止此。如放任鑄錢，到處商人作僞，攙雜種種大小不等的錢，犯顯罪的到處都是。這些犯過罪的人，管理起來就相當費事，而影響到社會的平定。如其嚴禁鑄錢，犯小罪的固然減少了，但犯大罪的更難得管理。這般人就成了亡命之徒。史記貨殖傳稱[31]：

> 富者人之情性，其在閭巷，少年攻剽，劫人作姦，掘冢鑄幣，任俠並兼，借交報仇，篡逐出隱，不避法禁，走死若鶩。其實皆爲財用耳。

所以鑄造私錢和當時游俠及盜賊都是相連的[32]。從這裡也就可以了解游俠傳中許多人物，所以能形成一個組織，其中經濟背景，就靠這些不法行動的收穫來支持。而這些行動之中，鑄私錢當然是其中一個極重要的來源。景武以來酷吏傳中一些酷吏攻擊的對象也主要是這類的人[33]。

錢種龐雜，良幣及劣幣同時並用，不够標準的私鑄錢是極容易混入錢中雜用的。最有效的辦法，當然把劣幣全部收回改鑄，只以標準的四銖錢爲準才可以。武帝時五銖錢所以能够成功不僅靠錢的精工，也靠盡毀舊錢，專用五銖作通用錢幣。這一點文景兩代因爲還未形成太大的問題，所以沒有決心去做。

文景兩代貨幣上都有問題。做的都不澈底。這是由於當時天下太平，不希望過於煩擾。文景兩帝也未嘗不知道當時政治漏洞甚多。只是眞的澈底去做也不見得做得好，反而不如照他們只做一半的作風，倒可以天下豐盈人民安樂。所以在武帝初即位時，天下庫藏，有一筆可觀的蓄聚。

武帝征伐匈奴是十分消耗國力的，元狩四年，武帝即位的第二十二年，開始做第一次失敗的幣制改革。將原有四銖錢取消，改爲不同的等次。除去黃金一斤爲單位是一個主要單位，不曾變動以外，在金與銅單位之間，再鑄三種銀幣。其等次爲[34]：

⑴龍幣一重八兩直三千。

⑵馬幣一照食貨志（平準書同）說直五百，當就幣六分之一，而和次一級的龜幣，如三比五，不能互相兌換。古代幣制的原則是子母相權，若不能子母相權，那就一定有誤。大約平準書原脫『一千』二字，食貨志直抄未校正。所以馬幣實應直一千五百重四兩爲龍幣二分之一，爲龜幣的五倍，二進與五進與通常的習慣也是相合的。

　　(3)龜幣一直三百，當重19.2銖，可能把成色減些，重二十銖。

古代銀比後代銀貴些，大致比例是金的一半。如其金一斤（十六兩直一萬）那就金八兩直五千。銀八兩只應直二千五百。但武帝的銀幣，重八兩直三千，多出五百，並且還要摻入錫，成色不佳，按照武帝的原意是當主幣用，不是當輔幣用。主幣必需成色够，可是開始設計就不曾顧到，無怪終於失敗了。

　　這種鑄銀幣的觀念，中國是一直沒有的，大約是受到張騫囘來，帶囘西域銀幣的影響。但作爲主幣，應當存量够通行之用。中國不是產銀國家，漢時外來的銀也不多，再加上成色不够，和黃金的比例不合理，所以食貨志說（元鼎二年）：『白金稍賤，民弗寶用，縣官（中央政府）以令禁之，無效』。只好把白金罷去。

　　白金幣（銀幣）的不能通行，大約是事實上的限制，而非造意上的問題。和白金同時發行的白鹿皮皮幣，那就是否可以算做貨幣就有問題了。食貨志說：

　　　　有司言曰：古者皮幣，諸侯以聘享，金有三等，黃金爲上，白金爲中，赤金爲
　　　　下。……乃以白鹿皮方尺，緣以繢，爲皮幣，直四十萬。王侯宗室朝覲聘享，
　　　　必以皮幣薦璧，然後得行。

　　這裏所說的幣，觀念是不清楚的。所謂幣，本義是做禮物的，至於當作市場的籌碼用，是社會發展以後，一個後起之義。漢代用幣字，當交換媒介的意義超過了禮物的意義，但是漢代在二者不同的觀念中，界線並未劃清。那時的執掌官吏（有司）忽然爲著方便籌款起見，把禮物的原義擡了出來。所以表面上是錢幣，而功能上卻是天子專賣的一種貴族間的禮物。如其專作禮物使用，並沒有任何市場上的媒介功用，那就只是一種商品而不能算做貨幣。所以皮幣始終只限於朝覲時使用，始終未曾在市場流通過。講漢代貨幣的發展時是不必將它算入的。

　　當然，皮幣以相當少數的價格貨品來代表較高的價格，這和紙幣多少有些類似。不過紙幣是要在市場流通的。並且紙幣並非先從紙幣的觀念演繹出來，而是從飛錢，交子、會子一步一步的從滙票變爲紙幣，這是從事實上所需要演變而成的。和漢代的皮幣並無觀念上或因革上的聯繫，所以追溯紙幣的發展也不應當追溯到皮幣。

　　不論銀幣或皮幣對於幣制的進展，關係都很小。只有和銀幣同時發行的三銖錢，再從三銖變爲五銖錢，才在中國幣制史上有極重要的意義。

　　三銖錢是元狩四年開始鑄造的，到元狩五年又改爲五銖錢。從文帝五年開始用四
銖錢，對於私鑄雖然原來是放任的，到景帝中葉禁止。但四銖錢法的定制始終不改。
經過了五十七年，直到元狩四年，才因運費太多，再加七十二萬五千貧民要遷徙到北
邊和會稽，用度不足，除去造白金及皮幣以外還把四銖錢改爲三銖錢，這就是說要減
輕錢的重量，要在鑄幣上政府賺一些錢來支付開支。

　　當然這一個基本觀念是錯誤的。凡是任何一種幣制，不能建立幣信，一定失敗，
而這種形態下的幣制，實際上是通貨澎脹，一開始就無幣信可言。再加上鑄造輕錢更
是鼓勵盜鑄的一項漏洞。結果是如食貨志所說：『吏民之犯者不可勝數』。以致國家
毫無利益可言，更增上財政的恐慌，到了匱乏的程度。

　　到了元狩五年三銖錢的設計完全失敗，就不能不再爲更張。成爲中國二千多年標
準的五銖錢就是在這種恐慌環境之下，勉強的產生出來的。五銖錢的原則，是政府在
事實上承認了鑄錢的目的只是創造一種通用的籌碼，一點藉錢去籌款的目的也沒有。
如要籌錢只有在別的方面設法。這就使發行錢幣的目的變的單純化，而五銖錢的成功
就在這一點。

　　當三銖錢失敗時，未嘗不可以恢復四銖錢的。如其政府完全把雜錢收回，只鑄一
種非常精工的四銖錢，一定也可以和五銖錢收到類似的效用。這種辦法更簡單些，那
時管理財政的人們也一定考慮過，所以不恢復四銖，反而在那個緊急恐慌的時候鑄造
較四銖爲重的五銖，大致是就當時的成本來說，鑄四銖還可以多少有些贏餘利益，如
鑄五銖那就幾乎不可能有贏餘。因爲私鑄錢的人太多了，如以四銖錢爲標準，還不能
杜絕私鑄，如以五銖錢爲標準，就可以減少私鑄到一個極限。所以最後還是以五銖爲
定制。

　　雖然五銖錢的本意專顧到經濟上而不在財政上，財政上卻另外有些極端的辦法，如
同算軺車，告緡錢等等。但仍然是不足用的，到元鼎初年，『公卿請令京師鑄鍾官赤
仄，一當五，賦官用非赤仄不得行』（據食貨志，惟鍾官赤仄前的鍾字，據平準書）。
這又是一件把鑄錢當財政上手段的辦法，當然結果上一定是失敗的。食貨志言其後二
歲（當在元鼎四年），赤仄錢賤，民巧法用之，不便，又廢。這是一個必然的結果。

　　赤仄據平準書作赤側，依照各家的注，所謂赤仄即是赤色的邊緣（亦即錢的『肉

好』為赤色）。這件事近代做中國經濟史的各家，均討論過。其中有關赤仄錢是否卽以五銖錢作底的問題，我覺得赤仄錢是一種『大錢』，但一般鑄大錢的，其量也少於標準錢的總和（若等於標準錢的總和，就不必鑄大錢了）。所以照半兩錢的重量十二銖，或者照五銖錢的重量五銖，都可以的。平準書所以未說到錢文的原因，就是錢文仍為半兩。無甚特殊，所以不記。其次還有不少人討論過赤仄是『加工』或者『減工』的問題，就是說從半兩或五銖錢之上加一點什麼質料或減一點什麼質料。我覺得『減工』是不可能的。因為武帝不恢復四銖用五銖，就已經為的是質重以防私鑄，若再就已有的錢減一點，那就到處私鑄的人可以不用一點錢料的成本，只稍稍加工，便可將通用的錢改為大錢了，這簡直是一個不可思議的事。所以加工一說，也許可能。不過按照史文，明說是令京師鑄鍾官赤仄，是由鍾官鑄的，不是由鍾官改的。就工程做法來看，大量的工作，新做比改舊的要省工些。當時不會用那種不經濟的方法去改，所以必然是新鑄的。和舊錢不同的，是舊錢攙雜銅錫，是合金的錢，卽使錫量不多，色彩也變成稍青的顏色。只有用較純的銅，才能在邊緣部分打磨成赤色。所以赤仄是特鑄純銅當五的半兩錢。這種錢比較特殊（當然也特別精工些）不會和舊錢外表相混的。

　　一般錢譜是不著錄赤仄錢的，其實赤仄錢布滿天下，決不會沒有存留。所以不曾著錄。是因為無法辨別赤仄錢的形狀。如其尋繹史文，赤仄錢亦自不難辨認。因為秦錢是沒有周郭的，武帝錢有周郭，可是除赤仄以外最重不過五銖。但錢譜中確有周郭的半兩錢，並且其大小也和五株同大。這種有周郭的半兩錢，除去認為赤仄以外，那就無類可歸了。至於錢譜中認為係三分錢（卽四銖錢），那是錯的，因為武帝元狩時才用周郭，未鑄四銖錢，而且錢的大小同於五銖，大於四銖，所以不是四銖。

　　史文未曾說到赤仄錢始鑄的年代，但食貨志把鑄赤仄序在博士褚大等循行天下之後。循行天下事紀文在元狩六年，鑄赤仄只可能在元狩六年或元鼎元年。這種當五錢是不受歡迎的。功臣侯表曲成侯蟲達曾孫皋柔元鼎二年坐為汝南太守，知民不用赤側錢為賦，為鬼薪的。（鬼薪二歲刑）侯爵被革除。鑄赤仄至多不過兩年多，便已經被人拒用。可見赤仄的幣信始終未立。再過二年元鼎四年赤仄果然只好廢棄了。

到了赤仄不再能使用，只能通用五銖，並且因爲五銖錢的鑄造各地精粗不等，所以食貨志說[36]：

> 其後二歲赤仄錢賤，民巧法用之，又廢。於是悉禁郡國毋鑄錢，專令上林三官鑄，錢既多而令天下非三官錢不行。諸郡國前所鑄錢皆廢銷之輸入其銅三官，而民之鑄錢益少，計其費不能相當唯眞工大姦迺盜爲之。

上林三官據殿本漢書齊召南的考證，是水衡都尉之下，均輸，鍾官和辨銅三令。到那時就集中鑄錢的業務交給水衡屬下的三官。這樣錢才可以鑄的一致。不過就國家方面來說，把天下的舊錢毀了再鑄，不僅過去鑄錢的工浪費了，而且把天下的舊錢運到長安，再從長安運到各處，除去長安以東有一條運河以外，其他地區完全靠車馬運輸，這筆運費實在可觀。這種爲錢法不計成本的辦法，眞是只有漢武帝那樣絕對集權的政府才可以做到。當然這就樹立了中國錢法的規模，但就當時人民負擔來說，是很難想像的。

從漢武帝以後，直到王莽，錢法始終不變，其劇變是在王莽的時代。

漢武帝每一種貨幣上的措施，不論是結果成功或失敗；不論漢庭是否有意的訂立貨幣政策。但總可以說，任何一種經濟措施，都是針對現實的。但是王莽的經濟措施卻不是循著這個方向。我們雖然不能說王莽的政治完全沒有一些理想，但王莽的貨幣政策卻是一點眞實的客觀背景也沒有，完全拿全國的經濟基礎，做爲裝飾上的試驗品。這一種虛浮的，裝飾的心理，不僅和漢代初年文景時代走上了兩個極端，並且還使人感覺到，是否是成人的成熟心理狀態下的產物。非常可能王莽少時是生在鮮車怒馬的五陵少年環境之中，因爲他父親早死不封侯，在從兄弟中最爲孤貧，一切都不能和別人比。他勉強折節向學，在心理狀態中是被壓抑的，一朝得志，所表現出來的，還是五陵少年式的把國家制度當成鮮車怒馬來裝飾。表面上好像有一種理想，實際上是爲著補償從前五陵少年的心理狀態。所以他的動機談不到如何高級。

王莽許多制度，都是滿足他自己心理上的補償，值不得細爲分析的。只是爲著敍述漢代錢制的演變，所以在此大致說一下[37]：

1. 王莽居攝，用四品並行制，甲，錯刀，直五千；乙，契刀，直五百；丙，大錢，重十二銖，文曰大泉五十；丁，五銖錢仍舊。

2. 王莽始建國元年，罷錯刀，契刀及五銖錢定爲金、銀、龜、貝、泉、布、因爲泉，布均爲銅鑄，故稱爲五物，六名，二十八品。布爲鏟形錢，泉爲圓錢。泉分爲六品，甲，大泉五十；乙，壯泉四十；丙，中泉三十；丁，幼泉二十（重五銖），戊，幺泉一十（重三銖），已，小泉直一（重一銖），但黃金一斤，仍爲直泉萬，可是從前是直五銖錢萬，那時成爲直一銖泉萬，在市面上一定不會看見黃金的。

3. 這種混亂的錢法實行不久，經濟混亂，但行大泉五十及小錢直一。

4. 天鳳元年，又罷大小泉。但行兩種，貨布及貨泉。貨布重二十五銖直貨泉二十五，貨泉重五銖。前作大泉五十與貨泉同值一。

這種貨幣混亂的情形，完全是人爲的。那時老百姓但求恢復五銖，後漢書五行志所記蜀童謠的『黃牛白腹，五銖當復』[38]，當然說不上預言，只是代表一般願望。到了東漢光武的建武十六年再復五銖錢。雖然因爲有些地區錢數不足，夾用布帛，但五銖的標準，還是一直維持下去的。這種五銖的標準，一直適用於唐代的開元通寶，宋、元、明和清代的各種年號錢，直等到清末鑄造銅圓以後，才形成了另外的標準。這就可以看出來漢代五銖錢影響的鉅大。

但是王莽時的雜型錢幣到光武時改變到五銖，也不是那樣容易改變，而是經過了一些周折的。當光武建國之初，對於鑄錢一事還和更始時期一樣，沒有一定的計畫。在建武十一年時以馬援爲隴西太守，委託他以整理西方的責任。他到了隴西以後，上書建議應當如西漢舊法鑄五銖錢。光武將此事下太尉，司徒，司空三府會商，三府奏以爲未可施行，鑄錢事遂被打銷。等到建武十六年，馬援徵入爲虎賁中郎將，再從公卿求得前奏，共計駁議十三條，也一一駁正，再行表奏。光武竟從了馬援的意見，如是又重新恢復五銖錢的鼓鑄，奠定了中國錢幣的基礎[39]。

這裡最大的問題，還是中國銅的產量究竟不甚豐富，在西漢時已經有用縑帛代錢使用的記錄。本來在文帝時已經有『賜三老，孝者人五匹，悌者力田二匹，廉吏二百石以率百石者三匹』，用縑帛代錢的事。到昭帝元年『賜郡國所選有行義者，涿郡韓福等五人帛，人五十匹』，大量用縑帛賜少數的人，更顯明的把縑帛當貨幣使用。因爲五十匹的縑帛，對於一個人的衣著，實在大多了，只有當作貨幣看，才有意義的。

　　到了宣帝時期，更把縑帛賜給公卿大臣。五鳳元年，『皇太后賜丞相，將軍，列侯，中二石帛百匹，大夫人八十匹』。到甘露三年，又賜汝南太守帛百匹（因為鳳皇見於汝南）。這些都顯示著因為金屬錢幣不夠用，已經漸次在某一些機會下，用縑帛賞賜來代替貨幣的賞賜。只是西漢後期，錢制並未曾破壞，所以賞賜時用縑帛來代替現錢的事，不致影響到錢幣的使用。

　　在東漢時代似乎和西漢時代已經有些不同，把縑帛和穀當作錢幣的事，已經比西漢更為常見。這大概由於王莽把幣制擾亂之後，五銖錢的基礎已經不如西漢的穩固。再加上金銀數量的減少及銅產的不足，更影響到貨幣的流通。還有一個原因似乎也影響東漢的錢制，那就是東漢時代南方的開發。南方的開發和王莽時期的混亂，大約有相當的關係。因為王莽時的混亂，只限於黃河流域，而長江流域各處，大都未曾受到影響。這就使得黃河流域的難民，大量向長江流域移動。長江流域接受了這些大量的難民，自然形成了開發的原動力。但是長江流域新開闢的地區，銅礦並不豐富。這就使得地方愈開闢，銅錢愈不足用。再加上地方開闢了，交通線延長了，從前用上林三官專鑄銅錢的舊制愈難行得通。所以東漢時代五銖錢的舊制還能勉強維持，而對於其中的漏洞，補苴起來也就開始發生困難了。

　　在安帝建光元年，許沖上書獻說文解字，詔賜布四十匹(40)，這是一個非常著名賜布的例子，倘在西漢初年，那就要賜現錢了。東漢時因為錢數不夠，有時將錢雜用縑布，有時專用縑布，意識到縑布也當作貨幣來用了。其見於後漢書的，例如：

　　　明帝紀中元二年，十二月甲寅詔曰：『天下亡命殊死以下，聽得贖論。死罪入縑二十匹，右趾至髡鉗城旦舂十匹，完城旦舂至司寇作二匹』(41)。

　　　郭后紀『以太牢上郭主冢，賜粟萬斛，錢五十萬』(42)。

　　　馬皇后紀，『帝崩，肅宗即位，太后感析別之懷各賜王赤綬，加安車駟馬。白越三千端，雜帛二千匹，黃金十斤』(43)。

　　　又賈人傳：『及太后崩乃策書加貴人王赤綬，安車一駟，永巷宮人二百，御府雜帛二萬匹，大司農黃金千斤，錢二千萬』(44)。

　　　鄧后紀：『賜周馮貴人……黃金三十斤，雜帛三千匹，白越四千端』(45)。

　　　曹后紀『聘以束帛之纁五萬匹』(46)。

韋彪傳：『彪遂稱困篤……受賜錢二十萬。永元元年卒。……賜錢二十萬，布百匹，穀三十斛』(47)。

劉般傳：『賜般錢百萬，繒二百匹』(48)。

梁商傳：『賜錢百萬，布三十匹，皇后錢五百萬，布萬匹』(49)。

劉愷傳：『卒於家，詔使書護喪事，賜東園秘器，錢五十萬，布千匹』(50)。

祭肜傳：『賜縑百匹』(51)。

張奐傳：『董卓慕之，使其兄遺縑百匹，奐惡卓爲之，絕而不受』(52)。

夏馥傳：『乃自翦須，變形入林慮山中，隱匿姓名爲冶家傭，親突煙炭，形貌毀瘁，馥弟靜，乘車馬，載縑帛，追之於涅陽市中』(53)。

歐陽歙傳：『賻縑三千餘匹』(54)。

周黨傳：『賜帛四十匹』(55)。

董卓傳：『拜郎中，賜縑九千匹。卓曰「爲之則已，有之則士」。乃悉分與吏兵，無所留』(56)。

東海恭王傳：『元初中，恭王嗣孫肅上縑萬匹以助軍費』(57)。

又任城王尚傳『順帝時，尚嗣孫崇上錢帛佐邊費』（按任城國亢父縑見敦煌漢簡）(58)。

東夷高句驪傳『安帝詔許高句驪新附送還所掠生口者，皆與贖直。縑人四十匹，小口半之』(59)。

綜以上的各種材料來看，東漢時期布帛和現錢雜用來完成貨幣的功用，情形非常普遍。當然布帛作爲貨幣來使用，並非一個好的辦法，所以要參雜使用的，顯然因爲籌碼短缺的原因。而籌碼短缺的原因，可能因爲市場增大，而籌碼並未配合市場的需要。籌碼之中，黃金可能因爲外流而消失（此事下面再爲討論），而銅錢除去王莽時一陣混亂之外，可能還有因爲銅價偏高以致形成私銷的情形。這些都使執政者窮於應付，只好參用布帛，也就藉此緩和了銅錢短絀的危機。當然東漢時銅錢還夠作輔幣之用，縑帛和布都以匹爲單位，還不至於像三國時情形那樣的嚴重。

　　布帛和錢幣，實際上在東漢前期（章帝時）已發生一種並用的現象了。後漢書朱暉傳說(60)：

是時穀貴，縣官經用不足，朝廷憂之。尙書張林上言，穀所以貴，由錢賤故也。可盡封錢，一取布帛爲租以通天下之用。……於是詔諸尙書通議。暉奏據林言不可施行，事遂寢。後陳事者復重述林前議，以爲於國誠便，帝然之，有詔施行。暉復獨奏……布帛爲租，則吏多姦盜，誠非明主所當行……寢其事。

這種布帛銅錢並用的事一直到桓帝時代，那時錢賤的事實發生，當然是由於私鑄橫行，劣幣驅良幣的原因，據後漢書劉陶傳(61)，有人上書以爲貨輕錢薄，故致貧困，宜改鑄大錢。（此所謂大錢，依原有辭意，並非指當五或當十的錢，而是朝廷鑄合於標準的五銖錢，比較一般通行的爲重）。事下四府羣僚（四府指大將軍及太尉，司徒，司空），及太學能言之士。陶以爲『民可百年無貨，不可一朝有饑，故食爲至急也。議者不達農殖之本，多言鑄冶之便，………蓋萬人鑄之，一人奪之，猶不能給，況今一人鑄之，萬人奪之乎？（因爲當時『良苗盡於蝗蝷之口』的原故），帝竟不鑄錢』。這是說當時的客觀形勢，已經不是鑄標準的錢幣所能挽救。到了獻帝初平元年，董卓壞五銖錢，悉取洛陽長安銅人，鍾簴，飛廉，銅馬之屬去鑄小錢，由是錢賤物貴，穀石數萬，錢貨不行，就形成三國兩晉以後用穀帛爲通貨的局面。

但是無論如何，用穀帛做通貨是十分不正常的。所以在中國縱然銅少，不能應付充分鑄錢的需要，也得被環境強迫的，非鑄錢不可。晉書食貨志(62)：

黃初二年，魏文帝罷五銖錢，使百姓以穀帛爲市。至明帝世，錢廢穀用旣久，人間巧僞漸多，競濕穀以爲利，作薄絹以爲市，雖處以嚴刑，而莫能禁也。司馬芝等擧朝大議，以爲『用錢非徒豐國，亦所以省刑，今若更鑄五銖錢，則國豐刑省，於事爲便。』魏明帝乃更立五銖錢，至晉用之，不聞有所改制。……晉自中原喪亂，元帝過江，用孫氏舊錢，輕重雜行。大者謂之比輪，中者謂之四文。吳興沈充又鑄小錢，謂之沈郎錢，錢見不多，由是稍貴。孝武太元三年詔曰『錢國之重寶，小人貪利銷壞無已，監司者當以爲意。廣州夷人寶貴銅鼓，而州境素不出銅，聞官私買人皆於此下貪比輪錢斤兩差重，以入廣州貨與夷人，鑄敗作鼓，與重爲禁制得者科罪』。安帝元興中，桓玄輔政，議欲廢錢用穀帛。孔琳之議曰……『洪範八政，貨爲食次……穀帛爲寶，本充衣食，分以爲貨，則改損甚多。又勞毀於商販之手，耗棄於割裁之用，此之爲幣著於自

蠹』。……朝議多同琳之，故玄議不行。

這種情形也見於晉書張軌傳：

愍帝卽位，大府參軍索輔言於軌曰：『泰始中河西荒廢，遂不用錢，裂匹以爲
段數，縑布旣壞，市易又難，徒壞女工，不任衣用，弊之甚也』。

所以三國兩晉以後，把布帛當做通貨使用，只是因爲金屬貨幣缺乏，採用一種萬不得
已的辦法。凡是有銅可以鑄錢，不論是政府，不論是人民，沒有願意使用米粟布帛
的。只有魏代當魏文帝初年，在金屬貨幣十分缺乏之時，才採用廢錢用穀帛的辦法。
但是過了四十年，仍從司馬芝的意見，恢復用錢。吳國是始終用錢的，只是間或鑄造
大錢，使得幣制混亂，蜀國是用錢的，但因銅料缺乏，劉備至取帳鉤銅鑄錢（南齊書
崔祖思傳）63。直到諸葛亮平定南中，才解決了銅料的問題64。但是晉平蜀以後，南
中竟成半獨立的狀況，對於銅料未聞有所補助。所以劉宋時沈演之說『錢少由于採鑄
久廢』（宋書何尙之傳），並且國內只有貧鑛，採取也不敷成本。在南齊武帝永明八
年，劉悛採蒙山銅（今四川雅安）鑄錢千餘萬，卒因功費多乃止（南齊書劉悛傳）。
這些事實上的限制，使得鑄錢的事無法貫徹，而參用穀帛的問題，一直拖下去。隋唐
時代雖然情形好轉，但殘餘的習慣尙未能完全去掉。一直要等到大量的白銀來到中
國，才改掉這種經濟上不合理的負荷65。當然唐宋以來交鈔的發明，可以作爲通貨使
用，也是廢除穀帛一個因素。

穀帛的使用並非因爲穀帛有任何便利之處，更不是像迂腐老生的想法，使用穀帛
爲的是重農，是重視穀帛（實際上的結果是浪費穀帛），而只是因爲市場上的籌碼不
够，要找一種東西當籌碼來使用。如其有一種高價而性質不變的物質，這個問題當然
就解決了。銅，當然也算比較上可用的物質，只是銅的價值並不算高，而用途卻非常
廣，經常日用缺不了銅。所以銅總會在貨幣和器用之間擺動。拿銅來鑄成幣，所代表
的是貨幣的價值而非是銅的價值，既然價值在交換方面，而非使用方面，和銅的市價
當然有一個距離。如其以銅爲主幣，當然會發生困難問題，卽銅貴則會私銷，銅賤又
會私鑄。並且如其銅錢不能標準化（把不合標準的廢棄不在市場上通用），那就卽令
銅價不賤，私鑄也無法防止。終於幣制敗壞，市場不能安定。

西漢時代被注意到的問題是私鑄，而私鑄出來的錢一定都是不合標準的小錢。雖

然和標準錢相差的程度各不相同，但私鑄的錢不能切合標準，卻是不容疑問的事。其所以造成大量私鑄，而無法禁止的原因，大致由於下列各種關係：

（甲）半兩錢的傳統，就是從戰國時各種圓錢改換而成的。原來在戰國時，一定就是把許多種不同的圓錢，混雜起來使用。到了秦併天下，進展相當迅速。決不可能把秦的半兩錢普及到天下市場，而把舊有的圓錢全部廢棄，一定用一種逐漸用半兩錢代替舊錢的方法。秦統一天下不過十二年，天下卽重歸於動亂，所以半兩錢是否當時卽已全部把舊錢替代，尚未可知。就算在始皇時半兩錢全部代替舊錢已經成功，但人民雜用舊錢的記憶尚在，並且再遭動亂，私錢充斥市場。經過漢高帝、惠帝、呂后、文帝、景帝、直到武帝元狩五年經過了九十年之久，才開始鑄五銖錢，有計畫推行標準的錢制。但這仍然是逐漸代替的，到平帝元始中，京師上林三官總鑄五銖錢二百八十餘億萬（食貨志，案億萬當作萬的自乘方來解釋），這是一百一十年總鑄錢的數目。除去私銷以外，應當大致夠用，足以建立標準化的錢制。自從王莽時一個人爲的擾亂，從此中國各朝就不會再有機準的銅錢制度了。若就清末到民國初年的制錢情況來說。當時的制錢大致是以清代官鑄錢爲主，但清錢的大小輕重也不一致，順治、康熙、雍正的錢最合標準，乾隆和嘉慶的官鑄錢已經減小，咸同以後更加減縮，並參雜一些私鑄小錢。除此以外至少有十分之一是半兩，五銖，大泉五十，貨泉、開元通寶，宋元明年號錢，日本的寬永錢，再偶然加上極少永昌錢及太平天國錢。這些不同形製的各種錢一樣雜用，只要錢數夠就算可以通用了。這種混雜不純的錢貫制度，實在是一個非常久遠的傳統，也就是歷代私鑄不能根絕的一個重要原因。

其次，自戰國、秦、漢以來，黃金和錢並用，而且漢時還定了黃金和錢互換的比例，但黃金與錢之間，並無主幣輔幣的區別（至清代，甚至民國初年，都還未將制錢及銅圓算做正式的輔幣。只因銅圓携帶及使用都不方便，而市場上銀兩及銀圓已夠用，銅圓已漸形成輔幣了）。主幣是市場上的貨幣單位，交易用主幣來計算，輔幣只爲找零而使用，大量的輔幣，市場上得拒絕接受。就漢時情形來說，黃金一斤的單位太大，在市場交易上很少用到，只有用錢來計算。所以銅錢在事實上就成爲主幣。但這個單位又嫌太小，一般的交易，以百錢千錢計算是常事。在漢代時百錢一貫已經習爲故常，也就是百錢一貫才是正式的單位。依照後漢書百官志注引荀綽晉百官表，東

漢時俸半錢半米。其中俸錢數從中二千石至百石，是以九千，六千五百，五千，四千，三千五百，二千五百，二千，一千，八百爲差。百是最小單位，其下再無奇零。這就是因爲百錢一貫，自成單位的原故（清代雖然千錢一貫，但其中每百錢自成一節，此亦沿襲百錢一貫舊制）。百錢一貫既成一單位，就一般情形而論，只檢查錢數，並不嚴格一一檢查各錢是否都合於標準，只要大致都是大錢，就不將較小一點的剔出。這一種情況，就是說對於把持銅錢的標準，從來就無法做到嚴格。市場上也不會有那樣的時間去把制錢一一審核。這也是給私鑄者一個漏洞。西漢錢貴，交易時用的錢數較少，審核時可能做到嚴格一點。（也不是絕對的）所以私鑄五銖錢惟『眞工大姦』乃能爲之。到王莽把幣制破壞，幣制雜亂起來，從東漢開始，直到明清，大概沒有一個時期可以眞正後的那樣嚴格了。在這裏不必多爲引據，但看文獻通考卷八和卷九，就可知道從六期到宋末的情形，元代固不必說，明清兩代是明不如清，而清代也始終未曾拿出來統一錢幣標準的辦法。

（四）漢代黃金的使用

依照漢書食貨志，『秦兼天下，幣爲二等，黃金以溢爲名上幣，銅錢如周錢，文曰半兩，重如其文。而珠玉，龜、貝、銀、錫之屬，爲器飾寶藏，不爲幣，然各隨時而輕重無常（此段只食貨志有，不見史記平準書）。漢興，以爲秦錢難用，更令民鑄莢錢，黃金一斤（此段與平準書同，但平準書作一黃金一斤）』。這是說從秦開始把黃金和銅錢定爲法定的貨幣。除此以外，在法律上都不算貨幣。這當然是進步而合理的辦法，不過依照戰國時的記載用金用溢（或鎰），用錢也已經普遍，而龜貝等物也早已廢止。所以這種複本位的辦法實已在戰國施行，秦不過只做一些整齊畫一的功夫罷了。

漢代黃金和銅錢是兩個不同的單位，但是還是可以互稱的，有時在公文上稱金也有時在公文上稱錢。漢書惠帝紀66：

> 五月丙寅，太子卽皇帝位。尊皇后曰皇太后，賜民爵一級，中郎，郎中滿六歲爵三級，四歲二級，外郎滿六歲二級，中郎不滿一歲一級，外郎不滿二歲賜錢萬，宦官當食比郎中。……賜給喪事者二千石錢二萬，六百石以上萬，五百石

二百石以下至佐史五千。視作斥上者將軍四十金，二千石二十金，六百石以上
六金，五百石以下至佐史二金。

據漢書顏師古注：

鄭氏曰『四十金，四十斤金也』。晉灼曰：『近上二千石賜錢二萬，此言四十
金實金也。下凡言黃金眞金也，不言黃謂錢也。食貨志，黃金一斤直錢萬』。
師古曰『諸賜言黃金者，皆興之金，不言黃者，一金與萬錢也』。

給喪事和作斥上都是服務，但作斥上的工作可能要艱難些，所以獎勵金錢的數目就很
有差別。不僅數目上大有懸殊，在賞賜的貨幣種類上也有區別。論起來如眞黃金和銅
錢能公開的兌換，那就不應當有所差別的，但在此處記載之中，同時的賞賜卻是貨幣
種類上不同，那就顯然給錢是給與銅錢，而給金是給與黃金，不是賜黃金的只名義上
賜黃金，實際上用錢來折合。爲什麼要用這樣方法去做呢？這段史料應該表現出來漢
代初年黃金和銅錢之間已經發生了黑市。漢代萬錢值黃金一斤是指標準錢而言的，高
惠之間流行的是楡莢錢，在市場上並不能照市價買到黃金，當時朝廷重視斥上的工
作，特給予眞的黃金。所以兌換率的維持，要等到文帝以後，甚至要等到武帝元狩以
後。

　　漢代官定比例黃金一斤直錢萬應當不會有多少問題的。因爲漢律都是以黃金爲標
準（據九朝律考所輯各條），而黃金和錢的折合數目，卻是不可以輕易變更的(67)。如
其曾經把比例變動過，那就將成爲非常重大的事件，不可能既在食貨志不載，也在各
帝的本紀中不載的。

　　漢代黃金一斤直錢萬本來是一件極普遍的事，應該在漢律中就有規定。可惜現在
漢律已亡，諸書用漢律各條未曾引到，所以也不見於輯佚。晉灼注漢書，只據漢書食
貨志，而食貨志中記載的是王莽卽眞以後，亦卽始建國元年以後的制度，當時雖然也
是『黃金重一斤直錢萬』，可是這裏的謂『直錢萬』的錢是『小泉直一』的小錢，而
這種小錢，卻只有一銖，因出就可以有兩種解釋。第一種是『黃金一斤直錢萬』，本
來是漢代相承的制度，在始建國元年以前，不曾鑄造減料的『小泉直一』時卽已存
在。等到始建國元年，銅錢實質上已經貶值，可是這個『黃金一斤直錢萬』的虛設比
例尚存，在市場上一萬小錢是換不到一斤黃金的。第二種是『黃金一斤直錢萬』是王

莽時按一銖錢的銅重來核算的，也就是小泉直一只能算五銖錢的五分之一。西漢時黃
金一斤應當值二千，王莽把錢的質量縮小，所以把黃金的價格也提高了。現在旣然可
以有兩種假設，所以應當批判一下。

　　先說第二種。王莽鑄的『小泉直一』明明認爲是『直一』，即在他法律之下，是
認爲和五銖錢有同等價值的。他決不可能鑄一種新錢而承認比舊錢的價值低的。若眞
是這樣去做，那就毫無意義，不如不改了。所以此說不合理。而且王莽傳明說禁列侯
以下挾黃金，這就表現一萬個個小泉不能兌換到黃金的。再參酌王莽的記載，其中一
段說：

　　　有司奏故事，聘皇后黃金二萬斤，爲錢二萬萬。莽深辭謝，受四千萬，而以其
　　　三千三百萬予十一媵家。

這是平帝元始三年春的事，去王莽始建國元年，還要早七年。那時不僅沒有小泉直
一，並且去居攝元年也尙有三年。居攝元年王莽才鑄大泉五十與五銖錢並行，在元始
三年時只有五銖錢一種。所以那時以錢二萬萬折合黃金二萬斤，毫無疑問的是五銖
錢。也就毫無疑問的『黃金一斤直錢萬』是西漢時代一貫的制度。

　　漢代一般使用錢幣雖然號稱用金，仍多以錢折合，並不見都拿眞黃金使用。不過
漢代黃金的數量，確也不少。尤其等到漢代末期，雖然武帝征伐四方一度大加浪費。
等到昭宣以後又漸次積存下來。直到王莽之亡，仍然還有一個極爲可觀的數目，存在
內庫。到東漢以後，一直就沒有那樣的積蓄了。顧炎武日知錄卷十一說[68]：

　　　漢時黃金上下通行，故文帝賜周勃至五千斤，宣帝賜霍光至七千斤，而武帝以
　　　公主妻欒大，至齎金萬斤。衞靑出塞斬捕首虜之士，受賜黃金二十餘萬斤。梁
　　　孝王薨藏府餘黃金四十餘萬斤。館陶公主近幸董偃，令中府曰；董君所發，一
　　　日金滿百斤，錢滿百萬，帛滿千匹，乃白之。（案此亦可以證黃金百斤與錢百
　　　萬爲等值）。王莽禁列侯以下，不得挾黃金，輸府受直。及其將敗，省中黃金
　　　萬斤者爲一匱，尙有六十匱，黃門，鉤盾，中府，中尙方處，處各有數匱。而
　　　從漢書光武紀，言王莽末，天下旱蝗，黃金一斤，易粟一解，是民間亦未嘗無
　　　黃金也。董卓死，塢中有黃金二三萬斤。銀八九萬斤。昭烈得益州，賜諸葛
　　　亮，法正，關羽，張飛金各五百斤，銀千斤。南齊書蕭穎胄傳，長沙寺僧業富

沃，鑄黃金數千兩爲龍埋土中，歷相傳付，稱爲下方黃鐵，莫有見者。穎胄起兵乃取此龍以充軍實，梁書武陵王紀傳，黃金一斤爲餅，百餅爲籤，至有百籤，銀五倍之。自此以後，則罕見於史。尚書疏，漢魏贖罪皆用黃金。後魏以金難得，令金一兩收絹十匹。今律乃贖銅。

宋太宗問學士杜鎬曰：『兩漢賜予多用黃金，而後代遂爲難得之貨，何也？』對曰『當時佛事未興，故金價甚賤』。……古來用金之費，如吳志劉繇傳『笮融大起浮圖祠，以銅爲人，黃金塗身，衣以錦采，垂銅盤九重』。何姬傳注引江表傳，『孫皓使尚方以金作華燧步搖假髻以千數，會宮人著以相撲，朝成夕敗，輒出更作』。魏書釋老志，『興光元年勅有司於五緞大寺內，爲大祖已下五帝，鑄釋迦立像五，各長一丈六尺，都用赤金二萬五千斤。天安中於天宮寺造釋迦立像，高四十三尺，用赤金十萬斤，黃金六百斤』。齊書東昏侯本紀，『後宮服御極選珍奇，府庫舊物不復周用貴市民間金銀寶物，價皆數倍京邑。酒租皆折使輸金，以爲金塗，猶不能足』。唐書敬宗紀，『詔度支進銅三千斤，金簿（原注，卽箔字）十萬，翻修淸思院新殿，及昇陽殿圖障』。五代史周世家，『王昶起三淸臺三層，以黃金數千斤，鑄寶皇及元始天尊，太上老君像，宋眞宗作玉淸昭應宮，薨拱欒楹，全以金飾，所費鉅億萬，雖用金之數亦不能全計』。金史海陵本紀，『官殿之飾，編傳黃金，而後間以五采，金屑飛空如落雪』。元史世祖本紀，『建大聖萬安寺，佛像及窗壁，皆金飾之。凡費金五百四十兩有奇，水銀二百四十斤。又言繕寫金字藏經凡糜金三千二百四十兩』（原註，吳澄傳，言粉黃金如泥，寫浮屠藏經。泰定帝紀，泰定二年七月庚午，以國用不足，罷書金字藏經）。此皆耗金之由也，杜鎬之言頗爲不妄，草木子云，金一爲箔，無復再還元矣。故南齊書武帝紀，『禁不得以金銀爲箔』。

趙翼二十二史劄記卷三『漢多黃金條』說[69]：

古時不以白金爲幣，專用黃金，而黃金甚多。尉繚說秦王，賂諸侯豪臣，不過三十萬金，而諸侯可盡。漢高祖以四萬斤與陳平使爲楚反間不問其出入。婁敬說帝都關中，田肯說帝當以親子弟封齊，卽各賜五百斤。叔孫通定朝儀，亦賜五百斤。呂后崩遺詔賜諸侯王各千斤。陳平交歡周勃，周五百斤。文帝卽位，

以大臣誅諸呂功，賜周勃五千斤，陳平、灌嬰各二千斤，劉章、劉揭各千斤。吳王濞反，募能斬漢大將者，賜五千斤，列將三千斤，裨將二千斤，二千石一千斤。梁孝王薨有四十萬斤。武帝賜平陽公主千斤，賜卜式四百斤。……可見古時黃金之多也。後世黃金日少，金價亦日貴，蓋由中土產金之地，已發掘淨盡。而自佛敎入中國後，塑像塗金，大而通都大邑，小而窮鄉僻壤，無不有佛寺，卽無不用金塗，以天下計之，無慮數千萬萬。此最爲耗金之蠹，加以風俗侈靡，泥金寫經，帖金作榜，積少成多，日消月耗。故老言黃金作器，雖變壞而金自在，一至泥金塗金，則不復還本，此所以日少一日也。

顧炎武和趙翼的看法差不多。只是顧炎武用宋杜鎬的意見，而趙翼是他自己的看法，以現在的看法看來，漢代黃金的量數確實很充足。尤其王莽傳所記的庫藏數量，更是以後歷代都未曾達到過，不僅未曾達到過，　而且都差的很遠。　佛寺鑄像用黃金箔包裝，因而消費掉黃金，固然是一個解釋。不過據顧炎武所舉的造像規模最大的是北魏文成帝興光元年一次及北魏獻文帝天安元年一次。只是所說的赤金實在是純銅，而黃金才是眞金。天安中的大像用銅十萬斤，用金六百斤，按照比例興光那次五像共用銅十二萬五千斤，用金就應當合七百五十斤。以後元代建萬安寺用金五百四十兩，寫藏經用金三千二百四十兩，都比北魏時代所用的金少（北魏比元衡制較小，卻少不到二分之一）。至於孫皓屢次鑄宮人的華燧步搖，齊東昏侯爲後宮買民間飾物，以及五代閩王氏鑄三淸像，都是用純金鑄造，後來毀掉，仍是純金，不損失全國純金的總量。又金極富於展性，四十三尺的大像，如用金箔去包，至多六百兩實已够用，用不著六百斤。此處所說六百斤，只有用誤字來解釋，如其不是誤字，就是當時經手人大量盜竊，以少報多，金的實際消耗，要比此數爲少。就算當時的確費了那麼多的黃金，至多也不過王莽時一匱的十分之 1.8（因爲隋開皇時以古稱三斤爲一斤，大業初依復古稱。魏文成及獻文時尙在開皇時一百多年以前未經歷次政治上大變動，比較小些），也就是六十匱全數中六十分之 1.8，而且這還是比較上特殊的例子。現在尙存的北魏佛像之中，敦煌和麥積山尙有不少，佛像上的彩繪亦至今存在，卻沒一尊佛像是塗金的，並且佛像上和壁畫上用金處也很少。若說漢代那麼多的藏金都被修築佛寺及裝塗佛像用的淨盡，卻也很不對題。再說從漢明帝時佛敎入中國，直到笮融才開始大修寺

院這一百多年之中，並無大修寺院的記載，但東漢時期眞正賜黃金之事卽已不多。董卓盡量搜取，塢中也只有二三萬斤，僅合王莽時的二三匱，旣未曾有大量佛寺裝金的事情，這些大量的黃金那裏去了？只有在佛寺裝金以外去找事實，才能有合理的解答，否則卽令是古今公認的意見，仍然不足取信的。

　　從王莽以至東漢末期，大量的黃金確實消失了，旣不可以用寺院的消費來解釋，就不如用對外貿易輸出黃金那一件來解釋更爲合理一些。因爲如其把黃金運到國外，也自然而然的，將來在國內不能出現的，現在在漢書中去找，就有兩段是把黃金輸出的。

　　漢書地理志：『自日南障塞船行可五月有都元國，又船行可四月有邑盧沒國，又船行二十餘日有諶離國，步行可十餘日有夫甘都盧國，自夫甘都盧國船行可二月餘有黃支國，民俗略與珠崖相類，其州廣大，戶口多，多異物。自武帝以來皆獻見。有譯長屬黃門，與應募者俱入海市明珠，璧，流離，奇石異物，齎黃金雜繒而往。

　　漢書西域大宛傳：『得漢黃白金，輒以爲器，不用爲幣。自烏孫以西至安息，近匈奴。匈奴嘗困月氏，故匈奴使持單于一信到國，國傳送食，不敢留苦，及至漢使，非出幣物不得合，不市畜不得騎，所以然者，以遠漢而漢多財物，故必市乃得所欲。及呼韓邪單于朝漢後，咸尊漢矣。

　　這兩段之中，地理志所說的是有關南海方面對於黃金的出口，西域傳所說的是有關西域方面對於黃金的出口。西域傳方面指的是漢廷使節携往的黃金，而南海方面，卻是黃門署與應募的人入海去用黃金和雜繒去購買珠寶。除去宮廷派人去以外，還有商人在內。所以南海方面更爲重要，再據地理志說『粵地………處近海，多犀，象、珠，璣，銀，銅，果，布之湊，中國往商買者，多取富焉。番禺，其一都會也』。犀是指犀角，象是指象牙，和珠璣等物都以番禺爲集中地。這許多高價的進口貨物，當然是由中國出口的黃金和各種絲織品換來。這些黃金，年年向外疏出，拿幾十年或幾百年的數目總計起來，可以變成一個非常鉅大的數目，決非寺院所消耗的所能比擬(70)。這裡並非說寺院不消耗，而是說黃金出口所占的數目更大。因爲寺院並非年年都有消耗，但在中國各處淘沙出金的，雖然數量有限，總可以大致抵補消耗。至於對外貿易

所用的黃金，卻是只要商人能够拿到手，就可以無限制的出口去買犀象珠璣各種高價品而大賺一番錢。周秦以來，中國每年產金數量誠然不算太多，但漢代以前，南海貿易不大繁盛，黃金經年累積，自然成爲一個可觀的數目，這就是漢代『多黃金的』原因。等到漢代以後，海道貿易大通，國內產的黃金不再可以在國內長期累積，這就自然而然的表現出來黃金的量不够了。

中國人口集中內陸，表面上是一個自給自足的整體。尤其從秦代以後，受到了法家農戰主義的影響，所以把視線全集中到農業上，縱然對外貿易對國家經濟的影響極大，也一點不知道重視。黃金的集散，明明是一個經濟問題，最先一步就應在經濟問題，尤其要在貿易進出口問題去求解答。只爲了傳統上忽視對外貿易的關係，從宋代杜鎬以來，就未曾想到對外貿易的重要性。 他只能想到次要問題， 佛像的裝金問題上。一直使得中國的黃金問題，在謎的世界之中，過了二三千年沒有適當的解答。

附　　注

（1） 詩經菁菁者莪（藝文本 353 頁），『錫我百朋』鄭箋引三家詩以五貝爲朋，而漢書食貨志王莽則以二貝爲朋，今按朋字甲骨作  顯然爲一朋二系，一系四五貝，所以一朋應爲十貝 。 見王國維釋朋（觀堂集林三，24，藝文本）。

（2） 不僅玻利尼西亞人是傑出的航海者，亞洲土人移殖到南太平洋各島，也是史前時期用的原始性舟船。

（3） 四部叢刊國語卷三、頁十四。

（4） 漢書食貨志（藝文補注本 522 頁），師古注引應劭曰：『大於舊錢，其價重也』。

（5） 四部叢刊國語卷三、頁十三。

（6） 詩經，周頌、臣工（藝文本 724 頁），毛詩云：『庤，具；錢，銚』。孔穎達疏云：『說文云錢銚古田器，世本云，鑋作銚』。

（7） 古樂府皚如山上雪，全漢三國晉南北朝詩藝文本 186 頁。

（8） 空首布的形製是  爲鏟形，柄首空處是縱裝木柄的形狀變來，參考古錢大辭典49至97頁。

（9） 周爲徹底的封建制度，周考王封其弟揭於洛陽王城，是爲西周，而西周又分封其子於鞏，是爲東周。以後周王要通過二周公室，才算有領土。東周錢見古錢大辭典 252 頁。

（10） 左傳僖公二十五年（藝文本 263 頁）。晉（文公）於是始啓南陽。陽樊不服，圍之。倉葛呼曰『德以柔中國，刑以威四夷，宜吾不敢服也，此誰非王之親姻，其俘之也』。乃出其民。

（11）　詩經小雅大東『周道如砥，其直如矢，君子所履，小人所視』（藝文本438頁）。

（12）　論語述而第七（藝文本62頁）何注引鄭（玄）曰：『讀先王典法，必正言其音，然後義全』。按雅言即中夏之言，也就是標準的讀法。

（13）　豫章見於史記吳王濞傳（藝文本1151頁），『吳有豫章郡銅山……益鑄錢……國用富饒』，其地當在安徽繁昌一帶。亦即江西與安徽南部為一郡，可能稱為豫章郡，也可能稱為九江郡。

（14）　戰國策趙策三，趙奢答田單曰，『且古者四海之內，分為萬國……今所 古之萬國者，分為戰國七，能具數十萬之兵，曠日持久數歲』（商務印書館排印本，卷二十、頁　）。

（15）　洛陽在漢代是重要都市，是繼承周代的繁榮的。其成都、長沙、吳三縣在漢代獨有縣令，其他長江各縣都為長，這也可證明其繁榮的程度。

（16）　見藝文翻吳志忠孟子集注二、第七頁。

（17）　漢書賈誼傳（藝文補注本，1072頁）。

（18）　漢書食貨志（藝文補注本，514頁）。

（19）　漢書蕭何傳（藝文補注本，989頁）。

（20）　漢書昭帝紀（藝文補注本，107——108頁）。

（21）　漢書食貨志（藝文補注本，523頁）。

（22）　漢高帝所頒布的只是『禁盜鑄錢令』，而不是『禁盜鑄錢律』，是秦法中並無此律。至景帝中二年始定『鑄錢，偽黃金棄市律』（漢書補注藝文本82頁），後來劉向即坐此律幾死，遇赦，始以減死論（漢書補注藝文本965頁）。

（23）　史記平準書（藝文影殿本，562頁）。

（24）　漢書食貨志（藝文補注本，523頁）。

（25）　漢書賈山傳（藝文補注本，1106頁）。

（26）　漢書食貨志（藝文補注本，523頁）。

（27）　漢書食貨志（藝文補注本，524頁）。

（28）　漢書賈誼傳（藝文補注本，1068頁）。

（29）　漢書食貨志（藝文補注本，523頁）。

（30）　漢書景帝紀（藝文補注本，82頁）。

（31）　史記貨殖傳（藝文影殿本，1342——1343頁）。

（32）　史記游俠傳（藝文影殿本，1302頁）。『郭解少時……藏命作姦，剽攻不休，及鑄錢掘冢』，又居延漢簡，『元康元年十二月辛丑朔，壬寅，東部候長生敢言之。候官官移大守府所移河南都尉書曰，詔所名捕及鑄偽錢、盜賊，凡未得者牛延壽高建等廿四移……』（20・12）。此即盜賊與鑄偽錢相關之例。

（33）　參看史記酷吏傳（藝文影殿本，1279——1287）及游俠傳（藝文影殿本，1301——1304）。

（ 34 ）　漢書食貨志（<u>藝文補注本</u>，527頁）。

（ 35 ）　史記高祖功臣表（<u>藝文影殿本</u>，362頁）。

（ 36 ）　漢書食貨志（<u>藝文補注本</u>，529頁）。

（ 37 ）　漢書食貨志（<u>藝文補注本</u>，532頁）。

（ 38 ）　後漢書五行志（<u>藝文集解本</u>，1185頁）。晉書食貨志（<u>藝文斠注本</u>，583頁）。

（ 39 ）　後漢書馬援傳（<u>藝文集解本</u>，312頁）。

（ 40 ）　說文解字序附<u>許冲</u>上表（<u>藝文影段注本</u>，795頁）。

（ 41 ）　後漢書明帝紀（<u>藝文影集解本</u>，66頁）。

（ 42 ）　後漢書皇后紀（<u>藝文影集解本</u>，165頁）。

（ 43 ）　後漢書皇后紀（<u>藝文影集解本</u>，158頁）。

（ 44 ）　後漢書皇后紀（<u>藝文影集解本</u>，159頁）。

（ 45 ）　後漢書皇后紀（<u>藝文影集解本</u>，162頁）。

（ 46 ）　後漢書皇后紀（<u>藝文影集解本</u>，173頁）。

（ 47 ）　後漢書韋彪傳（<u>藝文集解本</u>，339頁）。

（ 48 ）　後漢書劉般傳（<u>藝文集解本</u>，470頁）。

（ 49 ）　後漢書梁商傳（<u>藝文集解本</u>，423頁）。

（ 50 ）　後漢書劉愷傳（<u>藝文集解本</u>。472頁）。

（ 51 ）　後漢書祭肜傳（<u>藝文集解本</u>，279頁）。

（ 52 ）　後漢書張奐傳（<u>藝文集解本</u>，766頁）。

（ 53 ）　後漢書夏馥傳（<u>藝文集解本</u>，788頁）。

（ 54 ）　後漢書儒林傳（<u>藝文集解本</u>，911頁）。

（ 55 ）　後漢書逸民傳（<u>藝文集解本</u>，986頁）。

（ 56 ）　後漢書董卓傳（<u>藝文集解本</u>，830頁）。

（ 57 ）　後漢書光武十王傳（<u>藝文集解本</u>，511頁）。

（ 58 ）　後漢書光武十王傳（<u>藝文集解本</u>、517頁）。又敦煌漢簡：『<u>任城國亢父縑一匹</u>，幅廣二尺二寸、長

　　　　四丈，重廿五兩，直錢六百一十八』。（<u>沙畹簡</u>號539）。

（ 59 ）　後漢書東夷傳（<u>藝文集解本</u>，1005頁）。

（ 60 ）　後漢書朱暉傳（<u>藝文集解本</u>，524頁）。

（ 61 ）　後漢書劉陶傳（<u>藝文集解本</u>，685頁）。

（ 62 ）　晉書食貨志（<u>藝文斠注本</u>，584頁）。

（63）南齊書崔祖思傳（藝文本，251頁）。

（64）華陽國志（四部叢刊本，卷四、28頁）諸葛亮平定南中，『出其金、銀、丹、漆、耕牛戰馬，給軍國之用』。金銀包括金屬，雲南盛產銅，故銅當然在內。

（65）中國市場大量用銀，宋代已開始，元代以後更為顯著。這和對外貿易輸入銀兩有關。至於紙幣的發明，在人類的文化史上，實有非常重大的意義，不下於指南針，火藥，印刷術的重要性。但如加以推測，是由於中國中古的經濟，已有高度的進展，而籌碼不足應付，才推衍出這種代用的辦法。紙幣初期的形式，飛錢，嚴格說來，當然還不算紙幣，卻屬於信用的充分利用，這也是商業經濟在高度發展後的成果。

（66）漢書惠帝紀（藝文補注本，60頁）。

（67）彭信威中國貨幣史（1965上海版）157頁附注說『九章算術卷六，今有人持金十二斤出關，關稅之，十分而取一。今關取金二斤，償錢五千，問一斤值錢幾何？答曰六千二百五十』。李儼中國古代數學史料一九五六版第一〇九頁，說是指白金，並引武帝的白金幣為證。白金幣的白撰確是八兩值三千，不是真正的銀價。如果當時銀價每斤值六千二百五十，而武帝反以半斤作價三千，政府豈不賠本？——今按武帝時的銀幣，是銀錫的合金，成色不純。所以比純銀的市價反而低一點。所以李儼把值錢六千二百五的是指銀，不是不合理的、又九章算術卷七，『今有共買金，人出四百盈三千四百，人出三百盈一百，問人數金價幾何？答曰三十三人，金價九千八百』。則與一斤萬錢之數甚為接近。不過此種當指成色不足的生金（如漢中出金，至現在尚然，可是含銀量甚高，成色不佳），所以較規定的一斤萬錢反而低一點。

（68）商務印書館國學基本叢書本，卷二下，77頁。

（69）世界書局排印本，第39頁。

（70）彭信威的中國貨幣史（1965上海版），第145頁說：『數量的減少，是由於黃金外流，西漢因為普偏採用黃金為支付手段，所以一定有相當大的數量流到外國去。………他派張騫到西域去招徠大夏的屬國，也用黃金綵幣，這也是黃金的一條去路，但最重要的還是入超』。『西漢時已有若干對外貿易。如武帝向大宛買馬，向海外買明珠、璧流離，都曾輸出黃金。……史記大宛傳說「得漢黃白金，輒以為器，不用為幣」，這也是金銀外流的確證』。這個見解是不錯的。不過他卻未曾指出漢書地理志那一段，所以沒有找到貿易上直接證據，而且對於最重要的南海貿易也沒有找到中國的材料去解答。——又本篇以上各則，並參考李劍農中國經濟史，楊聯陞中國貨幣史（英文本）及全漢昇中古自然經濟。

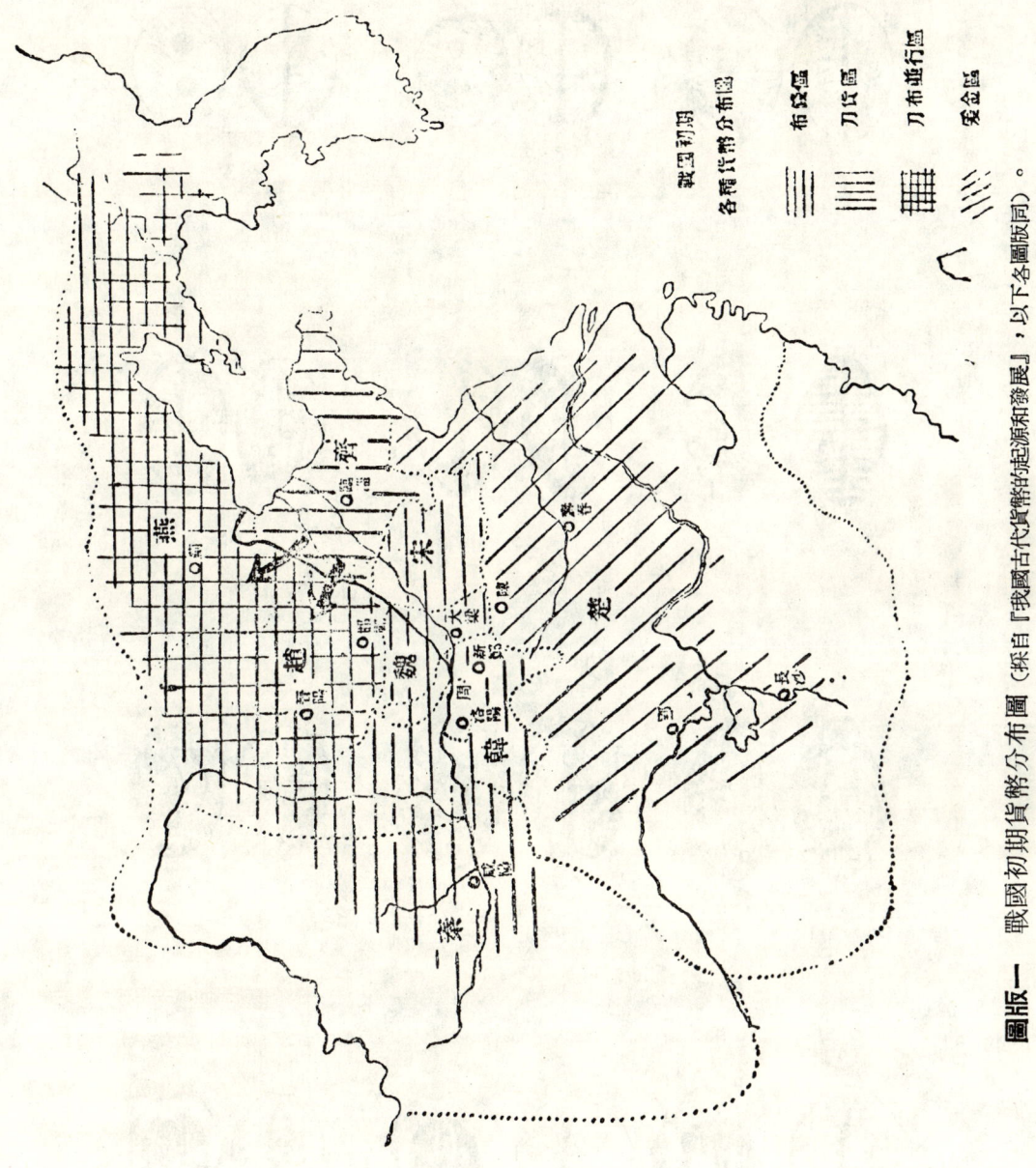

圖版一　戰國初期貨幣分布圖（採自『我國古代貨幣的起源和發展』，以下各圖版同）。

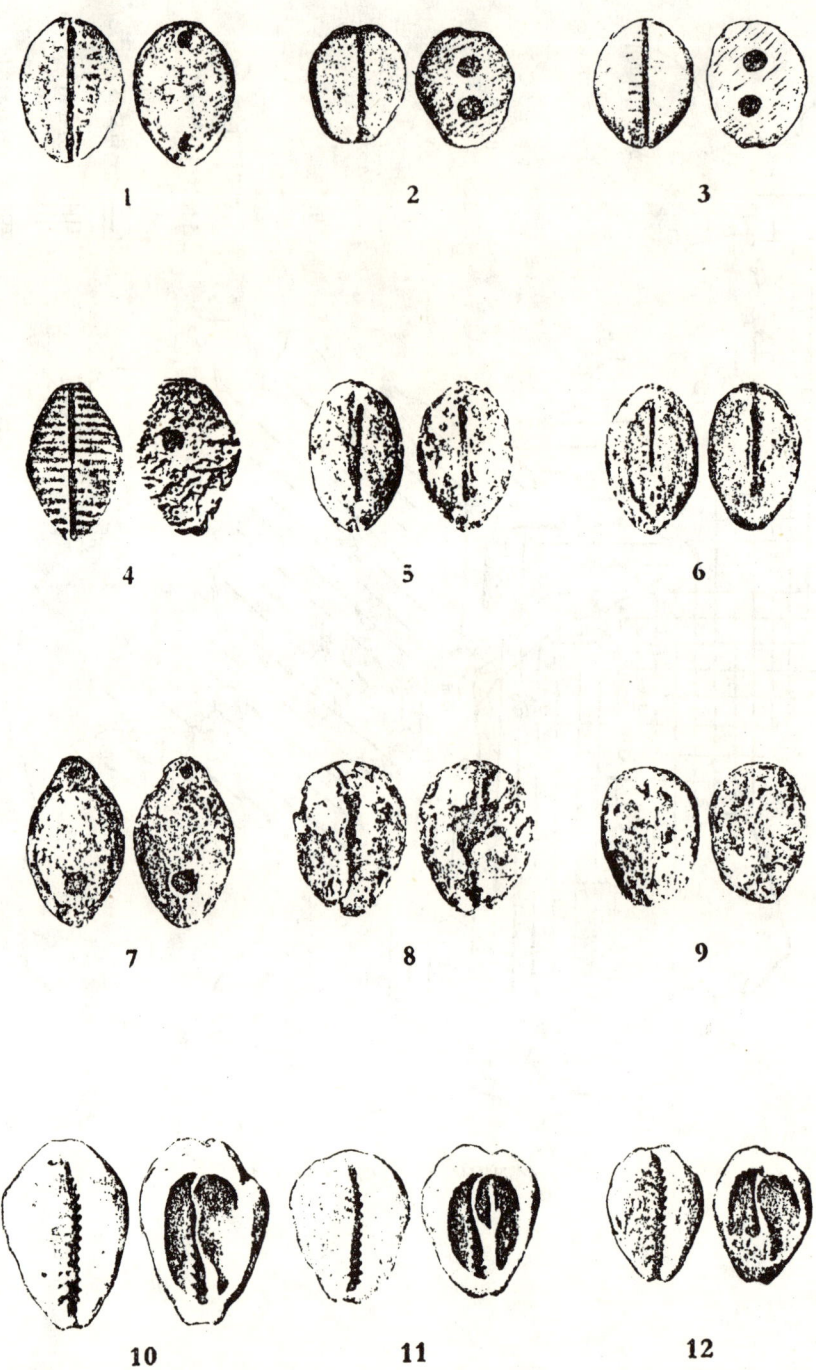

圖版二 1.2.3.貝 4.5.7.骨貝 8.9.10.鋼製貝 11.12.包金鋼貝

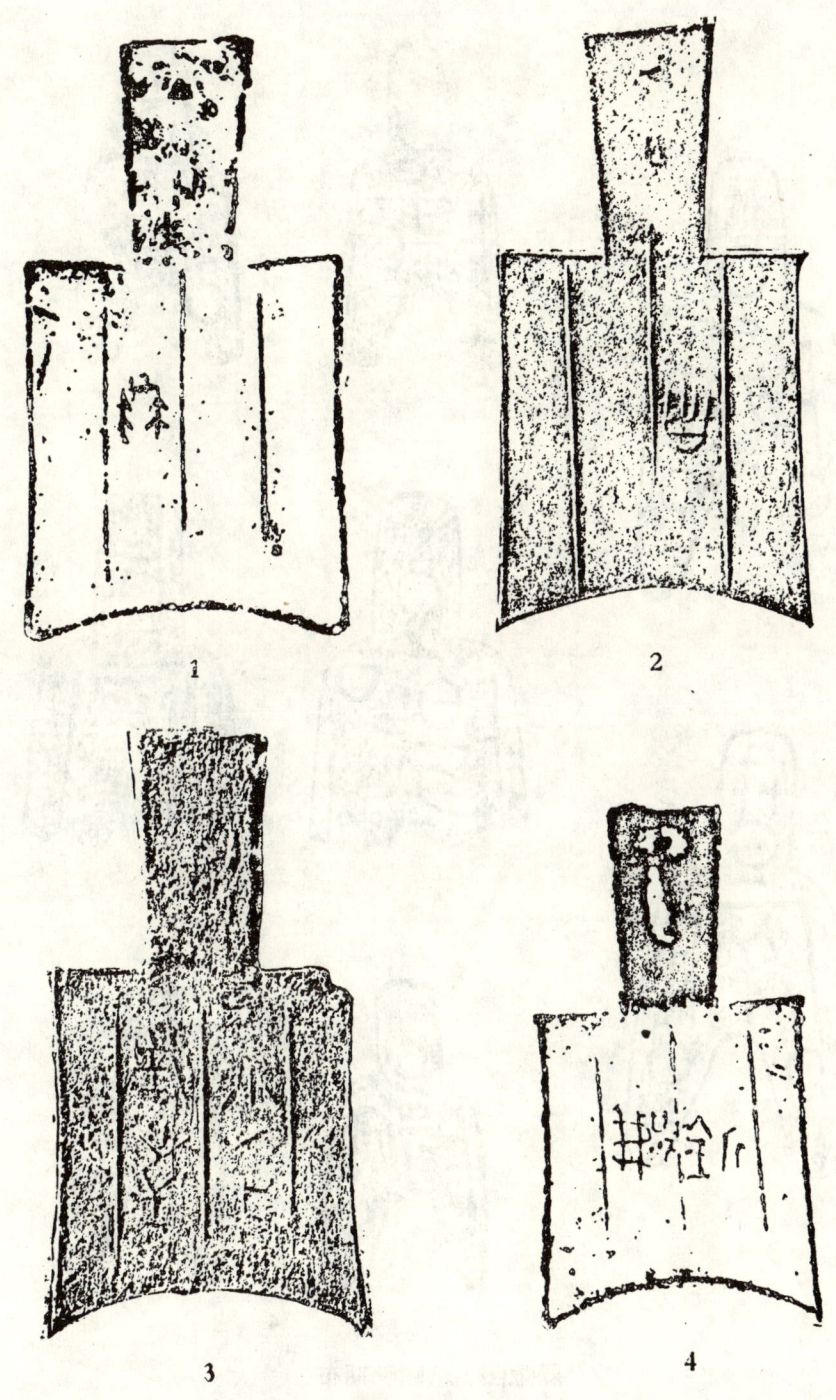

圖版三　空首布

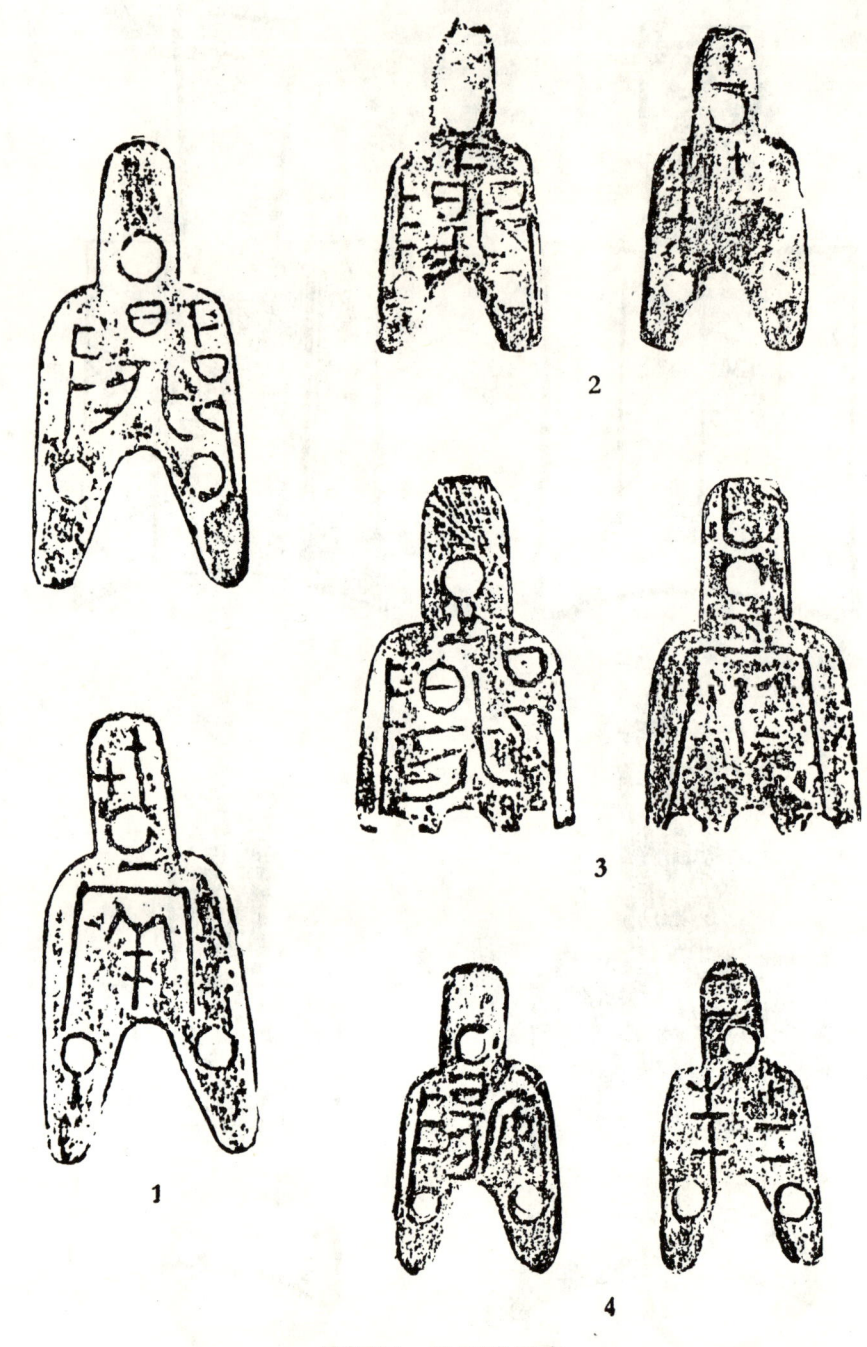

圖版四　戰國晚期布

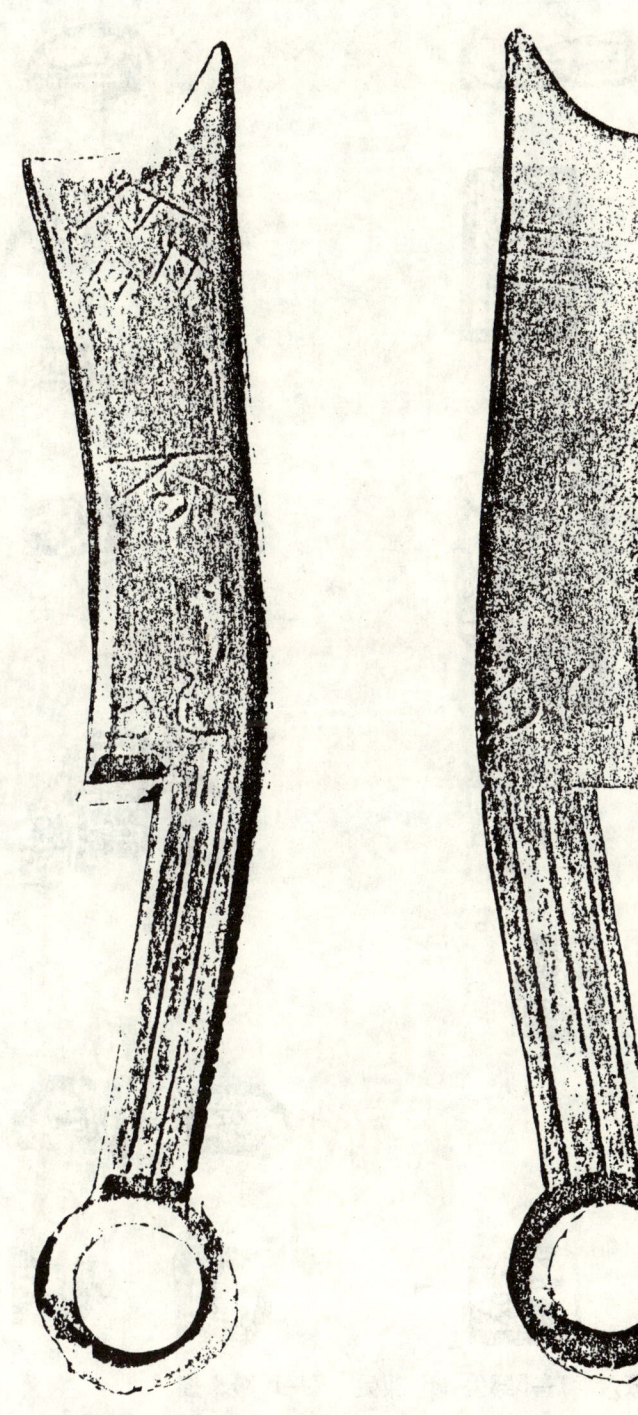

圖版五　齊刀

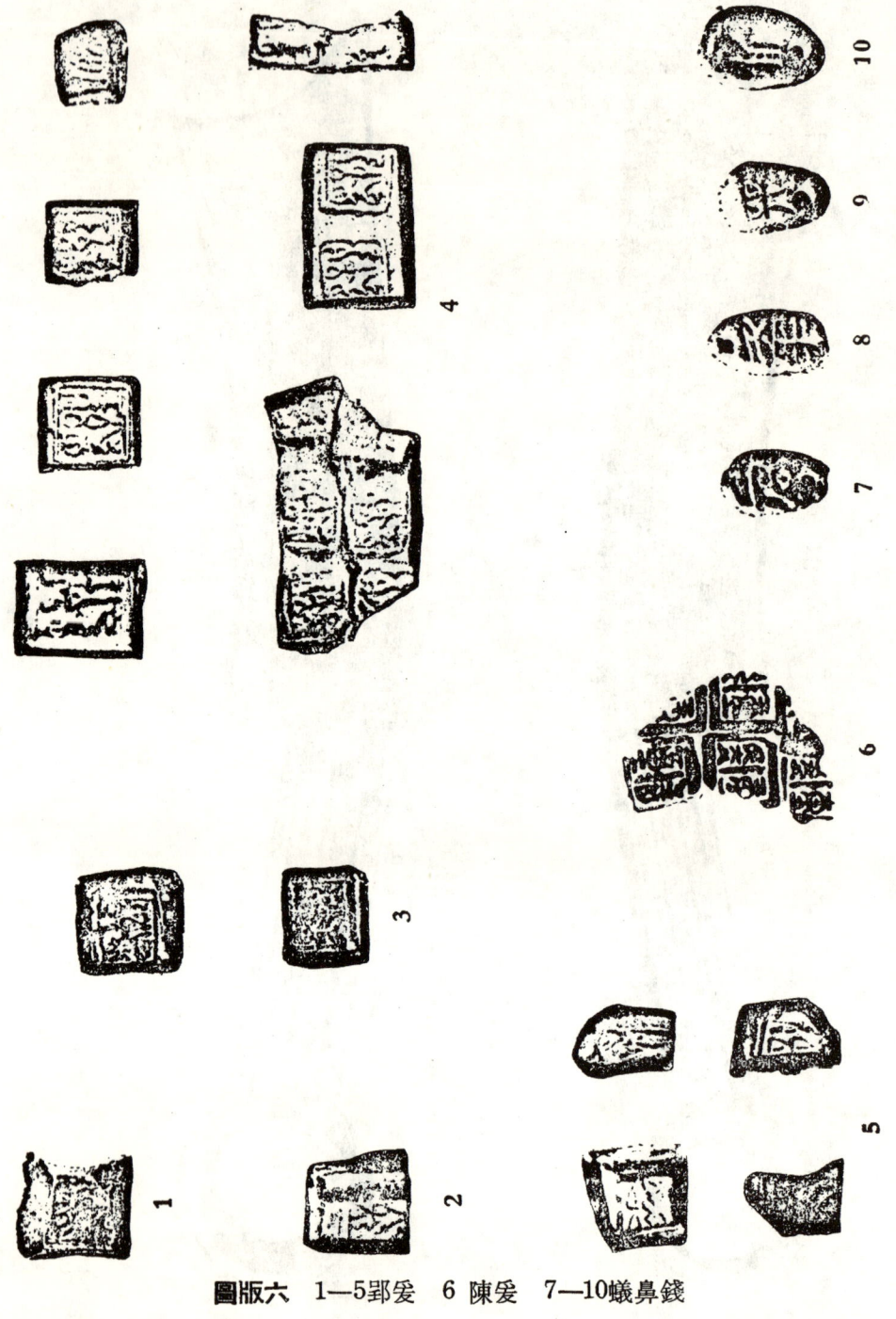

圖版六　　1—5郢爰　　6　陳爰　　7—10蟻鼻錢

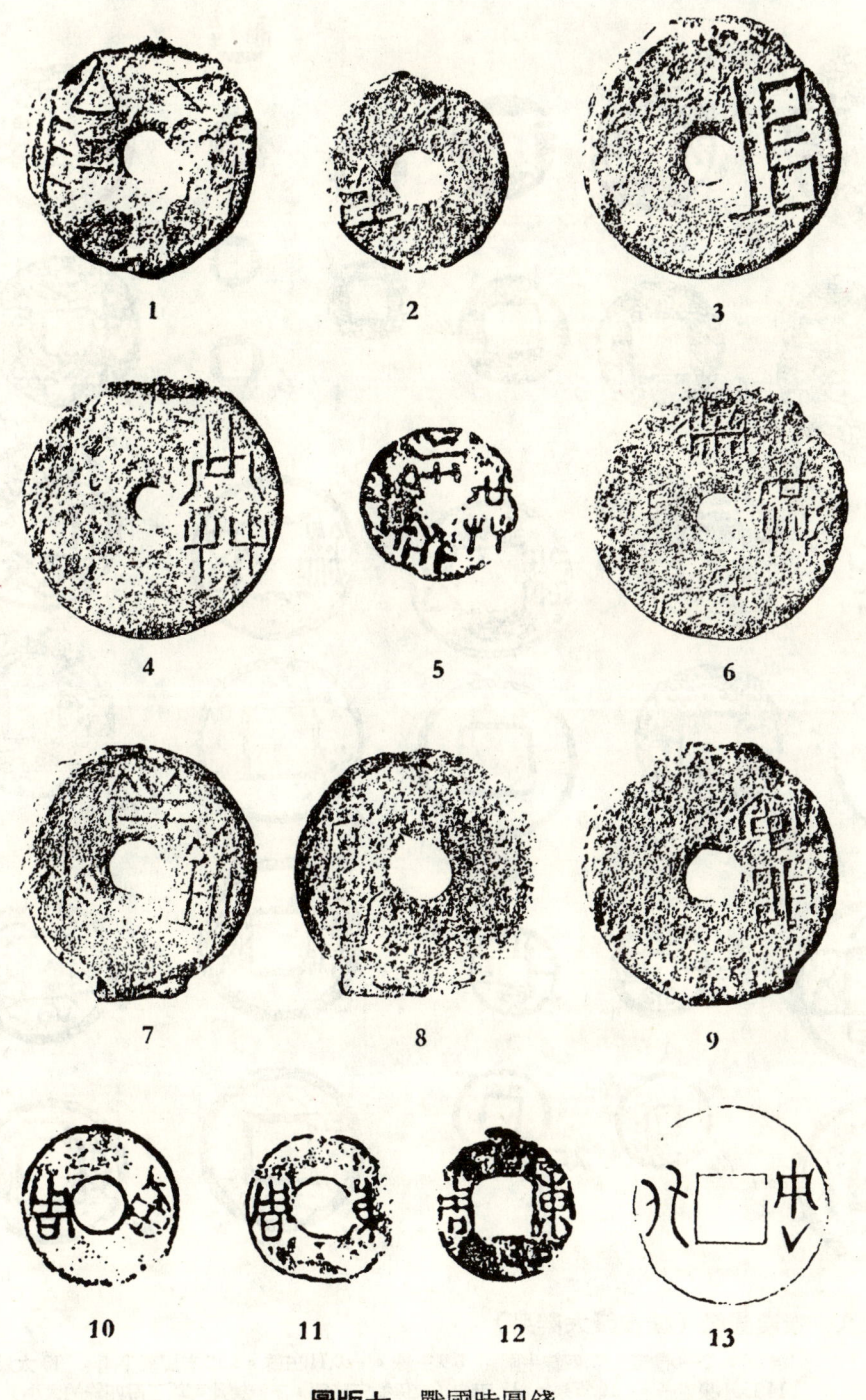

圖版七　戰國時圓錢

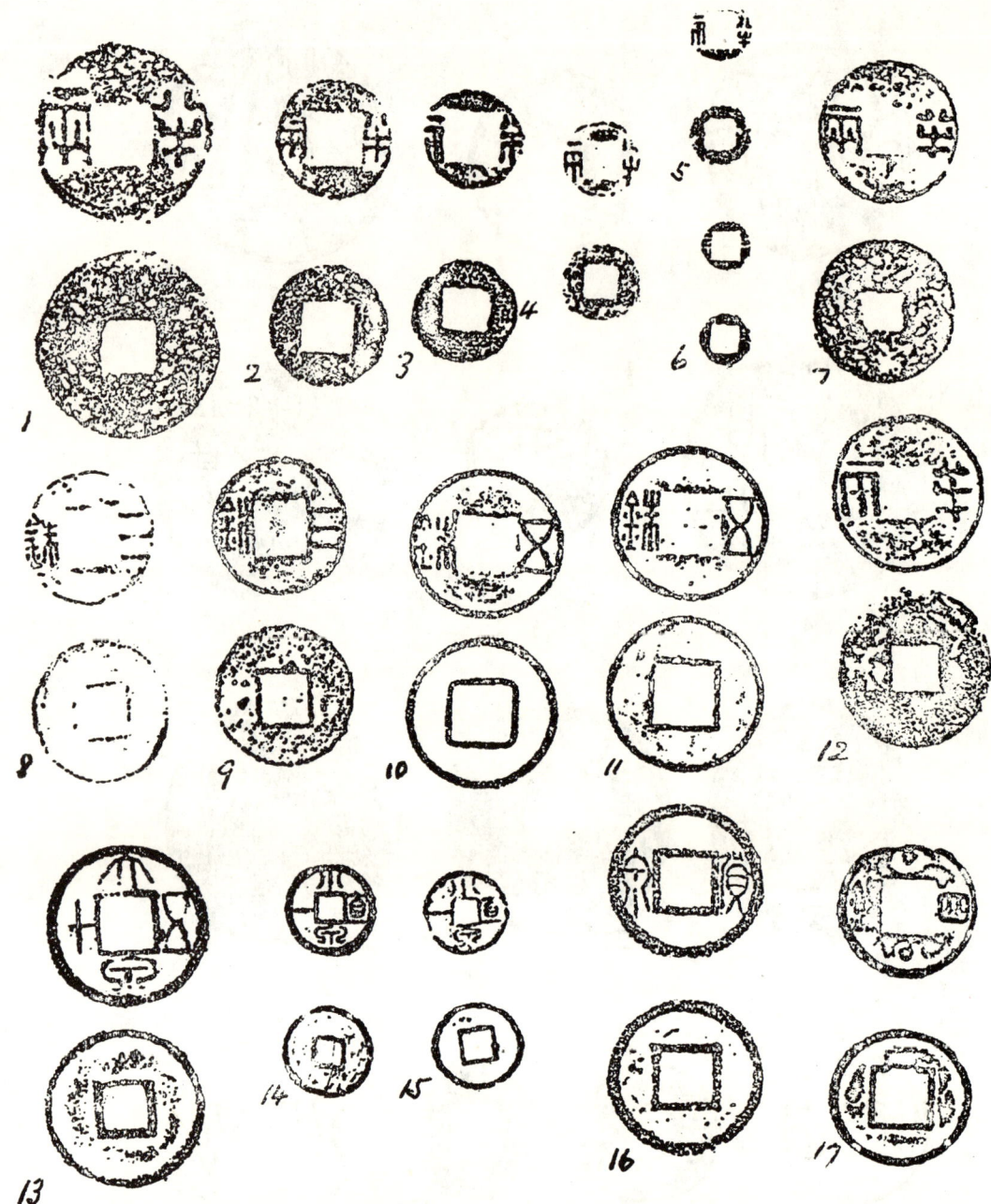

圖版八　秦漢圓錢（據古錢大辭典）

1.半兩。　2—6.榆莢。　7.四銖半兩。　8.9.三銖。　10.11.五銖。　12.有周郭半兩。　13.大泉五十。
14.15.小泉直一。　16.貨泉。　17.四銖（或係劉宋時鑄，不過據此可以了解四銖的大小）。

THE PROBLEM OF THE USES OF COPPER COINS AND GOLD PIECES IN HAN TIME

English Summary

Kan LAO

In ancient China various kinds of materials were used as the medium of currency. Cowries were the most popular kind among them. That cowries were highly valued by the ancient Chinese and widely used as money had been shown as early as on the oracle bones. The cowries found at Anyang ruins are similar to the fresh ones found on the Taiwan coast. This fact shows that ancient cowrie shells were transported through a long way from the East China Sea to the center of the China mainland.

The original use of cowries might be similar to the use of pearls for necklace which is so common as found in the primitive societies and among the civilized people. In ancient time a string of cowries was called a "pêng" which might be used both as ornaments of personal adornment and as a medium of exchange. The cowries are quite beautiful and very much alike and there is every indication that one of them had the same value as another. Thus we found that in the inscriptions on bronze vessels it is said that the lords have often given cowrie strings to their subjects as reward for service or as a mark of esteem.

In a long ranged term cowries ceased to be used as currency. Firstly , due to the wide use of bronze, imitation cowries were cast in place of the natural ones. Secondly, bronze tools such as spades and knives became the main medium of exchange. During the time of the Warring States, copper coins cast in the shape of the spades and the knives bearing inscriptions were used. Later, round coins were cast and circulated. The round coins proved to be most convenient in carrying as well as in counting. In consequence they became the last from having been used throughout the period of dynasties in China.

After the unification of China by the Ch'in dynasty all the rules imposed by the Six States were adjusted according to the standard regulations set by the Ch'in court. The shape and the size of the copper coins were not exceptional. Half ounce coin, or half tael coin (or panliang chien) was cast. When the Han court began its sovereinty, almost all the regulations were duplicated from those of the Ch'in dynasty. The cast of half ounce coin also followed the Ch'in system. But the newly established Han court was not as efficient as the Ch'in court had been. Illegal coinage was frequently found in the newly appointed princedoms and even in private factories. Because the illegal coins could not be controlled by the government, the number of coins grew and grew and overflowed the market with a decrease in size and weight to such a degree that they resembled elm-seeds. Those facts showed that there were inflations which had caused the living expenses running high and had compelled the government changing its monetary policy to solve the new problem.

In 175 B. C. (the thirtieth year from the establishment of the Han dynasty) the Han government issued a new coin known as ssu-chu chien or ssu-shu chien (or four twenty-forth ounce coin). The size is medium comparing to the standard pan-liang chien and the illegal elm-seeds. On the other hand, the government repealed the law prohibiting illegal coinage. This was done in order to root out false coining.

The result of this policy was good; the coinage got in order. But since the government gave up the privilege of the coin monopoly, the wealthy lords and the wealthy individuals became more wealthy by means of coinage. It became the menace of the imperial power. Thus the new policy was opposed by the famous philosopher Chia Yi.

In 140 B. C. Han Wu–ti took his throne. He was the most aggressive emperor in the line of his heredity. He changed many laws basing on his new ideas. He reformed both the political system and the economic system with an intention to control his domain efficiently. He also made several amendments in his economic and financial policies in order to provide his army with sufficient food and equipments during the time of military expeditions. Certainly the monetary system was most important to him. He failed several times in reforming the system, but finally he succeeded by setting up the Wu–chu chien or five twenty–forth ounce coin system.

Wu–chu chien was lighter than half ounce coin but heavier than the four twenty–forth coin. It proved to be a convenient unit of cash. The major difference between this policy and the former ones was that the coinage of wu–chu chien was monopolized by the central administration. No feudal lords, no wealthy people and not even the local administrations were allowed to cast coins. Only limited mints in the suburb of the capital Chang–an were used to cast the special coin with specific techniques. Under the control of material and technique, counterfeiting became nearly impossible. In consequence it proved to be even more stable than the ssu–chu coin. The wu–chu coin lasted for quite a long period of time until it was abolished by the usurper Wang Mang.

The monetary system established by Wang Mang was complicated and unpractical which caused serious inflations. The people dissatisfied with the system and prayed for the return of wu–chu coin which was expressed in popular folk ballads, such as

> "Yellow ox with white belly,
>
> 　　Let the 5–shu coin return."

When the Latter Han was established, the old wu–chu coin system was recovered. It lasted about two hundred years until the other usurper Tung Cho abandoned it to cast small coins. However it remained the basic unit throughout the Three Kingdoms and the Six Dynasties, though coins of different sizes and of large denominations were in circulation.

In ancient time gold was discovered and used in China as well as in other parts of the world. However, in Chinese the term for gold *chin* (or in ancient speech *chim*) was confused in interpretation because it has three meanings, namely, gold, copper, and metal in general. We may trace back to the construction of the archaic form of the character *chin* which is a pictograph showing the process of metal casting. Later the meaning of this character changed and denoted any kind of metal including gold, silver, copper, etc. To distinguish the meanings of *chin* is rather difficult. Only rarely does the context furnish a clue. In the time of the Warring States *yi* was used as a unit of gold which indicates that gold, for the first time, was used as currency.

The term *chin* (*chim*) used for gold specifically was rather late, but to use huang–chin or yellow metal for gold dated back as early as the time of Yi–ching compiling. It might be around one thousand B. C. At the ruin of Anyang, bronze vessels plated with gold have been found. This shows that gold was already in use in the Shang time, but strangely no special name was given. It was mentioned in Yü–kung, or the Tribute under Yü's Management in the Book of History, that three ranks of metal were presented as tribute by the people of the Delta of Yangtze. The three ranks of metal certainly referred to gold, silver, and copper. Most scholars believe that Yü–kung was compiled in the beginning of the Warring States. We may thus conclude that down to the period of the Warring States the term *chin* (*chim*) represented three kinds of metal, i.e. gold, silver, and copper.

Yi was a unit for gold used as currency with a weight of twenty ounces in the time of the Warring States. However the word *chin* "catty" (not to be confused with *chim* "metal") became the unit for gold in the Han time with a weight of sixteen ounces only.　Meng–tze, Chan–kuo–tse, and Shih Chi all contain references to the fact that *yi* was primarily used as a unit for gold throughout the Warring States.　But we do not know the ratio of gold to copper coins.

Ku yen–wu was the first scholar who discussed the problems of gold in his outstanding work Jih–chih Lu.　Chao Yi, an eminent historian of the eighteenth century, in his "Nien–ê–shih–cha–chi" also pointed out the problems of gold in the dynasties of China.　He stated that there must have been a great amount of gold in the time of the Han dynasty for the emperors always bestowed gold upon their subjects.　Also, when the regime of Wang Mang was overthrown, as much as six hundred thousand *chin,* or catties of gold was found in his treasury. But in the later dynasties the quantity of gold in circulation was not so immense. In Chao Yi's opinion the gold mines in the Chinese territory had been exhausted and the gold which circulated in the earlier dynasties was dissipated by the gilding of Buddhist images.

His assumption is remarkable but the cause of the vanishing of the gold is not so simple.　Gold leaf with a thickness of one hundredth millimeter can be made for gilding, therefore not very much gold is required for gilding a big Buddhist image.　Moreover, when I visited the caves at Tunhuang I found that none of the images cast during the time of the Northern Wei and the T'ang dynasties were ornamented with gold leaves.　This shows that gilding Buddhist images was not very common at that time; thus it cannot be the primary cause of the dissipation of gold.

So much gold reserved in the imperial treasury during the time of Wang Mang was quite unusual in Chinese history.　Most of this collection vanished during the Latter Han and the Three Kingdoms.　And we know that not until the Southern and Northern Dynasties did Buddhist temples become popular in Chinese society. Therefore better explanation should be found for the vanishment of this great amount of gold.

Ti–li–chih or the Geographical Record in Han Shu mentioned the commercial relations between China and the South Sea world.

> "The Nan–hai(province)···is situated by the sea. It is the center of rhinoceros' horn, ivory, tortoise–shell, various kinds of pearl, silver, copper, fruit and cotton. Most of the merchants from mainland become rich by the South Sea trade. Pan-yü is one of the main ports···Huang–chih···is the largest island with a large population and special treasures. From the time of Wu–ti people in those countries always come to the court with tribute. The chief interpreter who belongs to the eunuch office navigated with voluntary employees carrying gold and various kinds of silk to trade for bright pearls, glass beads and other precious stones."

From this paragraph we know that ivory, rhinoceros' horn, pearls, precious stones and even glass beads were the principal imports from the South Sea world, whereas gold and silk were used as currency. This kind of trading had continued for quite a long period of time from Han to the Southern and Northern Dynasties. Obviously an immense amount of gold was exported through the trade. Therefore this should be the major fact which caused the exhaustion of the gold reservation in the imperial treasury.

The legal ratio of gold to copper coins was one catty of gold to ten thousand coins. Gold was the main standard currency and copper coin was the auxiliary currency during the time of Han and Wei–Chin dynasties. Since gold became rare and could not be found in the open market, rolls of silk and cotton became the standard currency in the time of the Southern and Northern

Dynasties.　　Undoubtedly the silk–cotton standard was very inconvenient. Therefore, when a considerable amount of imported silver was accumulated towards the middle period of the T'and dynasty, silver standard was naturally established in place of the silk–cotton standard.　　This standard had continued in the following dynasties up to the twentieth century before the Second Sino–Japanese war.

出自第四十二本第三分(一九七一年九月)

漢簡賸義再續

陳　槃

壹、由漢簡句讀、標識、因論古人之『離經辨志』

　　漢人句讀與標識，或以空圈，或以圓點，或以斜豎一筆作ㄟ，或以橫畫作一，或則于斷句處空一格，余前譔漢晉遺簡偶述 (本所集刊第十六本)、近作敦煌漢簡符籙試釋 (中央研究院民族學研究所集刊第三十期) 一文，已略論之。案漢熹平石經，凡遇章、節更換處，亦施以圓點標識而不提行另起 (如春秋公羊經殘石拓本。參趙鐵寒讀熹平石經記，見大陸雜誌十卷五期)。此其法與漢簡符同。此外更有可考者，前儒孫奕嘗論之，其說曰：『句讀字，自漢有之。周禮宮正：春秋以木鐸修火禁。凡邦之事蹕。鄭司農讀火絕之，云：禁凡邦之事。蹕，國有事，王當出，則宮正主禁絕行者，若今時儀士塡街蹕也。鄭康成注，春秋以木鐸修火禁，句絕讀。火，戚如字；徐音豆。韓愈師說云：彼童子之師，授之書而習其句讀者也。淇曰：讀音豆，其字從言、從賣。唯馬融笛賦云：覘法於節奏，察度於句投。注曰：投，徒鬬切。句投，猶章句也 (鯤案，李善長笛賦注云，說文曰，逗，止也。投與逗，古字通，音豆。投，句之所止也。此注乃五臣張銑語)。其音訓同，而字畫異。廣韻玉篇讀、投二字，去聲俱不收』 (履齋示兒編卷十二句讀)。

　　漢人之于句讀如此，而于禮記學記之所謂『離經辨志』者，似亦可以因此而獲得

一暗示。章學誠曰：『說文￤，許云：有所絕止，￤而止之也。是點句之法，漢以前已有之矣。￤文又作點，音與柱同。古人離經辨志，不知如何』（丙辰劄記葉四二）。案句讀符號說文作￤，石經作●，漢簡或作●、或作○，大同小異，固可互證。至于『離經辨志』，章氏又云：『鄭注謂離句讀。嘗疑離絕句讀，受書之日即然，何待一年後哉？竊意初受書日，依經解詁，止能如前人成說，而不能自得其意志所在。習之一年，可離去本書而能通以己之意耳。蓋依經起義，是知其當然；離經辨志，是通其所以然爾。然師訓無聞，則不敢強以爲然。姑存以備一說』（丙辰劄記葉四二）。案章氏此說可商。東塾讀書記九離經辨志條曰：『即今之點句讀書也。左傳昭十六年孔疏譏服虔，未能離經辨句，復何須注述大典？』汪之昌曰：『學記，一年視離經辨志　鄭注：離經，斷句絕也；辨志，謂別其心意所趣鄉也。正義以離經爲離析經理，使章句斷絕；辨志，謂辨其志意趣向、習學何經矣。宋人遂謂辨別心所趣向，如爲善、爲惡、爲君子、爲小人。案注以斷釋離者，王逸釋離騷經：離，別也。注劉向九歎思古篇心離離兮，云：離離，剝裂貌。別與剝裂，均於斷義近。周禮形方氏：無有華離之地。注：使不孤邪離絕。是離亦訓絕。注以離經爲斷句絕，殆以此讀經，自宜以斷句絕爲第一義。左氏昭十六年傳疏，譏服虔未能離經辨句，復何須注述大典，亦一旁證。故時僅一年，攷校者先視其離經。注以辨志爲別其心意所趣鄉，釋辨爲別，傳注通義。疏以辨其心意所趣鄉，就離經者言，則誤會鄭意。後人遂至說及善惡與君子小人。殊不思經明云一年，時曾幾何？況所斷句絕，容亦有所受之。於此而遽欲覘其問學，定其立品，持論則高，恐未可施諸中材以下。竊以注中其字，非就離經者言當仍指所離之經言。句絕之別，即如此讀，則爲一義；如彼讀，又別爲一義。上屬下屬，祇一二字之間，義隨之而不同，所謂心意所趣鄉者此耳。學者從事於斯，必能體會古人意旨；後賢訓詁，不致隨口諷誦。王制篇，論辨然後使之，注謂攷問得其定也，正可與辨志之義相參。孔云習學何經，則是攷業而非辨志矣』。又曰：『史記老子韓非傳：然善屬書離辭。正義：離辭，猶分析其章句也。即注斷句絕之意』（青學齋集卷八視離經辨志解）。

　　案陳汪二氏之釋『離經辨志』，其說可從。漢人之句讀方式、標志，亦必有所自來，以漢簡、說文、石經及馬、先後鄭諸家之說證之，蓋可無疑也。

貳、偸、愈字通

居延漢簡：

　　第卅七隧卒蔣賞三月且病兩胠。蕭急少愈。

　　第卅三隧卒公孫譚三月廿日病兩胠。蕭急未愈。

　　第卅一隧卒尙武四月八日病頭痛寒炅，飲藥□□未愈（圖版四、四B。參勞氏考釋並王夢鷗居延漢簡校記。下例同）。

　　病年月日暑所病偸不偸報名籍，候官如律令（圖五八、二六）。

　　九月己丑病寒炅，盡庚寅□二日已偸（圖三四、二五）。

　　小偸，唯□遣（圖二五七、八B）。

　　□□□三銷一廷，卅一卒□服，少偸（圖七〇、二〇）。

漢晉西陲木簡：

　　□□使君徙居衡君家，以未偸，大舍東堂……（圖四二、七）。

　　案『偸』、『愈』古通。二字並从『兪』得聲，故『偸』亦或讀作『愈』。病愈，病差也。或作『癒』者，『愈』之俗體。張衡西京賦：『敬愼威儀，示民不偸。我有嘉賓，其樂愉愉。聲教布濩，盈溢天區』。此『偸』與『愉』『區』叶韻，即從『兪』得聲例矣。居延簡：『一縑復襲布復襦布單襜褕各一領』（圖八二、三四）。『令史扈卿買錢皁□襜偸』（圖二八五、一九）。『襜偸』即『襜褕』（漢書雋不疑傳：『有一男子衣黃襜褕』），亦其類矣。

　　『偸』『愈』字通之例，舊籍亦習見。淮南子說林：『以作僑遇人雖愈利，後無復』。俞樾曰：『「愈」當爲「愉」，古「偸」字也。……呂氏春秋義賞篇曰：雖今偸可，後將無復』（諸子平議卷三十二）。漢書淮南衡山列傳：『王亦愈欲休』。王念孫曰：『「愈」，讀爲「偸」，故史記作王亦偸欲休。言偸安而不欲發兵也。上文云：王銳欲發；此云：王偸欲休，二語正相反。史記齊世家：桓公欲無與魯地而殺曹沫，管仲曰：夫劫許之，而倍信殺之，愈一小快耳，而棄信於諸矦。謂偸一小快也。燕策：人之饑，所以不食烏喙者，以爲雖偸充腹，而與死同患也。史記蘇秦傳，偸作愈。韓子難一：偸取多獸。淮南人閒篇偸作愈。是偸與愈通也。而愈字師古無音，則

已不知其爲偸字矣』（讀書雜志四之九、葉六『憖欲休』條）。素問著至教論篇：『雷公曰，臣治疎，愈說意而已』。注：『雷公言，臣之所治，稀得痊愈。請言深意，而已疑心。已，止也。謂得說則疑心乃止』。孫詒讓曰：『案王讀「臣治疎愈」句斷，非經意也。此當以「臣治疎」三字爲句；「愈說意而已」五字爲句。「愈」即「偸」之變體。說文心部云：偸，薄也。叚偺爲「㽤」，俗又作「偸」。詩唐風山有樞篇：他人是愉。鄭箋云：愉讀爲偸。周禮大司徒：以俗教安，則民不偸。公羊桓七年何注：則民不偸。釋文云：愉本作偸。是其證也。此「愈」亦當讀爲「偸」。禮記表記鄭注云：偸，苟且也』（札逡十一、葉五）。

又『愈』『愉』『逾』亦可通假爲『偸』（他何反）。大戴禮文王官人：『心色辭氣〜其入人甚愈』。孔氏補注：『周書云，其人甚偸』。文子上德：『犬豕不擇器而食，愈肥其體，故近死』。孫詒讓曰：『纘義本「愈」作「愈」。案「愈」即「愉」之變體，與「偸」字通。淮南子說林訓云：狗彘不擇甔甀而食，偸肥其體，而顧近其死。即此所本』（札逡四、葉二十）。水經濡水注：『管仲對曰，豈山之神有偸兒』。王先謙合校：『官本曰，按管子作登山之神有愈兒。案朱同官本』。此『愈』通假爲『偸』。毛詩唐風山有樞：『宛其死矣，他人是愉』。鄭箋‥『愉，讀曰偸』。荀子富國：『爲之出死斷亡而愉者』。集解：『王念孫曰，「愉」讀爲「偸」。「愉」上當有「不」字。「出死斷亡而不偸」者，民皆死其君事而不偸生也。楊所見本已脫「不」字，故誤以愉爲歡愉之愉。下文「爲之出死斷亡而愉」，「愉」上亦脫「不」字。王霸篇曰「爲之出死斷亡而不偸」，羣書治要引作「不偸」，足正此篇之誤。楊不知「愉」爲古「偸」字，反以「不」爲衍文，謬矣。說文偸薄字本作愉，從心愈聲。爾雅：佻，偸也。小雅鹿鳴傳作：恌，愉也。周官大司徒，則民不偸；桓七年公羊傳注，則民不偸；坊記注，不偸於死亡，釋文竝音偸。漢繁陽令楊君碑不偸祿求趣，亦與偸同。經傳中「偸」字或作「偸」者，皆後人所改也』。此『愉』通假爲『偸』。呂氏春秋任地：『操事則苦，不知高下，民乃逾處』。孫詒讓曰：『案「逾」當讀爲「偸」。禮記表記云：君子莊敬日強，安肆日偸（原注：墨子修身篇云：故君子力事日彊，願欲日逾。與表記之文正相類，亦借『逾』爲『偸』，與此文可相證）。鄭注云：偸，苟且也。言民怠惰，苟且安處，不肎力作也』（札逡六、葉二二）。此『逾』通假爲『偸』。

叁、墼

居延漢簡：

墼廣八寸厚六寸長尺八寸一枚用土八斗水二斗二升 (圖一五・無號)。

說文土部：『墼，令適也』。段注：『瓦部甎下曰：令甎也。按令甎即令適也。甎、適、墼、三字同韵。釋宮曰：瓴甋謂之甓。郭云：甎甓也。………加瓦者，俗字也。甋甓亦皆俗字。……韋注吳語曰：員曰囷，方曰鹿。然則鹿專者，言其方正也。亦曰墼』。說文又云：『一曰未燒者』。段注：『韵會作：未燒磚也。燒，謂入於匋。匋，瓦器竈也。上文一義謂，已燒之專曰墼。此一義謂，和水土入模笵中而成者曰墼。……今俗語，謂未燒者曰土墼』。王國維曰：『顏師古注急就篇云：墼者，抑泥土爲之，令其堅激。則謂未燒者也。塞上所作者，當爲未燒之墼。漢時築城多用之』(流沙墜簡二屯戍叢殘考釋葉二五)。案王氏謂塞上之墼爲未燒者是，簡云墼一枚，『用土八斗，水二斗二升』，不更云其它物事，可證。

『墼』又通作『撃』。墨子雜守篇：『若治城，爲撃，三隅之(校注：孫云，言撃之形爲三隅，不方也)，重五斤已上』。案『墼』本字，此作『撃』者，借字。墼必方正 (參前引段注)，而此作『形爲三隅』者，因地制宜，可毋拘也。

尙秉和曰：『後漢周紵傳，紵廉潔無資，常築墼以自給。……按今江北、河北人砌牆多以墼。……漢末殆已如此，故紵售墼以自給』(歷代社會風俗事物攷葉一六四)。案以墼砌牆，不自漢末始，墨子書可證。又禮記雜記：『三年之喪，居堊室之中』。鄭注：『壘墼爲之，不塗塈』。案鄭注云云，蓋本古義。若然，則墼之爲用尙矣。

肆、中程 不中程

居延漢簡：

乙亥昏時，臨木卒汪受誠勞北隧卒通武賢

□□夜食七分付誠北卒賣□十七里中程 (圖一七三・一)

…………

出亡人赤表函一北

昏時四分時乘胡隧長□付乘山隧長普函行三時中程

（圖五〇二、三）

任小吏忘爲中程甚毋狀方議罰檄到各相與邸校定吏當坐者言須行法　　（圖五五、一三・又二二四、一四・又二二四・一五）

☑中程　不中程　（圖二四六、四四）

案『中程』『不中程』，秦漢間恆辭。周禮夏官大僕：『建路鼓于大寢之門外、而掌其政，以待達窮者與遽令，聞鼓聲則速逆御僕與御庶子』。鄭注：『遽令，郵驛上下程品』。孫詒讓正義：『云遽令、郵驛上下程品者，後鄭讀遽令爲句，不從先鄭說也。史記張蒼傳云：天下作程品。說文禾部云：程，品也。毛詩大雅小旻傳云：程，法也。廣雅釋詁云：品，式也。謂郵驛上下法式計課之事。韓非子難勢篇云：夫良馬固車，五十里而一置，使中手御之，追速致遠，可以及也；而千里，可日致也。是郵驛利速行，不得稽緩，故爲程品督課之』。然則『中程』者，合乎程品、法式之謂也。凡百措施，亦無不各有其程品、法式，不惟郵驛，故韓非子難一篇曰：『賞罰使天下必行之，令曰：中程者賞，不中程者罰』；漢書尹翁歸傳：『有論罪，輸掌畜官，使斫莝，責目員程，不得取代，不中程、輒笞督』；又陳萬年傳：『豪猾吏及大姓犯法，輒論輸府，目律程作司空，爲地曰木杵，舂不中程或私解脫鉗鈦衣服不如法，輒加罪笞』；上簡云『任小吏忘爲中程，甚毋狀』，是也。或省作『程』，陳琳飲馬長城窟行云『官作自有程』，是也。『程』或作『呈』，鹽鐵論水旱篇：『卒徒作不中呈』，是也。或作『員程』，淮南說山篇云『舂至旦，不中員程猶謫之』及上引陳萬年傳云『責目員程』，是也。

伍、甲冑或以革或以鐵

居延漢簡；

　　革鞮瞀四

　　有方□一　　　（圖二三九、八一）

　　　　　　　　　　　　　　　　有方一

驛北亭卒東郡博平博里皇隨來　三石承弩一　　斬干斬各一

　　　　　　　　　　　　弩幨一　　　　革甲鞮瞀各一　　（圖一四、二）
鐵鉏瞀第一十　其葱干幣絕可繼　　（圖四九、二六）
　　　　　　　　鐵鞮瞀二中毋絮今已裝　　五石弩一左弦三分今已亭
第五隊長李嚴　鐵鎧二中毋絮今已裝　　槀矢十二干唪呼未能會
　　　　　　　　六直弩一組緌令已更組　　蚩矢三十干唪呼未能會
　　　　　　（圖三、二六）

　　王國維釋『鞮瞀』即『兜鍪』，亦即甲冑之冑，謂『古者以革爲鞮瞀，故其字或變而从革；後易以金，故又變而從金，而瞀字遂廢不用』；引韓策『甲盾鞮鍪』、漢書韓延壽傳『被甲鞮鍪』等文爲證（流沙墜簡考釋二、葉四十）。案王說甚善。尙書費誓：『善敹乃甲冑』。某氏傳：『言當善簡汝甲鎧冑堅鍪』。正義：『經典皆言甲冑，秦世已來，始有鎧堅鍪之文。古之作甲用皮，秦漢已來用鐵。鎧鍪二字皆從金，蓋用鐵爲之，而因以作名也』。儀禮既夕禮『甲冑干笮』疏說略同。今案簡文或云『革鞮瞀』、或云『鐵鞮瞀』；或云『革甲』，或云『鐵鎧』，是漢代甲冑或以革，或以鐵，非謂鐵甲冑已興、而革甲冑遂廢而不用也。孔賈二氏之說，有未然者也（春秋、戰國以上甲鎧，亦金革並用，武億已嘗論之，詳所著三禮義證周禮夏官『用金謂之鎧』條）。

陸、惡　女

居延漢簡：
　　　　　　　　母大女存年六十七用穀二石一斗六升大
　　俱起隊卒丁仁　弟大女惡女年十八用穀二石一斗六升大
　　　　　　　　弟使女肩年十三用穀一石六斗六升大　　·凡用穀六石
　　　　　（圖二五四、一）

　　案『亞』『惡』古字通，『惡女』即『亞女』，蓋次女也。吳仁傑兩漢刊誤補遺：『亞谷簡侯，盧縮傳作惡谷。避暑錄云：有獲周惡夫印者，劉原父曰：此漢條侯印也。古亞、惡二字通用，史記亞谷侯，漢書作惡谷。葉左丞因疑條侯名作亞父之亞，音未必然。春秋衞有醜夫，蓋古人命名亦多以惡名者，安知亞夫不爲惡夫也？仁

傑案書大傳：武王升舟入水，鐘鼓惡，觀臺惡，將舟惡，宗廟惡。鄭康成謂惡為亞，則惡夫正應與亞父之亞一音耳。然水經注：櫟陽縣，漢丞相周勃冢，北有弱夫冢。惡、弱名復相類，所未詳也』（卷五亞谷條）。案亞夫，周勃次子，則惡夫之惡，非醜名，不當讀作善惡之惡。蓋亞本字，惡借字。亞女之為惡女，亦其比也。作『弱夫』者，蓋俗讀之謬，不足據也。

柒、過　所

居延漢簡：

元鳳三年十月戊子朔戊子酒泉都尉安國以近次兼行太守事丞步遷謂過所縣河津請

遣□官持□□□冢共□□謁丞從事金城張掖酒泉敦煌郡乘冢所占畜馬二匹當張舍從者如律令　／掾胡卒史彊　　（圖三〇三・一二A）

元康二年正月辛未朔癸酉都鄉嗇夫……

當以令取傳謁移過所縣道□……

正月癸酉居延令勝之丞延年　（圖二一三・四四A又二一三・八A）

元延二年十月乙酉居延令尚丞忠移過所縣道河津關遣亭長王豐以詔書買騎馬酒泉敦煌張掖郡中當言傳舍從者如律令　　／守令史詡佐褒　十月丁亥出　（圖一七〇・三A）

建平五年十二月辛卯朔庚寅東鄉嗇夫護敢言之嘉平

□□□□□一乘忠等毋官獄徵事謁移過所縣邑／序治津關所欲□敢言之

（圖四九五・一二A）

右過所四事，『元鳳三年』簡一事，完好無闕，漢代過所文書體例，可以此焉見之矣。惟原件圖版今所見者，漫漶殊甚（建平五年簡『一乘』以下亦殘闕），大半不可讀。蓋三十餘年前勞先生初作釋文時、猶可辨識也。

陳霆曰：『古之行者，必挾「過所」。釋者謂若今路引之類，然未詳二字何緣而名。偶閱禮經會元，謂周人之制，徙國中及郊者，必有所授；徙于他鄉者，必有旌節。無授無節，是以過惡而妄徙者，此無所容，彼無所授，過其所必有呵問。是「過所」者，就遷徙之人經過所在而言。後世謂二字為周禮之文，用遂立以為文券之名

也』（兩山墨談卷二）。案陳釋『過所』二字之義，不誤。惟以此爲『周禮之文』，此未然，周禮司關固有其事、其義，然其辭未聞。至于鄭注，則有之矣。王國維謂：『過所者，後漢以來行旅券之稱』；又謂：『過所之稱，起于後漢』，此並非是。前引過所，其年號有云『元鳳』（漢昭帝），有云『元康』（宣帝），有云『元延』（成帝），有云『建平』（哀帝），此並前漢年號。然而此居延漢簡，王氏不及見之矣。餘義流沙墜簡補遺考釋葉五詳之。

捌、帗

居延漢簡：

　射發矢十二中帗十二賜勞☒　（圖二三二・二一）

　居延甲渠逆胡隧長公乘王毋何　五鳳元年秋以令射發矢十二中帗六當　（圖三一二・九）

　・功令第卌五候長士吏省試射＝去堋帗弩力如發弩發十二矢中帗矢六爲程過六矢賜勞十五日　（圖四五・二三）

　　　　　堋上深目少八　　　　毋射堋
察微隧　　堋上深目少四　　　以鑿酒上
　　　　　積薪八皆毋塗布　（圖一四二・三〇）

　案『帗』字不見字書。審簡文，其義葢同于『準』。說文土部：『準，躲臬也，从土，蔂聲，讀若準』；又木部：『臬，躲準的也』。或作『埻』。呂氏春秋本生篇『萬人操弓，共射一招』。高注：『招，埻的也』。或作『𩫁』。周禮天官司裘：『皆設其鵠』。鄭注：『侯者，其所射也。以虎熊豹麋之皮飾其側，又方制之以爲𩫁（釋文：或作準），謂之鵠，著於侯中，所謂皮侯』，是也。簡文本亦有『埻』字，但不如『帗』字習見。又云『射去埻帗，弩力如（同而）發』。『埻帗』並稱，葢古人自有複語耳。

玖、白事

居延漢簡：

　　　□叩頭叩頭□言前士吏樊叩搏券轉家名時付白事□叩＝頭　　（圖一八・七B）

　　（背）

流沙墜簡簡牘遺文考釋三：

　　　□見告

　　　□□イ□事

　　　□宣心書

　　　拜言疏

　　　□□□□□人作

　　　□□執軍戎

　　　□右白事□

　　　也是尤責

　　　舍住一皆發

　　　□□□藉□　（葉一三）

　　案『白事』，謂以書面有所陳述。漢晉人恆辭。後漢書袁紹傳：『主簿耿包密白紹曰，赤德衰盡，袁為黃胤，宜順天意，目從民心。紹目包白事示軍府僚屬』。亦其例。

拾、名病已

居延漢簡：

　　馬長史，即有吏、卒、民、屯士亡者，具署郡縣里名姓……白報與病已……（圖五一三、一七・又三〇三、一五）

　　石六斗　　九月戊辰朔戊辰，通澤第三亭長舒，付第十二亭長病已，以食吏卒四人（圖一四八四三）

　　□□隧卒魏郡鄴東武成里馬病已（病字漫漶，從勞氏釋），年卅　　　（圖二六二、三二）

　　出麇小石十二石　征和三年十月丁酉朔丁酉第二亭長舒付第十亭長病已已食吏卒四人　（圖二七五、二〇）

　　案『病已』，漢人常詞。史記封禪書：武帝『於是病愈，遂起，幸甘泉。病良

巳』，亦其例。俗喜以此命名，蓋兼具厭勝之義（霍嫖姚名去病，蓋亦此意）。漢書宣帝紀『孝武皇帝曾孫病已』，顏注：『師古曰，蓋以夙遭屯難而多病苦，故名病已，欲其速差也。後以爲鄙，更改諱詢』。案師古謂『欲其速差』，是也。又云後以爲鄙而更諱詢，此非也。帝紀，元康三年，詔曰：『聞古天子之名，難知而易諱也。今百姓多上書觸諱目犯罪者，朕甚憐之。其更諱詢。諸觸諱在令前者，赦之』。是宣帝更名詢者，以前名病已，此民間普徧習用之字，甚難廻避，致多犯罪，故可憐閔。不謂鄙也。

拾壹、有方

敦煌漢簡：

有方一

有方一（流沙墜簡考釋二、葉四十）。

居延漢簡：

靳干廿七

靳幡廿七

有方五

□反三（圖五二二、四）。

持有方一、劍一2（圖七、二五）。

革韇瞀四

有方□一　　（圖二三九、八一）。

王國維曰：『墨子備水篇，二十船爲一隊，選材士有力者三人共船，其二十人擅有方，十人擅苗（原注：畢校云，苗同矛）；上文又云：臨三十人，人擅弩。矛與弩皆兵器，則有方亦兵器矣。韓非子八說篇：撜笏干戚，不適（敵之假借）有方鐵銛。亦其證也。唯其形制則不可考矣』（前引流沙墜簡考釋）。

勞貞一先生曰：『又據墨子，有方與長兵之矛同用於戰船，則有方應亦爲長兵矛戟之屬。有方之應用於舟師者，蓋與水上之便利有關。……舟中所遇，平遠爲多，崔葦次之。………然則墨子所云舟師三十人，其十人擅矛者，蓋以施之於崔葦之間；其二十人擅有方者，蓋以施平遠之水上。若以陸地情況概之，則有方應爲戈戟之類

矣。……史記秦本紀論贊，賈生曰：「非銛於句戟長鎩也」……集解：「……駰案如淳曰……」；又曰：「矛刃上有鐵橫方，上句曲」。………有方者，即矛刃上之鐵橫方，亦即矛頭之戟。其鐵橫方，即戟之鐵刃也』（居延漢簡考證葉五二）。

　　案勞說可從。說文：戈部：『戟，有枝兵也』。段注：『兵者，械也。枝者，木別生條也。戟爲有枝之兵，則非若戈之平頭，而亦非直刃似木枝之袤出也。戈刃之倨句（案同鉤），平而稍侈，故曰外博。戟則大侈，倨句一矩有半，故可刺可句。……』。又云：『釋名，戟，格也，傍有枝格也』。戟有枝旁出，『有方』，猶言『有旁』也。儀禮大射儀『左右曰方』，鄭注，『方，出旁也』，是『方』『旁』音同字通。古書中此例習見，王引之經義述聞尚書篇『湯湯洪水方割』條、馬瑞辰毛詩傳箋通釋卷三二商頌『方命厥后』條、俞樾諸子平議卷十七莊子人間世篇『其可以爲舟者旁十數』條詳之。

　　韓非子八說：『摺笏干戚，不適有方鐵銛』。舊注：『方，楯也。言摺笏之儀、干戚之舞，與夫方楯鐵銛，不相稱過也』。洪頤煊曰：『案詩公劉，干戈戚揚，鄭箋：干，盾也。然則有方非楯也。有方當是「有刃」之譌』（讀書叢錄卷十四有方條）。孫詒讓曰：『案有方、當爲酋矛（原注：酋、有音近，矛、方形近，因而致誤）。墨子備水篇云：亓二十人，人擅酋矛。今本亦譌作有方』（札逡七、葉六）。案有方舊解，並誤。

拾貳、責債古今字

居延漢簡：

責券薄　（圖二七四、三二）

有責直五千（圖四三五、一四）

收責頃之居延候親元爲治（圖二六五、四五）

十二月表留責錢五百六十（圖一二三、三一）

建昭元年九月丙申朔乙卯☐☐

居延都尉府令居延騎問收責（圖七二、一〇）

月責不可得（圖六、一六）

言小府當償責小府☐所移以君令擇召（圖三一七、四・又一四五、三六・又一四五、二四）

　　案『責』同『債』。漢以後始有債字，古文但作責也。

　　史記高祖本紀：『歲竟，此兩家常折券棄責』。漢書高帝本紀同。史記索隱：『周禮小宰，聽稱責以傅別。鄭司農云：傅別，券書也。鄭玄云：傅別，謂大手書於札中而別之也。然則古用簡札書，故可折。至歲終總弃不責也』。會注考證：『責讀爲債』。案索隱引周禮及鄭注以解『責』字；會注讀『責』爲『債』，並確，漢簡可證。索隱云『總弃不責』，是以『責』爲動辭，非其義也。國語晉語四『棄責，薄斂』（韋解：『棄責，除宿責也』），辭例與高紀同。成二年左傳：『乃大戶、已責』（杜解：『弃逋責也』。會箋：『責去聲，與債同』）；又十八年傳：『施舍、已責』（會箋：『責去聲，與債同』）。『已責』即『棄責』，亦即『棄債』。是『責』乃名辭，非動辭也。管子卷九問篇：『貧士之受責於大夫者幾何人？』注『貧士無資而被大夫責者有幾人』。此以『責』爲動辭。其誤與史記索隱同也。

　　漢書『責』又或作『負』。楊樹達曰：『師古曰，以簡牘爲契券，既不徵索，故折毀之，棄其所負。錢大昭曰：責南監本閩本並作負。尋注文義，負字爲是，惟史記作責。先謙曰：官本責作負。樹達按：涵芬樓百衲本廿四史影印北宋景祐本漢書作責字，是也，責即今之債字。顏云棄其所負，以所負釋責字耳。諸本作負者，蓋據注妄改。又按：據此知今俗年終償債，秦時風俗已然』（漢書窺管葉一）。案楊說審也

拾叁、二横畫表示疊字

居延漢簡：

牛車不載穀，詣官具對。光叩頭死＝罪＝，對曰：光不敢槖吏　（圖五二四、一〇）

官先夏至一日，以除隊取火授中二＝千＝石＝官在長安雲陽者，其民皆受……

（圖五、一〇）

案右簡並以二横畫表示疊字，第一簡『死＝罪＝』，讀當曰『死罪死罪』；第二簡『中＝二＝千＝石＝』，讀當曰『中二千石，中二千石』。舊籍傳寫，亦同此法。毛詩魏風碩鼠：『逝將去女，適彼樂土。樂土樂土，爰得我所』。俞樾曰：『樾謹案韓詩外傳兩引此文，並作：逝將去女，適彼樂土。適彼樂土，爰得我所；又引次章亦云：逝將去女，適彼樂國。適彼樂國，爰得我直。當以韓詩爲正。詩中疊句成文者甚多，如

中谷有蓷篇疊嘅其歎矣，嘅其歎矣兩句；丘中有麻篇疊彼留子嗟，彼留子嗟兩句；東方之日篇疊在我室矣，在我室兮兩句；汾沮洳篇疊美無度，美無度兩句，皆是也。毛與韓，本當不異。因古人遇疊句，皆省不書，止於字下加二畫以識之，宋書禮樂志所載樂府詞皆如是，如秋胡行疊願登泰華山，神人共遨游二句，則書作願＝登＝泰＝華＝山＝，神＝人＝共＝遨＝游＝，是其例也。此詩亦當作適＝彼＝樂＝土＝，傳寫誤作樂土樂土耳。下二章同此』（羣經平議卷九『樂土樂土』條）。案兪說是。漢簡近古，尤其可證。

拾肆、施荆卽弛荆

居延漢簡：

其三千，司御錢夫人候史禹嘗入　　　　凡在□□□三千九百二十五

萬一千六百九十五，付事令史音當移出

五百六十三，徒許☒施荆胡敞當入　　　定有餘錢萬四千四百五十☒

　　　　　　　　　　　（圖二六九、一）。

第十一隧施荆張達（圖七一、六五）。

施荆孫田　今留不☒（三五五）。

新獲之敦煌漢簡：

獨（？）得以逮事者吏卒也有都尉府根（？）承及以行事施荆吏土死知（？）

故（？）者持藥（？）人有遣。

漢晉西陲木簡彙編：

☒玉門屯田史高禀放田七□給予陁刑十七人（葉五六）

陳直曰：『案許樂簡亦云：□中隧陁刑許樂。陁爲弛字假借。漢書趙充國傳云：願罷騎兵，留弛刑應募及淮南汝南步兵與吏士私從者，合凡萬二百八十一人。據此，戍卒多以囚徒弛刑者充任，與簡文正合』（漢晉木簡考略葉五下）。

夏鼐曰：『施、弛二字古通用。就字義言之，原應作弛。漢書趙充國傳「發三輔太常徒弛刑」，顏注「弛刑，謂不加鉗鈇者也，弛之言解也」。……賀昌羣先生云………弛刑之義，指當緩刑者而言，後漢書光武二十二年紀云：徒皆弛解鉗、衣絲絮，

注引倉頡篇曰：鉗鈦也。前書音義云：鈦，足鉗也。舊法在徒役者，不得衣絲絮，今赦許之，故亦稱弛刑徒。……管繞谿先生云：弛刑之義，當從顏注，亦即免刑。漢書昭紀元鳳元年，武都氐反，發三輔太常徒，皆免刑，擊之。是其證也』（新獲之敦煌漢簡。本所集刊十九本）。

案陳云『阤刑』即『弛刑』，夏云『施荆』即『施荆』，亦即『弛荆』，皆是也（隸釋卷十七廣漢屬國都尉丁君碑『巴蜀施刑』，釋云：『碑以施刑爲弛刑』。是施刑即弛刑，洪氏已先夏氏言之矣）。亦或作『弛刑』，文見如後。

『施』與『弛』（弛同），古字通。周禮天官小宰：『六曰斂弛之事』。注：『杜子春弛讀爲施』。地官小司徒：『凡征役之施舍』。鄭注：『施，讀爲弛』。地官鄉師：『辨其可任者，與其施舍者』。注：『施舍，謂應復免，不給繇役』。成十八年左傳：『施舍已責』。釋文：『施舍如字。一音始鼓反』。周禮小宰：『六曰斂弛之聯事』。清石經弛作弛。馮登府曰：『案杜子春弛讀爲施。釋文「斂弛」，劉本作施，音弛。杜作施。阮校勘記謂「本作施。劉音弛，從注讀，而淺人遂據以改經耳」。然攷施弛古通字，論語「君子不施其親」，釋文作「不弛」。後漢光武紀「將衆部施刑北邊」，注「施讀曰弛」，猶弛讀爲施。據陸氏本則杜本作施，讀爲弛也。宋余仁仲本、明閩本、毛本作弛，誤』（國朝石經考異。王引之經義述聞禮記第十四亦有說。今略）。

何云『弛（施同）刑』？夏引賀氏之意，似謂『指當緩刑者而言』，服役則罪免，管則謂弛刑即是免刑。案漢書宣帝紀：『西羌反，發三輔中都官徒弛刑』。顏注：『弛，廢也。若今徒解鉗、鈦、赭衣，置任輸作也』。是亦謂弛刑即廢刑，亦即免罪免刑矣。後漢書和帝紀：永元元年，『多十月，令郡國弛刑輸作軍營；其徒出塞者，刑雖未竟，皆免歸田里』。刑徒徙塞外者，例優待，可免刑，則施刑者可知矣。然和帝紀又云：『減弛刑徒從駕者刑五月』。是施刑又有減刑之例。此何也？豈或免，或減，因時因地而有不同與？將施刑本緩刑如賀氏之說（案弛亦訓緩，見廣雅），詔令特許，始得免刑與？

以施刑戍邊，本秦制。郭嵩燾曰：「秦法，弛刑徒戍邊爲發謫；漢因之，有七科發謫，所發之惡少年亡命，則亦寇盜之流也。刑徒兼及死罪。而從未云發及寇盜，蓋亦古人正名之義。疑赦囚徒扞寇盜，當時常語然也。弛刑徒有罪者，隸之兵籍，校尉

領之，當以法部勒，無登扦捄』（漢書李廣利傳補注引）

　　簡文『荊』字，夏氏引賀昌羣云：『刑，漢簡有作荊者。漢高彪碑：荊不妄濫。隸釋云：以荊爲刑。案一切經音義引春秋元命苞云：荊字从刀从井，井以飲人，人入井爭水陷於泉，以刀守之，割其情欲，人有畏愼以全身命也。故字从刀从井』（節引新獲之敦煌漢簡篇）。案元命苞說無稽。論衡四諱篇：『（世）諱屬（同厲）刀井上，恐刀墮井中也。或說以爲，「刑」之字，井與刀也。屬刀井上，井刀相見，恐被刑也』。此義亦傅會。丁山父先生曰：『荊，許書作刑云，「剄也，从刀，开聲」。又作㓝云，「罰罪也，從井，從刀。易曰，井法也，井亦聲」。按兮甲盤銘，「敢不用命則卽荆戮伐」，荊但作荆，許君說荆曰，「八家爲井，象井韓形，●，罋之象也」。而從井之字，無不有法治意，模範意。荆之爲法，固無論矣。壁字從井辟聲也，許君亦「壁治也」。形像之形，許君以爲從开聲者，漢高彪碑字則從井作彬；左昭十二年傳，「彬民之力」，注謂彬卽冶金之器。荆楚之荆，許書亦以爲從开聲也，金文則從井作荆（狀敵）。廣雅釋詁，「荊治也」，又曰，「彬容也」。廣之，邢鉼等字音讀如荊而許書諧开聲者，皆井聲之誤，是㓝亦荊之別體也。荀子彊國，「荊范正，金錫美，工治巧，大齊得，剖荊而莫邪矣」。此荊當讀爲型。型，許君云「鑄器之法也，從土，荊聲」，集韻亦曰「以土爲法曰型，以金爲法曰範，以木爲法曰模」。按今江南人爲土坏（卽磚之未燒者），削木爲模，模之平視形正作井，稍整齊之卽成荆字。然則井非象井田形，亦非象井韓形，實卽型之本字。井爲範土之器，故由井孳乳之字，若壁、彬、荆、荊，皆有模範意，法治意。易曰，「改邑不改井」，井卽荆字，許書引易傳云「井法也」，正得型之第一引申誼。法律者所〔以〕納民軌物，禁惡懲過也。過而不改，始科以辠，許君訓荆爲罰辠，是得型之第二引申誼』（荆中與中庸。慶祝蔡元培先生六十五歲論文集）。案『荆』之字，古文作『井』。其取義，以丁先生此解爲正。

　　隸釋漢石經尙書，刑亦作荆。馮登府曰：『說文：刑，剄也。荆，罰辠也。易曰：井，法也。左傳：越句踐使辠人三行，屬劍於頸，遂自剄也。是刑爲剄頸。重刑從开，荆爲荆罰，字從井。今經傳多淆溷』（漢石經考異尙書篇。王念孫讀書雜志漢書第十刑條，亦可參考）。案漢代邊區屯戍所在，猶然知有荆字。今經傳則無不以刑爲荆矣。顧炎武曰：『九經、論語，皆以漢石經爲據，故字體未變。孟子字多近今，蓋久變於魏晉以

下之傳錄也』（日知錄卷六孟子字樣條）。實則魏晉以下，九經論語之字亦不盡依古。刑之爲荆，其一例矣。

拾伍、邊烽用狼糞問題

邊候畫警擧煙，唐以後用狼糞，故稱『狼煙』，唐詩習見。酉陽雜俎：『狼糞煙直上，烽火用之』（卷十六毛篇）。于漢代未知何如。宋武經總要引唐烽式云：『每歲秋多前，采蒿艾莖葉……及置麻繩、火鑽、狼糞之屬』。貞一先生引此，以爲『漢人燔煙之法，應亦相去不遠』（居延漢簡考證葉三五）。今案此無文可考。惟漢書匈奴傳下云：『（楊）雄上書諫曰：且夫前世，豈樂傾無量之費、役無罪之人，快心於狼望之北哉』。此『狼望』，師古以爲地名。王先謙補注：『胡注，邊人謂擧烽燧爲狼火。狼望，謂狼煙候望之地』。案胡氏此說，似可備參。『狼火』亦稱『狼堠』，陸佃曰：『古之烽火用狼糞，取其煙直而聚，雖風吹之不斜……故曰狼堠』（埤雅卷四釋狼）。

拾陸、郵 驛 之 制

居延漢簡：

十月四日南書二封封封皆橐佗□□官一詣肩水都尉府一詣昭武 ●日出受沙頭卒同付不令卒同金關時 （圖五〇二、一A）

南書一輩一封潘和尉印 ●六月廿三日庚申日食坐五分沙頭亭長發驛北卒音詣肩水都尉府 日東中六分沙頭亭卒宣付驛馬卒同 （圖五〇六、六）

南書一輩一封張掖肩候 ●六月廿四日辛酉日蚤食時沙頭亭長使驛北卒音詣肩水都尉府 日食時二分沙頭卒宣付驛馬卒同 （圖五〇四、二）

　　　　　□二封張掖太守㢛□書一封一封皆十一月丙午起

　　　　　詔書一封十一月甲辰起

十二月三日　一封十二月戊戌起皆詣居延都尉府

　　　　　十二月乙卯日入時卒憲父不令卒恭

北書七封　　二封河東太守丞皆詣居延都尉府一封十日

　　　　　　　夜昏時沙頭卒忠付騂北卒復

　　　　　　甲子起　十月丁卯起一封府君章詣肩水　　（圖五〇五、二二）

☑一封詣廣地一封詣橐他　十二月丁卯夜半盡時卒□□使不今卒

☑記二張掾印　　　　　　恭雞前鳴時沙頭卒史付騂北卒郭

☑詣封　　（圖五〇三、一）

　　　　　日入時使來卒同付

甲寅起

　　　　沙頭卒日□時　　（圖四九五、一九）

日限奉書不及以失期毋狀當坐罪留　　（圖二六四、三九）

　　　　　　　　　　十一月甲子夜大半當曲卒遇受收降

南書一封居延都尉章　詣張掖太守府

　　　　　　　　　卒輔辛丑蚤食一分臨木

　　　　　　　　卒□付卅井卒弘□中□□□□□

　　　　　　　　　□□程二時二分

　　　　　　　　　（圖三一七、二七）

　　　右簡係收發文書之簿錄，凡文書之主名、來歷、去向及收發之時間，並有詳細記載，以備考核、案驗。逾期是不中程，則有罰。漢代郵驛之制，于此焉見之矣。王聘珍曰：『（周禮）掌節：「皆有期以反節」。注：「將送者執此節以送行者，皆以道里日時課，如今郵行有程矣」。案漢舊儀云：「秦璽書使者乘馳傳，其驛馳也三騎行，晝夜千里爲程」。續漢書輿服志云：「驛馬三十里一置」。劉昭注云：「東晉猶有郵驛共置，承受旁郡縣文書。承驛吏皆條所受書，每月吉至州郡」（盤案官本作『每月言上州郡』）。唐書百官志云：「凡三十里有驛。天寶六載敕：自今左降官，日馳十驛以上」。又唐制：「赦書日行五百里」。此皆郵行有程之證』（九經冣周禮一。叢書集成初編本葉一一）。案自古『郵行有程』，故必須詳記收發時日。承驛吏必須『條所受書』，故與郵書有關之事項如主名、來歷、去向之等，亦不能漏略。蓋自先秦以來，其制則如此矣。

流沙墜簡考釋二、三十九蒲昌海木簡：

　　　　　　□□兵張遠馬始今當上堤勅到具糧食伯物
　　將勅
　　　　　詣部會□動時不得稽留設解

五月三日未時起（在簡背木）

王氏考釋：『宋書禮志，皇太子監國儀注中有尙書符儀，末云：「符到奉行，年月日起」。此簡末云：「五月三日未時起」，與尙書符式同，皆記文書發送之日也』（釋二、葉九）。

今案王說固不誤。然此與前引漢簡第五、第七、簡式並同，是其制舊矣。

拾柒、吳起對魏武侯文

居延漢簡：

……諸大夫□□諸侯大夫□論（勞釋作諭）莫及寡人作居有間而三替之吳起進對曰不審（勞釋作害）亦（圖四〇、二九）

案上簡多闕泐，以意屬讀之，則知是吳起對魏武侯故事。此一故事，吳子圖國第一篇有之，曰：『武侯嘗謀事，羣臣莫能及，罷朝而有喜色。吳起進曰：楚莊王嘗謀事，羣臣莫能及………』。荀子堯問、新序卷一雜事一亦有之，並大同小異。惟呂氏春秋驕恣篇吳起作李悝，且文辭多不同，曰：『魏武侯謀事而當，攘臂疾言於庭曰：大夫之慮，莫如寡人矣。立有閒，再三言。李悝趨進曰：昔者楚莊王謀事而當，有大功，退朝而有憂色……』。韓詩外傳卷六則吳起或李悝之對，概從省略，直曰：『昔者楚莊王謀事而居，有憂色。申公巫臣問曰：王何爲有憂也？莊王曰：吾聞諸侯之德，能自取師者王，能自取友者霸，而與居不若其身者亡。以寡人之不肖也，諸大夫之論，莫有及於寡人，是以憂也』。而簡文辭句則在上引諸子之間，不專屬何家。戰國秦漢間諸子之文，率多傳聞異辭，間或出于東拼西湊，此類是也。

拾捌、奉祿　直廩　功勞錢　積欠

兩漢百官奉（俸）祿，云以穀計（本原先秦），續漢書百官志五百官受奉例：『大將軍、三公奉，月三百五十斛；中二千石奉，月百八十斛……斗食奉，月十一斛；佐史

奉，月八斛』是也。然舊籍所載，實不限于穀。漢書東方朔傳：『朔長九尺餘，亦奉一囊粟，錢二百四十』；崔寔政論曰：『夫百里長吏……一月之祿，得粟二十斛，錢二千』（全後漢文四六）；荀綽晉百官注：『漢延平中，中二千石，奉錢九千，米七十二斛；真二千石，月錢六千五百，米三十六斛……百石，月錢八百，米四斛八斗』（續百官五注引）；同上百官志：『凡諸受奉，皆半錢半穀』。案居延漢簡：

　　　　賦錢千二百

　　　　以給安農隧長李貽之四月五月奉　　　　（圖五八五・七）

　　　　元始五年九月吏奉賦錢不到　訖二年

　　　　未得五年十一月廿六日以來奉　已出　　　　（圖五三・一九）

　　　　出十月盡十二月奉錢千八百　神爵三年四月庚戌甲渠候官□□付……候破胡□

　　　　（圖一五九・二二）

此等處，殆亦是半錢半穀。蓋錢穀有時不定同時賦給，故此只言錢，不言穀也。不然以一隧長，而其四、五兩月之奉，乃止于錢千二百而已；以一候官，而其十、十一、十二、盡三月之奉，乃止于錢千八百而已，無此理矣。錢穀外亦或以布：

　　　　出廣漢八稷布十九匹八寸大半寸直四千三百廿給吏秩百一人元鳳三年正月盡六月積六月□（圖三〇三・三〇又九〇・五六。居延漢簡，以下所引簡文並同）。

或以帛：

　　　　出河內廿兩帛八匹一丈三尺四寸大半寸直二千九百七十八給使史一人元鳳三年

　　　　正月盡九月積八月少半日奉（圖三〇三・五）

　　　　□越就　正月祿帛一匹　二月辛巳自取（圖三九四・一）

　　　　　　　　　　　　其一匹顧發

　　　　侯史靳望　正月奉帛二匹直九百

　　　　　　　　　　　　定史一匹（圖八九・一二）

　　　　右庶士士吏候長十三人祿用帛十八匹二尺一寸半　直萬四千四百四十三（圖二一〇・二七）

　　　　四月祿帛一匹直□□

　　　　錢四百十□（圖三九・三〇）

　　　九月祿用帛一匹四寸 (圖二六六・一五)

　　　始元二年九月四日以從受物給長卒帛若干匹直若干以給始元三年正月盡八月積

　　八月奉 (圖五〇九・一九)

案漢書王莽傳：天鳳三年五月，『莽下吏祿制度曰：「予遭陽九之阨，百六之會，國

用不足，民人騷動，自公卿目下，一月之祿，十緵布二匹，或帛一匹。予每念之，未

嘗不戚焉。今阨會已度，府帑雖未能充，略頗稍給，其目六月朔庚寅始，賦吏祿皆如

制度：四輔、公、卿、大夫、士，下至輿、僚，凡十五等。僚祿，一歲六十六斛，稍

目差增，上至四輔而爲萬斛」云。………莽之制度，煩碎如此，課計不可理，吏終不得

祿』。此謂王莽朝官奉嘗以緵布或帛代錢穀也。然上引漢簡，昭帝元鳳三年，亦以八

緵 (原作稷，通作緵) 布十九匹八寸爲吏六月奉，則吏每月奉，亦不過八緵布三匹。八緵

布視十緵布爲劣 (王莽傳注：『孟康曰：緵，八十縷也』。補注：『沈欽韓曰：說文，綜，機縷也。字通爲

緵、總。玉篇：緵，縷也』) 。月奉十緵布二匹，與八緵布三匹，相去無幾矣。又月奉帛一

匹或二匹，簡文中亦習見。

　　　又或帛而附以某種絲絮：

　　　　　　二月一匹直四百　　　　　　　　凡直八百

　　　　　入　　　　　　　　　　　　　　　　始元四………

　　　　　絰 (勞釋絰) 絮二斤八兩直四百　　給始元四年三月四月奉

　　　(圖三〇八・七)

亦有用鹽者：

　　　三月祿用鹽十九斛五斗 (圖一五四・一〇)

案東觀漢記卷十三宋弘傳：『嘗受俸得鹽，令諸生糶。諸生以賤不糶，弘怒，悉賤糶，

不與民爭利』。簡云鹽十九斛五斗，不知其價值幾何 (御覽八六五等引續漢書虞詡傳：『虞詡爲

武都太守，始到郡，穀石千五百，鹽石八千。……視事三歲，米石八十，鹽石四百』。此安帝時邊郡鹽價，可供

參考，然不能爲比) 。宋弘得鹽，不知幾斛。觀諸生不肯輕售，而宋不欲與民爭利，則度

亦不在斗升之間。又宋氏于光武時爲司空。簡文當屬何世，不可知矣。

　　　奉祿以外，又有所謂『直』者：

　　　今音欲自言唯官移書驗問音當得直三日 (圖三〇・七)

十一月盡二月積四月直二千八百（圖二二六・一七）

其四百卅已前付夫人□奮夫□□

右二牒直三千三百卅

十人二千三百九十畢（圖一四一・三）

（上缺）第二直粟一石（圖九六・四）

入錢七百　佘□廷張如意十一月盡十月直少百（圖四四・七；又一九〇・七）

祿福王里戍次門子男君賞

●期十一月五日畢輸實積卽不□有□□

凡直錢萬一百（圖二九・一二）

案後漢書董卓傳：『上書言，　所將湟中義從及秦胡兵，皆詣臣曰，牢直不畢，稟賜斷絕』（集解：『蘇輿曰，謂牢直不備也。公孫瓚傳，錢不備畢。張讓傳，有錢不畢者，或至自殺』。）。曰『直』，曰『畢』，與上引『右二牒』簡之言『直』言『畢』者同。畢者，完也，給與畢事也。簡文云：『畢。錢二千』（圖二〇六・八）；云『奉用錢二千七百已賦畢』（圖四・二〇）；云『三老畢賦錢』（圖一〇三・三九），是其義也。直，同值，謂工作所得之價直（古曰直，今曰值），列仙傳子主條：『自言寧先生顧（王本作屬、此從道藏本）　我作客，三百年不得作直（孫詒讓札迻十一曰：『作客，當作客作，謂傭作。作直，卽傭直也』）；謝承書：『（施）延………以爲諸生……家貧母老，周流傭賃……後到吳郡海鹽，取卒月直，賃作半路亭父，以養其母』（後漢書陳寵附子忠傳注引）；柳宗元送薛存義序：『向使傭一夫於家，受若直，怠若事』。此並工直之事例也。然『直』之稱，亦可施之軍吏。董傳之所謂『直』，是否兼指官直，今不可知。至于簡文，如云『積四月，直二千八百』，是其直每月七百。考塞上軍吏，候史一月奉六百（候史王武，簡見後），隧長同（隧長徐當時，簡見後）。今云七百，是其月直高于候史與隧長，其爲軍吏非障隧卒之屬，斷然可知。然則『直』之一辭，固上下通用。而字書引柳宗元一文（已前見），因謂傭作得錢曰『直』，是以『直』專爲勞働者工資之稱，其義未盡。雖然，靡漢簡，亦無由證之矣。

軍吏月入亦有所謂『直』，但此直之與奉祿，則未知是否一事。

簡文中之『直』，亦有當作物價解者，如云『粟一石，直一百一十』（圖一六七・二）

；『買白素一丈，直二百五十』（圖二一四・二六）之類是。當分別觀之。

董傳云：『稟賜斷絕』者，案舊說，稟（廩同），米粟之屬（管子問篇：『問死事之寡，其饑廩如何？』注），或曰賜穀（後漢書光武紀下『有穀者給稟』注），或曰食也（同上劉虞傳『牟稟逋縣』注），或曰祿也（廣雅解詁四），皆可通。然檢漢簡，則不祇有稟糧，且有稟鹽，故有『廩鹽名籍』（圖一四一・二）。又一簡云：

　　　　　　　　廩千二百□□隧長徐□十月十一日□

　　出錢六千四百　　　　　　　　　　　　　　十二月丙申令史弘取

　　　　　　　　□□第十一候長鄭彊十月十一日廩

　　付令史彊　　　　（圖三三・一；又一〇三・二）

此簡漫漶，二廩字皆不明晰，或者貞一先生釋文時，底片倘仍可讀。

　　有功勞亦賜錢：

　　　　隧長公乘孫第白合書功勞錢九月正（圖六八・一七）

　　　　出錢六十付周長卿

　　　　　　　　凡四百六十（圖一六・二二；一一・二三）

　　　　…………………勞賜

　　　　□□□□□勞三歲一月（圖二五五・一六）

案功勞以日計者，蓋以此為賜錢之標準，如斗食吏一月奉錢九百（『斗食吏三人，一月奉用錢二千七百』，見圖四・一一），則其積功勞一月，即可于奉錢外，多得賜錢九百。其他可以類推。秋射功令：

　　　　功令第卅五候長士吏省試射＝去埻帬弩（案同努）力如（案同而）發弩發十二矢中帬矢六爲程過六矢賜勞十五日（圖四五・二三）

　　　　功令第卅五士吏候長蓬隧長常以令秋試射以六爲程過六賜勞矢十五日（圖二八五・一七）

此即功勞以日計之實例。但二簡末二句，句讀不明；第一簡讀『過六』句，『矢賜勞十五日』句；第二簡讀『過六賜勞』句，『矢十五日』句，是一法。第一簡讀『過六矢』句，『賜勞十五日』句；第二簡讀『過六』句，『賜勞矢十五日』句，又是一法。兩種讀法不同，則計法亦異。如第一讀法，則中六矢以外，每加中一矢，輒賜勞十

五日。如第二讀法，則加中之矢，無論其爲一二三四五六矢，不分等第，槪賜勞十五日。惟此種計法，有失公平。邊塞士吏重射，蓋第一讀法當是也。

流沙墜簡：

新始建國地皇上戊元年十月乙未迹盡二年九月晦積三百六十日除月小五日定三百五十五以令二日當三日增勞百七十七日半日爲五月二十七日半日（簿書四三）

此勞賜又一例。案『迹』，同跡，謂候察敵蹤迹。邊障要塞，少雨多沙，鉏治使平，謂之『天田』，敵人馬行經其上，必留蹤迹，故可以察敵動靜。障隧卒職主迹敵，故簡稱迹，如云：『迹二里所，地石堅，失迹』（圖三一七・二五A。居延漢簡。下同）；『長富昌，八月丁酉盡乙卯，積十九日，日迹起呑遠隧南□隧至不害隧，毋蘭越塞天田出入迹』（圖二七六・一七），是其事也。茲事倍勞，故令以二日當三日，即每二日賜勞一日也。但較之射，則射爲難能，故賜勞之優亦不如射藝矣。

塞上軍吏奉祿，殆經常積欠：

………元年十二月盡□正月積二月奉錢千四百　十二月丙辰自取（圖九五・一〇）

月□□積二月奉用錢千　　（圖四三三・九）

出錢四千　□給尉一人四月五月奉　　（圖一八・二〇）

居延甲渠候長張忠　未得正月盡三月積三月奉用錢三千六百已賦畢　　（圖三五・五）

四月盡五月積三月奉　　（圖二六二・二〇）

出賦錢二千七百　　給令史三人十月積三月奉　　（圖一〇四・三五；又三二六・一二）

未得四月盡六月積三月奉用錢千八百

已得賦錢千八百　　（圖八二・三三）

尉史李卿六月盡八月奉二千七百　　（圖一六一・一二）

●右塞尉一人秩二百石　已得七月盡九月積三月奉用錢六千　　（圖二八二・一五）

得十月盡十二月積三月奉用錢千□□已賦畢　　（圖二六・一九）

居延甲渠候史王武　未得正月盡三月積三月奉用錢千八百已賦畢（圖五〇七・四）

年四月盡六月積三月奉用錢

第□六□□□五四二尺　　（圖五二二・二）

候一人　未得七月盡九月積三月奉用錢九千　　（圖一二七・二八）

居延甲渠次吞隧長徐當時　未得七月盡九月積三月奉用錢千八百

神爵二年正月庚午除　　已得賦錢千八百　　（圖五七・八）

十一月盡二月積四月直二千八百　　（圖二二六・一七）

始元二年九月四日以從受物給長卒帛若干匹直若干以給始元三年正月盡八月積

八月奉　　（圖五〇九・一九）

　　省內奉賦錢五千一百卅

入給甲渠候吏利上里高假六月

　　地節二年正月盡九月積九月奉　　（圖一一一・七）

元年九月積十二月奉用錢七千二百　　（圖五六四・二一）

右屬令史壽王廿五人　未得積廿三月廿九日奉用錢萬一千六百十錢　　（圖

二一六・六）

如上所示，欠奉之最高紀錄爲廿三月又廿九日，次十二月，次九月，次八月，次四月。三月則常事矣。案百官奉祿，本以月計，自當案月賦給。今乃積欠數月，乃至廿三月又廿九日，軍吏生活之苦，殆不可以想像。居延簡云：『得十月奉用錢六百』（圖一七四・一九）；云：『給候一人，十月積一月奉』（圖一四三・二〇），此則能依時發給者。又云：『己卯三月癸亥盡丁丑，積十五日奉用錢六百，自取』（圖四・二六）。是又有半月一給奉之例。然殆非常制。

　　功勞錢之積欠，諒亦勢所難免，如上簡云，隧長公乘孫第，合書功勞錢九月；云張掖屬司馬趙某，功勞歲十月廿六日。積功勞日至於九月、十月，其爲不能應時賦給，亦可知矣。

拾玖　田章及其所言之天地高廣

漢晉西陲木簡敦煌簡：

　　爲君子。田章對曰：臣聞之，天之高，萬二九千里。地之廣，亦與之等。山丘谿谷，南起江海。襄（五一葉第十一簡）。

陳直曰：『案漢書王莽傳云：姚媯陳田王氏凡五姓者，皆黃帝苗裔，予之同族

也。其令天下，上此五姓名籍於秩宗，皆以爲宗室，世世無復有所與。封陳崇爲統睦侯，奉胡王後；田豐爲世睦侯，奉敬王後。簡文田章，亦疑爲莽時人。稱「君子田章」者，「君子」在古，稱他人同族之謂。近復出劉熊殘碑，碑側有宋大理寺評事王評題跋，引圖經稱王建爲「君子建」。援此例，故知田章爲莽時人無疑。至魏志鄧艾傳有田章，爵里未詳。且簡文雄渾，亦不類魏晉時字體也』(漢晉木簡考略葉六)。

　　容肇祖曰：『田章的故事不經見，惟敦煌寫本句道興譔搜神記有之(原注：見羅振玉先生編敦煌零拾中)，以田章爲田崑崙之子。竊疑田章故事，乃漢魏六朝間最通行的傳記。然田章故事，有從晏子的故事演變而來的，句道興搜神記載：「又問：天下之中有大鳥否？田章答曰：有。有者何也？大鵬一翼起西王母，舉翅一萬九千里然始食，此是也。又問：天下有小鳥不？曰：有。有者何是也？小鳥者，無過鷦鷯之鳥，其鳥常在蚊子角上，養七子，猶嫌土廣人稀。……」。晏子春秋外篇第八說：「景公問晏子曰：天下有極大乎？晏子對曰：有。足浮雲，背凌蒼天，尾偃天閒，躍啄北海，頸尾咳于天地，然而溔溔乎不知六翮之所在。公曰：天下有極細乎？晏子對曰：有。東海有蟲，巢于蚊睫，再乳再飛，而蚊不爲驚………。」這是顯然從晏子的故事演變而出。因此，西陲木簡中所記的田章。恰好的與晏子春秋所記晏子的故事相類。劉復先生編敦煌綴瑣錄敦煌寫本晏子賦一首，中間有說：「王乃問晏子曰……天地相去，幾千萬里；何者是小人，何者是君子？」「晏子對王曰：九九八十一，天地之綱紀；八九七十二，陰陽之性。天爲公，地爲母。日爲夫，月爲婦。南爲表，北爲裏。東爲左，西爲右。風出高山，雨出江海。……天地相去，萬萬九千九百九十九里。富貴是君子，貧者是小人。……」。木簡所記「爲君子。田章對曰：臣聞之……」。這故事疑與晏子賦所說相類。………大概是從一個故事的模型而出。與晏子春秋所記的晏子的故事符合，而與句道興搜神記所說的田章，有同一的情形。大約都是古代民間的傳說。在漢魏至唐間，或說爲晏子，或說爲田章，這種傳說，大約在民間是興盛的？……茲將句道興搜神記所載關于田章的一段故事，附錄于下：「……官家……又問：天下之中有大鳥不？田章答曰：有。有者何也？大鵬一翼起西王母，舉翅一萬九千里，然始食，此是也。又問：天下有小鳥不？曰：有。有者何是也？小鳥者，無過鷦鷯之鳥，其鳥常在蚊子角上，養七子，猶嫌土廣人稀。……」。

　　『田章的故事何以與晏子的故事相混呢？案晏子春秋卷七之末有「晏子沒，左右
諛，弦章諫，景公賜之魚」一段，說道………竊疑弦章爲在晏子後有晏子之遺行的一
人。在民間傳說裏的田章，或即弦章？弦章和晏子有這樣的關係，則田章和晏子的故
事，亦有移丘易段的可能？』

　　又附記：『弦章與田章的轉變，適與潘辠行先生談及，潘先生以爲「田」古與「
陳」通。「陳」字籀文（原注：汗簡引爲古文）作「𨻳」，與篆文弦字「𢎨」形相近。「弦」
或爲「陳」字形誤，故晏子春秋作「弦章」也』（嶺南學報二卷三期）

　　今案陳氏以此簡爲漢簡，當不誤（參附圖）。至以田章爲王莽時人之說，則全無義
據。容氏論田章與晏子故事傳說之關係與演變，說甚精。潘氏謂『田』『陳』字通；
『陳』『弦』形近，『弦』或爲『陳』誤，亦不無可能。『田』「陳」古通，前儒論
之者多矣（參崔述考古續說卷二齊爲田氏考、錢大昕十駕齋養新錄五舌音類隔之說不可信條、兪樾第一樓叢書
九之三、葉十六）。今如小鳥鶹鷅之說，見于前引句道興搜神記者，乃田章之言，而神異
經南荒經云：『南方蚊翼下有小蜚蟲焉，目明者見之。每生九卵，復未嘗有膜，復成
九子，蜚而復去，蚊遂不知。亦食人及百獸，食者知言，蟲小食、人不去也。此蟲既
細且小，因曰細蠛，陳章對齊桓公小蟲是也』。舊注：『埠案，陳章鶹鷅巢蚊睫，事
見晏子春秋』（百子全書本）。此注言陳章說鶹鷅，即田章矣。又田章所言者小鳥鶹鷅，
而神異經載陳章所言者小蟲細蠛。事物雖異名，而其構想、類型則近似。惟田章所對
者齊景公，而神異經載陳章所對者齊桓公，此爲微異。然其爲齊君一也。蓋此類故
事，初無定型，隨人傳致，故或以爲對齊景，或則以爲對齊桓也。神異經西荒經又云
：『西海之外，有鵠國焉，男女皆長七寸，爲人自然有禮，好經綸拜跪。其人皆壽三
百歲。其行如飛，日行千里，百物不敢患之。唯畏海鵠，過輒呑之，亦壽三百歲。此
人在鵠腹中不死，而鵠一舉千里』。舊注：『華曰，陳章與齊桓公論小兒也』。案此
注亦以陳章爲齊桓公時人。又以此爲陳章與齊桓所論，未詳所據，或漢魏六朝以來尙
流傳此一故事，未可知也（孫星衍晏子春秋序云：『晏子八篇………實是劉向校本，非僞書也。其書與
周、秦、漢人所述不同者，問下，景公問晏子轉附朝舞，管子作桓公問管子；昭公問莫三人而迷，韓非作哀公；
諫上，景公遊於麥邱，韓詩外傳、新序俱作桓公；問上，景公問晏子治國何患，患社鼠，韓非、說苑俱作桓公問
管仲；問下，柏常騫去周之齊見晏子，家語作問於孔子。此如春秋三傳傳聞異辭』。案舊籍中此類甚多，神異經

及注之說，亦其例矣。又神異經之作，亦不甚晚。段玉裁古文尚書撰異卷一曰：『神異經……未必東方朔所爲、張華所注也。而服氏注左氏橋杌、饕餮，亦引神異經，則自漢有之矣。學者闕疑可也』）。晏子內篇諫下，晏子對景公問曰：『昔吾先君桓公……左右多過，獄讞不中，則弦章暱侍』（說苑卷一君道同）；呂氏春秋知度：『管子復於桓公曰……決獄折中，不殺不辜，不誣無罪，臣不若弦章，請置以爲大理』（集釋：『梁仲子云，〔管子〕小匡篇作子旗爲大理。子旗蓋弦章之字』。鰲案梁說是。閔二年左傳：『佩，衷之旗也』。杜解：『旗，表也』。『國語周語：『余敢以私勞變前之大章？』韋解：『章，表也』。『旗』『章』通訓表，名字相應，故弦章字子旗也）。此弦章亦即陳章。弦章爲齊桓大理，然則舊所傳故事以陳章爲齊桓時人者，非無故也。

如前之說，則是桓公時一弦章（陳章），而景公時亦一弦章（陳章），此殆不可能。謂齊桓時之弦章至景公時尚存，亦無此理（據呂氏春秋知度，弦章爲大理，約在桓公九年，即周僖王五年〔677B.C.〕。景公時之弦章年輩，稍後于晏子，而據左傳，則晏子至昭二六年即景公三十二年。當敬王四年〔516 B.C.〕尚存。計前後相距，已百六十一年）。唯據管子小匡，桓公時大理乃賓胥無，韓非子外儲說左下作弦商，新序雜事第四作弦寧，則似作弦章者誤。然呂氏春秋集釋引梁仲子云：『（管子）小匡作子旗爲大理。子旗蓋弦章之字』；又引王念孫曰：『韓子作弦商，商與章古字通。費誓：我商賚爾；徐邈音章；荀子王制篇。審詩章作審詩商，皆是也。新序作弦寧，即弦章之譌』（李方桂先生之上古音系統，商爲 sthjang，章爲 tjang。承丁邦新兄見告）。如此說，則桓公時有弦章之說，亦似不誤。檢小匡原文，前云：『桓公曰：甲兵大足矣，吾欲從事於諸矦可乎？管子對曰：未可。治內者未具也，爲外者未備也。故使鮑叔牙爲大諫……弦子旗爲理……』；篇末另起一事，文云：『相三月，請百官，公曰：諾。管子曰：決獄折中、不殺不辜……臣不如賓胥無，請立爲大司理』。疑此非一時事。蓋曾任桓公司理者亦不止一人，故或云弦子旗（章），或云賓胥無歟？

據晏子春秋，則景公時亦有弦章，此又何解？豈渠非耶？然晏子之說，初亦矛盾，彼內篇諫下已有弦章暱侍先君桓公之說，而內篇諫上、外篇第七又並有弦章諫景公之二故事。豈此二故事，好事者爲之，故其說駁雜不可據耶？（說苑君道篇以弦章爲桓公臣，疊賢篇則以弦章爲景公臣，其矛盾不合與晏子春秋同）。將弦章、弦寧實是二人，一者當桓公之世，一者屬景公之朝，如尾張闓嘉說苑纂註（卷一君道篇）之所云耶？莫能詳也。

　　綜而論之，弦章、陳章、田章，名雖爲三，而其人則一。陳章即田章，絕無疑義。至於陳章（田章）之與弦章，孰爲先後，此則無由判定。而弦商、弦寧之與弦章，是否一人，今亦莫能詳矣。弦章、陳章、田章雖爲一人，而其人究爲桓公之臣歟？抑景公之臣歟？亦不可知矣。

　　田章對所言天地高廣里數，以敦煌鈔本晏子賦證之，知全出傅會。六朝時通俗文學如此類者，尙有敦煌鈔本孔子項託相問書曰：『夫子問小兒曰：汝知天高幾許？地厚幾丈？……小兒答曰：天地相却萬萬九千九百九十九里；其地厚薄，以天等同………』（原本未見，據朱介凡敦煌變文目錄及孔子項託相問書之傳承篇引，文載大陸雜誌第二十二卷第七期）。所言里數，與晏子賦符同。簡文作『萬萬九千里』者，省去尾數也。蓋簡文所載，亦『變文』之類也。舊籍中此類象數，亦或雜以方士幼稚之術法，怪迂之設想，所以彼此之間，參差互異，莫可究詰，如論衡談天云：『祕傳或言，天之離天下，六萬餘里』。黃暉校釋：『周髀算經：「天離地八萬里」。考靈耀云：「天從上臨下八萬里」（原注：周禮大司徒疏、開元占經引並同），與周髀同。然月令疏引考靈耀云：「據四表之內，并星宿內，總有三十八萬七千里。然則天之中央上下正半之處，則一十九萬三千五百里，地在其中，果地去天之數也」。孔疏曰：「鄭注考靈耀之意，以天去地十九萬三千五百里』。唐李石續博物志亦云：「一十九萬三千五百里，是地去天之數」。則與考靈耀云「八萬里」者異，未知其審。又三五厤紀云：「天去地九萬里」（類聚引）。洛書甄燿度云：「天地相去，十七萬八千五百里」（開元占經天占。塈案緯略三天里條引『甄』作『乾』；『十七萬』作『六十七萬』。餘並同）。關尹內傳云：「天去地四十萬九千里」（天占。塈案緯略三天里條引無『九千里』三字。困學紀聞九天道引『尹』作『令』，『十』下有『千』字）。又張衡靈憲曰：「八極之維，徑二億三萬二千三百里。自地至天，半於八極」（天問洪補注。塈案續漢書天文志上注補引同。半於八極，應爲一億一萬六千一百五十里。困學紀聞卷九引作：『自地至天，一億萬六千二百五十里』）。又淮南天文篇曰：「天去地，億五萬里」（元注：「億五」今本字倒，依王念孫校）。詩含神霧同（御覽地部一）。新序刺奢篇許綰曰：「天與地相去，萬五千里」（塈案鳴沙石室佚書春秋後語殘卷引同；又一本『五』作『九』）。又廣雅釋天：「從地至天，一億一萬六千七百八十七里半」。以上諸說，並與此文絕異，然並不知據依何法，非所詳究』。除黃氏所舉似外，以塈所見，復有如下數事：吳王蕃以句股法求地上去天之數，

爲『八萬一千三百九十四里三十萬五尺三寸六分』（開元占經天地渾宗篇引）；葛洪枕中書：『二儀（案謂天地）始分，相去三萬六千里』（龍威秘書本集二）；晉書天文志上，地上去天之數，『得八萬一千三百九十四里三十步五尺三寸六分』；又地理志上：『八極之廣，東西二億三萬一千三百里；南北二億三萬一千三百里。自地至天，半八極之數』；酉陽雜俎前集二玉格篇：『天地相去，四十萬九千里。四方相去，萬萬九千里』；雲笈七籤五十六元氣論：『計天地相去，一億一萬二百五十八里半也』；學林卷二天地條：『按周禮，以土圭之灋測土深，正日景。日至之景，尺有五寸，謂之地中。鄭氏注曰：凡日景於地，千里而差一寸。景尺有五寸者，南戴日下萬五千里，地與星辰四遊，升降於三萬里之中，是以半之，得地之中也。以夏日至，立八尺之表，其景適與土圭等，謂之地中。今潁川陽城地爲然。……是則自地至天，萬五千里耳』。案以上諸說，言人人殊。田章之對，惟言地廣萬萬九千里，與唐段成式酉陽雜俎所云『四方相去萬萬九千里』者適合，而其言天之高，則又二者不同。聊附記于此，用資譚助可耳。

與田章有關之人物附表

名　氏	世代傳說	出　　處	附　　　　　　　　　　　　　記
弦章（弦子旗）。	齊桓，或曰齊景。	墨子、說苑。	晏子內篇諫下作齊桓時，內篇諫上作齊景時。說苑君道篇作齊桓時，尊賢篇作齊景時。又弦子旗爲齊桓大理，見管子小匡。
陳章。	齊桓，或曰齊景。	晏子（神異經南荒經注引）、神異經。	神異經南荒經作齊桓時，注作齊景時。神異經西荒經注亦作齊桓時。

田章。		木簡、句道興搜神記鈔本。	
弦商。	齊桓。	韓非子。	
弦寧。	齊桓。	新序。	

附田章簡圖片

附記：本文之完成，得『行政院國家科學委員會』之補助。

漢代的屯田與開邊

管 東 貴

目　次

壹、緒　　言

　　漢朝在華夏民族的歷史上，是一個空前燦爛的時期，華夏民族後來之所以又名爲漢族，原因亦就在這裡。

　　漢朝歷史之所以空前燦爛，主要是由於它建立了光輝的武功，秦始皇統一中國，西止乎臨洮，而武帝之世則已逾天山，達今俄領中亞吉爾吉斯坦之地。漢朝之所以能如此成功地經營邊疆，建立空前的武功，主要可說是得力於採用了屯田之法。這可以從幾方面看出來：（一）兩漢的人對於用屯田來解決邊疆問題先後都曾給予很高的評價，並勸朝廷擴大採用，如宣帝時趙充國（見漢書趙充國傳），順帝時虞詡（見後漢

書西羌傳）等是；後來到魏晉時代亦還常常爲人們所縷道（註一）。（二）漢代的屯田，事實上在擴大展開，自河套、踰河西而延及西域；另外羌族邊區及穢貊邊區亦都採用過，如果不是由於它有良好效果，決不可能有這種事實。（三）自漢以後，歷代都曾利用屯田的辦法去解決邊疆問題（註二）。

現在我們要問，漢朝以屯田之法建立空前的武功，根本上是由於「內部力量的自然膨脹」？（例如由經濟大國變爲軍事大國），抑是由於「迫於要解決邊疆問題」？據觀察，後者佔着主要的成份。換句話說，漢朝是順着解決嚴重的邊疆問題，而發展成爲武功鼎盛的。因爲漢朝剛剛統一不久，在經濟情況極其惡劣的時候，嚴重的邊疆問題卽已顯露，如高祖七年（六年才統一）的平城之困。另外，我們還要進一步問，漢朝有甚麼樣的邊疆問題？舊有的辦法何以不能解決那樣的問題？屯田制就是那些問題下的產物嗎？屯田制是怎樣發揮出解決漢朝邊疆問題的作用來的？關於漢代的屯田制，前人雖已有不少研究，但是對於我在這裡所提的這一連串相關的問題，卻還是一片荒土。

中國版圖遼闊，人口衆多，但是卻有不下百分之九十五的人口，聚集在百分之四十左右的土地上，而另百分之六十左右的土地上卻祇有不到百分之五的人口（註三）（卽東北之東南部、長城以南、青康藏高原以東之地爲人口密集區，大約相當於自黑龍江畔之鷗浦至雲南之瑞麗劃一直線爲界）；兼有強鄰環伺，虎視耽耽。所以目前中國的邊疆問題似不在漢初之下（漢初強鄰祇有匈奴一族）。先人經營邊疆的方法與經驗，對我們或有可爲借鑑之處。作者卽是抱着這樣的態度去探討那些問題的。

現在我們先看看，甚麼樣的情形才能算是屯田。「屯」是駐戍的意思，「田」是

註　一　魏志辛毗傳：「毗諫曰：………今日之計，莫若修范蠡之養民，法管仲之寄政，則充國之屯田，明仲尼之懷遠」。又晉志食貨志：「漢自董卓之亂，百姓流離，穀石至五十餘萬，人多相食。魏武（按卽曹操）旣破黃巾，欲經略四方，而苦軍食不足。羽林監潁州棗祇建置屯田議。魏武乃令曰：夫定國之術，在於強兵足食。秦人以急農兼天下，孝武以屯田定西域，此先世之良式也」。

註　二　請參看張君約歷代屯田考（新中國建設學會叢書），商務印書館，民國二十八年六月初版。

註　三　根據民國三十七年中華年鑑（中華年鑑社發行），頁93—94，「中華民國各行政區面積人口數目表」（民國三十六年十二月內政部人口局編）。表中所列西康、青海、興安、察哈爾、綏遠、寧夏、新疆、西藏及蒙古均算作人口稀少區，其餘省市皆算作人口密集區。前者土地佔全國總面積59%強，人口佔全國總人口3%強；後者土地佔40%強，人口佔96%強。

指耕種。所以「屯田」實兼含軍事與生產兩項要素。由這兩項要素的結合而能形成一種具有新的效能的制度，表明了「在屯田制度產生以前，軍隊祇負軍事任務，不從事生產，專靠國家所收的賦稅來供養」這種軍人專業化的制度有了缺點。在西漢，屯田最盛的地區全在邊疆，因此我們可以看出，這一新的制度是在軍隊專業化的情形下，為解決邊疆軍事活動中糧食供應的問題而產生的。所以從它的原始立意上去看，「屯田」乃是「於邊疆地區，將軍事任務與生產任務，在組織上結合為一體，以適合邊疆軍事活動的需要的一種辦法」（註四）。不過，由於屯田者的身份可以有所不同，所以屯田又可以分為農兼軍的「民屯」與兵營田的「軍屯」兩種。民屯就是對移居邊疆的人民，除使其能生產自給外，平時亦予以組織，授以戰法，以備寇敵。軍屯就是使戍守邊疆的軍隊，就地生產，以減少對後方供應的依賴。屯田之有這兩種方式，乃是方法運用上的差別，目的則仍相同，都是為了適合邊疆軍事活動的需要。所以這兩種方式的屯田，對於實行屯田制的目的來說，正有互補的作用。不過，自屯田產生以來，由於跟軍隊戍邊的制度相並而行，所以民屯大都以生產任務為重心，軍事任務則有逐漸輕淡的傾向。由於其生產任務對國家的經濟建設，尤其是開發邊疆經濟，大有助益，所以它能為後世一直採用。

　　本文所謂的「開邊」，兼含對邊疆的「開發」與「開拓」兩重意義。對邊疆的開發，主要是指移民以及開發其經濟潛力，這是解決邊疆問題的一種比較普遍的方式。對邊疆的開拓，主要是指用力量去擴大領域，以剷除造成邊疆問題的外來因素，這是另一種解決邊疆問題的方式。屯田制在漢代正發揮出了這兩方面的作用。

　　漢自文帝十一年（169 B.C.）採晁錯議募民耕戍塞下（參下），是為農兼軍的民屯之始，同時亦是漢代屯田之始。至武帝太初、天漢間，置校尉屯田渠犁（軍屯），

註　四　前人對屯田雖有界說，然皆不免有所偏頗。今錄兩則於下，以供參考。萬國鼎：「勒兵而守曰屯，故兵耕曰屯田」（見所著中國田制史頁 119，民國二十三年初版，二十六年再版，正中書局）。又于省吾：「屯田制是聚士卒于戍守地方，使之從事農耕和牧，副業的生產勞動，在生活上能夠自給自養，所謂『以兵營田』，有利於進可以戰，退可以守的持久政策」（見所著略論西周金文中的「六𠂤」和「八𠂤」及其屯田制，頁 153，刊於考古月刊，1964.3）。以上兩定義都是祇著眼於軍屯。

於是始有屯田之名（註五）。有人認爲漢代屯田始自武帝（註六），大概卽是由於過份重視這一名稱在武帝時出現的緣故。依照本文的看法，晁錯倡議的民屯既然行之先，則漢代的軍屯當是由民屯的構想推廣而產生的（註七）。晁錯的民屯構想，是經過了「移

註 五 這一看法與朱健子在古今治平略卷五屯田篇所說的大致相同：「漢文帝募民耕塞下，於是始有屯田之說；自武帝屯田軍師、渠犂，於是始有屯田之名」。近人萬國鼎從其說（見上註引萬著中國田制史，）然萬又說「勒兵而守曰屯」，則又不免有自相矛盾之嫌，因爲文帝所募的是「民」。近人張君約以爲屯田之名始於武帝征和間桑弘羊的輪臺屯田奏，他說：「武帝破匈奴，自朔方以西，至令居，置田官吏卒五六萬人。又置張掖、酒泉郡，而上郡、西河等處開田官，斤塞卒六十萬戍田之。是爲用兵耕種之始。及破大宛，又置田卒於敦煌以西，至輪臺，渠犂。其後桑弘羊請屯田輪臺以東，始有屯田之名」（見所著歷代屯田考、頁四）。桑弘羊輪臺屯田奏中已有屯田之名，無可疑（參下），然屯田一詞似在太初天漢間卽已出現。漢書鄭吉傳：「自張騫通西域，李廣利征大宛之後，初置校尉屯田渠犂」。又漢書西域傳：「自武帝初通西域，置校尉屯田渠犂，是時軍旅連出，師行三十二年，海內虛耗。征和中，貳師將軍李廣利以軍降匈奴（按，在征和三年，90 B.C.）。上既悔遠征伐，而搜粟都尉桑弘羊與丞相御史奏言：『故輪臺以東，捷枝、渠犂皆故國，地廣，饒水草，有溉田五千頃以上……⋯⋯臣愚以爲可遣屯田卒詣故輪臺以東……』」。王氏補註引徐松曰：「自元光二年（133 B.C.）誘單于，絕和親，爲用兵之始，至太初三年西域貢獻，凡三十二年」。但是如以滿三十二年計，則當爲太初四年（103 B.C.）。且漢之屯田渠犂，是由輪臺擴展而來（參下西域屯田），目的在於控制西域，所以渠犂屯田的時間亦當在破大宛後不久，這樣才能利用破大宛的威勢來擴大屯田的範圍。破大宛在太初四年春，所以置校尉屯田渠犂事，當在太初四年至天漢初之間。按，漢於西域設校尉主屯田事者有二、一爲「屯田校尉」（漢書西域傳：「（宣帝神爵三年左右）屯田校尉始屬都護」），另一爲戊己校尉（漢書百官公卿表：「戊己校尉，元帝初元元年（48 B.C.）置」）。既然戊己校尉爲元帝初元元年置，而屯田校尉在宣帝神爵三年（59 B.C.）前卽已存在；另外，昭帝時以杅彌太子賴丹爲校尉，屯田輪臺、渠犂，以及征和四年桑弘羊輪臺屯田奏（包括渠犂）中所說的校尉（均請參看漢書西域渠犂國傳）顯然亦都是屯田校尉。因此，武帝太初天漢間於渠犂所置之校尉，當爲最初之屯田校尉，是當時已有屯田之名。另請參看後面論述漢屯田輪臺、渠犂的一段。

註 六 曾謇秦漢的水利灌溉與屯田墾田（載食貨五卷五期，民國二十六年三月），第五節「兩漢的屯田與開邊」：「兩漢的屯田，起于漢武時的開邊。爲控制匈奴與西域，軍屯逐極重要，漢之所以能控制匈奴——尤其是交通西域，可以說是屯田的功用。此事開始於漢武時代，而成於宣帝地節神爵之間」。

註 七 于省吾氏以爲軍屯於西周時代卽已存在（見前註四引于省吾文）。今錄其文中最重要的一段於下，以供參考：「總之，由於我們現在所見到的西周金文，有關六自和八自的記載很少，故在此不妨加以推論。據「舀鼎」所記，周王曾于八自設有冢嗣土之官，總管八自有關土地諸事，八自既有此官，則六自也當有之。據「南宮柳鼎」所記，周王曾于六自設有嗣牧及嗣田暑之官，主管放牧及農佃諸事，六自既有此官，則八自也當有之。據「盠方彝」所記，周王曾令盠任六及八自嗣藝之官，主管谷類種藝之事，嗣藝當爲冢嗣土的屬官。據「趩簋」所記，周王曾于鬱地自旅設有冢嗣馬之官，總管駕馭車馬之僕和騎射之士，鬱地自旅既有此官，則六自及八自也當有之。綜括上述，則周王所直轄的軍隊，既然都設有冢嗣土，嗣佃事、嗣藝、嗣牧及冢嗣馬等等專職，以掌管土地、農土、種藝、放牧、馬政等各

民實邊」與「組訓邊民」前後兩次奏疏才完成的（參下），所以在晁錯之前當無民
屯。晁錯的「移民實邊」的構想，可能是取法於秦代的「徙適實邊」來的；秦代的徙
適實邊，儘管亦有鞏固邊防的寓意，但與晁錯所構想的屯田則仍有很大的差別：秦以
「適」（罪人）徙邊（註八），漢則以募民為基本。秦對所徙之適缺乏組訓計劃（註九），
漢則有之；所以秦的徙適如果能對邊防發生作用，那亦祇是憑着個人禦敵以求自存的
本能而成的。還有更重要的一點是，秦代徙邊的罪人，因係帶罪之身，心理狀態與
募民自然迥異，他們在邊疆無久居之計，無戀土之心，而祇是苟活於權力之下而已，
所以祇要一有機會，他們便會逃離而去（註一〇）。

　　漢代的屯田雖然在文帝時代就已開始，但是它在解決漢代邊疆問題的過程中，直
到武帝以前，都還祇發揮出守勢的「防」的作用。換句話說就是，祇盡到了它的防禦

項有關生產方面的事務，則在軍隊的物質生活供應上，只要取償於軍隊的經常駐在地，便可以自給自
足，省卻轉粟輸餉之勞，可以說，這是我國歷史上最初出現的軍事屯田制。這樣一來就打破了典籍所
稱，以為我國屯田制開始于漢代昭、宣之世的一貫說法，而現在應該把它提早到西周時代了」。按，
于氏的說法，推測的地方太多，牽涉到的無法解決的問題亦太多。所以本文不取。而且我覺得，屯田
制是針對着由賦稅供養軍隊而使軍隊專業化後，國家對版圖擴大後的邊遠地區無法充份供應軍需，而
產生的。西周之世，軍隊專業化的情況如何？我們還不明白。當初也許還在軍與政不分的原始狀態之
下，所以凡是駐防的軍隊，亦兼負督農、收稅等職責。因此，其軍需主要物資均可取自駐地而不必由
中央轉撥。再則，當時亦可能是兵農不分，有事則出征，無事則務農，組織屬一體。若果如此，則于
氏所說可能祇是軍隊專業化以前的情況，這樣自然亦就跟屯田無關了。

註　八　秦亦有過一次徙民的記載，史記秦始皇本記三十六年：「……於是始皇卜之，封得游徙吉，遷北
　　　　河、榆中三萬家，拜爵一級」。這是有特殊緣故的徙民，而且似非應募而去，所以跟晁錯構想中制度
　　　　性的募民徙邊仍不相同。

註　九　所徙之適如係充軍，自當受軍事管理。然非充軍而徙於邊之適，其身份則當為「民」。秦對這些罪
　　　　民，無組訓計劃。

註一〇　關於這一點，晁錯在奏疏中已有說明，今再舉其實例如下。史記卷六秦始皇本紀：「三十三年，發諸
　　　　嘗逋亡、贅壻、賈人、略取陸梁地，為桂林、象郡、南海，以適遣戍（按，即充軍）。西北斥逐匈
　　　　奴，自榆中並河以東，屬之陰山，以為三十四縣，城河上為塞。又使蒙恬渡河取高闕、陶山、北假
　　　　中，築亭障以逐戎人，徙適實之初縣（按，即以罪「民」徙於新設之邊縣）」；又史記卷一一〇匈奴
　　　　列傳：「十餘年而蒙恬死，諸侯畔秦，中國擾亂；諸秦所徙適戍邊者皆復去。於是匈奴得寬，復稍度
　　　　河南，與中國界於故塞」。

寇敵的消極功效。武帝即位後，對屯田的運用作了重大的改變，他把軍屯與民屯配合起來運用，使屯田由守勢轉變爲攻勢，而發揮出了它的積極的功效。漢代以開邊來解決邊疆問題，因而造成光輝燦爛的武功，主要卽是由於漢武帝對屯田的運用作了這樣一種轉變而達成的。這是我們研究漢代的屯田應特別注意的地方。

在下面的討論中，我們首先分析漢代的邊疆問題，例如漢代邊疆問題的歷史背景如何，邊疆問題的特色如何，原有的對付邊疆問題的辦法如何，何以不足以解決當時的邊疆問題等等。其次觀察漢代在這些邊疆問題的迫促下，謀臣策士們如何運用智慧去尋找對付的辦法，而終於找到了屯田制。再次論述屯田之法在武帝時代的推廣運用，如何由奪取河套（元朔二年，127 B.C.），進而開河西，制西域等發展。最後爲結論。至於屯田制的組織與演變等，將有另文討論。

貳、漢代的邊疆問題

漢代的邊疆問題（主要是指由外患所引起的邊防問題），大體上可以從歷史背景、時機、以及外族的文化特色等方面找到它主要的形成因素。今分別析論於下。

一、漢代邊疆問題的歷史背景

自從西周晚期，朝綱失墜，權力衰微以來，整個華夏民族抵擋外族寇患的力量亦因之分散而轉弱。終於釀成犬戎入寇，幽王死難驪山，平王被迫東遷的不幸結果。自那以後外族時時伺機侵迫，遂又演變成爲華戎雜處，蠻夷猾夏的局面。

平王之所以能夠順利東遷，靠的並不是王權本身的力量，而是由諸侯鼎力相助才達成的。所以平王雖然東遷，恢復了朝廷的規模，但實際上並非華夏民族的力量所朝所宗的中心，而祇是諸侯們捧着喊「尊王攘夷」口號以自重的一個偶像而已。因此後來竟釀成了數百年列國紛爭的局面。

自春秋到戰國這四五百年的時期中，先後出現了好些霸國與強雄。這些霸國與強雄有一個大致相同的現象就是：他們大都是邊疆之國，霸國中如晉（文）、齊(桓)、秦（穆）、楚（莊）等是，強雄中如齊、秦、楚、燕、趙、魏等是。而中原的許多中小之國，如鄭、許、薔、杞、曹、魯、陳、蔡等等都先後被併吞。所以到了戰國時

期，七雄之中有六國地處邊疆，祇有韓居中，然而韓是由晉分裂而成，所以韓之成爲一股大的勢力祇是承自先前過份膨脹的晉而來的（七雄中眞正的新興勢力祇有燕，而燕正是一個經常與山戎鬥爭的邊疆之國）。可是在秦始皇略併六國的過程中，居中的韓卻是第一個被翦滅的，而統一中國的正是與戎狄鬥爭最長久最艱苦的秦。這些現象清楚地顯示，在那一段漫長的列國紛爭的時期中，邊疆之國的勢力一直在膨脹。他們之所以能這樣，跟他們所處的環境大概有密切的關係。因爲當周朝勢衰力弱的時候，中原諸國之間沒有異民族及異文化對立的威脅；然而邊疆各國這種對立的威脅卻很強烈，他們時時必須準備與外敵作殊死之鬥，不然則隨時都有被外敵滅亡的危險，即所謂「無敵國外患者國恆亡」是也。因此他們處在那種冷酷而激烈的生存競爭的環境中，養成了奮發圖強的精神。當他們在與外敵的鬥爭中奠下了勝利的基礎後，他們自然就會趁機來爭霸中原了。所以在那幾世紀中，邊疆諸國一方面各自發憤戰勝了外敵而向外擴張，一方面亦趁機向中原兼併弱小之國，最後則互相兼併，而再度造成了中國大一統的局面。

　　漢代的屯田是起自對付匈奴，其次才用於對付羌戎。所以漢代爲對付外來威脅而實行的屯田，其區域主要是在匈奴與羌跟華夏民族接觸的地方。下面我們就以這些地方爲重點，把漢代邊疆問題的歷史背景作更詳細一點的說明。現在我們從春秋時代的晚期看起。

　　春秋時代到了晚期，界胡、戎之國有燕、晉、秦。東北之燕，不過有今河北之地，西北與山戎爲界。晉在春秋晚期是最大的一國，其西與北兩面，大致是以呂梁山及太行山爲疆界，界外則爲狄地。秦僻處西陲，僅有涇、渭流域一隅之地，而與戎、狄爲隣，至穆公三十七年(623 B.C.)用由余謀伐戎，開地千里，遂霸西戎(註一一)。

　　到戰國時期，晉分爲趙、魏、韓三國，其中趙、魏仍爲邊疆國。因此原先北疆的燕、晉、秦三國，變爲了燕、趙、魏、秦四國。到這時期，燕的土地已擴展到遼河西岸；北界東胡。由晉分裂而成的趙、魏兩國，溯呂梁山而北，逾太行山，而達陰山南麓；西則逾呂梁而據有整個河套之東南，其外則北爲匈奴西爲戎。秦亦向北、西兩方

註十一　漢書卷九十六上西域傳上：「自周衰，戎、狄錯居涇、渭之北」。又史記卷五秦本紀：「（穆公）三十七年，秦用由余謀，益國十二，開地千里，遂霸西戎」。

面發展，窮涇、渭之源，併義渠戎（註一二），據有洮河及黃河以東之地，其外則爲西戎（註一三）。

　　秦崛起西陲，務併六國，兵不西行。所以當他統一的時候，西邊仍以洮河及黃河爲界，但是在其他各邊則又有大幅度的增加：在東北方面，已越過遼河，據有了整個遼東半島，而與朝鮮接壤；在北方，則整個河套區已入其版圖；西南併巴、蜀；南逾五嶺，過粵江，而抵今越南北部。史記卷六秦始皇本紀：「東至海暨朝鮮，西至臨洮、羌中，南至北嚮戶（按，指今越南北部一帶）北據河爲塞，並陰山至遼東」。可見自春秋晚期以來，中國雖然紛亂，但至戰國之末，疆域却仍在擴大。

　　以上所述祇是疆土方面的變遷。下面我們還要看看華夏民族跟外族之間的關係的變遷，兩相配合，可以使我們更清楚地瞭解漢代邊疆問題的歷史背景。自古以來，威脅華夏民族生存的外患，主要都是來自北方，長城的構築足以說明這一點。自西周末至秦漢，北邊給中國爲患最烈的，一是匈奴，一是羌戎。現在我們就來看華夏民族跟這兩族群之間的關係的演變。首先看華夏民族跟匈奴的關係。史記卷一一〇匈奴列傳：

　　周幽王用寵姬褒姒之故，與申侯有郤，申侯怒，而與犬戎共攻殺周幽王于驪山之下，遂取周之焦穫，而居於涇、渭之間，侵暴中國。秦襄公救周，於是周平王去酆、鄗，而東遷雒邑。當是之時，秦襄公伐戎至岐，始列爲諸侯。是後六十有五年，而山戎越燕而伐齊，齊釐公與戰于齊郊。其後四十四年，而山戎伐燕。燕告急于齊，齊桓公北伐山戎，山戎走。其後二十有餘年，而戎狄至洛邑，伐周襄王，襄王奔于鄭之氾邑。初，周襄王欲伐鄭，故取戎狄女爲后，與戎狄兵共伐鄭。已而黜狄后，狄后怨。而襄王後母曰惠后，有子子帶，欲立之。於是惠后與狄后、子帶爲內應，開戎狄，戎狄以故得入，破逐周襄王而立子帶爲天子。於是戎狄或居於陸渾，東至於衞，侵盜暴虐中國，中國疾之。故詩人歌之曰：「戎狄是膺，薄伐玁狁，至于太原，出輿彭彭，城彼朔方」。周襄王既居外四年，乃使使告急於晉。晉文公初立，欲修霸業，乃興師伐逐戎翟，誅子

註一二　史記卷五秦本紀初更十年：「伐取義渠二十五城」。按，六國表繫侵義渠事於初更十一年。

註一三　以上所述關於春秋戰國時期邊疆各國領域的變動及民族分佈的情形，下面將引錄較詳的史料，另外請參看日人箭內互編東洋讀史地圖增訂本。

帶，迎內周襄王居于雒邑。當是之時，秦、晉爲強國，晉文公攘戎翟居于河內圁、洛之間，號曰赤翟、白翟。秦穆公得由余，西戎八國服於秦，故自隴以西有緜諸、緄戎、翟獂之戎；岐、梁山、涇、漆之北有義渠、大荔、烏氏、朐衍之戎；而晉北有林胡、樓煩之戎；燕北有東胡、山戎；各分散居谿谷，自有君長，往往而聚者百有餘戎，然莫能相一。自是之後百有餘年，晉悼公使魏絳和戎翟，戎翟朝晉。後百有餘年，趙襄子踰句注而破幷、代，以臨胡貉。其後，既與韓、魏共滅智伯，分晉地而有之，則趙有代、句注之北，魏有河西、上郡以與戎界邊。其後義渠之戎，築城郭以自守，而秦稍蠶食。至於惠王，遂拔義渠二十五城，惠王擊魏，魏盡入西河及上郡于秦。秦昭王時，義渠戎王與宣太后亂，有二子。宣太后詐而殺義渠戎王於甘泉，遂起兵伐殘義渠。於是秦有隴西、北地、上郡，築長城以拒胡。而趙武靈王亦變俗胡服，習騎射，北破林胡、樓煩，築長城，自代並陰山下，至高闕爲塞，而置雲中、雁門、代郡。其後，燕有賢將秦開爲質於胡，胡甚信之。歸而襲破走東胡，東胡卻千餘里。與荊軻刺秦王秦舞陽者，開之孫也。燕亦築長城，自造陽至襄平，置上谷、漁陽、右北平、遼西、遼東郡以拒胡。當是之時，冠帶戰國七，而三國邊於匈奴。其後趙將李牧時，匈奴不敢入趙邊。後，秦滅六國，而始皇帝使蒙恬將十萬之衆北擊胡，悉收河南地，因河爲塞，築四十四縣城臨河，徙適戍以充之，而通直道，自九原至雲陽，因邊山險，塹谿谷，可繕者治之，起臨洮至遼東萬餘里。又渡河據陽山北假中。當是之時，東胡彊而月氏盛。匈奴單于曰頭曼，頭曼不勝秦，北徙。十餘年而蒙恬死，諸侯畔秦，中國擾亂，諸秦所徙適戍邊者皆復去，於是匈奴得寬，復稍度河南，與中國界於故塞。

其次再看華夏跟羌戎的關係。後漢書卷一一七西羌傳：

及平王之末，周遂陵遲，戎逼諸夏，自隴山以東，迄乎伊、洛，往往有戎。於是渭首有狄、䝠、邽、冀之戎，涇北有義渠之戎，洛川有大荔之戎，渭南有驪戎，伊、洛間有楊拒、泉皋之戎，潁首以西有蠻氏之戎。當春秋時，間在中國與諸夏盟會，魯莊公伐秦取邽、冀之戎。後十餘歲，晉滅驪戎。是時伊洛戎強，東侵曹、魯；後十九年，遂入王城，於是秦、晉伐戎以救周。後二年，又

寇京師，齊桓公徵諸侯戍周。後九年，陸渾戎自瓜州遷于伊川，允姓戎遷於渭、汭，東及轘轅。在河南山北者號曰陰戎，陰戎之種遂以滋廣。晉文公欲修霸業，乃賂戎、狄通道，以匡王室。秦穆公得戎人由余，開地千里。及晉悼公又使魏絳和諸戎，復修霸業。是時楚、晉強盛，威服諸戎，陸渾、伊洛、陰戎事晉，而蠻氏從楚。後陸渾叛晉，晉令荀吳滅之。後四十四年，楚執蠻氏而盡囚其人。是時義渠、大荔最強，築城數十，皆自稱王。至周貞王八年 (461 B.C.)，秦厲公滅大荔，取其地；趙亦滅代戎，即北戎也；韓、魏復共稍并伊洛、陰戎，滅之，其遺脫者皆逃走，西踰汧、隴。自是中國無戎寇，唯餘義渠種焉。至貞王二十五年(444 B.C.)，秦伐義渠，虜其王。後十四年，義渠侵秦至渭陰，後百許年，義渠敗秦師于洛。後四年，義渠國亂，秦惠王遣庶長操將兵定之，義渠遂臣於秦。後八年，秦伐義渠，取郁郅。後二年，義渠敗秦師于李伯。明年，秦伐義渠，取徒涇二十五城。及昭王立，（按，秦昭王元年，即周赧王九年，306 B.C.），義渠王朝秦，遂與昭王母宣太后通，生二子。至王赧四十三年 (272 B.C.)，宣太后誘殺義渠王於甘泉宮，因起兵滅之，始置隴西、北地、上郡焉。戎本無君長………戰國世，義渠，大荔稱王。及其衰亡，餘種皆反舊為酋豪云………及秦始皇時，務并六國，以諸侯為事，兵不西行，故種人得以繁息。秦既兼天下，使蒙恬將兵略地，西逐諸戎，北卻衆狄，築長城以界之，衆羌不復南度。

由以上兩段引文我們可以約略看出：(1)自平王東遷以來，到秦統一以前，燕，趙魏、秦各國疆土的擴張，都是由於處在「不亡人則為人所亡」的邊疆環境下，經過了長期的艱苦鬥爭而造成的；(2)在秦統一後的領域之內，原先邊疆各國尚留有大量的外族。

在統一以前，燕、趙、魏、秦既然都是由於跟外族鬥爭而興起於邊疆，則跟外族鬥爭的邊疆區域正是他們的生長環境。為適應這樣的環境，每個邊疆之國都必須時時保持奮發圖強的精神，而且還必須使人力與物力都集中於軍事需要方面。這大概亦就是春秋戰國時代邊疆之國多武將，而中原之國多文士的原因。但是國家大一統之後，又有他面臨的新問題。第一，統一後，全國權力又集中在中央政府，而這個中央政府

又並不設在邊疆，因此對於邊患的感受與應付，都不能像先前邊疆各有自主之國那樣來得直接、迅速而有效。第二、統一後，人們在長期的戰亂之餘，心理期待逐漸由求生存而轉變爲求較安定的生活；順着這種心理發展，人口流動的自然趨勢是漸逐向內地或都市集中，這種趨勢對於統一的中央政府而言，會使邊防的困難加深，而對於那些居住在中國邊疆內外的外族而言，則形成了較好的裡應外合的機會。

秦統一中國後，對於由先前邊疆各國的擴張所累積下來的邊疆問題，曾給予最大的努力去應付。應付的辦法大約可分爲三方面：一是臨邊境築城修路，並把罪犯充軍或移徙到邊疆，即所謂的遣戍或徙適（註一四）。二是接築長城（註一五）。三是武力征伐，想用開邊的方式來徹底消滅邊患。當秦始皇採用第三項辦法來對付北方的邊患問題時，丞相李斯曾勸他放棄，李斯的理由是：「夫匈奴，無城郭之居、委積之守，遷徙鳥舉，難得而制也。輕兵深入，糧食必絕；踵糧以行，重不及事。得其地不足以爲利也，遇其民不可役而守也。勝必殺之，非民父母也。靡敝中國，快心匈奴，非長策也」（註一六）。然而秦始皇沒有聽，三十二年「使將軍蒙恬發兵三十萬人，北擊胡，略取河南地」（註一七）；次年又「發諸嘗逋亡人、贅壻、賈人，略取陸梁地，爲桂林、象郡、南海」（註一八）。所以當秦始皇統一中國後，領域還在繼續向外擴張。

秦始皇用開邊來解決邊患問題的辦法，可能仍是本着過去邊疆立國的基礎一貫而來的。然而，時勢已非昔比，人亡政息，所以當蒙恬與秦始皇去世之後，秦亦迅速覆亡，而一切終歸失敗。失敗的原因固然複雜多端，但他疏忽了由紛亂到統一後人們的心理轉變，疏忽了華夏民族的實力在長期的紛亂中已消耗過甚，未予恢復，又大事徵發，這種操之過急的做法當是其中主要原因的一部份。

秦始皇時代，徵發到南北邊疆去負擔邊防任務的人，據說多達數十萬或謂百萬

註一四　見前引史記秦始皇本紀及匈奴列傳。
註一五　見前引史記匈奴列傳及後漢書西羌傳。
註一六　見史記卷一一二主父偃傳。
註一七　見史記秦始皇本紀。另請參看前引史記匈奴列傳。
註一八　見史記秦始皇本紀。

之衆(註一九)。這些人的糧食，主要都是靠內地轉輸供應；因耗費太大，致百姓靡敝。
史記主父偃傳：

> 秦皇帝不聽，遂使蒙恬將兵攻胡，辟地千里，以河爲境。地固澤鹹鹵，不生五
> 穀，然後發天下丁男以守北河，暴兵露師，十有餘年，死者不可勝數，終不能
> 踰河而北，是其人眾不足，兵革不備哉？其勢不可也。又使天下蜚芻輓粟，起
> 於東腄、琅邪負海之郡，轉輸北河，率三十鍾而致一石。男子疾耕不足於糧
> 饟，女子紡績不足於帷幕，百姓靡敝，孤寡老弱不能相養。

按，一鍾等於六石四斗(註二〇)。依「三十鍾而致一石」推算，則轉輸的實際效果祇有
一百九十二分之一。換句話說，如果當時確有一百萬人負擔邊防任務，而他們的糧食
都靠內地供應，則他們需消耗一億九千二百萬人份的糧食，至於衣著、器用等則還沒
有計算在內。周末之世，中國人口約爲三千萬（註二一），秦統一中國，值長期戰亂之
後，且又大事徵發，死者不可勝數，所以秦當時的人口頂多亦不過三千萬。依這一人
口數字看，則秦儘管有長城之役、五嶺之戍，人數當不到百萬；不然則其糧食必非儘
由內地供應。雖「三十鍾而致一石」(註二二)之數字未必確實，然由主父偃傳所記，大
體可以看出秦對於經營邊疆的決心及其負擔之重。

　　現在我們總結漢以前的這段歷史看，自從西周晚期中央政府權力衰微以來，中國
逐漸內有動盪分裂之憂，外有寇敵侵擾之苦，直到強秦統一中國，這種紛亂的局面才
漸告結束。

註一九　史記主父偃傳：「秦常積衆，暴兵數十萬人」。又主父偃傳引公孫弘言：「秦時常發三十萬衆築北
　　　　河」。又史記卷八九陳餘傳：「（秦）北有長城之役，南有五嶺之戍」；漢書卷三二張耳傳同句，王
　　　　先謙補注：「吳仁傑曰：『案淮南書：始皇發卒五十萬，使蒙公築修城；使尉屠睢發卒五十萬，爲五
　　　　軍，一軍塞鐔城之嶺，一軍守九疑之塞，一軍處番禺之都，一軍守南野之界，一軍結餘于之水。』與
　　　　張耳傳相符，所謂五嶺者此也。」按，百萬之數，似嫌稍大，見下有論。
註二〇　左傳昭公三年：「釜十則鍾」，杜注「六斛四斗」。按，斛即石，蓋斛爲十斗（見說文解字），石亦
　　　　爲十斗也（見說苑卷十八辨物）。
註二一　見馬非百秦經濟史資料──人口及土地（五），載於食貨半月刊三卷三期，民國二十五年元月。
註二二　漢武帝伐西南夷時，率十餘鍾而致一石（見史記平準書或漢書食貨志四下），依這項比例計算，則轉
　　　　輸效果至多爲六十四分之一，若以十五鍾致一石計，則約爲百分之一左右。不過，這是數十年後的
　　　　事，地域亦不一樣。

中國在這樣長期的內外痛苦煎熬之下之所以仍能屹然不墜，主要的力量大概有二。一是華夏民族的文化遠在其它所有跟他發生過關係的民族之上；二是華夏民族的社會體積遠在其它所有跟他發生過關係的民族之上。憑了這樣的兩股力量，他才能把由內部分裂所招致的外族入侵，轉化成為有益於己的外族華化運動。所以，以華夏民族為主體的這團雪球，能越滾越大。秦統一中國後，版圖之所以比以前任何時候都大，主要原因亦就在這裡。

但是，在秦統一前四五百年的列國紛爭中，由於邊疆各國與外族的衝突不斷發生，邊疆領域變化不定，所以邊疆問題亦一直存在。秦統一中國，結束了數百年來的分裂局面後，自然亦就承受了解決累積下來的邊疆問題的責任。秦雖把邊疆問題當作國家建設的首要事項，但因負擔太重而又操之過急，致使秦亦受其累，終不免為戍卒之叛而一發不可收拾。漢承秦統一之緒，因此，如何從鞏固邊防到把邊疆轉變成為國家建設的一份力量，這副重大的擔子自然又落在漢朝的肩上了。

二、漢代邊疆問題的實際狀況

真正困擾漢朝的外患，先後有二：先是北方的匈奴，後是西方的羌。漢之實行屯田，即起於對付匈奴。匈奴如何成為漢的外患威脅？漢在實行屯田以前採用過什麼辦法去對付匈奴的威脅？發生的效果如何？這是我們在這一節裡所要討論的主要問題。

（一）漢代邊患的特色以及強鄰的形成與威脅

胡或匈奴之所以累世為中國患者，主要原因在於兩族的文化迥異：匈奴為遊牧民族，而華夏則為農業民族。然而，漢朝之所以特別為匈奴所苦，除了上述「文化」的因素外，則又還有「時機」的因素。下面先看文化方面的情形。關於匈奴的生活狀況，史記匈奴列傳有一段簡明的記述：

> 匈奴………居于北蠻，隨畜草而轉移。其畜之所多則馬、牛、羊，其奇畜則橐駝、驢贏、駃騠、騊駼、驒騱。逐水草遷徙，毋城郭常處耕田之業，然亦各有分地。毋文書，以言語為約束。兒能騎羊，引弓射鳥鼠，少長射狐兔，用為食。士力能彎弓，盡為甲騎。其俗，寬則隨畜因射獵禽獸為生業，急則人習戰攻以侵伐，其天性也。其長兵則弓矢，短兵則刀鋋。利則進，不利則退，不羞遁走。

可見匈奴人人自小就習於騎射，長大則盡爲甲騎，全民皆兵，無徵發之勞。還有更值得注意的兩點是：（一）其俗，寬則隨畜因射獵禽獸爲生業，急則人習戰攻以侵伐；（二）利則進，不利則退，不羞遁走。

　　遊牧民族的生活資源，其優裕與可靠的程度，都遠不如農業民族高。所以每當匈奴遇有飢寒之憂，或發貪婪之心的時候（史記匈奴列傳：「匈奴好漢繒絮食物」），就難免要向鄰部或鄰族發動掠奪戰，即史記所說的「急則人習戰攻以侵伐」。關於這一點札奇斯欽先生有一段精闢的闡述：

　　　　但是在長城的那一面，由於對農業產品和農業工藝品迫切的需求，每每鼓勵一個有野心，而能御眾的君長，爲了增加他屬下部眾和國家的財富，並爲滿足他自己的欲望，擡高聲威，使他大舉入寇。何況這種戰爭是以「無」對「有」的鬥爭和掠奪，一切戰爭的經濟負擔，多半是落在被掠奪的農業民族的身上。因此戰爭自游牧民族而言，是一種生產的手段，而不是消耗，甚至連作戰的給養也會「因糧於敵」的。所以前漢的謀略家晁錯向漢文帝「上言兵事」時，感慨的說：「漢興以來，胡虜數入邊地，小入則小利，大入則大利」。也正是因這種利的誘惑，縱使萬里的長城，也不能阻止住游牧人不斷的突破（註二三）。

中國之所以累世爲匈奴所苦，這是非常重要的一項原因。

　　另外，中國跟匈奴之間還有「定」與「動」的對此，札奇斯欽先生說：「農業民族是定居在可以耕作的土地之上，視土地爲他們最主要的財產，或生命線。游牧民族則視家畜爲他們生命之所依，土地則是爲家畜繁殖而需要的。他們並不是忽視土地，而是在人與土地之間，還有牲畜的介在。這是游牧社會與農業社會最基本不同的一點。在農業地區，因定居在一塊固定的場所，又因人與地直接生產的緣故，漸漸的與土地有了不可分的關係，和對土地私有和不動產的觀念，但是在游牧社會裏，人是要隨着家畜，逐水草而移動的。因此，他們的財產都是動的，沒有不動產的觀念，更沒有土地的私有。土地或牧場、獵區都是一個氏族，或氏族聯合而成的部族所共有的。因此，農業社會是以『定』爲基礎，而游牧社會則一切都是以『動』爲基礎的」

註二三　札奇斯欽塞北游牧民族與中原農業民族間，和平、戰爭與貿易之關係緒言，載食貨月刊復刊一卷四期，頁四，民國六十年七月。

(註二四)。由於這種緣故，所以中國對於邊疆安全，基本上居於被動、守勢的「防」的地位，而動的一方却往往找邊防力薄弱的地方進攻。如果中國臨時調派大軍來增援，則不待大軍到來而他們或已飽掠而去，因為他們「不利則退，不羞遁走」，眞是機動迅速，飄忽難制。所以秦始皇欲伐匈奴時，李斯即曾勸說：「夫匈奴，無城郭之居、委積之守，遷徙鳥擧，難得而制也。輕兵深入，糧食必絕，踵糧以行，重不及事，得其地不足以爲利也」（見前引史記主父偃傳）。漢高祖親率大軍擊冒頓時，御史成進亦曾以同樣的理由相諫：「夫匈奴之性，獸聚而鳥散，從之如搏影」(註二五)。中國之爲匈奴所苦，這亦是一項重要的原因。

　　然而，單單祇是文化形態及社會形態的不同，則匈奴之於中國頂多祇能騷擾到邊疆地區，而不致於威脅到整個國家的安全。而且中國祇要有一個強有力的中央政府，匈奴憑其個別部落的力量，其爲害邊疆亦是極有限的。

　　但是這種情形，到秦漢之交的時候，開始發生變化了──匈奴正在形成爲一個統領蒙古草原的大帝國。當漢朝成立不久，這個空前的北亞大帝國與漢發生了一次大衝突，匈奴冒頓單于領軍三十萬侵入代地，下至晉陽，漢高祖以三十萬大軍逆擊之。但結果高祖被困於平城達七日之久（參下）。我們看秦始皇時，蒙恬僅以十萬之眾即能擊走匈奴，鞏固北疆的防務，其中主要原因即在於當時匈奴還沒有統一成爲大國。

　　當秦始皇使蒙恬將十萬之眾北擊匈奴、悉收河南地（按，即今河套鄂爾多斯一帶地區），築四十四縣城，徙適遣戍的時候，匈奴還祇是夾在東胡、月氏與秦三強之間的一個弱小國家。當時他們的首領是頭曼單于，因與秦衝突失敗，而向北遷徙（見前引史記匈奴列傳）。直到秦、漢之交，頭曼子冒頓殺父自立，統一匈奴，破東胡、走月氏，才又開始越過黃河，與中國界於故塞。史記匈奴列傳：

　　　單于（按，指頭曼）有太子名冒頓，後有所愛閼氏生少子，而單于欲廢冒頓而立少子，乃使冒頓質於月氏。冒頓既質於月氏，而頭曼急擊月氏。月氏欲殺冒頓，冒頓盜其善馬，騎之亡歸。頭曼以爲壯，令將萬騎。冒頓乃作爲鳴鏑，習勒其騎射。令曰：「鳴鏑所射而不悉射者，斬之。」行獵鳥獸，有不射鳴鏑所

註二四　同上文，頁二。
註二五　見史記主父偃傳。

射者，輒斬之。已而，冒頓以鳴鏑自射其善馬，左右或不敢射者，冒頓立斬不射善馬者。居頃之，復以鳴鏑自射其愛妻，左右或頗恐不敢射，冒頓又復斬之。居頃之，冒頓出獵，以鳴鏑射單于善馬，左右皆射之。於是冒頓知其左右皆可用。從其父單于頭曼獵，以鳴鏑射頭曼，其左右亦皆隨鳴鏑而射殺單于頭曼，遂盡誅其後母與弟，及大臣不聽從者。冒頓自立爲單于。冒頓既立，是時東胡彊盛，聞冒頓殺父自立，乃使使謂冒頓，欲得頭曼時千里馬。冒頓問羣臣，羣臣皆曰：「千里馬，匈奴寶馬也，勿與。」冒頓曰：「奈何與人鄰國而愛一馬乎？」遂與之千里馬。居頃之，東胡以爲冒頓畏之，乃使使謂冒頓，欲得單于一閼氏。冒頓復問左右，左右皆怒曰：「東胡無道，乃求閼氏，請擊之。」冒頓曰：「奈何與人鄰國，愛一女子乎？」遂取所愛閼氏予東胡。東胡王愈益驕，西侵。與匈奴間中有棄地莫居千餘里，各居其邊爲甌脫。東胡使使謂冒頓曰：「匈奴所與我界甌脫外棄地，匈奴非能制也，吾欲有之。」冒頓問羣臣，羣臣或曰，「此棄地，予之亦可，勿與亦可。」於是冒頓大怒曰：「地者，國之本也，奈何予之！」諸言予之者，皆斬之。冒頓上馬，令國中有後者斬，遂東襲擊東胡。東胡初輕冒頓，不爲備，及冒頓以兵至，擊大破滅東胡王，而虜其民人及畜產。既歸，西擊走月氏，南並樓煩、白羊河南王，侵燕、代，悉復收秦所使蒙恬所奪匈奴地者，與漢關故河南塞，至朝那、膚施，遂侵燕、代。是時，漢兵與項羽相距，中國罷於兵革，以故冒頓得自彊，控弦之士三十餘萬。

冒頓單于在位三十餘年(註二六)，勢力一直在膨脹，東自遼河流域，西抵天山南北路，都在他們的控制之下。中國北方突然出現這樣空前強大的一個鄰邦，而這個鄰邦跟華夏民族又一直有衝突，這使確立了統一政權的漢朝，自不能不提高警覺。

漢高祖七年 (200 B.C.)，統一才不過二年，冒頓單于率大軍圍攻代郡馬邑（今

註二六　史記匈奴列傳：「冒頓既立」，集解引徐廣曰：「秦二世元年壬辰歲立(209 B.C.)」。同傳又記：「孝文皇帝前六年(174 B.C.)，漢遺匈奴書………」，其下又記：「後頃之，冒頓死，子稽粥立，號曰老上單于」。是冒頓之死當在文帝六、七年間 (174～173 B.C.)。按，通鑑繫冒頓之死於文帝前元六年。

山西朔縣）；韓王信降匈奴，匈奴因引兵南踰句注，攻太原至晉陽（今山西太原）下
(註二七)。高祖為了想趁統一的威勢，替這個新生的朝代奠下永久的基業，所以有消滅
北方外來威脅的宏圖。於是親率大軍三十萬往擊匈奴。冒頓佯敗走，高祖追之，不幸
中計，被冒頓大軍圍困於平城（今山西大同）之白登，內外不得相救餉，達七日之
久，始得突圍。漢高祖吃了冒頓的這次大虧後，一方面認識到了北方外來威脅的嚴重
性，另方面亦發現，漢朝的力量還不足以 解決北方的外 患問題 ，所以改用和親的辦
法(註二八)，以待子孫後代的努力。 漢人對於開 國史上的 這宗國恥 ，一直耿耿於懷
(註二九)，而且後來還不斷地受到匈奴的侵凌(註三〇)。所以漢人滅胡的意志愈來愈強。

綜觀以上所述，我們不難看出，單單祇是匈奴的文化形態與社會形態之不同於華
夏，還不足以構成為漢朝的嚴重威脅。但是，時機正巧，相鄰兩族的統一大國都在這
段時候誕生。匈奴的遊牧特性，加上統一權力的靈活運用，這就切中中國國防上的弱
點，而使中國攻守都大感困惱了。這是漢朝邊患之特別不同於前代的地方。

（二）漢代實行屯田前對付邊疆問題的辦法及其效果

漢朝建國初年，正是秦漢之際多年戰亂殘破之餘 ， 雖百廢待舉 ， 但無奈民窮財
盡，史記卷三十平準書：

> 漢興，接秦之弊，丈夫從軍旅，老弱轉糧饟，作業劇而財匱，自天子不能具鈞
> 駟，而將相或乘牛車，齊民無藏蓋。

國家在這樣窮困的情形下，任何建設，包括國防建設 ， 自然都會受到影響 ， 即所謂
「作業劇而財匱」也；而所謂「將相或乘牛車」，則又反映了軍馬亦可能很缺乏。在
經濟情況沒有改善以前，漢之於邊疆問題，自然祇有從消極的方面去想辦法。這是我

註二七　參看史記高祖本紀及匈奴列傳。

註二八　史記卷九九劉敬傳：「高帝罷平城歸，韓王信亡入胡。當是時，冒頓為單于，兵彊，控弦三十萬，數
　　　　苦北邊，上患之，問劉敬。劉敬曰：『天下初定，士卒罷於兵，未可以武服也。冒頓殺父代立，妻羣
　　　　母，以力為威，未可以仁義說也………陛下誠能以適長公主妻之，厚奉遺之，彼知漢適女送厚蠻夷，
　　　　必慕以為閼氏，生子必為太子………冒頓在固為子壻，死則外孫為單于。豈嘗聞外孫敢與大父抗禮者
　　　　哉』………取家人子名為長公主，妻單于，使劉敬往結和親約。」

註二九　後漢書西域傳錄安帝延光二年 (123 A.D.) 尚書陳忠疏：「臣聞八蠻之寇，莫甚北虜。漢興，高祖窘
　　　　平城之圍，太宗屈供奉之恥。以故孝武憤怒，深惟長久之計，命遣虎臣，浮河絕漠，窮破虜庭。」

註三〇　請參看史記及漢書匈奴傳。

們要想探討漢初如何對付邊疆問題時所不能不先明瞭的。

漢高祖雖然有雄心想藉統一全國的軍事威勢，趁匈奴單于率衆入寇的機會，一舉擊滅之，以奠定北方的國防基礎。但無奈力不從心。所以自高祖平城之困後，漢之對付匈奴問題，除了沿用原有的戍邊制爲基本辦法外，並兼用和親的辦法，以補軍事力量的不足。另外，在戍邊制中又曾兼用境內的外族來協助守塞。下面我們先看和親的辦法，次及外族守塞，最後再看戍邊制本身的問題。

和親（其實包括納奉）的辦法，緣由高祖平城之困後，匈奴數苦北邊，而漢竟莫可奈何，因此劉敬提出和親的辦法（參看前註 二八 ）。在劉敬的構想中，和親不但可以減輕目前匈奴摧毀漢朝的危險，而且「彼知漢適女送厚蠻夷，必慕以爲閼氏，生子必爲太子…………冒頓在固爲子壻，死則外孫爲單于。豈嘗聞外孫敢與大父抗禮者哉」。然而，這一如意算盤，匈奴並沒有入彀。因爲自高祖到景帝末，每次單于遞易，或漢朝新主掌朝，都有和親之舉，卻不見有漢的外孫做了匈奴的單于；而且依然邊警不已，烽火頻傳。史記匈奴列傳：

> 高祖崩，孝惠、呂太后時，漢初定，故匈奴以驕，冒頓乃爲書遺高后，妄言。高后欲擊之，諸將曰：「以高帝賢武，然尚困於平城」。於是高后乃止，復與匈奴和親。至孝文初立，復脩和親之事。其三年(177 B.C.)五月，匈奴右賢王入居河南地，侵盜上郡葆塞蠻夷，殺略人民……其明年，單于遺漢書曰：「天所立匈奴大單于敬問皇帝無恙。前時皇帝言和親，事稱書意，合歡…………」。書至，漢議擊與和親孰便。公卿皆曰：「單于新破月氏，乘勝不可擊；且得匈奴地，澤鹵非可居也。和親甚便」。漢許之。…………後頃之，冒頓死，子稽粥立，號曰老上單于。老上稽粥單于初立，孝文皇帝復遣宗室女公主爲單于閼氏。………漢孝文皇帝十四年(166 B.C.)，匈奴單于十四萬騎入朝那蕭關，殺北地都尉卬，虜人民畜產甚多；遂至彭陽，使奇兵入燒回中宮，候騎至雍甘泉。於是文帝以中尉周舍、郎中令張武爲將軍，發車千乘，騎十萬，軍長安旁，以備胡寇。而拜昌侯盧卿爲上郡將軍，寧侯魏遫爲北地將軍，………大發車騎往擊胡。單于留塞內月餘，乃去，漢逐出塞卽還，不能有所殺。匈奴日已驕，歲入邊，殺略人民畜產甚多，雲中、遼東最甚，至代郡萬餘人。漢患之，

乃使使遺匈奴書。單于亦使當戶報謝，復言和親事。………後四歲，（按，謂
文帝後元四年 160 B.C.），老上稽粥單于死，子軍臣立為單于。既立，孝文皇
帝復與匈奴和親。而中行說（按，漢之叛降匈奴者）復事之。軍臣單于立四
歲，匈奴復絕和親，大入上郡、雲中各三萬騎，所殺略甚眾而去。於是漢使三
將軍軍屯北地，代屯句注，越屯飛狐口，緣邊亦各堅守，以備胡寇。又置三將
軍，軍長安西細柳、渭北棘門、霸上，以備胡。胡騎入代、句注邊，烽火通於
甘泉、長安。數月，漢兵至邊，匈奴亦去遠塞，漢兵亦罷。後歲餘，孝文帝
崩，孝景帝立，而趙王遂乃陰使人於匈奴。吳、楚反，欲與趙合謀入邊，漢圍
破趙，匈奴亦止。自是之後，孝景帝復與匈奴和親，通關市，給遺匈奴，遣公
主如故約。終孝景時，時小入盜邊，無大寇。

總之，這種亦和亦戰，亦親亦敵的關係，一直維持到漢武帝初年。武帝元光二年(133
B.C.)，漢設伏馬邑，欲計誘單于，事敗(註三一)；從此雙方關係破裂，決絕和親，而
開始了拼死之鬥。

和親法之不可依恃，到文帝時即已曉然。漢書匈奴傳贊：

昔和親之論，發於劉敬。是時天下初定，新遭平城之難，故從其言，約結和
親，略遺單于，冀以救安邊境。孝惠高后時，遵而不違，匈奴寇盜不為衰止，
而單于反以加驕倨。逮至孝文，與通關市，妻以漢女，增厚其略，歲以千金，
而匈奴數背約束，邊境屢被其害。是以文帝中年，赫然發憤，遂躬戎服，親御
鞍馬，從六郡良家材力之士，馳射上林，講習戰陣。聚天下精兵，軍於廣武，
顧問馮唐，與論將帥，喟然歎息，思古名臣，此則和親無益已然之明效也。

惟因當時仍是力不從心，所以祇好繼續忍受。和親的辦法雖然沒有達到如劉敬所期望
的結果，然而在漢朝力量薄弱的時候，多少緩和了匈奴對漢的壓力，這一效果是不可
完全抹殺的。而這種緩和匈奴壓力的作用，又使漢得以有較充份的喘息時間。

漢以外族守塞，至遲在文帝前元三年即已實行。前引史記匈奴列傳：「其三年
(177 B.C.)五月，匈奴右賢王入居河南地，侵盜上郡葆塞蠻夷」。葆塞即保塞，亦即

註三一　見史記匈奴列傳；會注考證謂事在元光二年。

守塞，後漢書及通鑑均作保塞。文帝十一年，晁錯上言兵事(註三二)，把外族守塞叫做「以蠻夷攻蠻夷」，並且提出了一套想法。漢書卷四九晁錯傳：

> 臣聞漢興以來，胡虜數入邊地，小入則小利，大入則大利。高后時再入隴西，攻城屠邑，毆略畜產，其後覆入隴西，殺吏卒，大寇盜竊………臣又聞，小大異形，彊弱異勢，險易異備。夫卑身以事彊，小國之形也；合小以攻大，敵國之形也；以蠻夷攻蠻夷，中國之形也。今匈奴地形、技藝與中國異。上下山阪，出入溪間，中國之馬弗與也；險道傾仄，且馳且射，中國之騎弗與也；風雨罷勞，飢渴不困，中國之人弗與也：此匈奴之長技也。若夫平原易地，輕車突騎，則匈奴之眾易撓亂也；勁弩長戟，射疏及遠，則匈奴之弓弗能格也；堅甲利刀，長短相雜，遊弩往來，什伍俱前，則匈奴之兵弗能當也；材官騶發，矢道同的，則匈奴之革笥木薦弗能支也：此中國之長技也。以此觀之，匈奴之長技三，中國之長技五………今降胡、義渠、蠻夷之屬來歸誼者，其眾數千，飲食長技與匈奴同，可賜之堅甲、絮衣、勁弓、利矢，益以邊郡之良騎，令明將能知其俗、和輯其心者，以陛下之明約將之。即有險阻，以此當之；平地通道則以輕車材官制之。兩軍相爲表裏，各用其長技，衡加之以眾，此萬全之術也。

晁錯這套想法的着眼點，在於利用來降外族的作戰長處，來抵消匈奴的長處，而使漢人的長處能發揮出來，所以這祇能算是漢朝原有的戍邊制的一種補充辦法而已。他的這一意見，很得文帝的欣賞。但是，是否曾被普遍採用？實際的效果如何？則無記載可考。然而有不能不顧慮的是，匈奴入寇，目標祇是漢人，如果入寇匈奴用這番理由去瓦解守塞蠻夷的士氣，則他們在緊要關頭能否拼死効命，恐怕大有問題。後來，漢在羌族邊區亦曾採用蠻夷守塞的辦法，然而常有叛變或裏應外合等事情發生，其爲害往往較單純的塞外入寇尤大(註三三)。

最後我們看漢代的戍邊制，這是漢代眞正的國防力量所在。戍邊制跟兵役制有密

註三二　晁錯上言兵事，資治通鑑繫於文帝前元十一年 (169 B.C.) 。

註三三　參看拙文漢代的羌族，載食貨月刊復刊一卷二期，頁十七，民國六十年五月，臺北。

切的關係。漢初兵役制大體襲自秦代（註三四），即凡男子對國家都要盡三種兵役義務：一是正卒，一生服役一歲，一歲罷後，有急仍當徵調；一是戍卒，亦是一生服役一歲，不願爲戍卒者，可出錢僱人代戍；一是更卒，服役於本郡縣，每年一個月。漢代的兵役年齡是從二十三歲到五十六歲（註三五）。三種兵役義務中，惟正卒與戍卒跟戍邊制有關。戍邊的主要是戍卒，邊郡因地方特殊，所以正卒亦有戍邊之責；內郡正卒，非有急不調至邊（註三六）。在戍邊制中，除由正規兵役制度徵集來的戍卒及邊郡正卒外（其中有受僱而來的），還有發遣來的罪犯，即所謂的適戍（註三七），以及歸附的外族，即保塞蠻夷（見前），分子相當複雜。

這一戍邊制的特色是「一歲而更」。然而這亦是它的嚴重缺點之一，因爲戍卒初到邊塞，須要費相當的時間才能適應環境，瞭解情況，熟習戰技。在短短的一年之中，這些需要可能無法達成，即使能達成，亦可能已屆更戍之期。所以戍卒來到邊塞，在那一年之中，大部份的時間仍是一名「生手」（註三八），這自然無法應付強勁快捷、出沒無常的匈奴寇敵。再則，邊塞地方多屬開發較遲，人口稀少，交通不便，因此糧食多靠內地供應。即令道路暢通，然轉輸費時費力。由於這種緣故，邊塞地方自無法維持大批軍隊。所以一旦寇敵人眾，邊防軍難以自衞時，麻煩就大了，因爲向內地請援，費時而不濟事（註三九）；而匈奴的入寇又偏偏專找這樣的弱點下手，這是當時

註三四　漢書卷二十四上食貨志引董仲舒奏言：「（秦時）月爲更卒，已復，爲正一歲，屯戍一歲，力役三十倍於古。」又漢書卷七昭帝紀元鳳四年，「三年以詔通更賦未入者皆勿收句下，顏師古引如淳注曰：「食貨志曰：『月爲更卒………（同上引董仲舒奏言）』，此漢因秦法而行之也。」

註三五　應劭漢官儀（平津館叢書第六冊）卷上頁三十一：「民年二十三爲正，一歲以爲衞士，一歲以爲材官、騎士，習射御騎馳戰陣………年五十六老衰，乃得免爲民就田。」

註三六　以上所述，參考王國維流沙墜簡釋二屯戍叢殘考釋「戍役類」頁二十三；勞榦漢代兵制及漢簡中的兵制（載於中研院史語所集刊第十本）及居延漢簡考證「內郡人與戍卒」頁五十五至五十六（中研院史語所專刊之四十）。

註三七　漢書晁錯傳：「（秦）因以謫發之，名曰謫戍」。漢因秦法，至武帝時尚有發謫穿昆明池，發謫征大宛，發謫戍屯五原，發七科適擊匈奴等事例（見漢書武帝紀）。

註三八　漢書晁錯傳：「令遠方之卒，守塞一歲而更，不知胡人之能。」

註三九　史記匈奴列傳文帝後元八、九年間：「胡騎入代、句注邊，烽火通於甘泉、長安。數月，漢兵至邊，匈奴亦去遠塞，漢兵亦罷。」

的戍邊制另一同樣嚴重的缺點。當然這缺點自古已然，非獨漢有；惟漢承秦統一之緒，疆域遠較前代爲大，而又面對新興之強鄰，邊防問題自亦較前代繁難。在古代，邊防就是國防。秦之亡既與邊防負擔之過份沈重有密切關係，所以漢要想鞏固國防，免受外患威脅，而又不蹈秦覆轍，則前述邊防制度上的那些嚴重缺點自不能不竭力設法消除。

叁、漢代的屯田與開邊

漢自平城之困後屈事匈奴，主要固然是由於漢的力量不足以跟匈奴相抗，然而劉敬之所以能以和親之法說服高祖，使他採納，主要卽又是由於和親法中有一套足以使失望的人昇起幻想的如意算盤——單憑和親，漢卽能不費一兵一卒而以長輩之尊凌駕匈奴之上。然而，和親之後，事實上不僅那一如意算盤遙遙難以成爲事實，而匈奴更且日益驕縱，所以長此以往，漢終有一天會從和親的幻想中覺悟過來，那時候走上實力主義的道路，乃是勢所必然。

文帝六、七年間，匈奴冒頓單于死（參前註26），冒頓卽是圍高祖於平城，事後第一個娶得漢宗室女爲閼氏的匈奴單于，後來他還向漢要求過和親。所以他的死，對那些對和親抱幻想的人是一次關鍵性的考驗。然而，「匈奴雖亂，必立宗種」（註四〇）所以冒頓死後，子稽粥立，而孝文帝仍只好再遣宗室女公主爲新單于閼氏，藉以保持關係。這是幻想破滅的一個明證。而且文帝和親之後，依然沒有換來北疆的安寧。所以班固在匈奴傳贊（見前引）裏說：「逮至孝文，與通關市，妻以漢女，厚贈其賂，歲以千金，而匈奴數背約束，邊境屢被其害。是以文帝中年，赫然發憤，遂躬戎服，親御鞍馬，從六郡良家材力之士，馳射上林，講習戰陣；聚天下精兵，軍於廣武；顧問馮唐，與論將帥」，這是漢轉向實力主義的一個明確表現。

文帝的這種轉變，時機上還有另一方面的因素，那就是漢朝政權本身的發展。漢高祖於五年卽皇帝位，七年而有平城之困，十二年崩；自卽位至崩，中間不過七、八年。惠帝卽位，年不過十七歲，性雖寬仁，然太后擅權；惠帝在位七年，憂疾而卒。其後，呂后稱制，剗決大政，外戚乘機弄權；呂后卒，而有誅諸呂之變。所以自高祖

註四〇　見史記匈奴列傳引中行說語。

崩後至誅諸呂，雖云與民休息，實則因宮庭變亂之影響，朝政一直在一種不正常，不穩定的情況之下。文帝即位後，朝廷的權力運用才開始眞正納入正規。這給漢朝在對付匈奴問題上之求變，提供了基本的條件。屯田就是「文帝中年，赫然發憤」這種對解決匈奴問題的幻想破滅，而朝實力主義的方向轉變下，所獲得的重要產物之一。

一、漢代屯田的產生

文帝對於匈奴問題的新態度，對謀臣策士們的智慧自然會產生刺激作用。當時在這方面表現較爲突出的是有「智囊」之號的太子家令晁錯。他先後提出了一連串的建議，前面引述到的「以蠻夷攻蠻夷」的意見卽是其中較先提出來的一個。後來又有「守邊備塞勸農力本」等幾道疏，這亦就是屯田構想的開始。現在先看關於守邊備塞的疏。漢書晁錯傳：

> 臣聞秦時北攻胡貉，築塞河上；南攻楊粵，置戍卒焉。其起兵而攻胡粵者，非以備邊地而救民死也，貪戾而欲廣大也。故功未立而天下亂。且夫起兵而不知其勢，戰則爲人禽，屯則卒積死。夫胡貉之地，積陰之處也，木皮三寸，冰厚六尺，食肉而飲酪，其人密理，鳥獸毳毛，其性能寒。楊粵之地，少陰多陽，其人疏理，鳥獸稀毛，其性能暑。秦之戍卒不能其水土，戍者死於邊，輸者僨於道，秦民見行，如往棄市，因以謫發之，名曰謫戍。先發吏有謫及贅婿、賈人，後以嘗有市籍者，又後以大父母、父母嘗有市籍者，後入閭取其左。發之不順，行者深怨，有背畔之心。凡民守戰至死不降北者，以計爲之也。故戰勝守固則有拜爵之賞；攻城屠邑則得其財鹵，以富家室。故能使其眾蒙矢石、赴湯火，視死如生。今秦之發卒也，有萬死之害，而無銖兩之報；死事之後，不得一算之復。天下明知禍烈及已也，陳勝行戍至於大澤，爲天下先倡，天下從之如流水者，秦以威劫而行之之敝也。胡人衣食之業，不著於地，其勢易以擾亂邊竟。何以明之？胡人食肉、飲酪、衣皮毛，非有城郭田宅之歸，居如飛鳥走獸於廣野，美草甘水則止，草盡水竭則移。以是觀之，往來轉徙，時至時去，此胡人之生業而中國之所以離南畝也。今使胡人數處轉牧行獵於塞下，或當燕、代，或當上郡、北地、隴西，以候備塞之卒，卒少則入。陛下不救，則邊民絕望而有降敵之心。救之，少發則不足；多發，遠縣纔至則胡又已去。聚而

不罷，爲費甚大；罷之，則胡復入。如此連年，則中國貧苦而民不安矣。陛下幸憂邊境，遣將吏發卒以治塞，甚大惠也。然令遠方之卒，守塞一歲而更，不知胡人之能。不如選常居者家室田作，且以備之，以便爲之，高城深壍，具藺石布渠答，復爲一城。其內城間百五十步，要害之處，通川之道，調立城邑，毋下千家，爲中周虎落。先爲室屋，具田器，乃募罪人及免徒、復作，令居之；不足，募以丁奴婢贖罪及輸奴婢欲以拜爵者；不足，乃募民之欲往者。皆賜高爵，復其家，予多夏衣廩食，能自給而止。郡縣之民得買其爵，以自增至卿。其亡夫若妻者，縣官買予之，人情非有匹敵不能久安其處。塞下之民，利祿不厚，不可使久居危難之地；胡人入驅而能止其所驅者，以其半予之，縣官爲贖。其民如是，則邑里相救助，赴胡不避死；非以德上也，欲全親戚而利其財也。此與東方之戍卒不習地勢而心畏胡者功相萬也。以陛下之時，徙民實邊，使遠方無屯戍之事，塞下之民父子相保，亡係虜之患，利施後世，名稱聖明，其與秦之行怨民相去遠矣。

這是形成屯田構想的第一道疏。資治通鑑把晁錯上疏的時間繫在文帝十一年。按文帝在位二十三年（是漢朝第一個在位最久的君主），十一年居其中數，與前引漢書匈奴傳贊所說「文帝中年，赫然發憤」，時間上正相符。

文帝看到晁錯的這道疏後，覺得對當時的邊防問題的確能有幫助，所以「上從其言，募民徙塞下」。按晁錯上這道疏的主要用意，似乎是要用他的這一募民塞下的辦法來取代他認爲沒有功效的更戍制，卽所謂「使遠方無屯戍之事」。不過，文帝雖然採納了他的建議，但並沒有廢除原有的更戍制，這可以從後面一段引文中「使屯戍之事益省」句看出。

晁錯的建議，據其實仍是移民實邊，祇不過採用一種改良的方式進行而已。它跟秦法最大的不同點在於：徙民是應募而去，出於自願，而且儘量鼓勵他們携眷而行（其亡夫若妻者，縣官買予之），並予種種優待，使他們能在邊疆地方「生根」，遇有寇敵，他們才能自動地親戚相保，邑里相助。這比秦時「蒙恬死，諸侯畔秦，諸秦所徙適戍邊者皆復去」自然要好得多。

這一移民實邊的辦法，構想上雖然很完美，但實際上烏合之民能否達到構想中親

戚相保、邑里相助的目的，那就大有疑問了，這一點晁錯後來亦發現了，所以接着又上了另一疏。同上晁錯傳：

> 陛下幸募民相徙，以實塞下，使屯戍之事益省，輸將之費益寡，甚大惠也。下吏誠能稱厚惠、奉明法，存恤所徙之老弱，善遇其壯士，和輯其心而勿侵刻，使先至者安樂而不思故鄉，則貧民相募而勸往矣。臣聞古之徙遠方以實廣虛也，相其陰陽之和，嘗其水泉之味，審其土地之宜，觀其草木之饒，然後營邑立城，製里割宅；通田作之道，正阡陌之界。先爲築室，家有一堂二內門戶之閉，置器物焉。民至有所居，作有所用，此民之所以輕去故鄉而勸之新邑也。爲置醫巫，以救疾病，以修祭祀，男女有昏，生死相邺，墳墓相從，種樹畜長，室屋完安，此所以使民樂其處而有長居之心也。臣又聞，古之制邊縣以備敵也，使五家爲伍，伍有長；十長一里，里有假士；四里一連，連有假五百；十連一邑，邑有假候：皆擇其邑之賢材有護，習地形知民心者。居則習民於射法，出則敎民於應敵。故卒伍成於內，則軍正定於外。服習以成，勿令遷徙。幼則同游，長則共事。夜戰聲相知，則足以相救；晝戰目相見，則足以相識；驩愛之心足以相死。如此而勸以厚賞，威以重罰，則前死不還踵矣。所徙之民非壯有材力，但費衣糧，不可用也；雖有材力，不得良吏，猶亡功也。陛下絕匈奴，不與和親，臣竊意其多來南也………愚臣亡識，唯陛下財察。

在這一道疏裏，有兩個要點，都是用托古爲說的方式說出的：一是善遇徙民，一是組訓徙民。善遇徙民，在上一疏中已經說到，現在又作進一步的說明，目的無非是要增加徙民在邊疆安家落戶、生根滋長的可能性。至於組訓徙民，這是一個新的意見，目的在於使所徙之民有應戰的技能，並納入組織，使成爲一支民兵隊。晁錯提出了這一新的意見後，使他所建議的移民實邊跟前代的大不相同；而屯田的基本構想，到此亦大體完成。

文帝有沒有採納晁錯這一次的建議？我們還不清楚。在晁錯傳中，「愚臣亡識，唯陛下財察」句下緊接着的是「後詔有司舉賢良文學士，錯在選中」，據此判斷，則晁錯在文帝的心目中曾留下深刻的印象。再則，根據當時的情形來推測，文帝既然「赫然發憤，遂躬戎服，親御鞍馬，從六郡良家材力之士，馳射上林，講習戰陣」，這

都能做到，則把晁錯的意見付諸實施，是很有可能的。

另外，在勸農力本疏中，晁錯還提出兩項重要的建議：一是推行一套新的農業政策，以鼓勵農民增加生產；一是以三年爲期，鼓勵人們輸粟於邊塞，按多寡授以爵位或贖罪。其中第二項跟當時的邊疆建設有直接關係，他說：「神農之教曰：有石城十仞，湯池百步，帶甲百萬，而亡粟，弗能守也。以是觀之，粟者王者大用政之本務。令民入粟受爵至士大夫以上乃復一人耳。此其與騎馬之功相去遠矣。爵者上之所擅，出於口而亡窮；粟者民之所種，生於地而不乏，夫得高爵與免罪，人之所甚欲也。使天下入粟於邊以受爵、免罪，不過三歲，塞下之粟必多矣」。文帝覺得這又是一個好意見，所以「從錯之言，令民入粟邊」（註四一）。輸粟於邊的意見，顯然亦是針對着當時邊疆的軍事需要而發的。這不但可以使戍卒的糧食得到保障，而且對初行的屯田事業亦大有需要，因爲徙民初到邊疆，自開墾到生產足以自給爲止，一切都須先由政府供給。

二、漢代屯田基礎的奠定與展開

自文帝十一年(169 B.C.)晁錯提出一連串的建議開始，到武帝元朔二年 (127 B.C.) 伐匈奴，取河南地（卽今河套鄂爾多斯之地），中間三十多年，除前引漢書所記文帝採納了晁錯的建議外，其他關於屯田的記載一點亦找不到。但是就在武帝元朔二年伐匈奴，取河南地後，我們發現屯田突然隨着邊疆的軍事發展而大規模推行。這情形很可能像烽火臺放煙火訊號一樣，在被人看見以前，煙火早已在爐裏燒好了。所以武帝元朔二年以前之不見關於屯田的記載，與其因此而懷疑屯田的存在，則毋寧認爲河套之戰的勝利使長期默默耕耘的屯田事業得到了揭揚的機會。甚至還有蛛絲馬跡的線索使我們覺得河套之戰的勝利曾得沿邊屯田之助，於是乃大事推廣，作爲鞏固河套防務的一種辦法（參下）。

然而，就整個漢代屯田事業的發展而言，其基礎卻是在以屯田之法鞏固了河套的防務之後才奠定的。因其對於鞏固邊防的功效得到了證驗，所以隨着邊疆軍事活動的需要而廣泛展開。因此不但有河套、河西、西域一帶的屯田（爲對付匈奴），在羌族

註四一　以上引文均見漢書食貨志上引晁錯疏言。按，王先謙補注曰（臺北藝文印書舘影印本頁 516）：「錯傳：錯曰守邊備塞勸農力本當世急務二事。傳止載守邊備塞一事，而以勸農力本之奏分載於此」。

邊區及穢貊邊區等地亦都推行屯田。於是屯田乃成了漢代開邊事業的一個「法寶」。現在我們就分這樣幾個區域來看漢代屯田的發展情形。

（一）自河套到西域

自河套到西域的屯田發展，可以分為河套、河西、西域三個階段。現在我們先從河套看起。

漢自高祖平城之困後，和親納奉，屈事匈奴，歷數十年。文帝時冒頓單于雖已去世，但餘威猶存，而漢仍莫可奈何。到了武帝時候，漢已有了七十餘年的休養生聚，不僅承受了自文帝以來對於邊疆經營的成果，即整個國家的力量亦已有了充份的恢復，史記平準書：

> 今上即位數歲（按，指漢武帝），漢興七十餘年之間，國家無事。非遇水旱之災，民則人給家足；都鄙廩庾皆滿，而府庫餘貨財；京師之錢累巨萬，貫朽而不可校。太倉之粟陳陳相因，充溢露積於外，至腐敗不可食。眾庶街巷有馬，阡陌之間成羣，而乘牝者擯而不得聚會。

這跟漢初「自天子不能具鈞駟，而將相或乘牛車，齊民無藏蓋」（見前引史記平準書）的情形相比，不啻天壤。而武帝又是雄材大略，有滅胡之志(註四二)。所以在這些因素的配合下，漢行實力主義的條件已經具備。於是對匈奴數十年來的屈事忍讓，乃開始主動去謀求改變。河套的收復即是漢行實力主義的第一個成果。

(1) **河套區——屯田基礎的奠定**：武帝對付匈奴所採取的基本戰略是：採取主動，孤立擊破。所以在部署上除了本身力量的集中運用外，還一方面聯絡跟匈奴有宿仇的月氏，希望他們能成為牽制匈奴右翼的一股力量，另方面則設法隔絕匈奴跟西羌及西域其他各國的關係（當時多役屬於匈奴）。武帝的這一戰略，在即位後不久即似已大體決定，所以建元三年（138 B.C.）就募派了張騫到西域去擔任聯絡月氏的使命(註四三)。但可惜並沒有順利達成。建元六年(135 B.C.)，匈奴請和親，武帝為這件事

註四二　漢書張騫傳：「張騫，漢中人也，建元中為郎。時匈奴降者言，匈奴破月氏王，以其頭為飲器，月氏遁而怨匈奴，無與共擊之，漢方欲事滅胡⋯⋯⋯⋯」，王先謙補注：「漢胡構兵始於元光二年馬邑之役，而建元中即欲事滅胡，則知武帝雄心定於即位之始矣」。

註四三　漢書張騫傳「俱出隴西徑匈奴」句，王先謙補注：「據下文，騫以軍臣單于死之歲還，為元朔三年，去十三歲，則使出在建元三年」。另參上註。

召開了一次御前會議，會中有兩派意見：一主以武力對付，一主和親；前者以王恢爲代表，後者以韓安國爲代表。由於大都讚成韓安國的意見，所以武帝亦祇好與匈奴和親（註四四）。但是武帝滅胡的既定政策並沒有改變，所以兩年後（元光二年 133 B.C.）而有馬邑事件。先是元光元年，王恢上言說，匈奴初和親，對漢疑心不重，馬邑地方有富豪，願設法誘來匈奴單于，可一舉擊滅之。於是武帝又召集了一次御前會議，會中又是韓安國與王恢持相反意見。但這一次武帝採用了王恢的意見，於元光二年，以三十萬大軍設伏馬邑。但因事機洩漏，單于及所領十萬軍皆逃脫。這是漢朝自高祖平城之困後第一次主動大規模對匈奴興兵。從那以後，「匈奴絕和親，攻當路塞，往往入盜於漢邊，不可勝數」（註四五）。六年後，元朔二年(127 B.C.)，漢又發動了河套之戰，這一次大獲全勝。史記匈奴列傳：

> 其明年（按，即元朔二年），衞青復出雲中以西至隴西，擊胡之樓煩白羊王於河南，得胡首虜數千，牛羊百餘萬。於是遂取河南地，築朔方，復繕故秦時蒙恬所爲塞，因河爲固。漢亦棄上谷之什辟造陽地以予胡。是歲漢之元朔二年也。

這是漢朝建國以來，改變了跟匈奴的關係態勢（由被動改爲主動）的一次決定性的戰役。這是值得我們注意的一點。另外還有同樣值得我們注意的就是，漢得囘了河套後，立即築朔方，立郡，作爲在河套生根立足的據點。這是武帝的一項有長遠打算的計劃行動，提供計劃的人是主父偃。而他提供計劃的寓意卽在於：河套地方可以就地生產，節省由內地輸糧遣戍的煩費，對於滅胡是最根本的一着。史記主父偃傳：

> 偃盛言：「朔方地肥饒，外阻河，蒙恬城之，以逐匈奴，內省轉輸戍漕，廣中國，滅胡之本也」。上覽其說，下公卿議，皆言不便。公孫弘曰：「秦時常發三十萬衆築北河，終不可就，已而棄之（註四六）。主父偃盛言其便，上竟用主父計，立朔方郡」。

註四四　見史記韓安國傳。

註四五　參看史記匈奴列傳及韓安國傳。引語見匈奴列傳。

註四六　漢書主父偃傳在「已而棄之」句下作「朱買臣難詘弘，遂置朔方，本偃計也」，可窺見當時公卿們議論的情形。

就在築朔方的這一年夏季，又「募民徙朔方十萬口」（註四七），進行大規模的屯田。這一次的移民之所以爲屯田，可以從下述幾點中看出：（一）後漢順帝時尙書僕射虞詡勸順帝用屯田法對付羌族時，即拿先帝開發河套的業績做例子的，他說：「北阻山河，乘扼據險，因渠以漑，水舂河漕，用功省少而軍糧饒足。故孝武皇帝及光武，築朔方，開河西，置上郡，皆爲此也」（註四八）。（二）元光元年武帝召見主父偃，偃諫伐匈奴事（註四九），見解與晁錯同；「募民」徙朔方，亦與晁錯屯田構想中的募民用意相同。（三）主父偃所說的「朔方地肥饒………內省轉輸戍漕」，跟後來桑弘羊勸武帝屯田輪臺、渠犂時所說的「地廣，饒水草，有漑田五千頃以上，處溫和，田美，可益通溝渠，種五穀，與中國同時熟………臣愚以爲可遣屯田」（註五〇），都是著眼於有軍事目的的糧食生產，祇不過桑弘羊用了「屯田」這一名稱，而主父偃的時候則還沒有屯田之名。（四）朔方一帶的開發，跟上郡、令居，乃至河西一帶，是一連串相關的發展，都是用屯田法進行的，到元鼎間，上郡、朔方、令居及河西等地已發展成爲一個大的屯田網，有田官塞卒六十萬人戍田其地（註五一）。

　　這一次的河套爭奪戰，漢自雲中進軍至隴西，採的顯然是一種包抄夾擊的打法。因此，漢在發動這次攻擊之前，在河套沿邊如上郡一帶，應已有相當可靠的邊防力量，否則這一進軍路線對上郡一帶是很不利的。而漢於戰爭前沿河套邊區的邊防力量發自屯田者當佔有相當的成份，這亦可以從上段第四點所述的情形看出來。同時，漢於元朔二年春立朔方郡後，能在同年夏立即有募民十萬口徙其地，十萬之數都已知道，則募民移徙工作當時已經完成。當時並無水旱災民，而「募民」（出於自願）的效果竟能那樣迅速，則募民必來自近邊。常受匈奴侵擾，人人裹足不前的邊疆地區能在短期內有那樣多的募民，如非河套沿邊有屯田滋生的人口，那是辦不到的。如果這些推測離事實不遠，則我們不但找到了關於漢於元朔二年以前即已推行屯田的一點線

註四七　漢書武帝紀：「元朔二年春築朔方、五原郡，夏募民徙朔方十萬口。」

註四八　見後漢書西羌傳引尙書僕射虞詡疏言。

註四九　見史記主父偃傳。

註五〇　見漢書西域傳下，引征和四年（89 B.C.）桑弘羊奏。

註五一　參下引史記平準書。

索，而且還說明漢對河套之推行屯田，乃是將原先沿河套邊區的屯田成就向取得了控制權的河套地區推進的。這是屯田的又一發展，它表明屯田可以順着軍事的發展向前推進。因此，屯田由晁錯當初所構想的「落地生根」式的靜態，變爲可以移植的動態了。武帝把屯田用活了，他的雄材大略由此可見。

匈奴失河南地後，怨漢甚深，尤其匈奴右賢王，屢屢入寇，有時且入河南，侵擾朔方，殺傷吏民甚眾（註五二）。然終不能動搖漢對於經營河套區的決心與努力。立朔方郡後二年，又立西河郡（註五三）。這反映了在河套一帶推行屯田後，人口增長與資源開發的迅速進展，自那以後，武帝遂不斷向邊疆移民。

河套屯田的成功，使漢朝得到了兩點有重大影響的認識：（一）這是邊境屯田成果的第一次向外推進，而推進的成功，又證明了邊境的屯田不止有「守」的功效，而且還有積極的支援「攻」的功效，即主父偃所說的「內省轉輸戍漕，廣中國，滅胡之本也」的初步效驗。（二）屯田既然可以這樣隨着軍事的發展向前推進，則祇要環境許可，自然亦可以節節推進。這兩項從實踐中得到的認識，是漢朝屯田之所以迅速展開的根本依據。所以河套屯田的成功，奠定了整個漢朝屯田開邊的基礎。

（2）河西區——自令居到敦煌：前面說過，武帝對付匈奴的基本戰略是「採取主動，孤立擊破」。現在，採取主動方面已有良好的開始，但孤立匈奴則尚未能做到。張騫於元朔三年間到長安，歷時十三年，雖志節可嘉，但是聯絡月氏的使命並沒有達成。（按，張騫帶囘來的關於西域的許多知識，對後世發生了很大的影響，其中包括引起武帝對西域發生新的興趣。不過，這並不是他出使西域的使命）。所以漢當河套的建設大體鞏固後，繼續向西發展乃必然之勢。而其第一步似卽是越過黃河，築令居（註五四），

註五二　見史記匈奴列傳。

註五三　見漢書地理志下。

註五四　史記匈奴列傳「自朔方以西至令居」句，會註考證引丁謙曰：「令居、漢縣，屬金城，今平番縣地」。勞貞一師謂令居今甘肅永登（見邊政公論三卷一期漢代邊塞的概況，民國三十二年）。按，平番在今甘肅永登縣境。又令居初爲塞，築令居塞跟開發河西有重大的關係，後漢書西羌傳：「度河、湟，築令居塞，初開河西」，惟築塞之明確時間則佁無可考。據史記大宛列傳：「而漢始築令居以西，初置酒泉郡，以通西北國」，觀其以令居爲標地，則築令居塞當在置酒泉郡之前；從地理位置上看，令居近金城，而遠在酒泉之東，故就開發順序言，亦當先於酒泉。史記平準書謂「數萬人渡河築令居」，事在元鼎五、六年間，當非初築令居塞，可能是築縣城。

使與河套的開發連成一氣，並作爲繼續向西發展的基地。

自元朔五年(124 B.C.)起，漢對匈奴發動了一連串大規模的攻擊，皆有大斬獲。到元狩二年(121 B.C.)乃轉而對河西的匈奴連續進行兩次大規模的攻擊：「春，漢使驃騎將軍去病將萬騎出隴西，過焉支山千餘里，擊匈奴。得胡首虜騎萬八千餘級，破得休屠王祭天金人。其夏，驃騎將軍復與合騎侯（按，即公孫敖）數萬騎出隴西、北地二千里擊匈奴，過居延，攻祁連山，得胡首虜三萬餘人，禆小王以下七十餘人」(註五五)。這是漢第一次大軍橫掃河西。事後不久，匈奴單于對於居西方的渾耶王與休屠王之爲漢所大敗，死傷被俘甚眾，大爲震怒，欲召誅之。渾耶王與休屠王恐，謀降漢，漢使驃騎將軍往迎之。這時候他們內部又發生變亂，渾耶王殺休屠王，幷將其眾，降漢，凡四萬餘人。漢置五屬國以處之，以其地爲武威、酒泉郡(註五六)。於是漢向西發展的計劃遂得初步的實現。不過，這時候河西名義上雖然已在漢的版圖之內，但是移民開發作實際的控制，則仍有待來日(註五七)。

元狩三年，山東大發水災，「民多飢乏，於是天子遣使虛郡國倉廩以振貧，猶不足，又募豪富人相假貸，尚不能相救。乃徙貧民於關以西及充朔方以南新秦中七十餘萬口，衣食皆仰給於縣官，數歲貸與產業，使者分部護，冠蓋相望」(註五八)。於是，隴西、北地、西河、上郡一帶，一年之中增加了七十餘萬人口，這些人主要都是安置在屯田的崗位上(註五九)。這不但對於上述幾個邊郡有加速開發的作用，即對向河西的推進亦大有助益。

這時候河西方面雖然已經沒有匈奴的顧慮了(註六〇)，但是在北方由單于直接領導

註五五　引文見史記匈奴列傳。另參漢書武帝紀及匈奴傳。

註五六　參看史記匈奴列傳，漢書武帝紀及匈奴傳。

註五七　漢書西域傳上：「其後驃騎將軍擊破匈奴右地，降渾邪、休屠王，遂空其地。始築令居以西，初置酒泉郡，後稍發徙民充實之」。

註五八　引文見漢書食貨志下。又漢書武帝紀：「元狩四年多，有司言關東貧民徙隴西、北地、西河、上郡、會稽，凡七十二萬五千口」，即是指山東水災後遷徙的災民。

註五九　下引史記平準書所說：「上郡、朔方、西河、河西，開田官，斥塞卒六十萬人戍田之，」這些人主要大概卽是來自上述的水災之民。

註六〇　史記大宛列傳：「其明年，渾邪王率其民降漢，而金城、河西西並南山至鹽澤，空無匈奴。時有候者到而希矣」。

的匈奴主體，對漢朝北方的安全以及西進的計劃，仍有相當的威脅。尤其因爲單于採用了趙信的計謀，以沙漠爲天然屏障，避免與漢在鋒頭上作主力決戰，而以游擊戰來誘罷漢軍而取勝，這更使漢朝大爲困惱（註六一）。元狩四年春，漢朝舉行了一次戰略會議，決定對單于窮追猛撲，以衞青與霍去病兩人率大軍十多萬，馬二十多萬匹，分頭出發，對匈奴主力發動了規模最大的一次攻擊。結果大勝，單于雖以數百騎突圍遁走，然「漢兵得胡首虜凡七萬餘級，驃騎封於狼居胥山，禪姑衍，臨翰海而還。是後，匈奴遠遁，而幕南無王庭」（註六二）。這樣的戰爭，如果沒有近邊雄厚的後勤支援力，沒有堅強的邊防力，那是不可能做到的。而屯田對這兩點無疑都有重大的貢獻。在這一仗之後，北方的威脅解除了。而漢遂在沒有外敵侵擾與破壞的情況下，積極逐步推動對河西的開發。於是開闢農田，大興水利，使河套的建設越過黃河，與令居連成一氣，以作爲繼續向西推進的基地，史記匈奴列傳：

　　（續前「是後，匈奴遠遁，而幕南無王庭」）漢渡河，自朔方以西至令居

　　（按，時間當在元狩末至元鼎初），往往通渠，置田官吏卒五六萬人，稍蠶

　　食，地接匈奴以北。

可見漢越過黃河，在令居建設有了基礎後，還曾逐漸把屯田事業繼續向北推進，直到漢朝的邊境與匈奴接壤的地方。另外，由「田官吏卒」等字樣，又可以判斷，其中當有軍屯。這雖是漢朝軍屯見於記載之始，但軍屯的事實在河套之役後當已存在。

　　漢朝對於西進前哨基地令居的建設有了眉目後，遂又積極推動繼續向西發展的計劃。元鼎六年(111 B.C.)，漢於西及北兩面分遣大軍遠出二千餘里，不見匈奴，因此確定邊疆情況已相當穩定。於是分地置郡，並且發動了全國的力量，繼道饋糧，軍屯民屯相並而進。整個河西遂在這一屯田西進的運動下與河套一帶連成了一片，並且很快就組成了一支有數十萬人的邊疆建設隊伍，而使漢朝成了河西眞正的主人。漢書武

註六一　史記匈奴列傳：「其明年春（按，元朔六年），漢復遣大將衞青，將六將軍兵十餘萬騎，乃再出定襄數百里擊匈奴，得首虜前後凡萬九千餘級，而漢亦亡兩將軍⋯⋯而前將軍翕侯趙信兵不利，降匈奴。趙信者，故胡小王，降漢，漢封爲翕侯，以前將軍與右將軍并軍分行，獨遇單于，故盡沒。單于既得翕侯，以爲自次王，用其姊妻之，與謀漢。信教單于『益北絕幕，以誘罷漢兵，徼極而取之，無近塞』。單于從其計」。元狩二年，漢之轉攻河西的渾邪王及休屠王，即可能因單于避免與漢作主力決戰有關。

註六二　見史記匈奴列傳。

帝紀元鼎六年秋：

　　遣浮沮將軍公孫賀出九原，匈河將軍趙破奴出令居，皆兩千餘里，不見虜而還。酒分武威、酒泉地置張掖、敦煌郡（註六三），徙民以實之。

又史記平準書：

　　既得寶鼎，立后土太一祠………其明年（元鼎六年）（註六四），南越反，西羌侵邊……數萬人渡河築令居，初置張掖、酒泉郡（註六五）。而上郡、朔方、西河、河西，開田官，斥塞卒六十萬人戍田之。中國繕道饋糧，遠者三千里，近者千餘里，皆仰給大農。邊兵不足，乃發武庫工官兵器以贍之。

　　由這些情形上可以看出武帝開發河西的決心與毅力。當時，漢對河西的開發，主要似乎還祇止於酒泉，因為到元封三年(108 B.C.)漢破姑師後，才把邊防體系（亭障等組織）自酒泉延伸到玉門（註六六）。再過五六年後，即太初三年（102 B.C.），漢伐大宛，又有十八萬戍田卒調至河西；並北築居延、休屠，以保護酒泉、敦煌一帶後勤

註六三　漢河西四郡的設置年代，漢書武帝紀與地理志不相一致。據武帝紀：元狩二年(121 B.C.)秋，以匈奴渾邪王及休屠王故地為武威、酒泉郡；元鼎六年（111 B.C.）秋，分武威、酒泉地，置張掖、敦煌郡。然據地理志則：張掖郡與酒泉郡均太初元年（104 B.C.）開；武威郡太初四年開；敦煌郡後元年（88 B.C.）分酒泉置。對於設郡年代分歧的問題，過去已有不少人討論過，但仍無定論（請參看：張維華漢河西四郡建置年代考疑，載中國文化研究彙刊第二卷，民國三十一年；施之勉河西四郡建置考，載大陸雜誌三卷五期，民國四十一年九月；勞榦居延漢簡考證「有關四郡問題」，見中研院史語所專刊之四十，考證部份頁24，民國四十九年；日比野丈夫河西四郡之成立について，載京都大學人文科學研究所創立廿五年論文集，即東方學報第二十五册及人文學報第五册合刊，1954年；張春樹漢代河西四郡的建置年代與開拓過程的推測，載中研院史語所集刊第三十七本下册，民國五十六年）。設郡的年代跟開發的過程雖然可能有關，但並不一定完全相符。然邊疆開發過程之自近至遠，則為必然之勢，本文的觀點在此，故對設郡年代之先後關係不大。

註六四　「得寶鼎，立后土太一祠」句，集解引徐廣曰：「元鼎四年立后土，五年立太畤」，故「其明年」當為元鼎六年。

註六五　集解引徐廣曰：「元鼎六年」。另漢書食貨志下同段「初置張掖、酒泉郡」句，王先謙補注謂：「酒泉字誤，當作敦煌」。王氏所說當本於漢書武帝紀（見上引元鼎六年分郡事）。

註六六　史記大宛列傳：「其明年（即元封三年），擊姑師，破奴與輕騎七百餘先至，虜樓蘭王，遂破姑師………於是酒泉列亭障至玉門矣」。按，此處所說玉門，當指在敦煌東方的玉門關，因伐大宛後，玉門關才移至敦煌之西（關於玉門關遷移的問題，請參看王國維流沙墜簡序二及勞榦居延漢簡考證頁27—28，中研院史語所專刊之四十）。

支援的通道。於是河西極地亦因之開發（詳下）。

（３）西域：張騫第一次使西域囘來後，結月氏的使命雖然沒有達成，但是卻帶囘來了豐富的關於西域的知識。這益發增加了武帝對於向西發展的興趣。所以又有經西南夷區以通西域的計劃，以避免匈奴與羌人的阻擾。後來由於漢與匈奴的軍事衝突又趨激烈，爲了在沙漠地區進行軍事活動的需要，張騫被派爲校尉（騫知水草處，參下註），從大將軍擊匈奴，所以聯絡西域的事又暫時停頓了下來。元狩二年，匈奴渾邪王率眾降漢，獻河西地。元狩四年，衞青、霍去病大伐匈奴，匈奴遠遁，而漠南無王庭（均詳前），於是，漢在軍事上的優勢確立了，國防上的安全亦有了穩固的基礎。這時候漢之聯絡西域，在對付匈奴問題上的需要（僅就當時的情形而言），當比先前較緩，不過這時候機會卻比先前好。因爲河西的開發已可預見，屆時漢加諸西域各國的影響力自然比先前容易，而當時漢的國力亦正是直線上昇發揮的時候；匈奴雖然已遠離中國，但是他們隨時可能再來，這是謀國者不能不予顧慮的。因此漢對於聯絡西域各國事，在與匈奴酣戰底定之後，又恢復了起來。所以元狩四年大破匈奴後，武帝又問張騫關於西域的情形。當時張騫已被黜爲庶人，賦閒在家(註六七)。現在武帝又來問他關於西域的事，這對他自然又是一個進身的機會(註六八)。所以張騫囘答說：

> 臣居匈奴中，聞烏孫王好昆莫；昆莫之父，匈奴西邊小國也。匈奴攻殺其父，而昆莫生棄於野，烏嗛肉蜚其上，狼往乳之。單于怪以爲神，而收長之。及壯，使將兵，數有功，單于復以其父之民予昆莫，令長守於西域。昆莫收養其民，攻旁小邑，控弦數萬，習攻戰。單于死，昆莫乃率其眾遠徙，中立，不肯

註六七　史記大宛列傳：「騫以校尉從大將軍擊匈奴，知水草處，軍得以不乏，乃封騫爲博望侯。是歲元朔六年也。其明年（元狩元年，122 B.C.），騫爲衞尉，與李將軍（按，卽李廣）俱出右北平擊匈奴。匈奴圍李將軍軍，失亡多；而騫後期，當斬，贖爲庶人」。（按，漢書張騫傳所說與史記同，惟謂李廣擊匈奴事在元狩二年）。

註六八　史記大宛列傳：「漢擊走單于於幕北（按，指元狩四年事）。是後天子數問騫大夏之屬。騫旣失侯，因言曰………」（漢書張騫傳同史記）。司馬遷在這裡特別寫明「騫旣失侯，因言曰」，似卽有此意思。

朝會匈奴。匈奴遣奇兵擊，不勝，以爲神而遠之，因羈屬之，不大攻。今單于
新困於漢，而故渾邪地空無人（註六九）；蠻夷俗貪漢財物，今誠以此時而厚幣賂
烏孫，招以益東，居故渾邪之地，與漢結昆弟。其勢宜聽，聽則是斷匈奴右臂
也。旣連烏孫，自其西大夏之屬，皆可招來而爲外臣（註七〇）。

武帝聽了張騫的報告，認爲有理，所以又拜張騫爲中郎將，率持節副使多人，並且帶
了豐富的禮物，去聯絡烏孫，並結交其他的西域國。但因烏孫服屬匈奴日久，其大臣皆
畏胡，不欲移徙，而烏孫王又不能專制，所以仍不得其要領。不過元鼎二年 (115 B.
C.) ，張騫回國時，「烏孫遣使數十人，馬數十匹報謝，因令窺漢」（註七一）。這是西
域國第一次遣使朝漢，雖其意在於「窺漢」，然烏孫使者來到漢廷後，「見漢人眾富
庶，歸報其國，其國乃益重漢」，所以影響卻相當深遠。而且年餘之後，「騫所遣使
通大夏之屬者，皆頗與其人俱來，於是西北國始通於漢」（註七二）。是後，漢之使西域
各國的人遂日漸頻繁。這是張騫這一次出使西域的一大收穫，對漢之未來發展言，其
重要性不在招烏孫東來之下。

　然而，由於漢朝派往西域的人日漸頻繁，遂使外國漸厭漢幣，不貴漢物，而漢之
使西域者亦漸爲西域人所厭。他們認爲漢兵遠不能至，所以不供給漢使食物，並且把
漢使在西域的活動告訴匈奴，匈奴則縱他們攻擊漢使。而樓蘭、姑師兩小國，地當孔
道，攻擊漢使王恢等尤甚，所以元封三年漢遣王恢佐趙破奴，擊破姑師，擄樓蘭王歸
（見前引史記大宛列傳）。這是漢朝第一次用兵西域。

　匈奴聞知烏孫與漢來往的事後 ， 大爲震怒 ， 欲擊烏孫。當時漢之使西域者，
常抵大宛、月氏諸國，諸國在烏孫之後方，且皆有使通漢，使烏孫大爲震恐。今匈奴
又欲擊烏孫，烏孫王乃憶及當年張騫來意，於是在元封初年「使使獻馬，願得尚漢公

註六九　烏孫、月氏本居祁連、敦煌間。前引文「昆莫之父，匈奴西邊小國也」句，漢書張騫傳作「昆莫父難
　　　　兜靡，本與大月氏俱在祁連、敦煌間小國也」。是渾邪王地本烏孫故居。
註七〇　引文見史記大宛列傳。按，「與漢結昆弟」句前，漢書張騫傳尚有「漢遣公主爲夫人」七字。
註七一　見史記大宛列傳，另參漢書張騫傳及西域傳下烏孫國傳。按，張騫回來後，拜爲大行，列於九卿，據
　　　　漢書百官公卿表，元鼎二年騫爲大行，故知騫於元鼎二年自西域還。
註七二　均見史記大宛列傳。另參漢書張騫傳。

主，爲昆弟」（註七三）。元封中（註七四），烏孫以馬千匹聘，漢遣江都王建女細君爲公
主，以妻烏孫昆莫，昆莫以爲右夫人。匈奴亦以女妻昆莫，昆莫以爲左夫人。昆莫年
老欲使其孫岑陬尚公主，公主不聽，上書言狀，天子報曰：「從其國俗，欲與烏孫共
滅胡」；岑陬遂妻公主（註七五）。於是漢與西域的關係又得到了進一步的發展。

　　據史記大宛列傳記載，漢得烏孫馬以前，武帝曾發易書以下，得云：「神馬當從
西北來」（註七六）。後得烏孫馬，果然不同凡響，因名烏孫馬爲天馬。然而後來得知西
域大宛國尚有汗血馬，尤勝於烏孫馬，於是改名烏孫馬爲「西極」，而名大宛馬曰
「天馬」。一心滅胡的武帝，對於這種汗血馬自然會發生興趣。因遣使臣，持千金及
金馬，往求宛王貳師城寶馬。宛王恃其距漢絕遠，漢莫奈其何，故不予。待漢使歸，
宛王且令其東邊郁成庶攻殺漢使，取其財物，武帝乃大爲震怒，所以有太初元年（104
B.C.）遣李廣利征大宛之舉。史記大宛列傳：

　　拜李廣利爲貳師將軍，發屬國六千騎，及郡國惡少年數萬人以往伐宛。期至貳
　　師城取善馬，故號貳師將軍。趙始成爲軍正，故浩侯王恢使導軍，而李哆爲校
　　尉，制軍事。是歲太初元年也。而關東蝗大起，蜚西至敦煌。貳師將軍軍既西
　　過鹽水，當道小國恐，各堅城守，不肯給食。攻之不能下，下者得食，不下者
　　數日則去。比至郁成，士至者不過數千，皆饑罷。攻郁成，郁成大破之，所殺
　　傷甚衆。貳師將軍與哆、始成計：至郁成尚不能舉，況至其王都乎？引兵而

註七三　見漢書西域傳下烏孫國傳。按，王先謙補注引徐松曰：「事在元封初」。

註七四　漢書西域傳下烏孫國傳作「元封中」，資治通鑑繫作元封六年，與「元封中」之意不相當。通鑑以烏
　　　　孫獻馬，願聘漢公主事，至公主上書言狀，天子報曰「從其俗」，皆繫作元封六年。一年之中數度往
　　　　還，與史記大宛列傳所記博望侯後「使西域者遠者八九歲，近者數歲而反」相比，顯無可能。烏孫國
　　　　傳「遣江都王建女細君爲公主，以妻焉」句，王先謙補注：「王建以淫暴自殺，江都國除，至此十四
　　　　五年」，據武帝紀，元狩二年（121 B.C.）江都王有罪自殺，往後十四五年，當元封四年（107 B.C.）左
　　　　右，與漢書「元封中」語相近。

註七五　參看史記大宛列傳及漢書西域傳下烏孫國傳。

註七六　烏孫、大宛一帶，爲西塞安人（Scythians）活動之地，自古以即良馬著稱（參看 Tanara Tatbot
　　　　Rice 女士著 The Scythians, London, 1957）。漢代民間或已早有傳聞，至遲在張騫使西域還來
　　　　後當已知之（張騫第二次使西域還來時，烏孫即曾以馬數十匹報謝）。所謂發易書卜得「神馬當從西
　　　　北來」，或即本自此類傳聞，惟假托出自卜問，使之神秘化而已。

還，往來二歲。還至敦煌，士不過什一二。使使上書言，道遠，多乏食；且士
卒不患戰，患饑；人少不足以拔宛，願且罷兵，益發而復往。天子聞之，大怒，
而使使遮玉門，曰：「軍有敢入者輒斬之！」貳師（將軍）恐，因留敦煌。

這一次的遠征大宛是失敗了。從這段記載裏，我們可以清楚地看出，這次遠征的失
敗，根本關鍵在於缺乏糧食，即所謂的「道遠多乏食；且士卒不患戰，患饑」。而缺糧
的原因主要有三：一是河西還祇是一個正在開發中的地區，它在人員、生產、交通等
方面的力量，都還不足以支應那樣的遠征，更糟的是又正巧遇上了華北嚴重的蝗災；
二是沒有可靠的後勤支援組織；三是李廣利的軍隊本身不够強大，不足以使各小國畏
威獻食或攻城取食。然而武帝的堅決意志不允許因失敗而改變，不管是什麼因素。所
以他一方面「使使遮玉門，曰：軍有敢入者輒斬之」（在遙遠的邊境地方，對這樣的
一支軍隊能做到這一點，反映了當時朝庭的權力已極其鞏固）；另方面則發動全國的
力量，再次遠征大宛。這就是太初三年的遠征大宛之役。同上大宛列傳：

公卿及議者皆願罷擊宛軍，專力攻胡。天子已業誅宛，宛小國而不能下，則大
夏之屬輕漢，而漢善馬絕不來，烏孫、侖頭易苦漢使矣；爲外國笑。乃案言伐
宛尤不便者鄧光等。赦囚徒材官，益發惡少年及邊騎，歲餘出敦煌者六萬
人，負私從者不與。牛十萬，馬三萬餘匹，驢、騾、橐駝以萬數。多齎糧，兵
弩甚設，天下騷動，傳相奉伐宛，凡五十餘校尉。宛王城中無井，皆汲城外流
水，於是乃遣水工徙其城水空，以空其城。益發戍甲卒十八萬酒泉、張掖北，
置居延、休屠以衞酒泉；而發天下七科適及載糒給貳師（將軍），轉車人徒相
連屬至敦煌；而拜習馬者二人爲執驅校尉，備破宛擇取其善馬云。

這一次使全國騷動的遠征，終於達到了目的，不僅攻破了大宛、取得了善馬，而且西
域其他小國「聞宛破，皆使其子弟從軍入獻，見天子，因以爲質」。這些情形在大宛
傳中都有詳細的記載，我們不去細述了。現在我們要提出來討論的是這一次的遠征跟
屯田與開邊的關係

　　這一次的遠征跟屯田與開邊的關係，可以分爲兩方面來看：一是破大宛以前，二
是破大宛以後，今先討論前者。

　　第二次征大宛之役的隊伍分爲三支：一是「歲餘出敦煌者六萬人，負私從者不

與」；二是「益發戍甲卒十八萬酒泉、張掖北，置居延、休屠以衞酒泉」；三是「發天下七科適及載糒給貳師，轉車人徒相連屬至敦煌」。第一支隊伍的主要任務是打仗，當然必定包括輜重兵在內。這六萬人出敦煌歷時歲餘，可見李廣利率領的這支隊伍人員與輜重都是陸續補充的；由此又可見河西通道之重要，所以要特築居延與休屠兩要塞去加以保護。第二支隊伍有十八萬人，他們的任務是屯戍（下面再作詳細討論）。第三支隊伍的主要任務，似乎是把軍需，尤其是乾糧，運到敦煌，在敦煌交給第一支隊伍的輜重兵；惟第三支隊伍的人數沒有記載。就第一與第二兩支隊伍說，已有二十四萬人。如果這二十四萬人的糧食全由內地供應，而依照秦始皇時代支持邊疆建設「三十鐘而致一石」（見前引史記主父偃傳）的情形來計算，則需要消耗掉相當於在內地的一百九十二倍的糧食，亦就是四千六百零八萬人的糧食。即使依照先前武帝伐西南夷「率十餘鐘而致一石」（見前引史記平準書）的標準來計算（按，取其中數，作十五鐘致一石計），亦要耗去二千三百零四萬人的糧食。武帝時全國人口無資料，然而我們知道周末中國人口約三千萬之譜（見前），漢平帝初年人口約五千萬（註七七）。太初恰好在周末至平帝這段時期的中間，其人口亦當在三千萬與五千萬之間。因此，征大宛之役所需的軍糧若無河西及其近邊一帶屯田地區的大力支援，而全由內地轉運，則決非漢朝所能負擔。（由此又可以想見，武帝先前對漠北幾次成功的遠征跟邊郡的屯田開發亦都有同樣的關係）。

第二支隊伍的任務，據大宛傳「益發戍甲卒十八萬酒泉、張掖北，置居延、休屠以衞酒泉」句看來，是屯戍在酒泉與張掖的北方，並築居延、休屠兩塞，以保衞河西通道，尤其是居交通要衝而又最容易受到匈奴攻擊的酒泉。當時的這一防衞佈署，漢書武帝紀裏亦有記載，並可補充（註七八）。然而，益發至河西的這十八萬人，除了戍守

註七七　見馬百非秦漢經濟史料㈦——人口及土地（刊食貨半月刊三卷三期）。按，馬文係根據漢書地理志所載人口資料。

註七八　漢書武帝紀：「太初三年夏，遣光祿勳徐自爲築五原塞外列城，西北至盧朐，游擊將軍韓悅將兵屯之。強弩都尉路博德築居延。秋，匈奴入定襄，殺略數千人，行壞光祿（按，指徐自爲）諸亭障；又入張掖、酒泉殺都尉」。徐自爲的築五原塞外列城，可能卽是河西防衞網的一部份。同年秋，匈奴果然來騷擾。

的任務外，還有就地生產的任務，這一點可以從居延漢簡上約略看出。勞貞一師居延漢簡（註七九）第 194 簡：「延壽酒太初三年中又以負馬田敦煌，延壽與父俱來，田事已　」，　此簡應是在敦煌的人給在居延的人的書信，所以言敦煌事而簡則在居延發現。簡中所說時間是太初三年，與李廣利第二次征大宛合。「田」就是指屯田，貞一師根據這一簡和另一簡（註八〇）論居延與敦煌一帶的屯田說（同上引書「考證」之部，頁52—53）：

> 居延之屯墾以自額濟納河引出之渠水爲灌漑之用。沿河兩岸並有可墾之地，惟水量有限耳。漢世居延屬張掖，而居延城在今黑城遺址。自張掖郡治至居延並爲烽燧所在，沿河一帶今稱爲大灣，地灣、紅城子、破城子等各地，並有沃壤，而尤以黑城左右爲多，如河水不乏，則兩岸皆美田也。惟今日上游張掖、酒泉一帶需水甚多，用水時，山中雪水額濟納河上游且不足用，故居延一帶遂歸廢棄矣。漢於屯田之地皆置田官………田官者領田卒以從事屯墾之官………此兩簡皆時間較早，屯田民間往來居延、敦煌二屯戍區之間，而騂馬田官所領田卒亦多至千五百人矣。更據此簡，可知敦煌與居延本極相類，敦煌爲酒泉塞外，而居延則爲張掖塞外，敦煌在玉門關外，而居延則在肩水關外，敦煌最初用屯田方式，而居延最初亦用屯田方式，惟敦煌當西域之衝，地位較居延爲重要，故自李廣利自西域回後，而敦煌遂特設一郡矣。

那支十八萬人的隊伍既然是又戍又田（按，即軍屯），因疑大宛列傳的「戍甲卒」三字是「戍田卒」之誤。戍甲卒一詞僅大宛列傳一見，漢書張騫傳襲自史記大宛列傳，故亦作「益發戍甲卒十八萬………」，此外不另見。然戍田二字漢世常見連用，例如前引史記平準書「斥塞卒六十萬人戍田之」，上註引居延漢簡「戍田卒千五百人」及同書第8010

註七九　中研院史語所專刊之四十，民國四十九年，臺北。

註八〇　同上書第 193 簡：「馬長史卽有吏、卒、民、屯士亡者，具署郡、縣、里、名、姓、年、長物、色、房、衣服、齎操、初亡年月自報，與病己。謹案屬丞始元二年戍田卒千五百人，爲騂馬田官寫涇渠，迺正月己酉淮陽郡」。按，末一字「郡」，原釋文無，今據圖版增釋。始元，昭帝年號，其二年爲公元前八十五年。

簡「以食戍田卒」等均是，而不另見戍甲二字連用之例。漢書張騫傳之「戍甲卒」或爲後人據已誤之大宛列傳所改，否則大宛列傳「甲」字之誤，在班氏之前即已然。

　　現在我們再看漢破大宛以後的發展情形。匈奴自冒頓單于以來，即逐漸在西域建立起了霸主的地位。元狩元封間，張騫再去西域聯絡烏孫時，其所以未能使烏孫東遷，主要的原因即是「素服屬匈奴日久矣，且又近之，其大臣皆畏胡」。至元封末，烏孫聘漢宗女時，「匈奴亦遣女妻昆莫」。（均請參看史記大宛傳及漢書張騫傳）。可見匈奴在西域已建立起了相當穩固的霸主地位，自然不願意受到漢的侵犯。

　　武帝通西域的根本動機，源自對匈奴採取孤立擊破的戰略。漢之伐大宛，直接的目的雖然是取天馬，但是這一目的跟漢通西域的根本動機是相關而非相斥的。這也就是說，達到了取天馬的目的之後，就更可能把匈奴的勢力逐出西域。現在漢已達到了取天馬的目的了，但是切斷匈奴跟西域的關係則仍有待努力。所以漢破大宛之後，如要繼續滅胡的國策，則勢必繼續朝着孤立匈奴的戰略目的前進，換句話說就是把匈奴的勢力逐出西域而取代之。如果漢朝要這樣做，則必然將在西域跟匈奴發生爭霸權的衝突。這是漢破大宛後，西域情勢可能發展的一幅遠景圖。

　　漢之破大宛雖然是在西域建立勢力的一個好機會，但是要想就此控制西域，而把匈奴的霸主地位一脚踢倒，則力量仍嫌不足。因爲李廣利正是由於對久圍大宛內城有顧慮，所以才接受了大宛貴人的投降條件的（請參看史記大宛傳及漢書李廣利傳）。基於這些原因，所以漢破大宛之後，乘戰勝的威勢，對西域採取了兩項重要的漸進措施：一是把國防線及邊防體系向西推進到鹽水（今羅布卓爾）；一是爲了便於觀察西域各國的動向，並宣揚漢之威德，於是在西域輪臺故地實行屯田，積穀用以供給漢之奉使西域者。史記大宛傳：

　　漢已伐宛，立昧蔡爲宛王而去。歲餘，宛貴人以爲昧蔡善諛，使我國遇屠，乃相與殺昧蔡，立毋寡（按，即李廣利伐宛時宛王）昆弟曰蟬封爲宛王，而遣其子入質於漢。漢因使使賂賜以鎮撫之。而漢發使十餘輩至宛西諸外國，求奇物，因風覽以伐宛之威德。而敦煌置酒泉都尉（註八一），西至鹽水往往有亭

註八一　此句意義難明。集解引徐廣曰：「一云置都尉，一本無置字」。又史記會注考證引梁玉繩曰：「徐廣引別本，置字在都尉上。是也」。

(註八二)。而侖頭有田卒數百人，因置使者，護田積粟，以給使外國者(註八三)。

侖頭，漢書作輪臺，太初三年李廣利伐宛時因不出食，遭攻破屠城，國滅。其地與渠

犁相連（請參看本文附錄「漢代屯田開邊圖」），爲沙漠中一片廣大綠洲，且氣候溫

和，灌漑便易，宜種五穀。所以不久又把屯田的區域自輪臺擴展到渠犁，並設屯田校

尉，掌理其事。這一發展，可以從漢書西域傳上述伐宛後屯田事時，除輪臺一地外，

又加上渠犁這一點上約略看出。漢書西域傳上：

> 自貳師將軍伐大宛之後，西域震懼，多遣使來貢獻。漢使西域者益得職。於是
> 自敦煌西至鹽澤，往往起亭；而輪臺、渠犁皆有田卒數百人，置使者校尉領
> 護，以給使外國者」。

另外，漢書西域傳下渠犁國傳：「自武帝初通西域，置校尉屯田渠犁；是時軍旅連

出，師行三十二年（參前註五）………」，以及漢書鄭吉傳：「自張騫通西域，李廣

利征伐大宛之後，初置校尉屯田渠犁」等記載，亦都表明渠犁的屯田應晚於輪臺，而

距伐宛後不久。武帝天漢二年(99 B.C.)，「大搜、渠黎（按，卽渠犁）六國使使來

獻」(註八四)，漢於渠犁置屯田校尉可能卽在此前後(註八五)。

輪臺與渠犁一帶的屯田，可以明顯地看出是屬於軍屯，田卒人數不多（各有數百

人），規模不大。其作用亦祇是積粟以供給漢之使外國者，以風覽伐宛之威德，而沒

有像對河套及河西那樣，實行大規模的移民屯田、建立行政系統、把屯田地區納入版

註八二　元封三年，趙破奴虜樓蘭王破姑師後，列亭障至玉門（見前）。破宛後，再將亭障之屬延伸至鹽水。
　　　　玉門關之西遷或卽在此時。

註八三　西域屯田的這一作用，尚可從敦煌漢簡上得到證實。王國維流沙墜簡釋二稟給類第一簡：「出粟一斗
　　　　二升以食使莎車繢相如上書良家子二人八月癸卯口（下缺）」；又第二簡：「出粟五石二斗二升以食使
　　　　車師口君卒八十七人（下缺）」。王國維考曰：「右二簡均記稟給使外國者之事，繢相如二人均以良家
　　　　子上書求使莎車者。漢書張騫傳：『自騫開外國道以尊貴，其吏士爭上書言外國奇怪利害，求使。天
　　　　子爲其絕遠，非人所樂聽其言，予節募吏民，無問所從來，爲具備人衆遣之』。此繢相如二人以良家
　　　　子書得使莎車，蓋當在武帝世矣」。

註八四　見漢書武帝紀。

註八五　參前註五。又勞貞一師認爲置校尉屯田渠犁事，不當在武帝之世，否則武帝輪臺之詔不可解（請參看
　　　　勞榦漢代的西域都護與戊己校尉，頁 488，載中研院史語所集刊第二十八本上册）。本文看法與貞一
　　　　師異，武帝輪臺之詔，本文有說，見下。

圖。後來，到征和三四年間，漢對匈奴進行過一次大攻擊，西域好些國家亦捲入了這次的軍事行動中。在這次衝突中，漢朝佔了上風。也許因爲這種緣故，所以有些大臣們覺得，漢跟西域的關係應該有所改變，而欲在軍屯之外，再行民屯。現在先從那次戰爭說起。漢書西域傳下車師後城長國傳：

　　征和四年(註八六)，遣重合侯馬通將四萬騎擊匈奴，道過車師北，復遣開陵侯將樓蘭、尉犂、危須凡六國兵別擊車師，勿令得庶重合侯。諸國兵共圍車師，車師王降服，臣屬漢（按，車師叛服無常，直至宣帝之世，參下）。

這是漢朝第一次成功地大規模（人員數萬，見下註八七）發動西域的兵力去對付通匈奴的西域國。這跟當年李廣利征大宛時，有姻親關係的烏孫派數千人助漢猶顧忌多端的情形相比，顯然有了大大的不同。經過了這次的考驗之後，證明了漢對西域已有相當的影響力。因此有些大臣們覺得宜趁此機會用移民屯田的方式來加強對西域的控制，以徹底驅逐匈奴的勢力。這項意見由當時的搜粟都尉桑弘羊和丞相、御史大夫等人共同提出，這就是漢代開邊史上有名的輪臺屯田奏(註八七)。漢書西域傳下渠犂國傳：

　　自武帝初通西域，置校尉屯田渠犂。是時軍旅連出，師行三十二年，海內虛耗。征和中，貳師將軍李廣利以軍降匈奴。上既悔遠征伐，而搜粟都尉桑弘羊與丞相、御史奏言：「故輪臺以東，捷枝、渠犂皆故國(註八八)，地廣，饒水草有溉田五千頃以上，處溫和，田美，可益通溝渠，種五穀，與中國同時熟。其旁國少錐刀，貴黃金、采繒，可以易穀食，宜給足不可乏。臣愚以爲可遣屯

註八六　王先謙補注引徐松曰：「當從武紀、功臣表、李廣利傳作三年」。按，漢擊匈奴在征和三年，伐車師或在四年，如西域傳。漢書武帝紀：「征和三年匈奴入五原、酒泉、殺兩都尉。三月遣貳師將軍廣利將七萬人出五原，御史大夫商丘成二萬人出西河，重合侯馬通四萬騎出酒泉。成至浚稽山與虜戰，多斬首，通至天山，虜引去，因降車師，皆引兵還，廣利敗降匈奴」。可見馬通是在追匈奴至天山後囘師的時候擊車師的，所以時間在征和四年甚有可能（參下註）

註八七　漢書西域傳下渠犂國傳記載，武帝看到桑弘羊等人的輪臺屯田奏後，因不欲擾勞天下，下了一通誨往失之詔，其中亦提到伐車師事：「前開陵侯擊車師時，危須、尉犂、樓蘭六國子弟在京師者，皆先歸發畜食迎漢軍，又自發兵凡數萬人，王各自將，共圍車師，降其王」。據此可以推斷桑弘羊等上輪臺屯田奏必在漢已伐降車師之後。通鑑繫上奏事在征和四年；是時丞相爲田千秋，御史大夫爲商丘成。

註八八　王先謙補注引徐松曰：「輪臺國爲貳師所屠，故稱故」。若然，則此時渠犂國亦已不存，故稱「故國」。然此事不見於渠犂國傳，當仍存疑。

田卒詣故輪臺以東，置校尉三人分護，各舉圖地形，通利溝渠，務使以時益種五穀。張掖、酒泉遣騎假司馬爲斥侯，屬校尉，事有便宜，因騎置以聞。田一歲，有積穀，募民壯健有累重敢徙者詣田所，就畜積爲本業，益墾溉田，稍築列亭連城而西，以威西國，輔烏孫爲便。臣謹遣徵事臣昌分部行邊，嚴勒太守、都尉明燧火，選士馬，謹斥侯，畜茭草，願陛下遣使使西國，以安其意，臣昧死請」。

前面已經說到，漢於輪臺與渠犂的屯田，早在李廣利破大宛後不久即已進行。現在桑弘羊等人提出這一奏章，必定有其獨特之處。獨特之處在哪裡呢？在擴大屯田規模，用民屯配合軍屯的辦法，像經營河套、河西那樣，以求根本的效果。這可以從奏文中看出。奏文的重點在「遣屯田卒詣故輪臺以東………田一歲，有積穀，募民壯健有累重敢徙者詣田所…………以威西國」這一段上，意思是說：先派軍隊去輪台以東一帶開墾田地，等一年的收穫夠耕作者的消耗而有餘時，再把田地交給勇壯而有妻子家室的應募者，鼓勵他們努力生產，並繼續開墾新田，建設灌溉系統，然後逐漸向連城(註八九)以西構築亭障，建立防衞體系，並控制西域各國。這是軍屯與民屯的配合運用，以促進向外移民開拓的一種非常積極的構想。但是，武帝當時由於心情消極(註九〇)，所以沒有採納桑弘羊等人的聯合建議（昭帝時採納了，見下）。武帝爲解決漢代邊患問題所創建的功業，亦到此告一段落。二年後，武帝崩。

昭帝卽位後，由霍光攝政（當時昭帝年僅八歲），其他大臣無甚變動，桑弘羊於武帝後元二年做了御史大夫，昭帝時仍舊。朝廷大臣們對經營西域本來大都有積極態度（由桑弘羊等人的輪台屯田奏可以看出），所以武帝去世後，對西域的經營又逐漸趨向積極，以致形成另一高潮，那就是跟匈奴爭在車師屯田。

車師當今天山南路之吐魯番及天山北路之奇台、昌吉一帶，不僅地居要衝，且土

註八九　王先謙補注：「河水注：敦薨之水自尉犂國，又西出沙山鐵谷關，又西南流逕連城，別注裂以爲田。桑弘羊云連城以西可遣屯田，以威西國，卽此處也。董祐誠云：城當在今喀喇沙爾西南，庫勒爾城之西，自連城西至輪臺，皆故屯田地」。

註九〇　促使武帝心情消極的因素，除渠犂國傳中已經提到的李廣利敗降匈奴（征和三年），海內虛耗等外，還有同樣重要而未在渠犂國傳中提到的是巫蠱事件。巫蠱事件，株連甚衆，包括皇后、太子、丞相及其他大臣等，或自殺、或腰斬，因禍而死者數萬人。參看漢書武帝紀太初元年至三年。

地肥沃，宜植五穀。匈奴因以仿漢人辦法，於昭帝末，在車師進行屯田，以與漢人在西域的勢力相對抗，因而導致了在車師爭相屯田的激烈衝突。直到宣帝神爵二年（60 B.C.）廢匈奴之僮僕都尉，以鄭吉爲西域都護，漢才大體上掌握到了對西域的控制權。

　　昭帝朝對經營西域的第一項措施就是採用桑弘羊原先的建議，屯田輪臺、渠犂。漢書西域傳下渠犂國傳：

　　　　初貳師將軍李廣利擊大宛，還過杆彌，杆彌遣太子賴丹爲質於龜茲，廣利責龜茲曰：「外國皆臣屬於漢，龜茲何以得受杆彌質？」即將賴丹入至京師。昭帝乃用桑弘羊前議，以杆彌太子賴丹爲校尉，將軍田輪臺，輪臺與渠犂地皆相連也。

昭帝始元年間(86～81 B.C.)，桑弘羊爲御史大夫。至元鳳元年(80 B.C.)，因參與謀反伏誅(註九一)。所以「用桑弘羊前議」，當在昭帝始元間，桑任御史大夫期內。由「以賴丹太子爲校尉，將軍田輪臺」句，可以看出是軍屯，所以還祇是桑弘羊等人構想中的第一步。但是，這次的屯田並沒有成功，因爲相鄰的龜茲爲了本國的利害關係，把賴丹殺了，而漢對龜茲竟無可奈何(註九二)。直到宣帝地節元年（69 B.C.），漢才爲龜茲王殺賴丹事攻破龜茲國(註九三)。這一次屯田的失敗，主要由於朝廷的思慮不夠周全。因爲送賴丹至輪臺時，漢應已在附近建立起足以保障他的安全的實力來。這次的屯田雖然失敗，但漢對於經營西域的積極意向則似乎並未因之減弱。

　　昭帝時在西域進行的另一次屯田是在元鳳四年（77 B.C.）。先是樓蘭國王爲匈奴耳目，履次遮殺漢使，元鳳四年漢乃遣傅介子誘殺樓蘭王，此事除見於漢書外，且見

註九一　參看漢書百官公卿表及昭帝紀。

註九二　按上引渠犂國傳引文：「龜茲貴人姑翼謂其王曰：『賴丹本臣屬吾國，今佩漢印綬來迫吾國而田，必爲害』。王卽殺賴丹而上書謝漢，漢未能征」。按，王先謙補注引徐松曰：「輪臺爲今玉古爾地，在庫車城東三百二十里，庫車城南卽龜茲故國」。是龜茲在輪臺西南。

註九三　參看漢書常惠傳。另參下註一〇四。

於漢簡(註九四)。漢殺樓蘭王後，護送早已降漢的前王之弟尉屠耆歸爲王，並更其國名爲鄯善。尉屠耆臨行前奏請天子說：

> 身在漢久，今歸單弱，而前王有子在，恐爲所殺。國中有伊循城，其地肥美，願漢遣二將，屯田積穀，令臣得依其威重。於是漢遣司馬一人，吏士四十人，田伊循以鎮撫之。其後更置都尉，伊循官置始此矣(註九五)。

由「其後更置都尉，伊循官置始此矣」句，可以看出這次的屯田是成功了。鄯善近敦煌，且漢之亭障早已至鹽澤，易於赴援，所以起先雖僅遣吏士四十人，亦能發生鎮撫的效果。

就在昭帝恢復對西域積極經營的期間，西域的局面又發生了另一變化，那就是匈奴仿效漢人的辦法，以數千騎之衆，在車師實行武裝屯田。漢書西域傳下烏孫國傳：

> 昭帝時，公主上書言：「匈奴發騎田車師(註九六)，車師與匈奴爲一，共侵烏孫，唯天子幸救之！」漢養士馬，議欲擊匈奴。會昭帝崩………（按，此段記事亦見於漢書常惠傳）。

由末句「會昭帝崩」，知道漢解憂公主的上書在昭帝元鳳元平間（按，昭帝於元平元年四月崩，74 B.C.）。

宣帝卽位後，公主及烏孫王又都遣使來上書告急，說匈奴連發大兵侵烏孫，奪土地，收人民，要挾烏孫把公主交給匈奴，並與漢絕往來(註九七)。本始二年(72 B.C.)。漢遣常惠使烏孫，在其首邑赤谷城屯田（參下引辛慶忌傳），以作觀察，並示威重。

註九四　參看漢書傅介子傳及西域傳上鄯國傳漢。漢簡簡文如下：「詔夷虜侯章發卒曰：『持樓蘭王頭詣敦煌，留卒廿人，女譯二人，留守證☒』」。勞貞一師考曰：「簡言詔夷虜侯章發卒，蓋介子已刺樓蘭王，敦煌屯戍之卒不足遣，乃調居延之戌卒西行，所言及之虜夷侯章，蓋亦在領卒西行之列」（見居延漢簡考證頁二十三，西域一）。

註九五　引文見漢書西域傳上鄯善國傳。

註九六　漢書西域傳下車師後城長國傳：「昭帝時，匈奴復使四千騎田車師」。按，征和四年，漢遣開陵侯將樓蘭、尉犂、危須等六國兵擊車師，車師降，臣屬漢。故云匈奴復使四千騎田車師，非謂前此匈奴已屯田車師。

註九七　漢書西域傳下：「宣帝初卽位。公主及昆彌（按，烏孫稱王曰昆彌）上書言：『匈奴復連發大兵侵擊烏孫，取車延、惡師地，收人民去，使使謂烏孫，趣持公主來，欲隔絕漢。昆彌願發國半精兵，自給人馬五萬騎，盡力擊匈奴，唯天子出兵以救公主、昆彌』」。

惠抵烏孫後，因事態嚴重，隨亦急急上書言匈奴侵迫烏孫事(註九八)。漢於是大發兵十五萬騎，遣五將軍分道並出；烏孫亦發精兵五萬餘，由烏孫王自將，惠爲校尉持節護烏孫兵，自西方入，夾擊匈奴，結果大勝(註九九)，把匈奴勢力逐出車師，車師復通於漢(註一〇〇)。這是漢與匈奴爲爭奪車師控制權（實際上亦就是對西域的控制權）所發動的規模最大的一次直接衝突。從漢軍動員的規模上可以看出漢對於保衛跟西域的關係的決心。

　　漢與烏孫聯軍擊走匈奴後，並沒有佔領車師，亦沒有在車師屯田，而是派隨常惠屯田赤谷城的辛慶忌，將吏士屯田焉耆。漢書辛慶忌傳：

　　　　辛慶忌，字子眞。少以父任爲右校丞，隨長羅侯常惠屯田烏孫赤谷城(註一〇一)，

註九八　漢書常惠傳：「宣帝初卽位，本始二年，遣惠使烏孫。公主及昆彌皆遣使，因惠言：『匈奴連發大兵擊烏孫，取車延、惡師地，收其人民去，使使脅求公主，欲隔絕漢。昆彌願發國半精兵，自給人馬五萬騎，盡力擊匈奴，唯天子出兵以救公主、昆彌』於是漢大發十五萬騎，五將軍分道出」。由於朝廷派去的特使亦說匈奴侵烏孫事急，所以決定發大兵。（參下註引匈奴傳）。

註九九　漢書匈奴傳上：「本始二年，漢大發關東輕銳士，選郡國吏三百石抗健習騎射者皆從軍。遣御史大夫田廣明爲祁連將軍，四萬餘騎出西河；渡遼將軍范明友三萬餘騎出張掖；前將軍韓增三萬餘騎出雲中；後將軍趙充國爲蒲類將軍，三萬餘騎出酒泉；雲中太守田順爲虎牙將軍，三萬餘騎出五原。凡五將軍兵十餘萬騎，出塞各二千餘里；及校尉常惠使護發兵烏孫西域，昆彌自將翕侯以下五萬餘騎，從西方入，與五將軍兵凡二十餘萬衆。匈奴聞漢兵大出，老弱奔走，驅畜產遠遁逃，是以五將少所得…………」。又漢書常惠傳：「漢大發十五萬騎，五將軍分道出，以惠爲校尉，持節護烏孫兵，昆彌自將翕侯以下五萬餘騎，從西方入，至右谷蠡庭。獲單于父行及嫂居次，名王騎將以下三萬九千人，得馬、牛、驢、驘、橐佗五萬餘匹，羊六十餘萬頭，烏孫皆自取鹵獲………時漢五將皆無功………」。這是武帝以後，對漢在西域的發展有重大影響的一場戰爭。故不煩細引。從常惠傳中可以看出，這一仗漢五將雖少所得，但烏孫方面則虜獲甚鉅，致匈奴損失慘重。

註一〇〇　漢書西域傳下車師後城長國傳：「宣帝卽位，遣五將將兵擊匈奴車師田者，驚去，車師復通於漢」。

註一〇一　常惠使烏孫，前後凡兩次：一次在與匈奴戰之前；一次在與匈奴戰之後（見常惠傳）。屯田赤谷城卽是他第一次使烏孫時的主要任務，理由如下。常惠第一次使烏孫時的職位是校尉，常惠傳於記載惠初使烏孫時雖然沒有明說，但可以從「以惠爲校尉持節護烏孫兵」句看出。自武帝置校尉屯田渠犁後，凡被派往西域主一方屯田之事的人，都是校尉職位，如前引渠犁國傳「以賴丹爲校尉，將軍田輪臺」，又如辛慶忌傳本段引文「遷校尉，將吏士屯焉耆」等都是明顯的例子。常惠初使烏孫時旣是校尉，所以當時他就是去屯田的。

　　與歙侯戰（註一○二），陷陳卻敵。惠奏其功，拜為侍郎，遷校尉，將吏士屯焉耆國。

　　匈奴退出車師，漢並沒有就在車師屯田，而是屯田焉耆國，這可能是車師地近匈奴，易遭攻擊，而漢在西域的力量還不足以長期據有車師而與匈奴對抗的緣故。在焉耆屯田，則佈署上對車師有包衞的作用，這樣則在不能佔有車師的情形下，亦可以不讓匈奴利用車師來妨害漢在西域的擴張勢力的活動。然而匈奴則除了控制車師外，沒有更好的辦法可以扼阻漢在西域的勢力增長而又能保衞自己在西域的既得利益。因此他們對車師絲毫不能放鬆。所以當漢朝大軍離去後，匈奴又來勾結車師，「遮漢道通烏孫者」（註一○三）。

　　漢在西域培養勢力的活動，這段時期的主要目標是取得對車師的控制權。然而到這時候為止，尚有緊要的一環有待建設，那就是車師西南渠犁至輪臺這片廣大的土地，自龜茲王殺了賴丹後，漢一直沒有恢復在那裡的屯田。到宣帝地節元年（69 B.C.）長羅侯常惠自烏孫歸國途中順便率西域軍攻破龜茲（註一○四），這才於次年恢復屯田。由於這裡土地肥沃，氣候適宜，而耕地面積又廣大，所以漢卽以這裡為屯田養軍的大本營，作為進攻車師的基地，漢書西域傳下車師後城長國傳：

　　　地節二年，漢遣侍郎鄭吉、校尉司馬憙，將免刑罪人（按，共為一千五百人，見本傳下文）田渠犁，積穀欲以攻車師。

　　當年秋收後，鄭吉和司馬憙以渠犁屯田吏士一千五百人為主幹，並且發動西域城郭諸國兵萬餘人，進攻車師，不果。次年（地節三年）秋收後，再擊車師，克之，車

註一○二　「與歙侯戰」，顏師古注：「歙卽翕字也；翕侯，烏孫官名」；又王先謙補注：「朱祁曰：歙改作翖。陳景雲曰：赤谷城在烏孫西偏，與康居相接。據匈奴傳，康居亦有翕侯之官，且與烏孫連兵日久，此與歙侯戰者，謂康居所遣之將也，常惠屯田烏孫時，漢與烏孫甚睦，不當有交戰事，顏注似誤」。按，王氏所引陳景雲說，甚為牽強，且所謂與康居翕侯戰，毫無事實根據。因疑所謂「與歙侯戰」，乃是指本始二年之役，與烏孫歙侯共戰匈奴。因為辛慶忌傳敍事「隨長羅侯常惠屯田烏孫赤谷城，與歙侯戰，陷陳卻敵」，屬一氣之交，而常惠初抵赤谷城時，跟匈奴之間的情勢已很緊張，不致再與其他鄰國發生衝突。所以要有戰爭，當是與匈奴的那一場大戰。而且就漢朝朝廷的償功來說，亦祇有與匈奴戰的戰功才值得重視。

註一○三　見漢書西域傳下車師後城長國傳。

註一○四　參看漢書常惠傳及渠犁國傳。又渠犁國傳王先謙補注引徐松曰：「事在地節元年」。

師王降。續上車師後城長國傳：

> 至秋收穀（註一〇五），吉、熹發城郭諸國兵萬餘人，自與所將田士千五百人，共
> 擊車師，攻交河城，破之。王尙在其北石城中未得，會軍食盡，吉等且罷兵歸
> 渠犁田。秋收畢，復發兵攻車師王於石城。王聞漢兵且至，北走匈奴求救，匈
> 奴未爲發兵。王來還與貴人蘇猶議，欲降漢恐不見信，蘇猶敎王擊匈奴邊國小
> 蒲類，斬首略其人民以降吉。

自那以後，漢與匈奴爭奪車師之戰連年不斷（參下表Ⅰ）。至宣帝神爵二年（60
B.C.）匈奴開始內閧、日逐王降漢、漢置西域都護（註一〇六）、號令班西域，車師及西
域之爲漢所掌握，始大體確定。漢書鄭吉傳：

> 神爵中，匈奴乘亂，日逐王先賢撣欲降漢，使人與（鄭）吉相聞，吉發渠犁、
> 龜茲諸國五萬人迎日逐王口萬二千人…………遂將詣京師。漢封日逐王爲歸德
> 侯。吉既破車師、降日逐，威震西域，遂幷護車師以西北道，故號都護，都護
> 之制自吉始焉。上嘉其功效…………吉於是中西域而立幕府（大致相當於殖民
> 地總督府），治烏壘城，鎮撫諸國，誅伐懷集之。漢之號令班西域矣。始自張
> 騫，而成於鄭吉。

下面再將自昭帝末匈奴屯田車師以來，至宣帝神爵二年以鄭吉爲西域都護止，漢
與匈奴爭奪車師的經過情形，列爲簡表；表中地節三年以後的情形，大都是上文沒有
述及的：

註一〇五　將這兩段引文連起來看，「至秋收穀」是指地節二年秋。王先謙補注引徐松曰：「據傳，此爲地節
　　　　二年秋，匈奴傳以爲事在地節三年，誤」。按，匈奴傳地節三年的記事乃是上引車師後城長國傳下
　　　　文「秋收畢……」那次的事。我們看匈奴傳述事：「其明年，西域城郭共擊匈奴，取車師國，得其
　　　　王與人衆而去」，與車師後城長國傳比較，匈奴傳之「取車師國，得其王」跟車師後城長國傳「秋
　　　　收畢，復發兵攻車師王於石城………（車師王）降吉」相當，而此處「秋收畢」是指地節三年秋，
　　　　所以匈奴傳「其明年」爲地節三年並不誤。匈奴傳之所以沒有記地節二年秋收穀，吉、熹等發兵攻
　　　　車師事。可能因爲這次攻擊沒有成功而匈奴傳中略去的緣故。
註一〇六　漢書西域傳上載鄭吉爲西域都護事在神爵三年，王先謙補注引齊召南曰：「案宣紀是神爵二年事，
　　　　此三字訛（按，指匈奴傳神爵三年之三字），通鑑考異已辨之」。

表 I　　漢與匈奴爭奪車師簡表

時　　　間	爭　奪　車　師　記　事	別　　　　　記	備　　註
昭帝末	匈奴以四千騎屯田車師		參看前引文。
宣帝本始二年 （72 B.C.）	漢發十五萬騎及西域城郭諸國兵五萬餘，合二十萬，共擊匈奴，匈奴田車師者驚去。漢軍罷歸，車師復附匈奴。		參看前引文。
地節二年 （68 B.C.）	漢遣鄭吉、司馬熹，將免刑罪人一千五百人田渠犂，積穀欲以攻車師。秋收畢，鄭吉等發田士及西域城郭諸國兵萬餘，擊車師，會軍食盡，不果，吉等還田渠犂。		參看前引文。
地節三年 （67 B.C.）	秋收畢，鄭吉等復發兵攻車師，車師求救於匈奴，不果，車師王降漢；匈奴兵來不敢近漢軍，車師王奔烏孫，匈奴單于以車師王昆弟兜莫爲車師王，收其餘民東徙，不敢居故地，吉等還渠犂，遣吏士三百人別田車師，是漢田車師之始。		參看前引文及本文附錄所錄資料⑰一⑳之C及D條。
地節四年 （66 B.C.）	鄭吉等聞匈奴降者言曰：漢田車師，必害人國，不可不		同上附錄資料⑰一⑳之E及

	爭。是以將襲車師。吉乃與司馬憙盡將渠犂田士千五百人往田車師。匈奴果遣二萬餘騎屯田右地，侵迫烏孫，並圍車師，數日乃解。		F條。
元康元年至二年(65–64 B.C.)	匈奴遣萬餘騎再擊漢之田車師城者，不能下(註一〇七)漢發張掖、酒張騎出車師北，匈奴引去。吉等還歸渠犂，立前車師太子軍宿爲車師王，盡徙車師國民，令居渠犂，以車師故地予匈奴。		同上附錄資料⑰—⑳之G，H及I各條。
元康三年至神爵元年(63–61 B.C.)	元康四年，漢責烏孫，求遣車師王詣闕，烏孫遣之。	丁令比三歲（元康三年至神爵元年）入盜匈奴。神爵元年，匈奴十萬騎旁塞獵，欲入寇，漢遣趙充國以四萬騎屯緣邊九郡備胡，月餘，單于病，不敢入邊，還去，其後匈奴內閧。	同上附錄資料⑰—⑳之J及K條。
神爵二年(60 B.C.)	匈奴日逐王以右地降漢，漢始以鄭吉爲西域都護，治烏	匈奴單于遣名王奉獻，賀正月，請和親	參看漢書鄭吉傳，宣帝紀及

註一〇七　漢書匈奴傳上：「後二歲，匈奴遣左右奧鞬各六千騎，與左右大將，再擊漢之田車師城者，不能下」王先謙補注以爲「後二歲」是元康四年，誤。蓋上文「其明年」爲地節四年（參看漢書補注原文），則「後二歲」自是元康二年。且下文「丁令比三歲入盜匈奴」，是元康二年後又歷三歲，即至神爵元年；再下文又有「其明年」爲神爵二年之文，均與此相合。

壘城，並護北道；廢匈奴之 僮僕都尉；漢之號令班西域 。	。	上述附錄資料 ⑰—⑳之K， L及M各條。

　　日逐王降漢後，匈奴在西域的勢力自然瓦解。所以漢一方面廢匈奴的僮僕都尉（註一〇八），一方面設置西域都護（註一〇九），又使屯田校尉屬都護之下，以統一事權。這時候正逢匈奴內部乖亂，漢遂完全取代了匈奴的霸主地位，而成為西域的主宰者。於是「徙屯田，田於北胥鞬，披莎車之地，屯田校尉始屬都護」（註一一〇）。後來到元帝初元元年（48 B.C.），又置戊己校尉，屯田車師前王庭（註一一一）。漢在西域的屯田事業與勢力，這時候達於頂峯，而維持至西漢之末。漢書西域傳上記說：「自宣、元後，單于稱藩臣，西域服從」。漢自高祖平城之困以來（200 B.C.），到元帝初元元年，經歷了一百五十餘年的苦鬥，不但扭轉了漢與匈奴之間的強弱情勢，而華夏之文化與聲威亦遠揚於天山之西。倘高祖死而有知，九泉之下當必瞑目含笑。

　　王莽代漢而有天下，始建國元年（9 A.D.），策命改西域諸王為侯，西域遂畔，而復服屬於匈奴（註一一二）。自武帝以來，漢在西域屯田開拓的事業，至此盡廢。

　　東漢初年，光武并力中興，不暇外顧；為軍糧計，雖曾推行屯田，然皆行於內郡，與邊疆建設無關，故從略。直到明帝永平十六年（73 A.D.），「乃命將帥北征匈奴，取伊吾盧地，置宜禾都尉以屯田，遂通西域………西域自絕六十五載乃復通焉」（註一一三），是為漢再度經營西域之始。

　　伊吾盧，亦稱伊吾，即今新疆哈密；扼西域之門戶，本屬匈奴。今漢自匈奴手中奪取伊吾屯田，對匈奴在西域的勢力自然會有通盤動搖的影響。因此，漢與匈奴又一

註一〇八　漢書西域傳上：「匈奴西邊日逐王，置僮僕都尉，使領西域，常居焉耆、危須、尉犂間，賦稅諸
　　　　　國，取富給焉」。

註一〇九　西域傳載西域都護職掌說：「都護督察烏孫、康居諸外國動靜，有變以聞，可安輯安輯之，都護治
　　　　　烏壘城，去陽關二千七百三十八里，與渠犂田官相近，土地肥饒，於西域為中，故都護治焉」。

註一一〇　見漢書西域傳上。「披莎車」。顏師古注：「披，分也」，是北胥鞬係從莎車分出。

註一一一　見漢書西域傳上。

註一一二　見漢書王莽傳及後漢書西域傳。

註一一三　見後漢書西域傳。

次展開了爭覇西域的長期鬥爭，而爭奪伊吾則又是這一場鬥爭中最激烈的部份，可以
跟西漢時代之爭奪車師相比。後漢書西域傳：「自敦煌西出玉門、陽關，涉鄯善，
北通伊吾千餘里。自伊吾北通車師前部高昌壁千二百里，自高昌壁北通後部金滿城
（按，滿一作蒲）五百里，此其西域之門戶也，故戊己校尉屯焉。伊吾地宜五穀、
桑、麻、蒲萄，其北又有柳中，皆膏腴之地，故漢常與匈奴爭車師、伊吾，以制西域
焉」。今將漢與匈奴爭奪伊吾的經過，簡單表列於下：

表Ⅱ　漢與匈奴爭奪伊吾簡表

時　　　間	爭　奪　伊　吾　記　事	別　　　　　記	備　　　註
明帝永平十六年 （73 A.D.）	漢遣竇固出酒泉，破匈奴呼衍王於天山，取伊吾盧地，置宜禾都尉以屯田，西域自絕六十五歲乃復通。		參看本文附錄所錄資料㉓之A，B、C各條。
永平十七年 （74 A.D.）		始置西域都護及戊己校尉。	同上附錄資料㉓之C條。
章帝建初元年 （76 A.D.）		罷戊己校尉及西域都護。	同上附錄資料㉓之D及E條。
建初二年 （77 A.D.）	罷伊吾盧屯田，匈奴因遣兵守伊吾地。		同上之D及E條。
和帝永元元年至二年 （89–90 A.D.）	永元元年，漢遣大將軍竇憲伐匈奴，破之。二年，憲遣副校尉閻盤討北匈奴，取伊吾盧地。		同上之F及G條。

永元三年 (91 A.D.)		十二月漢復置西域都護，騎都尉，戊己校尉。	同上之H條。
永元四年 (92 A.D.)	漢使中郎將任尚持節衞護屯伊吾。		同上之I條。
安帝永初元年 (107 A.D.)	漢以西域道路阻遠，書檄不通，又數有背叛，遂罷西域都護，並迎還伊吾盧及柳中屯田吏士。	罷西域都護。	同上之J、K、L各條。
永初六年 (119 A.D.)	漢遣行長史索班將千餘人屯伊吾，於是車師前王及鄯善王來降。數月，北匈奴復率車師後部王共攻沒班等。		同上之M條。
順帝永建六年 (131 A.D.)	復伊吾屯田，置伊吾司馬一人。		同上之O及P條。
桓帝元嘉元年 (151 A.D.)	匈奴呼衍王將三千騎寇伊吾，伊吾司馬毛愷遣吏兵五百人於蒲類海東與呼衍王戰，悉爲所沒，呼衍王遂攻伊吾盧城。夏，漢遣敦煌太守司馬達將敦煌、酒泉、張掖屬國吏士四千餘人救之，出塞至蒲類海，呼衍王聞而引去，漢軍無功而還。		同上之Q條。

　　東漢時，在西域推行屯田，除伊吾盧外，尚有車師之柳中、金滿城及高昌壁、且固城等地(註一一四)，但都是軍屯，而且規模不大。就整個而論，東漢跟西域的關係沒

註一一四　請參看本文附錄所錄資料⑰-⑳之q、u及Y各條。

有像西漢時那樣掌握得穩；或絕或通，全視漢的國力而定（註一一五）。和帝永元間，竇憲伐匈奴，班超定西域，都曾乘勝利的威勢推行屯田，是爲東漢武力最盛，經營西域最成功的時期。但爲時短暫，十餘年後，至安帝永初間，罷都護、棄西域，大有不可爲之勢（註一一六）。到桓帝永興初，情勢漸更轉劣，後漢書西域傳：「車師後王復反，攻屯營，雖有降首，曾莫懲革，自此浸以疏慢矣」。漢朝的衰老與萎縮，於此已可窺見一斑，而二百九十年來經營西域的事業（自武帝建元三年，138 B.C.，至桓帝永興元年，153 A.D.，凡二百九十一年）遂亦漸告結束。

（二）羌族邊區

漢在羌族邊區的屯田，始自宣帝時的一場羌亂。先後實行屯田的區域則包括金城、隴西、武都、漢陽四郡之地；其中尤以湟河河谷以及黃河與湟河交會處上溯黃河河谷至貴德以西河曲一帶，這在古代稱爲析支（或賜支），是漢代羌族最集中的地區。今分說於下。

武帝爲了伐匈奴，實行孤立擊破的戰略，所以致力於西陲的開發，以分匈奴西方之援國，並隔絕羌與胡通之路。但是羌與匈奴早已有了勾結（註一一七），孤立匈奴自然亦會妨害羌族的利益，漢代羌漢之間的衝突，主要卽是因此而起。所以就在武帝致力於向河西發展的時候，羌族邀集匈奴發動了一次合兵十萬之眾的大規模寇邊事件。亂事平定後，漢在羌族邊區設置了護羌校尉，理其怨結（註一一八）。當時漢以匈奴爲死敵，

註一一五　後漢書西域傳：「自建武至于延光，西域三絕三通」。

註一一六　後漢書竇參傳：「參前數言，宜棄西域，乃爲西州士大夫所笑。今苟貪不毛之地，營恤不使之民，暴軍伊吾之野，以虞三族之外…………」。又後漢書虞詡傳：「永初四年，羌、胡反亂，殘破幷、涼。大將軍鄧隲以軍役方費，事不相贍，欲棄涼州，並力北邊」。按，河西諸郡及金城、隴西一帶均屬涼州、棄涼州則西域自絕。又後漢書西域傳：「及孝和晏駕，西域背畔。安帝永初元年（107 A.D.），頻攻圍都護任尙、段禧等，朝廷以其險遠，難相應赴，詔罷都護，自此遂棄西域。北匈奴卽復收屬諸國，共爲邊寇十餘歲…………其後北虜連與車師入寇河西，朝廷不能禁，議者因欲閉玉門、陽關，以絕其患」。

註一一七　參看管東貴漢代的羌族下，載食貨月刊復刊一卷二期，民國六十年五月。

註一一八　漢書武帝紀：「元鼎五年（112 B.C.）九月，西羌衆十萬人反，與匈奴通使，攻安故，圍枹罕。匈奴入五原殺太守」。又後漢書西羌傳：「時先零羌與封養牢姐種解仇結盟，與匈奴通，合兵十餘萬共攻令居、安故，遂圍枹罕。漢遣將軍李息、郎中令徐自爲將兵十萬人擊平之，始置護羌校尉，持節統領焉」。又西羌傳引班彪上言：「涼州郡置護羌校尉，皆持節領護，理其怨結，歲時循行，問所疾苦」。

所以對羌族以安撫為主，而未作屯田的打算。

宣帝時，羌亂復起，寇金城，漢遣趙充國往擊之。趙充國到金城後，發現用硬碰硬的辦法，並非解決羌族問題的上策，而應觀變乘便以取勝。所以跟羌人祇有小接觸而沒有大決戰。這樣自然要拖延很長的時間。朝廷不瞭解趙充國的用意，璽書責讓充國。充國於是上屯田奏，說明觀變乘便取勝的想法與做法。這是漢朝第一次把屯田的的辦法用來對付羌族問題。漢書趙充國傳：

> 神爵元年 (61 B.C.) ………時羌降者萬餘人矣。充國度其必壞，欲罷騎兵，屯田以待其敝………上屯田奏：「臣聞，兵者所以明德除害也。故舉得於外，則福生於內，不可不慎。臣所將吏士馬牛食，月用糧穀十九萬九千六百三十斛，鹽千六百九十三斛，茭藁二十五萬二百八十六石。難久不解，繇役不息。又恐他夷卒有不虞之變，相因並起，為明主憂，誠非素定廟勝之冊。且羌虜易以計破，難用兵碎也。故臣愚以為擊之不便。計度臨羌東至浩亹，羌虜故田及公田，民所未墾，可二千頃以上。其間郵亭多壞敗，臣前部士入山伐材木，大小六萬餘枚，皆在水次。願罷騎兵，留弛刑應募及淮陽、汝南步兵，與吏士私從者，合凡萬二百八十一人。用穀月二萬七千三百六十三斛，鹽三百八斛，分屯要害處，冰解漕下，繕鄉亭，浚溝渠，治湟陿以西道橋七十所，令可至鮮水左右。田事出賦人二十畝，至四月草生（按，趙上奏的時間在該年八、九月左右），發郡騎及屬國胡騎伉健各千，倅馬什二，就草，為田者遊兵，以充入金城郡，益積畜，省大費。今大司農所轉穀至者，足支萬人一歲食。謹上田處及器用簿，唯陛下裁許。

當時朝廷的態度是希望能儘速平定羌亂，因此對於趙充國這種精打細算慢慢來的做法仍不甚瞭解，所以宣帝又責問他說：「即如將軍之計，虜當何時伏誅，兵當何時得決？」於是趙充國又立即提出了回答，說明屯田之所以為根本之計的理由，這亦就是屯田史上有名的「屯田十二利便奏」。同上趙充國傳：

> 臣聞帝王之兵，以全取勝。是以貴謀而賤戰，戰而百勝，非善之善者也。故先為不可勝以待敵之可勝。蠻夷習俗雖殊於禮義之國，然其欲避害就利，愛親戚畏死亡，一也。今虜亡其美地薦草，愁於寄託遠遷，骨肉離心，人有畔志。而

明主般師罷兵，萬人留田，順天時，因地利，以待可勝之虜。雖未卽伏辜，兵
決可期月而望。羌虜瓦解，前後降者萬七百餘人，及受言去者凡七十輩，此坐
支解羌虜之具也。臣謹條「不出兵留田便宜十二事」：步兵九校，吏士萬人，
留屯以爲武備，因田致穀，威德並行，一也；又因排折羌虜，令不得歸肥饒之
地，貧破其衆，以成羌虜相畔之漸，二也；居民得並田作，不失農業，三也；
軍馬一月之食，度支田士一歲，罷騎兵以省大費，四也；至春，省甲士卒，循
河湟漕穀至臨羌，以示羌虜，揚威武，傳世折衝之具，五也；以閒暇時，下所
伐材，繕治郵亭，充入金城，六也；兵出乘危，徼幸不出，令反畔之虜竄於風
寒之地，離霜露疾疫瘃墮之患，坐得必勝之道，七也；亡經阻遠追死傷之害，
八也；內不省威武之重，外不令虜得乘閒之勢，九也；又亡驚動河南大开、小
开，使生它變之憂，十也；治湟陜中道橋，令可至鮮水，以制西域，信威千
里，從枕席上過師，十一也；大費既省，繇役豫息，以戒不虞，十二也。留屯
田得十二便，出兵失十二利。臣充國材下，犬馬齒衰，不識長册，唯明詔博詳
公卿議臣採擇。

　　當時參與平羌亂的，除趙充國的軍隊外，還有由破羌將軍辛武賢等人率領來的河
西軍隊。趙充國主張屯田以待其敝，而辛武賢等人則主硬碰硬，用武力解決，而且亦
常常把這種意見反映給朝廷。趙充國幾次的意見在朝廷討論的時候，贊成的人一次比
一次多，所以宣帝終於採納了。但是又顧慮趙充國的屯田，軍力隨耕地分散，易爲羌
人所乘，所以辛武賢等人的軍隊沒有罷除，是爲兩從其計。過後不久，辛武賢等人出
擊斬降八千餘人，趙充國亦得降羌五千餘。於是詔罷兵，獨充國留屯田(註一一九)。次
年五月，羌人勢衰力弱，所以充國遂奏請罷屯田，振旅而還。漢書趙充國傳：

　　　明年五月，充國奏言：「羌本可五萬人軍，凡斬首七千六百級，降者三萬一千
　　　二百人，溺河、湟饑餓死者五六千人，定計遺脫與煎鞏、黃羝俱亡者不過四千
　　　人，羌靡忘等自詭必得。請罷屯兵」。奏可，充國振旅而還。

　　羌族邊區的這一次屯田（軍屯），前後不到一年，卽告結束，振旅而還。這是一
個很特別的例子，它以達成單一的軍事目的爲期，而跟戍卒屯田之屬長期接續性顯

然不同。元帝永光二年 (42 B.C.)，隴西㲹姐種羌又有一次大規模的亂事，漢遣右將
軍馮奉世破降之。爲防散羌爲亂，元帝遂令馮「罷吏士，頗留屯田，備要害處」；
次年二月，奉世還京師（註一二〇）。可見馮奉世這次的羌邊屯田亦是暫時性的。羌族邊
區屯田的這種現象，反映出了漢代對羌族跟對匈奴的態度基本上有所不同（註一二一）。

　　後來到東漢時候，在羌族邊區尚有兩次較大規模的屯田，一在和帝永元末，一在
順帝永建間。現分述於下。後漢書西羌傳：

　　　　（和帝永元末）時西海及大小榆谷無復羌寇。隃糜相曹鳳上言：「西戎爲害，
　　前世所患，臣不能紀古，且以近事言之。自建武以來，其犯法者常從燒當種
　　起。所以然者，以其居大小榆谷，土地肥美；又近塞內，諸種易以爲非，難以
　　攻伐；南得鍾存以廣其眾，北阻大河因以爲固。又有西海魚鹽之利，緣山濱水以
　　廣田畜，故能彊大，常雄諸種，恃其權勇，招誘羌胡。今者衰困，黨援壞沮，
　　親屬離叛，餘勝兵者不過數百，逃亡棲竄，遠依發羌。臣愚以爲，宜及此時，
　　建復西海郡縣，規固二榆，廣設屯田，隔塞羌、胡交關之路，遏絕狂狡窺欲之
　　源。又植穀富邊，省委輸之役，國家可以無西方之憂」。於是拜鳳爲金城西部
　　都尉，將吏士屯龍耆（按，在今青海樂都縣境）。後，金城長史上官鴻開置歸
　　義、建威屯田二十七部，侯霸復上置東西邯屯田五部，增留逢二部，帝皆從
　　之。列屯夾河，合三十四部，其功垂立。至（安帝）永初中，諸羌叛乃罷。

　　這是東漢時代最初一次在羌族邊區的屯田。值得注意的是它跟前述西漢時代的兩
次屯田相比，動機與做法都有顯著的不同。第一，這是乘羌人勢弱的時候主動進行
的；第二，自曹鳳屯龍耆以來，屯田的區域在沿着羌族的邊境擴大（請參看本文附錄
漢代屯田開邊圖）。由這兩點可以約略看出，這是一次積極的，有長遠打算的屯田。
但是就在屯田要看到成果的時候，羌亂又發生了，屯田亦告廢棄。

　　後來，順帝永建年間，在湟中及賜支、留逢兩河間，又有過一次情形相似（主
動、積極）的屯田。但是，在推行一段時期後，「兩河間羌以屯田近之，恐必見圖，
乃解仇詛盟，各自儆備。（代護羌校尉）馬續欲先示恩信，乃上移屯田還湟中，羌意

註一二〇　參看漢書馮奉世傳。

註一二一　參看管東貴漢代處理羌族問題的辦法的檢討，載食貨月刊復刊二卷三期，民國六十一年六月。

乃安」(註一二二)。這次的屯田亦是在出了問題的時候，漢卽改變主意，而沒有達到預期的效果。這跟在車師及伊吾與匈奴爭相屯田的情形相比，有顯著的差別（漢在羌族邊區的屯田始終缺乏持續力）；這種差別都跟上面所說的漢對兩族的基本態度不同有密切的關係。

　　此外，在武都、漢陽兩郡，還曾實行過羌人爲漢守塞的屯田。因資料較少，這裡從略，請參看本文附錄：屯田開邊圖及所錄資料。

　　順帝後，羌亂愈演愈烈，範圍亦愈來愈廣。漢朝對於那些一發卽有燃眉之急的亂事已窮於應付，自無餘暇餘力去爲長遠打算而屯田了。

（三）其他

　　以上兩節所說的，是漢代規模較大的屯田，資料亦較多，較易看出它的進展情形來。除此以外，漢朝在穢貊邊區及西南夷邊區，亦都實行過屯田，惟規模較小，資料亦少，今歸併一節討論。

　　先說穢貊邊區。武帝元朔元年(128 B.C.)，東夷薉君南閭等二十八萬口降，漢爲置蒼海郡；二年後又罷廢(註一二三)。元封三年(108 B.C.)，漢征朝鮮，朝鮮降，置眞番、臨屯、樂浪、玄菟四郡。然當時爲遠征之餘，遂卽以朝鮮降者爲官治理(註一二四)。所以祇有置郡之名，而沒有移民作實質上的控制。到昭帝時候，漢才開始用屯田的辦法向穢貊邊區移民築城。漢書昭帝紀：「元鳳五年 (76 B.C.) 六月，發三輔及郡國惡少年、吏有告劾亡者，屯遼東」。次年又「募郡國徒築遼東玄菟城」(昭帝紀)。漢武宣時代，邊境築城均以移民屯田爲通則，玄菟當不例外。後來到東漢順帝陽嘉元年(132 A.D.)，玄菟復置爲郡，並設屯田六郡(註一二五)。關於穢貊邊區的屯田，所知僅此而已。

　　武帝經略西南夷邊區時，曾經實行過一種較爲特別的屯田，就是募民徙邊耕種，而在京師償値。漢書食貨志：

註一二二　參看後漢書西羌傳。

註一二三　參看漢書武帝紀。

註一二四　參看史記朝鮮列傳及漢明朝鮮傳。

註一二五　參看後漢書東夷傳及順帝紀。

衛青歲以數萬騎出擊匈奴，遂取河南地，築朔方。時，又通西南夷道，作者數萬人，千里負擔餽饟，率十餘鍾致一石…………數歲而道不通。蠻夷因以數攻吏，吏發兵誅之，悉巴、蜀租賦不足以更之，乃募豪民田南夷，入粟縣官，而內受錢於都內。

「都內」，大司農屬官(註一二六)。所謂「入粟縣官，而內受錢於都內」，意思是：要應募去耕種的人，將收穫物交給當地縣官，充作軍糧，而由在京師的都內官折算價錢給他（可能是給他的家屬）。這些應募去西南夷邊區耕種的人，可能並不兼負直接的軍事任務，但是他們的生產任務卻跟邊疆軍事活動在組織上結為一體。所以可以視為屯田中的特例。在構想上它同於曹操的「募民屯田許下」(註一二七)，祇不過武帝元朔年間尚無屯田之名而已。

東漢光武初年，為籌集軍糧，曾實行過內郡屯田（軍屯），因與開邊無關，本文從略；拙稿漢代屯田的組織與演變（待刊）將有討論。

肆、結　論

本文在「緒言」中所提出的問題，已分別左貳、叁兩章中有所解答。現在要說的是漢代利用屯田之法以解決邊疆問題的總檢討。

漢代屯田的構想，出自晁錯，其原始動機在於加強北方的邊防，以對付匈奴的侵擾。後來逐漸被擴大採用，而成了漢代解決邊疆問題的通則，再進而成為開邊的一種積極辦法。

漢代的外患，主要來自兩方面，一是北方的匈奴，一是西方的羌。漢代的屯田主要亦是順應着解決這兩方的問題而擴大發展的。下面我們的論述即以這兩方面的情形為限。

漢朝為了要解決北方的匈奴問題，至武帝時採取主動，攻取河套，移民屯田。嗣後又節節推進，不僅使漢朝建立起了一個北疆國防屯田網，而且順勢發展至於西域，

註一二六　漢書百官公卿表上：「大司農屬官有：太倉、均輸、平準、都內、籍田五令丞」。
註一二七　參看三國魏志武帝傳。

完全逐出了匈奴在西域的勢力而取代之，因而造成了中國開邊史上空前燦爛的一頁。但是後來因西漢中央權力系統出來了問題，遂使在西域的全部屯田事業，前功盡棄。東漢建國後，在西域的屯田雖不能完全恢復舊觀，然亦一度大體能控制西域。可是後來，亦是在朝政內顧不暇時（主要由羌亂所導致），毀於一旦，與西漢如出一轍。不過，屯田對於漢代的貢獻，並不因退出西域而並廢，它在漢代開邊史上放射的兩道光芒將永遠照耀着後代：第一，它對於漢代由開發邊疆，進而到解決匈奴問題，發生了決定性的作用，而自漢以後，匈奴即不再爲華夏民族的生存威脅了；第二、它使漢代之征服西域成爲可能，而這又增大了中國人的世界觀與疆域意識，使中國人心目中對於西域之曾爲我屬，留下了深刻的印象。

　　兩漢之所以終不免退出西域，任多年辛苦經營的屯田事業前功盡棄，根本原因並不在屯田本身，而是在作爲屯田開邊之原動力的中央政權上面。而中央政權之爲其根本原因，又有實力的及政策的兩端。實力上的原因很明顯，那就是中央政權的不健全，使遠方的屯田失去了抵抗環境變化的後援力。至於政策上的原因，線索較爲複雜，今約略析論於下。

　　西域雖多爲沙磧之地，然沿天山山麓如輪台、渠犂、車師，以及稍東的伊吾一帶，則仍多爲沃壤，宜於耕種。所以這些地方仍是可以推行大規模屯田的。但是漢代對於西域卻始終祇進行過軍屯，而沒有像經營河套、河西那樣，實行大規模的民屯；西域軍屯規模最大的輪台、渠犂一帶，亦祇不過一千五百人。軍屯的屯田分子，一方面在數量上受國家制度的限制，另方面他們因是服役而去（包括充軍的罪犯），所以他們在心中自然會縈念着內地的親人，換句話說，軍屯分子極少可能會有在屯墾區落地生根的意念。因此，漢朝在西域的屯田亦不能落地生根，而祇能應付權宜的需要；他們的根仍在內地。所以當中央權力一旦發生問題的時候，他們得不到母體的支援，自然無法繼續在西域生存——被地方勢力驅逐或消滅。反過來說，如果武帝在征和間仍像先前征大宛時那樣具有冒險犯難的勇氣與決心，採納桑弘羊等人的建議，則漢在西域的屯田終必能形成爲一股足以自給自衞以應付環境變化的力量，即使中央權力出了問題，亦能憑自己的力量繼續生存下去，等中央恢復穩定後，他們自然又會跟民族母體結合。

　　漢朝何以始終不向西域推行大規模的民屯？根據前面的研究，可以找到兩個重要的原因。第一、漢之向西域發展，根本動機在於對付匈奴，所以在政策上祇是聯合西域的力量來共同對付匈奴，而沒有領土要求。把匈奴征服並逐出西域，使之不能爲中國之患，則動機上已得到滿足，這種滿足在漢人心中排斥了對西域作領土要求的念頭。所以漢朝對西域非胡之國的態度，跟對已屬匈奴的河套與河西之地，基本上是不一樣的。（中國民族性中不含「侵略」的成份，可從築長城和漢之經營西域基本上未具侵略動機這些現象上看出來）。第二、西域離長安數千里（如車師前國去長安即八千餘里），與漢僅靠一線河西通道維持關係，而河西通道是一狹長地帶，夾在羌、胡之間，所以對維持在西域的勢力而言，建設初期轉輸之煩費固爲一大負擔，且通道之安全尤難有絕對把握。武帝不接受桑弘羊等人的建議，跟他當時的消極心情固然有密切關係，但我們看他的反應的第一句話「輪台西於車師千餘里」，則他的根本顧慮正是從交通問題的角度出發的。武帝雄才大略，後世漢代君主沒有能跟他相比的。所以他對於移民西域的這一顧慮，很容易成爲後世漢代君主不敢超前的界限。昭帝時雖然一度採用桑弘羊前議，但仍祇止於軍屯，而沒有進到配合民屯的階段。這亦可能是爲交通困難及西域情勢變遷等因素所阻礙的緣故（例如匈奴勢力在西域逐漸恢復等）。宣帝時雖贏得了對整個西域的控制權，並置西域都護，這對移民屯田言又是一大好時機，然仍不逾軍屯舊觀，其主要原因當仍不出根本動機與交通困難兩端（參下附錄資料⑰-㉑之 I 及 V、㉓之 K）。後來情勢更不如武宣時期，實行民屯自然更不可能了。

　　羌族邊區的屯田，跟上面所說的對付匈奴的屯田有很大的不同。對付匈奴的屯田是在朝着一個長遠而明確的目標前進，所以在進行上有連續性，在效果上有累積性；而羌族邊區的屯田，則多半祇把它當一種權宜的手段，如趙充國、馮奉世等人的屯田即是。到東漢當匈奴問題獲得解決時，羌族的威脅遂又逐漸形成，所以亦曾數度進行過具有長遠目的而較爲積極的屯田。但是當羌人一旦反對，漢又遂即作罷。這與漢在車師及伊吾跟匈奴鬥爭的情形相比，即可明顯看出它們之間的差別來。

　　總之，漢以屯田之法對付匈奴跟對付羌族，表現上有明顯的差別。這種差別大概根源於漢對匈奴與對羌族的基本態度不同，而這種基本態度的不同則又可從漢初對外患威脅的感受不同上找到線索。

　　漢朝開國之初，匈奴正是由冒頓統一而發展頂盛的時候，高祖嘗有平城之困，是其力量不在漢之下，而使漢感到安全大受威脅。所以自高祖以來即已大致認定：匈奴是關係漢朝生死存亡的最大外患。漢之君主多有滅胡之志，卽肇因於此；且態度堅決，目標明確，所以在屯田上的表現亦與此一致。至於羌族，自西漢以來，從未成爲統一的強大勢力，所以漢朝亦從未把羌族看作是足以威脅安全的外患。祇要羌漢相安，漢亦不願多事，以免分散滅胡的力量。所以趙充國、馮奉世等人的屯田都祇是以對付單個的亂事爲目的，亂平遂罷屯田。但是自東漢中葉以來，羌患有日益嚴重之勢，而使漢逐漸感到安全上有威脅。當時匈奴方面雖已無多大問題，但是由於漢本身力量漸趨衰弱，所以雖然開始感到羌族問題的威脅而欲改用對付匈奴的方法（具有長遠目的的積極性屯田）來對付羌族時，又怕激起羌族的全面大亂，致無力應付。因此，幾次積極性的，而且將有成果的屯田，都在激出羌亂之後即作罷。但是結果東漢的覆亡正與受羌亂的長期拖累，有密切的關係（請參看註121所揭管東貴文）。所以這一禍因，可以追溯到漢初，因爲當時在考量外患問題時，對於羌族過份掉以輕心，以致當羌、漢勢力到一長一消的對比情形下，想用對匈奴都曾發生過良好效果的屯田法來對付羌族時，亦無法貫徹而使其效果發揮出來。所以，漢能以屯田逐走匈奴而不能不退出西域，以及羌族邊區屯田之缺乏累積的效果而終爲羌人所困，其原因都跟漢代早期的對外政策有關。

　　總結本文的研究，可以使我們得到幾點認識，這幾點認識對中國今後之解決邊疆及外患問題或將有所助益：

　　第一、對於邊疆及外患問題，要有通盤的、長遠的認識。

　　第二、要培養起雄厚的國力。

　　第三、要有良好的方法，不僅能使國防鞏固，而且能使邊疆在經濟方面成爲國家建設的一份力量。

　　第四、要有強固的中央政府從長遠的觀點去製定政策，並領導子孫，世世代代朝着明確的目標，堅定不移地前進。

　　　附記：本著作之完成得「國家科學委員會」之資助，謹謝。

附錄：漢代屯田開邊圖及相關資料

　　圖中以圓圈標者，爲國都或郡、縣等之治所；以方框標者，爲地區。所附資料，
前文未曾引用者亦頗不少；其排列，均按圖中各圓圈或方框中所書數字爲序。故依地
名號碼，甚易查索。

　　圖中地名有未標數字者，如金城、烏壘城，爲缺乏直接關於屯田之記載而與屯田
有密切關係之地；至其相關資料之查索，將在下表中註明。

　　資料中有已行屯田之地名而不知其方位者，如脏䳻塞、且固城、歸義、建威等，
其相關資料之查索亦在下表中註明。

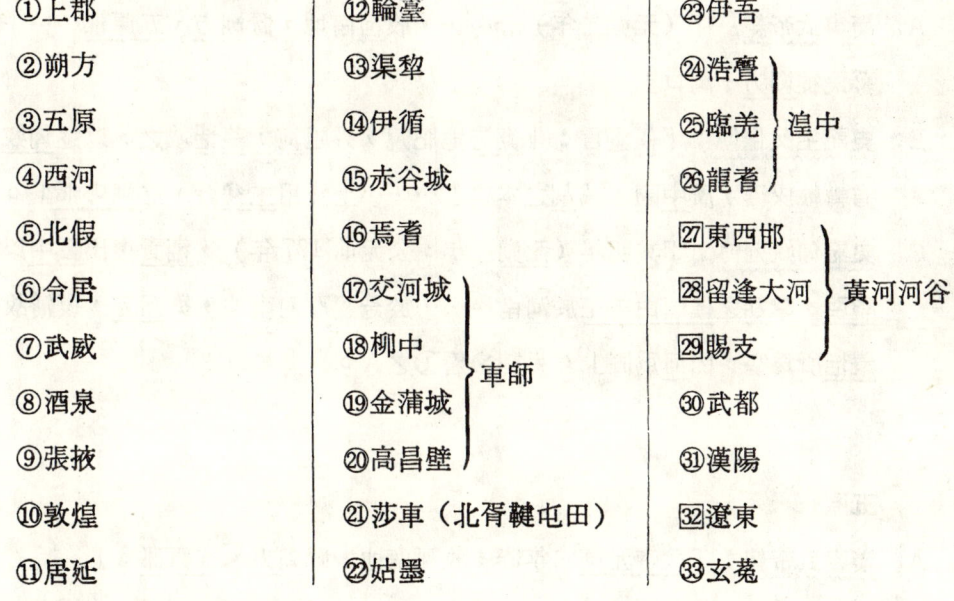

①上郡	⑫輪臺	㉓伊吾
②朔方	⑬渠犂	㉔浩亹 ⎫
③五原	⑭伊循	㉕臨羌 ⎬ 湟中
④西河	⑮赤谷城	㉖龍耆 ⎭
⑤北假	⑯焉耆	㉗東西邯 ⎫
⑥令居	⑰交河城 ⎫	㉘留逢大河 ⎬ 黃河河谷
⑦武威	⑱柳中 ｜	㉙賜支 ⎭
⑧酒泉	⑲金蒲城 ⎬ 車師	㉚武都
⑨張掖	⑳高昌壁 ⎭	㉛漢陽
⑩敦煌	㉑莎車（北胥鞬屯田）	㉜遼東
⑪居延	㉒姑墨	㉝玄菟

圖中未標數字之地名：

　　金城：資料見㉔—㉖之 A

　　烏壘城：資料見⑰—⑳之 M

未在圖中繪出之地名：

　　脏䳻塞：資料見③之 D。

　　且固城：資料見⑰—⑳之 Y。

歸義：資料見⧨—㉙之A。

建威：同上。

① 　上郡

A. 史記平準書‥「上郡、朔方、西河、河西，開田官、斥塞卒六十萬人戍田之」。

　　按：上郡屯田早在取河套立朔方郡之前卽已進行，前已有論。

② 　朔方

A. 漢書武帝紀‥「（元朔二年）春………收河南地，置朔方、五原郡………夏，募民徙朔方十萬口」。

B. 史記主父偃傳：「偃盛言：『朔方地肥饒，外阻河，蒙恬城之，以逐匈奴，內省轉輸戍漕，廣中國，滅胡之本也』………上竟用主父計，立朔方郡」。

C. 史記匈奴列傳：「其明年（元朔二年，公元前 127 年），衞青復出雲中以西至隴西，擊胡之樓煩白羊王於河南………於是遂取河南地，築朔方，復繕故秦時蒙恬所爲塞，因河爲固」。另請參看①之A。

③ 　五原

A. 漢書武帝紀：「武帝元朔二年春，收河南地，置朔方、五原郡。」

B. 漢書武帝紀：「天漢元年，公元前 100 年）秋，發謫戍屯五原」。

　　按：五原之屯田可能與朔方同時。

C. 漢書王莽傳中：「（始建國三年，11A.D.）遣尚書大夫趙並使勞北邊，還言：五原、北假，膏壤殖穀，異時常置田官」。

D. 附「眩靁塞」：

史記匈奴列傳：「是時，漢東拔穢貉朝鮮以爲郡，而西置酒泉郡以隔絕胡與羌通之路。漢又西通月氏、大夏，又以公主妻烏孫，以分匈奴西方之援國。又北

益廣田至眩雷爲塞，而匈奴終不敢以爲言」。

按：集解：「駰案漢書音義曰：眩雷，地名，在烏孫北」。史記會注考證：「

謙曰：眩雷塞，當在歸化城西薩拉齊廳境。漢書地理志，西河增山縣有道西通

眩雷塞，爲北部都尉治。服虔注謂在烏孫北，大謬」。

又按，依上引史記所敍各事之時間及其文義推論，「北益廣田至眩雷爲塞」當

在元封至太初間。在此以前，不僅整個河套以內漢已置爲郡，並大量移民，河

套以外亦已有五原郡。是以眩雷塞當在五原或近五原之地。丁謙說近是；惟確

地今已無從考知。

④　**西河**

A．史記平準書：「上郡、朔方、西河、河西，開田官，斥塞卒六十萬人戍田

之」。

按：西河之置郡在武帝元朔四年（見漢書地理志），最初屯田之時間當在立朔

方郡後，置西河郡以前。

⑤　**北假**

A．漢書元帝紀初元五年（公元前44年）四月：「詔罷北假田官、鹽鐵官、常平

倉」。

B．漢書食貨志上：「元帝卽位，天下大水………民多餓死，琅邪郡人相食。在位

諸儒多言鹽鐵官及北假田官、常平倉可罷，毋與民爭利。上從其議，皆罷

之」。

按：北假田官，當爲屯田而設，初設之時間當在元帝之前。

C．漢書王莽傳中：「始建國三年（公元11年），遣尙書大夫趙並使勞北邊，還

言：『五原、北假，膏壤殖穀，異時常置田官』。乃以並爲田禾將軍，發戍卒

屯田北假，以助軍糧」。

⑥　**令居**（今甘肅永登縣）

A．史記匈奴列傳：「（元狩四年，公元前119年，大將軍衞靑，驃騎將軍霍去

病，咸約絕幕擊匈奴，臨瀚海而還）。是後，匈奴遠遁，而幕南無王庭。漢渡

河自朔方以西至令居，往往通渠，置田官吏卒五、六萬人。稍蠶食，地接匈奴以北」。

按，築令居當在元朔二年至元狩二年之間（參看本文註五四及六三），為漢開發河西之第一個主要前哨。

⑦　　武威

　A．漢書武帝紀：「元狩二年（公元前121年）秋，匈奴昆邪王殺休屠王，並將其眾合四萬餘人來降。置五屬國以處之。以其地為武威、酒泉郡」。（按：置郡之年代，武帝紀與地理志不同，請參看本文註六三）。

　B．漢書西域傳上：「其後，驃騎將軍擊破匈奴右地，降渾邪、休屠王，遂空其地。始築令居以西，初置酒泉郡。後稍發徙民充實之」。（按：今本漢書西域傳接上段引文下為「分置武威、張掖、敦煌，列四郡，據兩關焉」。「此武威」二字疑係錯置，依武紀文字推測，當在上段引文「酒泉郡」三字之上，即「初置武威、酒泉郡，後稍發徙民充實之。分置張掖，敦煌，列四郡，據兩關焉」）。

⑧　　酒泉

　A．見上⑦之A及B。

　B．史記大宛列傳：「（太初三年，公元前102年）益發戍甲卒（按，當作戍田卒，見前）十八萬酒泉、張掖北，置居延、休屠以衛酒泉」。

⑨　　張掖

　A．漢書武帝紀：元鼎六年（公元前111年）秋，遣浮沮將軍公孫賀出九原，匈河將軍趙破奴出令居，皆二千餘里不見虜而還。乃分武威、酒泉地，置張掖、敦煌郡，徙民以實之」。

　B．見上⑧之B引史記大宛列傳。

　C．漢書昭帝紀：「始元二年（公元前86年）冬，調故吏將屯田張掖郡」。

⑩　　**敦煌**

A．見上⑨之A引漢書武帝紀。

B．居延漢簡：「延壽迺太初三年中又以負馬田敦煌，延壽與父俱來田事已▨」。

　　（見勞榦居延漢簡考釋第194條，中研院史語所專刊之四十）。

　　按，敦煌之屯田，王國維流沙墜簡尚有資料，今略。

⑪　　**居延**

A・漢書武帝紀：「太初三年夏，遣強弩都尉路博德築居延」。

B．見前⑧之B引史記大宛列傳。

C．居延漢簡，略。（請參看勞榦居延漢簡考證 頁 52–53 ，同 前史語所專刊之四十）。

⑫　　**輪臺**

A．史記大宛列傳：「（太初四年，公元前101年，既伐宛），漢發使十餘輩至宛西諸外國，求奇物，因風覽以伐宛之威德………西至鹽水往往有亭，而侖頭（按，卽輪臺）有田卒數百人，因置使者，護田積穀，以給使外國者」。

B．漢書西域傳上：「自貳師將軍伐大宛之後，西域震懼，多遣使來貢獻。漢使西域者益得職。於是自敦煌西至鹽澤往往起亭；而輪臺、渠犂皆有田卒數百人，置使者校尉領護，以給使外國者。」

C．漢書西域傳下：「（征和四年，公元前89年）搜粟都尉桑弘羊與丞 相 御 史 奏言：『故輪臺以東，捷枝、渠犂皆故國，地廣，饒水草，有溉田五千頃以上，處溫和，地美，可益通溝渠，種五穀，與中國同時熟。其旁國少錐刀，貴黃金、采贈，可以易穀食，宜給足不可乏。臣愚以爲可遣屯田卒詣故輪臺以東，置校尉三人分護，各舉圖地形，通利溝渠，務使以時益種五穀。張掖、酒泉遣騎假司馬爲斥候，屬校尉，事有便宜，因騎置以聞。田一歲，有積穀，募民壯健有累重敢徙者詣田所，就畜積爲本業，益墾溉田，稍築列亭連城而西，以威

西國，輔烏孫爲便。臣謹遣徵事臣昌分部行邊，嚴勒太守、都尉，明燧火，選士馬，謹斥候，畜菱草，願陛下遣使使西國，以安其意。臣昧死請』」。按，桑弘羊等人之奏，武帝未予採納。至昭帝時始採用（見下）。

D. 漢書西域傳下：「初貳師將軍李廣利擊大宛，還過杆彌，杆彌太子賴丹爲質於龜茲，廣利責龜茲曰：『外國皆臣屬於漢，龜茲何以得受杆彌質？』即將賴丹入至京師。昭帝乃用桑弘羊前議，以杆彌太子賴丹爲校尉，將軍田輪臺，輪臺、渠犂地皆相連也」。

⑬　　**渠犂**

A. 漢書西域傳下渠犂國傳：「自武帝初通西域，置校尉屯田渠犂」。

B. 參前⑫之B.C.D.

C. 漢書西域傳下車師後城長國傳：「（宣帝）地節二年（公元前68年），漢遣侍郎鄭吉、校尉司馬憙，將免刑罪人（按，共有一千五百人，見本傳。）田渠犂，積穀欲以攻車師」。

⑭　　**伊循**

A. 漢書西域傳上鄯善國傳：「（昭帝元鳳四年，公元前77年，傅介子既刺殺樓蘭王，更立王弟尉屠耆在漢者，易其國名爲鄯善。鄯善新王就國時）王自請天子曰：『身在漢久，今歸單弱，而前王有子在，恐爲所殺。國中有伊循城，其地肥美，願漢遣一將屯田積穀，令臣得依其威重』。於是漢遣司馬一人，田伊循以鎮撫之。其後更置都尉，伊循官置始此矣」。

⑮　　**赤谷城**

A. 漢書辛慶忌傳：「（宣帝本始二年，公元前72年）長羅侯常惠屯田烏孫赤谷城。」（參下⑯之A）。

⑯　　**焉耆**

A. 漢書辛慶忌傳：「辛慶忌、字少眞。少以父任爲右校丞，隨長羅侯常惠屯田烏孫，赤谷城，與歙侯戰，陷陣卻敵。惠奏其功，拜爲侍郎，遷校尉，將吏士屯焉耆國」。

⑰—⑳車師

按，車師分前後兩部。前部在天山南，今吐魯番一帶；後部在天山北，今昌吉，奇臺一帶。漢先屯田前部，後及後部。屯田地名前部有：交河城（今吐魯番拓哈和屯，見下C），柳中城，（在今鄯善境，見下Q），高昌壁（今吐魯番哈喇和卓約當交河與柳中之間，見下U）；後部有：金蒲城（在今奇臺縣境，或謂孚遠縣境，奇臺、孚遠地相鄰近，見下Q），且固城（今地未詳，見下Y）。

A. 漢書常惠傳：「是時（按，指昭帝末）烏孫公主，（按，卽解憂公主上書言：『匈奴發騎（四千騎，見漢書西域傳下）田車師，車師與匈奴爲一，共侵烏孫，唯天子救之」。漢養士馬欲擊匈奴。會昭帝崩」。（按，這段紀事亦見於漢書西域傳下烏孫國傳）。

B. 漢書西域傳下車師後城長國傳：「（宣帝本始二年，公元前72年，參漢書匈奴傳上）遣五將將兵擊匈奴，車師田者驚去，車師復通於漢。匈奴怒，召其太子軍宿，欲以爲質。軍宿，焉耆外孫，不欲質匈奴，亡走焉耆，車師王更立子烏貴爲太子。及烏貴立爲王，與匈奴結婚姻，敎匈奴遮漢道通烏孫者」。

C. 同上，車師後城長國傳：「（宣帝），地節二年（公元前68年），漢遣侍郎鄭吉、校尉司馬憙，將免刑罪人田渠犂，積穀欲以攻車師。至秋收穀，吉、憙發城郭諸國兵萬餘人，自與所將田士千五百人，共擊車師，攻交河城，破之。王尙在其北石城中未得，會軍食盡，吉等且罷兵歸渠犂田。（地節三年）秋收畢，復發兵攻車師王於石城。王聞漢兵且至，北走匈奴求救，匈奴未爲發兵。王來還與貴人蘇猶議，欲降漢，恐不見信，蘇猶敎王擊匈奴邊國小蒲類，斬首略其人民以降吉………匈奴聞車師降漢，發兵攻車師，吉、憙引兵北逢之，匈奴不敢前………車師王恐匈奴兵復至而見殺也，迺輕騎奔烏孫。吉卽迎其妻子

罷渠犁………吉還，傳送車師王妻子詣長安，賞賜甚厚………於是吉始使吏卒三百人別田車師（按，此爲漢田車師之始）。

D. 漢書匈奴傳上：「明年（王氏補注謂，地節三年），西域城郭共擊匈奴，取車師國，得其王及人眾而去。單于復以車師王昆弟兜莫爲車師王，收其餘眾東徙，不敢居故地。而漢益遣屯士分田車師地以實之」。

E. 漢書匈奴傳上：「（續上D）其明年（王氏補註謂地節四年，公元前66年），匈奴怨諸國共擊車師，遣左右大將各萬餘騎屯田右地，欲以侵迫烏孫、西域」。

F. 漢書西域傳下車師後城長國傳：「（續前C）於是吉始使吏卒三百人別田車師。得降者言：『單于大臣皆曰：車師地肥美，近匈奴，使漢得之，必害人國，不可不爭也』。果遣騎來擊田者，吉乃與校尉盡將渠犁田士千五百人往田。匈奴復益遣騎來，漢田卒少，不能當，保車師城中。匈奴將卽其城下謂吉曰：『單于必爭此地，不可田也』。圍城數日乃解」。

G. 漢書匈奴傳上：「後二歲（按，指宣帝元康二年，公元前64年），匈奴遣左右奧鞬各六千騎，與左大將，再擊漢之田車師城者，不能下」。

H. 漢書魏相傳：「元康中，匈奴遣兵擊漢屯田車師者，不能下，上與後將軍趙充國等議，欲因匈奴衰弱，出兵擊其右地，使不敢復擾西域。相上書諫曰：『臣聞之，除亂誅暴，謂之義兵，兵義者王………間者匈奴常有善意，所得漢民輒奉歸之，未有犯於邊境。雖爭田車師，不足致意中………今邊郡困乏，父子共犬羊之裘，食草來之實，常恐不能自存，難以動兵………願陛下與平昌侯、樂昌侯、平恩侯及有識者詳議乃可』。上從相言而止」。

I. 漢書西域傳下車師後城長國傳：「（續前F）圍城數日乃解，後常數千騎往來守車師。吉上書言：『車師去渠犁千餘里，間以河山，北近匈奴，漢兵在渠犁者勢不能相救，願益田卒』。公卿議以爲道遠煩費，可且罷車師田者。詔遣長羅侯將張掖、酒泉騎，出車師北千餘里，揚威武車師旁，胡騎引去，吉迺得出歸渠犁，凡三校尉屯田………於是漢召故車師太子軍宿在焉耆者。立以爲王，盡徙車師國民令居渠犁，遂以車師故地與匈奴」。

J. 漢書西域傳下車師後城長國傳：「漢使侍郎殷廣德責烏孫，求車師王（參前③）。烏孫貴將詣闕（按，疑貴爲遣之訛），賜第與其妻子居（按，指車師王與妻子）。是歲元康四年也（公元前62年）」。

K. 漢書匈奴傳上：「（續前G）其明年（按指元康三年），丁令比三歲入盜匈奴（按，自元康三年至神爵元年），殺略人民數千，驅馬畜去。匈奴遣萬餘騎往擊之，無所得。其明年，單于將十餘萬騎旁塞獵，欲入邊，寇未至，會其民題除渠堂亡降漢言狀，漢以爲言兵鹿奚盧侯。而遣後將車趙充國將兵四萬餘騎，屯緣邊九郡備虜。月餘，單于病歐血，因不敢入，還去，卽罷兵。迺使題王都犂、胡次等入漢，請和親。未報，會單于死，是歲神爵二年也（公元前60年）」。（按，是後匈奴內鬨）。

L. 漢書西域傳上：「其後日逐王畔單于，將眾來降，護鄯善以西使者鄭吉迎之。既至，漢封日逐王爲歸德侯，吉爲安遠侯。是歲神爵三年也（按，漢書匈奴傳上漢封日逐王事，王先謙補註謂：「據紀、表，歸在神爵二年，封在三年」）。乃因使吉並護北道，故號曰都護。都護之起自吉置矣。童僕都尉由此罷（按，「匈奴西邊日逐王，置童僕都尉，使領西域，常居焉耆、危須、尉黎間，賦稅諸國，取富給焉」——漢書匈奴傳上）。匈奴益弱，不得近西域」。

M. 漢書鄭吉傳：「神爵中，匈奴乘亂，日逐王先賢撣欲降漢，使人與吉相聞。吉發渠黎、龜茲諸國五萬人，迎日逐王口萬二千人，小王將十二人，隨吉至河曲，頗有亡者，吉追斬之，遂將詣京師。漢封日逐王爲歸德侯。吉既破車師，降日逐，威震西域，遂並護車師以西北道，故號都尉，都護之置自吉始焉……吉於是中西域而立莫府，治烏壘城，鎮撫諸國，誅伐懷集之，漢之號令班西域矣，始自張騫，而成於鄭吉」。

N. 漢書西域傳上：「元帝時，復置戊己校尉，屯田車師前王庭」。
按，漢書百官公卿表：「戊己校尉，元帝初元元年（公元前48年）置，有丞、司馬各一人，侯五人，秩比六百石」。

O. 漢書元帝紀：「（建昭）三年（公元前36年）秋，使護西域騎都尉甘延壽、副校尉陳湯，矯發戊己校尉屯田吏士及西域胡兵，攻郅支單于。冬，斬其首，傳

詣京師，縣蠻夷邸門」。

P. 後漢書明帝紀：「（永平）十七年（公元74年）冬十一月，遣奉車都尉竇固、
駙馬都尉耿秉、騎都尉劉張出敦煌昆崙塞，擊破白山虜於蒲類海上。遂入車
師。初置西域都護、戊己校尉」。

按，西域於王莽始建國元年（公元 9 年）脫離中國（參看漢書王莽傳），後漢
明帝永平十六年，漢遣奉車都尉竇固出酒泉，破呼衍王於天山，西域復通。故
後漢書西域傳謂：「西域自絕六十五載，乃復通焉」（參看㉓之A.B.C）。永
平十七年置西域都護及戊己校尉，為西域絕後，漢再入車師之始。

Q. 後漢書耿恭傳：「永平十七年冬，騎都尉劉張出擊車師，請恭為司馬，與奉車
都尉竇固及從弟駙馬都尉秉破降之。始置西域都護、戊己校尉。乃以恭為戊己
校尉，屯後王部金蒲城；謁者關寵為戊己校尉，屯前王柳中城，屯各置數百
人」。

R. 後漢書明帝紀：「（永平）十八年六月，焉耆、龜茲攻西域都護陳睦，悉沒其
眾，北匈奴及車師後王圍戊己校尉耿恭。秋八月壬子，帝崩於東宮前殿」。

S. 後漢書章帝紀：「建初元年（公元76年）春正月，酒泉太守段彭討擊車師，大
破之。罷戊己校尉官」。

T. 後漢書西域傳：「及明帝崩，焉耆、龜茲攻沒都護陳睦，悉覆其眾，匈奴、車
師圍戊己校尉。建初元年春，酒泉太守段彭大破車師於交河城。章帝不欲疲敝
中國以事夷狄，乃迎還戊己校尉，不復遣都護」。

另請參看㉓之 E 引楊終傳。

U. 後漢書西域傳：「（和帝永元）三年（公元91年），班超遂定西域，因以超為
都護，居龜茲。復置戊己校尉，領兵五百人，居車師前部高昌壁（按，此為漢
屯高昌壁之始）；又置戊部侯居車師後部侯城（參下Y及Z引後漢書西域傳），
相去五百里」。

V. 後漢書西域傳：「及孝和晏駕，西域背畔。安帝永初元年（公元 107 年），頻
攻圍都護任尚、段禧等，朝廷以其險遠，難相應赴，詔罷都護，自此遂棄西
域」。（另請參看㉓之K.L.M）。

W．後漢書西域傳：「延光二年………以班勇爲西域長史，將弛刑士五百人，西屯
柳中。勇遂破平車師。自建武至於延光，西域三絕三通」。

X．後漢書班勇傳：「延光二年夏（公元123年）復以勇爲西域長史，將兵五百
人出屯柳中。明年正月，勇至樓蘭，以鄯善歸附，特加三綬。而龜茲王白英猶
自疑未下，勇開以恩信，白英乃率姑墨、溫宿，自縛詣勇降。勇因發其兵步騎
萬餘人，到車師前王庭，擊走匈奴伊蠡王於伊和谷，收得前部五千餘人，於是
前部始復開通，還屯田柳中。四年秋，勇發敦煌、張掖、酒泉六千騎，及鄯
善、疏勒、車師前部兵，擊後部王軍就，大破之………（順帝）永建元年（公
元106年），更立後部故王子加特奴爲王。勇又使別校誅斬東且彌王，亦更立
其種人爲王。於是車師六國悉平。其冬，勇發諸國兵擊匈奴呼衍王，呼衍王亡
走，其眾二萬餘人皆降。捕得單于從兄，勇使加特奴手斬之，以結車師匈奴之
隙。北單于自將萬餘騎入後部，至金且谷，勇使假司馬曹俊馳救之，單于引
去。俊追斬其貴人骨都侯，於是呼衍王遂徙居枯梧河上。是後車師無虜跡」。

Y．後漢書西域車師後王傳：「永興元年（公元153年），車師後部王阿羅多與戊部
侯嚴皓不相得，遂忿戾反畔，攻圍漢屯田且固城，殺傷吏士。後部侯炭遮領餘
人畔阿羅多，詣漢吏降。阿羅多迫急，將其母妻子從百餘騎亡走北匈奴中。敦
煌太守宋亮上立後部故王軍就質子卑君爲後部王。後阿羅多復從匈奴中還，與
卑君爭國，頗收其國人。戊校尉閻詳慮其招引北虜，將亂西域，乃開信告示，
許復爲王，阿羅乃乃詣詳降。於是收奪所賜卑君印綬，更立阿羅多爲王，仍將
卑君還敦煌，以後部人三百帳別屬役之，食其稅」。

按，漢於和帝永元三年設戊部侯，居車師後部侯城（參上U），此侯城疑卽且
固城，亦卽上述後部侯炭遮所居轄之城，其地距高昌壁五百里，惟今地不詳。

Z．後漢書西域傳上（總述）：「永興元年，車師後王復返，攻屯營，雖有降首，
曾莫懲革，自此浸以疏慢矣」。

㉑　　**北胥鞬**

A．漢書西域傳上：「（神爵三年，公元前59年）乃因使吉並護北道，故號曰都

護，都護之起，自吉置矣。僮僕都尉由此罷，匈奴益弱，不得近西域，於是徙屯田田於北胥鞬，披莎車之地，屯田校尉始屬都護」。

㉒　姑墨

A. 漢書西域傳下烏孫國傳：「（成帝建始二年，公元前31年）漢徙己校屯姑墨」。

㉓　伊吾

A. 後漢書明帝紀：「永平十六年(73 A.D.)，奉車都尉竇固出酒泉………破呼衍王於天山，留兵屯伊君盧城」。

B. 後漢書竇固傳：「（明帝）欲遵武帝故事，擊匈奴，通西域。以固明習邊事，（永平）十五年冬，拜爲奉車都尉，以騎都尉耿忠爲副，謁者僕射耿秉爲附馬都尉，秦彭爲副，皆置從事司馬，並屯涼州。明年（永平十六年），固與忠率酒泉、敦煌、張掖甲卒及盧水羌胡萬二千騎出酒泉塞；耿秉、秦彭率武威、隴西，天水募士及羌胡萬騎出居延塞；又太僕祭彤，度遼將軍吳棠將河東、北地、西河羌胡及南單于兵萬一千騎出高闕塞；騎都尉來苗、護烏桓校尉文穆將太原、雁門、代郡、上谷、漁陽、右北平、定襄郡兵及烏桓、鮮卑萬一千驅出平城塞。固、忠至天山，擊呼衍王，斬首千餘級。呼衍王走，追至蒲類海，留吏屯伊吾盧城」。

C. 後漢書西域傳：「永平十六年，明帝乃令將帥北征匈奴，取伊吾盧地，置宜禾都尉以屯田，遂通西域，于寘國皆遣子入侍。西域自絕六十五載乃復通焉。明年始置都護、戊己校尉」。

D. 後漢書西域傳：「章帝不欲疲敝中國以事夷狄，乃迎還戊己校尉（按，後漢書章帝紀作建初三年罷），不復遣都護。二年（按，帝章紀作建初二年三月，公元77年），復罷屯田伊吾（按，章帝紀作「罷伊吾盧屯兵」），匈奴因遣兵守伊吾地。時軍司馬班超留于寘，綏集諸國」。

E. 後漢書楊終傳：「建初元年（公元76年）大旱，穀貴。終以爲廣陵、楚、淮

陽、濟南之獄徙者萬數，又遠屯絕域，吏民怨曠，乃上疏曰：『臣聞善善及子孫，惡惡止其身，百王常典，不易之道也。………自永平以來，仍連大獄。有司窮考，轉相牽引，掠拷寃濫，家屬徙邊。加以北征匈奴，西開三十六國，頻年服役，轉輸煩費。又遠屯伊吾、樓蘭、車師、戊己、民懷土思，怨結邊域。傳曰安重居，謂之眾庶。昔殷人近遷洛邑，且猶怨望，何況去中土之肥饒，寄不毛之荒極乎。且南方暑濕，障毒互生，愁困之民足以感動天地、移變陰陽矣。陛下留念省察，以濟元元』。書奏，肅宗（章帝）下其章，司空第五倫亦同終議。太尉牟融、司徒鮑昱、校書郎班固等難倫。以施行既久，孝子無改父之道；先帝所建，不宜同異。終復上書曰：『秦築長城，功役繁興。胡亥不革，卒亡四海。故孝元棄珠崖之郡，光武絕西域之國。不以介鱗易我衣裳……今伊吾之役，樓蘭之屯，久而未還，非天意也』。帝從之，聽還徙者，悉罷邊屯」。

F. 後漢書西域傳：「和帝永元元年（公元89年），大將軍竇憲大破匈奴。二年，憲因遣副校尉閻槃將二千餘騎，掩擊伊吾破之」。

G. 後漢書和帝紀：「永元二年五月，己未，遣副校尉閻槃討北匈奴，取伊吾盧地」。

H. 後漢書和帝紀：「永元三年十二月，復置西域都護、騎都尉、戊己校尉」。

I. 後漢書南匈奴傳：（和帝永元三年）北單于復爲右校尉耿夔所破，逃亡不知所在。其弟右谷蠡王於除鞬自立爲單于，將右溫禺鞬王，骨都侯已下眾數千人，止蒲類海，遣使款塞。大將軍竇憲上書，立於除鞬爲北單于，朝廷從之。四年，遣耿夔卽授璽綬，賜玉劍四具，羽蓋一駟；使中郎將任尚持節衞護屯伊吾，如南單于故事」。

J. 後漢書安帝紀：「永初元年（公元107年）六月，罷西域都護」。

K. 後漢書梁慬傳：「（梁慬定龜茲後），而道路尙隔，檄書不通。歲餘，朝廷憂之。公卿議者以爲西域阻遠，數有背叛，吏士屯田，其費無已。永初元年，遂罷都護；遣騎都尉王弘發關中兵（按，關訛，當作湟，蓋王弘所發者爲湟中一帶之羌人，參看後漢書西羌傳）迎慬、禧、博，及伊吾盧、柳中屯田吏

士」。

L. 後漢書西域傳：「孝和宴駕，西域背畔。安帝永初元年，頻攻圍都護。自此遂
棄西域」。

（按，此段已於⑰－⑳之Ⅴ引到，因事件相關，復引於此。他處同引之文尚有
數處，仿此不贅）。

M. 後漢書西域傳：「（續上），北匈奴卽收諸屬國，共爲邊寇十餘歲。敦煌太守
曹宗患其暴害，元初元年（公元 119 年）乃上遣行長史索班，將千餘人屯伊吾
以撫之。於是車師前王及鄯善王來降。數月，北匈奴復率車師後部王共攻沒班
等，遂擊走其前王。鄯善逼急，求救於曹宗，宗因此請出兵擊匈奴，報索班之
恥，欲進取西域。鄧太后不許。但令置護西域副校尉 ， 居敦煌 ， 復部營兵三
百，羈縻而已」。

N. 後漢書班勇傳：「於是從勇議，復敦煌郡營兵三百人，置西域副校尉居敦煌。
雖復羈縻西域，然亦未能出屯。其後，匈奴果數與車師共入寇鈔，河西大被其
害」。

O. 後漢書順帝紀：「（永建六年，公元 131 年）三月辛亥，復伊吾屯田，復置伊
吾司馬一人」。

P. 後漢書西域傳：「（永建）六年，帝以伊吾舊膏腴之地 ， 傍近西域 ， 匈奴資
之，以爲鈔暴，復令開設屯田。如永元時事，置伊吾司馬一人」。

Q. 後漢書西域傳：「桓帝元嘉元年（公元 151 年），（匈奴）呼衍王將三千餘騎
寇伊吾，伊吾司馬毛愷遣吏兵五百人於蒲類海東與呼衍王戰，悉爲所沒，呼衍
王遂攻伊吾屯城。夏，遣敦煌太守司馬達將敦煌、酒泉、張掖屬國吏士四千餘
人救之，出塞至蒲類海，呼衍王聞而引去，漢軍無功而還」。

㉔－㉖湟中

湟中卽湟河河谷，漢之屯田羌族邊區，卽始自湟中，先後所屯之地計有㉔浩亹
（今青海省樂都縣東，或卽在亹河、湟河交會處；資料見Ａ至Ｅ及Ｇ），㉕臨
羌今青海省西寧縣西，資料見Ａ及Ｂ），㉖龍耆（今青海省樂都縣治，資料見

F）。

A. 漢書趙充國傳：「神爵元年（公元61年）………時，羌降者萬餘人矣。充國度其必壞，欲罷騎兵，屯田以待其敝………上屯田奏：『臣聞，兵者所以明德除害也，故舉得於外，則福生於內，不可不慎。臣所將吏士馬牛食，月用糧穀十九萬九千六百三十斛，鹽千六百九十三斛，茭藁二十五萬二百八十六石。難久不解，繇役不息，又恐他夷卒有不虞之變，相因並起，為明主憂，誠非素定廟勝之冊。且羌虜是易以計破，難用兵碎也。故臣愚以為擊之不便。計度臨羌，東至浩亹，羌虜故田及公田，民所未墾，可二千頃以上。其間郵亭多壞者，臣前部士入山伐材木，大小六萬餘枚，皆在水次。願罷騎兵，留弛刑應募及淮陽、汝南步兵，與吏士私從者，合凡萬二百八十一人。用穀月二萬七千三百六十三斛，鹽三百八斛。分屯要害處，冰解漕下，繕鄉亭，浚溝渠；治湟陿以西道橋七十所，令可至鮮水左右。田事出，賦人二十畝。至四月草生（按，趙上奏的時間在該年八、九月左右），發郡騎及屬國胡騎伉健各千人，倅馬什二，就草，為田者遊兵，以充入金城郡，益積畜，省大費。今大司農所轉穀至者，足支萬人一歲食。謹上田處及器用簿，唯陛下裁許」。

B. 同上趙充國傳（續上）：「上報曰：『皇帝問後將軍，言欲罷騎兵，萬人留田。即如將軍之計，虜當何時伏誅？兵當何時得決？熟計其便復奏』充國上狀曰：『臣聞帝王之兵，以全取勝。是以貴謀而賤戰，戰而百勝，非善之善者也。故先為不可勝，以待敵之可勝。蠻夷習俗雖異於禮義之國，然其欲避害就利，愛親戚畏死亡，一也。今虜亡其美地薦草，愁於寄託遠遯；骨肉離心，人有畔志。而明主般師罷兵，萬人留田，順天時，因地利，以待可勝之虜。雖未卽伏辜，兵決可期月而望。羌虜瓦解，前後降者萬七百餘人，及受言去者凡七十輩，此坐支解羌虜之具也。臣謹條不出兵留田便宜十二事：步兵九校，吏士萬人，留屯以為武備，因田致穀，威德並行，一也；又因排折羌虜，令不得歸肥饒之地，以成羌虜相畔之漸，二也；居民得並田作，不失農業，三也；軍馬一月之食，度支田士一歲，罷騎兵以省大費，四也；至春，省甲士卒，循河、湟漕穀至臨羌，以示羌虜，揚威武，傳世折衝之具，五也；以閒暇時，下所伐材，繕治郵亭，充

入金城，六也；出兵乘危，徼幸不出，令反畔之虜竄於風寒之地，離霜露疾疫瘃墮之患，坐得必勝之道，七也；亡經阻遠追死傷之害，八也；內不損威武之重，外不令虜得乘閒之勢，九也；又亡驚動河南大开、小开、使生它變之憂，十也；治湟陿中道橋，令可至鮮水，以制西域，信威千里，從枕席上過師，十一也；大費既省，繇役豫息，以戒不虞，十二也；留屯田得十二便，出兵失十二利。臣充國材下，犬馬齒衰，不識長冊，唯明詔博詳公卿議臣採擇』」。

C. 同上趙充國傳（續上）：「上復賜報曰：『皇帝問後將軍言十二便，聞之，虜雖未伏誅，兵決可期月而望，期月而望者，謂今多邪？謂何時也？將軍獨不計虜聞兵頗罷，且丁壯相聚，攻擾田者及道上屯兵，復殺略人民，將何以止之？又大开、小开前言曰，我告漢軍，先零所在，兵不往擊，久留得亡効，五年時，不分別人，而並擊我。其意常恐今兵不出，得亡變生，與先零為一。將軍熟計復奏』。充國奏曰：『臣聞兵以計為本，故多算勝少算，先零羌精兵今餘不過七八千人，失地遠客，分散飢凍。罕、开、莫須又頗暴略，其羸弱畜產，畔還不絕，皆聞天子明令，相捕斬之賞。臣愚以為，虜破壞，可日月冀，遠在來春。故曰兵決可期月而望。竊見北邊自敦煌至遼東，萬一千五百餘里，乘塞列隊，有吏卒數千人。虜數大眾攻之，而不能害。今留步士萬人屯田，地勢平易，多高山遠望之便，部曲相保，為塹壘木樵，校聯不絕，便兵弩，飭鬥具，烽火幸通，勢及並力，以逸待勞，兵之利者也。臣愚以為，屯田內有亡費之利，外有守禦之備，騎兵雖罷，虜見萬人留田，為必禽之具，其土崩歸德，宜不久矣。從今盡三月，虜馬羸瘦。必不敢捐其妻子於它種中，遠涉河山而來為寇。又見屯田之士，精兵萬人，終不敢復將其累重還歸故地。是臣之愚計所以度虜且必瓦解其處，不戰而自破之冊也。至於虜小寇盜，時殺人民，其原未可卒禁。臣聞戰不必勝，不苟接邊；攻不必取，不苟勞眾。誠令兵出雖不能滅先零，亶能令虜絕不為小寇，則出兵可也。即令同時，而釋坐勝之道，從乘危之勢，往終不見利，空內自罷敝，貶重而自省，非所以視蠻夷也。又大兵一出，還不可復留，湟中亦未可空，如是繇役復發也。且匈奴不可不備，烏桓不可不憂。今轉運煩費，傾我不虞之用以澹一隅，臣恐以為不便。校尉臨眾幸得承威

德，奉厚幣，拊循衆羌，諭以明詔，宜皆鄉風。雖其前辭嘗曰，得亡效五年，
宜亡它心，不足以故出兵。臣竊自惟念，奉詔出塞，引軍遠擊，窮天子之精兵，
散車甲於山野，雖亡尺寸之功，嬹得避慊之便，而亡後咎餘責，此人臣不忠之
利，非明主社稷之福也。臣幸得奮精兵討不義，久留天誅，罪當萬死。陛下寬
仁，未忍加誅，令臣數得孰計。愚臣伏計孰甚，不敢避斧鉞之誅。昧死陳愚，
唯陛下省察』」。

D. 同上趙充國傳：「上於是報充國曰：『皇帝問後將軍上書，言羌虜可勝之道。
　今聽將軍；將軍計善。其上留屯田及當罷者人馬數。將軍強食，慎兵事、自愛
　』。上以破羌、強弩將軍數言當擊，又用充國屯田處離散，恐虜犯之，於是兩
　從其計。詔兩將軍與中郎將卬出擊。強弩出降四千餘人，破羌斬首二千級，中
　郎將卬斬首降者亦二千餘級，而充國所降復得五千餘人。詔罷兵，獨充國留屯
　田」。

E. 同上趙充國傳：「明年（按，卽神爵二年，公元前60年）五月，充國言：羌本
　可五萬人軍，凡斬首七千六百級；降者三萬一千二百人；溺河、湟飢餓死者五
　六千人；定計遺脫，與前鏖、黃羝俱亡者不過四千人。羌靡忘等自詭必得，請
　罷屯兵，奏可。充國振旅而還」。
　按，依前引資料A言「計度臨羌，東至浩亹，羌虜故田及公田，民所未墾，可
　二千頃以上」，知趙充國屯田在臨羌與浩亹間。又據資料B言「循河、湟漕穀
　至臨羌以示羌虜則」，則其屯田總部應是設在浩亹。

F. 後漢書西羌傳：「時（按，指和帝永元末），西海及大小榆谷左右，無復羌
　寇。隃麋相曹鳳上言：『西戎爲害，前世所患，臣不能紀古，且以近事言之。
　自建武以來，其犯法者常從燒當種起，所以然者，以其居大小榆谷，土地肥
　美；又近塞內，諸種易以爲非，難以攻伐；南得鐘存以廣其眾；北阻大河因以
　爲固。又有西海魚鹽之利，緣山濱水以廣田畜，故能彊大，常雄諸種，恃其權
　勇，招誘羌胡。今者衰困，黨援壞沮，親屬離叛，餘勝兵者不過數百，逃亡棲
　竄，遠依發羌。臣愚以爲宜及此時，建復西海郡縣，規固二榆，廣設屯田，隔
　塞羌胡交關之路，遏絕狂狡窺欲之源。又植穀富邊，省委輸之役，國家可以無

西方之憂』。於是拜鳳爲<u>金城</u>西部都尉，將徙<u>士屯龍耆</u>。

G. <u>後漢書西羌傳</u>：「（<u>順帝永建年間</u>），<u>馬賢</u>以<u>犀苦</u>兄弟數背畔，因繫質於<u>令居</u>。其多（按，指<u>順帝永建</u>四年多，公元 129 年），<u>賢</u>坐徵免，<u>右扶風韓皓</u>代爲校尉。明年<u>犀苦</u>詣<u>皓</u>，自言求歸故地，<u>皓</u>復不遣，因轉<u>湟中</u>，屯田置<u>兩河</u>間（<u>集解</u>引<u>通鑑胡注</u>：「<u>兩河</u>，謂<u>賜支河</u>及<u>逢留大河</u>也」），以逼羣<u>羌</u>。<u>皓</u>復坐徵，<u>張掖</u>太守<u>馬續</u>代爲校尉，兩河間<u>羌</u>以屯田近之，恐必見圖，乃解仇詛盟，各自儆備。<u>續</u>欲先示恩信，乃止，移屯田還<u>湟中</u>，<u>羌</u>意乃安。至<u>陽嘉</u>元年（公元 132 年），以<u>湟中</u>地廣，更增置屯田五部，並爲十部」。

㉗—㉙<u>黃河河谷</u>

地區包括：㉗<u>東西邯</u>（今<u>青海省巴燕縣</u>南，<u>黃河</u>北部，資料見 A。按，<u>巴燕</u>又名<u>化隆</u>。㉘<u>留逢大河</u>（<u>西羌傳集解</u>引<u>通鑑胡注</u>：「此大河即<u>黃河</u>，河水至此有<u>逢留</u>之名，在二<u>楡谷</u>北」。按，<u>楡谷</u>在今<u>青海省貴德縣</u>西。屯田資料見 B）；㉙<u>賜支</u>，亦作<u>析支</u>，（今<u>青海省貴德縣</u>至<u>大積石山</u>一帶河曲區，資料見 C）。

A. <u>後漢書西羌傳</u>‥「於是拜鳳爲<u>金城</u>西部都尉，將徙<u>士屯龍耆</u>。後<u>金城</u>長史<u>上官鴻</u>上開置<u>歸義、建威</u>屯田二十七部，<u>侯霸</u>復上置<u>東西邯</u>屯田五部，增<u>留逢</u>二部，帝皆從之。列屯夾河，合三十四部，其功垂立，至<u>永初</u>中，諸<u>羌</u>叛乃罷」。

B. <u>留逢大河</u>之屯田，請看 A 及前㉔—㉖之 G。

C. <u>賜支</u>之屯田，請看前㉔—㉖之 G <u>集解</u>引<u>通鑑胡注</u>。

㉚　武都（今<u>甘肅武都縣</u>）

A. <u>後漢書西羌傳</u>：「（<u>順帝</u>）<u>永和</u>元年（公元 136 年），<u>武都</u>塞上<u>白馬羌</u>攻破屯官，反叛連年」。

按，<u>羌</u>在塞上，而有屯官，當係守塞之<u>羌</u>屯田。另請參看下㉛。

㉛　<u>漢陽</u>（今<u>甘肅天水</u>；<u>後漢</u>改前<u>漢天水郡</u>曰<u>漢陽郡</u>）

A. 後漢書傅燮傳：「（靈帝中平間，傅燮爲漢陽太守），叛羌懷其恩化，並來降付，乃廣開屯田，列置四十餘營」。

㉜ **遼東**（遼東郡治襄平，在今遼寧省遼陽縣北）

A. 漢書昭帝紀：「元鳳五年六月（公元前76年），發三輔及郡國惡少年，吏有告劾亡者，屯遼東。

㉝ **玄菟**（漢玄菟郡有今遼寧省東部，吉林省南部及朝鮮北部咸鏡道。初治沃沮城，在今咸鏡道境內；昭帝時徙治高句驪縣，在今遼寧省新賓縣北；東漢中又移治瀋陽縣附近）：

A. 史記朝鮮列傳：「元封三年（公元前108年）夏，尼谿相參乃使人殺朝鮮王右渠來降。王險城未下，故右渠之大臣成已又反，復攻吏。左將軍使右渠子長降，相路人之子最告諭其民，誅成已，以故遂定朝鮮爲四郡（集解：「眞番、臨屯、樂浪、玄菟也」）。封參爲澅清侯，陰爲萩苴侯，唊爲平州侯，長爲幾侯，最以父死，頗有功，爲溫陽侯」。

按，漢書朝鮮傳所記與史記同，且在「四郡」兩字前記有四郡之名；又溫陽侯，漢書作沮陽侯。

B. 漢書武帝紀：「元封三年夏，朝鮮斬其王右渠降，以其地爲樂浪、臨屯、玄菟、眞番郡」。

C. 後漢書東夷傳：「元封三年，滅朝鮮，分置樂浪、臨屯、玄菟、眞番四郡。至昭帝始元五年（公元前82年），罷臨屯、眞番，以並樂浪、玄菟，玄菟復徙居句麗，自單。

D. 漢書昭帝紀：「元鳳六年（公元前75年）春正月，募郡國徒築遼東玄菟城」。

E. 後漢書順帝紀：「陽嘉元年（公元132年）十二月庚戌。復置玄菟郡屯田六郡」（按，六郡東夷傳作六部，見下）。

F. 後漢書東夷傳：「順帝陽嘉元年，置玄菟郡屯田六部。」

蜀 布 與 Cinapatta

—論早期中、印、緬之交通—

饒 宗 頤

近讀桑秀雲女士「蜀布邛竹傳至大夏路徑的蠡測」一文 (註一) 主張當日交通路線是取途於雲南經緬甸以入孟加拉。這一說法，向來中西學人意見多相同。伯希和謂緬甸路乃由大理出發，經永昌渡高黎貢江入緬、至 Irrawaddy 地區。國人夏光南頗申其說 (註二)。一九五六年，Walter Liebenthal 撰 The ancient Burma Road a Legend? 指出 This commerce passed along the route, which led from Shu (蜀) o Lhasa (拉薩) –Kāmarupa (註三) 則主中、印早期交通，乃循牂牁路入藏，以至阿薩姆(Assam)之迦摩波(Kāmarupa)，極力反對伯氏之說。同年 Buddha Prakash 別撰 Pūrvavideha 以調停之 (註四)。諸家於漢文資料，考索未周，茲不揣固陋，重爲研討如次：

一、儌越與盤越、驃國

常璩華陽國志南中志永昌郡下云：

註　一：史語所集刊 41，10 。漢代西南國際交通路線，參余英時 Trade and Expansion in Han China。

註　二：馮承鈞譯廣印度兩道考，夏光南中印緬道交通史 p. 15–24，季羨林：中國蠶絲輸入印度問題的初步研究：緬甸道 (中、印文化關係史論叢 p. 176–178。)

註　三：W. Liebenthal 此文，見 Journal of Greater India Society vol. XV, No. 1, 1956.

註　四：B. Prakash之Pūrvavideha 刊於上舉 J.G.I.S. 同誌，1956 No. 2, p. 93–110. 後收入所著 India and the world, 1964, Hoshiarpur. 按 Pūrvavideha 漢譯弗婆提，卽四大部洲之東勝神洲。詳玄應一切經音義12。

　　　　明帝乃置郡，以蜀郡鄭純爲太守。屬縣八，戶六萬，去洛六千九百里，寧
　　　　州之極西南也。有閩濮、鳩獠、儵越、躶濮、身毒之民。

儵越一名始見於此。異本或作漂越。身毒卽印度，這說明東漢明帝時新置的永昌郡境
內，雜處的種民，其中有印度人及儵越人。

　　　同書南中志寧州下云：

　　　　武帝使張騫至大夏國，見邛竹蜀布，問所從來。曰：吾買人從身毒國得
　　　　之。身毒國，蜀之西國，今永昌是也。

這條最可注意的是說張騫所言的身毒國，卽指漢的永昌郡。魚豢魏略稱：「盤越國一
名漢越王，在天竺東南數千里，與益部相近。蜀人賈似至焉。」（魏志三十裴註引，易培基
補註本。）後漢書西域傳作「磐起國」，梁書卷五十四文同，惟作「槃越」。茲比較其
文於下：

　　後漢書：

　　　　天竺國……從月氏高附國以西，南至西海，東起磐起國，皆身毒之地。

　　梁書：

　　　　中天竺國……從月支高附以西，南至西海，東至槃越，列國數十，……皆
　　　　身毒也。

兩文全同，梁書之槃越，同於魏略，而范蔚宗獨作磐起，起與越形近易訛。證以常璩
之作儵越，三占從二，則「起」字自是「越」之誤。沈曾植云：「唐書驃國卽常璩
華陽通志永昌所通之儵越，今之緬甸。」（海日樓文集上蠻書校本跋據王蘧常撰沈寐叟年譜引）

　　向達蠻書校注以爲槃越或漢越，卽華陽國志的儵越，亦卽廣志之剽國。剽國爲公
元後第四世紀時緬甸古國之名，至唐代漢譯作驃。(p. 234)其說甚是。伯希和交廣印度
兩道考云：御覽卷一七七引魏晉人撰之西南異方志及南中八郡志謂傳聞永昌西南三千
里有驃國。（據馮承鈞譯本 p. 34）馮氏諸蕃志校注蒲甘國注一亦云驃國見太平御覽一七七
引上列二書。惟覆查御覽卷一七七爲居處部「臺」上，並無此條。又檢太平御覽引得亦

註　五：張星烺中西交通史料滙篇第六册 p. 41 鈔後漢書註二云磐起國據古音考之，似卽孟加拉 (Bengal)。
　　　又同册　p. 43 鈔三國志卷三十（按當作裴注引魏略，非陳壽本文也。）盤越國，注云原作越字，據
　　　後漢書更正，欲逕改爲盤起，尤爲武斷。丁謙謂盤越其國當在東印度，今孟加拉地。張氏蓋因其說。

無西南異方志一書。按驃國此條實出御覽卷353 兵部，其文詳下。伯氏誤記。向達引其說 (校註10, p. 237)而未辨，故爲糾正於此。

考廣志言及剽國，計有下列各條

① 　後漢書卷166 哀牢國「梧桐木華」下，章懷太子注引廣志云：「梧桐有白者，剽國有桐木，其華有白毳，取其毳淹漬緝織以爲布也。」

② 　太平御覽359 兵部引郭義恭廣志：「剽刃國 出桐 華布 、 珂珠貝 、 艾香 、 雞舌香。」(宋本，下同。)

③ 　御覽981 香部引廣志曰。雞舌出南海中及剽國，蔓生，實熟貫之。

④ 　御覽956 桐下引廣志：剽國有白桐木。其藥有白毳，取其毳，淹漬緝纜，織以爲布。(按與李賢引同)

⑤ 　法苑珠林36引廣志：艾納香剽國 (此條據伯希和引)

廣志各條皆作剽國，又有作剽叉國者，馬國翰佚書輯 本亦然 ， 必是叉字因與 剽字偏旁相似而誤衍。御覽兵部引稱郭義恭廣志。義恭晉時人，隋書經籍志子部，雜家類著錄廣志二卷，郭義恭撰，次於張華雜志之後。御覽引用書目郭義恭廣志列於魏張揖廣雅之下。廣志馬國翰輯存二百六十餘條。水經 河水注引郭義恭 廣志記甘水石鹽及烏秅西懸度，知其人，頗諳熟印度地理。

又御覽353 兵部引南中八郡志云：

　　　　永 (原誤作宋) 昌郡西南三千里有剽國，以金爲刀戟。(據宋本)

按緬甸產金，此剽國自即驃國，伯希和誤引者，即是此條。馬可孛羅遊記119 ，離大理西向騎行五日，抵 Zardandan 州，即波斯語之金齒，其都會名爲永昌(Yochan)，民以金飾齒，其貨幣用金。以元史地理志所載曲靖路歲輸金達3550兩一事觀之，元時產金之豐富如此。故漢時永昌地區，以金爲兵器，自屬可信，殆指所含金的成分特多。南中八郡志一書，太平御覽、北堂書鈔屢引之。如記南安縣出好枇杷，(御覽 971 引。南安縣，漢置,晉書地理志屬犍爲郡) 永昌不韋縣之禁水 (御覽884)雲南之銀窟 (御覽813云：「雲南舊有銀窟數十，劉禪時歲常納貢，亡破以來，時往采取，銀化爲銅。」)文廷式補晉書藝文志云：「詳其文，當是晉人作。」言及劉禪亡破， 殆 成 書於晉初。後漢書哀牢夷傳貊獸下章懷注引南中八郡志云：「貊大如驢，狀頗似熊，多力食鐵。」左思蜀都賦：「戟食鐵之獸，

射噬毒之鹿。」劉逵注云：「此二事魏宏南中志所記也。」則南中志即是南中八郡志矣。（汪師韓文選理學權輿上分南中八志與魏完南中志爲兩書，張國淦古方志考 p.716 亦然，恐不可據。）章宗源隋書經籍志考證及王謨漢唐地理書鈔重訂本目錄，均謂魏宏南中志即南中八郡志。高步瀛文選李注義疏亦謂當即一書。作者魏宏始末不詳。文選袁褧本作魏宏，尤袤本作魏完。其人當在常璩之前。常璩書敍事終於晉永和三年，其華陽國志之南中志必根據魏宏之資料。劉逵蜀都賦注既引其南中志，逵爲晉侍中，與張載，衞權同注三都賦。（隋書經籍志總集類）逵欲奉梁王彤，以誅趙王倫，（事在倫傳），其人與左思同時。則南中八郡志成書，更在逵之前，可見晉初剽國名稱早已存在。Liebenthal 疑驃國一名之晚出，此處考證，可釋其疑，且亦可補苴向達之忽略。

御覽七九七引魏書云：「盤越國一名漢越王，在天竺東南數千里，與益部相近。」（魏書即魏略）是其地與雲南相接。魏略云「盤越國一名漢越王……蜀人賈似至焉。」考史記大宛傳：「昆明之屬無君長。……然聞其西可千餘里，有乘象國，名曰滇越，而蜀賈姦出物者或至焉。」而華陽國志二漢中志云：「張騫特以蒙險，遠爲孝武帝開緣邊之地，賓沙越之國，致大苑之馬，入南海之象。」尋勘數文，滇越、漢越、沙越，字皆從水，自是一名之異寫。張守節正義云：「昆、郎等州，皆滇國也。其西南滇越、越巂，則通號越。」西南夷人都以越爲通號，遠至雲南邊境尚且如此。魏略作漢越。華陽國志作沙越，書較晚出，或有誤寫，而史記實作「滇越」爲乘象之國。晉寧石寨山發現有金質「滇王之印」，疑漢時所謂「滇越」（即滇王國）其勢力範圍遠達徼外乘象之國，今之緬甸當在其統屬之內。盤越，既即剽越，而盤越一名漢越（疑當作滇越）爲乘象國，則其包有緬甸，自不待言。

張星烺以盤起爲孟加拉之對音，然孟加拉明時稱榜葛剌。（瀛涯勝覽）印度古地志稱爲Vaṅga（註六）此國文字，在普曜經中謂爲 Vaṅga-lipi，唐時方廣大莊嚴經漢譯，其對音實作「央瞿書」，以央瞿譯 Vaṅga，未聞譯作「盤起」者。「央瞿」乃孟加拉在唐代的漢譯名稱。

註 六：D.C. Sircar: Studies in the Geography of Ancient & Medieval India p. 84. 參 Raj Bali Pandey: Indian Palaeography p. 27.

Liebenthal 氏以爲驃國名稱始於唐，引南詔野史中王號有驃苴低（167—242），傳說謂爲阿育王（Asoka）的第三子，顯然受到佛教的影響。認爲在此以前，緬甸道的交通實無確證，故強調宜由牂牁路，經西藏以入印度。按西藏道，見釋迦方志所述甚詳，足立喜六在其所著大唐西域記之研究下卷後編「唐代之吐蕃道」繪有精細地圖，此路山嶺稠疊，實不如緬甸出阿薩姆之方便。關於驃苴低一名的梵化，伯希和已詳論之。(兩道考上南詔王父子聯名制) 驃爲種族之稱，藏緬族系中有 Pyu，緬甸文或作 Prū。唐時漢籍所記之驃國，指緬北民族，有時兼謂南詔。(註七) 而雲南境內之東蠻，亦有以驃爲人名的，如蠻書 4 豐巴部落貞元中大鬼主驃傍，即唐書韋皐傳謂唐封驃傍爲和義王者也。(註八) 南詔王自稱曰驃信。尋閣勸立自稱驃信 (事在808年) 新唐書南蠻傳云「驃信，夷語君也。」亦書作嫖信，加漢名的皇帝合稱曰「皇帝嫖信」。故宮博物院藏大理國張勝溫畫梵像卷上分標題字，有「奉爲皇帝嫖信畫」一款。日本有鄰館藏南詔國傳題記有「嫖信蒙隆昊。」美國加州 San Diego 美術館藏雲南觀音像銘文云「皇帝嫖信段政興⋯⋯。」(註九) 嫖信據謂即緬語的 Pyu-shin，寫作 Pru-rhang。今知晉初已有剽國之號，又稱驃越。唐書驃國傳凡屬國十八，其一曰渠論，考御覽790 引吳萬震南州異物志有無倫國，道藏太清金液神丹經稱無論國在扶南西二千餘里，通典188 無論國文相同。以對音求之，可能即緬甸之 Prome。(註一〇) 渠論國疑即無論國。伯希和謂驃國名稱之來歷，有取於 Pyu 的譯音之說，是即爲蒲甘建都以前，以 Prome 爲都城時，統治緬甸種族之名稱。如是無論又爲吳人自扶南所傳來的古驃國之譯名，可見以 Pyu 作爲緬甸之古稱，由來已久，眞是源遠而流長。附表如下

註 七：G.H. Luce: Note on th Peoples of Burma in the 12th–13th Century A.D. (Journal of the Burma Research Society vol. XLII, Part I, 1959, p. 55)

註 八：事在唐德宗貞元四年（788），雲南王異牟尋時，亦見通鑑卷233，唐紀49。

註 九：李霖燦南詔大理國新資料的綜合研究 附載各圖。

註一〇：參拙作太清金液神丹經與南海地理 (香港中文大學中國文化研究所學報3/1)日本山本達郎說亦主張無論國＝Prome。見太田常藏：撣、無論、陀洹は就いて (和田、古稀東洋史論叢 p. 223)

Pyū Prū Prome	盤越國	魏、魚豢魏略（註一一）
	無論國	吳、萬震南州異物志，晉葛洪神丹經，通典。
	剽國	晉、郭義恭廣志
	剽國	魏宏（完）南中八郡志
	僄越	常璩華陽國志南中志
	磐起	宋、范曄後漢書
	榮越	唐、姚思廉梁書
	驃國	唐、樊綽蠻書，賈耽邊州入四夷道里

二、Kauṭilya書中之 Cīna 及其年代

印度文獻，許多地方提及脂那（cīna）。法苑珠林113 繙譯部云：「梵稱此方，或曰

脂那，或曰震旦，或曰眞丹，」最早言及 cīna 的書，要算 Kauṭilya 的國事論

（Arthaśāstra），其中有云：

　　　　Kauseyam （蠶絲）（註一二）cīna （脂那-）paṭṭās（絲）ca （及）

　　　　cīna bhumi（脂那地）jāh（出產）。（chapter XI, 81）

同章79又言及 cīna sī的 skin（織皮），色爲紅黑或黑而帶白，和 Sāmūra， Sāmūli

的皮，都從 Bāhlava 一地所取得。 Bāhlava 爲喜馬拉雅山邊境的國名。由上可知在

Kauˑilya 書中言及脂那的物產，有絲及織皮二種（註一三）

　　大詩聖 Kālidāsa 亦用 cīnāṃśuka （脂那絲衣）一辭設喻，作爲詞藻（註一四）

註一一：魚豢，魏郎中。史通正史篇云：魏時京兆魚豢私撰魏略，事止明帝。

註一二：玄奘大唐西域記：「憍奢耶者，野蠶絲也。」憍奢耶卽Kauśeya的譯音，可參Pāṇinī 書 IV. 3. 42. 見
　　　　V.S. Agrawala: India as known to Pāṇini p. 167.

註一三：Arthaśāstra，據R. Shamasastry的譯註本，此數句英譯云 "The fabrics known as kauś aya, silk
　　　　-cloth and chīnapaṭṭa, fabrics, of China manufacture." 1961, Mysore, p. 83. 同章79譯文見上
　　　　書p. 83.

註一四：此詩見 Abhijᵲ̆ānasākuntalam 31, 據 M.R. Kale校本，原句英譯云： "Forward moves my
　　　　body backward runs the restless heart, like the Cnina-silk cloth of banner borne againt
　　　　the wind. (Bombay, 1961, p. 55) 茲試譯爲漢詩如下：「進移我體兮，退馳我不止之心。如脂那絲
　　　　衣之旖施兮，迎風而飄攣。」（說文叚注：旖施，旗貌。上林賦作旖旎，張揖曰：猶阿那也。）

在 Manusmṛti 法典 X，44 中，以脂那 (cīnas) 人與希臘人 (Yavanā) 塞種 (Sakās) 人及印度境內之異種民族，若 Oḍra, Dravidās, Kāmbōjā Kirātā 等並列，其律曰：「以其忽於神聖祭祀，不得與於婆羅門之列，此輩常服兵役，已漸由刹帝利 (Kṣatriya) 而淪爲賤民 (Vṛṣala)」(註一五)

兩大史詩皆言及脂那，在大戰書 (Mahābhārata) 中，所見尤爲頻數(註一六)脂那 (Cīna) 人每與 Kirātās 同時出見，被目爲蠻族，其人蓋爲 Prāgjyotisa (在今阿薩姆) 王 Bhagadatta 之軍隊。在 Sabbāparvan 書26,9載是王爲 Kirātas 及 Cīnas人與無數居于海濱之兵士所圍繞。同書謂Cīna人及羣夷住於林中，與 Himalayam (喜馬拉雅) 人 Haimavatas人Nipas (尼泊爾) 人最爲親近。在Bhiṣmaparvan 書V, 亦謂 Bhagadatta 王之軍士有黃種之 Kirātas 及 Cīnas 人。在 Vanaparvan 書中，據謂 Paṇḍava 兄弟越過 Cīna 國，以其牛車經艱阻之希馬拉雅山 (Himalaya 一雪山) 地，Badri 之北而抵 Kiratā 王 Subāhu 之區域。Kirātas 者，爲印度蒙古人種居於藏緬交界希馬拉雅山與印度東部地帶之狩獵民族。Kirāta 一字乃源於 Kirānti 或 Kirati，實爲東尼泊爾種人之名稱。(註一七) 他們有自己的文字，在漢譯的方廣大莊嚴經稱爲廁羅多書 (梵言Kiratā-lipi)

Virapuruṣadatta之Nāgārjunikoṇḍā 碑文亦稱 Cīna 位於 Himalayas, 在 Kirāta 之側。據巴利文史料 Mahāvaṁsa XII, 6, Haimavatas (即Himalaya) 地相當於西藏或尼泊爾，故其人與 Cīna 人甚接近，印度史詩中所言之 Cīna，其地正在藏緬交界之印度東部，由此可至華界。

Ramayana 史頌在臚列各國族名中，Cīna 之外，又有 apara-cīna 一名，可說是 '外脂那'，似乎已認識中國版圖之廣，故分爲內外脂那，(註一八)

註一五：Vṛṣala 義爲 mean fellow，後來稱爲 Sūdra, 印度之第四階級，此據 Nārānaṇ 校訂本，The manusmṛti p. 434, 1946. Bombay.。

註一六：大戰書可參Pratap Chaudra Roy之英譯本，Calcutta. 書中言及 Cīna 人者，略擧如次 vol. I p. 403, V.II p. 64, p. 115, p. 118, V.III p. 378, V.IV p. 32, p. 165, p. 182. V.V p. 24 V.VIII p. 146 V.X p. 499.重要資料，可看 Pūrvavideha文 p. 101-104.

註一七：見 S.K. Chatterji, Kirāta-jana-kṛti (Journal of Royal Asiatic Society of Benagle (Letters) vol. XVI 1953 p. 169.

註一八：此據 Hippolyte Fanche 之法文譯本 Ramayana p. 285

印度極東部 Assam （註一九） 地方，在史詩及古事紀 （Purāṇas） ，其原始住民卽是 Niṣādas、Kirātas; Cīnas通常被稱爲 Mlecchas和 Asūras。他們操着一種蒙語系的印度支那語。在古 Assam 的軍隊裏有 Cīna人，史詩記載至爲詳悉。Assam 與不丹國毗鄰，史詩時代稱爲 Prāgjyotisa，在詩人Kālidāsa 作品中稱爲 Kāmarūpa。（卽蠻書中之箇沒盧國）。

Assam 地區，唐時有大秦婆羅門國。蠻書十云：

> 大秦婆羅門國界永昌北，與彌諾國江西正東。

> 乃西渡彌諾江水千里，至大秦婆羅門國。又西渡大嶺，至天竺北界箇沒盧國。
> （註二〇）

御覽789 引南夷志云：

> 小婆羅門國在永昌北七十四日程。 （按南夷志卽蠻書別名）

此婆羅門國（註二一）與雲南永昌接壤，又近Kāmarūpa， （今Gauhati地） 地正在Assam間。這一地區，印度史詩所載，卽Cīna人居住之所，秦卽Cīna，唐人習慣稱呼中國帝京曰摩訶脂那（註二二），在秦之前冠以大字，摩訶脂那義卽大秦。蠻書稱此地名大秦婆羅門，以梵語書之，猶言 *Mahā Cīna Brahman*，以史詩時代原屬 Cīna 人所居故也。

梵文地理文獻有 Ṣaṭpañcāśaddeśavibhāga 殘卷，凡記五十六國，在印度邊境有 Cīna 及 Mahā Cīna 兩地名，據 D.C. Sircar氏研究，Cīna-deśa 位於希馬拉雅北部 Mānaseśa 之南東， Mahā-Cīna則從 Kailāsa-giri （山名，在希馬拉雅山脈） Sarayu 河 （今 Ghogra)遠至Moṅga （蒙古)，則指中國本部（註二三）又引 Abul Fazl的 *Ain-i-Akbori* 說，緬甸都城的Pegu〔白古〕亦稱曰Cheen，以證 Cīna 可能包括緬甸之地。按蠻書記

註一九 ：Sahitya Akadenri: History of Assamese Literature (p. 1-2) 謂 Assam 之名起於十三世紀，Assam古文作Acham＝a＋cham, cham字義爲 to be vanquished (征服) ，故 Acham 的意思是 peerless 或 unequalled, 猶言無敵，無比。參 B. K. Barua: Early Geography of Assam, Nowgong, 1951.

註二〇：向達蠻書校注疑大秦婆羅門國的「秦」字爲衍文。

註二一：參A. Christre: ：大秦婆羅門國 (B.S.O.A.S. vol. 20, 1957, p. 160)

註二二：贊寧宋高僧傳，廣州制止寺極量傳自注云:「印度俗呼廣府爲支那，名帝京爲摩訶支那也。」

註二三：D.C. Sircar: Studies in the Geography of Ancient & Medieval India, 1960.

西渡彌諾江，便到大秦婆羅門國，彌諾江 (R. Miro) 卽緬甸的 Chindwin。Chindwin 的意思是 Hole of the Chins。Chins 爲緬甸民族的一支，係緬人專指居於緬甸與 Assam 間一帶區域的人民。據G.H. Luce 調查 Chin Hill 山地的語言，謂Chins 與 Chindwin 之名，始見於十三世紀的蒲甘碑銘，又云 Chin 是緬甸字，義爲 fellow, companion, friend。今按 Chin 的音義，與漢語「親」字完全相同，又 Chin 語中借字如Skin 音 pé。當卽漢語之「皮」，足見 Chin地語言，自昔卽與漢語有密切關係。（註二四）

Chin 人自稱爲Lai(註二五)。這一地區與永昌郡爲鄰，漢時可能屬於哀牢國範圍。「哀牢部落甚繁，在在有之，皆號曰『牢』」。(註二六)故疑 Lai 爲牢的音變。而 Cheen, Chin 也許是「秦」，雖 Chin 一名在碑銘上出現較晚，但必有其遠源。又據郭義恭廣志稱剽國有白桐木，後漢書哀牢傳亦言永昌出桐木，永昌與緬甸接壤，所以印度文獻中的 Cīna，似可兼指漢時的永昌郡而言。

　　Cīna 一字所代表的意義，向來被認爲是「秦」的對音。 B. Laufer 輩却持異議，伯希和和他們辨駁，指出 Martini 的舊說，以 Cīna指「秦」最爲可據，又引用佛典後漢錄報恩經譯支那爲秦地，及漢書顏師古注，秦時有人亡入匈奴者，今其子孫尚號秦人等例，以爲佐證。(註二七)一九六三年，我在印度 Poona 的 Bhandarkar 研究所，見印人 Manomohan Ghosh 君發表「支那名稱稽古」一文，重新討論這一問題，認爲Cīna自當指「秦」無疑。惟始皇帝統一只三十三年，而秦立國甚早，故梵文 Cīna 一字不會遲過 625 B. C. (註二八) 惜彼於中國史事，僅據馬伯樂的古代中國一書，所

註二四：G.H. Luce: Chin Hills–Linguistic Tour. Journal of The Burma Research Society vol. XLII, 1959.

註二五：姚枏 G.E. Harvey緬甸史導言註四：

註二六：松本信廣：哀牢夷の所屬に就いて 引阮鷹興地志。

註二七： Laufer文見1912年通報 p. 719-726. Pelliot 說見交廣印度兩道考中支那名稱之起源，列出其他異說，如 Von Richtfon， Cīna 爲日南， Lacouperie 以 Cīna 對滇，而讀滇爲眞，均不可從。Pelliot 又有一文，馮承鈞譯出，收入西域南海史地考證譯叢 p. 41-55。B. Laufer 後於 Sino-Iranica p. 588 The Name China章，對波斯古文字所見 China 一名，及中國古代與希臘關係之事，有詳細討論。惟主張秦字漢音 initial 當爲 dẓ，始與伊蘭語無聲腭音 (palatal) 之 č 可以對音。

註二八：M. Ghosh: Origin and Antiquity of the Sanskrit word Cīna as the Name of China. (Annual of the Bhandarkar Oriental Research Institute vol. XLII, 1961, Poona.)可參陳登原國史舊聞 v. 10「秦與支那」。

知至爲貧乏。

佛典 Mahāvastu 中列舉世界各種文字，第十五爲Cīna，第十六爲Hūna（匈奴）。四世紀初西晋法護譯的普曜經 (Lalitavistara)，其中太子答師問有六十四種異書（註二九）其第二十爲秦書，第二十一爲匈奴書。 （大正3, p,498） 秦書梵文卽是 Cīna-lipi。七世紀唐地婆訶羅譯是經稱爲方廣大莊嚴經，共六十五種書，其第十九爲支那書，二十爲護那書；支那爲秦，護那則爲匈奴，這是唐時人的音譯。但西晉時却稱之曰秦，可見 Cīna 正是秦的對音， Professor V. G. Paranjpe 在他的 Kālidasa 詩劇選本導言中，論及 Kālidasa 詩中出見 Cīna一名，乃謂 The name is probably to be derived from the word Ta Tsin （大秦）。但我們看西晋法護所譯六十四種書中，其第七爲大秦書，和第二十的秦書，截然分開， （唐譯則第七爲葉半尼書，卽 Yāvanī，乃指希臘文。） 可見普曜經的作者，對於秦(=cīna)與大秦，分別十分清楚。 Prof. Paranjpe之說非是。普曜經三國時已有蜀譯本，其書東漢末已流入中國了。

　大戰史詩及Manu 法典的著作年代相當晚出，故Cīna一名之出現，自以 Kauṭalya 之書爲最早。 Kauṭalya 的時代，向來不能十分確定，據 Damodar Dharmanand Kosambi 說：Cīna (Chin) was the name of a kingdom centuries earlier, which controlled the land trade-route to India, and traded in silk. （註三〇）但彼不知此 Chin 究爲何國。近年 Romila Thapar 專研究阿育王及印度孔雀王朝的歷史，在他所著 The date of the Arthaśastra云：（註三一）

　that the Arthaśastra was originally written by Kauṭalya, the Minister of Candragupta.

　The original text was written at the end of the fourth century B.C.

他又說：

　The cīna of the term cīnapaṭṭa is generally believed to refer to the Ch'in empire, （秦） which came into existance later than the Mauryan empire.

註二九：關於六十四種書異名，可參山田龍城：梵語佛典の諸文獻 p. 10–11.
註三〇：Kosambi: An introduction to the Study of Indian History p. 202.
註三一：R. Thapar: Aśoka and the decline of the Mauryas 1961, 附錄一

按司馬錯滅蜀，在秦惠王時(316 B.C.)。是時蜀已歸秦，故蜀產之布，自可被目爲秦布，故得以 Cīna-patta 稱之。至張騫使西域時，秦王朝已爲漢所代替，故秦布一名，不復存在。國事論撰成於公元前四世紀，是時周室已東遷，秦襄公盡取周岐之地，至秦穆公稱霸西戎，在西北邊裔民族的心目中只有秦，故以秦爲中國的代稱。以此推知中印之交往，早在國事論成書之前。

Cīna一名，唐以後東南亞印度化的國家，亦習慣用來稱呼中國。見於碑刻者，像十世紀 Khmer 碑言及 "Cīna 之境，與柬埔寨相接(註三二)此處之Cīna，乃指南詔。又錫蘭十至十一世紀在 Anurādhapura 之 Abhayagiri 廟中發見碑銘(註三三)有云：Jīna-rajas (脂那大王) 及 Prādat sa jīna-dūtasya navam" (以船獻與脂那使者) 等語，是時之脂那，應指宋主。

三、氐劂、蜀細布與哀牢桐花布

國事論所記又有 Cīna 所出之皮。大戰書中言及贈以鹿皮千，購自 Cīna。(vol. IV, p. 182)

按古梁州產織皮，見於禹貢，說者謂卽綿之屬。四川的氐劂，亦很有名，屢見於記載。說文：「紕，氐人劂也。」纂文：「紕，氐劂也。」周書王會伊尹四方獻令：「正西……以丹青白旄紕劂爲獻。」梁州的織皮，氐劂之紕，自在其列。後漢書西南夷傳，記汶山郡冉駹夷云：「其人能作旄氈斑劂青頓毞罽羊羧 (華陽國志作投) 之屬。」毞字卽紕，羌人及藏族使用的氈皮之屬，卽是此類。在說文書中，紕、綿、與絣三字列爲一組，都是氐人的出產。

說文：「絣，氐人殊縷布也。」

華陽國志：「武都郡有氐傁殊縷布者，盡殊其色而相間織之。」

魏略西戎傳：「氐人………其衣服尚青絳，俗能織布。」 (三國志魏志注引)

這種用不同顏色相間織成的絲布，其名曰絣。所謂縷者，繅絲將四五根絲縉在一起，

註三二：原見 G. Coedès, L' inscription de Baksei Chamkron (J.A. 1909) 茲據 Jean Rispand: Contribution à la geographie Historique de la Haute Birmanie文中引用。(Essays offered to G. H. Luce, vol. I.)

註三三：見 S. Paranavitana: Ceylon and Srī Vijaya, Essays offered to G.H. Luce. vol. I p. 205.

合爲一縷曰糸，二糸再合成一縷曰絲。（說文繫傳系字）氐人殊縷布之耕，有他們的特殊

織造方法，且加以練染，配上顏色，故很出名。氐居武都郡，在蜀的北部，氐人的耕

當然亦是蜀布的一種。

張騫在大夏所見的蜀布，據顏師古注，引服虔云：「布，細布也。」蜀地的細

布，漢人所記，又有繆、繐、緆等名目。

說文：「繆，蜀細布也。从糸毳聲。」一切經音義8引說文：「繆，蜀白細布

也。」多一白字。

御覽820 引說文：「繐，蜀布也。」

說文：「緆，細布也。」字又作繲，字从麻。淮南子齊俗訓：「弱緆羅紈」

高誘注：「弱緆，細布。」

緆是細布的通名，而繆則是蜀細布的專名。張騫所見的蜀布，如是細布，當卽是繆。

漢時人又稱蜀布爲黃潤。

司馬相如凡將篇：「黃潤纖美宜制褌。」

揚雄蜀都賦：「爾乃其人，自造奇錦，紕繛離縟，綩綖廬中。發文揚采，轉代無窮。

其布則細都弱折，緜繭成衽。……筒中黃潤，一端數重。」（古文苑章樵注：蜀錦名件不一

，此其尤奇者。）

左思蜀都賦：「黃潤比筒。」文選劉逵注：「黃潤謂筒中細布也。」

常璩華陽國志巴志：「黃潤細粉，皆納貢之物。」

又蜀志：「蜀郡安漢上下朱色，出好麻黃潤細布。有姜筒盛。」

所謂細布，是指十升以上的細薄布。凡八十縷叫作一升，升亦曰緵或稯。漢代最細密

的布可達三十升，卽 $30 \times 80 = 2400$ 縷。這種細布，可用以製弁冕。長沙出土的楚國麻

布，經專家鑒定爲平紋組織，每平方厘米經線28縷，緯線24縷，細度超過15升。漢蜀

地的細布，究有若干升，尚待研究。據揚雄賦，西漢蜀地紡織業的發達，蜀錦名件的

繁多，尤爲特色。（註三四）

漢代哀牢地方亦出細布。後漢書哀牢傳云：

註三四：楚麻布見長沙發掘報告。蜀布遺物唐代文書像吐魯番所出，有記著來自四川的絲織品，如「益州半

　　　臂」、「梓州小練」等名目，見日本正倉院寶物，染織下圖版33、34。

土地沃美，宜五穀蠶桑，知染采文繡。罽㲲、帛疊、蘭干、細布，織成文章，如綾錦。有梧桐木華，績以爲布，幅廣五尺，潔白不受污。

御覽 786 哀牢下引樂資九州記 (高似孫史略：資，晉著作郎，有春秋後傳。)：

哀牢人皆儳耳穿鼻，其渠帥自謂王者，耳皆下肩三寸。……土地沃美，宜五穀蠶桑，知染綵文繡。有蘭干細布。(原注獠言紵也。) 織文章如綾錦。有梧桐木華，績以爲布，幅廣五尺。潔白不受垢污，先以覆亡人然後服之。………地出……水精、瑠璃、軻蟲、蚌珠……。

文與范蔚宗書相同。御覽 820 布下引華嶠後漢書云：

哀牢夷知染綵細布，織成文章，如綾絹。有梧木華，績以爲布。………

與九州記相同。(註三五)桐華布亦作橦華布。文選左思蜀都賦云：

布有橦華，麪有桄榔。邛杖傳節於大夏之邑，蒟醬流味于番禺之鄉。

劉逵注云：「橦華者樹名橦，其花柔毳，可績爲布，出永昌郡。」郭義恭廣志、常璩華陽國志稱述尤多，見於御覽徵引者。

廣志：黑棘濮，在永昌西南山居。……婦人以幅巾爲裙，或以貫頭。……其境出白蹄牛犀象武魄金、銅(一作桐)華布。(御覽791引)

又：木棉濮，土有木棉樹，多蘂。又房甚繁，房中繩如蠶所作，其大如捲。

(御覽791引)

又：梧桐有白者，剽國有白桐木，其葉白毳，取其毳淹漬，緝織以爲布。(御覽956 桐下引)

又：木緜樹，赤華，爲房甚繁。……出交州永昌。(御覽 960 引)

華陽國志：益州有梧桐木，其華綵如絲，人績以爲布，名曰華布 (御覽956「桐」下引)

又：永昌郡博南縣：出「橦」花布。

劉逵之說同於郭義恭，謂橦（桐）華出於永昌郡，而廣志所記則永昌附近諸濮及剽國皆產之，即哀牢的地區。哀牢人能養蠶，而且曉得練染，其出名蘭干細布，乃指古代僚

註三五：參藤田豐八：古代華人關於棉花布之知識 (何健民譯：中國南海古代交通叢考 p. 450) 清丞正變癸巳類稿卷十四木棉考，已極詳盡。一般認爲波斯灣植棉歷史最早，東傳入亞洲。或謂梧桐卽 Kutun 的音譯。梧桐木、橦木意指棉株。

— 573 —

族語的紵，樂資、常璩都有此說。以苧麻（Boehmeria nivea）織成的東西名曰紵，纖維長而細，靱性甚強，極適宜用作衣著原料。哀牢的桐布，特出的地方是「幅廣五尺。」說文：「幅，布帛廣也。」敦煌出土漢代任城亢父所製的殘縑，上面寫着「幅廣二尺二寸，長四丈」。漢書食貨志上：「布帛廣二尺二寸爲幅，長四丈爲匹。」鄭玄注禮記說：「今官布幅廣二尺二寸。」這是漢代布帛的通例。（註三六）而哀牢的桐布，幅廣五尺，濶度倍之，其織造技術，良有足稱。我們看雲南晉寧山出土銅鉞和銅戈的紋飾一類複雜的圖案，很像織錦一般。（見附圖一）漢初以來，滇地的織造工藝已有相當的造詣。

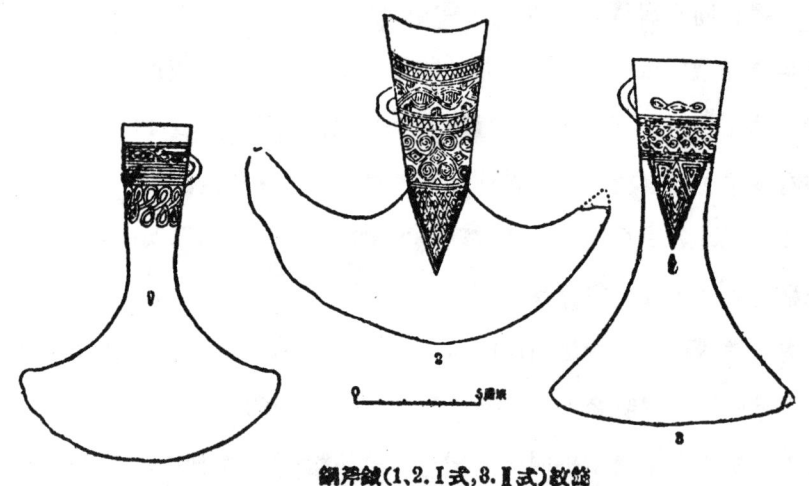

銅斧鉞（1、2. I式，3. II式）紋飾

附圖一　雲南晉寧石寨山出土銅鉞和銅戈

哀牢的織造物，有罽㲲、帛疊、蘭干、細布等，桐華布只是其中的一種。晉樂資謂其俗桐華布先以覆亡人。藤田豐八曾取東晉之佛說泥洹經及河水注引支僧載外國事，佛涅槃後，以新白㲲（泥洹經作新刧波＝吉貝）裹佛纏身一事以說之。（註三七）謂爲佛在世時的印度風俗。若然，則哀牢在漢時已受到印度文化的濡染了。又帛疊一名，應是 paṭṭa 的音譯。根據方國瑜的看法，蜀布即後漢書哀牢傳之帛疊，問題在何以會稱之爲蜀布，他說：這是由於漢初蜀賈們從哀牢區購出，然後販運往各地，人只知爲蜀

註三六：孫毓棠：戰國秦漢時代紡織技術的進步（歷史研究，1963，3）

註三七：參松本信廣：木綿の古名について（東亞民族文化論考 p. 659）史記貨殖傳有榻布一名注引漢書音義云：「白疊也。」此爲最早之紀載。高昌稱細棉曰白疊子（梁書五十四）。近年新疆阿斯塔那唐墓出土文書有「疊布袋」的記錄。參沙比堤從考古資料看新疆古代的棉花種植和紡織（文物，1973，10）

買所賣，故稱之爲蜀布。(註三八)其實四川自昔卽以產布出名，西漢時書鹽鐵論本議云「……非獨齊陶之縑，蜀漢之布也。」自秦惠王幷巴中，巴氐納賦，歲戶出賨布八丈二尺，漢興，仍依秦時故事。(後漢書南蠻傳) 說文：「賨，南蠻夷布也。」隸釋馮緄碑：「南征五溪蠻夷……收逋賨布卅萬匹。」這是徵收夷布的一項重要紀錄。巴地的賨布、賨布、氐人之紕，蜀細布之縝，都是漢代四川的出產，安知當日不會流到國外？所謂蜀布乃是極廣泛的名詞，後來綿州巴歌亦有「織得絹，二丈五」之句。不必一定是哀牢的白疊。四川麻織業在漢代已極馳名，雲南的紡織技術向來是要向蜀人學習的，蠻書七「自太和三年寇西川，虜掠巧兒及女工非少，如今悉解織綾羅也。」這是南詔吸收蜀工經驗的一例。滇地許多東西來自四川，近年雲南發掘漢代鐵器，上面鑴有蜀郡、蜀郡成都等標記，正是從四川輸入的物品。所以漢代的蜀布，自然亦可指蜀郡的細布。

哀牢出產又有銅、鐵、錫、鉛、金銀、光珠、虎魄、水精、瑠璃等物。Schayler van R. Cammanu 氏論及合金白銅之出自永昌一事，認爲乃漢代中、印交通的物證。惟氏頗疑蜀布邛杖乃是賤物，何勞遠販，疑張騫所言不是事實(註三九)然觀 Cinapaṭṭa 在印度之被珍視，而「秦布」且成爲一美名。則蜀布及永昌細布之遠至印度，自不成問題，無論蜀布之意義，是指蜀地之細布，抑爲永昌之細布，但必經過蜀販之手。魏略言「盤越國，蜀人買似至焉。」史記大宛傳云：「蜀買姦出」。梁書中天竺國：「漢世張騫使大夏，見邛竹杖、蜀布，國人云：市之身毒。」(諸夷傳) 是蜀之商賈，足跡遠至緬甸，逐及中亞；印度東部爲必經之地，事至明顯。

常璩南中志記漢武時通博南山，度蘭倉水、渚溪、取哀牢夷地，置巂唐、不韋二縣。行人作歌云：「漢德廣，開不賓。度博南，越蘭津。度蘭倉，爲他人。」班固東都賦云：「遂綏哀牢，開永昌。」李善注引東觀漢記云：「以益州徼外哀牢率眾慕化，地曠遠置永昌郡也。」後漢書哀牢傳：「顯宗以其地置哀牢、博南二縣，割益州西部都尉所領六縣，合爲永昌郡。」又同書郡國志：「永昌郡巂唐縣下引古今注云：永平

註三八：尤中：漢晉時期的西南夷文中引方氏說 (歷史研究，1957，12，p. 25)
　　　　又方國瑜：雲南與印度緬甸之古代交通。 (西南邊疆12)
註三九：S. Van R. Cammanu, Archaeological Evidence for Chinese contacts with India during the Han Dynasty. Sinologica, (Switzerland) vol. 5, No. 1, 1956.

十年置益州西部都尉，治嶲唐。」郡國志永昌郡八城爲不韋、嶲唐、比蘇、楪楡、邪龍、雲南、哀牢、博南。有戶231,897，口1,897,344。八城人口近二百萬。華陽國志稱永昌郡內有僄越之民。產於永昌之桐木，廣志謂出於剽國，常璩且目身毒卽永昌。蓋雲南與緬甸及阿薩姆一帶，地相毗接，民復雜居，漢晉以來，載事之書，遂亦混淆，可以互指。漢時永昌太守幾乎都是巴蜀人士（華陽國志所記太守，蜀郡鄭純，其後有蜀郡張化、常員，巴郡沈稚、犍彪。蜀章武時太守爲蜀郡王伉。）第一部西南夷史籍哀牢傳，作者楊終，是蜀郡成都人。（終字子山，永元十二年拜郎中。論衡佚文篇：楊子山爲郡上計吏，見三府爲哀牢傳不能成，歸郡作上。孝明奇之，徵在蘭臺。」嘗刪太史公書。）作華陽國志的常璩，亦是蜀郡人。漢代雲南的統治階層多爲蜀人，故蜀人對於雲南的智識，特爲豐富，域外地理，可能出於蜀賈報導。蜀郡漢時治成都，成都人口和首都長安相等。據食貨志，成都在西漢末年，爲全國五大商業都市之一，王莽以爲西市，貿易之盛，當然與域外有密切的交通關係，可想而知。

四、雜論中、印、緬古代交通

以物產論，中、印古代交通，尙有可得而言者。印度一向被誤認爲米的原產地，然後傳入中國，許多植物史家，多如是說。可是一般認爲梵語稻字 vrīhi 最初出現於阿闥婆吠陀（Athavaveda）時代甚晚。據近年考古發掘智識，華北在仰韶期已種稻。印度最早種稻的考古學資料，只相當於中國史前晚期的吳興錢山漾與杭州水田畈（註四〇）故中國稻米的種植，實早於印度。近歲雲南劍川海門口戰國初期遺址，據說有四處發現穀物帶芒的稻、麥、稗穗及小粟殼，（參拙作西南文化）可見洱海附近的居民，很早就從事種植了。又梵文小米一名是 Cīnaka 或 Cīnna，孟加拉語小米的異名是 Bhutta，反映著傳自不丹國。印度小米的命名，或謂卽表示由脂那傳入。梵語桃稱「至那你」＝ Cīnanī（義爲脂那持來）。梨稱「至那羅闍弗呾邏」，Cīna-rājāputra（義爲脂那

註四〇：N.I. Vavilor: Phytogeographic basis of plant Breeding in Bot. Chron. vol. 15, p. 29　，：Even though tropical India may stand second to China in the number of species, its rice, which was introduced to China." 但近年所得考古資料，已否定此說，詳何炳棣：黃土與中國農業的起源p. 147。按印度梨俱吠陀中 ánna 指熟米（coóked rice）見 R.L. Turner 之Indo-Aryan Languages 395. 則「米」非始見於阿闥婆吠陀，仍須詳考。

王子）。雖然近年的研究，知道桃和梨原爲印度的土產，但玄奘西域記中卷四至那僕底國（玄奘自註此名唐言漢封）所載，唐時有此二物譯名，係由漢土移殖之傳說。所謂「至那」即是 Cīna。（參看足立喜六大唐西域記‧研究p.300）

A.H. Dani 氏在 Prehistory and Protohistory of Eastern India 書中，指出有肩石鏟及尖柄磨製石斧，在印度東部分佈的情況，前者似由華南沿海，以達阿薩姆、孟加拉，後者乃由四川雲南經緬甸以至阿薩姆等地。這說明在史前時代，中國與東部印度地區已有密切的交往。

以海道論，巴利文那先比丘經（Milindapañha）記彌鄰陀王（希臘名 Menandros, B. C. 125-95）和龍軍（Nāgasana）和尚問答，龍軍曾舉一個例說到運貨船遠至支那等地，（註四一）這是公元前一世紀的事情。一九六三年我到過南印度 Mysore，得悉該地曾出土中國古錢，地點在 Candravalli 地方，據印人考古報告，最古漢錢爲138 B.C. 即西漢時代，這可與漢書地理志王莽於元始間與黃支國海上交通之記錄，互相印證。（註四二）

東漢時撣國王雍由調受安帝封，爲漢大都尉，賜印綬金銀綵繒。（見後漢書西南夷傳）按雲南晉寧石寨山發見滇王印章，則撣國之有印，諒無疑問。撣族至一二二九年，建阿洪（Ahom）王國於東印度之阿薩姆（Assam），勢力及于頓遜（Tenasserin）。一二九四年襲 Arakan 北部，廣及全緬，代蒲甘國爲王，統治阿瓦（Ava）凡二百年。但當東漢時，已受漢封。

至於緬甸與 Assam 之關係，後來史事，值得敘述者，如上述之阿洪撣邦國境，沿雅魯藏布江而伸展，緬王孟隕（Bodawpaya）于1816年間，緬軍兩度進入阿薩姆境，故八莫附近，有五百 Assam 僑民。而 Assam 境內之 Lakhimpur 及 Sihsagar 兩縣，至今尚有緬甸村落。（註四三）

註四一：此巴利文資料據季羨林書 p. 167. 參 P. Demieville: Les Versions Chinois du Milindapañha, BEFEO, XXIV, Hanoi. 1924,

註四二：參 Mysore Archaeological Report, 1910, p. 44. 又 A Chinese coin from Sirpur 見J. Numismatic Society of India, 1956, vol. XVIII, p. 66. Nilakanta Sastri在他的 A History of South India，：Intercourse between China and South India *by sea* as early as the second Century B.C. is attested to by the record of Chinese embassy to Kānchi （黃支）and the discovery of a Chinese coin of about the same date from Chandravalli in Mysore. (1958, p. 27) 。可參藤田豐八：前漢時代西南海上交通紀錄。

註四三：見 Harvey緬甸史第七章註218引E. A. Gait 之 A History of Assam.

後漢書哀牢夷傳記永元六年 (A.D. 94) 永昌郡徼外敦忍乙王莫 (官本作慕) 延慕義遣使譯獻犀牛大象。夏光南中緬印交通史云：「上緬甸太公城發現古碑銘，年代爲西元四十六年，並有梵文，誌太公爲訶斯帝那補羅 (Hastinapura 卽 Delhi) 移民所建。故方國瑜氏以爲敦忍乙係太公城 (Tagaung) 附近舊蒲甘王國之王名。(註四四) 按敦忍乙一名他處無徵，莫由比對。據 G. E. Harvey緬甸史第一章註74謂一八九四年Führer考證，稱其曾在太公發現一石版，上鐫年月爲西元四一六年，並有梵文碑銘。又謂此碑未曾公開發表，是不甚可信，且係西元 416 年，夏氏誤爲西元46年，應正。

緬文碑銘，最古者可上溯至1053年，爲阿奴律陀 (Anawratha) 征克直通之後一年。(見 1913年碑銘彙輯) 字體爲得楞文(Telingana)之一種(註四五)。G. H. Luce 謂驃國碑銘有三：存於蒲甘者，一爲自Halingyi移至Shwebo 縣之殘片，爲七世紀蒲甘國以前物。一爲Myazedi寶塔石柱碑銘建於1113年A. D.，(當北宋政和三年1115年，蒲甘曾入貢南詔，見南詔野史) 爲開辛他 (Kyanzitha) 王晚歲所立。(註四六) 一在蒲甘博物院內，碑具兩面，一爲驃文，一爲漢文，年代約爲1287至1298之間。時元蒙古相答吾兒(Asān-tāmür)已占領蒲甘矣。(註四七) Luce 氏近著 Old Burma-Early Pagán 三巨册，現已問世，關於蒲甘興起歷史，論述至爲詳盡。謂七世紀Srī Keṣetra ， Pyu Script，乃取自西印度之北 Canarese 文。(p. 96) 其所引漢籍，止溯至嶺外代答及諸蕃志，間涉及蠻書，未能遠稽華陽國志等資料。

宋趙汝适諸蕃志蒲甘國條稱其「國有諸葛武侯廟。皇朝景德元年來貢。」作者於一九六三年遊蒲甘國 (Pagan)，未聞其地有武侯祠。在Nyaug-u地方，曾瞻仰Kyanzitha王 (1084—1112) 所建之 Nathtaung 廟，廟爲磚砌成，壁間繪有蒙古貴族及武士，蓋元兵於一二八七年曾據此城。又憑弔蒲甘末帝 Narathihapate (1254—87) 於一二八四年落成費時六載所建之 Mingalazedi 塔。(帝於至元二十二年 (1285) 詣雲南納款乞降。) 又在緬北孟德勒見華人所建之觀音寺，有道光二十三年 (1850) 匾額，題曰「漢

註四四：夏光南書 p. 23.
註四五：見 Harvey 緬甸史，姚譯本 p. 14 及 p. 36.
註四六：麼耶齊提柱銘已譯成漢文，見姚枬譯緬甸史. p. 47
　　　驃文碑詳 A.H. Dani: Indian Palaeography p. 241-250.
註四七： Chen Yi-sein: The Chinese Inscription at Pagan (BBHC vol. I, ii, 1960. p. 153.)

朝商賈熏沐敬獻」。復有咸豐四年 (1854) 甲寅「華藏莊嚴」匾，據廟祝云：有老尼自
滇騰衝來此始建廟宇。此處有雲南同鄉會，華人爲數不少。印滇緬交界地方，人民雜
居，由來已久，我人可想像東漢時永昌郡內儌越、身毒羣居之情形。或謂常璩所言之
身毒，即指阿拉干民族 (Arakanese)，尚乏明證。(註四八)

附圖二A　　長沙：木槨墓外棺東向檔板上刺繡摹本

　　或疑蜀布傳至大夏，道途遼遠，恐無可能。然以近年考古所得資料而論，如長沙
木槨墓田土刺繡二件，粘在外棺內壁東端及南壁板上，作連環狀的龍鳳圖案，(圖二)

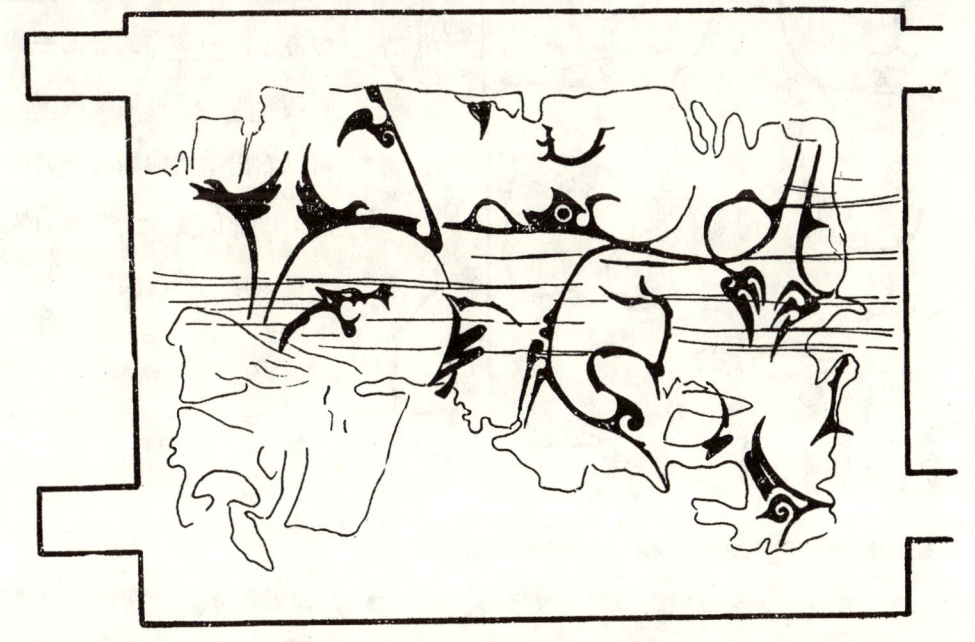

附圖二B　　長沙：外棺南向壁板上刺繡摹本

註四八：夏光南說，中印緬交通史 p. 22

與蘇聯西伯利亞烏拉干河流域公元前五世紀的巴澤雷克五號墓所出刺繡，作風相同，

附圖三　西伯利亞巴澤雷克第 5 號墓出土的刺繡花紋結構

（註四九）　見附圖三。雲南石寨山發見之銀帶鉤，鑲嵌綠松石珠飾，爲西漢遺物，紋飾作翼虎攫樹，與內蒙古之漢帶鉤相同。說者舉出漢將軍郭昌，曾駐朔方，後至昆明，作爲佐證。（註五〇）

鳳凰連蜷的圖案，在楚墓的漆匳，時常見到，長沙出土的繡緞，原產地可能出自楚國，但在春秋時代却已輸入阿爾泰族區域，在古代屬於北狄的地帶；而內蒙古式樣的帶鉤，在西漢時，遠道輸入滇池。可以看出南北與域外交通的情形，以此例彼，蜀布的輸入大夏，自然不成問題了。

註四九：高至喜、長沙烈士公園 3 號木槨墓清理簡報，又營金科：論中國與阿爾泰部落的古代關係。考古學報（1957第 2 期）

註五〇：參 E.C. Bunker: The Tien Culture and some aspects of its relationship to the Dong-son Culture. 圖17，Early Chinese Art and it's possible influence in the Pacific Basin. vol. II.

補　　記

　　沙畹於魏略西戎傳箋注 (通報1905)　「盤越國下與益部相近」句下云：「益部疑爲
益郡之訛。」 (馮譯本p.97)按續漢郡國志，永昌郡爲屬益州刺史部十二郡國之一，原文
作「益部」無誤。

　　岑仲勉於上古中印交通考「盤越」條，主丁謙、張星烺說，而以盤越爲　Pun
(dra) vard (dhana) ＝西域記之「奔那伐彈那」之略譯 (西周社會制度問題附錄二，p.174)，
但從對音立說，又未徵引華陽國志細加比勘，說不可從。茲仍依沙畹說，定此盤越國
應在今之阿薩密(Assam)與緬甸之間。

　　日本杉本直治郎著魏略に見えたる盤越國 (東方學29)，又以盤越國爲越の盤の
國，謂盤卽 Brahmā 之音譯＝梵＝婆羅門，猶言 Brahmādesá，盤之國，猶言梵土，
卽指身毒之地，以其地久已梵化。然割裂「越」字，於對音未甚吻合。

　　杉本氏又著西南異方志與南中八郡志一文 (東洋學報47, 3, 1964)，蓋已先我著論，彼對
南中八郡志成書年代，據御覽 813引銀窟條，有「劉禪亡破以來」之語，定其書爲泰
始初之作，蓋本文廷式補晉書藝文志 之說， 仍未 稽及張氏古方志考。余則據劉逵年
代，定其成書當在梁王彤、趙王倫以前。知南中志爲晉初史書，彼此意見均合。故驃
國之名，在晉初實已出現，可無疑問。按唐會要 100 驃國條云：「魏晉間有著西南異
方志及南中八郡志者云：『永昌、古哀牢國也。傳聞永昌西南三千里，有驃國。君臣
父子長幼有序，然無見史傳者。』今聞南詔異牟歸附心慕之，乃因南詔重譯，遣子朝
貢。」云云，(樂史太平寰宇記卷177 驃國文同。) 則王溥早已確定南中八郡志爲魏晉間書，
左思三都賦序所稱：「其鳥獸草木，則驗之方志。」此卽太冲所引用方志之一種也。
伯希和謂御覽177 引魏 晉人西南異方志及南中八郡志， 實則出於唐會要。 杉村指出
所謂「太平御覽卷一七七」應是「太平寰宇記卷一七七」之誤，其說是也。

附論：海道之絲路與崑崙舶

近年西北新疆地帶，考古發見之資料甚夥，對於絲路在漢唐以來交通情形，已有豐富實物可爲證明，世所共悉。如高昌縣殘紙有「在弓月舉取二百七十五匹絹向龜（茲）」之語，(文物 1972.3) 尤覺有趣。

沙畹于西突厥史料中云：「絲路有陸、海二道：北道出康居，南道爲通印度諸港之海道，以婆盧羯泚（Broach 據馮承鈞譯本采用義淨大孔雀呪王經譯名。）爲要港。又稱羅馬 Justin Ⅱ謀與印度諸港通市，而不經由波斯，曾於531（梁中大通三年）年遣使至阿剌伯西南 Yémen 與 Himyarites 人約，命其往印度購絲，而轉售之于羅馬人，緣其地常有舟航至印度。(馮譯本p.167，據註云：見Procope著de bello Persice, I) 從波斯的史料，可看出六朝時候，羅馬與中東國家，對中國絲織品貿易的競爭，而且特別開闢海道作爲絲路運輸的航線。

南齊書南蠻傳贊說：「商舶遠屆，委輸南州，故交、廣富實，物積王府。」只言及商舶自遠而至的事。自三國以後，海路交通發達，王室及官吏，掌握特殊的權利，喜歡從事這種厚利的海外貿易，像東晉義陽成王司馬望的孫奇，「遣三部使，到交、廣商貨。」(晉書卷卅七宗室) 即是較早的例子。南齊書廣陵人荀伯玉傳云：

世祖（齊武帝蕭賾）在東宮，（伯玉）任左右。張景眞使領東宮，主衣食官穀帛，賞賜什物，皆御所服用。………又度絲錦與崑崙舶營貨，輒使令防送過南州津。

這條極重要。費瑯（Gabriel Ferrand）所作崑崙及南海古代航行考徵引漢籍四十二條，未嘗及此。(馮承鈞譯及近年陸峻嶺補註本) 崑崙舶一名，向來止采用唐代的記載，像武后時的王綝傳：「遷廣州都督，南海歲有崑崙舶，市外區琛琲。」(新唐書卷116王綝傳) 又王方慶傳：「廣州每歲有崑崙乘舶。以珍物與中國交市。」(舊唐書卷八十九) 這二事屢見稱引。但從荀伯玉傳，可知南齊時已有崑崙舶在海上行走，且以絲錦爲主要商品，由皇室的親信兼營這種海上貿易。梁書王僧孺傳：

天監初，……出爲南海太守。郡常有高涼生口及海舶，每歲數至，外國賈人以通貿易。舊時州郡以半價就市，又買而即賣，其利數倍。僧孺乃歎曰：昔人爲蜀郡長史，終身無蜀物；吾欲遺子孫者，不在越裝。

可見當日海舶與外國賈人交易情形，及蜀貨向來爲人垂涎的程度。越裝之與蜀物，都是與外國互市的物品，才有這樣厚利可圖。越裝的裝，後來亦用作船隻的名稱，如瓊州人的貨船，都叫做裝。(參拙作說䑸及海船的相關問題，民族學集刊 33 期) 南齊時候，崑崙舶載絲錦出口，這和羅馬人于 531 年由海路輸入絲物，年代完全符合。中西史事，正可以互相印證。崑崙舶中有黑種的骨倫人充當水手。慧琳一切經音義：「海 中 大 船 曰 舶。……入水六尺，驅使運載千餘人除貨物，亦曰崑崙舶。運動此船多骨倫爲水匠。」骨倫即崑崙的音轉，人皆知之。慧超往五天竺傳：記波斯國，「亦汎舶漢地，直至廣州取綾絹絲錦之類。」則唐時波斯人亦循海道從事絲絹貿易了。日僧元開撰唐大和尙 (鑑眞) 東征記，(天寶八年至廣州)「江中有婆羅門、波斯、崑崙等舶，不知其數，並載香藥珍寶，積載如山，舶深六、七丈。獅子國、大石國、骨唐國、白蠻、赤蠻等，往來居住。」當日船舶之盛，可以概見。

海道的絲路是以廣州爲轉口中心。近可至交州，遠則及印度。南路的合浦，亦是一重要據點，近年合浦發掘西漢墓，遺物有人形足的銅盤。而陶器提筒，其上竟有朱書寫着「九眞府」的字樣，(考古1972.5) 九眞爲漢武時置的九眞郡，這箇陶筒必是九眞郡所製的，而在合浦出土，可見交、廣二地往來的密切。合浦漢以來是采珠的地區，漢書王章傳稱章死獄中，「妻子皆徙合浦。其後王商白成帝，還章妻子 故郡。其家采珠，致產數百萬。」梁書諸夷傳：(晉) 簡文咸安元年，「交州合浦人董宗之採珠，沒水于底，得佛光艷。」佛的金身，沈在海底，竟爲采珠人所獲得，中、印海上往來，合浦當然是必經之地。而廣州自來爲眾舶所湊，至德宗貞元間，海舶珍異，始多就安南市易。(通鑑234)

蜀布中細布的黃潤，在漢代很出名，亦作爲貢品。揚雄蜀都賦謂「緜繭成衽……筒中黃潤，一端數重。」它是很精細，而需要盛以筒來保護的。司馬相如的凡將篇且說「黃潤纖美宜制禪。」說文：「禪，衣不重也。」釋名釋衣服：「禪衣，言无里 (裹) 也。」長沙馬王堆一號墓出土單衣三件，極爲纖細精美，即是所謂禪。該墓所出遣策竹簡，有二處言及䦆字。一是第二七六號，文云：「瑟一越。䦆錦衣一赤掾 (緣)」一是第二七七號，文云：「竽一越。䦆錦衣，素掾 (緣)」。其字作䦆，王上有一橫筆，釋者謂是黃潤的䦆之變體。細布的䦆，可以製爲內衣的禪，亦可作樂器竽、瑟的

錦套。馬王堆瑟衣，係以兩重三枚經線提花方法織成圖案。　（見該墓報告 p.51圖44）　長沙
的黃潤細布，是否出自巴、蜀，尚無法證明。但長沙和廣州乃咫尺之地，這樣精美的
絲錦，在漢以後一定是外國人采購的目標，成爲崑崙舶和越裝經營的貨品，自然不成
問題。由於馬王堆墓所出絲織品的繁複及精緻，令人想到楊子雲蜀都賦所描寫的蜀地
絲織品質料之美，倍覺可信。難怪羅馬人要開闢海道的絲路輾轉往印度輸入彼土。當
日崑崙舶之爲海上重要交通工具、從六朝到唐，一直是負起運輸的任務，可想而知。

　　印度海上船舶形狀，見於 Ajantā 第二石窟所繪者，爲六世紀物。　（見附圖四）又
吳哥窟壁畫所見船舶，圖樣至夥。P. Paris 著 Les Bateaux Des Bas-reliefs Khmèrs,
（見Bulletin De l'École Francaise D'Extrême-Orient, Tome XLI—1941. p. 355–361）
所收圖版，不一而足。 Khmer 人之船，即是崑崙舶，此類實物資料，更足珍視。

　　中、印海上交通，Basham已有詳細討論，茲不復贅。（註五一）

—A ship, c. 6th century, A.D.　(From Cave II Ajantā).
附圖四　印度：海上船舶形狀

註五一：參看 A.L. Basham, The wonder that was India p. 226, 'See-Trade and overseas contacts.'

VASSAL KINGS AND MARQUISES
OF THE FORMER HAN DYNASTY

(前漢 206 B.C.—9A.D.)

Tao Tien-yi

One problem the Former Han government tried to solve was that of finding the right persons to carry out all kinds of governmental functions. Chinese political philosophers had faced this problem from a very early time. The majority of influential schools of thought during the Eastern Chou (東周) period, while differing sharply on other issues, strongly advocated the principle that the government post should go to the best qualified. This principle not only became one of the dominant current in Chinese political thought, but also exerted a strong influence on the Chinese political system. The principle was wholeheartedly accepted by the Chinese government and was partly carried out during the Eastern Chou dynasty. However, it was during the Ch'in (秦) and the Han dynasties that China created an elaborate civil service system and brought this principle to a high degree of realization. The Former Han dynasty especially made important contributions, and laid down the framework for the system which was to last for the next two thousand years.

However, the system of choosing government personnel in the Former Han dynasty still had its dark side. Factors other than the candidate's fitness for his job played a role in selecting government personnel. For example, one's wealth, one's personal connection and one's birth were all of importance.

The hereditary system always presents a threat to the selection of public personnel. Besides an emperor, there were two other hereditary posts in the Han government; vassal king and marquis.

The feudal system was abolished in the Ch'in dynasty. During the Ch'in dynasty, the question arose: should the government establish royal princes as vassal kings to control the remote area and safeguard the central government? It was debated in court in 221 B.C. (秦始皇二十六年) and 213 B.C. (秦始皇三十四年). The opinion of Li Ssu (李斯) won the approval of the emperor. He stated that the feudal system was the main cause of the constant wars which prevailed during the preceding Chou dynasty (周) and that the reestablishment of the feudal system would invite war and anarchy. Ch'in abolished the feudal system and in its place gave the central government power to control the whole country.[1] However the Han re-established the feudal system. Following the collapse of Ch'in, many military powers sought to establish their own dynasty. Kao Tsu, a leader of one of these military groups, emerged only after a long struggle as head of the new dynasty. It was necessary for him to reward his powerful generals and appease his rivals who acknowledged his sovereignty. Tsang T'u (臧荼) was made the King of Yen (燕王),[2] Han Hsin (韓信) the King of Han (韓),[3] Chang Erh (張耳) the King of Chao (趙王),[4] Han Hsin (韓信 not the same one mentioned above) the King of Ch'i (齊王),[5] Ch'ing Pu (黥布) the King of Huai nan (淮南王),[6] P'ing Yüeh (彭越) the King of Liang (梁王),[7] Wu Jui (吳芮) the King of Ch'ang sha (長沙王),[8] and Lu Kuan (盧綰) the King of Yen (燕王).[9] Moreover, one hundred and forty-three who followed Kao Tsu during his campaign were made marquis.[10] Kao Tsu had no choice but to accept the fedual system. However, the feudal system was also established by his own choice.

The value of the vassal kings of the imperial family in safeguarding the central government was pointed out in the two debates during the Ch'in dynasty. Because the Ch'in dynasty fell so quickly under the attack of the revolt, the Han government felt that without vassal kings of the imperial family, the emperor would be too weak to face possible threats by himself. Also in order to keep watch over the powerful vessal kings who were not members of the imperial family, Kao Tsu had many of his close relatives made kings.[11] In 201 B.C. (漢王六年) Liu Ku (劉賈), Kao Tsu's cousin, was made the King of Ching (荊王),[12] Liu Hsi (劉喜), Kao Tsu's elder brother, the King of Tai (代王);[13] Liu Chiao (劉交), Kao Tsu's younger brother, the King of Ch'u (楚王);[14] and Liu Fei (劉肥), Kao Tsu's son, the King of Ch'i (齊王).[15] Kao Tsu's other sons:

1. Ssu-Ma Ch'ien 司馬遷 (ca. 145–ca. 86 B.C.). *Shih-chi* 史記 (Shanghai: Chung Hua Book Co. SPPY edition.; hereafter referred to as *SC*), 6, pp-12a, 12b, 21b, 22a; Pan Ku 班固 (39-02). *Han shu* 漢書 (I wen yin shu kuan. Reprint of 1739 W*u* ying tien ed.; hereafter referred to as *HS*). 13, pp. 1b, 2a; 28A, p. 11b.
2. *HS*, 1A, p. 20a; 13, pp. 2b, 3a; 31, p. 18a. 　　　3. *HS*, 1A, p.23a; 13, p. 5b.
4. *HS*, 1A, p. 32a; 13, p. 10b. 5. *HS*, 1A, pp. 32a, 32b; 13, p. 11a. 6. *HS*, 1A, p. 32b; 13, p. 11b.
7. *HS*, 1B, pp. 1a, 1b, 2b. 8. *HS*, 1B, p. 4a; 13, p. 12a. 　　9. *HS*, 1B, pp. 7a, 7b; 13, p. 12a.
10. *HS*, 1B, pp. 9a, 9b, 10a; 16, pp. 1a, 1b.
11. *HS*, 4, p. 2a; 14, p. 2b; 19A, p. 15b; 35, p. 1b; 38, pp. 12a, 12b; 53, p, 9b; 63, p. 10a.
12. *HS*, 1B, p. 9a; 14, p. 9b; 35, pp. 1a, 1b.

Heng （恒）, Hui （恢）, Yu （友）, Ch'ang （長）, Chien （建）, and his nephew, Piu Pi （劉濞） were made kings in 196 B.C. and 195 B.C.[16] The hereditary kings and marquises again became a part of the governmental system. A serious threat to the principle that governmental position goes to the best qualified again existed.

The information on the question how the successors to kings and marquises were chosen is not as complete as that on the emperor. From available information, the succession system of the kings appears to have been quite similar to that of emperors.

A king's throne was inherited in one family. In the solemn ceremony of investiture of a vassal king the emperor commanded in a decree that the king, generation after generation, be a devoted follower to the Han dynasty.[17] The investitute was sealed with covenant and the document of investiture was care fully kept in the imperial temple.[18] The kingdom was bestowed upon a family for all time to come. In handing the throne to the next king, either an heir-apparent was chosen while the reigning king was alive or the selection was made after the throne was vacant. Because a throne had to remain in one family, the choice of successors was very limited.

The practice whereby the throne went to the *ti chang tzu*, the eldest son of the principal wife, was adhered to for selection of kings as well as the selection of the emperor. This conclusion is based upon the following evidence The line was clearly drawn between the principal wife and the king's other concubines. The principal wife was called *hou* （后 queen） while the concubines were called *ch'ieh* （妾）.[19] The king's other wives held various other titles, such as *chi* （姬）, *fu jen* （夫人）, *pa tzu* （八子）, *chia jen tzu* （家人子）, etc.[20] The terms *ti* （嫡） and *nieh* （孽） were used to designate the sons of the king's principal wife and those of his concubines respectively.[21]

Besides the above terms which testify to the special status of the king's principal wife and her sons as opposed to his other concubines and their sons, there are several actual succession cases which show that a son of the *ti* lineage had precedence over other sons in inheriting the throne. For example, the King

---

13. *HS*, 1B, p. 9b; 14, p. 6b.　14. *HS*, 1B, p. 9b; 14, p. 6a.　15. *HS*, 1B, p. 9b; 14, p. 7a; 39, p. 10b.

16. (a) Heng （恒）: *HS*, 1B, pp. 16a, 16b; 14, p. 11a.　(b) Hui （恢）: *HS*, 1B, p. 17b; 14, p. 11a.　(c) Yu （友）: *HS*, 1B, p. 17b; 14, p. 11b.　(d. Ch'ang （長）: *HS*, 1B, pp. 18a, 19b.　(e) Chien 建: *HS*, 1B, p. 20b; 14, p. 12a.　(f) Pi （濞）: *HS*, 1B, p. 20a; 35, pp. 4a, 4b.

17. *HS*, 63, pp. 6b, 7a, 13b　　18. *HS*, 16, pp. 1b, 2a.

of Huai nan, Liu An (淮南王劉安), had two sons. The elder one was born of a concubine. The younger one was born of his *hou* (后 principal wife). The younger one was made *t'ai tzu* (太子 heir-apparent).[22] The King of Ch'ang shan, Liu Shun (常山王舜), had four sons. One was born of his principal wife. The other three, including his eldest son, were born of his concubines. His principal wife's son was made *t'ai tzu*.[23] The King of Heng shan, Liu Szu (衡山王賜), had nine children. Besides his sons who were born of his concubines, he had two sons of his principal wife. The elder of these two sons was made *t'ai tzu*.[24] More significantly, Chu-Fu Yen (主父偃) at the time of Wu Ti, described the succession system of kings in general terms. He said that the throne was handed down from generation to generation through the *ti* lineage. Other sons, although being the children of the kings, did not possess their own fiefs.[25] The *ti chang tzu* had the precedence over other sons to be chosen as the new king. The choice was extremely limited.

When a king had sons, none of whom was a legitimate successor through the *ti* lineage, a choice of the king again appeared to be extremely limited. The selection was usually decided by the age of his sons. The eldest one among the candidates normally had precedence over the others. For example, (1) Liu Hsien (劉賢) was the eldest son of Liu Chi (劉寄), the King of Chiao tung (膠東王). His mother did not enjoy the favor of the king. The king intended to have a younger son of his favorite wife be made *t'ai tzu*. However, the king did not act on his intention because it was against the correct sequence of selection. Especially after the king was seriously suspected by the central government of conspiracy, he did not mention his intention and did not dare to make one of his sons *t'ai tzu*. He died without a legitimate successor. The emperor made Liu Hsien, the eldest son, the next King of Chiao tung.[26] The phrase used in *Han shu* to indicate that such a choice was against the correct sequence of selection reads as "wei fei tz'u" (為非次). There was a sequence in selecting the next king among one's own sons. The elder son had the prece-

---

19. *HS*, 53, p. 18b.
20. (a) *hou*: *HS*, 38, pp. 2a, 3b; 44, pp. 9b, 14a, 14b; 47, p. 5b; 53, pp. 5b, 13b, 18a; 80, p. 11a. (b) *fu jen*: *Hs*, 53 pp. 14a, 15b, 63, p. 12b. (c) *chi*: *HS*, 53, p. 5a; 63, p. 12b. (d) *pa tzu*: *HS*, 38, p. 12a; 53, p. 5a; 63, p. 15a. (e) *chia jen tzu*: *HS*, 63, p. 15a.
21. *HS*, 38, p. 9a; 44, pp. 9b, 11a; 53, p. 18b; 64A, p. 19a.
22. *HS*, 44, pp. 9b, 11a.   23. *HS*, 53, p. 18a.
24. *HS*, 44, p. 14a.   25. *HS*, 64A, p. 19a.   26. *HS*, 53, pp. 17a, 17b.

dence over the others.　(2) The case of the King of Kuang ch'uan (廣川王), Liu Ch'i (劉齊), was also revealing.　Liu Ch'i made his younger son *t'ai tzu* because his eldest son with his uprightness repeatedly remonstrated against him. Therefore the king passed over his eldest one and made his younger son his legitimate successor.　The phrase used in *Han shu* to indicate the fact that the younger son over-passed the eldest son in being made the *t'ai tzu* reads as "ch'ü (the younger son) ku shang li yen" (去故上立焉).[27]　(3) Wen Ti in establishing a successor to the King of Chao (趙王), Liu Yu (劉友), had the eldest son of Liu Yu made the king.[28]　The practice having the elder one among the sons of a king made the successor limited the chance to have a selection of the next king.　However, by petitioning the emperor the king could ask the approval of a choice which would disregard the precedence enjoyed by a son of *ti* lineage or an elder son and the emperor could make his choice as he saw fit. For example: (1) The above mentioned case of Liu Ch'i (劉齊) is a good illustration of how the precedence could be changed.　(2) The King of Heng shan (衡山王), Liu Szu (劉賜), had two sons born by his principal wife.　The elder one was made the heir-apparent.　After the heir-apparent's mother died, the new queen continuously slandered the son before the king.　The king therefore petitioned to the emperor to have his heir-apparent replaced by the younger son of the dead queen.[29]　(3) Wu Ti once made a choice of the successor of the King of Chao (趙王) which, as he saw fit, was based on the consideration of the candidates' character instead of the age sequence among the sons.　Liu P'eng-tsu (劉彭祖), the King of Chao, died without appointing a successor.　Wu Ti inquired about the character of the sons of the king from one of his attendants who came from that kingdom.　Wu Ti considered one son who had many desires as unqualified to rule the kingdom.　The son he did choose had neither a good nor a bad reputation.[30]　Under the above situation the choice was widened but it was still strictly limited to the king's sons.

Under the next situation the succession system of the kings differs sharply with that of the emperors.　When the emperor did not have a son of his own the new emperor would be chosen from the descendants of the preceding emperors.　However, in the case of a king without a son, his kingdom would be abolished.

In the biographical section on the vassal kings in *Han shu*, we come across

27.　*HS*, 53, p. 16b.　　　　28.　*HS*, 38, pp. 2b, 3a.　　　　29.　*HS*, 44, pp. 14b-16b.

time and again situations where a king died without a son and consequently had his kingdom abolished. For example: At the time of Ching Ti, Liu Jung (劉榮), the King of Lin chiang (臨江王), died without a son. His kingdom was incorporated into the territory directly under the control of the Han government and was made into a province called *Nan chün* (南郡).[31] After we put collected information together, we find that it was a common practice during the Former Han dynasty that the kingdom could only be inherited by one's own son and that without a son the kingdom would be abolished.

One piece of evidence is very revealing. In 1 A.D. (平帝元始元年) the government decreed that from then on all those kings and marquises who did not have sons could have their grandsons or their nephews who were adopted as their sons be made their heirs.[32] The regulation implies that before 1 A.D., in other words, during the whole Former Han dynasty, when the kings did not have a son, the noble titles could not be inherited by grandsons or adopted sons. We may also assume that the throne could not be given to relatives more remote than king's own grandsons and adopted sons.

Another group of data is very convincing. We collected as complete as possible a list of kings who died without a son in the Former Han period and got twenty-seven names. Among the twenty-seven cases, there are three which do not clearly indicate to us that the kingdom was abolished;[33] the rest all had their kingdoms abolished after their death. For example, the King of Ching (荆王), Liu Ku (劉賈), at the time of Kao Tsu;[34] the King of Liang (梁王), Liu I (劉揖);[35] the King of Ho Chien (河間王), Liu Fu (劉福);[36] the king of Ch'i (齊王), Liu Tse (劉則);[37] the King of Ch'ang sha (長沙王), Liu Ch'an (劉產),[33] at the time of Wen Ti; the King of Chi yin (濟陰王), Liu Pu-shih (劉不識);[39] the King of Lin chiang (臨江王), Liu E (劉閼);[40] the King of Lin chiang (臨江王), Liu Jung (劉榮),[41] at the time of Ching Ti; the King of Ch'i (齊王), Liu Tz'u-ch'ang (劉次昌);[42] the King of Shang yang (山陽王), Liu Ting (劉定);[43] the King of Chiao hsi (膠西王), Liu Jui (劉瑞);[44] the King of Ch'ing

30. *HS*, 53, pp. 8b, 9a. 　　　　 31. *HS*, 14, p. 19a; 53, pp. 3a, 3b. 　　　　 32. *HS*, 12, p. 3a.

33. (a) Liu Pu-i (劉不疑): *HS*, 13, pp. 14a, 14b; 18, p. 4a. 　 (b) Liu Ch'iang (劉強): *HS*, 13, p. 15b; 18, p. 4b. 　 (c) Liu K'ai-ming (劉開明): *HS*, 80, p. 11b.

34. *HS*, 14, p. 9b. 　　 35. 14, p.12b; 47, p. 4b. 　　 36. *HS*, 38, p. 3a.

37. *HS*, 14, p. 7a; 38, p. 8a. 　 38. *HS*, 13, p. 19a. 　 39. *HS*, 14, p. 14a; 47, p. 5b.

40. *HS*, 14, p. 15b; 53, p. 3a. 　 41. *HS*, 14, p. 19a; 53, pp. 3a, 3b. 　 42. *HS*, 14, p. 7a.

43. *HS*, 14, p. 14a; 47, p. 5b. 　 44. *HS*, 14, p. 18a; 53, p. 7b. 　 45. *HS*, 14, p. 20b; 53, p. 17b.

ho (清河王), Liu Ch'eng (劉乘);[45] the King of Ch'i (齊王), Liu E (劉閼);[46] the King of Szu shui (泗水王), Liu an (劉安),[47] at the time of Wu Ti; the King of Chao (趙王), Liu Tsun (劉尊);[48] the King of Chung shan (中山王), Liu Hsiu (劉脩);[49] the King of Chung shan (中山王), Liu Yün-k'e (劉雲客),[50] at the time of Hsüan Ti; the King of Chung shan (中山王), Liu Ching (劉竟);[51] the King of Ch'ang sha (長沙王), Liu Tan,[52] at the time of Yüan Ti; the King of Ch'eng yang (城陽王), Liu Yün (劉雲);[53] the King of Kuang ling (廣陵王), Liu Huo (劉獲);[54] the King of Ch'u (楚王), Liu Wen (劉文),[55] at the time of Ch'eng Ti; the King of Lu (魯王), Liu Tsun (劉晙);[56] the King of Kuang Ping (廣平王), Liu Kuang-han (劉廣漢),[57] at the time of Ai Ti. Among the above twenty-seven cases there are fourteen in which after a kingdom was abolished a relative of the deceased king was later reestablished as a king of the formerly abolished kingdom by the emperor's special favor.[58] For example: (1) at the time of Wu Ti the King of Szu shui (泗水王), Liu An, died without a son. Wu Ti felt pity for the king that his lineage would come to its end, and he therefore establish-ed Liu An's brother, Liu He (劉賀), as the King.[59] (2) At the time of Hsüan Ti the King of Chung Shan (中山王), Kiu Hsiu (劉脩), died without a son. The kingdom was abolished. Forty-five years later, and after the rule of two emperors, Hsüan Ti and Yüan Ti, Ch'eng Ti made Liu Hsiu's cousin the king.[60] Among the above fourteen cases in which a relative later was made a king, nine were brothers of the deceased kings,[61] two were uncles,[62] and two were cousins.[63]

---

46. *HS*, 14, p. 22a; 63, p. 7a. 　　47. *HS*, 14, p. 21b; 53, p. 19a. 　　48. *HS*, 14, pp. 16b, 17a; 53, p. 9a.
49. *HS*, 14, p. 18a; 53, p. 12a. 　50. *HS*, 14, pp. 18a, 16b; 53, p. 12a. 51. *HS*, 14, p. 25b; 80, p. 12a.
52. *HS*, 14, p. 17b, 53, p. 13a. 　53. *HS*, 14, p. 7b; 38, p. 8a. 　　54. *HS*, 14, p. 22b; 63, p. 16a.
55. *HS*, 14, p. 24b; 80, pp. 7a, 7b. 56. *HS*, 14. pp. 15b, 16a; 53, p. 3b. 57. *HS*, 53, p. 12a.
58. (a) Liu Pu.i (劉不疑): *HS*, 13, pp. 14a, 14b; 18, p. 4a. 　(b) Liu Ch'iang (劉強): *HS*, 13, p. 15b; 18, p. 4b. 　(c) Liu Tse (劉則): *HS*, 14, p. 7a. 　(d) Lin An (劉安): *HS*, 14, p. 21b; 53, p. 19a. (e) Liu Tsun (劉尊): *HS*, 14, pp. 16b, 17a; 53, p. 9a. 　(f) Liu Hsiu (劉脩): *HS*, 14, p. 18a; 53, p. 12a. 　(g) Liu Yün-k'e (劉雲客): *HS*, 14, pp. 18a, 18b; 53, p. 12a. 　(h) Liu Tan (劉旦): *HS*, 14, p. 17b; 53, p. 13a. 　(i) Liu Yün (劉雲): *HS*, 14, p, 7b; 38, p. 8a. 　(j) Liu Huo (劉獲): *HS*, 14, p. 22b; 63, p. 16a. 　(k) Liu Wen (劉文): *HS*, 14, p. 24b; 80, pp. 7a, 7b. 　(l) Liu Tsun (劉晙): *HS*, 14, pp. 15b, 16a; 53, p. 3b. 　(m) Liu Kuang-han (劉廣漢): *HS*, 53, p. 12a. 　(n) Liu K'ai-ming (劉開明): *HS*, 80, p. 11b.
59. *HS*, 14, p. 21b; 53, p. 19a. 　　　　60. *HS*, 14, p. 18a; 53, p. 12a.
61. (a) Liu Pu-i (劉不疑): *HS*, 13, pp. 14a, 14b; 18, p. 4a. 　(b) Liu Ch'iang (劉強): *HS*, 13, p. 15b; 18, p. 4b. 　(c) Liu An (劉安): *HS*, 14, p. 21b; 53, p. 19a. 　(d) Liu Tsun (劉尊): *HS*, 14, pp. 16b, 17a; 53, p. 9a. 　(e) Liu Yün-k'e (劉雲客): *HS*, 14, pp. 18a, 18b; 53, p. 12a. 　(f) Liu Tan (劉旦): *HS*, 14, p. 17b; 53, p. 13a. 　(g) Liu Yün (劉雲): *HS*, 14, p. 7b; 38, p. 8a. 　(h) Liu Wen (劉文): *HS*, 14, p. 24b; 80, pp. 7a, 7b. 　(i) Liu Tsun (劉晙): *HS*, 14, pp. 15b, 16a; 53, p. 3b.
62. (a) Liu Tse (劉則): *HS*, 14, p. 7a; 38, p. 8a. 　(b) Liu Huo (劉獲): *HS*, 14, p. 22b; 63, p. 16a.
63. (a) Liu Hsiu (劉脩): *HS*, 14, p. 18a; 52, p. 12a. 　(b) Liu K'ai-ming (劉開明): *HS*, 80, p. 11b.

These fourteen cases further prove that when a king died without a son his kingdom was abolished. If the dead king had living brothers, uncles or cousins, his throne could be handed to one of them only by special favor of the emperor. Under the above situation, when the emperor granted special favor to have one member of the heirless king's family be made a king, the choice would be made from a little wider circle: from the king's family. It is encouraging to note that a choice from a wider circle might offer a possibility of making a more selective choice. However only when the king died without a son and his kingdom was abolished for good was the threat of putting a person qualified only by birth in the position of king completely removed.

The succession system of the marquises was very similar to that of kings. The noble title was handed down from generation to generation in one family as described in a decree of the Empress Dowager Lü.[64] The emperor in the solemn speech given at the investiture ceremony for the marquis blessed him that his kingdom last forever.[65] The investiture was solemnly sealed with a covenant and carefully kept in the imperial temple.[66] There are two cases in which the title of a marquis could not be inherited.[67] In both cases the title of marquis was given to a foreign general who surrendered to Chinese troops in war. These two marquises, being exceptional cases which were made by order of the emperor's special favor, do not have any effect on the succession system of the marquis being a hereditary one.

In handing the marquis title to its successor, on most occasions, an heir-apparent was chosen before the position was vacant. The heir-apparent was called *t'ai tzu* (太子),[61] *shih tzu* (世子)[63] or *szu tzu* (嗣子).[70] Since the noble title of marquis was kept in one family, the choice of a new marquis was limited to a small circle of the marquis' relatives.

The practice that a son of the *ti* lineage had precedence over other sons regarding inheritance was also a common practice in the succession system of marquis. We do not have much data on this practice. However, the scanty information we have can sufficiently tell us of the existence of this system. First, the son of a marquis' principal wife and the son of his concubines' were called *ti* (嫡) and *shu* (庶) respectively.[71] The differentiation of the sons of the principal wife from those of concubines can only serve as subsidiary evidence. More

64. *HS*, 3, p. 2a.

67. *HS*, 17, pp. 21a, 22a.

70. *HS*, 3, p. 2a; 16, p. 9a.

65. *HS*, 16, p. 1b.

68. *HS*, 4, pp. 8a, 8b.

71. *HS*, 15B, p. 17a; 58, pp. 8a, 8b.

66. *HS*, 16, p. 1b.

69. *SC*, 49, p. 12a.

significant is the case of Kung-Sun Hung (公孫弘). Kung-Sun Hung's marquisate was abolished in 107 B.C. (元封四年) after his son inherited the title.[72] About a hundred years later, at the time of P'ing Ti, the government found one of his descendants of the *ti* lineage and granted him the noble title of *kuan nei hou* (關內侯 marquis of the Imperial Domain).[73] The descendants of the *ti* lineage had precedence over other descendants in succession. The choice of a new marquis was extremely limited.

When the marquis had sons, but no one of the *ti* lineage, choice of his successor was still limited to his own sons. The elder son appeared to have precedence over other candidates. Wei Hsien's (韋賢) case is a good illustration. Wei Hsien had four sons. Wei Fang-shan (韋方山) was the eldest son, Wei Hung (弘) the second, Wei Shun (舜) the third, and Wei Hsüan-ch'eng (玄成) the youngest. The eldest son died early. Wei Hsien's second choice of his heir was his second son.[74] Like-wise, Wei Ching (衞靑) had four sons. The eldest son was made heir.[75] The age sequence among the brothers appeared to be a factor in making the choice of the heir. However, similar to the practice of the succession system of vassal kings, the marquis could petition to the emperor for approval of a choice in disregard of the precedence enjoyed by the sons of the *ti* lineage or the elder sons and the emperor could make a choice as he saw fit. Wei Hsien's case is again a good illustration. Wei Hsien considered that his second son, Hung (弘), should be his heir after his eldest son died. He ordered Hung to resign from his appointment in the Ministry of Ceremonies because in that particular position it was very easy to get into trouble. Wei Hung, out of humility, dared not act as if he wanted to inherit the noble title. Since the resignation from his job was considered a gesture of assuming the heir status, he did not resign from his position as ordered by his father. When Wei Hsien was seriously sick and the problem of choosing an heir was urgently brought up for a decision, Wei Hung did make a mistake in the work under his charge and was jailed pending trial. The family members asked Wei Hsien on his death bed to name his heir. Wei Hsien was angry that his second son did not do as he was told and finally got himself into trouble. He did not want to answer the question. Wei Hsien's disciples and the members of his family decided to have the youngest son, Wei Hsüan-ch'eng, chosen as heir and reported this decision in the name of Wei Hsien to the Minister of

72. *HS*, 18, p. 9a.　　　73. *HS*, 58, pp. 8a, 8b.　　　74. *HS*, 73, pp. 5a, 5b.
75. *SC*, 49, p. 12a; *HS*, 55, pp. 14a, 14b.

ta hung lu (大鴻臚 grand herald). Wei Hsüan-ch'eng was made marquis.[76] The marquis could petition to the emperor for approval of a choice to disregard the precedence enjoyed by the sons of the *ti* lineage or the elder sons. However, the choice was still limited to his own sons.

In situations when a marquis died without a son, his marquisate would be abolished, because his noble title could only be inherited by his own son. This practice is even better documented than that of the succession system of the kings.

First, this can be illustrated by the case of Huo Ch'ü-p'ing (霍去病). When Huo died in 116 B.C. (元鼎元年), his son Ch'an (嬗), inherited the title of marquis.[77] However, seven years later under Wu Ti (in 110 B.C. 元封元年) when Ch'an died without a son, his marquisate was abolished.[78] Yet Huo Ch'ü-p'ing had enjoyed the unparalleled favor of the emperor[79] and was widely hailed for his victories over the Hsiung nu (匈奴).[80]

More concrete evidence can be gained from P'ing Ti's decree of 1 A.D. which has been mentioned earlier. According to this decree, from that time on all kings and marquises who did not have sons could have their grandsons or their adopted nephews made heirs.[81] This implies that before 1 A.D., namely, throughout virtually the whole Former Han dydasty, when the marquis did not have a son, his title could not be inherited by his grandson or his adopted nephew. We may assume that relatives more remote than grandson and adopted nephew also could not inherit his title.

Many such cases in which a marquisate was abolished when a marquis died without a son are available. We have tried to compile as complete a list as is possible. Of the hundred and thirteen cases we have found there are five which did not explicitly show that the marquisate was abolished,[82] but the remaining hundred and eight cases deal with marquisates which were abolished when the marquis died without a son.[83] In many cases, a son inherited the title of the marquis only to have it taken away later, when it was discovered that he actually was not the son of the dead marquis. For instance, Lü Ch'eng (呂成) at the time of Wen Ti,[84] Fan T'o-kuang (樊它廣) at the time of Ching Ti;[85] Ch'en Chiang (陳彊) at the time of Wu Ti;[86] Liu Chia (劉嘉) at the time of Chao Ti;[87] Fu (福), the great-great-grandson of Fu-lu-chih (復陸支),[88] and Chao Ts'en (趙岑) at the time of Ai Ti,[89] all had their marquisates abolished on the ground that they were actually not the son. In the case of Ch'en Chiang (陳彊) the

---

76. *HS*, 73, pp. 5b–6b.　　　　　　77. *HS*, 18, p. 9a; 55, p. 14a.

marquisate was handed down from Ch'en Chia (陳嘉) to his 'son' Ch'en Shih (陳拾) and from Ch'en Shih (陳拾) to his son Ch'en Chiang (陳彊). But after Ch'en Chiang had held the title for seven years, it was discovered that Ch'en Shih actually was not Ch'en Chia's son. Consequently Ch'en Chiang lost his noble title.

Further illustration of the practice of abolishing a marquis' title when he died without a son can also be presented. Among the above hundred and eight cases, there are thirty cases in which a marquisate was abolished only to be

---

78. *HS*, 18, pp. 9a, 9b; 55, p. 14a.　　79. *HS*, 55, pp. 9a, 13a, 13b, 14a.

80. *HS*, 55, pp. 6a–12b.　　81. *HS*, 12, p. 3a.

82. (a) Hsi Chüan (奚涓): *HS*, 16, p. 24b.　(b) Hsiao I (蕭遺): *HS*, 16, pp, 9b, 10a.　(c) Nai Chih (鼐跊): *HS*, 16, p. 22b.　(d) Hsiao Lu (蕭祿): *HS*, 16, p. 9b; 39, p. 7a.　(e) Ch'i Ying (齊應): *HS*, 16, p. 63b.

83. (1) 劉良 : *HS*, 15A, p. 6b.　(2) 劉章 : *HS*, 15A, p. 7a; 36, p. 4b.　(3) 劉黨 : *HS*, 15A, p. 9b. (4) 劉敢 : *HS*, 15A, p. 11a.　(5) 劉緢 : *HS*, 15A, p. 11b.　(6) 高樂康侯 : *HS*, 15A, p. 55b.　(7) 劉明 : *HS*, 15A, p. 22a.　(8) 劉晏 : *HS*, 15A, p. 22b.　(9) 劉泰容 : *HS*, 15A, p. 26a. (10) 劉忠 : *HS*, 15A, p. 30a.　(11) 劉遷 : *HS*, 15A, p. 30b.　(12) 劉訴 : *HS*, 15A, p. 34b.　(13) 劉章 : *HS*, 15A, p. 39a. (14) 劉破胡 : *HS*, 15A, p. 44a.　(15) 劉燕 : *HS*, 15A, p. 47b.　(16) 劉昆景 : *HS*, 15A, p. 49b. (17) 劉朱 : *HS*, 15A, p. 43b.　(18) 劉宣 : *HS*, 15B, 13a.　(19) 劉梁 : *HS*, 15B, p. 15b.　(20) 劉瞞 : *HS*, 15A, p. 54a.　(21) 劉使親 : *HS*, 15B, p. 5b.　(22) 劉瑋 : *HS*, 15B, p. 27a. (23) 劉遷 : *HS*, 15B, p. 28a.　(24) 劉遺 : *HS*, 15A, p. 23b.　(25) 劉安上 : *HS*, 15B, p. 19a.　(26) 劉成 : *HS*, 15B, p. 22a. (27) 劉彊 : *HS*, 15B, p. 37a.　(28) 劉貴 : *HS*, 15B, p. 3b.　(29) 劉江 *HS*, 15B, p. 14a.　(30) 劉恢 : *HS*, 15B, p. 47a.　(31) 劉蒼 : *HS*, 15A, p. 19b.　(32) 劉得 : *HS*, 15A, p. 27a.　(33) 劉莫如 : *HS*, 15A, p. 43a.　(34) 劉象 : *HS*, 15B, p. 6a.　(35) 劉妄得 : *HS*, 15B, p. 21a.　(36) 劉守 : *HS*, 15B, p. 24a.　(37) 劉申 : *HS*, 15B, p. 29b.　(38) 魏駟 : *HS*, 16, p. 67b.　(39) 吳重 : *HS*, 16, p. 45b.　(40) 召嘉 : *HS*, 16, p. 6b.　(41) 陳程 : *HS*, 16, p. 31b.　(42) 高 : *HS*, 16, p. 42b.　(43) 靈勝 : *HS*, 16. p. 56a.　(44) 朱寠 : *HS*, 16, p. 61a.　(45) 萁赫 : *HS*, 16, p. 57a.　(46) 陳最 : *HS*, 16, p. 16a. (47) 朱將彊 : *HS*, 16, p. 18b. (48) 蔡奴 : *HS*, 16, p. 20b.　(49) 陳美 : *HS*, 16, p. 40a.　(50) 吳周 : *HS*, 16, p. 64b.　(51) 僕黥 : *HS*, 17, p. 5b.　(52) 王不害 : *HS*, 16, p. 5b.　(53) 杜武 : *HS*, 16, p. 36b.　(54) 趙胡 : *HS*, 16, p. 37b.　(55) 紀夷吾 : *HS*, 16, p. 43b.　(56) 張彊 : *HS*, 16, p. 47a.　(57) 韓則 : *HS*, 16, p. 68b.　(58) 程囘 : *HS*, 17, p. 2b.　(59) 于軍 : *HS*, 17, p. 4b.　(60) 樂 : *HS*, 17, p. 7a.　(61) 於單 : *HS*, 17, p. 8b.　(62) 趙充國 : *HS*, 17, p. 8b.　(63) 王援訾 : *HS*, 17, p. 11a. (64) 蘇 : *HS*, 17, p. 12a.　(65) 應疕 : *HS*, 17, p. 12b.　(66) 廣漢 : *HS*, 17, p. 13a.　(67) 伊卽軒孫輔宗 : *HS*, 17, p. 14a.　(68) 雕延年 : *HS*, 17, p. 14b.　(69) 蘇弘 : *HS*, 17, p. 18a.　(70) 轅終古 : *HS*, 17, p. 19a.　(71) 涉都侯喜 : *HS*, 17, p. 20b.　(72) 王唊 : *HS*, 17, p. 20b. (73) 稽谷姑 : *HS*, 17, p. 21b.　(74) 湼陽康候最 : *HS*, 17, p. 22b.　(75) 烏黎子餘利疑 : *HS*, 17, p. 12b. (76) 渠復絫子乃始 : *HS*, 17, p. 16a.　(77) 蔡義 : *HS*, 18, p. 12b.　(78) 史曾 : *HS*, 18, p. 17b.　(79) 呂騰 : *HS*, 16, p. 36b.　(80) 樊市人 : *HS*, 16, p. 12b; 41, p. 5b.　(81) 陳嘉 : *HS*, 16, p. 33a. (82) 劉廣 : *HS*, 15A, p. 15a.　(83) 復陸支曾孫宜平 : *HS*, 17, p. 13b.　(84) 趙欽 : *HS*, 18, p. 13a; 69, p. 18a. (85) 劉霸 :*HS*, 15B, p. 14b.　(86) 劉霸 : *HS*, 15B, p. 24b.　(87) 劉霸 : *HS*, 15B, p. 10a. (88) 劉霸 : *HS*, 15B, pp. 11b, 12a. (89) 劉推 : *HS*, 15B, p. 3a.　(90) 劉未央 : *HS*, 15B, p. 7b.　(91) 劉敬 : *HS*, 15B, p. 8b. (92) 霍嬗 : *HS*, 18, pp. 9a, 9b.　(93) 金常 : *HS*, 17, p. 30b.　(94) 便臨 : *HS*, 18, p. 14b.　(95) 許廣漢 : *HS*, 18, p. 15a.　(96) 金賞 : *HS*, 17, p. 26b.　(97) 鄭光 : *HS*, 17, p. 31a. (98) 王廣漢 : *HS*, 17, p. 31b.　(99) 許常 : *HS*, 18, p. 18b. (100) 韓寶 : *HS*, 16, pp. 69a, 69b.　(101) 駒幾孫崇 : *HS*, 17, pp. 16a. 16b. (102) 鍾祖 : *HS*, 17, p. 33a.　(103) 史崇 : *HS*, 18, p. 16b.　(104) 許並 : *HS*, 18, p. 18a.　(105) 許去疾 : *HS*, 18, p. 18b.　(106) 成褒 : *HS*, 17, p. 23b.　(107) 郭萌 : *HS*, 17, p. 28a. (108) 史淑 : *HS*, 18, p. 16b.

84. *HS*, 16, p. 36b.

reinstated so as to allow a relative of the deceased marquis to continue the sacrifices to the first founder of the marquisate.[90] These were exceptional cases decided by the emperor's special favor. For example: (1) Huo Ch'ü-p'ing's case again is a good illustration. As prominent as Huo Ch'ü-p'ing was, yet his marquisate was abolished under Wu Ti when Huo Ch'ü-p'ing's son, Huo Ch'an (霍嬗), also one of Wu Ti's favorites, did not have a son. Forty-two years later the kingdom was reestablished under Hsüan Ti, by the special plea of Huo Kuang (霍光) who practically ruled the country. When the Emperor Hsüan visited Huo Kuang at his death bed, the latter requested that three thousand households in his fief be made into a marquisate for Huo Shan (霍山), a grandson of his brother, Huo Ch'ü-p'ing, so as to carry on the sacrifices to Huo Ch'ü-p'ing. Huo Shan was made a marquis. However, Huo Shan was made a marquis because of Huo Kuang's merit, not because he was a descendant of Huo Ch'ü-p'ing.[91] Clearly then, when Huo Ch'an died, he had had close relatives, brothers or nephews, but none of them could inherit his noble title except his own son. Since he died without a son his marquisate was abolished. However, forty-two years later with the special favor of Hsüan Ti, his nephew was reestablished as a marquis.

In the thirty cases we examined the gap between the time of abolition and the time of re-establishment ranged anywhere from the same year to one hundred forty-six years.[92] For example, Fan K'uai's (樊噲) marquisate was abolished in 144 B.C. (景中六年) with his grandson's generation. However, after hundred

---

85. *HS*, 16, p. 12b; 41, p. 5b.   86. *HS*, 16, p. 33a.   87. *HS*, 15A, p. 15a.

88. *HS*, 17, p. 13b.   89. *HS*, 18, p. 13a; 69, p. 18a.

90. (1) 劉罷 : *HS*, 15B, p. 14b. (2) 劉罷 : *HS*, 15B, p. 24b. (3) 劉罷 : *HS*, 15B, p. 10a. (4) 劉罷 : *HS*, 15B, pp. 11b, 12a. (5) 劉推 : *HS*, 15B, p. 3a. (6) 劉末央 : *HS*, 15B, p. 7b. (7) 劉敬 : *HS*, 15B, p. 8b. (8) 樊它廣 : *HS*, 16, p. 12b. (9) 霍嬗 : *HS*, 18, pp. 9a, 9b. (10) 金常 : *HS*, 17, p. 30b. (11) 許廣漢 : *HS*, 18, p. 15a. (12) 金賞 : *HS*, 17, p. 26b. (13) 鄭光 : *HS*, 17, p. 31a. (14) 王廣漢 : *HS*, p. 31b. (15) 許常 : *HS*, 18, p; 18b. (16) 韓寶 : *HS*, 16, pp. 69a, 69b. (17) 駒幾孫崇 : *HS*, 17, pp. 16a, 16b. (18) 鍾祖 : *HS*, 17, p. 33a. (19) 史崇 : *HS*, 18, p. 16b. (20) 許並 : *HS*, 18, p. 18a. (21) 許去疾 : *HS*, 18, p. 18b. (22) 成褒 : *HS*, 17, p. 23b. (23) 郭萌 : *HS*, 17, p. 28a. (24) 奚涓 : *HS*, 16, p. 24b. (25) 蕭遺 : *HS*, 16 pp. 9b, 10a. (26) 彤詎 : *HS*, 16, p. 22b. (27) 蕭祿 : *HS*, 16, p. 9b; 39, p. 7a. (28) 齊應 : *HS*, 16, p. 63b. (29) 便臨 : *HS*, 18, p. 14b. (30) 史淑 : *HS*, 18, p. 16b.

91. *HS*, 18, pp. 9a, 9b; 68, pp. 12a, 12b, 13b.

92. 奚涓 (the same year): *HS*, 16, p. 24b. (1) 蕭祿 (the same year): *HS*, 16, p. 9b. (3) 劉罷 (8 years): *HS*, 15B, p. 14b. (4) 劉罷 (8 years): *HS*, 15B, p. 24b. (5) 駒幾孫崇 (11 years): *HS*, 17, pp. 16a, 16b. (6) 許並 (15 years): *HS*, 18, p. 18a. (7) 史崇 (16 yeaas): *HS*, 18, p. 16b. (8) 韓寶 (21 years): *HS*, 16, pp. 69a, 69b. (9) 霍嬗 (42 years): *HS*, 18, pp. 9a, 9b. (10) 鄭光 (47 years): *HS*, 17, p. 31a. (11) 王廣漢 (46 years): *HS*, 17, p. 31b. (12) 金常 (55 years): *HS*, 17, p. 30b. (13) 便臨 (72 years): *HS*, 18, p. 14b. (14) 樊它廣 (140 years): *HS*, 16 p. 12b.

and forty-six years in 2 A.D. （元始二年）one of his great-great-grandson's sons was again made marquis under the special favor of the emperor.

In those cases in which a marquis was selected from among the relatives of the sonless marquis, the choice would be made from a little wider circle, from the marquis family.　Among the above thirty cases twelve were brothers of the decased marquis,[93] one a grandson,[94] one an uncle,[95] one a cousin,[96] three nephews,[97] two mothers,[93] and one a son.[99]　The case of the son attracts our attention.　In the source it is clearly mentioned that Chung Tsu （鍾祖）died in 5 A.D. without a son.　The most acceptable interpretation is that the son in this case was the adopted son who was allowed to inherit the noble title as regulated by the decree of 1 A.D. Besides choosing from among the relatives closely related to the deceased marquis, many were accepted on the ground that they were the descendants of the founder of the marquisate, and not as the close relatives of the deceased marquis.　For example, two were grandsons of the founder of the marquisate,[100] four great-grandsons,[101] and two the sons of the great-great-grandson.[102]

Thus in those instances in which the emperor granted special favor to have one member of the heirless marquis' family inherit the title, the choice was not confined to a very small circle, namely, one's own son, or one's own son of the *ti* lineage, or the oldest among sons.　It is ecouraging to note that a choice from a wider circle might offer a possibility of making more selective choice.　However when the kingdom was abolished permanently in case the marquis died without a son, the threat of putting a less than qualified person in the position of marquis was completely removed.

So far we have examined the succession system of vassal kings and marquises.　It was designed primarily to keep the noble title in one family, and not for the purpose of finding a qualified ruler.　There is not much information

93. (1) 劉霸 : *HS*, 15B, p. 14b. (2) 劉霸 : *HS*, 15B, p. 24b. (3) 劉推: *HS*, 15B, p. 3a. (4) 劉末央: *HS*, 15B, p. 7b. (5) 劉敬 : *HS*, 15B, p. 8b. (6) 劉霸 : *HS*, 15B, p. 10a. (7) 蕭祿 : *HS*, 16, p. 9b; *HS*, 39, p. 7a. (8) 許常 : *HS*, 18, p. 18b. (9) 駒幾孫崇 : *HS*, 17, pp. 16a, 16b. (10) 史崇 : 18, p. 16b. (11) 許並 : *HS*, 18, p. 18a. (12) 成褒 : *HS*, 17, p. 23b.
94. *HS*, 18, pp. 9a, 9b.　　　　　　95. *HS*, 15B, pp. 11b, 12a.　　96. *HS*, 16, pp. 69a, 69b.
97. *HS*, 16, pp. 22b, 63b; 18, p. 15a. 98. *HS*, pp. 9b, 24b.　　　　99. 17, p. 33a.
100. (a) 金安上 : *HS*, 17, p. 30b. (b) 王定 : *HS*, 17, p. 31b.
101. (a) 樂成 : *HS*, 18, p. 14b. (b) 金日磾 : *HS*, 17, p. 26b. (c) 鄭吉 : *HS*, 17, p. 31a. (d) 史高: *HS*, 18, p. 16b.
102. (a) 樊噲 : *HS*, 16, p. 12b. (b) 郭忠 : *HS*, 17, p. 28a.

available on how well these hereditary nobles performed as king or marquis. However, there are many accounts of their personal lives. Especially among vassal kings, there were many notorious cases of immoral behavior. For instance (1) when the King of Chiang tu (江都王), Liu Chien (劉建), was heir-apparent, he forced a beautiful woman who was presented to his father as concubine to become his own wife. When the person who had wanted to offer the woman to the king voiced his objection, Liu Chien had him killed. When his father died he ordered ten of his father's favorite wives to have relations with him even before he had buried his father. He also had relations with his sister. Liu Chien was also known to have had women subjected to intercourse with animals. Women in the palace were made to have intercourse with dogs and goats. One time in a lake, he deliberately had a boat carrying four palace women overturned. He watched as two of the women drowned. Another time in a storm, he ordered two of his palace attendants to go out into the lake in a boat. Consequently the boat was overturned, and Liu Chien enjoyed the spectacle of seeing these two attendants clinging on desperately to the capsized boat. He laughed heartily as both of them drowned. To punish those wives and women attendants who made mistakes, he ordered them to be starved to death or killed by wolves. Altogether thirty-five innocent people were killed by him.[103] (2) Another notorious case was the King of Yen (燕王), Liu Ting (劉定). After his father's death he had relations with his father's concubine and gave birth to a son. He also seized his younger brother's wife as his own concubine, and had relations with three of his daughters.[104] (3) The King of Ch'i (齊王), Liu Chung-ku (劉終古), often made his favorite slave have intercourse with his concubines while he watched. He also enjoyed watching his concubines having intercourse with dogs and horses.[105] According to *Han shu*, there were approximately a hundred vassal kings during the Former Han. Most of them were arrogant, lewd, and immoral.[106]

To a lesser extent as in the case of kings some notorious stories can be repeated about marquises. At the end of Wu Ti's reign, very few marquis families which had been enfeoffed at the time of preceding emperors were still in existence. Marquises in large numbers had offended the law and had had their marquisates abolished.[107] All these notorious kings and marquises were actually the rulers of their kingdoms. Hereditary kings and marquises posed a

---

103. *HS*, 53, pp. 4a–5b.　　104. *HS*, 35, p. 3b.　　105. *HS*, 38, p. 12a.　　106. *HS*, 53, p. 19b.

very serious threat to the principle that the government position would go to the best qualified. The only way to avoid this was to deprive kings and marquises of their political influence.

A marquis' fief ranged in size from that of a village to a country.[105] The population under their rule also varied. At the time of Kao Tsu, the largest marquisate had a population of approximately ten thousand households, while smaller ones had five of six hundred households.[109] The population of each marquisate also varied from time to time. For example, after decades of peace and order that existed in China during the reign of Wen Ti and Ching Ti, the people who had fled previously during the time of turmoil now returned to their native places. This partly contributed to the increase in numbers of inhabitants of marquis' fiefs. The large marquisate contained thirty or forty thousand households, while the small ones doubled their population.[110] These people were under the rule of the marquises, their lords. Many examples can be cited to show that marquises actually ruled over their fiefs. For instance (1) Kao Tsu in one of his decrees described the political power of a marquis as including that of having the right to appoint their own officials and to collect tax.[111] (2) Wen Ti once ordered those marquises who stayed in the national capital to return to their own fiefs so as to be able to give guidance to their subjects.[112]　(1) *Hou han shu* describes the marquis system in general terms. It says that the officials and commoners in a fief were the subjects of the marquis.[113]

At the beginning of the Former Han dynasty, the kingdoms of the vassal kings enjoyed an autonomous status. The kings themselves ruled over their own kingdoms[114] with the governmental structure of each kingdom completely similar to that of the central government.[115] The only appointment in the kingdom made by the central government was that of the *hsiang* (相 chancellor), while the king made all other appointments.[116] Moreover, the territory under the control of a king was not just a village or a county as in the case of marquis. The larger kingdoms covered a territory of several chün (郡), with around a hundred cities apiece. Even the smaller kingdoms had at least thirty or forty cities.[117] For example, at the time of Kao Tsu, the kingdom of Ch'i had seventy-two cities,[113]

---

107. *HS*, 16, p. 2a.

108. (a) a county: *HS*, 19A, p. 17a; Fan Yeh 范曄 (398–445). *Hou Han Shu* 後漢書. (Shanghai: Chung Hua Book Co. SPPY ed.; hereafter referred to as *HHS*), 38, p. 9b. (b) a village: *HHS*, 38, p. 9b; *HS*, 40 pp. 16a, 16b; 58 p. 6b.

109. *HS*, 16, pp. 1a, 1b.　　　110. *HS*, 16, p. 2a.　　　111. *HS*, 1B, p. 21a.

the kingdom of Ch'u forty cities,[119] and the kingdom of Wu over fifty cities.[120] In a kingdom of such a large size, an inappropriate ruler could bring terrible damage not only to his own kingdom, but also to the whole country.

However, the Han government did launch a campaign to reduce the power of the vassal kings. The semi-independent kingdoms were too big and powerful to be neglected by the central government. Right after Kao Tsu ascended the throne in 202 B.C. (高祖五年), and in the following seven years before he died, those kings who were not members of the imperial Liu family were eliminated. Thus the kingdoms of Tsang T'u, Han Hsin, Chang Erh, Han Hsin (not the same one mentioned above), Ch'ing Pu, P'eng Yüeh and Lu Kuan were abolished one by one.[121] The only king not of the royal family who survived was the King of Ch'ang sha whose realm was deemed insignificant.[122]

Having the threat from these kings removed at the time of Kao Tsu, Wen Ti and Ch'ing Ti still felt the threat presented by the remaining vassal kings even though they were all members of the imperial family. Three emperors, Wen Ti, Ching Ti, and Wu Ti, with the assistance of their ministers, Chia I (賈誼), Ch'ao Ts'o (鼂錯), and Chu-Fu Yen (主父偃), carried on the campaign to weaken the vassal kings and to bring their territories under the control of the central government. The critical turning point in the struggle between the central government and the vassal kings was the defeat of the seven rebellious kingdoms in the war of 154 B.C. (景中六年).[123]

Besides the war of 154 B.C., the Han government used a very peaceful but effective method to eliminate vassal kings as a threat. Chia I, at the time of Wen Ti,[124] and Chu Fu-yen, at the time of Wu Ti,[125] both suggested to break down the territory of each vassal kingdom into small pieces by having the kings divide their realms among their own sons. Originally the whole kingdom was inherited by the heir-apparent. Wu Ti adopted Chu Fu-yen's suggestion. From then on the vassal kings voluntarily petitioned to break their realms up among their

112. *HS*, 4, p. 8a.　　　　　　　113. *HHS*, 38, p. 9b.　114. *HS*, 19A, p. 15b; 35, p. 4b; 51, p. 8b.
115. *HS*, 14, p. 3b; 19A, p. 15b.　　　116. *HS*, 38, p. 12b.　117. *HS*, 14, pp. 2b–3b, 48, p. 9b.
118. *HS*, 35, p. 4b; 38, p. 1b; 39, p. 10b.　119. *HS*, 35, p. 4b.　120. *HS*, 35, p. 4b.
121. (a) Tsang T'u: *HS*, 1B, p. 7a.　(b) Han Hsin: *HS*, 1B, pp. 7b, 8a, 9a, 16a; 16, p. 22a; 39, p. 4b.
　　(c) Chang Erh: *HS*, 1B, p. 14a.　(d) Han Hsin: *HS*, 1B, p. 11a.　(e) Ch'ing Pu: *HS*, 1B, pp.
　　18a, 18b.　(f) P'eng Yüeh: *HS*, 1B, p. 17b.　(g) Lu Kuan: *HS*, 1B, p. 20b; 14, p. 12a.
122. *HS*, 48, p. 11a.　　　　　　　123. *HS*, 14, p. 4b.　124. *HS*, 14, p. 3b, 48, p. 11b.
125. *HS*, 14, pp. 3b, 4a; 53, p. 11b; 64A; p. 10a.

sons.[126]　For instance, the kingdom of Ch'i was broken into seven kingdoms, the kingdom of Chao into six, the kingdom of Liang into five, and the kingdom of Huai nan into three.[127]

Moreover, right after the war of 154 B.C. the central government forbade the vassal kings to rule over their own kingdoms.[123]　For instance: (1) The King of Chao (趙王), Liu P'eng-tsu (劉彭祖), liked to work as a public official. He had to petition the emperor for approval allowing him to take charge of the police work.[123]　(2) When the king of Yen (燕王), Liu Tan (劉旦), planned rebellion, in order to control the government he had to lie saying that he got a decree from Wu Ti to allow him to take charge of government affairs.[130]　At the same time kings were also deprived of the right to appoint officials in their own kingdoms.[131]　Officials in kingdoms were directly appointed by the central government. *Han chiu i* (漢舊儀), mentions this change in more detail. It tells us that the central government would appoint all officials in the kingdom above four handred piculs rank.[132]　In one instance, when the King of Heng shan (衡山王), Liu Szu (劉賜), offended against the law, the central government took a step to restrict further his right in appointing officials. The central government appointed all officials in his kingdom above two hundred picul rank:[133]

After the time of Wu Ti, vassal kings inherited kingdoms greatly reduced in size. Even in their remaining small kingdoms, they were deprived of political power. The only thing they could get out of their own kingdoms was a share of taxes.[134]　By the time of Ai Ti and P'ing Ti, the vassal kings had been lowered to such a status that they were just another group of wealth families, and no longer even enjoyed respect in the society.[135]　Moreover, since the emperors were very jeolous of the political power which might be exerted by the vassal kings, the vassal king's influence outside of his kingdom and in the central government was strictly restricted. Being deprived of influence in the court and of the power to rule over his kingdom, the vassal king now no longer played a role of any kind in the government. The succession system of vassal kings no longer had an important effect on the government of the Han dynasty.

The process of depriving the marquises of their power in ruling their fiefs was also carried on, only attracting less attention. In the section on governmental

126.　*HS*, 6, pp. 9b, 10a; 14, p. 4a; 15A, p. 1a.　　127.　*HS*, 14, p. 4a.　　128.　*HS*, 19A, p. 15b.

129.　*HS*, 53, pp. 8a, 8b.　　　　　　　　130.　*HS*, 63, p. 8b.　　　131.　*HS*, 19A, p. 15b.

132.　Wei Hung 衞宏. *Han chui i* 漢舊儀. in *Ping chin kuan* t'sung shu. 1885 edition., B, p. 5a.

133.　*HS*, 44, pp. 14a, 14b.

structure in *Hou han shu*, it describes the marquisate.[136] Among the officials in a marquisate, the most important one was called *hsiang* (相 chancellor). There was a *hsiang* in each marquisate. He received the same rank and salary as the magistrate of a *hsien* (縣 county) of equal size. He ruled over the marqbis' fief as the magistrate ruled over his *hsien*. The *hsiang* was not subordinate to the marquis. He only gave the marquis a share of the tax which was collected from his fief. According to this piece of information, a marquis was deprived of all his power in ruling his own realm. What he got from his fief was only his income: his share of taxes collected from his fief. Information on a very important aspect is missing in the above source. There is no indication when this change took place. One clue might supply us with the answer. In the section on government in *Han shu*, it mentions that the position of *hsiang* in the marquis' fief was established during the reign of Wu Ti.[137] However, *Han shu* fails to describe its function and its relationship with the marquis. If we assume that the *hsiang* which is mentioned in *Han shu* was the same office described in *Hou han shu*, then the marquises were deprived of their power to rule over their marquisates at the time of Wu Ti. If that assumption is correct, f rom Wu Ti's time on marquises were no longer the rulers of their territories. However, unlike the kings whose political influence were seriously suspected and therefore eliminated by the emperors, the marquises still enjoyed lofty positions and exerted influence in the court. The hereditary nobility of marquises remained as an undesirable element in the Han selection system of public personnel.

---

134. *HS*, 14, p. 4b.   135. *HS*, 14, p. 4b.   136. *HHS*, 38, pp. 9b, 10a.   137. *HS*, 19A, p. 15b.

出自第四十六本第一分（一九七五年十月）

秦 的 統 一 與 其 覆 亡

勞　榦

一、從封建到統一的趨勢

　　至少從殷商晚期開始，中國已經建立了一個帝國的雛形。這個帝國是一個早期的帝國，其中一切都含著了比較原始的遺留。尤其在社會的長成方面，深深的保留了民族社會的形態。至於土地的開發，也並非雞犬相聞，野無曠土。而是在中國的主要部分，分散著許多城邦。到了周朝初年，摧毀了殷商的中心政權，也只是在表面上取得了諸侯共主的地位，實際上對於諸侯並不能做有效的控制。只有在武王時期，短短的幾年中，維持了安定的局勢。等到了武王逝世，周室的內部起了紛爭，所有舊有的城邦，也就乘機起了變化。然後才有周公東征的動作。

　　所以武王克商，只能算周朝『帝國』的序幕，要等周公東征以後，才算正式奠定了周朝『帝國』的規模。

　　先就華夏民族勢力的澎脹一點來說。關於華夏民族，表面上看來，華夏民族好像是一個單純的民族，實際上卻不盡然的。不錯，華夏民族下的社會組織上，偏重血緣一點，尤其是男性系統下的傳說。這似乎還是歷史時期一步一步發展的結果。並且歷史時代的所謂「華夏」也不見得真是原始的華夏從血緣上推進而成的。

　　原始的華夏文化大致是在黃河中下游地方有這麼一個中心[1]。在這一個中心附近和這一個中心仍然會彼此學到了相互的影響。並且在這四周，還有不少流動的民族，一直接到塞外。這些流動的民族，當文化中心的政權有實力的時候，他們便附著於文化中心的政權，成為附庸的性質。如其文化中心政權的力量瓦解，他們也可能侵入文化中心，接受了傳統的文化，而自己也冒充舊有的民族。所以中心文化一直發揚擴充，繼續不斷。至於領導的集團是否古來一系相承，就無從追究了。不過如其新的民

　　本文為中國上古史第四本之一章，審閱人：沈剛伯先生。

族來到文化中心，他們也當然吸收前朝的貴族作爲新朝貴族的一部分[2]，前朝的平民作爲新朝平民的一部分。所以結果還是混和的民族，相依下去。

這種混合的情形，越往後越加強，也就使得華夏文化的中心，越來越擴大。商代的勢力範圍，比夏代可能要大，周的勢力範圍就比商大。到了春秋戰國，周天子雖然一點力量也沒有，但是春秋的霸主，戰國的各王，也都向邊境伸展勢力。使得華夏文化在不同的地區發展起來，等到機會成熟了，同樣的文化，自然會對於統一的情勢形成絕大的幫助。

再就政治組織的演變來說。西周到春秋時期，我們可以說他們是「封建城邦政治」。因爲當時的列國，實際上是由於兩種不同的來源，第一種源於氏族，部落社會發展下來的城邦，而第二種卻是周天子將其親戚插花式的分封天下，建立成封建的諸侯。但是如其將第二種的來源追溯一下，那還是周公征管蔡三年戰爭結束以後，將打平了的叛亂城邦，給姬姜二族分封統治，只是換了一些統治的公侯，而諸侯間的政治基礎還是建築在固有的城邦上。

在商周的政治組織下，高層統治階級的構成，還是以氏族爲中心的社會組織。這個氏族組織，以周代爲標準，是天子爲天下的大宗，天下的姬周族，都統在天子氏族組織之下以下，諸侯是一國的大宗，凡是一國之內，都統在諸侯氏族組織之下。再下是大夫是一家的大宗。成爲大夫以後，就被「命氏」。這一個「氏」的人都說在大夫氏族之下。這種統治，不僅是政治的，血緣的，而且是經濟的。依照周代封建的原則，大夫以下不應該再有私產。如其有勉強可稱爲私產的話，那只是王子直屬土地，或者大夫的土地，給予一個「租佃」的權利。只是一個長期使用權，而不能說是私產。換句話說，不僅平民不應該有私產，士也不會有私產，最小的私產單位，是大夫的家。當然這種情形，至少在春秋時期已經的改變了。

在春秋時魯國的開始「稅畝」就是一個顯著的例子[3]。春秋記魯國最詳，所以記上魯國初稅畝，其實這種辦法，決不是從魯開始的。因爲魯國是一個最保守的國家，齊晉等個比魯國改變的還迅速些。這種舊井田制度的破壞，是逐漸而成的。只是春秋時的「稅畝」只是在國內的一部分的實行，到秦孝公用商鞅，就在全部國內，無保留的改變了。

　　至於改變的原因，國與國間的軍事行動，應當是最大的原因。周代開始，周公是一個偉大改革者，以後就一直循周公所定的制度，成為極端保守的政治。西周的中央政府的責任就是以維持周公的成法為主。在這個原則之下，周王的統治，其中的第一件事要維持諸侯間的和平共存。除去外敵以外，諸侯間是不容許戰爭的。等到西京傾覆，各諸侯城邦之間，失去了維持和平的機構。凡是有野心的諸侯，都可以隨心所想，擴充領土。凡是能够把國家軍事化的，就容易得到勝利，反之，維持舊有的封建形式的，也就歸於失敗。經過了這種自然淘汰的結果，剩下來的國家一定是強大的國家，而強大的國家也就是改革過的國家。經過春秋二百四十年的過渡時期，終於形成戰國時代，淘汰下來的七個戰國（戰國指有力作戰的國家）。其中秦國是改變最澈底的國家，最後是秦國吞併其他六國。

　　這裏所指出來的，戰爭只能認為說周初到秦，社會和政治的變化（甚至可以說是革命）的一個主要因素。其實周代創建的宗法，封爵和井田三位一體的制度，其本身也是隨時在緩慢變動之中，而不是依靠「周禮」所能維繫的。這其中當然要牽涉到人口的增殖，土地的開發，溝渠灌溉的增進，道路交通的改善，穀類新種的培植，遠方國外文化的輾轉輸入，自由人的增加，工業技術及貨幣的衍進，因而引起商人在社會地位的新估計。當然冶鐵技術的發展以及牛耕的應用，也都是不可忽視的因素，這些因素加起來，自然會形成政治與社會的基本改變。

　　在春秋時代中管仲無疑的是一個重要人物，齊桓公是春秋時代的第一個霸主，實際上是管仲造成的霸業。傳世的管子誠然是一部戰國人編纂的書[4]，但傳述舊聞，也不是毫無根據。晉文公繼起，使晉國成為長期霸主，其積極的因素，自然是晉文公居齊甚久，從齊國學來若干知識，但背景方面也是晉國在獻公時已不再有血緣性的公室當政，於是整軍經武成了一個軍事性國家，侵占了許多新地盤，使晉文公有所憑藉。這種晉國政治的形式，就開創了戰國時代從封建政治變為官僚政治的雛形。使帝國的形式走上第一武的路上。

　　從春秋到戰國一般的政治趨勢，就是廢封建而為郡縣，用後代的話來講，就是「改土歸流」，把世襲的「土官」改為由中央委派的「流官」。如其到處都是流官，那就自然而然的走到大一統的路上去。秦始皇的大一統，廢封建而為郡縣，不過是對

於全中國一做畫一的行動罷了。

二、秦始皇的翦滅六國

在西周時代，秦國本屬王畿內一個微不足道的諸侯。他們的祖先據說是和夏禹同時的伯益的後人。禹治水，伯益治禽獸。到了商紂時期，伯益後人飛廉做了紂的重要幫手，商亡以後被周公所殺。他的後人因爲善於取馬，當周穆王時代，造父爲穆王御車，平定了徐偃王之亂，受封於趙城，他的族人就以趙爲氏[5]。　趙氏族人非子在周孝王時爲周孝王養馬，甚有成績，受封於秦，算做一個附庸[6]。

在西周破犬戎攻擊的時候，秦襄公曾派兵援周，到了西京傾覆，秦襄公又派兵援助遷到洛陽的周平王。爲著周天子再無力量顧及到關中的舊疆，秦國就乘此時機，收容周的遺民，然後解決涇渭平原的遊牧部族，周也承認了秦的勢力，列爲諸侯[7]。　到秦穆公時代，秦就成爲西方的霸主，穆公死在前六二一年，這時秦的地位已經非常重要了。

春秋時代秦晉兩國世爲婚姻，秦國的文化方面受到晉國的影響很大。到了戰國初年，三家分晉，魏文侯稱霸中原，魏文侯所用的李悝，便是中國第一個做成成文法的人，也可以算上中國法家系統的創建人。不僅影響到三晉的制度，而且也影響到秦國政治的方向。秦孝公時代，魏臣衛鞅本想給魏國變法，使魏國更適於法家的理想，成爲絕對的君權國家。無奈魏國究竟是一個中原國家，牽涉太多，不是實行法家思想的最好地方，於是衛鞅逃到秦國，大受秦孝公的重用。

秦孝公即位在前三六二年，這時秦的軍力已經增強。在孝公即位前二年，秦獻公已大破三晉的聯軍。到孝公即位，更採用衛鞅的主張，提高君權，打擊貴族，貫澈土地私有政策，把農奴一律變爲平民，而由政府用「什伍」的方法組織起來，秦就一變而成爲眞的「農戰」的國家。

秦國的基本區域，關中平原，本來也算一個肥沃的地區，不過比起黃河三角洲，那就規模小的多了。當中國的長江流域和遼河平原未充分開發以前，黃河三角洲要在中國財富之區數到第一位。戰國時代，所以國家的視線都集中在這一區。鄰近的幾個大國，都因爭這一區把實力耗盡。秦國距此一區較遠，反而可以置身事外。整軍經

武，選擇一個最有利的時機，提兵東進。等到東方國家發現秦國是一個可怕的敵人時，再來防禦秦的略地已經太遲了。

　　東方國家犬牙相錯，各人有各人自己的利益，若想不管占便宜吃虧而來專對付秦，是一個困難的事。在這種狀況之下，變成三晉損失士卒，而齊國坐觀成敗。至於楚國雖然和秦交界，却不是當著秦向東發展的衝途，秦的侵楚較秦的侵三晉比較緩和些。因此當三晉危急之時，楚的援助不過虛張聲勢，沒有直接的效果。到楚境受侵時，三晉感到一時鬆了一口氣，當然也不會積極攻秦來移禍到自己，有時甚至還想借著機會在楚境擴張領土。在這樣不合作情形之下，秦國對東方的蠶食自然是非常有效。到了秦始皇卽位的時期，秦的領土除去現在的陝西、甘肅、四川，並且還擴張到現在的山西、河南的西部以及湖北的西部。差不多在東經一一四度以西的中原地帶都是屬於秦國的領土了。

　　秦始皇是前二五九年出生的，在前二四七年繼他的父親莊襄王嗣位爲秦王。在他繼任以前，却有一段傳奇性的故事。

　　本來莊襄王是秦昭王太子孝文王的兒子。孝文王的兒子有二十餘人，他不是長子，本來在兄弟中是無擧足重輕的。他被派到趙國做交換的「質子」。質子是一個苦差事。雖然戰國的習慣，質子沒有什麼危險；可是一方面和本國的政治隔離，另一方面是秦趙時常失和，當兩方用兵之際，質子就失掉經濟的來源，會時常鬧窮。此時有一個韓國的大商人呂不韋在趙國都城邯鄲經商，看到這種情形就認爲是一個設投機事業的最好機會。

　　秦昭王這時已經老邁，孝文王繼承王位，是旦夕的事。孝文王寵愛的「華陽夫人」，是最有做王后的希望的。不過華陽夫人無子，將來的太子是誰，還不能決定。呂不韋看透了這一點。於是一方面供給莊襄王（名異人）的生活費。另一方面用金錢的力量設法找關係游說華陽夫人。使華陽夫人了解莊襄王的容貌和能力都够上繼承人的資格，將來立爲王嗣後，可以成爲華陽夫人的黨羽。結果呂不韋的計畫成功了，華陽夫人接受了莊襄王成爲她的兒子。後來孝文王嗣立後，華陽夫人成爲王后，而莊襄王成爲太子。

　　孝文王嗣立時已五十多歲了，立了一年就死去，莊襄王就正式繼位。當莊襄王在

趙國做質子的時期，因爲得到呂不韋的資助，和趙國豪家之女結婚[8]，生了一個兒子，名子叫政，後來就是秦始皇。

當莊襄王在位時，呂不韋擁立有功，本已重用他做相國，等到莊襄王嗣位七年死去，呂不韋就取得了輔政的地位。加上了「仲父」的尊稱，受封了洛陽周的舊疆作爲他的食邑。他仿效了齊孟嘗君，魏國信陵君等貴族招集「食客」的舊例，他也從東方各國招集了諸子百家的謀士三千人，照他的計劃編成了一部「呂氏春秋」。

呂氏春秋在漢書藝文志中被稱爲「雜家」的，因爲是一部「兼儒法，合名墨」的書，不過追溯這一部書編纂的宗旨，並非像宋代初年編纂「太平御覽」「冊府元龜」等四部大書，爲修書而修書，除去集成彙集而外，其中並無建立一個哲學系統的目的。至於呂氏春秋那就完全不同了[9]，它是以道家思想爲主，把其他思想及學術，歸納於道家原則之下，預備著秦國統一天下以後，作爲治天下的方案。但是呂不韋的權勢太大，太后方面也樹立另外的勢力來抵抗呂不韋。這是歷史的常例，當權臣把持朝政之時，宮廷方面一定會利用宦官來牽制。這時太后也就利用宦官嫪毐，招集了門客一千多，並且把衛尉，內史，佐弋，都位置了嫪毐的黨羽，和呂氏相抗拒[10]。

莊襄王是前二四七年去世的，當時秦始皇尚幼，到了前二三九年，秦始皇已經二十二歲，要行冠禮（成人禮）可以親政了。自然他是不願追隨呂不韋的政策的，他要走他自己的路了。

秦國都城是咸陽，秦王的冠禮卻是在雍（陝西鳳翔）去舉行的。當秦始皇到雍行禮時候，嫪毐就舉行叛變，向雍進攻。秦始皇也命令昌平君和昌文君等領兵抵抗。交戰的結果，嫪毐的兵敗了。他就把嫪毐及其同黨重要的人處死，牽涉的黨羽被免除爵位而流放到房陵（今湖北的房縣）的，有四千多家。

秦始皇既平了嫪毐之亂，勢力大增，就對呂不韋動手起來，他認爲呂不韋縱容了嫪毐，在二三七年把呂不韋免去相國的職務，離開咸陽住在洛陽的封地去。但是呂不韋的社會地位太重要了，他無法拒絕東方各國士人的拜訪來往，六國的使者也不斷的訪問。呂不韋畏罪自殺，他的門客仍然給他辦喪事。於是秦始皇命令，凡是呂不韋的門客如其是晉人（東方人）一律驅逐出境，如其是秦人而俸祿年在六百石以上（即有朝籍的中等官員以上）一律免職也遷到別處。繼此以後嫪毐及呂不韋的勢力被剷除淨

盡，秦始皇便很容易的布置他的主張了。

　　戰國時代儒墨雖然同爲顯學，但作爲一個君主對這種「自苦爲極」的墨家是不會考慮的，只有儒家及其各家了。儒家在秦始皇的時代，荀子是當時的大師。和荀子對立的孟子強調人民的重要，以及對於君主的「草芥寇讎」的論調，也自然爲君主所不喜。在這種狀況之下，儒術方面當然是以荀學爲主的，（在齊魯的儒生也會暗中用孟子原理，但公開來說，孟學一定被壓抑的。）荀卿的禮治論本近於法家，而性惡論更是替法家找根據。當時秦始皇對於他的政敵，呂不韋的，道家精神既然不至再採用。而儒家又是前學占優勢的時期。再加上秦的傳統受三晉的影響向來較深。則秦始皇的傾向法家，就是一個順理成章的事了。當然百分之百法家，不參雜一點別家思想也是不可能的，在秦始皇政治之中，我們可以看出來的，也不可否認的，當多少有些儒家荀學的成分存在著。這一點對於秦來說雖然不太顯著，可是對於代秦而興的漢來說，還是十分有用的。

　　當秦始皇親政的時期東方的局面大致已經看出了，東方諸國只是勉強支持，秦的吞併天下，只是時間問題了。但是東方諸國彼此還是不合作的。前二三六年，趙攻燕，燕兵敗。秦便以救燕爲名攻取趙的上黨郡[11]，一直威逼到趙的河間。這時趙只有調回防禦匈奴的李牧，用邊防軍來抵抗秦。把今綏遠一帶的趙地放棄了。李牧抗秦甚爲得手，曾屢次擊敗秦軍。但是李牧名望抬高，又受了秦的反間，趙王在疑忌心情之下，在前二二九年殺了李牧。從此趙國無可用的將了。

　　在六國之中，韓爲最弱，在前二三三年，韓王安被秦脅，對秦獻公稱臣，並獻南陽地。到了前二三〇年，秦將內史騰領兵入韓都，虜韓王，以韓國爲潁川郡。在前二二八年，秦遣王翦攻趙。趙不能抵禦，於是秦兵攻入趙都邯鄲，趙王被俘。趙公子嘉率宗族逃到代郡，自立爲代王。但六年以後，前二二二年，仍被秦軍所滅。

　　當秦滅趙以後在前二二七年時，秦大破了燕代的聯軍，攻入燕都薊，燕遷到遼東。秦暫時停兵一下，在前二二五年遣王賁攻魏。魏人堅守大梁。秦人引黃河的水來灌大梁。守了三個月，大梁城壞。魏王假投降。秦滅魏。在前二二四年，秦已滅韓，滅趙，滅魏，並且打垮了燕代，於是就計劃攻楚。秦國首先低估了楚國的實力，只用李信領兵二十萬人進攻，楚國由大將項燕應戰，被項燕擊潰。秦只有起用王翦領兵六

十萬人攻楚，俘虜楚王，項燕再立昌平君負芻爲楚王，和秦兵再戰，項燕戰死，並俘
虜楚王負芻。在前二二二年再平定楚國的江南地帶。

　　就在滅楚的這一年，秦派王賁攻進了燕的遼東，俘虜了燕王喜，再囘師滅代，俘
虜了代王嘉。這樣全東方只剩了齊一個國家了。齊國因爲齊相被秦收買，認爲秦兵不
至於攻齊，一直沒有做任何攻守的戰備。齊國本來富庶，四十多年不曾受兵，完全忘
掉了戰爭。等到王賁的大軍從燕南下，齊國完全沒有抵抗，就進入了齊都臨淄，把齊
王及齊相都俘虜了，齊也就滅亡了。秦始皇就從前二三二年到前二二一年，十三年之
間完成了統一全中國的任務。

三、秦的施政及秦的滅亡

　　就郡縣制度在中國歷史上來說，確實開了一個新局面。雖然六國之中也各個施行
郡縣的方式，但是將中國這一個大區域，用郡縣制度統治在一個中央政府之下，那
就是一個新的嘗試。就秦的政治來說，呂氏春秋確是一個統一政策的藍圖。不過呂氏
春秋究竟是個「閉門造車」的設想，並非從統一的經驗得來，其中不完不備之處實在
太多。何況秦始皇有他的驕傲感，有他的自信心，決不願再抄襲他的政敵呂不韋的舊
作。他當然爲著表示權威要另外設計。

　　但是有一點秦始皇仍然多少受到呂不韋的影響。呂不韋希圖兼容並包，秦始皇初
期的政策似乎也多少有些兼容並包的企圖。秦始皇是生在趙國的邯鄲，到十三歲才囘
到秦國。過繼的祖母華陽夫人是楚國人。孝文王見華陽夫人楚服去見，華陽夫人把他
的名子改爲楚。郡就到秦以後，在生活上一定不少地方接受了趙國和楚國的方式，這
些地方若說對於秦始皇不生影響是不可能的。所以秦始皇的思想方式私生活方式，一
定會兼取秦國和東方的因素。秦始皇併吞六國以後，把六國宮殿仿造在咸陽北阪上，
這一點也證明了秦始皇對於六國文化的嚮往。從此看來秦的劃一制度，其中一定有六
國的因素存在著。但秦始皇的法家傾向，尤其是他的晚年，更顯著極端的專斷的態
度，這樣就把兼取的事實遮掩住了。

　　在秦始皇二十六年時（前二二一年），六國盡滅，新的帝國成立了。始皇就命令丞
相及御史大夫議帝號。當時丞相王綰，御史大夫馮劫，廷尉李斯及博士[12]等同議說：

　　古有天皇，有地皇，有泰皇，泰皇最貴。臣等昧死上尊號。王爲泰皇，命爲制，令爲詔，天子自稱曰朕[13]。

　　秦始皇同意了他們的建議，只是不用泰皇，而合併皇字與帝字稱爲「皇帝」。並且認爲諡法是「子議父，臣議君」，不再用諡法，自稱爲始皇帝，以後以二世，三世相稱。

　　當這個時期戰國陰陽家的「五德」說已經非常流行了。五德是金木水火土，用相克或相生的方式，遞傳朝代。其五行的數字，是依照「尙書洪範篇」水爲一和六，火爲二和七，木爲三和八，火爲四和九，土爲五和十。秦代周而興，應當屬爲水德，色彩是黑色，數目是一或者是六，因爲一太少，所以用六來紀。符節用六寸，以六尺爲步，天子的車用六馬來駕[14]。九卿的數目雖然是九，但加上三公共爲十二，仍爲六的倍數。外郡在始皇二十六年時，共爲三十六。不過後來的郡數卻有增設，大約不限於六的倍數。

　　秦的郡數，最先置郡的。是秦及六國境域。其中關中地方，屬於內史，不在郡數之列[15]。計爲隴西、上郡、北地、漢中、蜀郡、巴郡、河東、河內、三川、潁川、太原、上黨、東郡、碭郡、邯鄲、雁門、鉅鹿、代郡、漁陽、上谷、雲中、右北平、遼東、遼西、南陽、南郡、黔中、齊郡、琅邪、長沙、九江、泗水、楚郡、薛郡、東海、會稽，共爲三十六郡。其後降東越，置閩中郡，取陸梁地，置南海，桂林及象郡；收復舊趙國的河南地，置九原郡大約爲四十一郡，或者到了四十三郡[16]。

　　秦修長城是在歷史上非常著名的。只是秦的長城並非秦始皇開始才修，而是在六國時各國已經各有長城，其在北邊的有燕和趙的長城，秦代把燕趙和秦的舊長城，聯貫起來，加強工事就做成了。秦的長城是東起浿水，西至臨洮。就是從今韓國的大同江岸開始，包括遼河區域，再經過今內蒙古的北部，利用陰山爲塞，再向西南到洮水附近[17]。至於河西走廊的北部，卻不包括在內，這一段是漢武帝時開發河西四郡以後才開始修築的。

　　秦代是用三公九卿制度的。三公是丞相，太尉和御史大夫。丞相總管全國的行政，太尉總管全國的軍事行政。御史大夫是御史的首領，也就等於皇帝的秘書主任，凡所有詔書是皇帝交御史大夫來辦，然後下給丞相的[18]。在丞相以下，九卿和郡守是

平行的，原則上九卿處理歲內事務。但演變結果，九卿有時也管到外郡地方有關九卿
職守內的事務了。

至於九卿的名稱，和漢代略有不同，但從漢代的材料還可以追溯出來的，即[19]：

（一）廷尉　掌刑法

（二）奉常　掌祭祀

（三）衛尉　掌宮殿禁衛，郎中令掌執戟即原屬衛尉，漢代列爲九卿。

（四）太僕　掌車馬。

（五）典客　掌賓客及朝會，漢代改大行令再改名大鴻臚。

（六）宗正　掌宗室。

（七）少府　掌宮廷庶務。

（八）中尉　掌京城守衛，漢武帝時改爲執金吾。

（九）內史　掌京畿地方行政，秦代財政已別爲治粟內史，漢代改爲大司農。

在地方行政上，是以郡守爲領袖，守下爲「丞」，是守的副手，有「尉」，管地
方上的軍事。另外若干郡派一個御史監督，稱爲「監」（漢初不再由御史監郡，由丞
相派丞相史監郡。武帝時再由天子派任，稱爲「刺史」）。郡下設縣，縣長在大縣稱
令，小縣稱長。縣長以下也有縣丞和縣尉。縣以下再分爲四五「鄉」，一鄉再分爲若
干「里」。鄉的事務由鄉嗇夫管，里的事務有里魁管。原則上是二十五家至百家爲
「里」（大致爲一平方里面積爲準）。此外在主要的道路上，十里的距離設一「亭」
（按距離不按面積），亭有亭長主修整道路，逐捕盜賊。從丞相府至縣廷，其辦事人
員分爲各「曹」（近代稱爲「科」），其主持人稱爲掾，輔助人稱爲屬或史，一律由
各機關首長任用，不隸於「朝籍」的。

秦始皇統一全國以後，便畫一了全國的一切制度。因爲新的制度是有計劃的，中
國各處便很快的適應了新的制度。在六國時期各處有各處不同的寫法。秦始皇採用簡
化過的周代傳統篆書，號爲小篆（舊的繁體稱爲大篆），作爲書寫的標準[20]。統一了
天下的度量衡，並且在度量衡器上，刻上詔書。在戰國時各國所用的錢制極不一樣。
當然圓錢最爲方便，秦就一律採用圓錢，以半兩重爲標準，錢文是「半兩」二字[21]。

秦始皇統一天下以後，便在各國舊地屯戌重兵，以防反叛。並將收到的六國兵

器，鑄成了十二個巨大銅人，排列在宮庭前部。這十二個銅人都是胡人的容貌和服裝。（可能是斯克泰人的容貌和服裝。大致鑄造的方式，受斯克泰文化的影響。）他又在咸陽的北阪上，仿造了六國的宮殿。但最大的宮殿，却建造在渭水之南。這個宮殿到秦亡尚未修好，所以不曾命名。因為前殿是四方流水的屋頂，即四阿式，所以被叫做「阿房」（參看第一、二、三、四圖，這些圖是採用報告原圖）。後來漢代的長樂宮，是阿房附近別殿被毀的殘餘。而未央宮却又是依傍長樂宮的地位新建的宮殿[22]。

秦始皇受到堯典的天子巡狩四方的影響，並且又受到了燕齊方士的影響，派遣方士去求神仙[23]，他自己也到處巡行，一方面為鎮壓六國的遺民，另一方面也想遇見仙人，給他仙藥。他西至隴西，北到北地，碣石，東至泰山芝罘、成山、鄒嶧、琅邪、南至會稽、洞庭、衡山。他在泰山、鄒嶧、芝罘、琅邪、會稽、碣石，均立石頌功德[24]。當然他確自信統一了中國，消除了戰國時代對於人類的威脅，這種貢獻是不小的。他當然也不會預料到他的統治下潛伏了無數的問題[25]。

秦始皇的刻石，表明了秦代的政治方向，琅邪刻石說：

惟二十六年，皇帝作始，端平法度，萬物之紀。以明人事，合同父子，聖智仁義，顯白道理。東撫東王，以省卒士，事已大畢，乃臨于海。皇帝之功，勤勞本事，上農除末，黔首是富。普天之下，搏心壹志，器械一量，書同文字。日月所照，舟輿所載，皆終其命，莫不得意。應時勤事，是惟皇帝，匡飭異俗，臨水經地。憂恤黔首，朝夕不懈，除疑定法，咸知所辟。方伯分職，諸治經易，舉錯必發，莫不如畫。皇帝之明，臨察四方，尊卑貴賤，不踰次行。姦邪不容，皆務貞良，細大盡力，莫敢怠荒。遠邇辟隱，事務肅莊，端直敦忠，事業有常。皇帝之德，存定四極，誅亂除害，興利致福。節事以時，諸產繁殖，黔首安寧，不用兵革。六親相保，永無寇賊，驩欣奉教，盡知法式。六合之內，皇帝之士，西涉流沙，南盡北戶。東有東海，北有大夏，人迹所至，莫不臣者。功蓋五帝，澤及牛馬，莫不受德，各安其宇。

在這裏可以看出來，在秦始皇二十六年，統一天下以後，所定的政策，是法儒兼用的。譬如「合同父子，聖智仁義」「日月所照，舟輿所載，皆終其命，莫不得意」皆是儒家的原則。所以秦始皇的政策，還是漢朝時期的所謂「王霸雜之」，和漢代政治

的方向並非完全不同。所以秦的法律到漢代一直採用，修改的部分不多。這部法律，
也就成爲中國各朝的法律的藍本，一直到淸代。其失敗的原因還在執行的態度方面。

　　人類的社會，是息息相關的，也是休戚相關的。人君，最高的執行人，也是社會
的一部分，他在社會裏面而不可能超出社會之外。他不可能把人類社會變成一個無機
的機械，而他安然在機械外面操縱。法家任法，是想把人類社會做成一個類似的無機
體，法家任術，是想把人君做成無機體以外的操縱人。縱然理想相當合於邏輯，可是
執行起來一定困難重重。譬如依照法家的原則，君主應當具有不測之威，任何人不能
猜度的，所以宮禁中事成爲極端秘密。始皇嘗到梁山宮，望見丞相車騎衆多，始皇不
悅。或以告丞相，丞相減損了車騎。始皇大怒，認爲左右漏泄了他的話。於是盡殺了
隨從的人。以這件事情爲例，洩漏秘密的人當然被處罰，可是更多無辜的人，也無故
被處罰。演變的結果，一定使羣臣失掉良心上的責任感，而只是被迫的相互欺詐。對
於國家的前途仍然是危險的。

　　秦始皇的絕對法家傾向，在政治效率上是強的，但是總不免充滿了寃抑和虛僞，
總會使人感覺到是風暴前夕的寧靜。不是沒有人想設法去補救，而是當時一切的設施
不能容忍任何改革。秦始皇三十四年（統一中國後的第九年）始皇置酒咸陽宮，博士
七十人來進酒。博士僕射周靑臣上功德說廢封建立郡縣，人人安樂，無戰爭之患。博
士齊人淳于越指責周靑臣當面諂諛，主張實行封建。始皇將這個意見交給羣臣來議，
丞相李斯說：「現在天下在皇帝統制之下，是非只有一個標準。私人的學術對於國家
的政策，往往有人心中認爲不是，出外又羣相批評，以爲和主上不同是高尙的，以致
成爲謗議。照這樣不禁，那就君主的勢力要減削，而臣下的黨羽也會形成。不如以禁
爲是。臣請史官的記載除去秦紀以外都要燒掉。除去博士官所管的，天下敢有藏詩經
和書經的處死刑，倘若以古代批評現今的並罪及家族。其醫藥，卜筮，種植等類的書
不燒。不得私相傳授學術，若有人願學的，一律從官吏去學習。」這個極端性的建
議，秦始皇批准了，古今第一次禁書的事件，就形成了。

　　這裏談到的是天下的書都燒掉，只有兩種少數的例外(一)博士官所職的。(二)醫
藥，卜筮，種樹等一類的技術性書籍。實際上在當時是明白的，在後世無法明白。例
如「博士官所職」，這些書是博士官有一個圖書館？還是博士官准許私自帶一份自己

學術分內的書？這就區別很大。秦代博士情形，雖然不十分清楚。但漢承秦制，漢代博士職務內的書籍，都是出於「師承」，顯然是博士自己的書，不屬於公共圖書館。不過倘若博士去職，博士私人的書違反了「挾書之律」，就得銷毀了。其次漢代皇帝的書，是屬於「中秘」的。秦代皇帝自己不可能沒有書，這些書依秦代情形應屬於「御史」不屬於「博士」。李斯建議中當然不能指斥到皇帝的財產，那麼御史的藏書，當然屬於例外，（可是歷來講歷史的，都未曾注意到這件事。）這就無怪後來蕭何入秦，先收御史的圖籍。御史的圖籍，也就等於漢代中秘的圖書。最可惜的是六國的史書在始皇三十四年這一次全部焚毀，甚至御史也不藏此類的史書。蕭何只能收到一部秦記，後來司馬遷做史記，根據秦記做成了秦世家和六國表。只可惜秦記太簡略，只有年份而無日月，這就無可如何了[26]。

焚書是根據韓非子的理論而來的，下一部就是坑儒了。坑儒的理論應當是從荀子宥坐篇「孔子殺少正卯」一事而來的。先秦諸子及各書無孔子殺少正卯事，在荀子宥坐篇才初次出現。宥坐篇是否荀子所作，當然有問題。不過總是荀子系統下的篇章，和韓非子等法家比較接近的。坑儒一事是這樣的。原來徐福一去不返，到了始皇三十五年，方士侯生和盧生又逃跑了。始皇大怒，說「諸生可能造妖言來煽惑黔首（老百姓）」。使御史按問，諸生轉相告引，於是挑選出來諸生之中有嫌疑的四百六十餘人，都在咸陽活埋掉。此後諸生再不敢隨便發言了。

秦始皇的晚年尤其是三十四五年後性情好樣是更暴燥些。非常可能是服食藥劑的結果[27]，但是仙藥還是不斷的求訪，驪山的大墓還是繼續的修造。秦始皇自己還是不斷的巡遊各處。到了三十七年七月始皇行到平原津（今山東平原縣境），發起病來，病越來越嚴重。當時長子扶蘇因為進諫坑儒的事，被始皇派到北邊，監督蒙恬的邊防軍。也可能他認為他的長子有鴿派的傾向，到北邊去接近軍事，變的鷹派一些，才接近他的理想。因此只有少子胡亥隨從他。但是他的病越來越重，行到沙邱鄉（今河北平鄉縣東北）就死了。遺詔給扶蘇會喪而葬，也就等於指定扶蘇為繼承人。

當這個時候秦始皇的近侍，是中車府令宦官趙高[28]，他曾經教過胡亥法律，所以陰謀立胡亥為繼承人。和李斯商量，李斯原先不贊成，但是趙高說扶蘇若立，必以蒙恬為相，李斯是不能安然退位返家的。（因為焚書坑儒都是李斯同意的，而扶蘇却不

同意。）於是趙高和李斯毀滅了眞詔書，做假的詔書賜扶蘇及蒙恬死，而立胡亥爲二世皇帝。

趙高和李斯這種行爲是無法得到人同情的，於是就變成了「日暮窮途，倒行逆施」了。這時胡亥受到了趙高的挾制，深居宮中，公卿大臣都見不到面。趙高再把李斯殺掉，自爲「中丞相」專斷一切朝政。政治混亂，東方的叛變一天一天的擴大，秦國的前途就無法挽救了。

二世元年七月，正是秦始皇死去一整年的時候。泗水郡蘄縣的大澤鄉（今安徽宿縣以南），停著九百多被徵發去戌守漁陽的兵卒（河北北部），天大雨不止，這支開拔的邊防軍已經不能如期達到指定的地方。秦法嚴，將吏失期的要處死。隊中兩個屯長（大隊長），陳勝和吳廣，就逼著只好激厲這些怨恨的兵士，一同造反。

他們冒着扶蘇及項燕的名子[29]，攻城據邑，繼續前進。到了楚國故都陳縣的時候已有步兵數萬人，騎兵千餘人，車六七百輛了。陳勝便自立爲楚王，而以吳廣爲假[30]王。他們的兵力一天一天的增加，各處響應的地方也一天一天的擴大。雖然後來秦將章邯的軍隊擊潰了陳勝、吳廣。陳勝和吳廣都被部下所殺。但項羽及劉邦的軍隊終於擊潰秦軍。當劉邦的軍隊入了武關，胡亥責問趙高，趙高弒殺胡亥，立胡亥的兄子名子嬰的爲秦王。子嬰刺殺了趙高。但時間實在太遲了，關內無兵可調。子嬰降了劉邦。劉邦雖然對於子嬰還想保全，可是項羽繼至，他的兵力較劉邦爲大。劉邦只好聽項羽處分。於是項羽殺子嬰，屠咸陽，焚秦宮室，大掠而東。從此關中殘破，秦代的經營歸於毀滅。關中重新締建，是漢代以後的事了。

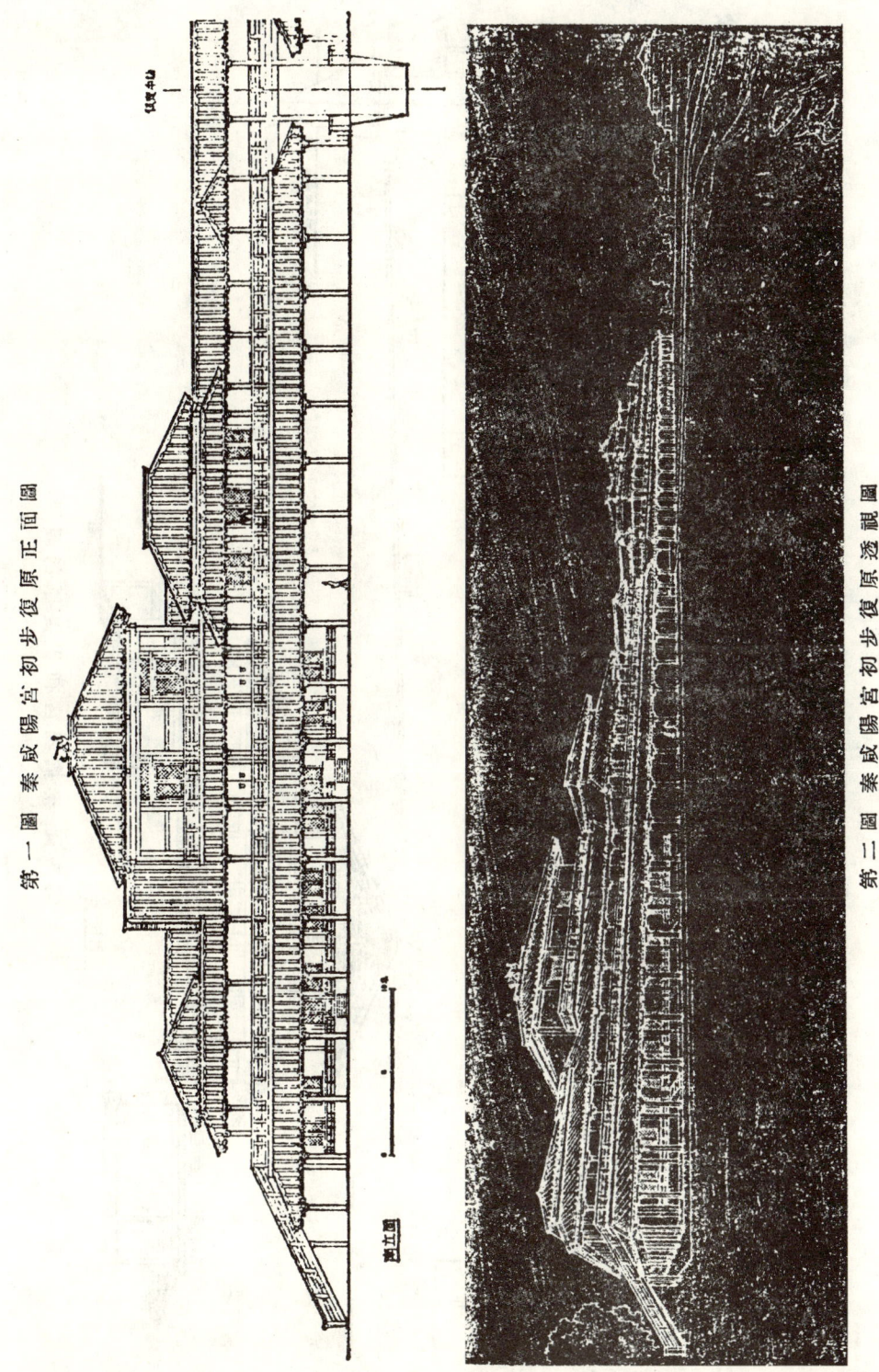

第一圖　秦咸陽宮初步復原正面圖

第二圖　秦咸陽宮初步復原透視圖

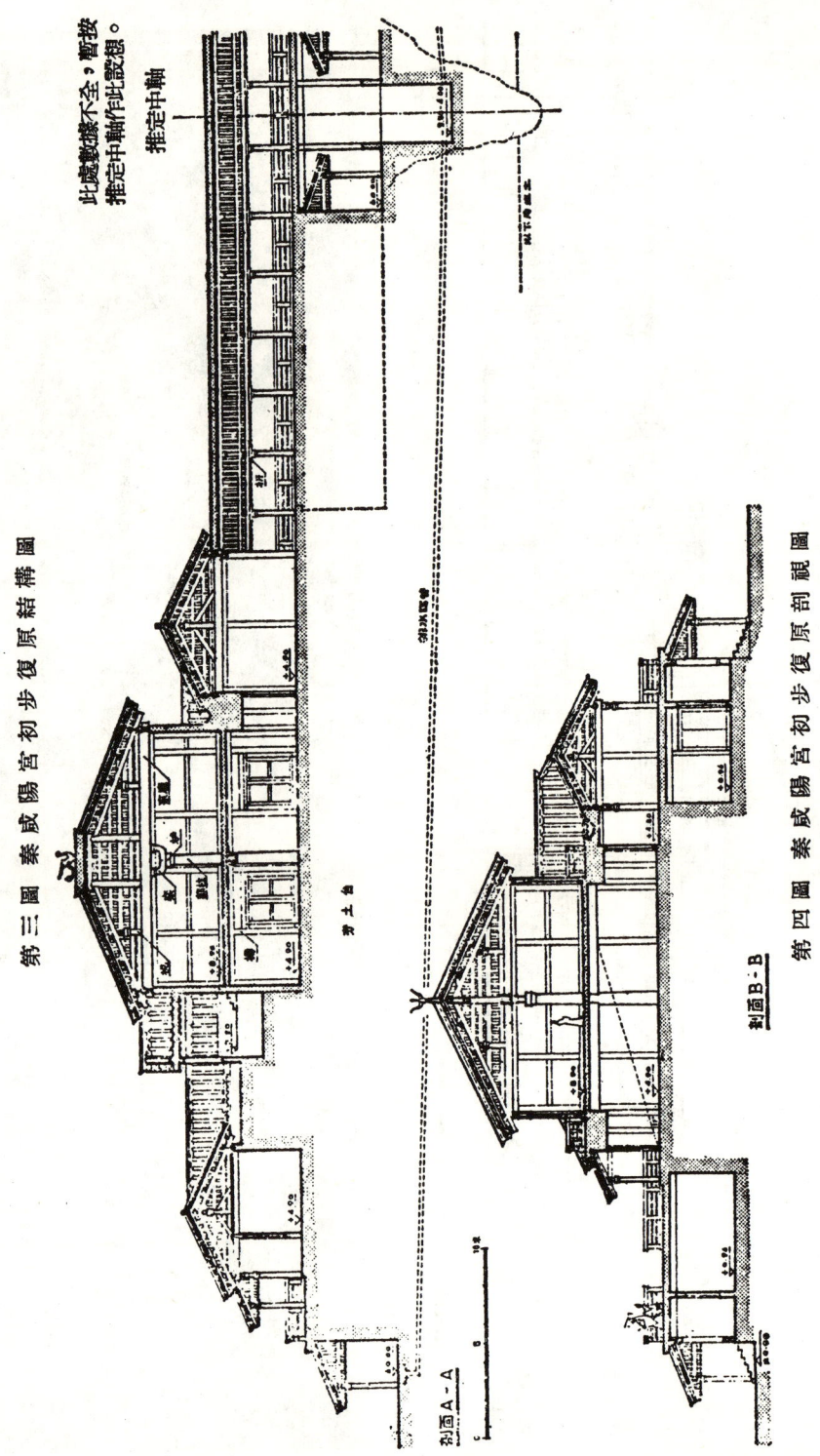

第三圖　秦咸陽宮初步復原結構圖

第四圖　秦咸陽宮初步復原剖視圖

附　注

1. "西安半坡" 的發現，將詳細的石器文化推到五千年以前。不過 "西安半坡" 的文化是否卽是原始的華夏的一種，還需要進一步的證明。此時尚不能作任何決定性的討論的。至於華夏文化的中心，究竟在黃河流域那一處爲合適？除去關中平原以外，例如汾水平原，以及河內河南區域，也都大有可能。也就是說「三輔」，「三河」及梁陳附近，都是古代文化的可能產生地帶。

2. 這是牽涉到古代傳說性的歷史的。依照左傳的傳說黃帝二十五子其得姓的十二人，這十二個姓氏的宗派，把夏商周三代都包括在內，但是姜姓的齊不在內，嬴姓的秦不在內，芈姓的楚當然更不在內。本來姜姓自稱爲炎帝神農氏之後和黃帝不是一支，周的姬姓，甚至商的子姓也不是沒有問題的。左傳「大戎狐姬生重耳，小戎子生夷吾」，到春秋時姬姓和子姬尚都有戎人，則商周是否原屬戎人，自可懷疑。

3. 稅畝，就是表示田制度的破壞，還遠在商鞅以前。周代的制度，是宗法，封爵，井田三位一體，井田制度破壞，其餘的也破壞了。井田當然不是孟子設想的那樣整齊。不過是分公田私田，公田由佃戶耕種，公田收入歸公，應當不誤。這就是「助」的辦法。「助法」不行，就不分公私一律抽稅，就是「稅畝」，也就是「貢」。在「貢法」之下，諸侯是一級地主（大地主）大夫是二級地主（二地主），如有士，還可能是三級地主。如其諸侯直接抽稅，不再轉手，只給大夫和士薪水，那就是「徹」了。參見註四。

4. 管子在先秦諸子之中，是屬於法家的。其實在管子時代，還不會有法家這個學派。但管仲的政治趨向，那就毫無疑問，應當歸入法家的。孔子是把全部精神寄託在周公時代的。周公時代是西周的極盛時期，不過周公一切的設施，自然由於周公時代的特殊背影。孔子一心想恢復周代的盛世，但時代已經變了，孔子時代的問題不再是周公時代的問題。所以孔子所想到的辦法，也就自然而然的走向「強公室，杜私門」的路上去。而當前魯國的三家，就成爲孔子心目中的敵人了。論語中孔子囘答哀公「年雖用不足，如之何」，是「盍徹乎」？這句便是「廢井田」「開阡陌」的先聲。孟子言「周人百畝而徹」又說「雖周亦助也」，這就開啓後世的大疑。其實田賦只有兩種可能辦法，卽助勞役或納粟米。徹可以增加公室收入，顯然不是勞役或粟米的區分，而只是取銷中飽，直接抽收，那麼助，貢，徹，的區分就在管理的方法上。所以助是公室及封人各有田地，各人有各人的佃戶（或農奴）來助勞役。貢則公室的田地已分給封人，從封人之手再貢獻粟來給公室。徹是封人不再有田地或佃戶，一律由公室徵收（勞役或粟米），封人的生活費由公室發給。這當然強公室，杜私門一個最好辦法。雖然實行起來並不簡單。但主張「徹」和廢井田開阡陌，還是一貫的。這一種以「農戰」爲主的國家政策，當然深深影響到秦的法律。就湖北雲夢縣臥虎地新發現的秦律來看，其中有「田律」，「金布律」，「關市律」，「司空律」，「徭律」，「廄苑律」，「傅律」，「置吏律」，「軍爵律」，「捕盜律」，「捕亡律」，「內史雜律」，顯爲李悝法經中「盜法」，「捕法」，「雜法」等發展而來。而其中含有「農戰」的意味很深。

5. 這個趙氏族人一直是以御車出名的。造父的後人趙夙爲晉獻公的御，滅了耿，霍和魏。趙夙受封於耿爲大夫。就是晉大夫趙孟一支的先世。秦的先世因爲也是「諸趙」的一支，所以史記稱秦始皇姓趙氏。

6. 附庸是小規模的諸侯，地方太小不列於正式等次的。當時約爲公元前九〇〇年左右，秦在今甘肅的天水。

7. 秦的爵是伯，春秋時鄭伯和秦伯，過去都是畿內的封國。

8. 關於秦始皇的母親，史記上有矛盾的記載，一處說是豪家女，另一處却說是呂不韋的姬妾。豪家女不可能做人姬妾的。但秦亡國迅速，而呂不韋餘黨甚多。所以其中一定有造謠出來對秦始皇不利的謠言，自以豪家女一點較爲可信。

9. 先秦諸子思想之中，只有儒家是綜會廣博，其他各家除去表達自己一部分思想之外，並無集成文化的宏圖。先秦道家纂述，老子不過是一些格言，莊子不過是一些論辯。關於禮樂書數，在道家書中一點也看不出來。道家只說「無爲而治」，「無爲而治」只是一個空洞的理論，從來未曾實行過。呂不韋是眞想用道家理論治國的人，「呂氏春秋」是一部道家治國的創始藍圖。等到漢代，呂氏春秋所輯時十二紀，除去道

家的淮南子以外，儒家的禮記也把它改進去，略加改定，成爲「月令」篇了。

10. 嫪氏在別處作嫪，嫪氏爲趙人，史記漢書的南越傳的嫪氏也是趙人，二者當爲一家。因爲姓氏在秦漢時期寫法往往不同，如晁氏可寫作量，袁氏可寫作轅，畱氏可寫作橘，楊氏可寫作揚等等。史記記載嫪毐係根據傳說，未必可信，不過戰國策言呂氏嫪氏對立情形，大抵可以認爲眞象。嫪氏趙人，與太后同鄉，應當本是太后的私人。況宦官接近女主，容易得到信任，例如東漢宦官之權，就是得鄧太后時開始的。衛尉是掌宮殿守衛，內史是管理京畿地方，佐弋是掌弋獵之官。（至於嫪音廖，嫪音鳩，兩字似乎不同音，那是因爲上古音從翏輔音是複輔音「kl」可以讀爲 k 可以讀爲 l 的原故。）

11. 上黨郡本屬韓，在前 260 年時，秦攻韓，上黨路斷降趙。秦攻趙，雖然秦將白起抗趙卒四十萬，可是秦兵還是被信陵君無忌所擊破。秦兵退回，所以上黨仍爲趙有。

12. 六國時之博士，備君王顧問。秦設七十博士，仿照孔子七十弟子的數目。這種博士是以儒家爲主的；因爲儒家對於前代的禮治最爲熟悉的原故。秦的博士如伏生叔孫通等，到漢時尚生存。

13. 關於三皇的傳說，爲天皇，地皇，人皇，而無泰皇。泰皇乃是東皇泰一之簡稱，亦即上帝，此爲神號，而非人號。對於稱天子，究竟有些不合適。（帝即禘，是一種祭祀，用於上帝或祖先的。不過到戰國以來帝字用在設想上統一天下的君王，已經成習慣了，所以沒有什麼問題。）秦始皇用綜合的公式，合併用皇帝二字，確爲較好。制是回答羣臣奏書的詔書，是一種指令式的，詔是從天子發出「訓令」式的詔書。

14. 古代的馬車是駕一馬或二馬，駕一馬的雙轅，叫做轅，駕二馬的單轅叫做輈。更華貴的兩馬以外再前方左右各一馬，共爲四馬，周天子亦只用四馬；周穆王的八駿，指兩個車的馬而言。秦代才開始在四馬以外又加二馬。魏晉人作尚書五子之歌，「予臨兆民，懍乎若朽索之馭六馬」，就不是古制了。

15. 郡本來是指邊區的，戰國各國的郡，都不指王都所在的地方。秦的卅六郡也不算都城所在的內史。內史列入卿之內，不列入郡守數目之內，到了西漢，三輔（京兆，左馮翊，右扶風），仍然不採用郡的名稱。

16. 考證卅六郡的郡名，主要的據漢書地理志，不過漢書地理志也有疏略的地方，不能完全整理出來。過去如全祖望、王國維、錢穆等都悉心考訂卅六郡的郡名，只是他們都忽略了河內這一個區域。河內是商的故都所在，魏文侯所重視的鄴也是此處，到魏惠王時仍是一個重要區域。漢代對於三河（河內、河南、河東）的重視，僅次於三輔。這樣一個地方秦決不能不置郡。只是漢書地理志把河內摽出楚漢之際的殷國，把秦代設郡漏掉了，是應當補入的。

17. 在臨洮地方，今甘肅和青海交界處附近。

18. 史官的職務本來是卜筮兼記錄。後來就專指文書一類的事。御史指皇帝的秘書，等到秦時兼任彈劾的事。再到漢代，御史大夫成爲副丞相（御史出外任彈劾之職，由御史中丞成爲首領）。漢代御史大夫之任既尊，自爲一府，於是皇帝秘書一任，就調少府屬官尚書來擔任，尚書令成爲秘書主任。長期演變的結果，後代尚書令變成了宰相，尚書也成爲閣員了。

19. 因爲郡守或漢時的郡太守，只管京畿以外的地方行政。所以和九卿職等不同，有關外郡的事，是由丞相直接下書，不關九卿，這和後代的六部情形不同的。不過有些九卿牽涉到地方上的，也令九卿和地方直接處理。例如太僕管皇帝車馬。但有時也管軍馬，其牧場就可能分佈到外郡了。內史掌京畿的地方行政，却也掌管收支，湖北雲夢所發現秦律的倉律說：「入禾稼，芻藁，轍爲隄籍上內史。」所以秦代的內史是掌財務的。漢代分內史爲三輔，仍然列爲九卿。再加從衛尉分出的郎中令（後改爲光祿勳），亦即九卿加光祿勳，大司農，左馮翊，右扶風四卿，所以漢代號稱九卿，實際是十三卿。

20. 但是小篆寫法還是比較遲重的，後來程邈更採用了楚人的筆法，來寫小篆，更爲方便，用在辦公上比較迅速，稱爲「隸書」。到了漢代隸書更爲通行，所有的文籍都去用隸書來寫了。六經本來在戰國時本用各處古文來寫，漢代也用通行的隸書來寫，就被叫做「今文」的經典。

21. 當時齊國用的是刀形錢，三晉用的是鏟形錢，周及秦用的是圓形錢。秦統一天下後一律用圓錢，並用「天圓地方」的觀念，錢是圓的，孔是方的，這種形式一直流行到後代。秦錢重半兩，所以鑄上半兩二字。可是秦亡以後，私鑄錢很多，輕重不等，也鑄上半兩二字。

22. 秦始皇墓被項羽發掘，取其金玉寶器，不過墓內的建築以及殉葬的陶瓦明器，顯然是項羽看不上的。晚近秦始皇墓的陶俑和眞人一樣大小，並備有眞的兵器，就已大量出土，不過這只是其中的一部分。

23. 始皇屢次遣方士入海求仙藥。徐福當然是其中最重要的一個人。徐福曾入海過兩次，第一次失敗了回來，然後說「未能至，望見之焉」。第二次再去，遂不返。相傳徐福到了日本，自有可能日本亦有徐福墓，其事眞僞亦無確澄。不過中日韓的相互交通，春秋戰國時已經成熟。徐福卽使到了日本，其重要性不必誇張。因爲到了日韓的人，不是只有一個徐福。秦漢之際，天下大亂，這些時候從中國逃亡到日本到韓國的大量「亡人」，其對於文化上的重要性要更值得重視。

24. 秦始皇刻石，現在只琅邪刻石尙存，但已多漫漶。泰山刻石僅存數字，但現存二十九字的拓本尙不少。鄒嶧山刻石只有宋代翻刻本，多失神態，長安本稍好一些，但和原本泰山及琅邪相去尙遠。泰山刻石一般人認爲李斯所寫，並無確據。李斯是整理小篆的人，是否眞擅長書寫就不能決定了。

25. 許多事實上問題往往不屬於理論以及學派的。譬如賈誼作「過秦論」，但賈誼之學出於吳公，而吳公之學又出於李斯，李斯又是一個對秦代政治設計的人。

26. 清劉大櫆「焚書辯」，實蕭何入秦，不收取六經舊籍，以致博士所藏在項羽燒秦宮時完全燒毀此說不確。項羽燒秦宮室，損失甚大，不可諱言。不過司馬遷的主要根據的一部書秦紀，除屬於蕭何所取以外，別無可能。所以御史所掌的圖籍，不僅興圖和檔案，顯然尙有書籍在內。漢代中秘的書，一定也有一部分是秦御史所掌的書除秦紀外尙有別的書籍。只是其中詩書及六國史記都已被毀龍了。

27. 後代許多皇帝如魏道武帝、魏太武帝、唐憲宗、唐武帝，均因服方士金丹性轉燥急，喜怒無常，唐武宗常問李德裕以外事，對曰：「陛下威斷不測，外人頗驚懼。願陛下以寬理之。使得罪者無怨，爲善者不驚，則天下幸甚。」與秦始皇晚年的情形，頗有點像，只可惜李斯不如李德裕，不能以寬濟猛，只以猛濟猛，於是天下不可挽救了。

28. 史記上說趙高是「諸趙之疏族」，所謂「諸趙」和齊「諸田」及漢初「諸呂」是同樣的稱呼。當然趙高不是趙國的人，因爲不可能把六國遺民放在左右。秦漢的近衞郎官，只用「六郡良家」，就因接近皇帝，不用函谷以東人的原故。如是秦國的人，那就秦國一定有一個可稱「諸趙」的大族。再和史記說秦始皇「姓趙氏」這一句比較，也就會明白趙高是皇族中的遠支，所以有機會掌權了。趙族分東西兩支。參看史語集刊三十一本勞榦：關東與關西的李姓與趙姓。

29. 陳勝吳廣初起時假借扶蘇（秦）項燕（楚）爲名，可見當時東方叛變的目的，政治性比六國舊國的民族姓爲大，這就表示着戰國時代交通頻繁，中國各處的文化已經融合。所以漢代仍然成功的統一著。但從另外一點看，項燕卻是楚人崇拜的英雄，這也是項梁和項羽能够起來的原因。

30. 假是「假借」的假，也就是代理的意思。後來「假節」的假，也和這裏同一用法。

附　　記

　　此篇係由沈剛伯先生審查，審查後四個月，沈先生卽逝世，成爲他的最後一次審查上占史計劃稿件。特此敬記悼忱。

漢代屯田的組織與功能

管 東 貴

一、前　　言

　　屯田的構想出自晁錯，目的在對付北疆的匈奴。緣因當時漢文帝對北疆外患亟欲有所作為，漢書匈奴傳贊記說：「逮至孝文，與通關市，妻以漢女，增厚其賂，歲以千金，而匈奴數背約束，邊境屢被其害。是以文帝中年，赫然發憤，遂躬戎服，親御鞍馬，從六郡良家材力之士，馳射上林，講習戰陣。聚天下精英，軍於廣武，顧問馮唐，與論將帥」[1]。就是在這樣的情形下，晁錯提出了他的屯田構想[2]，所以能受到文帝的重視，並卽擇要實行，惟當時尙無「屯田」之名。後來漢武帝爲了要澈底解決匈奴問題，對屯田廣爲運用，終於遠逐匈奴，揚威西域[3]，於渠犂置屯田校尉，於是始有「屯田」一詞[4]。

　　文帝時，晁錯的屯田構想雖已被採用，但當時似乎還只是一種試行性質的解決個別問題的辦法，還沒有發展到成爲全面性的一種制度。屯田之發展成爲一種制度，大

---

1. 漢書卷九十四下匈奴傳贊，藝文影印王氏補注本，頁1623。
2. 在晁錯之前，賈誼也曾提出過解決匈奴問題的辦法（見賈誼新書卷四匈奴篇所說的「三表五餌」，另參漢書賈誼傳所引治安策有關匈奴問題的意見），惟文帝似未採納。賈誼於文帝十二年去世（參看漢書賈誼傳所記梁懷王於文帝十一年墮馬死，賈誼爲梁懷王太傅，自傷甚，歲餘亦死，王先謙補注）。晁錯上疏提出屯田構想（見下引），資治通鑑繫在文帝十一年；文帝在位二十三年，十一值其中數，與上引漢書匈奴傳贊「是以文帝中年，赫然發憤」所指的時間相當。
3. 晉書卷二十六食貨志（藝文廿五史本，頁 576）：「羽林監潁州應詹祗建置屯田議。魏武（曹操）乃令曰：『夫定國之術，在於強兵足食。秦人以急農兼天下，孝武以屯田定西域，此先世之良式也』」。另參管東貴漢代的屯田與開邊，載中研院史語所集刊第四十五本第一分，民國六十二年。
4. 請參看前揭管東貴漢代的屯田與開邊，頁29～30及49～51。

概也是在武帝時候，而當時推動屯田工作的行政體系是：中央有大司農，郡有農都尉，實際屯田地區則有各種田官（參下）。

就組成分子的身分言，屯田可分為民屯與軍屯兩種。前者的特色是農兼軍，後者的特色是兵營田。惟功能上兩者仍屬一體，都是在於增強國家解決外患問題的力量。晁錯的構想經文帝擇要實行的是民屯，軍屯乃是武帝時由民屯構想的推廣運用而產生的[5]。軍屯不僅屯田者的身份與民屯不同，組織與分工都與民屯相異。軍屯的分工主要有兩種，即田卒與河渠卒。田卒主耕作，河渠卒主灌溉。當然這只是平時就屯田工作所作的分工；遇有外寇入侵時，他們都必須回到戰鬥崗位上去。所以軍屯組織基本上應與以戰鬥為主要任務的軍隊組織相一致。軍隊組織不在本文的討論範圍，所以本文討論屯田的組織只限於民屯。

本文所謂的「組織」，是指一個國家對所要做的某項事情設法羅致參與分子，並對他們的分工與合作，權利與義務等，作適當的安排。所謂「功能」則是指一個國家（或社會）採行的各種制度，對於維持國家（或社會）的生存，在運作上所發生的作用。

關於屯田的組織，前人雖略有討論，但甚簡單，而所持觀點也頗有可商榷處[6]。當然，要想澈底瞭解屯田的組織，並非易事，因為資料難求；本文也只是就某些方面加以探討而已。另外，本文對於屯田的組織，還有更深一層的探討，就是屯田組織（某些方面）的變遷跟環境的關係，這是一種新的嘗試。

關於屯田的功能，就我所知，還沒有人提出來討論過。一種制度的功能，有顯性的與隱性的兩個層面。顯性的層面，就是在正常情形下運作中實際發生的功能；隱性

---

5. 請參看前揭管東貴漢代的屯田與開邊，頁58。
6. 如陳直在從秦漢史料中看屯田採礦鑄錢三種制度一文中（載歷史研究，1955年6月），對西漢屯田制的討論，內容分為十七目，實際上只是資料的分目引述，稍加解釋而已。還有顯然不妥的是他把民屯與軍屯混為一談。例如其中第十五目為「田卒算賦的繳納」。按，「田卒」一詞係軍屯用語，漢簡中常見。然漢代邊疆戍卒人是否須納算賦，頗有問題。作者所根據的資料是漢簡文：「二年十二月餘賦錢八千三百七十八」（按，見勞貞一師居延漢簡釋文卷二錢穀類）。作者陳氏解釋說：「其他各簡記載賦錢的尤多，漢代算賦，據漢書昭帝紀注，每人每年一百二十錢」。居延是武帝太初年間才開始積極開發的，以保衛漢至敦煌一帶的通道（參看漢書武帝紀及匈奴傳）。其地兼有軍屯及民屯，這在漢簡中尚可明顯看出。所以，民有置屋宇蓄奴者，軍則有戍卒、田卒、河渠卒等軍屯分工情形的記載。邊塞要地，雖有居民，例屬軍管，軍政兼理民政，所以居延漢簡中有賦錢，社錢等民間事件的記載。

的層面則是還沒有實際發生的功能，這樣的功能要在環境發生了變遷的情形下才會顯露出來。因此，不同的環境可以使一種制度顯露出不同的功能來。如果反過來說卽是，一種制度的隱性功能，適應環境變動的幅度愈大，則它的存續力也愈大。對一種制度而言，環境的不同有兩種情形：一是空間的，也就是一種制度由甲社會傳播到乙社會，乙社會不同於甲社會，所以那種制度傳播到乙社會中，也就是處在一種不同的環境中。一是時間的，也就是一種制度在同一社會中經歷了時代的變遷，原先的環境在後來發生了變化，所以該制度雖仍是在同一社會中，但因先後時代的不同，所處的環境也就不同了。本文的研究屬於後一種情形。探討事物的功能跟環境的關係，是目前人類學上盛行的研究社會現象或文化現象的主要課題之一。然而，這種認識事物的方法，也可以用在歷史研究上，而漢代的屯田正適合我們去作這樣的嘗試。

二、漢代民屯的組成分子與田官

（一）民屯的組成分子

晁錯的屯田構想，是經由先後所上的兩道奏疏完成的。在他的構想中認為，只要照他的辦法去做，募民耕戍塞下，則邊疆地區可以不必耗鉅資常駐大軍就能有效地對付匈奴的侵擾。文帝雖然採納了他的構想，徙民實邊，但並沒有用它來取代當時的戍邊制，而只是用它來作為原有戍邊制的一種補助力量。晁錯的構想經文帝這樣擇要實行後，遂成為農兼軍（民兵隊）的民屯。後來屯田在施行上的許多變化，可以說都是晁錯這一構想的推廣運用而已。所以無論談屯田的組織或屯田的功能，首先都應從晁錯的構想說起。下面我們先看他的第一道奏疏。漢書卷四十九晁錯傳：

> 陛下幸憂邊境，遣將吏發卒以治塞，甚大惠也。然令遠方之卒，守塞一歲而更，不知胡人之能。不如選常居者家室田作，且以備之；以便為之高城深壍，具藺石，布渠答，復為一城，其內城間百五十步。要害之處，通川之道，調立城邑，毋下千家，為中周虎落。先為室居，具田器，乃募罪人及免徒、復作，令居之。不足，募以丁奴婢贖罪及輸奴婢欲以拜爵者。不足，乃募民之欲往者。皆賜高爵，復其家，予冬夏衣廩食，能自給而止。……其亡夫若妻者，縣官買予之，人情非有匹敵不能久安其處。塞下之民，利祿不厚，不可使久居危

難之地；胡人入驅而能止其所驅者，以其半予之，縣官爲贖。其民如是，則邑里相救助，赴胡不避死，非以德上也，欲全親戚而利其財也。此與東方之戍卒不習地勢而心畏胡者功相萬也。以陛下之時，徙民實邊，使遠方無屯戍之事，塞下之民父子相保，亡係虜之患，利施後世，名稱聖明，其與秦之行怨民相去遠矣。

這是針對前代强遣罪人徙邊的弊病而加以改良的一種有軍事目的的移民實邊的構想。文帝認爲這個構想可取，所以漢書在上段引文後接着說「上從其言，募民徙塞下」。另外，從「徙民實邊，使遠方無屯戍之事」句中，又可看出晁錯原想拿這套辦法來取代當時的戍邊制。

　　一個新的構想，付諸實行時，思慮難免不週，觀念上也難免因宣導不足而有所不能適應，這都會影響效果（應募的人不踴躍）。還有更重要的是，這樣的烏合之衆，恐怕無法發揮出抵禦寇敵的功效來。後來晁錯大概也看出了這些缺點，所以不久又提出了另一道奏疏，建議對徙民加以組訓，並加強照顧。同上晁錯傳：

陛下幸募民相徙，以實塞下，使屯戍之事益省，輸將之費益寡，甚大惠也。下吏誠能稱厚惠，奉明法，存恤所徙之老弱，善遇其壯士，和輯其心而勿侵刻，使先至者安樂而不思故鄉，則貧民相募而勸往矣。臣聞古之徙遠方以實廣虛也，相其陰陽之和，嘗其水泉之味，審其土地之宜，觀其草木之饒，然後營邑立城，製里割宅，通田作之道，正阡陌之界。先爲築室，家有一堂二內門戶之閉，置器物焉。民至有所居，作有所用，此民之所以輕去故鄉而勸之新邑也。爲置醫巫，以救疾病，以脩祭祀，男女有昏，生死相卹，墳墓相從，種樹畜長，室屋完安，此所以使民樂其處而有長居之心也。臣又聞，古之制邊縣以備敵也，使五家爲伍，伍有長；十長一里，里有假士；四里一連，連有假五百；十連一邑，邑有假侯：皆擇其賢材有護，習地形知民心者。居則習民於射法，出則教民於應敵。故卒伍成於內，則軍正定於外。服習以成，勿令遷徙；幼則同游，長則共事。夜戰聲相知，則足以相救；晝戰目相見，則足以相識；驩愛之心足以相死。如此而勸以厚賞，威以重罰，則前死不還踵矣。所徙之民，非壯有材力，但費衣糧，不可用也；雖有材力，不得良吏，猶亡功也。陛下絕匈

　　　　奴，不與和親，臣竊意其冬來南也……[7]。

這一奏中，有兩點主要的意見，都是以托古的方式說出的：一是進一步說明對徙民加強優待和照顧，以及徙民到達屯墾區以前政府應做好的許多準備工作；這可能反映出文帝採納了晁錯前一疏的意見付諸實行時，人民的觀念，以及官吏的態度都仍舊視「徙民」如「謫徙」，以致效果不彰[8]，所以晁錯還要再強調政府對徙民的照顧。二是對徙民加以組織和訓練。其中第一點只是強調並補充前一疏的意見而已；至於第二點却完全是一個新的意見。前後兩道疏的意見合在一起後，於是乃形成了完整的農兼軍的民屯構想。而徙民也因經過了這樣的組訓，並濟以賞罰之後，遂成為一支有組織，有紀律、又有應敵技能的堅強民兵隊。又，從第二道疏的「使屯戍之事益省，輸將之費益寡」句中，可以看出兩點情形：一是晁錯第一道疏的意見經文帝擇要實行後，已使戍邊制減輕了對內郡人力與物力的需求；二是文帝並沒有接納晁錯在前一疏中所說的「徙民實邊，使遠方無屯戍之事」的建議。

　　　晁錯完整的屯田構想是經過先後的兩道奏疏才合成的。一個完整的構想須經過先後兩次提出意見才合成，這已表明在晁錯之前並沒有這樣完整的構想存在。如果中國眞是早就有這樣的對付匈奴的良好辦法，則漢自高祖以來為匈奴所苦已二三十年，關心匈奴問題的賈誼不曾發現，或已發現而不能認識它的優點，而待晁錯來發現並闡明它的優點，那是難以令人相信的。所以儘管晁錯在第二道疏中一再說「臣聞古之……」，我仍認為他只是托古為說；事實上，屯田的完整構想就是他提出來的。當然，在他的構想中含有歷史上的成份，則是無可否認的。

　　　由上面兩段引文中，我們可以看出，屯田是由政府策劃並籌辦。先選定屯田的地點，估計需要多少人，並作好種種準備，如修路、分地、築屋、營邑立城、準備器物衣糧等等。然後才設法找人去，使他們一到目的就可以進行屯墾的工作。現在我們首先要提出來討論的問題是：人怎麼找？找甚麼樣的人去？換句話說也就是「屯田人力的羅致方法與羅致對象」的問題。

　　　晁錯構想中的羅致人力的方法只有一種，那就是「募」。而所募對象，依序可分

7. 上面兩段引文，均見藝文本漢書，頁1088～1089。晁錯上疏的時間，參前註2。
8. 這可以從「下吏誠能稱厚惠……則貧民相募而勸往矣」這幾句話中約略看出來。

爲三類：一是罪犯，包括皐（罪）人，免徒、復作三種人；二是奴婢；三是貧民（按，即第一道疏中的「乃募民之欲往者」及第二道疏中的「貧民相募而勸往矣」）。不管是那一類，都必須是「壯有材力」，因爲只有這樣的應募者才承擔得起「開墾」與「禦寇」的雙重任務。這三類人的先後次序，也是所募對象的順序。因爲晁錯在第一道疏中說，第一類不足額時乃募第二類；仍不足額時，再募第三類。可見晁錯當時所構想的民屯是以罪犯爲主要構成分子。這在觀念上顯然跟前代盛行的「徙謫」或「謫戍」有關。

以上所說，是晁錯屯田構想中的關於羅致人力的方法和對象的大概情形。由於羅致的對象是民，他們到達屯墾地後過的也是有家有室的「民」的生活，所以它是農兼軍的民屯。

應募的人到達屯墾區後，遂以「家」爲單位，納入民兵組織，即「五家爲伍，伍有長；十長一里，里有假士；四里一連，連有假五百；十連一邑，邑有假侯：皆擇其邑之賢材有護，習地形知民心者。居則習民於射法，出則敎民於應敵」。以上述數字計算，一邑有二千戶。每戶以五口計[9]，則每邑有一萬人，這是晁錯構想中的屯田的最大單位。

晁錯的全盤屯田構想在文帝時實行到甚麼程度？沒有記載。而且直到武帝元朔初，三四十年間，也都不見有關實行晁錯屯田構想的記載。可是，就在武帝元朔二年（127 B.C.）河套之役獲勝後，屯田遂自河套開始，大規模推行。然後，越過黃河，向河西一帶推展，直到遠逐匈奴，揚威西域。這種突然大興的現象，跟環境的改變似有密切的關係（詳後）。

武帝自卽位之初，卽表露出了他的澈底解決外患問題的決心。建元三年（卽位之第三年，138 B.C.）遣張騫使月氏，欲結爲外援，共事滅胡。元光二年（133 B.C.），設伏馬邑，欲誘來匈奴單于，一舉擊滅之，這是漢匈關係全面破裂之始。從此「匈奴絕和親，攻當路塞，往往入盜於漢邊，不可勝數」[10]。六年後，元朔二年（127 B.C.），

9. 漢書卷二十四上食貨志（藝文頁 517）引晁錯疏言：「今農夫，五口之家……」。又漢書卷二十八下地理志（藝文頁853）載漢平帝時全國戶口數是：12,233,062戶，59,594,978口；平均每戶 4.8口多。應募徙塞下的人家，平均家口可能不會超過此數；而且他們之中單身的人可能不少，所以晁錯在構想上才會替他們顧到婚姻問題。

10. 史記卷一一〇匈奴列傳，藝文頁1186。

漢又發動了河套之戰。武帝這一連串積極的舉動，不僅表明了他決心憑藉實力去澈底解決外患問題，同時也改變了漢自平城之困以來六七十年所處的被動守勢的局面。

　　元朔二年的河套之役，是漢武帝對匈奴的戰略計劃的第一步行動，而提供這計劃的基本構想的人是主父偃。在他的構想中，奪下河套北部一帶後，卽大舉移民屯田，作為進逼匈奴的根據地。史記卷一一二主父偃傳[11]：

> 偃盛言：「朔方地肥饒，外阻河，蒙恬城之，以逐匈奴，內省轉輸戍漕，廣中國，滅胡之本也」。上覽其說，下公卿議，皆言不便。公孫弘曰：「秦時常發三十萬衆築北河，終不可就，已而棄之」。主父偃盛言其便，上竟用主父計，立朔方城。

這次戰役發生在元朔二年春，獲勝後，卽置朔方、五原郡，並築朔方城，同年夏遂大舉移民。漢書卷六武帝紀：

> 元朔二年春，遣將軍衛青、李息出雲中，至高闕，遂西至符離，獲首虜數千級。收河南地，置朔方、五原郡。夏，募民徙朔方十萬口。

又，史記卷一一○匈奴列傳[12]：

> 衛青復出雲中以西至隴西，擊胡之樓煩白羊王於河南，得胡首虜數千，牛羊百餘萬。於是遂取河南地，築朔方，復繕故秦時蒙恬所為塞，因河為固。漢亦棄上谷之什辟造陽地以予胡。是歲，漢之元朔二年也。

　　元朔三年秋，朔方城構築完成，令民大酺五日[13]。次年又在朔方郡東南分置西河郡[14]。這反映出了漢自元朔二年河套之役勝利後，除在短短一季之內募民徙朔方十萬口外，還曾陸續向這一帶移民，以致在短短兩年之中移民人口多到足以分郡的地步。由這些現象上，我們又可以看出，河套的屯田在規模上已遠遠超出了晁錯的「營邑立城，製里割宅，通田作之道，正阡陌之界」的原始構想。另外，還可看出它更重要的一點變化是，屯田已從「使屯戍之事益省，輸將之費益寡」這種被動守勢的作用中轉變成為具有以開疆拓土來清除外患威脅的積極作用了。

---

11. 藝文頁1210。另參漢書卷六十四上主父偃傳，藝文頁1280。
12. 藝文頁1186。
13. 見漢書卷六武帝紀。
14. 見漢書卷二十八下地理志，藝文頁 812。

　　元朔二年夏募民徙朔方十萬口之爲屯田，可以從下述幾方面的情形中看出：（一）後漢順帝時，尙書僕射虞詡勸順帝用屯田法對付羌族時，卽是拿先帝開發河套的業績做例子的。他說：「北阻山河，乘阨據險，因渠以漑，水舂河漕，用功省少而軍糧饒足。故孝武皇帝及光武築朔方，開河西，置上郡，皆爲此也」[15]。（二）元光元年（134 B.C.）武帝召見主父偃，偃諫伐匈奴事，見解與晁錯同[16]；「募民」徙朔方，也跟晁錯屯田構想中的徙民實邊的用意相同。（三）主父偃所說的「朔方地肥饒……內省轉輸戍漕，廣中國、減胡之本也」，不但跟晁錯所說的「屯戍之事益省，輸將之費益寡」相符，也跟後來桑弘羊勸武帝屯田輪台時所說的「地廣、饒水草，有漑田五千頃以上，處溫和，田美，可益通溝渠，種五穀，與中國同時熟……臣愚以爲可遣屯田」[17]，用意相同，都是爲了支援國防軍事上的需要而移民就地生產；所不同的只是桑弘羊用了「屯田」這一名稱，而主父偃時則還沒有這一名稱而已。（四）朔方一帶的開發，跟上郡、令居及河西一帶的開發，是一連串相關的發展，都是用屯田法進行的，元朔二年的募民徙朔方是其開端，到元狩、元鼎間，這些地方已發展爲一個廣大的屯田網，有田官塞卒六十萬人戍田其地[18]。根據上述諸種情形，可以證明元朔二年夏募民徙朔方十萬口就是屯田。而且是晁錯構想實際推行的首次見於記載。這次屯田羅致人力的方法是「募」。

　　有人認爲漢代的屯田是先用軍屯墾荒，地墾熟後再移交給民屯者[19]。這在已有軍屯之後是可能的。但元朔二年河套之役是春季發動的，同年夏卽募民徙朔方十萬口，只有短短三個月的時間，而且當時朔方一帶是匈奴牧地，所以漢曾鹵獲牛羊百餘萬，這樣的牧地，要想在短短的三個月內由軍人墾熟，然後再交給屯民，不但時間不可

15. 後漢書卷一一七西羌傳引尙書僕射虞詡疏言，藝文頁1034～1035。
16. 參看史記卷一一二主父偃傳，藝文頁1207；漢書卷四十九晁錯傳，藝文頁1186～1187。
17. 漢書卷九十六下西域傳引征和四年（89 B.C.）桑弘羊等人的輪台屯田奏，藝文頁1665。
18. 參下正文引史記卷一一〇匈奴列傳（藝文頁1188），及史記卷三十平準書（藝文頁569）。
19. 勞貞一師居延漢簡考證（中研院史語所專刊之四十）頁53。屯田二：「故屯戍方案爲先用田卒屯墾，旣成熟田，更募民徙塞下，此蓋漢世屯墾通則」。另外，日人尾形勇也有類似意見，見所著漢代屯田の一考察——特以武昭時期爲中心（載日本史學雜誌七十二卷四期，昭和三十八年，1963）。按，貞一師的意見是以桑弘羊的輪台屯田奏爲論據，這奏是征和四年提出的，當時早已有軍屯。所以，先爲軍墾，而後募民，尙有可能。但在軍屯未產生前，這就不太可能了。

能，且也無此必要。所以元朔二年河套的屯田，墾地工作都是由募民自己動手的。此外，修道路，蓋房屋等工作都可能是由徙民自己動手，政府只要準備充足的糧食和器用就是了。

元朔二年河套之役的勝利，是漢朝憑實力對匈奴用兵取得的首次戰果，同時也是減胡劃策的開端。這不僅奠下了漢朝在戰略上的有利基礎，卽長期以來對匈奴態度之由被動轉爲主動，由守勢轉爲攻勢，也有大大的鼓舞作用。所以自這一役之後，漢朝便一直採主動、攻勢；數年之間連續發動了幾次大規模的出擊。就在漢連續出擊匈奴的這段時期，河西一帶的匈奴發生內鬨：元狩二年（121 B.C.），渾邪王殺休屠王，併將其衆來降，漢置五屬國以處之[20]。於是河西之地盡入漢朝版圖。這件事對漢朝跟匈奴鬪爭的軍事發展及屯田工作都有重大的影響。

元狩三年（120 B.C.），關東大水災，政府遂又把數十萬災民向河套一帶遷移。漢書卷二十四下食貨志[21]：

> 其明年（按卽元狩三年），山東被水災，民多饑乏。於是天子遣使虛郡國倉廩以賑貧。猶不足，又募豪富人相假貸。尙不能相救，迺徙貧民於關以西及充朔方以南新秦中七十餘萬口，衣食皆仰給於縣官、數歲貸與產業，使者分部護，冠蓋相望，費以億計。

這些災民，中必有各行各業的人，然也必有相當的數量是安插到屯田的崗位上去的，因爲這一帶到後來跟河西連成一氣，成爲一個廣大的屯田區（參下）。由於渾邪王來降，而涼州一帶民屯人數又大量增加，所以乃「減隴西、北地、上郡戍卒半」[22]。這跟晁錯所說的「使屯戍之事益省」，正相符合。

武帝對災民的這種安置，使屯田之羅致人力突破了「募」的舊規，而開創了一條「因勢利導」的新途徑。

元狩四年，漢決定對匈奴窮追猛撲，於是乃發動了一次空前大規模的出擊，結果

---

20. 參看漢書卷六武帝紀及史記卷一一〇匈奴列傳（藝文頁1188）。
21. 藝文頁 526。另參漢書卷六武帝紀。按，徙民事，武帝紀作元狩四年，徙民區域包括隴西、北地、西河、上郡以及會稽。事實上，陸續西徙的災民可能已有越黃河而達河西一帶的（參下引地理志）。
22. 漢書卷六武帝紀。

大勝[23]。這使西北邊疆一帶屯田工作的推展更增加了安全性。所以漢又積極設法向這一帶移民屯田。漢書卷六武帝紀元狩五年：

> 徙天下姦猾吏民於邊。

「邊」是一泛稱；最需要人口的西北邊疆一帶應是主要的徙民區。後來，移民屯田的區域也逐漸擴大，越過黃河，而向河西一帶推展。漢書武帝紀元鼎六年（111 B.C.）：

> 迺分武威、酒泉地，置張掖、敦煌郡，徙民以實之。

河西本爲五屬國（見前），由設郡進而分郡，表明了開發的進展及人口的增加[24]。又，漢書卷二十八下地理志[25]：

> 自武威以西，本匈奴昆邪王、休屠王地。武帝時攘之，初置四郡，隔絕匈奴、南羌，其民或以關東下貧，或以報怨過當，或以誅逆亡道，家屬徙焉。

這樣一批一批的人向河西移徙，在政府繕道、餽糧等工作的配合下，使這一帶迅速開發，而與河套連成一氣，成爲了一個廣大的屯田區。史記卷一一〇匈奴列傳[26]：

> 是後，匈奴遠遁，而幕南無王庭。漢度河，自朔方以西至令居，往往通渠置田官吏卒五六萬人。稍蠶食，地接匈奴以北。

又，史記卷三十平準書[27]：

> 其明年（按，元鼎六年），南越反，西羌侵邊……數萬人度河築令居（按，當指築令居城，蓋元狩初已有令居塞），初置張掖、酒泉郡（按，酒泉當作敦煌，參前引漢書武帝紀元鼎六年分郡事）。而上郡、朔方、西河、河西，開田官，斥塞卒，六十萬人戍田之。中國繕道、餽糧、遠者三千里，近者千餘里，皆仰給大農。邊兵不足，乃發武庫工官兵器以贍之。

---

23. 史記卷一一〇匈奴列傳（藝文頁1188）：「其明年春（按，即元狩四年，參看漢書武帝紀），漢謀曰：翕侯信爲單于計，居幕北，以爲漢兵不能至。乃粟馬發十萬騎，負私從馬凡十四萬匹，糧重不與焉。令大將軍青，驃騎將軍去病中分軍。大將軍出定襄，驃騎將軍出代，咸約絕幕擊匈奴……（大將軍）軒捕匈奴首虜萬九千級，北至闐顏山趙信城而還（按，史記會注考證引丁謙曰：闐顏山、蓋杭愛山南面之一支，趙信城在此山間）……驃騎將軍之出代二千餘里，與左賢王接戰。漢兵得胡首虜凡七萬餘級。驃騎封於狼居胥山，禪姑衍，臨翰海而還。是後，匈奴遠循，而幕南無王庭」。

24. 河西四郡的建置年代，有好些說法，請參看張春樹漢代河西四郡的建置年代與開拓過程的推測，載中研院史語所集刊第三十七本下册，民國五十六年。

25. 藝文頁 845。

26. 藝文頁1188。

27. 藝文頁 569。

　　以上所述，值得我們注意的有如下數點：(一)屯田之羅致人力的對象與方法，又都有新的發展。對象方面，除晁錯構想中提到的罪犯（上引地理志：「報怨過當」）及貧民（上引地理志：「關東下貧」）外，又有「訞逆亡道」（見上引地理志）及「姦猾吏民」（前引漢書武帝紀），這些人跟罪犯的不同，在於他們所違犯的不是法律，而是道德律。至於方法方面，除「關東下貧」可能即指元狩三年的水災災民，屬因勢利導外，其餘如姦猾吏民，報怨過當，訞逆亡道等，既非應募，也非因勢利導，而是為政府所「强遣」。後來，武帝天漢（100～97 B.C.）年間也還有這種强遣的例子，漢書武帝紀天漢元年（100 B.C.）秋：「發謫戍屯五原」（按，五原是元朔二年跟朔方同時設郡的，屬屯田區）。武帝時屯田之以强遣的方式羅致人力，跟漢以前通行的「徙謫」或「謫戍」，方式相同，而與晁錯屯田構想中本諸徙民自願的基本精神相詩（參前引晁錯第一道疏）。然武帝時代推行屯田之仍能發生效用，可能跟當時環境已與先前不同有關；武帝時徙往邊疆的人特別多，而且强遣的跟應募的和因勢利導的徙民相雜處，心理上的感受就可能跟秦時的謫徙不一樣。(二)自元狩（112～117 B.C.）以來，漢越過黃河，用屯田法向河西一帶開發，態度頗為積極。跟這種積極態度有相應關係的是屯田組織體系的擴大或專業分化。上引史記匈奴列傳有「置田官」，平準書有「開田官」等語，即是指增設官吏而言。我們知道，邊郡專理屯田工作的農都尉即是武帝時增設的（參下「田官」）。還有，當時不僅是增設官吏，而且還使整個組織體系發揮出良好的作用，這可以從史記平準書所記「中國繕道、餽糧，遠者三千里，近者千餘里，皆仰給大農」這一艱鉅的任務上看出來。(三)上引史記匈奴列傳有「置田官吏卒五六萬人」，平準書有「開田官，斥塞卒，六十萬人戍田之」等記載，這顯示自河套到河西一帶，當時不僅有民屯，並且也有軍屯。征和四年（89 B.C.），桑弘羊等人在輪台屯田奏中曾提出過利用軍屯初墾，然後交給民屯的意見，然其事實或早在元狩、元鼎間即已存在。軍屯為兵營田，屯田者的身份雖不同於民屯，但功能上兩者實屬一體。所以，從國家整個屯田事業的發展上去看，則軍屯乃是屯田之羅致人力的方法與對象的一種推廣運用。這是屯田發展上的一種突破性變遷。至於軍屯與民屯的配合運用，節節向前推進，也是屯田組織上的一項創舉。而這些都是在武帝時候產生的。

　　總之，屯田到武帝時代在許多方面都發生了突破性的變化。這些變化緣何產生？這問題我們留在本節末了再說。

　　武帝以後，屯田之羅致人力的方法與對象，基本上已無多大變化。東漢統一後，民屯的推行則以強遣罪犯爲常制，例如漢官儀卷上[28]：

> 世祖（光武（25～57 A.D.））中興，海內人民可得而數裁什二三，邊陲蕭條，靡有孑遺；彰塞破壞，亭隧絕滅……乃建立三營，屯田積穀，弛刑謫徒以充實之。

又，後漢書卷二明帝紀永平八年（65 A.D.）：

> 詔三公募郡國中都官、死罪、繫囚，減罪一等，勿笞，詣度遼將軍營，屯朔方、五原之邊縣。妻子自隨，便，占著邊縣。父母同產欲相代者，恣聽之……凡徒者，賜弓弩衣糧。

　　另外，在東漢晚期還有一個比較特殊的例子，就是以歸義外族屯田。後漢書卷八十八傳變傳[29]：

> （靈帝中平〔184～189 A.D.〕間，變爲漢陽太守），叛羌懷其恩化，並來降附。乃廣開屯田，列置四十餘營。

從屯田分子的對象上看，這是一個特例；但從羅致人力的方法上看，則可歸入「因勢利導」之列。

　　自晁錯以來到東漢晚期，在屯田的實行上，人力的羅致方法與羅致對象的關係，大致如下圖：

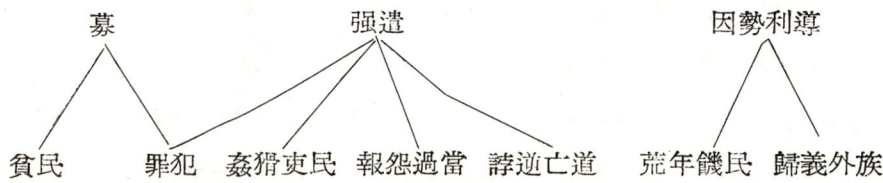

　　綜觀以上所述，晁錯構想的屯田，就記載所見，在武帝時代（武帝以前不見有關實際推行屯田的記載），組織上發生了很大的變化。武帝以後雖仍稍有變動，但大體

---

28. 四部備要本（上海中華書局據平津館校刊本影印），頁21。
29. 藝文頁 670。

上不出武帝時的範圍。這些變化，包括組織體系的擴大以及人力的羅致方法和羅致對象的增加。另外，軍屯的產生以及軍屯與民屯的配合運用，也都是武帝時候的創舉。屯田的組織為什麼在武帝時代會發生這些突破性的變化？下面就是我們對這一問題的討論。

　　事情的變化，大體可由兩個方面的因素去求得說明，一是歷史的因素，一是環境的因素。所謂歷史的因素，是說事情的變是由本身先前的因素所造成的，換句話說，就是事情還沒有變以前就已存在了使它那樣變的原因。所謂環境的因素，是說事情的變是由當時的環境所造成的，換句話說，就是它存在於那樣的環境中就會隨環境的狀況而變。然則，屯田在武帝時之所以發生那些突破性的變化，是由歷史的因素造成的呢？還是由環境的因素造成的？據我的觀察，主要是由環境的因素造成的。我們看，漢自高祖七年平城之困以來，和親納奉，屈事匈奴。然而這樣也並沒有真正換來邊境的安寧，匈奴仍隨己意常來侵擾擄掠。漢跟匈奴的這種關係一直維持到景帝末年；在這期間，漢完全是處在被動地位，採取守勢態度。武帝即位後，漢跟匈奴之間的這種關係發生很大的變化。促成漢匈關係急遽變化的因素有二。一是漢已累積了雄厚的國力：漢自開國以來到武帝時，已有六七十年的生聚，經濟方面已自漢初的「自天子不能具鈞駟，而將相或乘牛車，齊民無藏蓋」的窮困局面進到了「京師之錢累巨萬，貫朽而不可校，太倉之粟陳陳相因，充溢露積於外，至腐敗不可食」[30] 這種民殷國富的境地；政治方面則具有威脅性的內顧之憂（如七國之亂）也已掃除，中央集權制已逐漸鞏固，因而可以統一運用全國正蓬勃成長的人力與物力。二是武帝本人雄才大略，英年即位，有澈底解決外患問題的決心，所以一反往昔屈事匈奴的態度，而求以實力解決。晁錯的屯田構想，產生於漢朝採守勢，居被動的文帝時代，所以只要移民耕戍塞下，增加抵抗匈奴侵擾的力量，則已是符合當時的要求了。武帝即位後，由於客觀條件（經濟力量與政治力量的累積）與主觀條件（武帝雄才大略，又有解決外患問題的決心）的配合，對待匈奴的態度遂由消極轉為積極，由被動轉為主動，由守勢轉為攻勢。雙方關係一旦破裂，為生存計，則各無所不用其極。因此，凡是有助於漢朝解決匈奴問題的辦法，武帝必定會加以利用。所以主父偃一提出以屯田法進逼匈奴的戰

---

30. 所引兩段文字均見史記卷三十平準書，藝文頁562～563。

略計劃後，武帝卽發動了元朔二年的河套之戰。漢在武帝當政後對匈奴關係的轉變，對屯田而言，是環境上的大變動；再加上跟匈奴的激烈拼鬪，戰場愈拉愈大，始自河套而擴及河西乃至西域，軍事上人力物力的鉅大而急切的需要，使原先晁錯所構想的屯田無法滿足實際的需要。然而晁錯屯田構想的基本部份——移民耕戍塞下，以加强邊疆軍事活動的能力——仍是可取的，所以只要改變實行的辦法，就能使它符合新環境的需要。武帝時代，屯田組織上的許多突破性發展，可以說都是基於這一原因產生的。然而，民屯組織的改變，似仍不能滿足戰爭發展的緊急需要，所以又有軍屯的產生。因爲軍屯不單能增加邊疆開墾所需的人力，同時也能爭取時效，使民屯分子一到就能展開生產工作，而使原地的邊防軍能伺機再繼續向前推進。前引史記匈奴列傳所說的「漢度河，自朔方以西至令居，往往通渠置田官吏卒五六萬人。稍蠶食，地接匈奴以北」，大概就是指的這種情形。到這時候，屯田（兼指民屯與軍屯）遂成爲一種具有積極作用的解決外患問題的辦法，也可以說是一種有侵略性的開疆拓土的辦法。由以上分析，我們可以較清楚的看出，屯田組織的變遷跟武帝改變了漢朝對匈奴的態度有密切的關係。由於屯田組織是因應於武帝對匈奴態度的改變而變的，所以我們認爲武帝時代屯田組織的種種突破性變化是由環境的因素造成的。

（二）田官

「田官」也作「屯田官」，前者大概是後者的簡稱；漢簡上尙有線索可尋，如「……謹案屬丞始元二年，戍田卒千五百人爲辥馬田官寫涇渠……」，又「……十二月辛未，將兵護屯田官……」[31]。兩簡所記的田官，大概都是指民屯而言，所以需要軍人的協助與保護；而前一簡所記的「戍田卒」則顯然是指軍屯人員。另外，「田官」一詞，也見於史記，如前引平準書有「開田官，斥塞卒六十萬人戍田之」句，匈奴列傳有「置田官吏卒五六萬人」句等是。漢簡與史記所記的田官，都沒有指明特定的官職，所以應是一個總稱詞。同時所記的那些田官又都顯然是指在屯田地區直接掌理屯田工作的行政長官，所以他們是地方官。然而屯田工作，在武帝時代，地方和中央已

---

31. 上引兩簡，見勞貞一師居延漢簡考釋之部（中研院史語所專刊之四十）第193及8238簡。按始元二年爲昭帝卽位後之二年，公元前85年。

建立起了組織上的關係。所以本節標題雖用「田官」一詞，內容實包含地方及中央跟屯田的行政組織系統有關係的職官。當然，要想明瞭屯田的全盤行政組織，目前尚無可能。下面僅就所知，作簡略說明而已。

　　大司農：　原爲秦官，名治粟內史，入漢列爲九卿之一，景帝後元年更名爲大農令，武帝太初元年又更名爲大司農[32]，也簡稱大農。他在屯田工作上的任務，就資料所見有二。一是糧食調度，屯田初期所需糧食，如無法就近調用，則均由大司農供應，卽前引史記平準書所說的「中國繇道饋糧，遠者二千里，近者千餘里，皆仰給大農」。如遇內郡荒歉，則邊郡屯田所殖之穀也可由大司農徵轉周濟（參下「農都尉」條）。二是管理全國官牛，屯田所需的也在其列，如居延漢簡：「☒者以道次傳別書到相牛大司農調受簿編次不辨者☒」[33]。勞貞一師認爲：「此詔爲行於邊郡者，令邊郡相牛之善者，由大司農受簿編次，蓋亦爲農事也。大司農調卽非調」[34]。按，自武帝以來，屯田所用犂、牛皆由政府供給[35]。居延爲屯田區，而簡文所記又都只指邊郡，則所謂「相牛」、「受簿編次」，當皆與屯田有關。

　　農都尉：　武帝初置農都尉，於邊郡主屯田殖穀[36]。農都尉也見於居延漢簡，茲舉數例如下：其一「三月丙午張掖長史延行太守事，肩水倉長湯兼行丞事，下屬國農都尉小府縣官承書從事」；其二「守大司農光祿大夫臣調昧死言，守受簿丞慶前以請詔使護軍屯食，守部丞武☒以東至西河郡十一農都尉官上調物錢穀漕轉糴爲民困乏，啓調有餘給……」；其三「二月戊寅張掖太守福，庫丞熹兼行丞事敢告張掖農都尉護田校尉府卒人……」[37]。由上引第一簡可以知道漢於屬國也置農都尉，這顯示屬國境內也有屯田。由第二簡可以看出，內郡有民困時，邊郡農都尉所殖穀得由大司農徵轉周

---

32. 見漢書卷十九上百官公卿表，藝文頁304～305。

33. 見勞貞一師居延漢簡考釋文之部（中研院史語所專刊之二十一）卷一書檄類頁42，或前揭居延漢簡考釋之部第3135簡。按，「簿」字，考釋之部作「詣」，檢視居延漢簡圖版，字殘不可辨，釋「簿」較可解。

34. 見居延漢簡考證（按，卽前揭中研院史語所專刊之四十，第二部份）頁61。按，非調爲大司農始於元帝永光二年（42 B.C.），見漢書卷十九下百官公卿表，藝文頁332。

35. 漢書卷七昭帝紀元鳳三年顏師古注引應劭曰：「武帝始開三邊，徙民屯田，皆與犂、牛」。按，能自給後，用官牛者當納租，參下。

36. 參看漢書卷十九下百官公卿表，藝文頁 312，王氏補注引續百官志。

37. 見前揭居延漢簡考釋之部第556、5742、5995簡。

濟[38]。由第三簡可以看出，農都尉下有護田校尉。

護田校尉：　不見於史記、兩漢書，僅見於漢簡（上引第三簡）。或因職位不高，故僅見於地方資料。由此簡可知護田校尉爲農都尉下級職官，應與屯田有關。然其職掌不詳，或爲專門保護屯民及耕稼的部隊長，以免受外敵的侵掠與搶收莊稼。

守農令：　也是僅見於漢簡，例如下：其一「守農令趙常入田⊘」；其二「守農令趙入田卌取禾」[39]。守農令職掌不詳，然觀上引兩簡有「入田⊘」、「入田卌取禾」，則其職掌當與作物之成長有關，屬農作技術專家的性質；時令節氣或也在其職掌之內。

另外，漢爲與匈奴爭奪對西域的控制權，曾在西域特設屯田校尉、戊己校尉及宜禾都尉等官，屯田養軍，作爲實力的依據。屯田校尉，武帝時置[40]；戊己校尉，元帝初元元年（48 B.C.）置[41]；宜禾都尉，明帝永平十六年（73 A.D.）置[42]。這些校尉及都尉大概都屬軍屯的性質。

三、民屯分子的資給與義務

晁錯已經說到過，「募民相徙，以實塞下，使屯戍之事益省，輸將之費益寡」，其所以能如此，是因爲他們到達邊疆地區安家落戶後，不僅能加強邊疆的民防，以補正規邊防軍兵力的不足，同時他們又能開發邊疆的經濟潛力，以減少邊防軍需全賴內

---

38. 勞貞一師對簡文所敘事件，曾有詳考，茲節引於下，供參考：「此元帝永光二年或三年詔也。百官公卿表『（元帝）永光二年，光祿大夫非調爲大司農』。漢制，初除爲守，滿歲爲眞；今云守，必初除時事矣。元帝永光二年正值凶年，本紀云：『永光二年春詔曰……朕穆承高祖之洪業，託位公侯之上，夙夜戰栗。永惟百姓之急，未嘗有忘焉。然而，陰陽未調，三光晻昧，元元大困，流散道路』。又：『六月詔曰：間者連年不收，四方咸困。元元之民勞於耕耘，又無成功；困於饑饉，亡以相救』。此皆可證當時情況，與此簡所稱調十一農都尉餘穀，轉民困乏者，其事正合。……據此簡則內郡荒歉，仍賴塞上軍屯餘粟以濟之，是武帝以來之闢土開疆未必純爲煩費也」。另對簡文所謂「以東至西河郡十一農都尉」，也有考證，均見前揭居延漢簡考證頁54。

39. 見前揭居延漢簡考釋之部第158及176簡。

40. 漢書卷九十六上西域傳（藝文頁1638～1639）：「（武帝時）輪台、渠犁皆有田卒數百人，置使者校尉領護。……（宣帝時）屯田校尉始屬都護」。按：武帝時「置使者校尉領護」中之「校尉」即屯田校尉，原主西域一方之事，宣帝旣設西域都護，擴大事權，屯田校尉始屬西域都護。請參看前揭管東貴漢代的屯田與開邊頁67。

41. 見漢書卷十九上百官公卿表，藝文頁 309；卷九十六上西域傳，藝文頁1639。

42. 後漢書卷一一八西域傳（藝文頁1041）：「（永平）十六年，明帝乃命將帥北征匈奴，取伊吾盧地，置宜禾都尉以屯田，遂通西域」。

郡轉輸的煩費。所以對國家有多重的好處。不過，被政府選爲要推行屯田的地方，總是比較容易受到外敵侵擾的邊防要地。而這樣的地方則往往交通不便，且多爲原始荒野，完全要靠人力去開墾。要把人遷到這種隨時須爲保護生命財產而準備拼命的地方去安家落戶，自然必須有一套能使人去的辦法，大體言之，不出強制與自願兩途。晁錯的構想是採取後一種辦法——募；同時政府再給予種種優待，以鼓勵應募。這也就是他的屯田構想之不同於前代「徙謫」或「適戍」的所在。因爲他認爲只有這樣才能使遷去的人自願地發揮禦敵自保保國的作用；而不致像從前「適戍」的人那樣，沒有久居邊地的意願，一有寇敵或其他變動，他們就趁亂逃離[43]。在晁錯的構想中，對應募屯田的人的優待，能直接看出及間接推知的，主要有如下一些：

1. 在能生產自給以前，生活上的基本需要都由政府供給，如耕地、衣、糧、房屋、器物等；

2. 兵器，如弓弩等，由政府供給[44]；

3 授予高爵[45]；

4. 免除徭役及賦稅；

5. 單身的人，由政府輔助成家（「其亡夫若妻者，縣官買予之」）；

6. 遇有疾病，有公家的醫巫爲之免費服務；

7. 死後可葬於共同的墓地。

這樣的優待，可說設想周到。政府之所以這樣做，當然是想使屯田發生作用。然而，正因爲希望能發生預期的作用，所以另方面對他們也有所要求，這也就是對他們所加的義務。在晁錯的構想中，屯田分子的主要義務如下：

1. 開墾和生產；

2. 不得任意遷離；

3. 平時納入民兵組織，農事之餘接受軍事訓練；

4. 禦寇。

---

43. 史記卷一一〇匈奴列傳（藝文頁1180）：「蒙恬死，諸侯畔秦，中國擾亂。諸秦所徙適戍邊者皆復去」。

44. 由晁錯第二道疏中的「居則習民於射法」句可以看出，又從上引後漢書卷二永平八年明帝紀「凡徙者，賜弓弩衣糧」可以得到證明。

45. 授爵這一點，對罪犯、奴婢及「民之欲往者」是否給予同樣待遇，不無可疑。依情理推測，爵只授給「民之欲往者」，罪犯及奴婢只是還他們自由之身，享有自由民的待遇，惟不得自由遷徙。

晁錯的這些構想實行到什麼程度？已無從確知。惟從後來關於實行屯田的記載中，可作一些補充如下：

關於耕地及田租： 耕地面積，軍屯大致是每人二十畝。漢書卷六十九趙充國傳屯田奏中有「田事出賦人二十畝」句，再據屯田奏中所說，擬用於屯田的耕地面積是「可二千頃以上」，而留下來屯田的人數是「弛刑應募及淮陽、汝南步兵[46]，與吏士私從者，合凡萬二百八十一人」[47]。百畝為頃，二千頃以上，合二十萬畝以上。屯田的人數共有10,281人，每人二十畝，需205,620畝，與所說田畝數相近。又漢書卷二十四上食貨志引晁錯勸農力本疏：「今農夫，五口之家，其服役者不下二人，其能耕者不過百畝，百畝之收不過百石」[48]，平均每人也是二十畝。另據漢書卷二十八下地理志所載漢平帝時定墾田為 8,270,536 頃，合827,053,600畝；當時全國人口為 59,594,978 人[49]。平均每人定墾地為 13.89 畝餘。如減去不能耕作的老少和不以耕作為職業的人口，以三成計，則實際從事耕作的人每人平均可得墾地為 19.84 畝，這只是粗估，然與二十畝之數極相近。可見二十畝可能是西漢時代一個農夫耕作公有田地的平均數。另外，漢簡上也有關於軍屯耕地面積的記載。王國維流沙墜簡釋二戍役類第三十一簡：

　　將張僉部見兵二十一人，大麥二頃，已截廿畝；下床九畝，溉七十畝；小麥卅七畝，已截廿九畝；禾一頃八十五畝，劤五十畝。（以上簡面）。

　　將梁襄部見兵廿六人，大麥六十六畝，已截五十畝；下床八十畝，溉七十畝；小麥六十三畝，溉五十畝；禾一頃七十畝，劤五十畝，溉五十畝。（以上簡背）

就簡面的記載看，見兵（即實際有的兵）二十一人，耕地共有512畝，平均每人耕24.3畝餘。就簡背的記載看，見兵二十六人，耕地379畝，平均每人耕14.5畝餘。邊塞地區，駐軍以戍守為主要任務，且兵員有定數，而耕地面積也各受地理環境的限制，不可能有新墾地畝，兩處所耕田畝平均數有那樣大的差距，原因或即在此。以上所說，

---

46. 由「弛刑應募」跟「淮陽、汝南步兵」並列的情形看，則「弛刑應募」者是為應募抵罪而參軍，故趙充國平羌部隊改為軍屯時，有弛刑應募分子。

47. 見藝文頁1339～1340。

48. 見藝文頁 517。

49. 見藝文頁 858。

都是軍屯。民屯的情形還沒有找到可用的資料。據推測應不下於二十畝，因爲民屯以生產任務爲主，地點當以近塞而有開發前途的爲主要條件。所以參加民屯的人，能力強的可以開墾較多的地，則於公於私都有利。

　　當民屯分子的生產足供全家需要而有餘時，政府一方面停供衣糧器物，另方面則開始課徵田租。這在漢簡上也有線索可尋：

　　　　右第二長官二處田六十五畝，租廿六石[50]。

勞貞一師認爲這是「塞上屯墾所收」[51]。這屯墾應屬民屯，因爲只有公地私耕才會有租，而居延自武帝太初年間以來卽已有民屯[52]。「田六十五畝，租廿六石」，合每畝四斗。前引晁錯勸農力本疏說到「百畝之收不過百石」，以這樣的收穫量推算，則田租是收穫量的百分之四十。上引居延簡屬何時代？不可知。惟居延簡最早的不會超過武帝太初年間，晁錯又早於太初年間六七十年，不同時期有不同的耕作法，收穫量容有不同。而武帝晚期趙過發明代田法後，曾施行於居延。代田法對單位面積的產量大有增加：「一歲之收，常過縵田畝一斛以上，善者倍之」[53]。故居延之田行代田法後，若以每畝收穫量一石半計（卽介於縵田與良田之間的數量），則上簡所記田租約爲收穫量的百分之二十六點七。

　　關於牛、犂與產業：　在屯田初期，牛與犂都由政府免費供給，卽晁錯所說的「民至有所居，作有所用」，犂與牛都屬「作有所用」的範圍。不過，等他們田地開墾多了，生產足供自給而有餘時，政府就要停止對他們的優待，也卽晁錯所說的「能自給而止」。這時候如果屯民還要用官犂與官牛，則須納租了。漢書卷七昭帝記元鳳三年（78 B.C.）：

　　　　詔曰：迺者民被水災，頗匱於食，朕虛倉廩，使使者振困乏。其止四年毋漕。
　　　　三年以前所振貸，非丞相、御史所請，邊郡受牛者勿收責。

顏師古注引應劭曰：

---

50. 見前揭居延漢簡考釋釋文之部卷二戍役類頁 225，或前揭居延漢簡考釋之部第185簡。
51. 見前揭居延漢簡考證頁53，屯田四。
52. 同上居延漢簡考證頁52～53。屯田二及屯田三所引兩簡：其一「延壽迺太初三年中又以負馬田敦煌，延壽與父俱來，田事已」，這是居延簡，應爲田敦煌的人寫給田居延的人的信；其二「☐詣居延爲田，謹遣故吏孝里大夫☐」，勞貞一師認爲「此當指移民作墾田事者」。
53. 見漢書卷二十四上食貨志，藝文頁519～520。

　　　　武帝始開三邊，徙民屯田，皆與犁、牛。

這是把「邊郡受牛者」，解釋爲屯田的人。雖然事實上可能並非全是屯田的人，但至少包括了屯田的人在內。從他們接受政府的振貸（而非優待）的情形看，則那些屯田戶應是已屬能自給的人家了，惟遇荒歉仍需振貸。元鳳三年復遭水災，昭帝顧念較貧苦的屯田戶（無自備犁牛，自然是較貧苦的人家）的艱苦，所以對他們三年前的振貸特准延緩收繳。應劭所說的「徙民屯田，皆與犁、牛」，似是指武帝時對屯田戶初到屯墾地免費供給犁與牛的情形。顏師古引應劭這段，用意只在說明「邊郡受牛者」是指屯田戶。漢代屯田戶租用官犁官牛，須付多少租？目前還不清楚。曹魏屯田的情形或可供參考。曹魏屯田，持官牛者，官六民四；持私牛者，與官中分[54]。是曹魏屯田的牛租是收穫量的十分之一。但是，曹魏屯田田租高於漢代（曹魏以持私牛論是百分之五十，漢代以最高估計是百分之四十），而且漢代的政治與社會，一般而論，都比曹魏時安定，根據這些情形來推測，則漢代屯田的牛租當低於收穫量的十分之一。或正因漢代對屯田戶較寬厚的緣故，所以居延一帶的屯田戶頗有畜私牛，積私產的例子。如：

　　　　侯長觻得廣昌里公乘禮忠，年卅：小奴二人直三萬，大婢一人二萬，軺車一乘
　　　　直萬，用馬五匹直二萬，牛車二兩直四千，服牛二六千，宅一區萬，田五頃五
　　　　萬。凡貲直十五萬。

又如：

　　　　二堆隊長居延西道里公乘徐宗，年五十：妻妻，子男一人，男同產二人，女同
　　　　產二人；宅一區直三千、田五十畝直五千，用牛二直五千；妻一人，子男二
　　　　人，子女二人，男同產二人，女同產二人[55]。

財產的累積，反映出了屯田在經濟開發方面的成效。

四、屯田功能的變遷跟環境的關係

　　前面我們討論屯田組織方面的變遷跟環境的關係時，主要是透過解釋去說明的。

---

54. 參看鞠清遠曹魏的屯田，載食貨半月刊三卷三期，民國二十五年一月。
55. 上引兩簡見前揭居延漢簡考釋釋文之部卷三名籍類，頁455及463。

換句話說，屯田組織方面的變遷跟環境之間的互動，缺乏明顯的現象，無法直接看出它們之間是否有互動關係，而必須借助解釋才能認識出來。現在我們要討論的屯田功能的變化跟環境的關係，却可以直接由兩者的互動現象看出來，這是功能探討法之應用於歷史研究上難得找到的例子。

　　就晁錯的構想看，屯田的功能在於增加國家解決外患問題的力量；方法是利用邊防地區的地利，移民就地生產，以增加邊防所需的人力與物力。屯田的這種功能，終西漢之世，基本上沒有變化。也正是由於這種緣故，所以終西漢之世屯田都是在有外患戰爭危險的邊防地區進行。

　　但是，到東漢初年，光武統一前（按，光武於建武十三年統一，37 A.D.），屯田在地區方面開始發生了變化，也就是出現了許多內郡的屯田，尤其是軍屯。光武統一後，內郡屯田卽消失，繼之而起的是跟西漢時一樣的邊防地區的屯田。後來到東漢末年，中國成爲分裂的局面後，又出現了許多內郡屯田。這種有規律的反覆變化的現象值得我們注意。西漢屯田的情形，上面我們已大體說到了。下面我們先從東漢初年的情形看起。後漢書卷五十二劉隆傳[56]：

　　　　（建武）四年，拜（隆）誅虜將軍，討李憲、憲平、遣隆屯田武當（按，在今湖北均縣北）。

又，後漢書卷五十四馬援傳[57]：

　　　　（建武）五年，援以三輔地廣大，而所將賓客猥多，乃上書求屯田上林宛中。許之。

又，後漢書卷六十五張純傳[58]：

　　　　（建武）五年，拜（純）太中大夫，使將潁川突騎，安集荊、徐、揚部，督委輸，監諸將營。後又將兵屯田南陽（按，在今河南獲嘉縣北）。

又，後漢書卷五十王霸傳[59]：

　　　　（建武）五年春，帝使太中大夫持節拜霸爲討虜將軍。六年，屯田新安（按，

---

56. 藝文頁 292。
57. 藝文頁 310。
58. 藝文頁 429。
59. 藝文頁 276。

　　在今河南澠池縣東）。八年，屯田函谷關。

又，後漢書卷四十五李通傳[60]：

　　（建武）六年夏，領破姦將軍侯進、捕虜將軍王霸等十營，擊漢中賊。公孫述

　　遣兵赴救，通等與戰於西城，破之。還，屯田順陽(按，在今河南淅川縣東)。

上舉五例，全屬軍屯。劉秀統一成功的因素很多，而利用軍人餘力，在後方從事生

產，使軍糧饒足，是其中主要因素之一。

　　光武統一後，內郡的屯田即消失，而邊防地區的屯田又轉趨積極[61]，漢官儀[62]：

　　世祖（光武）中興，海內人民可得而數裁什二三，邊陲蕭條，靡有孑遺。障塞

　　破壞，亭隧絕滅。二十一年（45 A.D.），始遣中郎將馬援揭者分築烽堠，堡壁

　　稍興。立郡縣十餘萬戶，或空置太守令長，招還人民。上笑曰：「今邊無人，

　　而設長吏治之，難如春秋素王矣」。乃建立三營，屯田殖穀，弛刑謫徒以充實

　　之。

又，後漢書卷二明帝紀永平八年（65 A.D.）：

　　詔三公，募郡國中都官，死罪，繫囚，減罪一等，勿笞，詣度遼將軍營，屯朔

　　方、五原之邊縣。妻子自隨，便，占著邊縣。父母同產欲相代者，恣聽之……

　　凡徙者，賜弓弩衣糧。

又，後漢書卷一一八西域傳[63]：

　　（永平）十六年，明帝乃令將帥北征匈奴，取伊吾盧地，置宜禾都尉以屯田，

　　遂通西域。于寘國皆遣子入侍。西域自絕六十五載乃復通焉。明年，始置都

　　護，戊己校尉。

自這以後，漢在西域大力推行屯田，以與匈奴爭奪控制權[64]。可見國家統一後，又恢

復了跟西漢時候一樣的在邊防地區為對付外患的屯田。

---

60. 藝文頁 217。

61. 光武統一前並非全無邊區屯田，只是當時以內郡屯田較為顯著，邊區屯田僅見一例如下，後漢書卷五十二
　　杜茂傳（藝文頁 291）：「（建武）七年，詔茂引兵北，屯田晉陽廣武，以備胡寇」。這表明在光武中興
　　的過程中，一方面要對付內敵，一方面還要對付外敵。

62. 見四部備要本（上海中華書局據平津館校刊本影印），卷上，頁21。

63. 藝整頁1041。

64. 請參看前揭管東貴漢代的屯田與開邊，頁77～80。

東漢自安帝以後，逐漸顯露了盛極而衰的情勢。先是邊疆國防力量顯著地萎縮，不僅有棄西域的言論，甚且亦議棄涼州[65]。往後則內部騷亂漸興，終至形成漢末割據的局面。在這種割據的局面下，遂又像東漢初年統一前的情形一樣，出現了許多內郡的屯田，例如後漢書卷一〇三公孫瓚傳[66]：

烏桓峭王感虞恩德（按，虞，指劉虞，傳見同卷），率種人及鮮卑七千餘騎共輔南迎虞子和，與袁紹將麴義合兵十萬，共攻瓚。（漢獻帝）興平二年（195 A. D.），破瓚於鮑丘，斬首二萬餘級。瓚遂保易京（按，在今河北雄縣西北），開置屯田，稍得自支。相持歲餘，麴義軍糧盡，士卒饑困，餘衆數千人退走；瓚徼破之，儘得其車重。

又，三國志卷一武帝紀[67]：

建安元年（漢獻帝年號，196 A. D.），用棗祗、韓浩等議，始興屯田。

裴注引魏書曰：

自遭荒亂，率乏糧穀，諸軍並起，無終歲之計。饑則寇略，飽則棄餘。瓦解流離，無敌自破者不可勝數……民人相食，州里蕭條。公（按，指曹操）曰：「夫定國之術，在於强兵足食。秦人以急農兼天下，孝武以屯田定西域，此先代之良式也」。是歲乃募民屯田許下（按，在今河南許昌縣西南），得穀百萬斛。於是州郡列置田官，所在積穀，征伐四方，無運糧之勞，遂兼滅羣賊。

又，三國志卷三十五諸葛亮傳[68]：

（蜀漢建興十二年春，234 A. D.）亮悉大衆由斜谷出，以流馬運，據武功五丈原（按，在今陝西郿縣西南），與司馬宣王對於渭南。亮每患糧不繼，使已志

65. 後漢書卷八十一龐參傳（藝文頁606）：「參前數言，宜棄西域，乃爲西州士大夫所笑。今苟貪不毛之地，營恤不使之民，暴軍伊吾之野，以慮三族之外……」。又，後漢書卷一一八西域傳(藝文頁1041～1042)：「及孝和晏駕，西域背叛。安帝永初元年（107 A. D.），頻攻圍都護任尚、段禧等。朝廷以其險遠，難相應付，詔罷都護，自此遂棄西域。北匈奴即復收屬諸國，共爲邊寇十數歲……其後，北虜連與車師入寇河西，朝廷不能禁。議者因欲閉玉門、陽關，以絕其患」。又，後漢書卷八十八虞詡傳（藝文頁 660）：「永初四年（110 A. D.），羌、胡反亂，殘破并、涼，大將軍鄧騭以軍役方費，事不相贍，欲棄涼州，並力北邊」。

66. 藝文頁 845。

67. 藝文37頁。按，武帝即曹操。

68. 藝文頁796～797。

不伸，是以分兵屯田，爲久住之基。耕者雜於渭濱居民之間，而百姓安堵，軍無私焉。

這些例子，跟東漢初年的情形一樣，都是當國家陷於內亂分裂的時候，就出現內郡的屯田。這現象反映了什麼？簡單地說，它反映了屯田功能的變遷。

前面我們說到，屯田自晁錯提出構想經文帝採納開始，終西漢之世，它的功能都是在使國家能加強對付外患的力量；這也就是屯田的顯性功能。正因爲是要「對付外患」，所以屯田都是在有外患戰爭危險的地區或邊防地區進行。因此，屯田之在「邊防地區」是達成屯田之顯性功能（對付外患）的一個不可缺少的因素。然而，東漢的內郡屯田卻都不是在有戰爭危險的邊防地區進行。所以從這一現象上看，內郡屯田的功能不是在對付外患。而這種看法也恰與事實相符，因爲他們所對付的是國內的對立勢。屯田爲什麼會發生這種功能上的變化呢？道理也很簡單，那就是環境的變遷使屯田的隱性功能得以表露。所謂環境的變遷就是國家由對付外患的局面變爲分裂相爭的局面。在這分裂相爭的局面下，屯田表露出來的功能是什麼？是增加分裂對抗的集團向國內爭奪領導權的力量。

在漢代，屯田是否在有戰爭危險的邊防地區進行，是辨別屯田功能之是否爲「對付外患」的一個很重要的論據。因爲如果沒有這一論據，則所謂「外患」就會發生解釋上的問題，卽凡是對立而相爭的集團都可以解釋爲互爲外患。於是魏與蜀之互爲外患，就會跟漢與匈奴之互爲外患一樣。然而，有了「戰爭危險的邊防地區」這一辨別標準做論據後，則對立而相爭的集團就不能只看他們的形態，而須看他們對立相爭的實質，也就是說：由同一較大的社會分裂而成的對立相爭的集團不能被看作是彼此互爲外患，只有眞正來自外族或國境外的威脅才算是外患；前者爭的是統一的領導權，後者爭的是生存機會，所以在實質上有很大的區別。

國家的統一跟分裂，是相斥而不能並存的。因此當國家統一的時候只有對付外患的問題，所以也就只有對付外患的邊區屯田，不會有內郡屯田（就漢代情形而論）。然而，反過來看，國家分裂相爭的時候，卻並非沒有外患。因此當國家分裂相爭而出現內郡屯田的時候，也可能同時有對付外患的邊區屯田。前面註六十一引後漢書杜茂傳就是一個明顯的例子。由這些現象，我們可以更清楚地看出，外患是產生邊區屯田

的環境；分裂相爭是產生內郡屯田的環境；而它的功能也由這樣的環境所決定。

現在我們再把屯田的功能自文帝時開始，到東漢末的變化情形統合起來看。西漢自文帝時開始到平帝，再到王莽，中間雖一度改朝爲新莽，但政權是和平轉移，國家沒有分裂。所以屯田自文帝時開始，到西漢末，乃至新莽時期，都保持它初創時的增加國家對付外患能力的顯性功能。但是新莽崩潰後，到東漢統一前，中國卻陷於分裂。在這種環境下，對立相爭的各集團面對的主要問題不是「外患」，而是如何勝過國內各對立的勢力。爲求强兵足食，乃分兵屯田。這種情形下的屯田既只爲籌糧，非爲禦寇，所以屯田的地點逐在沒有戰爭威脅的內郡。建武十三年，東漢統一後，分裂的局面消失了，內郡的屯田逐也消失。在東漢統一的局面下，跟西漢時一樣，外患是國家待解決的一個主要問題。因此，爲對付外患的邊區屯田又恢復興盛。可是，到東漢晚年，中國又陷於分裂，於是又像東漢初年一樣，再度出現助人向國內爭霸的內郡屯田。自西漢以來，這種反覆變遷的現象，可以用下圖來表示。

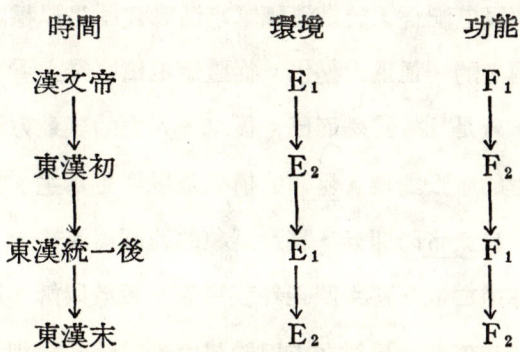

時間	環境	功能
漢文帝	E_1	F_1
東漢初	E_2	F_2
東漢統一後	E_1	F_1
東漢末	E_2	F_2

E_1： 表示國家統一對外的環境

E_2： 表示國家分裂相爭的環境

F_1： 表示屯田之「對付外患」的功能

F_2： 表示屯田之「對內爭霸」的功能

這個圖可以使我們更清楚地瞭解屯田功能的變遷是一種有規律的對環境變遷的反應。

五、結　　語

本文如上所論，除探討漢代屯田之組織與功能的一般性問題外，尤著重於屯田組

織與功能的變遷跟環境的關係。

　　漢文帝中年採納晁錯的屯田構想時，還只是一種局部的對付寇患的辦法；到武帝時，才逐漸建立起自地方到中央的推行屯田的組織系統，而變爲一種較完整的增强邊防力量的制度。

　　就行政系統言，主管屯田工作的人，在中央是大司農，在郡國是農都尉，在屯田地區則有護田校尉及守農令等。其中農都尉是武帝時專爲推行屯田而增設的。這對屯田自地方到中央的行政組織系統的建立有重要的作用。另外，自武帝以來，漢爲了與匈奴爭奪對西域的控制權，曾先後在西域特設屯田校尉，戊己校尉，宜禾都尉等官，屯田養軍，作爲實力的依據。

　　關於屯田的人力問題，可分爲兩方面說：一是人力的羅致方法，一是人力的羅致對象。人力的羅致方法，在晁錯最初提出屯田構想時只有一種，就是「募」。後來在武帝時候，隨發展而增加了「因勢利導」及「强遣」兩途。此外，軍屯也是武帝時產生的。軍屯產生後，又與民屯配合，於是邊疆軍事活動範圍得以穩健而快速地向外擴展。這是屯田組織與運用上的一種重大變化。從整個屯田事業上看，軍屯也是解決屯田人力問題的一種方法，只是比較特殊而已。後來，人力的羅致方法，沒有再超出武帝時候的範圍。至於人力的羅致對象，晁錯的構想是以罪犯爲主，其次是奴婢，再次是民之欲往者（貧民）。自武帝時開始，羅致對象的範圍逐漸擴大，而有荒年饑民、姦滑吏民、報怨過當、諄逆亡道，甚至歸義外族等等。至於奴婢，則始終未見記載。

　　關於民屯分子的資給與義務，晁錯在屯田構想中說得較爲詳細，然多無法徵實。綜合前後記載，就其要點說，資給方面，大致以能否生產自給爲一分界，卽能生產自給前，一切均由政府負擔；對單身的人，政府甚至還要負責替他（或她）找配偶。到能生產自給後，生活方面的優待卽停止，並須繳納租賦。義務方面，最主要的是不得任意遷徙；此外，平時須納入民兵組織，接受軍事訓練，隨時準備爲國防需要而效力。

　　屯田組織的變遷，以武帝時的幅度爲最大。緣因晁錯提出屯田的構想時，漢之於匈奴仍處在採守勢、居被動的情況下，所以晁錯的屯田構想也只是著眼於加强守備。然到武帝時候，漢朝在政治力量及經濟力量各方面都正累積達於高峯的時期。同時，

武帝本人雄才大略，又有解決北疆外患問題的決心。所以他卽位後一反往昔屈事匈奴
的態度，而謀求以實力解決。於是漢之於匈奴，遂也由被動轉變爲主動，由守勢轉變
爲攻勢，而揭開了一場長期而激烈的鬥爭。這對屯田而言，是環境上的一種重大改
變。晁錯的屯田構想，有加強國家解決外患問題的能力的作用，這頗符合武帝所開創
的新環境的需要，所以受到武帝的重視，而被大加運用。然而，晁錯所構想的屯田的
組織，尤其是羅致人力的方法與對象方面，却不能適合新環境的要求，因而導致了大
幅度的變遷——增加羅致人力的方法，擴大羅致對象的範圍。

　　漢代屯田的功能，也曾因環境的改變而發生過變遷，而且它們之間的互動關係也
呈現出一種規律性。西漢自文帝中年晁錯提出屯田的構想開始，到新莽政權的崩潰，
中間雖有朝代名稱的更換，但沒有發生分裂對抗的戰爭，國家大體仍屬統一。在這種
統一的情形下，屯田的功能在於加強國家解決外患問題的力量。這是它自始卽有的功
能，也就是它的顯性功能。正因爲它的顯性功能是在對付外患，所以屯田都是在有外
患戰爭危險的邊防地區進行。然自新莽末至光武統一前，國家陷於分裂，在這種情況
下，突然出現許多內郡的屯田。東漢統一後，內郡屯田卽消失，而又回復盛行對付外
患的邊區屯田。東漢末，國家再度陷於分裂，於是內郡屯田又再出現。內郡屯田之所
以不在有外患戰爭危險的邊防地區進行，卽是由於它的功能不是在對付外患，而是在
增加分裂的集團向國內爭霸對抗的力量；這是屯田在特殊環境下才表露出來的隱性功
能。惟屯田的功能雖隨環境的改變而發生變遷，但却仍有其共同的成素，那就是「增
加軍糧，加強戰力」。這種共同的成素在上述兩種不同的環境（國家統一對外或分裂
相爭）下，都有存在之利。這也就是屯田之所以在環境發生了變化的情形下仍能繼續
存在的主要原因。至於後來國家在統一的情形下，除有邊區的屯田外，也兼有內郡的
屯田，也正是由於這種「共同成素」的適應性廣，可適應不同環境的緣故。不過，這
種情形下的內郡屯田，跟國營農場已沒有分別了。

　　本著作得「國家科學委員會」獎助，特誌謝。

漢魏六朝文體變遷之一考察

王　夢　鷗

引　言

　　自兩漢至六朝（約當西元二世紀至六世紀之間），學者對於後者流傳下的文章，無不有文體丕變的感覺。一般文學史家甚至把那一階段的文體列為一系，而將未變以前的文體另列為一系。因二者同樣垂範後世，所以說到中國的詩文，幾成為文體上兩種主要的辨識。就現有的記載看來，較早敍及這種文變情形，沈約宋書謝靈運傳論云：

> 　　自漢至魏，四百餘年，辭人才子，文體三變：相如巧為形似之言，班固長於情理之說，子建仲宣以氣質為體；並標能擅美，獨映當時。是以一世之士，各相慕習。原其飆流所始，莫不同祖風騷，徒以賞好異情，故意製相詭。降及元康，潘陸特秀，律異班賈，體變曹王，縟旨星稠，繁文綺合，綴平臺之逸響，采南皮之高韻，遺風餘烈，事極江右。有晉中興，玄風獨振，為學窮於柱下，博物止乎七篇，馳騁文辭，義單乎此。自建武暨乎義熙，歷載將百，雖綴響聯辭，波屬雲委，莫不寄言上德，託意玄珠，遒麗之辭，無聞焉爾。仲文始革孫許之風，叔源大變太元之氣，爰逮宋氏，顏謝騰聲。靈運之興會標舉，延年之體裁明密，並方軌前秀，垂範後昆。

　　他敍自西漢迄於劉宋時代，所謂文體三變，但三變的節次頗不分明。倘以漢魏之交為一變，西晉東晉合為一變，至劉宋以下又為一變，這才是三變。然按其敍述：西晉潘陸之體變曹王，與東晉之寄言上德，顯非一貫。倘若這也是一變，則合劉宋時代的顏

謝而觀，却成四變了。這樣不清楚的地方，稽以沈氏同時的劉勰之說，同樣也不易明瞭。劉勰於文心雕龍時序篇列敍十代文章，說是「文采九變」。那「十代」，依郝懿行的解釋是「並數虞齊而言」，則爲唐、虞、夏、商、周、漢、魏、晉、宋、齊等十代。倘若上除漢以前，下除宋以下的，其中魏晉宋三代，如果也算作三變，自可與沈氏之說相當；然細按其敍語，說到文變的事實却不這樣簡單。他把漢末之建安，魏之正始，晉之元康與晉之南渡迄於劉宋，分作五節，每節都提到當時文體同異。如建安的「志深筆長，梗概多氣」，正始之「篇體輕澹」，這都可併作漢魏間的兩度文變。至於西晉之「結藻淸英，流韻綺靡」與東晉之「因談餘氣，流成文體」，也應該是一個朝代而有二度文變的事實。到了劉宋時代，他僅舉「王袁龍章，顏謝鳳采」，然以龍章、鳳采較諸玄談文體，當又不同。倘若執是而言，則他所體會出的「文變染乎世情」，自建安至劉宋，至少也曾經四變或五變了。這不但幾乎佔去十代「九變」之半數，且與沈約所說「三變」的數目也有出入。倘更參考他專敍詩體變遷的情形，也可得到一些佐證的材料。他在明詩篇同樣區分建安、正始、西晉、江左及宋初爲五節；如果每一節都在說明當時詩體的特徵，恰好也有五變。文體之變，固可包舉詩體之變；無論其爲五變或四變，終不與三變之數相符。或卽因這種數字，劉氏也覺得沒有確實的把握，所以在說明詩體時，只道是「舖觀列代，而情變之數可鑒」，其中沒有提出幾代幾變的數目。

　　這是接近晉宋時代的人發見文體的變異。但這事不宜使用歷史的斷代方法與之配合，已頗顯然。比沈劉二人稍早數十年的范曄，他於後漢書中開闢了文苑列傳，獨對文章演變的歷史不著一言，或亦爲此事難以斷代說明的緣故。[1]

　　不過魏晉以下文體變遷，是中國文學史上一宗大事；尤其是論述中古文學史的學者不能不注意於這事實的研判。近世學者劉師培的中國中古文學史講義，就曾作此嘗試，並分析其前因後果。他首先論及漢魏之際文學的變遷，說：

　　　建安文學，改易前型。遷蛻之由，可得而說：兩漢之世，戶習七經，雖及子書，必緣經術。魏武治國，頗雜刑名，文體因之，漸趨淸峻；一也。建武

---

1. 王先謙後漢書集解卷八十上校補記云：案范史總傳，多散序論以發揮己意。文苑、其所創也，無序且無論；其將以玆事原委與於斯文者，莫不自能窮竟耶？抑謂風尙所存，關一代運會，其間甘苦得失，亦唯讀者能自得之也。

以還，士民秉禮，迨及建安，漸尙通侻。侻則侈陳哀樂，通則漸藻玄思；二也。獻帝之初，諸方棋峙，乘時之士，頗慕縱橫，騁辭之風，肇端於此；三也。又，漢之靈帝，頗好俳詞，下習其風，益尙華靡，雖迄魏初，其風未革；四也。[2]

他這四點文體變遷的原因，雖根據的是劉勰言「體性」時所揭櫫「才有庸雋，氣有剛柔，學有淺深，習有雅鄭」的理論基礎。因爲寫作文辭，首先要靠有文辭材料。這材料的最大來源便是出於作者所熟習的書本。專習七經者，寫下的文辭自與七經爲近似，故劉勰斷言：「體式雅鄭，鮮有反其習。」其次是時代風尙，尤其是有力者的提倡，一面因作者所熟習的書本有異，一面因摹仿時尙的作品趨同，於是，異於舊習而同於新製，自然會形成文體的變遷。再次是思想開放，作者可以自由反省而率意盡言，因而運用的言辭自然會衝決向來的文體而顯有新變。所以劉勰揭出的那些定理，劉師培據以說明漢魏之際文變的原因，是很確當的。但劉師培在說明那四點原因之後，又附錄了禰衡陳琳等人的文章作爲例證，同時也用以指示各種用途不同的文章，到了那時，多少都有所改變，這就不無可議之處了。尤其是他所作的總案語，說：

文心雕龍諸書，或以魏代文學與漢不異，不知文學變遷，因自然之勢，魏文與漢不同者，蓋有四焉：書檄之文，騁辭以張勢，一也。論說之文，校練名理，二也。奏疏之文，質直而黜華，三也。詩賦之文，益事華靡，多慷慨之音，四也。

以上四點結論：關於詩賦之文，他實未涉及，可以不辨；至於其他三點：一則書檄之文「騁辭以張勢」，實由這種文章的特殊用途，有不得不然者。劉勰在檄移篇說「分閫推轂，奉辭伐罪，非唯致果爲毅，亦且厲辭爲武」，遠的不說，但看他引後漢書隗囂傳之傳檄郡國討伐王莽之文，其騁辭張勢，早就是陳琳作檄的先聲了。所以這一點，可說是沒有變遷。第二，論說之文「校練名理」，這雖是當時較特出的文變，但漢末名理之談，自有其特殊的社會背景，使戰國時代的名辯之學再度出現。其中複雜的情形，容待後述，這裏僅借劉勰論說篇的兩句話來證定這種文風並非當時的突變。劉勰在論說篇云「李康運命，同論衡而過之；陸機辨亡，效過秦而不及。」其「過」或「不

---

2. 申叔遺書，中國中古文學史講義第三講。

及」，只是評價的問題；而由其「同」與「效」，則表明那只是模仿前人的寫法。亦即戰國游士之校練名理，因其世遠，雖不足爲當時文變的先聲，但東漢諸子及朝野清議都在辯論名實，已直接開創魏人的風氣了。第三，奏疏之文，「質直而摒華」，這一點尤不合理。劉勰奏啓篇云「秦始立奏，而法家少文，觀王綰之奏勳德，辭質而義近；李斯之奏驪山，事略而意勁；故無膏澤，形於篇章。」這已說明公文書本來就是質直而摒華的，說不上有何轉變。

綜上所述，關於魏晉以下文體變遷的事實，早在齊梁時代卽已受到文論家的注意；到了近代學者又從而作進一步的解釋。現在約擧一般人所信從的論述，如沈約劉勰劉師培的意見，不難發見他們對此一事實的陳述，一則失之籠統，交代不清；一則失之臆造，論據不夠堅實。倘再進一步考察其所以不能滿足人們知解的原因，當可得到兩點啓示：

第一、討論文體變遷，不適用朝代名稱相搭配。如劉師培不贊同「魏代文學與漢不異」的古說，但他分析的結果恰是魏代文學與漢不異的實情。因爲文體之變，其由來也「漸」，至少自東漢中葉，有許多特別的修辭方法漸侵入於用途不同的文章，到了漢魏之際才積成一些變相，而且這種變相還有待魏晉以下的文人，踵事增華，變本加厲，才始蛻化出另一付面目。所以在其嬗變途中，要指出何時有異；而異中又有所同，便難獲有定見；當然那異同之說，也都不是正確的了。

第二、討論文體變遷，不可以偏概全。曹丕論文，早說過：「夫文本同而末異，蓋奏議宜雅，書論宜理，銘誄尚實，詩賦欲麗。此四科不同，故能之者偏也。」姑不說用途不同的文章是否僅限此四科，也不必論那宜雅、宜理、尚實、欲麗、是否卽爲四種文章的金科玉律；然而用途不同，寫法自異，這則是實質的問題。寫法旣關係作者的才學與寫作習慣，有時在奏議中稍變其寫法，有時在書論或銘誄詩賦中稍變其寫法，因此一人之文，有此變而彼不變；一時之文，也是如此。須待某種寫法得到較多作者的採用而造成一時風尙，而推廣應用於諸科不同的文章上，那時才顯得文體大變。然大變是積「漸」而來，其推廣的過程更不是一朝一夕之故。所以指定某時爲始變是不可能的，而以偏概全，也是不周延的。

本來寫作態度，尙「文」與尙「質」自古卽已分歧，所可怪的是自魏晉以下，尙

「文」的態度却奄有寫作的大部分領域，作家成爲一種近乎專業的「能文」之士。[3]
這個特殊的傾向，造極於齊梁時代，蕭子顯南齊書文學傳論，判別當時文體，約有三
端，他說：

> 今之文章，作者雖衆，總而爲論，略有三體：一則啓心閑繹，託詞華曠，雖
> 存巧綺，終致紆回。宜登公宴，本非準的。而疏慢闡緩，膏肓之病。典正可
> 採，酷不入情。此體之源，出謝靈運而成也。次則緝事比類，非對不發，博物
> 可嘉，職成拘制。或全借古語，用申今情，崎嶇牽引，直爲偶說，唯睹事例，
> 頓失精采。此則傅咸五經，應璩指事，雖不全似，可以類從。次則發唱驚挺，
> 操調險急，雕藻淫艷，傾炫心魂，亦猶五色之有紅紫，八音之有鄭衛，斯鮑照
> 之餘烈也。

這一段文字出於齊梁時人手筆，而他所論列的正是當時的文體。以其親見明知，故所
說的遠較後人從不完全的資料中揣摩而得的印象爲眞切。他說的三體：第一是疏慢闡
緩，雖典正可採，而酷不入情。這當是劉勰所同感魏晉以來析句析字作文的結果。因
爲本來可用單字單句直述的，旣經分作兩字兩句來表示，當然會顯得語氣緩慢。但按
其所以析字析句的作用，一面固是要求語意表示得更明白而具體，一面也不能不說是
爲着使用典故而造成字面上的朧腫，使得「句無虛語，語無虛字」。每字每句雖各有
其出典，但不免要扭曲語意，顯成爲拘攣補衲，反失其「自然英旨」。蕭子顯所謂酷
不入情的「情」，當卽是鍾嶸說的英旨的「旨」。[4] 第二是「崎嶇牽引，唯睹事例」
的文章。這情形實與前者相同，不過於用典之外，再加以隸事的功夫。大抵前人作文
使用故事，倘非借作例證，便是引爲比較；但到了隸事風行，往往一個故事被簡括之
後，只當作一個述語使用；又爲著排偶的需要，於是使用兩句述語對稱，便也得簡括
兩個故事來造句了。這樣句句隸事，所以讀來「唯睹事例」，而每一事例中的生張熟
魏，未必全與語意密合無間，所以又但覺其「崎嶇牽引」了。第三是「操調險急，雕

---

3. 蕭統文選序云：老莊之作，管孟之流，蓋以立意爲宗，不以能文爲本。所以他的選文標準，不取經子史
　書。並認那些是事異篇章、方之篇翰，亦已不同。至於他兼收表奏牋記、書誓符檄，其價值觀點乃在其
　「並爲入耳之娛，悅目之玩」。這些意見，足可代表當時的文學觀念，故所謂「能文」者，要能寫出這樣
　的文。

4. 鍾嶸詩品序云：邇來作者，寖以成俗，遂乃句無虛語，語無虛字，拘攣補衲，蠹文已甚，但自然英旨，罕
　值其人。

藻淫艷」。淫艷一詞，雖難於界說，但雕藻者，重要在於縮字換字的修辭法，也就是於用典使事同時還使用這些修辭法使尋常的典故更新面目，如鮑照的「淚竹感湘別，弄珠懷漢遊」（登黃鶴磯）。然縮字必使語氣短促，而換字也使得印象新奇，所謂險急淫艷，當此之由。

蕭子顯這些真切的論列雖不能涵蓋當時文體變遷之全面，但他揭示的，確是當時文體所特有的現象，而且他還把這現象推源到魏晉時代；這當因其時保存魏晉以來的文集較多，而所看到的資料較為完備。近人劉師培的論文雜記對於由漢至魏文體變遷的迹緒，曾提出三點：一、變單行為排偶；二、由簡趨繁；三、藻飾聲色。[5] 雖然大意不差，但所指述的反不及蕭子顯之周延深刻，這當由於後人接觸的資料有限，並不是見解遜於前人。

不過以上說的文體變遷，其屬於變遷的現象者多，而有關於此現象發生之原因者少。現在檢閱當時文學批評家的著述，如劉勰的文心雕龍與鍾嶸的詩品，他們並非沒有看出促成文體變遷的真正原因，只是因其論述把因果關係分散來說，而且說到某種原因時，都只是點明為止，沒有注意其可能產生的後果，使得後世讀者對於文學史上這種重大的事實，僅知其然而不見其所以然。這裏試為條理，擬就五點為之申述：

一、魏晉以下文體之辭賦化；

二、貴遊作風與文體的關係；

三、談辯風氣之影響文體；

四、簡易的文字製造新奇；

五、文集類書之隨波助瀾。

當然這五點成因既是積漸而來，而相互之間又有迴互重疊的關係。其於作家先則出之

---

5. 劉師培申叔遺書論文雜記云：由漢至魏，計有四端：西漢之時，箴銘賦頌，源出於文；論辯書疏，源出於語。觀鄒枚揚馬之流，咸工詞賦，沈思翰藻，不歌而誦；旁及箴名騷七，咸屬有韻之文。若賈生作論，史遷報書；劉向匡衡之獻疏，雖記事記言，昭書簡冊，不欲操觚率爾，或加潤飾之功。然大抵皆單行之語，不雜駢儷之詞。東京以降，論辯諸作，往往以單行運排偶之詞，而奇偶相生，致文體迥殊於西漢。建安之世，七子繼興，偶有撰著，悉以排偶易單行；即有非韻之文，亦用偶文之體，而華靡之作，遂開四六之先，而文體復殊於東漢一也。西漢之書，言詞簡直，故句法貴短，或以二字成一言；東漢之文，句法較長，即研鍊之詞，亦以四字成一語，魏代之文，則合二語成一意，由簡趨繁，其變遷二也。西漢之時，雖屬韻文，而對偶之法未嚴；東漢之文，漸尚對偶；若魏代之體，則又以聲色相矜，以藻繪相飾，此其變遷者三也。

以遊戲筆墨的態度，後來便反認爲寫作的正當途徑。於是凡爲文章，倘不用典使事，倘不是字字皆有來歷，便不合文士「雅文」的準則。此風既成，而文辭與口語的差距便愈來愈大，而「雅」「俗」的鴻溝也愈劃愈顯了。

　　這裏嘗試的，只是一般事實的考察，無關於價值的衡斷。抑且時移世隔，文獻多闕，觀念不同，爲著避免肌解，不能不儘量借重當時人的遺言緒論爲發端，故凡有同乎舊談者，因其勢自不可異，有異於前論者，則爲其理不可同，謹先申明於此。

一、魏晉以下文體之辭賦化

　　這裏所謂「辭賦」，說清楚了，只是指楚辭與漢賦一系統的文體。漢賦不特在其文體上與楚辭一脈相承，卽在作者寫作態度上，其爲「主文」而「譎諫」的宗旨也是相同的。楚辭系統，據最早的記載卽已認定剙自屈原，至於屈原是否使用當時流行的文體來創作，這都無關重要；但自他的作品流及漢代，卽已受到愛好文章之士的讚賞與模仿。東漢班固雖不同意屈原作品「可與日月爭光」的稱譽，但也不能不在其離騷序中承認「其文弘博麗雅，爲辭賦宗。後世莫不斟酌其英華，則象其從容。」而且說：「自宋玉唐勒景差之徒；漢興，枚乘司馬相如劉向揚雄，騁極文辭，好而悲之，自謂不能及也。」這些話語，除去其中關於價值的評判不談，但就事實而論，楚辭與漢賦的血緣關係，可說在漢代早成定案，到了王逸的楚辭章句序就更說得十分清楚。他說：

　　　　智彌盛者其言博，才益多者其識遠；屈原之辭，誠博遠矣！自終沒以來，名
　　　　博儒達之士，著造辭賦，莫不擬則其儀表，祖式其模範，取其要妙，竊其華
　　　　藻，所謂金相玉質，百世無匹，名垂罔極，永不刊滅者矣。

王逸這樣的讚美，是依據辭賦在漢代發展的實況而說的。並且這一系統的文章，還不止是「永不刊滅」，實際是不斷擴大其勢力。經魏晉而至宋齊時代，論文專家劉勰就不斷的指示。他在詮賦篇說：「賦也者，受命於詩人，拓宇於楚辭也。於是荀況禮智宋玉風釣，爰錫名號，與詩劃境。六義附庸，蔚成大國。」又說：「荀結隱語，事數自環，宋發巧談，實始淫麗。枚乘兔園，舉要以會新，相如上林，繁類以成艷。賈誼鵩鳥，致辯於情理；子淵洞簫，窮變於聲貌。」又在時序篇說：「爰自漢室，迄於成

哀，雖世漸百齡，辭人九變，而大體所歸，祖述楚辭。靈均餘影，於是乎在。」這常
也是依據王逸所作辭賦演進史的看法。那裏面，在其內容與形式雖有若干的衍變，但
其文體的運作却是一脈相承而且日益泛濫，那就是劉勰所看到後來演進的情形了。他
在情采篇說：

> 蓋風雅之興，志思蓄憤，而吟詠性情，以諷其上，此為情而造文也。諸子之
> 徒，心非鬱陶，苟馳夸飾，鬻聲釣世，此為文而造情也。故為情者，要約而寫
> 真，為文者淫麗而煩濫。而後之作者，採濫忍真，遠棄風雅，近師辭賦，故體
> 情之製日疏，而逐文之篇愈盛。

儘管這些論述，含有若干評價的意見，但必須瞭解他所謂「濫」的實質及其根源，始
能明白那「為文而造情」的諸子之徒的歷史背景。依劉勰的看法，濫的根源，本即包
含在楚辭中，連那辭賦之宗，屈原的作品亦不在例外。他在辨騷篇分析屈原的作品有
四點與風雅相同，或者這就是他所謂「受命於詩人」的地方，但也有四點不同於風雅
的，則可肯定那就是後人「拓宇於楚辭」的。不同於風雅之四點，他說是：詭異之辭，
一；譎怪之談，二；狷狹之志，三；荒淫之意，四。這四點都與作者的思想有關。因
其思想奔放，構成了驚采絕豔的文體。這上面倘從時代的背景來考察，他在時序篇
說：「屈平聯藻於日月，宋玉交彩於風雲。觀其艷說，則籠罩雅頌。故知煒燁之奇
辭，出乎縱橫之詭俗也。」所謂縱橫之詭俗，當然是泛指諸子爭鳴的戰國時代。其
時，王綱解紐，諸侯力政，傳統的思想既失其權威，則橫說豎說，各隨人意。屈原親
歷稷下，染其談風；既遭放逐，而鬱陶思君，發於文辭，故能氣往轢古，辭來切今，
劉勰說他「體慢於三代」，在文體的看法上，是有歷史的根據的。然而四點不同之中，
有一半是指宋玉以下作者的作品。[6] 宋玉的身世雖莫之詳，但參稽其現存的作品，實
以譎怪之談與荒淫之意為多，尤以大風高唐之賦，都是「耀艷而深華」，可說是「為
文造情」以取悅人主的文辭。所以同是辭賦之宗，倘就寫作動機看來，屈宋的辭賦，
應有區別。前者是自鑄偉詞以寄牢愁，後者乃是循風取巧，遊戲筆墨。關於這一點，
劉勰不僅看出了「宋發巧談，實始淫麗」，而早在劉勰之前，摯虞分析古文流別也已

---

6. 辨騷篇云：木夫九首，土伯三目，譎怪之談也。仕女雜坐，亂而不分。娛酒不廢，沉緬日夜，荒淫之意
也。按：木夫土伯，仕女雜坐，娛酒不廢等語，都是宋玉招魂篇中語，不屬於屈原作品。

交代明白。他說：

> 前世爲賦者，有孫卿屈原，尙頗有古詩之義。至宋玉則多淫浮之病矣。……
> 古詩之賦，以情義爲主，以事類爲佐。今之賦，以事形爲本，以義正爲助。情
> 義爲主，則言省而文有例矣。事形爲本，則言當而辭無常矣。文之煩省，辭之
> 險易，蓋此之由。[7]

按摰氏生於晉初，他所見「今之賦」及其文煩句險的變遷，正可表示魏晉時代的情
形。這情形始於宋玉，可信其然。後來劉勰則承其說，而說得更爲具體，並且有些情
形還出於摰氏意料之外。劉勰在夸飾篇說：

> 宋玉景差，夸飾愈盛。相如憑風，詭濫益甚。故上林之館，奔星與宛虹入軒
> ……揚雄酌其餘波，語瓌奇則假珍於玉樹……於是後進之才，獎氣挾聲，軒翥
> 而欲奮飛，騰擲而羞跼步，辭入煒燁，春華不能程其艷；言在萎絶，寒谷未足
> 成其凋……然飾窮其要，則心聲鋒起；夸過其理，則名實兩乖。

文辭做到名實兩乖，則是「濫」之至了。這種濫體的文辭，其演變的大勢如此，倘若
推察其內在的原因，大體是由兩方面原因聯合促成的。一方面是一般人愛奇好異的心
理，一方面則貴遊文學家的倡導。二者相因爲用，推動了魏晉以下的文體趨向於另一
道路。關於這點看法，劉勰旣有提示在前，這裏僅就好奇心理爲之補充說明；至於貴
遊影響，則待下文論述。

關於一般人愛奇好異的心理，王充論衡藝增篇，先已有了說明。他說：「俗人好
奇，不奇，言不用也。故譽人不增其美，則聞者不快其意；毀人不益其惡，則聽者不
惬於心。聞一以爲十，見百益以千，使夫純樸之事，十剖百判；審然之語，千反萬
畔。」這看法是偏向於文辭的夸飾之成因來說的。驗以曾經研讀過十代文章的劉勰之
經驗，他在夸飾篇說：「夫夸飾聲貌，則漢初已極；自茲厥後，循環相仍。」那就是
因好奇而夸飾的文辭，自古而然，並且到了漢初已臻極點，後來不過是循環相仍，算
不得有什麼變遷而已。其實，好奇的文辭，並不僅是「一以爲十」那樣誇示而已，同
時在用字組辭的方法上也具有標新取異的傾向。王符說到東漢文士之文，云「今學問
之士，好語虛無之事，爭著雕麗之文，以求見異於世。衆人鮮識，從而高之。」其中

7. 摰虞文章流別論，全晉文卷七十七輯自藝文類聚卷五十六。

所謂「虛無之事」，當然包括有夸飾，但此外還有求見異於世的「雕麗之文」爲衆人
所抬舉，這一點也不能不注意。 關於這方面的演變， 依照劉勰在通變篇說到變的大
體，另外又在定勢與麗辭篇加以詳述：

> 自揚馬張蔡，崇盛麗辭，如宋畫吳冶，刻形鏤法，麗句與深采並流；偶意共
> 逸韻俱發。至魏晉羣才，析句彌密，聯字合趣，剖毫析釐。

> 自近代辭人，率好詭巧。原其爲體，訛勢所變。厭黷舊式，故穿鑿取新。察
> 其訛意，似難而實無他術也，反正而已。故文反正爲乏，辭反正爲奇。效奇之
> 法，必顛倒文句，上字而抑下，中辭而外出，回互不常，則新色耳。

他說到因愛奇好異而促進組辭用字方法的變遷，其實例將於後面第四節說明，這裏須
要首先瞭解的是，屈原宋玉是運用古詩人作詩的方法來駕馭散文而造成了楚辭一個系
統，正是所謂「受命於詩人」。而漢賦因之，特再加以整齊其辭句，故又曰：「六言
七言，雜出詩騷。而偶體之篇，成於兩漢。時數遷周，隨時代用矣。」[8] 到了東漢，
偶體漸成組辭的習慣，而隨時代用，於是漢代以後的文辭，不特是愛奇多詭，同時又
是析句彌密，形成繁縟慢弱的文體，而且泛濫到詩賦以外各種用途不同的文章，這才
形成一般的文體變遷的現象。依劉勰所看到東漢以後，各種文章體制的情形，他自明
詩篇迄於書記篇，各篇原始表末，皆有文體沿革的敘述，只因其意不專在說明文變經
過，故甚簡略而已。所幸這一時期作者的遺文尚多，從嚴可均輯得的全後漢、三國、
晉宋齊梁的各種文章，比而觀之，就不難看出所謂辭賦的製作方法如何接替了辭賦以
外各種文章的製作方法。其間不特是把語意隱藏於夸飾的艷辭之中，而駢四儷六的語
式，也跟著日益增滋。宋人謝伋有言：詔令章奏以及其他公文書牘，使用規則性的四
字六字的句式，是爲著取便於誦讀。這在人們寫作不用標點的時代，是很有理由的。
但他說到四六文體之普及於文書，僅始於唐代而盛於宋世，[9] 則不無商榷的餘地。清
代孫梅彙編歷代對於這種文體的討論，區分爲「選」「騷」「賦」之外，更列有「制

---

8. 劉勰語見文心雕龍總術篇。然孫梅四六叢話卷四敘云：左陸以降，漸趨整練；齊梁以降，益事妍華，古賦
　一變而爲駢賦云云，似以整齊句型乃西晉以來之事。李調元賦話上冊（函海本）則謂：揚馬之賦，語皆單
　行；班張則間有儷句，下隸魏晉，不失厥初。這些參差的意見乃由於各人對句型整齊的程度，看法不同。
　必以駢四儷六爲度，當然孫氏之說並不算錯。但看班固如何整修史記的句式以成漢書，便可知東漢人是很
　喜歡整齊的語式的，還不用證以他們的文章。不過那些句式不定對偶而已。劉勰之言，並非無據。

9. 以上並見謝伋四六談麈。

敕詔冊」「表」「章」「疏」「啓」「頌」「書」「碑志」「判」「序」「紀」「論」「銘箴贊」「檄」「祭誄」「雜文」「諧諧」等等，無不使用駢體的例證，然後爲之總論，說此種文體始盛於兩漢，而魏晉以下，則連議論之文也以排偶之體來製作。[10] 可說是據實而言的。

至於史傳之文，旨在攄實，不須從中炫耀文字技巧。劉勰批評史傳文章還只注意其穿鑿旁說之一面；到了劉知幾寫史通的時候，因其所見魏晉迄於唐初，文人編纂的史傳文章，其所受此種文體變遷的影響尤甚於昔時，而他的感慨也就愈多了。載文篇云：「爰自中葉，文體大變，樹理者多以詭妄爲本，飾辭者務以淫麗爲宗。」這雖是不滿史家以詭異之談濫廁史書，同時也是不滿史家以辭賦體來製作史傳。因而他在覈才篇感歎：「自世重文藻，詞宗麗淫，於是沮誦失路，靈均當軸。」所謂靈均當軸，或是影射他當時的長官，如宗楚客之流以詞臣監修國史[11]。但是詞臣修史，自昔已然。惟史文之從愼重用「字」而轉至誇飾聲貌的「造語」，如此浸染辭賦作風，其間雖有程度淺深之異，而大勢所趨，自非偶然。這種趨勢，徧及各種文章，卽形成了整個文體辭賦化。

二、貴遊作風與文體之關係

辭賦的作風逐漸泛濫及於一般的文體，當然有其內在與外在的原因。內在的原因，應繫於這種作風長久以來卽爲文人所偏嗜，所以能醸成一股龐大的勢力。劉勰在辨騷篇說到楚辭與其讀者相適應的情形是「才高者菀其鴻裁，中巧者獵其艷辭，吟諷者銜其山川，童蒙者拾其香草。」這確是多層面的適應於讀者羣中，幾乎凡人不接觸這些作品則已；如或接觸，則人人各有所得。像這樣內具的感染性姑待後述；這裏先略考察其外在的情形，亦卽辭賦在歷史上與「貴遊文學家」（班固西京賦序稱爲「言語侍從之臣」）的關係。

所謂貴遊文學，是包括歷代帝室侯門及其招攬的一夥文人共爲消閑而從事寫作的

---

10. 見孫梅四六叢話卷二十六總敍。蓋其論據由李兆洛之駢體文鈔的取材而說的。
11. 新唐書劉知幾傳云：時子元病長官多，意尙不一，乃奏記求罷去，因爲至忠言五不可，楚客惡其言訐切。
　　按：劉氏史通，有竹崎舊籍可參。

活動。這夥文人的來歷久遠，上古是混迹於祝史星卜之間，但至戰國時代乃分化而漸獨立。借用劉勰時序篇的話說：「方是時也，韓魏力政，燕趙任權。五蠹六蝨，嚴於秦令，唯齊楚兩國，頗有文學。齊開莊衢之第，楚廣蘭臺之宮，孟軻賓館，荀卿宰邑，故稷下扇其清風，蘭陵鬱其茂俗。」不過那裏面「文」之與「學」，品類頗雜，而可為貴遊文學建基的，當以楚宮的宋玉唐勒景差等人為先進。這些以辭賦侍奉於宮廷的作家，從其僅存的作品看來，本卽以製作美麗的謊言來取悅主人的勾當。這種職業的文人於秦始皇吞併列國之後，或則以博士身份寄生於秦庭，或則以平民身份流轉於江湖。到了漢代，自漢高祖迄於文帝景帝，雖然宮庭裏不用這夥辭人，然而幾個勢要的侯王，如吳王劉濞，梁王劉武，淮南王劉安却先後都羅致了不少這樣的作家，使貴遊文學的法統沒有中斷。交到漢武帝手裏，復興宮庭的貴遊文學，其規模遠較楚宮為盛，也為漢代的辭賦大放異彩。但看司馬遷報任安書，東方朔、枚乘父子及嚴助、司馬相如等人的傳記，就更清楚的瞭解那貴遊文學的特色[12]。並且從此蔚為風氣，由宮庭領導的辭賦運動歷世不絕。而名列青史的作家們，自王褒到揚雄，都是其中的佼佼者。他們的文學活動也被認定為「類均博奕」；而作品的性質，說好的是像女工之有綺縠[13]，說不好的則似童子之雕蟲篆刻了。

這情形到了東漢，因帝室侯門對文學的趣味稍有改變，光武、明帝、章帝，各自愛好讖緯與經術，連及蓍名侯王如東平王劉蒼，沛王劉輔，也不甚以遊戲筆墨為事，似乎貴遊文學該隨而銷聲匿迹了。實則不然。因為東漢以下雖沒有職業的貴遊文學家，而貴遊文學的作風不但沿襲未改而且擴大普及了。當時名人如班固傅毅崔駰張衡之倫都是雅擅辭賦的；尤其可觀的是在民間以文學傳授者，幾乎無遠弗屆，而且他們

---

12. 文選四十一司馬遷報任少卿書言：文史星曆，近乎卜祝之間，固主上所戲弄，倡優所畜云云。漢書卷五十一枚乘傳附枚臯事云：臯不通經術，談笑類俳優，為賦頌好嫚戲，以故得媟嬻貴幸，比東方朔郭舍人等。又，卷六十五東方朔傳云：朔嘗至大中大夫，後常為郎與枚臯郭舍人，俱在左右，詼啁而已。按：文心雕龍雜文篇以宋玉對問、枚乘七發、揚雄連珠，指為「暇豫之末造」。「暇豫」出於國語晉語二，優施自謂「暇豫事君」。以此言之，則劉勰亦認宋玉以下的辭賦，類皆暇豫事君的作品，而對問等雜文乃是這類文章的末造而已。

13. 漢書卷六十四王王褒傳言：上令褒與張子喬等待詔。數從褒等放獵，所幸宮館，迭為歌頌。議者多以為不急。上曰：不有博奕者乎？為之猶賢已。辭賦大者與詩同義，小者辯麗可喜，譬如女工有綺縠，音樂有鄭衞，云云。按，貴遊強調文學之娛樂性，自古而然，故蕭統選文，必以「娛耳」「悅目」為取捨之標準，正循此觀念而來，參見前註8。

的徒衆，動輒以百千計數[14]。這樣變附庸爲大國，使得後漢書的編者不得不在儒林之外另列文苑傳來記載他們。顯示「文」與「學」分途，而寫作成爲一種專門的事；當然也爲着辭賦化的文章須有特殊的技巧，不是儘人皆能的緣故。

雖然東漢末季有樂松賈護之流，招集淺陋的文人待制於皇宮[15]，但眞正有名望的作家却因世亂而散居各地。其時算得上結納文士的，先是荆州的劉表，然後於鄴下的曹操父子們。劉表以虛譽得官，頗爲一些文人所歸附，但到了曹氏父子得勢，而有名望的作家們又被網羅到鄴下去了[16]。這些文人與曹丕遊處的情形，據其自述是「行則連輿，止則接席，每至觴酌流行，絲竹並奏，酒酣耳熱，仰而賦詩。」如此賦詩的題材，自不外乎「憐風月，狎池苑，述恩榮，敍歡宴」之類，雖不是專業的貴遊作家，而其性質却與西漢時代陪伴梁孝王遊宴平臺，侍候漢宣帝遊幸宮館的人沒有兩樣，都是在酒酣耳熱之後「灑筆以成酣歌，和墨以藉談笑」的。所以說曹氏父子是漢末重振貴遊文學作風的一個關鍵，也造成魏晉以下文體變遷的導引者。每一次遇到這種作風高漲之時，就使辭賦化的文體推進一步。劉勰說到這推進的大勢是「楚漢侈而艷，魏晉淺而綺，宋初訛而新」；從楚宮至漢宮，是辭賦的生長茁壯時期；從漢宮至魏室，則爲辭賦化之普遍時期；從魏至晉，則又爲這辭賦化文體之繁密時期；到了劉宋時代則已爲齊梁文體鑄定了模型，還不須劉勰出來說「今才穎之士，刻意學文，多略漢篇，師範宋集」了。不過，由普遍而繁密，據沈約的看法，關鍵在於晉惠帝元康時代

14. 後漢書別立文苑傳，其中被劉勰說到僅有杜篤傅毅二人，其餘或自有傳，或則僅見於此者，所爲詩賦，數目不少。此外被列入儒林傳的，如衞宏趙曄壹張升王延壽邊韶鄭炎張超侯瑾等人也都有賦頌之類作品。尤其是這夥儒林人物，他們所擁的門徒多至萬人者有張興、牟長、蔡玄、樓望；三千人以上者有張超、曹曾、朱登、魏應；其餘，數百至千餘人者，更是隨在可見，這些教師能名見史傳，當屬衆中佼佼，等而下之，不見史傳的人師當然更多。儘管他們教學的內容以經術爲重，但寫作辭賦亦自是必修的課程。

15. 後漢書蔡邕傳云：靈帝好學；自造皇羲篇五十章，因引諸生能爲文賦者，本頗以經學相招，後諸爲尺牘及工書鳥篆者皆加引召，遂至數十人。侍中祭酒樂松賈護多引無行趣勢之徒，並待制鴻都門下，憙陳閭里小事，帝其悅之，待以不次之位。

16. 文選卷四十二曹子建與楊德祖書云：昔仲宣獨步於漢南，孔璋鷹揚於河朔，偉長擅名於青土，公幹振藻於海隅，德璉發跡於此魏，足下高視於上京……吾王設天網以該之，頓八紘以掩之，今茲集茲國矣。這裏明言曹操之網羅文人。至於這些文人與他的兄弟結成貴遊伙伴，其遊樂的情形，僅看文選卷四十二曹丕與吳質的書信以及吳質答東阿王書，即可概見；倘更參閱這些人殘餘的詩文，將益明瞭劉勰所謂「狎池苑敍歡宴」之眞確。只因其時正當五言詩體興盛之初，他們的作品特具新鮮活鮮的情趣與古詩接近，而被後人認作「建安風力」而已。

（二九一～二九九）[17]。可理解的他這看法是根據潘岳陸機的作品而說的。但在潘陸等人造成一度濃厚的文學風氣背後，不能不注意到那時正是賈后奪得政權，把她的外甥賈謐捧成第一號權要的事。史稱賈謐驕奢好學，喜延賓客，所謂賈門二十四友，而潘陸並在其中。故沈約稱之爲「綴平臺之逸響，采南皮之高韻」；也就是說那時可直接建安的曹氏與西漢劉武的貴遊文學了[18]。西晉好景雖則無多，但由他們齊力「結藻清英，流韻綺靡」，却帶給文學界以深長的影響；直至蕭梁時代，鍾嶸猶在嘖嘖歎美「三張二陸，兩潘一左，勃爾復興，踵武前王」，也就是那影響力之最好的見證了。

自晉至於宋齊，這作風爲當時批評家注意到的又有兩度進展，一爲大明泰始之世（四五七～四七一）「文章殆同書抄」，使隸事的文體又有了變化；接著則是永明以下（四八三～）另從文字的聲律上「彌積細微」，不僅要求字句的整齊，隸事的繁富，且又關心到浮聲切響的運用，以完成齊梁文體的特色。不過當時批評家必以大明泰始以及永明時代爲這兩度進展的關鍵，固因其時代接近而看得眞切，但他們同樣也忽略了帝室侯門却正是推動這種進展的主力。大明是宋孝武帝的年號，泰始是宋明帝的年號，這兩個在歷史上都是奢淫殘酷的帝王，偏好附庸風雅而直繼前代貴遊文學的作風[19]。至於永明，那是指南齊竟陵王蕭子良當政的時代，有名的「西邸文士」，足爲貴遊文學活動的中心，不僅提倡聲律的王融沈約厕列門下，而後來成爲「梁武帝」的蕭衍也曾參預在內[20]。蕭衍一生的政績如何，茲不煩絮；但由他承繼的貴遊文學，却是極可注意的。裴子野的雕蟲論述及這一段的經過說：

17. 宋書謝靈運傳論言文體變遷，謂「元康潘陸特秀，律異班賈，體變曹王；縟旨星稠，繁文綺合。」這最後八字是形況其所變的文體。究其實際，只是减省虛詞，多用實字，所以顯得字句繁縟。但這繁縟由於多用實字之故，又與宋齊以下多用典故尤縟的情形不同。

18. 通鑑卷八十二元康元年：「賈謐郭彰權勢熾盛，賓客盈門。謐雖驕奢，而好學，喜延士大夫：郭彰石崇陸機陸雲和郁潘岳崔基歐陽建繆徵杜斌摯虞諸葛詮王粹杜育鄒捷左思劉輿及恢牽秀陳眕許猛劉訥劉興劉琨，皆附於謐，號曰二十四友。」又，晉書閻續傳云：「賈謐小兒，恃寵恣睢、淺中弱植之徒，更相贊習，故世號魯公二十四友。」

19. 宋書孝武本紀稱其學問博洽，文章華敏。南史卷十六王元謨傳，謂其好狎侮羣臣，每宴集，各有稱目，嘗爲元謨作四時詩云云。
全梁文卷五十三，裴子野雕蟲論序云：「宋明帝博學好文章，才思朗捷。常讀書奏，號七行俱下。每有禎祥及幸讌集，輒陳詩展義，以命朝臣。其戎士武夫，則請託不暇，困於課限，或買以應詔焉。於是天下向風，人自藻飾。雕蟲之藝：盛於時矣。」

20. 南史卷六梁武帝本紀云：竟陵王子良開西邸招文學，帝與沈約謝朓王融蕭琛范雲任昉陸倕等並游焉，號曰八友。

> 宋初迄於元嘉，多爲經史；大明之代，實好斯文。高才逸韻，頗謝前哲；波
> 流相尚，滋有篤焉。自是閭閻年少，貴遊總角，罔不擯落六藝，吟咏情性。學
> 者以博依爲急務，謂章句爲專魯。淫文破典，斐爾爲功。無被於管絃，非正乎
> 禮義。深心主卉木，遠致極風雲。其興浮，其志弱，巧而不要，隱而不深，討
> 其宗途，亦猶宋之風也。

雖然他持著反對的態度而語涉譏刺，但所揭發的事實，却可從而明白體會的。那些被
指斥的文章，後人雖難得一一寓目，但其遺風餘習則籠罩了陳隋時代，到了李諤上書
隋文帝仍使用裴氏一樣口吻，說「閭里童昏，貴遊總角，未窺六甲，先製五言。指儒
素爲古拙，用辭賦爲君子」等等情形，尤足見其勢力之龐大。

　　不過以上還只是表面的靜止的看法。其實貴遊文學的本質，重要的乃在作家與欣
賞者都是從遊戲或娛樂的觀點來欣賞文章。這樣，把文學當作習玩之事，便正應了
蕭子顯所發明的定律。他說：「習玩爲理，事久則瀆，在乎文章，彌患凡舊，若無新
變，不能代雄。」這定律雖與執着文章如日月「雖終古常見而光景常新」[21] 者的看法
有所不同，但從其變的觀點看來，這定律却是無可反對的。唯是這種求新求變，則與
愛奇好異的心理息息相通，而貴遊文學的恩主既爲著愛奇好異而重視文辭，則歷代
託乘於後車的文學家不能不隨時供應以奇異的文辭，因而從「侈而艷」，進至「訛而
新」，如劉勰所說的「變」了。至於其中變改的契機，劉勰曾用「比」「興」二義加
以引申說明，這在求爲「形似」之巧方面，是很好的解釋。茲錄其比興篇的一節：

> 楚襄信讒，而三閭忠烈，依詩製騷，諷兼比興。炎漢雖盛，而辭人夸毗。詩
> 刺道喪，故興義消亡。於是賦頌先鳴，故比體雲構。……日用乎比，月忘乎
> 興，習小而棄大，所以文謝周人。至於揚班之倫，曹劉以下，圖狀山川，影寫
> 雲物，莫不纖綜比義，以敷其華；驚聽回視，資此效績。

對於這一段說明，須先有兩點諒解。第一須信賴他看到魏晉以前的文學作品比後人所
看到的多；第二須同意他所指述的比興消長情形，是就大體來說的。因爲魏晉以前的

---

21. 習玩爲理等語，見蕭子顯南齊書文學傳後論。李德裕文集外集窮愁志論文云：世有非文章者曰：辭不出於
　　風雅，思不越於離騷，模寫古人，何足貴也。余曰：譬如日月，雖終古常見而光景常新，此所以爲靈物
　　也。云云。然窮愁志附於會昌一品集後，非蜀亞所輯，是否李德裕之文，姑存疑，但主此說者，後代頗不
　　乏人。

文學作品，僅辭賦一項，據後人補輯前後漢書藝文志所得的篇數，即已超出三千[22]，而後人實際得見的，多數是殘存於類書中的零縑斷簡，其可視爲全篇的，不過居其千分之一二。當然據此殘餘以尚論上古作家的寫作趣向，要依作者巳有的篇章爲定準，而作者之應用比興也不是千篇一律的。他們有時託興於篇章，有時則否。依據選文之家的批評標準，總是以寄興遙深的篇章首先錄取，其次始及於描寫的技巧。因此經過歷代選錄者之手，而傳世的作品反而是興體居多。基於這個事實，所以要用現存的作品來嚴覈劉勰的意見，就未必全是。如果有了以上兩點的諒解，可以說劉勰的看法當是有他自己的根據的。尤以辭賦一類的作品，與貴遊文學關係密切；而貴遊作家，縱使心非鬱陶，爲着應付恩主的需求，甚或迎合某種場面的必要，他們灑筆和墨，即或有「興」，也只限於眼前的情景；遇到連這點小小的興致也不存在，但爲著奉命湊趣，就不能不僅仗着胸中的書本與熟練的造句技巧來敷衍自己的篇章了。這作風的發展，一面是修辭方法之被特別重視，一面是寄情於眼前事物的興趣遠超過嚴肅的寫作動機；有時甚至於沒有什麼動機，但爲着筆墨遊戲而鋪采摛文，成爲無話而說話的作品。如同貴遊文學家的許多辭賦，能窮極宮殿苑囿的形勝，而洋洋灑灑寫下萬言，但揆其意旨所在，終不過諫書的三言兩語，而且意見淺薄，甚或轉成談諧。即使那是他們所要「諷喩」的「義」，也是幼稚可笑的。倘使其中尚有價值可言，當在其描寫技巧上，所謂「詞華可觀」「讀之飄飄然有凌雲之意」。如揚雄所斷言的「諷則已，不已，吾恐不免於勸也。」而劉勰說的習小棄大，蓋即依這觀點。但他却以比興二字用作說明，不能不附帶申釋其所謂「比」「興」的涵義。他於比興篇云：

> 比者附也，興者起也。附理者切類以指事，起情者依微以擬議。……觀夫興之託諭，婉而成章，稱名也小，取類也大。關雎有別，故后妃方德；尸鳩貞一，故夫人象義。義取其貞，無疑于夷禽；德貴其別，不嫌於鷙鳥。明而未融，故發注而後見也。且何謂爲比？蓋寫物以附意，颺言以切事者也。故金錫以喩明德，珪璋以譬秀民，螟蛉以類教誨，蜩螗以寫號呼，澣衣以擬心憂，席

---

22. 漢書藝文志詩賦略，自屈原賦以下列二十家三百六十一篇；陸賈賦以下列二十一家二百七十四篇；孫卿賦以下二十五家一百三十六篇；又雜賦十二家二百三十三篇；總計已逾千篇。至於後漢之作，以近世補輯之後漢書藝文志觀之，其數殆又加倍。至於魏晉以下，據隋書經籍志總集，青溪詩附註云：梁有魏晉宋雜祖餞宴會詩集二十一部一百四十三卷。亦略可知此類作品之多。

　　卷以方志固。凡斯切象，皆比義也。

這裏援引三百篇詩，分析比與不同的定義。因為詩無達詁，所以訓義頗歧，而他則依據毛傳為說。從其說，可探其命意所在。蓋「興」之與「比」，同樣可以托物以寄意，唯是興之為體，立意在我，我之托物，不過是借物象引發我意的端緒。如關雎之詩，是由雌雄兩鳥「相和鳴」的行為價值觸發詩人的感想，其重點繫於作者對於某種行為價值的感想而不定在何種禽鳥的實體。故曰「德貴其別，不嫌於鷙鳥。」至於比體，只是一般的比喻，作者取物之意，完全繫於所取之物，也就是名符其實的事物人物景物的描寫，而不是寄懷述感具有深長意義的作品。而且這樣累積細節，見物忘我，在文體上看來，縱不至於千篇一意，至少也使得文繁句複，有如他在物色篇敍述這種文體變遷的情形：

　　　　及離騷代興，觸類而長，物貌難盡，故重沓殊狀。於是嵯峨之類聚，葳蕤之群積矣。及長卿之徒，詭勢瓌聲，模山範水，字必魚貫。所謂詩人麗則而約言，辭人麗淫而繁句也。……近代以來，文貴形似。窺情風景之上，鑽貌草木之中，吟詠所發，志惟深遠；體物為妙，功在密附。故巧言切狀，如印之印泥，不加雕削，而曲寫毫芥。

這便是作家捨「我」趨「物」發展出來的寫作趣向，從托物寄興變成純粹描摹事物的作品。近人章太炎有言「自屈宋以至鮑謝，賦道既極。至於江淹沈約，稍近凡俗。庾信之作，去古踪遠，世多慕小園哀江南輩；若以上擬登樓、閒居、秋興、燕城之儕，其靡已甚。」[23] 所謂靡者，正在為「我」而作與為「物」而作之間的區別。王粲的登樓賦，感風物以自寫其感慨；而庾信的小園賦，則只是小園故事的堆砌，便連景物的描寫也說不上，僅成為類書的一種。像這樣文體變遷的事實，雖僅為比體雲構之一例，但這種離開平常有話說話而為無話說話，僅賣弄說話的技巧或話料。如此作品，既經有勢力的同好者提倡而轉相模仿，積漸而成文人寫作的習慣，不免要濫用及於其他不同用途的文章了。

---

23. 見章太炎國故論衡中卷辨詩。此雖言賦，但他說到詩體之變於劉宋以下，又曰：「江左遺彥，好語玄虛。孫許諸篇，傳者已寡。陶潛皇皇，欲變其秦，其勢終不逮；玄言之殺，語及田舍。田舍之隆，勞及山川雲物，則謝靈運為之主。然則風雅道變，而詩又幾為賦。顏延之與謝靈運，深淺有異，其歸一也。」章氏之說，就文變的大勢看來，正是事實。

三、談辯之影響文體

魏晉以下文體受到貴遊文學影響，除了日臻淫麗一面，據劉勰看來還有夷泰的一面。他在時序篇說：「自中朝貴玄，江左稱盛，因談餘氣，流成文體。是以世極迍邅，而辭意夷泰。詩必柱下之旨歸，賦乃漆園之義疏。」這裏看到魏晉以來的清談也帶給文體的影響，其說是極有價值的。不過他沒有注意當時的清談也是貴遊生活中一種娛樂節目，只是把賦詩改為辯論而已。[24] 如果遊戲筆墨，可比擬楚之蘭臺；則播弄口舌當又似齊之稷下。所以清談之流成文體，也可看作貴遊文學之另一影響，雖然此風之成長，另有其歷史背景。再者，他提到的「夷泰」二字，當即是鍾嶸詩品序中所謂的「平典」，鍾氏說：「永嘉時貴黃老，稍尚虛談。於時篇什，理過其辭，淡乎寡味。爰及江表，微波尚傳，孫綽許詢桓庾諸公，詩皆平典如道德論。」這種僅據「柱下旨歸」「漆園義疏」或「道德論」來看文體，不免失諸淺薄。因為這些只是寫作的題材，不關寫作的方法；而文體變遷，要在寫作方法而不在題材。劉勰在同一篇中說到當時文章的概況是「澹思濃采，時灑文囿。」澹思，是老莊的虛設；濃采，則是中朝以來的文體。故知所謂「夷泰」乃指「辭意」，而文體依舊是辭賦化的。不過清談是思辨的作業，以思辨方法運用於構辭造句，於辭賦化的文體又不能沒有若干影響，這裏試就當時清談略加考察。

近代學者對於「魏晉清談」頗有論述，究其所談的內容不外「名理」「玄理」二端，而二者所重，又只是一個「理」字。他們分析「名實」之理，分析「三玄」之理，因意見不同，乃成為談辯的材料。這種談辯，或稱共談，或稱共論；又或稱為清辯，共語等等，名目繁多，其實只是兩個人以上各執理由，互相辯論。雖然辯論的行為可遠溯至人類有了自省能力時即已有之，但以辯論當作專門的實務，則應以「縱橫之世」的辯士們為其先驅。孟荀好辯，因其為歷史上名流，可以不說；而小人物如曹

---

24. 文選卷五十五劉孝標廣絕交論：「陸大夫宴喜西都，郭有道人倫東國，公卿貴其籍甚，搢紳羨其登仙，加以頷頤蹙頞，涕唾流沫，騁黃馬之劇談，縱碧雞之雄辯，敘溫郁則寒谷成暄；論嚴苦則春叢零葉，飛沈出其顧指，榮辱定其一言。於是有弱冠王孫，綺丸公子，道不挂於通人，聲未遒於需閣，繫其鱗翼，丐其餘論，附駔驥之旁端，軼歸鴻於碣石。」按此言談辯之來歷，顯係貴遊文學活動之一節目。從齊之稷下迄於魏晉名士齋頭，竟發展為貴遊子弟櫂往之事了。

植所提到的「昔有田巴，毀五帝，罪三王，呰五霸於稷下，一旦而服千人。魯連一說，使終身杜口。」[25] 這正似劉勰所說江左稱盛的「談風」。戰國的談辯，經過秦始皇的統一，他們也爲之箝口結舌；再經漢武帝提倡儒書，更使得一些可能變作辯士的人專心於章句而轉爲儒生，因而西漢僅剩下「碎義逃難」的儒生之辯。到了東漢，那些儒生之辯，（其性質與江左清談同樣的）不切實際，致使有識之士漸漸礦棄章句而轉向實務的講求。東漢中葉的清議，可說是辯論題材的轉向。其作風與戰國時代相類似，文士們又開始重視「一家言」的著作，興趣從經書到子書，而論述也帶有雄辯的色彩[26]。至於一般的清議所面對的現實政治，政治愈污濁，而清議的責望愈切，結果召致了一場「黨錮之禍」。如果略加考察「黨錮之禍」前後的談辯情形，無論在題材與方法上都有所不同。先前清議的題材，不單是政治上行政問題的批評，同時也關係到執政者之批評。他們區別清流與濁流的人物，對於濁流固然爲清議所不容，即在清流之中，他們也有不同的品第，而且這種流風遺習，傳至江左還沒有改變[27]。這應屬於所謂名理清談之一端，那裏面所講究的是其人之「名」與「實」的問題。「實」是其人得「名」之理，同時也是他所以成名的行爲評價。然而涉及行爲評價，談者所根據的事實未必皆同，而標準更未必一致，這樣，便成爲問題而須要辯論了。到了黨錮之禍發生以後，依現在的資料看來，則似清議的目標：一面從現實的政治人物，轉向古代人物的評價，如丁儀曹丕之周成王漢昭帝論，曹植的漢二祖論，夏侯玄的樂毅論，孔融的聖人優劣論等等，這都是前世所未見的論題；一面則從一般人物的評價進至評價方法甚至人性基本問題的討論，如劉劭的人物志，鍾會的四本論等等，顯然都是避

---

25. 見文選卷四十二曹子建與楊德祖書，注云出魯連子。魯連子嘗晦於皇覽，其時故事尚在。

26. 東漢人所著子書，隋書經籍志頗有著錄，然今存者少。自王充論衡，王符潛夫論，荀悅申鑒，徐幹中論之外，幾無完書。就其存者稽之，大旨皆在「辨照然否，論定世疑」，尤以王充之書特具雄辯。據其本傳，注引袁山松後漢書云其書盛傳於漢末而爲士流所重，疑與漢末談辯，不無啓導之功。曹丕雅好著書，對於徐幹「中論」足成一家之言，讚不絕口，見於與吳質書及典論。迄於西晉，陸機傳云，機臨刑之時，獨以所撰子書未成爲恨。是亦足見魏晉人之注意於子書的撰述了。

27. 世說新語品藻門，首言陳蕃李膺二人，衆論其品德，不能定先後。蔡邕曰：陳強於犯上，李嚴於擊下。犯上難，擊下易。於是論定，陳蕃居三君之末，李膺爲八俊之首。這是一種品評。又賞譽門云：裴令公目夏侯太初，肅肅如入廊廟中，不修敬而人自敬。一曰：如入宗廟，琅琅但見禮樂器。見鍾士季如觀武庫森森，但睹矛戟在前。見傅蘭碩汪翔，廓所不有。見山巨源，如登山臨下，幽然深遠。這又是一種品評。前者由比較而定其人品的高下，後者則對個人所作的印象批評，二者都屬清議人物之事，自漢末迄於江左，此風不絕。識鑒、品藻、賞譽等門各有詳載，茲不贅引。

免觸犯現實的忌諱而改作原理性的探討。因此，自漢末至於魏世，也從以「强於犯上」
居上品的評價標準，漸變爲以「口不臧否人物」爲高致的評價標準[28]。當時的文士們
既已久違經書章句之學，於是改以辨析名理的方法用於儒家傳記及老莊的玄理，而那
玄理便充作清談的重要題材了。不過這種題材與文體的變遷並不發生直接的影響，而
影響及於文辭表達形式的，當在於清談所使用辯論方法。劉勰在論說篇也說到一些談
辯的方法，他說：

> 原夫論之爲體，所以辨正然否，窮於有數，追於無形。鑽堅求通，鈎深取
> 極，乃百慮之筌蹄，萬事之權衡也。故其義貴圓通，辭忌枝碎，必使心與理
> 合，彌縫莫見其隙；辭共心密，敵人不知所乘。是以論如析薪，貴能破理。斤
> 利者越理而橫斷，辭辨者反義以取通。覽文雖巧，而檢迹知妄。

細審劉氏所陳述的，實際就是辯論術。他的許多例證也與魏晉以下的清談有關。此
外，世說新語雖多載此事，祇惜其辯論內容未有詳錄。所可知者，其形式有「起難往
返」與「更相覆疏」等等[29]。起難，當是發問；往返，當是問答。答者固須把定自己
的立場，問者似乎也要有一貫的主張，故須更相覆疏。從辯言之往返看來，似乎還直
承戰國辯者以「後息爲勝」之遺風；至於覆疏，則是要做到「言可復也」的地步。至
於他們在往反辯難中，劉勰只說到「心與理合，彌縫莫見其隙；辭共心密，敵人不知
所乘」等辯術，其意不外如王僧虔戒子書所謂「談故如射，前人得破，後人應解；不

---

28. 鍾會之才性四本論，其文不傳，僅見世說新語文學門劉孝標注引魏志，蓋爲分析人物才性有同、異、離、
合四本。次如嵇中散集中殘存之明膽論（並見全三國文卷五十），亦在辨析人物之情性。後者如劉劭人物
志，不但品評人物，亦且討論觀察人物的方法。旨在循名責實，故隋書經籍志把此書列在子部名家類，亦
可知其與戰國名辯之學其有宗祧關係。又按：陳蕃强於犯上，列於三君，已見前註。又：世說新語德行門
第十五則云：「晉文王稱阮嗣宗，每與之言，言皆玄遠，未嘗臧否人物。」云云尤足見這是一種逃避現實
迫害之一法。嵇康有玄默詩，養生論，表示明哲保身之意，而終猶不能免禍，亦可見世事之險惡了。
29. 晉書卷五十庾峻傳云：「晉武帝講詩，何劭論風雅正變之義。庾峻起難往反，四座莫能屈之。」蓋辯論開
始，先由一人就某事發表一番意見，然後另一人就其意見找岔發難，於是往反問答。
又，世說新語文學門第六則，言何晏與王弼談辯。何晏理屈，而王弼又「自爲客主數番，皆一座所不及。」
自爲客主云者，當是自己重行覆疏；但也有反主爲客，重行互辯的。如同上引文學門第三十八則，記許詢
與王修論理，共決優劣，王修理屈之後，許詢又執王修之理，而王修執許詢之理「更相覆疏」，王修又
屈。按此，前例常是重申理由所在；而後者則是表示辯才無礙而已。
30. 韓非子外儲說上云：「鄭人有相與爭年者，一人曰：吾與堯同年；其一人曰：我與黃帝之兄同年；訟而不
決，以後息爲勝。」後息，當是說到對方無辭可答時，便算勝了。呂氏春秋離謂篇，言鄧析與子產。子產
出令無窮，鄧析應之亦無窮。二人都是鄭國人，而鄧析更是辯士的始祖，可信以後息爲勝，是戰國辯者的
規定，故求勝者必須有「無窮之辭」，始足應付。餘例見後註。

解，卽輸賭矣。」其實，談辯務期獲勝，其中必用辯術，唯見於世說新語言語及文學門的幾段記載，都只有「焚舟濟河」「雲梯仰攻」等比喩語；至於隋書經籍志所載「芟角」「反對」「互從」諸術，倘亦猶漢書藝文志敍戰國名家譬者之「苟鉤鈲析亂」之術而爲魏晉談家流傳下來的詭辯秘訣[31]，顧名思義，有這許多詭巧滲入言辭的組織上，就不能不承認清談給與文體的影響了。尤其是，據當時的記載，清談的勝負不特注重所說的「理」，同時也注重所說的「辭」，因此在決定勝負時，常有某人「理勝」某人「辭勝」的定評[32]。清談必須注意到言辭，這是自然的趨勢，如劉向別錄所引述的，可自古已然。別錄云：

> 齊使鄒衍過趙。平原君見公孫龍及其徒綦毋子之屬，論白馬非馬之辯，以問鄒子。鄒子曰：彼天下之辯，有五勝三至，而辭正爲下。辯者別殊類使不相害，序異端使不相勝，抒意通指，明其所謂，使人與知焉，不務相迷也。故勝者不失其所守，不勝者得其所求。若是，故辯可爲也。及至煩文以相假，飾辭以相悖，巧譬以相移，引人聲使不得及其意；如此，害大道。夫繳紛爭言，不能，無害君子[33]。

這一段記載的眞確性雖有待討論，然而「飾辭」「巧譬」之用於談辯，則是事有必至的。戰國辯士逞其無窮之辭，爭取「後息」的勝利，是主要的戰略。其中治怪說，玩

---

31. 全齊文卷八，王僧虔誡子書有言：「汝開老子卷頭五尺許……而便盛於麈尾，自呼談士，此最險事。……談故如射，前人得破，後人應解；不解，卽輸賭矣。」又，隋書經籍志經部總敍有言：「晉世重玄言，穿鑿妄作，日以滋生……學不心解，專以浮華相尙。豫造雜難，擬僞讎對，遂有芟角，反對，互從等名，」姚振宗考證，疑其似唐世科擧所行「帖經」之類。唯帖經課題，與「玄言」無關，而魏晉以下，經書亦爲談家所尙。如王弼之談易，顧歡之尙書百問，孫毓之毛詩異同評，皆有辯論；而何偃之毛詩釋等，其撰者並好談玄。因疑「芟角」等名，或爲談家採用之辯術，猶漢志所謂「鉤鈲析亂」。

32. 世說新語文學門第五十六則，言殷浩與孫盛辯論易象妙於見形之義，「孫語道合，意氣干雲。一坐皆不安孫理，而辭不能屈。」這是說孫盛所持的理由不足，但辯辭甚佳。隨後劉惔加入辯論，「劉便作二百許語，辭難簡切，孫理遂屈。」這顯見淸談中，「辭」「理」之同樣重要。如同書品藻門第四十八則，「王苟子問仲文曰：劉尹語何如尊？長史曰：韶音令辭，不如我，往輒破的，勝我。」這便是王濛（長史）的「辭」又勝劉惔（尹）的「理」。甚至於「辭妙於理，」仍能獲勝了，如三國志卷二十九管輅傳引裴徽之言。等等。故王僧虔誡子有言：「談何容易。專一書，轉譬數十家注，自少至老，手不釋卷；尙未敢輕言。」這便是說辯者難得有「無窮之辯」。因此善談論者，如符融，後漢書本傳便形容他是「談辭如雲」，而孔公緒之淸談高論，更能「噓枯吹生」（見三國志武帝紀裴注），等等。

33. 此文見史記卷七十八索隱引劉向別錄。別錄一書疑僞者多，然此事並載韓詩外傳卷六。故可信其爲西漢時代已有之記載。

畸辭，也是他們取勝的手段。怪說畸辭，全靠論理的安排，一字因換位而變質，一語因變質而別解，所以談辯者必致力於字辭的運用。劉勰說魏晉以下「析句彌密」，又說「析字合趣」，這是否得自談辯的影響，暫可毋論。但因防備爲敵所乘，而採取兩可之說，演作模稜之言以自衛，則大爲魏晉之人所歎許，如韓康伯之「無可無不可」，阮瞻之「將毋同」，庾子嵩之「正在有意無意之間」等等[34]騎牆式的語意，時人皆以爲「名對」，卽亦可知其時尚了。劉勰在指瑕篇說到「晉末篇章，依希其旨。」其實依希其旨者，正是兩可之辭。兩可的語意，使人無懈可擊，但又莫測高深。因此談家相對辯論，或則各說各話而意思了不相通；或則自說自話而責怪沒有解人；或則先說的話，再經複述便見後語不接前言，如世說新語文學門所載的幾宗故事：

　　傅嘏善言虛勝，荀粲談尚玄遠。每至，共語，有爭，而不能相喻。

　　謝安年少時，請阮光祿道白馬論；阮爲論以示謝，于時，謝不卽解阮語，重相咨盡。阮乃歎曰：非但能言人不可得，正索解人亦不可得。

　　三乘佛家滯義，支道林分判，使三乘炳然。諸人在下坐聽，皆云可通。支下坐，自共說，正當得兩，入三便亂。今義，弟子雖傳，猶不盡得。

　　支道林許掾諸人，共在會稽王齋頭。支爲法師，許爲都講。支通一義，四坐莫不厭心；許送一難，衆人莫不抃舞。但共嗟詠二家之美，不辨其理之所在。

上例爲魏晉至江左之談辯，多似可解而不可解，所謂「混混有雅致」的情形。其中或因寄意玄微，非語言所能盡；但多半是故作「依希其旨」之談，使敵人不知所乘的緣故。

　　戰國名辯之學，適宜於魏晉清談家使用。稽其遺文墜獻，除了晉代初年，魯勝整理「墨辯」一書，見於正史記載[35]外，其爲文章家所襲用者，當推尹文子的著述。據

---

34. 世說新語言語門第七十五則，「王中郎令伏玄度與習鑿齒論青楚人物，以示韓康伯。康伯都無言。王曰：何故不言？韓曰：無可無不可。」
　　又，同書文學門第十八則，「阮宣子有令聞，太尉王濬沖見而問曰：老莊與聖敎同異？對曰：將毋同。太尉善之，辟之爲掾。」（按此條與晉書卷四十九阮瞻傳所載稍異）。
　　又，同上第七十五則，「庾子嵩作意賦成，從子文康見，問曰若有意邪，非賦所能盡。若無意邪，復何所賦？答曰：正在有意無意之間。」

35. 見晉書卷九十四魯勝傳。言其撰墨辯爲世所稱，而墨辯能復爲世所稱，亦可見其影響力。

說王導過江左，只說「聲無哀樂」「養生」「言盡意」三「理」[36]。養生論，言盡意論都與莊子及易傳有關；但，聲無哀樂論所據的「理」，實出於名家尹文。今存尹文子大道上篇云：

> 今親賢而疏不肖，賞善而罰惡。賢、不肖，善、惡之名，宜在彼；親、疏，賞、罰之稱，宜在我。我之與彼，又復一名，名之察也。名「賢」「不肖」為「親」「疏」，名「善」「惡」為「賞」「罰」，令彼我為一稱，而不之別，名之混也。故曰名稱不可不察也。

嵇康卽據此理而認為聲音是外在之物，哀樂乃內在之情；縱使人們感物而動情，但感動者在我而不在物，故肯定聲無哀樂。他說：

> 夫喜怒哀樂，愛憎慙懼，凡此八者，生民所以接物傳情，區別有屬，而不可溢者也。夫味以甘苦為稱，今以甲賢而心愛，以乙愚而情憎。則愛憎宜屬我，而賢愚宜屬彼也。可以我愛而謂之愛人，我憎而謂之憎人；所喜則謂之喜味，所怒則謂之怒味哉？由此言之 ，則外內殊用，彼我異名 ；聲音自當以善惡為主，無關於哀樂；哀樂自當以情感（為主），則無係於聲音。名實俱去，則盡然可見矣。

這是魏時成立的論說，到了西晉 ，陸機還據以寫豪士賦序云：「循心以為量者存乎我，因物以成務者繫乎彼。存乎我者，隆殺止乎其域，繫乎物者，豐約唯所遭遇。落葉俟微風以隕，而風之力蓋寡；孟嘗遭雍門而泣，而琴之感以末。何者，欲隕之葉，無所假烈風；將墜之泣，不足煩哀響也。」這樣，從尹文的名理之談，滲入魏晉人的文辭，他們根據一理，可以「宛轉相生，無所不入」，作為清談的理窟，也作為文辭的張本，亦可見談辯之影響文人 ，不僅是「詩必柱下之旨歸，賦乃漆園之義疏」而已。因為柱下旨歸與漆園義疏，僅屬「玄談」的題材，無關於「名理」的方法，而且二者，在晉時亦有區別的 。例如司馬道子問謝玄：「惠子其書五車，何以無一言入玄？」謝便答稱：「故當是其妙處不傳。」[37] 妙處是「玄」，而惠施只談名理。如果除去柱下的「玄」，而老子造語常用「正言若反，明道若昧」，「信言不美，美言不

---

36. 世說新語文學門第二十一則：「舊云王丞相過江左，止道『聲無哀樂』『養生』『言盡意』三理。然宛轉相生，無所不入。」按其言「無所不入」者，顯是指其論理的方法，並非指其討論的題材。

37. 見世說新語文學門第五十八則。

信」，「善爲士者不武，善戰者不怒」之類換位變質的名理之言，而熟悉其言者如王弼，故其談說文辭亦深受這種構辭法的影響。而殷仲堪自言「三日不讀道德經，便覺舌本間强。」[38] 更可見共清言的資源了。及其擴大應用，則成奇偶相生，正反一意的駢儷文體。此外，託辭玄遠，要借讀者的想像來類推其語意的，便多用故事來「崎嶇牽引」，看似微露端倪，却又不着邊際，猶劉勰所謂「覽文雖巧，檢迹知妄」。凡此種種，揆原其故，皆可疑其從談辯者爲衛護其立場，不與對方以可乘的間隙，所以有話不直說而虛張言辭。這樣習氣，便養成能文之士常常把語意隱藏在似是而非似非而是的許多故事裏面。

四、簡易的文字製造新奇

劉勰在練字篇特別敍述兩漢至魏晉時代文字演變的歷史。這是極有意義的說明。因爲他在章句篇已認清「夫人之立言，因字而生句，積句而成章，積章而成篇」，所以要討論文學作品，不能不注意到構成那作品的基本單位「字」的問題。不過他對這問題的觀點是循着「篇之彪炳，章無疵也；章之明靡，句無玷也；句之清英，字不妄也」這一方面，所以在練字篇中只提示一些關於如何利用字形字義來結構篇章，而沒有發明漢魏以來「文字」變遷與文體變遷之關係，是很可惜的。這裏就借用他對兩漢至魏晉之間一般作家使用文字漸有不同的看法，加以申述。他在練字篇說：

> 漢初草律，明著厥法；太史學童，敎試六體；又，吏民上書，字謬輒劾。是以馬字缺畫，而石建懼死。雖云性愼，亦時重文也。至孝武之世，則相如譔篇；及宣成二帝，徵集小學，張敞以正讀傳業，揚雄以奇字纂訓。並貫練雅頌，總閱音義。鴻筆之徒，莫不洞曉。且多賦京苑，假借形聲。是以前漢小學，率多瑋字，非獨制異，乃共曉難也。暨乎後漢，小學轉疎，複文隱訓，臧否大半。及魏代綴藻，則字有常檢，追觀漢作，翻成阻奧……自晉來用字，率從簡易，時並習易，人誰取難？今一字詭異，則群句震驚；三人弗識，則將成字妖矣。

38. 見前引世說文學門第八則：「王輔嗣弱冠詣裴徽。徽曰：夫無者誠萬物之所資，聖人莫肯致言，而老子申之無已，何邪？弼曰：聖人體無，無又不可訓，故言必及有；老莊未免於有，恒訓其所不足。」按三國志鍾會傳，裴松之注引何劭之王弼傳亦有此文。世說蓋有取於何劭原文。王弼體無用有以注易，即其文體亦深受老子影響，其推理當從同一辭之換位變質以立論。又：殷仲堪語見世說新語文學門第六十三則。

這一段話，他全據事實立說，其中倘有什麼理由可討論的，那只是認字的「難」與「易」問題。文字是公共約定的符號，所謂「難」與「易」的關鍵繫於公共的約定上。他說「時並習易，人誰取難」，就已認定魏晉以下人們所共用的都是由隸體而簡化的楷字，因而作家使用的也都是楷書的文字。楷書文字成爲大衆習用的公定字體，所以對於作品可以一目瞭然，這便是「易」。至於漢代以前的字體，不特與魏晉的人失去了約定的時效，甚且在西漢時代的讀者卽已不能相通，演成博士不識古文的事實[39]。但漢人重新約定以隸體爲通行的文字，並且以法律規定「學童能諷書九千字以上乃得爲吏」。作吏者要認得九千字，當是包括古文奇字篆書等等六體之文，倘以一字一義充作表達單位的字，當不用此數。據漢書藝文志敍小學類，說「漢興，閭里書師合倉頡爰歷博學三篇，斷六十字以爲一章，凡五十五章爲蒼頡篇。」以六十乘五十五，則最初的字典只有三千三百字。使用三千三百字以應付日常的閱讀或寫作，勉可應付；但用來寫作多變化而顯得詞彙「富麗」的辭賦，當然就不够用了，所以自司馬相如以下能文之士隨時都在增修字典，到了揚雄刪去蒼頡篇中重複的字，另外增爲八十九章，以後班固又增入十三章，合共一百二章[40]；如果每章仍是六十字，則其總數已超過六千了。這樣溢出半數的新字，但也有從古文或方言中轉寫而來的新體字。歸結到許慎的說文解字時，才始實得九千三百多字，這就包括了兩漢人的瑋字與常用字。但在作爲表意的符號效用上，瑋字的勢力遠不敵於常用字。那些常用字從魏晉以下便固定爲楷體的字書，他們稱之「通俗文」[41]，因最早的通俗文，其書不傳，莫詳字數若干，要之，當較周興嗣蕭子雲的千字文爲多。如果多出兩倍或三倍，當亦不足應付文學家的需要，但看隋書經籍志小學類所列的顏延之的誥幼，謝靈運的要字略，顯然他們用字雖是「奉從簡易」，仍還有各自編製的字典。

---

39. 漢書藝文志小學類敍云最早的字典蒼頡篇多古字，俗師失其讀，至漢宣時衍徵求能正讀者。可見漢儒對古字認識的程度。同書儒林傳言王式弟子讀詩，「疑者丘蓋不言」，又可見其不全識字。又，同書劉歆傳，載其移讓博士「因陋就寡」「抱殘守缺」，當並由於未純隸定的古書無從訓讀。然則西漢學者之重師法，寔與認字有關。

40. 詳見漢書藝文志小學類敍。

41. 顏氏家訓卷十七書證篇云：「通俗文，俗題河南服虔造。然其敍引蘇林張揖，二人皆魏人。阮孝緒云李虔造。殷仲堪常用字訓亦引服虔俗說，今無此書，未知卽通俗文否。」按此所舉皆屬魏晉之字書，其性質顯與揚雄訓纂篇彙及奇字者迥異了。

以上祇是從正體的字書來看漢魏晉以來作家用字的情形是日趨於通俗化，也就是許多約定的範圍不够久遠而視爲阻奧的文字日漸淘汰而代以大衆熟悉的字彙。不過大家都使用這樣的字彙來造句成章，却與一般作家好奇趨新的心理發生了很大矛盾。漢世文士爲着解決這矛盾，便製造許多「瑋字」來增加文章的新奇；而魏晉後人既不從造「字」上加工，就不得不使出「詭巧」的手段，在綴字造句上着力了。於是有換字法，倒字法，縮字法，聯字法，甚至有時也用奇特的語法以取勝，如劉勰在定勢篇說的「效奇之法：必顛倒文句，上字而抑下，中辭而出外，回互不常，則新色耳。」這種手段之滲透作品，不僅改變了文體的本來面目，又因其衝破了傳統的組詞習慣，使得衛護「雅正」傳統的人們看了，認是詭巧造成的「新訛」。不過「新」之與「訛」，只是同一事實之兩樣評價，凡是新的必不同於舊的，其不同處，就是舊者之「訛」。兩漢的文體不同於三代，其實質也是一種新訛；魏晉以下的文體又不同於兩漢，當然也只是新訛的又一現象。不過，只要某一種「新訛」爲人們所習慣，自然又成定式，正像後代的駢文學家口口聲聲要以六朝人的作品爲楷模一樣[42]。 這是文體變遷的「事實」，至於這事實的評價，則是另外的問題了。

這裏先略說魏晉以下作家使用的換字法。本來換字組詞，可因作家目的之不同而異其趨向。司馬遷常用換字法來編寫上古史，他的目的在求通俗；但是六朝人受貴遊文學作風的影響，他們的換字法，目的則在製造新奇。通俗是便於知解，而新奇則與美感攸關。因爲一句老話，三讀必厭，一個作家遇到必須使用老話時，起碼的方法便是在舊句中換上新字，或則是用新字來重組舊意。後來江西派詩人倡用「換骨奪胎」「點鐵成金」等秘訣[43]， 實際也是沿襲六朝人製造文體上「訛勢」之一法門。然而他們走上這個法門，大半是爲着那時「字有常檢」，不能再使那「俗文」變「雅」，所以於必要時便換上一個出乎常人意料的字來取得一些新奇的效果。例如：沈約爲梁武帝與謝朓書云：「不降其身，不屈其志」，是用論語「不降其志，不辱其身」，而對

---

42. 清李兆洛駢體文鈔序稱駢文常以六朝爲師法。孫德謙六朝麗旨，對於六朝文體頗有發明，然其主旨即在師法六朝，故遇有難通之處亦曲爲迴護而詭爲新奇。文多不錄。

43. 唐釋皎然詩式有三偷之語，曰偷語、偷意、偷勢，蓋即宋人所謂換骨奪胎法。豫章先生文集卷十九，答洪駒父第二書有言：「古之能爲文章者，眞能陶冶萬物；雖取古人之陳言入於翰墨，如靈丹一粒，點鐵成金。」又，換骨奪胎法，見惠崇冷齋夜話卷一引黃山谷語，是二者，皆黃氏之說。

換了「志」與「身」的位置，又把「辱」字換作「屈」字。又如蕭綱與劉孝儀令云：
「酒闌耳熱，言志賦詩。」是用曹丕與吳質書中的「酒酣耳熱，仰而賦詩」，把「酣」
字改作「闌」字，又把「仰而」換作「言志」。這都顯非背誦不熟，而是有意改變前
人之言以曲成自己的新語。不過如此換字，還只算新而未奇。例如江淹寫的蕭公拜太
尉揚州牧表云：『禮講前英，寵華昔典。』又，齊太祖高皇帝誄云：『譽馥區中，
道薆氓外。』其中換常用的「茂」字為「講」字，「盛」字為「華」字，「播」字為
「馥」字，「高」字為「薆」字[44]，所換用的雖也是簡易的通俗文，但多半是以名詞
代狀詞或動詞，求字義上兼有較具體的實質可見。這樣換字，在修辭上便含有換喻的
作用了。正如「譽馥區中，道薆外就」，不單是美譽播於區中，大道高於人外之意，
而是在「傳播」與「高出」之中還添進了一些香料。

　　魏晉以下的作家，除了用替代字使簡易的字句變得新奇以外，有時也反用所謂雅
正的字詞來替換通俗的字詞。例如古詩十九首的行行重行行，其中「浮雲蔽白日，遊
子不顧返，」到了曹植的情詩，便被寫成「微陰翳陽景，清風飄我衣。眇眇客行士，
遙役不得歸。」接着又被陸機的擬古詩寫作「遊子眇天末，還期不可尋。驚飆褰反
信，歸雲難寄音。」而古詩中「相去日已遠，衣帶日已緩」二語，也被演成「佇立想
萬里，沈憂萃我心。攬衣有餘帶，循形不盈襟。」了[45]。這樣使用新造語來替換古詩
的表達方法，當即是劉勰所說的「晉世羣才，稍入輕綺。或析文以為妙，或流靡以自
妍。」那就是：有時把舊有的字面改用不同的品詞來替代，有時則把舊有的一句話，
分開作兩句或兩句以上的字句來敍述。到了後來，愈析愈多，例如劉孝儀謝晉安王賜
酒啓，其中用「歲暮不聊，在陰即慘，惟斯二理，總萃一時。少府門猴，莫能致笑，
大夫落雄，不足解顏」[46]等三十二字來寫「歲暮天陰寂寞寡歡」數字的意思。蕭綱說
當時文體「競學浮疏，爭事闡緩」，當即從這方法發展下來的現象。顏之推引當時諺
語「博士買驢，書券三紙，不見驢字。」[47]大概也是這樣掉文的。

---

44. 沈約文見全梁文卷二十六；蕭綱文見同書卷九，江淹文見同書卷三十七及三十九。孫德謙六朝麗指並引為
　　例。

45. 陸機擬古詩行行重行行，見文選卷三十。

46. 劉孝儀文見全梁文卷六十一。按：鬭猴，事見漢書卷七十七蓋寬饒傳，落雄，事見左氏昭公二十八年傳。

47. 蕭綱語見全梁文卷十一與湘東王書。顏之推語見家訓勉學篇。

　　但是另一種的單詞換字，往往出人意外，可稱奇字法。奇字法並非揚雄製作太玄經那樣「以覷深文其淺陋」，而只是把通俗簡易的字義加以曲解使用，但亦因此取新而轉訛。孫德謙於六朝麗旨曾舉例云：

　　　　如任彥升爲范始興作求立太宰碑表：「阮略既泯，故首冒嚴科」。「故」即「固」字，自假「固」爲「故」，而文意甚明者轉至不可解矣。此亦新奇之失，訛於一字者也。又，北山移文：「道帙長殯」，此「殯」字借爲「埋沒」意；而江文通爲蕭拜太尉揚州牧表：「若殂若殯」，今文果從本義，則「殯」爲死矣。章表之體，理宜愼重，何必須此「殯」字？蓋因惟務新奇，訛謬若此也。

按這位夢筆生花的作家，他前後不止爲蕭宏製作一份表，然而幾乎每次製表都使用驚心動魄的奇字，如「一省驚慚，再悸魂府」「懸魄金波，徵驗虧闕」「憂響交鏡，中寐再驚」「誓魂肆請，舒夷仰謁」「血祈旦亮，慙志夕滿」等等字句連篇累牘。若不是因其寫過恨賦別賦，愛用不吉祥的字眼，那就是當時的表奏文體注重這樣低聲下氣的寫法了。不過使用這種奇字，大半是爲着避免陳濫重複，因此遇到相同的用處便改變其一二字。如鮑照的侍郎滿辭閣文云『臣囂杌窮賤，情嗜蹲昧，』其窮賤二字是通常可瞭解的；但他在謝隨恩被原表，却使用『由臣悴賤，可侮可誣。』而悴賤二字，就顯得稍爲新奇了。當時這種有意用奇的作風，雖在論文大家如劉勰，他能明白指出文體變遷至「宋初訛而新」，而自己却也寫出「鬩聲釣世」之類[48]的字句來代表「沽名釣譽」的俗言，才真是文變染乎世情，雖有知者亦在所不免了。

　　然而，這種看來是新，同時又可說是訛的文體，在文學創造性上說，實具有未可厚非的意義。如同陸機文賦所言『雖杼軸於予懷，怵他人之我先。苟傷廉而愆義，亦雖愛而必捐。』他們捐棄陳言，寧取新訛，要說這作風的來歷，當然與創造性的文章同時存在。清人袁守定佔畢叢談有言：

　　　　庾持善字書，每屬辭好爲奇字，世以爲譏。然則奇字遂不可用乎？可用也。史遷「更遣長者扶義而西」，不曰仗義而曰扶義；有扶持之意也。范史「鄧彪

---

48. 鮑照文並見全宋文卷四十六。劉勰文心雕龍情采篇云：「苟馳夸飾，鬻聲釣世。」諸本皆然，當無爲誤。顏氏家訓勉學篇嘗議詩人誤以「夸毗」爲「矜誇」，而劉勰比與篇云：「炎漢雖盛而辭人夸毗，」正誤以夸毗爲矜誇，可信其亦未能免俗了。

仁厚委隨」，不曰委靡而曰委隨，有隨從之意。也，又左雄疏「引高求名」，不曰務高而曰引高，有借飾之意也。南史，沈約云「此公護前」，不曰護過而曰護前，前所包更廣也。必用此字，其義乃安乃盡耳。然卽此便是奇字，非以不可識爲奇也[49]。

六朝人之用奇字，大都是從通俗文中出奇，這種出奇，往往從字義的曲解上着手，正是劉勰所謂「訛意所變」，而這變法，常見於倒字法。倒字成詞，近於強詞奪理，其顯例，如孫楚之「漱石枕流」一語[50]；其用於文章者，如江淹恨賦所用「孤臣危涕，孽子墜心。」按諸孟子所言「孤臣孽子之操心也危」，則其「危」「墜」二字顯然倒用而與「漱石枕流」爲同例。又如鮑照的孤帆銘：「君子彼想，祇心載惕。林簡松括，水探龍鯼。」其中「君子彼想」，旣非爲着押韻，正當以「想彼君子」爲句；今此顚三倒四，常因「想彼君子」句俗而不新奇。至於庾信的梁東宮行雨山銘：「樹入林前，山來鏡裏。草色衫同，花紅面似。」其中「衫同」「面似」雖也是顚倒的用字，但爲着押韻，旣以「面似」爲韻脚，於是便將「衫同草色，面似花紅」全倒過來。這樣造句，在韻文中是常見的，便也不足爲奇了[51]。

爲着趁韻而改變造句的形式，是一例；此外又有爲着要求句型之齊整而增刪古人成語以造句的。這種變易，有的變得順理成章，如蕭衍爲徵補謝朏何胤表，他裁剪孟子「窮則獨善其身，達則兼濟天下」而爲「窮則獨善，達以兼濟」，刪減六字爲四字句，意猶可通。到了陳後主與江總書，他裁剪易繫辭傳的「書不盡言，言不盡意」八字爲「書不寫意」四字，這語意就有一些走樣。至如劉孝儀爲從弟之喪上東宮啓云：「茫昧與善，一旦長辭。」[52] 其「茫昧與善」一句，實難明瞭，孫德謙却爲解釋，說：「茫昧與善，蓋用天道無親，常與善人。語善人常爲天道所與。茫昧與善，則天

---

49. 按此文所引諸例，實未嘗用「奇」，袁氏自誤會而已。「委隨」一詞早見白虎通五行篇，正是隨「從」之意。「引高」猶「引重」之換字，史記魏其武安列傳，「爲名高，兩人相爲引重」意與此同。「護前」一語亦見三國志朱桓傳，而撰者並在沈約之前。

50. 世說新語排調門第六則云：「孫子荆年少時欲隱，語王武子曰：當枕石漱流。誤云漱石枕流。王曰：流非可枕，石非可漱。孫曰：所以枕流，欲洗其耳，所以漱石，欲礪其齒。」此強詞奪理以掩其錯誤，而時人乃誌之以爲美談，尤足見好奇之風尙。

51. 鮑照石帆銘，見鮑參軍集卷十。庾信行雨山銘見全後周文卷十二、文苑英華卷七八七、藝文類聚卷七、倪注庾子山集卷十六。

52. 蕭衍文見全梁文卷五，陳後主文見全陳文卷四，劉孝儀文見全梁文卷六十一。

道茫昧不與善人。並不用虛字，即本句作轉。」果如其說，茫昧二字既非典語，則此應屬生造的文句，與傅季友爲宋公修張良敎文中之「照鄰殆庶」，任昉爲始興求立太宰碑表中之「功參微管」爲同類[53]，成爲好奇轉訛的創作了。

顏氏家訓文章篇引述沈約的話說：『文章當從三易。易見事一也，易識字二也，易誦讀三也。』這是六朝文體達到巓峯時代的文學泰斗說的。但是一般對他的瞭解都只當是在提倡淺易的文體。倘若眞是這樣，那就與他的作品以及文學活動甚不符合。其實所謂易讀誦者，當是推闡他在謝靈運傳論中發表的意見。他以爲「五色相宣，八音協暢，由乎玄黃律呂，各適物宜。欲使宮羽相變，低昂舛節。一簡之內，音韻悉殊，兩句之中，輕重悉異。妙達此旨，始可言文。」由於這樣的文章，前有浮聲，後須切響，讀誦起來，脣吻調利，才算是「易」。此自屈原以來未晤的「易讀誦」之秘，被他發見後便極力鼓吹，使得排偶的文章，除了字句整齊，對仗工巧之外，還加上聲調的搭配，而完成六朝文體的特色，以垂範後昆。所憾的是他對音理之學，並未研究入微，只剩下四聲八病之說，徒使後來的文章家更增添一層麻煩[54]；造成求易反難的結果。

其次是易識字的要求，可說是魏晉以來一般文人的意見。這期間也編纂了不少字典，其書雖多不傳，但自服虔的「通俗文」，殷仲堪的「常用字訓」以迄於顏之推的「訓俗文略」等書名看來，亦可測知當時人除了寫出一些「亂旁爲舌，揖下無耳，席中加帶，惡上安西」等等[55]鄙俗的字體而外；劉虬說的「時並習易，人誰取難」則是個極確實的陳述。當時文人既不從「字妖」的製造來滿足其趣新務奇的願望，就只好

---

53. 孫德謙六朝麗旨言生造語句條，並引此例。謂「殆庶」語本易大傳之「顏氏之子其庶幾」：「微管」語本論語「微管仲吾其被髮左衽矣」。惟「庶幾」「管仲」二語甚熟爛，而改用「殆庶」「微管」，則新而甚訛了。

54. 南齊書陸厥傳載沈約答書，自謂「韻與不韻，復有精粗，輪扁不能言，老夫亦不盡辨此。」可見其於音理實有所慊。又，空海文鏡秘府論西卷第四鶴膝下引沈氏曰：「或謂鶴膝爲蜂腰，蜂腰爲鶴膝，疑未辨。」是則沈氏於八病亦未盡能言了。唯此聲病之說，至初唐訂成新定詩體並用以考試進士。沈亞之文集有與京兆試官書云：「雕琢綺言與聲病，亞之習之未熟而又以文不合於禮部，先黜去。」是又可見聲病說之困擾後人。

55. 俗書簡筆字，其來已久。西漢行隸字，然今存流沙漢簡中即有不少俗體隸書。六朝行楷字，然其俗體粉書，顏氏家訓書證篇頗有舉例，而今見於敦煌抄本其數實繁。流俗相沿，今亦猶昔。仙此與「通俗文」之字書無關。

從「顛倒文句」上求其「新色」，如前所述的種種方法。因爲這些方法已够增加讀者理路上不少的障碍，當然不能再用「難識」的字，使得整個文辭陷於阻奧晦霾的境地。所以「易識字」的提倡，反而是文體變遷到那一階段所必有的呼聲。

至於第三，「易見事」的要求，亦應視爲那時期因隸事習慣達至高潮的一種反應。關於魏晉以下的文辭，其用典隸事成爲作家的家常便飯，容待下節申述；這裏有一點須先說明的，用典隸事的習慣之加深，除了爲求語意模略，使其涵蓋面較廣之外；也與文字簡易的原因有着相當關係。因爲作家既不向字形上變花樣，一面則利用易識的字而在其組詞上變花樣，於是改動了若干傳統的文法，也創造了若干修辭的新例。此外，古人使用一二專用的古字指述事物的，或因古字既廢，他們就得用兩字或四字來指述。譬如唐風蟋蟀之詩，僅「日月其邁」四字，由六朝人寫來便要說成『合璧不停，旋灰屢徙。玉霜夜下，旅雁南飛。』等語[56] 才够盡興，而於其間增飾種種想象之辭。尤其詠物小賦盛行之後，古人用以託興的山川草木，一一都被取作專題而加以擴大描述。這都不只是「興義銷亡，比體雲構」而「文貴形似，窺情風景之上，鑽貌草木之中」而已；同時爲着籌辦各種專題之寫作資料，不得不借助於「類書」。類書隨文人的需要日益增多；而文人用典隸事的作風也隨而日益普徧。此處姑舉趙景眞與嵇茂齊書及鮑照寄妹書爲例。因爲二人寫的都是書信，書信裏都是在誇說旅行的辛苦情形，但前者是西晉人的寫法，後者則是劉宋時人的寫法。趙景眞與嵇茂齊書云：

> 惟別之後，離羣獨遊。背榮宴，辭儕好，經迥路，涉沙漠。鳴雞戒旦，則飄爾長征；日薄西山，則馬首靡託。尋歷曲阻，則沈思紆結；乘高遠眺，則山川悠隔。或乃廻飆狂屬，白日寢光。崎嶇交錯，陵隰相望。徘徊九皋之內，慷慨重阜之巔。進無所依，退無所據。涉澤求蹊，披榛覓路。嘯詠溝渠，良不可度。斯亦行路之艱難，然非吾心之所懼也。

鮑照登大雷岸寄妹書：

> 吾自發寒雨，全行日少；加秋潦浩汗，山溪猥至。渡沵無邊，險徑遊歷。棧石星飯，結荷水宿，旅客貧辛，波路壯濶。始以今日食時，僅及大雷。塗發千里，日踰十晨。嚴風慘節，悲風斷肌。去親爲客，如何如何。向因涉頓，憑觀

---

56. 「合璧不停」等語見全梁文卷十一--梁簡文與劉孝儀書。

川陸。邀神清渚，流涕方曛。東顧三洲之隔，西眺九派之分，窺地門之絕景，

望天際之孤雲，長圖大念，隱心者久矣。[57]

雖然二人的個性或異，旅途的境遇亦未必相同，但其爲敍別訴苦的意思則一。如此同一意思，由晉人寫來，他的摛詞造句是一種模樣；而且這模樣與他同時人的寫法並無多大區別。到了劉宋時人寫來，便有許多刻意摹寫，或則極力緊縮平常的敍語，使成爲新奇的句法如「棧石星飯，結荷水宿」之類。而且這情形不僅「操調險急，雕藻淫豔」的鮑照如此，而傅亮之「比字連甍，幽櫳四周」；顏延之的「撫躬中途，太息蘭渚」[58]；也都是善用縮句換字法。顏延之曾被鍾嶸評爲「體裁綺密」，固應如此，可以不論；但如質直的陶淵明，竟也把『生年不滿百，常懷千歲憂』兩句古詩縮作「世短意常多」五個字。既多了這樣縮句換字法而在熟悉的語意上動手腳，如果再使用不熟識的故事來表達，則其語意將全部湮沒難知了。因此，沈約以「易見事」爲三易之一，也可說爲防制這作風的流弊。然而到了隸事之風達於高潮時，這流弊仍然發生。其情形又如前漢之瑋字，變作「人共曉難」的了。

五、文集類書之推波助瀾

魏晉以來文章以「隸事」爲工，這是共見的事實，而隸事之盛行又與類書的編纂有着相當關係，這也是共知的理由。不過，從類書之出現來考察，這無寧說是文人必須隸事爲文所造成的結果，而不是先有類書而後才引起文人隸事爲文的興趣。再者，類書的篇帙繁重，在當時僅靠抄寫的情形下，並不能人手一書以助寫作。故一般作家之使事用典，仍靠着記憶能力，如古代的作家僅靠熟記遺文舊獻，使那些有用的文句滲入其臨文搆思之中。因此他們在隸事爲文之時，其用典使事的資料來源，可分兩路：一是「眼學」，一是「耳受」。眼學是直接從文集中熟記得來的資料，而耳受則不過是人云亦云，知其然而不知其所以然的資料，因此在應用時發生了更多的謬誤。顏之推在其家訓勉學篇描述當時這種情形說：

談說製文，援引古昔，必須眼學，勿信耳受。江南閭里間，士大夫或不學

---

57. 趙景眞與嵇茂齊書，見文選卷四十三。書首有「安白」二字，注謂干寶晉紀以爲呂安與嵇康書，今據文選。又，鮑照登大雷岸與妹書，見鮑參軍集卷九。以上二書皆借節錄其一部分。

58. 「比字連甍」，語見全宋文卷二十六傅亮登龍岡賦。「撫躬中途」，語見同書卷三十六顏延之行殯賦。

問，羞爲鄙樸。道聽塗說，強事飾辭。呼徵質爲周鄭，謂霍亂爲博陸。上荊州必稱陝西，下揚都言去海郡。言食則餬口，道錢則孔方。問移則楚丘，論婚則宴爾。及王則無不仲宣，語劉則無不公幹。凡有一二百件，傳相祖述。尋問莫知所由，施安時復失所。

當然這耳受而來的資料與那從文集中直接記憶而來者不同。然而直接得來的資料也不是不至於「施安失所」，其中還要有確切的領悟與熟記，才算是「眼學」的工夫。因此顏氏描述了耳受的隸事之後也記載一些不屬於耳受者的錯誤。唯是文獻載籍，是文人寫作的重要資源，在沒有類書以前，一般的文人卽已靠這資源來經營其篇章。劉勰在事類篇曾有扼要的敍述，他說：

> 昔文王繫易，剖判爻位，旣濟九三，遠引高宗之伐；明夷六五，近書箕子之貞。斯略舉人事以徵義者也。至若胤征羲和，陳政典之訓；盤庚誥民，敍遲任之言，此全引成辭以明理也。然則明理引乎成辭，徵義舉乎人事，迺聖賢之鴻謨，經籍之通矩也。……觀夫屈宋屬籍，號依詩人，雖引古事而莫取舊辭。唯賈誼鵩賦，始用鶡冠之說；相如上林，撮引李斯之書；此萬分之一會也。及揚雄百官箴；頗酌於詩書；劉歆遂初賦，歷敍於紀傳；漸漸綜採矣。至於崔班張蔡，遂捃摭經史，華實布濩，因書立功，皆後人之範式也。

這裏歷敍文獻載籍本身也是「因書立功」的演進史，其中分作經典之文與辭賦之文兩部分。經典的文章已有隸事的痕迹；至於屈宋以下的辭賦，自戰國迄於東漢，依其所見，那隸事的作風演進約有三個階段：第一是採用故事而自鑄偉辭，或截取古書片段以代己語。第二是模仿經書，敷衍史傳，文辭雖爲己出而體例則依傍古人。到了第三階段，則開始勦經摭史，補綴成文。然而這種援用古書成語或複述既有的事例來佐證作者的陳述，與魏晉以下尤其是宋齊以下文人隸事爲文的作風頗不相同，後者隸事作風的來源當直接由於「爲文而造情」的貴遊文學發展下來。因爲那些作家，當其受命爲文時，心中不一定卽有「自然英旨」，但恐詞義失高，所以要用典使事以期做到「雖謝天才，且表學問」的目的。這目的雖似炫耀博學，而實際他們也就在那博學中求趣味。對於這種趣味的追求，到了魏晉宋齊，一面又爲着「字有常檢」，一般作家不再假借形聲製造新字以取巧，便應用換喻或隱喻的修辭法來增益其文辭的刺激力。

如果遇到簡單的詞彙，其隱喻性不足以擔負其刻畫的任務時，就要擴充那隱喻的材料，使其能作更進一步的形容。一個故事的內容比單詞的涵義要複雜得多，而涵蓋面也較廣。所以使用一個故事，縱使內容之某一部分不切合於對象的性態，但仍有其他部分可與相通。因此使事的功能較之新製的「字妖」容易領會，也比單詞有着更多耐人尋味的機會。葛洪誇獎這種文體可以上接「三墳」，而蕭統更認為踵事增華變本加厲是文章進步的趨勢[59]。這才是魏晉以來變得以隸事為工的事實，而隸事的性質也遠非古人用以援例取證的作用可比，而成為一種「廋詞」「微言」「隱語」或「製謎」的勾當了。

　　然隸事之風，本與類書沒有直接的因果關係，但與文集之被重視却有很大的關連。因為這作風受到貴遊辭賦的影響既深且巨，而辭賦派的始祖屈原，劉勰在辨騷篇中直認他之「衣被辭人，非一代也。」之外，還接着說明他之衣被辭人，重要是由於讀者「才高者菀其鴻裁，中巧者獵其艷辭，吟諷者銜其山川，童蒙者拾其香草。」這四種讀者中，除了僅持欣賞態度的「吟諷者」外，還有三種人：第一是他所謂「才高者」，那只合於前述文人隸事為文歷史上的第一及第二階段，而是作者僅取範於大作品的創意，第二，「中巧者」則合乎前述的第三階段，他們不但模仿其作風，還要檢拾其字句來裝飾自己的文章。至於第三，那只是「童蒙者」在大作家豐富的字彙上多識鳥獸草木之名而已。所以第三種人還不够作為文士，而文士之有得於文集或類書的，常數那「中巧者」。魏晉以來的文士，不是沒有才高者，只是他們寫作的辭賦，在體裁上既依循貴遊文學，因此他們對於「菀其鴻裁」的事也就不及「獵其艷辭」來得熱切。史稱曹丕雅好文集，不過在廣義的「文集」中，他除了尊重經、史、子三類的著述外，最特出的就是他喜歡收編詩賦文集[60]。他對那些文集是否持着「中巧者」的態度？但看他在典論文篇中明白表示「詩賦欲麗」的觀點，就足够證明了。詩賦欲

---

59. 葛洪抱朴子尚博篇言：「漢魏以來，羣言彌繁，雖義深於玄淵，辭瞻於波濤，然時無聖人，且其品藻，故不得騁驥駿之迹於千里之途，編近世之道於三墳之末。」大為魏晉以來的文章抱屈。又，蕭統文選序云：「椎輪為大輅之始，大輅寧有椎輪之質？增冰為積水所成，積水曾微增冰之凜。蓋踵其事而增華，變其本而加厲，物既有之，文亦宜然。」這不特表示古文不及今文，甚且認定這是文體變遷之必然的趨勢。

60. 三國志魏文帝本紀云其雅好文集。稽以後漢書卷七十孔融傳云「魏文帝好融文辭，募天下有上融文者，輒賞以金帛。」可見其愛好程度之深。又觀其與吳質書云：「從陳應劉，一時俱盡，頃撰其遺文，都為一集」，是又可見其編輯之勤了。

麗，當然收編文集的目的應在「獵其艷辭」了。他於當時收拾兵火後的書籍藏入秘府，這是另外一回事；既有典存的書籍，他還發動大夥文士編纂「皇覽」，就不能不看作除保存文獻外另有其目的。由於皇覽的分類編輯，被後世稱為類事之書的始祖[61]，就這方面看來，無妨說他是個首先發動擴大獵取艷辭的人。從種種旁證看來，他對於談論製文是極努力於搜探資料，倘以今存數則皇覽遺文作為證據，連冢墓的故事都被搜括無遺，也可知那千有餘篇的皇覽是包涵有多少類別的故事[62]。

不過，同樣是為着充實寫作資料：關於分類編纂故事的書與劉勰所謂「獵其艷辭」二者之間，在其取材的目的上微有不同。從大體言之，分類編纂故事，只是抄錄原始資料，如今日所得見的皇覽殘文，那些記載多是抄錄舊文而未曾重加結撰；所以專意「獵其艷辭」的類書，當屬於另一路的取材。而這一路的取材，依隋書經籍志及鍾嶸之說，似乎要晚至齊梁時代，才始有所編纂：如張际的「摘句」，王微及張纘的「鴻寶」，沈約的「珠叢」，庾肩吾的「采璧」以及朱澹遠的「語麗」等等[63]。雖然這些書籍無一倖存，唯顧名思義，可以推知其為剷取前人詩文集中美麗語句而纂輯的。這在曹丕勅纂皇覽時，還未見有這樣書目；而他那時唯一的作法，只是收集作家的作品編為專集而已。不過此事也很關重要。因為先有秘府收存諸作家的文集，由魏至晉，短短的五十年間，摯虞才有資料來編纂他的文章流別集，而且還能編寫出作家的傳記與評論[64]。這是作家作品第一次經過選擇而編成的總集。總集既名為「流別」，顯然

61. 王應麟玉海藝文編敘謂類事之書，始於皇覽。

62. 三國志魏文本紀，盧弼集解云：「太平御覽禮儀部三十九引皇覽冢墓記二十餘條；水經注引皇覽十三條；冢墓記蓋即四十餘部中之一。御覽五百九十又引皇覽記陰謀，疑亦其書之一。論語三省章，釋文稱皇覽引曾諡六字，則象經義矣。……姚振宗曰：御覽數引皇覽逸禮，即漢志所謂禮古經多三十九篇。又陳思王傳注云：按田巴事見魯連子，亦見皇覽。又李善文選注引皇覽聖賢冢墓誌，亦是其一篇。」按此皆就僅餘殘文，言其崖略，即已相當繁富了。

63. 蕭子顯南齊書文學傳論，言及張际摘句。按：南史卷七十二丘靈鞠傳云：「宋孝武殷貴妃亡，靈鞠獻挽歌三首，帝擿句嗟賞。」是其事早有，唯張际特撰為專集而已。鍾嶸詩品序云：「王微鴻寶，密而無裁，」亦似專集。其餘張纘鴻寶一百卷。沈約珠叢一卷，庾肩吾采璧三卷，朱澹遠語麗十卷，並見隋書經籍志雜家類著錄。今書雖不傳，然顧名思義，可知其為剷艷以供瀰綷之書。唯此種私人編製者，全晉文卷九十八陸機要覽序云：「直省之暇，乃集要衒三篇，上曰連璧集其嘉名，取其連類，」這連璧當又是珠叢采璧的濫觴。

64. 隋書經籍志總集三，著錄摯虞文章流別集四十一卷，又云梁有六十卷，蓋唐初亡其十九卷。又摯虞文章流別志二卷，文章流別論二卷。流別志當為作家傳記，其遺文或為注解家引用，如裴松之注三國志之引摯虞文章志者是；自餘散見於藝文類聚及太平御覽等書而並輯於全晉文卷七十七者則為流別論之殘文。

也是分類的，其方法與皇覽相近，所不同的，只是他們取材的目的。皇覽是爲着查考用典使事的根據而作；文章流別集則爲着獵取艷辭之方便而作。其原因，當然都是爲着當時的書籍漸多，一般人未必都有機會徧覽而又要力求博學，於是這兩種類書便先後應運而出現。隋書經籍志總集類敍云：

> 總集者，以建安之後，辭賦轉繁，衆家之作，日以滋廣。晉代摯虞，苦覽者之勞倦，於是採摘孔翠，芟剪繁蕪，自詩賦以下，各爲條貫，合而編之，謂爲流別。是後文集、總鈔，作者繼軌，屬辭之士，以爲覃奧而取則焉。

因爲這一段話是那些猶及見文章流別集者說的，可證明此書確爲「獵艷」而編撰。其中所謂「文集、總鈔」或卽指北齊孔寧總的「續文章流別集」與梁丘遲編的「文章流別集鈔」而言，二者均見於隋書經籍志集部總集類的著錄。

文章流別集與皇覽之爲類書，後者可適應於一般人求知的目的而前者則愈近於文學的欣賞或寫作的目的。因此二者後來的發展也不同爲一路，在隋書經籍志編者心目中：後者屬於子部雜家，前者則爲集部的總集。文章流別集的系統，到了東晉還有李充的翰林論五十四卷。雖因其書不傳，但以卷數看來，當也是文鈔總集；此外就是隋志所載孔逭的文苑一百卷。這兩部總集，現在已無從斷定其內容是否接手抄錄摯虞以後文人的作品，但據鍾嶸所說的，在這二人之後還有「逢詩輒取」與「逢文卽書」的謝靈運及張隲二人。他們可能抄錄的是晉代的詩文。隋志著錄謝靈運編纂的詩集五十卷；又，詩集鈔十卷；賦集鈔九十卷；同時又有張敷袁淑二人補謝靈運詩集一百卷。這些卷數或多或少的總集，當繫於編撰者選擇的態度，可以不論；惟是謝靈運既有五十卷的詩集，又有十卷的詩集鈔，可疑後者則是從前者精選出來的作品。因爲稍後於謝氏，由宋至齊，又開始有了「摘句」「鴻寶」等，就總集中再加一度精擇而編成的類書，也更便利於獵取艷辭者的應用。

然而，很奇怪的是皇覽的系統，依隋志的著錄，自魏初迄於劉宋時代都沒有人再發動編纂。其中倘有理由可供推測，或因魏初至於西晉覆亡，雖將近百年之久，但以皇覽尙在，所以沒有重編的必要；到了司馬氏渡江至劉裕簒晉，前後又有一百多年[65]，或又因偏霸之局，四郊多壘；同時過江的文士，既是「爲學窮於柱下，博物止乎七

---

65. 東晉元帝建武元年（三一七）至宋順帝昇平二年（四七八）計其偏安江左，蓋已一百六十餘年了。

篇」，自然也不須要那樣大規模的類書。所以至劉宋時代僅見有何承天的合皇覽一百二十卷，而這所謂「合」者，疑卽合鈔那千餘篇皇覽的殘餘[66]。

由於晉宋百餘年間，皇覽與文章流別集二系統類書發展的情形甚不均衡，亦可作爲當時作家寫作資料來源的參考。因爲皇覽系統所提供的資料，可稱爲「事類」；而文章集系統所提供的資料，應稱爲「辭類」。事類爲古書中剪輯而來的碎錦；辭類則是前世作家鎔裁碎錦組成的佳句。大作家固能直從古書取錦以鋪采摛文，但同時也須要從前人佳句中汲取靈感。謝靈運之逢詩輒取，卽其一例。自餘，中才以下，但憑耳受而爲文，則更不消說了。所以在正常的使事用典的作風未變之時，文集的需要遠過於皇覽式的類書，其文體因隸事而變遷的程度亦不大。從前葉夢得有言：「嘗怪兩漢間所作騷文，未嘗有新語；直是句句規橅屈宋，但換字不同耳。晉宋詩人之詞，其弊亦然。」這點意見，從大體看來，不算說的過分；劉勰在通變篇說到漢後文章「循環相因」，而且還加以舉例說明[67]，則是早已揭出葉氏一樣的意見了。如果還要探索其循環相因的原因，當關連到後起者的作文資料多半出於前人的辭類，所謂「事義淺深，未聞乖其學」，而兩晉作家從文集系統學得本領，所以在隸事的作風上便也從同了。

然而到了劉宋以後，也許爲着幾次北伐沒有成功，南北朝成爲膠着狀態，而偏安的朝廷便轉爲內部的權力鬪爭，其得意者則又開始粉飾太平。如宋明帝之文酒宴會，使貴遊文學又一度興盛，而魏晉以來嬗變的文體也被推展至於高潮。這一次文體轉變的機運，鍾嶸詩品序有幾句很扼要的話，說：

> 觀古今勝語，多非補假，皆由直尋。顏延謝莊尤爲繁密，於時化之。故大明
> 泰始中，文章殆同書抄。近任昉王元長等，詞不貴奇，競須新事。邇來作者，
> 浸以成俗。

他把這轉變斷自顏延之謝莊的作風爲始，而不以朝代作界線，是合理的。按其所謂

---

66. 裴松之注三國志魏文本紀，但云皇覽凡千餘篇。又，同書楊俊傳，注引魏略亦但言皇覽四十餘部，部數十篇，合八百餘萬字云云。其時皆未著明卷數。隋志云：梁時有六百八十卷。隋世僅餘一百二十卷。其餘則爲何承天徐爰等人所合鈔者。蓋其原書已爲類苑，華林遍略等新纂所取代了。

67. 上引葉夢得語見石林詩話卷下。文心雕龍通變篇引枚乘七發、司馬相如上林、馬融廣成、揚雄校獵，言其「廣寓極狀，五家如一」，卽其一例。

「古今勝語」，理當包括自顏謝以前，從上古迄於兩晉。意謂其時文人作文雖也用典使事，但不以此為工；到了顏謝以下，才始「詞不貴奇，競須新事」，也就是以繁密的隸事為工了。這是很適當的看法。因為魏晉至此的變體，多在字詞的轉換上求取新奇的效果，而自此以下則代以隸事的新奇了。因此也使人曉然於劉勰所謂劉宋時代開始新變而漸次造極於齊梁時代的意見。後來陳子昂直以「齊梁」為其攻擊對象[68]，當也是據其所見的事實而云然了。

從文體上看字詞的轉變，進至以「隸事」替代字詞，造成文體之過度「浮華」「臃腫」的狀況，這時才看出類書的勢力。類書勢力的成長，首先要以文士欣賞文學態度漸從詩文之「自然英旨」轉向造語的典故來歷。在評價上，「諷高歷賞」固是最理想的水準；但到此時，縱使興寄都絕，但能炫示博學的作品，仍能獲得很好的評價。這種書廚式的隸事風氣，在蕭齊短世，即已形成強盛的基礎，例如王摛的故事：

> 尚書令王儉，嘗集才學之士，總校虛實，類物隸之，謂之隸事，自此始也。儉嘗使賓客隸事，多者賞之。事皆窮，唯廬山何憲為勝，乃賞以五花簟白團扇。憲坐簟執扇，容氣甚自得。王摛後至，儉以所隸事示之，曰：卿能奪之乎？摛操筆即成，文章既奧，辭亦華美，舉座擊賞。……竟陵王子良，校試諸學士，唯摛，問無不對[69]。

這樣隸事的遊戲，替代了古時貴遊即景綴賦吟詩的遊戲，自王儉蕭子良至於蕭衍，行之不絕。與這遊戲相關的活動，一面是收羅載籍，抄寫奇書。從王儉之編錄七志，迄於蕭繹之江陵聚書[70]，都是這風氣下顯著的活動。一面是類書之不斷編纂，自蕭子良的四部要略，劉孝標的類苑，徐勉等的華林遍略，劉杳的壽光書苑；論其卷數，都是以百以千計算的。而且這風氣還擴及北方，連北齊也編出三百六十卷的修文殿御

---

68. 陳伯玉集東方虬修竹篇序云：「嘗觀齊梁間詩，采麗競繁，興寄都絕，每以永歎。」云云。盧藏用為此文集作序，復從而大張其說。其後雖然詩式頗為平反，然皆集矢以齊梁為標的。

69. 見南史卷四十九王諶傳。按同卷所載之庾華、何憲、劉峻、劉杳等人，並皆博覽羣書，問無不對，以博涉為美談，是亦一時風氣，有以助長類書編纂的興趣。

70. 文選卷四十六任昉為王儉文集作序，謂其沉覽載籍，采荀勖之中經，刊李充之四部，依劉歆七略更撰七志。南齊書王儉傳云七志四十卷。又，梁元帝金樓子第六，聚書篇，敘其抄輯海內文籍甚詳。蓋齊梁間人崇尚博覽，不特讀書數行俱下，而且廣事搜閱。

覽[71]。此外，私人所作小規模的類書，如皇覽鈔、珠叢、采璧之類，還不計在內。有了這樣多而且巨的載籍與類書，於是又形成了文人讀書與寫作的兩種奇怪現象。讀書方面，他們最佩服「一目十行」或「數行俱下」的快讀法。因而這樣的讀書法在那時期名人的傳記中變成常見的讚譽語。另一面就是掉書袋的寫作法，而被鍾嶸說作「拘攣補衲，蠹文已甚」的文章。鍾氏對於王融特別不滿，這裏姑引王融文章的片段來疏證他評語之正確。文選卷四十六王元長三月三日曲水詩序，云：

> 臣聞：出豫爲象，鈞天之樂張焉。時乘既位，御氣之駕翔焉。是以得一奉宸，逍遙襄城之域；體元則大，悵望姑射之阿。然宵旰寂寥，其獨適者已。至如夏后兩龍，載驅璿臺之上；穆滿八駿，如舞瑤水之陰。亦有竇云，固不與萬民共也……。

這段文章倘據李善的注語來檢查他的隸事方法，幾乎是每一句中都使用了一二種典故，而且每一典故之間，彼此毫無關係。如「出豫爲象，鈞天之樂張焉」，李善注云：『周易豫卦曰：先王作樂，殷薦上帝。史記曰：趙簡子病二日而悟曰：我之帝所甚樂，與百神遊於鈞天廣樂，九奏萬舞。』即使讀者明瞭他每一個典據，仍想不出這些典據與整句的寓意有何關連；不用說「曲水流觴」與「殷薦上帝」更扯不上關係了。這分明是撫拾經史中的字詞來雜湊成一個語句。比這割裂舊辭，雜湊成句的作品稍見圓融的，如蕭綱答新渝侯和詩書，云：

> 垂示三首，風雲吐於行間，珠玉生於字裏。跨蹈曹左，含超潘陸。雙鬢向光，風流已絕；九梁插花，步搖爲古。高樓懷怨，結眉表色；長門下泣，破粉成痕。復有影裏細腰，令與直類；鏡中好面，還將畫等。此皆性情卓絕，新致英奇。故知吹簫入秦，方識來鳳之巧；鳴瑟向趙，始睹駐雲之曲。手持口誦，喜荷交併也。

此文看來很有情采，然欲知其所謂，便覺得語意矛盾而且複沓。如果他收到的和詩是

---

71. 南史卷四十九附劉峻傳。謂梁武帝與范雲沈約等人較隸事多寡，劉峻所得逾於諸學士。武帝不悅，及劉撰類苑成，帝乃命諸學士撰華林遍略，用以敵劉類苑。又，太平御覽卷六百零一引三國典略云：齊武成令宋士素錄古來帝王言行要事三卷，名爲御覽，置於齊主巾箱。陽休之創意，取華（原作芳）林遍略加十六國春秋，六經拾遺，魏史等書，以士素所撰之名，稱爲玄洲苑御覽，後爲聖壽堂御覽，至是，祖珽又改爲修文殿，上之。按此，修文殿御覽較遍略又略有增益，然其卷數僅及遍略之半，疑其所得者已非遍略之全。蓋修文殿御覽編成時距遍略之成書已六十餘年，且又地隔南北，宜其所得不全。

風雲滿紙，便覺那些「影裏細腰，破粉成痕」是很突兀的。如果來詩是屬宮體，則又覺得那卓絕的性情與英奇的新致，無處安排。再而「真類」「畫等」「吹簫」「鳴瑟」諸句語意重沓，在一短簡之中顯得叨絮極了。然而這女性化的作風，啓迪來彥，徐陵寫的玉臺新詠序，就像個油頭粉面的人物。外如江總寫的六宮謝表，說到「桂殿迎春，蘭房侍寵」竟起用「借班姬之扇，未掩驚羞；假蔡琰之文，寧披悚戴。」姑無論其假借班扇蔡文，是否用以增高宮娃們的聲價，但從班婕妤與蔡琰的故事看來，不免與其語意格不相入。如果這真是後人所解釋的，謂其「上句言『謝』，下句言『表』」[72]；則這樣寫法，豈不是使用兩個典故來替代常用的「謝」「表」兩字，如同製作字謎一樣？

　　為着隸事而使字句增繁，造成文體之迂緩遲鈍以外，而可用的典故本身又與常用字一樣，沿襲既久，也會變得陳濫可厭。於是，或在用典使事同時應用換字法，使陳濫的典故看來像是新奇；例如蕭綱與湘東王書云：「章甫翠履之人，望閩鄉而歎息。」其實這典故是攝取莊子逍遙遊篇「宋人資章甫適越，越人斷髮文身，無所用之。」的意思。在前趙景真曾把這意思縮作「表龍章於裸壤」[73]，倘非李善注解，幾於難懂；而蕭綱又把「越人」換作「閩鄉」，看來新奇，然而不免「按迹知妄」了。如果求其新而不妄，就只有使用冷僻的典故，例如王融的王文憲集序云：「挂服捐駒，前良取則。」虧得李善從王隱晉書中找到了王遜的故事來注解「捐駒」二字；至於「挂服」二字，他也無能為力，只好注曰「未詳」。這正似顏之推說的：「百家雜說，或有不同；書倘湮滅，後人不識。」[74] 寫文章寫到「後人不識」的程度，在六朝文中雖為常見之事；然以寫作目的言之，則其寫如未寫了。

　　總上所述，宋齊以下的作家，又或感到可使用的典故與艷詞之俗濫，他們不得不再加以變化取新。取新之道，不僅儘量把語意隱藏在典故底下；既着重底層的隱喻，有時又在表層施展換字縮字的花招。使魏晉以來「引古喻今」或「引古論今」的隸事

---

72. 六朝麗旨云：「江總偽陳六宮謝表：借班姬之扇，未掩驚羞；假蔡琰之文，寧披悚戴。此無涉本題，盡力描摹者也。班姬蔡琰，雖略帖六宮，然文於此，是借其扇以寫驚羞，假其文以形悚戴。上句言『謝』，下句言『表』。」云云。按江總此文見全隋文卷十。然班姬團扇，只是詩題，蔡琰能文，未必是表。原文已甚無謂，孫語益見附會。

73. 蕭綱與湘東王書見全梁文卷十一。「表龍章於裸壤」見文選趙景真與嵇茂齊書，李善注即引莊子此文。

74. 李善注語見文選卷四十六王文憲集序「挂服捐駒」句下。其實注所未詳者尚多。顏之推語見家訓書證篇。

方法，變爲「以乙代甲」或「以乙象甲」的隱喩及象徵的方法。因此本來使用幾個字
卽可直譯的語意，必須使用一連串的事辭來指述。現在能看到的還是經過歷代淘汰而
僅餘的好作品，如果依據當時人所見全面情形，如同裴子野說的「淫文破典，裴爾爲
功。」[75] 則那變形的文體其距離傳統的「結體散文，直而不野，婉轉附物，怊悵切情」
的文章愈遠，而寫作之事亦愈見其專業化，不僅專屬於士大夫階層的文學，而且是屬
於士大夫階層中一部分「能文之士」的文學。這一部分的文士，許多人是用「數行俱
下」的速讀法來直接獵取載籍中的艷辭僻典；但更多的貴遊總角，怕就得利用「類
書」來支援，使得類書成爲此種文體茁長之重要的營養料了。

結　語

元人祝堯古賦辨體敍云：「古之詩人，其賦古也，則於古有懷；其賦今也，則於
今有感；其賦事也，則於事有觸；其賦物也，則於物有況。情之所在，索之而愈深，
窮之而愈妙，彼於其辭，直寄焉而已矣。後之辭人：刊落陳腐，惟恐一語未新；搜奇
摘艷，惟恐一字未巧；抽黃對白，惟恐一聯未偶；回聲揣病，惟恐一韻未協。辭之所
爲，靡矣而愈求，妍矣而愈飾，彼於其情，直外焉而已矣。」[76] 這裏把古之「詩人」
與後之「辭人」相比較，其所得的見解雖不出揚雄所謂「詩人麗則」「辭人麗淫」的
意思，但他所指陳的辭人作品，當以齊梁爲其成熟時期。並由那時期字詞的新巧，語
句的對偶，聲調的諧叶，導致後人「靡而愈求，妍而愈飾」的駢體文風。祝氏慨言這
種文風下的作家是「彼於其情，直外焉而已」，這論斷，雖未必能爲駢文家所接受；
但駢文之注重組詞形式，則是無可抵賴的事實。本來，意內言外，言隨意遣，沒有一
定的形式可拘，這不特古之詩人如此，卽後之辭人不拘於聲律偶句之間，照樣也能表
達情意。因此，拘於組辭形式，是否一定是「後之辭人」，這可不能一概而論；而可
以討論者，當在於寫文章爲何要捨棄沒有定體的文辭而採取定體的文辭？捨棄語言表
現的自由而趨向於拘制？這，倘非作家患有自虐狂，則其中不能沒有可疑的地方。

今者，綜合前文考察所得，可疑這種趨向是由於辭賦之沾染世情，因而辭賦的製

---

75. 裴子野語見文苑英華卷七四二、全梁文卷五十三雕蟲論。

76. 此見吳訥文章辨體序說，三國六朝條引。

作方法被擴大應用於辭賦以外的作品；同時作者幾乎無不默認那樣的寫法才是真正的「文章」。所以討論六朝文體的變遷，不但要考慮到作家寫作方法的轉變，而左右此種轉變的關鍵則在於人們對於「文章」這個觀念之差異。從王充的「辨照然否」爲文，到蕭統的「娛耳悅目」爲文，前後五百年間，在觀念上就有很大的不同。雖然觀念的轉變是漸進的，但觀念爲什麼會有這樣的嬗變？又該是首要探討的問題了。

關於這個問題，從文章辭賦化着眼，首先要看辭賦的來歷。前世論辭賦者，認爲辭賦本是古詩的變體，所以稱之爲「詩之流亞」或「受命於詩人」[77]。簡括的說，那就是應用作詩的方法來作文章，因而辭賦兼有詩與文的好處，既便於抒情又便於敍事，而且很早便得到了讀者歡迎；同時需要讀者支持的作家爲着因應事勢，自然就更熱心於辭賦的製造了。早期的一些辭賦作家，差不多都是「不託飛馳之勢而聲名自傳於後」的，這可說是一種有力的鼓勵。但看兩漢文人，凡是沒有任何功業可言者，他們無不嘗試着辭賦的製作而得掛名文苑，卽已得知其來勢相當壯大；如果在這現實的鼓勵中更增以帝室侯門的提倡，則此來勢爲着順應侯王的需求，就不免要趨向貴族遊樂生活方面發展了。

帝室侯門之接納文人，最早就是把他們與俳優並蓄。所以寫作的活動，在他們看來相等於博奕，而辭賦的功用也與談諧說笑無異。這樣寓有濃厚娛樂性的寫作活動，實際只是一門遊樂的技藝，他們所以極意於麗典新聲的運用，也正是爲求娛耳悅目的效果。這效果固然建立於工巧的造語，然而任何造語，三讀必厭，因此爲着保持那效果之不變，則造語不能不時時出陳翻新，這就形成了「馨而愈求，妍而愈飾」的一條定律。魏晉以來的文體旣趎進了辭賦化之途，就同受此一定律的支配。它們隨着時代的進展，每一階段都有一度貴遊文學繁榮的時期，而每一個時期，也都帶給這一派文體以愈求愈飾的現象。

求證於史實，自蕭梁以上，溯自楚宮的辭賦，繼以平臺的逸響，漢宮之壯辭，南皮的高韻，元康的繁縟，泰始的書抄，永明的聲病；到了天監則集其大成，於是出現了「刊落陳腐，惟恐一語未新，搜奇摘豔，惟恐一字未巧，抽黃對白，惟恐一聯未偶，叩聲揣病，惟恐一韻未叶」的寫作態度以及用這態度製成的文章了。

---

77. 摯虞文章流別論論賦用班固之說，以賦爲詩之流亞。「受命於詩人」，語見文心雕龍詮賦。

　　此外，清談之影響文體，在其直接關係作家的構思與組辭。因爲魏晉清談在辯論形式上雖頗似戰國時代談風的復起，但按其論題，旣非述道辨志，以個人獨得之見攻乎異端；而是摭拾古人旣有的題目各逞其臆解。這種辯論，看來似很嚴肅，其實也是貴遊生活中一種變相的娛樂節目。而且談者汲汲於談辯之勝負，其性質尤近於博奕。其間如有什麼相異之處，那也只是使用的工具不同，遊戲的方法稍異而已。清談以言辭爲決勝的工具，彼此於口舌上鈎心鬥角，涵蓋馳突，許多造語有似後世禪者的話頭[78]。因爲話頭語往往是依希其旨，而六朝人常把語意隱藏於典故中，從字面看似可解，但按實則又游移莫定。

　　本來使事用典，是爲着避免人人熟悉的「膚事」「常辭」多佔字面，所以要簡括之以替代繁冗的辭說。但是魏晉以下，這種修辭方法行之旣濫，又加以字有常檢，作家旣不新製瑋字，於是便簡括「古語」「故事」，製成短句以替代新詞，因而四字可以表達的意思，變成四句數十字的陳述。不僅拘攣補衲，蠱文已甚，而形成瘠骨肥辭，更是邪文體的特徵。然而當時旣不重視創意之有無，但料量隸事的多寡，以博學爲遊戲，其風旣熾，一面則鼓勵人們勤於抄書以供博覽，一面又因其目的在於獵取艷詞，所以也流行「數行俱下」的速讀法。這樣博覽與速讀，二者互相爲用，益使隸事之風臻於極盛。

　　然而「博極羣書」，並非常人所能，因而從選文至於摘句，分類編輯以供獺祭的書籍便又成爲當務之急。但看漢世辭賦家之勤於編纂「字書」，與齊梁人之勤於編纂「類書」，二者互相映照，其成書雖異而動機與目的，可謂相同。前者以瑋字爲文，後者以隸事爲工；其於文體是踵事增華，使一般文章平添了過分的誇張與曲折的隱喻。

---

78. 例如法眼文益禪師指竹問僧：「還見麼？曰：見。師曰：竹來眼裏？眼到竹邊？」實套用謝安問殷浩曰：「眼往屬萬形，萬形入眼不？」之意。文益語見傳燈錄卷二十四，五燈會元卷十二同。謝安語見世說新語文學門第四十八則，自餘，同篇所載樂廣答客問「旨不至」之義，便用麈尾示意，亦爲後世禪門所摹仿。

漢代尚書的職任及其和內朝的關係

勞 榦

一、尚書與中書的關係

尚書這一個職務，在西漢時代，逐漸演變，到東漢時代，尚書臺就變成事實上的宰相府。在各種官制書當中，只表示尚書一職每次演變的結果，却把演變的原動力分析的不够。不錯，尚書令及尚書都不是高官，只因爲被天子重用才逐漸的把重要性昇格上去。但在滿朝臣列之中，和尚書令同等的『令』，還有很多。爲什麼尚書一職，獨得機緣？當然還可以作進一步的解釋，尚書是近臣。但這種『近臣』原來近到甚麼程度？和天子的關係究竟是怎樣的？這又是一個值得討論的問題。還有更重要的，尚書和中書的關係及其分合究竟是怎樣的，以及尚書究屬於內朝還是屬於外朝？這都形成了爭論，而應當加以澄清的。

尚書問題在兩漢時代不僅是一個重要問題，而且是一個複雜問題。因爲是一個重要問題，所以牽涉到對於兩漢的政治事件，而必需做到正確的了解。因爲是一個複雜的問題，所以必需把這些糾結之點，加以疏解。最先，要討論的還是一個相沿不斷的疑問，尚書和中書的同異以及分合的問題。

對於這一個問題，歷來討論的確實不少。現在以陳樹鏞的『漢官答問』作代表，把他的意見引證如下：

成帝紀云：『建始四年，罷中書宦官，初置尚書員五人』（按以前尚書只有四人），百官公卿表云『建始四年，更名中書謁者令爲中謁者令，初置尚書員五人』，通典因之，遂（以）爲『漢承秦置尚書，武帝遊宴後庭，始用宦者，爲中

書之職。成帝罷中書宦官，置尚書五人』，又云，『成帝去中書；更以士人爲尚書』。一似武帝時有中書，無尚書，成帝時去中書，乃置尚書。又似成帝以前尚書卽中書，用閹人爲之，成帝乃用士人。考史記三王世家有『守尚書令丞』之文，司馬相如傳有『尚書給筆札』之語，則武帝時已有尚書，不得云成帝時初置矣。霍光傳云上書者益黠，盡奏封事。輒使中書令出取之，不關尚書。是尚書中書本二官，不得合爲一矣。霍光于昭宣之世領尚書，張安世宣帝時領尚書，張敞、于定國宣帝時平尚書，蕭望之、史高元帝時領尚書，則武昭宣元四朝未嘗無尚書矣，然猶可曰武帝時更以閹人爲之。考張安世武帝時爲尚書令，買捐之傳，五鹿充宗爲尚書令，買捐之亦欲爲之，則元帝時尚書非閹人，不得云，『成帝時乃用士人』，明矣。

成帝紀注引漢舊儀云『尚書四人爲四曹，成帝置五人，有三公曹。』此甚分明，蓋成帝罷中書而加一尚書，非罷中書始置尚書也（陳氏自注，劉向傳云，『石顯幹尚書』，尚書五人皆其黨，此元帝時不當有五人，蓋四人之誤。）然則漢初有尚書，武帝有尚書又有中書，中書是宦者，尚書是士人，昭宣元因之，成帝乃罷中書獨有尚書。尚書在省中，較丞相爲近天子，故領尚書者奪丞相權。中書是宦者，得出入臥內，較尚書又近，故宣帝使中書出取尚書章，以奪霍氏權。元帝時石顯以中書令而制尚書之蕭望之也。

然佞倖傳云，『望之以尚書爲百官本，宜以通明公正處之，武帝遊宴後庭，故用宦者，非古制。宜罷中書宦官』。蕭望之傳以爲『中書政本宜以賢明之選。自武乃用宦者，非國舊制，白欲更置士人』。一言尚書，一言中書，又似尚書卽中書。考此二文本同一事，不當有異。班氏兩錄其文，而又譌誤，遂使讀者不能明矣。蓋尚書政事之本，以士人爲之。武帝以士人不可出入後庭，乃以宦者爲中書，出取尚書章奏。元帝之世至以中書令而幹尚書。望之之意以爲尚書政事之本不可使宦者干預，宜罷中書。佞倖傳所載是也，望之傳所云則誤矣。

中書前所未有，武帝始置卽以宦者爲之，何得云『武帝乃用宦者，非舊制』乎？武帝之置中書，以其可以出入臥內耳，何得謂之爲『政本』乎？佞倖

傳言，欲去中書可也，去中書則專用尚書也。此言白欲更置士人。夫中書本以
宦者可出入後庭，更用士人爲中書何爲乎？觀此文知成帝紀及表所謂成帝初置
尚書者，班氏蓋以爲武帝以宦者爲中書，成帝廢中書初置尚書，而蕭望之當元
帝時欲去中書宦者改用士人也。誤矣。幸有佞倖傳足以證望之傳之誤，不然，
以爲出於望之之口，無從辨之矣。（註一）

又王國維的太史公行年考說：

案漢書本傳『遷既被刑之後，爲中書令，尊寵任職事』，當在此數年中（太始
元年前後）。鹽鐵論周秦篇；『今無行之人，一旦下蠶室，創未愈，宿衞人主，
出入宮殿，得由受奉祿食太官享賜，身以尊榮，妻子獲其饒』云云。是當時下
蠶室者，刑竟即任以事。史公父子素以文學登用，奉使扈從，光寵有加。一旦
以言獲罪，帝未嘗不惜其才。中書令一官設於武帝，或竟自公始任此官，未可
知也。

又案漢書百官公卿表，少府屬有中書謁者、黃門、鉤盾、尚方、御史、永
巷、內者、宦者、八官令丞。中書令即中書謁者令之略也。漢舊儀（大唐六典
卷九引）中書令領贊尚書出入奏事，秩千石。漢書佞倖傳『蕭望之建白，以爲
尚書百官之本，國家樞機，宜以通明公正處之，武帝遊宴後庭，始用宦者，非
古制也，宜罷中書宦官。元帝不聽』。成帝紀：『建始四年春，罷中書宦官，置
尚書員五人』。續漢書百官志：『尚書令一人，承秦所置，武帝用宦者，更爲中
書謁者令，成帝用士人，復故』。據此，似武帝改尚書爲中書，復改士人用宦
者。成帝復故。

然漢書張安世傳：『安世武帝末爲尚書令』。霍光傳：『尚書令讀奏』。諸葛
豐傳有尚書令堯。京房傳：『中書令石顯顓權，顯友人五鹿充宗爲尚書令』事
皆在武帝之後，成帝建始之前。是武帝雖置中書，不廢尚書，特於尚書外增一
中書令，使之出受尚書事入奏於帝耳。故蓋寬饒傳與佞倖傳亦謂之中尚書，蓋
謂中官之幹尚書事者，以別於尚書令以下士人也。漢舊儀（北堂書鈔卷五十七
引）：『尚書令並掌詔奏』，既置中書，詔誥答表，皆機密之事。蓋武帝親攬大

（註一） 漢官答問卷一，第十一頁上、下，振綺堂叢書本。

權，丞相自公孫弘以後，爲李蔡、莊青翟、趙周、石慶、公孫賀等，皆以中材

備員，而政事一歸尙書。霍光以後，凡秉政者無不領尙書事。尙書爲國政樞

機，中書令又爲尙書之樞機，本傳所謂臭寵任職者，由是故也。（註二）

以上兩節對於中書與尙書的分析都是很精粹的，其中許多重要問題還是成爲懸案，一

直到目前還需要做進一步明確的勘定。在陳樹鏞及王國維兩節意見，的確給我們許

多啓示（這也就是本篇中不將這兩節加以刪節的原因。）但若干關鍵問題，尙留給我

們，不曾加以解決。其中的問題，如：（一）中書令是否卽是宦官做了尙書令，就改稱

爲中書令？（二）中書令、中尙書令、中書謁者令是否爲一個職務的異稱，如其是一個

職務的異稱，那就那一個應當算正式的名稱？（三）中書令和尙書令職司上究竟有無相

異之處，如其職司相同，那就中書令和尙書令的關係究竟是一個什麼關係？（四）中書

令以下是否別有部屬，如同『中書』之類，如其別無部屬那就尙書是否也算中書令的

部屬。這些問題才是和漢代中樞政治有關，而需要加以澄清的。

　　關於第一項，自秦代卽是這樣的。在太僕以下有車府令，但趙高任車府令，卽稱

爲中車府令，甚至代李斯爲丞相也稱爲中丞相。所以士人的官職，不屬於後宮系統

的，如其改任宦官去做，就要在上面加一個中字作爲識別。尙書令本來是士人的職

務，但漢武帝任司馬遷去做，當然也要加上一個中字。也就牽涉到第二項的問題，宦

官去做尙書令，正式的名稱應當是『中尙書令』，中書令只是中尙書令的簡稱。至於

中書謁者令那又是中書令再兼上中謁者令的職稱，兩職合併就稱爲中書謁者令。實際

上應當是中尙書令兼中謁者令。當然這個職名就嫌太繁了。中書謁者令一稱，見於漢

書百官公卿表，少府屬官有『中書謁者令丞。又北堂書鈔設官部引漢舊儀：

　　尙書令主贊奏下書，僕射主閉封，丞二人主報上書者，兼領財用、火燭、食

　　廚。漢置中書，領尙書事，中書謁者令一人。成帝建始四年罷中書官，以中書

　　爲中謁者令。（註三）

這裏中書謁者令的名稱，起原不會太早。據漢書六十二司馬遷傳，司馬遷的職務只是

　　（註二）　藝文影印密均樓觀堂集林，第130頁。
　　（註三）　四部備要，漢官六種本，漢舊儀頁二下。

中書令，並非中書謁者令(註四)。元帝紀初元二年『中書令弘恭、石顯譖（蕭）望之等，令自殺』。又漢書七十八蕭望之傳：『初宣帝不甚從儒術，任用法律，而中書宦官用事。中書令弘恭、石顯久典樞機，明習文法，亦與車騎將軍高為表裏，論議常獨持故事，不從望之等』。又『（鄭）朋出揚言曰，我見，言前將軍小過五，大罪一。中書令在旁知我言狀』。又漢書六十三佞倖傳『宣帝時任中書官，（弘）恭明習法令故事，善為請奏，能稱其職。恭為令，（石）顯為僕射。元帝即位數年，恭死，顯代為中書令』。這裏說的都是中書令，並無中書謁者令。那就顯出來中書謁者令是成帝初年所改，將中書和謁者合併，正表示著準備罷中書，使中書令兼理謁者事務作為過渡，然後再罷中書謁者令的中書方面的職務去掉，就專為中謁令了。所以中尚書令與中書令是同一的官職，而中書謁者令又是後期的發展。

第三項和第四項也是具有相互的關係的。據漢書七十八蕭望之傳稱為『中書政本，此宜以賢明之選，………白欲更置士人』而九十三佞倖石顯傳，則為，『以為尚書百官之本，國家樞機，宜以通明公正處之』，並且還說『語見望之傳』，可見班氏作

(註四) 中書謁者令的名稱見於續漢書百官志：『尚書令一人，千石，本註曰承秦所置，武帝用宦者，更為中書謁者令，成帝用士人，復故。掌凡選署及奏下尚書曹文書衆事』。漢舊儀說：『漢置中書令領尚書事，中書謁者令一人，成帝建始四年罷中書官，以中書為中謁者令』。照續漢書說，中書謁者令是武帝時置，但拿漢舊儀來校，顯然此說出於漢舊儀（衞宏作漢舊儀是東漢時人，司馬彪作續漢書是西晉時人）。在武帝和元帝時都只有中書令，可見中書謁者令是成帝初年所改，再第二步改為中謁者令。這一點司馬彪可能有所誤會。

當然除去了以上的解釋以外，還有別的解釋，這種解釋卻是不對的。這種解釋以為中書謁者令在武帝時已是這樣，不過中書令為本職，謁者令是一個不太重要的兼職，所以一般只說中書令，其中謁者兩個字就被省略了。他們以為原來尚書要奏事上去，由左右曹及諸吏兩種加官的重臣接受的，到武帝時重用中書，中書為宦官，不必再要左右曹及諸吏奏尚書奏議，所以就由他加一個謁者令的職務來搞收尚書的奏議，這就是中書令兼謁者令，總稱為中書謁者令的由來。這個假設看起來好像沒有問題，其實仍然是不可信據的。

要把這一個假設的缺失說明白，第一步是把(1)左右曹及諸吏(2)謁者，兩種職務加以澄清，知道這兩個職務絕對不相干，不能互相替代。那就知道縱使把中書加上謁者的名義，也不是為代替左右曹及諸吏的職務而加上的。

謁者在漢書百官公卿表說：『謁者常賓讚受事，員七十人，秩比六百石，為僕射』。續漢書百官志說：後漢『常侍謁者五人，比六百石。本注曰：主殿上時節威儀。謁者三十人，其給事謁者四百石，其灌謁者郎中，比三百石。本注曰：常賓贊受事及上章報問。將、大夫以下之喪，掌使弔。本員七十人，中興但三十人，初為灌謁者，滿歲為給事謁者』。又『謁者僕射一人，比千石。本注曰：為謁者臺率，主謁者，天子出，奉引』。可見謁者的職任，只以未央前殿朝會及官外事務為限。尚書侍中一類近臣與天子之間，用不著謁者來參加服務。更不能代替比較地位高的如左右曹及諸吏的地位。因而有些人猜想為增加宦官的作用，把中書令給予一個謁者令的地位，是根據不夠的。

兩篇列傳的時候，曾互相關照過，不宜有誤。那就在東漢時期，據班固所了解的，就是中書的含義和尚書是相通的，陳樹鏞以爲蕭望之傳有誤，這種意見實在證據不足。但是如其承認班固的了解是對的，中書令所負的責任也在尚書方面，那就在武帝以後成帝以前，至少有一些時期還有尚書令，如王國維所舉出的，張安世傳，安世武帝末爲尚書令，霍光傳在廢昌邑王時由尚書令讀奏，諸葛豐傳在元帝即位後，曾由尚書令下司隷校尉諸葛豐書，密房傳元帝時石顯專權，五鹿充宗爲尚書令，都顯示著昭宣之際及元帝時確有尚書令一官。就這一點來說，又必需把置尚書令一事，在可能範圍內的不同情形加以分析。

這是毫無疑問的，既已設置中書令就具有尚書令的實質。如其沒有尚書令，那中書令就是尚書令；如其當保存了尚書令所處理的是屬於政策上的，而尚書令不過是一個傳達的工具。所以在武帝晚期以後，到成帝初年以前，只有兩種可能，第一，中書令就是尚書令，所以並無一定要設尚書令的必要，只有在某種特殊狀況之下，才會中書令和尚書令並設，第二是尚書令只算中書令屬下一個管經常事務的官。所以在設中書令的時候，尚書令一職還保留著。這仍然不妨害尚書和中書屬於同一種樞機職務的原則。現在史料不夠，無法決定那一種可能性是對的，但是無論如何，就尚書的行政功能來說，只要有中書令，中書令就是尚書機構的正式主官，不管有沒有尚書令，都是一樣的。

在這一個分析之下，第三項和第四項的問題也就很容易來答覆。即中書與尚書的任務並沒有什麼不同，只是只要有中書，中書便是尚書方面的主管。至於中書令的部屬，也很容易指出，中書令的部屬就是尚書臺中所有的官吏。如其在中書令以下還設有中書僕射，（石顯傳，弘恭爲中書令時，石顯爲中書僕射，弘恭死，石顯遷爲中書令），那麼中書僕射應當是一個尚書僕射的缺，撥歸中書僕射，其地位在尚書令之下，事實上是中書令的副貳。如其此時有尚書令，中書僕射的實權，應當在尚書令之上的。至於西漢時代全尚書臺都在中書令（以及中書僕射）指揮之下，除去他們是宦官得入天子臥內以外，其他諸人都是在尚書機構中辦公的。這一點就和曹魏的中書，雖然名稱相同，實際上並沒有任何相承的系統。

再看一看中書令的設置，就現存的史料來看，似乎只是武帝晚年有過，宣帝親政

以後及元帝時期有置，到成帝初年廢止。其中昭帝時代以及宣帝初年，似乎就沒有中
書令的痕跡。非常可能在昭帝時代及宣帝初年霍光攝政時期，根本就沒有中書令。因
為中書令是由天子重用宦官的而產生的。在昭帝時代及宣帝初年都是由霍光當政，也
就不需要宦官，到宣帝親政時為著和霍氏的勢力對立，又要利用宦官來保持秘密，就
把武帝晚期的中書令制恢復了。這就表示從武帝到成帝，中書令一職並非一直繼承下
去，而是其中還有一些存廢的經過在內的。

二、尚書與內朝的關係

尚書的職務和西漢時代所謂『內朝』，或所謂『中朝』，是無法分開的。本來『內
朝』並非一個合法的組織。天子的『朝』向來就只有一個，從商代以來，就是這樣。
依照金文中的記錄，天子朝會羣臣，也一直就是這樣。其中並無『中』『外』之分。
這種情形，再到漢代的高、惠、文、景。除去了例行扈從天子的郎及大夫等以外，並
無其他的特殊人物從朝臣中指定出來，作為天子的賓客，再間接干涉丞相御史的政
務。直到武帝時代這種情形才逐漸變更。形成了外戚干政以及權臣干政的現成憑藉。
這就是所謂『內朝』，和由宰相率領的九卿各署的『外朝』形成了對立的形勢。這是
由逐漸變成的，在正式的職官系統上，却沒有合法的地位存在著。但因為權之所在，
不能不承認這個事實。

內朝究竟是那一些官？漢書劉輔傳，師古注引孟康舊注說(註五)，『中朝，內朝
也。大司馬、左右前後將軍、侍中、常侍、散騎，諸吏為中朝，丞相以下至六百石為
外朝也』。這裏對於內朝的分別，解釋的比較清楚，一般講內朝的都根據此則。只是
對於內朝官職，舉出的很不完全，當然就要引起一些爭論。他敍述的本意，只是用舉
例的方法，來說明內朝、外朝的不同，對於什麼是內朝和什麼是外朝，並不曾給予一
個定義。這種解釋的方法是可能引起後人的誤解的。但是非常可惜，除去這一段孟康
的解釋以外，再找不到其他的舊注。也就使內朝的意義，仍然含晦不清，以致有進一
步澄清的必要。

(註五)　藝文本漢書，頁1430，孟康所舉的官名不夠，錢大昕已指出（並見補註）。

　　再就孟康注所舉的內朝官來說，他原意只是舉例來說明內朝，並非意在把內朝所有的職官全舉出來。因而漏掉一些是不足爲異的。其中至少把同樣性質的給事中和左右曹都漏掉了。據漢書百官公卿表說：

> 侍中、左右曹、諸吏、散騎、中常侍皆加官。所加或列侯、將軍、卿大夫、將、都尉、尚書、太醫、太官令，至郎中、亡員。多至數十人。侍中、中常侍得入禁中，諸曹受尚書事，諸吏得舉法，散騎騎並乘輿車。給事中亦加官，所加或大夫、博士、議郎，掌顧問應對，位次中常侍。中黃門有給事黃門，位從將大夫。皆秦制。（註六）

此處的加官都是表示天子的親近之臣，屬於宮中的官職。其中的左右曹和給事中都是孟康所不曾說過的。在這裏也可以看出來，在漢代的『禁中』、『宮中』（或省中）與一般朝會所在是有些不同的。一般朝會在未央宮的前殿，百官在六百石以上的，以丞相爲首，可以在此朝會。但前殿以內和前殿兩旁都不能進去的，『殿中侍御史』可以到達的範圍，也以此爲限。漢書百官公卿表指出來的，內朝官職也有不同的限制，侍中、中常侍得入禁中，別的加官却不能（註七）。這是說即使可以入宮門（不以前殿爲限），在宮門以內，還有一個禁中，而禁中就更爲嚴密些。若用後代的例子來說，清代大臣例行入朝，以及引見一般官吏都是在乾清宮，但上書房以及軍機處却在宮中前部，另有其地。入直軍機的人能够到的，還是以此爲限。軍機處在宮中，天子可以時常臨幸，但入直軍機的人，宮中許多地方仍不能去。這些人只是得見天子的時候多些，比平常官吏多到一處宮廷，並不代表可以在宮中行動自由。這種情況的申述，也許可以更幫助對於漢代內朝的了解。

　　但是無論如何，內朝的官吏與外朝的官吏還是有一個極大的區別，內朝官吏的辦公地點就在宮中，天子可以隨時到來，隨時指示，和外朝官吏的辦公地點在宮外，只有在前殿正式朝會之時，才可以看到天子，完全不同。從另一方面來看，內朝的官吏是隨時可以召見，他們的意見如被接納，再由天子下詔給丞相九卿，和外朝官吏如有

（註六）藝文本漢書，309頁。

（註七）但是一般內朝各臣，進入時仍要通報，只有宦官不要通報。此外一般內朝臣不能入天子臥內（臥室），只有宦官可以。除非在一種特殊狀況下，例如漢武帝病篤，大臣接遺詔時，在天子臥內。

意見，只能用書面上奏天子，再由天子下詔來答覆的，完全不同。換句話說，內朝的作用是制詔的擬定，外朝的作用是制詔的執行，其中關鍵就在制詔擬定的人，若沒有制詔擬定這一回事，內朝就無存在的必要。

所以若要追索內朝的權力所在，第一步就需要追索章奏在天子宮中由什麼人收受保管，第二步還要追索天子的制詔由什麼人來擬寫，如其這些人是什麼人追索不到，那就談內朝的政治就只是一些空話；如其這些人追索到了而不在左右曹、諸吏、給事中任務之內，那當然要把尚書的地位注意到的。不論尚書爲內朝的主體或者是內朝的附屬，尚書與外朝的關係當然遠遜於內朝的關係，尚書對於天子的關係，也當然超過了丞相的關係。尚書之附於少府之下，不過僅僅只是一個『以文屬焉』的關係。不論在東漢時期尚書令少府管不著，即是在西漢時期尚書令也是少府管不著的。決不允許用這一個邏輯，認爲尚書令是屬於少府，少府屬於外朝，所以尚書令也屬於外朝。就政治的功能來說，尚書令早已超過了少府所管的範圍。在事實上，尚書令不僅不是少府的屬員，而且當尚書令具有宰相的權力時，尚書令還是少府的主管了。

三、從辦公地點來說明內朝外朝的關係和區別

漢代職官之中，至少應當有兩種不同的區別，一種是列於朝籍的，另一種是不列於朝籍的。漢代定制只有在六百石以上的官才能列於朝籍，其六百石以下的官都是不能列入朝籍的。當然這些列於朝籍的官也還是以在京師的官吏，能經常入朝的爲限，其京師以外的官吏即使是地方首長，太守及王國相，除去被召入京，有資格入朝以外，在平常時期，事實上因爲不在京城也無法參與朝會。依照漢初定制，朝就只有一個朝，本無內外之分；把丞相以下分爲外朝，當然在一個事實上的內朝（並非法律上的內朝）創立了以後的事。

既然被稱爲『朝』，那就一定有一個朝的地點。外朝，毫無疑問的，就是未央前殿。天子的正式朝會那裏，而丞相也根據那裏的決定，開始發揮權責。如其內朝既然也具有了朝的功用，那就內朝也是要和外朝具有類似的組織，而不是一盤散沙。這一個機構的樞紐在那一處？才是眞正的基本問題所在。

武帝的作風，和高惠文景都不相同。高帝時雖曾一度對於蕭何有點懷疑，但這是

由於誤會蕭何有貪污的疑案，而非想把宰相之權，完全收歸君主之手。到了武帝在元光時代和田蚡的衝突，由於權勢之爭，就非常明顯。首先他對田蚡說：『君署吏竟未？吾亦欲署吏』。以後到了田蚡死後，還對田蚡有深刻的批評，這是文景時代所未嘗有的。

　　文景時代的宰相權責，是春秋戰國以來習慣上的成規，並且也經過了道法兩家設計之下，形成一種行政的軌道，不必由君主多爲費力。到了武帝時代開始，他不滿過去的官僚政治，一定要創出一個新局面來，這種新局面執行的方向，並無過去的經驗來指示，更無成規可循，因此武帝就採用一個盡量裁抑丞相的辦法。漢書六十六公孫劉田王楊蔡陳鄭傳說：(註八)

　　　公孫賀……遂代石慶爲丞相，封葛繹侯。時朝廷多事，督責大臣。自公孫弘後，丞相李蔡、嚴靑翟、趙周三人比坐事死。石慶雖以謹得終，然數被譴。初賀引拜爲丞相，不受印綬。頓首涕泣曰：『臣本邊鄙，以鞍馬騎射爲官，材誠不任宰相。』上與左右見賀悲哀，感動下泣曰：『扶起丞相。』賀不肯起，上乃起去，賀不得已拜。出，左右問其故，賀曰：『主上賢明，臣不足以稱，恐負重責，從是殆矣。』

其後公孫賀果坐罪死。又漢書四十六，萬石衞直周張傳說：(註九)

　　　(石)慶爲丞相，封牧丘侯。是時漢方南誅兩越，東擊朝鮮，北逐匈奴，西伐大宛，中國多事。天子巡狩海內，修古神祠，封禪，興禮樂，公家用少。桑弘羊致利，王溫舒之屬峻法，兒寬等推文學，九卿更進用事，事不關決於慶，慶醇謹而已。在位九歲，無能有所匡言。嘗欲請治上近臣所忠，九卿咸宣，不能服，反受其過，贖罪。元封四年，關東流民二百萬口，無名數者四十萬。公卿議欲徙流民於邊以適之。上以爲慶老謹，不能與其議，乃賜丞相告歸，而案御史大夫以下議爲請者。慶慙不任職，上書曰：『臣幸得待罪丞相，疲駑無以輔治，城郭倉廩空虛，民多流亡。罪當伏斧質，上不忍致法，願歸丞相侯印，乞骸骨歸，避賢者路』。上報曰：『間者河水滔陸，泛濫十餘郡，隄防勤之。是

　(註八)　藝文本，頁1306。
　(註九)　藝文本，頁1054。

勞，弗能陞塞，朕甚憂故巡方州，禮嵩嶽，通八神以合宣房，濟淮江，歷山濱
海，問百年民所疾苦。惟吏多私，徵求無已，去者便，居者擾，故爲流民法以
禁重賦。乃者封泰山，皇天嘉況，神物並見。朕方荅氣應，未能承意，是以切
比閭里，知吏姦邪。委任有司，然則官曠民愁，盜賊公行，往年覲明堂，赦殊
死，無禁錮，咸自新，與更始。今流民愈多，計文不改，君不繩責長吏，而請
以興徙四十萬口，搖蕩百姓。孤兒幼年未滿十年，無罪而坐率，朕失望焉。今
君上書言倉庫城郭不充實，民多貧，盜賊衆，請入粟爲庶人。夫懷知民貧而請
益賦，動危之而辭位，欲安歸難乎？君其返室』。(註十)慶素質，見詔報反室，
自以爲得許，欲上印綬。掾史以爲見責甚深，而終以反室者，醜惡之辭也。或
勸慶宜引決，慶甚懼，不知所出，遂復起視事。慶爲丞相，文深審謹，無他大
略。後三歲餘薨，諡曰恬侯。

從上兩則看來，漢武帝對於丞相的控制，可以說已經發展到極端的程度。他的目的，
是收歸全國政務的決定入於天子之手，而把丞相變成爲一個純事務性質的官吏。他所
用的人，李蔡和公孫賀都是武人，而石慶是一個樸質的人，還出身於以樸質謹厚傳家
的石氏，都不是由幹練明達的文吏出身的。至於在此以前的公孫弘，雖然稍稍不同，
但公孫弘也是一個自甘做傀儡的人。何焯義門談書記說：『淮南輕弘，至有發蒙振落
之語，當日治其獄，無有不聞於上者，皇恐避位，蓋亦非得已也』。這確也是實情。
據公孫弘傳稱『上乃使朱買臣等難弘，發十策，弘不得一』。史記集解引韋昭曰『弘才
非不能得一，不敢逆上耳』。這也確得其情實。因爲公孫弘能够在要緊關頭顯示拙，
所以後來漢武帝居然使他代薛澤爲丞相。並且打破了漢代以列侯爲丞相的慣例，以無
爵的人封爲平津侯。這也是漢武帝一方面裁抑列侯，另一方面又裁抑丞相，一個『一
箭雙雕』的辦法。

公孫弘是一個天資相當高的人，他深知漢武帝的企圖是怎樣的，因而他應付得
宜，以高年終於相位。後來的李蔡趙周輩都不合標準，直等到武帝選上了石慶。武帝

(註十)　漢武詔書中多漢令習慣用法，不易解釋。其中如『氣應』指雲氣和瑞應，『然則』此處言雖然『知吏
　　　　姦邪』而信託委任諸者級吏員，『但』仍然『官曠民愁』，不臻理想。『計文』指每年上計文書中所列
　　　　的數字（與實際不符）。『君其返室』指『你應當四去想一想』。卽不許之意。所以石慶再視事，武帝
　　　　也就聽任他了。

對於石慶的辦法以及對於石慶的態度完全和對於公孫弘不同。武帝知道公孫弘是怎樣一回事，公孫弘也知道武帝是怎樣一回事，彼此間相照不宣。一個安心要控制，一個甘心受利用，這就成爲最好的搭檔。武帝自然不願公孫弘去職，但大致還是客氣的。到了石慶，武帝明瞭石慶，可是石慶並不太了解武帝。武帝以奴隸畜石慶，其辦法是一方面給吃飽，一方面却用鞭撻。石慶累得嚴譴，並不代表武帝要放棄他，而是覺著石慶雖然聽話，但也要加以相當的鉗制，然後這個奴隸才能服服帖帖的，戰戰兢兢的做下去。後來石慶辭位的奏，正表示石慶不够精明，沒有猜準武帝的意思。武帝在重大事件中不找石慶，並不代表武帝要廢棄石慶，而是武帝正要用這一個伴食宰相。石慶如能安之若素，那當然可以平安無咎。無奈石慶却藉此上辭呈，武帝當然會大怒的。等到詔書下來，受到深責。在無辦法中找到再起視事，一個無辦法中的冒險辦法。後來石慶居然可以做下去，就不難看出武帝的意思了。當然這種特別貶抑丞相，控制丞相，即使仿效武帝作風的宣帝，也不再採用下去，因爲控制丞相的軌道已經成熟，有一個成形的內朝可以充分利用了。

　　當石慶爲相時，『九卿更進用事』，這是非常值得注意的。這些『更進用事』的九卿們，決不止是在未央前殿天子朝見羣臣們才有機會見面。而是除去正式朝會以外，天子可以特召入宮會見的。據漢書四十八賈誼傳：『後歲餘，文帝思誼，徵之。至入見，上方受釐，坐宣室，上因感鬼神之事，而問鬼神之本。誼具道以所以然之故。至夜半，文帝前席，既罷，曰吾久不見賈生，自以爲過之，今不及也』。這是漢代徵郡國二千石入京的故事。這種情形尚有特召見長談之事，那就天子用事的九卿，更不必說一定有長談的事了。宣室的座落，據漢書注：蘇林曰『宣室，未央前正室也』。應劭曰『釐，祭餘肉也。漢儀注祭天地五時，皇帝不自行，詞還致福』。史記索隱引三輔故事云，『宣室在未央殿北』。蘇林和司馬貞二說表面上雖然不同，其實二說並不衝突。古時前堂後室，未央前殿南向，所以前殿在南。而前殿所附的室在正殿的北部，這個部分，正應當是天子齋戒所居，所以受釐也在此處。皇帝接見應召的官員，似乎是依照天子的方便而臨時決定，並無一個固定的處所。所能知道的，就是未央前殿只是一個供大規模朝會的大禮堂，平時接見應召的臣工，並不像正式朝會那樣拘於形式，而是皇帝及接見的官員，都可以暢所欲言，不受時間的限制。賈誼與文帝時代，

只是一個偶見的召見，並且是天子和郡國二千石直接談話，其中並無丞相參與其間，至於武帝時代，『九卿更進用事』，這些用事的九卿，其由天子隨時特召，和天子直接商國家大計，應當和這個特殊召見的情形，相差不會太遠，即(1)接見的地方，一定在宮內，不會在宮外，在宮內的某一便殿，不會在未央前殿正式的會所。(2)接見的時間不會固定的，也不會有任何的限制。——所不同的，可能從郡國召來的高級官吏，其入宮的名籍(註十一)是臨時性的，而『更進用事』的九卿，因為經常要入宮和天子商酌國本，那就有一種較為長期性的特別名籍了。

又漢書五十張馮汲鄭傳：

（汲黯）……召為主爵都尉，列於九卿。……上方招文學儒者，上曰吾欲云云，黯對曰『陛下內多欲，而外施仁義，奈何欲效唐虞之治乎』？上怒變色而罷朝，公卿皆為黯懼。上退，謂人曰『甚矣，汲黯之戇也』。……大將軍青侍中，上踞廁視之。丞相弘宴見，上或時不冠。至如見黯，不冠不見也。上嘗坐武帳，黯前奏事，上不冠，望見黯，避帷中，使人可其奏。其見敬禮如此。(註十二)

就以上所引的來看，汲黯傳指出來的，顯然是兩種情況，一種是正式的朝會，一種是朝會以外的召見。

其中最值得注意的，是『大將軍青侍中』(註十三)這一句。據衞青本傳，衞青未曾加上這『侍中』的名義。這裏稱為侍中的，當然有兩種可能，第一、是衞青只是以大將軍名義入宮，只有侍中的任務，並未加侍中的名義。第二、是衞青以大將軍加侍中，只是本傳中漏掉未提。在這個兩個可能中，第一可能應當是正確的，第二個可能却不太合理。雖然第二個可能說明了衞青曾為建章監加侍中，後來為大將軍，只要未出征時，侍中的名義仍然存在。但是證據並不够充實。如其採用第一個可能，即衞青

（註十一）　漢書五十二竇嬰傳：『孝景卽位為詹事。帝弟梁孝王朝，因燕昆弟飲。是時上未立太子，酒酣，上從容曰，千秋萬歲後傳王。太后驩。嬰引卮酒進上，曰，天下者高祖天下，父子相傳，漢之約也，上何以得傳梁王。太后由此憎嬰，嬰亦薄其官。因病免。太后除嬰門籍，不得朝請，資治通鑑胡注『門籍，出入宮殿之籍也』。案竇嬰病免。因係外戚，當有門籍。

（註十二）　藝文本漢書，頁 1099。

（註十三）　者曾任侍中者，往往受他職時，如其當需在天子左右，侍中之加官不予解去漢書六十八霍光傳：『任光為郎，稍遷諸曹，侍中……為奉車都尉，光祿大夫。……上以光為大司馬大將軍，日磾為車騎將軍，及太僕上官桀為左將軍，披粟都感桑弘羊為御史大夫，皆拜臥內牀下，受遺詔輔少主』。也可能霍光為光祿大夫時仍加侍中，不過還需要證明。為簡接起見，所以在此不支持此一可能。

是天子的親信，等他以大將軍立功邊境以後，在他不出征的時候，他雖然不必再加
『侍中』的名義，仍然可以以大將軍的身分，奉陪武帝，而在事實上等於具有侍中的
職務。這樣在漢代就成為『故事』，凡是大將軍，都可以獲得入宮的許可。等到武帝
崩逝以前，以霍光為大司馬大將軍（註十四），金日磾為車騎大將軍，上官桀為左將軍，
又是從這一件『故事』引申而來。過去霍光本來有宮門門籍，而按照過去衞青的成
例，大將軍也當然有資格進入宮內。其輔少主行使職權也當然應在宮門之內了。又據
霍光傳『光時休沐出，桀輒入代光決事』。此段證明了光是在宮中決事，光的『出』，
是指『出宮』，而上官桀的『入』是指『入宮』。這和丞相府在宮外，丞相在宮外決
事，是不相同的。

　　據漢書六十六公孫劉田王蔡陳鄭傳：田千秋代劉屈氂為丞相『武帝疾，立皇子鉤
弋夫人男為太子，拜大將軍霍光、車騎將軍金日磾、御史大夫桑弘羊及丞相千秋，並

　　（註十四）　關於武帝遺詔中輔政治大臣，漢書中本紀及列傳中是互有出入的。昭帝紀作『大將軍光秉政，領尚
　　　　　　書事，車騎將軍金日磾、左將軍上官桀副焉』。田千秋傳作『後歲餘，武帝疾，立皇子鉤弋夫人男
　　　　　　為太子，拜大將軍霍光，車騎將軍金日磾，御史大夫桑弘羊及丞相千秋並受遺詔、輔道少主』，霍
　　　　　　光傳：『後元二年春，上游五柞宮，病篤，……上以光為大司馬大將軍，日磾為車騎將軍，及太僕
　　　　　　上官桀為左將軍，搜粟都尉桑弘羊為御史大夫，皆拜臥內牀下，受遺詔，輔少主。明日，武帝崩，
　　　　　　太子襲尊號，是為孝昭皇帝』，（藝文本1323頁）這三段對於受遺詔的人數，互有詳略。昭帝紀中漏
　　　　　　掉田千秋桑弘羊，田千秋傳漏掉上官桀，霍光傳漏掉田千秋，只有霍光、金日磾，在各紀傳中未曾
　　　　　　漏包。總計受遺詔的，應當是霍光，金日磾，上官桀，田千秋和桑弘羊五人。後來田千秋因為自己
　　　　　　是丞相，對樞機事不願過問，其政局更迭，多與田千秋無關，所以一般不再提田千秋，只有在田千
　　　　　　秋本傳中卻非提到他不可。但本傳既然說到他，當然他是受過遺詔的一個人，這是史書中的詳略問
　　　　　　題，決不可以全憑臆斷，說田千秋本傳不可信據。至於田千秋傳中所說的次系，田千秋當在御史
　　　　　　大夫桑弘羊之後，那是因為田千秋是傳主，而他的重要性又的確不及其他為人，為敘述方便，當然
　　　　　　放在最後。再就漢代傳統，詔書是先下御史大夫後下丞相，詔書丞相在後也不是一個特殊的事。此
　　　　　　外漢書六十二司馬遷傳，報任安書云『僕亦嘗廁下大夫之列，陪外廷末議，不以此時引維綱，盡思
　　　　　　慮，今已虧形，為掃除之隸，在闒茸之中，乃欲卬首信眉，論列是非，不亦輕朝廷，羞當世之士？
　　　　　　（藝文本 1254頁）此處的『參外廷末議』，語意明白，是指未受刑以前，作太史令時，太史令六百
　　　　　　石，故能參與朝議。此處正可以證明太史令是外朝官，中書令雖然『尊寵任職』卻不能參外廷末
　　　　　　議』，若只拈出『陪外廷末議』幾個字認為是司馬遷為中書令時的事，這就錯了。（不過中書令不專外
　　　　　　廷事，是因為中書令是宦官的原用。若就尚書令及尚書而言，尚書令千石，尚書六百石，雖然其工
　　　　　　作仍在內廷，若為士人而非宦官，但就其千石及六百石的身分來說，應當是可以參加外廷朝會，不
　　　　　　因為工作在宮中而受影響。）不僅如此，『陪外廷末議』一語，決不是對於『尚書為中朝官』一事
　　　　　　的不利證據，而且還是一個有利的證據。因為按全文來說，司馬遷參加外廷，是做太史令時事，到
　　　　　　了任中書令卻不能再參加外廷。中書令的工作既然限於內廷，而中書又是和尚書共同工作的，那就
　　　　　　顯然的，無疑的尚書的工作，也是內廷的工作了。

受遺詔輔道少主。武帝崩，昭帝初即位，未任聽政。政事壹決大將軍光。千秋居丞相
位，謹厚有重德，每公卿朝會，光謂千秋曰，始與君侯俱受先帝遺詔，今光治內，君
侯治外，宜有以教督，使光毋負天下。千秋曰，唯將軍留意，即天下幸甚。終不肯有
所言，光以此重之』。(註十五)此處霍光對千秋說，『光治內，君侯治外』，這是毫無問
題的，『光休沐出，桀輒入代決事』所出入的內，是一囘事，也就是後來所謂內朝和
外朝。這裏既然說『決事』那就一定有一個辦公廳，其中有辦公的僚屬，而不是霍光
或上官桀唱獨脚戲。同時既然稱『決事』也必有文書，才能發生效用，而這些文書又
是些什麽文書？如這些問題不能解決，那就『決事』、『治內』等等的名稱，就毫無意
義。

　　據漢舊儀（六典本）說：『丞相典天下誅討賜奪，吏勞職煩，故吏衆』。(註十六)我
們看到漢書百官表及漢舊儀，就知道丞相府確實是有組織的。但在田千秋傳却說『光
治內，君侯治外』。如其內和外在同等權量之下，辦公行文，但『外』有組織，而『內』
無組織，是不可能的。在丞相府中，其僚屬組織，在記載中是很清楚的，反之，在宮
中辦公行文的組織，也是很清楚的。宮中辦公行文的組織，不是別的，只有『尚書』
臺才合格，只有『尚書』才是眞正的辦公行文的僚屬。若天子需要治事，需要行文，
這都是尚書的事，不屬於別人的任務。當霍光輔政時，昭帝尚幼，不能親自批答奏
章，霍光治內決事，有時上官桀代爲決事，所決的一定是奏章上的，發出的也一定是
由昭帝具名，由尚書擬定，再經霍光以及上官桀核定後的制詔。如其不在尚書辦公地
點來決事，那就實際上是無處可辦。這是事實上的問題，非這樣不可。

　　如其把尚書算做外朝官，那就漢書已說明了田千秋治外，尚書當然要算田千秋的
屬下，如其尚書管接收奏章和發出制詔，那就是漢代的奏章不是上天子，而是上丞
相；制詔也是由丞相發出，不是由天子發出；不是由宮內發出，而是由丞相府發出。
這個結論，就成了一個驚人的結論。在此不必多爲舉證，就看漢代的制詔，都寫明了
是奏未央宮，然後詔書下御史大夫，御史大夫下丞相，丞相下中二千石，二千石。表
明了丞相無權發制詔，制詔還是先經御史大夫，再下丞相(註十七)。當西漢時代，宮中

　　(註十五)　藝文本 1308 頁。
　　(註十六)　四部備要，漢及六種，漢舊儀上，第六頁。
　　(註十七)　見史記六十三王世家（藝文複印本 818, 819 頁）及敦煌漢簡及居延漢簡。

和府中，職責分明。丞相府和尚書所發的文書，絕對不是同一的類型。這是一個不容混淆的事。

內是宮中，外是宮外，在宮中辦事的，就是內朝的官，在宮外辦事的，就屬於外朝的官，據漢舊儀：（註十八）

> 尚書四人，爲四曹，常侍曹尚書，主丞相御史事（按尚書主丞相御史事，所以丞相管轄不了尚書的工作），二千石曹尚書主刺史二千石事，民曹尚書主庶民上書事，主客曹尚書主外國四夷事。

> 尚書令主贊奏封，下書；僕射主閉封；丞二人主報上書者，兼領財用，火燭、食厨。漢置中書官，領尚書事，中書謁者令一人。成帝建始四年，罷中書官，以中書爲中謁者令。

> 中臣在省中皆白請，其宦者不白請。尚書，郎宿留臺中，官給青縑白綾被，或錦被，帷帳，氈褥，通中枕。太官供食，湯官供餅餌，果實，下天子一等。給尚書，郎，伯二人，女侍史二人，皆選端正者。從直，伯送至止車門還，女侍史執香爐燒薰從入臺護衣。

> 五官屬光祿勳，不得上朝謁，兼左右曹諸吏得上朝謁。

漢舊儀補遺：

> 中書令領贊尚書出入奏事，秩千石。

> 中書掌詔誥答表，皆機密之事。

漢官儀：

> 初秦代少府遣吏四，一在殿中，主發書，故號尚書，尚猶主也。漢因秦置之，故尚書爲中臺，謁者爲外臺，御史爲憲臺，謂之三臺。

> 左右曹受尚書事，前世文士以中書在右，因謂中書爲右曹，又稱西掖。

> 尚書郎主作文書起草，夜更直五日，于建禮門內。

> 尚書郎給青縑白綾被，以錦被（以字前脫一或字），帷帳、氈褥，通中枕。太官供肤餌。五熟果實，下天子一等。給尚書史二人，女侍史二人（漢舊作尚書郎，抄寫致誤，當以此爲正）皆選端正，從直女侍執香爐燒從入臺護衣，奏事

（註十八）　四部備要漢官六種，漢官儀上，第2頁；漢舊儀補遺上第3頁下；漢官儀上第14頁下。

　　　　明光殿省，皆胡粉塗，畫古賢人，烈女。

漢舊儀及漢官儀一類職官的書因爲累經反覆抄寫，未曾好好的來校對，因而其中脫落和錯誤很多，漢舊儀和漢官儀的裏面也有不少相同的地方，現在看到其中異文，也可以大致找出來一點抄寫的錯誤。不過無論如何，尙書以及替尙書辦事的尙書郎，其辦公地點，毫無問題的是在宮中而不是宮外。從天子到丞相，是先經過尙書再到丞相，決不是由天子先下丞相再從丞相到尙書。那麼依照霍光所說，霍光治內而丞相田千秋治外，尙書當然在屬於『內』的機構以內，決不可能尙書是由丞相領導之下辦事，而是一個屬於『外』的機構。

　　據漢書八十一孔光傳：

　　　　是時博士選三科，高第爲尙書，次爲刺史，其不通政事，以久次補諸侯太傅。
　　　　光以高第爲尙書，觀故事、品式，數歲明習漢制及法令，上甚信任之。轉爲
　　　　僕射、尙書令。有詔，光周密謹愼，未嘗有過，加諸吏官。（按漢舊儀『左曹
　　　　日上朝謁，秩二千石，右曹上朝謁，秩二千石』又『五官屬，光祿勳，不得上
　　　　朝，兼左右曹，右曹諸吏，得上朝謁』是諸吏與左右曹相類似，尙書令本千
　　　　石，加諸吏當可秩至二千石）。以子男放爲侍郎給事黃門。數年，遷諸吏光祿
　　　　大夫，秩中二千石，給事中，賜黃金百斤，領尙書事，後爲光祿勳，復領尙書
　　　　事，諸吏給事中如故。凡典樞機十餘年，守法度，修故事，上有所問，據經
　　　　法，以心所安而對，不希指苟合。如或不從，不敢強諫爭，以是久而安。時有
　　　　所言，輒削草稾。……沐日歸休，兄弟妻子燕語，終不及朝省事。或問光溫室
　　　　省中樹皆何木也？光嘿不應，更答以它語，其不泄如是。(註十九)

這一處非常明顯，指出孔光從博士調任尙書以後，就一直在尙書臺服務，從尙書做到尙書僕射、尙書令，再用『諸吏』銜加秩，然後再轉爲光祿大夫、給事中，加秩到二千石，用領尙書事以名義來在尙書臺服務，再轉爲光祿勳，正式列於九卿，但保留『諸吏』的名義得入內朝，就便做『領尙書事』的工作。所謂『典樞機十餘年』就是尙書臺服務十餘年。尙書臺是在宮中而不在宮外，因而他爲了對於國家的機要，保持絕對的秘密，他就不僅對於國家的大政，絕對不談，甚至於有人問到溫室省中的樹是

些什麼樹，他都不加答覆。從孔光傳來看，尚書的辦公處所是在宮中，這是一點疑問也沒有的。如其尚書辦公是在宮中，所做的事是國家的機密，並且是政務的機樞，是向天子直接負責，就近負責，而爲內朝機構的中心，若將尚書認爲『外朝』的官，那就當然與漢代的情況不合了。

現在的疑問是漢書七十七劉輔傳注引孟康曰『中朝，內朝也，大司馬、左右前後將軍、侍中、常侍、散騎、諸吏爲中朝，丞相以下至六百石爲外朝』其中並未提到尚書。但是這點並不足爲尚書不在內朝的證據，因爲其中確實屬於內朝的官職，如同車騎將軍，左右曹，給事中，在孟康所說的都未曾提到，就不能據這一段話來否認掉。孟康的目的，只是爲了解釋內朝的性質，隨手就便舉了幾個例子，原來意思並非做內朝官職的通盤敍述，只能根據他所舉的說是內朝官，却不可以認爲他所未舉到的就不是內朝官。

自然，孔光傳所記雖然非常明白，也許有人還可以說孔光屬於西漢晚期，不能完全證明武帝昭帝的事。但漢官儀已經說明了，尚書在秦代已在殿中發書，從秦代到西漢晚期，不僅尚書沒有在宮中以外任事的證據，而且也沒有在宮中以外任事的可能。那就孔光傳所說的情實原是西漢的傳統，只是孔光傳更格外強調一下，這是不應該有什麼疑問的。漢官儀說『漢明帝詔曰，尚書蓋古之納言，出納朕命，機事不密則害成，可不愼歟（註二十）？』正顯明的表示着，到了東漢明帝時期，尚書還是一個最高的機密處所，如其要說是屬於外朝，對於天子而言，較爲疏遠，恐怕是不合事實的。

不錯，內朝的重要性在昭帝時代才特別顯現出來，但不能說昭帝以前沒有內朝，更不能說內朝的機構是霍光一個人的創制。霍光、金日磾和上官桀的輔政，事從中起，以致可能引起虛無的揣測（如同衞尉王莽的兒子說：『羣兒自相貴耳』，便是一種妒忌性的誹謗，）此種安排，確是漢武帝早就準備過的。鉤弋夫人的賜死，誠然不合情理，而且這種壞影響還會波及到拓跋魏；但這一點確是漢武帝準備造成一個『貴族團體』來做政治中樞的初步。漢武帝既然將母后當政的可能堵塞掉，又絲毫沒有讓劉氏宗室輔政的跡象，當然會走到一個貴族集體輔政的路上去。漢武帝所安排的是霍光、金日磾、上官桀三個絕對出身不同的人組成了一個三人小組，然後再把丞相田千

（註二十）　四部備要本漢官儀卷上，頁十四。

秋和御史大夫桑弘羊也加上作爲牽制。並無霍光一人專斷的意思。所以這個平衡局面不能持續的原因，是金日磾的早逝，在三個主要人物之中，只剩下霍光和上官桀，失掉了折中調解的因素。再加上上官桀是一個有野心的人物，聯合了桑弘羊和燕王旦，首先發難來排斥霍光。幸得昭帝的明察，把這場政變壓下去，而不幸昭帝又早逝。霍光的權力是這樣客觀局勢，一步一步造成的。其中金日磾及昭帝的早逝，決非武帝所及料。這種安排就不可以認爲只是霍光一手造成，和武帝沒有什麼關係。

漢代政治是一種重視成法的政治，若有人想把成法加以改變，非常困難。在漢代制度之中，『故事』是被人特別重視的，『明習故事』是服務政府的一個非常重要的條件。從文景以來，天子想做一點改革，都持重不願輕易改動。直到武帝那樣一個才氣縱橫的天子，方始慢慢的做些改革的工夫。武帝逝世以後，昭帝年幼，幾個輔政大臣，只是臨時據遺詔當政。他們只能利用舊的現成機構，他們決無此權力創造一個新的『內朝』制度出來。如其武帝時並無內廷外廷的分別，而政事一律託於丞相，那麼霍光的『光治內，君侯治外』，這句話根本無從說起。在此可以得着一個結論，即，霍光當政，其中也有許多曲折，決不簡單。他在當時，一直是利用舊有的政治機構，而決不可能創立新的制度。如其當時的政治機構不是那樣，那他要利用的方式，也就完全不同，而昭宣一段的歷史也當然完全不同了。

由新出簡牘所見秦漢社會

許 倬 雲

最近出土秦漢簡牘，爲數甚多(1)。其中犖犖大者 ， 爲武威漢簡近五百枚，臨近銀雀山漢墓竹簡四千四百餘枚，江陵鳳凰山漢墓竹木簡牘四百餘枚，長沙馬王堆漢墓竹木簡牘六百餘枚，居延漢簡近二萬枚，雲夢睡虎地秦簡一千一百餘枚，本文以雲夢睡虎地秦簡及江陵鳳凰山漢簡兩批資料，個別的討論秦漢的社會性質。

一、秦代社會身份階級

秦統一天下，爲祚不永。秦朝本身只維持了十五年，卽使加上秦滅韓以來的經營征伐，也不過三十年卽已煙消雲散。秦朝的歷史紀載，在史記中所見不多，然而漢承秦制之處，却是不少。漢代官制，基本上因襲秦制，漢書百官公卿表的說明中處處可見「秦官」字樣；漢初稅法也大致繼續秦制(2)。秦由商君變法以來，改封建爲專制，似乎編戶均爲齊民 ， 卽使軍功封爵 ， 也不能與封建制下貴賤截然兩分的局面同日而語。可是秦代社會的究竟細節，則史書中甚少可以追尋的痕跡。雲夢睡虎地出土的秦律，提供了一大批前所未見的第一手史料 ， 本文卽據這批史料 ， 討論秦代的徒隸身份。

秦簡係於 1975 年十二月在湖北雲夢睡虎地十二座秦墓中第十一號墓出土，共一千餘枚。現在出版的四部份，可分爲八種。「編年紀」記載秦昭王元年 (306 B. C.) 到秦始皇三十年 (217 B. C.) 九十年間的重要史事，以軍事爲主，也記載墓主喜的生平經歷。「南郡守騰文書」是始皇二十年南郡守騰發出的一篇文告。「爲吏之道」是一篇部份押韻的文字，說明官吏的典範。這兩篇文字之隨葬，大約都由於墓主喜是秦南郡地方政

---

(1) 舒學：「我國古代竹木簡發現出土情況」，文物，1978 (1)，p. 44。

(2) 王先謙：漢書補注，(藝文影印本) 24A/16b-17a ; 19A/4a。

府基層官吏之故。秦簡中最主要的是法律文書，包括「秦律十八種」、「效律」、「秦律雜抄」、「法律答問」和「治獄種式」。前面三類抄錄了倉儲、金布、任吏各種條文。第四類是對條文的解釋，第五類包括辦案的準則和案例。這五類法律文書，不可能是秦律的全部，但相當代表了一些當時現行的法條，更反映了當時若干社會成員的身份地位(3)。

秦代有關身份地位的二十等爵，在秦律中有五種出現。司空律說起「公士以下」，而傳食律有「自官士大夫以上」「不更以下到謀人」及「上造以下到官佐」各種差別的待遇。秦爵「公士」是最下一級，「大夫」是第五級，「官大夫」是第六級，「不更」是第四級，「謀人」可能是第三級「簪裊」的別稱，而「上造」是第二級。各級的次序，秦簡所列頗清楚，甚至這六級最低的爵級還可有不同的待遇(4)。有爵者可以有役使弟子的權利，商君書境內篇「其有爵者乞無爵者以為庶子，認乞一人，其無役事事也，其庶子役其大夫月六日，其役事也，隨而養之」。秦律也有除弟子律，然而也有條文防範役使不當及身體傷害諸項過份之舉，及不得包庇士卒為弟子的禁令(5)。

不少服役的人口當是刑徒，大率赭衣系累，為政府服相當時期的勞役。但「公士以下」因罪而為城旦者，可以免去赤衣及「拘欂欀杖」的待遇(6)。公士是秦爵最低一級，更下便無爵位了。此處所說「公士以下」，大約即指有爵者而言，「公士以上」更不用說了。

秦刑徒的種類，據程樹德的分類，依服役時限而定。五歲為髡；四歲為完城旦；三歲為作，男為鬼薪，女為白粲；二歲為司寇作；一歲為罰作或復作，男為隸臣，女為隸妾(7)。秦律所見，大致在名稱上相類似，但在服役的時限上則不甚一致。例如繫城旦即有六歲之久。而且司寇的徒罪，似乎比隸臣還稍為好些，在司寇以隸臣的耐罪誣陷旁人時，原來耐司寇的刑徒須改判為耐隸臣(8)，直到漢文帝除刑。程樹德所

（3） 秦律出土的田野報告及釋文，連載於文物，1976，(6)至(9)四期。竹簡相片及全部釋文則出版為睡虎地秦墓竹簡（北平，文物出版社，1977）以下簡稱秦簡。

（4） 秦簡：p. 59 #138, pp. 68-69, #182, #183。

（5） 商君書（四部備要本）5/1a-2b；秦簡，pp. 86-87, #6, #7。

（6） 秦簡，p. 59 #139, 140。

（7） 程樹德，九朝律考（上海：中華香港影印本），1928, pp. 43-46。

（8） 秦簡，p. 123 #117-120。

說的依刑期分等級的制度始得建立(9)。可能刑期原有規定（其因故而得延長之例，當在下文討論），而耐刑的名稱大約與勞役的工作性質有關。惟在本文則主要爲了討論這一羣被刑服役的人口，是以總稱之爲刑徒，而不加細分了。

被罰作爲刑徒的原因甚多，有罪當然是重要的原因。漢武帝時，刑罰苛細，列侯也因小罪而受耐刑(10)。秦法嚴苛，比漢更甚，動輒得咎之可能當更多了。雲夢秦律中提到另一類降爲刑徒的原因則是負債。據司空律「有罪以貲贖及有債于公，以其令日問之，其弗能入及償，以令日居之，日居八錢，公食者，日居六錢。」則債務以日計算，每日勞役可當八錢。欠下的債務，有原來卽是處罰有罪的罰金（貲贖）以及相當含混的「有責于公」，其中當可能包括欠稅款的債務(11)。百姓仍可以貲贖償勞役，也可以體力相當的旁人代服勞役，甚至以臣妾馬牛爲代，以贖債(12)。另一項刑徒來源爲軍中的處罰。作戰陣亡，子孫可得到陣亡者應有的爵位，但若是原來以爲陣亡的軍人未死而歸來了，則不僅奪其子孫的爵位，這位未死在戰場上的軍人還須降爲隸臣。投降的敵人，也是降爲隸臣。甚至捕盜「捕人相移以受爵者，耐」以防止矇混受爵(13)。

上述三類之中，大約欠公家債務的人最多。秦律規定，借用公家的軍器或用具，器具上須有標識，借用不還及毀傷公器者，都算負欠公家，必須賠償。賠不起的，照上節所舉的規定，卽不免降爲刑徒了(14)。耐刑可以貲贖，已如上述。然而仍有有當刑徒以訖應退休的事，所謂「其老當免」。老，似指到六十歲時，可以除役(15)。這一條當然也可以解釋老年人卽使當耐也可免役。然而，一日八錢的折價實在很少，小有負欠，卽可折合相當長的勞役。再加上服役時期，不免以公有器具操作，一有毀損，更是債上加債，則刑期延長，也應是常事。是以刑期長久，以至有人須服役以至免老，也不是不可能的事。秦時搖手觸禁，囹圄成市，赭衣滿衢(16)，大約有不少刑徒

（9）　高恒，「秦律中隸臣妾問題的探討」文物 1977 (7) pp. 43-50。

（10）　程樹德，前列書，pp. 43-46。

（11）　秦簡，p. 59 #138。

（12）　同上，p. 59-60，#141-145。

（13）　同上，p. 95, #37, #38。

（14）　同上，p. 51, #107。

（15）　同上，p. 40, #62。

（16）　漢書補注，23/12A。

是債務下受罰的犧牲。

刑徒應該罰止其身，妻孥不能連累在內，在秦律稱這種不牽累在內的配偶爲「外妻」，刑徒有外妻者，卽不能由公家供給衣服，而須自己支付衣服費[17]。不過自由與奴役之間的界限甚爲微細。刑徒若又犯了過失，外妻及子都將收繫拍賣以償公債。惟一「人道」的考慮爲「子小未可別，令從母爲收，何謂從母爲收，人固賣，子小不可別弗賣子母謂也。」也就是子母不得分別出賣[18]。

刑徒是政府的人力資產。不僅可以出賣，也可「假」給百姓，亦卽出租給百姓。倉律「妾未使而衣食公，百姓有欲假者，假之，令就衣食焉，吏輒罷事之」[19]，妾未使者，指還不能工作的小女孩。據居延漢簡，七歲以下爲未使[20]，如此幼童，百姓「假」去，也不爲了工作，大約卽是收養作爲養女，以待其成長後再作役使了。另一條條文，工律：「邦中之繇及公事館舍，其假公，假而有死亡者亦令其徒舍人任其假，如從興戍然。」[21]「隸臣有巧可以爲工者，勿以爲人僕養」[22]二條文意均不甚清楚，大約有應服繇役的人，可以向政府租用刑徒以代役。但「假」的刑徒若死了或逃了，原來應服繇役的人，仍須找他自己的家僕或從人來代替原來「假」用的刑徒。漢代過更的制度，由應服繇役的人出錢，政府雇人代替，大約卽與這一條秦律的規定有其因襲的淵源[23]。至於有專門技術的隸臣，政府別有適當的工作，則不能隨便出籤給百姓作爲傭僕了。雲夢秦簡中這幾條與假用公器及公車公牛都列在一起[24]，反映秦時以刑徒當作另一種資產的現象。

秦政府維持了相當多的刑徒。築長城，築酈山陵，以至築馳道，開靈渠，動輒數十萬，上百萬，天下騷然。祖龍一死，土崩瓦解。然則秦時是否可視作「奴隸社會」呢？答案似乎是否定的。至少，刑徒不任生產工作。農業生產仍是廣大個體小農的工

(17)　秦簡，p. 58, ♯134-135。

(18)　同上，p. 123, ♯116。

(19)　同上，p. 37. ♯48。

(20)　居延漢簡例子甚多，參看 Michael Loewe, *Records of Han Administration* (Cambridge: Cambridge University press, 1967) Vol, II, p. 68。

(21)　秦簡，p. 50 ♯101。

(22)　同上，p. 53 ♯113。

(23)　漢書補注，7/8b-9a 如淳注。

(24)　秦簡，pp. 51, 56; ♯104, 127。

作(25)。甚至刑徒自己也還可以保有私產，農忙時節還可有回家耕作的假期，「居貲贖債者歸田農，種時，治苗時各二旬」(26)刑徒在服刑期間，其勞力屬政府支配，但到底不是奴隸，由這一條條文看，刑徒基本上仍是個體小農的身份。

　　秦時中國人口大約可分役於人者及役人者兩大類。然而這種分野未必與春秋時代君子小人之分有關。秦一天下，六國覆滅，這一武力征服的現象可能形成了社會結構的若干階層。秦國的人民可能在社會地位上高於六國的百姓。秦對本國國民與對旁國國民的差別待遇，早在商鞅變法時即已有之。商鞅的農戰政策，在於以秦人任戰，以民任農，商君書徠民篇：「夫秦之所患者，興兵而伐則國家貧，安居而耕則敵得休息。此王所不能兩成也。故三世戰勝而天下不服。今以故秦事敵而使新民作本。兵雖百宿於外而竟內不失須臾之時，此富強兩成之效也」(27)。另一方面，商鞅制定秦爵，非軍功不能得爵。境內篇：「其有爵者乞無爵者以為庶子，級乞一人，其無役事也，其庶子役其大夫月六日，其役事也隨而養之」(28)。秦統一中國前夕，一個戰士仍可役使五家(29)。既然只有秦人能參加軍隊，至少秦人為軍隊的主體，而只有軍功可得爵級，則得以役使「庶子」的大約絕大多數是秦人。所謂「新民」顯然只有被役使的份了。

　　雲夢秦墓的墓主喜，生於秦昭王四十五年，十六歲時傅，十七歲擇吏，十八歲任安陸史，二十歲為安陸令史，二十一歲為鄢令史，二十七歲治獄鄢，二十八歲從軍。安陸與鄢都是楚地，喜任吏從軍，均在楚地活動。秦攻下鄢與安陸，在昭王二十八年、二十九年，亦即在喜出生前十七、八年之間。喜從軍之後，攻趙，攻韓，攻魏，大約他都曾親身參預，是以雲夢出土的編年記記載了這些史事。後半段主要記述在楚地發生的大事，包括南郡警備及秦兵攻楚。最後又提到始皇過安陸，大約喜仍在安陸任職(30)。編年記在喜出生以前，也列了秦昭王元年以來的幾次戰役，作戰的地點遍及魏韓楚趙的若干城市。這些戰役，在戰國史上不是著名大戰，雲夢編年記編列在

---

(25)　關於個體小農逐漸形成的問題，參看賀昌羣，「秦漢間個體小農的形成和發展」，漢唐間封建土地所有田制形式研究（上海，人民，1964）。

(26)　秦簡　p. 59 ♯137。

(27)　商君書，4/5a-b。

(28)　同上，5/1a。

(29)　荀子（四部備要本）10/5a。

(30)　秦簡，pp. 4-8。

內，當係爲了與喜有關，而不是因爲是秦國的大事。既然喜在昭王四十五年始出生，前面四十五年事大約是其父某「公」的事跡了，據編年紀，始皇十六年「公終」，喜的父親逝世[31]。由該年逆推，距昭王元年爲七十六年。編年紀由昭王元年開始，必有特殊的原故。若假定該年是喜的父親出生的年代，而各次戰役都是喜一家曾參加的，似乎是相當可能的事。由此假定更進一步推論，喜一家應該是秦民，累世在外面作戰，爲秦國開疆闢土，也因此喜在十八歲時卽可推擇爲小吏。其時他的父親也許已在安陸定居。以上各項推測，只是由年代來推論，並無足夠的證據來證實或反證。不過，若以此爲可能的推論，則喜一家都是秦國舊人，屬於役人的階層，始得充吏從軍。

雲夢秦律中有幾條確實的透露了秦人有特殊身份的消息。法律答問，「臣邦人不安其主長而欲去夏者勿許。何謂夏？欲去秦屬是謂夏。」「眞臣邦君公罪致耐罪以上，令贖，何謂眞？臣邦父母產子及產他邦而是謂眞。何謂夏子？臣邦父，秦母謂也」[32]此處臣邦人指秦以外別國的人民。其已屬於秦人，而又住在秦地者，甚至不許離開秦國。夏當然是華夏的夏，奉自命爲中國正統，所以自號爲夏。秦女之子，卽使有外邦人父親，仍當作夏子。父母都是外邦人，及生在外邦，則是百分之百的外邦人。外邦人來秦作客，若與秦人鬥，傷了人，除了鬥毆的罪名須各以其罪論列之外，外邦人還須向秦政府繳納撫慰金，所謂「贅布」[33]。則秦政府簡直就以代表秦人而接受撫慰代價了。

秦律雜抄中有一條，「游士在，亡符，屬縣貲一甲，卒歲，責之。有爲故秦人出，削籍。上造以上爲鬼薪，公士以下刑爲城旦。」[34]這條游士律，對於原爲秦人而離國的「故秦人」，罰責特重。耐爲鬼薪城旦，對於不著戶籍的一般游士，不過罰貲而已。其中理由，大約不外罰秦人不該離鄉外出，更不該成爲當時最看不起的無籍游民[35]。

---

(31) 同上，p. 7, ♯232。

(32) 同上，p. 134-135, ♯176-178。

(33) 同上，p. 117 ♯90 參看 p. 116, ♯89。

(34) 同上，p. 86, ♯4-5。

(35) 秦簡中錄了兩條魏律：「廿五年閏，再十二月丙午朔辛亥○告相邦，民或棄邑居野，入人孤寡，徼人婦女，非邦之故也。自今以來假門逆旅贅壻後夫勿令爲戶，勿予田宇。三世之後欲仕仕之，仍署其籍曰故某慮贅壻某叟之仍孫，魏戶律。」「廿五年閏再十二月丙午朔辛亥○告將軍，叚門逆旅贅壻後父或率民不作，不治家屋。寡人弗欲，且殺之，不忍其宗族昆弟。今遣從軍，將軍勿恤視。享牛食士，賜之參飯而勿予殺。攻城用其不足，將軍以埵豪：魏奔命律」同上 pp. 176-177 ♯165-215 ♯225-285。秦律附錄這兩條魏律係因觀念相同，(甚至條文相同)。不著籍的游離人口，在戰國及秦代，都很不爲當地政府歡迎。是以此處之種種歧視，溯其原因，戰國時代各國日夜戰爭，無籍的人口是兵源，也是生產力，游離人口，既不能爲我所用，又可能成爲亂源，政府自然必須設法阻止游離人口的形成。

　　一般的秦人，當是秦簡中稱爲「士伍」的人口。士伍顯然是服過兵役的男子。若有了爵位，當稱爵位，如「公士」「上造」。士伍當是公士以下的普通男性。秦律中有一件爰書，「鄉某爰書：以某縣丞某書封有鞫者某里士伍甲家室。妻、子、臣妾，衣服畜產。甲室人，一宇二內，各有戶。內室皆瓦蓋。木大具門，桑十木。妻曰某，亡不會封。子大女子某，未有夫。子小男子某，高六尺五寸。臣某，妾小女子某。牡犬一。」(36)則有家室財產臣妾，顯然不是役於人的階級。此種士伍，在秦律中屢見不鮮，當卽是賀昌羣所稱個體小農的基本份子(37)。士伍是成年的正常男子，其屬，包括妻兒老幼，合在一起，當是人口中最大的一個階層，上不足爲役人的有爵之士，下不爲服役的刑徒。

　　秦國軍隊中，士伍也當是最大成份。但是，由於秦是勝利者，六國是失敗者，秦人對六國人口，大約難免欺壓，也因此秦人與東方百姓之間，相互的疑忌也勢在必有。秦二世時章邯率秦軍投降東方諸侯，秦兵不自安，據史記項羽本紀，「諸侯吏卒，異時故徭役屯戍過秦中，秦中吏卒遇之多無狀。及秦軍降諸侯，諸侯吏卒乘勝多奴虜使之，輕折辱秦吏卒。秦吏卒多竊言曰：『章將軍等詐吾屬降諸侯，今能入關破秦，大善。卽不能，諸侯虜吾屬而東，秦必盡誅吾父母妻子』」(38)章邯統率的軍隊，開始時以酈山刑徒授兵組成。不過，後來秦廷又繼續遣司馬欣董翳佐章邯，但羣臣因二世希見而上諫時，抵抗關東「盜賊」的軍隊，已由「關中卒發東擊盜者毋已」(39)顯然是陸續徵發的一般卒伍，無復初時倉猝成軍的刑徒了。是以章邯降軍已是一批有身家的秦中吏卒，關東諸侯對他們折辱無狀，則是報復過去主奴異勢時忍受的欺凌。

　　由上述秦律可見，秦的社會階層至少可以劃分爲有軍功爵的役人者，一般的士伍，及淪降爲刑徒的役於人者三層。三層並非不能互轉的階級。有爵位的人可因犯罪而降爲刑徒，刑徒也可貲贖或滿期，而恢復平人身份。另一方面，舊日秦國的百姓，又與「新民」及六國的百姓不同。秦人從軍者多，大約有軍功爵的成份遠高於六國百姓中有爵位者，秦累世重游士，商鞅范雎都因游說而爲公卿。可是秦始皇時，秦將白

----

(36)　同上，p. 146 #8-10。

(37)　劉海年「秦漢士伍的身份與階級地位」文物 1973 (2) pp. 58-62。

(38)　史記會注考證 7/25。

(39)　同上 6/77。

起王翦都是關中人，蒙氏雖然祖上由齊入秦，到始皇時已是「家世秦將」。似乎秦的軍隊，已逐漸由秦人指揮。秦律抄錄了魏律，對於無戶籍人口似乎也有歧視。秦對游士的態度可能也改變。大約秦人已有比較優越的社會地位。秦人的特殊身份與軍功爵的特殊身份，只能部分重疊而不一定是完全相符，因為秦人之中仍有刑徒。六國之人也未嘗不能有取得軍功爵的人。是以這種分野，與殖民地主人與土人之間的區別不同。秦的中國，到底是在一個皇權之下的帝國，而不是秦在上，列國在下的征服王朝。

　　秦既覆滅，漢在許多制度方面繼承了秦法。不過，漢代的中國，由關東的新貴，建都在關中秦國故地，漢不再有地區性的差別待遇。中國之成為眞正大一統的中國，當由漢代開始。除了王親國戚功臣勳舊構成了漢代的新貴族之外，全國的百姓，至少在法律地位上說都是編戶齊民。漢代也有刑徒，不過秦代的赭衣滿途已成過去。本節開始時提到刑徒之刑期，當也是一大改革。秦代幾乎不加限制的刑徒服役，改為由一年到五年，於是原以服役的工作性質為分的刑罰名稱轉變為以刑期長短定輕重。刑滿則為庶人，更是明白的肯定了國家百姓的社會地位(40)。漢惠帝卽位，詔書賜天子男子爵一級(41)，自此之後，新帝卽位，或國有大慶，普賜全國民戶爵位的記載，史不絕書。普遍賜爵，是漢代慶賞的特色。由居延戍卒的名錄看，漢代的普通兵士，也以有爵級為常事。揆之常理，若人人有爵，則爵位無復象徵榮寵，失去了設爵位的原來目的。然而，秦制以軍功爵區別社會地位，而尤以受軍功爵可能以秦國舊人為多。有此背景，則惠帝普賜民爵之舉，目的似乎為了將國的編戶齊民提升到同一社會水平，其意義在改變全國有某一區獨擅優越地位的現象，對於凝聚全國人心，鞏固帝國基礎，有極重要的作用。是以秦統一天下，書同文，車同軌，但是關東怨恨，國祚不永。中國的大一統，由漢代確實完成，其關鍵之一，大約卽在以社會地位的平等，創造了精神上的協和與團結。

二、漢代的地方權力

　　漢代行政制度及政府組織，久為學者研究之課題。勞貞一先生對內朝外朝的分

---

(40) 漢書補注 23/13b-14a。

(41) 同上，2/1a。

析，嚴歸田先生對於地方行政制度的綜合，均爲人所共知的貢獻(42)。然而史闕有間，漢帝國龐大的行政組織的神經末梢，如何在廣大的民間運作，則文獻史料未有淸楚的紀錄。是以文獻中有不少漢代稅制的資料，我們仍不知道如何收稅的方法和程序。本文作者曾對於政權與民間社會勢力的交互作用，提出初步的意見，嘗試以此探討漢帝國民間基礎的建立。但也因爲史料的限制，只能探討民間領袖階層的形成，而無法觸及行政末稍的運作，也無法討論正式權力與非正式權力相重疊時兩者如何嬗替交接(43)。

　　一九七三出土於江陵鳳凰山的一批漢代簡牘，似乎對於漢代行政組織的鄉里一級提出了若干線索，這批簡牘包括四百多條竹簡和九方木牘，原始考釋分爲十三類(44)：

1. 記陪葬品的木牘。

2. 記出錢人名單的木牘。

3. 一篇稱爲中販共侍約的文件。

4. 算錢紀錄，有市陽里與鄭里兩個里的算錢出入，市陽里的部份由二月到六月，鄭里的部份只有二月份，每月記載收取算錢的數字，及支付給何人作何用途。支出的部份由正月到三月，項目包括吏奉、轉費、繕兵、傳送等類。

5. 記芻稿的木牘。

6. 記田租的大竹簡。

7. 記穀物的大竹簡。

8. 鄭里廩籍，每戶記戶主名，能田人數，該戶口數、田畝數、貸糧斗石數，共二十五戶。

9. 人名記錄，似乎累十算卽須派遣二人，一男、一女，名字具列。

10. 市陽「戶」的某種記錄，每二戶一條，並記何人當行，及欠少的日數。

11. 一個名單，性質不明。

---

(42) 例如，勞榦「論漢代的內朝與外朝」歷史語言研究所集刊，第十三本(1948)；嚴耕望，中國地方行政制度史，上編，1-2，(臺北，中央研究院 1961)。

(43) 許倬雲，「兩漢政權與社會勢力交互作用」歷史語言研究所集刊第三十五本 (1964) pp. 261-281。

(44) 裘錫圭，「湖北江陵鳳凰山十號漢墓出土簡牘考釋」，文物 1974 (7) pp. 49-60；又參考長江流域第二期，文物考古工作人員訓練班，「湖北江陵鳳凰山兩漢墓發掘簡報」，文物 1974 (6) pp. 41-53。

12. 某種現錢收支賬，文字不全，性質不詳。

13. 實物收支籍，記錄交付何人枲若干或笥若干及其價值。

鳳凰山十號漢墓的墓主是張偃，大約下葬或死亡于景帝三年 (154 B. C.)，有五大夫的爵位，但其他詳情不知。黃盛璋以爲張偃是大地主而兼營商業。五大夫的爵位是一般人民可以納粟購買的爵級，漢爵第九級，有這個高爵的人可以免去徭役的義務。黃盛璋據此假定，認爲這些簡牘除了一部份是遣册外，大都是商販及收租的記錄。中版共侍約是合伙商販的契約，餘者爲張偃自己的收租，借貸貿易及納田稅算賦的賬册和雇工佃戶的名册(45)。

另一方面，弘一認爲張偃是當地的豪强，有五大夫的爵位，代替政府收取租稅算賦，也參與了官方包辦的商業活動。中版共侍約則是代替政府運送物質的約定，政府把均輸物質包給地方豪强，由他雇用或攤船工運輸發賣。因此，據弘一的假定，墓主張偃雖非政府官員，却有政府代理人的性質(46)。

黃、弘二文的差別，在於黃文認爲各種記錄都是私人賬册性質，租是田租，而弘文認爲有一部份是公家的紀錄，租是租稅。但是二者都以爲張偃是以地方豪强身份從事這些收租和商販的活動，而不是政府官吏執行其職務。然而在這批簡牘中有一部份是算賦紀錄，兩文都不能解釋何以私人紀錄中會有這一批資料。

裘錫圭則認爲張偃是西鄉的嗇夫，這賬册和紀錄都與嗇夫的職務有關。他並且認爲中版共侍約的「版」，當釋爲「服」解，以爲是參加簽約的人是各個「服長」分派征集服役者和服役用具的約定(47)。

裘文指出張偃職務是嗇夫，甚有意致。漢代基層行政官員中，據漢書百官公卿表，鄉里有有秩嗇夫，皆秦制，其職掌爲「嗇夫職聽訟，收賦稅」續志加以補充，「掌一鄉人，……主知民善惡，爲役先後，知民貧富，爲賦多少，平其差品」(48)。大鄉置有秩，其不足五千人的小鄉則置嗇夫。鳳凰山漢簡的西鄉，人口不多，當可能置嗇

---

(45) 黃盛璋，「江陵鳳凰山漢墓簡牘及其在歷史地理研究上的價值」文物，1974 (6) pp. 66-77，同作者「關于江陵鳳凰山168號漢墓的幾個問題」考古，1977 (1) pp. 45-50。

(46) 弘一，「江陵鳳凰山十號漢墓簡牘初探」，文物 1974 (6), pp. 78-84。

(47) 裘錫圭，前引文。「服約」之說仍有問題，裘氏解釋版爲服，太過迂曲，「服」字用作服役而有服長之稱，也未見於其他漢代記載。

(48) 漢書補注 19A/50a。

夫⁽⁴⁹⁾。嗇夫在雲夢秦簡中也常常出現，似乎執掌某種特殊職務的小吏稱爲「官嗇夫」，如「倉嗇夫」。另有以行政單位爲稱的嗇夫，如「縣嗇夫」、「亭嗇夫」；「大嗇夫」可能卽是縣令的別稱⁽⁵⁰⁾。第五倫爲鄉嗇夫，「平徭賦，理怨結，得人歡心。」而鄭宏爲鄉嗇夫時，百姓有弟用兄錢，未還，其嫂卽以訴之鄭宏⁽⁵¹⁾。由嗇夫的職掌判斷，張偃墓中所出稅賦紀錄、徭役名單，及收支賬目，也就頗可解釋了。只有那篇中版共侍約及笥桌出入賬似仍不是嗇夫職掌可以說明，當在後文再討論。

　　張偃如係以嗇夫身份執行其職務，自然黃、弘二文提出的私紀錄都成了官紀錄。張偃印章上不列嗇夫，也不足爲奇，嗇夫低於有秩。有秩郡所署，秩百石，嗇夫縣所置，階級更低，較之第九等爵的五大夫，大約張偃寧可用五大夫的銜頭飾終，而不取低秩的嗇夫。嗇夫只有半通官印，也未必眞有可以殉葬的官章，甚至只以私印代用官印，也在居延漢簡中有其先例。則張偃墓中不出其嗇夫官銜的官印，也不足深怪了⁽⁵²⁾。

　　嗇夫職務雖低，却是民間日日必須稟命的官吏，是龐大帝國行政機構的基層。在管理賦稅的執掌下，嗇夫大約有權調節各戶賦額，分配徭役，漢書補志引風俗通，「嗇者省也；夫，賦也；言消息百姓，均其役賦。」結合前述「知民善惡，爲役先後，知民貧富，爲賦多少，平其差品」，大約嗇夫有相當的權力，可以用「平其差品」爲理由，在鄉內分配各戶的負擔⁽⁵³⁾。另一方面嗇夫因爲有聽訟及捕盜的責任，也有若干刑事警察的權力⁽⁵⁴⁾。天高皇帝遠，在小民心目中嗇夫却是皇帝的代表。好的嗇夫，爲百姓所敬愛。朱邑曾爲桐鄉嗇夫，「廉平不苛，以愛利爲行，未嘗笞辱人，存問耆老孤寡，遇之有恩，所部吏民愛敬焉」。朱邑貴顯多年以後，他自願葬在桐鄉，而桐鄉百姓也爲他立祠，歲時祠祀不絕⁽⁵⁵⁾。甚至有的嗇夫可以受到「人但聞嗇夫，不知郡縣」，爰延是好嗇夫，據說「仁化大行」⁽⁵⁶⁾。其實若是換一個壞嗇夫，由於其

(49)　好並隆司，秦漢帝國史研究（東京，未來社，1978）p. 285。

(50)　鄭實，「嗇夫考──讀雲夢秦簡札記」文物 1978 (2) pp. 55-57。秦簡，pp. 63-96，所在多見。

(51)　並見嚴耕望；前引書，pp. 238-239。後漢書集解（藝文影印本）41/1。

(52)　好並隆司，前引書，pp. 273-287。栗原朋信，「文獻にめられたる秦漢璽印の研究」，同氏秦漢史の研究（東京，吉川弘文堂，1960）第一章。

(53)　見注 (48)。

(54)　嚴耕望，前引書，p. 239。

(55)　漢書補注，89/9-10。

(56)　後漢書集解，48/15。

職掌與百姓生活十分密切，而其權力又可在相當程度內上下出入，百姓畏懼也一樣會
「人但聞嗇夫，不知郡縣」的。

　　鳳凰山簡牘的第四類算賦紀錄中，列有吏奉、傳送、轉費各項開支，大約即是嗇
夫經管各項事務的開支。甚至第十二類性質不明的開支，也可能是公務的支出項目。
其中吏奉一項，尤堪注意。西鄉的鄉佐有三個人名，鄉佐是嗇夫的助手，不僅見於
史書，居延漢簡中也有嗇夫與佐並列的記載[57]。市陽里算錢，二月份爲三千九百廿
錢[58]。若三人均分，每人應有一千三百錢左右。漢代官俸最低的一級斗食，大約月
支穀十一斛。實際的俸祿是錢穀相參，據宇都宮清吉估計，東漢時斗食大約可支月奉
五百五十錢及 3.3 斛穀[59]。西漢官俸如何計算，不易考知，若借用東漢爲標準，假
定西漢情形相差不遠，實際俸祿仍受穀價市況而常有改變。據居延漢簡記載吏奉，斗
食三人月奉二千七百錢，燧長、掾史也是月奉九百錢，侯長則可以有月奉一千三百
錢。漢代令史的俸祿大約在每月九百錢左右[60]。漢代過更的平買工資，服虔注謂每
月三百錢，但如淳注過更的計算却是每月二千錢[61]。按常理過更的費用應與雇工工
資相近，三百錢與二千錢之間的出入太大。東漢崔實政論提到一個長吏的開支包括一
個從者（客）的月薪一千錢[62]。九百錢離三百錢或二千錢的標準都很遠，但與一千
錢相比較，則雖不中亦不遠。

　　這批算賦的出入收支賬，有收取算賦的數字，也有支出用途的說明及數字，似乎
反映地方基層行政人員有若干直接支配算賦收入的權力。嗇夫負責收稅，却也可以截
取一部份作爲吏奉、修繕及轉輸各項用度。尤堪注意者爲吏奉竟由地方行政人員逕在
當地開支。嗇夫自己的俸祿是否也在此中截取則不得而知。嗇夫有如此自由權，顯然
與後世進項全額解繳，再另外請款作爲支出的會計制度不同。嗇夫有相當獨立的人事
權、財政權，再加上可以分配稅賦及徭役，難怪人知有嗇夫不知有郡縣。張偃之必須

---

(57)　嚴耕望，前引書，p. 239，勞榦居延漢簡考釋之部，考證（臺北，中央研究院，1960）p. 18。

(58)　裘錫圭，前引文，p. 50。

(59)　宇都宮清吉，漢代社會經濟史研究（東京，弘文堂，修正版，1967）pp. 203以下，尤其 p. 213。

(60)　勞榦居延漢簡考釋之部，釋文，pp. 104, 111, 124（簡號 286:17, 278:26, 4:11）；參看 Loewe，前引
書，Vol. II, pp. 102-103。

(61)　漢書補注，35/5b。

(62)　嚴可均輯全後漢文（臺北，世界書局影印本）46/9。

保持各種戶口賦稅的資料也就不足爲奇了。

　　至於那批商務性質的文件，又當另有解釋。中版共侍約的全文大意：有版長張伯等七人爲約，每人出錢二百，約定錢不備不得參加，當行不行罰款每日卅錢，器物不具罰十錢，擅取器物罰百錢，版吏召集而不出席，每日罰五十錢，參加了而提不出報告（計）也同樣處罰[63]。此約關鍵在「版」字的解釋。黃文以版爲舨字，約是集體外出商販事。而弘文以版是般字，亦卽大舟，約爲搬運官物的合約。裘文則以版爲服字，當服役解，謂係分派徭役的約定[64]。裘說「服」字用作「服役」的名詞，以未見於古籍，恐不妥。結合約文中有器物必須齊備的文句，大約仍以與舟運有關爲比較可能。同墓出土有木船模型，並有不少擢舟的木偶，也可作爲旁證。無論如何，此約反映當時有一種合伙人爲一定目的而合作的組織，則無可置疑。此種合伙活動有一定的設備，也須定期聚會，以考核其成果（計）。則若以舟運貿遷謀利，似爲比較合理的假說。

　　第十三類的實物收支賬，二十三枚竹簡記載了枲與筥的出入賬，付某人某日某物若干，價值若干，共三個月的記載及結算的總數。枲是麻類，大約全部是交付各種織物纖維的紀錄，附有價值，則可能仍爲了貿易之用。如果僅爲了分配作爲衣服之用，價值就不必記載了。弘一以爲結算總數一行中有一個地名，反映了運送織物的地點。如弘釋正確，則這一批價值不大的紡織物，也是運到別處去販賣的[65]。

　　以中版共侍約與枲麻出入賬結合討論，張偃似有兩層商業活動。大規模的以舟運，小規模的以負販。王褒的僮約是一篇游戲文字，然而也必然反映了實際的生活。僮約中有謂「舍後有樹，當作裁船，上至江洲，下到渝主，爲府掾求用錢，推訪聖販椶索，緜亭買席，往來都洛，當爲婦女求脂澤，販於小市，歸都擔枲，轉出旁蹉，牽犬販鵝，武都買茶，楊氏擔荷。」[66]宇都宮清吉以爲僮約中反映的貿易圈有大小兩層，大圈可逾二百公里，小圈則以五十公里爲半徑[67]。僮約所載與鳳凰山簡牘所記，頗可互爲

(63)　裘錫圭，前引文，pp. 49-50，黃盛璋，弘一，二氏前引文也有本件，三文釋文均有差異。

(64)　黃盛璋前引文 pp. 66, 77，弘一，前引文，pp. 78-79，裘錫圭，前引文，pp. 59-60。

(65)　裘錫圭，前引文，pp. 53-54, 60，黃盛璋，前引文 p. 72，弘一，前引文，p. 83，裘文未包括最後一簡，不知何故。

(66)　見嚴可均輯，全漢文，（臺北，世界影印本）42/12。

(67)　宇都宮清吉，前引書，pp. 349-350。

佐證，說明漢代農業與貿易的關係。

本文作者在漢代農業一書中，考察漢代農業認為已到精耕細作的水平。精耕農業須使用大量勞力，而在農閑之時，勞力卽可投入非農業性的工作，例如生產手工業成品。精耕農業也須有一定程度的地域分工，或產業分工，是以農戶必須依賴市場活動以互通有無。商販活動，遂與農業有不可分割的關係(68)。

漢代地主莊園，因為土地較多，生產規模較大，從事商業活動的條件隨之也比較好。崔寔四民月令，已可說明士農工商四者可並存於一家。仲長統更有極明白的描述，昌言理亂篇，「豪人之室連棟數百，豪田滿野，奴婢千羣，徒附萬計。船車賈販，週於四方，廢居積貯，滿於都城。」又損益篇，「井田之變，豪人貨殖，館舍布於州郡，田畝連於方國，身無半通青綸之命，而竊三辰龍章之服，不爲編戶一伍之長，而有千室名邑之役。」(69)鳳凰山出土的明器和偶人有舟、車，有操車擢舟及耕耰的各種木俑，正是仲長統文字描述的實物佐證(70)。

張偃如爲嗇夫，或疑嗇夫微秩，不够資格列入上述豪人之內，然而第五倫在王莽時，能够團結鄉里，「宗族閭里爭往赴之，倫乃依險固築營壁，有賊輒奮屬其衆，引强持滿以拒之。銅馬赤眉之屬，前後數十輩皆不能下」。第五倫曾爲郡吏，後來又爲鄉嗇夫，自以爲久宦不達，遂將家屬客居河東，販賣食鹽(71)。第五倫清節自持，品行當然與上述豪人異科。此處提起這位名嗇夫，目的在說明他在下年時能據守一方，當得起地方領袖的地位，然而仍無妨於其擔任嗇夫微職。棄官從商，販鹽自給，也足以說明漢世士人經營商業，不算罕事。

張偃的墓葬，雖不能與馬王堆的貴族墓葬相比，由其隨葬偶俑的性質看來，也是有田有地有車有船的富戶。鄰近第九號漢墓，墓主當是南郡的高級官員(72)。如果第九號與第十號兩墓墓主有親屬關係，張偃的地位就不僅因爲財，也可能因爲有奧援。如此人物，若身任嗇夫，對於西鄉的小民百姓說，也是赫赫奕奕，最好不要得罪的豪

---

(68)　Cho-yun Hsu, Han Agriculture, pp. 133-136。

(69)　後漢書集解，49/13，15。

(70)　「湖北江陵鳳凰山西漢墓發掘簡報」，文物 1974 (6) pp. 48-49，「湖北江陵鳳凰山 168 號漢墓發掘簡報」，文物 1975 (9) p. 5。

(71)　後漢書集解 41/1。

(72)　黃盛璋，前引文，p. 75。

人了。他若邀約一班有能力出股子的鄉里人物合伙貿易，而自任約長，這批合伙人也大約只有聽命。同理，他若要求佃戶庸客爲他負販，應也無人敢違命。崔實形容武斷鄉曲的人物，「上家累鉅億之貲，戶地侔封君之土……故下戶踦嶇無所時足……父子低首，奴事富人」[73]。不僅下戶低首，在財勢之下，中家子弟又何嘗不是如桓譚所說，「趨走與臣僕等」[74]。第十三類竹簡所列領泉笥的名單，也許是張偃的奴僕，也許根本就是「中家」「下戶」的一般鄉民，資料不足，無法確定。第九類的名單，雖有「算」字出現，但派遣的人名，一男一女，似與一般徭役性質不同，究竟擔任何種任務，也不能揣猜。第二類木牘又是一個名單，十六人每人名下列五十錢，但在木牘背面又有「不予者，陳黑，宋則齊」一句。這件文件似不是徭役或稅款紀錄，可能是鄉里捐款的册子[75]，這一批文件，可能張偃自己留作參考用，未必與官方職務有關。

　　漢代官吏用度，頗有取之於服務單位的公田者。黃香廢止魏郡內外園田，悉以賦人，則可見魏郡原有太守可以取給的公田。漢末獻帝詔書公卿，不得奏除，令在公田以秩石爲率，各自收租以爲奉錢，則寺省皆有公廨田[76]。鄉官奉薄，直接取給於民，左雄傳，「鄉官部吏，職斯祿薄，車馬衣服，一出於民，廉者取足，貪者充家，特選橫調，紛紛不絕，送迎煩費，損政傷民。」[77]在這種制度下，公私之際，頗難劃分。特選橫調，都可以在爲官吏籌俸錢的名義下由鄉官役使百姓。

　　1972～76 年間，居延出土大批簡牘，其中有一篇建武三年侯粟君所責寇恩事，(以下簡稱寇恩爰書)，表露漢代地方官吏役使屬吏及百姓的情形。大意是居延甲渠侯粟君派遣令史華商、尉史周育載魚販賣。華、周二人不能行，於是二人出車、牛本錢，以代替販魚價值。粟君卽改包給百姓寇恩擔任此事。因爲得款不足，粟君責寇恩，寇恩自白經過，由居延令移文取證[78]。由這件爰書看來，甲渠令史與尉史，對於主官的要求，顯然認爲合法，同時，粟君也必然自以爲理直，方敢愬告縣廷。凡此均非今

---

(73)　見全後漢文，46/10。

(74)　同上，12/8。

(75)　弘一，前引文，p. 80。

(76)　後漢書集解 80A/11i，後漢志 28/15。Cho-yun Hsu, Han Agriculture, pp. 29-30。

(77)　後漢書集解，61/3。

(78)　「建武三年侯粟君所責寇恩事釋文」，文物，1978 (1) pp. 30-31。本文作者另有文分析，見食貨雜誌社編，慶祝陶希聖先生八十大壽論文集拙作。

人公私分明的觀念可以解釋，而只能謂漢時對於官私的權利義務在制度上卽不甚明白劃分，漢代長官與屬吏有君臣之分，當也由同一觀念衍生。

粟君職位不過邊郡一侯，也屬於行政機構的神經末梢。嗇夫爲一般行政組織的基層，性質頗與侯長相似，由張偃墓中所出簡牘的性質推論，漢代基層行政有相當的人事與財政的自主性。鄉官與豪强頗難分別，正由於正式權力與非正式權力，適在鄉官一級相交而相重疊。本節根據新出簡牘或者可補足正史文獻留下的空白。

總結第一節秦簡中所見役人與役於人兩階層的劃分與第二節漢代鄉吏的職務與權力，殆可簡約謂在由春秋封建，戰國列國發展爲統一帝國的途徑上，秦仍保有若干封建階層化的現象。漢帝國自然已走向編戶齊民統一於皇權的局面，但皇權終究不能直接貫徹於民間的基層，在中國的皇帝制度下，不論皇權如何尊嚴，廣土衆民的基本特色，仍使社會力量與政治力量重疊且交相作用。在漢代的大族，在南北朝與唐的世家及土豪，在宋以後的士紳，無不是社會力量。皇權只能與社會力量合作。政治力量是二端之一，社會力量是另一端。社會力量，在好的方面說，可以抵銷與中和政治力量的壓力，在壞的方面說，社會力量也可以構成另一種百姓無法逃避的壓力。這是中國歷史上帝國與統治機構（官僚組織）合一的特色。

出自第五十一本第二分（一九八〇年六月）

我國歷代輪種制度之研究

陳　良　佐

一、引　言

　　所謂輪種制度，乃是「指一塊土地上，按一定順序種植幾種作物，按時循環之耕作方式」[1]。輪種在農業生產中是非常重要的一項措施。據近代農業科學家的研究，輪種有多項利益[2]；舉其重要者，有以下三項。

　　1. 土壤生產力的維持　作物由土壤攝取養分的種類和分量，依作物的種類而異。在同一塊土地上連年栽培同一種作物，易使土壤中某種養分缺乏，從而影響作物的生長。又作物根的長短依作物的種類而不同。故深根作物與淺根作物交替種植，可以充分利用土壤各層之養分。而深根作物根部腐爛後，又可改良土壤之物理性，種植豆科作物時，根瘤菌能固定空氣中之氮素，以增加土壤的肥力。

　　2. 減少病蟲害　大多數的病菌各有一定寄主；蟲害作物也有一定的範圍；他們生存的時間也不同。多年連種同一種作物，使田中容易累積病原菌和害蟲的卵子。輪

1. John H. Martin, Warren H. Leonard, principles of field crop production（作物栽培原理），p. 129；湯文通譯，1970 年臺北，正中書局出版）。

2. 同前註，pp. 129~132；諶克終，蔬菜園藝學，pp. 84~85，1968，正中書局；馬保之，農業概論，p. 184，1974年，臺灣大學農學院出版；吳耕民，菜園經營法，商務，萬有文庫；上海，1930 年；萬國鼎，土地改良法，pp. 75~77, 1929 年，商務出版。

作可以減少病蟲害的發生。

3. 減少雜草的繁殖　許多雜草各有其適應的生態環境；有的雜草適應中耕作物的田中；有的在穀實類作物田中容易繁殖；旱田生長的雜草與水田的雜草也不同，所以在同一塊土地上連年種植同一種作物，能助長雜草繁殖。特別水田與旱田作物實行輪作時，抑制雜草生長的效果，尤為顯著。

二、我國輪作之發軔

照農業發展的歷史，輪作制度是農業達到相當成熟時期的一種技術；特別是在同一塊土地上連年耕作制度確定以後，輪作的重要性就更為顯著。然而就廣義的輪作定義而言，當粗放的農業時期，人類已經不知不覺的採用了作物輪替栽培。例如森林休耕地 (forest fallow)，是森林與農作物的輪作；中國古代實行的「萊田制」，是叢林、雜草與農作物的輪作。此種耕作的主要目的是回恢地力。當一個民族的農業發展到需要在同一塊土地上連年種植食用作物時，輪作應當是一件很自然的事。因為只有栽培多種作物，始能成為一個獨立農業區域；否則僅有一、二種作物，無法發展成一個高度農業文化。就詩經和左傳的記載，我國古代栽培的穀物計有：麻、粟、黍、麥、菽（豆）、稻等。古人當不至於強制的規定，在同一塊土地上固定不變的種植同一種作物；如果確是如此，連作的害處，更能很快的被發現。所以吾人確信，輪作有很長的一段時間，是在不知不覺的情形下為古人所採用。春秋莊公七年 (687 B. C)：「秋大水，無麥苗」。左傳云：「秋，無麥苗，不害嘉穀也。」杜預注云：

> 今五月，周之秋。平地出水漂殺熟麥及五穀之苗。……黍、稷尚可更種。故曰，不害嘉穀也[3]。

上述資料，顯示麥與黍或稷輪作，以及一年兩穫的痕跡。又荀子富國篇云：

> 今是土之生五穀也，人善治之，則畝數盆，一歲而再獲（按，穫）之[4]。

荀子所謂之一年兩穫，可能是小麥收穫後，接着再在同一塊土地上種植夏季作物黍、粟、豆類等。因為黃河流域的氣候，不可能一年內在同一塊土地上二次播種同一種作

---

3. 阮元審定，十三經注疏，左傳，卷八，pp. 14a, 15a。
4. 王先謙，荀子集解，卷六，p. 119，世界。

物，而且都在當年收穫。

從無意識的實行輪作，到有計劃的安排幾種作物輪栽，在知識上是一項重大的突破。無疑問的，<u>戰國</u>時代我國至少已經有計劃的實行麥、禾（粟）兩年輪栽，並瞭解輪作的利益。<u>呂氏春秋任地</u>篇云：

今茲美禾，來茲美麥。茲，年⁽⁵⁾也。

這是麥、粟兩年輪栽的最早記錄。

三、豆科作物的肥田效能

一個好的輪作制度，當有一季豆科作物。因爲豆科作物大多爲深根作物，根系深入底土，吸收心土的養分；根瘤菌能固定空氣中的氮變成氨基酸爲植物吸收；豆科作物自空氣中固定之氮氣，10 英畝可達 40 公斤；此等氮素之一部分是經過根部分泌至土壤中，或根部腐爛後殘留於土壤中[6]。

豆科作物的種植，我國到了<u>戰國</u>時代，已顯得十分重要。<u>孟子</u>，菽粟並稱。<u>孟子盡心上</u>：「聖人治天下，使有菽、粟如水火。」又<u>戰國策韓策</u>一：「……<u>韓</u>地險惡山居，五穀所生，非麥而豆……。」[7]所以吾人推測，到了<u>戰國</u>時代，豆科作物與其他作物輪栽，應當是無問題的。文獻上明確的記載麥、豆輪作，是<u>漢</u>人的著述。<u>周禮秋官薙氏</u>，<u>鄭衆</u>注云：

又今俗間謂麥下爲夷下。言芟夷其麥，以其下種禾豆也[8]。

又<u>太平御覽百卉部七</u>：

<u>廣雅</u>曰：「苕草色青黃，紫花，十一月稻下種之。蔓延盛茂，可以美田，葉可食」[9]。

按苕草是一種野豌豆 (vetch)[10]。<u>廣雅</u>和<u>廣志</u>大約是<u>魏晉</u>間的著作[11]。這是說明長

---

5. <u>許維遹</u>，<u>呂氏春秋集釋</u>，卷 26, p. 11a。

6. <u>陳振鐸</u>譯，<u>土壤學</u>，p. 178；1976 年，<u>臺北徐氏基金會</u>出版。

7. <u>戰國策</u>，卷 26，p. 2b，<u>四部備要</u>本。

8. 卷 34，p. 5b，<u>四部備要</u>。

9. <u>宋李昉</u>撰，<u>太平御覽</u>，卷 1000，p. 5b。

10. 拙著，<u>我國歷代農田施用之綠肥</u>，<u>大陸雜誌</u>，卷 46，第五期，p. 26。

11. 同前註，p. 24，註五三。

江流域於第三世紀，水稻與豆科作物——野豌豆——實行輪栽。此種豆科綠肥是水稻收穫後的多季作物。

　　豆科作物所具備的特徵——根瘤菌及其肥田的作用，我國可能很早就有了認識。說文解字：

　　　　尗，豆也。象尗，豆生之形也。

王筠撰說文釋例 (1837 年) 與說文解字句讀 (1850) 云[12]：

　　　　尗之中「一」爲地。「｜」之上下通者，上爲莖，下爲根。根之左右，當作圓點，不可曳長。蓋尗生直根，左右纖細之根不足象；惟細根之上，生豆累累，凶年則虛孚，豐年則堅好，但不可食耳。

　　　　尗……中「一」，地也；「｜」之通于上下者，莖也；附于右者，甲也；氾勝之書，尗戴甲而生，是也。「八」當作「‥」，猶米當作「半」，豆之根有土豆，豐年則堅好，凶年則虛孚，故象之也。

王氏特別著重尗下部象豆根及其上生長之根瘤菌——土豆，並且認爲豆之豐歉與根上土豆之好壞有關。對於豆科植物的特性，我國可能很早就有了認識，西周時代銅器上的叔（卽尗）字，下方都是三個小點。例如吳彝上的叔，寫作尗[13]；比說文更形象的表示根之特點。有的學者便認爲我國古代的農民對於大豆根瘤的作用有所理解[14]。

　　第六世紀的賈思勰發現桑下種綠豆或小豆時，能「潤澤益桑」。齊民要術種桑柘第四十五：

　　　　（栽桑）……其下常斸掘，種綠豆、小豆。二豆良美潤澤益桑。[15]

豆科作物可以肥田，到了清代有更進一步的認識。包世臣，齊民四術：

　　　　豆……自有膏潤，不資糞力；土薄者，密種。(p. 12a)

　　　　尗……宜高赤土，太肥則葉茂少實，名發青科。

　　　　……桑下收（種？）豆，又益桑，此分外之利也。(p. 7)

---

12. 說文解字詁林正補合編，冊六，p. 602，鼎文影印。

13. 郭著，兩周金文辭大系，圖 p. 58；釋文，p. 75。

14. 見何炳棣，黃土與中國農業的起源，轉引胡道靜撰，釋尗篇——試論我國古代農民對大豆根瘤的認識，中華文史論叢第三輯，1963 年。

15. 金澤文庫本，齊民要術（天野元之助先生藏），p. 62。

泥黃豆……南人多種于稻下爲間穀，雖收成薄，然不損田……(p. 8a)[16]。

我國農民的諺語云：「黃豆肥田底，棉花拔田力」[17]。又云：「豆槎的麥，請到的客」[18]。

這些農諺都是明確的指出，豆科作物能肥田，並且能使後作增產。

四、作物連作的害處

連作或連栽是與輪作相反的一種耕作方法。它是指在同一塊土地上連年栽培同一種作物。連作的害處，正是輪作能避免。從賈思勰以後，我們祖先淸楚的指出連作的害處，計有以下三種。

1. 易生雜草　齊民要術種穀第三，「穀田必須歲易，颭之，則莠多[19]」廣韻曰：「颭，再揚穀，又小風也」[20]。有的學者解釋「再揚穀」，可能是指上一年落下的穀粒。要術夾注的意思：去年落下的穀粒長起的植株影響生產[21]。此種解釋可以令人接受。例如蒲松齡論及高粱必須輪作的道理，也是如此。農蠶經 (1703 年) 農經，高粱：

地無連年重種。前年有落種。則隔年復出；誤留之，則未熟卽落；熟時已空[22]。

竊謂「颭子」可能是山東的方言，山東東部地區的方言「ㄐㄧㄡ子」是一個副詞，形容連續不停，後面加一動詞，對不停的動作表示不同意或厭煩的語氣。例如孩子吵鬧不休，父母常用斥責的語氣說：「ㄐㄧㄡ子鬧?!」要術的正文說，穀田必須年年更換，夾注「颭子」，可能就是方言「ㄐㄧㄡ子」，說明穀田更換的原因；如果連種穀子，就莠多，收成薄。莠草可能指穀田裏雜草的總稱，並非單指狗尾草一種而言。穀田生長之特殊雜草，我國農民可能早有認識，淸祁寯藻撰馬首農言 (1863 年) 云：

穀（卽粟）莠最多，如黃顯、灰背、老牛草之類，皆宜鋤淨[23]。

---

16. 安吳四種，卷 25 上，pp. 12a, 7, 8a。
17. 費潔心，中國農諺，p. 193；1941 年；1974 年，臺北天一出版社影印。
18. 叢林，齊民要術調查研究的嘗試，農史研究集刊，p. 129，1959 年，科學出版社。
19. 金譯本，p. 16。
20. 張氏重刊，宋本廣韻，去聲第三十三，卷五，p. 36b。1972 年臺北弘道文化事業有限公司影印。
21. 李長年，齊民要術研究，p. 79；1959 年，農業出版社。
22. 天野元之助先生校定手抄本，無頁數。
23. 王毓瑚，秦晉農言，p. 110，1957 年，中華書局出版。

祁氏又引農諺云：「不怕重種穀，只怕穀重種，_{重種穀，謂已種旋毀者，穀}_{重種，謂一地兩年種穀。}」⁽²⁴⁾

防止雜草滋生，可能是粟不得連作的主要因素。

賈思勰論到水稻栽培的唯一條件，年年換田；若不換田，則易生草稗。要術水稻第十一：

稻，無所緣；唯歲易爲良……_{既非歲易，草、稗俱生，茇}_{亦不死，故須栽而薅之。}⁽²⁵⁾

草是那種雜草，賈氏未明指是否是水田中易生的雜草；不過，吾人確知稗是水田中最易繁殖之雜草。

綜合上述，我們祖先確知某些雜草適宜生長在某種作物的田地中；實行輪種可以減少雜草的滋長。

2.　易生病蟲害　賈思勰認爲如果大麻連作，易生病蟲害，不宜織布。要術種麻第八：

麻欲得良田；不用故墟，_{故墟亦良，有點（丁破反）葉}_{夭折之患，不任作布也}⁽²⁶⁾。

「故墟」卽以前種過麻的田，「點葉」、「夭折」之病，可能是斑點病和立枯病⁽²⁷⁾；可惜要術未曾詳細解說。

棉花病蟲害，不下數十種。棉花的病蟲害最嚴重又普遍者，有炭疽病、角斑病、凋萎病、畸形病以及象鼻蟲、紅玲蟲、捲葉蟲等等⁽²⁸⁾。其中有些病蟲害，實行輪作便可防治⁽²⁹⁾。棉花易生蟲害，撫郡農產考略（1903 年）有清楚的記載：

棉易生蟲，名地蠶。以木柴灰壅根，蟲卽萎；……或夜然（燃）柴於棉旁，地蟲見火多投火中燒死⁽³⁰⁾。

明人徐光啓指出棉花實行輪作可以避免蟲害。農政全書云⁽³¹⁾：

---

24. 同上，p. 129。
25. 金澤本，pp. 37~38。
26. 石聲漢，齊民要術今釋，第一分冊，pp. 89, 93。
27. 同註 (21), p. 79。
28. 唐啓宇，重要作物，pp. 72~75，1929年，上海，商務出版；趙連芳、湯文通，作物學，下冊，pp. 260~263，高級農業職業學校用書，1964年，臺北臺灣書店出版。
29. 同前註。
30. 何剛德，撫郡農產考略，卷下，p. 2a。
31. 徐光啓，農政全書，35 卷，木棉條，pp. 94, 101, 102；商務，國學基本叢書。

種棉二年，翻稻一年，卽草根潰爛，土氣肥厚，蟲螟不生，多不得三年；過則
生蟲。

南土虛浮濕烝。翻耕首年，十全無患；三年以後，土仍（乃）虛浮，復生蟲蟊，
早種者，……或遇地蠶，斷根食葉，一蟲之害，赤地數武。

……種病如胎病……

徐氏對棉花蟲害的認識以及藉輪種避免蟲害等問題，可以說相當的明確；但對棉花病
害的解說不够清楚。事實上，徐氏言及的蟲害以及「種病」等等，應當都與病害有關。

又清人張履祥云，芋頭輪栽，可以避免蟲害。補農書云：

種芋無別法，……田間歲一易土，則蠐螬不生[32]。

綜合前言，可知在我國傳統農業知識的領域中，我們的祖先充分的瞭解連作易生
蟲害。至於連作易生病害。就文獻的記載而言，不够明確。

3.　減低土壤的肥力　　農田雖然施用肥料，而連作有時仍然能使地力減退。關
於這一點，文獻的記載不够明確，不過，一些文獻的記述，無疑問的表示出連作影響
土壤的生產力。馬首農言云：

黑豆多在去年穀田或黍田種之，萬勿複種（卽連作）。諺云：「重複黑豆子種
穀，無糞下子，一年一箇無甚喫。」是也[33]。
謂之子種，

祁氏把連作的害處與不施肥相提並論。換言之，連作對作物的影響與農田不施肥一
樣。這是表示連作能減低土壤的肥力，不能維持正常的生產力。

清人包世臣的記載，芋移栽比只施肥不移栽者收成好；包氏認爲作物移栽後，兼
受兩地之肥力（與施肥無關）。齊民四術云：

芋，宜沙白土，欲熟耕，資糞力……近用移栽，收成常盛。蓋植物皆喜易土，
兼受糞力也[34]。

連種能消耗地力。安徽懷寧縣志（1825年），物產條的記載：

煙，俗曰煙葉子，處處可種；而能使地瘠。老農每歲易其種之處焉[35]。

32.　補農書，p. 41a 昭代叢書，癸集，卷28。
33.　秦晉農言，p. 110。
34.　安吳四種，卷25上，p. 21a。
35.　懷寧縣志（道光五年），卷七，物產 p. 3。

又近人蒐輯的農諺中有一條：「改楂不如上糞」[36]。楂或茌是北方農民常用的一個字，例如豆楂是指割豆以後，留在地中的一段莖；豆楂地，種豆的地。所以改楂或換茬，乃指田地改種其他作物，卽作物輪換種植。上述諺語表示，輪種可以增加土地的肥力。

　　總之，連作能影響土壤之肥力，我們的祖先確實有所瞭解。

五、作物前後次序的安排

　　輪作中另一項重要的措施是作物輪換的次序，前作（先栽培的作物）對後作產量的影響很大。根據美人的研究，影響後作產量的因素，大約有三項，卽前作土壤的酸度、含氮量以及水分等[37]。

　　美國在 Rhode Island 農業試驗場試驗的結果，「雜三葉」(alsike clover) 之產量在三葉草與胡蘿蔔之後種植者爲最低，在黑麥與小糠草 (red top) 之後種植者爲最高。此種產量的變化可能受土壤酸度之影響[38]。按植物生長的時候，由根部分泌大量的炭酸，菌類能分泌果酸[39]。植物殘體的分解也能生成炭酸、硝酸和硫酸等[40]。又如豌豆耐酸力弱，在南方不適于連作，因其根瘤菌分泌檸檬酸，使土壤酸化。故豌豆在北方鹼性强的土地上，可以連年種植[41]。所以不同的前作，可能使土壤的酸度亦有異，因而影響後作的產量。

　　作物遺留於土壤之氮量，據 West Virgina 之試驗，小麥、燕麥與玉蜀黍在種植以收穫乾草爲目的之大豆之後栽培時，其產量較在種植以收穫穀實爲目的之燕麥之後栽培者爲高。

　　在乾旱地環境下，因各種作物所遺留於土壤內之水分量各不相同，同時兩作間貯藏水分之休閒期長短亦有差異，故作物之栽培次序至爲重要。例如美國大平原地區，穀實類作物之產量於玉蜀黍之後種植者，較於其他穀實類作物或蜀黍後種植者爲多。

---

36. 中國農諺，p. 181。
37. 作物栽培原理，p. 131。
38. 同上。
39. 劉和，土壤學，卷中，p. 188, 1936 年，上海商務出版。
40. 張仲民譯，土壤與肥料學 (Firman E. Bear, Soils and Fertilizers) p. 102, 1976 年，臺北徐氏基金會出版。
41. 諶克終，蔬菜園藝學，p. 452, 1958 年，臺北，正中書局。

此因玉蜀黍遺留於土壤中之水分較多之故。大多數旱地作物，在苜蓿之後種植時，產量概低，此由於過量之氮與不足之土壤水分使作物呈現焦傷狀態，惟在濕潤季節，則此種現象不致發生[42]。

我國傳統農業知識領域內，對上述作物輪作次序的原理，無絲毫蹤跡可尋，然而關於前作對後作的影響，我們的祖先確是非常清楚。這一事實是賈思勰首先提出來的。賈氏說，種穀的前作有上、中、下三種；前作是綠豆、小豆或瓜爲最好；麻、黍次之；蕪菁、大豆最差，要術種穀第三：

> 凡穀田：綠豆、小豆底爲上；麻、黍、胡麻次之；蕪菁、大豆爲下。
>
> 常見瓜底，不減綠豆；[43]
> 本旣不論，聊復記之。

要術黍穄第四：

> 凡黍穄田，新開荒爲上，大豆底爲次，穀底爲下[44]。

齊民要術中所謂之「底」，乃指前一季收穫後的田地。小豆底，卽前作是小豆。

清人祁寯藻記述，黍適合作豆的前作，而蕎麥則不適合，馬首農言云：

> （農諺云：）蕎麥見豆，外甥見舅，去年種蕎麥地，今年不宜種豆。黍杈（按：槎）種豆，親如娘舅，豆宜於去年黍田種[45]之。杈，舊根也。

美人卜凱 (J. lossing Buck) 蒐輯了幾則農諺；其中有二條，作物不得安排爲前後作。中國土地利用[46]：

> 糜和豆，甥見舅；糜和穀見了哭。
>
> 蕎麥地裏種上穀，農人婦女見了哭。

上述文獻，都是清楚的說明輪作中，前作對後作的影響。輪作中作物先後次序安排的原則，是把前作留下來的好的因素，爲後作所利用，同時盡可能避免前作不良的影響，使後作得到好的收穫。關於這一點，我們的祖先從長期經驗的累積中，可能穫得了相當豐富的知識。

---

42. 以上兩段錄自作物學原理，p. 131。
43. 金澤本，p. 16。
44. 同上，p. 28。
45. 秦晉農言，p. 129。
46. 喬啓明譯，中國土地利用，pp. 311～312, 1941年出版；1971年，臺北學生書店影印。

六、輪作與連作

輪作方法，我國始於先秦，但對輪作的認識和普遍，却是從齊民要術開始。從齊
民要術的記載來看，在第六世紀的黃河流域，絕大多數的穀類作物都實行輪栽，並且
發明了多樣化的輪作方式。要術雜說云：

　　凡人家營田，……每年一易，必莫頻種。其雜田地，卽是來年穀貲[47]。

「頻種」就是連種；雜田地，是穀以外種植其他作物的田。這些「雜田地都是明年用
來種粟」。可見粟與其他許多作物實行輪作。就齊民要術記載，穀的前作物有：綠
豆、小豆、瓜、麻、黍、胡麻、和蕪菁大豆等。

我國農民從長期生產的實踐中，瞭解那些作物不耐連作；甚至編成了農諺，以便
于農人遵循。如前引農諺：「不怕重種穀，只怕穀重種。」又近人蒐輯的農諺云：

　　穀後穀，坐着哭[48]。

　　麥種十年沒顆兒，種棉十年沒朶兒[49]。

清人丁宜曾，也提及蔘和芝麻不得連栽。農圃便覽 (1755)[50]：

　　種蔘，忌重茬，

　　種芝麻……忌重茬。

栽培的作物，大致可分爲三類：第一類，忌連作；第二類，連作無害者或連作之
害較少者；如蕪菁、山葵、玉蜀黍等；第三類，連作能改善品質者，如甘藷、胡蘿蔔
等[51]。

我國傳統的農業，肯定了某些作物連作能改良其品質。就作者所知，山東東部地
區，春季甘藷，都是實行連作。農家差不多都是撰擇一塊適合種植甘藷的田，年年於
春天栽培甘藷。賈思勰曾說，葵與蕪菁連作最好。祁寯藻認爲麥也可連作，齊民要術

---

47. 金澤本，pp. 6〜7。
48. 中國農諺，p. 202。
49. 齊民要術調查研究的嘗試，農史研究集刊，1959 年，p. 129。
50. 丁宜曾，農圃便覽，pp. 33, 39；王毓瑚校刊，1957 年，上海中華書局出版。
51. 吳耕民，菜園經營法，pp. 66〜67，1930 年，上海，商務；諶克終，蔬菜園藝學，p. 87，1968 年，
　　臺北，正中書局。

種葵第十七、蔓菁第十八[52]：

（種葵）地不厭良，故墟彌善，薄卽糞之。

（蔓菁）……江東呼爲蕪菁……。種不求多，唯須良地；故墟……乃佳。

此處的「故墟」，是指種過葵或蔓菁的地[53]。又馬首農言云：豆宜於去年黍田種之……[54] 凡苗重種則不長，惟麥宜之。

葵是否喜連作，不詳。蔓菁連作，則無害。至於小麥，不宜長期連作，例如英國 Rothamasted 試驗場試驗的結果，未施肥之四年輪作小麥（蕪菁、大麥、三葉草、小麥），其產量超過施肥之連作小麥[55]。此可知，祁氏云小麥宜連作是不正確的。不過就祁氏的話，作全面的觀察。我們認爲祁氏確實發現各種作物耐連作的程度不一。

總之，我國農民，從長期生產的實踐中，體驗到作物輪作的利益；同時也瞭解有些作物耐連作。

七、齊民要術記載的輪作

就齊民要術的記載，輪作已普遍的用於農業生產。而且輪作制是多樣化，有一年一熟的輪作制，可能也有二年三熟的輪作制；可惜賈氏只提及前作和後作，不能顯示出一個完整的輪作制度。就要術的記載，參入輪作的作物，可分三類：穀物之間的輪作；蔬菜與穀物以及穀物、蔬菜與綠肥作物之間的輪作。

前作 後作 物	上	中	下	資 料	輪 作 方 式
穀(粟)	綠豆	麻	蕪菁	種穀第三：	(上)綠豆、小豆、瓜→粟→？
	小豆	黍	大豆		(中)麻、黍、胡麻→粟→？
	瓜	胡麻			(下)蕪菁、大豆→粟→？
黍、穄	新開荒地	大豆	穀	黍穄第四：「……新開荒地爲上；大豆底爲次，穀底爲下。」	(中)大豆→黍或穄→？
					(下)粟→黍或穄→？

---

52. 齊民要術今釋，第一分冊，pp. 147, 156。
53. 同上， pp. 153, 160。
54. 秦晉農言，p. 129。
55. 作物學栽培原理，p. 132。

作　物	資　　　　　　　　　　　　　　　　　　　　　　　　料	輪作方式
麥	雜說：「刈黍子；卽耕……下穬麥（穬麥或種麥）。至春，鋤三徧止。」（今釋，p. 19）	黍→麥→？
大豆（飼料）	大豆第六：「種茭者（作乾芻），用麥底。」（今釋，p. 79）	麥→大豆→？
小　豆	小豆第七：「小豆，大率用麥地，然恐小晚；有地者，常須兼留去歲，穀下以擬之。」（今釋，p. 84）	麥→小豆→？ 穀→小豆→？
麻	種麻第八：「……用小豆底亦得。」（今釋，p. 89）	小豆→麻→？
瓜	種瓜第十四：「良田、小豆底佳；黍底次之。…… 又……於良美地中，先種晚禾。……刈取穗，……至春，……，種植穀時種之。」（今釋，pp. 128-129）	（佳）小豆→瓜→？ （次）黍→瓜→？ 晚禾（粟）→瓜→？
蔓　菁	蔓菁第十八：「取根者，用大小麥底。」（今釋，p. 158）	大小麥→蔓菁→？
胡　荽	種胡荽第二十四：「麥底地亦得種，……。」（今釋，p. 179）	麥→胡荽→？

作　物	綠肥	資　　　　　　　　　　　　　　　　　　　　　料	輪作方式
穀	綠　豆	耕田第一：「凡美田之法，菉豆爲上，小豆、胡麻次之。悉皆爲六月中穙種。七月、八月，犂掩殺之。爲春穀田。」（今釋，p. 6）	綠豆→粟→？
	小　豆		小豆→粟→？
	胡　麻		胡麻→粟→？
瓜	菉　豆	種瓜第十四：「區種瓜法：六月雨後種菉豆、八月中犂掩殺之……十月中種瓜。」（今釋p. 130）	菉豆→瓜→？
葵	菉　豆	種葵第十七：「……五六月䟏種菉豆，至七月、八月犂掩殺之，如以糞糞田。」（今釋，p. 150）	菉豆→葵→？
葱	菉　豆	種葱第二十一：「其擬種之地，必須春種菉豆，五月掩殺之。」（今釋，p. 169）	菉→葱→？

八、南方水稻與小麥及其他作物的輪作

　　小麥起源於中東。大麥的起源地可能是在亞洲西部或西藏東部[56]。我國麥的栽培應當首先在北方開始，以後傳至南方。江南種麥，可能到了漢末以後，由於北人南遷才受到重視。漢人的著述，曾提及南方種麥。會稽郡袁康撰越絕書（第一世紀）計倪內經云：

---

56. 汪呈因，食用作物學，pp. 136, 235。

越王……治牧江南七年而禽吳也。……戊貨之戶曰麥，爲中物。……已貨之戶曰大豆，爲下物[57]。

東晉初年淮水流域和長江下游，政府鼓勵種麥，人民受益甚大。晉書（卷26）食貨志：

元帝……大興元年 (318A. D) 詔曰：「徐、揚二州土宜三麥，可督令熯地，投秋下種，至夏而熟，繼新舊之交，於以周濟，所益甚大……」其後頻年麥雖有旱、蝗，所益甚大。

第六世紀的江南，可能已實行稻、麥一年二熟的輪作制。陳書（卷三）世祖本紀：

天嘉元年 (560A. D)……八月庚辰，……詔曰：「菽、粟之貴，重於珠玉……麥之爲宜，要切斯甚，今秋在節，萬實可收，其班宣遠近，竝令播種。守宰親臨勸課，務使及時。其有尤貧，量給種子。」

上文種麥的時間是在秋天「萬實可收」之後。麥的前作是水稻的可能性爲最大。按漢代有一種半夏稻，九月熟。蔡邕月令：「十月穫稻，九月熟者，謂之半夏稻[58]。」九月穫稻後，可以再種麥。

南方稻、麥二熟的輪作制，最明確的文獻記載，是九世紀唐人的著述。樊綽撰蠻書（咸通年間）雲南管內物產第七：

水田每一熟，從八月穫稻，至十一月至十二月之交，於稻田種大麥；三月四月卽熟。收大麥後，還種粳稻[59]。

至於長江流域稻麥二熟的輪作制，宋人的著述，有明文記載。朱長文撰吳郡圖經續記 (1084A. D) 物產條：

吳中地沃而物夥，……其稼則刈麥種禾，一歲再熟。稻有早晚，其名品甚繁。農民隨其力之所及，擇其土之所宜以次種焉……[60]。

上文中的禾應當是指水稻而言。

我國南方北宋以前，雖然就實行一年兩熟的稻麥輪作，然而此種栽培方式可能在

---

57. 越絕書，筆記小說大觀，四編，冊一，p. 142 (p. 7b)，臺北新興書局影印。
58. 徐堅，初學記，卷27，p. 19b：新興書局影印。
59. 向覺民，蠻書校注，p. 171，鼎文影印。
60. 吳郡圖經續記，卷上，p. 7a；琳琅秘室叢書。

宋室和北人南渡以後，才受到重視，漸次普及於長江流域。莊季裕鷄肋篇（十二世紀）云：

> 建炎以後，江、浙、湖、湘、閩、廣，西北流寓之人徧滿。紹興初，麥一斛至萬二千錢，農獲其利，倍於種稻。而佃戶輸租，只有秋課，種麥之利，獨歸客戶；於是競種春稼，極目不減淮北[61]。

宋室南渡大量北方人南移，北人有食麵的習慣，可能刺激了南方小麥的種植；而南宋政府爲着解決糧食之不足，也採用獎勵種麥及其他旱地作物的一些措施，例如政府不收多麥等的田賦，並禁止田主向佃戶收租。宋史寧宗本紀：

> 嘉定八年 (1251A. D)……歲月丙辰，詔兩浙江淮路諭民雜種粟、麥、麻、豆。有司毋收其賦，田主毋責其租[62]。

「有司毋收其賦，田主毋責其租」即鷄肋所謂「只有秋課」。換言之，農民向政府納稅，或佃戶給地主繳租，只按一季水稻爲準，其餘田中的生產皆歸佃戶。宋寧宗頒布的這一詔令，大概以後便或了定例，一直到清代江南某些地區仍然遵行未改。李彥章江南催耕課稻編（1834 年）敍：

> 吳都賦云：「國稅再稅之稻」是早晚兩禾，皆吳中所宜也。……蓋吳俗以麥予佃農；而稻歸于業田之家。故佃農樂種麥，不樂早稻。」[63]

南宋時代，水稻大致採用兩種種植方式：種植晚稻者，一年一穫，實行水稻連作；早稻者，水稻穫後，種植多季作物如麥、豆、蔬菜等等。陳敷農書（1149 年）耕耨之宜篇第三：

> 早稻穫割纔畢，隨卽耕治曬暴，加糞壅培，而種豆、麥、蔬茹。……晚田宜待春乃耕，爲其藳吉柔靱，必待其朽腐，易爲牛力[64]。

一年一穫的水稻連作栽培方式，到了明代以後，江南仍然採用。不過，水稻與多季作物輪作，是南方農業發達地區最主要的耕作方式。天工開物乃粒第一稻工：

> 凡稻田刈穫不再種者，土宜本秋耕墾，使宿藳化爛，敵糞力一倍。……吳郡力

61. 鷄肋篇，卷上，p. 45a，琳琅秘室叢書。
62. 宋史，本紀卷第三十九，p. 12b，百納本。
63. 中國農學遺產選集甲類第一種，稻，pp. 376～377，1958 年，上海出版。
64. 陳敷農書，卷上，p. 3，商務，叢書集成初編。

田者，以鋤代耜，不藉牛力。……則秋穫之後，田中無復芻牧之患，而菽、麥、麻、蔬諸種，紛紛可種[65]。

嘉興府志 (1879 年) 農桑：

> 場中既竣，遂於田中起稜藝麥，……麥之名，有大麥……；小麥……；穬麥卽橫麥……。三者率雜種之。明年幷荣、豆俱收，總呼爲「春花」。諺云：「春花熟，半年足。」……吳諺以蠶、麥及荣、豆[66]子多收謂之春花好。

又烏青鎮志 (1760 年) 農桑云：

> 稻……歲既穫卽播荣、麥。春中卽摘荣苔以爲蔬，仲夏春荣子以爲油。……雜以蠶豆並名曰春熟。自是耕以藝稻，至秋乃登；周而復始，訖無暇日；亦有不治春熟而種蓆草、蓑草者，其利倍於春熟，其稻減於春田，亦略相當也[67]。

從以上文獻之資料，江南水稻與多季作物一年兩熟的輪作方式是：

水稻——多季作物（麥、豆、荣子、麻……）——水稻。

按江南多季作物的種類相當多；參入水稻輪作的作物也不少。因此，以水稻爲主而與其他作物實行輪作，更形繁雜。欲瞭解江南地區的輪作，吾人需要說明水稻成熟的時期及其品種。

我國水稻早熟的品種，最短時間，只六七十日卽可成熟；晚熟者，竟達二百天。

天工開物乃粒第一：

> 凡秧既分栽後，早者七十日卽收穫。最遲者，歷夏及多，二百日方收穫。其多季播種，仲夏卽收者，則廣南之稻，地無霜雪故也[68]。

蘇州府志 (1882 年) 物產：

> 百日種。……三月種，五月熟。一歲兩收。…… 六十日稻。四月種，六月熟…遲者，八十日熟。 麥爭場。三月種，六月熟，與麥爭場地。金成稻。四月種，七月熟。早白稻。五月種，八月熟。……紫芒稻。五月種，九月熟。……虎皮糯。五月種，十月熟。[69]……

由上文可知江南地區，從五月到十月每月皆有水稻成熟。收穫後的稻田，除了早稻田

---

65. 天工開物，卷上，p. 3，世界本。
66. 許瑤光嘉興府志 (光緒五年刊本)，卷32，pp. 14b~15a。
67. 烏青鎮志，卷二，p. 2。
68. 天工開物，卷上，p. 2。
69. 蘇州府志，卷 20, p. 1b~2a。

種植第二期水稻以外，其他的稻田很少休閒，大多數是種植夏季作物或多季作物。由以下諸文獻，可以看出水稻與夏季作物或多季作物輪栽的情形。沈氏農書：

> 三月　……做秧田……
> 四月　……收菜、麥……做秧田　下種穀[70]

胡煒撰胡氏治家略農事編（1785年）[71]：

> 四月　……凡宜收者：菜子（以子搾油，爲用甚廣）、麥（大小麥二種，……）蘿蔔子、蠶豆、葱子、蔓菁子、芥子……。
> 五月　……凡宜收者：麥、菜子、大蒜、豌豆、麻……。

按：以上收穫的作物，大概絕大多數是稻田的多季作物。

> 六月　立秋後刈稻，種類不一，收亦有先後。……凡宜播者：粟（有數種，宜沙土，不宜濕田，各隨風土而植）、芝麻（黑白黃三種，即巨勝子……）、早蘿蔔。宜種者：小蒜、多葱、葫蘆、晚越瓜、夏茄菜。

按：以上種植的作物，有的作物，它的前作可能是春花或早稻；有的作物或者種在菜圃中。

> 七月　……收稻……凡宜種者：蘿蔔、早菜、蕎麥、菠菜、芥菜、蒿菜。

按：蘿蔔與蕎麥可能種在水稻收穫後的田中。

> 八月　……凡宜播者：早麥（……）、芥菜（有數種，八、九月下子，十月移栽）、菠菜、鶯粟、寒豆、苦蕒、蕨薓、蒿苣、紅花、石菊、曼倩及諸色菜子。宜種者：蒜（……）、韭根、葱子、牡丹、……菝。……凡宜收者：芝麻、黍、豇豆、莧子、韭花、薏苡……。
> 九月　刈晚稻……。宜播者：麥、蠶豆、豌豆。宜種者：芥菜、蒜、菝……。
> 十月　……凡宜播者：晚麥、大小蠶豆。宜種者：油菜、白菜及諸色菜。
> 十一月　……凡宜種者：油菜、蒿苣、蘿蔔。

又沈氏農書云：

---

70. 陳恆力校點沈氏農書，pp. 2～3；1956年，上海出版。按陳氏校點沈氏農書，其中的文字與學海類編錢爾復訂正之沈氏農書略有不同，例如後者，四月內無「作秧田」、「下種穀」。
71. 胡氏治家略農事編，pp. 9～19，1957年，童一中節錄。

十一月　……種大小麥[72]。

按沈氏爲浙江湖州人；胡煒，浙江湯溪人[73]。從上引資料來看，浙江地區，從四月到十一月，每月皆有收穫和種植。每月的作物收穫以後，土地經過整治，可能就種植與前作不同的作物。若從胡氏記載每月之收穫及種植作物的種類而言，浙江地區作物的輪作非常繁雜。參入水稻輪作的作物大致有：大小麥、蕎麥、豆類、茱子以及蘿蔔等各種蔬菜和綠肥。

我國南方還有一年三穫的栽培制度，卽種植二期水稻和一季多季作物。就水稻的栽培而言，又可分二期水稻連作和雙季稻（早晚稻套作，或稱間作）的栽培。前者，僅有嶺南、福建和臺灣等地區實行；後者，在長江流域一些地區採用。屈大均廣東新語 (1700A. D) 食語：

> 早禾田兩穫之餘，則蒔茱爲油，種三藍以染紺或樹黃薑、蕎麥或蔓菁、番諸[74]。

廣東新語一年三穫輪種的方式是：稻——稻——茱子或藍、薑、麥、蔓菁、甘諸。又福建通志物產志：

> 莆田縣志云：「早稻穫後，卽插晚稻。歲可兩收[75]。」

莆田每年種植兩季水稻，不是雙季稻；乃是早稻穫後，再種二期稻。晚稻收後，可能還種植多季作物。

所謂雙季稻，是先種早稻，待早稻插秧十至三十日後，將晚稻插於早稻兩行之間[76]。長谷眞逸撰農田餘活（十四世紀）：

> 予嘗識永嘉一儒言池仲彬，任黃州黃陂縣主簿。詢之。言其鄉以清明前下種。芒種蒔苗。一壠之間，稀行密蒔。先種其早者，旬日後，復蒔晚苗于行間。俟立秋成熟，刈去早禾，乃鉏理培壅其晚者。盛茂秀實，然後收其再熟也[77]。

晚稻收後，有時再種多季作物，形成一年三熟。江南催耕課稻編福建種早晚兩熟稻之

72. 同前註，p. 5。
73. 陳恆力，補農書研究，p. 4，1957年，中華書局；胡氏治家略農事編，p. 3。
74. 廣東新語，卷二，p. 2a，木天閣版。
75. 鄭孝胥，福建通志，物產志，卷一，p. 2b。史語所藏，該書未刊完。
76. 汪呈因，食用作物學，p. 121。雙季稻，汪氏又稱爲間作稻，按本文所謂之間作與汪氏不同。
77. 農田餘話，卷上，p. 3b~4a；寶顏堂秘笈。

法：

> 若麥地又種早、晚稻者：大麥三月下旬始穫。小麥四月上旬始穫。其栽秧，比
> 之白地，只遲半月。先期宜於三月上旬浸種；三十日而秧齊。新麥既收，急卽
> 糞田一次，犂杷各一次。四月上旬前後，總可插秧，大暑後立秋前，亦穫稻
> 矣。其晚稻預先寄插者，仍於霜降後照常黃熟，並不相妨也。此田，歲共三
> 熟。然十畝之中，止有三畝可以如此，以工本稍貴[78]。

「晚稻預先寄插」大概就是插晚稻於早稻兩行之間。雙季稻的栽培，有的地區，晚稻
不用插秧，而是把晚稻直播於早稻的兩行之間。包世臣齊民四術云：

> （稻）其種，自三月下旬至五月中旬；穫，自六月中旬至九月下旬不等。
>
> 南土多收兩熟者。上熟厚，下熟薄。上熟移秧，栽、芸如他處。早稻六月中旬
> 穫，先十日撒種禾下。穫去上熟，下熟秧長四五寸，以鋤芸之，如治旱種法。
> 八月杪穫，仍種大麥。
>
> 名三月黃者：其秈稻既穫，可種蕎麥。八月穫者：于未穫前撒泥黃豆於禾下，
> 如種下熟稻法。糞力厚者，田不損。其田不能種麥者：穫畢耕起板田，放水為
> 畦，種白菜、蘿蔔，皆于田有益。其種麥者，亦可先種白菜[79]。
>
> 蕎麥……立秋前後下種，八九月收刈[80]。
>
> 六月草盛，刈置田中，……膏庇兩熟，至要。不植麥者，宜種白菜、蘿蔔。…
> …其植麥者，耗糞、工太甚。宜三分之，以二分植麥，一分植菜子[81]。

上引文獻資料中一年三穫的輪作大約是以下數種方式：

> 早稻——晚稻——大麥或小麥
>
> 秈稻——蕎麥——冬季作物
>
> 秈稻——泥黃豆——冬季作物
>
> 稻——白菜或其他蔬菜——麥
>
> 早稻——晚稻——白菜或蘿蔔、菜子

---

78. 同前註，p. 400。
79. 安吳四種，卷 25 上，p. 3。
80. 同上，p. 5a。
81. 同上，p. 10b。

　　我國南方是水稻栽培區，其主要的耕種方式是實行水稻與多季作物一年二穫的輪種制。到了明代，可能因爲人口的增加，有些地區實行水稻一年二穫的栽培制，甚至少數水田一年三穫。

　　綠肥也是我國南方一項重要的多季作物。就文獻所見，苕子、紫雲英、苜蓿是長江流域最主要的三種綠肥。

　　苕子是豆科作物，vicia 屬的一種，俗稱野豌豆。廣志記載，苕子是水稻後的多季作物，第二年耕入田中作綠肥。此種情形在長江流域現在大致仍是如此，於八、九月水稻收穫後撒種[82]。四川栽培的一種大巢菜 (vicia satival)，是水稻或玉米與多季作物之間的一種綠肥[83]。

　　紫雲英是長江流域栽培最廣的一種綠肥，名稱繁多，如翹搖、苕堯、荷花紫草、紅花菜等皆是指紫雲英而言[84]。就文獻所見，紫雲英是套種在水稻田內。松江府續志 (1883 年) 云：

> 肥田者，俗謂膏壅。上農用三通 ： 頭通 ， 紅花草也 。^{寒露前後，將草子撒於稻肭內}_{至斫稻時，草子已青。冬生}春長，三月而花，蔓衍滿田。墾田時，翻壓土下，不日而爛，肥不可言。案諺云：「種田種到老，不要忘記此草[85]。(按，原文：「不要忘記草以此。」)

按現代江南種植紫雲英仍然是於稻田內套種。顧復肥料：

> 紫雲英之播種 ， 在九月中於稻田落水後 ， 尙未收穫前行之。……撒播於稻株間[86]。

　　苜蓿，從十六世紀以後 ， 我國南方種植作爲綠肥[87]。苜蓿有秋播和春播兩種。現代，秋播苜蓿，待晚稻收穫後 ， 開溝築畦播種或移栽[88]。清代，大概也是如此。浙江上虞縣志 (1891 年) 物產：

> 苜蓿^{……鄞縣志云，即今四鄉所種[89]}_{草子也，深秋撒之，三月開花。}

---

82. 彭家元，肥料學，p. 127；商務，1936 年。
83. 孫醒東，重要綠肥作物栽培，p. 81；1958 年，北平出版。
84. 見拙文，我國歷代農田施用之綠肥，大陸雜誌，46 卷，五期，pp. 30~31。
85. 松江續府志，卷五，p. 2b ； 史語所藏。
86. 顧復，肥料，p. 26 ； 商務，萬有文庫，1920 年。
87. 我國歷代農田施用之綠肥，p. 32。
88. 顧復，肥料，p. 26；重要綠肥作物栽培，p. 33。
89. 上虞縣志，卷 28，p. 3a。

上虞和鄞縣都是屬於杭州灣南岸的水稻區，故深秋播種苜蓿，大概是水稻收穫後，種於稻田內。

　　我國南方農業的發展，魏晉南北朝是一個非常重要的時期。大概到了南朝末期，似乎南方原始性的火耕水耨的耕作方式，在農業比較發達的地區，已漸次不見了。水稻與多季作物，一年兩穫的栽培方式，可能已很重要。從南朝末期，水稻與多季作物（包括綠肥）的輪栽，大概已是長江流域最主要的耕作方式。到了明代，有的地區竟然有了一年三熟的輪作制。

　　按輪作制度中作物栽培的次序和年限應有明確的規定。關於這一點，文獻的記載不多，也不太明確，只有烏青鎮志說，水稻和春熟「周而復始」輪流栽種。其他的文獻僅提前後作而已。事實上，我國輪作制並非如此的簡單，美人 Buck 在長江流域和黃河流域七個縣調查的結果，發現輪作制度的次序和年限有許多種，從一年到五年，各種年限都有。例如江蘇，武進縣第 1 號高地的輪作制：第一年到第四年多季作物為小麥，小麥收穫後種晚稻；第五年，紫雲英和晚稻。武進縣第 8 號低田五年輪作制是：(1)早稻──→小麥和蠶豆──→(2)早稻──→小麥──→(3)晚稻──→小麥──→(4)晚稻──→小麥和蠶豆──→(5)晚稻──→小麥。Buck 又發現中國輪作制不僅是多樣化，而且常有變動。當一種栽培制產量減低時，栽培的作物就加以變更[90]。此種情形不僅是存在於南方，北方也是如此。吾人確信，Buck 所見到中國農村多樣化的輪作制，絕非只在近代才有，更非傳自他國，乃是我國自古以來長期經驗的結晶。

九、黃河流域主要的輪作制

　　黃河流域輪作制度比之長江流域更為複雜和多樣化；近代是如此，古代大致亦復如此。其中的原因，除了氣候和地理條件等因素以外，北方作物栽培的種類繁多，以及作物栽培比重歷代都有變動，同樣的促成了輪作制度的複雜性。據美人 Buck 的調查，中國北方某些地區栽培的作物有 12～15 種，而江淮地區僅有三四種比較重要的作物[91]。此種情形在古代大致也是如此。南方栽培的作物，以水稻為主，比黃河流

---

90. John Lossing Buck, Chinese Farm Economy, pp. 168～176；1930 年。

91. Chinese Farm Economy, p. 178。

域栽培的作物少得多。周禮天官、冢宰有五穀、六穀和九穀之說[92]。據漢人的解釋：五穀，麻、黍、稷、麥、豆；六穀，秫、黍、稷、粱、麥、苽；九穀，黍、稷、秫、稻、麻、大豆、小豆、大麥、小麥[93]。上述的作物除稻和苽是南方常見者，其他多數是北方栽培的作物。作物種類繁多，輪作之方式亦必隨之而複雜。不僅如此，從史前到清代，黃河流域作物栽培的比重很有變化。就考古和文獻資料，大致在春秋以前，最重要的糧食作物是粟和黍。春秋以後，麥的重要性漸次增加，超過了粟和黍，成了北方最重要的作物。至於豆類，大概到了戰國和兩漢已是很重要的作物。到了明清，玉米和甘藷成了北方中下層農民不可缺少的食物。

根據以上所述以及文獻資料殘闕等因素，關于黃河流域輪作制度的演變和詳情，吾人很難窺其全貌。今日所能論述者，就文獻的記載，只是最主要的幾種穀物間的輪種而已。比較完整的輪作制度，吾人從文獻中所能見到者，僅一二處而已。

黃河流域在春秋時代，大概已實行粟、黍、麥、豆等作物輪作。從戰國到兩漢，主要的耕作制度還是一年一穫，或三年二穫。就以前所述，這一時期，參入輪作的作物大致仍是粟（或黍）、麥、豆等。此種輪作的情形，有的地區到了清代大致還是如此。王筠（山東安邱人）撰夏小正正義 (1849) 年：

> 傳曰：……心中種黍、菽、糜時也。……　　筠案：大火中乃麥秋之候，麥既登場，吾鄉以其地種菽。直隸山西或以種黍，或以種禾（粟）。
>
> 其禾名曰六十日還家。此旱澇有備之事，不可拘定夏不種糜也。[94]

王氏所述之耕作方式應當是二年三熟或一年二熟的輪作複種制；其輪作的方式如下所示：

一年二穫：麥——豆或粟、黍——冬麥。

二年三穫：麥——豆或粟、黍——冬季休閒，——春季作物（粟、黍、豆、高粱、玉蜀黍等）。

清劉書年記載山東沂水縣二年三種的輪種複作制，亦如上文所示。劉貴陽說經殘槀[95]：

---

92. 周禮鄭注，卷五，p. 2b；卷四，p. 1；卷二，p. 3b；四部備要。
93. 同前註。
94. 夏小正正義，商務，叢書集成初編，p. 38。
95. 劉書年撰劉貴陽說經殘槀，附文，p. 7（原書第一頁重頁）湆喜齋叢書，第四函，25 冊，光緒九年 (1883) 吳縣潘氏雕版。

近境……坡地^{俗謂平壤}_{爲坡地}兩年三收：初種麥，麥後種豆，豆後種蜀黍（按，高粱，為春季作物）、穀子、黍稷等。

澇地^{俗謂汚下之}_{地爲澇地}二年三收，亦如坡地，惟大秋概（按：概可能是稉字之誤；稉，稠也。）種穄子。^{形如稗子，}_{莒、近最多}此禾性耐水且易熟……。麥後亦種豆。雨水微多，顆粒無收，徒費工本。

以上所述，是清代北方人口密集地區通常採用的兩種輪作複種制。就作者所知，山東東部糧食作物的栽培制度，大致可分以下三類。

一、一年一種的連栽作物：春季甘藷，通常都是連栽；落花生在貧瘠的沙壤土，常常實行多年連栽後，偶而改換其他作物。

二、二年三種的輪作複種制：冬麥——夏季作物（大豆、綠豆、玉米、甘藷等等）——冬季休閒——春季作物（粟、黍、高粱、大豆、玉米等）。

三、一年兩種的輪作複種制：冬麥——夏季作物（大豆、綠豆、玉米等）——冬麥。

總之，北方輪作制繁雜又多樣化，常因地理環境以及作物和習慣的不同，各地有其獨特的輪作複種制。此種情形，近代如此，以往可能亦復如此。

十、農書（從元到清）記載的作物輪栽

從元代以後，有不少的文獻記載農田中作物的前後作。這些作物之間的輪栽，僅是整個輪作制度的一部分而已，並非一個完整的輪作。今就作者目前所見，列表於下；至於前文已提及者，從略。

農　書（縮寫）	輪　栽　的　作　物	資　　　　　　　　　　　　料
農　　書 （卷二，p. 14）	大、小麥→水稻	二麥既收。……蓄水深耕，俗謂之再熟田也。
（卷八，p. 70）	麥→蔓菁	蔓菁……取根者，用大小麥底。
撮　　要 （卷上 p. 5）	豆→黍或穄	種黍穄以新開豆田為上。
（卷上 p. 17）	小麥→夏季作物→（麥？）	（五月）收小麥……農家忙併，無似蠶麥。若遲慢遇雨，多為災傷。又秋田苗稼亦誤鋤治。

農　書（縮寫）	輪　栽　的　作　物	資　　　　　　　　　　　料
撮　　要 （卷上 p. 21）	麥→菉豆（綠肥）→麥	（六月）耕麥地……耕過地內稀種菉豆，候七月間，犁翻豆秧入地，勝於用糞，則麥苗易茂。
（卷上 p. 21）	麻→菉豆	（六月）種菉豆　立秋前宜刈了麻地上種。
羣　芳　譜 （穀譜 p. 16b）	冬麥→夏粟→冬麥	種穀……春種欲深，夏種欲淺……行欲稀。 諺云：「稀穀大穗，來年好麥。」
（穀譜 p. 51b）	春粟→冬麥 麻→綠豆	綠豆……宜刈了麻地 　　　　上種之。
全　　書 （卷 26，p. 23）	稻→大、小麥	種大麥，早稻收割畢……。 種小麥，……與大麥同。
（卷 35，pp. 94～95）	綠肥（苕饒或大麥、蠶豆）→棉	有種晚棉，用黃花苕饒草底壅（壅，衍）者。田擬種棉，秋則種草。來年刈草壅稻；留草根田中，耕轉之，或種大麥、蠶豆等並掩覆之。
開　　物 （卷上，p. 7）	綠肥（大、小麥）→稻	南方稻田有種肥田麥者，不費麥實。當春小麥、大麥青青之時，耕殺田中。
（卷上，麥工，p. 7）	水稻→蕎麥 菽或稷→蕎麥	凡蕎麥：南方必刈稻，北方必刈菽、稷而後種。
（卷上，菽，p. 9）	水稻→菽（高脚黃、綠豆）	凡菽……江南又有高脚黃，六月刈早稻方再種。……凡已刈稻田，夏秋種綠豆。
補　農　書 （卷下，p. 40b）	麻→蘿蔔→麻	春種麻，麻熟，大暑後倒地，及秋下蘿蔔。蘿蔔成，大寒復倒地，以待種麻。
農　　經 （1707）	麥→黍或粟	（三月）黍稷　麥楂中種者，收稍少儉。 （五月）晚穀（麥楂）先鏟一遍，極妙。若得雨，卽騎壠種之。……麥地皆隔年不見糞，……須抓苗糞方好矣。
	麥→蘿蔔和豆（間作）	（五月）鏟（按：淺耕）麥楂未雨速鏟一遍。……蘿白地少留之麥楂，騎壠耩豆，可以籠豆苗，且鏟之，人得拾去；留使自爛，則足以糞田。
便　　覽 （1755）	麥→豆	（五月）割麥之後，……又須趁雨種豆（p. 48）
	黍或稷→綠豆（肥綠）→麥	（六月）此時黍、稷可穫，隨割隨塌，稀種綠豆。俟初伏，犁翻豆秧入地，種麥勝於糞。（p. 54）
	稷→綠肥（蕎麥或綠豆）→麥	（七月）稷　八九分熟便刈，……將地種蕎麥，或稀種綠豆，秋後塌起種麥，（p. 58）
	稻→麥	（八月）穫稻後，速耕，多送糞種麥。（p. 12）

農　書（縮寫）	輪　栽　的　作　物	資　　　　　　　　　　　　　　料
要　　　錄 （1824）	稻→麥或蔬荣、藍→稻	按種稻之田，未放水以前，或種麥或種蔬及藍。（卷四，p. 16）
民　食　篇 （1822）	稻→蠶豆或豌豆、大小麥、油荣、蕎麥。	川中則三月底秧已全栽。收最早（者），大約處（暑）節前後已全穫。收畢，則將田趕犂，種蠶豆、豌豆、大小麥、油荣；各項蕎麥間有種者，不多。（p. 9a）
	1:稻→麥→2：稻→ 1：麥→豆或粟、高粱、糝子 →2：麥（？）	漢川……稻收後，卽犂而點麥。麥收後又犂而栽秧。漢川……旱地以麥爲正莊稼。麥收後，種豆、種粟、種高粱、糝子。(p. 12)
四　術（卷25上） （1801）	大麥或蠶豆→稻秧	又大麥、蠶豆宜爲秧田底，(p. 5a)
	蘿蔔→玉蜀黍或稗子、蘆稷、粟	凡山：……初開，無論秋冬，先徧種蘿蔔一熟，此物最能鬆土……乃種玉（蜀）黍、稗子、雜以蘆稷、粟。其土膏較重者，亦可種棉花，皆宜擇稍平地，掘坑種芋、山藥、冬瓜等。(p. 13)
	蘿蔔→棉花→芋或山藥、冬瓜	
	脚板薯→蠶豆→稻（？）	外有脚板薯（按，薯蕷的一個品種）……掘起後，坌土種蠶豆，來春坌殺爲（稻？）底，不減牛糞。(p. 25)
著　　　實 （1821～1850）	麥→穀→麥（一年兩穫）	麥後種穀……諺云：「麥黃種穀，穀黃種麥」。(pp. 92～93)
	麥→蕎麥或豌豆	麥後……或種蕎麥，或種豆。(p. 101)
農　　　言 （1863）	豆→粟，黍→粟	穀多在去年豆田種之，亦有種於黍田者。(p. 109)
	粟或黍→黑豆	黑豆多在去年穀田或黍田種之，萬勿複種，……
	1:（麥？）→夏季黑豆或白豆 →2:粟或高粱	秋夏黑白豆……穫後施耕，以備來年種穀與高粱。(p. 110)
	黑豆或小豆→春麥	春麥於去年黑豆、小豆田春分時種之。……
	豆→高粱	高粱多在去年豆田種之。(p. 111)
	粟或黑豆→黍	黍有穄黍……大小白黍、大小黑黍、大小紅黍之別。……於去年穀田、黑豆田，芒種時種之。(p. 112)
	麥→蕎麥	蕎麥多在本年麥田種之。(p. 113)
	黑豆或瓜→油麥	油麥多於去年黑豆田、瓜田種之。(p. 113)

農　書（縮寫）	輪　栽　的　作　物	資　　　　　　　　　料
西　北　部　記　(1903)	烟草→甘藷或大豆	(湖北)均州烟草⋯⋯約於正月播種，⋯⋯三月移栽於本田，按本田有隔一年或二年而栽植烟草一囘者，所種烟草之地，夏期只種甘藷、大豆等(p. 50)。
	水稻→麥或蠶豆、豌豆、油菜	(湖北西北)無論旱田、水田，冬作之主產，多植麥、蠶豆、豌豆⋯⋯油菜。(p. 58)

十一、間作、套作的輪作制

我國有一種特殊的耕作方式，卽間作和套作。所謂間作是在同一塊土地上，同時分別播種二種作物（不是混播）。套作是先種植一種作物，當作物尚未收穫之前，在作物兩行之間播種第二種作物；第一種作物收穫後，再對第二種作物施以肥料和中耕、除草、灌漑等工作。雙季稻就是早稻先插秧，以後在兩行之間再插晚稻。此兩種耕作方式，如果是栽培兩種不同的作物，原則上，吾人應當視爲兩種作物實行輪栽。我國利用這兩種耕作方式，發展出極爲繁雜又多樣化的間作和套作的輪作復種制。

間作和套作，在漢代就有了萌芽，漢氾勝之書云[96]：

區種瓜：⋯⋯常以冬至後九十日、百日，種之。

又種薤十根，⋯⋯居瓜子外。至五月，瓜熟，薤可拔而賣之，與瓜相避。

又，可種小豆於瓜中。

冬至後九十日、百日的時間，是在舊曆二、三月的春分與清明左右。又要術種薤第二十云：「薤⋯⋯二月、三月種。」[97]因此可以推斷，瓜與薤種植的時間大概是同時，可以視爲間作。

又根據要術小豆第七的記載，「小豆是夏至後十日種者爲上時」[98]。夏至在舊曆五月份，又氾勝之云：「五月取椹[99]。」清蒲松齡云：「四五月間收櫓(卽櫓桑)椹[100]。」

---

96. 要術，卷二，種瓜第十四金澤本，pp. 43~44。

97. 今釋，第一分冊，p. 167。

98. 同上，p. 84。

99. 同上，第二分冊，卷五，p. 287。

100. 蒲松齡、農蠶經、蠶經，種桑法。

因此可知，漢代種小豆的時間是在舊曆五月間，與種瓜的時間，相距約二個多月。所以瓜田種植小豆，相當上述之套作。

間作是近代北方很流行的一種耕作方法，但是文獻上的記載不多，僅有數處而已。蒲松齡農蠶經農經種豆：

> （五月）豆無太早，但得雨不妨。且割（麥）且種。……豆地，地宜夾麻子。

麻子大約是芝麻。農蠶經農經芝麻條云：「五月上旬為下時。」豆地夾麻子，就是兩行豆夾一行芝麻。此種間作的輪作複種制大約是：麥——→豆與芝麻間作——→冬麥或春季作物。又農蠶經農經蕎麥條：

> （六月）蕎麥……田多者，可年年與菜子夾種。

清代江南有些地區，可能實行棉與芝麻間作。齊民四術[101]：

> 棉……雜種脂麻，云能利棉。

> 小滿……種棉花，
> ………脂麻。

就作者所知，山東東部某些地區，小麥收穫後，種植玉蜀黍、大豆以及綠豆等夏季作物時，實行間作者甚多。這些實行間作的作物，有多種方式：一行玉蜀黍，一行大豆或綠豆；兩行大豆，一行玉蜀黍；兩顆玉蜀黍之間，一簇大豆或綠豆等等。

套作，臺灣稱為糊仔作，齊民要術曾提及麻子地中套種蕪菁，蔥中套種胡荽。要術種麻子第九與種蔥第二十一[102]：

> （麻子）三月種者為上時，四月為中時，五月為下時。……六月中，可於麻子地間，散蕪菁而鋤之；擬收其根。

> 蔥中亦種胡荽，尋手供食，……

明徐光啟記述，麥、蠶豆以及棉、甘藷等作物間作或套作，農政全書云[103]：

> 蠶豆八月初種。

> 種小麥……九、十月種，種法與大麥同。

> 種大小麥……麥溝口種之蠶豆。

101. 齊民四術，安吳四種，卷25上，p. 21a, 29a。
102. 今釋，第一分冊，卷二，p. 96；卷三，p. 170。
103. 農政全書，卷26，p. 18, p. 23, p. 24。

齊民四術記載[104]：

　　麥……下種自八月至十月不等

　　蠶豆同麥種，治法同諸豆。

我國南方大小麥播種期大致是在十月到十一月（卽農曆的九月～十月）；蠶豆，爲十月～十二月（舊曆，九月～十一月）[105]。所以我國南方大小麥與蠶豆播種期大致是同時，麥田中種蠶豆可能以間作者爲多，有時也行套作。

　　徐光啓又說，棉田中種甘藷，可以防風害，農政全書[106]：

　　凡（甘）藷二三月……七月種……八月種……。

　　吳下種吉貝，……但此種甚畏風潮。每至秋間纔生花實。一遇風雨便受其損。若大風之後，更遇還風，則根撥實落。……若將吉貝地種藷十之一二，雖風潮不損，此種撲地成蔓，風無所施其威。

按農政全書記載江南種植棉花，通常是在立夏與小滿間，有時可早到清明[107]。清明在舊曆二三月；立夏和小滿，五月間。就棉花、甘藷種植的時間，甘藷與棉花大約在相差不多的時間內種植。如果種植甘藷只爲防風，可能當棉花生長到相當的高度以後，再套種甘藷。

　　關于作物套種，除了以上所論及者，還有其他數處，今列表於下。

農　　　書	套種的作物	資　　　　　　　　　　　　　　　　　　　　料
撮要（卷上）	大麥、豌烏豆	（二月）種豌烏豆　稻前大麥根邊種之 (p. 7)
全　書	棉、蠶豆	蠶豆種花田中，（卷26，p. 18）
	麥、棉	穴種麥，來春就于麥隴中穴種棉（卷35，p. 96）
四術（卷25）	稻、泥黃豆	泥黃豆，……南人多種於稻下，(p. 8b) 夏至栽晚稻。　大暑種下熟稻。　處暑種泥黃豆 (p. 29)

　　我國在一些人口密集耕地少的地區，利用套作的方法，發展出極繁雜的複種輪作制。明代以後，長江流域的雙季稻的栽培便是利用套種法。晚稻插在早稻的兩行之

---

104. 安吳四種，卷25上，p. 4b, 20a。
105. 汪呈因，食用作物學，pp. 212, 252, 417。
106. 農政全書，卷27，pp. 48～49。
107. 同前，卷35，p. 101。

間。有時冬季作物也是套種在兩行晚稻之間。 北方的黃河流域， 有的地區也利用此法，可以得到一年三穫。楊屾知本提綱（1747 年）云：

> ……愚家固常親驗，有三收者。其法：冬月預將白地一畝上油渣一百五、六十斤，治熟。春二月種大藍。苗長四、五寸，至四月間，套栽小藍於其空中，再上油渣一百五、六十斤。五月挑去大藍，又上油渣一百五、六十斤。六月剪去小藍，卽種粟穀。秋收之後，犂治極熟，不用上糞，又種小麥。次年麥收，復種小藍；小藍收，復種粟穀；粟穀收，仍復犂治，留待春月種大藍。是歲皆三收，地力並不衰乏，而穫利甚多[108]。

此種二年套作的輪作制，作物次序的按排如下：

1: 大藍──→小藍──→粟──→2: 冬麥──→小藍──→粟──→（3:大藍……）

楊屾又記述了一種二年十二種的套作輪種制。修齊直指（1776 年）：

> 一歲數收之法。

> （齊倬注云：）……是一歲三收，地力並不衰乏，而穫利甚多也。如人多地少，不足歲計者，又有二年收十三料之法。卽如一畝地，縱橫九耕，每一耕上糞一車，九耕當用糞九車，間上油渣三千斤。俟立秋後種笨蒜，每相去三寸一苗；俟苗出之後，不時頻鋤，旱卽澆灌，灌後卽鋤。俟天社前後，溝中種生芽菠菜一料，年終卽可挑賣。及起春時，種熟白蘿蔔一料，四月間卽可賣。再用皮渣煮熟，連水與人糞盦過，每蒜一苗，可用糞一鐵杓。四月間可抽蒜苔二、三千斤不等。及蒜苔抽後，五月卽出蒜一料。起蒜畢，卽栽小藍一料。 小藍長至尺餘，空中可布穀一料。俟穀收之後， 九月可種小麥一料。 次年收麥後，卽種蒜。如此周而復始，二年可收十三料，乃人多地少、救貧濟急之要法也。[109]

上述立秋後栽種的「笨蒜」大概是通常食用的大蒜，或其中的一個品種。按，大蒜播種的時期，「春播暖地二三月， 寒地三月至四月初旬， 秋播地八九月， 寒地則在八月，尋常多用春播[110]」。八月立秋，故笨蒜大概是秋播的大蒜。又陝西冬麥收穫期在

---

108. 秦晉農言，p. 37。

109. 楊屾撰修齊直指，齊倬註，p. 26，陝西通志館印關中叢書。引文原為雙行夾注。

110. 顏綸譯，蔬菜大全，p. 245，1962 年臺北商務出版。

六月[111]。六月間不適宜種蒜，修齊直指云，「麥收穫後，卽種大蒜，」可能是麥收後，深耕施肥，立秋後種。照上文所說，一年內在同一塊土地上可以栽培六種作物；作物之間套作（後種的作物，套栽於先種的兩行作物之間）及輪栽的次序如下：

蒜（立秋後種）──→菠菜──→蘿蔔──→小藍──→粟──→小麥──→（耕治）──→（蒜，立秋後種）……

　　上述套種式的輪作栽培法，一直到清末，仍然在黃河流域還有不少的地區實行。美國農業專家F. H. King，於清末來華考察，他發現我國農民使用套種的方法，一年之內有三次或四次的收穫。King 於 Farmers of forty centuries 記述云：

（江蘇和浙江）……田中，多麥快要成熟了，蠶豆(Windsor bean) 已長到了三分之二，而棉花於四月二十二號才播種。……蠶豆收穫之後，土地經過翻耕和施肥，接著栽培一種秋季作物，形成一年四穫……另外一種設計：多小麥或大麥與一種作綠肥的中國苜蓿(Chinese clover Medicago denticulata, Willd) 並排的生長，此種苜蓿翻耕後作為棉花的肥料。棉花播種成行與大麥相對。大麥收穫之後的那一行，翻耕和施肥。當棉花接近成熟時，可能播種油菜，……。

實行多種作物套種，北方遠達天津和北京；甚至貧瘠的土地和年雨量只有25英寸的地區也是如此。套種的作物，通常是小麥、玉蜀黍、高粱和粟 (Large and small Millet) 以及大豆。……如圖片 145 所示：兩行小麥之間種植兩行高粱。小麥收穫後，接著種大豆[112]。

Dr. King 所見套種式的輪作複種制，作物先後種植的次序是：

多麥──→蠶豆(多麥和蠶豆間作或套作)──→棉花──→秋季作物

多麥──→黃花苜蓿(苜蓿可能與麥間作)──→棉花(苜蓿翻耕後種植)──→油菜（大麥收穫種植)小麥──→高粱──→大豆

十二、結　　論

　　輪種是農業生產一項非常重要的技術，它可以避免地力的枯竭、雜草繁殖和病蟲

---

111. 汪呈因，食用作物學，p. 225。

112. F. H. King, Farmers of Forty centuries or permanent Agriculture in China Korea and Japan, pp. 266~268, 1911A. D, Prmted in the U. S. A.

害等等。就是近代的農業生產，在充分肥料和農藥使用的條件下，輪種仍然是一項不可缺少的措施。

就廣義的輪作意義而言，人類農業發展的初期，就已經開始了。不過在原始性的游耕和休耕制的農業，作物輪栽的重要性並不顯著。直到土地連年耕作的時期，作物輪栽才受到重視。

從各種跡象顯示，春秋時代，粟、黍、麥、豆等作物大概已實行輪作。戰國時代的文獻就很明確的指出麥和粟輪栽。漢代文獻又說明豆科作物參入作物間的輪栽。並且我國古代對豆科作物肥田的效果也有相當的認識。

從公元第六世紀以後，我國對作物輪栽及其利益與作物連栽的害處，有充分的知識，甚至對某些作物可以連栽也多少有所瞭解。

據史家的記載，西方的羅馬帝國在公元最初的二個世紀，農業發達，作物實行輪栽和農田施用肥料；但此後農業便衰退了，到了第八世紀西歐採用三田制[113]，此種三田制，是把一塊土地分為三份。二份栽種作物，一份休耕，三年輪替一次；例如一塊土地Ａ、Ｂ、Ｃ三等分，作物的耕作以及土地的輪換是[114]：

第一年　Ａ──→小麥　Ｂ──→燕麥　Ｃ──→休耕

第二年　Ｂ──→小麥　Ｃ──→燕麥　Ａ──→休耕

第三年　Ｃ──→小麥　Ａ──→燕麥　Ｂ──→休耕

我國作物輪栽與西方有相當大的差異，似乎不像西方中古時代那樣的呆板、一律。就我國的文獻所載作物間的輪栽，多數只提及前作和後作的關係，時間不超過二年，只是整個輪作制度的一部分。雖然如此，仍然可以從文獻上發現我國輪作制度的多樣性。美人 Buck 在中國調查了 168 個地區的作物輪栽制，最流行者，有5 47 種，而且繁雜不齊[115]。江蘇武進縣有十五種以水稻為主的輪作制；其中包括了二、三、四、五年的輪作制[116]。此種繁雜又多樣化的輪作物，是歷史長久發展的結果。

113. Edward Me Nall Burn, Western Civilization, pp. 235, 319~420, 1963, Prmted in the U.S.A.

114. T. Walter Wall Bank and Alaster M. Taylor, Civilization past and Present, vol. one, p. 319, 1942, A.D; Primted in the U.S.A.

115. 中國土地利用，Buck 著，黃席羣譯，p. 310；1970 年，臺北學生書店影印。

116. John Lossing Buck, Chinese Farm Economy, pp. 175~176, 1930, A.D.

　　我國輪作制的多樣化，可能是由於作物種類的繁多，複雜的地理環境以及社會制度所使然。

　　我國南方雨量多，氣候溫和，作物的栽培，自古以來便是以水稻爲主。南方水稻種植區域的輪作制度比較簡單；水稻與多季作物（麥、菜子、豆類、蔬菜與綠肥等）一年二穫的農業生產，是南方最主要的作物輪種方式。至於北方的地理環境不同，雨量較小，爲旱田農業。但作物的種類多。所以作物的輪作亦比南方複雜。從明代以來，北方栽培的主要作物是粟、黍、豆、玉蜀黍、高粱、甘藷等。作物的種植有一年一穫，二年三穫以及一年兩穫的複種制，北方二年三穫以及一年二穫的輪作複種制，其主要的輪作方式是：

　　　　冬麥——→夏季作物——→休閒——→春季作物

　　　　冬麥——→夏季作物——→冬麥。

　　我國除了一般的輪作複種制之外，還有間作和套作的輪作複種制。此種作物栽培方式，可以使一年有三次以上的收穫；作物的栽培與輪作的方式更爲複雜。

　　我國作物輪作制度的多樣性，可能與社會制度有些關係，古代的封建制度崩潰以後，在政治上建立了集權於中央的郡縣政體；在社會經濟方面，奠定了以自由農民爲主體的農業經濟。自由農民不像奴隸或農奴受到嚴屬的約束；他們從事生產，能够自由的發揮其才能與智慧，嘗試各種不同的方法以適應各種地勢、氣候和作物。就是地主經營的莊園，也未有證據，顯示出像西方那樣井然有序的莊園制度。我國佃農從事生產，田主好像不能完全控制。而且政府有時會干涉到地主與佃農之間的關係。例如南宋政府爲着鼓勵種麥，命令田主不得向佃農戶收麥租，此例一直維持到清代未改。又例如江蘇吳縣潘曾沂在潘姓義莊——豐豫莊——實驗區田法，勸導佃農放棄春花，專種水稻。該莊議定的規條需要呈報到地方政府，請求准予施行。並且用獎勵的方法要求佃農改變舊有的耕作方式，而不是用强迫性的手段。豐豫莊本書（1877 A. D)[117]：

　　　　豐豫莊屬潘隰呈

　　　爲區田之法，再試再驗，叩憲示諭鄉農以廣做法事。竊隰于上年十二月曾將本

────────────────────

117. （潘氏重刊）豐豫莊本書。按本文所引，原書無標題，在該書潘豐豫莊課農區種法以前，pp. 1a～2a, 4b。

莊試行區田成效稟明前府憲愈，蒙批示：區田一法自宜廣勸鄉農，仿照耕種，共冀豐收。並示諭承種各佃，至迎春所聽獎嘗在案。……現在各鄉農于本莊所試區種之法雖經覩有成效，究未深悉其詳，故猶疑信參半。一則謂春花棄之可惜，一則嫌工本費而用力煩，因此視爲難事，不甚踴躍。今本莊酌議簡便規條數則，開列於後，……伏乞恩准施行。……

計粘規條

……

區田收割後，要通盤計算，身本多少，向來多少，往常連春花算通共得利多少，如今除去春花一項進益多少，合得通便行得去，各隨農便，毋庸勉強。

由以上之引文，可證我國的佃農對農業生產，本身有相當大的自主性。在這種社會經濟制度之下，從事生產的勞動者，可以自由的發揮其才能。像歐洲中古時代，那種呆板一律的農業生產制度，在中國的社會可能不容易產生。

我們的祖先發展出多樣多式的輪作制度，不僅是過去的歷史事實；而且對近代的農業生產，仍然有參考和引用的價值。美人 Buck 認爲中國農場各種輪作制度，可以爲中外各地在同樣地理環境之下的田地所採用。對中國輪作制度的優點和貢獻，Buck 所作的結論：

各種輪種制，除稻田外，大多數都包括淺根作物，深根作物，中耕作物和豆科作物等等。此處所敍述的種種輪作制，不過是大概情形，決不能說已經將中國北部或中東部所有的輪種制，都已包羅無遺。假使能將中國輪作制特別研究一下，一定可以發現許多極有價值的輪種制度，爲中外各地在同樣氣候與土壤環境之下的田地所採用。蓋從世界農業的眼光而論。研究世界上某種氣候與土壤環境之下的輪種制，與引進新作物的工作 (plant introductions) 同等的重要。此種新作物的引進曾是某些國家農業部門積極從事的工作[118]。

我國農民採用的多種多樣的優良輪作制度，是數千年來長期經驗累積下來的成果。

書 名 縮 寫

要術：賈思勰撰齊民要術。

118. Chinese Farm Economy, Chapter VI, pp. 179~180。

金澤本：<u>日本金澤文庫藏鈔北宋本齊民要術</u>。

今釋：石聲漢，<u>齊民要術今釋</u>，1956 年。

農書：元王楨撰<u>農書</u>，<u>商務本</u>。

撮要：元魯明善撰<u>農桑衣食撮要</u>，<u>叢書集成</u>。

羣芳譜：明王象晉撰<u>二如亭羣芳譜</u> (1621 年)，<u>沙村草堂藏本</u>。

全書：明徐光啓撰<u>農政全書</u> (1639 年) <u>商務</u>。

開物：明宋應星撰<u>天工開物</u> (1637 年)，<u>世界</u>。

補農書：清張履祥撰<u>補農書</u> (1658 年)，<u>昭代叢書</u>。

農蠶經：清蒲松齡撰<u>農蠶經</u> (1705 年)，<u>天野元之助先生手抄本</u>，無頁數。

便覽：清丁宜曾撰<u>農圃便覽</u> (1755 年)；1957 年，<u>王毓瑚校點本</u>。

要錄：清吳邦慶撰<u>澤農要錄</u> (1824 年)，<u>畿輔河道水利叢書</u>。

民食篇：清嚴如熤撰<u>三省邊防備覽民食篇</u> (1822 年)，<u>來鹿堂藏板</u>。

四術：清包世臣撰<u>齊民四術</u> (1801 年)，<u>安吳四種卷二十五</u>。

著實：清楊秀元撰<u>農言著實</u> (1821～1850 年)，<u>王毓瑚輯秦晉農言</u>，1957 年。

農言：清祁藻窩撰<u>馬首農言</u> (1836 年)，<u>秦晉農言</u>。

西北部記：美代清彥撰<u>游歷鄂省西北部記</u> (1903 年)，<u>湖北農務學堂</u>刻。

本文承蒙哈佛補助，謹此致謝。

中研院歷史語言研究所集刊論文類編

歷史編・秦漢卷

三

中華書局

泰 山 主 死 亦 主 生 說

陳　　槃

自秦漢以來，有泰山主人生死之說。顧炎武日知錄三十泰山治鬼條曰：

自哀平之際而讖緯之書出，然後有如遁甲開山圖所云：泰山在左，亢父在右。亢父知生，泰山主死；博物志所云：泰山一曰天孫，言爲天帝之孫，主召人魂魄、知生命之長短者。其見於史者，則後漢書方術傳：許峻自云，嘗篤病，三年不愈，乃謁泰山請命；烏桓傳：死者神靈歸赤山。赤山在遼東西北數千里。如中國人死者魂神歸泰山也；三國志管輅傳：謂其弟辰曰，但恐至泰山治鬼、不得治生人，如何；而古辭怨詩行云：齊度游四方，各繫泰山錄。人閒樂未央，忽然歸東嶽；陳思王驅車篇云：魂神所繫屬，逝者感斯征；劉楨贈五官中郎將詩云：常恐游岱宗，不復見故人；應璩百一詩云：年命在桑榆，東嶽與我期。然則鬼論之興，其在東京之世乎？

黃汝成集釋曰：

案史記趙世家，霍泰山山陽侯天使云云，則泰山爲神，當由霍泰山傳訛始云。

槃案顧氏謂泰山鬼錄之說出於讖緯，是也（翟灝通俗編十九東嶽乞壽條曰：『漢唐皆有其俗。孝經援神契言：「泰山，天帝之孫也，主召人魂」。故世以人生修短，東嶽得以主之，而死則歸魂于此。古怨詩……應璩百一詩……〔二詩並已前見〕，均本于援神契也』。槃案讖緯書亡佚者多，今惟援神契、遁甲開山圖等猶略可考見其事耳〔參下文〕。翟氏乃云均本于援神契，說泥）。然讖緯之興，不始於哀、平之世，戰國秦漢以來燕齊海上方士實託之（別詳拙著戰國秦漢間方士考論及秦漢間之所謂符應論略二文。載中央研究院歷史語言研究所集刊第十六、十七本）。漢武之封禪泰山，求不死之術，是卽其受方士與讖緯影響之一事也。蓋方士既大都皆燕齊海濱之人；海濱之山，唯泰嶽獨尊；故泰嶽乃爲此輩方士崇信、傅會之中心。人主信奉之則爲封禪求長生之舉，寖假而其信仰遂深入民間，則顧氏之所舉似者是矣。余嘉錫曰：

　　　　泰山治鬼之說，起於漢初，而盛行於東京魏晉之間。……余嘗考其說，蓋出於

　　　　燕齊海上之方士。史記封禪書曰：「始皇遂東遊海上，行禮祠名山大川及八神。

　　　　八神將自古而有之；或曰，太公以來作之。八神，一曰天主，祠天齊；二曰

　　　　地主，祠太山、梁父」。史公於此下卽敘「騶子之徒，論著終始五德之運，及

　　　　秦帝而齊人奏之」，則八神之說，亦必方士所傳。太山、梁父旣爲地主，人死

　　　　歸於地，於是相傳遂謂太山治鬼、梁父主死矣。其泰山主者有府君，有令；令

　　　　之下有錄事。府君卽人間之太守，一以漢制說之，此亦道家伎倆，猶之天神亦

　　　　有將軍、功曹也。及梁齊以後，道教衰而佛教大行，諸書乃多言閻羅王，少言

　　　　太山府君矣（余嘉錫論學雜著葉五九七）。

案余氏謂泰山治鬼、梁父主死之說出於燕齊方士，是也。出於方士卽出于讖緯，二而

一者也。

　　　　黃氏以爲由霍泰山山陽侯天使之傳訛始，其論亦似矣而未盡也。檢趙世家云：

　　　　原過……見三人……與原過竹，二節莫通，曰：爲我以是遺趙毋邮。原過旣至，

　　　　以告襄子。襄子齊三日，親自剖竹，有朱書曰：趙毋邮！余霍泰山山陽侯天使

　　　　也（論衡紀妖篇作『余霍太山陽天子』，風俗通卷一作『余霍太山陽侯大吏』。參梁玉繩史記志疑）。

　　　　三月丙戌，余將使女反滅知氏。女亦立我百邑。余將賜女林胡之地，至于後

　　　　世，且有伉王。……

案趙世家前此亦載晉獻公時霍泰山神爲災害一事，曰：

　　　　趙夙爲將伐霍，霍公求犇齊。晉大旱，卜之，曰：霍太山爲祟。使趙夙召霍君

　　　　於齊，復之，以奉霍太山之祀。晉復穰。

可見霍泰山祀事在晉甚受崇信，蓋由來久矣。又秦本紀：

　　　　蜚廉善走，父子俱以材力使殷紂。周武王之伐紂……是時蜚廉爲紂石北方（集

　　　解：徐廣曰，皇甫謐云，作石椁於北方），還無所報，爲壇霍太山而報，得石棺，銘曰：

　　　　帝令處父不與殷亂。賜爾石棺以華氏（索隱：天賜石棺，以光華其族）。

案霍泰山神或曰『天使』，或曰『天子』，或曰『陽侯大吏』，傳說不同。秦紀作『帝』，

卽上帝，亦卽天帝。舊籍之所謂帝，義本如此，毋煩引證。然則霍泰山之神通于天矣。

古人之觀念，天生萬物，故人之命在天。霍泰山神已能上通於天，故亦能興滅人家國、

生死人物矣。

復次霍泰山者，本姜 (其別爲羌) 姓國族所尊祀之宗神，古稱『太岳』(禹貢)，姜姓國族之聖地，其發祥在此也。姜姓之國，厥後有移殖河南南部卽今之許昌、南陽、上蔡、新蔡一帶而以嵩山爲其國山者，許、謝、申、呂 (或作甫) 等國是也。此等姜姓之國，亦尊嵩山曰『嶽』；且信以爲嶽神效靈，篤生賢輔，大雅崧高篇所謂『崧 (嵩) 高維嶽，駿極於天。維嶽降神，生甫及申』者是也。其又一支則建國山東，齊、紀、向、州、郱等國是也。此一帶地區之山鎮本曰岱宗，亦曰泰山。此等國已皆爲姜姓太岳之後，故亦尊泰山曰『嶽』，曰『隆嶽』(管子小匡)。蓋種姓雖遷，而宗神之信仰不改，不忘本也 (以上並詳拙春秋大事表列國爵姓及存滅表譔異壹貳伍呂『都』。葉四三〇——四三三)。

如前所述，霍泰山有天使、天帝，能興滅人家國，生死人物；嵩嶽亦降生申伯、甫侯。而今泰山亦有『嶽』與『天孫』之稱 (或曰泰山神外孫爲天帝。並見後)，則其亦有掌人間生死之說，固其宜矣。

復次戰國秦漢間方士，旣皆爲燕齊海上之輩，因之其所有之渲染傅會，自亦不出泰山；人主亦從而尊信之，故泰山之神說特著；而霍泰山之信仰反而不顯，此非謂嶽神有幸有不幸，環境時勢使之然耳。由是言之，則泰山之天孫 (或泰山神外孫爲天帝) 與霍泰山天使、天帝之說，誠不無淵原上之關係；而黃汝成氏以爲『傅訛』，斯則其猶有未考者也。

泰山固不衹主死，亦主生。——不衹掌人死錄，亦掌人生錄。趙翼謂：

> 東嶽主發生，乃世間相傳，多治死者，宜胡應麟之疑也 (陔餘叢考卷三五)。

案泰山主死說之所由來，前引顧 (炎武)、余 (嘉錫) 二氏所論者是也。主生之說，固亦有可以推迹者。史記封禪書曰：

> 少君言上 (漢武帝) 曰：祠竈則致物，致物而丹沙可化爲黃金，黃金成以爲飲食器，則益壽，益壽而海中蓬萊僊者乃可見；見之以封禪則不死。
>
> 申公曰：漢主亦當上封，上封則能僊登天矣。
>
> 齊人丁公……曰：封禪者，合不死之名也。秦皇帝不得上封。陛下必欲上，稍上卽無風雨，遂上封矣。

孝經鉤命決曰：

堯夢乘青龍上泰山（黃氏逸書考本頁十三）。

風俗通義曰：

> 東方泰山……尊曰岱宗。岱者長也，萬物之始……王者受命，易姓改制，應天
> 功成，封禪以告天地（卷十、五嶽）。

博物志曰：

> 泰山，一曰天孫，言爲天帝孫也。主召人魂魄。東方萬物始成，知人生命之長
> 短（卷一、地。案此孝經援神契文也。可參黃氏逸書考孝經援神契頁二六）。

元始上眞衆仙記曰：

> 太昊氏爲青帝，治岱宗山（卷四、三皇經說）。

案五行家說，東方青帝，主萬物之始生。泰山爲東嶽，其帝青帝，乘青龍，此卽
泰山主生舊義矣。若封禪書之言登封泰山則可以益壽、仙登，則方士引申此一舊義而
爲此附會之說耳。

或曰，遁甲開山圖謂『亢父知生，泰山主死』，是謂主生者亢父、非泰山矣。今案
亢父、秦置縣，北齊廢。故城在今山東濟寧縣南五十里（參漢書地理志八下二東平國、補注）。
蓋縣有亢父山，縣以此得名。此小山耳，在泰岳之南，何得與泰岳對立而稱尊？方士
之詭，誠不可知。要之，必非初義。

復次列異傳：

> 臨淄蔡支者，爲縣吏，曾奉書謁太守，忽迷路，至岱宗山下，見如城郭，遂入
> 致書。見一官，儀衞甚嚴，其如太守……付一書，謂曰，掾爲我致此書與外
> 孫也。吏答曰：明府外孫爲誰？答曰：吾太山神也。外孫，天帝也。……掾出
> 門，乘馬所之，有頃，忽達天帝座太微宮殿，左右侍臣俱如天子。支致書訖……
> 帝曰：君妻卒經幾年矣？支曰：三年。帝曰：君欲見之否？支曰：恩唯天帝！
> 帝卽命戶曹尚書勅司命，輟（？）蔡支婦籍於生錄中，遂命與支相隨而去。乃蘇
> 歸家，因發妻塚，視其形骸，果有生驗。須臾起坐，語遂如舊（太平廣記三七五）。

案列異傳言泰山神外孫爲天帝，又云天帝之戶曹尚書掌『生錄』，是謂泰山神外孫卽天
帝主生，非亢父。而博物志則云泰山爲天孫，卽天帝孫，主召人魂魄，卽主死。說法
互岐，蓋本是一家一事分化而爲二家二事，方士之徒隨宜造訛，不可究詰者也。

封禪書又云：

> 公玉帶曰：黃帝時雖封泰山，然封后、封巨、岐伯、令黃帝封東泰山，禪凡山
> （集解：徐廣曰，一作丸。會注考證：凡，當作丸。地理志、丸山，在琅邪朱虛縣），合符焉然後不
> 死。

案本云上封泰山卽不死而仙登，今又云，凡封泰山，更須禪凡山（丸山），然後不死。
本自一事分化而爲二事，此亦其一例矣。太山鏡銘云：

> 上大山，見神人，食玉英，飲澧泉，駕交龍，乘浮雲，白虎引兮直上天，受長
> 命，壽萬年，宜官秩，保子孫（羅振玉遼居雜著漢兩京以來鏡銘集錄大山鏡）。

本言天子登封泰山然後不死，今據鏡銘，則凡民亦可望上泰山、見神人、食玉英、飲
澧（醴）泉，駕交（蛟）龍、乘浮雲、白虎引兮卽直上天，受長命；不必定限於天子矣。
蓋本無其事，隨人想像，任意傅會，無乎不可，此亦其一事矣。

　　秦漢間封禪泰山與神仙方術之事，此無疑爲燕齊方士附會之說。此一思想之產生，
小柳司氣太曰：

> 屈原之遠遊章云：『貴眞人之休德，羨往世之登仙。與化去而不見，名聲著而日
> 延』。又天問章云：『崑崙縣圃，其居安在？增城九重，其居幾里？』又戰國策
> 之楚策及韓非之說林上，皆述獻不死之藥於楚頃襄王之事。又漢書藝文志所載
> 之神仙家，有伏羲雜子道二十篇，上聖雜子道二十六卷，道要雜子十八卷，黃
> 帝雜子步引十二卷，黃帝岐伯按摩十卷，黃帝雜子芝菌十八卷……泰一雜子黃
> 冶三十一卷。計十家二百五卷。其雜子之意義雖不明，然按摩卽爲所調（謂）導
> 引，芝菌卽爲服食五芝藥之法，黃冶卽爲黃白。其所謂伏羲、神農云者，恐爲
> 後世之假託，但其所傳甚古。殆由中國人欲長壽之心理，故發生如此之方術也。
> 而於史上神仙家之輩出，實在於戰國時代之燕齊地方，齊威王、宣王、燕昭王
> 皆信之。降至秦始皇、漢武帝，爲其最著之例。何故此思想特發達於燕齊之地
> 方？殆因有三神山之傳說歟？三神山，據史記天官書、封禪書、漢書郊祀志，
> 則謂爲起於勃海灣之蜃氣。天官書謂海旁蜃氣象樓臺，野氣象宮闕，雲氣各象
> 其山川人民之積聚。當此之方士利用之，以爲神仙之居，所謂到之則可求不死
> 之藥。……而見於經典之山川望祀，今一變而爲封禪（道敎之起源第四章第四節。據

陳彬龢譯本）。

案氏謂方士思想之產生，一基於舊有之欲求長壽心理；一由於海濱地方有蜃氣樓臺之
象，引起人幻想，因爲方士所利用（後一事，章氏國故論衡原學篇說略同）。此固矣。然燕齊
頻海，交通便利，見聞開廣，其民族性聰明活潑而富於想象；此淮南子所謂：『齊國
之地，東負海而北障河，地狹田少，而民多智巧』（要略篇）；太史公所謂：『吾適齊，
自泰山屬之琅邪，北被於海，膏壤二千里，其民闊達多匿知，其天性也』（齊世家）。質
言之則曰『怪迂之變』（史記孟荀列傳附騶衍傳）；曰『怪迂阿諛苟合之徒』（封禪書），曰『齊
人多詐』（御覽九八四引東方朔別傳），曰『齊人多詐而無情實』（汲黯語，見史記平津侯傳），曰
『齊地多變詐』（同上三王世家）。然則封禪與神仙方術之說，一方面固本乎傳統思想；一
方面則由於燕齊方士怪迂詐僞；而此怪迂詐僞之思想，則特別之地理環境之產物也。
是則泰山主人生死之說，雖與霍泰山有淵原之關係，而歷史性、地方性，亦未嘗不兼
而有之，可無疑也。

　　　　　　　　　　　　　　　　　　　　　　一九八一年二月二十二日脫稿

再論漢代的亭制

勞　榦

（甲）亭隧與塢相關的問題

　　許多年前，我曾寫過一篇「漢代的亭制」，這篇論又發表時間太早了，只能算做一篇「開路」的工作（所謂 pioneer work），其中雖然略有創見，但顯然的不够成熟，有很多地方說的不够清楚，甚至於還有自相矛盾的地方。現在事隔多年，確實有再行整理一次的必要。

　　漢代的亭是一種建築，也是一種治安上的區畫。現在中原人口密集的地方，因爲變動太大，舊日亭的建築物早已不存，但是在漢代的長城遺址附近，因爲受到的擾亂較少，許多舊日的烽臺尙存遺址。烽臺也就是隧，而「隧」在說文上說明是「塞上亭」。所以亭也是隧，從隧的形式就可以推論亭的形式。

　　據敦煌漢簡：

　　⑴一人草塗候內屋上，廣丈三尺五寸，長三丈，積四百五尺。

　　⑵一人馬矢塗亭前地二百七十尺。

　　⑶高四丈二尺，丈廣六尺，積六百七十二尺，率人二百廿三尺。

　　⑷二人削除亭東面，廣丈四尺，高五丈二尺。

　　⑸亭隧滯遠，晝不見煙，夜不見火，土吏、候長、候史耿相告候，燔薪以……

　　又據居延漢簡：

　　⑴樂昌隧次鄉亭卒迹。不在，遂上塢。

　　⑵其十三枚受府，十五枚亭所作，少七枚。（一九、五），（三〇三、一一）。

　　⑶凡亭隧皮旬廿八，凡亭隧二十五所。

（三〇三，一一）。

(4)遣吏輸府謹擇可用者隨亭隧。（二三二，二六）。

(5)道上亭驛。（一四九，二七）。

(6)樂昌隧長已戊申日，西中時，使並山隧塢上表再通，　人時，苣火三通，己酉日，再（通）。（三三二，五）。

(7)守望亭北，平第九十三田。廣三步，長七步。積二十一步。（三〇三，一七）

(8)建平五年八月□□□□□廣明鄉嗇夫容假佐玄，敢言之，善居里男子丘張自言與家買客田，居作都亭部，欲取（過所）案張等更賦皆給，當得取檢，謁移居延，如律令，敢言之。（五〇五，三七）

(6)□縣河津門亭（三七、三三）

(10)□道鳴池里陸廣地，爲家私市張掖酒泉眾行食，已住今□門，亭，障，河津，金關，毋苛止，錄後使。敢言之，如律令／掾不害，令史應。四月甲戌入。（三六、三）

(11)虜守亭障，不得燔積薪。晝舉亭上烽，一煙；夜舉離合苣火。次亭燔積薪，如品約。（一四、一一）

(12)爲亭隧竈所。（五一二、五）

(13)南書一輩一封，潘和尉印？詣都尉府。六月廿三日庚申，日食坐五分。沙頭亭長發騂北卒。日東中六分，沙頭亭卒宣付騂馬卒同。（五〇六、六）

(14)南書一輩一封，張掖肩候詣肩水都尉府。六月廿四日辛酉，日蚤食時沙頭亭長使騂北卒音，日食時二分，沙頭卒宣付騂馬卒同。（一五四、二）

(15)火一通，人定時發，塢上苣一，（五三六、三）（三四九、二九）

(16)元延二年十月乙酉，居延令尙，丞忠移過所，縣，道，河，津，關，遣亭長王豐以詔書買騎馬，酬泉，敦煌，張掖郡中，當言傳舍從者，如律令。／守令史朗，佐襃，十月丁亥出。（一七〇、三）

(17)□□府以郵行。（六二、二）(18)肩水□□○次行。（二八八、三二）

(19)匈奴入塞及金關以北，塞外亭烽見匈奴人舉烽煙和，五百人以上能舉二烽。

　　（二八八、七）

⒇居延亭繳寧當輕車一乘（五一、六）

㉑長十丈七尺塢塢高丈四尺五寸，按高六尺，御□高二尺五寸高二丈三尺。（面）

　　陽城塢寬高袤厚，上下舉，負候長，候史治名葆塞延袤道里，塢高士吏晝多三月奉，付出之，□□隧史□多三月奉（付出）之，（背）（一七五、一九）

㉒甲渠部候以亭行。（三三、二八）

㉓不敵曰、亭卒不候。（六八、一一四）

㉔第廿九車父白馬亭里宿武都。（六七、二）

㉕第十八隧長鄭疆從補部西門亭長、移居延。一事一封。六月戊辰尉史憙。

　　（二八五、一五）

㉖三月餘□粟一千九百六十八石三鈞十斤其三千五百卅三喉三千百卅六石積三喉，千石積高沙亭部（一七八、七）

㉗五鳳二年八月，辛巳朔，乙酉，甲渠萬歲隧長成敢言之，迺七月戊寅夜，隨塢陡傷要，有瘳，即日視事，敢訖。（六、八）

㉘居延都尉府以亭行（八二，三〇）

㉙入糜小石十四石五斗。始元二年十一月戊戌朔，第二亭長舒，受代田倉驗見，都丞延壽臨。（二七三、二四）

㉚出糜小石十二石爲大石七百二年，征和五年正月庚申朔，庚申，通澤第二十亭長舒，受部農第四長朱。（二七三、九）

㉛臨道亭長光以食吏四人。（三〇八、一七）

㉜□□年九月丁巳朔，庚申，陽翟長猛，獄守丞就兼行丞事，移函里男子李立弟臨自言取傳之居延過所。縣邑侯國勿苛留如律令，侯自發。（一四〇）。

㉝出糜卅三石二年，征和三年八月戊戌朔己未，渰二亭長舒付屬國百長千長。

　　（一四八、一）（一四八、四二）

㉞入糜小石十五石始元三年六月□□朔甲子第三塢長舒受代田倉驗見都丞臨（

二七三、一四）㉟小石十五石始元三年四月乙丑朔丙寅第二亭長舒受胡倉驗建都丞臨。（二七三、八）

㊱元延二年十月壬子甲渠候隆謂第十候長忠等記到各遣將粟（二一四、三〇）

㊲出十二月吏奉錢五千四百候長一人候史一人隧長一人五鳳五年五月丙子尉史壽王付第廿八隧商奉世卒功孫辟非（三一一、三四）

㊳入糜小石十二石始元五年二月甲申朔丙戌第二亭長舒受代田倉臨□（二七五、二三）

㊴河平二年正月己酉朔丙寅，甲渠部候誼敢言之，府移舉書曰：第十三隧長解宮病背一傷右角立。（三五、二二）

㊵九月乙亥躲得令延年，丞置敢言之。肩水都尉府移肩水候官告尉，謂東西南北都□義等補肩水尉史，隧長，亭長，關使者，如牒，遣自致。頡良，王步光，成敢，石胥成皆□書牒署從事，如律令。敢言之。（九七、一〇）（二一三、一）

㊶積薪東頃，十四隧長房井塢上北面新傷不補。（一〇四、四二）

㊷五戶關椎皆故。有新未？非子曰，故隧長有新關椎，在三塢隧，未作，毋累舉。（四六、二九）

㊸三塢隧戍卒居延陽里莞宣（七三、一五）

㊹（甲）渠鄣候喜謂第四候長宣第十候長……事如律令（一三六、四一）

㊺（敢）言之，其母井者各積冰亭十石（五三四、九）

㊻隧長更生壘亭簿，五月庚辰刻壘亭盡甲辰廿五二百九十／五月乙巳作（面）肩水戍亭二所，下廣二丈八尺六月簿餘穀百六十石（背）（五四、二三）

再據睡虎地秦簡：

(1)如官嗇夫其他冗吏，令史，掾，計者，及都倉，庫，田，亭，嗇夫，坐其離官，屬於鄉者，如令丞。

(2)市有街亭求盜在某里曰，甲傳詣男子丙，及馬一匹，雜牝，右剽，緹複衣帛里，莽緣領袖，及履，告曰，丙盜此馬衣，今見在亭旁，而捕來詣。

(3)爰書，某亭長甲，求盜某里曰乙……縛繫男子丁。

(4)爰書，某亭求盜甲告曰，署中某所有賊死結髮，不知何男子来告……男子屍
到某亭百步，到某里士伍丙旧舍二百步，……訊甲亭人及丙，知男子何日
死。

專就以上所列的秦簡及漢簡，可以推證下列的各種關係。

(1)亭和「隧」，「塢」，「堠」的關係究竟是些什麼關係？其中異其究竟在那
幾點？

(2)亭和縣・鄉・里，驛的關係究竟是怎樣的。其中有關的問題，如同配置問
題，如同隸屬問題，如同工作問題，究竟是怎樣的？這兩點都是有關亭的重
要事項，必需加以澄清，然後什麼是亭，才可以立一個界說。

依照說文解字的解釋「隧塞上亭也」來看，亭和隧是同類的組織，功用和建築。
只是在內郡叫做亭，在塞上叫做隧。從敦煌漢簡及居延漢簡來看，漢代長城地帶的防
禦及情報單位是隧，也就是把內地的亭移到塞上，就叫做隧。所在的地位不同，因而
名稱有異。隧既然賦與一個特別名稱，當然不同簡單的把內地的亭搬到塞上來，其中
當有隧專有的特質。漢代內地的亭內容怎樣，從現有的史料來看確實不太清楚。隧的
內容，因為從文獻上（漢簡）及遺址的遺留來看，可知的已經不少。現在可以大致用
隧的內容及形式來推斷亭的內容及形式。只有一點，亭簡單而隧複雜，凡是隧多出來
的設施，亭可能並不具備。若用概括的敍述，這樣也許可以說明亭和隧的分別。

現在把亭和隧大致比較一下來說明亭和隧其同異所在。內地的亭，其中服務的
人，計有亭長一人，管理亭的事務，求盜一人佐亭長維持治安；亭父一人，對於亭的
整理，清潔各項工作去服務。不需要更多的人。至於隧上工作較多，就比較有伸縮
性，例如：

□城□（隧）卒一人候望，□起畫天田，人力不足，（敦煌簡），戍卒三人以
候望為職。戍卒濟陰郡定陶羊于里魏賢之死，夜直候誰？夜午時紀不辦，□宜
步卒除……（居延簡一八三・七）

鉼庭隧還宿第卅隧，卽日旦發第卅，食時到治所第廿一隧，病不幸死。宣六月
癸亥取寧，吏卒盡具，塢上不乏人，敢言之。（居延簡三三・二二）

現在從敦煌簡和居延簡的記載來看，各隧有多少戍卒，不能完全確定，不過除隧長以

外，有三個或四個戍卒，輪值守望。這就和內地的亭組織不同。內地的亭有亭長，求盜和亭父三個人已可以應付，而隧卻有一個隧長及三四個戍卒，要有四五個人才夠用。就這一點來說，亭和隧顯然有分別。

在邊塞的區域中，例如居延，就有亭也有隧，前引第 (25) 條，第十八隧長鄭疆從補郭西門亭長。在同一簡中亭與隧的名稱顯然各有所指。第十八隧是塞上的隧，而郭西門亭是指居延城外郭的亭，範圍不同，亭與隧並非互稱。又如前引第 (40) 第，稱肩水尉史，隧長・亭長・關使者，等等。亭長和隧長並稱，也顯示著亭長並非在一些地區有亭長也有隧長，應當指賦予不同的職務。表示亭長替人民服務，而隧長防邊，但在漢簡裏面，卻是同樣一處隧長，有時或稱亭長，或稱塢長・或稱隧長。凡是亭長，塢長或隧長，都是一種法律上的定稱。在公文及法定的記錄上，是不應當用幾種官名，互相代替的。只是在以前引到的漢簡，如(29)，(30)，(33)，(34)，(35)，(37)，(38)，(39)，等條就表示著隧長曾有三種不同的稱法。但是再進一步來看，那就在漢武帝時至昭帝元始三年四月，隧長的職名是「亭長」。到了昭帝元始三年六月，隧長的職名改爲「塢長」。到了宣帝時代，一直到東漢時期，隧長的職名都是「隧長」，不再用亭長或塢長的稱呼。

在漢書中，武帝時候，是不用隧這個名稱的・漢書匈奴傳上：

> 武帝卽位，明和親。漢使馬邑人聶翁壹……陽爲賣馬邑城，以誘單于。……單于既入漢塞，未至馬邑百餘里。見畜布野而無人牧者，怪之。乃攻亭。時雁門尉史行徼，見寇，保此亭。單于得欲利之。尉史知漢謀，乃下，具告單于。單于大驚曰，「吾固疑之」。乃引兵還。出曰：吾得尉史，天也」，以尉爲天王。

這是武帝初年時的事，塞上的亭就是後來的隧。此處稱做亭而不稱做隧。表明當時還是把後來的隧仍叫做亭的原故。

從亭隧的兩次改名稱一件事看來，是有其理由的。從亭改作塢，可以看出塞上的亭是有塢的，而內地的亭是沒有塢的。這一點就顯示塞上的亭的特質。雖然內地的亭雖然不具有塢，但在內地除亭以外，尚有建塢的(譬如郿塢，就是一個儲存用的塢)，塢的名稱並非是塞上專用。爲了避免紛擾，後來又採用了專爲塞上使用的名

稱，隊這一個字，從這一系列名稱的變動，使我們更可以了解亭隊的特質。

亭隊的起源應當追溯於一般的亭。說文「亭，民所安定也。亭有樓从高省，丁聲」，按照此處來說，亭的本意應當是高處建的瞭望樓，來保衛人們的治安的。這個字如其窮原溯流，和京字，郭字，高字等都有相關的意義，考證起來較爲繁複。今只依據漢代著作的說文，就此討論漢代的事物，更爲簡單些。

本來新石器以來的遺址，大都在沿河的臺地上。商代的亳，周代的鎬京，都是一些表示高地建築。亭的原義，不一定是全爲偵察，而居住的意義是更爲重要的。但是人口增加和都邑擴大的結果，這種高地建築，並不能概括一個都市，因而亭的名稱縮小到都市的中心部分，也就是漢代所謂「都亭」。這是一個城的核心地區。

漢書地理志記載著許多郡縣的名稱，王莽時加以改動，而郡治地方還有許多以「亭」來稱的，這當然是保存古義。就中如東郡濮陽，莽曰「治亭」，（汝南平輿，注應劭曰「故沈子國，今沈亭是也」，此非莽所改）。濟陰郡定陶，莽曰陶丘亭。沛郡相，莽曰吾符亭，平原郡鬲，莽曰河平亭·千乘郡濕汝，莽曰庭亭。蒼梧郡廣信，莽曰廣信亭，信都國信都，莽曰新博亭。這些用亭作城名的，又多屬郡治。所以此處的亭，顯然不是偵察的意思，而是（一）亭爲在高處上的建築，和「京」具有同樣的意義，因而用於治所。（二）郡治多在人口眾多之處，亭是住人的，與說文以「人所安居」相符。——這種情況可以有一種解答。即在遠古時期，爲著防永並且防野獸的侵襲，人就選擇高處來建房舍，這種高處的房舍就叫做京或亭。這些不同地位的亭，往往是可以互相看望的。結果主要的亭就變成貴族官室的臺殿，而附屬的亭就成爲瞭望偵察的瞭望臺。在近年一切考古的工作中，發現了許多戰國時的都城，如燕下都及邯鄲等，其宮殿的遺址，都在人造的高臺上。（所以宮殿存則稱爲臺或殿，宮殿廢圮就稱爲丘墟，凡稱某氏之墟，仍是高地的意思）這種貴族的宮室在高丘之上，平民繞貴族宮室而居（後來再修城市的圍牆），和日本及歐洲封建時代的城堡，在發展程序上是類似的。

爲著亭制在一個長期進展之下，有相當複雜的演變，到了漢代道路上十里一亭的亭，以及烽燧用的亭，在亭的發展中只是其中的一支，和其他居住的亭，早已名同實異。但在做亭的初步探討之時，仍會構成混亂和誤會的。舊作「漢代的亭制」一篇

中，就因爲有種種的考慮而發生了互相矛盾的看法。因此爲了對於亭的演變作更進一步的分析，就需要把各種不同亭再作一個演變的分析。以下是一個簡單的演變表：

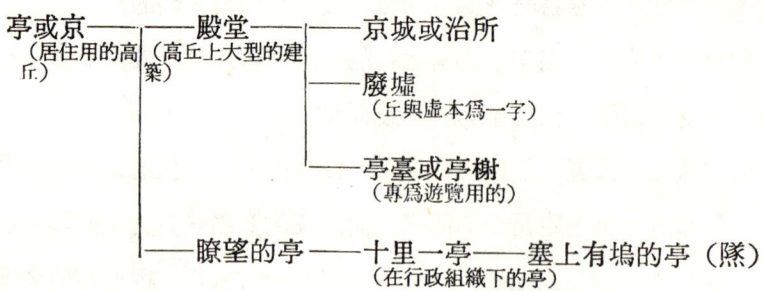

所以漢代十里一亭的亭，原是專供警備之用，其地區可以有居民，也可以沒有居民。但亭也可形成一個區域。再從另一方面來說，這些居民雖附著於亭，其管理居民的責任以及收取賦稅的責任是屬於鄉的[1]，其自治性的活動（如同里社）是屬於里的。東漢以後封侯的區域，有縣侯，有鄉侯，有亭侯，而里不用來做侯國。這是里的面積太小，不能做成一個侯國的單位，亭可以容下十個以上的里，可以構成較大的單位。再嚴格說來，亭的功用以治安爲主，只能算是一個警察區。用現今制度來比喻，鄉和亭的關係，可以說和鄉鎮公所與警察派出所的關係，有些類似之點。

　　亭所包括的範圍既然如此複雜，所以塞上的亭，爲了在命意上能够簡潔，在昭宣時代改一個新的名稱是應當的。第一次的新名稱卻是塢而不是隧。今就內地的亭和塞上的亭來比較一下，內地的亭，可以供傳烽之用，但卻只有一個烽臺，烽臺以外並不需圍牆來作防禦之用。內地的烽臺如漢書匈奴傳上所稱「烽火通甘泉」正表示甘泉宮旁就有烽臺。至於西安至榆林大道，烽臺到民國初年尙存。蘭州至武威張掖大道，烽臺到民國三十年尙存。至於漢代十里一亭，在不屬於國道部分，只是縣與縣交通道路上，是否尙有烽臺？因爲不曾發現過遺址。現在假定那種地方不應當有烽臺，只應當有「道班房」式的房子，卽所謂「郵」，來做偵察人員居住之用，也就够了。

　　邊塞上的亭，應爲除去偵察及通訊的需要以外還要兼顧到防禦的需要，除去亭的

---

1. 秦法的戶籍是用什伍組成，而互相伺察。這些事應當是集中於里的。所以漢代的戶籍，還是以里爲單位。因此戶籍的名册，除去牧賦稅的鄉，需要一份以外，在里方面亦必有關於戶籍的檔案。這樣看來，里的伺察任務要和亭接觸，而戶口任務要和鄉接觸。

本身有相當高度以外，還需要圍繞著圍牆，這就是「塢」。原來塞上守禦用的牆壁，
除去長城以外，在比較小一點的範圍上，還有三種不同的形式。第一種是「城」，譬
如被叫做黑城的居延城，敦煌城的漢代郡城，都是和內地的縣城相仿，是一種規模較
大的城圍。第二種是障，漢代的障，可以說有一定的標準形式，城圈不大，只有一個
城門，城牆卻相當堅厚，譬如玉門關城及地灣的障城等都是。第二種是塢，塢的厚度
較城牆爲薄，高度也比亭爲低，據前引敦煌簡 (3) 亭高四丈二尺[2]，又據前引敦煌簡
(21)塢高丈四尺五寸，塢的高度不過亭的高度三分之一。以市尺計算，塢約計也可以
高達市尺一丈，所以也可以構成防禦的作用。

　　亭和塢的關係，如下圖所表示：

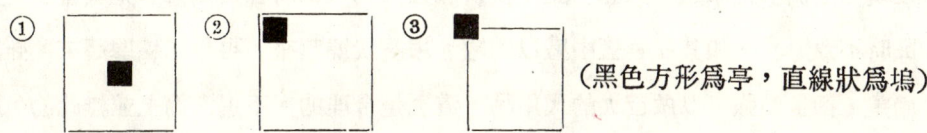

　　　　　　　　　　　　　　　　　　　　　　　（黑色方形爲亭，直線狀爲塢）

所以在亭上的建築，除在亭（烽火臺）就是塢（圍牆）。若以建築物來命名，如其不
叫做亭，第一個選擇就利用到塢這一個字了。

　　塢字在漢簡中不常用，其中前引 (26) 及 (42) 的「三塢」是一個隊的專名。原
來塢字係從候字變來。但候官及候長都已用候字。自用不著再時常用到塢字來增加紛
亂。

　　烽字漢簡中作𤇅，這是一種綜合的訊號，在亭的上面，懸掛烽表，再用煙來表
示。燧指烽火臺上的積薪和炬火，史記司馬相如列傳說：「聞烽舉燧燔，」史記集解
引漢書音義說：「烽如覆米薁，懸著桔皋頭，有寇則舉之。燧積薪有寇則燔然之」，
漢書賈誼傳：「候望烽燧不得臥」注引文穎說：「邊方備胡寇，作高士櫓，櫓上作桔
橰頭，懸兜零，以薪草積其中，常低之，有寇則火然，舉之以相告曰烽，又多積薪，
寇然之以望其煙曰燧」，以上兩種注文都確有根據，不過也都有問題。烽表確用桔橰
（漢簡「烽不可上下」，卽用桔橰來上下布烽），但桔橰只是用來舉布製烽表的，供
白天之用。其在白天，除去烽表以外，還用煙，在漢代烽臺的頂端，有些現在尚存煙

___

2. 墨子雜守篇：“築郵亭者圍之，高三丈以上”，此處用的周代的尺度，和漢制不同。顯然比漢制要低些。

竈。只是烽表頂只能舉一煙，所以在烽臺之下，應當有別的煙竈以便再多舉煙，只是烽臺以下容易破壞，現在還未曾找到，但應當確實有的。所以烽的制度，白天只用表和煙兩種，就已經夠了。

其在晚上，也只用苣火和積薪兩種，積薪是在塢以外焚燒的。在塢的內部，包括塢上或亭上（即烽臺上）都用苣火。當然苣火是可以用桔橰舉起來，不過在西北沙漠到處是一望無涯的，加之空氣清朗，甚少煙霧，晚上比起白天，一根香頭的火光，就可以在五六里外望見。如其採用苣火，十里至十五里，可以望見，毫無問題。苣火放在竿頭，或者用人手持，遠處看來，都是一樣。所以把苣火用桔橰舉起來，並無實際的價值。居延和敦煌簡所記晚上是不用桔橰的。漢書音義及漢書注所說兜零形的烽，在漢簡上找不到印證。只有一點，積薪和苣火在大風時都有困難，尤其苣火更難在大風時不致熄滅。如其在竹籃中盛以陶罐，用薪炭燒起來，再用桔橰舉起來，雖然光度稍差，卻也勉強可以做苣火的代用品，這也是合理的。不過漢簡上並無此物，除非是東漢以後新創的事物，以代苣火的，西漢時尚不見用到。

從以上看來，雖然烽燧（薁隊）並稱，但烽確指一種事物，即烽表，司馬相如所稱的烽舉燧燔，烽舉是指舉上烽表，但燧燔卻可以指亭上竈所舉的煙，也可以說苣火或積薪。在塞上似乎並無一種特定的烽火記號可以叫做燧的。燧既然是一個比較廣泛的名稱，也許在漢代長期中，把塞上的傳烽站，不稱為亭，不稱為塢而稱為隊的原因。但是這個名稱後代並不沿用，唐人就把烽火臺不稱為燧而稱為烽了。（至於「站」這個名稱，那是蒙古話，當然更後。）

（乙）說亭與隊並論亭與生

以上所談的是漢代亭制的大致情形。其中亭制牽涉的較為廣泛，因而就不免發生了許多不能解決的問題而形成了不少糾紛。在我所作的論漢代亭制，主要的是從顧炎武日知錄一段引申出來，後來再讀本文，覺得不滿，又作了附記一則。因為附記是後作的，思路和作本文時，完全從顧炎武的意見出發點不同，就不免形成了互相矛盾的現象。現在再檢討一下，本文和附記，其中得失，還可以再作檢討。

漢代縣制之中，顯然的，在令長以下，丞尉二百石至四百石，是朝廷命官，為第

一級；鄉嗇夫秩百石以及比於百石的有秩，為第二級；游徼和亭長，都是縣吏，但都是斗食，不及百石，為第三級。以上的都是官或吏，為有給職。至於鄉三老，是名譽職，除去可以復除交稅以外是無給的。里魁在文獻上，並沒有證據證明是吏，依照一般的傳統，如三長法或保甲法，這些後世所謂「鄉官」實際上是自治的「會首」。其所有支出，應當是由里社公積或由里社分攤，不在朝廷預算之內。如其把縣中的公事都認為是治民，那就嗇夫，游徼，和亭長，都是治民的。反之，在邊境上的候官（相當於縣令長），塞尉（相當於縣尉），候長（相當於鄉嗇夫），隧長（相當於亭長），卻都不是治民的。這種官名的分別，就表示候官，塞尉，候長，隧長是純武職；而屬於縣的縣尉，游徼，亭長只是一種警務上的官職，並非一些純武職。顧炎武說亭有人民，其中並非那樣的簡單，卻也並非完全荒謬。

　　當然，顧炎武那篇是一個創始的工作，其中自亦難免不精密之處。例如，他說：
　　　「又必有城池，如今之村堡」，自注，「今福建廣東，凡巡司皆有城」。韓非
　　　子「吳起為西河守，秦有小亭臨境，起攻亭，朝而拔之」漢書息夫躬傳「客居
　　　丘亭，姦人以為侯家富，常夜守之。」匈奴傳「見畜布野，而無人牧之，乃攻
　　　亭。」後漢書公孫瓚傳「卒逢鮮卑，乃退入空亭，」是也。自注云「減宣怒其
　　　吏成信，信亡入上林中，宣使郿令將吏卒闌入上林中蠶室門，攻亭，格殺信」
　　　（見漢書酷吏傳），是上林中亦有亭也。

這一段所引的說到亭的地方，並不是那樣一致的，必需加以區分類別才能得到真象。他說亭有城池，是錯的，他說：「今福建廣東，凡巡司皆有城」，也是比擬不倫。明清縣的分巡，如縣丞，主簿之屬，都是朝廷的命官，其築有城池，自不足異，亭長只是吏不是官，所以不會有城池的。亭卻可以據守，因為有下列的兩點，第一，亭是在高地築臺，所以可以據守，不一定就有城堡；第二，亭可以有塢，塢是圍牆不是堅厚的城，更不具有城壕或池。所以在這一處原則不錯，還是有些誤會。至於韓非子所說秦邊境的亭，以及匈奴傳所說的亭，以及後漢書公孫瓚傳所說的亭，大都是亭隧的亭，原有的防禦工事較為堅固，所以可以據守一下。第二，息夫躬傳所說的「丘亭」（即廢置的亭）這和淮南王長傳，有司奏徙長到邛的舊亭，是相同的。這種亭兼有驛的作用，其中有房屋供傳舍之用。漢書武帝紀「徵吏民有明當世之務，習先聖之術

者,縣次續食,令與計偕」。所有被徵的人居住的傳舍,也就是這種亭,不是以據守為任務的。第三,上林中的亭,和邊境據守的亭, 和內地路上做傳舍的亭, 都不相同,這種亭實際上是上林中的瞭望臺,因為上林遼闊,其中要設警衛的觀望站,其建築形式和亭相同,卻與外邊的亭作用是不一致的。

綜以上所述,亭只有兩種不同的類別。在內地或邊郡有人民的縣道中,是叫做亭的,亭有亭長,負治安警備的責任,但也兼管道路和郵驛。 如其亭在城內, 叫做都亭,民間經常一切治安以外的問題, 用不著都亭的亭長去過問。 但是在縣治以外的亭。都叫做下亭,其中民間經常問題, 不在法定之內的, 也可能要亭長負調解的責任。有些村落,距離縣治和鄉治都很遠, 亭長要負治安的責任, 遇到了地方上的糾紛,亭長仍然是當地的官方代表。只有賦稅方面,這是嗇夫的專責,其他吏員如同游徼及亭長,也都無權過問。漢代戶口和賦稅是在同一範疇之內的,嗇夫管賦稅,當然也就管戶口,這就不是亭長職分之內了。此外還有傳烽示警的責任,雖然是從邊塞的烽堠傳過來,但傳到內地,當然由緣大道的亭一直傳過去。這就不分內地的亭或邊塞的隧了。

至於邊塞的隧,原則上其下沒有居民,當然是純軍事的組織而沒有吏治的成分在內。從隧向上一層是候長,再向上一層是候官,都是一樣的不涉及民政的。但從候官上溯那就是太守及都尉,這就與內地相類似了。不過邊郡和內地還是有些不同。譬如郡當邊塞,丞稱為長史,官名既異,職分當然有殊。邊郡和內郡既然職責不同,到了東漢,內郡取消都尉,無都試之事,而邊郡卻和西漢一樣的把都尉之職沿襲下來,這就證明了內郡和邊郡的殊異。

漢代的吏是分為文吏和武吏的。文吏學書武吏學劍,在試吏時,書劍的技術是必需純熟的(見舊作史記項羽本紀學書及學劍的解釋)。亭長是屬於武吏的範圍的,但亭長的升遷,還是走文職的路(見漢書八十三朱博傳)這就表示無論文吏或武吏,都是吏。居延漢簡中的隧長並非以武吏為限,也以文吏充任。所以漢代吏員雖分文武,如其可以勝任,並不限於各就各類。就行政組織說,漢代里是直屬於鄉的,亭不在直接鄉里系統之中,但從烽燧中可以發現社祀的記載,社祀是里的事,也就是說即令在邊區,隧是不治民的,若其中住有人民,隧也可以參與人民的社,內地的亭當然也仍

同此例。

　　里的疑義的構成，可能還是由於歷史上的演變，起了分歧。如其分畫井田（不論井田賦稅如何交法），那就一井就是一里。但在人口密集之地，就又有了一個二十五家爲里的雙重標準。漢代以十里爲亭，是不按戶口的多寡的，而鄉里的里，又依照戶口數目。在漢代各亭，是有各亭的「亭部」的。這個亭部，是依據道里的遠近，以亭爲中心，前後各十里來畫分。這種亭當然是下亭而非都亭。亭所在的村鎮，也當然大小不同。在人口密集之外，一個亭部可能有三五百戶，在人口稀少之處，可能只有一兩戶，甚至可能並無居民。一個亭長對於一個亭部所負的責任是維持治安而非收取賦稅，卻也不能認爲亭長只負軍事的責任，對於居民一點關係也沒有。

　　就一個縣廷的組織來說，令長的輔助是丞和尉，但實際上辦事的人，在內是功曹，在外是督郵。功曹的職守是管縣廷中人事的，各種考績的工作，督郵的職守是循行鄉亭，監督嗇夫，游徼及亭長的，但督郵的職名意爲督察郵譯，可見對於郵亭的事是認爲一個重點。漢代令長之職所管到的，相當廣泛，例如賦稅，戶口，力役，詞訟，盜賊，郵驛，徵調，敎化，祠祀等等，從鄉亭到里，各有所司。很難做一個簡單的概括。只能大致來說，詞訟和賦稅應該屬於嗇夫，盜賊和郵驛應當屬於游徼和亭長，敎化應當屬於三老，祠祀及人民的聚會應該屬於里。其他則隨事的大小，就所在的區域由令長指定所在的吏員來處置。這一類問題過去王毓銓和日比野丈夫就爭論過，其實這個問題太複雜，資料不全，很容易發生疑問。我的基本看法，還是根據日知錄那一條，但其中確還有不少矛盾和誤解的地方，方始再去修改一次，至今還不敢說一定是對的，只是希望能够更進一步，隨時參酌時賢的新見解來改正。

　　在居延漢簡圖版之部再版序中，（第十三葉）對於漢書百官公鄉表所說「大率一里一亭，亭有長，十亭一鄉，鄉有三老，有秩，嗇夫，游徼。」認爲敍述失眞，現在看來，還要重新考慮，這裏原文確是鄉，亭，里三級。這三級表示一個鄉平均下來可以容下十個亭，一個亭平均下來可以容下十個里。其中只講面積，並不講部屬。換言之，里的占地雖是亭的一部分，但里的行政仍直接由鄉指導，亭長只是旁系。這種綜合複雜的關係，自然會生出許多不同的看法的。

（丙）說亭與郵

　　亭的功用在內地是備盜賊，清理道路，在塞上的隊是備胡虜，傳烽候。都是以道路線上或長城線上爲主。郵的組織是爲着傳遞公文書信，和亭隊以道路爲分配的情形，正相符合。因此郵的配置也和亭的配置互相補助，漢舊儀說：

　　　亭長敎射，游激激循；封，游激，亭長皆習設備五兵。五兵、弓、弩、盾、刀、劍、甲、鎧。

　　　設十里一亭，亭長亭候。五里一郵，郵間相去二里半。（亭長）司姦盜，亭長持三尺版以劾賦，索繩以收執盜。

上引的「郵間相去二里半」或作「郵亭間相去二里半」，這是一個不易解答的問題，如其是郵間相去二里午，那郵與亭的布置，應如下式：

　　　亭←——五里←——郵←——五里——→亭
　　　（兼有郵）　　　　　　　　（兼有郵）

如其是「郵亭間相去二里半」，則郵與亭的布置，應如下式：

　　　亭←——二里半——→郵——→五里——→郵——→二里半——→亭
　　　（不兼郵）　　　　　　　　　　　　（不兼郵）

這裏郵字是什麼意思，原文太簡，不能確定。但就一般解釋，郵爲傳送郵書，這個「郵間相去二里半」的分畫，代表着什麼功用，也就十分費解。依照漢簡的記載，如居延簡記「南書」幾封，或者敦煌簡「西薄書」幾封，下面都有隧卒某人交與隧卒某人，都是從這一個隧直接送與下一個隧，其中並無所謂「郵」的記錄。（見前引(13)，(14) 等簡）又如前引 (17)，(18)，(22)，(28) 或稱「以郵行」或稱「隧次行」，或稱「以亭行」，實際上都是一樣的含義，不可能在亭隧上還有兩種以至於三種的傳遞公文書信制度。所以「五里一郵」從亭隧上的文獻上看並不相合。依照漢書八十二薛宣傳：「郵亭不修」郵爲郵舍，亭爲望臺，卻應仍在一處。

　　再就情理來推論。亭卒的人數有限，守望的工作更繁於送信的工作。就現在發現的漢簡來看，亭隧上要做的事很多。除去守望烽火以外，還要整理亭隧補修亭障，修理兵器，畫塞上天田，以致於開墾田地。不可能把送信當成專業。如其設有專送信而

不作別的事的「郵卒」，那就所有的戍卒都住在隧上，不會有距亭隧五里或者是二里半的「郵舍」。再就工作便利以及工作效率說，一隧送傳一隧是較為便捷從此隧送到半途，再由彼隧派人來接，不僅周折費時費事，而且無此必要。所以由事實來推論，也沒有在兩隧之間，又加添一個或兩個「郵站」的可能。塞上既是如此，同樣的，在內地也看不在兩亭之間，有加添「郵站」的必要。所以五里一郵這句話，其中尚有複雜的情況，不是簡單的，承認或否認的問題。

先談這一個郵字，這個字正是一四形義，和聲韵兩方面都有問題的字。說文解字「郵，境上行書舍從邑垂，垂邊也。」這从土的境字，說文所無，境當作竟，此字有被後人增添的嫌疑，清苗夔說文聲訂說：「夔案垂邊也三字，當作垂亦聲，以後人讀郵與垂聲遠，故改垂亦聲，作垂邊也，與境上字複而不覺也。」這是對的，說文邑部，全屬形聲，無一字屬於會意，因為邑部中所有各字，邑字都屬後加。其字原屬假借，到了加了邑旁，就變為形聲。其實形聲和假借是同源的，其中並無一個是會意字。同類的例子，是說文的巷字「巷里中道从雙邑从共，皆在邑中所共也。」巷字从雙邑或从單邑得形，从共得聲，古今向無異說。與此同類，又如郭字，原釋國名，但城郭之郭，亦用此字，从邑，由古郭字（會）得聲。所以郵字从垂得聲，在邑部之中，本非例外。清王玉樹說文拈字，亦云「按郵以垂得聲，古音讀若垂也。」案依照古音讀法，非不可能，但還有相當的困擾。

本來造字的原則中，形聲的應用，比會意遠為普徧。在九千字中，百分九十以上，皆是形聲。但古讀寖亡，後來世俗無從了解古音的嬗變，許多師心自用的人，便牽強附會，積非成是。顏之推顏氏家訓雜藝篇：「北朝喪亂之餘，書迹鄙陋。加以專輒造字，猥拙甚於江南，乃以百念為憂，言反為變，不用為罷，追來為歸，更生為蘇，先人為老，如此非一，偏滿經傳。」這些造字的方法，顯然的都是用會意法代替形聲。唐代武后新字，也是大量利用會意。甚至於王安石作「字說」，如波為水皮之類，仍然是廣泛的利用世俗觀念，以會意來代形聲的原則。說文解字本是經過李陽冰等人竄改過的，郵字的形聲原義曾被去掉，也不足為異。

郵字既然是一個形聲字，那就這個字的構造不必過分追求，只要把郵字的解釋，從古籍引用中的命意去檢討，也就夠了。照說文解字上解釋，郵字指「境上行書舍。

从邑垂，垂邊也。」除去「行書舍」三個字，是許君原文無誤以外，其从邑垂三字，自亦可爲許君原文，不過非常可能爲「从邑垂聲」四字，被人改「聲」字爲」垂邊也」三字。因爲照應「垂邊也」三字，在最前反加上了「境上」二字。不僅此「境」字非說文土部所收之字，而且行書舍，既爲行書（或傳書），就會從國都延伸，不能專以境上（或邊區）爲限[3]。若傳書只從邊區對邊區，而不是國都對邊區，那是於事理不通的。郵字若是形聲，就不至於有此荒謬的解釋，只有把許君形聲的原意改掉了，才會有此扞格難通的怪論。現在需要和漢舊儀印證，漢舊儀所記的郵，是不以邊區爲限的，則許君原文應當只敍明「行書舍」爲止，未曾指明以邊區爲限。漢書顏師古注，有好幾處涉郵字的解釋的，例如：

漢書四十四淮南王長傳：「制曰，其赦長死罪，廢勿王，有司奏請處蜀，道，邛，郵。」注師古曰：「郵行書之舍。」

漢書七十五京房傳：「上令陽平侯鳳承制詔房止無乘傳奏事，房意愈恐，去至新豐，因郵上封事。」注師古曰：「郵行書者（舍）也，若今傳遞文書矣。」

漢書八十二薛宣傳：「宣子惠，亦至二千石。始惠爲彭城令，宣從臨淮遷至陳留，過其縣，橋樑郵亭不修。」注師古曰：「郵行書之舍，亦如今之驛及行道館舍也。」

漢書八十九黃霸傳：「霸爲選擇良吏分部宣布詔令，令民咸知上意，使郵亭鄉官皆畜雞豚。「注師古曰：「郵行書舍，謂傳送文書所止處，亦如今之驛館矣。鄉官者鄉所治處也。」

漢書八十九黃霸傳：嘗欲爲有司察擇年長廉吏，……吏不敢舍郵亭。」注師古曰：「舍止也。」

以上各條顏師古注是非常重要的證據。顏注對於「郵」字的解釋，是完全根據許慎說文的解釋的。但是這幾條之中，除去淮南王長一條，可以勉強把郵作爲在邊境的解釋以外，其餘各條的郵，都是在內地而不是在邊境，而顏氏仍引用說文。可見在顏氏看到的說文原本，只是「郵，行書舍也」而非「郵，境上行書舍。」既然原文並無「境

---

3. 孟子公孫丑上「孔子曰德之流行，速於置郵而傳命」。所說的德，是指天子到諸侯，從中心傳播的，這個郵的命義，自不是以邊境爲限。

— 16 —

上」二字，也就不論是境上行書舍，如淮南王傳所稱，或者非境上行書舍，如京房傳，薛宣傳以及黃霸傳所指，顏氏都同樣的用「郵行書舍也」來解釋，不加分別。這就確切證明了古本說文是怎樣一回事，而郵字只是一個形聲字，並非一個會意字。

再根據「郵行書舍也」，一句來引申，此中最重要的是「舍」字這種房舍是「行書」或「傳書」用的。那就漢舊儀中的「十里一亭，五里一郵，郵間相去二里半」解釋起來，也就不至於無徵不信。郵既然是房舍，亭也以房舍為主。為了工作方便，有亭之處也附着於亭。決不可能離亭別構，在有亭之處不置郵，更在距亭二里半之處再建行書之舍，以致浪費而無用。因為郵和亭相併，所以漢書薛宣傳及黃霸傳皆稱作「郵亭」。至於五里一郵，那是凡有亭之處即有郵，但為了有些地方郵的事務更繁，又在兩亭之間再設一郵。因此就成為每個郵的距離，成為五里而不是十里。若郵與亭完全分離，那就郵亭二字並稱，就無甚意義了。

十里一亭，五里一郵，其中問題不大。比較解釋上有困難的，還是郵間相去二里半這一句。原來五里一郵，郵與郵相距本是五里，此處何以又說是二里半？倘若說二里半指兩郵之界，這個界代表什麼意義？郵舍本來是為了郵卒停留居住，以蔽風雨的，郵卒送信到下一站，照理也是送達下一站的郵舍，再換人接着再送，而不是送到中途，即由下一站郵卒在中途等候着，接到後再送下站。因為就工作效率說，就郵卒所行的遠近說，郵卒在郵舍，等候，或者向前去接，其中並無分別。而中途等候，對於時間無法預期，反而多費人力。所以二里半這個界限，對於傳送書信是無甚意義的，唯一的意義，是在漢代的道路，要時常修理的，而郵舍便是現今所謂「道班房」，每一個郵站負責整理的，是前後道路各二里半，二里半以外，便是別的郵負責整理的地方了。

既然有整理的界限，「里程碑」是必需的。這種里程碑，也就和古代所說的「郵表畷」有關。禮記郊特牲（注疏本二十六）：「饗農，及郵表畷，禽、獸、仁之至，義之盡也。「鄭注：「郵表畷，謂田畯所以督約百姓於井間之處也。」孔疏，「郵若郵亭屋宇處，所表田畔，畷者謂井畔相連畷於此。」所以畷是田間分界的道路。而鄭注所謂，井畔相連畷於此，也就是說，兩塊井田中分界的道路。若就漢代來說，漢承秦制，與井田之制不同，照司馬法是「六尺為步，步百為畝」穀梁傳宣十五年傳，

「古者三百步爲里，名曰井田，井田者九百畝。」此制亦爲漢書食貨志所引用。至於秦漢之制，則以五尺爲步，二百四十步爲畝。也就是古代一畝爲六百尺，漢代一畝爲一千二百尺。但若照漢代五尺爲步計算，一里爲一千五百尺，和古代以一千八百尺爲里的不同。因而里和畝在漢代已不能洽洽互換。再加上漢代尺度又和周代尺度不同，所以縱然古代的阡陌，到漢代還偶有存在下的遺跡（見漢書匡衡傳），卻在田制及道路制度上沒有積極的意義。所以「郵表畷」卽使在郊特牲作者所指的爲古代記里道路的標誌，依照井田區畫而記的。但到了漢代就與畝制田制無關，只用爲記里的標誌，不代表田制的區畫。漢舊儀中的郵間相去二里半，這個二里半，與井田制，甚至於秦漢畝制，都不能相通。但卻是一個郵傳距離一個單位，也就要據已經成爲陳跡的「郵表畷」來追溯從前的消息。

　　過去講郵表畷的以阮元爲最詳，阮氏揅經堂集卷一：

　　將欲于平坦之地，分其間界行列遠近，使人可以準視，望止行步無尺寸之差而不可逾焉。則必立一木于地，且垂綴于木上，以顯明其標志矣。此郵表畷之權輿也。則試言郵，說文「郵境上行書舍也」（漢書，各紀傳郵亭注皆同）。……禮記郊特牲曰「饗農及郵表畷禽獸」，鄭康成注「郵表畷謂田畯所以督約百姓於井間之處也。「引齊魯韓三家詩作」爲下國畷郵」。三家詩乃本字古字也。故因陌間相連之處，木爲分其界限，則可各曰表，以表繫皮則可名曰綴，因之兩陌間之道路，亦卽別制加田於叕之字名之曰畷，此亦字隨晉生，實一義也。……然則郊特牲所謂郵表畷者，乃井田道里上可以傳書之舍也。表乃井田間分界之木也，畷乃田兩陌之間道也，凡此皆古人饗祭之處也。而郵表畷之古義，皆以立木綴毛裘之物垂之，分間界行列遠近，使人可準視望止行步而命名者也。

其中對於郵表畷之名義頗有新解，但亦有不小的誤會。阮氏引說文中鄭字的解釋「郵境上行書舍也」說漢書顏注數處引說文與此「相同」。但他卻忽略了顏氏沿用說文並無「境上」二字。這「境上」二字就是把說文形聲字變成會意字的關鍵。阮氏所有解釋，都從會意字的原則引伸出來，所得的結論也就靠不住了。其次阮氏以爲畷字是因爲兩陌間之道路，有表繫綴皮製標識，因而得名，這就不免太迂曲了。畷字是一個形

聲字，原不必追溯字源的義。誠然形聲字不少是兼義的，但不一定每個形聲字都兼義，勉強追溯，反而變成附會。卽令畷字是有聯綴之義，也只能說用田道聯綴兩陌，不必涉及不一定存在的表，也不涉及對於畷並無必要性的表，更對於表非必要性的垂皮。所以這一個解釋不能承認爲有效的。（此項材料爲楊向奎：郵表畷與街彈論文指出，雖然和我意見還不一樣，但其論文卻具有相當的啟發性，是應當注意的。）

除非郵表畷三字指三件事，那就要另外做解釋；如其郵表畷三字指一件事，依照中國語的文法，這三個字以畷字爲主，而郵表二字形容畷字。在郵表二字之中，又是郵字用來限制表字。所以郊特牲所指的祀典是祭畷，不是祭郵也不是祭表。但是畷上有郵和表兩個限制的字，又表示這種畷不是一般尋常的畷，而是具有郵表的畷。這種畷的條件是不論它的寬度多寬（因爲有些國道也在兩陌之間符合了畷的條件），以及是否兼爲郡道或國道。而是必需在兩陌之間，並且，其旁有爲郵舍而設置的表（里程碑），所以郵表畷所在的地址是有限制的，也就是在漢代情形之下，被限制在十里一亭之亭，五里一郵之郵，以及距郵二里半的兩郵之間處。

爲著證明「表」只是一個簡單的標識，並不限制於特定的某一種標識，現在再補敍一下。說文「表上衣毛，从毛，古者衣裘以毛爲裘」，這是會意字，沒有問題的。其問題是甲骨金文中的表字究竟是怎樣構成的。金文中的表字據吳大澂的說文古籀補，作⿰，吳氏以爲「古表字，井田間分界之木，國語列樹以表道，韋注，表識也。散氏盤，一表以陟，二表至於邊柳。「此字雖可能是表字，但與衣服表裏之表可能爲別一字，後來借用表裏之表爲表識之表，因而兩個不同意義的表字，遂合而爲一。這個表識之表在甲骨文中尚未找到，不過在甲骨文中，孫海波甲骨文編 346-347，和金祥恒續甲骨文編卷八十三頁，都有幾個字可能是表裏之表，卻和表識之表不一定有關係。

表識之表是以木爲標，除國語韋注以外，呂覽愼小「置表於南門之外」，高誘注：「表柱也。」晉語「車無送表」韋昭注：「表旌旗也。」續漢書律歷志：「以比日表」，劉昭注：「表卽晷景。」管子君臣篇：「猶揭表而令止之也」尹知章注：「謂以木爲標有所告示也。「此中的表主要是木製的標識，引申爲旌旗以及日晷。墨子號令篇：「望見寇，舉一垂；入竟、舉二垂；狎郭，舉三垂；入郭，舉四垂；狎城，舉

五垂。」此垂字亦是表字之誤。因爲古文表字作𠂹經戰國改寫，和古垂字坙經戰國改寫，是易於相混的。當然這個表，已經有些在特種機會上，加上繒帛的旗章之類，但主要的表還是純木製的表。

三訂先秦兩漢簡牘考

陳　　槃

自古籍册文書，大都以竹簡、木牘（龜甲、獸骨、金、玉、石、陶器等刻字，用途特別，爲例外），稍後則兼施縑帛；紙之紀錄，其出最晚。此其若隱若顯之史故，蓋亦有足述者。作先秦兩漢簡牘考。其帛紙二考，別詳專篇（先秦兩漢帛書考，載『中央研究院』歷史語言研究所集刊第二十四本。由古代漂絮因論造紙，載『中央研究院』院刊第一輯）。

壹、竹　　簡

簡牘之用，爲時甚早。先言竹簡。按古文籍動言『册』，周書多士：

> 惟汝知，惟殷先人有册、有典，殷革夏命。

『册』者，說文册部：

> 卌，符命也，諸侯受命於王者也。象其札一長一短，中有二編之形。……箣，古文册从竹。

段注：

> 左傳：備物典筴。釋文：筴本又作册，亦作策，或作箣。

今按册，卜辭作卌（鐵雲藏龜一六五、三）、卌（殷虛書契前編四、三七、六）、卌（同上七、十二、四）、卌（同上七、十八、四）……諸形；金文作卌（木公鼎）、卌（免簋）、卌（無叀鼎）……諸形，與許書所作，大同小異。蓋古代册書之形制則如此（詳後）。唯許君以册止爲諸侯受于王者之符命，此則有未盡。卽如上引周公誥殷多士云：殷之先人『有册、有典，殷革夏命』，可見殷王此册卽箸錄國家大事之書册。左傳定四年：

> 昔武王克商，成王定之。……分魯公以……殷民六族。……分之土田陪敦，祝宗卜史，備物典策。日本竹添光鴻會箋：典策，謂凡古典史策，如夏書、商書、文武之籍，王府所藏，皆是也。

按如多士說，殷固有册有典，足以備知天下國家大事。今左氏云成王以殷之史官與『備物典策』賜之周公，此其典策與多士之所謂册典，當然其性質有相同之處。曾箋以爲王府所藏之古典史策，近是矣。既天子諸侯俱各自有其册典，是則古文籍之有『册』稱，固由來有自。然許氏唯以符命爲册者，亦必有所本。意者古代初無所謂文籍，止有君上『告鬼神命諸侯』之符命，此符命者書之于册，故以爲册卽符命。厥後則文籍亦書于此册，故文籍亦襲用其稱。許君直從其朔，故其辭云爾矣。

　　許君于册又言，『象其札一長一短』。此以古文字形驗之，是也。至于古記，則書闕有間矣。然漢武帝之封齊廣陵、燕三王，其策書亦『參差長短』，見于史記三王世家褚先生附記。日人平岡武夫以爲此係古代型式之遺制（竹册在支那古代之記錄，見東方學報京都第十三册第二分）。蓋其是矣。

　　又考蔡邕獨斷曰：

　　　　策書，策者，簡也。禮曰：不滿百文，不書于策。其制長二尺，短者牛之，其次一長一短，兩編，下附篆書，起年月日，稱皇帝曰，以命諸侯王三公。……三公以罪免，亦賜策，文體如上策而隸書，以尺一木兩行，唯此爲異者也（百子本葉三）。

此亦指漢制，故太平御覽五九三引『漢制度』云云，其說同。按蔡氏雖述漢制，而其云策書卽册書之簡一長一短，與許氏說切合，蓋此雖云漢制，實卽古制也。

　　獨斷于『策書』，釋曰，『簡也』。于三公以罪免之策云：『文體如上策而隸書，以尺一木兩行，唯此爲異』。按曰策、曰簡，二字並从竹，依古義，則此漢策當以竹簡爲之。三公以罪免之策則改用尺一之木，故以爲『異』矣。其在後代可考者，如晉博士孫毓議曰：

　　　　今封建諸王，裂土樹藩，爲册告廟，篆書竹册（通典五五）。

此封册以竹簡，與漢制同。又後齊：

　　　　諸王、三公、儀同、尚書令、五等開國太妃、妃、公主恭拜册，軸一枚，長二尺，以白練衣之，用竹簡十二枚，六枚與軸等，六枚長尺二寸。文出集書，書皆篆字。哀册、贈册亦同（隋書禮儀志四）。

此云封册以竹簡，簡長短不齊之等，獨斷所述之漢制，尤多相似處（後齊哀册亦用竹

簡，而漢制何如，則獨斷無說。然晉書束晳傳曰：『有人於嵩高山下得竹簡一枚，上兩行科斗書，傳以相示，莫有知者。張華以問晳，晳曰，此漢明帝顯節陵中策文也，檢驗果然』。是謂後漢帝哀冊，亦用竹簡矣）。**顯然**自漢晉以降，此禮猶相沿不革。至于許君之敍古冊書也，曰『其札』云云，札字從木，如依古義，則應爲木牘。然『冊』本亦稱『符命』，符字從竹；加故書雅記相承此冊字亦或作策、作筴，而許氏所錄之西漢古文則又從竹作笧。由此言之，則古代之冊，本以竹簡爲之，文籍亦爾。而漢晉以來冊書之用竹簡，淵原遠矣。是則許云『札』者，特藉字，非必木札。晉書束晳傳：『得竹書數十車』，『多燼簡斷札』。以竹簡爲札，此亦其比矣。

　　復次由周禮考之，掌王之冊命者內史，春官曰：

　　　　內史，掌王之八枋之灋，以詔王治。……凡命諸侯及孤卿大夫則策命之。凡四
　　　　方之事書，內史讀之。王制祿則贊爲之，以方出之；賞賜，亦如之。

按殷周金文中有稱『乍冊』者(㠯古錄二、二、三六有殷甋者，陳夢家擬爲殷器。周金中辭例多，今從略)。經籍作『作冊』。（洛誥：『王命作冊逸祝冊，惟告周公』）。周金文亦或作『乍冊內史』。孫詒讓周禮正義及王國維書作冊詩尹氏說並謂作冊爲內史之異名。今周禮亦以內史掌『策命』，則孫王之說是也。既冊命之冊通作策、或作筴，而冊之古文，據說文云亦作笧，字並從竹，則冊命之冊，必有以竹簡爲之者矣。『以方出之』，方者木牘（詳下章）。王制祿與賞賜則『以方』，命諸侯等則以『策命』。蓋事有大小之不同，故用策用方亦分別言之矣。

　　多士云，殷之先人革命代夏，載在冊典，可知古代視爲最重要、最寶貴之文籍，『冊』以外復有『典』。說文 𠕋 部：

　　　　典，五帝之書也，從冊在 丌 上，尊閣之也。莊都說：典，大冊也。古文典
　　　　從竹。

按許君以典爲五帝之書，所謂五帝之書者不可知。堯典舜典乃後人擬作，唯其中亦有一部分早年之史料。左傳昭十二年：

　　　　是能讀三墳五典。

周禮春官，外史：

　　　　掌三皇五帝之書。

鄭玄云，此五帝之書，即左傳之所謂五典，說與許氏合。今按古代帝王可能各有其典，殷王之『有册有典』，蓋其制亦因襲有自。卜辭有 典 字，陳邦懷（殷契拾遺）董彥堂先生（殷曆譜下編卷二頁二）並謂即典字，而羅振玉氏則以爲册字（增訂殷虛書契考釋文字第五）。無論如何，證以周書多士，則殷王自然有其國典。後王亦無不有典，周禮春官：『大史，掌建邦之六典』；春秋晉有籍氏，專司『典籍』（文引見下），是其例也。

　　說文云，典字从册。考之卜辭、金文，則典册二字，本有時可以通用，彥堂先生曰：

　　　殷人『有典』，亦可以卜辭徵之。典象兩手捧册之形。典與册可以通用，故卜
　　　辭中『再册』亦作『再典』。（同上殷曆譜）。

容庚曰：

　　　克篡，王命尹氏友史挩典善夫克田──以典爲册（金文編五）。

典册字通，當由二事並出史官，而性質亦類似之故。王國維氏曰：

　　　古策有長短，最長者二尺四寸，其次二分而取一，其次三分取一，最短者四分
　　　取一。論衡量知篇：截竹爲簡，破以爲牒，加筆墨之蹟，乃成文字。大者爲
　　　經，小者爲傳記；又謝短篇：二尺四寸，聖人文語，朝夕講習，義類所及，故
　　　可務知。漢事未載於經，名爲尺籍短書，比於小道，其能非儒者之責也。案說
　　　文引莊都說：典，大册也。而五帝之書名典，則以策之大小爲書之尊卑，其來
　　　遠矣（簡牘檢署考。以下簡稱簡牘考）。

王云册之與典大小不同，故其稱亦異，此不妨備一說。故莊都云典爲大册，則是册者大名。典統于册，故典亦可名册。但對稱則有別耳。齊侯鎛之以典爲册，及典字之从册，職此之由也。夫古代有竹簡之册（見上），而典字，依齊侯鎛其字从竹，亦與莊都說合，是可證古代固亦有竹簡之典矣。

　　復次『典』亦可稱『籍』，左傳昭十五年，周景王謂晉籍談曰：

　　　且昔而高祖孫伯黶司晉之典籍，以爲大政，故曰籍氏。……女，司典之後也，
　　　何以忘之？籍談不能對。賓出，王曰：籍父其無後乎！數典而忘其祖。

按孫氏所司者典籍，而氏則曰籍。稽古當曰數典籍，而但曰數典。本是典籍，而其于屬辭也，則或曰籍，或曰典，上下互文以見義，是謂籍即典、典即籍矣。籍字从竹，

是古代有竹簡之典，斯亦不失其爲一重要暗示矣。

　　古代册與典之用竹簡，有可考者，此固矣。若夫一般文籍與竹簡之關係，亦多有端緒可尋。葉德輝曰：

> ……因此推見周秦以前，竹簡之用甚廣。說文解字篆籀等字，卽其明證，如篆曰引書，籀曰讀書，籍曰簿書，箋曰識書，皆從竹而各諧聲。漢志稱書曰多少篇，篇亦從竹……（書林清話卷一、書之稱册。以下省稱清話）。

按葉說頗能啓發，然而其例證亦未備。今類次所聞，考而論之如下：

　　簡　筆　古人文書以其施用于簡，故或直稱『簡』名，汪繼培曰：

> 王制：太史典禮，執簡記，奉諱惡；左襄二十五年傳：南史氏執簡而往；詩小雅出車篇：畏此簡書。……此書之以簡者也。……論衡（量知篇）又云：截竹爲簡，破以爲牒，加筆墨之迹，乃成文字。說文以牒訓簡。牒札轉注相訓。册，像其札一長一短，中有二編之形。古文作笧，策乃假借字也（周代書册制度考。王履端重論文齋筆錄卷二說同）。

簡亦稱『畢』，禮記學記：

> 呻其佔畢。　注：但吟誦其所視簡之文。　疏：釋器云：簡謂之畢。

學記之畢，亦卽爾雅釋器之畢。據爾雅釋文，畢、李本作筆。郝氏義證：『桉畢用竹，故李巡从竹』。

　　符　兪正燮曰：

> 盍符者，三代時在物爲名，瑞曰符瑞，契曰符契，節曰符節。……文心雕龍云，三代玉瑞，漢用金竹，末代從省，代以縑。案莊子云：焚符破璽。于符言焚，則三代之符亦以竹（癸巳存稿卷七、符）。

兪氏于符字頗能探原立論。由古符而變者又有陰陽五行家之兵符。後漢書方術傳序：『鈐決之符』。李注引玉鈐篇及玄女六韜要決曰：

> 太公對武王曰：主將有陰符、有大勝得敵之符，符長一尺；有破軍禽敵之符，符長九寸；有降城得邑之符，符長八寸；有却敵執遠之符，符長七寸；有交兵驚中堅守之符，符長六寸；有請糧食益兵之符，符長五寸；有敗軍亡將之符，符長四寸；有失亡吏卒之符，符長三寸。諸奉使行符稽留、若符事聞，聞符所

告者，皆誅。

按符本傳信之物，書刻文字其上。釋名釋書契：『符，付也，書所敕命于上，付使傳行之也』。是也。說文云：『符，信也。漢制目竹，長六寸，分而相合』（竹部）。按此其言漢符長六寸，與居延漢簡說合。唯云漢制以竹，而事實上則或以竹、或以木、或以銅、或以繒帛，並無一定（別詳漢晉遺簡偶述貳壹符傳）。蓋許君唯據漢制度書說，未皇校驗實際，故不免有所出入。又符字從竹，則古符以竹簡爲之矣。許云漢制以竹，實則此漢制者，亦未始不可云古制也。

　　籍　古人名其文書或統曰『籍』。春秋時，晉籍談之高祖司晉之典籍，因爲籍氏，既前見。又周禮大司馬：

　　　　乃以九畿之籍。　注：九籍，其差禮之書也。

此以籍爲大名。唯有時亦用作動詞，左傳成二年：

　　　　非禮也，勿籍。　集解：籍，書也。

說文竹部，『籍』，段注云：『引伸，凡箸於竹帛皆謂之籍』。按籍字從竹，本自謂竹書。後來帛書之等亦蒙『籍』稱，謂之引伸，然後可矣。

　　簿 䇿 笘 籛　書之稱亦或作『簿』，孟子萬章下：

　　　　孔子先簿正祭器。注：先爲簿書，以正其宗廟祭祀之器。

荀子正名：

　　　　然而徵知，必當待天官之當簿其類。　楊注：當簿，謂如各主當其簿書。

說文無簿字，竹部有䇿字云：

　　　　笘笘也。從竹，部聲。

段注：

　　　　廣韻曰：笘笘，簡也。䇿，牘也。玉篇曰：䇿，竹牘也……按許書無簿字。
　　　　䇿，蓋即今之簿字也。

今按簿字，兩漢人書史中亦屢見，唯漢簡中字皆從艸、不從竹（別詳拙著漢晉遺簡識小七種葉四十。又孟子『先簿』，孫奭音義云：本或作『簿』）。段氏疑說文之䇿即今之簿字，所未詳也。

　　篇　葉德輝曰：

　　　　漢志稱書曰多少篇，篇亦從竹。說文：篇，書也；一曰，關西謂榜曰篇。而

册部：扁，署也，从戶册者，署門戶之文也。榜篇之篇，卽扁之通借字。凡類
於書者，皆可以从竹之字例之（清話一、書之稱册）。

按古書以篇稱者有史篇。漢書王莽傳上：

徵天下通一藝、教授十一人目上；及有逸禮古書，……史篇文字（注：孟康曰，史
籀所作十五篇古文書也。師古曰，周宣王太史史籀所作大篆書也）。

又墨子明鬼：

一篇之書。

按篇字从竹、从册，其爲竹簡書，甚明。漢書鼂錯傳：『著之于篇』。注：『篇、謂
竹簡也』。是也。

　范　律　著刑書于竹簡曰『范』。說文竹部：

范，法也。从竹，氾聲。竹簡書也。古法有竹刑。

按春秋時鄧析亦著竹刑，見定九年左傳。李虞釋『律』曰：

法律、律令，今人多習用，究未詳律字何義。一說，律呂，萬法所出，故法令
謂之律，亦欠精確。愚按：古人以竹爲器者皆名曰律，故黃帝截竹爲管，謂之
十二律；又筆曰不律；又理髮筐亦曰律。然則法律、律令，當是書其法令於竹
簡上，如孔子所云『文武之政，布在方策』者耳；故可稱『三尺法』，謂律長
三尺也。而鹽鐵論則曰『二尺四寸之律』，蓋周尺短，秦漢尺長。故周尺一
尺，秦漢尺止八寸。三八二尺四寸，其數適相符矣（天香樓偶得十七、律）。

是竹書、或曰『范』、或曰『律』，其實一矣。

　笏　傳　專　文廷式曰：

說文無笏字。士喪禮『竹笏』，鄭注曰：今文笏作忽。又按說文云：籀作回。
一曰：佩也，象形。……又鄭注尙書云：智者、臣見君所秉，書思對命者也。
……晉書輿服志云：手版卽古笏。尙書令、僕射、尙書手版，頭有白筆，以紫
皮裹之，名曰笏（純常子枝語九）。

按臣于君前書事用笏，玉藻著之，曰：『凡有指畫於君前用笏；造受命於君前，則書
於笏』。鄭注尙書『智者』云云（案尙書皋陶謨注文也），與劉向五經要義之辭同；而智，
劉作笏（北堂書鈔一二八引）。古笏有君臣等別，大夫士並以竹，玉藻曰：『天子以球

— 7 —

玉；諸侯以象；大夫以魚須文竹；士竹，本象』（鄭注：大夫士飾竹以爲笏，不敢與君並，用純物也）。士以下亦有笏，晉書輿服志曰：『古者，貴賤皆執笏，其有事則搢之於腰帶。所謂搢紳之士者，搢笏而垂紳帶也。紳垂長三尺。笏者，有事則書之，故常簪筆』。桉古人無論貴賤皆以竹笏記事，此竹簡用之最普徧者也。以竹爲笏而加之以等別，此則用竹簡而稍變其制與其名稱者也。章炳麟曰：

> 『傳』者，『專』之假借。論語『傳不習乎』，魯作『專不習乎』。說文訓『專』爲六寸簿，卽手版，古謂之『忽』（今作笏），書思對命，以備忽忘，故引伸爲書籍記事之稱。書籍名簿，亦名爲『專』。專之得名，以其體短有異于經。鄭康成論語序云：春秋二尺四寸，孝經一尺二寸，論語八寸。此則專之簡策、當復短於論語，所謂六寸者也（國故論衡中、文學總略）。

是謂『傳』（專），『笏』（忽），『簿』（手版），『簡策』，其爲用不同，故其稱、其形制亦異，而其爲竹簡或木簡、一也。周禮天官司書賈疏：『古有簡策以記事，若在君前，以笏記事，後代用簿、今手版』。章說大體本此也。

　　籤　說文竹部：

> 籤，驗也。一曰：銳也、貫也。从竹，韱聲。

桂馥曰：『今於神前求籤問卜，卽讖緯之遺。說文，讖、籤並訓驗』。（札樸三籤）。又曰：『玉篇，竹籤，用於卜者。今人於神前求籤，問卜吉凶也』（說文義證）。按讖，戰國末年旣有可考者（別詳論早期讖緯及其與鄒衍書說之關係）。籤誠卽問卜之竹籤，信神籤與信讖，意識上應無不同。至籤、讖二字之出現，孰爲先後，今則未詳也（錢大昕十駕齋養新錄卷十九籤詩條：『今神廟皆有籤詩，占者以決休咎，其來久矣。祠山事要云：祠山籤詩一百二十八首，紹興十一年，郡人勇樞經從毘陵之無錫，遙見山顚有祠宇甚麗，指問路人，云張王廟。勇因致敬，得此籤語；已而下山，囘顧卽無所有。旣歸，寫置祠山，此祠山張王之籤也。老學庵筆記云：遣僧則擎乞籤於射洪白厓陸使君祠，使君以杜詩爲籤，得全家隱鹿門之篇。此射洪神之籤也。皆在南宋初。周密癸辛雜識載太學忠文廟祠銀瓶姬子，其籤文與天竺一同』。檠案錢氏此說未諦。沈濤交翠軒筆記卷四雜考，亦已據玉壺清話，『盧多遜幼時，抽得雲陽道觀廢壇上古籤筒』一詞，知今神籤詩，五代時已有，以駁養新錄據祠山事要，謂起于南宋之誤。今案據前引說文義證引玉篇，則知六朝時人已有竹籤之卜，但卜詞無考，至其淵源，必不甚晚，亦可想而知之也）。

　　漢代又有卜籌，河南衞輝縣曾出土（見北平圖書館月刊三卷六號）。形制與神籤略同。

籀文或曰『癸酉水』，或曰『乙亥木』。……葢籤卜、籀卜，並龜卜之簡化，亦卽其支流；而籤之與籀形制亦近似。然則籤與籀卜之起源，或竟早在兩漢以前，未可知矣。

　　箋　說文竹部云：

　　　箋，表識書也。

鄭玄注詩宗毛亦稱箋。葉德輝云：當由古有竹書，故其字从竹。是也。然篇海云：『古者紀其事，以竹編次爲之』。是此一謄義，韓孝彥氏亦旣發之矣。

　　篆　說文敍：

　　　及宣王大史籀著大篆十五篇，與古文或異。至孔子書六經，左丘明述春秋傳，皆目古文。……其後諸侯力政，不統於王，……言語異聲，文字異形。秦始皇帝初兼天下，丞相李斯乃奏同之，罷其不與秦文合者。斯作倉頡篇，中車府令趙高作爰歷篇，大史令胡毋敬作博學篇，皆取史籀大篆，或頗省改，所謂小篆者也。

又竹部：

　　　篆，引書也。

按篆書于竹，故其字从竹。徐鍇繫傳云：『篆書箸於竹。竹，箋簡也。』是也。段注云：『引書者，引筆而箸於竹帛也』。增一『帛』字，便無當于古。帛書後出，篆自从竹，何關于帛？段注又云：『其字之本義爲引書，如彫刻圭璧曰瑑』。此則不易之說也。然則引書于圭璧，則其字从玉作瑑；引書于竹，則其字从竹作篆，更何疑矣！

　　籀　說文竹部：

　　　籀，讀書也。从竹，榴聲。春秋傳曰：卜籀云。　段注：言部曰：讀，籀書也。敍曰；尉律：『學僮十七已上，始試。諷籀書九千字，乃得爲吏』。試字句絕。諷籀連文，謂諷誦而抽繹之。……此籀字之本義，經傳尟用。周宣王時大史以爲名。……亦借繇字爲之，春秋傳卜筮繇辭，今皆作繇。……據許則作籀。

按籀讀竹書，故籀字从竹。篆爲引書于竹，故字亦从竹。可見古人于字，造形取義，雖一橫一豎，一事一物，必有著落，非漫爲之矣。

　　綜如上所考事物曰簡、曰笧（策、箣）、曰箕、曰筆、曰符、曰籍、曰簿、曰節、

曰簡、曰箋、曰篇、曰笵、曰笏、曰籤、曰牋、曰篆、曰箱，字並从竹（此外又有觚之屬，詳下木牘章），是則古文書與竹簡之關係，卽此已可思過半矣。若夫明言其爲竹簡，辭無假借，載籍所陳，亦歷歷可徵，如春秋時鄭鄧晳著竹刑（左傳定九年）；漢景帝世魯恭王使人壞孔子講堂，於壁中石函得古文孝經二十二章，載在竹牒（古文孝經訓序。全漢文十三）；晉太康二年（?）汲郡人盜發魏襄王（?）冢，得竹簡古書十餘萬言（晉書束晳傳等）；南齊建元元年，襄陽有盜發古塚者，相傳云是楚王塚，大獲寶物，中有竹簡書，靑絲編，盜以把火自照。後人有得十餘簡以示撫軍王僧虔，僧虔云，是科斗書考工記，周官所闕文也（南齊書文惠太子傳，南史王曇首附僧虔傳。按此事南史江淹傳頗異其辭，傳云：『王僧虔善識字體，亦不能諳，直云似是科斗書。淹以科斗字推之，則周宣王之簡也』）。如此之等，是其例也。然則墨子尙賢云：先王爲政之書，著之竹帛；吳越春秋外傳十，越王句踐之樂師云：君王之名，可留竹帛；韓子安危云：先王致理於竹帛；漢書藝文志詩家云：『遭秦而全者，以其諷誦不獨在竹帛故也』。唯其古人以竹簡寫書，故『竹』之一辭，不同泛設。其在漢代，則邊屯所遺文書，數十年前發現所謂『漢簡』者，大都是木牘（間亦有少數竹簡，見流沙墜簡考釋一〇・一〇。蘇瑩輝先生亦舉示二事：一、西北科學考察團於民國三十三年，在敦煌掘得一簡；二、中央圖書館藏居延竹簡一枚）。此則情形特殊。蓋西北邊地不產竹，故代之以木。若內地，則竹簡使用之記，不絕于書，如論衡之說經傳竹簡制度，晉束晳之考定後漢明帝陵竹書哀策，並旣前見。此外如孔安國爲隸古定，以竹簡寫古文尙書，見氏所箸尙書序（文選卷四五等）；獄辭用竹簡，見漢書公孫賀傳；而西漢末，劉向歆父子之校定羣書也，每云，『皆目殺靑，書可繕寫』。桉別錄云：『殺靑者，直治竹作簡書之耳。新竹有汗，善朽蠹，凡作簡者，皆於火上炙乾之。陳楚謂之汗。汗者、去其汗也』（初學記二八，御覽六百六）。劉氏父子此一寫書故事，又治學之士之所習聞者也。後漢書吳祐傳：『父恢爲南海太守，祐年十二，隨從到官。恢欲殺靑簡目寫經書，祐諫曰，今大人踰越五領，遠在海濱，其俗誠陋，然舊多珍怪，上爲國家所疑，下爲權戚所望。此書若成，則載之兼兩。昔馬援目薏苡興謗，王陽目衣囊徵名，嫌疑之間，誠先賢所愼也。恢乃止』。此亦言殺靑寫書，雖恢之書卒未果寫，然亦可見東京之世，用竹簡之風，猶未有已也。至于近年出土實物，則有如湖南長沙楊家灣六號墓之竹簡妝奩冊（或算籌。墨書，字漫漶，時代約爲戰國末至西漢初。參文物，一九五四第十二期），馬王堆

一號漢墓之竹簡『遣策』（長沙馬王堆一號墓發掘簡報），三號漢墓之竹簡『遣策』、醫
書（長沙馬王堆二三號漢墓發掘簡報。文物，一九七四第七期），山東臨沂銀雀山一號漢墓之竹簡兵
書（文物，一九七五第三期），二號漢墓之竹簡曆譜（同上），湖北江陵鳳凰山八號漢墓之竹
簡『遣策』（文物，一九七四第六期），鳳凰山九號漢墓之竹簡『遣策』（同上），鳳凰山十
號漢墓竹簡、竹牘之賑單、賵方（文物，一九七四第六期、第七期），一六八號漢墓之竹簡『
遣策』、雜記竹牘（湖北江陵鳳凰山一六八號漢墓發掘簡報）。而民國四十八年七月，甘肅武威
磨咀子六號漢墓乃出土丙本竹簡儀禮喪服篇，簡三十有四（甘肅武威磨咀子漢墓發掘。考古一
九六〇第五期，又第九期）。案武威亦西北邊地而有竹簡儀禮之發現者，蓋原本內地，流傳
然後至于此耳。民國七十年、河北定縣四十號漢墓發現大批竹簡，其中有半部論語（
定縣四十號漢墓出土竹簡簡介。文物一九八一年第八期），定縣不定產竹，蓋亦自外流傳至此與武
威竹簡儀禮例同也。

貳、木　牘

竹簡之用、略如上述。竹簡以外又有木牘，汪繼培曰：

周時書冊所用，見於經書有四：周禮：小宰，聽閭里以版圖；司書，掌邦中之
版，土地之圖；司會，掌版圖之貳；內宰，掌書版圖之法，以治王之政令；大
胥，掌學士之版；司士，掌羣臣之版；司民，掌登萬民之數，自生齒以上，皆
書於版。此書之以版者也。內史，王制祿則贊爲之，以方出之；若蟇氏，掌覆
夭鳥之巢，以方書十日、十有二辰、十有二月、十有二歲、二十有八星之號，
縣其巢上則去之。此書之以方者也。……若蟇氏注：方，版也；內史注：杜子
春云：方，直謂今時牘；說文：牘，書版也；論衡量知篇：斷木爲槧，柝之爲
版，力加刮削，乃成奏牘。然則、方版、牘，皆木爲之（周代書冊制度考。王履端重論文
齋筆錄卷二，說同）。

王國維曰：

用木書者曰方：聘禮，不及百名書於方；既夕禮，書賵於方。……曰版……曰
牘：韓詩外傳（七），周舍見趙簡子云，墨筆操牘，是也（簡牘考）。

桉于古不獨輿圖名籍有版稱，管子版法解第六十六：

> 版法者，法天地之位，象四時之行，以治天下。……

謂之『版法』者，版法第六注云：『選擇政要，載之於版，以爲常法』。是也。——此謂以版箸錄政法也。又羣籍亦用之，同書宙合篇曰：

> 夫強言以爲僇而功澤不加，進傷爲人君嚴之義，退害爲人臣者之生，其爲不利彌甚，故退身不舍端，修業不息版，以待清明 (注：版，牘也)。

此『賢人』所『修業』之版，卽羣籍。

　　修業所用版亦或曰『業』，禮記曲禮上：

> 請業則起。　　鄭注：業，謂篇卷也。

桉說文丵部：『業，大版也』。爾雅釋器：『大版謂之業』；郝懿行義疏：『用木則曰牘，牘謂之業』。是業與版牘爲一事。而鄭謂之篇卷。篇者，借字。編竹簡曰篇，今木牘亦曰篇，故以爲借。卷者，編牘可卷舒也。

　　名籍之木版亦或曰『牒』，齊策四：

> 孟嘗君乃取所怨五百牒削去之。

此五百怨家之牒，卽名籍之類也。盟會載書亦曰牒，左氏昭二十五年傳：

> 夏，會于黃父，謀王室也。趙簡子令諸侯之大夫輸王粟、具戍人，曰明年將納王。宋樂大心曰：我不輸粟。我於周爲客。……晉士伯曰：自踐土以來，宋何役之不會而何盟之不同！右師不敢對，受牒而退。

正義：『牒，札也』。桉札，木牘也。說文片部：『牒，札也。從片，枼聲』；又云：『片，判木也。從半木』。牒卽札。札字從木，而牒之從片亦象半木，是牒卽木牘矣。孔安國古文孝經訓傳序云：『載在竹牒』 (全漢文十三)。竹簡亦曰牒，此特藉字，後起之法，不可推之于古也。

　　木牘之樸卽粗製者曰椠，論衡量知曰：

> 斷木爲椠，栝之爲板，力加刮削，乃成奏牘。

此謂椠爲粗製，須加工然後爲書牘也。西京雜記卷三稱：『揚子雲好事，常懷鉛提椠，從諸計吏訪殊方絕域四方之語』。是椠亦書具之一矣。

　　木牘之異稱，此外復有『楬』，周禮數見，如天官『典婦功』：

凡授嬪婦功及秋獻功，辨其苦良，比其小大而賈之，物書而楬 （注引鄭司農謂：分
別其纑帛與布紵之麤細，皆比方其大小，書其賈數而著其物，若今時題署物）。

又地官『泉府』：

掌以市之征布、斂市之不售、貨之滯於民用者，以其賈買之，物楬而書之，以
待不時 （注：鄭司農云，物楬而書之，物物爲楬書、書其賈。楬，著其物也）。

又秋官『司烜氏』，『若屋誅則爲明竁焉』，注：

明竁，若今楬頭以書其罪法也 （正義：鄭知罪人亦有明刑書於木者，見昭二年， 鄭公孫黑作
亂，子產數其罪云：不速死，大刑將至。七月壬寅，縊，尸諸周氏之衢，加木焉。注云：書其罪於木以
加尸上而罪之）。

楬字從木，故應是木牘，正義引左傳以證鄭說，是也。又說文木部：『楬、楬櫫也，
從木，曷聲。春秋傳曰：楬而書之』。段注引漢書酷吏傳：『瘞寺門桓東，楬著其姓
名』。鄭注亦曰：『若今楬頭』。是以木牘有所表識曰楬，漢人猶以爲常語 （敦煌出土
之漢代書牘，羅氏釋爲楬者，亦有數事，見流沙墜簡考釋二、頁十八，又頁三七等）。

木牘之屬，古人亦或直稱『木』，儀禮少牢饋食禮：

史曰：諾。西面于門西，抽下韇，左執筮 ，史乗執韇以擊筮 ，遂述命曰：假
爾大筮有常，孝孫某，來日丁亥，用薦歲事于皇祖伯某 ，以某妃配某氏，尙
饗。乃釋韇立筮，卦者在左坐。卦以木，卒筮乃書卦于木，示主人，乃退占 （
注：卦者，史之屬也。卦以木者，每一爻畫地以識之，六爻備書於版）。

又有就文書立名，不著其所書物事，然而可考知其爲木牘者，『檄』是也。史記張儀
傳：

旣相秦，爲文檄告楚相。

檄之一事，于早年之載籍中無所聞。後漢書光武紀李注云：『說文，以木簡爲書，長
尺二寸，謂之檄』 （說文段注云：各本作尺二書。李賢注與前書高紀同，此蓋出演說，故語加詳）。桉
檄字從木，說文以爲簡 ，是矣 。唯其起不知昉于何時？劉彥和據張儀傳以爲卽始自
戰國 （文心雕龍檄移）。未渠詳也 （晉以後檄則用紙，晉書劉淵載記：『紙檄尺書，誰爲人奉之』；又苻堅
載記下：『馳紙檄于丹楊』。然此不可以論漢，尤其不可以論先秦）。

若夫由『簡牘而變者』亦有一事，王國維氏之言曰：

簡牘之外，古人所用以書字者，尚有一種，則曰籥、曰笘、曰觚是也。說文
（三）：籥，書僮竹笘也；又云：潁川人名小兒所書寫爲笘。禮所謂呻其佔畢，
是也。又謂之觚。廣雅云：笘，觚也。至其形製如何，殊不可確知。急就篇
云：急就奇觚與衆異。顏師古注：觚者，學書之牘，或以記事。削木爲之，其
形或六面，或八面，皆可書（簡牘致）。

按籥、笘、觚，一事異稱。居延及敦煌之漢簡中，並有木觚一種（詳勞氏居延漢簡考釋考證
卷二頁六六。羅氏流沙墜簡考釋卷二小學類又術數類）。師古云，觚者削木爲之，未爲無據。然依
廣雅則觚字从竹。又觚一名籥，一名笘。說文云：籥，書僮竹笘也。是觚固亦有用竹
之一種，其字皆从竹，不爲無故矣。又檢廣雅云：

　　蔣、籥、箅、簸、笘、簾，觚也（八上）。

王氏疏證云：

　　說文云，剖竹未去節謂之箅。

　　說文，簸，籥也。

按廣雅，觚之異名，籥、笘外復有蔣、箅、簸、簾四稱，字亦並从竹；而蔣與簸，據
說文亦竹製。由此論之，則古人書字之觚，必有以竹爲之者，亦顯然可知。以禮記學
記云，『呻其佔畢』，佔卽笘（本王引之說，見廣雅疏證），卽觚，然則觚之用于書字，可
能頗早。但其字作佔不作笘，則其爲物是否竹製，不得而知。竹木代用，事極尋常。
以漢世卽已有竹製與木製之二種，則謂上世亦然，似無不可者。師古之注急就，止云
削木爲之，一若止是木製，斯爲未照。王氏亦未考。因辨焉。

　　木觚文字，由漢氏遺簡考之，除字書（急就篇、蒼頡篇。見流沙墜簡考釋一、頁三，居延漢簡
考釋考證二、頁六六）一種外，又有露布文移（居延簡釋證一、頁四十），有普通公移（流沙簡釋
二、頁五），有獄辭（同上二、頁十一），有簿記（同上頁三一），則用處亦不爲不廣。然則舊
說以爲祇是『小兒所書』『或以記事』而已矣者，亦非也。

　　用木牘或類似木牘之書具，于四裔中亦有可考者，史記匈奴傳：

　　中行說令單于遺漢書，以尺二牘。

唐書吐蕃傳上：

無文字，刻木結繩爲約。

宋周去非嶺外代答：

猺人無文字，其要約以木契，合二板而刻之，人執其一，守之甚信。若其投牒於州縣，亦用木契。余嘗攝靜江府靈川縣，有猺人私爭，赴縣投木契，乃一片之板，長尺餘，左邊刻一大痕及數十小痕於其下，又刻一大痕於其上；而於右邊刻一大痕，率一線道合於右大痕；又於正面刻爲箭形，及以火燒爲痕，而鑽板爲十餘小竅，各穿以短稻穰而對結綯焉，殊不曉所謂。譯者曰：左下一大痕及數十小痕，指所論犙人，將帶徒黨數十人以攻我也。左上一大痕，詞主也。右一大痕，縣官也。率一線道者，詞主逕投縣官也。刻爲箭形，言犙人以箭射我也。火燒爲痕，乞官司火急施行也。板十餘竅而穿草結綯，欲犙人以牛十餘頭備償我也。結綯以喩牛角云（卷十木契）。

遼史太祖本紀贊：

遼……傳至雅里，始立制度，置官屬，刻木爲契。

書史會要：

且夫有元肇基朔方，俗尙簡古，刻木爲信（卷七、元帝師八思巴）。

又：

（流求國）職貢中華所上表，用木爲簡，高八寸許，厚三分，闊五分，飾以髹，釦以錫，貫以革，而橫行刻字于其上。其字體類科斗書（卷八，流求國）。

北征錄：

因渡水，得一木板，上有虜字，就以進，上（明成祖）命譯史讀之，乃祈雨之言也，虜語謂之札達，華言云詛風雨。蓋虜中有此術也（古今說海本頁二三）。

廣陽雜記：

滇南儸儸俗無文書，官徵其賦，先與官刻木爲符，以一畫當一數，百十兩錢分，以長短爲差，畫乞，中分之，官執其半。屆時持而徵之，符合，不少遲欠也（卷一）。

峒谿織志：

木刻者，木刻爲符以志事也。苗人雖有文字，不能皆習，故每有事，刻木記

　　　　之，以爲約信之驗（<u>小方壺齋本頁五八</u>）。

邊疆民族之記事方法，類如此者尙多，不備舉。按邊疆未開化民族所用以記事之木，視古代<u>華夏</u>民族所用如本篇前所舉例者，尤簡樸、原始。蓋其未有文字，止以符號，又大都用刀刻，與古代<u>中國</u>之用筆墨書寫文字者，迴乎不侔。然原始之<u>華夏</u>文化，初亦未嘗不經過此一階段，<u>易繫辭</u>云：

　　　　上古結繩而治，後世聖人易之以書契。

『書契』者，<u>說文</u>刀部云：

　　　　券，契也。从刀丯聲。券別之書，曰刀判契其旁，故曰書契。

古人記事，由結繩進步而用書契。書契以刀判刻，用爲約信，<u>列子說符</u>篇：『宋人有遊於道，得人遺契者，歸而藏之，密數其齒，告鄰人曰，吾富可待矣』。此契之齒，卽以刀判刻之者。<u>漢代</u>遺簡中有符契，如云：『始元七年閏月甲辰，<u>居延</u>□<u>金關</u>☑符券，齒百，從一至☑』（<u>居延漢簡釋文卷一頁八一</u>）；『☑甲辰☑<u>金關</u>爲出入六寸符券，齒百，從第一至千』（<u>同上</u>），此其有齒，卽古書契之遺制。按古人以書契記事，此與邊民之刻木，曾何以異？由書契更進一步，始有文書簡牘。然則書契、簡牘，雖文質略有不同，大體言之，實可視爲一事。

　　　　四裔民族之原始記事，雖亦多用木牘，然吾人未可遂謂華夏上古之初期文書，亦必木牘先于竹簡，蓋竹木二者之使用，孰爲早晚，今猶無法考定。<u>儀禮聘禮</u>云：

　　　　束帛加書將命，百名以上書於策，不及百名書於方。

<u>禮記中庸</u>云：

　　　　<u>文武</u>之政，布在方策。

按策卽册，竹簡連編爲册，通作策；方者，木牘。說旣前見。如上所引說以策與方並舉，是謂竹簡木牘並用（古人于竹簡木牘，大小並用，<u>孔穎達</u>所論，間有獨到處，見<u>杜預春秋序正義</u>）。但此亦祇可視爲<u>兩周</u>之制則如此，至于<u>周</u>以前，無所聞也。

『篇』『卷』附考

　　　　文籍有『篇』『卷』之稱，原于簡牘，<u>勞氏居延漢簡考釋</u>曰：

案簡牘之用繩者，一爲編策，一爲封書。編策之繩，如史記孔子世家：『孔子晚而喜易，讀易韋編三絕』。御覽六〇六引劉向別錄：『孫子書殺青簡，編以縹絲綸』。荀勗穆天子傳序：『……太康二年，汲縣民不準盜發古冢所得書也，皆竹簡靑絲編』……居延簡廣地南部候兵物册共七十七簡，以麻繩二道編之如竹簾狀，可以卷舒。故簡編則爲册，卷則爲卷（考證卷一頁七四）。

貞一論『册』『卷』二辭，既博引舊聞，復佐以實證，確乎不可易也。唯槃尙欲有所引申者，以爲竹簡木牘，編之以絲繩則曰『編』，而古人之書復有『篇』稱（例見第壹章『篇』字下）。顏師古匡謬正俗傳注云：『篇，謂竹簡也』。是也。蓋篇字从竹，故編竹簡卽以爲『篇』，此一義也。一章之文自爲首尾，因而編之曰『篇』，以異夫統多篇以爲一編者，此又一義也。卽使單篇自成起訖，以其爲編簡，亦未嘗不可名『編』。然則或以爲『篇』，或以爲『編』者，所從言之異也。抑『編』可兼指竹簡或木牘，而『篇』則祗可施于竹簡。厥後木牘之編亦或襲『篇』名者，特假藉其辭，如紙本亦有篇稱之類，非舊也。

『卷』之一辭，最易使人誤解，雲麓漫鈔曰：

又曰第幾卷，言用縑素也（卷七）。

趙氏蓋以爲帛書可舒卷，故有卷稱，則不知簡牘亦可編可卷也。王國維曰：『以帛寫書，至遲亦當在周季。然至漢中葉，而簡策之用尙盛。……漢書藝文志所錄各書，以卷計者，不及以篇計者之半』（簡牘考）。推氏之意，似亦以漢志之稱篇者爲竹簡、稱卷者爲縑帛（葉德輝淸話卷一，亦有類此之說）。桉氏以竹簡當『篇』則是也。而以『卷』專屬之帛書，非也。

竹書稱卷，求之古人書例，其證甚多，例如漢書藝文志書家云：

孔安國者，孔子後也，悉得其書（桉指古文尙書等數十篇），以考（今文）二十九篇，得多十六篇。……劉向以中古文校歐陽、大小夏侯三家經文，酒誥脫簡一、召誥脫簡二。率簡二十五字者，脫亦二十五字；簡二十二字者，脫亦二十二字。

此謂歐陽、大小夏侯三家今文尙書用竹簡，而其簡有脫佚也。曰二十九篇者，今文尙書所有之篇數也。但此叙曰『二十九篇』，而其目錄則曰『經二十九卷』。是一事

也。或以爲篇，或以爲卷，此無他，從其編簡言之則曰篇，從其可以舒卷言之則曰卷耳。孔安國書序云：

> 科斗書廢已久，時人無能知者，曰所聞伏生之書，考論文義，定其可知者爲隸古定，更目竹簡寫之（謂古文尚書），增多伏生二十五篇。伏生又目舜典合於堯典，益稷合於皋陶謨，盤庚三篇合爲一，康王之誥合於顧命。復出此篇，並序凡五十九篇，爲四十六卷。

孔氏此處亦旣曰篇，復曰卷，而其篇卷數字復互歧者，簡編不同，或者一篇爲一卷，或者則統數篇始爲一卷也。禮記曲禮：『請業則起』。業謂木牘（說見第貳章），而鄭玄注云：『業謂篇卷』。是可篇可卷者，不唯竹簡，木牘亦同之也。孔穎達曰：

> 孔子以前，詩篇之數，更多於今。容（古）者無紙，皆用簡札，必不可數十之篇共爲一卷（毛詩大小雅譜正義）。

是合簡札若干篇爲卷，此其古義，唐時，尚有人焉能道之者也。

> 古簡牘有軸，高士奇曰：

> 今之書籍，每册必數卷，或多至十餘卷。此僅存卷之名耳。古人藏書，皆作卷軸，鄴侯家多書，插架三萬軸，是也（天祿識餘卷下書卷）。

按鄴侯者李泌。李爲唐人，其插架書，大都當屬紙本。葉德輝清話卷一書之稱卷篇曰：

> 帛之爲書，便於舒卷……卷之心必轉以圓輓，兩頭稍長出於卷餘，出如車軸然。……葢隋唐間簡册已亡，存者止卷軸，故一書又謂之幾軸（元注：韓愈詩，鄴侯家多書，插架三萬軸。……三萬軸卽三萬卷也）。

按葉云：書之有卷軸由于帛書，未審。帛書舒卷固有資乎軸，簡牘亦何莫不然？後齊之竹簡册書，『軸一枚，長二尺，以白練衣之』（詳第壹章）。簡編亦有軸，此其明證也。簡編加軸，則卷舒自利便。然無軸亦未嘗不可，蘇瑩輝先生云：居延簡『廣地南部侯兵物册』七十七簡，雖無軸亦可卷舒，是也。

後　　記

　　余于一九五三年春，爲學術季刊作先秦兩漢簡牘考附以篇卷附考，以爲竹簡書

可舒可卷，故先秦文書之箸見于漢書藝文志者，或以爲『篇』，或以爲『卷』，如歐陽、大小夏侯三家今文尙書用竹簡，敍云『二十九篇』，而于目錄則曰『經二十九卷』，益『從其簡編言之曰篇，從其可以卷舒言之則曰卷耳』。而錢存訓于一九六二年出版其中國古代書史，引以爲疑，謂余『所提出之例證，均無一在漢代以前，而漢時『卷』已被廣泛應用爲紙及縑帛的單位』；又云：『居延「兵物册」的數捆簡册，卽使捲起，相信仍應稱「篇」而不應稱「卷」』（中國古代書史。香港中文大學版，第一〇〇~一〇一）。　一九五五年七月，甘肅武威磨咀子六號漢墓出土儀禮及日忌雜占等竹木簡，陳夢家作考釋，其（一〇）收卷章以居延漢簡署檢稱『卷』爲例，謂簡册可稱卷：

> 西漢簡册稱卷，實有充足的證據。居延漢簡（八・一及四六・七）乃兩册簿書的署檢，稱『吏病及視事書卷』，其一有陽朔二年年號，而吏病及視事記錄散見同地所出諸簡中，可證簿札之成編者可以稱爲卷。此類簿書常爲一尺木札，而其署檢有時爲較短而圓首的木牌，有孔可穿，可知卷成卷子簿册，系以署檢作標籤。此與後世卷軸書之牙籤一樣。居延漢簡（二〇八・五）在署檢上端寫一『卷』字，這已成爲後世檔案卷的濫觴。史記司馬相如傳曰：『上許令尙書給筆札』，令其寫賦，及其臨終，帝遣使者取其遺書，其妻曰：『長卿未死時爲一卷書，曰有使者來求書奏之，無他書。其遺札書言封禪事』。是相如遺書一卷是言封禪事的遺札，乃是編札而稱卷。汲冢所出皆編簡竹書，晉書束皙傳曰『七十五篇』，而王隱晉書稱『七十五卷』，一卷卽一篇（漢簡葉六八）。

一九七九年夏，臺灣大學國文系女同學蘇琇敏君益推闡陳夢家前說，以居延漢簡二〇八・五釋文：

　　　　士吏卷臨
　卷
　　　　萬九千二百　□記吏以來六百萬八千六百

形式爲封檢；又四六・一七爲一楬牌，正背面文字相同，皆作：

　　　　建昭六年正月
　　　　盡十二月吏病
　　　　及視事書卷

簡背昭字，勞氏釋文作『始』，疑是手民誤植；又八・一亦爲一楬牌，正背面文字相同，皆爲：

　　　　陽朔二年正月

　　　　盡十二月吏病

　　　　及視事書卷

三例均稱『卷』，而三七八・二簡『・右視事書』爲一結尾簡，所謂視事書當卽木簡。二六二・二五簡『右授補令史除視事』、六七・一一簡『・右除遣視事書』皆同（詳漢簡叢說稿葉一四～一五）。

　　蘇君引證居延漢簡文式，悉依原件形制，尤其一目了然，有助吾人更易了解此一事實。惟居延簡楬牌圖片具在，而蘇文未備。今輒補附如後，庶便參證。

　　案簡冊可稱『卷』，此其顯證矣。又不獨漢簡與汲冢竹書而已。考之古文，冊，卜辭、金文或作 ⊞⊞⊞，或作 ⊞⊞⊞，或作 ⊞⊞⊞，象編簡之形（已詳上），足徵古代簡冊形制卽是如此（孔子世家：『讀易，韋編三絕』。案古代簡冊，大都皆予以編綴，孔子之易，祇是其中一例而已）。蓋簡冊成編，所以使文字保持其首尾完整，免于散亂；同時亦于披覽爲便。然而究不適于攜帶。且簡編積久旣多，一編之文，長短亦不齊同，如不予捲束，則庋藏、檢閱，亦至不便。因此吾人可以斷言，古人對簡冊之使用，旣能知其當編，自亦必能知其當捲。例如莊子天下篇云，『惠施多方，其書五車』。此其所謂『方』，卽方策，亦卽簡冊。此五車簡冊，當必每編（篇）或若干編自爲一卷，加之標籤（後代有牙籤），書其編（篇）目，俾便檢閱。如任其平舖，層疊堆積，則一車之簡冊高且數尺，雖亦可予以標目，而翻檢則事數倍而功不半，其不便何如？又不獨施惠之書而已，如昭二年左傳：

　　　　晉侯使韓宣子來聘……觀書於大史氏，見易象與魯春秋，曰：周禮盡在魯矣，吾乃今知周公之德與周之所以王也。

又十五年左傳，周景王謂晉大夫籍談曰：

　　　　夫有勳而不廢，有績而載（注：書功於策）……子孫不忘，所謂福也。……且昔而高祖孫伯黶司晉之典籍，以爲大政（注：孫伯黶，晉正卿，籍談九世祖），故曰籍氏。辛有之二子董之晉，於是乎有董史（注：辛有，周人也，其二子適晉爲大史，籍談與之共董

督晉典，因爲董氏。董狐，其後也）。女，司典之後也。

又定四年左傳：

昔武王克商，成王定之，選建明德，以藩屏周。……分魯公以……祝宗卜史，
備物典策（注：『典策，春秋之制也』。會箋：『備物，謂諸侯不能備之禮物也。……典策，謂凡古
典史策，如夏書、商書、文、武之策，王府所藏，皆是也』。槃案會箋之說當是也）。

王朝與列國典册之富，約略可見于此。周禮春官：

大史掌建邦之六典，以逆邦國之治；掌灋（法）以逆官府之治；掌則以逆都鄙
之治。凡辨灋者考焉，不信者刑之。正歲年以序事，頒之于官府及都鄙。頒告
朔于邦國。閏月，詔王居門終月。大祭祀，與執事卜日，戒及宿之日，與羣執
事讀禮書而協事。祭之日，執事以次位常，辯事者考焉，不信者誅之。大會
同、朝覲，以書協禮事；及將幣之日，執書以詔王。大師，抱天時與大師同車
（注：鄭司農云，大出師，則大史主抱式以知天時，處吉凶。……）。大遷國，抱灋以前。大
喪，執灋以涖勸防。遣之日，讀誄。凡喪事考焉。小喪，賜謚。凡射事，飾中
、舍算、執其禮事。

內史：掌王之八枋（柄）之法，以詔王治：一曰爵，二曰祿，三曰廢，四曰置，
五曰殺，六曰生，七曰予，八曰奪。執國灋及國令之貳，以考政事，以逆會
計。掌敍事之灋，受納訪，以詔王聽治。凡命諸侯及孤卿大夫、則策命之。凡
四方之事書，內史讀之。王制祿，則贊爲之，以方出之；賞賜、亦如之。內史
掌書王命，遂貳之（注：副寫藏之）。

外史掌書外命。掌四方之志（注：志，記也，謂若魯之春秋，晉之乘，楚之檮杌）。掌三皇
五帝之書。掌達書名于四方（孫氏正義：同邦國之文字，與保氏、大行人爲官聯也）。

前引左傳言，晉卿孫伯黶司晉之典籍，以爲『大政』；又孫伯黶之後人籍談與辛
有之二子共董督晉國典籍，因有董史。案禮記中庸篇云：『子曰：文武之政，布在方
策，其人存，則其政舉；其人亡，則其政息』。『典籍』、『方策』，一也。國家大
政與典籍與人關係之重要，則固如此。但晉國大政與典籍之關係暨史氏如何董督國家
典籍與此典籍之項目大凡，傳無其文；而周禮大史、內史、外史之說如此，余信其不
妨取資以爲參考，此等處不必定屬周禮作者理想、虛構，蓋舊典則然也。

　　王朝、列國內府典藏項目之多、應用方面之廣，其典籍之繁富，至此吾人已不難想見。簡牘之使用，自古代以至兩漢並然。戰國魏襄王家發得之册籍，『燼簡斷札』尚不下『數十車』（束皙傳）。諸侯且然，則王府之『汗牛充棟』可知。至其典藏、管理，必有其簡便之法如前所論，而不至于『譬如積薪，後來居上』，亦斷然可知。

　　夫先秦簡牘之制，以其成編，既可稱『篇』；以其成捲，何則不可稱『卷』？漢書藝文志之所謂『篇』，吾人今已知其必原于先秦之『篇』；先秦之簡牘已有編，亦有捲，則漢志與漢簡之所謂『卷』，何以知其必非原于先秦之『卷』！凡此種種，我所不解！

居延漢簡楬牌附圖

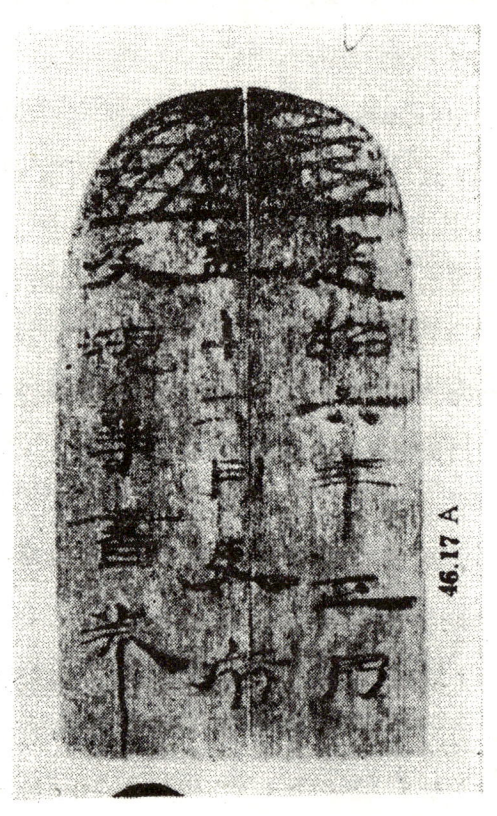

一九八三年五月廿二日，三訂卒事。
初稿刊學術季刊第一卷四期。
第二次稿刊中國學術史論集。

秦漢的律令學

——兼論曹魏律博士的出現

邢　義　田

壹、引　言

　　法令是秦、漢行政的重要依據。漢代人說：「吏道以法令爲師」(1)，又說：「漢吏奉三尺律令以從事」(2)。據漢簡所見，漢代公文習慣以「如律令」作結(3)，而漢吏考課很重要的一項標準在於是否「頗知律令」(4)。漢吏治事既以法律爲據，漢

註1　漢書補注（以下簡稱漢書），卷八十三，薛宣傳。
註2　漢書，卷八十三，朱博傳。關於漢代律令簡是否爲三尺問題，詳見注208。
註3　參注16。
註4　參勞貞一，居延漢簡，考釋之部，三十八葉，771條；三十九葉，790條；八十三葉，1682條；一三七葉，2830條；一五七葉，3239條；五〇五葉，7930條；五八三葉，9717條等。陳直以爲漢代功令「頗知律令」一句，乃沿襲秦代功令而來。參氏著，史記新證，頁24。

制又淵源於秦，秦、漢官吏是如何「頗知律令」的呢？這對瞭解秦、漢政治的運作不能不說是一個要緊的問題。秦始皇三十四年，李斯曾請焚書，並議「若欲有學法令，以吏爲師」（5）。秦代官吏如何以吏爲師？過去，由於史料缺乏，大家無從多論。近來自從雲夢秦簡出土，不但增加了我們對秦律本身的認識，對秦代「學法令以吏爲師」一事也有了較多的瞭解。

　　學法令以吏爲師，不單是秦代如此，漢代亦同。過去大家討論漢代的教育或學術，多半限於經學而不及律令。的確，漢人重經，教育也以儒經爲主。不過，漢儒兼習律令的風氣很盛，和漢代以後千百年裏的學風大不相同。只談經學，不言律令，似不足以窺漢代學風的特色。漢儒兼習經、律的風氣和漢代兼以經、律爲據的政治密不可分。東漢以後，政治貴族化，風氣亦漸變。及乎漢季，風氣從兼重經、律轉爲重經而卑律。最後曹魏不得不立律博士，以傳授律令。律博士的設立，意義匪淺。它打破了漢武帝以來，唯以五經得爲博士的壟斷局面。秦、漢律令傳習的情形如何？律博士爲何至曹魏而出現？漢代既然兼重經、律，爲何有五經博士而無律博士？斯篇之作，擬就這些問題作一討論。首先略述嬴秦的律令學，繼言兩漢律令的傳授，以明漢儒兼修經、律的風尚與轉變，終則試爲曹魏以降律博士之所以出現進一解。

　　律令學是相對於經學而言。經學以儒經爲對象，言人道，天道與治國理民的大經大脈。律令學則以行政中龐雜的法令規章爲對象，以知如何處理行政實務爲主。秦政任法，專以法令爲尚；漢政則在法令以外，又以經義爲據，所謂：「法聖人，從經、律」（6）。漢代經學，言者甚多；而秦漢政治一貫依據的律令，則似少人論及。拙文所說律令之學的「律令」是一個泛稱。秦漢律令有法、律、令、科、比等類的不同。本文暫不擬疏解這些類別的性質和差異，只擬指出秦、漢的官吏透過什麼樣的途徑，習得他們必要知道的法令依據。當然，官吏因職位高低和職務性質的差異，須要知道法令規章的多少和性質不盡相同。由於材料的限制，我們無法細說什麼樣的職務，必要知道什麼樣的法令，又如何去學習它們。我們只能籠統言之，見其大較。舉例來

註5　史記會注考證（以下簡稱史記），卷六，秦始皇本紀。又卷八十七，李斯列傳文小異，作「若有欲學者，以吏爲師」，無「法令」二字。

註6　後漢書集解（以下簡稱後漢書），卷四十四，張敏傳。又孔光對上所問，則「據經、法」（漢書卷八十一，孔光傳），可參。

說，雲夢秦簡的主人只是秦南郡安陸地方的一個小吏，曾掌治獄，位不過史、令史(7)。但是他墓中律簡的名目多達三十一種，內容十分廣泛(8)。這位小吏是如何習知這些律令呢？再如漢律。漢律內容極為龐雜。有因循秦代舊律改作者，如蕭何的九章律、叔孫通所訂儀法以及傍章十八篇(9)。又有明法之臣隨需要修改增添的，如景帝時，鼂錯更定有關諸侯王法令三十章(10)；武帝時，張湯作越宮律二十七篇，趙禹作朝律六篇(11)。漢書刑法志謂：

> 張湯、趙禹之屬，條定法令……禁罔寖密。律令凡三百五十九章，大辟四百九條，千八百八十二事，死罪決事比萬三千四百七十二事。文書盈于几閣，典者不能徧睹。

漢初劉邦的三章約法到武帝時已增加為三百五十九章。因為不可能事事立法，其無律文可循者，則依判例，比類決之，於是又有決事比。決事比數量驚人，僅關死罪，即已上萬，致令典者不能徧睹。武帝以後，各朝被迫屢屢刪修律令(12)。除此以外，還有皇帝不斷因事下達的詔令。詔令因作用和對象，分為策書、制書、詔書、誡勅或戒書(13)。漢書賈山傳謂：「臣聞山東吏布詔令，民雖老羸癃疾，扶杖而往聽之」。詔令既下，官吏將它們編排起來，作為施政的依據。在新近發現的居延簡中，有成帝時期的「詔書輯錄」殘冊，收有文、武、元帝的詔書摘要；還有王莽「詔書輯錄」殘

註7　參睡虎地秦墓竹簡，「編年記」，頁6～7。

註8　睡虎地秦墓所出律文名目小計如下：田律、廐苑律(廐律)、倉律、金布律、關市、工律、工人程、均工、徭律、司空、置吏律、效、軍爵律、傳食律、行書、內史雜、尉雜、屬邦、除吏律、游士律、除弟子律、中勞律、公車司馬獵律、牛羊課、傳律、捕盜律、戍律、臧律、敦表律、魏戶律、魏奔命律，共三十一種。參睡虎地秦墓竹簡。

註9　漢書卷四十三，叔孫通傳；晉書卷三十，刑法志。

註10　漢書卷四十九，鼂錯傳。

註11　晉書卷三十，刑法志。

註12　西漢宣帝、元帝、成帝皆曾詔刪修律令，參漢書卷二十二，刑法志。東漢桓譚、陳寵、梁統曾議刪修律令，不及行。安帝時，詔者劉珍、博士良史讎校漢法令於東觀。建安時，應劭刪定律令為漢儀，獻之。參後漢書，桓譚、陳寵、梁統、蔡倫及應劭各傳。

註13　漢官解詁：「帝之下書有四：一曰策書，二曰制書，三曰詔書，四曰誡勅」(漢官六種，頁86)；蔡邕，獨斷以為漢天子命令有四：「一曰策書，二曰制書，三曰詔書，四曰戒書」。

冊，輯有始建國、天鳳和居攝年間的詔書⑭。這些都構成漢代律令的內容，也是官吏須要學習的對象。

　　約而言之，我們所說律令之學的律令包括皇帝的詔令、朝臣議訂經皇帝認可的制度儀法、治獄的刑罰律條、規程、判例、甚至公文程式等等。這些東西漢人常泛稱爲法令、法度、律令、法律、文法或單稱爲法或律⑮。其中應用最普遍的一個名詞是律令。漢代行政文書通常以「如律令」作結尾。風俗通義說：「故文書下『如律令』，言當承憲，履繩墨，動不失律令也」⑯。因此，拙文姑以「律令」代稱秦漢行政遵循的一切法令規章。有關這些法令規章的學習和傳授也就是律令之學。

　　漢代承秦餘緒，頗重治獄。獄吏每成律家，位至公卿。他們言律令，傳徒衆，卽常以治獄爲主（詳後）。因此，下文所及不免偏於治獄，但也將兼及其他。我們希望能從較廣濶的角度，討論在一個以律令爲依據的政治裏，官吏如何得知他們必要的律令知識。

註14　甘肅居延考古隊，「居延漢代遺址的發掘和新出土的簡冊文物」，頁8。

註15　漢人對法律通名並沒有嚴格一致的用法，例如漢武帝說：「法令者，先帝所造也」（漢書卷六十五，東方朔傳）；杜周以爲「三尺安出哉？前主所是著爲律，後主所是疏爲令」（漢書卷六十，杜周傳）；應劭又認爲「律者，法也。臯陶謨：『虞始造律』。蕭何成以九章，此關諸百王不易之道也。時主所制曰令，漢書：『著于令甲』」（風俗通義佚文）；元帝詔曰：「夫法令者，所以抑暴扶弱，欲其難犯而易避也。今律令煩多而不約，典文者不能分明」（漢書卷二十三，刑法志），是以法令爲律令。又桓譚上疏曰：「又見法令決事，輕重不齊…今可令通義理明習法律者，校定科比，一其法度，班下郡國」（後漢書卷二十八上，桓譚傳），是法令、法律、法度又可通。餘不備舉。

註16　風俗通義校注，「佚文」，頁584。「如律令」一詞已見於雲夢秦律，參睡虎地秦墓竹簡，「秦律十八種」，倉律：「咸陽十萬一積，其出入禾，增積如律令」，頁36。又散見於漢代簡冊遺文。新近發現的居延簡冊如「甘露二年丞相御史律令」，「建武三年候粟君所責寇恩事爰書」都可見以「如律令」爲公文結尾。前者參初仕賓，「居延簡冊≪甘露二年丞相御史律令≫考述」，頁179～184；後者參「建武三年候粟君所責寇恩事釋文」，頁30～31。因「如律令」爲公文常用語，漢代民間用於地下之地券，鎭墓文竟亦做用之。參陳槃庵，漢晉遺簡識小七種，頁21，「如律令」條；又氏著，「於歷史與民俗之間看所謂『瘞錢』與『地券』」，中央研究院國際漢學會議論文集，「歷史考古組」中冊，頁861；鎭墓文以「如律令」、「急急如律令」作結幾爲通例，例如：寶鷄市博物館，「寶鷄市鏟車廠漢墓─兼談 M1 出土的 行楷體 朱書陶瓶」，頁48；王光永，「寶鷄市漢墓發現光和與永元年間朱書陶器」，頁55；河南省博物館，「靈寶張灣漢墓」，頁79～80；吳榮曾，「鎭墓文中所見到的東漢道巫關係」，頁56～57；武威漢簡，頁149。

貳、秦代的律令學

一、中央集權政制與律令學的興起

　　以刑治民，淵源甚早。傳說夏、商兩代都曾作刑[17]。刑制如何卻不易確考。兩周以降，資料漸豐亦較可徵信。西周大約已有成文的刑法。左傳昭公七年提到「周文王之法曰：『有亡荒閲』（杜注：荒，大也；蒐也；有亡人，當大蒐其衆）」；又文公十八年，周公作誓命，言及九刑。叔向也說：「周有亂政，而作九刑」[18]。「九」可以言「多」。九刑是不是如逸周書嘗麥篇所說爲九篇刑書，難以徵考[19]。不過，西周有成文的刑書似不成問題。尚書呂刑篇說：「明啓刑書胥占」。呂刑一般相信成於西周[20]。其中當然也可能摻雜有較晚的成分，例如「五刑之屬三千」這樣詳密的罰則，就很難確定是西周時的制度。

　　從西周到春秋初期，像呂刑所說墨、劓、荆、宮、大辟之類刑罰的方法或許已經俱備。但是刑書的內容還不致太詳密，大約只是列舉若干類的處罰而已。至於何罪何罰，罰之輕重，似可由掌刑者原情定罪，「輕重諸罰有權」[21]。刑罰還不詳密，一方面是由於社會的發展尚不及春秋中期以後那麼複雜，不需要太繁複的條文；另一方面也因爲封建未潰，時政所依，多在禮制。左傳說，「禮可以爲國也久矣，與天地

註17　竹書紀年謂帝舜「命咎陶作刑」；左傳昭公十四年引夏書曰：「昏墨賊殺，皋陶之刑也」。又左傳昭公六年，叔向曰：「夏有亂政，而作禹刑；商有亂政，而作湯刑；周有亂政，而作九刑」。傳說中夏代以及夏代以前的刑罰，只是一些用刑的方式。例如尚書堯典所說的五刑：墨、劓、荆、宮、大辟。還有「鞭作官刑，扑作教刑，金作贖刑」的鞭、扑、贖金也是處罰的方式。堯典成書於戰國初（屈翼鵬，尚書釋義，頁2），其中有多少是三代以前舊制？又有多少後人附會？難以確斷。殷商刑制也尚難知。文獻、卜辭俱不足詳徵。陳邦懷在殷代社會史料徵存一書中曾有意據卜辭勾稽殷代法律的程序，但是他對卜辭定義的認定不無疑義。參 Kwang-Chih Chang, *Shang Civilization* PP. 200~201。陳夢家卜辭綜述於殷代刑法無考。

註18　左傳昭公六年。

註19　逸周書卷六，嘗麥：「太史筴刑書九篇」。孔廣森集訓校釋謂：「刑書九篇蓋卽春秋傳之九刑。」又安井衡左傳輯釋，昭六年引惠棟云：「九刑謂刑書九篇也」（卷九，頁246）。九作「多」字解，見汪中述學，「釋三．九」。

註20　經生舊解以爲作於周穆王。傅斯年先生以爲乃呂王所作，陳槃庵先生和之。不論是周穆王或呂王，其作於西周應可採信。參屈翼鵬，尚書釋義，頁136~137；陳槃庵，春秋大事表列國爵姓及存滅表譔異（增訂本）第五冊，頁422ab。

註21　尚書正義，卷十九，呂刑，頁138。

並」[22]；又說：「禮所以守其國，行其政令，無失其民者也」[23]。然而，封建禮制終因周室不振，漸失作用，紛爭的列國隨著時代的變動，逐漸偏向以新形式的刑書和刑鼎爲治民之具。

　　春秋、戰國以來，在列國政治中央集權化的過程中，頒行成文法典是一個相當普遍的現象。據左傳，早在楚文王之世（689～677B.C.），楚國已有僕區之法曰：「盜所隱器，與盜同罪」[24]。據管子法法篇，管子曾主張公布法令[25]。這是不是齊桓公時代的事，我們不敢說。所知較爲淸楚的例子是鄭國子產於魯昭公六年（536 B.C.）鑄刑書[26]。二十三年以後（514B.C.），晉國亦「鑄刑鼎，著范宣子所爲刑書」[27]。到了魯定公九年（502B.C.），鄭國駟歂殺鄧析，用其竹刑[28]。鄭、晉鑄刑曾引起叔向、孔子和蔡史墨等人的批評和反對。左傳曾將他們的議論鄭重其事的記載下來。我們先看看有關的記載，再討論鄭、晉鑄刑書的意義，左傳昭公六年：

　　三月，鄭人鑄刑書。叔向使詒子產書曰：「始吾有虞於子，今則已矣。昔先王議事以制，不爲刑辟，懼民之有爭心也。猶不可禁禦，是故閑之以義，糾之以政，行之以禮，守之以信，奉之以仁，制爲祿位，以勸其從，嚴斷刑罰，以威其淫。懼其未也，故誨之以忠，聳之以行，敎之以務，使之以和，臨之以敬，涖之以彊，斷之以剛，猶求聖哲之上，明察之官，忠信之長，慈惠之師，民於是乎可任使也，而不生禍亂。民知有辟，則不忌於上，並有爭心。以徵於書，而徼幸以成之，弗可爲矣。夏有亂政，而作禹刑，商有亂政，而作湯刑；周有亂政，而作九刑。三辟之興，皆叔世也。今吾子相鄭國，作封洫，立謗政，制參辟，鑄刑書，將以靖民，不亦難乎？詩曰：『儀式刑文王之德，日靖四方』。又曰：『儀刑文王，萬邦作孚』。如是何辟之有？民知爭端矣，將棄禮而徵於書。錐刀之末將盡爭之。亂獄滋豐，賄賂並行，終子之世，鄭其敗乎？肸聞

註22　左傳昭公十九年。
註23　左傳昭公五年。
註24　左傳昭公七年。
註25　管子卷六，法法第十六。又卷一，立政第四「首憲」言布令之法。
註26　左傳昭公六年。
註27　左傳昭公二十九年。
註28　左傳定公九年。

之，國將亡，必多制。其此之謂乎？」復書曰：「若吾子之言，僑不才，不能及子孫。吾以救世也。既不承命，敢忘大惠。」

又左傳昭公二十九年：

冬，晉趙鞅、荀寅帥師城汝濱，遂賦晉國一鼓鐵，以鑄刑鼎，著范宣子所爲刑書焉。仲尼曰：「晉其亡乎？失其度矣。夫晉國將守唐叔之所受法度，以經緯其民。卿大夫以序守之，民是以能尊其貴。貴是以能守其業，貴賤不愆，所謂度也。文公是以作執秩之官，爲被廬之法，以爲盟主。今棄是度也，而爲刑鼎，民在鼎矣。何以尊貴？貴何業之守？貴賤無序，何以爲國？且夫宣子之刑，夷之蒐也，晉國之亂制也，若之何以爲法？」蔡史墨曰：「范氏、中行氏其亡乎？中行寅爲下卿，而干上令，擅作刑器，以爲國法，是法姦也。又加范氏焉，易之亡也。其及趙氏、趙孟與焉。然不得已，若德可以免。」

從叔向和孔子等人的批評可以看出，鄭、晉鑄刑書和刑鼎有類似的時代意義。第一，刑書或刑鼎的鑄造意味著以刑法取代傳統的禮制。所謂「棄禮」、「失其度」，都是指放棄過去維繫「貴賤不愆」的禮制。所謂「擅作刑器，以爲國法」，「鑄刑書，將以靖民」，又都指刑法將成爲治政理民的依據。從禮而法，顯示了春秋中期以後，列國政治轉變的一個趨向。封建秩序解體，生存競爭下的列國爲建立更有效的統治，紛紛走上中央集權的道路。集權君主或權卿憑依的就是法令辟禁。所謂「令必行，禁必止，人主之公義也」[29]。孔子說：「道之以政（何晏集解引孔安國曰：「政謂法教」；朱熹注：「政謂法制禁令也」），齊之以刑，民免而無恥；道之以德，齊之以禮，有恥且格」[30]。他的話，就是對當時從禮而法的政治發出的感嘆。

第二、鄭、晉鑄刑是兩國一連串經濟、社會和政治變革的一環，而不是孤立的事件。叔向已經提到子產鑄刑書以前，「作封洫，立謗政」。所謂作封洫是指魯襄公三十年，子產使「田有封洫，廬井有伍」[31]的經濟、社會改革。他又不主張毀鄉校，使百姓得「以議執政之善否」[32]。魯昭公四年（538 B.C.），子產更「作丘賦」。杜

註29　韓非子卷五，飾邪。
註30　四書集注，論語卷一，爲政，頁7；論語注疏，卷二，爲政，頁5。
註31　左傳襄公三十年。
註32　左傳襄公三十一年。

注：「丘十六井，當出馬一匹，牛三頭。今子產別賦其田，如魯之田賦」⁽³³⁾。子產整頓田洫，編組百姓，增加賦稅，進而頒訂刑書，都是他所說「吾以救世也」的一連串行動。晉國的變革也很類似。晉國早在魯僖公十三年（645B.C.），「作爰田」、「作州兵」⁽³⁴⁾。魯文公六年（621B.C.），范宣子「始爲國政，制事典，正法罪，辟獄刑，董逋逃，由質要，治舊洿，本秩禮，續常職，出滯淹。既成，以授大傅陽子與大師賈陀，使行諸晉國，以爲常法」⁽³⁵⁾。從這一段記事看來，晉國最少在范宣子時代已有行諸晉國的「常法」。爲什麼一百多年以後，還要將他的常法鑄成刑鼎呢？

　　這就牽扯到鄭、晉鑄刑的第三點意義：以明文的法律條文治民，不再如叔向所說是「議事以制」。所謂「議事以制」，杜預注：「臨事制刑，不豫設法也；法豫設，則民知爭端」⁽³⁶⁾。又安井衡左傳輯釋引王引之云：「議讀爲儀。儀，度也。制，斷也。謂度事之輕重，以斷其罪，不豫設爲定法也」⁽³⁷⁾。王、杜所說不豫設法，度事輕重以定罪，正是前引呂刑所說「輕重諸罰有權」。舊制雖有刑書，有常法，但是似乎並不是將某罪某罰詳詳細細的規定出來，而是讓執法者有相當大的彈性，決定罪罰的輕重。這樣的作用，據孔穎達疏，是「刑不可知，威不可測，則民畏上也」⁽³⁸⁾。

註33　左傳昭公四年。杜注根據司馬法：「丘出戎馬一匹，牛三頭」而來。關於鄭國的「丘賦」以及下文所說晉國「爰田」、「州兵」的意義，可參高亨，「周代地租制度考」，文史述林，頁. 146～155。

註34　左傳僖公十五年。

註35　左傳文公六年。

註36　安井衡，左傳輯釋，卷十九，頁13a。

註37　同上，頁13b。

註38　春秋左傳正義，卷四十三：「刑不可知，威不可測，則民畏上也。今制法以定之，勒鼎以示之。民知在上不敢越法以罪己，又不能曲法以施恩，則權柄移於法，故民皆不畏上」。執法者可以有較大的彈性，定罪輕重，似乎更容易造成叔向所說的「亂獄滋豐，賄賂並行」。這可以從晉國鑄范宣子刑書以前的兩件獄訟賄賂案子看出來。一件發生在魯昭公十四年（528B.C.）。據左傳，晉國邢侯與雍氏爭田，晉國的理官士景伯到楚國去，由叔魚代理其職。韓宣子命他斷獄，他認爲錯在雍子。雍子於是將女兒嫁給叔魚。叔魚竟改判邢侯理虧。邢侯大怒，將叔魚和雍子殺死。宣子問叔向應如何判邢侯的罪。叔向說：「三人同罪，施生戮死可也。雍子自知其罪，而賂以買直，鮒也，鬻獄；邢侯專殺，其罪一也。已惡而掠美曰昏；貪以敗官曰墨；殺人不忌爲賊。夏書曰：『昏墨賊殺，皋陶之刑也』。請從之。」於是宣子乃殺邢侯，並將叔魚和雍子的屍首暴於市場。

另一件發生晉鑄刑鼎的前一年。據左傳，前一年秋天，魏獻子爲執政，分祁氏之田爲七縣，羊舌氏之田爲三縣。治理各縣的大夫都由他委派，晉國中央集權的政治因而向前邁進了一步。該年冬天，新置的梗陽縣民發生訴訟，梗陽大夫無從斷案，只好將案子上報魏獻子。梗陽打官司的一方就來賄賂魏獻子，以女樂相贈。魏獻子本來打算收下，卻因屬下大夫的勸諫而謝絕了。從梗陽人行賄和魏獻子有意接受，以及前一案叔魚可因賄顛倒曲直看來，未鑄刑鼎以前的晉國刑獄，是非曲直似無定則。又叔向論三人之罪，根據的並不是范宣子的刑書，而竟是一部舊籍夏書。可見在舊制之下，貴族如叔魚、叔向之流，於刑罰獄案，頗可以輕重由己。鑄造刑鼎，依明文議罪，一方面有助於保障平民權益，另一方面可以約束貴族賄賂公行，顛倒獄訟的情形。平民與貴族勢力的消長，以及中央集權制的加強皆於此可見。

叔向和孔子擔心刑罰一旦明文鑄出，掌法者將盡失議罪的彈性，不能再加輕重，而百姓將「徵於書」，所謂「民在鼎矣」。

其次，過去雖有刑書常法，行於全國，但刑典卻藏在京師，由專人掌典。例如，逸周書嘗麥篇就提到周的刑書由太史「藏之于盟府，以爲歲典」。周禮地官「鄉大夫」之職：「各掌其鄉之政教禁令。正月之吉，受教灋于司徒，退而頒之于其鄉吏」。管子立政篇也說：「正月之朔，百吏在朝，君乃出令，布憲于國。五鄉之師，五屬大夫皆受憲于太史。大朝之日。五鄉之師，五屬大夫皆身習憲于君前。太史既布憲，入籍于太府」。又戰國策，魏策：「安陵君曰：『吾先君成侯，受詔襄王以守此地也，手受大府之憲〔注：憲，法令也〕。憲之上篇曰：「子弑父，臣弑君，有常不赦。國雖大赦，降城亡子，不得與焉。」安陵君所述雖爲戰國初事，但憲令藏於大府，卻是舊制。根據這些文獻看來，刑典不論由太史、司徒或其他的執政掌管，似皆藏於所謂的盟府、太府（大府）。知道刑法憲令內容的是受憲的官吏，一般老百姓對刑典的確切條目恐不甚了了(39)。鄭、晉鑄刑書，使刑書的內容流佈，一般百姓於是得悉條文。這是民徵於書，民在鼎矣的另一意義。否則，則無所謂「刑不可知，威不可測」。和子產可能同時的鄧析，又作竹刑。以竹刑爲名，大約因書之於竹簡。竹簡較鼎大爲輕便，傳抄也容易。據說鄭國百姓紛紛從鄧析「學訟」(40)。這些都是刑書流佈民間才能有的現象。鄧析的竹刑不但輕便，內容或許也更爲週致細密(41)。因此，駟歂殺鄧析，卻要用他的竹刑。總之，鄭、晉鑄刑，反映兩國封建禮制沒落而新秩序有待建立。新秩序不再是封建下領主與領民的關係，而是以明文法令約束執政與齊民的關係爲特色。換言之，建立新秩序的需要促使兩國走上明文法治的道路。

大約在鄭、晉鑄刑書的前後，列國也陸續走上了明文法治的道路。可惜史料有

註39　周禮卷卅四，司寇刑官之屬，「大司寇」條：「正月之吉，始和。布刑于邦國都鄙，乃縣象之灋于象魏，使萬民觀刑象，挾日而斂之」；另周禮卷卅五，「小司寇」條、「士師」條、卷卅六，「布憲」條都提到懸示法禁憲令的事。周禮所述或有所本，然更近於戰國以降，法家諸子所鼓吹的公佈法令的思想。春秋時代雖已有平民教育，然眞能識字之一般庶人恐極有限。卽使憲令公佈，其條目似亦非一般小民所能確切瞭解。春秋中晚期以後，平民教育漸發達，民智漸開，平民的權益不再是貴族可以任意輕重，公佈成文刑書乃成必要與有意義的舉動。

註40　呂氏春秋，卷十八，審應覽第六，「離謂」，頁8b～9a。

註41　錢賓四，先秦諸子繫年，「鄧析考」，頁19。

闕，我們無法作更多的舉證。最少在戰國之初，魏文侯（445～396B.C.）的宰相李悝已有機會參考「諸國法」，撰著法經一書。晉書刑法志說他「撰次諸國法」（42），唐律疏義說他「集諸國刑典，造法經六篇」（43）。可見他的法經並非憑空捏造，而是就各國刑典，加以整理比較。去蕪存菁的結果，應較諸國法完美，不言可喻。原在魏國任官，又喜刑名的衞鞅，將這樣一部法典帶到秦國，使秦變爲一個法治的強國。約略在同一時期，齊國的威王有騶忌幫助他「脩法律而督姦吏」（44）；韓國的昭侯則有申不害爲他規劃「因能授官」、「循名責實」、「任法不任智」（45）的強國之道。總之，最遲到戰國初期，列國君主訂定的法令辟禁已經成爲治政理民最重要的依據。馬王堆所出古佚書經法篇說：「人主者…號令之所出也」（46）；韓非子則說：「主上有令」，「官府有法」；「令者，言最貴者也」（47），「法者，編著之圖籍，設之於官府，而布之於百姓者也」（48）。法令辟禁既爲治民的依據，官吏就不能不學習。前引管子立政篇和周禮地官「鄉大夫」之職，都提到地方官吏如何集於京師，學習憲令。雲夢秦簡裏一份由郡守發給縣、道嗇夫的訓示，明明白白地說，良吏和惡吏的一大區別是在能否「明法律令」（49）。律令之學因而興焉。

　　律令之學和法家之學本來都是隨著春秋戰國尙法之治的出現而興起。先秦法家言帝王之術。所論以帝王掌政治國的權術爲主。談到刑賞，主要也在討論如何以刑賞爲手段，達到統治的目的。律令學則以治獄理訟之實務爲主，與法家所論有層次之別。但是法家言形（刑）名和刑獄實務似不無關係。當執法者依刑法條文治罪，刑條名目

註42　晉書卷三十，刑法志。

註43　唐律疏義，卷一，「名例」，頁8。今本李悝法經雜有晚出的名詞用語，必非原來面目。但晉書和唐律疏義說李悝曾造法經一事，應有所本，非向壁虛構。

註44　史記卷四十六，田敬仲完世家。

註45　韓非子卷十一，外儲說左上；太平御覽卷六十三引申子。

註46　馬王堆漢墓帛書整理小組，「長沙馬王堆漢墓出土《老子》乙本卷前古佚書釋文」，頁33。

註47　韓非子卷十七，問辯。

註48　韓非子卷十六，難四。

註49　睡虎地秦墓竹簡，頁19～20：

　　凡戾吏明法律令，事無不能☒（也）；有（又）廉絜（潔）敦慤而好佐上；以一曹事不足獨治☒（也），故有公心；有（又）能自端☒（也），而惡與人辨治，是以不爭書。惡吏不明法律令，不智（知）事，不廉絜（潔），毋（無）以佐上…。

如何切合罪狀之實，以得其平，實為大問題(50)。這個問題即名實之辨，也就是形名之學，所謂「刑名者，以名責實」(51)。莊子天道篇謂：「驟而語形名賞罰」，是形名與賞罰相連，形名辨而後賞罰中。雲夢秦簡「法律答問」有很大一部分即在界定律文裏用字措辭的確切含義(52)。這是依律用刑不能不分辨的。將這種名實的分辨歸納為「循名責實」的原則，擴大運用到對整個官僚組織的任用和考核，也就成為法家學問的一大成分(53)。因此，漢書藝文志以為法家出於理官，不是沒有相當的道理。法家之學如何超脫實務的層次，已無法詳細尋索其軌跡。概括言之，我們所知的先秦法家，都在指導國君，施法治，力集權，行富強，以求稱霸天下。等到秦、漢一統，許多法家揭櫫的原則，如因能授官，循名責實，依法而治，號令出一都已具體實現在大一統的政府中。先秦法家的歷史任務，於焉完成(54)。秦漢一統以後，雖仍有以申、韓之學為名者，究其實多言律令治獄而已（詳後）。因為帝國的統治繼續戰國遺規，依法令而治；帝國的官吏不能不習法，也就不得不有律令之學。

二、以吏為師—律令傳習的主要形式

　　為吏須習律令，欲習律令則以吏為師。以吏為師並不是李斯的發明。商君書和韓非子已言之在先。韓非子說：「明主之國，無書簡之文，以法為教；無先王之語，以吏為師」(55)。這話看起來似乎在陳述一種理想，實際上只是肯定已經存在的事實。最少從戰國之初，法令成為治政的依據以後，學習法令就是以吏為師的(56)。商鞅「

註50　子產鑄刑書，鄧析難之的故事，似即反映了名實的問題。子產刑書初頒，或尚非周密。鄧析大可鑽條文漏洞，「以非為是，以是為非」（呂氏春秋卷十八離謂）。漢書藝文志以託名鄧析之鄧析二篇入名家，即可見鄧析所為的性質。

註51　漢書卷九元帝紀師古注引劉向別錄。

註52　睡虎地秦墓竹簡，頁149～243。

註53　H. G. Creel,「The Fa-Chia: Legalists or Administrators?」，頁607~636。

註54　法家思想與秦漢行政組織的關係，蕭公權論之甚精。參Kung-chuan Hsiao, "Legalism and Autocracy in Traditional China"，頁108~122。

註55　韓非子卷十九，五蠹。

註56　以吏為師的傳統淵源久遠，章學誠文史通義內篇五，「史釋」云：
　　以吏為師，三代之舊法也；秦人之悖於古者，禁挾書而僅以法律為師耳。三代盛時，天下之學，無不以吏為師。周官三百六十，天人之學備矣；其守官舉職而不墜天工者，皆天下之師資也。東周以還，君師政教不合於一，於是人之學術，不盡出於官司之典守；秦人以吏為師，始復古制，而人乃狃於所習，轉以秦人為非耳。秦之悖於古者多矣，猶有合於古者，以吏為師也。（頁152）
　　陳槃庵亦認為以吏為師是「古代中國一向的傳統」。參氏著，「春秋時代的教育」，頁748。

少好刑名之學，事魏相公叔痤爲中庶子」(57)。中庶子爲私臣性質。商鞅「事」魏相，一方面是爲魏相服務，一方面也是跟魏相學。此禮記，曲禮上所謂「官學事師」者也。商鞅好刑名，隨公叔痤學，公叔痤因「知其賢」，而想薦舉他。這應該是以吏爲師的一個例子。秦國據說有掌管法令的官吏，負責教人法令。商君書說：「故聖人必爲法令置官也，置吏也，爲天下師」(58)。這一段出自定分篇。定分篇非商鞅手著，但成篇不遲於秦統一天下以前。因爲雲夢秦簡的主人翁喜，死於秦始皇三十年。從他的經歷以及墓中竹簡的性質看，喜就是一位司法，還可能兼教法的吏。作者過去曾經推測喜職務的性質(59)。現在擬就前旨，再作些討論。

根據墓中所出的編年記，墓主喜曾任史、令史，並曾擔任「治獄」的工作。墓中陪葬的一千餘枚竹簡，大部分是秦國的法律文書。這些簡顯然和墓主生前的工作有關。其中「爲吏之道」簡應是一份教材。它教人如何作吏，說明什麼是吏的五善，什麼是吏的五失。文中有很多「戒之戒之」、「謹之謹之」、「慎之慎之」教誨人的語句。這部分竹簡書寫的方式也和其他簡篇不同。其文句分上下五欄抄寫，而最下一欄爲韻文。例如：「凡戾人，表以身，民將望表以戾貞，表若不正，民心將移乃難親(60)」。文字用韻，便於記憶。秦漢字書教本如蒼頡篇、急就篇都用韻，其理相同(61)。從這些地方看來，這篇東西可能是用來訓練地方官吏的。還有一份原題爲「南郡守騰文書」，後改題爲「語書」的簡編。這是南郡郡守在秦王政二十年發給轄下縣、道嗇夫的一份文件。這份文件並未提到什麼特定的事故，主要在宣揚法治，說明良吏和惡吏的區別。或許這是以一份實際的行政文書爲教材，而「爲吏之道」則是特別編寫的教本。這些教材在墓中出現，說明些什麼呢？

這有兩個可能：或者說明墓主是一位司法兼教法的吏，或者說明這些是墓主自己受訓時所用的教本。何者爲是？現在不易確斷。不論如何，這都不妨碍我們據以瞭解

註57　史記卷六十八，商君列傳。

註58　商君書第二十六，定分。

註59　拙著，「雲夢秦簡簡介——附：對『爲吏之道』及墓主喜職務性質的臆測」，頁33～39。

註60　睡虎地秦墓竹簡，頁291。

註61　秦漢字書用韻，從新近發現的阜陽漢簡蒼頡篇可以看的很清楚。參胡平生、韓自强，「蒼頡篇的初步研究」，頁37～39。

秦代以吏爲師的實況。據前引商君書定分篇，秦置法官和主法之吏，以爲天下師。如果「主法令之吏有遷徙物故者，則輒使學讀法令所謂，爲之程式，使日數而知法令之所謂。不中程，爲法令以罪之。有敢剟定法令，損益一字以上，罪死不赦」[62]。這段文字的大意是：從吏學法有一定的進程，不中程就會受罰。教授的法令不得增損；增損一字以上就會招來殺身之禍。這是一段記載秦代法吏訓練難得的材料。

又根據秦簡，學法令者的身分或爲「弟子」；學習的地方或稱之爲「學室」。秦簡「除弟子律」謂：

> 當除弟子籍不得，置任不審 ，皆耐爲侯〔候〕。使其弟子贏律，及治〔笞〕
> 之，貲一甲；決革，二甲[63]。

秦墓竹簡的注釋者認爲這是「關於任用弟子的法律。按秦以吏爲師，本條是關於吏的弟子的規定」[64]。這個說法是可以接受的。古來師有弟子，弟子有名籍曰弟子籍，淮南子道應篇：「公孫龍曰：『與之弟子之籍』」。史記仲尼弟子列傳，太史公曰：「學者多稱七十子之徒……弟子籍出孔氏古文，近是」。秦律裏的弟子籍應是同類的東西。弟子不但隨師學習，也要供師使役，服侍業師。根據論語的記載，樊遲、冉有和子路都曾爲孔子駕過車[65]。鄉黨篇描述孔子的私生活，則爲弟子服侍左右所見的記錄。弟子服侍業師最詳細的記載見於管子，弟子職。弟子職有人認爲可能是齊國稷下學宮的學則[66]。學則中對弟子一天從早到晚，如何侍候先生起牀、進食、就寢、打掃屋室等都有詳細的描寫：

> 先生施教，弟子是則…少者之事，夜寐蚤作。既拚〔維遹按：「拚」即「坌」之或體字，說文「坌，掃除也」〕盥漱，汎拚正席〔王筠云：汎拚者，灑掃也〕，執事有恪，攝衣共盥〔謂供先生之盥器也〕…至於食時，先生將食，弟子饌饋，攝袵盥漱，跪坐而饋，置醬錯食，陳膳毋悖…先生已食，弟子乃徹。趨走進漱，拚前斂祭〔洪亮吉云：古者每食必祭，斂祭者，斂攝所祭，不使人

註62　商君書第二十六，定分。
註63　睡虎地秦墓竹簡，頁131。
註64　同上。
註65　分見論語，爲政、子路和微子篇。
註66　郭沫若、聞一多、許維遹，管子集校，頁956。

得踐履，所以廣敬」，先生有命，弟子乃食。⋯凡拚之道，實水于盤，攓臂袂及肘，堂上則播灑，室中握手，執箕膺擖，厥中有帚⋯昏將舉火，執燭隅坐⋯先生將息，弟子皆起，敬奉枕席⋯先生既息，各就其友，相切相磋，各長其儀〔沫若按：「儀」當爲「義」〕，周則復始，是謂弟子之紀 [67]。

從這裏看來，弟子服侍業師，有如僕奴。或許因爲有些老師過度役使弟子，秦律竟對役使弟子有所規定。如果使喚弟子超過法律的規定，又笞打弟子，要罰一甲；打破了皮，就要罰兩甲。老師還不可以不當地開除弟子，或對弟子作不當的保舉。如有不當，將被耐爲候。秦代弟子不但有相當的保障，可能還享有徭役上的特權。秦律：「縣毋敢包卒爲弟子；尉貲二甲，免；令，二甲」[68]。縣令和縣尉不可以將兵卒包藏爲弟子，以逃避兵役。如果這樣，縣令要罰二甲，縣尉除了罰二甲，還會丟官。漢武帝置博士弟子五十人，復其身 [69]。文翁於蜀置學官，有學官弟子，「爲除更繇」[70]。看來漢代弟子除復之制，或卽淵源於秦。

弟子學習的場所或稱之爲學室。秦律「內史雜」有一條說：

令敫史毋從事官府。非史子殹（也），毋敢學學室，犯令者有罪 [71]。

學室大概類似學校，但不是一般的學校，因只有史之子才能入學。古代職業尚世襲，所謂「士之子恆爲士」、「農之子恆爲農」[72]，「民不遷，農不移，工賈不變」[73]。學室只有史之子才可入學，似與這個傳統有關。當然秦代爲史不一定皆是史之子，學習的地點也不一定全爲學室。叔孫通爲秦博士，有弟子百餘人，他們的身分背景如何，如何隨叔孫通學習，可惜都難以知道了。

作史第一步須先能識字，卽學書 [74]。說文序引漢尉律：「學僮十七已上，始試。諷籀書九千字，乃得爲史 [75]」。第二步才習計算和律令文書。漢吏功令裏每將

註67 同上，頁956～972；又載望校，管子卷十九，弟子職第五十九，頁26～27。
註68 睡虎地秦墓竹簡，頁131。
註69 史記卷一二一，儒林傳。
註70 漢書卷八十九，循吏傳。
註71 睡虎地秦墓竹簡，頁106～107。
註72 國語卷六，齊語。
註73 左傳，昭公二十六年。
註74 勞貞一，「史記項羽本紀中學書和學劍的解釋」，頁499～510。
註75 段玉裁，說文解字注，卷十五上，頁11b。

「能書、會計、頗知律令」三事連爲一體(76)。這些是作吏的基本條件。秦代吏的養成有學室，學室所授或許就是這些東西。

提到學室的秦律是「內史雜律」的一條。漢書百官公卿表謂：「內史，周官，秦因之，掌治京師」(77)。學室屬京師內史所轄，是不是意味京師才有學室呢？或是郡、縣皆有學室？這個問題一時還無法確實回答。不過，從前引「縣毋敢包卒爲弟子」一條看來，縣有弟子，即可能有學室。這種制度在漢初並無踪跡可尋。漢代學校，從中央太學以至地方學官，凡平民之俊秀皆可入學，與秦之學室不同。

雲夢秦墓裏「法律答問」簡的性質也有必要在這裏作些檢討。我們懷疑這是墓主向「主法之吏」問法的記錄。秦有所謂主法之吏，商君書定分篇說：「聖人爲法…爲置法官，置主法之吏，以爲天下師，令萬民無陷於險危」。同篇還說：

> 諸官吏及民有問法令之所謂也，於主法令之吏，皆各以其故所欲問之法令明告之。各爲尺六寸之符，明書年月日時，所問法令之名，以告吏民；主法令之吏不告，及之罪，而法令之所謂也，皆以吏民所問法令之罪，各罪主法令之吏。即以左券予吏之問法令者，主法令之吏謹藏其右券木柙，以室藏之，封以法令之長印。即復有物故，以券書從事。

這一段說的很清楚，主法令的吏必須回答官吏與百姓的詢問，並將答問作成記錄。記錄像符一樣有左券、右券。左券交給詢問者，右券由主法吏保存。符長一尺六寸。雲夢竹簡「法律答問」的部分長約二十二至二十三公分，相當於秦尺一尺左右，與定分篇所說並不相合。又定分篇說「明書年月日時」、「封以法令之長印」。現在所見的竹簡，出土時已散亂，不見封印，也不見日期注記。因此，我們並不能肯定「法律答問」簡就是定分篇所說的左券或右券。不過定分篇所述可能是某一時期的定制，實際上不可能全無出入。例如前引同篇所說「損益一字以上，罪死不赦」，我們很難想像這樣的規定可以完全實行。根據定分篇，我們相信秦代確有將法律答問作成記錄的制度，而今所見的「法律答問」簡應該就是這類東西。另一個旁證是法律答問的形式和用語，在漢代還有遺迹可尋，而漢代的法律答問就產生在法律諮詢的場合。漢書卷

註76　參注4。

註77　有關秦內史的研究，可參于豪亮，「雲夢秦簡所見職官述略」，頁5～7。

五十六，董仲舒傳謂：

仲舒在家，朝廷如有大議，使使者及廷尉張湯就其家而問之，其對皆有明法。所謂大議，這裏是指大的疑獄，故由掌獄的廷尉出面請教。仲舒通經，亦擅律令。漢書循吏傳說他「通於世務，明習文法」，故「其對皆有明法」。這樣的諮詢不知有多少，但據說董仲舒編輯起來的有二百三十二事，也就是漢書藝文志所載的公羊董仲舒治獄十六篇。這十六篇已佚，只有數條尚存[78]。這幾條形式皆同，僅舉一例，以概其餘：

時有疑獄曰：甲無子，拾道旁棄兒乙，養之以爲子。及乙長，有罪殺人，以狀語甲，甲藏匿乙。甲當何論？仲舒斷曰：甲無子，振活養乙，雖非所生，誰與易之。詩云：螟蛉有子，蜾蠃負之。春秋之義，父爲子隱，甲宜匿乙。詔：不當坐[79]。

董仲舒治獄記錄(1)採取答問，(2)以甲、乙擬設案情的形式(3)以及「何論」的用語，和秦簡「法律答問」的習慣可以說完全相同。所不同者，不過是他以春秋斷獄，引用經義而已。如果我們確定「法律答問」簡是法律諮詢的記錄，接著不禁要問：這些簡是墓主詢問主法之吏的結果？還是他本人就是主法之吏，備他人諮詢而藏有這些簡？這個問題當然無法十分肯定的回答。不過，我們以爲以前者的可能性爲大。「法律答問」簡的內容十分零碎，並無系統，不像是主法之吏藏有的記錄，而像是墓主隨治獄需要，有疑義則隨問隨記的結果。其次，如果墓主是主法之吏，大概也不能將這樣的記錄陪葬。前引商君書，定分篇說的很清楚，如果主法之吏「有物故，以券書從事。」這些答問的券書還要留著用，當然也就不能拿來陪葬。無論如何，這都爲秦代「欲有學法令，以吏爲師」的實況提供了消息。

秦代以吏爲師的例子見於記載的很少。史記賈誼傳提到孝文帝時，河南守吳公治平爲天下第一，「故與李斯同邑而常學事焉，乃徵爲廷尉」。廷尉掌刑獄，可見吳公明習刑獄。他從李斯所學也應是治獄律令之事。這可以算是一個以吏爲師的例子。秦

註78　董仲舒春秋斷獄有玉函山房輯本一卷，共輯七條。其中兩條明言董仲舒；另四條明引董仲舒春秋決獄，蓋確爲董氏之作。另有一條但稱公羊說，未明言董仲舒，果否爲決獄之文，無它可證。參沈寄簃，漢律摭遺，卷廿二，頁4a～6b。

註79　沈寄簃，漢律摭遺，卷廿二，頁4a。

二世胡亥從中車府令趙高習「獄律令法事」(80)，也是以吏為師。或許以吏為師只是當時很普通的事，除非有特殊的原因，否則就很難有機會在史籍中留下記錄。

　　總之，秦代學法令，以吏為師，並不始於李斯的建議。這是一個相沿已久的習慣。那麼，他為什麼還要特別提出來呢？主要的原因是戰國以來，諸子並興，各逞異說以取合諸侯。諸子無論刑名、儒、墨，皆有弟子。弟子隨師仕宦，吏道為之駁雜。按照法家的看法，法令是國家唯一的標準，也是官吏唯一應該學習和遵照的東西。慎子說：「故有道之國，法立則私議不行，君立則賢者不尊。民一於君，事斷於法，是國之大道也」(81)。李斯根據同一理路，認為「今天下已定，法令出一。百姓當家則力農工，士則學習法令辟禁。今諸生不師今而學古，以非當世，惑亂黔首」(82)。這是不能不改革的事。李斯之議在始皇三十四年，雲夢墓主喜死於始皇三十年。其墓中竹簡充分反映了李斯建議以前，思想上黑白不別，一尊未定的情況。「為吏之道」簡編充滿儒、道兩家思想的色彩(83)，而「日書」一類的竹簡又言日忌吉凶，五行相剋。這些在李斯看來都是虛言亂實，道古害今，應該禁止的東西。這些簡出現在秦國小吏的墓中，不論它們是墓主教人或受訓的教材，都說明了李斯奏議的背景。於是他強調天下統一，應該以吏為師，而所應習唯有法令辟禁而已。

三、小　結

　　綜上所述，先秦法家與律令之學都是春秋戰國之際，社會、經濟變動和集權官僚政治形成過程中的產物。集權官僚制是繼封建制崩潰而起的新的政治形式，其目的在建立新的政治、社會和經濟秩序。秩序的維繫不再依賴封建宗法傳統，而是公開明文的法律。法律的對象不再是封建領民，而是國君與官僚治下的編戶齊民。先秦法家是新秩序的說明和辯護者。他們也從經驗中歸納出治國理民的原則，指導集權官僚政治進一步的發展。律令之學則是法治運作中的實務之學，以理訟治獄為主要內容。依法令治民的新官僚不能不曉習律令辟禁，而曉習的途徑則在以吏為師。「以吏為師」之制淵源久遠，並不始於李斯的建議。秦統一天下以前，從吏學法的梗概，可據雲夢秦

註80　史記卷六，秦始皇本紀。
註81　慎子逸文，太平御覽卷六三八引。
註82　史記卷六，秦始皇本紀。
註83　拙著，前引文，頁34～35。

簡和商君書，依稀得之。大體而言，秦代吏的子弟有機會入學室爲弟子，從吏學書，學算，學律令文書。學習有教本，有進程，不中程有罰則。弟子以吏爲師，師並不能任意役使弟子或加笞打。由於弟子是國家未來的公務員，他們或許還享有某些徭役上的特權。秦代可能還有所謂主法令之吏。一般人有法律疑義可以向他們請教。主法吏必須回答，也必須作成記錄，這可以說是一般人的「以吏爲師」。如果我們相信「爲吏之道」是一種教材，其中儒道的思想適反映了李斯議焚書以前，思想未定於一尊的情況。李斯主張「若欲有學法令以吏爲師」的用意，即在企圖化律令辟禁爲士人唯一可以學習的東西。他的主張雖然沒有完全成功，但是在漢代政治中卻留下了深刻的烙印。

叁、漢代的律令學

一、漢代律令學的背景

(1)刑德相養——黃老與儒家對律令刑法的看法

秦漢大一統政治組織的建立，可以說是封建舊制解體以後，戰國中央集權官僚政制更進一步的發展。這種新制的發展，不能歸因於某一人或某一派的政治學說。不過，以申、商、韓非爲代表的法家，無疑應居於主導的地位。新制的精神在於肯定君主是統治權力唯一的來源，君主的旨意以詔令法律爲形式，透過分層專責的官僚，下及於編戶齊民，所謂：「生法者，君也；守法者，臣也；法於法者，民也」(84)。理論上，法是一切政治運作的依據。擁護這種制度最力的是法家。李斯以一法家的後勁，參與秦帝國的創建，使許多法家的主張都落實在現實的國家機器之中。

這樣的一部機器一旦建立，依法而治的原則即難以動搖。我們看到戰國末期，當以法治爲核心的集權官僚制逐漸成熟的時候，不論是道家或儒家都不能不放棄反法的傳統，紛紛在自己的思想系統中爲法安排一個適當的位子。這樣作的，荀子是儒家主要的代表，而馬王堆墓所出伊尹・九主以及老子卷前古佚書，則可爲道家的代表。儒、法和道、法之間的調和是戰國末到漢代，政治思想發展上一個主要的特色。單純的申、韓之學在進入漢初以後，雖然沒有戛然而止，但的確是逐漸沒落了。漢初治

註84　管子卷十五，任法第四十五。

申、商、韓非的有賈誼、鼂錯、韓安國等人。武帝建元元年詔舉賢良方正直言極諫之
士，丞相衞綰奏言：「所舉賢良，或治申、商、韓非、蘇秦、張儀之言，亂國政，請
皆罷」[85]。可見到武帝初，法家之學仍傳而不絕。然而，其學被扣上「亂國政」的罪
名，世變之亟，也就可見。漢代人常將申、韓之政化約爲嚴刑峻法的代名詞，並且與
嚴酷的秦政相提並論。他們反秦酷政，連帶也就反對申、商、韓非。董仲舒說：「至
秦則不然，師申、商之法，行韓非之說，憎帝王之道，以貪狼爲俗」[86]；塩鐵論
謂：「商鞅以重刑峭法爲秦國基，故二世而奪」[87]；劉向說：「秦孝公欲用衞鞅之
言，更爲嚴刑峻法」[88]。申、韓在漢人眼中，直如蛇蠍。揚雄以爲「申、韓之術，
不仁之至矣」[89]。故劉陶作反韓非[90]，王充論衡有非韓篇[91]，馮衍作賦，更欲「
燔商鞅之法術兮，燒韓非之說論」[92]！在這樣的空氣下，終兩漢竟少有從正面論述
申、韓之學的[93]。若干號稱好「申、韓法」、「韓非之術」或「申、韓之學」的，
如樊曄、周紆、陽球，不過是一羣「刻削少恩」、「〔爲〕政嚴猛」、「專任刑法」、「
嚴苛過理」的酷吏罷了[94]。

　　漢人有鑑於秦政，諱言申、韓，但並不反對刑名法術。申、韓之說因頗託於黃、
老而繼續存在。漢初黃老之學盛行，黃指黃帝，老指老子。黃老皆言帝王治術。馬王
堆所出黃老帛書卽大談刑名法術。帛書經法篇謂：「法度者，政之至也」[95]，「是
非有分，以法斷之；虛靜謹聽，以法爲符」[96]；稱篇謂：「案法而治則不亂」[97]；

註85　漢書卷六，武帝紀。

註86　漢書卷五十六，董仲舒傳。

註87　塩鐵論校注，卷二，非鞅第七，頁51。

註88　新序，卷九。

註89　法言，卷三，頁3b。

註90　後漢書卷五十七，劉陶傳。

註91　論衡卷十，非韓篇，頁1a～10b。

註92　後漢書卷二十八下，馮衍傳。

註93　漢書藝文志列法家十家，其中可確知爲漢代著作的僅鼂錯三十一篇。清侯康撰補後漢書藝文志卷四，法家
　　　類僅有崔寔政論六卷和劉陶的反韓非。顧櫰三撰補後漢書藝文志收錄較廣，其卷八「諸子類」中亦不見漢
　　　代有關申、韓之作。

註94　後漢書卷七十七，酷吏傳。

註95　「長沙馬王堆漢墓出土老子乙本卷前古佚書釋文」，頁31。

註96　同上，頁35。

註97　同上，頁40。

又主張「循名究理」[98]、「審名察形」[99]。稱篇以為法治最高的境界在於「大〔太〕上無刑」[100]；十大經篇則說：「事恆自㐌〔施〕，是我無為」[101]。在這一點上，帛書所言是與老子合轍的。伊尹・九主說：「主分：以無職並聽有職，主分也」，「得道之君，邦出乎一道，制命在主」，「故法君為官，求人，弗自求也」，「佐者無扁〔遍〕職，有分守也」，「故法君之邦若無人，非無人也，皆居亓〔其〕職也」[102]。這些話也反映出濃厚法道合流的色彩。漢初君臣好黃老，究其實乃好有法術刑名之實，而無申韓之名的東西。史記外戚世家說：「竇太后好黃帝、老子言，帝及太子、諸竇不得不讀黃帝、老子，尊其術」。前引帛書出自漢初侯王之墓，實非偶然[103]。司馬遷說：「孝文帝本好刑名之言」[104]，應劭則說：「文帝本修黃老之言」[105]。黃老與刑名一表一裏的關係，於此可見。而太史公史記將老子與申、韓合傳也就不難理解。大體而言，漢初黃老和武帝以後的儒術類似，常常只是法術刑名政治的緣飾而已。

　　漢初黃老兼攝法家治術，繼黃老而興的儒學又如何看待法治呢？概略地說，漢儒大多繼續荀子的態度，不再像孔子那樣反對刑法。他們雖然主張以禮樂教化為主，但是承認刑法與禮樂各有作用，可以相輔相成，都是治國必要的工具。荀子說：

　　　　禮義法度者，是聖人之所生也。

　　　　故古者聖人以人之性惡…故為之立君上之埶以臨之，明禮義以化之，起法正以治之，重刑罰以禁之，使天下皆出於治，合於善也。

　　　　治之經，禮與刑，君子以修百姓寧；明德慎罰，國家既治四海平[106]。

註98　同上，頁35。

註99　同上，頁40。

註100　同上，頁41。

註101　同上，頁40。

註102　凌襄，「試論馬堆漢墓帛書《伊尹・九主》」，頁21～27。關於漢初黃老與法家結合的內涵與意義，參余英時，「反智論與中國政治傳統」，收入歷史與思想，頁10～20。

註103　前引帛書出自馬王堆三號墓。對三號墓主身分，學者間意見並不一致，但毫無疑問是漢初的列侯或諸侯王。參傅舉有，「關于長沙馬王堆三號漢墓的墓主問題」，頁165～172。

註104　史記卷一二一，儒林傳。

註105　風俗通義校注卷二，正失，頁96。

註106　荀子集解，卷下，頁72，74，84。

荀子視禮義法度皆爲聖人所生，又都是天下善治的工具。這個看法和秦、漢時期的儒

者是一貫的。成書於戰國末至漢初的禮記說：

> 禮以道其志，樂以和其聲，政以一其行，刑以防其姦；禮樂刑政，其極一也。
> 禮節民心，樂和民聲，政以行之，刑以防之；禮樂刑政，四達而不悖，則王道
> 備矣(107)。

大戴禮記也說：

> 德法者，御民之銜勒也。吏者，轡也；刑者，筴也。天子，御者；內史、太
> 史，左右手也。古者以法爲銜勒，以官爲轡，以刑爲筴，以人爲手，故御數百
> 年而不懈惰(108)。

禮記、大戴禮記與荀子所說義蘊一致。又漢初賈誼對禮、法功用的認識很可以代表漢

儒的通見。他說：

> 夫禮者，禁於將然之前；而法者，禁於已然之後，是故法之所用易見，而禮之
> 所爲生難知也。若夫慶賞以勸善，刑罰以懲惡，先王執此之政，堅如金石，行
> 此之令，信如四時，據此之公，無私如天地耳(109)。

賈誼的話爲太史公引用，也全見於大戴禮記(110)。大抵而言，在漢儒眼中，刑法只有

禁於已然之後的消極作用。不過用於維持社會秩序，刑法和有防範於未然之效的禮樂

教化，皆有其用，缺一不可。淮南子說：「治之所以爲本者，仁義也；所以爲末者，

法度也」，「法之生也，以輔仁義」(111)。劉向則說：「教化所持以爲治也，刑法所

以助治也」(112)；「治國有二機，刑、德是也。王者尙其德而希其刑，霸者刑德幷

湊，強國先其刑而后德。夫刑、德者，化之所由興也。德者，養善而進闕者也；刑

者，懲惡而禁后者也(113)」。東漢白虎通繼續同樣的觀點，謂：「聖人治天下，必有

刑罰何？所以佐德助治，順天之度也。故懸爵賞者，示有勸也；設刑罰者，明有所懼

註107　禮記正義，卷卅七，樂記。
註108　大戴禮記卷八，盛德六十六，頁14a～b。
註109　漢書卷四十八，賈誼傳。
註110　大戴禮記卷二，禮察第四十六，頁1b～2a；漢書卷六十二，司馬遷傳。
註111　淮南子卷二十，泰族訓。
註112　漢書卷二十二，禮樂志。
註113　說苑，卷七，政理。

也」(114)。以上都是從治術一層，承認刑法有輔助禮樂德治的作用。

　　漢儒更從較高的思想層次上，肯定刑法的地位。董仲舒以陰陽比附刑德，認爲「陽爲德，陰爲刑」(115)。雖然他傾向德治，以爲「天之好仁而近，惡戾之變而遠，大德而小刑之意也」(116)。但是在他「獨陰不生，獨陽不生」(117)的思想結構裏，陰陽實相輔相成，刑德也就相互爲用，不可或缺。以陰陽比附刑德不始於董仲舒，也不僅他一人這樣說。馬王堆所出漢初帛書十大經已經將刑德與陰陽比附：

　　　　天德皇皇，非刑不行。繆〔穆〕繆〔穆〕天刑，非德必頃〔傾〕。刑德相養，

　　　　逆順若成。刑晦而德明，刑陰而德陽，刑微而德章(118)。

以刑德與陰陽、四時等並稱，更可以推到秦漢以前(119)。可是董仲舒在漢代爲「儒者宗」。他的說法有絕大的勢力，也確立了刑法在漢儒政治思想體系中的地位。

　　　　　(2)霸、王道雜之──皇帝對律令刑法的看法

　　漢儒肯定刑法，漢代的皇帝也多重刑名法律。漢初君臣如劉邦、蕭何本皆秦吏。在秦代尙法治的環境下，他們所認識的治民工具就是刑法律令。劉邦入關中，第一件事卽在除秦苛法，更與父老約法三章；蕭何則取「丞相御史律令圖書」(120)。帝國甫建，蕭何又忙著攘撫秦法，作律九章。因爲他們除了知道依律令而治，並沒有其他的途徑可以因循。文、景尙黃老，好刑名，已如前述。文帝甚至請了一位治刑名之學的張歐侍太子(121)。其後景帝「不任儒者」不是沒有緣故的。武帝尊儒是中國政治史上的一件大事。然而從武帝任用張湯、桑弘羊諸人爲輔弼，出董仲舒爲江都相等事看來，武帝實際上是陽儒而陰法(122)。武帝以後，宣帝亦以尙法著名。漢書蕭望之傳謂：

註114　白虎通德論，卷八，五刑。
註115　漢書卷五十六，董仲舒傳。
註116　春秋繁露卷十一，陽尊陰卑第四十三。
註117　同上，卷十五，順命第七十。
註118　「長沙馬王堆漢墓出土老子乙本卷前古佚書釋文」，頁37～38。
註119　關於刑德問題見於先秦古籍以及漢代讖緯書者，參陳槃庵，「古讖緯書錄解題」，尙書刑德放條，頁109～113。
註120　史記卷五十三，蕭相國世家。
註121　漢書卷四十六，張歐傳。
註122　參漢書五十八，公孫弘傳，兒寬傳；卷五十九，張湯傳。

初，宣帝不甚從儒術，任用法律，而中書宦官用事。中書令弘恭、石顯久典樞機，明習文法，亦與車騎將軍高爲表裏，論議常獨持故事，不從望之等。蕭望之嘗薦明於經學的匡衡和張禹，宣帝皆不用[123]。王吉批評宣帝任法不任儒，宣帝不納。王吉掛冠病免[124]。蓋寬饒斥責宣帝時的政治是「聖道寝廢，儒術不行，以刑餘爲周召，以法律爲詩書」[125]。宣帝好法卑儒，莫明於與太子之間的一段對話：

孝元皇帝，宣帝太子也…柔仁好儒。見宣帝所用多文法吏，以刑名繩下。大臣楊惲、蓋寬饒等坐刺譏辭語爲罪而誅，嘗侍燕從容言：「陛下持刑太深，宜用儒生。」宣帝作色曰：「漢家自有制度，本以霸、王道雜之，奈何純任德教，用周政乎！且俗儒不達時宜，好是古非今，使人眩於名實，不知所守，何足委任。」乃歎曰：「亂我家者，太子也！」繇是疏太子而愛淮陽王，曰：「淮陽王明察好法，宜爲吾子」[126]。

宣帝不喜好儒的太子，因其出於糟糠之妻，不忍廢。太子遂卽帝位爲元帝。元帝以後，儒生逐漸抬頭。但是漢政尙法已成堅定不移的傳統。元帝時，黃門令史游作急就篇，其中有三章與治獄訴訟有關，通篇於經書大義，反無一語及之[127]。成帝時，儒者仍然以爲時政偏於用法。劉向說成帝曰：「敎化所恃以爲治也，刑法所以助治也，今廢所恃而獨立其所助，非所以致太平也」[128]。成帝本人除了好詩書，「尤善漢家法度故事」[129]。由於成帝看重律令，因立「好文辭法律」的定陶王爲太子，也就是後來的哀帝[130]。當時的皇帝不但好法律，當時的人甚至認爲「人君不可不學律令」[131]。

註123 漢書卷八十一，匡衡、張禹傳。

註124 漢書卷二十二，禮樂志。

註125 漢書卷七十七，蓋寬饒傳。

註126 漢書卷九，元帝紀；另參卷八十，宣元六王傳：「憲王壯大，好經書法律，聰達有材，帝甚愛之。太子寬仁，喜儒術。上數邀歡憲王曰：『眞我子也！』」

註127 急就篇在第二十六章提到孝經、春秋、尙書、禮經之名，但於經義一無涉及。急就篇內容所反映對治獄刑律的重視，可參沈元，「急就篇研究」，頁65~66。

註128 漢書卷二十二，禮樂志。

註129 風俗通義校注，卷二，正失，頁93。

註130 漢書卷十一，哀帝紀。

註131 法言，卷九，「先知」，頁10a。

可見西漢自高祖以迄哀帝，雖然漸重儒術，大體上天子仍重法律，而成一個霸、王道雜之的局面。霸道用律，王道用經。經義與律令乃構成漢代政治的兩大準據。

東京以降，於此不能稍改。和帝時，尚書張敏奏言：

> 伏見孔子垂經典，皋陶造法律，原其本意，皆欲禁民爲非也…夫春生秋殺，天道之常…王者承天地，順四時，法聖人，從經、律[132]。

順帝時，胡廣上疏謂：

> 漢承周、秦，兼覽殷、夏，祖德師經，參雜霸軌[133]。

從張敏和胡廣的言論可以知道兩漢治道兼雜王霸的精神是一貫的。不過從胡廣所說「祖德師經，參雜霸軌」，張敏所說「從經、律」，置「經」於「律」之前，和宣帝所說漢家制度「以霸、王道雜之」，置「霸道」於「王道」之前，即可看出漢代君臣對德禮、律令的主輔先後意見似乎並不是全然一致的。

(8)明習律令——仕宦的一個條件

然而兩漢君臣，不論在思想上尚黃老或崇儒術，大致都肯定律令刑罰是治民必要的手段；在現實政治中，經術與律令亦一體並用。如此，官吏除了明經，也不能不明律令。

漢有官有吏。吏更分文、武。文吏主治獄賦役，武吏職在禁姦捕盜。漢書朱博傳謂：「博本武吏，不更文法」[134]，似武吏可不通文法律令。實則武吏捕盜禁姦，如何能不知法令辟禁？或不如文吏專精罷了。朱博能以武吏遷爲職典決疑的廷尉，就證明他並不是眞的不更文法[135]。又從漢代殘留的功令簡看來，漢代邊塞武吏身分的隧長、候長，幾乎沒有不是「頗知律令」的。茲舉居延簡兩條爲例[136]：

> □□候長公乘蓬士長富中勞三歲六月五日，能書、會計、治官民頗知律令，武，年卅七，長七尺六寸。（562.2，圖版38葉）

> 肩水候官並山隧長公乘司馬成中勞二歲八月十四日，能書、會計、治官民頗知

註132 後漢書卷四十四，張敏傳。
註133 後漢書卷四十四，胡廣傳。
註134 漢書卷八十三，朱博傳。
註135 同上。
註136 勞貞一，居延漢簡，考釋之部。

律令，武，年卅二歲，長七尺五寸，觻得成漢里家去官六百里。（13.7，圖版
39葉）

這裏一位候長，一位燧長，功令註明他們是武吏，然皆「頗知律令」。吏而不知律令，
大概不太可能。熟悉不熟悉，專精不專精則容有差別。班固在漢書百官公卿表末尾，
曾提到西漢某時「吏員自佐史至丞相」的總人數是十二萬二百八十五人。我們今天已
經無法估計這十二萬吏員中有多少官，多少吏。但是我們相信官只是金字塔尖端的少
數，絕大部分乃是所謂的刀筆吏。對絕大多數的刀筆吏而言，「頗知律令」恐怕比「
通明經學」更爲實際和重要。

　　吏須通文法，官也要曉習法令。兩漢擇官，「明曉法令」一直是一個主要的條件。
據衞宏漢舊儀，武帝元狩六年，令丞相設四科之辟，以博選異德。這四科是：

　　　　第一科曰德行高妙，志節貞白；

　　　　二科曰學通行修，經中博士；

　　　　三科曰明曉法令，足以決疑，能案章覆問，文中御史；

　　　　四科曰剛毅多略，遭事不惑，明足以照姦，勇足以決斷，才任三輔〔劇〕令
　　　　（137）。

應劭漢官儀載光武中興甲寅詔書：「丞相故事，四科取士」（138）云云，其四科與武帝
時之四科相同，故曰故事。光武重申以四科取士，可知後漢承西京之制，仍然以「明
曉法令」爲任官的條件之一。這四科之中，頭兩科關乎學行；第四科遭事不惑，明足
照姦，實則也非據法律以決斷不可，因此四科實爲兩類：一爲學行，一爲律令。兩者
相較，明習律令更爲基本。漢吏考核只問是否「頗知律令」，不問是否頗通經術，即爲
明證。

　　在一個依律令法制運作的官僚組織裏，任何職位都必然有不少相關的法令規章。
要擔任這些職位就不能不熟悉它們。這是就一般職位而言。還有一些職位，由於職務
的性質，漢代更明文規定須由明律令者出任：

　　1.治書侍御史　續漢書百官志：「治書侍御史二人，六百石。本注曰：掌選明法

註137　漢官六種，漢舊儀卷上，頁5b。
註138　漢官六種，漢官儀卷上，頁4a～b。

律者爲之。凡天下諸讞疑事，掌以法律當其是非」。

　　2.廷尉正　漢舊儀卷上：「刺史舉民有茂材，移名丞相。丞相考召取明經一科、明律令一科、能治劇一科，各一人，詔選諫大夫、議郎、博士、諸侯王傅、僕射、郎中令，取明經；選廷尉正、監、平、案章取明律令」。

　　3.廷尉監　同上。

　　4.廷尉平　同上。

　　5.尚符璽郎中　續漢書百官志：「尚符璽郎中四人。本注曰：舊二人在中，主璽及虎符、竹符之半者」。王先謙補注引漢官云：「當得明法律郎」。

　　6.雒陽市市長、丞　漢官：「雒陽市市長一人，秩四百石；丞一人，二百石，明法補」。

須以明律令者出補的職位必遠多於以上所舉。前引丞相設四科取士，其三科明曉法令，即用以補「四辭八奏」[139]。廷尉是兩漢掌平獄的最高機構。廷尉正、監、平皆爲屬官。以明法出任這些職位的實例如：張湯爲廷尉時，「廷尉府盡用文史法律之吏」[140]；黃霸「少學律令…持法平，召以爲廷尉正」[141]；何比干「經明行修，兼通法律」，「武帝時爲廷尉正」[142]；丙吉「治律令，爲魯獄史，積功勞，稍遷至廷尉右監」[143]；陳球以「明法律，拜廷尉正」[144]；郭旻治「律小杜…數遷敬陵園令、廷尉左平、治書侍御史」[145]；陳咸「以明律令爲侍御史」、「廷尉監」[146]。

　　除了上述可考，以明法除補的職位以外，還有很多職位也非精於律令者不足擔當。今以實例，略舉如下：

　　1.廷尉　廷尉一職例由精通法律者任之，如張湯「以更定律令爲廷尉[147]」；于

註139　漢官六種，漢舊儀卷上，頁5b。
註140　漢書卷五十八，兒寬傳。
註141　漢書卷八十九，循吏傳。
註142　後漢書卷四十三，何敞傳及注引何氏家傳。
註143　漢書卷七十四，丙吉傳。
註144　後漢書卷五十六，陳球傳，王先謙集解引謝承書。
註145　「丹陽太守郭旻碑」，全後漢文卷九十九，頁6a～b。
註146　後漢書卷四十六，陳寵傳，王先謙集解，惠棟引謝承書及東觀記。
註147　漢書卷五十，汲黯傳。

定國「少學法于父」，「爲獄吏、郡決曹、補廷尉史…超爲廷尉」[148]。成帝時何壽爲廷尉。何壽蓋出於明法之家，其父即前引何比干[149]。廷尉出於明法之家，在東漢似已成傳統。例如郭躬自父郭弘始，世傳小杜律。後漢書卷四十六，其傳謂：「郭氏自弘後，數世皆傳法律，子孫至公者一人，廷尉七人，…侍御史、正、監、平者甚衆」。順帝時，廷尉吳雄明法律，「子訢、孫恭，三世廷尉，爲法名家」[150]。又陳寵曾祖父陳咸於成、哀間以律令爲尙書。遭王莽之世，壁藏律令文書於家，遂成家學。其孫陳躬於建武初爲廷尉左監。躬生寵，寵「明習家業」，於永元六年，代郭躬爲廷尉。寵子忠亦以「明習法律，遷廷尉正、尙書、尙書令」[151]。靈帝時，楊賜「自以代非法家」[152]，固辭廷尉。所謂法家，即傳律世家。可見東漢人以爲廷尉應由世明律令者出任。

2.御史大夫、御史中丞、侍御史、御史 漢書百官公卿表 ：「 御史大夫…有兩丞，秩千石。一曰中丞，在殿中蘭臺，掌圖籍秘書，外督部刺史，內領侍御史員十五人，受公卿奏事，舉劾按章」；漢舊儀卷上：「元封元年，御史止不復監。後御史職與丞相參。增吏員凡三百四十一人，分爲吏、少史屬，亦從同秩補，率取文法吏」，「廷尉正、監、平物故，以御史高第補之」；又續漢書百官志：「侍御史十五人，六百石。本注曰：掌察舉非法，受公卿羣吏奏事，有違失舉劾之」。從前引可知御史大夫及屬官所職，與法令關係密切。武帝一朝，丞相備員，御史大夫權傾一時，任御史大夫者，如韓安國、張歐、公孫弘、張湯、杜周、桑弘平皆深明律令之輩。以「明法令，爲御史」的有鄭賓[153]；「以明習文法，詔補御史中丞」者，如薛宣[154]；又前廷尉條引郭躬家世明法，子孫爲侍御史者甚衆。

3.丞相 丞相常由明律令的御史大夫轉遷，如公孫弘、薛宣、翟方進。丞相要明

註148 漢書卷七十一，于定國傳。
註149 漢書卷十九下，百官公卿表。
註150 後漢書卷四十六，郭躬傳。
註151 後漢書卷四十六，陳寵傳。
註152 後漢書卷五十四，楊賜傳。
註153 漢書卷七十七，鄭崇傳。
註154 漢書卷八十三，薛宣傳。

律令，亦須知經術。公孫弘「習文法吏事，緣飾以儒術」(155)；薛宣「其法律任廷尉有餘，經術文雅，足以謀王體，斷國論」(156)；翟方進「兼通文法吏事，以儒雅緣飾法律，號爲通明相」(157)；陳寵「雖傳法律，而兼通經書，奏議溫粹，號爲任職相」(158)。

4.尙書、中書　武帝以後，丞相權漸奪，尙書、中書因皇帝親信而日漸重要。尙書、中書之選每在熟嫻法令制度。宣帝時以弘恭爲中書令，卽因「恭明習法令故事，善爲請奏，能稱其職」(159)。楊雄法言卷六：「或曰…使子草律。曰：吾不如弘恭」。可見弘恭時以精通律令聞名。成帝時，孔光爲尙書令，須先明習漢制法令而後可：「是時，博士選三科，高第爲尙書…光以高第爲尙書，觀故事品式，數歲明習漢制及法令，上甚信任之，轉爲僕射、尙書令」(160)。東漢以後，尙書權更重，所謂「雖置三公，事歸臺閣」(161)。章帝時，韋彪曰：「天下樞要，在於尙書。尙書之選，豈可不重？而間者多從郎官超升此位，雖曉習文法，長於應付，然察察小慧，類無大能」(162)。可見尙書之選多因明法。永初中，陳忠因「明習法律」，從廷尉正遷拜尙書(163)；建武時，郭賀以「能明法」，累官至尙書令(164)。

從以上所舉，可見兩漢職官任用，從最高的丞相、御史大夫到掌握實權的尙書、中書令以及與刑獄有關的廷尉及其屬官，都常以明習律令爲條件。當然兩漢也有很多擔任這些職位，卻不一定俱備明律條件的。例如，東漢末，應劭就曾經批評：「頃者，廷尉多牆面，而苟充玆位；治書侍御史，不復平議讞當糾紛，豈一事哉」(165)。應劭的

註155　漢書卷五十八，公孫弘傳。
註156　漢書卷八十三，薛宣傳。
註157　漢書卷八十四，翟方進傳。
註158　後漢書卷四十六，陳寵傳。
註159　漢書卷九十三，佞幸傳。
註160　漢書卷八十一，孔光傳。
註161　後漢書卷四十九，仲長統傳，另參後漢書卷四十六，陳忠傳：「今之三公，雖當其名，而無其實。選舉誅賞，一由尙書，尙書見任，重於三公，陵遲已來，其漸久矣」。又後漢書卷六十三，李固傳：「今陛下之有尙書，猶天之有北斗也。斗爲天喉舌，尙書亦爲陛下喉舌。斗斟酌天氣，運平四時，尙書出納王命，賦政四海，權尊勢重，責之所歸」。
註162　後漢書卷二十六，韋彪傳。
註163　後漢書卷四十六，陳忠傳。
註164　後漢書卷二十六，蔡茂傳。
註165　風俗通義校注，佚文，頁586。

批評意味著不通律令而任廷尉和治書侍御史是不正常的現象。

　　總結以上，漢代爲吏須知律令，爲官須明經，也要曉律。如果只通經而不明律，則是宣帝所說不通世務，「不達時宜」的「俗儒」！因此，不論爲官爲吏，學習律令都是一件重要的事。

二、律令傳習的特色

　　漢人學習和傳授律令的資料極爲殘闕零碎。這可能是因爲律令傳習是太基本而平常的事，除非有特別之處，一般傳記竟都略而不提。以下勉爲勾稽，可得而言者，殆有三點：一曰以吏爲師；二曰以律令爲家學；三曰以經、律兼修爲尚。

(1)　以吏爲師

　　漢人學法令，繼續長遠以來的傳統，仍然以「以吏爲師」爲主要的方式。漢初是否像秦一樣有學室和弟子之制，不可考。段玉裁在說文解字注裏曾認爲，漢代學僮諷籀書九千字，就是能背誦尉律之文和發揮尉律的意思。他說：

　　　　諷籀書九千字者，諷謂能背誦尉律之文；籀書謂能取尉律之義，推演發揮而繕

　　　　寫至九千字之多。諷若今小試之默經，籀書若今試士之時藝[166]。

如果段說可取，則似乎漢代學僮在爲史或爲吏以前，卽能背誦律文，還能推演發揮其義。段氏這樣說，主要是因爲誤解了許愼說文敍。說文敍云：

　　　　尉律：學僮十七已上，始試。諷籀書九千字乃得爲史。又以八體試之，郡移大

　　　　史並課，最者以爲尚書史。書或不正，輒舉劾之[167]。

又漢書藝文志謂：

　　　　漢興，蕭何草律，亦著其法，曰：「太史試學童，能諷書九千字以上，乃得爲

　　　　史。又以六體試之，課最者以爲尚書御史史書令史。吏民上書，字或不正。輒

　　　　舉劾」。

藝文志所說「亦著其法」的「法」應該和說文敍引用的尉律是同一件事。根據這兩段文獻，我們實不能證明漢代學僮始試，諷誦的就是尉律之文。從六體或八體試之看來，考試的關鍵在是否能識和能書寫九千個字。賈誼新書謂：「胡以孝弟循順爲善，

註166　段玉裁，說文解字注，卷十五上，頁12a。

註167　同上，頁11～13a。

書而爲吏耳」[168]。漢書路溫舒傳：

> 父爲里監門，使溫舒牧羊。溫舒取澤中蒲，截以爲牒，編用寫書。稍習善，求爲獄小吏，因學律令。轉爲獄史，縣中疑事皆問焉。

路溫舒截蒲爲牒，稍善書寫，即可爲吏。爲吏而後學律令。從新書「書而爲吏」和路溫舒的例子可知，試吏在能書識字，恐非背誦尉律之文。路溫舒這樣辛苦學書，因家貧，實不得已。否則，漢代有所謂「閭里書師」[169]，可從學識字書寫，能書而後爲吏。漢書，王尊傳說王尊「少孤，歸諸父…能史書，年十三，求爲獄小吏。」又漢書，貢禹傳：「故俗皆曰：何以孝弟爲？財多而光榮；何以禮義爲？史書而仕宦。」這裏說的情形相同。所謂「史書」是指小史或小吏所用的書體和書法[170]。學會了即可爲吏。

不過，從急就篇看，漢代的識字教本裏的確包含了初步的律令治獄知識。學僮一面識字，一面也對刑名司法有了起碼的認識。急就篇第二十八章至三十章謂：

> 皋陶造獄法律存，誅罰詐僞劾罪人，廷尉正監承古先，總領煩亂決疑文，變鬥殺傷捕伍鄰，亭長游徼共雜診，盜賊繫囚榜笞臀，朋黨謀敗相引牽，欺誣詰狀還返眞，坐生患害不足憐，辭窮情得具獄堅，藉受證驗記問年，閭里鄉縣趨辟論，鬼薪白粲鉗釱髡，不肯謹愼自令然，輸屬詔作谿谷山，笞篓起居課後先，斬伐材木砍株根，犯禍事危置對曹，謾訑首匿愁勿聊，縛束脫漏亡命流，攻擊劫奪檻車膠，嗇夫假佐扶致牢，疢痏保辜啼呼嘽，乏興猥逮詗讁求，聊覺沒入徼報留，受賕枉法忿怒仇[171]。

漢代學僮從這短短三章可以大略知道，在中央與地方由那些人擔當治獄，審理些什麼罪行，辦案問供如何進行，刑罰的種類名目，以及罪犯的處置。新近在安徽阜陽發現的漢初蒼頡篇殘簡也有「殺捕獄問諒」（C041）的殘文[172]。據推測，這些殘簡是以秦本蒼頡篇爲底本的抄本[173]。換言之，從秦以來試吏，是以能書識字爲基本條

註168 新書卷三，時變，頁45b。
註169 漢書，卷三十，藝文志。
註170 富谷至，「史書考」，頁45～50。
註171 王應麟校，急就篇，卷一，頁9a～b。
註172 阜陽漢簡整理組，「阜陽漢簡蒼頡篇」，頁27。
註173 胡平生，韓自强，「蒼頡篇的初步研究」；頁35～40。

件。但學僮從學字的敎本中，已能得到第一步的律令知識。這樣當然是不够的。這些「書而爲吏」的，誠如勞貞一先生所說，只是學徒性質，還須要跟隨在職的官吏，學習法令的內容以及其它作吏應該知道的東西(174)。律令關係實務，實習極爲重要。要實習，則以吏爲師可以說是最好的方式。漢代政府組織下，絕大部分的基層員吏可能都是這樣訓練出來的。

漢代以吏爲師的例子，現在所能知道的很少。賈誼從吳公可爲一例。史記卷八十四，賈生列傳謂：

> 賈生名誼，雒陽人也。年十八，以能誦詩屬書聞於郡中。吳廷尉爲河南守，聞其秀才，召置門下，甚幸愛。孝文皇帝初立，聞河南守吳公治平爲天下第一，故與李斯同邑而常學事焉，乃徵爲廷尉。廷尉乃言賈生年少，頗通諸子百家書。文帝召以爲博士。是時賈生年二十餘，最爲少。

前文曾提到吳公嘗從李斯學，得爲廷尉。他擅長的當爲刑獄律令。他召賈誼置門下，就是收了一位隨侍左右的學徒，情形應類似公叔痤和衞鞅。弟子學習一段時間以後，可由師傅推薦爲官；公叔痤因薦衞鞅，吳公因薦賈誼(175)。賈誼爲博士以後，「每詔會議下，諸老先生不能言，賈生盡爲之對」，「諸律令所更定，及列侯悉就國，其說皆自賈生發之。於是天子議以爲賈生任公卿之位」(176)。賈誼原習詩書百家之言，卻能議答詔令，更定律令，這應該是從吳公當學徒的結果。鼂錯習申商刑名，又從伏生受尙書。後漢書卷四十三，何敞傳謂其六世祖何比干「學尙書於鼂錯」，李賢注引何氏家傳：「六世祖父比干，字少卿，經明行修，兼通法律，爲汝陰縣決曹掾，平活數千人，後爲丹陽都尉，獄無寃囚，淮汝號曰『何公』」(177)。從何比干兼通法律觀

註174　勞貞一，「史記項羽本紀中學書和學劍的解釋」，頁902～903。

註175　師薦弟子由來已久。論語中例證甚多。例如公冶長篇，「子使漆雕開仕」；雍也篇：「季康子問：『仲由可使從政也與？』子曰：『由也果，於從政乎何有？』曰：『賜也可使從政也與？』曰：『賜也達，於從政乎何有？』曰：『求也可使從政也與？』曰：『求也藝，於從政乎何有？』」；先進篇：「季子然問：『仲由、冉求可謂大臣與？』子曰：『……所謂大臣者，以道事君，不可則止。今由與求也，可謂具臣矣。』曰：『然則從之者與？』子曰：『殺父與君，亦不從也』」。史記卷九十九，叔孫通傳載叔孫通降漢，有弟子百餘人相從。叔孫通不薦弟子而爲弟子所怨。可見業師推薦弟子爲官是當時的習慣，也是相當悠久的傳統。

註176　史記卷八十四，賈生列傳。

註177　後漢書卷四十三，何敞傳。

之，他從鼂錯所學，除尙書似還兼及律令治獄。鼂錯習尙書以後，歷任太子舍人、門大夫、博士、中大夫、內史、御史大夫。何比干跟隨他的時間不可考。要之，以吏爲師，無可置疑。漢書卷九十，酷吏傳謂：「嚴延年字次卿，東海下邳人也，其父爲丞相掾，延年少學法律丞相府，歸爲郡吏」。嚴延年在丞相府學法律，顯然是因爲父親的關係。吏之子在耳濡目染之餘，很容易走上爲吏的道路。張湯父爲長安丞。他從小習見父親治獄理案，也就學會了。據說有一次父出門，張湯看家。老鼠偷了肉，父親回來，大怒，打湯。張湯挖老鼠洞，尋得老鼠和剩下的肉。他「劾鼠掠治，傳爰書、訊鞫、論報，幷取鼠與肉，具獄磔堂下。父見之，視文辭，如老獄吏，大驚，遂使書獄」[178]。嚴延年、張湯都受到父親影響，但都說不上是家學。家學將於下文，另例舉證。

從以上所能知道的事例看來，漢代的「以吏爲師」不全同於秦。秦有主法之吏，有學室弟子之制，有一定學法的進程與敎本。換言之，秦的「以吏爲師」似有一套完整的制度和組織，只是我們所知道的極爲有限。漢代則不然。漢代雖然也以吏爲師，却不見特定的敎法之吏，以及相關的制度或組織。或許因爲漢承秦代酷政之後，有意避免尙法的痕迹。也可能由於秦禁私學，法律訓練不能不由政府設官辦理。漢代無私學之禁，學律可從私人，故無設置專責機構的必要。不過，漢代學律，所從之私人有很多是俱有吏的身分的。

(2)　以律令爲家學

漢初地方似無學校，其後地方學校似亦不授律令。欲有學法令，往往須遠赴京師。武帝時，蜀郡太守文翁曾「選郡縣小吏開敏有材者張叔等十餘人，親自飭厲，遣詣京師，受業博士，或學律令」[179]。又秦豐「邔縣人，少學長安，受律令，歸爲縣吏」[180]；王䜩「少學法律長安，爲廷尉史」[181]；東漢時，張浩「治律、春秋，游學京師」[182]，皆爲其例。他們如何學律？向誰學？惜無可考。西漢昭宣時，嚴延年

註178　漢書卷五十九，張湯傳。

註179　漢書卷八十九，循吏傳。

註180　東觀漢記卷二十三，頁9ab。

註181　漢書卷九十八，元后傳。

註182　三國志卷四十五，張翼傳裴注引益部耆舊傳。

因父爲丞相掾，「少學法律丞相府」[183]。這是習律地點可考的一個例子。續漢書百官志「司隸校尉」條屬官有孝經師、月令師和律令師，並云：「孝經師主監試經，月令師主時節祠祀，律令師主平法律。」宋書卷卅九，百官志「刺史」條謂：「孝經師一人，主試經；月令師一人，主時節祠祀；律令師一人，平律…漢制也。」這些「師」，除孝經師，於東漢州郡無可考[184]。律令師不論屬司隸，或普隸於州刺史之下，所職似並不在教授法令。東漢人赴京師習律令，應不是從律令師，而是從其它的途徑。

其他的途徑之一就是從學於私人。秦時學法令須以吏爲師，大概沒有私人授受律令的。漢初，韓安國「嘗受韓子雜說鄒田生所」[185]；晁錯「學申商刑名於軹張恢生所，與雒陽宋孟及劉帶同師」[186]。晁錯與宋孟、劉帶同師張恢，是私人有學。所學名爲申、商刑名，或亦有律令在內。後來晁錯在文、景朝任官，於「法令多所更定」，又言「法令可更定者，書凡三十篇」[187]。晁錯這三十篇書，漢書藝文志列入法家，其實只是法令。漢代以後言申、商刑名者，可能逐漸以律令治獄之實務爲主，蓋時勢已異是先秦，不得不然。晉書刑法志引魏律序：「故集罪例以爲刑名，冠於律首」。此「刑名」義爲五刑罪例，已非先秦形（刑）名原義[188]。名同而實異，時勢之變，於此可見。

漢初已有私人傳習律令，唯似尚無家學。漢代律令形成家學，和經學的發展有類似之處。西漢私家傳經，因章句解釋相異而成門派，律令亦因解釋比附之不同而有了武帝時的大杜律和小杜律。大杜指杜周，武帝時爲廷尉、御史大夫。他和他兩個任郡

註183　漢書卷九十，酷吏傳。

註184　嚴耕望先生於郡縣學官云：「漢人極重孝經，故州有孝經師，郡職無考，然宋恩等題名石碑有孝義掾，文學孝掾，蓋卽孝經師之類歟？」，中國地方行政制度史上編，頁255。又王莽以後，於鄉，聚立庠序，置孝經師各一人，見漢書平帝紀。

註185　漢書卷五十二，韓安國傳。

註186　漢書卷四十九，晁錯傳。陳直，漢書新證謂：「漢舊儀云『博士稱先生』，或簡稱爲先，如梅福傳之叔孫先、李尋傳之正先，本傳之鄧先是也。或簡稱爲生，如伏生、轅固生、賈生是也。此獨稱張恢生，在姓名下加以生字，尚屬創見。張恢亦疑爲秦代之博士，故史記稱爲張恢先」（頁293~294）。如陳直說可取，則可見漢初傳申、商刑名者的身分。

註187　同上，晁錯傳。

註188　晉書卷三十刑法志。「形名」與「刑名」義，參王鳴盛，十七史商榷，卷五，「刑名」條，頁1a~b。

守的兒子「治皆酷暴」[189]。唯有三子杜延年，也就是小杜，「亦明法律」，「行寬厚」[190]。據說大將軍霍光「持刑罰嚴，延年輔之以寬」[191]。大、小杜治獄有寬嚴，蓋因比附律令不同，所謂「罪同而論異」，「所欲活則傅生議，所欲陷則予死比」[192]。這種比附不同的情形必因武帝時法令增加，典者不能徧睹而趨於嚴重。律令比附解釋不同，傳習亦呈分歧，遂有章句出現。大、小杜律可能已有章句[193]。杜周三子是否從父學律，不可考，然而私淑者或從大杜，或從小杜，竟演成律令之學的兩個派別。兩派律令傳習不絕。東漢時，習大杜律可考的有馮緄、苑鎭。馮緄碑云：「習父業，治春秋嚴、韓，詩倉氏，兼律大杜」[194]；苑鎭碑云：「韜律大杜，綜皋陶甫侯之遺風」[195]。傳小杜律者，則以潁川郭氏最爲著名。後漢書卷四十六，郭躬傳謂：「父弘，習小杜律」。同卷，陳寵傳說：「漢興以來，三百二年，憲令稍增，科條無限，又律有三家，其說各異」。三家之律唯大、小杜可考。又晉書刑法志云：「後人生意，各爲章句，叔孫宣、郭令卿、馬融、鄭玄諸儒章句十有餘家，家數十萬言」。是三家之律又可再分爲十餘家。家有章句，各數十萬言。漢代律令學派之盛，於此可見。

　　律令傳授分家立派雖始於西漢，但世世相承的家學多見於東京之世。西漢大、小杜的後人，仕宦頗盛：杜欽好經書，杜業以材能聞，未見以律令著名的[196]。東海于定國「少學法於父，父死…亦爲獄吏，郡決曹」[197]，遷爲廷尉，御史大夫。于氏子孫也不見繼續學法。只有西漢末，王霸家「世好文法」[198]。王霸祖父爲詔獄丞，父爲郡決曹掾，霸少亦爲獄吏。這是西漢所見三代習法的例子。

註189 漢書卷六十，杜周傳。
註190 同上。
註191 同上。
註192 漢書卷二十三，刑法志。
註193 晉書刑法志謂：「又叔孫、郭、馬、杜諸儒章句，但取鄭氏，又爲偏黨，未可承用」。叔孫指叔孫宣，郭爲郭令卿，馬爲馬融，鄭氏爲鄭玄。杜疑卽指大杜或小杜章句。然大、小杜章句非必成於杜周、杜延年本人。傳其學者，守師說而定章句也有可能。
註194 隸釋，卷七，「車騎將軍馮緄碑」，頁13a。
註195 隸釋，卷十二，「荊州從事苑鎭碑」，頁6b。
註196 漢書卷六十，杜周傳。
註197 漢書卷七十一，于定國傳。
註198 後漢書卷二十，王霸傳。

　　東漢以後，以律令爲家學者，有郭、陳、吳、鍾四氏可考。潁川郭氏習法可考者自郭弘始。後漢書卷四十六，郭躬傳謂：

　　　父弘，習小杜律。太守寇恂以弘爲決曹掾，斷獄至三十年，用法平。諸爲弘所決者，退無怨情，郡內比之東海于公。

　　　躬少傳父業，講授徒衆，常數百人。…元和三年，拜爲廷尉。躬家世掌法，務在寬平。

　　　中子晊，亦明法律，至南陽太守，政有名迹。

　　　弟子鎮。鎮字桓鍾，少修家業…延光中爲尙書…尙書令…拜河南尹，轉廷尉。

　　　〔鎮〕長子賀…累遷，復至廷尉。

　　　鎮弟子禧，少明習家業，兼好儒學，有名譽，延熹中亦爲廷尉。

　　　郭氏自弘後，數世皆傳法律，子孫至公者一人，廷尉七人，侯者三人，刺史、二千石、侍中、中郎將者二十餘人，侍御史、正、監、平者甚衆。

又丹陽太守郭旻碑云郭旻治「律小杜」[199]。後漢書卷四十六，王先謙補注引惠棟曰：「旻字巨公，太尉禧之子，乃知郭氏世傳小杜律矣」。郭氏一家傳律令，從東漢初以迄靈帝，與東漢一朝幾相始終。郭氏子孫憑律令可位至公侯、二千石，可見律令與經學同爲獵取靑紫的途徑。

　　沛國陳氏以律令爲家學，始於西漢末，王莽之世。後漢書卷四十六，陳寵傳云：

　　　陳寵字昭公，沛國洨人也。曾祖父咸，成、哀間以律令爲尙書。平帝時，王莽輔政，多改漢制，咸心非之。…及莽簒位，召咸以爲掌寇大夫，謝病不肯應。時三子參、豐、欽皆在位，乃悉令解官…其後，莽復徵咸，遂稱病篤。於是乃收斂其家律令書文，皆壁藏之。咸性仁恕，常戒子孫曰：「爲人議法，當依於輕，雖有百金之利，愼無與人重比」。

　　　建武初，欽子躬爲廷尉左監，早卒。

　　　躬生寵，明習家業，少爲州郡吏…永元六年，寵代郭躬爲廷尉。

　　　寵子忠。忠字伯始，永初中辟司徒府，三遷廷尉正，以才能有聲稱。司徒劉愷舉忠明習法律，宜備機密，於是擢拜尙書，使居三公曹。忠自以世典刑法，用心務在寬詳。

註199 全後漢文，卷九十九，頁6ab。

陳咸爲尙書，辭官以後，將律令文書　藏於家中，這是律令能爲家學的重要條件。這
些傳法之家，或傳子孫，或聚衆授徒，世世典帝國的法律。法律的刪修整理也往往出
自他們的手中。例如陳寵、陳忠父子曾先後鈎校律令條法。寵曾「撰辭訟比七卷，決
事科條，皆以事類相從。〔鮑〕昱奏上之，其後公府奉以爲法」(200)。忠曾承父志，
除漢法溢於甫刑者，「奏上二十三條，爲決事比，以省請讞之敝」(201)。

　　河南吳氏世傳法律，始於順帝時的吳雄。吳雄以明法律，斷獄平，起自孤宦，致
位司徒。其子訢、孫恭，皆爲廷尉，「爲法名家」(202)。以上三家都是廷尉之家，世
傳法律。唯一例外的是潁川鍾氏。後漢書卷六十二，鍾皓傳謂：

　　　　鍾皓字季明，潁川長社人也。爲郡著姓，世善刑律。皓少以篤行稱，公府連
　　　　辟，爲二兄未仕，避隱密山，以詩、律教授，門徒千餘人。

鍾家世善刑律，惜其家世不可考(203)。鍾皓隱避不仕，以詩、律教授至千餘人。這一
方面反映律令傳學之盛，不下於經學；另一方面也透露出漢人兼習經、律的風氣。

(3)以兼習經、律爲風尙

　　漢儒不同於後世儒生的一個特色卽在兼重經、律，亦兼習經律。（南北朝時期間
亦有兼習經律者，唯風氣之盛不及兩漢。詳後。）漢儒以爲法律造於臯陶(204)，而將
臯陶與孔子並列，所謂：「孔子垂經典，臯陶造法律」(205)者是。臯陶代表公正、廉
直。漢代故事，廷尉祀臯陶，繫獄者亦祭之(206)。漢人碑銘讚辭每見「膺臯陶之廉
恕」，「綜臯陶之遺風」(207)等語，可見臯陶的地位。漢代律令之簡與經簡皆長二尺

註200　後漢書卷四十六，陳寵傳，
註201　同上。
註202　同上。
註203　東觀漢記卷十三謂侯霸於王莽之世，「從鍾寧君受律於淮平大尹」。疑鍾寧君爲鍾皓先祖。唯無佐證，姑
　　　　言之，待考。
註204　漢儒之說本於古籍。左傳昭公十四年：「夏書曰：『昏墨賊殺，臯陶之刑也』」；竹書紀年：「帝舜三年
　　　　命咎陶作刑」；風俗通義引臯陶謨曰：「虞始造律」。史游急就篇探之，曰：「臯陶造獄，法律存也」（
　　　　後漢書卷四十四，張敏傳李賢注引）。
註205　後漢書卷四十四，張敏傳。
註206　後漢書卷六十七，黨錮傳：「滂坐繫黃門北寺獄。獄吏曰：『凡坐繫皆祭臯陶〔集解：惠棟曰：摯虞集記
　　　　云：故事：祀臯陶于廷尉〕』，滂曰：『臯陶賢者，古之直臣，知滂無罪，將理之於帝，如其有罪，祭之
　　　　何益？』」。晉書卷十九，禮志上：「故事：祀臯陶於廷尉寺。新禮移祀於律署，以同祭先聖於太學也。」
註207　見全後漢文卷一〇二，「博陵太守孔彪碑」，頁2a；卷一〇六，「荊州從事苑鎮碑」，頁4a。

四寸，此亦可見律與經等量的地位(208)。要之，漢人兼重經律而兼習。其著者，前有董仲舒，後有馬融、鄭玄。其餘士子小儒，不勝細數。

董仲舒爲一代儒者宗，又作公羊董仲舒治獄十六篇(209)。以春秋決獄，兩漢例證甚多(210)。所謂春秋決獄，是以律令斷事，而以經義輕重之。論衡謂：「董仲舒表春秋之義，稽合於律(211)。如此，非但須通經義，亦必明於律令。漢書循吏傳謂：

孝武之世，外攘四夷，內改法度，民用彫敝，姦軌不禁，時少能以化治稱者。

惟江都相董仲舒，內史公孫弘，兒寬居官可紀。三人皆儒者，通於世務，明習文法，以經術潤飾吏事，天子器之。

「明習文法，以經術潤飾吏事」一語，將經術與律令之用，表露無遺。知律令而不知經術，則爲刀筆俗吏；知經術而不知律令，則爲不通世務的俗儒。兩者皆爲漢人所不

註208 關於漢代律令簡長問題，王先謙曾在漢書卷六十，杜周傳的補注中有詳細的討論。他相信漢代所說的三尺法，卽以漢尺三尺之簡書律令，非如沈欽韓所說，以漢之二尺四寸當周之三尺。他所依據的只有漢書的杜周與朱博兩傳，而未能解釋其它文獻中二尺四寸律簡的記載。鹽鐵論詔聖篇謂：「二尺四寸之律，古今一也。」後漢書卷三十五，曹褒傳謂曹褒修訂叔孫通漢儀，「撰次天子至庶人冠婚吉凶終始制度，以爲百五十篇，寫以二尺四寸簡。」此蓋兩段律令簡長二尺四寸的明確記載。漢代儒經亦書以二尺四寸簡。論衡卷十二，謝短篇：「二尺四寸，聖人文語。」又卷二十八，正說篇：「夫論語者，弟子共記孔子之言行……以八寸爲尺記之，約省懷持之便也。以其遺非經傳文，紀識恐忘，故但以八寸尺，不二尺四寸也。」王充言下之意，一般經書蓋二尺四寸也。如此，兩漢經、律簡應同長。

若從實物證之，武威所出儀禮簡，其甲、丙本經簡長皆近漢尺二尺四寸，乙本爲經傳，稍短，爲二尺一寸牛，是論衡量知篇所謂「大者爲經，小者爲傳記」之制。參武威漢簡，「敍論」，頁55～56。陳夢家在寫武威漢簡「敍論」時，原主二尺四寸之說，可是到一九六三年，寫「西漢施行詔書目錄」時，放棄原說，又主「三尺律令爲漢制，先漢亦當如此。」（漢簡綴述，頁275）其證據是長六十七點五厘米，居延地灣出土的詔書目錄札。按：詔書簡策長度在漢有定制。蔡邕獨斷載詔書之策「長二尺，短者半之。」武威磨咀子十八號墓所出王杖十簡，爲制詔丞相、御史的詔書，簡長恰爲漢尺一尺（參武威漢簡，頁141）。但此十簡中一簡明書「蘭臺令第卅三，御史令第卌三」，是律令簡長亦僅一尺！青海大通上孫家寨有關軍事的律令木簡，長二十五厘米，稍多於漢尺一尺。（「青海大通上孫家寨——五號漢墓」，文物2（1981），頁18）居延新出「甘露二年丞相御史律令」簡長約二十三厘米，約合漢尺一尺（初仕賓，「甘露二年丞相御史律令考述」，考古2（1980），頁179～184）；同地所出之「塞上蓬火品約」簡則長三十八點五厘米，合漢尺一尺六寸餘（「塞上蓬火品約釋文」，考古4（1979），頁360～364）。這些不等的律令簡長應如何解釋？它們是因邊地材料限制，而出現的變制？或者還可作其它解釋？這有待居延新出成帝、王莽等時期的「詔書輯錄」簡冊資料發表，我們才可能有較爲肯定的答案。

註209 此據漢書卷三十，藝文志。

註220 程樹德，「春秋決獄考」，舉證甚備，可參。見氏著，九朝律考，頁163～177。

註211 論衡，卷十二，程材，頁5a。

取(212)。

自董仲舒以後，馬融、鄭玄等大儒有律令章句之作。晉書刑法志說：

盜律有賊傷之例，賊律有盜章之文，興律有上獄之法，廐律有逮捕之事。若此
之比，錯糅無常。後人生意，各爲章句。叔孫宣、郭令卿、馬融、鄭玄諸儒章
句十有餘家，家數十萬言。凡斷罪所當由用者，合二萬六千二百七十二條，七
百七十三萬二千二百餘言，言數益繁，覽者益難。

除了刑法志提到的叔孫宣、郭令卿、馬融、鄭玄，漢儒作律章句可考的還有應劭。後
漢書卷四十八，應劭傳說應劭「撰具律本章句」。章句在於顯明家法，對抗異說(213)。
有家法章句則有傳習，是馬融、鄭玄諸儒於傳經之餘或亦傳律令矣。前引鍾皓以詩、
律教授，門徒千餘人；鄭玄注周禮、禮記每引漢律以明經義(214)，皆可爲漢儒兼授
經、律之證。

有兼授則有兼習者。兩漢兼習經、律者，不可勝數，略舉若干如下：

1. 公孫弘「少時爲獄吏…年四十餘，乃學春秋雜說」，「習文法吏事，緣飾以儒
   術，上說之，一歲中至左內史」。（漢書卷五十八，本傳）

2. 何敞「六世祖比干學尚書於晁錯，武帝時爲廷尉正，與張湯同時」。（後漢書
   卷四十三，何敞傳）

   李賢注引何氏家傳：「六世祖父比干字少卿，經明行修，兼通法律」。

3. 丙吉「治律令，爲魯獄史」，「吉本起獄法小吏，後學詩、禮，皆通大義。（
   漢書卷七十四，本傳）

4. 于定國「少學法于父…超爲廷尉。定國乃迎師學春秋，身執經，北面備弟子
   禮，爲人謙恭，尤重經術士」。（漢書卷七十一，本傳）

5. 黃霸「少學律令，喜爲吏」，「繫獄當死，霸因從〔夏侯〕勝受尚書獄中，再瘉
   多，積三歲乃出」。（漢書卷八十九，循吏傳）

註212 漢人斥俗吏但知刀筆律令，不識大體，始於賈誼。其後同調者甚多，參漢書卷四十八，賈誼傳；卷五十，
汲黯傳；卷七十二，王吉傳；論衡卷十二，程材、量知、謝短諸篇。斥純任德敎爲不達時宜之俗儒，見本
文前引宣帝語，出漢書宣帝紀。又王棨，「儒吏論」以「吏服雅訓，儒通文法，故能寬猛相濟，剛柔自克
也」（全後漢文卷九十一，頁40）爲理想，此亦漢儒之理想也。

註213 錢穆，「兩漢博士家法考」，見兩漢經學今古文平議，頁201～214。

註214 薛允升，漢律輯存輯鄭玄以律解經者，禮記注一例，周禮注四十一例，見是書頁64～84。

6.谷永薦薛宣曰：「其法律任廷尉有餘，經術文雅，足以謀王體，斷國論」。（漢書卷八十三，薛宣傳）

7.翟方進「失父孤學，給事太守府爲小史…西至京師受經…受春秋，積十餘年，經學明習」，「方進知能有餘，兼通文法吏事，以儒雅緣飾法律，號爲通明相」。（漢書卷八十四，本傳）

8.路溫舒「求爲獄小吏，因學律令」，「又受春秋，通大義」。（漢書卷五十一，本傳）

9.張敞「其治京兆，略循趙廣漢之迹，方略耳目，發伏禁姦，不如廣漢。然敞本治春秋，以經術自輔。其政頗雜儒雅，往往表賢顯善，不醇用誅罰」。（漢書卷七十六，本傳）

10.鄭弘「泰山剛人也。兄昌字次卿，亦好學，皆明經，通法律政事」。（漢書卷六十六，鄭弘傳）

11.孔光「經學尤明，年未二十，舉爲議郎」，「光以高第爲尚書，觀故事品式，數歲明習漢制及法令。上甚信任之，轉爲僕射，尚書令」。（漢書卷八十一，本傳）

12.侯霸「從鍾寧君受律爲淮平大尹，政理有能名」。（東觀漢記，卷十三）「師事九江太守房元，治穀梁春秋，爲元都講」。（後漢書卷二十六，本傳）

13.張浩「治律，春秋，游學京師」。（三國志卷四十五，張翼傳裴注引益部耆舊傳）

14.王渙「敦儒學，習尚書，讀律令，略舉大義」。（後漢書卷七十六，循吏傳）

15.黃昌「會稽餘姚人也…居近學官，數見諸生修庠序之禮，因好之，遂就經學，又曉習文法」。（後漢書卷七十七，酷吏傳）

16.陳球「少涉儒學，善律令」。（後漢書卷五十六，本傳）

17.陳寵「雖傳法律，而兼通經書，奏議溫粹，號爲任職相」。（後漢書卷四十六，本傳）

18.郭禧「少明習家業，兼好儒學」。（後漢書卷四十六，郭躬傳）

19.馮緄「習父業，治春秋嚴、韓，詩倉氏，兼律大杜」。（車騎將軍馮緄碑）

20.董昆「少遊學，師事潁川荀季卿，受春秋，治律令，明達法理，又才能撥煩。縣長潘松署功曹史。刺史盧孟行部，垂念寃結。松以孟明察於法令，轉署昆爲獄史。孟到，昆斷正刑法。甚得其平。孟問昆：『本學律令？所師爲誰？』昆對：『事荀季卿』。孟曰：『吏與刺史同師』。孟又問昆：『從何職爲獄史？』松具以實對。孟歎曰：『刺史學律，猶不及昆』，召之署文學」。（太平御覽六三八引會稽典錄）

以上第⑳例，董昆與盧孟同事荀季卿爲師。荀季卿兼授律令與春秋，董、盧亦兼習之，可爲漢儒經、律兼授兼習的最佳例證。盧孟因董昆明律，召署文學，似乎意味漢代文學一職非必明經者任之(215)。又續漢書卷二，北海靜王興遷宏農太守，「分遣文學循行屬縣，理寃獄。」以文學理寃獄，是文學亦通律令。可惜對此，我們沒有資料可作進一步的討論。又律令是爲吏的基本知識，僅爲小吏，知律令卽足。如欲更上層樓，服膺青紫，則更須經術文雅。公孫弘、丙吉、于定國、黃霸、翟方進、路溫舒皆先習律令爲吏，而後學經。習經、律之次第於此可見。然亦有先經學而後律令者，如孔光。急就篇謂：「宦學諷詩孝經論，春秋尚書律令文」(216)。此處爲配合韻脚，不足以見學經、律之次第。然用以證宦學須經、律兼習，則甚顯然。第⑮黃昌例亦有可言之者。黃昌居近學官，「遂就經學，又曉習文法」，是黃昌於學官兼受經學與文法歟？兩漢郡國學官有經師，但不見有授律令之例(217)。如果前考漢儒兼授經、律可信，則學官經師或亦可能如此。此事無確證，姑言之，以待考。

總結而言，由於律令與經義是漢代政治運作的兩大依據，張敏謂：「法聖人，從經、律」(218)，孔光「據經、法」對上所問(219)，律令學與經學遂同盛於兩漢。學律令主要是以吏爲師。以律令爲家學者，幾全在朝爲官。其門徒數百或上千，實亦以吏爲師

註215 陳夢家在「武威漢簡補述」（漢簡綴述，頁286～290）中曾對漢代文學及文學弟子有所考述。他說：「漢代所謂「文學」，乃指經學而言。它同時又是一種資歷和學官的稱謂。」（頁286）文學乃指經學一語，不完全正確。例如，文帝時，鼂錯習申商刑名，「以文學爲太常掌故」（史記，鼂錯傳），此文學絕非經學。又武帝好文學，所好實指賦頌辭章，亦非經學。武帝以後，文學多指經學則是不錯的。

註216 王應麟校急就篇第二十五、二十六章，頁8b。

註217 參嚴耕望，中國地方行政制度史上編，頁252～256。

註218 後漢書卷四十四，張敏傳。

註219 漢書卷八十一，孔光傳。

也。律令家學，說各有異，竟產生出十餘家，數百萬言的律令章句。這又是兩漢經師，因兼治經、律，以治經之法治律的結果。可惜各家律說不傳，程樹德所輯亦不過八條 (220)。否則，統一的律令如何能允許十餘家不同的章句解釋，倒是值得進一步追究。

肆、律令學的沒落與曹魏以降律博士的出現

律博士初置，是在漢獻帝建安二十一年 (A. D. 216)，曹操稱魏王以後。宋書，百官志謂：「廷尉律博士，一人；魏武初建，魏國置。」據此，律博士原置於魏國。漢末，權在曹氏。律博士雖初現於漢末，實際上可以說是曹魏的制度。魏明帝立，因衞覬的建議，王國制下的律博士，又一變而爲隸屬中央廷尉的職官。自曹魏初創，後代相沿。晉、宋、齊、梁、陳、北魏、北齊、隋、唐和宋代，都曾設置律博士 (221)。律博士爲何至曹魏而出現？其意義何在？此事不但關係一代政治，亦足以覘時代學風的轉變。魏國的律博士如何，沒有進一步的資料。我們可從衞覬的奏議說起。

三國志卷二十一，衞覬傳云：

> 明帝即位，〔覬〕進封閺鄉侯，三百戶。覬奏曰：「九章之律，自古所傳，斷定刑罪，其意微妙。百里長吏，皆宜知律。刑法者，國家之所貴重，而私議之所輕賤；獄吏者，百姓之所縣命，而選用者之所卑下。王政之弊，未必不由此也。請置律博士，轉相教授。」事遂施行。

晉書刑法志也提到衞覬的奏議，內容相同而更簡略。三國志所述遂爲魏立律博士最重要的資料。這一段資料已透露出律博士設立的背景。第一，律令長久以來是治民的依據，治民之吏不能不通律，所謂「百里長吏，皆宜知律」。衞覬提出這一點，是不是意味當時的官吏已不明律令？第二，他說：「刑法者，國家所重，而爲私議所輕」。本文前論以爲漢儒兼重經、律，是風氣至曹魏而有變乎？第三，他說百姓懸命於獄吏，獄吏卻爲選用者之所卑下。兩漢吏治，首重治獄，所謂「秦有十失，其一尚存，治獄之吏是也」(222)。漢代治獄吏擢登公卿者甚衆，是人材選用亦至曹魏而變乎？要了解律博士設立的背景，對這些問題都有必要作進一步的討論。

註220 見程樹德，九朝律考，卷八，頁18。
註221 徐道鄰，「中國唐宋時代與法律教育」，頁30～32。
註222 漢書卷五十一，路溫舒傳。

　　首先，世事之變，每在積漸，不在一時。曹魏建立（220 A.D.）到明帝卽位（227A.D.），不過短短七載。衞覬所說的情形絕非到曹魏以後才出現。曹丕父子明察好法，固可解釋「刑法者，國家之所貴重」，然兩漢天子亦重法，非曹氏獨然。選用卑下獄吏，私議輕賤刑法，其端倪實已見於東漢，歷兩百年而卒成其變。

　　前文所說兩漢重律，選材用人每因明曉律令，是就其大勢而言，也是以與後世比較而說。若細繹之，則東京以後，漸有變化。東漢以後，經、律漸分，經學本身雖漸漸僵化貧乏，仍爲士人所標榜，律學却漸爲士人所輕。這種變化是逐漸的，痕迹也不明顯。東漢末葉雖然仍有鄭玄、應劭兼治經、律，但這似乎已不是主流。東漢政治勢力的主流是一羣標榜經學，重身份而以實務爲次的豪門世族。他們憑藉門第身分，託名經學，假言德性，漸不屑於實務。後漢書陳寵傳說陳寵於建武時辟司徒府，「是時三府掾屬專尙交遊，以不肯視事爲高。寵常非之，獨勤心物務」。尙交遊，不肯視事的風氣和章帝時韋彪所說選士不以才行，「純以閥閱」（223），以及和帝時，王符所說俗士之論，「以族舉德，以位命賢」（224）的風氣是相爲表裏的。晉初傅玄批評漢、魏「百官子弟不修經藝而務交游，未知蒞事而坐享天祿」（225）。他批評「漢魏」的「漢」，實指東漢而言。東漢貴游子弟未知蒞事而坐享天祿，一般以律令實務見長的吏反而沉淪下僚。這可從東漢孝廉的出身見之。孝廉是東漢士人由吏而官的要途。但是東漢可考的孝廉自地方長吏超拔的，只有和帝至順帝時，稍過一半，其餘絕大部分時期，都不及三分之一（226）。官職既由世族盤據，官、吏遂分途，經、律亦兩判。世族不尙律令實務，律令之學遂衰。當然律令學衰微的原因是很複雜的，例如東漢律令日趨龐雜，足以造成學習的阻碍等等，但是律令實務漸失世族的支持，似爲其中主要的原因。律令學衰，龐雜的律令不能不有人整理，不得不有人專司教授，以培養治民不可少的明法之吏，於是有律博士的設立。

　　東漢經、律漸分和重經卑律風氣變化的痕跡十分隱微。大致而言，光武、明帝之

註223　後漢書卷二十六，韋彪傳。

註224　潛夫論卷一，論榮第四，頁10b。

註225　晉書卷四十七，傅玄傳。

註226　參拙著，「東漢孝廉的身分背景」，第二屆中國社會經濟史研討會論文集，頁19，表二，「屬吏出身孝廉比例表」。

世，似尚重律令。活在光武、明、章之世的王充曾感慨儒生的際遇不如文吏。他說：「儒者寂於空室，文吏譁於朝堂」(227)。又說：

　　論者以儒生不曉簿書，置之於下第。法令比例，吏斷決也。文吏治事必問法家。縣官事務，莫大法令。必以吏職程高，是則法令之家宜最爲上。或曰：「固然。法令，漢家之經，吏議決焉。事定於法，誠爲明矣」。曰：「夫五經亦漢家之所立。儒生善政大義，皆出其中。董仲舒表春秋之義，稽合於律，無乖異者。然則，春秋漢之經，孔子制作，垂遺於漢。論者徒尊法家，不高春秋，是闇蔽也(228)。

約略和王充同時的韋彪也有類似的觀感。後漢書卷二十六，韋彪傳說：

　　彪以世承二帝吏化之後，多以苛刻爲能，又置官選職，不必以才…上疏諫曰：「…天下樞要，在於尚書，尚書之選，豈可不重？而閒者多從郎官超升此位，雖曉習文法，長於應對，然察察小慧，類無大能」。

風氣的轉變大約在東漢中期。。和帝時，樊準上言：

　　臣愚以爲宜下明詔，博求幽隱，發揚巖穴，寵進儒雅，有如〔趙〕孝、〔承〕宮者，徵詣公車，以俟聖上講習之期。公卿各舉明經及舊儒子孫，進其爵位，使纘其業。復召郡國書佐，使讀律令。如此，則延頸者日有所見，傾耳者月有所聞，伏願陛下推述先帝進業之道(229)。

他顯然認爲郡國書佐小吏應習律令，而舊儒子孫則守經學。所謂舊儒子孫卽世族子弟。換言之，他不再認爲儒經與律令爲官吏一體同守，而是各有所習。順帝時，左雄言孝廉選舉，主張「諸生試家法，文吏課牋奏」(230)。至此，經學與律令分別已更爲清楚。因儒生與文吏所習不同，課試遂亦有別。漢末，世家大族更明白卑視律令。靈帝時，拜楊賜爲尚書令，數日出爲廷尉。賜自以「代非法家」，固辭，言曰：「三后成功，惟殷于民，皋陶不與焉，蓋吝之也〔注：吝，恥也〕」(231)。弘農楊氏世傳經

註227　論衡，卷十二，程材，頁3b。
註228　同上，頁5ab。
註229　後漢書卷三十二，樊準傳。
註230　後漢書卷六十一，左雄傳。
註231　後漢書卷五十四，楊賜傳。

學，恥爲廷尉，於此可見世族對律令實務的態度。不唯此也，皇帝本人竟也以儒法雜揉爲非。靈帝中平五年九月已未詔：

> 頃選舉失所，多非其人，儒法雜揉，學道浸微。處士荀爽、陳紀、鄭玄、韓融、李楷耽道樂古，志行高潔，淸貧隱約，爲衆所歸，其以爽等各補博士(232)。

兩漢治道本在兼雜王、霸。靈帝竟斥責選舉儒法雜揉。漢末風氣的轉變，此又一徵驗。可是漢末經學空洞而不務實，也曾激起不少學者的反動。例如崔寔、仲長統、應劭等人有鑑於經學空言，無補亂世，主張改以嚴刑重罰。崔寔說：「刑罰者，治亂之藥石也；德敎者，興平之粱肉也」(233)。仲長統則明言「定五刑以救死亡」(234)。曹操與曹丕父子尙法務實，多多少少是承續這一派的反動而來。但是經學世族卑視律令刑名終是不可挽回的大勢。和衞覬同時代的王粲曾作儒吏論，反映這種大勢甚爲淸楚：

> 古者，八歲入小學，學六甲、五方、書計之事。十五入大學，學君臣朝廷王事之紀。則文法典藝，具存于此矣。至乎末世，則不然矣。執法之吏，不闚先王之典，搢紳之儒，不通律令之要⋯先王見其如此也，是以博陳其敎，輔和民性，達其所壅，袪其所蔽，吏服雅訓，儒通文法。故能寬猛相濟，剛柔自克也(235)。

王粲所說的末世，其實就是漢末。所謂「執法之吏，不闚先王之典；搢紳之儒，不通律令之要」，乃是兩漢以來「吏服雅訓，儒通文法」傳統的最大轉變。

「吏服雅訓，儒通文法」是漢代官吏品質的一大特色。可是這並不始於漢初。漢初君臣，承秦遺風，唯知刀筆，無所謂雅訓可言。賈誼說：「俗吏之所務，在於刀筆筐篋，而不知大體。陛下又不自憂，竊爲陛下惜之」(236)。「陛下又不自憂」一句點破漢初君主所知，與俗吏無異。唯自武帝尙儒，以儒術緣飾法律，以古義附會律令，史謂「〔張〕湯由是鄉學」(237)，此吏服雅訓之始也。此後，君臣議政，多引經據律，治

註232　後漢紀卷二十五。

註233　後漢書，卷五十二，崔寔傳。

註234　後漢書卷四十九，仲長統傳。

註235　全後漢文卷九十一，頁4a。

註236　漢書卷四十八，賈誼傳。

註237　漢書卷五十八，兒寬傳。

獄亦輒衡以春秋，遂促成漢代兼習經、律的風氣。這種風氣經數百年而後變。順帝時，儒生與文史課試已不相同。魏文帝黃初三年詔：「其令郡國所選，勿拘老幼，儒通經術，吏達文法，到皆試用」(238)。課試不同反映兼習的風氣發生變化。這個變化到曹魏時完全明朗，因而王粲對「吏服雅訓，儒通文法」的傳統竟只能心嚮往之了。

　　曹魏設立律博士的意義不同於漢武帝置五經博士。五經博士的設置象徵儒學的興起，而律博士的設立則在挽救律令學的沒落，是律令學衰微的標示。曹魏以降，雖仍有言法之士，律令家學亦見記載(239)，然而律令刀筆毫無疑問逐漸淪爲寒門所職，已非高門貴族所屑爲。晉葛洪曾指出：「今在職之人，官無大小，悉不知法令⋯作官長不知法，爲下吏所欺而不知」；「或有不開律令之篇卷而窃大理之位」(240)。他所說不知法令的官長大約都是因父兄得任的貴游子弟，而知法者多出身寒素。東晉初，熊遠上疏便說：「今朝廷法吏多出於寒賤。」(241) 在魏晉以後一個日益貴族化的社會裏，律令學得不到貴族的支持，便只有沒落一途。南齊崔祖思曾感慨地說：

> 漢來治律有家，子孫並世其業，聚徒講授至數百人。故張、于二氏，絜譽文、宣之世；陳、郭兩族，流稱武、明之朝。決獄無冤，慶昌枝裔，槐袞相襲，蟬紫傳輝。今廷尉律生，乃令史門戶，族非咸、弘，庭缺于訓。刑之不措，抑此之由。如詳擇篤厚之士，使習律令，試簡有徵，擢爲廷尉僚屬，苟官世其家，而不美其績，鮮矣(242)。

南齊孔稚珪也指出「尋古之名流，多有法學」，「今之士子，莫肯爲業。縱有習者，世議所輕」。他建議「國學置律助教，依五經例，國子生有欲讀者，策試上過高第，即便擢用，使處法職，以勸士流」(243)。從魏、晉至隋代，律博士始終是廷尉（晉、宋、齊、梁、陳、北魏）或大理寺（北齊、隋）的屬官，不得預國學學官之列。孔稚珪亦僅建議於國學置律助教，而非律博士，然「事竟不施行」。北朝情形稍異。北朝

註238　三國志卷二，文帝紀。

註239　程樹德，九朝律考，卷九，頁37～38；卷十一，頁26。

註240　抱朴子外篇，卷十五，「審舉」；卷三十四，「吳失」。又參，趙翼，廿二史箚記，卷八，「南朝多以寒人掌機要」條，頁171～172；王利器，顏氏家訓集解，卷三，勉學第八。

註241　晉書卷七十一，熊遠傳。

註242　南齊書卷二十八，崔祖思傳。

註243　南齊書卷四十八，孔稚珪傳。

世族保守兩漢舊風較多。他們在胡人政權下，不能不以實學討生活。例如崔浩即「留心於制度科律及經術之言」(244)，神䴥中參與改定律令(245)。律令家學亦不絕如縷，其中足以稱述者，則唯北齊封氏。渤海封氏歷世明法，可考者有封隆之、封繪、封述(246)。他們參與律令修訂。南北朝律，以北齊律最優，此與律令家學一息尚存不無關係(247)。封氏之後，即不見再有以律令名家者。律令家學既衰，雖有律博士之置，但律生出於寒門，高族不屑於刀筆，漢代律令學的盛況遂一去而不復返。

伍、結　　語

從先秦到秦漢，中國出現了一個龐大的中央集權的官僚組織。這個組織相沿兩千年，其影響中國社會的深遠廣大，論者已多；它如何組成，如何演變，也不乏論述。但是它到底依循什麼而運作？組織中的官吏憑藉什麼處理例行的事務？這一類問題似乎還值得討論。據前文所述，從春秋戰國以來，隨著集權官僚組織逐漸形成，就已經有一套龐雜的「法」。法的來源是君主，所謂法出於君。君王的法令經由層層分責的官僚，下達於編戶齊民。這構成戰國政制的特色。秦漢政制沿續戰國的規模，依法而治的原則也相沿未改。依秦漢的習慣，這些號令法規可統稱為律令。依律令而治，則官吏須先明律令。

大致來說，秦漢官吏習律令，基本上是依循「以吏為師」的形式。根據商君書和雲夢秦簡看來，秦代有專主法令傳授的官吏，也有專供吏的子弟學習的學室。這些學習者在當時或稱為弟子。弟子享有某些除復徭役的特權，也有免於被過度役使的保障。他們學習有一定的進程和教本。習不中程會受處罰。所學大約以政府的法令規程為主。以雲夢秦墓的主人為例，他不過是地方治獄的小吏，墓中出現的律目最少就有三十多種。這些他熟知習用的法律，內容相當廣泛。不過，大部分和處罰或治獄的事有關係。秦、漢吏治重在治獄，雲夢秦簡可以說作了最適切的證明。

漢代的官吏像秦代的一樣，大部分是所謂奉律令以從事的刀筆吏。雖然漢初以

註244 魏書卷卅五，崔浩傳。
註245 魏書卷四上，世祖紀。又參王伊同，「魏書崔浩傳箋註」，頁698。
註246 北齊書卷二十一，封隆之傳；卷四十三，封述傳。
註247 陳寅恪，隋唐制度淵源略論稿，見陳寅恪先生論集，頁67～76。

來，君臣上下或崇黃、老，或尚儒術，他們幾無不承認律令刑法是治民的必要工具。漢代政府選才用人，在大部分情況下，也都以通曉律令爲重要甚至必要的條件。因此，習律爲吏在漢代應該是很普遍的情形。一般人從閭里書師或其他途徑學書識字以後，即可試爲小吏。在倉頡、急就等識字的敎本中已包括有初步的律令知識。但這是不够的。小吏大概一邊任事，一邊還要見習。見習所學最重要的就是法令規章。漢代基層的刀筆吏多半是這樣訓練出來的。秦、漢人學法令雖然都是以吏爲師，但有一點不同：漢代似乎沒有設置專授律令的官吏，最少我們找不到這樣的證據。

漢與秦制另一不同是漢代不禁私學，欲習律令，可從私人，非必以吏爲師。漢初傳習申、商刑名的多爲私人。他們傳習雖名爲申、商，實則多與治獄律令有關。這從鼂錯等人所習所爲即可窺見。西漢中晚期以後，由於法令日益龐雜，解釋比附不一，私人傳習不同，竟然造成章句家學。律令章句初或有三家，可考者唯武帝時的大、小杜律；東漢時演爲十餘家，家各章句數十萬言。這種情形絕不是秦代禁私學的情況下所能有。漢代律令形成章句家學的另一個原因是武帝以後，士人兼習經、律；經師以治經之法以治律。經有章句，治律遂亦如法泡製。

漢儒兼習經、律實爲漢代學風有異於秦，亦不同於後代的一大特色。秦人唯知律令，不習經；後世儒者一般而言則只守經而不習律。董仲舒通經明律，開一代學風之典型；馬融、鄭玄承其後，各有律令章句之作。造成這種學風的關鍵似在漢儒重經而不輕律以及漢代學術與政治的緊密結合。漢代政治依經據律，學而優則仕的儒生就得兼明二者。不過，律令畢竟是基本。漢吏功令但問是否「頗知律令」，不察是否通明經術。只有在仕途上想要更上層樓，經學知識才是不可少的。因此，漢代公卿每多習律在先，明經於後者。當然也有經生先通經而後習律。何種情況較多，已不易細究。總之，從秦以來，習律令已成風氣；漢初以後，私家傳授又甚普遍。漢代或竟因而不覺有設專人傳授律令的必要。此外，漢人雖然兼重經、律，但是根據漢儒的政治哲學，儒經代表德治，爲主；律令代表刑法，爲輔。五經爲主，可立博士；律令不過爲輔，豈可與爲主之五經等列？漢儒德主刑輔的思想頗減少了律令博士在漢代出現的可能。曹魏以後則不然。曹丕父子出身「法家寒族」，他們非德尙法，不同於「儒家大族」(248)。從漢末至曹魏時代的士人，也感於流於空洞虛僞的儒家德敎，不足以應付

註248 此處借用陳寅恪先生語。見氏著，「崔浩與寇謙之」，陳寅恪先生論文集，頁587～589。

混亂的世局。德主刑輔的思想不再那麼有說服力，律令之學遂可由婢女而爲夫人。

　　然而曹魏律博士的出現似更植根於兩漢以來「吏服雅訓，儒通文法」傳統的轉變。漢代士人自武帝以後兼習經、律，不但明聖人之言，也通刀筆實務，循吏傳中人物多爲典型。東漢以降，豪門世族勢力膨脹，政治貴族化，仕宦漸重身分而輕實務。實務所寄之律令，高門世族不屑一爲。經與律學逐漸分，儒生與文史亦成兩橛。這種分化的發展，甚爲緩慢，痕跡亦甚細微。抱經傳律的世族雖綿延至南北朝而不斷，但律令確實逐漸淪爲寒門的技藝。作爲政治勢力主流的世家大族既不屑於刀筆，律令學只有沒落一途。曹魏以降律博士的設立，不過是律令學在沒落中的掙扎罷了。

附記：本稿曾蒙陳槃庵先生，嚴歸田先生以及同儕好友杜正勝、陳鴻森、張榮芳、黃　　　　進興、劉增貴、劉淑芬諸君熱心指正，謹此誌謝。又本文寫作期間曾獲「國家　　　　科學發展委員會」獎助，一併誌謝。

引 用 書 目

1. 司馬遷，史記（宏業書局，史記會注考證）

2. 班固，漢書（藝文印書館，補注本）

3. 范曄，後漢書（藝文印書館，集解本）

4. 陳壽，三國志（藝文印書館，集解本）

5. 袁宏，後漢記（商務印書館，四部叢刊初編）

6. 東觀漢記（中文出版社）

7. 漢官六種（中華書局，四部備要本）

8. 國語（里仁書局，校注本）

9. 春秋左傳正義（大化書局，十三經注疏本）

10. 禮記正義（大化書局，十三經注疏本）

11. 尚書正義（大化書局，十三經注疏本）

12. 周禮注疏（大化書局，十三經注疏本）

13. 竹添光鴻，左傳會箋（廣文書局）

14. 安井衡，左傳輯釋（廣文書局）

15. 屈萬里，尚書釋義（中華文化出版事業委員會，民國57年）

16. 朱熹，四書集註（世界書局）

17. 逸周書（重編本皇清經解，朱右曾集訓校釋）

18. 韓非子（世界書局，王先慎集解）

19. 呂氏春秋（中華書局，四部備要本）

20. 商君書（中華書局，高亨注譯）

21. 管子（東豐書店，郭沫若、聞一多、許維遹集校）

22. 管子（商務印書館，國學基本叢書）

23. 荀子（新興書局，謝墉集解）

24. 淮南子（世界書局，高誘注本）

25. 賈誼，新書（商務印書館，四部叢刊本）

26. 董仲舒，春秋繁露（河洛圖書出版社，蘇輿義證）

27. 韓嬰，韓詩外傳（商務印書館，四部叢刊本）

28. 戴德，大戴禮記（武英殿聚珍版）

29. 桓寬，塩鐵論（世界書局，王利器校注）

30. 應劭，風俗通義（明文書局，王利器校注）

31. 劉向，新序（商務印書館，四部叢刊本）

32. 王充，論衡（商務印書館，四部叢刊本）

33. 王符，潛夫論（商務印書館，四部叢刊本）

34. 楊雄，法言（世界書局，汪榮寶義疏）

35. 蔡邕，獨斷（抱經堂校定本）

36. 班固，白虎通德論（商務印書館，四部叢刊本）

37. 顏之推，顏氏家訓（明文書局，王利器集解）

38. 葛洪，抱朴子（世界書局，孫星衍校本）

39. 竹書紀年（華世出版社，方詩銘、王修齡，古本竹書紀年輯證）

40. 許慎，說文解字（藝文印書館，段玉裁注）

41. 急就篇（玉海附刻本，王應麟校）

42. 魏收，魏書（鼎文書局，新校標點本）

43. 房玄齡，晉書（鼎文書局，新校標點本）

44. 蕭子顯，南齊書（鼎文書局，新校標點本）

45. 李百藥，北齊書（鼎文書局，新校標點本）

46. 洪适，隸釋（藝文印書館，石刻史料叢書甲編）

47. 嚴可均，全後漢文（中文出版社，全上古三代秦漢三國六朝文）

48. 長孫無忌，唐律疏義（商務印書館，國學基本叢書）

49. 太平御覽（商務印書館，四部叢刊三編）

50. 趙翼，廿二史箚記（華世出版社）

51. 王鳴盛，十七史商榷（藝文印書館，百部叢書本）

52. 章學誠，文史通義（華世出版社）

53. 薛允升，漢律輯存（鼎文書局，中國法制史料第二輯第一冊）

54. 沈寄簃，漢律摭遺（鼎文書局，中國法制史料第二輯第一冊）

55. 侯康，補後漢書藝文志（開明書店，廿五史補編）

56. 顧櫰三，補後漢書藝文志（開明書序，廿五史補編）

57. 程樹德，九朝律考（商務印書館，民國16年）

58. 錢穆，先秦諸子繫年（香港大學出版社，1956增訂初版）

59. 錢穆，兩漢經學今古文平議（民國60年自印本）

60. 嚴耕望，中國地方行政制度史上編（中央研究院歷史語言研究所專刊之45，民國63年）

61. 嚴耕望，「秦漢郎吏制度考」，歷史語言研究所集刊，23本上冊，民國40年，頁89～143。

62. 勞榦，居延漢簡，考釋之部（中央研究院歷史語言研究所專刊之40，民國49年）

63. 勞榦，「史記項羽本紀中學書和學劍的解釋」，歷史語言研究所集刊，30本下冊，民國48年，頁499～510。

64. 王伊同，「魏書崔浩傳箋註」，歷史語言研究所集刊，45本４分，民國63年，頁681～727。

65. 陳槃，「古讖緯書錄解題」，歷史語言研究所集刊，22本，民國39年，頁85～120。

66. 陳槃，「春秋時代的教育」，歷史語言研究所集刊，45本４分，民國63年，頁731～812。

67. 陳槃，「於歷史與民俗之間看所謂瘞錢與地券」，中央研究院國際漢學會議論文集，歷史考古組中冊，民國70年，頁855～905。

68. 陳槃，漢晉遺簡識小七種（中央研究院歷史語言研究所專刊之63，民國64年）

69. 陳寅恪，隋唐制度淵源略論稿（中央研究院歷史語言研究所特刊之３，陳寅恪先生論集，民國60年），又陳寅恪先生論文集（三人行出版社，民國63年）

70. 徐道鄰，「中國唐宋時代的法律教育」，東方雜誌，復刊６卷４期，民國61年，頁29～32。

71. 陳夢家，卜辭綜述（翻印本）

72. 陳直，史記新證（河洛圖書出版社，民國69年影印本）

73. 陳直，漢書新證（天津人民出版社，1979）

74. 余英時，「反智論與中國政治傳統」歷史與思想（聯經出版事業公司，民國66年三版）

75. 邢義田，「雲夢秦簡簡介——附：對『為吏之道』及墓主喜職務性質的臆測」，食貨９卷４期，民國68年，頁33～39。

76. 邢義田，「東漢孝廉的身分背景」，第二屆中國社會經濟史研討會論文集，民國72年，頁1～56。

77. *Kwang-chih Chang*, Shang Civilization (Yale U. P., 1980)

78. *H. G. Creel*, "The Fa-Chia: Legalists or Administrators" 慶祝董仲賓先生六十五歲論文集，下冊，民國50年，頁607～636。

79. *Kung-chuan Hsiao*, "Legalism and Autocracy in Traditional China" 淸華學報4卷2期，民國53年，頁108～122。

80. 睡虎地秦墓竹簡整理小組，睡虎地秦墓竹簡（文物出版社，1978）

81. 中國科學院考古研究所甘肅省博物館編，武威漢簡（文物出版社，1964）

82. 甘肅居延考古隊，「居延漢代遺址的發掘和新出土的簡冊文物」，文物第一期，一九七八，頁1～11。

83. 初仕賓，「居延簡冊≪甘露二年丞相御史律令≫考述」，考古第二期，一九八〇，頁179～184。

84. 寶雞市博物館，「寶雞市鏟車廠漢墓——兼談M1出土的行楷體朱書陶瓶」，文物第三期，一九八一，頁46～52。

85. 王光永，「寶雞市漢墓發現光和與永元年間朱書陶器」，文物第三期，一九八一，頁53～55。

86. 吳榮增，「鎮墓文中所見到的東漢道巫關係」，文物第三期，一九八一，頁56～63。

87. 河南省博物館，「靈寶張灣漢墓」，文物第十一期，一九七五，頁75～93。

88. 馬王堆漢墓帛書整理小組，「長沙馬王堆漢墓出土老子乙本卷前古佚書釋文」，文物第十期，一九七四，頁30～42。

89. 甘肅居延考古隊簡冊整理小組，「建武三年侯粟君所責寇恩事釋文」，文物第一期，一九七八，頁30～31。

90. 于豪亮，「雲夢秦簡所見職官述略」，文史第八輯，一九八〇，頁5～25。

91. 胡平生、韓自强，「蒼頡篇的初步研究」，文物第二期，一九八三，頁35～40。

92. 傅舉有，「關于長沙馬王堆三號漢墓的墓主問題」，考古第二期，一九八三，頁165～172。

93. 凌襄，「試論馬王堆漢墓帛書≪伊尹‧九主≫」，文物第十一期，一九七四，頁21～27。

34. 高亨，文史述林（中華書局，1980）。

95. 富谷至，「史書考」，西北大學學報第一期，一九八三，頁45～50。

96. 阜陽漢簡整理組，「阜陽漢簡蒼頡篇」，文物第二期，一九八三，頁24～34。

97. 沈元，「急就篇研究」，歷史研究第三期，一九六二，頁61～87。

98. 陳夢家，漢簡綴述（中華書局，1980）。

出自第五十四本第四分（一九八三年十二月）

從漢簡中的嗇夫令史候史和士吏論
漢代郡縣吏的職務和地位

勞　榦

　　漢簡中有許多關於嗇夫的記載，嗇夫雖然只負責一鄉的民政和稅收，但從漢簡上看，除去鄉嗇夫以外，還有關嗇夫、倉嗇夫以及庫嗇夫。所以嗇夫實際上不以負責一鄉的事務爲限，有時還有和鄉嗇夫相等的職位來負責其他的任務，但仍然應用嗇夫的名稱。再就鄉嗇夫來說，原來嗇夫二字的本義是一個小區域的農場管理員，但後來的引申，却由農業而到徵收賦稅，更進一步形成縣以下小區域的行政官吏以至有時還兼理司法方面，因而其職守越推越廣。其在邊塞方面，除去管關、管倉、管庫，在候官以下，還有候長一級。候官是比縣的，候長是比嗇夫的，隧長比亭長。嗇夫一般來說是「斗食嗇夫」，下百石吏一級，但有時秩百石的嗇夫，就稱「有秩」，同樣情況，候長在原則上，是下百石一級的「斗食」吏，但加秩到百石的，就稱爲「有秩候長」，在邊塞中管理軍務的士吏，也是本爲斗食吏，可以加秩爲「有秩士吏」。這些「有秩」與無秩間過渡地位的吏員，在漢簡中看的很清楚。

　　現在先把漢簡中有關嗇夫的，舉例在下面：

　　曰吏卒更寫爲薰火圖版皆放驛北隧長佐嗇夫（居延簡308）

　　建平五年十月丁卯朔乙酉鄉嗇夫□（457）

　　建平五年十二月丁卯朔庚寅東鄉嗇夫護敢言之嘉平（460）

　　建平五年八月□□□□□廣明鄉嗇夫客假佐玄敢言之善居里男子丘張自言與家買客田居作都亭部欲取（謁）□案張等更賦皆給當得取檢謁移居延如律令敢言之（465）

　　嗇夫雜星更□（810）

　　誠北嗇夫欽出（818）

令史光嗇夫久 （1105）

元延元年十月甲午朔戊子橐他守候移肩水城官吏自言責嗇夫鞏晏如牒書到驗問
收責報如律令 （1629）

代候正月盡六月折傷兵簿出六石弩弓廿四付庫庫受嗇夫欠廿三石空出一弓解何
（1680）

永始五年閏月乙巳朔丙子北鄉嗇夫忠敢言之義成里崔自當自言爲家私市居延城
案自當毋官獄徵事當得取傳……謁移居延縣索關閏月丙子居延丞彭移肩水金關
居延縣索關如律令 　/掾旁令史建（2080）

令　嗇夫居（2163）

正嗇夫候得刻子·□□肩得□己□書未至得閣起居甚 （2496）

掾守守嗇夫延年佐久就 （3322）

省卒家屬名籍守令史慶嗇夫忠 （3859, 3871）

令史忠嗇夫勝之 （3986）

及病及縣南鄉見嗇（夫）□□掖□□城□□ （4028）

完卒在換欲擇嗇夫禹主 （5799）

永始二年十月己丑朔陶鄉嗇夫□□□官□張掖□□居延□□ （6762）

□□□□嗇夫王光　十一月奉錢七百廿　十二月辛酉□□□□ （8271）

其中指明都鄉嗇夫的，有如：

朔都鄉嗇夫長敢言（之）……取傳歸敦煌敢言□ （1311）

元延二年八月庚寅朔甲午都鄉嗇夫武敢言之……袤褒俱送謹女子趙佳張掖郡中
謹案曰……留如律令八月丁酉居延丞□居延丞印八月庚子以來 （1321）

其指明爲關嗇夫的，有如：

關嗇夫嬰齊 （1095）

告關嗇夫 （2169）

關嗇夫禁 （2259）

入西薄書二封………始建國元年十月辛未日食時關嗇夫□受戍卒趙彭（敦煌簡

367）

除關嗇夫較爲常見以外，還有倉嗇夫、庫嗇夫和廐嗇夫，如：

　　　永元元年九月乙丑朔丙午受廩倉嗇夫將延□□孫（923）

　　　庫嗇夫上官士達始元三年（175）

　　　廐嗇夫千秋里馬敝年卅七（9343）

廐嗇夫也在秦簡中看到，除去廐嗇夫以外，還有采山的嗇夫，漆園的嗇夫，采鐵的嗇夫，皂（草）嗇夫，工官的嗇夫，造司空的嗇夫，以及一般的縣嗇夫及田嗇夫（見文物 1976 年七月號）。其中言及采山的嗇夫，例如：

　　　采山重殿，貲，嗇夫一甲，佐一盾，三歲比殿，貲，嗇夫二甲，而廢，殿而不負，不貲。

其中言及漆園嗇夫的，如：

　　　漆園重殿，貲嗇夫一甲，令史及佐各一盾，徒絡維各廿，給漆園。三歲比殿，嗇夫二甲而廢，令丞各一甲。

其言及其他的嗇夫的，如：

　　　縣工新獻殿，嗇夫一甲，丞史曹長各一盾。城旦爲工殿者笞人百，大車殿，貲司空嗇夫一盾，徒笞五十。

　　　以四月七月十月正月膚田牛，卒歲以正月大課之。最，賜田，嗇夫酒棗脯，爲皂（草）者除一，更賜牛，長日三旬，殿者誶。田嗇夫罰冗皂（草）者一月，其以牛田減絜治，主者寸十有里課之。最者賜田，典日旬殿笞。

在秦簡中有佐，漢簡中，關有關佐，倉有倉佐，這都是因仍秦制的。如：

　　　□百八十　給關佐邗□（806）

　　　居延城倉佐王禹鞮汗里年廿七塗實問禹曰之歟得視女病十月乙酉入（2272）

　　　十月戊寅倉佐嗇夫龍勒萬年里索良（敦煌簡 415）

這裏出現的，有關佐和倉佐，關佐或倉佐都是輔佐關或倉主持人的職務。就關的組織來說，關的主持人是關都尉，關都尉是有掾屬的。關佐的地位，是一種佐。上引秦簡，佐和令史地位相同，是嗇夫的佐。所以此處所出現的倉佐，就應當是關嗇夫或倉嗇夫的佐（依此類推，庫嗇夫也可以有佐。）不過依上引敦煌簡 415，那就嗇夫有時也兼爲倉佐。此處應當是嗇夫爲其本職，遇到倉佐缺時，也可以派一個嗇夫去擔任這

種職務。這一點看起來似乎比較特殊。不過倉佐所輔佐的，不必就是一般嗇夫，也可能輔佐倉長，也可能輔佐高級一點的嗇夫，如同「有秩」之類。

嗇夫的佐，有時用代理的，稱爲「假佐」，如：

建平五年八月□□□□□廣明鄉嗇夫客假佐玄敢言之 （465）

此簡在前面已引到，此處再舉出來，爲證明這種的「佐」是在嗇夫以下，爲着佐理嗇夫的，也就是申明嗇夫之下，可以有佐。

在嗇夫的位置中比較高的稱爲有秩，其次爲一般所稱爲嗇夫的，再就是所謂斗食嗇夫，可能比一般嗇夫還要稍低一點。

其稱爲有秩的，如：

蠡鄉有秩梁敢言之昌 （2333）

此處不稱嗇夫而稱爲「有秩」，是表示這一個嗇夫地位稍高，其稍高的原因，當然可能某些地方戶口多，較爲重要，所以置「有秩」，但也可能因爲個人的原因，他因爲資深，並且可以因爲「功次」的累積，從一般的嗇夫升爲有秩。在漢簡中稱有秩的不多，漢簡中有不少次數發現了「有秩候長」以及「有秩士吏」，但此處明白說出「鄉有秩」，那當然是有秩嗇夫，而不是有秩候長或有秩士吏。

其稱爲「斗食嗇夫」的，也不常見，如：

顯美傳舍斗食嗇夫觻君里公乘謝橫　中功一勞二歲二月　今除爲肩水候官士吏代鄭昌成 （222）

士吏、候長和嗇夫是同等地位的，士吏有「有秩士吏」、候長有「有秩候長」和嗇夫有「有秩嗇夫」是一樣的。斗食地位較低，因爲功次的關係，任爲士吏，也就是從斗食的士吏，再進一步，才能升爲有秩士吏。斗食是次於百石的俸祿，其待遇以斗計而不以石計。其在斗食以下的，就應當是佐史、小吏等類。但還可能有幾個等次的。

這裏還有一個有秩是在百石以下，或者有秩就是百石的爭論。以及斗食是否指百石以下所有吏員或者專指一種低級小吏的爭論。就這兩個問題來說，若依照漢書百官公卿表和續漢書百官志中的資料看，那就 (1) 有秩就是百石，其中並無若干的區別；(2) 在百石這個等級以下，只有兩個等級，第一是斗食一級，第二是佐史一級，斗食是直接到百石的，斗食和百石之間，並沒有什麼等級存在著。

　　用兩漢書的資料來討論，其中敍述是相當清楚的。先就「有秩」一點來說。依照漢書百官公卿表說：「十亭一鄉，鄉有三老，有秩、嗇夫、游徼。三老掌教化，嗇夫職聽訟、收賦稅，游徼徼循盜賊。」又依照續漢書百官志（附在後漢書內）說：「鄉置有秩，三老，游徼，本注曰，有秩郡所署，秩百石，掌一鄉人。其鄉小者，縣置嗇夫一人，皆主知民善惡，爲役先後，知民貧富，爲賦多少，平其差品。……又有鄉佐，屬鄉，主民收賦稅。」這裏的敍述相當明白。即所謂「有秩」並非百石以下的另外一個吏職的等級，而是大鄉的鄉嗇夫的專稱。凡是各鄉置有「有秩」的，都是秩百石。所以百石和有秩，並非是不同兩級秩祿的名稱。

　　但據漢簡，「有秩」兩字不僅爲鄉有秩所專用，還有「有秩候長」和「有秩士吏」。如：

　　　　今三無塞有秩候長（2344）

　　　　張掖居延甲渠塞有秩士吏公乘段會能書會計治官民頗知律令文（3239）

　　　　張掖居延甲渠候官塞有秩候長觻得長秋里公乘趙陽令□詣尉　年卅一代田就

　　　　（4218）

　　　　□□居延甲渠候官塞有秩候長公乘王宮中勞十一月（4563）

　　　　敦德步廣尉曲平望塞有秩候長敦德亭間田東武里五士王參秩庶士（敦煌簡592）

士吏和候長均可以加上「有秩」二字，表示着士吏和候長，也和嗇夫的情況一樣。並非每一個嗇夫都可以年秩百石，也不是每一個士吏以及每一個候長都可以年秩百石。其增秩到百石的，才在職銜上加上「有秩」二字。其不及百石的就只稱爲士吏或候長。照這樣看來，士吏、候長和嗇夫的階次是相等的，所以士吏和候長也可以互調。如：

　　　　居延甲渠士吏觻得廣宛里公乘賓敞，能，不宜其官。　　今換補䍧谷候長代品脩。（3273）

這是由士吏來調候長的。依照漢代調職的例子，如同漢書八十三薛宣傳：

　　　　入守左馮翊滿歲稱職爲眞。……頻陽縣北當上郡西河，爲數郡湊，多盜賊。其令平陵薛恭，本縣孝者，功次稍匱，未嘗治民，職不辦。而粟邑縣小，辟在山中，民謹樸易治，令鉅鹿尹賞久郡用事吏，爲樓煩長，舉茂材，遷在粟。宣即

以令奏賞與恭換縣，二人視事數月，而兩縣皆治。

在這裏顏師古注說：

　　　時令條有材不稱職得改之。

「令」指的是漢令，在顏師古時期，漢令殘留的比現今爲多，所以他可以引用。又錢
大昭漢書辨疑（此更據王先謙補注引）說：

　　　後漢第五種（案見後漢書四十一第五倫傳）拜高密侯相，以能換爲鄗相，今縣
　　　令有人地兩不相宜者，上官奏諸交易其任爲對調。古人謂之換縣。（王先謙後
　　　漢書第五種傳集解又引後漢書朱浮傳「守宰數見換易」，所以換職不僅限於縣
　　　令長，諸侯相、太守調職亦稱爲換）。

此外居延簡中說到「換」的，尚有：

　　　□□□思換爲橐他石南亭長（1934）

也應當是相似的情況。

所謂「換」是說地位相等，秩祿相同的才稱爲「換」，如從地位低的轉爲地位高的，
則稱爲「遷」，如從地位高的轉爲地位低的，則稱爲「左遷」。不過在「換」或「對
調」情形之下，如其有一方面能力高些，那就這一方面仍代表重視的意義。譬如第五
種傳所說：「以能換爲鄗相」。這個「能」字，便表示第五種的能力優異，所以升
遷。至於居延簡（3278）簡中，所說的「能不宜其官」，那就代表不同的意義。用這
個「能」字，雖然表示還有能力，可是這個能力，並不宜做士吏，所以調換爲候長。
候長雖與士吏同級，但公文中習稱「士吏候長」，士吏在候長以前，由士吏調爲候
長，便多少有左遷的含義。

　　這個調換的權柄，是出於候官的。在邊塞的組織中，候官比縣，也應當有掾屬，
雖然規模可能比縣簡單些。在漢簡中提到候史的很多，候史也即是候官所任用的史
（詳後）。至於士吏也是候官任用的，分派到各烽燧間，做率領士卒的任務。因此士
吏的選擇，也以軍事方面的能力爲主，據敦煌簡：

　　　玉門候造史龍勒周生萌优健可爲官士吏（378）

這裏指示着士吏任用的標準。造史不見於其他各簡，當屬新莽時代特殊的名稱。據其
他各簡，候上只應有候史而非造史。所以造史一職應即相當於候史。

在候上是有候史的，今引下列各簡來看一看候史與其他職務的關係：

建始二年右前候長候史（63）

付倉石候史福（274）

其三千司御錢失入　候史禹嘗入萬一千六百九十五付事令史章當移出五百六十

三徒許放施刑故敵當入　凡在□□□三千九百二十五定有餘錢萬四千四百五十

七（628）

肩水候官令史觻得敬老里公乘糞土臣憙昧死上言變事書（874）

故候史觻得市陽里單始成貰買執胡隧（1039）

右候史與三石弩一完（1075）

四月丙子肩水騂北亭長敏以私印兼行候事謂關嗇寫移言□如律　令令史憙　光

博　尉史賢（1280）

令史臨尉史章（1377）

書到如律令　令史段齊夫長（1651）

肩水候史算當（1951）

萬世隧長至其六月甲子調守令史將護罷卒濟陰郡成陽縣南陽里狄奉（2068）

一日出粟多六升大，候史房猛，隧長陳忠，十月庚戌（2206）

出賦錢六百　給東望隧長晏萬閏月奉　閏月　守令史覇付候長慶（2212）

居延甲渠候史王武　未得正月盡三月錢三月奉用錢千八百已賦畢（2364）

東部候史任□□□王子惠錢六百（2466）

□候長候史十二月日迹薄戍卒東郭利等行道貰賣衣財物郡中移都尉府二事二封

正月丙子令史壽封（2708）

尉史宗白餅庭候長仁發省（2716）

請士吏歆候長嘉候史宥等寫移書到（3437）

候史十人錢九月□正隧卒十人四（3692）

出轉錢萬五千給吞遠倉　十月丙戌吞遠候史彭受令史（3936）

迺明蓬火尉士吏候長候史警戒使兵如詔書律令（4133）

三月辛亥甲渠令史誼使當遂里張容（4268）

候史徐輔遷補城倉令史卽日遣之官移城倉　　・一事一封　十二月庚子令史弘□
（4284）

　　第二十三隧倉建平五年十一月吏卒當稟者案受穀薄（4324）

第四候長弘候史臨近還詣官五月丁亥下餔入（4493）

鉼庭候史言詣官受部祿八月（4496）

五月癸巳甲渠鄣候喜告尉謂第十部士吏候長（詣）官移檄到士吏候長候史循行
（4535）

九十九石　其三（石）黍　建平二年十月癸未甲渠令史宗使城倉令史譚（4713）

庚申隧長武兼尉史間（4866）

橐佗移故士吏輔將射矢滿　謂不侵候長輔　二事一封（4903）

令史弘尉史彊（4910）

尉史李鳳　月奉錢六百至二月中從庫令史鄭德取三月奉不重得正月奉今庫掾留
鳳九月奉錢不當留證所言（4925）

尉史李卿六月盡八月奉二千七百（4953）

士吏候長皆封臧（4974）

移居延第五隧長輔遷補居延令史卽日遣之官　　・一事一封　十月癸未令史敬封
（4984）

五月丙戌制北隧長登以私印兼行候事移用事寫移書到如律令／尉史定（5020）

第廿二隧長調守臨木候史詣官正月辛巳下餔入（5050）

教問郵謹問候史並（5159）

掾昌尉史惲（5166）（居延縣？）

候史淳于光（5198）

不侵候史王子其（5230）

第十候史下彊所　第六隧長顧並已得七百一十少二百九十（5294）

令史誼尉史得（5414）

第廿三候史良詣官受部吏奉三月乙酉平旦入（5428）

十二月戊辰甲渠候長湯以私印行候事告塞尉謂士吏輔候長耿賢等（5435）

八月十四日　令居延甲渠候斗食令史（5532）

候長候史毋無還入郭迹（5597）

卒史欽奏封（5611）

出薪六斗　食候長候史私馬六四十一日食（5614）

以迹候爲職自給私馬（5728）

脩行駝山里公乘范弘年廿一　今除爲甲渠候史代王輔（5879）

甘露二年十一月丙戌朔己丑候（史奉親敢言之）……昂日病□庸

甘露二年十二月丙辰朔甲子候史奉親敢言之迺十一月（6597）

□初元年七月庚戌甲渠鄣候喜謂俱起士吏檄到馳……（6615）

三月己丑付士吏廣宗給城北驛馬（6616）

守令史事（6673）

茂以郵行兼行候文嗇事下尉部士吏愼候長茂等下當用者明白……如之如詔書□

言　掾相（6945）

千人令史居延廣都里令史屈並（6933　及　6956）

（甲）渠鄣候喜謂第四候長宣第十候長……事如律令（7039）

趙氏故爲收虜隧長屬士吏張禹與禹同給……（7222）

齒光見爲俱南隧長不爲執胡隧長（7291）

出十二月吏奉錢五千四百　候長一人　候史一人　隧長一人　五鳳五年五月

丙子尉史壽王付第廿八隧商奉世卒功孫辟非（7355）

皁綺一兩　臬綀一兩　練緯縑五尺……右十一物（在）官　十一月癸巳士吏彊

付卅五吏張彊（7345）

五鳳元年七月丁巳朔戊午厭胡隧長萱敢言之步昌士吏（敦煌簡 49）

淩胡隧塢乙亥已成　謹罷卒　候長候史傳送籥（敦煌簡 66）

三月癸酉大前都候嬰國下厭胡守士吏方承書從事下當用者如詔書　令史傴（敦

煌簡 138）

十二月癸丑大前都候丞罷軍別治富昌隧謂郡士吏寫移書到實籍吏出入關人畜車

馬器均如官書會正月三日須集移官各三通毋忽如律令（敦煌簡 150）

亭隊澌遠晝不見煙夜不見火士吏候長候史聽相告燔薪以□（敦煌簡 552）

以上各條是漢簡中涉及候史的記載（並且涉及令史，士吏和候長）。只因為候史的職務如其要弄清楚，對於其他的史的職務，也要同時搜集，才能有所比較。不僅如此。史的地位，並必須受上級的差遣的。候史顯然是在士吏及候長指使之下去服務的。士吏及候長職務的範圍也決定了候史服務的性質。所以至少需要把以上兩點，即候史對於其他種史的等次和候史對於士吏及候長服務的情況，都得先後加以解決。從前引各項材料的分析，就可以得到以下的結論。

郡縣俱有掾史，在各曹之中，除去功曹以功曹史來領導以外，其他各曹以掾領導，其下的史在郡為卒史，在縣為令史。漢書三十一陳勝傳：「趙王以為然，因不西兵，而遣故上谷卒史韓廣將兵北徇燕。」師古注：「卒史，曹史也。」因為上谷是郡，所以上谷卒史，是郡府的史。漢書三十九蕭何傳：「何迺給泗水卒史，事第一，秦御史欲言徵何，何固請，得毋行。」師古曰：「泗水郡，沛所屬也，何為郡卒史。」案蕭何傳，何原為沛主吏掾，更轉為泗水卒史。沛為縣，屬泗水郡，先為縣的掾，再轉為郡的卒史，也就是縣掾和郡卒史等次相當，由縣轉到郡，為升遷。漢書七十六張敞傳：「敞本以鄉有秩，補太守卒史，察廉為甘泉倉長，稍遷太僕丞。」張敞為河東平陽人，鄉有秩是平陽縣的鄉有秩（百石的嗇夫），補太守卒史，即為河東太守府的卒史，原為百石有秩，所以補的也為百石卒史。漢書八十六何武傳：

> 遷為鄂令坐法免歸。武兄弟五人皆為郡吏，郡縣敬憚之。武弟顯，有市籍，租常不入縣，數負其課。市嗇夫求商捕辱顯家。顯怒，欲以事中商。武曰「吾家租賦繇役不為眾先，吏不亦宜乎？」卒白太守，召商為卒史（依補注引劉攽改），州里聞之，皆服焉。

又漢書七十六尹翁歸傳：

> 翁歸為市吏，莫敢犯者，公廉不受餽。百賈畏之。後去吏居家，會田延年為河東太守，行縣至平陽，悉召故吏五六十人，延年親臨見。……召上辭問甚奇其對，除補卒史，……徙署督郵。

又漢書七十四魏相傳：

> 以學易為太守卒史，舉賢良對策高第為茂陵令。

又漢書八十九循吏傳朱邑傳：

　　少爲舒桐鄉嗇夫，遷補太守卒史，舉賢良（稍遷）爲大司農丞。

又漢書四十七梁孝王武傳：

　　立孝王玄孫之曾孫沚郡卒史音爲梁王。

又後漢書二十九司馬彪續漢書百官志劉昭注引漢官說：

　　河南尹員吏九百二十七人，十二人百石、諸縣有秩，三十五人官屬掾史，五人
　　四部督郵吏，部掾二十六人，案獄仁恕掾三人，監津漕渠水掾二十五人，百石
　　卒史二百五十人，文學守助掾六十人，書佐五十人，循行二百三十人，幹小吏
　　二百三十一人。

這裏所說的是河南尹府的組織，其他郡府或諸侯王的相府，雖然各處人數不會相同，
但組織應當是相同的。依照這裏的敍述，在河南尹府中，除去在外的鄉有秩和督郵以
外，就是掾、史、書佐、循行、幹（稅吏）、小吏等職務，而史的一級，是所稱道的
「百石卒史」（此外還有文學，是準掾的）。所以在郡中除掾以外，掾以下的正式的史
當爲卒史。以上的引據都屬於西漢時期，在西漢時代太守府的各曹曹史，除去佐史、
小史以外，應當其正式名稱當爲卒史。不過這個名稱在漢代大家都知道，無需一定的
特別表明。因而漢書中有時但稱郡吏，不必一定標示出來卒史二字。到了東漢時期，
後漢書中涉及郡中職務的也不少。但除去功曹和督郵，在郡府中是重要的職任以外，
才特別表明，其他的曹史都不再詳及。至於漢碑亦往往在郡職中，只標某曹掾或某曹
史，不再標出這些史是否卒史。但有曲阜孔廟的「百石卒史碑」指明爲百石卒史。這
是因爲碑中直接抄錄魯相的奏議及朝廷的詔書，是鄭重的公文，不能省字，才說出卒
史的全稱，這也證明在東漢時期和西漢時期，是一樣的。雖然百石卒史碑是卒史由魯
相設置，不由太守，這一點仍然沒有什麼問題，因爲漢代王國相的職任，等於太守，
尤其在東漢時代，王國相完全和太守一樣。所以太守府設有卒史，王國相府也設有卒
史，二者沒有分別的。

　　在郡縣以及邊塞中的史，辟署的主管不一樣，因而其階等及職守也有差別，在名
稱上也有差別。在吏職中，較低的當爲佐史、小史，較高的是史，或曹史，再以上爲
掾，這個史的職務，有時也稱做「屬」，和掾來並稱時，就統稱爲「掾屬」。平時也

爲被稱爲史。但是這個「史」的職務，除去屬於某曹的，稱爲某曹的史，或某種的史，如獄吏、市吏、倉吏、庫吏之屬，加上一個特別稱呼，其中比較正式的類別，是就原來辟署的長官來區分的。這就使得史的名稱尚有「卒史」、「令史」、「尉史」、「候史」種種的區別。在漢代因爲習慣應用，已成常識，是不成問題的。但現今看來，就覺到名實混淆，無法弄清這種差別。現在先把卒史的地位澄清，那就其他的史類比較上更好處理。

令史這個名稱也是牽涉多方面，具有相當的複雜性的。漢書三十一項羽傳：

陳嬰者故東陽令史，居縣素爲長者。

東陽爲縣，見漢書二十八上，地理志的臨淮郡下，臨淮郡秦屬泗水郡，東陽爲縣，雖然楚漢之際一度置東陽郡，那是後事，在擁立陳嬰時，東陽當爲縣，所以令史是縣中的史。在令史這一個名稱以下，顏師古注說：

蘇林曰：「曹史也」。晉灼曰：「漢儀注，令史曰令史，丞史曰丞史。」師古曰，「晉說是也」。

依照顏注，以晉灼之說爲是。這是對的，不過蘇說也未嘗錯，只是「曹史」二字指的過於廣泛，不夠清晰，因爲卒史也是郡中曹史，以令史爲曹史，便是說等於不說。其實晉說「令史曰令史，丞史曰丞史」，也說的不夠清楚。所以比較好的，多一個「丞史曰丞史」把令史的範圍限制一下，就比較有軌道可循了。依照晉灼的原意，應當闡明爲「屬於令的，也就是令所辟署爲令史；屬於丞的，也就是丞所辟署的，爲丞史」。以這個解釋來做基礎，就不難明白令史這一個職位的性質。

除去顏師古注這一段是一個重要解釋以外，還應當再參考司馬彪續漢書的百官志。其中頗有難以處置的地方，所以尚待一番斟酌。在百官志中所記，有：

太尉公一人，長史一人千石，掾史屬二十四人，令史及御屬三十二人。

司徒公一人，長史一人千石，掾屬三十一人，令史及御屬三十六人。

司空公一人，長史一人千石，掾屬二十九人，令史及御屬四十二人。

大將軍如三公，長史、司馬皆一人千石，從事中郎二人六百石，掾屬二十九人，令史及御屬三十一人。

尚書令一人千石，尚書六人六百石，……侍郎三十六人四百石（本注曰一曹有

六人，主作文書），令史十八人。

符節令一人六百石，符節令史二百石（職屬少府）。

蘭臺令史六百石（後漢書四十班固傳注引漢官蘭臺令史六人秩百石與此不同，
　又按職屬少府）。

在京師中有這樣多的「令史」，是費解的，這就不能不追溯到漢以前的制度。漢代所
承的，是秦制。秦制是設有九卿的，卿以下的一級，爲令。漢代的九卿，事實上已超
過了九的數目，其中就有若干卿，是從令升格而成的。其中例如郎中令，就原來是
令，在其下的屬官，便不再有令。尤其顯著的，是尚書令，尚書令本來是少府屬下的
一個令。尚書令史也原來是少府屬下尚書令所辟署的史。但後來尚書令的地位，脫離
少府，逐漸增強。後來尚書令的地位，實際上高於九卿，尚書令史的地位也不同於一
般令史了。從這一個角度來看，京師的令史有特殊設置的，但並不妨礙令史原來是屬
於令的，並且是由令辟署的這個解釋。

漢簡中屢見令史，却未見到丞史，無法比較。不過尉史和候史出現的次數很多。
用這種令史屬於令並且從令辟署的原則來推斷，那就尉史應當屬於都尉，候史應當屬
於候官。在漢簡中令史及尉史偶然見到，其中以候史見到的次數爲最多。在以前所引
的例證裏面，在各候長之下，大致有一個（或幾個）候史，當然是因爲每一候長要管
理幾個隊，其中經常事務一定不少，候史是處理這些事的。不過候長至多不過百石
（有秩候長應和鄉有秩同級，爲百石吏），沒有署吏之權，所以候史是由候官來辟署
的。因爲旣稱爲候史，就只是由候官辟署，而不會由都尉辟署。

在前引各簡之中，如 4133, 4535, 4974, 5435, 6945, 以及敦煌簡 552 都是先
言及士吏，再及候長，再及候史，所以士吏雖然可與候長互調，但士吏的名次却在候
長以前。按照各簡所記，士吏是分居各候，並不在候官治所，而且據 6615 有「俱起
士吏」的名稱，俱起爲候官下的一個候部，所以士吏和候長一樣，也是其職責限於一
個候部。

士吏旣然和候長同在一個候部，那麼士吏和候長的職權有什麼不同。這就形成了
一個困擾。士卒的選任按前引敦煌簡 378「伉健可爲官士吏」。其中「伉健」是一個
勝任士吏的條件。也就顯示着士吏這個職守，需要一個戰鬥的軍士，至於經理和勤

務，却不必屬於士吏的任務，旣然是這樣，那就在塞上率領士卒抗拒敵人的，是士吏的責任，而管理烽燧，修理守禦器，聯絡各下級烽臺的，應當候長的責任。就名次的先後來說，士吏在前，候長在後。就職守的範圍來說，候長有指定的職守，士吏却並沒有顯明指定的職守。在每一個候，一定有一個候長。至於每一個候是否有一定數目的士吏，目前還未找到證據，只是士吏和候長同級而名次在前，每一個候部不可能有兩個候長，爲避免人事的糾紛，自然不可能設有兩個或更多的士吏，依照敦煌簡：

> 十二月丑:癸，大前都候丞罷軍別治富昌隧，謂部士吏寫移，書到實籍吏出入關
> 人、畜、車、馬、器，均如官者，會正月三日須集，移官各三通，毋忽，如律
> 令。（150）

這裏別治（即因地區遼遠，遣候官丞分管一部分候官的地區）以候官丞，代候官通知召集會議，在候部出席會議，來代表候部的，是士吏而不是候長。反映出來的，是設有士吏的候部，行政事項，士吏的責任重於候長，其中候長似乎只負責經常的事務或勤務方面。又據敦煌簡：

> 亭隧滯遠，晝不見煙，夜不見火，士吏、候長、候史聽相告候，燔薪以☑。
> （552）

顯示出來，候長名次在士吏以後，但候長以職責，仍次於士吏，這就表示在候部之中，士吏有較後的決定權。但一個候部，仍以候長爲首領。這是漢代一般的政策，用在相監視的辦法，來防止某些人過分專斷。但運用得宜，對於行政效率是有補助的；運用不得宜，就反而互相牽制，許多事情不能辦了。當然，結果會一面倒的，士吏名次在前，士吏成爲主要的委託人。

　　如其追溯烽燧制度的建制，在標準組織之內，候長應當是一個候部的主持人。士吏是經過選拔的武職。但因爲士吏的位置較高，在候部之內，士吏便實際是正候長，而候長就變爲副候長了。這就可能是經過一段時期演變的。

漢代壁畫的發展和壁畫墓

邢　義　田

一、漢代以前的壁畫發展

　　近來已有人將中國壁畫的開始追溯到殷商的晚期。一九七五年，在河南安陽小屯村北兩座半地穴式房基的遺址中，發現一塊長二十二，寬十三，厚七公分，塗有白灰面的牆皮。牆皮上繪製了帶有圖案意味的紅色花紋和黑圓點。[1] 可是殘塊不大，花紋又甚殘缺，所繪是否如報導中推測是壁畫「主題中的輔助花紋」，或僅僅是某種紋飾，而紋飾是否曾構成整面的壁畫，都並不能十分肯定。不論如何，即使殷晚期已有了壁畫，壁畫的發展似乎相當緩慢。

　　一直到西漢，除了宮室或宗廟，壁畫裝飾並未形成普遍的風氣。傳說中古代君王的宮室都極其樸素，所謂「采椽不斲，茅茨不翦」，[2] 一般平民的居室可能更簡單，以白堊粉牆即屬講究。白堊塗壁之俗已見於新石器時代的遺址，[3] 殷人承之。一九七三

---

1. 中國社會科學院考古研究所〔以下簡稱中科院考古所〕安陽發掘隊，「1975年安陽殷墟的新發現」，考古 4（1976），頁 267。

2. 王利器，鹽鐵論校注（世界書局，民國59年再版）卷六，散不足第廿九，頁 202；漢書（宏業書局，新校標點本）卷六十二，司馬遷傳，頁2712。

3. 新石器時代居室遺址發現白粉塗牆的已經不少，較新的一次發現是在山東濰縣魯家口所獲龍山文化遺跡房基十一座。其中 F 106 殘牆內外側均用白色�石粉末塗抹一層厚約 0.5公分的牆皮。參中科院考古所山東隊，山東省濰坊地區藝術館，「濰縣魯家口新石器時代遺址」，考古學報 3（1985），頁324, 346。

年，在安陽小屯南地發現的房屋基址（編號Ｆ４）中就有白灰面的牆壁殘片。⁴ 前述殷代的壁畫也出現在白灰面的牆壁上。韓非子十過篇說殷人「四壁堊墀，茵席雕文，此彌侈矣。」殷、周以降，經濟生活不斷提昇，居室漸趨複雜，裝飾亦必更見講求。然而從古人的記述看來，建築修飾的重點似乎一直在於欑柱的雕飾，而不在壁畫。漢書貨殖傳說：「周室衰，禮法墮，諸侯刻桷丹楹，大夫山節藻梲。」周代貴賤有等，居室隨之而異。差異之一卽在欑柱的雕鏤刻畫。山節藻梲據禮記明堂位乃「天子之廟飾」。因此，當魯大夫臧文仲僭用此飾，卽遭孔子批評。⁵ 楚靈王爲章華之臺，伍舉進諫，以爲不應以「土木之崇高，彤鏤爲美〔注：彤，謂丹楹；鏤，謂刻桷〕」。⁶ 由此可知，周禮未墮之時，諸侯、士大夫的屋飾都有一定分寸。他們既不能任意雕欑畫棟，更不可彩繪屋壁。目前所知西周時期的居室遺址，都沒有壁畫的痕跡，有些頂多像殷人的住屋一樣，或以細泥塗牆，再抹一層白灰面而已。⁷

　　春秋以後，開始有了諸侯壁畫的記載。左傳宣公二年（607 B. C.）提到晉靈公「不君」，其中一項罪狀是「厚歛以彫牆。」杜預注：「彫，畫也。」⁸ 楚國的葉公子高據說好龍，竟在屋牆和其它各處畫滿了龍。⁹ 葉公畫龍顯然是出於一己之好。晉靈公不知爲何而畫？畫了些什麼？他被斥爲「不君」，可能是因爲厚歛傷民，也可能是因爲所繪不符合時人認可的題材和功能。壁畫在中國大約從很早就成爲爲宗敎或道德服務的工具。孔子家語，觀周篇有這樣一個故事：

　　　　孔子觀乎明堂，覩四門，墉有堯、舜之容，桀、紂之象，而各有善惡之狀，興廢之誡焉。又有周公相成王，抱之負斧扆，南面以朝諸侯之圖焉。孔子徘徊而望之，謂從者曰：「此周之所以盛也。夫明鏡所以察形，往古者所以知今…………。」

---

4. 中科院考古所安陽工作隊，「1973年安陽小屯南地發掘簡報」，考古1（1975），頁29。
5. 論語（世界書局，四書集註本）卷三，公冶長，頁29。
6. 國語（里仁書局，校注本）卷十七，楚語上，頁541-542。
7. 中科院考古所編，新中國的考古發現和研究（文物出版社，1984），頁253-254。
8. 也有注家以爲彤非畫，而爲刻鏤。參竹添光鴻，左傳會箋（廣文書局，民國52年再版）卷十，頁10。實則古人建築多土牆，適合彩畫而不適合刻鏤。杜預以畫釋彤，應較合理。
9. 新序（四部叢刊子部）卷五，頁14上、下；劉盼遂，論衡集解（世界書局，民國65年3版）卷十六，亂龍，頁329。

自從和孔子家語類似的殘篇在漢初墓中發現，[10] 證實今本家語實包含有極多漢以前的傳聞軼事。不論孔子觀乎明堂的故事是否眞實，最少在傳說中，從周代之初已經利用壁畫作爲道德敎訓和政治宣傳的工具。[11] 另一項常爲人引用的記載是楚辭天問王逸的章句。屈原遭放逐時，據說曾「見楚有先王之廟及公卿祠堂，圖畫天地、山川、神靈，琦瑋僪佹，及古賢聖怪物行事。」 從壁畫的內容看，其目的顯然也在於宗敎和道德敎訓。儘管今本孔子家語和王逸的章句都爲時甚晚，卻不約而同揭示出古代中國的壁畫，從一開始就不單純是賞心悅目的藝術，而是與宗敎、政治或道德的需要緊密結合在一起。再從以後的發展看，這些需要仍然是壁畫繼續存在的基礎和發展的動力。

　　對壁畫藝術從殷晚期到戰國時代所經歷的發展，目前我們所知道的很少。一九五七年五月，在洛陽小屯村東北，漢河南縣城東北城角外發現一座有彩繪的戰國墓葬。這座墓葬殉葬豐富，甚至出土一件墨書「天子」二字的石圭。墓葬形制龐大，墓坑長十公尺，寬九公尺，深十二公尺餘，墓道長四十公尺，是洛陽附近有墓道的戰國墓中最大的一座。[12] 報告者相信這卽使不是天子的陵寢，墓主也必是個貴族。在墓壙四周牆壁和墓道兩壁上有紅、白、黃、黑四色繪製的圖案殘跡。據發掘報告的作者觀察，認爲「這種彩繪應該是具有着帷幕和畫幔作用的壙壁裝飾。」[13] 在目前成千上萬的戰國墓葬中，這似乎是唯一一座有彩繪的，可說十分特殊。可惜有關的報導既未附照片，也無摹本。要討論這些彩繪在壁畫發展上應有的意義和地位，還有待更進一步資料的發表。

---

10. 參定縣漢墓竹簡整理組，「定縣40號漢墓出土竹簡簡介」，文物8（1981）頁 11-13；「儒家者言釋文」同上，頁 13-19；何直剛，「儒家者言略說」，同上，頁 20-22；阜陽漢簡整理組，「阜陽漢簡簡介」，文物2（1983）頁 21-23。從河北定縣和安徽阜陽漢簡的發現，可證孔子家語的許多記載，最少已見於西漢初年的典籍。

11. 淮南子注（世界書局，民國47年）卷九，主術訓曾提到：「文王、周公觀得失，徧覽是非，堯、舜所以昌，桀、紂所以亡者，皆著於明堂。〔高誘注：著，猶圖也〕」（頁 149）可見周初明堂有圖畫一事，逆人信之不疑。

12. 新中國的考古發現和研究，頁282。

13. 「洛陽西郊一號戰國墓發掘記」，考古12（1959），頁653-654。

另一項戰國壁畫的殘跡，是在秦都咸陽第一和第三號宮殿建築遺址發現。[14] 據炭十四和熱釋光年代測定，遺址年代應在距今（1980）2290±80年或2340年左右，也就是最晚不晚於秦一統天下前夕，早則可早到秦統一六國以前一百七十年。一號建築營建的時間較早，其中發現壁畫殘塊四百四十餘，能辨視的可惜只有一些幾何紋的邊飾。三號遺址和一號相連。三號遺址的壁畫主要出於廊東和西坎牆的牆壁上。在建築倒塌的堆積中也有一些壁畫殘塊。壁畫的內容包括車馬、人物、麥穗、建築以及幾何圖案。由於壁畫殘破太甚，目前除了知道在夯土的牆上先以白粉（蛤粉）打底，再線描和設色以外，已無法看出壁畫可能的原貌。不論如何，這項發掘已毫無疑問證實秦咸陽宮有壁畫裝飾。戰國時代的秦在東方大國眼中是以質樸著稱，[15] 其宮室尚以壁畫裝飾，當時東方六國宮室如何裝飾就不難想見了。

二、道德、宗教宣傳與漢代壁畫的發展

秦都咸陽的宮室多爲項羽所毀，前述一號和三號宮殿遺牆都有明顯火焚的痕跡。漢繼秦而興，定都關中，其宮室亦如其它制度，承襲了秦代的規模。以壁畫而言，西漢宮殿就有不少是有壁畫可考的。從文獻上看，漢宮壁畫的內容很顯然不單純基於裝飾的需要，而是如同楚國的先王廟，基於宗教或道德教訓的目的。

先說未央宮的壁畫。未央宮的麒麟閣以圖畫功臣著名。甘露三年，宣帝詔令圖畫霍光等十一人於麒麟閣，「法其形貌，署其官爵姓名」，[16] 以彰功德。又漢書，成帝紀謂漢成帝「生甲觀畫堂」。王先謙補注引周壽昌曰：「漢宮殿疏云：『未央宮有畫室、甲觀、非常室。』」此畫室不知是否卽漢成帝出生的畫堂。畫室或畫堂中所繪爲何，不得而知。不過，早在漢文帝時，未央宮中已有以道德教訓爲目的的壁畫。漢書，霍光傳王先謙補注引文苑英華盧碩畫諫曰：「漢文帝於未央宮承明殿畫屈軼草、

---

14. 秦都咸陽考古工作站，「秦都咸陽第一號宮殿建築遺址簡報」，文物11 (1976)，頁12-24；陶復，「秦咸陽宮第一號遺址復原問題的初步探討」，同上，頁 31-41；咸陽市文管會等，「秦都咸陽第三號宮殿建築遺址發掘簡報」，考古與文物 2 (1980)，頁 34-41；劉慶柱，「試談秦都咸陽第三號宮殿建築遺址壁畫藝術」，同上，頁98-99；彩版貳，圖版捌。

15. 梁叔任，荀子約注（世界書局，民國47年）卷十六，彊國篇提到荀子入秦，觀其風俗，有謂「入境，觀其風俗，其百姓樸，其聲樂不流汙，其服不挑，甚畏有司而順，古之民也。」（頁217）

16. 漢書卷五十四，李廣蘇建傳，頁2468。

進善旌、誹謗木、敢諫鼓、獬豸，益知漢宮殿皆有圖畫也。」王先謙的引文和盧碩畫
諫原文小有出入。據文苑英華卷三六二，畫諫原文謂：「漢文帝時，未央宮永明殿畫
古者五物。〔原注：兩漢故事：文帝三年于永明殿畫屈軼草、進善旌、誹謗木、敢諫
鼓、獬豸，凡有五色物也。〕成帝陽朔中嘗坐羣臣于下，指之曰：『予慕堯、舜理，
故目是以自況。』」按：未央宮無永明殿，應係承明殿之誤，先謙因以據改。史記孝
文本紀二年，上曰：「古之治天下，朝有進善之旌，誹謗之木，所以通治道而來諫
者。」從史記的記載看來，文帝在殿中畫進善旌、誹謗木等物，如兩漢故事所說，應
是可信的。

　　此外，北宮和桂宮也有壁畫可考。北宮有畫堂，據三輔黃圖，乃「宮殿中采畫之
堂。」桂宮的明光殿，「殿以胡粉塗壁，畫古賢烈士。」[17] 以上不論圖畫古賢烈士，
今之功臣或「五物」，目的都很明白在於道德教訓。

　　以宗教目的為主的壁畫見於武帝的甘泉宮。武帝為求仙，聽信齊人少翁之言，
「作甘泉宮，中為臺室，畫天地太一諸鬼神。」[18] 除了臺室畫有天地鬼神之屬，據揚
雄甘泉賦，甘泉宮及臨近的遊觀，「非木摩而不彫，牆塗而不畫。」辭賦之言，或不免
誇張。較具體的說，有關甘泉宮的壁畫最少還有兩項記載。一是武帝寵妃李夫人的畫
像。李夫人死，武帝思念不已，令「圖畫其形於甘泉宮。」[19] 另外可考的畫像是金日
磾之母。其母敎子有方，病死。武帝詔令圖畫其母於甘泉宮，署曰「休屠王閼氏」。
金日磾見之，未嘗不哭。[20] 金日磾以降虜親信於武帝，後來他和母親的故事竟然成為
道德「樣板」，出現在武梁祠石刻和和林格爾護烏桓校尉墓的壁畫中（詳後）。可惜
甘泉宮的壁畫今已不可見。甘泉宮的遺址雖已發現，並有殘高三十至五十公分的牆壁
三處，其上除了粉白的表面，已無彩畫的踪影。[21]

　　漢宮壁畫當是朝廷中畫工的手筆。[22] 畫工或屬尚方，或屬黃門。東漢殤帝時，鄧

---

17. 宋書（鼎文書局，新校標點本）卷三十九，百官志上引漢官，頁1236。

18. 史記（宏業書局，新校標點本）卷廿八，封禪書，頁1388。

19. 漢書卷九十七上，外戚傳，頁3951。

20. 漢書卷六十八，金日磾傳，頁2960。

21. 姚生民，「漢甘泉宮遺址勘查記」，考古與文物2（1980），頁51-60。

22. 參張彥遠，歷代名畫記（增補津逮祕書本）卷四，頁1-3。

太后詔「止畫工三十九種。」[23] 屬黃門者，稱黃門畫者。武帝臨終，詔令黃門畫者寫周公負成王朝諸侯圖賜霍光。[24] 武帝賜霍光者雖非壁畫，有一件相關的公案，或應附帶一說。據霍光傳，燕王旦、上官桀和桑弘羊諸人與霍光爭權，上書昭帝告霍光「專權自恣，疑有非常」。霍光聞之，明旦「止畫室中不入」。[25] 此畫室爲何？說法不一。如淳曰：「近臣所止計畫之室也，或曰彫畫之室。」師古曰：「彫畫是也。」王先謙補注另提到幾家的說法：

> 何焯曰：「畫室卽武帝畫周公負武王朝諸侯以賜光，光奉之於室中也」。沈欽韓曰：「時蓋已移光祿勳禁止也。續志少府屬有畫室署長，然則被告劾者待罪之所」。周壽昌曰：「畫室當是殿前西閣之室。楊敞傳：『上觀西閣上畫人，指桀、紂畫謂樂昌侯王武』云云。又云畫人有堯、舜、禹、湯，則知西閣畫古帝王像，故稱畫室」。蔡質漢官典職曰：『明光殿省中皆以胡粉塗殿，紫青界之，畫古烈士，重行書贊』。文苑英華盧碩畫諫曰：『漢文帝於未央宮承明殿畫屈軼草、進善旌、誹謗木、敢諫鼓、獬豸』，益知漢宮殿皆有圖畫也。時昭帝御殿內，光止西閣之室中以待命不入，言不入殿也」。先謙曰：「下文光不敢入，至殿前而不入也。如何說，則畫室乃光私室，固非。沈說移光祿勳禁止，此時無詔書，亦非桀等所敢出也。周說是。」

王先謙考量諸說，同意周壽昌，認爲畫室是指西閣之室。個人以爲此說還有斟酌的餘地。西閣固然有畫，但是否卽霍光所止的畫室，並無證據。又既然有西閣之名，霍光傳爲何稱之爲「畫室」，而不曰「西閣」？再者，西閣中皆古帝王畫像，時有人告霍光專權，「疑有非常」，如果他逗留在有帝王畫像的西閣中不出，豈不更貽人口實？要澄清這個問題，不能不注意西閣之室可能的位置。西閣位置，今已無確證可考。據楊敞傳裏楊惲的故事，西閣似爲漢天子經常出入之地，應在未央宮中。楊敞傳說其時楊惲任諸吏光祿勳，爲「親近用事」的內朝臣，「居殿中」。他在西閣觀畫時，對樂昌侯說：「天子過此，一二問其過，可以得師矣。」西閣所畫乃堯、舜、禹、湯、

23. 後漢書（宏業書局，新校標點本）卷十上，皇后紀，「和熹鄧皇后」條，頁422。

24. 漢書卷六十八，霍光傳，頁2932。

25. 同上，頁2935-2936。

桀、紂，用意顯然在警惕天子見賢思齊，見不賢而內自省。這樣的畫最可能出現的地方自然是天子所在的未央宮。如果這個推測合理，霍光所止的畫室就不可能是西閣之室。因爲霍光「止畫室中不入」，是說他逗留於畫室，而不入未央宮。如此，畫室必在宮外。霍光傳記載霍光進宮前後的情形甚爲明白。霍光不入，昭帝問：「大將軍安在？」左將軍上官桀對曰：「以燕王告其罪，故不敢入。」有詔召大將軍，霍光這才入宮謁見。畫室如非宮內的西閣，那麼是那一處呢？何焯之說其實已得之，就是奉武帝所賜周公負成王朝諸侯圖之室。只是這一室不必如王先謙所說，在霍光私室中。此圖來自武帝，是霍光輔政大權的重要依據。武帝臨終，受遺詔輔政的雖有數人，但受命行周公之事的只有霍光。據霍光傳，武帝病危，霍光泣問：「如有不諱，誰當嗣者？」上曰：「君未諭前畫意邪？立少子，君行周公之事。」少子卽昭帝。此畫對霍光權力的重要於此可以想見。或卽因此，專以一室奉畫，名曰畫室。當有人向霍光的權力挑戰，他到畫室中去的用心就十分明顯了。因爲畫室中的圖正是他權力的依據，也是他的護身符。

　　除了天子的宮殿，漢諸侯王的宮室也有壁畫。據漢書，景十三王傳，「廣川惠王」條，惠王的孫子劉去爲廣川王，「其殿門有成慶畫，短衣大絝長劍。去好之，作七尺五寸劍，被服皆效焉。」師古曰：「成慶，古之勇士也，事見淮南子。」殿門圖畫勇士，或與門神風俗有關。又同條，劉去立昭信爲后，幸姬陶望卿爲脩靡夫人，昭信謂去曰：「前畫工畫望卿舍，望卿袒裼傅粉其傍」云云，可見后妃之室有畫。畫的內容可想而知不是爲了道德教訓，甚至是違反道德的。同條卽說劉去後人海陽嗣位，「坐畫屋爲男女臝交接，置酒請諸父、姊妹飲，令仰視畫。」這一類的壁畫必不僅存在於廣川王家，只是事涉淫穢，不見於記載而已。

　　有關諸侯王宮室壁畫的另一條重要記載是王延壽的魯靈光殿賦。據後漢書，光武十王傳，景帝程姬之子魯恭王好宮室，起靈光殿，甚壯麗，至東漢猶存。王延壽因作魯靈光殿賦。賦中對宮殿的佈局、雕刻、繪畫有詳細的描述，資料十分可貴。其中關於壁畫的部分如下：[26]

---

26. 見文選（四部備要本）卷十一，頁12下—13上。

圖畫天地，品類羣生，雜物奇怪，山神海靈，寫載其狀，託之丹青，千變萬化，事各繆形，隨色象類，曲得其情。上紀開闢，遂古之初，五龍比翼，人皇九頭，伏羲鱗身，女媧蛇軀，鴻荒朴略，厥狀睢盱，煥炳可觀，黃帝唐虞，軒冕以庸，衣裳有殊，下及三后，婬妃亂主，忠臣孝子，烈士貞女，賢愚成敗，靡不載敍，惡以誡世，善以示後。

魯靈光殿的壁畫內容和楚先王之廟所見可說一脈相承，不外天地、山海神靈，傳說中的古聖先賢和神話人物，其作用在「惡以誡世，善以示後」。魯靈光殿更多了忠臣孝子、烈士貞女的圖像。忠孝貞烈是漢代政府刻意提倡的典範道德。提倡的一個方式就是將這方面的模範畫在宮牆上，加以表彰。武帝和宣帝都曾致力於此。論衡，須頌篇說：「宣帝之時，畫圖漢列士。或不在於畫上者，子孫恥之。何則？父祖不賢，故不畫圖也。」論衡之言將壁畫宣傳和道德教訓的功效表露無遺。

　　以道德宣傳為目的的壁畫藝術到東漢可以說愈演愈盛。明帝效法宣帝，追感前世功臣，圖畫二十八將及王常、李通、竇融、卓茂共三十二人於洛陽南宮雲臺。[27] 靈帝感念舊德，圖畫胡廣、黃瓊於省內。[28] 他又詔圖畫高彪於東觀，「以勸學者」。[29] 靈帝還曾在他創立的鴻都門學內，畫孔子及七十二弟子像。[30] 又為鴻都文學樂松、江覽等三十二人圖象立贊。[31] 此外，據太平御覽卷七五〇引孫暢之述畫：「漢靈帝詔蔡邕圖赤泉侯楊喜五世將相形像於省中。又詔邕為讚，仍令自書之。」

　　壁畫風氣之盛除了見於京師宮省，更重要的是遍見於地方郡國。這在華陽國志記載的最豐富。華陽國志備載蜀地忠臣孝子、貞女烈士，並指出他們不是被圖畫在地方郡縣府廷、學官，就是列畫東觀。列畫東觀者如：

　　1.元和〔顧廣圻校，「和」當作「初」〕二年，羌復來……信等將其士卒，力奮討，大破之。信被八創，二十五人戰死……五年，天子下詔褒嘆信、崇等，賜其家穀各千斛；宗、展、犖等家穀各五百斛，列畫東觀。[32]

27. 後漢書卷二十二，傳論，頁789-791。
28. 後漢書卷四十四，胡廣傳，頁1511。
29. 後漢書卷八十下，文苑傳，頁2652。
30. 後漢書卷六十下，蔡邕傳，頁1998。
31. 後漢書卷七十七，酷吏傳，「陽球」條，頁2499。
32. 劉琳，華陽國志校注（巴蜀書社，1984）卷二，漢中志，頁113。

2. 刺史張喬以竦勇猛，授從事，任平南中……南中清平，會被傷卒，喬舉州弔贈，列畫東觀。[33]

3. 〔純〕為益州西部都尉……純獨清廉，毫毛不犯……帝嘉之，乃改西部為永昌郡，以純為太守。在官十年卒，列畫頌東觀。[34]

圖象郡縣府廷者如：

1. 廣柔、長郫、姚超二女……隨父在官。值九種夷反，殺超，獲二女，欲使牧羊。二女誓不辱，乃以衣連腰，自沈水中死……郡縣圖象府庭。[35]

2. 廖伯妻也……伯早亡，以己有美色，慮人求己，作詩三章自誓心，而求者猶衆，父母將許，乃斷指明情，養子猛終義。太守薛鴻圖象府庭。[36]

3. 楊文妻也……有一男一女而文沒……父欲改嫁，乃自沈水中。宗族救之，幾死得免。太守王方為之圖象。[37]

4. 李餘，涪人，父早世，兄夷殺人亡命，母懼當死。餘年十三，問人曰：「兄弟相代，能免母不？」人曰：「趣得一人耳」。餘乃詣吏乞代母死。吏以餘年小，不許。餘因自死，吏以白令，令哀傷，言郡，郡上尚書出愼。太守與令以家財葬餘，圖畫府廷。[38]

5. 敬楊，涪郭孟妻，楊文之女也。……父為盛所殺……適孟，孟與盛有舊……盛至孟家，敬楊以大杖打殺盛。將自殺……會赦得免。中平四年，涪令向遵為立圖表之。[39]

列畫學官者如：

1. 祐天下高士，年四十二卒。……東觀郎李勝，文章士也，作誄方之顏子，列畫學官。[40]

---

33. 同上，卷十上，蜀郡士女，頁724，「楊竦」條。
34. 同上，卷十中，廣漢士女，頁741，「鄭純」條。
35. 同上，卷十上，蜀郡士女，頁736。
36. 同上，卷十中，廣漢士女，頁769，「紀配」條。
37. 同上，卷十中，廣漢士女，頁769，「正流」條。
38. 同上，卷十下，梓潼士女，頁820，「李餘」條。
39. 同上，卷十下，梓潼士女，頁827，「敬楊」條。
40. 同上，卷十中，廣漢士女，頁742，「王祐」條。

2. 邠爲刺史郤儉從事，使在葭萌⋯⋯爲黃巾賊⋯⋯所殺。邠聞故哀慟，説馥、胤赴難，二子不可。邠歎曰：「使君已死，用生何爲？」獨死之。牧劉焉嘉之，爲圖象學官。[41]

壁畫從京師宮廷普遍到地方官府和學校，是從西漢到東漢的一大發展。從一些記載看來，在地方學校中圖畫聖賢似乎始自景帝末蜀郡太守文翁。太平御覽五三四引任預益州記曾提到蜀郡太守高朕重修遭火焚的文翁學堂，「堂基六尺，夏屋三間，通皆圖畫聖賢古人之象及禮器瑞物。」據隋書，經籍志一，任預是劉宋時太尉參軍。他說修復文翁學堂畫象，似乎意味畫象自文翁學堂始。隋書經籍志有蜀文翁學堂像題記二卷，不著撰人。可見文翁學堂頗以畫象知名。唯畫象之俗是否確自文翁始，却在疑似之間。史記仲尼弟子列傳索隱曾提到「文翁孔廟圖」、「文翁圖」，瀧川龜太郎考證又曾引「文翁禮殿圖」，似文翁確曾作圖。實則文翁學堂至漢末屢經重建，其中圖畫是否自文翁始，並不可知。目前較確切的證據僅能追溯到東漢末獻帝的時代。玉海卷五十七，「漢禮殿圖・文翁學堂圖」條引益州記云：「成都學有周公禮殿。舊記云：『漢獻帝時立，高朕文翁石室在焉。（原注：朕再作石室，在文翁石室之東，又東卽周公禮殿。益州太守高朕修周公禮殿記初平五年九月，始自文翁開建泮宮，至於甲午文君參增造吏事）』益州刺史張收畫盤古、三皇、五帝、三代君臣與仲尼七十弟子於壁閒。（原注：史記索隱仲尼弟子傳引「文翁圖」所記）。」從此可知，司馬貞引用的「文翁圖」，王應麟亦曾得見，其中明白記載文翁學堂壁畫是出自益州刺史張收，而高朕重修學堂是在獻帝時。不論高朕與張收是在學堂之夏屋、石室或禮殿作畫，基本上是和東漢以來的風氣相一致的。

　　東漢壁畫的流行當然不是出於偶然。這和東漢以後儒學的發達，儒生士大夫成爲政治勢力的主流，士人崇尚名節，相互標榜的風氣以及世家大族政治、社會、經濟勢力的興起可能都有關係。由於可知的資料有限，要全面檢討流行的背景實不可能。不過，顯而易見一個推動圖畫人倫之表的力量是那羣服膺儒教的地方官和士子儒生。他們透過畫像來表揚合乎儒教倫理的典型。前引華陽國志已可說明蜀地的情形。東漢其他各地也是如此。

---

41. 同上，卷十下，漢中士女，頁809，「燕邠」條。

後漢書應劭傳云：「初父奉爲司隸時，並下諸官府郡國，各上前人像贊，劭乃連綴其名，錄爲狀人紀。」圖像例有像贊，如華陽國志中所見者，是知司隸所轄郡國官府也圖畫賢人烈士。一個更明白的證據是續漢書郡國志「河南尹」條李賢注引應劭漢官曰：「郡府聽事壁諸尹畫贊，肇自建武，訖于陽嘉，注其清濁進退，所謂不隱過，不虛譽，甚得述事之實。後人是瞻，足以勸懼，雖春秋采毫毛之善，罰纖釐之惡，不避王公，無以過此，尤著明也。」應劭這段話不但道出郡縣官府壁畫的內容與作用，更說明其事或始於東漢之初。桓帝時，朱穆爲冀州刺史，徵詣廷尉，「冀州從事欲爲畫像置聽事上。穆留板書曰：『勿畫吾形，以爲重負。忠義之未顯，何形象之足紀也。』」[42] 可見地方州郡首長圖象官衙可能是東漢的習慣。此外，地方壁畫可考的，如豫州刺史嘉美陳寔子孝行，「表上尚書，圖象百城，以厲風俗。」[43] 從陳寔傳以及前引各條資料可知，圖畫忠孝節烈之士，通常由縣令、郡守、刺史爲之，或上奏尚書，由天子明令褒揚。不過，漢末似乎也有地方人士私自爲之的。例如，南陽延篤遭黨事禁錮，卒于家，「鄉里圖其形于屈原之廟。」[44] 又皇甫規妻立罵董卓，死於車下，「後人圖畫，號曰禮宗。」[45] 蔡邕死獄中，兗州、陳留聞，皆畫像而頌焉。[46] 由此可見，圖畫人物以表揚典型不單靠官方的力量。官方的圖畫不出宮室、宗廟、地方官衙和學校。圖像人物能深入鄉里，真正普遍開來，實有賴以儒教傳統爲己任的地方士子儒生。延篤、皇甫規妻與蔡邕三例不但說明這點，而且還有一值得注意的共同點，亦卽這三人都是現實政治下的犧牲者。延篤因黨禍受禁錮，皇甫規妻迫於董卓淫威而死，蔡邕因與董卓關係而爲王允所殺。三人皆執著於儒教規範，或忠或節，不苟同於現實權勢。不苟同於政治權勢者反受到褒揚，可見東漢士人品鑑人物，畫像立贊，自有一以儒家倫理爲核心的標準，而超乎現實政治之外。

東漢壁畫的普遍曾經引起王充的注意和批評。他對壁畫的盛行頗不以爲然。他在論衡別通篇中說：「人好觀圖畫者，圖上所畫，古之列人也。見列人之面，孰與觀其

---

42. 後漢書卷四十三，朱穆傳注引謝承書，頁1471。

43. 後漢書卷六十二，陳寔傳，頁2068。

44. 後漢書卷六十四，延篤傳，頁2108。

45. 後漢書卷八十四，列女傳，頁2798。

46. 後漢書卷六十下，蔡邕傳，頁2006。

言行？置之空壁，形容具存，人不激勸，不見言行也。古賢之遺文，竹帛之所載粲然，豈徒牆壁之畫哉？」[47] 他以爲時人好觀圖畫，不如誦讀古賢遺文，更具激勸之效。這是十足迂儒之見。東漢時識字者能有幾人？這雖然不可能精確統計，但可以肯定只是人口中的少數。對絕大部分不識字的人來說，圖畫無疑是最有效的教育工具。不但東漢士人和政府加以利用，東漢的道教也極力運用圖畫於傳教。如果太平經可當作東漢的作品，[48] 這本經書裏就曾不斷提到如何利用圖畫以懲惡勸善。[49] 舉一個壁畫的例子來說。卷一百，東壁圖云：

> 上古神人戒弟子後學者爲善圖象，陰祐利人常吉，其功增倍……（頁455）

卷一〇一，西壁圖云：

> 上古神人、眞人誡後學者爲惡圖象，無爲陰賊，不好順事……善者自興，惡者自敗，觀此二象，思其利害……故前有害獄，後有惡鬼，皆來趨門，欲止不得也，因以亡身。故畫象以示後來，賢明得之以爲大誡。（頁457-458）

所謂「畫象以示後來，賢明得之以爲大誡」和靈帝時尚書令陽球所說「圖象之設，以昭勸戒」，[50] 都表現出漢人對壁畫功能一致的認定。漢代壁畫由京師流播地方，意味著勸戒的對象不再限於少數的官員、君王、儒生，而在廣大的庶民百姓。道教原是民間的信仰，對目不識丁的百姓來說，用圖畫傳教自然比文字更有效。

　　王充還曾批評當時作畫有尊古卑今的風氣。他在前引別通篇中說：「圖上所畫，古之列人」；齊世篇又說：「畫工好畫上代之人，秦、漢之士，功行諔奇，不肯圖。〔劉盼遂案：不肯圖三字宜重書〕今世之人者，尊古卑今也。」東漢壁畫是否尊古卑今？稍一回顧前引華陽國志等書的記載，就可以知道王充的批評不完全是實情。王充在論衡宣漢、恢國、驗符等篇一再認爲漢世有不少超邁古代之處，今人不必不如古。他對當時畫風的指責實是基於同一觀點而來。有些學者認爲王充吹捧當世是另有用心。[51] 不論如何，他尊古卑今的評論，與實情有些距離。下文將談到東漢壁畫實際的

47. 劉盼遂，論衡集解（世界書局，民國65年三版）卷十三，別通，頁275。

48. 參湯用彤，「讀太平經書所見」，收入往日雜稿（中華書局，1962），頁43-72。

49. 參王明，太平經合校（鼎文書局，民國68年）卷52，53，72，101，102，154-170。

50. 後漢書卷七十七，酷吏傳，「陽球」條，頁2499。

51. 參徐復觀，「王充論考」，收入兩漢思想史（學生書局，民國65年），頁569-574。

例子，從這些例子可以看出來，壁畫上古代與當世的人物其實都有。

　　壁畫的功能應是多方面的，除了道德勸戒，也還為了一些與信仰相關或其它的目的，出現在別的場合。這方面的資料較少，合而簡述如下。論衡，亂龍篇載：「今縣官斬桃為人，立之戶側；畫虎之形，著之門闌。」[52] 官府門闌畫虎，淵源頗早。周禮，師氏：「居虎門之左，司王朝。」鄭玄注云：「虎門，路寢門也。王日視朝於路寢，門外畫虎焉，以明勇猛，於守宜也。」[53] 今見漢畫象磚或刻石上的建築，門上舖首每作虎形或類似的猛獸，用意或同。漢代「縣官」有二義，一可指天子，也可指地方官府。從論衡及周禮鄭注可知，門闌畫虎的習慣，在漢代可能遍見於中央宮省和地方府廷。又畫虎的用意，除了守護，還為避邪，漢鏡銘文常見「左龍右虎辟不祥」。[54] 青龍和白虎的雕刻或繪畫更常見於漢墓和地上建築的裝飾上（如魯靈光殿即有龍虎雕畫）。漢人相信有趨吉避凶能力的靈獸當然不只是龍和虎。總之，壁畫中出現的怪獸每每與避邪的功能有關。這裏不擬一一去討論。

　　另一種功能有別的怪獸是觟𧤺。論衡，是應篇說：「今府廷畫皋陶、觟𧤺也。儒者說云，觟𧤺者，一角之羊也，性知有罪。皋陶治獄，其罪疑者，令羊觸之。」這裏所說的觟𧤺，即文帝時未央宮承明殿所畫的獬豸。漢代自天子以至地方守令皆司獄訟，因此這種能辨疑罪的的神獸圖象就在宮省和地方官衙出現了。漢人相信「皋陶造獄」，[55] 廷尉寺中即供奉皋陶。[56] 廷尉寺中所奉是圖象，還是人偶，不得而知。不過，從府廷畫像看來，廷尉寺裏的或許也是壁畫吧。

　　此外，據說官府壁畫還曾發揮威擺邊夷的作用。後漢書，南蠻西南夷傳提到章帝時，益州刺史朱輔威懷遠夷，「是時郡尉府舍皆有雕飾，畫山神海靈，奇禽異獸，以眩耀之，夷人益畏憚焉。」又太平御覽引華陽國志曰：「漢嘉郡以禦雜夷，宜炫燿之。迺雕飾城牆，華畫府寺及諸門，作山神海靈，窮奇鑿齒。夷人初出入，恐，驟馬或憚

52. 類似記載又見風俗通義、山海經、獨斷。參王利器，風俗通義校注（明文書局，民國71年），頁370，註十一。

53. 周禮（十三經注疏本，大化書局）卷十四，頁92。

54. 阮廷焯，「羅振玉『漢兩京以來鏡銘集錄』摭遺再續」，大陸雜誌67卷4期（民國72年），頁195-197。

55. 急就篇（古經解彙函本）卷四，頁24上。

56. 後漢書集解（藝文印書館，王先謙集解）卷六十七，蔡鋼傳集解惠棟曰引摯虞集記，頁15下。

之趑趄 。」[57] 按漢靈帝始改蜀郡屬國之青衣縣爲漢嘉郡 ， 華陽國志所記當爲漢末之事 。 從東漢早期至季世 ， 益州郡尉府舍圖畫山神海靈和奇禽異獸似爲西南地區的特制，不見於他處。這種特制可能和西南少數民族的信仰和風俗有關。漢爲羈縻統治，遂因應其俗而作畫。華陽國志曾提到諸葛亮嘗「爲夷作圖譜 ， 先畫天地 、 日月、君長、城府；次畫神龍，龍生夷及牛、馬、羊；後畫部主吏乘馬幡蓋，巡行安恤；又畫夷牽牛負酒，齎金寶詣之之象，以賜夷，夷甚重之。」[58] 諸葛亮作圖譜的用意卽在羈縻。

東漢時，除了宮省、官府和學校有壁畫，權門豪貴之家亦競以圖畫爲飾。私人宅第的壁畫可能較着重裝飾，可惜這方面一無實物可考。後漢書，梁統傳謂：「〔梁〕冀乃大起第宅，而壽亦對街爲宅，彈極土木……柱壁雕鏤 ，加以銅漆，窗牖皆有綺疏青瑣，圖以雲氣仙靈。」宦者傳，呂强曰：「又今外戚四姓貴倖之家，及中官公族無功德者，造起館舍，凡有萬數，樓閣連接，丹青素堊，雕刻之飾，不可單言。」所謂丹青素堊者，在素白牆上圖畫五采。又同傳，「侯覽」條：「起立第宅十有六區，皆有高樓池苑，堂閣相望，飾以綺畫丹漆之屬 ， 制度重深 ， 僭類宮省 。」前文曾說 ， 自周以來，從天子以至庶人，因身份地位的不同，居室的大小和裝飾都有一定的限制，所謂「大夫達棱楹，士穎首，庶人斧成木構而已。」[59] 漢承古制，不斷有這方面的規定。然而這些規定和限制發生了多少實際的作用，從西漢的詔令和時人的議論看來，似乎頗成問題。[60] 東漢社會僭奢更甚，非僅高宦貴戚，一般富人宅第大概也滿是雕鏤彩畫。長安有諺語謂：「城中好高髻，四方高一尺；城中好廣眉，四方且半額；城中好大袖，四方全匹帛。」[61] 梁冀妻孫壽作愁眉、墮馬髻、折腰步，「京師翕然皆放效之。」[62] 從長安諺語及梁冀妻的故事可以顯示，統治階層的愛好會成爲時尙，而影響到一般庶民。壁畫裝飾原可能只是統治階層的特權，但隨著禁令鬆弛，僭越成風，壁

---

57. 太平御覽 (四部叢刊三編，商務印書館) 卷七五〇，頁9下。

58. 華陽國志校注卷四，南中志，頁364。

59. 鹽鐵論校注卷六，散不足第廿九，頁202。

60. 參西漢會要 (九思出版公司，新校標點本) 卷十七，「禁踰侈」條，頁 182-184；漢書，賈誼傳，董仲舒傳及鹽鐵論中的議論。

61. 後漢書卷廿四，馬援傳，頁853。

62. 後漢書卷卅四，梁統傳李賢注引風俗通，頁1180。

畫也就和高髻、廣眉、大袖一樣，成爲衆庶爭相摹仿的時尚。

　　兩漢宮殿或居室建築壁畫，除了文獻，迄無遺跡可供考察。不過有壁畫的墓葬卻發現了不少。這些墓中壁畫和地上建築壁畫關係密切，因此成爲我們今天了解漢代壁畫發展的重要線索。在討論壁畫墓以前，必須指出一點，即漢代裝飾牆壁的方式，除了日益普遍的壁畫以外，還有一種可能更早的方式是在牆上張掛織錦文繡。古來建築以土牆爲主。土牆不美，則敷以白堊，所謂「古者宮室有制……牆塗而不琱。〔案：琱同彫，畫也〕」[63] 可是據說苑引墨子，紂王築鹿臺，不僅「宮牆文畫」，還以「錦繡被堂」。[64] 墨子的記載不知是否可靠。錦繡被堂實際上很可能是反映春秋戰國以降的情況。漢書貨殖傳謂：「陵夷至乎桓、文之後…富者木土被文錦。」以文錦飾牆在前述秦咸陽宮一號遺址中有痕跡可尋。遺址發掘編號爲「一室」的夯土臺上建築，據推測是最大的主體宮室所在。室內除門道有壁畫外，其餘牆面素白，遺址中有環釘出土。研究遺址復原的陶復認爲，這可能就是用來張掛錦繡的。[65] 這種裝飾方式到漢代繼續流行。文帝時，賈誼曾說：「白穀之表，薄紈之裏，緁以偏諸，美者黼繡，是古天子之服。今富人大賈嘉會召客者以被牆……帝之身自衣皁綈，而富民牆屋被文繡。」[66] 以文繡飾牆的方便處是可以隨時更換，也可以隨意張掛或取下。從賈誼的話看來，富人似乎也只是在招待賓客時才張掛起來充濶。除了富人如此，據東方朔說，武帝所建的建章宮，即是「木土衣綺繡」。[67] 成帝時，寵姬趙昭儀所居之昭陽殿，據班固兩都賦形容：「屋不呈材，牆不露形，裛以藻繡，絡以綸連。」李賢注引說文曰：「裛，纏也。綸，糾，青絲綬也。」[68] 可見也是以絲織錦繡飾牆。到了東漢，仍然看到以「土木被緹繡」[69] 來形容屋室的奢侈。關於漢代以錦繡掛牆爲飾的一個旁證就是馬王堆一號墓掛在北邊箱四周的帷幔。據該墓報告說帷幔「出土時掛在北邊箱四壁的周圍。全長約 7.3 米，寬約 1.45 米。用幅寬 48 厘米的三整幅單層的原色

63. 漢書卷七十二，賈禹傳，頁3069。
64. 說苑（漢魏叢書，新興書局）卷二十，反質，頁3下。
65. 陶復，前引文，頁36。
66. 漢書卷四十八，賈誼傳，頁2242。
67. 漢書卷六十五，東方朔傳，頁2858。
68. 後漢書卷四十上，班彪傳，頁1341。
69. 後漢書卷七十八，宦者傳序，頁2510。

羅綺縫製而成。兩端和上側又加深絳紫色的絹緣。上側的緣邊，另加有幾個長2.5 厘米，寬1 厘米的襻，以便用竹釘將帷幔掛在邊箱的壁上。」[70] 漢代墓槨結構本有模仿陽世居宅的用意（詳見下文），馬王堆漢墓墓槨邊箱上懸掛的絹綺，很可能就是模仿屋室以錦繡被牆的習俗而來。

　　不論以文繡或以壁畫裝飾屋室，在兩漢都屬極奢侈之事，一般能以白粉刷牆就已甚美。鹽鐵論散不足篇曾比較古今奢儉，當描述當世富人建築之奢華時，不過是「雕文檻楯，聖 壁飾。」 ，攫也，摩也，以白堊攪壁為飾。[71] 這裏不但沒有提到壁畫，也沒有文繡。較早的宮殿也不是一律有壁畫，秦咸陽宮一號和三號遺址殘牆有很多卻只是白堊素壁而已。西漢宮殿有特別名之為畫堂、畫室者，也意味壁畫非處處皆是。總體而言，壁畫雖然已可追溯到殷商晚期，然而由於經濟的條件、社會階級身份的限制和其它裝飾方式的偏好和選擇，壁畫真正發達和普遍起來應是西漢末和東漢時代的事。

三、壁畫墓的出現與意義

　　上述發展的一個旁證就是畫象石，畫象磚和壁畫墓都不約而同到西漢末以後才普遍出現。不論雕刻的畫象石或燒製的畫象磚，基本上和壁畫一樣，都是為了裝飾室壁。現在所知時代最早的壁畫墓是推定屬昭、宣時期，洛陽的卜千秋墓以及在洛陽市老城西北角發現，編號為M61，屬元、成帝之間的一處墓葬。[72] 其餘已知的壁畫墓，少數屬西漢末或王莽時期，大部分都屬東漢。[73] 雕刻的畫象石墓發現的最多，分布也廣。[74] 以時間而言，已知最早的一座是在南陽趙寨磚瓦廠發現，時代約在昭帝時

---

70. 長沙馬王堆漢墓上集（文物出版社，1973），頁73-74。又頁75有帷幔張掛情形展示圖可參。

71. 鹽鐵論校注卷六，散不足第廿九，頁213-214。

72. 洛陽博物館，「洛陽西漢卜千秋壁畫墓發掘簡報」，文物6 (1977)，頁 1-12；河南省文化局文物工作隊，「洛陽西漢壁畫墓發掘報告」，考古學報2 (1964)，頁107-125。

73. 目前已發表屬王莽時期以前的壁畫墓，除前註提到的兩墓以外，還有在山西平陸、內蒙古托克托所發現者。參羅福頤，「內蒙古自治區托克托縣新發現的漢墓壁畫」，文物參考資料9 (1956)，頁43；山西省文物管理委員會，「山西平陸棗園村壁畫漢墓」，考古9 (1959)，頁 462-468；屬王莽時期的有陝西千陽發現的一座，參寶雞市博物館，千陽縣文化館，「陝西省千陽縣漢墓發掘簡報」，考古3 (1975)，頁178-181，177。其餘所知者俱屬東漢時期。

74. 畫像石墓分布於山東、河南、四川、江蘇、陝西、安徽、山西、內蒙古、湖北、雲南、貴州、遼寧、河北等省。其中以山東、江蘇徐州、河南南陽、四川中部和陝西北部數量較多。參吳曾德、漢代畫象石（文物出版社，1984），頁2。

期。[75] 不過，已知的畫象石墓，絕大部分都是東漢的。燒製的畫象磚多集中於蜀地，據目前所知，絕大部分是東漢晚期的產物。[76]

墓葬能有壁畫的一個先決條件是墓中有室有壁。大約在西漢中期前後，墓葬形式曾發生重大的轉變。[77] 這個轉變使得墓中壁畫的出現成為可能。西漢中期以前，墓葬形式多承先秦，以豎穴土坑木槨墓為主。漢初長沙馬王堆軑侯家族的墓羣就屬這一類。這類墓葬的土穴空間在棺槨之外，完全由木炭、白膏泥和泥土所填塞；層層的棺槨之內，除了屍身就是滿塞的隨葬物，其佈局設計可以說全無壁畫用武之地。西漢中期以後，橫穴墓室出現。這一類墓葬最大的特色是不論用空心磚、石材或並用磚石，都將棺和隨葬物置於一有牆、有柱、有頂和有較棺廣大甚多的「室」內，而以室取代槨的作用。墓室的構築甚至有主室和耳室之分。這種構築設計使墓穴的空間大增，除了安放棺木和陪葬品，面積廣大的室壁就使雕刻或壁畫有了存在的餘地。

墓葬形式為何改變，我們並不確實知道，其中可能的原因很多。例如，或許由於厚葬的風氣愈演愈盛，陪葬品增加，迫使木槨墓放置陪葬物的「外藏槨」擴大，發展成為耳室。漢代墓葬的耳室，以目前所知，幾乎都是用來放置各類陪葬品的。此外，也可能在同樣的風氣下，事死如生的強烈要求使地下墓穴的佈置愈來愈接近地上的居室。事實上，從商、周以來的木槨墓構造，就有象徵地上建築的用意，[78] 只是磚室墓和石室墓出現以後，其格局就更像具有前堂、後寢、左右室的地上屋室。另一種或許相關的因素是壁畫的流行。為了使墓穴更像有壁畫的地上居室，而原有的墓葬方式又不適合壁畫，只好調整墓穴結構，創造出可供壁畫利用的牆壁來。當然這種壁畫和墓穴結構的關係並非如此單純，因為很多橫穴墓不一定有任何形式的圖畫壁飾，河北

---

75. 南陽市博物館，「南陽縣趙寨磚瓦廠漢畫象石墓」，中原文物 1 (1982)。

76. 馮漢驥，「四川的畫像磚墓及畫像磚」，文物 11 (1961)，頁 35-42；劉志遠等，四川漢代畫象磚與漢代社會 (文物出版社，1983)，頁 1。

77. 王仲殊，「中國古代墓葬概說」，考古 5 (1981)，頁 449-457；又參王氏，Han Civilization (Yale University Press，1982)，第八、九章。漢代墓葬和早期墓葬形制的關係，參俞偉超，「漢代諸侯王與列侯墓葬的形制分析——兼論「周制」、「漢制」與「晉制」的三階段性」，中國考古學會第一次年會論文集 (1979)，頁 332-337。又參吳曾德、蕭元達，「就大型漢代畫像石墓的形制論漢制—兼談我國墓葬的發展進程」，中原文物 3 (1985)，頁55-62。

78. 俞偉超，前引文，頁334。

滿城中山靖王劉勝墓有墓室而無壁畫就是顯例。[79] 有室有壁是壁畫能够出現的先決條件。橫穴墓室的出現不必然爲了壁畫的需要，但壁畫的需要對西漢中期以後，橫穴墓室普遍取代豎穴墓多少應有推波助瀾的作用。

墓中壁畫和地上宮殿或居室壁畫有什麼關係？欲了解漢代地上建築壁畫，墓中壁畫能提供多少幫助？要回答這些問題，不能不先考慮兩者是否相應，相應到什麼程度？實則墓中和地上建築壁畫無論在繪製技巧、藝術風格、內容、目的各方面的相應程度並不十分一致，因此墓葬壁畫在各方面能提供的幫助也不一樣，須要分別檢討。

以繪製技巧和藝術風格而言，墓中壁畫和宮殿或居室壁畫可以說殊無二致。現在可以和墓中壁畫比較的居室壁畫只有秦咸陽宮遺址所見者。咸陽宮殘牆所繪是先以白粉打底，以赭色線條勾勒人物車馬等圖象的輪廓，再用朱砂、石綠、石黃、赭石爲主的顏料設色。這種打底、線描、設色的繪製方法和表現出來的圖象風格，和漢墓中見到的可謂一脈相承。例如昭、宣時期的卜千秋墓，元、成時洛陽市老城西北的M61墓，王莽或東漢初山西平陸棗園村壁畫墓，東漢晚期河南密縣打虎亭的壁畫墓，[80] 和林格爾護烏桓校尉墓，[81] 就都是以赭色或黑色勾勒線條，再以上述幾種主要的色彩著色。這些墓的壁畫卽使是繪製在磚塊上，磚塊表面都先以白粉粉刷過。平陸棗園村墓的磚壁上甚至先塗一層糜和麥糠，約半公分至一公分厚的泥土，外刷白粉，再於其上作畫。[82] 這應是刻意模仿地上居室牆壁的情況，也爲了牆面平整，便於作畫的結果。壁畫墓分佈甚廣，壁畫繪製的技巧或有巧拙，藝術美感的成就容有不一，不過整體以紅、白、赭、黑爲主的色彩以及隨筆輕重產生線條自然變化，具象又不完全寫實的造形風格卻極其相近。這種風格和漢代帛畫或器物上的漆畫也相一致。[83] 漢代繪畫無論

79. 中科院考古所・河北省文物管理處，滿城漢墓發掘報告（文物出版社，1980）。

80. 安金槐、王與剛，「密縣打虎亭漢代畫象石墓和壁畫墓」，文物10 (1972)，頁49-62。

81. 內蒙古自治區博物館文物工作隊，和林格爾漢墓壁畫（文物出版社，1978），頁31。

82. 這種模仿壁畫的情形亦見於畫象磚。畫象磚燒製完成，整塊畫面很可能先塗上一層白色，再另加彩繪，可惜畫象磚大部分的彩色都已脫葬。參馮驥，前引文，頁39。

83. 關於漢代壁畫和漆器彩繪的比較，可參東亞考古學會，螢墓子 (1934)，附錄：濱田耕作，「漢代壁畫の繪畫に就いて」，頁 39-44；駒井和愛，遼陽發見の漢代墳墓（東京大學，1950），頁 22-26。如果以馬王堆漢墓帛畫爲例，和漢墓壁畫比較，也可以發現人物造形、設色、線條基本上風格是一致的。勞貞一先生很早卽已指出「從戰國到晉，繪畫完全是一個系統。」見氏著，「論魯西畫像刻石三種——朱鮪石室孝堂山武氏祠」，史語所集刊 8 本 1 分（民國28年），頁97。這個看法到今天仍然十分正確。

在墓壁、帛、器皿上既有一致的風格，地上建築壁畫也不應例外。因此，在今天漢代宮室宅第杳不可見的情況下，我們要了解漢代建築壁畫的繪製方式和風格，墓中壁畫就成爲最重要的參考資料。

從內容上說，墓中壁畫若干常見的主題和文獻記載中地上建築壁畫的題材頗多相同。不過因爲墓葬裝飾有一定的格套和作用，因此和地上壁畫也必然有不同之處。根據前文所引文獻，漢代地上建築壁畫的內容最少可分爲下列五類：(1)天地山海神靈；(2)奇禽異獸；(3)古聖先賢；(4)漢世忠臣孝子、貞女烈士；(5)車馬、建築等。這五類內容全可以在墓室壁畫上見到。可是墓葬壁畫中的某些題材，可能是專爲紀念死者而設計，或專爲死者身後享用，應不會出現於活人的居室中。例如，墓中常有顯示墓主一生作官經歷和功業的場面。通常表現的方式是圖畫墓主的屬官（如河北望都漢墓）或描繪墓主出行時，車馬儀杖的排場，或官署（如和林格爾護烏桓校尉墓）。這些畫面上常有文字榜題，標明畫中人物的職銜和官署名稱。這類畫很明白是專爲紀念死者，活人在世，應不會在牆上如此作畫。其次，如墓中常見的庖廚圖、百戲圖和飲宴圖，畫面或有繁簡，但佈局和內容有明顯一定的格套。這種格套不但見於壁畫，也見於畫象石和畫象磚。以百戲圖而言，跳丸、飛劍、繩技、魚龍曼衍、緣橦戴竿、戲車等場面，配上成排吹奏的樂伎，普遍出現於東北、內蒙古、山東、蘇北、河南、四川的墓葬中。這或許反映漢人對這些雜技的喜愛和雜技的流行。不過，個人懷疑這些百戲、庖廚、飲宴圖都是爲死者身後享用設計的格套。卽使活人居室也可以以百戲、飲宴之圖爲裝飾，但佈局或表現的方式似應有所不同。這就好像我們今天不會以殯儀舘的裝飾用在一般建築上一樣。

墓室圖飾有格套，從不同的墓使用同樣的畫象磚可以看得最明白。馮漢驥在討論四川的畫象磚時曾指出：[84]

> 從已發現的畫像磚來看——以成都區出土者爲例——凡是同一題材的，都係一模所製，很少有不同模的，就是有，也不超過兩種模。由此可以證明在當時僅有一兩家製造此種畫像磚的場所，有如近代的「紙紮店」。喪家在建墓時，卽可按照墓主的身份和社會地位，購買與其相合者砌在墓壁上，作爲墓主在死後

---

84. 馮漢驥，前引文，頁42。

　　的享用。

畫象磚可大量燒製，有一定的格套，供喪家選購。個人相信，卽使是不能大量複製的壁畫或畫象石雕，也必有一批專業的畫工和雕刻師，以一定的圖譜，供喪家訂製。[85] 漢代喪葬有人專業經營。例如，漢初周勃原是爲人吹簫給喪事的。[86] 昭帝駕崩治喪，有富人以「數千萬積貯炭葦諸下里物」[87] 居奇。西漢末，原涉爲人辦喪事，「削牘爲疏，具記衣被棺木，下至飯含之物，分付諸客。諸客奔走市買，至日昳皆會⋯⋯乃載棺物，從賓客往至喪家。」[88] 棺木、衣被、飯含等喪葬之具可於一日之內購備，可見有人專營供應。洛陽伽藍記卷四提到洛陽城西市北有慈孝、奉終二里，「里內之人以賣棺槨爲業，賃輀車爲事」。[89] 伽藍記所涉時代雖晚，里制亦不同於漢，但喪葬有專業確實由來已久。漢代墓室雕畫也確有專業工匠，有些甚至名噪一時。例如，山東嘉祥宋山出土永壽三年畫象石墓題記就曾記載，當時如何找來「名工」高平縣之王叔等五人，雕文刻畫，治作連月，付價二萬七千。[90] 又山東東阿薌他君石祠題記也說「使師操義、山陽瑕丘榮保、畫師高平代盛、邵强生等十餘人」，擔任雕畫，費時兩年，用錢二萬五千。[91] 用錢偃請，可見畫師、雕工都是專業工匠。東阿在東郡，卻從山陽郡的瑕丘和高平偃請師傅；高平距今山東嘉祥有五十公里，王叔等受僱到嘉祥去，可見他們大概是頗富盛名的師傅，他們的名字也因此才被特別記錄下來。他們既是專業的工匠，所雕所畫必非隨興之所致，而是根據一定的規格和圖譜。

　　再說他們的圖譜是從那裏來的？這須依圖譜的性質而定。有些如前述的百戲圖、庖厨圖等只供喪葬之用，且因忌諱而不用於地上居室的，大概係職業相傳。在這方面，我們幾一無所知。有些如忠臣孝子、貞女烈士和歷史故事圖，這些有如陪葬的實

---

85. 張朋川氏在「河西出土的漢晉繪畫簡介」一文的結語中曾經指出畫稿的存在。他的看法值得參考。他說：「在東漢繪畫中發現了畫稿。畫稿的使用，首先是裝飾美術品的大量生產的需要，有了現成的圖稿，則能畫得迅速而準確，同時這又是畫工師徒相傳繪畫技藝的一種方法。畫稿的使用亦使畫風趨向定型。」見文物 6 (1978)，頁64。

86. 史記卷五十七，絳侯周勃世家，頁2065。

87. 漢書卷九十，酷吏傳，頁3665。

88. 漢書卷九十二，游俠傳，頁3716。

89. 范祥雍，洛陽伽藍記校注（華正書局，民國69年）卷四，頁204。

90. 李發林，山東漢畫象石研究（齊魯書社，1982），頁101-102。

91. 同上，圖版十七，又見長廣敏雄，漢代畫象の研究（中央公論美術出版，1965），頁46。

用器皿，旣可用於今世，也無須忌諱地用於地下，可能就和地上建築壁畫一樣，有共同的圖譜來源。其中一大來源是官方繪製的圖畫。西漢末，劉向曾撰列女傳、孝子傳，並將他們繪為圖畫。[92] 東漢明帝也曾詔班固、賈逵等人自經史取材，命尙方畫工繪製成圖。[93] 這些取諸經史的圖畫，從此成爲圖譜，四方臨摹，旣用於地上，也用於地下。東漢中葉，梁商之女，年幼時「常以列女圖畫置於左右，以自監戒。」[94] 她的列女圖所本爲何不可知，不過有可能卽源自劉向的列女圖。我們再以和林格爾墓的壁畫和武梁祠的石刻爲例，[95] 兩者所刻畫的人物和劉向列女傳、孝子傳有密切關係，其圖很可能卽淵源自劉向的傳圖。首先可指出的是武梁祠所刻古賢人物和和林格爾墓壁畫中所見者頗多重複，例如：王慶忌、要离、魯秋胡（秋胡子妻）、京師節女、曾子〔母子〕、閔子騫、丁蘭、刑（邢）渠、休屠像騎都尉（休屠胡）、孝孫（孝孫父）。由於武梁祠石刻和和林格爾墓的榜題都有不少殘闕，如果完整，相信重複的還要更多。這些人物刻畫也普遍見於其它東漢墓葬，可證人物選擇確有一定格套。我們再以以上兩處的雕刻和壁畫人物與劉向列女傳作比較，發現以下這些人物故事都可以在列女傳中找到：棄母姜嫄、契母簡狄、周室三母、鄒孟軻母、齊田稷母、秦穆公姬、許穆夫人、曹僖氏妻、孫叔敖母、晉范氏母、魯漆室女、楚昭越姬、魯孝義保、周主忠妾、京師節女、代趙夫人（以上見和林格爾墓）、梁高行、義姑姊、楚昭貞姜、梁節姑姊、齊繼母、老萊子妻、無鹽媿女鍾離春（以上見武梁祠）。劉向列女傳只載婦女，其他則見於劉向其它著作。例如，武梁祠的柏楡見說苑卷三，董永見孝子傳和孝子圖。[96] 和林格爾墓和武梁祠都有的丁蘭則見劉向孝子傳。[97] 時代在劉向以後的人物，

---

92. 列女傳有圖，見後漢書十下，皇后紀，「順烈梁皇后」條，李賢注：「劉向撰列女八篇，圖畫其象。」劉向作孝子傳見法苑珠林（四部叢刊初編本）卷六十二，頁746下引；又道光十四年，梅瑞軒藏板古孝子傳收馬驌譯史卷十注引劉向孝子傳一則。太平御覽卷四一一錄劉向孝子圖兩則。

93. 張彥遠，歷代名畫記卷三，「漢明帝畫宮圖」條：「五十卷，第一起庖羲，五十雜畫贊。漢明帝雅好畫圖，別立畫宮。詔博洽之士班固、賈逵輩，取諸經史事，命尙方畫工圖畫，謂之畫贊。至陳思王曹植爲贊傳。」

94. 後漢書卷十下，皇后紀，「順烈梁皇后」條，頁438。

95. 武梁祠石刻參罣中溶，漢武梁祠畫像攷（吳興劉氏希古廔刊）

96. 太平御覽卷四一一，頁8下－9上；法苑珠林卷六十二，忠孝篇第四十九，頁747。

97. 法苑珠林卷六十二，忠孝篇第四十九，頁746下。

如武梁祠所見的魏湯（魏陽）、三州孝子、李善等則可分別在晉蕭廣濟孝子傳[98]和後漢書獨行傳中找到。忠臣孝子、貞女烈士的傳記和圖畫自劉向以後，在東漢統治者的大力提倡之下，必然曾繼續不斷編繪。即使如武梁祠中伏羲、女媧、堯、舜、黃帝、神農等古帝王與神話人物像，或專諸、要离、荊軻、豫讓、聶政、曹沫、藺相如等勇武之士的故事和畫像，也都有一定的圖譜，供官方或民間的畫工依樣葫蘆。只可惜明帝時以及後人陸續所繪都已失傳，否則更可證明東漢圖譜和壁畫、雕刻題材之間的關係。唐張彥遠歷代名畫記卷三「漢明帝畫宮圖」條謂有「五十卷，第一起庖羲」。既說第一起庖羲，可見還有一系列庖羲以降的人物畫像。今本曹植集即錄有「畫贊序」、「庖羲」、「女媧」、「神農」、「黃帝」、「少昊」、「顓頊」、「帝嚳」、「帝堯」、「夏禹」、「殷湯」、「湯禱桑林」、「周文王」、「周武王」、「周公」、「周成王」、「漢高祖」、「漢文帝」、「漢景帝」、「漢武帝」、「姜嫄簡狄」、「班婕妤」、「許由巢父池主」、「卜隨」、「商山四皓」、「古冶子」、「三鼎」、「赤雀」、「吹雲贊」的全文或殘文。[99]這一系列人物的畫贊始自庖羲，實非偶然。這是壁畫根據一定圖譜而來的結果，而這些圖譜毫無疑問應是漢代的圖譜。[100]

　　墓葬壁飾有圖譜和格套存在，使我們不能不考慮墓中壁畫所反映的，到底是墓主生前真實的生活？還是死者和死者家屬所期望的理想生活？理想生活與真實生活之間的差距，對某些人而言，或許不大，可是對一些人來說，可能不小。不少考古報告以墓中壁飾所見，作為墓主生前生活的證據，是不一定可靠的。[101]漢代厚葬成風，所謂「虛地上以實地下」，整個喪葬活動都有濃厚炫耀的成分。[102]一方面炫耀死者的地位、成就、財富和家屬的孝行，一方面也寄託死者與家屬的夢想於來世。因為炫耀，一切不免誇大；由於寄託夢想，有些可能從不曾真實存在。對墓中圖畫之誇大，太平經

---

98. 太平御覽卷三五二，頁8上；卷六十一，頁4下。

99. 趙幼文，曹植集校注（明文書局，民國74年），頁 67-92。

100. 張彥遠以為曹植畫贊是為漢明帝畫宮圖而作（見註93引），恐非。參趙幼文，曹植集校注，頁69按語。曹植畫贊應是為曹操在鄴所建的宮室壁畫而作。

101. 例如和林格爾漢墓壁畫，頁23-24，即以壁畫所見作為墓主生前生活的直接反映。其餘類似的例子很多，不贅舉。

102. 楊樹達，漢代婚喪禮俗考（華世出版社，民國22年初版，65年臺一版），頁105，111-112，116-117，124-129。

卅六，「事死不得過生法」曾直截地指出：[103]

> 生者，其本也；死者，其僞也。何故名爲僞乎？實不見覩其人可欲，而生人
> 爲作，知妄圖畫形容過其生時也，守虛不實核也。

太平經所說的「僞」是指圖寫死者容貌，虛僞不實，「過其生時」。東漢大儒趙歧「
自造塚壙，圖季札、子產、晏嬰、叔向四像居賓位，又自畫其像居主位。」(後漢書六
十四，趙歧傳) 趙歧的作法，也可爲太平經之說添註脚。這種圖象的炫耀誇大，其實
和漢代以降，墓碑或墓志的浮誇出於相同的心理。[104]至於墓中所見的庖厨圖、百戲
圖、飲宴圖、莊園圖等，也並不意味墓主生前的生活卽如圖中所示。其中可能有眞實
的部分，也必然有誇大和夢想的成分。墓主升仙圖就十分明白是夢想的寄託。不論是
寄託夢想或爲炫耀，墓室和地上壁畫在這些方面的目的是可以雷同的。例如，漢人求
仙和求長生的風氣極盛，無論生前死後，對此皆鍥而不捨。[105]武帝爲了求仙，在甘泉
宮圖畫天地太一諸鬼神。生前求仙不得，則寄望死後與仙人爲伍；求長生不得，却希
望身後「壽如金石」。在馬王堆三號墓中發現的帛畫「導引圖」，圖前有文字「却穀
食氣」篇，[106]都明白顯示墓主對長生繼續不斷的盼望。這種盼望在蒼山元嘉元年畫象
石墓以及嘉祥宋山祠堂永壽三年的畫象題記裏也都表示的十分明白。[107]

　　墓葬雕刻或壁畫和文獻記載裏宮室、學校壁畫內容相同的一部分是忠臣孝子、貞
女烈士以及歷史故事圖。地上這類壁畫是爲了道德宣傳和敎訓，那麼墓中這類壁畫或雕
刻是否也是如此呢？我們不妨再以內容豐富，榜題較明確的和林格爾護烏桓校尉墓爲
例，說明墓中歷史故事和人物圖的內容和目的。此墓人物故事圖出現在中室南、北、
西三面牆上。其中榜題尚可辨識的，南壁有「晏子」二桃殺三士，「五子胥」、「孟賁」、
「王慶忌」、「要离」、「魯漆室女」；西壁有孔子問禮圖，圖像三人，榜題爲「老

---

103. 太平經合校，頁53。
104. 洛陽伽藍記卷二謂晉時「碑文墓志，莫不窮天地之大德，盡生民之能事，爲君共堯、舜連衡，爲臣與伊、
　　　臯等跡，牧民之官，浮虎慕其清塵；執法之吏，埋輪謝其梗直，所謂生爲盜跖，死爲夷齊，妄言傷正，華
　　　辭損實。」(頁89) 這種華辭損實的情形自漢碑已然，只是愈演愈烈而已。
105. Ying-shih Yu，"Life and Immortality in the Mind of Han China", Harvard Journal of
　　　Asiatic Studies XXV (1964／65)，PP.80-122。
106. 參中醫研究院醫史文獻研究室，「馬王堆三號漢墓帛畫導引圖的初步研究」，文物6 (1975)，頁6-13
　　　，63；唐蘭，「馬王堆帛書却穀食氣篇考」，同上，頁14-15。
107. 參李發林，前引書，頁95-107。

子」、「孔子」，另一不可識。其側有孔門弟子二十八人，題名可識的依次是「顏淵」、「子張」、「子貢」、「子路」、「子游」、「子夏」、「閔子騫」、「曾子」、「仲弓」、「曾晳」、「公孫□」、「冉伯牛」、「宰我」等。西壁圖還有「曾參」母子、「后稷母姜嫄」、「契母簡狄」、周室三母「王季母大姜」、「文王母大任」、「武王母大姒」、「秋胡子妻」、「周主忠妾」、「許穆夫人」、「曹僖氏妻」、「孫叔敖母」、「晉楊□姬」、「晉范氏女」等；北壁有「丁蘭」、「刑渠」父子、「伯瑜」母子、「鄒孟軻母」、「齊田稷母」、「魯之母」、「京師節女」、「秦穆姬」、「魯孝義保」、「楚昭越姬」、「蓋將之妻」、「代趙夫人」、「休屠胡」、「孝孫父」、「三老」、「慈父」、「孝子」、「弟者」、「賢婦」、「慈母」、「仁姑」。這些人物和故事在漢墓中十分普遍。賢婦、慈母、孝子之事在前文曾經提過。孔子問禮和弟子圖也很常見，水經注早有記載，[108]一九五四年在山東沂南、一九七七年在山東嘉祥齊山、一九七八年在嘉祥宋山發現的畫象石墓以及清初即爲人知的武梁祠石刻中都有。[109]這些圖反映墓主對儒家思想和倫理道德體系的服膺，其宣揚忠孝節義的目的，和地上宮室、學校壁畫並無不同。問題是人死入地，難道還要向死人作道德宣傳嗎？這些畫是爲死者而作？還是爲活人而作？要回答這些問題，我們不能不注意漢人對死後世界的看法。

　在漢代一般人的想像中，死後世界和今世並沒有什麼差別。[110]雖然生死異路，大家對死後不確然知道，看法也不盡一致，甚至頗多矛盾，但一般相信人死後有知，會像今世一樣，繼續生活。死後生活在想像中幾乎就是今世的翻版。人死化爲鬼，皆歸於地下。縱然神仙思想盛行，以爲人能成仙則升天不死，絕大部分的人仍不能不面對殘酷的事實，承認死之必然性，不能不爲死後的歲月作準備。因而，根據地上的居室構築墓室，以今世生活中的必需品陪葬。這些陪葬物不論是實用器或明器，用意都是在供身後享用。從考古所見漢墓陪葬之豐富以及文獻所記漢代厚葬的風行，都可以證卷

---

108. 水經注（文淵閣四庫全書本）卷八，頁27上、下，記漢司隸校尉魯峻墓石祠刻石。

109. 參南京博物館等，沂南古畫像石墓發掘報告（1956），頁41；蔣英炬等，山東漢畫象石選集（齊魯書社，1982）頁25，圖版79；頁26，圖版82。

110. 參吳榮曾，「鎮墓文中所見到的東漢道巫關係」，文物3（1981），頁 56-63；余英時，「中國古代死後世界觀的演變」，聯合月刊26（1983），頁81-89。

明：即使儒家對死後世界探取不可知的態度，道家認為人與物無異，否認死後有知，絕大多數人對身後世界的態度顯然是寧信其有。他們根據今世想像身後。於是現實世界有統治者——漢天子，地下世界也有一位主宰——泰山府君，是謂「生屬長安，死屬太山」。[111]天子以下郡、縣、鄉、里有層層的組織和官僚，「下里」相應也有二千石、丞、令、亭長、游徼、獄史、卒史、父老等「地吏」。生時名列簿籍，為編戶之民；死則由地上丞行文，將死者爵里姓名財產轉知「地下丞」，納入「死人籍」，此之謂「死生異簿」。[112]在世會作奸犯科，進入地下同樣會犯罪，因此一樣有維持秩序的亭長，游徼和獄史。地上的世界是以忠孝等道德來維繫，地下世界自然不能例外。今世流行以忠臣孝子之圖供教訓，墓中有這類圖，發生類似的作用，也就是十分自然的事了。

　　墓中壁畫或雕刻的作用當然是多方面的。忠臣孝子之圖在地下固然繼續發生道德勸戒的作用，還有其它相當複雜的功能。壁畫或雕刻的一個好處是可以將死者與神仙或道德的典範在畫面上連繫在一起。使死者不曾實現的願望在畫面上實現。例如,和林格爾墓壁畫，死者夫婦的圖像與孔子、孔門弟子以及其他忠臣、賢婦、孝子等出現在中室同一面牆壁上。夫婦二人，正襟危坐，畫的比其他人物都要大，使其他人物在畫面上反而成為他們的陪襯。這就好像趙歧畫像自居主位，以古賢居賓位。如此，他們與歷史上古聖先賢同列的期望，在彷彿中可以得到滿足。而他們的親屬家人也藉圖畫誇示死者成為後人追思的典型。蒼山元嘉元年畫象石墓題記提到畫上有玉女、仙人、各式神獸與死者相伴；[113]嘉祥宋山永壽三年石刻題記則說死者「大興輿駕，上有雲氣與仙人，下有孝及賢仁，遵〔尊〕者儼然，從者肅侍。」[114]藉著圖畫，不論死者的夢想、生人的期望，似乎都實現了。前述和林格爾墓的壁畫上有「孝子」、「弟者」、「賢婦」、「慈母」等榜題，未指明為何人，不知是否是墓主家屬的自我標榜？漢代喪葬一方面炫耀死者，一方面死者的家屬也藉機顯示自己的財富、德行和地位。

111. 參吳榮曾，前引文，頁59-60。又見池田溫，「中國歷代墓券略考」，創立四十周年記念論集 I（東京大學東洋文化研究所，1981），頁220、223、224。
112. 參陳直，「關於江陵丞告地下丞，」文物12（1977），頁76。
113. 李發林，前引書，頁95。
114. 同上，頁102。

這種情形和今日並無大不同。總之，墓中壁畫和雕刻的目的是多方面的，死者和家屬親人都藉此得到不同需求的滿足。也正因爲如此，墓中壁畫有它相應於喪葬和死後信仰的特殊功能，其內容和目的也就不可能和地上居室壁畫完全一致了。

四、結　　語

總結而言，壁畫在中國的發展雖然已經可能追溯到殷商的末期，不過根據有限的資料看來，由於經濟的條件、社會階級身分的限制、其它裝飾方式的偏好和選擇等種種因素，壁畫一直要到西漢末和東漢時代才眞正發達和普遍起來。

壁畫在中國古代能够存在和發展，並不完全由於它能滿足美或裝飾的需要，而在它和宗教、道德或政治的要求有密切的關係。不論依據文獻或考古的資料，較早的壁畫幾全出現在宮室和宗廟，而非私人的宅第。其內容不外天地神靈和古聖先賢，目的很清楚在於警懼和借鑑。兩漢大體繼承了這樣的傳統。從漢人的記載看來，漢代中央宮省、諸侯王宮殿或宗廟的壁畫同樣充滿了道德敎訓或宗敎信仰的意味。當然我們也看見與此不相干而以享樂爲目的的。這一類型的壁畫必然存在，或許還不少，只可惜幾無記載可考。兩漢以政治宣傳爲目的的壁畫最明顯的例證就是西漢宣帝於麒麟閣，東漢明帝於南宮雲臺圖畫功臣。王充說：「宣帝之時，畫圖漢列士，或不在於畫上者，子孫恥之。」他的話頗能反映這種壁畫宣傳的功效。東漢以後，壁畫漸由中央普及到地方官府和學校。地方壁畫以人物之忠孝節烈事蹟爲主。熱衷於此的是以儒敎傳統爲己任的地方官員和士子儒生。他們圖像人物的標準不在政治上之功罪，而在是否合乎他們服膺的儒敎典型。從這一點來說，東漢壁畫的普遍發展和儒學流行的關係可能比和政治的關係更重要。

壁畫裝飾原先可能只是統治階層的特權，不過隨著社會財富的累積，禁令的鬆弛，一般平民居室也有了壁畫，尤其是東漢以後，更成爲普遍的風氣。所謂普遍應也只限於有能力如此的富人。平民或私人宅第的壁畫當然不必爲了政治或道德目的，或許較偏重裝飾，爲了賞心悅目或趨吉避邪，內容和目的可能都更爲複雜。奈何這方面的文獻與考古資料兩缺，只能如此猜測而已。

壁畫到西漢末和東漢成爲風氣的一個旁證是畫象石、畫象磚和壁畫墓都不約而同

到這個時期才普遍出現。在幾無地上建築和壁畫可考的情況下，墓中壁畫遂成爲了解漢代壁畫藝術的主要資料。墓中壁畫最能幫助我們了解的是繪製技巧和藝術風格方面。在這方面，墓中和地上居室壁畫應是一致的。在內容上，墓中壁畫也頗能幫助我們印證文獻中地上建築壁畫偏重宗教信仰和道德教訓的特色。此外，由於墓葬特殊的功能和圖飾的格套，墓中壁畫的內容和表現的方式也必然有不同於地上居室壁畫之處。此外，由於格套和圖譜的存在以及漢人藉喪葬炫耀誇示和寄託理想的風氣，我們似乎不應不加分辨地，將壁畫中所見當作墓主生前生活眞實的證據。本文僅就漢代壁畫的發展和特色作概括性的描述，諸多不及，則有待來日。

附記：本文多承陳槃庵先生、嚴歸田先生、楊蓮生先生、余英時先生、石守謙、蕭璠兄惠賜寶貴意見，謹此致謝。

附錄：秦漢壁畫資料文獻簡目

（一）河南

1.河南省文化局文物工作隊	洛陽西漢壁畫墓發掘報告	考古學報 2（1964）
2.郭沫若	洛陽漢墓壁畫試探	考古學報 2（1964）
3.河南省文化局文物工作隊	河南襄城茨溝漢畫象石墓	考古學報 1（1964）
4.安金槐、王與剛	密縣打虎亭漢代畫象石墓和壁畫墓	文　物10（1972）
5.洛陽博物館	洛陽西漢卜千秋壁畫墓發掘簡報	文　物 6（1977）
6.孫作云	洛陽西漢卜千秋墓壁畫考釋	文　物 6（1977）
7.陳少豐、宮大中	洛陽西漢卜千秋墓壁畫藝術	文　物 6（1977）
8.本刊編輯部	關于西漢卜千秋墓壁畫中的一些問題	文　物11（1979）
9.洛陽市文物工作隊	洛陽西工東漢壁畫墓	中原文物 3（1982）
10.蘇　健	美國波士頓美術館藏洛陽漢墓壁畫考略	中原文物 2（1984）
11.中國社會科學院考古研究所	河南偃師杏園村東漢	

河南第二工作隊	壁畫墓	考　古 1 (1985)
12.河南省文化局文物工作隊	河南密縣打虎亭發現大型 漢代壁畫墓和畫象石墓	文　物 4 (1960)
13.Jonathan Chaves	A Han Painted Tomb at Loyang	*Artibus Asiae* 30 (1968)
14.Zuoyun Sun	An Analysis of the Western Han Murals in Luoyang Tomb of Bo Qianqiu (translated from Chinese by Suzanne Cahill)	*Chinese Studies in* *Archaeology* 1: 2 (1979)

(二) 陝西

1.寶鷄市博物館、 　千陽縣文化館	陝西省千陽縣漢墓 發掘簡報	考　古 3 (1975)
2.秦都咸陽考古工作站	秦都咸陽第一號宮殿 建築遺址簡報	文　物11 (1976)
3.陶復	秦咸陽宮第一號遺址復原 問題的初步探討	文　物11 (1976)
4.咸陽市文管會、咸陽市博物 　館、咸陽地區文管會	秦都咸陽第三號宮殿建築遺 址發掘簡報	考古與文物2(1980)
5.劉慶柱	試談秦都咸陽第三號宮殿 建築遺址壁畫藝術	考古與文物2(1980)
6.劉慶柱	秦都咸陽第三號宮殿建築 遺址壁畫考釋	人文襍志 6 (1980)

(三) 山西

1.山西省文物管理委員會	山西平陸棗園村壁畫漢墓	考　古 9 (1959)
2.趙玉泉	眞實地描繪了農耕生活— 山西省平陸漢墓壁畫—	中國美術 2 (1981)

（四）甘肅

1. 嘉峪關市文物清理小組　嘉峪關漢畫像磚墓　文　物12（1972）

2. 甘肅省博物館、
   嘉峪關文物保管所　嘉峪關魏晉墓室壁畫的
   題材和藝術價值　文　物 9（1974）

3. 張朋川　河西出土的漢晉繪畫簡述　文　物 6（1978）

4. 甘肅省文物管理委員會　酒泉下河清第 1 號和第18號
   墓發掘簡報　文　物10（1959）

5. 陳昌遠　關於嘉峪關魏晉墓室壁畫的
   幾個問題　河南文博
   通　訊 1（1980）

（五）遼寧

1. 森修、內藤寬　營城子——前牧城驛附近
   の漢代壁畫甎墓——　東亞考古學會1934

2. 姚鑒　營城子古墳の壁畫について　考古學雜誌　29-6

3. 熊谷宣夫　營城子古墳壁畫に關いて　畫　說67（1942）

4. 熊谷宣夫　營城子古墳壁畫補記（素描篇）畫　說71（1943）

5. 熊谷宣夫　南滿洲營城子古墳の漢代壁畫　畫　說51

6. 千葉眞幸　營城子古墳壁畫の人物につい
   て　東洋史會
   紀 要 4（1944）

7. 原田淑人　遼陽南林子の壁畫古墳　國華53-4（1943）

8. 駒井和愛　最近發現にかかる遼陽の
   漢代壁畫古墳　國華54-10（1945）

9. 李文信　遼陽北園壁畫古墓志略　國立瀋陽博物館
   籌備委員會彙刊
   1（1947）

10. 駒井和愛　遼陽發見の漢代墳墓　東京大學　1950

11. Fainbank, Wilma &
    Masao Kitano　Han Mural Paintings in the
    Pei-yuan Tomb at Liao-
    yang, South Manchuria　*Artibus Asiae*
    XVII:3/4(1954)

12.李文信	遼陽發現的三座壁畫古墓	文物參考資料 5（1955）
13.王增新	遼寧遼陽縣南雪梅村壁畫墓及石墓	考 古 1（1960）
14.王增新	遼陽市棒台二號壁畫墓	考 古 1（1960）
15.遼陽市文物管理所	遼陽發現三座壁畫墓	考 古 1（1980）
16.遼寧省博物館、遼陽博物館、馮永謙等	遼陽舊城東門里東漢壁畫墓發掘報告	文 物 6（1985）
17.藤田國雄	遼陽發見の三壁畫古墓	*Museum* 59

（六）河北

1.姚鑒	河北望都縣漢畫的墓室結構和壁畫	文物參考資料12（1954）
2.北京歷史博物館、河北省文物管理委員會	望都漢墓壁畫	中國古典藝術出版社 1955
3.林樹中	望都漢墓壁畫的年代	考古通訊 4（1958）
4.何直剛	望都漢墓年代及墓主人考訂	考 古 4（1959）
5.安志敏	評「望都漢墓壁畫」	考古通訊 2（1957）
6.河北省文化局	望都二號漢墓	文物出版社 1959
7.河北省博物館文物管理處編	河北省文物選集	文物出版社 1980
8.河北省文化局文博組	安平彩色壁畫漢墓	光明日報1972，6，22
9.李文信	對望都漢墓壁畫內容說明的兩點不同看法	文物參考資料 2（1956）

（七）江蘇

1.葛治功	徐州黄山隴發現漢代壁畫墓	文 物 1（1961）

（八）山東

1.關天相、冀剛	梁山漢墓	文物參考資料 5（1955）

2.茹士安　　　　　　　介紹我們處理古墓壁畫　　　文物參考資料
　　　　　　　　　　　的一些經驗　　　　　　　　5（1955）

3.章毅然　　　　　　　談梁山漢墓壁畫的摹繪　　　文物參考資料
　　　　　　　　　　　　　　　　　　　　　　　5（1955）

（九）內蒙古

1.羅福頤　　　　　　　內蒙古自治區托克托縣新　　文物參考資料
　　　　　　　　　　　發現的漢墓壁畫　　　　　　9（1956）

2.內蒙古文物工作隊　　和林格爾發現一座重要的
　　內蒙古博物館　　　東漢壁畫墓　　　　　　　　文　　物 1（1974）

3.吳榮曾　　　　　　　和林格爾漢墓壁畫中反映
　　　　　　　　　　　的東漢社會生活　　　　　　文　　物 1（1974）

4.羅哲文　　　　　　　和林格爾漢墓壁畫中所見
　　　　　　　　　　　的一些古建築　　　　　　　文　　物 1（1974）

5.黃盛璋　　　　　　　和林格爾漢墓壁畫與
　　　　　　　　　　　歷史地理問題　　　　　　　文　　物 1（1974）

6.金維諾　　　　　　　和林格爾東漢壁畫墓年代
　　　　　　　　　　　的探索　　　　　　　　　　文　　物 1（1974）

7.內蒙古自治區博　　　和林格爾漢墓壁畫
　　物館文物工作隊　　　　　　　　　　　　　　文物出版社 1978

8.李逸友　　　　　　　略論和林格爾東漢墓壁畫　　考古與文物
　　　　　　　　　　　中的烏桓和鮮卑　　　　　　2（1980）

9.李逸友　　　　　　　和林格爾壁畫墓所反映的　　考古與文物
　　　　　　　　　　　東漢定襄郡武成縣的地望　　1（1985）

10.夏超雄　　　　　　　和林格爾漢墓壁畫莊園圖和　北京大學學報（哲學
　　　　　　　　　　　屬吏圖探討　　　　　　　　社會科學）2(1980)

11.張郁他　　　　　　　論和林漢墓壁畫藝術　　　　內蒙古文物考古
　　　　　　　　　　　　　　　　　　　　　　　1（1981）

12.宋治民	「和林格爾漢墓壁畫」的幾點我見	四川大學學報（哲學社會科學）1（1980）
13.黃盛璋	再論和林格爾漢墓壁畫的地理與年代問題—兼評「和林格爾漢墓壁畫」	考古與文物 1（1982）
14.蓋山林	和林格爾漢墓壁畫	內蒙古人民出版社 1978
15.A. G. Bulling	The Eastern Han Tomb of Ho-lin-ko-erh	*Archives of Asian Art* 31（1977/78）

（十）安　徽

1.安徽省亳縣博物館	亳縣曹操宗族墓葬	文物 8（1978）

DEVELOPMENT OF STATEHOOD:
FROM EASTERN CHOU TO HAN

CHO-YUN HSU

In this paper I intend to discuss the development of the state in China during the Eastern Chou to the Ch'in-Han period and related changes in socio-economic and ideological aspects. The focus is on the influence of the state power upon socio-economic changes. I do not intend to touch on the issue of the origins of the state, however. The State as a polity can be approached by relating it to the society, economy, and culture separately. By examining the point at which the states interacts with social groups, we can study the meaning of political life for members of the group. Studying the contemporary states, one can look into the State as an organization through which official collectives may pursue distinctive goals. On the other hand, the State may be studied microscopically as a configuration of organizations and actions that influence the meanings of methods of politics for all groups and classes in society (Scocpol, 1985: 27-28). Likewise, the early State can be studied at the juncture of political and social groups in order to discern the changing relationship between both, as well as the influence upon their meanings of life.

The state organization of the Shang period underwent considerable changes through its history. There had been within the domain of the Shang king a dual structure of grouping people in the name of tsu and in the division of localities of i. Meanwhile, the subordinate states around Shang and in the peripheries maintained a variety of relationships with the dominant power, Shang. The Shang governing apparatus, however, developed a certain complexity, and the royal authority was elevated. (K.C. Chang 1980: 158-165). The Shang state must have made an impact upon the neighboring people to develop into statehood. The formation of the state of Western Chou preceding its conquest of North China, nevertheless was also a response to the pressure of foes from the steppe land in the north. The epic in which Tan-fu led the Chou people to move across Mount Liang in order to flee from the encroachment of the Ti people was the Chou's "exodus". The military organization described in the Kung-liu gradually evolved into a state of settlements in the Chou-yuan. This indeed reveals one significant dimension of the formation of statehood among the Chou people. The relationship between Shang and Chou, sometimes in war, sometimes in peace, is routinely reflected in the Shang oracle-bone inscriptions as well as the Book of Changes. The state organization of the Shang therefore influenced the formation of statehood among the Chou people too. This may be another significant dimension of the development of the Chou people toward statehood.

After the victory over the Shang, the Chou actually established a regime which controlled a vast territory. The Chou directly ruled a royal domain which consisted of the Chou-yuan home base and a good part of the Shang domain. The territories of the Chou subordinate states collectively occupied even larger areas. The Chou feudal network was more a political structure for exercising control than a network of economic exploitation. The Chou lords were basically commanding officers of a garrison that was stationed around northern China. They indeed had to develop a method to extract resources from territories of the garrison states so that they did not need to rely upon supplies shipped from the royal domain to support their garrison duties. The development of Chou feudalism therefore was closely related to the formation of a Hua-Hsia nation.

The lords and dukes who were dispatched by the Chou and established states in the vast eastern land were predecessors and ancestors of the state rulers of the Ch'un-ch'iu period. At the time of their being enfeoffed, the lords would usually have as their subordinates a combination of some units of the Chou troops, some Shang units who joined the Chou in the campaign to establish the Chou sovereign, and the natives who finally accepted the Chou superiority. The coalition of two or even three elements constituted the population of the cities that were hubs of the newly formed states of the Chou feudal network. The city was walled and thus fortified. In the ancient characters, both the city and the state were called a *kuo*, while the suburbs technically were not a part of the *kuo*. The usage of *kuo* to mean city continued to be in use during the

Ch'un-ch'iu period. Distinctions between the city people and the country folk persisted in the time of Confucius. The state lords of the Western Chou period did rule their domain; their sovereignty, however, was by no means complete, because sovereignty was shared by the Chou king who was superior to the lord as well as the lower-ranked nobles who were also delegated authority to govern their own domains with a certain independence and autonomy. Therefore, if a state is judged according to basic conditions of territory, population and sovereignty, the Chou feudal states were not independent, full-fledged territorial states at all. Li Tsung-tong and Tu Cheng-sheng, therefore preferred to call them "City-States".

The Chou city-states only nominally bear some similarities to the Mesopotamian city-states and those of ancient Greece. Historians and archeologists of these two areas often took the city-state as a stage of the state formation process. The autonomy of city-states is also an historical phenomenon that interested numerous scholars.

Oppenheim noted that the Mesopotamian city often maintained certain freedoms which the king must give up. There was at all times conflict between the king and the city. The course of development from village to city to empire was by no means a smooth one (Kraeling and Adams, 1958: 79-80). The city in Mesopotamia had been a supra-village polity long before the state was formed. The alluvial plain of Mesopotamia lacked natural resources other than soil. The Sumerians, as well as their successors, had to import raw materials such as stone and timber while exporting grain and finished products in exchange for the imported items. The city served as a collective which accumulated surplus, organized caravans for long-distance trade, and distributed the acquired resources. Such a collective was an integrated body of members who shared common interests and thus the members also shared the right and responsibility of making decisions. From village to territorial state, the city was a midway point. In the early dynastic period, Sumerian merchants set up trade colonies in distant places which served the function of trading posts. The dam-gar merchants were as powerful as a business guild or chamber of commerce in our own time (Griffeth and Thomas, 1981: 16).

During the Assyrian period, long-distance trade was conducted for the sake of securing metals, timber, and other raw resources. The city was a legal personality that was represented by a city assembly that made collective decisions, while the king of the city merely spoke on behalf of the corporate entity. Even in the period of the Assyrian Empire, wealthy merchants governed the capital city. The mayor was literally an overseer of the merchants; the position was held in rotation within a rather small circle of the wealthy citizens (Kraeling and Adams, 1958 : 171-172; Larson, 1976 : 153-154, 215, 216).

In Greek cities, the acquisition and distribution of resources were held communally. The collective citizenry controlled more wealth than any individual. The city-state, until its decline, dominated economic activities which few individuals would challenge, although the city might lease businesses to private enterprises (Griffeth and Thomas, 1981: 60-61). Karl Kraeling commented upon the phenomenon of urbanization in the Near East since Alexander as a result not of chance, and rather, at least partly, of inherited establishment, as well as that of program. He thought that the colonial founders of Alexander's empire as a group outlined the pattern to establish the garrison and communication stations into cities (Kraeling and Adams, 1958 : 191).

The Greek cities, on the one hand, had exhibited certain characteristics of the Masopotamian cities; on the other hand, they genetically preceded the Near Eastern, and for the same reason, even the Mediterranean cities. In the tradition of the Western world, the city-state is one step in the process toward a traditional state. Meanwhile, it should be noted that cities have maintained their independence for a long time. Many medieval cities often kept their autonomy, and participation in local politics remained privileges of the citizens. Such a tradition can actually be traced back to the Mesopotamian and Greek cities whose lack of natural resources led to the necessity of developing trade with other places. The historical genetic relationship between the European cities and their Near East and Greek predecessors should be significant in determining the direction of development of the European cities. On the contrary, throughout the entire span of ancient Egyptian history, the large settlements certainly should be classified at the same level as cities in Mesopotamia. Nevertheless, the Egyptian cities were never collectives which were legal personalities. The Egyptian cities, as Wilson

noted, were administrative centers such as capitals of states, and cere-
monial centers such as temple sites. When the Egyptian state structure
collapsed, the cities might have become the center of local activities. No
sooner did the state regain its strength, then cities fell back to subordi-
nate status. The Egyptian city was never a collective body (Kraeling
and Adams, 1958: 126-127).

Neither the Western Chou states nor the Ch'un-ch'iu states displayed
the characteristics of the Mesopotamian-Greek city-state. Establishment
of these states in the Western Chou period by a *fen-feng* system that
can only be loosely translated as feudalism gives these states their basic
character. A Chou city-state was not a legal personality. The kuo-jen
or people of the city constituted a coalition of the ruling elements who,
with the lord as a hub, were segmented, and derived from the Chou royal
house. The city people as a group formed the basic body which often
moved from one assigned domain to another, without being attached to
a particular locality which was a city. Chou "feudalism" was an institu-
tion which assigned people instead of territory to a subgroup of the
main body of the Chou nation. It is, in fact, a process of segmentation,
and a continuous process of segmentation that produced even smaller
suburb groups. The Chou "feudalism" is indeed not drastically different
from the Shang one that too was a social unit of the Shang state (Hsu
Cho-yun, 1984: 147).

Nevertheless, once a group of people led by a lord moved to a given
place, and once the local natives (or at least some of them) joined the
population of the coalition, the new state, with its concerns of local in-
terest and local resources, would develop an attachment to the locality,
and thus become a territoriality. After the loss of their capital in the
Wei River Valley in 772 B.C., the network of Chou states collapsed. The
states in the eastern plain were then transformed from segmented sub-
groups to localized polities. The Ch'un-ch'iu state, although dominated
by a single city, still distinctively different from the Mesopotamian-Greek
pattern of city-states, never acquired a legal personality. Even during
the Chan-kuo period, when both commercialization and urbanization oc-
curred, the Chinese cities were never independent from the state auth-
ority.

In ancient China, the economic function of the city could not surpass its administrative and military functions. Such a basic attribution should make the Chinese cities more akin to the Egyptian model rather than the Mesopotamian-Greek counterpart. In the Central Plain which was the center of activities in ancient China, raw materials such as metals, timber, and other resources were readily available in a great variety of terrains and ecological conditions. A state did not need to conduct long-distance trade for the sake of securing essential resources. On the other hand, the farming villages that spread around the cities, as Tu Cheng-sheng argued, were communities which might have been there as early as Neolithic days. These communities supplied the city with food and other products. City and rural villages were mutually dependent and supplementary; their interests were probably in very little conflict. Both the city and the village were settlements known as "i". In the time of Confucius, an i could be as small as having ten households. A city was only an extension of the rural community. By expanding from a smaller area to include a larger area a city could develop into a territorial state.

The city was not an exclusive legal personality. Therefore there was nothing to prevent several cities from being included in a territorial state. The process of development toward territorial states in cities of the Mesopotamian-Greek model often involved struggles between and among competing cities (Kraeling and Adams, 1958: 79-80). These inter-city struggles, however, were not an issue in ancient China.

Statehood in the Ch'un-ch'iu period was not based on a prototype of a territorial state; instead, the Ch'un-ch'iu states consisted of remnants of the Chou system of the segmented *fen-feng* network. These Ch'un-ch'iu states were not as complete as the Western Chou kingdom as far as functions and structures of a state were concerned. For instance, sovereignty belonged to the Western Chou king; none of the subordinate states could claim complete sovereignty until the fall of the Chou. Throughout the Ch'un-ch'iu and Chan-kuo periods, the states, step by step, gradually established their own claim of full sovereignty. By the time several state rulers proclaimed themselves monarch in the mid-Chan-kuo period, the Chou sovereignty was completely discarded. Again for instance, there was often unclaimed territory between the Ch'un-ch'iu states. The Ch'un-ch'iu state usually controlled areas along networks of roads which reached outposts assigned to their own lesser nobles who served as ministers. There were few border checkpoints on the road system; the domain of one state might be located beyond the land controlled by another state (Ku Tung-kao, 1888, and Yu Cheng-hsi, 1888). In theory at least, all of China was owned by the Chou crown; a lord of the fen-feng system was just one element in the whole system. The vague boundaries between states was not a serious concern to the members of the Chou system. In the Ch'un-ch'iu period, however, the de-facto independent states had to consolidate the territory then controlled by assuring clear demarcation of the borders within which every settlement and every person ought to be brought under the state administration.

By the time of the fall of the Western Chou, in the localized state whose interests were identified with the local population that formed a coalition of the Chou people and the natives, localized cultures had developed. The centrifugal tendencies of the state that were identified with such local interests and local cultures, gradually outweighed the gravitation to the former Chou royal network. On the other hand, the localized state had to confirm its sovereignty and its identity so a centripetal tendency within the state also grew strong. The interaction of both tendencies finally shaped China into a multi-state system (Walker, 1953).

The centrifugal tendency of the Chou fen-feng system during the Ch'un-ch'iu period was well documented by Ku Tung-kao in his chronological analysis of the inter-state relationship drawn from the Tso-chuan. The Chou royal house and the state exchanged hostages in 720 B.C. In a battle between Chou and Cheng, the Chou king was wounded on the shoulder in 707 B.C. The death of King Chuang was neither reported to the states, nor did the states send any condolence messages in 682 B.C. An inter-state meeting was presided over for the first time by the Duke of Ch'i, a state ruler, instead of the royal envoy in 681 B.C. The king was summoned by the powerful Ch'iu duke to attend an inter-state meeting in 632 B.C.

In less than a century the Chou royal house lost all its authority, in name as well as in reality. The institutionalization of a Pa [over-lordship] which was passed from one state to another and held for a prolonged period largely by the state of Ch'in, supplanted the Chou royal authority. During this transition, the Chinese world was kept relatively in order, and at the same time all the major members of the Chinese multi-state system enjoyed the freedom to expand and to consolidate. The inter-state conference on limits of armaments in 545 B.C. should be regarded as an occasion of mutual recognition of full sovereignty and autonomy among peers. The overlordship [Pa] was transmitted from the states of Cheng and Kuo in the heartland of China gradually to the peripheral states of Ch'i and Ch'in, and Chin testified that the strong cenrifugal force in the periphery provided those states with a free hand to overcome the traditional influence of the Chou system and to use well their potential in human as well as natural resources for the sake of their state-building task.

The centripetal tendency within each major state followed the centrifugal tendency that pulled states away from the residue of the Chou system. The first step of the centripetal movement was the centralization of political authority. By the mid-Ch'un-ch'iu period, in the sixth century B.C., oligarchies dominated by ministerial households had been established in most of the important states—Lu, Sung, Cheng, Ch'i, etc. Further struggles among the powerful hereditary ministers finally changed these oligarchies into monarchies. A parallel phenomenon was that local administrative posts were appointed by the state court to replace and often to displace the hereditary lord of the domain. Thus, aristocracy finally gave way to some kind of bureaucracy that assisted the state ruler to govern (Cho-yun Hsu, 1965: 80-95).

Such a change took place in virtually all the important states sooner or later during the Ch'un-ch'iu and Chan-kuo period. The first appearance of the *hsien* [county] administrative unit could be either in Ch'in [688 B.C.] or in Ch'u during the reign of King Wu [740-690 B.C.]. The new *hsien* unit was governed by a magistrate appointed by and reporting to the state ruler. And in either case the creation of *hsien* was related to the annexation of a newly conquered region. Therefore, conflicts between states should have been one of the significant causes of consolidation of state authority in order to strengthen control on the local level. Both Ch'in and Ch'u located at peripheries of the old heartland where the inhibition of the old *fen-feng* system was less rigid. There were also *hsien* units in Chin, the leading state of the Central Plain. The Chin *hsien* remained as hereditary domains until 514 B.C. when the domains of two major noble houses were divided into ten *hsien* units after they were defeated by rival houses. The new *hsien* thus created were directly controlled by the central state court, not only because the magistrates were appointed, but also because judicial decisions made at the local level had to be approved by the state court (*Tso-chuan*, Duke Chao, year 28 and 29). Thus, this transformation is truly an important turning point in the history of the bureaucratization of local administration.

Claessen and Skalnik analyzed twenty-one cases of state development to reach the conclusion that an early state was judged to be typical if:

[1] trade and markets were developed at the supra-local level;

[2] heredity as a principle of succession was balanced by appointment;

[3] private ownership of land was still very limited, while state ownership was gradually becoming important;

[4] salaried functionaries were found in it besides remunerated functionaries, or one and the same functionary was receiving a salary as well as remuneration;

[5] a start towards condification of laws and punishment was formed;

[6] formal judges were present, besides "general" functionaries;

[7] regular tribute, partly in kind and partly in services, was exacted, and major works, organized by government functionaries, were being undertaken with the aid of compulsory labor. (Claessen and Skalnik, 1978: 640-641).

What has been discussed in the preceding paragraphs coincides with criteria #2 and #4 listed above. Comparing the other criteria with the historical events in the Ch'un-ch'iu period, we find close parallels item by item. As far as codification of law is concerned, the law was published in Cheng in 536 B.C. and the legal code was cast on bronze vessels in Ch'u in 513 B.C. Both cases testified that law had been codified and publicized.

Military services and taxation were closely related in ancient China: the former was a form of contribution of human resources, while the latter was a levy on material resources. In 645 B.C. the state of Chin demanded that regions outside the city bear military expenses which were formerly exacted only from the city dwellers. In 590 B.C. the state of Lu also drew resources from the countryside to increase its military capability. Both Lu and Chin therefore expanded their tax-base to include the farming settlements which had no responsibility to shoulder military expenses. And both cases took place after the concerned states faced defeat or felt a shortage of arms. In 594 B.C. the state of Lu for the first time levied taxes according to the acreage of arable land. In 548 B.C. the state of Ch'u ordered a state-wide land survey to determine the total resources and thus budgeted the distributions of fiscal and military responsibilities of various regions (Cho-yun Hsu, 1965: 107-109).

The inter-state and intra-state power struggle happened in all the states during the Ch'un-ch'iu period and of course brought redistribution of resources, including land and wealth. The winners more often than not would bestow arable land on their supporters. These gifts, however, were not given as domains or fiefs. They were given as private properties. Meanwhile, the arable land which formerly might belong to farmers who were not in the fen-feng system, was to be taxed; the land newly reclaimed with iron implements would also be taxed. Therefore, ownership of land was gradually confirmed by taxation. The farming population was differentiated into some wealthy farmers who chould hire others to till the land, and some poor ones who were to be hired; inter-regional trade expanded with better and more frequent contacts and transport facilities; large populations turned non-productive due to the maintenance of armies; wealth concentrated in the hands of the upper level of the ruling classes who accumulated enormous surpluses and therefore large consuming capabilities. All these developments made the late Ch'un-ch'iu economy very active. That is reflected in the general trend of commercialization and urbanization (Cho-yun Han, 1968: 110-113, 116-117).

By the time the Ch'un-ch'iu period drew to a close in the fifth century B.C., the criteria of the typical early state as defined by Claessen and Skalnik appeared quite obviously prevalent. On the societal side, in China there was a restructuring of the society. Ever since the Shang period, the *tsu* [real or fictitious kinship group] which could be called an ascriptive group, had always been a significant political unit. The drastic social changes taking place during the Ch'un-ch'iu period brought many old *tsu* groups to their ends. The *tsu* was about to cease to be a politi·

cal unit. The tablets of oaths excavated at Hou-ma serve as evidence of such a transition from the tsu's changing function as a political unit. The six hundred pieces of stone tablets recorded the oath declared by supporters and subordinates of the powerful Chao clans who were among the winners of a bloody power struggle in the state of Chin. The people who were to be purged were the losers who belonged to twenty-one houses of nine clans. Some of the defeated people were members of the Chao while some belonged to other clans. The losers, together with "their uncles, brothers and descendants" were cursed in the tablets to never return to Chin (K'ao-ku-yen-chiu-so, 1976). This group of excavated documents is probably related to a coup d'etat in 495 B.C. although scholars have yet to settle a dispute on the date (K'ao-ku-yen-chiu-so, 1984: 280-281). What is revealed in the tablets of oath is that the solidarity within the tsu kinship group was lost. The power struggle indeed took place along tsu lines; even the penalty of curses was still directed against the tsu as a whole responsible group. Nevertheless, the Chao clan had been split—some of its own members were to be barred and cursed as defeated foes.

There were changes in ideologies, too, during the late *Ch'un-ch'iu* period. Confucius was repeatedly requested by his disciples to define politics. Among the four divisions of expertise of which Confucian disciples could make claim, one was political capability. Many of Confucius' disciples actually served in various capacities as government functionaries in several states. The entire Confucian system was developed upon a combined role-model of serving the public politically and character-building morally. Both general competence and worthiness in character are idealized criteria to enter goverment service, while breed or origin of birth is not taken into primary considerations. Such a conceptual change is again closely related to the disintegration of the *tsu* institution which were formerly political as well as social organizations. From then on, the social function of the *tsu* survived; the surname of a *tsu* remained as one's identity; but the *tsu* was no longer politically significant. The *hsin*, which can be roughly translated as nation, and the *tsu*, which can be roughly rendered as clan, were clearly distinctive in the Ch'un-ch'iu period. After the Chan-kuo period, this distinction of usage was totally blurred, and both were then regarded as surnames. The loss of meaning of *tsu* should be interpreted as a consequence of the separation of state and society.

In summary, the Ch'un-ch'iu states gradually developed toward typical early statehood by acquiring the complete functions of a territorial state. On the other hand, the role of kinship groups within the state structure gradually faded as state authority increased. One of the dynamics that seemed to have an impact upon such transformations is the conflicts within the state and wars between states. The effects of such transformation of the state were reorganization of the society and the restructuring of the economy. The political significance of kinship groups receded while the state that consisted of bureaucrat-elites and taxpaying subjects formed a mode of state-society relationship.

It seems that the state, in the entire process of transformation, became an independent variable by itself.

During the Chan-kuo period, the transformation of the structure and function of the state was accelerated and escalated. The early state gradually developed the characteristics of a fullfledged state with complete sovereignty over its subjects and with undifferentiated authority. In the Chan-kuo period, wars and conflicts between states were frequent and violent. Each state had to make certain to mobilize all its human and natural resources for the sake of survival. Hence, many states introduced political reforms which included streamlining the administration, reducing the size and power of the privileged group, and most important of all, enhancing ways and means to tap resources. These political reforms, such as those staged by Wu Ch'i in Ch'u, by Shang Yang in Ch'in, and by Shen Pu-hai in Han, were featured in the centralization of political power in the hands of the monarchs, elimination or curtailment of the hereditary aristocracy, and reorganization of local administrations. Not only politics always a main concern in Confucianism, there also emerged the Fa-chia theories that were developed mainly to serve the need of political reformers. The newly rising intellectuals [shih] were trained to apply their knowledge and expertise in government. There were no more hereditary ministers in the court; there was no requirement that an official had to stay in one court forever. Intellectuals traveled from one state to another; foreign-born politicians were hired to fill positions in the major states. This was the beginning of professional bureaucrats who pursued politics as a career. Correspondingly, theories on political behaviors, especially those proposed by the Fa-chia, such as loyalty, obedience, faithful discharge of assignments, and reward—punishment according to performance, laid a foundation for further bureaucratization in China (Cho-yun Hsu, 1965: 92-100).

Adams cited two elements in the history of the state formation in Mesopotamia which are rather cumulative: one is the development from the city-state to the territorial state, and another is the expansion of the society. The former involved an expansion in the size of the administrative elite, a qualitative increase in the complexity of the administrative organization. In short, the process of bureaucratization. For the latter, Adams suggested that the concerned society established new moral and artistic goals, and that there was an expansion in self-consciousness and moral stature (Kraeling and Adams, 1957: 84). The Chinese development in the Chan-kuo period, however, shows that the further growth of the territorial state due to the increase in size of the state and the complexity involved in the administration of larger areas as well as larger populations, would create sufficient conditions to lead to the qualitative changes that are a combined process of bureaucratization and the appearance of new experts who are bureaucrats. The second element which Adams raised, of course, reflected precisely the phenomenon of the active debates and arguments among the "one hundred schools of thought" prevalent in the Ch'un-ch'iu periods.

The great fluidity of social mobility in the Chan-kuo period as I suggested should finally be interpreted as a total restructuring of the society. The old socially stratified system with an hereditary aristocracy on the top gave way to a society which was dominated by state power that ruled all the subjects (Tu Cheng-sheng, 1985; Cho-yun Hsu, 1965: 39-52, 96-105). Thus, along the spectrum of familial-contractual relationship, the new social mobility would be associated with the shift of social relationships, to a specific, temporal, and therefore toward a contractual form. A release from the bondage of ascriptive ties, would probably also release the social energy that was essential to making the Chan-kuo period a time of enormous changes.

Let us return to the issue of state development. The mode of a Chan-kuo state is well described by Han Fei who synthesized three schools of Fa-chia theories: Shang Yang's emphasis upon law, Shen Tao's stress on structure, and Shen Pu-hai's attention to administrative function. Thus, a state was to be ruled by impersonal codified law, governed by a structure that defined the distribution of power and authority, and administered by a system based on division of functions while the performances of incumbents were regulated. Han Fei's synthesis can actually be regarded as a comprehensive one encompassing legalist, functionalist, and structuralist approaches to government theory. A state of such a mode has fully developed statehood. The hereditary aristocracy was only a small minority. Law was codified, and rather universal. Land was privately owned and a market economy was developed. Under the sovereignty of a monarch, most subjects were of equal social status. In a few states (Wei and Ch'i, for instance) a standing army was mourned by the professional soldiers; while in Ch'in, able-bodied male adults rendered universal military service. Taxes, including the land tax and market tax, were generally levied so that the state was sustained by stable revenues.

The development experienced by Chan-kuo states was a continuation of those of the Ch'un-ch'iu period. The most pertinent primary dynamics also seemed to be wars and conflicts between states. Consolidation of the state power was for the purpose of surviving the inter-state struggle, which stimulated further expansion to control more resources. Economic changes taking place in the Chan-kuo period mainly coincided with the need to survive and the warrelated conditions (Cho-yun Hsu, 1965: 111-115, 117-126).

Agriculture was an economic activity that enjoyed good advancement. Water control projects were so developed that Wittfogel and other advocates of hydraulic theories often used the Chan-kuo case of irrigation development to suggest a close causality between the need for hydraulic engineering and the appearance of rather despotic state power (K.A. Wittfogel, 1957). Adams, however, has long noted that the development of irrigation projects in Mesopotamia, Egypt, and Meso-America took place after, not before, the appearance of states. The need to develop hydraulic engineering was not the primary force that initiated the organization of the ancient state (Adams, 1958: 280-289). Important water control projects, such as the Chang River project constructed by Hsi-men Pao in Wei, the Ch'i-ssu reservoir by Sun-shu Ao in Ch'u and the

Tu-chiang Dam by Li Ping in Ch'in were all constructed by local adm-
inistrators after the respective states had developed strong state powers
(Cho-yun Hsu, 1965: 131-133). Since the state in ancient China had its
crucial headstart initiated as early as in the Ch'un-ch'iu period, the Chinese
case therefore also testifies that a well-developed state appeared before the
need for irrigation projects was felt, rather than the latter determining the
necessity to develop the former. It is the state, especially a fully developed
state, that endows its local administrators with sufficient resources to
construct costly irrigation projects for the sake of increasing the per-unit
agricultural product. Here, again, the state seems to be an independent
variable that influenced the economy, in this case agriculture, to advance.

Chan-kuo states were such well-developed territorial states that China
had a multi-state system which resembled the early modern European
multi-state system. It should be noted that such territorial states, un-
like the pattern of the European states, did not completely break away
to become a number of totally independent polities, even though for some
centuries the Chan-kuo states did have complete sovereignty until the
Ch'in unification. The Chinese always regarded China as a single entity
and any disunion, including the disunion of the Chan-kuo period, was
only temporary. Such a mentality should be partly attributed to the
general acknowledgement of the Chou royal authority which historically
had been recognized as a form of unification that was related to the
formation of a Chinese Hua-Hsia nation. Respect of the common leader-
ship of the Chou royal authority was transformed into a concept of a
culturally unified Chinese world. Meanwhile, the frequent contacts among
the Ch'un-ch'iu and the Chan-kuo states finally created a common heri-
tage that put every state under the process of assimilation. The state
of Ch'u, a long-time challenger of the northern China coalition, by the
end of the Ch'un-ch'iu period, had eventually absorbed so much of the
Chinese cultural elements through frequent contacts, that it was accepted
as a member of the Chinese inter-state community. Archeologically speak-
ing, the Ch'u burial sites at Chiang-ling and Chang-sha yielded findings
quits similar to those excavated from the Eastern Chou tombs in North
China. The morphology and composition of the bronze vessels were
generally akin to their northern counterparts; although the pottery was
quite distinctively different from the northern tradition (K'ao-ku Yen-

chiu-so, 1984: 306-307).

Another case of cultural assimilation is the state of Chung-shan in present-day Hopei. Chung-shan was probably a state of the Hsien-yu or White Ti, who were non-Chinese tribal people in the North. Nevertheless, the excavated burials of Chung-shan Kings in the Chan-Kuo period displayed a heavily sinicized local culture (K'ao-kuYen-chiu-so, 1986: 295-297). The state of Chung-shan had never been a member of the Western Chou fen-feng network. Neither necessity nor tradition dictated that the Chung-shan people should follow the rituals of the Chou hierarchy. But the excavated royal tomb adopted the ritualistic regulations of the Chou system in every detail (Ibid: 297-298). The states of Tseng and Ts'ai had for a long time been drawn into the Ch'u orbit. The tombs of the Tseng and Ts'ai rulers, however, were still built according to the Chou way; the rituals reflected in buried objects also faithfully reflected the customs of the Chou state rulers (Ibid: 298-303). It seems, therefore, that the upper echelon of the Chan-kuo states were virtually a homogeneous group who shared some cultural heritage as a consequence of cultural assimilation.

The Chinese writing system, had been unified ever since the Shang period. Therefore, literate people throughout China generally used the same script to read and to write. In the Tso-chuan and other classics, the diplomats of the Chun-ch'iu states cited verses and anecdotes from the same literary sources. These aristocrats were educated in the same literary tradition. The Chan-kuo intellectuals traveled rather freely from one state to another. There were local dialects in different states, but the Chan-kun intellectuals were able to communicate in the court as well as with each other. There is no doubt that a common culture was shared by the upper classes. This cultural homogeneity and a memory that once upon a time there was a Chou king who ruled a universal kingdom of China, or at least a good part of China, enabled the Chan-kuo people to readily develop a sense of cultural unity and thus also a desire for political unification. Mencius commented on the issue of unification as if it were an assumption to be taken for granted. Probably the notion that China ought to be unified was commonly held by all the Chan-kuo ruling classes, including the intellectuals. They agreed on Chinese unification, yet they could not agree upon the issue: who was to unify China? Ironically, because every state aspired to achieve unification under her leadership, wars becames more frequent and more violent. Therefore the term warring states was given to this period. For the sake of survival and victory, the authority of the state as well as its functions was increased steadily until the whole of China was unified by the most authoritarian state. It may not be off the mark to relate cultural homogeneity to the urge to achieve political unification, and therefore wars were so perpetuated that the state power was expanded accordingly.

Chinese culture, ever since the Neolithic period, was centered in the Central Plain which some years ago was called the nuclear area by archeologists. The concept of a nuclear area is now being revised to recognize the existance of several local traditions. It nevertheless is a historical reality that the Hsia-Shang-Chou continuity made the Central Plain the core of cultural development in China. The Western Chou, by its fenfeng system, on the one hand radiated cultural influences from the core. On the other hand, the tentacles of the same fen-feng system also facilitated the blending of native cultures in various local areas into the dominating culture of the Chou heartland. The two-way acculturation was a prolonged continuous process. In the late Western Chou and the Ch'un-ch'iu periods, the tendency toward localization was so strong that centrifugal forces probably inspired the Ch'un-ch'iu states to establish de-facto independence. The late Ch'un-ch'iu and the Chan-kuo periods, in turn, probably witnessed a reversed tendency that centripetal forces, due to frequent contacts, facilitated the formation of cultural homogeneity.

The Ch'in unification signaled the last step toward completion of the evolution of the state in China. The early state had developed into a gigantic complicated empire. Because there had been a considerable degree of cultural homogeneity, at least among the elite, the empire built upon such a foundation was consequently a universal empire. The national states, which appeared in early-modern Europe, could not find their counterparts in ancient China.

In China after the Ch'in empire there was always a very strong cultural gravity which pulled the neighboring peripheral cultures into its own orbit because the Chinese core was both so large and homogeneous that the peripheral ones could hardly match its strength. The heterogeneous neighboring cultures were continuously absorbed and integrated into the core; the Chinese core would continuously expand and become even larger, even more massive, and therefore even more homogeneous and universalized. The process of regeneration could proceed until the system itself collapsed internally, or was suddenly confronted with another universalized powerful system. The entire process, again, evolved around a powerful state, that of a universal empire.

The structure of the Ch'in-Han empire's governing apparatus was essentially the realization of Fa-chia ideology. The monarchy held supreme authority. The provincial and county governments were held responsible for local administration. Division of labor and function was found in departments at all levels of government. Written rules and codified law served as a base of regulations. Periodically reports were submitted by functionaries to their superiors who checked the subordinates performance according to assigned missions and jurisdictions. Special offices of inspectors and overseers at various levels of government kept the functionaries under accountable surveillance. All these practices had actually been initiated or developed in the governments of the Chan-kuo states. The Ch'in system which Han inherited was an end product evolved from the Chan-kuo initiations. Han Fei's synthesis ought to be regarded as a synthesis that provided theoretical justification for existing institutions.

The state in the *Chou-li* [the Rites of Chou] was probably also an idealized one in which bureaucracy had fully blossomed. The *Chou-li* was possibly compiled in the late Chan-kuo period, at a time when the state was just about to be bureaucratized. I venture to suggest that the *Chou-li* was a utopia proposed by scholars who anticipated the full development of bureaucracy which was a relatively rational mechanism of governance that least could be a counter weight to the unchecked authority of the ruler. Those who proposed this, of course, might not be able to foresee the shortcomings of a gigantic bureaucracy such as reduced efficiency, conservative tendencies, etc. The state in the *Chou-li* seemed to be universalized so that it reflected the universality of the Chinese culture. Because of such universality and the related homogeneity of Chinese culture, another large encyclopedic work, the *Lü-shih-ch'un-ch'iu* presented a vast all-embracing cosmic system in which the cosmos, just like a state, was a universalized cosmological order of rational structures and functions. The same mentality can also be seen in many Han works, including the *Huai-nan-tzu*, the *Ch'un-ch'iu-fan-lu*, and the metaphysics of Yang Hsiung, most of whom viewed the cosmos as a mirror image of the universal state in this world.

The completion of the Ch'in-Han imperial state system was achieved by having the system of politics and the order of knowledge interwoven and then almost totally overlapped. Those encyclopedic works mentioned above represented intellectual efforts to organize knowledge and ideology into metaphysical orders which were systemic and schematic. The total overlapping of knowledge and politics took place after intellectuals becoming bereaucrats. Ch'in's government was overthrown probably because of Ch'in's failure to secure the support of the intellectuals. The Ch'in anti-intellectualism induced the state to restricted educational roles only within the bureaucracy while clerks were teachers who trained youth to work as clerks. No knowledge beyond pragmatic skills and the three "R"s was allowed to be taught. The suppression of the intellectuals reflected the monopoly of the political system in every sphere of the society. A totalitarian Ch'in state thus prevailed, and existed only briefly.

The Han empire almost repeated the Ch'in's failure to secure the support of intellectuals during its early reigns when the Han government was manned by the descendants of a small exclusive group of the founders of the dynasty. The establishment of a system of bureaucratic recruitment by means of recommendation and examination created a mechanism that brought intellectuals into government service. Meanwhile, Confucianism, which was originally attached to the Fa-chia ideology, became virtually the mainstream of Han political thought, recommendation and examination for government service, and these were turned into channels of indoctrination that helped spread Confucianism. The system of recruitment therefore became a catalyst that welded a Confucian ideological system into a bureaucratic system of the empire. The Fa-chia theories indeed stressed the method and the functions of governance; the goal and the purpose of the governance, however, were not their concern. On the contrary, in Confucianism the purpose and meaning of the state were the central concerns in politics, while pragmatic skills and methods of governance were hardly touched. A combination of both Confucianism and the Fa-chia theories thus provided the Han imperial bureaucracy with an intellectual rationalization (Cho-yun Hsu, 1986).

In the early reigns of the Han period, the intellectuals were still divided into contending schools. As soon as the bureaucracy and Confucianism were welded into overlapped systems, the heterogeneous intellectual circles gave way to a highly homogeneous community of intellectuals. The learning of Motzu and Yang Chu, for instance, were among the major schools during the Chan-kuo period. They were completely ignored in Han, however. The Han intellectual homogeneity therefore was very exclusion.

Eisenstadt noted that, in the bureaucratic society, the political system had a tendency to develop political autonomy and generalized power. On the other hand, there were also limitations on the tendency of generalization of power in the political system. The participating social groups often had their own claims and expectations to be translated into their political goals. Thus, the rulers' tendency toward generalization of power would be confronted with the problem accruing from the development of a similar or parallel tendency among the ruled (Eisenstadt, 1963: 363-368). The Han case is one of the cardinal examples that such a limitation occurred. The intellectual system and the bureaucracy joined to serve the state; nevertheless, the joint force also checked and balanced the imperial authority. The claims and expectations of these intellectual-bureaucrats needed to be translated into political actions. Thus, the moral code which Confucians internalized in their thinking and their behavior, became guiding principles of government policies. With their indispensable service to bureaucracy as a spearhead, the Confucians had the resources to turn government policy to their claims and expectations, i.e. their ideology, and made such ideology into reality.

The Han state possessed enormous power which was hardly matched by other sectors either social or economic. The interference of state power in the Han economic development created a sharp turn of direction in the Chinese economy. During the early decades of the Han dynasty, the economy was a continuation of free marketing under the Chan-kuo multi-states environment. A laissez-faire policy during the early reigns generally created favorable conditions for the Han economy to grow. An urban-based highly commercialized economy was noticeable at both the national and local levels. During the reign of Emperor Wu (140-87 B.C.), financial difficulties due to foreign war and extravagance provoked the government policy to increase revenues by levying heavy taxes and adopting various profit-making enterprises. The result was that private sectors of the economy withered drastically due to government competitors backed by politically coercive powers, including judicial pressures. The destruction of the private economy took place during the initial merger of the intellectuals and bureaucrats. Although some intellectuals stood on the side of the despotic regime some Confucian scholars spoke on behalf of the private sector of the economy. The general trend was to favor agricultural development at the expense of the commercial and manufacturing enterprises. The Han economy after the reigns of Emperors Wu and Chao lost much of its dynamic. The vacuum created by the withering of the urban-based private commercial and manufacturing enterprises was filled by an agrarian economy which featured intensive farming on small farmsteads and a rural marketing network that depended upon cottage industry and fairground trade (Cho-yun Hsu, 1980, 38-56, 134-136). Such an agrarian economy remained typical of China for a long time. If the Han intellectual-bureaucratic system had not curtailed the development of an active urban-based economy at the crucial moment of its growth, such a shift toward an economy of small farmsteads might not have tipped the balance so much that the Chinese economy was forever trapped in a high-level equilibrium that Elvin found typically Chinese (Elvin, 1973).

The state system of the Ch'in-Han period was a completed structure. As has been illustrated in preceding paragraphs, the state could be a powerful independent variable that interacted with various social forces. When intellectuals who represented knowledge cooperated with the political system, i.e. the bureaucracy and the imperial authority, intellectuals as a social force facilitated the expansion of political power. Yet meanwhile, intellectuals could never match the strength of the state. The intellectuals found that they faced insurmountable resistance from the imperial authority as soon as they started to seriously implement their claims and expectations. The imperial authority would strike as soon as limitations on the generalization of despotic power were imposed by intellectuals. The latter who represented social conscience and idealized goals for a better society would then be suppressed and even crushed.

The massive purge against intellectuals in the Eastern Han period was exactly the tragedy that the Han intellectuals were doomed to experience after the social forces they represented were suppressed. On the other hand, some intellectuals chose to collaborate with the political authority and thus shared its dividends of power. The aristocratization of the establishment among intellectuals testified to such a process of symbiotic monopoly of power as political authority and power of knowledge merged. The end product, however, was a crystallization of the knowledge system and the creation of a politically approved orthodoxy which could not escape the loss of flexibility and its final death (Cho-yun Hsu, 1986).

The state in Chinese history was probably first developed during the Hsia-Shang periods and advanced to a large system of early states in the Western Chou period. Collapse of the Western Chou system brought into existence a number of localized entities which had to review the process of developing toward completed statehood because such remnants of the Chou system were not fully completed states. The Ch'un-ch'iu states, which could be conveniently called city-states, were not the same as the Mesopotamian-Greek model. The Chinese model of city-states was closely associated with ascriptive groups such as kinship groups and even nations while the Mesopotamian-Greek model was organized as spatial units. The conflicts between city-states produced the momentum to consolidate their internal structures. A multi-state system that evolved in the Ch'un-ch'iu and the Chan-kuo periods created the foundations for inter-state conflict, while the cultural uniformity provided a justification for all the states to further their own ambitions. Such conflicts in turn reinforced the consolidation of state power. The complete destruction of the Chou system led to a bureaucratic state that was built upon tax-paying subjects who were of rather equal status. The newly-rising intellectuals (*shih*) used their knowledge and expertise to serve the bureaucratic state and also helped the state to increase its political power. Cultural homogeneity coincided with the desire to achieve political unification to form a universal empire. The imperial authority, with the cooperation of the intellectuals, was served by a unusually large and powerful bureaucracy. Thus the imperial state became a monolithic power that was strong enough to destroy other social forces including members of the intellectual community. Some intellectuals opted to collaborate; a long-lived symbiotic relationship between the political power and the intellectuals deprived both of vitality and the ability to adjust: the corruption of power therefore led to the death of the entire system.

The whole process of evolution and devolution reflected adjustments and accommodations between state and society. It was the state that gained power at every stage and often it was the state that became an independent variable which changed society.

BIBLIOGRAPHY

Robert M. Adams, "Early Civilizations, Subsistence, and Environment," in C.H. Kraeling and R.M. Adams, (eds.), 1958, pp. 269-295.

Robert Carneiro, "A Theory of the Origin of the State," *Science*, 169 (1970): 733-738.

Kwang-chih Chang, *Shang Civilization* (New Haven, Yale University Press, 1980).

Henri J.M. Claessen and Peter Skalnik (eds.), 1978, *The Early States* (The Hague, the Netherlands: Mouton Publishers).

Peter Evans, Dietrich Reuschemeyer and Theda Skocpol, eds., *Bringing the State Back In* (Cambridge: Cambridge University Press, 1985).

Shmuel N. Eisenstadt, *The Political Systems of Empires*, (New York and London: Collier-Mac Millan: The Free Press of Glencoe, 1963).

Mark Elvin, *The Pattern of China's Past* (Stanford: Stanford University Press, 1973).

Robert Griffeth and Carol G. Thomas (eds.), *The City-State in Five Cultures* (Santa Barbara, Calif. and Oxford, England: A.B.C.-Chio, 1981).

Cho-yun Han, *Ancient China in Transition* (Stanford: Stanford University Press, 1965).

Cho-yun Hsu, *Han Agriculture* (Seattle: University of Washington Press, 1980).

Cho-yun Hsu, *Hsi-Chou-Shih* (Taipei: Lien-ching, 1984).

Cho-yun Hsu, "Historical Conditions of the Emergence and Crystallization of the Confucian System," in E.S.N. Eisenstadt, ed., *Axial Age Civilizations* (Albany: University of New York Press: 1986).

K'ao-ku-yen-chiu-so, *Hou-ma-meng-shu* (Beijing: Wen-wu, 1976).

K'ao-ku-yen-chiu-so, *Hsin-Chung-kuo ti K'ao-ku fa-hsien ho yen-chiu* (Beijing: Wen-wu, 1984).

Karl H. Kraeling and Robert McAdams (eds.), *City Invincible: A Symposium on Urbanization and Cultural Development in the Ancient Near East* (Chicago: University of Chicago Press, 1958).

Tung-Kao Ku, "Ch'un-ch'iu lieh-kuo pu-shou kuan-shai-lun", Ch'un-ch'in ta-shih-piao 9/11-13 Huang-Ching ching-chieh hsu-pien, Vol. 84 (Chiang-yin: Nan-ching Academy, 1888).

Mogens Trolle Larsen, *The Old Assyrian City-State and Its Colonies* (Copenhagen: Akademisk Forlag 1976).

Elmen R. Service, *Origins of the State and Civilization: The Process of Cultural Evolution* (New York: W.W. Norton Cor, 1975).

Milton Singer, "The Expansion of Society and Its Cultural Implications", Kraelirg and McAdams, 1958. 249-267.

Theda Skocpol, "Bring the State Back In: Strategies of Analysis in Current Research," in Evans, et al, 1985, 3-37).

Cheng-sheng Tu, *Hsi-Chou-ch'eng-pang* (Taipei: Lien-ching, 1979).

Cheng-sheng Tu, "Chou-tai fen-chien chieh-ti-hou ti chun-cheng hsin-ts'u-hsu", *Bulletin of the Institute of History and Philologhy*, No. 55, pt. 1, (1985).

Richard L. Walker, *The Multi-State System of Ancient China* (Hamden: The Shoe String Press, 1953).

K.A. Wittfogel, *Oriental Despotism: A Comparative Study of Power* (New Haven: Yale University Press, 1957).

Cheng-hsu Yu, "Yueh-kuo-pi-yuan-lun", Kuei-ssu lei-kao 5/9, Huang-Ch'ing-ching-chieh, Vol. 838 (Chiang-yin: Nan-ching Academy, 1888).

從安土重遷論秦漢時代的徙民與遷徙刑
―附錄：論漢代遷徙刑的運用與不復肉刑―

邢 義 田

遷徙離鄉在秦漢時人心目中的嚴重性，可以從下面這個故事明白地看出來。武帝元狩元年（122B.C.），淮南王安謀反，苦無不安的情勢可以利用。於是中郎伍被獻上一計，鼓動民怨：

> 被曰：「必不得已，被有愚計。」王曰：「奈何？」被曰：「當今諸侯無異心，百姓無怨氣，朔方之郡土地廣美，民徙者不足以實其地。可爲丞相、御史請書，徙郡國豪傑及耐罪以上，以赦令除，家產五十萬以上者，皆徙其家屬朔方之郡。益發甲卒，急其會日。又僞爲左右都司空上林中都官詔獄書，逮諸侯太子及幸臣。如此則民怨，諸侯懼，卽使辯士隨而說之，黨可以徼幸。」[1]

以伍被估計，在諸侯無異心，百姓無怨氣的情況下，如果製造徙民朔方的傳言，卽可激起疑懼怨恨，創造有利起兵的情勢。淮南王聞其計，也認爲「此可也。」這個計劃後來雖然並沒有實現，却很眞切地反映了漢代人對遷徙，尤其是徙邊一事的感受。

伍被如此計謀，當然有它的背景。就在元狩元年的五年以前，也就是元朔二年（127B.C.）的春天，武帝遣衞青等人敗匈奴，收河南地，置朔方和五原郡。同年夏天，武帝卽募民十萬口徙朔方。伍被說「民徙者不足以實其地」就是指這一次徙民。同時，武帝還曾徙郡國豪傑及訾三百萬以上於茂陵。[2] 關東大俠郭解被迫遷徙又遭族誅一事卽發生在徙民茂陵的行動中。募民徙朔方一事在當時社會上有什麼反應，文獻失

---

1. 漢書（新校標點本，宏業書局，下同）卷四十五，荆伍江息夫傳，頁2174。又參史記卷一一八，淮南衡山列傳，除字句小異，大體相同。
2. 漢書卷六，武帝紀，頁170。

載，不得而知。不過，據漢書游俠傳，徙郡國豪傑及富人於茂陵一事，在當時曾震動
關山東西。時隔五年，人們記憶尙新，那些豪傑富人應更是餘悸猶存。五年前遷徙的
是家貲三百萬以上者，遷移的地點是京師茂陵，如今傳言徙家產五十萬以上者，將受
影響的富人更多，遷徙的地點是更糟的邊郡朔方，其可能引起的疑慮震恐必然更大。
這可以說是伍被此計的用心和最直接的背景。

　　如果更深遠一點說，自從中國成爲一個定居的農業社會，離鄉背井大槪已是一般
人最不得已和最難忍受的事之一。定居的農業使人傾向安土重遷。絕大部分的農民如
果不是因爲天災人禍或人口增殖的自然壓力，通常都不輕易離開他們的土地。這種社
會習性最早在尙書盤庚篇已經可以看見。漢代人對百姓安土重遷的特性觀察的也很深
刻。漢元帝在永光四年勿徙民初陵的詔書裏說：「安土重遷，黎民之性。骨肉相附，
人情所願也……奏徙郡國民以奉園陵，令百姓遠棄先祖墳墓，破業失產，親戚別離，
人懷思慕之心，家有不安之意。是以東垂被虛耗之害，關中有無聊之民，非久長之策
也。」[3] 劉向在說苑裏也說：「安故重遷，謂之衆庶。」[4] 東漢崔寔則謂：「小人之
情，安土重遷，寧就饑餒，無適樂土之慮。」[5] 對遷徙感受最深刻的恐怕要數屬籍安
定的王符。王符在潛夫論「實邊」篇中說：

　　　且安土重遷，戀慕墳墓，賢不肖之所同也。民之於徙，甚於伏法。伏法不過家
　　　一人死爾。諸亡失財貨，奪土遠移，不習風俗，不便水土，類多滅門，少能還
　　　者。[6]

東漢明、章以後，帝國西疆飽受羌患，朝臣紛紛主張放棄邊郡，遷邊民於內地。王符
以邊郡人的切身感受，竟然說出「民之於徙，甚於伏法」這樣深痛的話來。他又指出
邊地雖然危險，邊民「猶願守其緒業，死其本處，誠不欲去之極。」[7] 他的話和崔寔
所謂「寧就饑餒，無適樂土之慮」可以說完全顯露了當時人對遷徙離鄉的感受。

　　如果被迫離鄉，不論是因戰爭、災荒、仕宦或遭遷徙刑，都希望有朝一日能重返
故里。楚、漢之際，因戰爭而人口流亡甚多。等到戰爭結束，天下安定，「民咸歸鄉

　　3. 漢書卷九，元帝紀，頁292。
　　4. 說苑（漢魏叢書本，新興書局）卷十九，「脩文」，頁2上。
　　5. 通典（景印武英殿本，新興書局）卷一，食貨一，田制上，頁12上。
　　6. 汪繼培，潛夫論箋（世界書局，民國44年），頁 118。「安土重遷」作「夫土重遷」，據汪箋校改。
　　7. 同上，頁119。

」。[8]　「國三老袁良碑」記其先祖「當秦之亂，隱居河、洛。高祖破項，實從其冊。天下既定，還宅扶樂。」[9] 這是百姓於戰亂之後，返回鄉里的一個實證。漢人仕宦離鄉，致仕之時，例乞骸骨，歸故里。西漢元帝時，貢禹乞骸骨上奏裏有一段頗能反映思歸之心切：「自痛去家三千里，凡有一子，年十二，非有在家爲臣具棺椁者也。誠恐一旦蹎仆氣竭，不復自還，汚席薦於宮室，骸骨棄捐，孤魂不歸。不勝私願，願乞骸骨，及身生歸鄉里，死亡所恨。」[10] 上書以「死亡所恨」作結，可見他的心情。班超從西域上書求歸，說：「不敢望到酒泉郡，但願生入玉門關。」[11] 班超身在異域，以中土爲故鄉，反映的也是同樣的心情。如果不幸未及生而返鄉，亦願死而歸葬。其他因天災或遷徙刑離鄉望返的例子，下文還會再提到。總之，所謂「代馬望北，狐死首丘」，[12] 人們思鄉戀土之情如此濃烈，主要是因爲秦漢承古遺風，親族聚居，親朋故舊，盡在於斯。田園廬墓，彼此相連，死生同恤，祭祀同福。人一生較緊密的血親和地緣關係通常都和鄉里故居分不開，而這一切又是農業聚落長期定居和安土重遷自然的結果。[13]

　　對這種社會習性和心理有所認識，我們才能比較深切地了解秦、漢時代若干徙民措施和遷徙刑具有的意義。由於人們迫不得已不願遷徙，遷徙因此可以成爲被視作「甚於伏法」的嚴重懲罰。又因爲遷徙刑是以遷徙作爲懲罪的方式，政府對無罪的百姓就不能隨意遷之。如要徙民，須「募」，以利誘之，尊重其意願。如不願意願，強迫而行，就可能激起民變。伍被計謀依據的就是這樣的社會背景。因此，我們看見秦、漢兩代爲了政治或軍事的目的，大規模徙民或遷罪犯於邊，都採取了種種鼓勵的措施。對鼓勵徙民的措施有比較詳細陳述的是鼂錯。他在徙民實邊的建議中說：

　　　臣聞古之徙遠方以實廣虛也，相其陰陽之和，嘗其水泉之味，審其土地之宜，觀其艸木之饒，然後營邑立城，製里割宅，通田作之道，正阡陌之界，先爲築室，家有一堂二內，門戶之閉，置器物焉。民至有所居，作有所用，此民所以輕去故鄉而勸之新邑也。爲置醫巫，以救疾病，以脩祭祀，男女有昏，生死相

---

　8. 史記（新校標點本，宏業書局）卷十八，高祖功臣侯者年表，頁878。

　9. 隸釋（樓松書屋汪氏校本）卷六，頁5上。

10. 漢書卷七十二，貢禹傳，頁3073。

11. 後漢書（新校標點本，宏業書局）卷四十七，班超傳，頁1583，

12. 潛夫論箋，「實邊」第廿四，頁118。

13. 邢義田，「漢代的父老、僤與聚族里居」，漢學研究一卷二期（民國72年）頁364—376。

邑，墳墓相從，種樹畜長，室屋完安，此所以使民樂其處而有長居之心也。[14]
他建議的種種措施，不僅在促使百姓樂於遷徙，更在使民於遷徙之後，願意長居下來
。簡單的說，第一步為使百姓樂於遷徙，必須讓他們「至有所居，作有所用」；第二
步為使民願意長居，必須為他們安排一個他們原本習慣的聚落生活。儘管如此，這一
切安排對一般安土重遷的百姓仍不會有吸引力。事實上只有貧窮無以為生或犯罪的人
才可能接受這樣的安排。因此，鼂錯建議募民，以罪犯為先，欲贖罪或得爵者次之：

> 乃募辠人及免徒復作令居之；不足，募以丁奴婢贖辠及輸奴婢欲以拜爵者；不
>
> 足，乃募民之欲往者。皆賜高爵，復其家。予多、夏衣，廩食，能自給而止。
>
> 郡縣之民得買其爵，以自增至卿。其亡夫若妻者，縣官買予之。[15]

不論是對罪犯或平民百姓，用的方式都是「募」，而不是迫令。鼓勵的措施包括贖罪
、拜爵、除復徭役、供給衣食、甚至代辦婚配。再加上前文提到的供給田、宅、為置
巫醫等，條件可以說甚為豐厚。

　　鼂錯議論的這許多徙民措施，有些可能是他的創意，例如沒有匹配的，官府「買
予之」。即使這一點也可能有所本。史記淮南衡山列傳提到秦始皇使尉佗攻百越。尉
佗上書「求女無夫家者三萬人，次為士卒衣補。秦皇帝可其萬五千人。」此事雖有不
同，亦官方代籌匹配之意。其餘幾全沿襲前朝舊制。秦在爭霸東方的過程裏，為了控
制新獲得的土地，很早即以賜爵和赦罪的方式鼓勵移民。史記，秦本紀載昭襄王：

> 二十一年，錯攻魏河內，魏獻安邑。秦出其人，募徙河東賜爵，赦罪人遷之。
>
> 二十六年，赦罪人遷之穰。
>
> 二十七年，錯攻楚，赦罪人遷之南陽。
>
> 二十八年，大良造白起攻楚，取鄢、鄧。赦罪人遷之。
>
> 三十四年，秦與魏、韓上庸地為一郡。南陽免臣遷居之。

昭襄王取魏、韓、楚之地，不斷赦秦國的罪人實之。這些是什麼樣的罪人，記載中沒
有說明。睡虎地四號秦墓出土的兩封木牘家書却透露了一點不很清楚的消息。家書的
一封是當兵在外的惊寫給兄長衷的。信中提到：「……聞新地城多空不實者，且令故

---

14. 漢書卷四十九，鼂錯傳，頁2288。

15. 同上，頁2286。

民有爲不如令者實……」。[16] 據黃盛璋氏研究，新地城就是昭襄王二十八年，白起取鄢、鄧後，在新得的楚地上所建，卽今四號墓旁的雲夢古城。[17] 衷和他的母親、姑姊等親人都住在新地城。惊寫信回家間候親人，因而提到新地城空不實，以故民不如令者實之的傳聞。「故民」似指民之在秦者，相對於遷「新地」者。如果這樣的理解不誤，二十八年所赦罪人大概就是「有爲不如令者」。「不如令」意義甚泛。李斯議焚書時，「令下三十日不燒，黥爲城旦。」[18] 令下不燒應屬「不如令」的範疇，其懲罰是黥爲城旦。據雲夢秦律，「黥爲城旦」較遷刑爲重（詳下）。如此，赦不如令者遷之，就有以較輕的處分作爲鼓勵遷徙的意味。昭襄王三十四年，以南陽免臣遷上庸。這裏的「免臣」和鼂錯所說的「免徒」似爲一類。漢書鼂錯傳注臣瓚釋「免徒復作」曰：「罪人遇赦復作竟其日月者，今皆除其罰。」[19] 臣瓚之說如確，則免徒頗類漢代文獻和簡牘中常見的「弛刑徒」或「施刑」。弛刑徒乃徒之免鉗鈦赭衣者。免鉗鈦等刑具在漢代是要以從軍或戍邊等代價換取而來，[20] 秦代南陽的「免臣」則似以願徙居上庸爲代價。

秦代鼓勵遷徙的另兩種方式是除復徭役和賜爵。秦始皇二十八年南登琅邪，因徙黔首三萬戶於琅邪臺下，被徙者「復十二歲」；[21] 三十五年徙三萬家麗邑，五萬家雲陽，「皆復不事十歲」，[22] 這裏遷徙的是一般庶民，條件應該比遷罪犯優厚。三十六年遷北河、榆中三萬家，條件是「拜爵一級」。[23] 拜爵與除復條件的優劣差別，我們已難以判定。在前引昭襄王二十一年獲魏安邑，秦也曾募徙河東者，賜爵。以除復和賜爵鼓勵徙民的方式在商君書「徠民」篇中曾經提到。「徠民」篇曾提出如何以田宅、多

16. 雲夢睡虎地秦墓（文物出版社，1981），頁25。

17. 黃盛璋，「雲夢秦墓兩封家書中有關歷史地理的問題」，文物一九八〇，第八期，頁74—77。

18. 史記卷六，秦始皇本紀，頁255。

19. 漢書卷四十九，鼂錯傳，頁2287。

20. 漢書宣帝紀，神爵元年：「西羌反，發三輔、中都官徒弛刑…詣金城。」李奇曰：「弛，廢也。謂若今徒解鉗鈦赭衣，置作也。」師古曰：「弛刑，李說是也。若今徒囚但不枷鎖而責保散役之耳。」昭帝紀，元鳳元年：「武都氐人反，遣執金吾馬適建…將三輔、太常徒，皆免刑，擊之。」免刑之徒，卽弛刑徒，或亦卽鼂錯所說的免徒。這種弛刑徒在居延邊塞的遺簡中常見，參勞榦，「漢代兵制及漢簡中的兵制」，史語所集刊第十本（民國32年），頁52—54。

21. 史記卷六，秦始皇本紀，頁244。

22. 同上，頁256。

23. 同上，頁259。

爵、久復之法吸引三晉人民開墾秦國的荒地。「徠民」篇成書甚晚，商鞅是否有招徠三晉百姓的事亦不可確知。不過，從孟子「梁惠王」篇討論如何增加人口，管子「輕重甲」論及如何「致天下之民」，以及逸周書「大聚」討論「王若欲來天下民，先設其利，而民自至」看來，戰國時代各國之間確有人口爭奪戰。當時訂出種種鼓勵移民辦法的，恐怕不只是秦國而已。總之，晁錯的建議淵源有自，其後漢代許多徙民的措施也與此一脈相承。

　　兩漢政府基於各種理由，曾不斷遷徙社會上不同身分的人到不同的地區去。例如基於政治上強本弱末的考慮，遷移郡國豪傑、高貲富人和吏二千石之家於京師；基於軍事、經濟和安定社會內部等原因，又大規模移送災民、貧民或罪犯到帝國的邊陲地帶。由於移民身份和遷移地區與目的之不同，漢代政府所採取的措施以及遭遇的問題當然也隨之有異。不過，誠如王符所說，安土重遷，戀慕墳墓，乃「賢不肖之所同」。在這個大前題下，漢代政府不論對徙京師的高官、富人或遷邊的貧民與罪犯，都得給予不同形式的鼓勵。

　　西漢本強榦弱枝之術，不斷遷徙郡國豪傑、高貲富人和吏二千石之家於關中這些。人本是社會中擁有社會、經濟和政治勢力的一羣。將他們遷移到關中，意味着他們必須離開原有的產業和地緣上的社會關係。這一類人對遷移的疑懼和抗拒，已可從前述伍被的計謀和郭解的故事看出來。西漢政府遷移他們所遭遇的困難很顯然不同於移徙那些無甚產業的貧民或罪犯。因此，我們看見西漢徙民關中和帝陵，雖曰用「募」，實際上是威迫利誘，兼而有之。所謂威迫是在許多情況下，須遷徙者大概沒有不遷的自由。西漢最早的一項徙民紀錄是高祖九年十一月，徙齊大族田氏、楚昭氏、屈氏、景氏和懷氏十餘萬口於關中。這些大族和秦時遷往咸陽的豪富一樣，實際上都沒有不遷的自由。西漢的二千石之家大概也只有從令而遷的份。利誘的方式則以賞賜金錢和田、宅為主。史記高祖本紀未載遷齊、楚大族的條件，漢書高帝紀說是「與利田、宅」。[24] 此後募民徙帝陵，都有金錢或田宅的賞賜。景帝募徙陽陵，賜錢二十萬；武帝賜徙茂陵者，戶錢二十萬，田二頃；昭帝募富人徙雲陵，賜田宅，戶錢十萬；宣帝募郡國吏民貲百萬以上徙平陵，並以水衡錢為徙民起宅第，又徙丞相、將軍、列侯、吏

24. 漢書卷一下，高帝紀，頁66。

二千石及貲百萬者於杜陵，條件未詳，或如故事，故不載也。[25] 元帝營陵，不復徙民。成帝初起初陵，又因解萬年與陳湯之議，更作昌陵，徙郡國豪傑貲五百萬以上五千戶，凡丞相、御史、將軍、列侯、公主、中二千石徙者，賜第宅及冢地。[26] 解萬年與陳湯建議起昌陵徙民，是因各有私心。私心之一是陳湯家人「不樂東土」，又「可得賜田宅」。[27] 可見田宅賞賜對某些人而言確有吸引力。

　　賜冢地是前所未見的新條件。得皇帝賞賜冢地於帝陵附近應是一項榮譽，不過這也意味不得返葬故里。因而這是不是受歡迎的條件頗成問題。漢人視祖墓至重，生則祀奉之，死則歸葬之。皇帝御賜冢地雖爲榮耀，若因而不得歸葬祖塋，亦足以使人引以爲恨。昭帝時，韋賢從魯國徙平陵，特留次子於故里守墳墓。可見過去徙帝陵並不限制徙者死後歸葬祖塋。後其少子玄成別徙杜陵，病且死，因使者上書曰：「不勝父子恩，願乞骸骨，歸葬父墓。」上許焉。[28] 光武帝時，護羌校尉太原溫序卒，送喪到洛陽，光武賜城傍爲冢地。後其長子夢序告之曰：「久客思鄉里。」其子卽棄官，上書乞骸骨歸葬。帝許之，乃返舊塋焉。[29] 明帝建初六年，琅邪人承宮卒，明帝賜以冢地，其妻上書乞歸葬鄉里。[30] 這些例子雖然和徙帝陵賜冢地的情況不同，但漢人盼望歸葬的心理是相同的。後來昌陵未成，遣返徙民，許多人因而免除了不得歸葬之恨，此後也不再見到有賜冢地以鼓勵徙民的例子。

　　武帝以後，每每爲了救災、墾荒或實邊，將受災的貧民遷徙到邊地或有地可耕的地方去。要遷徙貧民也不是一件容易的事。第一，他們雖貧，也不一定願意離鄉；第二，由於他們貧窮，政府可能要花費比遷徙郡國富豪更大的財力，作更多的安排，才能將他們從一處遷往另一處。大家所熟知的例子是武帝元狩四年，山東被水災，「徙貧民於關以西及充朔方以南新秦中七十餘萬口。衣、食皆仰給縣官數歲。假予產業，使者分部護之，冠蓋相望，其費以億計，不可勝數。」[31] 這是兩漢最大規模的一次移民

25. 以上參漢書各帝本紀。
26. 漢書卷十，成帝紀，頁316—322。
27. 漢書卷七十，陳湯傳，頁3024。
28. 漢書卷七十三，韋賢傳，頁3115。
29. 後漢書卷八十一，獨行傳，頁2673。
30. 後漢書卷廿七，承宮傳，頁945。
31. 史記卷三十，平準書，頁1425。

。爲了應付龐大的費用，武帝甚至不得不採取新的財政措施。漢書武帝紀說：「元狩四年多，有司言關東貧民徙隴西、北地、西河、上郡、會稽凡七十二萬五千口。縣官衣食振業，用度不足，請收銀、錫造白金及皮幣以足用，初算緡錢。」[32] 遷徙災民不但要供給衣食，沿途護送，還要「假予產業」，漢書食貨志說是「貸予產業」。我們從後來平帝時的一個例子可知，所謂產業幾乎包括生活與生產所須的一切。平帝元始二年夏，郡國大旱，青州尤甚，人民流亡。於是改安定呼池苑爲安民縣，起官寺市里，「募徙貧民，縣次給食。至徙所，賜田、宅、什器、假與犂、牛、種、食。」[33] 東漢章帝時發生牛疫和糧荒，除了令郡國募人無田欲徙它界就肥饒者，恣聽之。到了徙所，還「賜給公田，爲雇耕傭，賃種餉，貰與田器，勿收租五歲，除筭三年。」此外，更規定「其後欲還本鄉者，勿禁。」[34] 這次遷徙主要是爲救災，不在實邊，因而允許遷民還歸本鄉。否則兩漢政府的政策都是希望徙民「占著所在」，不再遷移。（詳下）這次遷徙還訂出免除租稅三或五年的條件。條件卽使如此優厚，受災的貧民願意徙居的似乎仍只限於「無田」者。建武八年，郡國大水，杜林上疏建議：「其被災害民，輕薄無累重者，兩府遣吏護送饒穀之郡。」[35] 安帝永初年間，連年水旱，樊準上疏曰：「……可依征和元年故事，遣使持節慰安，尤困乏者，徙置荆、揚孰郡。」[36] 杜林和樊準所說災民「輕薄無累重者」與「尤困乏者」主要都是指無田產的貧民。事實上，大概也只有這些無產者才願意遠之他鄉。稍有產業的，眷戀田園故居，也許就如崔寔所說，寧就饑餒而無適樂土之慮，政府對他們便只有「恣聽之」了。

　　漢代政府徙民，雖然用募，依其意願而行，有時也用强迫。强迫的結果，不但百姓深受其害，統治者亦得不償失。東漢以後，由於邊患，常常强迫邊人內移。從光武建武九年開始到二十年，邊郡吏民不斷被遷往內地。據後漢書吳漢傳，建武十五年從鴈門、代郡、上谷遷到居庸、常山關以東的卽達六萬餘口。建武二十六年，南單于遣子入侍，北邊轉危爲安，又將雲中、五原、朔方、北地、定襄、鴈門、上谷、代郡內

32. 漢書卷六，武帝紀，頁178。

33. 漢書卷十二，平帝紀，頁353。

34. 後漢書卷三，章帝紀，頁145。

35. 後漢書志第十五，五行三，李賢注引東觀書，頁3307。

36. 後漢書卷卅二，樊宏傳，頁1128。

遷的移民送還本土，「遣謁者分將施刑，補理城郭。發遣邊民在中國者，布還諸縣，皆賜以裝錢，轉輸給食。」[37] 所賜裝錢多少，未見記載。可是明帝永平五年，「發遣邊人在內郡者，賜裝錢人二萬。」[38] 這可能是因循建武故事而來。如果一人錢二萬，單是遣返建武十五年的六萬餘口就要裝錢十二億！此外，轉輸給食，補理城郭之費尚不在內。然而據東觀漢記，光武令邊民還鄉，結果是「未有還人」。二十七年，太尉趙憙奏「復緣邊諸郡」，[39] 企圖在賜裝錢以外，更以除復徭役稅賦的辦法引誘邊民還鄉，「蓋憙至此，請徙之令盡也。」[40] 自內徙以後，時隔十餘年，邊民不願再遷的因素固然很多，其中一個大原因是他們當初被迫內徙時，他們的田園故居以及邊地城郭已經悉數遭到破壞。

摧毀城郭，以免為敵所用；毀民田園，乃在促迫邊民離去，無所後顧。這種破壞是東漢強迫遷民時常用的手段。後漢書西羌傳說：「羌既轉盛……遂移隴西徙襄武，安定徙美陽，北地徙池陽，上郡徙衙。百姓戀土，不樂去舊，遂乃刈其禾稼，發徹室屋，夷營壁，破積聚。」後漢書的記載當是根據潛夫論而來。潛夫論「實邊」篇說：「故爭郡縣以內遷，至遣吏兵，發民禾稼，發徹屋室，夷其營壁，破其生業，彊钀驅掠，與其內入，捐棄羸弱，使死其處。當此之時，萬民怨痛，泣血叫號……邊地遂以丘荒。」潛夫論和後漢書所記都是羌禍轉熾以後的事，但這種堅壁清野的策略顯然師法自東漢初。因為當光武想要遣返邊民，面對殘破的城郭，曾感到後悔不及。東觀記說：「此時城郭丘墟，掃地更為，帝悔前徙之。」[41] 當初行破壞是因為百姓眷戀故土，難捨產業。從這裏我們也就可以理解，為什麼當董卓強迫獻帝和洛陽的百姓數百萬口遷往長安，必須將洛陽的「宮廟、官府、居家」[42] 付之一炬。

在兩漢四百年間，強迫無罪的平民遷徙畢竟不是經常的事情。被迫遷徙最多和最經常的是罪犯。凡因罪遭遷徙，秦刑曰遷，漢多名之曰徙。秦遷與漢徙不盡相同。秦

---

37. 後漢書卷一下，光武帝紀，頁78。
38. 後漢書卷二，明帝紀，頁109。
39. 後漢書卷廿六，趙憙傳，頁914。
40. 同上，李賢注引東觀記，頁914。
41. 後漢書卷一下，光武帝紀李賢注引，頁78。
42. 後漢書卷七十二，董卓傳，頁2327。

代遷刑似爲刑罰系統中正式之一類，且與鬼薪、白粲或城旦等徒刑一樣有刑期。在雲夢秦律中不但有「遷」，而且在「司空」律中規定「或贖耐〔遷〕，欲入錢者，日八錢」。[43] 旣然遷可以計日以錢贖，則其有刑期應可推知。漢代有徙，然徙在兩漢似從未成爲正式刑名的一類，也無刑期。漢人論刑，當提及刑罰的等級與種類（如西漢初，張蒼除肉刑的奏議，東漢諸帝聽亡命得贖的詔令），有死、有徒、有笞，却不曾言及遷或徙。徙在漢代基本上是天子的恩典，多用於死罪降減。不論用於遭廢黜的諸侯王，一般官員或每年以萬數的死罪囚，由於減死徙邊的恩典十分頻繁，尤其在東漢以後，徙邊實際上幾已成爲死刑與徒刑之間重要的一級處罰。此外，漢代遭徙邊者並無刑期可言，一旦遷往徙所，卽占著所在。除了廢徙的諸侯王，這些徙邊者無論官民，都要擔任戍邊、築城、耕作等勞役。勞役或有期限，但除非在遇赦等特殊的情況下，他們通常都喪失了重回故里的自由。這種不能回鄉懲罰的嚴重性，對返鄉里則死無所恨的漢人來說是不難想像的。

　　遷徙刑在秦、漢刑罰系統中的地位也不相同。遷刑在秦代刑罰中的地位可從雲夢秦律中得知一二。秦律「法律答問」部分有一條說：

> 害盜別徼而盜，駕〔加〕罪之。可〔何〕謂駕〔加〕罪？五人盜，臧〔贓〕一錢以上，斬左止，有〔又〕黥以爲城旦；不盈五人，盜過六百六十錢，黥劓〔劓〕以爲城旦；不盈六百六十到二百廿錢，黥爲城旦；不盈二百廿以下到一錢，耐〔遷〕之。求盜比此。[44]

從這一條可以知道「遷」在秦代是與黥、劓、斬趾等肉刑以及城旦等徒刑並行的一種刑罰方式，並且較「斬左止」、「黥劓以爲城旦」、「黥爲城旦」爲輕。在秦代城旦是徒刑中最重的一級，可服勞役至六年。六年勞役再加斬趾、黥劓或黥，懲罰甚重。相比之下，遷刑只用以懲罰盜不盈五人，贓二百廿錢以下較輕的盜罪。秦律中單獨以「遷」治罪的，還見用於下列情況：(1)嗇夫不克盡職守，「以奸爲事」；[45] (2)本爲大夫而在陣前斬首級者；[46] (3)自佐、史以上的官吏利用馱運行李的馬匹和看管文書的私

---

43. 睡虎地秦墓竹簡（文物出版社，1978），頁91。
44. 同上，頁150。
45. 同上，頁177：「嗇夫不以官爲事，以奸爲事，論可〔何〕殹〔也〕？當耐〔遷〕。」
46. 同上，頁131：「故大夫斬首者，耐〔遷〕。」

卒貿易牟利[47]；(4)因口舌「毒言」論罪的。[48] 我們對以上這些罪過雖然並不完全確實
了解，但情節似非甚重。利用公家財務牟利或口舌「毒言」都不算是頂大的罪。裔夫
「以奸爲事」，含義甚泛。如果只處以遷刑，所犯應只是有虧職守的小過錯。大夫領
兵作戰，職在指揮，斬敵首級乃士卒之事。商君書「境內」篇說：「其戰，百將、屯
長不得斬首。」朱師轍解詁謂：「百將、屯長責在指揮，故不得斬首。」[49] 指揮官逕
自殺敵，不無與士卒爭首功之嫌，又會影響指揮，因此也是有罪的。總之，這些罪比
較而言都不是太嚴重。

　　如果是較重的罪行，在遷刑之外，往往還配合別的懲罰。例如，如果里典、父
老和伍人在人口登記的事務上作手腳，除了要受遷徙處分，里典、父老和伍人還要分
別罰繳甲或盾。[50] 又如某里士伍因罪遷蜀邊縣，終生不得離遷所，還要受遙足之刑。
[51] 遙足大概不是刖足，而是欽足，在足部加上鐵或木製的刑具。[52] 此外，據史記秦始
皇本紀，呂不韋死，其舍人臨葬的，「秦人六百石以上奪爵，遷；五百石以下不臨，
遷，勿奪爵。」亦卽在「遷」以外，還可加上奪爵與否的處罰。另一種加重的方式是
在遷往邊縣以外，加上戍邊或築城等勞役。始皇三十三年，取陸梁地，爲桂林、象郡
、南海，「以適遣戍」，又使蒙恬渡河取高闕、陽山、北假中，「徙謫，實之初縣。
〔索隱：徙有罪而謫之，以實初縣〕；三十四年，「適治獄吏不直者，築長城及南越地
。」[53] 又始皇使蒙恬收河南地，因河爲塞，築四十四縣城臨河，「徙適戍以充之。」
[54] 所謂「以適遣戍」、「適戍」，沈家本謂：「謫戍者，發罪人以守邊也。」[55] 發罪

---

47. 同上，頁133：「吏自佐、史以上負從馬，守書私卒，令市取錢焉，皆貲〔遷〕。」

48. 同上，頁276：「訊丙，辭曰：外大母同里丁坐有寧毒言，以卅餘歲時貲〔遷〕。」

49. 朱師轍，商君書解詁定本（世界書局，民國64年再版）卷五，「境內」第十九，頁72。又參睡虎地秦墓竹
　　簡，頁131注。

50. 睡虎地秦墓竹簡，頁143：「…百姓不當老，至老時不用請，敢爲酢〔詐〕僞者，貲二甲；典、老弗告，
　　貲各一甲；伍人，戶一盾，皆貲〔遷〕之，傅律。」

51. 同上，頁261：「…士五〔伍〕咸陽才〔在〕某里日丙，坐父甲謁遙其足，鬄〔遷〕蜀邊縣，令終身毋得
　　去鬄〔遷〕所論之…」。

52. 劉海年，「秦律刑罰考析」，見雲夢秦簡研究（中華書局1981），頁179；馬非百，秦集史（中華書局，
　　1982），頁845。

53. 史記卷六，秦始皇本紀，頁253。

54. 史記卷一一〇，匈奴傳，頁2886。

55. 沈家本，沈寄籤先生遺書甲編（文海出版社，民國53年），「刑法分考」卷十，頁19上。

人戍邊是遷刑而兼勞役也。綜上所見，遷徙在秦代是與罰金、黥足、奪爵等處罰或戍邊、築城等徒刑配合，以達到加重懲罰的目的。

這些加重懲罰中最令秦人畏懼的莫過於徙邊戍。遷徙戍邊，九死一生，鼂錯曾指出：「秦時北攻胡貉，築塞河上，南攻楊粵，置戍卒焉……秦民見行，如往棄市。因以謫發之，名曰謫戍。」[56] 政府不能强迫無罪的平民遷往邊地，却可以强迫罪犯，因此發罪人戍邊。秦對這些「如往棄市」的戍邊者，似乎並未給予報酬或鼓勵，最少鼂錯以爲「秦之發卒也，有萬死之害，而亡銖兩之報；死事之後，不得一算之復。」[57] 他相信這是秦以威刼而行之，使民深怨而有背畔之心，終失天下的原因。因此，他在徙民實邊的建議中，才對應募徙邊者訂出種種鼓勵和安置的辦法。其後，漢代政府對罪犯徙遷者的確採取了不少鼓勵的措施。

在討論這些措施以前，我們先比較一下遷徙刑在秦、漢兩代刑罰中的輕重地位。「遷」在秦刑中次於「黥爲城旦」、「黥劓爲城旦」和「斬趾」，到了漢代成爲僅次於死的重刑。兩漢常見的現象是減死一等者，徙邊。換言之，徙邊僅下死一等。秦代有肉刑，黥劓加勞役，在罰則等級上較遷爲重。漢文帝廢肉刑，遷徙加勞役在輕重的等級上就相對地提高了。漢代的刑罰輕重等級從東漢時屢次所下「聽亡命得贖」的詔令可以清楚地看出來。玆以明帝中元二年十二月甲寅詔爲例：「天下亡命殊死以下，聽得贖論，死罪入縑二十四，右趾至髡鉗城旦舂十四，完城旦至司寇作三匹。」[58] 以贖縑多少而論，清楚分爲(1)死罪，(2)右趾至髡鉗城旦舂，(3)完城旦至司寇作三級。這三級的劃分在東漢所有這類詔令中完全一致。下死罪一等，應爲右趾。漢書刑法志謂：「斷獄殊死，率歲千餘口而一人；耐罪上至右止，三倍有餘。」在這裏右止亦僅次於殊死。然自文帝廢肉刑，斬趾之罪或改爲棄市，或以笞代之。其時規定斬左趾者，笞五百，景帝改爲笞三百，又減爲二百。明帝永平八年詔「三公募郡國中都官死罪繫囚，減罪一等，勿笞……屯朔方、五原之邊縣。」[59] 既云「勿笞」，顯然是以遷徙戍

---

56. 漢書卷四十九，鼂錯傳，頁2284。
57. 同上。
58. 後漢書卷二，明帝紀，頁98。
59. 同上，頁 111。此外，永平十六年九月丁卯、建初七年九月辛卯、建初九月、章和元年秋、元初二年冬十月減死一等詔中亦皆曰「勿笞」，見附錄所引詔書。

邊代替減死一等，亦卽右趾以下笞二百的處罰。

　　減死而徙的事例，最早見於西漢之初。梁王彭越謀反，論以大逆棄市，高祖赦爲庶人，徙蜀青衣[60]。其後彭越雖因呂后之令，終遭族誅，兩漢諸侯王因謀反、殺人、姦淫等死罪降減而廢徙的很多。諸侯王廢徙者似並不服勞役，且享有一定的待遇。例如，淮南王劉長謀反，臣倉等議其罪曰：「長有大死罪，陛下不忍致法，幸赦，廢勿王。臣請處蜀郡嚴道邛郵，遣其子母從居。縣爲築蓋家室，皆廩食給薪、菜、鹽、豉、炊食器、席蓐。」文帝制詔曰：「計食長給肉日五斤、酒二斗。令故美人、才人得幸者十人從居。他可。」[61] 東漢明帝時，楚王英以大逆不道，廢徙丹陽涇縣，猶賜「湯沐邑五百戶」，「使伎人、奴婢、工技、鼓吹悉從，得乘輜輧，持兵弩，行道射獵。」[62]

　　減死而徙也見用於一般官員。例如，西漢哀帝時，賀良因「妄變政事」伏誅，同黨李尋和解光減死一等，徙敦煌郡[63]。這些官員和減死而徙的平民一樣，在邊地似乎也有擔負屯戍等勞役的。靈帝時，蔡邕以「議害大臣，大不敬」等罪論棄市，後有詔「減死一等，與家屬髡鉗徙朔方。」[64] 據後漢書蔡邕傳注引蔡邕別傳，他到了朔方，「乘塞守烽，職在候望」。可見一般官員大槪並不能像諸侯王一樣免除勞役之苦。不過，也有很多例證只提及徙往某邊郡，是否服勞役則不得而知。

　　最值得注意的是東漢明帝以後，將天下死罪繫囚減死，連同家屬遷往邊地充軍變成一種經常性的措施。見於記載最早的一次是明帝永平八年：「詔三公募郡國中都官死罪繫囚，減罪一等，勿笞，詣度遼將軍營，屯朔方、五原之邊縣，妻子自隨，便，占着邊縣，父母同產欲相代者，恣聽之。其大逆無道殊死者，一切募下蠶室，亡命者令贖罪各有差。凡徙者，賜弓弩衣糧。」[65] 此後，章帝、和帝、安帝、順帝、冲帝和桓帝都不斷下達類似的詔令。(參附錄)這類詔令之不同處，除了遷往的邊地因時而異外，自和帝時陳忠建議廢蠶室刑以後，詔令中卽不再有大逆無道，募下蠶室的部分。

60. 漢書卷三十四，彭越傳。
61. 史記卷一一八，淮南衡山列傳，頁3079。
62. 後漢書卷四十二，光武十王傳，頁1429。
63. 漢書卷七十五，李尋傳，頁3193—3194。
64. 後漢書卷六十下，蔡邕傳。
65. 後漢書卷二，明帝紀，頁98。

另一不同是對遷徙者不斷增加鼓勵的措施。永平八年詔凡徙者，賜弓弩衣糧。第二年又規定凡徙邊不幸而死者，「皆賜妻父若男同產一人復終身；其妻無父兄獨有母者，賜其母錢六萬，又復其口算。」[66] 永平十六年更允許「父母同產欲求從者，恣聽之。女子嫁爲人妻，勿與俱。」[67] 這些除復、賜弓弩衣糧，金錢以及避免徙者親屬拆散的措施，在明帝以後類似的詔令裏並沒有提到。但是我們相信它們應被視爲「故事」因循下來，只是記載有所省略而已。

　　減死徙邊的原因，據章帝時郭躬說是「聖恩所以減死罪使戍邊者，重人命也。」[68] 東漢以後利用罪犯戍邊成爲經常之舉，顯然並不只是重人命而已，而和東漢以後，邊地人口減少，徵兵制度改變，兵源不足等因素有密切的關係。[69] 這從前引詔書中要徙戍者與妻子家人同往，占着邊縣，又賜弓弩武器即可窺見。將罪犯徙於邊，當然還可以有安內的效果。潛夫論「斷訟」篇說：「夫立法之大要，必令善人勸其德而樂其政，邪人痛其禍而悔其行……髡其夫妻，徙千里外劇縣，乃可以毒其心而絕其後，姦亂絕則太平興矣。」所謂「姦亂絕」是徙邪人於千里之外，則姦亂絕於內。又邊地生活艱苦，敵寇侵迫，減死而遷者，雖暫逃一死，在邊地亦難長久，如此則其後絕。王符謂「太平興」者殆此之謂歟。

　　前文提到秦人戍邊，有「如往棄市」之感；漢人役於邊陲，也有「一人行而鄉曲恨，一人死而萬人悲」[70] 之嘆。因兵役戍邊尚有歸期可待，因犯罪而徙邊者，幾無望於重歸故里，其感受何如，可想而知。因此當郅壽論徙合浦，未行即自殺[71]；馬融得罪梁冀，被劾徙朔方，也企圖自殺。[72] 他們自殺的原因不可確知，不過一個可能就是視徙邊甚於伏法，不如一死了之。公孫瓚以屬吏隨太守徙日南時，先「具豚、酒於北芒上，祭辭先人。酹觴祝曰：『昔爲人子，今爲人臣，當詣日南。日南多瘴氣，恐或不還，便當長辭墳塋。』慷慨悲泣，再拜而去。觀者莫不歎息。」[73] 或自殺，或辭祖

66. 同上，頁112。
67. 同上，頁121，
68. 後漢書卷四十六，郭躬傳，頁1544。
69. 參邢義田，「東漢的胡兵」，國立政治大學學報第廿八期（民國62年），頁154—157。
70. 王利器，鹽鐵論校注（世界書局，民國59年）卷七，執務第卅九，頁269。
71. 後漢書卷廿九，郅壽傳，頁1034。
72. 後漢書卷六十上，馬融傳，頁1972。
73. 後漢書卷七十三，公孫瓚傳，頁2358。

墳，可見漢人視徙邊成與死無異，甚或過之。王符說「民之於徙，甚於伏法」，指的
雖然是邊人內徙，但用來形容徙邊成者的感受亦不爲過。

　　因此，在漢代赦徙邊者歸故里就成爲極大的恩典。赦歸的例子在西漢較少見。成
帝時，京兆尹王章爲大將軍王鳳所陷，死，妻子徙合浦。王鳳死後，王商繼爲大將軍
，白上還章妻子故郡。王章爲泰山郡人，產業田宅在郡，皆得贖還[74]。元帝時，京房
與岳父張博兄弟三人因罪棄市，妻子徙邊。淮陽憲王欽是張博的甥兒，又是成帝的叔
父。因此，成帝即位後，淮陽憲王向成帝求還張博家屬徙者，上加恩，還之[75]。從這
些例子看來，赦歸在西漢或只是針對個別特殊情況而加的恩典。

　　到了東漢章帝以後，赦歸徙者成爲較爲經常的事。其赦起於章帝建初元年的一場
大旱災，朝臣以爲旱災與徙民於邊有關。後漢書卷四十八，楊終傳謂:

　　建初元年，大旱穀貴。終以爲廣陵、楚、淮陽、濟南之獄，徙者萬數，又遠屯
　　絕域，吏民怨曠。乃上疏曰:「……臣竊按春秋水旱之變，皆應暴急，惠不下
　　流。自永平以來，仍連大獄，有司窮考，轉相牽引，掠考冤濫，家屬徙邊……
　　民懷土思，怨結邊域。傳曰:『安土重居，謂之衆庶。』昔殷民近遷洛邑，且
　　猶怨望，何況去中土之肥饒，寄不毛之荒極乎？……愁困之民，足以感動天地
　　，移變陰陽矣……。」……帝從之，聽還徙者，悉罷邊屯。

又後漢書卷廿九，鮑昱傳謂:

　　建初元年，大旱，穀貴。肅宗召昱問曰:「旱既大甚，將何以消復災眚？」對
　　曰:「……先帝詔言，大獄一起，冤者過半，又諸徙者骨肉離分，孤魂不祀，
　　一人呼嗟，王政爲虧，宜一切還諸徙家屬，蠲除禁錮，興滅繼絕，死生獲所。
　　如此，和氣可致。」帝納其言。

楊終、鮑昱所言根據天人災異之論，代表時儒的一般見解。他們以爲徙者冤氣動天，
引起陰陽變異，遂至水旱。因此，主張還歸遷民，以致和氣。章帝在第二年夏四月即
詔「還坐楚、淮陽事徙者四百餘家，令歸本郡。」[76] 此例一開，和帝永元元年，安帝

---

74. 漢書卷七十六，王章傳，頁3239。
75. 漢書卷八十，宣元六王傳，頁3318─3319。
76. 後漢書卷三，章帝紀，頁135。

永初四年二月、三月，桓帝建和三年，靈帝中平元年都曾詔還徙者。桓帝建和三年五月乙亥的詔書說：「……昔孝章帝愍前世禁徙，故建初之元，並蒙恩澤，流徙者使還故鄉，沒入者免為庶民，先皇德政，可不務乎？其自永建元年迄乎今歲，凡諸妖惡，支親從坐，及吏民減死徙邊者，悉歸本郡，唯沒入者不從此令。」[77] 從桓帝詔可知其赦是循章帝故事，但章帝只赦還因楚王和淮陽王謀逆而受牽連的徙者，桓帝却將凡諸妖惡、支親從坐及吏民減死徙邊者都赦而還之。他擴大赦歸的範圍淵源自和帝和安帝的先例。和帝「令郡國弛刑輸作軍營，其徙出塞，刑雖未竟，皆免歸田里。」[78] 安帝則詔「自建初以來，諸祅言它過坐徙邊者，各歸本郡。」[79] 所謂「它過」，語焉不詳。不過從桓帝詔可知，應是指「支親從坐」和「吏民減死」兩大類。至於靈帝時所赦，則是百餘身死黨人的妻子。[80]

總之，這類赦令在東漢兩百年間並不算太多，因罪徙邊者却是常年不斷。我們已不易估計兩漢到底有多少百姓被遷往邊地。不過，罪犯徙邊的人數恐怕遠遠超過自願應募實邊的無罪平民。第一，無罪平民除非是前文提到的「無田」，「尤困乏者」，否則可能很少有人願意應募，自投死地；第二，就兩漢統而觀之，募平民徙邊實非經常之舉，然減死徙邊或以其他罪犯徙邊充軍却是常事。罪犯徙邊的人數可以從漢書刑法志中得一極約略的印象。漢書卷廿三，刑法志說：

> 今漢道至盛，歷世二百餘載，考自昭、宣、元、成、哀、平六世之間，斷獄殊死，率歲千餘口而一人，耐罪上至右止，三倍有餘……今郡國被刑而死者歲以萬數。……自建武、永平，民亦新免兵革之禍……以口率計，斷獄少於成、哀之間什八，可謂清矣。

從昭、宣到哀、平到底有多少人犯死罪，刑法志並沒有明確地說出來。不過宣帝時，路溫舒曾說當時「大辟之計歲以萬數」[81]。東漢建武、永平以後，雖然斷獄少於成、哀之間什八，但其時被刑而死者仍以萬數，不比西漢為少。當然，刑法志所說「被刑

77. 後漢書卷七，桓帝紀，頁293。
78. 後漢書卷四，和帝紀，頁169。
79. 後漢書卷五，安帝紀，頁215。
80. 後漢書卷八，靈帝紀，頁330，348；卷六十七，黨錮傳，頁2189。
81. 漢書卷五十一，路溫舒傳，頁2369。

而死者歲以萬數」的語意並不夠明確，他們是皆因死罪，或亦包含諸如遭鞭笞而死者？我們並不能肯定。如果假設他們皆因死罪而死，則逢詔減死戍邊的一年就可能有萬人。再者，每年因遷刑徙邊的，除了吏民減死一等者外，還有「支親從坐」、「妖惡」等各式各樣的罪犯，其人數或不少於減死一等者。這些罪犯加上受牽連的妻子父母，每年徙邊的罪犯和家屬最少應在數萬人之譜。這個極概略的推算還可以和後漢書裏的一些記載相參證。後漢書郭躬傳說：「今死罪亡命，無慮萬人。」從此可知，單是犯死罪逃亡未獲的即有萬人。他建議這些亡命者也應蒙赦減死一等，「以全人命，有益於邊」。結果章帝接納了他的建議。又後漢書楊終傳提到明帝時的廣陵、楚、淮陽、濟南王之獄，「徙者萬數」。這是特殊的大獄案。但可推想東漢以後，每年以罪犯充邊人數的龐大。這樣年年累積，爲數即極可觀。班超說：「塞外吏士，本非孝子順孫，皆以罪過徙補邊屯。」[82] 班超對塞外之事極熟，他的話很可以反映長期以罪犯徙邊的結果。又漢書地理志說：「自武威以西……武帝時攘之，初置四郡……其民或以關東下貧，或以報怨過當，或以誖逆亡道家屬徙焉，習俗頗殊。」可見自武帝以後，河西四郡的人口就已經以內地遷來的下貧和罪犯爲主，甚至連習俗都有了不同。據以上約略的數字估計和文獻的記述，個人相信在漢代造成人口流動的經常性人爲因素中，最主要的應是遷徙刑。

　　儘管秦、漢兩代都曾大規模地徙民，也廣泛地利用遷徙刑，秦、漢政府的基本政策毫無疑問仍是在維護一個安土重遷的定居農業社會。因爲安土重遷的農業社會便於控制，也最能符合統治者的利益。對這一點，呂氏春秋「尙農」篇說的十分明白透徹：

> 古先聖王之所以理其民者，先務於農……民農則樸，樸則易用……其產復〔御覽復作厚〕則重徙，重徙則死其處而無二慮。民舍本而事末，則不令；不令則不可以守，不可以戰。民舍本而事末，則其產約，其產約則輕遷徙，輕遷徙則國家有患，皆有遠志，無有居心。民舍本而事末，則好智，好智則多詐，多詐則巧法令，以是爲非，以非爲是。后稷曰：「所以務耕織者，以爲本敎也。」

農民質樸、產厚、重徙，遠較多智、產約、輕徙的商人易於控制。商君書「墾令」、

----

82. 後漢書卷四十七，班超傳，頁1586。

「農戰」、「算地」篇中的看法類似。管子卷十五，「治國」篇也說：「凡治國之道，必先富民……民富則安鄉重家；安鄉重家則敬上畏罪，敬上畏罪，則易治也。民貧則危鄉輕家；危鄉輕家，則敢陵上犯禁；陵上犯禁，則難治也。」秦、漢的統治者雖常利用徙民和遷徙刑達到實邊、救災、安內和強幹弱枝等種種目的，不過基本上他們還是盡可能使人口安定，占著所在，納入編戶。因爲他們很清楚，穩定而又便於掌握的人口資源是政權生存的重要基礎；人口遷徙流動，難於控制，對他們是不利的。鹽鐵論「未通」篇說：「樹木數徙則痿，蟲獸徙居則壞。」漢書食貨志則說：「理民之道，地著爲本。」鼂錯也以爲：「不農則不地著，不地著則離鄉輕家，民如鳥獸，雖有高城深池，嚴法重刑，猶不能禁也。」[83] 因此，他的徙民實邊議有兩個要點：一是繼承古老的耕戰傳統，寓兵於農；二是始則使民「輕去故鄉而勸之新邑」，終則「使民樂其處而有長居之心。」他甚至建議編邊民爲什伍，「勿令遷徙。」[84] 簡言之，務農與地著是政策的根本著眼，徙民與遷徙刑只是造成人口暫時的流動。流動之後，統治者總是竭力使他們安定下來。如此，一個安土重遷的社會只會隨着移民所至而擴大，而不致使安土重遷的社會特性受到損害。至於秦、漢兩代如何掌握編戶，漢代如何致力於安輯流民並禁民遷徙，研究甚多，這裏就不再多說了。

附記：拙文曾蒙管東貴先生與蕭璠兄指正，獲益甚多，謹此誌謝。

補記：校稿期間，得讀大庭脩氏「漢の徙遷刑」一文（收入氏著，秦漢法制史の研究，創文社，一九八二，頁一六五～一九八）。大庭氏懷疑漢代於元、成之際，因刪修律令，減少死罪，始立遷徙刑爲刑罰之一類。他曾舉東漢明帝時，楚王英謀反，「死徙者數千人」，順帝永建元年詔「坐法當徙勿徙」等資料，懷疑「徙」不再只是死刑的「代刑」，而是「本刑」或「正刑」。他的懷疑不無道理，然而也有困難。第一，漢書劉屈氂傳提到武帝末，戾太子起兵失敗後，「諸太子賓客嘗出入宮門，皆坐誅；其隨太子發兵，以反法族；吏士劫略者，徙敦煌郡。」所謂「吏士劫略者」據顏師古注是指非有本心，但遭太子裹脅而從的人。但也可能是指乘亂打劫的兵士。不論何者爲是，這和隨太子出入或發兵

---

83. 漢書卷廿四上，食貨志，頁1131。
84. 漢書卷四十九，鼂錯傳，頁2289。

謀反的罪行不同,故處罰亦異。謀反者非誅卽族,劫略者只是「徙」。照大庭氏的說法,這裏的「徙」似乎應是「本刑」,而非死刑的「代刑」。如此,遷徙刑之成爲本刑,可早在元、成以前。由於大庭氏未引這項資料,不知他如何解釋?第二,如確如他所說,元、成以後,遷徙刑成爲本刑或正刑,這將不易解釋爲什麼東漢諸帝在「聽亡命得贖」的詔令中,當提到刑罰的種類和等級時,只及「死」、「徒」,而從不提「徙」?又爲何東漢人論刑(包括班固刑法志),也從不將「徙」視爲與「死」、「徒」等列之另一類?因此,個人十分懷疑遷徙之刑雖然一直存在,却未成爲漢刑正式之一級或一類。這也就是爲什麼漢人動輒要說「下死則得髠鉗,下髠鉗則得鞭笞」的理由。可是遷徙既然實際存在,爲何漢世屢屢修律,不將它納入正式的刑律系統呢?這可能因爲漢代行政太過因循,不肯輕改祖宗成法(參拙著,「漢代『故事』考述」,勞貞一先生八秩榮慶論文集,一九八六年);另一方面,也可能是一種政治技巧。從漢初梁王彭越謀反,論以大逆棄市,高祖却赦死,徙他於蜀青衣開始,到東漢諸帝頻頻減死徙邊,徙之施行一直有濃厚的天子恩典的意味,以象徵天子輕刑罰,重人命。東漢郭躬說減死徙邊是出於「聖恩」就是這個意思。如果將「徙」化爲正式刑名之一類,這種恩典與象徵的意義將會喪失。當然漢代也以徙邊懲處貪濁、傷人,請託游說一類罪不及死的「中罪」,並不一定意味恩典。不過,以下附錄中所舉十餘條死罪家屬從坐徙邊的例子,頗可證明「支親從坐」徙邊是一項特殊的恩典。因爲這十餘個例子中,所犯絕大部分是大逆不道之罪。依照漢法,大逆不道者腰斬,「父母妻子同產無少長,皆棄市」(漢書鼌錯傳)。如果天子不加恩,親人皆死。武帝末,巫蠱事起,「民轉相誣以巫蠱,吏輒劾以大逆亡道,坐而死者前後數萬人」(漢書江充傳)卽爲其例。這數萬人不可能都是正犯,應包含從坐的父母妻子同產。如此可知,犯大逆不道者,其家屬減死徙邊,是因天子法外施恩,否則都在棄市之列。只要這種恩典的意味存在,漢代天子寧可將遷徙刑掌握在手中,成爲自己施恩的工具,而不讓它名實相符地納入正式的刑律系統。

一九八六年十月廿二日　補記於哈佛

附錄：論漢代遷徙刑的運用與不復肉刑

沈家本歷代刑法考，分考卷五，議復肉刑條謂：

按班固以荀子正論篇之言爲善，既引荀子之言而復論之。如此，文帝除肉刑議之者，自固始。（沈寄簃先生遺書甲編，頁12下，又參頁24上）

文帝廢肉刑，寄簃先生以爲議之者自班固始，待商。議復肉刑之可考者似以揚雄爲第一人。法言卷九，先知篇有云：「井田之田，田也；肉刑之刑，刑也。田也者，與衆田之；刑也者，與衆弃之。」（法言義疏十二，頁18上）李軌注：「三千之屬是正法也。」陶鴻慶讀法言札記曰：「李注云……三千之屬是正法也，正得其義。」汪榮寶義疏謂：「田也云者，謂田制之正；刑也云者，謂刑法之正。」是知子雲以井田，肉刑爲田制與刑法之正。法言雖未明言復肉刑，子雲實主張如此。抱朴子外篇，「用刑」第十四論復肉刑云：「通人揚子雲，亦以爲肉刑宜復也。」（四部刊要本，頁126）抱朴子徵引前人議論，首舉揚雄，可知肉刑之議或卽自揚雄始。

又據後漢書杜林傳，建武十四年，有羣臣上言：「古者肉刑嚴重，則人畏法令；今憲律輕薄，故姦軌不勝。宜增科禁，以防其源。」所謂宜增科禁，意在恢復肉刑。羣臣之議終因杜林及光武反對，未果。此亦議復肉刑之早於班固者。自東漢初，朝廷內外頗有議刑罰寬嚴者（又參後漢書三十四，梁統傳），肉刑問題當在議論之列。明帝繼光武，以「善刑理，法令分明」著於史册。（後漢書，明帝紀，論曰）上有所好，下必甚焉。刑律討論在明帝一朝必甚盛。班固於明帝朝寫漢書，不免有感於時議，藉刑法志一抒己見。其議肉刑於志尾，一則以此爲全志之總結，標明個人之見解，更以此揭出時人論刑關注之焦點歟？

揚雄論肉刑於西京之末，班固議之於東漢之初。肉刑經文帝一廢（文帝十三年，167 B.C.），爲何於一百六、七十年後，又有人倡議恢復？如確有復肉刑之價值與必要，爲何至西漢末始有人提出？此皆耐人尋味處。

請先論班固之議。刑法志首述文帝廢肉刑，景帝定箠令，班固以爲「外有輕刑之名，內實殺人」；景帝雖定箠令，笞者得全，然「死刑既重，而生刑又輕，民易犯之

。」班固不以除肉刑爲是,於此已可見。志尾總結,他進一步評論道:

　　　　且除肉刑者,本欲以全民也,今去髡鉗一等,轉而入於大辟。以死罔民,失本惠矣。故死者歲以萬數,刑重之所致也。至于穿窬之盜,忿怒傷人,男女淫佚,吏爲姦臧,若此之惡,髡鉗之罰又不足以懲也。故刑者歲十萬數,民旣不畏,又曾不恥,刑輕之所生也……豈宜惟思所以淸原正本之論,刪定律令,纂二百章,以應大辟,其餘罪次,於古當生,今觸死者,皆可募行肉刑。及傷人與盜,吏受賕枉法,男女淫亂,皆復古刑,爲三千章……如此,則刑可畏而禁易避,……輕重當罪,民命得全,合刑罰之中,殷天人之和,順稽古之制,成時雍之化。

　　班固主復肉刑,理由至明:其一,文帝變古制,去肉刑,外有輕刑之名,內實殺人;其二,旣去肉刑,於穿窬之盜,忿怒傷人,男女淫佚或吏爲姦臧之罪,處以死刑則太重,懲以髡鉗又太輕,難得刑罰之中。因此宜「復古制,爲三千章」,以順稽古之制,成時雍之化。簡言之,其意在復古以救時弊,亦與時論之好古非今相一脈也。

　　謂其「非今」,蓋其批評時制,未盡合事實。去髡鉗一等,果轉而入於大辟乎?死刑誠重,生刑豈皆輕乎?謂其「好古」,蓋自西漢昭、宣、元、成以降,儒學大興,好古之風日濃。儒生士子浸潤儒經,憧憬三代以上,以爲復行古制,則堯、舜之治可重見於今日。元帝時,貢禹主盡廢錢,租稅祿賜皆以穀帛,勿市井,民歸於農,以爲「復古道便」。(漢書七十二,貢禹傳)哀、平之世,揚雄主復井田、肉刑,皆思想時尚之點滴可見者。王莽因此時尚,篡漢改制,其本人實卽深信古制可復,堯、舜可再之一儒生。莽雖未復肉刑,確曾措意於井田及其它「於古有據」之制度。唐虞畫象,三王肉刑,漢儒多信不疑。[1] 肉刑之議至西漢末始見,正是時代好古風尚之反映。王莽敗後,好古之風並未稍戢。與班固先後的王充卽曾痛評時人好古成風。(參衡論、齊世、宣漢、恢國、驗符諸篇)班固雖據荀卿駁象刑,於肉刑古制之用實深信不疑。

　　自班固主肉刑,東京主之者甚衆,如仲長統、崔寔、鄭玄、陳紀(參昌言、損益篇;晉書,刑法志)。反對者亦夥,肉刑卒不見復於漢世。反對者以爲肉刑殘人肢體

---

1. 參沈家本,沈寄簃先生遺書甲編(文海出版社,民國53年),上冊,「歷代刑法考」,總考一,頁1下─2下;分考五,頁6下。

，一旦被刑，終身無改，太過殘酷。再者，文帝蠲除酷刑，本於仁厚，祖宗遺德，不宜云變。此外，被刑之人，無以自新，類多趨惡，莫復歸正。重施肉刑，既無益於治，又失仁政之名，復之何爲？以上持論可見之於東漢初杜林與末年孔融之議。（參後漢書，杜林傳、孔融傳）

　　以上或復或廢，皆士子儒生之見。漢世天子意向如何？亦不可不注意。漢代天子一向標榜以孝治天下，敬宗法祖之餘，於先帝成法，不敢輕變。何況漢代列祖列宗，文帝享譽最隆，史遷、班固一致以「仁」相許。文帝之仁德最爲後世稱頌者，不外節儉與廢肉刑二事。大司馬車騎將軍許嘉等以爲「孝文皇帝除誹謗，去肉刑，躬節儉……德厚侔天地，利澤施四海」（漢書七十三，韋賢傳）；王暢稱頌文帝除肉刑，「仁賢之政，流聞後世。」（後漢書五十六，王龔傳）如此，任何皇帝欲復肉刑，皆將冒不遵祖宗故事，不行仁政之大不諱。因而，即使屢屢有人建議恢復，不論光武或獻帝都持反對，加以否決。

　　統治者礙於形象，不願恢復肉刑。即就實際而言，亦無復肉刑之必要。此乃肉刑始終未復之根本原因。主肉刑者持論最力之點在「下死則得髡鉗」，「今去髡鉗一等，轉而入於大辟」，以爲髡鉗與死刑之間無不輕不重之刑以應偷盜、淫奔、貨賄等罪。對此，仲長統言之最明：

　　　　肉刑之廢，輕重無品，下死則得髡鉗，下髡鉗則得鞭笞。死者不可復生，
　　　　而髡者無傷於人，髡笞不足以懲中罪，安得不至於死哉？夫雞狗之攘竊，男女
　　　　之淫奔，酒醴之賂遺，謬誤之傷害，皆非值於死者也，殺之則甚重，髡之則甚
　　　　輕。（昌言，損益篇）

漢代刑罰果如是乎？果如是，議復肉刑何待西京之末或東京之初？必早復之矣。其不議未復，蓋漢代「髡鉗」非僅剔髮，無傷於人，或但加鉗釱而已。髡鉗實與徒刑勞役相連，非可云輕。又兩漢多用遷徙刑，徙罪不及死與減死一等者於邊，肉刑「懲中罪」之作用無形中被取代。遷徙刑外無傷人肢體，奪人性命之名，內有實邊安內之效，兩漢逐寧用徒與徙，依罪輕重，相輔爲用，而終不復肉刑，以免徒傷仁政之名，又於實際無補。

　　先說「下死則得髡鉗」。李賢注：「下，猶減也。」減死而受髡鉗者於兩漢有證：

1.漢書六十四下，賈捐之傳：「捐之竟坐棄市，〔楊〕興減死一等，髡鉗爲城旦。」

2.漢書六十七，朱雲傳：「上於是下〔陳〕咸、〔朱〕雲獄，減死爲城旦。咸、雲遂廢錮，終元帝世。」

3.漢書七十二，王吉傳：「昌邑羣臣坐在國時，不舉奏王罪過……皆下獄誅，唯吉與郎中令龔遂以忠直數諫正，得減死髡爲城旦。」

4.漢書七十二，鮑宣傳：「宣坐距閉使者，亡人臣禮，大不敬，不道，下廷尉獄……上遂抵宣罪，減死一等，髡鉗。宣旣被刑，乃徙之上黨。」

5.漢書七十六，王章傳：「與御史中丞陳咸相善，共毀中書令石顯，爲顯所陷。咸減死髡，章免官。」

6.漢書八十九，龔遂傳：「昌邑羣臣坐陷主於惡，不道，皆誅……唯遂與中尉王陽〔按：王吉字子陽〕以數諫爭得減死，髡爲城旦。」

7.漢書九十，酷吏傳，「甯成」條：「武帝卽位，徙爲內史，外戚多毀成之短，抵罪髡鉗。是時九卿死卽死，少被刑，而成刑極，自以爲不復收〔如淳曰：「以被重刑，將不復見收用也。」師古曰：「刑極者，言殘毀之重也。」〕乃解脫，詐刻傳，出關歸家。

8.後漢書十下，皇后紀，「安思閻皇后」條：「〔樊〕豐、〔謝〕惲、〔周〕廣皆下獄死，家屬徙比景，〔謝〕宓、〔樊〕嚴減死，髡鉗。」

9.後漢書六十下，蔡邕傳：「有詔減死一等，與家屬髡鉗徙朔方，不得以赦令除。」

讀以上數例，必須先注意兩漢書措詞用字常有省減而不一定十分準確。據朱雲傳，陳咸「減死爲城旦」，如據王吉傳，則是「減死髡」。龔遂「減死髡爲城旦」，鮑宣、蔡邕則僅言「髡鉗」。「髡爲城旦」和「髡鉗」的措詞在漢書中常見，實則這些可能都是「髡鉗城旦」的省稱，而「髡鉗城旦」才是正式的刑名。以上數例中，只有賈捐之傳未作減省。

「髡」是剔髮；「鉗」者，以鐵束頸。（漢書，高祖本紀，顏師古注）鐵鉗實物曾在漢陽陵附近數十座刑徒墓中出土。[2] 鉗出土的位置正在墓中屍骨的頸部。墓中鉗

---

2. 秦中行，「漢陽陵附近鉗徙墓的發現」，文物7 (1972)，頁51—53。

徒身首異處，或曾處斬。頭骨雖存，惜是否曾髡髮不可知。「髡」、「鉗」本是兩事。然自秦以來，髡鉗似兼施並存。雲夢律簡中有「完城旦」，「髡鉗城旦、舂」，不見單獨以髡或鉗爲刑者。秦簡謂：「城旦、舂衣赤衣，冒赤幘〔氈〕，枸櫝欙杕之。」（睡虎地秦墓竹簡，頁89）枸櫝、欙杕應是套在頸上或足部的刑具；頭上戴紅氈帽，或卽因剔髮之故。漢舊儀云：「秦制：凡有罪，男髡鉗爲城旦。」髡鉗相連亦由此可見。

　　髡鉗不但相連，也總是配合徒刑。遭髡鉗者不僅僅是剔髮加刑具而已。這在秦漢兩代都是如此。史記，秦始皇本紀集解引如淳曰：「律說：『論決爲髡鉗，輸邊築長城，晝日伺寇虜，夜暮築長城。』」凡髡鉗者在秦全是刑徒。城旦據如淳說是四歲刑，在秦簡中亦見刑期六歲的城旦。然刑徒不一定髡鉗，如完城旦卽不髡髮，漢之施刑卽不戴刑具。髡鉗在可考的資料中幾全與城旦、舂相連，未見有鬼薪、白粲而髡鉗者。西漢初，呂后囚戚夫人，「髡鉗衣赭衣，令舂。」（漢書九十七上，外戚傳）；東漢末，蔡邕「髡鉗徒朔方」，其別傳載邕上書自陳：「臣旣到徒所，乘塞守烽，職在候望。」（後漢書六十下，蔡邕傳李賢注引）此卽城旦之役也。因爲髡鉗者必爲城旦（或舂），故刑名「髡鉗城旦」可但省稱爲「髡鉗」。東漢洛陽城南郊出土刑徒墓磚志八百餘塊，凡髡鉗城旦徒皆稱「髡鉗」，無一例外，卽可證[3]。

　　城旦、舂是四年到六年的徒刑，再加髡鉗已是漢代徒刑中最重的一級。班固和仲長統所說「下死則得髡鉗」的髡鉗，其實是指「髡鉗城旦」。他們只說「髡者無傷於人」，不提四到六年的勞役，是有意強調其刑太輕，以便突出復肉刑之必要。此士人老吏弄文之慣技，無足爲奇。

　　再說減死一等的處罰還可以有許多的不同，不一定「則得髡鉗」。例如，永始元年，鄧侯蕭獲坐奴殺人，減死完爲城旦。（漢書，高惠高后文功臣表）成帝時，劉輔減死罪一等，論爲鬼薪。（漢書七十七，劉輔傳）順帝時，翟酺坐減死，歸家。（後漢書四十八，翟酺傳）史弼得減死罪一等，論輸左校。（後漢書六十四，史弼傳）延熹二年，大將軍梁冀誅，胡廣、韓縯、孫朗皆減死一等，奪爵土，免爲庶人；韓稜則

---

3. 黃士斌，「漢魏洛陽城刑徒墳場調查記」，考古通訊6（1958），頁40—44；張政烺，「秦漢刑徒的考古資料」，北京大學學報3（1958），頁129—184；中科院考古所洛陽工作隊，「東漢洛陽城南郊的刑徒墓地」，考古4（1972），頁2—19；吳榮曾，「漢刑徒磚誌雜釋」，考古3（1977），頁193—196。

以減死論,遣歸本郡。(後漢書四十四,胡廣傳;四十五,韓稜傳)這些處罰較髠鉗為城旦都要輕。也有更嚴重的,那就是下蠶室和徙邊戍。

減死下蠶室始於西漢初。景帝中四年秋,「赦徒作陽陵者死罪,欲腐者,許之。」(漢書五,景帝紀)腐刑剝奪人有子嗣之權,其嚴重僅次於剝奪生命。景帝中四年的赦令,似乎只及於陽陵的死罪徒。其餘可考的西漢例子,也都發生在特殊的情況下。漢書張湯傳:「安世兄賀幸於衛太子。太子敗,賓客皆誅。安世為賀上書,得下蠶室。」又外戚傳上,宣帝許皇后父廣漢,「吏劾從行而盜,當死。有詔募下蠶室。」張安世是昭、宣時代的重臣,為兄求情,而許廣漢是皇帝的岳父。張賀和許廣漢顯然都因特殊背景減死下蠶室。東漢以降,以死罪囚下蠶室成為通例,適用於所有的死罪繫囚。光武帝於建武二十八和三十一年曾兩度下詔,「詔令死罪繫囚皆一切募下蠶室,其女子宮。」(後漢書,光武帝紀)這種情形到明帝永平八年曾有一次重要的改變。明帝不再將死罪繫囚一切募下蠶室,而只限於「其大逆無道殊死者」。其餘死囚減死一等,徙邊戍。和帝時,陳忠上言除蠶室刑。從和帝永元八年以後,即不再見以死罪繫囚下蠶室,從此徙邊戍就成為減死一等最主要的刑罰方式。上述變化可自下列各朝詔令清楚見之:

1.建武二十八年冬十月癸酉,詔令死罪繫囚皆一切募下蠶室,其女子宮。

2.建武三十一年秋九月甲辰,詔令死罪繫囚皆一切募下蠶室,其女子宮。

3.永平八年冬十月丙子,詔三公募郡國中都官死罪繫囚,減罪一等,勿笞,詣度遼將軍營,屯朔方、五原之邊縣,妻子自隨,便,占著邊縣,父母同產欲相代者,恣聽之。其大逆無道殊死者,一切募下蠶室,亡命者令贖罪各有差。凡徙者,賜弓弩衣糧。

4.永平九年春三月辛丑,詔郡國死罪囚減罪,與妻子詣五原、朔方,占著所在;死者皆賜妻父若男同產一人復終身;其妻無父兄獨有母者,賜其母錢六萬,又復其口筭。

5.永平十六年九月丁卯,詔令郡國中都官死罪繫囚減死罪一等,勿笞,詣軍營,屯朔方、敦煌,妻子自隨,父母同產欲求從者,恣聽之;女子嫁為人妻,勿與俱。謀反大逆無道不用此書。

6.建初七年九月辛卯，詔天下繫囚減死一等，勿笞，詣邊戍，妻子自隨，占著所在，父母同產欲相從者，恣聽之，有不到者，皆以乏軍興論。

7.建初九年，郡國中都官繫囚減死一等，勿笞，詣邊縣，妻子自隨，占著所在，其犯殊死，一切募下蠶室。

8.章和元年夏四月丙子，令郡國中都官繫囚減死一等，詣金城戍。

9.章和元年秋，死罪囚犯法在丙子赦前而後捕繫者，皆減死，勿笞，詣金城戍。

10.章和元年九月壬子，詔郡國中都官繫囚減死罪一等，詣金城戍；犯殊死者，一切募下蠶室，其女子宮。

11.永元八年八月辛酉，詔郡國中都官繫囚減死一等，詣敦煌戍。

12.元初二年多十月，詔郡國中都官繫囚減死一等，勿笞，詣馮翊、扶風屯，妻子自隨，占著所在，女子勿輸，亡命死皋以下贖，各有差。

13.延光三年九月乙巳，召郡國中都官死皋繫囚減罪一等，詣敦煌、隴西及度遼營，其右趾以下及亡命者贖，各有差。

14.永建元年多十月辛巳，詔減死罪以下徙邊。

15.永建五年多十月丙辰，詔郡國中都官死罪繫囚皆減罪一等，詣北地、上郡、安定戍。

16.漢安二年多十月辛丑，令郡國中都官繫囚殊死以下出縑贖，各有差。其不能入贖者，遣詣臨羌縣居作二歲。

17.建康元年十一月己酉，令郡國中都官繫囚減死一等，徙邊。謀反大逆，不用此令。

18.建和元年十一月戊午，減天下死罪一等，戍邊。

19.永興元年十一月丁丑，詔減天下死罪一等，徙邊戍。

20.永興二年九月閏月，減天下死罪一等，徙邊戍。（以上見後漢書各本紀）

以遷徙戍邊代死，嚴格言之，並不是懲中罪，而是懲重罪。只因天子「重人命」（郭躬語，見後漢書四十六，郭躬傳），雖罪重至死，但以遷徙代之罷了。

即使如此，遷徙刑確實擔負「懲中罪」的作用，懲罰所犯尚不及於死者。因此，文獻中每每死徙連言。漢書，劉屈氂傳：「諸太子賓客嘗出入宮門，皆坐誅；其隨太

子發兵，以反法族；吏士劫略者，皆徙敦煌郡。」後漢書，樊宏傳：「先是河南縣亡失官錢，典負者坐死及罪徙者甚衆。」又明帝時，楚王英謀反，「所連及死徙者數千人。」（後漢書二，明帝紀）光武十王傳，「楚王英」條：「坐死徙者以千數。」非死卽徙，可見以徙治罪之次於死者。此外，如「緹騎侯海等五百人歐傷市丞，〔張〕酺部吏楊章等窮竟，正海罪，徙朔方」（後漢書四十五，張酺傳）；「太守廉范爲州所考，遣〔楊〕鳳候終，終爲范游說，坐徙北地」（後漢書四十八，楊終傳）；「〔馬〕融有事忤大將軍梁冀旨。冀諷有司奏融在郡貪濁，免官，髡徙朔方。」（後漢書六十上，馬融傳）歐傷市丞、請託游說、在郡貪濁都不是生死重罪，而以徙邊懲之，正是「懲中罪」之例證。

　　兩漢所見以徙邊懲中罪最多的例子是家屬因從坐而徙。桓帝建和三年四月詔赦歸因「妖惡」、「支親從坐」與「吏民減死」而徙邊者，支親從坐是其中一大類。（後漢書七，桓帝紀）這類例子兩漢書中極多，僅舉死罪家屬從坐徙邊的若干如下：

　　1.京兆尹王章訟商忠直，言鳳顓權，鳳誣章以大逆皋，下獄死，妻子徙合浦。（漢書二十七上，五行志）

　　2.〔息夫〕躬……與巫同祝詛……死，黨友謀議相連下獄百餘人。躬母聖，坐祠竈祝詛上，大逆不道。聖棄市，妻充漢與家屬徙合浦，躬同族親屬素所厚者，皆免，廢錮。（漢書四十五，蒯伍江息夫傳）

　　3.廷尉當〔楊〕惲大逆無道，要斬，妻子徙酒泉郡。（漢書六十六，楊敞傳）

　　4.京房及博兄弟三人皆棄市，妻子徙邊。（漢書八十，宣元六王傳，「淮陽憲王」條）

　　5.〔浩〕商兄弟會賓客……殺義渠長妻子六人，亡……會浩商捕得，伏誅，家屬徙合浦。（漢書八十四，翟方進傳）

　　6.〔淳于長〕死獄中，妻子當坐者徙合浦，母若歸故郡。（漢書九十三，佞幸傳）

　　7.〔董〕賢與妻皆自殺……父恭、弟寬、信與家屬徙合浦，母別歸故郡鉅鹿。（同上）

　　8.建寧二年多十月丁亥，中常侍侯覽諷有司奏前司空虞放、太僕杜密、長樂少府

李膺、司隸校尉朱　、潁川太守巴肅、沛相荀昱、河內太守魏朗、山陽太守翟超皆爲鉤黨，下獄，死者百餘人，妻子徙邊。（後漢書八，靈帝紀）

9.永元初，〔郭〕璜爲長樂少府，子舉爲侍中，兼射聲校尉。及大將軍竇憲被誅，舉以憲女壻謀逆，故父子俱下獄死，家屬徙合浦，宗族爲郎吏者，悉免官。（後漢書十上，皇后紀，「光武郭皇后」條）

10.〔陰皇〕后與朱共挾巫蠱道……大逆無道……帝使司徒魯恭持節賜后策，上璽綬，遷于桐宮，以憂死……父特進綱自殺，〔后弟〕軼、敞及朱家屬徙日南比景縣，宗親外內昆弟皆免官還田里。（後漢書十上，皇后紀，「和帝陰皇后」條）

11.中黃門孫程合謀殺江京等，立濟陰王，是爲順帝。〔閻〕顯、景、晏及黨與皆伏誅，遷太后於離宮，家屬徙比景。（後漢書十下，皇后紀，「安思閻皇后」條）

12.時〔竇〕太后父大將軍武謀誅宦官，而中常侍曹節等矯詔殺武，遷太后於南宮雲臺，家屬徙比景。（後漢書十下，皇后紀，「桓思竇皇后」條）

13.收捕疊、磊、璜、舉，皆下獄誅，家屬徙合浦。遣謁者僕射收〔竇〕憲大將軍印綬，更封爲冠軍侯……憲、篤、景到國，皆迫令自殺。宗族、賓客以憲爲官者，皆免歸本郡。（後漢書廿三，竇憲傳）

14.〔永平〕四年多，〔梁松〕乃縣飛書誹謗，下獄死，國除……竦後坐兄松事，與弟恭俱徙九眞。（後漢書卅四，梁統傳）

15.〔陳〕蕃因與竇武謀之……及事泄，曹節等矯詔誅武等……遂令收蕃……即日害之。徙其家屬於比景，宗族、門生，故吏皆斥免禁錮。（後漢書六十六，陳蕃傳）

16.召詣詔獄，考死，妻子徙邊。門生、故吏及其父兄，並被禁錮。（後漢書六十七，黨錮傳，「李膺」條）

17.遂收球，送洛陽獄，誅死，妻子徙邊。（後漢書七十七，酷吏傳，「陽球」條）

從這些例子可以很清楚地看出，死罪犯的家屬妻子父兄因受牽連，罪次一等而徙邊；關係更遠的宗族、賓客、門生、故吏則或禁錮、或免歸，受更次一級的懲處。以遷徙懲「中罪」的作用，在這些例子裏看得再明白不過。

據前引桓帝建和三年詔，坐徙邊之罪還有「妖惡」一項。妖惡卽妖言。漢書楊敞

傳載楊惲「爲訞惡言，大逆不道」，此處將妖惡與妖言合語。又後漢書章帝紀，元和元年十二月詔：「往者妖言大獄，所及廣遠，一人犯罪，禁至三屬……諸以前妖惡禁錮者，一皆蠲除之。」此詔前稱妖言，後言妖惡，可見妖言與妖惡實一罪異名。安帝永初四年二月詔「諸訞言它過坐徙邊者，各歸本郡。」（後漢書五，安帝紀）這就是後來桓帝詔赦妖惡者的張本。犯妖惡或妖言者，罪可至於死，兩漢皆不乏其例。（漢書廿一上，律曆志；七十五，眭弘傳；後漢書五十五，章帝八王傳，「清河孝王慶」條；六十三，李固傳）然而犯妖言者，非皆處死，亦依情節輕重，刑罰不一。或禁錮，如前引章帝元和詔；或徙邊，如桓帝詔。又殤帝時，鄧太后曾詔赦建武以來諸犯妖惡，「皆復之爲平人。」（後漢書十上，皇后紀，「和熹鄧皇后」條）從建武到殤帝延平已歷八十年，尚有未死，不得與齊民之列的「妖惡」罪徒。他們受何懲罰，不得而知。他們應該是受妖言牽連而從坐的人。妖言或妖惡罪之重者，死；次者徙邊；再次者或禁錮或受其它懲罰。遷徙刑懲罪之中者，在這裏也很明白。

總之，自西漢初廢肉刑，至西漢末始見恢復之議。議復肉刑大抵非基於事實上的必要，而多因西漢中晚期以後，儒學漸盛，儒生好古，以爲三王肉刑，如復三王之制，則盛世可再。復肉刑之議發生的原因儘管不止一端，隨儒學而興起的好古風氣當是十分重要的背景。漢代以後雖然時移勢異，仍不斷有人主肉刑，其中一大因由蓋在儒生對三代之憧憬從不曾中斷。這從後世議論總要提到肉刑乃聖王古制這一點可以概見。[4] 肉刑在漢代雖議而終不得復的原因當然也很多，主要在於漢代廣泛運用徒刑與遷徙，尤其是徙邊戍，實際上取代了肉刑懲中罪的作用。這使主肉刑者「死刑太重，生刑太輕」的立論失去了事實上的基礎。再者，遷徙之刑外無傷人肢體之名，內有實邊安內之效，統治者遂寧取徒與徙而不復肉刑。

---

4. 沈家本，沈寄簃先生遺書甲編，上冊，分考五，「議復肉列」條，頁12上─26下。

巫 蠱 之 禍 的 政 治 意 義

蒲　慕　州

一、前　　　言

　　巫蠱之禍是漢武帝晚年時所發生的一次重大事件。在這次事件中，武帝的繼承人衞太子據死亡，衞皇后子夫與其所生兩公主，丞相公孫賀父子，繼任丞相劉屈氂和將軍李廣利一家，乃至數十名重要官員，以及無數民衆，都在這次事件中喪失了性命。這事件雖然是由於對巫蠱的迷信而發生的，但它所牽涉到的不只是當時人的迷信，還包括了政治、社會上一些其他的問題。本文認爲，這次事件不僅是一件由迷信而引起的悲劇，更是一場無形的政治整肅運動。對這次事件的前因後果作更進一步的檢討，也許可以使我們對武帝到昭宣時代歷史發展的關鍵多一分瞭解。

　　以下討論的進行分爲背景、事件、遭禍人物的分析，和結論四節。每一節之前均先引史料一段，作爲討論的出發點。

二、背　　　景

漢書卷六武帝紀征和元年：

　　多十一月，發三輔騎士大搜上林，閉長安城門，索，十一日乃解。巫蠱起。

臣瓚對漢書的這段記載作了下面的說明：

搜謂索姦人也。上林苑周圍數百里，故發三輔車騎入大搜索也。漢帝年紀發三

輔騎士大搜長安上林中，閉城門十五日，待詔北軍征官多餓死。[1]

這段說明雖然指出這次大搜的目標是「姦人」，但並沒有告訴我們這些姦人到底是什麼

樣的人物。其實在八年之前（天漢元年，100 B.C.）的秋天，長安城已經有過一次「

閉城門大搜」[2] 的事件。臣瓚在此又引漢帝年紀說：「六月禁踰侈，七月閉城門大搜，

則搜索踰侈者也。」[3] 於是我們得到一點有關這次搜索的目標的消息。所謂踰侈者，

應該是那些踰越法度而競爭奢侈的豪族貴戚。[4] 第二年秋天（天漢二年），漢書又記

載：「秋，止禁巫祠道中者，大搜。」[5] 漢書沒有提到大搜的地點，但根據上面二段

有關大搜的材料來看，應該仍然是京師長安地方。那麼這一次大搜的目標又是什麼？

臣瓚仍然說：「搜謂索姦人也。」[6] 其實由漢書本文看來，這次大搜的對象也可能就

是那些「巫祠道中者」。綜合這三次大搜的事件，我們可以看出，長安京師一帶的社

會在這些年間處在一種不安定的情況之下。這種情況又至少有二類不同的肇因：一是

在京師一帶的豪族貴戚的奢侈不法，一是巫祠的習俗。

　　先談豪族貴戚。這中間包括住在長安的諸侯外戚子弟，以及在長安三輔一帶的富

家豪族。漢初列侯受封後往往不願就國而逗留長安，文帝二年詔：

　　……今列侯多居長安，邑遠，吏卒給輸費苦，而列侯亦無由教馴其民。其令列

　　侯之國，為吏及詔所止者，遣太子。[7]

但是到了景帝後二年又因其實難行而罷其事。[8] 當時長安附近宗室「多暴犯法」。景

帝召寧成為中尉來加以整治，「宗室豪傑皆人人惴恐」。[9] 景帝的任用酷吏寧成顯示

當時宗室的橫行京師是一樁嚴重的事。這種情況終景帝之世並沒有得到改善。

---

1. 漢書卷6，頁208。（本文引史記、漢書、通鑑均以新校標點本頁數為準）。

2. 漢書卷6，頁203。

3. 同註2.。

4. 顏師古曰：「……踰侈者，踰法度而奢侈也。」見同註2.。

5. 漢書卷6，頁203。

6. 同上。

7. 史記卷10，頁422。

8. 史記卷11，頁448。「後二年……省列侯遣之國」。

9. 史記卷122，頁3134。

武帝初卽位，竇嬰爲相，再度下令列侯就國，而「列侯多尙公主，皆不欲就國」。[10] 列侯不願就國的原因，除了貪圖京師地方生活的舒適和上層社會的環境之外，也因爲就國之後還要受州郡守尉的限制。[11] 於是這批列侯和貴戚子弟繼續在長安城內成爲一股不安定的因素，而爲武帝所不喜見。這種情況在史料上的反映可以由下面一例看出。元朔初，武帝任酷吏義縱爲長陵及長安令，「直法行治，不避貴戚，以捕案太后外孫脩成君子仲」，武帝很滿意，遷縱爲河內都尉。[12]

天漢太始年間，由於貴戚近臣的奢侈不法，武帝又命他所賞識的江充爲直指繡衣使者，「督三輔盜賊，禁察踰侈。」。[13] 江充的「禁察踰侈」雖不是大搜，但是其任務基本上應和天漢元年的「七月閉城門大搜，則搜索踰侈者也」是相同的。結果江充舉劾了許多貴戚近臣，「奏請沒入車馬，令身待北軍擊匈奴，奏可」。[14] 這些驕慣已久的特權分子當然不願側身軍旅，於是紛紛向武帝求情，願意入錢贖罪，武帝允許。

除了諸侯王貴戚之外，從元朔二年以來徙遷關中的郡國豪傑是另一股不安定的力量。[15] 他們雖在武帝的命令下被迫遷入關內，但和關東地方的聯繫顯然並沒有斷絕。天漢二年（99 B.C.）多十一月，也就是第二次大搜後的不久，武帝下詔給關都尉：

　　今豪傑多遠交，依東方羣盜，其謹察出入者。[16]

所謂的東方羣盜，當是指這年秋天在泰山、琅邪等地所產生的亂事。當時羣盜「阻山攻城」，以致交通爲之斷絕。武帝遣直指繡衣使者暴勝之等分部逐捕，「刺史郡守以下皆伏誅」。[17] 漢書沒有說明爲何刺史郡守會牽連在這件案子中。這裏有兩個可能性：一是由於早先立下的沈命法，[18] 使得地方官吏因爲怕捕不到盜賊而受到處罰，乃不

---

10. 史記卷107，頁2843。

11. 參見，錢穆，秦漢史（民國46年）頁239—240。

12. 史記卷122，頁3145。時約在元朔三年或稍前。義縱之友張次公在縱爲河內都尉後不久亦以功封岸頭侯，據漢書頁643，此爲元朔三年之事。

13. 漢書卷45，頁2177。江充於太始三年任水衡都尉，在此之前爲直指使者，當天漢太始之交。見漢書頁787。

14. 同上。

15. 漢書卷6，頁170；卷64上；頁2802。

16. 漢書卷6，頁204。

17. 同上。

18. 漢書卷90，頁3662—63。

向朝廷報告。暴勝之等人到了之後，依沈命法處分了郡守以下的各級官吏。另外，這
些地方官吏的伏誅的眞正原因可能不僅是由於他們包庇盜賊，而且是由於他們實際上
和漢中央政府之間有矛盾。關內「遠交」的豪傑所依靠的不止是「東方羣盜」，還可
能是一些地方勢力，包括郡國豪强與游俠之士，以及不聽指揮的貴戚。而所謂的「羣
盜」只是從漢朝政府的立場來看的一批人，他們和中央及地方官員有聯繫，應該不是
一般下層農民或無賴，而是不服從中央的地主。這就牽涉到漢初中央政府與地方勢力
的關係，以及土地佔有情況。[19] 如天漢太始間河南、河內、河東三地的太守均爲朝中
大臣的親戚，驕縱不法，爲丞相長史田仁所刺舉，下吏誅死。武帝對田仁的作爲非常欣
賞，認爲他能不畏疆禦，因拜爲丞相司直。[20] 這些太守既爲朝中權臣的親戚，自然會
有往來連絡，造成武帝不願見到的勢力網。[21] 太始元年 (96 B.C.) 武帝再度「徙郡
國吏民豪傑于茂陵雲陵」，[22] 以便就近控制，亦可爲一佐證。不過這些遷入關中的豪
傑似乎並不就此安分守己。天漢太始年間，武帝令江充爲直指繡衣使者專門整頓三輔
地區，除了前面說的舉劾了許多貴戚近臣之外，當地的郡國豪傑也應爲他的對象。江
充治三輔的時間較武帝天漢二年之詔稍晚二年，正好顯示遷入關中的豪傑在過了一段
時間之後又開始活動。關內和關東各處郡國豪强勢力的膨脹，也暗示這一年在長安城
中「大搜」的原因除了可能是搜巫祠道中者，也有可能是清除一些豪傑之士。

　　到了征和元年 (92 B.C.) 的大搜，如果漢帝年紀說「北軍征官多餓死」是事實
，那麼這次大搜的確是相當嚴厲。大搜的對象我們並不清楚，不過當時有另一件事或

19. 討論見 Chi-Yun Chen, "Han Dynasty China: Economy, Society, and State Power—a review
　　of Cho-yun Hsu, Han Agriculture",in *T'ong Pao* (1984), vol. LXX, pp. 136～137。

20. 史記卷 104，頁2781。是時河南河內太守爲御史大夫杜周之二子，河東太守爲前丞相石慶之子孫。杜周爲
　　御史時間在天漢三年至太始三年間 (漢書卷19下，頁786) 故此事應發生在此時間內。

21. 漢中央與地方勢力的衝突從景帝末年的亂事已露端倪，到武帝時逐漸尖銳化，請參考許倬雲：「西漢政權
　　與社會勢力的交互作用」(史語所集刊第35本，頁261ff)。

22. 漢書卷6，頁205。

許可以提供一些消息，這就是詔捕「京師大俠」朱安世的案子。武帝非常地重視此事，允許丞相公孫賀親自逐捕，終於逮得朱安世。[23] 這件案子很可能就與大捜的事件有關。因爲朱安世在下獄之後，上告公孫賀父子爲巫蠱，由此爆發了巫蠱事件，而漢書武帝紀在「大捜」下緊接著說「巫蠱起」。[24] 漢書五行志也記載：「征和元年，……是歲發三輔騎士閉長安城門、大捜，始治巫蠱。」朱安世的下獄與大捜既然都和巫蠱案的爆發有關係，也就暗示了這次大捜的目的很可能又是在打擊當時的豪傑游俠，甚至那些不知收歛的貴戚近臣，朱安世的案子只是其中的一部分。朱安世能够在長安被稱爲「京師大俠」，當有他相當的社會背景，而他在被捕後尚能從獄中上書告垮了丞相公孫賀一家，又暗示有和公孫賀父子利益相左的力量從旁相助，[25] 於是我們可以推想當時在長安一帶的紛擾應不僅是貴戚近臣的不法奢侈，或者豪傑游俠的縱橫，還包括了這些勢力之間的派系之爭。在下文中，我們試著提出一個看法，卽巫蠱之禍的起因雖是巫祠祝詛的活動，它的發展却很可能是依著黨派之爭的路線而進行。

　　現在我們再討論京師一帶社會不安的另一肇因：也就是巫祠祝詛或巫蠱的習俗。這種習俗，方式不外是以巫術和咒詛，以放蠱毒或者利用偶像來象徵咒詛的對象等法來加害於人。[26] 不過巫和蠱原本是兩件事，巫是巫術，蠱是病痛或病毒。甲骨文和先

---

23. 漢書卷66，頁2878。

24. 同上；又漢書卷27中之上，頁1393：征和元年……大捜，始治巫蠱。

25. 朱安世在被捕之後尚能從容說「丞相禍及宗矣，南山之竹不足受我辭，斜谷之木不足爲我械」，可見他心中有恃無恐。見漢書卷66，頁2878。勞榦先生在「論漢代的游俠」（勞榦學術論文集甲編下，頁1032。）一文中談到朱安世的案子，認爲武帝爲了治巫蠱而放鬆游俠。不過由漢書的材料看來，我們似乎尚不能確定朱安世在上告公孫賀之後的下落。而朱安世如何能由獄中上書，還是一個謎。又見勞先生的補充：集刊本期，頁549。

26. 參見李卉：「說蠱毒與巫術」（民族學集刊第九本，頁271—282）；謝康：「中國古代巫術文化及其社會功能」（中華文化復興月刊第九卷第一期，頁40—50；第二期頁32—40）；瀧川政次郎：「蠱毒の源流とその傳播」（福井頌壽東洋文化論集，昭和四十四年，頁 615ff）；H. Y. Feng & J. K. Shryock, "The Black Magic in China Known as ku", *Journal of American Oriental Society* vol. 55, (1935) pp. 1—30。所謂「黑巫術」（Black Magic）是人類學中一項重要的問題，本文並無意作全面性的討論，故此處所引只是與中國的巫蠱有關的幾篇專文。

秦文獻中均有蠱字[27] 也有關於祝詛的記載。[28] 然而其祝詛之法是否牽涉到放蠱，還不能確定。[29] 史記封禪書記載，秦德公作伏祠，「磔狗邑四門，以禦蠱菑。」[30] 用殺狗來禦蠱，其中顯然有一種對鬼厲的迷信，而「蠱菑」是厲鬼所造成的，[31] 但是這仍然不能說明厲鬼爲害是由他人用巫法所發動的。近人研究以爲以巫法施蠱毒是秦時由西方胡人[32] 或者秦漢之際由西南夷人[33] 所傳入，並非中國所原有，其說各有所據。而漢代有關巫蠱祝詛的記載也的確常與胡巫、楚巫、越巫等邊疆民族有關。[34] 但是僅就西漢材料來看，還沒有直接證據可以說當巫蠱二字聯用時蠱字是指放蠱毒的意思。在下文

---

27. 胡厚宣在「殷人疾病考」（甲骨文商史論叢初集下，頁 12,14）一文中以爲卜辭中之蠱爲毒物所致，而嚴一萍以爲非是。嚴氏以爲所謂蠱者有四類：「一曰毒蠱，如苗人所行，漢律所禁者，二曰疾蠱，如醫和所診晉侯之疾與胥克之疾皆是也，三曰鬼蠱，如晉侯夢大厲，齊侯見彭生皆是也，四曰蠱災，如秦德公作伏祠磔狗以禦之是也。卜辭之蠱當難兼有四者。」（殷契徵醫，頁30）實則胡氏之說並非完全錯誤，因爲卜辭之中有「貞：有齒不……蠱」（京1962），「有疾齒不佳蠱虐，不佳蠱」（乙7310），據此，蠱似乎爲一病痛之名，不過吾人無法得知此等病痛是否爲造蠱者所施救而引起者，左傳昭公元年記載：
晉侯求醫於秦，秦伯使醫和視之，曰：「疾不可爲也，是謂近女室，疾如蠱，非鬼非食，惑以喪志。」……「女，陽物而晦時，淫則生內熱惑蠱之疾。」趙孟曰：「何謂蠱？」對曰：「淫溺惑瞀之所生也。於文皿蟲爲蠱，穀之飛亦爲蠱，在周易，女惑男，風落山，謂之蠱。」
醫和所說的「穀之飛亦爲蠱」，意思應指穀物生蟲飛出的現象；「女惑男」爲蠱，其實是說由於近女色而產生的虛弱之疾。他先說「近女室，疾如蠱」，又說「淫則生內熱惑蠱之疾」，則此處之蠱乃引申義。左傳莊公二十八年，「楚令尹子元欲蠱文夫人」，這裏的蠱字也是指的淫惑。至於僖公八年「晉胥克有蠱疾」的蠱是否如杜注所說「惑以喪志」，就不得而知了，至於「風落山」爲蠱，則爲另一引申義。周易有蠱卦（周易正義，藝文印書館十三經注疏本，頁57）。蠱卦，巽下艮上，艮爲山，巽爲風，象曰，山下有風，蠱君子以振民育德。說文段注蠱字下引：序卦傳曰，蠱者事也。伏曼容注曰：蠱，惑亂也，萬事從惑而起，故以蠱爲事。（說文解字注，藝文印書館、經韵樓藏版，頁683）

28. 左傳宣公二年：「詛無畜公子」；隱公十一年：「鄭伯……以詛射頴考叔者」；襄公十一年：「詛諸五父之衢。」秦有「詛楚文」，也是一例。又「盟」與「詛」有時可以互換，說見侯馬盟書頁79—80。

29. 侯馬盟書中有一例，可能是目前所知最早將祝詛與蠱相聯的例子。但是，此例看來可能只是咒詛者希望對方得蠱疾，不一定有放蠱毒的行爲，見侯馬盟書頁35, 80。

30. 史記卷28，頁1360。

31. 禮記月令：大儺，旁磔。注云：磔，禳也，厲鬼爲蠱，將出害人，旁磔立於四方之門。鄭注至少反映出秦漢時代人對於「蠱」的一種瞭解。嚴一萍以爲卜辭中「丁于四方其犬五」之辭與磔狗以禦四門之蠱相類（前引書，頁30），若可信，則此種習俗與對蠱的觀念可以上溯至殷代。

32. 瀧川政次郎，前引文。

33. 李卉，前引文。

34. 史記酷吏傳（頁3175）「匈奴至爲偶人象郅都，令騎馳射，莫能中」也許是一種用木偶人害人的巫術。漢書，卷45頁2178「（江）充將胡巫掘地求偶人捕蠱及祠視鬼」；漢書，卷63頁2760：楚地巫賫迎女巫李女須，使下神祝詛……使禱巫山，會昭帝崩，賫曰「女須良巫也」。

要討論的巫蠱之禍中，江充在宮中掘蠱，「得桐木人」，[35] 顯然蠱即是桐木人，也就表示蠱字的意思在此是泛指一切可以致人以病或死亡的媒介，非必爲毒物。用偶人爲媒介，其法主要是靠詛咒，中詛之後生的病，才是有引申義的蠱疾。[36] 所以西漢時代所謂的巫蠱，其意義應該和後世施毒的巫法有所不同。後世蠱毒之法極可能是自邊疆傳入中原，漢人見其毒發的療狀與古代的蠱疾相類，就用原有的巫蠱一詞來指放毒的巫術。[37]

如上所說，巫祠祝詛的習俗自先秦以來就在社會中廣泛的流行著，秦帝國甚至設有祕祝之官，「卽有菑祥，輒祝祠移過於下。」[38] 漢承秦制，直到文帝十三年才下令廢除這一官職。[39] 然而祝詛的迷信顯然不會就此結束。在一個對超自然力量仍有相當信仰的時代，用祝詛來達到消除敵人的目的，是很容易爲人所援用的方式。[40] 尤其是祝詛的活動本身可以說並沒有善惡的分別，端看它被用來對付誰。被祝詛的人若是自己的敵人，就沒有什麼可議之處，[41] 被詛咒的人若是不信巫術，也就不成問題。譬如文帝曾經下詔：

> 民或祝詛上，以相約結而後相謾，吏以爲大逆，……此細民之愚無知抵死，朕甚不取，自今以後，有犯此者勿聽治。」[42]

而風俗通記載：

> 武帝時迷於鬼神，尤信越巫。董仲舒數以爲言，武帝欲驗其道，令巫詛仲舒。仲舒朝服南面。誦詠經論，不能傷害，而巫忽死。[43]

---

35. 漢書卷45，頁2179。

36. 古埃及人也有類似的祝詛法，乃取小泥人，上書祝咒詛者之名，咒詛畢將泥人打碎，象徵敵人被法術所殺，見 K. Sethe, *Die Ächtung Feindlicher Fürsten, Volker, und Dinge. Abhandlungen der Prussicher Akademie der Wissenschaften*, (1926, Berlin) ; *Lexikon der Ägyptologie* (1975) , Vol I (Ächtungstexte pp. 67—69) 。

37. 李卉，前引文。李文並沒有分別西漢之蠱與後世有所不同。頁 275：「中國古代有蠱，或認爲與巫有關而已。至於造蠱的程序與蠱的本事那一套傳說，多半是秦漢以後，中原與西南夷交往頻仍以後的事。」

38. 史記卷28，頁1377。

39. 史記卷10，頁427。

40. 天漢二年秋天「止禁巫祠道中」的事正足以證明祝詛的習俗並不因爲祕祝之官被廢除而有所消滅。

41. 史記卷12，頁 483 記載，太初元年：「丁夫人，雒陽虞初等以方祠詛匈奴大宛焉。」

42. 史記卷10，頁 424。但這當然並不表示文帝能够完全不受當時流行迷信思想的影響。

43. 應劭：風俗通義第九 (吳樹平校釋本，頁350)

然而對於武而言，這一次巫術的不靈並不能影響他基本上對巫祝的相信，[44] 任何針對他而發的詛咒都可以被解釋成大逆不道的行為。天漢二年的大搜：「止禁巫祠道中者」反映出當時這種迷信的流行，而本身深信巫祝的武帝才會要壓制別人藉巫祝來陷害他的可能。

三、事　　件

漢書卷六十六公孫劉田王楊蔡陳鄭傳

巫蠱之禍起自朱安世，成於江充，遂及公主、皇后、太子、皆敗。

周禮庶氏鄭玄注引漢律：敢蠱人及教令者，死。[45] 這條法律是何時開始施行的，現已無法考察。在文帝時代，「祝詛上」的罪名曾經被劾為「大逆」，應該就是死罪，不過為文帝所取消。[46] 但祝詛在此之所以會被劾為「大逆」，主要原因應該是由於祝詛的對象是皇帝；以其他人為對象的祝詛是否仍然會被劾為死罪，就不得而知了。按理，高祖入關時約法三章中有殺人者死一條，若祝詛或蠱人而致死，其罪應同於殺人。不過至少在武帝之前，我們並沒有看到有人因為巫蠱或祝詛而獲罪的記載。

巫蠱一詞第一次成為一項罪名是武帝元光五年（130 B.C.）的事，由於武帝在此時有了新寵衛夫人，令皇后陳氏非常不滿，而相對的，武帝也不滿於十餘年為皇后而無子的陳氏，又發覺皇后「挾婦人媚道」，於是就派遣那執法深刻的張湯來追究，「窮治之」，結果「女子楚服等坐為皇后巫蠱祠祭祝詛，大逆不道。相連及誅者三百餘人，楚服梟首於市。」[47] 陳皇后因此被廢。

元狩元年（122 B.C.），衡山王后徐來也被指控以巫蠱害死前任王后乘舒而處死。細究事情經過，原來是在此數年之前，乘舒死後，新后徐來和寵妃厥姬交惡，厥姬就密告衡山王太子（乘舒之子）說徐來蠱殺其母。不過這項密告在當時只是造成太子與

---

44. 太史公在記述了武帝各方求仙及不死藥失敗後說：「天子益怠厭方士之怪迂語矣，然羈縻不絕，冀遇其真。」（史記卷28，頁1403）。文帝在發覺新垣平言氣神事為詐之後，「怠於改正朔服色神明之事。」（史記卷28，頁1383）。二人於迷信的態度不同也由此可見。

45. 周禮注疏卷三十七，（藝文印書館十三經注疏本）。

46. 同註42。

47. 事見漢書卷97上，頁3948。

徐來之間的衝突，並無其他後果。而一直到了衡山王一家一方面由於內鬥，一方面又
被劾以謀反的罪行而全家覆滅，徐來才以巫蠱的罪名被處死，很可能太子在最後終於
將厥姬告訴他的話說了出來。[48]

　　比較兩次的巫蠱事件，所能確定的是，當時的人確相信巫蠱祝詛可以致人於死。
至於實際上是否眞有效果？就是另一個問題了，陳皇后之事，實際上並沒有人被蠱殺
，楚服的罪名是「坐爲皇后巫蠱祠祭祝詛」，依文義看來，她的獲罪只是因爲被控告
爲施行巫蠱，是否有直接證據尚不得而知。而由故事的發展看來，徐來的被控以巫蠱
，更很可能是厥姬的誣告。由於巫蠱祝詛之事本來就不可捉摸，一旦言者鑿鑿，被告
者極難證明自己的無辜。於是巫蠱祝詛很容易就成爲一種莫須有的罪名。[49]

　　由元狩到征和三十多年間，武帝經歷了一生重大的事件。一方面他在政治、軍事
、經濟上有諸多的興革，同時喜歡任用那些執法嚴苛的人物來打擊豪強貴戚，另一方
面，他仍然不斷的設法追求長生不老的仙藥以及成仙之法，一直到他晚年，這兩方面
的作風並沒有基本上的改變。

　　征和元年（92 B.C.）爲武帝在位的第四十九年，六十六歲。身體已經開始衰弱，
精神上也有不穩定的情況，時常恐懼臣下的謀害。[50] 在這年多天大搜前後，丞相公孫
賀爲了要救贖因濫用公帑而下獄的兒子公孫敬聲，自請追捕了人稱「京師大俠」的朱安
世。豈料朱安世在長安城中甚有力量，反而由獄中上書，控告公孫敬聲和武帝女兒陽
石公主私通，並且使巫者在甘泉馳道埋偶人，祭祠祖詛武帝。於是公孫賀父子皆下獄
死，全家族滅。連坐的有衞皇后所生的陽石、諸邑兩公主以及衞皇后弟子衞伉等人。
[51] 這事件的發生除了因爲武帝原本對公孫賀不滿以及有與公孫賀利害相左的勢力在其
中發生作用等因素之外，也反映出武帝對巫蠱祝詛之事一方面甚爲相信，一方面也極
爲恐懼，由恐懼而生怨恨與猜疑，才會將他自己的女兒都處死。武帝這種迷信巫蠱的

---

48. 事見史記卷118，頁3095—97。

49. 此種情況中外皆然。歐洲十六、七世紀時巫術大爲流行，各國政府嚴加捕捉巫女，其中不乏因政治原因而
　　以行巫術爲政治迫害之藉口者，詳見 W. Notestein, *A History of Witchcraft in England.*
　　(1968) pp. 33ff. ; K. Thomas, *Religion and the Decline of Magic.* (1970) , pp. 502ff.

50. 漢書卷45，頁2179；卷63，頁2742。

51. 同上註，又漢書卷66頁2878。

心理在當時的長安很可能不是件秘密，因爲朱安世能够在被捕之後很有信心的說：「丞相禍及宗矣，南山之竹不足受我辭，斜谷之不足爲我械。」，並且果眞上書控告公孫賀成功，反映出朱安世當時對武帝的心理以及武帝在得到這種消息之後會有如何的反應有十分的把握。武帝的疑心病在這次事件後自然並沒有減輕。

征和二年的夏天，武帝去甘泉避暑養病，寵臣江充見他身體日漸衰弱，又想到自己曾經和太子有過不愉快的過節，[52] 於是就想順著武帝的迷信心理設計陷害太子以自保。他宣稱武帝的病是因爲有巫蠱作祟，武帝就命他爲使者去調查：

> 充將胡巫掘地求偶人，捕蠱及夜祠視鬼，染汚令有處，輒收捕驗治，燒鐵鉗灼，强服之。民轉相誣以巫蠱，吏輒劾以大逆亡道，坐而死者前後數萬人。[53]

這段記載顯示江充是在無中生有地製造事端，並且使用酷刑逼人招認，而使得一班人相互指控有巫蠱的罪行，「有與亡，莫敢訟其寃。」[54] 才會有數萬人因爲一項無法證實的罪行而喪生。

然而這只是江充的初步行動。在他得知武帝對他的作爲並無不滿之後，[55] 就進一步說宮中有蠱氣，因而進入後宮調查。武帝不但同意，而且還派遣按道侯韓說，御史章贛，黃門蘇文等人相助。[56] 江充入宮後到處搜索，先治那些失寵的夫人，然後是皇后，最後在太子宮中掘蠱，得到桐木偶人。[57]

當時武帝在甘泉，太子和衞后在長安，消息不通，太子少傅石德認爲江充既然掘出木偶人，雖然可能是巫者埋置在地以嫁罪，但又無法證明，而武帝病況不明，只有用强硬手段反過來先治江充，才能自保。石德之父卽前丞相石慶，數度爲武帝所譴。因此石德的建議很可能是根據乃父之經驗，希望能先發制人，免得「爲師傅俱誅」。太

52．太子家使曾經乘車馬行馳道中，爲江充所劾奏，雖然太子請求江充勿奏，江充不許。武帝對江充的行爲相當欣賞。事見漢書卷45，頁2178。

53．漢書卷45，頁2178。

54．漢書卷45，頁2179。

55．史載：「充既知上意」（漢書卷45，頁2979；卷63，頁2742）。這裏所說的「上意」是指武帝對治巫蠱一事所持的追根究底的態度？抑或武帝有其他的意思？就不容易推測了。但無疑武帝是贊成江充的作爲的。詳見下文第五節。

56．漢書卷63，頁2742，蘇文與皇后，太子素有不睦，見通鑑卷22，頁727。

57．漢書卷45，頁2179。顏師古引「三輔舊事云，充使胡巫作而薶之」；卷63頁2742。

子迫於形勢，只好宣布江充謀反，矯節收捕江充，斬之。和江充一同治巫蠱的按道侯韓說疑太子節有詐，不肯受節，被殺。御史章贛逃回甘泉，按替公孫賀爲丞相的劉屈氂也因爲太子發兵入丞相府而挺身逃亡。太子又矯節赦長安中都官囚徒，發武庫兵，令少傅石德及賓客張光等分將，且使長安囚如侯持節發長水及宣曲胡騎，但不成功。太子又召監北軍使者任安發北軍兵，任安受節而閉軍門不肯發兵。太子只好在長安市中臨時召集一些人馬。事情演變至此，已經發展成爲一次叛亂。[58]

武帝得到消息後，趕回長安城西的建章宮，詔發三輔近縣軍兵，令丞相劉屈氂率領，與太子部衆發生衝突，在長安城中巷戰，「合戰五日，死者數萬人，血流入溝中。」[59] 結果太子兵力不足，失敗逃亡，皇后自殺。二十幾天後太子在湖地被搜到，自殺。衞氏一門，除了後來的宣帝（此時還是嬰兒），全部被殺。與太子有往來的賓客門人以及隨太子發兵的人也都株連被害。

在這次事件兩年後，武帝發覺太子是無辜的，因爲「巫蠱事多不信」。[60] 而田千秋又替太子訟寃，於是田千秋被擢升爲丞相，江充家被族滅，治巫蠱的幫手蘇文也被殺。武帝又建了「思子宮」和「歸來望思之臺」，表示他的悔意。[61]

巫蠱事件到此似乎告一段落。但是我們細察漢書有關諸表，發現事實並非如此單純。

四、遭禍人物分析

漢書卷六十三武五子傳：

> 太子兵敗，亡，不得。上甚怒，羣下憂懼，不知所出。壺關三老茂上書曰：「……今皇太子爲漢適嗣，承萬世之業，體祖宗之重，親則皇帝之宗子也；江充，布衣之人，閭閻之隸臣耳。陛下顯而用之，銜至尊之命以迫蹙皇太子，造飾姦詐，羣邪錯繆，是以親戚之路隔塞而不通，太子進則不得上見，退則困於亂臣，獨寃結而亡告，不忍忿忿之心，起而殺充，恐懼逋逃，子盜父兵以救難自

---

58. 事見漢書卷63，頁2743，卷66，頁2880—2881。

59. 漢書卷66，頁2881。

60. 漢書卷63，頁2747。

61. 據漢書卷18，頁690。田千秋於征和四年六月丁巳封富民侯，爲丞相。據漢書卷63，頁2747，武帝建思子

免耳。臣竊以爲無邪心。……唯陛下寬心慰意，少察所親，毋患太子之非，亟罷甲兵，無令太子久亡。……」書奏，天子感寤。

　　三老茂的上書內容主要是說太子並沒有反意，只是被江充逼迫，不得已，才「子盜父兵以救難自免」。武帝在看到這封陳情書之後，是否眞的有所「感寤」？漢書記載衞太子遇害的一段文字說：

太子之亡也，東至湖，……吏圍捕太子，太子自度不得脫，卽入室距戶自經。山陽男子張富昌爲卒，足蹋開戶，新安令史李壽趨抱解太子，主人公遂格鬥死，皇孫二人皆並遇害。上旣傷太子，乃下詔曰：蓋行疑賞，所以申信也。其封李壽爲邗侯，張富昌爲題侯。[62]

　　李壽趨抱解太子的意思是要救太子？或者要活捉太子？依漢書上下文來看，李之抱解太子決非爲善意的救太子，否則藏匿太子的「主人公」就不會有必要格鬥而死。所以武帝在有「感寤」之後並沒有下令停止圍捕太子，才會造成太子自殺，主人公格鬥死，及皇孫二人遇害的後果。卽使是武帝感寤後來不及下令阻止圍捕太子，他仍然要等了二年之久才決定族滅江充，建思子宮，可見他當時並沒有立卽改變對太子的敵意而替太子昭雪。所謂的 「上旣傷太子」， 可能是漢書作者將後來武帝追悔的心情投射到此處， 並非當時實情。 而所謂「行疑賞所以申信」之「疑」是武帝不能確定李壽抱解太子的動機，但假設李是執行武帝追捕太子的命令，所以要依其功勢封侯以「申信」。漢書卷十七功臣表說李壽「以新安令史得衞太子，侯。」可見正式記錄上李的功勢是捕得衞太子，而非解救衞太子。[63] 同時，實際上武帝在太子死後也並沒有停止治巫蠱之獄。征和三年中，武帝又將和衞太子有關係的三名匈奴，東粵降侯以及衞青的老部將公孫敖處死。[64] 次年，又設「司隷校尉」一官，專門「捕巫蠱，督大姦猾」[65]。如此來說，所謂「巫蠱事多不信」，以及太子無辜被害，似乎並沒有打消武

宮和歸來望思之臺在田千秋爲丞相之後。

62. 漢書卷63，頁2747—48。

63. 王先謙漢書補注認爲張、李二人欲生得太子，而顏師古注認爲是要解救太子。田余慶，歷史研究1984，2期，頁10，注③、④，頁20後記有二段討論，他認爲王先謙之說較合理，否則武帝在封張李二人爲侯時所說：「行疑賞所以申信」就不可解。

64. 詳見附表第8～11號。

65. 漢書，卷19上，頁737。

帝窮治巫蠱的念頭。征和四年，田千秋爲丞相後，建議武帝稍停治巫蠱之獄，武帝却回答說，巫蠱之事，「至今餘巫頗脫不止，陰賊侵身，遠近爲蠱。」[66] 這就說明了武帝雖然可能認爲太子是無辜的，却仍然相信其他臣下在繼續詛咒他，因此他不願停止治巫蠱。

我們還可以更進一步猜測，武帝很可能是要藉著這個「祝詛上」的罪名來達到他肅除異己的目的。司隸校尉的任務，恰足以顯示這種迷信和政治手段之間的密切關係。捕巫蠱，就是督大姦猾，大姦猾，似乎正是武帝要掃除的異己分子。而他們的罪名，則可以是因巫蠱而來的「祝詛上」。這種推測也並非沒有根據。檢查漢書各表，我們發覺由征和二年到武帝去世爲止，有三十多名有政治地位的人因爲牽涉到巫蠱之獄而被殺或自殺。對這些人物的背景作更進一步的分析，或許可以對巫蠱之禍的性質有更多的瞭解。

這些人物大致可以分爲三類：一是與衞氏有關係的，一是與李廣利氏有關係的，一是其他的情況。現在全部列入附表中。

（附　表）

巫蠱事件牽涉人物一覽表

	死　　年	官　　爵	姓　名	罪　　名	背　　　景	資　料　來　源
1	征 和 二 年	葛 繹 侯 丞 相	公孫賀	子祝詛上	衞皇后姊夫，曾從衞青伐匈奴	漢書637；208；2878；788
2	征 和 二 年	諸邑公主		巫　　蠱	衞皇后女	漢書208；2878
3	征 和 二 年	陽石公主		巫　　蠱	衞皇后女	
4	征 和 二 年	御史大夫	暴勝之	縱衞太子		漢書209；2881
5	征 和 二 年	司　　直	田　仁	縱衞太子	曾爲衞青舍人，與任安善	同上，史記2779
6	征 和 二 年	北軍使者	任　安	坐受太子節懷二心	事衞青忠	史記2779—83 漢書2488；2881

66．漢書卷66，頁2884—85。

7	征和二年	宜春侯	衞伉	坐巫蠱	衞后姪	漢書2742 又漢書686云： 天漢元年 入宮完爲城旦
8	征和三年	亞谷簡侯	盧賀	坐受太子節	匈奴東胡王降侯	漢書641
9	征和三年	東城侯	居股	坐衞太子舉兵謀反	故東粤繇王降侯	漢書658
10	征和三年	開陵侯	祿	坐舍衞太子所私幸女子，又祝詛上	父以故東粤建成侯與繇王斬餘善侯	漢書657
11	征和三年 （？）	將軍	公孫敖	坐妻爲巫蠱，族	凡四爲將軍，曾救衞青	史記2943 漢書2491；2472
12	征和年間	浞野侯	趙破奴	坐巫蠱，族	爲票騎將軍司馬	史記2946 漢書647；2493
13	征和三年	散侯	董賢	坐祝詛上，下獄病死	父以匈奴都尉降，侯	漢書652
14	征和三年	埤山侯	其仁	坐祝詛	高祖功臣後	漢書579
15	征和三年	澎侯 丞相	劉屈氂	坐祝詛，坐妻子爲巫蠱	子妻李廣利女	漢書210；480 2883
16	征和四年	按道侯	韓興	坐祝詛上	父韓說不受太子節	漢書2743；629
17	征和四年	承父侯	續相如	坐賊殺軍吏，謀入蠻夷，祝詛上	出使西域有軍功，侯	漢書662
18	征和四年	郚侯	劉舟	坐祝詛上	趙敬肅王子	漢書478
19	征和四年	大鴻臚	戴仁	坐祝詛		漢書790
20	後元年	邘侯	李壽	坐爲衞尉居守，擅出長安界，送海西侯（李廣利）至高橋，又使吏謀殺方士，不道	以新安令史得衞太子，侯	漢書664；2747 又漢書789，以征和三年下獄

21	後 元 年	戴 敬 侯	祕 蒙	坐祝詛上，大逆	高祖功臣後	漢書606
22	後 元 年	酒 侯	陸 則	坐祝詛上	父以匈奴王降，侯	漢書639
23	後 元 年	京 兆 尹	建	坐祝詛		漢書790
24	後 元 年	秺 侯	商丘城	1）坐祝詛 2）坐爲誓事侍祠孝文廟，醉歌堂下曰"出居，安能鬱鬱"大不敬	以大鴻臚擊衞太子，力戰，亡它意，侯。曾隨李廣利出擊匈奴	1）漢書789 2）漢書663 3）漢書211
25	後 元 年	重 合 侯	莽 通	坐發兵與衞尉潰等謀反	以侍郎發兵擊反者如侯，侯，曾隨李廣利出擊匈奴	漢書663
26	後 元 年	德 侯	景 建	坐共莽通謀反	以長安大夫從莽通共殺如侯，得少傅石德，侯	漢書663
27	後 二 年	題 侯	張富昌	爲人所賊殺	以山陽卒與李壽共得衞太子，侯	漢書664；2947
28	後 二 年	繆 侯	酈終根	祝 詛 上		漢書547
29	後 二 年	容城攜侯	徐 光	祝 詛 上	匈奴王降，侯（祖）	漢書640
30	後 二 年	襄 城 侯	桀病己	祝 詛 上	匈奴相國降，侯，（父）	漢書644
31	後 二 年	瞭 侯	畢奉義	祝 詛 上	父以南越將軍降，侯	漢書655
32	後 二 年	外 石 侯	吳 首	祝 詛 上	父以故東越衍侯佐繇王，功，侯	漢書656
33	後 二 年	下 酈 侯	黃奉漢	祝 詛 上	父以故甌駱左將斬西于王，功，侯	漢書657

　　首先分析與衞氏有關的人物，即表中 1 至 11 號等人。在衞氏一系中，衞青可以說是地位最高的，但是他生前並沒有廣結黨與，招徠賓客，因為他知道這種行為正是皇帝所憎惡的。[67] 以他的關係而封侯的宗族五人，在他死後不久先後被廢。[68] 於是衞后的姊夫，丞相公孫賀，成了衞太子唯一較有力量的親戚。[69] 但是他在巫蠱事件一開始就下獄死了，武帝在征和二年下詔數說公孫賀的罪行，「故丞相賀倚舊故乘高勢而為邪，興美田以利子弟賓客，不顧元元，無益邊穀，貨賂上流，朕忍之久矣。……又詐為詔書，以姦傳朱安世，獄已正於理。」[70] 武帝在這裏所指責公孫賀的是他個人的奢侈踰法，以及政治上的無能。這些指責很可能有其真實性，尤其是配合公孫敬聲濫用北軍錢的案子來看，公孫賀父子及其賓客大概就是前文提到的「禁踰侈」的對象的一部分人物。由此看來，武帝之所以要窮治公孫賀一家，其原因顯然不止是因為他們的巫蠱祝詛，也是因為有上面這些政治因素。尤其可注意的是，巫蠱雖是公孫賀父子獲罪的直接原因，却沒有出現在武帝詔中。所以巫蠱事件一開始就隱含著藉一個不相干的名義而進行政治整肅的意味。

　　在公孫賀死後，衞太子本身除了一些賓客門人之外，並沒有什麼可資造反的實力。因此在事發之時，只能依靠一些囚徒以及臨時糾集的長安市民來與丞相劉屈氂的正規軍作戰，敗亡是當然的。衞太子也曾矯發長水及宣曲胡騎，發北軍兵，都不成功。[71] 然而由表中所列人物來看，盧賀（8 號），居股（9 號），祿（10 號）三人即是匈奴和東粵的降侯。他們的罪名分別是「坐受衞太子節」，「坐衞太子舉兵謀反」，「坐舍衞太子所私幸女子，又祝詛上」，可見他們是當時在長安一帝親近衞太子的一些勢力，雖然實際上可能沒有幫上衞太子的忙，却不能免除武帝的誅殺。

---

67. 史記卷 111，頁2946：太史公曰：蘇建語余曰：吾嘗責大將軍至尊重，而天下之賢大夫毋稱焉，願將軍觀古名將所招選擇賢者，勉之哉。大將軍謝曰：自魏其、武安三厚賓客，天子常切齒，彼親附士大夫，招賢絀不肖者，人主之柄也。人臣奉法遵職而已，何與招士。

68. 史記卷 111，頁2946：自衞氏興，大將軍青首封，其後枝屬為五侯。凡二十四歲而五侯盡奪，衞氏無為侯者。

69. 通鑑卷22，頁 727，有一段記載，不見於史漢：「衞青薨，臣下無復外家為據，競欲構太子。」胡三省曰：「言自衞青旣薨之後，姦臣以太子無復外家以為憑依，競欲構成其罪。」可見衞太子本來沒有什麼政治勢力為支持。

70. 漢書卷66，頁2879。

71. 漢書卷66，頁2881。

　　北軍使者任安是衞青的部屬，對衞青相當忠心。[72] 此人並非愷悌君子，由司馬遷報任安書中可以看出。[73] 他在受太子節之後却閉北軍門不出，武帝本不知其意，但因爲一個曾爲任安所處罰過的小吏上書謂任安與太子有勾結，武帝遂認爲任安「見兵事起，欲坐觀成敗……有兩心。安有當死之罪甚衆，吾常活之，今懷詐，有不忠之心。」於是下安吏，誅死。[74]

　　公孫敖是衞青的部將與老友，但是在巫蠱事起的時候，早已失侯。他被牽涉到巫蠱事件之中的時間大約在征和三年左右。

　　衞后姪兒衞伉原爲宜春侯，但是也早在太初五年就已經獲罪失侯，完爲城旦，現在又被冠以巫蠱之罪，可見武帝有意要網羅衞氏所有的成員。

　　暴勝之和田仁的罪名是「縱衞太子」。田仁與任安均曾經爲衞青舍人，爲衞青所賞識。他曾因刺舉貴戚不法爲武帝所拔昇（見前文），在事變時，據褚少孫補史記云：「司直（卽田仁）以爲太子骨肉之親，父子之閒不甚欲近」[75] 因而放太子出長安。他的縱衞太子多少和從前與衞青的關係有關。暴勝之原也是武帝所信任的執法深刻之士，曾經擔任直指繡衣使者，平定關東亂事，[76] 擢升爲御史大夫。他在劉屈氂欲將失縱太子的田仁處斬時，以一種執法不阿的態度反對：「司直，吏二千石，當先請，奈何擅斬之？」[77] 劉屈氂理虧，只得釋放田仁。然而武帝知道後，不但不像贊揚那同樣執法嚴苛的江充一樣來贊揚暴勝之，反而大怒，說：「司直縱反者，丞相斬之，法也，大夫何以擅止之？」[78] 暴勝之在武帝的盛怒之下，只有自殺。在君主至上的時代，法律若順從皇帝的意志，可以得到伸張，但若是和皇帝一時的心意有所衝突，仍然只有在皇帝的意志之前低頭，所謂：「三尺安出哉？前主所是著爲律，后主所是疏爲令，當時爲是，何古之法乎？」[79] 這裏是一個明顯的例子。

72. 史記卷104，頁2780—81。
73. 參見戴君仁，梅園雜著（民國64年）頁67—72，「司馬遷報任安書」。又見榮榦先生的討論，史語所集刊本期，頁551。
74. 史記卷104，頁2782—83。
75. 史記卷104，頁2782。
76. 漢書卷6，頁204。
77. 漢書卷66，頁2881。史記卷104，頁2782，褚少孫所補之記載與此有異，今從漢書，另參見王叔岷，史記斠證，冊八，頁2891。
78. 同上。
79. 史記卷122，頁3153。

衞氏及其黨與的消滅（除了此時還是嬰兒的宣帝），[80] 可說是巫蠱事件的第一步發展。此事的擴大延伸，則造成更多的殺戮。

現在再分析和李廣利氏有關的人物。（表中15，16，20，24至27號）劉屈氂和李廣利是兒女親家。在事件發生之後，率領軍隊打擊衞太子的正是劉屈氂。他的目的是否就在使衞太子敗亡，然後有機會立李廣利的外甥，李夫人的兒子昌邑王髆爲太子？由於劉屈氂在事變後的最初反應是「挺身逃亡」，爲武帝所責之後才率軍攻太子，因此我們還不能說他原來就有攻太子之意。不過在征和三年（90 B.C.），李廣利出征匈奴，劉屈氂送行，李曾告劉曰：「願君侯早請昌邑王爲太子，如立爲帝，君侯長何憂乎？」劉屈氂許諾，[81] 則在事變中李劉兩氏共同打擊衞太子亦非不可能。王夫之說：

> 劉屈氂之攻戾太子也，非果戚於周公管蔡之言而行辟也，……此其心欲爲昌邑王地耳，太子誅而王以次受天下，路人知之矣。[82]

王船山論劉屈氂之本心雖很可能爲確，但仍只能是可能性，因謀立昌邑王之事是在征和三年才發生的。同時我們尚看不出江充的治巫蠱是否也和李氏的陰謀有關係。然而劉李共謀立昌邑王的計劃顯然爲武帝所知悉，而昌邑王卻非武帝心中的繼承人選。武帝共生六子，齊王閎於元封元年死後，無子，國除。衞太子死後，只剩下廣陵王胥，燕王旦，昌邑王髆，以及年紀最小的趙鉤弋子。此時武帝最喜愛的是太始三年（94 B.C.）出生的鉤弋子。由於其母趙倢伃任身十四月始生，武帝以爲有異象，就命其所生門爲「堯母門」。史載：「鉤弋子年五六歲，壯大多知，上常言「類我」，又感其生與衆異，甚奇愛之，心欲立焉。」[83] 征和三年（90 B.C.），鉤弋子正好五歲。

---

80. 詳見漢書卷八宣帝紀。Michael Loewe 在所著 *Crisis and Conflict in Han China* (1974) 一書中有一章敍述巫蠱之禍，在頁45—46及58等處，Loewe 均指出衞氏與李氏相繼遭禍的事實。但他並沒有深一步追究這事實背後的因果關係。譬如說他以爲李廣利、劉屈氂之遭禍爲「in favor of」衞氏（頁46），但未指出是那一方面的人爲了何種理由而要如此做？同頁，他又認爲令狐茂的上書代表同情衞氏的力量在太子逃亡時已經抬頭，亦未必然，且與本文前面分析衞太子逃亡，自殺後武帝的各種作爲不盡相合。

81. 漢書卷66，頁2883。Loewe（前引書，頁45）以爲劉屈氂爲李廣利之女婿，誤。

82. 王夫之，讀通鑑論卷三。

83. 漢書卷97上，頁3956。

漢書說：「是時治巫蠱獄急，內者令郭穰告丞相夫人以丞相數有譴，使巫祠社，祝詛主上，有惡言，及與貳師共禱祠，欲令昌邑王爲帝」[84] 於是李廣利出征匈奴後，妻子被收捕，家族滅，同時劉屈氂一家，也牽連於其中。武帝之所以在李廣利出征後才收其妻子，可能是因爲在李出征之前武帝尚不知道其與劉屈氂共謀立太子之事，而在知悉其事之後，就立刻採取行動鏟除李劉和支持昌邑王的勢力。李廣利得知妻子被害，遂投降匈奴。

至於劉屈氂，他曾參與攻衞太子之役，不可能不知道巫蠱在武帝心中的惡劣印象，應該不至於有意讓他的妻子祝詛武帝。他們一家的獲罪，主要原因恐怕不是巫蠱，而是和李氏共謀立昌邑王之事，然而巫蠱正是一項方便的罪名。

其次，以新安令史得衞太子而封侯的李壽（20號），也在後元元年被殺，罪名之一是「擅出長安界，送海西侯（李廣利）至高橋」，看來他可能也是參與立昌邑王計劃的一分子。

此外，韓興（16號）（不受太子節而被殺的韓說之子），商丘城（24號），莽通（25號），景建（26號）等在征和二年站在武帝一邊打擊衞太子的人也都分別因爲祝詛或謀反的罪名而遭禍。其中商丘城曾隨李廣利於征和三年征匈奴，可能因此被武帝視爲李廣利一系的人物而被除掉。商丘城的罪名一是「坐祝詛」，一是在孝文廟堂下酒醉而歌，反映出他的獲罪也許並沒有確定的理由。莽通也曾經隨李廣利出征，但他的獲罪則是因爲其兄莽何羅曾與江充相善，在江充家被族滅後，莽氏兄弟恐懼武帝也會對他們採取報復手段，因而計劃謀殺武帝，不成功而被誅。[85]

至於江充、蘇文於征和四年被武帝下令族滅，似乎只是武帝爲了替衞太子昭雪，因爲江充等人與李、劉立昌邑王的計謀似乎沒有直接關聯。

另外可注意的是，昌邑王髆於後元二年薨，[86] 史籍不載原因，但是他爲何恰好死於武帝立昭帝之前，[87] 却不能不令人生疑。

---

84. 漢書卷66，頁2883。
85. 漢書卷86，頁2960—61。
86. 漢書卷14，頁420；卷63，頁2764；又漢書卷6，頁211，說昌邑王薨於後元元年。
87. 漢書卷97上，頁3956：「後衞太子敗，而燕王旦、廣陵王多過失，寵姬王夫人男齊懷王，李夫人男昌邑哀王皆蚤薨。」昌邑王其實死於後元二年，不能算「蚤薨」，不過可以確定是死於武帝立昭帝之前。

　　總之，在衞氏的勢力消滅之後，武帝仍然不停治巫蠱之獄，很可能是想藉既有的
罪名來一併除去李氏的勢力。由表中所列各人遭禍的時間來看，和衞氏有關的人死年
均在征和三年之前，而和李氏有關的人死年均在征和三年之後，很可以看出武帝治巫
蠱之獄的兩個階段。

　　除了和衞、李兩家有關係的人物之外，表中尚有趙破奴（12號），董賢（13號）
，其仁（14號），續相如（17號），劉舟（18號），戴仁（19號），秘蒙（21號），
陸則（22號），建（23號），酈終根，徐光，桀病已，畢奉義，吳首，黃奉漢（28號
至33號）等人，都是因爲「祝詛上」而被殺或自殺。其中13號，22號，29號至33號等
均爲胡越降侯，而趙破奴曾在匈奴十年，[88]續相如曾出使西域，有軍功，戴仁爲大鴻
臚，其職務爲掌管歸附漢朝的外邦蠻夷，因此都和匈奴或胡越打過交道，這批人是否
和衞太子所欲發動的長水和宣曲胡騎有關係？由於其中大部分人遭禍的時間均在征和
四年之後，與盧賀（8號），居股（9號），祿（10號）三人遭禍時間相去較遠，我
們無法肯定。然而他們的獲罪絕非偶然，是可以想像的。由整個漢初至武帝時代的歷
史發展來看，削減諸侯王的勢力，增加中央政府的統治權，是漢朝廷一貫的策略。
武帝一朝，推行這個政策尤爲積極，學者早已多有論述。[89]武帝在位的五十四年中，
因有罪而自殺，被殺及除爵的侯王總數在二百四十人以上，[90]尚不包括絕嗣除國的情
況在內。規模最大的一次削藩行動是元鼎五年，諸侯王因酎獻金成色不合而奪爵的有
一百零六人。[91]再專就胡越朝鮮等歸附漢朝而封侯的來說，文帝時代兩名匈奴降侯之
後，一在元朔四年失侯，[92]一在征和四年坐祝詛被殺。[93]景帝時代八名匈奴降侯到武

---

88. 漢書卷55，頁2493。
89. 馬端臨文獻通考卷267，西漢功臣侯：「孝武之世，侯者雖衆，率是不旋踵而橛爵奪地。方其外事四夷，
　　則上尊高帝非功不侯之制，於是以有功侯者七十五人，然終帝之世，失侯者已六十八人，其能保者七人而
　　已。及其外削諸侯，則持賈誼之受其祖之分封之說，於是以王子侯者一百七十五人，然終帝之世，失侯者
　　已一百一十三人，其能保者六十一人）。有關漢代封建政策之演變有關論述極多，讀者可方便參考嚴耕望
　　，中國地方行政制度史上篇（一），頁10—30。
90. 統計數字據漢書各表。
91. 漢書卷6，頁187。
92. 漢書卷16，頁630。襄城侯韓釋之。
93. 漢書卷16，頁628—29，按道侯韓興。但其國尙未絕。

帝征和二年時全部失侯。[94] 武帝時代四十三名匈奴、朝鮮、東越、南越等各外族降侯
，有二十三人在征和二年之前已失侯，又十人在武帝去世之前失侯，能夠維持到昭帝
以後的只有十人而已。[95] 所以在巫蠱事件中因爲祝詛而獲罪的這批胡越降侯也可以被
視爲武帝削減外邦降侯力量的政策的一部分。至於其中詳情如何；因文獻不足，只有
暫時置之不論了。

五、結　　論

漢書卷六十三武五子傳贊

> 巫蠱之禍，豈不哀哉！此不唯一江充之辜，亦有天時，非人力所致焉。建元六
> 年，蚩尤之旗見，其長竟天，後遂命將出征，略取河南，建置朔方。其春，戾
> 太子生，自是之後，師行三十年，兵所誅屠夷滅死者不可勝數，及巫蠱事起，
> 京師流血，僵尸數萬，太子子父皆敗。故太子生長於兵，與之終始，何獨一嬖
> 臣哉！

漢書此贊以「天時」來解釋巫蠱之禍發生的原因，而其所舉與天時相應的人事則
是武帝數十年的用兵，因而說「太子生長於兵，與之終始。」這天時的說法也暗示了
其實巫蠱之禍是根源於當時整個國家的政治社會情況之中，而非江充一人所造成的。
宋人洪邁則從武帝的性格來看這問題：

> 漢世巫蠱之禍雖起於江充，然事會之來，蓋有不可曉者，……木將腐，蠹實生
> 之，物將壞，蟲實生之。……是時帝春秋已高，忍而好殺，李陵所謂法令無常
> ，大臣無罪夷滅者數十家。……禍之所被，以妻則衞皇后，以子則戾園……，
> 骨肉之酷如此，豈復顧他人哉！且兩公主實衞后所生，太子未敗數月前皆已下
> 獄誅死，則其母與兄豈有全理？固不待于江充之譖也。[96]

洪邁的意思是武帝本身的年老和因之而來的「忍而好殺」的性格才是巫蠱之禍的
主要原因。洪邁與漢書贊的立論雖然都可以成立，似乎還需要進一步的申論。同時，
他們的論點也並不能概括整個事件的前因後果。

---

94. 漢書卷17，頁639—641。
95. 漢書卷17，頁642—662。
96. 洪邁，容齋續筆卷二，巫蠱之禍。

　　當我們想要設法透過一些殘闕不全的消息來瞭解巫蠱事件的性質時，有一個重要
的關鍵是我們難以掌握的，這就是武帝個人的心理因素。縱觀武帝一生的用人，可以
很清楚的看出，武帝對他的臣子所採取的態度是寧願因嚴厲而誤殺，多殺，但不願輕
易放過可能有問題的人物。他可以先用酷吏去打擊豪強，但不輕易放過這些酷吏可能
犯的過失，如張湯、義縱、王溫舒、減宣（史記酷吏傳）。他所任用的丞相，李蔡、
嚴青翟、趙周都是坐事處死，而後石慶數度見譴。因而當公孫賀被任命爲丞相時，起
初不受印綬，他的理由不是他對武帝說的「材誠不任宰相」，而是因爲他知道當了丞
相之後常無善終，他在受印綬之後對別人說：「主上賢明，臣不足以稱，恐負重責，
從是殆矣。」[97] 這「主上賢明」四字用在此處不但不見其溢美之意，倒有一種因瞭解
其爲人行事而產生的恐懼感。果然後來公孫賀遭巫蠱滅門之禍。對武帝來說，這些臣
子只是他手下的工具而已，棄之不足惜。有這樣的一種作風，再加上他因爲年老而多
疑，對有人用巫蠱謀害他的事自然要大加整治。三十八年前（元光五年）陳皇后之事
大約仍在武帝心中有深刻的印象，那次武帝也是用一名酷吏（張湯）來辦案的。問題
是，這治巫蠱的主張是武帝有計劃的政治整肅？或者事先並無確定的目標？

　　巫蠱事件的爆發，也許是源於一個偶然的事件，是由於朱安世爲了報復公孫賀所
引起的。但是這件事之所以會一發而不可收拾，似乎是因爲當時社會政治上的不安以
及宮廷朝廷間個人恩怨的衝突與緊張已經到達了一個飽和點。本文一開始所討論巫蠱
之禍前長安及關東一帶不安定的情況，可以說是風暴來臨的前兆。而事情一旦發生，
以下事件的進行，也不全屬偶然。[98] 其所以會擴大綿延，不僅是因爲武帝個人的多疑
與迷信，豪傑貴戚之間的利害衝突，或江充與太子的矛盾，還有早就潛伏著的皇位繼
承問題。武帝個人的性格與衛太子不合是原來就存在的事實，但是由於沒有什麼更好
的選擇，武帝對太子據一直保持和緩的態度。[99] 武帝在太子少時曾「詔受公羊春秋，

---

97. 漢書卷66，頁2877—78。
98. 關於歷史上的偶然與必然，最新的討論見管東貴：「略論歷史上的「偶然」與「必然」」史語所集刊54本
　　四分，頁15—34。
99. 通鑑有一段記載，武帝曾對衛青說：「太子敦重好靜，必能安天下，不使朕憂。欲求守文之主，安有賢於
　　太子者乎。聞皇后與太子有不安之意，豈有之邪，可以意曉之。」衛青死於元鼎五年，其時太子不過十七
　　歲，那麼至少在此時他已經感覺到自己和武帝性格的不相合，才會有「不安之意」了。見通鑑卷 22，頁
　　726。

又從瑕丘江公受穀梁，及冠就官，上爲博望苑，使通賓客，從且所好。」[100]可見早期武帝對衞太子尚有意栽培。但是在衞皇后色衰失寵之後，[101]太子與武帝的關係可能就開始惡化，尤其是武帝有了新寵趙夫人，而且在鉤弋子出生之後命其母之門爲「堯母門」。很顯然的，趙夫人爲堯母，鉤弋子就應該是堯，是天子了。鉤弋子出生於太始三年（94 B.C.），是年江充因劾奏衞太子家使行甘泉馳道受武帝嘉許，遷爲水衡都尉。[102]武帝之不顧惜衞太子，可能因鉤弋子的出生而嚴重化。雖然我們並不知道江充遷水衡都尉是在鉤弋子出生之前或之後，但武帝對太子態度之改變應該較此爲早，因太子在江充要治其家使時曾經要求江充寬恕，不願讓武帝知道此事，「以爲敎救亡索者」。[103]所以太子和武帝之間此時並沒有一種相互的信任與瞭解。

根據漢書記載，江充在擴大治巫蠱之時，是「旣知上意」[104]才入宮掘蠱。這「上意」到底爲何？是暗示要江充不顧一切嚴辦到底，即使是太子皇后亦不能放過？或者只是疑心重重？根據漢書，武帝後來「知充有詐，夷充三族」，[105]若接受字面的意義，則事件剛發生時武帝似乎尚無特定的意圖要迫害太子。但是反過來說，由武帝贊許江充處罰太子家人的事件看來，武帝心中也並非十分滿意太子，所以我們也不應該排除他和太子之間的不合，加上誅殺陽石、諸邑公主和公孫賀父子，以及對鉤弋子的鍾愛，有暗示江充放手辦案的意思。尤其是如果我們考慮到，公孫賀父子的遭禍因素不止是巫蠱，還包括他們平素的作爲，更顯示出巫蠱祝詛已經不是一個單純的迷信案件了。（見前文519頁）而武帝在丞相劉屈氂逃出長安之後對劉說：「丞相無周公之風矣，周公不誅管蔡乎？」[106]則簡直把衞太子比做管蔡，可見此時武帝要除掉太子的堅決心態。於是巫蠱就從迷信事件發展成爲政治事件了。

事實上，巫蠱事件也在某種程度之內反映出武帝時代政治路線的問題。衞太子代

---

100. 漢書卷63，頁2741。

101. 漢書卷97上，頁3950。

102. 漢書卷19下，頁787；卷45，頁2178。

103. 漢書卷45，頁2178。

104. 漢書卷63，頁2742。

105. 漢書卷45，頁2179。

106. 漢書卷66，頁2880。

表的是保守，以文治爲主的一種政治傾向，這可以由他的教育背景[107]及他性格的仁慈寬厚上看出。追隨他的多半爲文學儒士，正好和武帝所好任用的執法嚴苛的官吏如張湯、江充等成爲對比。武帝的不滿於衞太子，主要原因當是衞太子的作風和自己太不相像，從武帝認爲鉤弋子「類我」，而且「心欲立焉」來看，這一推論應該是可以成立的。通鑑中有一段記載可以做爲輔證：

> 初，上年二十九乃生戾太子，甚愛之，及長，性仁恕溫謹，寬厚，多所平反，雖得百姓心，而用法大臣皆不悅，……羣臣寬厚長者皆附太子，而深酷用法者毀之。[108]

由此可知江充與太子之間的衝突也不僅是一孤立的事件。在鹽鐵論中，江充被劃歸爲和楊可，張湯、杜周等以興利用法出名的大臣同一輩的人物，[109]可見江充與太子間的矛盾很可能象徵遵行兩種不同政治路線的勢力之間的衝突。[110]

當然，這樣的推論也許還不能適應在江充劾奏太子家使行馳道一事上，[111]此事的發生尚只能說是江充個人的執法嚴厲，和太子所代表的政治傾向可能不發生直接關係。但在江充治巫蠱時情況就有所不同。江充之敢於放手迫害太子，其所憑藉的不只是武帝個人的信任或迷信心理，還因爲太子在公孫賀及兩公主遭巫蠱之後已經陷入孤立無援的情況，爲自衞靑死後處境最惡劣的時節。漢書認爲江充的目的是爲了擔心武帝死後不容於太子。這一論點固然可以用來說明江充的治巫蠱出發點只是要除去太子以免受到報復，但從另一角度來看，我們也可以說，江充所擔心的不止是他個人與太子之間的恩怨，而是太子所代表的政治傾向在他繼承皇位之後必定不容江充自己這樣的人物。

不過武帝個人的政治作風與性格雖然可能與衞太子不相合，却也一直相安無事。

---

107. 漢書卷63，頁2741；卷88，頁3617。又古文尙書因巫蠱不立於學官（漢書卷88，頁3607），是否和衞太子的喜好有關，則不得而知。參見榮榦先生之提示，史語所集刊本期，頁551，註10。
108. 通鑑卷22，頁726。
109. 桓寬：鹽鐵論，卷五，國疾第十八（四部備要本，中華書局出版。）
110. 參見田余慶，「論輪臺詔」，歷史研究，1984年2期，頁9。不過田文過份強調政治路線的鬥爭而忽略其他的因素。M. Loewe 也把巫蠱之禍放入當時儒法抗爭的大脈絡中來瞭解，見 *Crisis and Conflict in Han China* (1974)，pp. 71ff.，有關 Loewe 書之商榷，參見蒲慕州，「評介漢代的危機與衝突」，食貨月刊 (1976)，6卷6期，頁57—60。
111. 同註52。

那麼巫蠱之禍時武帝對太子態度之強硬，是否因為武帝此時又改變了主意？我們只能推測可能是因為鉤弋子的出生給予武帝另一個企望，當然我們也不能排斥其中有武帝因為迷信巫蠱和猜疑而產生的極端憤恨而不能自已的心理。

　　然而征和四年（89 B.C.），武帝終於表示了對衛太子之死的追悔之意，才有族滅江充，殺蘇文，以及建思子宮的舉動。同年的輪台詔也是在同樣的心情之下所頒布的。輪台詔的內容主要是罷桑弘羊等人所提倡的屯田於輪台的政策，也就是說，武帝終於決定停止「弊中國以事四夷」的外揚的政治路線，而代以收斂自強的政策。詔中說道：「當今之務在禁苛暴，止擅賦，力本農，脩馬復令以補缺，毋乏武備而已。」又封丞相田千秋為富民侯，「以明休息，思富養民也。」[112]所以武帝在位的最後幾年，歷經巫蠱的大變，又有意要走上原來衛太子所代表的路線。然而值得注意的是，由武帝所選定輔佐昭帝的霍光和桑弘羊二人來看，他雖然在輪台詔中表示了自己的態度，究竟沒有下定決心。因為霍光代表的是保守，與民休息的方向，與衛太子相同；而桑弘羊代表進取，與民興利的方向。這兩種不同路線的衝突，要到昭帝時代才得到解決。

　　不過，在政治方向上的選擇武帝雖然有了悔意，要改弦易轍，但是在處理巫蠱案件上，他仍然要繼續下去，其原因可能是他要用這種藉口來除掉那些可能不贊成他的新繼承人的力量，也就是擁護昌邑王髆的李氏的勢力。

　　由衛氏之滅到李氏之滅，是巫蠱事件的第二階段。我們可以很清楚的看出，這時候的巫蠱祝詛罪已經由衛氏頭上移轉到當初打擊衛氏的李氏和其黨與的頭上，這應該不是單純的為了要替衛太子伸冤，而是因為武帝發覺李系人物有立昌邑王的計劃，於是就繼續利用巫蠱祝詛的罪名來掃除李系人物。征和三年殺劉屈氂一家，征和四年置司隸校尉，可以說是這種手段的具體表現。因此我們可以說巫蠱事件的發生或許是偶然事件，它的進行却是一種順水推舟式的政治整肅運動。等李氏的勢力消滅，昌邑王髆也在後元二年去世，武帝終於選定了鉤弋子弗陵為他的繼承人。

　　衛太子死後九年，昭帝始元五年（82B.C.），漢書記載：

　　有一男子乘黃犢車，建黃旄，衣黃襜褕，著黃冒，詣北闕，自謂衛太子。公車

---

112. 漢書卷96下，頁3914。討論亦可參見田余慶，前引文，頁4－5。

以聞，詔使公卿將軍中二千石雜識視，長安中吏民聚觀者數萬人。右將軍勒兵
闕下，以備非常。丞相御史中二千石至者並莫敢發言：京兆尹不疑後到，叱從
吏收縛。或曰：「是非未可知？且安之。」不疑曰：「諸君何患於衞太子！昔
蒯聵違命出奔，輒距而不納，春秋是之。衞太子得罪先帝，亡不卽死，今來自
詣，此罪人也。」遂送詔獄。[113]

由當時長安官民猶豫不決的表現看來，衞太子之死似乎沒有完全爲人所接受，而一般
人不熟悉衞太子容貌還有可說，但是連丞相御史和中二千石等政府高級官員也「莫敢
發言」，以爲「是非未可知」，反映出當時人對巫蠱之禍餘悸猶存，不敢再主動牽涉
到任何與衞氏有關的事中。[114]雋不疑雖收捕此人，他也沒有直接否認此人爲衞太子。
後來查出此人名成方遂，居湖地，因與太子容貌相似，遂發奇想，欲僞裝太子以求富
貴。[115]由此我們可以推想，此事之所以會發生，很可能是連續四五年慘烈的巫蠱之禍
的實際情況對當時人來說也是籠罩在一片神秘的氣氛之中，連衞太子的死亡是否事實
都爲人所懷疑。

×　　×　　×　　　　　　×　　×　　×

巫蠱之禍，是由武帝個人的猜疑與迷信，臣子之間的恩怨，以及皇位繼承問題（
其中包括武帝與太子的不合，武帝立鉤弋子的意圖，和李氏立昌邑王的計劃）所相互
激盪而產生的。其中有偶然因素，也包含了當時政治社會所現有或潛存著的問題，一
經引動，便爆發開來。它的起源是巫蠱的迷信，它的終結却是政治的整肅。本文設法
從一連串的事件中找出一些可以理解的線索，雖然不可能完全明白巫蠱之禍的前因後
果，至少，在一方面，可以把它當做由武帝到昭帝政治情勢發展的關鍵時刻的一個特
寫，另一方面，也可以做爲歷史上政治整肅運動的一個例子，顯示出一個政治迫害運
動的產生是常兼有偶然與非偶然的因素，而被迫害著所獲罪的罪名與其所以獲罪的眞
正原因並不一定會有任何直接的關係。

後記：本文寫成後承管東貴及邢義田二先生提出一些修正建議，又蒙榮榦先生審閱並

---

113. 漢書卷71，頁3037；卷63，頁2756；卷7，頁222。
114. M. Loewe，前引書，頁71，以爲當時的官員有人或者準備接受此人的說辭，或者不願公開反對衞氏。
115. 見漢書，卷71，頁3038。

提出長文以補充討論之不足，謹此致謝。

又本文寫作期間曾接受「國家科學委員會」之獎助。

出自第五十七本第三分（一九八六年九月）

對於「巫蠱之禍的政治意義」的看法

勞　榦

　　蒲慕州先生寫的「巫蠱之禍的政治意義」，我看過了以後，很欣賞這篇論文。這篇論文在方法上，是正確的。他先搜集和巫蠱事件有關人物的資料，然後分析他們的政治關係和社會關係。這就可以進一步探討所謂巫蠱事件究竟是一個什麼性質的事件。從這個事件牽涉面的廣闊，我們可以毫無疑問的肯定這個事件是西漢一代中的一個極重大的事件。但究竟因為材料還是不夠，也就無法確實說明其中更深入的問題。只有就其中幾種可能，來推測究竟是那一種可能最為合理，這也就限制了結論的絕對正確性。

　　就政治和社會兩方面來說，巫蠱事件在西漢的政治上，形成了一種「整肅」的效果，這是非常明顯的，「整肅」的行動，在中國歷史上也發生過，而且向來認為歷史中不幸事件的。譬如唐武后的重用酷吏，獎誘告發；明成祖對於建文舊臣的盡量壓制，以及於明太祖屢興文字獄，其後還被清代加以仿效。這都是「整肅」的行動。但現代「三反五反」以及「文化大革命」的整肅，更達到了整肅運動的頂點。不過這些整肅運動都有一個動機。歷史上所有的整肅運動，歸根到底都是為的「鞏固政權」。也就是某一個政權尚不能做到十分穩固的時候，就要實行恐怖政策，清除異己。至於漢武帝晚期的巫蠱事件，却是漢朝的天下，在數代之後，已經相當穩固了。而漢武帝的整肅，又在漢武帝的晚年。誠然，在此以前，東方稍有叛亂，但經過了「繡衣使者」們，持節平定，應當不會動搖漢代劉家的基本統治權。所以巫蠱事件誠然是一個整肅事件，但究竟和一般所謂「整肅」運動的還是多少有些不同，還需要在複雜情況之中，加以追索。

　　蒲先生的這篇論文中，給漢武帝晚年出現的驚人政治陰謀一個重要的線索。在論文中指示出來，巫蠱事件中，衞氏和李氏兩家都是其中的主要犧牲者。這是過去研究武帝一代的政治問題中所未曾揭發過的。現在既顯示出來，就可以作進一步的討論，而引申出更可注意的問題出來。

　　衞氏和李氏兩族的政治立場，顯然是敵對的。在這一次「巫蠱事件」演變之下，先整肅了衞氏，再整肅了李氏。結果在兩敗俱傷的大空檔之下，最後的政權仍移入到衞氏系統下的霍光手中。這其中的意義代表什麼？最大的可能，是漢武帝對於這個事件的處理並沒有預定的計畫，和一貫的方針。原先整肅衞氏，是由許多不曾預料到的錯誤造成；後來整肅李氏，却眞是基於武帝的報復心理，有意的眞正整肅。這也就是說，漢書中的許多觀點，並不能完全排除，但其幕後的情況，也還有更加追求和分析的必要。無論怎樣，這是一個非常複雜的事實經過，不能不就各方面的背景及發展來論述。

　　首先，對於漢武帝的問題，加以討論。他在位期間有五十四年，在古代帝王中在位年數是很長的。其中有關衞氏及李氏勢力的消長，用年代的先後排列一下如下：

　　　建元二年（139B.C.）衞子夫開始得幸

　　　元光元年（134B.C.）始招方士求神仙

　　　元朔元年（128B.C.）衞太子生　　立衞子夫爲皇后封衞青爲長平侯

　　　元朔六年（123B.C.）封霍去病爲冠軍侯　　此時王夫人得幸　　封王夫人子
　　　　　　　　　　　　　閎爲齊王　　旦爲燕王　　胥爲廣陵王（旦、胥非王夫
　　　　　　　　　　　　　人子）

　　　元狩二年（121B.C.）霍去病取河西地

　　　元狩六年（117B.C.）霍去病薨

　　　元鼎五年（112B.C.）方士欒大伏誅

　　　元封元年（110B.C.）齊王閎薨

　　　元封五年（106B.C.）衞青薨

　　　太初元年（104B.C.）李廣利伐大宛

　　　太初二年（103B.C.）丞相石慶薨　　公孫賀爲丞相

太初三年（102B.C.）大宛降

天漢四年（97B.C.）立李夫人子髆爲昌邑王（後元二年87B.C.薨）

太始三年）94B.C.）以江充爲水衡都尉

太始四年（93B.C.）祠神人於交門宮作交門之歌　　　昭帝弗陵生

征和元年（92B.C.）多十一月，發三輔騎士大搜上林，閉長安城門索，十一
　　　　　　　　　日方罷，巫蠱起。

征和二年（91B.C.）正月公孫賀下獄死，諸邑公主，陽石公主皆坐巫蠱死。
　　　　　　　　　七月按道侯韓說，使者江充等掘蠱太子宮，太子殺江充
　　　　　　　　　，發兵與丞相劉屈氂大戰長安中，死者萬數人。皇后自
　　　　　　　　　殺，八月太子在湖邑自殺。

征和三年（90B.C.）殺丞相劉屈氂，族誅李廣利家，李廣利降匈奴（其後爲
　　　　　　　　　匈奴所殺）。公孫敖坐妻爲巫蠱被殺。

征和四年（89B.C.）田千秋訟太子冤，任爲丞相。

後元元年（88B.C.）昌邑王髆薨。侍中僕射馬何羅與重合侯馬通謀反，侍中
　　　　　　　　　金日磾，奉軍都尉霍光，騎都尉上官桀討平叛亂。鈎弋
　　　　　　　　　夫人有罪賜死。

後年二年（87B.C.）二月，立子弗陵爲皇太子，帝崩。遺詔以霍光，金日磾
　　　　　　　　　及上官桀輔政。

　　漢武帝在治理國家方面，對內推行儒術兼采法家思想的原則，對外採取擴張政策
。論起來是比較英明的君主。但在私生活方面，却是十分迷信，一方面迷信神仙丹藥
，另一方面也迷信巫術。在女寵方面也和一般的君主一樣，不是對皇后專心，而是還
有隨時受寵的妃妾。因爲相信神仙，這才會重視方士，服食方士的丹藥；因爲相信巫
術，這才會等到服食丹藥發生疾患時，就要懷疑有人做巫蠱壓勝之術來陷害。尤其是
越到晚年，疾患增多，而懷疑也就更爲加重。再加上武帝隨時有受寵的妃妾，如其正
在受寵的妃妾，生有皇子，那就「奪嫡」的陰謀，事實上必然發生。因而羣臣中自然
也各樹黨派，而最後就變成複雜的政治問題，可能在漢武帝不能完全預料的情況之下
發生。

　　漢武帝究竟還是一個非常精明的皇帝，若想欺騙他，並不太容易。但對於一個絕對集權的君主，總有辦法加以欺騙的。只是演變的更爲複雜，而事件前途的變化，一定出於各方當事人的意料以外。巫蠱事件就是一個很明顯的例證，犧牲了數萬人，結局還是由霍光和漢宣帝來收拾。如其沒有巫蠱事變，漢宣帝以後幸而安然的繼承皇位，這兩種不同的漢宣帝差異有多大，就難以想像了。

　　漢武帝求神仙，服食丹藥，而這種丹藥的材料，無論那一種方劑，都離不開鉛和汞，有時且雜有砷和銅（雄黃就是砷的化合物，曾青爲銅的化合物）。這些原料任何一種都是有劇毒的。雖然某些化合物可能毒性小一點，但長期服用仍然可以慢性中毒。漢武帝對於方士雖然還是有些懷疑，他並不是一直信任某一個方士。但他還是相信眞可以有神仙之術那一件事。直到他將死以前，才略有所悔悟，但已經太遲，無補於巫蠱事件的損害了。[1]

　　服食丹藥可以嚴重的影響君主的性情，變得非常急燥，因而影響到政治，這是毫無問題的。現在在下面舉出魏道武帝，唐憲宗，和唐武帝三個例證，來看出丹藥對於政治的影響。

　　　魏書卷二道武帝紀：天陽六年，「初，帝服寒食散，自太醫令陰羌死後，藥數動發，至是逾甚。而災變屢見，憂懣不安，或數日不食，或不寢達旦。歸咎羣下，喜怒乖張。謂百寮左右人不可信，……終日竟夜獨語不止，若傍有鬼物對揚者。朝臣至前追其舊惡，皆見殺害。其餘或以顏色變動，或以喘息不調，或以行步乖節，或以言辭失措，帝皆以爲懷惡在心，變見於外，乃手自毆擊，死者皆陳天安殿前，於是朝野人情各懷畏懼。……冬十月，戊辰，帝崩於天安殿，時年三十九。

　　　舊唐書十五，憲宗紀：元和十四年，「上服方士柳泌金丹藥，起居舍人裴潾上表切諫以金石含酷烈之性，加燒鍊則火毒難制。若金丹已成，且令方士自服一

---

1. 資治通鑑卷二十二：「征和四年，…還幸泰山，修封，…見羣臣，上乃言曰：『朕即位以來，所在狂悖，使天下愁苦，不可追悔，自今事有傷害百姓，糜費天下者悉罷之。』田千秋曰『方士言神仙者甚衆，而無顯功，臣請皆罷斥遣之。』上曰『大鴻臚言是也。』於是悉罷方士候神人者。是後上每對羣臣自歎憔時愚惑爲方士所欺：『天下豈有仙人，盡妖妄耳。節食服藥差可少病而已。』」其實「差可少病」還是門面話，服食丹藥只有引起疾病的。又此更可參看史語所集刊7：4，勞榦，「中國丹沙之應用及其推演」。

年，觀其效用，則進御可也。上怒，己亥，貶潾爲江陵令。」「十五年，正月
甲戌朔，上以餌金丹，小不豫，罷元會。…上自服藥不佳，數不視朝，人情洶
洶。庚子…是夕上崩於大明宮之中和殿，享年四十三。時以暴崩，皆言內官陳
弘志弒逆，史氏諱而不書。」

資治通鑑二四一，唐憲宗紀。元和十五年。「上服金丹多燥怒，左右宦官往往
獲罪，有死者，人人自危。庚子暴崩於中和殿。時人皆謂內常侍陳弘志弒逆，
其黨類諱之，不敢討賊，但言藥發，外人莫能明也。

舊唐書十八，武宗紀：會昌六年，「帝重方士，頗服食修攝，親受法籙。至是
藥躁，喜怒失常。疾旣篤，旬日不能言。宰相李德裕等請見，不許，中外莫知
安否，人情危懼。是月二十三日宣遺詔，以皇太叔光王柩前卽位，是日崩，時
年三十三。」

所以服食丹藥以後，第一是性情變成煩燥，喜怒失常。第二是性情變成多疑，猜
忌的過分，以至親人都不相信。這兩點在漢武帝當巫蠱事件發生時的性情相合。凡是
一個事件的發生，構成的因素都不是簡單的。其中服食丹藥這個因素，是應當加以注
意的。

巫蠱事件，其中的一個重要因素，是出於漢武帝的迷信，尤其對於巫祝中蠱的詛
迷信。沈欽韓漢書疏證二十七：

崇在巫蠱：巫爲祝詛。蠱則使鬼也。唐律疏議，造畜蠱若貓鬼之屬。獨孤陁傳
，其貓鬼每殺人者，取死家財物，潛移于畜貓鬼家。隋書地理志論揚州云，其
畜蠱法，以五月四日聚百種蠱，大者至蛇，小者至蝨，合置器中相啖食。一種
存者留之，蛇曰蛇蠱，蝨曰蝨蠱。行以殺人，因食入人腹內，食其五藏，死則
其座入蠱主之家，三年不殺他人，則畜主自鍾其弊。赤稚有蛇蠱，蜥蝪蠱，蜣
螂蠱，視食者久暫卜死者遲速。蠱成先置食中，增百倍。歸或數日，或經年，
心腹絞痛而死。家中之物皆潛移去。魂至其家爲之力役，猶虎之有倀也。

得桐木人：唐律疏議，厭事多方，罕能詳，或圖畫形像，或刻作人身，刺心釘
眼，繫手縛足，嶺表錄異，嶺南多楓樹。老則有病瘦，忽一夜遇暴雷驟雨，其
樹贅則暗長三數尺，南中謂之楓人，越巫云取之雕刻神鬼，則易致靈驗。按武

帝中歲喜用越巫，巫蠱之禍所由起也。

這裏把養毒蟲作蠱的舉動，可以向上推至唐代。說文解字：「蠱腹中蟲也，春秋傳曰，皿蟲爲蠱，晦淫所生也。」（此據段氏依宋本改）。左傳昭公元年，「醫和視晉侯疾，曰，是爲近女室，疾如蠱，非鬼非食，惑以喪志……女陽物而晦時，淫則生內熱，惑蠱之疾，今君不節不時，能無及此乎？在周易，女惑男，風落山，謂之蠱，皆同物也。」甲骨文亦有蠱字，從蚰從皿。[2] 顯然的這一個字是會意字。表示器皿中的昆蟲，而其意爲蠱惑。在說文及左傳中提到了蠱，又和女色相關。倘若求在昆蟲，器皿，蠱惑，女色中的聯繫，只有認蠱字在早期原義之中，曾經有人把昆蟲放在器皿之中，做成媚藥來作爲，而使用這種方法的人，又應當出於巫師或女巫（古代醫和巫是有相關的，例如「人而無恆，不可以作巫醫」等等，都可以表示巫醫相關）。那就蠱術屬於巫術的一種。凡屬於巫術壓勝之類，即使不是採用昆蟲毒性，也被稱爲蠱的。太上感應篇出於宋世。其中就有「埋蠱壓人，用藥殺樹」，是一些罪過。太上感應篇是道教的經典，和漢代巫蠱事件，時代也不相及。但這裏所禁止的「埋蠱壓人」正和巫蠱事件所發生的，正是一回事。所以中國民間壓勝的巫術，到宋代仍然通行著。

而且這個「蠱」的名稱來稱「壓勝」也還在保持著。巫蠱事件並不是一個孤立的事件。相信巫蠱壓勝可以眞的有效的，在當時社會裏是非常普遍的。相信的不止一個漢武帝，這才會把這個事件攪的那麼嚴重。除征和初期巫蠱事件以外，還有不少。例如：

漢書卷六武帝紀，元光三年……皇后陳氏廢。捕爲巫蠱者，皆梟首。

漢書四十四衡山王傳，后棄舒死，立徐來爲后。厥姬得幸。兩人相妒，厥姬乃惡徐來於太子曰徐來使婢蠱殺太子母……坐巫蠱前后乘舒，棄市。

漢書四十四濟北王傳，寬坐與父式王后，光姬孝兒姦，誖人倫，又祠祭祀祝詛上。有司請誅……王自剄死，國除。

漢書四十五息夫躬傳，……躬邑人，河內掾賈惠往過躬，教以祝盜方，以桑東南指枝爲匕，畫北斗七星其上，躬夜自披髮立中庭，向北斗持匕招指祝盜。人有上書言躬懷怨恨，非笑朝廷，所進候星宿，視天子吉凶，與巫同祝詛。……

---

2. 甲骨文蠱字多爲從蚰從皿（蚰卽昆蟲的昆）也有從虫（卽虺字）從皿；的。大致原來虫，蚰和蟲，本來可以通用，如同原來屮和艸也可通用一樣。這種分別是後起的。

躬母勝，坐祠祝詛上，棄市。

漢書五十三江都王傳，建恐誅，心內不安，與其后成光共使越婢下神詛咒上。與郎中令等語怨望。……有詔宗正廷尉卽問建，建自殺死。

漢書六十三，廣陵王胥傳，始昭帝時，胥見上年少無子，有覬欲心，而楚地巫鬼。胥迎女巫李女須使下神祝詛。女須泣曰，孝武帝下我，左右皆伏。言吾必令胥爲天子。胥多賜女須錢，使禱巫山。會昭帝崩，胥曰女須良巫也。殺牛塞禱。及昌邑王徵，胥復使巫祝詛之。後王廢，胥寖信女須，數賜予財物。宣帝卽位，胥曰太子孫何以反得立。後令女須祝詛如前……居數月，祝詛事發覺，有司按驗，胥惶恐，藥殺巫及宮人二十餘人以絕口，公卿請誅胥。胥……以綬自絞死。天子加恩赦王諸子皆爲庶人。

漢書七十二王吉傳：子崇，爲御史大夫，數月，是時成帝舅安成恭侯夫人放寡居共養長信宮，坐祝詛下獄，崇奏封事爲放言。……左遷爲大司農。

漢書八十東平王傳，是時哀帝被疾，多所惡事，下有司，逮王后謁下獄，驗治，言使巫傅恭，婢合歡等祠祭祝詛上，爲雲求爲天子，雲又與知災異者高尙等指星宿，者言上疾必不愈，雲當得天下。

漢書九十四匈奴傳，會母閼氏病，律（衞律）飭胡巫言先單于怒曰，「胡故時祠兵，常言得貳師以社，今何故不用」。於是收貳師，貳師怒曰，「我死必滅匈奴」。遂屠貳師。會連雨雪數月，畜產死，人民疫病，穀稼不熟。單于恐，爲貳師立祠室。（這是表示匈奴亦有巫祠的風俗，可見當時不論漢胡都是迷信，又武帝信越巫，可見越人也是這樣。）

漢書九十六西域傳，候者言聞漢軍當來，匈奴使巫埋羊牛所出諸道及水上以詛軍，單于遣天于馬裘常使巫祝之。

漢書九十七外戚傳，陳后，后又挾婦人媚道，頗覺。元光五年，上遂窮治之，女子楚服等坐爲皇后巫蠱祭祝，大逆無道，相連及誅者三百餘人。（按陳皇后廢處長門宮，經過多年，廢后病死。）

漢書九十八元后傳，皇太子（元帝時爲皇太子）所愛幸司馬良娣病且死，謂太子曰，妾死非天命。迺諸娣妾良人更祝詛殺我，太子憐之，且以爲然。

　　從以上的材料看來，巫蠱祝詛事件在漢代皇室中實在非常普遍。而且在漢武帝時期，陳皇后的被廢，也是一種巫蠱事件。但是規模遠較衛皇后的巫蠱事件小的多。所以兩者相比，並非漢武帝居心要窮治其事，而是衛太子持節發兵與丞相激戰長安中所致。按照太子少傅石德的建議，只是收捕江充等，發兵是其後的發展。倘若在收捕江充，卽殺掉江充，以除後患，然後再向武帝請罪。按照其他巫蠱的例子，可能武帝只廢皇后和太子如同陳皇后失掉地位還保全性命的故事。至不濟，太子和廣陵王胥那樣被逼自殺，但諸子還除去失掉地位以外，還都得以保全，不像衛太子的結局那樣不幸。所以衛太子終於矯節發兵的原因，[3] 就可能是當時客觀環境，逼着太子叛亂才能自保。這就表示着當時是反衛氏及衛太子的勢力，已經形成氣候，連丞相劉屈氂也是反衛氏的集團的重要人物。這一點除去漢武帝當時被矇蔽以外，在當時的統治階層中，已成了公開的秘密。

　　漢武帝是一個在位時期較長的君主，凡是在位時期較長的君主，其太子的地位，往往會有些變化的。其中重要的原因，是早期寵幸的后妃經過時間太久而色衰，新進的寵幸如其有皇子，便可能有奪嫡的企圖。再加上皇子們互相爭競，更增君太子位置的不安定性。衛皇后本來出身微賤，陳皇后以巫蠱原因去位。更容易引起後來寵姬的覬覦。在漢武帝寵幸王夫人時，這種情形就已開始發生。史記卷六十三王世家，附褚少孫補史記說：

> 王夫人者趙人也，與衛夫人並幸武帝。而生子閎，閎且立爲王，時其母病，武帝自臨。問之曰，子當爲王，欲安置之。……王夫人曰願置之雒陽。武帝曰，雒陽有武庫敖倉，天下衝阨，國之大都也。先帝以來，無子王雒陽者，餘盡可。王夫人不應，武帝曰，關東之國，無大於齊者，齊東負海，而城郭大。古時獨臨淄中十萬戶，天下膏腴地，莫盛於齊者矣。……王夫人死而帝痛之，……子閎王齊，年少未有子，立不幸早死。

　　這已表示在武帝寵王夫人時已有強宗奪嫡的趨勢。皇子閎的作齊王，還是相當勉

---

3. 據漢書六十三戾太子傳：「及冠，就宮，上爲立博望苑，使進賓客，從其所好，故多以異端進者」又「出武庫兵，發長樂衞，告令百官，曰江充反，乃斬充以徇。炙胡巫上林中。遂部賓客爲將率，與丞相劉屈氂等戰。」所以和太子議事的人，還有一般賓客。在這種緊急狀況之中，在太子部下，就不免形成一種羣衆心理。一般羣衆心理想是偏向於激動的，凡是冷靜而深思熟慮的主張，在羣衆運動中是很難於接受的。這個事件誠然是江充陰謀發動，而劉屈氂有意把事件擴大，把事件嚴重化。但太子的部下也有其責任。

强的。只是王夫人早死，齊王閎又早死，沒有鬧出大事來。

　　但是漢武帝時的太子地位，還是一直不十分穩定；的。資治通鑑卷二十二征和元年。記載衛太子的事，說：

　　　初，上年二十九，乃生戾太子，甚愛之。及長，仁恕恭謹。上嫌其材能少，不類己。而所幸王夫人生子閎，李姬子旦，胥。李夫人生髆。皇后太子寵浸衰，常有不自安之意。上覺之，謂大將軍青曰：「漢家庶事草創。加四夷侵陵中國，朕不變更制度，後世無法……太子敦重好靜，必能安天下不使朕憂。欲求守文之主安有賢於太子者乎。聞皇后與太子有不安之意，豈有之耶？可以意曉之。」大將軍頓首謝。皇后聞之，脫簪請罪。

　　按衛青是元封五年（106B.C.）卒，這當然是元封五年以前的事。到太初二年（103B.C.）李廣利伐大宛。到此以後，李夫人的族人逐漸大用起來。但李夫人也在此期間死去。成爲政治波動最強烈時期。依照漢書九十七外戚傳上，說：

　　　皇后立七年而男爲太子，後色衰。趙之王夫人，中山李夫人有寵，皆早卒。後有尹倢伃，鉤弋夫人（即趙倢伃）更幸。[4]

　　在這個時期之中，李夫人死後，漢武帝寵幸的姬妾，尹夫人及邢夫人皆未生子，只有鉤弋趙夫人在太始三年（94B.C.）生昭帝。使得情況更爲複雜。據漢書九十七外戚傳，說：

　　　後衛太子敗，而燕王旦，廣陵王胥多過失；寵姬王夫人男齊懷王，李夫人男昌邑哀王皆早薨；鉤弋子年五歲，壯大多智，上嘗言類我。

　　按齊王閎是元封元年（110B.C.）卒。在巫蠱事件發生前，已早卒。昌邑王髆係後元二年（88B.C.）卒，此時未卒。只是昭帝「壯大多智」而昌邑王無聞就表示他並不「多智」，不爲武帝所欣賞。昭帝的多智，可以從昭帝紀處理燕王事件看出。昌邑哀王的性格雖然完全不知道，但從昌邑王賀傳，張敞在宣帝元康四年的報告，說他「精狂不惠」，不惠就是不慧。從遺傳方面推測。那就昌邑王的智力，並不如何的高

---

4. 褚少孫補史記稱：「尹夫人與邢夫人同時並幸。」這是在李夫人死後的事。據外戚傳稱尹夫人爲尹倢伃，倢伃僅次於皇后。這是李夫人生時所未得到的封號，至於鉤弋夫人在外戚傳稱爲，「孝武弋鉤趙倢伃，昭帝母也，家在河間。」這是趙夫人也得到了倢伃的封號。

，其可能性還是非常的大。

在這個時期，李夫人的黨派，勢力却早已形成。而武帝繼嗣問題，却對於李氏一黨，展望起來，並不十分順利。因爲李夫人本人已死，只靠朝中的勢力來維持，而武帝的新寵，却是已生有皇子的鉤弋夫人趙氏。這樣情勢延伸下去。如其走保守的路，那衞后太子，已有名分在前，一切不變，將來的天下是衞氏一系的。如其要變，就晚變不如早變，因爲拖延下去，又可能形成一個趙氏的新勢力，而李氏夾在中縫裏可能一無所有。這就在迫切形勢之下，李氏一系的勢力，非要發動攻勢不可。

對於李氏黨羽陰謀襲取政權的記載，因爲還沒有發展起來，就徹底失敗了。在正史上的敍述是不够的。這是蒲先生這篇文中提出的線索。從這一個線索看出來，在李夫人未死時，李夫人和李延年就開始有代替衞氏的設想。起先是出於宮廷中。再伸張到外面，由將相兩方面下手。這在李夫人生時，還未及成功。等到李夫人死後，因爲勢力已經布置好，工作還在繼續下去。

在將的方面用的是李廣利，在太初元年（104.B.C），開始被遣伐大宛，前後四年。這一次遣大軍，行萬里，規模極爲龐大。樹立了在西域方面的勢力基礎。但糜費也實在太多，倘若不是一個寵妃之兄，任何人也不會得到這樣大的支持的。自李廣利立功封爲海西侯，他在社會的地位，可以和衞青相提並論。（但是他並沒有抵上衞青的親近，因爲當太初四年（101B.C.）李廣利回來，李夫人早已死去。）再過兩年，天漢二年（99B.C.），李廣利再出師擊匈奴。此後每出師皆以李廣利爲帥，也可見李氏的勢力還是相當的大。

太初二年（103B.C.）公孫賀繼石慶爲丞相，這是李氏攻擊衞氏的白熱戰開始。公孫賀是屬於衞氏系統的人，如其做了丞相，必定變爲李氏系統攻擊的目標。石慶本不屬於任何系統，只由於謹慎處事，才勉强支持下去。公孫賀接手，他自己已經預料難以處理。所以不肯拜丞相命。但他究竟是一個武人出身，不懂急流勇退之道。爲了逐捕京師大俠朱安世。逐捕京師亡命，本來是京兆尹的職責。以丞相之尊而做京兆尹分內的事，來替驕奢的兒子贖罪，對於丞相的體統已經有所損害，而給天子看不起。朱安世既屬京師大俠，按漢書九十二游俠傳，當時京師游俠，爲萬章、樓護、陳遵、原涉之流，幾乎沒有一個不以權貴爲靠山。朱安世的靠山，顯然不是衞氏，那就非常

可能以李氏爲靠山的，因此李氏所需要搜集衞氏的罪狀，藉此便可以用到，而把衞氏
系統的丞相轉到李氏系統的手中。[5]

接替公孫賀的是劉屈氂。漢書六十六劉屈氂傳稱：

> 劉屈氂，武帝庶兄中山靖王子也，不知其所以進。征和二年，制詔御史……其
> 以涿郡太守劉屈氂爲左丞相，分丞相長史爲兩府，以待天下遠方之選。[6]

> 其明年（征和二年）貳師將軍李廣利將兵出擊匈奴，丞相爲祖道，送至渭橋。
> 與廣利訣。廣利曰：「願君侯早請立昌邑王爲太子，如立爲帝，君侯長何憂乎
> ？」。屈氂許諾。昌邑王者，貳師將軍女弟李夫人子也。貳師女爲屈氂子妻，
> 故共欲立焉。

劉屈氂的立場和李氏非常接近。他應當就屬於李氏的系統。李夫人是中山人，劉
屈氂是中山靖王勝的兒子，和李氏出身於中山，完全相同。所以他們的淵源，同出於
中山地方，是沒有疑義的。劉屈氂從涿郡太守一步而登相位，不知其所以進。就表示
他在公卿中的資歷是秘密的。如其了解他和李氏的特殊關係，這一點就不難解釋了。

這一點朝臣不能完全懂得，漢武帝自己却是了解的，所以後來清除李氏勢力的時
候，劉屈氂也就在清除之列。此外還有大鴻臚商丘成。曾經在巫蠱事件中加以重任，
並且升任爲御史大夫，到後元元年御史大夫商丘成有罪自殺，公卿表云，「坐祝詛」
這是武帝時期坐祝詛或巫蠱而死的最後一個人。[7] 在這種狀況之下，在巫蠱事件中僅
有剩餘下的馬通和馬何羅，也終於謀反被誅。[8] 於是李氏的勢力徹底清除，而遺詔輔
政的人，入於平亂的霍光，金日磾之手。

---

5. 朱安世事件，其中還有些問題，第一，朱安世本以任俠犯禁被逐捕，後來爲什麼後來又釋放了。這是因爲
漢武帝重視巫蠱問題，超過了案問游俠，朱安世是以告發之功來抵游俠之罪的。第二，漢武帝時後期，凡
屬牽涉到巫蠱問題的人，不論原告或被告，後來無一人可以倖免。爲什麼朱安世獨無交代。這是因爲朱安
世究竟還是一個小人物，巫蠱事件牽涉到的大人物太多，對這種小人物實在沒有這麼多的筆墨再提了。（
譬如南宋鄭虎臣殺賈似道，見到的到處都是，而鄭虎臣之死，却很少人說到。）

6. 分丞相爲左右，而缺右丞相，顯然因爲任劉屈氂太突然，藉此以安衆。右丞相始終未捕進新人。後劉屈氂
敗，田千秋爲相時，只是仍爲丞相，並無左右之分。

7. 功臣表作「坐於廟中醉而歌」與此似有衝突。不過在廟中如其歌辭有譏刺語，也就可被認爲 "祝詛"。商丘
成本來與巫蠱事有牽連，其終被武帝整肅是不可避免的事。

8. 漢書武帝紀後元元年注引孟康云「征和三年言重合侯馬通今此言莽。明德皇后（馬援女，明帝馬后）恐其
兄人爲反者，易姓莽。」實以作馬者爲是。

在巫蠱事件中有一個關鍵人物是門者令郭穰，漢書六十六劉屈氂傳說：

> 是時治巫蠱獄急，內者今郭穰告丞相夫人，以丞相數有譴，使巫祠社祝詛上，
> 有惡言。及與貳師共禱祠，欲令昌邑王爲帝。有司奏請案驗，罪至大逆不道。

這是清除李氏勢力一個關鍵（但也是漢代宦官用事的一個開始）。又漢書八宣帝紀說：

> 邴吉爲建尉監，治巫蠱於郡邸獄。……至後元二年，武帝疾，往來於長楊五柞
> 宮。望氣者言長安獄中有天子氣，上遣使者分條中都官獄，繫者輕重皆殺之。
> 內謁者令郭穰夜至郡邸獄。吉拒閉，使者不得入。曾孫賴吉得全。

據漢書十九百官公卿表，「又中書謁者，黃門，鉤盾，尚方，御府，永巷，內者，宦者，八官令丞」（此皆屬少府爲宦官的職務）。內者和謁者是兩個不同的令，不過有時可以重兩令的，如中書令可以兼謁者令，就成爲「中書謁者令」，爲其內者令兼謁者令，就成爲「內者謁者令」其「內謁者令」就是「內者謁者令」的簡稱。這裏郭穰的態度是清楚的，他是反李氏勢力的，他到郡邸獄，只是奉命行事，邴吉閉郡邸獄不得入。他知道皇曾孫在那裏也就算了。當然他會向武帝解釋的，武帝知道他的曾孫在那裏，也就不願深究了。當然這件事還可能根本就是一個陰謀，要根本除掉衛氏的殘餘勢力。只因爲邴吉的堅決防禦及郭穰的不徹底執行，使這個陰謀不曾得逞，而漢宣帝最後還是在風暴之中站立起來。

在巫蠱事件中，完全表示沉默的，是司馬遷的態度，司馬遷此時應當還是中書令。不過他的立場和衛氏及李氏都是格格不入的。他是李陵的好友，因李陵而得罪。李陵之父李敢爲霍去病射死，而司馬遷得罪是被認爲欲沮貳師將軍。這一點武帝也是清楚的，所以他不至於牽涉到某一方面。他在這個期間中，變成了十分謹愼，完全只執行例行事務，不表示任何意見。所以記載中就看不到他。他的史記中，實在說來，缺景紀武紀，也就是缺了武帝有關的史實。他的封禪書有些譏諷，但譏諷不大，而且這些譏諷之辭也還有後人加上的嫌疑。其中最被人認爲「謗書」中，最嚴重的，還是那篇收在漢書六十二司馬遷傳中的「報任安書」雖然未收入史記，但對於司馬遷的影響還是很大。不過這封信却也實在有問題，是否司馬遷的親筆，還值得懷疑。

這封信敘述司馬遷的生平，志向及他寫史記的動機及原則，確是一篇非常好的文

字。不過對於當時的朝廷說的話是相當的重。假若在司馬遷生時公開出來，是毫無問題的一篇誹謗書，不論是那一個皇帝都可能置以重罪的。漢武帝看到就更不用說了。在這篇中明白指出「今少卿抱不測之罪」明明指的是任安牽涉到巫蠱事件而被捕的那一件事。則是任安還在獄中，司馬遷怎敢將這封信送到獄中去。現在居然是送給任安，未出任何事故，這才是一個不可想像的事。倘若認爲這是一封寫而未發的信，那也是不可能的。因爲武帝晚年征和後元時期，正是一個恐怖時代。[9] 不論是否當事人，都是一樣的戰戰兢兢的生活着，[10] 誰也不敢放肆。這封信太放縱了，不像那種氣氛下的人受到精神壓迫下所敢寫的，而且任何人不能保證不受搜查，誰也不會肯寫這封信「誖逆」的文章，來準備作爲自己的罪證。史記中缺景紀和武紀。這就是一個非常明顯的證據。因爲本紀是大事表，凡寫正史，一定要先寫好本紀，一切才好下手。決無最後來寫本紀之理。所以缺景武兩紀，正是司馬遷小心太過，惟恐觸犯時忌，把寫成的本紀毀掉了。本紀尚且不敢留存，更何況敢有形跡分明的毀謗文字？所以報任安書決非司馬遷親筆，甚至於封禪書都可能有人動過手脚。

　　報任安書鋒利恣肆，和司馬遷一般文筆，好爲一詠三歎的，筆法並不一樣。說起來反而很像他的外孫楊惲「報孫會宗書」那種筆調。從他的性格來說，他可能爲司馬遷打抱不平，也爲他本人打抱不平而借題發揮。史記本來是藏在司馬遷家，後來由楊惲拿出來行世的，史記的行世楊惲誠然有功，但按照楊惲的想法，對史記有所修改，那就完全把司馬遷的性格改變了。（當然即使其中有出於楊惲之手的，但所敍事實仍然可據。）如其楊惲做了手脚，任何人都不知道。現在已經知道武帝晚年眞的是一個恐怖時代，那就司馬遷報任安書就一定有問題，而史記中譏諷漢武之言，是否眞是司馬遷的原文，也就更值得做一番檢討了。

附記：本篇爲趕時間的緣故，匆促作成，關於公孫敖事有所誤記，承蒲慕州先生予以
　　　校正，特此謹表謝意。

---

9. 這是據蒲先生論文中的意見，在武帝晚期，已成爲恐怖時代。這個時期的文字，一定不可能放言無忌的。若輕率的認爲司馬遷膽敢這樣寫，便失掉了時代的意義。

10. 當巫蠱事件時期，一切都是因在恐怖之中而失常了。漢書三十，藝文志，「孔安國者孔子後也，悉得其書（指孔壁中古文尚書）以考二十九篇，多十六篇。安國獻之，遭巫蠱事未列於學官。」這是說古文尚書因巫蠱事被耽擱下去了。這也是巫蠱事件引起一切都不正常的旁證。（至於昭宣帝時代未能列入學官的原因，是因爲孔安國早卒，此時博士中已無人能作章句，遂遭擱置了。）

關於兩漢魏晉時期養猪與積肥問題的
若干檢討

蕭　　璠

　　在漢代墓葬中出土有不少厠所與猪圈相結合的陶製模型（常稱作「帶厠猪圈」），這種把厠所跟猪圈連接在一起的安排究竟有什麼用意？有不少的學者主張是爲了積肥，以滿足農業生產上對糞肥的需求。如考古學者王仲殊先生在五十年代中就認爲「猪圈多與厠所相連，說明了積肥的情形。」[1]　直到近年，他的看法依舊沒有改變：「漢墓中出土的陶製猪圈，往往與厠所相連，說明了當時已經注意養猪積肥，以糞肥田。」[2]　李文信先生在1955年發現遼陽三道壕西漢晚期村落的農舍遺址中有跟厠所相靠近的窪坑畜圈，中有牲畜糞便，他判斷這是當時「農家積肥的特殊設備」，並說「這種厠所與畜圈相接以便於積肥的情況，不但今天東北農村可以看到，在漢代墓葬明器中也有這種情形。」[3]　近年孟凡人先生提出的說法，實際上就是李氏的意見的重述和補充：「兩漢墓葬中大量發現猪圈及猪圈與厠所相連的模型，現在東北和華北的一些農村仍採用此法積肥。」[4]　崔璿先生則直接稱這種帶厠猪圈爲「積肥用的厠所」。[5]　劉敦愿與張仲葛二位先生也表示漢代舍飼猪隻「爲積肥創造了條件，因而在以後的許多文獻中明確指出當時農民養猪的目的是爲了積肥。」[6]　農學史專家曹隆恭先生也指

1. 見中國科學院考古研究所編：考古學基礎，頁一二二。北京，科學出版社，1958年7月。

2. 見所著：漢代考古學概說，頁三五。北京，中華書局，1984年6月。

3. 見所編寫：「遼陽三道壕西漢村落遺址」，考古學報，1957年1期，123頁。

4. 見中國社會科學院考古研究所編：新中國的考古發現與研究，頁461至462。北京，文物出版社，1984年5月。

5. 見所撰：「安徽壽縣茶庵馬家古堆東漢墓」，考古，1966年3期，頁145。

6. 見所撰：「我國養猪史話」，農業考古，1981年1期，104頁。

出漢代的帶厠豬圈具有「便于積造糞肥」的效用。[7] 許倬雲先生的見解也與上述各家相同。[8]

　　然而也有一些學者所持的主張與此大相逕庭，如日本學者濱田耕作先生早在1924年就揭櫫帶厠豬圈是爲了給豬隻吃用人所排泄的汚物的說法。[9] 其後，小野勝年先生也有同樣的意見。[10] 岡崎敬先生也把帶厠豬圈看成是一種由豬隻來處理厠中落下的排泄物的設計。[11] 天野元之助先生也表示了相同的看法。[12] 黎金先生則指出在廣州的東漢墓葬中出土有一件豬隻「踏入厠所尋食」的陶製明器。[13] 那麼，把厠所和豬圈安排在一塊，究竟是爲了便於積肥呢？還是爲了養豬？卽是否用人的糞便來充當餵豬的飼料？或者還有其他的可能？主張是爲了養豬的學者只就出土的厠所模型來立論，並未提出充分的文獻記載來相印證，因此對這一說法也有進一步說明的必要。本文企圖對跟這有關的一些問題進行探討，並提出嘗試性的解答。

　　從距今七千多年前的新石器時代早期開始，先民已經飼養了豬、狗等家畜，[14] 在整個新石器時代當中，不論是華南，還是華北，豬始終是最主要的家畜。[15] 在往後的

---

7. 見所著：肥料史話（修訂本），頁5至6。北京，農業出版社，1984年11月。按曹先生所列附圖爲一帶厠豬圈，但在正文中却將與豬圈相連的屋舍敍述爲「豬住所或農產品加工場」，這當是由於有些考古報告把平面呈曲尺形後附豬圈的房屋直接稱作「豬圈」或「作坊」所產生的混淆。

8. Cho-yun Hsu, Han Agriculture, pp. 97—98. Seattle and London：Univ. of Washington Press, 1980.

9. 見所著：支那古明器泥象圖說，總論，頁18；京都帝國大學文學部所藏支那古明器泥象解說目錄，頁62。日本，東京，刀江書院，1927年再版。

10. 見所著：「漢字の「圂」と「厠」について」，民族學研究，15卷3・4號，頁109至110。1951年3月。

11. 見岡崎敬：「漢代明器泥象と生活樣式」，史林，42卷2號，頁59。1959年3。又見世界考古學大系，第7卷，頁46。日本，東京，平凡社，1959年。又水野淸一監修：天理參考館圖錄・中國篇，頁46，圖139的解說亦同，不知是否也是岡崎氏的手筆。日本，東京，朝日新聞社，1967年。

12. 天野元之助：「中國における施肥技術の展開」(1)，松山商大論集，10卷2號，頁12至14。1959年7月。

13. 見中國社會科學院考古研究所、廣州市文物管理委員會、廣州市博物館編：廣州漢墓，頁334。北京，文物出版社，1981年12月。

14. 見邯鄲市文物保管所等：「河北磁山新石器遺址試掘」，考古，1977年6期。河北省文物管理處等：「河北武安磁山遺址」，考古學報，1981年3期。開封地區文管會等：「河南新鄭裴李崗新石器時代遺址」，考古，1978年2期；「裴李崗遺址一九七八年發掘簡報」，考古1979年3年。周本雄：「河北武安磁山遺址的動物骨骸」，考古學報，1981年3期；又：「中國新石器時代的家畜」，編入新中國的考古發現與研究。

15. 周本雄：「中國新石器時代的家畜」，頁194至195。

歷史時期裡，猪也一直是普遍飼養的家畜，孟子說：「雞豚狗彘之畜，無失其時，七十者可以食肉矣。」（孟子梁惠王上）可以看出來養猪是十分常見的事，淮南子泛論裡的一段文字最足以說明這點：「夫饗大高而彘爲上牲者，非彘能賢於野獸麋鹿也。而神明獨饗之何也？以爲彘者、家人所當畜而易得之物也，故因其便以尊之。」然而從什麼時候開始，人們把猪圈跟厠所建造在一起呢？切確的時刻已難考索，但最遲從戰國時代開始有這種設計當是可以肯定的。國語晋語四：「〔晋〕文公問於胥臣曰……對曰：『……臣聞昔者大任娠文王不變，少溲於豕牢，而得文王不加疾焉』……」賈逵曰：「豕牢，厠也。」[16] 韋昭注：「少，小也。豕牢，厠也。溲，便也。」把厠所稱作「豕牢」，唯一的可能卽這是一座猪圈與厠所相連的建築，而且十分可能是座單獨的帶厠猪圈。這段話語出於前七世紀春秋時人之口，講的是商代末期的事，但是否能代表商末或春秋時代的事實則很難確定，如果把這段文字看成是國語成書時期的事實的反映當是沒有問題的，因此筆者以爲最遲在戰國時代已經出現了厠所與猪圈的結合。在漢代文獻裡也可以找到這兩者相結合的記載，史記呂太后本記：「太后遂斷戚夫人手足，去眼，煇耳，飲瘖藥，使居厠中，命曰『人彘』。」王充論衡雷虛篇也說：「呂后斷戚夫人手，去其眼，置於厠中，以爲『人豕』。」漢書外戚傳記載同一事，却不說「厠」而說是「鞠域」：「太后遂斷戚夫人手足，去眼，熏耳，飲瘖藥，使居鞠域中，名曰『人彘』。」顏師古注：「鞠域，如蹋鞠之域，謂窟室也。」按宋書文九王始安王休仁傳：「時廢帝狂悖無道……以太宗尤肥，號爲『猪王』……嘗以木槽盛飯，內諸雜食，攪令和合，掘地爲坑穽，實之以泥水，裸太宗內坑中，和槽食置前，令太宗以口就槽中食，用之爲歡笑。」鞠域或窟室當卽休仁傳裡的坑穽，也就是考古發掘出來的遼陽三道壕西漢遺址中的那種窪坑畜圈，那麼戚夫人囚處的所在當是帶厠的窪坑猪圈。[17] 漢書五行志中之下：「燕王〔旦〕宮永巷中豕出圂」，武五子燕刺王旦傳作：「厠中豕羣出。」說文解字：「圂，豕厠也。」論衡吉驗篇作溷：

---

16. 玉篇水部，溲字引。
17. 李文信先生在報告中曾經推測這些窪坑畜圈當是猪圈，見注三引文，頁124。這是可以接受的，按齊民要術養猪說：「處不厭穢」，自注云：「泥污得避暑」。劉宋前廢帝所以要「掘地爲坑穽，實之以泥水」就是爲了達到這一效果，三道壕遺址的窪坑畜圈反映了最遲在西漢晚期，人們已經採用這種方式來養猪了。

「北夷橐離國王侍婢有娠……後產子，捐於猪溷中，猪以口氣噓之不死。」史游急就章第十九：「屏廁清溷糞土壤。」劉熙釋名：「廁，雜也，言人雜廁在上非一也，或曰溷，言溷濁也；或曰清，言至穢之處，宜常修治使清潔也；或曰軒，前有伏似殿軒也。」[18] 後漢書党錮李膺傳：「郡舍溷軒有奇巧」，注：「溷軒，廁屋。」從這些包括字典或詞典性質在內的文獻記載可以看出意指猪圈的圂或溷與意指便所的廁常相互換使用或彼此相訓釋，這表明了猪圈跟廁所相結合在漢代是十分普遍的現象。

上述學者們的說法，大都是只就單獨的帶廁猪圈（即把養猪的圈欄跟廁所搭造在一起，形成一個單獨的建築單位）來立論的。實際上，從考古發現的陶製明器來考察，猪圈和廁所的結合，並不限於單獨的帶廁猪圈這一種型態。在廣東、廣西一帶的兩漢墓中出土有上層平面呈橫長方形或曲尺形的干欄式房屋模型。上層住人，屋內的一側或與正室一側的後方相連的一室是廁所，開有廁穴，下層則是猪圈。這樣也把廁所跟猪圈連接了起來。例如廣州出土的西漢晚期的一件上層平面爲橫長方形的陶屋（3030：90），「屋內的廁所有一陶俑蹲于廁坑上，作溲溺狀。」[19] 一件屬於東漢前期的上層平面呈曲尺形的干欄陶屋（4015：4），「上層前面的橫形正堂寬而深，左側後附廊屋，爲廁所」，下層爲畜圈，「右側寶洞口有一猪，作匐伏狀，貼靠壁上。」[20] 而在廣東、廣西、湖南、貴州都發現有一種從上述這種上層平面作曲尺形的干欄式房屋演變而來的單層的房屋與圈欄相結合的模型，前面是正屋或前堂，作橫長方形，正屋的一側後附一小房，是廁所；正室之後、廁所之旁的空間用矮牆圍繞起來，形成後院，作爲畜圈；廁所開有一門與猪圈相通，廁所的內部有時隔成上下兩層，人在上層便溺，猪隻可以進入其下方。[21] 此外，在廣州、河南以及湖北都清理出一些外觀和結構都十分複雜的樓閣宅院模型，其中的廁所和猪圈也是連在一起的。河南鄭州南關159 號漢墓所出的一件係「由門房、倉房、闕、正房、厨房、廁所和猪圈等六個部分

---

18. 見畢沅：釋名疏證（經訓堂叢書本），卷五，釋宮室，葉14。

19. 廣州漢墓，頁282。

20. 同上，頁333。

21. 同上，頁333至334。又嚴平：「貴州安順寧谷漢墓」，文物資料叢刊4，頁133。北京，文物出版社，1981年3月。廣西壯族自治區文物工作隊：「廣西貴縣北郊漢墓」，考古，1985年3期，頁209。高至喜：「談談湖南出土的東漢建築模型」，考古，1959年11期，頁624。

組成一所四合院式的住宅」，正房的西側爲一單座建築，上層是廁所，下層是豬圈。
[22] 在淮陽于庄一座西漢中期墓中找到的陶莊園宅院模型的後院東邊是豬圈，豬圈西側
是廁所，「便池緊鄰豬圈」。[23] 湖北雲夢癩痢墩一號東漢墓發現的一件陶樓閣宅院，
其北部有廁所、豬圈、院落等部分，「廁所中部懸建便台，便台上挖製一便洞」，豬
圈則「依建在厠間的左下側」。[24] 廣州的東漢墓葬中出土這種樓閣宅院最多，其中「
規模最大，結構亦最爲嚴整」的一件（4016：23），「後院是圈欄，內有一槽及兩豬
」，「後院右邊的房子上層是廁所，一俑蹲于坑上，正在便溺中，下層有一狗剛由竇
洞中出來」，厠下也有開口與豬圈相通。[25] 這些明器房屋宅院說明了作爲房屋的附屬
部分的豬圈與廁所相連接也是相當普遍的。

聯繫上引史記、漢書等記載和地下挖掘出來的建築模型或農村屋舍遺址來看，不
論是皇帝、封王或其他地位崇高的貴族（河北石家莊柳辛莊東漢磚室券頂墓內出土有
銅縷玉衣殘件及帶厠豬圈，當爲眞定或常山國內地位相當於大貴人或長公主的貴族墓
），[26] 還是擁有樓閣宅院的富豪或普通農民都把廁所跟豬圈安排在一塊，這意味着廁
所與豬圈的結合是超越階級地位或身分、權勢和財富差距的普遍現象。

廁所與豬圈相連的普遍情形也表現在其空間的分布上。在考古工作中找到單獨的
帶厠豬圈的地點有：河南禹縣白沙，[27] 輝縣琉璃閣、百泉，[28] 鄭州碧沙崗、[29] 南關外
，[30] 孟縣，[31] 濟源泗澗溝，[32] 南陽軍帳營、[33] 英莊、[34] 楊官寺，[35] 靈寶張灣，[36] 洛陽

22. 河南省文化局文物工作隊：「鄭州南關一五九號漢墓的發掘」，文物1960年8．9期，頁23。
23. 周口地區文化局文物科等：「淮陽于庄漢墓發掘簡報」，中原文物，1983年1期，頁3。
24. 雲夢縣博物館：「湖北雲夢癩痢墩一號墓清理簡報」，考古，1984年7期，頁607。
25. 廣州漢墓，頁337；又參考頁339圖205。
26. 石家莊市文物保管所：「石家莊北郊東漢墓」，考古，1984年9月，頁812。
27. 河南省文化局文物工作隊：「河南禹縣白沙漢墓發掘報告」，考古學報，1959年1期，頁72至79。
28. 中國科學院考古研究所編：輝縣發掘報告，頁53，64，141。北京，科學出版社，1956年3月。
29. 鄭州市博物館：「河南鄭州市碧沙崗公園東漢墓」，考古，1966年5期，頁250。
30. 劉東亞：「鄭州市南關外東漢墓的發掘」，考古通訊，1958年2期，頁44。
31. 趙世綱：「河南孟縣漢墓的清理」，考古通訊，1958年3期，頁41。按原報告稱與豬圈相連的小房用途不
    詳，當是廁所。
32. 河南省博物館：「濟源泗澗溝三座漢墓的發掘」，文物，1973年2期，頁47至48。
33. 南陽博物館：「河南南陽軍帳營漢畫像石墓」，考古與文物，1982年1期，頁43，封三圖三。
34. 南陽地區文物工作隊等：「河南南陽縣英庄漢畫像石墓」，文物，1984年3期，頁28，頁29圖17。
35. 河南省文化局文物工作隊：「河南南陽楊官寺漢畫像石墓發掘報告」，考古學報，1963年1期，頁132。
36. 河南省博物館：「靈寶張灣漢墓」，文物，1975年11期，頁77。

金谷園、[37] 澗西七里河、[38] 唐寺門、[39] 西工段、[40] 燒溝，[41] 偃師杏園村，[42] 新野前高廟村，[43] 泌陽板橋，[44] 陝縣劉家渠，[45] 桐柏萬岡，[46] 湖南長沙沙湖橋、[47] 南塘冲、[48] 月亮山，[49] 耒陽野營，[50] 常德東江、南坪，[51] 江蘇徐州七里舖，[52] 南京五塘村，[53] 安徽壽縣茶庵馬家古堆，[54] 和縣，[55] 山東東平三陵山，[56] 棗莊南常小城子，[57] 河北石家莊柳辛莊，[58] 望都東關，[59] 北京平谷西柏店，[60] 順義臨河村，[61] 懷柔，[62] 湖北當陽劉家冢子，[63] 隨縣唐鎮[64] 等地。出土上述各式房屋或宅院的地點則有：河南淮陽于莊，

37. 洛陽市文物工作隊：「洛陽金谷園車站一號漢墓發掘簡報」，文物，1983年4期，頁26。

38. 洛陽博物館：「洛陽澗西七里河東漢墓發掘簡報」，考古，1975年2期，頁121。

38. 洛陽市文物工作隊：「洛陽唐寺門兩座漢墓發掘簡報」，中原文物，1984年3期，頁39。

40. 洛陽市文物工作隊：「洛陽西工東漢壁畫墓」，中原文物，1982年3期，頁17至18。

41. 中國科學院考古學研究所編：洛陽燒溝漢墓，頁141。北京，科學出版社，1959年12月。

42. 中國社會科學院考古所河南第二工作隊：「河南偃師杏園村東漢壁畫墓」，考古，1985年1期，頁21。又：「河南偃師杏園村的兩座魏晉墓」，考古，1985年8期，頁722。

43. 南陽地區文物工作隊等：「新野縣前高廟村漢畫像石墓」，中原文物，1985年3期，頁5。

44. 河南省文化局文物工作隊：「河南泌陽板橋古墓葬及古井的發掘」，考古學報，1958年4期，頁56。

45. 黃河水庫考古工作隊：「河南陝縣劉家渠漢墓」，考古學報，1965年1期，頁143至144。

46. 河南省文化局文物工作隊：「河南桐柏萬崗漢墓的發掘」，考古，1964年8期，頁389至390。

47. 李正光等：「長沙沙湖橋一帶古墓發掘報告」，考古學報，1957年4期，頁62。

48. 湖南省文物管理委員會：「湖南長沙南塘冲古墓清理簡報」，考古通訊，1958年3期，頁2。

49. 全國基本建設工程中出土文物展覽錄，圖版186為一圓形帶廁豬欄。北京，古典藝術出版社，1955年9月。

50. 湖南省文物管理委員會：「湖南耒陽東漢墓清理簡報」，考古通訊，1956年4期，頁25，圖版10：2。

51. 湖南省博物館：「湖南常德東漢墓」，考古學集刊，第1集，頁171至172。北京，中國社會科學出版社，1981年11月。

52. 南京博物院等：「江蘇徐州七里舖漢畫像石墓」，考古，1966年2期，頁78。

53. 南京市博物館：「南京北郊五塘村發現六朝早期墓」，文物資料叢刊8，頁66至67。北京，文物出版社，1983年12月。

54. 安徽省文化局文物工作隊等：「安徽壽縣茶庵馬家古堆東漢墓」，考古，1966年3期，頁141至142。

55. 安徽省文物工作隊：「安徽和縣西晉紀年墓」，考古，1984年9期，頁830。圖版捌：5。

56. 山東博物館：「山東東平三陵山漢墓清理簡報」，考古，1966年4期，頁192。

57. 棗莊市文物管理站：「山東棗莊南常漢畫像石墓」，考古與文物，1986年1期，頁41。

58. 石家莊市文物保管所：「石家莊市北郊東漢墓」，考古，1984年9期，頁812。

59. 全國基本建設工程中出土文物展覽圖錄，圖版19為帶廁豬圈，而原考古報告只說是豬圈，且未附圖或照片。

60. 北京市文物工作隊：「北京市平谷縣西柏店和唐莊子漢墓發掘簡報」，考古，1962年5期，頁242至245，圖版柒：9。

61. 北京市文物管理處：「北京順義臨河村東漢墓發掘簡報」，考古，1977年6期，頁376，379。

62. 北京市文物工作隊：「北京懷柔城北東周西漢墓葬」，考古，1962年5期，頁235。

63. 沈宜揚：「湖北當陽劉家冢子東漢畫像石墓發掘簡報」，文物資料叢刊1，頁125。北京，文物出版社，1977年12月。

64. 湖北省文物管理委員會：「湖北隨縣唐鎮漢魏墓清理」，考古，1966年2期，頁88至89。

鄭州南關，湖北雲夢癩痢墩，湖南長沙，[65] 耒陽花營，[66] 郴州奎馬嶺，[67] 廣東增城金
蘭寺，[68] 南雄，[69] 廣州，[70] 佛山瀾石，[71] 南海平洲，[72] 韶關西河及市郊，[73] 封開江口
，[74] 廣西貴縣汶井嶺、[75] 水電設備廠等地，[76] 合浦堂排、[77] 望牛嶺[78] 等地。

　　總結地來看，無論是紙上資料還是考古發現都證實了兩漢魏晉期間把厠所與猪圈
結合在一起是極爲普遍的情形，南北朝以降的各時代考古工作雖然沒有發現上述的帶
厠猪圈或猪圈與厠所相連的房屋宅院等明器，但這並不表示這一歷時久遠、分布廣泛
的普遍習俗從南北朝時期開始就突然地中斷了。一些時代稍晚的有關的神話傳說仍傳
遞出這種習俗在一定的程度上依舊流行的訊息。南朝宋劉敬叔異苑卷五：

　　世有紫姑神，古來相傳，云是人家妾，爲大婦所嫉，每以穢事相次役，正月十五
　　日感激而死。故世人以其日作其形，夜於厠間或猪欄邊迎之，祝曰：「子胥不在
　　（是其婿名也），曹姑亦歸（曹姑卽其大婦也），小姑可出戲。」捉者覺重，便

---

65. 中國科學院考古研究所編著：長沙發掘報告，頁134。按原報告稱爲猪圈，實係附有猪圈之房屋。北京，
　　科學出版社，1957年8月。又高至喜，前引文。

66. 湖南省文物管理委員會：「湖南耒陽東漢墓淸理簡報」，考古通訊，1956年4期，頁23。

67. 郴州地區文物工作隊：「湖南郴州市奎馬嶺漢墓的發掘」，考古學集刊，第2集，頁103。北京，中國社
　　會科學出版社，1982年12月。

68. 廣東省文物管理委員會：「廣東增城金蘭寺漢墓發掘報告」，考古，1966年1期，頁33。

69. 南雄縣博物館：「粤北南雄發現漢墓」，考古，1985年11期，頁993。

70. 廣州市文物管理委員會：「廣州市龍生崗四三號東漢木槨墓」，考古學報，1957年1期，頁147。廣州漢
　　墓，頁282至284，330至338，419至426。

71. 廣東省博物館：「廣東佛山市郊瀾石東漢墓淸理簡報」，文物資料叢刊4，頁100至101。北京，文物出版
　　社，1981年3月。

72. 曾廣億：「廣東南海漢墓發掘簡報」，文物資料叢刊4，頁90。

73. 廣東省博物館：「廣東韶關市郊古墓發掘報告」，考古，1961年8期，頁436。楊豪：「廣東韶關西河漢
　　墓發掘」，考古學集刊，第1集，頁156。

74. 廣東省文物管理委員會：「廣東封開縣江口漢墓及封川隋墓發掘簡報」，文物資料叢刊1，頁135。按原
　　報告稱爲「作坊」，實卽房屋。

75. 梁友仁：「廣西貴縣汶井嶺東漢墓的淸理」，考古通訊，1958年2期，頁47。

76. 廣西壯族自治區文物工作隊：「廣西貴縣北郊漢墓」，考古，1985年3期，頁209。廣西省文物管理委員
　　會：「廣西貴縣漢墓的淸理」，考古學報，1957年1期，頁157，又圖版壹：7，9。

77. 廣西壯族自治區文物工作隊：「廣西合浦縣堂排漢墓發掘簡報」，文物資料叢刊4，頁49。

78. 廣西壯族自治區文物考古寫作小組：「廣西合浦西漢木槨墓」，考古，1972年5期，頁29。

是神來……[79]

劉敬叔去漢晉之世不遠，又說其事是「古來相傳」，厠神紫姑傳說的產生當在漢晉之際，在豬圈邊迎厠神，反映了這兩者在當時相結合的情形。而在時代更晚的傳說裡，厠神的形象就是豬，太平廣記卷333刁緬引紀聞：「宣城太守刁緬……初為玉門軍使，有厠神形見外廄，形如大豬，遍體皆有眼，出入溷中。」又王昇引紀聞：「吳郡陸望寄居河內，表弟王昇與望居近，晨謁望，行至莊南故人楊侃宅，離間忽見兩手據厠，大耳深目，虎鼻豬牙，面色紫而煽斕，直視于昇，懼而走見望言之，望曰：『吾聞見厠神，無不立死，汝其勉之！』昇意大惡，及還即死。」[80] 這暗示南北朝、隋唐時代還有豬圈與厠所相接的情形。宋史天文志四，二十八舍下：「天溷七星在外屏南，主天厠養豬之所，一曰天之厠溷也。」則宋元時代可能還看得到這兩者的結合，至於上引李文信、孟凡人說今日東北、華北還有這種情形，則當是更晚的殘餘型態。

　　要判斷是否用人的糞便來餵豬，首先要解決的問題當是：豬是否能接觸到厠中落下的糞穢或是否能自由地達到糞堆或糞池旁邊？上述湖南、兩廣、鄭州南關等地出土的那些房屋、宅院模型對這一問題所提供的答案是肯定的，上文提到廣州所出的陶製明器中有一件豬隻正「踏入厠所尋食」的房屋就是最清楚的說明。然而單獨的帶厠豬圈又如何呢？有一些考古發掘或清理報告中既沒有描述出土的豬圈是否是帶厠豬圈；如是，也不提厠所的底部是否跟豬圈相通；又沒有圖繪或照片來顯示這一相關部位的情形。對於這些例子只有不加列論。單獨的帶厠豬圈的平面通常呈圓形、正方形或長方形，也有少數作橢圓形，在圈的柵欄或圍牆的裡邊或外面，或角落上搭建有一或兩座厠所。通常平面呈圓形的圈欄只有一座，方形或長方形的則有一或二座。考古文獻中提到厠所下部與圈欄之間有開口相通的有輝縣百泉，鄭州碧沙岡、南關外，平谷西柏店，孟縣，靈寶張灣，洛陽唐寺門、燒溝，南陽楊官寺，陝縣劉家渠，徐州七里舖等地發現的一些豬圈，例如輝縣百泉所出的一件（1：108）平面呈長方形，帶有兩座厠所，「兩厠下側壁各向豬圈內方開孔道，備豬仔出入厠下，這是溷名的所由來。」[81]

---

79. 筆記小說大觀，10編，第1冊，異苑，卷5，葉2。臺北，新興書局，1975年12月。又唐代孫頠輯神女傳，紫姑，與此大致相同。見唐代叢書，5集2冊。
80. 按天中記引王昇條作「虎鼻豬身」。
81. 輝縣發掘報告，頁141。

另外有些猪圈從其與厠所相結合的情形來考察也可以確定欄中的猪隻可以到達厠所下方的糞池或糞便堆積之處。例如平谷101、103號東漢末期墓中各出土一件平面呈長方形的猪圈，與圈欄相連的厠所也是長方形，其底部的一角及夾角的兩邊疊架在猪圈圍墙的一角上，而與此相對的另一角則由圈欄中的一根柱子來支撐，這樣勢必是把圈欄的一角用來當做糞便堆積的處所的，由原報告所附的圖版可以看出來有一頭猪正蹲在厠所底下，抬頭頂着厠所底部（圖一）。安徽壽縣茶庵馬家古堆一號東漢墓出土的圓形圈欄外有圓形圍墙，厠所的「坑板一邊架在圍墙上，相對的一邊由兩根圓柱支撐。」（圖二）[82] 日本天理參考舘所藏的一件，圈作圓形，厠所的一端搭在圍牆上，另一端則托在欄內的一棒圓柱上。（圖三）[83] 類似這樣的猪圈還有湖南耒陽野營5號漢墓、常德南坪2號墓、長沙沙湖橋一座東漢墓所出的三件。[84] 安徽和縣戚鎮西晉墓出土的一件的構造則十分特殊，圈欄平面爲圓形，厠所作四方沒有遮蔽的凉亭模樣，由牆上及欄中各兩根柱子撐起一兩坡面的屋頂，下面圍砌起便坑，猪隻進出絕對不成問題。（圖四）當然有些模型卽使在厠壁下方沒有通向圈欄的開口也未必表示它就是生活中眞實的帶厠猪圈的縮影，因爲明器可能做得十分逼眞，但也可能做到足以表達心意就够了而不在細節上嚴加考究。因此筆者以爲帶厠猪圈的厠所底部與圈欄相通也是普遍的現象。然而猪隻可以在圈欄與厠底糞堆或便池之間來去自如，並不等於證實了兩漢魏晉時期的養猪人家給猪隻吃人的糞便，必須要有更積極的證據才能對這問題作出判斷。

筆者認爲當時的養猪人家確實是用人的排泄物來餵猪的。在漢代以來，人們有一種迷信，認爲故意拿不潔淨的食物給他人食用的人，會因爲他這種惡行而遭受雷擊的懲罰。論衡雷虛篇：

盛夏之時，雷電迅疾……時犯殺人。世俗以爲……其犯殺人也謂之〔有〕陰過。飲食人以不潔淨，天怒，擊而殺之……犬豕食人腐臭，食之，天不殺也。[85]

---

82. 同註五四。

83. 天理參考舘圖錄中國篇，圖139。日本，朝日新聞社，1967年。

84. 分別見考古通訊，1956年4期，圖版拾：2；考古學集刊，第1集，圖版貳玖：5；考古學報，1957年4期，圖版拾壹：7。

85. 據孫人和校補「有」字，見劉盼遂：論衡集解，頁136。北京，北京古籍出版社，1957年7月。

這「腐臭」二字是指腐敗而發出惡臭的食物？還是指人的糞便？筆者以爲當兼指這兩者，一是人們吃剩的或腐壞的食物，一是人的排泄物。太平經對這一問題提供了解答的線索，卷一一七天咎四人辱道誡：

> 夫道乃天也，清且明，不欲見汙辱也。而今學爲道者，皆爲四毀之行，共汙辱皇天之神道，並亂地之紀，訖不可以爲化首，不可以爲師法……其第三曰：食糞、飲小便……故此四人者皆共汙辱天正道……人頭口象天，不欲樂見汙辱也，常欲得鮮明，得善物。故天下人以淹汙辱惡，與人食之，天乃遣雷電下，自捕取之……學爲道者，反多相敎食糞、飲小便……此大邪所著，犬猪之精所下也……今如此食糞、飲小便，何可以爲師？……地上人惡食糞、飲小便，天上亦惡之，故乃遣雷電霹靂下殺之也。[86]

這段文字同樣提到了王充斥爲虛妄的雷擊食人以不潔的民俗信仰，對照之下，把雷虛篇「腐臭」二字解釋成人的糞便當不是沒有根據的。其次，這篇敎誡斥責敎人食糞、飲小便以求道的人是「犬猪之精所下」，則明白地揭示了猪、狗吃糞便的事實。按唐沈旣濟雷民傳說：

> 羅州之南二百里，至雷州爲海康郡，雷之南瀕大海，郡蓋因多雷而名焉……雷之北高亦多雷，聲如在尋常之外。其事雷畏敬甚謹，每具酒餚奠焉，有以彘肉雜魚食者，霹靂則至。南中有木名棹，以煮汁漬梅李，俗呼爲棹汁，雜彘肉食者，霹靂亦至。犯必響應。

又雷公廟：「雷州之西雷公廟，百姓每歲配連鼓雷車具酒餚奠焉，有以魚彘同食者，立爲雷震。」[87] 這表示雷擊食人以不潔的信仰一直到唐代還以殘餘的型態保存在雷州一帶，當地人認爲只要食物中雜有猪肉，就會立刻招致雷擊，當卽因猪吃人的糞便而被視爲不潔淨之故。古代人相信糞便有解毒的效用，後漢書董卓傳注引袁宏後漢紀：

> 李傕數設酒請〔郭〕汜，或留汜止宿。汜妻懼與傕婢妾私而奪己愛，思有以離閒之。會傕送饋，汜妻乃以豉爲藥。汜將食，妻曰：「食從外來，儻或有故？」遂摘藥示之曰：「一栖不兩雄，我固疑將軍之信李公也。」他日，傕請汜，大醉，

---

86. 據王明：太平經合校本，頁654至661。北京，中華書局，1960年2月。
87. 唐代叢書本，第五集，第二冊，葉1，3。

氾疑惟藥之，絞糞汁飲之，乃解。於是遂相猜疑。

而猪、狗因食人的糞便，因此人們相信猪狗不怕毒害，博物志：

交州夷名俚子，俚子弓長數尺，箭長尺餘，以燋銅爲鏑，塗毒藥於鏑鋒，中人卽死，不時斂藏，卽膨脹沸爛，須臾燋煎都盡，唯骨耳。其俗誓不以此藥治語人。治之，飲婦人月水及糞汁，時有差者。唯射猪犬者，無他，以其食糞故也。[88]

東晉時苻朗更清楚地指出，猪是生活在與厠相連通的猪圈裡，吃人糞便的，太平御覽卷九〇三獸部十五豕引苻子：

朔人獻燕昭以大豕，曰：「養奚若？」使曰：「豕也，非大圈不居，非人便不珍，今年百二十矣，人謂『豕仙』。」王乃命豕宰養六十五年，大如沙塠，足如不勝其體。王異之，令衡官橋而量之，折十橋，豕不量。又命水官舟而量，其重千鈞，其巨無用。燕相謂王曰：「奚不饗之？」王乃命宰夫膳之。夕見夢於燕相曰：「造化勞我以豕形，食我以人穢，吾患其生久矣，仗君之靈，得化吾生，始得爲魯津之伯。」燕相游乎魯津，有赤龜奉璧而獻。

又卷九三一鱗介部三龜引作：

邦人獻燕昭王以大豕者曰：「於今百二十歲，邦人謂之『豕仙』。」其羣臣言乎昭王曰：「是豕無用。」王命宰夫而膳之。豕旣死，乃見夢於燕相曰：「今杖君之靈而化吾生也，始得爲魯津之伯，而浮舟者食我以粳粮之珍。而欣君之惠，將報子焉。」後燕相遊于魯津，有赤龜銜夜光而獻。[89]

前一段引文說猪「非人便不珍」，無可爭辯是指猪以人的糞便爲珍，又說「食我以人穢」，「人穢」也是指人的糞便。禮記少儀：「君子不食圂腴。」鄭玄注：「腴有似於人穢。」[90] 卽嫌猪腸像人的糞便而有所不食。結合上引的文字記載和地下出土的各種猪圈與厠所相連通的明器模型來看，兩漢魏晉時期在廣大的地域範圍內，人們普遍地把厠所跟猪圈安置在一塊，無疑地，其目的在於用人的排泄物來餵猪。

---

88. 據范寧：博物志校證本，頁25。北京，中華書局，1980年1月。

89. 按此二條引文均作「符子」，誤，當改爲苻子。又上條「王乃命豕宰養六十五年」，「六」字誤，當改爲「之」字。

90. 「腴有似」下「於」字據阮元：校勘記補。

　　然而當時依賴人的排泄物來養猪，究竟達到什麼樣的程度，還是可以檢討的。首先我們認為雖然當時廣泛地存在着用人的糞便來養猪的習俗，但並不是所有的養猪者都用排泄物來充當猪食。考古上所發現的猪圈模型有很多是不跟厠所相連接的單獨的圈欄。在個別的墓葬中還發現有同時出土單獨的猪圈和單獨的厠所的情形，例如南京市郊的張王山一號及五十二號晉墓都分別隨葬有單獨的厠所和單獨的猪圈模型各一具，[91] 這些足以反映在實際的生活中，並非所有的養猪者都必然地連通猪圈跟厠所，也表明了在這種情況下，人們是不用排泄物來養猪的。

　　上引苟子說「豕仙」「非大圈不居，非人便不珍」，死後化為魯津河伯，才享受到渡河者所奉獻的「粳粮之珍」。推敲上下文意，看來人便在其食物結構中占有較大的比重，因此才「非大圈不居」，以求獲得更多的人穢。但這當不能代表當時猪食的普遍情況，而是作者有意突出豕仙食人便之生與吃粳粮之死的對比而做的誇張。即用人穢餵猪的情況雖然相當普遍，但人們並不是只依賴糞便為飼料，關於這點，地下出土的資料提供了有力的證據。在考古發現的各類與厠所相連的猪圈模型裡，有不少是附有陶製的食槽或盆等餵食器具的，如河南孟縣、南陽楊官寺、長沙南塘冲、耒陽野營、廣州、增城金蘭寺、韶關西河、貴縣汶井嶺、封開江口等地都曾出土過，南海3號漢墓出土的明器還塑有執勺餵猪的陶俑。遼陽三道壕農村遺址中的窖坑畜圈裡發現有殘留的穀糠遺存也可以證實這點。[92]

　　從文獻記載來看，戰國以來養猪的飼料中，最常見的是糟糠，莊子達生：「為彘謀，曰不如食以糠糟而錯之牢筴。」當時貧民常吃的也是糟糠，管子禁藏篇把「糠粃」列入農民常年食糧中的一項。漢書食貨志上：「庶人之富者累鉅萬，而貧者食糟糠。」陳平的例子也是讀史者所熟悉的：「人或謂陳平曰：『貧，何食而肥若是？』其嫂……曰：『亦食糠覈耳』……」（史記陳丞相世家）。淮南子主術：「民有糟糠菽粟不接於口者」，東漢初宋弘也說：「糟糠之妻不下堂。」（後漢書宋弘傳）。董仲舒說戰國秦漢時「貧民常衣牛馬之衣，而食犬彘之食」（漢書食貨志上），「犬彘之食

91．南京市博物舘：「南京郊縣四座吳墓發掘簡報」，文物資料叢刊8，頁3。北京，文物出版社，1983年12月。

92．李文信：「遼陽三道壕西漢村落遺址」，考古學報，1957年1期，頁124。

」當卽指糟糠。氾勝之書則提到瓠可以餵豬：「其中白膚，以養豬致肥。」[93] 另外有些野生植物，特別是一些水生的植物也可以當作餵豬的飼料。習鑿齒襄陽耆舊傳：「木蘭橋者，今之豬蘭橋是也。劉和季以此橋近荻，有蕺荣，於橋東大養豬。襄陽太守皮府君曰：『此作豬屎臭，當易名作豬蘭橋耳，莫復云「木蘭橋」也。』初如戲之，而百姓遂易其名。」[94] 爲了讓豬隻吃到這些植物，當時在配合舍飼之下也採用放牧的方式來養豬。王褒僮約既令奴「持梢牧豬」，又要他「餧豬」，足證當時養豬確實是放牧與舍飼相結合的。公孫宏「牧豕海上。」（漢書公孫宏傳）東觀漢記：承宮少孤，「人令牧豕。」[95] 又：梁鴻「牧豕於上林苑中」。[96] 後漢書杜喬傳：「國相徐曾，中常侍璜兄也，臣恥與接事，托疾牧豕云。」沼澤地區富於水生植物，成了人們常去的牧豬處所，因此禮記禮器說：「居澤以鹿豕爲禮，君子謂之不知禮。」史記貨殖列傳：「澤中千足彘。」又東觀漢記：吳祐「常牧豕于長垣澤中。」[97] 謝承後漢書：孫期「事母至孝，牧豕於大澤……遠人從期學者，皆執經追於澤畔。」[98] 直到北魏時賈思勰還提唱這種舍飼跟在沼澤地區放牧相結合的養豬方式：「春夏草生，隨時放牧。糟糠之屬，當日別與（糟糠經夏則敗，不中停故），八、九、十月，放而不飼。所有糟糠，則蓄待窮多春初（豬性甚便水生之草，杷糠水藻等令近岸，豬則食之，皆肥）。」[99]

　　當然，米穀也是餵豬的飼料之一。說文解字：「豢，以穀圈養豕也。」禮記少儀：「君子不食圂腴。」鄭玄注：「周禮『圂』作『豢』，謂犬豕之屬，食米穀者也。」又晉書卷53愍懷太子傳：「嘗從帝觀豕牢，言於帝曰：『豕甚肥，何不殺以享士，而使久費五穀？』帝嘉其意，卽使烹之。」但這究竟是指特別給豬準備米穀，還是指吃用人所食餘的米飯，則不易斷定。一般而言當是人所食餘的飯食，莊子應帝王說列子「食豕如食人」，足以反映這一事實。麻子在當時是粗糧，也可以用來養豬，淮南

---

93. 齊民要術，種瓠第十五引。又同篇引崔寔四民月令云：「正月可種瓠……瓠中白膚實，以養豬致肥。」

94. 初學記，卷29，豕第九，事對引。

95. 太平御覽，卷903，獸部15，豕引。

96. 藝文類聚，卷94，豕引。

97. 同註九四。

98. 太平御覽，卷833引。

99. 據繆啓愉等：齊民要術校釋本，頁328。北京，農業出版社，1982年11月。

萬畢術：「麻、鹽肥豚豕。」注：「取麻子三升，擣千餘杵，煮爲羹，以鹽一升著中，和以糠三斛，飼豕卽肥也。」[100]

綜上所述，人便在猪的食物構成中當不占主要的地位，那麼廁所與猪圈相接除了提供部分猪食之外，當也同時具有積肥的作用。胡厚宣先生主張早在殷代農業生產上已經使用了人的排泄物來做肥料，[101]這一說法尚待提出更多的强而有力的證據。但周禮地官草人：「凡糞種：騂剛用牛，赤緹用羊，墳壤用麋，渴澤用鹿，鹹潟用貆，勃壤用狐，埴壚用豕，，彊㯺用蕡，輕㑊用犬。」已經揭舉出針對不同性質的土壤而利用不同動物的糞便來施肥的知識，[102]則戰國以來人們用人畜的糞便來當肥料當是沒有問題的。戰國以來人們對土壤的養分與水分對農作物的生長所起的作用已有極明確的認識。史記滑稽列傳：「有穰田者操一豚蹄、酒一盂，祝曰：『甌窶滿篝，汙邪滿車』。」集解：「司馬彪曰：『汙邪，下地田也』。」正義：「下地肥澤，故得滿車。」[103]漢書賈山傳：「地之磽者，雖有善種，不能生焉；江皋河瀕，雖有惡種，無不猥大。」李奇曰：「皋，水邊淤地也。」卽下田及水邊淤泥之地的水分、肥力都較充分，因此作物長得多而大，產量也高。荀子也說：「田肥以易，則出實百倍……田瘠以穢，則出實不半。」（荀子富國）王充說：「夫肥沃墝埆，土地之本性也。肥而沃者性美，樹稼豐茂。墝而埆者性惡，深耕細鋤，厚加糞壤，勉致人功，以助地力，其樹稼與彼肥沃者相似類也。」（論衡率性篇）卽人們認識到通過對土壤的改良或施肥來增長其養分是可以達成人們增產的心願的。因此想要提高產量，施肥或進行土壤改良就成了必需的農業生產活動，荀子說：「多糞肥田，是農夫衆庶之事也。」（富國）韓非子也說：「民不以馬遠通淫物，所積力唯田疇，積力唯田疇必且糞灌。」（韓子解老）漢人十分强調施用基肥，淮南子本經：「糞田而種穀。」又人間：「辟地墾草，糞土種穀。」又泰族：「后稷墾草發菑，糞土樹穀。」孟子萬章下：「百畝之糞，上農夫食九人。」趙岐注：「百畝之田，加之以糞，是爲上農夫……」都說明了在種

---

100. 齊民要術養猪第五十八引，注或係賈思勰注。
101. 見所著：「殷代農作施肥說」，歷史研究，1955年1期。又：「殷代農作施肥說補證」，文物，1963年5期。
102. 見黃中業：「糞種解」，歷史研究，1980年5期，頁88。又拙著：「糞種試釋」，將刊於食貨月刊。
103. 據史記會注考證本。臺北，藝文印書館影印本。

植作物以前，先施加糞肥。在西漢晚期發展出來的區種法也極力講求施肥，氾勝之書：「湯有旱災，伊尹作爲區田，教民糞種，負水澆稼。」又：「區田以糞氣爲美，非必須良田也。」氾勝之還提到用厠所中腐熟的糞便來進行追肥：「樹高一尺，以蠶矢糞之，樹三升。無蠶矢，以溷中熟糞糞之亦善，樹一升。」[104]戰國秦漢間人們已經知道利用泥肥、野生綠肥、人畜的排泄物等各種糞肥，[105]但人畜的糞便當是主要的一種，上引氾勝之書「溷中熟糞」已把人穢稱爲糞，[106]從官溥、許愼對糞字的解釋中也可以探知其間的消息，說文解字：「糞，棄除也（段注：『按棄亦糞之誤，亦複舉字之未刪者。』），从廾推𠦒，糞釆也。官溥說：『似米而非米者，矢字』。」矢卽屎字，古書常假矢爲屎，如史記天官書：「觜觿……其南有四星，曰天厠，厠下一星，曰天矢。」又淮南子覽冥：「却走馬以糞。」高誘注：「止馬，不以走，但以糞糞田也。」也以糞爲屎。可見人們稱糞，主要指的是人畜的排泄物。旣然人們普遍地要求施肥，那麼在農業生產上對糞肥的需求自然就相當可觀了。按南史到彥之傳附曾孫到溉傳：「時何敬容以令參選，事有不允，溉輒相執，敬容謂人曰：『到溉尙有餘臭，遂學作貴人』……溉祖彥之初以擔糞自給，故世以爲譏云。」到彥之在參與討伐孫恩的戰役之後逐漸發跡，其以擔糞自給當在東晉晚期。又西晉「王平子年十四、五，見王夷甫妻郭氏貪欲，令婢路上儋糞。平子諫之，並言不可……」[107]由於人們對糞肥的需求相當殷切，到彥之才可能爲人服務，以擔糞自給；而王夷甫妻郭氏才能藉此途徑滿足其貪欲。而當時的厠所，無論是否與猪圈相連，就是積肥的處所，厠所底部或設有管道，以便將糞穢瀉出，如甘肅武威磨咀子62號東漢墓出土一件陶厠所（原報告未附圖，也未說明是否與猪欄相連），「底部一圓孔，有臥槽通出壁外。」[108]洛陽燒溝漢墓所出帶厠猪圈的廁所「有孔通盤（卽圈欄）中，同時亦有孔通盤外，這個孔通常是

104. 據石聲漢：氾勝之書今釋（初稿），頁38，26。北京，科學出版社，1956年11月。又可參考萬國鼎等：中國農學史（初稿），上册，頁170至171。北京，科學出版社，1984年5月第2次印刷。

105. 見曹隆恭，前引書，頁4至5。

106. 段玉裁說文解字注認爲「古謂除穢曰糞，今人直謂穢曰糞，此古義今義之別也。」但依氾勝之書實則古人早已稱穢爲糞了。

107. 世說新語規箴。

108. 甘肅省博物館：「武威磨咀子三座漢墓發掘簡報」，文物，1972年12期，頁130。

壓在陶屋底下。」[109]雖未見有臥槽，但這通往廁外的開口當也是取出積糞的孔道，當即是所謂的「廁竇」，史記萬石君傳：石建「取親中帬廁牏，身自浣滌。」集解：「徐廣曰：『一讀「牏」爲「竇」……廁竇，瀉除穢惡之穴也』。」用以清理的工具則有𢧑，說文解字：「𢧑，箕屬，所以推糞之器也。」「糞」字，依上引宦溥、許愼的解釋就是指用雙手執持這一箕類器具來推除屎穢的動作。

　　綜上所述，我們認爲自戰國以來，迄于魏晉，人們普遍地把廁所跟豬圈相連接在一起，一方面是把人的排泄物作爲豬食的一部分，另一方面也是用來積肥，以供應農業生產上的需要的。

109．洛陽燒溝漢墓，頁141。

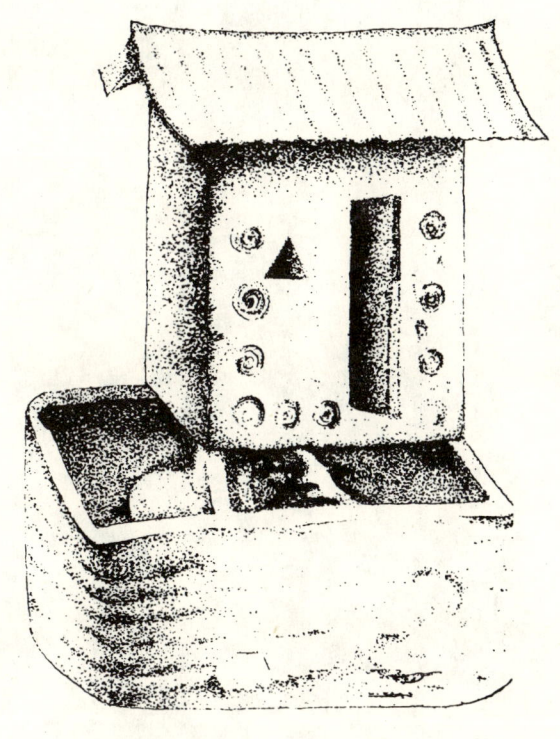

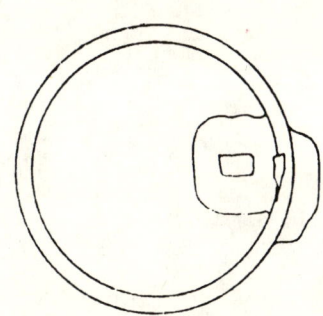

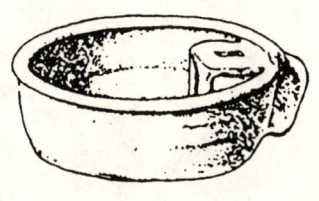

圖一：據考古1962年 5 期圖版柒：9　　　圖二：採自考古1966年 3 期頁 142圖 6

圖三：採自天理參考舘圖錄・中國篇圖 139　　　圖四：據考古1984年 9 期圖版捌：5

東漢將軍制度之演變

廖 伯 源

東漢之將軍大致可分爲中朝將軍、征伐將軍與名譽將軍三類。中朝將軍在京師參與政事；征伐將軍則領兵執行軍事任務，如出征伐或屯戍；名譽將軍則旣不執行軍事任務，亦不在朝與政，其將軍之號爲榮譽銜。

東漢將軍制度有簡單化之特徵，此可從二方面見之。第一，除中興戰爭及漢末戰亂，東漢大部份時間（從明帝初至靈帝末凡一百三十三年），較常任命之將軍僅大將軍、車騎將軍、度遼將軍、征西將軍四官職。大將軍外戚輔政所任，度遼將軍、征西將軍爲征伐將軍；數目少而分界淸楚。第二，將軍人數亦少。從建武十三年至靈帝中平元年共一百五十三年，朝廷共派出主持軍事任務之領兵長官一百四十九人任中，僅三十九人任之官銜爲將軍，一百一十人任以其他官銜領兵執行軍事任務，將軍在軍事上之重要性減輕。東漢任命最多之征伐將軍爲度遼將軍，度遼將軍在東漢是經常設置而固定領兵駐紮在五原郡曼柏縣，一改征伐將軍「有事委任，事畢卽罷」之性格。

東漢之中朝將軍僅有十五人。其中十一人是外戚，且多是在太后臨朝時爲太后家族之代表人物，輔佐太后執政，定策禁中。東漢五次帝崩無嗣或嫡嗣見廢，選疏屬入繼大宗，俱爲外戚將軍與太后在禁中所決定。因其權勢重大，深涉政治鬥爭之中，故有八任中朝將軍是因政治鬥爭失敗見誅。而自安帝以來，確定大將軍與將軍儀同三司之幕府組織、職權比照三公府；俱顯示東漢中朝將軍之政治性格甚重；而有些中朝將軍可能不領兵馬，則其幾乎無軍事長官之性格。

一、引 論

西漢諸將軍，大致可分爲二類，是爲征伐將軍與中朝將軍。征伐將軍在有戰事時臨時受任命爲將軍，領兵作戰，事畢卽罷。中朝將軍則是皇帝之親信近臣，領京師之戍衞兵，並得在皇帝左右顧問應對，參與謀議，輔佐決策，其地位特崇者加大司馬領尙書事，更可在皇帝不理政事時代行皇帝之權力。從漢初到武帝崩，卽西漢前期之將軍大多是征伐將軍；而後期，卽昭帝至西漢末之將軍則幾全是中朝將軍。昭帝以來且形成將軍連續委任之慣例，後任接前任，且經常有兩位以上的將軍同時在職，任期又長。從武帝後元二年至平帝元始五年，共有六十四任將軍，其平均任期爲五點一年。此六十四將軍其中二十二人爲將軍五年至二十年，二十三人爲將軍至死乃罷。這些任

期長，領京師戍衞兵，又受皇帝親信的將軍很容易在政治上建立權勢。西漢後期的將軍不再是純粹的領兵官，而是在權力中心的重要政治人物，權力超越丞相。皇帝的主要參謀和決策的輔佐，在西漢前期是丞相和御史大夫；昭帝以來，卻是諸將軍領尚書事和其他中朝官。錢大昕謂此改變爲「西京朝局之變」，西漢前後期的政治格局可謂大異[1]。

　　東漢之將軍則大致可分爲征伐將軍、中朝將軍與名譽將軍三類。雖俱稱爲征伐將軍與中朝將軍，其實兩漢之征伐將軍、中朝將軍都稍有不同。如兩漢之征伐將軍雖大體仍保留將軍成爲官職始就具有之性格：「有事委任，事畢卽罷」之臨時任命制，東漢則稍有例外：度遼將軍爲因應邊疆防衞之需要，成爲長期設置之將軍，不復臨時委任；而長期守邊，亦無所謂事畢。又如西漢的中朝將軍雖不與征伐，但無不領兵，東漢之中朝將軍則可能有一部分不典兵馬。故東漢之征伐將軍與中朝將軍之定義當視西漢而稍作修改：領兵征伐或屯戍之將軍稱爲征伐將軍；在京師任職，參與政事之將軍稱爲中朝將軍。至於名譽將軍，則是旣無領兵征伐之職權，亦不在朝與政之將軍，其冠將軍之號純爲榮譽性質，蓋將軍秩位崇高，禮儀尊重，又非政府組織中經常設置之官職，且無員額之限制，故皇帝用將軍之號以寵異其親幸，或在亂世時當政者用以安撫拉攏地方勢力。

　　光武朝是中興重建時期，獻帝朝則武人權臣控制朝政，天下分崩之局。此二時期之制度，或尚未固定，或已崩壞；故論東漢將軍制度之常態，當從明帝到靈帝朝之將軍來作說明。與西漢比較，此期將軍制度明顯的特徵是簡單化與制度化。

　　所謂簡單化，第一，此期將軍之官銜相對的比西漢、光武時期及獻帝時期都少很多。西漢將軍官銜共有四十七個，其中西漢前期（從高祖元年（-206）到武帝後元二年（-87））有三十九個；西漢後期（昭帝始元元年（-86）至平帝元始五年（5））新出現的將軍官銜有八個，全部將軍官銜十八個[2]。東漢全部將軍官銜有七十五個，若

1　此爲拙著「試論西漢諸將軍之制度及其政治地位」之結論。請參閱廖伯源，〈試論漢初功臣列侯及昭宣以後諸將軍之政治地位〉，下篇「試論西漢諸將軍之制度及其政治地位」，《徐復觀先生紀念論文集》頁 124-170，臺北，學生書局，民國七十五年。兩漢將軍制度大體相同，然亦有其變異之處，其相同者在前文已論述之，今不再重複；本文重在討論將軍制度在東漢時期之變化、發展之處。
2　「西漢將軍、領尚書事、輔政年表」，未發表稿。

分東漢爲三期，前期爲光武時期，從建武元年（25）至中元元年（56）凡三十二年，共出現之將軍官銜四十九個；中期從中元二年（57）至中平六年（189）凡一百三十三年，此期新出現之將軍官銜僅有七個，全部將軍官銜亦僅十四個；後期爲獻帝時期之三十年，新出現之將軍官銜有十九個，全部將軍官銜則有三十個[3]。中期佔整個東漢時期的三分之二有餘，但其時將軍官銜如此少，顯示其時將軍制度之簡單化。益有進者，若將中期再分爲二段，前段從中元二年至靈帝光和六年（183）共一百二十七年，後段是中平元年至六年，前段新出現之將軍官銜僅三個，全部將軍官銜只有七個，則更能顯示出東漢大部分時間將軍制度之簡單化。

　　謂此期將軍制度簡單化之第二項理由是其制度化之傾向。因爲制度化，故有些固定之規矩，因而顯得簡單。謂其制度化是比較西漢後期而言；西漢後期之將軍雖然絕大多數是中朝將軍，但亦有以將軍領兵征伐者。中朝將軍與征伐將軍之差別不清楚。如度遼將軍范明友，雖曾領兵征伐，但其爲霍光之女婿，自元鳳三年（-78）爲度遼將軍，直到地節三年（-67）霍氏勢力衰後才遷調，在霍光專政期間，度遼將軍范明友大部分時間在京師領典禁兵，爲霍光之輔羽。又如後將軍趙充國、前將軍韓增、強弩將軍許延壽都曾領兵出征，但亦大部分時間在京城，有中朝將軍之性格。而常惠、馮奉世、辛慶忌等以軍功爲將軍，返京後將軍之號不去則又有類於中朝將軍[4]。再者，西漢後期之加官大司馬、領尚書事輔政者，可爲大將軍[5]、車騎將軍[6]、驃騎將軍[7]、衞將軍[8]、前將軍[9]、左將軍[10]、右將軍[11]等，而十八種將軍名號之將軍任命不定，或有

3　參見附表一：「東漢將軍年表」。
4　參見前引廖伯源，〈試論漢初功臣列侯及昭宣以後諸將軍之政治地位〉頁 142-149。
5　如霍光、王鳳爲大將軍皆加大司馬領尚書事輔政、王商爲大將軍加大司馬輔政。詳前引「西漢將軍、領尚書事、輔政年表」。
6　如金日磾爲車騎將軍輔政，張安世、韓增爲車騎將軍加大司馬領尚書事，許延壽、許嘉爲車騎將軍加大司馬輔政，史高、王音爲車騎將軍加大司馬領尚書事輔政，王接、韋賞爲車騎將軍加大司馬。詳前引「西漢將軍、領尚書事、輔政年表」。
7　如王根爲驃騎將軍加大司馬領尚書事輔政。詳前引「西漢將軍、領尚書事、輔政年表」。
8　如張安世、董賢爲衞將軍加大司馬領尚書事，王商爲衞將軍加大司馬輔政，丁明、傅晏爲衞將軍加大司馬。詳前引「西漢將軍、領尚書事、輔政年表」。
9　如蕭望之爲前將軍加領尚書事輔政。詳前引「西漢將軍、領尚書事、輔政年表」。
10　如上官桀爲左將軍輔政，師丹爲左將軍加領尚書事。詳前引「西漢將軍、領尚書事、輔政年表」。
11　如王商爲右將軍輔政。詳前引「西漢將軍、領尚書事、輔政年表」。

或無，或同時有一、二位，多者同時三、四位乃至七位[12]。與此相比，則東漢中期前段（中元二年至光和六年共一百二十七年）將軍之任命顯得簡單與制度化。此時期僅有大將軍、驃騎將軍、車騎將軍、征西將軍、度遼將軍、捕虜將軍、破羌將軍共七將軍官職；其中驃騎將軍、捕虜將軍、破羌將軍俱僅一任[13]，可以例外視之。東漢中期常任命之將軍僅大將軍、車騎將軍、度遼將軍、征西將軍。其中大將軍從明帝初年至中平六年有竇憲、鄧騭、耿寶、梁商、梁冀、竇武、何進七位，全部是外戚，且爲當權之外戚，無一例外。車騎將軍中征伐將軍、中朝將軍與名譽將軍各佔數位。度遼將軍與征西將軍則是征伐將軍。度遼將軍固定設置，駐紮於五原曼柏，以衞北疆，最可見制度化之傾向。

自光武帝中元二年至靈帝光和六年計一百二十七年之間，常設置之將軍僅大將軍、車騎將軍、度遼將軍、征西將軍四官職；大將軍爲外戚輔政所任，度遼將軍、征西將軍爲征伐將軍，清楚分明，顯示東漢將軍制度之制度化，與西漢後期將軍制度之混雜現象比較，其簡單化甚爲明顯。

二、征伐將軍

（一）光武帝任命征伐將軍之政策

東漢中興，爲戰爭之需要，光武帝在卽位之前就已任命將軍[14]，卽位以後更隨事

12　詳前引「西漢將軍、領尙書事、輔政年表」。又參見前引廖伯源，〈試論漢初功臣列侯及昭宣以後諸將軍之政治地位〉，頁 139–156。

13　驃騎將軍僅一任，是爲明帝同母弟東平憲王蒼，以諸侯王輔政，爲中朝將軍。捕虜將軍馬武一任，破羌將軍亦僅有段熲一任。馬武爲中興功臣，自建武四年爲捕虜將軍，至天下平定後才去將軍之號。中元二年光武帝崩，明帝立；十一月以燒當羌叛，乃任命武爲捕虜將軍討伐之（《後漢書》〈馬武傳〉22/10–11）。此捕虜將軍可謂是光武中興戰爭將軍之遺存。至破羌將軍段熲在靈帝初以不定西羌，又大敗東羌，乃加拜破羌將軍，及東羌平，於建寧三年春還京師，遷侍中（〈段熲傳〉65/15ª）。此二將軍是征伐將軍。除特別書明者外，本文所附《後漢書》頁碼，俱爲二十五史本《後漢書集解》（臺北，藝文印書館）之頁碼。

14　光武帝在卽位之前任命之將軍甚多，如《後漢書》卷二十二〈杜茂傳〉：茂「初歸光武於河北，爲中堅將軍。」（22/5ᵇ）卷二十一〈邳彤傳〉曰：「世祖徇河北至下曲陽，彤舉城降，復以爲太守……拜彤爲後大將軍和成太守如故……建武元年……」（21/6ª）卷十七〈馮異

任命；或因襲舊名，或因事建號，至中元二年崩，所任命之將軍共七十三任[15]，凡有不同之將軍官銜四十九個，其中建武元年至十三年任命者爲六十九任，四十六不同之將軍名號。建武十四年至崩僅新任命四任將軍，蓋天下平定，除防守邊疆及鎮壓叛亂不服需要少數將軍外，其他將軍不但無用，且影響政治之安定，故自建武十三年前後，光武帝就陸續省罷將軍。《後漢書》卷十七〈賈復傳〉曰：

> （復自建武三年爲左將軍。）十三年……復知帝欲偃干戈，修文德，不欲功臣擁眾京師，乃與高密侯鄧禹並剽甲兵，敦儒學。（注引《廣雅》曰：剽，削也，謂削除甲兵……）帝深然之，遂罷左右將軍。復以列侯就第。(17/19ᵃ)

按建武十二年十一月大司馬吳漢等破成都，公孫述死，蜀平。十三年四月，吳漢等還京師。「罷左右將軍官，建威大將軍耿弇罷。」(1下/10ᵃ) 是右將軍鄧禹、左將軍賈復與建威大將軍耿弇同時罷。建武十三年以前，光武中興之將軍或遷調他職，或病死戰歿，於建武十三年，僅剩將軍十一人，其中鄧禹、賈復、耿弇及捕虜將軍馬武於是年罷[16]。餘下七人，建義大將軍朱祐，「（建武）九年屯南行唐拒匈奴……十五年朝

（續）傳〉曰：「光武將徇燕、趙，以魏郡、河內獨不逢兵而城邑完全，倉廩實，乃拜……異爲孟津將軍，統二郡軍河上……諸將皆入賀，並勸光武即帝位。」(17/3-4) 又卷二十一〈任光傳〉：光爲信都太守，迎光武。「拜光爲左大將軍，封武城侯……建武元年」。(21/1ᵇ) 而同卷〈李忠傳〉：忠爲信都都尉，「遂與任光同奉世祖，以爲右大將軍。」(21/3ᵇ) 是任光、李忠同時拜爲左、右大將軍。卷十九〈耿弇傳〉：武於即位前拜耿況、耿弇父子俱爲大將軍，耿舒爲復胡將軍 (19/2ᵇ-3ᵇ)。又卷一上〈光武帝本紀〉：光武帝於建武元年六月己未即皇帝位，秋七月辛未，拜前將軍鄧禹爲大司徒，以大將軍吳漢爲大司馬。」(1/16) 是在光武即位前，鄧禹爲前將軍、吳漢爲大將軍 (18/2ᵃ)。卷十六〈鄧禹傳〉曰：光武帝「乃拜（禹）爲前將軍……令自選偏裨以下可與俱者，於是以韓歆爲軍師，李文、李春、程慮爲祭酒，馮愔爲積弩將軍，樊崇爲驍騎將軍，宗歆爲車騎將軍、鄧尋爲建威將軍，耿訢爲赤眉將軍，左于爲軍師將軍引而西。建武元年正月，禹自箕關將入河東。」(16/3ᵃ) 鄧禹之部將馮愔、樊崇、宗歆、鄧尋、耿訢俱於光武即位前拜將軍。

15　參見附表一，「東漢將軍年表」。計算之標準如下：①一人受任命爲將軍，其任期不斷，作一任計算。②一人爲將軍免，稍後又任命爲將軍，不論前後任將軍職之將軍官銜是否相同，其任命幾次則作幾任計算。③光武帝即位前所任命之將軍不計算在內；但即位前任命之將軍若在即位後仍領該將軍銜，則計算在內。④若一人同時領二將軍銜，作二任計算。如建武九年，以征西將軍馮異兼守征虜將軍，作二任計算。⑤史文僅書將軍，其將軍名號無考者計算在內；但若僅書偏將軍者不計算在內。

16　參見附表一，「東漢將軍年表」。又馬武事請見《後漢書》本傳 22/11ᵃ。

京師上大將軍印綬，因留奉朝請。」(22/2ᵃ) 驃騎大將軍杜茂自建武七年「引兵北屯田晉陽、廣武，以備胡寇……十五年坐斷兵馬廩縑，使軍吏殺人免官。」(22/6) 虎牙大將軍蓋延則於建武十一年「拜左馮翊，將軍如故……十五年，薨於位。」(18/10ᵇ) 強弩大將軍陳俊自建武五年「爲琅邪太守，領將軍如故」，鎮撫東方。十四年「徵奉朝請」(18/12ᵃ)。至建武十五年，四人亦俱不在將軍之位；蓋延、陳俊之職掌軍事任務較輕，故去職後，其繼任者不復領將軍銜；至朱祐、杜茂在北邊備匈奴；二人去職後，由揚武將軍馬成代其職事。《後漢書》〈馬成傳〉曰：

> （馬成）十四年屯常山、中山以備北邊，並領建義大將軍朱祐營，又代驃騎大將軍杜茂繕治障塞，自西河至渭橋，河上至安邑，太原至井陘，中山至鄴，皆築保壁烽燧，十里一候。(22/7)

尚餘二人，劉尚及文齊，二人皆無傳。文齊拜鎮遠將軍似爲榮譽銜而非實職，下文再論。至於劉尚，其後仍多見。如建武十八年，蜀郡守將史歆反，武威將軍劉尚從大司馬吳漢往討之（〈吳漢傳〉18/6ᵇ）。十九年，「西南夷寇益州郡，遣武威將軍劉尚討之。」（〈光武帝紀〉1下/15ᵇ）至二十一年春正月，破平益州夷（1下/16ᵃ）。二十三年春正月，「南郡蠻叛，遣武威將軍劉尚討破之……十二月，武陵蠻叛，寇掠郡縣，遣劉尚討之。戰於沅水，尚軍敗歿。」(1下/17)

是天下平定後，建武十三年確定免除功臣軍權之政策，不復常置將軍，是年十一位將軍或以當年罷免，或於一、二年後徵、免、物故，至建武十六年，僅剩二將軍：揚武將軍馬成與武威將軍劉尚。馬成於北邊備胡，繕治障塞；劉尚則討伐地方之不服。二將軍皆以有軍事任務而留職。

其後終光武之世，自建武十六年至中元二年，凡十六年間，僅新任命四任將軍，其中馬援、段志皆爲戰事征伐而任命。《後漢書》卷一下〈光武帝紀〉曰：「（建武）十七年……秋七月，妖巫李廣等羣起，據皖城，遣虎賁中郎將馬援、驃騎將軍段志討之。」(1/13ᵇ) 稍後，「拜援伏波將軍……督樓船將軍段志等南擊交趾，軍至合浦而志病卒。」(24/8ᵇ) 及交趾平，「二十年秋，振旅還京師……會匈奴、烏桓寇扶風，援……因請行，許之。自九月至京師，十二月復出屯襄國。」二十一年秋，「虜遂散去，援無所得而還。」二十四年，又出擊武陵五溪蠻，於二十五年病死陣前。(24/9ᵇ-

12^b）段志於十七年七月擊李廣時爲驃騎將軍，同年稍後往擊交趾反叛則爲樓船將軍。
則其擊李廣後罷驃騎將軍官，後以交趾有事再任命爲樓船將軍甚明。至於馬援，爲伏
波將軍三次出征。二十年，自交趾還，九月到京，十二月復出，其間在京城有三個
月。而第二次出戰於二十一年秋還京，至二十四年乃出擊武陵蠻，其間在京至少二年
有餘。史書不言其於此期間是否仍爲伏波將軍，亦不言其是否任他官職，不能確言其
爲伏波將軍是否「事畢卽罷」。

　　光武帝所任命之最後一位將軍是劉隆，其事於下文討論中朝將軍時再詳。

　　建武十三年以後，非有戰事之必要，不置將軍；且卽使有戰事，亦往往派遣他官
領兵征伐。如自建武十三年至中元元年，本紀所載之軍事行動凡十三次，領兵之長官
有十四人次。其中派遣將軍領兵征伐者僅九次，領兵長官之官銜爲將軍者亦僅九人次
[17]，顯示朝廷不欲多置將軍之態度。

（二）度遼將軍及其他征伐將軍

　　東漢將軍制度之制度化最能從度遼將軍之固定設置顯露出來。將軍官職自始就有
「有事任命，事畢卽罷」之性格。因爲臨時任命，故往往因事不同而有不同之任務、
官銜，且以其人之關係、資歷不同而其權力又有高下之分別；可謂西漢及以前之將軍
制度章法雜亂，但憑國君、皇帝之臨時意願而定。度遼將軍之固定設置是明顯的制度
化。

　　度遼將軍之官銜在西漢昭帝時出現。《漢書》卷七〈昭帝紀〉曰：「（元鳳三
年）冬，遼東烏桓反，以中郎將范明友爲度遼將軍，將北邊七郡，郡二千騎擊之。」
注引應劭曰：「當度遼水往擊之，故以度遼爲官號。」（7/8^a）明年，范明友以破烏
桓有功封侯，返京後以霍光女婿，長爲度遼將軍，其間雖然於元鳳六年擊烏桓，本始
二年伐匈奴[18]，但大部分時間居於京師，直至宣帝於霍光薨後欲去霍氏之勢力乃免其

17　參見附表二：「東漢時期軍事行動之領兵長官表」。地方長吏就地征討及使者督地方長吏逐
　　捕之事例不計算在內，否則領兵長官之官銜爲將軍者僅及領兵長官總數之一半。

18　參見前引廖伯源，〈試論漢初功臣列侯及昭宣以後諸將軍之政治地位〉附表「西漢時期軍事
　　行動之領兵長官表」，頁 168。除特別注明者外，本文所附《漢書》頁碼俱爲二十五史本
　　《漢書補注》（臺灣、藝文印書館）之頁碼。

度遼將軍官（《漢書》68/14ᵃ），爲度遼將軍前後凡十二年，西漢度遼將軍僅此一人。東漢度遼將軍之官職與西漢之度遼將軍除官銜相同外，幾乎無沿襲關係；東漢度遼將軍之任務也不一定要「度遼水往擊之」，故永平中設置固定的將軍於北邊，爲何命名爲度遼將軍，今已不可考，可能是明帝一時意之所至而定。

　　東漢度遼將軍初置之目的是爲防止南匈奴與北匈奴交通反叛。東漢初，匈奴內亂。至建武二十四年，匈奴分爲南北，各有單于；南單于降漢，「願永爲蕃蔽，扞禦北虜」[19]。建武二十六年冬，漢安置南單于廷於西河郡美稷縣，並派遣使匈奴中郎將領兵駐美稷以擁護之[20]。南匈奴雖有單于，然受中國官員之安集管轄，與往日在塞外爲雄之自由不同，恐有不少匈奴人逃亡出塞。故稍後大司農耿國「又上言宜置度遼將軍、左、右校尉屯五原，以防逃亡……顯宗追思國言，後遂置（致）度遼將軍、左、右校尉如其議焉。」[21] 但度遼將軍設置的最大而直接的原因不是防南匈奴人逃亡出塞，而是爲防南匈奴與北匈奴交通共謀反叛。蓋南匈奴已居塞內，且在黃河以南，若其勾引北匈奴聯合叛亂，爲禍不小。《後漢書》卷八十九〈南匈奴傳〉曰：

> 時北匈奴猶盛，數寇邊，朝廷以爲憂。會北單于欲合市，遣使求和親；顯宗冀其交通不復爲寇，乃許之。（永平）八年，遣越騎司馬鄭衆北使報命。而南部須卜骨都侯等知漢與北虜交使，懷嫌怨，欲畔；密因北使令遣兵迎之。鄭衆出塞，疑有異，伺候果得須卜使人；乃上言宜更置大將，以防二虜交通。由是始置度遼營，以中郎將吳棠行度遼將軍事，副校尉來苗、左校尉閻章、右校尉張國將黎陽虎牙營士屯五原曼柏。(89/8ᵃ)

五原郡曼柏縣在西河郡美稷縣之西北偏北方，二地之直線距離約三十七公里[22]。南單于庭在美稷，使匈奴中郎將亦設府於美稷，領兵護衛監察之。度遼將軍則在西北偏北幾十公里之曼柏縣立營屯紮，隔阻南單于庭與北匈奴，防其交通。度遼將軍除領度遼

19　《後漢書》卷八十九〈南匈奴列傳〉89/2-4。

20　參見廖伯源，〈漢代使者考論之二——使者與行政官員之關係及使者演變爲行政官員的一些跡象〉，《漢學研究》，五卷二期，頁 424-427，臺北，民國七十六年。

21　《後漢書》卷十九〈耿國傳〉：耿國於建武「二十七年代馮勤爲大司農（馬）……永平元年卒官。」(19/10) 則耿國之提議應在建武二十七年與永平元年之間。

22　參見譚其驤，《中國歷史地圖集》第二冊，頁 59-60，地圖出版社，上海，民國七十一年。

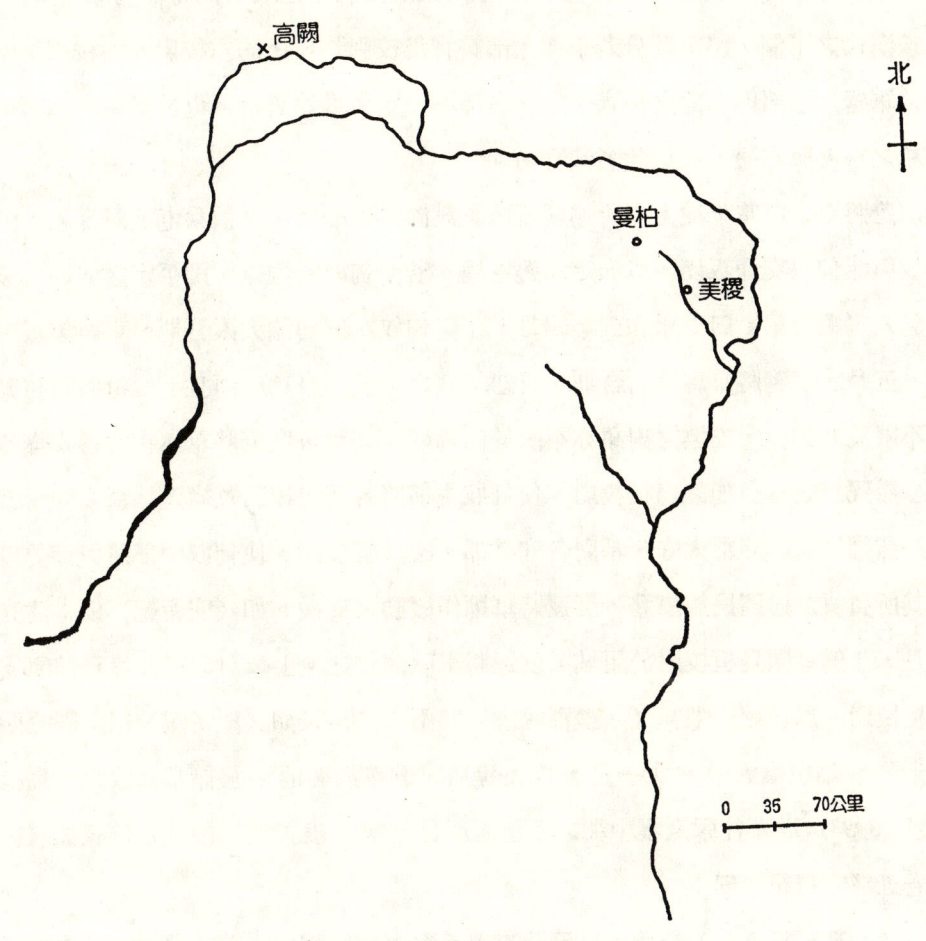

據譚其驤主編，《中國歷史地圖集》第二册頁 59-60 複制

營外，北邊郡縣之屯兵當亦受其節制。《後漢書》卷二〈明帝紀〉曰：

> （永平八年）三月……初置度遼將軍，屯五原曼柏……冬十月……詔三公募郡
> 國中都官死罪繫囚減罪一等，勿笞，詣度遼將軍營，屯朔方、五原之邊縣。
> （2/10^a）

以減罪召募囚徒爲兵[23]，使詣度遼將軍營，再分發到朔方、五原等郡之邊縣屯守，則

23　「東漢明帝以後，將天下死罪繫囚減死，連同家屬遷往邊地充軍變成一種經常性的措施。」
　　見邢義田，〈從安土重遷論秦漢時代的徙民與徙刑〉《秦漢史論稿》，頁 427，臺北，東大
　　圖書公司，民國七十六年。（原載《史語所集刊》第 57 本第二分，民國七十五年）。

度遼將軍領轄朔方、五原等邊郡屯兵甚明。與度遼將軍之設置同時，亦置左、右校尉。按漢代之軍制，將軍營分若干部，部長官爲校尉[24]。所謂左校尉、右校尉，當是度遼將軍營之左部與右部之長官；左、右部不一定與度遼將軍俱屯於曼柏，亦可屯駐於曼柏之左邊與右邊，或以此名其官銜。

　　度遼將軍之職掌，從上文所述度遼將軍設置之目的看，爲領兵屯五原曼柏，防止南匈奴與北匈奴交通叛變，以安定北邊邊境。若南匈奴有內亂，則平定之。如《後漢書》卷六〈順帝紀〉曰：永和五年四月，「南匈奴左部句龍大人吾斯、車紐等叛，圍美稷。五月，度遼將軍馬續討吾斯、車紐，破之。」(6/11ᵃ) 而且，度遼將軍防禦之對象不限於北匈奴，安撫之對象亦不限於南匈奴。其實，度遼將軍與在北邊安撫監察邊疆少數民族之官員如護烏桓校尉、使匈奴中郎將、護羌校尉及緣邊諸郡太守、都尉組成一防衛系統。諸郡太守、都尉各守其郡，護烏桓校尉、使匈奴中郎將與護羌校尉各主其所負責之邊疆民族事務，度遼將軍則作機動之支援。如〈安帝紀〉曰：建光元年九月，「鮮卑圍烏桓校尉於馬城，度遼將軍耿夔救之。」(5/15ᵇ) 此度遼將軍支援護烏桓校尉。馬城屬代郡。（〈續郡國志〉23下/15ᵃ）又如〈順帝紀〉曰：陽嘉四年「冬十月，烏桓寇雲中，十一月，圍度遼將軍耿曄於蘭池。發諸郡兵救之，烏桓退走。」(6/9ᵇ) 耿曄往擊寇雲中郡之烏桓而反見包圍。度遼將軍擊羌之例證如《後漢書》卷五〈安帝紀〉曰：

> （元初三年五月）癸酉，度遼將軍鄧遵率南匈奴擊先零羌於靈州，破之。（注曰：「靈州，縣名，屬北地郡。」按此事又見卷八十七〈西羌傳〉，鄧遵所率有南單于及左鹿蠡王須沈萬騎。(87/16ᵇ)）……延光元年……秋七月……虜人羌叛，攻穀羅城，（注曰：「穀羅屬西河郡。」）度遼將軍耿夔討破之。」(5/12ᵃ–16ᵇ)

是度遼將軍雖駐五原曼柏，其禦邊之範圍，據上引例證所示，不止五原一郡，而包含

24　《後漢書》〈續百官志〉，志 24/7ᵇ。又參見勞榦，〈漢代兵制及漢簡中的兵制〉《勞榦學術論文集甲編》，頁 218–219，臺北，藝文印書館，民國六十五年（原載《史語所集刊》第十本，民國三十七年）。又參見前引廖伯源，〈試論漢初功臣列侯及昭宣以後諸將軍之政治地位〉，頁 137–138。

代郡、雲中、西河、北地等郡；實則北邊諸郡皆是其防守之範圍，不必限於上列諸郡。更有甚者，西域民族疏勒、烏孫、龜茲、莎車等侵擾西北邊郡張掖、酒泉等郡，度遼將軍亦理其事。《後漢書》卷六十七〈李膺傳〉曰：

> 永壽二年……爲度遼將軍。先是羌虜及疏勒、龜茲數出攻鈔張掖、酒泉、雲中諸郡；自膺到邊，皆望風懼服，先所掠男女悉送還塞下，自是之後，聲振遠域。(67/7ᵇ)

卷五十六〈种暠傳〉曰：

> 會匈奴寇幷、涼二州，桓帝擢暠爲度遼將軍。暠到營所，先宣恩信，誘降諸胡，其有不服，然後加討……誠心懷撫，信賞分明。由是羌胡、龜茲、莎車、烏孫等皆來順服；暠乃去烽燧，除候望，邊方晏然無警。(56/11ᵃ)

及朝廷大發兵征伐北邊，度遼將軍亦配合作戰。如卷八十九〈南匈奴傳〉曰：

> （永平）十六年，乃大發緣邊兵，遣諸將四道出塞北征匈奴。南單于遣左賢王信隨太僕祭肜及（行度遼將軍事）吳棠出朔方……肜、棠坐不至涿邪山免。(89/8ᵃ)

所謂四道出塞，是〈明帝紀〉所謂「十六年春二月，遣太僕祭肜出高闕，奉車都尉竇固出酒泉、駙馬都尉耿秉出居延、騎都尉來苗出平城伐北匈奴。」(2/15ᵇ) 本紀雖不語及行度遼將軍事吳棠配合作戰，然上引〈南匈奴傳〉詳其事；紀、傳所紀乃同一事。至〈南匈奴傳〉謂祭肜、吳棠出朔方，本紀則謂祭肜出高闕，似異；實則高闕乃朔方郡北邊之邊塞[25]，出高闕即從朔方郡之高闕出塞。紀、傳詳略互異，非有所不同也。又如《後漢書》卷二十三〈竇憲傳〉曰：

> 會南單于請兵北伐，乃拜憲車騎將軍，以執金吾耿秉爲副……明年（永元元年），憲與秉各將四千騎及南匈奴左谷蠡王師子萬騎出朔方雞鹿塞；南單于屯屠河將萬餘騎出滿夷谷，度遼將軍鄧鴻及緣邊義從羌胡八千騎與左賢王安國萬騎出稒陽塞，皆會涿邪山……大破（北匈奴）。(23/13)

時竇太后臨朝，竇憲爲太后兄；此次出征以竇憲爲主將，度遼將軍協同作戰，度遼將

---

25 《後漢書》〈續郡國志〉曰：朔方郡臨戎縣有高闕塞（志 23/11ᵇ）。又參見前引譚其驤，《中國歷史地圖集》第二冊，頁 59-60。

軍征戰之事例尚多[26]，不於此列舉。

　　要者，度遼將軍之職掌是領兵屯駐於北邊五原郡曼柏縣，並領轄綠邊諸郡之駐軍，支援使匈奴中郎將、護烏桓校尉、護羌校尉等安撫塞內之邊疆民族，鎮壓其叛變，防禦塞外民族之侵寇，又於朝廷遣將北伐時協同作戰。是則可以肯定東漢之度遼將軍爲征伐將軍。

　　度遼將軍與使匈奴中郎將駐紮地之直線距離只有三十七公里，其設置亦俱有安撫南匈奴、防禦北匈奴之目的，故二官職之職掌有重疊混淆之處。如《後漢書》卷八十九〈南匈奴傳〉曰：

　　　　元和二年……冬，（武威太守）孟雲上言：北虜以前旣和親，而南部復往鈔掠。北單于謂漢欺之，謀欲犯塞，謂宜還南所掠生口……乃下詔曰：「……其敕度遼及領中郎將龐奮倍雇南部所得生口以還北虜（注曰：雇，賞報也）。其南部斬首獲生計功受賞如常科。」(89/9ᵃ)

詔令敕度遼將軍及使匈奴中郎將以一倍之價錢向南匈奴購買其所擄掠之北匈奴人而遣歸北匈奴，至南匈奴所斬首及俘虜之數目，仍照常規賞賜之。此特詔度遼將軍與使匈奴中郎將俱幹此事。至平常南匈奴爲保衛中國北疆而斬誅俘擄入侵之邊寇等軍功，本使匈奴中郎將之從事依功按法規計算賞賜[27]，度遼將軍之屬吏是否亦分別辦理其事，則不得而知。〈南匈奴傳〉又曰：

　　　　（永元六年），以執金吾朱徽行度遼將軍事。時單于與中郎將杜崇不相平，乃上書告崇。崇諷西河太守，令斷單于章無由自聞。而崇因與朱徽上言南單于安國疏遠故胡，親近新降，欲殺左賢王師子及左臺且渠劉利等……後帝知朱徽、杜崇失胡和，又禁其上書，以致反叛，皆徵下獄死。(89/12-13ᵃ)

度遼將軍朱徽與使匈奴中郎將對南匈奴單于與其左賢王師子之爭，態度、做法一致，後亦以同罪俱下獄死。可見此二官職之職事有相同之處。至謂此二官職是否有上下統隸之關係，其答案是否定的。先比較二官職之階級，《後漢書》〈續百官志〉注引應劭《漢官儀》謂東漢度遼將軍「銀印青綬，秩二千石」（志 24/8ᵃ）。〈續百官志〉

26　參見附表二：「東漢時期軍事行動之領兵長官表」。

27　參見前引廖伯源，〈漢代使者考論之二〉，頁 426-427。

又謂「使匈奴中郎將一人，比二千石」（志 28/9ᵇ）。則度遼將軍之階級比使匈奴中
郎將高，無可疑問。但使匈奴中郎將爲皇帝之使者[28]，非度遼將軍之部屬，度遼將軍
不得欺壓使匈奴中郎將，否則有罪。《後漢書》卷十九〈耿夔傳〉曰：

> 夔……後遷行度遼將軍（事）。夔勇而有氣，數侵陵匈奴中郎將鄭戩。元初元
> 年，坐徵下獄，以減死論笞二百。（19/13ᵃ）

是度遼將軍侵陵使匈奴中郎將罪至死。則此二官職雖階級有高低，但互不相統隸，各
自獨立行使其職事[29]。蓋二官皆爲在邊疆領兵之將領，若使其一負全責，雖收事權統
一，靈活指揮之效，但亦有致邊將坐大不服之可能；不若令其各自獨立，皆統於朝
廷，則易以控制。

度遼將軍雖爲軍事將領，亦受幷州刺史之監察。《後漢書》卷六十五〈皇甫規
傳〉曰：

> （規爲度遼將軍。）規爲人多意算，自以連在大位，欲退身避第，數上病，不
> 見聽。會友人上郡太守王旻喪還，規縞素越界到下亭迎之。因令客密告幷州刺
> 史胡芳，言規擅遠軍營，公違禁憲，當急舉奏。芳曰：「……吾當爲朝廷愛
> 才，何能申此子計邪？遂無所問。（65/6ᵃ）

刺史乃一州之監察官，本監察郡縣[30]。度遼將軍駐五原郡之曼柏縣，五原郡屬幷州，

---

28 參見前引廖伯源，〈漢代使者考論之二〉，頁 422-427。

29 張奐以九卿秩爲使匈奴中郎將，督度遼將軍。《後漢書》卷六十五〈張奐傳〉曰：（延熹）
九年春，徵（奐）拜大司農……復拜奐爲護匈奴中郎將，以九卿秩督幽、幷、涼三州及度
遼、烏桓二營，兼察刺史、二千石能否（65/8ᵇ）。據〈桓帝紀〉，張奐再爲使匈奴中郎將在
延熹九年秋七月（7/14ᵇ）。以從九卿出爲使匈奴中郎將是貶官，爲不示貶意，乃以九卿秩爲
使匈奴中郎將，而使其兼領度遼、烏桓營。此二營是度遼將軍營與護烏桓校尉營。按張奐領
度遼營非僅指揮其營兵，亦指揮度遼將軍，蓋其時亦有度遼將軍。張奐此次爲使匈奴中郎將
之任期從延熹九年七月起，至少到建寧元年止。（參見「使匈奴中郎將表」，前引廖伯源，
〈漢代使者考論之二〉，頁 433。）據附表一：「東漢將軍年表」，延熹九年至建寧二年，
皇甫規、橋玄先後爲度遼將軍，則張奐爲使匈奴中郎將督度遼將軍皇甫規、橋玄。然此爲特
例，從張奐以九卿秩爲使匈奴中郎將已可知其特異；普通之使匈奴中郎將不能督度遼將軍。

30 參見勞榦，〈兩漢刺史制度考〉《史語所集刊》第十一本，頁 24-48，民國 32 年。又見嚴
耕望師，〈秦漢地方行政制度〉《中國地方行政制度史》上編，卷上，頁 272-297，臺北，
史語所專刊之四十五，民國六十三年再版（初版民國五十年）。

并州刺史因得監察度遼將軍[31]。

　　這些史例顯示朝廷對度遼將軍有若干防範措施。此從度遼將軍的設置過程亦可見之。《後漢書》〈續百官志〉曰：

　　　　明帝初置度遼將軍，以衞南單于眾新降有二心者，後數有不安，遂爲常守。
　　　　（志 24/8ᵃ）

是朝廷初置度遼將軍時，本無經常設置之意。但以南匈奴內部屢有亂事而北匈奴在度遼將軍設置初期威脅不減；其後烏桓、鮮卑、諸種羌之降叛不定，北邊需要有主持軍事者，故度遼將軍由不斷的任命而成經常設置之官職。最能看出朝廷初無意經常設置度遼將軍，是從東漢第一任至第八任度遼將軍，都是以他官行度遼將軍事，並非眞除[32]。第九任度遼將軍梁慬，初除時亦是「行度遼將軍事」，後以軍事情況有變，乃眞任命之。《後漢書》卷四十七〈梁慬傳〉曰：

　　　　（永初）三年冬，南單于與烏桓大人俱反，以大司農何熙行車騎將軍事，中郎
　　　　將龐雄爲副……又遼東太守耿夔率將鮮卑種眾共擊之。詔慬行度遼將軍事……
　　　　明年……三月，何熙軍到五原曼柏，暴疾不能進；遣龐雄與慬及耿种步騎萬六
　　　　千人攻虎澤……會熙卒於師，即拜慬度遼將軍。(47/16)

然第十任之度遼將軍仍爲「行度遼將軍事」，非眞除。至十一任鄧遵爲鄧太后之親戚，地位特別，始爲眞。《後漢書》卷八十九〈南匈奴列傳〉曰：

　　　　（永初）五年，梁慬免，以雲中太守耿夔行度遼將軍（事）。元初元年，夔
　　　　免，以烏桓校尉鄧遵爲度遼將軍，遵皇太后之從弟，故始爲眞將軍焉。（注
　　　　曰：自置度遼將軍以來，皆權行其事，今始以鄧遵爲正度遼將軍，此後更無行
　　　　者也。）(89/14ᵇ)

31　《後漢書》〈皇甫規傳〉集解引《通鑑》胡注：「度遼將軍屯西河界，並州刺史所部也。」
　　(65/6ᵃ) 參見《資治通鑑》卷五十五（標點本 55/1786）按度遼將軍屯五原曼柏，非西河，
　　此胡注之疏忽。然五原、西河俱並州刺史所部。（《後漢書》〈續郡國志〉志 23 下/6-12）
　　胡注之意，謂度遼將軍屯在並州界內，故並州刺史得監察之。

32　有數位度遼將軍是以邊郡太守「行度遼將軍事」，如鄧鴻以張掖太守行度遼將軍事，皇甫棱
　　以定襄太守行，龐奮以雁門太守行，王彪以朔方太守行，耿夔以雲中太守行。（參見附表
　　一：東漢將軍年表）太守爲一郡之長官，統治其郡，必須在其郡治事。以太守行度遼將軍事
　　時，度遼營或隨該行度遼將軍事之太守移至其郡。資料缺乏，無考。

此後可考之度遼將軍尚有二十一任，皆爲眞除。東漢可考之度遼將軍三十二任[33]，前面約三分之一皆「行度遼將軍事」，而非眞將軍。可見朝廷對在外領兵者授與將軍名銜之態度甚爲愼重。及度遼將軍成爲固定之設置，不以他官代行，則須規定其秩祿。朝廷亦有意貶低度遼將軍之秩祿。據《漢書》卷十九上〈百官公卿表〉：將軍「位上卿，金印紫綬」（19上/6[a]）。按西漢經常設置之官職而「金印紫綬」者僅丞相，至御史大夫雖亦「位上卿」，然「銀印青綬」（19/5[a]）。西漢將軍之地位高於御史大夫。但是，據前引〈續百官志〉注引應劭《漢官儀》，東漢之度遼將軍「銀印青綬，秩二千石」。東漢之九卿皆中二千石，是度遼將軍在東漢之地位低於九卿，與西漢之將軍地位高於御史大夫，相差甚遠。與東漢之中朝將軍位在公上或「儀同三司」，（詳下文）相差更遠。

　　所有這些措施制度，俱顯示朝廷對度遼將軍之防範[34]。至於何以旣設置之，又防範之？蓋度遼將軍之設置爲將軍成爲官職之後在制度上之巨大改變。前此之征伐將軍，俱承襲自初設將軍以來之慣例，「有事委任，事畢卽罷」。但度遼將軍爲事實之需要，經常任命，從永平八年（65）至永和六年（141），十九任度遼將軍之任命是後任接前任。永和六年以後因紀載不全，僅能從紀、傳及其他史書中考出十三任，其任期不能完全考證[35]。但從初置起七十七年間任命不斷，可以顯示度遼將軍之設置實有需要。度遼將軍之人選俱爲有征伐經驗者，多非親近之臣；與京師之中朝將軍爲外戚親幸不同。任命非親近者經常在外領兵，故非在制度上規定一些防範之措施不可，否則恐有鞭長莫及之恨。

33　參見附表一：「東漢將軍年表」。

34　監軍制度亦爲皇帝對將軍防範之制度。詳見廖伯源，〈漢代監軍制度試釋〉《大陸雜誌》七十卷三期，頁 15-30，臺北，民國七十四年。

35　《後漢書》志二十三下〈續郡國志〉，五原郡曼柏縣條下集解引馬與龍曰：「度遼將軍吳棠、來苗、耿秉、鄧鴻、皇甫棱、朱徽、龐奮、王彪、梁慬、鄧遵、耿夔、法度、傅衆、龐參、宋漢、耿曄、馬續、吳武見〈南匈奴傳〉；徐淑見〈徐璆傳〉，种暠、陳龜、李膺、皇甫規、張奐、橋玄、賈琮見本傳；鮮于輔見〈公孫瓚傳〉。」（志 23下/8[a]）馬與龍之考證已相當齊全；今所補者、耿夔、皇甫規皆一人二任。另裴曄一任見〈獻帝紀〉集解惠棟引《世系》。又然溫一任、張亮則一任見《華陽國志》卷十二。全部共三十二任。參見附表一：「東漢將軍年表」。

　　從明帝初至靈帝崩，另一純爲征伐將軍之將軍官職是征西將軍；可考者凡六任，是爲耿秉（二任，初任屯酒泉，次任副車騎將軍竇憲擊匈奴）[36]、鄧疊（副大將軍竇憲將兵出鎮涼州）、劉尚（擊隴西燒當羌）、司馬鈞（擊羌）、馬賢（擊西羌於北地，軍敗歿），六任皆爲執行軍事任務而拜。

　　又從明帝初至靈帝中平六年崩，共有十六任車騎將軍，其中鄧鴻（擊南匈奴叛者）、何熙（南單于反，討之）、張喬（將兵屯三輔）、馮緄（擊武陵蠻）、周靖（討竇武）、張溫（討韓遂、邊章）亦可歸類於征伐將軍。征西將軍及領兵征伐之車騎將軍與西漢之征伐將軍無甚差異，可不詳論。十六任車騎將軍中，外戚五任，宦官三任，又上列之鄧鴻等六任領兵征伐之車騎將軍，五任皆從九卿拜，而張溫且以司空拜，與征西將軍有從郡太守、騎都尉、侍中等官昇遷[37]作比較，明顯可見車騎將軍之地位較高。

　　中平元年黃巾亂起，朝廷任命之將軍暫多而名目亦日繁，及靈帝崩，董卓亂政，天下分崩，政出權臣；或自爲將軍，或委號部曲，無制度可言，可以不論。

　　總結上文，光武中興，軍事第一，大量任命將軍而將軍官職之名目亦超過西漢，及天下平定，不欲功臣掌兵權，乃陸續去其將軍之號，僅保留數位仍執行軍事任務之將軍。及至明帝，將軍制度趨向制度化與簡單化；從明帝至靈帝，征伐將軍僅存度遼將軍、征西將軍、車騎將軍等數官職。而度遼將軍改變爲經常設置而固定領兵駐紮在五原郡曼柏縣，一改前此征伐將軍「有事委任，事畢即罷」之性格。

三、中朝將軍之權勢

　　中朝將軍不領兵征伐，而在京城任職；其非因有戰事臨時任命，亦無所謂「事畢」，故其任期長（論詳下文）。中朝將軍多爲皇帝或當政者（如皇太后或權臣）之親信，就東漢而言，幾全是外戚；因此或得在內宮與聞政事，輔佐決策，故中朝將軍往往政治地位甚高，甚至是朝廷最有權勢之大臣。

36　此僅列歷任征西將軍及領兵征伐之車騎將軍之任務，至其任將軍之任期及資料之出處，請參閱附表一：「東漢將軍年表」。

37　各將軍拜爲將軍前之官職見附表一：「東漢將軍年表」。

　　作爲中朝將軍最基本之條件是在京師參與政事。東漢在京師參與政事之將軍有光武帝朝之驃騎將軍劉隆[38]，明帝朝之驃騎將軍東平憲王蒼[39]，章帝朝之車騎將軍馬防[40]，和帝朝之車騎將軍、大將軍竇憲[41]，殤帝、安帝朝之車騎將軍儀同三司、大將軍鄧

38　劉隆爲光武帝所任命之最後一位將軍，亦是光武帝唯一不爲征伐而任命之將軍。劉隆本出南陽安衆侯宗室，爲中興功臣，雲臺二十八將之一（《後漢書》22/14ᵇ）。建武二十年五月大司馬吳漢薨，六月，以「劉隆爲驃騎將軍行大司馬事」；至二十七年五月，改大司馬爲太尉，劉隆罷（〈光武帝紀〉1下/15ᵇ-19ᵇ，〈劉隆傳〉22/8ᵇ-9ᵃ）。計隆爲驃騎將軍行大司馬事凡八年，本傳謂其「視事八歲」是也。光武帝自天下平定後，功臣除仍領兵屯守、征不服者外，俱去將軍之號（論詳前文）。且隆宗室，漢代對宗室有特別顧忌防範之規定。（參見張維華，〈西漢一代之諸侯王國〉，附考左官之律、阿黨、附益之法。《漢史論集》頁228-232，齊魯書社，山東，民國六十九年。又《後漢書》〈杜撫傳〉：撫「爲驃騎將軍東平王蒼所辟，及蒼就國，掾史悉補王官屬；未滿歲，皆自劾去。時撫爲大夫，不忍去；蒼聞，賜車馬財物遣之。」（79下/4ᵃ）所以不欲爲王國吏者，蓋王國吏昇遷無望，不去或數十年不遷。〈東平憲王蒼傳〉曰：「初蒼歸國，驃騎時吏丁牧、周栩以蒼敬賢下士，不忍去之，遂爲王家大夫數十年，事祖及孫。（章）帝聞，皆引見於前，既愍其淹滯……」（42/15ᵃ）是左官之律，於東漢仍然實行。）光武反用宗室劉隆在京師爲將軍行大司馬事，其原因不可解。劉隆爲驃騎將軍行大司馬事八年，其時大司馬爲三公之一（續志24/2ᵇ-3ᵃ），則其與聞政事，輔佐決策自不待言。

39　中元二年二月，光武帝崩；明帝即位，時年三十。四月，以同母弟東平憲王蒼爲驃騎將軍輔政，至永平五年二月罷歸藩。（〈明帝紀〉2/2ᵇ-8ᵇ，〈東平憲王蒼傳〉40上/5ᵇ）蒼爲驃騎將軍五年。明帝初承大業，戰戰兢兢。京師之武力得托之於親信；西漢後期授予外戚，至有王莽之篡位；明帝以爲前車之鑑，嚴防外戚竊權，「不令在樞機之位」（〈皇后紀〉10上/9ᵇ），又使外戚互相糾察，（〈竇憲傳〉23/12ᵃ，明帝對外戚之態度可參考蕭璠，〈關於漢代的宦官〉《勞貞一先生八秩榮慶論文集》頁594，臺北，民國七十五年。）使其不敢僭越犯法。故輔政之將軍不用外戚而委之於同母弟，或明帝以爲同根連枝，關係親密，可寄大任也。五年後，蒼以宗室輔政有違舊典，屢次請辭。（本傳42/10ᵇ）明帝當以皇位已穩，不必在京師置輔政之將軍，乃罷免之。蒼爲驃騎將軍，「自以至親輔政，聲望日重，意不自安，上疏歸職。」其疏文自謂「居宰相之位」而自稱「輔將」。又「帝每巡狩，蒼嘗留鎮，侍衞皇太后。」（本傳42/9ᵇ-10ᵃ）則蒼爲明帝親信，與聞政事，參與決策，可以斷言。

40　馬防爲明帝皇后之兄弟。明帝崩，章帝即位，馬皇后爲皇太后。章帝建初二年八月，馬防以城門校尉行車騎將軍事擊羌；三年八月還京，十二月眞除將軍，至四年五月丙辰罷。（〈章帝紀〉3/5，〈馬防傳〉24/19ᵃ-20ᵃ）三年十二月至四年五月，約半年，馬防在京師爲車騎將軍。因爲是皇太后之兄弟，「貴寵最盛，與九卿絕席」，「班同三事」。建初五年，「防數言政事，多見采用，是冬始施行十二月迎氣樂，防所上也。」（24/20ᵃ）「數言政事，多見采用」爲一概括性評語，是語之所以繫於建初五年，蓋是年冬施行之十二月迎氣樂乃防所上而見採用者，以述此事，而綜言防數言政事，以貴戚尊重或其言可採而多見接受。其意非謂防僅於建初五年「數言政事，多見采用」，之前或之後則不言政事或言不見採。實則馬太后

驚[42]，安帝、少帝朝之大將軍耿寶[43]，少帝朝之車騎將軍儀同三司閻顯[44]，順帝朝之

(續)於建初四年六月崩，外戚馬氏最得意期間是明帝崩至馬太后崩之間；建初四年六月之後，馬氏之權勢已走下坡路。雖然在太后崩之明年，防拜光祿勳，弟光衛尉，馬氏尚甚有寵 (24/20)，但比之太后在日，當有所不如。至建初八年，馬氏受彈劾而悉免就國。馬防在建初五年言多見探，則在建初元年至五年之間對政治更有影響力。史書謂防兄弟貴盛，「賓客奔湊，四方畢至……數百人常為食客，居門下，刺史、守、令多出其家。」(24/20[b]) 賓客之所以麕集其門，蓋防兄弟受尊重，言事多聽，其所推薦者亦多得官職，至為數不少為刺史、守、令。

41　章帝崩，和帝即位，年十歲；竇皇后為皇太后，臨朝，親用其兄竇憲。章和二年十月，拜憲車騎將軍擊北匈奴。明年，永元元年九月，以伐匈奴功拜憲大將軍，還京師。二年七月，大將軍竇憲出屯涼州 (4/2[b]-5[b]，23/13[a]-16[b])。從永元元年九月至二年七月，凡十個月在京師為大將軍。《後漢書》卷七十八〈宦者鄭眾傳〉曰：「時竇太后秉政，后兄大將軍憲等並竊威權，朝臣上下莫不附之。」(78/3[b]) 而〈續五行志〉則曰：「竇太后攝政，憲秉機密，忠直之臣與憲忤者，憲多害之。」（志 13/2[b]）則太后倚重憲，賦予重權，太后之決策恐亦多諮詢憲。

42　元興元年十二月辛未，和帝崩，殤帝立，僅百餘日大；鄧皇后為皇太后，臨朝。明年，延平元年四月，以兄虎賁中郎將鄧騭為車騎將軍儀同三司。是年八月辛亥，殤帝崩，太后與鄧騭定策，立清河孝王子，是為安帝；帝時年十三，太后臨朝如故。明年，永初元年六月，遣車騎將軍鄧騭討伐先零羌。永初二年十一月，拜騭大將軍，徵還京師，至四年十月以母喪去官。(4/16[b]，5/3[b]-8[a]，16/12) 是鄧騭為車騎將軍儀同三司在京師一年又二月，而在京師為大將軍凡二年。鄧太后初臨朝，依靠其兄弟鄧騭等輔佐。〈鄧騭傳〉曰：「自和帝崩後，騭兄弟常居禁中。騭謙遜不欲久在內，連求還第，歲餘，太后乃許之。」(16/11[a]) 按鄧騭於和帝崩後四月餘拜車騎將軍 (4/16[b])，其既在和帝崩後歲餘仍居禁中，則其為車騎將軍有數月居於禁中，輔佐太后執政。故〈安帝紀〉曰：「殤帝崩，太后與車騎將軍鄧騭定策禁中」，夜迎安帝於殿中即位 (5/1)。決定皇位繼承人可謂是皇帝時期最大的事情，太后與騭決定之，則騭為將軍在京師參與政事，可不必多舉例證明。

43　耿寶為安帝嫡舅。安帝本以疏屬入繼大宗，時鄧太后臨朝專政。安帝親政時已二十八歲；又三年，延光三年八月，拜寶大將軍；明年三月，安帝崩；四月，寶為閻太后所誅。（〈清河孝王慶傳〉55/6[a]，〈安帝紀〉5/15-19）寶為大將軍僅九月。《後漢書》卷十九〈耿弇傳〉附耿寶事，謂寶「附事內寵，與中常侍樊豐、帝乳母王聖等譖廢皇太子為濟陰王及排陷太尉楊震，議者怨之。」(19/9[a]) 耿寶如何參與譖廢皇太子，無考。至於排陷太尉楊震，見卷五十四〈楊震傳〉：震屢奏劾安帝乳母王聖，中常侍樊豐等罪惡，反為所譖免官。豐等「乃請大將軍耿寶奏震大臣不服罪，懷恚望。有詔遣歸本郡。」(54/2-6) 震自殺。又〈安帝紀〉曰：延光四年三月，「戊午朔……庚申，幸宛，帝不豫。辛酉，令大將軍耿寶行太尉事……丁卯，幸葉，帝崩。」(5/19[b]) 戊午為初一，則庚申為初三，辛酉為初四，丁卯為初十。是安帝知病重不起，乃令大將軍耿寶行太尉事，六天後帝崩。安帝或有意托耿寶以後事。耿寶以外戚在京師為大將軍，「位尊權重，威行前朝（安帝朝）」（〈皇后紀〉10下/2[a]）。耿寶參與宮廷之政治權力鬥爭。皇太子是日後之順帝，其母李氏，為閻皇后鴆殺，閻氏家族亦參

車騎將軍來歷[45]、大將軍梁商，順帝、桓帝朝之大將軍梁冀[46]，靈帝朝之大將軍竇武[47]、

(續)與廢太子爲濟陰王（10/1），其時耿寶與閻氏合作；及安帝崩，閻氏欲專國權，乃誅耿寶。

44 閻太后臨朝，以兄顯爲「車騎將軍儀同三司，太后欲久專國政，貪立幼年，與顯等定策禁中，迎濟北惠王子北鄉侯懿，立爲皇帝。」又誅大將軍耿寶及其黨與。（10下/2ª）安帝本有太子，前爲外戚內寵所譖廢爲濟陰王。北鄉侯於延光四年三月乙酉即位，至十月辛亥崩。（5/19-20）閻氏又欲另立疏屬；中黃門孫程等於宮內立濟陰王爲順帝，誅閻氏。計閻顯爲車騎將軍僅九月。閻太后臨朝時，顯爲車騎將軍，爲太后謀主，於禁中定策立北鄉侯；及北鄉侯「疾篤，顯兄弟及（宦官）江京等皆在左右。京引顯屏語曰：『北鄉侯病不解，國嗣宜時有定，前不用濟陰王，今若立之，後必當怨，又何不早徵諸王子簡所置乎？』顯以爲然，及少帝薨，京白太后徵濟北、河間王子。」（10下/2）閻顯與宦官江京等合作，輔佐太后，決策禁中。〈崔瑗傳〉謂「閻太后稱制，顯入參政事。」（52/12ª）是也。

45 順帝立，帝母李氏，前已爲閻后所害；閻后失勢遷離宮，故順帝朝無太后臨朝。順帝即位時年十一（6/1ᵇ），其時在宮內輔佐決策者是乳母宋娥及一些親信宦官。明年，永建元年「七月庚午，衛尉來歷爲車騎將軍。」（6/3ᵇ）三年，以母喪罷。來歷之曾祖父來歙爲光武帝之表兄，中興功臣，歷父稜尙明帝女武安公主，歷以公主子宿衛，官至九卿。安帝欲廢太子，歷守闕拒諫，連日不去；帝怒，免歷兄弟官（15/5ª）。及順帝即位，歷爲衛尉，遷車騎將軍。歷功臣後，公主子，又有舊恩；宮內之輔佐決策者或因此選歷爲將軍，以鎮定京師。歷在京師爲將軍三年，不出征；其人方正，非倖宦之黨，對決策或無甚影響力。但既在朝爲將軍，當會上奏言政事，亦可歸類於中朝將軍。

46 陽嘉元年，順帝立皇后梁氏；四年，以后父梁商爲大將軍，至永和六年「八月丙辰，大將軍梁商薨，壬戌，河南尹梁冀爲大將軍。」（6/9ᵇ-12ª）冀爲大將軍至桓帝延熹二年八月丁丑免，自殺。（7/8ᵇ）梁商爲大將軍七年，冀爲大將軍十九年，至死或失勢誅乃罷。「商以后父輔政，而柔和自守。」（〈李固傳〉63/4ᵇ）中常侍張逵等譖商，又矯詔收中常侍曹騰、孟賁，後伏誅，牽連甚廣；商上疏請以寬大處理，帝採其言。（34/8-9）是商與政事，佐決策甚明。至梁冀輔政十九年，「兩妹爲順、桓二帝皇后……再世權威，威振天下。」（〈宦者傳〉79/9ᵇ）順帝崩後，太后臨朝，冲帝祚短無嗣，太后與冀定策禁中，先後立質帝、桓帝從疏屬入繼大宗，（6/15ª，7/1ª）質帝童言無忌，謂冀爲跋扈將軍，爲冀所鴆弒（34/10ᵇ）。太尉李固、杜喬俱爲冀枉害。（63/8-16ª）桓帝建和元年，梁冀妹立爲皇后。和平元年，梁太后崩，然皇后有寵。冀「專擅威柄，凶恣日積，機事大小，莫不諮決之。宮衛近侍，並所親樹，禁省起居，纖微必知，百官遷召，皆先到冀門牋檄謝恩，然後敢詣尙書。」（34/13ᵇ）冀爲中朝將軍，可不必再多舉例證。

47 桓帝崩，無子，皇后竇氏與父武定策禁中；以武爲大將軍，迎立解瀆亭侯宏，是爲靈帝，時年十二，太后臨朝。武雖外戚，然爲清流士大夫之領袖，（《後漢書》卷六十七〈黨錮列傳〉謂桓、靈之際天下名士互相標榜，最上者曰三君，「竇武、劉淑、陳蕃爲三君，君者，言一世之所宗也。」（67/4ª）又參見金發根，〈東漢黨錮人物之分析〉《史語所集刊》34本下冊，頁505-558，臺北，民國五十三年。）多引名士於朝，欲誅宦官，反爲宦官矯詔所誅。其爲大將軍前後僅九月。「武爲大將軍，常居禁中」（69/2ᵇ），「秉機政」（〈盧植傳〉64/10ª），策動盡誅宦官；武爲中朝將軍無疑。

何進、車騎將軍何苗、驃騎將軍董重[48]、車騎將軍趙忠[49]十五人[50]。此十五將軍，除劉隆、東平憲王蒼爲宗室，來歷公主子，趙忠宦者外，其餘十一人俱是外戚，且多是太后臨朝時外戚家族之代表人物，爲太后臨朝秉政之主要輔佐。僅此一點，就可肯定東漢中朝將軍政治地位之崇高。

在安帝親政以前，馬防、竇憲、鄧騭並以皇太后兄弟爲將軍，亦皆以將軍領兵征伐。然在京城時將軍之號不去，其於領兵出征時可歸類於征伐將軍；在京師爲將軍參與政事，則可稱之爲中朝將軍。此後之外戚爲將軍者不再與征伐之事，而在京師輔政，純爲中朝將軍，此可見其演變。《後漢書》〈續百官志〉曰：「自安帝政治衰缺，始以嫡舅耿寶爲大將軍，常在京都。順帝即位又以皇后父兄弟相繼爲大將軍如三公焉。」（志 24/7ᵃ）其說是也。

48　靈帝中平元年，黃巾起，拜皇后兄何進爲大將軍。四年，拜皇后弟何苗爲車騎將軍。又靈帝本以疏屬入繼大宗，其母後尊爲孝仁皇后；后兄子董重於中平五年拜驃騎將軍。中平六年，靈帝崩，何、董二家外戚爭權，誅董重。而何進欲誅宦官，反爲宦官所殺。何進部曲怨車騎將軍苗不與進同心，攻殺之。(8/9ᵃ-10ᵇ, 10/8, 69/6ᵃ) 是何進爲大將軍六年，何苗爲車騎將軍三年，董重爲驃騎將軍二年。靈帝十二歲即位，其年竇氏誅，竇太后遷離宮，故在靈帝初年，其母董太后甚有影響力，「與朝政，使帝賣官求貨自納，金錢盈滿堂室。」(10下/8) 及靈帝崩，少帝立，何皇后爲皇太后，皇太后臨朝。董太后仍欲干政。〈皇后紀〉曰：「何太后臨朝，（董）重與太后兄大將軍進權勢相害。（董）后每欲參干政事，太后輒相禁塞。后忿恚詈言曰：『汝今輈張，怙汝兄邪？當勅驃騎斷何進頭來。』」(10下/8) 二家外戚衝突，「進遂舉兵圍驃騎府收重，重免官自殺。后憂怖疾病暴崩。」(10下/8) 董重與何進「權勢相害」，是董重有權勢，在京師領兵，爲中朝將軍。靈帝本不欲立何皇后子，「然皇后有寵，且進又居重權，故久不決。」(69/7ᵃ) 何進在靈帝時就權重，及靈帝崩，何太后臨朝，「進與太傅袁隗輔政，錄尚書事。」進誅在宮內領禁兵之宦官蹇碩，後又謀盡誅宦官，召董卓入京，漢祚因此而終。進爲中朝將軍。史書少言車騎將軍何苗之行事。何太后欲逐董后，進、苗及三公奏董后罪惡，是苗亦參與政事。

49　靈帝晚年，宦者趙忠等大受寵幸。帝常云：「張常侍（讓）是我父，趙常侍是我母。」又於中平三年「以忠爲車騎將軍，百餘日罷。」(78/20) 趙忠爲將軍雖僅百餘日，似亦與政事。《後漢書》卷五十八〈傅燮傳〉曰：傅燮破黃巾有功，以得罪宦官不得封。「頃之，趙忠爲車騎將軍，詔忠論討黃巾之功。執金吾甄舉等謂忠曰：『傅南容前在東軍，有功不侯，故天下失望，今將軍親當重任，宜進賢理屈，以副眾心。』忠納其言，遣弟城門校尉延致殷勤。延謂燮曰：南容少答我常侍，萬戶侯不足得也。』燮正色拒之。」(58/7ᵇ) 趙忠爲車騎將軍負責評定討黃巾諸將之功勞，則趙忠亦爲中朝將軍。

50　《後漢書》〈靈帝紀〉曰：中平六年四月，「後將軍袁隗爲太傅。」(8/15ᵇ) 又〈鄭玄傳〉曰：「後將軍袁隗表（玄）爲侍中。」(35/11ᵇ) 袁隗爲後將軍，其事僅此二見，不能深論。

　　東漢外戚爲將軍在京城參與政事之時間大多是在太后臨朝時。如竇憲、鄧騭、閻顯、梁冀、竇武、何進、何苗[51]。太后臨朝謂太后行使皇帝之權力。女主執政，與朝臣有所隔膜。何太后自謂：「且先帝新棄天下，我奈何楚楚與士人共對事乎？」(69/8ᵃ)所言雖爲其不得不用宦官之理由，然以指外戚，一樣可通。蓋父親、兄弟關係親近，利益一致，不必有隔膜顧忌。就以帝崩無嗣，「定策禁中」，決定迎立何人爲皇帝而言，在東漢凡有五次[52]：鄧太后與車騎將軍鄧騭「定策禁中」立安帝(5/1)。閻太后與兄車騎將軍顯「定策禁中」迎立濟北惠王子北鄉侯懿(10/2ᵃ)。而質帝、桓帝俱爲梁太后與大將軍梁冀「定策禁中」所立。(6/15ᵃ, 7/1ᵃ)靈帝則竇太后與父竇武「定策禁中」所立，武隨後拜大將軍。(8/1)五次與太后定策禁中者全是外戚，其中四人在當時是將軍，一位稍後拜大將軍。僅就此事而言，可謂太后臨朝常以其父兄弟爲輔佐，委以重權。太后臨朝爲外戚最爲得意的時候，東漢在京師任職之外戚將軍十一人中，有七人是在太后臨朝時爲將軍，輔佐太后執政；東漢外戚將軍權勢重大。

　　東漢常以災異罷免三公[53]，但災異卻不影響中朝將軍之任期。東漢中朝將軍之平均任期爲 4.6 年[54]，比西漢後期將軍之平均任期 5.1 年稍短。但東漢之中朝將軍牽涉政治權力鬥爭遠深於西漢後期之將軍，其中耿寶、閻顯、竇武之任期俱爲九個月，董重十個月，此四人與竇憲、梁冀、何進、何苗共八將軍，俱以政治權力鬥爭失敗見誅而使其任期縮短，以至平均任期亦受影響而縮短。此八人與梁商共九人俱至死乃罷將軍官，在東漢十五位中朝將軍中所占比例甚大。又馬防、鄧騭雖前已罷將軍官，後防以寵衰，徙封之國；鄧騭則於鄧太后崩後受辱自殺。蓋權勢重大，亦位高而勢危，成

51　其中梁冀在順帝時其妹爲皇后，及至桓帝卽位，其妹爲皇太后臨朝。何進兄弟在靈帝時其妹爲皇后，靈帝崩後，其妹爲皇太后。此三人爲將軍均有部份時間其妹爲皇太后臨朝。

52　《後漢書》〈皇后紀〉曰：少帝(北鄉侯)立二百餘日而疾篤，閻顯兄弟及宦官江京等以爲當徵諸國王子。及少帝崩，閻氏又欲別立疏屬爲皇帝，以宦官孫程等擁立安帝廢太子，誅閻氏而止。此次所徵諸國王子未到，尙未「定策」，不算在內。

53　參見孫廣德，《先秦兩漢陰陽五行說的政治思想》，頁 209-216，臺北，嘉新水泥公司文化基金會，民國五十八年。

54　統計方法先求各將軍之任期，以月爲單位，其拜官與免職之月份並計算在內。其中來歷之罷將軍官，史書僅記其年份，故不能確定其任期之月數，暫定其免官之月份爲該年之十二月，以方便計算。

爲奪權之對象。奪權者或爲報復，或爲絕後患，務必斬草除根，置其於死地而後已。

西漢將軍之朝位在丞相之下，御史大夫之上。《漢書》〈百官公卿表〉曰：

> 相國、丞相……金印紫綬……太尉……金印紫綬……御史大夫……位上卿，銀
> 印青綬……前後左右將軍……位上卿，金印紫綬。(19上/4-6)

御史大夫與將軍雖俱「位上卿」，然將軍金印紫綬，與丞相、太尉同，比銀印青綬之御史大夫地位爲高[55]。昭宣以後，部分將軍加大司馬領尚書事輔政，其政治地位及權勢凌越丞相[56]，但其朝位始終在丞相之下[57]。《漢書》卷六十八〈霍光傳〉曰：霍光廢昌邑王時，羣臣連名上奏皇太后。「尚書令讀奏：『丞相臣敞、大司馬大將軍臣光、車騎將軍臣安世、度遼將軍臣明友、前將軍臣增、後將軍臣充國、御史大夫臣誼……』」(68/8b) 其時霍光以大司馬大將軍領尚書事輔政，實際行使皇帝權力[58]，但正式之公文仍需依朝位排名。據此奏文，諸將軍之排名皆在丞相下，御史大夫之上。

及至東漢，將軍之朝位有所改變。中朝將軍之朝位昇高，而征伐將軍之朝位下降。

前述東漢之度遼將軍「銀印青綬，秩二千石」，地位低於「中二千石」之九卿，則從西漢之「位上卿」變爲位於卿下。

今詳論東漢中朝將軍之朝位如下：

55　上引《漢書》〈百官公卿表〉之文，先述御史大夫，後述將軍。此非謂御史大夫之地位比將軍爲高。推班固之意，蓋丞相、太尉、御史大夫日後直接或間接演變爲西漢末年及東漢之三公，（參見周道濟，《漢唐宰相制度》，頁 18-28，臺北，民國六十七年，大化書局再版（民國五十三年嘉新水泥公司文化基金會初版））故先綜三者而述之，再及其他。

56　參見前引廖伯源，〈試論漢初功臣列侯及昭宣以後諸將軍之政治地位〉，頁 139-157。

57　陳樹鏞，《漢官答問》卷一曰：大將軍加大司馬，「位……次丞相」；又謂車騎將軍、衛將軍、驃騎將軍加大司馬輔政者「如大將軍」。

58　武帝崩，昭帝立，年八歲。霍光以大司馬大將軍領尚書事輔政，「政事壹決於光」。(68/1a) 及昭帝二十歲崩，無嗣；朝廷議當立者，羣臣「咸持廣陵王」；霍光則立武帝孫昌邑王賀，然於二十八日後又廢之。蓋昌邑王賀與霍光爭權，欲收回皇帝之權力，光不肯放棄權力，故廢之；別立武帝之曾孫，是爲宣帝。宣帝之初年，執政者仍是霍光，至其死後，宣帝乃得親政。參見 LIU PAK-YUEN, "LES INSTITUTIONS POLITIQUES ET LA LUTTE POUR LE POUVOIR AU MILIEU DE LA DYNASTIE DES HAN ANTERIEURS" pp. 36-170, INSTITUT DES HAUTES ETUDES CHINOISES, COLLEGE DE FRANCE, PARIS, 1983.

　　劉隆於建武二十年五月拜驃騎將軍行大司馬事，視事八年，於二十七年五月罷[59]。按東漢初大司馬爲三公之一，至二十七年五月，大司馬改爲太尉[60]。隆爲驃騎將軍，因行大司馬事而在公位。

　　明帝即位，以同母弟東平憲王蒼爲驃騎將軍，「位在三公上」（本傳 42/9ᵃ）。《後漢書》〈續百官志〉本注謂蒼爲驃騎將軍，「以王，故位在公上」（志 24/7ᵃ）按諸侯王之朝位本在三公之上；蒼爲驃騎將軍位在三公之上，蓋其爲諸侯王也。

　　章帝時，馬太后之兄弟馬防行車騎將軍事，征西羌有功，及還朝，「貴寵最盛，與九卿絕席。」（本傳 24/20ᵃ）章懷注曰：「絕席，別也。」（〈梁冀傳〉34/13ᵇ）所謂「與九卿絕席」，是與九卿不同一席，意謂高於九卿，但仍在三公之下。至建初三年十二月丁酉眞除，而位與三公同。《後漢書補逸》曰：「章帝建初三年，馬防爲車騎將軍，班同三事。」[61] 所謂「班同三事」，是其朝位與三公相同。

　　和帝十歲即位，竇太后臨朝。其兄竇憲拜車騎將軍伐北匈奴，有功，拜大將軍。〈續百官志〉本注謂憲爲車騎將軍「位在公下」，遷大將軍「位在公上」（志24/7ᵃ）〈竇憲傳〉曰：「乃拜憲車騎將軍，金印紫綬，官屬依司空……拜憲大將軍……舊大將軍位在三公下……憲威權震朝廷，公卿希旨，奏憲位次太傅下，三公上。」（23/15ᵇ）是憲拜車騎將軍時，雖「位在公下」，然「金印紫綬，官屬依司空」，已得比三公，及爲大將軍，位在三公上，此蓋以外戚而特別升高其朝位[62]。

　　和帝崩，鄧太后臨朝，太后兄鄧騭拜車騎將軍，後擊西羌，還，拜大將軍。〈續百官志〉本注謂騭「位如憲」，（志 24/7ᵃ）是謂爲車騎將軍位在公下，拜大將軍位在公上，一如竇憲。按騭爲車騎將軍位與公等。《後漢書》〈鄧騭傳〉曰：「延平元年，拜騭車騎將軍儀同三司，始自騭也。」集解王先謙曰：「《東觀記》復出儀同三司四字爲是。」（16/11ᵃ）按《東觀漢記》作「拜爲車騎將軍儀同三司，儀同三司始

59　參見前文注釋 38。

60　〈續百官志〉志 24/2ᵇ-3ᵇ；又參見前引周道濟，《漢唐宰相制度》，頁 23-25。

61　姚之駰輯，《後漢書補逸》5/23ᵇ，四庫全書珍本四集。

62　《後漢書》卷七十四上〈袁紹傳〉注曰：「和帝以舅竇憲征匈奴，還，遷大將軍，在公上。以勳戚者不拘常例焉。」（74上/11ᵇ）是也。

自陝也。」[63]《說文》：「儀，度也。」注曰：「度，法制也。」[64] 是即制度也。所謂「儀同三司」，是指其制度與三公同，包括職權、官屬、俸祿、印綬及其在朝廷之位置與得享受之禮儀。「儀同三司」爲新設之加官，加於將軍之上，凡加官「儀同三司」之將軍，其制度與三公同。其後安帝崩，閻太后臨朝，其兄閻顯亦爲「車騎將軍儀同三司。」（10下/1ᵇ）及至漢末，呂布誅董卓有功，「以布爲奮威將軍，假節，儀同三司。」（75/10ª）後荊州刺史劉表遣使奉貢，「以表爲鎮南將軍荊州牧」。集解惠棟引「鎮南碑」云：「拜鎮南將軍……儀如三公」[65]。「儀如三公」即「儀同三司」。

　　然大將軍無加「儀同三司」者，或是竇憲、鄧騭爲大將軍位在公上而形成慣例；既位在公上，再加「儀同三司」豈非降低其地位？其後所見涉及大將軍朝位之史料，俱謂大將軍位在三公上。《後漢書》卷四十二〈東海恭王彊傳〉附孝王臻，臻兄弟至孝篤行，「順帝美之，制詔大將軍、三公、大鴻臚曰。」（42/3ª）大將軍之排名在三公之上。順帝時大將軍僅梁商、冀父子，此大將軍爲其中一人。又〈桓帝紀〉曰：「（建和）二年春正月甲子，皇帝加元服……賜……公主、大將軍、三公、特進侯、中二千石……」（7/3ᵇ）大將軍亦排名在三公之上。建和二年之大將軍爲梁冀，〈梁冀傳〉謂冀於桓帝初年「每朝會，與三公絕席」（34/13ᵇ），亦可爲證。〈袁紹傳〉之例最明：建安元年，曹操迎天子都許，以袁紹地廣兵多，「於是以紹爲太尉，封鄴侯，時曹操自爲大將軍，紹恥爲之下[66]，僞表辭不受，操大懼，讓位於紹。二年，使將作大匠孔融持節拜紹大將軍……然後受之。」（74上/11ᵇ）操爲大將軍，以袁紹爲太尉，「紹恥爲之下」而不受，此爲強證，證明東漢晚年大將軍位在三公之上。蓋自竇憲以來，凡爲大將軍者俱位在公上而成爲慣例。

　　綜上所述，西漢之將軍俱位在丞相下，御史大夫上。東漢將軍之朝位有所改變，

63　四部備要本《東觀漢記》8/3ª，臺灣中華書局印行。

64　《說文解字注》，8上/21ª，藝文印書館印行本。

65　《後漢書》74下/9ª；參見「劉鎮南碑」，《全三國文》56/4ª，世界書局印行《全上古三代秦漢三國六朝文》第三册。

66　章懷注曰：「太尉位在大將軍上……」（〈袁紹傳〉74上/11ᵇ）若太尉眞位在大將軍上，則曹操自爲大將軍，以紹爲太尉，紹何以竟「恥爲之下」？大將軍位在太尉上，史文乃可通。綜上文所論證，可以肯定東漢章帝以後大將軍位在太尉上，章懷注謬。

度遼將軍位在九卿之下；大將軍則自和帝以來，位在三公之上，至漢末不變。而自鄧
騭爲車騎將軍儀同三司始，有「儀同三司」之加官，加於將軍之上，凡加官儀同三司
之將軍，其制度與三公同。除中興戰爭及漢末政亂所拜除者外，東漢之大將軍與將軍
加儀同三司者俱爲當權之外戚，或在太后臨朝下決策禁中，或因皇后有寵而得參與政
事，權大勢重，但亦因此而涉入權力鬥爭中。計東漢之中朝將軍十五人，其中十一人
爲外戚，八人以政治權力鬥爭失敗而誅死。此可見東漢中朝將軍之政治地位。

四、名譽將軍

　　朝廷爲嘉賞大臣，提高其身分地位，有授予將軍之官號而不使領將軍之職事者，
此類將軍可稱爲名譽將軍。《後漢書》卷八十六〈南蠻西南夷列傳〉謂王莽之益州郡
太守文齊，於天下紛亂時據郡固拒公孫述，而遣使自聞於光武帝。及蜀平，「徵爲鎮
遠將軍，封成義侯，於道卒。」（86/14ª）按公孫述爲光武中興最後平定之割據勢力，
蜀平之後，光武帝偃武修文，功臣多去將軍之號就第。（論詳前文）徵文齊到京師爲
「鎮遠將軍」，當是名譽職，但提高其身分地位以嘉獎之而已。

　　明帝初即位，以同母弟東平憲王蒼爲驃騎將軍。蒼以宗室諸王輔政，內不自安，
屢求退就藩國。永平五年，「乃許還國，而不聽上將軍印綬，以驃騎長史爲東平王太
傅，掾爲中大夫，令史爲王家郎。」（42/10ᵇ）蒼退居藩國，其幕府之屬吏隨其返國者
皆轉爲王國官員，蒼不復領將軍之職事，然仍帶將軍之印綬，則仍有將軍之頭銜，此
亦名譽將軍。

　　桓、靈之世，親信宦官，對特別親幸之宦官亦有加將軍銜者。如〈宦者單超傳〉
曰：超與其他宦官助桓帝誅外戚大將軍梁冀，有大功。「超病疾，帝遣使者就拜車騎
將軍，明年薨。」（78/10ª）疾病乃拜將軍，明顯不委以將軍職事。曹節事更明。〈曹
節傳〉：靈帝建寧二年，「節病困，詔拜爲車騎將軍。有頃，疾瘳，上印綬罷，復爲
中常侍。」（78/13ª）有病拜將軍，痊癒即罷，以將軍爲其養病之官銜，其爲將軍乃
名譽之性質，至爲明顯。

　　〈朱儁傳〉，儁於靈帝中平中爲鎮賊中郎將擊黃巾，大敗之。「賊遂解散。明年
春，遣使者持節拜儁右車騎將軍，振旅還京師，以爲光祿大夫。」（71/9ª）朱儁於黃

巾平定後始拜將軍，返京卽罷，任以他職，其只在返京城途中掛將軍之官銜，蓋褒賞
其平黃巾之功勞而加以將軍之頭銜，亦有榮譽之性質。

　　及至漢末，朝廷之當政者爲安撫示惠於割據地方者，授予將軍之官銜。如《後漢
書》〈劉表傳〉：荊州刺史劉表遣使奉貢。時李傕入長安。「傕以表爲鎭南將軍，荊
州牧，封成武侯，假節，以爲已援。」集解惠棟引「鎭南碑」謂表先拜安南將軍，後
拜鎭南將軍開府儀如三公[67]。又如〈陸康傳〉：康拜廬江太守，獻帝卽位，天下大
亂，康蒙險遣孝廉、計吏奉貢朝廷；詔書策勞，加忠義將軍。」(31/17[a])〈劉寵傳〉：
興平中，（劉）繇爲揚州牧振威將軍。」(76/15[a])〈陶謙傳〉：徐州刺史陶謙遣使奉
貢。「詔遷爲徐州牧加安東將軍封溧陽侯。」(73/10[b])〈袁紹傳〉：建安二年，曹操
「使將作大匠孔融持節拜紹大將軍。」(74上/11[b])〈劉焉傳〉：焉子璋爲益州牧，建
安十二年，璋遣使向曹操致敬，「操加璋振威將軍。」(75/3[a]) 時天下魚爛，地方長
吏擁兵自固而各自獨立；加以將軍之名位，並不增加其實質之職權。這些地方長吏加
銜將軍亦可歸類於名譽將軍。

　　上文所述爲對在生者加將軍之榮譽銜。亦有對死者加銜將軍，則其榮譽性質更爲
明顯。玆列可考之東漢追贈將軍銜者如下表：

東漢追贈將軍表

時　　間	姓　名	生前最高之官職	身　　　　分	追贈官銜	出　　　處
光武帝建武九年	祭　遵	征虜將軍	功臣	將軍	20/7[b]-8[a]
建武中	朱　遵	犍爲郡功曹		復漢將軍	華陽國志 10中/157
順帝陽嘉元年	孫　程	奉車都尉	宦官、功臣	車騎將軍	78/7[b]
桓帝延熹三年	單　超	車騎將軍	宦官、功臣	車騎將軍	78/10
延熹四年	鄧　香	郎中	皇后父（前卒）	車騎將軍	10下/6[b]
延熹七年	黃　瓊	太尉	京師	車騎將軍	61/19[b]
延熹七年	唐　衡	中常侍	宦官、功臣	車騎將軍	78/10[b]
靈帝光和四年	曹　節	車騎將軍	宦官	車騎將軍	78/14[b]

67　《後漢書》〈劉表傳〉74下/9[a]。又參見前引「劉鎭南碑」，《全三國文》56/4[a]。

光和四年	何　眞		皇后父（前卒）	車騎將軍	10下/10[a]
光和中	張　濟	司空	舊恩、帝師	車騎將軍	45/13[a]
中平二年	劉　寬	太尉	帝師	車騎將軍	25/12-13
中平二年	楊　賜	太尉	帝師	驃騎將軍	54/18[b]
獻帝初平三年	皇甫嵩	太尉、車騎將軍	功臣	驃騎將軍	71/6[b], 9/3[b]
興平中	王　斌	執金吾	帝舅	前將軍	10下/11

　　此表所列東漢追贈將軍凡十四位，其中光武帝時二位，順帝時一位，桓帝時及以後共十一位，顯示追贈將軍在東漢初偶有之，至晚期乃多。受追贈人之身分，外戚三人，其中鄧香、何眞早卒，後其女爲皇后，乃得追贈。至王斌爲獻帝舅，帝無權力，其舅在生前不得爲將軍，及卒乃追贈；蓋亦稍存外戚尊崇之體制，聊勝於無。其他外戚在生前已享榮寵，居高位，且往往因爭權失敗誅死；死後不必或不得追贈。追贈將軍者宦官佔四位；宦官限於身分，雖有權勢而不得任朝廷高位，故特別寵幸或有功者乃於死後追尊之。受追尊者亦有四人爲皇帝師，其人一生不與武事，不爲將軍，死後追贈將軍，蓋爲增加其榮寵。受追尊人之官職最低又與皇帝無關係者是朱遵，遵爲犍爲郡功曹，乃太守之屬吏，尚非朝廷命官。其人領兵拒戰公孫述，兵敗見殺；光武追贈之爲復漢將軍，蓋有褒揚其討伐叛逆，爲漢忠臣之意。其事在光武以劉氏宗室誅翦羣雄，中興漢室之時，政治作用甚爲清楚。

　　名譽將軍之出現，蓋將軍在兩漢爲秩位最高的官員之一，騎從鼓吹，威儀極盛。且將軍又無員額限制，可依需要而設置，故皇帝及亂世之當政者以將軍之名銜賞賜親幸或有功者，或作政治交易之用。名譽將軍之出現顯示部分將軍官職已有「品位既高，退居閒曹」[68]之發展趨勢。

五、將軍之部曲與幕府

　　前論西漢將軍俱典兵馬，征伐將軍領兵征伐屯戍，當然典兵；中朝將軍雖在京師，其本職亦典兵[69]。東漢之中朝將軍是否典兵，則難以確言，或其中有可能不典兵

68　參見李俊，《中國宰相制度》頁 239，臺灣商務印書館，民國五十五年臺一版。
69　參見前引廖伯源，〈試論漢初功臣列侯及昭宣以後諸將軍之政治地位〉，頁 126-127。

馬者。〈續百官志〉本注謂將軍「其領軍皆有部曲」（志 24/7^b），既有將軍之領軍
者，則當有將軍而不領軍者。《後漢書》〈東平憲王蒼傳〉：明帝初，蒼以明帝同母
弟爲驃騎將軍。「帝每巡狩，蒼嘗留鎭，侍衞皇太后。」（42/9^b）既謂侍衞，當指揮
武裝力量，則蒼爲驃騎將軍時曾指揮軍隊。

　　北郷侯崩，閻太后與兄車騎將軍儀同三司閻顯等謀別立疏屬爲皇帝。宦官孫程等
立安帝子濟陰王，是爲順帝。「閻顯兄弟聞帝立，率兵入北宮。」（〈順帝紀〉6/2^a）
似車騎將軍閻顯典兵馬；然考之〈宦者列傳〉曰：

> （孫程等）迎濟陰王立之，是爲順帝……閻顯時在禁中，憂迫不知所爲。小黃
> 門樊登勸顯發兵，以太后詔召越騎校尉馮詩、虎賁中郎將閻崇屯朔平門以禦程
> 等；誘詩入省，太后使授之印曰：『能得濟陰王者封萬戶侯……』顯以詩所將
> 眾少，使與登迎吏士於左掖門外；詩因格殺登，歸營屯守。顯弟衞尉景遽從省
> 中還外府（集解引《通鑑》胡注：外府，衞尉府也），收兵至盛德門。程傳召
> 諸尙書使收景。尙書郭鎭時臥病，聞之即率直宿羽林出南止車門，逢景。從
> 吏士拔白刃呼曰：『無干兵。』鎭即下車持節詔之。景曰：『何等詔？』因斫
> 鎭，不中。鎭引劍擊景，墮車；左右以戟叉其胸，遂禽之。送廷尉獄，即夜
> 死。旦日，令侍御史收顯等送獄，於是遂定。」（78/6）

太后與車騎將軍閻顯於此事變中，徵召之軍隊有三：是爲越騎校尉馮詩、虎賁中郎將
閻崇及衞尉閻景所領軍。按東漢京城有北軍五營，越騎校尉所領爲五營之一；五營皆
由北軍中候監之（〈續百官志〉志 27/6^b-7）。虎賁中郎將則光祿勳所領轄[70]。至於
衞尉，則領皇宮之衞士。（〈續百官志〉志 25/8）三者皆非車騎將軍之部曲。故召越
騎校尉馮詩發兵，得以太后詔；而詩陽許之，及出宮門即殺閻氏所遣之宦官而「歸營
屯守」。閻氏可用者僅衞尉閻景所領兵；若此時車騎將軍閻顯典兵，必指揮其部曲拼
命。車騎將軍閻顯可能不領兵。

　　靈帝初，竇太后父大將軍竇武與太傅陳蕃等謀誅翦宦官，事泄；宦官乃擁帝守
宮，刼太后奪璽綬，又遣人收捕武等。〈竇武傳〉述其事曰：

70　〈續百官志〉志 25/3-4。又參見嚴耕望師，〈秦漢郎吏制度考〉《史語所集刊》第 23 本上
　　冊，頁 99，民國四十年。

武不受詔，馳入步兵營，與（竇）紹共射殺使者。召會北軍五校士數千人屯都
亭下，命軍士曰：黃門常侍反，盡力者封侯重賞。詔以少府周靖行車騎將軍加
節與護匈奴中郎將張奐率五營士討武。夜漏盡，（宦官）王甫將虎賁、羽林厩
騶都候劍戟士合千餘人出屯朱雀掖門，與奐等合。明旦，悉軍闕下與武對陣。
甫兵漸盛，使其士大呼武軍曰：『竇武反，汝皆禁兵，當宿衞宮省，何故隨反
者乎？先降有賞。』營府素畏服中官，於是武軍稍稍歸甫，自旦至食時，兵降
略盡。武、紹走，諸軍追圍之，皆自殺。(69/4ᵇ-5ᵃ)

按竇武兄子紹爲步兵校尉，武於事變時，馳入步兵營，與紹共召集北軍五校士。北軍
五校即北軍中候所監之屯騎校尉、越騎校尉、步兵校尉、長水校尉、射聲校尉（志
27/6-7）。五校尉所領之軍隊即爲五營，五校士即是五營士。上引文竇武率五校士與
王甫、周靖、張奐所領五營士俱是五校尉轄下之軍隊，於事變時分爲二方。蓋竇紹爲
步兵校尉，而竇武前已引同志「馮述爲屯騎校尉」(69/3ᵃ)；故竇武得召集部份五校
士。武爲大將軍，於事變時逃入步兵校尉營，召集之軍隊又爲五校士，史文完全不提
及大將軍之部曲[71]，則竇武爲大將軍似不領軍隊。

靈帝末，拜外戚何進爲大將軍，何苗爲車騎將軍，董重爲驃騎將軍。三將軍皆領
兵。〈續五行志〉謂何氏兄弟「皆統兵在京師」（志 13/7ᵇ）是也。至何進部曲之來
源，史亦有說。〈何進傳〉曰：中平元年，「以進爲大將軍率左右羽林、五營士屯都
亭，修理器械，以鎭京師。」(69/6ᵃ) 左右羽林爲光祿勳之屬官羽林左監與羽林右監
所領，(志25/5ᵇ) 乃皇宮宿衞武力之一部份。五營士爲五校尉所領之京城戍衞兵。進

---

71 車騎將軍閻顯及大將軍竇武在政變中俱發兵抵抗，然所用者並非將軍之部曲，故疑此二將軍
不典兵。當然，史書不提及大將軍之部曲並不等於大將軍無部曲，或者政變時形勢變化，使
將軍與其軍營隔絕不得指揮之，亦有可能。如桓帝誅大將軍梁冀，其「叔父屯騎校尉讓及親
從衞尉淑、越騎校尉忠、長水校尉戟等諸梁……皆棄市。」(34/16ᵃ) 衞尉領皇宮衞士，屯
騎校尉、越騎校尉、長水校尉爲北軍五校尉之三，各領禁兵。然史書述桓帝誅梁氏時，似無
武力之抵抗。（〈桓帝紀〉7/8ᵇ-9ᵃ，〈梁冀傳〉34/16ᵃ 衞尉與三校尉領兵而不見其於政變
時指揮軍隊抵抗；則史書不言其於政變時領兵抵抗，並不見得其不典兵。故史書述政變不言
大將軍之部曲，並不能證明大將軍無部曲；因此僅謂其「似無部曲」、「疑其無部曲」，不
敢遽下否定之詞。無論如何，雖無強證證明閻顯、梁冀、竇武等中朝將軍不典領兵馬，但亦
無任何證據證明此三中朝將軍典兵馬。

初拜大將軍，以京師原有之軍隊撥調部份置其麾下。然這些軍隊原各有主者，以進領之，是指揮系統之疊床架屋；當爲進初拜大將軍之臨時措施[72]。中平五年，「詔進大發四方兵，講武於平樂觀下……步兵、騎士數萬人，結營爲陳……詔使進悉領兵屯於觀下。」(69/6ᵇ) 此發自四方之步騎數萬，當成爲大將軍營之部曲。其後進於靈帝崩後，誅宦官蹇碩，「因領其屯兵」(69/7ᵇ)。又增加其部曲之數量。大將軍既有軍隊，故危急時恃之以禦難。〈何進傳〉謂靈帝崩，蹇碩欲圖進；「及進從外入，碩司馬潘隱與進早舊，迎而目之，進驚，馳從儳道歸營，引兵入屯百郡邸（《廣雅》曰：儳，疾也）。」(69/7ᵃ) 而進對其部曲「素有仁恩」，及進爲宦官所殺，「進部曲將吳匡、張璋素所親幸，在外聞進被害，欲將兵入宮，宮閤閉；袁術與匡共斫攻之。」因放火燒宮，盡誅宦官。(69/10ᵃ) 吳匡等又怨車騎將軍何苗不與進同心，乃激勵進部曲攻苗。(69/10ᵇ)「戰於闕下，苗死兵敗，殺數千人。」（〈續五行志〉志 17/2ᵃ）何進之部曲心中僅有其主帥，而目無朝廷。又車騎將軍何苗與進部曲戰，死數千人，是何苗部曲之人數亦不少。袁紹說何進謂「將軍既有元舅之重，而兄弟並領勁兵」(69/8ᵃ)，是也。至於董重，〈皇后紀〉謂「中平五年，后（靈帝母董太后）兄子衞尉脩侯重爲驃騎將軍，領兵千餘人。」(10下/8ᵃ) 靈帝末三中朝將軍在京師俱領兵，史並明言其事。而謂何進領兵，或言進之軍營、部曲於〈何進傳〉、〈靈帝紀〉、〈董卓傳〉、〈續天文志〉、〈續五行志〉凡十四見[73]。然前述之中朝將軍如閻顯、梁冀、竇武之屬，史無一字言其領兵或其部曲。前謂閻顯、竇武可能不典領兵馬，此史書記述上之差異亦可作證據。東漢之中朝將軍，恐有部份不典領兵馬。

72　《後漢書》卷六十九〈何進傳〉曰：袁紹於靈帝崩後說何進誅宦官曰：「『前竇武欲誅內寵而反爲所害者，以其言語漏泄而五營百官服畏中人故也。今將軍既有元舅之重，而兄弟並領勁兵，部曲將吏皆英俊名士，樂盡力命，事在掌握……』」(69/8ᵃ) 則何進於靈帝崩後所領之部曲非「服畏中人」之五營士。

73　除正文所引各例外，《後漢書》提及大將軍何進領兵及其部曲之例證又如〈靈帝紀〉：「以河南尹何進爲大將軍，將軍屯都亭」(8/10ᵇ)。「何進部曲將吳匡與車騎將軍何苗戰於朱雀闕下」(8/16ᵃ)。〈續天文志〉曰：「大將軍部曲將吳匡攻殺車騎將軍何苗。」（志12/5ᵃ）「車騎將軍何苗爲進部曲將吳匡所殺」（志 12/5ᵃ）。〈續五行志〉曰：「皇后兄何進，異父兄朱苗皆爲將軍領兵」（志 14/6ᵃ）。〈董卓傳〉謂「何進及弟苗所領部曲皆歸於卓」(72/4ᵃ)。

　　或謂若閻顯、梁冀、竇武等不典兵馬，靈帝時之中朝將軍三人則俱領軍隊，何以
有此變化？此又有可解釋者：蓋竇武欲誅宦官，及與宦官對陣，用其兄子步兵校尉紹
之營兵及其他五校士；五校士「素畏中官……兵降略盡」，武因此兵敗族誅。此事對
後來之何進等影響甚巨，常以為鑑戒。何進欲誅宦官而猶豫久不決，袁紹等「又為畫
策，多召四方猛將及諸豪傑，並使引兵向京城以脅太后，進然之」。乃召董卓等(69/
8)。所謂「脅太后」，恐僅是部份理由，主要理由恐是何進以竇武事為借鏡。京師之
五營士與宮內之宿衞兵「素畏中官」，事急時或依附宦官。進雖別有大將軍營部曲，
然事起時能否必勝，難以把握；召外兵為助是取勝之一法。其實召外兵入京，甚為
凶險。進主簿陳琳諫進曰：「更徵外助，大兵聚會，強者為雄；所謂倒持干戈，授人
以柄，功必不成，秖為亂階。」(69/8^b) 陳琳之言，後皆效驗。何進所以不聽其言，
蓋漢代至此尚無地方兵入京為亂之經驗；而前此竇武之失敗，則殷鑑不遠。其卒召外
兵，可見竇武事對其影響之大。旣然竇武以用五營士而敗亡，何進為不蹈竇武之覆
轍，必不恃五營武力，自會想法設置大將軍營兵；何苗、董重與進同為將軍，當亦比
照而領兵。

　　東漢中朝將軍典領兵馬可考者僅靈帝朝之何進、何苗與董重。另明帝初年東平憲
王蒼為驃騎將軍，於明帝巡狩時留鎮京師，「侍衞皇太后」。然其所指揮者可能是京
城旣有之五營兵及宮內宿衞兵，不必別置驃騎將軍營兵。其他各中朝將軍，則全無史
料謂其於京師領兵。故疑東漢之中朝將軍有不典兵馬者。比較兩漢，西漢之中朝將軍
俱典兵，領京師之戍衞武力。若東漢之部份中朝將軍不典兵馬，則至東漢為之一變。
至靈帝時之中朝將軍何進、何苗、董重又典兵馬，則又為一巨大之轉變。然謂將軍不
典兵，似乎不可思議，且不但無強證，其中又用默證，故不敢斷然作否定之辭，僅謂
東漢之部份中朝將軍可能不典兵馬，以作暫時性之結論。

　　西漢將軍皆有幕府，為將軍之秘書、參謀處。西漢後期之將軍幕府組織龐大，與
丞相府大致相同[74]。東漢之將軍亦俱有幕府，然在京師參政之中朝將軍，其幕府與征
伐將軍之幕府組織不同。中朝將軍參與朝廷政事，其幕府組織比照三公府，而征伐將

74　參見前引廖伯源，〈試論漢初功臣列侯與昭宣以後諸將軍之政治地位〉127-128。

軍之幕府僅主軍隊行政文書與參謀作業，則甚爲簡單。

先述中朝將軍之幕府。明帝初，東平憲王蒼拜驃騎將軍，「置長史掾史員四十人。」（42/9ᵃ）後和帝拜竇憲爲車騎將軍，「官屬依司空」，及憲征匈奴有功，遷大將軍。「舊大將軍……置官屬依大尉，憲威權震朝廷，公卿希旨，奏憲位次太傅下，三公上。長史、司馬秩中二千石，從事中郎二人六百石，自下各有增。」（23/15ᵇ）此爲初期制度不定，故各以其親幸及權勢之不同，而其幕府組織有異。從鄧騭始，凡爲大將軍或車騎將軍加「儀同三司」者，俱得置組織規模比照三公府之幕府[75]。《後漢書》〈續百官志〉述將軍府之組織曰：

長史、司馬皆一人，千石。本注曰：「司馬主兵如太尉」。從事中郎二人，六百石。本注曰：「職參謀議」。掾屬二十九人，令史及御屬三十一人。本注曰：「此皆府員職也」。又賜官騎三十人及鼓吹。（志 24/7ᵇ）

比較中朝將軍府與三公府，將軍府多出司馬及從事中郎，此蓋爲軍事及參謀而設置。又上引謂將軍府「掾屬二十九人，令史及御屬三十一人」；〈續百官志〉則謂太尉府之「掾（史）屬二十四人……令史及御屬二十三人」（志 24/3ᵇ）。中朝將軍府組織比太尉府龐大。所謂掾屬，注引《漢書音義》曰：「正曰掾，副曰屬」（志24/3ᵇ）。蓋三公府分曹辦事，掾爲曹之長官，屬爲曹之副長官。〈續百官志〉僅列太尉府之各曹及其職掌，司徒、司空二府從缺，當是三公府之分曹與各曹之職掌大致相同[76]。中朝將軍既與三公同參政事，「置官屬依太尉」、「儀同三司」，其府內分曹辦事亦同三公府。今引〈續百官志〉所述太尉府組織及其職掌如下：

西曹主府史署用；東曹主二千石長吏遷除及軍吏；戶曹主民戶、祠祀、農桑；奏曹主奏議事；辭曹主辭訟事；法曹主郵驛科程事；尉曹主卒徒轉運事；賊曹主盜賊事；決曹主罪法事；兵曹主兵事；金曹主貨幣鹽鐵事；倉曹主倉穀事；黃閣主簿錄省眾事。令史及御屬二十三人。本注曰：……御屬主爲公御；閣下令史主閣下威儀事；記室令史主上章表報書記；門令史主府門；其餘令史各典

75　《後漢書》卷三十四〈梁冀傳〉曰：桓帝建和元年，「增大將軍府舉高第茂才，官屬倍於三公。」（34/10ᵇ）梁冀前此鴆弒質帝，立桓帝，正爲權勢最盛之時，其官屬倍於三公是特異。

76　參見前引周道濟，《漢唐宰相制度》，頁 41。

曹文書。（志 24/3-4）

太尉府各曹職掌所涉及的事包括政府官員之任免、民政、祠祀、農業、司法、郵驛、治安、軍事、經濟、貨幣、倉儲等各項，幾乎是政府所當負責處理之事皆在其內。蓋「漢世故事，三公之職，無所不統。」（〈楊秉傳〉54/12ª）自明帝以來，中朝將軍之幕府組織比照三公府，中朝將軍之職掌除因爲勳戚親信得入居禁中，參與決策外，日常之經常性事務亦與三公同。其幕府組織之所以比照三公府，蓋有此幕僚組織之需要以協助其處理朝廷日常之政事。

東漢史書常見「四府」、「五府」之名目，如韓韶五府並辟，獻帝初至太僕；又張楷、黃瓊、荀爽、延篤、劉淑、李固俱「五府並辟」，不應[77]。陳紀、李燮「四府並辟，皆無所就」；「四府表薦」趙典；「四府舉（橋）玄爲度遼將軍」[78]。鄧太后遣「四府掾史⋯⋯詣東觀讎校傳記」。（〈皇后紀〉10上/19ª）質帝詔令「四府掾屬」通經高第者「以次賞進」。（〈質帝紀〉6/17ᵇ）而太子門大夫「選四府掾屬」爲之[79]。〈張楷傳〉章懷注曰：「五府，太傅、太尉、司徒、司空、大將軍也」（36/18ᵇ）。〈樊準傳〉：準爲御史中丞，在安帝永初初年上疏，疏文提及「五府」之名；章懷注又曰：「五府謂太傅、太尉、司徒、司空、大將軍也。」然集解引《通鑑》胡注謂「是時不拜大將軍，獨鄧騭爲車騎將軍耳。」（32/7ᵇ）按鄧騭於延平元年(106)四月丙寅拜車騎將軍儀同三司，至安帝永初二年十一月辛酉遷大將軍[80]。而延平元年春正月辛卯至永初元年九月庚寅有太傅張禹，此後十八年不置太傅[81]。故安帝永初初年無太

77　韓韶 (62/11ᵇ)、張楷 (36/18ᵇ)、黃瓊(61/13ᵇ)、荀爽(62/6ᵇ)、延篤(64/3ᵇ)、劉淑(67/6ᵇ)事俱見本傳；李固 (63/1ᵇ) 事見本傳注引《謝承書》。

78　陳紀 (62/15ª)、趙典 (27/13ª)、橋玄 (51/10ᵇ) 事俱見本傳，李燮事附見〈李固傳〉(63/13ᵇ)。

79　〈續百官志〉注引《漢官》（志 27/4ᵇ）。

80　參見附表一：「東漢將軍年表」。

81　《後漢書》〈續百官志〉曰：「太傅，上公，一人。本注曰：「掌以善導，無常職。世祖以卓茂爲太傅，薨，因省。其後每帝初卽位輒置太傅錄尙書事，薨輒省。」（志 24/1ᵇ-2ª）今據《後漢書》本紀及錢大昭〈後漢書補表〉（收入開明書局本《二十五史補編》），東漢太傅凡十二人，列表如下。（下列資料均可據表中所列年份從本紀及〈後漢書補表〉檢得，故本表不注明出處）

傅、大將軍同時，而於延平元年四月丙寅至永初元年九月庚寅之間同時有太傅及車騎
將軍儀同三司。《通鑑》胡注是也[82]。則五府謂太傅府、三公府、大將軍或將軍加儀

（續）東漢太傅任期表

姓　名	拜　官　時　間	免　官　時　間	加　官
卓　茂	建武元年 (25) 九月甲申	四年 (28) 十月薨	
鄧　禹	中元二年 (57) 四月丙辰	永平元年 (58) 五月薨	
趙　熹	永平十八年 (75) 十月丁未	建初五年 (80) 薨	錄尚書事
鄧　彪	章和二年 (88) 二月庚戌	永元五年 (93) 二月甲寅薨	錄尚書事
張　禹	延平元年 (106) 正月辛卯	永初元年 (107) 九月庚寅遷	錄尚書事
馮　石	延光四年 (125) 四月丁酉	永建元年 (126) 正月辛巳免	錄尚書事
桓　焉	永建元年 (126) 二月丙戌	永建三年 (128) 十二月己亥免	錄尚書事
趙　峻	建康元年 (144) 八月丁丑	永嘉元年 (145) 九月庚戌薨	錄尚書事
陳　蕃	建寧元年 (168) 正月庚子	九月丁亥誅	錄尚書事
胡　廣	建寧元年九月丁亥	熹平元年 (172) 三月壬戌薨	錄尚書事
袁　隗	中平六年 (189) 四月戊午	初平元年 (190) 三月戊午誅	錄尚書事
馬日磾	初平三年 (192) 七月庚子	興平元年 (194) 卒	錄尚書事

又劉虞爲幽州牧，徵爲太傅，以「道路隔塞，王命竟不得達」(73/2ª)。未曾到任。而初平
三年「秋七月庚子，太尉馬日磾爲太傅錄尚書事。八月，遣日磾及太僕趙岐持節慰撫天下
(9/3ᵇ)。日磾爲袁術所扣留，興平元年薨於壽春 (9/5ᵇ) 是其在京爲太傅之時間甚短。
　　從上列太傅之任期看，東漢設置太傅之時間甚少，各任期相加，僅三十六年，東漢凡一百九
十六年，尚不及五分之一。
　　據此表，太傅張禹於永初元年 (107) 九月庚寅遷，至延光四年 (125) 四月丁酉乃拜馮石爲太
傅，張禹與馮石之間十八年不置太傅。

82　《後漢書》〈樊準傳〉：準於鄧太后臨朝時上疏，提及「五府」之名。(32/7ᵇ) 史文僅謂其
　　上疏在永初之初（原誤作永平之初，集解孫人龍已辨證永平乃永初之譌）。《通鑑》繫樊準
　　上疏事在安帝永初二年春。（標點本《通鑑》41/1574-1575）然永初元年九月庚寅後十八年
　　無太傅；永初二年春不得有五府。則《通鑑》恐誤。又樊準疏文謂「今雖有西屯之役」；章
　　懷注考證曰：「時先零羌斷隴道，大爲寇害，遣車騎將軍鄧騭，征西校尉任尚討之，故曰西
　　屯役也。」(32/7ᵇ-8ª) 按先零羌斷隴道，鄧騭等討之。本紀繫於永初元年六月；〈西羌傳〉
　　則曰：「安帝永初元年夏……先零別種滇零與鍾羌諸種大爲寇掠，斷隴道……冬，遣車騎將
　　軍鄧騭，征西校尉任尚副，將……五萬人屯漢陽。」(87/13ª)《通鑑》依〈西羌傳〉，繫
　　鄧騭、任尚出屯於是年冬。《考異》曰：「帝紀在六月，今從〈西羌傳〉」（《通鑑》41/
　　1574）。按先零羌斷隴道在永初元年夏，此本紀及〈西羌傳〉同。至鄧騭、任尚出屯，則本
　　紀謂在六月，〈西羌傳〉謂在冬天。先零羌於夏天斷隴道，郡縣討伐無效，(87/13ª) 然後
　　朝廷派大將出征；鄧騭出屯在十二月，於理爲順，故《通鑑》採之。然若騭於冬天出屯，太
　　傅張禹於九月已遷，冬天不得有「五府」。〈樊準傳〉：準上疏所謂「今雖有西屯之役」，
　　未必是指鄧騭等屯漢陽而言。今考〈西羌傳〉：和帝永元十四年，隃麋相曹鳳上言：「……

同三司之幕府。至於四府，則是太傅府或將軍府缺。蓋東漢之太傅及京師之中朝將軍皆非常置，時有時無。如〈虞詡傳〉：永初四年，大將軍鄧騭欲棄涼州，會公卿議。虞詡說太尉李修曰：「『……誠宜令四府九卿各辟彼州數人……』」章懷注曰：「四府謂太傅、太尉、司徒、司空之府也」。集解惠棟引王伯厚云，謂章懷注誤：「今謂四府，是時缺太傅也」(58/2ª)。按永初四年（110）無太傅[83]，其時四府是大將軍府及三公府。王伯厚又曰：「〈順帝紀〉：永和三年，令大將軍、三公各舉故刺史、二千石及四府掾屬[84]。〈趙典傳〉，建和（初）初，典以四府表薦，拜議郎[85]。注太尉、司徒、司空、大將軍府。以史考之……皆缺太傅，故稱四府。」(58/2ª) 永和三年及建和年間缺太傅，王伯厚所言是。又〈應奉傳〉：「四府舉奉才堪將帥，永興元年拜武陵太守。」(48/8ᵇ) 永興元年缺太傅，其時梁冀爲大將軍。〈盧植傳〉：「中平元年，黃巾賊起，四府舉植拜北中郎將。」(64/11ᵇ) 中平元年無太傅，其時大將軍何進。其他各例如附有年份，俱可查考「東漢將軍年表」及「東漢太傅任期表」，可見其時太傅、中朝將軍之姓名或其時缺太傅或中朝將軍[86]。不贅於此。由於東漢置太傅之時間不多，故史書所言四府，大多數是指三公府加中朝將軍之幕府。

　　上引諸例多言「五府」、「四府」職參選舉。實不止此。〈樊準傳〉曰：準爲御史中丞，「上疏曰：『……今可先令……五府調省中都官吏，京師作者……』」注曰：

臣愚以爲宜及此時建復西海郡縣，規固二榆，廣設屯田，隔塞羌胡交關之路……」於是拜鳳爲金城西部都尉，將徙士屯龍耆。後金城長史上官鴻上開置歸義、建威屯田二十七部。侯霸復上置東西邯屯田五部，增留逢二部。帝皆從之。列屯夾河合三十四部，其功垂立，至永初中諸羌叛乃罷……安帝永初元年夏，遣騎都尉王弘發金城、隴西、漢陽羌數百千騎征西域。弘迫促發遣，群羌懼遠屯不還，行到酒泉，多有散叛。諸郡各發兵徼遮，或覆其廬落。」(87/12ᵇ-13ª) 上述屯戍或從永元十四年至永初元年夏，或在永初元年夏，時朝廷有「五府」，或卽是樊準上疏所謂「西屯之役」。

83　參見注 81 之「東漢太傅任期表」。下文凡言某年缺太傅，皆可據此「東漢太傅任期表」查考，不另作注。

84　詳見〈順帝紀〉永和三年（6/10ᵇ），引文稍有刪削。

85　詳見〈趙典傳〉(27/13ª)，引文誤建和爲建初，文字亦稍有刪改。

86　《後漢書》〈盧植傳〉曰：「熹平四年，九江蠻反。四府選植才兼文武，拜九江太守。」(64/11ᵇ)據「東漢將軍年表」及「東漢太傅任期表」，熹平四年既無太傅，又無中朝將軍，所謂「四府」，恐爲「三府」之譌。

「調，徵發也；省，減也；中都官吏，在京師之官吏也；作謂營作者也。」(32/7ᵇ)
則所謂「調省中都官吏，京師作者」，關涉政府之人事行政及公共營造工程之事務。
又〈种暠傳〉：順帝末，暠「又奏請勅四府條舉近臣父兄及知親爲刺史二千石尤殘穢
不勝任者，免遣案罪。」(56/10ª) 此事則屬監察及對不法官員之懲罰。〈桓帝紀〉
曰：建和元年二月，荆揚二州人多餓死，遣四府掾分行賑給。」(7/2ª) 此爲救災，屬
民政。而朝廷有疑難問題，則事下三府；時有太傅、中朝將軍則事下「五府」、「四
府」。如〈虞詡傳〉：永初四年，大將軍鄧騭欲棄涼州，乃會公卿集議。詡說太尉李
修以爲棄邊非計。「修善其言，更集四府，皆從詡議。」(58/2ª)〈南蠻西南夷傳〉：
永和二年，日南、象林蠻夷反。「明年，召公卿百官及四府掾屬問其方略，皆議遣大
將……赴之。大將軍從事中郎李固駁曰」，以爲宜選良刺史、太守。「四府悉從固
議」(86/7ª)。〈應劭傳〉：中平二年，車騎將軍皇甫嵩請發烏桓兵，而北軍中候鄒
靖則持異議，以爲宜開募鮮卑，事下四府。上述三例下四府討論者俱涉及軍事及邊疆
政策。〈劉陶傳〉謂「有上書言人以貨輕錢薄，故致貧困，宜改鑄大錢。事下四府、
羣僚及太學能言之士。」(57/5ª) 則又事涉經濟貨幣。實則太傅、中朝將軍與三公同
參政事；太傅府、中朝將軍之幕府與三公府之職司類同，其職權所涉及之事項亦同樣
「無所不統」，故合稱「四府」、「五府」。

　　在京師參與政事之大將軍或將軍而加儀同三司者，除以勳戚得定策禁中外，亦擁
有三公之職權與地位，其幕府組織亦比照三公府。及至漢末，軍人擁兵亂政，乃模仿
而擴大其幕府，謂之「開府」，如〈董卓傳〉：卓死後，其部屬李傕、郭汜之徒亂長
安。初平三年，「傕又遷車騎將軍、開府、領司隸校尉、假節。（郭）汜後將軍，
（樊）稠右將軍。」至興平元年，「加稠及郭汜開府，與三公合爲六府，皆參選舉。」
(72/11-12ª) 李傕於初平三年爲車騎將軍開府，爲「開府」名目之最早見者。所謂
「開府」，即比照三公府以設置其幕府。則「開府」之事實，前此早已有之[87]。就東

---

[87] 西漢後期之將軍置幕府與丞相、御史大夫府並稱「四府」、「五府」。有身份特殊，即不爲
　　將軍亦得置幕府。如《漢書》卷九十八〈元后傳〉：成帝「乃復進成都侯（王）商，以特進
　　領城門兵，置幕府，得舉吏如將軍。」(98/9ᵇ) 則開府之事實，早在西漢後期就有之，且不
　　限於將軍。參見前引廖伯源，〈試論漢初功臣列侯與昭宣以後諸將軍之政治地位〉，頁128-
　　130。

漢而言，最早可上推至明帝初東平憲王蒼爲驃騎將軍時。蒼拜驃騎將軍，「置長史、掾史員四十人。」章懷注曰：「四府掾史皆無四十人，今特置以優之也。」(42/9a) 章懷注所指，乃〈續百官志〉本注所列之三公及將軍掾屬皆在四十人以下（志24/3-7）而謂蒼之驃騎將軍府大於三公府及普通之中朝將軍府。及和帝初，竇憲拜車騎將軍，「官屬依司空」(23/15b) 是其幕府比司空府。其後竇憲、鄧騭、耿寶、閻顯、梁商、梁冀、竇武、何進俱以大將軍或以車騎將軍儀同三司而有開府之事實，但不言「開府」；蓋「儀同三司」就包含「開府」，前述「儀同三司」是制度同於三公，包括官屬與三公府之官屬等倫。及李傕等以地方軍人隨董卓入朝，又於卓死後擁兵自雄，控制朝政，以開府之官屬眾多，又賜官騎鼓吹，威儀最盛，又得於府中安置親信部曲，而選舉爲朝廷命官，故俱欲開府，乃有「開府」之名。除前所述李傕、郭汜、樊稠開府外，又前引荊州刺史劉表遣使奉貢，李傕欲其爲己助，即拜表「鎮南將軍……開府辟召儀如三公。」而亂政之將軍如征東將軍胡才、安國將軍張揚「皆假節開府」(72/14b)。及獻帝都許，曹操「以董承爲車騎將軍，開府。」後又「拜(馬)騰征南將軍，(韓)遂征西將軍，並開府。」(72/17a) 其時「權歸曹氏，天子總已，百官備員而已。」(72/17a) 董承、馬騰、韓遂之開府是否仍有三公之威儀，無考。要者，其時「開府」已成爲一加官之官銜，加於將軍之上，以「開府」之銜出自「儀同三司」，後世往往二銜連稱，而謂開府儀同三司[88]。此在魏晉以後多見。

東漢之征伐將軍亦置幕府。《後漢書》〈吳漢傳〉：光武拜漢大將軍，「持節北發十郡突騎……南與光武會清陽……及漢至，莫府上兵簿。」(18/2a) 吳漢爲大將軍置幕府。幕府之屬官處理軍隊之行政文書，故由幕府呈上兵簿。時光武尚未即位，此制承襲西漢制度[89]。〈安帝紀〉集解惠棟引黃長睿云：

> 鄧騭討羌符曰：「永初二年六月丁未朔，二十日丙寅，得車騎將軍莫府文書，上郡屬國都尉中二千石守丞廷義縣令三水十月丁未到府，受印綬發夫討叛羌，

88 《後漢書》〈鄧騭傳〉：「延平元年，拜騭車騎將軍儀同三司。」集解引李涪曰：「騭爲開府儀同三司，謂別開一府，得比三公。」(16/11a) 李涪以漢末魏晉之習慣說東漢中期時事。前文已解說東漢之儀同三司有開府之事實，然「開府」之名目於漢末始出現。

89 參見前引廖伯源，〈試論漢初功臣列侯與昭宣以後諸將軍之政治地位〉，頁 127-128。

　　急急如律令。」（5/4ᵇ）

黃長睿謂此爲漢簡，此簡之意，謂將軍莫府移書郡縣徵發夫役，幕府爲將軍之祕書
處，掌軍隊之文書。

　　將軍之屬官分二類：一爲軍隊下級單位之長官。漢代將軍所領軍事單位曰營，其
下分若干部；有校尉、軍司馬、軍假司馬爲部之長官及副長官；部分若干曲，曲之長
官爲軍候、假候；曲分若干屯，屯有屯長。另一類爲將軍幕府之屬官，如長史、司
馬、從事中郎、主簿、令史、御屬等⁹⁰。東漢征伐將軍之幕府屬官可考者不少。《後
漢書》〈杜篤傳〉曰：「建初三年，車騎將軍馬防擊西羌，請篤爲從事中郎。戰歿
於射姑山。」（80/7ᵃ）將軍出征，幕府亦與俱出，杜篤以幕府之官員戰死。又〈竇
憲傳〉：憲以大將軍出鎮涼州，遣其司馬梁諷迎北單于使者。（23/15ᵇ）〈西羌傳〉：
安帝永初初，車騎將軍鄧騭征羌。「騭使（征西校尉）任尚及從事中郎司馬鈞率諸郡
兵與滇零等數萬人戰於平襄，尚軍大敗。」（87/13ᵇ）任尚爲鄧騭之副將，別領一軍
作戰，騭遣其幕府之從事中郎與俱。

　　或謂上舉三例之將軍馬防、竇憲、鄧騭並外戚，憲且「官屬依太尉」，騭則「儀
同三司」，與一般之征伐將軍有異，恐不可以其有幕府之屬官而證征伐將軍置幕府。
下當舉純征伐將軍之幕府及幕府屬官之例證：《後漢書》〈朱雋傳〉：董卓亂政，雋行車
騎將軍事，討卓。及李傕等作亂，陶謙與山東守相並推雋爲元帥，共討叛賊，「奉迎
天子；乃奏記於雋曰：『徐州刺史陶謙……等敢言之行車騎將軍河南尹莫府……』」
（71/10ᵇ）官員奏記或移書將軍，書致其幕府；蓋幕府爲將軍之祕書處，負責將軍之
文書事務。

　　征伐將軍幕府屬官之例證如：〈趙歧傳〉：中平元年，「徵歧拜議郎。車騎將軍張
溫西征關中，請補長史，別屯安定。」（64/16ᵇ）趙歧爲征伐將軍之長史。〈西羌傳〉：
和帝永元九年，「遣行征西將軍劉尚」征羌。「尚屯狄道……遣司馬寇盱監諸郡兵，
四面並會。」（87/11ᵃ）〈段熲傳〉：建寧二年，破羌將軍段熲謀一舉盡滅叛羌，遣將
包圍，「又遣司馬張愷等將三千人上東山。」（65/17ᵇ）又〈陶謙傳〉：謙「四遷爲車

90　此據西漢將軍制度而言。見前引廖伯源，〈試論漢初功臣列侯與昭宣以後諸將軍之政治地
　　位〉，頁 130-138。

騎將軍張溫司馬，西討邊章。」（73/10ᵃ）　此三例皆征伐將軍之司馬。從事中郎之例
則見〈應奉傳〉：「延熹中，武陵蠻復寇亂荊州，車騎將軍馮緄以奉有威恩，爲蠻夷
所服，上請與俱征，拜從事中郎。奉勤設方略，賊破，軍罷，緄推功於奉。」（48/8ᵇ）
長史、司馬、從事中郎爲將軍幕府之三大屬官（〈續百官志〉志24/7ᵇ）。征伐將軍旣
有此類屬官，當是設置幕府。又〈崔瑗傳〉：「瑗爲度遼將軍鄧遵所辟。」（52/12ᵃ）
崔瑗爲度遼將軍辟爲其幕府屬官也。度遼將軍在東漢爲征伐將軍，前已論之。〈續百
官志〉注引應劭《漢官儀》曰：「度遼將軍……長史、司馬六百石。《東觀書》[91]云：
司馬二人。」（志 24/8ᵃ）是亦征伐將軍設置幕府之證。實則某一軍事長官領兵征伐
屯守，爲管理該軍隊，必須有行政、秘書人員及參謀人員。《後漢書》〈馬嚴傳〉：
嚴於明帝末「拜爲將軍長史，將北軍五校士、羽林禁兵三千人屯西河美稷，衛護南單
于，聽置司馬、從事。牧、守謁，敬同之將軍。」（24/22ᵃ）將軍長史爲官名，或稱
爲「將兵長史」。光武帝建武二十一年「夏四月，安定屬國胡叛……遣將兵長史陳訢
討平之。」（1下/16ᵃ）明帝時，鄧鴻亦「拜將兵長史，率五營士屯雁門。」（16/6ᵇ）
此蓋其時朝廷不欲多拜將軍；（論詳前文）而遣將兵長史執行將軍之職務。將軍（兵）
長史尙且置司馬、從事等官以助理軍事行政；以此例之，將軍出征伐必置助理軍事行
政之屬官無疑。前考西漢將軍制度，謂西漢征伐將軍之幕府爲其參謀處與秘書處[92]。
東漢征伐將軍亦當設置有參謀處與秘書處性質之幕府。前引〈應奉傳〉：奉爲車騎將
軍馮緄之從事中郎，「勤設方略」；〈續百官志〉本注謂將軍之從事中郎「職參謀議」
是也。又《後漢書》〈董卓傳〉：車騎將軍張溫督破虜將軍董卓等討賊。卓不遜，
「時孫堅爲溫參軍，勸溫陳兵斬之。」（72/8ᵇ）孫堅亦參車騎將軍張溫之軍事謀議。
「參軍」此時是否官銜，尙甚難說。前引謂「堅爲溫參軍」，則「參軍」似是官名。
然〈董卓傳〉亦曰：「溫之參軍事孫堅」（72/2ᵃ）謂「參軍事」，似尙未成爲官名。
同一傳中對同一人書法前後有異，難定是非。又〈陶謙傳〉，謙「四遷爲車騎將軍張
溫司馬」。集解惠棟曰「〈魏志〉云：參車騎將軍張溫軍事也。」（73/10ᵃ）《三國
志》〈魏書〉〈陶謙傳〉曰：「徵拜議郎，參車騎將軍張溫軍事」。（標點本《三國

91　四部備要本《東觀漢記》4/1ᵃ，臺灣中華書局印行。
92　參見前引廖伯源，〈試論漢初功臣列侯及昭宣以後諸將軍之政治地位〉，頁 127–128。

志》8/247）陶謙究竟以司馬或以議郎參將軍之軍事[93]，可以不論；而從此二條，可見此時在制度上似尚無「參軍」之官名；故〈續百官志〉亦無「參軍」。然將軍出征，常有參與其軍事謀議者，日久乃形成官員「參軍」，〈董卓傳〉集解惠棟釋孫堅參軍事，引杜佑曰：「晉時軍府乃置爲官員。」（72/2ᵃ）《晉書》〈職官志〉曰：「驃騎、車騎……輔國等大將軍……開府者皆位從公……諸公及開府位從公爲持節都督，增參軍爲六人，長史、司馬……如常加兵公制。」（標點本《晉書》24/726-727）又護軍將軍條下曰：「屬官有長史……受命出征則置參軍」（24/740）。則晉世某些將軍之幕府有參軍爲屬官，無可疑。然參軍爲將軍府之官員，尚可上推至魏。《通典》卷三十六〈職官典〉，曹魏第七品官有「諸軍諸大將軍正行參軍，諸持節督正行參軍，二品將軍正行參軍」；第八品官有「三品、四品將軍正行參軍」[94]。魏、晉之參軍，源出於漢代之參將軍軍事者。

　　東漢征伐將軍既置屬官助理軍事行政，參與將軍之軍事謀議，這些屬官的組織，就是征伐將軍之幕府。

六、結　論

　　東漢之將軍大致可分爲中朝將軍、征伐將軍與名譽將軍三類。中朝將軍在京師參與政事；征伐將軍則領兵執行軍事任務，如出征伐或屯戍；名譽將軍則既不執行軍事任務，亦不在朝與政，其將軍之號爲榮譽銜。

　　光武帝平定天下之後，於建武十三年前後逐漸推行偃武修文之政策，不欲功臣爲將軍領兵，陸續省罷將軍官，僅存二、三位將軍屯守邊疆或鎮壓叛亂不服。明帝以後亦大致沿襲不改，故東漢將軍制度有簡單化之特徵。此可從二方面言之。第一，除中興戰爭及漢末戰亂外，東漢任命將軍之官銜甚少；從明帝初至靈帝末共一百三十三年間，較常任命之將軍僅大將軍、車騎將軍、度遼將軍、征西將軍四官職。大將軍爲外戚輔政所任，度遼將軍、征西將軍爲征伐將軍，數目少而分界清楚，顯示東漢將軍制

93　司馬爲將軍幕府之屬官，其參將軍之軍事固不待言。西漢武帝時，議郎周霸參大將軍衛靑之軍事（標點本《史記》111/2927），則以議郎參將軍之軍事亦早有先例。

94　《通典》36/206，臺灣商務印書館印行十通本《通典》。

度之制度化與簡單化。第二，東漢大部份時閒不但將軍官銜少，將軍之人數亦少。雖然東漢征討寇邊之邊疆民族及內部之叛亂不服較之西漢更爲頻繁[95]。但從建武十三年至靈帝中平六年，朝廷共派出主持軍事任務之領兵長官一百四十九人任中，僅有三十九人任之官銜爲將軍（以他官行將軍事亦作將軍計算）。其他一百一十人任領兵長官以其他官銜領兵執行軍事任務，其中護羌校尉二十五人任，使匈奴中郎將十一人任，護烏桓校尉五人任，西域都護、西域長史、西域假司馬共八人任[96]。這些爲安撫監護邊疆民族而固定設置之官員共佔四十九人任，顯示這些官員在東漢國防上之重要。相對的將軍在軍事上之重要性減輕，將軍只約佔主持軍事任務之領兵長官的百分之二十六點一七[97]。

東漢任命最多之征伐將軍爲度遼將軍。度遼將軍在東漢是經常設置而固定領兵駐紮在五原郡曼柏縣，一改征伐將軍「有事委任，事畢卽罷」之性格，此亦顯示制度化之傾向。

東漢之中朝將軍僅有十五任，其中十一任是外戚，且多是在太后臨朝時爲太后家族之代表人物，輔佐太后執政，定策禁中。東漢五次帝崩無嗣或嫡嗣見廢，選疏屬入繼大宗，俱爲外戚將軍與太后在禁中所決定。因其權勢重大，深涉政治權力鬥爭之中，故有八任中朝將軍是因政治權力鬥爭失敗見誅。而自安帝以來，確定大將軍與將軍儀同三司之幕府組織、職權比照三公府，這些都顯示東漢中朝將軍之政治性格甚重，而有些中朝將軍可能不領兵馬，則其幾乎無軍事長官之性格。

　　　　　　　　　　　一九八八年五月二十九日初稿。承林富士、

　　　　　　　　　　　劉增貴、邢義田兄指正，七月八日再稿。

95　地方之反叛由地方長吏主動討伐或朝廷派遣使者督趣地方長吏逐捕者不計在內。從惠帝元年始至西漢亡，軍事行動之事例列於本紀者凡五十四例。（參見前引〈試論漢初功臣列侯及昭宣以後諸將軍之政治地位〉，附表：「西漢時期軍事行動之領兵長官表」，頁 159-170。）東漢則從建武十三年至靈帝中平六年本紀所記之軍事行動事例爲一百一十五例。（附表二：「東漢時期軍事行動之領兵長官表」）東漢比西漢多出一倍有餘。

96　參見附表二：「東漢時期軍事行動之領兵長官表」。

97　軍事行動之規模大小有異，此處把所有主持軍事行動之領兵長官毫無差別地作統計；蓋史料疏缺，不可能把所有軍事行動按規模大小分類處理。盡管如此，本統計亦盡量剔除規模較小之軍事行動：如史料之選取僅限本紀述及者；本紀所無而在列傳或志中述及者，當是規模較小，重要性不大，不收入統計。其次，本紀雖有述及某軍事行動，但該軍事行動之領兵長官爲地方長吏，或該軍事行動由使者督趣地方長吏主持，亦當是規模較小，不收入統計。

附表一、東漢將軍年表

說明：

除人爲之忽略外，由於史料之疏簡，故本表所列必不齊全，此當先說明者。如〈光武紀〉上曰：「使吳漢率朱祜及廷尉岑彭、執金吾賈復、揚化將軍堅鐔等十一將軍圍朱鮪於洛陽。」（1上/16ᵇ）十一將軍當包括廷尉岑彭及執金吾賈復。時在戰爭，凡領一軍者皆可稱將軍，故此十一將軍當指十一位指揮軍隊之長官，不必每人皆有將軍之頭銜。然此十一人，除朱祜（時爲建義大將軍）、岑彭、賈復、堅鐔四人外，其餘無考。其餘七人或有官拜將軍者，故本表所列，必有遺漏，此其一。又史料提及某人於某年爲某將軍，以後卽不復出現，其人可能繼續任某將軍若干年，但因史料不再提及，故不能列於表中。此表必有遺漏，此其二。

凡例：

一、本表所列者俱爲東漢之將軍，凡其官銜非將軍者，雖爲領兵征伐之長官，亦不得收入本表。

二、除注明出處者外，皆見於《後漢書》本紀。

三、史料在某年提及某人爲某將軍，過一、二年或數年後，又提及該某人爲某將軍，如無其他資料謂其在此段時間免、調、再任，則該某人在此二年份間可能任某將軍。爲愼重計，史料提及某人爲將軍之年份以△表示，中間之年份以一表示。

	光武帝 建武元年（25 A.D.）	二年（26）	三年（27）
大　將　軍	吳漢△ 七月壬午遷大司馬 耿弇△ 七月壬午遷建威大將軍 杜茂△ 七月壬午，以中堅將軍拜 岑彭△ 以廷尉行 17/11ᵇ 朱浮△ 兼幽州牧 33/1ᵃ 銚期△ 以魏郡太守行 20/2ᵃ	杜茂△ 18/3ᵇ	△ 正月甲子，遷驃騎大將軍

	光武帝 建武元年(25 A.D.)	二年(26)	三年(27)
驃騎大將軍	景丹△ 七月壬午，以偏將軍拜	景丹△ 九月薨	杜茂△ 正月甲子，以大將軍拜
建威大將軍	耿弇△ 七月壬午，以大將軍拜	△ 17/12[b]	△ 18/3[b]
建義大將軍	朱祐△ 七月壬午，以偏將軍拜	△ 17/12[b]	△ 22/1[b]
虎牙大將軍	蓋延△ 七月壬午，以偏將軍拜	△	△
破虜大將軍	叔壽△十二月戰歿		
征南大將軍		岑彭△ 十一月，以廷尉拜	△
強弩大將軍		陳俊△秋，拜	△ 18/4[a]①
前　將　軍	鄧禹△七月辛未遷大司徒 耿純△ 21/9[a]	耿純△春正月	王梁△ 多，以中郎將行執金吾事拜　22/5[a]
中　堅　將　軍	杜茂△七月壬午，遷大將軍		
揚　化　將　軍	堅鐔△	△ 18/3[b]	—
征　虜　將　軍		祭遵△	△
驍　騎　將　軍	樊崇△戰死 16/3[a] 劉植△ 17/11[b]	劉植△三月戰歿 劉喜△ 21/7[a]	劉喜—
游　擊　將　軍		鄧隆△八月	
破　虜　將　軍		鄧奉△八月反叛	
征西大將軍			馮異△正月甲子，以偏將軍拜

	光武帝建武元年(25 A.D.)	二年(26)	三年(27)
強 弩 將 軍	陳俊△	陳俊△秋，遷強弩大將軍	
西州大將軍		隗囂△ 13/6ᵃ	—
漢 忠 將 軍		王常△②	—
積 弩 將 軍	馮愔△ 16/3ᵃ		傅俊△ 22/9ᵃ
車 騎 將 軍	宗歆△死 16/3ᵃ		鄧弘△春 16/5ᵇ
建 威 將 軍	鄧尋△ 16/3ᵃ		
赤 眉 將 軍	耿訢△ 16/3ᵃ	△ 戰歿 16/5ᵃ	
軍 師 將 軍	左于△ 16/3ᵃ		
右 將 軍	萬修△ 17/11ᵇ	△ 21/4ᵇ	鄧禹△ 16/5ᵇ
積 射 將 軍	侯進△ 17/11ᵇ		
武 威 將 軍		郭守△②	—
越 騎 將 軍		劉宏△②	—
左 將 軍			賈復△春，以執金吾拜 17/19ᵇ
輔 威 將 軍			臧宮△ 18/12ᵇ
成 漢 將 軍			趙京△ 17/13ᵇ
偏 將 軍	寇張△　谷崇△ 16/19ᵃ 馮異△　祭遵△　王霸△ 17/11ᵇ 張宗△ 38/1ᵃ 吳漢兄吳尉爲將軍，戰死，時間無考(18/8ᵃ)，繫於此。	劉嘉△　耿植△① 王霸△ 18/3ᵇ 馮異△ 18/3ᵇ 張宗△ 38/1ᵃ	劉嘉—　耿植—

① 《後漢書》卷十八〈陳俊傳〉：俊爲強弩將軍，至建武二年，「其秋，大司馬吳漢承制拜俊爲強弩大將軍。」(18/11ᵇ)其後軍功更盛，似無可能貶爲強弩將軍，

故〈吳漢傳〉謂俊於建武三年，四年爲強弩將軍，(18/4) 當脫「大」字。

② 　《後漢書》卷十五〈王常傳〉：常於建武二年降光武，「拜爲左曹，封山桑侯，後……遷常爲漢忠將軍，遣南擊鄧奉、董訢，令諸將皆屬焉。」(15/6[b])無明言王常遷漢忠將軍之日期。今據〈光武紀〉，鄧奉於建武二年八月反，十一月遣征南大將軍岑彭率八將軍討鄧奉；三年三月，帝自將征鄧奉；四月，斬鄧奉。(1上/20[b]-22[b]) 又據卷十七〈岑彭傳〉曰：鄧奉反，「(岑彭) 遷征南大將軍，復遣朱祜、賈復及建威大將軍耿弇，漢中將軍王常、武威將軍郭守、越騎將軍劉宏、偏將軍劉嘉、耿植等與彭並力討鄧奉。」(17/12[b])〈光武紀〉謂岑彭率八將軍，〈彭傳〉謂與彭並力討鄧奉者是朱祜等八將軍；紀、傳所言爲同一事，是王常在二年十一月已是漢忠將軍。

又〈祭遵傳〉曰：「建武二年春，拜 (遵) 征虜將軍、定封潁陽侯；與驃騎大將軍景丹、建義大將軍朱祜、漢忠將軍王常……等入箕關。」(20/6[a]) 亦可證王常在建武二年已爲漢忠將軍。

	建武四年(28)	五年(29)	六年(30)	七年(31)	八年(32)
驃騎大將軍	杜茂△	△ 12/4[a]	△12/11[a]	—	—
建義大將軍	朱祜△ 22/1[b]	△	—	—	—
建威大將軍	耿弇△ 18/3[b]	△	△ 13/9[a]	—	△
強弩大將軍	陳俊△ 18/4[b] 拜太山太守行大將軍事 18/11[b]	△徙琅邪太守，領將軍如故	—		
征西大將軍	馮異△	—	△	△	△15/11[a]
征南大將軍	岑彭△ 22/1[b]	△	—	—	△
虎牙大將軍	蓋延△	—	△	—	△
橫野大將軍				王常△夏	△21/10[a]
河西大將軍		竇融△遣使貢獻	—	—	—

	建武四年(28)	五年(29)	六年(30)	七年(31)	八年(32)
西州大將軍	隗囂一	△遣子入侍			
右　將　軍	鄧禹△	—	—	—	—
左　將　軍	賈復一	—	—	—	—
前　將　軍	王梁△ 18/4[b]	王梁△ 22/5[a]春，遷山陽太守　李通△春，拜 15/2[b]	李通△	李通△五月戊戌遷大司空	
征虜將軍	祭遵△	—	△ 13/9[a]	△	△15/10[b]
捕虜將軍	馬武△	△	△ 20/7[a]	—	—
討虜將軍		王霸△①	△ 15/2[b]	—	—
揚武將軍	馬成△以護軍都尉拜22/6[b]	—	△	—	△15/11[a]，22/7[a]爲天水太守，將軍如故，多，徵還京師
平狄將軍	龐萌△	△反			
漢忠將軍	王常△ 18/4[b]	—	△ 20/7[a]	△	
積弩將軍	傅俊	—	—	—卒22/9[a]	
復漢將軍	鄧曄 △16/6[a]				
輔威將軍	臧宮一耿植△ 22/1[b]	臧宮一②	—	—	—
驍騎將軍	劉喜△ 19/5[a]20/6[b]		劉歆△20/7[a]	—	—
威虜將軍	馮駿△ 17/14[a]	—	—	—	—
破姦將軍	侯進△ 22/1[b]	—	—	—	—

	建武四年(28)	五年(29)	六年(30)	七年(31)	八年(32)
輔 漢 將 軍	于匡△ 16/6ᵃ				
誅 虜 將 軍	劉隆△以騎都尉拜 22/6ᵇ-8ᵃ	—	—	—	—
振 威 將 軍	宋登△ 22/6ᵇ				
武 鋒 將 軍				竺曾△ 23/7ᵃ	
通 路 將 軍					高峻③
武 威 將 軍			劉尙△ 20/7ᵃ	—	△ 15/11
宣 德 將 軍		梁統△ 24/1ᵇ	—	—	—
偏 將 軍	王霸△屈充（房充）17/14ᵇ	王霸△			

①　《後漢書》卷十八〈蓋延傳〉曰：「帝自將而東，徵延與大司馬吳漢……捕虜將軍馬武、討虜將軍王霸等會任城，討龐萌於桃鄉。」（18/10）又據〈光武紀〉卷上曰：「（建武五年）六月，龐萌、蘇茂圍桃城，帝時幸蒙，因自將征之，先理兵任城，迺進救桃城，大破萌等。」（1上/25ᵇ），紀、傳所述爲同一事，時在建武五年六月。

又〈光武紀〉下，建武十年，有捕虜將軍王霸（1下/6ᵃ），卷十五〈李通傳〉，建武六年又有捕虜將軍王霸（15/2ᵇ）。而此期間又有捕虜將軍馬武，二人同時爲捕虜將軍，恐誤。今據上引〈蓋延傳〉作「捕虜將軍馬武、討虜將軍王霸」，二人同時出現而其官銜不同，恐當從〈蓋延傳〉。又據〈王霸傳〉：「五年春，帝使太中大夫持節拜霸爲討虜將軍。」（20/4ᵇ）則霸之官銜當是討虜將軍，非捕虜將軍，上引〈光武紀〉及〈李通傳〉謂王霸爲「捕虜將軍」皆誤。

②　《後漢書》卷十八〈臧宮傳〉曰：「（建武）三年……帝使太中大夫持節拜宮爲輔威將軍。」（18/12ᵇ）卷二十二〈朱祐傳〉：建武五年有騎都尉臧宮

　　（22/2ᵃ）。臧宮在拜輔威將軍前官侍中騎都尉（22/12ᵇ）。〈朱祐傳〉恐誤。

③　《後漢書》卷十六〈寇恂傳〉曰：「初隗囂將安定高峻擁兵萬人據高平第一，
　　帝使待詔馬援招降峻，由是河西道開，中郎將來歙承制拜峻通路將軍，封關
　　內侯，後屬大司馬吳漢，共圍囂於冀，及漢軍退，峻亡歸故營復助囂。」
　　（16/20ᵇ）又卷二十四〈馬援傳〉，建武八年，漢軍「至第一，囂眾大潰。」
　　（24/6ᵃ）今據此暫定高峻以第一降漢並拜爲通路將軍在建武八年。

	建武九年 (33)	十　年 (34)	十一年 (35)	十二年 (36)	十三年 (37)	十四年 (38)	十五年 (39)	十六年 (40)	十七年 (41)
驃騎大將軍	杜茂△	△ 20/5ᵃ	—	△	—	△ 22/7ᵃ	△免		
建義大將軍	朱祐△ 20/4ᵇ	—	—	—	—	△ 22/7ᵃ	△正月 罷		
建威大將軍	耿弇—	—	—	—	△四月 罷				
強弩大將軍	陳俊—	—	—	—	—	△徵， 奉朝請			
征西大將軍	馮異△	△夏， 薨							
征南大將軍	岑彭—	—	△歿						
虎牙大將軍	蓋延△ 15/11ᵇ	—	△15/11ᵇ 18/10ᵇ爲 左馮翊， 將軍如故 ，視事四 年	—	—	—	△薨		
橫野大將軍	王常△ 20/4ᵇ	—	—	△薨					
右　將　軍	鄧禹—	—	—	—	—①				

	建武九年 （33）	十　年 （34）	十一年 （35）	十二年 （36）	十三年 （37）	十四年 （38）	十五年 （39）	十六年 （40）	十七年 （41）
左　將　軍	賈復一	—	—	—	△① 17/20ᵃ		△		
征虜將軍	祭遵△ 17/9春， 卒 馮異△ 以征西大 將軍兼守	馮異 △薨							
捕虜將軍	馬武一	—	—	—	△免 22/11ᵃ		馬武△ 18/6ᵇ ②		
討虜將軍	王霸△ 拜上谷太 守，領屯 兵如故	△							
揚武將軍				馬成△十 二月辛卯 行大司空 事	— 免行大 司空事 ③	—	△ 18/6ᵇ	—	—
輔威將軍	臧宮△ 17/15ᵇ	—	△	△多，拜 廣漢太守					
武威將軍	劉尚△ 15/11ᵇ	—	—	△18/5ᵇ	—	—	—	—	—
驍騎將軍	劉歆△								
威虜將軍	馮駿△ 17/15ᵇ	--	△	△					
破姦將軍	侯進△ 20/4ᵇ								

	建武九年 (33)	十　年 (34)	十一年 (35)	十二年 (36)	十三年 (37)	十四年 (38)	十五年 (39)	十六年 (40)	十七年 (41)
誅虜將軍	劉隆△ 17/15ᵇ	一	一	一④					
鎮遠將軍					文齊△ 86/14ᵃ				
伏波將軍									馬援△ 24/8ᵇ
驃騎將軍									段志△
樓船將軍									段志△ 24/8ᵇ
將　　軍	郭霸△ 10/6ᵇ 志								

① 《後漢書》卷十六〈鄧禹傳〉：禹於建武三年拜右將軍。「十三年，天下平定……其後左右將軍官罷，以特進奉朝請。」(16/6ᵃ) 又〈光武紀〉曰：建武十三年四月，「罷左右將軍官」，是鄧禹從建武三年至十三年四月一直爲右將軍。

② 《後漢書》卷二十二〈馬武傳〉，建武十三年，「將兵北屯下曲陽備匈奴，坐殺軍吏，受詔將妻子就國。武徑詣洛陽上將軍印綬……因留奉朝請。」(22/11ᵃ) 然卷十八〈吳漢傳〉，十五年，漢率捕虜將軍馬武擊匈奴。(18/6ᵇ) 史文不詳，暫定其免捕虜將軍在十三年，十五年復拜。

③ 《後漢書》卷二十二〈馬成傳〉，馬成於建武十年「行大司空事，居府如眞，數月復拜揚武將軍」(22/7ᵃ) 集解引錢大昕曰：「〈光武紀〉馬成平武都在建武十一年，其行大司空事在十二年，與傳異。」(22/7ᵃ) 今考〈光武紀〉，李通自建武七年五月爲大司空，至十二年九月乃罷，「十二月辛卯，揚武將軍馬成行大司空事」(1下/8ᵇ) 七年五月至十二年九月李通爲大司空，馬成不得於十年行大司空事，其行大司空事當從紀在十二年。十三年四月

「竇融爲大司空」（1下/10ᵇ），則馬成當不再行大司空事。

④　《後漢書》卷二十二〈劉隆傳〉：劉隆於建武四年拜誅虜將軍，「十一年守南郡太守，歲餘（郡）上將軍印綬，十三年增邑。」（22/8ᵃ）其免將軍暫定爲十二年。

	建武十八年(42)	十九年(43)	二十年(44)	二十一年(45)	二十二年(46)	二十三年(47)	二十四年(48)	二十五年(49)
武威將軍	劉尙一	△	一	△	一	△③十二月，敗歿		
揚武將軍	馬成一	一	一	一	一②			
伏波將軍	馬援△	△	一	△	一	一	△	△卒
樓船將軍	段志△①							
驃騎將軍			劉隆△ 六月壬辰，以左中郎將拜行大司馬事	△	△	△	△	△

①　《後漢書》卷二十四〈馬援傳〉曰：建武十七年，「拜援伏波將軍……督樓船將軍段志等南擊交趾，軍至合浦而志病卒，詔援並將其兵……十八年，春，軍至浪泊上。」（24/8ᵇ）然據〈光武紀〉曰：十八年四月，「遣伏波將軍馬援率樓船將軍段志等擊交趾賊。」（1下/14ᵇ）紀、傳牴悟而不能斷，暫從紀。

②　《後漢書》卷二十二〈馬成傳〉謂成於建武十四年後「屯常山、中山備北邊……及南單于保塞，北方無事，拜爲中山太守，上將軍印，領屯兵如故。二十四年，南擊武谿蠻賊，無功，上太守印綬。」（22/7ᵇ）據〈光武紀〉：建武二十二年，「匈奴奧鞬日逐王比遣使詣漁陽請和親，使中郎將李茂報命。烏桓擊破匈奴，匈奴北徙，幕南地空，詔罷諸邊郡亭候吏卒。」（1下/17ᵃ）比後於二十四年冬十月自立爲南單于。而二十四年七月馬成以中山太守討武陵蠻（1下/17ᵇ）是馬成免將軍官在二十四年七月以前，中郎將李茂使匈奴報

命在建武二十二年（89/3ᵃ），此暫定馬成免將軍官亦在二十二年。

③　《後漢書》卷一下〈光武紀〉：建武二十三年「十二月，武陵蠻叛，寇掠郡
　　縣，遣劉尚討之，戰於沅水，尚軍敗歿。」（1下/17ᵇ），卷二十四〈馬援
　　傳〉：「建武二十四年，武威將軍劉尚擊武陵五溪蠻夷，深入軍沒。援因復請
　　行。」（24/11ᵇ）亦是紀、傳牴牾，此暫從本紀。

	建武二十六年(50)	二十七年(51)	二十八一中元元年(52-56)	中元二年(57)二月戊戌帝崩，明帝立	永平元年(58)	二年一四年(59-61)
驃騎將軍	劉隆△行大司馬事	劉隆△行大司馬事，五月丁丑，罷。22/8ᵇ-9ᵃ		東平王蒼△四月己卯①	△	一
捕虜將軍				馬武△十一月討燒當羌②	△87/8ᵃ	

①　熊方，〈補後漢書年表〉作「四月己亥」；錢大昭，〈後漢書補表〉作「四
　　月丙辰」。

②　《後漢書》卷二〈明帝紀〉曰：「冬十一月，遣中郎將竇固監捕虜將軍馬武
　　等二將軍討燒當羌。」（2/3ᵃ）則其時尚有一將軍與馬武同討燒當羌，其姓名
　　無考。

	永平五年(62)	六年一七年(63-64)	八年(65)	九年一十五年(66-72)	十六年(73)	十七年(74)
驃騎將軍	東平王蒼△二月庚戌罷歸藩①					
度遼將軍			吳棠△②三月初置，以中郎將行，屯五原曼柏	一	吳棠△免89/8ᵇ 來苗△以騎都尉行	來苗一

① 《後漢書》卷四十二〈東平憲王蒼傳〉，蒼乞上驃騎將軍印綬，永平「五年，乃許還國，而不聽上將軍印綬。」(42/10ᵇ) 是蒼歸蕃後仍掛將軍印綬。

② 吳棠或作吳常，〈明帝紀〉注作吳常(2/10ᵃ)，〈南匈奴傳〉作吳棠(89/8)。

	永平十八年(75)	章帝建初元年(76)	二 年(77)	三 年(78)	四 年(79)	五年(80)	六年(81)	七 年(82)	八年—章和元年(83-87)
車騎將軍			馬防△八月，以城門校尉行	△24/20ᵃ以城門校尉行十二月丁酉眞除	△五月丙辰罷				
征西將軍	耿秉△19/12ᵃ十一月屯酒泉	耿秉△89/8ᵇ遷行度遼將軍事							
度遼將軍	來苗一	來苗△遷濟陰太守耿秉△以征西將軍行89/8ᵇ	耿秉一	—	—	—	—	耿秉△遷執金吾鄧鴻△以張掖太守行89/8ᵇ	—

	章和二年(88)二月，章帝崩	永元元年(89)	二 年(90)	三年(91)	四 年(92)	五年(93)	六 年(94)
大 將 軍		竇憲△九月庚申，以車騎將軍拜	—	△	△六月，免，自殺		
車騎將軍	竇憲△十月乙亥以侍中拜	竇憲△九月庚申遷大將軍 劉尙△九月庚申，以中郎將拜					鄧鴻△九月癸丑以光祿勳行16/6ᵇ89/13ᵃ

	章和二年(88) 二月，章帝崩	永元元年 (89)	二　　年 (90)	三年 (91)	四　年 (92)	五年 (93)	六　　年 (94)
征西將軍	耿秉△ 以執金吾行 19/12^a 23/13^a	耿秉△ 89/11^a	鄧疊△ 以侍中行 23/15^b	△	△六月， 誅		
度遼將軍	鄧鴻△ 89/10	△	鄧鴻△ 春，遷大 鴻臚 皇甫棱△ 春，以定 襄太守行 89/11^a	—	—	△ 89/12	皇甫棱△ 免 朱徽△ 以執金吾 行 89/12^b

	永元七年 (95)	八年 (96)	九　年 (97)	十　年 (98)	十一年 (99)	十　二　年 (100)	十三年— 元興元年 (101–105)
車騎將軍	鄧鴻△行， 正月，下獄 死①						
征西將軍			劉尙△ 閏八月行 4/10^b	劉尙△ 徵下獄 87/11			
度遼將軍	朱徽△ 正月，下獄 死 龐奮△ 以雁門太守 行 89/13^b	—	—	—	—	龐奮△行， 遷河南尹 王彪△ 以朔方大守 行 89/14^a	王彪一行

①　《後漢書》卷四〈和帝紀〉曰：「（永元）七年，春正月，行車騎將軍鄧鴻
　　、度遼將軍朱徽、中郎將杜崇皆下獄死。」(4/8^b) 然〈續天文志〉謂鄧鴻
　　下獄死在永元六年十二月（志 11/5^a），牴牾，暫從紀。

	帝 殤 延平元年 (106)	帝 安 永初元年 (107)	二　年 (108)	三　年 (109)	四　年 (110)	五　年 (111)	六年一七年 (112-113)
大 將 軍			鄧騭△ 十一月辛 酉拜	一	鄧騭△ 十月，以 母喪罷		
車騎將軍	鄧騭△ 四月丙寅 ，以虎賁 中郎將拜 ，儀同三 司	△	△十一月 辛酉遷大 將軍	何熙△ 十一月， 以大司農 行 47/16ᵃ	△卒 90/3ᵇ		
度遼將軍	王彪一行	一	一	王彪△ 秋，卒	梁慬△ 正月，以 西域校尉 行，稍後 眞除 47/16	梁慬△免 耿夔△ 以雲中太 守行 89/14ᵇ	耿夔一行

	元初元年 (114)	二　年 (115)	三年 (116)	四年 (117)	五年 (118)	六年 (119)	永寧 元年	建光元年 (121)	延光元年 (122)
征西將軍		司馬鈞△ 以左馮翊 行87/15ᵇ							
度遼將軍	耿夔△行 ，免 鄧遵△ 以烏桓校 尉拜， 以太后從 弟故，度 遼將軍始 爲眞將軍 89/14ᵇ	鄧遵一	△	△	一	△	一	鄧遵△五 月，自殺 耿夔△ 九月	△

	延光二年 （123）	三　年 （124）	四年（125） 三月丁卯， 安帝崩	順　帝 永建元年 （126）	二年 （127）	三年 （128）	四　年 （129）	五年—— 陽嘉元年 （130-132）
大　將　軍		耿寶△ 八月辛巳 ，以大鴻 臚拜	耿寶△三 月辛酉， 行太尉事 四月辛卯 ，自殺					
車騎將軍			閻顯△ 三月，以 大鴻臚拜 ，儀同三 司，十一 月誅	來歷△ 七月庚午 ，以衞尉 拜	—	△罷		
度遼將軍	耿夔—	耿夔△ 春，免① 法度△ 春，以太 原太守拜 ，冬，卒 89/15	傅眾△ 以漢陽太 守拜， 冬，卒 89/15ᵇ	龐參△ 以遼東太 守拜 89/15ᵇ	—	—	龐參△遷 大鴻臚 宋漢△ 以東平相 拜 89/15ᵇ	—

①　《後漢書》卷八十九〈南匈奴傳〉曰：「建光元年，鄧遵免，復以耿夔代爲度遼將軍……單于檀立二十七年，薨，弟拔立（〔集解〕惠棟曰：凡單于立皆載號謚。下云烏稽侯尸逐鞮單于乃拔號謚也，弟拔立已下當接此文，今錯出耿夔復免以下十五字，未知所屬，當有脫誤。）耿夔復免，以太原太守法度代爲將軍。烏稽侯尸逐鞮單于拔延光三年立。夏……冬，法度卒。四年，漢陽太守傅眾代爲將軍。」（89/15）惠棟謂「耿夔復免，以太原太守法度代爲將軍」十五字未知所屬，蓋此十五字插入前單于薨，後單于立之敍述中，與前後文敍述單于繼承之體例不合。其說是也。然此十五字不知所屬，則耿夔何時免，法度何時代爲度遼將軍亦不能確定。法度卒於延光三年冬。又據〈安帝紀〉，延光元年七月度遼將軍耿夔討羌（5/16ᵇ），則耿夔免，法度代

為度遼將軍在延光元年七月與延光三年冬之間。耿夔免，法度代為度遼將軍之事既插入延光三年春天烏稽侯尸逐鞮單于拔立為單于的敘述中，則其事發生在延光三年春之可能性較大，故於表中權定於此時。

	陽嘉二年(133)	三年(134)	四　年(135)	永和元年(136)	二年─四年(137-139)	五　年(140)	六　年(141)	漢安元年(142)
大　將　軍			梁商△四月戊寅，以執金吾拜	△	△	△	梁商△八月丙辰薨 梁冀△八月壬戌，以河南尹拜	梁冀─
度遼將軍	宋漢△遷太僕 耿曄△①以烏桓校尉拜 89/15^b-16^a	─	耿曄△	耿曄△病徵 馬續△以護羌校尉拜 89/16^a	─	△	馬續△夏，免 吳武△夏，以城門校尉拜 89/17^b	
征西將軍						馬賢△87/20^b	馬賢△正月，敗歿 6/11^b, 65/1^a	
車騎將軍							張喬△十一月庚子拜，以執金吾行 89/21^a	張喬△行十月甲戌罷

①　熊方，〈補後漢書年表〉作耿華；錢大昭，〈後漢書補表〉作耿季遇。

	漢安二年—永嘉元年 (143-145)	本初元年 (146) 閏六月質帝崩	桓帝建和元年—永壽元年 (147-155)	永壽二年 (156)	三年 (157)	延熹元年 (158)	二　年 (159)	三　年 (160)
大　將　軍	梁冀△	梁冀△閏六月，參錄尚書事	△	△	△	△	梁冀△八月丁丑免，自殺	
度遼將軍			①	李膺△拜 67/7[b]	—	—	李膺△徵	
車騎將軍							單超△十一月壬寅，以中常侍拜	單超△正月丙午薨

① 裴曄、种暠、徐淑、陳龜俱曾爲度遼將軍。《後漢書》卷五十一〈陳龜傳〉曰：「桓帝以龜世諳邊俗，拜爲度遼將軍。」（51/8[a]）卷五十六〈种暠傳〉曰：「桓帝擢暠爲度遼將軍。」（56/11[a]）卷四十八〈徐璆傳〉謂璆「父淑度遼將軍，有名於邊。」（48/17[a]）璆在靈帝時爲荆州刺史，獻帝時官至太常，「使持節拜曹操爲丞相。」（48/18[a]）則其父淑爲度遼將軍當在桓、靈之世或稍早。卷九〈獻帝紀〉集解惠棟引世系謂裴曄爲度遼將軍，曄子茂，茂爲侍御史，見獻帝初平四年（9/4）則曄爲度遼將軍亦當在桓靈之世或稍早。其確定年分不可考，附於此。

《通鑑》繫陳龜爲度遼將軍於桓帝延熹元年十二月。《考異》並曰：「按〈匈奴傳〉，每除度遼將軍輒書之，此陳龜及前李膺，後种暠皆不記，一時既不當有兩官，今約其事，分著前後。」（標點本《通鑑》54/1739）按《後漢書》〈李膺傳〉曰：「永壽二年，鮮卑寇雲中，桓帝聞膺能，乃復徵爲度遼將軍……延熹二年徵。」（67/7[b]）則李膺爲度遼將軍在永壽二年至延熹二年甚明。今《通鑑》既繫陳龜於延熹元年十二月，又於該年敍述之最後謂陳龜與梁冀有隙見譖坐徵，「以种暠爲度遼將軍……入爲大司農。」（54/1741）〈陳龜傳〉謂龜爲度遼將軍，「鮮卑不敢近塞，省息經用歲以億計。」（51/

9[b]）則其爲度遼將軍之任期最少一年。《通鑑》旣以其始拜在延熹元年十二月，則其繼任者絕不可能在延熹元年拜。更有甚者，〈李膺傳〉已明謂膺在永壽二年至延熹二年爲度遼將軍，其間不得有其他度遼將軍，《通鑑》繫陳龜、种暠爲度遼將軍於延熹元年謬誤甚明，故不採其說。

	延熹四年 (161)	五　年 (162)	六　年 (163)	七年 (164)	八年 (165)	九　年 (166)	永康元年 (167)	靈帝 建寧元年 (168)
大　將　軍								竇武△ 正月壬午，以城門校尉拜，參錄尙書事。九月爲宦官矯詔誅
車騎將軍		馮緄△十月辛丑，以太常拜	△八月免 38/4[b]					周靖△九月，以少府行69/4[b]
度遼將軍			皇甫規△遷使匈奴中郎將 張奐△①	張奐△	張奐△	張奐△春，遷大司農 皇甫規△	皇甫規△遷尙書 橋玄△②	橋玄△
破羌將軍								段熲△春，以護羌校尉拜，擊羌 65/15[a]

① 《後漢書》卷六十五〈皇甫規傳〉：規於延熹四年冬爲中郎將領兵擊羌，五年冬徵還，爲宦官所陷下獄，論輸左校。諸公及太學生三百餘人訟之，赦歸家，徵拜爲度遼將軍。規爲度遼將軍數月，上書薦張奐以自代，「朝廷從之，以奐代爲度遼將軍，規爲使匈奴中郎將，及奐遷大司農，規復代爲度遼將軍……在事數歲，北邊威服，永康元年徵爲尙書。」（65/5[b]-6[a]）同卷〈張奐傳〉曰：「遷度遼將軍，數歲間，幽、幷淸靜。（延熹）九年春，徵拜大司農。」（65/8[b]）是皇甫規兩度爲度遼將軍，其第二次之任期是延熹九年春

至永康元年。張奐爲度遼將軍在皇甫規兩任之間，皇甫規初拜度遼將軍在延熹五年多被徵還，下獄，輸左校，又爲諸公及太學生所訟，然後赦歸家之後，是其初拜度遼將軍不得早於延熹六年，初次爲度遼將軍僅數月，即薦張奐以自代，今暫定其第一次爲度遼將軍之數月任期皆在延熹六年，則張奐爲度遼將軍之任期可暫定爲延熹六年至九年。

② 《後漢書》卷五十一〈橋玄傳〉曰：「桓帝末……四府舉玄爲度遼將軍……在職三年，邊境安靜。靈帝初，徵入爲河南尹。」（51/10[b]）據前注引〈皇甫規傳〉，規第二次爲度遼將軍至永康元年徵，則玄爲度遼將軍不得早於永康元年，明年，建寧元年，桓帝崩。玄爲度遼將軍三年，時間在桓帝末至靈帝初。或可暫定爲永康元年至建寧二年。

	建寧二年 (169)	三年 (170)	四年——光和六年 (171–183)
車騎將軍	曹節△以長樂太僕拜，百餘日罷		
度遼將軍	橋玄△徵爲河南尹		
破羌將軍	段熲△	△春徵還京師，遷侍中	

	中平元年 (184)	二年 (185)	三年 (186)	四年 (187)	五年② (188)	六年 (189) 四月丙辰帝崩
大將軍	何進△三月戊申，以河南尹拜	何進△	△	△	△	何進△四月戊午參錄尙書事 八月戊辰爲宦官所殺
左車騎將軍	皇甫嵩△十月，以左中郎將拜	皇甫嵩△七月免				

	中平元年 (184)	二　年 (185)	三　年 (186)	四　年 (187)	五　年② (188)	六年　(189) 四月丙辰帝崩
車騎將軍		張溫△ 八月，以 司空拜 72/1ᵃ	張溫△二 月遷太尉 趙忠△ 二月，以 中常侍拜 ，六月罷	何苗△ 三月，以 河南尹拜	△	何苗△八月 被殺
右車騎將軍		朱雋△① 春，以鎭 賊中郎將 拜。遷光 祿大夫				
盪寇將軍		周愼△ 十一月				
破虜將軍		董卓△ 72/1ᵇ				
驃騎將軍					董重△ 八月，以 衞尉拜	董重△五月 辛巳下獄死
左　將　軍					皇甫嵩△ 十一月	△
前　將　軍					董卓△ 71/5ᵃ	△　69/8ᵇ
後　將　軍						袁隗△四月 遷太傅參錄 尚書事
度遼將軍						賈琮△ 31/16ᵃ

①　據《後漢書》卷七十一〈朱雋傳〉：雋以鎭賊中郎將攻黃巾餘黨，克宛城，「明年

春，遣使者持節拜雋右車騎將軍，振旅還京師，以爲光祿大夫。」（71/9ª）
〈靈帝紀〉謂雋克宛城在中平元年（8/12ª）。則其拜右車騎將軍在中平二年。

②　《後漢書》卷八〈靈帝紀〉：中平五年十月，靈帝「自稱無上將軍，燿兵於
平樂觀」；十一月又有「上將軍別部司馬趙瑾」討平巴郡板楯蠻（8/15ª）。
此上將軍何人無考。

	獻帝初平元年 (190)	二　　年 (191)	三　　年 (192)	四　　年 (193)	興平元年 (194)
左 將 軍	皇甫嵩△ 徵爲城門校尉 71/6ª 楊瓚△ 以護羌校尉拜 ，遷爲尙書	董旻△ 72/8ª	袁術△ 75/5ᵇ		
車騎將軍	袁紹△ 自號 74上/3ª	袁紹△ 73/5ᵇ	皇甫嵩△五 月丁未，以 征西將軍拜， 八月遷太尉 李傕△九月 自爲，開府	李傕—	—
後 將 軍	袁術△ 74上/3ª		郭汜△ 九月，自爲	—	△開府 72/12ª
奮武將軍		公孫瓚△ 73/5ᵇ 沮授△ 袁紹表上 74上/5ᵇ	公孫瓚—	公孫瓚— 遷爲前將軍	
奮威將軍		韓馥△ 袁紹承制拜 74上/5ª	呂布△儀同 三司 75/10ª		
征西將軍			皇甫嵩△ 五月丁未遷 車騎將軍		

	獻帝初平元年 （190）	二　年 （191）	三　年 （192）	四　年 （193）	興平元年 （194）
前　將　軍		趙謙① 以司隸校尉 拜	趙謙△六月 ，遷司徒	公孫瓚△ 73/4ª	
右　將　軍			樊稠△ 九月自爲	一	△開府 72/12ª
鎮東將軍			張濟△ 九月自爲	一	一
揚武將軍			李傕△ 自拜 九月，遷車 騎將軍 72/11ª		
揚烈將軍			郭汜△ 自拜 九月，遷後 將軍 72/11ª		
鎮南將軍			劉表△② 荆州牧兼， 開府，儀同 三司 74下/9ª		
驃騎將軍					朱儁△行 遷大司農 71/11
衞　將　軍					董承△ 64/17ª
忠義將軍	陸康△③ 廬江太守加	一	一	一	一
振威將軍					劉繇△④ 揚州牧兼

① 據錢大昭，〈後漢書補表〉。

② 〈劉表傳〉集解惠棟引「鎮南碑」謂表於拜鎮南將軍之前先拜安南將軍，其時間無考，附於此。

③ 《後漢書》卷三十一〈陸康傳〉：康「拜廬江太守……獻帝即位，天下大亂，康蒙險遣孝廉、計吏奉貢朝廷，詔書策勞，加忠義將軍……袁術……遣其將孫策攻康。」城陷卒（31/17ª）。據《三國志》卷四十六〈孫破虜討逆傳〉：孫堅於初平三年死，其子孫策興平元年從袁術（標點本《三國志》46/1100-1102）。策攻廬江，或在興平元年，陸康爲忠義將軍當在初平元年與興平元年之間。

④ 《後漢書》卷七十六〈劉寵傳〉，劉繇，「興平中，繇爲揚州牧振威將軍」，爲孫策所破（76/15ª）。確實時間無考，附於此。

	興平二年 （195）	建安元年 （196）	二 年 （197）	三 年 （198）	四 年 （199）	五 年 （200）	六年 （201）
車騎將軍	李傕— 自爲大司馬 郭汜△ 七月，自爲 72/13ᵇ	楊奉△ 八月 曹操△ 十一月以 司空行			董承△ 三月 開府	△正月壬 午誅	
後將軍郭	郭汜△ 七月，自爲車 騎將軍72/13ª 楊定△72/14ª						
右 將 軍	袁紹△ 樊稠—春，死 74上/7ᵇ	袁紹— 遷太尉					
鎮東將軍	張濟— 遷驃騎將軍	曹操△ 八月 領司隸校 尉，錄尙 書事					

	興 平 二 年 (195)	建安元年 (196)	二　年 (197)	三　年 (198)	四　年 (199)	五　年 (200)	六年 (201)
驃騎將軍	張濟△ 七月，自爲	△ 74下/9ᵃ					
衞 將 軍	董承—	—	—	—	— 三月，爲 車騎將軍		
安國將軍	張揚△ 開府　72/15ᵇ	△八月， 爲大司馬					
安西將軍	楊定△72/12ᵇ						
興義將軍	楊奉△72/14ᵃ						
安集將軍	董承△72/14ᵃ						
寧輯將軍	段煨△72/14ᵃ						
征東將軍	胡才△ 開府　72/15ᵇ						
安東將軍	陶謙△　3/10ᵇ 徐州牧兼						
大 將 軍		韓暹△ 八月 曹操△ 74上/11ᵇ	韓暹— 袁紹△ 三月自爲 74上/11ᵇ	韓暹— 袁紹—	袁紹—	袁紹—	袁紹—
輔國將軍		伏完△ 八月儀比 三司					
左 將 軍			劉備△ 72/16ᵇ	—	—	△ 74上/13ᵃ	
安南將軍				段煨△ 72/17ᵃ	—	—	—
偏 將 軍						王服△正 月壬午誅	

	建安七年 (202)	八　年一 十　二　年 (203–207)	十三年 (208)	十四年一 十九年 (209–213)	二十年 (214)	二十一年一 三十五年 (215–219)
安南將軍	段熲△ 徵爲大鴻臚					
征南將軍	馬騰△ 開府 72/17[a]					
征西將軍	韓遂△ 開府 72/17[a]					
度遼將軍 北平將軍		①				
振威將軍			劉璋△ 益州牧兼 75/3[a]			
平寇將軍			劉瑁△ 75/3[a]			
鎭南將軍					張魯△ 75/5[b]	
大　將　軍	袁紹一					

① 　《後漢書》卷七十三〈公孫瓚傳〉：鮮于輔爲度遼將軍，張燕爲北平將軍(73/9[b])，時在曹操於建安九年平冀州以後 (9/9[a])。確實時間無考，附於此。《三國志》魏書〈公孫瓚傳〉附則謂鮮于輔拜「左度遼將軍」(標點本《三國志》8/247)。錢大昭，〈後漢書補表〉繫鮮于輔爲度遼將軍於建安四年。

② 　《華陽國志》卷十二，巴郡士女中有「度遼將軍桂陽太守然溫。字闕。(注：江州人，見〈巴耆舊傳〉) (商務印書館，人人文庫本 12/219)。漢中士女中有「政事，度遼將軍張亮則，字元修，(注：泰從弟，泰，南鄭人)」 (12/233)。《華陽國志》明謂此二度遼將軍爲東漢時人，但其任度遼將軍之時間無考，僅附於此。又此二條皆劉增貴兄提示。

附表二、東漢時期軍事行動之領兵長官表

本表所謂軍事行動，指征伐、屯戍、防衞等軍事行動，因所列超出討伐作戰之範圍，故名之軍事行動。本表依下列原則編制：

1. 所收集之事例，以漢政府採取行動者爲條件，故有外敵、反叛攻略郡縣，而不書明漢政府之反應者，不在登錄之列。如永和二年「五月，日南叛蠻攻郡府，秋七月，九眞、交阯二郡兵反。」（6/10ᵃ）因沒有書明漢政府之反應，皆不在登錄之列。

2. 內部之權力鬥爭不列在內。如建寧元年竇武等與宦官爭戰，又如中平六年誅宦官之役，俱不登錄。

3. 本表之時間範圍從光武帝建武元年至靈帝中平六年。獻帝時權臣執政，戰爭紛亂，不錄。

4. 本表所列之領兵長官，僅列主將，不錄偏裨；其事例不載於本紀而僅見於列傳者，類皆偏裨、不錄。故本表之出處俱爲《後漢書》之本紀。

時　　間	任　務　、　戰　績	領兵長官之姓名	領兵長官之官銜	出　　處
建武元年六　　月	擊更始定國公王匡於安邑	鄧　禹	前將軍	1上/16ᵃ
元年七月	率強弩將軍陳俊軍五社津，備滎陽以東	耿　弇	建威大將軍	1上/16ᵇ
元年七月	率建義大將軍朱祐及廷尉岑彭、執金吾賈復、揚化將軍堅鐔等十一將軍圍朱鮪於洛陽	吳　漢	大司馬	1上/16ᵇ
元年十月	擊荆州	岑　彭	廷尉	1上/17ᵇ
元　　年十二月	擊五校賊於曲梁	叔　壽	破虜大將軍	1上/17ᵇ
二年正月	率九將軍擊檀鄉賊於鄴東，大破降之	吳　漢	大司馬	1上/17ᵇ
二年正月	入長安	鄧　禹	大司徒	1上/19ᵃ

建武二年 正　　月	擊眞定王劉揚	耿　純	前將軍	1上/19^b
二年二月	率征虜將軍祭遵等二將軍擊弘農賊	景　丹	驃騎大將軍	1上/19^b
二年二月	圍蠻中賊張滿	祭　遵	征虜將軍	1上/19^b
二年三月	率二將軍擊更始之鄗王尹遵，破降之	賈　復	執金吾	1上/19^b-20^a
二年三月	擊密賊，戰歿	劉　植	驍騎將軍	1上/20^a
二年三月	率四將軍伐劉永	蓋　延	虎牙大將軍	1上/20^a
二年八月	征五校	光武帝		1上/20^b
二年八月	救朱浮，與彭寵戰於潞，軍敗	鄧　隆	游擊將軍	1上/20^b
二　年 十一月	率八將軍討鄧奉於堵鄉	岑　彭	征南大將軍	1上/20^b
二　年 十一月	代鄧禹征赤眉	馮　異	偏將軍	1上/21^a
三年正月	伐赤眉	馮　異 鄧　禹	征西大將軍 大司徒	1上/21^b
三　年閏 正　　月	征赤眉	光武帝		1上/21^b
三年二月	擊青犢於軹西，大破降之	吳　漢	大司馬	1/上22^a
三年三月	征鄧奉	光武帝		1上/22^a
三年四月	與延岑戰於上林，破之	馮　異	征西大將軍	1上/22^b
三年四月	與劉永將蘇茂戰於廣樂，大破之	吳　漢	大司馬	1上/22^b

建武三年 四　月	圍劉永於睢陽	蓋　延	虎牙大將軍	1上/22ᵇ
三年六月	與延岑戰於穰，大破之	耿　弇	建威大將軍	1上/22ᵇ
三年七月	率三將軍伐秦豐	岑　彭	征南大將軍	1上/22ᵇ
三　　年	率祭遵與延岑戰於東陽	朱　祐	建義大將軍	1上/24ᵃ
四年二月	率二將軍與延岑戰於武當，破之	鄧　禹	右將軍	1上/24ᵃ
四年四月	擊五校賊於箕山，破之	吳　漢	大司馬	1上/24ᵃ
四年五月	率四將軍討張豐於涿郡，斬豐	祭　遵	征虜將軍	1上/24ᵃ
四年七月	圍劉紆於垂惠	馬　武 王　霸	捕虜將軍 偏將軍	1上/24ᵃ
四年七月	率平狄將軍龐萌救董憲降將賁休	蓋　延	虎牙大將軍	1上/24ᵇ
四年八月	率三將軍伐李憲	馬　成	揚武將軍	1上/24ᵇ
四　　年 十一月	率二將軍圍秦豐於黎丘	朱　祐	建義大將軍	1上/24ᵇ
四　　年 十二月	與公孫述將程焉戰於陳倉，破之	馮　異	征西大將軍	1上/24ᵇ
五年二月	率建威大將軍耿弇擊富平、獲索賊於平原，大破之	吳　漢	大司馬	1上/25ᵃ
五年二月	率二將軍討張步	耿　弇	建威大將軍	1上/25ᵃ
五年三月	率二將軍伐田戎於津鄉，大破之	岑　彭	征南大將軍	1上/25ᵃ
五年六月	征龐萌、蘇茂	光武帝		1上/25ᵇ

建武五年七　月	攻董憲於昌慮，大破之	光武帝		1上/26ᵃ
五年八月	攻劉紆、董憲	吳　漢	大司馬	1上/26ᵃ
六年四月	從隴道伐公孫述，與隗囂戰於隴阺	蓋　延與其他六將軍	虎牙大將軍	1下/1ᵇ
六年六月	擊盧芳將賈覽於高柳，戰歿	劉　興	代郡太守	1下/2ᵃ
六　年　秋	擊樂浪郡叛人王調	王　遵	樂浪太守	1下/2ᵃ
六　年　秋	率二將軍與公孫述將戰於西城	李　通	前將軍	1下/2ᵃ
六　年十二月	拒破隗囂將於扶風	馮　異	征西大將軍	1下/3ᵃ
七年八月	擊卻隗囂於安定	馮　異祭　遵	征西大將軍征虜將軍	1下/4ᵇ
八年正月	襲略陽，殺隗囂守將而據其郡	來　歙	中郎將	1下/5ᵃ
八年閏月	征隗囂	光武帝		1下/5ᵃ
八　年　夏	攻隗囂於西城	吳　漢岑　彭蓋　延耿　弇	大司馬征南大將軍虎牙大將軍建威大將軍	1下/5ᵃ
八年九月	攻叛者張步於琅邪	陳　俊	琅邪太守	1下/5ᵇ
九年六月	率四將軍擊盧芳將賈覽於高柳，戰不利	吳　漢	大司馬	1下/6ᵃ
九年八月	討隗純於天水	馮　異	征西大將軍	1下/6ᵃ
九年八月	與賈覽戰於繁畤，敗績	杜　茂	驃騎大將軍	1下/6ᵃ

建武十年 正　　月	率捕虜將軍王霸等五將軍擊賈覽 於高柳，匈奴遣騎救覽，諸將與 戰，卻之	吳　漢	大司馬	1下/6ª
十　年　夏	破公孫述將趙匡於天水，斬之	馮　異	征西大將軍	1下/6ª
十年十月	率諸將擊羌於五谿，破之	來　歙	中郎將	1下/6ᵇ
十一　年 閏　　月	率三將軍與公孫述將田戎、任滿 戰於荊門，大破之，獲任滿。威 虜將軍馮駿圍田戎於江州，遂伐 公孫述，平巴郡	岑　彭	征南大將軍	1下/7ª
十一　年 六　　月	率揚武將軍馬成破公孫述將王元 、環安於下辯	來　歙	中郎將	1下/7ª
十二　年 十二　月	率舟師伐公孫述	吳　漢	大司馬	1下/7ᵇ
十二　年	擊破參狼羌，降之	馬　援	隴西太守	1下8/ᵇ
十二　年	將眾部施刑屯北邊，築亭候	杜　茂	驃騎大將軍	1下/8ᵇ
十二　年 三　　月	屯滹沱河以備匈奴	馬　武	捕虜將軍	1下/9ª
十七　年 七　　月	妖巫李廣等羣起，據皖城。討之	馬　援 段　志	虎賁中郎將 驃騎將軍	1下/13ᵇ
十二　年 八　　月	率二將軍討蜀郡叛將	吳　漢	大司馬	1下/14ª
十四　年 八　　月	率樓船將軍段志等擊交趾賊徵側	馬　援	伏波將軍	1下/14ᵇ
十九　年 正　　月	妖巫單臣、傅鎮等反，據原武。 圍之	臧　宮	太中大夫	1下/14ᵇ
十九　年 九　　月	西南夷寇益州郡。討之	劉　尚	武威將軍	1下/15ᵇ
十九　年 十二　月	越巂太守任貴謀叛。擊之	劉　尚	武威將軍	1下/15ᵇ
二十一年 四　　月	安定屬國胡叛，屯聚青山。討之	陳　訢	將兵長史	1下/16ª

建武二十一年秋	鮮卑寇遼東。擊破之	祭 肜	遼東太守	1下/16ᵃ
二十一年十月	出塞擊烏桓	馬 援	伏波將軍	1下/16ᵃ
二十三年正月	南郡蠻叛。討破之	劉 尚	武威將軍	1下/17ᵃ
二十三年十二月	武陵蠻叛。討之，戰歿	劉 尚	武威將軍	1下/17ᵇ
二十四年七月	武陵蠻寇臨沅。討之，不克	李 嵩 馬 成	謁者 中山太守	1下/17ᵇ
二十四年	率四將軍討武陵蠻	馬 援	伏波將軍	1下/17ᵇ
二十五年正月	遼東徼外貊人寇右北平、漁陽、上谷、太原。招降之	祭 肜	遼東太守	1下/18ᵃ
中元元年	參狼羌寇武都，敗郡兵。遣軍救之，與武都郡兵討叛羌	劉 旰	隴西太守	1下/22ᵇ
明帝中元二年九月	討叛羌於允吾，大敗	張 鴻	謁者	2/3ᵃ
中元二年十一月	討燒當羌	竇 固 馬 武 ○	中郎將 捕虜將軍 將軍	2/3ᵃ
永平元年	使鮮卑擊赤山烏桓，大破之	祭 肜	遼東太守	2/4ᵃ
永平元年	越嶲姑復夷叛。討平之	州郡兵		2/4ᵃ
十五年十二月	屯涼州	竇 固 耿 秉	奉車都尉 駙馬都尉	2/15
十六年十二月	伐北匈奴	（出高闕）祭 肜 （出酒泉）竇 固 （出居延）耿 秉 （出平城）來 苗	太僕 奉車都尉 駙馬都尉 騎都尉	2/15ᵇ

永平 十六年	北匈奴寇雲中。擊破之	廉 范	雲中太守		2/16ᵃ
十七年 十一月	出敦煌昆侖塞，擊破白山虜於蒲 類海上，遂入車師	竇 固 耿 秉 劉 張	奉車都尉 駙馬都尉 騎都尉		2/17ᵃ
章帝永平 十八年 十一月	屯酒泉	耿 秉	征西將軍		3/2ᵃ
十八年 十一月	救戊已校尉耿恭	段 彭	酒泉太守		3/2ᵃ
建初元年 十 月	永昌哀牢夷叛。討破降之	武都郡兵			3/4ᵃ
二年三月	破平哀牢夷	永昌、越嶲、益州三郡			3/4ᵇ
二年六月	燒當羌叛。討之，敗績	郝 崇	金城太守		3/5ᵃ
二年八月	燒當羌寇漢陽。討平之	馬 防	以城門校尉行 軍騎將軍事		3/5ᵃ
三年閏月	擊姑墨，大破之	班 超	西域假司馬		3/5ᵃ
五年三月	討破武陵。蔿中叛蠻	荊豫郡兵			3/7ᵇ
五 年	擊疏勒，破之	班 超	西域假司馬		3/8ᵃ
章和元年 三 月	追擊叛羌，戰歿	傅 育	護羌校尉		3/16ᵇ
元年七月	燒當羌寇金城。討之，斬其渠帥	劉 旴	護羌校尉		3/17ᵃ
元 年	擊莎車，大破之	班 超	西域長史		3/18ᵃ
和帝章和 元年十月 ——永元 元年六月	伐北匈奴，與北匈奴戰於稽落山	竇 憲 鄧 鴻 南單于	車騎將軍 以張掖太守行 度遼將軍事		4/2ᵇ-3ᵃ

永元二年	討北匈奴，取伊吾盧地	閻 砮	副校尉	4/4ᵃ
二　　年	月氏國遣兵攻西域長史班超。擊降之	班 超	西域長史	4/4ᵃ
二年七月	出屯涼州	竇 憲	大將軍	4/4ᵃ
三年二月	出居延塞（大將軍竇憲所遣），圍北單于於金微山，大破之	耿 夔	左校尉	4/4ᵇ
五年九月	北匈奴單于於除鞬叛。討之	任 尚	中郎將	4/7ᵃ
五　　年	擊破叛蠻，降之	武陵郡兵		4/7ᵃ
五　　年	討燒當羌	貫 友	護羌校尉	4/7ᵃ
六年七月	大破焉耆尉黎，斬其王，西域降服	班 超	西域都護	4/8ᵃ
六年九月	南單于安國從弟子逢侯率叛胡亡出塞。討之	鄧 鴻 馮 柱 朱 徵 杜 崇 任 尚	行車騎將軍事 越騎校尉 以執金吾行度遼將軍事 使匈奴中郎將 護烏桓校尉（率烏桓、鮮卑）	4/8
六年十一月	武陵婁中蠻叛。討平之	武陵郡兵		4/8ᵇ
八年七月	南匈奴右溫禺犢王叛爲寇。追討之，斬右溫禺犢王	龐 奮 馮 柱	以雁門太守行度遼將軍事 越騎校尉	4/9ᵇ
九年三月	車師後王叛。擊斬之	王 林	西域長史	4/10ᵃ
九年閏八月	燒當羌寇隴西，殺長吏。討破之	劉 尚 趙 世	行征西將軍事 越騎校尉	4/10ᵇ
十二年四月	日南象林蠻夷反。討破之	郡 兵		4/12ᵃ

永元十三年八月	燒當羌叛。擊破之	周 鮪	護羌校尉	4/12[b]
十三年十一月	鮮卑寇右北平，入漁陽。擊破之		漁陽太守	4/13[a]
十四年	巫蠻叛寇南郡。討破降之	使者督荆州兵		4/13[a]
元興元年九月	擊貊人，破之	耿 夔	遼東太守	4/15[a]
殤帝延平元年四月	鮮卑寇漁陽。追擊，戰歿	張 顯	漁陽太守	4/16[b]
安帝延平元年九月	西域諸國叛，攻都護任尙。救尙，擊破西域諸國	梁 慬	副校尉	5/2[b]
永初元年六月	先零種羌叛，斷隴道寇掠。討之	鄧 騭 任 尙	車騎將軍 征西校尉	5/3[a]
二年十一月	屯隴右	任 尙	征西校尉	5/5[b]
三年正月	討先零羌	任 仁	騎都尉	5/6[a]
三年七月	海賊張伯路等寇略緣海九郡	侍御史龐雄督州郡兵討之		5/6[b]
三年九月	雁門烏桓及鮮卑叛。擊之，敗績	五原郡兵		5/6[b]-7[a]
三年十一月	十月，南單于叛，圍中郎將耿种於美稷。討之	何 熙	行車騎將軍事	5/7[a]
四年正月	海賊張伯路復與勃海、平原劇賊劉文河、周文光等攻厭次，殺縣令。討破之	御史中丞王宗督青州刺史法雄		5/7[b]
四年正月	討破南單于	梁 慬 耿 夔	以西域校尉**行** **度遼**將軍事 遼東太守	5/7[b]
四年三月	先零羌寇褒中。擊之，戰歿	鄭 勤	漢中太守	5/7[b]
六年六月	討漢陽賊王信	唐 喜	侍御史	5/9[b]

永初七年秋	破先零羌	侯霸 馬賢	護羌校尉 騎都尉	5/9[b]
元初元年	擊先零羌，敗績	皮陽	涼州刺史	5/10[b]
元初二年三月	先零羌寇益州。討之	尹就	中郎將	5/10[b]-11[a]
二年十月	屯三輔	任尚	中郎將	5/11[b]
二年十月	與先零羌戰於丁奚城，大敗並歿（左馮翊司馬鈞以擁兵不救，下獄自殺）	仲光 杜恢 耿溥 司馬鈞	右扶風 安定太守 京兆虎牙都尉 右馮翊	5/11[b]
二年十二月	武陵澧蠻叛	州郡擊破之		5/11[b]
三年二月	蒼梧、鬱林、合浦蠻夷反叛。討之	侍御史任逴督州郡兵		5/12[a]
三年五月	武陵蠻復叛。討破之	州郡兵		5/12[a]
三年五月	率南匈奴擊先零羌於靈州，破之	鄧遵	度遼將軍	5/12[a]
三年六月	遣兵擊破先零羌於丁奚城	任尚	中郎將	5/12[a]
三年七月	武陵蠻復叛。討平之	州郡兵		5/12[a]
三年十二月	遣兵擊破先零羌於北地	任尚	中郎將	5/12[b]
四年四月	鮮卑寇遼西。擊破之	遼西郡兵與烏桓		5/12[b]
四年十二月	擊先零羌於富平上河，大破之	任尚 馬賢	護羌校尉 騎都尉	5/13[a]
六年七月	鮮卑寇馬城。率南單于擊破之	鄧遵	度遼將軍	5/14[b]

元初六年	永昌、益州、蜀郡、越雟夷叛。討破之	張 喬	益州刺史	5/14^b
永寧元年六 月	沈氐種羌叛，寇張掖。討破之	馬 賢	護羌校尉	5/14^b-15^a
建光元年正 月	率二郡太守討高句驪、穢貊，不克	馮 煥	幽州刺史	5/15^a
元年四月	穢貊復與鮮卑寇遼東。追擊戰歿	蔡 諷	遼東太守	5/15^a
元年八月	討燒當羌於金城，不利	馬 賢	護羌校尉	5/15^b
元年九月	鮮卑寇居庸關。擊之，戰歿	成 嚴	雲中太守	5/15^b
元年九月	鮮卑圍護烏桓校尉於馬城。救之	耿 夔	度遼將軍	5/15^b
元 年十二月	高句驪、馬韓、穢貊圍玄菟。討破之	州郡兵與夫餘		5/16^a
延光元年七 月	虔人羌叛，攻穀羅城。討破之	耿 夔	度遼將軍	5/16^b
二年正月	旄牛夷叛，寇靈關，殺縣令。討之		益州刺史 蜀郡西部都尉	5/17^a
三年五月	南匈奴左日逐王叛。討破之	馬 翼	使匈奴中郎將	5/18^a
少帝延光四 年	擊車師後王，斬之	班 勇	西域長史	5/20^a
順帝永建元年二月	隴西鐘羌叛。討破之	馬 賢	護羌校尉	6/3^a
元年八月	鮮卑寇代郡。擊之，戰歿	李 超	代郡太守	6/3^b
元年十月	鮮卑犯邊。屯中山北界	黎陽營		6/3^b
二年二月	率南單于擊鮮卑，破之	耿 曄	護烏桓校尉	6/4^a

永建二年六月	討焉耆、尉犁、危須三國，破之	班　勇	西域長史	6/4[a]
		張　朗	敦煌太守	
六年九月	擊鮮卑，破之	耿　曄	護烏桓校尉	6/6[a]
陽嘉元年二月	海賊曾旌等寇會稽，攻會稽東部都尉。詔緣海縣各屯兵戍			6/6[b]
二年三月	率左骨都侯等擊鮮卑，破之	王　稠	使匈奴中郎將	6/8[a]
三年四月	率車師後部王加特奴等掩擊匈奴，大破之		車師後部司馬	6/8[b]
三年十月	鐘羌寇隴西、漢陽。擊破之	馬　續	護羌校尉	6/9[a]
四年二月	擊鐘羌，大破之	馬　賢	謁者	6/9[a]
四年冬	烏桓寇雲中，圍度遼將軍耿曄於蘭池。救之	諸郡兵		6/9[b]
永和二年二月	擊破白馬羌	廣漢屬國都尉		6/10[a]
二年二月	武陵蠻叛，圍充縣，寇夷道。擊破之	李　進	武陵太守	6/10[a]
三年閏四月	九江賊蔡伯流寇郡界及廣陵。降之	應　志	徐州刺史	6/10[b]
三年五月	吳郡丞羊珍反，攻郡守，破斬之	王　衡	吳郡太守	6/10[b]
三年六月	誘日南叛蠻，降之	祝　良	九眞太守	6/10[b]
		張　喬	交趾刺史	
三年十月	燒當羌寇金城。擊破之	馬　賢	護羌校尉	6/11[a]
四年四月	討燒當羌，大破之	馬　賢	護羌校尉	6/11[a]
五年五月一十一月	南匈奴左部句龍大人吾斯、車紐等叛，圍美稷。討破降之	馬　續	度遼將軍	6/11[b]
		張　耽	使匈奴中郎將	

永和六年正月	擊且凍羌於射姑山，敗歿	馬 賢	征西將軍	6/11[b]
六年三月	鞏唐羌寇隴西、三輔。討破之	趙 冲	武都太守	6/12[a]
六年五月	大破烏桓羌胡於天山	張 耽	使匈奴中郎將	6/12[a]
六年十一月	屯三輔	張 喬	行車騎將軍事	6/12[a]
漢安元年	廣陵盜賊張嬰等寇郡縣。降之	張 綱	廣陵太守	6/12[b]
二年四月	擊燒當羌於參䜌，破之	趙 冲 張 貢	護羌校尉 漢陽太守	6/12[b]
二年閏十月	擊燒當羌於阿陽，破之	趙 冲	護羌校尉	6/13[a]
建康元年三月	追討叛羌，破之	衛 琚	護羌校尉	6/13[b]
元年三月	南郡、江夏盜賊寇掠城邑。討平之	州郡兵		6/13[b]
元年四月	擊南匈奴左部，破之，悉降	馬 寔	使匈奴中郎將	6/13[b]
元年八月	揚、徐盜賊范容、周生等寇掠城邑。擊之，軍敗	御史中丞馮緄督州郡兵		6/13[b]–14[b]
元年十月	日南蠻夷攻燒城邑。招誘降之	夏 方	交趾刺史	6/14[b]
元年	追擊叛羌於鸇陰河，戰歿	趙 冲	護羌校尉	6/14[b]
質帝永嘉元年三月	九江賊馬勉稱皇帝。討馬勉、范容、周生，大破之	滕 撫	九江都尉	6/15[b]
元年四月	丹陽賊陸宮等圍陳。擊破之	江 漢	丹陽太守	6/15[b]
元年七月	廬江盜賊攻尋陽、盱臺。遣司馬王章擊破之	滕 撫	九江都尉	6/16[b]

永嘉元年十一月	擊廣陵賊張嬰，破之	滕撫	中郎將	6/16[b]
		趙序	中郎將	38/4[b]
元年十一月	歷陽賊華孟自稱黑帝，攻殺九江太守楊岑。擊孟，大破之	滕撫	中郎將	6/16[b]
桓帝建和二年三月	白馬羌寇廣漢屬國，殺長吏。討之		益州刺史	7/3[b]
永興元年	招誘叛蠻，降之	應奉	武陵太守	7/6[b]
永壽元年七月	南匈奴左臺且渠伯德等叛，寇美稷。討之	張奐	安定屬國都尉	7/7[b]
二年七月	泰山賊公孫舉等寇青、兗、徐三州。破斬之	段熲	中郎將	7/7[b]
三年四月	九眞蠻夷叛。討之，戰歿	兒式	九眞太守	7/8[a]
		魏朗	九眞都尉	
延熹元年十一月	鮮卑寇邊。率南匈奴單于擊破之	張奐	使匈奴中郎將	7/8[b]
二年十二月	燒當羌等八種羌叛寇隴右。擊破之	段熲	護羌校尉	7/9[b]
三年閏月	燒當羌寇張掖。擊於積石，大破之	段熲	護羌校尉	7/9[b]
三年九月	泰山、琅邪賊勞丙等復叛寇掠。持節督州郡討之	趙某	御史中丞	7/10[a]
三年十一月	勒姐羌圍允街。擊破之	段熲	護羌校尉	7/10[a]
三年十二月	泰山賊叔孫無忌攻殺都尉侯章。討破之	宗資	中郎將	7/10[a]
三年十二月	討長沙蠻，平之	度尙	荊州刺史	7/10[a]
四年六月	犍爲屬國夷叛寇。擊破之	山昱	益州刺史	7/10[b]
四年十一月	先零、沈氐羌與諸種羌寇并、涼二州。擊破之	皇甫規	中郎將	7/10[b]

延熹五年五月	長沙、零陵賊起，攻桂陽、蒼梧、南海、交趾。督州郡討之，不克	盛　修	御史中丞	7/11ᵃ
五年七月	烏吾羌寇漢陽、隴西、金城。討破之	諸郡兵		7/11ᵃ
五年十月	武陵蠻叛，寇江陵。討之	馮　緄	車騎將軍	7/11ᵇ
六年七月	武陵蠻復叛。與戰，大破降之	陳　奉	武陵太守	7/11ᵇ
六年七月	討滇那羌，破之	孫　羌	隴西太守	7/11ᵇ
七年七月	擊零陵、桂陽盜賊及蠻夷，大破平之	度　尚	荊州刺史	7/12ᵃ
七年十月	擊當煎羌，破之	段　熲	護羌校尉	7/12ᵃ
八年正月	擊罕姐羌，破之	段　熲	護羌校尉	7/12ᵇ
八年五月	桂陽胡蘭、朱蓋等續反，攻沒郡縣，轉寇零陵。擊蘭、蓋、大破斬之	度　尚	中郎將	7/13ᵃ
八年六月	擊當煎羌於湟中，大破之	段　熲	護羌校尉	7/13ᵃ
九年七月	南匈奴及烏桓、鮮卑寇緣邊九郡。擊之	張　奐	使匈奴中郎將	7/14ᵇ
永康元年正月	先零羌寇三輔。破平之	張　奐	使匈奴中郎將	7/15ᵃ
元年正月	當煎羌寇武威。追擊於鸞鳥，大破之，西羌悉平	段　熲	護羌校尉	7/15ᵃ
元年正月	夫餘王寇玄菟。擊破之	公孫域	玄菟太守	7/15ᵃ
元年十月	先零羌寇三輔。擊破之	張　奐	使匈奴中郎將	7/15ᵇ
靈帝建寧元年正月——二月	討先零羌，破之	段　熲	護羌校尉	8/1ᵇ
元年七月	破先零羌於涇陽	段　熲	破羌將軍	8/2ᵃ

建寧二年七月	大破先零羌於射虎塞外谷，東羌悉平	段　熲	破羌將軍	8/2[b]
二年九月	江夏蠻叛。討平之	州郡兵		8/2[b]
二年九月	丹陽山越賊圍太守陳夤。擊破之	陳　夤	丹陽太守	8/2[b]
熹平元年十一月——三年十一月	會稽人許生自稱越王，寇郡縣。討破，斬之	臧　旻 陳　夤	揚州刺史 丹陽太守	8/4[b]–5[b]
三年十二月	鮮卑寇北地	夏　育	北地太守	8/5[b]
五年四月	益州郡夷叛。討平之	李　顒	益州郡太守	8/6[a]
六年八月	伐鮮卑，敗績（出雲中）（與南單于出雁門）（出高柳）	田　晏 臧　旻 夏　育	破鮮卑中郎將 使匈奴中郎將 護烏桓校尉	8/7[a]
光和元年十月	巴郡板楯蠻叛。督益州刺史討之	蕭　瑗	御史中丞	8/8[b]
四年四月	討交趾、合浦烏滸蠻，破之	朱　雋	交趾刺史	8/9[b]
中平元年三月	黃巾叛。將兵屯都亭	何　進	大將軍	8/10[b]
元年三月	討黃巾	盧　植 皇甫嵩 朱　雋	北中郎將 左中郎將 右中郎將	8/11[a]
元年四月	擊黃巾，敗績	趙　謙	汝南太守	8/11[a]
元年六月	擊黃巾張曼成，斬之	秦　頡	南陽太守	8/11[a]
元年六月	交趾屯兵反。討平之	賈　琮	交趾刺史	8/11[b]
元年六月	討黃巾	董　卓	中郎將	8/11[b]

中平元年十月	討黃巾	皇甫嵩	左車騎將軍	8/12ª
元年十一月	湟中義從胡北宮伯玉與先零羌叛，以金城人邊章，韓遂爲軍帥。討之。戰歿	伶　徵 陳　懿	護羌校尉 金城太守	8/12ª
二年三月	北宮伯玉等寇三輔。討之，不克	皇甫嵩	左車騎將軍	8/12ᵇ
二年八月	討北宮伯玉	張　溫	車騎將軍	8/12ᵇ
二年十一月	追擊北宮伯玉，圍楡中	周　愼	盪寇將軍	8/12ᵇ
二年十一月	討先零羌	董　卓	中郞將	8/12ᵇ
三年六月	江夏兵趙慈反，殺南陽太守秦頡。討趙慈，斬之	王　敏	荊州刺史	8/13ª
三年十月	武陵蠻叛，寇郡界。討破之	郡　兵		8/13ª
四年三月	討滎陽賊，破之	何　苗	河南尹	8/13ᵇ
四年四月	討金城賊韓遂，大敗。遂寇漢陽，漢陽太守傅燮戰歿	耿　鄙	涼州刺史	8/13ᵇ
四年六月	漁陽人張純、張舉反，舉自稱天子，寇幽、冀二州。擊之，俱戰歿	劉　政 楊　終 公綦稠	右北平太守 遼東太守 護烏桓校尉	8/13ᵇ–14ª
四年十月	零陵人觀鵠自稱平天將軍，寇桂陽。擊斬之	孫　堅	長沙太守	8/14ª
五年正月	休屠各胡寇西河。被殺	邢　紀	西河太守	8/14ª
五年三月	休屠各胡攻幷州刺史張懿，殺之	張　懿	幷州刺史	8/14ª
五年六月	益州黃巾馬相攻殺刺史郤儉，自稱天子，又寇巴郡，殺郡守趙部。擊斬之	賈　龍	益州從事	8/14ᵇ
五年九月	率騎都尉公孫瓚討漁陽賊張純等	孟　益	中郞將	8/15ª

中平五年十一月	涼州賊王國圍陳倉。救之	皇甫嵩	左將軍	8/15[a]
五　　年十　一　月	討葛陂黄巾	鮑　鴻	下軍校尉	8/15[a]
五　　年十　一　月	巴郡板楯蠻叛。討平之	趙　瑾	上將軍別部司馬	8/15[a]

漢代案比在縣或在鄉？

邢　義　田

本文從縣、鄉和戶籍的關係、縣和鄉的大小、縣和鄉的行政條件、交通條件、漢唐制的比較、漢代鄉里社會的特質以及對資料的解釋等方面，對縣道案比舊說提出質疑。本文以爲：

1. 漢代八月算民，每年要全縣男女老幼集中於縣廷接受貌閱的可能性十分微小。

2. 案比算民的實態很可能是名義上由縣、道負責，實際施行却在更基層的鄉里。

3. 從唐代貌閱之制推斷，漢世算民恐非無分男女老幼，年年皆在被算之列；很可能只限於賦役身份將有變動和身份須要重新核定的一部分人。

4. 漢代算民以查核「民數」爲主。種種不同賦役身份的改變和認定似乎是算民的主要工作，不像唐代貌閱於民數之外，兼及財物。

5. 漢代算民在不同時期，不同區域的實際情況可能有差別。志書所載爲一代典制之原則，實際施行必容許若干彈性，否則甚難實行。

一　地點問題

漢代八月算民，謂之案比。案比在那兒舉行？學者意見並不一致。一般據《續漢書・禮儀志》：「仲秋之月，縣、道皆案戶比民」，以爲案比在縣、道治所。例如，王毓銓先生說：

> 漢制，縣道有戶曹，職掌戶口簿籍。「案比」、「算民」當由戶曹主持。其事，著於漢法。旣曰漢法，后漢如此，前漢當亦如此。

> 案比的實例，見於《後漢書・江革傳》。傳云：「革建武末與母歸鄉里。每至歲時，縣當案比。革以母老，不欲動搖，自在轅中挽車，不用牛馬。由是鄉里稱之曰江巨孝。由此可以想見，當案比之時，老百姓必須扶老携幼，前往縣府，聚集廷中，待主吏驗閱。李賢注「案比」曰：「猶今貌閱也」。「今」，卽唐；漢唐一揆。漢張遷爲穀城長，據說他對民惠政，案比之時，不招集老百姓到縣廷，而是自己到老百姓住的鄉村里去，所以撰碑者頌其功德曰「八月筭

民，不煩於鄉，隨就虛落，存恤高年。」（《金石圖說》甲上）漢人吊民伐
罪，往往指斥秦始皇帝「頭會箕斂」，看來，「頭會」是有根據的。秦如此，
漢何嘗不然。（王毓銓，1979，頁 69-70）

王先生舉〈江革傳〉和〈張遷碑〉爲證，說明「案比之時，老百姓必須扶老攜幼，前
往縣府，聚集廷中，待主吏驗閱。」日本池田溫先生引用相同的證據，說：「凡是原
籍地的居民，甚至連老嫗也不遺一人地全部集合於縣城，參加手實的檢查，這一措施
說明了漢代的案比，乃悉皆調查而且具有相當程度的有效性」。（池田溫，1979，頁
22；中譯本，頁 60）池田先生並因張遷碑，相信一直到東漢末，黃巾之亂發生的前
夕，「仍然屬行縣的算人。」池田和王先生有三點看法一致：（一）漢代案比是在
縣城舉行；（二）全縣百姓，無分男女老幼，當案比之時，皆集合於縣城，進行驗
閱；（三）池田以手實比況案比，王先生引李賢注，都認爲漢代案比與唐代貌閱類似。

　　漢代於縣、道行案比，似乎是證據確鑿，近代學者加以質疑的很少[1]。其實，如
果仔細推敲，頗有商榷的餘地。第一，通常徵引的資料，如以上所及，是否明確支持
在縣、道行案比？有無別解？第二，有沒有其他的資料支持其他的可能性？第三，從
漢代縣的大小、人口多少以及交通等條件衡量，每年在一定的時限內，將全縣人口集
中於縣城的可能性有多大？如果從這幾點考慮，個人相信漢代百姓恐怕不是人人每年
都得赴縣城接受貌閱，或許只在某些情況下才去；或者，案比雖名義上由縣、道負
責，實際施行卻在鄉、里。

　　漢代縣、道是中央直轄最低一層的行政單位。中央直接任命縣令、長，透過他們
掌握地方的人口、土地、財富和秩序。縣、道則以最低一級行政機構的地位，負責
將地方「戶口墾田、錢穀入出、盜賊多少」（《續漢書・百官志》注引胡廣曰）的情
形，上計於所屬的郡，郡再遣吏上計於中央。郡、縣每年上計的基礎之一即在八月算

1　近代學者討論案比舉行時間的較多，對地點較少措意。除王毓銓、池田溫，錢劍夫（1988，
　　頁 100）對地點的看法，與王、池田完全相同。佐藤武敏則企圖調和文獻中的矛盾，認爲大
　　縣如洛陽是以鄉爲單位，進行貌閱；小縣則在縣廷（1967，中譯本，頁 318-319）。佐藤說不
　　無可能。問題是漢代臨淄是以人口衆多著名的大城，如從佐藤說，臨淄案比應在鄉。那麼，
　　江革和其老母爲何要親赴縣城呢？蘇誠鑒曾有一短札（1983，頁 158-160），對縣道案比舊
　　說提出質疑，並主張案比應在鄉舉行。

民。〈禮儀志〉謂仲秋之月，縣、道皆案戶比民，這是表示推動和負責的在縣、道這一級的基層單位，至於縣、道如何執行，是否即在縣城案比，〈禮儀志〉並沒有進一步說明。

姑以唯一可考的江革實例來說。江革是齊國臨淄人。每至歲時，縣行案比，他自挽車，載母赴縣的故事發生在建武末年。臨淄爲齊國首縣。據《續漢書・郡國志》，齊國有六縣，戶六萬四千四百一十五，口四十九萬一千七百六十五。這些大約是順帝時期的戶口數。以這時期而言，齊國一縣平均約萬餘戶，一戶七口餘。臨淄戶口應在此平均數之上。臨淄久爲大城，以人口多著名。武帝時，主父偃說：「齊臨淄十萬戶，市租千金。」（《漢書・高五王傳》主父的話或多少有些誇張。不過，到王莽置五均官時，臨淄仍然是天下五個擇定的大都市之一（《漢書・食貨志下》），其人口必較一般縣爲多。東漢初編戶減少，臨淄人口應不下於萬戶。《江革傳》注引《華嶠書》謂：「臨淄令楊音高之，設特席，顯異巨孝於稠人廣眾中。」漢制萬戶置令，萬戶以下置長。楊音既稱臨淄令，似可爲建武末臨淄人口不下萬戶的旁證。又據譚其驤《中國歷史地圖集》估計，齊國面積約在三千三百七十平方公里左右[2]。齊六縣，每縣平均約有五百六十餘平方公里，人口密度每平方公里約一四五人強。換言之，齊國是每縣面積不達「方百里」置縣標準，而人口又極爲稠密的地區（詳下）。由於面積不大，各鄉距離縣城較近，江革爲免其母顛播之苦，尚有可能捨牛馬，自行挽車載母赴會。然而，我們得想像，臨淄各鄉百姓，包括江革及其老母，五至七萬之眾每年八月浩浩蕩蕩奔赴縣城的景況。西漢末全國有一千五百八十七縣（《漢書・百官公卿表》），東漢初省并四百餘縣，仍有一千一百餘縣。（《後漢書，光武帝紀》下）。當臨淄縣民集於縣廷之時，全國還有上千的縣城也正萬頭鑽動，等待縣吏案比。這在事實上有多大的可能性？值得檢討。如果不是人人赴縣廷，江革爲何載著老母於案比時赴縣城呢？這一點請容後解釋。

這裏先討論幾個學者用來支持縣、道案比的證據。一個是前引的〈張遷碑〉。碑文說張遷於八月算民，「不煩於鄉，隨就虛落」。王毓銓對這一鄉字沒有直接疏解，

只籠統地說，不招集老百姓到縣廷，張遷自己到鄉村裏去；池田則解鄉爲「村里」。「鄉」字就文義可有二解：一爲漢代縣、鄉、里制中的鄉；一爲泛稱，泛指鄉間、鄉下或鄉村。如就碑文看，「不煩於鄉」的鄉只宜解作鄉里制中的鄉。如解爲鄉間或鄉村，則旣說不煩於鄉村，又說「隨就虛落」，前後兩句就自相矛盾。虛落卽聚落，在漢代又稱里落（《後漢書・儒林傳》孫期條），也就是鄉村、村里的意思。漢代縣、鄉分明。縣有城，城中有朝廷命官；鄉不一定有城，鄉中只有地方署置的少吏。因此，根據此碑，認爲原來百姓須赴縣廷案比，顯然不妥。個人的理解是，張遷任穀城縣長時，每逢八月算民，不煩縣民往所屬的鄉治，而就百姓所居的里落舉行。此外，這兩句碑文似乎更意味著，如果按常規，算民是「煩於鄉」，在鄉舉行的。張遷體卹百姓往返之苦，連上鄉這一趟都免了，故受人感戴，爲之立碑作頌。這一點，蘇誠鑒已經指出（蘇誠鑒，1983，頁 160），個人與蘇氏同感。

還有的學者舉《後漢書・皇后紀》：「漢法常因八月筭人，遣中大夫與掖庭丞及相工，於洛陽鄉中閱視良家童女」這一段，證明案比在縣[3]。實則這一段「洛陽鄉中」的「鄉」字十分重要。這一段明明是說中大夫和掖庭丞等到洛陽鄉裏去，如果算人是在縣廷舉行，又何須下鄉？漢縣通常分四、五鄉。洛陽鄉名可考的有北鄉。這有建武十五年以前的居延簡可證[4]。旣有北鄉，依漢四鄉通例，卽可能還有東、南、西鄉，長安卽是如此[5]。東漢洛陽爲京師，鄉數與鄉名不知是否曾有改動；如未改動，《皇后紀》所說的「洛陽鄉中」，應指洛陽四鄉而言。卽使曾改變，也無妨證明算民是在

3　例如，錢劍夫，1988，頁 100。

4　居延簡：「河南郡雒陽北鄉北昌里公乘□忠年□」（334.45，圖版 59）。河南郡於建武十五年改爲河南尹（《續漢書・郡國志》）。此簡稱河南郡，顯然是建武十五年以前的簡。又此簡鄉字左半漫漶，但釋爲鄉字應可信。

5　長安鄉可考的有東鄉、西鄉。東鄉見武威新出王杖詔令册：「長安東鄉嗇夫田宣坐擊鳩杖主……」（《漢簡研究文集》，頁 37）；西鄉見一九七三年在居延肩水金關發現漢簡：「河平四年七月辛亥朔庚午，西鄉有秩嗇夫誼，守斗食佐輔敢言之」云云，轉見裘錫圭文（《雲夢秦簡研究》，頁 235）。裘文稱該簡係一份長安縣給居延的過所文書，西鄉爲長安縣屬鄉。長安有東、西鄉，則南、北鄉可推知。又《大唐六典》卷三十，「尉六人從八品下」條謂：「漢氏長安有四尉，分爲左右部……後漢洛陽置四尉，皆孝廉作，有東部、南部、西部、北部尉，魏氏因之。」（頁 27 ab）按羅福頤《秦漢南北朝官印徵存》卷五有「長安左尉」印（頁 169）。此京師四尉之制或係配合四鄉而置的吧。

鄉，而非在縣舉行。

二　鄉與案比

根據以上所說，就斷言算民是在鄉舉行，證據似嫌不足。以下再提些想法，對舊說以及漢代實際的情況作進一步檢討。依各種證據看來，鄉都是漢代掌握地方戶籍和人口的重要單位。《續漢書‧百官志》說：

> 鄉置有秩、三老、游徼。本注曰：有秩，郡所署，秩百石，掌一鄉人；其鄉小
> 者，縣置嗇夫一人，皆主知民善惡，爲役先後，知民貧富，爲賦多少，平其差
> 品。三老掌教化……游徼掌循徼，禁司姦盜。又有鄉佐，屬鄉，主民收賦稅。

《漢書‧百官公卿表》所記較略，謂：「鄉有三老、嗇夫、游徼。三老掌教化，嗇夫職聽訟，收賦稅。」鄉官的工作歸納起來不外徭役、賦稅和治安三端[6]，而這三端無不須以對地方人戶的確切掌握爲基礎，即〈百官志〉本注所說的「掌一鄉人」。

漢代鄉對戶籍的掌握可見之於幾方面。第一，鄉嗇夫或有秩掌有一鄉的戶籍，無論文獻或簡牘皆確切可證。《周禮‧冢宰‧宮伯》注，鄭司農云：「版，名籍也，以版爲之。今時鄉戶籍，謂之戶版。」又〈宗伯‧大胥〉注，鄭司農云：「版，籍也。今時鄉戶籍，世謂之戶版。」鄭司農提到漢世戶籍，皆曰「鄉戶籍」，因一鄉之籍皆書於版，漢人謂之戶版。這是漢世鄉有戶籍，戶籍以鄉爲單位的文獻證據。其次，從簡牘資料看，鄉有秩或嗇夫係以戶籍爲根據，從事「知民善惡，爲役先後，知民貧富」等工作。以「知民善惡」爲例，鄉民赴他處，例須過所，過所須由鄉有秩或嗇夫

6　《漢書‧百官公卿表》和《續漢書‧百官志》都說三老掌教化。〈百官志〉謂：「凡有孝子順孫，貞女義婦，讓財救患，及學士爲民法式者，皆扁表其門，以興善行」。根據簡牘資料看，三老的工作較文獻所載爲複雜。例如，從江蘇揚州儀徵縣胥浦一〇一號墓所出先令券書可知，三老參與遺囑的訂立。(參陳平、王勤金，1987，頁 20) 三老也參與查緝逃犯。如新出居延簡云，甘露二年令郡縣通緝要犯，縣令以下「嗇夫、吏正、三老」都被要求「雜驗問鄉里吏民」。(參初仕賓，1980，頁 179；裘錫圭，1981，頁 105)。又據三老趙寬碑，三老還要「聽訟理怨，教誨後生」(參高文，1985，頁 446)。可見三老的工作絕非單純的教化，而是以地方長老的身份，參與並協助鄉有秩或嗇夫維持地方治安與秩序。所謂教化，目的在此。

查對戶籍資料，證明某某鄉民沒有犯罪入獄或積欠賦役，亦即證明爲「良民」[7]，關
津才不得苛留：

(1) 甘露四年六月丁丑朔甲辰，西鄉有秩□□☑／王武案毋官徵事，當爲傳致
　　□☑／□□□六月雒陽□／印曰雒陽丞印（居延漢簡 334. 20A, B, 圖版
　　58, 59）

(2) 永始五年閏月己巳朔丙子，北鄉嗇夫忠敢言之義成里崔自當自言爲家私市
　　居延。謹案自當毋官獄／徵事，當得取傳，謁移肩水金關，居延縣索關敢
　　言之／閏月丙子，觻得丞彭移肩水金關，居延縣索關，書到如律令／掾晏
　　令史建（同上，15. 19，圖版 101）

(3) 建平三年二月壬子朔丙辰，都鄉嗇夫長敢言之□☑／同均戶籍，臧鄉名籍
　　如牒，毋官獄徵事，當得□□☑〔「均」或應作「物」〕（同上，81.
　　10，圖版376）。

(4) 建平五年十二月辛卯朔丙寅，東鄉嗇夫護敢言之嘉平☑／□□□□□□案
　　忠等毋官獄徵事，謁移過所縣邑門亭河津關毋苛留敢言之／十二月辛卯祿
　　福獄丞博行丞事移過所如律令／掾海守令史眾／祿福丞□印（同上，495.
　　12, 506. 20A, 506. 20，圖版 23, 24）。

以上四條都是西漢末五十年內的過所文書。這類文書的殘文在居延簡中還有不少[8]。

7　「良民」一詞習見於漢代文獻，泛指良善之民，或與「盜賊」相對，指無犯罪者。前義參
　　《史記》〈汲黯傳〉及〈循吏傳〉太史公曰；後義參《漢書》〈循吏傳〉龔遂條、〈于定國
　　傳〉及〈王邊傳〉。江蘇連雲港市花果山所出西漢哀帝時牘，「良民」一詞與「盜賊」連
　　言，亦屬後義。參李洪甫，1982，頁 476–480。李文認爲這批殘牘是決事比之類，恐不妥。
　　張廷皓以爲是地方上報獄案情況的計簿，就牘文內容看，張說應較可從。參張廷皓，1984，
　　頁 29–32。另關於良民的意義，可參堀敏一，1987，頁 111–124。

8　例如：
　　元康二年正月辛未朔癸酉，都鄉嗇夫☑／當以令取傳，謁移過所縣道□☑／正月癸酉居延令
　　勝之丞延年☑（居延漢簡，213. 28A, 213. 44A, 圖版 36）
　　☑／□充光謹案戶籍在官者弟年五十九，毋官獄徵事，願以令取傳乘所占用馬☑／八月癸酉
　　居延丞奉光移過所，河津金關毋苛留止如律令／掾承☑（同上，218. 2，圖版 145）
　　☑弘敢言之祝里男子張忠臣與同里☑／□年三十四歲譚正□大夫年十八歲，皆毋官獄☑／☑
　　□勿苛留止如律令／令史始□☑（同上，340. 6，圖版 145）

其中第三條明白提到嗇夫係按「戶籍」或「藏鄉名籍」，證明鄉民「毋官獄徵事」。前引《周禮·宮伯》鄭注以名籍釋戶籍，漢代「名籍」為名冊籍簿的通名，漢邊塞簡牘中有各色名籍[9]。其以戶為單位者則為戶籍。「藏鄉名籍」為藏於鄉之名籍，戶籍當為其中一種。官獄是指犯罪獄訟，〈百官表〉說嗇夫職司聽訟，新出「建武三年侯粟君責寇恩爰書」更證實了其職司所在。鄉民犯罪情況，以他們最清楚；因此開立證明之事，非有秩或嗇夫莫辦。「徵事」指徵賦或徵役；「毋徵事」即某人沒有未完的賦役，不在待徵之列，故可准其離鄉他去。居延另出一哀帝時簡謂：

> 建平五年八月戊□□□□廣明鄉嗇夫宏，假佐玄敢言之，善居里男丘張自言與
> 家買客田居／延都亭部，欲取□。謹案張等更賦皆給，當得取檢，謁移居延如
> 律令敢言之（居延漢簡，505. 37A，圖版 23）

還有一殘簡云：

> □秩護佐敢言之□／□況更賦給鄉里□（同上，212. 55，圖版 566）

兩簡之「更賦皆給」、「更賦給」，意即更賦已完。更賦錢係以代役，與前引諸簡所說「徵事」有關。徵事指役，還有唐律可為旁證。《唐律疏義·衛禁》：「諸不應度關而給過所」條，謂：「不應度關者，謂有征役番期及罪譴之類，皆不合輒給過所……」（頁 174），〈疏義〉所說與漢簡的「毋官獄徵事」幾同出一轍。

以上諸簡涉及的鄉有都鄉、北鄉、西鄉、東鄉、廣明鄉，可見鄉戶籍存在於一縣之各鄉，而非集中於都鄉。這應非西漢末五十年才如此，而是兩漢通制。如果湖北江陵鳳凰山十號墓墓主確如裘錫圭先生所考，是一位江陵西鄉的有秩或嗇夫[10]，則其墓

9　例如：吏奉賦名籍 (73.16)，鄣卒名籍 (143.11, 206.30)，賜勞名籍 (159.14)，省卒家屬名籍(133.8)，卒家屬名籍(203.15)，四時吏名籍 (190.30, 129.22)，傳驛馬名籍 (284.2A)，受奉名籍 (511.40)，屬國胡騎兵馬名籍 (512.35A)，其餘還有秋射賜勞名籍，粟鹽名籍，吏民出入名籍，車父名籍，戍卒病死衣物名籍等，不具錄。可見名籍乃名冊簿籍之通名。

10　鳳凰山十號墓墓主身份迄今無定論。主要有黃盛璋的地主兼商人說，弘一的地方豪強說，裘錫圭的西鄉有秩或嗇夫說，以及永田英正的里正說。地主兼商人或地方豪強的墓中如何會出現各里繳納算錢的記錄，鄭里貸種簿以及以里為單位繳納芻稾和田租的記錄？算錢、芻稾繳官故不待言，田租亦為繳官者。繳官者稱田租，有文帝二年九月詔可證（《漢書·文帝紀》）。這些明顯帶有官方色彩的文書，出現在地方小吏的墓中，應比出現在地主、商人或

中隨葬的各式鄉里名籍帳册就可以當作西漢初，鄉有鄉戶名籍的一個佐證。嚴格而言，漢代「戶籍」的形式和內容，由於還沒有眞正的戶籍版牘出土，仍難以完全確知。例如，戶籍中是否列有「官獄」和「徵事」的紀錄？否則，有秩或嗇夫如何據戶籍知某人「毋官獄徵事」？或者，「戶籍」或「戶版」在漢代只是各類以戶爲單位的戶口籍、貲產籍、徭役簿、官獄簿、租稅簿等的總名稱，而各種簿籍是分別存在如於鳳凰山十號墓簡牘中所見。這類問題都還須要更多的材料去證明。總之，籠統來說，「戶籍」存在於各鄉的一個重要意義，是它在鄉里行政上有實際的作用，不是僅供呈報，如「計文」一般的表面文章。郡、縣上計的計文不免虛應故事（《漢書・宣帝紀》黃龍元年詔；〈石奮傳〉武帝元封四年詔），鄉戶籍卻是知民善惡，知爲役先後，知民貧富的依據，不得不經常保持一定的可靠性。每年八月算民就是保持可靠性的一個手段。如此，八月算民較可能在縣或在鄉執行，不難推測。

　　再則從縣、鄉的大小和交通條件來考量，鄉也都比縣有可能成爲實際執行案比的單位。先就縣的大小和人口來說。漢縣係以土地和人口爲區劃標準。《漢書・百官表》說：「縣大率方百里，其民稠則減，稀則曠。」西漢一里約合四一七點五三公尺[11]，百里爲四十一公里餘，方百里則合一千六百餘平方公里。勞榦、葛劍雄和楊遠曾估計漢代郡國面積，如果依據他們的估算並參照譚其驤的《中國歷史地圖集》，再估計西漢末的縣平均面積（詳見附表一），可以發現上述方百里之縣只佔極少數：

　　（續）地方豪強的墓中爲合理。墓中雖只發現沒有官銜的木質印章，我們並不能就此認定墓主不是官員。漢代官員墓非必有官印。如果《續漢書》說嗇夫秩百石，此制可上推至西漢初，則不難理解造策上死者爲何寧可以「五大夫」爵稱爲頭銜。《漢舊儀》謂：「秦制爵等生以爲祿位，死以爲號諡」。五大夫爲九級高爵。元帝時賜吏六百石以上爵五大夫（《漢書・元帝紀》），可見原來六百石之長吏亦非人人有此高爵。文帝曾從鼂錯議，入四千石可爲五大夫，至五大夫以上乃復一人（《漢書・食貨志》）。墓主五大夫爵不論是否因入粟而來，其尊顯較百石嗇夫高出多多，故墓主拾嗇夫或有秩，稱五大夫。不用有官銜之印陪葬，也可以同理理解。里正身份太低，極不易解釋爲何一位平里里正的墓裏會藏有其它市陽里和鄭里的租賦算錢帳册？永田雖試圖解釋，終嫌牽強迂曲。綜而言之，個人相信鄉有秩或嗇夫說仍是目前較合理的推測。以上諸說分見黃盛璋（1974），弘一（1974），裘錫圭（1974），永田英正（1977）論文。

　11　參用陳夢家說。見陳夢家，1966，頁 36–45。

縣面積（平方公里）	縣數
100～500	232 ⎫
501～1,000	499 ⎬ 882
1,001～1,500	151 ⎭
1,501～2,000	95
2,001～3,000	117 ⎫
3,001～4,000	149 ⎬ 701
4,000 以上	335 ⎭

總計：1,578

如果將「方百里」的標準放寬至一千五百與二千平方公里之間，在一千五百餘縣中「方百里」者僅九十五縣；低於標準的有八百八十二縣，多集中在人口稠密的關中和關東；高於標準的則有七百零一縣，幾乎都在邊郡。（詳見附表二）

以上的估算可以見到郡國間的差異。可是漢人置郡立縣，劃分行政區域，當是以行政所及之地爲範圍，與實際地理上的面積不一定一致。這正如同漢代記載的人口只是編戶人口，並非實際存在的人口。近人將推測出來的郡國範圍畫在地圖上，並由此估計郡國的面積，與實際情況有差距必不可免[12]。縣平均面積的估計也是如此。

因此，或可從另一途徑入手。《漢書‧地理志》有提封田數。〈地理志〉謂：

> 訖於孝平凡郡國一百三，縣邑千三百一十四，道三十二，侯國二百四十一，地東西九千三百二里，南北萬三千三百六十八里。提封田一萬萬四千五百一十三萬六千四百五頃，其一萬萬二百五十二萬八千八百八十九頃，邑居、道路、山川、林澤，羣不可墾；其三千二百二十九萬九百四十七頃可墾〔不可墾〕，定墾田八百二十七萬五百三十六頃。

這一段先說郡國縣邑之數，再說地東西南北里數，再及提封田數。師古曰：「提封

12　如果將勞榦、葛劍雄和楊遠估計的西漢郡國總面積（參附表一）和《漢書‧地理志》的提封田數比較，不難發現近人的估計遠小於漢人所說的田數（145,136,405 頃）。這個提封田數如果無誤，約合6,632,733平方公里。勞氏所估爲 4,443,319 平方公里，葛氏所估3,944,788爲平方公里，楊氏估計爲 4,996,580 平方公里。本文根據三氏所作的平均估算爲 3,838,738平方公里。爲何近人的估計反小於漢人記錄的田數，而且相差如此之多？仍待解釋。

者，大舉其疆也。」封疆之內不只有田，也包括邑居、道路、山川、林澤等不可墾
之地。王先謙《補注》引王鳴盛謂「定墾田」前「不可墾」三字衍，可從。從數字
上看，數字雖然小有脫誤，但「舉不可墾」、「可墾」與「定墾」三數相加基本上
即提封田之數，皆一億四千餘萬頃。換言之，所謂「提封田」實際上並不單指田地，
而是漢代全國土地總數，也就是漢代郡國行政所及的範圍。如果將這一總數和縣、
道、侯國數（1587）平均，則一縣約有九萬一千八百餘頃。按漢代一尺等於零點二十
三公尺，六尺為步，二百四十步為畝，百畝為頃的方式換算，一縣面積約合四千一百
三十餘平方公里，即約六十四公里之平方。六十四公里以漢里計，約一百五十四里。
這一數字不失為有意義，因為和所謂「縣大率方百里」相去不算太遠。漢人喜附會古
制，封建侯國小者有國方百里（《孟子》〈萬章〉、〈告子下〉、《周禮・職方氏》
鄭玄注），故曰縣亦方百里；又漢人言數常但舉成數，〈地理志〉即明說「方百里」
是「大率」而已。

　　以上兩種方式的估計，都是就縣的平均面積而言，事實上大縣、小縣可有不小的
差距。嚴耕望先生早已指出邊遠之縣有相去數百里或千餘里者。（嚴耕望，1974，頁
44）例如，建安六年益州牧劉璋將巴郡劃分為三郡，其中一個理由就是郡縣鄉亭相去
過於遙遠：「遠縣去郡千二百至千五百里，鄉亭去縣或三、四百，或及千里。土界遐
遠，令、尉不能窮詰姦凶……」（《華陽國志・巴志》，頁48）巴郡在漢代並不是人
口最稀的地區。荊、揚人口密度更低，郡縣相去亦十分遼遠。以桂陽為例，《後漢
書・循吏傳》衛颯條謂：

　　　遷桂陽太守……先是含洭、湞陽、曲江三縣，越之故地，武帝平之，內屬桂
　　　陽。民居深山，濱溪谷，習其風土，不出田租。去郡遠者，或且千里。吏事往
　　　來，輒發民乘船，名曰傳役。每一吏出，徭及數家，百姓苦之。颯乃鑿山通道
　　　五百餘里，列亭傳，置郵驛，於是役省勞息，姦吏杜絕……

桂陽一例說的雖是郡、縣距離，不是縣、鄉之間，但是文中提到的交通困難則不限於
郡縣，值得進一步討論。

　　漢帝國幅員廣潤，各地山川、道路條件不一，開發遲速不同。在開發早，山川自
然條件良好的地區，交通不是難事，其它地區則否。因此就交通而言，百姓每年赴縣

廷貌閱，在有些地方或有可能，但顯然不是全國所有的地區都能作到。漢人旅行以步或以車，一日約五十至七十里。《九章算術‧均輸》謂：「車載二十五斛，重車日行五十里，空車日行七十里」；又謂：「今有程傳委輸，空車日行七十里，重車日行五十里。」漢代軍隊行軍，通常輕行一日五十里，重行三十里。（《漢書》〈陳湯傳〉、〈王吉傳〉、〈賈捐之傳〉）在輕兵兼行的特殊情況下，也有一日一夜行二百餘里的。（《後漢書‧段熲傳》）一般百姓當不會輕兵兼行。一個實際的例子是建武三年，寇恩以牛車載魚從觻得到居延出售，二十餘日行千餘里[13]，一日約行五十里，剛好符合《九章算術》所說的重車腳程。另一個可參考的例子是日本和尚圓仁入唐往五臺山朝聖，在其《入唐求法巡禮行記》中曾詳記每日腳程。他日行少則三十里，多則八十里，四十四日共行二千三百餘里，平均一日約五十餘里[14]。唐里較漢里稍長，又有大、小里之別，唯漢、唐人腳程應不致有大差別。

　　腳程大致如此，則可略估漢代百姓離鄉赴縣廷一趟須多少時日。以齊國縣平均五百六十餘平方公里為例，合漢制方七十五里，最多約一日半至二日可達，來回約三、四日。江革棄牛，挽車載母，必更多耗些時日。如為方百里之縣，一趟多則須兩、三日，來回四至六日。如以前述一縣平均四千餘平方公里，方一百五十四里計，則須三、四日，來回六至八日。前文統計漢縣在四千平方公里以上的有三百三十五個，其中牂牁、巴郡、玄菟、南海、鬱林、合浦之縣平均甚且在一萬平方公里以上（參附表一）。前引《華陽國志》謂巴郡之「鄉亭去縣或三、四百及千里」，試問這些地區的百姓，一家老小在途中數日至數十日的食宿如何解決？他們又如何有能力年年負擔？前引日行五十里的例子都是在道路交通條件良好的情況下進行的。寇恩從觻得到居延，曾行經「北部」、「第三置」，可知他是沿羌谷水和弱水的邊塞驛道前進。圓仁

13　居延有新出簡：「居延鳴沙里去太守府千六十三里」（EPT 50.10，轉見《漢簡研究文集》，初師賓文，頁 388）。太守府指居延所屬之張掖太守府，治觻得。這是居延去觻得距離的第一手資料。寇恩從觻得去居延，「行道二十餘日」，見建武三年粟君責寇恩爰書簡，〈文物〉1（1978），頁 30–31。

14　《入唐求法巡禮行記》卷二：「自去二月十九日，離赤山院直至此間，行二千三百餘里，除却虛日，在路行正得卅四日也」。（頁 105）又敦煌所出天寶令式表殘卷有令曰：「馬，日七十里；步及驢，日五十里；車，日卅里」，可見步行一日五十里為漢唐常規。殘卷見劉俊文，1989，頁359。

往五臺山，據嚴耕望先生研究，所行路線是當時僧侶商旅常行的主要道路。沿途尖食、住宿皆有「特供之設備」。（嚴耕望，1986，頁1508）如果交通條件惡劣如桂陽諸縣，旅行時日必更長，要全縣男女老幼於一月之內陸續趕往縣城，誠難想像。

所謂一月之內，是據八月算民，計斷九月而說。《續漢書・百官志》注引盧植《禮注》：「計斷九月，因秦以十月為正故。」武帝太初以後，雖改以正月為歲首，但計斷九月仍承秦舊，以迄東漢未變[15]。《周禮・秋官・小行人》鄭玄注：「若今計文書斷於九月。」盧、鄭同辭，東漢計斷九月應可確認。東漢於八月算民，因證據甚多，學者討論的也很多，沒有人懷疑。但是西漢算民是否也在八月，曾有一些學者表示異議或有所保留[16]。目前的確缺少西漢於八月算民的直接證據。雖然《漢書・高帝紀》載高帝四年「八月初為算賦」，《後漢書・皇后紀》李賢注引《漢儀注》曰：「八月初為算賦，故曰算人」，但算民和徵收算賦並不能籠統看成是一回事。八月算民在核驗戶口和身份，並不必然同時就徵收了算賦。江陵鳳凰山十號墓所出西漢初算錢簡已清楚顯示，算錢不一定一次繳納，從二月至六月幾乎月月都在收繳。這是否正常現象，雖可懷疑，不過，漢代徵賦的實際情況必遠較文獻上所說的複雜。《漢書・貢禹傳》說農民「已奉穀租，又出槀稅，鄉部私求，不可勝供」。甘肅甘谷所出桓帝時簡證明，除更錢、算錢，還有道錢、橋錢、水簿錢、門錢等名目之苟捐雜稅（參《漢簡研究文集》，1984，頁 88-89）。八月算民絕不像某些學者認定「即為徵收算賦」那麼簡單。（錢劍夫，1988，頁99）

算民的重要作用在確定身份以及由身份所引起的賦役義務的改變。在這一點上，秦漢制度一貫。睡虎地秦簡《倉律》有一條：「小隸臣妾以八月傅為大隸臣妾，以十月益食。」（《睡虎地秦墓竹簡》，1978，頁50）大、小隸臣妾的口糧配給不同，他們身份改變的時間在八月，秦因以十月為歲首，故自十月益食。在八月變更身份的恐怕不只是隸臣妾，而是一種普遍性的制度，適用於所有百姓。秦代如此，東漢如

15　大庭脩曾據漢簡推斷西漢亦計斷於九月，見氏著「論漢代的論功升進」，中譯本，頁 333。又葛劍雄也認為計斷九月通兩漢未變，見所著「秦漢的上計和上計吏」，頁 185。又參于豪亮，1961，頁 451。

16　如佐藤武敏，「漢代的戶口調查」，頁 307-312；高敏，「從江陵鳳凰山十號漢墓出土簡牘看漢代的口錢、算錢制度」，頁 31-32。對兩漢算人不同時說之批判，見杜正勝，「中國戶籍制度溯源」，頁 27，注 18；又參于豪亮，「居延漢簡甲編補釋」，頁 451。

此，如果說西漢反而不在八月，是很難說得通的。算民和徵算賦儘管不是一回事，然
高帝於八月為算賦，在時間上，仍可看出和秦制關係密切。總之，如果通兩漢算民於
八月而計斷於九月，各縣能用來算民的時間極其緊迫，不過一月而已。以上所說只是
文字上的規定，事實上能否作到，又當別論。

再以每縣人口來說，〈百官表〉謂縣萬戶以上置令，減萬戶為長。縣的戶數，通
常在一萬上下。〈地理志〉縣戶可考的有四、五萬至七、八萬的差別[17]，這應該是縣
人口特別多，才被記載了下來。如果以〈地理志〉所載西漢末總戶數（12,233,062）
與總縣、道、侯國數（1587）相平均，一縣約七千七百餘戶。《漢書·文帝紀》十二
年三月詔曰：「今萬家之縣，云無應令，豈實人情？是吏舉賢之道未備也……」是一
縣約以萬戶計。建武時，馬援擊交阯，曾建議將交阯有三萬二千戶的西于縣分為二
縣（《後漢書·馬援傳》），是一縣平均一萬六千戶。《九章算術·均輸》曾有兩
處虛擬縣戶的算題，一縣最低有五千餘戶，最多兩萬餘戶，九例中有五例為萬餘戶，
九例平均為一萬一千餘戶[18]。姑以萬戶，五萬人計，一縣五萬人每年在一個月內趕赴
縣城，來回數百里，這是什麼樣的場面？漢縣有戶曹，掌民戶。如果算民是由戶曹負
責，戶曹又有多少可以動員的人力去查驗五萬子民的身份和面貌？從以上幾方面考
慮，很難想像八月算民可如學者通常相信的那樣去實施。

---

17 《漢書。地理志》載縣戶表：

長安	80,800	長陵	50,057	茂陵	61,087
洛陽	52,839	陽翟	41,650	僖陵	49,101
宛	47,547	成都	76,256	魯	52,000
彭城	40,196				

18 《九章算術》卷六，

頁一：甲縣	10,000 戶	頁三～四：甲縣	20,520 戶
乙縣	9,500 戶	乙縣	12,312 戶
丙縣	12,350 戶	丙縣	7,182 戶
丁縣	12,200 戶	丁縣	13,338 戶
		戊縣	5,130 戶

九縣平均，一縣 11,392 戶。關於《九章算術》反映漢代社會的史料價值，參裘錫圭，〈漢
簡零拾〉，「從漢簡反映的關於用車運程的情況談《九章算術》的史料價值」條，頁8-12。

三　李賢注的啓示

其次，再考慮李賢提供的線索。《後漢書‧江革傳》李賢注「縣當案比」云：「案驗以比之，猶今貌閱也。」李賢以唐代貌閱比況漢代案比，應當有他的根據。王毓銓、池田溫、錢劍夫諸氏也都同意漢唐制之間的傳承關係。因此，考查唐代如何貌閱，對推敲漢代的案比應有幫助。關於唐代貌閱，池田溫的《中國古代籍帳研究》爲集大成之作，值得參考。根據池田的研究，唐代貌閱有五點值得注意：

第一，貌閱是由縣令親自主持。武周延載元年八月勅：「皆縣〔令〕親視其形狀以作定簿。」

第二，唐初承隋制，每年貌閱；開元二十九年以後，改爲三年一次。

第三，開元時，縣令除親自貌定形狀，還親定戶等和徭役。《大唐六典》卷三十，〈京縣畿縣天下諸縣官吏〉條謂：「京畿及天下諸縣令之職，皆掌……所管之戶，量其資產，類其強弱，定爲九等。其戶皆三年一定，以入籍帳。若五九，謂十九、四十九、五十九、七十九、八十九；三疾，謂殘疾、廢疾、篤疾，及中丁多少，貧富強弱，蟲霜旱澇，年收耗實，過貌形狀，及差科簿，皆親自注定，務均齊焉。」

第四，從前引可知，縣令貌定的對象限於在年齡上將成丁，將免課役，將爲「老」，將可受賜侍丁及有三疾等有特殊情況的縣民，而不是全縣的男女老幼。前引延載元年八月勅謂：「凡計年而將入丁、老、疾，應免課役及給侍者，皆縣〔令〕親視其形狀，以作定簿」，十分明白。

第五，縣令定戶，非一人獨斷，而有鄉村父老參加共評。一個直接的證據是在吐魯番發現的開元二十一年蒲昌縣上呈西州都督府文書，其中有「本縣定戶……鄉村父老具狀前來……明府對城鄉父老評定戶等，並無延誤，人無怨言」等語。又天寶四載三月勅也有「自今以後，每至定戶之時，宜委縣令與村鄉對定，審於眾議」的規定。（以上俱見池田溫，1979，中譯本，頁 185-187）

從這五點出發，回頭看漢代案比，可以有不少啟發。首先，漢代案比由誰主持？王毓銓以爲是由戶曹負責。這是一個合理的推測，不過並沒有積極的證據。前引《華嶠書》說顯異江革於「稠人廣眾」之中的是臨淄令。如果這稱人廣眾的場合是指案比

時盧集的縣民，則不無可能是由縣令、長親自主持算民。這個問題當然還要更多的證據才能解決。其次，李賢是高宗時人，武則天當政時被殺。在他的時代，唐貌閱照規定還是每年舉行，這和漢代每年案比相當。李賢以貌閱比附案比的一個理由當在此。再者，唐縣令貌閱只限該年賦役義務或優待身份將有改變的縣民，而不是所有的人。這一點甚有啟發性，漢代案比是否也只對類似身份的縣民進行面對面的查驗？這樣似乎要比年年集合全縣男女老幼合理的多。

漢代百姓依年齡大小傅籍，有大、小、使，未使男女等名目，不同的身份負擔差別的賦役；至五十六歲爲「老」，賦與役皆免；七十或八十歲則稱「高年」，可受有鳩首爲飾的王杖，享有各種優待。此外，鰥、寡、孤、獨、廢疾、罷癃、宗室等在賦役和優待上也是幾種不同的身份[19]。種種不同身份的改變和認定似乎就是八月算民時

19　兩漢對高年的年齡規定，前後曾有改變。文帝元年詔令養老，有司請令「縣道年八十以上，賜米人月一石，肉二十斤，酒五斗；其九十以上，又賜帛人二匹，絮三斤」。賈山謂文帝「禮高年，九十者一子不事，八十者二算不事」（《漢書·賈山傳》），可證八十、九十以上稱「高年」。此一標準在武帝元封元年以前都是如此。元封元年，武帝「加年七十以上、孤、寡帛，人二匹」（〈武帝紀〉）。漢初以來賜高年，通常與賜鰥、寡、孤、獨並行，所謂「加年七十以上」，似將七十以上也納入了「高年」受賜的範圍。不過在法律刑責上，優待似乎仍只限於八十以上。宣帝元康四年正月詔：「自今以來，諸年八十以上，非誣告，殺傷人，佗皆勿坐。」（《漢書·宣帝紀》）這種年齡規定後來顯然一度放寬到七十歲。武威新出王杖詔令册第一簡即說：「制詔御史：七十以上，人所尊敬也，非首殺傷人，毋告劾，它毋所坐。年八十以上，生日久乎？六十以上毋子男爲鰥，女子年六十以上毋子男爲寡……」云云。（《漢簡研究文集》，頁35）這與一九五九年武威磨嘴子十八號墓所出王杖十簡，建武二年九月甲辰制詔內容雖有不同，但甲辰制詔御史曰：「年七十受王杖者比六百石，入廷不趨，犯罪耐以上毋二尺告劾，有敢徵召、侵辱者比大逆不道。」（《武威漢簡》，頁140）也是以七十歲爲高年。而且從「年八十以上，生日久乎？」可知，將「高年」從八十改爲七十，很可能就在成帝建始二年（31 B.C.）。新出武威王杖詔令所抄詔册作「建始元年九月甲辰下」，胡平生考證元年並無九月甲辰，「元」應爲「二」之誤。參胡平生，「玉門、武威新獲簡牘文字校釋——讀《漢簡研究文集》札記，頁98。但七十爲高年，所享有的法律特權，到東漢時似乎又回復到八十以上者才能享有。《周禮·司寇刑官·司刺》鄭司農云：「幼弱老旄若今律令年未滿八歲，八十以上，非手殺人，他悉不坐。」八十或七十歲爲「高年」與五十六歲免賦役之「老」，身份不同。居延簡中對免賦役「老」的身份有特別註記（參簡162.7，162.10，圖版295，513）。〈漢書·高帝紀〉上，如淳引〈漢儀注〉云；「民年二十三爲正，一歲爲衛士，一歲爲材官騎士，習射御騎馳戰陳。又曰年五十六衰老，乃得免爲庶民，就田里。」此五十六免役之證。又《後漢書·光武帝紀》下，李賢注引〈漢儀注〉曰：「人年十五至五十六出賦錢，人百二十爲一算」云云，可見算賦之出亦至五十六而止。到七十歲則爲「高年」，享受更多的優待。七十受王杖最早可考的案例爲成帝河平元年（28 B.C.）一位汝南西陵縣昌里名先的老者，見磨嘴子十八號墓王杖簡。東漢以後，高年受王杖與鰥、寡、孤、獨等受粟、帛不再並行。前者行之於案比之時，後者則於大水、時雨不降等禳災，或即位、立皇太子、立后、皇帝加元服、改元或有瑞應等吉慶場合行之。參《東漢會要》卷二十八，「賜民爵·賜粟帛」條。鰥、寡、孤、獨各有定義，詳見上引王杖簡。宗室也有一定賦役特權，甘肅甘谷縣漢墓所出桓帝詔令簡，於宗室身份和特權有明確引述，參張學正，〈甘谷漢簡考釋〉，頁85-141。

的主要工作。

　　一般而言，這個工作是在鄉進行。《漢官儀》謂：「民年二十三爲正」，生於東漢的崔琰「年二十三，鄉移爲正」（《三國志・崔琰傳》）。這是鄉主理賦役身份改變的明顯證據。張景造土牛碑稱這種正爲「鄉正」（高文，1985，頁 235），亦可爲一證。竊疑江革每至歲時，載母赴縣城，是因其母年老，身份特殊，去接受「高年」可享有的禮物和優待。一九五九和一九八一年，從甘肅武威磨嘴子東漢墓中先後發現兩份王杖詔令簡册。兩册都抄有一件相同的制詔：「高皇帝以來至本始二年，〔一九五九年簡脫「始」字〕，朕〔一九五九年簡作「勝」〕甚哀憐耆老，〔一九五九年簡無「憐」字，「耆老」作「老小」〕，高年賜王杖〔一九五九年簡「賜」作「受」〕，上有鳩，使百姓望見之，比於節」云云[20]。這證實了《續漢書・禮儀志》和《呂氏春秋・仲秋紀》高誘注所載八月賜高年鳩杖的事[21]。這種養老尊高年的措施，本於古禮。從簡册看來，似乎自高皇帝以來已經如此。自西漢初，確已行養老尊年，具體的內容則和東漢不盡相同。最明顯的是施糜粥、賜王杖等尊高年的活動在西漢並沒有和八月案比連繫起來。在四川成都、山東臨沂、嘉祥的畫象磚、石上都有恃鳩杖老者圖；一九五九年在武威磨嘴子，一九七二年在武威旱灘坡東漢早期墓中更出土鳩杖實物[22]。可見東漢賜鳩杖一事相當普遍。建武末的江革老母可能即有。她大概不會年年受鳩杖[23]，但年年應有糜粥可喝。《後漢書・江革傳》未載江革母年歲，《東觀漢記》卷十八謂其「母年八十」，八十合乎「高年」的標準。據〈禮儀志〉，她應可得「加賜」的禮物，這也許值得每年往縣城跑一趟吧。一些和高年相關的特權，在這個場合，當然也可以得到重新肯定。

20　分見《武威漢簡》，頁 140；《漢簡研究文集》，頁 34-61。

21　《續漢書・禮儀志》：「仲秋之月，縣道皆案戶比民，年始七十者，授之以玉杖〔玉應作王〕，餔之以糜粥。八十、九十，禮有加賜。玉〔王〕杖長九尺，端以鳩鳥爲飾」。《呂氏春秋・仲秋紀》高誘注：「今之八月，比戶賜高年鳩杖、粉粢」。此外，《論衡・謝短篇》也提到七十賜王杖事，不俱引。

22　參劉志遠等，《四川漢代畫象磚與漢代社會》，頁95；容庚，《漢武梁祠畫象錄》，頁40；傅惜華，《漢代畫象全集》二編，圖版 219，圖中有三位持鳩杖的老者。又《沂南古畫象石墓發掘報告》謂墓中室西壁南段拓片 48（圖版 59）有「古時所謂的鳩杖」（頁 25）。鳩杖實物分見《武威漢代木雕》，頁 23-24；《武威漢代醫簡》，頁 22 及插圖。

23　據磨嘴子十八號墓所出王杖簡：「王杖不鮮明，得更繕治之。」以墓中所出王杖鳩首而言，木質雕刻，鳩身通體塗白色，以黑、紅二色繪眼、喙、翅、羽等。所謂王杖不鮮明，應指褪色，得重新塗飾整修。可見王杖並非年年發給。參《武威漢代木雕》，頁 23-24。

此外必須注意漢、唐縣的大小相差甚大。唐代置縣的人口標準雖曾有改動，但據《大唐六典》卷三，《舊唐書・職官志》和《通典・職官十五》，大致上唐縣分七等：京都所治爲赤縣，京之旁邑爲畿縣，其餘依人口和土地美惡分爲望、緊、上、中、下縣。六千戶以上爲上縣，二千戶以上爲中縣，一千戶以上爲中下縣，不滿一千戶爲下縣。京畿附近，有時不限戶數，緣邊縣只要五千戶卽屬上縣（《唐會要》卷七十）。唐代以五、六千戶爲上縣，較漢代一縣萬戶的標準低甚多。漢置縣最少須三千戶[24]，這標準已超過唐代一個中等縣。漢一鄉有戶五千則置有秩。換言之，漢鄉有秩所轄人口已相當於唐代上縣的縣令。漢萬戶之縣如分爲四至五鄉，每鄉嗇夫所掌人口也等於唐代中等縣的縣令。以實際一縣編戶人口而言，前文已提到漢一縣平均約七千七百餘戶。而唐代，據梁方仲氏的統計，貞觀十三年（A. D. 639）是二千二百零一人；天寶元年（A. D. 742）爲五千七百一十五人；元和時期（A. D. 806-820）又降爲二千三百一十一人[25]。唐縣戶口事實上當然有差別，不過就平均數而言，唐縣令所轄編戶實際上約略等於漢代的鄉有秩或嗇夫。這一點頗有助於考慮，貌閱或算民這樣的查驗工作較可能在多大的人口和行政單位中進行。

再從貌閱的內容看，唐代貌閱所涉較漢世算民複雜。依前文可知，貌閱之時，縣令除了親定形貌、五九、三疾以外，還要評定貧富強弱、蟲霜旱澇、年收耗實和差科。換言之，貌閱是一次人口，生產和財產的總檢查。而漢代的算民似只限於人口、年齡、形貌（身高、膚色）和身份類別（爵、大小、男女、使、未使等）的查核登記。其它另外舉行。《周禮・地官・小司徒》鄭玄注「大比」曰：「謂使天下更簡閱民數及其財物也」；鄭司農曰：「五家爲比，故以比爲名，今時八月案比是也。」賈公彥《疏》又說：「謂若今之造籍，戶口地宅具陳於簿也。」二鄭與賈說容易使人誤會，以爲漢代案比在簡閱「民數」以外，還要核驗「財物」[26]。其實，鄭玄是針對小司徒之職「頒比於六鄉之大夫，使各登其鄉之衆寡，六畜車輦，辨其物，以歲時入其數」而說，並沒有意味漢代也行三年大比或案比亦辨及財務。至於鄭司農注，賈公彥說的

24　如西漢平陸縣，到東漢建武元年，因戶不滿三千而降改爲陵樹鄉。東漢初承動亂之後，編戶減少，三千戶大約是置縣的最低標準。參嚴耕望，1974，頁 44。

25　參梁方仲，1981，表 23-27，頁 78-96。

26　如韓連琪，1986，頁 382。

很對，是因爲「周以三年大比，未知定用何月，故司農以漢法況之」，重點在以「八月」說明「歲時」，漢代八月案比是否在人口以外，兼及財物，並未明言。實則「算民」一詞已很明白揭示「算」是以「民」或「民數」爲對象。民數登記即成戶籍。劉熙《釋名・釋書契》謂：「籍者，籍也。籍疏人名、戶口故也。」從此可知，漢代戶口名籍是以各戶人名、年齡、賦役身份等「人」的資料爲主。

　　算民在查核戶口；土地、貲產另有文簿、圖册，另有查驗的制度，不可相混。《周禮・冢宰治官・司會》鄭玄注謂：「版，戶籍也；圖，土地形象，田地廣狹。」田土有圖，淵源久遠，最少蕭何入關中，收圖、籍，戶籍和圖籍已經分開。戶籍用版，圖籍或繪於帛。馬王堆所出地圖帛製，居延簡：「徐路人等以治輿地圖帛薄毋餘素●宗錢千」（217. 7, 49. 15，圖版423）亦地圖繪於帛薄之例。唯帛製地籍迄今無可考。田地在西漢如何登記查驗，已不得而知。據居延簡，知元、成時期有「墾田簿」（113. 6, 139. 24，勞圖版226, 227）。簿中須依年成好壞登記得穀情況，又據一些有限的線索，知道百姓在轉移田產時，須要知會從縣到里的鄉吏。江蘇儀徵胥浦一〇一號西漢墓所出先令券書就是例子（陳平、王勤金，1987，頁 20-25）。墓主朱凌在平帝元始五年臨死前，請來縣、鄉三老、都鄉有秩、鄉佐、里師以及伍人、親屬等爲見證，立下遺書。遺書主要內容關係到田產的轉移處分。因關涉人口和財產，根據漢戶律，須知會鄉官，居延曾出幾枚和「先令」相關的殘簡可以參證：

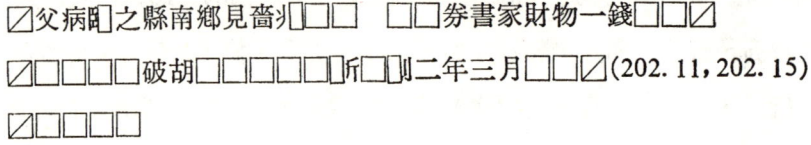

這三枚編號 202 的殘簡，出於同一地點。據我目驗原簡，無論其木紋、厚薄和書法都一致，應原屬同一簡册。其中202. 11, 202. 15爲同一簡之削片（參附圖照片）「臨」字，《甲乙編》（頁 134）與謝桂華等《合校》（頁314）俱作「臨」；勞榦《釋文》（頁81）釋爲「至」。原簡此字右半已無筆劃痕跡，左半則清晰爲「臣」。其餘「破胡」、「爲」字原簡皆殘不全，此處姑從《甲乙編》所釋。202. 10與202. 11, 202. 15的前後文關係已不易肯定，暫時排列如上。內容有四點甚爲明確：一、簡中所述與某人父親的遺書有關；二、遺書與財物有關；三、「當以父先令、戶律從☒」，「從」下

應是「事」等字，「從事」是公文慣用語，以戶律從事意即依戶律行事；四、「父病
卲之縣南鄉見嗇█」，「卲」或爲人名，父病危，卲往南鄉見嗇夫，與胥浦墓先令券書
參讀，則知當是與請嗇夫參與立遺書，認定財產分配有關。以上殘簡與「神爵元年正月
卅日／二月卅日」(202.9)紀年簡同出破城子 A₈，二者木質與厚薄皆同，時間上應十
分接近。從鄉官參與立遺書，使我們了解到西漢鄉官掌握地方人口和財產的部分實況。

關於東漢土地查核也只有片段的資料。建武十五年六月，光武曾「詔下州郡檢覈
墾田頃畝及戶口、年紀」（《後漢書‧光武帝紀》下）。檢覈的情況據《東觀記》說，
當時「刺史、太守多爲詐巧，不務實核，苟以度田爲名，聚人田中，並度廬屋里落，
聚人遮道啼呼。」這次行動本是承大亂，天下初平以後的一次人口與土地的總清查，
性質頗不同於例行性的縣、道案比[27]。結果，不但地方官多與地主勾結，地主豪族甚
至激烈反抗。光武雖處決了不少地方官，最後仍不了了之。地方官與地方勢力結合，
包庇容私的問題並沒有解決。到章帝時，山陽太守秦彭才成功地建立了一套田地評等
和在鄉、縣立文簿登記土地的制度[28]；立了文簿，查對有依據，終使「姦吏跼蹐，無
所容詐」（《後漢書‧循吏傳》）。秦彭將其法上奏，章帝又將之「班令三府，並
下州郡」，可見當時查核土地是一個普遍性的問題；也反映自東漢初以來，東漢政府
在地主勢力的對抗和缺乏完善依據的情況下，對田地一直無法有效地查核。建武末的
江革正生活在這樣一個土地難以查核的年代。他赴縣參加案比，我們很難想像當時的
臨淄縣除了貌閱和存問高年之外，還能清查他家的土地田宅。

總之，即使算民只查核戶口身份，也不是件輕鬆的事。唐代戶籍登記有輕便的紙
卷可用，漢代只有竹木質的版牘。唐代每年在相當於漢一鄉的範圍內，只針對「五
九」和「三疾」實行貌閱，已無法確實執行。開元二十九年以後或天寶初在「人不欲
擾，法貴從寬」（《唐會要》卷八十五，〈定戶等第〉）的藉口下，改爲三年一次。
開元時期是史家公認的治世，尚且如此，漢代豈能更有效率？建武查戶口、墾田，官

27　蘇誠鑒認爲建武十五年事「實際就是一次八月算人的寫照」(1983，頁 160)，恐不確。第
　　一，建武十五年度田在六月，非八月；第二，建武十五年由刺史和太守親自下鄉，與縣道案
　　比常例不同；第三，據本文所論，八月算民以查核戶口、年紀、形貌爲內容，不包括檢覈墾
　　田頃畝。
28　關於秦彭之法和漢代土地查核，平中苓次、米田賢次郎等日本學者有詳細討論，參米田賢次
　　郎，「漢代田租查定法管見」，中譯本，頁 272-294。

員親自下鄉，就田中聚民而度之，民已不堪其擾，遮道啼呼；若令民必跋涉百里，遠赴縣廷，豈非更加不堪？度田在傳統中國一直是一件極其擾民的事，建武十五年度田失敗就是一例。它幾乎不可能像貌閱人口一樣，年年舉行。如果度田僅根據簿册，又總不免因舞弊而與實際出入愈來愈大，所謂「度」泰半流爲虛應故事。時日一久，政府被迫進行總清查，則又因過於苛擾或遭旣有利益抵制而無法貫澈。年年將人口和土地一並清查，頂多是某些人的夢想，漢、唐盛世都不曾眞正作到。學者認爲八月算民兼及貲產，是惑於表面文字，未顧及實際的結果。

　　漢一鄉的面積只是一縣的四、五分之一。數十里至百里的距離，鄉民一、二日之間可至，這對習於安土重遷的一般小農而言，是平日活動所及較可能的空間。小農於耕作之餘，亦從事小規模的買賣，但漢世早有「百里不販樵」的諺語（《史記・貨殖列傳》）。轉販日常必需品於百里之外註定得不償失，這是古代運輸成本自然局限貿易活動範圍的結果[29]。因此，除非迫於天災人禍，徭役或人口自然增殖的壓力，漢世

29　從王褒《僮約》和崔寔《四民月令》看來，似乎漢代農民不但常年買賣，甚至遠赴他地。《四民月令》中，農戶從二月至十一月，每月都在作糧食或布絮縑縛的交易，而《僮約》的主角便了販易各地，甚至遠赴兩百公里以外。（參宇都宮清吉，《漢代社會經濟史研究》，頁 350）這些資料容易使我們誤會漢世農民的一般情況。其實，楊聯陞先生早已指出《四民月令》說的是少數的富農兼商人（楊聯陞，1935，頁 8-11），而《僮約》所述是以買入的僮僕從事各種雜役、生產和買賣，其主人只可能是大地主。絕大部分漢代小農不可能像他們一樣。事實上，古代陸上運輸成本極爲昂貴，一般小農不可能從事遠距離貿易。這點中外皆然。《漢書・食貨志》謂：「天下賦輸或不償其僦費」，又謂：「千里負擔餽饟，率十餘鍾致一石」；如果自琅邪負海之郡轉粟於北河，則「率三十鍾而致一石」（《漢書・主父偃傳》）。東漢時，虞詡爲武都太守，當地「運道艱險，舟車不通，驢馬負載，僦五致一。」（《後漢書・虞詡傳》）一個實際的例子是建武三年，候粟君出牛、穀僱請寇恩以牛車從居延赴觻得賣魚。魚五千頭預估可售錢四十萬。粟君付給寇恩工錢爲值六十石穀的牛一頭，另穀二十七石，合爲穀八十七石。其時觻得穀價一石四千錢。換言之，這一趟四十萬錢的買賣，「載魚就（僦）直」即高達三十四萬八千錢。如果再加上粟君請寇恩子捕魚的工錢穀二十石，就誠如許倬雲師所說，眞是令人費解的賠錢生意（許倬雲，1979，頁 179）運費之昂又可參王子今，1989，頁15-25。
水上運輸成本遠較陸上低廉。《戰國策》十四，楚一：「秦西有巴蜀，方船積粟，起於汶山，循江而下，至郢三千餘里。舫船載卒，一舫載五十人，與三月之糧，下水而浮，一日行三百餘里。里數雖多，不費馬汗之勞（《史記》作汗馬）。」有學者估計，戰國鄂君啓節裏說的「舿」，一舿載重約一千五百斛（〈考古與文物〉5，1982，頁62），而漢一車載二十五斛，一舿即相當於六十車，可知車船載量差別之大，因而《史記・淮南衡山列傳》有「一船之載當中國數十兩車」之語，運費的差別亦不難推想。古代羅馬人以擅長築路聞名，然陸上運費之昂與水運相較仍不成比例。近代學者根據戴克里先「限價令」中所訂運費研究，發現如果以車運送一千二百磅麥子赴三百哩外，麥價即高漲一倍；如以水運同量麥子橫越地中海，其費較陸運七十五哩之費猶廉。凡穀物陸運超過五十哩即得不償失。參 M. Grant, 1978, p. 266; M. I. Finley, 1973, p. 126; A. H. M. Jones, 1964, pp. 841-845; R. Duncan-Jones, 1974, pp. 366-369.

小農可能和中國此後千年的村夫農婦一樣，終生不出其鄉里一步。漢人習於連言「鄉里」，絕非偶然。因為這正是絕大部分漢人一生活動和熟悉的空間。這個空間之內，鄉民彼此非親即故，禍福與共，關係密切。陳平為陽武戶牖鄉人，家貧，「邑中有喪，以先往後罷為助」（《史記‧陳丞相世家》）。所謂邑即鄉[30]。鄉有喪事，一鄉之人無論貧富皆往相助。戶牖富人張負即在喪所見陳，偉之，遂妻以女。宣帝外祖母王媼，涿郡蠡吾平鄉人，十四歲嫁同鄉王更得為妻（《漢書‧外戚傳》）。此鄉里間婚姻之證。東漢陳留人李充出妻，呼「鄉里內外共議其事」（《後漢書‧獨行傳》）。內外者，親戚朋友之謂。因鄉里間非親即故，漢人賑災濟困，每不限己族，而遍及鄉黨鄉里[31]。以德行聞於鄉里，為漢世仕宦之初階，所謂「舉孝弟有行義聞於鄉里者」（宣帝地節三年十一月詔），兩漢皆然。這一點已是常識，無勞舉證。漢世能行鄉舉里選，根本基礎即在有一彼此知識，關係密切的鄉里社會。

漢世社會秩序的維繫也在於這樣密切的鄉里關係。昭帝始元五年，有一夏陽卜者成方遂（一名張延年）駕黃犢車詣闕，詐自稱為衛太子，京師為之震動，長安吏民聚觀者數萬人；公卿、將軍、二千石雜識之，無人敢定其真偽。廷尉後傳召其「鄉里識知者張宗祿等」，終於揭穿其詐（《漢書‧雋不疑傳》）。人離其鄉，即少人能識；要辨識人，必得靠「鄉里識知」。另一個例子是宣帝訪求流落民間的外祖母，經過太

30　漢初邑與鄉相當。《史記‧商君列傳》：「集小鄉、邑、聚為縣」，是鄉、邑、聚為小於縣的聚落單位。《漢書‧高帝紀》「高祖，沛豐邑中陽里人也。」應劭曰：「沛，縣也；豐，其鄉也。」豐邑乃當於鄉。秦時，縣以下鄉、邑為同級地方單位。高祖入關中，「乃使人與秦吏行至縣鄉邑告諭之」，此處縣為一級，鄉、邑為一級。這從《史記‧樊噲傳》：「與諸將共定代鄉邑七十三……定燕地，凡縣十八，鄉邑五十一」的措詞即可證明。晁錯徙民策云：「此民所以輕去故鄉而勸之新邑也」（《漢書‧晁錯傳》），其措詞仍然是以鄉與邑相當。當然，後來漢制以皇后和公主所食曰邑，情形就不完全相同了。不過，《說文》仍然說：「鄉，國離邑」。

31　這類例證極多。例如疏廣乞骸骨，歸鄉里，日設酒食，請族人故舊賓客「與鄉黨宗族共饗其賜」（《漢書‧疏廣傳》）。西漢末邴越「散其先人貲千餘萬，以分施九族州里」（《漢書‧鮑宣傳》附）東漢例子更多：廉范「積財粟，悉以賑宗族朋友」；樊宏「貲至巨萬，而賑贍宗族，恩加鄉閭」；朱暉「盡散其家貲，以分宗里故舊之貧羸者，鄉族皆歸焉」；獻帝初，百姓饑荒，張儉「頃竭財產，與邑里共之，賴其存者以百數」；童恢父仲玉「傾家賑恤，九族鄉里賴全者以百數」；黃巾賊起，郡縣饑荒，劉翊「救給之絕，資其食者數百人，鄉族貧者，死亡則為具殯葬，孤獨則助營妻娶」，以上各見《後漢書》本傳。

中大夫、丞相、御史屬雜考問「鄉里識知者」四十五人，因所述「皆驗」，而後確

認（《漢書・外戚傳》上）。鄉里間多彼此知悉，歹徒難在鄉里施詐。他鄉之民，稱

「客民」，亦在所客居之鄉有秩或嗇夫的管轄之下[32]。因此，流亡的歹徒不易藏匿。

漢代追捕逃犯或打擊宵小，必賴鄉里合作[33]，理由在此。

　　費辭勾勒這樣一個鄉里社會，目的在幫助我們思考如果縣、道案比算民，應較可

32　寄居他鄉者稱爲「客民」，疑亦稱「客子」。「客子」一名見居延簡88.5，圖版392、甲附
　　40，《甲乙編》甲圖版189：

　　　　居延騎士廣都里李宗坐殺客子楊克元鳳四年正月丁酉亡☒　(88.5)

　　　　客子漁陽郡路縣安平里

　　　　　　　馬二匹

　　　　張安上

　　　　　　　軺車二乘（甲附40）

　　　客民的一個佳例是建武三年候粟君責寇恩爰書册中的寇恩。寇恩是潁川昆陽市南里人，但是
　　他在居延的身份，據爰書册很明白是「客民」，受居延都鄉嗇夫管轄。有關他的訟案，並不
　　送回原籍，而由客居的鄉嗇夫偵辦。客民一詞又見居延簡308.38，圖版437。在文獻中可以
　　《後漢書・馬援傳》爲例：「於是詔武威太守令悉還金城客民，歸者三千餘口，使各反舊
　　邑。」客民在他鄉稱「客居」。居延簡有「客居長安常利里者雒陽上商里范義」云云(157.
　　24A，圖版360)此處標明當事人原籍及客居所在，客居一詞意義明確。與此相對者，稱「
　　居民」。昆陽都鄉正衛彈碑：「臨時顧（僱）募（募），不煩居民」（〈隸釋〉十五，頁十
　　三上）；《潛夫論・實邊》有云：「内郡人將妻子來占著，五歲以上，與居民同均，皆得選
　　舉。」換言之，客民在五年以内，原本不能和居民享受同等選舉的權利。不但如此，客民更
　　常遭居民欺負。《後漢書・賈宗傳》謂：「宗建初中爲朔方太守。舊内郡徙人在邊者率多貧
　　弱，爲居人（按即居民）所僕役，不得爲吏。宗擢用其任職者與邊吏參選……」此可與《潛
　　夫論》所說相參證。又《古詩源》錄古歌一首，頗能反映客民在他鄉的境遇：「高田種小
　　麥，終久不成穗；男兒在他鄉，焉得不憔悴！」

33　尹賞爲長安令，「乃部戶曹掾史與鄉吏、亭長、里正、父老、伍人雜舉長安中輕薄少年惡
　　子，無市籍商販作務，而鮮衣凶服，被鎧扞持刀兵者，悉籍記之，得數百人。」（《漢書・
　　酷吏傳》）韓延壽爲潁川、東郡太守，「置正、五長，相率以孝弟，不得舍姦人，閭里仟佰
　　有非常，吏輒聞知，姦人莫敢入界。」（《漢書・韓延壽傳》）宣帝甘露二年五月，丞相少
　　史和御史府少史從長安轉發通緝令，要求張掖太守「嚴教屬縣令以下嗇夫、吏、正、三老，
　　雜驗問鄉里吏民，……務得情實」云云。張掖太守將通緝令層層下轉，我們看到的一份卽在
　　居延肩水金關出土。在通緝令裏，根據「試（識）知外人者，故長公主大奴千☐等」的供
　　詞，詳細陳述了逃犯的來歷、年齡、容貌，甚至習慣的動作和性情，而眞正擔任追查的正是
　　鄉嗇夫、里正、三老等鄉里之吏和鄉中長老。以上引文有些須略加考證。韓延壽所置正、伍
　　長爲何？顏師古說：「正若今之鄉正、里正也；五長，同伍之中置一人爲長也。」如顏說可
　　從，則韓延壽置正、五長，不知是當地本無此類組織，或自秦以來的里、什伍制趨於廢弛，
　　有待延壽加以重建。從文獻和出土資料看，漢代里制普遍存在，一無可疑。尤其馬王堆所出
　　長沙國南部地圖可以證實里制存在於邊遠地區。漢世地方伍制似亦始終存在。《續漢書・百
　　官志》謂民有什伍，本注曰：「什主十家，伍主五家」。唯迄今所見，只有伍、伍長可考，
　　什長或什這一級地方組織尚無法證實。前引甘露二年通緝令的釋文和標點，多從裘錫圭。如
　　「吏、正」，初仕賓作「吏正」；炎讀「試知」的試爲「識」，初氏則釋「試知」爲「試證得
　　知」。初氏雖爲文駁炎說，十分勉強。許青松另有文支持炎說。從本文所引「鄉里識知者」
　　在司法中的作用可知，炎釋應屬正確。諸說分參初仕賓，1980，頁179；初仕賓、伍德煦，
　　1984，頁76；裘錫圭，1981，頁105-106；1987，頁100；許青松，1986，頁22。

能探行何種方式？唐代定戶，鄉村父老具狀赴縣，與縣令對定。唐縣相當於漢鄉，漢代是不是也由里中父老、里正帶頭赴鄉，配合鄉嗇夫或有秩、鄉佐等，與縣廷來的長官會同貌閱呢？個人以爲很可能是如此，積極的證據雖然沒有，居延簡中三件記載秋賦錢的殘文頗有啟發性：

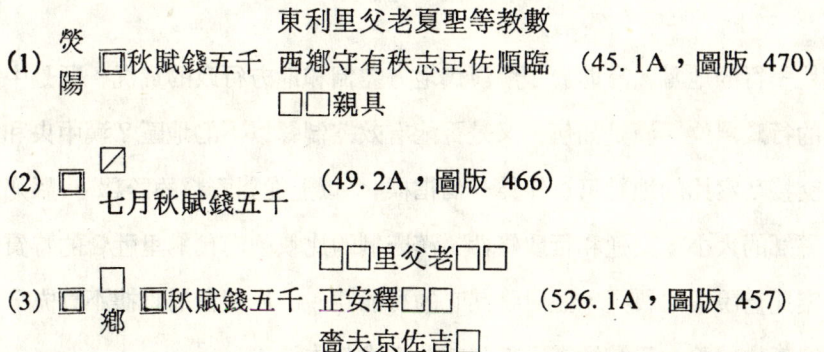

這三枚都是封檢。封檢形式上大下小，據勞先生考證，是專門施於囊橐者（《居延漢簡考證》，頁2）。可以想見囊橐所盛很可能就是秋賦錢，封檢上則注明來源、數量以及徵收、封繳人。這三件封檢注記的形式稍有不同。(1) 簡有縣名「熒陽」，屬河南郡；(2)簡右半斷失，左半右側尚有筆劃殘跡，不可識；(3)簡有封檢凹槽二，有某鄉名，無縣名。有鄉無縣名的情形還見於另一秋賦封檢：「廣鄉□秋賦□五千／王德少三／□四」（21.1A，圖版456）。(1)簡有縣名，封檢上卻很明白說這筆錢是來自熒陽之西鄉。因此，大體上可以說，當時秋賦錢的徵收是以鄉爲單位，《九章算術》卷三所舉南、北、西鄉徵算錢之算題，亦可爲徵賦以鄉爲單位之一證。徵收封妥後，被（縣？大司農？）送到居延邊地。此外，據(2)簡可知徵收秋賦錢是在七月。七月徵賦如果是通例，很顯然就和八月算民不是一回事。然而，值得注意的是一鄉賦錢的徵收和封繳，是由里父老、里正、鄉有秩或嗇夫以及鄉佐共同具名負責[34]。從而不難

34　鐮田重雄認爲 (1) 簡的意思是由東利里的父老夏聖等點數，西鄉守有秩志臣和鄉佐順在場，以下不可解。大庭脩和米田賢次郎看法相同。他們都從勞榦，釋「□□親具」爲「從請親且」。不過，鐮田加了一個附註，以爲「且」或爲「見」字之誤。大庭氏則指出此四字筆跡與簡上其餘字跡不同。經查原簡，這四字書法確與同簡其餘文字不同，且已不易釋讀。米田勉強將此四字解爲「按照請求，親自……」云云，應有所保留。第 (2)、(3) 簡也皆因殘損，看不出這些人在徵賦上確實各擔任什麼角色。然而，賦錢徵收由鄉和里共同負責，則可確定。請參鐮田重雄，1962，頁 421；米田賢次郎，1962，中譯本，頁 183；大庭脩，1982，頁 517。

推測，算民之時，除了鄉有秩或嗇夫，里正和父老也應參與。在秦代，里典和父老對百姓戶籍的差錯（弗告，不審）負有極重的責任，唐代里正對脫戶漏口或增減年狀也負重責[35]，漢代似不可能例外。

四　結　論

至清案比舉行的地點，有助於了解漢代地方控制和地方行政的實況。縣是中央直轄最低一級的行政單位。漢是如何，又是否能有效控制縣以下的地區？漢中央和地方勢力在那兒交接？案比的地點可以作為一個指標。以上從對資料的詮釋，縣鄉和戶籍的關係，縣鄉的大小，交通和行政條件，漢唐制的比較，漢代鄉里社會的特質等方面，對縣道案比舊說提出質疑，並討論其它的可能性。由於積極的證據不算充分，本文不敢作什麼新的結論，只歸納幾點初步想法，求教先進：

1. 漢代八月算民，每年要全縣男女老幼集於縣廷，接受貌閱的可能性十分微小。從縣的人口和面積，以及交通、地方行政條件等方面考慮，即使有某些縣份有此可能，亦絕不可能全國通行。

2. 案比算民的實態可能是名義上由縣道負責，實際施行卻在更基層的鄉和里。

3. 從唐貌閱之制推斷，漢世算民似非無分男女老幼，年年皆在被算之列；很可能只限於賦役身份將有改變，身份須要重新核定的一部份人。

4. 漢世算民以查核「民數」為主，種種不同賦役身份的改變和認定似乎是算民的主要工作。整體而言，漢代算民和唐代貌閱一大不同在漢代只及「民數」，不及財物，而唐代兼及兩者。

5. 漢代算民在不同時期，不同區域的實際情況可能有差別，例如，東漢案比，

35　《睡虎地秦墓竹簡》，頁 143：「匿敖童，及占癃（癃）不審，典、老贖耐●百姓不當老，至老時不用請，敢為酢（詐）偽者，貲二甲；典、老弗告，貲各一甲；伍人，戶一盾，皆遷（遷）之●傅律」。《唐律疏義》卷十二，「諸里正不覺脫漏增減」條：「議曰：里正之任，掌案比戶口，收手實，造籍書。不覺脫漏戶口者，脫謂脫戶，漏謂漏口，及增減年狀，一口笞四十，三口加一等；過杖一百，十口加一等．罪止徒三年。」（頁 233）同卷「諸里正及官司妄脫漏增減」條：「議曰：里正及州、縣官司，各於所部之內，妄為脫漏戶口，或增減年狀，以出入課役，一口徒一年，二口加一等，十五口流三千里。」（頁 235）

並行養老之禮，此於西漢無徵；漢代縣、道、侯國面積與人口相差甚大，交通、行政條件不齊，齊國臨淄和桂陽在實施算民的方式上卽難免有所不同，志書所載爲一代典制之原則，實際情況必容許若干彈性，否則難以想像。

6. 文中強調鄉在戶籍掌握上的重要地位，以爲戶籍是以鄉爲單位。不過，仍有不易解釋的困難，卽：果如此，爲何漢人名籍，以署縣里爲通例，而少有署鄉者？爲何馬王堆所出長沙國南部地圖只標縣、里名，不見鄉的蹤跡？漢世固多以南、北、東、西、左、右名鄉者，鄉有專名者亦極多，爲何偏偏省略鄉名？這些問題還須要更多的證據和進一步的思考，才能解決。

7. 最後，不能不強調，漢世治風，代有不同，或清靜無爲，或查查爲明，而漢代地方官權又大，案比如何施行，在鄉或在縣，不無可能由各郡國自行斟酌。例如，文帝尙無爲，百姓「自年六七十翁亦未嘗至市井」（《史記·律書》），這個時代怎會施行擾民的案比呢？再如，劉寵爲會稽太守，「下車以來，狗不夜吠，民不見吏」（《後漢書·劉寵傳》）；外黃縣令以爰延爲鄉嗇夫，「人但聞嗇夫，不知郡縣」（同上，〈爰延傳〉），這些地方官大概都不曾認眞執行一年一度所謂的案比或算民吧。但在某些地區，八月算民似乎成爲傳統。例如東漢末，三國時的薛綜提到「自臣昔客，始至之時，珠崖除州縣嫁娶，皆須八月引戶，人民集會之時，男女自相可適」（《三國志·薛綜傳》）。「引戶」據〈集解〉引梁章鉅云「卽古之案比」。因此，討論漢代案比的實況，恐不能不考慮到區域、時代和地方官態度的差別，制度規定則是另一回事。 78.8.11

附記：本文寫成後，承嚴歸田先生、杜正勝、蕭璠、廖伯源諸友賜教，謹此致謝。

附表一：西漢末郡國與縣面積估計表〈説明〉

曾作漢代郡國面積估計的先後有勞榦、葛劍雄和楊遠三氏。梁方仲的《中國歷代戶口、田地、田賦統計》也有估計，但係轉錄勞氏的成果。勞榦所估是利用楊守敬圖，重繪在申報館所出《中國分省地圖》上；朝鮮部分曾參考滿鐵所出《最新滿洲地圖》；安南部分參考《法國百科全書》所附〈印度支那圖〉。葛劍雄的估計則是根據譚其驤主編的《中國歷史地圖集》。楊遠文中未說明他的依據。唯在其文表二的說明中曾說：「以本文附圖的郡界面積爲準。」（頁 383）楊文郡界係由楊氏自作考訂；如何考訂，文中沒有進一步說明。

漢代郡國邊界已難確考，三氏所估郡國面積常有相差達一倍以上者。這種情形尤以邊郡爲甚，如河西四郡、雲中、定襄、會稽、玄菟、五原、九眞、日南等。本表暫依葛劍雄數字，作最保守的估計。有些三氏估計不同，其中兩人較爲接近，另一人相差甚遠，如眞定、河間、平原、蜀郡，則參照譚其驤圖，但取兩氏得出平均數。葛劍雄估計中有兩處將若干郡國合併，又分估會稽南北部。本表爲方便統計，依譚其驤圖，將合併的郡國分別作了估計（沛郡、梁國、山陽、魏郡、鉅鹿、清河、廣平、信都），又將葛氏分估的會稽南北部合併。由於勞氏未估計會稽郡閩中部分，本表據葛、楊估計得其平均數。其餘郡國，三人所估皆有出入，唯出入尙非甚鉅者，則將三種估計數字平均，得一平均約數，作爲本文估計各縣面積的依據。

勞、葛、楊三氏的估計皆以平帝元始二年（A. D. 2）爲準。元始二年時，部分郡國的分合和縣的歸屬已無法完全肯定，這是葛氏爲何將若干郡國合併計算的原因。但本表暫從譚其驤圖不得已的辦法，在無法肯定的情形下，暫以《漢書・地理志》爲準。（參譚其驤《中國歷史地圖集》第二冊，西漢「冀州刺史部」圖附小注）。

西漢末郡國與縣面積估計表

郡　　國	縣　數	郡　國　面　積　估　計				縣面積估計
		勞　榦	葛劍雄	楊　遠	平　均	
1.　京兆尹	12	8,599	7,145	8,800	8,181	681
2.　左馮翊	24	14,247	22,718	24,100	20,355	848
3.　右扶風	21	27,675	24,154	22,900	24,909	1,186
4.　弘　農	11	41,130	40,177	34,100	38,469	3,497
5.　河　東	24	36,090	35,237	36,975	36,100	1,504
6.　河　內	18	18,270	13,261	15,700	15,743	874
7.　河　南	22	11,250	12,884	13,500	12,544	570
8.　潁　川	20	10,710	11,512	12,700	11,640	582
9.　汝　南	37	37,097	31,364	40,750	36,403	983
10.　沛　郡	37	36,990	〔27,500〕	30,475	31,655	855
11.　梁　國	8	5,408	〔5,750〕	4,900	5,352	669
12.　魏　郡	18	10,800	〔15,300〕	14,000	13,366	742
13.　鉅　鹿	20	7,440	〔5,700〕	5,475	6,457	322
14.　常　山	18	15,930	15,747	14,475	15,384	854
15.　清　河	14	4,500	〔6,125〕	6,700	5,775	412
16.　趙　國	4	4,050	4,186	3,800	4,012	1,003
17.　廣　平	16	1,199	〔3,100〕	3,100	2,466	154
18.　眞　定	4	1,881	937	1,000	986	242
19.　中　山	14	9,234	7,451	10,200	8,961	640
20.　信　都	17	8,253	〔6,014〕	5,750	6,672	392
21.　河　間	4	3,069	2,324	1,375	2,696	674
22.　東　郡	22	13,500	13,456	15,700	14,218	646
23.　陳　留	17	10,890	12,100	11,625	11,538	678

24.	山 陽	23	9,000	〔8,800〕	10,675	9,837	427
25.	濟 陰	9	6,210	5,225	4,900	5,445	605
26.	泰 山	24	18,000	19,048	15,350	17,466	727
27.	城 陽	4	3,375	2,748	3,150	3,091	772
28.	淮 陽	9	11,000	10,256	6,975	9,410	1,045
29.	東 平	7	3,150	3,744	2,850	3,248	464
30.	琅 邪	51	23,625	21,212	22,050	22,295	437
31.	東 海	38	22,500	19,756	24,600	22,285	586
32.	臨 淮	29	42,372	28,856	37,900	36,376	1,254
33.	魯 國	6	5,400	3,724	3,500	4,208	701
34.	楚 國	7	5,247	6,476	5,350	5,691	813
35.	泗 水	3	3,375	2,908	1,925	2,736	912
36.	廣 陵	4	7,467	6,364	6,400	6,743	1,685
37.	平 原	19	1,595	9,172	9,750	9,461	497
38.	千 乘	15	5,481	4,096	6,000	5,192	346
39.	濟 南	14	7,923	6,888	6,625	7,145	510
40.	齊 郡	12	6,147	3,928	4,200	4,758	396
41.	北 海	26	7,830	4,000	5,150	5,660	217
42.	東 萊	17	10,872	14,592	13,550	13,004	764
43.	甾 川	3	1,431	916	650	783	261
44.	膠 東	8	7,425	7,256	8,500	7,727	965
45.	高 密	5	1,269	1,032	1,700	1,333	266
46.	南 陽	36	46,170	48,831	51,050	48,683	1,352
47.	南 郡	18	74,250	63,919	71,500	69,889	3,882
48.	江 夏	14	76,518	61,569	63,875	67,320	4,808
49.	桂 陽	11	51,390	53,069	53,500	52,653	4,786
50.	武 陵	13	116,100	122,456	112,050	116,868	8,989

51. 零 陵	10	59,778	45,050	52,475	52,434	5,243
52. 長 沙	13	75,510	80,544	86,475	80,843	6,218
53. 廬 江	12	44,325	36,180	39,450	39,985	3,332
54. 九 江	15	37,710	26,181	23,650	29,180	1,945
55. 會 稽	26	83,970 （閩中未 計入）	（北部） 68,835 （南部） 158,568 ⎬227,403	232,700	23,005	8,848
56. 丹 陽	17	59,700	52,569	50,200	54,156	3,185
57. 豫 章	18	174,960	165,915	161,700	167,525	9,306
58. 六 安	5	10,881	11,907	6,450	9,746	1,949
59. 漢 中	12	69,894	70,488	73,700	71,360	5,946
60. 廣 漢	13	55,953	50,328	63,800	56,693	4,361
61. 蜀 郡	15	24,219	67,266	76,400	71,833	4,788
62. 犍 爲	12	129,930	125,640	109,000	121,523	10,126
63. 越 巂	15	108,747	90,612	108,575	102,644	6,842
64. 益 州	24	258,320	140,013	268,275	222,202	9,258
65. 牂 牁	17	183,969	182,700	222,400	196,356	11,550
66. 巴 郡	11	135,810	125,694	126,650	129,384	11,762
67. 武 都	9	25,750	26,460	25,575	25,928	2,880
68. 隴 西	11	26,925	25,443	48,500	33,622	3,056
69. 金 城	13	59,500	34,888	54,275	49,554	3,811
70. 天 水	16	17,000	23,238	25,050	21,762	1,360
71. 武 威	10	83,250	24,243	127,250	〔24,243〕	2,424
72. 張 掖	10	135,500	45,264	130,750	〔45,264〕	4,526
73. 酒 泉	9	58,250	37,301	143,300	〔37,301〕	4,144
74. 敦 煌	6	149,750	28,236	81,350	〔28,236〕	4,706
75. 安 定	21	64,750	54,807	58,600	59,385	2,827
76. 北 地	19	59,750	55,100	55,250	56,700	2,984

77. 太　原	21	51,750	43,525	38,500	44,591	2,123
78. 上　黨	14	29,770	26,875	28,750	28,465	2,033
79. 雲　中	11	17,750	8,213	36,725	〔8,213〕	746
80. 定　襄	12	17,000	7,938	16,350	〔7,938〕	661
81. 雁　門	14	18,900	24,356	24,400	22,552	1,610
82. 代　郡	18	27,750	23,731	30,900	27,460	1,525
83. 涿　郡	29	16,020	15,372	16,500	15,964	550
84. 勃　海	26	22,725	16,272	19,575	19,524	750
85. 上　谷	15	31,250	22,644	34,150	29,348	1,956
86. 漁　陽	12	37,900	41,409	51,400	43,569	3,630
87. 右北平	16	36,750	45,558	67,700	50,002	3,125
88. 遼　西	14	39,750	46,431	46,975	44,385	3,170
89. 遼　東	18	83,700	78,093	147,000	102,931	5,718
90. 玄　菟	3	84,750	55,296	199,525	〔55,296〕	18,432
91. 樂　浪	25	69,750	84,411	87,120	80,427	3,217
92. 廣　陽	4	2,700	3,114	3,425	3,079	769
93. 上　郡	23	44,784	63,025	87,550	65,119	2,831
94. 西　河	36	44,010	55,000	45,600	48,203	1,338
95. 朔　方	10	79,775	58,369	58,100	65,414	6,541
96. 五　原	16	16,150	9,063	30,900	〔9,063〕	566
97. 南　海	6	95,670	98,527	92,850	95,682	15,947
98. 鬱　林	12	125,190	126,200	157,900	13,643	11,369
99. 蒼　梧	10	57,510	56,313	55,000	56,274	5,627
100. 交　趾	10	77,490	73,059	56,850	69,133	6,913
101. 合　浦	5	56,970	97,591	95,875	82,478	16,495
102. 九　眞	7	55,620	12,066	67,175	〔12,066〕	9,596
103. 日　南	5	94,500	33,884	56,160	〔33,884〕	6,776
面積總計：		4,443,319	3,944,788	4,996,580	3,838,738	

附表二：西漢末縣平均面積分類表

縣 面 積 （平方公里）	郡　　　　國　　（附　　縣　　數）	郡國數 合 計	縣 數 合 計
100～500	鉅鹿(20)清河(14)廣平(16)眞定(4)信都(17)山陽(23)東平(7) 琅邪(51)平原(19)千乘(15)齊郡(12)北海(26)甾川(3)高密(5)	14	232
501～1000	京兆(12)馮翊(14)河內(18)河南(22)潁川(20)汝南(3)沛郡(37) 梁國(8)魏郡(18)常山(18)中山(14)河間(4)東郡(22)陳留(17) 濟陰(9)泰山(24)城陽(4)東海(38)魯國(6)楚國(7)泗水(3) 濟南(14)東萊(17)膠東(8)雲中(11)定襄(12)涿郡(29)勃海(26) 廣陽(4)五原(16)	30	499
1001～1500	右扶風(21)趙國(4)淮陽(9)臨淮(29)南陽(36)天水(16)西河(36)	7	151
1501～2000	河東(24)廣陵(4)九江(15)六安(5)雁門(14)代郡(18)上谷(15)	7	95
2001～3000	武都(9)武威(10)安定(21)北地(19)太原(21)上黨(14)上郡(23)	7	117
3001～4000	弘農(11)南郡(18)廬江(12)丹陽(17)隴西(11)金城(13)漁陽(12) 右北平(16)遼西(14)樂浪(25)	10	149
4001～	江夏(14)桂陽(11)武陵(13)零陵(10)長沙(13)會稽(26)豫章(18) 漢中(12)廣漢(13)蜀郡(15)犍爲(12)越嶲(15)益州(24)牂柯(17) 巴郡(11)張掖(10)酒泉(9)敦煌(6)遼東(18)玄菟(3)朔方(10) 南海(6)鬱林(12)蒼梧(10)交趾(10)合浦(5)九眞(7)	28	335
	總　　計：	103	1,578

引 用 書 目

瀧川龜太郎　　　　　　《史記會注考證》　　　　宏業書局影印

王先謙　　　　　　　　《漢書補注》　　　　　　藝文印書館影印

王先謙　　　　　　　　《後漢書集解》　　　　　藝文印書館影印

阮元（校勘）　　　　　《周禮注疏》　十三經注疏本　大化書局

陳奇猷　　　　1985　　《呂氏春秋校釋》　　　　華正書局

蘇　與　　　　1974　　《春秋繁露義證》　　　　河洛圖書出版社影印

顏師古注
王應麟補注　　　　　　《急就篇》　　　　　　　玉海附刻本

戴震（校）　　1978　　《九章算數》　算經十書本　商務印書館影印

王　明　　　　1979　　《太平經合校》　　　　　鼎文書局

汪繼培　　　　1955　　《潛天論箋》　　　　　　世界書局

劉　琳　　　　1984　　《華陽國志校注》　　　　巴蜀書社

劉俊文（點校）1986　　《唐律疏議》　　　　　　弘文館出版社

劉俊文　　　　1989　　《敦煌吐魯番唐代法制文書考釋》　中華書局

劉　昫　　　　　　　　《舊唐書》　　　　　　　藝文印書館影印

杜　佑　　　　　　　　《通典》　　　　　　　　商務印書館影印

王　溥　　　　　　　　《唐會要》　叢書集成初編　商務印書館

唐玄宗　　　　　　　　《大唐六典》　　　　　　文海出版社影印

顧承甫
何泉達（點校）1986　　《入唐求法巡禮行記》　　上海古籍出版社

大庭脩　　　　1982　　《秦漢法制史の研究》　　創文社

大庭脩
（姜鎮慶譯）　1987　　〈論漢代的論功升進〉
　　　　　　　　　　　《簡牘研究譯叢》　　　　第二輯，中國社會科學出版

　　　　　　　　　　　　　　　　　　　　　　社，323-338

于豪亮　　　　1961　　〈居延漢簡甲編補釋〉《考古》8，451-455

王子今　　　　1989　　〈秦漢時期的私營運輸業〉《中國史研究》1，15-25

王毓銓　　　　1979　　〈民數與漢代封建政權〉《中國史研究》3，61-80

永田英正　　　1977　　〈江陵鳳凰山十號漢墓出土の簡牘——とくに算錢を中心とし

		て──〉《森鹿三博士頌壽記念論文集》，同朋舍，129-157
米田賢次郎 （姜鎭慶譯）	1987	〈漢代田租查定法管見〉 《簡牘研究譯叢》　第二輯，272-294
初仕賓	1980	〈居延簡册甘露二年丞相御史律令〉　《考古》2, 179-184
初師賓 伍德煦	1984	〈居延甘露二年御史書册考述補〉　《考古與文物》4, 74-79
弘　一	1974	〈江陵鳳凰山十號漢墓簡牘初探〉　《文物》6, 78-84
宇都宮清吉	1955	《漢代社會經濟史研究》　弘文堂
池田溫	1979	《中國古代籍帳研究》　東京大學東洋文化研究所
	1985	《中國古代籍帳研究》　中譯本，弘文館出版社
李洪甫	1982	〈江蘇連雲港市花果山出土的漢代簡牘〉 《考古》5, 476-480
杜正勝	1988	〈中國戶籍制度溯源〉　《食貨月刊》17: 3, 4, 6-29
佐藤武敏 （姜鎭慶譯）	1987	〈漢代的戶口調查〉　《簡牘研究譯叢》 第二輯，295-322
胡平生	1986	〈玉門、武威新獲簡牘文字校釋──讀《漢簡研究文集》 札記〉《考古與文物》6, 92-99
高　敏	1983	〈從江陵鳳凰山十號漢墓出土簡牘看漢代的口錢、 算賦制度〉《文史》20, 25-39
高　文	1985	《漢碑集釋》　河南大學出版社
容　庚	1936	《漢武梁祠畫象錄》　考古學社
梁方仲	1981	《中國歷代戶口、田地、田賦統計》　上海人民出版社
許靑松	1986	〈甘露二年逐驗外人簡考釋中的一些問題〉 《中國歷史博物館館刊》8, 21-25
許倬雲	1979	〈跋居延出土的寇恩爰書〉《陶希聖先生八秩榮慶論文集》， 食貨出版社，174-186
堀敏一	1987	《中國古代の身分制》　汲古書院
陳夢家	1966	〈畝制與里制〉《考古》1, 36-45
陳　直	1979	《漢書新證》　天津人民出版社

陳平　王勤金　1987　〈儀徵胥浦 101 號西漢墓《先令券書》初考〉《文物》1, 20-
　　　　　　　　　　　25

黃盛璋　　　　1974　〈江陵鳳凰山漢墓簡牘及其在歷史地理研究上的價值〉
　　　　　　　　　　　《文物》6, 66-77

張廷皓　　　　1984　〈江蘇連雲港市出土的法律版牘考述〉　　《文博》3, 29-32

張朋川
吳怡如　　　　1984　《武威漢代木雕》　　　　　　　　　　　人民美術出版社

張學正　　　　1984　〈甘谷漢簡考釋〉　　　　　　　　　　　《漢簡研究文集》85-141

勞　榦　　　　1935　〈兩漢郡國面積之估計及口數增減之推測〉　　《歷史語言
　　　　　　　　　　　　　　　　　　　　　　　　　　研究所集刊》5:2, 216-219

　　　　　　　1977　《居延漢簡：圖版之部》　　　史語所專刊

　　　　　　　1986　《居延漢簡：考釋之部》　　　史語所專刊

傅惜華　　　　1951　《漢代畫象全集》二編　　　　巴黎大學北京漢學研究所

楊聯陞　　　　1935　〈從四民月令所見到的漢代家族的生產〉　　《食貨》1: 6, 8-
　　　　　　　　　　　11

楊　遠　　　　1988　〈西漢的人口〉《陶希聖先生九秩榮慶祝壽論文集》，
　　　　　　　　　　　下冊，食貨出版社，376-382

裘錫圭　　　　1974　〈湖北江陵鳳凰山十號漢墓出土簡牘考釋〉
　　　　　　　　　　　《文物》7, 49-63

　　　　　　1981a　〈漢簡零拾〉《文史》12, 1-37

　　　　　　1981b　〈關於新出甘露二年御史書〉　　《考古與文物》1, 105-108

　　　　　　1981c　〈嗇夫初探〉《雲夢秦簡研究》中華書局，226-301

　　　　　　1987　〈再談甘露二年御史書〉　　　　《考古與文物》1, 100-103

葛劍雄　　　　1982　〈秦漢的上計與上計史〉《中華文史論叢》第二輯，
　　　　　　　　　　　上海古籍出版社，181-199

　　　　　　1986　《西漢人口地理》　　　　　　人民出版社

劉和惠　　　　1982　〈鄂君啟節新探〉　　　　　　《考古與文物》5, 60-64

劉志遠等　　　1983　《四川漢代畫象磚與漢代社會》　文物出版社

錢劍夫	1988	〈漢代案比制度的淵源及其流演〉	《歷史研究》3，98-109
謝桂華等	1987	《居延漢簡釋文合校》	文物出版社
韓連琪	1986	《先秦兩漢史論叢》	齊魯書社
鎌田重雄	1962	《秦漢政治制度の研究》	日本學術振興會
譚其驤	1982	《中國歷史地圖集》第二册	地圖出版社
蘇誠鑒	1983	〈頭會箕斂與八月算人〉《中國史研究》1，158-160	
嚴耕望	1974	《中國地方行政制度史》上編	史語所專刊
	1986	《唐代交通圖考》第五卷	史語所專刊
南京博物館 山東省文物管理處	1956	《沂南古畫象石墓發掘報告》	
中科院考古所 甘肅省博物館	1964	《武威漢簡》	文物出版社
甘肅省博物館 甘肅省武威縣文化館	1975	《武威漢代醫簡》	文物出版社
甘肅居延考古 隊簡册整理小組	1978	〈建武三年候粟君所責寇恩事釋文〉	《文物》1，30-34
睡虎地秦墓竹 簡整理小組	1978	《睡虎地秦墓竹簡》	文物出版社
中國社會科學 院考古研究所	1980	《居延漢簡甲乙編》	
甘肅省文物工 作隊甘肅省博物館	1984	《漢簡研究文集》	甘肅人民出版社

Duncan-Jones, R., 1974 *The Economy of the Roman Empire*, Combridge University Press

Finley, M. I., 1974 *The Ancient Economy*, Chatto & Windus

Grant, M., 1978 *History of Rome*, Charles Scribner's Sons

Jones, A. H. M., 1964 *The Later Roman Empire*, University of Oklahoma Press

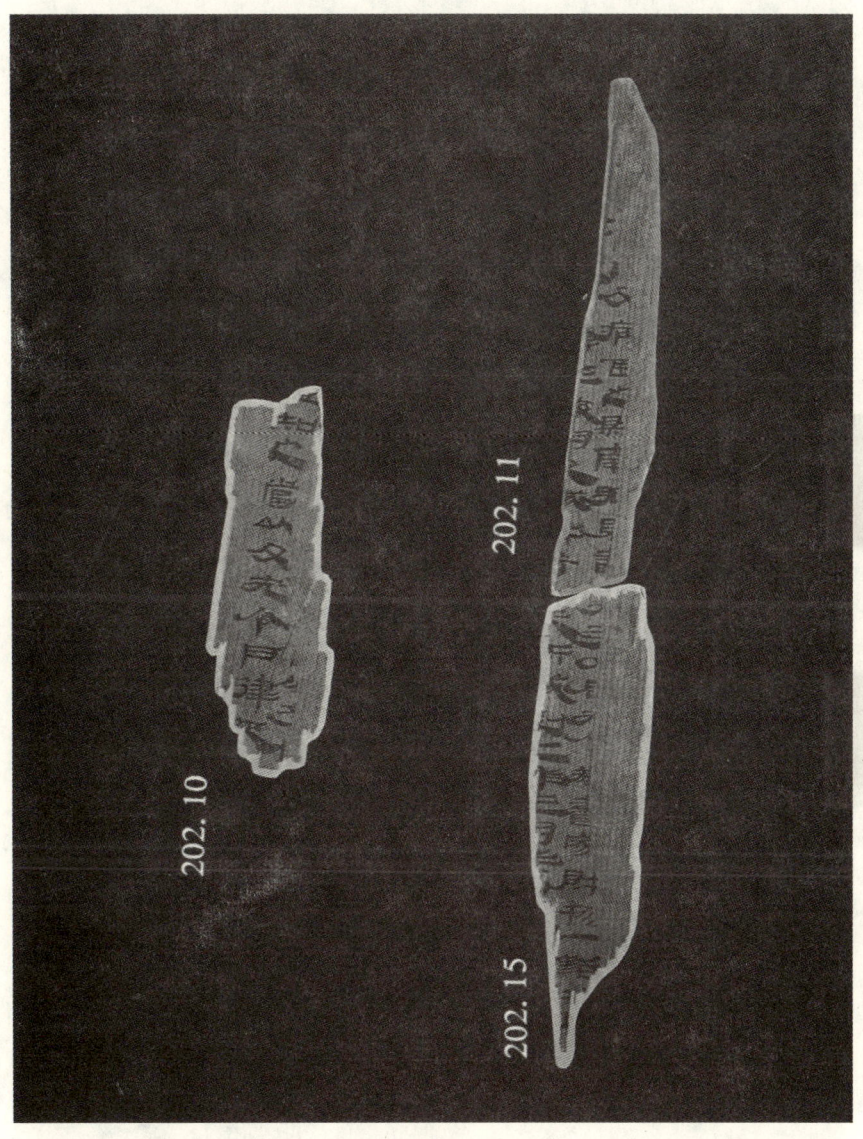

附圖：居延漢簡　202. 11, 202. 15, 202. 10

漢代的「塞」和後方的重點

勞　榦

　　對於古代的邊防建築，被注意的是長城。但就古代來說，長城只是「塞」的一種。因爲「塞」要包括了防禦工事以及防禦設施，就防禦工事來說，牆垣當然是其中最重要的，不過不一定都是牆垣，有時還利用天然的形勢，做成種種的阻隔。這在漢書匈奴傳中侯應對答邊事一段話中，說的相當清楚。我們對於漢簡中所說到的塞，就各種資料對照來看，就可以做更深的了解。其次，旣然構成了「塞」，塞就是一套組織，除去前方的工事以外，還包括塞上各點的交通，以及前方對於後方的聯絡和通訊方式。這些在邊郡中是從太守都尉以下的候官，候長，隧長三級分層管理。這是比照太守民政方面的組織來設施的，太守以下，有丞（比照都尉），有縣令長（相當於候官），鄉嗇夫（相當於候長）和亭長（相當於隧長）來管理也是從丞以下再分三級。所不同的，只是在鄉以下還有亭和里不同的兩組，里是戶口的單位，亭是距離的單位，亭長是吏員，里魁（在官方稱爲里正）卻不算吏員。雖然戶口記錄用里做標準，而里卻還是一個自治而非官治的單位。從以上的比照，候官，候長，隧長，是和塞有直接關係，但亭這一組織，負責治安，還是武職，並且從京師到邊塞的大道上，仍有烽燧。大道上是十里一亭（這個里是指距離上的長度），所以內地的亭仍和邊塞的傳訊，有密切的關係。

　　「塞」或者可稱爲長城，是一條長數千里的防線。一般人的印象，以爲和普通城郭的城一樣，在數千里中都可以分兵據守，如其敵人來攻，就可以憑這一條長城，不讓敵人進來，實際上並不是這樣的簡單。《漢書》九十四〈匈奴傳〉下，元帝時，呼韓邪單于上書願保塞，請罷吏卒以休人民。天子令下有司議。議者皆以爲便。郎中侯應習邊事，以爲不可許。上問狀，應曰：

> 起塞以來，百有餘年，非皆以土垣也。或因山巖石，木柴僵落，谿谷水門。稍稍平之，卒徒築治，功費久遠，不可勝計。臣恐議者，不深慮其終始，欲以壹切省繇戌。十年之外，百歲之內，卒有它變，障塞破壞，亭隧滅絕，當更發屯繕治。累世之功，不可卒復。（藝文補注本 1815 頁）

這是很清楚的說明漢代的「塞」，雖然以土城爲主要部分，但也不限於以城垣爲塞，有時還採用天然的形勢，來阻止胡馬的南侵。在居延和敦煌的烽燧，兩處我都去過，居延是以前方轉播訊息爲主，是縱深的排列，敦煌北邊烽燧卻是以防衞南下的胡騎

爲主,是橫闊的排列[1]。只看敦煌一系列的烽燧,也就是緣「塞」排列的。爲了易於說明,現在引用《斯坦因西域考古記》成段來做證明[2]。

> 這一直線一直向東邊三哩左右的一座碉樓伸去,其形式明明白白是橫過低地的一道城牆。略爲搜檢,便顯出我是眞的立在一道邊牆的遺址上面。我把一薄層流沙清除之後,就看見了用葦桿綑在一定的間隔,同泥層交互,砌成一道正規的城牆。全部經過鹽滷滲透之後,堅固異常。牆的外面,同內部成綑的葦桿成直角形。還放有別的葦桿,綑紮的很仔細,形如束柴,砌成隄形,葦桿束一致長八呎,厚約八吋。這種奇形怪狀仔細而堅固的牆,本身對於年代並不能有確定的端倪可尋。幸而有很好的機會,鼓起我找尋必要的年代證據。(按,從附近發現的漢簡年代,已確實證明爲漢代的。)(譯文本第 119-120 頁)

> 當我更轉向東方尋找的時候,我居然又能遇到一道邊牆和碉樓⋯⋯那一道邊牆大約有十六哩左右的距離,實際上絲毫沒有間斷。邊牆位於低高地光石子地面上,比冲積地高得多。在有低沙丘處戞然中斷。過此便是保存很好的邊牆。厚達八呎,兩邊實際上一無損傷,聳立的高度仍達七呎以上。建築方法的特別,在此處很容易研究。蘆柴和相間的泥層,因爲此地土壤和水中含有鹽質,已成爲半化石狀態。(譯文本 121-122 頁)

> 仔細利用各種自然形態,並細心的適用地利,這是古代計畫建造守勢城牆時候最注重之點,我們考查到城牆西段證明中斷以後,是可以充分表明了。⋯⋯解釋起來,就是在長城轉角處,到達疏勒河大終點盆地的極東北角上,這裏延展

1　《漢書》九十四〈匈奴傳〉上「武帝卽位⋯⋯漢使馬邑人聶翁壹,閒闌出物,與匈奴交易,陽爲賣馬邑城以誘單于。⋯⋯單于信之,而貪馬邑財物,廼以十萬騎入武州塞。單于旣入漢塞,未至馬邑百餘里,見畜布野而無人牧者,怪之,乃攻亭。」(藝文本1602頁)這就是說匈奴入塞,並不一定攻亭,往往是越亭前行的。這種行動也是不難于了解的。因爲亭隧沿著邊塞或大路,一個接一個。其中人數和物資並沒有多少,但亭隧建築相當堅固,而防衞系統相當完整。如其一個一個的攻下去,那就要消耗很多的實力,尤其要耽擱上幾倍的時間,給漢兵一個充分準備的機會。在戰略上是非常不合算的。匈奴大軍如其攻任何一個亭隧,一定可以攻下。但是事實上不可能每一個亭隧都會被攻,所以在匈奴大軍後方的亭隧,還可以做觀察和報警的任務。在居延簡中如同:「虜守亭鄣,不得燔積薪。晝舉亭上逢一煙,夜舉離合苣火,次亭燔積薪,如品約」(1434;六十九頁)。所謂虜守亭鄣,就是指被匈奴人包圍而未進的亭鄣。也就是匈奴人準備進攻的不是這個亭鄣(如其正在被攻,就無法報訊了。)但是亭鄣以外的匈奴人並未退走,所以還要一方面據守,一方面報訊。

2　《斯坦因西域考古記》(Max Aurel Stein : On Ancient Central Asian Tracks, 向達譯,中華書局 1936 年出版) 此書關於敦煌部分係其大著 Sevindia 的簡要。可以對有些問題看出一個大致來。

　　　　　　出約三百方哩。地面上沼澤縱橫，一年中大部分時候極難通過。這對於騎兵的
　　　　　　襲擊可以作有效的防禦。……所以古長城卽止於此。（譯文本 125 頁）
所以依照現存的遺址，就可以確實證明，漢代的邊塞並非如同明代的邊牆，一直用城
垣連續不斷的接下去，卽使前方有一個難以逾越的山川沼澤，在這難以逾越險阻的後
面也要修築一道城垣。漢代的塞卻就不一定是這樣，從〈匈奴傳〉中侯應的奏對，再
來看斯坦因的考察，兩種不同的資料確實相符。所以現在要糾正這一個普遍的設想，
認爲漢代的「塞」全部是用城垣築成的。

　　但從另外一個角度去看，斯坦因的設想也有不符漢代當時實際情形之處。斯坦因
僅據遺物的現象，卻未曾參考到任何文獻的資料。他的結論當然應該是一段一段不相
接的城垣，在兩段城垣的缺處，是利用天然形勢來阻隔內外，其中並不一定需要人爲
的工事。但若依照侯應奏答中的原意，卻是北邊的塞，依然連續不斷，橫貫著幾千
里。其中大部分是城垣，但在若干特殊地形裏面，卻是利用一些木柴籬落，以及其他
方法連接成爲一線。所以在敦煌的疏勒河澤地後面，雖然沒有堅固的城垣，卻應當還
有木籬一類的工事。這一類非泥土石塊建造的工事，在澤地的後面，時間久了，也就
要視天然的力量所破壞，以致沒有存留下來，卻不見得就是本來沒有。

　　在漢簡中我們看到的是只用「塞」這一個名稱，卻從來不用「長城」字樣的。關
於長城，是從戰國以來常見的名稱，和漢代通用的「塞」字，是多少有些區別的。就
性質來說，長城是塞的一種，並不能完全代表塞。爲的是「塞」指所有的工事，如同
侯應所說的，按照地形，有種種不同的設置。長城卻是專指土石或人造磚所砌的牆
垣。兩者有不小的差異或特定的範圍。也就是說，長城是塞的一種，塞的種類很多，
不僅僅的只限於修建長城。

　　長城這種形式的防禦，應當在戰國時開始，在春秋時代當找不出線索。《左傳》
僖公四年：「楚國方城以爲城，漢水以爲池，雖眾無所用之。」這是說利用方城山作
爲城來防禦，和後來狐偃對晉文公所說「表裏山河，必無害也」同意，並非在方城山
有任何築城的情事。後來楚國在方城山所築的長城，應當春秋晚期或戰國初年，晉國
獨霸直到韓魏始強，對楚威脅，楚國才開始築這道工事，不應當在春秋時代早期。其
次是魏國西方的長城，其地方大致在陝西北部，從渭河入口處向西北伸張。應當是在

戰國初年，魏文侯和魏武侯的時期，爲了擴充疆域，修築了長城去偪秦。到了魏惠王時代，魏國失掉了黃河以西的地方（西元前三四○年），秦和魏又和從前一樣，以黃河爲界，這道長城就失掉功用了。至於泰山中的齊長城，山西南方是魯國，魯國並不是可以威脅齊國的。有到了春秋晚期，在中國沿海地方，最先是吳國開始增強國力，形成東方的霸主，接著又是越國代替了吳國，在沿海一帶構成了對齊國的威脅。尤其是越王句踐曾在瑯琊建立了國都，這對齊國的影響是相當沉重的。等到越王句踐死後，越國勢力就此衰落，但是楚國在東方的力量，又繼續增強。一直到了戰國時代，楚國的「下東國」反而成爲楚國的重鎮。楚國滅魯時間甚晚，可是楚國的勢力，仍構成了齊國的威脅。所以在春秋晚期到戰國初期，也可能就是齊長城的建造時代。這是所謂「長城鉅防，足以爲塞」的。漢代的「塞」雖然在正式名稱上，並不叫做長城，但因爲具有長城的形式，在一般人口中，仍把它叫做長城的。

《漢書》〈高帝紀〉，二年，「繕治河上塞。」這是漢代初次在記載上出現的。這裏的塞字，指的是國防工事是沒有問題的。只是這一處「河上塞」究竟在什麼地方，就有了問題，因而這一次「繕治」（意思是將舊有的塞，重新修理好，再行使用。）所依據的舊塞，也就發生了時代問題。據《史記》卷六，〈秦始皇本紀〉，三十二年，說：「西北斥逐匈奴，自楡中並河以東，屬之陰山，以爲三十四縣，城河上爲塞。又使蒙恬渡河，取高闕、陰山，北假中，築亭障以逐戎人，徙謫實之初縣。」這裏所說，是相當複雜，並且意思也不十分明確的。依照《史記》所說，我們只能看過以後，了解一個大致。假若要認眞的核對起來，就不免有許多不能解答的問題。所謂「城河上以爲塞」，是說，在這一處的「塞」，它的位置是緣河的，它的形式的築了一道長城。這是後來所通認的「秦始皇築長城」的一個主要部分。但就此一段看起來，仍有說的不夠清楚的感覺。據《漢書》九十四上〈匈奴傳〉：

> 晉悼公使魏絳和戎翟，戎翟朝晉。後百有餘年，趙襄子踰句注而破之，並代且臨胡貉。後與韓魏共滅知伯，分晉地而有之，則趙有代、句注之北，而魏有西河、上郡，以與戎界邊。其後義渠之戎，築城郭以自守，而秦稍蠶食之。至於惠王遂拔義渠二十五城。惠王伐魏，魏盡入西河及上郡于秦。秦昭王時……遂起兵伐滅義渠，於是秦有隴西、北地、上郡，築長城以距胡。而趙武靈王亦變

俗胡服，習騎射，北破林胡樓煩，自代並陰山下，至高闕爲塞，而置雲中、雁門、代郡。……燕亦築長城，自造陽至襄平，置上谷、漁陽、右北平、遼西、遼東郡，目距胡。……其後……始皇帝使蒙恬將數十萬之眾[3]，北擊胡，悉收河南地，因河爲塞，築四十四縣，城臨河，徙謫戍目充之。而通直道自九原至雲陽。因邊山險，塹谿谷，可繕者繕之，起臨洮，至遼東萬餘里。又度河據陽山北假中。……十有餘年而蒙恬死，諸侯畔秦，中國擾亂，諸秦所徙謫邊者皆復去，於是匈奴得寬，復稍度河南，與中國界於故塞。（《漢書》藝文本 1596-1597 頁，又《史記》藝文本卷一百一十 1179-1181 頁與此略同，現在因爲《漢書》敍述其他雜事較少，文字較簡，所以在這裏引《漢書》。）

又據《史記》卷八十八〈蒙恬傳〉：

秦已並天下，乃使蒙恬將三十萬眾，北逐戎狄，收河南，築長城，因地形用險制塞，起臨洮至遼東，延袤萬餘里。於是渡河至陽山，逶蛇而北。（《史記》藝文影殿本 1039 頁。）

根據以上的材料，秦的北塞，實際有三項不同的經過。也就是：(1) 是戰國時期秦國所築的塞，包括有隴西、北地和上郡的邊界。這時趙國也擴張了西北方面的邊塞，是「自代並陰山下，至高闕爲塞」所包括的有雲中、雁門和代郡。再往東去就是燕國的邊塞，包括有上谷、漁陽、右北平、遼東和遼西郡。(2) 到秦始皇三十三年時，派遣蒙恬去伐匈奴，以後就大規模的築塞，並且把舊的長城連接起來。「因邊山險，塹谿谷，可繕者繕之。起臨洮至遼東萬餘里。」把這一些舊塞連成一線很長的工事，這就形成秦始皇修築長城的故事。(3) 所謂「萬里長城」如同上一節所說的，只能算一個主要的「塞」，但是除去這一個主「塞」以外，還可以有一些附屬的塞。我們專看文獻，當然不夠清楚。如其用漢代烽燧的遺址來觀察，那就在主要工事線以外，也就是「塞外」，還可以有重要工事的修建。在額濟納河遺址之中，主要邊塞，係到「肩水金關」爲止。這道關口是到塞外一定要經過的道路。但居延縣城以及居延都尉城都在肩水金關以外，並且還有許多成系統的障和亭隧。同樣理由，我們也可以決定一直在

3　這個字藝文本據王先謙補注根據宋景祐本作「物」是一個錯字，《史記》作「象」，殿本《漢書》也是作「象」，按〈秦始皇本紀〉，這件事是在秦始皇三十三年。

爭論的玉門關問題。玉門關本在敦煌以東，和玉門縣同在一處，沒有任何同名異地的理由。等到敦煌郡建立以後，爲了敦煌的重要性，才將關都尉移到敦煌西面，並且最早時期，這個關都尉還是酒泉的關都尉，並未收歸敦煌郡管。假如追溯到敦煌建郡時期，敦煌郡實際上在玉門關外。再追溯到還未建敦煌郡的時期敦煌縣及其他障塞也在玉門關外。所以邊塞只是「工事」，並不代表邊界，這種主要工事的外邊，還可以有任何建制的。所以秦始皇所建的主要工事（也就是「塞」或所謂「長城」），是應當在黃河主流以南設置，並且利用了黃河的險阻，在工事以前方來遮斷胡騎。但在河套區域，黃河早已經分成了許多支流，這也要叫做黃河，這些支流以南，應當是水草豐美的地方，所以叫做「河南地」，實際上卻在沿河布防的主要工事以北。這就形成了解釋上的歧義，使得正確的地形圖不容易畫出來。以現有史料來分析，應當是秦代的主要塞上工事，是在現在黃河主流以南，拿黃河來守險。黃河主流以北到黃河支流以南，是秦漢時代的「河南地」。在黃河支流以北到陰山以南，是當時所謂「北假中」。只有這樣分配，才可以講得通，否則就不免混亂了。現在再綜合敍述一下，河套一帶地方，首先是趙武靈王開闢的，到了秦滅趙，黃河主流以北地方似乎又失去了，秦始皇首次置塞，也只能以黃河主流以南來臨河置塞。等到蒙恬收復河南地，再以陰山高闕爲塞。不過高闕的塞只是外圍的塞，其黃河以南的舊塞，並不廢棄。到了漢高帝時重修「河上塞」也還是秦時原有的工事。直到漢武帝使衞青收河南地，置朔方郡，然後又再使用了陰山的塞，當成了北邊的重要工事。

因爲這是一種相當複雜的經過，也就使做史學工作的人，難以弄的十分清楚。《史記》卷八〈漢高帝本紀〉：

> 二年，漢王東臨地，塞王欣，翟王翳，河南王申陽，皆降，韓王昌不聽，使韓信擊破之。於是置隴西，北地[4]，上郡，渭南，河上，中地郡，關外置河南郡，

4　《漢書》卷一〈高帝紀〉（藝文本 41 頁）：「二年，十一月，使諸將略地，拔隴西。……緒治河上塞。……春正月，……諸將拔北地，虜雍王弟章平。」未言置北地郡在什麼時候。若參考史地，那就這一年開始，已置北地郡，只是此時才全部收復北地郡。北地郡濱河，隴西郡卻不濱河。所以緒治河上塞應在拔北地郡以後才對，因爲《史記》中未曾記上拔北地郡一件事，《漢書》是幾種史料拼湊成的，不免安置上有錯誤。如將此段記載放後一些，就沒有問題了。

　　更立韓太尉信爲韓王，諸將以萬人，若一郡降者，封萬戶，繕治河上塞。（藝
　　文影殿本《史記》171 頁）

《史記索隱》：

　　晉灼曰，〈晁錯傳〉，秦時北攻胡築河上塞。（《漢書》〈高帝紀〉注，師古
　　曰，繕補也。）

殿本考證，齊召南曰：

　　河上塞卽河上郡之北境，與匈奴邊界處。非秦時蒙恬所取河南地，因河爲塞者
　　也。蓋自諸侯叛秦，匈奴復稍度河，南與中國界於故塞。〈匈奴傳〉可證也。
　　河上郡後爲馮翊，前卽塞王國。此時初得其地，卽復繕治耳。晉灼注以遠在朔
　　方五原解之，非也。

齊召南的考證多數是精確可信的，不過這條考證卻有嚴重的誤解。左馮翊曾命名爲
「河上郡」是因爲東濱黃河，在它的北面並不濱黃河。今陝北地區，是屬於上郡，不
在「河上郡」範圍以內。漢代在今陝北地區設治，只有雕陰縣（鄜縣或稱富縣），高
奴縣（延安）和膚施縣（綏德）幾個重要的據點，許多地方都是荒涼而空曠的。所以
從延安、綏德，到榆林的那條主要大道，也就並未開闢。秦漢時代從西安向北的大
道，是從雲陽（今涇陽縣以北，三原縣以西），向西北經慶陽到寧夏，然後再到河
套。也就是雲陽是對北方防禦的起點，卻在中地郡（右扶風）而不在河上郡（左馮
翊）。因此「河上郡」的河上，和「河上塞」的河上，並非一個地方。「河上塞」也
就是蒙恬未收復河南地以前的秦時故塞。晉灼說的很不清楚，當然對此了解不夠，齊
召南以爲在左馮翊，那就變成毫不相干了。

　　對於前方工事的維持，當然不是那樣簡單的。和「塞」有互相依賴，互相供給，
互相照應的關係的，就塞的本身來說，有「塞」的各種工事，有城和障，還有塞上的
亭（也就是特別稱作「隧」的）。爲了軍事支援和後方補給，也一定有修築完工的道
路。這些道路，都是在寬度和坡度能適合於馬車和牛車通過的。在這些主要的道路沿
線要經常的維護和管理，這就形成了郵驛的設施。並且在郵驛的工作上，還兼上傳遞
公文和準備傳事的任務。在主要道路的沿線上，因爲有從京師對邊方聯絡的需要，漢
代烽火臺的設置也是沿著幾條主要的道路的。在本文以前曾經提到，秦漢的雲陽是京

師對北邊的一個主要通信中心。這也就證明了長安對北邊的主要道路，是從右扶風開始由西北轉北，經慶陽和寧夏直連河套，而非經延安、綏德和榆林北上的。所以後來衞青的主力，也是走的是這條路。這是因爲從淳化、慶陽、西北行經過黃河的河谷，雖然比走榆林稍遠一些，但沿途平坦，水源供給充裕，比較走陝西北部，自有其便利的方面。這樣看來，不僅衞青的北伐匈奴走的是這條路線，向前去追溯，蒙恬的北伐匈奴，也是走的是這條路線，衞青走的還是從秦朝以來，已經經營過的舊時道路。

從《漢書》上每次大舉的軍事行動來看，也可以表示出來幾條主要的邊塞道路。如同文帝六年：

> 六年多，匈奴三萬騎入上郡，三萬騎入雲中。以中大夫令免爲車騎將軍，屯飛狐（按飛狐口，在今河北省易縣西北，漢屬代郡。）故楚相蘇意爲將軍，屯句注（在今雁門關附近。）將軍張武屯北地（郡治馬領在今甘肅環縣）。河內太守周亞夫爲將軍，次細柳（注眼處曰在長安北部。）宗正劉禮爲將軍，次霸上（按當在長安東霸水傍。）祝玆侯徐厲爲將軍，次棘門（注如淳曰三輔黃圖，棘門在長安橫門外也。）以備胡。

其中所用的字，「屯」和「次」是不一樣的。屯是卒軍屯戍，是前方，「次」是領軍等待出發。屯戍的兵已達到前方，「次」的兵只在長安附近。所以據《漢書》〈周亞夫傳〉，文帝親自勞軍，只到了長安附近的兵營，並未到遠處去。再看這一次的屯兵，一共三處，屯飛狐的兵，是在河北省的西北部，正當今山西大同一帶到河北省平原的路（這裏可以證明當時雖然已有居庸關，可是居庸關的道路稍偏東些，爲了運輸便捷，所經的道路卻是從定興、淶水、易縣，到飛狐口的道路。）句注所在卽是雁門關，後來爲從太原到大同的主線，只是近來的鐵路線是經寧武關而不經雁門關，這是因爲坡度不同，對於鐵路還是經寧武關便利些。再次是北地這是長安西出雲陽的大道，也正是漢代對北邊正式驛道及烽燧所通過的地方。到了唐代以後的驛道所經，應當是延綏一帶，不再以雲陽驛道爲唯一的主道了。

到了武帝時期曾經有許多次的出師，在《漢書》〈武帝紀〉見到的，如同：

> （元光六年）匈奴入上谷，殺略吏民。遣車騎將軍衞青出上谷，騎將軍公孫敖出代，輕車將軍公孫賀出雲中，驍騎將軍李廣出雁門。

（元朔元年）遣將軍衞青出雁門，將軍李息出代。

（元朔二年）匈奴入上谷、漁陽，殺略吏民千餘人。遣將軍衞青，李息出雲中，至高闕，遂西至符離……收河南地，置朔方、五原郡。

（元朔五年）大將軍衞青將軍兵十餘萬人，出朔方、高闕。

元朔六年，春二月，大將軍衞青將六將軍兵十餘萬騎，出定襄，……還，休士馬於定襄、雲中、雁門（與〈衞青傳〉相同）。

（元狩二年）將軍去病[5]，公孫敖出北地二千餘里，過居延。……遣衞尉張騫，郎中令李廣皆出右北平。……秋匈奴昆邪王殺休屠王，並將其眾，合四萬餘人來降，置五屬國以處之，以其地爲武威，酒泉郡。

（元狩四年）大將軍衞青將四將軍出定襄，將軍去病出代，各將五萬騎，步兵踵軍後數十萬人，青至幕北，圍單于……至闐顏山迺還；去病與左賢王戰，……封狼居胥山，迺還。

元鼎六年，……又遣浮沮將軍公孫賀出九原，匈河將軍趙破奴出令居，皆二千餘里，不見虜而還。

元封元年，多十月詔曰：「南越東甌咸伏其辜，西蠻北夷，頗未輯睦。朕將巡邊垂，擇兵振旅。射秉武節，置十二部將軍，親帥師焉」。行自雲陽，北歷上郡、西河、五原，出長城，北登單于臺，至朔方，臨北河，勒兵十八萬騎，旌旗徑千餘里。……匈奴讋焉。

元封四年，多十月，行幸雍，祠五時，通回中道（應劭曰：回中在安定高平，有險阻，蕭關在其北，通治，至長安也。）遂北出蕭關，歷獨鹿、鳴澤。（注眼處曰，獨鹿山名也，鳴澤澤名，皆在涿郡遒縣北界也。補注，《方輿紀要》，獨鹿山在涿州西十五里，下有鳴澤。）自代而還。幸河東。

太初元年，……夏五月，……遣因杅將軍公孫敖，築塞外受降城。（補注胡三省云，受降城在居延北。）

太初二年，……秋，……遣浚稽將軍趙破奴二萬騎出朔方擊匈奴，不還。

---

5 按〈霍去病傳〉，是元狩二年春出隴西。

太初三年，……夏四月，……遣光祿勳徐自爲築五原塞外列城。西北至盧朐，游擊將軍韓說，將兵屯之。強弩都尉路博德築居延。秋匈奴入定襄雲中，殺略數千人，行壞光祿諸亭障（注師古曰，漢制，每塞要處，別築爲城，置人鎮守，謂之候城，此卽郭也。）[6]

（天漢二年）……夏五月，貳師將軍三萬騎出酒泉與右賢王戰於天山，斬首虜萬餘級，又遣因杅將軍出西河（補注，敖與強弩都尉會涿邪山，亡所得。）騎都尉李陵將步兵五千人，出居延，北與單于戰，斬首萬餘級，陵兵敗，降匈奴。

天漢四年，春正月……發天下七科謫，及勇敢士，遣貳師將軍李廣利將六萬騎，步兵七萬人，出朔方，因杅將軍公孫敖萬騎，步兵三萬人，出雁門。游擊將軍韓說，步兵三萬人出五原。彊弩都尉路博德，步兵萬餘人，與貳師會。廣利與單于戰余吾水上（補注，通鑑胡注，余吾水在朔方北。）連日，敖與左賢王戰，不利，皆引還。

征和三年，……匈奴入五原，酒泉，殺兩都尉。三月，遣貳師將軍廣利將七萬人出五原。御史大夫商丘成二萬人出西河。重合侯馬通四萬騎出酒泉。成至浚稽山與虜戰，多斬首。通至天山，虜引去，因降車師，皆引兵還。廣利敗，降匈奴。《漢書》五十五〈霍去病傳〉（藝文本 1158 頁），元狩三年春（〈武帝紀〉作元狩二年，是，這裏把二誤作三），爲票騎將軍，將萬騎，出隴西有功。……轉戰六日，過焉支山，千有餘里，麾皋蘭下。……其夏與合騎敖，俱出北地，異道，博望侯張騫，郎中令李廣，俱出右北平，異道。……而去病出北地，遂深入……去病至祁連山，……濟居延，遂臻小月氏，……揚或乎斻得（後爲張掖郡治）。

以上是據《漢書》〈武帝紀〉中屢次出師的材料，以下再用《漢書》〈匈奴傳〉所記的來比較。又《漢書》九十四，〈匈奴傳〉（上）說（藝文本 1601）

6　戰國時代郵塞制度已經用在邊境的戰國策魏策一（四部備要本卷22第 5 頁）「卒戍四方，守亭障。」又西周策二（卷 1 第 5 頁）「秦悉塞外之兵」這裏用法與漢代相同，又蘇秦稱秦和齊都是「四塞之國」，所謂四塞，也就是天然的防禦工事。所以齊國也是「四塞」，這是戰國時塞字的用法。

孝文十四年，匈奴單于十四萬騎入朝那，蕭關。殺北地都尉卬，虜人民畜產甚多。遂至彭陽，使騎兵入燒回中宮，候騎至雍，甘泉。於是文帝以中尉周舍，郎中令張武爲將軍，發車千乘，十萬騎，軍長安旁以備胡寇。而拜昌侯盧卿爲上郡將軍，甯侯魏遬爲北地將軍，隆盧侯周竈爲隴西將軍，東陽侯張相如爲大將軍，成侯，董赤爲將軍，大發車騎往擊胡，單于留塞內月餘漢逐出塞，即還。……軍臣單于立歲餘，匈奴復絕和親。大入上郡，雲中，各三萬騎所殺略甚眾，於是漢使三將軍，軍屯北地，代屯句注，趙屯飛狐口。……又置三將軍，軍長安西細柳，渭北棘門，霸上目備胡。胡騎入代句注邊，隧火通於甘泉，長安。數月漢兵至邊，匈奴亦遠塞，漢兵亦罷。

武帝即位……匈奴絕和親，攻當路塞。……然匈奴貪尚樂關市者漢財物，漢亦通關市不絕目中之。

漢使將軍衞青將三萬騎出雁門，李息出代郡擊胡，……明年，衞青復出雲中目西，至隴西，擊胡之樓煩，白羊王於河南，得胡首虜數千，羊百餘萬，於是漢遂取河南地，築朔方，復繕故秦時蒙恬所爲塞，因河而爲固，……是歲元朔二年也。

前將軍翕侯趙信，兵不利降匈奴。……單于既得翕侯，目爲自次王，用其姊妻之，與謀漢。信教單于益北絕幕，目誘罷漢兵，徼極而取之。毋近塞，單于從之。其明年（王先謙曰，元狩元年夏），胡數萬騎入上谷，殺數百人。明年春，漢使票騎將軍去病，將萬騎，出隴西，過焉耆山千餘里，得胡首虜八千餘級，得休屠王祭天金人（沈欽韓曰，地理志，左馮翊，雲陽縣，有休屠金人祠及經路神祠。……此因霍去病得休屠金人，置諸雲陽，郊祀志，作甘泉宮以致天神，是也。）其夏票騎將軍復與合騎侯數萬騎出隴西，北地二千里，過居延攻祁連山。……其秋……昆邪，休屠王恐，謀降漢，漢使票騎將軍迎之，昆邪王殺休屠王，並將其眾降漢，凡四萬餘人，號十萬。

　　……明年春（元狩四年）……漢謀目爲翕侯信爲單于計，居幕北，目爲漢兵不能至，乃粟馬，發十萬騎，私負從馬凡十四萬匹，糧重不與焉。令大將軍青，票騎將軍去病中分兵，大將軍出定襄，票騎將軍出代，咸約絕幕擊匈奴。……

是後匈奴遠遁，而幕南無王庭。漢度河自朔方目西至令居，往往通渠置田官，吏卒五六萬人，稍蠶食地接匈奴目北。初漢兩將大出，圍單于，所殺虜八九萬，而漢士物故者亦萬數，漢馬死者十餘萬匹，匈奴雖病遠去，而漢馬亦軍少，無目復往。……會票騎將軍去病死（王先謙曰元狩六年），於是漢久不北擊胡。

（太初二年）漢使浞野侯破奴將二萬騎出朔方……匈奴八萬騎圍之……生得浞野侯……軍遂沒於匈奴……，……太初三年……漢使光祿徐自爲出五原塞數百里，遠者千里築城障，列亭至盧朐，而使游擊將軍韓說，長平侯衞伉屯其旁，使強弩都尉路博德築居延澤上。

（元鳳三年）是時漢邊郡薰火候望精明，匈奴爲邊寇者少利，希復犯塞。拜范明友爲度遼將軍，將二萬騎出遼東，匈奴聞漢兵，引去。

宣帝即位，烏孫昆彌復上書言連爲匈奴所侵削，昆彌願發國半，精兵人馬五萬匹盡力擊匈奴，唯天子出兵哀救公主。本始二年，漢大發關東輕銳士，選郡國吏三百石扸健習騎射者皆從軍。遣御史大夫田廣明爲祁連將軍四萬餘出西河。度遼將軍范明友三萬餘騎出張掖，前將軍韓增三萬餘騎出雲中，後將軍趙充國爲蒲類將軍三萬餘騎出酒泉，雲中太守田順爲虎牙將軍三萬餘騎出五原。凡五將軍兵十餘萬騎，出塞各二千餘里，及校尉常惠使護發兵烏孫西域，昆彌自將翕侯目下五萬餘騎從西方入，與五將軍兵凡二十餘萬衆。……校尉常惠與烏孫兵至右谷蠡庭，獲單于父行及嫂居次名王犁汗都尉千長將目下三萬九千餘級虜馬、牛、軍、驢、驘橐駞七十餘萬，漢封惠爲長羅侯。

以上所徵引的，是以《漢書》本紀爲主，〈匈奴傳〉只是補充的材料，不能用來詳引。當然在本紀中頗有脫漏的地方。如同宣帝本始二年，五將軍出塞北征匈奴，這是一件大事，但出塞的地點，在本紀中卻不曾記上，只有根據〈匈奴傳〉才知道。這也是〈匈奴傳〉必需作爲一個主要參考的。

　　現在將北邊各郡，和大軍出塞的年份，列表在下面，作爲比較

郡　名	敦　煌	酒　泉	張　掖 （附居延）	武　威	金　城
年　代	×	本始二年	本始二年 太初二年 天漢二年	×	×

郡　名	隴　西	安　定	北　地	五　原	朔　方
年　代	元狩二年	×	文　六　年 元封元年	元鼎六年 征和三年	元朔五年 太初二年

郡　名	上　郡	西　河	代　郡	定　襄	雁　門
年　代	×	本始二年	文　六　年 元光六年 元朔元年 元狩四年	元朔六年 元狩四年	文　六　年 元光六年 元朔元年

郡　名	上　谷	右北平	漁　陽	遼　西	遼　東
年　代	元光六年	元狩二年	×	×	元鳳三年

　　以上從漢文帝時到漢宣帝時，出塞大舉的路線，可以看出前進的方向，還是很明顯的受到後方補給的影響。所以在這方面的路線，大致分爲三組，每一組可以代表一個特殊區域，而這些區域，是從補給方面的路線來決定的。以下就是這三個不一樣的道路的分布：

　　第一個補給線，是距離秦漢京都，咸陽或長安，最具威脅的路線。也就是大致相當於長安正北的路線。對於人力和物力的補給，以及通信設備的重點，並不是在長安，而是長安以北約二百里的雲陽。這是因爲雲陽正當向北大道的入口，可以控制這條大道，在那裏加上軍事設施，可以免去京師的紛擾，而且還可以作爲京師外線防禦的中心。正因爲雲陽是長安的外圍，當建都長安的時候，雲陽是京師的主要門戶，等到建都洛陽的時候，雲陽雖然還有其重要性，但比較西漢時代差的多了。也就是東漢移都城到洛陽使得對於西北邊防，有了很大的退步。

　　第二個補給線，是從長安向西，直通西域，這是一條很長的線，也就是著名的「絲道」，在補給的路線中，應當是以「上邽」爲重點。上邽也就在現今的天水市。因爲主要的補給站，應當在前方和後方交會之所。接近後方，爲的是易於送到，也易於存儲，接近前方，因爲比較上容易轉運到前線。以上所說的雲陽，是在京師以北，

平原和山谷交會之區，也正當北方的大道。在西方大道之上，當著六盤山以南，直通六盤山以西的廣大地區，只有上邽（卽天水市），具有存儲轉運兩便的條件上。而且就漢代以來所存的大城裏面，上邽要算最大的一個（蘭州市發展較後，在漢代初建金城郡時，也遠比上邽爲晚。）所以在此要討論上邽的地位。

　　第三個補給線，是要追溯到漢代對北方出兵，是分爲趙和代兩支北上的，趙國這一支，可以說是從河北省境內北上的路；代國這一支，可以說是從山西省北上的路。但就補給來說，趙國決不是僅以中山、常山、眞定等處爲限，而代國也決不是僅以太原、河東爲限。就敦煌漢簡及居延漢簡來看，補給的事項，都不是以當地小區域爲限，是地方性的；而是以全國都有負擔，是全國性的。所以不論是趙或者代，彼此都有一個共同的大後方，也就是趙和代同樣的是以關東地區爲大後方。關中地區的給養也要靠關東地區的漕運，而關東地區的北方防禦，卻只受關西地區中央政府的指揮，並不接受關西地區的支援。因此在關東地區就一定要有一個軍事補給的總滙。當然也許不止只有一個，但其中最重要的一個，依據現有的史料來分析，應當屬於魏郡的黎陽（在現在河南濬縣境內）。

　　首先要討論的，就是長安附近「雲陽」這一處後方重點。依照《史記》和《漢書》的記述，談到開闢北方道路，以及匈奴的軍事威脅以及對於匈奴的防禦，也都提到了雲陽，可見雲陽是一個重要防務中心。

　　關於雲陽的重要性，顧祖禹《讀史方輿紀要》卷五十三涇陽縣下，曾有考證，說：

　　　　甘泉山，縣西北百二十里，周廻六十里。……甘泉出焉。……登者必自車箱阪而上。阪在雲陽縣西北三十八里縈紆曲折，單軌財通。上阪卽平原宏敞，樓觀相望，范雎說秦王，北有甘泉，谷口之固，卽甘泉山也。漢七年，帝幸甘泉，以備匈奴。文帝三年，匈奴入北地，屠河南爲寇，帝初幸甘泉。十四年，匈奴入蕭關至彭陽，候騎至雍，甘泉。後六年，匈奴入上郡，雲中，烽火通於甘泉。《長安輿地志》，甘泉山有宮，秦始皇作林光宮，周匝十餘里。漢武帝元封二年，於林光宮旁作甘泉宮，自是屬幸焉……百官皆有邸舍……帝以五月避暑，八月始歸。其地最高，去長安三百里，望見長安櫟。……元朔五年，復

立泰畤於甘泉，時亦謂之雲陽宮。《漢紀》太初元年，朝諸侯，受計於甘泉，仍諸侯邸，是也。後往往朝會於此，宣帝亦數幸焉，甘露三年幸甘泉，匈奴呼韓邪單于來朝。黃龍初，匈奴復朝甘泉。元帝亦數幸甘泉。後漢時漸廢。西魏時復修治。後周主邕如雲陽宮。唐貞觀二十年，幸漢故甘泉宮是也。《漢書音義》[7]，匈奴祭天處，在雲陽甘泉山下，秦奪其地。徙休屠王於右地，故雲陽有休屠金人。

顧祖禹這一段有關「雲陽」的，考證甚爲詳贍。只可惜他漏掉《漢書》〈匈奴傳〉那一條：「始皇帝使蒙恬將數十萬之眾，北擊胡，悉收河南地，因河爲塞，築四十四縣城，臨河徙謫戍以充之，而通其道自九原至雲陽。」（《漢書》九十四上，藝文本 1597 頁）。漏掉了這一條，那就會顯示著，雲陽存在上的意義，只是秦漢皇家的避暑用的離宮別館。並不表示雲陽這個據點，有任何國防上以及交通上有許多重要的關聯。實際上我們可以從各方面看出來，雲陽不僅是一個避暑離宮，同時也是國防上一個重要的支援據點，並且也是和匈奴人在文化上溝通的場所。

再就長安以西方面的交通線來說。這一區所謂道路，也就是故秦國所領有範圍以內的道路。除去雲陽爲秦始皇新開的道路以外，就要算到隴西的上邽。雲陽在秦時已經作成了重點，漢代當然一仍秦時舊的設計。這是在六盤山以東，通到北方邊塞的大道。至於六盤山以西那是從現今的隴海鐵路線向西直達的。也就是著名的「絲道」所經過的路線。這條路線，其重點在上邽，是因爲上邽不論是屬於隴西，或者屬於天水，是長安以西的一個大城，那是不成問題的。漢代著名的人，如上官桀、趙充國、段會宗都是上邽人。就表示惟其大縣，所以也就有大族。上邽這個城據《水經注》〈渭水注〉：

> 瀁水出縣西北邽山，翼帶眾流，南屈逕上邽縣故城西側城南。出舊天水郡治，五城相接。

7　《漢書音義》這一段是錯的。《漢書》〈霍去病傳〉稱獲休屠王祭天金人，雖以這座祭天金人，第一，是漢武帝時霍去病所獲得，並不是秦始皇時代的事。第二，霍去病所獲的祭天金人，是在河西取得的，後來移到甘泉，並不是一直在甘泉，不過因爲是在匈奴大道上，一個重要據點，所以選擇這裏。

這個五城相連的上邽城，也就是現今的天水縣城，至少從元魏時酈道元作《水經注》時已經完成了這個城的形式，一千多年一直未變。到民國三十年才不幸被拆除。在拆除的當時，我恰好經過天水，看到被毀了一部分的城墻。看的非常清楚，這五個城墻，是在不同的時期建造成功的。其中主要的城是在從東向西數第二個城，城是四方形，大約是每邊一公里[8]，在天水縣的五個城，只有這個城是一個四方都有墻垣的城，其東的一個城，只有北、東、南三面，西面是接著這個城的。在西面的三個城，卻是一個接一個，都只有北、西、南三面，在東面是連續的接下去的。這就表明了這個城建造的時候很早，一次再一次的向西擴展，到了北魏時已經成了這種形式，一直維持到現代。

　　隴西是秦的舊郡，上邽是隴西郡內最大的城，在秦時應當即是郡治。《漢書》四十〈周勃傳〉「圍章邯廢丘，破之；西擊益己軍，破之，攻上邽，東守嶢關。」這表示當時的上邽是秦時的大縣，也就應當已是隴西的郡治。所以在周勃向西進兵的時候，以上邽為主要目標，若只是一個尋常小縣，也就用不著多說了。如其上邽是一個秦時大縣，而且還非常可能為隴西郡的郡治。那麼五城中主城就可能還是秦時遺跡，歷經漢魏晉和北朝，經歷次延伸，而成為自東望西的連續橫列的形式。這種形成的成功，依照一般都市發展的例證，應當是先沿著主要的道路，沿路發展出建築來，等到居住的人口夠多，需要一條城墻來保護的時候，就發展出城墻來[9]。上邽城所以成為五城相接的特殊形式，顯然是因為交通及貿易上，給這個城帶來了繁榮。而其繁榮的範圍，又正在東西向這一條大道上。經過了一次的調整，建了新城，但城外又繁榮起來，又要築城加以保護。這樣一步一步的推進，前後一共推進了四次，就形成了五城東西一貫的局面。當然，這是不平凡的，除去了國際間具有重要性質的那條絲道上的一個重點，在別的地方，還未曾發現過同樣的事實。這是可以意識到的，漢代的政治、經濟，和軍事的重點，還在長安。上邽的繁榮，是建立在長安的繁榮和長安的對

8　這和現存的武威和張掖城的面積大致相同，可能是根據一個標準來建造的。

9　例如北京的永定門內外部，就因明代時，城南居民聚居日象「不可無以固之」就修起外城城牆來，濟南城外部的城牆，是因為捻匪起來為了保護城南的居民，才築起「圍子」來。這只是擴展城垣的著名例子，但也只擴展了一次。秦州城卻是擴展了四次，足徵有一段很長時期的經濟發展，上限可以到西漢，下限可以到北魏，不曾停止擴張過。

外關係上面。上邽的歷次推進，也就代表以長安爲重點的中央政府對於西方大道具有深遠的關係。

　　上邽在西漢時屬隴西郡，東漢時改屬漢陽郡（卽天水郡改名）。上邽雖然就隴西和天水兩郡來說，是一個規模最大的縣城，而且在東西要道上面，是一個重要商業和運輸的中心。不過就政治結構方面來說，可就不是完全占著領導中心所在的位置的。這可能是西漢對於隴右區域，著重點是開發，東漢對於隴右區域，著重點在防禦。所以郡治所在，往往會移到軍事方面的前進哨，而不是財富或人文會萃的地點。在《漢書》〈地理志〉中，名列第一並非郡治，也有時名列第二的是郡治。其中如左馮翊治在長安城中，高陵卻名列第一，漢中郡治南鄭，西城卻名列第一。漢高帝封漢王都南鄭，東漢漢中郡治也在南鄭，西漢時一度徙至西城。《漢書》〈地理志〉據此一點，也把西城列於第一。至於隴西郡，《漢書》〈地理志〉先列狄道，上邽列在第二。《漢書補注》說：「郡治未詳，《續志》後漢隴西治狄道（今臨洮），上邽改屬漢陽（天水），漢陽的郡治卻在冀（今甘谷），至於東漢涼州的刺史治所，卻在比較上邽西北方的隴縣（今秦安東北），而冀和隴的聯絡中心，還在上邽。這裏也表示隴西和天水兩郡，從西漢到東漢，時有疆域改換的情形，郡治也有時常更換的事實。如其加以解釋，可能是爲了開發邊疆，郡治有移到邊區的政治作用，並不十分著重以境域中最大或最繁榮的城爲郡治。至於東漢刺史治所移到今秦安附近的隴縣，而不在上邽，這也可能由於在東漢建立的時期，占據涼州來割據的隗囂曾以上邽爲都城，光武帝對於地方勢力的膨脹是很敏感的，就此避免以上邽爲刺史治所，改到上邽西北方的隴縣[10]。但上邽的繁榮及重要性還是延伸下去。看一看唐代杜甫的「秦州雜詩」，也就看出唐代中葉時期，故上邽城的地理上重要性了。

　　再次，談到關東後方的補給要點，應當以「黎陽」這個地方爲最合適。黎陽是在漢代的魏郡。就關東地方來說，是「韓魏天下之樞」，相當適中，爲舟車輻輳的所在。黎陽就在漢代的黃河北岸，正當著一個主要渡口，「白馬津」所在的地方。向北沿著太行山，西入井陘（略同今正太線），或者西北到上黨（略同今道清線），就是

10　東漢刺史治隴，也可能是爲了河西四郡的聯絡，所以州治更向西北移些。到了魏晉以後，涼州更遷治武威，一直到後世，武威仍用涼州的稱號。

太原，是雁門和代郡主要的後方；北向常山，也就是雲中、上谷、右北平一帶的主要後方。所以黎陽的兵營和倉庫，應當是關東主要儲存之所。以下《漢書》和《後漢書》中的幾條材料，就充分表示著黎陽的重要性。

《漢書》二十九〈溝洫志〉：（藝文本 871 頁）

> 哀帝初……待詔賈讓奏……今隄防陿者去水數百步，遠者數里。近黎陽南。……東郡白馬故大隄亦復數重，民皆居其間。從黎陽北盡魏界，故大隄去河，遠者數十里，內亦數重，此皆前世所排也。（按瀕河縣不少，志特著黎陽，此由黎陽亦爲治河據點。）

《後漢書》十八〈臧宮傳〉：

> （建武）十九年，妖巫維氾弟子單臣、傅鎮等，復妖言相聚入原武城，……遣宮將北軍及黎陽營數千人擊之。

《後漢書》二十三〈竇憲傳〉：

> 發北軍五校，黎陽，雍營，緣邊十二郡騎士，及羌胡兵出塞。

《後漢書》二十二〈馬武傳〉：

> 拜武捕虜將軍，以中郎將王豐副，與監軍使者竇固，右輔都尉陳訢將烏桓黎陽營，三輔募士，涼州諸郡羌胡兵及弛刑合四萬人擊之。

《後漢書》六十〈馬融傳〉：

> 按光武省都尉，並其職於太守，以重責任，非弛禁備也。黎陽，雍營，並有重兵，邊郡有將兵長史，當匈奴，羌，胡。及有將軍，校尉，屯營，其軍制可謂嚴整矣。

當東漢廢除州郡兵以後，除去邊郡仍有常備兵仍西漢舊制以外，在內地的大量屯兵，只有北軍五校，以及黎陽營，雍營。雍即今陝西鳳翔，爲三輔陵寢所在，所以有重兵駐守。黎陽被選擇上，當然是由黎陽的位置，是舟車大道互相會合的地方，最爲便利的原故。這種屯兵東漢初年已經存在，光武向來節省，不多新創，而況屯兵修營，也非一朝一夕可能立致，勢必由西漢時代因仍下來。既有屯兵，也必然的要屯聚給養。兩漢時的黎陽倉庫，雖然找不到積極的證據。但後世在黎陽的倉庫，也是沿襲前代。因而認爲兩漢已有倉儲，應是合理的。

　　關於隋唐在黎陽建立黎陽倉一件事，嚴耕望先生的《唐代交通圖考》第五卷，
〈河東河北區，太行東麓南北走廊驛道〉條下，說：

　　　黎陽倉，《隋地志》中，汲郡黎陽縣有倉。同書〈食貨志〉，「開皇三年……
　　詔於蒲，陝，虢，……許，汝等水次十三縣，置運米丁，又於衞州置黎陽倉。
　　陝州置常事倉，華州置廣通倉，轉相灌注，漕關東及汾晉之粟，以給京師。」
　　黎陽爲南北交通之要，又置平儲。故煬帝征遼東，命楊玄感「於黎陽督運。」
　　事見《隋書》七〇〈楊玄感傳〉。《通鑑》一八一，大業七年「七月發江淮以
　　南民夫及船，運黎陽及洛口諸倉米，至涿郡，舳艫相次千餘里。」……《通
　　鑑》一八四義寧元年，「徐世勣言於李密曰，天下大亂，本爲饑饉，今更得黎
　　陽倉，大事濟矣。……開倉恣民就食，浹旬間，得勝兵二十餘萬。」亦證此倉
　　之盛，且爲兵家必爭之地也。……復考《金石萃編》一二一，〈大伾山寺准
　　勅不停廢記〉，題名有「前黎陽發運使……檢校工部尚書兼御史大夫上柱國孫
　　郃，及鎮遏使，鎮將，知稅，水軍指揮使，□□州倉，寄倉專官等職稱。此石
　　雖後周顯德六年立，然與隋事合觀，知唐世亦置倉，爲發運要地也。惟《通
　　典》，《元和志》，《新唐志》不載倉城。《括地志》似亦未記。惟《寰宇
　　記》五七〈黎陽縣〉目云，「倉城，《冀州圖經》云在州西南，袁紹聚糧之
　　所」，亦不言隋倉在此。（1529-1530 頁）

今按嚴耕望先生所考訂極爲精確。又在注中有關唐代置倉問題說：

　　　《一統志》黎陽倉城條雖引《括地志》，但檢王恢《括地志新輯》與賀次君
　　《括地志新校》皆未見。

這裏是嚴先生客氣了一點，實際上是王氏及賀氏漏輯了《一統志》這一條，而爲嚴先
生所發現。本來輯書也如掃落葉，無法一條也不漏，不可以過於責備。但《一統志》
這一條非常重要，卻也是事實。《一統志》成於乾隆時期，當時《永樂大典》尚存，
官修書如《圖書集成》，《大清一統志》，以至於《淵鑒類函》，《佩文韻府》諸
書，其中會有可以輯佚的材料，是不成問題的，所以應當算進去。此外，在以上各條
中，爲了和漢代有關，當然，《太平寰宇記》所引《冀州圖經》，言及東漢晚期的倉
儲，更可間接證明在兩漢時代，黎陽除去屯兵以外，也曾經有過倉庫的準備，決不可

能有長期屯戍而無儲糧的。如其有儲糧如其當時有若干敦煌大方盤那樣形式的，或者更大的糧倉，那就黎陽的重要性不需懷疑了。

　　綜合上面的論述，漢代的「塞」是一個牽涉相當龐大的組織，在前方以亭障爲主，加上種種防禦的工事，包括長城在內。除去了防守以外，還有通訊系統以及給養系統。在漢簡中表示出來的，已經有許多點可供參考。就前方來說，是以郡爲中心，再分到各縣及候官以至於烽燧。就後方來說，還有一個龐大的後勤系統這和幾個重要的道路有密切的關係。據文獻中的顯示，西漢一代對於西方和北方，確有幾個後勤重點，在畿輔的雲陽和雍，在西方的上邽，以及在東方的黎陽，都是屯兵，屯糧中心，也可能還是烽燧交通的中心，這些重點的設施，到東漢時期還有影響存在著。

出自第六十本第三分（一九八九年）

漢代的益州士族

劉 增 貴

　　漢代的益州士族，是外來移民、地方豪富、蠻夷大姓「士族化」的結果，也不乏新興的儒學世族，其發展與地方開發、儒學傳布過程若合符節。由於開發較遲，出現較晚。本文分析一〇二家士族，發現大部份始興於安帝以後，其官閥世代較關中、關東及江淮地區稍遜。從各州出身公卿守相之時代分布及數量比率中，也得到同樣的結果。整體言，由於地理阻隔、仍具邊區性質，益州士族在全國士族網中不佔重要地位，其興起常與地方事務（如蠻夷叛亂）有關，這也形成了其仕宦限制。益州士族具有濃厚的地域性，他們在政治上共相進退、儼成集團，但亦與中原士族互通聲氣，本文也從地域結合及其與中原士族之聯繫、與割據政權之關係等方面，對其性質加以討論。

一、前 言

　　漢代豪族的發展與轉變，是以官僚世家爲其歸趨，這種現象學者稱之爲「士族化」[1]。「士族化」既指各種舊有社會勢力（如漢初的游俠、豪富等）向士族的轉化，也指新社會勢力大多透過入仕途徑而形成。西漢中葉以下，士族逐漸成爲豪族的主要形態，各地都出現了世家大族。不過，由於歷史背景、地理環境、經濟條件、文化傳統的不同，各地士族的發展並不一致。例如關東地區原爲六國之地，宗族勢力強大，文化蘊藉深厚，所以很早就出現了士族[2]；相反的，河西地區由於開發較遲，要到東漢末葉才出現士族[3]。此外，核心地區容易出現仕宦顯赫的大士族，邊陲地區則多地方性的小士族。這些都說明了士族的發展具有區域性的差異；因此，士族的分區

1　余英時，〈東漢政權之建立與士族大姓之關係〉（收於所著《中國知識階層史論・古代篇》，臺北，聯經出版社，1970），頁 113-118。

2　如魯國孔氏、夏侯氏、琅邪伏氏等，皆興於漢初，而武帝以下如董仲舒子孫皆至大官，張湯一族及汲黯、杜周、路溫舒、于定國、蕭望之諸族皆是。

3　漢代河西地區到漢末才出現了一些世家，如敦煌曹氏（曹嵩、曹全一支）、蓋氏（蓋勳之族）、張氏（張奐一族）及武威張氏（張濟一族）、段氏（段熲一族），他們的興起與羌亂有關。

研究有其必要。

益州地區曾是秦的重要經濟支柱，漢高祖起家之國，也是公孫述割據之地，漢末更出現了鼎立一方的蜀漢政權。經濟上，益州沃野千里，號爲天府，以富裕稱；然而漢蠻雜揉，具有邊區的性質。以地勢論，與江南地區對外的交通便利、中原地區的四通八達都不同，它形勢封閉，地方色彩也較濃厚[4]。處於這些情況下的士族，其發展性質如何？在全國政治網中佔什麼地位？他們對中央政權與地方割據政權抱什麼態度？這些都是本文嘗試討論的。

在進入正題前，有幾點先要說明的。第一，本文所說的「士族」，與魏晉南北朝時期嚴士庶之分下之「士族」不同，僅指仕宦家族而言。漢代的仕宦之家雖亦有「名族」、「姓族」、「族姓」、「顯姓」、「著姓」、「洪族」、「舊門」、「舊姓」、「舊族」、「大族」、「大姓」之稱[5]，但含意模糊，其大小界線並不分明，這正說明了漢代爲士族之形成期，士族地位仍有相當的流動性，因此本文對士族採取寬泛的定義，凡一族有二人以上仕宦，或雖只見一人，但有其他記載可證其爲地方大姓者，皆認爲士族，列入文末之〈漢代益州士族總表〉（見附錄二，以下簡稱〈總表〉）中。爲方便討論，表中仍對族勢大小稍加甄別標示，宦閥以六百石、二千石爲不同界線，世代以二代爲界線，這種劃分也符合漢代人的觀念[6]。第二，本文之「士族」，以仕宦爲共同條件，若就性質論，仍可有較單純的仕宦之家或儒學士族與其強固勢力的地方豪強之分。但是由於漢代是士族的形成期，一族性質隨發展階段每有前後之異，如郪縣何氏、毋斂尹氏皆以地方豪強轉化爲儒學士族，而南鄭趙氏卻以儒學仕宦發展成地方大姓（見下節）。事實上，除益州南部各郡士族具有較明顯的地方豪強性格外，益州北部各郡士族此二種性質難以截然劃分，故本文〈總表〉中不加區劃，僅於

---

4 江南地區之交通除海運外，陸路有壽春廬江一道，北接彭城，通徐、豫，南可渡江至吳越，溯江而上可至江陵，下接吳中錢塘一道。錢塘一道，自壽春下歷陽、丹陽、秣陵、吳、錢唐至山陰，其間水道交錯，自較益州之褒斜、子午諸道便捷，參考譚宗義，《漢代國內陸路交通考》（香港，新亞研究所，1967），第一章及第四章。

5 諸詞參考拙稿《漢代豪族研究──豪族的士族化與官僚化》（臺大史研所博士論文，1985）第一章。

6 同上，頁 38-40。

討論時稍作分疏而已。第三，漢代士族的發展，主要在後漢，故本文將重點放在後漢
時期。不過，蜀漢政權的建立，與後漢以來的士族關係密切，因此本文時間上可下至
蜀漢。第四，本文以士族與政治的關係爲主題，至於其經濟、文化層面僅附帶提及，
不多討論。

二、士族的形成與發展

　　漢代的益州地區，大體可分爲南北兩部份。北部包括今日的漢中盆地及四川盆
地，有巴、蜀、廣漢、犍爲、漢中諸郡及蜀郡、廣漢兩屬國；南部包括今日的雲貴高
原及滇西縱谷，有益州、永昌、牂柯、越嶲諸郡及犍爲屬國。這些郡國並非同時出
現，而是在開發過程中次第設立的。從秦到東漢，郡國不斷增設，人口不斷移入，與
關中、關東地區郡國的減省合併及人口減少恰成對比[7]。根據學者的研究，巴蜀地區
（益州北部）的縣有 88％ 是戰國後（主要是漢代）新設立的「新縣」，春秋以前的
「舊縣」（舊邑故國）只占 12％，舊縣比例較關東（40％）、關中（44％）及江淮
（41％）低得多，這顯示益州地區開發較遲，因此士族大姓也出現得較晚[8]。至於益州
南部，全部是漢代設立的新縣，開發更遲，其士族出現也更晚。

　　秦及漢初益州的社會勢力可分兩大類，即土著大姓與東方移民。土著大姓中有少
數在漢初卽已嶄露頭角，如「板楯七姓」（羅、朴、昝、鄂、度、夕、龔）；他們是

7　益州各郡建立的過程如下：秦惠文王後九年（316 B.C.）秦滅巴，取蜀，用其君長。過了兩
　　年置巴郡，又二年（312 B.C.）取楚漢中，置漢中郡，到了 258 B.C. 置蜀郡，至此益州
　　北部大體納入控制。到了漢高祖六年（201 B.C.）分蜀置廣漢郡，至武帝時（135 B.C.）將
　　西南夷之一部及巴、蜀之一部分合置犍爲郡。元狩六年（111 B.C.）建立了牂柯、越嶲等
　　郡，天漢元年（100 B.C.）攻滅滇國，設益州郡。明帝永平十二年哀牢王率衆內附，乃割益
　　州郡西部與哀牢合置永昌郡。安帝時又分設蜀郡、犍爲、廣漢三屬國。以上參考常璩《華陽
　　國志》（劉琳校注本，成都，巴蜀書社，1984）卷一——卷四各卷及校注。關於益州戶口增
　　加之情形參考勞榦，〈兩漢郡國面積之估計及口數增減之推測〉（史語所集刊五本二分）。
　　另關於經濟發展及開發過程詳參蕭璠，《春秋至兩漢時期中國向南方的發展》（臺大《文史
　　叢刊》之四十一，1973）第四章〈秦漢時期對南方之經營〉。
8　參考鶴間和幸，〈漢代豪族の地域的性格〉，《史學雜誌》八十七卷十二號。鶴間發現豪族
　　的發展大多以「舊縣」爲基盤，就各地區分別觀，巴蜀地區由於新縣比率高，延續兩漢的士
　　族甚少，且出現較關東、關中、江淮爲晚。

巴郡的板楯蠻（賨民），在閬中人范目的領導下協助高祖定秦地，范目封侯，七姓也取得免賦役的特權[9]。范目據考亦爲土著大姓之一[10]。這一類土著大姓在當地擁有強固的勢力，並且延續長久，如漢末張魯曾依巴中朴胡、杜濩（即度濩）以抗曹操，即是一例[11]。

　　外來移民可分成四種。第一種是秦定巴蜀之初，由關中南徙的政策性移民。周赧王元年（314 B.C.）秦以張若爲蜀國守，以戎伯尙強，「乃移秦民萬家實之」，又移上郡之民以實臨卭[12]。第二種是秦平天下的過程中，將各國的有力者遷來蜀漢，如秦滅趙，徙趙王於房陵即是。[13]《華陽國志》卷三〈蜀志〉：「秦惠文始皇克定六國，輒徙其豪傑於蜀，資我豐土。」則這些外來勢力對蜀地開發大有助益。第三種是流放的罪犯。秦時以巴蜀爲流放罪犯之處，《漢書・高帝紀上》顏注引如淳云：「秦法，有罪遷，徙之於蜀漢。」項羽所說：「巴蜀道險，秦之遷民皆居之。」[14] 這些罪犯有的原本也是有力者，如呂不韋之族即是。漢初之諸侯王有罪者，亦每徙於益州各郡[15]。第四種是自發性的移民，如楊雄的祖先原自河東徙楚巫山，楚漢之間又溯江遷居巴郡江州，後再溯江西入蜀郡郫縣[16]。以上四種移民中（尤其二、三兩種）原有不少東方

9　見《華陽國志》卷一〈巴志〉，頁37。此七姓左思〈蜀都賦〉李善注引《風俗通》中羅作盧，昝作沓，龔作襲，當以《國志》爲是。《後漢書》（王先謙集解本）卷八六〈南蠻西南夷列傳〉中昝作督，亦誤，說詳《華陽國志校注》，頁38。

10　參考董其祥，〈巴子五姓考〉（收於氏著《巴子新考》，重慶出版社，1983）頁71。

11　見《三國志》（盧弼集解本）卷八，〈張魯傳〉，頁47。盧弼引錢大昕言朴爲七姓夷王，趙一清據《方輿紀要》杜濩亦作度濩，則亦七姓賨侯之一。

12　《華陽國志》卷三〈蜀志〉，頁194及244。

13　趙王徙於房陵，事見《淮南子》（高誘注本，臺北，世界書局，1974）卷二〇，〈泰族訓〉，頁365。

14　語見《漢書》（王先謙補注本）卷三一，〈陳勝項羽傳〉，頁18。按秦簡《封診式》「遷子」條爰書，有父告官命斷其子足，遷蜀邊之記載，見《睡虎地秦墓竹簡》（北京，文物出版社，1978），頁261-262。又《史記》（百衲本）卷六〈秦始皇本紀〉載秦徙嫪毐舍人四千家於房陵亦是。

15　詳細例子參考沈家本，《漢律撫遺》（臺北，商務印書館，1976）卷一〇，〈遷徙〉條，頁12。

16　楊氏一族之遷徙見《漢書》卷八七，〈楊雄傳〉，頁1-2。雄先人由荊州沿江上溯巴江州，再上溯至郫縣，然傳云成都人則以二地相近之故，或後又徙至成都？已不可考。

或關中的社會上層階級，他們移入後迅速在巴蜀生根，並融入當地的社會中。其中部份人掌握了當地的資源，重新成爲有力階層，如蜀卓氏及程鄭之先，都是以「山東遷虜」的身分致力工商，而成爲有名的豪富[17]。

要之，漢初的社會勢力，不外上述的土著大姓與外來移民，其中勢力最大的當屬工商豪富，如巴寡婦清及卓氏之流。不過，從景武間文翁治蜀開始，地方風氣開始改變。《漢書》卷八九〈文翁傳〉載：

> 蜀地僻陋有蠻夷風，文翁欲誘進之，乃選郡縣小吏開敏有才者張叔等十餘人，親自餙厲，遣詣京師，受業博士，或學律令。……數歲，蜀生皆成就還歸，文翁以爲右職，用次察舉，官有至郡守刺史者。又修起學官成都市中，招下縣子弟以爲學官弟子，爲除更繇，高者以補郡縣吏，次爲孝弟力田。……數年，爭欲爲學官弟子，富人至出錢以求之。繇是大化，蜀地學於京師者比齊魯焉。

在文翁的倡導下，富人至出錢求爲學官弟子，應有部分豪富進入政治軌道，轉化爲士族。其後司馬相如游宦京師，聲名顯赫，自此循迹漸多。所謂「文翁倡其教，相如爲之師」[18]。隨著儒學的提倡及武帝以下仕途之開放，至成哀之間，已出現了許多仕宦之家，如楊雄在〈蜀都賦〉中提及的成都七姓「侯、羅、司馬、郭、范、曡、楊」，不只是豪富，也是士族[19]。此外郫縣何氏、江原王氏、臨邛陳氏、閬中任氏、趙氏、譙氏、新都楊氏、梓潼文氏、李氏、武陽楊氏、資中王氏、僰道隗氏皆於此時出現，其後成爲大族（見〈總表〉）。

不過，士族的大量出現仍然是後漢的事，現在根據本文附錄二之〈總表〉，表列其出現時間及地理分布如下：

---

17 見,《史記》卷一二九〈貨殖列傳〉，頁 17。

18 《漢書》卷二八下二〈地理志〉，頁 52-53。

19 楊雄〈蜀都賦〉見《古文苑》（章樵注、錢熙祚校本，臺北，商務印書館，《國學基本叢書》本）卷四，頁 111-112。按此七姓中司馬氏可能指司馬相如一族。而范、羅二姓可能爲當地土著蠻族漢化者，羅本板楯諸姓之一，亦分布於成都平原，如郫縣亦有羅氏。而繁、范、樊爲巴子五姓同支，成都平原有繁（范）縣，是此族亦嘗居此，說詳董其祥，前揭文。

表一　益州士族的興起時間與地域分布

估計方式 地域＼時間	I				II				III				IV				V			
	前	後	三	總計	前	後	三	總計	前	後	三	總計	前	後	三	總計	前	後	三	總計
蜀	7	10	0	17	6	10	0	16	3	3	0	6	5	6	0	11	3	3	0	6
巴	4	25	7	36	4	16	7	27	2	9	4	15	4	13	7	24	2	8	3	13
廣漢	4	12	6	22	4	10	6	20	3	5	2	10	3	10	4	17	2	5	2	9
犍爲	4	6	0	10	4	6	0	10	1	2	0	3	3	5	0	8	1	2	0	3
漢中	1	7	0	8	1	7	0	8	1	5	0	6	1	5	0	6	1	5	0	6
南中	0	4	5	9	0	3	5	8	0	1	2	3	0	1	5	6	0	0	2	2
總計	20	64	18	102	19	52	18	89	10	25	8	43	16	40	16	72	9	23	7	39

說明：前、後、三指家族最早出現的時間是在前、後漢或三國。I 表示以附錄二〈總表〉之所有家族來估計。II 只估計出現六百石以上官吏之家族數。III 六百石以上，傳世二代以上之家族數。IV 二千石以上之家族數。V 二千石以上，傳世二代以上者。

　　上表是以幾種不同的標準計算，但其結果大體相同。大約有 19～23％ 的家族始見於前漢，後漢新起的占 56～63％，到三國才出現的家族占 16～22％。以 I 來看，一〇二族中有二十族興起於前漢，但在前漢多只一代一人，這些家族的繼續壯大仍在後漢。二十族中在前漢有二代以上官閥可考的只有三族。這三族中，成固張氏，張鶱以功封侯傳後，可說是特例；楊雄五世祖楊季，漢初爲廬江守，但自巴郡江州遷至蜀郡後，卻世代業農，至楊雄始再仕，楊雄之仕，亦已在前漢末[20]。眞正傳兩代者只有張寬一族。至於東漢新起的有六十四族，三國時期有十七族。東漢是士族形成的重要

20　同註 16。

階段，這點如果與《華陽國志》相比對則更清楚。《華陽國志》卷一至卷四列有各地之大姓，這些「大姓」即指各地的仕宦之族，故或稱「冠冕大姓」、「郡冠首」、「大姓冠蓋」、「首族」、「甲族」、「四姓」、「八族」等，共148姓，它們不只是晉代的情形，而是前漢以來長期發展而成。148姓中有70姓在漢代有官閥可考（見〈附錄一〉），這70姓中有10姓可推源於前漢，8姓始於蜀漢之世，其餘52姓皆出現於後漢。由此看，即使從晉追溯，後漢也是士族形成的重要階段[21]。漢代士族的發展主要在後漢，這點益州與其他地區並無太大差別，不過，如果我們就上述東漢六十四族再加分析，有四十一族見於安帝之後，六族時間不詳，可說近三分之二起於東漢後期，所以傳延世代都不很長，較其他地區稍遜[22]。

〈總表〉中的士族，有一些原出貧賤，不具地方勢力。例如南鄭趙宣，出自寒微，為太守犍為楊文方察孝廉，官至犍為太守，而其後人逐漸成為地方強族。新都汝敦躬耕田中，舉孝廉入仕後，遂世為冠族[23]。然而也有許多士族，是地方勢力的進一步發展。一個明顯的現象是：有許多是從豪富轉化的，或具有豪富的身分，這與益州的經濟富裕有關。例如成都羅氏，在前漢活躍的是富人羅冲、羅裒等，後漢則出現了仕宦人物。而郫縣何氏，何顯雖已仕宦，仍有市籍[24]。巴郡譙玄，於成哀世為諫議大夫，後不應公孫述之召，述欲鴆之，賴其子奉錢千萬始免[25]。《後漢書》卷四十一

---

21 《華陽國志》中敘述當地大姓時，有許多都追溯至漢代。如卷三〈蜀志〉云：「臨邛縣……漢世縣民陳立歷巴郡、牂柯、天水太守，有異政。陳氏、劉氏為大姓冠蓋也。」（頁245）「廣都縣，……漢時縣民朱辰字元燕，為巴郡太守，……迄今蜀人莫不嘆辰之德，靈為之感應。今朱氏為首族也。」（頁249）「資中縣……先有王延世，著勳河平；後有董鈞，為漢定禮。王、董、張、趙為四族。」（頁289）

22 六十四族中，見於和帝以前的十七族是〈附錄二〉中的7、34、43、52、54、56、57、64、71、79、82、86、94、95、96、97，不詳者為4、16、20、68、80、85，其餘皆見於安帝以後。〈總表〉中延續最久的是6代，但這些家族（漢中李氏、犍為張氏等）是並計徙入益州前的祖先官閥世代，如只計入蜀後的，也只四代左右。這與其他地區士族相比，相去甚遠。如千乘歐歆於光武時任三公已「八世博士」，杜陵張純在光武時已是七代的世家。這種情況可參考鶴間和幸，前揭文。另邢義田統計孝廉出身時，也發現巴蜀地區「世族化」的情形不如關東、關中，見〈東漢孝廉的身分背景〉（收於許倬雲、毛漢光、劉翠溶主編，《第二屆中國社會經濟史研討會論文集》，臺北，漢學研究資料及服務中心，1983），頁31。

23 見《華陽國志》卷一〇中，〈先賢士女總贊·中〉，頁770及同書卷一〇下，頁801。

24 見《漢書》卷八六，〈何武傳〉，頁1。

25 玄子納貲千萬事見《後漢書》卷八一，〈譙玄傳〉，頁2。《華陽國志》卷一〈巴志〉則云納八百萬。

〈第五倫傳〉載：「蜀地肥饒，人吏富實，椽史家貲多至千萬，皆鮮車怒馬，以財貨自達。」皆為其證。其次，士族中有許多姓氏可能原為蠻夷大姓，如巴郡墊江、安漢的龔氏，應出自巴郡賨民七姓之龔。而朐忍扶氏、漢昌句氏亦皆板楯大姓[26]，他們處於益州北部漢族集聚之區，與漢族已不易區別[27]。另外值得注意的一點是，士族中有一些是自外移入者。如漢中南鄭李氏原出於潁川陽翟大姓李氏，李郃之父李頡為博士始居漢中。廣漢新都楊氏本為河東人，楊統曾祖父仲續為祁令，樂益部風俗，始居新都；而張綱一族本張良之後，亦自外遷來[28]。這些家族徙入之前本為世家，在益州繼續發展，故官閥綿延世代較長，他們也多為儒學世家，尤其新都楊氏，世代以經術圖緯教授，成為益州學術的主流[29]。

　　其次從〈表一〉的地理分布來看，I 項中前漢二十族，集中於三蜀地區（蜀、廣漢、犍為）尤以蜀為多，而南中地區（益州南部各郡）則無。到了後漢，新起的六十四族中，按其多寡，順序為巴 (25)、廣漢 (12)、蜀 (10)、漢中 (7)、犍為 (6)、南中(4)，雖然仍以益州北部為多，但分布地區已有擴大的情形。其中巴郡、廣漢所增超過蜀郡，這是三蜀地區文教圈擴大的結果，也與巴郡在後漢的開發有密切關係[30]。

26　據劉琳考訂，扶氏為板楯蠻之一族，迄清代猶存。唯扶氏祖先扶嘉亦曾助高祖定秦地，官至廷尉，則其中一部份仕宦甚早。又句氏亦為賨民。見劉琳前揭《華陽國志校注》卷一〈巴志〉頁 81 及 100。

27　從考古的發現來看，古代具有強烈地方特色的巴蜀文化，其下限應訂在西漢前期，由於秦以來對巴蜀的移民，使巴蜀本地的文化特色逐漸消失。西漢前期的墓葬中尚存留部份巴蜀文化的特色，如船棺、獨木棺、銅甗等，但在漢武帝以後，統一的漢文化占了重要地位。參考趙殿增，〈巴蜀文化幾個問題的探討〉，《文物》1987 年 10 月及宋治民，〈關於蜀文化的幾個問題〉，《文物》1983年 2 月。

28　見《後漢書》卷三〇上，〈楊厚傳〉，頁 4 李賢注引《益部耆舊傳》；同書卷五六〈張皓傳〉，頁 1，王先謙集解。同書卷八二上〈李郃傳〉，頁 9-10 集解引棟語。

29　益州後漢儒學中，新都楊氏最盛，楊厚本其家學，授徒三千，其中任安、何萇、董扶、周舒皆著名，任安授徒杜瓊、何宗、杜微，何萇授羅衡、楊班，他們又各自教授，影響益大。

30　巴郡在後漢有相當發展，以人口論，前漢有七十萬人左右，但在後漢永和五年，已增至一〇八萬左右。見《漢書》卷二八上三，〈地理志〉，頁95 及《後漢書》志二三上〈郡國志〉，頁 7。另梁方仲，《中國歷代戶口、田地、田賦統計》（上海，人民出版社，1981）頁 16 及24。不過《華陽國志》卷一〈巴志〉載桓帝永興二年巴郡戶口達一八七萬左右，距永和 5 年不過十三年，此一數字較永和 5 年蜀郡及屬國合計一八二萬還高。

如果我們再以 V 項來看，爲官二代以上的二千石之族中，巴、廣漢、漢中在後漢新起明顯。漢中由於居益州對外之樞紐，地近關中，仕宦亦盛，《華陽國志》卷二〈漢中志〉：「自建武以後，羣儒修業，……其州牧郡守，冠蓋相繼，於西州爲盛。」不過，漢中比起三蜀地區，自然不如。《華陽國志》卷三〈蜀志〉：「益州以蜀郡、廣漢、犍爲爲三蜀，土地沃美，人士俊乂，一州稱望。」表中三蜀合計，仍勝餘郡。這種情形，至晉末改，《華陽國志》所載大姓，仍有半數集中於蜀部之郡[31]。至於巴郡官閥雖盛，但性質與三蜀不同。三蜀文教興盛，仕宦者多以經術文章，故云：「漢徵八士，蜀有四焉」[32]。而巴郡屬賨人地區，自古以來以武勇稱，武王伐紂、高祖平秦，皆得巴人之助[33]。《華陽國志》卷一〈巴志〉：「巴有將，蜀有相也。」若以《華陽國志》卷一二〈益梁寧三州先漢以來士女目錄〉分析，三公漢代七人中有五人在三蜀，兩人在漢中，而將軍十六人中，巴郡卽占十人，與「巴有將、蜀有相」相合。巴郡之士族眾多，與後漢中期後羌、蠻多變，有賴巴人撫戢有相當關係。

　　南中的開發較遲，直到後漢才有少數士族出現，但若從上表的第 V 項來看，傳延二代以上的二千石之族要到蜀漢才出現。南中既多蠻夷，復少儒學，這些都是限制士族發展的原因。漢章帝時，王阜爲益州太守，「始興起學校」，但並不曾有多大影響。漢桓帝時牂柯人尹珍才受學返鄉教授，「南域始有學焉」[34]。眞正的開發還是要到蜀漢時。不過，值得注意的是，漢末的南中大姓多爲自益州北部南遷之漢族移民，如永昌呂氏，《三國志》卷四三〈呂凱傳〉裴注引《蜀世譜》：「初秦徙呂不韋子弟宗族於蜀漢，漢武帝時開西南夷置郡縣，徙呂氏以充之，因曰不韋縣。」[35]。又益州大姓

31　參考宮川尙志，《六朝史研究‧政治社會篇》（京都，平樂寺書店，1977）頁 219。

32　語見《華陽國志》卷三，〈蜀志〉頁 223-225。劉琳校注云：「東漢一代，徵士遠不止八人。『蜀有四』，蓋指楊厚、王稚、董扶、任安，但何蔑也稱『徵士』，見本書〈先賢志〉。」其實此語只是言徵士之多居漢之半，未必爲實際數目。

33　巴人助高祖見上文范目事。《華陽國志》卷一〈巴志〉：「周武王伐紂，實得巴蜀之師，……巴師勇銳，歌舞以凌殷人，……」（頁 21），又：「巴東郡……郡與楚接，人多勁勇，少文學，有將帥才。」

34　見《後漢書》卷八六〈南蠻西南夷列傳〉，頁 1 及 15。

35　另一說法是，徙此者爲南越相呂嘉子孫，「因名不韋，以彰其先人惡」（《華陽國志》卷四〈南中志〉，頁 427）此一說法似不如《蜀世譜》妥當，洪亮吉指出不韋宗族遷蜀，史有明文，而呂嘉爲不韋後則未見記載（《後漢書》志二三上〈郡國志〉，頁23，集解引）。

雍氏，出自什邡侯雍齒，由廣漢什邡南遷，故呂凱與雍齒書謂其「世受漢恩，……先人雍侯，造怨而封。」[36]，至於建寧孟氏（孟獲之族）與朱提孟氏應皆漢族，而爨氏亦來自中原。南中大姓本是漢族移民中的統治階層，他們的出現並非偶然，仍然與南中的開發密切相關[37]。

三、士族的仕宦地位

士族是仕宦的產物，益州士族在仕宦上占什麼地位呢？常璩指出，自前漢始，「璽書交馳於斜谷之南，玉帛戔戔乎梁益之鄉」，而「西秀彥盛，或龍飛紫闥」，東漢自建武迄中平，兩百年間「府盈西南之貨，朝多華岷之士」[38]。似乎益州之士較中原亦不多讓，不過實際情形尚有待具體的比較。根據小林史朗的估計，益州人物在《後漢書》中的立傳人數，雲貴高原各郡未見立傳者，而四川盆地各郡（尤其三蜀，即四川西部）皆較全國平均數為高[39]。然而此一估計尚可商榷，因為立傳並不表示其仕宦地位也高。小林史朗所舉之立傳三十五人中，在方術、儒林、文學三傳者即占三分之一（11人），這固然顯示益州北部文教的發達，但卻與仕宦比率不相干，因此我們還得另外估計。《華陽國志》卷一二〈梁益寧三州先漢以來士女目錄〉後附有益州官僚總計，然其數目與總數不合，除公七人可考外，其餘已很難估算，且無法與他州比較[40]。現在就全國各州公卿及郡國守相加以估計，先看各州公卿。

---

36 《三國志》卷四三〈呂凱傳〉，頁 6-7。
37 孟氏、爨氏皆漢族，說詳陳天俊，〈論南中大姓〉，（《貴州文史叢刊》，1985、1）頁 59-66及方國瑜，〈試論漢晉時期的南中大姓〉（收於所著《滇史論叢》第一輯，上海，人民出版社，1982）頁 35-38。方國瑜更指出南中大姓為移民之統治階層。不過，也有人持不同的看法，如何斯強雖然同意南中大姓大多數是秦漢以來遷入西南地區的漢族富豪，但又謂孟獲原本是當地夷族中漢化較深的奴隸主。參考何斯強，〈三國、兩晉、南北朝時期的南中「大姓」與「夷帥」〉，《思想戰線》，1987年5期。然《華陽國志・南中志》載有雍闓「使建寧孟獲說夷叟」之事，獲以言欺夷，故夷從闓。又《三國志・諸葛亮傳》注引《漢晉春秋》：「孟獲者，為夷漢所服。」似以原為漢人之可能性較大。朱提孟氏參考附錄二〈總表〉。
38 見《華陽國志《卷三〈蜀志〉，頁 221 及同書卷五，〈公孫述劉二牧志〉，頁 484-485。
39 小林史朗，〈東漢時代における益州について──《後漢書》を中心として〉（《大東文化大學漢學會誌》十七號，1978）頁65。
40 按〈士女目錄〉云：「公七人，大將二十二人，侯二十人，卿佐十四人，侍中七人，尚書五人，司隸校尉六人，州刺史十三人，郡守四十八人，國師三人，光祿大夫四人，尚書郎十二人，中書郎、將、御史六人，公車令、諫議、大中十人，公府辟士八人，高士一人，聘士七人，徵士四人，節士四人，列女四十七人。」合計共二四九人，但上文云「三百五十人」，相去甚遠。公七人可考，即何武、李郃、李固、張皓、趙戒、趙溫、趙謙。

表二　後漢各州公卿數量比較表

州　別	各州人口比例	三　　　　公			九　　　　卿		
		人　數	各州三公比例	三公比例÷人口比例	人　數	各州九卿比例	九卿比例÷人口比例
司　　隷	6.48	36	22.79	3.52	66	20.18	3.11
豫　　州	12.90	37	23.42	1.82	65	19.88	1.54
冀　　州	12.39	8	5.10	0.41	15	4.59	0.37
兗　　州	8.46	8	5.10	0.60	21	6.42	0.76
徐　　州	5.83	9	5.70	0.98	14	4.29	0.74
青　　州	7.75	9	5.70	0.74	13	4.00	0.52
荊　　州	13.08	28	17.72	1.31	46	14.07	1.07
揚　　州	9.06	8	5.10	0.56	11	3.36	0.37
益　　州	15.12	6	3.80	0.25	11	3.36	0.22
涼　　州	0.88	3	1.90	2.16	11	3.36	3.81
幷　　州	1.45	3	1.90	1.31	4	1.22	0.84
幽　　州	4.27	2	1.27	0.30	4	1.22	0.29
交　　州	2.33	0	0	0	0	0	0
不　　明		1	0.63		46	14.07	
總　　計	100	158	100		327	100	

說明：　1. 各州人口比例取自梁方仲，《中國歷代戶口·田地·田賦統計》甲編，頁22。
　　　　2. 公卿係以拙著博士論文《漢代豪族研究》附表10、11查對籍貫統計。

　　益州公卿在前漢只有扶嘉、何武二人[41]，因此本表只就後漢估計。從表中看，三公人數益州六人，僅比涼、幷、幽、交等邊州為多，而較其他各州（包括揚州）為少。九卿十一人，與揚、涼二州相同，比幷、幽、交多，而較其他各州為少。無論公卿，人數最多的都是司隷、豫州、荊州三者，這與司、豫為帝國核心區，荊州（尤其

41　扶嘉見註26。

南陽）爲帝鄉，功臣外戚集團強大有關。益州的數目較近邊區，甚至也不如揚州。如果我們再以人口比例衡量，則除交州無公卿外，益州的比數是各州中最低的。不過，這個比數還須加以校正，由於益州南部各郡並無公卿，若只計北部各郡所占全國的人口比例 8.99[42]，則比數爲公 0.42，卿 0.37，稍有提昇；然公僅較幽、交、冀爲高，卿僅與揚、冀略等，較幽、交高而已，整個益州北部之公卿比率，還是落後於核心地區。

這裏對涼州比數最高附帶說明。涼州情況特殊，一方面人口甚少，另一方面外患瀕仍，立功邊域者往往成爲公卿。涼州公卿中期以前的皆爲安定梁氏（梁統之族，卿占六人），梁氏爲外戚，與一般士族有別。其餘公卿如張奐、段潁、皇甫嵩、王邑皆在漢末，至於董卓、李催更是情況特殊，故比率偏高。現在再看看郡國守相的比率。

從表三可看出，益州在前漢任守相者只有十任，僅較幷、交爲多，衡以人口比例後的結果相同。若單計益州北部，則比數略提高爲 0.28[43]，然仍爲倒數第三。表四後漢的情況則稍有不同。以任數論，益州並不少，有一二八任，緊追司、豫、荊各州，居第四；然衡以人口比例後降爲第八，而仍與揚州並列。不過，益州任數之多，是因有一部專載益州人物的《華陽國志》之故，若將僅見於此書而不見於他處之守相剔除，則減少三十九任，只餘八十八任[44]，居第五，然校以人口比例後比數降爲 0.39，居第十位。單計益州北部則爲 0.63，居第八，較揚州稍高。

由上看來，益州人物之整體政治地位並不高，這可能與益州遠離政治中心及地域的隔絕有關，這點也可從中央對地方的態度來了解。表四中各州人物在司隸任太守的，都占各州出身太守任數的相當比例，如司、豫、冀、幷諸州皆占第一，兗、青、益、涼等州占第二，這些顯示中央吸納各州，以形成向心力。但是同時存在另一種現象：即某些州中有任用本州人任郡守的傾向。這些州除司隸情況特殊外，還包括荊、揚、益、涼、交五州，五州出身的郡守皆以任本州者占最多。這五州或爲邊區，或雖

---

42 據益州北部人口計出，參考梁方仲，前揭書，頁24。

43 前漢時益州人口比例爲 8.30，但只計北部則爲 5.91。參考梁方仲，前揭書，頁 14 及 16。

44 剔除僅見於《華陽國志》所載後之八十八任守相分仕各州之數爲：司 18、豫 5、冀 4、兗 6、徐 4、青 1、荊 4、揚 3、益 37、涼 6、幷 0、幽 2、交 2。

表三　前漢各州守相數量比較表

籍貫＼所任	司	豫	冀	兗	徐	青	荊	揚	益	涼	并	幽	交	總數(任)	各州比例(任)	各州比例(任)÷人口比例
司	40	5	8	8	8	7	8	4	3	11	14	5	1	122	20.4	1.76
豫	16	1	2	8	7	6	5	2	1	0	1	4	2	55	9.20	0.76
冀	4	1	0	1	3	2	1	0	1	0	1	2	0	17	2.84	0.32
兗	9	1	4	4	2	2	1	2	1	0	2	2	0	30	5.02	0.38
徐	19	3	0	7	2	2	2	5	0	0	0	2	0	42	7.02	0.77
青	7	0	0	1	1	3	0	0	2	0	0	2	0	17	2.84	0.36
荊	7	0	0	0	1	0	3	2	1	0	2	1	0	14	2.34	0.38
揚	5	1	0	2	0	1	3	3	2	1	1	1	0	20	3.34	0.60
益	2	1	1	0	0	0	1	0	3	1	0	0	0	10	1.67	0.20
涼	1	0	0	0	0	0	0	1	1	7	5	5	0	19	3.18	1.43
并	0	0	0	0	0	0	0	0	0	0	1	1	0	2	0.33	0.09
幽	6	3	0	5	0	0	0	0	0	1	0	2	0	17	2.84	0.44
交	0	0	0	0	0	0	0	0	0	0	0	0	0	0	0	0
不明	86	15	14	10	12	13	8	4	5	18	23	22	3	233	39.0	0
總計	202	32	31	46	35	36	28	24	19	41	49	49	6	598		

說明：　1. 前漢各州人口比例據梁方仲前揭書，頁14。
　　　　2. 為估計所任之州，以任數為單位，與前表以人數異。
　　　　3. 據嚴耕望《兩漢太史刺史表》計算而得。
　　　　4. 斜線所包可看出各州人任官本州的數量，下表同。

表四　後漢各州守相數量比較表

籍貫＼所在州	司	豫	冀	兗	徐	青	荊	揚	益	涼	并	幽	交	總數（任）	各州比例（任）	各州比例÷人口比例
司	32	17	18	17	10	9	21	10	9	31	11	11	0	196	12.71	1.96
豫	26	16	18	25	9	15	18	16	18	9	3	9	2	184	11.94	0.93
冀	8	5	0	4	4	3	5	2	5	4	1	5	0	46	2.98	0.24
兗	12	7	13	11	5	12	7	7	4	3	4	6	1	92	5.97	0.71
徐	5	6	11	8	5	4	6	12	1	0	1	3	0	62	4.02	0.69
青	4	5	5	3	2	2	0	5	2	1	1	3	0	31	2.01	0.26
荊	17	14	8	6	6	3	26	6	19	10	2	3	0	130	8.43	0.64
揚	8	12	4	3	3	3	14	23	1	2	0	0	10	76	4.93	0.54
益	18	7	8	6	5	3	8	4	54	7	1	3	5	127	8.24	0.54
涼	13	3	0	2	0	0	1	2	0	20	2	1	3	44	2.85	3.23
并	7	3	2	2	2	0	1	0	0	5	4	2	0	28	1.81	1.25
幽	4	4	0	0	0	0	5	0	1	1	2	3	0	32	2.07	0.48
交	0	0	0	0	0	0	0	0	0	0	0	0	5	5	0.32	0.14
不明	48	37	45	31	31	21	56	39	42	60	27	32	19	488	31.7	
總計	202	136	132	121	82	76	168	130	156	152	60	81	45	1541	100	

說明：1. 本表據嚴耕望，《兩漢太守刺史表》計算而得。然原表未列籍貫而可考者補正之。

2. 各州人口比例見表二，本表省略。

非邊區，但內有蠻夷，亦具邊區性質，用本州人便於解決地方事務。五州中尤以益州爲明顯，益州出身的一二七任守相中有五十四任在本州，中央對益州人士借重之處正是本州問題的解決。中央對益州的控制南北不同，益州北部常用他州人爲郡守（114任中只有 30 任爲本州人，占 26%）益州南部則多用益州北部出身的人（42 任中有 24任爲益州北部人，占 57%），則以南部多蠻夷變亂之故。在此情況下，若地方問題不嚴重，則益州人士的仕宦也就受到限制。事實上，益州士族的興起，正是在蠻夷問題嚴重的安帝時期以後；益州公卿的出現，除郭賀一人外，也都在安帝之後。以下比較各州仕宦人物的時間分布如下：

表五　後漢各州三公時代分布表

時代 籍貫	光	明	章	和	小計 I	安	順	桓	靈	獻	小計 II	I ÷ II
司	7	0	3	4	14	2	6	6	6	2	22	0.64
豫	1	1	1	5	8	2	5	6	13	3	29	0.28*
冀	2	0	0	1	3	1	0	2	2	0	5	0.60
兗	0	1	0	1	2	2	1	1	1	1	6	0.33*
徐	1	1	0	0	2	2	1	1	3	0	7	0.29*
青	2	1	0	1	4	1	0	2	0	2	5	0.80
荊	9	2	2	0	13	3	3	1	7	1	15	0.87
揚	0	0	1	0	1	2	1	1	1	2	7	0.14*
益	0	0	0	0	0	1	2	1	0	2	6	0*
涼	0	0	0	0	0	0	0	0	2	1	3	0*
幷	0	2	0	0	2	0	0	0	0	1	1	2.0
幽	1	0	0	0	1	0	0	0	1	0	1	1.0
交	0	0	0	0	0	0	0	0	0	0	0	0
總　計	23	8	7	12	50	16	19	21	36	15	107	0.47

表六　後漢各州九卿時代分布表

時代 籍貫	光	明	章	和	小計 I	安	順	桓	靈	獻	小計 II	I ÷ II
司	9	3	9	8	29	7	8	7	7	8	37	0.78
豫	4	3	3	6	16	6	9	12	14	8	49	0.33*
冀	3	1	0	2	6	0	1	3	4	1	9	0.67
兗	3	2	1	3	9	3	0	4	3	2	12	0.75
徐	1	2	1	1	5	1	1	1	4	2	9	0.56*
青	3	2	0	1	6	1	1	2	0	3	7	0.86
荊	10	4	2	4	20	6	6	1	11	2	26	0.77
揚	1	1	2	0	4	3	1	0	1	2	7	0.57
益	1	0	0	0	1	3	2	2	1	2	10	0.10*
涼	0	1	0	0	1	0	3	3	1	3	10	0.10*
幷	2	1	0	0	3	0	0	0	1	0	1	3.00
幽	2	0	0	0	2	0	0	0	2	0	2	1.00
交	0	0	0	0	0	0	0	0	0	0	0	0
總　　計	39	20	18	25	102	30	32	35	49	33	179	0.57

　　爲便於估計，將後漢粗略地分爲光武到和帝、安帝到獻帝兩階段[45]。首先就人數來看，前期益州沒有三公，三公出現於安帝以後；九卿前期也只一人，至於太守雖有十五人，但仍不如司、豫、荊、揚諸州。益州官宦主要是出現在後期，這以前後期比率來看更爲清楚。由於兩期的時間並不平均，而人數多寡也涉及任期長短，所以各州人數後期較前期多，並不表示後期更有發展，其前後期比率還須校正以前後期總數比率（三公 0.47，九卿 0.57，守相 0.38，各表右下角）才能看出增減。較總數比率低

45　表五、六、七皆以和帝爲兩階段之分界，一般而言，東漢和帝時國勢達於頂點，而外戚、宦官與士族之爭也開始萌芽，安帝後衝突漸烈，故可視爲另一階段。

表七　後漢各州守相時代分布表

時代 籍貫	光	明	章	和	小計 I	安	順	桓	靈	獻	小計 II	I ÷ II
司	31	16	10	15	72	13	20	26	20	33	112	0.64
豫	18	5	7	19	49	11	19	42	28	31	131	0.37*
冀	9	1	2	2	14	3	3	10	12	2	30	0.47
兗	11	1	1	2	15	5	5	22	22	17	71	0.21*
徐	5	2	4	1	12	1	3	7	15	19	45	0.27*
青	6	0	1	0	7	0	4	10	6	3	23	0.30*
荊	31	14	4	1	50	8	8	19	19	27	81	0.62
揚	1	4	7	4	16	2	11	6	10	25	54	0.30*
益	5	5	4	1	15	12	12	24	17	20	85	0.18*
涼	3	1	0	1	5	4	7	8	10	6	35	0.14*
并	5	2	0	0	7	0	2	2	6	8	18	0.39
幽	9	0	1	0	10	0	1	1	9	12	23	0.43
交	0	0	0	0	0	0	0	1	1	3	5	0*
總　計	134	51	41	46	272	59	95	178	175	206	713	0.38

者（表中附＊號者）表示後期較前期有增加，高者減少。以上三表大體相當一致，其中除交州外益涼兩州比數最低，顯示兩者的主要發展是在後期，這可與本文上節所說益州士族興起較他州為晚相印證。

　　由上看來，益州人士的整體仕宦地位並不高。《三國志》卷三八〈秦宓傳〉載廣漢太守夏侯纂與功曹古朴的問答：

　　纂問古朴曰：「至於貴州，養生之具實絕餘州矣，不知士人何如餘州也？」朴
　　對曰：「乃自先漢以來，其爵位者或不如餘州耳，至於著作為世師式，不負於
　　餘州也。

益州著作傑出，而仕宦不如確爲事實。不過，整體仕宦固不如餘州，但個別的士族勢力仍甚強大。〈總表〉中的一〇二個家族中，仕宦二代以上的二千石之族有三十九族，三代以上的有十七族，四代以上的有七族。這顯示益州也像他州一樣出現了閥閱世家。其中公族如南鄭李郃、李固父子繼踵三公，成都趙戒、趙典、趙溫、趙謙數代公卿，犍爲張晧、張綱父子世有名位，其聲望較三輔名族亦不少遜。至於一族人同時入仕的也很多，如南鄭趙宣（犍爲守）七子，「皆辟命察舉，牧守州郡。」[46] 同縣的楊矩四子，才官隆於先人，當時稱爲「四珍」[47]。而廣漢郪縣王堂爲司隷校尉，子孫世代爲官，堂妻文季姜卒時「四男棄官行服，四女亦從官舍交赴，內外冠冕，百有餘人。」[48] 可見其聲勢。

士族在地方政治中的地位也很重要。地方掾史階層大多出自當地的士族大姓。例如前漢時蜀郡郫縣何武，「兄弟五人皆爲郡吏，郡縣敬憚之。」[49] 後漢的〈巴郡太守張納碑陰〉載有巴郡一郡之吏七十四人，其中姓氏可考者六十三人，而屬《華陽國志》所列之「大姓」者即有二十一人，其餘屬〈總表〉中諸姓者又十人，故幾乎有半數出於士族[50]。士族對地方事務的參與，可以桓帝年間的分郡事件爲例。桓帝永興二年，巴郡的大吏郡文學掾宕渠趙芬、墊江龔榮、王祁、李溫，臨江嚴就、胡良、文愷，安漢陳禧，閬中黃闓，江州毋成、陽譽、喬就、張紹、牟存、平直等，與郡人上谷太守陳弘（安漢人）、隴西太守馮舍（宕渠人），共同說服郡太守但望上書，要求將巴郡分爲兩郡，而建官舍等費用由他們負擔，「不費公家，得百姓歡心」[51]。這些

46　《華陽國志》卷一〇下〈漢中士女・杜泰姬〉，頁 811。

47　《華陽國志》卷一〇下〈漢中士女・泰瑛〉，頁 810：「四子才官，隆於先人，故時人爲語曰：『三苗□止，四珍復起』」按，四子以「珍」爲字，長元珍，次仲珍，故云。而「三苗」、「四珍」之類的稱號，是東漢士族標榜家族人物常用的，與「三虎」、「二龍」、「五常」等相類，參考拙著，〈論後漢末的人物評論風氣〉（《成功大學歷史學系歷史學報》第十號），頁 205。

48　《華陽國志》卷一〇下〈梓潼人士・季姜〉，頁 825-826。

49　《漢書》卷八六，〈何武傳〉，頁 2。

50　〈張納碑陰〉收於洪适，《隷釋》（收於嚴耕望主編，《石刻史料叢書甲編》）卷五，頁 13-14，屬《華陽國志》之大姓者有江州鈆、毋、然（2 人）、白、上官（2 人）、慍，枳縣章、牟，墊江夏氏，朐忍扶氏，閬中黃、趙、嚴，充國譙氏，安漢趙、范、陳（3 人）等二十一人。另可考者有宕渠李（5 人）、馮、王（2 人），閬中周，墊江龔等十人。

51　見《華陽國志》卷一〈巴志〉，頁45。

人中趙氏、馮氏、龔氏、李氏、嚴氏、文氏、陳氏、黃氏、毋氏都是地方大族,事雖
未成,亦可見士族大姓對地方事務的積極參與。四十年後,安漢大姓趙壁重提此議,
巴郡的分郡終告實現[52]。

四、益州士族的地域性及其與中原地區的關係

　　漢代的士族大多起自州郡,其勢力根植於地方,故雖入仕中央,仍具濃厚的地方
色彩,同郡相結,每成集團,如汝南、潁川等郡,皆以黨援氣烈著聞[53]。益州地區,
由於與中央的地理阻隔,自成一獨立單位,這種現象就更為明顯,現在先以婚姻關係
為例[54]。

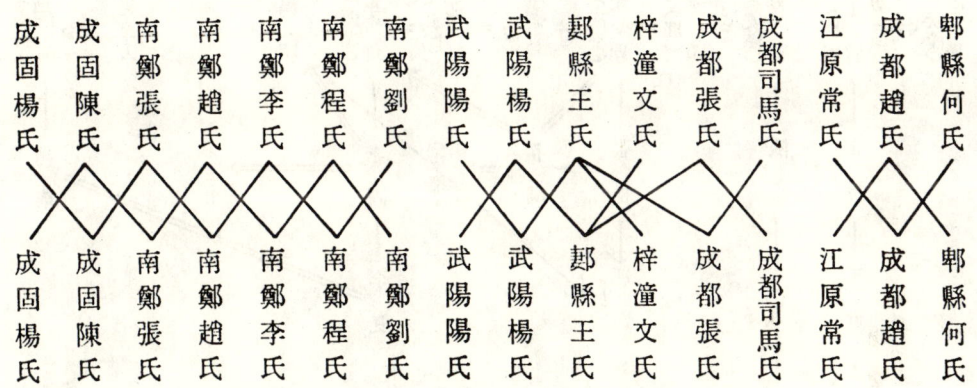

圖一　益州部分士族互婚圖

　　上圖中之三組婚姻關係,是益州地區士族婚姻相結的例證。其中漢中南鄭的劉、
程、李、趙、張與成固陳、楊相婚,顯示漢中郡同郡士族間的密切關係。蜀郡郫縣何
氏是前漢公族,但後漢仍有勢力,而成都趙氏則為後漢公族,彼此門第相當。成都趙

52　見同書同卷,頁55。
53　潁川自前漢卽以朋黨稱,見《漢書》卷七六〈趙廣漢傳〉,頁1。東漢之初光武曾指責戴
　　憑:「汝南子欲復黨乎?」(《後漢書》卷七九上,〈戴憑傳〉,頁6。)至後漢末期,汝
　　潁之士相互結合,是黨錮人士之主要成員。其實不只二郡地方觀念強烈,他郡亦然。如東漢
　　政治上之南陽集團亦為一例。
54　據拙著,《漢代婚姻制度》(臺北,華世出版社,1980),頁175-176,〈漢代蜀地婚姻表〉
　　訂正繪製。

氏的趙溫、趙謙兄弟與江原常洽同仕獻帝，可說是同鄉里朝官之結合。廣漢郪縣王氏
與同郡梓潼文氏、蜀郡司馬氏、犍爲楊氏之婚姻跨越三蜀，顯現較爲廣泛的同州觀
念。不過益州士族的婚姻事例中，尚未發現與他州人士的婚姻關係，這與中原地區之
大族如汝南袁氏、沛國桓氏、弘農楊氏等之婚姻常跨越數州相比，似更具地方色彩，
然資料不足，未能確證。

　　婚姻之外，益州士族每結友共學，或共相薦引，形成複雜的交游關係，下圖是部
分例證[55]。

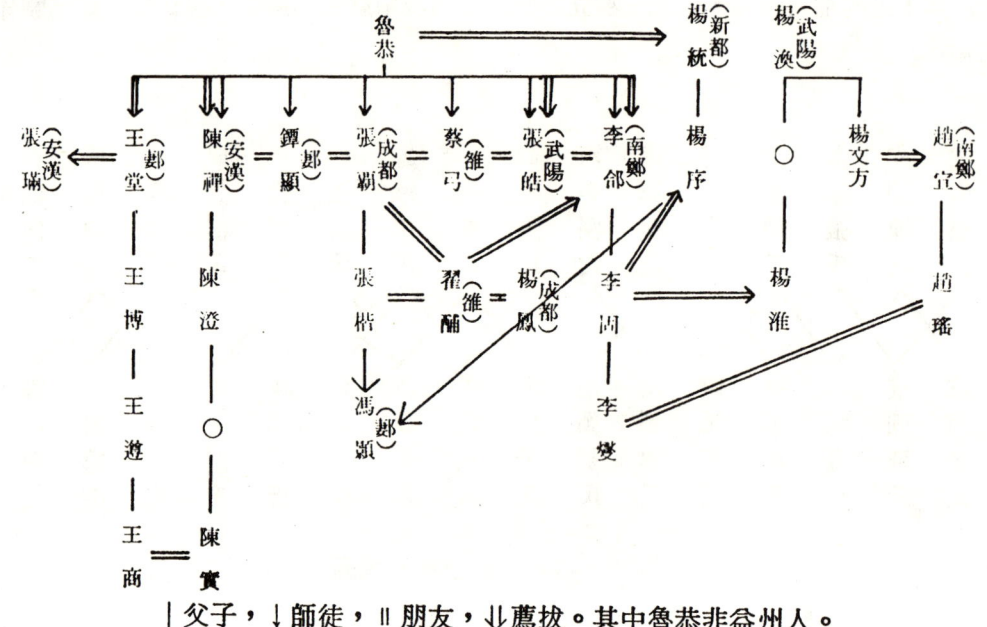

　　　　　│父子，↓師徒，‖朋友，⇊薦拔。其中魯恭非益州人。

圖二　益州部分士族相互關係圖

55　譚顯、蔡弓、李郃、張霸、陳禪結友共學同師魯恭見《華陽國志》卷一〇中，〈廣漢士女・
　　譚顯〉，頁 749。李郃、張皓、陳禪是透過其師魯恭之介而爲鄧隲所辟，此據上田早苗的推
　　斷，參考氏著〈巴蜀の豪族と國家權力——陳壽とその祖先を中心に〉（《東洋史研究》第
　　二十五卷，第四號）頁 3。王堂於永初二年爲三府所舉，考時魯恭爲司徒，事見《後漢書》
　　卷三一，〈王堂傳〉，頁10。李固屢薦楊序（卽楊厚）事見同書卷三〇上〈楊厚傳〉，頁 5。
　　翟酺薦言李郃見同書卷八二上〈李郃傳〉頁10。翟酺友張霸，見同書卷三六〈張霸傳〉，頁
　　18。酺友張楷、楊鳳見同書卷四八，〈翟酺傳〉，頁 6。王堂薦張璊，見《華陽國志》卷一
　　〈巴志〉，頁44。魯恭辟楊統、馮顥師張楷，見同書卷一〇中，〈廣漢士女〉，頁741, 746。
　　李固薦楊淮、楊文方薦趙宣，見同書卷一〇中，〈犍爲士女〉，頁774, 785。李燮友趙瑤見
　　同書卷一〇下，〈漢中士女〉，頁803。陳實友王商見同書卷一二，〈士女目錄〉，頁924。

　　上圖顯示益州士族彼此交游、相互舉薦的情形。值得注意的是益州士族除同郡觀
念外，確具較強的同州觀念，他們的結合不限同郡，而跨越一州。如犍爲武陽楊文方
曾薦漢中南鄭趙宣，李固亦薦文方兄子淮「累世忠直」而李、趙二族亦交好，且有婚
姻關係（參圖一），廣漢翟酺與蜀郡楊鳳、張楷交友，而李郃、張皓等之互結更是典
型例證，《華陽國志》卷一〇中〈廣漢士女〉：

> 鐔顯，字子誦，郪人也。蔡弓，字子鴬，雒人也。俱携手共學，多則侍親，春
> 行受業。與張霸、李郃、張皓、陳禪爲友，共師司徒魯恭。顯又與王稚子（廣
> 漢郪王渙）同見察孝於太守陳司空（寵），歷豫州刺史、光祿大夫、侍中、衛
> 尉。弓爲廬江太守，徵拜議郎。而霸、郃、皓、禪皆至公卿。

張霸蜀郡人、李郃漢中人、張皓犍爲人、陳禪巴郡人，鐔顯、蔡弓則爲廣漢人，他們
的結合涵蓋益州北部各郡，其後仕宦時交援共進，儼成集團（見後文）。其次，上圖
中各族的關係也不限於一代。例如李郃與楊統皆見知於魯恭，而郃子固亦屢薦統子
厚。陳禪、王堂亦皆爲魯恭所薦，堂曾孫商與禪曾孫實亦相交友皆是。

　　益州士族彼此的關係旣如此密切，他們的政治活動自然具有地域性與集團性，例
如在安帝廢太子爲濟陰王（卽後之順帝）到順帝繼位這一段過程中，益州出身的士族
李尤、龔調、張皓、李郃、陳禪皆站在順帝一邊[56]，立場相當一致。順帝卽位之前，
李郃曾暗圖擁立，而孫程等先發動，故郃功不顯，同爲益州出身的將作大匠翟酺卽上
書：「郃潛圖大計，以安社稷」，順帝因而錄其功。酺後被告與蜀郡張楷謀反，事雖
無驗，亦可見益部結黨之風[57]。

　　益州士族在安、順之間聲勢最盛，順帝卽位事件前後的活動是其著例。不過推其
原始，他們的入仕卻與本州事務有關。安帝永初二年，羌亂起於涼州，有寇掠三輔、
南下益州之勢，帝國西部備受威脅，益州士族李郃、張皓、陳禪等於此時透過其師魯
恭的推介，爲大將軍鄧隲所辟薦。次年，羌亂波及益州，益州各地的蠻夷也蜂起響
應，在此情況下，更需藉助於益州出身的士族，於是陳禪被任爲漢中守，王堂被任爲

56　參考狩野直禎，〈後漢中期の政治と社會——順帝の卽位をめぐつて〉，《東洋史研究》，
　　二三卷三號。上田早苗，前揭文。
57　《後漢書》，卷四八，〈翟酺傳〉，頁6及卷八二上〈李郃傳〉，頁10。

巴郡守，敉平了兩郡的變亂[58]。羌亂平定後，益州士族也都各自以功升遷，不過羌亂
破壞了益州與關中間的主要通道——褒斜道，此一道路的修復，一直是他們共同的願
望。然而由於鄧騭被誅，益州士族雖極力爭取，朝廷一直沒有行動。直到順帝被擁立
後的十八日（延光四年十一月乙亥）才下令：「罷子午道，通褒斜路。」這個詔書顯
然具有酬庸益州士族的用意[59]。由此看益州士族的入仕不但與本州問題相關，其政治
主張也涉及本州的利益。

　　由以上觀察，益州士族的地方色彩相當濃厚。不過，漢代的士族固具地域色彩，
而其理想卻往往非地域所能限，只從地域團體來斷定益州士族的性質，似未能得其全
貌。士族既是仕宦的產物，他們與中央間有著依存的關係，上述他們極力爭取打通褒
斜道的行動，不只是為了地方利益，也為了維繫其與中央的關係。其次，入仕即表示
對中央的向心力。事實上，有些士族入仕中央後，也出現了脫離原籍的迹象，如張霸
卒葬河南，諸子遂家於河南。而李郃之子李固長期游學京師，「司隸、益州並命郡舉
孝廉」[60]，京師已成其生活重心。益州士族之入仕，也頗得力於中原士族的推薦。除
上述李郃、陳禪、張皓、楊統得力於魯恭，鐔顯、王渙薦於陳寵等例外，如李固得
賈建之薦，楊准得陳蕃保舉皆其著例[61]。而益州士族也薦拔了許多中原士族。如張皓
為司空，「多所薦達，天下稱其推士。」王堂拔汝南陳蕃、應嗣，號為知人；翟酺亦
薦故太尉龐參[62]。至於李固致達海內名士江夏黃瓊、南陽樊英、會稽賀純、汝南周
舉、河內杜喬、陳留楊倫、河南尹存、東平王惲、陳國何臨、清河房植等，更無地域
界線[63]。可見士族的性質。

　　從交游範圍來看，益州士族雖自有其交游圈，但也與中原士族關係密切。李固早

58　王堂任巴郡守事見《後漢書》卷三一〈王堂傳〉，頁10。陳禪事見同書卷五一，〈陳禪傳〉，
　　頁2。

59　上田早苗，前揭文，頁 6-7。

60　見《後漢書》卷三六〈張霸傳〉，頁18及同書卷六三，〈李固傳〉，頁1。又，謝承《後漢
　　書》即直稱張霸子張楷為「河南張楷」，見周天游輯注，《八家後漢書輯注》（上海，上海
　　古籍出版社，1986），頁45。

61　見《後漢書》卷六三〈李固傳〉，頁1。《華陽國志》卷一〇中〈犍為士女〉，頁774。

62　見《後漢書》卷五六〈張皓傳〉，頁2。《華陽國志》卷一〇中〈廣漢士女〉，頁746-747。

63　《後漢書》卷六三〈李固傳〉，頁7。《華陽國志》卷一〇下〈漢中士女〉，頁797。

年常步行尋師，結交英賢，後與南陽鄭叔躬、宋孝節、零陵支宜雅爲友，又交潁川荀
淑[64]。固子燮與潁川賈彪、荀爽，南陽張溫，河南种岱爲至交[65]。燮從兄弟李歷也是
「善交，與鄭玄、陳紀等相結。」[66] 可見李氏一族與中原士族之關係。廣漢梓潼的楊
充，與潁川荀爽、李膺、京兆羅叔景、漢陽孫子夏、山陽王暢等爲友；成都趙氏的趙
典，名列「八俊」之一，是有名的黨錮人物；廣漢王商也與山陽劉表、南陽宋仲子通
好[67]。這些明顯的例子，都說明了益州士族不只具地方性，也是全國士族網的一部
分。

　　士族的仕宦以經術爲必要條件。益州學術頗具地域特色[68]，也出現了廣漢楊氏、
翟氏、漢中李氏、成都張氏、巴郡馮氏等家學世傳的士族，然而其與中原地區的學術
聯繫仍密。益州士族大多游學京師，早在文翁時，蜀地學於京師者已「比於齊魯」。
前漢的張寬、何武、楊宣皆受學京師[69]。後漢游學更盛，如上述張霸、李郃、陳禪、
張皓、鐔顯等共師魯恭，即爲一例。京師外，有學於荊州者，如漢中成固陳綱學於南
陽，漢末荊州學派盛時涪縣李仁、尹默皆往受學[70]。此猶益州鄰境，更有許多周遊天
下的，如李固步行尋師，不遠千里；段恭周流七十餘郡，求師受學三十年；祝龜遠學
太學及汝、潁；景鸞少與廣漢郝伯宗、蜀郡任叔本（末）、潁川李仲、渤海孟元叔游
學七州，甚至南中地區的大姓尹珍也遠學汝南[71]。在不斷的游學中，不但加強了與中

64　同上註。另李固與荀淑爲友見《三國志》卷一〇〈荀彧傳〉，頁 2 裴注引《續漢書》。
65　參《華陽國志》卷一〇下，〈漢中士女〉，頁 803 及《後漢書》卷五六〈种暠傳・种岱〉，
　　頁11。
66　《後漢書》卷八二上〈李郃傳・李歷〉，頁11。
67　見《華陽國志》卷一〇下，〈梓潼士女〉，頁 818。同書卷一〇上〈蜀郡士女〉，頁 717。
　　同書卷一〇中〈廣漢士女〉，頁 753。
68　蒙文通指出：「詞賦、黃老、律歷、災祥，是巴蜀的固有文化。」（見〈巴蜀史的問題〉，
　　《四川大學學報・社會科學》1959.5，頁 43-49）
69　張寬事見《漢書》卷八九〈文翁傳〉，頁 2。何武見同書卷八六，本傳，頁 1。楊宣見《華
　　陽國志》卷一〇中〈廣漢士女〉，頁 739。
70　陳綱見《華陽國志》卷一〇下〈漢中士女〉，頁 802。李仁、尹默見同書卷一〇下〈梓潼士
　　女〉，頁 822-823。
71　李固見《後漢書》卷六三〈李固傳〉，頁 1。段恭見《華陽國志》卷一〇中〈廣漢士女〉，
　　頁 754。祝龜見同書卷一〇下〈漢中士女〉，頁 807。景鸞見同書卷一〇下〈梓潼士女〉，
　　頁 819。尹珍見《後漢書》卷八六〈南蠻西南夷列傳〉，頁 13。

原士族的聯繫，也產生了文化認同，這或許是何以益州士族地域色彩雖濃，卻並不完全支持割據政權的原因之一。

五、士族與割據政權

益州地區由於地理的隔絕，在中央政府崩潰之際，很容易出現割據政權。《華陽國志》卷一二〈序志〉謂益州「世亂先違，道治後服」，即後世「天下未亂蜀先亂，天下已治蜀未治」之意[72]。兩漢之末，先後有公孫述、劉焉及蜀漢政權之建，三者皆自外來，當地士族對他們抱什麼態度？以下試加討論。

（一）公孫述

前漢之末的起事集團可分饑民集團、士族大姓兩大類，而後者又包括地方豪族自建政權及地方官擁郡自立兩種，公孫述即屬擁郡自立型[73]。他是扶風茂陵人，王莽天鳳中，為導江卒正（蜀郡太守）。更始稱帝時，豪傑蜂應，南陽宗成入掠漢中，弘農王岑亦起兵雒縣響應。公孫述派人迎成等，但他們到成都後卻擄掠橫暴，於是述召臨邛縣中豪傑，諭以「吾欲保境自守，以待真主。」得到他們的支持，乃假藉輔漢將軍、蜀郡太守兼益州牧的名義，攻破宗成，又大破更始將李寶、張忠，威震益部。建武元年，在功曹李熊的力勸下，自立為天子[74]。

公孫述的起兵，以「保境自守」為號召，得到地方勢力的認同，而其自建帝號，也滿足了部分地方人士仕宦的願望，所以其集團中除了公孫氏一族外，也包括了不少當地人士。由於以地方政府而獨立，許多當地人士以掾史的身份加入，如大司徒李熊原為郡功曹，太常李隆、光祿勳常少原為主簿[75]。另有巴郡任滿、程烏、廣漢楊春卿皆為述將，越巂任貴亦率眾歸命，此外成都羅衍為郎官，而李育、侯丹、程汎三人為將，也是當地人士。這些人家世多不可考，不過楊春卿（楊序之祖）祖父仲續為祁

---

72 《華陽國志》卷一二〈序志〉，頁 901，校注。

73 參考木村正雄，〈兩漢交替期の豪族叛亂——隗囂集團と公孫述集團〉（《立正史學》三十一號，1967）頁12。

74 以上見《後漢書》卷一二〈公孫述傳〉，頁 13-15。

75 見《華陽國志》卷五〈公孫述劉二牧志〉，頁 475。《後漢書・公孫述傳》李隆作張隆，唯未言其身份，《華陽國志》作主簿。

令，爲士族，常少可能出自江原常氏，羅氏成都大族，任貴蠻夷君長，估計其中當有不少地方的士族大姓[76]。

公孫述政權興起之初，大體上依賴當地豪傑，但其後歸附漸多，長安蔣震、霸陵張邯、陳倉呂鮪、南陽延岑、汝南田戎紛紛加入，公孫述漸倚重這些外來勢力。建武七年，騎都尉平陵荆邯上書出兵，引起了一場「蜀人」與「山東客兵」的爭論，《後漢書》卷一三〈公孫述傳〉載其事云：

> （邯）說述曰：「……宜及天下之望未絕，……令田戎據江陵，……令延岑出漢中，……如此海內震搖，冀有大利。」述以問羣臣，博士吳柱曰：「……未聞無左右之助，而欲出師千里之外以廣封疆者也。」邯曰：「今東帝……所向輒平，不亟乘時與之分功，……是效隗囂欲爲西伯也。」述然邯言，欲悉發北軍屯士及山東客兵，……蜀人及其弟光……固爭之，述乃止。延岑田戎亦數請兵立功，終疑不聽。

爭論中可看出，益州人士雖參與公孫述政權，但意在保境自守，所以其後當天下將定之時，他們就勸述降漢。建武十一年，光武向述勸降，述以示太常李隆、光祿常少，二人勸述降，不聽。郎官羅衍慫恿尚書解文卿、大夫鄭文伯勸述，結果二人囚死，這些都說明了蜀人的心態[77]。

值得注意的是，雖然一些益州士族參與公孫氏集團，但也有許多抗拒的。如廣漢梓潼文齊爲益州郡太守，據郡不服，歸心光武；牂柯郡大姓龍、傅、尹、董與功曹謝暹共保境，南中除越巂外，皆非述所有[78]。至於北部，除犍爲功曹朱遵抗述被殺外，有名望的士族如巴郡閬中譙玄、任文公皆不仕公孫；蜀郡江原王皓、王嘉及梓潼李業寧死不從；犍爲南安費貽、僰道任永、廣漢郪縣馮信託疾佯狂。他們的不仕公孫與其心存漢氏相關，王嘉答公孫述使者：「犬馬猶識主，況於人乎？」可爲代表[79]，由此

76　以上任滿、程烏、李育、侯丹、程汎、任貴皆見《後漢書・公孫述傳》。楊春卿見同書卷三〇上，〈楊厚傳〉，頁4。羅衍事見《華陽國志》卷一〇上〈蜀郡士女〉，頁730。余英時推斷公孫述集團中多士族，詳余英時，前揭文，頁 147-148。

77　李隆、常少及羅衍見註 75、76。

78　文齊事見《華陽國志》卷一〇下〈梓潼士女〉，頁 816。牂柯諸大姓見同書卷四，〈南中志〉，頁 378 及《後漢書》卷八六〈南蠻西南夷列傳〉，頁 13。

79　朱遵事見《華陽國志》卷一〇中〈犍爲士女〉，頁779，費貽、任永亦見同卷，頁775-776。

可見士族性質。

（二）劉 焉

漢末劉焉、劉璋父子據有益州，其情況與公孫述相似。劉焉亦以地方官之身分自立，同時也遭遇到外來勢力與本土勢力的衝突問題。

劉焉江夏竟陵人，爲漢宗室。靈帝中平五年，他以太常的身分出任益州牧。焉以九卿任地方，一方面是眼見世亂，尋求避難，另一面是受侍中董扶（廣漢人）「益州分野有天子氣」之言的影響。當時董扶求爲蜀郡屬國都尉，回到益州；太倉令巴郡趙韙也棄官隨焉[80]。董扶益州名士，趙韙安漢大姓[81]，所以劉焉初時頗得地方勢力之助。不過其後焉引用南陽、三輔避難來蜀的數萬「東州士」爲黨與，並枉誅大姓巴郡太守王咸、李權等十多人立威，引起益州士民的普遍不滿。加以部分地方人士忠於漢室，他們當初支持劉焉，意在藉其宗室聲望保境安民，發現他的野心後，遂起而討伐。初平二年，犍爲太守任岐與校尉賈龍（皆蜀郡人）以焉「陰圖異計」，舉兵攻焉，被焉與東州人所破，這是第一次大衝突[82]。不久劉焉去世，劉璋繼立。

劉璋之立，得力於帳下司馬趙韙與治中從事王商兩人[83]。王商出自廣漢郪縣王氏，是王堂的曾孫，他勸劉璋拔擢當地名士，推薦了巴郡安漢陳實、墊江龔揚、趙敏、黎景、閬中王澹、江州孟彪等人[84]。陳實是陳禪的曾孫，龔、黎也是方土大姓，因此情況稍趨緩和。不過，劉璋無法抑制東州人對當地人的侵暴，建安五年，遂暴發了趙韙領導的另一次大衝突。《三國志》卷三一〈劉璋傳〉注引〈英雄記〉云：

（續）馮信見同卷〈廣漢士女〉，頁 75。王嘉、王皓見同書卷一〇上〈蜀郡士女〉，頁 729–730。李業見同書卷一〇下〈梓潼士女〉，頁 816。任文公見《後漢書》卷八二上〈任文公傳〉，頁 3。譙玄見同書卷八一，〈譙玄傳〉，頁 1。王嘉之言見同書同卷，頁 4。

80 事見《三國志》卷三一〈劉焉傳〉，頁 4–5。

81 皆參〈總表〉。

82 事見《華陽國志》卷五〈公孫述劉二牧志〉，頁 487–488 及《三國志》卷三一〈劉焉傳〉，頁 7–8。

83 《華陽國志》卷五〈公孫述劉二牧志〉：「州帳下司馬趙韙、治中從事王商等貪璋溫仁，共表代父。」

84 《華陽國志》卷一〇中〈廣漢士女〉，頁 753。唯《華陽國志》此處謂商爲劉璋辟爲治中，則與前註所說璋未立前商已爲治中矛盾，恐誤。另又載商所薦諸人亦包括趙韙，恐亦誤，韙在劉焉時已受任命，無待商之薦也。

東州人侵暴舊民，璋不能禁，……益州頗怨。趙韙素得人心，……乃厚賂荊州
請和，陰結州中大姓與俱起兵還擊璋，蜀郡、廣漢、犍爲皆應韙，璋馳入成都
城守，東州人畏威（盧弼集解，威當作韙），咸同心幷力助璋，皆殊死戰，遂
破反者，……斬韙。

趙韙的起兵與任岐、賈龍的擁戴中央心態不同，可視爲益州人士企圖驅逐外力、自建
政權的表現，他的失敗顯示益州人士自立的失敗，此下益州割據政權仍屬外來，除少
數土豪及蠻夷地區大姓的反叛外，益州人士大規模的自立行動不再出現[85]。這次事件
後，劉璋與當地士族間的關係略有調整，他任命了一些當地士族，且以世局方亂，保
土爲先，雙方還能合作，維持了十餘年的穩定，直到劉璋爲劉備所取代[86]。

（三）蜀漢政權

蜀漢政權的建立倚賴荊州人士，故荊州人士是蜀漢政權的骨幹。宮川尙志指出，
周明泰所編的《三國世系表》中，蜀漢五十一姓族內，益州士族只占十八族[87]。這點
與公孫述、劉焉之信任三輔、南陽人士有類似之處。成漢政權時期，巴西人龔壯卽指
出「豫州入蜀，荊楚人貴；公孫述時，流民康濟。」[88] 不過，蜀漢政權對外來者與當
地人間矛盾的消除較爲成功，因此也避免了大規模的衝突。

根據狩野直禎的研究，蜀漢政權中樞部分的尙書系統中，錄尙書事、平尙書事、
尙書令前後十八人，只有一人爲益州人。至於尙書僕射以下（包括僕射、尙書、郞
中、尙書郞等）荊楚人士亦居大半；丞相府掾屬的情形也是相似。不過，地方級的掾
史階層如之治中從事、別駕從事、從事祭酒及議曹、勸學、典學、督軍諸從事等則
都用地方大姓，益州人士仍掌有地域的支配權[89]。這種兩重的構造，對於衝突的避免

---

85 參考田餘慶，〈李嚴興廢和諸葛亮用人〉（收於中華書局編，《中華學術論文集》，北京，
　中華書局，1981），頁 110。

86 趙韙事件後，璋任用了許多益州人士，如蜀郡張肅、張松兄弟先後爲別駕，後張裔爲帳下司
　馬，黃權爲巴西主簿。這些人中，亦頗有忠於璋者。如州從事王累以死諫止迎接劉備，另一
　從事廣漢鄭度爲璋畫驅劉備之策，巴西趙笮爲巴郡守拒劉備，巴西嚴顏爲璋將軍拒張飛。甚
　至成都被圍時，象尙欲爲其死戰，事皆見《華陽國志》卷三〈公孫述劉二牧志〉。

87 宮川尙志，前揭書，頁 222-223。

88 《華陽國志》卷九〈李特雄期壽勢志〉，頁 686。

89 狩野直禎，〈蜀漢政權の構造〉（《史林》四十二卷四期）

應有影響。不過這也只能說明部分的事實。因為地方掾史出自土著大姓，漢代以來一向如此，公孫述、劉焉亦莫不然。恐怕劉備、諸葛亮等對地方人士的尊重，才是矛盾消除的原因。

蜀漢政權對益州地方勢力的態度有南北之別。南方的夷帥大姓擁有強固的地方武力，時常反叛，故派兵鎮壓，並將其部分遷徙至北方。然而鎮壓之外，亦加引用，如李恢、呂凱、爨習、孟琰、孟獲等皆獲重用，史稱南中之平，「皆即其渠帥而用之」[90]。至於北部的士族則極力攏絡。先主入蜀之初，即以漢嘉人王謀為少府，蜀郡張裔為巴郡守、偏將軍，巴郡黃權為光祿勳。及東征孫氏，以黃權為鎮北將軍以防魏師，先主自在江南。及黃權不得已降魏，後得馬忠，喜曰：「雖亡黃權，復得狐篤（即馬忠），此為世不乏賢也。」[91]廣漢秦宓有重名，先主入蜀後稱病不出，辟為從事祭酒[92]。諸葛亮對當地人才的延攬更為注意，他任益州牧時，「選迎皆妙簡舊德」，涪人杜微稱聾不出，也「轝而致之」[93]。駐漢中時，為恐失蜀士心，乃以蜀人張裔為留府長史[94]。而其用人能盡其才用，所以得到蜀士的信服。《三國志》卷四一〈楊洪傳〉：

> 始（楊）洪為李嚴功曹，嚴未至（當為「去」）犍為，而洪已為蜀郡。洪迎（疑衍）門下書佐何祇，有才策功幹，舉郡吏。數年，為廣漢太守。時洪亦尚在蜀郡，是以西土咸服諸葛亮能盡時人之器用也。

楊洪、何祇皆當地士族，諸葛亮皆能盡其用。

事實上，益州士族對蜀漢政權的參與，絕不止限於掾史階層而已，上述先主、諸葛亮任益州人為九卿、太守即為一證。我們檢視尚書及丞相府以外的其他官吏，雖然

---

90 語見《三國志》卷三五〈諸葛亮傳〉，頁14，裴注引《漢晉春秋》。

91 王謀見《三國志》卷四五〈楊戲傳〉，頁 16 注。餘見同書卷四一〈張裔傳〉，頁 7；卷四三〈黃權傳〉，頁 1-2；同卷〈馬忠傳〉，頁 8。

92 見《三國志》卷三八〈秦宓傳〉，頁19。

93 《三國志》卷四二〈杜微傳〉頁 1。

94 按諸葛亮鎮漢中，欲選留府長史，曾詢楊洪以張裔，洪以為不若向朗，而亮終用張裔（見《三國志》卷四一〈楊洪傳〉，頁10。）其考慮應為地域因素，何焯以為乃慮及「一府皆楚人，失蜀士心」得之（見同卷〈張裔傳〉，頁 8 盧弼集解引）。

三公無出自益州者，侍中十二人中亦無一出於益州，但九卿等官吏（包括次於三公的特進、九卿、光祿大夫、太中大夫、諫議大夫、議郎、左中郎將、右中郎將、南中郎將等）可考的四十二任中，益州人士占二十任，居其半[95]。這些官職中如太常，可考者五人，益州居其三；大鴻臚三人，益州居其二；諫議大夫六人，益州居其四。從各郡太守看，益州人在北部諸郡任太守的不多（蜀郡七人中占二人，廣漢十三人中占五人，巴、巴東、巴西十六人中占三人）核心地區仍掌於荊楚人士之手；不過，犍爲七人中益州有五人，而南方諸郡（牂柯、越巂、益州、永昌、建寧、雲南）二十二任中益州占十二任[96]。由此看，儘管權力核心掌於荊楚人士，但益州人仍有相當的入仕空間。

不過，從軍事系統方面看，益州人士的比例相當低。中領軍、中護軍十七任中，益州士族只有張翼、楊戲二人，他們任職已在蜀漢後期。而各種將軍（包括無名號的）一五六任中，益州出身的只二十八任[97]。益州人士在軍事系統中不占重要地位，這固然與荊楚集團掌握軍權有關，但也因爲益州士族缺乏武力基礎。益州地區經濟富裕，除了部分地區的蠻夷叛變外社會安定，故只有少數蠻夷叛變頻仍地區出現私人武力，一般士族不具武力基礎[98]。這與關中、關東、江淮地區動亂時常出現團結數千家

---

95 以上根據洪飴孫，《三國職官表》（收於《二十五史補編》第二冊）計算而得。不過洪氏亦有遺漏，如侍中十二人中不包括常竺，常竺爲蜀郡江原人，延熙中以南廣太守召入爲侍中。見《華陽國志》卷四〈南中志〉，頁 419。

96 按《三國職官表》無各郡太守，此處僅據筆者所見估計。各郡太守如下：
漢中：呂乂、魏延、王平。犍爲：陳震、李嚴、何祗、王離、何宗、李邈、王士。蜀郡：射堅、法正、許靖、呂乂、王連、楊洪、張翼。廣漢：射堅、許靖、夏侯纂、呂乂、羅蒙、何祗、鄧芝、張翼、張存、習禎、姚伷、馬齊、李驤。巴東：羅憲。巴西：龐羲、張飛、呂乂、劉幹、向朗、却正、閻芝、李福。巴郡：廖立、張裔、費觀、王謀、楊顒、董恢、輔匡、涪陵：龐宏。牂柯：朱褒、龐渙、向朗、費詩、馬忠。越巂：龔祿、張嶷、馬謖、霍彪、焦璜。益州：張裔、董和、正昂、王士。永昌：霍弋、王伉、呂祥。建寧：霍弋、李恢、楊戲。雲南：呂凱，其餘之郡如南廣等暫缺。以上諸人，姓名劃線者爲益州人。

97 據洪飴孫，前揭書計得。

98 益州地區部曲家兵缺乏記載，有一二條皆出現於蠻夷、羌豪變亂之區，如永初四年，羌殺漢中太守鄭廑，郡吏程信乃結故吏冠蓋子弟二十五人，各募壯士，誓志報羌（《華陽國志》卷二〈漢中志〉，頁 112。）另一條載扶風人蘇固爲漢中太守，爲米賊張修所攻，其門下掾成固人陳調乃聚其賓客百餘人攻修，戰死。此亦在漢中者。（見同書同卷，頁 117。）以下一

的武裝集團（塢堡、營壁）者不同。我們只要對照孫吳江南大族，由擁眾而領兵世襲，成爲政府支柱的情形即可了解其差異[99]。益州士族無部曲家兵，也可由諸葛亮南征後，鼓勵地方大姓成立部曲的情況看出。《華陽國志》卷四〈南中志〉載亮征服南中後，「移南中勁卒青羌萬餘家於蜀，……分其羸弱，配大姓焦、雍、婁、爨、孟、量、毛、李爲部曲；……以夷多剛狠，不賓大姓富豪，乃勸令出金帛，聘策惡夷爲家部曲，得多者弈世襲官。」大體上，益州只有與蠻夷雜居地區的大姓擁有武力，一般士族則無，此或爲其軍事地位低落之因；益州地區之割據政權皆自外來，無一爲當地人所建，或亦與此有關。

　　參與蜀漢政權的益州士族大姓包括成都張氏、杜氏、郫何氏、江原常氏、廣都朱氏；巴郡臨江嚴氏、朐忍徐氏、閬中黃氏、馬氏、周氏、宕渠王氏、充國譙氏、漢昌句氏、安漢龔氏；廣漢綿竹秦氏、廣漢彭氏、郪王氏、李氏、鐔氏，梓潼文氏、涪杜氏、李氏、尹氏；犍爲武陽楊氏、張氏、南安費氏、資中王氏；漢中成固陳氏以及南中地區益州郡的雍氏、永昌不韋呂氏、建寧孟、爨、李等（皆參〈總表〉）。他們之中除南中地區大姓外，大多數是漢代舊族，雖然有些到蜀漢後期才加入的（如犍爲武陽張氏），但許多在蜀漢政權初建時即已表示支持，如立先主爲漢中王的疏奏即由郪縣李朝起草，而張裔、黃權、趙筰、楊洪、何宗、杜瓊、張爽、尹默、周羣等也都列名勸進[100]。

　　然而士族參與蜀漢政權，並不表示認同蜀漢政權的措施。先主之自立爲帝，一些蜀人並不贊成。如費詩上書反對稱尊號，他直率的指斥先主「大敵未尅，而先自立」，

（續）條甚可疑，《華陽國志》卷五〈公孫述劉二牧志〉載益州黃巾馬相自稱天子，「州從事賈龍素領家兵，在犍爲之青衣。」按《後漢書》卷七五〈劉焉傳〉：「州從事賈龍先領兵數百人在犍爲」，《三國志》卷三一〈劉焉傳〉亦作「州從事賈龍素領兵數百人，在犍爲東界。」，皆無「家」字，此字疑衍。賈龍爲州從事，本領州兵，常駐於蠻夷區之青衣，斷無以家兵從事之理。至於與任岐叛變，攻劉焉，則以校尉及太守身份，所領乃郡兵而非私人武力。至於趙韙攻劉璋各郡響應之「大姓」顯然也是指郡守。益州地區只有南中的蠻夷及巴郡、漢中蠻夷有較強的武力。

99　參考龐聖偉，〈論三國時代之大族〉，《新亞學報》6 卷 1 期。龐氏所舉漢末之塢堡及私人部曲家兵，並無益州資料，皆爲關中、關東及江淮地區之記載。

100　《三國志》卷三一〈先主傳〉，頁 31-32。

「昔高祖獲子嬰，猶尙推讓；況未出門，便欲自立耶！」[101] 這一類的意在興復漢室，其主張超越了地域觀念，故反對尊號，贊成出兵。但更多的是接受蜀漢爲漢之延續，卻反對出兵的。如先主初欲取漢中，閬中周羣、蜀郡張裕卽表反對，認爲「不可爭漢中，軍必不利。」[102] 至於黃權，主張攻打漢中，但對東進攻吳並不十分贊成[103]。諸葛亮卒時，李邈（李朝之兄）上疏云：「今亮殞沒，蓋（亮）宗族得全，西戎靜息，大小爲慶。」後主怒誅之[104]。邈顯然不贊成往外擴張。後主延熙十八年，姜維欲進兵，當時征西大將軍張翼（犍爲武陽張氏）廷爭，以爲「國小民貧，不宜黷武。」維不聽[105]。晚期益州士族反對擴張的論調，最具體者見於譙周的〈仇國論〉，他指出漢魏皆已傳國易世，「旣非秦末鼎沸之時，實有六國並據之勢，故可爲文王，難爲漢祖」，「如遂極武黷征，土崩勢生。」[106] 這種「可爲文王」的論調，與公孫述時期蜀人之「欲爲西伯」有其一貫之處，「保境自守」正是益州士族在割據政權下的共同心態。然而「保境自守」是統一解體的產物，它雖然暫時維持了地方的安定，但長久下來卻又常陷於對外戰爭中，使地方遭受破壞，譙周對「極武黷征」的警告，正顯現了益州士族與外來統治階層間的矛盾。因此，當天下再度出現統一跡象之時，在避免戰亂的同樣要求下，部分益州士族又往往主張結束割據、恢復一統；公孫述時李隆、常少之勸述降漢，蜀漢之末譙周之勸後主降魏，乃至其後成漢時期龔壯之勸李壽、常璩之勸李勢降晉，都是此一心態的延伸[107]。

六、結　語

　　漢代益州士族的發展，是隨著開發的過程而出現的。由於開發較關東、關中爲

101　《華陽國志》卷一〇中〈犍爲士女〉，頁 780。

102　《三國志》卷四二〈周羣傳〉，頁 3。

103　《三國志》卷四三〈黃權傳〉，頁 2。

104　《華陽國志》卷一〇中〈廣漢士女〉，頁 766。

105　《三國志》卷四五〈張翼傳〉，頁 6。又《華陽國志》卷一〇中，〈犍爲士女〉，頁 783：「時維屢出隴西，翼常廷爭，……不聽，每怏怏從行。」

106　《三國志》卷四二，〈譙周傳〉，頁 15-16。

107　李隆等事見上文。譙周勸後主降見《三國志》卷四二〈譙周傳〉，頁 16-19。龔壯、常璩事見《華陽國志》卷九〈李特雄期壽勢志〉，頁 685-686 及頁 695。

遲，士族的出現亦較遲。在開發過程中，經濟的發展、文化的傳布，都是有利士族發展的條件；然而何以其士族在全國政治網中卻又不占重要地位？這恐怕與益州對外的地理阻隔、遠離政治核心、仍具邊區性質有關。從本文第三節各表看來，核心地區的司隸、豫州及其他山東各州仕宦皆盛。荆州雖南部偏遠，仍多蠻夷[108]，但北部接司隸及豫州，南陽一帶爲帝鄉所在，仕宦特盛。至於揚州地區，其發展與益土相類，但對外稍便，故仕宦亦較益州稍盛。益州地區的情況，僅與幽、涼並列，較交州略勝而已。益州與關中、關東的交通，北出唯賴襃斜、子午諸道（以襃斜爲主）險巇不便，東下水道亦險。內部交通多賴水路，城市亦分布於水道沿岸，然而益州南部多山谷，東部亦屬山區，僅西部平原交通稍便，因此全州的發展並不平衡[109]。這種情形至後世猶然。例如北魏的邢巒曾提到當時的巴西：「彼土民望，嚴、蒲、何、楊，非唯五三，族落雖在山居，而多有豪右，文學篆啟，往往可觀，冠帶風流，亦爲不少。但以去州旣遠，不能仕進，至於州綱，無由厠迹。」[110] 由於地域交通不便，這些豪右要在地方做官已是困難，何況中央。其次，從儒學文教方面看，較盛的仍屬三蜀地區，然而較中原自然仍是不如，前述益州人士之遠游受學卽可見之。《華陽國志》卷一○下〈漢中士女〉載：

> （循衡屢徵不應）董扶、任安從洛還，過見之，曰：「京師，天下之市朝也。
> 足下猶之人耳。幸其在遠，以虛名屢動徵書；若至中國，則價盡矣。」

由此可見益州士人之見重，以其偏遠難得，在中原人士心目中地位固不甚高[111]。由於這種種因素，影響益州士族的發展，造成較他州爲低的仕宦比率。不但漢代如此，**魏晉南北朝之士族亦然**。根據學者研究，**魏**晉南北朝的大士族分布於北至涿郡，東至吳會，西至隴西的大三角形之內，而益州不在其中[112]。益州士族的地位，在門第社會時

108　例如江夏郡亦多蠻夷，東漢猶有「蠻多士少」的說法，見《後漢書》卷六一〈黃琬傳〉，頁20。

109　參考段渝，〈論巴蜀地理對文明起源的影響〉，《四川大學學報》，1988年2期。

110　見魏收，《魏書》（新校標點本）卷六五〈邢巒傳〉，頁1442。

111　按，晉統一後，蜀人入晉，中原人士仍不重視，例如《晉書》（新校標點本）卷四五〈何攀傳〉：「時廷尉卿諸葛冲以攀蜀士，輕之。」原爲一例。

112　見毛漢光，〈中古官僚選制與士族權力的轉變——唐代士族之中央化〉（收於許倬雲主編，前揭書），頁82。另同氏之《兩晉南北朝士族政治之研究》（臺北，中國學術著作獎助委員會，1966）第二章之〈晉南朝大士族統計表〉、〈北朝大士族統計表〉中皆無益州士族。

期仍然不高。

在此一特殊環境下的益州士族，其地方色彩自然十分濃厚，他們的仕宦也與地方事務有關。日本學者上田早苗卽指出，由於地方治水、灌漑、交通等公共設施的需要，使他們不得不與國家權力接觸，從而進入中央爲官[113]，我們雖然不能同意這種唯經濟觀點的解釋，但是益州士族對地方事務的關心也是明顯事實。不過，士族的理想仍然是超越地域的，像張綱、李固等士族的型態，可說是「天下士」，非一地所能限，從他們與中原地區士族的關係來看，益州士族仍然是全國士族網的一部分。

益州士族與割據政權的關係相當複雜。一方面割據政權化地方政府爲中央政府，滿足了地方人士仕宦的願望，但另一方面也帶來了外來勢力與本地士族的矛盾。長久與中原隔絕，固然不利地方的發展；時時往外擴張，卻也會帶來地方的破壞；這些矛盾不只見於兩漢之末的割據政權，亦可在魏晉以下的割據政權中發現。

附錄一　《華陽國志》所載大姓表

郡	縣	名　稱	姓　　　　　　　　　　　　　　氏
巴	江　州	冠族	波、鉉*、毋*、謝、然*、程、楊、白*、上官*、慍（愠）
	枳	郡冠首	章*、常、連、黎、牟*、陽
	臨　江	大姓	嚴*、甘*、文、楊*、杜
	平　都	大姓	殷、呂、蔡
	墊　江	大姓	黎*、夏*、杜
巴東	朐　忍	大姓	扶*、先*、徐　*
涪陵		大姓	徐、蘭（蘭）、謝、范
巴西	閬　中	大姓	狐、馬*、蒲、趙*、任*、黃*、嚴*
	南充國	大姓	侯、譙*
	安　漢	大姓	陳*、*范、閻*、趙*

---

113 上田早苗，前揭文，頁 6-7。

宕渠	漢　昌	大姓	勾*
漢中	南　鄭	大姓	李*、鄭（程）*、趙*
梓潼	梓　潼	四姓	文*、景*、雍*、鄧
	涪	大姓	楊、李*、杜*
蜀	成　都	大姓	柳*、杜*、張*、趙*、郭*、楊*
	郫	冠冕大姓	何*、羅*、郭
	繁	甲族	張*
	江　原	大姓	東方、常*
	臨　邛	大姓冠蓋	陳*、劉
	廣　都	首族	朱*
廣漢	雒	姓族	鐔、李*、郭*、翟*
	緜　竹	首族	秦*、杜*
	什　邡	大姓	楊*
	新　都	四姓	馬、史、汝*、鄭
	郪	大姓	王*、李*、高、馬
	廣　漢	甲族	彭*、段
	德　陽	四姓（大族之甲者）	康、古、袁
犍爲	武　陽	大姓、諸姓	楊*、李*
	南　安	四姓、五大族	能、宣、謝、審、楊*、費*
	僰　道	大姓	吳*、隗*、楚、石、薛、相
	牛　鞞	冠蓋之族	程、韓
	資　中	四族	王*、董*、張、趙*
江陽	江　陽	四姓、八族	王、孫、程、鄭、趙、魏、先、周
	漢　安	四姓、八族	程、姚、郭、石、張、李、季、趙

	新　樂	大姓	魏、呂
牂柯		大姓	龍*、傅*、尹*、董*
	鱉	大姓	王
建寧	同　樂	大姓	爨*
朱提		大姓	朱、魯、雷、興、仇、遞、高、李
永昌		大姓	陳、趙、楊

說明：　1. 本表據《華陽國志》卷一至卷四製成。
　　　　2. （　）內之姓係經劉琳於《華陽國志校注》中考訂校正者。
　　　　3. 附 * 號之各姓亦見於附錄二。

附錄二　漢代益州士族總表

（標示：x/y＝爲官世代數／人數，⊥＝前漢，丅＝後漢，△＝三國）
●＝有二代以上官閥可考，⊘＝二千石之家，○＝六百石

編號	郡	縣	姓氏	家　　世　　官　　閥	標　　　示	資　料　來　源
1	蜀	成都	楊	大姓之一。可考家系有三支：①楊季爲廬江守，五世孫楊雄爲黃門侍郎。②章帝時楊終爲郎中，兄鳳爲郎。③和帝時楊竦爲州從事，子統，二千石。此外，前漢尚書郎楊壯，後漢博士楊班、文學掾楊由亦皆成都之楊。	①2/2⊥　●⊘ ②1/2丅 ③2/2丅 另3人	漢 87：1a-2a 後 48：1a, 6b 　　注引續漢志 後 86：19b-20a 華目 913, 917
2	蜀	成都	張	大姓之一。可考家系有三支：①前漢有楊州刺史張寬，寬子弘農守，後漢末張景爲郡守，即其後。②張霸和帝時會稽守、侍中、五更，子楷，徵長陵令（不至官），楷子陵，尚書，自陵之後，	①3/3⊥丅●⊘ ②3/3⊥丅 ③2/3丅△ 另1人	張寬一族見表後考訂，其餘見 後 36：17a-20a 三 41：7b-9a 華 10上：716 華目 913、916、 　　919、920、921

				「世有大官」。③張肅，廣漢守；弟松，別駕；松子表，安南將軍。另有輔漢將軍張裔。			
3	蜀	成都	趙	大姓之一。趙定以游俠聞，子戒於順、桓世歷三公、特進，封廚亭文侯；戒子典，太常；典兄子謙太尉、司徒封郫忠侯，謙弟溫司徒、司空，「自是後世有二千石」。另濮陽太守趙子眞亦其族人。	3/5丁	●⊘	後 27：14a 華 3：238 華 10上：721-723 華目 916
4	蜀	成都	柳	大姓之一。柳宗爲美陽令。	1/1丁	○	華目 917
5	蜀	成都	杜	後漢武陵太守杜伯持，蜀時杜瓊爲太常。大姓之一。	2人丁△		隸續 14：3a 「高眹石室六題名」 華目 919
6	蜀	成都	任	任某，郡五官掾；子循，長沙守；循子昉，大司農、司隸校尉，昉弟愷徐州刺史。	3/4丁	⊘	華目 916
7	蜀	成都	羅	楊雄〈蜀都賦〉七姓之一。前漢有富人羅冲、羅裒，後漢初博士羅衍，後有郎中羅桓。	2人丁	●⊘	漢 91：9a 漢 72：2a 補注引高士傳 隸續 12：5b 「劉寬碑陰門生名」
8	蜀	成都	司馬	〈蜀都賦〉七姓之一，司馬相如爲中郎將。張霸妻卽出司馬氏。	1人⊥	⊘	史 117：1a-3a 華目 913, 920
9	蜀	成都	郭	〈蜀都賦〉七姓之一，前漢有富人郭子平。郭姓在《華陽國志》仍爲大姓之一。	⊥		華 3：238

10	蜀	郫	何	爲冠冕大姓。前漢何武兄弟五人皆仕宦，武至大司空，封氾鄉侯。兄霸中郎將；弟顯，潁川守。武子況嗣侯。後漢何英爲謁者僕射，英孫汶，爲犍爲屬國。蜀有大鴻臚何宗，宗子何雙爲雙柏長。宗族人何祇爲廣漢、犍爲守。何氏爲有名的「公族」，前漢迄晉「世有名德」。	5以上/11●⊘⊥丁△	漢 86：1a-b 華 10上：709，718，720 華目：913、917、919
11	蜀	郫	羅	冠冕大姓。羅衡，公府辟士，廣漢長。	1人丁　　　○	華 10上：725
12	蜀	繁	張	張爲甲族。張禪爲縣長。	1人丁　　　○	隸續 16：9b-10a「繁長張禪等題名」
13	蜀	江原	常	大姓之一。常楷、常荒爲郡吏。漢末常洽爲京兆尹、侍中、長水校尉；常詡，侍御史；常良，廣都令。蜀有侍中常竺、郪長常播。常原永昌守，子高廟令，孫勗郫令，勗從父閎，漢中廣漢守。	3/11丁△●⊘	隸 18：9a-b「故吏應酬題名碑」 三 45：26a 華 11：843 華目：916，919，920
14	蜀	江原	王	前漢美陽令王皓、尚書郎王嘉。後漢王思、王麻、王弋、王恂同時爲郡吏。	6人丁⊥　○	隸 18：9a-b「故吏應酬題名碑」 華目 914，917
15	蜀	臨邛	陳	大姓冠蓋。陳立在前漢官巴郡守、牂柯、天水守。	1人⊥　　⊘	華目 914
16	蜀	廣都	朱	後漢郡功曹史朱普，巴郡守朱辰皆有聲名，蜀時有江原長朱游，至晉，朱氏爲首族。	3人丁△　⊘	華目 918 三 45：26a

17	蜀	廣柔	樊	樊，巴子五姓之一，自巴郡徙此。樊敏，巴郡守。	1人T	∅	隸　11：9a「巴郡太守樊敏碑」
18	巴	江州	謁	謁煥為汝南守，另「張納碑陰」有郡掾謁恭。	2人T	∅	華目　925隸　5：14a
19	巴	江州	母	大姓之一，母成、母龜為郡掾（桓、靈時）。	2人T		華　1：45隸　5：13a「張納碑陰」
20	巴	江州	然	冠族之一，然溫為度遼將軍、桂陽守，「張納碑陰」有郡掾然存、然雄。	3人T	∅	華目　925隸　5：13a-b
21	巴	江州	白	冠族之一。「張納碑陰」有白文為郡掾。	1人T		隸　5：13a
22	巴	江州	上官	冠族之一。「張納碑陰」有郡掾上官延、上官旦。	2人T		隸　5：13a, 14a
23	巴	江州	鉝	冠族之一。「張納碑陰」有郡掾鉝遷。	1人T		隸　5：14a
24	巴	枳	章	冠族之一。「張納碑陰」有郡掾章某。	1人T		隸　5：13b
25	巴	枳	牟	冠族之一。「張納碑陰」有郡掾牟梁。	1人T		隸　5：14a
26	巴	臨江	嚴	大姓之一。嚴某為郡守，子舉有名。另有郡掾嚴就，三國時有將軍嚴顏。	3人T△	∅	隸續　11：4b-5a「都鄉孝子嚴舉碑」華　1：45目　931
27	巴	臨江	甘	大姓之一。甘寧，折衝將軍。	1人△	∅	華目　932
28	巴	臨江	楊	大姓之一。楊任為陳留守，子信，縣三老，另嚴舉碑陰	2/2T●另4人T	∅	隸　18：4a-b「縣三老楊信

			有縣吏楊姓四人。			碑」 隸續 11：6b 　「嚴舉碑陰」
29	巴	墊江	龔	龔榮，荆州刺史；龔楊，巴郡守；龔策，文學掾。另「張納碑陰」有戶曹史龔祖。	4人丁　　　⊘	華目 925 隸 5：13b
30	巴	墊江	黎	大姓之一，黎景爲日南守。	1人丁　　　⊘	華目 925
31	巴	墊江	夏	大姓之一。「張納碑陰」有掾夏晉。	1人丁	隸 5：14a
32	巴	胸忍	扶	大姓之一。漢初有廷尉扶嘉，後漢有議曹掾扶古。「漢時有扶徐，荆州著名」。	2人⊥丁　⊘	華 1：8 校注 隸 5：13a 　「張納碑陰」
33	巴	胸忍	先	大姓之一。先謅，華陰令。當靈帝時。	1人丁　　　○	隸 2：4a 「西嶽華山亭碑」
34	巴	胸忍	徐	大姓之一。徐容於東漢初曾起兵數千人叛。蜀有徐惠，上表改固陵爲巴東郡，失其官名。	丁△	後 18：7a 華 1：71
35	巴	閬中	嚴	大姓之一，後漢嚴遵爲揚州刺史，子羽徐州刺史，當安、順間。另「張納碑陰」有郡掾嚴晏。	2/2丁　　●⊘ 另1人	華目 924 隸 5：13a
36	巴	閬中	任	大姓之一。前漢末侍御史任文孫，弟文公，司空掾。	1/2⊥　　　○	華目 921
37	巴	閬中	趙	大姓之一。前漢末有公車令趙珒，珒子毅公府掾。另有涼州刺史趙宏。後漢上蔡令趙邵，另郡掾趙應。	2/2⊥丁　●⊘ 另3人	華目 922, 925 隸 5：14a 　「張納碑陰」
38	巴	閬中	黃	大姓之一。「張納碑陰」有郡掾黃機，另但望爲郡守時有郡掾黃閭。蜀世黃權，車	丁　　　●⊘ 2/2△	隸 5：13a 華 1：45 華目 932

			騎將軍；子崇，尚書郎。			
39	巴	閬中	譙	前漢譙隆爲侍中，譙玄，成哀中爲太中大夫，玄子瑛爲後漢尚書郎，以易授明帝。	2/2⊥丁 ●⊘ 另1人	華目 921, 922
40	巴	閬中	馬	大姓之一。馬忠爲鎮南大將軍，子修嗣侯，另有別駕從事馬勳，尚書馬參。	2/2△ ●⊘ 另2人△	華目 932 三 43：7b-8a
41	巴	閬中	周	周舒，徵士；子羣，儒林校尉；羣子巨博士。	3/3△ ●○	華目 931, 932
42	巴	宕渠	馮	安帝時馮煥，幽州刺史；子緄，車騎將軍、廷尉。緄子鸞，郎中；緄弟允，降虜校尉；允子遵，尚書郎。另有隴西守馮含、縣主簿馮湛、郡掾馮譽。	3/5丁 ●⊘ 另3人丁	後 38：4b, 7b 華目 924, 926 隸 5：13a
43	巴	宕渠	李	李翊，廣漢屬國侯，父從事，祖謁者，曾祖牂柯守。另李溫爲桂陽守，而「張納碑陰」宕渠李氏爲郡掾者五人。	4/4丁 ●⊘ 另6人丁	隸 9：7b 「廣漢屬國侯李翊碑」 華 1：96 隸 5：13a-14a
44	巴	宕渠	王	王平，蜀世鎮北大將軍安漢侯，子訓嗣侯。	2/2△ ●⊘	華目 932
45	巴	充國	譙	譙岍，徵士；子周，散騎常侍。譙爲大姓之一。按充國乃和帝時分閬中置，應與閬中之譙同族。「張納碑陰」有郡吏譙將。	2/2△ ●⊘ 另1人丁	華目 932 隸 5：14a
46	巴	漢昌	勾	大姓之一，蜀有左將軍勾扶，勾氏蓋賨人氏族。	1/1△ ⊘	華 1：100 校注
47	巴	涪陵	柳	柳敏，守宕渠令；父某，郎中、府丞。	2/2丁 ●○	隸 8：8a

48	巴	安漢	陳	大姓之一。陳禪，司隸校尉。子澄，漢中守，澄孫實，州別駕從事。另有上谷守陳宏、郡掾陳禧。另「張納碑陰」有安漢陳氏三人，爲郡掾。	3/3丁 另5人	●⊘	後 51: 2a-4a 華目 924, 925 華 1: 45 隸 5: 13a-14a
49	巴	安漢	趙	大姓之一。後漢魏郡守趙晏，漢末征東中郎將趙穎（卽趙韙），另「張納碑陰」有趙瓊爲郡掾。	3人丁	⊘	華 1: 55 華目 925 三 31: 10b 引英雄記 隸 5: 13a
50	巴	安漢	閻	大姓之一。閻圃爲張魯功曹，降魏封侯，後爲大族。	1人△	⊘	晉書 48: 1349
51	巴	安漢	范	大姓之一。「張納碑陰」有郡掾范謀。	1人丁		隸 5: 14a
52	巴	安漢	張	明帝時張翕，越嶲守，後其子瑞亦爲越嶲守。	2/2丁	●⊘	華目 925 後 86: 19a
53	巴	安漢	龔	後漢荆州刺史龔調。蜀世有龔諶，犍爲守；子祿，越嶲守；祿弟礦，鎭軍將軍。	1丁 2/3△	●⊘	華目 925, 932
54	廣漢	雒	李	姓族之一，李尤，樂安相；孫充，尙書郎。另有東觀郎李勝。	2/2丁 另1人	●⊘	華目 936 後 80上: 11b-12a
55	廣漢	雒	翟	姓族之一。翟酺，四世傳詩，酺將作大匠。	1/1丁	⊘	後 48: 4a-b 華目 937
56	廣漢	雒	郭	姓族之一。後漢郭堅爲烏丸校尉；孫賀，司隸校尉、河南尹。	2/2丁	●⊘	華目 936
57	廣漢	雒	折	原姓張，先張江爲武威守，封折侯，曾孫國爲鬱林守，徙廣漢，因封爲氏，貲產二	3/3丁	●⊘	華目 937 後 82上: 12a-b

				億，家僮八百人。國子像，著名士林。		
58	廣漢	綿竹	秦	首族。秦宓，蜀大司農。	1/1△　　　Ø	華目 939
59	廣漢	綿竹	杜	首族。杜眞兄事翟酺，不應辟命。另有郡水曹史杜慈。	1/1丁	華目 937 隸 15：7b-8b 「廣漢太守沈子琚綿竹江堰碑」
60	廣漢	什邡	楊	漢成帝時楊宣爲使持節交州牧，後爲大族。	1/1⊥　　　Ø	華目 936
61	廣漢	新都	楊	前漢楊仲續本河東人，爲祁令，始徙新都；孫春卿，公孫述將；春卿子統，光祿大夫、國三老；統子序，侍中；序兄博，光祿大夫。另一支楊寬及父斌、兄混皆爲郡吏。	4/5⊥丁　●Ø 另2/3丁	後 30上：4b 華目 936, 938
62	廣漢	新都	汝	新都四姓之一。汝敦兄弟「並察孝廉，世爲冠族」。	1/2丁	華 10中：770
63	廣漢	廣漢	彭	甲族，彭羕，江陽守。	1/1△　　　Ø	華目 940
64	廣漢	郪	王	大姓之一。有兩支：①王堂，司隸校尉（和、安間）；子博，博子遵，皆仕宦，官位不詳。博弟稚，徵爲太常，不詣；遵子商，劉焉時蜀守；商從弟王士，益州守；士從弟甫，別駕從事；甫子祐，尙書右選郎。王氏自王堂以下甚盛，堂夫人卒時，「內外冠冕，百有餘人」。②王順，安定守；子渙，洛陽令；渙子石，郎中。	①5/8丁△●Ø ②3/3丁　●Ø	①後 31：10b 華目 937, 939, 940 華 10下：825-826 ②後 76：9a 華目 937

65	廣漢	郪	李	大姓之一。後漢牂柯守李禈。蜀世李邈,安漢將軍;弟朝別駕從事;朝弟邵,丞相西曹掾。	1/3　　　△⊘ 另1丁	華 10中: 784 華目 939
66	廣漢	郪	鐔	鐔顯,衞尉;蜀世鐔承爲特進、太常。	1/2丁△　⊘	華目 936, 940
67	廣漢	郪	馮	前漢末馮信,公府十辟,不赴。後有馮顥,越巂守。	1/1丁　　⊘	華目 937
68	廣漢	郪	羊	羊甚,交州牧;子期,野王令。	2/2丁　●⊘	華目 937
69	廣漢	梓潼	文	平帝末文齊爲益州守,東漢初封侯。子怵,北海守。司隸校尉王堂妻文極,即出此族。蜀時有文恭爲丞相參軍。文爲四姓之一。	2/2⊥丁 ●⊘ 另1人△	華目 948, 949
70	廣漢	梓潼	景	四姓之一。後漢景鸞以博士徵,不詣。景毅爲益州守,侍御史。	1/2丁　　⊘	華目 948
71	廣漢	梓潼	雍	四姓之一。雍竇九江守;子望,右校令。望子陟,益州守;朗,武都守;勸,趙相。勸子煜,江令。	4/6丁　●⊘	隸 12: 12a-13a 「趙相雍勸闕碑」 華 4: 350 校注
72	廣漢	梓潼	李	前漢末李業爲郎,子翬建武中爲遂久令。	2/2⊥丁 ●○	華目 148
73	廣漢	涪	杜	大姓之一。蜀世杜微爲諫大夫。	1/1△　　○	華目 948
74	廣漢	涪	李	「大姓李權」爲劉焉所枉誅。權臨卭長;子福,尙書僕射,封平陽亭侯。	2/2△　●⊘	三 31: 7a-b 華目 949
75	廣漢	涪	尹	尹默,蜀世爲太子家令;子	2/2△　　○	華目 949

			宗，博士。			
76	犍爲	武陽	楊	大姓之一。前漢楊莽爲楊州刺史。後漢楊渙，司隸校尉；子文方，漢中守。文方長子弼，下邳相，次子頵亦二千石。文方兄子淮，司隸校尉、將作大匠、河南尹。三國時楊洪爲蜀守、關內侯；楊羲（戲）射聲校尉。	3/5丁　　●∅ 另1人⊥ 另2人△	華目 941, 943 華 10中：785 隸續 11：11a–b 「司隸校尉楊淮碑」
77	犍爲	武陽	李	大姓之一。後漢有大姓李威，刺史辟爲掾，另李寓爲城固令。另縣主簿李橋、縣吏李髙。	4人丁　　○	華 10上：724 八瓊 4：12b 「右扶風丞李君通閣道記」 希古 7：6b 「孟廣宗殘碑」
78	犍爲	武陽	張	張睦，張良八世孫，自良迄睦，世有官閥。睦爲蜀郡守，子孫始居此。睦子皓，司空；皓子綱，廣陵守。綱子植，郎中；續，尙書；方，豫州牧，「子孫數至大官」。綱曾孫翼，蜀左車騎將軍。	6以上/8以上 　　●∅ ⊥丁△	後 56：1a–b集解 華 10中：772, 　778, 783 華目 941, 942
79	犍爲	南安	費	大族之一。費貽，後漢初合浦守，「後世爲大族」，其後人費詩，蜀諫議大夫。	2/2丁△ ●∅	華 10中：775 華目 941, 943 後 81：3a 集解
80	犍爲	南安	楊	大族之一，楊暢爲令；楊宗，益州太守。兩闕相連，應爲一族。	1/2丁　　∅	八瓊 7：10a 「益州太守楊宗闕」
81	犍爲	資中	王	四族之一，前漢有諫議大夫王褒，光祿大夫王延世，三國郡督郵王冲。	3人⊥ △ ∅	華目 913, 941 華 10中：786
82	犍爲	資中	董	四族之一，永平中董鈞爲五	1人丁　　∅	後 19下：7a

				官中郎將，教授數百人。			
83	犍爲	資中	趙	四族之一，司隸校尉趙祅。	1人丁	∅	華目 942
84	犍爲	僰道	隗	大姓之一，隗相，平帝時爲郎。	1人上	○	華目 942
85	犍爲	僰道	吳	大姓之一，吳順，永昌守；吳厚，中牟令。	2人丁	∅	華目 942 華 10中：786
86	漢中	南鄭	李	大姓之一。李頡，博士，頡爲太尉李修從子，太常卿李武之孫。頡始居漢中。頡子郃，司徒；郃子固，太尉；固子燮，河南尹，固從弟歷，爲奉車都尉。另有司隸校尉李法。固另二子基、玆長史，固死時被收。	6/9丁 另1人丁	●∅	後 48：4a, 63：1a, 82上：9b-10a 集解 華目 744-945
87	漢中	南鄭	程	大姓之一。程祇，安眾令，六子：興、敦、覲、豫、淮、基，五人州郡察舉，基特雋逸，爲南郡守。程氏另有上計吏程苞，獻平板循蠻之策；功曹程信，糾合 25 個故吏冠蓋子弟對付羌人。	2/7丁 另2人丁	●∅	華目 945
88	漢中	南鄭	趙	大姓之一。趙宣爲犍爲守，七子皆辟命察舉，牧守州郡，其中瑤爲廣漢守，琰爲尚書。此外趙氏爲郡吏者甚多，有趙嵩、趙邵、趙子賤、趙英、趙忠等。	2/8丁 另5人丁	●∅	華目 945-947 華 10下：811, 815 華 2：117 隸 3：11a「仙人唐公房碑陰」, 4：5a「司隸校尉楊孟文石門頌」。
89	漢中	南鄭	楊	楊矩，官位不詳。其妻爲大鴻臚劉巨公女。四子：元珍	2/6丁	○	華目 947

			、仲珍，其餘不詳，「四子才官，隆於先人」。元珍女嫁陳省（元初間平羌亂封侯）蓋皆高門。			
90	漢中	南鄭	張	張泰，廣漢屬國；從弟張亮則，度遼將軍。	1/2丅　●⊘	華目 945
91	漢中	南鄭	祝	祝龜，葭萌長；祝揚（颺）司徒掾；祝忱，州從事；祝榮，郡吏，族人眾多。	4人丅　○	華目 945 隸 13：4b-5a 「馮煥殘碑陰」 隸 3：11a 「仙人唐公房碑陰」
92	漢中	成固	陳	陳綱，弘農守；孫調，州從事。另有陳省（元初間封侯，陳雅，巴郡守，蓋皆一族。三國有陳術爲郡守。	2/2丅　●⊘ 另人丅 1人△	華目 945, 947 後 87：15a-b
93	漢中	成固	張	張騫爲博望侯，衞尉；曾孫猛，給事中。	2/2⊥　●⊘	華目 944
94	犍爲朱提屬國		孟	孟璮父武陽令，曾祖嚴道長。三國有孟琰。	2/2丅　●○	希古 7：5b-7a 「孟廣宗殘碑」 華目 951
95	牂柯	毋斂	尹	尹爲大姓，前漢末保境自守。後漢尹珍，荊州刺史。	1人丅　○	華 4：378 後 86：13a
96	牂柯	毋斂	謝	大姓，功曹謝暹與尹氏等王莽時共保境。	1人丅	華 4：378 後 86：13a
97	牂柯	平夷	傅	大姓，與尹氏等共保境，後漢傅寶巴郡守。	1人丅　⊘	華 4：378 後 86：13a 華目 950
98	益州		雍	益州郡大姓，雍闓，雍齒之後，吳平戎將軍。	1/1△　⊘	三 52：30b-31a
99	永昌	不韋	呂	呂凱，呂不韋後，不韋縣卽	1/1△　●⊘	三 43：6a

			因呂氏得名。凱爲雲南守，子祥嗣爵。			華目 951
100	建寧		孟	大姓，孟獲御史中丞。	1/1△　　　　⊘	華目 951
101	建寧		爨	大姓，爨習，領軍。	1/1△　　　　⊘	華目 951
102	建寧	俞元	李	大姓，李恢建寧守，封侯，子遺嗣侯，恢弟子羽林右部督。	2/3△　　●⊘	三 43：6a

說明：資料來源中史＝《史記》，漢＝《漢書》，後＝《後漢書》，三＝《三國志》，華＝
　　　《華陽國志》，華目＝《華陽國志》卷 12〈益梁寧三州先漢以來士女目錄〉，隸＝
　　　《隸釋》，八瓊＝《八瓊室金石補正》，希古＝《希古樓金石萃編》。

總表考訂（標號即總表編號）

2. 《隸續》卷一四錄有〈太守張景題字〉，〈博士題字〉，〈洪農太守張君題
字〉，洪氏以爲此皆在高眹石室，不過據楊芳燦〈四川金石志〉（《四川通
志》卷五八）考訂，此爲另一石室，爲光和六年成都張景（曾任太守）所
建，諸題辭皆景追念先祖之辭。今考〈博士題字〉所述受業春秋於京師，參
與郊祀、出典方州諸事，悉與《華陽國志》所載張寬（張叔）事合，蓋追念
先祖張寬之詞，緊接的〈洪農太守張君題字〉云：「弘農太守張□子陽，張
叔之子也。」亦可爲證。

3. 關於趙氏世系《華陽國志》卷一〇上〈趙典傳〉及〈趙戒傳〉皆以典爲戒
孫，然同書卷一二之〈目錄〉又以爲典乃戒之第二子，按卷一〇上之〈趙謙
傳〉以謙爲戒之孫，而目錄云、謙爲典兄子，則與典爲戒第二子合，又《後
漢書》卷二七〈趙典傳〉亦云「父戒爲太尉」，當從之。

12. 〈繁長張禪題名〉一碑，自洪适立此標題後頗令人誤解，碑文云：「長蜀郡
繁張君諱禪」，後云：「丞蜀郡司馬達……左尉武都孫眞」，則繁爲張禪之
籍貫，張爲縣長，但決非繁長。

28. 〈楊信碑〉，《四川通志》卷六〇載，碑在忠州。按忠州即漢之臨江，據漢
人歸葬本縣之習俗推測，楊信當爲臨江人。

36. 此據《華陽國志》之〈士女目錄〉。按《後漢書》卷八二上〈任文公傳〉，文公爲文孫之子，然父字孫，子字公似乎不類。又《御覽》423 引《華陽國志》云：「任文孫，字文公」則又以爲一人。

39. 《後漢書》卷八一〈譙玄傳〉頁 1 集解引惠棟曰：「華陽國志云，元（玄）父隆）……爲上林令，諫沮武帝……至侍中」按惠氏所引不見今本《華陽國志》，或自類書採來，然《太平御覽》219，《藝文類聚》48 雖引華志此事，但無隆爲玄之父的記載，今存疑。

47. 〈孝廉柳敏碑〉，據王象之《蜀碑記》卷六，碑在黔州，即今之彭水，漢之涪陵，柳敏蓋涪陵人。

61. 《後漢書》卷三〇上，楊序作「楊厚」。

64. 東漢有樂府辭〈雁門太守行〉歌頌王渙，謂其「明知法令，歷世衣冠」可知其家世。

91. 〈仙人唐公房碑陰〉載有祝氏多人，除祝龜（字元靈）、祝揚、祝榮（文華）外，尚有祝岱（子華）、祝恒（仲華）、祝朗（德靈）等，從他們字的排行可知爲一族。

94. 〈孟廣宗殘碑〉在雲南昭通府城南出土（光緒間），屬漢之朱提。

引 用 書 目

1. 司馬遷，《史記》，百衲本。

2. 班固，《漢書》，王先謙補注本。

3. 范曄，《後漢書》，王先謙集解本。

4. 陳壽，《三國志》，盧弼集解本。

5. 房玄齡等，《晉書》，新校標點本。

6. 魏收，《魏書》，新校標點本。

7. 常璩，《華陽國志》，劉琳校注本，成都，巴蜀書社，1984。

8. 謝承，《後漢書》，收於周天游輯注，《八家後漢書輯注》中，上海古籍出版

社，1986。

9. 劉安，《淮南子》，高誘注本，臺北，世界書居，1974。

10. 蕭統，《文選》，李善注本，臺北，文化圖書公司，1975。

11. 佚名，《古文苑》，章樵注，錢熙祚校本，臺北，商務印書館，《國學基本叢書》本。

12. 歐陽詢等，《藝文類聚》，臺北，文光出版社，1974。

13. 李昉等，《太平御覽》，臺北，新興書局，1959。

14. 睡虎地秦墓竹簡整理小組，《睡虎地秦墓竹簡》，北京，文物出版社，1978。

15. 洪适，《隸釋》，臺北，藝文印書館，《石刻史料叢書甲編》本。

16. 洪适，《隸續》，臺北，藝文印書館，《石刻史料叢書甲編》本。

17. 陸增祥，《八瓊室金石補正》，臺北，藝文印書館，《石刻史料叢書甲編》本。

18. 劉承幹，《希古樓金石萃編》，臺北，藝文印書館，《石刻史料叢書甲編》本。

19. 王象之，《蜀碑記》，臺北，新文豐出版公司，《石刻史料新編》第三輯第16冊。

20. 楊芳燦，《四川金石志》，臺北，新文豐出版公司，《石刻史料新編》第三輯第14冊。

21. 沈家本，《漢律撫遺》，臺北，商務印書館，1976。

22. 洪飴孫，《三國職官表》，收於《二十五史補編》第二冊。

23. 黃節，《漢魏樂府風箋》，北京，人民文學出版社，1958。

24. 嚴耕望，《兩漢太守刺史表》，史語所專刊之三十，上海，商務印書館，1948。

25. 毛漢光，〈中古官僚選制與士族權力的轉變——唐代士族之中央化〉，收於許倬雲等主編，《第二屆中國社會經濟史研討會論文集》，臺北，漢學研究資料及服務中心，1983。

26. 毛漢光，《兩晉南北朝士族政治之研究》，臺北，中國學術著作獎助委員會，1966。

27. 方國瑜，《滇史論叢》第一輯，上海，人民出版社，1983。

28. 田餘慶，〈李嚴興廢和諸葛亮用人〉，收於中華書局編，《中華學術論文集》，

北京，中華書局，1981。

29. 余英時，《中國知識階層史論・古代篇》，臺北，聯經出版社，1970。

30. 邢義田，〈東漢孝廉的身分背景〉，收於許倬雲等主編，《第二屆中國社會經濟史研討會論文集》，臺北，漢學研究資料及服務中心，1983。

31. 何斯強，〈三國、兩晉、南北朝時期的南中「大姓」與「夷帥」〉，《思想戰線》，1987年5期。

32. 宋治民，〈關于蜀文化的幾個問題〉，《文物》，1983年2月。

33. 段渝，〈論巴蜀地理對文明起源的影響〉，《四川大學學報》，1988年2期。

34. 梁方仲，〈中國歷代戶口、田地、田賦統計〉，上海，人民出版社，1981。

35. 陳天俊，〈論南中大姓〉，《貴州文史叢刊》，1985年1期。

36. 勞榦，〈兩漢郡國面積之估計及口數增減之推測〉，《歷史語言研究所集刊》，5本2分。

37. 董其祥，《巴子新考》，重慶，重慶出版社，1983。

38. 蒙文通，〈巴蜀史的問題〉，《四川大學學報》，1959年5期。

39. 趙殿增，〈巴蜀文化幾個問題的探討〉，《文物》，1987年10期。

40. 劉增貴，〈論後漢末的人物評論風氣〉，《成功大學歷史學系歷史學報》，10號。

41. 劉增貴，《漢代婚姻制度》，臺北，華世出版社，1970。

42. 劉增貴，《漢代豪族研究——豪族的士族化與官僚化》，臺北，國立臺灣大學歷史學研究所博士論文，1985。

43. 譚宗義，《漢代國內陸路交通考》，香港，新亞研究所，1967。

44. 龐聖偉，〈論三國時代之大族〉，《新亞學報》，6卷1期。

45. 蕭璠，《春秋至兩漢時期中國向南方的發展》，臺北，國立臺灣大學，1973。

46. 上田早苗，〈巴蜀の豪族と國家權力——陳壽とその祖先たちを中心に〉，《東洋史研究》，25卷4號。

47. 小林史朗，〈東漢時代における益州について——《後漢書》を中心として〉，《大東文化大學漢學會誌》，17號。

48. 木村正雄，〈兩漢交替期の豪族叛亂——隗囂集圖と公孫述集團〉，《立正史學》，31號。

49. 狩野直禎，〈蜀漢政權の構造〉，《史林》，42卷4期。

50. 狩野直禎，〈後漢中期の政治と社會——順帝の即位をあぐつて〉，《東洋史研究》，23卷3號。

51. 宮川尚志，《六朝史研究・政治社會篇》，京都，平樂寺書店，1977。

52. 鶴間和幸，〈漢代豪族の地域的性格〉，《史學雜誌》，87卷12號。

試論光武帝用人政策之若干問題

廖 伯 源

在范曄以前，已有議者謂光武不任功臣以職事；范曄《後漢書》亦持此說。今統計光武前後期三公、九卿及郡國守相中功臣之百分比，最少爲21.7％，而高者竟達60％；又以雲台功臣爲例，三十二名雲台功臣，至建武十三年初尚存者十九人。此十九人中，在建武十三年後不任官職者僅五人，其任職者之比例爲73.7％。則光武不任功臣以職事之說，似可商榷。

至於謂光武偏用南陽人，則無論從統計數字或從功臣事跡觀察，皆可肯定此說。

(一)引　言

西漢初年多以功臣任職。所謂西漢之功臣，是指列於《史記》、《漢書》之〈功臣侯表〉者。計高祖元年至十二年崩，三公（丞相、太尉、御史大夫）可考者有七人，全部是功臣侯。九卿可考者有十九人，其中見於功臣表，確定爲列侯者十四人；其他五人，周苛未封死事，高祖以其功封其子周成爲高景侯，是苛亦當在功臣侯之列；三人闕姓或闕名，不可考。又叔孫通以儒生起朝儀而爲奉常。則高祖時期九卿姓名齊全者十六人，僅一人非功臣；九卿中功臣佔93.8％；若不視周苛爲功臣，亦佔87.5％。惠帝在位七年，呂后八年，此十五年中，三公可考者有十一人，其中九人爲功臣；此外曹窋爲功臣曹參子，呂產爲呂后親戚，非功臣；則三公中功臣佔81.8％。九卿可考者有十七人，四人闕姓，不可考。姓名齊全之九卿十三人，其中可確定爲功臣者十人，佔76.9％。

高祖、惠帝、呂后、文帝四朝，可考之郡國守相凡64人，其中高祖所封列侯二十九人，高祖功臣而於惠帝、呂后或文帝朝封爲列侯者九人，共三十八人，約佔此時期可考郡國守相總數的60％。[1]

1　《史記》有〈漢興以來將相名臣年表〉，《漢書》有〈百官公卿表〉，且三公之任免均載於本紀，當數目齊全。九卿或史有失載，但所遺當不多。據此二類人之數目作統計，其可靠性當可肯定。唯郡國守相之著錄人數或是實際人數的幾分之一，而開國時期功臣侯事跡見載之機會，遠大於非功臣之郡國守相，故統計西漢初年可考郡國守相中功臣侯所佔之百分比，其結果必有偏差；後文統計光武時期可考之郡國守相中功臣侯所佔之百分比，亦當有偏差；此爲當先說明者。但此統計結果至少仍可顯示史籍著錄之郡國守相中功臣之比例，不無參考之價值。

又從高祖時至文帝十五年，領兵將軍幾皆高祖之功臣列侯。[2]

西漢初期，朝廷之重要官職幾全部爲功臣所佔據，甚至功臣老朽物故，仍代之以功臣子孫。景帝時及武帝初年之丞相多爲功臣子孫，可見一斑[3]。至史家論漢初用人，竟謂「有僵化爲新貴族政治之趨向」。[4]大部份朝廷官員爲功臣，爲西漢初年政治之特色。

光武中興，亦以武力平定群雄，統一天下。從龍有功之臣亦受爵邑，封爲列侯，是即光武帝所封之功臣侯，本文或簡稱爲功臣。

光武不任功臣以職事。此說在范曄以前已有議者言及，范曄又於《後漢書》論之，並爲光武辯護，謂光武鑒於西漢初年之失，故不以功臣任職，蓋欲保全功臣而廣招賢之路。（22/787－788）《後漢書》缺侯表，功臣侯之確實數目不可曉[5]。據錢大昭〈後漢書補表〉卷三「光武明章和安順沖功臣侯」，所列光武所封功臣侯凡一百三十二人。[6]今考察中興功臣侯事跡，公卿守相中功臣侯之比例亦甚大。又議者謂光武偏用南陽同鄉，其實究竟如何，下文將詳細論證之。

考論光武之用人，似當分爲二期：前期從建武元年至十二年底。蓋十二年十一月公孫述死，成都破，天下平定。此期爲中興戰爭時期，戰爭第一，用人或偏重功臣。後期從十三年初至中元二年二月光武崩。除邊遠零星叛亂，此期大致上無戰爭，光武努力圖治，其用人政策不受戰爭影響，故最能見其眞意。

㈡光武前期功臣佔公卿守相之比例

先論光武前期三公九卿中功臣之比例。爲清楚起見，列表以說明之。

---

2 以上所述西漢初年公、卿、守、相、將軍，參見廖伯源，〈試論漢初功臣列侯及昭宣以後諸將軍之政治地位〉《徐復觀先生紀念論文集》，台灣學生書局，民國七十五年，頁86-108。

3 參見《史記》卷九十六〈張丞相列傳〉，96／2685。本文引用《史記》、《漢書》、《後漢書》俱爲標點本，《漢書補注》與《後漢書集解》則用台北藝文印書館印行之二十五史本。

4 參見嚴耕望，〈秦漢郎吏制度考〉《史語所集刊》第二十三本，頁90。

5 《後漢書》〈光武紀〉曰：建武十三年，蜀平，「功臣增邑更封凡三百六十五人。」（1下／62）漢代之食邑者不僅是列侯。關內侯亦有部份有食邑，而爵位低於關內侯者亦間中有人得賜食邑。（參見廖伯源，〈漢代爵位制度試釋〉（下），《新亞學報》第十二卷，頁183－202，1977年，香港）故建武十三年增邑更封之功臣三百六十五人可能非全部是列侯。

6 錢大昭〈後漢書補表〉頁14-22。錢表云光武所封功臣侯「凡一百三十五人」。今考其表，太尉趙熹、司徒李訢、司空馮魴俱於中元二年四月丙辰封。按光武帝崩於中元二年二月戊戌（1下／85）。三人封在四月丙辰，不當歸入光武所封之列。剔除此三人，則錢表所考之光武功臣侯僅一百三十二人。

表一：光武前期（建武元年－－十二年）三公九卿之功臣比例表[7]

三　　　　　　　　　　　　公		九　　　　　　　　　　　　卿	
*#卓茂　*#吳漢　*#鄧禹　+伏湛 　侯霸　*王梁　+宋弘　*#李通 *#馬成　*邳肜		*邳肜　　張湛　　郭憲　　杜林　*#李通　*銚期 +朱浮　*#岑彭　#洼丹　劉延　　江馮　　高詡 丁恭　*#賈復　*王梁　*寇恂	
功臣侯 9 人，佔全部 10 人的 90％ 南陽人占 50％。		功臣侯 8 人，佔全部十六人的 50％；劉延、 江馮二人籍貫無考，南陽人 4 人，佔籍貫可 考者的 28.6％。	
＋爲功臣侯　＊爲雲台功臣，雲台功臣是功臣侯中功勞最大者[8]　＃爲南陽人			

光武前期之三公有十人，其中七人爲雲台功臣。除卓茂儒生，名冠天下，爲光武表揚道德之楷模，拜太傅（25／869-871），因入雲台功臣之列外，其他雲台功臣俱於中興戰爭中立大功勞，爲光武麾下最重要之將軍。三名非雲台功臣之三公，伏湛、宋弘、侯霸皆西京舊臣，明習法令故事，「典定舊制」；前二人及身封侯，侯霸於十三年薨，追封則鄉哀侯，則霸亦當在功臣侯之列。若不視侯霸爲功臣侯；光武前期之三公百分之九十爲功臣侯，若包括侯霸，則爲百分之百。此種三公偏用功臣之政策引起鄭興的批評，《後漢書》〈鄭興傳〉曰：

> 「（建武七年三月晦，日食。太中大夫鄭）興因上疏曰：『……變咎之來，不可不懼，其要在因人之心，擇人處位也……今公卿大夫多舉漁陽太守郭伋可大司空者，而不以時定。道路流言，咸曰「朝廷欲用功臣」，功臣用則人位謬矣……』」（36／1221）

7　本表據錢大昭撰〈後漢書補表〉卷三：「光武明章和安順沖功臣侯」，卷七：「公卿上」，及《後漢書》卷二十二所附之「雲台功臣表」編制。間中有補正之處，將在正文中說明。東漢三公，建武初爲大司馬、大司徒、大司空，二十七年五月丁丑，改名爲太尉、司徒、司空（〈光武紀〉1下／79）。又東漢有太傅，位在三公之上，不常置（《後漢書》〈續百官志〉，志24／3556）。本文統計三公包括太傅在內。東漢九卿爲太常、光祿勳、衛尉、太僕、廷尉、大鴻臚、宗正、大司農、少府九官，俱秩中二千石。又〈續百官志〉曰：「執金吾，一人，中二千石。」（續志27／3605）東漢執金吾與九卿等秩，故錢大昭《後漢書補表》之「公卿表」亦列執金吾；既有現成之資料，故本表之九卿亦包含執金吾。又本表人數以人爲單位，凡同一人曾爲二任以上，均作一人計。

8　史稱「雲台二十八將」，《後漢書》卷二十二論曰：「顯宗追感前世功臣，乃圖畫二十八將於南宮雲台，其外又有王常、李通、竇融、卓茂，合三十二人。」（22／789-790）今所謂雲台功臣是指此三十二人而言。三十二人俱有傳，爲功臣中之最有名者。其資料齊全，方便統計。

按六年十二月壬辰，大司空宋弘免，至七年五月戊戌乃拜前將軍李通爲大司空。其間
約半年無大司空在位，朝野或在推測誰將繼任大司空，而鄭興亦因此而請光武不可偏
用功臣。觀光武拜大功臣李通爲大司空，則光武並没有接受鄭興之建議。

　　或謂卓茂、宋弘、伏湛俱無軍功，蓋以拜公時封侯，似不當視作功臣侯。今考《
後漢書》〈卓茂傳〉，建武元年，光武訪求得茂：「下詔曰：『……今以茂爲太傅，
封褒德侯，食邑二千戶……』」（25 / 871）則茂拜太傅時封侯，無可疑者。〈宋弘
傳〉曰：「建武二年，代王梁爲大司空，封枸邑侯。」（26 / 903）又〈伏湛傳〉曰
：「建武三年，遂代鄧禹爲大司徒，封陽都侯。」（26 / 894）則宋弘、伏湛二人封
侯之時間不得早於其拜三公之時間。光武考慮拜卓茂、宋弘、伏湛三人爲公時，並不
視三人爲功臣。若據此說，則光武前期三公十人，非功臣者占四人，功臣爲三公者占
三公總數百分之六十，比例仍是相當高。

　　又或謂功臣爲三公者人數雖多，然有或只任一年數月者，故僅計算人數而不考慮
其任期長短，統計之結果恐有偏差。按《後漢書》雖無表，然三公之任期起訖在本紀
中有記載，今據以計算各人之任期[9]，以年爲單位。吳漢等六功臣在光武前期任三公
任期之總年數爲25年，而卓茂、宋弘、伏湛、侯霸四人在光武前期任三公任期之總年
數爲22年。功臣爲三公之年數占總年數53.2％。即使以最嚴格之標準認定功臣侯，光

9　計算時參考下表：

附表二：光武前期三公任期表

	太　傅	大司馬	大司徒	大司空
建武元年 六月已 未即位	卓茂 九月甲申， 以前密令拜	吳漢 七月壬午， 以大將軍拜	鄧禹 七月辛未， 以前將軍拜 伏湛 以大司徒司 直行大司徒 事 （26/894）	王梁 七月丁丑， 以野王令拜 邳彤 行大司空事， 十月，帝入洛 陽，拜彤太常 （21/6a）
二年	卓茂	吳漢	鄧禹 伏湛（行）	王梁 二月，免。 宋弘 二月壬子，以 太中大夫拜

武前期之三公仍有一半以上爲功臣侯。

光武前期九卿十六人，其中雲台功臣七人，普通功臣侯朱浮一人，共八人，佔總數的百分之五十。非功臣侯之九卿亦八人，其中劉延爲宗正。按漢代宗正俱以宗室爲之。此外郭憲、洼丹、高詡、丁恭皆曾爲博士（郭憲見〈方術傳〉82上／2109，洼丹等三人見〈儒林傳〉79上／2551，79下／2569、2578），杜林亦爲東漢初年之大儒（27／934-939），光武重用儒生，在戰爭時期就見其端倪。

三年	卓茂	吳漢	鄧禹 閏正月乙巳，免。 伏湛 三月壬寅，以大司徒司直拜	宋弘
四年	卓茂　十月薨	吳漢	伏湛	宋弘
五年		吳漢	伏湛 十一月壬寅免 侯霸 十一月壬寅，以尚書令拜	宋弘
六年		吳漢	侯霸	宋弘 十二月壬辰免
七年		吳漢	侯霸	李通 五月戊戌以前將軍拜
八年到 十一年		吳漢	侯霸	李通
十二年		吳漢	侯霸	李通 九月罷。 馬成 十二月辛卯，以揚武將軍行

計算之原則如下：以年爲單位，拜官之年份與免官之年份雖不滿一年，亦作一年計算。如卓茂於建武元年九月甲申拜太傅，建武四年十月薨。其在建武元年僅任職三月餘，建武四年則在職不足十月，均各作一年計算，故卓茂爲太傅四年。又以他官行三公事者亦計算在內。結果：卓茂4年，吳漢12年，鄧禹3年，伏湛5年，侯霸8年，王梁2年，邳彤1年，宋弘5年，李通6年，馬成1年。

又建武元年至十年，郡國守相可考者凡八十三人。[10]以其姓名籍貫與《後漢書》卷二十二之「雲台功臣表」及錢大昭〈後漢書補表〉卷三所列之光武功臣比對，此八十三人中有雲台功臣十二人，其他異姓功臣侯二十二人，加上劉嘉、劉順二位同姓功臣侯，共三十六位功臣，佔總數的43.4％。

綜而言之，光武前期重用功臣，三公百分之九十爲功臣侯，若從嚴認定功臣侯，三公亦有百分之六十爲功臣侯。若以任期年數計，功臣任三公職之年數爲總年數之53.2％。九卿則百分之五十爲功臣侯，至於郡國守相之功臣侯比例爲43.4％。

(三)光武後期功臣佔公卿守相之比例

10　附表三：建武元年－－十年郡國守相名錄(1)

＊雲台功臣			＋功臣侯	
＋潁川丁綝	＋樂安歐陽歙	＊漁陽王梁	＊上谷寇恂	李文
＊馮翊景丹	鮮于襃	扶風郭伋	扶風張湛	南陽趙匡
琅邪除業	＊南陽岑彭	暴氾	潘騫	上黨鮑永
陳康	＊潁川銚期	＋南陽鄧晨	＊南陽任光	西河鮮于冀
趙高	＊鉅鹿耿純	范荊	＊南陽陳俊	呂羌
＊魏郡王宏	孫萌	河南侯霸	劉虔	＋琅邪伏湛
＊南陽劉嘉(2)	河內李章	處興	陳留董宣	＋南陽劉順(3)
劉麟	河內杜詩	＋侯登	＋田翕	＋張隆
＋王堂	＋韓福	＋安定梁統	＊東萊李忠	汝南黃讜
泰山周生豐	京兆丁邯	＋廣漢文齊	廣漢王卿	汝南周業
＊南陽馬成	＊潁川馮異	＋庫鈞	馬期	＋史苞
＋竺曾	＋章肜	馮翊田邑	戴涉	孫福
扶風馬員	宗育	橋扈	＋右北平郭涼	田颯
張豐	朱英	趙國張況	趙永	扶風蘇竟
劉興	＋扶風耿況	楚國龔賜	＊潁川王霸	＋南陽彭寵
陳訴	上谷閔業	＋王遵	南陽孔嵩	＋杜穆
＋漢中錫光	南陽任延	南陽胡著		

(1)此表據嚴耕望師輯〈東漢郡國守相表〉，《兩漢太守刺史表》（《史語所專刊》之三十，民國37年2月），頁101-275、錢大昭〈後漢書補表〉卷三「光武明章和安順冲功臣侯」，及《後漢書》卷二十二所附之「雲台功臣表」編制。〈東漢郡國守相表〉之分期，建武初葉爲元年至十年，故此表之郡國守相爲建武元年至十年在職者。若同一人任二任以上，無論是否在同一郡國，均視作一人計算。功臣侯以光武所封者爲限，光武崩後受封者皆不計算在內。
(2)劉嘉「光武族兄也，父憲，春陵侯敞同產弟。」嘉是南陽人。又嘉以宗室從征伐，拜千乘太守封侯（14／567-568），錢表歸之於王子侯，可視爲功臣侯。
(3)劉順，光武族兄，「父慶，春陵侯敞同產弟」。爲太守，有戰功，封成武侯（14／566），錢表入王子侯，可視爲功臣侯。

建武十三年，進入和平治國時期，此期光武之用人政策是否有變，將以表爲補助

，次第說明之。

附表四：光武後期（建武十三年－－中元二年二月）三公九卿之功臣比例表[11]

三 　　　　　　　　　公	九 　　　　　　　　　卿
＊＃吳漢　　侯霸　　＊＃劉隆　＃趙熹 ＋＃韓歆　＋歐陽歙　　戴涉 　　蔡茂　＃馬成　　玉況　　馮勤 ＊＃鄧禹　　李訢　＊竇融　＋朱浮 　　杜林　＋張純　　＃馮魴	登　　桓榮　　杜林　　劉昆　　席廣 ＋＃鄧晨　＃陰興　＊竇融　＃馮魴　＋朱浮 ＋張純　＃趙熹　　郭況　　劉吉　　馮勤 　　耿國　＃陰就　＃陰識　＃洼丹　　高詡 　　丁恭　＃卓崇　＋朱鮪
功臣侯9人，佔全部18人的50％。 南陽人7，占38.9％。	功臣侯5人，佔全部23人的21.7％。登姓名 不全。功臣侯佔全部姓名全者 22.7％。登 、席廣、劉吉籍貫無考，南陽人 8人，佔 全部籍貫可考者的40％。
＊爲雲台功臣，雲台功臣是功臣侯中功勞最大者　　　＋爲功臣侯　　　＃爲南陽人	

建武十三年至中元二年二月光武崩，共二十年。此期三公十八人，其中雲台功臣五人

，其他異姓功臣侯四人，共九人，占全部三公之一半。若考慮及任期之長短，計算各

人任期之年數，[12] 吳漢等九功臣侯任三公之任期共43年，侯霸等非功臣侯任三公之任

11　此表資料來源，制作之凡例俱與本文附表一相同。
12　計算時參考下表。

附表五：光武後期（建武十三年至中元二年二月）三公任期表

	大 司 馬	大 司 徒	大 司 空
建武十三年	吳漢	侯霸 　正月庚申薨 韓歆 　三月辛未，以沛郡太守拜	馬成（行） 　三月丙子罷 竇融 　四月甲寅，以冀州牧拜
建武十四年	吳漢	韓歆	竇融
建武十五年	吳漢	韓歆 　正月辛丑免，自殺 歐陽歙 　正月丁未，以汝南太守拜 　十一月甲戌下獄死 戴涉 　十二月庚午，以關內侯拜	竇融
建武十六年 至十九年	吳漢	戴涉	竇融
建武二十年	吳漢 　五月辛亥薨 劉隆 　六月壬辰，以驃騎將軍行	戴涉 　四月庚辰下獄死(1) 蔡茂 　六月庚寅，以廣漢太守拜	竇融 　四月庚辰免 朱浮 　六月庚寅，以太僕拜

期共35年，功臣侯爲三公之年數占總年數的55.1％。

建武廿一年	劉隆（行）	蔡茂	朱浮
建武廿二年	劉隆（行）	蔡茂	朱浮 　十月壬子免 杜林 　十月癸丑，以光祿勳拜
建武廿三年	劉隆（行）	蔡茂 　五月丁卯薨 玉況 　九月辛未，以陳留太守拜	杜林 　八月丙戌薨 張純 　十月丙申，以太僕拜
建武廿四年 至廿六年	劉隆（行）	玉況	張純
	太尉（大司馬）	司徒（大司徒）	司空（大司空）
建武廿七年 （五月丁 丑改三公官 名）	劉隆（行） 　五月丁丑罷 趙憙 　五月丁丑，以太僕拜	玉況 　四月戊午薨 馮勤 　五月丁丑，以大司農拜	張純
建武廿八年 至卅一年	趙憙	馮勤	張純
中元元年	趙憙	馮勤 　六月乙未薨 鄧禹（行） 　正月丁卯至四月癸酉從東 巡狩 李訢 　十月辛未，以司隸校尉拜	張純 　三月戊辰薨 馮魴 　六月辛卯，以太僕拜
中元二年二 月止	趙憙	李訢	馮魴

計算之原則與前文註7相同。結果：

吳漢　8年	劉隆　8年	趙憙7年	侯霸1年	韓歆3年
歐陽歙1年	戴涉　6年	蔡茂4年	玉況5年	馮勤6年
鄧禹　1年	李訢　2年	馬成1年	竇融8年	朱浮3年
杜林　2年	張純10年	馮魴2年		

則功臣侯任三公共43年，非功臣侯任三公爲35年。

(1)錢大昭《後漢書補表》卷七「公卿上」，建武二十年，「四月庚辰，大司徒涉坐所舉人盜金下獄死，太子太傅張湛爲大司徒，以病篤罷。六月庚寅，廣漢太守河內蔡茂子禮爲大司徒。」考之〈光武紀〉，不載張湛曾任大司徒（1上／72）。又據〈張湛傳〉，湛「爲太子太傅，及郭后廢，因稱疾不朝，拜太中大夫……後大司徒戴涉被誅，帝強起湛以代之，湛至朝堂，遺失溲便，因自陳疾篤，不能復任朝事，遂罷之。」（27／930）似張湛在拜大司徒前就以溲便朝堂而自辭，參以〈光武紀〉不載張湛爲大司徒，則張湛當是未曾拜任大司徒。

此期可考之九卿共二十三人，[13]功臣侯僅五人，占21.7％。

又建武十一年至中元二年光武崩，郡國守相可考者凡九十人，其中七人闕姓或闕名，姓名齊全者尚有八十三人。[14]以此八十三人之姓名籍貫與雲台功臣表及錢大昭〈後漢書補表〉卷三所列之光武功臣侯比對，有九人爲雲台功臣，其他功臣侯亦九人，共十八人，則功臣侯爲郡國守相佔可考而姓名齊全之郡國守相總數的21.7％。僅及建武元年至十年之一半。

13　錢大昭〈後漢書補表〉七「公卿上」所考人數已全，今不能有所補充。惟「公卿上」曰：二十二年，「弘農太守劉昆爲光祿勳，五年遷。」然二十三年條下又有：「議郎席廣爲光祿勳，按熊表闕，見〈陰興傳〉。」同時有二光祿勳，恐誤。今考〈陰興傳〉：興二十三年卒，薦席廣。「後帝思其言，遂擢廣爲光祿勳。」（32／1131-1132）廣爲光祿勳在二十三年之後，不必在二十三年。且時光祿勳爲劉昆。〈劉昆傳〉曰：昆爲弘農太守，「二十二年徵代杜林爲光祿勳……二十七年，拜騎都尉。」（79上／2550）錢表二十二年條謂昆爲光祿勳五年遷，即據昆傳而言；昆爲光祿勳二十七年遷，則席廣爲光祿勳當在二十七年劉昆遷官之後。

14　附表六：光武後期（建武十一年－－中元二年二月）郡國守相名錄

*雲台功臣			+功臣侯	
張伋	信都郭唐	京兆宋嵩	景□	樂安牟長
南陽劉興(1)	陳留劉昆	閻興	鮮于襃	*南陽蓋延
扶風郭伋	會稽陸宏	+樂安歐陽歙	+南陽鄧晨	南陽劉章(2)
+南陽韓歆	趙國張歆	陳□	范橫	南陽馮魴
三輔孫晨	魯國孔尚	琅邪伏恭	*南陽馬成	+南陽鄧邯
富宗	京兆玉況	*鉅鹿耿純	京兆王元	潁川尹□
劉育	上黨鮑永	眞定郭竟	*南陽陳俊	河內李章
南陽張宗	太原令狐子伯	*漁陽王梁	南陽趙憙	廣漢文屯
陳留高愼	陳留董䣢	河內杜詩	陳留虞延	*南陽劉隆
陳留董宣	汝南李□	京兆龐述	汝南周嘉	河內衛颯
南陽茨充	扶風魯□	張禁	汝南郅惲	+安定梁統
南陽宗均	*東萊李忠	山陽范式	竇翔	京兆第五倫
京兆丁邯	*潁川臧宮	河南蔡茂	南陽張堪	張穆
扶風何□	越巂長貴	鄭鴻	+扶風馬援	潁川韓尋
劉旴	南陽樊曄	扶風孔奮	南陽任延	+辛肜
潁川祭午	雲中斐遵	+隨昱	□隨	+右北平郭涼
*潁川王霸	田颯	上谷閔業	潁川祭肜	馮翊宣彪
南陽孔嵩	犍爲費貽	蘇定	張恢	南陽胡著

(1)劉興爲伯升子，嗣光武兄仲，封北海王。（14／555-556）
(2)劉章亦爲伯升子，封齊王。（14／553）

　　若比較光武前期與後期功臣侯任職三公、九卿、與郡國守相各占三類官職總人數之比例，後期比前期均有所減少，尤其於九卿及郡國守相二項最爲明顯。三公之任期可考，若考慮任期之長短，後期功臣侯任職三公之任期是後期全部三公任期的55.1％，比前期的53.2％還多出約二個百分點。九卿、郡國守相無考者甚多，其任期可考者又甚少，故不能如處理三公之法計算其任期。然就以人數的比例言，後期功臣侯所佔的比例少於前期，亦是合理。蓋功臣以軍功封侯，多在戰爭期間（即前期）受封，[15]其時最少已經成年。光武在位共三十三年，至後期功臣年老病殁，所存者必越後越少；至光武晚年，功臣侯健在而可以任職者必比前期大減。東漢功臣侯薨年多無考，然功臣侯中之雲台功臣，以功勞大，皆在《後漢書》中有傳，可考其薨年。計三十二名雲台功臣，薨在建武十二年底以前者13人，十三年初尚存者有十九人，[16]只剩下不足

15　據錢大昭〈後漢書補表〉卷三「光武明章和安順沖功臣侯」，光武所封之功臣132人，其中八人以父功封，不計。餘124人中，31人於建武元年封，建武二年封19人，三年至八年封27人。4人不得封年，然其中三人在建武四年奪爵，則其封年在四年以前可知；餘一人錢大昭以爲封於建武初年，則建武元年至八年所封功臣侯爲81人。建武十一年至崩封16人。27人不得封年，錢表書作建武時。此27人中，一定有若干是在建武十年以前所封者，則可考之光武功臣侯124人中，建武十年以前所封者最少有81人。

16　參見下表：

附表七：雲台功臣存殁表

建武元年 2 3 4 5 6 7 8 9 10 11 12 13 14 15 16 17 18 19 20 21 22 23 24 25 26 27 28 29 30 31 中1 中2

姓名	薨年
鄧禹	———————————————————————————————————————
吳漢	—————————————————————————— 20
賈復	——————————————————————————————————————— 31
馮異	—————————————— 10
朱祐	————————————————————————————————— 24
祭遵	————————————— 9
銚期	—————————————— 10
陳俊	———————————————————————————————— 23
耿純	—————————————————— 13
馬武	———————————————————————————————————————
堅鐔	——————————————————————————————————— 26
杜茂	—————————————————————————— 19
任光	————————— 5
李忠	—————————————————————————— 19
萬修	——— 2
邳肜	————————— 6
劉植	——— 2
卓茂	———————————————————————————————————————
耿弇	2 ———————————————————————————————————————
寇恂	————————————————
岑彭	———————————————— 11
景丹	— 2

三分之二。光武後期在世之功臣侯數目既較前期之數目大減，若其他因素不變，則後期功臣侯於三公、九卿、郡國守相中，人數之比例較前期爲低，固所當然。

再者，雲台功臣之事跡、薨年俱可查考，若具體考察各人在建武十三年後任職免廢之情況，當可進一步了解光武任用功臣之政策。

前文註16表七「雲台功臣存歿表」，可見雲台功臣三十二人，於建武十三年尚存者僅十九人。分此十九人爲四類。第一類：在建武十三年前已任某官職，在十三年後繼續任職至死乃罷者四人。吳漢，自建武元年爲大司馬，至二十年薨乃罷（18／678-684）。耿純，自八年爲東郡太守，十三年卒官（21／765）。蓋延，自元年爲虎牙將軍，十一年「拜爲左馮翊，將軍如故……十五年薨於位。」（18／689）。王梁，七年爲濟南太守，十四年卒官（22／774-775）。又王霸之情形與上述四人相似，霸於九年「拜上谷太守，領屯兵如故……霸在上谷二十餘歲，永平二年以病免，後數月卒。」（20／737）是霸在天下平定之前任上谷太守，至光武崩不遷。與前述四人卒於官者無大異。附入此類。

建武元年	2 3 4 5 6 7 8 9 10 11 12 13 14 15 16 17 18 19 20 21 22 23 24 25 26 27 28 29 30 31 中1 中2
蓋延	2 ——————————— 15
臧宮	———————————————————————————————
王梁	——————————— 14
劉隆	———————————————————————————————
傅俊	———— 7
王霸	———————————————————————————————
王常	—————————————————————
李通	——————————— 18
馬成	7 ———————————————————————————————
竇融	8 ———————————————————————————————

此表據錢大昭《後漢書補表》卷三「光武明章和安順沖功臣侯」及各雲台功臣本傳而製作，顯示三十二位雲台功臣之封侯時間，各人之顯示線自其封侯時始，至薨時止。其封侯在建武元年以前者，蓋光武以更始名義所封；光武即位以前之時間不計，其顯示線自建武元年始。若其薨時在建武中元二年之後，則顯示線直到表邊，以示未斷之意。別以文字說明。從此表可容易看出某一年份之雲台功臣存歿人數。

錢大昭「光武明章和安順沖功臣侯」曰：全椒侯馬成，七年封，三十二年薨（原註：按熊表作三十一年薨，誤。《後漢紀》作二十八年，今從傳。）據《後漢書》卷二十二〈馬成傳〉：「七年夏，封平舒侯……二十七年定封全椒侯，就國。三十二年卒。」（22／779）按光武年號，建武三十一年，中元二年；無三十二年。此三十二年當是中元元年之誤，蓋在改元之前卒。記載仍用舊紀年，史家寫史時刊削未盡。

六位雲台功臣薨於光武崩後，其薨年不能於表中顯示，特註明於此。
　　鄧禹：永平元年　　馬武：永平四年　　耿弇：永平元年
　　臧宮：永平元年　　王霸：永平二年　　竇融：永平五年。

　　第二類：臧宮、劉隆、馬成、竇融、馬武、李忠六人，在建武十三年以後履任二任官職以上，如臧宮曾任廣漢太守、太中大夫、城門校尉、左中郎將四官職，且曾以太中大夫領兵征伐叛逆（18／689）。劉隆曾爲誅虜將軍守南郡太守、南郡太守，以中郎將擊交趾蠻夷，驃騎將軍行大司馬事等官（22／780-781）。馬成則以揚武將軍行大司空事，以揚武將軍屯常山、中山，後拜中山太守，又曾南擊武谿蠻。（22／778-779，1下／60-62）竇融則曾爲冀州牧，遷大司空，行衛尉事兼領將作大匠（23／807-808）。馬武以捕虜將軍屯下曲陽，免，後以中郎將將兵隨馬援擊武陵蠻（22／785-786）。李忠則爲丹陽、豫章二郡太守（21／756）。各人官歷雖間有免廢，然旋又起用，此蓋宦途之常態，不足爲異。此六人有三人曾爲三公或行三公事，四人曾領兵征伐不服，僅就此六人與第一類五人之官歷而言，可謂光武於建武十三年後仍多任功臣以職事。

　　第三類：在建武十三年以前已任某官職，十三年仍繼續任職，其後免官，若干年後乃薨者。如朱祐自元年爲建義大將軍，「九年，屯南行唐拒匈奴……十五年朝京師，上大將軍印綬，因留奉朝請……二十四年，卒。」（22／770-771）又如陳俊，俊自二年爲強弩大將軍，五年「爲琅邪太守，領將軍如故。」十四年「徵奉朝請，二十三年，卒。」（18／690-691）而杜茂則自三年爲驃騎大將軍，十二年鎮守北邊，「十五年，坐斷兵馬稟縑，使軍吏殺人，免官……十九年，卒。」（22／776-777）三人俱在建武十三年後一、二年免職，此後不見有任官之記錄，數年後卒。

　　第四類，在建武十三年後不任官職者；餘下之五人：李通、耿弇、賈復、鄧禹、堅鐔俱可歸入此類。其中鄧禹稍有例外，〈鄧禹傳〉曰：「中元元年，復行司徒事，從東巡狩，封岱宗。」（16／605）據〈光武紀〉，中元元年正月「丁卯，東巡狩。」「四月癸酉，車駕還宮」。而馮勤自建武二十七年五月丁丑爲司徒，至中元元年六月乙未薨乃罷。（1下／79-82）是鄧禹行司徒事在中元元年正月丁卯至四月癸酉；其時司徒馮勤留京，鄧禹行司徒事從車駕巡狩。若標準從嚴，亦不得謂鄧禹在十三年後不復任職。又〈堅鐔傳〉曰：「世祖即位，拜鐔揚化將軍……及帝征南陽，擊破（董）訢、（鄧）奉，以鐔爲左曹，常從征伐。六年，定封合肥侯。二十六年，卒。」（22／783）據〈光武紀〉：光武親征南陽，誅鄧奉，事在建武三年四月（1上／34）

。堅鐔在三年四月之後曾爲左曹。按左曹、右曹在西漢爲加官，亦合稱諸曹，加左、右曹者得於皇帝身邊平尚書奏事。光武曾以邳彤、王常、堅鐔爲左曹，後省其官。[17]光武之左曹當如西京之左曹，屬冗散官。是堅鐔於三年四月之後，在光武身側爲冗散官；六年以後，其行事不復見於史書。堅鐔不任職事不自十三年始，早在三年四月已然。

雲台功臣三十二人，建武十三年以前去世者十三人，十三年初尚存者爲十九人，十九人中，僅李通、耿弇、賈復、堅鐔四人於十三年後不曾任職，勉强可多加鄧禹一人，其任職者之比例爲73.7％。

總結此節，光武後期功臣爲三公之人數爲此期全部三公十八人之一半；比前期60％稍少。若計算任期之年數，功臣任三公之年數約占總年數的55.1％，比前期尚多1.9％。

至於九卿，功臣任職之人數占可考總人數的21.7％。而功臣爲郡國守相人數亦占全部可考守相人數的21.7％。與光武前期九卿占50％，郡國守相占43.4％比較，光武後期功臣占可考總數之百分比均大爲減少。其原因之一當是光武功臣絕大多數於建武十年以前立功封侯，其後衰老死亡，至光武後期功臣健在而可以任職者必比前期大減。功臣健在人數減少，則功臣任職人數與九卿守相總數之比例當自然降低。

光武前後期三公、九卿、及郡國守相中功臣之百分比，最少爲21.7％，而高者竟達60％，又以雲台功臣爲例，三十二名雲台功臣，至建武十三年初尚存十九人。此十九人中，在建武十三年後不任官職者僅五人，其任職者之比例爲73.7％。則光武功臣任職者之比例甚高。

然《後漢書》屢謂天下平定後光武不任功臣以職事。如〈光武紀〉謂光武「退功臣而進文吏。」[18]卷二十二論曰：「議者多非光武不以功臣任職，至使英姿茂績，委而勿用……雖寇、鄧之高勳，耿、賈之鴻烈……所加特進、朝請而已……建武之世，

17　《漢書補註》卷十九上〈百官公卿表〉19上／4；《後漢書集解》續志二十五〈續百官志〉志25／7b。

18　〈光武紀〉謂光武「退功臣而進文吏」，據上下文，其意似謂光武在天下平定後，不言武事而致力於治國。故上文謂光武「厭武事……非儆急，未嘗復言軍旅。」下文則曰：「戢弓矢而散馬牛，雖道未方古，斯亦止戈之武焉。」（1下／85）然既謂「退功臣」，則多少有功臣不得重用之意，故仍引錄之。

侯者百餘，若夫數公者，則與參國議，分均休咎，其餘並優以寬科，完其封祿，莫不終以功名，延慶于後。」（22／787）據其文意，「與參國議，分均休咎」之數公是指寇恂、鄧禹、耿弇、賈復四人。按寇恂薨在建武十二年（參見附表七），不可以論光武十三年後之用人政策、其餘鄧禹、耿弇、賈復三人與李通爲建武十三年後光武經常顧問之功臣、〈賈復傳〉曰：「朱祐等薦復宜爲宰相，帝方以吏事責三公，故功臣並不用。是時列侯唯高密、固始、膠東三侯與公卿參議國家大事。」（17／667）按高密侯鄧禹，固始侯李通，膠東侯即賈復。又〈耿弇傳〉曰：「十三年……（耿弇）上大將軍印綬，罷，以列侯奉朝請。每有四方異議，輒召入問籌策。」（19／713）則「與參國議，分均休咎」之數公是指鄧禹、李通、賈復、耿弇四人，可以無疑。上引卷二十二論及卷十七〈賈復傳〉均謂光武在十三年後除以鄧禹等數公「與參國議，分均休咎」外，其他功臣皆得「優以寬科」，不任職事，不至因公事廢怠而得罪，因俱得「完其封祿」，「終以功名，延慶于後」。按以特進、奉朝請「與參國議」，並無行政職責。[19]僅以參與謀議，在決策錯誤時得負道德責任，有不能善導君主之名而已。上文考定鄧禹、李通、賈復、耿弇四人俱在第四類，於十三年後不曾任職者之列。而其他健在之雲台功臣，於建武十三年後多有任職。則范曄所論，與本文所考證者竟完全相反。

　　今統計證明光武功臣任職之比例甚高，與范曄之論牴牾。然范曄修東漢一代之史，其既屢謂「光武不以功臣任職」；在其以前之議者亦多持論相同，非范曄一人之獨見，似不可以今日之統計結果輕易否定范曄及議者之論。其論或別有所指。今欲明瞭范曄及議者所以謂「光武不以功臣任職」之原因，僅可作推測之辭，約有如下數端：

　　㈠是公卿守相中功臣之比例，在光武時期遠低於西漢初年。大部份朝廷官員爲功臣，爲西漢初年政治之特色（參見上文「引言」中之統計數字及說明）。東漢及以後之政論家與史家，在討論東漢初年之政治時，對光武時期之用人，功臣之比例遠低於

19　按「特進」、「奉朝請」俱加官。「特進」限加於列侯；蓋一般列侯若不任官職，例就國。而特別親近尊重之列侯加特進，既崇高其地位，又使得留在京師，與參謀議。加「奉朝請」者之身份則無限制，凡加奉朝請則可留於京師，朝請天子。特進、奉朝請皆無行政職務。參見廖伯源，〈漢代爵位制度試釋〉《新亞學報》十卷一期下，1973年，頁111−122。

西漢初年，必然印象深刻，亦因此褒揚光武不以私恩偏授而廣招賢之路，而謂光武不任功臣以職事。

㈡其次，以對官員委任之態度而言，光武帝對大臣之猜忌，不敢委以權力，更甚於高祖。[20]仲長統謂光武「政不任下，雖置三公，事歸台閣。」（《後漢書》卷四十九〈仲長統傳〉所引《昌言》〈法誠篇〉，49／1657）台閣為尚書台，是皇帝之秘書機關；所謂事歸台閣，即原先由三公處理之政事都歸皇帝之秘書作文書之業務，再上皇帝決策。則事歸台閣即是事歸皇帝，故曰「政不任下」；此亦可能引起議者謂光武不任功臣以職事。

㈢東漢三公，其中司徒從西漢丞相轉變而來。「司徒應當為三公的重心。」[21]據上文表二、表五，光武之司徒為鄧禹、伏湛、侯霸、韓歆、歐陽歙、戴涉、蔡茂、玉況、馮勤、李訢十人，其中僅鄧禹、韓歆為有軍功之功臣。按鄧禹於建武元年七月辛未為大司徒，禹常領兵在外，以大司徒司直伏湛行大司徒事，至三年閏正月，鄧禹免；三月壬寅，拜伏湛為司徒。又中元元年正月丁卯至四月癸酉，以鄧禹行司徒事從東巡狩，時司徒馮勤留守。若僅就司徒人選觀察，功臣僅佔20％，其餘俱儒生、文吏。則光武少任功臣為司徒，似可成立；司徒政本，以少用功臣為司徒而衍生為不任功臣以職事，或有可能。

以上推測數端，俱證據不足，難於成說，僅附於此。

㈣南陽多顯貴

光武南陽人，其拜將任官，亦好用南陽人；此事在當時已有大臣諫諍。《後漢書》卷三十一〈郭伋傳〉曰：

「〈建武〉十一年……乃調伋為并州牧……引見……伋因言選補衆職，當簡天下賢俊，不宜專用南陽人。帝納之。」（31／1092）

所謂「帝納之」，蓋光武當時以郭伋所言為是。然未必從此改變其偏用南陽人之政策

20　參見徐復觀，〈漢代一人專制政治下的官制演變〉《周秦漢政治社會結構之研究》，香港新亞研究所出版，民國61年，頁263－265。
21　參見前引徐復觀〈漢代一人專制政治下的官制演變〉，頁263。

。今就三公九卿及郡國守相之籍貫比例以見之。據光武時期三公九卿之南陽人比例表，[22] 南陽人爲三公人數占三公總數的百分比，光武前期占50％，光武後期則占38.9％。因有若干九卿之籍貫無考，可能是南陽人，亦可能是他郡人，不予計算；僅計算南陽人爲九卿人數占全部籍貫可考九卿人數之百分比，光武前後期分別爲28.6％與40％。又據光武時期郡國守相之南陽人比例表，[23] 南陽人爲郡國守相者，占全部籍貫可考之郡國守相人數之百分比，光武前期（建武元年至十年）爲24.5％，光武後期（建武

22.附表八：光武時期三公九卿之南陽人比例表

	可考之三公總數	可考之南陽人爲三公之人數	可考三公中南陽人所占之百分比
光武前期（元年至十二年）	10	5	50％
光武後期（元年三月至十二年）	18	7	38.9％

	可考之九卿總數	籍貫可考之九卿人數	可考之南陽人爲九卿之人數	籍貫可考之九卿中南陽人所占之百分比
光武前期（元年至十二年）	16	14	4	28.6％
光武後期（元年三月至十二年）	23	20	8	40％

資料來源：本文附表一、四。

23.附表九：光武時期郡國守相之南陽人比例表

	可考之郡國守相總數	籍貫可考之郡國守相人數	可考之南陽人爲郡國守相之人數	籍貫可考之郡國守相中南陽人所占之百分比
光武前期（元年至十年）	83	49	12	24.5％
光武後期（元年三月至十二年）	90	72	19	26.4％

十一年至中元二年二月）爲26.4％，都約占四分之一，所占比例很大。

　　按據《漢書》〈地理志〉及《後漢書》〈續郡國志〉，西漢平帝元始二年時郡國總數爲103，[24] 東漢光武帝「省郡國十」，[25] 則光武時郡國凡九十三。若以郡國爲平均數，則南陽郡之公卿守相占全部公卿守相人數應爲1/93，即1.08％。或謂郡國人口分佈不均，當以人口多寡比例計。按光武時南陽郡之戶口數無考，據《漢書》〈地理志〉，平帝元始二年時全國共59,594,978人，南陽郡有1,942,051人，[26] 又《後漢書》〈續郡國志〉，順帝永和五年時全國有49,150,220人，南陽郡有2,439,618人，[27] 則南陽郡人口占全國人口比例，在西漢元始二年爲3.26％，東漢永和五年則爲4.96％。[28] 若各地人任官人數與人口之比例相同，則南陽人爲公卿守相人數占全部公卿守相人數之百分比，在元始二年當爲3.26％，永和五年當爲4.96％，在光武時期亦當與此二數字大致相等。但據上文之統計，南陽人爲郡國守相之人數占全部籍貫可考之郡國守相人數的百分比，無論光武前期或後期都約爲四分之一，約爲應有比例數的4.94倍至8.1倍。三公在前期爲50％，約爲應有比例的10.08倍至15.34倍，後期38.9％，約爲7.84倍至11.93倍。九卿在前期爲28.6％，約爲應有比例的5.77倍至8.77倍；後期爲40％，約爲8.06倍至12.27倍。[29] 從此統計可見在光武時期南陽人爲公卿守相比例之大，可以肯定前引《後漢書》〈郭伋傳〉，郭伋在建武十一年謂光武偏用南陽人爲針對事實而言；而在建武十一年之後，光武並未因郭伋之諫而改變其用人政策，仍然偏用南陽人如故。

　　或謂光武時期之三公、九卿、郡國守相之所以多南陽人，蓋光武南陽人，在南陽

24　《漢書》卷二十八下〈地理志〉，28下／1640。
25　《後漢書》〈續郡國志〉，志23／3533。
26　《漢書》〈地理志〉，28下／1640，28上／1563。
27　《後漢書》〈續郡國志〉志23／3533，志22／3476。
28　若以戶數計，據《漢書》〈地理志〉，平帝元始二年全國共12,233,062戶，南陽郡有359,316戶，（《漢書補註》作359,116戶。梁方仲，《中國歷代戶口、田地、田賦統計》甲表3〈前漢各州郡國戶口數及每縣平均戶數和每戶平均口數〉亦不採《漢書補註》本。〔頁15〕）而《後漢書》〈續郡國志〉載順帝永和五年全國凡9,698,630戶，南陽郡有528,551戶，則南陽郡之戶數占全國戶數之比例，西漢元始二年爲2.94％，東漢永和五年爲5.45％，相差比口數之比例爲大。
29　附表八、九所統計的百分數除以南陽郡人口占全國人口的百分比（亦即若各地人任官數與人口數比例相同，南陽人爲公卿守相人數當占全部公卿守相人數的百分比）：4.96％、3.26％，即得出二個倍數。

起事，從龍最早者也多爲南陽人；從龍早，則功勞多，即無功勞亦有苦勞，因得官職
之機會大，故公卿守相多南陽人。爲證實此說是否正確，當考察光武起事及功臣從龍
之事跡。

　　光武於地皇三年（西元二十二年）十一月起事於南陽，與兄伯升所領宗族賓客，
以勢弱，附於新市、平林兵。明年二月，劉聖公爲天子，改元更始。光武兄弟在更始
陣營中勢力不大，即使最初與光武起事者如李軼亦別「諂事更始貴將」。[30]伯升見誅
後，光武更爲勢單。乃疏通更始左右以求外出。[31]十月，更始遣光武以破虜將軍行大
司馬事渡河鎮撫河北。光武到河北時，所領官屬人數甚少，且雖冠將軍之號，實不領
兵與俱。《後漢書》卷一上〈光武紀〉云：

> 「（更始二年正月，光武至薊）王郎移檄購光武十萬戶，而故廣陽王子劉接起
> 兵薊中以應郎，城內擾亂……言邯鄲使者方到（按時王郎都邯鄲），二千石以
> 下皆出迎。於是光武趣駕南轅，晨夜不敢入城邑，舍食道旁。至饒陽，官屬皆
> 乏食。光武乃自稱邯鄲使者，入傳舍。傳吏方進食，從者飢，爭奪之。傳吏疑
> 其僞，及椎鼓數十通，紿言邯鄲將軍至；官屬皆失色。光武升車欲馳，既而懼
> 不免，徐還坐，曰：「請邯鄲將軍入。」久乃駕去。傳中人遙語門者閉之。門
> 長曰：「天下詎可知，而閉長者乎？」遂得南出，晨夜兼行，蒙犯霜雪……違
> 惑不知所之。有白衣老父在道旁，指曰：「努力！信都郡爲長安守（按時更始
> 都長安），去此八十里。」光武即馳赴之，信都太守任光開門出迎。世祖因發
> 旁縣，得四千人。」（1上／12）

光武若領兵到河北，則不會因爲王郎使者到薊，薊城官吏應王郎而倉皇南逃，「晨夜
不敢入城邑，舍食道旁」，眞道盡其逃命之狼狽。及在饒陽僞稱邯鄲使者入傳舍求食
，官屬爭食見疑，傳吏竟欲閉門困之；可見光武到河北不但不領兵，其從屬人數亦甚
少，恐不過數十人。及到信都郡始發兵得四千人，此爲光武在河北之最初武裝力量；
其日益壯大，是後事。光武在河北之軍隊非來自南陽。

30　參見《後漢書》卷十四〈齊武王縯傳〉，14／549-552。
31　《後漢書》〈馮異傳〉曰：「更始數欲遣光武徇河北，諸將皆以爲不可。是時左丞相曹竟子詡
　　爲尚書，父子用事，異勸光武厚結納之。及度河北，詡有力焉。」（17／640）

其次，光武之功臣是否多爲南陽人？南陽人之功臣是否從龍最早？可就中興功臣之資料作分析。光武所封功臣侯，錢大昭〈後漢書補表〉所收僅一百三十二人，且在此一百三十二人中，十七人不得其侯號，僅知其封爲列侯，三十二人不得封年；至其薨年，則僅約有一半可考；其他如身世、功勞、籍貫等資料，更是不全。今先就其殘缺之功臣資料，大致分功臣爲六大類：一、從龍有功封。其中絕大多數以征伐軍功封，但亦有少數於後方保境安民得封，如伏湛，「初以名儒，才任宰相，車駕出征，常留鎭守封。」[32] 二、以道德有名封。如卓茂，「以束身自修，名冠天下侯。」[33] 三、以地方長吏或蠻夷君長歸漢封。前者如竇融、梁統、文齊、錫光、鄧讓等；後者如滿頭等。四、以父兄功勞封。如來由（來歙弟）、吳彤（吳尉子）、寇壽（寇恂庶子）、岑淮（岑彭庶子），前二人分別以兄、父死事，有功未封而得封；後二人則以父功大，除其父已封大國外，亦以庶子得封。五、以敵將歸降封。[34] 如朱鮪本更始大將，守洛陽，歸降封侯；又如王遵，以隗囂將降封。六、以西漢故侯從光武得復國，如張純、劉颯、常翕、趙牧等。六類功臣中，第二類以道德有名封與第六類西漢故侯復國，俱有類恩澤侯。此二類列侯與第四類以父兄功勞封者，皆不擁有勢力威望，其若得任官職，當以才能或其他因素，不可能以功勞，蓋其本身無甚功勞。第三類以地方長吏或蠻夷君長歸附得封者與第五類以敵將歸降封者，從龍日淺，或在勢孤力窮之時，或多在光武廓清群雄，一統天下之形勢甚爲清楚時乃舉城歸順。[35] 其功勞當然不及長

32　錢大昭〈後漢書補表〉，頁19。又參見《後漢書》卷二十六〈伏湛傳〉26／894。

33　錢大昭〈後漢書補表〉，頁16。又參見《後漢書》卷二十五〈卓茂傳〉25／871。

34　「不義侯子密，以彭寵蒼頭斬寵降，侯。」「漁陽侯帛意，以李憲軍士追斬憲降，侯。」子密爲奴隸，帛意爲軍士，皆非敵方之「將」，然以敵方人員立功來歸，可歸入此類。

35　《後漢書》卷十七〈岑彭傳〉：建武元年，更始大將朱鮪守洛陽，光武大軍圍之數月。時赤眉攻陷長安，更始逃亡；光武使岑彭說朱鮪，許以官爵可保，鮪遂降服。（參見17／654-655）〈岑彭傳〉又曰：建武四年，征南大將軍岑彭擊破秦豐、田戎。「喻告諸蠻夷降者，奏封其君長。初，彭與交阯牧鄧讓厚善，與讓書陳國家威德，又遣偏將軍屈充移檄江南，班行詔命。於是讓與江夏太守侯登、武陵太守王堂、長沙相韓福、桂陽太守張隆、零陵太守田翕、蒼梧太守杜穆、交阯太守錫光等相率遣使貢獻，悉封爲列侯。」（17／659）鄧讓等遣使奉貢，本紀繫於五年。上述江南諸州郡長吏於戰亂時守土安民，及見光武軍威日盛，乃遣使貢獻，奉正朔，遣子將兵助戰。又竇融、梁統等在河西五郡亦保境自治，以待明主。參見《後漢書》卷二十三〈竇融傳〉、卷三十四〈梁統傳〉。又初師賓、任步雲撰〈建武三年居延都尉吏奉例略考〉，有討論竇融據河西始末，參用漢簡資料，謂融曾先後奉更始、建世（赤眉）正朔。建世二年，赤眉勢衰，竇融且改奉漢平帝元始年號，稱漢元始廿六年（26A.D.建武二年）。明年，建武三年，始奉建武正朔。（〈建武三年居延都尉吏奉例略考〉，《敦煌學輯刊》第三輯，蘭州大學歷史系敦煌學研究室出版）至建武五年始遣使貢獻。

期從龍攻城野戰之諸將軍，故中興功臣之主體，是第一類之功臣。今考察南陽人是否以從龍早、功勞大而得任官職，亦當以第一類功臣爲考察之主要對象。東漢中興功臣侯資料不全，但漢明帝在南宮雲台列三十二功臣畫像，此三十二人爲漢政府公認功勞最大，亦必然是最重要而爲光武、明帝所最重視者。三十二人中，除卓茂、竇融外，其餘包括雲台二十八將之三十人俱屬第一類，[36] 故雲台功臣可謂是第一類功臣之代表；且其在《後漢書》中俱有傳，資料相當齊全，可爲依據以見光武之用人政策。

　　雲台功臣三十二人，以其籍貫可分爲南陽同鄉、潁川人、河北人及其他地方人四類。南陽同鄉十三人，占三分之一強。潁川人八位，河北人六位（寇恂上谷人，蓋延、王梁爲漁陽人，邳彤爲信都人，劉植、耿純爲鉅鹿人）。此外，萬修、耿弇、竇融爲右扶風人，李忠爲東萊人，景丹是左馮翊人。

　　潁川之功臣多，蓋光武曾在潁川作戰。光武在昆陽，大敗王莽大司徒王尋、大司空王邑，又轉戰潁陽、父城，（1上／5-9）三地皆在潁川。[37] 其後更始以光武行司隸校尉，北之洛陽整修宮室，亦經過潁川。《後漢書》卷二十〈王霸傳〉曰：

> 「漢兵起，光武過潁陽，霸率賓客上謁……遂從擊破王尋、王邑於昆陽，還休鄉里。及光武爲司隸校尉道過潁陽……霸從至洛陽。及光武爲大司馬，以霸爲功曹令史，從度河北。」（20／734）

其他如馮異、祭遵、銚期、臧宮、傅俊等俱以光武在潁川征戰時從龍（各見本傳）。餘下二位潁川籍之雲台功臣，堅鐔從於河北，王常則更始之大將軍、鄧王，至建武二年始降。[38]

　　河北之功臣多，則因河北爲光武肇興帝業之地。更始元年十月，更始遣光武鎮撫河北，光武因在河北建立個人勢力，六位河北人皆於此時歸附。而李忠（信都都尉）、萬修（信都令）、景丹（上谷長史）、耿弇（父況爲上谷太守）等非河北人亦以在河北爲官而迎奉光武。

36　參見本文注8，注38。
37　《漢書》卷二十八上〈地理志〉，28上／1560。《後漢書》〈續郡國志〉，志20／3421-3422。又可參閱譚其驤主編《中國歷史地圖集》第二冊。上海，地圖出版社，1982年，頁19-20，44-45。
38　各雲台功臣之籍貫及從龍之時間，請見下表。

南陽同鄉十三人，其中有吳漢、鄧禹、杜茂、岑彭、馬武、任光、陳俊、賈復、劉隆九人俱初歸光武於河北。[39] 尚餘李通、朱祐、馬成、卓茂四人。卓茂名儒，西漢哀平間爲密令，更始拜爲侍中祭酒。光武即位，訪求茂，拜爲太傅。（25／869-871）李通本與光武首謀起事，「更始立，以通爲柱國大將軍、輔漢侯。從至長安，更拜爲大將軍，封西平王。（通從弟）軼爲舞陰王；通從弟松爲丞相。更始使通持節還鎮荊州，通因娶光武女弟伯姬，……光武即位，徵通爲衛尉。」（15／573-575）李通兄弟在更始朝貴顯，李通封王，位出光武之上。李軼又勸更始執誅伯升。（14／552）後更始政亂衰敗，光武即位，徵通，通始臣事光武。李通雖與光武謀劃起事，在起事之初爲光武兄弟輔佐；然嚴格言之，通之臣屬光武，實在光武即位之後。又馬成，南陽棘陽人，「少爲縣吏，世祖徇潁川，以成爲安集掾，調守郟令。及世祖討河北，成即棄官步負，追及於蒲陽，從征伐。」（本傳22／778）馬成於光武在潁川作戰時爲部屬，後雖調守郟令，與光武脫離統隸關係，但聞光武討河北又棄官追從，勉強可

表十：雲台功臣從龍時間表

光武討河北以前從龍之雲台功臣	南陽人：朱祐、馬成
	潁川人：馮異、祭遵、銚期、臧宮、傅俊、王霸
在河北從龍之雲台功臣	南陽人：鄧禹、吳漢、岑彭、杜茂、馬武、任光 陳俊、賈復、劉隆
	潁川人：堅鐔
	河北人：寇恂、蓋延、王梁、邳彤、耿純、劉植 其他地方人：耿弇（扶風人）、景丹（馮翊人） 李忠（東萊人）、萬修（扶風人）
光武即位後從龍之雲台功臣	南陽人：卓茂、李通
	潁川人：王常
	扶風人：竇融

39 各人事跡見《後漢書》本傳。鄧禹早在游學長安時就認識光武，但其到河北追隨光武才算是歸屬爲臣。馬武、任光俱在更始時已爲官，與光武共破王尋，雖早已認識光武，但其時三人同爲更始之臣；在河北始奉光武爲主。岑彭在王莽時守本縣長（棘陽長），舉城降，屬伯升。伯升誅，彭爲大司馬朱鮪之校尉，後爲淮陽都尉，遷潁川太守。以潁川爲劉茂所據，「彭不得之官，乃與麾下數百人從河內太守邑人韓歆。會光武徇河內，歆議欲城守，彭止不聽，既而光武至懷，歆迫急迎降。」（17／653-654）岑彭、韓歆何時降光武，史無明言。按岑彭爲更始之潁川太守，不得之官，因與麾下暫從河內太守邑人韓歆，則韓歆亦當爲更始之河內太守。光武徇河內，歆欲城守，則其時光武已叛更始。光武貳於更始在更始二年五月誅王郎之後（1上／14-15）。至是年秋；「使吳漢、岑彭襲殺謝恭於鄴。」（1上／17）謝恭爲更始派在河北之尚書令。（〈光武紀〉作尚書僕射（1上／14），〈龐萌傳〉（12／496）、〈馬武傳〉（22／784）俱作尚書令。）則岑彭之降附光武，在更始二年五月之後，秋天之前。時光武尚未完全克定河北。岑彭亦從光武於河北。

算是在河北之前已從屬光武者。又朱祐，南陽宛人，自少與光武兄弟親愛，「伯升爲大司徒，祐爲護軍。及光武爲大司馬討河北，祐復爲護軍。」（本傳22／769）朱祐從光武兄弟甚早。則南陽人列雲台功臣者十三人，在光武出使河北以前已爲光武之從屬者，僅朱祐一人，勉強可加馬成爲二人；反不如潁川籍之八位雲台功臣，有六位在光武出討河北前就已從龍。

雲台功臣三十二人，其中南陽同鄉十三人，占三分之一強。光武兄弟起事於南陽，又曾在南陽征戰，然雲台功臣中，南陽同鄉從起南陽者甚少，勉強算有二人。是雲台功臣中南陽人所占比例最大，並非以其從龍最早，恐與光武、明帝對南陽同鄉之特別感情有關。以卓茂爲例，據《後漢書》〈卓茂傳〉，茂「稱爲通儒」，西漢末爲密令，以道德治密，「教化大行，道不拾遺」。及王莽居攝，以病免。更始以茂爲侍中祭酒。光武既求得茂，「乃下詔曰：『前密令卓茂，束身自修，執節淳固，誠能爲人所不能爲。夫名冠天下，當受天下重賞，故武王誅紂，封比干之墓，表商容之閭。今以茂爲太傅，封褒德侯……』」（25／869-871）光武以卓茂爲道德之楷模，顯示其新人新政，表揚道德，用以使天下歸心。就以〈卓茂傳〉所述，卓茂恐僅爲南陽地方性人物，史雖謂其「稱爲通儒」，然後世不聞其術學，恐不與大儒之列。其以德治民，亦不使〈循吏傳〉、〈獨行傳〉之人物遜色。[40]光武選擇道德楷模以作政治宣傳，其候選人或不一定局限於南陽人，但以聞見所限，所選未免有所偏；卓茂南陽同鄉，其行能事跡當久已聞之，或以此而中選。就卓茂而言，不論光武是否有意選南陽人爲全國之道德楷模，卓茂之南陽人身份，無疑對其當選有若干助力。

綜上所述，無論從統計數字看（光武時期籍貫可考之公卿守相中，南陽人所占的百分比），或從功臣之事跡看，均可肯定光武偏用南陽人之說法。郭伋在建武十一年諫諍光武非無的放矢，而光武偏用南陽人之政策亦未因郭伋之諫諍而有所改變。

㈤餘　　論

趙翼《二十二史劄記》卷十有〈東漢功臣多近儒〉條，謂「西漢開國功臣多出於

40　《後漢書》卷二十五〈卓茂傳〉論曰：「卓茂斷斷小宰，無它庸能。」（25／872）則范曄對
　　卓茂之評價亦不高。

亡命無賴，至東漢中興，則諸將帥皆有儒者氣象……帝本好學問……而諸將之應運而
興者亦皆多近於儒。」與西漢開國功臣比較，東漢中興功臣多儒生，自是不易之論。
[41]自武帝罷黜百家，獨尊儒術後，凡識字讀書，恐甚少不讀儒家經典者，尤以有志仕
途者爲然。蓋讀經已爲入仕之大道。班固所謂「利祿之路」是也。[42]西漢後期儒生仕
宦者日多，地位亦日漸重要，太子師傅必爲經師；至西漢晚期，公卿多爲儒生。光武
中興，繼承此一傳統，東漢官員多爲儒生，此爲常識，可不必贅言。

　　光武鑑於王莽以外戚建立權勢而篡位，故不予外戚重任。《後漢書》〈明帝紀〉
註引《東觀記》曰：

　　　「光武閔傷前代權臣太盛，外戚與政，上濁明主，下危臣子；后族陰、郭之家
　　　　不過九卿，親屬榮位不能及許、史、王氏之半耳。」（2／124）

今考光武外祖樊氏、皇后郭氏、陰氏三家事跡，《東觀記》所言不差。

　　光武舅樊宏，「拜光祿大夫，位次特進」，「樊氏侯者凡五國」。（32／1119-
1121）按光祿大夫乃宮中之冗散官，特進加官，俱不負行政責任。封侯使食租稅，富
貴之，然不任以職事。

　　光武郭皇后，「郭氏侯者凡三人」，[43]后弟況，官至大鴻臚。后從兄竟有軍功，
官至東海相。竟弟匡官至太中大夫。況「以后弟貴重……賞賜金錢縑帛，豐盛莫比，
京師號況家爲金穴。」（10上／403）

41　《二十二史劄記》卷四，「東漢功臣多近儒」條，引鄧禹、寇恂、馮異、賈復、耿況、耿弇、
　　祭遵、李忠、朱祐、郭涼、竇融、王霸、耿純、劉隆、景丹諸人爲例，以證成其說（四部備要
　　本《二十二史劄記》，台灣中華書局印行。）按上列十五人，除耿況，郭涼〔二人亦中興功臣
　　，封侯。耿況事見〈耿弇傳〉（18／703-708）。郭涼事見〈杜茂傳〉（22／777）。〕外，
　　俱在雲台功臣之列，加上「稱爲通儒」之卓茂，則雲台功臣三十二人中，十四人「有儒者氣象
　　」。中興開國，以馬上得天下，元勳當以武人爲主，而光武之主要功臣幾一半「有儒者氣象」
　　，則東漢功臣多儒生，自是不易之論。余英時解釋此現象爲西漢時期士族大姓形成，至西漢末
　　，士族已成爲社會上最有勢力的階層。光武出身士族，亦以士族爲其政權之社會基礎，故其功
　　臣士人多。參見氏著〈東漢政權之建立與士族大姓之關係〉《中國知識階層史論》，台北，
　　1980，頁109-184，（原刊於香港《新亞學報》一卷二期，1956年）。
42　見《漢書》〈儒林傳〉贊（88／25b）。又〈夏侯勝傳〉：「勝每講授，常謂諸生曰：「士病
　　不明經術，經術苟明，其取青紫，如俛拾地芥耳。」」（75／5a）又參見錢穆〈兩漢博士家法
　　考〉，《兩漢經學今古文平議》，台北，1978年，頁165-233。（此文首刊於中央大學出版之
　　《文史哲》季刊，見其自序）
43　又「后叔父梁早終無子，其壻南陽陳茂以恩澤封南縫侯。」（10上／403）則以郭后而封者四
　　人。

光武陰皇后，陰氏侯者凡四人，后兄陰識守執金吾，弟陰興官至衛尉。（32 / 1130-1133）

光武外戚，官最高不過大鴻臚、衛尉，所謂「不過九卿」是也。與西京王氏之十侯五大司馬相較，不及其半，蓋非遜詞。是光武對外戚，但富貴之，而不使有權秉政。明帝尚謹守光武規矩，「防愼舅氏，不令在樞機之位」[44]且令外戚互相糾察，使其不敢爲非。[45]然其後皇帝命短，繼嗣童稚，「權歸女主」，「臨朝者六后」；[46]因之外戚大盛，權傾中外，尤甚於西京。此光武、明帝可防範於當時，不能禁制於身後。章、和以後外戚持權秉政與光武之用人政策無涉。

前文嘗試以計量方法，證明光武任官偏用功臣與南陽人。與范曄在《後漢書》所論「光武不以功臣任職」牴牾；范氏所論，恐是別有所指，而不是謂光武之功臣任官職之比例甚低。開國君主偏用功臣與同鄉，至爲自然；蓋其既無世業可資，憑空開創，其用人與守成之君主謹守既有之昇遷制度與擢用已仕之大臣不同；得天下不易，用人亦不得不格外小心。功臣既有功勳，從龍日久，知之最稔；同鄉則言語習慣相同，較易取信，而其中有名者且久聞其聲名。俱爲用人時最容易入選者。

44　參見〈明帝紀〉2 / 124，〈明德馬皇后紀〉10上 / 411。
45　〈竇憲傳〉，23 / 812。
46　《二十二史劄記》卷四，「東漢諸帝多不永年」、「東漢多母后臨朝，外藩入繼」條。

附：勞貞一先生審查意見

漢光武在東漢創建以後，儘量糾正西漢時的偏差，在政治方面所表現的十分顯著。其中有得有失，關係中國政治演變的甚大，其中用人的標準一事，在光武的政策上，非常重要。本篇從各方面的材料加以分析。可以將東漢政治的源流追溯其重點，在選題及作法上均有相當貢獻應推薦在集刊中刊載。

光武帝用人問題是東漢一代政治上的一個重要問題，其中牽涉到的相當廣泛。本論文作者搜集資料加以分析，深見功力。應值得推薦在集刊發表。以下是對其的看法，並不建議作者加入論文之內，如作者覺得可以作些補充時，可由作者自行斟酌。

(1)關於“功臣”兩字的界說問題。功臣和非功臣是怎麼區別的，怎樣才算“功臣”？或者怎樣只算“恩澤”？多少不妨說明一下。依照漢書“高惠高后孝文功臣表”，“景武昭宣元成哀功臣表”以及“外戚恩澤侯表”其中標準是1.開國時的武將算功臣，2.開國時畫策的文臣以及維持後方的文臣算功臣，3.開國以後立過大功的武臣算功臣。至於一般文臣，凡是趕不上開國時期的，如其受封列侯，只能算爲恩澤侯，不在功臣之列。依此推論，三公中的卓茂，（卓茂爲太傅，職比三公），伏湛，侯霸，宋弘四人都只能算作“恩澤侯”不在功臣之列。即使卓茂在雲臺畫像，也不算“雲臺功臣”。再說馬援是非常可能畫入雲臺的，只因明帝不願開一個推崇外戚的先例，所以把他去掉。不過馬援倘若畫入雲臺，也是因爲德高望重的關係，和其他二十八將追隨光武開國的不同。馬援封侯確屬“功臣侯”而非“恩澤侯”。只是他的功勞史究竟不是對光武從龍並起而封的。

光武時期的三公只是執行機關而非決策機關。決策機關是權在尚書，後漢書四十九仲長統傳昌言法誡篇光武皇帝慍數世之失權，忿疆臣之竊命矯枉過直，政不任下，雖置三公，政歸臺閣。侯霸傳（後漢書26）“建武四年，…拜尚書令，時無故典，朝廷又少舊臣，霸明習故事，收錄遺文，條奏前世善政法度，有益於時者，皆施行之。”這　只表示尚書令影響到的一部份，卻也顯示尚書令的重要性。尚書令的名位上不在公卿之列，但在實質上已同於公卿。

光武時代的尚書令，因爲記載不全，現在只能知道計有郭伋、侯霸、馮勤、申屠

剛及郭賀（見於蔡茂傳）五人。不過就五個人中，還可多少有些分析。依照續漢書百官志，尚書令下，劉昭注引蔡質漢儀，說"故公爲之者，朝陛下（依惠棟改"不"字爲"下"字）奏本，增秩二千石"這表示三公和尚書令可以調來調去的，只是三公再爲尚　書令，增秩爲二千石罷了。這也可以看出來尚書令在公卿中的比重。這種情形發展下去，也就使尚書令的位置在後代變爲眞的宰相。

　　在論文的三公表中的功臣，其中張純還是只能算是恩澤，不是眞的功臣。朱浮不是雲臺功臣。在雲臺功臣中，任三公職務時，也還有分別。例如王梁任大司空，只是"行大司空事"，劉隆任大司馬，也只是"行大司馬事"。甚至於鄧禹在光武早期任司徒，是眞除司徒。後來光武祀泰山時，只是使鄧禹"行司徒事"，而且在洛陽還有馮勤在任職實際的司徒。所以鄧禹的位置只是陪祭時作光武的儐相，是一種榮譽職，和國家政事是無緣的。其次，在三公中的重要性，也不是完全相等的。就其中看，司徒最爲重要，按公文程序上說，應當是由司徒府擬定辦法，再徵求司空府的同意，會同決定。至於太尉府（或大司馬府）如其和軍事無關，就不需知會了。其中重要性是司徒爲重點，其次是司空，然後才算到太尉或大司馬。當光武時代，因爲司徒吃重，所以司徒更換的最爲頻數，並且司徒還有人得罪，其次才是司空。大司馬職責較輕，可能只是一個等貴而清閑的職位，所以吳漢以雲臺功臣而聯任二十年，創了一個久任的先例。這一點在分析時可能還要顧到。

　　後漢書馬武傳："帝雖制御功臣，而每能回容，宥其小失，遠方貢珍必先賜列侯，而太官無餘。有功輒增邑賞，不任以吏職，故皆保其福祿，終無誅譴者"。這只是一個大致概括的說法，不能細加追討。賈復傳："帝方以吏事責三公，故功臣並不用，是時列侯惟高密，固始，膠東三侯與公卿參議國家大事，恩遇甚厚。"不錯光武時期的功臣亦曾點綴式的參加國家政事的，不過只要把西漢初年功臣在政治上地位，就可看出光武對功臣限制的嚴緊。西漢初年政權操在功臣手裏，雖呂后亦無可如何。到光武時，即就決策中心並無功臣在內，即在執行機構中，司徒一職除去鄧禹曾做一個短時期外，也是把功臣除外。吳漢，劉隆相繼任大司馬職，不過點綴而已。至於李忠，王霸，臧宮，蓋延，邳彤諸人也曾外任郡守，但在九十三郡國之中，功臣任職郡守的仍屬少數，這只是光武偶然表示一下，並無意排斥功臣，實際上功臣在政治上顯然

是不發生作用的。

　　至於功臣的兵力，因爲功臣受封列侯以後，即常在京師，和原有軍隊離開，不能再受指揮。至於東漢初年的軍隊，似乎集中的屯在幾個據點（如同＂黎陽營＂之屬），以至邊防上幾個地方。和西漢時期全用郡國材官騎士的不一樣。至於王霸爲上谷太守二十餘年，並領屯兵。這個屯兵指的是北邊屯兵未必即是王霸所領舊部。不過特許帶領屯兵，也算對於功臣的特典了。

漢代薄葬論的歷史背景及其意義

蒲　慕　州

漢代爲一厚葬的時代。然而在厚葬的風氣中，政府及知識分子都有薄葬的主張。這些薄葬的主張在思想上的淵源如何？在漢代思想的發展上有何意義？所相應的社會風尚爲何？這是本文主要的討論重點。第一節即討論先秦時代文獻中與薄葬有關的言論，釐淸其思想上的淵源。第二節利用文獻及考古材料說明漢代的厚葬風氣，並指出若能全面分析墓葬材料，而不僅做重點舉例式的說明，所得之結果有出乎文獻資料之外的消息。第三節討論漢代薄葬言論，分析主張這些言論者之身分及思想背景。最後，對於薄葬言論在漢代思想之發展和傳承中的地位稍作推論。

第一節　引　言

近數十年來中國考古學和考古發掘的成果已經吸引了衆多學者的注意。一項大的研究趨勢就在利用新出土的考古文物來重估以往有關古代中國文明各方面的瞭解，一方面補充文獻材料之不足，一方面糾正文獻的謬誤，發明其晦暗之處。在考古發掘之中，墓葬佔最主要的地位，而墓葬中豐富器物的出土，從殷王大墓以下，以至於馬王堆漢墓，似乎表明，中國古代社會中有一厚葬的風俗。[1]此厚葬風俗形成的原因爲何？一類主張認爲，厚葬之俗起源於對死後世界的信仰，爲了要讓死者在來世有富足的生活，故以豐盛之器物隨葬。這種說法雖可以解釋隨葬習俗之起源[2]，但似乎尚不能完全解釋厚葬之原因。若從世俗性的角度來看，爲了要顯示死者生前具有相當高的政

1　有關先秦、秦漢時代墓葬之綜合報導，可參見《新中國的考古發現和研究》，(北京：文物出版社，1983)。

2　唯此隨葬習俗以及對來世之信仰在各早期文明中到底有多普遍，並無定論，有關此問題的人類學經典之作爲James Frazer, *The Belief in Immortality and the Worship of the Dead,* vol. I (London: Macmillan , 1913), pp.23ff.;晚近有關原始社會中之來世觀念之討論；Th. P. van Baaren, "Conceptions of Life after Death" *History of Religions,* (Chicago: U. of Chicago Press, 1986), pp.10-34;有關史前人類之來世信仰之討論，參見J. Ozols, "Über die Jenseitsvorstellungen der vorgeschichtlichen Menschen" in H. J. Klimkeit ed., *Tod und Jenseits im Glauben der Völker,* (Wiesbaden: Harrassowitz, 1983), pp.14-39.

治與社會地位（不論此地位是死者實際曾有過或只是一種希望），同時也藉以表現提供其葬禮之親族之地位與財富，則厚葬應該是一自然的表現方式。[3]在現代人的眼中，厚葬也許指的是墓葬中有多層的棺槨和豐富的隨葬品。但是在古代社會中，葬禮之「厚」或「薄」的標準何在？這標準應是一個爲當時社會大衆所普遍遵行的埋葬方式。而隨著死者身份地位之不同，又有不同的禮儀和隨葬品。因此，若不清楚墓主身份，一個墓葬是厚是薄並不易分辨。在商代，商王大墓的存在說明了商王室在整個社會中的地位。然而王墓之巨大，與隨葬器物之豐富，固然代表商王地位之重要，尚不足以做爲當時有厚葬之俗的證明。由於目前我們對於商代葬禮等級制度尚不清楚，故於商代之厚葬風俗暫不置論。就周代而論，從考古材料來看，其墓葬制度所反映出的身份等級從西周開始經過一長期的發展，至西周晚期和春秋早期而完備，[4]代表的是社會統治階層內部秩序（以禮儀爲代表）的形成[5]，其本身與墓葬風氣之偏重厚薄與否亦並無絕對之關係。

　　若就文獻中古人的說法來看，所謂厚葬者，應包括僭禮和奢侈兩方面。春秋中葉，成公二年秋，《左傳》記載：

　　　　八月，宋文公卒，始厚葬，用蜃炭，益車馬，始用殉，重器備，槨有四阿，棺有翰檜。[6]

《春秋經》載，次年二月始葬文公，則在僭禮（如七月而葬、槨有四阿、棺有翰檜等，均爲天子之制）和奢華（用蜃炭，益車馬，重器備等）兩方面均逾尺度，故《左傳》作者用「厚葬」稱之。春秋時代秦公墓規模的巨大，甚至超越了商王大墓[7]，可爲宋

3　希臘古典時代社會中亦流行厚葬之風氣，各城邦政府甚至訂定法律來加以規範。從這些法律中我們可以知道許多有關葬禮的細節，也以知道，葬禮正是希臘人表現財富、家族勢力和聲譽的最好時機。可見厚葬的現象有著人類社會中某些共同的心理因素爲基礎。參見R. Garland, *The Greek Way of Death*, (Ithaca: Cornell U. Press, 1985), pp.21ff..

4　俞偉超認爲代表周代身份制度的鼎制興起發展於西周，在春秋時代受到破壞，（見俞偉超，〈周代用鼎制度研究〉，收入俞偉超，《先秦兩漢考古學論集》，(北京:文物出版社，1985)，頁62-114)而王飛則以爲周鼎制在周代並不完全被遵從，倒是在春秋時代比較被嚴格遵守，至戰國而衰。（見王飛，〈用鼎制度的興衰異議〉，《文博(西安)》1986,6:29-33。）杜正勝則認爲周禮身份制至西周晚期春秋早期始趨完備，其說表面上與汪說相似，然而其理由實不同，今從杜說，見杜正勝，〈周禮身份制之確定及其流變〉，中央研究院第二屆國際漢學會議論文稿，(1986)。

5　許倬雲，《西周史》，(台北:聯經出版公司，1984)，頁159-164。

6　參見楊伯峻，《春秋左傳注》，(北京：中華書局，1981)，頁802。

7　〈略論陝西春秋戰國秦墓〉《考古與文物》1981，1：83-93。

文公僭禮厚葬之注腳。[8]

　　這種僭禮厚葬的情況反映出既有政治社會秩序的鬆解，爲春秋戰國時代周天子權威不斷下降，封建諸侯和卿大夫勢力交替膨脹的結果。[9]然而此厚葬風氣的形成雖有上述宗教與政治社會的因素，並不爲一班知識分子所贊許，左傳作者顯然不以厚葬爲然，而春秋戰國之時更有薄葬的主張出現，要抗拒時代的潮流。這薄葬的主張到了漢代仍有繼承者，其人數雖不多，卻形成漢代思想史中特殊的一環。誠然，所謂「漢代知識分子」，並非一同質性的整體，但藉著分析他們對同一問題的意見，以顯現出他們思想中相通和相異之處，或可對這些士人的思想之性質有進一步的瞭解。然而欲討論漢代的薄葬思想，仍應先釐清這類思想在先秦時代思潮中之背景。

第二節　先秦時代與薄葬有關之言論

　　以孔子爲首的儒家非常重視禮，也就是有秩序有階級分別的社會規範。孔子在論「孝」的意義時說：「生，事之以禮；死，葬之以禮，祭之以禮」[10]不論在生時或死後，人必須以合於其身份的禮數來對待其親人，不多也不少。因此當顏淵死時，門人想要厚葬，孔子反對。《論語》中記載：

> 「顏淵死，門人欲厚葬之，子曰，不可。門人厚葬之。子曰，回也，視予猶父也，予不得視猶子也。非我也，二三子也。」

> 「顏淵死，顏路請子之車以爲之椁，子曰，才不才，亦各言其子也。鯉死，有棺而無椁，吾不徒行以爲之椁，以吾從大夫之後，不可徒行也。」[11]

這二段文字主要在說明孔子反對厚葬顏回，但是反對的根據是什麼？《正義》引邢昺《疏》，以爲孔子所持的理由是顏回家貧，而「禮，貧富有宜」，貧者不應厚葬。然

8　《左傳》僖公二五年晉文公請隧之事，歷來學者議論紛紛，其中以認爲「隧」字指天子之葬禮者居多數。參見楊伯峻，《春秋左傳注》，(北京:中華書局，1981)，頁432。但近來有彭益林〈晉文公"請隧"辨正〉《晉陽學刊》(1983)，97-104，主張「請隧」非要求天子葬禮，而爲「設鄉隧」之意，其說相當有力，值得重視。

9　許倬雲，〈春秋戰國間的社會變動〉，《中央研究院歷史語言研究所集刊》34本，(1963)，頁559-587；〈春秋封建社會的崩解和戰國社會的轉變〉，《中國上古史待定稿》第三本，(台北：中央研究院，1985)，頁585-602。

10　《論語注疏》(台北:藝文印書館十三經注疏本，1970)卷二，頁2〈爲政〉，又見於《孟子注疏》(十三經注疏本)卷五上，頁3，〈滕文公上〉。以下所引十三經注疏版本均同。

11　《論語注疏》卷十一，頁2-4，〈先進篇〉。

而這以貧富之別爲解的說法可能尚沒有觸及問題的核心，也就是說，葬禮基本上要合
於死者的身份。貧富可以由金錢的累積而改變，但身份則否。孔子反對厚葬顏回，主
要應該是由於厚葬不合顏淵的身分，而不是考慮顏淵家貧無法負擔費用。否則當門人
集資厚葬顏回時，孔子應該沒有理由反對。

　　對於「予不得視猶子也」，《集解》云：「回自有父，父意欲聽門人厚葬，我不
得割止之」。但此話的意義應不止於「回自有父」，而是由於孔子與顏回的身份不同
。雖然顏淵與孔子之間的關係極近(視予猶父也)，但孔子「從大夫之後」，而顏淵卻
爲一平民，故在葬禮上孔子不願意逾越禮制，也就是「不得視猶子也」[12]。何況，孔
子連自己的兒子孔鯉的葬禮都沒有給予槨具，似乎也沒有很好的理由給顏淵槨具。[13]
孔子這種重視禮制的態度在《禮記》中也可以得到印證。〈檀弓〉中記載：「子貢曰
：昔者夫子之喪顏淵，若喪子而無服，喪子路亦然。」[14]可見孔子不是不對顏淵的去
世悲哀，但在禮制上孔子仍然要遵守一定的規範而「無服」，不將顏淵當作親人。

　　不過孔子也注意到，外在的禮儀文飾並非倫理的最高境界，所謂「人而不仁，如
禮何」[15]，因此他又說：「禮，與其奢也，寧儉，喪，與其易也，寧戚。」[16]。治喪
時重要的是表現出哀戚的情懷，而不止於供給一合乎身分的禮儀。這一點可能會爲後
世的薄葬論者所贊同，但孔子畢竟沒有放棄那合於身分的外在儀節。《禮記》中有一
段記載：

　　　　子游問喪具，夫子曰：「稱家之有亡。」子游曰：「有無惡乎齊？」夫子曰：

　　　「有，毋過禮；苟亡矣，斂首足形，還葬，縣棺而封，人豈有非之者哉。」[17]

這一段話似乎是對一個士庶之家而發的建議，主要在說明沒有財力依禮而葬並非過失
，然而這並不等於主張薄葬。

12　對於「不得視猶子也」的解釋，《集解》說：「回自有父，父意欲聽門人厚葬，我不得割止。
　　」我認爲這話的意義尚不止於「回自有父」，而是由於孔子與顏回的身份不同。下文引〈檀弓
　　〉中「夫子之喪顏淵若喪子而無服」可爲「不得視猶子也」的注解。
13　有關孔鯉究竟是否先顏回而亡，參見《論語注疏》卷十一，頁3。
14　《禮記注疏》卷七，頁14。
15　《論語注疏》卷三，頁3，〈八佾〉。
16　同上注；《禮記注疏》卷七，頁18：子路曰：「吾聞諸夫子，喪禮與其哀不足而禮有餘也，不
　　若禮不足而哀有餘也。」
17　《禮記注疏》卷八，頁13；相類的主張見於《禮記注疏》卷十，頁3：子路曰：「傷哉貧也，
　　生無以爲養，死無以爲禮也。」孔子曰：「啜菽飲水盡其歡，斯之謂孝，斂手足形還葬而無槨
　　，稱其財，斯之謂禮。」

　　孔子學說的繼承者孟子在有關喪禮方面的主張與孔子相近，在他喪父時身分尚爲士，故以三鼎隨葬，而喪母時身分已爲大夫，故以五鼎隨葬。魯平公在知道了這件事之後，頗不以爲然。有樂正子者遂往見魯平公：

　　　　樂正子入見（魯平公）曰：「君奚爲不見孟軻也？」曰：「或告寡人曰，孟子
　　　　之後喪踰前喪，是以不往見也。」曰：「何哉，君所謂踰者？前以士，後以大
　　　　夫，前以三鼎，而後以五鼎與？」曰：「否，謂棺椁衣衾之美也。」曰：「非
　　　　所謂踰也，貧富不同也。」[18]

魯平公雖可以接受孟子「前三後五」的用鼎法，但是認爲孟子在準備衣衾棺椁時用的材料過於奢華。樂正子的答辯認爲孟子沒有踰禮，而是因爲孟子後來有財力提供較好的葬具。所謂「非所謂踰也，貧富不同也」就是在他有財力時提供「棺椁衣衾之美」。不過樂正子在此其實並沒有正面回答魯平公的話。因爲魯平公認爲「棺椁衣衾之美」的重點在於孟子所提供的喪禮在制度上雖然合乎規定，但在他所使用的材料上卻過分奢華，這就是一種踰禮的行爲，所以與孟子後來是否有財力無關。

　　在另一次談到棺椁葬制時，孟子又表示他贊成用美材爲棺的態度：

　　　　古者棺椁無度，中古棺七寸，自天子達於庶人，非直爲觀美也，然後盡於人心
　　　　。不得，不可以爲悅；無財，不可以爲悅。得之，爲有財，古之人皆用之，吾
　　　　何爲獨不然。且比化者，無使土親膚，於人心獨無恔乎。吾聞之，君子不以天
　　　　下儉其親。[19]

由這兩件事可以看出，孟子似乎比較傾向於厚葬。但他所認可的「厚」仍是在一定禮制之內的「厚」，並不至於違禮。而喪葬之禮是否恰當，其實並不容易界定，奢侈厚葬之風多少與這種觀念上所可能產生的混淆有關。

　　儒家另一重要思想家荀子對於喪葬禮制有一套更嚴謹的主張。基本上，他認爲禮是維繫社會秩序，調和人與人之間欲求紛爭的工具：

　　　　禮起於何也？曰：人生而有欲，欲而不得，則不能無求。求而無度量分界，則
　　　　不能不爭。爭則亂，亂則窮。先王惡其亂也，故制禮義以分之，以養人之欲，
　　　　給人之求。使欲必不窮乎物，物必不屈於欲。兩者相持而長，是禮之所起也。[20]

18　《孟子注疏》卷二下，頁13，〈梁惠王下〉。
19　《孟子注疏》卷四下，頁1，〈公孫丑下〉。
20　王先謙，《荀子集解》(台北:世界書局,1971)卷十三，頁231，〈禮論〉。

要將這一套禮推展到實際的儀節之上，荀子自然會贊成那給人的生命或死亡各方面都帶來秩序的系統，喪葬之禮正是其中之一，所謂「天子棺槨七重，諸侯五重，士再重，然後皆有衣衾多少厚薄之數，皆有翣菨文章之等以敬飾之，使生死終始若一，一足以爲人願，是先王之道，忠臣孝子之極也。」[21] 依此種理路，喪葬之禮其實是爲生人而設的禮儀的一部分，只有「事死如事生，事亡如事存」[22]，社會才能依禮而運行，否則，若「事生不忠厚不敬文，謂之野，送死不忠厚不敬文，謂之瘠，君子賤野而羞瘠。」[23] 荀子也不贊成任何過與不及的情形，他說：「刻死而附生謂之墨，刻生而附死謂之惑，殺生而送死謂之賊。」[24] 又說：「厚其生而薄其死，是敬其有知而慢其無知也，是姦人之道而倍叛之心也。」[25] 薄葬的主張自然不在他的考慮之內。

　　在大原則上，儒家思想中，埋葬踰制或薄葬都是沒有立足之地的。但由於儒家主張一個有階級，有等差，並且以禮來維持其結構穩定的社會，而此禮的推行實際上必須以一繁複的儀節來表現，自然會容易朝奢華厚葬的方面發展。前面已經提到孟子的厚葬的傾向。儒家的這種傾向在《韓非子》一書中也有部分反映：

　　　　墨者之葬也，冬日冬服，夏日夏服。桐棺三寸，服喪三月，世主以爲儉而禮之。儒者破家而葬，服喪三年，大毀扶杖，世主以爲孝而禮之。[26]

在當時的統治者眼中，以厚葬爲孝道之表現已經是儒家的特徵之一。《史記》〈孔子世家〉中有一段晏嬰的話，說儒者「崇喪遂哀，厚葬破產」[27] 也是與《韓非子》相似的看法。

　　然而儒家思想在動盪的戰國並非社會習俗發展的主導力量。考古發掘可以印證，表現在喪葬制度的周代禮制到了戰國時代已經由於各種僭越的行爲而接近崩潰：一方面是低身分者使用高級禮制，一方面是禮制本身的失去秩序[28]。但不論如何，大的趨勢是，以厚葬爲尚。這厚葬一方面包括豐富的隨葬品，一方面包括象徵高級身分的禮器或仿禮器。因此葬禮的僭越並不是表示當時人放棄了固有的禮制，而是想藉著使用

21　同上，頁239。「七」字原文爲「十」字，應爲「七」之誤。見王先謙引郝懿行文。
22　同上，頁251。
23　同上，頁239。
24　同上，頁246。
25　同上，頁238。
26　王先愼，《韓非子集解》，(台北:世界書局, 1974)，卷十九，〈顯學〉，頁351-352。
27　《史記》，卷二十四，頁1191，(北京：中華書局點校本,1960,以下所引正史皆同)。
28　同注5，杜正勝，前引文。

高級禮制而提高死者的身分。對於這種情況，道家與墨家都發出了強烈的批評，不過兩者的基本立場卻不相同。

《墨子》書中有〈節葬〉一篇，主要論旨是站在墨子一貫的功利立場來看厚葬久喪，認為當時的厚葬風氣為：

> 存乎王公大人有喪者，曰，棺椁必重，葬埋必厚，衣衾必多，丘壟必巨，文繡必繁。存乎匹夫賤人死者，殆竭家室，（存）乎諸侯死者，虛車府，然後金玉珠璣比乎身，綸組節約，車馬藏乎壙，又必多為屋幕，鼎鼓几梴壺濫戈劍羽旄齒革，寢而埋之。[29]

在墨子的眼中，這種風氣是不能「富貧衆寡定安危治亂」的，不能達到這些有利於天下的目標，就是應該廢止的風氣。他又說，厚葬久喪，窮財力去辦喪事，而無益於貧困的生者，也非「聖王之道」：

> 古者聖王制為節葬之法：曰，衣三領，足以朽肉，棺三寸，足以朽骸，掘穴深不通於泉，流不發洩則止，死者既葬，生者毋久喪用哀。[30]

因此墨子一方面以功利的角度來批評厚葬的無益於天下國家，一方面援引「古聖王之道」作為他的主張的權威根據：

> 古者堯…道死、葬蛩山之陰，衣衾三領，穀木之棺，葛以緘之，…舜…道死，葬南己之市，衣衾三領穀市之棺，葛以緘之，…禹…道死，葬會稽之山，衣衾三領，桐棺三寸，葛以緘之，[31]

在他的討論中，主要考慮的是喪葬禮制對於生者社會的經濟面所產生的影響。在這種考慮之下，人要如何埋葬死者就成了不甚重要的問題。在這一點上墨子甚至表現了一點類似現代人類學的眼光：

> 昔者越之東，有輆沭之國者，其長子生，則解而食之，謂之宜弟，其大父死，負其大母而棄之，然後埋其骨，乃成為孝子。秦之西，有儀渠之國者，其親戚死，聚柴薪而焚之，燻上謂之登遐，然後成為孝子。[32]

因此，如何埋葬或處理死者其實並無絕對正確的方法，人若以此為要而大事舖張，當

29　孫詒讓，《墨子閒詁》(台北:世界書局，1972)，卷六，頁106--107，〈節葬下〉第二十五，。
30　同上，卷六，〈節用中〉第二十一，頁103f；類似句子亦見〈節葬下〉，頁111--112。
31　同上，〈節葬下〉，頁112。
32　同上，頁115-116。

然於國家社會不利，「此爲輟民之事，靡民之財，不可勝計也。其爲毋用若此矣。」
[33] 墨家的主張是否得到當時人的贊同？現在已不易得知。考古材料也無法在這一點上
提供證據，那些眞正贊同者的棺木及屍骨大約早已如其所願的化爲朽土了。

　　在此我們必須考慮的問題是有關死亡的觀念，因爲人對死亡的想法自然會影響到
他對於喪葬之禮的態度。對於儒家而言，他們主要關心的是生者所處的社會，因而他
們對死亡本身並沒有作太多的考慮。一般而言，既然孔子強調尊崇祖先，儒者就不能
完全反對世間有鬼神的觀念，也就必須承認死者多少總應有某種知覺。所謂「祭如在
，祭神如神在」[34]，或「敬鬼神而遠之」[35]，都必須以死者變成的鬼神有知覺爲前提
。但原則上他們不願對這類的問題多做發揮。孔子簡短的幾句話可以說明這種立場：
「未能事人，焉能事鬼？…未知生，焉知死？」[36] 這種立場到了漢代基本上仍然沒有
改變。《說苑》中有下面的一段記載：

　　　　子貢問孔子：「人死，有知將無知也？」孔子曰：「吾欲言死人有知也，孝子
　　　　妨生以送死也。吾欲言死人無知也，恐不孝子孫棄親不葬也。賜欲知人死有知
　　　　將無知也，死徐自知之，猶未晚也。」[37]

孟子解釋人之所以要葬其親的原因，是不忍見到親人暴屍山壑之慘狀而有的行爲[38]，
這是儒家「聖人緣情制禮」思想的產物。荀子曾說「夫厚其生而薄其死，是敬其有知
而慢其無知也。」但這只是說如此做的人是以爲死者無知，並不表示荀子自認爲死者
無知。所以荀子說：「喪禮者，以生者飾死者也，大象其生以送其死也，故如死如生
，如亡如存，終始一也。」[39] 這是用對待生者的態度來對待死者，但又並沒有直接承
認死者有知覺。由此可見儒家所重視的是生者對死者的態度，他們並不直接觸及人死
之後究竟有知無知的問題。

　　至於墨家，則強調鬼神的存在。「明鬼」篇中主張只有用世間有鬼神的觀念才可
以震服百姓，「今若使天下之人偕若信鬼神之能賞賢而罰暴也，則天下豈亂哉。」[40]

33　同上，頁115。
34　《論語注疏》，卷三，〈八佾〉，頁7。
35　同上，卷六，〈雍也〉，頁8。
36　同上，卷十一，〈先進〉，頁4。
37　劉向，《說苑》，（台北，世界書局，1974），卷十八，頁154。
38　《孟子注疏》卷五下，〈滕文公章句上〉，頁11。
39　《荀子集解》，卷十三，〈禮論〉，頁243。
40　《墨子閒詁》，卷八，〈明鬼下〉，頁138f.

然而他們並没有考慮到這種觀念與其薄葬的主張是否會有衝突之處。若死者果眞有知，薄葬是否會激起死者的不滿？而厚葬是否又會引導死者爲生者致福？墨家没有提出明白的答案。[41]

儒墨之間雖有這樣的不同，兩者基本上均主張以主動積極的態度介入世事。以莊子爲代表的道家思想卻有另一種觀點。道家以爲，人所經驗到的悲苦，如對生死的焦慮，主要來自不瞭解宇宙萬物的本質。如果將人的生命視同宇宙萬物的一部分，生命的消長只是宇宙秩序的反映，則生不足喜，死不足悲，生死之間亦無絕對的分別。當莊子臨終之時，弟子欲厚葬之，莊子斷然拒絕：

> 吾以天地爲棺槨，以日月爲連璧，星辰爲珠璣，萬物爲齎送。吾葬具豈不備邪？何以加此！[42]

在這種生死觀和宇宙觀之中，喪葬之禮，尤其是厚葬，都是不必要的「外物」。〈外物篇〉中有一段文字：

> 儒以詩禮發冢。大儒臚傳曰：「東方作矣，事之若何？」小儒曰：「未解裙襦，口中有珠。詩固有之曰：『青青之麥，生於陵陂。生不布施，死何含珠爲『」接其鬢，壓其顪，儒以金椎控其頤，徐別其頰，無傷口中珠！」[43]

這雖然可能是諷刺當時的儒者，也可以做爲道家對厚葬風氣的批評：厚葬的結果不但不能保全屍骨，還因爲珠寶等身外之物成爲盜墓者凌辱的對象。

《莊子》這段故事也反映出，厚葬招致盜墓已是戰國時代社會中的普遍現象，否則不會被莊子取來做爲諷刺的對象。在《呂氏春秋》中，這也成爲反對厚葬的主要原因。《呂氏春秋》〈節喪〉與〈安死〉兩篇提倡薄葬，首先指出人類社會之所以要埋葬死者的原因：

> 凡生於天地之間，其必有死，所不免也。孝子之重其親也，慈親之愛其子也，痛於肌骨，性也·所重所愛死而棄之溝壑，人之情不忍爲也，故有葬死之義。葬也者，藏也。[44]

所以埋葬死者的主要目的是在保護死者，不但要避開狐狸螻蟻蛇蠱的侵擾，還要不受

---

41 王充在論衡中曾經以此非難，認爲墨子明鬼與薄葬的主張自相矛盾。詳見下文。
42 郭慶藩：《莊子集釋》（台北：明倫出版社，1975），卷十上，〈列禦寇〉，頁1063。又參見莊子喪妻的故事，同上，卷六下，〈至樂〉第十八，頁614--615。
43 前引書，〈外物〉第二十六，頁927--928。
44 《呂氏春秋》（台北：中華書局，四部備要版，1971），卷十，〈節喪〉，頁3--4。

「姦邪盜賊寇亂之患」。厚葬，有如立碑招人盜掘：

> 今有人於此，爲石銘置之壟上曰：此其中之物，具珠玉玩好財物寶器甚多，不可不抇，抇之必大富，世世乘車食肉。人必相與笑之以爲大惑。世之厚葬也有似於此。[45]

在作者看來，厚葬的行爲乃是與「葬也者藏也」的立場背道而馳的。他更進一步指出，世人之厚葬其親並不是爲了死者，而是爲了生者之間的彼此相炫誇富，其觀察頗能深入社會心理：

> 今世俗大亂，人主愈侈其葬，則心非爲乎死者慮也。生者以相矜尚也。侈靡者以爲榮，儉節者以爲陋，不以便死爲故，而徒以生者之誹譽爲務。[46]

作者也援引了古聖先王節喪的例子，不過對於這些例子的解釋又與墨家的專從經濟面著眼不同：

> 是故先王以儉節葬死也，非愛其費，非惡其勞也，以爲死者慮也。先王之所惡，惟死者之辱也，發則必辱，儉則不發，故先王之葬必儉！[47]

因此作者反對厚葬，基本原因不是經濟上的，而是爲了「不辱」死者。但若能達到不辱先人的目的，又應如何面對厚葬的問題？作者也曾有過一番考慮：「苟便於死，則雖貧國勞民，若慈親孝子者之所不辭爲也。」[48]由此看來，〈節喪〉、〈安死〉兩篇作者雖在反對厚葬方面有似墨家，而在另一方面又與主張孝慈的儒家相近，只不過多考慮了儒家在討論喪葬制度時沒有考慮到的現實問題——盜墓，因而得到了一種「修正」答案。[49]另外值得注意的是，《呂覽》所假設的讀者實際上是大一統天下的政治領導者，所以在〈安死〉〈節喪〉兩文中，均站在對君王告誡的立場上，其所說的死者其實指的主要是君王，而討論的問題自然也局限在喪葬制度的政治面上，「不辱其先」主要仍是對在世者的評價，而與死者的情況無關。

45　前引書，卷十，〈安死〉，頁6。
46　前引書，〈節喪〉，頁4。
47　前引書，〈安死〉，頁7。
48　前引書，〈節喪〉，頁5。
49　《呂氏春秋》一書思想內容駁雜，此處與儒家和墨家思想相近，他處則又與道家相通。如〈安死篇〉云：「死，其視萬歲猶一瞬也，人之壽，久之不過百，中壽不過六十，以百與六十爲無窮之慮，其情必不相當矣。以無窮爲死之慮，則得之矣。」有關《呂氏春秋》思想的討論，參見徐復觀：《兩漢思想史》(台北：學生書局，1976)，卷二，〈呂氏春秋及其對漢代學術與政治的影響〉，頁1--84，。至於《呂氏春秋》在〈節喪〉中企圖結合墨家與儒家思想的努力，參見馮友蘭，《中國哲學史新編》，第二冊，(北京：人民出版社，1983)，頁471。

　　大體而言，先秦時代與薄葬有關的言論，不論是站在那一種立場，主要關心的是
葬禮對生者社會所可能造成的影響：墨家要求節葬以有利於天下，儒家雖不主張薄葬
，他們對葬禮的考慮方式則與墨家無二致：葬禮主要是一種對生者有作用的「禮」，
與死者無涉。《呂氏春秋》似乎表現出某種對死者的關切，是儒墨兩家均沒有注意的
，但仔細分析起來，這種對死者的關切，其實只是源於一種保護生者名譽的需要，能
夠不辱其親，其實也就是不辱生者自身的名譽。

　　從這些主張中，我們又可覺察到一種共有的特徵，即他們均不討論人死後是否有
來生，或者人處理死者的方式是否會對死者的「存在」有影響等問題。只有比較傾向
抽象思考的道家所具有的生死觀使得葬禮多少成爲不相干的問題。但是道家尚自然的
傾向顯然不贊同厚葬風氣背後那種參不透宇宙之道的態度。而道家對生與死的透視對
漢代一些士人所持的薄葬觀仍有相當的影響。

第三節　漢代的厚葬風氣

　　一般論漢代社會風氣者在觸及喪葬禮制時多半認爲「厚葬」爲漢人所崇尚。除了
考古發掘的印證之外[50]，文獻材料亦有不少有關當時厚葬風俗的記載。這些材料可以
分爲官方與私人兩類。官方材料主要是各朝皇帝的詔書。

　　文帝一朝以儉節爲尚，與民休息，遺詔中曾說：

> 朕聞蓋天下萬物之萌生，靡不有死，死者天地之理，物之自然者，奚可甚哀。
> 當今之時，世咸嘉生而惡死，厚葬以破業，重服以傷生，吾甚不取。…今乃幸
> 以天年，得復供養于高廟，朕之不明與嘉之，其奚哀念之有。其令天下吏民，
> 令到出臨三日，皆釋服。毋禁取婦嫁女祠祀飲酒食肉者。自當給喪事服臨者，
> 皆無踐。絰帶無過三寸，毋布車及兵器，毋發民男女哭臨宮殿。宮殿中當臨者
> ，皆以旦夕各十五舉聲，禮畢罷，非旦夕臨時，禁毋得擅哭。已下，服大紅十
> 五日，小紅十四日，纖七日，釋服。它不在令中者，皆以此令比率役事。」[51]

　　文帝此詔主要是以皇帝身分談葬禮，他所主張的薄葬雖可能比前代君王節儉[52]，

50　見下文。
51　《史記》，卷十，頁433—434；《漢書》，卷四，頁132，文字略有出入。
52　例如著名的秦始皇陵。見《史記》，頁265，又《漢書》卷三十六，頁1954。

「治霸陵皆以瓦器，不得以金銀銅錫爲飾，不治墳，欲爲省，毋煩民」[53]實際上他死後發喪時仍然「令中尉亞夫爲車騎將軍，屬國悍爲將屯將軍，郎中令武爲復土將軍，發近縣見卒萬六千人發內史卒萬五千人，藏郭穿復土屬將軍武。」[54]這樣的排場，亦不可說不煩民了。四百餘年之後，文宣兩帝陵均遭盜發。根據《晉書》記載：

> （建興中）三秦人伊桓、解武等千家盜發漢霸杜二陵，多獲珍寶。（愍）帝問
> 綝曰：「漢陵中物，何爲多邪？」綝對曰：「漢天子，即位一年而爲陵，天下
> 貢賦，三分之，一供宗廟，一供賓客，一充山陵。漢武帝饗年久長，比崩而茂
> 陵不復容物，其樹皆已拱。赤眉取陵中物，不能減半，于今猶有朽帛委積，珠
> 玉未盡。此二陵是儉者耳。[55]

可見漢代皇帝陵墓中實有極多奢侈品隨葬，以節儉著稱的文帝陵亦不免。元帝時，貢禹曾上書，論及武帝死後，「昭帝幼弱，霍光專事，不知禮正，妄多藏金錢財物鳥獸魚鱉牛馬虎豹生禽，凡百九十物，盡瘞臧之，又皆以後宮女，置之園陵，大失禮，逆天心，又未必稱武帝意也。昭帝晏駕，光復行之，至孝宣皇帝時，陛下惡有所言，群臣亦隨故事，甚可痛也。…及衆庶葬埋，皆虛地上以實地下。其過自上生，皆在大臣循故事之舉也。」[56]貢禹指出民間的葬喪習俗是受到在上者奢侈行爲的鼓勵。成帝永始四年（13 B.C.）亦下詔曰：

> 聖王明禮制以序尊卑，異車服以章有德。雖有其財，而無其尊，不得踰制。…
> 方今世俗奢僭罔極，靡有厭足，公卿列侯親屬近臣，四方所則，未聞修身遵禮
> ，同心憂國者也…車服嫁娶埋過制。吏民慕效，寖以成俗，而欲望百姓儉節，
> 家給人足，豈不難哉！[57]

成帝此詔雖然和文帝遺詔均指出當時吏民的厚葬風氣，但其所以反對此種風氣的理由，至少從字面上看來是相當不同的。文帝本著道家的理論，認爲「死者天地之理，物之自然」，因此不必哀傷而重服厚葬。成帝的反對厚葬，卻是本著一種以禮制分別貴賤尊卑的態度，以維持一有秩序，順服權威的社會。所謂「雖有其財，而無其尊，不

53　《史記》，頁433；《漢書》，卷二十七上，頁1334。
54　《史記》，頁434；《漢書》，頁132。
55　《晉書》，卷六十，頁1651。
56　《漢書》，卷七十二，頁3070--3071。有關漢代的陵墓，參見楊寬，《中國歷代陵寢制度史研究》(上海：古籍出版社，1983)。
57　《漢書》，卷十，頁324--325。

得踰制。」所以「踰制」與「奢僭」是其反對的重點。事實上，漢律對葬禮設有定制，不合制度者即可能受罰。景帝時武原侯坐葬過律而失侯，即是一例[58]。此外，由於詔書不僅反映出皇帝個人的思想，也代表了那些對皇帝有直接或間接影響的政府重要官員的心態，我們由文帝和成帝的詔書中也可以看出漢朝廷意識形態的轉變：由多少帶有道家傾向的態度轉爲與儒家更爲相契合。這與成帝時儒家學說受到朝廷大力支持當有相當的關係。

　　然而這些詔令似乎並没有糾正社會的風尚。到了東漢，情況變得更爲嚴重。光武帝建武七年（A. D. 31）詔：

> 世以厚葬爲德，薄終爲鄙，至于富者奢僭，貧者單財，法令不能禁，禮義不能止，倉卒乃知其咎。其布告天下，令知忠臣、孝子、慈兄、悌弟薄葬送終之義。[59]

這裡所謂的「倉卒」，可能指的是王莽失敗到此詔下達之間的戰亂時期，而所謂「乃知其咎」，據李賢注的解釋，是「諸厚葬者皆被發掘，故乃知其咎。」《後漢書》記載東西漢之交時赤眉發掘諸陵情事，實際上受害者當不止於皇陵，高官貴族之墓恐亦不免[60]。《呂氏春秋》其實在兩百多年之前就已經提出同樣的警告。此詔也暗示，即使在戰亂之中，人們仍然不肯放棄厚葬之俗。到了國家稍稍得到安定，就又變本加厲了。於是又有明帝永平十二年（A. D. 69）詔：

> 昔曾閔奉親，竭歡致養，仲尼葬子，有棺無槨，喪貴致哀，禮存寧儉。今百姓送終之制，競爲奢靡，生者無擔石之儲，而財力盡於墳土。伏臘無糟糠，而牲牢兼於一奠。糜破積世之業，以供終朝之費，子孫飢寒，絕命於此，豈祖考之意哉！又車服制度，恣極耳目。田荒不耕，游食者衆。有司其申明科禁，宜於今者，宜下郡國。[61]

章帝建初二年（A. D. 77）詔：

> 比年陰陽不調，飢饉屢瑧，深惟先帝憂人之本，詔書曰：不傷財，不害人，誠

58　同上，卷十六，頁587。
59　《後漢書》，卷一下，頁51。
60　同上，卷十一，頁483-484記載赤眉發掘諸陵墓，實際上受害者當不止於此，高官貴族之墓恐亦不免。
61　同上，卷二，頁114--115。

欲元元去末歸本。而今貴戚近親，奢縱無度，嫁娶送終，尤爲僭侈，有司廢典，莫肯舉察。[62]

和帝永元十一年（A. D. 99）詔：

吏民踰僭，厚死傷生，是以舊令節之制度。頃者貴戚近親，百僚師尹，莫肯率從，有司不舉，怠放日甚，又商賈小民，或忘法禁，奇巧靡貨，流積公行，其在位者當先舉正，市道小民，但且申明憲綱，勿因科令，加虐羸弱。[63]

安帝永初元年（A. D. 107）詔：

秋九月庚午，詔三公明申舊令，禁奢侈，無作浮巧之物，殫財厚葬。[64]

元初五年（A. D. 118）又下詔：

舊令制度，各有科品，欲令百姓務崇節約。遭永初之際，人離荒厄，朝廷躬自菲薄，去絕奢飾，食不兼味，衣無二綵。比年雖獲豐穰，尚乏儲積。而小人無慮，不圖久長，嫁娶送終，紛華靡麗，至有走卒奴婢被綺縠，著珠璣，京師尚若斯，何以示四遠？[65]

考察這些詔令下達的時機，多爲社會動亂或天災流行之時，而於厚葬風氣的成因，則多認爲是富貴之家彼此競爭誇富所帶動的。這些詔令雖然將照顧民生列爲禁止厚葬浪費的原因，也很清楚的表明，這種行爲違背禮制，因此也是破壞社會秩序的罪行。故這些詔令另一用意也在改正那些會威脅到社會政治秩序的豪族貴戚的行爲。

　　然而若考慮東漢政權的政治基礎，就可以知道這些詔令對那些貴戚近親和世家豪族根本缺乏約束力。[66]值得注意的是，安帝永初元年及元初五年之詔已經是措辭婉轉，不敢直接攻擊貴戚近親，而在安帝元初五年詔之後，約有一百年的時間，漢朝廷不再有詔書禁止厚葬。但這當然不表示問題已經不存在。相反地，這情況顯示朝廷已經無心也無力再管此事。由於政治上的敗壞，許多控制朝政的外戚和宦官正是鼓動僭侈之風的主角。如桓帝時宦者趙忠喪父，僭爲璵璠、玉匣、偶人，被冀州刺史朱穆舉發。桓帝聞知，不但不贊許朱穆，反而大怒，徵穆詣廷尉，輸作左校。[67]又如同時的另

62　同上，卷三，頁135。
63　同上，卷四，頁186。
64　同上，卷五，頁207。
65　同上，卷五，頁228。
66　此點學者已多有論述，見楊聯陞：〈東漢的豪族〉《清華學報》十一卷四期，(1936)，頁1007--1063；余英時：〈東漢政權之建立與士族大姓之關係〉《中國知識階層史論（古代篇）》（台北：聯經出版公司，1980），頁109--204；又劉增貴：《漢代豪族研究－豪族的士族化與官僚化》（台大博士論文，1986）。
67　《後漢書》，卷四十三，頁1470。

一宦官侯覽「喪母還家，大起塋冢，督郵張儉因舉奏覽貪侈奢縱，……又豫作壽塚，石椁雙闕，高廡百尺，……及諸罪釁，請誅之。」[68]結果侯覽不但没事，反而將張儉誣害。像趙忠、侯覽這類的人物，當然不希望見到任何譴責他們自己行爲的詔令。事實上，東漢末期百年之間，除了桓帝永興二年(A.D. 154)二月癸卯重申明帝時的「故事」，做一般性的鼓勵儉約的宣告之外，没有任何詔書再談到與奢侈風氣有關的問題。而即使是如此，桓帝在癸卯之詔前三天辛丑卻「初聽刺史、二千石行三年喪服」[69]，則又顯示厚葬久喪的風氣無法遏止，這正是病入膏肓之象。獻帝建安十年（A.D. 205），曹操平冀州，下令「民不得復私讎，禁厚葬，皆一之於法。」[70]這顯示當時中原地區雖在戰亂之中，民間厚葬風氣並未稍減，正與二百年前光武下詔時之情況相類。

　　若再考慮漢人的賵贈之俗，可以更明白那些詔令只能是具文而已，對民間風尚毫無影響。自先秦以來，社會中就有由親友故舊向死者葬禮致贈財物之俗，名爲賵贈。漢代政府對於官員死亡有賵贈之定制，《後漢書》〈羊續傳〉：「舊典，二千石卒官，賵百萬。」[71]但也有送「賵錢千萬、布萬匹」[72]，而賜以棺椁[73]的例子。有時甚至賜以原本可能爲天子之制的樟宮便房、黃腸題湊[74]。而當大臣有意行薄葬時，朝廷並不一定真的鼓勵。如順帝時梁商遺命薄葬，「諸子欲從其誨，朝廷不聽，賜以東園朱壽之器，銀鏤、黃腸、玉匣什物二十八種，錢二百萬，布三千匹，皇后錢五百萬，布萬匹。」[75]這種風氣當然不限於朝廷或上層階級。由前面所引材料中屢屢提及「貴戚

68　同上，卷六十八，頁2523。
69　同上，卷五，頁299。
70　《三國志》，卷一，頁27。
71　《後漢書》，卷三十一，頁1111。
72　《後漢書》，卷三十二，頁1121；《漢書》，卷九十二，頁3714：「天下殷富，大郡二千石死官，賦斂送葬皆千萬以上」。有關漢代之賵贈，可參見佐伯富：「漢代の賵贈について」《史林》62卷，5號（東京寶文館，1979），9:1--12。
73　其例甚多，見《後漢書》，卷十九，頁718；卷二十六，頁897、908、911、915；卷三十四，頁1177；卷五十四，頁1785；卷七十九上，頁2554、2556。又見楊樹達：《漢代婚喪禮俗考》（台北：華世出版社重印，1981），頁94-95。
74　《後漢書》，志第六，頁3144：「(大喪)…治黃腸題湊便房如禮」。臣子受賜者，如《漢書》，卷六十八，頁2948，霍光傳：「光薨…，賜…樟宮便房、黃腸題湊各一具」。《漢書》，卷九十三，頁3734，〈董賢傳〉：「令將作爲賢起冢義陵旁，內爲便房，剛柏題湊。」；《後漢書》，卷十六，頁615：鄧夕卒，「太后追思弘意，不加贈位衣服，但賜錢千萬，布萬匹，…將葬，有司復奏發五營輕車騎士，禮儀如霍光故事。」有關漢代的黃腸題湊墓，見〈試談大葆台西漢墓的「梓宮」、「便房」、「黃腸題湊」〉《文物》1977，6:30-33；又見下文。
75　《後漢書》，卷三十四，頁1177。

近親」、「公卿侯列」的奢華之風爲吏民所相倣效，可見漢朝廷本身應對當時民風負一部分之責任，而漢代徙郡國豪強於關中的政策，原本是爲了便於就近控制地方大族，結果卻在京畿一帶造成嚴重的社會問題，《漢書》〈地理志〉就指出：

> 漢興、立都長安，徙齊諸田、楚昭、屈、景及諸功臣家於長陵。後世世徙吏二千石，高訾富人及豪傑并兼之家於諸陵，蓋亦彊幹弱支，非獨爲奉山園也。是故五方雜厝，風俗不純。…又郡國輻湊，浮食者多，民去本就末，列侯貴人車服僭上，衆庶放效，羞不相及；嫁娶尤崇侈靡，送死過度。[76]

當葬禮成爲親友故舊競較贈禮奢華之比賽場時，死者的家屬在這種社會壓力之下，豈能不竭其所能以提供一隆重的儀式，添置貴重的葬具和隨葬品？《鹽鐵論》〈散不足篇〉討論到西漢中期的社會風氣時指出：

> 古者瓦棺容尸，木板聖周，足以收形骸藏髮齒而已。及其後，桐棺不衣采，槨不斲。今富者繡牆題湊。中者梓棺梗槨，貧者畫荒衣袍，繒囊緹橐。古者明器有形無實，示民不用也，及其後則有醞醢之藏，桐馬偶人彌祭其物不備，今厚資多藏器用如生人，郡國綴吏素桑梓，偶車橛輪，匹夫無貌領，桐人衣紈綈。…古者事生盡愛，送死盡哀，故聖人爲制節非虛加之。今生不能致其愛敬，死以奢侈相高，雖無哀戚之心，而厚葬重幣者，則稱以爲孝，顯名立於世，光榮著於俗，故黎民相慕效，至於發屋賣業。…古者鄰有喪，舂不相杵，巷不歌謠，…今俗因人之喪，以求酒肉，幸與小坐，而責辨歌舞俳優連笑伎戲。[77]

由此看來，喪葬之事已經由一家的私事演變爲一種社會公共活動與表演。然而《鹽鐵論》所描述的情況是否可靠？是帝國的那些地區有這樣奢靡的風氣？依《漢書》〈地理志〉所述，除京畿之外，至少有太原、上黨地區：「多晉公族子孫，以詐力相傾，矜夸功名，報仇過直，嫁娶送死者靡」[78]齊地：「其俗彌侈，織作冰紈綺繡純麗之物，號爲冠帶衣履天下。」[79]衛地：「其失頗奢靡，嫁取送死過度。」[80]實際上，奢侈厚葬之風當不限於這些地區。東漢王符《潛夫論》亦指出當時民間浮奢厚葬的情況不但於京師爲然，

---

76 《漢書》，卷四十九，頁1641--1642。
77 《鹽鐵論》（台北：中華書局四部備要本，1971），卷六，〈散不足〉，頁5-6。
78 《漢書》，卷二十八下，頁1656。
79 同上，卷二十八下，頁1660。
80 同上，卷二十八下，頁1665。

> 今京師貴戚郡縣豪家，生不極養，死乃崇喪，或至刻金鏤玉，檽梓楩柟，良田
> 造塋，黃壤致藏，多埋珍寶偶人車馬，造起大冢，廣種松柏，廬舍祠堂，崇侈
> 上僭。[81]

而且遍及全國：

> 計一棺之成功，將千萬夫。其終用，重且萬斤，非大眾不能舉，非大車不能輓
> ，東至樂浪，西至敦煌，萬里之中，相競用之，此之費功傷農，可為痛心。[82]

崔寔〈政論〉亦云：

> 送終之家亦無法度，至用檽梓黃腸，多藏寶貨，烹牛作倡，高墳大寢。[83]

靈帝時呂強上疏：

> 又今外戚四姓貴倖之家，及中官公族，無功德者，造起館舍，凡有萬數，樓閣
> 連接，丹青素堊，雕刻之飾，不可單言。喪葬踰制，奢麗過禮，競相放效，莫
> 肯矯拂。[84]

從以上的討論看來，兩漢社會中普遍充滿著厚葬的風氣。然而厚葬的事實之所以
能夠普遍出現，無疑和當時整個社會的經濟力有直接的關係。漢代社會型態的改變，
包括土地私有制度之形成，私營工商業之興起，都促成社會上官僚富貴之家財富之累
積。[85] 前引諸帝詔書以及《鹽鐵論》、王符、崔寔、呂強等人之言論，其實主要所指
責的是這一批資源的占有者。而有能力模仿其奢侈之生活與排場的，如成帝詔中「吏
民慕效」的「吏民」，和帝詔中的「商賈小民」，安帝詔中「小人無慮」的「小人」
，《鹽鐵論》中「黎民慕效」的「黎民」等等，恐亦多為有相當財力者，才有可能「
發屋賣業」（《鹽鐵論》語）。這些人在整個社會中所占的比例應該不能算多數，但
對於一時代風氣之造成，則不能說沒有極大之影響。

這厚葬的風俗除了源於社會中競爭奢華的壓力之外，在思想方面則有孝道思想的
推波助瀾。前舉《鹽鐵論》中已經指出，當時一般人以為厚葬即為孝道的表現，所謂

81　《潛夫論》（台北：中華書局四部備要本，1971），卷三，〈浮侈篇〉，頁16。
82　同上。
83　嚴可均，《全上古三代秦漢三國六朝文》（台北：世界書局，1982）冊二《全後漢文》，卷四
　　十六，頁5。
84　《後漢書》，卷七十八，頁2530。
85　有關漢代經濟之發展，學者已多有論述，此處不擬申論，參見李劍農，《先秦兩漢經濟史稿》
　　，（台北：華世出版社，1981），第十五章；宋敘五，《西漢貨幣史初稿》，（香港：中文大
　　學，1967），第五章。

「雖無哀戚之心，而厚葬重幣者，則稱以爲孝」。由此可看出，當時人的觀念中，「孝」已經成爲一可稱道的名譽，但表現孝道的方式卻與崇尚奢侈的風氣相結合，以爲所謂的孝道乃是以葬禮中物質的豐盛來表現。這種對孝道的瞭解雖然與儒家傳統觀念不合，卻在社會中廣泛的流行著。舉一例以明之。《漢書》〈游俠傳〉記載：

> 原涉：父哀帝時爲南陽太守，天下殷富，大郡二千石死官，賦斂送葬皆千萬以
> 上，妻子通共受之，以定產業。時又少行三年喪者。及涉父死，讓還南陽賻送
> ，行喪冢廬三年，繇是顯名京師。…涉自以爲前讓南陽賻送，身得其名，而令
> 先人墳墓儉約，非孝也，乃大治起冢舍，周閣重門。[86]

原涉爲「游俠」之類的人物，與當時社會流行的價值觀甚爲相契，以廬墓爲自己博取高名，又治塚爲孝道之表現，均可證明此種孝道觀念已彌漫於社會中。故當東漢明帝令「自期門羽林之士，悉令通孝經章句」時，[87]不僅是因爲此時朝廷欲提倡孝道，更可能是朝廷有意要導引、利用社會中已經普遍存在的孝道思想，並將之轉化爲忠君思想，以爲鞏固政權的基礎。在這種情況之下，當人們以《孝經》中「爲之棺槨衣衾而舉之，陳其簠簋而哀感之，擗踊哭泣哀以送之，卜其宅兆而安措之，爲之宗廟以鬼享之，春秋祭祀以時思之。」[88]的字句爲聖人之教時，要希望他們瞭解其本義爲盡人之情，而非鼓勵厚葬，並且遵從詔令中「令知忠臣、孝子、慈兄、悌弟薄葬送終之義」[89]之指示而行薄葬，顯然是緣木而求魚了。

　　然而，厚葬久喪的行爲不能完全由風氣奢華、經濟富裕、甚至孝道思想所完全解釋。如本文起始所言，人之所以願意厚葬死者，總是基於某種對靈魂或死後世界之相信。漢代並非厚葬風俗之起源時代，亦非對靈魂及死後世界信仰之開始，但是漢人對於死後世界的想像卻明顯的比前代更爲清楚。這種想像在墓葬上的具體表現有二：一爲墓葬型制的改變，一爲隨葬品內容和性質的改變。整體而言，兩漢的墓葬型制由西漢的豎穴木槨墓逐漸的轉變爲東漢的橫穴磚室墓，其所代表的意義基本上是對於死者的「存在世界」有具體化的想法，要讓死者能「生活」在與生前所生活環境相似的地

86　《漢書》，卷九十二，頁3714。
87　《後漢書》，〈儒林傳〉，卷七十九上，頁2546；卷三十二，頁1124。
88　《孝經注疏》(台北：藝文印書館，十三經注疏本，1970)，卷九，〈孝治〉，頁2。
89　《後漢書》，卷一下，頁51。

方。[90]而即使是就豎穴墓本身細部之變化而言，亦可見模仿人居的企圖，這就是由戰國末年已露端倪，到西漢後較爲發達的木槨板上的門窗裝飾。本來自戰國晚期以來的墓中就出現了溝通棺室和頭箱或邊箱之門或窗[91]，到漢代時此種習俗乃更爲流行。[92]由於此類門窗一般均無實用價值，故其設置之目的很可能也在模仿生人房屋。有的例子在槨室中甚至有樓房的設計[93]，這些都顯示出一種墓葬觀念的變化，就是墓室的建築要比較明確或眞實的象徵人生時居所。在此之前中，人們也許早已有了「故壙壠，其貌象屋室也」（荀子）的觀念，但是並沒有眞正用模仿生人屋室的方式來落實此種觀念。[94]這種觀念上的轉變其實影響到整個墓葬制度，墓形的變化只是其中改變的一環。其次，就隨葬器物來說，殷周以來墓中主要陪葬代表身分的青銅禮器（以鼎制爲

90　這種由豎穴墓到磚室墓的轉變其實是一極緩慢的過程，其源頭可以上溯到戰國時代。在戰國晚期河南地區有一種豎穴磚槨墓的出現這種墓墓穴之構造基本上與豎穴木槨墓相同，唯木槨的部分爲一種以大型長方空心磚砌成的槨室所代替，磚槨內仍置木棺。漢代所謂的磚室墓，很可能就是將豎穴磚槨墓的磚槨移置到洞室墓的橫穴中的結果。此一猜測有一有力的證據。在鄭州出土的一批戰國末年至西漢初年墓葬中，依年代早晚順排列，最早爲豎穴空心磚墓，其次爲土洞墓，最後爲土洞磚槨墓，也就是橫穴磚室墓。〔以上資料見〈鄭州崗社附近古墓發掘報告〉《文物參考資料》1955，10：3-23；討論可參見R. Thorp, *The Mortuary Art and Architecture of Early Imperial China* (Ann Arbor: University Microfilms Inc., 1980), pp..122ff.〕可見磚室墓由豎穴磚槨墓和洞室墓發展而來是很自然的。（至於此轉變所代表之建築技術上的意義，此處暫不討論）西漢初年，這種磚室墓所使用的磚塊仍然是大型空心磚，槨室則爲長方箱型，和豎穴墓中的木槨相似，作用亦相同。到了西漢中期，大型空心磚逐漸爲小磚代替，槨室的結構也發生變化。在那些仍用空心磚的墓中，開始出現了像房屋頂的「人」字型的槨頂，在小磚墓中，則有所謂的「券頂」，到了西漢晚期，又有四角結頂的「穹窿」頂，磚室墓的結構遂愈形複雜，除了主墓室外，又有前室（或享堂）、耳室等，前室放置案、耳杯、酒具、食具、象徵生時宴享之處，耳室中常置炊煮器和車馬具，象徵倉廚和馬廐。這種發展很明顯的表示，墓室是模擬生者的居所而造的。從西漢晚期開始的一些墓中，不但磚上的花紋有裝飾作用，還在墓室壁上施以彩色壁畫，更加強了模擬地上房屋的意味。（有關漢代壁畫之意義，可參見邢義田，〈漢代壁畫的發展和壁畫墓〉《歷史語言研究所集刊》第五十七本第一分，頁139-170；謝國楨，〈漢代畫像考〉《周叔弢先生六十生日紀念論文集》(1951)，頁245-394。

91　〈江陵雨台山楚墓發掘簡報〉《考古》1980，5：391--402；〈湖北雲夢睡虎地秦漢墓發掘簡報〉《考古》1981，1：27--47.

92　如〈山東汶登縣的漢木槨墓和漆器〉《考古》1957，1：127-131；〈江蘇揚州七里甸漢代木槨墓〉《考古》1962，8：400-403；〈廣西合浦西漢木槨墓〉《考古》1972，5：20-30；〈安徽天長縣漢墓的發掘〉《考古》1979，4：320-329；〈揚州東風磚瓦廠八、九號漢墓清理簡報〉《考古》1982，3：236-242；〈湖北江陵鳳凰山168號漢墓發掘簡報〉《文物》1975，9：1-7；〈揚州西漢"妾莫書"木槨墓〉《文物》1980，12：1-6；〈江陵張家山三座漢墓出土大批竹簡〉《文物》1985，1：1-8。

93　〈光化五座墳西漢墓〉《考古學報》1976，2，149--168；〈揚州邗江縣胡場漢墓〉《文物》1980，3：1--10.

94　殷代大墓中亞形墓室是否象徵宮室或宗廟，尚無法確定，見高去尋，〈殷代大墓的木室及其涵義之推測〉，《史語所集刊》39本，下冊1969年，頁175--188。俞偉超〈漢代諸侯王與列侯墓葬的形制分析〉《先秦兩漢考古學論集》，（北京：文物出版社，1985，117-124，認爲戰國時代木槨分室之墓葬已經表現出模擬生人居所的觀念。

代表），到了戰國之後以至於西漢中期，青銅禮器或陶製仿銅禮器逐漸爲日常生活使用的陶器以及與生活密切相關的各種明器（如房屋、田地、畜生等）所代替，[95]這種趨勢似乎不僅是爲了經濟上的考慮，更主要的是代表了人們對於死者在地下所需的東西有了不同的想法：由強調死者身份爲主的禮器轉變爲代表死者「日常生活」所需的日用器物，也就是說，對死者所處的世界有了比較具體的想法。

　　與前面這問題密切相關的，就是所謂死後世界觀的問題。人死之後，究竟有無知覺？是否以另一種形式繼續存在於天地之間？是否有可能再度回到人間？或者完全歸於塵土？對於這些問題，不同時代的人們有不同的想法。在中國方面，下面所要談的薄葬論者大多認爲人死即歸塵土，但一般人並不如此想。在葬俗方面，至少自新石器時代以來，墓葬習俗中某些部分可能代表人對靈魂的相信，如仰韶墓葬中人骨塗朱和甕棺鑿孔等。[96]至於僅僅是墓葬中有隨葬品的出現，是否就能代表這些隨葬品是爲了「死後有知」的死者而置，代表人們相信人死後會在另一個世界中活著，並且有與這世界相同的需要，是一件不完全清楚的事。現代的研究者想要確定古人是否有靈魂觀，有一有關死後世界的想法，但古人自己卻不一定有一清楚的概念。類似的情況，可以由一些研究古代希臘宗教和墓葬的作品中得到印證。[97]在缺乏文字記載的社會中如此，在有了文字記錄之後，有關當時人對靈魂的觀念和死後世界的想法也不見得都保存在文獻中。商周時代文獻稀少，當時人有關靈魂和死後世界的觀念主要表現在他們對政治統治者先祖的信仰上，一般人的情況則無法得知。[98]到春秋時代，《左傳》中常被引述的「鄭莊公掘地見母」的故事，有「不及黃泉，不相見也」（隱公元年）的話。此「黃泉」一般都解釋爲「死後世界」，[99]但此世界中到底情況如何，則不得而知。由考古學的角度來看，「黃泉」一詞很可能最初只是指的在挖掘墓室時到達一定深度時所湧出的地下水，後來遂成爲墓穴的代稱，並不一定可以引伸爲「死後世界」

95　〈中國古代墓葬概說〉，《考古》1981，5，449--458；Z. Wang，*Han Civilization*, (New Haven: Yale U. Press, 1982), p.20ff.

96　參見蒲慕州，〈論中國古代墓葬形制〉《國立臺灣大學文史哲學報》，第三十七期(1990)，頁234-279。

97　E. Vermeule, *Aspects of Death in Early Greek Art and Poetry*, (Berkeley: U. of Cal. Press, 1979), pp. 33-41；R. Garland, The *Greek Way of Death*, pp. 48-76.

98　余英時，〈中國古代死後世界觀的演變〉《聯合月刊》1983，26：83.

99　余英時，前引文，84-85；M. Loewe, *Chinese Ideas of Life and Death*, (London: George Allen & Unwin, 1982)，pp.25-37.

。[100]

　　到了《楚辭》的時代，有關死後世界的觀念得到稍微多一點的文獻證明。《楚辭》「招魂」中有「幽都」和「土伯」的名詞，分別指死後世界和其中的統治者，較《楚辭》晚一百多年，在漢初楚墓，長沙馬王堆一號墓中出土的帛幡上，繪有墓主人升天的畫面，[101]三號墓中出土的木牘上又有「主藏君」、「主藏郎中」等類似地上世界的地下官僚組織，[102]在同時代江陵鳳凰山一六八號漢墓中出土竹簡上又有「地下丞」、「（地下）主」的官名，[103]可見當時人所想像的死後世界已具有和生人世界相類的社會組織，木牘竹簡上所開列的隨葬品即爲死者在地下世界的生活必須品。這地下世界生活的與陽世相似程度，可以從死者必須要向地下主購買一片土地才能合法地在其中居住一事看出。[104]

　　結合文獻材料與考古材料，我們可以推測，從戰國晚期開始，中國人對於死後世界有了比較具體的想法。也有了具體表達此種想法的墓葬方式。漢代厚葬風氣的形成與這種對死後世界的想像的具體化應該有相當密切的關係。

　　漢代厚葬風氣既已如上所論，而近數十年來考古發掘所得之漢代墓葬亦以萬數[105]，這些考古材料是否可以印證文獻資料的觀察，是一必須處理之問題。首先應考慮的是，喪葬之厚薄與否本身是一相對的觀念，只要是葬禮超越某一公認之身分標準，或者雖沒有超越身分標準，但使用過分豪華的材料，或者只是因爲葬禮所費超越死者家庭之經濟能力，都可能被稱爲厚葬。宋文公的厚葬屬於第一種，魯文公說孟子的侈踰屬於第二種，而崔寔的厚葬其父則爲第三種。然而我們之所以能判斷這些例子爲厚葬，主要是因爲我們知道死者的身分，以及當時所普遍遵行的喪葬禮制，以爲判斷的根

100　如《孟子注疏》卷六下〈滕文公下〉，頁8：「蚓上食槁壤，下飲黃泉」；《莊子集釋》〈秋水篇〉頁601：「蝮無爪牙之利，筋骨之強，上食埃土，下飲黃泉」；《管子、小匡篇》頁120：「殺之黃泉，死且不朽」；王充，《論衡、別通篇》頁132：「穿壙穴，臥造黃泉之際」；《漢書、武五子傳》頁2762：「黃泉下兮幽深，人生要死，何爲苦心。」這些例子中的「黃泉」都不必有「死後世界」的涵義。

101　討論見M. Loewe, *Ways to Paradise*, (London: George Allen & Unwin, 1979), pp.17-59.

102　〈長沙馬王堆二、三號漢墓發掘簡報〉，《文物》1974，7：43。

103　〈湖北江陵鳳凰山一六八號漢墓發掘簡報〉，《文物》1975，9：4。

104　吳天穎，〈漢代買地卷考〉《考古學報》1982，1--34。參見注99，又蕭登福，〈從漢世典籍及漢墓出土文物中看漢人的死後世界〉《東方雜誌》復刊第二十卷第十一期，頁17-27；第十二期，頁91-99。

105　1961年夏估計有二萬至三萬漢墓出土，見《新中國的考古收穫》，（北京：文物出版社，1961），頁74。1978年王仲殊卻估計爲超過一萬座，見Wang Zhongshu, *Han Civilization*, p.175。

據。更重要的，是文獻已經明白的告訴我們其爲厚葬。就如那些主張薄葬者的葬法之所以爲薄葬，不止是我們知道其實際的葬法，更是因爲文獻明白說他是薄葬。而由下節所舉的一些例子，已經可知，其實每個主張薄葬者對於何謂「薄」都不見得有一致的想法。那麼當我們面對考古發掘所得的墓葬資料，應如何處理厚葬的問題？

一般引用考古材料以論漢代厚葬之風的論述，多半列舉某些豪華之墓葬以證當時有厚葬之風。[106] 然而從方法論之觀點而言，此種列舉式之論證只能說是得見冰山之一角而已，又有以偏蓋全之危險，並不足以全面性地顯示兩漢時代普遍之墓葬是否有厚薄之分，又是否有地域性之差別。根據筆者搜集之漢代墓葬資料庫之數據，若就棺槨之形制而論，中原地區（包括山東、河南、河北三省）與楚粵地區（包括廣東、湖南、湖北）和秦（山西、陝西、甘肅）之長方豎穴墓之比較略如下表所示（其他形制、區、及東時代之資較少，不有代表性暫不分析）

表一：單葬墓墓室長寬平均值（單位：公尺）

			中　原	楚　粵	秦
一	西漢	長	3.04 (19)[a]	3.20 (24)[b]	3.10 (2)[f]
棺		寬	1.54 (21)	1.48 (26)	1.60 (2)
一一	西漢	長	3.16 (12)[d]	4.32 (17)[e]	4.29 (13)[f]
棺槨		寬	1.35 (8)	2.52 (17)	2.03 (13)

（括號中數字爲有效之計算墓數，英文字母爲文獻出處）

106　參見Wang Zhongshu, *Han Civilization*；《新中國的考古發現和研究》，第四章，頁383ff.；又見李發林，〈漢代的厚葬風氣〉，《山東漢畫像石研究》，（濟南：齊魯書社，1982），頁19–24；段爾煜，〈兩漢厚葬之風芻議〉《雲南社會科學》1989，1：97–102。

a　《文物》1984,11:41, M15《考古》1975,6:363, M5; 1963,3:122, M5, 6, 20, 21, 25 1963,3:130, M10, 3, 4, 6, 12, 15, 16, 32, 41, 47, 57, 62

b　《廣州漢墓》，M1005, 1006, 1007, 1008, 1009, 1010, 1011, 1012, 1013, 1014, 1016, 1017, 1018, 1019, 1020, 1021, 2003, 2006, 2007, 2008《文物》1974,6:41, M7; 1976,2:115, M前7, 前11, 前16, 前22, 前36

c　《考古》1979,2:122, 付家溝，陳家山

d　《文物》1977,11:24, M9《考古》1963,3:136, 半截塔M2, 12, 6A, 6B, 9B, 20A, 史家橋M8, 18, 19, 26; 1975,6:363, M4

e　《廣州漢墓》，M1175《文物》1974,6:41, M8, 9, 10, 12; 1976,10:31, M167; 1985,1:1, M247, 249《考古學報》1976,02:115, 前14; 1976,2:149, M1, 3《文物資料叢刊》4: 1, 大墳頭M1《考古》1981,1:127, M1, 2, 35, 39《考古通訊》1957,4:30, M67

f　《文物》1955,7:88, M 1, 2, 3, 4; 1974,12:63, 榆錦M1, 2, 3, 4, 5, 6, 11; 1980,6:42, M2《考古》1961,3;172, M26

上表顯示，在相同形制之墓中，楚粵及秦地區之墓室較大。

　　若考慮棺槨本身大小之對應關係，則如表二所示，西漢時代一棺一槨豎穴墓之長寬數值略如下表所示。

表二：棺槨長寬平均值

	中原		楚粵		秦	
	槨	棺	槨	棺	槨	棺
長	2.53(7)	2.18(7)	3.39(15)	2.08(15)	4.24(12)	2.07(12)
寬	0.93(7)	0.63(7)	1.89(15)	0.70(15)	2.03(12)	0.73(12)
	g		h		i	

　　由此表可看出與表一相同的趨勢，即楚粵及秦地區之墓葬一般要比中原之同形制墓葬爲大。

　　再就隨葬品分析，僅就西漢時代中原及楚地未曾被盜擾之單葬一棺一槨墓中所出之銅容器、陶容器、漆器、銅鏡等較有價值之隨葬品而言，楚粵地區之墓所出之隨葬品普遍仍然較中原地區之墓爲豐富。至於當時其他地區之情況，因資料較零散，暫不討論。（見表三至表六，括號中數字爲有效計算墓數；全國平均數爲同一時代所有相同類型之未擾墓中相同器物之平均；早期：漢初至文帝；中期：武帝至宣帝；晚期：元帝至王莽。以下諸表文獻出處見本文末。）

---

g　《文物》1977,11:24, M9《考古》1963,3:122, M26; 1963,3:130, M19; 1963,3:136, M2, 9B, 20A 1975,6:363, M4;

h　《廣州漢墓》,M2050《考古學報》1957,1:93, M楊6; 1976,2:149, M3《文物》1974,6:41, M8, 9, 10, 12; 1976,10:31, M167; 1985,1:1, M247, 249;《文物資料叢刊》4:1, M1《考古》1981,1:27, M1, 2, 35, 39

i　《文物》1955,7:88, M2, 3; 1974,12:63, 榆錦M1, 3, 4, 5, 6, 13; 1980,6:42, M2《考古》1961,3:172, M26; 1985,6:527, M1, 2

表三：銅容器之平均數

一		中　原	楚　粵	全國平均
棺	早	0.03 (31)[j]	1.13 (184)[k]	1.18
一	中	0　(32)[l]	1.19 (31)[m]	1.46
槨	晚	0　(0)	0.38 (8)[n]	3.77

表四：陶容器之平均數

一		中　原	楚　粵	全國平均
棺	早	4.54 (31)	16.67 (184)	17.37
一	中	6.19 (32)	15.53 (31)	12.78
槨	晚	0　(0)	44.63 (8)	32.92

表五：漆器之平均數

一		中　原	楚　粵	全國平均
棺	早	2　(31)	3.38 (184)	4.03
一	中	0.06 (32)	2.68 (31)	8.33
槨	晚	0　(0)	0　(8)	2.23

---

j　《文物》1974,2:15, M1, 2; 1980,12:7, M1, 2《考古》1963,3:122, M 6, 15, 25, 26, 27, 29, 31, 39, 40, 41, 42, 44, 45, 46, 47; 1963,3:130, M5, 19, 25, 26, 41, 49, 57, 62; 1963,3:136, M2, 4, 13, 15, 23; 1975,6:363, M4, 6

k　《廣州漢墓》M1005, 1006, 1008, 1009, 1010, 1012, 1013, 1014, 1016 1017, 1019, 1021, 1022, 1025-1033, 1035-1043, 1045-1052, 1054-1078, 1080-1083, 1085-1096, 1098-1101, 1103-1105, 1107-1123, 1125-1127, 1130, 1132, 1133, 1135-1139, 1141-1 143, 1145, 1147, 1148, 1150-1152, 1154-1173, 1175, 1177- 1180《考古學報》1957,1:93, 楊6; 1976,2:149, M2, 4; 1976,2:115, 前5, 6 , 7, 11, 13, 14, 16, 20, 21, 22, 24, 25, 28, 31, 36, 37;《文物》1974,6:41, M2, 6-10, 12; 1976,10:31, M167; 1985,1:1, M247 , 249 《文物資料叢刊》4:1, M1《考古》1981,1:27, M1, 2, 35, 39

l　《考古》1963,3:122, M18-22; 1963,3:130, M1-4, 6-14, 17, 18, 22, 23, 32, 47, 56, 69, 73, 1963,136:8, 12, 14, 18, 22;

m　《廣州漢墓》,M2006-1008, 2016-2019, 2022-2024, 1026, 2036, 2037, 2041-2043, 2048-2051, 2054, 2055, 2058, 2059《考古學報》1976,2:149, M1, 3, 5, 6A, 6B, 7

n　《廣州漢墓》,M3005, 3006, 3008, 3015, 3017, 3020, 3026, 3032,

表六：銅鏡之平均數

		中　原	楚　粵	全國平均
一				
棺	早	0.13 (31)	0.51 (184)	0.51
一	中	0　(32)	0.32 (31)	0.46
槨	晚	0　(0)	1　(8)	1.08

至於東漢時代，僅就未受盜擾之小磚卷頂單室墓作相同隨葬品之分析如下：

（漆器數量太少，故暫不分析；早期：光武至章帝；中期：和帝至質帝；晚期：桓帝至獻帝）

表七：銅容器之平均數

	中　原	楚　粵	全國平均
早	0.21 (14)[o]	0.14 (7)[p]	0.54
中	2　(1)[q]	1.17 (6)[r]	2.38
晚	0　(2)[s]	0.2 (15)[t]	0.23

表八：陶容器之平均數

	中　原	楚　粵	全國平均
早	10.28 (14)	11.81 (7)	9.28
中	12　(1)	13.66 (6)	14.01
晚	9　(2)	6.73 (15)	7.27

o 《考古學報》1956,1:19, M4; 1959,2:57, M8, 10, 13《考古》1963,3:130, M9, 24, 28, 30, 43, 46, 48, 55, 61; 1964,8:385, M1

p 《廣州漢墓》,M4030《考古》1985,8:708, M6; 1985,11:990, M1;《考古學報》1976,2:115, M2, 30, 32《考古學集刊》1:158, 常南M3;

q 《考古》1966,3:133.

r 《考古》1979,5:427, M1, 8, 12, 13, 19;《考古學集刊》1: 143, 水M14

s 《考古通訊》1958,2:43, C5M18; 1958,9:61, M6

t 《廣州漢墓》,M5014, 5015《考古學集刊》1:158, 常東M2, 常南M2, 9《文物資料叢刊》1:198, M3《考古學報》1984,1:53, M1, 134, 350, 496, 498, 499, 511, 515《文物》1982,3:252, MA

表九：銅鏡之平均數

	中　原		楚　粵	全國平均
早	0.43	(14)	0.71 (7)	0.68
中	3	(1)	1.67 (6)	2.13
晚	0	(2)	1.6　(15)	1.27

以上之分析，雖僅限於兩漢時代一部分地區之一部分墓葬，但由於一棺一槨及小磚卷頂單室墓實爲現存兩漢墓葬中主要之形式(未擾一棺無槨墓及土洞墓之數量太少，故暫不分析)，分析所得之數據仍應有相當之代表性。由這些數據可以看出，不論西漢或東漢時代，中原地區之墓葬一般並不比楚粵地之墓葬爲厚，這結論與文獻所顯示的情況顯然有些距離。若說中原地區有厚葬之風，則在楚粵地區厚葬的風氣似乎更盛，尤其是若我們比較這兩個區域的隨葬器物平均數與全國平均數，可看出楚粵地區的平均數常有高於全國平均者，而中原地區則常低於全國平均，可見若中原地被認爲有厚葬風氣，則此風氣遍於全國，可以由考古數據大致得到印證。

　　不過這些計算並沒有將墓主的身分——考慮進去，其基本假設是，形制相同的墓葬大體上其墓主之社會地位亦相近，尤其是一旦考慮數量較大的墓葬時，少數不合常軌的墓葬之影響應較小。然而漢代之葬儀是否有一普遍之制度？前引武原侯因埋葬過律而受罰之事顯示，當時應有某種規定，但現已不得其詳。由考古發掘所得諸侯王及列侯之棺槨制度看來（表十），即連本應最講究禮制的皇族貴戚的墓葬都沒有一定制，而可能是以各人當時的財勢爲主要的決定因素。

表十：西漢諸侯王墓葬形制之比較

爵　位	姓　名	年　　代	葬　　制	備　註
趙王	張　耳	高祖5年 (202 B.C.)	二棺一槨 黃腸題湊	【107】
長沙王	吳　著	文帝後7年 (157 B.C.)	三棺二槨 黃腸題湊	【108】
長沙王后	曹　㜎	西漢早期	三棺二槨 黃腸題湊	【109】
中山靖王	劉　勝	武帝元鼎四年 (113 B.C.)	多室崖墓	【110】
楚襄王	劉　注	武帝天漢元年 (100 B.C.)	多室崖墓	【111】
昌邑哀王	劉　髆	武帝後二年 (87 B.C.)	單室崖墓	【112】
燕王	劉　旦	昭帝元鳳元年 (80 B.C.)	五棺二槨 黃腸題湊	【113】
中山懷王	劉　修	宣帝五鳳三年 (55 B.C.)	五棺二槨 黃腸題湊	【114】
廣陵王		西漢中晚期	黃腸題湊	【115】
楚王		西漢中晚期	多室崖墓	【116】
魯王		西漢中晚期	多室崖墓	【117】

據《後漢書》〈禮儀志〉，天子之喪「方石治黃腸題湊便房如禮」，[118]而諸侯王，列侯以下，並沒有用黃腸題湊。[119]顯然〈禮儀志〉所沒有記載的，並不表示實際情況即如此，不僅諸侯王得用黃腸題湊，一些特受尊寵的大臣也可由皇帝賜以黃腸題湊墓，

107　〈河北石家莊市北郊西漢墓發掘簡報〉，《考古》1980，1:52--55
108　〈長沙象鼻嘴一號西漢墓〉，《考古學報》1981，1:111--130.
109　〈長沙咸陽湖西漢曹㜎墓〉《文物》1979，3:1-16；又其年代之討論，見〈略談長沙象鼻嘴一號漢墓陡壁山曹㜎墓的年代〉，《考古》1985，11:1015--1024.
110　《滿城漢墓發掘報告》，文物出版社，1980。
111　〈銅山龜山二號西漢崖洞墓〉，《考古學報》1985，1:119--133；〈對＂銅山龜山二號西漢崖洞墓＂一文的重要補充〉《考古學報》1985，3：352。
112　〈巨野紅土山西漢墓〉《考古學報》1983，4:471--498。
113　〈大葆台西漢木槨墓發掘簡報〉，《文物》1977，6:23--33；俞偉超，〈漢代諸侯王與列侯墓葬的形制分析〉《先秦兩漢考古學論集》，頁121；說此墓主爲元帝時燕廣陽頃王。
114　〈河北定縣40號漢墓發掘簡報〉，《文物》1981，5:頁1--10。
115　〈江陵高郵發掘一座大型漢墓〉《人民日報》，1980，7月18日；《新中國的考古發現和研究》，頁445--446。
116　〈徐州石橋漢墓清理報告〉，《文物》1984，11:20--40。
117　〈曲阜九龍山漢墓發掘簡報〉，《文物》1972，5:39--44。
118　《後漢書》志第六禮儀下，頁3144。

如霍光[120]，董賢[121]及梁商[122]等人。甚至民間也有私自僭用的，如崔寔政論所說：「送終之家，亦無法度，至用檽樟黃腸，多藏寶貨」。[123]

諸侯王的情況如此，列侯以下的墓葬也相似。馬王堆二號軑侯墓為二棺二槨，其子之墓為三棺一槨，而其妻之墓卻為四棺一槨。[124]然而與馬王堆諸墓約同時的阜陽雙古堆汝陰侯之墓卻只有一棺一槨。[125]

東漢初期的廣陵王墓[126]與和帝時的中山簡王墓[127]均為磚室墓，然而其規模並沒有超過王莽時代的郁平大尹（太守）馮孺人之墓[128]太多。而東漢靈帝時中山穆王王后之合葬磚室墓為一前一中二後室加二耳室的規模，[129]與和林格爾護烏桓校尉墓，[130]武威雷台M1某將軍墓[131]的形制相似，卻遠不如同時代之望都所藥村M2太原太守墓二前一中二後室外加八個耳室的規模。[132]

一般中下階層官員之葬制亦不太可能有嚴格之定制，最清楚的例子是江陵鳳凰山10號墓(153 B.C.)，一棺一槨，168號墓(167 B.C.)，二棺一槨，兩墓主均為五大夫，年代相去亦僅數年，而墓葬等級不同。而在鳳凰山另外一批九座時代約略相同，亦均為一棺一槨之墓葬，其棺槨之大小厚薄卻有明顯之不同。[133]

上面這些墓主身分可以確定的具體例子說明，墓葬之形制在同一階層內有不同，甚至有低階層墓葬較高階層為厚的情形。這些情況的出現，也從另一方面說明了當時有僭侈厚葬之風氣。因此我們可以推論，不論是從大量的較低階層的墓葬中隨葬品的

119　同上，頁3152。
120　《漢書》卷68霍光傳，頁2948：光薨，「賜梓宮便房黃腸題湊各一具縱木，外藏槨十五具」。
121　《漢書》卷93，〈董賢傳〉，頁3734：哀帝「令將作為賢起冢塋義陵旁，內為便房，剛柏題湊」。
122　《後漢書》卷34〈梁商傳〉，頁1177：「賜東園朱壽之器、銀鏤、黃腸、玉匣什物二十八種。」
123　見嚴可均輯，《全後漢文》卷四十六，頁5。
124　〈長沙馬王堆二、三號漢墓發掘簡報〉《文物》1974，7：39-48。
125　〈阜陽雙古堆西漢汝陰侯墓發掘簡報〉《文物》1978,8：12-31。
126　〈江蘇邗江甘泉二號漢墓〉《文物》1981，11：1-11。
127　〈河北定縣北莊漢墓發掘報告〉《考古學報》1964，2：127--159。
128　〈唐河漢郁平大尹馮君孺人畫象石墓〉《考古學報》1980,2：239-262。
129　見俞偉超，〈漢代諸侯王與列侯墓葬形制的分析〉《先秦兩漢考古學論集》，頁123。
130　《和林格爾漢墓壁畫》，（北京：文物出版社，1978）。
131　〈武威雷台漢墓〉《考古學報》1974,2：87-109。
132　《望都二號漢墓》，（北京：文物出版社，1959）。
133　〈湖北江陵鳳凰山西漢墓發掘簡報〉《文物》1974,6：41-61；〈湖北江陵鳳凰山一六八號漢墓發掘簡報〉《文物》1975，9：4。

分析，或是從諸侯王等較高階層的墓葬形制的比較，考古材料所呈現的漢代的厚葬的風氣不但可以充分支持文獻材料中所透露出的消息，甚至可以補充文獻材料不足之處。

第四節　漢代之薄葬論

上文已大致從考古及文獻材料方面討論了漢代厚葬的風氣。以皇帝詔書爲代表的政府態度，基本上雖禁止厚葬，然而並不能眞正觸及厚葬所涉及的社會心理層面，而只能在政治面和經濟面上立說，即「僭制」破壞尊卑之序，厚葬破財傷生。當世家豪族的勢力不斷膨脹，僭制不再成爲顧忌，奢侈自然無所節制，流風所及，厚葬久喪之風氣遂彌漫於社會中。厚葬，已不僅是爲了表達生者的孝思，更是生者爲了在社會輿論中求得佳評，甚至誇富鄉里的必要手段。如《呂覽》作者早已點明：「今世俗大亂之主，愈侈其葬，則心非爲乎死者慮也，生者以相矜尚也。侈靡者以爲榮，儉節者以爲陋，不以便死爲故，而徒以生者之誹譽爲務。」[134]當然，喪葬之禮原本就是一項社會制度，當社會風氣趨於奢華，喪葬儀節之僭侈只不過爲社會中流行之價值觀之反映而已。

不過在這種厚葬的風氣中，仍然有少數的人採取了與衆不同的態度，主張薄葬。這些薄葬的主張自然各自源於不完全相同的立場。但基本上可以大致歸爲二種主要類型，一種以厚葬的經濟後果爲關心點，另一種則從宇宙與生死觀立論。以下分別討論。

墨子的節喪說基本上就是從喪葬禮俗的經濟面出發而論厚葬之不當，以其耗損財力，無利於天下。這種從經濟面立說以主張薄葬的理論在漢代仍有後繼者，不過這些論說均不採取墨子的極端態度，並且融於儒家之思想傳統之中。《鹽鐵論》〈散不足篇〉中，賢良文學對當時民間厚葬風氣有生動的描述，其對於厚葬的批評乃是對整個社會奢侈風氣批評的一部分。文中雖沒有正面主張薄葬，我們亦可推測其態度應有此種傾向。

成帝時，劉向曾上書諫營昌陵延陵之事，主張薄葬。[135]劉向舉黃帝、堯、舜、禹

134　《呂氏春秋》，卷十，〈節喪〉，頁4。
135　事見《漢書》，卷三十六，頁1950ff。

、湯、文、武、周公、孔子等薄葬先例、以及因厚葬而冢墓招致發掘的吳王、秦王、始皇等例，認爲薄葬「非苟爲儉，誠便於體也」，「德彌厚者葬彌薄，知愈深者葬愈微」，並暗示節儉者國祚長存，奢侈者後嗣再絕。這是以皇室的存亡作爲一種「危機」來加強自己的論點。不過劉向的主要論點乃是勸成帝從經濟面上考慮天子之厚葬所帶給人民的騷擾：「及徙昌陵，增埤爲高，積土爲山，發民墳墓，積以萬數，營起邑居，期曰迫卒，功費大萬百餘，死者恨於下，生者愁於上，怨氣感動陰陽，因之以饑饉，物故流離以十萬數。」[136]劉向雖提出人死有無知覺的討論：「以死者爲有知，發人之墓，其害多矣，若其無知，又安用大」，但他自己沒有下結論，只是以此種「兩難」的情況來說明厚葬之無益，所以討論的重心並不在生死觀之上。總之，爲了要向皇帝諫言，劉向的薄葬論其實主要是一篇爲民請願的政論。

　　東漢光武初期以軍功封侯的祭遵據說「臨死，遺誡牛車載喪，薄葬洛陽。」[137]祭遵「少好經書，家富給，而遵恭儉，惡衣服。喪母，負土起墳。…爲將軍，取士皆用儒術，對酒設樂，必雅歌投壺。又建爲孔子立後，奏置五經大夫，雖在軍旅，不忘俎豆。」[138]可見祭遵的薄葬思想基本上源於他的節儉性格，但並不表示他反對儒家的禮儀和文飾，爲其母負土起墳之事可爲一證。

　　和帝時，司徒張輔有薄葬之志，其遺言爲：「顯節陵掃地露祭，欲率天下以儉。吾爲三公，既不能宣揚王化，令吏人從制，豈可不務節約乎？其無起祠堂，可作蓋廡，施祭其下而已。」[139]張輔以通《尚書》入仕，爲人嚴正。他的薄葬觀念主要仍是由道德性和功利性的角度出發。與他的主張相近的，有順帝時以外戚居高位的梁商：

　　　商病篤，敕子冀等曰：「吾以不德，生無以輔益朝廷，死必耗費帑藏。衣衾飯啥玉匣珠貝之屬，何益朽骨。百僚勞擾，紛華道路，祇增塵垢，雖云禮制，亦有權時，方今邊境不寧，盜賊未息，豈宜重爲國損！氣絕之後，載至冢舍，即時殯斂。斂以時服，皆以故衣，無更裁制。殯已開冢，冢開即葬，祭食如存，無用三牲。」[140]

136　同上，卷三十六，頁1956。
137　《後漢書》，卷二十，頁742。
138　同上。
139　同上，卷四十五，頁1533。
140　同上，卷三十四，頁1177。

　　梁商薄葬的主張大旨仍以葬禮的政治和經濟後果爲主要考慮的對象，他雖然也提到「衣衾飯唅匣珠貝之屬何益朽骨」，但非立論中心，他的薄葬論是「雖云禮制，亦有權時…豈宜重爲國損」之觀念的產物，是一種在特殊政治經濟情勢之下所做的權宜之計，故立論基礎薄弱。他的言辭是否矯情之論，頗值得懷疑。無怪乎「及薨，帝親臨喪，諸子欲從其誨，朝廷不聽，賜以東園朱壽之器、銀鏤、黃腸、玉匣、…」[141]實際上，以梁商家族在朝廷中的顯赫地位，（商女爲順帝皇后，妹爲貴人），是不可能眞正行薄葬的。范曄在《後漢書》中的評論甚爲中肯：「（商）永言終制，未解尸官之尤。」[142]在位時不力求爲國家社會謀福，僅僅遺命薄葬，於事何補。

　　比較能夠從宇宙和生死觀來立論的，則是與道家思想取向有關係的一些人。

　　《淮南子》一書內容龐雜，然大旨在宇宙觀方面發揮道家思想，而在人間世事之倫理方面亦接受不少儒家之思想。[143]因此對於生死的看法，基本上略如〈精神訓〉所說：「吾生也有七尺之形，吾死也有一棺之土，吾生之比於有形之類，猶吾死之淪於無形之中也。然則吾生也物不以益衆，吾死也土不以加厚，吾又安知所喜憎利害其間者乎。」[144]然而此種生死觀應用到對喪葬制度的討論上時，並沒有導致極端的薄葬主張，卻採取了稍微和緩的態度，〈齊俗訓〉說：

　　　夫儒墨不原人情之終始，而務以行相反之制，五縗之服。…古者非不知繁升降
　　　槃還之禮也，蹀采齊肆夏之容也，以爲曠日煩民，而無所用。故制禮足以佐實
　　　，喻意而已矣。古者非不能陳鐘鼓，…非不能竭國廉民，虛府殫財，含珠鱗施
　　　，綸組節束，追送死也，以爲窮民絕業而無益於槁骨腐肉也。故葬薶足以收斂
　　　，蓋藏而已。…明乎生死之分，通乎侈儉之適者也。[145]

〈齊俗訓〉作者雖在文中排斥儒墨兩家有關喪制的觀念，但是他自己所提出的建議卻不一定完全與儒墨的主張相背。儒家自然不會反對「制禮足以佐實，喻意而已矣」的說法，而墨家也應會贊同「葬薶足以收斂，蓋藏而已」的意見。由此亦可以看出《淮

141　同上。
142　同上，卷三十四，頁1187。
143　有關《淮南子》一書在漢代思想史上意義之討論，參見徐復觀：〈淮南子與劉安的時代〉《兩漢思想史》卷二，頁175ff. 近年有關淮南子作者之綜合討論可參考C. Le Blanc, *Huai Nan Tzu* (Hong Kong: Hong Kong U. Press , 1985), pp. 24-41.
144　《淮南子》卷七〈精神訓〉，頁4，（台北：中華書局四部備要本，1971）。
145　《淮南子》卷11〈齊俗訓〉，頁7。

南子》一書中思想的活潑性，能融儒道墨各派思想於一爐。[146]

在武帝時，還有另一著名的薄葬論者楊王孫，亦爲道家之徒：

楊王孫者，孝武時人也。學黃老之術，家業千金，厚自奉養生，亡所不致。及病且終，先令其子，曰：「吾欲贏葬，以反吾眞，必亡易吾意。死則爲布囊盛尸，入地七尺，既下，從足引脫其囊，以身親土。」其子欲默而不從，重廢父命，欲從，心又不忍，乃往見王孫友人祁侯。

祁侯與王孫書曰：「……竊（聞）王孫先令贏葬，令死者亡知則已，若其有知，是戮尸地下，將贏見先人，竊爲王孫不取也。且孝經曰『爲之棺槨衣衾』，是亦聖人之遺制，何必區區獨守所聞？願王孫察焉。」

王孫報曰：「蓋聞古之聖王，緣人情不忍其親，故爲制禮，今則越之，吾是以贏葬，將以矯世也。夫厚葬誠亡益於死者，而俗人競以相高，靡財單幣，腐之地下。或乃今日入而明日發，此眞與暴骸於中野何異！…昔帝堯之葬也，窾木爲匱，葛藟爲緘，其穿下不亂泉，上不泄殠。故聖王生易尚，死易葬也。不加功於亡用，不損財於亡謂。今費財厚葬，留歸鬲至，死者不知，生者不得，是謂重惑。於戲！吾不爲也。」[147]

祁侯所說「令死者無知則已。若其有知，是戮尸地下，將贏見先人」正是一般對鬼神或死後世界存在與否無肯定答案的儒者的態度，楊王孫則堅定的站在道家的立場，主張人死之後即回歸於自然，不再有任何單獨的存在，所謂「且夫死者，終生之化，而物之歸者也，歸者得至，化者得變，是物各反其眞也。反眞冥冥，亡形亡聲，乃合道情。」而他又說「精神者天之有也，形骸者地之有也。精神離形，各歸其眞，故謂之鬼，鬼之爲言歸也，其尸塊獨處，豈有知哉？」[148]則完全否認了鬼神的存在，否認死者有任何「有知覺」的可能。

不過楊王孫對人死之後的情況雖有相當「冷酷」的看法，卻並不表示他不重視生命。相反地，他生時是「厚自奉養，亡所不致」，這一點，與後來道家重視養生的思

146　唯《淮南子》書中不取法家思想，此與《淮南子》成書之時代及政治背景有極密切關係，其說詳徐復觀，前引文。

147　《漢書》，卷六十七，頁2907-2909。關於楊王孫和下文要談到的趙咨的薄葬思想，參見牧尾良海，〈漢代薄葬論の典型──楊王孫と趙咨〉，《那須政隆古稀記念，智山學報》12/13, (1964)。

148　以上引文同上注《漢書》引文。

想當有繼承關係。最後應注意的是，楊王孫的薄葬論雖鏗鏘有力，但並不意味持論者必須與他一樣行臝葬。他的臝葬乃是有鑒於當時的厚葬風氣，特行之「以矯世也」，其薄葬的原則只是「不加功於亡用，不損財於亡謂」而已。他的薄葬論顯然在後世相當著名而爲人所稱道。

　　至東漢時代，薄葬論者言論具道家思想取向的，有光武時的樊宏。樊宏與楊王孫相似，家貲巨萬，而有「天道惡滿而好謙，前世貴戚皆明戒也。保身全已，豈不樂哉」[149]的主張，死時遺令薄葬。然而考察樊宏的生平，卻與楊王孫相去甚遠。楊王孫終生不仕，而樊宏數任官職，位至封侯。他不但盡忠職守，而且謹言愼行，爲人「謙柔畏愼」，極爲光武所欣賞。他死後，光武下詔：

　　　　今不順壽張侯意（即薄葬之遺志），無以彰其德。且吾萬歲之後，欲以爲式。[150]
樊宏的薄葬之志也許得以貫徹，但光武帝仍然賜給他的家屬「千萬錢，布萬匹。」並且親自參加他的葬禮，乃因樊宏爲光武之舅，厚賜爲無可避免之禮俗。

　　章帝時有蜀郡張霸者，曾任太守，侍中，死時遺命：「昔延州使齊，子死臝、博、因坎路側，遂以葬焉。今蜀道阻遠，不宜歸塋，可止此葬，足藏髮齒而已。務遵速朽，副我本心。」[151]雖然張霸所引延陵季子葬子的故事爲儒家所贊同的「恰當」的行爲，他要求「務遵速朽，副我本心」，以及引老子「知足不辱」[152]的言論，似乎表示他有受到道家思想的影響。

　　但若考慮他的政治事業，以及學術成就，他顯然不能算是道家之徒。他在任會稽太守時，「郡中爭厲志節，習經者以千數，道路但聞誦聲。」[153]此外，他又是公羊春秋學者，曾減定《嚴氏春秋》，更名爲《張氏學》，這些都可以說明他的儒者性格。

　　與張霸類似，有順帝時的崔瑗。他是名學者崔駰之子，「盡能傳其父業」，年四十餘始爲郡吏。然而宦途並不順利，在其生命的最後數年又爲人誣告而訴訟纏身。最後雖終於得還清白，已爲老病所困。他的遺言有「夫人稟天地氣以生，及其終也，歸精於天，還骨於地，何地不可臧形骸」[154]等語，道家的思想亦相當濃厚，但這是否發

149　《後漢書》，卷三十二，頁1121。
150　同上。
151　同上，卷三十六，頁1241--1242。
152　同上。
153　同上，卷三十六，頁1241。
154　同上，卷五十二，頁1724。

自於一種歷經滄桑之後的幻滅感，就不易判斷了。他的兒子，也就是著名的崔寔，曾在其〈政論〉中批評厚葬的風氣，但是卻似乎沒有遵從乃父的遺志。據《後漢書》記載：「寔父卒，剝賣田宅，起冢塋，立碑頌。葬訖，資產竭盡，因窮困，以酤釀販鬻爲業。時人多以此譏之，寔終不改。」[155]這雖然不一定表示他在薄葬的主張上有雙重標準，但也許可以說明，一個人生命中前後行爲與主張因著個人的遭遇和心態的不同而有不一致的地方，是相當自然而可以瞭解的事。

趙咨者，靈帝時博士，累遷敦煌太守，東海相。爲人正直，「在官清簡，計日受奉，豪黨畏其儉節。」[156]臨終時爲文論薄葬，先論生死之義：

　　夫含氣之倫，有生必終，蓋天地之常期，自然之至數。是以通人達士，鑒茲性命，以存亡爲晦明，死生爲朝夕，故其生也不爲娛，亡也不知戚。夫亡者，元氣去體，貞魂游散，反素復始，歸於無端。既已消仆，還合糞土，土爲棄物，豈有性情，而欲制其厚薄，調其燥溼邪？但以生者之情，不忍見形之毀，乃有掩骼埋窆之制。[157]

他並且對古來的埋葬制度做了一番檢討，認爲世間的葬俗有愈晚愈趨向奢侈浮華的傾向。他描述當代的厚葬之風爲：「華夏之士，爭相陵尚，違禮之本，事禮之末，務禮之華，弁禮之實，單家竭財，以相營赴，廢事生而營終亡，替所養而爲厚葬，豈云聖人制禮之意乎？」又「并棺合槨，以爲孝愷，豐賮重襚，以昭惻隱。」[158]在此我們也可以看出，趙咨雖持道家的生死觀，亦兼顧儒家的禮制，和墨家的薄葬之義。因此他說：「古人時同即會，時乖則別，動靜應禮，臨事合宜，王孫裸葬，墨夷露骸，皆達於性理，貴於速變。…彼數子豈薄至親之恩，亡忠孝之道邪？」[159]他對自己身後的安排並沒有如楊王孫那樣「以身親土」，而是「但欲制坎，令容棺槨，棺歸即葬，平地無墳，勿卜時日，葬無設奠，勿留墓側，無起封樹。」[160]

趙咨的例子與樊宏和張霸有相似之處，就是其言行反映出儒、道、甚至墨三派思想的影響。不過，從另外一個角度來看，也可以說儒道墨三家思想在他們的心中並不

155　同上，卷五十二，頁1731。
156　同上，卷三十九，頁1314。
157　同上，卷三十九，頁1314--1315。
158　同上。
159　同上。
160　同上。

是以互不相容的情況存在，而毋寧是作爲共同的智識傳統而爲他們所接受。

與趙咨同時代或稍晚，又有張奐、范冉、趙岐、盧植等人，均以薄葬著於世。張奐曾學歐陽尚書，舉賢良，歷任屬國都尉、使匈奴中郎將、大司農、太常等職。黨錮之禍時爲宦官王寓所誣害，回歸田里。遺言有道家灑脫之氣：「吾前後仕進，十要銀艾，不能和光同塵，爲讒邪所忌。通塞命也，始終常也，但地底冥冥，長無曉期，而復纏以纊，牢以釘密，爲不喜耳。幸有前宅，朝殞夕下，措屍靈床，幅巾而已。奢非晉文，儉非王孫，推情從意，庶無咎吝。」[161]張奐的這種思想可以說是在歷經人世的滄桑之後，終於覺悟到仕宦之途的險惡，從而安然接受那不可避免的常命。他對自己的葬禮雖說「奢非晉文，儉非王孫」，似爲一中庸之道，但其「朝殞夕下，措屍靈床，幅巾而已」的要求，仍然是薄葬思想的表現。

范冉曾隨馬融通經，「好違時絕俗，爲激詭之行」，亦曾遭黨錮之禍。遺命曰：「吾生於昏闇之世，值乎淫侈之俗，生不得匡世濟時，死何忍自同世！氣絕便斂，斂以時服，衣足蔽形，棺足周身，斂畢便穿，穿畢便埋。其明堂之奠，干飯寒水，飲食之物，勿有所下。墳封高下，令足自隱。」[162]范冉的遺言十分清楚的是在提出對於他自覺已無法改變的「昏闇之世」的抗議。他的葬禮，雖亦有棺有衣，均以最簡單之形式爲之，不隨葬、不擇日，顯爲針對當世厚葬之俗而發。

趙岐爲著名的學者，其孟子注釋流傳至今。他雖娶馬融兄女，然甚不齒其豪族身份。靈帝時遭黨錮之禍，獻帝時任太僕，曾在袁紹和曹操的爭霸戰中扮演重要的角色。於獻帝建安六年卒，年九十餘，遺命：「我死之日，墓中聚沙爲床，布簟白衣，散髮其上，覆以單被，即日便下，下訖便掩。」[163]

漢末另一大儒盧植，少時師事馬融，通古今學。靈帝徵爲博士，轉任太守，黃巾之亂起，任北中郎將擊張角，後爲宦官左豐所讒，再爲董卓所免官，隱居於上谷。「臨困，敕其子儉葬於土穴，不用棺槨，附體單帛而已。」[164]趙岐與盧植的薄葬主張是緣於何種理由？史料並無明言。但根據其傳記，趙岐在臨死前「先自爲壽藏，圖季札、子產、晏嬰、叔向四像居賓位，又自畫其像居主位，皆爲讚頌。」[165]則他的墓葬仍

---

161 同上，卷六十五，頁2143。
162 同上，卷八十一，頁2690。
163 同上，卷六十四，頁2122。
164 同上，卷六十四，頁2119。
165 同上，卷六十四，頁2124。

爲所謂的壁畫墓,若認爲他主張薄葬,則他的「薄」與盧植的「葬於土穴」顯然在節儉的程度上有所不同。

同樣的,章帝時的鄭弘[166],和帝時的何熙[167],順帝時的王堂[168],桓帝時的馬融[169],靈帝時的羊續[170]和鄭玄[171]等人均遺言薄葬。這些人之所以主張薄葬的原因及其薄葬的方式爲何,並無直接的資料可供檢討,但可以想見的是他們的主張各自有其特殊的背景。

以馬融爲例。融爲名門之後,大儒盧植和鄭玄之師,史載「融才高博洽,爲世通儒,…善鼓琴,好吹笛,達生任性,不拘儒者之節,居宇器服,多存侈飾,常坐高堂,施絳紗帳,前授生徒,後列女樂。…注孝經、論語、詩、易、三禮、尚書、列女傳、老子、淮南子、離騷,…」[172]但由於他曾曲從梁冀的威勢而草奏李固,並作〈大將軍西第頌〉,因而頗爲正直所羞。這樣的一種人格,如何能有薄葬之志?而薄葬是否又必然會恰當的反映出他的思想?這些都是不易解答的問題。[173]

又如馬融的弟子鄭玄亦主薄葬。鄭玄爲經學大家,終生不仕,「年七十,遺令薄葬。」其戒子書中曾云:「吾雖無紱冕之緒,頗有讓爵之高。……末所憤憤者,徒以亡親墳壟未成。…家今差多於昔,勤力務時,無恤飢寒,菲飲食,薄衣服,節夫二者,尚令吾寒恨。」[174]由此看來,他仍然希望能有財力爲自己的父母建高墳大塚,而他自己的薄葬主張似乎是源於他節儉的要求,是一經濟上的考慮,與生死觀並没有直接的關係,與乃師馬融的薄葬主張亦無必然關係。上面二例提示我們,歷史人物的思想與其行爲之間的複雜關係常常不是少量的史料所能呈現的。

最後必須討論的是曾經對厚葬思想的宗教背景作過比較詳密的論證的王充。王充

166　同上,卷三十三,頁1157:「臨歿悉還賜物,敕妻子褐巾布衣素棺殯殮,以還鄉里。」
167　同上,卷四十七,頁1593:「右軍臨歿,遺言薄葬」。
168　同上,卷三十一,頁1106:「年八十六卒,遺令薄斂,瓦棺以葬。」
169　同上,卷六十上,頁1972:「延熹九年卒於家,遺令薄葬。」
170　同上,卷三十一,頁1111。「遺言薄斂,不受贈遺。」
171　同上,卷三十五,頁1211。
172　同上,卷六十上,頁1972。
173　馬融的人格與思想是否眞實的反映在《後漢書》記載之中?歷來論者均大體接受范曄的說法而批評他奢侈貪生。近人王泳曾力圖爲其翻案,唯其推論過程過於簡單,不足以推翻前人的批評,見〈馬融辨〉,《大陸雜誌》36,3:21-25。賀昌群則專從馬氏之老莊思想來說明他的作爲,見《魏晉清談思想初論》(1947),頁16。至於馬融的外戚與士大夫雙重身份對他的思想所可能產生的影響,參見余英時,〈漢晉之際士之新自覺與新思潮〉,《中國知識階層史論(古代篇)》,頁208-210。
174　《後漢書》,卷三十五,頁1210。

思想的特點，諸如重知識不重倫理道德、命定論、自然的宇宙觀等，[175]是形成他的薄葬論的主要思想背景。他在《論衡》〈薄葬篇〉中以駁斥儒墨兩家對薄葬的看法爲討論的起點。他認爲儒家的問題在於：雖然不承認神鬼的存在，但又主張要祭祀，這是自相矛盾的。因爲儒家認爲：「夫言死無知，則臣子倍其君父，故曰喪祭禮廢，則臣子恩泊，臣子恩泊，則倍死亡先，倍死亡先，則不孝獄多。聖人懼開不孝之源，故不明死無知之實」。[176]儒家鼓勵人們對葬禮採取比較重視的態度，著眼點在於葬禮的社會義意。但是葬禮背後那種深刻的體認並不能爲一般人所瞭解，反而是儀節本身產生了鼓勵厚葬的效果，而喪失了儒家喪祭之禮的原義。墨家的問題也在於有自相矛盾的論點，墨子既主張薄葬，又主張明鬼，在王充看來是不通的：

> 墨家之議，自違其術，其薄葬而又右鬼，則夫死者審有知。如有知而薄葬之，是怒死人也，情欲厚而惡薄，以薄受死者之責，雖右鬼其何益哉？如以鬼非死人，則其信杜伯非也。如以鬼是死人，則其薄葬非也。術用乖錯，首尾相違，故以爲非。[177]

王充自己的看法是，人死之後，回歸自然，不能成鬼，世間之有關鬼神之說法均爲人的錯誤與幻覺所造成，所謂「人之所以生者，精氣也，死而精氣滅，滅而形體朽，朽而成灰土，何用爲鬼？」[178]，人死既無知，又不能成鬼，所以厚葬是對死者無益，對生者有害的事：「論死不悉，則奢禮不絕，不絕則喪物索用，用索物喪，民貧耗之至，危亡之道也。」[179]由此可以看出，王充的薄葬論雖是建立在道家一派的自然主義的宇宙和生命觀上，[180]但是他也會從經濟面上考慮厚葬的弊端，則又不完全反對墨家的主張。究其理論的根本，他並不眞的反對墨家與儒家的原則，而只是不認爲儒墨兩家的理論能夠自圓其說而已。他主張薄葬，目的也不僅爲了與儒墨爭辯，而是爲了要糾正世人輕信鬼神禍福的態度，這是與他在《論衡》其他篇章中破除迷信，力求實證的

175　參考徐復觀：《兩漢思想史》卷二，〈王充論考〉，頁563--640; 馮友蘭，《中國哲學史新編》第三冊，頁238ff.；J. Needham, *Science and Civilization in China*, vol. II, (Cambridge: Cambridge U. Press, 1956), pp.368ff..

176　《論衡》，〈薄葬篇〉，頁226，（世界書局）。

177　同上。

178　《論衡》，〈論死篇〉，頁202；又參見〈死僞〉、〈訂鬼〉等篇。

179　《論衡》，〈薄葬篇〉，頁226。

180　至於王充的天道觀到底與先秦道家有何差別，參見徐復觀，前引書，頁610--622。

精神是一致的。[181] 至於他的推證是否合理，是否眞能堅守實證的路線，則往往要受到他個人知識、環境、和遭遇的影響，是一個學術史上的問題，此處暫不深論。[182]

第五節　結　論

以上大略討論了漢代薄葬論的要旨。事實上，我們也很難找到主張厚葬的言論，然而社會上厚葬的風氣並不因爲少數反對的言論而稍息。在薄葬論者的言論中我們也不易見到如趙咨和王充那樣對厚葬的思想、心理或社會背景等方面作深入檢討的例子，這或許是由於這些言論多爲死前遺言之故。

由這些文獻看來，薄葬論者所主張的薄葬方式各有不同，主張無棺的有楊王孫、張奐、趙岐、盧植等，不反對有棺的爲趙咨、范冉等，其餘均不知其是否主張有棺。而即使是主張無棺者中間，還有楊王孫的裸葬，趙岐的白衣，張奐的幅巾，盧植的單帛等差別，可見「薄葬」之本身並無任何絕對標準可言，重要的是在於提出一種相對於當時一般流行的厚葬習俗的觀念。這些薄葬論的共同基本前提應該都是「人死無知」，並且否認死後世界的存在。這和由兩漢時代葬俗中所透露出那種對死後世界和鬼神的信仰正形成強烈的對比，也和在東漢中晚期興起的道教對葬禮的態度有所不同。[183] 而分析其薄葬之理論，可以瞭解到，主張薄葬論者的根本立場大致有從社會經濟之角度出發以及從道家宇宙人生觀出發兩大類。不過，值得注意的是，這兩種立場並不一定是相互排斥的，而有時薄葬者的用意主要是在藉此種偏激的行爲以警世抗俗，因而即使其言辭有道家灑脫之氣，其薄葬之主張與事實本身卻是一種具有「社會教育」意義的積極勸世的儒家胸懷。這一點，可以更進一步從這些薄葬論者的出身、教育背

181　參見〈論死〉、〈死僞〉、〈紀妖〉、〈訂鬼〉、〈四諱〉、〈譏日〉、〈調時〉、〈卜筮〉、〈辨祟〉、〈詰術〉、〈解除〉、〈祀義〉等篇。

182　參見徐復觀，前引書。前人討論王充之薄葬論的專文，有大久保隆郎，〈王充の薄葬論について〉《人文論究》26, (1966); 佐藤匡玄，〈王充の薄葬論について〉《愛知學院大學文學部紀要》1, (1972), 均未及見。

183　見注104，又A. Seidel, "Traces of Han Religion in Funeral Texts Found in Tombs" in 秋月觀暎編，《道教と宗教文化》，（東京：平河出版社，1987），p. 21–57.至於漢代的鬼神觀念，可以參見林巳奈夫，〈漢代鬼神の世界〉，《東方學報》（京都），46本，1974，頁223–306。道教對葬禮的態度，以《太平經》中〈事死不得過生法〉爲代表，是從陰陽鬼神的觀念立論，認爲人生爲陽，死爲陰，故事死不得過生。同時，又以爲送終愈爲奢華，人心愈不爲死者，所謂「流就浮華，以順生人」，以致於鬼神愈爲猖獗。這些觀念都是與知識分子的薄葬主張不相同的。見王明，《太平經合校》（台北：鼎文書局重印，1979），頁48–53。

景和生平事蹟方面來看。以下爲這些薄葬論者的身份背景之簡表。

人　名	年代	卒年	教育背景	事蹟、官職
楊王孫	武帝	100 BC	學黃老之術	家業千金
祭　遵	光武	AD 33	經學	列侯
樊　宏	光武	51	農商	封侯
鄭　弘	章帝	87		孝廉、縣令、太守、 尚書令、大司農、太尉
張　霸	和帝	100	經學	太守、侍中
張　輔	和帝	104	經學	太守、太僕、太尉
王　充	和帝	104	博學	郡功曹、從事
何　熙	和帝	110		謁者、司隸校尉、 大司農
王　堂	順帝	c 140		茂才、太守、有治聲
梁　商	順帝	141		外戚、大將軍
崔　瑗	順帝	143	天官、歷數 京房易傳	茂才、縣令、濟北相
馬　融	桓帝	166	經學、諸子	太守
趙　咨	靈帝	c 180	經學	孝廉、博士、太守、 在官清簡
張　奐	靈帝	181	歐陽尚書、	賢良、屬國都尉、 使匈奴中郎將、大司農、太常
范　冉	靈帝	185	經學	性狷急，不就官
羊　續	靈帝	189		太守、太常
盧　植	獻帝	192	經學	博士、太守、侍中、 尚書、中郎將
鄭　玄	獻帝	200	經學	茂才、不仕
趙　岐	獻帝	201	經學	太常

　　就年代上來看，大多數薄葬論者均爲東漢中晚期人，其中是否有特別的原因？是否由於此時的社會風氣日壞，以致於知識分子也表現出比較強烈的批判態度？[184] 或者只是有較多的材料可供史家利用？或兩者均是？無論如何，僅以這些薄葬言論或行爲能夠被記載下來的事實本身而言，也可以看出當時的知識界中有一股欣賞這種反潮流言行的力量存在著。

　　至於這些人物的背景，由表中可以看出，大部分的人都多少具有某種程度的經學背景。其中有些甚至爲極有成就的儒家學者。至於那些沒有明顯經學背景的人，如鄭弘、樊宏、何熙、王堂等人，也都是在行事方面有一定成就者。因此我們可以推測，儘管他們之中一些人的薄葬言論流露出某些道家思想的特質，他們的思想背景和生平行事卻顯示出，這些人本質上並不是出世或避世的道家之徒。因而他們的薄葬主張可能僅僅反映出平時沒有機會表現的達觀思想。

　　從另一角度來看，這些言論中有的也可能是抗世疾俗的宣言。對照著東漢中晚期天災人禍流行，政府屢屢下令收埋無主的枯骨，而富豪之家厚葬之風不滅的情形來看，知識分子這種心情是不難理解的。值得注意的是，雖然他們多有儒學的背景，不少人卻引用道家的觀念來支持其薄葬的理論，反而似乎不覺得一些儒家的主張，如「喪，與其易也，寧戚。」也可以很容易被引申爲薄葬的理論基礎。這是否是由於儒家學說在當時多少成爲厚葬風氣的支持者（儘管此時所謂的儒家思想與先秦儒家有著相當的距離），以致於他們不願意再援引儒家學說，以免造成誤解？此外，論者常以爲儒家思想在東漢晚期由於社會的動盪不安而趨於衰弱，以致於各種其他思想活躍，[185] 這一現象是否可用來解釋薄葬論的思想背景？這是一個最好能個案討論的問題，因爲薄葬的主張與個人主觀情緒有相當關係。至少就我們所看見的這些例子來看，不少主張薄葬者本人是積極有成的儒者，可見，若以爲薄葬思想有根源於道家思想的部分，則此道家的人生觀，至少就這些人而言，並不是在他們的儒家思想衰微的情況之下而起的。這種情況，可以修正上面所謂儒家思想衰微的論點，更可以顯現一時代和其中的個人思想的多面性。同時，這些薄葬論者能夠如此力挽潮流，也顯示出，一直到東漢

184　參見 Chi-yun Chen, *Hsun Yueh* (A.D. 148-209), (Cambridge: Cambridge U. Press, 1975), pp.10-39.

185　如湯一介，《郭象與魏晉玄學》，（台北：谷風出版社，1987），頁6-9。

晚期，至少仍有些知識分子，即使是明習經學，他們的思想並沒有一元化。若從漢代思想史的發展來看，這些薄葬論者所呈現出的面貌或許可以說明，由先秦時代所流傳下來的各派學說，到了東漢中晚期，已經在一些知識分子的思想中融合爲一體。這些知識分子在與社會國家的交往中表現出積極的儒家精神，但在私人追求心靈的平靜時則是道家的信徒。[186]魏晉時代玄學的興起，其思想上的背景至少有一部分是源於東漢末年的這種情況。[187]

186　參見E. Balazs, *Chinese Civilization and Bureaucracy,* (New Haven: Yale U. Press, 1964), pp. 187-225; Chi-yun Ch'en, "Confucian, Legalist and Taoist thought in Later Han", in *Cambridge History of China,* vol. I,(Cambridge: Cambridge U. Press, 1986), pp.767- 807.

187　實際上已有學者提出魏晉時代的玄學乃是淵源於漢代的儒學的說法，參見湯用彤，〈魏晉思想的發展〉，《魏晉玄學論稿》，（台北：廬山出版社，1972），頁131ff.。湯氏論魏晉有舊學、新學。舊學爲承襲漢人舊說，新學即玄學，以老莊虛無之論爲基礎。然新學又可分爲激烈與溫和二派，前者積極反對儒家傳統，後者則主調和儒道。又見Jack L. Dull,〈新道教における儒教的諸要素〉收入酒井忠夫編，《道教の總和的研究》,(1977),頁7-56。余英時先生(前引文)則從漢晉之際士的自覺來解釋由儒學到玄學的轉變，是源於一種對抽象原則的追求，此追求在漢末時表現爲儒學簡化運動，在魏晉時則表現爲玄學之發展，因而魏晉玄學的興起非單純對儒學之反動所能解釋。此說與本文之觀察亦可相印證。有關魏晉時代的薄葬思想，參見魏鳴，〈魏晉薄葬考論〉，《南京大學學報》，1986:4,頁133-143。魏鳴認爲魏晉時代主張薄葬的知識分子大多爲「儒家」，而具有道家傾向的知識分子雖亦有可能贊同薄葬，但他們對當時社會並沒有太大影響。魏鳴的說法可以部分印證本文關於漢代薄葬論者背景的論點，不過他所說的「儒家」是否都沒有受到道家的影響，則是個疑問。

〈漢侍廷里父老僤買田約束石券〉再議
—— 兼與俞偉超先生商榷 ——

邢 義 田

　　本文旨在討論〈漢侍廷里父老僤買田約束石券〉的釋讀、僤的性質、單印,以及與漢代基層社會相關的所謂里三老和里長的問題。結論如下:

1. 從石券「它如約束」的用語,可證今所見石券內容僅爲侍廷里父老僤約束的一部分。
2. 石券第一句之釋讀,建議作:「建初二年正月十五日,侍廷里父老僤祭尊于季、主疏左巨等廿五人,共爲約束石券里治中」。
3. 漢代的單、僤、彈的性質應爲私人結社,而非公社。
4. 漢「唯印」中的「唯」,疑亦爲與僤相類的一種結社。
5. 漢代並沒有里三老和里長存在的確實證據。

　　自一九八二年,河南偃師發現的侍廷里父老僤買田約束石券刊佈以來,學者對石券的性質,討論的十分熱烈。其中核心的問題在:「僤」到底是什麼樣的組織?個人六年前曾主張僤是私人結合或說是結社[1]。這樣主張的人頗有一些[2]。今年有緣讀到俞偉超先生的新書——《中國古代公社組織的考察——論先秦兩漢的單-僤-彈》,得知俞氏以僤爲公社的新說。俞氏對中國古代社會組織的性質與發展自有一套看法。根據他的看法,漢代的單、僤或彈都是自古以來的公社或公社的殘留。俞氏於先漢用甲骨和金文中的單字爲資料,於漢代則主要依據這方石券和數量頗多的單印。公社說背後有一套以馬克斯理論爲基礎的發展史觀,此處不擬討論,只打算對這方石券的釋讀和性質作進一步澄清,並討論一些相關的問題,希望能免除若干對漢代基層社會的誤解,並爲僤乃漢代結社說作補充。

1　邢義田,「漢代的父老、僤與聚族里居——漢侍廷里父老僤買田約束石券讀記」,原刊《漢學研究》1:2,1983;修改稿收入《秦漢史論稿》,1987,頁215-246。

2　例如:黃士斌,1982,頁19;寧可,1982,頁23-26;高文,1985,頁1;杜正勝,1983,頁246-247;1990,頁107-124;山田勝芳,1986,頁1-5;籾山明,1986,頁1-20;渡邊義浩,1989,頁4-6,9。

一、石券的釋讀

如何釋讀石券是基本關鍵。俞先生曾親見原石，並重作釋文，因理解有異，標點與解讀和前人不同。俞氏將過去釋爲「客田」的兩字改釋爲「容田」，是一大貢獻。他將石券末行原釋「王思」二字，改釋「于思」也無可疑。但他和黃士斌將石券第十行寧可所釋「它如約束」，釋爲「也如約束」，並斷句作「也，如約束」。這一差別影響到對整個石券性質的認識，不可不辨。個人認爲「它如約束」的讀法是正確的，而且這四字在石券中有重要的意義。以下試爲說。

第一，從一九八二年十二期《文物》以及俞書中的石券拓本看（參見附圖一），原字較像「它」而不像「也」字。兩拓本清晰程度不一，據《文物》上所拓，「它」字兩部份「宀」和「匕」顯而易辨，俞書拓本上它字的上半作「宀」也很清楚。釋爲「也」字，不妥。

第二，「它如約束」的「它如」或作「他如」是漢代公文常詞，意思是「其它如」云云。這一證據在文獻、碑和簡牘中甚多，先舉若干簡牘例證。如自敦煌酥油土新出漢簡有「以從事失亡重事它如太守都尉府檄書律令」（81.D38：18，《漢簡研究文集》，頁10）殘文。此簡惜無簡影可供覆案。居延簡則有以下清楚一例：

　　□□候長賢自言常以令秋射署功勞即石力賢

　　□□□于牒它如爰書敢言之（《居延漢簡》6.13，圖版193，參附圖二）

原簡「它如爰書」四字極爲清晰。漢簡中常見「如律令」、「如詔書」、「如爰書」之類的用語。其意義如字面，與「它如爰書」之加一「它」字者不同。前者意謂即如律令，如詔書；後者則是行事不完全同於律令、詔書或爰書時的措詞。可惜此簡過殘，無法知道這位候長作了那些爰書以外的事。此外，不能不一提居延建武三年候粟君責寇恩事簡有一處云「皆證也如爰書」（27.21A），此處「也」字很清楚（參《文物》1，1978，圖版38，39及本文附圖三），但從前後文可知其斷句毫無疑問應作「皆證也，如爰書」，而不是「皆證，也如爰書」。換言之，這份爰書簡不能用來旁證石券應釋作「也如約束」。

再以碑刻爲證。最少有乙瑛碑和張景碑二例。前一碑內容，大家十分熟悉。乙瑛碑在提到奉祀孔子的「故事」以後，三公建議如乙瑛之請，增加掌禮器之百石卒史一

人，而其「它如故事」（附圖四），也就是說其它仍如舊制。一九五八年河南南陽出
土張景碑，記述南陽郡下轉宛縣，宛縣再下轉有關張景義造土牛的公文，公文末有「
他如府記律令」之語。殘碑原字十分清晰（參拓本，《文物》11，1963，封面裡頁及
本文附圖五）。此碑之「他如」即「它如」。郡府同意張景以家產修土牛和奉獻建築
所須之物的方式，換取免除擔任縣吏、列長、伍長等徭役的義務。宛縣根據郡的教令
，進一步說明張景須造五架瓦屋二間和欄楯十尺，其餘則如「府記律令」所規定的。
府記爲太守府記。記爲文書通用語，所謂「州郡記，如霹靂」（《全後漢文》四十六
，頁12上），乃泛指州、郡所下公文。此處之府記應指碑中所說的「府君教」，蓋郡
守之令曰教。《漢書・何武傳》：「出記問墾田頃畝」，師古曰：「記謂教命之書」
。「律令」何指，碑未明言。總之，此處「他如府記律令」的「他如」，和前文所見
的「它如」相同。

　　最後，從文獻上可以更清楚看出「它如」的意思和用法。略舉例如下：

1. 《漢書・儒林傳》：「（公孫）弘爲學官…乃請曰…臣謹案詔書律令下者…
   請選擇其秩比二百石以上及吏百石通一藝以上補…文學掌故補郡屬，備員，
   請著功令，它如律令。」

2. 《漢書・匈奴傳》上：「其明年，單于遣使遺漢書云…今欲與漢闓大關，取
   漢女爲妻，歲給遺我糵酒萬石，稷米五千斛，雜繒萬匹，它如故約，則邊不
   相盜矣。」

3. 《漢書・匈奴傳》下，成帝河平四年，復株絫若鞮單于入朝，「加賜錦繡繒
   帛二萬匹，絮二萬斤，它如竟寧時」」哀帝元壽二年，單于來朝，「加賜衣
   三百七十襲，錦繡繒帛三萬匹，絮三萬斤，它如河平時」。

4. 《後漢書・章帝紀》元和二年九月壬辰詔：「…加賜男子爵，人二級，先見
   者帛二十匹，近者三匹…它如賜爵故事」。

從以上文獻很清楚可以了解「它如」二字都是在有所改變的情況下（單于提新的要求
，漢帝主動加賜，加賜爵帛），表明其餘的如故事或舊的約束。《儒林傳》師古釋「
它如律令」曰：「此外並如舊律令」，得其的解。此處可附帶一提，「它如」當作公
文用語已見於秦代。雲夢秦律中「效律」有相同的兩條：「……故吏弗效，新吏居之
未盈歲，去者與居吏坐之，新吏弗坐；其盈歲，雖弗效，新吏與居吏坐之，去者弗坐

。它如律。」（《睡虎地秦墓竹簡》，1990，圖版，秦律十八種，簡163；效律，簡
20，21；釋文頁57，72）丞相綰等議帝號，始皇不滿他們所擬的「泰皇」尊號，改
稱「皇帝」，但同意了他們其他的擬議，制詔遂以「他如議」三字作結（《史記・秦
始皇本紀》）。

　　如果釋爲「它如約束」可信，據以上對「它如」二字的理解，則可以確定目前所
出侍廷里石券的內容，並不是該里父老僤約束的全部，而石券所載最少有一部份是對
原約束的增添或修改。侍廷里父老僤早在永平十五年（A.D.72）已購容田八十二畝。
照俞先生的說法，容田即頌田，其所出乃供春秋二社一類活動之所需（頁121）。在
購田之後，如何管理和運用這些田產，當時應即有一套辦法或約束，不可能等五年以
後（建初二年，A.D.77）才立約。石券上說「得收田上毛物穀食自給」，玩味「自給
」二字，似乎容田的收入不但供社祭所需，還供當爲里父老者其他的開銷。經費如何
分配，如何支出，如何紀錄，應都有更詳細的規定。又如祭尊和主疏的職掌，如何決
定「眥次」，都是關係僤內活動的大問題，也不能不有所約定。這些不可少的約定並
不見於石券。因此，就這個僤活動的需要，個人相信父老僤必還有其他的約束。這些
約束也曾刻石，見諸帛竹，或僅爲口頭？則無從知悉。總之，經過五年，顯然因某些
我們不確知的理由（對舊有的約定有了爭議？須要修訂或補充？或欲確立某些約束，
傳之子孫？…）才將有關容田使用和繼承的約束刻石，加以確立。至於其它的約束，
仍如往常，爲僤中成員所熟知，故以「它如約束」一語帶過，不再重覆。相信以上對
「它如約束」的解釋，可幫助我們確定石券所刻僅爲該僤全部約束的一部分。

　　文字的釋讀和斷句關係到對整個石券內容的理解，石券的第一段尤爲關鍵。這一
段無論釋讀或斷句，各家小有不同。姑以最後出之俞先生說爲例，其釋如下：

　　　　建初二年正月十五日，侍廷里父老、僤祭尊于季主疏，左巨等廿五人，共爲約
　　　　束石券。里治中…（頁114）

俞釋的不同處在：(1)斷「父老僤」爲「父老、僤」」(2)以「主疏」二字作動詞，解爲
「主持撰寫書疏」（頁118）」(3)以「里治中」爲職稱。這三點都值得再作商榷。

　　以第一點言，俞先生不同意過去〔侍廷里父老僤〕的說法。他說：

　　　　把這個「僤」誤稱爲「父老僤」的重要原因，在於沒有弄懂「主疏」者「于季
　　　　」的身份乃是由「侍廷里僤」的二十五個「父老」中選出的「祭尊」。按之原

文，《石券》末尾題名的廿五人便是此「里」或「里僤」內的全部「父老」，于季爲其中之一，而又被推爲「祭尊」，故《石券》首行應讀爲「侍廷里父老、僤祭尊于季主疏」，其身份是「侍廷里父老」並爲「侍廷里僤」的祭尊。已知兩漢時期五十多個「單」名，多用吉語，而從無以「父老」爲名的，這也證明「父老」不是「僤」名。（頁117）

其說有四個要點：(1)石券中的二十五人全是父老，(2)于季是二十五位父老選出的祭尊，(3)于季擁有祭尊和父老雙重身份，(4)侍廷里之僤由父老組成，但其名不是「父老僤」，而是「侍廷里僤」。于季有兩重身份，或許可從。其他三點則還可以再斟酌：

第一，從石券內容看，這二十五位似只是在資產上夠格爲父老者，並不都已俱父老身份。父老在戰國時代原只是村落中領袖長者的泛稱，到漢代則漸成地方行政上有特定意義的專名[3]。所謂「里父老」，非泛指里中的長者，而是里中擔任特定父老職務的人。石券中有「僤中其有訾次當給里父老者」一句。句中「父老」前有一「里」字，不可輕忽。這證明他們要擔任的是有特定職責的父老，不是一般長者。一個數十戶到百戶的里似不會同時有二十五位這樣的父老。

第二，這二十五位夠格者組成的僤，以「父老僤」爲名似無不可。傳世單印雖不少（單印問題詳見下文），但漢代基層社會組織爲我們所不知者甚多。傳世單印無以父老爲名者，並不就意味漢世不可有以父老爲名的僤。

第三，關於里父老產生的方式，上引石券中「其有訾次當給里父老者」一句是唯一的依據。由二十五位依訾次自行推選，頂多是一個合理的推測。嚴格言之，是不是用推選？由誰推選？或僅依資產多少輪流？都不真正清楚。東漢在地方上擔負知民「爲役先後，知民貧富，爲賦多少，平其差品」（《續漢書·百官志》）的鄉有秩或嗇夫，會不會在里父老產生的過程裡扮演角色，值得考慮。因爲父老的資格與貧富有關；依訾次，則又與役之先後有關。在東漢末，擔任這些地方工作似乎不是一種光榮，而是許多人企圖逃避的役。前引延熹二年的張景造土牛碑就是最明白的證據。張景寧可花錢造土牛等，以換取不任「縣吏、列長、伍長徵發小徭」的權利。侍廷里父老僤是在明、章之世，情形或有不同。但出任里父老會有經濟上的負擔則甚顯然，否則就不會有父老僤這樣共同出錢買田，以減輕個人負擔的組織。

3　參邢義田，前引文，頁219-222。

　　其次，「主疏」二字是動詞或職稱的問題。拙意以爲解作職稱較妥當。以前在《漢學研究》一卷二期發表的意見有誤，修正後的看法見《秦漢史論稿》。因舉證與俞先生不同，請容將拙見有關部份先抄錄如下：

　　　　于季是這個組織的領袖，稱祭尊。左巨地位次於他，任「主疏」之職。主疏也就是主書，似掌文書之事。《漢官儀》謂：「秦代少府遣吏四人在殿中，主發書，故號尚書。尚猶主也。漢因秦置之。」從「尚猶主也」，可知主書亦尚書之意。又「疏」字與疏、疎、疏、書字通。《後漢書・鄭弘傳》曰：「楚王英謀反發覺，以疏引既」，李賢注：「疏，書也」。陳直謂兩漢隸體，「疏」字多寫作「疎」，本石券作「疏」。蒼山元嘉元年畫象石墓題記有「薄疎郭中畫觀」一句，「薄疎」意爲「簿書」。薄通簿，「簿書」或「薄疎」在這一句裡的意思是說——記錄墓中的圖畫。題記在這句之後，接著就是一幅幅圖畫的描述。漢代有尚書，有主簿，石券上又有主疏，它們的原意應都是類似的。（《秦漢史論稿》，頁218-219）

現在又找到一些資料可補充拙說。「主疏」或「主書」作爲職銜，已見之於《呂氏春秋》。《呂氏春秋・樂成篇》云：

　　　　文侯知之，命主書曰：「群臣賓客所獻書者，操以進之」。主書舉兩篋以進。今本《說苑》卷六所錄文字小異，然「命主書」及「主書舉兩篋以進」同。陳奇猷《呂氏春秋校釋》卷十六云：「主書係官名」（頁997）。又〈驕恣篇〉提到齊宣王「遽召掌書曰：書之」，畢沅曰：「掌，《新序》作尚；尚，主也」（頁1405）。易言之，掌書，也就是尚書，主書。這些材料應可大大釐清石券中「主疏」二字的意義。又《太平經合校》卷一百一十，有「簿疏善惡之籍」之句（〈大功益年書出歲月戒〉，頁526），也可證明拙文對前引畫象石題記中「薄疎」二字用爲動詞的解釋。近閱池田溫《中國歷代墓券略考》，發現池田在這一題記「薄疎」二字旁所加注正是「簿疏」二字（頁214）。

　　再說里治中。俞先生引《周禮・春官・天府》等資料，證明石券「里治中」的「治中」是職官名。他認爲里治中如漢代的治中從事，「乃主管里內的各種簿書」，又「由他來主持重建侍廷里僤一事，正是合適的」（頁120）。在這一點上，個人較贊同寧可，將里治解爲「聚會議事之所」（1982，頁25），或更明白地說即里辦公室。

理由如下：

1. 《周禮・春官・天府》所說的「治中」與漢代的「治中」無涉。嚴耕望先生已在《中國地方行政制度史》第九章「治中從事」條有明白辨析。嚴先生說：「然則「中」者當以漢官通例之「中」釋之（如侍中、郎中），謂內中，與《周禮》治中指簡冊簿書而言者，蓋不相涉」（頁310）。其詳可參嚴氏原書。

2. 即使里治中是職名，里治中和僤祭尊的地位關係將陷入難解的矛盾。因為如果同意俞氏所考，祭尊是父老之元長者（頁92），是從父老中選拔出來的尊長（頁93），則很難想像這樣的尊者僅主持撰寫書疏，反由主管里內簿書的里治中「主持重建侍廷里僤」（頁120）的大計。

3. 依石券行文方式，職稱之後例加人名，如祭尊于季，主疏左巨。如里治中為職稱，按例其後應有人名，然石券行文並非如此。「里治中」之後為「迺以永平十五年」云云，明顯為另一句的起首。

4. 據漢人習慣用語，里治中的「治」應作治所解。里治中就是「里辦公室內」。治指治所習見漢代文獻，如《漢書・地理志》，左馮翊之高陵，注曰：「左輔都尉治」右扶風之郿，注曰：「右輔都尉治」東郡之東阿，注：「都尉治」《續漢書・郡國志》云：「凡縣名先書者，郡所治也」」居廷簡有「如治所書律令」（16.4A），「如守府治所書律令」（16.10），「候長王卿治所」（88.8），「刺史治所」（24.3」482.19），「三井治所」（308.6），「☐夏侯掾治所☐」（483.1）。從這些例證可知，治所為通名，凡官員治事之所，皆可稱為治所。又《周禮・地官・里宰》鄭玄謂：「糾者，里宰治處也，若今街彈之室」。里宰治處無疑即里宰治所，而里治中實即里治所內。

總之，侍廷里父老僤可考的領袖，一為地位最高的祭尊，一為其副手主疏。主疏之為祭尊副手，猶如主簿之於郡縣守令。侍廷里父老僤雖然是私人結社，其職銜模仿官府，其規章約束的用語也模仿官府公文，不能不令人注意到漢代龐大的官僚體系和習慣在整個漢代社會中所起的典範作用[4]。

基於以上不同的認識，建議將石券第一段標點如下：

4　從下文提到的單、唯印中的職稱也可以看出有許多仿自官名。此外，如鎮墓文、遣冊襲用官府公文移文形式及用語（如律令等），私人信件用「叩頭死罪」，都可以反映官僚文化對一般私人生活的滲透。這一方面如作有系統的研究，應可大大增加我們對漢代政治與社會生活關係的認識。

建初二年正月十五日，侍廷里父老僤祭尊于季、主疏左巨等廿五人，共爲約束石券里治中。

二、單印和公社説

傳世單印甚多。俞書第三章即根據數十枚單印和以上說到的父老僤石券，肯定單、僤或彈是兩漢時期與里規模相當的兩種農村基層居民單位，而漢代的單是古來公社的延續或遺留。這一說法是否成立，關鍵仍在依據的資料是否堅實穩固。因而如何以單印證史，有一些基本問題不能不先提出來討論。

古印正如許多其他史料，有其用，亦有其限制。古印應用的一大限制在斷代不易。以單印而言，俞書引用的大部係傳世品，出土地點多不明。作者斷代主要依據字體風格（如頁76，100，143，159），偶而從印文所涉官名（如頁158），特殊用字如新、薪指王莽時代（如頁25，111）等入手。以字體風格來說，作者在第七十六頁有如下一段考證：

> 這十多枚印的字體，「徒單」二字瘦長，風格較早，當屬西漢甚至是偏早期的；「逗沮彈印」、「工里彈印」、「同壳彈印」、「宗親彈印」比較方正呆板，當屬東漢」；像「宗親彈印」那種鬆散潦草之體，還可以推定爲東漢偏晚的。

作者在其它地方論印的風格和斷代的方式，大體類此。今天有關銅器、陶器和甲骨的研究都逐漸有了較客觀科學的斷代標準，但有關印璽一個較明確的斷代標準似乎仍待建立。僅僅據「瘦長」，「方正呆板」，「鬆散潦草」這樣的觀察，實令人不易判斷斷代的準確性。羅福頤先生以專精印璽聞。他在《秦漢南北朝官印徵存》卷五，後漢官印部份的序中說：「前後漢官印標識明確性不大，有些由官職上，地理上可以斷代。然遇有歷代沿襲，或至魏晉仍然，就不易判斷。今只有參看文字刻工上，更待來者之佐證。」（頁119）單印存在的時代不幸正是羅先生認爲不易斷代的時期。這是以單印證史須謹慎處。

姑以官名斷代爲例。正如羅先生所說，有些官名沿用甚久，據以斷代僅能得一大概。以俞書用力甚多的「千人」來說，作者曾結論道：「千人之職，不見於《漢書·

百官公卿表》，當始於東漢。北魏以後也見不到這種軍職。千人單當只能存在於這段期間。」（頁158）接著又從「千人督印」的篆刻風格，斷定該印應是東漢至魏晉遺物，進而得出從里單到正衛彈，正衛彈再到千人單的歷史發展過程（頁159）。此處當爲作者一時失考。實則千人見於《百官公卿表》。中尉條云：「有兩丞、候、司馬、千人」典屬國條云：「復增屬國，置都尉，丞、候、千人」西域都護有「丞一人，司馬、候、千人各二人」。西漢之有千人，昭昭可考。《漢舊儀》謂：「邊郡太守各將萬騎…置長史一人…當兵行，長史領置部都尉、千人、司馬、候、農都尉」云云，又謂：「元朔三年，以上郡、西河爲萬騎太守，月奉二萬。綏和元年，省大郡萬騎員秩，以二千石居」（《漢官六種》輯本）。元朔三年的萬騎太守，正是各將萬騎的邊郡太守，其屬下有千人甚明。可見千人一職最遲已見於武帝時。一個確證見敦煌簡。沙畹編號305簡云：「大始三年（94 B.C.）閏月辛酉朔己卯玉門都尉護衆謂千人尚尉丞無□就」[5]。「大始」即「太始」，武帝年號。又居延簡560.13云：「昭武騎士益廣里王彊——屬千人霸五百倨士吏壽」（《居延漢簡》，圖版20）此簡字跡極清晰，並與元康四年簡（560.4），地節三年簡（560.17A）同出地灣A33，大體應可判定爲宣帝時簡。此外，與五鳳元年簡（564.24）和元康二年簡（564.25）同出一地的簡564.6也提到「千人」，其時代亦在宣帝。又居延有成帝建始二年（31B.C.）簡（28.21A）提到「千人」。羅福頤《秦漢南北朝官印徵存》卷四，新莽印收有折衝猥千人、破姦猥千人、建威猥千人三印。莽印用字特殊，此三印屬新莽時代無可疑，而莽官千人顯係沿西漢之舊。如果以上對千人的考證成立，照前引作者推論的方式，千人單就可能存在於西漢中期，其出現反在正衛彈之前了。這一點即足以動搖作者對單——彈——千人單，順序發展的論點。

　　單印是公社說的重要依據，但單印所涉職官名稱複雜，實難想像爲單純的農村公社所能有。俞先生分析單印中出現的祭尊、三老、敬老、父老、長史、卿、尉、平政、穀史、司平、監、廚護、右集等職，結論道：

　　　　兩漢時期的村社組織，還是普遍存在和相當完整的，內部存在著細密的分職，
　　　　達十二、三個之多。就某個具體村社而言，內部的分職當然不見得有那麼多但
　　　　就村社的總體而言，就是具有那麼衆多的分職。在村社的整個歷史命運中，

5　釋文從陳直，「敦煌漢簡釋文平議」，收入《摹廬叢著七種》，頁299。

　　隨著村社的衰落，內部的分職是會走向簡單化的，兩漢時期的村社畢竟處在日
益解體的過程中，從而這種細密的分職不會到漢代才出現，應是周代就已發生
的。（頁127）

俞書於公社、村社二詞沒有區分，經常互用；因此此處所說的兩漢村社也就是他說的
公社，或農村公社。他認為這十二、三個單內職稱都是村社或公社內的分職，各職所
司雖有不同，卻屬於同一公社性質的單或僤。其次，兩漢村社已處在衰落解體的過程
裡，細密的分職在周代應已存在。這樣立論似須考慮所據資料的時代和地區因素。以
上數十枚單印可能分屬不同時代和不同的地域。換言之，各單內職稱之異，再加上單
名不同，即意味單的性質可能有所差別，不都是公社。舉例來說，印或碑中見到的正
僤、正衛僤，明白是為均徭役而設。漢印中有「酒單祭尊」，顧名思義，此單疑與酒
之製造或買賣有關。再如，「長壽萬年單左平政」、「奉親無極單右平政」、「慈孝
單左史」、「孝子單祭尊」、「長生單祭尊印」等單印名稱所顯示的，極可能是一些
和喪葬互助有關的組織。漢世重喪葬，花費極大。孝子奉親無極的重要表現即在隆重
的飾終之典。這筆花費非人人所能負擔，遂而出現互助的辦法和組織。俞書提到四川
宜賓發現的三種墓磚銘（頁76-77），其中有「宣化宜世僤休之藏永元六年始造」、
「永元六年八月造」，「永元六年宜世里宗壁…」的銘文。三件銘文標示年月方式不
一，有曰「始造」，有曰「八月造」，也有僅書年份。個人懷疑這位墓主的墓磚於永
元六年陸續燒製，而燒製墓磚的正是墓主所屬宜世里的宜世僤。此說證據當然不夠。
姑言之，備考。還有一個不能不提的例子是拙文過去已談到的士大夫之僤（《秦漢史
論稿》，頁223-224）。東漢末，士大夫張儉等刻石立墠，共為部黨，《英雄記》曰
：「儉等相與作衣冠糾僤，僤中人相調言我僤中誠有八俊、八大…」云云。（《後漢
書・黨錮傳》，王先謙《集解》引）又《北京圖書館藏中國歷代石刻拓本匯編》第一
冊錄黨錮碑殘石有「還復僤子弟…〔諸〕生在僤」殘字（頁228）。這種僤顯然是私
人結合，與公社或村社無關。接著也就可以澄清一點，即里和僤之間沒有必然的關係
。有些僤固然可以一里為單位，而成里僤，但顯然並非皆如此。侍廷里父老僤就不是
以全體里民為成員，只是里中夠格為父老者而已，而他們購置的田產，傳之子孫，非
村里中人所共享，嚴格言之，雖似公產，實為私有，已與公社或村社之公有公享精神
異趣。

　　總結以上討論，個人仍然相信，漢代的單、僤或僤，在性質上與其說是公社，不如說是私人結社。漢代結社性質複雜，名稱不一。還有些名爲僤，性質難定，暫不討論[6]。漢碑中有不少地方官爲民立僤，如酸棗令劉熊碑裡的「正僤」，或《水經注》裡提到的「南陽都鄉正衛僤」[7]，似乎僤是官方組織，而非私人結合。事實上，這是官府利用民間已有的組織形式，達到均平徭役的目的。僤中職稱雖有若官名者，僤原本應非官僚體系的衍生物，也非出自官府的設計。

　　末了，附帶一提，漢印中的「唯印」仍是難解的一個謎。陳直先生在其《居延漢簡研究》中認爲漢代公文中的「唯」和漢印中之「唯」俱作然諾解（頁130）。俞先生從勞貞一先生說，認爲唯、魁古音可通轉，「里唯」即「里魁」（頁91-93）。唯、魁古音雖可通轉，如「里唯」即「里魁」，作一職稱解，則不易解釋「富里略唯印」、「角里小唯」、「洛里巨唯」這類里、唯二字間有其他字插入的唯印。在這些印裡，里唯並不構成一個名詞。也不能解釋「唯長史印」、「宗家唯長史印」這類不見里字，卻有其他官名的印。俞先生曾解釋「唯長史」爲「里唯長史」之省。里唯如爲里魁，里魁有屬吏曰長史，於史無可考。此外，這樣也甚難解釋「少年唯印」、「孝子唯印」、「長久力唯」、「諸長卿唯」、「丁氏長幸唯印」、「常樂少年唯印」、「圉下長幸唯印」這類名稱絕不似漢代里名的唯印。如果這些類情況不能有圓滿的解釋，則里唯爲里魁說即少說服力。

　　唯到底是什麼？目前尚難確斷。如果容許作一臆測，「唯」是否可能也是一種結社呢？前引陳直以「唯」爲然諾的說法很有啟發性。陳先生立說未引《說文》，其說實有《說文》可據。《說文》曰：「唯，諾也」。《說文》之說有其來歷。馬王堆帛書〈五行篇〉說：「耳目鼻口手足六者，心之役也；心曰唯，莫敢不唯；心曰諾，莫

6　《漢書・酷吏傳》，尹賞條有一段說：「長安中姦猾浸多，閭里少年群輩殺吏，受賕報仇。相與探丸爲彈，得赤丸者斫武吏，得黑丸者斫文吏，白者主治喪。」師古曰：「爲彈丸作赤黑白三色而共探取之也」。先謙《補注》引王念孫，不同意師古說。王以爲正文原無「爲彈」二字，「爲彈」二字乃後人將師古注首二字誤入正文。他並舉《御覽》地部二，刑法部九所引皆無「爲彈」二字爲證。兵部八十一引此則有「爲彈」二字，王認爲此蓋「依誤本漢書加之」所致。《御覽》所引固有不一致處，然王說不無可能。如正文「爲彈」二字無誤，閭里少年所爲之彈，有抓鬮臨時分配任務的意味，難以說是一種較長期性的結社組織。因此一資料涉及校勘問題，暫不深論。又《潛夫論・浮侈》提到其時風俗，「懷丸挾彈，攜手遨游，或取好土作丸，賣之於彈」云云。汪繼培箋於「賣之於彈」四字無說。此處之彈爲何，難解，亦暫不論。漢代陶製彈丸已有實物出土，見「漢長安城未央宮第三號建築遺址發掘簡報」《考古》1（1989），頁40。

7　《水經注》溳水，魯陽縣條有「南陽都鄉正衛爲碑」，今因該碑殘石發現，已可證《水經注》所錄「爲」爲「彈」字之誤。參俞偉超，1988，頁138；施蟄存，1987，頁353。

敢不諾。」又《禮記・玉藻》說：「父命呼，唯而不諾，手執業則投之，食在口則吐之，走而不趨。」結社必有約束，約束即彼此同意的約定，也就是相互的然諾。以相互然諾為基礎的組織即是「唯」。這與單、僤或彈類似。在古注中，單有信的意思。如《詩・大雅・天保》「俾爾單厚」，《傳》曰：「單，信也，或曰單，厚也」。信與諾意通。或者可以說，唯是與單、僤或彈實同名異的民間結社。這些結社必有參加者彼此同意的「約束」，這也就是相互間的然諾或承諾。結社取名為「單」或「唯」，取意即在此。漢代的私人結社似不可能只有一種名稱。據《漢書・五行志》張晏曰，民間三月和九月有私社，臣瓚以為是田社。這是以社為名的。侍廷里石券，漢碑及單印證明有以單、僤或彈為名者，則另有以唯為名者不是不可能。如果將唯視為結社，前述不可解之處皆可迎刃而解。凡是以里為單位結成者，稱里唯；略唯、小唯或巨唯則是里中大小不同的結社，巨、略蓋即大、小。宗家、丁氏唯則可能是以宗族或家族成員所組成者。為何在宗族或家族之外，另組結社？這有待更多的材料才能解答。其餘少年唯、孝子唯、諸長卿唯、園下唯，從名稱觀之，顯然都是由特定身份的人，因特定目的而組成。從傳世唯印之多，可知唯作為一種結社名稱，其普遍程度應不下於單、僤或彈。可惜唯印和單印的出土地，十九不可考，時代也難斷，我們尚無法追究已知結社名稱的差異是因地域而不同，還是曾隨時尚而轉變。或許漢代基層社會一直都存在著各式各樣名稱的組織，只是我們所知太少罷了。

三、漢代有無里三老和里長？

　　拙稿〈漢代的父老、僤與聚族里居〉曾經討論過有無里三老的問題（1987，頁221），漢有里長則是俞先生的新說。因為俞書認為漢既有里長，又有里三老，引用的一些證據拙稿過去沒有採用，這裡不能不進一步釐清，以補充舊稿之不足。

　　先說里三老。俞先生認為三老「也就是父老」，「鄉下之里，亦設三老」（頁94）。這個問題牽涉到對漢代基層社會領導結構的認識，關係至大。《漢書・高帝紀》明白記載，自高祖二年鄉置三老一人，又擇鄉三老一人為縣三老，其後又有郡三老、國三老，唯里有父老。通兩漢文獻、簡牘、碑、印，都可以證明里父老的存在，卻從未有里三老的直接證據。俞書所舉里三老的證據主要轉引自孫詒讓《墨子閒詁・備城

門》篇所引《號令》篇、《管子‧度地》及《史記‧滑稽列傳》述西門豹治鄴事。孫
詒讓曰:「…後〈號令篇〉云:三老守閭,則邑中里閭亦置三老」。這是俞氏里有三
老的重要論據。如一查〈號令〉篇原文,則知「三老守閭」作「三老、守閭」(孫以
楷點校《墨子閒詁》本,新編諸子集成),二者分別為二。岑仲勉《墨子城守各篇簡
注》謂:「守閭疑亦與三老同等有職守之人」,又謂:「三老、守閭各有職守」(新
編諸子集成本,頁117)。再看〈號令〉篇原文,守閭里的是里正和父老,從不見三
老。〈號令〉篇隨處提到:「里正(原作舌,據岑仲勉校改)與父老皆守宿里門,吏
行其部,至里門,正與開門內吏,與行父老之守及窮巷閒無人之處」」如果發生火災
,「其正及父老有守此巷中部吏,皆得救之」,又「守入臨城,必謹問父老、吏大夫
」云云,真正守里巷的是里正和父老。三老在那兒呢?在葆宮中。〈號令〉篇說:「
守堂下為大樓,高臨城,堂下周散道,中應客,客待見。時召三老在葆宮中者與計事
得失,行德,計謀合,乃入葆」,重要的是緊接的一句,「守無行城,無離舍」(按
:以上一段文字,《閒詁》本在〈備城門〉,岑氏《簡注》置於〈號令〉篇,今從岑
氏文及斷句)。文中之守指太守,太守如不外出巡城,則三老不可離葆宮,因為三老
掌有傳令用的羽。〈號令〉篇說:「傳令里中者以羽,羽在三老所」,岑仲勉注曰:
「傳令之羽在三老所,故三老不宜外出」(頁118)…如果以上的理解可通,則《墨
子》一書中的三老就不是里三老,而是其他身份的人。

　　《管子‧度地》提到的三老也不是里三老,而相當於鄉三老。這只要一查〈度地
〉前後文即明白。〈度地〉先說地方分割有都、州、術、里四級的地方組織,再說「
百家為里,里十為術,術十為州,州十為都,都十為霸國」。國以下的都如果相當於
郡,州相當於縣,術則相當鄉,鄉下有里。其後〈度地〉有一段:「都以臨下,視有
餘不足之處,輒下水官,水官亦以甲士當被兵之數,與三老、里有司、伍長行里,因
父母案行閱具備水之器」云云(《管子校正》,頁304-305)。這裡里的負責人是里
有司,其下有伍長,其上則為三老。以〈度地〉的地方行政系統言,這個三老只可能
是術三老,也就相當於鄉三老。由此觀之,漢高祖於縣、鄉兩級行政單位置三老,實
有來歷,非向壁新創。

　　再看《史記‧滑稽列傳》就更清楚了。《滑稽列傳》原文是:「西門豹為鄴令…
長老曰:苦為河伯娶婦,以故貧。豹問其故,對曰:鄴三老、廷掾常歲賦斂百姓…」
,又說:「至其時,西門豹往會之河上。三老、官屬、豪長者、里父老皆會」。《史

記》的記述很清楚，三老是鄴之三老，里則有里父老。鄴三老高高在上與廷掾合謀壓榨百姓，後來被西門豹投入河中。西門豹是鄴令，鄴三老應是縣三老。三老與官僚廷掾之類同一戰線，這裡的三老無論如何不能等同於里之父老。

　　以上這些資料皆屬先漢，嚴格言之，都不能作爲漢有無里三老的直接證據。俞書論漢里置三老的唯一證據是《漢書・元后傳》中的一段。爲免斷章取義，謹抄錄如下：

　　　　翁孺既免，而與東平陵終氏有怨，乃徙魏郡元城委粟里，爲三老。魏郡人德之。元城建公曰：「昔春秋沙麓崩，晉史卜之，曰：陰爲陽雄，土火相乘，故有沙麓崩。後六百四十五年，宜有聖女興，其齊田乎！今王翁孺徙，正直其地，日月當之。元城郭東有五鹿之虛，即沙鹿地也。後八十年，當有貴女興天下」云。

《漢書》書遷徙，例書從某郡某縣，或僅某縣徙某縣，幾無書里之例。如：張敞「本河東平陽人也，祖父孺爲上谷太守，徙茂陵」；杜鄴「本魏郡繁陽人也，祖父及父積功勞皆至郡守，武帝時徙茂陵」；黃霸「淮陽陽夏人也，以豪桀役使徙雲陵」；辛慶忌「本狄道人，爲將軍，徙昌陵」；平當祖父「自下邑徙平陵」；何並祖父「自平輿徙平陵」（以上俱見《漢書》各本傳）。此處特別詳載里名，乃因時人相信「地脈」關係王氏之興。王翁孺所徙之委粟里地當春秋晉史預卜，有聖女興起之沙鹿地。此亦爲王莽宣傳王氏代興的手段。（參《顧頡剛讀書筆記》，民國79年，聯經，卷七下，頁5389；卷九下，頁7291）班固記莽事，遂詳載元城委粟里即沙鹿地，指明確切地點。如果照例只記翁孺徙魏郡元城，就不會引來後世翁孺爲委粟里三老的誤會。班固必然清楚當時的三老制度，他沒有料到在委粟里之後，接著寫「爲三老」一句會引起誤解，但他明白以「魏郡人德之」一句來表明翁孺乃郡三老，非縣、里三老。如爲縣、里三老，何來一郡人德之？此處細審原文，即不致有誤。從以上討論，相信已經釐清漢里有無三老的問題。漢里無三老，卻有里正（或里魁）和父老。他們在地方基層的意義，舊作已論，此處不再重覆。

　　再說里長。俞書第九十五至九十六頁，爲了證明單和里相當，既有單長，遂推論漢亦應有里長。俞先生除了引《墨子》和《韓非子》證明「里長」的存在，還引了居延破城子簡一枚。先秦子書不能作爲漢史的直接證據，已見前說。俞氏所引漢簡，則須討論。先錄俞氏釋文如下：

建始（按：應作昭）二年閏月丙戌，甲渠令史董子方□郭卒歐威裘一領，直千
（按：應作七）百五十，約里長錢畢已，旁人杜君雋。（26.1）

俞釋文係根據《居延漢簡甲編》。其中關鍵性的「約里長」三字，《甲乙編》作：「給□□」，勞榦《居延漢簡‧考釋之部》作：「約長錢」」謝桂華等《居延漢簡釋文合校》作：「約至春」。可見這幾字如何釋讀，頗有歧異。到底應如何釋讀呢？第一，當然應根據原簡字句；第二，如原字跡有不明，可參其它同類契約簡的類似語句，作一判定。首先看原簡（參附圖七）。原簡今藏歷史語言研究所。據我目驗，字跡一般要較圖版清晰，原簡上「約」字很清楚，「約」下二字可惜較模糊，和圖版（勞圖版140）所見相似。「約」、「錢」二字之間，明顯有兩字，勞釋文作「約長錢」，脫一字。這兩字雖像「至春」，但不夠清晰，恐難令主張「里長」者心服。因此有必要推敲其它類似的契約文書。如果參考附圖六，262.19簡「約至十二月」及273.12簡「約至九月」清楚的字跡，應該可以完全肯定「約至春」的釋讀。這些都是表示契約的期限。此外，甘肅玉門花海漢代遺址所出一簡，也可以證明這種有期限的契約形式：「元平元年七月庚子，禽寇卒馮時賣橐絡六枚楊卿所，約至八月十日與時小麥七石六斗。過月十五日，以日斗計，蓋卿任」（77.J.H.S：2A，見《漢簡研究文集》，頁28）。此簡沒有簡影發表，姑錄出以供參考。據以上考論，簡中「里長」一詞既不可靠，俞書據里長所作有關單長的推論也就須要重新考慮。

四、結　　論

　　新材料不斷出土，大大幫助了我們今天對漢代基層社會的了解。侍廷里父老僤買田約束石券帶來許多有用的線索，使許多過去未受注意的材料得以聯繫起來；否則，除了家族、社之外，今人大概還很難注意到漢世基層有這樣繁多複雜的私人結社組織。如何正確認識新材料，如何正確地將材料納入解釋古代社會的大框架裡，不是一件容易的事。公社和私人結社是不同的解釋框架，其正確與否，端在依據的個別材料是否可以信賴。本文基本目的在藉與俞先生商榷的機會重新檢討石券等材料，希望能釐清一些誤解，也增加些許了解。是否如此，敬請指教。

89.9.7. 元兒三歲生日後二日

引 用 書 目

王先謙　　　　　　　《漢書補注》　　　　　藝文印書館

王先謙　　　　　　　《後漢書補注》　　　　藝文印書館

王　明　　1979　　　《太平經合校》　　　　鼎文書局

汪繼培　　1955　　　《潛夫論箋》　　　　　世界書局

岑仲勉　　1987三版　《墨子城守各篇簡注》　中華書局

孫星衍　　1967　　　《漢官六種》　　　　　中華書局

孫詒讓　　1986　　　《墨子閒詁》　　　　　中華書局

陳奇猷　　1985　　　《呂氏春秋校釋》　　　華正書局

戴　望　　1981　　　《管子校正》　　　　　世界書局

山田勝芳　1986　　　〈父老僤約束石券と秦漢時代の父老〉見寺田隆信編《舊中國
　　　　　　　　　　　社會に於ける指導層の研究》

中國社會科學院考
古研究所漢城工作隊　1989　　〈漢長安城未央宮第三號建築遺址發掘簡報〉《考古》
　　　　　　　　　　　1,頁33-43。

中國社會科學院考古研究所　1980　《居延漢簡甲乙編》　中華書局

甘肅省文物工作隊,甘肅省博物館　1984　《漢簡研究文集》　甘肅人民出版社

甘肅居延考古隊簡冊整理小組　1978　〈建武三年侯粟君所責寇恩事釋文〉《文物》
　　　　　　　　　　　1,頁30-34。

池田溫　　1981　　　〈中國歷代墓券略考〉《創立四十周年記念論集》東京大學東洋文
　　　　　　　　　　　化研究所

杜正勝　　1983　　　〈古代聚落的傳統與變遷〉《第二屆中國社會經濟史研討會論文
　　　　　　　　　　　集》,漢學研究資料及服務中心,頁205-256。

杜正勝　　1990　　　〈單是公社還是結社？——與俞偉超先生商榷〉《新史學》創刊
　　　　　　　　　　　號，頁107-124。

邢義田　　1983　　　〈漢代的父老、僤與聚族里居——漢侍廷里父老僤買田約束石券
　　　　　　　　　　　讀記〉《漢學研究》1：2，頁355-377。

邢義田　　1987　《秦漢史論稿》東大圖書公司

岡田功　　1984　〈戰國時代の約と律令について〉《歷史學研究》534號

俞偉超　　1988　《中國古代公社組織的考察──論先秦兩漢的單－僤－彈》文物
　　　　　　　　出版社。

籾山明　　1986　〈漢代結僤習俗考──石刻史料鄉里秩序（Ⅰ）〉《島根大學法
　　　　　　　　文學部紀要》文學科編9：1,頁1-20。

施蟄存　　1987　《水經注碑錄》　　天津古籍出版社

高　文　　1985　《漢碑集釋》河南大學出版社

黃士斌　　1982　〈河南偃師縣發現漢代買田約束石券〉《文物》12，頁17-20。

陳　直　　1981　《摹廬叢著七種》齊魯書社

渡邊義浩　1989　〈中國古代在地社會の網羅的研究〉《內山書店中國圖書月刊》
　　　　　　　　一卷十月號，頁4-6，9。

勞　榦　　1977　《居延漢簡──圖版之部》史語所專刊

勞　榦　　1986　《居延漢簡──考釋之部》史語所專刊

寧　可　　1982　〈關于漢侍廷里父老僤買田約束石券〉《文物》12,頁21-27。

鄭杰祥　　1963　〈南陽新出土的東漢張景造土牛碑〉《文物》11，頁1-3。

謝桂華等　1987　《居延漢簡釋文合校》　　文物出版社

羅福頤　　1987　《秦漢南北朝官印徵存》　　文物出版社

嚴耕望　　1974　《中國地方行政制度史》上編　　史語所專刊

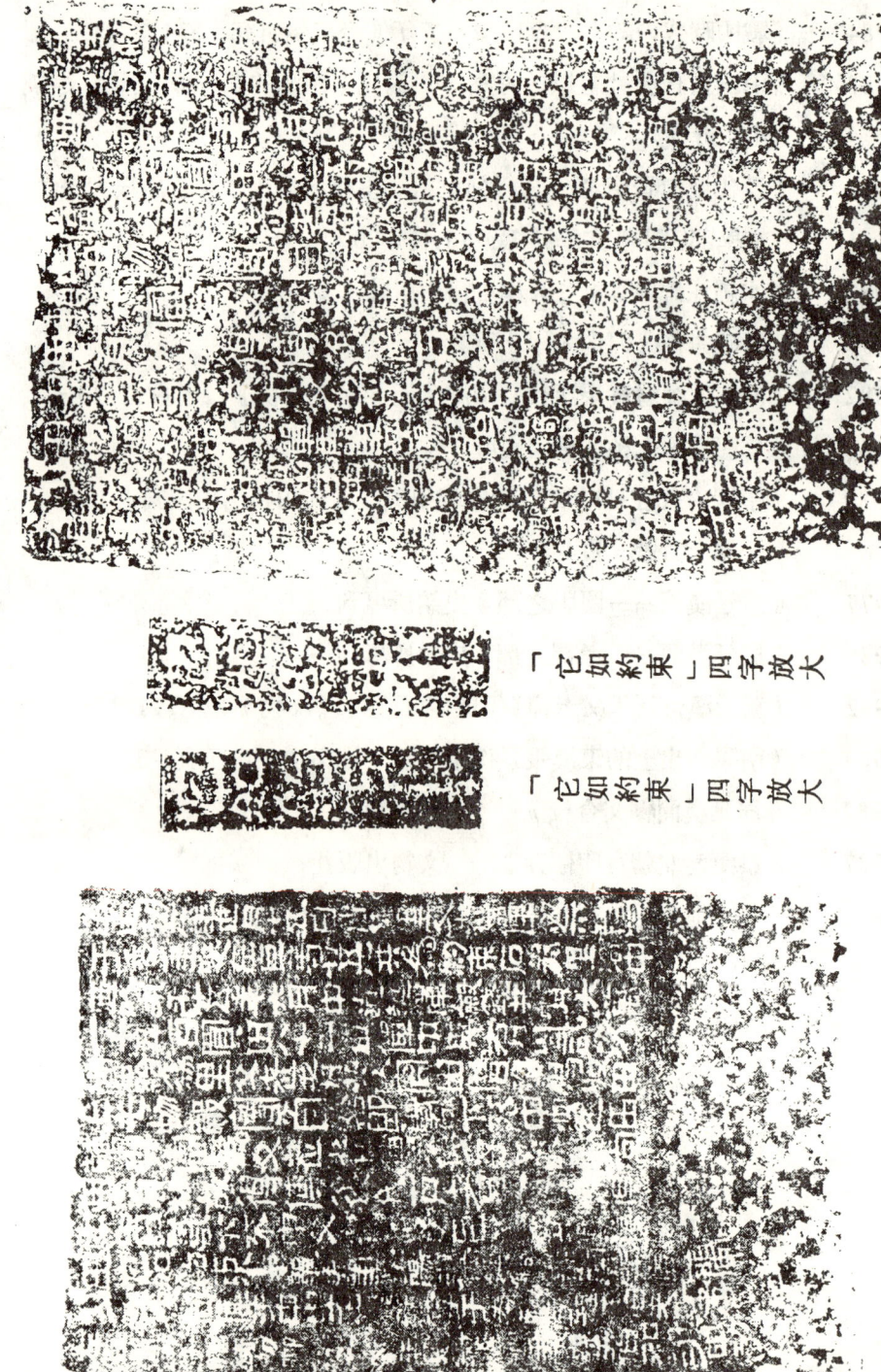

「亡如約束」四字放大

「亡如約束」四字放大

俞偉超書，頁116，圖五一

《文物》12（1982）頁18

附圖一：「漢侍廷里父老僤買田約束石券」兩種拓本比較

(28)　　　(20)

附圖二:「它如爱書」　　附圖三:「皆證也如爱書」

(《居延漢簡-圖版之　　(《文物》1(1978),圖版

部》圖版193)　　　　38,39)

附圖四：孔廟置百石卒史碑（乙瑛碑）

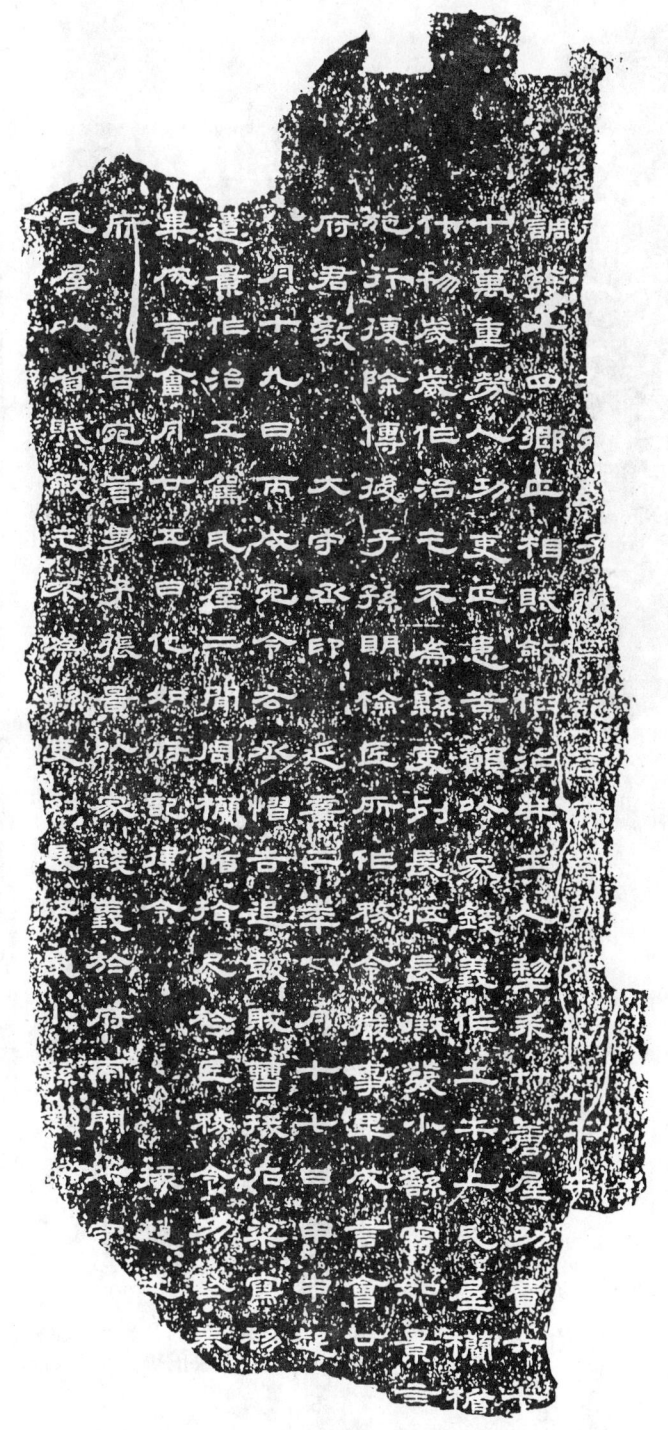

附圖五：張景造上牛碑（《文物》11（1963），封面裡）

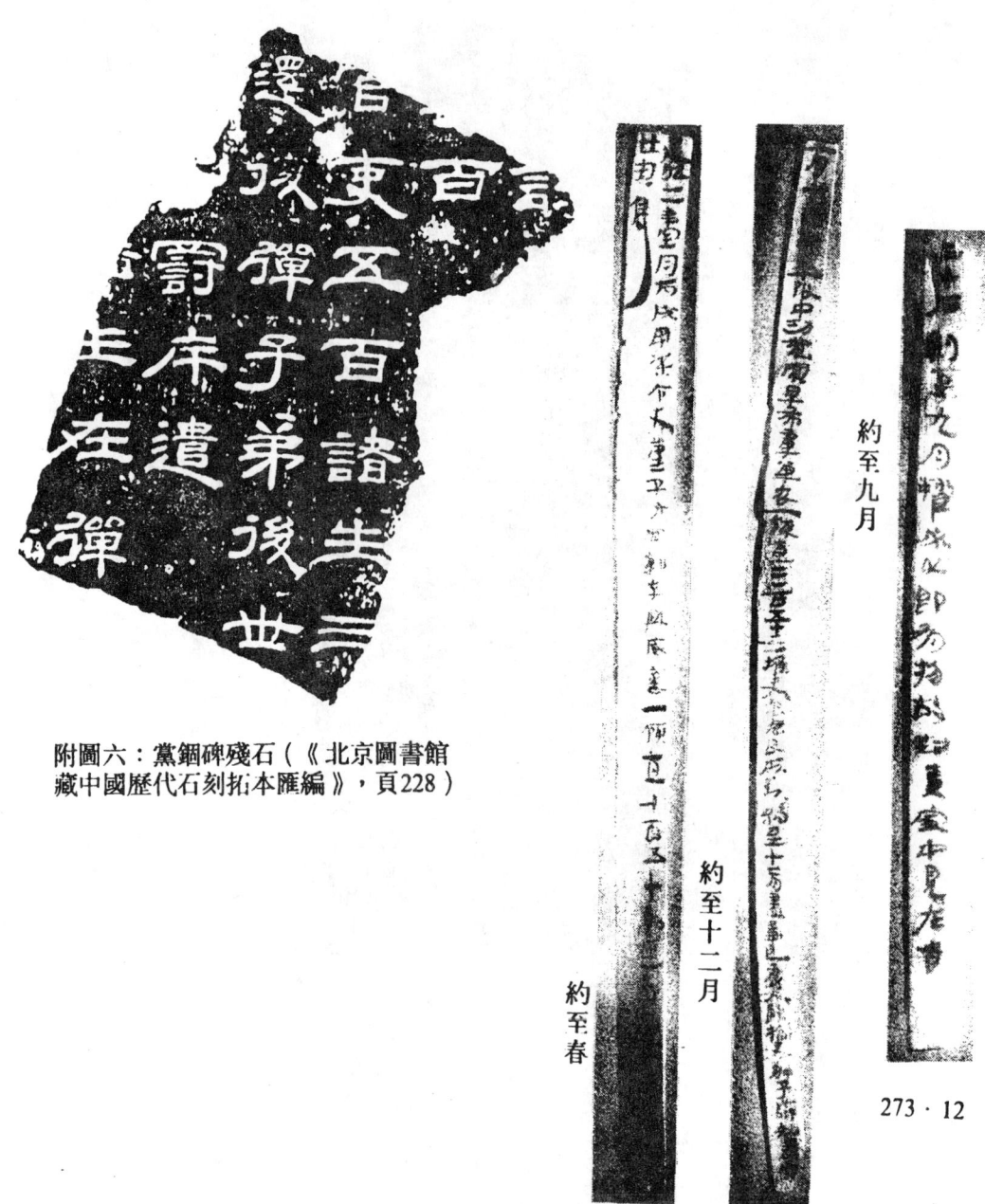

附圖六：黨錮碑殘石（《北京圖書館
藏中國歷代石刻拓本匯編》，頁228）

附圖七：居延簡契約「約至某時」例
（據原簡以紅外線拍攝）

出自第六十一本第四分（一九九〇年十二月）

試論光武帝之統御術四事：
柔道、人質、遙控諸將與安置降卒、軍事復員

廖 伯 源

　　光武自謂欲以柔道理天下，蓋其性格柔和，又採道家陰柔之術爲其處世哲學。揆諸中興史事，光武之所謂柔道，對己則屈己隱忍，對人則容忍小失，善待安撫，外示寬厚溫和，終至天下歸心。

　　然光武亦採用監軍制度、人質制度控制麾下諸將。對出征之將領及邊郡長吏，光武或留其妻子親屬於洛陽，或以任子之方式使其子弟任職京師，以覊縻之。益有甚者，光武對在外征戰之將領，常以詔敕指揮其用兵，遙控於萬里之外，亦可見光武猜忌，凡事親自掌握之性格。

　　既戰勝而天下平定，然數以百萬計之降卒如何處置？軍隊如何復員？此關係成敗至重之大事，王夫之以東漢史家不言而責其「無意於天下之略」。今考其事。光武之安置降卒，初期用以爲兵，稍後所降太多，則以將軍領之屯田於內郡，以軍法部勒；蓋不敢遣散，恐其又復爲寇。及天下漸次平定，則以賦閑之將軍領其部曲爲郡太守。軍隊固著於郡，給養容易，稍後令其分批復員，和緩遣散數百萬兵卒，消弭危機於無形，此亦可見光武之所謂柔道。

一、引　　論

　　趙翼《二十二史劄記》謂漢光武得天下甚易，「起兵不三年遂登帝位，古未有如此之速者。」[1] 光武於地皇三年（22）十一月起事，[2] 兄弟所領宗族賓客附於新市、平

1　趙翼，《二十二史劄記》，卷三，「王莽時起兵者皆稱漢後」條。《四部備要》本《二十二史劄記》3／20a。又王夫之《讀通鑑論》又有謂光武之得天下其難。王夫之謂莽末天下興兵，光武降下者其多，「兵有餘而撫之也不易，此光武之定天下所以難於高帝也。」（《四部備要》本《讀通鑑論》6／12b）蓋二人從不同之角度論史，故有不同之結論。王夫之之論點，將在下文「安置降卒與軍事復員」節中詳論。王夫之又曰：「光武之得天下，較高帝而尤難矣。建武二年，已定都於雒陽，而天下之亂方興，帝所得資以有爲者獨河北耳。而彭寵抑叛於幽州，五校尚橫於內黃，關以西鄧禹雖入長安，赤眉環繞其外，禹弗能制焉。鄖、宛、堵鄉、新野、宏農，近在咽頰之閒，寇叛接跡，而相爲牽制，不異更始之在長安時也。劉永、張步、董憲、蘇茂橫互東方，爲陳、汝眉睫之患。隗囂、公孫述姑置而可徐定者勿論焉。其視高帝出關以後，僅一項羽，夷滅之而天下即定，難易之差，豈不遠哉……且合力而與爭者一塗，精專志定無旁撓焉，而惡得不易，分勢而四應者雜起，左伏右起無寧日焉，而惡得不難，使以高帝滎陽之相持而遇光武叢生之敵，乘閒擣虛而摯其後，羽不待約而人爲之犄角，高帝不能支矣；則其矣，光武之難。」（6／10a-11a）王夫之以高祖僅一大敵，而光武則與爭天下者其衆立論，因謂高祖得天下難於光武。按高祖與光武之開國戰爭複雜，不易比較其難易。就以王夫之此論點言，亦可提出相反之論證：與光武爭天下者雖衆，然非同時與光武爲敵。蓋光武爲逐鹿中原諸豪之一，時群雄各自擴充勢力

林兵。明年，更始元年，二月，劉聖公爲天子。十月，更始遣光武以破虜將軍行大司
馬事持節渡河鎭撫河北，是光武獨當一面之始，亦開始建立個人勢力。更始二年，光
武得信都太守任光迎奉，和成卒正[3]邳彤舉郡降附，而「昌城人劉植、宋子人耿純各
率宗親子弟據其縣邑以奉」。（1上／12）又得上谷太守耿況、漁陽太守彭寵歸附，
勢力漸大，誅滅在邯鄲稱帝之王郎。更始立光武爲蕭王，令「罷兵詣行在所」；光武
不就徵，後且襲殺更始派在河北之幽州牧苗曾、尚書令謝躬，兼并其軍隊；又擊銅馬
、高湖、重連等農民武裝力量，降服之，「衆遂數十萬，故關西號光武爲銅馬帝。」
（1上／17）時赤眉入關，光武亦遣鄧禹領兵西向，以乘更始、赤眉之間。明年，建
武元年，時光武已統有河北，擁衆百萬，諸將請光武即位上奏謂「北州弭定，參分天
下而有其二，跨州據土，帶甲百萬。」（1上／21）語雖涉誇張，然亦可見光武已是
群雄中武力最大之一支，因於六月己未即皇帝位。計自地皇三年（22）十一月起事，
至建武元年（25）六月即位，前後共二年又七月。若自更始元年（23）十月到河北建
立個人勢力始至即位，則僅一年零八月。其後陸續削平群雄，建武六年二月「山東悉
平」。（1下／48）於建武十二年十一月誅公孫述，蜀平，統一天下。（1下／59）

　　趙翼分析光武得天下如是之速的原因是西漢諸帝無虐民之政，王莽之篡位乃「班
彪所謂危自上起，傷不及下，故雖時代改易而民心未去，加以莽政愈虐，則思漢之心
益堅。」（《二十二史劄記》3／18a）因舉當時人之言語，證明民苦王氏苛政而思漢
德。又舉莽末群雄起事者，「無不以劉氏舉號」爲證，如新市、平林兵立劉聖公，赤
眉立劉盆子，王郎僞稱成帝子子輿，盧芳詭認武帝曾孫，董憲、張步以劉永漢後，「
遂受其爵命，爲之盡力」。公孫述、隗囂初起，亦以輔漢爲名。在此民心趨向之下，
光武爲漢宗室，自受支持而較易成功。[4]然劉聖公、劉盆子亦漢宗室，聖公且最先稱
帝，光武兄弟俱爲臣屬。何以聖公、盆子先後敗亡而光武終成大業，中興漢室？盆子
爲赤眉諸豪之傀儡，即位時年僅十五，蓋以其年少易以操縱，[5]可以勿論。至於劉聖

　，廣拓地盤，互有利害恩怨，其相互間，或敵或友，或戰或和，其力量或互相抵銷，故光武得各
　　個擊破之。故今不言高祖、光武得天下之難易。

2　光武起事之時間，紀傳牴牾，詳見後文「餘論」及注39。

3　《後漢書》〈光武紀〉注引《東觀漢記》曰：「王莽分鉅鹿爲和（戎）〔成〕郡。」卒正，職如
　　太守。（標點本《後漢書》1上／14。本文所引「正史」爲標點本，下文不復贅言。）參見《東
　　觀漢紀》卷十〈邳彤〉。（《四部備要》本《東觀漢紀》10／4a）

4　《二十二史劄記》3／18a-20a。

5　《後漢書》卷十一〈劉盆子傳〉，11／480-485。又見呂思勉《秦漢史》上冊，225-226頁，台
　　灣開明書局本，民國58年台一版。

公，《後漢書》本傳謂「更始即帝位，南面立，朝群臣，素懦弱，羞愧流汗，舉手不能言。」（11／469）及都長安，「居長樂宮，升前殿，郎吏以次列庭中；更始羞怍，俛首刮席不敢視」。（11／470）然此蓋史家「曲筆阿時」之言。[6]呂思勉考更始事跡，結論謂更始「雄略未必讓光武兄弟」。因謂「更始之敗，蓋全由群盜所把持，不能自振」。「然則光武之不獲正位，乃正其所由成功耳。」[7]其意謂更始爲新市、平林群豪所立，群豪各有部曲勢力，雖擁立更始，實無效忠侍奉之誠，而有俱爲布衣編戶之心，或擅命地方，或橫暴三輔，乃至勒兵長安，攻戰宮闕；更始居於其間，欲肅號令以正君臣之禮，則力有所不能；反不如光武之無所拘束，出使至河北，別創局面，終成大業。余英時更進一步，從社會、經濟、文化著眼，指出更始與赤眉集團俱爲饑民的烏合之衆，流動性大，到處搶劫，無社會基礎，又缺乏良好的組織，文化低落，無力統治國家。而光武集團則文化程度高，具備統治國家的條件；其領導人物多出身於士族，又與士族大姓取得協調，得到他們的支持。當時社會最有勢力之士族大姓階層的背向是更始、赤眉與光武成敗之重要因素。[8]

　　這些論斷都有道理，但任何歷史事件皆非單一或數個因素可以完全解釋的，從各種不同的角度探討，往往可以挖掘其他的解釋因素。光武之克定群雄，中興漢室是牽涉廣泛、千頭萬緒之歷史重大事件，其成功的因素，必是複雜多端。本文將嘗試探討光武柔道之手段，及其以人質控制部屬，遙控指揮在外征伐之將軍，安置降卒復員軍隊等措施；不敢謂對光武中興成功之因素，別增新說。要者，對光武之性格、事跡研究越深入越全面，則對光武中興史事之了解，越爲近眞，故不避餖飣之誚，考察光武之瑣屑小事。

6　《後漢書》卷十一〈劉玄傳〉，《集解》引劉子元云：「聖公身在微賤已能結客報仇，避難綠林，名曰豪傑，安有貴爲人主而反至於斯者乎。將作者曲筆阿時，獨成光武之美，誶言媚主，用雪伯升之怨也。且中興之史出於東觀，或明帝所定，或馬后所刊，而炎祚靈長，簡書莫改，遂使他姓追撰空傳僞錄者矣。」（11／3b，本文所引之《後漢書集解》爲台北藝文印書館出版之《二十五史》本。）呂思勉亦謂《後漢書》對更始之描述多「誣罔之辭」。（《秦漢史》上冊，223頁）
7　呂思勉《秦漢史》上冊，223-227頁。
8　余英時，〈東漢政權之建立與士族大姓之關係〉（初刊於《新亞學報》，一卷二期，民國四十五年），《中國知識階層史論》（古代篇），109-184頁。聯經出版事業公司，民國六十九年八月。

二、以柔道得天下

〈光武紀〉建武十七年冬，光武幸章陵，「置酒作樂賞賜，時宗室諸母因酣悅，相與語曰：『文叔少時謹信，與人不款曲，唯直柔耳，今迺能如此。』帝聞之大笑曰：『吾理天下，亦欲以柔道行之。』」（1下／68-69）又〈臧宮傳〉：建武二十七年，宮與馬武上書請擊匈奴，「詔報曰：『黃石公記曰：「柔能制剛，弱能制強」。柔者德也，剛者賊也，弱者仁之助也，強者怨之歸也……苟非其時，不如息人。』」（18／695～696）是光武自少性格外柔，其宗人諸母故有是言；其後更採黃老陰柔之術，[9] 柔道成爲其處世之哲學，駕御臣下乃至爭天下，常用懷柔手段。然其自謂「苟非其時，不如息人」，則其柔道有時勢之限。柔道有時而盡，則以剛暴濟之，否則若一味採行柔道，不可能克服群雄而統有天下。然其在困難中，採柔道得以保身；領兵御將，柔道得以使群下歸心效忠。光武以柔道對人處世，實是其成功的重要因素之一。下文稍以史例申衍此說。

〈光武紀〉曰：光武兄弟初起，與新市、平林兵合，「軍中分財物不均，衆恚恨，欲反攻諸劉，光武斂宗人所得物，悉以與之，衆乃悅。」（1上／3）時大敵爲王莽政權，若以分財不均而內部自相殘殺，則自取滅亡之道，光武忍一時之辱，安撫新市、平林兵，是其以柔道結集力量以反王莽。

及更始立，光武兄弟爲其臣屬，威名甚盛，更始忌之，因殺伯升（〈齊武王縯傳〉14／551-552）。時光武方大敗王邑、王尋於昆陽，聞訊，「自父城馳詣宛謝，司徒官屬（伯升爲大司徒）迎弔光武，光武難交私語，深引過而已。未嘗自伐昆陽之功，又不敢爲伯升服喪，飲食言笑如平常。更始以是慚，拜光武爲破虜大將軍，封武信侯。」（1上／9）其實光武心甚悲苦。《後漢書》卷十七〈馮異傳〉曰：「自伯升之敗，光武不敢顯其悲戚，每獨居，輒不御酒肉，枕席有涕泣處。」（17／640）時君臣之勢已成，光武若露仇怨之色，難免爲更始君臣所忌而見誅。故光武隱忍悲痛，既不爲伯升服喪，又不與伯升官屬私語，「飲食言笑如平常」；且「詣宛謝」，時更始都宛，「詣宛謝」當是朝更始以解釋其不與伯升同之意，以得更始諒解而解危困。更

9　參閱羅兒之，《秦漢史纂》，250頁，香港，龍門書店，1967年翻印（上海中國聯合出版公司，1944年初版）。

始果爲所動，乃拜光武爲破虜大將軍，後又行大司馬事。出使渡河北鎮撫州郡。因在河北奠定中興之基業。是光武以陰柔之術，保身解危。

及光武爲方面之主帥，更用柔道以懷撫部屬，使其歸心。《後漢書》卷一上〈光武紀〉曰：更始二年五月，拔邯鄲，「誅王郎，收文書得吏人與郎交關謗毀者數千章。光武不省，會諸將軍燒之曰：令反側子自安。」《集解》惠棟引《東觀記》曰：「得吏民謗毀公，言可擊者數千章。」（1上／14-15）按王郎自稱成帝子子輿，稱帝於邯鄲，時河北郡縣多附王郎，「王郎移檄購光武十萬戶」。光武與其屬官晨夜逃竄，至信都，乃得喘息；收兵旁縣，始有力與王郎攻戰；其後歸附日多，更始又另遣尚書令謝恭討郎，局勢乃轉變。在王郎勢盛之時，河北郡縣吏人及光武部下持兩端者，交結關通王郎，以留後路。其交通書信以千數，則其人數不少。若光武嚴處其事，誅持兩端者，則誅戮過多，自傷元氣。若其在急迫之下造反，傷害更大。且持兩端者好自求多福而已，善待之則必歸心效力，故光武會諸將而燒毀通敵文書，使反側者無有疑慮，進而感激光武之寬大而誠心效命。

光武之意欲與功臣諸將之意見相反者，光武能抑己意而伸功臣之主張，蓋欲使君臣和諧無異意，更能同心合力。《後漢書》卷二十二〈景丹傳〉曰：

> 「世祖即位，以讖文用平狄將軍孫咸行大司馬；衆咸不悅。詔舉可爲大司馬者，群臣所推唯吳漢及丹……乃以吳漢爲大司馬，而拜丹爲驃騎大將軍。」（22／773）

光武信讖；而好用以決事，其起事及登基即位亦信讖而爲之。[10]上引文謂光武信讖文而據之拜大司馬，以諸功臣不悅而改，另任命衆所推者爲之。此例最能顯示光武以柔道處理君臣之相反意見。

對於功臣之犯法者，光武有曲法以容忍之者。〈馬武傳〉曰：「帝雖制御功臣，而每能回容，宥其小失。」注曰：「回，曲也，曲法以容也。」（22／785--786）而在征伐用人之際，更是如此。如吳漢爲光武最親信的將軍之一，領兵征伐，常爲主帥，爲大司馬，至薨乃罷。然吳漢領兵，軍紀不修，間且縱軍劫掠。〈岑彭傳〉曰：「更始諸將各擁兵據南陽諸城，帝遣吳漢伐之。漢軍所過，多侵暴，時破虜將軍鄧奉謁

10　參見《後漢書》〈光武紀〉，1上／2, 21-22。又參見錢穆〈兩漢博士家法考〉，《兩漢經學今古文平議》，221-223頁，東大圖書公司，民國六十年八月台初版。

歸新野，怒吳漢掠其鄉里，」遂反。（17／656）南陽爲帝鄉，吳漢亦南陽人，吳漢尚且縱兵掠之，則其他地方更不足論。然史書並不見光武因此懲罰吳漢，當時諸將領兵征伐，劫掠地方恐相當普遍。[11] 光武對馮異之言，最能見其實情。〈馮異傳〉謂光武於建武二年十一月遺孟津將軍馮異平定三輔，「敕異曰：『……今之征伐，非必略地屠城，要在平定安集之耳。諸將非不健鬥，然好虜掠，卿本能御吏士，念自修敕，無爲郡縣所苦。』」（17／645）則光武麾下諸將多好擄掠，光武知之且明言之。蓋亂世之中，欲完全禁止軍隊擄掠，似不可能。光武御將，於此種事相當放寬。《後漢書》〈李忠傳〉，光武以李忠爲右大將軍，忠「因從攻下屬縣，至苦陘。世祖會諸將，問所得財物，唯忠獨無所掠。世祖曰：『我欲特賜李忠，諸卿得無望乎？』即以所乘大驪馬及繡被衣物賜之。」（21／755）光武問諸將所得財物，則其時光武並不禁止諸將搶掠。此事在光武初經營河北之時，或尚保留在更始麾下時之染習。諸將中唯李忠無所掠，光武因賞賜而寵異之。光武欲建立良好之軍紀，其方法不取嚴懲，而採獎勵。蓋禁止措施過烈，必至誅戮犯禁者，不但自毀人才，且恐會引起兵變。不如獎勵無所掠者。使部下知其意向而漸遷於善，是亦其柔道之運用。

　　對敵方之將軍，亦用懷柔之手段使投降歸附，《後漢書》卷二十二〈馬武傳〉，馬武爲更始之振威將軍，「與尚書令謝躬共攻王郎。及世祖拔邯鄲，請躬及武等置酒高會，因欲以圖躬，不剋。既罷，獨與武登叢台，從容謂武曰：『吾得漁陽、上谷突騎，欲令將軍將之，何如？』武曰：『駑怯無方略。』世祖曰：『將軍久將，習兵，豈與我掾史同哉！』武由是歸心。及謝躬誅死，武馳至射犬降。」（22／784）時更始派在河北而有武力者，僅光武與謝躬二人。王郎已破誅，光武欲於宴會中誅謝躬而

11　光武初起，與新市、平林兵合，新市、平林兵乃飢民集團，到處劫掠。「軍中分財物不均，衆恚恨，欲反，攻諸劉，光武斂宗人所得物，悉以與之，衆遂悅。」（1上／3）其後與王莽大軍對陣，光武至郾、定陵發兵，「諸將貪惜財貨，欲分留守之。光武曰：『今若破敵，珍寶萬倍，大功可成，如爲所敗，首領無餘，何財物之有？』衆遂從。」（1上／6）平河北時，又收編銅馬等飢民武裝數十萬，是光武所領軍隊，本有劫掠民間之習慣。及至登基，當申明法律，然軍旅之際似難完全戒除。《後漢書》卷三十一〈杜詩傳〉：詩於建武初爲侍御史，「安集洛陽，時將軍蕭廣放縱兵士暴橫民間，百姓惶擾，詩敕曉不改，遂格殺廣，還以狀聞，世祖召見，賜以棨戟，復使之河東。」（31／1094）蕭廣縱兵劫掠民間，被使者格殺，及吳漢軍掠南陽引起將軍鄧奉造反，俱因劫掠民間引發其他重大事件而於史書中留其痕跡，至於其他將軍軍隊之劫掠民間，其事普遍，史家或曲筆而不載。又《後漢書》〈朱祐傳〉：朱祐爲建義大將軍，「尚儒學，將兵率衆，多受降……又禁制士卒不得虜掠百姓，軍人樂放縱，多以此怨之。」（22／770）史家爲褒揚朱祐禁制擄掠百姓而爲部曲所怨，亦可作光武麾下其他將軍有劫掠百姓習慣之旁證。

奪其軍，不成，乃甘言誘躬之部將馬武。後光武偷襲謝躬，誅之。馬武果降。以利誘降，亦可謂是光武之柔道。

又《後漢書》卷十七〈岑彭傳〉，建武元年七月，光武大軍圍更始大司馬朱鮪於洛陽，數月不下，光武使岑彭往說朱鮪，「鮪曰：『大司徒（伯升）被害時，鮪與其謀，又諫更始無遣蕭王北伐，誠自知罪深。』彭還，具言於帝。帝曰：『夫建大事者，不忌小怨，鮪今若降，官爵可保，況誅罰乎？河水在此，吾不食言。』……拜鮪爲平狄將軍，封扶溝侯……後爲少府，傳封累代。」（17／655）更始殺伯升，朱鮪力促其事。蓋朱鮪爲更始之臣而爲更始謀，王夫之論其事謂「殺伯升，留光武而不遣，知有更始而不恤其他。」若爲伯升之事而報怨於鮪，則公私不分，「而何以勸忠乎？」[12]然殺兄之仇，若謂對朱鮪全無怨氣，似非人情之常。[13]忍小怨而兵不血刃收復十一將軍圍攻數月[14]不下之洛陽，正可見光武柔道之效。朱鮪降後爲將軍，封侯，官至九卿，子孫世代襲爵。則光武之柔道非一時之權宜，日後亦遵守其諾言不變。

光武遵守諾言，厚待朱鮪，可見其爲人之厚道。其對待更始子及劉盆子，亦可見之。〈劉玄傳〉曰：更始既爲赤眉所殺，「有三子，求、歆、鯉。明年夏，求兄弟與母東詣洛陽，帝封求爲襄邑侯，奉更始祀，歆爲穀孰侯，鯉爲壽光侯。」（11／476）又〈劉盆子傳〉：盆子降後，「帝憐盆子，賞賜甚厚，以爲趙王郎中。後病失明，賜滎陽均輸官地，以爲列肆，使食其稅終身。」（11／486）更始誅伯升，光武不以爲怨，封更始三子爲侯，奉更始祀。光武之作爲或有若干政治目的，蓋以昭示天下，前雖有怨隙，歸降亦獲善待，以爲天下欲降者之鼓勵。然光武對更始諸子之待遇不可僅以政治目的解釋，亦可見光武之厚道，此其所謂柔道，亦有寬厚待人之意。光武之對劉盆子事亦可爲證。

綜上所述，光武之所謂柔道，對己則屈己隱忍，對人則容忍小失，善待安撫，外

12　參見《讀通鑑論》6／7a-8a。
13　光武並非完全不報伯升之仇者。李軼亦勸更始殺伯升，（14／552）據《後漢書》卷十七〈馮異傳〉：李軼、朱鮪等爲更始守洛陽，光武以馮異鎮孟津以拒之。異與軼通書，勸降。「軼自通書之後，不復與異爭鋒……光武故宣露軼書，令朱鮪知之，鮪怒，遂使人刺殺軼。」（17／642-643）光武蓋用離間之計，使更始之將領自相殘殺。李軼本與光武首謀起事，後更始立，張卬、朱鮪等貴，軼又諂附鮪等，勸更始殺伯升，可謂賣友求榮，與朱鮪與伯升兄弟無交情而只爲更始謀者不同。故光武不納軼而行離間計以置其於死地。（參見王夫之《讀通鑑論》，6／7b-8a）
14　建武元年七月吳漢等十一將軍圍朱鮪於洛陽，至九月辛卯鮪舉城降，（1上／16b-17a）則圍洛陽約三個月。

示寬厚温和，終至天下歸心。柔道爲其得天下之重要因素之一，當可確言。

三、以諸將家屬爲質

　　上文謂光武對部下將領以柔道牢固其心，對欲其投降之敵將則以懷柔之手段利誘之。對諸將違反軍紀等行爲過失，且曲法以優容之，似光武全以柔道軟化人心。其實不然，光武之柔道，亦配合監察制度、人質制度、與光武事事親自掌握之習慣，使諸將處於嚴密的控制之下。

　　漢代的監軍大致可分二類，是爲專職之監軍與監軍使者。以時代分，西漢之監軍主要是專職監軍，即護軍都尉（護軍），東漢則以使者監軍。唯光武中興戰爭期間，二者均大量使用，所遣諸將既多有護軍，又常遣親近之中郎將、大夫爲使者出使監軍，以監察諸將、控制軍事。其事已詳另文，[15]不贅。

　　爲防軍事將領或其他官員投降或造反，統治者把這些官員的家屬一人或若干人質押於京師或其他地方，一旦官員投降或造反，則人質會受到重至死刑的處罰。楊聯陞稱此類人質爲國內人質，並謂國內人質在戰國時代就已存在。[16]光武建立政權，亦漸漸採用人質之手段以控制諸將，建武元年之前，將軍家屬或隨軍，如《後漢書》卷二十一〈耿純傳〉，光武謂前將軍耿純曰：「『……軍營進退無常，卿宗族不可悉居軍中。』迺以純族人耿伋爲蒲吾長，悉令將親屬居焉。世祖即位。」（21／763）時光武尚未即皇帝位。按將軍與家族同在軍中，則無所顧其心。不使將軍與其族人同在軍中，以其族人爲縣長領其宗族居縣，蓋亦爲質之一型式。居一縣中，郡兵可守拘之也。然此例是否可證明光武在即位之前就已開始採用人質手段以控制諸將，尚甚難說，因爲建武元年將軍張宗從大司徒鄧禹擊赤眉，尚「有親弱在營」。（38／1275）然其後對較不親近者，光武或留其親屬於洛陽以作人質。《後漢書》卷七十六〈任延傳〉曰：更始拜任延爲會稽都尉。「建武初……詔徵爲九眞太守。光武引見，賜馬雜繒，令妻子留洛陽。」（76／2462）時中原尚未平定，以任延爲九眞太守，安輯邊遠，然恐其獨立，故留其妻子於洛陽爲質。又卷二十三〈竇融傳〉曰：

15　廖伯源，〈漢代監軍制度試釋〉，《大陸雜誌》，七十卷三期（民國74年），15-30頁。
16　楊聯陞分國史上之人質爲互換人質與單方人質二大類，單方人質又分外國人質與國內人質二種。參見氏著〈國史上的人質〉，《國史探微》，109-126頁，聯經出版公司，民國七十二年。

「（建武）八年夏，車駕西征隗囂，融率五郡太守……與大軍會高平第一……引
見融等，待以殊禮，拜弟友爲奉車都尉，從弟士太中大夫…封爵既畢，乘輿東
歸，悉遣融等西還所鎮。」（23／806）

更始所任命之張掖屬國都尉竇融本與河西五郡太守據土自保，衆推融行河西五郡大將
軍事。後奉光武正朔，然於建武八年始以光武西征隗囂之便朝見。時隗囂、公孫述未
平，河西五郡懸隔，光武尚需竇融等還鎮五郡，以牽制隗囂，鎮服羌胡，安定西北。
除對竇融及五郡太守加殊禮、封高爵、賜厚賞，使其親附朝廷外，亦任竇融弟友，從
弟士爲宮廷官員，作人質以羈縻之。《漢書》〈百官公卿表〉上曰：「奉車都尉，掌
御乘輿車。」（19上／739）東漢之奉車都尉職掌與西漢同，而隸屬於光祿勳，（《
續志》25／3576）掌御乘輿車之官員當然得任職於宮中。又兩漢之太中大夫俱文屬光
祿勳，爲宮官（19上／727，《續志》25／3577），既爲宮庭之官員則不可隨竇融西
返，而當從車駕之洛陽。名爲任以官職，而實際上是作人質。[17] 以視隗囂遣子入質事
，更爲明顯。《後漢書》〈隗囂傳〉，囂既受漢命，爲西州大將軍，專制涼州、朔方
事。建武「五年，復遣來歙說囂遣子入侍，囂聞劉永、彭寵皆已破滅，乃遣長子恂隨
歙詣闕。以爲胡騎校尉，封鐫羌侯。」（13／524）胡騎校尉領胡騎，爲京師警備宿
衛將領之一，[18] 蓋外示隗囂以親信，實則以其子爲人質。史文明謂其「入質」（13／
525），其後囂依違於光武與公孫述之間，且兵抗漢之西征大軍，光武以「囂終不降
，於是誅其子恂。」」（13／530）

而將軍之領鎮方面者，以權勢過大，或不自安，自請以親屬入質，如《後漢書》
卷十六〈寇恂傳〉：

光武「拜恂河內太守，行大將軍事……帝數策書勞問恂，同門生茂陵董崇說恂

17　「任子爲郎」與「外族質子被任命爲宮庭衛士非常相似。在第三世紀時，質子和任子的意義已
　　經融合了，此可由『質任』這個複合詞得到證明。」」（前引楊聯陞，〈國史上的人質〉，
　　121頁。）謂父兄蔭任子弟爲官之「任子」與質子相似，竇融二弟之事例亦可作爲例證。又《
　　後漢書》〈虞詡傳〉：永初四年，郎中虞詡說太尉李修曰：「今涼土擾動，人情不安，竊憂卒
　　然有非常之變，誠宜令四府九卿各辟彼州數人，其牧、守、令、長子弟皆除爲冗官，外以勸厲
　　，答其功勤，內以拘致，防其邪計。」修善其言，更集四府，皆從詡議。」（58／1866）所謂
　　冗官，是光祿勳屬下之郎、大夫之類。除邊疆長官子弟爲冗官，有「內以拘致，防其邪計」之
　　效，則「任子」之制的人質成份，非常清楚。
18　武帝置中壘、屯騎、步兵、越騎、長水、胡騎、射聲、虎賁八校尉，皆掌京師警備宿衛兵，（
　　《漢書》19上／737-738）東漢省中壘、胡騎、虎賁三校尉，餘五校尉。（《後漢書》〈續志
　　〉27／3612-3613）隗恂爲胡騎校尉是在胡騎校尉官省之前。

曰：「……今君所將，皆宗族昆弟也，無乃當以前人爲鏡戒。」恂然其言，稱
疾不視事。帝將攻洛陽，先至河內，恂求從軍……不聽，乃遣兄子寇張、姊子
谷崇將突騎，願爲軍鋒，帝善之，皆以爲偏將軍。」（16／622-623）

董崇所謂「以前人爲鏡戒」，是指高祖與蕭何之故事。高祖在外征戰，蕭何守關中，
高祖數使使勞苦何，何聽鮑生之言，悉遣子孫昆弟能勝兵者隨高祖征伐，高祖大喜。
[19]寇恂守河內，時河內爲光武之後方，恂遣姪與外甥從光武征伐，是師蕭何之故智。
此是人質之別一型式。又《後漢書》卷十九〈耿弇傳〉曰：

「（耿弇爲上谷太守耿況子，父子以郡歸附光武，弇從平河北，有大功。）光
武即位，拜弇爲建威大將軍。……（漁陽太守彭寵反。）四年，詔弇進攻漁陽
。弇以父據上谷，本與彭寵同功，又兄弟無在京師者，自疑，不敢獨進，上書
求詣洛陽……況聞弇求徵，亦不自安，遣舒弟國入侍。帝善之……五年，寵死
，天子嘉況功，使光祿大夫持節迎況，賜甲第，奉朝請。」（19／703-708）

耿況自動遣子耿國入侍，「光武拜爲黃門侍郎，應對左右。」（19／715）後又徵況
入居京師，同時遣耿弇領重兵平齊。耿況、耿國父子在京師，無論是否任職，都是光
武羈縻耿弇之人質。

其他可考之人質資料如《後漢書》卷十七〈岑彭傳〉，征南大將軍岑彭屯津鄉，
當荊州要會，……六年冬，徵彭詣京師，數召讌見，厚加賞賜，復南還津鄉，有詔過
家上冢，大長秋以朔望問太夫人起居。」章懷注曰：「大長秋，皇后屬官。漢法，列
侯之母，方稱太夫人也。」（17／659-660）以岑彭功大遠征，故詔皇后屬官大長秋
每月初一、十五問候彭母，則彭母居於京師甚明。又〈王常傳〉：「建武二年夏，（
王）常將妻子詣洛陽，肉袒自歸……爲漢忠將軍……攻拔湖陵……進攻下邳……平沛
郡賊。六年春，徵還洛陽。令夫人迎常於舞陽，歸家上冢。」（15／581）按王常爲
潁川舞陽人，潁川在洛陽與沛郡之間，王常於沛郡徵詣洛陽，可經潁川舞陽，光武「
令常夫人迎常於舞陽，歸家上冢」，則常夫人不居於舞陽，否則不必令其「迎常於舞
陽」。常夫人當居於洛陽。又卷二十〈祭遵傳〉附祭肜事。征虜將軍祭遵於建武九年
卒於軍。遵從弟肜，「光武初以遵故，拜肜爲黃門侍郎，常在左右，及遵卒無子，帝

19　參見《史記》卷五十三〈蕭相國世家〉，53／2015。《後漢書》章懷注已錄《史記》之文以釋
　　之。（16／623）

追傷之，以肜爲偃師長令近遵墳墓，四時奉祠之。」（20／744）祭遵無子，光武以
其從弟肜爲郎，以前例耿國入侍爲黃門侍郎事例之，則祭肜爲黃門侍郎或亦有爲人質
之可能。又卷十七〈馮異傳〉：異爲征西大將軍，平定關中，「六年春，異朝京師。
引見，帝謂公卿曰：『是我起兵時主簿也，爲吾披荆棘，定關中。』……後數引讌見
，定議圖蜀，留十餘日，令異妻子隨異還西。」（17／649）馮異朝見後返回任所，
光武以其特別親信功大，令其妻子隨同。妻子與俱返任所得有光武之命令，則一般之
將軍出征伐，其妻子留在洛陽，[20]非有光武之命令不得赴其軍營。或是當時之規矩。

　　綜上所述，史書有若干例證顯示光武中興戰爭時以人質之手段控制其麾下的將領及
邊郡長吏，其中有光武主動令其留妻子於洛陽，或以任子的方式使其子弟任職京師；
亦有方面大吏以權勢過盛，不自安而自請以親屬入質，耿況自遣幼子耿國入侍事在建
武四年，則建武四年以前，將領家屬質居京師當非硬性規定。建武六年春，光武令馮
異攜妻子同返關中任所，則非有光武詔令，似不准將領攜妻子赴任。然資料太少，這
些例證是否有普遍性，實難下斷語。

　　國內人質既於戰國時代就已存在，則光武以人質控制部屬之方法，自非其所創造
，而是承襲前代。國內人質盛於列國對峙之時，至天下一統，則甚少有採用之需要。
蓋其時唯化外之邊疆民族不在皇帝的統治之下，皇朝之官員降附文化、經濟遠低於漢
族之邊疆民族者，畢竟少數而必有其不得已之特殊原因，似不必普遍設防。且皇權及
於帝國之任何地方，於事發後始捕其家屬，亦不爲晚。故在大一統之皇朝，如西漢，
國內人質之事例甚爲少見。[21]只在開國之初，群雄並起逐鹿，其形勢有類戰國時期，
當較多國內人質。然高祖似無採用人質羈縻部屬。楚漢相爭之際，蕭何守關中，高祖
在前線作戰，數使使勞苦蕭何，何乃遣其親屬能勝兵者隨高祖出征，高祖乃心安。（
《史記》〈蕭相國世家〉53／2015）此事可視爲人質之事例，然此外不見他例；或高
祖爲人疏闊豪邁，不計較及此。光武中興，相關之史料可見甚多以部屬家屬爲人質之

20　光武以領兵將帥及邊郡長吏之妻子親屬入居洛陽或內郡，未嘗無保護照顧其家人之意。然已在
　　保護之下，則必牽親人之心，若其人反叛，則其在後方之親屬必受其罪。故將帥長吏之親屬留
　　居京師有人質之意甚爲明顯。
21　《漢書》〈李廣傳〉附李陵事，陵軍敗，「上欲陵死戰；召陵母及婦，使相者視之，無死喪色
　　。」後陵降匈奴，年餘，漢捕得匈奴生口，「言李陵教單于爲兵以備漢軍……上聞，於是族陵
　　家，母弟妻子皆伏誅。」（54／2455-2457）《漢書》僅言陵軍敗後召見陵母及婦，並不言陵
　　初發時，以其家人爲質。就李陵事言，陵家屬是否曾經爲質，難於確言。

事例；此爲戰國以後首次出現如此多國內人質之事例，故不嫌瑣屑，蒐集排比以見其事。

四、遙控軍事

　　光武加強監軍制度及以人質之手段控制麾下將領，都顯示其性格之猜忌，而對在外征戰之將領，常以詔敕指揮其用兵，益可見光武凡事親自掌握的個性。其例證如下：

　　《後漢書》卷十八〈蓋延傳〉曰：「（蓋延爲虎牙將軍，建武）四年…因率平狄將軍龐萌攻西防……董憲將賁休舉蘭陵城降。憲聞之，自郯圍休。時延及龐萌在楚，請往救之，帝敕曰：『可直往擣郯，則蘭陵必自解。』延等以賁休城危，遂先赴之，憲逆戰而陽敗。延等遂逐退，因拔圍入城。明日，憲大出兵合圍，延等懼，遽出突走，因往攻郯。帝讓之曰：『間欲先赴郯者，以不意故耳。今既奔走，賊計已立，圍豈可解乎。』延等至郯，果不能克，而董憲遂拔蘭陵，殺賁休……帝以延輕敵深入，數以書誡之。」（18／687-688）

　　同卷〈吳漢傳〉曰：「（大司馬吳漢領兵伐蜀。）十二年春……漢乃進軍攻廣都，拔之，遣輕騎燒成都市橋……帝戒漢曰：『成都十餘萬衆，不可輕也，但堅據廣都，待其來攻，勿與爭鋒，若不敢來，公轉營迫之，須其力疲，乃可擊也。』漢乘利遂自將步騎二萬餘人進逼成都，去城十餘里，阻江北爲營，作浮橋使副將武威將軍劉尚將萬餘人屯於江南，相去二十餘里。帝聞大驚，讓漢：『比敕公千條萬端，何意臨事勃亂。既輕敵深入，又與尚別營，事有緩急，不復相及。賊若出兵綴公，以大衆攻尚，尚破，公即敗矣。幸無他者，急引兵還廣都。』詔書未到，述果使其將謝豐、袁吉將衆十許萬，分爲二十餘營，並出攻漢，使別將萬餘人劫劉尚令不得相救。漢與大戰一日，兵敗走入壁，豐因圍之……（漢）於是引還廣都，留劉尚拒述，具以狀上而深自譴責。帝報曰：『公還廣都，甚得其宜，述必不敢略尚而擊公也。若先攻尚，公從廣都五十里步騎赴之，適當值其危困，破之必矣。』」（18／681-682）

　　同卷〈臧宮傳〉：「（建武）十九年，妖巫維汜弟子單臣、傅鎮等復妖言相聚，入原武城劫吏人，自稱將軍。於是遣宮將北軍及黎陽營數千人圍之。賊穀食

多，數攻不下，士卒死傷。帝召公卿諸侯王問方略，皆曰：宜重其購賞。時顯宗爲東海王，獨對曰：『妖巫相劫，執無久立，其中必有悔，欲亡者，但外圍急不得走耳，宜小挺緩，令得逃亡，則一亭長足以禽矣。』帝然之，即敕宮徹圍緩賊，賊衆分散，遂斬臣、鎭等。」（18／694-695）

上引及下文諸例[22]顯示光武遙控軍事，通過信使往還，了解軍情，傳達命令，指揮將軍作戰非偶一爲之，而似是經常之習慣，可見光武親自掌握軍事之慾望極爲強烈。[23]

據上引〈蓋延傳〉、〈吳漢傳〉二例，可見光武謀劃用兵，料敵準確，軍事才能甚高。馮異上書光武亦曰：「臣伏自思維，以詔敕戰攻，每輒如意，時以私心斷決，未嘗不有悔，國家獨見之明，久而益遠。」（17／648）此類書奏，雖不無阿諛之意，但大致當是事實；否則恐有譏諷之嫌，非臣下所敢言。則光武之軍事才具甚高，似可肯定。當然，光武之決策可能出自謀臣，如〈臧宮傳〉所述光武問方略於公卿。然大臣之說多端，曉識採納正確之計謀就是高超之才具。

從上述諸例看，光武人雖不在戰場，卻對前線形勢瞭若指掌，蓋領兵之將軍隨時將軍情之進展上奏，而監軍者[24]亦當別有報告，又同時作戰之其他將軍乃至偏裨，亦

22　除正文所引諸例之外，下列例子亦說明光武好遙控軍事。
　　(1)《後漢書》卷十一〈劉盆子傳〉：「建武二年……十二月，（赤眉）乃引而東歸……光武乃遣破姦將軍侯進等屯新安，建威大將軍耿弇等屯宜陽，分爲二道，以要其還路。敕諸將曰：賊若東走，可引宜陽兵會新安，賊若南走，可引新安兵會宜陽。」（11／485）此例光武在派遣諸將時就授以方略，可視爲遙控軍事之例證。
　　(2)卷十六〈鄧禹傳〉：光武遣鄧禹領兵西入關中，禹以赤眉尚強，不宜直攻長安。「帝以關中未定，而禹久不進兵，下敕曰：『……長安吏人，遑遑無所依歸，宜以時進討，鎭慰西京，繫百姓之心。』禹猶執前意，乃分遣將軍別攻上郡諸縣。」（16／603）
　　(3)卷二十〈祭遵傳〉：建武六年，諸將與隗囂戰，「並敗，引退下隴，乃詔遵軍汧，耿弇軍漆，征西大將軍馮異軍栒邑，大司馬吳漢等還屯長安。」（20／740）
23　光武親自掌握軍事之慾望極爲強烈，然「將在外，君命有所不受」，蓋指將軍領兵在外，軍情緊急，突發之狀況不可預料，君主遠隔，其命令到達時形勢已變，不可行，故將領可審察情勢，不接受君主之命令，而及時決定最有利之方略。故光武對不遵行其指令而自作主張之將軍，視其違令之情況而處分不同，如蓋延等不聽光武之直擣郯以解蘭陵之圍之計，先赴蘭陵而至敗績，光武僅「以書誡之」。而吳漢不聽光武堅據廣都，以待敵疲之策，輕率深入。吳漢雖上書「深自譴責」，光武則並無懲誡之言。亦有光武嚴懲違命將領之例。《後漢書》卷二十二〈王梁傳〉：王梁爲大司空，「建武二年，與大司馬吳漢等俱擊檀鄉，有詔軍事一屬大司馬，而梁輒發野王兵。帝以其不奉詔，敕令止在所縣，而梁復以便宜進軍。帝以梁前後違命，大怒，遣尚書宗廣持節軍中斬梁。廣不忍，乃檻車送京師。既至，赦之。」（22／775）按光武已下詔令王梁在軍事上隸屬於大司馬吳漢，王梁自作主張，發野王縣兵，已是違詔。光武令其止於所在之地方待命，則知王梁處境並非危急，爲不急之事而前後違詔，輕率弄兵，故光武欲斬之以申軍法。此例與蓋延、吳漢不遵光武之計而別採作戰之方略不同。
24　參見前引廖伯源，〈漢代監軍制度試釋〉，15-30頁。

可上書說明自己之看法。例如《後漢書》卷十七〈岑彭傳〉曰：

> 「（岑彭爲征南大將軍，）十一年春，彭與（大司馬）吳漢⋯⋯發南陽、武陵
> 、南郡兵，又發桂陽、零陵、長沙委輸棹卒⋯⋯皆會荊門。吳漢以三郡棹卒多
> ，費糧穀，欲罷之。彭以蜀兵盛，不可遣，上書言狀。帝報彭曰：「大司馬習
> 用步騎，不曉水戰，荊門之事，一由征南公爲重而已。」」（17／661）

據〈吳漢傳〉曰：「十一年春，（漢）率征南大將軍岑彭等伐公孫述。」（18／681
）則在荊門與公孫述軍對抗是以大司馬吳漢爲主帥，征南大將軍岑彭當受吳漢節制。
漢欲罷遣水軍，岑彭以爲不可，乃上書言狀，光武因令岑彭主持荊門之軍事。又如〈
馬援傳〉曰：

> 「（建武二十四年，伏波將軍馬援）率中郎將馬武、耿舒、劉匡、孫永等⋯征
> 五溪。初，軍次下雋，有二道可入，從壺頭則路近而水嶮，從充則塗夷而運遠
> 。帝初以爲疑，及軍至，耿舒欲從充道，援以爲棄日費糧，不如進壺頭，搤其
> 喉咽，充賊自破。以事上之，帝從援策。三月，進營壺頭，賊乘高守隘，水疾
> ，船不得上；會暑甚，士卒多疫死，援亦中病⋯⋯耿舒與兄好時侯弇書曰：「
> 前舒上書當先擊充，糧雖難運而兵馬得用，軍人數萬爭欲先奮；今壺頭竟不得
> 進，大衆怫鬱行死，誠可痛惜。前到臨鄉，賊無故自致，若夜擊之，即可殄滅
> ；伏波類西域賈胡，到一處輒止，以是失利。今果疾疫，皆如舒言。」弇得書
> ，奏之。」（24／844）

據此文，有二道可入五溪，軍尚未到，光武就考慮取道何處爲佳，疑不能決。及軍到
其地，領兵長官馬援以二道之利弊上奏，光武乃決定進軍之道路，可見光武規劃軍事
，至爲用心。而領兵之將軍得經常報告軍情，請示機宜，光武又隨時發令指揮，耿舒
以偏裨對軍事之看法不同，亦上書以申己見。其兄耿弇爲開國大功臣，耿舒更通過其
兄攻擊主將馬援之軍事失誤。這些管道都使光武充分瞭解前線之軍事情況。光武之好
在後方遙控指揮前線軍事，對前線之主帥非完全的信任，授予全權，在前線之偏裨將
軍才會在軍事見解異於主帥時，上書求詔仲裁。

　　光武好遙控軍事，指揮在前線領兵將軍之用兵，是其性格使然，《後漢書》卷一
上〈光武紀〉謂光武「性勤於稼穡，而兄伯升好俠養士，常非笑光武事田業，比之高
祖兄仲。」（1上／1）光武系出宗室，雖爲疏屬，然世代官宦，爲南陽大族，故光武

勤於稼穡，必非親執耒耜，蓋籌劃經理農事，督促奴婢雇工力田而已。其性勤，凡事掌握指揮，一若勤儉持家之地主，與一般官宦子弟之不知稼穡艱難者大異，故其兄非笑之，比之高祖兄仲。及其登基爲皇帝，其勤勞、凡事掌握之性格不變，對派出征伐之將軍，亦以信使指揮之。其次，光武之性格多疑，不信任人，此在前文已述之。疑不信人，對領兵在外之將軍，當然更難放心，非遙控之，使在掌握中不可。

五、安置降卒與軍事復員

　　王夫之以爲光武之定天下難於高祖。其所持之理由爲光武所降下者甚衆，此亂世之民，操戈爲寇，欲其復爲良民，極爲不易。其文曰：

> 「光武之始徇河北，銅馬諸賊幾數百萬，及破之也，潰散者有矣，而受其降者數十萬人。斯時也，光武之衆未集，猶資之以爲用也。已而劉茂集衆十餘萬而降之於京密，朱鮪之衆且三十萬而降之於洛陽。吳漢、王梁擊檀鄉於漳水，降其衆十餘萬於鄴東。五校之衆五萬人降之於羛陽，餘賊之擁立孫登者五萬人，降之於河北。赤眉先後降者無算，其東歸之餘，尚十餘萬人，降之於宜陽。吳漢降青犢。馮異降延岑、張邯之衆。蓋延降劉永之餘。王常降青犢四萬餘人。耿弇降張步之卒十餘萬。蓋先後所受降者，指窮於數，戰勝矣，威立矣，乃幾千萬不逞之徒聽我羈絡，又將何以處之邪？高帝之興也，恆患寡而亟奪人之軍。光武則兵有餘而撫之也不易。此光武之定天下所以難於高帝也。夫民易動而難靜，而亂世之民爲甚。當其捨耒而操戈，或亦有不得已之情焉。而要皆游惰驕桀者也。迨乎相習於戎馬之間，掠食而飽，掠婦而妻，馳驟喧呶，行歌坐傲，則雖有不得已之情而亦忘之矣。盡編之於伍而耕夫之粟不給於養也，織婦之布不給於衣也。縣官宵夜以持籌，不給於饋餉也。盡勒之歸農而田疇已蕪矣，四肢已惰矣，恣睢狂蕩，不能受屈於父兄鄉黨之前矣。故一聚一散，傾耳以聽四方之動而隨風以起，誠無如此已動而不復靜之民氣何矣。而光武處之也，不十年而天下晏然，此必有大用存焉。史不詳其所以安輯而鎮撫之者何若？則班固、荀悅徒爲藻悅之文而無意於天下之略也，後起者其何徵焉？」（《讀通鑑論》6／12a－13a）

光武平天下時各方軍隊之總和究有多少，甚爲難說；蓋各方勝敗之際，軍士降散聚合，今日爲甲方之兵，明日或爲乙方之卒，後日或又降於丙方；非同時計算天下軍卒之數目，則其數重疊，當不在少數，故不得以史書所言各數目相加。然審驗光武中興時期戰爭資料，謂其時各方軍人之總數多至數百萬，似非武斷。《後漢書》卷一上〈光武紀〉曰：

> 「（更始二年夏，）是時長安政亂，四方背叛，梁王劉永擅命睢陽，公孫述稱
> 王巴蜀，李憲自立爲淮南王，秦豐自號楚黎王，張步起琅邪，董憲起東海，延
> 岑起漢中，田戎起夷陵，並置將帥，侵略郡縣。又別號諸賊銅馬、大肜、高湖
> 、重連、鐵脛、大搶、尤來、上江、青犢、五校、檀鄉、五幡、五樓、富平、
> 獲索等，各領部曲，衆合數百萬人，所在寇掠。」（1上／16）

此所謂「衆合數百萬人」，據其文意，當僅指銅馬、大肜……獲索等十五股武裝力量之人數。[25] 劉永、公孫述、李憲、秦豐、張步、董憲、延岑、田戎之衆尚不在其內。此外，劉聖公已爲天子，年號更始，最具規模，其衆本合新市、下江、平林、及南陽兵；及其即位，復漢正朔，歸附者日多，至光武等破邯鄲王郎時，雖「長安政亂，四方背叛」，但更始之軍隊仍是當時數量最大者。又赤眉亦號稱百萬，[26] 加上地方長吏據土自守郡縣之軍隊，[27] 則不計光武之兵衆，[28] 其時天下之兵，數目不下數百萬，似非高估。至光武平定天下，此數百萬人自有部份死於疆場，然所餘者恐亦不在少數。其確數多少，不可知。要者，雖不必如王夫之之強調光武所降下者特多，遠過前後各朝開國之時，[29] 然光武平定天下，必有與各朝相同之難題：如何處置降卒與軍事復員

25　《資治通鑑》卷三十九，更始二年，於述光武不就更始徵詣行在所後，曰：「是時，諸賊銅馬
　　、大肜、高湖、重連、鐵脛、大搶、尤來、上江、青犢、五校、五幡、五樓、富平、獲索等各
　　領部曲，衆合數百萬人，所在寇掠。」（39／1268）則司馬溫公以爲「數百萬人」僅指銅馬
　　……獲索等十五股武裝力量甚明。又〈光武紀〉作銅馬……檀鄉……獲索等十五股，《通鑑》
　　闕「檀鄉」，當是手民之誤。

26　《後漢書》卷十一〈劉盆子傳〉，11／480。

27　如河西諸郡，事見〈竇融傳〉，23／796-797。又如江南諸州郡長吏，如交阯牧鄧讓、江夏太
　　守侯登、武陵太守王堂、長沙相韓福、桂陽太守張隆、零陵太守田翕、蒼梧太守杜穆、交阯太
　　守錫光等據土自守，至建武五年始遣使貢獻，事見〈岑彭傳〉17／659。又如《後漢書》〈南
　　蠻西南夷傳〉謂王莽之益州郡太守文齊，據郡固拒公孫述。（86／2846）

28　其時光武之兵衆不多，信都郡、和成郡、昌城縣、宋子縣歸附，又擊降附近諸縣，「衆稍合，
　　樂附者至有數萬人。」（1上／12-13）加上上谷、漁陽二郡兵，或有十餘萬，及破邯鄲，亦當
　　有增加。其後破降銅馬、高湖、重連、始有衆數十萬（1上／17）。

29　王夫之於上引文之下文曰：「自三代而下，惟光武允冠百王矣。何也？前而高帝，後而唐、宋
　　，皆未有如光武之世，胥天下以稱兵，數盈千萬者也。」（6／13b）

。此事關係成敗至重，蓋處置不當，則降卒復叛，難有太平之日；而有功之士卒安置不善，小則爲非作歹，禍壞社會，大則興兵造反，天下又亂。此所以王夫之究心於是，亦以史家不記述光武所以「安輯而鎮撫之者何若」，而貶其史才之有闕。[30]今考察光武事跡，嘗試解釋光武所以「安輯而鎮撫之者」爲何。或有助於對光武之所以成功，有更深之了解。

王夫之於譴責東漢史家「無意於天下之略」之餘，亦推測光武安輯鎮撫大量降卒之方法。其文曰：

> 「無已而求之遺文，以髣髴其大端。則徵伏湛，擢卓茂，獎重厚之吏，以調御其囂張之氣，使惰歸而自得其安全。民無懷怨怒以擯之不齒，吏不吝教導以納之矩矱。日漸月摩，而清其形跡，數百萬人之浮情害氣，以一念斂之而有餘矣。蓋其覯文匿武之意，早昭著於戰爭未息之日，潛移默易，相喻於不言。當其從戎之日，已早有歸休之志，而授以田疇廬墓之樂，亦惡有不帖然也。」（6／13）

所言二端，後段謂光武早有偃武修文之意，此對其部屬當有所感化。然感化之範圍，當限於得親接光武之將領，如賈復「知帝欲偃干戈，修文德，不欲功臣擁衆京師，乃與高密侯鄧禹並剺甲兵，敦儒學。」（17／667）此當有助於天下平定後軍事將領之復員。然謂光武偃武修文之意可感化數百萬悍兵驕卒，恐不易令人相信。

上引文之前段謂任用「重厚之吏」，調御士卒之囂張之氣，使其遵守規矩法度，歸於民間而與百姓相處無間。所謂「重厚之吏」，王夫之舉伏湛、卓茂爲例。按伏湛、卓茂俱儒生，守份而不好爭，以禮治地方，爲吏人所信向。[31]是王夫之以爲光武用

30　王夫之於上引文曰：「則班固、荀悅徒爲藻悅之文而無意於天下之略也。」（6／13a）按班固、荀悅修西漢之史，不必言及光武事跡，王夫之之意當是指范曄、袁宏等修東漢之史者。

31　《後漢書》〈伏湛傳〉謂湛九世祖乃濟南伏生；伏氏爲經學世家。湛「少傳父業，教授數百人……更始立，以爲平原太守。時……天下驚擾，而湛獨晏然，教授不廢……時門下督素有氣力，謀欲爲湛起兵，湛惡其惑衆，即收斬之，徇首城郭，以示百姓，於是吏人信向，郡內以安，平原一境，湛所全也。」光武即位，徵湛拜尚書，官至大司徒。「湛雖在倉促，造次必於文德，以爲禮樂政化之首，顛沛猶不可違。」（26／893-895）又〈卓茂傳〉：茂，「稱爲通儒」，有人認其馬，「茂有馬數年，心知其謬，嘿解與之，挽車而去……他日，馬主別得亡者，乃詣府送馬，叩頭謝之；茂性不好爭如此。」後爲密令，以禮爲治。「數年，教化大行。」光武即位，先訪求茂，襃賞其道德淳厚，拜爲太傅，封侯。（25／869-871）是卓茂、伏湛俱守份不爭，守禮重德，有名當時。光武襃賞任用二人，蓋有標榜其政權尊儒雅、重道德之意，有其政治作用。（參見〈卓茂傳〉之論，25／872）王夫之之舉此二人爲所謂「重厚之吏」之例，二人於光武治下未嘗爲地方長吏，而任職於中央，其所舉之例與其所論，稍有差異。

「重厚之吏」以禮儀教導降卒，使其不爭。然諸降卒前在兵間，「掠食而飽，掠婦而妻，馳驟喧呶，行歌坐傲，」不復起兵前之村夫；以禮齊之，恐不易見功，即使有效，必費時曠日，緩不濟急。王夫之所論，蓋儒生之理想。實則對付桀傲好亂之徒，禮樂教化，有時而窮，必待威之以嚴刑峻法，方肯低首聽令。故光武之成功安置降卒，必用威力。今考其事跡，初期當用降卒爲兵，稍後所降太多，則以將軍領之屯田，蓋不敢遣散，恐其又復爲寇也。即有遣歸鄉里，亦必使地方長吏領兵鎮壓，使其不敢爲非。下文以次論之。

光武收用降卒爲兵，以收編銅馬最爲顯例。《後漢書》〈光武紀〉曰：

「（更始二年，光武平河北，大破銅馬、高湖、重連。）降之，封其渠帥爲列侯。降者猶不自安，光武知其意，敕令各歸營勒兵，乃自乘輕騎按行部陣。降者更相語曰：『蕭王推赤心置人腹中，安得不投死乎！』由是皆服。悉將降人分配諸將，衆遂數十萬，故關西號光武爲『銅馬帝』。」（1上／17）

爲使降卒安心爲所用，光武外示對新降者完全信任，令其心服，再將其分散統隸於麾下諸將。光武因大量收編降卒，故勢力得以迅速擴大，此時光武尚未稱帝。其後視軍事之需要，陸續收編降卒爲軍。如建武元年，大司徒鄧禹西討關中，時更始覆敗，「赤眉所過殘賊……降者日以千數，（鄧禹）衆號百萬。」（〈鄧禹傳〉16／602）又如建武五年，「因詔（建威大將軍耿）弇進討張步，弇悉收集降卒，結部曲、置將吏……而東。」（〈耿弇傳〉19／708）乃至於討公孫述之役，時已近中興戰爭之末，仍有收用降卒爲兵。事見〈臧宮傳〉：輔威將軍臧宮從征南大將軍岑彭破公孫述軍於荊門，宮至江州。「岑彭下巴郡，使宮將降卒五萬，從涪水上平曲。」（18／693）據〈光武紀〉，岑彭平巴郡在建武十一年閏三月。（1下／57）誅滅公孫述在建武十二年冬十一月；則在光武中興戰爭過程中，幾從頭到尾一直有收編降卒入軍隊之例證。降卒收入軍中，羈之以軍法，既可免其流散復爲賊，又可補充兵員，可謂兩全之法。然無限制收編降卒，引致軍隊兵員數量過大，則軍隊之給養，成大問題，故在戰爭稍緩之時，當有解決兵員過衆，糧餉補給困難之措施，其中重要者爲屯田。

屯田的目的本爲解決外患問題，以邊疆駐有大軍，補給困難，故就地開墾生產。西漢之屯田皆在有外患之邊防地區進行。[32]但光武於中興戰爭期間曾在內郡屯田。誅

32　關於漢代之屯田，請參閱管東貴，〈漢代的屯田與開邊〉，《史語所集刊》，45本1分，27-104頁，1973；及〈漢代屯田的組織與功能〉，《史語所集刊》，48本4分，501-526頁，1977。

虜將軍劉隆於建武四年，「屯田武當。」（22／780）張純於建武五年拜太中大夫，「後又將兵屯田南陽」。（35／1193）而討虜將軍王霸，「六年，屯田新安。八年屯〔田〕函谷關。」（20／737）又前將軍李通於六年擊漢中賊，「還，屯田順陽」。據章懷注，順陽縣屬南陽郡。（15／575-576）〈續郡國志〉南陽郡有順陽侯國（志22／3476）；章懷注不誤。又武當在南陽郡（志22／3476），新安屬弘農郡，（志19／3401）函谷關在河南尹（志19／3390）。以上各例屯田之地點俱在內郡。[33]又〈光武紀〉：建武六年十二月，「癸巳，詔曰：『頃者師旅未解，用度不足，故行什一之稅。今軍士屯田，糧儲差積，其令郡國收見田租三十稅一，如舊制。』」（1下／50）《後漢紀》亦載此詔，字句稍有變化，文意相同；唯上引「今軍士屯田」，《後漢紀》作「今往往屯田」。[34]因軍士屯田而糧儲充足，乃降低稅率，從十稅一降至西漢舊制三十稅一。則光武軍屯之範圍當相當廣，參與之屯卒人數相當多。《後漢紀》作「今往往屯田」，似爲實錄。光武之軍屯，當不止上述劉隆、張純、王霸、李通所主持者，[35]或尚有其他軍屯之事實見遺於史書，其事湮滅者。蓋劉隆等人領兵屯田俱見於《後漢書》本傳，史書於述其生平事跡時附及屯田事，其他次要之將軍或校尉軍吏雖亦別領兵屯田，其於史書無傳，故其屯田事亦不見載。光武之軍屯，其主要目的爲生產糧食，以充裕軍需，此當無疑義。然今思考王夫之所提出的光武所降下數百萬傲桀兵卒之安置問題，始悟光武之軍屯，又有安置降卒之作用。蓋降卒過多，不可無限制安插於軍中，軍屯之士卒仍以軍法部勒，既不得恣意放肆，擾亂社會，更不得私自逃離，重又爲寇，乃至投附尚未平定之敵對者。令其自耕自養，又可減輕國家之負擔。此實一舉數得之佳法。屯田本爲守邊開邊而創制，光武借其法以安定天下，屯田之功效亦因此而擴大。

　　當然，降卒過多，不可盡收，亦有遣返原藉爲民者，如〈馮異傳〉：馮異爲征西大將軍，伐關中，「乃稍誅擊豪傑不從令者，襃賞降附有功勞者，悉遣其渠帥詣京師，散其衆歸本業，威行關中。」（17／647）又如〈耿弇傳〉：耿弇平定張步，「弇傳步詣行在所，而勒兵入據其城。樹十二郡旗鼓，令步兵各以郡人詣旗下，衆尚十餘

33　此數條內郡屯田之史料已見引於前述管東貴，〈漢代屯田的組織與功能〉，頁521-522。
34　周天游校注，《後漢紀校注》，5／141，天津古籍出版社，1987。
35　〈杜茂傳〉：茂爲驃騎大將軍。「東方既平，七年，詔茂引兵北屯田晉陽、廣武、以備胡寇……十二年……鎮守北邊……茂亦建屯田，驢車轉運。」（22／776-777）晉陽、廣武俱屬太原郡。杜茂之屯田主要爲守邊備胡。

萬，輜重七千餘兩，皆罷遣歸鄉里。」（19／712）罷降卒而遣返故郡，郡縣當有監
察覊縻之法，使其不得逃亡復爲寇。

　　《後漢書》〈耿純傳〉謂前將軍耿純請曰：「『天下略定，臣無所用志，願試治
一郡，盡力自效。』帝笑曰：『卿既治武，復欲修文邪？』廼拜純爲東郡太守。」（
21／764）則光武於上引文之所謂「修文」，是指爲郡太守治理地方。實則光武以將
軍爲郡守多領兵之郡，用以擊平不服，鎮壓盜賊。就以耿純爲例，〈耿純傳〉又曰：

> 「廼拜純爲東郡太守。時東郡未平，純視事數月，盜賊清寧。四年，詔純將兵
> 擊更始東平太守范荆，荆降。進擊太山、濟南及平原賊，皆平之。居東郡四歲
> 。」（21／764-765）

耿純爲郡太守，不但平定境內之盜賊，且越界進擊東平、太山、濟南、平原郡之敵寇
。是光武在中興戰爭時以將軍領兵治郡之佳例，其他例子如：

> 《後漢書》〈寇恂傳〉曰：「光武南定河內……乃拜恂河內太守，行大將軍事
> 。光武謂恂曰：『河內完富，吾將因是而起。昔高祖留蕭何鎮關中，吾今委公
> 以河內，堅守轉運，給足軍糧，率屬士馬，防遏它兵，勿令北度而已。』光武
> 於是復北征燕、代。恂移書屬縣，講兵肄射，伐淇園之竹，爲矢百餘萬，養馬
> 二千匹，收租四百萬斛，轉以給軍……時軍食急乏，恂以輦車驪駕轉輸，前後
> 不絕。」（16／621）

> 〈景丹傳〉曰：景丹爲驃騎大將軍，建武二年，「會陝賊蘇況攻破弘農，生獲
> 郡守，丹時病，帝以其舊將，欲令強起領郡事。乃夜召入，謂曰：『賊迫近京
> 師，但得將軍威重，臥以鎮之足矣。』丹不敢辭，乃力疾拜命，將營到郡，十
> 餘日薨。」（22／774）

> 〈王梁傳〉：王梁爲前將軍，五年，「拜山陽太守，鎮撫新降，將兵如故。」
> （22／774）

光武以將軍爲郡太守，既可鎮壓地方，肅清不服，鞏固已佔領之地區成爲後方，在其
地勸農養兵，收租轉輸，支援前線之戰爭，又可安置過多的兵員。蓋其既然領兵莅郡
，軍隊固著於郡，給養容易，而經過一段時間之後，亦較易令其就地復員。而以將軍
治郡，對治理遣散還鄉之降卒，更爲有利。故天下漸次平定，賦閑之將軍及其軍隊亦
多安置於郡中。如強弩大將軍陳俊自建武五年「爲琅邪太守，領將軍如故。」鎮撫東

方。十四年「徵奉朝請。」（18／691）劉隆爲誅虜將軍，「十一年，守南郡太守，
歲餘，上將軍印綬。」（22／780）又虎牙大將軍蓋延於建武十一年「拜爲左馮翊，
將軍如故……十五年，薨於位。」（18／689）而討虜將軍王霸，建武九年，「璽書
拜霸上谷太守，領屯兵如故，捕擊胡虜，無拘郡界。」（20／737）王霸領兵於邊郡
爲太守，其軍隊用於禦胡，仍有保留之需要，故霸在上谷二十餘年，至明帝永平二年
乃以病免。[36] 至於王梁、劉隆、陳俊、蓋延等在內郡，其軍隊當陸續遣散復員，故王
梁等於拜郡一段時間之後，乃去將軍之號。則以將軍領兵爲內郡太守有安排軍隊解散
復員之功效。

　　天下平定後，亦使將軍領兵修築軍事防禦之工程。如驃騎大將軍杜茂，「鎮守北
邊，因發邊卒築亭候，修烽火。」（22／777）而〈馬成傳〉又曰：

「（馬成爲揚武將軍，）十四年，屯常山、中山以備北邊，并領建義大將軍朱
祐營。又代驃騎大將軍杜茂繕治障塞，自西河至渭橋，河上至安邑，太原至井
陘，中山至鄴，皆築保壁，起烽燧，十里一候。在事五六年，帝以成勤勞，徵
還京師。邊人多上書求請者，復遣成還屯。及南單于保塞，北方無事，拜爲中
山太守，上將軍印綬，領屯兵如故。」（22／779）

修築障保烽燧等軍事工程，所用者爲揚武將軍、建義大將軍與驃騎大將軍三營之兵卒
，爲時凡五、六年。是在戰爭結束後，除負責守邊、宿衛、駐守內郡要地之軍隊外，
其他多餘之兵員當遣散復員。光武以其中一部份隨將軍守郡，於郡中陸續復員；亦有
部份從將軍修築軍事工程，數年後工程完成始遣散。則復員之兵卒非一時全部發遣，
而是分批退伍；無疑當較易管理，以免騷擾民間。

　　至於將軍之復員，因將軍多有軍功，封侯；既有崇高之社會地位，又有豐厚之經
濟收入，故其復員，並不造成問題，且其從龍日久，光武知其才具而用之。就以三十
二雲台功臣爲例，建武十三年尚在世者十九人，其中十人曾爲郡守、州牧，四人曾爲
三公或行三公事，僅五人於十三年後不復任職，然亦在京師顧問應對，參與謀議。[37]

36　事見〈王霸傳〉，20／737。又馬成爲揚武將軍，「八年，從征破隗囂，以成爲天水太守，將
　　軍如故，冬，徵還京師。」（22／779）據〈光武紀〉，建武八年冬，「天水、隴西復反歸囂
　　。」（1下／54）是在八年擊破隗囂後，天水郡屬漢，光武以馬成爲太守以鎮撫之，後以東方
　　有事，光武東返，而公孫述亦遣兵救隗囂，天水郡復反歸囂，馬成已無郡可守，故徵還京師。
　　馬成以將軍爲邊郡太守，與王霸事相類，然其郡旋即棄守，故其爲太守之時間甚短。
37　參見廖伯源，〈試論光武帝用人政策之若干問題〉，《史語所集刊》六十一本一分，1-24頁，
　　民國八十年。

故僅就雲台功臣而言，其復員並不造成問題。

歷朝之開國君主，均面臨安置降卒及軍隊復員之問題。而戰時之軍隊多如寇賊，又數量龐大，一旦遣散，管理不善容易又起兵亂。光武於內郡開軍屯，又以將軍領兵爲郡太守治郡，陸續遣散多餘之軍卒。其法之施行，戒之在急切而重在和緩，分批安置遣散數百萬悍卒，此亦可見光武之所謂柔道。

六、餘　　論

本文討論光武帝之「柔道」、以人質羈縻諸將、遙控軍事及軍隊復員四事；顯示光武之性格陰柔，能屈己容忍，以消解衝突；柔和撫下，故能得衆心。而其在內郡開軍屯，又以將軍領兵爲郡太守治郡，和緩分批遣散多餘之軍卒，化解危機於無形；亦可見其「柔道」有大用於統一天下。又其人勤勞，凡事親躬掌握而思慮週到，軍事才能高明。以諸將家屬爲質而不著痕跡，遙控軍事於萬里之外，又多派監軍，[38] 嚴密地控制將軍與軍隊。

光武成功之因素，前人討論已多。（參見上文第一節引論）本文所論諸端，或亦有助於了解光武之所以得天下。然光武克服群雄，重興漢室是牽涉廣泛的大事，其成功因素必然複雜多端。可從各種不同的角度探討。本文之審查報告建議補充討論光武兄劉縯之角色及光武「雖置三公，事歸台閣」二事。按三公、尚書之職權變遷，尚書制度之發展爲漢代官制的大問題，當專文討論。今僅於此析論劉縯對光武中興所發生之作用。《後漢書》〈齊武王縯傳〉曰：

> 「齊武王縯，字伯升，光武之長兄也……自王莽篡漢，常憤憤，懷復社稷之慮；不事家人居業，傾身破産，交結天下雄俊。莽末，盜賊群起，南方尤甚。伯升召諸豪傑計議……於是分遣親客，使鄧晨起新野，光武與李通、李軼起於宛；伯升自發春陵子弟，合七、八千人。」（13／549）

所謂「光武與李通、李軼起於宛」，光武僅與李通兄弟定謀，實無參與宛之起事[39]。

38　參見前引廖伯源，〈漢代監軍制度試釋〉，17–22頁。
39　《後漢書》〈光武紀〉曰：
　　「莽末……光武……賣穀於宛。宛人李通以圖讖說光武……（反莽）光武……遂與定謀，於是乃市兵弩。十月，與李通從弟軼等起於宛……十一月……光武遂將賓客還春陵，時伯升已會衆起兵。」（1上／2-3）

＜李通傳＞曰：

「（李通以『劉氏復興，李氏爲輔』說光武。光武與李氏兄弟）乃遂相約結，
定謀議。期以材官都試騎士日，欲劫前隊大夫及屬正，因以號令大衆；乃使光
武與軼歸春陵，舉兵以相應。」（15／574）

光武與李通約定之後，即與李軼返春陵；李通留在宛領導舉事，大概事敗遁走。故其
後「前隊復上通起兵之狀，莽怒，」殺通父守；「南陽亦誅通兄弟、門宗六十四人。
」（15／574-575）光武與李軼返回春陵時，伯升已起兵，因從伯升。南陽春陵、新
野起兵以伯升爲首領，光武、鄧晨、李軼等附從。

伯升所領之南陽兵，初起不久就與新市兵、平林兵、下江兵合縱，擊敗王莽前隊
大夫甄阜、屬正梁丘賜，斬之。後又大破「王莽納言將軍嚴尤、秩宗將軍陳茂……尤
、茂棄軍走。伯升遂進圍宛，自號柱天大將軍。王莽素聞其名，大震懼；購伯升邑五
萬戶，黃金十萬斤，位上公。使長安中官署及天下鄉亭皆畫伯升像於墊，旦起射之。
」（14／550）更始在即位之前，其威望地位不及伯升。擁立更始之軍隊，含有四部
份：是爲新市兵、平林兵、下江兵及伯升所領的南陽兵。伯升爲四支軍隊其中一支的
領袖。更始則僅爲平林兵之偏裨。＜劉玄傳＞曰：「平林人陳牧、廖湛……號平林兵
……聖公（更始之別字）因往從牧等，爲其軍安集掾。」（11／468）故在更始登基
以前，伯升爲南陽、新市、平林、下江兵中最有威望地位之劉氏宗室；此所以王莽巨
金厚爵以購伯升，又以其畫像爲箭靶。[40]然伯升並不能指揮新市、平林、下江之諸將
；此從諸將議立宗室時，捨伯升而取更始可知。

伯升等起兵在王莽地皇三年十一月。明年二月辛巳，更始立爲天子。六月，伯升
見害。（1上／9）計伯升從起兵至死，前後約八月，其中後四月且臣屬於更始；時間
太短，伯升不可能在此短時間建立深厚之勢力以爲日後光武打天下之助力。此其一。

伯升初起時就與新市、平林、下江兵等股合縱，互受牽制。且饑民初起，烏合之
衆，將帥不易建立絕對權威，除少數的宗族賓客外，部屬多饑民，亦難言效忠。及更

謂光武與李氏兄弟十月在宛起事，然後光武於十一月返春陵；與〈李通傳〉所言光武與李軼在
謀定後、起事前返春陵者不同。今從〈李通傳〉。

40　畢漢思（Hans Bielenstein）其至過份地強調伯升之威望。乃至謂光武完全爲伯升所掩蓋；又
謂「伯升在正常的情況下應成爲皇帝」，「光武成爲皇帝是意外」。見氏著"The restoration of
the Han Dynasty, vol IV, The government"，*The bulletin of the museum of far-eastern
antiquities*, vol 51, p.198, Stockholm, 1979.

始即位，伯升兄弟臣事更始，更不易建立個人勢力。此其二。

　　伯升死後，光武之處境相當困難，極其隱忍之能事，力求脫嫌。（事詳前文）更始雖拜光武爲破虜大將軍，然不使領兵征伐，而令行司隸校尉事，整修洛陽宮府。（1上／9）則見疑羈縻之意甚明。後光武疏通更始左右，乃得脫困。出使河北，別創天地。光武出使河北時，雖掛破虜大將軍行大司馬事之官衛，「持節北度河，鎮慰州郡……如州牧行部事。」（1上／10）實不領兵與俱。《後漢書》＜光武紀＞曰：

　　　　「（更始二年正月，光武至薊。）王郎移檄購光武十萬戶，而故廣陽王子劉接起兵薊中以應郎，城內擾亂……言邯鄲使者方到，（按時王郎都邯鄲）二千石以下皆出迎。於是光武趣駕南轅，晨夜不敢入城邑，舍食道旁。至饒陽，官屬皆乏食。光武乃自稱邯鄲使者，入傳舍。傳吏方進食，從者饑，爭奪之。傳吏疑其僞，乃椎鼓數十通，紿言邯鄲將軍至；官屬皆失色。光武升車欲馳，既而懼不免，徐還坐，曰：『請邯鄲將軍入。』久乃駕去。傳中人遙語門者閉之。門長曰：『天下詎可知，而閉長者乎？』遂得南出，晨夜兼行，蒙犯霜雪……違惑不知所之。有白衣老父在道旁，指曰：『努力！信都郡爲長安守，（按時更始都長安）去此八十里。』光武即馳赴之，信都太守任光開門出迎。世祖因發旁縣，得四千人。」（1上／12）

　　光武若領兵到河北，當不會因爲王郎使者到薊，薊城官吏應王郎而倉皇南逃。「晨夜不敢入城邑，舍食道旁」。眞道盡其逃命之狼狽。及在饒陽僞稱邯鄲使者入傳舍求食，官屬爭食見疑，傳吏竟欲閉門擒之；可見光武到河北不但不領兵，其從屬人數亦甚少，恐不過數十人。及到信都郡始發兵得四千人，此爲光武在河北之最初武裝力量；其日益壯大，是後事。光武之王業奠基於河北，然其並非領兵到河北攻城略地，而是只領少數官屬，憑更始使者之身份號召河北郡縣歸附；及王郎稱帝，光武乃發河北郡縣兵擊郎，因自壯大。光武平定天下之武力與伯升完全無關。

　　其次，以光武中興的從龍功臣觀察伯升對光武成功之影響。《後漢書》闕功臣侯表，功臣之資料不全；然光武功臣中有所謂雲台功臣，是功臣中功勞最大者，可視爲光武功臣之代表。雲台功臣於《後漢書》中俱有傳，今考各人之本傳，雲台功臣三十二人中，與伯升有淵源者僅四人。此四人中，李通、王常之歸附光武不必因伯升之關係。李通與光武謀起事，又娶光武妹伯姬，（15／573）日後臣事光武與伯升無關。

王常爲下江兵之將率，「漢兵與新市、平林衆俱敗於小長安，各欲解去。伯升聞下江軍在宜秋，即與光武及李通俱造常壁……伯升見常，說以合從之利……遂與常深相結而去。」常對伯升甚爲敬佩，其說下江兵其他將率同意合縱曰：「『今南陽諸劉舉宗起兵，觀其來議事者，皆有深計大慮，王公之才，與之并合，必成大功。』」其後議立宗室，「唯常與南陽士大夫同意欲立伯升。」（15／578-579）然常從未隸屬伯升；其於更始朝貴顯，拜大將軍，「與光武共擊破王尋、王邑」於昆陽。後封鄧王。更始敗，建武二年夏乃歸光武。（15／579-580）王常同時認識伯升、光武兄弟，後又與光武并肩作戰；其自陳與光武之關係謂「始遇宜秋，後會昆陽」是也。（15／580）其臣事光武不受伯升之影響。

與伯升之關係較深者爲朱祐、岑彭二人。〈朱祐傳〉曰：「朱祐字仲先，南陽宛人也……往來春陵，世祖與伯升皆親愛之。伯升拜大司徒，以祐爲護軍。及世祖爲大司馬，討河北，復以祐爲護軍，常見親幸，舍止於中。」（22／769）朱祐曾爲伯升屬官，伯升死後歸光武。然祐自少年時就見親於伯升、光武兄弟，其依附光武不必然爲伯升之故。

伯升有大恩於岑彭。〈岑彭傳〉曰：彭南陽棘人，守本縣長拒漢兵，後降。「諸將欲誅之。大司徒伯升曰：『彭，郡之大吏，執心堅守，是其節也。今舉大事，當表義士，不如封之，以勸其後。』更始乃封彭爲歸德侯，令屬伯升。及伯升遇害，彭復爲大司馬朱鮪校尉……遷潁川太守。」時潁川爲劉茂所略。「彭不得之官，乃與麾下數百人從河內太守邑人韓歆。會光武徇河內，歆議欲城守，彭止不聽。既而光武至懷，歆迫急迎降……（光武）召見彭，彭因進說曰：『今赤眉入關，更始危殆……竊聞大王平河北，開王業……彭幸蒙司徒公所見全濟，未有報德，旋被禍難，永恨於心。今復遭遇，願出身自效。』光武深接納之。」（17／653-654）伯升救彭於垂死，後彭又爲伯升屬吏；對伯升之見害，彭自言以不得報恩而「永恨於心」，則其說河內太守韓歆背更始，降光武，或有報伯升大恩之意，然其時更始政亂，危在旦夕，彭之歸光武，未始没有棄暗投明之意。似不可肯定岑彭之歸附光武完全因爲伯升之關係。

其他二十八位雲台功臣，七位在光武徇潁川時依附，（時伯升爲更始之大司徒，不與光武同在一處。）十九位在河北從龍，二位在光武即位後始臣屬光武。[41]此二十

41　其他二十八位雲台功臣，依其從龍之先後，可分爲三類：

八人大多數不認識伯升。[42]

綜上所述，光武於起兵反莽時雖然從屬於其兄伯升，伯升又威名甚大；然伯升見害太早，其後光武出使河北，乃肇興王業。伯升對光武之得天下，恐影響甚小。

　　　　　　　　　　　　一九八九年三月二十一日初稿。承劉增貴兄指
　　　　　　　　　　　　正，五月二日二稿。一九九〇年六月二十七日
　　　　　　　　　　　　三稿。十一月十九日四稿。

(一)在光武出使河北以前從龍者：馮異、祭遵、銚期、臧宮、傅俊、王霸、馬成七人。更始即位後，以伯升爲大司徒；光武別與諸將在外作戰，大敗王莽大司徒王尋、大司空王邑於昆陽，又轉戰潁陽、父城。(〈光武紀〉1上／4-9)馮異等五人於此時從龍；臧宮則早入「下江兵中爲校尉，因從光武征戰。」(18／692)又馬成，「世祖徇潁川，以成爲安集掾，調守郟令。及世祖討河北，成即棄官步負，追及於蒲陽。」(22／778)成前爲光武部屬，雖後爲郟令，與光武脫離統隸關係，及光武出使河北時又棄官追隨；故亦歸馬成於此類。
(二)在河北從龍者：鄧禹、吳漢、賈復、陳俊、耿純、馬武、堅鐔、杜茂、任光、李忠、萬修、邳彤、劉植、耿弇、寇恂、景丹、蓋延、王梁、劉隆等十九人。其中馬武、任光亦曾臣屬更始，與光武同破王尋等，(22／784，21／751)早已認識光武，或亦認識伯升。二人在河北始臣事光武。
(三)光武即位後從龍者：卓茂、竇融。
參見各雲台功臣之本傳及〈光武紀〉，又參見廖伯源，〈試論光武帝用人政策之若干問題〉，《史語所集刊》六十一本一分，20-21頁。
42　劉隆系出南陽安衆侯宗室，後爲更始之騎都尉。(22／780)臧宮「入下江兵中爲校尉」，(18／692)下江兵後與南陽兵合。馬武「入綠林中，遂與漢軍合。」(22／784)又陳俊(18／689)、任光(21／751)、賈復(17／664)亦曾臣屬更始，此六人或曾見過伯升。其餘二十二人恐多數無緣親見伯升。

試論《太平經》的疾病觀念

林　富　士

　　《太平經》一書之內容大致形成於東漢中晚期。全書之主旨在於解釋當時社會種種災禍、動亂、和危機的根本緣由，並提出一套解救之道。而「疾疫」爲侵襲當時社會的重大災禍之一，因此該書對疾疫（病）原因的解釋和所主張的醫療手段應值得分析、研究。

　　該書以爲在下列五種狀況之下，人便會罹患疾病：㈠「中邪」；㈡「神遊於外」；㈢因惡行而遭鬼神譴祟；㈣帝王政治措施失當招致天地鬼神之降罰；㈤「承負」他人禍報。至於其所主張的對治之策，主要有七：㈠守一思神法；㈡善行法；㈢善政法；㈣祭祀禳解法；㈤丹書祝除法；㈥方藥灸刺法；㈦服食法。

　　此種疾病觀念，一方面雜揉了當時社會許多流行觀念（如醫學觀念、神仙及養生家之言、災異思想、巫祝之言與世俗信仰），另一方面又往往別樹一格，有意的自異於任何一家之主張。其根本特色則在於聯結「行爲善惡」和「鬼神報應」這二個因子於疾病現象之中。此種觀念和漢末興起的「太平道」、「五斗米道」的信仰和主張甚爲相似，該書與這兩個道團應有密切的關係。

一、引　　言

　　對於東漢社會而言，安帝時期（西元一〇七～一二五年）可以說是一個相當重要的分水嶺，因爲，從此之後，東漢社會便陷入一種日益嚴重的動亂狀態中，這種動亂狀態，最主要的表徵（也可說是「原因」）便是「盜賊並起」[1]，據統計，從安帝永初元年（西元一〇七年）到靈帝光和六年（西元一八三年）之間，東漢帝國境內至少曾發生四十件規模大小不一的叛亂事件[2]，而自從靈帝中平元年

1　詳見范曄，《後漢書》，新校本（台北，鼎文書局，一九七八年，三版），卷四十六，〈郭陳列傳〉，頁一五五八。

2　詳見多田狷介，〈黃巾の亂前史〉，《東洋史研究》，第二六卷第四期（一九六八年），頁一六〇～一八三。林富士，《漢代的巫者》（台北，稻鄉出版社，一九八八年），「附表二·東漢中晚期叛亂活動年表」。

（西元一八四年）發生大規模的「黃巾之亂」和「五斗米道」反叛之後，一直到獻帝
延康元年（西元二二〇年）正式結束東漢王朝的統治爲止，盜賊紛擾和地方武裝
割據、相互交戰的情形更不曾有過止息[3]。除此之外，在這段時期（西元一〇七～
二二〇年），整個東漢社會還遭受著各種自然災害（水、旱、蝗、疾疫、地震……
等），以及因此而更形嚴重的社會經濟問題（主要是飢饉、土地兼併、貧富懸殊
對立、以及流民問題）一波又一波的衝擊，而羌族、鮮卑、匈奴、烏桓、蠻夷也在
這個時候紛紛起兵侵擾西方、北方和南方的邊郡地區，這使東漢政府面臨了來自
四面八方、裡裡外外、各式各樣交織層疊的挑戰和危機[4]。在這種動亂的情勢下，
除了東漢政府必須思考並採取因應之道外，知識份子和一般民衆自然也面臨了如
何救世救國或自救自處的問題，例如，順帝永建二年（西元一二七年），廣漢布
衣楊厚便因通曉圖讖而爲順帝「特徵」至朝廷，「因陳漢三百五十年之厄，宜蠲
法改憲之道，及消伏災異，凡五事」，此後，「每有災異，（楊）厚輒上消救之
法」[5]。而北海郎顗，雖不就州郡辟召徵舉，亦於順帝陽嘉二年（西元一三三年）
因「災異屢見」而詣闕上章，痛陳「消災之術」[6]。此外，平原襄楷也因「桓帝
時，宦官專朝，政刑暴濫，又比失皇子，災異尤數」，而於延熹九年（西元一六六
年）「自家詣闕上疏」，力言天下之危亂及其興革救亡之道[7]，此外，值得注意的
是，襄楷在這次上疏之前似乎曾呈獻過一部「神書」，因其疏文中曾說：

　　　　臣前上琅邪宮崇受干吉神書，不合明聽。[8]

至於這部「神書」的內容，以及呈獻此書的目的，襄楷在此次「詣闕」的第二次上
書中曾言：

3　有關黃巾之亂後，各地變亂蜂起、武裝割據的情形，可參見木村正雄，《中國古代農民叛
　　亂の研究》（東京，東京大學出版會，一九八三年，二版），頁四四六～四五五。谷川道
　　雄、森正夫編，《中國民衆叛亂史‧卷一：秦～唐》（東京，平凡社，一九七八年），
　　「諸叛亂關係年表」，頁四二一～四二六。
4　詳見多田狷介，〈黃巾の亂前史〉。翦伯贊，《秦漢史》（北京，北京大學出版社，一九
　　八三年二版），頁四二〇～四八四。
5　詳見《後漢書》，卷三十上，〈蘇竟楊厚列傳〉，頁一〇四八～一〇四九。
6　同上，卷三十下，〈郎顗襄楷列傳〉，頁一〇五三～一〇七五。
7　同上，頁一〇七五～一〇八〇。
8　同上，頁一〇八〇。

夫天子事天不孝，則日食星鬥。比年日食於正朔，三光不明，五緯錯戾。
前者宮崇所獻神書，專以奉天地順五行為本，亦有興國廣嗣之術。其文易
曉，參同經典，而順帝不行，故國胤不興，孝沖、孝質頻世短祚[9]。

由此可知，這部「神書」在順帝時，便曾由宮崇呈獻過一次，其目的乃在教帝王「
奉天地、順五行」及「興國廣嗣」之術，以救治危亂災異，期能興國廣嗣，卻不為
朝廷所用，所以，襄楷再次呈獻此書，並於疏文中頻頻致意，其目的可說和宮崇
無異。這部「神書」雖然不曾為朝廷所信用，可是，似乎也不曾完全自人間消失，
如南朝范曄即云：

初，順帝時，琅邪宮崇詣闕，上其師干吉於曲陽泉水上所得神書百七十
卷，皆縹白素朱介青首朱目，號《太平清領書》。其言以陰陽五行為家，
而多巫覡雜語。有司奏崇所上妖妄不經，乃收藏之。後張角頗有其書焉。[10]

由此可知，自從宮崇於順帝時（西元一二六～一四四年）獻進此書之後，此
一「神書」除了在朝廷中有藏本之外，似乎還流傳於民間，以致襄楷能再次呈獻
朝廷，「太平道」的創建者張角也能「頗有其書」，除此之外，興起於巴蜀、漢中
一帶的「五斗米道」，據學者考究，其行事和教法亦和此書有非常緊密的關係[11]。
因此，這部「神書」實具有相當高的研究價值，因為，透過對此書的研究，可以明
瞭，在當時的動亂局勢中，這部書的作者及其繼承者和擁護者是如何省思和回應
當時種種災禍和危機的挑戰，而有助於比較完整的理解當時社會的個人或群體在
亂世中的行為和思想傾向。

然而，這部「神書」（《太平清領書》）現今究竟還存在不存在呢？答案似乎
是肯定的。因為依據一些學者的意見，現今《正統道藏》中的《太平經》[12]大體上

9　同上，頁一〇八一。

10　同上，頁一〇八四。

11　詳見饒宗頤，《老子想爾注校箋》（香港，香港大學，一九五六年），〈想爾注與太平
　　經〉，頁九八～一〇一。熊德基，〈《太平經》的作者和思想及其與黃巾和天師道的關
　　係〉，《歷史研究》，一九六二年第四期，頁八～二五。卿希泰，〈有關五斗米道的幾個
　　問題〉，《中國哲學》，第四輯（一九八〇年），頁三二五～三三六。

12　見《正統道藏》（台北，新文豐出版公司，一九八八年，再版），第四十一冊，外、受、
　　傅、訓、入字號，頁一～四四三。其中外字號十卷係《太平經鈔》被誤編為本經者。

即是這部「神書」的殘本[13]，而其依據主要有三：第一，由若干六朝和唐初文獻的
著錄和引述，可知今本《太平經》曾流傳於六朝至隋唐之時，而今本《太平經》的
內容，頗能符應襄楷、葛洪、范曄對此書之描述；第二，今本《太平經》在用語
上（如「縣官」、「銖分」、「成事」、「何等」）、在思想上（如元氣說、陰陽五
行說、刑德說）、在所反映的政治制度上（如十三州及州、郡、縣、鄉、亭、里的
行政區域劃分、貢舉和明經的選舉制度）、社會情境上（如盜賊橫行、夷狄侵寇、
厚葬風氣、禁酒、興土功的禁忌），都與其他漢代文獻所載相吻合；第三，今本《
太平經》並無六朝道經、道術的一些重要特質（如：依託老君或元始天尊說教的
撰述體裁，抄襲佛經的用語和觀念，煉丹、叩齒咽液等流行道法），至於符籙與
齋法，《太平經》中亦僅有形體簡單的「複文」和相當粗淺的齋戒觀念，而無六朝
時複雜多變的符書和種種儀軌繁複的齋法[14]。因此，雖然有些學者根據敦煌本《
太平經》總目及其前後附文的內容，推斷今本《太平經》應源於南朝梁陳之時茅
山道士所編修的本子，故而，雖不否認其大致內容應爲漢時之舊，但卻懷疑其中
可能滲入六朝時的材料[15]，可是，迄今尚未有人提出確鑿的證據，所以，絕大多

13　《太平清領書》根據襄楷和范曄的說法，乃由干吉所作，然今本《太平經》的內容，無論
　　是從文體、用語或觀念上，都可看出非成於一人之手，所以，即使此書起初果由干吉所
　　作，然在流傳的過程中，可能陸續爲後人所增補修訂，如宮崇、襄楷，甚至「太平道」
　　和「五斗道」的道徒都有可能是今本《太平經》的作者之一。故本文雖然認爲今本《太平
　　經》即漢時之《太平清領書》，但並不以爲這部「神書」乃成於一時一人之手。有關《太
　　平經》文體、用語和觀念上的歧異情形之討論，詳見熊德基，〈《太平經》的作者和思想
　　及其與黃巾和天師道的關係〉。高橋忠彥，〈《太平經》の思想構造〉，《東洋文化研究
　　所紀要》，第九五冊（一九八四年），頁二九五～三三六。

14　詳見小柳司氣太，〈後漢書襄楷傳の太平清領書について〉，收入《桑原博士還曆紀念
　　支那學論叢》（京都，弘文堂，一九三〇年），頁一四一～一七一。大淵忍爾，〈《太平
　　經》の來歷について〉，《東洋學報》，第二七卷第二期（一九四〇年），頁一〇〇～一
　　二四。湯用彤，〈讀《太平經》書所見〉，原載《國學季刊》，五卷一號（一九三五
　　年），收入氏著，《湯用彤學術論文集》（北京，中華書局，一九八三年），頁一八七～
　　二二二。王明，〈論《太平經》的成書時代和作者〉，原載《世界宗教研究》，一九八二
　　年第一期，收入氏著，《道家和道教思想研究》（重慶，中國社會科學出版社，一九八四
　　年），頁一八三～二〇〇。上述學者之論據詳略互異，本文係撮集其較爲可信者述之。

15　詳見吉岡義豐，〈敦煌本《太平經》について〉，原載《東洋文化研究所紀要》，第二十
　　二本（一九六一年），收入氏著，《道教と佛教・第二》（東京，豐島書房，一九七〇
　　年），頁一一～一六一。B. J. Mansvelt Beck, "The Date of the *Taiping Jing* ", *T'oung Pao*,
　　Vol. LXVI, 4-5 (1980), pp. 149～182。此外，另一種比較極端的說法是：今本《太平經》

數的學者仍將此書直視爲東漢中晚期的作品加以考究。而此書經過近六十年來的研究，雖然其研究價值日益受到肯定，面目亦日漸清晰[16]，但是，仍有若干課題尚待進一步探索，比如「疾病」即是其一。

「疾病」這個課題在《太平經》研究中，所以值得重視和探究，其理由有三：第一，「疾疫」實爲東漢中晚期社會中相當嚴重的一種災禍[17]；第二，和此書有緊密關聯的「太平道」和「五斗米道」，在當時都以「療病」爲吸引群衆、傳佈信仰的主要手段[18]；第三，「治病」之道實爲此書申述的主旨之一[19]。故而，本文擬以《太平經》的疾病觀念爲題，探索下列問題：第一，在當時疾疫之災的衝擊下，《太平經》的作者如何解釋疾病的起因？對於治療的方法又有何主張？第二，其疾病觀念在當時社會中究竟具有何等的特質？而其特質是否曾表現在「太平道」和「五斗米道」的行事上？以下即先述《太平經》的疾病觀念。

二、《太平經》的疾病觀念

由於《太平經》並非一專門性的醫學著作，所以，其書雖然也有若干篇章比較著重於「疾病」這個課題的論述，但是，畢竟欠缺系統性的理論，故而，本文只好搜羅散見於書中各個篇章的相關材料，略加排比，並分別從兩方面加以考察：一方面是從其對疾病原因的解釋入手；另一方面則從其所主張的治病方法著眼。

乃梁、陳時茅山道士所編造，並非漢時舊文。此說僅爲福井康順一人所主張，而其說純據文獻著錄推斷而成，並無其他直接而確切的論證，且已爲其他學者（如大淵忍爾）所批駁，故本文不予討論。福井康順之說，見氏著，《道教の基礎的研究》（東京，理想社，一九五二年初版。東京，書籍文物流通會，一九五八年再版），〈太平〉，頁二一四～二五五。

16　與《太平經》直接相關的研究成果，詳見本文「附錄」。

17　詳見林富士，《漢代的巫者》，頁一六五～一六七。「附錄三‧東漢時期疾疫流行年表」。

18　同上，頁一六三～一六七。

19　如其書庚部（要訣十九條）一篇乃在陳述書中主要的十九項論題，而其中二條，即爲「治病」與「醫藥」，詳見王明，《太平經合校》（北京，中華書局，一九六〇年初版，一九七九年改訂再版），卷一〇八，頁五一一～五一二。有關《太平經》一書主要旨趣和內容的分析，當另文論之。

㈠對疾病原因的解釋

　　《太平經》對於疾病原因的解釋，大致是認爲在下列五種情形下，人便會罹患疾病。

　　第一種情形或可稱之爲「中邪」。如戊部卷七十一，〈致善除邪令人受道戒〉即云：

　　　　眞人曰：「吾身嘗中於大邪，使吾欲走言，吾欲當爲人主，後當飛仙上天。吾受其言，信之大喜。後反三月病癲疾。……幾爲劇病。……」[20]

此外，己部卷九十六，〈守一入室知神戒〉亦云：

　　　　日思爲善，得道意之人也。……不得道意矣，見試而不覺悟，固固自若爲惡者，諸神且共欺之，牽人入邪中，則致吉凶無常，或入祆言，或坐病止。[21]

而己部卷九十八，〈神司人守本陰祐訣〉亦云：

　　　　夫神，乃無形象變化無窮極之物也。人爲之能專心自守，能不聽其言，考心乃行，閉口不傳其言，又不隨爲其愁怒喜，固固堅守本不移，務陰利祐人及凡物，不欲爲害。……人用心意不專純，又易喜易怒，易驚易惑，又易事輕口清辯慧，常欲語善惡，無可能隱匿。……如是，則群神共來欺之。或之小人，則且上入祆言而死也，或數爭辯口而妄言也，或爲鬼神所驚，因而病狂也。……反聽邪神詐僞，祆言妄語，是即道不成，所以得凶之門戶也。[22]

這三段文字，主要在敘述「學道者」在修道之時所會遭逢的試驗和危險，大意是以爲學道者若是「持心不堅」或有「邪心惡意」，或妄言語喜怒，則諸神會使「大邪」來欺，使其妄言妄行而罹病癲狂，甚且因而死亡。而此種「中邪」致病現象，其實並不僅限於「學道者」，一般人若是「喜怒無常」，或有「邪心惡意」，亦會如此，如前引〈致善除邪令人受道戒〉即云：「非獨學道者也，百姓喜怒無常，同是」。[23]

20　同上，頁二八七。
21　同上，頁四一四。
22　同上，頁四三九～四四〇。
23　同上，頁二八七。另見注21、22。

第二種情形或可稱之爲「神遊於外」。如甲部卷三，〈盛身卻災法〉[24]。即云：

> 少年神加，年衰即神滅，謂五藏精神也，……靜身存神，即病不加也，年
> 壽長矣，神明祐之。……故人能清靜，抱精神，思慮不失，即凶邪不得入
> 矣。……中心少有邪意，遠方爲之亂……，故人生百二十上壽，八十中
> 壽，六十下壽，過此皆夭折。此蓋神遊於外，病攻其內也。[25]

而辛部卷一三五，〈思神君饗隨人決〉亦云：

> 夫神明精氣者，隨意念而行，不離身影。神明常在，則不病不老，行不遇
> 邪惡。……人欲不病，宜精自守也。[26]

此外，唐代王懸河《三洞珠囊》卷一〈救導品〉引《太平經》文亦云：

> 真人問曰：「凡人何故數有病乎？」神人答曰：「故肝神在，出遊不時還，
> 目無明也；心神去不在，其唇青白也；肺神去不在，其鼻不通也；腎神去
> 不在，其耳聾也；脾神去不在，令人口不知甘也；頭神去不在，令人眴冥
> 也；腹神去不在，令人腹中央甚不調，無所能化也；四肢神去，令人不能
> 自移也。」[27]

其意蓋以爲人身中有「神」（精神；神明），人一旦不能「清靜自守」或「心有邪
意」，則此神會去遊於外，而生疾病。

第三種情形是個人行爲之惡所引起的鬼神譴祟。如丙部卷四十七，〈上善臣
子弟子爲君父師得仙方訣〉即云：

> 今人實惡，不合天心，故天……日使鬼神精物行考，笞擊其無狀之人，故

---

24 今本《太平經》癸部，已全佚，合校本癸部之文係王明據《太平經鈔》癸部補，然此部文
　　字其實乃據原本《太平經》甲部抄成，故今據敦煌本目錄還其舊。至於敦煌寫本《太平
　　經》總目之內容，詳見大淵忍爾，《敦煌道經‧圖錄編》（東京，福武書店，一九七九
　　年），頁七〇三～七一二。而相關之研究，詳見吉岡義豐，〈敦煌本《太平經》につい
　　て〉。王明，〈太平經目錄考〉，原載《文史》第四輯（一九六五年），收入氏著，《道
　　家和道教思想研究》，頁二一五～二三七。楠山春樹，〈太平經類〉，收入講座敦煌編輯
　　委員會編，《敦煌と中國道教》（東京，大東出版社，一九八三年），頁一一九～一三
　　五。以下凡今本已佚者，筆者即逕據敦煌本補其部卷篇題，不一一詳註。

25 《太平經合校》，頁七二二～七二三。

26 同上，頁六九八～六九九。

27 同上，頁二七。

病者不絕，死者衆多也。[28]

而庚部卷一一二，〈七十二色死尸誡〉亦云：

> 一身之內，神光自生，內外爲一。動作言順，無失誠信。五神在內，知之
> 短長，不可輕犯，輒有文章。小有過失，上白明堂，形神拘繫，考問所爲，
> 重者不失〔生？〕，輕者減年。……惡人爲逆，……惡必得賊。天知其惡，
> 故使凶神精鬼物待之，入人身中，外流四肢頭面腹背胸脇七政，上白明
> 堂，七十二色爲見，是死之尸也。五藏有病，其去有期。[29]

此段文字頗有錯謬，不易通讀，然其大意或言：人身中有神（應指「五神」，亦即
五藏神），此神會監察人的行爲善惡，若人有惡行，則此神會向上（即明堂，亦即
天廷）呈報，天（經中他處亦做「天君」或「太上之君」）即根據其呈報，派遣「
凶神精鬼物」入此行惡之人身中，若其惡重即奪其命，若惡輕即使其罹疾而減其
壽命。至於具體的「惡行」，其書庚部卷一一四，〈不承天書言病當解謫誡〉有
言：

> 惟念俗間之人，甚獨愚處，不念作孝順事，而爲反逆。不承大（案：「大」
> 當爲「天」之誤）書言，而苟自薄。與人既無善，而惡數聞。處者致災，中
> 者衰落，下者見病，無有休息。是爲惡施於人，令咎不容，無有施恩之
> 意。日夜行侵剋善人，……陷人入罪名，使得有刑罰，高至死亡。……無
> 狀之人，結客合伍，劫取人財，……見比鄰老人，犯踞不起。閉人婦女，
> 議相刑，別其醜好。此爲惡人，無所事作。端仰成事，口罵呪詛，以地無
> 神，更相案舉，自可而行。……今世俗人亦自薄恩，復少義理。……縱橫
> 自在，以爲無神。隨疏之者衆多，事事相關，及更明堂，拘校前後，……
> 司官白於太陰。太陰之吏取召家先，去人考掠治之。令歸家言，呪詛逋
> 負，被過行作、無有休止，故遣病人。[30]

依此篇所舉列，則較爲具體可言之惡行不外是：一、不孝順[31]；二、侵剋善人[32]；

28　同上，頁一三八～一三九。
29　同上，頁五六九～五七○。
30　同上，頁六二一～六二四。
31　同上，丙部卷四十五，〈起土出書訣〉，頁一一三，庚部卷一一四，〈不可不祠訣〉，頁
　　六○四～六○五，〈大壽誡〉，頁六一六～六一七，亦有類似之言。
32　同上，庚部卷一一二，〈貪財色災及胞中誡〉，頁五六六，有類似之言。

三、陷人於罪（誣告）；四、劫奪他人財物；五、不敬事老人；六、閉人婦女；
七、不敬信鬼神[33]。除此之外，「事死過生」（厚葬）亦爲其中之一，如丙部卷三
十六，〈事死不得過生法〉即云：

> 生人，陽也。死人，陰也。事陰不得過陽。……事陰反過陽，則致逆氣；……
> 鬼神邪物大興，……今使疾病不得絕，列鬼行不止也，其大咎在此。……
> 故天道治法也，陰職常當弱於陽。……其葬送，其衣物，所齎持治喪，不
> 當過生時。……其興凶事大過，反生凶殃，尸鬼大興，行病害人，爲怪變
> 紛紛。[34]

再者，「興功起土」亦爲致病之惡行，如丙部卷四十五，〈起土出書訣〉即云：

> 今有一家有興功起土，數家被其疾，……是即地忿忿使神靈生此災也。[35]

第四種情形是帝王政治行爲失當所招致的病災。如乙部卷三四，〈解承負
訣〉即云：

> 多頭疾者，天氣不悅也。多足疾者，地氣不悅也。多五內疾者，是五行氣
> 戰也。多病四肢者，四時氣不和也。多病聾盲者，三光失度也。多病寒熱
> 者，陰陽氣忿爭也。多病憒亂者，萬物失所也。多病鬼物者，天地神靈怒
> 也。多病溫而死者，太陽氣殺也。多病寒死者，太陰氣害也。多病卒死
> 者，刑氣太急也。多病氣脹或少氣者，八節乖錯也。今天地陰陽，內獨盡
> 失其所，故病害萬物。帝王其治不和，水旱無常，盜賊數起，反更急其刑
> 罰，或增之重益紛紛，連結不解，民皆上呼天，縣官治乖亂失節無常，萬
> 物失傷，上感動蒼天，三光勃亂多變，列星亂行；故與至道可以救之者
> 也。[36]

此即視人民之各種疾病爲帝王不當之政治措施所引起的災異之一，而在《太平
經》的理論中，各種「災異」現象往往被視爲天地鬼神對帝王之「諫正」，如丙部
卷四十三，〈大小諫正法〉即云：

33　同上，庚部卷一一四，〈不可不祠訣〉，頁六〇五，有類似之言。
34　同上，頁四九～五一。此外，丙部卷四九，〈急學眞法〉，頁一六四，亦有類似之言。
35　同上，頁一一六。
36　同上，頁二三。類似之說，另見庚部卷一一六，〈苦樂斷刑罰決〉，頁六二四。辛部卷一
　　二六，〈九事親屬兄弟決〉，頁六八九～六九〇。卷一四六，〈委氣大神聖上明堂文書
　　決〉，頁七一〇～七一一。卷一四八，〈與天有人王相日不恐決〉，頁七一三。

天者小諫變色，大諫天動裂其身，諫而不從，因而消亡矣。三光小諫小事
星變色，大諫三光失度無明，……地也小諫動搖，大諫土崩地裂，……鬼
神精小諫微數賊病吏民，大諫裂死滅門，諫而不從，因而消亡矣。……天
地六方八極大諫俱欲正，河雒文出，……以諫正君王。……故古者聖賢旦
夕垂拱，能深思熟慮，未嘗敢失天心也。[37]

依此，則「吏民」之病，乃天地鬼神用以諫正人君的「災異」之一。因此天地有無
災異，人民有無疾病，乃是驗證帝王政治措施良窳的指標，如其書丁部卷六十
六，〈三五優劣訣〉即云：

失天要道者，災變不絕。……夫善爲君者，迺能使災咎自伏消，其所失至
要自養之道者，反使邪氣流行，周徧天下。……其人民萬物，悉無病平
安，無爲盜賊欺偽佞者也，天地無災變，所謂上優，有其全者也。其四分
有其三者，其三分人平善忠信，其一分傷死，或爲盜賊，共爲邪惡變怪，
多少隨此四分之一。其四分有其二者，其半人民萬物有病，爲不信，半人
有欺偽之心，其天怪變半。其四分有其一者，其三分者悉病，無實欺爲
佞，皆爲盜賊，無有相利之心，一分者爲善耳。……是故古者聖人帝王欲
自知優劣，以此占之，萬不失一也。[38]

依此，則人民病者（災者）多寡，端賴帝王政治措施之優劣而定。故知，帝王政治
行爲之失當乃被視爲人民疾病的原因之一。

五種情形是因「承負」他人的禍報而致病。如丙部卷三十七，〈五事解承負
法〉即云：

南山有毒氣，其山不善閉藏，春，南風與風氣俱行，迺蔽日月，天下彼（
案：「彼」或爲「被」之誤）其咎，傷死者積衆多。此本獨南山發洩氣，何
故反使天下人承負得病死焉？時人反言猶惡故天則殺汝，以過其人，曾不
冤乎哉？此人無過，反承負得此災。[39]

再者，戊部卷七十二，〈齋戒思神救死訣〉亦云：

37　同上，頁九八～一〇一。
38　同上，頁二三七～二三八。類似之言，另見己部卷八十六，〈來善集三道文書訣〉，頁三
　　一九～三二〇。卷九十二，〈洞極上平氣無蟲重複字訣〉，頁三七八～三七九。
39　同上，頁五九。

今承負之後，天地大多災害，鬼物老精凶殃尸咎非一，尚復有風濕疽疥，
今下古得流災眾多，不可勝名也。或一人有百病，或有數十病。[40]

此外，己部卷九十二，〈萬二千國始火氣訣〉亦云：

（眞人）：「願請問天地開闢已來，人或烈病而死盡，或水而死盡，或兵
而死盡，願聞其意，何所犯坐哉？將悉天地之際會邪？承負之厄邪？」（天
師）：「然古今之文，多說爲天地陰陽之會，非也，是皆承負厄也。天地中
和氣怒，神靈戰鬥，烈病而死者，天伐除之。……」[41]

依此，則人自身即使行爲無任何過失，也會因「承負」而罹病，而所謂「承負」，
或指承受他人行爲之過失所引起之禍報，如丙部卷四十五，〈起土出書訣〉即
云：

（天師）：「地者，萬物之母也，……守道不妄鑿其母，母無病也，妄穿鑿
其母而往求生，其母病之矣。……後世不知其過，多深賊地，故多不壽，
何也，此劇病也。」（眞人）：「今時時有近流水而居，不鑿井，固多病不
壽者何也？」（天師）：「此天地既怒，及其比伍，更相承負，比若一家有
過，及其兄弟也。」[42]

前已言，人會因「起土興功」之惡行而致病，依此，則即使己身不興土功，也會因
他人有此惡行而承負其報應而罹疾。此外，「承負」又或指承受先人之過失所招
致的譴禍，如丙部卷三十九，〈解師策書訣〉即云：

承者爲前，負者爲後。承者，迺謂先人本承天心而行，小小失之，不自
知，用日積多，相聚爲多，今後生人反無辜蒙其過謫，連傳被其災，故前
爲承，後爲負也。負者，流災亦不由一人之治，比連不平，前後更相負，
故名之爲負。負者，乃先人負於後生者也。病更相承負也，言災害未當能
善絕也。[43]

又如己部卷九十二，〈萬二千國始火氣訣〉亦云：

所以道戰水旱瘟病死盡者，人主由先王先人獨積，稍失道心意，積久至是

40　同上，頁二九三。
41　同上，頁三七〇～三七一。
42　同上，頁一二〇～一二一。
43　同上，頁七〇。

際會，……因而滅盡矣。[44]

此外，己部卷九十六，〈忍辱象天地至誠與神相應大戒〉亦云：

> 今故下古之人，承負先人失計，稍稍共絕道德，日獨積久，與天地斷絕，
> 精氣不通，不相知命，反與四足同命，故天地憎惡之，鬼神精氣因而不祐
> 之，病之無數，殺之無期。[45]

由此可知，人民（或帝王）會純因承負他人或先人（先王）不當之行爲所招致之
災禍而致病，而有時，則除了承負之外還加上己身之惡報而罹疾。

　　以上即是《太平經》對於疾病原因的解釋，雖然可以分成五種情形來說，但
是，這五種情形並不是可以截然分開的，比如，「中邪」和「神遊於外」若就其不
能「專精自守」、「思慮不失」而言，幾乎可說是一體兩面。而「中邪」之情形，
若就其有「邪心惡意」、不能「日思爲善」而言，則似乎與因惡行遭鬼神譴祟的情
形相類。此外，「承負」之情形，其實也可歸結爲帝王（儘管是先王）或個人（儘
管是先人或他人）政治措施或道德行爲之不當所引起的病禍。歸結而言，《太平
經》對於疾病原因的解決，根本上乃歸之於人類本身的錯失。無論是因修治身心
之不當（如：喜怒無常、修道時心意不堅定、不能聚致精神）、或是因外在行爲不
良（如：政治措施之不當以及不孝、殺傷他人等惡行），都會使人本身之精神離
散或招致鬼神譴祟而罹病。

㈡治療疾病的方法

　　《太平經》所主張的治療疾病的方法，和其對於疾病原因的看法有很緊密的
關係，若細加區分，大致可分成下列七種。

　　第一種或可稱之爲「守一思神法」。如其書甲部卷二，〈卻不祥法〉即云：

> 順用四時五行，外內思正身散邪、卻不祥，懸象而思守，行順四時氣，和
> 合陰陽，羅網政治鬼神，令使不得妄行害人。……立春盛德在仁，氣治少
> 陽，……其神吏青衣，思之幽閉處四十五日至九十日，令人病消。……立
> 夏日盛德火，王氣轉在南方，太陽之氣以中和治，……神吏赤衣，守之，
> 百鬼去千里。……季夏六月，盛德合治，王氣轉在西南，迴入中宮，其神

44　同上，頁三七三。
45　同上，頁四二五。

吏黃衣，思之，令人口中甘。……立秋日盛德在金，王氣轉在西方，……
其神吏白衣，思之四十五日至九十日，可除病，得其意，令骨強老壽。……
立冬之日，盛德在水，王氣轉在北方，其神吏黑衣，……守之四十五日至
九十日，百病除。此五行四時之氣，內可治身，外可治邪。[46]

乙部卷二十二，〈以樂卻灾（灾）法〉亦云：

夫人神乃生內，返遊於外，遊不以時，還爲身害，即能追之以還，自治不
敗也。追之如何？使空室內傍無人，畫象隨其藏色，與四時氣相應，懸之
窗光之中而思之。上有藏象，下有十鄉，臥即念以近懸象，思之不止，五
藏神能報二十四時氣，五行神且來救助之，萬疾皆愈。男思男，女思女，
皆以一尺爲法，隨四時轉移。春，青童子十，夏，赤童子十，秋，白童子
十，冬，黑童子十，四季，黃童子十二。[47]

此外，戊部卷七十二，〈齋戒思神救死訣〉亦載：

天地自有神寶，悉自有神精光，隨五行爲色，隨四時之氣興衰，爲天地
使，以成人民萬物也。……能大開通用者大吉，可除天地之間人所病苦邪
惡之屬，……然欲候得其術，自有大法，四時五行之氣來入人腹中，爲人
五藏精神，其色與天地四時相應也。畫之爲人，使其三合，其王氣色者蓋
其外，相氣色次之，微氣最居其內，使其領袖見之。先齋戒居閒善靖處，
思之念之，作其人畫像，長短自在。五人者，其居五尺素上爲之，使其好
善，男思男，女思女，其畫像如此矣。……此四時五行精神，入爲人五藏
神，出爲四時五行神精。其近人者，名爲五德之神，與人藏神相似；其遠
人者，名爲陽歷，字爲四時兵馬，可以拱邪，亦隨四時氣衰盛而行。其法
爲其具畫像，人亦三重衣，王氣居外，相氣次之，微氣最居內，皆戴冠幘
乘馬，馬亦隨其五行色具爲。其先畫像於一面者，長二丈，五素上疏畫五
五二十五騎，善爲之。東方之騎神持矛，南方之騎神持戟，西方之騎神持
弓弩斧，北方之騎神鑲楯刀，中央之騎神持劍鼓。思之當先睹是內神，
已，當睹是外神也。或先見陽神而後見內神。[48]

46　同上，頁七二一～七二二。
47　同上，頁一四。
48　同上，頁二九二～二九三。

這三段文字雖然繁簡不一，且頗有錯謬難讀之處，然大意不外畫五行神（外神）及五藏神（內神）之神像，懸於「閑室」（靖室；空室）之內，思之，守之，即可還神於內，除疾愈病。故可稱之爲「思神」法，又可稱之爲「懸象還神法」[49]。此外，所謂「守一」之法與此亦有相類之處，如壬部卷一五三，〈守一長存決〉即云：

> 人有一身，與精神常合并也。形者乃主死，精神者乃主生。常合即吉，去則凶。無精神則死，有精神則生。常合即爲一，可以長存也。常患精神離散，不聚於身中，反令使隨人念而遊行也。故聖人教其守一，言當守一身也。念而不休，精神自來，莫不相應，百病自除，此即長生久視之符也。[50]

此外，乙部卷二十七，〈守一明法〉亦云：

> 守一明之法，長壽之根也。萬神可祖，出光明之門。守一精明之時，若火始生時，急守之勿失。始正赤，終正白，久久正青。洞明絕遠復遠，還以治一，內無不明也，百病除去。守之無懈，可謂萬歲之術也。[51]

此法之具體行事容或與「思神」之法有差異，然其聚致精神於身內以治病之意大致無別，故此二者可併稱爲「守一思神」法。

第二種可稱之爲「善行法」。如丙部卷三十九，〈解師策書訣〉即云：

> 善治病者勿欺殆：凡人悉愚，不爲身計，皆以邪僞之文，無故自欺殆，冤哉！反得天重謫，而生承負之大責，故天使其棄浮華文，各守眞實，保其一，旦夕力行之，令人人各有益其身，無肯復自欺殆者。[52]

又如卷四十七，〈上善臣子弟子爲君父師得仙方訣〉亦云：

> 眞道德多則正氣多，故人少病而多壽也。邪僞文多，則邪惡炁多，故人多病而不得壽也，此天自然之法也。[53]

再者，庚部卷一一二，〈貪財色災及胞中誡〉亦云：

> 讀書知意，戒愼神書，精物鬼使，皆有所因，……抵欺善人，天減人命，

49　同上，乙部卷三十三，〈懸象還神法〉，頁二一～二二。
50　同上，頁七一六。
51　同上，頁一六。
52　同上，頁六七～六八。
53　同上，頁一三九～一四〇。

得疾有病，不須求助，煩醫苦巫，錄籍當斷，何所復疑。諦之念之，思之
惟之，可無被患，患禍一及，不復救焉。眞人持此書以示愚蒙，自改爲
善，勿惡書言。[54]

凡此乃謂：力行眞實、勿欺殆，道德良善，自可防治疾病。此法大致係針對因惡
行所致之疾病而言。

第三種可稱之爲「善政法」。如丙部卷四十，〈樂生得天心法〉即云：

（天師）：「眞人前，凡人之行，君王之治，何者最善哉？」（眞人）：「
廣哀不傷，如天之行最善。」（天師）：「子言可謂得道意矣，然治莫大於
象天也，雖然，當有次第也。……最善者，莫若常欲樂生，……其次莫若
善於樂成，……其次莫若善於仁施，……其次莫若善爲設法，不欲樂害，
……其次人有過莫善於治而不陷於罪，……其次人既陷罪也心不欲深害
之，……其次罪過及家比伍也，願指有罪者，愼毋盡滅煞人種類，迺可
也。……是以聖人治，常思太平，令刑格而不用也。……」（眞人）：「願
得天師道傳弟子，付歸有德之君能用者。今（案：「今」或爲「令」之誤）
陰陽各得其所，天下諸承負之大病，莫不悉愈者也。」（天師）：「善哉！
子之言也，詳案吾文，道將畢矣，……今日思行之，凡病且自都除愈莫不
解」。[55]

此謂：帝王若能「象天」而治，便可除去「天下諸承負之大病」，而依前所言，人
民之疾病亦爲此「天下承負之大病」之一，故良善之政治措施實可治除疾病。此
外，如丙部卷四十七，〈上善臣子弟子爲君父師得仙方訣〉亦言：王者之治若能「
上得天心，下得地意」，則可使「天地合和，三氣俱悅」、「無有疫死者」[56]。卷
四十八，〈三合相通訣〉亦言：帝王若能「象天法」、「治得天心」，則能除去諸
種「災變怪異」、「凡物之大疾病」[57]。庚部卷一一六,〈闕題〉亦謂：帝王之治若
能「斷刑罰兵杖爭訟」，則「精物鬼邪伏」而「無夭病死之人」[58]。故此治除疾病

54　同上，頁五六六。
55　同上，頁八〇~八二。
56　同上，頁一三三。
57　同上，頁一五一~一五二。
58　同上，頁六四七~六四八。

的方法或可稱之爲「善政治」，此法大致係針對因「承負」他人之禍報或帝王不當之政治行爲所引起的疾病而言。

第四種可稱之爲「祭祀禱解法」，如庚部卷一一四，〈孝行神所決〉即云：

行有疾苦，心中惻然，叩頭醫前，補寫孝言，承事恭敬，以家所有，貢進之上，敬稱其人。醫工見是，心敬其人，盡意爲求眞藥新好，分部谷令可知。迎醫解除，常垂涕而言，謝過於天，自搏求哀，叩頭於地，不避瓦石泥塗之中。輒得令父母平安，教兒婦常在親前，作肥甘脆，恣口所食。……天見其孝心，令得愈，更如平素，心中迺喜欣。復身得能食穀者，齋戒市賣，進所有上於天，還謝先人，諸所得祟，輒卒香潔，不敢負言，是孝子所宜行也。[59]

此即述人子於其父母罹有疾病時，除了迎醫求藥之外，還應該齋戒祭祀，向天地鬼神告罪謝過，以解除譴祟，使父母得以痊癒。此外，卷一一四，〈病歸天有費訣〉亦言：

天常爲其上，司人是非，使神往來，知人所爲，善惡輒白，何有失者？……過無大小，上聞於天。……書有戒而不用其行，得病乃惶，豈可免焉？……何不即自悔責？……所有禱祭神靈，輕者得解，重者不貰。……今世之人，行甚愚淺，得病且死，不自歸於天，首過自搏叩頭，家無大小，相助求哀，積有日數，天復原之，假其日月，使得蘇息。後復犯之，叩頭無益。……有病自歸於天，可省資費，無爲大煩。[60]

此以爲：人會因惡行而遭鬼神譴祟譴罰而得病，然只要其罪行不重，不累犯，透過禱祭悔過的「解除」儀式，自可得以痊癒。故而，其書卷一一四，〈不承天書言病當解謫誡〉即明言：「病人之家，當爲解陰解謫，使得不作」，若「不解其謫」，則「病者不止」[61]。故此法可稱之爲「祭祀禱解法」。

第五種可稱之爲「丹書祝除法」。如其書庚部卷一〇八，〈要訣十九條〉之第十八條即云：

59　同上，頁五九一～五九二。
60　同上，頁六一九～六二一。
61　同上，頁六二四。

欲除疾病而大開道者，取訣於丹書吞字也。[62]

而所謂「丹書吞字」，己部卷九十二，〈洞極上平氣無蟲重複字訣〉有云：

（眞人）：「請問重複之字何所主？」（天師）：「主導正，導正開神爲思之也。端及入室，以爲保券。……精者吞之，謂之神也。……以丹爲字，以上第一，次下行將告人，必使沐浴端精，北面西面南面東面告之，使其嚴以善酒如清水，已飮，隨思其字，……病爲其除去，面目益潤澤。或見其字，隨病所居而思之，名爲還精養形。或無病人爲之，日益安靜。或身有彊邪鬼物，反且變爭，雖忿爭自若，力思勿惑也；久久且服去矣。……或今日吞吾字，後皆能以他文教，教十十百百而相應，其爲道須臾之間，乃周流八方六合之間，精神隨而行治病。……」[63]

此外，卷八十七，〈長存符圖〉亦云：

天符還精以丹書，書以入腹，當見腹中之文，大吉，百邪去矣。五官五王爲道初，爲神祖。審能閉之閉門戶，外闇內明，何不洞覩？守之積久，天醫自下，百病悉除，因得老壽。……此可謂長存之道。[64]

此即謂吞食「丹書」（複文；天符）可以治除疾病，而所以會有此種效用，乃是因爲此種丹書具有驅使鬼神的效能，如丙部卷五十，〈丹明耀禦邪訣〉即云：

丹明耀者，天刻之文字也，可以救非禦邪。十十相應者，天上文書，與眞神吏相應，故事效也。十九愈者，地文書，與陰神相和，十八相應愈者，中和人文也。以此效之，其餘皆邪文也，不可用也。所以拱邪之文也，乃當與神相應，不愈者皆誤人，不能救死也。[65]

除了丹書、符書之外，所謂「神祝」也具有此種「使神」以治疾的功能，如卷五十，〈神祝文訣〉即云：

天上有常神聖要語，時下授人，以言用使神吏應氣而往來也。人民得之，謂爲神祝也。……其祝有可神促爲除疾，皆聚十十中者，用之所向無不愈者也。但以言愈病，此天上神讖語也。良師帝王所宜用也，……乃所以召

62　同上，頁五一二。
63　同上，頁三八〇～三八一。
64　同上，頁三三〇。
65　同上，頁一七二。

群神使之，故十愈也。十九中者，眞神不到，中神到，大臣有也。十八中者，人神至治，民有也。此者，天上神語也，本以召呼神也，相名字時時下漏地，道人得知之，傳以相語，故能以治病。[66]

無論是「以文除疾」還是以「以言愈病」，其道理皆同，故此可合稱之爲「丹書祝除法」。

第六種可稱之爲「方藥灸刺法」。如其書丙部卷五十，〈草木方訣〉即云：

草木有德有道而有官位者，乃能驅使也，名之爲草木方，此謂神草木也。治事立愈者，天上神草木也，……立延年者，天上仙草木也。……此草木有精神，能相驅使，有官位之草木也，十十相應者，帝王草也，十九相應者，大臣草也，十八相應者，人民草也，過此而下者，不可用也，誤人之草也。是乃救死生之術，不可不審詳。……一日而治癒者方，使天神治之，二日而治愈者方，使地神治之，三日而治愈者方，使人鬼治之。[67]

而同卷，〈生物方訣〉亦云：

生物行精，謂飛步禽獸跂行之屬，能立治病。禽者，天上神藥在其身中，天使其圓方而行。十十治愈者，天神方在其身中，十九治愈者，地精方在其身中，十八治愈者，人精中和神藥在其身中。此三者，爲天地中和陰陽行方，名爲治疾使者。[68]

此外，〈灸刺訣〉亦云：

灸刺者，所以調安三百六十脈，通陰陽之氣而除害者也。三百六十脈者，應一歲三百六十日，日一脈持事，應四時五行而動，出外周旋身上，總於頭頂，內繫於藏。衰盛應四時而動移，有疾則不應度數，往來失常，或結於傷，或順或逆，故當治之。灸者，太陽之精，公正之明也，所以察姦除惡害也。針者，少陰之精也，太白之光，所以用義斬伐也。治百中百，治十中十，此得天經脈讖書也，實與脈相應，則神爲其驅使，治十中九失一，與陰脈相應，精爲其驅使，治十中八，人道書也，人意爲其使。[69]

66　同上，頁一八一。
67　同上，頁一七二～一七三。
68　同上，頁一七三。
69　同上，頁一七九～一八○。

依此，則無論是用方藥（草木，生物方）還是用灸刺，其所以能除疾治病，蓋與「丹書」「神祝」同爲能驅使鬼神之故。[70]

第七種則爲「服食法」。如其書辛部卷一二○，〈不食長生法〉即云：

> 比欲不食，先以導命之方居前，因以留氣。服氣藥之後，三日小飢，七日微飢，十日之外，爲小成無惑矣。已死去就生也。服氣藥之後，諸食有形之物堅難消者，以一食爲度。食無形之物，節少爲善。百日之外可不食，名不窮之道。……食主少者爲吉，多者爲凶，全不食亦凶，腸胃不通。通腸之法：一食爲適，再食爲增，三食爲下，四食爲腸脈，五食飢大起，六食大凶惡，百疾從此而生，至大飢年當死。節食千日之後，大小腸皆滿，終無料也，令人病悉除去，顏色更好，無所禁防。古者得道老者皆由不食。[71]

此即認爲透過飲食上之控制，可達到去除百病的功效。

以上便是《太平經》認爲可以治病療疾的七種方法，這七種方法，和其對疾病原因的解釋可說息息相關，例如，「守一思神法」大致即針對因「神遊於外」、「中邪」而致病的情形而言，「善行」、「善政」法則意在防治因惡行、惡政而罹疾的情形而言，而「祭祀禱解」、「丹書祝除」、「方藥灸刺」法，基本上則是針對各種致病情形中鬼神譴祟的因子而言。不過，這之間其實並無絕對而機械式的對應關係，如其書戊部卷七十二，〈齋戒思神救死訣〉即云：

> 今承負之後，天地大多災害，鬼物老精凶殃尸咎非一，尚復有風濕疽疥，……或一人有百病，或有數十病。假令人人各有可畏，或有可短，或各能去一病，如一卜卦工師中知之，除一禍祟之病，大醫長於藥方者，復除一病，刺工長刺經脈者，復除一病，或有復長於炙（案：「炙」應爲「灸」之誤）者，復除一病，或復有長於劾者，復除一病，或有長於祀者，復除一病，或有長於使神自導視鬼，復除一病。此有七人，各除一病，這除去七病。下古人多病，……悉無不具疾苦也，盡諸巧工師，各去一病，這去七病，其餘病自若在，不盡除去，……猶共困人，久久得窮焉，故多得死，

---

70 同上，己部卷九十三，〈方藥厭固相治訣〉，頁三八三～三八四，尚有類似之言，茲不具引。

71 同上，頁六八四。

不能自度於厄中也。……故當豫備之，救吉凶之源，安不忘亡，理不忘
亂，則可長久矣，是故治邪法，道人病不大多。假令一人能除一病，十人
而除十病，百人除百病，千人除千病，萬人除萬病，一人之身，安得有萬
病乎？故能悉治決愈之也。[72]

此即言兼用衆多法術以治除繁雜諸病。總之，《太平經》所主張的治病方法，不
外從下列三種途徑著手：一是從身體的修煉著手（如「服食法」「守一思神
法」）；二是從個人（或帝王）的道德、政治行爲上著手（如「善行法」、「善政
法」）；三是從鬼神世界上著手。

㈢小　　結

歸結以上所述而言，《太平經》對疾病原因的解釋，大致是以爲：無論是因
身體的修治和煉養有了差錯，還是因政治道德、行爲不善，都會遭致鬼神侵犯、
譴祟而致病，而對治的方法，則可分從（或併從）這些因素上著手。

三、《太平經》疾病觀念的特質

《太平經》的疾病觀念已如上所述，然則，這種疾病觀念，在當時的社會中
究竟表現出何種特質呢？要回答這個問題，自不能不和當時社會中其他人的疾病
觀念相較，以下茲據比較所得，分項述之。

㈠雜揉的特質

《太平經》疾病觀念的第一個特質應該是「雜揉性」，因爲根據書中「眞人」
和「天師」的問答可知，此書「乃拘校天地開闢以來，前後賢聖之文，河雒圖書神文
之屬，下及凡民之辭語，下及奴婢，遠及夷狄，皆受其奇辭殊策，合以爲一語」[73]，
故而，書中應會雜含作者當時所及見聞的觀念，而純就其疾病觀念而言，其所含
帶的時代因子，至少便有下列四種。

1.漢代醫學思想的因子

72　同上，頁二九三～二九四。
73　同上，己部卷九十一，〈拘校三古文法〉，頁三四八。

　　《太平經》疾病觀念中漢代醫學思想的因子，主要可從兩方面來說。第一，就其將「中邪」（喜怒無常）和「神遊於外」視爲疾病原因的主張而言，實與漢代流行的醫學觀念有相近之處，如《黃帝內經・靈樞》卷七，〈順氣一日分爲四時〉論百病之因即云：

　　　　夫百病之所始生者，必起于燥濕、寒暑、風雨、陰陽、喜怒、飲食、居處。[74]

而《黃帝內經・素問》即將這些病因稱之爲「邪」，如卷十七，〈調經論〉即云：

　　　　夫邪之生也，或生於陰、或生於陽。生於陽者，得之風雨、寒暑，其生於陰者，得之飲食、居處、陰陽（案：即房事）、喜怒。[75]

此「邪」雖與《太平經》所言「中邪」之「邪」不同，然其視「喜怒」之「情動」爲致病之內因則是一致的[76]，而「中邪」之後「病癲疾」、「病狂」的種種症狀，如妄想、妄言、妄走……等，又都與《靈樞》卷五，〈癲狂〉一篇所載不殊[77]。此外，《太平經》中所謂「神遊於外」則會致病的說法，亦與《內經》有近似之處，如《素問》卷四，〈移精變氣論〉即言：「得神者昌，失神者亡」[78]，《靈樞》卷八，〈天年〉亦言：「失神者死，得神者生」[79]，此處，二書所言之「神」，其確切意義也許並不一致，但由二書常見的「得神」、「失神」、「思神」、「守神」這類共同的辭彙以及「五臟神」的觀念來看，二者應非全然無涉[80]。由此可見，

74　詳見明・王肯堂彙輯，《醫統正脈全書》（台北，新文豐出版公司，一九七五年），第二冊，頁一三五五。

75　同上，第一冊，頁六五〇。

76　有關《黃帝內經》對情緒與疾病二者間的關聯之理論，詳見丸山敏秋，《黃帝內經と中國古代醫學 —— その形成と思想的背景および特質 —— 》（東京，東京美術，一九八八年），頁二二二～二二九。本文有關《內經》醫學理論之敘述，大致皆據此書。

77　同注74，頁一二八八～一二九二。另外，同上引書，頁二三二～二四〇，亦有相當精詳的討論，可參看。

78　同注75，頁一八二。

79　同注74，頁一三九五。

80　「神」字在《太平經》和《內經》二書都有多重而不易明析的意義，本文在此無法詳論。有關二書「神」及「五臟神」的概念及其關係的討論可參見原田二郎，〈《太平經》の生命觀・長生說について〉，《日本中國學會報》，第三十六集（一九八四年），頁七一～八三。丸山敏秋，注77所引書，頁一六六～一七〇。田中文雄，〈《太平經》の還神法について〉，收入《牧尾良海博士頌壽紀念論集：中國の宗教・思想と科學》（東京，國書刊行會，一九八四年），頁二九一～三〇三。金棹，〈東漢道教的救世學說與醫學〉，《世界宗教研究》，一九八九年第一期，頁一〇六～一一八。

《太平經》對疾病原因的解釋，或有取於漢代流行的醫學之說，因《內經》乃集結戰國、秦漢時各種醫學養生理論而成的一部醫學叢書[81]。

　　第二，就其所主張的「灸刺方藥」的治療方法，純就技術的層面而言，更是漢代醫家習用已久的治療手段。漢代醫家治病普遍用「灸」、用「刺」（針）、用「方藥」（包括湯液、丸藥、膏藥、散藥等），除可見於史書、醫書（包括新出土者）和一些傳統文獻的記載之外[82]，近數十年來的出土文物，更鮮活的說明了這個事實，例如山東微山縣兩城山出土的後漢時代的畫像石即有一幅「針灸圖」[83]，而前漢時代的河北滿城劉勝墓中也出土了金銀製的醫針九支，以及刻有「醫工」字樣的若干銅製的製藥用具（如濾器、藥匙、盆、雙耳銅鑊）[84]，此外，如銀製的灌藥器，製藥的夾刀、銅杵臼、鐵杵臼、濾器、量器等器物，也都分別在河北、河南、湖南、江蘇、廣東等地的兩漢墓中出土，而長沙馬王堆一號漢墓的藥袋和絹包中甚至還存留了九種藥材[85]。這些新的證據，可說進一步說明了漢代醫家（或民間）使用針灸藥物以療病的實情。《太平經》顯然也承受了這個醫療的傳統，但是，其對「針」、「灸」和「藥方」所以具有療病功效的解釋，似乎並不盡同於一般醫家，而具有相當濃厚的「巫術」色彩，不過，若細加考究，則這樣一種混雜著醫藥和巫術的醫療觀念至少可追溯到長沙馬王堆漢墓《五十二病方》的初漢（或更早的）時代[86]，而非始創於《太平經》的作者。

81　《內經》的內容和成書時代，一直是學界探索和爭論不休的一個大課題，本文姑從丸山敏秋之說，定其成書年代爲西漢末年～東漢時期，而視其爲戰國、秦漢時期醫學理論的集成之作。詳見注76所引書，頁三二一～四二六。

82　詳見宮下三郎，〈中國古代の疾病觀と療法〉，《東方學報》（京都），第三十冊（一九五九年），頁二二七～二五二。山田慶兒，〈鍼灸と湯液の起源〉，暨赤堀昭，〈治法をめぐる問題〉，二文收載山田慶兒編，《新發現中國科學史資料の研究・論考篇》（京都，京都大學人文科學研究所，一九八五年），頁三～一二二；一二三～一六五。

83　詳見劉敦愿，〈漢畫象石上的針灸圖〉，《文物》，一九七二年第六期，頁四七～五一。

84　詳見中國社會科學院考古研究所編，《滿城漢墓發掘報告》（北京：文物出版社，一九八〇年），上冊，頁一一六～一一八。另見鍾依研，〈西漢劉勝墓出土的醫療器具〉，《考古》，一九七二年第三期，頁四九～五三。

85　詳見載應新，〈解放後考古發現的醫藥資料考述〉，《考古》，一九八三年第二期，頁一八〇～一八六。櫻井謙介，〈新出土醫藥關係文物について〉，收載山田慶兒編，《新發現中國科學史資料研究・論考篇》，頁三四七～三六八。

86　有關《五十二病方》的醫療觀念，可參見村上嘉實，〈《五十二病方》の人部藥〉暨山田慶兒，〈馬王堆漢墓出土醫書三則〉，二文收入山田慶兒編，上引書，頁一六七～二二三；二二五～二六二。

由以上兩點來看，《太平經》的疾病觀念或應有取於漢代醫學思想之處。

2.漢代神仙、養生思想的因子

《太平經》疾病觀念中漢代神仙、養生思想的因子主要可從兩方面來說。

第一，就其以「不食」「服氣」之法療病而得長生的觀念而言，實與漢代神仙、養生家「辟穀食氣」的觀念相近，如王充《論衡》卷七，〈道虛〉即載：

> 世或以辟穀不食，爲道術之人，謂王子喬之輩，以不食穀，與恆人殊食，
> 故與恆人殊壽，踰百度世，遂爲仙人。……道家相誇曰：「眞人食氣」，以
> 氣而爲食，故傳曰：「食氣者壽而不死。」雖不穀飽，亦以氣盈。[87]

此中所謂「辟穀」、「食氣」的具體行法，今日尚可由長沙馬王堆三號漢墓出土的醫書《卻穀食氣篇》見其梗概[88]。此外，曹植〈辯道論〉論及當時以「辟穀」聞名的術士郤儉時，曾言：

> 余嘗試郤儉絕穀百日，躬與之寢處，行步起居自若也，夫人不食七日則
> 死，而儉乃如是。然不必益壽，可以療疾而不憚饑饉焉。[89]

可知當時人或相信「辟穀」眞可益壽長生，而曹植雖不敢肯定其益壽之效，卻仍相信有「療疾」之功。由此可知，《太平經》中以「不食」治病的觀念，或即承襲自漢代的神仙養生思想。

第二，就其以「守一思神法」療病的主張來看，亦與漢代的神仙、養生說不無關係。《太平經》中的「守一」和「思神」二法在具體行法上雖可能有所不同，但其以心意專一、精思內視、還聚精神做爲個人修煉的主要法門則並無不同，故可合觀[90]。此法（尤其是「守一」）的根源，湯用彤先生認爲乃竊取於佛教的禪

87　見黃暉，《論衡校釋》（長沙，商務印書館，一九三八年），第二冊，頁三二八～三三〇。

88　《卻穀食氣篇》之釋文暨相關之討論，詳見馬王堆漢墓帛書整理小組，〈馬王堆漢墓出土醫書釋文（一）〉，唐蘭，〈馬王堆帛書《卻穀食氣篇》考〉，《文物》，一九七五年第六期，頁一；十四～十五。

89　詳見丁晏編，《曹集詮評》（台北，台灣商務印書館，一九七八年，台一版），卷九，頁五四。

90　詳見大淵忍爾，〈《太平經》の思想について〉，《東洋學報》，第二八卷第四期（一九四一年），頁一四五～一六八。吉岡義豐，〈《太平經》の守一思想〉，收載《山崎先生退官記念東洋史學論集》（東京，山崎先生退官記念會，一九六七年），頁四九一～五〇〇。

觀[91]，而饒宗頤先生則以爲此係道教之原始思想，而被取以譯解佛經中的禪法[92]，二氏之說究竟孰是孰非並不易判定，唯吉岡義豐先生認爲此法的基本概念，和《老子》的「得一」、「抱一」，《莊子》、《淮南子》的「守一」思想有其共通之處，且和秦漢以來神仙方士的養生思想有所關聯[93]。

　　由此可見，《太平經》的疾病觀念應不無漢代神仙、養生思想的因子。

3. 漢代災異思想的因子

　　《太平經》認爲帝王（或政府）不當的政治措施會使吏民罹病，會引起疾疫之災的觀念，以及良善的政治措施防治人民萬物之疾病的主張，基本上，相當接近漢代的災異思想，如《淮南子》卷五，〈時則訓〉即云：

> （孟春）行秋令，則其民大疫。……（季春）行夏令，則民多疾疫。……仲夏行秋令，……（則）民殃於疫。……季夏行春令，（則）多風欬。……孟秋行夏令，……（則）民多瘧疾。……季秋行夏令，……（則）民多䶃窒。……（仲冬之月）發天地之藏，……民必疾疫。……（仲秋）行春令，……（則）民多疾癘。……（季冬）行春令，則胎夭傷，國多痼疾。[94]

而董仲舒《春秋繁露》〈五行順逆〉亦云：

> 木者，春，生之性，農之本也。勸農事無奪民時，……如人君出入不時，……好婬樂飲酒，沈湎縱恣，不顧政治，……（則民）病疥搔溫，體足胕痛。[95]

同篇又言：夏、夏中、秋、冬之時，若人君政治措施或行爲失當，則人民分別會罹患「血壅腫，目不明」、「心腹宛黃舌爛痛」、「喉咳嗽、筋攣、鼻仇塞」、「流腫、水腫、痿痺、孔竅不通」諸病[96]。此外，對兩漢實際政治運作和學術思想有著

91　湯用彤，〈讀《太平經》書所見〉。
92　詳見饒宗頤，《老子想爾注校箋》，頁六三～六四。
93　詳見吉岡義豐，《道教と佛教・第三》（東京，國書刊行會，一九七六年初版，一九八三年版），〈道教の守一思想〉，頁二八七～三五一。
94　劉安等，《淮南子》，四部備要本（台北，台灣中華書局，一九八三年，台四版）卷五，頁一上～十六上。
95　詳見凌曙注，《春秋繁露》（台北，台灣商務印書館，一九七九年，台一版），卷十二，頁二一五～二一六。
96　同上，頁二一六～二二〇。

莫大的影響的《禮記・月令》[97]，以及構成漢代五行災異論主要泉源之一的《洪範五行傳》[98]，都有類似之言，而皆以爲人君政治行爲之失當會引發疾疫之災。

至於「善政」可以防治疾病的觀念，也可見於漢代典籍，如《韓詩外傳》即云：

> 國無道，則飄風厲疾，暴風折木，陰陽錯氣，夏寒冬溫，春熱秋榮，日月無光，星辰錯行，民多疾病，國多不詳，群生不壽而五穀不登。當成周之時，陰陽調，寒暑平，群生遂，萬物寧。[99]

此即認爲政治之良善與否乃災異（疾病爲其中之一）有無之關鍵。此外，《鹽鐵論》載賢良之言亦云：

> 古者政有德，則陰陽調，星辰理，風雨時，故循行於內，聲聞於外，爲善於下，福應於天。……天下太平，國無夭傷，歲無荒年。[100]。

此即認爲，良善的政治措施即可令「國無夭傷」。再者，蔡邕於靈帝光和元年（西元一七八年）所上之「對詔問災異八事」中亦言：

> 詔問曰：踐祚以來，災眚屢見，頻歲日蝕地動，風雨不時，疫癘流行，勁風折樹，河洛盛溢。臣聞：陽微則日蝕，陰勝則地震，思亂則風，貌失則雨，視闇則疫癘流行，簡宗廟則水不潤下，河流滿溢。明君臣，正上下，抑陰尊陽，修五事于聖躬，致精慮于供御，則其救也。[101]

此即認爲，當時疫癘等各種災禍，乃由政治措施失當所引起，而救治之道則在改革政治。由以上所述可知，漢儒實視人君政治行爲之善惡爲人民壽夭病疫之關

97　詳見徐復觀，〈《呂氏春秋》及其對漢代學術與政治的影響〉，收入氏著，《兩漢思想史・卷二》（台北，台灣學生書局，一九七九年再版），頁一～八三。

98　詳見徐復觀，〈先秦儒家思想發展中的轉折及天的哲學大系統的建立〉，收入氏著上引書，頁二九五～四三八。

99　清・王謨輯，《增訂漢魏叢書》（台北，大化書局，一九八三年），第一冊，《韓詩外傳》，卷二，頁三九四。

100　桓寬，《鹽鐵論》（台北，台灣商務印書館，一九八〇年台二版），〈水旱〉，頁三九。

101　清・嚴可均校輯，《全上古三代秦漢三國文》（京都，中文出版社，一九八一年），第一冊，《全後漢文》，卷七十，頁八五七。

鍵，而此則含攝於其「災異」思想之中[102]，故知，《太平經》疾病觀念應有此一思想的因子。

4.漢代巫祝、世俗信仰的因子

《太平經》以爲鬼神會謫罰、降祟於人而使人致病的觀念，以及其主張以祭祀禱解、丹書祝除諸法使鬼神不致降病或爲之治除病疾的觀念，和漢代世俗的鬼神觀念可說有密切關聯，因漢人普遍相信：人世之外，別有一鬼神世界存在，而此一世界的鬼神能夠影響人的吉凶禍福，然則，人亦能以各種方法影響鬼神、支配鬼神，使其服膺人的要求[103]。而漢代巫祝或世俗所用之種種治病法，如「禱解」和「禳除」（包括祝除、逐除、辟除）法，其具體行事和觀念亦幾乎和《太平經》之主張無別[104]。由此可知，《太平經》的疾病觀念應含有漢代巫祝和世俗信仰的因子。

以上便是《太平經》疾病觀念中所含帶的四種思想因子，因爲雜揉著這些因子，所以，使得《太平經》表現出一定的醫書性格[105]，也表現出某種程度的巫覡方術色彩[106]，甚至也使得有些學者認爲此書乃術數與儒學的結合[107]，但是，這種一種雜揉的特質，也使得《太平經》不易歸屬於任何一家之說，並形成其別異的性格。

---

102 有關漢代災異思想的代表人物及其大致的思想內容，可參見郭湛波，《中國中古思想史》（香港，龍門書店，一九六七年），〈董仲舒〉、〈災異派的儒學〉、〈兩漢之際的纖緯學〉，頁九五～一三六；一六七～一八七。

103 詳見林富士，《漢代的巫者》，第五章，〈漢代巫術之觀念基礎〉，頁九九～一四九。

104 詳見林富士，〈試論漢代的巫術醫療法及其觀念基礎〉，《史原》，第十六期（一九八七年），頁二九～五三。

105 如魏啓鵬即從醫學史的角度探討了《太平經》與東漢醫學的關係，認爲它所記載的醫學知識和實踐經驗，在東漢醫學史上應佔有一席重要地位。詳見氏著，〈《太平經》與東漢醫學〉，《世界宗教研究》，一九八一年第一期，頁一〇一～一〇九。

106 如金棹即認爲，《太平經》中關於治療人體疾病的醫學知識份量很小，而多充斥著符水咒說、複文辟邪、丹書吞字、懸像還神等這類巫覡方術。詳見氏著，〈東漢道教的救世學說與醫學〉。

107 如高橋忠彥即認爲，此書乃以術數（易學和六甲）和儒教的倫理、災異之說爲其思想的主要根據。詳見氏著，〈《太平經》の思想の社會的側面〉，《東洋文化研究所紀要》，第一〇〇冊（一九八六年），頁二四九～二八四。

(二)別異的特質

《太平經》雖然具有明顯的雜揉性格，但就疾病觀念而言，則其中除了雜揉了傳統的因子之外，尚有其特異的質素，使其有別於他家之說。而對於這種別異的情形，無論是就其間觀念的歧異處或是就《太平經》作者的自覺而言，都可看出其梗概。以下即分項述之。

1.與儒家災異說的別異

《太平經》作者雖然對儒家的學說有所承繼，對儒生也有著親善的態度[108]，但是，儒家之書和儒生，在其價值系譜上的位置，其實並不是最高的，如其書丁部卷六十五，〈王者賜下法〉中，眞人問天師：王者賜其賢臣當以何文，天師即云：

> 然樂象天法，而疾得太平者，但拘上古中古下古之眞道文文書，取其中大善者集之以爲天經，以賜與衆賢，使分別各去誦讀之。……因以各養其性，安其身，如此者，大賢儒莫不悅喜也。……故當賜以道書文。[109]

而當眞人再問：「何不賜之以他文經書」時，天師又言：

> 他書非正道文，使賢儒迷迷，無益政事，非養其性。經書則浮淺，賢儒日誦之，故不可與之也。[110]

由此可知，儒生日誦之「經書」在其眼中是比不上其「道書文」的，而儒生若要治身、治國也得求之於此「道書文」。此外，在其「九等人」的系譜中，其次序乃是：(1)無形委氣之神人、(2)大神人、(3)眞人、(4)仙人、(5)大道人、(6)聖人、(7)賢人、(8)凡民、(9)奴婢[111]，此中，排列第六和第七的聖人、賢人指的就是儒家者流的人物[112]。由此可知，《太平經》的作者實自覺的別異於儒者。

此外，就其所承受的「災異思想」而言，雖然在基本理念上相當一致，亦即認爲：災異乃由人君政治行爲失當引起天（或鬼神）譴告所致，但是，《太平經》除了強調人君的責任和樞紐地位之外，還認爲，百姓（及官吏）也應負擔部份責

108　同上。
109　《太平經合校》，頁二二九～二三○。
110　同上，頁二三○。
111　同上，丙部卷四十二，〈九天消先王災法〉，頁八八。
112　詳見高橋忠彥，〈《太平經》の思想構造〉，頁三○四～三○九。

任，如其書丙部卷三十六，〈事死不得過生法〉中即云：

> 眞人無匿此書，出之，使凡人自知得失之處。夫治不調，非獨天地人君之
> 過也，咎在百姓人人自有過，更相承負，相益爲多，皆悉坐不守實所致
> 也。[103]

由於此一觀念，再加上《太平經》認爲人會因「承負」他人，先人之過失所引起的
災禍而罹害，使得《太平經》視疾病爲「災異」的觀念和一般儒者的災異說有了
相當程度的差異，因爲一般儒者的災異說，基本上只將災異的發生歸咎於現世君
王不良、不當的政治措施，而不歸於一般百姓或先王、先人。

2.與醫家的差異

《太平經》雖然雜含著一些醫家的思想，甚至也不否定醫者治療疾病的能
力[114]，但是，《太平經》的作者仍自別於醫家，如其書丙部卷五十，〈神祝文訣〉
中即云：

> 天上有常神聖要語，時下授人以言，用使神吏應氣而往來也。人民得之，
> 謂爲神祝也。……此者，天上神語也，本以召呼神也，相名字時下漏地，
> 道人得知也，傳以相語，故能以治病，如使行人之言，不能治愈病也。夫
> 變事者，不假人須臾，天重人命，恐奇方難卒成，大醫失經脈，不通死生
> 重事，故使要道在人口中，此救急之術也。[115]

此即認爲，「神祝」療病之術乃「道人」所獨有，且可補「大醫」之缺失。此外，
其書庚部卷一一四，〈孝行神所決〉亦云：

> 行有疾苦，心中惻然，叩頭醫前，……以家所有，貢進上之，……醫工見
> 是，心敬其人，盡意爲求眞藥新好，……常垂涕而言，謝過於天，自搏求
> 哀，叩頭於地，不避瓦石泥塗之中，輒得令父母平安，教兒婦常在親前，
> 作肥甘脆，恣口所食，……令盡家所有，殊私心孝於前。……天見其孝
> 心，令得愈，更如平素，心中迺喜欣。……是孝所宜行也。[116]

113　《太平經合校》，頁五三。類似之言尚可見於丙部卷五十一，〈校文邪正法〉，頁一九
　　　一，己部卷九十六，〈守一入室知神戒〉，頁四一八～四一九。

114　同上，戊部，卷七十二，〈齋戒思神救死訣〉，頁二九三。

115　同上，頁一八一～一八三。

116　同上，頁五九一～五九二。

此段文字大意係謂：父母有疾時，人子當一方面迎取醫者爲其治療，另一方面則當謝過告禱於天，則能使父母痊癒，由此可見，此書之作者，雖不否定醫者在治病過程中所能發揮的功用，但同時也強調「天」的主宰能力，若天不肯使人癒病，則醫者是無能爲力的，如其書庚部卷一一四，〈大壽誡〉即言：「作善有孝慈」之人，則天會「使各竟其年，或得增命」，而「不孝惡逆之人」，則天會使其「不壽」、「疾病連年，不離枕席，醫所不愈」[117] 此外，其書庚部卷一一二，〈貪財色災及胞中誡〉亦云：

> 行不善，自勿怨，……讀書知意，戒愼神書，精物鬼神，皆有所因。……
> 抵欺善人，天減人命，得疾有病，不須求助，煩醫苦巫，錄籍當斷，何所
> 復疑？[118]

由上述可知，《太平經》的作者，雖然承襲了一些醫家的觀念和方藥灸刺的治療方法，並且肯定醫者治病的能力，但是，其疾病觀念中對「鬼神」和「行爲善惡」此二因素的強調，卻使其大異於醫家的思想。

3.與巫祝和世俗信仰的別異

《太平經》雖然雜取了巫祝和世俗療病的一些手段（如：以神祝、符書做爲療病的工具）及觀念（如：認爲鬼神會譴祟人而使人致病），同時，也肯定卜卦工師，長於劾者、長於祀者、長於使神自導視鬼者等術士巫祝者流的治病能力[119]，但是，《太平經》的作者卻不自同於這些人物，甚至對他們的行事和觀念提出批判，如其書庚部卷一一四，〈病歸天有費訣〉即云：

> 行善日久，神靈所愛，是善行所致，何有不從者乎？故天常爲其上，司人
> 是非，使神往來，知人所爲，善惡輒白，何有失者。……故使神隨惡行人
> 之後，司其不當所爲，輒以事白，過無大小，上聞於天。是自人過，何所
> 怨？天書書有戒而不用其行，得病乃惶，豈可免焉？……使神勞心煩苦，
> 醫巫解除，欲得求生，不忘爲過時。當爲惡時，乃如是，何不即自悔責？
> 已病乃求生，已後之，多亡，所有禱祭神靈，輕者得解，重者不貫，而反
> 多徵召，呼作詐病之神，爲叩頭自搏，欲求其生，文辭數通，定其死名，

117　同上，頁六一六～六一七。
118　同上，頁五六六。
119　同上，頁二九三～二九四。

安得復脫？醫巫神家，但欲得人錢，爲言可愈，多徵肥美及以酒脯，呼召

大神，從其寄精神，致當脫汝死，名籍不自致，錢財殫盡，乃亡其命。神

家求請，滿三不下，病不得愈，何爲復請？……但費人酒餔棗餳之屬。[120]

此段文字，大意係謂：天（天君）會派譴鬼神在人間（人身中）司人是非善惡，若

人有惡行上聞於天，則天會降罰其人，使其罹病，病者若所犯不重，則只要禱祭

神靈，便可痊癒，所犯若是必死之罪，則醫巫神家之流的種種告禱、解除之術，

都是無效的，而醫巫神家所以替人施行治病的儀式，則是爲了貪取病家的錢財。

由此可見，《太平經》的作者雖然和巫祝者流一樣，也主張利用祭祀禱解的手

段，以求取鬼神的宥諒，而解除病禍，或利用丹書、符呪以召神，使神爲人除疾，

但是，《太平經》的作者卻不以爲這些手段絕對有效，也不以爲巫祝者流眞有無

限的神能可以替人療病。在此，其所強調的，乃是人的行爲善惡和天的主宰性在

人類疾病此一事項中的重要性，也因此，此書對於漢代世俗的「避疾療法」也提

出批判，如上引〈病歸天有費訣〉一篇中即云：

今世之人，行甚愚淺，得病且死，不自歸於天，首過自搏叩頭，家無大

小，相助求哀，積有日數，天復原之，假其日月，使得蘇息，後復犯之，

叩頭無益。……自計勿枉所爲，有病自歸於天，可省資費，無爲大煩，反

舉家恇恼，避舍遠處。當死之人遠何益？凶神隨之，當可得脫不乎？愚人

爲行乃如是，寧能使命在不死之中？可勿避也。舍不殺人，家自衰耳。天

神在上，占之欲何所至乎？中爲不知汝處邪？[121]

此種因疾病而舉家「避舍遠處」的習俗和觀念，在東漢中晚期的社會中可能相當

流行，因爲，在王符《潛夫論》〈浮侈篇〉和荀悅的《申鑒》〈俗嫌〉中都曾批判

過這種世俗的行事和觀念，不過，王符和荀悅的立論並不同於《太平經》的作者[122]。

總之，《太平經》的疾病觀念雖然和漢代巫祝以及世俗的觀念同樣重視鬼神的因

120　同上，頁六一九～六二〇。

121　同上，頁六二一。

122　同注104。王符疾病觀念頗近於醫家，不認爲與鬼神因素有關，故主張用醫藥，而不信
巫祝、避疾之法，荀悅的觀念和王符近似，然其對「避疾厄」的批判理論則是以爲：疾
病的原因，「非身則神」，而「身不可避，神不可逃」，因此，「可避非身，可逃非
神」，以此證明其不合理。二氏之說，及漢代的「避疾」習俗，詳見注104所引文。

素，但是，除此之外，《太平經》還強調道德和行爲善惡的重要性，故而「首過」（悔責）和善行便成爲其療病法中相當重要的一環，而這也正是使其別異於巫祝和世俗信仰之處。

4.與神仙、養生思想的別異

《太平經》一書屢言長壽（長生）、神仙之道，且未見其自異於神仙家、養生家者流，所以，和此一流派也許有相當親密的關係，不過，單從疾病觀念中並不易確論。但是，即使此書作者自視爲神仙或養生家，其長生、成仙理論中所特別強調的行爲善惡的因子[123]，似乎尚罕見於東漢中晚期以前的神仙和養生說[124]，故而，此點或可說是其別異之處。因本文旨在探討疾病觀念，故於此點暫不深論，當另文處理。

㈢小　結

歸結以上所述而論，《太平經》的疾病觀念實雜採了當時漢代社會中許多流行觀念和思想，然而，《太平經》的作者卻有著相當程度的自覺，自覺其特異於這些思想流派（神仙、養生家暫不討論），而其觀念也因強化了一些素質而表現出某種程度的別異性格，其中最重要的則是「行爲善惡」和「鬼神（尤其是『天』報應」這兩個聯結、互動的質素。而在「報應」觀念上，《太平經》的作者所提出的「承負」說更是獨特，此說的基本目的在解釋何以不爲惡卻受惡報、何以爲善反遭禍應的情況[125]。此一觀念，雖然有些學者認爲係受到佛教業報輪迴觀念的影響而有[126]，但另一些學者則以爲，「承負」此一概念實和佛教業報輪迴的概念完

123　《太平經》中的壽命觀念（長生觀念）和神仙觀念是尚待探索的重要課題。初步研究，可參見原田二郎，〈《太平經》の生命觀・長生說について〉，《日本中國學會報》，第三十六集（一九八四年），頁七一～八三。

124　有關東漢中晚期之前的神仙說和養生說，參見坂出祥伸，〈長生術〉，山田利明，〈神仙道〉，收載福井康順等監修，《道教・第一卷・道教とは何か》（東京，平河出版社，一九八三年初版），頁二三九～二八四；三二九～三七六。

125　詳見《太平經合校》，乙部卷三十四，〈解承負訣〉，頁二二～二三。

126　詳見湯用彤，〈讀《太平經》書所見〉。大淵忍爾，〈《太平經》の思想について〉。Erik Zurcher, "Buddhist Influence on Early Taoism", *T'oung Pao*, Vol. LXVI, 1-3 (1980), pp. 84-147。

全不同[127]，無論是非如何，此一概念至少包含了中國傳統的善惡報應、餘殃餘福的觀念[128]，以及「家族主義」[129]這二大要素，但其融鑄之功則要歸於《太平經》的作者。

四、結　　論

由此上所述可知，《太平經》的作者在面臨當時的疾疫之災時，曾雜揉各種思想，提出對疾病原因的解釋及防治的對策，但其疾病觀念並不完全依循於任何一家的理論或行事，而其別異的特質主要表現在其對「行爲善惡」（尤其是俗世的倫理道德行爲）和「鬼神報應」（包含直接性的因果報應和間接性的「承負」報應）這兩個聯結而互動的質素之強調上，而且，該書作者更自覺其特異於儒生、醫者和巫祝者流之外。

這樣的一種疾病觀念，在當時的社會中，實有其特殊地位，因爲其對疾疫之災的回應之道雖不全同於醫者，但也不排斥醫者實用的療病技術，雖不純走巫祝、世俗的途徑，但也不放棄流俗的一些觀念和行事，雖不全如災異派的儒者將希望寄託於帝王身上，但也不否認良善政治措施的重要性，再加上其對行爲善惡和鬼神報應的強調，因此，這種觀念，在理論上，應比較能被許多不同階層的人所接受。「太平道」和「五斗米道」若眞曾接受過這部經典，其著眼也許就在此，而無如何，這兩個道團的行事和教法[130]，和《太平經》的疾病觀念有相當一致之

127　詳見Max Kaltenmark, "The Ideology of the *T'ai-p'ing ching*", in H. Welch & Anna Seidel, eds., *Facets of Taoism: Essays in Chinese Religion* (New Haven & London: Yale University Press, 1979), pp.19-45。湯一介，《魏晉南北朝時期的道教》（台北，東大圖書公司，一九八八年），第十三章，〈「承負」說與「輪迴」說〉，頁三六一～三七三。

128　詳見湯一介，上引文。至於兩漢時期的報應觀念，可參見內山俊彥，〈漢代の應報思想〉，《東京支那學報》，第六號（一九六〇年），頁一七～三二。

129　詳見大淵忍爾，〈《太平經》の思想について〉。高橋忠彥，〈《太平經》の思想の社會的側面〉。

130　有關「太平道」的研究，可參看福井重雅，《古代中國の反亂》（東京，教育社，一九八二年初版，一九八四年二版），以及其書「參考文獻」所列的相關研究論著。而有關「五斗米道」的研究，除參見注11所引文外，另可參見福井康順，〈五斗米道〉，收載氏著，《道教の基礎的研究》，頁二～六一。大淵忍爾，〈後漢末五斗米道の組織について〉，《東方宗教》，第六五號（一九八五年），頁一～一九。

處，總是個事實，如魏‧魚豢《典略》即云：

> 熹平中，妖賊大起，三輔有駱曜。光和中，東方有張角，漢中有張脩。駱
> 曜教民緬匿法，角爲太平道，脩爲五斗米道。太平道者，師持九節杖爲符
> 祝，教病人叩頭思過，因以符水飲之，得病或日淺而愈者，則云此人信
> 道，其或不愈，則爲不信道。脩法略與角同，加施靜室，使病者處其中思
> 過。又使人爲姦令祭酒，祭酒主以《老子》五千文，使都習，號爲姦令。
> 爲鬼吏，主爲病者請禱。請禱之法，書病人姓名，說服罪之意。作三通，
> 其一上之天，著山上，其一埋之地，其一沈之水，謂之三官手書。使病者
> 家出五斗米以爲常，故號曰五斗米師。實無益于治病，但爲淫妄，然小人
> 昏愚，競共事之。後角被誅，脩亦亡。及魯在漢中，因其民信行脩業，遂
> 增飾之。……流移寄在其地者，不敢不奉。[131]

由此可知，「思過」實爲「太平道」和「五斗米道」療病法中一致而重要的特色，
而此與《太平經》的疾病觀念中對於「首過」（悔責）和善行的強調可說正相符
契。此外，其使「師」爲符祝、使「鬼吏」爲病者請禱的行事，亦和《太平經》
在〈神祝文訣〉中所強調的唯「道人」能以「神祝」治病的觀念相近。

「太平道」、「五斗米道」和《太平經》疾病觀念的關係，除了上述的療病法
之外，「太平道」、「五斗米道」之起兵企圖奪取政權的舉動，若真與《太平經》
的影響有關，則亦未嘗不可在其疾病觀念中找到端緒，因爲其書深信，政治措施
之良窳實爲天下百姓疾疫與否的重要關鍵之一，所以，依其理論，革除惡政或推
翻腐敗的政權便成爲治除疾病的重要手段之一，這樣的一種觀念，在當時那種疾
疫流行、政治動亂的社會情境中，若被用來做爲一種革命的理論，並不是不可能
的事。當然，要釐清「太平道」、「五斗米道」的叛亂行動和《太平經》的關係，
是不能僅從「疾病」這個課題著眼的，不過，亦不能輕忽其重要性。無論如何，透
過《太平經》疾病觀念的研究，應多少有助於理解「太平道」和「五斗米道」這兩
個被視爲早期道教組織的行事和特質所在，至於更精詳的探究工作，則有待於
對《太平經》，甚至對六朝道教、道典，有更完整的研究之後才能進行。

131　見陳壽，《三國志》，新校本（台北，鼎文書局，一九七八年三版），卷八，〈二公孫
　　陶四張傳〉，頁二六四，裴松之注引。

　　除此之外，透過本文的研究，亦可知，在東漢中、晚期的動亂中，當時人是如何雜揉其社會既有之觀念和行事以解釋時代之變局，然則，此一雜揉、詮釋的結果，卻形成了一種新的、自成體系的觀念，而其後六朝道教的發展即與此一觀念體系有著密不可分的關係。

（本文於一九九〇年十二月六日通過刊登）

後　　記：

　　本文寫作期間，承「國家科學委員會」予以獎助，並蒙杜正勝師、邢義田先生、廖伯源先生、劉增貴先生、蒲慕州先生、及本所同仁惠賜意見，特此致謝。此外，李建民兄於百忙中細校本文二遍，訂正不少錯誤，於此再申謝意。

附錄：《太平經》研究文獻目錄

1. 1930 小柳司氣太，〈後漢書襄楷傳の太平清領書について〉，《桑原博士還曆記念支那學論叢》（京都，弘文堂）。

2. 1935 湯用彤，〈讀《太平經》書所見〉，《國學季刊》，五卷一號。收入氏著，《湯用彤學術論文集》（北京，中華書局，一九八三年）。

3. 1936 福井康順，〈《太平經》の一考察〉，《東洋史會紀要》，第一冊。

4. 1937 福井康順，〈《太平經》の一考察——特に干吉の師承と其の佛教的緣故について——（再論）〉，《東洋史會紀要》，第二冊。

5. 1940 大淵忍爾，〈支那道教最古の經典《太平經》に就いて〉，《史學雜誌》，五一卷一期。

6. 1940 大淵忍爾，〈《太平經》の來歷について〉，《東洋學報》，第二七卷第二號。

7. 1941 大淵忍爾，〈《太平經》の思想について〉，《東洋學報》，第二八卷第四號。

8. 1948 王明，〈論《太平經鈔》甲部之僞〉，《歷史語言研究所集刊》，第十八本。收入氏著，《道家和道教思想研究》（重慶，中國社會科學出版社，一九八四年）。

9. 1952 福井康順，〈太平經〉，《道教の基礎的研究》（東京，理想社。東京，書籍文物流通會，一九五八年二版）。

10. 1957 Werner Eichhorn, "T'ai-p'ing and T'ai-p'ing Religion", *Mitteilungen des Instituts für Orientforschung*, V。

11. 1959 楊寬，〈論《太平經》〉，《學術月刊》，一九五九年第九期。

12. 1959 戎笙，〈試論《太平經》〉，《歷史研究》，一九五九年第十一期。

13. 1960 王明，《太平經合校》（北京，中華書局，一九七九年改訂）。

14. 1961 吉岡義豐，〈敦煌本《太平經》について〉，《東洋文化研究所紀要》，第二二冊。

15. 1961　王明，〈從《墨子》到《太平經》的思想演變〉，《光明日報》，一九
　　　　　　六一年十二月一日。收入氏著，《道家和道教思想研究》。

16. 1962　陳攖寧，〈《太平經》的前因與後果〉，《道協會刊》，第一期。

17. 1962　熊德基，〈《太平經》的作者和思想及其與黃巾和天師道的關係〉，
　　　　　　《歷史研究》，一九六二年第四期。

18. 1630　喻松青，〈《太平經》和黃巾的關係——和熊德基同志商榷〉，《新建
　　　　　　設》，一九六三年第二期。

19. 1964　則誠（王明），〈敦煌古寫本《太平經》文字殘頁〉，《文物》，一九
　　　　　　六四年第六期。收入氏著，《道家和道教思想研究》。

20. 1964　饒宗頤，〈想爾九戒與三合義——兼評新刊《太平經合校》〉，《清華
　　　　　　學報》，四卷二期。

21. 1964　吉岡義豐，〈《太平經》と佛教〉，漢魏文化研究會編，《內野博士還
　　　　　　曆記念‧東洋學論文集》（東京，漢魏文化研究會）。

22. 1964　吉岡義豐，〈《太平經》成立の問題について〉，《結城教授頌壽記念
　　　　　　佛教思想史論集》。

23. 1965　王明，〈《太平經》目錄考〉，《文史》，第四輯。收入氏著，《道家
　　　　　　和道教思想研究》。

24. 1967　吉岡義豐，〈《太平經》の守一思想〉，《山崎先生退官記念東洋史學
　　　　　　論集》（東京，山崎先生退官記念會）。

25. 1972　饒宗頤，〈《太平經》與《說文解字》〉，《大陸雜誌》，四五卷六
　　　　　　期。

26. 1976　吉岡義豐，〈《太平經》の守一思想と佛教〉，《道教と佛教‧第
　　　　　　三》（東京，國書刊行會）。

27. 1976　M＝カルタンマルワ著，福井文雅譯，〈《太平經》の理論〉，收入酒
　　　　　　井忠夫編，《道教の総合的研究》（東京，國書刊行會）。

28. 1979　Max Kaltenmark, "The Ideology of the *T'ai-P'ing ching*", in H. Welch & A.
　　　　　　Seidel, eds., *Facets of Taoism* (New Haven and London, Yale University
　　　　　　Press).

29. 1979　Barbara Kandel, "*Taiping Jing*・ The Origin and Transmission of the 'Scripture on General Welfare' ——The History of an Unofficial Text", *Mitteilungen der Deutschen Gesellschaft für Natur-und Volkerkunde Ostasiens,* 75。

30. 1979　卿希泰,〈《太平經》的知人善任思想淺析〉,《思想戰線》,一九七九年第二期。

31. 1980　卿希泰,〈《太平經》的哲學思想〉,《四川師院學報》,一九八〇年第一期

32. 1980　卿希泰,〈試論《太平經》的烏托邦思想〉,《社會科學研究》,一九八〇年第二期。

33. 1980　卿希泰,〈《太平清領書》的出現及其意義〉,收載氏著,《中國道教思想史綱・第一卷・漢魏兩晉南北朝時期》(四川,人民出版社)。

34. 1980　馮達文,〈《太平經》剖析 — 兼談《太平經》與東漢末年農民起義的若干思想聯繫〉,《中山大學學報》,一九八〇年第三期。

35. 1980　楊曾文,〈道教的創立和《太平經》〉,《世界宗教研究》,一九八〇年第二期。

36. 1980　朱伯昆,〈張角與《太平經》〉,《中國哲學》(北京,三聯書店),第九輯。

37. 1980　孫達人,〈《太平清領書》和太平道〉,收入《中國農民戰爭史論叢・第二輯》(河南,人民出版社)。

38. 1980　B. J. Mansvelt Beck, "The Date of the Taiping Jing", *T'oung Pao*, Vol . LXVI, 4-5。

39. 1981　魏啟鵬,〈《太平經》與東漢醫學〉,《世界宗教研究》,一九八一年第一期。

40. 1981　鍾肇鵬,〈論《太平經》與太平道〉,《文史哲》,一九八一年第二期。

41. 1981　吳樹明,〈試論《太平經》〉,《河北師大學報》,一九八一年第三期。

42. 1982　王明，〈《太平經》的成書時代和作者〉，《世界宗教研究》，一九八二年第一期。收入氏著，《道家和道教思想研究》。

43. 1982　劉琳，〈再談《太平經》的政治傾向——答卿希泰同志——〉，《社會科學研究》，一九八二年第二期。

44. 1982　金春峰，〈讀《太平經》〉，《齊魯學刊》，一九八二年第三期。

45. 1982　李養正，〈《太平經》與早期道教〉，《道協會刊》，第九期。

46. 1982　淺野裕一，〈《太平經》における究極者〉，《東方宗教》，第六十號。

47. 1983　楠山春樹，〈太平經類〉，收載，《敦煌と中國道教》（東京，大東出版社）。

48. 1983　峰屋邦夫，〈《太平經》における言辭文書——共、集、通の思想——〉，《東洋文化研究所紀要》，第九二冊。

49. 1983　李養正，〈試論《太平經》的產生與演變〉，《道協會刊》，第十二期。

50. 1983　劉序琦，〈略論《太平經》思想的幾個問題〉，《江西師院學報》，一九八三年第三期。

51. 1984　李養正，〈從《太平經》看太平道的社會政治思想〉，《道協會刊》，第十三期。

52. 1984　李養正，〈《太平經》與陰陽五行說、道家及讖緯關係〉，《道協會刊》，第十五期。

53. 1984　王明，〈論《太平經》的思想〉，收載氏著，《道家和道教思想研究》。

54. 1984　湯一介，〈關於《太平經》成書問題〉，《中國文化研究集刊》，第一期。

55. 1984　李家彥，〈《太平經》的元氣論〉，《中國哲學史研究》，一九八四年第二期。

56. 1984　田中文雄，〈《太平經》の還神法について〉，收載《牧尾良海博士頌壽記念論集：中國の宗教・思想と科學》（東京，國書刊行會）。

57. 1984　原田二郎，〈《太平經》の生命觀・長生說について〉，《日本中國學
　　　　　會報》，第三六集。

58. 1984　高橋忠彦，〈《太平經》の思想構造〉，《東洋文化研究所紀要》，第
　　　　　九五冊。

59. 1985　高橋忠彦，〈《太平經合校》の標點について〉，《東京學藝大學紀
　　　　　要》（人文科學），第三六冊。

60. 1985　李養正，〈論《太平經》的人民性〉，《中國哲學史研究》，一九八五
　　　　　年第二期。

61. 1985　高橋忠彦，〈《太平經》の思想の社會的側面〉，《東洋文化研究所紀
　　　　　要》，第一〇〇冊。

62. 1986　原田二郎，〈養生家の肉體表象について〉，《東方學》，第七二輯。

63. 1987　金春峰，〈《太平經》的思想特點及其與道教的關係〉，收入氏著，
　　　　　《漢代思想史》（重慶，中國社會科學出版社）。

64. 1988　神塚淑子，〈《太平經》の承負と太平の理論について〉，《名古屋大
　　　　　學教養部紀要A》（人文科學・社會科學），第三二輯。

65. 1988　金棹，〈試論道教的起源〉，《哲學研究》，一九八八年第十一期。

66. 1988　湯一介，〈《太平經》──道教產生的思想準備〉，收入氏著，《魏晉
　　　　　南北朝時期的道教》，（台北，東大圖書公司）。

67. 1989　金棹，〈東漢道教的救世學說與醫學〉，《世界宗教研究》，一九八九
　　　　　年第一期。

睡虎地秦簡《日書》的世界

蒲 慕 州

　　本文主要討論睡虎地秦簡《日書》所透露出有關戰國末年社會生活之諸問題。除對《日書》之結構及抄本歧異之問題稍作討論外，本文主體以《日書》所反映出之人際關係、食衣住行、農商經濟、政治社會、以及宗教等問題爲對象。而貫穿全文之主線則爲檢討「《日書》爲秦文化之代表」以及「《日書》中之宗教代表一種原始、不成熟之宗教」此二種流行之觀念。作者認爲《日書》所代表者不應爲「秦文化」此一不明確之指謂，而應代表流行於戰國末年時各地中下階層之某些文化習俗；而《日書》中之宗教則爲一種自足之宗教信仰之產物，吾人不應以現代某些特定之有關宗教之定義去衡量其是否「成熟」，而應討論此信仰在當時人生活中之意義及影響。

一、引　言

㈠《日書》之發現、出版、與研究

　　在對古代世界的探索中，新文獻資料的出土通常總是令人振奮的事。學者們藉著新的文獻，常可以解答從前無法解答的問題，開展從前未曾設想過的研究領域。但有的時候，由於研究者或學術界本身視野的限制，原本可以發生極大用處的一些材料卻不受重視。秦簡《日書》的出土就是這樣的一個例子。

　　一九七五年，湖北省雲夢縣一個叫睡虎地的地方發現了一座秦代的墓葬，墓主人名叫「喜」。在他的墓中出土了大批的竹簡，包括與「喜」生平有關的《大事記》，和當時法律有關的《秦律十八種》、《語書》、《秦律雜抄》、《封診式》、《法律答問》、《效律》，與官僚制度以及官僚意識的成形有很大關係的《

爲吏之道》，以及和日常生活有密切關係的《日書》。[1]這批文獻公布之後，立即引起中外學者的重視。十餘年間，發表的論文和專書總數將近七百種。這些研究的主要關心點大都是和法律、社會有關的問題，討論的對象則是以其中各類法律文獻簡策爲主。[2]然而簡數占全部出土秦簡（1156）三分之一的《日書》（425）卻較少爲人注意。至一九九〇年爲止，以日書爲主要討論對象的研究作品加起來也不過三十餘件。誠然，簡數的多寡和其內容是否具有重要性不一定成正比。這顯然也是許多處理秦簡出版的學者的共同心態。簡單的說，由一九七六年到一九八一年所出版的各種秦簡釋文中，只有一種收錄了《日書》全文，就是正式發掘報告。而一直到一九九〇年九月，始有《睡虎地秦墓竹簡》出版，其中包括有關《日書》的完整釋文及注釋。以《日書》爲研究對象並且附圖版、釋文和分類索引的第一本專書（正文共一百頁）爲饒宗頤和曾憲通合著之《雲夢秦簡日書研究》（1982），這現象足以說明許多學者們對待《日書》的態度——《日書》是不值一顧的「唯心主義的天命論的產物」。[3]那麼，《日書》到底是什麼樣的一種作品？那少數幾篇研究《日書》的作品又是持何種態度，談什麼問題？

　　《墨子》中有一段記載：

　　　墨子北之齊，遇日者。日者曰：「帝以今日殺黑龍於北方，而先生之色黑，不可以北。」[4]

墨子所遇見的日者，是一些專門依時日來占測行事凶吉的的人物。司馬遷《史記》〈太史公自序〉中說：「齊、楚、秦、趙爲日者，各有俗所用。欲觀其大旨，作〈日者列傳第六十七〉。」[5]這些日者所用的占測時日之書，也就是秦簡《日

1　《雲夢睡虎地秦墓》，（北京：文物出版社，1981）。以下所引《日書》簡文均以本書所編定之簡號爲準。本文完稿之後，又有睡虎地秦墓竹簡整理小組，《睡虎地秦墓竹簡》（北京：文物出版社，1990）之出版，爲全部睡虎地竹簡之釋文及注釋。有關《日書》之部分，本文利用有限，而其圖版及簡數排列次序不便，不從。

2　參見堀毅，〈有關雲夢秦簡的資料和著述目錄〉，《秦漢法制史論攷》，（北京：法律出版社，1988），頁438-442。又吳福助，〈新版「睡虎地秦簡」擬議〉，《東海中文學報》，第8期，1988。西文方面一般性有關日書的介紹有M. Loewe, "The Almanacs (jih-shu) from Shui-hu-ti" Asia Major, (1988), vol. I, pt. 2, p. 1-28.

3　《雲夢睡虎地秦墓》，頁22。

4　孫詒讓，《墨子閒詁》卷十二〈貴義篇〉，（台北：世界書局，四部刊要，1972），頁270。

5　《史記》卷一百三十，（北京：中華書局新校標點本，1960），頁3318。

書》之類的作品，由「日書」二字出現在《日書》乙種最後一簡（簡1154反）之上可以證明。不過所謂的《日書》並不是一部完整的「書」，而是一些個別篇章的集結。（見下文）

至於《日書》研究的早期幾篇作品，主要是在討論《日書》中有關古代曆法和天文的一些問題。[6]這些作品並沒有觸及《日書》的主體，也就是那些「鬼神異辭、相卜之語」[7]直到一九八五年之後，學者們才逐漸由一連串的研究成果中窺見《日書》豐富內容之一斑。（參見本文所附參考書目）

這些研究誠然已經觸及了許多問題：社會的如經濟、奴隸問題、農業問題、家庭及婚姻問題，宗教信仰的如占卜之術、鬼神觀等。不足的是，這些研究多半仍然止於現象的歸納和陳述，而一些解釋性的文字，又相當的粗糙、生硬、流於形式、又時而情緒化。相關的問題在下文討論中有機會時再做檢討。

(二)《日書》之重要性及代表性問題

《日書》的重要性顯然在於它所提供的有關秦末時社會的一些消息。問題在於，它所反映出的社會到底屬於當時中國的那一地區？那一階層？不少學者在引用《日書》時，不論是談論宗教或習俗，都習慣性的以「秦人」為擁有《日書》中的文化的主體，而不再深究這些「秦人」究竟是當時社會中的那些人。例如有人以《日書》中的材料代表「秦人」的鬼神觀，又用《楚辭》的意識形態來與《日書》的意識形態相比。[8]這種比較所得的結果容或與事實相去不遠，但是用《日書》和《楚辭》這兩種性質相異甚大，所代表的社會階層亦不盡相同的作品作比較而論「秦」「楚」文化中鬼神觀的不同，在方法上是相當可爭議的。有的時候學者雖然注意到《日書》所代表的社會階層，[9]但在討論問題時仍然習慣性的以全稱的「秦人」或「秦文化」為《日書》的主體。這些現象說明，不少學者並沒有很清楚的意識到他們所使用的材料的性質與所要討論的問題之間的關係到底為何。這

6　參見本文所附參考書目。

7　王桂鈞，〈《日書》所見早期秦俗發微〉，《文博》，1988，4：63。

8　如李曉東，黃曉芬，〈從《日書》看秦人鬼神觀及秦文化特徵〉，《歷史研究》，1987，4：56-63。

9　《日書》研讀班，〈《日書》——秦國社會的一面鏡子〉，《文博》，1986，5：11。

種情況出現的原因，可能是由於材料難得，以致於研究者將材料所可能反映的問題的範圍過於膨脹。

本文的目的就在設法爲《日書》所反映的社會階層及社會現象做適當的定位，討論《日書》的使用者所生活的世界，使用者的心態，與由其他材料所呈現出的生活世界和心態作一對照，藉以探討當時一般人生活之實情。

二、《日書》之結構

㈠《日書》甲之結構

《日書》甲種現共存166枚，由《雲夢睡虎地秦墓》一書所排定之編號爲730至895。正反兩面均有文字，反面由895開始倒數，至736反爲止，餘6枚空簡。至於此書總簡數是否有脫漏，出版時又是否有排序上的錯誤，附錄中將有討論。

《日書》甲是由許多單篇的文字所組成的作品。這些單篇的文字在性質上可大致分爲兩類：一是一般性的列舉時日吉凶的文字，一是專就某一種問題或事物而論其吉凶的文字。

一般性列舉時日吉凶的篇目，有〈除〉(730-742)、〈秦除〉(743-754)、〈稷辰〉(755-775)、〈玄戈〉(776-787)、〈歲〉(793-796)、〈星〉(797-824)等六篇。前三篇，即〈除〉、〈秦除〉、〈稷辰〉等，是將每個月中的地支都分別歸爲一類日子，如〈除〉篇中，十一月的子日爲「結日」，丑日爲「陽日」，而在十二月時，則是丑日爲「結日」，寅日爲「陽日」，等等。每一類的日子都有共同的吉凶之象，如所有屬「結日」的日子都是「作事不成，以祭閻，生子毋弟，有弟必死，以寄人，寄人必奪主室」。由於每一地支與一類日子相對應，因此一年之中的日子總共只有十二種。〈秦除〉的結構基本上與〈除〉相同。〈稷辰〉的原則基本相同，但總共只分八類日子。

至於後三篇，則是以歲、星的的方位爲吉凶的指標。

以上這類的篇目，由於是普遍性對全年每一天的凶吉所做的報導，並不專指一事，因此在《日書》之中被放在前面。接著這些大原則而來的，就是關於一件件個

別事物的篇章。這些篇章大都有名目，如〈病〉(797-806)、〈祠父母〉(807)、〈祠行〉(808)、〈人、馬、牛、羊、豬、犬、雞、金錢、蠶〉(809-823)、〈啻〉(825-830)、〈室忌〉(831-832)、〈土忌〉(833-835，又767反-760反)、〈作事〉(839)、〈毀棄〉(840-842)、〈直室門〉(843-855)、〈行〉(856-859)、〈歸行〉(860-862)、〈到室〉(863)、〈禹須臾〉(864-868，又799反-784反)、〈生子〉(869-878)、〈人字〉(879-883)、〈作女子〉(885)、〈吏〉(886-895)、〈娶妻〉(884、884反、895反-885反)、〈夢〉(883反-873反)、〈詰〉(872反-828反)、〈盜者〉(827反-814反)、〈衣〉(783反-774反)、〈門〉(753反-752反)、〈田忌〉(746反)、〈五種忌〉(745反-744反)、〈反枳〉(743反-741反)、〈馬〉(740反-736反)。

在這些簡中，有些篇章雖無篇名，但根據其內容，我們可以大致推測其篇名，如簡836-838上半，爲與「垣」有關的日子，而簡836首有「凡」字，可能爲「凡垣」之省。

又有一些篇章，似乎是一些「補白」用的文字，既無篇名，內容亦無重心。如簡830至842下半，顯然是在上半部的文字都寫成之後才塞入的，因而當簡835上原來的文字太長時，原本應塞在下面的「毋以巳壽，反受其英（殃）」只好放到下一簡上，而最後到簡842時，這一段補白的文字並沒有抄完就因爲沒有空間而被迫停止，缺「毋以戌」和「毋以亥」兩段。

㈡《日書》乙之結構

《日書》乙種，簡號由896至1154，加上1154反面「日書」二字，其結構基本上與《日書》甲相同，如〈徐〉（簡922-941）即《日書》甲之〈秦除〉，〈秦〉（簡943-958）即《日書》甲之〈稷辰〉，而缺篇名的簡896至920亦即《日書》甲之〈除〉，簡975至1002亦即《日書》甲之〈星〉。而有關個別事物之占辭，《日書》乙與《日書》甲大同小異，只有少數的篇章是《日書》乙中有而《日書》甲中沒有的，如〈行行祠〉（簡1040-1041）、〈亡日〉（簡1044-1045）、〈見人〉（簡1048-1049）、〈失火〉（簡1145-1147）、〈祠五祀日〉（簡935-937）等。

(三)抄本歧異之問題

一般而言，《日書》乙種的文字較甲種爲殘缺，而且即使篇章內容結構相同，文字細節並不一定一樣，如〈除〉篇中，《日書》甲有下面一段文字：

結日：作事不成，以祭閭，生子毋弟，有弟必死，以寄人，寄人必奪主室（《日書》甲，簡731）

而《日書》乙中相對的這一段文字則爲：

恐結之日：利以結言，不可以作大事，利以學書（《日書》乙，簡909）

這兩種「版本」的〈除〉篇，其文字差異之大由此可見一斑。當然，在一些其它的地方，甲乙兩種抄本的文字也可以相互補充，詳見下文附錄之釋文校正。由甲乙兩種《日書》中相同之篇章內文不完全相同這一點看來，這兩種《日書》不是互相抄襲，而可能各自源於另一種或一組性質相近的作品。而由甲乙兩種《日書》中，或實質上相同，或實質與篇名均相同的許多篇章之存在的事實看來，當時社會中所流行的《日書》之類的作品面貌應該與現存的睡虎地秦簡《日書》相去不遠。這推論由一九八九年在甘肅天水放馬灘出土的另二件《日書》可以得到印證。由已發表的資料來看，放馬灘《日書》的內容篇章也大致均可在睡虎地《日書》中找到。[10] 前引司馬遷的「齊楚秦趙爲日者，各有俗所用」，在此似乎頗有說明力。最後，由其中不少「補白」的篇章，可以說明，《日書》的抄寫者應有某種供參考的「祖本」在手邊，在他發覺簡編中有空白之處之時，就從此「祖本」中抽出一段來「補白」，而當空間不足之時，補白的文字也就隨而中止。[11] 當然，補白的文字也不一定是同時抄上去，而可能是後來才加上的。

由兩抄本文字差異所引出的另一個問題是，這些不同篇章中有關吉凶時日的記載彼此是否有相互衝突之處？這種情況的確反映在《日書》之中。例如簡837下：「毋以午出入臣妾馬，是胃并亡。」簡839下：「毋以申出入臣妾馬牛貨材，是胃□□□。」從這兩條文字來看，既然這篇沒有特別說明是否還有月份的限制，原則上應該是指凡是逢午申之日，不宜出入臣妾馬牛等。然而若與其它一般

10　何雙全，〈天水放馬灘秦簡甲種《日書》釋文〉《秦漢簡牘論文集》（甘肅人民出版社，1989），頁7-28。

11　關於甲乙篇之比較，參見工藤元男，〈睡虎地秦墓竹簡日書について〉，《史滴》7，(1986)，頁20。

時日吉凶的篇章相比，就有衝突之處，如〈秦除〉中，八月逢午爲「收日」（簡
750），十月逢申亦爲「收日」（簡752），而「收日可以入人民馬牛」（簡752）；
六月逢午爲「閉日」（簡748），八月逢申亦爲「閉日」（簡750），而「閉日可以
劈決池入臣徒馬牛它生」（簡754）。〈秦除〉的記載顯然不能和簡837及840的說
法並存。又如簡834：「毋辰葬，必有重喪。」是說凡逢辰之日不可葬死者。但若
看〈稷辰〉篇，七月八月之辰爲「正陽日」（簡758），而「正陽，……生子吉，
可葬。」（簡763）也是互相衝突的。

即使是〈除〉、〈秦除〉、〈稷辰〉這幾篇一般原則性的篇章中，吉凶之日相
互抵牾之處也不少。如〈除〉篇中十一月凡子日爲「結日」（簡731），而「結
日：作事不成」（簡731），但在〈秦除〉中，十一月子日爲「建日」（簡753），
而「建日：良日也，可以爲嗇夫，可以祠，……。」（簡743）顯然，若我們承認
這些不同的篇章各有其內在的一致性，那麼它們之間這些相互抵牾之處顯示出《
日書》中各篇章是獨立的「一家之言」，其時日吉凶的推演只是限於一篇之中，
並不求與其它篇章的統合。《史記》〈日者列傳〉中有一段文字，經常被引用來說
明秦漢時代各種占卜之術彼此之間對時日宜忌的不同認定：

> 孝武帝時聚會占家問之，某日可取婦乎？五行家曰可，堪輿家曰不可，建
> 除家曰不吉，叢辰家曰大凶，曆家曰小凶，天人家曰小吉，太一家曰大
> 吉。辯訟不決，以狀聞。制曰：「避諸死忌，以五行爲主。」[12]

這段記載反映出秦漢之際占卜術士之間混亂的情況，而《日書》的材料正可以說
明這種事實。[13]

三、《日書》中所見之人際關係

在有關時日凶吉的一些篇章中，《日書》的使用者會想要知道一些有關人際
關係的消息。藉著這些材料，我們可以瞭解一部分流行於當時社會中有關人際關
係的觀念，甚至可以進一步揣摩社會關係的實情。人際關係，又可以分爲家庭關

12　《史記》，頁3222。
13　有關日書中的占卜術之討論可參見張銘洽，〈雲夢秦簡《日書》占卜術初探〉，《文
　　博》，1988，3：68-74。

係和社會關係兩方面來看。在家庭關係方面，主要可以討論的有夫妻關係、父母子女關係；而在社會關係方面，主要是上下臣屬的關係。

㈠家庭關係

1.夫妻關係

《日書》中除了有〈取妻〉一篇（簡884、895反至884反），[14]專門記載取妻的時日凶吉之外，相類似的消息也散布在《日書》各篇章之中。

人在取妻時，最想知道的消息是什麼？取妻的後果有那些可能性？所設想的妻子的形象又如何？在有關取妻的預言中，除了凶、吉這兩種一般性的判斷之外，絕大多數都是不太有利的情況。從這些記載中，我們可以推測，日書的使用者之所以想要知道這些不吉的取妻日，並且還要比較詳細的知道不吉的內容，是反映出他們心中的憂慮，憂慮娶來妻子之後，可能有那些不祥的後果。於是一個不受歡迎的妻子的形象就從這些不祥的後果中浮現出來。當時人關心的問題大約有四類：

⑴妻子的性格

對於妻子的性格的預測有不少的例子：

　　取妻妻多舌（簡803-997）

　　妻不寧（簡809-975）

　　取妻妒（簡797-991）

　　取妻悍（簡801-995）

由這些有關取妻的預測，可以推知，當時一個理想中的妻子應該具備的性格上的條件是和上面這些描述相反的。然而《日書》中在這方面只是消極的表示。因為不「多舌、不寧、妒、悍」，尚不表示真正的安寧、溫柔。當然，這些顧慮之所以能成立，也反映出當時人在婚前其實男女雙方彼此並沒有什麼太多的認識。

⑵婚姻的久暫

在家庭中，婚姻的久暫當然是婚姻成敗的直接結果。《日書》中對婚姻久暫的預測有下面的一些例子：

14　有關此篇簡884位置在圖版中誤排之討論，見附錄。

　　　　　取妻妻不到（簡807-1001）

　　　　　取妻必棄（簡823）

　　　　　不棄、必以子死（簡894反）

　　　　　不出三歲、棄若亡（簡893反）

　　　　　取妻不死、棄（簡891反）

　　　　　娶妻不終、死若棄（簡895反、886反）

　　　　　婦以出、夫先死、不出二歲（簡892反）

　　　　　以出女、皆棄之（簡890反）

　　　　　取妻不居、不吉（簡889反）

影響婚姻久暫的因素，由上面的例子看來，似乎以夫方遺棄妻方爲主要的原因。妻先死或夫先亡也是常有的事。妻子在生育子女時的危機則表現在「必以子死」的預測上。至於「取妻妻不到」、「取妻不居」，則似乎是指不成功的婚事。

　　(3)生育子女的能力

　　在預測婚姻久暫的字句中，丈夫到底是由於什麼原因而遺棄妻子，我們無法知道。但影響婚姻關係的，妻方是否能生兒育女，無疑是一項重要的因素。取妻吉否，和能否生子、以及生子後能否活存下去，都是相關的。如：

　　　　　東井、百事凶，……取妻多子，生子旬而死，可以爲土事（簡818、984）

　　　　　不可取妻、毋子；雖有、毋男（簡887反）

第一段文字中「取妻多子」應該是好事，只是若遇到東井這星宿時，生子就會早夭。所以這段話等於是說，東井之日，取妻吉，生子不吉。第二段話是說，此日不可取妻，否則就不能生育小孩，而既使能生育，也不會生男孩。不能生男子，在當時當然仍是不被社會所接受的。這些，也都可能是造成婚姻破裂的原因。

　　(4)對父母的影響

　　在婚嫁的關係中，除了男方的考慮外，有一些是供女方的家長做爲參考的，例如：

　　　　　以出女、室必盡（簡894反）

　　　　　以出女、父母必從居（簡895反）

　　　　　出女、父母有咎（簡896反）

由這些資料看來，在有關婚嫁吉凶的預測中，所反映出的主要是取妻的男方以及嫁女的家長的觀點，至於那將要出嫁的女子本身，除了依著男方所有的那些吉凶之外，似乎並沒有另外的考慮。

此外，妻方是否有財產，妻子本人又是否有特殊的能力，也是向《日書》求取答案者所關心的，如：

　　　取妻、妻貧（簡799=993）

　　　取妻、妻爲巫，生子不盈三月死（簡804=998）

依《日書》文氣，「取妻、妻貧」應指的是妻子嫁過來之後所發生的事，妻貧，當然也意味著夫貧，不吉。至於「妻爲巫」到底是凶是吉，從前後文並不能得到明白的指示。因爲《日書》中這種文字多半爲獨立事項的判斷。「生子不盈三月死」固然是不吉，但也不一定能說這必然暗示「妻爲巫」也不吉，正如「取妻妻不寧」（簡809）下面接著「生子爲大吏」，或「取妻吉」（簡806）下面接著「生子三月死」。這些文句的意思是，在此日取妻或在此日生子所可能有的後果，並非指「取妻後生子如何」。爲巫到底是吉是凶要看巫者在當時社會中的地位如何方能決定。而巫者的地位在上古時代雖相當重要，[15]到了戰國末年，其地位已有明顯下降的趨勢。《韓非子》〈顯學〉：「今巫祝之祝人曰：使若千秋萬歲，千秋萬歲之聲聒耳，而一日之壽無徵於人，此人所以簡巫祝也。」[16]而《呂氏春秋》〈季春紀〉亦云：「今世上卜筮禱祠，故疾病愈來。……夫以湯止沸，沸愈不止，去其火則止矣，故巫醫毒藥逐除治之，故古之人賤之也。」[17]這些對巫者的批評當然主要是發自於知識分子，顯示出當時巫者的社會地位也許已經不如殷周時代，但是他們對巫者的論說卻也從反面顯示出，巫者在當時社會上仍爲相當活躍的一群人物。至少，他們的存在於民間社會，有其一定的社會功能。而《周禮》有司巫之

15　參見瞿兌之，〈釋巫〉，《燕京學報》，7期，(1930)，頁1321-1345；陳夢家，〈商代的神話與巫術〉《燕京學報》，20，(1936)，頁485-576；林巳奈夫，〈中國古代の神巫〉《東方學報》，38期，(1967)，頁199-224；張光直，〈商代的巫與巫術〉《中國青銅時代》(北京：三聯，1990)，頁39-66。有關本節所論，可參見吳小強，〈試論秦人婚姻家庭生育觀念〉，《中國史研究》1989，3：102-113。惟吳文所論多有與本文觀點不同之處。

16　王先謙，《韓非子集解》，（台北：世界書局，1962），卷十九，頁356。

17　《呂氏春秋》(台北：中華書局，1972)，卷三，頁五。

官，也多少反映出巫者在戰國社會中占有相當正面的地位。[18]所以「妻爲巫」或「生子男爲見（覡）、女爲巫」（簡823-989）之類的句子，若是以中下層社會人物的角度去看，並不一定是不吉之事。

至於所謂的取妻吉（簡806-1000、817-983、820-986、822-988），其內容爲何，《日書》中有少數的例子：

以奎夫愛妻、以婁妻愛夫（簡890反）

胃、……以取妻、妻愛，生子必使（簡813）

這些都是指的夫妻之間和睦相愛的情況。

2. 貞節觀念之問題

顯而易見的是，《日書》中有關取妻吉的描述遠不如對取妻不吉的情況的描述來得豐富。這可能代表何種心態？我們也許可以推測，當時人對於婚姻以及夫妻關係持有一種比較悲觀的心態，因爲他們對於取妻不吉的時日以及不吉的事項的關注要大於取妻吉的關懷。不過，這些不吉的的預測雖然可能是顯露出了當時婚姻關係中人們所想要避免的情況，但《日書》的作用原本可能就主要是在提供人們「不吉」的資料，因爲「避凶」也就是「吉」，因此我們是否能夠說這些文字所代表的就是當時人對婚姻的想法，就能如實反映當時的婚姻關係，卻是不無可疑的。尤其是如果要從這些材料來討論當時人的「貞節觀」，更應謹慎的考量材料的性質。例如王桂鈞在〈《日書》所見早期秦俗發微〉一文中，認爲秦人貞節觀念淡漠，然而他所舉《日書》中諸例以及對這些例子的解釋都甚有可議之處。《日書》中的材料並不足以做爲討論秦人社會中的貞節觀念的基礎，更不能說它們證明秦人的貞節觀念淡薄。[19]這當然並不是說「秦人的貞節觀念淡薄」是一項不

18　有關巫者在漢代的活動和其社會地位由先秦到漢代之轉變的討論，可參見林富士，《漢代的巫者》，（台北：稻香出版社，1987）。

19　王桂鈞，〈《日書》所見早期秦俗發微〉，《文博》，1988，4：68。如王氏說：「下層女子把未婚先孕視若平常，如簡807：＂取妻、妻不到以（已）生子＂。」（頁68）這是誤斷簡文：「取妻、妻不到，以生子，毋它同生。」簡文是對「取妻」「生子」兩件事分別所做的預測。而且「以」字是不能釋爲「已」字的。他接著說：「婚外性生活也極爲頻繁，如簡865（按：爲805之誤）＂母逢人，外鬼爲祟＂；簡812：＂取妻，男子愛。生子亡者，人意之。＂」「母逢人」如何可以解釋爲有婚外性生活？作者並無說明，而「男子愛」一句，是與「女子愛」相對的說法，指的應是對「男」或「女」的子女的愛，而非婚

正確的觀察，但是要證明此說，《日書》中的材料是不足的。而研究者之所以會
有這樣的問題與結論，毋寧說是受了自身道德觀念的影響。例如學者常引《左
傳》等文獻中所記載的一些上層社會的「淫亂」的事實而推斷當時人比較不注重

外性關係。他又舉《法律答問》中〝乙、丙相與奸，白晝見某所〞以及〝甲、乙交與女子
丙奸〞等記載，認爲「秦人并不認爲這是一種墮落、可恥的社會行爲。」問題是，如果秦
人眞不以爲這是不應當的行爲，爲什麼還要在法律中訂立罰則？作者對於秦人習俗的討
論似乎極受個人主觀意見的影響。他又引簡875：「庚辰生子，好女子。」以爲這也可做
爲秦人性生活不檢點的證據。但是若考慮《日書》的性質，此處的「好女子」只是一種預
測，最多也只能說明當時社會中有「好女子」之人，就如「生子穀好樂」（簡870），「
生子耆酒」（簡872）等等預測一樣，是不能據而說明整個秦人社會中的人都有「好
樂」、「耆酒」的習俗的。

王氏這種誤解、曲解簡文的討論方式也影響到他對一些其他的婚姻及家庭問題的瞭解。
如在論秦人家庭離異的時候，他認爲「正常離婚，《日書》中無此簡文，但《法律答問》
有〝休妻不書，貲二甲〞的條文，罰資雖〝二甲〞，但暗示著一般情況下離異不被認可，
秦畢竟是一個法制國家。」（頁69）其實，「休妻不書，貲二甲」所暗示的，不但不是離
異不被認可，反而應該是「休妻書，則不貲」，其重點在休妻時要立下切結文書。更嚴重
的問題是他對「離異日」的討論，認爲「〝離異日〞可以自由另擇新偶。」他又舉印度等
其他民族的「沙特恩節」(Saturn)，是「在一個短時期內重新恢復舊時的自由性交關係，
并且容許自由私奔或離異的節日。《日書》把〝離日〞定爲〝禹之離日〞恰好說明這一節
日在早期秦地的存在。」其實所謂的 Saturn（應爲 Saturnalia），原爲古羅馬之農業節
慶，每年12月17日至23日舉行一周，期間人民狂歡宴飲，貴賤身份有時亦不用遵守。此
詞後引申爲狂歡節之義，但亦不專指「自由性交」。王氏引恩格斯作品中所引十九世紀
民族誌之說法並不可靠。然後他又舉出《楚辭・天問》中有關大禹取涂山之女，「而通之
於台桑」的資料，認爲台桑指的是〝桑林〞或〝桑間〞，是〝淫穢之所〞的隱語。又說《
墨子・明鬼》中有〝宋之桑林，楚之雲夢，此男女之所樂而觀也〞。且不論這種解釋本身
的正確性如何（禹取涂山之女的日子爲何爲一大忌日？利以離異的日子又如何成爲「自
由性交」的狂歡節？）他又說：「《日書》中也有關於〝桑間〞的直接記載，如簡864（
按應爲864反）〝人毋故而鬼惑之，是鬼，善戲人以桑〞，由此可見，〝離日〞的來源實
即〝桑林〞聚會時日。」這又是誤讀了簡文：「人毋故而鬼惑之，是鬼，善戲人，以桑心
爲丈，鬼來而擊之，畏死矣。」此處文字根本與〝桑林〞〝桑間〞無關，他的討論也就完
全落空。而所謂的「離日」，根據太田幸男的研究，應與商鞅所立下的家中成年男子二
人以上必須分居的規定有關（太田幸男，〈睡虎地秦墓竹簡の「日書」にみえる「室」「
戶」「同居」をめぐって〉，《東洋文化研究所紀要》，99冊，1986，頁16-17），也不
能望文生義的將之認爲是夫妻分離之意，更談不上王氏所說的「自由性交」的狂歡節
了。至於王氏解「奪室」爲入寄者與主人妻子私奔（頁70），則是他強解此處的「室」
爲「妻室」。實際上，由對《日書》中「室」之意義的全面考察看來，「室」在《日書》
中的用法是不能解爲「妻室」的。（見太田幸男，前引文。）

貞操觀念，[20]然而由這類事情被記載下來的事實來推論，我們只能說，這反映出的是《左傳》等作者是非常重視貞操觀念的，因而才不厭其煩的把這些事記載下來。至於在一個社會中，即使是古代的社會，有那樣的「淫亂」的事實發生在上層社會之中，和當時人是否普遍不重視貞節，是兩件不同層次的事。

　3.對子女的預期

　　《日書》中有〈生子〉一篇（簡869-878），專門預測生子的吉凶未來。在許多其他篇章中也有不少類似的預測。從這些預測中，我們可以大致推測出《日書》使用者對於子女的期望以及希望能避免的命運。這些期望大致可以分爲經濟性、社會性、以及有關性格氣質和像貌的預測等三類。

　　　(1)經濟性的預測

　　　關於子女未來的發展，《日書》有一些經濟性的預測，如「富」（簡800、870、876）、「貧」（簡802、874）、「貧富半」（簡803）、「生子必駕」（簡824）等，可以說是比較單純的期望。此外、有一些比較曲折的預期，如「有疾少孤、後富」（簡870）、「耆酒而疾、後富」（簡871），則表現出一種對人一生的遭遇可能會有高低起伏的過程的看法。

　　　(2)社會性的預測

　　　《日書》中另有一類的預測反映出當時人心中對於子女將來的社會地位和人際關係的關切。比較樂觀的情況如：

　　　　生子爲吏（簡797、811、991）

　　　　生子爲大夫（簡805）

　　　　生子爲大吏（簡809）

　　　　生子必使（簡813）

　　　　生子必有爵（簡798、992）

　　　　生子人愛之（簡801）

　　　　生子寵事君、生子有寵（簡873）

　而比較不吉祥的情況則如：

　　　　生子男女爲盜（簡791）

　20　如陳東原，《中國婦女生活史》，（台北：商務，1981），頁26-29。

　　　　生子少孤、衣污（簡869）

　　　　生子必爲人臣妾（簡874）

這些不同的情況也就勾畫出了當時人所能設想到他的子女未來所可能有的社會地位。值得注意的是，在這些不同的社會地位中，由「爲大夫」到「爲人臣妾」、「爲邑桀」（簡822、988）、「爲盜」，基本上是屬於社會的中到下層階級。然而，所謂的「大夫」、「大吏」是否也可以是比較高的官職？我們不能完全否定其可能性。不過如下文所論，對子息的身份的期望較自身爲高是一個自然的傾向，可以說明《日書》使用者的一般社會地位是屬於中下階層的。此外，這些不同的社會地位本身也透露出另一些消息。在比較樂觀的方面，《日書》中所設想的其實主要是一種政治性的地位，也就是說在《日書》使用者的心中，較好的社會地位是在統治階層之中，雖然他們並沒有很高的要求。而在這些較好的地位和那些比較不吉祥的情況之間，尚有些其他的社會階層，如工匠、商賈、小農等，應該是占大多數人口的，卻不在預測的情況之中。這種情形也許可以說明，《日書》使用者的心態是想要求他們生活中所可能發生的最好的情況，而避免那些最不可欲的命運。當然，〈生子〉篇的主要作用是在預測子女未來的前途，而當子女已經出生之後，這種預測將如何能夠助人避凶趨吉，人們是否又能夠照著《日書》上吉凶的日子來生兒女（除非當時人已經有辦法控制生產的時日），都是有趣但目前尚無法進一步討論的問題。

　　　當我們將《日書》中有關子女前途的預測拿來和有關《日書》使用者本身前途的預測比較時，發現《日書》使用者對於自己的社會前途似乎尚不如對子女的期望來得高。從《日書》中其他篇章中，我們知道《日書》使用者可以爲買人，與商賈相關的一些辭句如：

　　　　須女、祠賈市（簡806）

　　　　卯邀、買市吉（簡814）

　　　　貨門所利買市（簡849）

　　　　市良日：戊寅戊辰戊申戌利初市吉（簡818）

　　　　入貨（簡824、849）

　　　　出貨（簡830）

出入貨（簡773）

也可以爲農人，例如其中有關於農作的：

〈五種忌〉日（簡746-751、941、745反）；田忌（簡746反）

他們或者又可從軍，如下面數簡所示：

達日、利以行帥出正（征）見人（簡736）

秀、是胃重光，利主戰，必得侯王（簡761）

利以戰伐（簡773）

但是在政府中的工作職位卻只提到嗇夫一職（簡743、745、763、765、771、752反），而嗇夫的地位在當時只能算是低階層的政府官僚而已。[21]既然期望子女的命運比自身爲佳是一種自然的傾向，這些材料大致上已可以幫助我們判斷，《日書》是主要流傳在如墓主人喜之類的低層政府官僚或其他中下階層人們之間的作品。[22]

⑶性格、氣質、像貌

至於有關子女性格、氣質、像貌的關切，《日書》中有下面這些例子：

武有力（簡869），武以攻巧（簡870），武以聖（簡871）

武而好衣劍（簡877）

毅（穀）而武（簡877、869）

飲食急，巧有身事（簡869）

好家室，有疵於膣（體）而愚（簡871）

好言語，耆酒（簡872）

好田埜邑屋，耆酒及田獵（簡873）

好女子（簡875）

長大善得（簡878）

既美且長，有賢等（簡761）

21　有關嗇夫之職責，參見裘錫圭，〈嗇夫初探〉，收入《雲夢秦簡研究》，（北京：中華書局，1981），頁226-301；高敏，〈論《秦律》中的＂嗇夫＂一官〉《雲夢秦簡初探》（河南人民出版社，1978）頁185-200。

22　喜的身份，根據《大事記》，曾任榆史、安陸御史、安陸令史、鄢令史等職，（見簡010,013,014）可確定是低階層官僚的一分子。

　　　生子男女必美（簡741）

　　這些預測，誠然不是一套完整的有關當時人性格的目錄，因爲，和有關子女將來社會地位的預測類似，《日書》使用者所期望知道的應是流行於當時社會中而爲一般人所羨慕的特性。在這些特性中，好武是一項相當特出的性格，而「飲食急」、「耆酒」、「田邋」也和好武的性格有相當關係。相對的，在這些材料中看不見一條是與較精緻的文化有關的特質，譬如說有禮、好學等等。這種情況反映出《日書》使用者所處身的是一個尚武乏文的社會。但是這種推論必須考慮到《日書》使用者的社會階層性，我們是否能夠只憑《日書》中的這些材料來推斷整個秦代社會的情況，是不無可商榷的。這一點下文將再論及。

㈡社會關係

　　《日書》使用者除了希望知道家庭之中成員的吉凶和彼此關係之外，對於個人是否能在社會上成功的立足也有相當的關切。不同職業分工的人對於如何才能成功當然也會有不同的期望，如農人希望莊稼豐足，商人希望大發利市，這些也都在《日書》中有所表現。然而就對於人際關係的關切來說，《日書》中比較突出的是和政府之間的來往，這點也許可以間接顯示《日書》使用者主要的社會階層。

　　《日書》中有〈吏〉一篇（簡886-895），主要在預測一個中下級官吏在晉見上司時可能會發生的各種情況。吉凶的安排是將日子依十二支排列，每一個日子又分爲「朝」、「晏」、「晝」、「日虒」、「夕」等時段，在不同的時段去晉見上司，結果可能各不相同。其中提到比較有利的幾種情況，是上司能夠傾聽或接受自己的意見或者請求，如「有告聽」（簡886-892、894）、「請命許」（簡889、890、893、894)，或者能夠得到上司的贊許：「說（悅）」（簡888、889、892）、「有美言」（簡886、887）。而比較不好的情況，則是上司不接受自己的意見：「有告不聽」（簡886、890、891）、「百事不成」（簡892），又被上司訓斥：「有惡言」（簡887、895），假以臉色：「不詒（欺）」（簡892、895），「不說」（簡891、893），「有奴（怒）」（簡887、888、889）、「禺奴（遇怒）」（簡887、891、893），或者甚至「不得復」（簡888），可能是指不得復

見，應該是相當嚴重的後果。有些時候，也可能會遇到沒有結果的晉見：「令復見之」（簡886、895）、「有後言」（簡891、895）。

　　不論如何，這些有關晉見上司的預測，應該可說已經反映出當時政府中下階層的「吏」在他們的工作中與上司往來的基本模式：上司對於下屬的意見或請求是或接受，或拒絕，或推諉。在〈吏〉篇所列五十種可能性中，[23] 屬於正面性結果的，共有二十六種，占52％；[24] 而屬於負面性結果的，共16次，占32％，[25] 其他的情形占12％。若檢視其中每一日的吉凶狀況，則每一日中總是有比較合宜的時間。這種情況或許反映出當時中下層官吏對於晉見上司一事是相當關切的，而這種關切在投射到《日書》中後，產生了比較樂觀的預期結果，也是可以理解的。

　　這種對於晉見上司的關切也在一些其他的篇章中表現出來，如〈除〉篇中有「陰日，……以見君上，數達，無咎」（簡735），〈秦除〉中有「開日……請謁得」（簡753），〈星〉篇有「可請謁」（簡820，867同）的文字。

　　與〈吏〉篇有關的，有〈入官良日〉篇（簡886-895底部，1119-1130同），是預測入仕為吏之日的吉凶之用。這些文字，加上《日書》中其他地方所提到的「臨官」（簡761、767），「入官」（簡750反）「為嗇夫」之類的例子，都反映出《日書》使用者的社會階層性格。

　　在其他的社會關係方面，有一類相當特殊的，是所謂的「寄」：

　　結日作事不成，……以寄人，寄人必奪主室。（簡731）

　　不可入寄者（簡772）

　　毋以辛酉入寄者，入寄者必代居其室。己巳入寄者，不出歲亦寄焉。（簡786-787）

　　凡五巳不可入寄者，不出三歲必代寄焉。（簡937）

　　寄人室：毋以戊辰己巳入寄人，寄人反寄之；辛酉卯癸卯入寄之，必代當家。（簡1026、1016略同）

　　子卯午酉不可入寄者及臣妾，必代居室。（簡769反）

23　原簡在892-893和893-894之間少了「未」、「酉」二段，由反面簡文判斷，漏抄或原簡脫散都有可能。

24　有告聽8、有美言3、請命許7、說3、得語2、造許1。

25　有告不聽3、有惡言3、不說2、不詒2、有奴3、禺奴3、百事不成1、不得復1。

　　　　墨日利壞垣劈屋、出寄者（簡741反）

又有「客」、「寓」：

　　　　入客。戊辰⋯⋯不可入客、寓人及臣妾，必代居室。（簡788-789）

　　　　窖羅之日⋯⋯而遇（寓）人，人必奪其室。（簡912）

　　　李學勤認爲「寄」、「客」、「寓」三者意義相近，但《日書》中的「寄人」可能是庸客之類的人。[26]由字義和它出現的前後文看來，「寄者」、「寄人」必然是一種暫時在主人家居住的人，後來才有可能「代居室」、「代寄」、「代當家」或「奪主室」。這「代居室」的實質意義或者法律意義爲何，目前並不完全清楚。可以知道的是，它必然是不好的情況，而且有「雀占鳩巢」的意味，也就是說原本讓人在家中寄居的主人後來反而被「客人」強占了家室。這種情況是如何發生的，又代表了當時社會中何種的問題，都是尚待解決的問題，但是無論如何，它不應被解釋爲「互生愛慕的已婚男女」「相約私奔」。[27]這種誤解出於將「室」解釋爲「妻子」。但不僅是「室」字在《日書》中不應被解爲「妻室」，[28]也可由上引《日書》文字的前後文看出，尤其是簡789有「寓人及臣妾」的文字，如果「室」是指「妻室」的話，一個「妾」一般是不太可能有辦法去「代居室」的。

四、《日書》中所見之社會生活

　　　《日書》的主要功用既然是作爲日常生活行事的指引，自然反映出當時人生活中主要關心的一些問題。這些問題當然也並非後人不能想像的，只是現在有了直接的材料說明，使我們對當時人的生活情況有更親切的認識。以下就出食、衣、住、行、育、樂、疾病死亡等方面分別來看當時的社會生活面貌。

㈠飲食

　　　《日書》中有不少關於飲食時日吉凶的文字，如：

　　　　利以登高猷（飲）食（簡741、744、856、1027）

26　李學勤，〈睡虎地秦簡《日書》與楚、秦社會〉，《江漢考古》1985，4：60-64。

27　王桂鈞，前引文。

28　見太田幸男，前引文。

利祠、猷（飲）食歌樂（簡761）

猷（飲）食樂（簡767、771、773）

居有食（簡918）

這些都是一般性有關飲食的例子，並不涉及飲食的實際內容。而在其他篇章中，只有少數地方提到飲食的內容，如：

可以漬米爲酒，酒美（簡778反、842）

不可食六畜（簡814、815、980）

此外，有關馬、牛、羊、豬、犬、雞等六畜也有專門的宜忌之日，不吉之日當以禁屠爲宜，如：

戊午不可殺牛（簡814）

毋以己巳壬寅殺犬，有央（簡820）

殺日勿以殺六畜（簡829）

而春、夏、秋、冬四時也另有不可殺生的日子，是所謂「天所以張生時」。（簡794反-790反）。這種禁忌是否與當時人所遵行的一些依動植物萌生孕育的時間而定的殺伐時機有關，從簡文中不易看出。但是在其他簡中的確有「斧斤以時入山林」的觀念，見下文有關農業的討論。

㈡衣服

　　與飲食的宜忌相較，《日書》對於衣服的關切似乎尤有甚之，不但在一般性的篇章中提及，如〈除〉：

秀日……寇、斀（製）車、折衣常（裳）、服帶、吉。（簡742）

〈稷辰〉：

秀……可取婦家女、斀（製）衣常。（簡761）

〈星〉：

[軫]，乘車馬衣常取妻、吉。（簡824）

甚至有專以「衣」爲篇名的，如簡755、783反至778反、777反至774反等三篇。其中後二篇其實是同一篇，只是抄寫了兩次，雖然第二次的簡文有脫漏之處，也可以顯示出《日書》抄寫者及使用者對於和衣服相關的事相當關切。而在這些篇

章中，與衣服有關的文詞有「剸（製）衣」、「剸（製）新衣」（簡781反）、「衣絲」（簡782反、777反、776反）、「材（裁）衣」（簡783反、782反、780反、779反、777-775反）。這些有關衣服的占辭是相當爲當時人所看重的一些禁忌，從一些不守禁忌所可能發生的後果也可以看出：

> 毋以楚九月己未台被新衣，衣手□必死（簡755）

> 六月己未不可以剸（製）新衣，必死（簡781反）

相對而言，在有關飲食方面的禁忌則並沒有如此嚴重的後果。由於製衣與「冠」，也就是冠禮，常常一同被提及，可以推測有些時候製衣有宗教和禮儀上的意義，因而有禁忌產生。從這一點來看，《日書》使用者的日常生活中，即使不是特定的祭祀之日，仍然是具有某些儀節要遵守的。這種與製衣有關的禁忌在漢代仍流傳於民間，王充《論衡》中就提到當時有所謂的「裁衣之書」。[29]

(三)住

　　不論在何時何地，居住環境始終是人們所極爲關心的問題。《日書》在這一方面也有相當高的關切，而其內容則包括了人的住家和一些與生活有關的建築物，如井、垣、池、囷等等。有關的占辭不但出現在一般性的篇章之中，如：
〈除〉篇中有：

> 交日利以實事、鑿井吉（簡733）

〈秦除〉：

> 盈日可以築閒牢、可以產、可以築宮室（簡745）

> 閉日可以劈決池（簡754）

〈稷辰〉：

> 秀……不可復室蓋屋（簡762）

> 敫……可以穿井行水蓋屋（簡767）

〈星〉：

> 營室、利祠、不可爲室及入之（簡809）

> 胃、利入禾粟及爲囷倉吉（簡813）

29　王充，《論衡》〈譏日〉，（台北：世界書局，1974），頁234。

　　七星、百事凶、利以垣（簡821）

更有專爲某類建築活動而用的篇章，例如〈音〉篇（簡825-830）將一年四季的日
子中某些日子定爲「爲室」、「剽」、「殺」、「四彊（法）」等四類，其中「凡
爲室日，不可築室」（簡829），「四彊日，不可以爲室覆屋」（簡830），又說春
夏秋冬四季的三月各有一定方位的屋室不可建（簡826-828，756反-755反亦同），
每一方向的門垣也必須在一定的月份及日期修築。此外，又有〈室忌〉（簡831-
832、1005）、〈蓋屋〉（簡1006-1007）、〈蓋忌〉（簡1008〈凡（垣？））（簡
836-838）、〈垣牆日〉（簡1009）、（困良日）（簡753-754）、〈門〉（簡753反-
752反）、〈直室門〉（簡843-855）等等相當繁瑣的禁忌。特別值得注意的是所謂
的〈直室門〉一篇，似乎是將當時人居住的邑邦做一理想式的設計，在長方形的
聚落四周設計二十二個邑門，每一個門都有其特殊的吉凶之道，以供人選擇居處
之所。

　　與建築有關的是所謂的「土攻（功）」或「土事」，《日書》中有〈土忌〉兩
篇（簡833-835、767反-757反），說明破土興工必須遵行的宜忌時日。而《日
書》對有關建築房屋之時日選擇的重視也表現在其對於犯忌之後果的預測，如〈
土忌〉中提到「土神」（簡762反）和「地杓神」（簡758反），而〈音〉篇中也有
下面一段極爲嚴重的警告：

　　　　凡爲室日，不可以築室，築大內、大人死，築右、長子婦死，築左、中子婦
　　　　死，築外垣、孫子死，築北垣、牛羊死。（簡829）

由這段文辭，我們已經可以看出當時人相信房屋的方位和吉凶有密切的關係。而
在《日書》中又有另一篇占辭（簡882反-873反），是專門說明居住房屋的方位、
高下、長短，以及屋四周的池、水瀆、圈、困、井、廡、園、屏、門、垣、道等建
築物和屋宇的相對關係與吉凶之間的對應。這是風水觀念在此時已經存在的證
據。[30]然而《日書》中雖已有五行的觀念（簡974至978、813反-804反），並且也
有以方位配五行的觀念，如「東方木、南方火、西方金、北方水、中央土」（簡
808反-804反），風水觀念中所依據的仍然是東、南、西、北、中、前後、左右等

──────────────

30　有關風水觀念的起源，近來有尹弘基，〈論中國古代風水的起源和發展〉《自然科學史
　　研究》8卷，1期，（1989），頁84-89。

等，尚没有與五行發生直接的關係。[31]

四行

《日書》對於和行有關的吉凶時日也相當的注重，與行有關的篇章有〈行〉（簡 856-859，1027-1032 同）、〈歸行〉（簡 860-862）、〈到室〉（簡 863）、〈禹須臾〉（簡 863-864，799 反 -795 反同）、〈行日〉（簡 1033-1034）、〈行者〉（簡 103 5）、〈行忌〉（簡 1037-1038），還有一些没有題名的篇章，如簡865-868，800反至797反之下半（簡769反-768反同），789反至786反，770反等。此外也有一些零星散布在其它篇中的，如〈除〉篇中有「交日…以祭門、行、行水、吉；害日，…祭門、行、吉。」（簡733-734），〈星〉篇中有不少條「行吉」的占辭（簡797-799、801、804-805、810-812），又有「離日不可以行，行不反」（簡782-783）等等。這些占辭主要內容在告訴《日書》使用者出門時日之凶吉，而由外地歸家的時日也有宜忌之分。

與出行相關的有「徙」（簡788-791），大約是遷徙之意。

對於這些宜忌之日的吉凶之判，《日書》所開列犯忌的後果亦相當嚴重，如「不出三月必有死亡」（簡858），「百中大凶、二百里外必死」（簡860），「凡此日以歸、死，行、亡。」（簡862）。也就是由於這種重視，《日書》有〈行祠〉（簡1039）、〈行行祠〉（簡1040-1041）等篇章，讓人在出行之前選擇時日祭祀祈福，甚至記載了祭祀時行巫術的方法：

> 行到邦門，困，禹步三，勉壹步，謼皋敢告曰，某行毋咎，先爲禹除道，即五畫地，揃其畫中央土而懷之。（簡785反）

又有「禹符」：

> 禹符左行置右環，曰□□□右環曰行邦，令行，投符地，禹步三曰，皋敢告□□□符上車毋顧□□□□。（簡999-1002）

在天水放馬灘秦簡《日書》中，亦有「禹須臾」的篇章。[32] 漢初馬王堆帛書《五十二病方》中也提到以「禹步」治療病患的方法，如：

> 令積者北首臥鄉（嚮）廡中，禹步三，步嘑（呼）曰：「吁！狐麗」三，若

31　參見工藤元男，前引文。

32　見〈天水放馬灘秦簡甲種《日書》釋文〉，《秦漢簡牘論文集》，頁1-6。

智（知）某病狐□。[33]

可見禹做為民間信仰中的「行神」，「禹步」具有法術性的作用，這種與旅行有關的信仰和巫術在春秋戰國時代可能已經相當流行。根據後世道教經典，「禹步」為道士法術之一種。《抱朴子》〈仙藥篇〉就有「禹步法」，[34]由此亦可見道教和中國固有的民間信仰有極深遠的關係。[35]

由這些關於行的辭句，尤其是其中有關「大行」、「遠行」（簡586）、「久行」（簡801反、769反、938）、「長行」（簡769反）等文字，我們可以推測，《日書》使用者中時常外出活動的必然占相當的比例。這種人和長年必須在農地上耕種的農人不同，他們的職業可能是商人，而有關《日書》中所反映出的商業問題，下文將再論及。

㈤育樂

《日書》對當時人生活面影響之廣，亦可以由其中與娛樂有關之辭句得見。當時人作何種娛樂排遣之事？《日書》中常見者有「登高飲食，邀四方至（野）外」（簡741）之類的文字，這「田邀」（簡737、820）、「弋邀」（簡769）、「以邀、置罔（網）」（簡814）、「罔邀」（簡914）、「魚邀」（簡954）、「飲樂」（簡744、767）「興樂」（簡756）、「歌樂」（簡761、769、771、773）大致上包括了在室內和室外的兩種休閒形態，室內的是飲酒作樂，室外的是郊遊田獵捕魚，〈生子〉篇中「生子耆酉（酒）及田邀」（簡873）的文句恰好說明了這兩種活動同屬於休閒活動，而人們相信即使是這類的活動亦有其宜忌的時日。至於漁獵活動也屬於經濟活動的一種，下文另有討論。若與已知戰國時代人們所通

33　《五十二病方》簡210，見周一謀、蕭佐桃編，《馬王堆醫書考注》，（台北：樂群，1989），頁142-43。

34　葛洪，《抱朴子》卷十一〈仙藥〉，（台北：世界書局，1969），頁52。

35　饒宗頤、曾憲通，前引書，頁20-23；工藤元男，〈雲夢睡虎地秦簡「日書」と道教の習俗〉，《東方宗教》，76，（1990），頁43-61。天水放馬灘秦簡《日書》中亦有「禹步」之記載，見何雙全，〈天水放馬灘秦簡綜述〉，《文物》1989，2：23-31。有關於出行的迷信禁忌，見江紹原，《中國古代旅行之研究》，（上海：商務印書館，1937）；工藤元男，〈埋もれていた行神——主として秦簡「日書」による〉，《東洋文化研究所紀要》，106，（1988），頁163-207。

行的各種娛樂活動相比，如鬥雞、走犬、六博、投壺、角力、蹴鞠等，[36]《日書》中所見的娛樂活動的種類似乎單純得多。

至於所謂「育」，《日書》中只有一處提到「利以學書」（簡909）。此外，在〈生子〉篇中，對於子女未來的事業成就的預期之中，並無任何與高尚德行或學識修養有關的文字，顯示在《日書》使用者的世界中，以文學爲主的教育問題非其主要的關切點。（見上文有關生子之討論）總之，由《日書》中有關育樂活動的記載，反映出其使用者的生活與文化水準並不是十分豐富的。

㈥疾病死亡

在生老病死的循環之中，人雖無法避免那不可避免的命運，仍要想盡各種方法以求解開那不可解的死結。在得病的時候，《日書》使用者在〈病〉篇（簡797-806、1076-1082略同）中可以找到在不同時日中得病的病因，如：

> 甲乙有疾，父母爲祟，得之於肉，從東方來，裹以桼器，戊己病、庚有（間）、辛酢、若不（酢）、煩居東方、歲在東方、青色死。（簡797-798，見附錄釋文校正）

> 丙丁有疾，王父爲祟，得之赤肉、雄雞、酉（酒），庚辛病、壬有間、癸酢、若不酢、煩居南方、歲在南方、赤色死。（簡799-800）

人之得病，雖有部分原因是由於飲食，如肉、赤肉、雄雞、酒，以及「黃色索魚、堇」（簡801）、「犬肉、鮮卵」（簡803）以及「脯、節肉」（簡805）等，也因爲有神靈爲祟。這裡是已去世的父母。此外也有王（祖）父、王母，又有「外鬼傷死」（簡803），外鬼也就是非自己家族的亡靈。而巫者也可能是製造問題的人物，如「戊己有疾巫堪行」（簡801）、「外鬼爲姓（祟）、巫亦爲姓」（簡1053）。不過值得注意的是，這些爲祟的靈鬼基本上是過世的人，而不是如〈詰〉篇中所看見的各種妖怪。[37]另一點是，這些有關疾病的辭句（包括簡1052-1075）並沒有如〈詰〉篇中的逐鬼之法或者一些其它的簡文那樣，提供避凶趨吉的線索，而僅僅陳述那必然會發生的事實。這種情形，應該不能說是由於當時人對於疾病的來襲束手無策，而可能只是不提疾病的種類、治療的方法和過程這種

36　參見楊寬，《戰國史》（增訂本）（台北：谷風出版社，1986），下冊，頁617-627。

37　見下文第七節。

技術性的事。這與《日書》中有關農業生產和商業的篇章也相類。（見下文）值得注意的是，《日書》中所提到疾病的原因是用「某某爲祟、得之於某種食物」的形式，顯示《日書》使用者雖將致病的原因歸罪於鬼神，但經由經驗的累積，已經發現某些食物比較容易致病，而這些食物是以易腐敗的肉類爲主。這種情況，較甲骨文中所見商代的疾病觀有進步，[38]但與《左傳》中已經出現的一些理性的疾病觀，[39]以及《黃帝內經》中所顯示的戰國末年時代即可能出現的以陰陽不調爲疾病起源的思想並不相同，[40]相對之下，也顯示出《日書》的確反映出當時的「民間文化」：雖然相信鬼神，但也能結合生活經驗以得到實際的用處。而《黃帝內經》則是經由知識分子的整理、發揮、系統化之後而得到的結果。

　　人的疾病死亡與衛生醫藥保健的情況有直接的關係。《日書》中常見擔心生子早夭的辭句：

　　　　結日……生子毋弟，有弟必死。（簡731）

　　　　生子子死（簡776）

　　　　生子不盈三歲死（簡804）

　　　　生子三月死，不死毋晨（簡806）

　　　　庚子生，不出三日必死（簡1142）

也就是因爲如此，〈詰〉篇中有「鬼嬰兒」、「哀乳之鬼」（簡867反）、「幼殤」（簡846反）等沒有能夠享受人生的幼兒爲鬼作祟。從這些材料，我們可以知道當時社會中幼兒的生存是一件不容易的事，這當然也反映出那時整個社會中的醫療衛生與營養況狀都是不理想的。[41]但是若就此以爲這是秦代的特殊情況，則又未必。這毋寧應說是在幼科醫學未發達之前的社會中的通象。

　　至於死亡的時日，通常人雖不能選擇，但是仍然相信死亡的日期本身是整個宇宙秩序中的一部分，因此有一篇可以名爲〈死日〉的占辭（簡1097-1117）即羅列了一年四季中每一類日子人死亡所代表的意義，如：

38　參見胡厚宣，〈殷人疾病考〉，《甲骨學商史論叢初集》，（齊魯大學，1944）。

39　如昭公元年，醫和以爲蠱疾爲「淫溺惑亂之所生也」。

40　參見趙璞珊，《中國古代醫學》（北京：中華書局，1983），頁31-43；范行準，《中國病史新義》（北京：中醫古籍出版社，1989），頁273-274。

41　吳小強，前引文，頁109。

　　　　春三月：甲乙死者，其後有憙，正東有得。

　　　　　　丙丁死者，其東有憙，正西惡之，死者主也。

至於死者之葬禮，自然必須選擇適當的時日。《日書》中有一段〈葬日〉：「子卯巳酉戌是胃男日，午未申丑亥辰是胃女日，女日死女日葬，必復之，男子亦然，凡丁丑不可以葬，葬必參。」（簡759-760）《日書》其它地方談到葬日的主要在〈稷辰〉篇中，在「秀」、「正陽」、「危陽」……等八類日子中，有四類日子，即「正陽」（簡763）、「陰」（簡773）、「徹」（簡774）、「結」（簡775）等，是屬於「可葬」之日，也就是說，一年之中有近一半的日子是可行葬禮的。〈稷辰〉此處談葬日的方法與上引〈葬日〉的方法並不相同，而此〈葬日〉一篇正好抄寫在〈稷辰〉篇之下空白處，很可能是爲了要提供讀者作爲比較之用。至於不同篇章中的宜葬之日或有相衝突之處，上文第二節中已有討論。

五、《日書》中所見之經濟生活

　　《日書》使用者除了有部分屬於中下層官吏之外，亦有從事農商業者，他們所關心的問題在《日書》中也有所表現。

（一）農業

　　農人所關心的農事不外乎播種的時機、農具的良否，田土的肥瘠，作物的灌溉、照顧和收穫等等。但是在《日書》中與農事有關的篇章主要都在播種和收穫的時日，如〈田忌〉：「丁亥戊戌不可初田及興土攻」（簡764反），是關於翻動土地的忌諱，而各種作物亦有一定的宜忌：

　　　　禾良日，己亥……，禾忌日，稷龍寅、秫丑、稻亥、麥子、菽荅卯、麻辰、葵癸亥，各常□忌不可種之及初穫出入之。辛卯不可以初穫禾。（簡746-752）

又有〈五種忌〉：

　　　　丙及寅，禾；甲及子，麥；乙巳及丑，黍；辰，麻；卯及戌，叔（菽）；亥，稻；不可以始種及穫、賞，其歲或弗食。（簡745反-744反，941-947

略同）

〈五穀良日〉：

己□□□□□出種及鼠（予）人，壬辰乙巳不可以鼠（予）子，亦勿以種（

簡959）

以及〈五穀龍日〉（簡960）等篇章，內容大致相同。賀潤坤根據這些文字中各種
穀物排列的先後次序推斷當時秦國統治範圍內穀物種植的情況，認爲以往學者以
爲春秋戰國時代中國主要的穀物生產是菽和粟的說法有重新考慮的必要，[42]因爲
就禾與麥在《日書》與五穀有關的篇章中的出現順序而言，當時的農業生產應該
以這兩種穀物最爲重要。[43]此時農業技術的發展，根據文獻資料如《呂氏春秋》中
所記載，已經是相當複雜，[44]不過並没有呈現在《日書》中。《日書》所關心的是
吉凶而不是技術，除非是與鬼神有關的方法，有如〈詰〉篇中的那些驅鬼之術。

　此外，和農業生活息息相關的是牲畜的畜養。《日書》中常有「入人民畜
生」（簡780、957），「畜畜生」（簡761）和「可以入人民馬牛禾粟」（簡752）
之類的占辭，另有人（臣妾）、馬、牛、羊、豬、犬、雞、蠶等「良日」（簡809-
823、936-973略同），或忌殺（簡814、820），或忌出入（簡810、821、823），
顯示牲畜在當時人生活中亦占相當重要地位。值得注意的是有關馬匹的飼養在此
時似乎特別受重視。《日書》中甚至有一節禖祝之辭，是爲了要求馬匹能夠健康
善走（簡740反 -736反）。這段祝辭之性質其實與《日書》中以時日凶吉爲主的各
類占辭是不同的，它被收入《日書》之中，很可能是由於其在日常生活乃至軍事
行動中的重要性之故。與《日書》同出的《廄苑律》中特別重視牛馬的飼養，可以
做爲佐證。

42　《中國農學史》初稿上冊，第四章，第一節，中國農科院、南京農學院：中國農業遺產研
　　究室編著。

43　見賀潤坤，〈從《日書》看秦國的谷物種植〉，《文博》，1988，3：64-67。唯賀氏
　　將《日書》甲的〈禾良日、禾忌日〉歸諸〈秦除〉，〈五種忌〉歸諸〈門〉，而《日書》
　　乙的〈五種忌日〉歸諸〈除〉，〈五穀良日〉、〈五穀龍日〉歸諸〈秦〉，是值得商榷
　　的。筆者認這些有關五穀的篇章應該都是獨立的，由它們被寫在竹簡上的情況可以判
　　斷。

44　《呂氏春秋》卷二十六〈任地〉、〈辯土〉、〈審時〉等篇對於土地的肥脊、農具的使
　　用、氣候的宜適等農業問題都有相當詳細的討論。

　　至於亦屬生產活動之一的漁獵，在〈除〉、〈星〉、〈秦〉等篇中均列被爲日
常行事的一部分，可見在當時人生活中占相當重要的地位。漁獵本身雖爲休閒活
動，對於當時人而言仍爲重要之肉食來源，因而至少自戰國中以來即爲各國政府
列爲管轄之範圍。《呂氏春秋》中有詳細的有關漁獵活動的論述：

　　　　（孟春紀）是月也，……禁止伐木，無覆巢，無殺孩蟲胎夭飛鳥，無麛無
　　　　卵。[45]

　　　　（季春紀）是月也，……田獵罝弋罝罘羅網，餧獸之藥。[46]

《國語、魯語上》也記載：

　　　　鳥獸孕，水蟲成，獸虞於是乎禁罝羅，矠魚鱉，以爲夏犒，助生阜也。鳥
　　　　獸成，水蟲孕，水虞於是禁罝罜麗，設穽鄂，以實廟庖，畜功用也。[47]

而雲夢秦簡有《田律》（簡071-074），規定「春二月毋敢伐木山林及雍隄水，夏
月……毋□□□□□□毒魚鱉置穽罔。」（簡071-072）文字內容均與《呂氏春
秋》和《國語》相互呼應。這些資料都顯示漁獵活動在當時所具有的經濟意義。[48]
此外，與漁獵同爲採集經濟的伐木也爲《日書》使用者詢問的事項之一，由〈木
日〉（簡961-962）的占辭可以知道，當時較受重視的五種樹木爲榆、棗、桑、
李、桼（漆），均不可任意砍伐。

　　從經濟活動的層面來看，這些辭句中提到「出種」和「鼠（予）人」（簡
959），[49]可以知道當時的農人彼此之間有流通禾種的情形，而由「可以入人民馬
牛禾粟」（簡752）、「利入禾粟及爲囷倉、吉」（簡813）等文字，又可以約略看
到一個中下層官吏或地主家庭所涉及的一些以農業爲主的經濟活動。尤其是「入
人民馬牛禾粟」以及類似的文字如「可以劈決池入臣徒馬牛它生（牲）」（簡
754）等，可以知道「人民」、「臣徒」、「馬牛」、「禾粟」是在同一套經濟活動
中的不同要素，「人」或「人民」在此指的是做爲奴僕的「臣妾」、「臣徒」，其
地位和牲畜相當而位於前。而農業生產所得的禾粟等是與臣徒、馬牛等同樣作爲

45　《呂氏春秋》卷一，頁三。

46　同上，卷三，頁二。

47　《國語》（魯語上）（台北：中華書局，1971）。

48　參見賀潤坤，〈雲夢秦簡所反映的秦國漁獵活動〉《文博》，1989，3：49-50，27。

49　《日書》中「鼠」字爲「予」之意，最明顯的證據爲簡954：「可魚邋，不可攻，可取，
　　　不可鼠（予）。」

這套經濟活動中的交換物資。

當然，單就《日書》中這些與農業有關的材料尚不足以完全呈現當時中下層社會的經濟面貌，我們還得注意和商業有關的篇章。

㈡工商業

除了農事之外，《日書》中有一些和商業相關的吉凶時日，顯示出《日書》使用者中包括了從事商業的階層。這些占辭中明顯提到商業行為的，有「出入貨及生（牲）」（簡767、773），「出入貨」（簡799、800、775）「入貨及生」（簡771），「入貨」（簡798、822）、「出貨」（簡822、830）、「入材」（簡735、739）以及「行買」（簡804），「買市」（簡814、806）等等。這所謂的「貨」指的是什麼，《日書》中並沒有明白說出，但既然和牲畜並提，如「毋以申出入臣妾馬牛貨材」（簡839），當不會是馬牛之屬。若考慮戰國末年工商業發展的情況，這裡的貨應該是手工業產品。而由「金錢良日」（簡822）和「市良日」（簡823）等字眼的出現，我們也可以看到一個以工商業為主要經濟活動的社會階層的存在。《呂氏春秋》〈上農〉篇將當時人民分為三類：「凡民自七尺以上屬三官：農攻粟、工攻器、賈攻貨」，[50] 秦律中的《關市律》（簡164）和《工律》（簡165-174）正是為了工商階層的活動而設的。[51] 在這商業階層中，比較值得注意的情況是一則「女為買」（簡875）的例子，顯示當時從事商業的人口之中至少有一部分為婦女，和《史記》〈貨殖列傳〉中有關巴寡婦清的記載可以相互印證。[52]

由於《日書》中有這些與農工商業有關的資料，遂有學者認為《日書》所反映出的社會背景是屬於「豪族」階層。譬如有關「囷」的設置，似乎是大莊園中屯積穀物的制度，而其中對「祠五祀」這種在《禮記》中為大夫以上階層的禮數的關切，也顯示出《日書》使用者的社會階層不低。[53] 又如簡945-946：「凡有入也，必以歲後，有出也，必以歲前。」據李學勤的解釋，這種有「糴賤販貴」的嫌

50　《呂氏春秋》卷二十六，頁五。

51　關於當時秦國手工業和商業的發展情況，可參見林劍鳴，《秦史稿》下冊，（台北：谷風出版社，1986），頁358-367。楊寬，《戰國史》，上冊，頁80-110。

52　《史記》，頁3260。

53　見大節敦弘，〈雲夢秦簡「日書」にみえる「囷」について〉《中國——社會と文化》2，（1986），頁117-127。

疑的文字，說明《日書》的使用者是一些有一定程度資產的人。[54]這些觀察可說都有其可能成立的理由，然而由於我們無法得知其經濟活動之規模，「囷」的設置到底有多少只是爲了小農一家的冬儲之需，而「糴賤販貴」又有多少只是對農村物物交換經濟行爲的告誡，因此這些說法的正確性如何，是難以衡量的。[55]

六、《日書》中所見之政治與社會秩序問題

上文已經提到，《日書》使用者可能爲軍人，而簡文中也不乏與軍事行動有關的字句。這些字句又大多出於通觀全年時凶吉的〈稷辰〉篇之中，如：

利王戰，必得侯王（簡761）

利以戰伐（簡773、804）

攻軍入城（簡938）

攻軍韋（圍）城（簡769）

這些情況已足以顯示當時的戰事是相當大規模的，才有可能「得侯王」或「圍城」。事實上，在〈稷辰〉篇的結構之中，每一種日子（秀、正陽……等）的吉凶基本上均有固定的內容，而其中最後一項即爲關於是否有戰爭發生的可能性的說明，如「有兵」、「毋兵」、「大兵」（簡762-775，949-958略同）等。當然，這些預測也不必然是爲軍隊統帥而設，反而更可能是作爲一般人生活的參考，因爲當時之一般農民即軍隊士卒的構成分子。[56]也正是由於這些有關軍事活動的字句的存在，說明了在當時人的生活中，戰爭是一件相當平常的事。這也是戰國末期中國政治環境一個鮮明的寫照。譬如昭王一代五十六年之間，根據雲夢秦簡《大事記》的記載，至少有三十五年中是有戰事，而若加上傳統文獻所載，此期間所

54　李學勤，前引文，頁62。

55　關於戰國時代已經有的囤積居奇的商業行爲，史書雖有記載，然而這種行爲的普遍性到底如何，其實際對整體經濟發展的影響又如何，並不易估計。參見楊寬，《戰國史》上冊，頁103-111。

56　參見李均明、于豪亮，〈秦簡所反映的軍事制度〉《雲夢秦簡研究》，頁152-170；杜正勝，《編戶齊民》，第二章，〈全國皆兵的新軍制〉，（台北：聯經，1990），頁49-96。

發生之較大型戰爭竟達五十五次之多，幾乎平均一年就有一次。[57]無怪乎《日書》要將戰事放在總論式的〈稷辰〉篇之中做爲日常探問之對象。

　　但是當時人生活中所必須忍受的痛苦尚不止於戰爭的侵擾，還包括了社會一般秩序的紊亂。這種情況可以由《日書》中與盜賊有關的文字看出，例如人若去野外旅行，就有可能遇見盜寇：

　　　　外害日不可以行，作之四方壂外，必耦寇盜，見兵。（簡738）

追捕盜賊也有一定的時日：

　　　　除日，……猷樂攻盜，不可以執（簡744）

而當時人對於盜賊問題的無法有效解決，則反映在專門爲辨認盜賊而設的篇章之中。如〈盜者〉（簡827反-814反）篇：

　　　　子，鼠也，盜者兌口希須，善弄手，黑色，面有黑子焉，疵在耳，臧於垣內
　　　　中糞蔡下，多（名）鼠鼷孔午郢。（簡827反）

是依十二地支的時日來預測盜者的面貌、特徵、藏匿之處、甚至其名字。類似的篇章有〈盜〉（簡1148-1154反），則以十天干爲時日之分配基準，凡逢甲之日遭盜，則云：

　　　　甲亡盜，在西方一宇閒之食五口其疵其上，得□□□□其女若母爲巫，其
　　　　門西北，出盜三人（簡1148）

僅管我們在同墓出土的秦律中可以看出當時社會中實行著相當嚴厲的法令，如《秦律雜抄》中有篇幅相當長的〈捕盜律〉（簡371-420），其中甚至連盜「不盈一錢」（簡380、383、395）的案件都在處理的範圍之內，《日書》中有關盜者的記載卻明白的宣示，在實際上法令是有所不足的，所謂「法令滋彰，盜賊多有」。而人們在具體可知的法令之外，仍然要相信一套看來似乎是「公式」的捕盜之法，其中所代表的宗教心態爲何，是以下必須進一步討論的問題。

　　此外，在這個大量使用奴僕的社會中，奴僕的逃亡也構成一個相當大的問題，因此在《日書》前面總綱式的〈除〉、〈秦除〉、〈稷辰〉、〈星〉等篇中，「亡者」的問題和娶妻生子等人生大事同樣被列爲日常行事必須備詢的項目：

　　　　外陽日……以亡不得（簡737）

57　楊寬，《戰國史》，下冊，頁672，〈戰國大事年表〉。

　　　除日，臣妾亡，不得（簡744）

　　　摯日，不可行，以亡，必摯而入公而止（簡748）

　　　亡者不得（簡764、767、807）

　　　亡人自歸（簡765）

　　　亡者得（簡769、773、815）

甚至也有專爲此事而設的〈亡日〉篇（簡1044-1047）：

　　　正月七日、二月旬、……，凡以此往亡，必得，不得必死。

逃亡的臣妾或者被捕得，或者不得，不得必死等命運。《韓非子》〈詭使〉篇中曾
說到戰國末年士卒逃亡的情況：「悉租稅，專民力，所以備難充倉府也，而士卒
之逃事狀（伏）匿，附托有威之門，以避徭賦而上不得者，萬數。」[58]這陳述雖是
在論理的情況之下說出，應該也能反映出當時社會部分實情。這些「士卒」（亦
即農民）的逃亡理由基本上大約與奴隸的逃亡相去不遠，爲了避免生活上徭役租
稅的壓迫。睡虎地秦簡其他文獻中也有相當多有關隸臣妾逃亡的資料。[59]凡此皆
足以說明《日書》中有關「亡者」的辭句的確反映出當時社會的現實。問題在於，
這些有關逃亡的預測是爲何人所設？李學勤認爲是爲逃亡者趨吉避凶而專設的。[60]
當然，我們也許不能完全否認這種預測也有可能被奴僕用來作爲自己擇日逃亡之
用，但是衡諸《日書》中所有其它篇章的性質均爲中下階層之士農商人家庭和工
作之參考，並且上引那些「以亡不得」、「臣妾亡不得」等文字都是夾雜在其他
爲「主人」身份者而設的文辭中的事實看來，這些有關逃亡的吉凶的預測應該不
是專爲想要逃亡的臣妾而設的——一個擔心臣妾奴僕逃亡的主人如何可能如此幫
助他們？因此，這些關於「亡者」的預測，和有關「盜者」的篇章一樣，都是爲了
要幫助主人追捕盜亡之用的。由對於「亡者」的關切，我們可以推測在當時的社
會中存在著一股不安定的因素。然而要如何將此現象與當時社會的實際問題結合
起來，而不止是就此推說是「奴隸主壓迫農民的結果」，尚待更進一步的研究。

58　王先慎，《韓非子集解》，（台北：世界，1974），頁316。此段文字所反映出的情況與
　　羅馬帝國末期的農業問題極爲相近，是一個值得進一步探討的題目。

59　見《金布律》、《法律答問》。參見吳樹平，〈雲夢秦簡所反映的秦代社會階級狀況〉《
　　雲夢秦簡研究》，頁79-130。

60　李學勤，〈睡虎地秦簡《日書》與楚、秦社會〉，《江漢考古》1985，4：60-64。

最後，若我們認爲「亡者」爲秦帝國社會中一特殊的社會現象，是否在社會比較安定之後就沒有必要爲「亡者」而預言？天水放馬灘《日書》中有關亡者的記載大致與睡虎地《日書》相同，就此而言，兩者基本上應反映出相近的社會情況。[61] 而若能有更詳細的漢代《日書》與之相比，應該可以對上面的推論提供更有力的檢證。

七、《日書》中之宗教信仰

㈠《日書》宗教研究之檢討

在〈日書：秦國社會的一面鏡子〉一文中，[62] 作者舉出《日書》中所見的宗教現象有「迷信禁忌」和「鬼神觀」，認爲「秦國社會的鬼神宗教還比較原始。因爲原始，所以鬼與人在許多方面都有相通之處，而且鬼神不分。」（頁16）又指出《日書》反映出人鬼相互懼怕的關係，爲秦人鬼神宗教的原始特點。由於此文爲一介紹性的文字，並沒有對這方面作進一步的發揮。此後，張銘洽有〈雲夢秦簡《日書》占卜術初探〉一文，[63] 主要是將《日書》中所見各種占卜之術歸納整理，基本上沒有觸及宗教信仰的問題。

在〈從《日書》看秦人鬼神觀及秦文化特徵〉一文，[64] 作者李曉東與黃曉芬對《日書》中所提到的「鬼」與「神」分別做了討論。基本上，他們認爲「秦人」的宗教是多神崇拜，對於「上帝」神的祠奉，「與祠奉赤帝、白帝、青帝、黄帝、黑帝一樣，沒有被特別突出與強調。」（頁57）神的名目繁多，有「自然神」，有「職能神」，又有只會作祟害人的「夭（妖）神」。作者因而認爲「秦人的宗教體系是不成熟、不發達的，它保留了原始宗教的許多特徵，而文明時代應該具有的宗教內容卻沒有很好地發展起來。」（頁58）至於「鬼」，作者認爲《日書》「對鬼的描述既形象生動，又具體細微」。（頁59）「具有鮮明的人的特徵」，「鬼作祟的心理及動機，與人的思維邏輯是一致的」。（頁60）不過鬼的本領並不甚

61　見〈天水放馬灘秦簡甲種《日書》釋文〉《秦漢簡牘論文集》，頁1-6。
62　《日書》研讀班，〈《日書》——秦國社會的一面鏡子〉，《文博》，1986，5：8-17。
63　《文博》，1988：3，68-74。
64　《歷史研究》1987：4，56-63。

大，也不具賞善罰惡的道德功能，所以人並不怕鬼。而透過這種對鬼神的觀念，
作者認爲其所表現出的是一種直觀、質樸的特色，「對鬼神的認識，缺乏豐富的
想像；對鬼神形象、功能的描述，也缺少大膽的誇張與渲染」。（頁62）而且《日
書》「不僅未賦予神作爲社會等級秩序和道德源泉的實體意義，也沒有對神降福
降災的原因作出理論說明，似乎某日某時的吉凶禍福，只是一種先驗的規定，沒
有道理可講。」（頁62）換言之，《日書》中的鬼神觀反映出一種重功利、重實惠
的性格，而這種性格正是秦文化中功利主義傳統的表現。

李、黃此文對於《日書》中鬼神性格的歸納分析基本上並無不妥。[65]問題在
於，我們是否應該就和作者一樣，認爲「秦人的宗教體系是不成熟、不發達的。」
更重要的是，我們是否能夠說，《日書》中所反映出的功利性格就是「秦文化」的
性格。前面的問題是，在沒有對何謂「宗教」提出一種定義的情況之下，用「不成
熟、不發達」這類的字眼並不能澄清「秦人宗教體系」的特質。後一個問題基本
上是源於對《日書》的社會屬性的考慮：學者在利用《日書》中的材料時，若不先
釐清《日書》的使用者所屬的社會階層和文化圈，如何能夠進一步推論其中反映
出的性格是屬於「秦文化」或「秦人」的？

這基本的問題不但在李、黃文中沒有討論，在另外兩篇文章中，也都毫不猶
豫的逕以《日書》爲「秦人」文化的產物。這兩文爲王桂鈞的〈《日書》所見早期
秦俗發微〉，[66]以及寶連榮、王桂鈞的〈秦代宗教之歷程〉。[67]前一文中有關宗教
的觀點基本上與後一文相同。以下即以寶、王文爲討論對象。

寶、王此文有關秦代宗教的論說問題甚多，最主要的，除了上面所提到的沒
有討論《日書》的社會屬性的問題之外，是使用名詞的定義不清。文中認爲秦人
宗教是「一神崇拜、泛靈禁忌」，而這「宗教」也反映在《日書》之中。首先，作
者認爲《日書》中的「赤帝」（簡1028）即「上皇」（簡830），也就是太陽
神。「赤帝」固然有可能與太陽有某種關聯，但若說《日書》中所有的神都是一個
神的不同名稱（作者漏了土神、地杓神、上帝等神名），顯然過分牽強。作者又

---

65 林劍鳴，〈從秦人價值觀看秦文化的特點〉（《歷史研究》1987，3：66-79）一文有關
秦人宗教的看法基本上與李、黃文相同。

66 《文博》，1988，4：63-70，93。

67 《寧夏社會科學》1989，3：9-16。

說「泛靈禁忌」不是多神崇拜。然而作者在說明泛靈禁忌的心理時，卻舉《左傳》中「山川之神，則水旱厲疫之災，于是乎之，日月星辰之神，則雪霜風雨之時，于是乎之。」的一段文字。（頁10）若說山川日月之神不算「多神」，其理安在？其次，作者在主張「一神崇拜」之時，並沒有說明這「一神崇拜」到底是排他的一神崇拜（monotheism）或者容他的一神崇拜（henotheism），因而在觀念上相當混淆。又文中所引用西方學者的學說不但過時，而且語焉不詳，如引「多神教則大都是在每個民族混合了以後才產生的」（施密特（W. Schmidt），《原始宗教與神話》）來說明「泛靈禁忌」不是多神崇拜（頁10），而秦民族「缺少這樣的混合條件」，因而也不是多神教。類似這樣的引證，由於沒有更詳細的論說，所引起的問題要比所想要解決的問更爲複雜，自然也無法構成有效的論證。更令人難以理解的，是作者論「秦始皇」爲「秦始於皇」，秦人宗教爲太陽崇拜。（頁11）作者極力要將「始皇帝」的「始」字解釋爲「生育」，於是「始於皇」就有「由皇（太陽）所生育」的意思。作者不承認「朕爲始皇帝，後世以計數（作者似乎故意漏引這五個字），二世三世至于萬世，傳之無窮（作者誤作『傳之萬世，以至無窮。』）」[68]這段文字所明白揭示的「始」爲形容詞「開始」之義，而非動詞「生育」。實際上，嬴政之自稱只是「始皇帝」而非「秦始皇」，作者的討論因而完全落空。而在論秦人宗教爲太陽崇拜時，作者從典籍中的一些記載認爲秦人祖先有鳥圖騰崇拜，而這鳥圖騰與太陽崇拜的關係是建立在「日中鳥」的神話之上。不過這神話在中原典籍和楚辭中都有出現，在秦文化中卻沒有。但作者仍然要勉強「肯定它的存在」（頁12）！而實際上，若肯定秦人有「日中鳥」的神話，因而有太陽崇拜，那麼中原和楚地豈不更有太陽崇拜？太陽崇拜又如何可以成爲秦人宗教的特質？

　　以上所論有關秦代宗教的研究，主要都是建立在對《日書》中材料的觀察和解釋之上。其共同的缺憾，是沒有意識到《日書》的社會屬性此一根本的問題，同時，在論證的過程之中也不時做過分簡化的一般性陳述，甚至有邏輯推演上的問題。如寶、王文中，論帶有災害特徵的鬼「很大程度上淵源於秦人生產力的低下以及農業生產的原始狀態」，（頁10）對於秦人生產力如何低下，農業生產的

68　《史記》（北京：中華書局，1960），卷六，頁236。

原始狀態又是如何，並無進一步的說明。以下我們就先檢討《日書》中之鬼神信仰，再進而論此種信仰背後之宗教心態。

(二)《日書》中之鬼神

《日書》有〈夢〉（簡883反-882反）、[69]〈詰〉（簡872反828反）[70]兩篇占辭，是《日書》中少數幾篇與時日無關的文字，[71]其內容主要是告訴讀者如何應付各種惡鬼。〈詰〉篇中尤其詳盡的列舉了數十種惡鬼的名字。[72]這些鬼怪，有的源於動物，如：

> 「神狗」：犬恆夜入人室，執丈夫，戲女子，不可得也，是神狗偽爲鬼。（簡848反-847反）
>
> 「神虫」：鬼恆從男女，見它人而去，是神虫偽爲人。（簡862反）
>
> 「狀（犬）神」：一室人皆毋氣以息，不能童作，是狀神在其室。（簡860反-859反）

這些怪物名中雖有「神」字，由簡文中可以清楚的知道，它們其實是被視爲鬼怪之物，「神狗」「神虫」之「神」字乃形容詞。此外，有的鬼怪可能源於植物，如：

> 「棘鬼」：一宅中毋故而室人皆疫，或死或病，是：棘鬼在焉（簡859反-858反）

古人相信某些植物具有神祕的力量，對桃木的觀念即爲一顯著的例子。《左傳》中亦有「桃弧棘矢，以除其災」[73]的說法。棘既有除災去不祥的功用，則化爲鬼物作怪，亦相當自然可解。有的鬼怪源於無生物，如：

> 「丘鬼」：人毋故鬼昔其宮是：丘鬼，取故丘之土以爲偽人犬置牖上，五步一

69　參見林富士，〈試釋睡虎地秦簡《日書》中的「夢」〉，《食貨》復刊，第17卷，3/4期，1987，頁30-37。

70　參見D. Harper, "A Chinese Demonography of the third Century B. C. ", *Harvard Journal of Asiatic Studies* (1985), pp. 459 - 498. 不過Harper此文主要是在討論「詰」字的義意，而非〈詰〉篇之內容。

71　另有〈門〉（簡843-855）以及和房宅風水有關的一篇（簡882反至873反）。

72　詳見饒宗頤、曾憲通，《雲夢秦簡《日書》研究》分類索引，頁11。

73　《左傳》昭公24年。

　　　　　　人一犬，……（簡867反-866反）

又有的是源於自然現象，如：

　　「天火」：天火燔人宮不可御，以白沙救之則止矣。（簡855反）

　　「雷」：雷焚人不可止，以人火鄉之則已矣。（簡854反）

　　「雲氣」：雲氣襲人之宮，以人火鄉之則止矣。（簡852反）

　　「寒風」：寒風入人室，獨也，它人莫爲，灑以沙則已矣。（簡838反）

　　「票風」：票風入人宮而有取焉。（簡839反）

等等。當然，也有直以「鬼」稱之者，如：

　　人行而鬼當道以立，解髮，奮以過之，則已矣。（簡850反）

至於人死爲鬼，在〈疾〉篇中已經有死後的父母、王父、王母爲鬼作祟的例子（簡797-806），〈詰〉篇中亦有「幼殤」（簡846反）、「不辜之鬼」（簡844反）、「餓鬼」（簡834反）等。這「芸芸衆鬼」當即是《日書》中其它篇章中提到祀祠時祭拜的一部分對象，如〈星〉中的「鬼祠」（簡819），〈除〉中的「祭上下群神」（簡732）。這裡所謂的「神」其實本質上與鬼可能並無大差別，在〈詰〉篇中亦有「大神」：「大神，其所不可尙也，善害人，以犬矢爲完，操以尙之，見其神以投之，不害人矣。」（簡869反-868反）、「上神」：「人若鳥獸及六畜恆行人宮，是上神，相好下樂入男女未入宮者，擊鼓奮鐸噪之則不來矣。」（簡865反-863反）等，是與一般的「鬼」相提並論的，可以爲證。

　　這種神鬼性質相同的觀念其實並不是《日書》特有的。大抵在先秦文獻中，鬼神並稱爲常事。《禮記》中一段文字尤其能顯出「神」字之普遍意義：「山林川谷丘陵能出雲爲風雨見怪物，皆曰神。」[74]而《韓非子》中也有一段文字：「以道莅天下，其鬼不神。治世之民，不與鬼神相害也。故曰，非其鬼不神也，其神不傷人也。鬼祟（也）疾人，之謂鬼傷人，人逐除之，之謂人傷鬼也。」[75]由此可以看出，「神」字可以作爲形容「鬼」的性質之用，而「非其鬼不神也，其神不傷人也」則又顯示「鬼」與「神」的觀念可以互換。一般傳統文獻中，對於民間信仰中各種各樣的鬼神並沒有十分注意。然而由一些偶然透露出的消息，可以知道這些

74　《禮記注疏》（十三經注疏本，台北：新文豐出版社重印），卷46，頁4。

75　王先愼，《韓非子集解》，頁104。

鬼神的性質與《日書》中所記載者基本上並無不同。《周禮》中記載應付「水蟲之
神」的方法：「壺涿氏掌除水蟲，以炮土之鼓毆之，以焚石投之。若欲殺其神，則
以牡橭午貫象齒而沉之，則其神死，淵爲陵。」[76]此處對於「水蠱之神」的處理態
度和《日書》中所見極爲類似。《韓非子》中亦有一故事記載當時人認爲人見鬼
之後，應以狗矢浴之，以去不祥的辦法。[77]這與《日書》中所見的一些逐除惡鬼之
法如出一轍，如「鬼恆從人女與居，曰，上帝子下游，欲去，自浴以犬矢，擊以
葦，則死矣。」（簡858反）值得注意的是，《韓非子》這段故事中的「鬼」也是
與女色有關，而這故事卻是發生於燕人之中，可見《日書》中的某些觀念實有其
較廣泛的社會基礎，而不僅限於秦或楚。

　　至於這些鬼怪造成的影響，有的是製造各種騷擾，如：

　　　　人毋故鬼攻之不已（簡869反）

　　　　人毋故而惑之（簡864反）

　　　　有鼓音不見其鼓（簡862反）

　　　　夜入人室、執丈夫、戲女子（簡848）

有的是令人心理產生各種症狀，如：

　　　　人毋故而心悲也（簡829反）

　　　　人有思哀也（簡833反）

　　　　人毋故而弩（怒）也（簡840反）

　　　　人毋故而憂也（簡842反）

　　　　鬼恆爲人惡夢（簡852反）

也有人以爲可以造成各種疾病：

　　　　一宅中毋故而室人皆疫，或死或病，是：棘鬼在焉（簡859反）

　　　　一宅之中毋故室人皆疫多薝（夢）米死，是：字鬼貍焉（簡856反）

　　　　人毋故一室人皆疫或死或病，丈夫女子隋須羸髮黃目，是：人生爲鬼（簡
　　　　852反）

由此看來，《日書》中所呈現的是一個多鬼多神的世界，其中有各種對人具有威

76　《周禮注疏》（十三經注疏本，台北：新文豐出版社重印），卷37，頁7。

77　王先愼，《韓非子集解》，頁182。

脅性的擬人化神靈，也有近乎自然力，稍有人格化現象的「天火」、「雷」、「雲氣」。就這現象而言，說它具有 Tylor 所說的「泛靈信仰」（Animism）的性質，亦無不可。[78]當然，Animism 也只是一種假說，在近幾十年來已經受到許多新說的檢討。如以 R. Otto 爲首的一批宗教史學者就認爲，古人或原始人並不是有意識的將一些不可思議的自然現象「賦予」神性以解決疑問，而是將整個自然世界視爲一個活的對象。人和超自然的關係是一種個人的，「我與你」的關係。而 Otto 的理論其實也由於太過強調人的直覺而受到批評。[79]此外，這些出現在〈詰〉篇中的鬼神基本上和人的關係並不友善，人在日常生活中所遭遇的各種問題，如上面所提到的，許多都是無緣無故（毋故）受到鬼怪的侵擾所造成的。在《日書》其他篇章中出現的神明亦不甚友善，如〈行〉篇中提到「赤啻」：「凡是日赤啻（帝）恆以開臨下民而降其英（殃）」（簡857），又有「壬申會癸酉，天以壞高山，不可取婦」（簡749反）、「正月不可垣，神以治室」（簡748反）、「毋以子卜筮，害於上皇」（簡830）等禁忌。此處的「天」和「神」、「上帝」（簡858反）、「上皇」、以及前面提到的「上神」、「赤啻」是否同爲一個「至上神」？前舉竇、王文雖不以爲秦人有一至上神，但有「一神崇拜」，而「赤啻」即「上皇」，然而對於其它的神靈又認爲是「泛靈信仰」。[80]這種觀點沒有釐清「神」、「鬼」的界限，因而難免自相矛盾。實際上，《日書》中的「神」和「鬼」、「夭（妖）」等的差別不是屬性，而是能力。如〈詰〉篇中的那種鬼神，能力是特定的、有限的，而「赤啻」、「上帝」等則有較高的地位和能力。也有人以爲《日書》中的「天」、「上帝」，是《史記》〈封禪書〉中所提到秦文公「夢黃蛇自天下屬地，（史）敦曰：「此上帝之徵，君其祠之」」[81]中的上帝，但上帝和赤、白、青、黃等

78　B. Tylor, *Primitive Culture*, vol. 1, 4th ed., （London：Murry, 1903）

79　R. Otto, *The Idea of the Holy*(Oxford U. Press, 1958), pp. 25ff. 當然，Otto的理論在現在也算是相當古典的了。關於西方宗教史研究之重要理論，可參見 J. Waardenburg ed., *Classical Approaches to the Study of Religion*, I. *Introduction and Anthology*, (The Hague: Mouton, 1973)；F. Whaling ed., *Contemporary Approaches to the Study of Religion*, 2 vols., (Berlin: Mouton, 1983, 1985)

80　竇連榮、王桂鈞，〈秦代宗教之歷程〉《寧夏社會科學》1989，3：9-16。

81　《史記》，卷28，頁1358。

帝並不相同，「秦人」的宗教仍然是多神信仰。[82] 這裡的問題是，我們是否能夠將《日書》中的信仰和《史記》所記載的秦公宮庭中所祠的諸帝放在同一平面上來比較？這種疑問的考慮是，雖然宮庭中的宗教祭祀不一定會完全與民間脫節，但其較爲抽象而與日常生活距離較遠則無可疑。這一點，由《日書》中對各種人格化的鬼怪與人的生活的關係的興趣遠比對那高高在上的「帝」、「上皇」的興趣爲高的事實，也可以得見大概。值得注意的是，《日書》中的鬼神雖然對人不甚友善，似乎也並不構成太大的威脅，因爲人可以有各種應付的辦法。這一點與下文所談到的樂觀的心態有其內在的關係。

綜上所論，筆者認爲《日書》中的鬼神主要是反映出當時社會中下階層的人們所相信的擬人化的超自然力量，這些力量的性質基本上並無不同，不過有「上帝」「上皇」、「上神」、「赤帝」、「天」等在天上的大神明，又有「土神」（簡764反）、「地杓神」（簡758反）等與人世生活比較接近的神明，以至於如〈詰〉篇中所提到的諸多鬼怪。這些鬼神的觀念與傳統文獻中所呈現的面貌相似，但是由於其爲民間生活內容的直接反映，對於各種與生活相關的鬼神就特別關切。如果說鬼神世界中的「上帝」和其它大大小小的鬼神構成一個有階層的社會，那麼人間世界中的下層社會的人們與鬼神世界中的下層社會有較親近的關係，應該是相當自然的。這也就是說，當時社會統治階層的宗教信仰與《日書》中所反映出的宗教信仰沒有基本性質上的差異，不過統治階層的信仰對象與《日書》使用者的信仰對象各有所偏重之處。此外，值得注意的是，《日書》中的大神，如上帝、上皇等，主要仍是人格性相當濃厚的「人格神」，與自西周以來在儒家傳統中發展出來的抽象的天命思想中的「天」是有一段距離的。[83]

㈢《日書》所反映出的宗教心態

宗教信仰的主題是在解釋人與超自然力量之間的關係，並且爲人在宇宙中的

82　林劍鳴，〈從秦人價值觀看秦文化的特點〉，《歷史研究》，1987，3：67-68；李曉東、黃曉芬，〈從《日書》看秦人鬼神觀及秦文化特徵〉，《歷史研究》，1987，4：56-63。此二文有關多神的論點大致相同，然前文以爲那些鬼神能決定人的命運（頁70），後文卻認爲他們沒有決定人間命運的功能（頁57）。此外，兩文中的論點多有可議之處，見下文。

83　參見徐復觀，《中國人性論史先秦篇》（台北，商務印書館，1969），頁24-41；許倬雲，〈先秦諸子對天的的看法〉《大陸雜誌》15卷2期，頁48-52；15卷3期，頁91-95。

存在尋求一個據點。[84]《日書》中的材料已經讓我們得知當時人對於超自然力量的信仰的內容，而從人們如何去接受並且設法在那些力量之間求得一套生存之道，我們可以探討是什麼樣的一種宗教心態在背後支持著這樣的宗教信仰。

《日書》中所反映出的宇宙，具有雙重的性質。從一方面來說，它是一個機械性的世界，因為這世界裡的一切現象都經由時日的規畫而呈現在各種篇章之中。在另一方面，它又是有靈的，有鬼神的世界。但是既然基本上必須承認宇宙是機械性的，於是鬼神的世界也被限定在既定的框架之中。同時，那些不為人所喜的鬼神或事物，在一定的方法的運用之下，又可以為人所避免或消除，如〈除〉篇中的「害日：利以除凶厲兒不羊」（簡734）就是在一定的框架結構（時日）之中以某種方法來去除或避開凶厲不祥的事。而〈詰〉篇則更是以各種方法來應付不同鬼怪的侵擾。這裡所反映的心態是，人雖不得不承認那變幻莫測的鬼神世界的存在，仍要設法找一出路，出路就在於一個機械性的宇宙觀，而一旦那不可預測的鬼神的世界也安插入這個宇宙的框架之中後，人就有避凶趨吉的可能。

《日書》的成立，基本上也就是根據這機械性的宇宙觀：一切吉凶之事都和時日有相互對應的關係，而且這關係是可以為人所明知的。然而這種心態並不是一種完全的命定論。人對於自己的命運仍有某種自主性。既然這是一個沒有任何神密可言的世界，人所要作的只是遵循《日書》中的指示，即可避凶趨吉，其中沒有晦暗不清之處。這也就是說，人雖然生活在一個機械性的宇宙之中，但仍可以自由的在既定的格局中移動，如同依照一既定的規則來玩一盤棋戲。因此就這個層面說，他的行為是自由的。但是就另一方面來說，人因為隨著已被設定吉凶的日子而選擇生活和行為的方式，就無從也無需申張個人的主觀思考和意志。一個人想要有一個理想的命運，並不是在自己的目標上投下心力，而是靠著選對時

84　關於「宗教」的定義，學者多有論述。近來比較周延的討論是P. Byrne, "Religion and the Religions" in S. Sutherland et al. eds. *The World's Religions* (London：Routledge, 1988), pp. 3-28. Byrne給宗教所下的一個定義是：宗教是一種制度，具有理論的、實際的、社會的、經驗的等各種方面。這制度經由其特殊的主體（神或神聖物）、目標（救贖或至善）、和功能（給生命以整體的意義、提供社會團體的認同和凝聚力）而彰顯其特質。

日。其中沒有，也無需道德性的反省，因而一切倫理道德的修養基本上也就被否定掉了。的確，在《日書》中，有小部分日子吉凶之判的成立或有神話與傳說的根據，如「禹之離日」（簡776），大部分的吉凶禍福之所以成立的唯一原因只是客觀的時日本身的「性質」，而所有的時日吉凶都與人的主觀意志或倫理道德並無任何對應關係。從一方來說，這其實可以說是源於一種樂觀的心態：在《日書》的世界中，沒有不可解的難題。

這種機械性的宇宙觀也並非《日書》獨有的特質。戰國中晚期以來陰陽五行說的流行，在當時知識界也引起很大的迴響，最明顯的證據之一，就是《呂氏春秋》中的〈月令〉。[85]若將〈月令〉的結構與《日書》相比，不難看出其中相似的地方：以時日爲綱，將一年中所有的時日都賦予特定的性質與功能。人所能做的事，就是依照一套既定的格式施行各種儀節，從事各類活動。所不同的是，《日書》中尚沒有大量應用五行觀念（簡813反-804反；974-978）。此外，《日書》的使用者以自身的福祉爲主要關切的對象，而〈月令〉的使用者則是統治者，所關切的問題是國家社會的福祉。然而兩者之基本心態的相似是相當明顯的。

但是，前文已經說過，《日書》並不是一部有任何整體性結構的作品，其中各個篇章之間常有各種矛盾存在。那麼，《日書》的使用者應該何所依從？我們當然不真正知道。不過在〈行〉篇中有下面的例子，可以給我們一些線索：「凡是有爲也，必先計月中閒日，句毋直赤啻臨日，它日雖有不吉之名，毋所大害。」（簡858-859）這句話是在教人如何在眾多不吉的日子中尋得最佳的時機，只要不是遇到「赤啻下臨」的日子，其他的日子其實並無大害。也就是說，間接的把原來在其他篇章中所提到的不祥而與〈行〉篇相衝突的日子予以否定。這其實也反映出，人們知道不吉的日子在各個不同的擇日系統中有不少矛盾之處，若人要同時完全遵從各個系統中的規則，是不大容易的事。因此使用《日書》的人其實並不以一種全面的態度來通盤考慮他的「日常行事指南」是否合於邏輯，而即使發現有問題，如前引這段簡文所示，他所要求的只是採用某一系統的說法來解決當下的問題而已。不同擇日系統之間的矛盾，就這一意義來說，反而提供了人們在一

85　《呂氏春秋》（台北：中華書局，1972），卷1-12；又見《禮記》卷14，《淮南子》（
　　台北：中華書局，1976），卷4。

種系統中行不通時的其它出路。然而這種情況是否反映出《日書》使用者在智識
層面上缺乏理性和邏輯思考的能力，在情感層面上則渴求避禍得福，甚至投機取
巧的心態？做這樣的判斷，固然合乎現代人的理路，然而在瞭解古人的生活與思
維世界上，似乎並無正面的意義。因爲若《日書》將所有矛盾之處都整齊化一，
如〈月令〉所呈現出的面貌，我們是否就能說它是「合乎邏輯思考」？《日書》中
各種擇日系統雜然並存，代表的毋寧應說是古人思維中對於世界的神祕力量的各
種不同的解讀方式。種情況在其他古代文明中也有類似的例子，如古埃及人以及
兩河流域宗教信仰中各種神祇性質或功能的矛盾能夠並存，就被解釋爲是源於埃
及人對超自然力量的「多重接觸」（ multiplicity of approachs ）和「多重答案」（
multiplicity of answers ）的結果，因爲每一種有關神祇性質或世界起源的解釋都只
爲了在其特定的情況之下，解決特定的問題而成立。整體性的邏輯思考並不是他
們所關心的。[86]

這種心態，可以說是中國古代民間信仰的一種特質。王充《論衡》〈譏日篇〉
云：「世俗既信歲時，而又信日。舉事若病死災患，大則謂之犯觸歲月，小則謂之
不避日禁。歲月之傳既用，日禁之書亦行。」[87]正可以爲《日書》所呈現出的宗教
心態作一注腳。

總之，《日書》中有關超自然力量的觀念，包括鬼神妖怪，基本上與其他古
籍中所見的性質相去不遠，均有擬人化的情況。這些，與西周以來以儒家思想爲
線索而發展出的比較抽象的「天」或「天命」的觀念是有一定距離的。而所謂的「
機械式」的宇宙觀，也與漢以後所發展出的有機式（ organismic ）的宇宙觀有所不
同。在這有機式的宇宙觀中，天、地、人三者彼此互相影響，構成一個有機的整
體，其中也包括了陰陽五行的理論。[88]《日書》所見到的機械式，因而也容易爲一

86　參見Henri Frankfort, *Ancient Egyptian Religion* (N.Y. : Harper & Row, 1961), pp. 1-29;
　　Th. Jacobsen, *The Treasure of Darkness: A History of Mesopotamian Religion* (New
　　Haven: Yale U. Press, 1976), pp. 5-17.

87　王充，《論衡》。

88　關於有機式的宇宙觀，參見F. W. Mote, *The Intellectual Foundations of China* (N. Y. :
　　Knopf, 1970), pp. 17 ff. 而有關此宇宙觀中所包含的陰陽五行觀念以及所牽涉到的通俗思
　　想與智識阰階層之間的關係，可參見B. Schwartz, *The World of Thought in Ancient China*
　　(Cambridge: Harvard U. Press, 1985), pp. 356 ff.

般人所瞭解的宇宙，在這種有機式的宇宙觀的影響之下，成爲複雜而神祕的世界，其爲一般人所不易接受，可以從《漢書》〈藝文志〉中所開列當時流行在民間的各類的數術作品的存在得知。

八、結　論

《日書》所反映出的並非當時人生活的全面現象，是顯而易見的。整體而言，高層次的文藝、思想、政治、軍事、外交等問題在《日書》中很少有反響。[89] 而由其中有關對子女的期望、使用者的社會關係與經濟生活等內容來看，《日書》使用者所關切的問題並没有超越一般中下階層人民所關心的事物。其次，我們也應該認識到，《日書》的使用者並不是同質性的一群人，其中有士農工商等各階層的人民。然而由代表這些人興趣的占辭共同出現在《日書》之中的事實，也可以知道他們實際上共同擁有相近的文化心態。

進一步說，《日書》所反映出的不但不能說是「秦文化」，甚至不能說是秦人中下階層的文化，而應該是當時中國社會中中下階層共同的文化的一部分。墓主人喜生活的時代正是秦國兼并天下前後。當時雲夢地區爲秦國新近由楚國所占得。由於《日書》中有一段秦楚月名對照表（簡793-796），[90]因此有學者認爲《日書》是秦的統治者在統治楚故地時爲了要瞭解當地民俗而保存的參考書，其中楚曆和秦曆的比較，以及〈盜者〉篇的目的都是爲了此一目的。[91]這種說法觸及的一個重要的問題，就是秦簡《日書》到底是反映出了秦人的，或者是受秦人統治的楚人的生活世界？曾憲通懷疑《日書》是流行於楚地的占時用書，反映楚人的

89　比較值得注意的是一些有關出征、作戰的預測（如簡761、769、773、938等，見上文第六節），是否專爲主持軍國大政者而設？筆者比較傾向認爲這種可能性雖不能完全排除，但整體而言，由它們出現的前後文句及行文情境，以及戰國末年軍事活動實際上極爲頻繁的事實來看，《日書》中有關軍事的材料仍然是和一般人民的生活關係比較密切的。

90　參見曾憲通，〈楚月名初探〉，《中山大學學報》，1980，1，平勢隆郎，〈〈楚曆〉小考——對〈楚月名初探〉的管見〉，《中山大學學報》，1981，2：107-111；何幼琦，〈論楚國之曆〉，《江漢論壇》，1985，10；張聞玉，〈雲夢秦簡《日書》初探〉，《江漢論壇》，1987，4：68-73。

91　工藤元男，〈睡虎地秦墓竹簡日書について〉，《史滴》7，（1986），頁15-39。張銘洽，〈雲夢秦簡《日書》占卜術初探〉，《文博》，1988，3：68-74。

習俗，如以歲星所在之方位及行向來預測吉凶，又以楚月名來記載歲星的運行等，是因爲「雲夢入秦之後，秦人對楚日書加以利用和改造，並且爲著秦人使用的方便，才有必要把秦楚月名加以對照。」[92]這說法可以解釋〈歲〉篇爲楚人的東西，但《日書》中其他大部分篇章所用的曆法都是秦曆，不能說都是楚人的東西。因此《日書》很可能是一部雜揉了秦楚兩方面民俗的作品。李學勤先生即從「秦除」和「楚除」中對於奴隸逃亡的不同來論《日書》中所表現出的秦楚社會的不同情況。[93]由出睡虎地秦簡之墓葬本身來看，其墓葬型制及隨葬器物亦兼有楚墓及關中秦墓的特徵，因而要想在其物質文化的歸屬上找一單一的源頭，也是不太可能的。[94]與此相關的問題是，睡虎地《日書》原主人喜爲何擁有此書，又爲何有二種不同抄本，並且以之隨葬？以之與其它的法律文書隨葬，應該是由於《日書》對墓主的生前事業也有相當之重要性；有二種不同抄本，顯示墓主喜有可能使用《日書》爲重要參考材料。而這二則推測如果可以成立，也許可以說明喜擁有此書的原因：他雖不可能是專業的「日者」，但由於他的做爲一個地方官吏和知識分子的身分，他極有可能利用《日書》爲轄區內的人民擇日。正如他在法律方面有一批文獻可供參考，以節制當地人民的日常法律行爲和社會秩序，《日書》正好是他替人民排解日常生活中各種時日禁忌的問題的參考書。從這一個角度來看，《日書》中雜抄了和不同階層人們生活背景相關的材料，是自然而必然的。

　　此外，前面也已經提到，墨子之齊，在齊遇到日者，可知日者非秦所特有。近年來，除了雲夢秦簡之外，又有天水放馬灘秦簡《日書》出土，[95]其內容諸多與雲夢睡虎地《日書》相同似之篇章，如〈建除〉、〈亡盜〉、〈生子〉、〈禹須臾

92　曾憲通，〈秦簡日書歲篇講疏〉，收入饒宗頤，曾憲通，《雲夢秦簡《日書》研究》，1982，頁97。工藤元男亦主張《日書》中之所以會有秦楚兩種曆法，是由於秦人爲了要依楚人之舊俗以統治楚人。不過在秦一統天下之後，就要統一全國的制度了。見 "The Ch'in Bamboo Strip Book of Divination (Jih Shu) and Ch'in Legalism" *Acta Asiatica* vol. 58 (1990), pp. 24-37.

93　李學勤，〈睡虎地秦簡《日書》與楚、秦社會〉，《江漢考古》1985，4：60-64。

94　見《雲夢睡虎地秦墓》第三章。

95　何雙全，〈天水放馬灘秦簡綜述〉《文物》，1989，2：23-31；秦簡整理小組，〈天水放馬灘秦簡甲種《日書》釋文〉《秦漢簡牘論文集》(甘肅人民出版社，1989)，頁1-6。何雙全，〈天水放馬灘秦簡甲種《日書》考述〉《秦漢簡牘論文集》，頁7-28。

行〉、〈門忌〉、〈五種忌〉、〈入官忌〉以及其他各種時日禁忌。但其中亦有不同之篇章，如〈律書〉所述爲五行、五音、陰陽律呂之相生關係；〈占卦〉爲以六十律貞卜占卦之占辭等。這情況正如司馬遷所說：「齊、楚、秦、趙爲日者，各有所用。」[96]有學者主張雲夢《日書》代表楚文化，天水《日書》則代表秦文化，因爲後者少言鬼神，「反映秦重政治而輕鬼神」。[97]這種主張與某些未曾見到天水《日書》的學者的意見正好相反。[98]其實這兩種《日書》之不同，主要反映出的應爲地域性的差異，所謂「各有所用」，但不能改變兩者基本上爲流行於同一類社會階層中之作品的事實。同時，除了秦簡之外，我們也應記得漢簡中也有不少《日書》出土。[99]這些材料的內容與雲夢《日書》均相去不遠。王充《論衡》〈調時〉、〈譏日〉、〈卜筮〉、〈辯祟〉等篇舉出當時漢人的禁忌時日有「起功」、移徙、喪葬、行作、入官、嫁娶」等等事項，均可以在秦簡《日書》中找到相對應的篇章。[100]可見《日書》使用者所關心的問題在東漢時仍然爲所謂的「世俗」之人所關切。

　　由此看來，以秦簡《日書》中的觀念作爲「秦文化」特徵的證據的論述，有方法上的根本錯誤。這些論點，如以《日書》中缺乏道德倫理的色彩，有明顯的功利主義性質，[101]或者認爲「秦人所關心的問題，不是仁義的施廢，禮樂的興衰，而是攻城奪地，爲官爲吏、婚喪嫁娶、生老病死、飲食娛樂、牛羊馬犬、耕耘稼穡、屋室倉廩等與人們切身利益直接相關的日常生活和社會生產之事，……充分表現了秦人重實惠的功利主義價值觀念。」[102]等等，是將《日書》中反映的社會中下階層普遍的世界觀和宗教心態認爲是秦人文化所特有的現象，因而據以立

96　《史記》，頁3318。

97　何雙全，〈天水放馬灘秦簡綜述〉《文物》1989，2：頁31。

98　如王桂均、李曉東等，前引文。

99　參見《武威漢簡》（1964），頁136-139；〈定縣40號漢墓出土竹簡簡介〉《文物》1981，8：11-19；〈阜陽漢簡簡介〉《文物》1983，3：21-23；〈江陵張家山漢簡概述〉《文物》1985，1：9-15。

100　參見好並隆司，〈雲夢秦簡日書小論〉，收入橫山英、寺地遵編，《中國社會史の諸相》（東京：勁草書房，1988），頁1-51。

101　林劍鳴，〈從秦人價值觀看秦文化的特點〉，《歷史研究》，1987，3：71；王桂鈞，〈《日書》所見早期秦俗發微〉，《文博》，1988，4：66。

102　李曉東，前引文，頁62；林劍鳴，前引文，頁71略同。

論。有學者甚至認爲秦人的宗教體系和思維水平與殷人接近而遠落後於周人，也未能達到齊魯晉等國的思辨水平。[103]這種看法其實是由於研究者採取各社會中不同性質的材料相較而得到的結果。所謂齊魯文化的主體，如果是以儒家爲代表，是和《日書》使用者屬於不同社會群體的人。而我們並不能斷言在人數上應該占大多數的齊魯地區的一般小民就能完全免於類似於《日書》之類作品的影響，因爲至少在齊地是有日者活動的。因而即使秦人文化是眞的比較功利，或缺乏文采，也不能以《日書》中的材料作爲證據。理由很簡單，不但秦代的《日書》不止一種，漢代的《日書》之類的作品在民間流傳亦極廣，以下歷代莫不如此，由清乾隆時所編之《協紀辨方書》可見大概，[104]甚至於近代之農民曆，內容可謂一脈相傳。我們顯然不能夠根據這些作品就來斷定漢人或漢以後人的文化都是重功利、輕倫理的。這問題的徵結，就在於《日書》是一種流傳在當時社會中的次文化產物，所反映出的思維形態只是民間文化的一部分，它的使用者主要雖可能是社會中下階層的人，但是正如其中的鬼神信仰和統治階層的信仰形態本質相似，而其判斷時日吉凶的結構又與〈月令〉的結構相近，我們不能完全排除《日書》至少反映出更高層社會中一部分宗教心態和世界觀的可能性。更重要的是，不論反映出何種社會階層的世界觀，它並不能代表其使用者全部的文化涵養。人的文化和思維形態其實是極爲複雜的結構，遠非一種或一類的作品可以概括整體的。這種論點自有其證據：雲夢秦簡墓主人喜本身就是一個例子。在他所留下的諸多法律文獻中，有一《爲吏之道》（簡679-729），其中觀念，與儒道法家均有相當密切的關係，而其「思維水平」並不會比戰國末年諸子百家爲低。[105]如果我們承認《爲吏之道》和《日書》一樣都是喜生前所閱讀的作品，因爲我們並無不作如此想的證據，那麼我們要如何評論喜個人的文化涵養？我們不能在看到《日書》中反映出一種粗陋無文的氣息之後，就認爲那氣息足以爲其使用者或秦文化或楚文化的代表。而《日書》中究竟有多少部分眞正是「秦文化」的產物，而不是一個

103　林劍鳴，前引文。

104　收入《文淵閣四庫全書》（台北：商務印書館景印），第811冊。

105　參見高敏，〈秦簡《爲吏之道》中所反映的儒法合流傾向〉《雲夢秦簡初探》（1979），頁224-240；劉海年，〈從秦簡《爲吏之道》看秦的治吏思想〉《吉林大學社會科學論叢》1979，4；吳福助，〈秦簡《爲吏之道》法儒道家思想交融現象剖析〉《第一屆中國思想史研討會》論文，東海大學，1989。

更普遍，更古老的時代所流傳下來的傳統，是不無可論之處的。

　　因此我們只能說，《日書》反映出了秦末中國社會中以中下階層爲主的人民生活和信仰的部分情況。其中的宗教心態雖然缺乏理性思考和邏輯推演，又有圖求物質福祉的功利主義性質，但若認爲它是一種「不成熟不發達」的宗教，[106] 則是從一種「宗教性質一元化」的觀點出發而得到的結論，這種觀點認爲所有的宗教都有相同的特質，也應該經過某種相似的發展過程。問題是，這種「不成熟不發達」的宗教（嚴格的說只能是一種「信仰」——belief，因爲其中沒有說理的「教」的部分）本身其實是一種已經發展完成的信仰形態，由秦漢以下兩千年來一直以類似的面貌流傳在中國民間的事實，可以得到印證。

　　　　　　　　　　　　　　　　　　　　　（本文於一九九一年五月二日通過刊登）

106　李曉東，前引文，頁58。

日書研究參考書目

（依發表先後排列）

曾憲通　〈楚月名初探〉，《中山大學學報》，1980，1：97-107。

《雲夢睡虎地秦墓》　（北京：文物出版社，1981）。

于豪亮　〈秦簡《日書》記時記月諸問題〉，《雲夢秦簡研究》，（北京：中華書
　　　　局，1981），頁351-357。

平隆勢郎　〈〈楚曆〉小考 ── 對〈楚月名初探〉的管見〉，《中山大學學報》，
　　　　1981，2：107-111。

饒宗頤　曾憲通　《雲夢秦簡《日書》研究》，1982。

李學勤　〈睡虎地秦簡《日書》與楚、秦社會〉，《江漢考古》，1985，4：60-64。

何幼琦　〈論楚國之曆〉，《江漢論壇》，1985，10：76-81。

D. Harper, "A Chinese Demonography of the third Century B.C." *Harvard Journal of
　　　　Asiatic Studies* (1985), pp.459-498.

M. Kalinowski, "Les Traités de Shuihudi et l'hemerologie Chinoise a la Fin des Royaumes-
　　　　Combattants" *T'oung Pao* LXXII (1986), pp. 175-228.

太田辛男　〈睡虎地秦墓竹簡の「日書」にみえる「室」「戶」「同居」をめぐっ
　　　　て〉，《東洋文化研究所紀要》，99冊，1986，頁1-19。

工藤元男　〈睡虎地秦墓竹簡日書について〉，《史滴》7，（1986），頁15-39。

工藤元男　〈二十八宿占い（一）── 秦簡「日書」劄記 ──〉，《史滴》，8，（
　　　　1986），頁30-44。

《日書》研讀班　〈《日書》── 秦國社會的一面鏡子〉，《文博》，1986，5：8-
　　　　17。

大節敦弘　〈雲夢秦簡日書にみえる「困」について〉，《中國 ── 社會と文化》
　　　　第二號，（1986），頁117-127.

張聞玉　〈雲夢秦簡《日書》初探〉，《江漢論壇》，1987，4：68-73。

林劍鳴　〈從秦人價值觀看秦文化的特點〉，《歷史研究》，1987，3：66-79。

李曉東　黃曉芬　〈從《日書》看秦人鬼神觀及秦文化特徵〉，《歷史研究》，
　　　　1987，4：56-63。

林富士　〈試釋睡虎地秦簡《日書》中的「夢」〉，《食貨》復刊，第17卷，3/4
　　　　期，1987，頁30-37。

M. Loewe, "The Almanacs（ jih-shu）from Shui-hu-ti" *Asia Major*, (1988), vol. I pt. 2,
　　　　p.1-28.

張銘洽　〈雲夢秦簡《日書》占卜術初探〉，《文博》，1988，3：68-74。

王桂鈞　〈《日書》所見早期秦俗發微〉，《文博》，1988，4：63-70，93。

賀潤坤　〈從《日書》看秦國的谷物種植〉，《文博》，1988，3：64-67。

楊巨中　〈《日書・星》釋議〉，《文博》，1988，4：71-72，74。

賀潤坤　〈從雲夢秦簡日書看秦國民間的衣食住行〉，中國秦漢史研究會第四屆
　　　　年會暨國際學術討論會論文，徐州，1988。

王子今　〈秦簡日書交通文化史料研究〉，中國秦漢史研究會第四屆年會暨國際
　　　　學術討論會論文，徐州，1988。

林劍鳴　〈曲徑通幽處，高樓望路時 ── 評介當前簡牘《日書》研究狀況〉，《文
　　　　博》，1988，3：58-63，74。

好並隆司　〈雲夢秦簡日書小論〉，收入橫山英、寺地遵編，《中國社會史の諸
　　　　相》（東京：勁草書房，1988），頁1-51。

工藤元男　〈雲夢睡虎地秦墓竹簡「日書」とり見た法と習俗〉，《木簡研究》，
　　　　10，(1988)，頁113-129。

工藤元男　〈埋もれていた行神──主として秦簡「日書」による〉，《東洋文化
　　　　研究所紀要》，106，(1988)，頁163-207。

工藤元男　〈雲夢睡虎地秦墓簡「日書」とり見た秦楚の二十八宿占〉，《古
　　　　代》，88，(1989)，頁195 ff.

竇連榮　王桂鈞　〈秦代宗教之歷程〉，《寧夏社會科學》，1989，3：9-16。

吳小強　〈試論秦人婚姻家庭生育觀念〉，《中國史研究》，1989，3：102-113。

張銘洽 〈秦簡日書玄戈篇解析〉,《秦漢史論叢4輯》(中國秦漢史研究會編,
　　　　　1989),頁197-204。

何雙全 〈天水放馬灘秦簡綜述〉,《文物》1989,2:23-31。

秦簡整理小組 〈天水放馬灘秦簡甲種《日書》釋文〉,《秦漢簡牘論文集》(甘
　　　　　肅人民出版社,1989),頁1-6。

何雙全 〈天水放馬灘秦簡甲種《日書》考述〉,《秦漢簡牘論文集》,頁7-28。

Kudo Motoo, "The Ch'in Bamboo Strip Book of Divination (Jih Shu) and Ch'in
　　　　　Legalism" *Acta Asiatica* vol. 58 (1990), pp. 24-37.

工藤元男 〈雲夢睡虎地秦墓竹簡「日書」と道教的習俗〉,《東方宗教》,76,(
　　　　　1990),頁43-61。

吳小強 〈日書與秦社會風俗〉,《文博》,1990,2:87-92,94。

睡虎地秦墓竹簡整理小組 《睡虎地秦墓竹簡》,(北京:文物出版社,1990)

林劍鳴 〈日書與秦漢時代的吏治〉,《新史學》2卷2期(1991),頁31-51。

劉信芳 〈雲夢秦簡《日書·馬》篇試釋〉,《文博》,1991,4:66-67,72。

李學勤 〈睡虎地秦簡中的《艮山圖》〉,《文物天地》,1991,4:30-32。

附錄：日書釋文訂補

一、[ ]：代表原釋文無，校勘後加入之文字

二、( )：代表原簡脫漏，校勘後加入之文字

三、□：代表簡文殘斷不清

四、凡《睡虎地秦墓竹簡》已經校出者不再重覆

730　　　[楚]除

　　　　　此簡第一字似有殘斷，所補「楚」字，據張聞玉，〈雲夢秦簡日書〉初
　　　　　探〉，《江漢論壇》，1987，4：68-73。

740下　　□□□□□可名曰……

　　　　　應爲[絶紀日利以]□可名曰……據簡918補。

820　　　□百事吉

　　　　　據簡986應爲「[酉]百事吉」。《睡虎地秦墓竹簡》頁192、頁239注五，
　　　　　補爲「柳」，乃據《馬王堆帛書》〈五星占〉。

823　　　□□乘車馬

　　　　　據簡990應爲「[輇利]乘車馬」

862　　　入正月七日……

　　　　　據簡789反，此簡釋文之「入」應爲一分隔符號「＾」，即789反之「．」。
　　　　　《睡虎地秦墓竹簡》，頁201，仍釋爲「入」，恐不確。

884　　　娶妻……

　　　　　此簡之圖版排列次序有誤，應排在895之後，爲正面之最後一簡，接下
　　　　　來即爲此簡之反面：「十二月、正月、七月、八月爲牡月，三月、四月
　　　　　九月、十月爲牝月，牝月牡日取妻吉。」（簡884反），再接下來即爲
　　　　　895反：「春三月季庚辛……」，如此原本没有篇名的895反至885反一
　　　　　段與娶妻有關的文字就得到〈娶妻〉的篇名。

若簡884依此方式重排，原本《日書》之簡排序應爲883、885、886、……894、895、884、884反、895反、894反…886反、885反、883反。《睡虎地秦墓竹簡》，頁206，仍依原圖版排列。

892　簡892與893之間，893與894之間，若依十二支順序，應有「未」、「酉」兩條，今無，是否有脫漏？檢視894反、893反、892反諸簡文，中間没有必然連續性，故此可能性不能排除。

800反　□□行毋以戌亥入

據簡769反應爲「[長]行毋以戌亥入（室）」，「行」前只有一「長」字。

794反　此簡上端似應有篇名，擬爲「殺」字。

890-1001　中段

凡此段「入正月二日一日心……」之「入」字，似亦應爲分隔符號「＾」，如簡862。

903　成外[陽]

904　戌[亥]子丑寅卯辰巳午空外[遣]

905　未[甡外陰]

942　丑黍辰（麻）卯及戌叔

據簡749加

958　此簡與959之間脫漏一簡「結……」

980　不可食六畜以生（子）喜鬥

1030　計月中閏日[句毋]

據簡858加。《睡虎地秦墓竹簡》頁242以□□□代替。

1040　行祠：東行南、祠道左、西北行、祠道右

「東行南」疑爲抄寫之誤，應爲「行祠：東南行、祠道左……」《睡虎地秦墓竹簡》，頁243認爲「東行南」爲「東行南行」，與下文「西北行、祠道右」不相對稱，不確。

出自第六十二本第四分（一九九三年四月）

漢武帝在馬邑之役中的角色

邢　義　田

《新序‧善謀下》謂：「孝武皇帝自將師，伏兵於馬邑，誘致單于」。武帝自將師於馬邑一事不見於《史記》、《漢書》。漢代皇帝除爭天下之高祖與光武，從無領兵親征者。如《新序》所言不虛，武帝乃唯一例外。漢代皇帝與軍事之關係若何，倘欲深論，則武帝是否曾親赴馬邑，不可不辨。本文即針對此一問題略作討論。《新序》所載當有所本，唯無他證，尚難一言而斷。《史記》、《漢書》不載，或係有意爲武帝諱。

元光二年六月，因王恢之議，漢以三十萬衆，五將並出，伏馬邑，計誘單于。是役，因單于察覺脫走，漢衆無功而退。王恢坐首謀不進，下獄自殺。此事見諸《史》、《漢》。《漢書‧韓安國傳》並詳載韓安國與王恢於朝中辯論和戰一事。此一辯論不見於《史記》，卻見於《新序》。因《新序》所載與《漢書》十分接近（參本文附錄九），過去學者多爲辯論吸引，除據以考證班固嘗採《新序》著《漢書》，幾無人注意《新序》有一《史》、《漢》所無，卻十分重要處，即「孝武皇帝自將師，伏兵於馬邑，誘致單于」（卷十，〈善謀〉下，頁17上）十六字[1]。

此十六字，語意清楚，謂武帝嘗親率兵，埋伏馬邑，誘陷單于。此句各本皆同，無版本問題。句首言「自將師」，著一「自」字，爲武帝親自將師，不可能有別解。因漢代皇帝除爭天下之高祖與光武，從無領兵親征者。如《新序》所言不

1　經查下列著作，皆不曾提及此一差異。盧文弨，《群書拾補》；孫詒讓，《札迻》；王先謙《漢書補注》；錢大昭，《漢書辨疑》；錢大昕，《廿二史攷異》；沈欽韓，《漢書疏證》；瀧川龜太郎，《史記會注考證》；梁玉繩，《史記志疑》；王鳴盛，《十七史商榷》；趙翼，《廿二史劄記》；楊樹達，《漢書窺管》；王叔岷，《史記斠證》；陳直，《史記新證》、《漢書新證》；蔡信發，《新序疏證》；梁榮茂，《新序校補》；蒙傳銘，〈新序校記〉；張維華，〈論漢武帝〉；凌稚隆，《史記評林》、《漢書評林》；吳汝煜，《史記論稿》；聶石樵，《司馬遷論稿》；劉乃和編，《司馬遷和史記》。

虛，武帝乃唯一例外。漢代皇帝與軍事之關係若何，倘欲深論，則武帝是否曾親赴馬邑一事，不可不辨。其中首要問題當在《新序》所載是否可信，《新序》與《漢書》之關係若何，又為何此事不見於《史》、《漢》？

先說《新序》與《漢書》之關係。劉向輯《新序》、《說苑》多錄漢代史事，其與《史》、《漢》重出並見者頗多。班固採擇劉向處，古今學者多能檢證。近人王利器〈漢書材料來源考〉一文舉證尤備（1983，頁1-20）。唯王氏所舉，除一二短例，並未逐一細審兩者間之出入。今將王氏所舉《說苑》、《新序》例與《漢書》一一核對，發現二者異同有以下幾類：

第一，僅文字小異，內容與詳略幾全同者。如《說苑・善說》與《漢書・吾丘壽王傳》述吾丘壽王說周鼎事【附錄一】、《說苑・正諫》與《漢書・枚乘傳》錄枚乘諫吳王前書【附錄二】、《說苑・權謀》與《漢書・霍光傳》敘茂陵徐福事【附錄三】。此外，《漢書・路溫舒傳》錄溫舒尚德緩刑疏，較《說苑・貴德》所載多三百三十餘字【附錄四】，唯相同部份僅文字小異而已。

第二，《說苑》、《新序》略，而《漢書》詳者。如前條路溫舒之疏，胡建殺北軍監軍御史事【附錄五】，于定國諫殺孝婦事【附錄六】，丙吉於宣帝微時有恩事【附錄七】，又枚乘諫吳王，先後有二書，《說苑》僅錄其一，武帝輪臺詔，《新序》節大要二十餘字，《漢書・西域傳》幾詳載全文。此條王利器未輯。

第三，敘事雖同，而敘事場合不同者。如《太平御覽》六八二引《新序》述昌邑王以二千石綬、黑綬、黃綬佩左右賤人，龔遂以諫。《漢書・霍光傳》是於群臣迫昌邑王去位奏疏中提及授綬事。又枚乘諫吳王書，《說苑》謂上於吳王反後，《漢書》謂上於吳王謀逆之時；亂起後所上為另一書，《說苑》未錄。

第四，事同而出入頗多者。如于定國身世，《漢書・于定國傳》謂為東海郯人，其父為縣獄史、郡決曹；〈貴德〉篇作東海下邳人，其父為縣獄吏決曹掾。又其傳謂「始定國父于公，其閭門壞，父老方共治之，于公謂曰：少高大閭門」云云，師古曰：「閭門，里門也」。〈貴德〉則云：「于公築治廬舍，謂匠人曰：為我高門」。再如胡建事，《漢書》謂在武帝天漢中，〈指武〉

篇作昭帝時，前書謂其爲守軍正丞，後者謂守北軍尉。楊王孫病且死，《漢書》謂祁侯與王孫書以諫，〈反質〉篇謂祁侯親「往諫」。祁侯所諫與王孫所答，《漢書》有較〈反質〉篇詳細處，也有四十餘字全不同者【附錄八】。

第五，《新序》詳，而《漢書》簡略或刊落者。如《太平御覽》七百一十引《新序》謂：「昌邑王徵爲天子，到滎陽，置積竹刺杖二枚。龔遂諫曰：積竹刺杖者，驕蹇少年柱也。大王奉大喪，當拄竹杖」。《漢書·昌邑王傳》但云：「賀到濟陽，求長鳴雞，遂置積竹杖。」長鳴雞不見於《新序》，滎陽、濟陽亦有異。此二事可分歸第二、四類爲例。《新序》多載龔遂諫昌邑王事，除王利器所考二例，見於《太平御覽》者至少尚有龔遂諫以冠賜儒及奴一例（卷五百引），而爲《漢書》所無。再者，即武帝自將師伏兵馬邑事，載於《新序·善謀》，而不見於《漢書》。

概觀以上五類，除第一類可曰班本之於劉，其餘則不無可商。蓋據王利器先生考證，司馬遷之後，續《史記》之好事者有褚少孫以下十六家。其在班氏父子之前者，至少有褚少孫、劉向、劉歆、馮商、揚雄、陽成衡、史岑七家。諸家採錄前朝與當代之事，難免詳略互見，有異有同。劉向所載，他家非必無；劉向略或竟刊落者，亦可詳見於他家。惜他家之作，除一二因附見《史》、《漢》而傳，幾已全佚，無法逐一與《漢書》比勘。否則，更易確定《漢書》與劉書之關係。《漢書》除本之於《史記》，太初以後，本於劉向、歆父子者最多，殆無疑義。然則班氏博採，除非確知某事獨見於《新序》或《說苑》，似不宜因略見班書與二書同，遽斷前者本之於後者，蓋留心前朝大事與文獻者，非只劉氏。一事數錄，同出一源，實難言班必本於劉也。又孟堅爲蘭臺令史，得睹中秘，前朝遺文，雖經莽末之亂，並未全泯[2]。據秘府，參諸家，班氏大可以他處之所詳補劉書之所略，故路溫舒疏奏得增三百三十餘字，枚乘諫吳王兩書得並載於史，又丙吉於宣帝舊恩得詳而言之。前第四類舉班、劉史實之異，尤須注意。蓋班固廣採博擇，於不同處如非別有所本，即另有勘考斟酌。此等歧異處，最足以證班、劉敘事雖近似，卻

2　《後漢書·儒林傳》：「初，光武遷還洛陽，其經牒秘書載之二千餘兩，自此以後，參倍於前」。從此可知，前漢典籍頗有存者。

非班「本之於」劉。如班非本於劉，本於何者？除王利器文曾鉤稽之私人著述外（頁13-17），當以秘書爲主[3]，蓋無可疑。

王利器有一意見極精要，曰：「《新序》所載事與《史》、《漢》合者，或劉氏採諸《史記》，非班氏採諸劉也。《說苑》內所載事與《史》、《漢》同者，亦當作如是觀。」（頁5）以本文所論馬邑事爲例，正是如此。《史》、《漢》俱言韓安國率五將赴馬邑，此班本乎史遷，非本於劉。爲何《史》、《漢》同辭，劉說獨異？而何者爲可信？愚意《新序》或爲實錄，而《史》、《漢》有所諱也。然《新序》失實，史、班並不取，亦非全不可能。因少異源確證，實難一言而斷。以下所論，不過據理而推，非敢言必。

曰《新序》或爲實錄，可得而言者有二：今本《新序》雖殘，然爲劉向所校輯，應無可疑。《史記・商君傳》索隱以爲劉歆所撰，盧文弨曾舉證駁小司馬之非（《群書拾補》，頁441）。近人羅根澤則疑劉向係「校」而非「撰」或「著」《新序》、《說苑》二書（《偽書通考》，頁637-639）。《漢書・楚元王傳》謂：「向采傳記行事，著《新序》、《說苑》五十篇，奏之。」漢人於撰著與編校之別，不若今人嚴格，其所謂撰著者，以今人言之，常爲編次董理，非自有新意，撰爲篇章也。〈楚元王傳〉謂向「著」《新序》、《說苑》，實指採取已有之傳記行事。從而可知，《新序・善謀下》謂武帝「自將師伏兵於馬邑」爲見諸載記，而爲向所採擇者。劉向採擇，例經校讎。武帝時事，著記當存；如《新序》所述，有違著記，劉向理應刪削刊落；既未刊落，當是向以爲尚屬「可觀」。所謂「可觀」，《漢書・藝文志》曰：「諸子十家，其可觀者九家而已。」其不可觀者蓋「街談巷議，道聽塗說」之小說家者流。此亦即《說苑》敘錄所說「別集以爲百家後」之「淺薄不中義理者」[4]。易言之，〈藝文志〉歸《說苑》、《新序》於儒家，

3　班氏家有藏書，爲秘書之副，受賜於成帝時，參《漢書・敘傳上》。固後爲蘭臺令史，出入秘府，所見當更多。

4　《說苑》敘錄云：「除去與新序復重者，其餘者〔盧文弨案：疑衍〕淺薄不中義理，別集以爲百家後〔文弨案：疑有脫文〕，令以類相從，一一條別篇目，更以造新事，十萬言以上，凡二十篇，七百八十四章，號曰新苑，皆可觀」。此段文字顯有脫誤，其云「淺薄不中義理，別集以爲百家後」，蓋指在《新序》與《說苑》之外之「不可觀」者。〈藝文志〉小說家末列有〈百家〉三十九卷，余嘉錫《四庫提要辨證》，頁346-347，徐復觀（1979，頁64），嚴靈峰（1978，頁37）皆以爲即《說苑》敘錄所說之百家後。

自劉向、歆及班固觀之，二書合乎義理，非淺薄之道聽塗說，其有可取之意甚明，此其一。

又〈善謀〉下篇所錄皆漢世謀之善者，共十四事。以與《史》、《漢》比勘，除詳略、字句間有不同，史實幾無出入。以言馬邑事一節言，全節旨在稱述韓安國之謀。劉向將(1)王恢與韓安國之議，(2)馬邑之伏，與(3)武帝下輪臺詔，從安國息兵安民之本謀三事連綴爲一。以(1)而言，《史記》未載，〈善謀〉必據朝議著記而成，此猶桓寬之錄鹽鐵議，班固之記白虎觀議經也；以(3)而言，《史記》亦未錄。〈善謀〉僅節原詔大意，其詳則見《漢書‧西域傳》。不論詳略，〈善謀〉與〈西域傳〉原皆本之詔令舊檔，殆無可疑。如(1)、(3)皆非依傍《史記》，而本於著記舊檔，則〈善謀〉述馬邑之伏，遂及武帝自率師事，亦以本諸舊檔最爲可能。漢武時內有禁中起居注之制，外有太史，一言一動，皆在著記[5]。《漢書‧藝文志》春秋類有漢著記百九十卷（師古曰：若今之起居注）。此等著記，隨事成篇，非供刊布，較少忌諱，其可信應在《史》、《漢》等二手著作之上。劉向校書中秘，得而見之，用以校《新序》，此或《新序》較近乎實錄者也，此其二。

《漢書‧韓安國傳》除增韓安國與王恢和戰之議約一千二百言，餘幾全襲《史記‧韓長孺傳》。此千餘言與《新序‧善謀》所錄，除文字小異，大抵相同。班固引用文字，例有增刪修潤，雖《史記》不能免。因而謂，此班本於劉，或無大謬。唯班在蘭臺，得睹秘府典冊，韓、王之議，著記倘存，則班亦非必本於劉也。如今典冊不傳，何者爲是，誠難確言。要之，武帝自率師馬邑事，班從史遷而刊落，未從劉向，皎皎然可知。

班從史遷，不從劉，係因劉誤不可從抑或仍有所諱？以愚臆度，二者皆有可能，唯似以後者可能性較大。謂二者皆可能，蓋劉向校《新序》並非全然無誤[6]，武帝自率師馬邑事失實之可能，不能全然排除。一般而論，劉向言漢時事，多經查考，其信實深得東漢人讚譽。長於掌故之應劭，於《風俗通義》卷二論文帝、宣帝之優劣，即據劉向言，駁傳言之非。班固亦推崇劉向。《漢書‧東方朔傳》傳末

5　禁中起居注事見《抱朴子‧論仙篇》、《隋書‧經籍志》起居注條、《史通‧史官建置》，《通典‧職官三》等；司馬談、司馬遷爲太史令，皆嘗隨武帝巡幸。參李長之，《司馬遷之人格與風格》，頁38-40。

6　參余嘉錫，《四庫提要辨證》，頁548-549；蒙傳銘，1970，頁22，27，29。

謂：「凡向所錄朔書，具是矣，世所傳他事皆非也」，又贊曰：「劉向言少時，數問長老賢人通於事及朔時者，皆曰朔口諧倡辯，不能持論，喜爲庸人誦說，故令後世多傳聞者」云云。劉向既曾親詢知東方朔事者，則其於武帝事，自亦可採訪者舊，以得其實。因此，劉向謂武帝嘗率師馬邑，應非無中生有。班不用劉，其原因似須於他處著眼。

　　司馬遷、班固撰述漢史，於前朝及當代之事難免因顧忌而加隱諱。史遷因李陵事，得罪武帝，身受奇辱，憤而著書。其於當朝天子，頗多不滿，時有抨擊。惜〈今上本紀〉失傳，本紀中，史遷如何落墨，不可知。《西京雜記》與《魏志・王肅傳》有武帝見《史記》，怒削景及己〈紀〉之說。此說之不可據，顧頡剛先生於《法華讀書記》曾明辨之，並謂：「史公〈自序〉曰：『天下翕然，大安殷富，作〈孝景本紀〉；漢興五世，隆在建元，作〈今上本紀〉，可知〈紀〉中必不作毀謗語，祗殘缺失傳爾，豈削之哉！』」[7]是否必不作毀謗語，實不敢言，唯他處之抨擊，正如下引明帝所言，以「微文譏刺」爲特色[8]。此迫於時勢，不得不耳。〈匈奴列傳〉之太史公曰：「孔氏著春秋，隱桓之間則章，至定哀之際則微，爲其切當世之文而罔褒，忌諱之辭也。」史公既師春秋，必遵當世則微之法。班固爲蘭臺令史之先，嘗因私撰國史，繫獄京兆，命幾不保。後明帝閱其所撰，招在蘭臺，得續成書。明帝於史臣書漢家事十分在意。嘗命班固等論史遷微文譏刺之非，謂：「司馬遷著書成一家之言，揚名後世。至以身陷刑之故，反微文刺譏，貶損當世，非誼士也。司馬相如洿行無節，但有浮華之辭，不周於用，至於疾病而遺忠，主上求取其書，竟得頌述功德，言封禪事，忠臣效也。至是賢遷遠矣」（《典引》序）。明帝以爲著史不可貶損當世，以歌功頌德爲忠臣，其旨昭昭然。班固伏誦「聖論」，因作《典引》之篇，以頌漢德[9]。又據《後漢書・明帝紀》及《論衡・佚文

7　顧頡剛，《顧頡剛讀書筆記》第五卷，頁3394。

8　參李長之，前引書，頁256-257；283-284；335；369-377。又據《太史公自序》，《史記》有〈今上本紀〉，惜不傳。

9　其事詳見《史記・秦始皇本紀》後附「孝明皇帝十七年十月十五日乙丑」爲首之一段，及《文選》卷四十八錄班固《典引》序：臣固言：永平十七年，臣與賈逵、傅毅、杜矩、展隆、郗萌等，召詣雲龍門，小黃門趙宣持秦始皇帝本紀問臣等曰：太史遷下贊語中，寧有非耶？臣對：此贊賈誼過秦篇云，向使子嬰有庸主之才，僅得中佐，秦之社稷未宜絕也。此言非是。即召臣入，問：本聞此論非耶？將見問意開寤耶？臣具對素聞知狀。詔因

篇》，知同年，因芝草生殿前，神雀集京師，班固與百官各上《神雀頌》[10]。於此可見時主壓力與固爲史臣之難違時勢。此就時勢與二人切身遭際設想，有不便直書武帝親征失敗處。

其次，或謂劉向既已言武帝赴馬邑，班固在後，何須更爲之諱？劉向校書，係纂輯舊文，舊文自有是非，不可全責校書者。班固撰史蘭臺，踵繼史遷，爲一代之國史，其輕重與斟酌，自與劉向不同。余嘉錫《四庫提要辨證》謂：「向所定著之群書，如後人之爲編詩文集，但收拾之，無所放失，其文之美惡，編者固不與。即向自撰之《新序》、《說苑》，本傳明云采之傳記，則其書亦但如後人之撰總集『《隋志》、《舊唐志》凡總集皆題爲某人撰』，文之美惡，固當負責。至於用事之錯謬，則作文者之事，非撰集者之事也。惟太史公、班固之書雖多采他人之作，然既以敘事爲主，又已筆削改竄，乃可以此責之耳。」（頁549）余說與愚意類似。又《漢書·藝文志》以《太史公》百三十篇入《春秋》，乃經；以劉向所序六十九篇「自注：《新序》、《說苑》、《世說》、《列女傳頌圖》也」入儒家，乃諸子，輕重差異甚明。王充謂：「孔子之春秋，素王之業也，諸子之傳書，素相之事也」（《論衡·超奇》），即可見春秋與諸子書份量之不同。劉校舊籍，如非過謬，即加輯錄，是其書每一事，錄數說，不妄裁斷；班修國史，自視甚高，其〈敘傳〉謂：「凡《漢書》，敘帝皇，列官司，建侯王，準天地，統陰陽，闡元極，步三光，分州域，物土疆，窮人理，該萬方，緯六經，綴道綱，總百氏，贊篇章。函雅故，通古今」。所謂準天地，統陰陽，闡元極，步三光，窮人理，該萬

日：司馬遷著書成一家之言，揚名後世，至以身陷刑之故，反微文刺譏，貶損當世，非誼士也。司馬相如汙行無節，但有浮華之辭，不周於用，至於疾病而遺忠，主上求取其書，竟得頌述功德，言封禪事，忠臣效也。至是賢遷遠矣。臣固常刻誦聖論，昭明好惡，不遺微細，緣事斷誼，動有規矩，雖仲尼之因史見意，亦無以加。臣固被學最舊，受恩浸深，誠思畢力竭情，昊天罔極。臣固頓首頓首。伏惟相如封禪，靡而不典；楊雄美新，典而亡實，然皆游揚後世，垂爲舊式。臣固才朽不及前人，蓋詠雲門者難爲音，觀隋和者難爲珍。不勝區區。竊作典引一篇，雖不足雍容明盛萬分之一，猶啓發憤滿，覺悟童蒙，光揚大漢，軼聲前代，然後退入溝壑，死而不朽。

10　《後漢書·明帝紀》永平十七年「是歲甘露仍降，樹枝內附，芝草生殿前，神雀五色翔集京師」。《論衡·佚文篇》：「永平中，神雀群集。孝明詔上爵頌〔劉文典曰：《御覽》五百八十八引正作神爵頌。《後漢書·賈逵傳》：帝敕蘭臺給筆札使作神雀頌〕。百官頌上，文皆比瓦石，唯班固、賈逵…五頌金玉，孝明寶焉」。

方，何異於史遷之「究天人之際」？所謂函雅故，通古今，即明爲史遷之「通古今之變」，所謂緯六經，綴道綱，總百氏，贊篇章，亦「成一家之言」之意。則其企圖何止修史，直百三十篇後又作一經！此或劉向可說，班固寧從史遷而不言。蓋以史爲經，必嚴義理。史遷作《太史公書》，以繼《春秋》爲志職，所師者《春秋》筆法。〈公羊傳〉曰：「《春秋》爲尊者諱，爲親者諱，爲賢者諱」（閔公元年）。此一義理，史、班皆奉爲圭臬。武帝親赴馬邑事不見於《史》、《漢》，蓋爲尊者諱乎？

再者，班固於史遷之同情與個人之立身哲學亦須注意。班書〈司馬遷傳〉贊曾云：「嗚呼，以遷之博物洽聞，而不能以知自全，既陷極刑，幽而發憤，書（師古曰：言其報任安書，自陳己志，信不謬。）亦信矣。跡其所以自傷悼，〈小雅・巷伯〉之倫。夫唯〈大雅〉：『既明且哲，能保其身，難矣哉！』」班於史遷之陷極刑，感慨極深，除全錄其報任安書，以明其志，亦不無同爲史臣，處境相類，自傷自憐之意。班又謂遷「不虛美，不隱惡」，「不能以知自全」，是憐其憤筆譏刺，觸怒當道，未能明哲保身。明哲保身者，班之立身哲學。則其於史遷竟亦諱言處，自以隨而諱之爲上策。

馬邑事詳見《史記・韓長孺傳》。傳中於武帝角色甚爲隱諱，僅藉詳述王恢事後遭遇，譏刺武帝藉口首謀，必欲其死，以爲替罪。馬邑事在元光二年（133B.C.），距史遷作書約僅三十年[11]，武帝仍當朝，傷痛未平，忌諱猶深，史臣何敢明言？韓安國本反對興兵，不意反以護軍將軍之名護諸將伏馬邑。如《新序》可從，則此顯以領軍之責，加諸安國，意在迴護武帝。安國代君受過，史公未能伸其冤，史公之不得已，唯隱約中可見。《史記・韓長孺傳》太史公曰：「余與壺遂定律曆，觀韓長孺之義，壺遂之深中隱厚，世之言梁多長者，不虛哉！」太史公以「義」與「長者」稱許長孺。按傳中所記，長孺善遇曾辱其身之獄吏，有長者寬厚之風；長孺爲梁孝王中大夫，爲孝王說竇太后，釋景帝、太后與孝王間嫌隙，又勸孝王出公孫詭、羊勝，以安梁國，此皆顯現爲臣之義。然此類事，所在多有，似不足以特加稱許。長孺以御史大夫爲護軍將軍，統諸將，隨武帝赴馬邑；馬邑無所

11　司馬遷始作《史記》於太初元年（104B.C.）。參鄭鶴聲，《司馬遷年譜》，頁69-70；李長之，前引書，頁99-101；朱東潤，《史記考索》，頁230。

得，長孺擔統軍之名，以脫武帝之責。代君受過，亦不足爲奇，蓋依封建禮法，功
歸於上，過歸於己，乃爲臣之義。《禮記‧坊記》：「子云：『善則稱君，過則稱
己。』」董仲舒謂：「春秋君不名惡，臣不名善；善皆歸於君，惡皆歸於
臣。」（《春秋繁露‧陽尊陰卑》）然長孺暗受冤屈而不能張，則爲難能。史公知
其冤，欲伸之，又格於爲君諱之義，反曲筆以領軍馬邑之責加諸長孺，其中無
奈，盍可盡言？遂著一「義」字，供後人玩味。王恢亦爲替罪，史公於恢則少同
情。蓋用兵域外，禍及生民，史公一向反對。其譏刺武帝征戰，書中處處可見。王
恢倡議用兵，無異幫兇，自史公言之，是何可忍？故於王恢竟無一辭之贊。

　　然《春秋》筆法於隱諱之外，尚有微言一義。班書承統，亦不免微言[12]。細
繹《史》、《漢》韓安國二傳，則知班固雖從史遷，有所諱，亦有意刺武帝，張王
恢之冤。《漢書》韓傳敘安國與王恢之議後，有《史記》所無之「上曰：善，乃從
恢議」七字。此七字意圖甚明：王恢雖首謀，武帝若不從，即無馬邑之事；從其
議，則何能卸責？《史記》太史公曰於王恢無一辭之贊，班書則贊曰：「若王恢爲
兵首而受其咎，豈命也虖？」班將其冤歸之於命，同情之意，溢於言表。然格於國
史，終不得明書武帝自率師伏馬邑也。

　　又或謂高祖征匈奴，敗於平城，士卒歸者不過什三，高祖幾不得脫，漢人於
此無諱言；馬邑之圍，未損兵折將，無所獲而已，又何須深諱？斯問，誠然。必臆
度之，或與高祖、武帝二人心態有關。高祖創天下，征戰無數，或勝或敗，已爲常
事，與群臣論得天下，亦不諱言「戰必勝，攻必取」，己不如韓信（《漢書‧高祖
本紀下》）。沙場老戰於得失之間，或較能淡然處之。而高祖於平城以何計脫困，
亦有恥不欲人知，史臣不得言者。武帝則不然。一則武帝血氣正盛，元光二年不
過二十四歲，患得患失之心必較高祖爲甚。二則自平城之敗，漢室子孫引爲奇恥
大辱，必報之而後快。文帝嘗欲親征，阻於群臣、太后（《漢書‧文帝紀》十四
年）。武帝即位，亦以雪恥爲志職。元光二年，自率將軍五，師三十萬，伏馬邑，
一無所獲，大覺難堪。其難堪於責王恢之言可以概見，武帝曰：「首爲馬邑事者
恢，故發天下兵數十萬，從其言，爲此。且縱單于不可得，恢所部擊，猶頗可得，
以尉士大夫心，今不誅恢，無以謝天下。」（《史記‧韓長孺傳》）恢固以死代

12　參徐復觀，1979，頁477，503，505-506，532-535。

罪，安國亦被護諸將之名，頂武帝率師之責。武帝不甘失敗，自元光末至元狩四年，幾年年出師，大敗匈奴。元封元年，且勒兵十八萬，出長城，登單于臺，親向單于挑戰；太初四年，武帝詔：「高皇帝遺朕平城之憂，高后時單于書絕悖逆，昔齊襄公復九世之讎，《春秋》大之。」（《漢書・匈奴傳》）其少年氣盛，必欲復仇之心，昭然若揭。則其當年嘗親赴馬邑，實甚可能。

易言之，《新序》謂武帝「自將師伏兵於馬邑」，或非虛言，《史》、《漢》失載，非不明事實，蓋有以諱之也。如愚說可取，則漢代四百年，除開國之高祖、光武，武帝為唯一嘗親征之天子。如反是，則除開國，漢天子親征者竟無一人[13]。何者為是，幸大雅垂教焉。

附記：拙稿既成，了無自信，先後呈勞貞一先生、阮芝生先生、嚴歸田先生指教。承三位先生不棄，分別賜書，多所斧正。諸先生議論宏通，妙意紛陳。伏思所論，益知武帝親赴馬邑事之難有定論。為不掠他人之美，更便同好討論，特錄三先生書教如下。寫作期間，與同儕好友蕭璠、劉增貴、廖伯源諸兄論辯再三，獲益無窮。切磋之樂，樂何如之。在此謹向諸先生好友致謝。

阮芝生先生書：

「大作「漢武帝在馬邑之役中的角色」讀來甚有興味。武帝親征一事，粗查手邊李唐《漢武帝》、朱煥堯《漢武帝》、張維華《論漢武帝》、福島吉彥《漢武帝》諸書，均未言及，兄可謂讀書得間也。竊謂武帝親征事，新序所言當為實錄，而史、漢或有所諱。蓋此是何事，只有漏寫、不寫，決不至憑空捏造，無中生有也。除開國征戰外，帝王本無親征之理，然在武帝則屬事所或有。馬邑之謀時，漢家國力已復，武帝年方廿四，熟讀春秋，故欲為國家除患，替祖宗報讎。觀其詔書，揭然可見。況元封元年帝亦曾親率十八萬騎出長城乎！然馬邑之謀，師勞

13　元封元年，武帝曾率十八萬騎，自雲陽，北歷上郡、西河、五原，出長城，北登單于臺，至朔方，臨北河，並遣使單于邀戰。（《漢書・武帝紀》）此行似為親征，實則前一年秋，已遣公孫賀出九原，趙破奴出令居，「皆二千餘里，不見虜而還」（同前），匈奴早已遠遁。武帝之巡不過耀武揚威，為該年四月之封禪作準備，非真欲一戰也。《史記・封禪書》云：「其來年冬，上議曰：古者先振兵釋旅，然后封禪。乃遂北巡朔方，勒兵十餘萬，還祭黃帝冢橋山，釋兵須如。」從此清楚可見，其北巡與封禪之關係。

無功，武帝大失顏面，私心恨恨，故欲誅王恢以謝天下，罪安國以掩己羞也。有此忌諱，故知而不寫，不敢正面寫，尚合情理，若無親征之事，而於事後推測、虛構，此人活得不耐煩乎？況是劉向！

尚有三點小意見奉聞，唯兄裁之：

(1)史公原有〈今上本紀〉，武帝怒而削之，是必有許多文字觸怒於他。史記「微文刺譏，貶損當世」，當不致於故意淹没不道。故若謂史公「諱」親征之事，則未可必。

(2)春秋有三諱之義，然「諱」是不顯言，是側面講，繞彎講，輕聲講，而非湮滅事實，顚倒是非，甚至有「諱深譏切」之說。

(3)注19、20之文字若能擇取精要，併入正文（按：部分已納入正文），似可更添聲色。　　　　　90.5.9 」

勞貞一先生書：

「關於馬邑之役問題，武帝是一個主謀的人，這是不成問題的。至於新序與漢書歧異之處，卻是一個難以充分解答的死結。這不僅是漢書史料來源的問題，而且牽涉到新序以前的各種著作。王利器對於這些史料都認爲係班固鈔劉向，這是很粗略的看法。在寄來文稿第三頁中，即很清楚指明班固以前，補史記的人已有褚少孫等十六家，而在班固以前的至少有褚少孫、劉向、劉歆、楊雄、馮商、陽成衡、史岑七家。至於班氏得窺中秘書，在此七家以外更多，大文已曾論列。再加上漢世別傳甚多，在後漢書章懷注及三國志裴松之注所引不少。此種風氣當源自西漢。現存在太平廣記中的東方朔別傳倘若加以比較，就看出漢書據此傳，而非此傳鈔自漢書，那就已佚的當更不少。從寄來說苑和新序與史記、漢書的對照表看來，兩書對於史記部分是採取史記不成問題，對於漢書部分是各有詳略，各有誤正，應屬於說序和新序所取的材料與漢書取自同源，而非漢書採取新序和說苑。尤其是漢書各篇敘述都是一貫下去，不可分割。如其把新序和說苑採取部分刪去，可能就不成文理。這也可見漢書是別有所採的。王利器認爲漢書直接採自說苑及新序，此層尚可商榷。

新序所說只是一個「孤證」。在史記和漢書中，找不到一點漢武帝「親征」的

消息出來。史記是一部在作者生前不準備公開的書，對漢高帝平城之圍，一點也不諱飾，對武帝迷信及心理不正常在封禪書中描寫的十分露骨，也毫不掩飾。至於馬邑之役，只是單于逃走，漢兵並未挫敗，比平城之役輕鬆的多，似乎史記無諱飾的必要。而況漢書成於東漢，東漢皇室乃長沙定王之後，並非孝武子孫，更不必爲此事諱莫如深。如其劉向不加諱飾，班固更不必諱飾。我想漢書爲史書，史筆必需謹嚴，新序爲子書，作子書者不必那樣嚴格。譬如馮唐故事在正史中要考訂詳明，而在子書的王充論衡，就連馮唐姓名都不知道，而隨便的說下去。在此不必苛責劉向，但審核史料，子書標準就要差些。　　　　　90.11.28 」

嚴歸田先生書：

　　『大著論武帝馬邑事亦已拜讀。所論入情入理，應可謂幾於定論，而仍只作一項意見提出，深得嚴謹之義⋯⋯在大著所作推論中，我想仍可增加一句，即劉向著新序說苑當在成帝世。西漢末年，朝廷政治氣候似較開放。向編集舊聞，固不妨能存眞像。明帝刑名察察，顯言爲臣者當「頌述功德」班固此時撰史，自必兢兢業業，況史遷已不書武帝親征，若班固加此一筆，則更罪加一等。其從史遷諱之，固宜。兄台思之，以爲然否？　　　　　91.4.10 」

　　　　　　　　　　　　　　　（本文於一九九一年五月二日通過刊登）

附錄一

《說苑‧善說》，頁4下-5下	《漢書‧吾丘壽王傳》，頁16上-下
孝武皇帝時汾陰得寶鼎而獻之於甘泉宮群臣賀上壽曰陛下得周鼎侍中虞丘壽王獨曰非周鼎上聞之召而問曰朕得周鼎群臣皆以爲周鼎而壽王獨以爲非何也壽王有說則生無說則死對曰臣壽王安敢無說臣聞夫周德始產于后稷長於公劉大於大王成於文武顯於周公德澤上洞天下漏泉無所不通上天報應鼎爲周出故名曰周鼎今漢自高祖繼周亦昭德顯行布恩施惠六合和同至陛下之身逾盛天瑞並至徵祥畢見昔始皇帝親出鼎於彭城而不能得天昭有德寶鼎自至此天之所以予漢乃漢鼎非周鼎也上曰善群臣皆稱萬歲是日賜虞丘壽王黃金十斤	及汾陰得寶鼎武帝嘉之薦見宗廟臧於甘泉宮群臣皆上壽賀曰陛下得周鼎壽王獨曰非周鼎上聞之召而問之曰今朕得周鼎群臣皆以爲然壽王獨以爲非何也有說則可無說則死壽王對曰臣安敢無說臣聞周德始乎后稷長於公劉大於大王成於文武顯於周公德澤上昭天下漏泉無所不通上天報應鼎爲周出故名曰周鼎今漢自高祖繼周亦昭德顯行布恩施惠六合和同至於陛下恢廓祖業功德愈盛天瑞並至珍祥畢見昔秦始皇親出鼎於彭城而不能得天祚有德而寶鼎自出此天之所以與漢酒漢寶非周寶也上曰善群臣皆稱萬歲是日賜壽王黃金十斤後坐事誅

附錄二

《說苑‧正諫》，頁 21 上 - 23 下	《漢書‧枚乘傳》，頁 21 下 - 26 上
孝景皇帝時吳王濞反梁孝王中郎枚乘字叔聞之爲書諫王其辭曰君王之外臣乘竊聞得全者全昌失全者全亡舜無立錐之地以有天下禹無十戶之衆以王諸侯湯武之地方不過百里上不絕三光之明下不傷百姓之心者有王術也故父子之道天性也忠臣不敢避誅以直諫故事無廢業而功流於萬世也臣誠願披腹心而效愚忠恐大王不能用之臣誠願大王少加意念惻怛之心於臣乘之言夫以一縷之任係千鈞之重上懸之無極之高下垂之不測之淵雖甚愚之人且猶知哀其將絕也馬方駭而重驚之係方絕而重鎮之係絕於天不可復結墜入深淵難以復出其出不出間不容髮誠能用臣乘言一舉必脫必若所欲爲危如重卵難於上天變所欲爲易於反掌安於太山今欲極天命之壽弊無窮之樂保萬乘之勢不出反掌之易以居太山之安乃欲乘重卵之危走上天之難此愚臣之所大惑也人性有畏其影而惡其迹者卻而走無益也不如就陰而止影滅迹絕欲人勿聞莫若勿言欲人勿知莫若勿爲欲湯之冷令一人炊之百人揚之無	枚乘字叔淮陰人也爲吳王濞郎中吳王之初怨望謀爲逆也乘奏書諫曰臣聞得全者全昌失全者全亡舜無立錐之地以有天下禹無十戶之聚以王諸侯湯武之土不過百里上不絕三光之明下不傷百姓之心者有王術也故父子之道天性也忠臣不避重誅以直諫則事無遺策功流萬世臣乘願披腹心而效愚忠唯大王少加意念惻怛之心於臣乘言夫以一縷之任係千鈞之重上懸無極之高下垂不測之淵雖甚愚之人猶知哀其將絕也馬方駭鼓而驚之係方絕又重鎮之係絕於天不可復結墜入深淵難以復出其出不出間不容髮能聽忠臣之言百舉必脫必若所欲爲危於累卵難於上天變所欲爲易於反掌安於太山今欲極天命之壽敝無窮之樂究萬乘之埶不出反掌之易以居泰山之安而欲乘累卵之危走上天之難此愚臣之所大惑也人性有畏其景而惡其迹者卻背而走迹愈多景愈疾不知就陰而止景滅迹絕欲人勿聞莫若勿言欲人勿知莫若勿爲欲湯之倉一人炊之百人揚之無益也不如絕薪止火而已不絕之於彼而救之於

益也不如絕薪止火而已不絕之於彼
而救之於此譬猶抱薪救火也養由楚
之善射者也去楊葉百步百發百中楊
葉之小而加百中焉可謂善射矣所止
乃百步之中耳比於臣未知操弓持矢
也福生有 禍生有胎納其 絕其胎
禍何從來哉泰山之溜穿石引繩久之
乃以挈木水非石之鑽繩非木之鋸也
而漸靡使之然夫銖銖而稱之至石必
差寸寸而度之至丈必過石稱丈量徑
而寡失夫十圍之木始生於蘗可引而
絕可擢而拔據其未生先其未形磨礦
砥礪不見其損有時而盡種樹畜長不
見其益有時而大積德修行不知其善
有時而用行惡爲非棄義背理不知其
惡有時而亡臣誠願大王熟計而身行
之此百王不易之道也吳王不聽卒死
丹徒

此譬猶抱薪而救火也養由基楚之善
射者也去楊葇百步百發百中楊葇之
大加百中焉可謂善射矣然其所止洒
百步之內耳比於臣乘未知操弓持矢
也福生有基禍生有胎納其基絕其胎
禍何自來泰山之霤穿石單極之杭斷
幹水非石之鑽索非木之鋸漸靡使之
然也夫銖銖而稱之至石必差寸寸而
度之至丈必過石稱丈量徑而寡失夫
十圍之木始生如蘗足可搔而絕手可
擢而拔據其未生先其未形也磨礱厎
厲不見其損有時而盡種樹畜養不見
其益有時而大積德絫行不知其善有
時而用棄義背理不知其惡有時而亡
臣願大王孰計而身行之此百世不易
之道也吳王不納乘等去而之梁從孝
王游景帝即位御史大夫鼂錯爲漢定
制度損削諸侯吳王遂與六國謀反舉
兵西鄉以誅錯爲名漢聞之斬錯以謝
諸侯枚乘復說吳王曰昔者秦西舉胡
戎之難北備榆中之關南距羌筰之塞
東當六國之從六國乘信陵之籍明蘇
秦之約厲荊軻之威并力一心以備秦
然秦卒禽六國滅其社稷而并天下是
何也則地利不同而民輕重不等也今
漢據全秦之地兼六國之衆脩戎狄之
義而南朝羌筰此其與秦地相什而民
相百大王之所明知也今夫讒諛之臣

爲大王計者不論骨肉之義民之輕重
國之大小以爲吳禍此臣所以爲大王
患也夫舉吳兵以訾於漢譬猶蠅蚋之
附群牛腐肉之齒利劍鋒接必無事矣
天子聞吳率失職諸侯願責先帝之遺
約今漢親誅其三公以謝前過是大王
之威加於天下而功越於湯武也夫吳
有諸侯之位而實富於天子有隱匿之
名而居過於中國夫漢并二十四郡十
七諸侯方輸錯出運行數千里不絕於
道其珍怪不如東山之府轉粟西鄉陸
行不絕水行滿河不如海陵之倉脩治
上林雜以離宮積聚玩好圈守禽獸不
如長洲之苑游曲臺臨上路不如朝夕
之池深壁高壘副以關城不如江淮之
險此臣之所爲大王樂也今大王還兵
疾歸尚得十半不然漢知吳之有吞天
下之心也赫然加怒遣羽林黃頭循江
而下襲大王之都魯東海絕吳之饟道
梁王飭車騎習戰射積粟固守以備滎
陽待吳之飢大王雖欲反都亦不得已
夫三淮南之計不負其約齊王殺身以
滅其跡四國不得出兵其郡趙囚邯鄲
此不可掩亦已明矣大王已去千里之
國而制於十里之內矣張韓將北地弓
高宿左右兵不得下壁軍不得大息臣
竊哀之願大王孰察焉吳王不用乘策
卒見禽滅

附錄三

《說苑・權謀》，頁12上-13上	《漢書・霍光傳》，頁19下-20上
孝宣皇帝之時霍氏奢靡茂陵徐先生曰霍氏必亡夫在人之右而奢亡之道也孔子曰奢則不遜夫不遜者必侮上侮上者逆之道也出人之右人必害之今霍氏秉權天下之人疾害之者多矣夫天下害之而又以逆道行之不亡何待乃上書言霍氏奢靡陛下即愛之宜以時抑制無使至於亡書三上輒報聞其後霍氏果滅董忠等以其功封人有爲徐先生上書者曰臣聞客有過主人者見竈直堗傍有積薪客謂主人曰曲其堗遠其積薪不者將有火患主人默然不應居無幾何家果失火鄉聚里中人哀而救之火幸息於是殺牛置酒燔髮灼爛者在上行餘各用功次坐而反不錄言曲堗者向使主人聽客之言不費牛酒終無火患今茂陵徐福數上書言霍氏且有變宜防絶之向使福說得行則無裂地出爵之費而國安平自如今往事既已而福獨不得與其功惟陛下察客徙薪曲堗之策而使居燔髮灼爛之右書奏上使人賜徐福帛十匹拜爲郎	初霍氏奢侈茂陵徐生曰霍氏必亡夫奢則不遜不遜必侮上侮上者逆道也在人之右衆必害之霍氏秉權日久害之者多矣天下害之而又行以逆道不亡何待迺上疏言霍氏泰盛陛下即愛厚之宜以時抑制無使至亡書三上輒報聞其後霍氏誅滅而告霍氏者皆封人爲徐生上書曰臣聞客有過主人者見其竈直突傍有積薪客謂主人更爲曲突遠徙其薪不者且有火患主人默然不應俄而家果失火鄰里共救之幸而得息於是殺牛置酒謝其鄰人灼爛者在於上行餘各以功次坐而不錄言曲突者人謂主人曰鄉使聽客之言不費牛酒終亡火患今論功而請賓曲突徙薪亡恩澤燋頭爛額爲上客耶主人迺寤而請之今茂陵徐福數上書言霍氏且有變宜防絶之鄉使福說得行則國亡裂土出爵之費臣亡逆亂誅滅之敗往事既已而福獨不蒙其功唯陛下察之貴徙薪曲突之策使居焦髮灼爛之右上迺賜福帛十疋後以爲郎

附錄四

《說苑・貴德》，頁 8 上－10 上	《漢書・路溫舒傳》，頁 27 下－30 下
孝宣皇帝初即位守廷尉吏路溫舒上書言尚德緩刑其詞曰陛下初即至尊與天合符宜改前世之失正始受命之統滌煩文除民疾存亡繼絕以應天德天下幸甚臣聞往者秦有十失其一尚存治獄吏是也昔秦之時滅文學好武勇賤仁義之士貴治獄之吏正言謂之誹謗遏過謂之妖言故盛服先王不用於世忠良切言皆鬱於胷譽諫之聲日滿於耳虛美薰心實禍蔽塞此乃秦之所以亡天下也方今海內賴陛下厚恩無金革之危飢寒之患父子夫婦勠力安家天下幸甚然太平之未洽者獄亂之也夫獄天下之命死者不可生斷者不可屬書曰與其殺不辜寧失不經今治獄吏則不然上下相驅以刻為明深者穫公名平者多後患故治獄吏皆欲入死非憎人也自安之道在人之死是以死人之血流離於市被刑之徒比肩而立大辟之計歲以萬數此聖人所以傷太平之未洽凡以是也人情安則樂生痛則思死捶楚之下何求而不得故囚人不勝痛則飾誣詞以示之吏治者利其然則指道以明之上奏恐卻則鍛鍊而周內之蓋奏當之成雖皋陶聽之猶以為死有餘罪何則成鍊之者眾而文致之罪明也是以獄吏專為深刻殘賊而無極偷為一切不顧國患此世之大賊也故俗語云畫地作獄議不可入刻木為吏期不可對此皆疾吏之	宣帝初即位溫舒上書言宜尚德緩刑其辭曰臣聞齊有無知之禍而桓公以興晉有驪姬之難而文公用伯近世趙王不終諸呂作亂而孝文為大宗繇是觀之禍亂之作將以開聖人也故桓文扶微興壞尊文武之業澤加百姓功潤諸侯雖不及三王天下歸仁焉文帝永思至惪以承天心崇仁義省刑罰通關梁一遠近敬賢如大賓愛民如赤子內恕情之所安而施之於海內是以囹圄空虛天下太平夫繼變化之後必有異舊之恩此賢聖所以昭天命也往者昭帝即世而無嗣大臣憂戚焦心合謀皆以昌邑尊親援而立之然天不授命淫亂其心遂以自亡深察禍變之故酒皇天之所以開至聖也故大將軍受命武帝股肱漢國披肝膽決大計黜亡義立有德輔天而行然後宗廟以安天下咸寧臣聞春秋正即位大一統而慎始也陛下初登至尊與天合符宜改前世之失正始受命之統滌煩文除民疾存亡繼絕以應天意臣聞秦有十失其一尚存治獄之吏是也秦之時羞文學好武勇賤仁義之士貴治獄之吏正言者謂之誹謗過者謂之妖言故盛服先生不用於世忠良切言皆鬱於胷譽諫之聲日滿於耳虛美薰心實禍蔽塞此乃秦之所以亡天下也方今天下賴陛下恩厚亡金革之危飢寒之患父子夫妻勠力安家然太平未洽者獄亂之

也夫獄者天下之大命也死者不可復生
□者不可復屬書曰與其殺不辜寧失不
經今治獄吏則不然上下相敺以刻爲明
深者獲公名平者多後患故治獄之吏皆
欲人死非憎人也自安之道在人之死是
以死人之血流離於市被刑之徒比肩而
立大辟之計歲以萬數此仁聖之所以傷
也太平之未洽凡以此也夫人情安則樂
生痛則思死捶楚之下何求而不得故囚
人不勝痛則飾辭以視之吏治者利其然
則指道以明之上奏畏卻則鍛練而周內
之蓋奏當之成雖咎繇聽之猶以爲死有
餘辜何則成練者衆文致之罪明也是以
獄吏專爲深刻殘賊而亡極媮爲一切不
顧國患此世之大賊也故俗語曰畫地爲
獄議不入刻木爲吏期不對此皆疾吏之
風悲痛之辭也故天下之患莫深於獄敗
法亂正離親塞道莫甚乎治獄之吏此所
謂一尚存者也臣聞烏鳶之卵不毀而後
鳳皇集誹謗之罪不誅而後良言進故古
人有言山藪藏疾川澤納汙瑾瑜匿惡國
君含詬唯陛下除誹謗以招切言開天下
之口廣箴諫之路掃亡秦之失尊文武之
悳省法制寬刑罰以廢治獄則太平之風
可興於世永履和樂與天亡極天下幸甚
上善其言遷廣陽私府長內史舉溫舒文
學高第遷右扶風丞時詔書令公卿選可
使匈奴者溫舒上書願給廝養暴骨方外
以盡臣節事下度遼將軍范明友大僕杜
延年問狀罷歸故官久之遷臨淮太守治
有異迹

風悲痛之辭也故天下之患莫深於獄敗
法亂政離親塞道莫甚乎治獄之吏此臣
所謂一尚存也臣聞烏觳之卵不毀而後
鳳凰集誹謗之罪不誅而後良言進故傳
曰山藪藏疾川澤納污國君含垢天之道
也臣昧死上聞願陛下察誹謗聽切言開
天下之口廣箴諫之路改亡秦之一失遵
文武之嘉德省法制寬刑罰以廢煩獄則
太平之風可興於世福履和樂與天地無
極天下幸甚書奏皇帝善之後卒爲臨淮
太守

附錄五

《說苑・指武》，頁6下-7下	《漢書・胡建傳》，頁2下-4下
孝昭皇帝時北軍監御史爲姦穿北門垣以爲賈區胡建守北軍尉貧無車馬常步與走卒起居所以慰愛走卒甚厚建欲誅監御史乃約其走卒曰我欲與公有所誅吾言取之則取之斬之則斬之於是當選士馬曰護軍諸校列坐堂皇上監御史亦坐建從走卒趨至堂下拜謁因上堂走卒皆上建跪指監御史曰取彼走卒前拽下堂建曰斬之遂斬監御史護軍及諸校皆愕驚不知所以建亦已有成奏在其懷遂上奏以聞曰臣聞軍法立武以威衆誅惡以禁邪今北軍監御史公穿軍垣以求賈利買賣以與士市不立剛武之心勇猛之意以率先士大夫尤失理不公臣聞黄帝理法曰壘壁已具行不由路謂之姦人姦人者殺臣謹以斬之昧死以聞制曰司馬法曰國容不入軍軍容不入國也建有何疑焉建由是名興後至渭城令死至今渭城有其祠也	胡建字子孟河東人也孝武天漢中守軍正丞貧亡車馬常步與走卒起居所以尉薦走卒甚得其心時監軍御史爲姦穿北軍壘垣以爲賈區建欲誅之迺約其走卒曰我欲與公有所誅吾言取之則取斬之則斬於是當選士馬曰監御史與護軍諸校列坐堂皇上建從走卒趨至堂皇下拜謁因上堂走卒皆上建指監御史曰取彼走卒前曳下堂皇建曰斬之遂斬御史護軍諸校皆愕驚不知所以建亦已有成奏在其懷中遂上奏曰臣聞軍法立武以威衆誅惡以禁邪今監御史公穿軍垣以求賈利私買賣以與士市不立剛毅之心勇猛之節亡以帥先士大夫尤失理不公用文吏議不至重法黄帝李法曰壁壘已定穿窬不繇路是謂姦人姦人者殺臣謹桉軍法曰正亡屬將軍將軍有罪以聞二千石以下行法焉丞於用法疑執事不諉上臣謹以斬昧死以聞制曰司馬法曰國容不入軍軍容不入國何文吏也三王或誓於軍中欲民先成其慮也或誓於軍門之外欲民先意以待事也或將交刃而誓致民志也建又何疑焉建繇是顯名後爲渭城令

附錄六

《說苑‧貴德》，頁13上-14下	《漢書‧于定國傳》，頁5下-6上，9上
丞相西平侯于定國者東海下邳人也其父號曰于公爲縣獄史決曹掾決獄平法未嘗有所冤郡中離文法者于公所決皆不敢隱情東海郡中爲于公生立祠命曰于公祠東海有孝婦無子少寡養其姑甚謹其姑欲嫁之終不肯其姑告鄰之人曰孝婦養我甚謹我哀其無子守寡日久我老累丁壯奈何其後母自經死母女告吏曰孝婦殺我母吏捕孝婦孝婦辭不殺姑吏欲毒治孝婦自誣服具獄以上府于公以爲養姑十年以孝聞此不殺姑也太守不聽數爭不能得於是于公辭疾去吏太守竟殺孝婦郡中枯旱三年後太守至卜求其故于公曰孝婦不當死前太守強殺之咎當在此於是殺牛祭孝婦冢太守以下自至焉天立大雨歲豐熟郡中以此益敬重于公于公築治廬舍謂匠人曰爲我高門我治獄未嘗有所冤我後世必有封者令容高蓋駟馬車及子封爲西平侯	于定國字曼倩東海郯人也其父于公爲縣獄史郡決曹決獄平羅文法者于公所決皆不恨郡中爲之生立祠號曰于公祠東海有孝婦少寡亡子養姑甚謹姑欲嫁之終不肯姑謂鄰人曰孝婦事我勤苦哀其亡子守寡我老久纍丁壯奈何其後姑自經死姑女告吏婦殺我母吏捕孝婦孝婦辭不殺姑吏驗治孝婦自誣服具獄上府于公以爲此婦養姑十餘年以孝聞必不殺也太守不聽于公爭之弗能得乃抱其具獄哭於府上因辭疾去太守竟論殺孝婦郡中枯旱三年後太守至卜筮其故于公曰孝婦不當死前太守彊斷之咎黨在是乎於是太守殺牛自祭孝婦冢因表其墓天立大雨歲孰郡中以此大敬重于公始定國父于公其閭門壞父老方共治之于公謂曰少高大閭門令容駟馬高蓋車我治獄多陰德未嘗有所冤子孫必有興者至定國爲丞相永爲御史大夫封侯傳世云

附錄七

《說苑・復恩》，頁 5 下-6 上	《漢書・丙吉傳》，頁 8 上-下，9 下-10 下
邴吉有陰德於孝宣皇帝微時孝宣皇帝即位衆莫知吉亦不言吉從大將軍長史轉遷至御史大夫宣帝聞之將封之會吉病甚將使人加紳而封之及其生也太子太傅夏侯勝曰此未死也臣聞之有陰德者必饗其樂以及其子孫今此未獲其樂而病甚非其死病也後病果愈封爲博陽侯終饗其樂	丙吉字少卿魯國人也治律令爲魯獄史積功勞稍遷至廷尉右監坐法失官歸爲州從事武帝末巫蠱事起吉以故廷尉監徵詔治巫蠱郡邸獄時宣帝生數月以皇曾孫坐衛太子事繫吉見而憐之又心知太子無事實重哀曾孫無辜吉擇謹厚女徒令保養曾孫置閒燥處吉治巫蠱事連歲不決後元二年武帝疾往來長楊五柞宮望氣者言長安獄中有天子氣於是上遣使者分條中都官詔獄繫者亡輕重一切皆殺之內者令郭穰夜到郡邸獄吉閉門拒使者不納曰皇曾孫在他人亡辜死者猶不可況親曾孫乎相守至天明不得入穰還以聞因劾奏吉武帝亦寤曰天使之也因赦天下郡邸獄繫者獨賴吉得生恩及四海矣曾孫病幾不全者數焉吉數敕保養乳母加致醫藥視遇甚有恩惠以私財物給其衣食吉爲人深厚不伐善自曾孫遭遇吉絕口不道前恩故朝庭莫能明其功也地節三年立皇太子吉爲太子太傅數月遷御史大夫及霍氏誅上躬親政省尚書事是時掖庭宮婢則令民夫上書自陳嘗有阿保之功章下掖庭令考問則辭引使者丙吉知狀掖庭令將則詣御史府以視吉吉識謂則曰汝嘗坐養皇曾

孫不謹督笞汝安得有功獨渭城胡組淮
陽郭徵卿有恩耳分別奏組等共養勞苦
狀詔吉求組徵卿已死有子孫皆受厚賞
詔免則爲庶人賜錢十萬上親見問然後
知吉有舊恩而終不言上大賢之制詔丞
相朕微眇時御史大夫吉與朕有舊恩厥
德茂焉詩不云虖亡德不報其封吉爲博
陽侯邑千三百戶臨當封吉疾病上將使
人加紼而封之及其生存也上憂吉疾不
起太子太傅夏侯勝曰此未死也臣聞有
陰德者必饗其樂以及子孫今吉未獲報
而疾甚非其死疾也後病果瘉

附錄八

《說苑・反質》，頁15上-16下	《漢書・楊王孫傳》，頁1上-2下
楊王孫病且死令其子曰吾死欲倮葬以反吾眞必無易吾意祁侯聞之往諫曰竊聞王孫令葬必倮而入地必若所聞愚以爲不可令死人無知則已矣若死有知也是戮尸於地下也將何以見先人愚以爲不可王孫曰吾將以矯世也夫厚葬誠無益於死者而世競以相高靡財殫幣而腐之於地下或乃今日入而明日出此眞與暴骸於中野何異且夫死者終生之化而物之歸者歸者得至而化者得變是物各反其眞其眞冥冥視之無形聽之無聲乃合道之情夫飾外以誇衆厚葬以矯眞使歸者不得至化者不得變是使物各失其然也且吾聞之精神者天之有也形骸者地之有也精神離形而各歸其眞故謂之鬼鬼之爲言歸也其尸塊然獨處豈有知哉厚裹之以幣帛多送之以財貨以奪生者財用古聖人緣人情不忍其親故爲之制禮今則越之吾是以欲倮葬以矯之也昔堯之葬者空木爲櫝葛藟爲緘其穿地也下不亂泉上不泄臭故聖人生易尚死易葬不加於無用不損於無益謂今費財而厚葬死者不知生者不得用謬哉可謂重惑矣祁侯曰善遂倮葬也	楊王孫者孝武時人也學黃老之術家業千金厚自奉養生亡所不致及病且終先令其子曰吾欲贏葬以反吾眞必亡易吾意死則爲布囊盛尸入地七尺既下從足引脫其囊以身親土其子欲默而不從重廢父命欲從之心又不忍迺往見王孫友人祁侯祁侯與王孫書曰王孫苦疾僕迫從上祠雍未得詣前願存精神省思慮進醫藥厚自持竊聞王孫先令贏葬令死者亡知則已若其有知是戮尸地下將贏見先人竊爲王孫不取也且孝經曰爲之棺椁衣衾是亦聖人之遺制何必區區獨守所聞願王孫察焉王孫報曰蓋聞古之聖王緣人情不忍其親故爲制禮今則越之吾是以贏葬將以矯世也夫厚葬誠亡益於死者而俗人競以相高靡財單幣腐之地下或迺今日入而明日發此眞與暴骸於中野何異且夫死者終生之化而物之歸者也歸者得至化者得變是物各反其眞也反眞冥冥亡形亡聲迺合道情夫飾外以華衆厚葬以鬲眞使歸者不得至化者不得變是使物各失其所也且吾聞之精神者天之有也形骸者地之有也精神離形各歸其眞故謂之鬼鬼之爲言歸也其尸塊然獨處豈有知哉裹以幣帛鬲以棺椁支體絡束口含玉石欲化不得鬱爲

> 枯腊千載之後棺椁朽腐迺得歸土就其
> 眞宅繇是言之焉用久客昔帝堯之葬也
> 窾木爲匱葛藟爲緘其穿下不亂泉上不
> 泄殠故聖王生易尚死易葬不加功於亡
> 用不損財於亡謂今費財厚葬留歸鬲至
> 死者不知生者不得是謂重惑於戲吾不
> 爲也祁侯曰善遂嬴葬

附錄九　　馬邑之謀——〈新序〉、〈漢書〉記載對照表

	《新序》卷十〈善謀〉下 四部叢刊景宋本，頁14上-17上	《漢書》卷五十三〈竇田灌韓傳〉 北宋景祐刊本，頁15下-19下
1	孝武皇帝時大行王恢數言擊匈奴之便可以除邊境之害欲絶和親之約御史大夫韓安國以爲兵不可動孝武皇帝召群臣而問曰朕飾子女以配單于幣帛文錦賂之甚厚今單于逆命加慢侵盜無已邊郡數驚朕甚閔之今欲舉兵以攻匈奴如何大行臣恢再拜稽首曰善陛下不言臣固謁之臣聞全代之時比未嘗不有彊胡之敵內連中國之兵也然尚得養老長幼樹種以時倉廩常實守禦之備具匈奴不敢輕侵也今以陛下之威海內爲一家天下同任遣子弟乘邊守塞轉粟輓輸以爲之備而匈奴侵盜不休者無他不痛之患也臣以爲擊之便	明年鴈門馬邑豪聶壹因大行王恢言匈奴初和親親信邊可誘以利致之伏兵襲擊必破之道也上迺召問公卿曰朕飾子女以配單于幣帛文錦賂之甚厚單于待命加嫚侵盜無已邊竟數驚朕甚閔之今欲舉兵攻之何如大行恢對曰陛下雖未言臣固願效之臣聞全代之時北有彊胡之敵內連中國之兵然尚得養老長幼種樹以時倉廩常實匈奴不輕侵也今以陛下之威海內爲一天下同任又遣子弟乘邊守塞轉粟輓輸以爲之備然匈奴侵盜不已者無它以不恐之故耳臣竊以爲擊之便
2	御史大夫臣安國稽首再拜曰不然臣聞高皇帝嘗圍於平城匈奴至而投鞍高於城者數所平城之厄七日不食天下歌之及解圍反位無忿怨之色雖得天下而不報平城之怨者非以力不能也夫聖人以天下爲度者也不以己之私怒傷天下之公義故遣劉敬結爲和親至今爲世利孝	御史大夫安國曰不然臣聞高皇帝嘗圍於平城匈奴至者投鞍高如城者數所平城之飢七日不食天下歌之及解圍反位而無忿怒之心夫聖人以天下爲度者也不以己私怒傷天下之功故迺遣劉敬奉金千斤以結和親至今爲五世利孝文皇帝又嘗壹擁天下之精兵聚之廣武常谿

	文皇帝嘗屯天下之精兵於嘗谿廣武無尺寸之功天下黔首約要之民無不憂少孝文皇帝悟兵之不可宿也乃爲和親之約至今爲後世利臣以爲兩主之迹足以爲效臣故曰勿擊便	然終無尺寸之功而天下黔首無不憂者孝文寤於兵之不可宿故復合和親之約此二聖之迹足以爲效矣臣竊以爲勿擊便
3	大行曰不然夫明於形者分則不過於事察於動者用則不失於利審於靜者恬則免於患高帝被堅執銳以除天下之害蒙矢石沾風雨行幾十年伏尸滿澤積首若山死者什七存者什三行者垂泣而倪於兵夫以天下未力厭事之民而蒙匈奴飽佚其勢不便故結和親之約者所以休天下之民高皇帝明於形而以分事通於動靜之時蓋五帝不相同樂三王不相襲禮者非故相反也各因世之宜也教與時變備與敵化守一而不易不足以子民今匈奴縱意日久矣侵盜無已係虜人民戍卒死傷中國道路槥車相望此仁人之所哀也臣故曰擊之便	恢曰不然臣聞五帝不相襲禮三王不復樂非故相反也各因世宜也且高帝身被堅執銳蒙霧露沐霜雪行幾十年所以不報平城之怨者非力不能所以休天下之心也今邊竟數驚士卒傷死中國槥車相望此仁人之所隱也臣故曰擊之便
4	御史大夫曰不然臣聞之利不什不易業功不百不變常是故古之人君謀事必就聖發政必擇語重作事也自三代之盛遠方夷狄不與王朔服色非威不能制非強不能服也以爲遠方絕域不收之民不足以煩中國也且匈奴者輕疾悍亟之兵也	安國曰不然臣聞利不十者不易業功不百者不變常是以古之人君謀事必就祖發政占古語重作事也且自三代之盛夷狄不與正朔服色非威不能制彊弗能服也以爲遠方絕地不牧之民不足煩中國也且匈奴輕疾悍亟之兵也至如猋風去

	畜牧爲業弧弓射獵逐獸隨草居處無常難得而制也至不及圖去不可追來若風雨解若收電今使邊鄙久廢耕織之業以支匈奴常事其勢不權臣故曰勿擊爲便	如收電畜牧爲業弧弓射獵逐獸隨草居處無常難得而制今使邊郡久廢耕織以支胡之常事其埶不相權也臣故曰勿擊便
5	大行曰不然夫神蛟濟於淵而鳳鳥乘於風聖人因於時昔者秦繆公都雍郊地方三百里知時之變攻取戎辟地千里并國十二隴西北地是也其後蒙恬爲秦侵胡以河爲境累石爲城積木爲寨匈奴不敢飲馬北河置烽燧然後敢牧馬夫匈奴可以力服也不可以仁畜也今以中國之大萬倍之資遣百分一以攻匈奴譬如以千石之弩射癰潰疽必不留行也則北發月月氏可得而臣也臣故曰擊之便	恢曰不然臣聞鳳鳥乘於風聖人因於時昔秦繆公都雍地方三百里知時宜之變攻取西戎辟地千里并國十四隴西北地是也及後蒙恬爲秦侵胡辟數千里以河爲竟累石爲城樹榆爲塞匈奴不敢飲馬於河置僥隧然後敢牧馬夫匈奴獨可以威服不可以仁畜也今以中國之盛萬倍之資遣百分之一以攻匈奴譬猶以彊弩射且潰之癰也必不留行矣若是則北發月氏可得而臣也臣故曰擊之便
6	御史大夫曰不然臣聞善戰者以飽待飢安行定舍以待其勞整治施德以待其亂按兵奮衆深入伐國墮城故常坐而役敵國此聖人之兵也夫衝風之衰也不能起毛羽強弩之末力不能入魯縞盛之有衰也猶朝之必暮也今卷甲而輕舉深入而長驅難以爲功夫橫行則中絕從行則迫脅徐則後利疾則糧乏不至千里人馬絕飢勞以遇敵正遭人獲也意者有他詭妙可以擒之則臣不知不然未見深入之利也臣故曰勿擊之便	安國曰不然臣聞用兵者以飽待饑正治以待其亂定舍以待其勞故接兵覆衆伐國墮城常坐而役敵國此聖人之兵也且臣聞之衝風之衰不能起毛羽彊弩之末力不能入魯縞夫盛之有衰猶朝之必莫也今將卷甲輕舉深入長敺難以爲功從行則迫脅衡行則中絕疾則糧乏徐則後利不至千里人馬乏食兵法曰遺人獲也意者有它繆巧可以禽之則臣不知也不然則未見深入之利也臣故曰勿擊便

7	大行曰不然夫草木之中霜霧不可以風過清水明鏡不可以形遯也通方之人不可以文亂今臣言擊之者固非發而深入也將順因單于之欲誘而致之邊吾伏輕卒銳士以待之陰遮險阻以備之吾勢以成或當其左或當其右或當其前或當其後單于可擒百全必取臣以爲擊之便於是遂從大行之言	恢曰不然夫草木遭霜者不可以風過清水明鏡不可以形逃通方之士不可以文亂今臣言擊之者固非發而深入也將順因單于之欲誘而致之邊吾選梟騎壯士陰伏而處以爲之備審遮險阻以爲其戒吾埶已定或營其左或營其右或當其前或絕其後單于可禽百全必取上曰善迺從恢議
8	孝武皇帝自將師伏兵於馬邑誘致單于單于既入塞道覺之奔走而去	陰使聶壹爲間亡入匈奴謂單于曰吾能斬馬邑令丞以城降財物可盡得單于愛信以爲然而許之聶壹迺詐斬死罪囚縣其頭馬邑城下視單于使者爲信曰馬邑長吏已死可急來於是單于穿塞將十萬騎入武州塞當是時漢伏兵車騎材官三十餘萬匿馬邑旁谷中衛尉李廣爲驍騎將軍大僕公孫賀爲輕車將軍大行王恢爲將屯將軍太中大夫李息爲材官將軍御史大夫安國爲護軍將軍諸將皆屬約單于入馬邑縱兵王恢李息別從代主擊輜重於是單于入塞未至馬邑百餘里覺之還去語在匈奴傳塞下傳言單于已去漢兵追至塞度弗及王恢等皆罷兵

徵引書目（依於正文出現先後爲序）

1. 《史記》　　　瀧川龜太郎《會注考證》本，標點本

2. 《漢書》　　　百衲本，王先謙《補注》本，標點本

3. 《新序》　　　四部叢刊本

4. 《說苑》　　　四部叢刊本

5. 王利器　　　〈漢書材料來源考〉《文史》21（1983），1–20

6. 《太平御覽》　景印文淵閣四庫全書本（商務）

7. 盧文弨　　　《群書拾補》，叢書集成初編，（商務）

8. 張心澂　　　《偽書通考》（明倫出版社，1971）

9. 《文選》　　　李善注標點本（文津出版社，1987）

10. 《論衡》　　　劉盼遂《集解》本（世界書局，1976）

11. 《春秋公羊傳》十三經注疏本（大化書局，1982）

12. 錢大昭　　　《漢書辨疑》（《四史辨疑》，鼎文書局，1977）

13. 錢大昕　　　《廿二史攷異》（叢書集成初編，商務）

14. 沈欽韓　　　《漢書疏證》（光緒二十六年浙江書局刊本）

15. 梁玉繩　　　《史記志疑》（《四史辨疑》）

16. 王鳴盛　　　《十七史商榷》（《史學叢書》，藝文印書館）

17. 趙　翼　　　《廿二史劄記》（杜維運考證本，華世出版社，1977）

18. 楊樹達　　　《漢書窺管》（世界書局，1961）

19. 王叔岷　　　《史記斠證》（史語所專刊，1983）

20. 陳　直　　　《史記新證》（天津人民出版社，1979）

21. 陳　直　　　《漢書新證》（天津人民出版社，1979）

22. 蔡信發　　　《新序疏證》（師範大學國文研究所博士論文，1975）

23. 梁榮茂　　　《新序校補》（水牛出版社，1971）

24. 蒙傳銘　　　〈新序校記〉《新亞書院學術年刊》12（1970），19–73

25. 趙善詒　　　《說苑疏證》（華東師範大學出版社，1985）

26. 張維華　　　　　〈論漢武帝〉《漢史論集》（齊魯書社，1980）

27. 余嘉錫　　　　　《四庫提要辨證》（中華書局，1974）

28. 徐復觀　　　　　《兩漢思想史》（學生書局，1979）

29. 嚴靈峰　　　　　〈劉向說苑敍錄研究〉《大陸雜誌》56：6（1978），37-42

30. 《史通》　　　　浦起龍《通釋》本（世界書局，1962）

31. 《通典》　　　　《十通》本（商務，1987重印）

32. 李長之　　　　　《司馬遷之人格與風格》（開明書店，1974）

33. 鄭鶴聲　　　　　《司馬遷年譜》（國史研究室，1973）

34. 朱東潤　　　　　《史記考索》（開明書店，1969）

35. 安作璋　　　　　《班固與漢書》（山東人民出版社，1979）

36. 《春秋繁露》　　蘇輿《義證》本（河洛圖書出版社，1974）

37. 吳汝煜　　　　　《史記論稿》（江蘇教育出版社，1986）

38. 聶石樵　　　　　《司馬遷論稿》（北京師範大學出版社，1987）

39. 劉乃和編　　　　《司馬遷和史記》（北京出版社，1987）

40. 顧頡剛　　　　　《顧頡剛讀書筆記》（聯經出版公司，1990）

出自第六十三本第一分（一九九三年十二月）

漢宋間文獻所見古代中國南方的地理環境與地方病及其影響

蕭　璠

　　秦嶺、淮河一線是將東北除外的中國東部季風氣候區劃分爲南、北兩部分的天然分界線。南、北兩方的地理存在著明顯的分歧。歷史上南方曾相當長期地落後於北方，其自然環境、疾病以及醫藥衛生條件等因素與北土有何不同？所產生的影響爲何？本文嘗試爬梳漢宋間的文獻記載以圖建立一初步的認識。

　　在古代醫學思想中，人與自然分別爲大、小宇宙，彼此有一一相應之結構、組成部分及運轉的功能。而自然條件如水土、風氣等對人的健康、性情、智力、壽命等均有極大的影響。南土在古人的認識裡是土薄水淺、卑溼的地域；處在偏南的位置上，陽多而節候偏；而又多雨潮溼。與北方土厚水深，高亢爽塏；處於天地之中，陰陽相和；乾燥清朗大相逕庭。

　　在南方這樣的地理環境中，居民易於感疾，"丈夫早夭"。而這與在南土的自然條件中所孕育的各種"地慝"如瘴氣、射工、沙蝨等有十分密切的關係。南方居民在生產、生活、遊戲等活動中常有機會接觸南土的各種致病因素，而在飲水、糞便處理方面的不講求衛生以及信巫不信醫的習俗，加以醫藥的不足，導致南方人口多染疾病，早夭不壽。

　　南方的主要地方病有瘧疾、日本血吸蟲病、恙蟲病，以及絲蟲病等。溪毒、射工、沙蝨等病大致上就是今日的恙蟲病，但也可能包括了一部分的急性的日本血吸蟲病在內。

　　南土的地理環境及地方病、醫藥衛生等條件不但導致南方居民短命早夭、男子多疾長病，妨碍了南方農業或經濟的發展。也使得不具免疫力的南下北方人口，特別是戰士、戍卒以及民夫的大量染病死亡。這不但影響到對外戰爭、邊防和南方的治安，同時在兵役制度上，也不得不配合南土的自然環境來徵調土兵或南方土著民族服役。北人不願仕宦南土，導致南方不少地區職缺難補，行政效率不高，甚至不得不在某些地區限用當地人來任官，或形成了"南選"制。在國家財政措施上，也對南方"瘴鄉"特別照顧，即不施行酒榷制度，使瘴鄉居民能夠享有較廉價的酒來禦瘴。

一、引　言

　　由於中國的疆土幅員遼闊，東西、南北所跨有的經度、緯度都相當大，而各

地的地勢高下又頗不一致，地形也複雜多樣，因此形成了許多不同的地理區域，各自具有其特殊的氣候或自然條件。

東北除外的中國東部季風氣候區，即青藏高原東部邊緣以東、長城以南的廣大地域，大體上就是兩千多年來華夏・漢族居住、活動所在的最主要的地盤。

對於這一區域，當代的地理學者常常認爲秦嶺、淮河是將其劃分爲南、北兩部分的天然分界線。[1] 其實，古代的人們對於這點，已有相當的認識，早在戰國秦漢之際即已如此。《周禮・考工記》說："橘踰淮而北爲枳……此地氣然也。"明白地表示了淮水兩側的"地氣"不同。《晏子春秋・楚王欲辱晏子指盜者爲齊人晏子對以橘》："嬰聞之：橘生淮南則爲橘，生于淮北則爲枳，葉徒相似，其實味不同。所以然者何？水土異也！"[2] 也清楚地指出淮河南、北的"水土"有明顯的差異。所謂"地氣"和"水土"，大致上就是今日我們所說的氣候或自然環境。東漢末應劭《風俗通義》說："戶律：'漢中、巴、蜀、廣漢自擇伏日。'俗說：'漢中、巴、蜀、廣漢，土地溫暑，草木早生晚枯，氣異中國。夷狄畜之，故令自擇伏日也。'謹案《漢書》：高帝分四郡之衆，用良、平之策，還定三秦，席卷天下。蓋君子所因者本也，論功定封，加以金帛，重復寵異，令自擇伏日，不同於凡俗也。"[3] 其實，不論是俗說對，還是應劭的看法比較可靠；這兩種意見並不全然互相矛盾，反而是可以相互補充的。漢代這一法律當是有事實基礎爲依據的，否則自擇伏日與當地的氣候相齟齬就沒有意義了。然則漢帝國的中央已經深刻地認識到秦嶺之南的漢中、巴、蜀、廣漢跟秦嶺之北的地區在氣候以及植物生長季節上都存在著顯著的分歧。

其後，人們對秦嶺、淮河作爲中國地理上南北的天然分界線講得更明確，儘管他們所揭舉的理由也許並不那麼重要、那麼充分。生長在淮畔的北宋著名文人

1　例如 George Babcock Cressey, China's Geographic Foundations, pp.38-39。New York：McGraw-Hill Book Co., 1934。又，竺可禎《中國的亞熱帶》一文也說："我國亞熱帶的北界接近于北緯34度，亦即淮河、秦嶺、白龍江線直至東經104度"。見《竺可楨文集》，頁354。北京，科學出版社。1979年。林之光、張家誠也將"我國亞熱帶北界"定在"北緯33度的秦嶺、淮河一線"。見所著《中國的氣候》，頁308。西安，陝西人民出版社。1985年。

2　引文據吳則虞，《晏子春秋集釋》（北京，中華書局，1962年）。按《列子》、《說苑》等書或作"淮"，或作"江"字；而《太平御覽》等書引文亦如此。見該書，頁394，註11。

3　引文據王利器，《風俗通義校注》所輯佚文，見該書頁604。北京，中華書局，1981年。

張耒[4]就曾說過："天遣清淮限南北。"[5]明代陸深《知命錄》也說："寶雞南二十里爲大散關，和尚原在焉，山自西來，即秦嶺一支，不獨爲秦、蜀之界，亦中國南北之界也。"[6]

　　秦嶺、淮河之南的地區，與北方相比，有較豐沛的雨量和更溫暖、甚至炎熱的氣溫以及更長的生長季節；絕大部分均屬亞熱帶氣候，其南部邊緣地帶則已進入了熱帶氣候的範疇；而北方則係溫帶氣候。[7]

　　《素問·異法方宜論》說："南方者，天地所長養，陽之所盛處也。"[8]即指南方熱量富足，宜於植物的繁殖生長。雖然南方有比北方更有利於農業生產的氣候條件，但在歷史上，除少數地區，如成都平原、長江三角洲等地外，南方，特別是嶺南地區，在相當長的時期裡，始終是地廣人稀、比較貧窮的落後地區。所以如此，其原因是十分複雜的，疾病與醫藥衛生無疑是其中一項重要的因素。在北方相對地發展較高的情況下，由北方南下的人口經常是刺激或促成南方進一步開發的重要力量，而南方的疾病與衛生環境對他們的活動有著不容忽視的影響。本文嘗試爬梳漢宋之間的文獻記載，以圖勾勒出南上自然環境的特色、南方特別猖獗的地方病以及醫藥衛生情況，並進而探討這些因素對當時人們的活動，特別是南遷北人的影響，藉以增進我們對歷史上中國向南方的發展這一重大課題的一個

4　《宋史》卷444，《文苑六·張耒傳》："張耒，字文潛，楚州淮陰人。"

5　《張右史文集》(《四部叢刊》初編本)，卷五，頁60，《光山謠》。又陳造《江湖長翁集》(台北，台灣商務印書館影印文淵閣《四庫全書》本)，卷三十《酹淮文》："長淮渾渾蕩沸滿兮……天豈以是限南北兮"。

6　見《筆記小說大觀》13編，第五冊，葉3。台北，新興書局，1976年。

7　參考張家誠、林之光著《中國氣候》，頁467至474。上海，上海科學技術出版社，1985年。盛承禹等《中國氣候總論》頁399至407，410至411，422至449。北京，科學出版社，1986年。余顯芳等《中國的熱帶》，頁2至5。廣州，廣東人民出版社，1986年。竺可楨《中國近五千年來氣候變遷的初步研究》一文(《考古學報》1972年1期，頁15至38)指出在近五千年間，中國氣候曾經發生過冷暖的波動。戰國、秦、西漢氣候溫和，東漢趨冷，迄晉代、南北朝均冷於今日。隋唐時變暖，北宋轉寒，至南宋初加劇。那麼，中國南北的分界線當也曾有過南北向的推移進退。但這種變化是相當緩慢的。依竺先生的說法，東漢、北宋均轉趨冷，而東漢末的應劭、十一世紀晚期北宋的張耒仍舉出秦嶺、淮河來作南北的分界線是很值得注意的。可以肯定的是這一界線的向南收縮，對我們要探討的南方的認識影響不大。同時由於文獻的不足，我們也很難發現這種波動是否曾經造成疾病分布區域的南北推移等後果，因此本文不擬處理這方面的問題。

8　引文據郭靄春《黃帝內經素問校注語譯》，頁76。天津，天津科學技術出版社，1981年。

側面的瞭解。

二、南北地理環境的差異與傳統醫學思想中地理因素對人類健康的影響

天人相應不只是中國古代哲學思想裡的重要觀念，也是中國古代醫學基本理論中具有關鍵性意義的觀念之一。如《淮南子・天文》說：“萬物乃成，蚑行喙息，莫貴於人。孔竅肢體，皆通於天。天地九重，人亦有九竅。天有四時以制十二月，人亦有四肢以使十二節。天有十二月以制三百六十日，人亦有十二肢以使三百六十節。”又《靈樞・順氣一日分爲四時》也說：”春生、夏長、秋收、冬藏，是氣之常也，人亦應之。以一日分爲四時：朝則爲春，日中爲夏，日入爲秋，夜半爲冬。朝則人氣始生，病氣衰，故旦慧；日中人氣長，長則勝邪，故安；夕則人氣始衰，邪氣始生，故加；夜半人氣入臟，邪氣獨居於身，故甚也。”[9]而其《邪客》篇則有更爲詳細、具體的敘述：

> “黃帝問于伯高曰：‘願聞人之肢節以應天地奈何？’伯高答曰：‘天圓地方，人頭圓足方以應之；天有日月，人有兩目；地有九州，人有九竅；天有風雨，人有喜怒；天有雷電，人有音聲；天有四時，人有四肢；天有五音，人有五臟；天有六律，人有六腑；天有冬夏，人有寒熱；天有十日，人有手十指；辰有十二，人有足十指，莖垂以應之；女子不足二節，以抱人形；天有陰陽，人有夫妻；歲有三百六十五日，人有三百六十五節；地有高山，人有肩膝；地有深谷，人有腋膕；地有十二經水，人有十二經脈；地有泉脈，人有衛氣；地有草蓂，人有毫毛；天有晝夜，人有臥起；天有列星，人有牙齒；地有小山，人有小節；地有山石，人有高骨；地有林木，人有募筋；地有聚邑，人有䐃肉；歲有十二月，人有十二節；地有四時不生草，人有无子；此人與天地相應者也。’”

在我們看來，這樣地把人與自然相比擬匹配，儘管有不少不合理的拼湊之處，但這幾段文字還是表明了當時人們認爲自然與人分別是大、小宇宙，彼此具有一一相對應的結構、組成部分及運轉的功能；人的生理、病理的變化和自然的運行、變遷也彼此相應。[10]因此在古代醫學中經常爲人們所稱述的一些致病之源

9　引文據河北醫學院校釋《靈樞經校釋》，下冊，頁26。北京，人民衛生出版社，1982年。
10　關於“天人相應”，可參考劉長林《內經的哲學和中醫學的方法》，頁129至133。北京，科學出版社，1985年。

就是若干自然現象或構成宇宙的基本因素。如春秋時秦國的醫和說："天有六氣，降生五味，發爲五色，徵爲五聲，淫生六疾。六氣曰：陰、陽、風、雨、晦、明也。分爲四時，序爲五節，過則爲菑：陰淫寒疾，陽淫熱疾，風淫末疾，雨淫腹疾，晦淫惑疾，明淫心疾。"（《左傳》昭公元年）而《黄帝內經》裡因淫致疾的"六氣"則是風、熱、濕、火、燥、寒，也稱之爲"天地之氣"。（《素問·至眞要大論》）即自然的運行、變化有所過度失當時，與之相應的人也因而生害致病。[11] 因此古人主張養生保健必須要避開這些天地之氣的失當情況。如《吕氏春秋·盡數》："天生陰、陽、寒、暑、燥、濕，四時之化，萬物之變，莫不爲利，莫不爲害。聖人察陰陽之宜，辨萬物之利以便生，故精神安乎形，而年壽得長焉。長也者，非短而續之也，畢其數也。畢數之務，在乎去害。何謂去害？大甘、大酸、大苦、大辛、大鹹五者充形則生害矣；大喜、大怒、大憂、大恐、大哀五者接神則生害矣；大寒、大熱、大燥、大濕、大風、大霖、大霧七者動精則生害矣。故凡養生，莫若知本。知本則疾无由至矣。"

《漢書·地理志》："凡民函五常之性，而其剛、柔、緩、急、音聲不同，繫水土之風氣。"即古人相信，不同的地理環境或特殊的自然條件對當地人的生理、疾病、壽命和智力、性情都有極可觀的影響或塑造作用，如《淮南子·地形》篇所說："土地各以其類生，是故山氣多男，澤氣多女，障氣多喑，風氣多聾，林氣多癃，木氣多傴，岸下氣多腫，石氣多力，險阻氣多癭，暑氣多夭，寒氣多壽，谷氣多痺，丘氣多狂，衍氣多仁，陵氣多貪，輕土多利，重土多遲，清水音小，濁水音大，湍水人輕，遲水人重，中土多聖人。皆象其氣，皆應其類。"又："東方，川谷之所注，日月之所出。其人兌形小頭隆鼻大口，鳶肩企行。竅通於目，筋氣屬焉。蒼色，主肝。長大早知而不壽……南方，陽氣之所積，暑濕居之，其人修形兌上，大口決眦，竅通於耳，血脈屬焉。赤色，主心。早壯而夭……西方，高土，川谷出焉，日月入焉。其人面末僂，脩頸，卬行。竅通於鼻，皮革屬焉。白色，主肺。勇敢不仁……北方，幽晦不明，天之所閉也，寒冰之所積也，蟄蟲之所

11　《吕氏春秋》中敘述人主行令違背季節時序，也會導致人民疾疫。如《孟春紀》稱孟春"行秋令，則民大疫，疾風暴雨數至"。季春"行夏令，則民多疾疫，時雨不降"。（《季春紀》）仲夏"行秋令……則民殃於疫"。（《仲夏紀》）這是在天人相應中，人的這一方行動失當而產生的後果。當然，實際上人主行令不時通常是不會導致這樣的結果的。

伏也。其人翕形，短頸，大肩下尻，竅通於陰，骨幹屬焉。黑色，主腎。其人惷愚禽獸而壽……中央，四達，風氣之所通，雨露之所會也。其人大面短頸，美鬚惡肥。竅通於口，膚肉屬焉。黃色，主胃。慧聖而好治。"

水對生命而言，是極其重要的。《管子・水地》篇說："水……萬物莫不以生"。又："水者何也？萬物之本原也，諸生之宗室也。"[12]不同的水質能影響到居民的性情，上引《淮南子・地形》篇已經述及；而對人的智力、習性或行爲傾向的影響，《水地》篇講得更多："夫齊之水，道躁而復，故其民貪麤而好勇。楚之水，淖弱而清，故其民輕果而賊。越之水，濁重而洎，故其民愚疾而垢。秦之水，泔冣而稽，淤滯而雜，故其民貪戾，罔而好事。齊、晉之水，枯旱而運，淤滯而雜，故其民諂諛葆詐，巧佞而好利。燕之水，萃下而弱，沈滯而雜，故其民愚戇而好貞，輕疾而易死。宋之水，輕勁而清，故其民閒易而好正。"水質更影響到人們的健康，導致各種不同的疾病，《呂氏春秋・盡數》篇也說："輕水所多禿與癭人，重水所多尰與躄人，甘水所多好與美人，辛水所多疽與痤人，苦水所多尪與傴人。"[13]

綜上所述，古代中國人一如上古希臘人一樣，認爲地理因素如氣、風、水、土等對人的健康或所患疾病起著重要的作用。[14]古人常用"水土"、"風土"、"土風"、"風氣"等語詞來代表某一地區的地理條件或自然環境。如上引《漢書・地理志》："凡民函五常之性，而其剛、柔、緩、急、音聲不同，繫水土之風氣"。《國語・周語上》："是日也，瞽師、音官以風土。"韋昭註："風土，以音律省土風，風氣和則土氣養也。"《尚書序》："九州之志謂之九丘。丘，聚也，言九州所有土地所生，風氣所宜，皆聚此書也。"杜甫《秋行官張望督促東渚

---

12 古代希臘哲學家Thales 認爲世界構成的本質是水。見W. Windleband, History of Ancient Philosophy, p.37. trans. by Herbert E. Cushman, New York: Dover Publications, 1956.

13 《博物志》也有類似的記載："山氣多男，澤氣多女，平衍氣仁，高凌氣犯，叢林氣躄。"見范寧《博物志校證》，頁12。北京，中華書局，1980年。

14 古代希臘醫學經典著作《Hippocrates》，非成於一時一人之手。其《氣、水、地》篇諸章即論述風、水、地等因素對人的健康或所患疾病以及性情的影響。見W. H. S. Jones, trans. Hippocrates, Vol.1,pp.65-137. London: William Heinemann LTD, 1923.

耗稻向畢清晨遣女奴阿稽豎子阿段往問》詩：“荊、揚風土暖，蕭蕭候微霜。”[15]韓愈《與崔群書》：“宣州雖稱清涼高爽，然皆大江之南，風土不並以北。”[16]又蘇軾《與章致平》尺牘：“海康風土不甚惡，寒熱皆適中。”[17]北宋李虛己說池州（今安徽貴池）”井邑平曠，土風清和。”[18]南宋周必大稱瓊州“水土惡弱”。[19]而人們所以患病常常是因爲不能適應或習慣某地的“水土”或“風土”，即所謂“不能（耐）其水土”（《漢書·鼂錯傳》）、“不襲水土”、“不習水土”、“不服水土”、“不伏水土”、“不習風土”；反之，若是“服習土風”、“耐其風土”、”慣習水土”、“與水土之氣相諧”[20]，就比較不容易感染疾病了。

　　這樣，要瞭解南北的地理條件，對雙方居民的健康具有什麼樣的影響，就不得不先掌握雙方在地理上的重大歧異。古代文獻常常提到南北兩方在地理上的差異主要有三點。一是在地勢上是北高南低，或西北高、東南低。《淮南子·天文》篇說：“昔者，共工與顓頊爭爲帝，怒而觸不周之山，天柱折，地維絕。天傾西北，故日、月、星辰移焉；地不滿東南，故水潦塵埃歸焉。”又《原道》篇：“昔共工之力觸不周之山，使地東南傾。”注：“《天文》言‘天傾西北，地傾東南’。先言傾，高也；此言東南，後言傾，明其下也。”這一神話足以反映在茫昧的遠古時代，人們已經注意到這一地理現象，這神話當即人們對此南北地勢特徵所以形成的一種解釋。

15　引文據仇兆鰲，《杜詩詳注》，頁1658。北京，中華書局，1979年。

16　引文據馬其昶《韓昌黎文集校注》，卷三，頁109。上海，古典文學出版社，1957年。

17　引文據孔凡禮點校本《蘇軾文集》第四冊，卷五五，頁1643。北京，中華書局，1986年。

18　見祝穆《方輿勝覽》（影印文淵閣《四庫全書》本），卷十六，葉一一，池州條引。

19　《文忠集》（影印文淵閣《四庫全書》本）卷一九三，葉二四至二五，淳熙十二年與詹體仁侍郎儀之劄子。

20　分別見唐王燾《外臺祕要方》（影印文淵閣《四庫全書》本）卷十八《腳氣論》引《千金要方》；《三國志·吳書·周瑜傳》，又晉常璩《華陽國志·蜀志》（劉琳《華陽國志校注》，頁188。成都，巴蜀書社。1984年）；宋張方平《樂全集》（影印文淵閣《四庫全書》本，卷二六《論討嶺南利害九事》；釋繼洪《衛生補遺回頭瘴說》，見《嶺南衛生方》（北京，中醫古籍出版社1983年據日本天保12年刻本影印），卷上；《宋史》卷三三三，《張田傳》；《樂全集·論討嶺南利害九事》；蘇過《斜川集》卷五《論海南黎事書》（《叢書集成初編》本，上海，商務印書館，1935年）；歐陽修《歐陽文忠公集》（《四部叢刊》初編本），卷一百五，《論湖南蠻賊可招不可殺劄子》；王棐《指迷方瘴瘧論》（《嶺南衛生方》卷上）。

　　北方或西北地勢較高，古人常稱其"土厚水深"；而南方或東南地勢低下，則是"土薄水淺"。這是古代人們的普遍認識，無論是爲了真實地瞭解自然現象的本身，或是從政治、軍事戰略上的需要來著眼，還是由藝術表現上的角度來考察，人們都指出了這一地理現象。如東漢思想家王充說"河北地高。"（《論衡・藝增》）《博物志》："南方……土下水淺。"[21] 晉郭義恭《廣志》："北方地厚。"[22] 北魏賈思勰《齊民要術・水稻第十一》也說："北土高原，本無陂澤。"[23] 梁隋之間，顏之推《顏氏家訓・音辭》篇也說："南方水土和柔……北方山川深厚。"[24] 隋初高熲說"江南土薄。"（《隋書・高熲傳》）唐代朱朴曾經"上書言當世事，議遷都曰：'……江南土薄水淺，人心囂浮輕巧，不可以都；河北土厚水深，人心彊愎狠戾，不可以都'。"（《唐書・朱朴傳》）北宋的詩人楊億說："蓋自武牢已西，接秦晉之地，皆水土深厚。"[25] 山水畫名家郭熙說："東南之山多奇秀，天地非爲東南私也。東南之地極下，水潦之所歸，以漱濯開露之所出，故其地薄，其水淺……西北之山多渾厚，天地非爲西北偏也。西北之地極高，水源之所出，以岡隴臃腫之所埋，故其地厚，其水深。"（《林泉高致》）醫家董汲《腳氣治法總要》亦云："秦川地原高亢。"[26] 兩宋之際，李綱《論西北東南之勢》也說："天下形勢，西北高而東南下。"謫官南遷雷州時，有《冬至》詩，歎嶠南"土薄"。[27] 南宋初李璆《瘴瘧論》："嶺南……地卑而土薄……大抵西北……土厚水深。"（《嶺南衛生方》卷上）陸游《老學菴筆記》也說："吳中卑薄，斸地二、三尺輒見水。"[28]

　　不過，土厚水深、土薄水淺是相對的，在土厚水深的北方也有土薄水淺的地

21　見《博物志校證》，頁十二。

22　《初學記》（司義祖點校本，北京，中華書局，1962年）卷三，《冬》第四，《事對》，"地凍一丈"條引。

23　引文據繆啓愉等《齊民要術校釋》本，頁100。北京，農業出版社，1982年。

24　引文據王利器《顏氏家訓集解》，頁473。上海，上海古籍出版社，1980年。

25　宋江少虞《宋朝事實類苑》（上海，上海古籍出版社，1981年），卷六一，《風俗雜誌》引《楊文公談苑》。

26　引文據影印文淵閣《四庫全書》本，卷上，葉三。

27　見《梁谿集》（影印文淵閣《四庫全書》本），卷二四，《冬至》詩："土薄葭灰難測候"。

28　引文據李劍雄校點本，卷十，頁131。北京，中華書局，1979年。

點，《左傳》成公六年：“晉人謀去故絳，諸大夫皆曰：‘必居郇、瑕氏之地’……韓獻子將新中軍，且爲僕大夫。公揖而入，獻子從。公立於寢庭，謂獻子曰：‘何如？’對曰：‘不可。郇、瑕氏土薄水淺，其惡易覯。易覯則民愁，民愁則墊隘，於是乎有沈溺重膇之疾。不如新田，土厚水深，居之不疾；有汾、澮以流其惡，……公說，從之。夏四月丁丑，晉遷于新田。”新田則是相對地更爲土厚水深的地點。而在土薄水淺的南方，也可以看到土厚水深的地區。唐代李華曾指出錢塘江上游的衢州一帶就是這樣的，《衢州（今浙江衢州）刺史廳壁記》：“……以婺州封畛爲廣，分置衢州，領六縣，猶爲大郡……吳越地卑，而此方高厚。居者無疾，人斯永年……”。[29]北宋樂史《太平寰宇紀》卷八九《江南東道一·潤州·金壇縣》：“今按，其地爽塏，水深土厚。”[30]梅堯臣也有《周仲章通判潤州》詩一首：“昔過京口山，斷崖如鑿洛，抱谷黃芹泥，百丈聳垠堮。山嶺與江面，地脈水可度，欲鑿無淺泉，孰云南土薄？君爲別乘去，便比北州樂，已免卑溼憂，仍離鴞鵬惡。”[31]聲稱潤州一帶絕非土薄水淺。南宋祝穆《方輿勝覽》卷二九《岳州》條，“風俗”一目引郡志亦稱岳陽“土厚水深，故人性悍直。”類似的例子，在嶺南也找得到。唐房千里《投荒錄》也說高涼郡因“土厚而山環繞，高而稍涼，因以名焉。”[32]然而這些都只是大範圍內少數區域的個別現象，不足以代表南北的普遍情形，而南北水土的基調，就古代人的認識而言仍是北地土厚水深，而南國土薄水淺。當然，水土的厚薄深淺並沒有固定不變的組合。土厚、土薄與地勢的高下有關；而水的深淺是指地下水距地面的深淺，即地下水位的高低而言的，跟地勢的高低就沒有必然的關聯了。明代王士性《廣志繹·江北四省》說：“關中土厚水深，川中則土厚而水不深。”[33]四川較其東的南方地勢要高得多，但在水淺一點上卻沒有什麼分別。

與“土厚水深”相關的就是北土較爲爽塏乾燥，清朗，即如王充《論衡·藝增》篇所說的那樣：“河北地高，壤靡不乾燥。”又晉葛洪《抱朴子·登涉》：“

29　見《全唐文》，卷三一六，葉九。北京，中華書局，1983年。
30　引文據影印文淵閣《四庫全書》本，卷八九，葉十一。
31　引文據朱東潤《梅堯臣集編年校注》，頁570。上海，上海古籍出版社，1980年。
32　《方輿勝覽》卷四二，《高州·事要·郡名》引。
33　引文據呂景琳點校本，頁44。北京，中華書局，1981年。

中州高原，土氣清和。"[34]董汲也說："秦川地原高亢，春夏縱經霖霪，少有蒸濕。"（《腳氣治法總要》卷上）而南方"土薄水淺"給人們的普遍印象則是"下溼"、"卑溼"。戰國秦漢以來，人們對於這點講得很多。《史記·賈生傳》說"長沙卑溼"，當時的長沙國大致相當今日的湖南省。《史記·貨殖列傳》說："衡山、九江、江南豫章、長沙，是南楚也……江南卑溼，丈夫早夭。"南楚的"江南"部分約當今日的湘、贛兩省，則當時的江西也是人們心目中的卑溼之地。《後漢書·陳球傳》："零陵下溼。"那時的零陵大體上相當現在湖南的南部。《史記·淮南衡山列傳》："孝景四年，吳、楚已破，衡山王朝，上以爲貞信，乃勞苦之曰：'南方卑溼。'徙衡山王王濟北，所以褒之。"其時衡山國約領有今皖、鄂兩省的接壤地帶。《史記·袁盎傳》說袁盎"徙爲吳相，辭行，〔袁〕種謂盎曰：'……南方卑溼，君能日飲'……"。當年吳國的領土大約包有今江蘇及浙江南部等地。《漢書·地理志》在"吳地"一節末尾說"江南卑溼，丈夫早夭。"亦指今江蘇、浙北、江西等地爲卑溼地域。《論衡·言毒》篇也說："江南地溼。"《晉書·文帝紀》："南土下溼。"又《晉書·賈充傳》："江淮下溼。"《隋書·食貨志》稱："江南之俗，火耕水耨，土地卑溼。"隋末李桐客也說："吳會卑溼"。（《唐書·循吏·張允濟傳》）生長在江南的唐代詩人張籍也有《江南曲》詩，說"江南……土地卑溼"。[35]白居易《孟夏思渭村舊居寄舍弟》詩："九江卑溼地。"[36]唐代本草學者陳藏器也說："江淮已南，地氣卑溼。"[37]董汲《腳氣治法總要序》："江淮卑溼之地。"梅堯臣《送臨江軍監軍李太傅》："三江卑溼地。"臨江軍即當今江西中部清江及其附近地區。

　　嶺南地區也是人們所熟悉的卑溼地區。《史記·南越列傳》記載了漢初南越王趙佗對嶺南的敘述："南方卑溼。"《素問·異法方宜論》說："南方者……其地下。"[38]這"南方"的主要範圍也包括嶺南在內。《隋書·地理志》下："自嶺

34　引文據王明《抱朴子內篇校釋》（增訂本），頁306。北京，中華書局，1985年。

35　見《全唐詩》，卷十九，頁二〇五。北京，中華書局，1960年。

36　據顧學頡校點本《白居易集》卷十，頁203。北京，中華書局，1979年。

37　宋唐愼微撰，金張存惠重刻《重修政和經史證類備用本草》，卷五，"玉石部下品"引。北京，人民衛生出版社影印本，1957。

38　按楊上善《黃帝內經太素》（蕭延平校本，北京，人民衛生出版社，1965年），卷十九《知地方》篇，"其地下"三字作"其地污下"，注云："污下，溼也。"

以南二十餘郡，大率土地下濕。"唐鄭絪《自序》："予爲南海節度，年七十有五。越地卑溼……"[39]李璆《瘴瘧論》："嶺南……瀕海地卑，故陰濕之氣常盛。"又："嶺南陰氣不收，又復卑溼。"至於四川，土厚而水不深，也十分潮溼，故元稹說："巴地濕如吳。"[40]

總之，從我國地貌上，自西至東的三級階梯來考察南北的地勢高下，我們可以看得更清楚些。北方或西北地高、土厚水深，主要是指三級階梯中的第二級階梯，即秦嶺以北、太行山以西的黃土高原；而南土或東南低下、土薄水淺，則主要是由於四川盆地、雲貴高原除外的南方或東南地區，正處在比北方黃土高原差了一級的第三級階梯上，即巫山、雪峰山、雲貴高原東部邊緣之東的南方均屬全國三級階梯中地勢最低的第三級階梯。

其次，南北兩方在古代記載中常爲人們述及的另一項主要地理差異是其地理位置的不同。北方是狹義的或指全國疆域的中部地區的"中國"的所在地，古代人們認爲其地理位置正處在世界的中央，《鹽鐵論·輕重》篇記載了紀元前八一年參加鹽鐵等政策大辯論的文學說："邊郡山居谷處，陰陽不和，寒凍裂地，衝風飄鹵，沙石凝積，地勢無所宜。中國，天地之中，陰陽之際也。日月經其南，斗極出其北，含衆和之氣，產育庶物。"[41]又《初學記》卷八《州郡部·河南道》："河南府，周地也。風雨之所交也，陰陽之和也。日至之景尺有五寸，謂之地中。"[42]三國盧毓《冀州論》則主張天地相交、陰陽相會的地點在冀州境內："

39　《重修政和經史證類備用本草》卷九，《草部中品之下·補骨脂》引宋蘇頌《本草圖經》
　　所錄"唐鄭相國《自序》云：予爲南海節度，年七十有五，越地卑溼，傷於內外，衆疾俱
　　作……元和七年，有訶陵國舶主李摩訶知予病狀，遂傳此方……"按《舊唐書·憲宗紀
　　上》元和五年三月癸巳以前相"太子賓容鄭絪檢校禮部尚書、廣州刺史、嶺南節度使"。
　　八年十二月"丙戌以桂管觀察使馬總爲廣州刺史、嶺南節度使"。據此，鄭相國當是鄭
　　絪，唯所記年齡與本傳所載不合。

40　引文據冀勤點校本《元稹集》，卷十二《酬樂天東南行一百韻》，頁136。北京，中華書
　　局，1982年。

41　引文據王利器《鹽鐵論校注》本，頁100。上海，古典文學出版社，1958年。

42　洛陽早在殷周之際已被人們視爲天下之中，《尚書·召誥》："王來紹上帝，自服于土
　　中。旦曰：'其作大邑'……"《逸周書·作雒》："乃作大邑成周于土中"。"土中"
　　即"地中"。這一記載也可以與1963年陝西寶雞賈村出土的何尊銘文："佳（唯）王初
　　鄺（遷）宅于成周……余其宅茲中國"相印證。"中國"當即因其位在"土中"而得名。
　　見唐蘭，《何尊銘文解釋》及馬承源《何尊銘文初釋》，均見《文物》，1976年1期。
　　按《周禮·地官·大司徒》："地中，天地之所合也，四時之所交也，風雨之所會也，陰
　　陽之所和也。"是自然條件最安適的地方。《鹽鐵論》等論中國、中州都本乎此。

冀州……東河以上、西河以來、南河以北、易水以南，膏壤千里，天地之所會，陰陽之所交，所謂神州也。"[43]無論如何，北方或"中國"既處於"天地之中"，則南方離北方越遠，或越靠南邊，其位置就越偏。白居易在潯陽（今江西九江）時有《清明日送韋侍御貶虔州（今江西贛州）》詩："南遷更何處？此地已天涯！"（《白居易集》卷十七）"天涯"對"天地之中"而言自然是十分偏遠的。雖然這無疑地是出於詩人的誇張，但對北方人來說，這些地方確是相當偏遠的。南朝陳徐陵《武皇帝作相時與嶺南酋豪書》："天涯藐藐，地角悠悠，言面無由。"[44]則稱嶺南爲"天涯、地角"，"地角"與"地中"相較，自屬偏外。又，宋張世南《游宦紀聞》卷六："欽州（廣西欽州）有天涯亭，廉州（廣西合浦）有海角亭。二郡，蓋南轅窮途也。"[45]嶺表地區，自秦漢以來一直是中國連續領土的最南端。晉王範《交廣春秋》："朱崖、儋耳二郡……大海中，南極之外。"[46]"南極"二字足以說明嶺南是全國最偏南的地區。

北方或"中國"的位置處在或靠近"天地之中"或"地中"，因此於陰陽無所偏、無所積，陰陽這兩個宇宙所由構成、演變的基本因素在這裡相會、相和。因而這裡氣候十分和適，即北宋晁補之所說："中國，陰陽之中，土氣和適。"[47]北宋曾鞏有《南湖行》詩二首，其一云："生長江湖樂卑溼，不信中州天氣和。"[48]這聯詩句也迂迴地透露了一般人們相信或認爲"中州"不同於南方卑溼地區，是"天氣和"的。陸象山《大學春秋講義》也說："中國得天地中和之氣。"[49]而南方，特別是嶺南地區，則因其位置偏處南端而天氣不和或陰陽不和，即《淮南子·地形》所說："南方，陽氣之所積。"上引《素問》也說南方是"陽之所盛處"。又鼂錯說："楊粵之地少陰多陽。"（《漢書·鼂錯傳》）王充也泛稱南方楚、越爲"太陽之地"，南越爲"陽地"："太陽之地，人民促急，促急之人，口

43　《初學記》卷八，《河東道》第四，《論》引。

44　《文苑英華》（北京，中華書局，1966年），卷六八二，《書》十六，《邊防上》，葉二。

45　據北京，中華書局點校本，卷六，頁五二，1981年。

46　《水經·溫水注》（《四部備要》王先謙合校本）引。按《初學記》卷八，《嶺南道》第十一，《事對》引作《交廣二州記》："珠崖在大海中，南極之外。"

47　《濟北晁先生雞肋集》（《四部叢刊》初編本），卷二五，頁一五五下，《上皇帝安南罪言》。

48　《曾鞏集》（陳杏珍等點校本，北京，中華書局，1984年），卷五，頁六七。

49　據鍾哲點校本《陸九淵集卷》，卷二三，頁277。北京，中華書局，1980年。

舌爲毒，故楚、越之人促急捷疾……小人皆懷毒氣，陽地小人毒尤酷烈。故南越之人祝詛則效。"（《論衡・言毒》）唐房千里《廬陵所居竹室記》："楚之南當冬而且曦，燕之北當夏而且冽。是皆不得氣之中正。"[50] 宋曾敏行《獨醒雜志》："劉執中彝知虔州，以其地近嶺下，偏在東南，陽氣多而節候偏。"[51] 贛南如此，更偏南的嶺表自不能例外。曾鞏《送李材叔知柳州序》："談者謂南越偏且遠，其風氣與中州異。"（《曾鞏集》卷十四）《方輿勝覽》卷四二《雷州》引《圖經》云："州居海上之極南，氣候倍熱，所謂除夜納涼者容有之。"

　　大抵北方處在暖溫帶這一熱量帶上，夏熱冬寒，即所謂"陰陽之際"、"陰陽之所交"、陰陽之和"、"陰陽之中"、"天氣和"；而南方炎熱，其所屬熱量帶則係亞熱帶乃至熱帶，即所謂"陽氣之所積"、"太陽之地"、"陽地"、"少陰多陽"、"陽氣多"；雷州半島係北熱帶或邊緣熱帶氣候，"氣候倍熱"是恰如其分的形容。

　　最後，古代文獻還告訴我們南方的雨量十分豐富，與北國的爽塏乾燥也大相逕庭。《山海經・大荒北經》："蚩尤作兵伐黃帝，黃帝乃令應龍攻之冀州之野。"[52] 結果應龍"殺蚩尤與夸父，不得復上。故下數旱，旱而爲應龍之狀，乃得大雨。"（《山海經・大荒東經》）如果應龍只是失去了上天或停留在天上的能力，依照"旱而爲應龍之狀乃得大雨"來看，應龍雖處在地上，仍然擁有降雨的神力。那麼，衆神生死搏鬥的戰場所在的冀州一帶，沒有理由會經常發生旱災才對。這樣，常常鬧旱災又是爲了什麼呢？初民給我們的解答是："應龍已殺蚩尤，又殺夸父，乃去南方處之，故南方多雨。"（《大荒北經》）然則南方較北方多雨，自遠古以來即已如此。唐劉禹錫在朗州（今湖南常德）時，也有《砥石賦》云："南方氣泄而雨淫。"泛稱南方降雨過多。杜甫在湖南時，郭受答以詩云："郡邑地卑饒霧雨，江湖天闊足風濤。"[53] 認爲多雨是由於地卑的緣故。但四川及雲貴高原上地高厚，却以多雨著稱。柳宗元《答韋中立論師道書》："庸蜀之南恆雨

50　《全唐文》，卷七六〇，葉二一。

51　《知不足齋叢書》本，冊六，卷三，葉十一。

52　引文據袁珂《山海經校注》，頁430。上海，上海古籍出版社。1980年。

53　《砥石賦》見《劉夢得文集》（《四部叢刊初編》本），卷十一。郭受詩見《杜詩詳注》，頁1982附載郭受《杜員外兄垂示詩因作此寄上》詩。

少日，日出則犬吠。”[54]晉常璩《華陽國志・南中志》說牂柯郡因“上值天井，故多雨潦。”四川西部因多雨，有好幾個地方都號稱是“漏天”。張守節《史記正義》說：“《華陽國志》云：邛筰山，故邛人、筰人界也。山巖峭峻，曲回九折乃至……今從九折西南行至嶲州（四川西昌），山多雨少晴，俗呼名爲‘漏天’。”（《史記・孝文本紀》）《文選》卷二十八鮑照《苦熱行》呂延濟注云：“越嶲地有漏天，冬夏常雨露不乾”。杜甫《陪章留後侍御宴南樓》云：“朝廷燒棧北，鼓角漏天東。”（《杜詩詳註》卷十二）宋人任升《梁益記》說：“大、小漏天在雅州（四川雅安）西北，山谷高深，沈晦多雨。黎州（四川漢源北）常多風，故謂‘黎風雅雨’。”[55]又《太平寰宇記》卷七九《劍南西道八・戎州》，南溪縣（今四川南溪）條：“大黎山、小黎山管開邊縣界，四時霖霪不絕，俗人呼爲‘大漏天’、‘小漏天’。”又，陸游在山陰時有《雨夜》詩說：“吳中地多雨”。[56]

如前所述，既然古代人們認爲地理環境或自然因素與人類的健康或所患疾病關係至密，那麼上述南北地理上的不同對兩方居民健康的影響又如何呢？上引成公六年《左傳》已經宣稱“土厚水深”地區的居民較不易生病，而生活在“土薄水淺”之處則難免“有沉溺重腿之疾”。李華說衢州高厚，“居者無疾，人斯永年”，即本乎此。《孫子・行軍》篇說：“凡軍好高而惡下，貴陽而賤陰，養生而處實。軍無百疾，是謂必勝”。唐李筌注云：“夫人處卑下，必癘疾；惟高陽之地可居也”。杜牧注云：“生者陽也，實者高也。言養之於高，則無卑濕陰翳，故百疾不生”。宋梅堯臣注謂：“高則爽塏，所以安和……下則卑溼，所以生疾。”張預注亦云：“地氣乾燥，故疾癘不作。”[57]也表示了相同的認識。楊億對於這點也有所體驗，“嘗言：《春秋》傳曰：‘土厚水深，居之不疾’。言其高燥。予往年守郡江表，地氣卑溼，得痔漏下血之疾，垂二十年不愈，未嘗有經日不發。景德中，從駕幸洛，前年從祀汾陰，往還皆無恙。今年退臥潁陰，濱嵩山之麓，井水深

54　見《柳河東集》，頁541。北京，中華書局，1960年。

55　《方輿勝覽》卷五五，《雅州》，“風俗”項下“黎風雅雨”條引。按《天中記》卷三引文作“黎縣”，誤。

56　見《劍南詩稿校注》，卷七六，頁4149。（錢仲聯校注，上海，上海古籍出版社，1985年）

57　引文及注釋均見《十一家注孫子》（中華書局上海編輯所，1962年），頁149。

數丈而絕甘，此疾遂已。都城土薄水淺，城南穿土尺餘已沙濕；蓋自武牢已西，接秦晉之地，皆水土深厚，罕發痼疾。"（《宋朝事實類苑》卷六一《風俗雜誌》引《楊文公談苑》）南宋岳珂《桯史》卷九《蠱毒圓》條說："高皇毓聖中原，得西北之正氣，夙賦充實，自少至耄，未嘗用溫劑。每小不怡，輒進蠱毒圓數百，一以芫花、大黃、大戟爲主。侍醫縮頸，而上服之自如。"[58]這意味著有人甚至相信生長在"土厚水深"環境中的人可能稟賦特異，體魄較爲強健。

　　南方土薄水淺，居住者易於感疾，古人常常認爲因其卑溼，削短了當地居民的壽命。上引《史記》說："江南卑溼，丈夫早夭"。賈誼出任長沙王大傅，也因"長沙卑溼"而"自以爲壽不得長，傷悼之，乃爲賦以自廣"。（《史記·賈生傳》）《史記·南越列傳》："陸賈至南越，王甚恐，爲書謝，稱曰：'蠻夷大長老夫臣佗，前日高后隔異南越，竊疑長沙王讒臣，又遙聞高后盡誅佗宗族，掘燒先人冢，以故自弃，犯長沙邊境。且南方卑溼，蠻夷中間，其東閩越千人衆號稱王，其西甌駱裸國，亦稱王。老臣妄竊帝號，聊以自娛，豈敢以聞天王哉！'乃頓首謝。"細玩其上下文意，也是表示在卑溼的南方，命不得永；東西蠻夷，其衆無幾，甚或裸身，猶且稱王；既已自棄，何不稱帝聊以自娛，快活幾天？[59]又上引《淮南子·地形》篇也說"南方，陽氣之所積，暑溼居之，其人……早壯而夭。"

　　依前所述，中州是"陰陽之和"、"天氣和"、"含衆和之氣"、"土地和適"的；而南土則"少陰多陽"，"不得氣之中正"，即不和的。上引《淮南·地形》篇說："暑氣多夭"。可見陽氣盛多對人們的性命極爲不利。《唐書·李泌傳》："初帝（肅宗）在東宮，李林甫數構譖，勢甚危。及即位，怨之，欲掘冢焚骨。泌以天子而念宿嫌，示天下不廣，使脅從之徒得釋言於賊。帝不悅，曰：'往事卿忘之乎？'對曰：'臣念不在此。上皇（玄宗）有天下五十年，一旦失意，南方氣候惡，且春秋高，聞陛下錄故怨，將內慚不懌，萬一有感疾，是陛下以天下之廣不能安親也。'帝感悟，抱泌頸以泣曰：'朕不及此'。"這裡"南方氣候

58　引文據吳企明點校本《桯史》，頁104。北京，中華書局。1981年。

59　按《漢書·西南夷兩粵朝鮮傳》文字與《史記》有異，作："且南方卑溼，蠻夷中，西有西甌，其衆半贏，南面稱王；東有閩粵，其衆數千人，亦稱王……"顏師古注："贏謂劣弱也。"王先謙《補注》引何焯曰："《史記》作'其西甌駱裸國'，則'贏'者'裸'之誤也。顏注非。"

惡"雖然是指蜀地而言的，但結合上文南北"天氣和"、不和等敘述來看，把這句話看成是泛指整個南方也不爲過。天氣不和或"氣候惡"對人們的健康是十分不利的。王充說："氣和者養生，不和者傷害。"（《論衡‧訂鬼》）當即指此。東漢末高誘注《呂氏春秋‧孟春紀》說："氣不和，故民疫病也。"李璆《瘴瘧論》也指出嶺南瘴疾"上熱下寒之證"即因感"陽燠陰濕不和之氣"而產生的。

　　總之，南土的自然條件是炎熱潮濕的。杜牧《上池州（安徽貴池）李使君書》說："大江之南，夏候鬱濕，易生百疾"。[60]這樣看來，就古人的認識來說，南方的地理環境對人類的健康或性命的安全確實有相當嚴重的危害性。

三、古代南方的自然環境、生活習俗與地方病

　　南方"土薄水淺"或"土地卑溼"、"氣候惡"或天氣不和，易致疾病，使人早夭，然則其機制安在？上引《左傳》說"土薄水淺，其惡易覯，易覯則民愁，民愁則墊隘，於是乎有沉溺重膇之疾"；又說新田"有汾、澮以流其惡"。那麼疾害之源當是水土之"惡"了。《左傳》宣公十五年："川澤納污，山藪藏疾。"則大自然的山川藪澤確實生產、蓄藏著一些對人類的健康構成威脅的危害性因素。古人也把這些來自土地的致病或危害性命的因素稱爲"地慝"。《周禮‧地官》："土訓，掌……道地慝。"鄭玄注："地慝，若障、蠱然也……鄭司農云：'地慝，地所生惡物害人者，若虺蝮之屬'。"唐賈公彥疏："云若障、蠱然也者，謂土地所生惡物。障即障氣，出於地也；蠱即蠱毒，人所爲也。"這些害人的"惡物"都是些什麼呢？二鄭沒有全數開列出來，只舉了障氣、蠱毒和一些毒蛇等幾個例子。

　　既然北方"土厚水深，居之不疾"，而南土卑溼，"丈夫早夭"，是不是南方的自然環境孕育、蓄藏著較多危害性嚴重的"地慝"呢？如下文所述，古代人們確實相信是這樣的。《太平御覽》卷九五〇引《博物志》說："深山窮谷多毒虐之物：氣則有瘴癘，人則有工蠱，獸則有虎，鳥則有鴆，蛇則有蝮，蟲則有射工、沙蝨，草有鉤吻、野葛，其餘則蛟、蟒之屬生焉。"雖然沒有交代這些"毒虐之物"或"地慝"都生長在那些地區的深山窮谷之中，但從古代典籍所載，我們可以發現其中多數大都生在秦嶺、淮河一線的南方。"人則有工蠱"一句不詳，姑且不

60　引文據陳允吉校點本《樊川文集》（上海，上海古籍出版社，1978年），頁193。

論，現將各項惡物的生長地域分述如下。《楚辭‧大招》：“魂乎無南！……山林
險隘，虎豹蜿只！”東漢王逸章句：“言南方有高山深林，其路險阨，又多虎豹，
匍匐蜿蜒，以候伺人也。”在東南西北四方中，只在南方提到虎，當是南方虎特
多之故。由於虎與本文主旨無關，這裡不擬論述。

　　《論衡‧言毒》篇說：“鴆鳥生於南。”南朝梁陶弘景將其所見諸本《神農本
草經》中漢魏、蕭梁之間諸名醫所增補的資料彙輯成《名醫別錄》一書，書稱：“
鴆鳥，毛有大毒……一名鵁日，生南海。”[61]陶弘景《本草經集注》也說：“鴆鳥
……出交、廣深山中。鵁日鳥……江東人呼爲同力鳥。”[62]唐蘇敬等撰《唐本
草》，其卷二十，《有名無用》“鴆鳥”條，自注云：“此鳥，商州（今陝西商
縣）以南，江嶺間大有。”則鴆鳥在漢、宋之間的記載裡，大抵只產在秦嶺以南的
地區。

　　王充說：“冶葛、巴豆皆有毒螫，故冶在東南，巴在西南。”（《論衡‧言
毒》）《神農本草經》說：“鉤吻……一名野葛。”[63]漢魏之際，華佗弟子吳普
撰《吳普本草》稱野葛爲：“秦鉤吻生南越山或益州。”[64]《名醫別錄》說：鉤
吻“生傅高山谷及會稽東野。”按《漢書‧地理志》會稽有冶縣，王充稱野葛爲“
冶”葛，則“東野”當即“東冶”。傅高山所在不詳。《唐本草》注云：“野葛生
桂州以南，村墟閭巷間皆有。”唐劉恂《嶺表錄異》也說：“野葛，毒草也，俗呼
胡蔓草。誤食之……不得解藥，半日輒死。”[65]然則鉤吻或野葛的產地也在南方。

　　至於蝮虺，《楚辭‧招魂》說：“魂兮歸來！南方不可以止些……蝮蛇蓁蓁…
…雄虺九首，往來儵忽，吞人以益其心些。”又《大招》：“魂乎無南！南有炎火
千里，蝮蛇蜒只……王虺騫只。”淮南王劉安上書漢武帝說閩越“林中多蝮蛇、
猛獸”，“蝮蛇蠱生”。（《漢書‧嚴助傳》）《說文解字》第十三上：“閩，東
南越，它種。”[66]說閩越是蛇種或與閩地多蝮蛇不無關係。王充說：“江南地溼，

61　據尚志鈞輯校本（北京，人民衛生出版社，1986年），頁297。
62　見唐《新修本草》（上海，上海古籍出版社1985年影印日本森氏藏影寫卷子本），卷二
　　十《有名無用》，鴆鳥條注引。
63　據曹元宇輯注《本草經》（上海，上海科學技術出版社，1987年），頁181。
64　據尚志鈞等輯本（北京，人民衛生出版社，1987年），頁50。
65　魯迅校本，卷中，頁15。廣州，廣東人民出版社，1983年。
66　台北，藝文印書館影印經韻樓藏版段注本，十三篇上，葉六一。

故多蝮蛇。"（《論衡・言毒》）張籍《江南曲》歌咏江南，也有"土地卑溼饒蟲蛇"一句。在西南方蛇也爲數甚夥，《華陽國志・南中志》說"自僰道至朱提"的"步道"沿途"多蛇蛭虎狼。"杜甫在夔州時，有《南極》詩一首說："歲月蛇常見"。（《杜詩詳註》卷十八）樊綽《雲南志》亦稱石門外出至雲南途中亦有"毒蛇"之害。[67]南宋晚期曾經久居嶠南的釋繼洪撰《續附蛇虺螫蠚諸方》，說："五嶺之南不惟烟霧蒸濕，亦多毒蛇猛獸，故前賢有詩云：'霧鎖瓊崖路，烟籠柳象州，巴蛇成隊走，山象著群遊'。又《編類集》及《嶺外代答》、《本草》諸書備言廣郡多蛇虺、蜈蚣。愚既表出瘴瘧論方，又不得不附治蛇虺螫蠚數方，以濟人之緩急。"（《嶺南衛生方》卷中）大致上我們可以斷言，蛇虺之害亦以南土爲夥。

　　《漢書・五行志》下之上："嚴公十八年秋，有蜮。劉向以爲蜮生南越。越地多婦人，男女同川，淫女爲主，亂氣所生。故聖人名之曰蜮。蜮猶惑也，在水旁，能射人。射人有處，甚者至死。南方謂之短弧。"顏師古注："即射工也，亦呼水弩。"劉向認爲蜮生在嶺南。《楚辭・大招》："魂乎無南！……鰅鱅短狐……魂乎無南！蜮傷躬只。"王逸章句："鰅鱅，短狐類也。短狐，鬼蜮也。""言復有鰅鱅鬼蜮，射傷害人。""言魂乎無敢南行，水中多蜮鬼，必傷害於爾躬也。"《周禮・秋官》："壺涿氏掌除水蟲。"鄭玄注："水蟲，狐蜮之屬。"賈公彥疏："云水蟲、狐蜮之屬者，蜮即短狐，一物，南方水中有之，含沙射人則死者也。"都說蜮生在南方。按《博物志・異蟲》："江南山谿中水射工蟲，甲類也，長一、二寸，口中有弩形，氣射人影，隨所著處發瘡，不治則殺人。"[68]陸璣《毛詩草木蟲魚疏》則說射工"江淮水皆有之。"[69]葛洪則說產於"江南山谷之間。"（《抱朴子・登涉》）然則除了像魯國等少數記載之外，射工大抵也是南國的水土之害。[70]

67　據趙呂甫《雲南志校釋》本，卷一，頁35。北京，中國社會科學出版，1985年。

68　《博物志校證》，卷三，頁三七。但"射工蟲"中"工"字誤爲"上"字。

69　孔穎達《詩・小雅・何人斯》"爲鬼爲蜮"句《正義》引。台北，藝文印書館影印《十三經注疏》本。

70　除了魯及《周禮・秋官》的記載是在北方之外，《搜神記》也有一則蜮發生在北土的故事："晉獻公二年，周惠王居于鄭，鄭人入王府，多脫化爲蜮，射人。"（《法苑珠林》卷四十三引）

　　西晉車永與陸雲書："外甥石季甫忽見使爲鄮（浙江寧波市東）令……卒有此役，舉家慘感，不可深言。昨全伯始有一將來，是句章（寧波市西北）人，具說此縣既有短狐之疾，又有沙蝨害人。聞此消息，倍益憂慮。"[71]《抱朴子·登涉》篇："江南山谷之間……又有沙蝨。"葛洪在《肘後備急方》中說："山水間多有沙蝨……今東間水無不有此……比見嶺南人初有此者，即以茅葉刮去……東間山行，無處不有。"[72]元稹在通州《酬樂天得微之詩知通州事因成四首》詩之三有句云："滿身沙蝨無防處。"（《元稹集》卷二十一）《舊唐書·西南蠻傳》："南平獠者，東與智州、南與渝州（四川重慶）、西與南州（四川綦江）、北與涪州（四川涪陵）接……上氣多瘴癘，山有毒草及沙蝨、蝮蛇。"唐人《朝野僉載》卷五云："山南、五溪、黔中……有黃喉蛇，好在舍上，無毒，不害人，唯善食毒蛇。食飽垂頭直下，滴沫地噴起，變爲沙蝨，中人爲疾。額上有大'王'字，衆蛇之長，常食蝮蛇。"看來川、黔一帶，沙蝨之害，頗爲猖獗。明李時珍《本草綱目》卷四十二"沙虱"條末附錄有"沙蟲"一物，並引五代杜光庭《錄異記》云："潭、袁、處、吉等州（湖南長沙、江西宜春、浙江麗水、江西吉安）有沙蟲，即毒蛇鱗甲中蟲。蛇被苦，每入急水中碾出。人中其毒，三日即死。此亦沙蝨之類也。"[73]這樣看來，沙蝨同樣是南方的土產。

　　瘴癘之氣主要也分布在南土。東漢章帝建初元年（七五年）"大旱穀貴"。楊終"以爲廣陵、楚、淮陽、濟南之獄，徙者萬數，又遠屯絕域，吏民怨曠，乃上疏：'……傳曰：安土重居，謂之衆庶。昔殷民近遷洛邑，且猶怨望，何況去中土之肥饒，寄不毛之荒極乎？且南方暑溼，障毒互生。愁困之民足以感動天地，移變陰陽矣'……帝從之，聽還徙者，悉罷邊屯。"（《後漢書·楊終傳》）即當時認爲淮水流域，"障毒互生"，其地遷民愁困足以感天動地，導致災害。除廣陵外，淮陽等三國領土多在淮北。淮北猶且被視爲南方，有障毒之氣，則淮水以南廣大的暑溼地區當也不能例外。曹植有《七哀詩》云："南方有鄣氣，晨鳥不得飛"。（《文選》卷二十八鮑照《苦熱行》李善注引）指出瘴氣發生在南方。隋孫萬壽有詩稱："江南瘴癘地"。（《隋書·文學·孫萬壽傳》）李白長流夜郎，杜

71　見《陸士龍文集》（《四部叢刊》初編本），卷十所附車茂安書。

72　《外臺祕要方》卷四十，《沙蝨毒方六首》引。

73　引文據劉衡如校點本，第4冊，頁2367。北京，人民衛生出版社，1982年。按曾慥《類說》所錄《錄異記》作"沙虱"。（《筆記小說大觀》31編，冊1。）

甫《夢李白》詩也有同一詩句，担心長江中游以南地區的瘴癘之毒會傷害到故人。杜甫在四川時也頗有一些詩句述及當地或南方的癘氣，如《悶》："癘癘浮三蜀，風雲暗百蠻"。《雷》："南方癘癘地"。元稹在四川通州《夜坐》詩有句云："雨滯更愁南瘴毒"。將"南"、"瘴"二字連用，說明了瘴氣主要是在南土。《文選》卷六左思《魏都賦》："宅土燋暑，封疆障癘"。李善注："吳、蜀皆暑濕，其南皆有瘴氣"。即南方的瘴氣主要在今雲貴和嶺外地區。

雲貴的瘴氣十分著名。《三國志・蜀書・王連傳》："時南方諸郡不賓，諸葛亮將自征之，連諫以爲此不毛之地，疫癘之鄉，不宜以一國之望冒險而行。"《華陽國志・南中志》說："興古郡 (今雲南東南部)……特有瘴氣。"《太平御覽》卷七九一引《永昌郡傳》："興古郡在建寧南八百里，郡領九縣，縱經千里，皆有瘴氣。"《水經・葉榆河注》："盤水出律高縣東南螳蜋山，東逕梁水郡北，賁古縣南。水廣百餘步，深處十丈，甚有瘴氣。"梁劉昭注《續漢書・郡國志》牂柯郡談指縣引《南中志》云："有不津江，江有瘴氣。"[74]

嶺南也是人們熟悉的瘴鄉。《三國志・吳書・陸凱傳》附弟《陸胤傳》："蒼梧、南海歲有暴風、瘴氣之害……氣則霧鬱，飛鳥不經。"陳藏器《本草拾遺序例》說："嶺氣多瘴。"(《重修政和經史證類備用本草》卷一上《序例》)北宋劉攽《送人之官嶺南》詩說嶺南"地温饒瘴毒。"[75]《宋史・兵志十》："廣南瘴癘之鄉。"蘇軾在惠州時《與吳秀才》書說："夫南方雖號爲瘴癘地，然死生有命，初不由南北也。"(《蘇軾文集》卷五十七)"號爲瘴癘地"足以顯示南土爲瘴鄉一事廣爲人知的程度。[76]

綜上所述，秦嶺、淮河以南在古人的心目中確是毒害或"地慝"甚多的。《抱

74　西南地區，在古代文獻裡還有不少有瘴害的水域，如《水經・若水注》："又東北至犍爲朱提縣西，爲瀘江水。有瀘津，東去縣八十里，水廣六、七百步，深十數丈，多瘴氣，鮮有行者。"又禁水"水傍瘴氣特惡，氣中有物，不見其形，其作有聲，中木則折，中人則害，名曰：'鬼彈'。""瀘津水又東逕不韋縣北而東北流，兩岸皆高山數百丈，瀘峰最爲傑秀……水之左右，馬步之徑裁通，而時有瘴氣，三四月逕之必死。非此時猶令人悶吐，五月以後行者差無害。故諸葛亮言：'五月渡瀘'。"

75　見《彭城集》(《聚珍叢書》本)，卷十，葉十四。

76　Edward H. Schafer 所著The Vermilion Bird (T'ang Images of the South) 一書中有專論嶺表瘴氣(miasmas)的一節(pp.130-134)，雖對原始文獻有嚴重的誤解，但仍可參考。Berkeley and Los Angeles：University of California Press, 1967.

朴子·登涉》篇："或問曰：'江南山谷之間，多諸毒惡，辟之有道乎？'抱朴子
答曰：'中州高原，土氣清和，上國名山，了無此輩。今吳楚之野，暑濕鬱蒸，雖
衡、霍正岳，猶多毒蠱也。"韓愈在嶠南陽山縣（今廣東陽山）時有《縣齋讀書》
詩說："南方本多毒。"[77]稱嶺外多毒害。又曾撰《黃陵廟碑》說廣東潮州是"厲
毒所聚"之地。陳藏器《本草拾遺序例》也說："今嶺南多毒。"

　　根據王充的意見，南方多毒不是偶然的，毒就是"太陽之熱氣"、"陽氣"
或"烈氣"、"溫烈氣"。《論衡·言毒》篇說：

> 或問曰："天地之間，萬物之性，含血之蟲有蝮蛇、蜂、蠆，咸懷毒螫。犯
> 中人身，謂護疾痛，當時不救，流徧一身。草木之中有巴豆、野葛，食之
> 湊懣，頗多殺人。不知此物稟何氣於天？萬物之生，皆稟元氣，元氣之
> 中，有毒螫乎？"曰："夫毒，太陽之熱氣也。中人、人毒，人食湊懣者，
> 其不堪任也。不堪任則謂之毒矣。太陽火氣常爲毒螫，氣熱也。太陽之
> 地，人民促急。促急之人，口舌爲毒。故楚、越之人促急捷疾，與人談言，
> 口唾射人，則人脈胎腫而爲創。南郡極熱之地，其人祝樹，樹枯；唾鳥，
> 鳥墜。巫咸能以祝延人之疾，愈人之禍者，生於江南，含烈氣也。夫毒，
> 陽氣也。故其中人，若火灼人。或爲蝮所中，割肉置地焦沸，火氣之驗
> 也。四方極皆爲維邊，唯東南隅有溫烈氣。溫烈氣發，常以春夏。春夏陽
> 起東南隅，陽位也。他物之氣入人鼻、目，不能疾痛；火煙入鼻，鼻疾；入
> 目，目痛。火氣有烈也⋯⋯天下萬物含太陽氣而生者，皆有毒螫。毒螫渥
> 者，在蟲則爲蝮蛇、蜂、蠆，在草則爲巴豆、冶葛，在魚則爲鮭與鮧鯱。故
> 人食鮭肝而死，爲鮧鯱螫有毒⋯⋯溫氣天下有，路畏入南海。鴆鳥生於
> 南，人飲鴆死。辰爲龍，巳爲蛇，辰巳之位在東南。龍有毒，蛇有螫，故蝮
> 有利牙，龍有逆鱗。木生火，火爲毒，故蒼龍之獸含火星。冶葛、巴豆皆
> 有毒螫，故冶在東南，巴在西南。

即南土陽氣偏盛，提供了諸種毒害孕育、生長的溫床；而南方又多雨潮溼，據上
引王充、葛洪的看法，"地濕"或"暑溼鬱蒸"也是宜於各種水土惡物繁殖的適宜

77　引文據錢仲聯《韓昌黎詩繫年集釋》，卷二，頁191。上海，上海古籍出版社，1984年。
78　引文據影印文淵閣《四庫全書》本，卷十，葉十一。

條件。隋唐之際，巢元方《諸病源候總論・疫癘病候・瘴氣候》說："夫嶺南青草、黃茅瘴猶如嶺北傷寒也。南地暖，故太陰之時，草木不黃落，伏蟄不閉藏，雜毒因暖而生。"[78]交代了瘴氣之毒是在暖熱的氣候裡發生的。唐呂向注《文選》卷二十八鮑照《苦熱行》詩即直截地說："瘴氣，毒熱氣也"。而周去非《嶺外代答・風土門・瘴》也對嶠南瘴氣所由產生的背景做了這樣的敘述："天氣鬱蒸，陽多宣洩，冬不閉藏，草木水泉皆稟惡氣。"[79]

總之南方地偏，陽氣盛多，是所謂的"太陽之地"或"陽地"，土地又復潮濕，在這樣的環境裡，孳生出大量有毒的草木、禽蟲或毒氣就十分自然了。

依上文所述，瘴氣的分布，多在南土。除了南方陽氣偏盛或氣候炎熱的緣故之外，古人認為瘴氣之起還跟南方的地形地貌以及植被等自然因素有關。周去非說："南方凡病皆謂之瘴。"[80]這意謂著南方人認為瘴氣是南土許許多多或一切疾病的病源。然則瘴氣在南土當是極為普遍，無處不存，無所不在的。那麼"瘴"這

79　引文據《筆記小說大觀》本，29編，三冊，卷四，葉二。

80　同上。關於"瘴"的討論可參見馮漢鏞，《瘴氣的文獻研究》，《中華醫史雜誌》1981年11卷1期，頁44至47。"瘴氣"包含有多種不同的疾病。但我們認為宋以前，主要是指瘧疾中的惡性瘧或間日瘧的惡型發作。唐王燾《外台秘要方》卷五引《備急》說："夫瘴與瘧分作兩名，其實一致。或先寒後熱，或先熱後寒。嶺南率稱為瘴，江北總號為瘧。此由方言不同，非是別有異病。"又《太平寰宇紀》卷七七，《劍南西道・黎州》"漢源縣"條："漢水……從和姑鎮山谷經界通望縣入大渡河，不通舟船。每至春冬有瘴氣生，中人為瘧疾。"巢元方《諸病源候總論》說"嶺南春草、黃茅瘴猶嶺北傷寒"，周去非《嶺外代答》也說"南方凡病皆謂之瘴，其實似中州傷寒"。這跟古代醫學把瘧疾歸入"傷寒"類的疾病中有關，例如《千金要方》即將各種瘧病方歸在《傷寒方》中（卷三十五）。元稹《酬樂天東南行詩一百韻・序》說自己在通州時"瘧病將死"，自注又說"至通州，染瘴危重"；又《岵臥聞幕中諸公徵樂會飲因有戲呈之十韻》詩題稱"岵"，而句有"溫瘴氣難排"，可見瘴即瘧。而白居易《東南行一百韻》"去夏微之瘴"句自注："去年閏元九瘴瘧。"也說明了當時經常將此二字互換使用，二者實指一事。范石湖《桂海虞衡志》（據胡起望等《桂海虞衡志輯佚校注》本。成都，四川民族出版社，1986年。）也說"瘴者，山嵐水毒，與草莽沴氣，鬱勃蒸薰之所為也。其中人如瘧狀。"因此我們主張宋以前瘴主要是指瘧疾（特別是惡性瘧）而言的。司徒尚紀說"所謂瘴氣，實際就是熱帶森林中，由于枯枝敗葉的堆積所分解出來的各種有毒氣體以及瘧疾對人的危害。"（見所作《刀耕火種在海南島的歷史演變芻議》一文注7，刊於《熱帶地理》，七卷三期，1987年9月）。這一說法有多處不妥，一是古代文獻所記瘴氣所在地區範圍廣大，絕不僅限於今日的熱帶地區；其次古代文獻中瘴氣常生於水面，跟枯枝敗葉沒有什麼關係。

種"地癙"究竟是什麼？怎麼會這樣廣泛地流布在南土呢？劉恂《嶺表錄異》說："嶺表山川盤鬱結聚，不易疏泄，故多嵐霧作瘴。"指出瘴疾生於大地山川所起的嵐霧。王安石《送李宣叔倅漳州（今福建漳州）》詩說："關山到漳窮，地與南越錯，山川鬱霧毒，瘴癘春冬作。"[81]也表示瘴癘疾病是起於山川鬱結的霧氣所產生的毒害作用。

我國南方山地丘陵甚多，古代文獻給我們的訊息是瘴氣即起於山嶺。《水經·溫水注》："溫水又西逕昆澤縣南，又逕味縣。縣故滇國都也。諸葛亮討平南中。劉禪建興三年分益州郡置建寧郡于此。水側皆是高山，山水之間悉是木耳夷居……雖曰山居，土差平和而無瘴毒。"言下之意，建寧等處，山地有瘴是常事。元稹在四川時有《蟲豸》詩三首，其一云："陰深山有瘴"。蘇轍在循州（今廣東龍川西）時所作《閏九月重九與父老小飲四絕》第三首有"山深瘴重多寒勢，老大須將酒自扶"一聯。[82]李綱《申督府密院相度措置虔州盜賊狀》說虔南（在今江西南部）一帶"山多瘴癘"。[83]張孝祥《鷓鴣天》詞云："長驅萬里山收瘴，徑度層波海不風。"[84]都表示瘴氣出於山地。上引陳藏器亦言"嶺氣多瘴"。又較早，"瘴氣"常作"障氣"，如上引《周禮·地官·土訓》鄭玄注及《後漢書·楊終傳》均是，"阜"字邊也說明了瘴氣和山陵丘阜有關係。南朝宋陳延之《小品方》及巢元方《諸病源候總論》都提到"山瘴瘧"[85]，即由"山瘴"所引起的瘧疾。這一語

81　引文據香港，中華書局香港分局1971年《臨川先生文集》本，卷七，頁135。

82　引文據《欒城集·欒城後集》（曾棗莊等校點本，上海，上海古籍出版社，1987年），卷2，頁1140。

83　《梁谿集》，卷一百七，葉七。又方勺《泊宅編》（北京，中華書局，許沛藻等點校點本，1987年）卷中："虔州龍南、安遠二縣有瘴"。曾敏行《獨醒雜志》卷十："贛之龍南、安遠嵐瘴甚於嶺外"。

84　引文據徐鵬校點本《于湖居士文集》（上海，上海古籍出版社，1980年），卷32，頁313。

85　見《外台秘要方》卷五《山瘴瘧方》引。又高文柱輯校《小品方輯校》（天津，天津科學技術出版社，1983年），頁68。按《小品方》作者陳延之的年代，學者提出過不少看法，彼此之間，分歧甚大。可參考高文柱《小品方輯校》一書附錄：《小品方之研究》，頁172至183。胡乃長《小品方考》，見《中華醫史雜志》1981年11卷2期，頁116至119。1985年日本學者在尊經閣文庫中發現了《小品方》古卷子本殘卷，陳延之的時代才得以確定。見崔志俊譯《中國失傳醫著小品方第一卷古抄本在東京發現》（《河南中醫》1987年2期，頁36）；任旭《小品方殘卷簡介》及廖育群《陳延之與小品方研究的新進展》，見《中華醫史雜志》1987年17卷2期，頁71至73；74至75。

詞更把生於山嶺的瘴氣名爲"山瘴"。陳延之還把山瘴稱作"山毒"，更可以表明瘴氣是發生在山地的地癘或毒害。

依照古人的看法，山嶺所以多瘴氣，山上的林木也起著相當重要的作用。《後漢書·宗室四王三侯·城陽恭王祉傳》說長沙國零道的春陵鄉（今湖南寧遠北）"地勢下濕"，有"山林毒氣"，依下文所述，"山林毒氣"當即瘴氣的別名。杜甫在夔州《驅豎子摘蒼耳》詩首聯云："江上秋已分，林中瘴猶劇"。又蘇轍《和子瞻過嶺》詩有"山林瘴霧老難堪"一句。（《欒城集·欒城後集》卷二）《宋史·地理志六》說："廣南東、西路……山林翳密，多瘴毒。"都指出了林木或山林跟瘴氣的關係。李燾《續資治通鑑長編》仁宗嘉祐七年（1062年）秋七月："嶺南多曠土，茅菅茂盛，蓄藏瘴毒。"[86] 又北宋鄭俠《紀連（今廣東連縣）守植道傍木》詩："由吾太守愛民深，孜孜利民惟不足，以爲烈日長道難，加茲嶺外炎暑酷，黃茅鬱蒸之烈氣，重嵐固結之濃毒……"[87] 則荒野的茅菅雜草也脫離不了干繫。范成大《桂海虞衡誌·雜志》所說："瘴者，山嵐水毒與草莽沴氣鬱勃蒸薰之所爲也"。其中的草莽沴氣的作用當即指此而言。由於草木皆稟惡氣而能產生毒害，不必像冶葛、巴豆那樣須服食始中其毒，因此宜盡力避免接觸這些毒草，唐李紳《趨翰苑遭誣構六韻》說："草毒人驚勁，茅荒室未誅。"[88] 元稹《送崔侍御之嶺南二十韻》也勸他說："毒草莫親芟。"

南方河川縱橫交錯，湖泊星羅棋布。而瘴氣也發生於江湖水中。陳藏器《本草拾遺》云："江湖間露氣成瘴。"（《重修政和經史證類備用本草》卷五《玉石部下品》引）上述盤水及不津江都有瘴氣。元稹《表夏十首》之三："江瘴炎夏早，蒸騰信難度。"又《寒》："江瘴節候暖，臘初梅已殘。"均指江河溪流在節候轉暖或炎夏時水面上蒸騰冒發起有毒的霧氣而言。常起瘴氣的河流就成了"瘴江"，如白居易《得微之到官後書備知通州之事悵然有感因成四章》詩第一首說山南西道（今四川東部）通州（四川達縣）："四面千重火雲合，中心一道瘴江流。"又韓愈《左遷至藍關示姪孫湘》："一封朝奏九重天，夕貶潮州路八千……知汝遠來應有意，好收吾骨瘴江邊。"其《瀧吏》詩稱潮州之惡溪云："惡溪瘴毒

86　引文據上海師範學院等點校本，14冊，4678頁。北京，中華書局，1985年。

87　引文據《西塘集》（景印文淵閣《四庫全書》本，卷九，葉24。）

88　引文據王旋伯《李紳詩注》本。上海，上海古籍出版社，1985年。

聚。"則惡溪當是潮州著名的一條瘴江。嶠南的瘴江尤爲人知,甚至用以名郡,或成爲河流的專名。《宋書‧州郡志》越州條下有臨漳郡,《南齊書‧州郡志》:"越州,鎮臨漳郡。"而杜祐《通典》卷一八四《州郡》十四,"漳"字作"瘴":"廉州……晉又爲合浦郡,宋因之,兼置臨瘴郡及越州……大唐置廉州"。自注云:"州界有瘴江。"《太平寰宇紀》卷一六九云:"晉又爲合浦郡,宋因之,兼置臨瘴郡,以界內瘴江爲名。"宋歐陽忞《輿地廣紀》卷三十七亦作臨瘴郡。王象之《輿地紀勝》卷一二十廣南西路廉州條注:"《南齊志》云:越州治臨漳郡……土有瘴氣,今交土調和,越瘴獨甚。故臨漳郡又名臨瘴郡。"[89]《元和郡縣圖志》稱:"州界有瘴江,名爲合浦江"。又:"州西南至廉江入海處約二百里,其海口有梁德鎮,亦是往安南水路","自瘴江至此,瘴癘尤甚,中之者死。"

海面蒸發的水氣所成的霧則稱"海瘴"。韓愈"黜守潮州"即"虞海山之波霧瘴毒爲災以殞其命"。(《祭湘君夫人文》)又其《潮州刺史謝上表》云:"州南近界,漲海連天,毒霧瘴氛,日夕發作。"南宋李石《論養生書》謂:"東南海瘴,毒厲蒸濕,薄人膚肉。"[90]而冒發瘴霧的海域則是"瘴海",如李綱謫居海南島時有詩云:"草屋叢篁裡,孤城瘴海端。"

總之,古人把南土山川湖海所蒸發的人們認爲有害的霧氣稱爲"瘴氣",也稱作"瘴氛"(韓愈《潮州刺史謝上表》),又稱爲"瘴霧",如蘇轍《郭論》詩:"將兵赴危難,瘴霧不辭衝。"古代人認爲"氣如雲烟"[91],因此瘴氣又名爲"瘴烟",如白居易元和十四年贈元稹詩云:"君還秦地辭炎徼,我向忠州入瘴烟。"范石湖《重遊南嶺》詩:"我從蠻嶺瘴烟來。"[92] 或稱"烟瘴",如《續資治通鑑長編》眞宗天禧五年五月燕肅言:"嶺南最處遐遠,攝官校吏多務阿私……

89　按"瘴江"尚見於其他地點,如《元和郡縣圖志‧嶺南道》藤州鐔津縣:"瘴江,在縣東南"。賀次君點校,北京,中華書局,1983年。又《太平御覽》卷一百七十二容州條引唐人《郡國志》云:"有瘴江水"。

90　《方舟集》(景印文淵閣《四庫全書》本),卷十,葉十一。

91　《論衡‧談天》:"夫天者,氣邪?體也?如氣乎,雲煙無異"。又《自然》篇:"使天體乎,宜與地同;使天氣乎,氣若雲煙。"

92　《范石湖集》頁199。上海,上海古籍出版社,1981年。

93　見《藏海居士集》(景印文淵閣《四庫全書》本),卷上,葉十。

…官司不詳事理大小，即行通對，往來萬里烟瘴之鄉……”。山氣蒸發稱嵐，因而又叫“瘴嵐”，如李綱《入江西境先寄諸李二首》之一：“萬里瘴嵐來海外。”或稱“嵐瘴”，如宋吳可《後聞警》有句云：“長秋南奔苦嵐瘴。”[93]又稱爲“瘴雲”，如白居易《孟夏思渭村舊居寄舍弟》詩述九江夏季云：“瘴雲稍含毒”。又《和夢遊春詩一百韻》云：“秋瘴江雲毒”。又黃山谷謫居涪州時《次韻楙宗送別二首》第二首云：“何時幽谷回天日，教保餘生出瘴雲。”或直接稱爲“煙嵐”，如秦少游《寧浦（今廣西橫縣）書事六首》之二云：“魚稻有如淮右，溪山宛類江南，自是遷臣多病，非干此地烟嵐”。[94]即稱自身多病，非緣嶺表瘴氣爲害。或只稱爲“煙”，如蘇軾《題鬱孤台》詩：“澤國風煙昏，平居念少游。”[95]楊萬里《南海集》中有《明發龍川（今廣東龍川西）》詩一首，云：“山有濃嵐水有氛，非煙非霧亦非雲，北人不識南中瘴，只到龍川指似君。”說瘴“非煙非霧亦非雲”，當只是強調其致病的有害性質而已，他自己也使用“瘴霧”、“瘴煙”等語詞。[96]

　　葛洪《肘後方》有“度瘴散”，其效用是：“辟山瘴惡氣。若有黑霧鬱勃及西南溫風，皆爲疫癘之候方”。[97]已指出瘴氣的具體面貌是“黑霧鬱勃”的模樣。范成大也說瘴氣色深如墨，其《步入衡山》詩云：“墨染深雲猶似瘴。”（《范石湖集》卷十五）而楊萬里《送彭元忠縣丞北歸》詩：“君從循州來，却向饒州去……黃茅起煙如黃沙，瘴母照永曼陀花。……”（《誠齋集》卷十六）則瘴氣又像“黃沙”。大抵南方稱瘴的都是十分濃鬱的嵐霧，北宋王禹稱《小畜集》卷八《謫居感事一百六十韻》所說“畬烟濃似瘴”當即指此而言。[98]楊萬里《瘴霧》詩也有很具

94　《淮海集》（《四部叢刊》初編本），卷十一，頁四十。

95　見《斜川集》卷三。按蘇軾此詩係用《後漢書·馬援傳》：“吾從弟少游常哀吾慷慨多大志，曰：‘士生一世，但取衣食裁足，乘下澤車，御款段馬，爲郡掾史，守墳墓，鄉里稱善人，斯可矣。致求盈餘，但自苦耳’。當吾在浪泊西里間，虜未滅時，下潦上霧，毒氣重蒸，仰視飛鳶跕跕墮水中。臥念少游平生時語，何可得也！”。

96　見《誠齋集》（《四部叢刊》本），卷十七，葉十二。《瘴霧》詩見葉十五，《明發龍川》第二首首句云：“優入蠻溪受瘴煙”。

97　《葛洪肘後備急方》（北京，人民衛生出版社，1955年校勘本），卷二，頁54。

98　引文據《四部叢刊》初編本，頁47上。《廣西通志·輿地五》說：“天氣炎蒸，地氣卑溼，結爲瘴癘，爲害不小。有形者，如雲霞，如濃霧；無形者，或腥風四射，或異香襲人。”

體的描述說：「午時猶未識金烏，對面看人一似無」。（《誠齋集》卷十七）

　　此外，南方多蛇，有些人認爲瘴霧和蛇類有關係，如白居易《送客春遊嶺南二十韻》：「雲煙蟒蛇氣，刀劍鱷魚鱗。」元稹《酬樂天東南行詩一百韻》：「瘴窟蛇休蟄，炎溪暑不徂。」梅堯臣《書竄》：「英州五千里……毒蛇噴曉霧，晝與嵐氣沒。」宋徽宗勑臣下撰集的《聖濟總錄》卷三十七《瘴氣》也說在廣南「七、八月之間，山嵐烟霧蛇虺郁毒之氣尤甚，故當是時，瘴疾大作。」又說「二廣七閩多山嵐烟霧蛇虺郁毒之氣。」[99]而在三峽地區多蚯蚓，人們則相信蚯蚓在瘴霧致疾的作用中扮演了重要的角色。范成大第二次登南岳時很有信心地說：「我從蠻嶺瘴煙來，不怕雨雲埋嶽趾。」（《重遊南嶽》）但來到三峽地區，足染雲霧，又不免担憂起來，其《一百八盤》詩云：「疇昔辭桂林，自謂已出嶺，蛻蟬蠻煙中，恍若醉夢醒。今來峽山路，步步躡雲頂，仍聞蚯蚓瘴，顧與嶠南等」。這是由於當地蚯蚓極多，人們以爲「蚯蚓祟人能作瘴」（《入秭歸界》）的緣故。這些當然都是錯誤不實的認識。

　　實際上南方多霧、山嶺、河川湖海等水面多霧並非異事。當代地理學者告訴我們：「從我國年平均霧日分布圖上仍可以看出一個總趨勢，也就是我國東南半壁霧多，而西北半壁霧少」。即東南半壁空氣較濕潤，富於水氣；而山上或山頂因海拔較高，上升氣流中水氣遇冷凝結成霧；南方多山，山間的河谷盆地因有河川湖泊，水氣豐富，在夜間河谷盆地兩側或四周山坡輻射冷卻的冷空氣沿著山坡下流，使河谷盆地中的水氣凝結成霧；海面水氣也比較多，也易於成霧。[100]劉恂所說的「嵐霧作瘴」大體上是指山嶺間的河谷盆地的情形而言的。

　　上述的一些「地厲」，如蠱、短狐，依下文所述，其存在或致病的機制，按照現代醫學的標準來考量的話，實在是使人無法接受的。而「瘴」依古代較流行的一種看法，如果主要是指瘧疾而言的話，就今日科學的知識來看，實際上也與霧無關。儘管如此，南土，特別是嶠南地區，炎熱潮溼的自然環境，依照現在的衛

99　據北京，人民衛生出版社，1962年校點本。按《廣西通志》卷八十四《輿地五》還引有類似的說法，如：「草木蔚薈，則虺蛇出沒其間。嵐霧之所蒸，毒氣之所釀，積而爲瘴」（《梧州府志》）；「草木蓊勃，虺蛇出沒，日蒸水氣，積而爲瘴」（郝浴《通志》）；「深山密箐，蟲蛇草木之毒鬱蒸成瘴。溪壑間如絲如縷，如霧如雲，或呑酸，或飯氣焦臭，皆瘴也」（《太平府志》）。

100　見張家誠等《中國氣候》頁403、409。又張家誠等《中國的氣候》，頁236、239。

生學或熱帶醫學的調查，確實是宜於許多致疾或傳播疾病的因素孳生繁殖的。在古代文獻裡也常稱南方是“炎瘴地”，如白居易曾稱道州（在今湖南西南）、江州（在今江西北部）、通州（今四川達縣）、忠州（今四川忠縣）爲“炎瘴地”[101]，北宋蔣堂也說“五嶺，炎瘴之地”（《續資治通鑑長編》卷一一一仁宗明道元年二月丙午條）。李綱《題唐氏所藏崔白畫雪中山水》詩：“南方炎熱瘴癘地”。（《梁谿集》卷三十）“炎”與“瘴”連用，多少也表明了南方的地理條件與疾病之間的關聯。那麼在南土範圍內確實因其異於北方的特殊地理環境而存在著不少只適應或較適應在南方自然條件下生存、繁衍、活動的病原體和擔當疾病感染媒介的生物，並且由於其活動而引起一些只有南方才有或南土遠較北方常見、流行的疾病。換言之，即在南方存在著一些地方病。近年的調查顯示在全國範圍內爲患最爲普遍的五大寄生蟲病，即血吸蟲病、瘧疾、絲蟲病、黑熱病和鉤蟲病，其中除黑熱病主要爲禍於北方外，血吸蟲病只流行於南方，而其餘三者均以南方爲嚴重流行區域，基本上可以說是南土的地方病。[102]

在南方人們所以感染這些常見的地方病，除了自然地理的背景之外，還跟當地居民的一些生活習俗、信仰、日常生產活動等人文因素有關。這裡我們只打算敘述其中最顯而易見的幾項。

一是南方多河川、湖泊，隨著水利事業的進展，溝渠縱橫是十分普遍的現象，即所謂的水鄉澤國在南土是極常見的景象，因而生產及日常活動常在水上、水中或水邊與水接觸，《淮南子・原道》說：“九疑之南，陸事寡而水事衆，於是民人被髮文身以像鱗蟲，短綣不絝以便涉游，短袂攘卷以便刺舟。因之也。”說的地區雖是嶺南，但“陸事寡而水事衆”未嘗不是整個南方的普遍現象。南方多

101　見所作《和陽城驛》、《潯陽宴別》、《寄蘄州簟與元九因題六韻》、《不准擬二首》：“憶昔謫居炎瘴地”自注：“予自左遷江峽，凡經七年”即指忠州。

102　按上海出版之《大衆醫學》1950年12月號（5卷2期），《前言：地方病防治前夕》、金寶善《地方病在廣大農村中的重要性》、應元岳《瘧疾在臨床方面的認識》、姚永政《瘧疾的管制》等當代中國著名醫學家之論文均稱瘧疾、血吸蟲病、黑熱病、鉤蟲病等爲“地方病”。但到50年代末“地方病”一詞所指已有不同的內容，不含上述各病，同時使用亦較嚴謹。本文“地方病”則仍依較早的意義和用法。又可參考日本學者宮下三郎，《宋元の醫療》一文有“南遷と風土病”一節，亦稱上述等病爲南土風土病，即地方病。見藪內清編《宋元時代の科學技術史》（日本，京都，京都大學人文科學研究所，1967年），頁129至134。

水田，《史記‧貨殖列傳》：“楚越之地……火耕而水耨”。又《漢書‧武帝紀》：“江南之地，火耕水耨”。應劭曰：“燒草下水種稻，草與稻並生，高七、八寸，因悉芟去，復下水灌之，草死，獨稻長，所謂火耕水耨。”火耕水耨的農作方式十分常見，農民經常有機會與水接觸。杜光庭《錄異記》卷七：“廬山西南有湧泉觀。昔太極仙公葛玄煉丹於此，感致泉水，自石竇中湧出，流百餘里，入潯陽湖，溉田極廣。其地舊多水蛭，農人患之。仙公刻符於洞門之下，水沃之上，自此水所及處皆無水蛭之患，遠近賴之。”[103] 宋羅願《新安志》卷二《敘貢賦》：“歙（安徽歙縣）之人芸以三、四，方夏五、六月，田水如湯，父子袒跣膝行其中，汩深泥，抵隆日，蚊蠅之所撲緣，蟲蛭之所攻毒，雖數苦，有不得避，其生勤矣。”[104] 由這兩段文字，可以看出有些地區的水中蓄藏著相當有害的因素，對農民的健康是十分不利的。

《史記‧貨殖列傳》：“楚越之地，地廣而人稀，飯稻羹魚，或火耕而水耨，果隋蠃蛤，不待賈而足。”《漢書‧王莽傳下》：“荊、揚之民，率依阻山澤，以漁采為業。”《隋書‧地理志》：“江南之俗，火耕水耨，食魚與稻，以漁獵為業。”《鹽鐵論‧論菑》：“越人美蠃蚌而簡太牢。”李綱《田家四首》之一描寫南方農家的景象和生活說：“江村煙水遠……田疇滕秔稻，網罟足魚蝦……”（《梁谿集》卷五）南土居民經常捕撈水中的魚蝦螺蚌，這樣也就免不了在水中或水畔接觸到水了。

南方炎熱，人們也常在河湖中洗澡。《尚書大傳》：“吳越之俗，男女同川而浴。”[105]《漢書‧五行志》：“南越盛暑，男女同川澤。”又：“蛾生南越，越地多婦人，男女同川。”又《賈捐之傳》：“駱越之人，父子同川而浴。”《論衡‧變動》：“南方至熱，煎沙爛石，父子同水而浴。”《太平寰宇記》卷一六六《嶺南道十‧貴州》說當地的“里人”也有“男女同川而浴”的風俗。《嶺外代答》卷二《海外黎蠻》條也說猺族婦人“群浴於川”。

南方人善游泳、操舟是北方人所熟知的。《淮南子‧道應》：“白公問於孔子……白公曰：‘若以石投水中，何如？’曰：‘吳越之善沒者能取之矣’……”《

103　引文據《津逮祕書》本，11集，141冊，卷7，葉3，“異水”條。
104　引文據景印文淵閣《四庫全書》本，卷二，葉十九。
105　孫星衍《孔子集語集解》，頁135，台北，廣文書局，1968年。

主術》篇："湯、武聖主也，而不能與越人乘幹舟而浮於江湖。"又《齊俗》篇："胡人便於馬，越人便於舟。"

　　在水邊清洗衣物、器皿也是日常生活中的常事。《華陽國志·南中志》："有竹王者，興於遯水。有一女子浣于水濱……"。《臨海記》："郡東北二十五里任曾逸家有一石井……長老相傳云，昔有採材人臨溪洗器，流失酒杯，後出於井中。[106]宋王闢之《澠水燕談錄》卷八《事誌》："咸平中，陳文惠謫官潮州，時州人張氏濯于江邊，爲鱷魚所食。"這也得與水接觸。

　　儘管遠在新石器時代河姆渡文化的南方先民已經開始鑿井了。[107]但一直到很晚的時代，甚至今日，還有爲數極多的南土居民仍舊飲用著天然的河流溪泉、湖泊沼澤的水。如《後漢書·列女傳》："廣漢姜詩妻者，同郡龐盛之女也。詩事母至孝，妻奉順尤篤。母好飲江水，水去舍六、七里，妻常泝流而汲。"《太平經·起土出書訣》："今時時有近流水而居，不鑿井，固多病不壽者，何也？"[108]《舊唐書·西南蠻傳》："東謝蠻……依樹爲層巢而居，汲流以飲。"又《李皋傳》："貞元初拜江陵尹、荊南節度等使……自荊至樂鄉凡二百里，旅舍鄉聚凡十數，大者皆數百家。楚俗佻薄，不穿井，飲陂澤。皋始命合錢開井以便人。"按《冊府元龜·牧守部八·興利》的記載更詳細："嗣曹王皋貞元初爲江陵……自荊至樂鄉凡二百餘里，旅舍鄉聚凡十數，大者皆數百家。楚俗佻薄，舊不鑿井，悉汲陂澤，至夏與牛畜同潦，或汲水數里，行旅重困，皋乃令合錢作井，民以爲便。"[109]《續資治通鑑長編》神宗熙寧七年"梓夔路察訪熊本言：夔峽州郡民間無井飲，夔州城中引三洞、三臂兩溪水，分布之衢巷……"。

　　嶺表地區這種情形十分普遍。李綱自注其《錢申伯自海陵避地臨汀聞余北歸相迓於武平（今福建武平）賦詩見意二首》之一說："嶠南多飲溪流，至武平始得

106　唐釋道世《法苑珠林》（《四部叢刊》初編本），卷三七引。

107　浙江省文物管理委員會，《河姆渡遺址第一期發掘報告》，《考古學報》1978年1期，頁42、49至51。《新中國的考古發現和研究》，頁148，北京，文物出版社，1984年。又可參考楊鴻勛的《河姆渡遺址木構水井鑒定》一文，見所著《建築考古學論文集》，頁52至57。北京，文物出版社。1987年。

108　據王明校《太平經合校》本，卷45，頁121。北京，中華書局，1960年。

109　《冊府元龜》（北京，中華書局，1960年據明刻影印本），卷六七八，葉十二。直到五十年代末湖南湘陰的居民還有"以湖水作爲飲用水"的。見湘陰縣委防治血吸蟲病領導小組《湘陰縣血吸蟲病個人防護工作的經驗》，《人民保健》1959年第3號，頁280。

井泉甘冽。"（《梁谿集》卷二十七）南宋初章傑《嶺表十說》之九說："道路多無井飲，而瀕江之民與夫舟行者皆汲江水。其間豈無邂逅遇毒者？此行路之人所以多疾病也。若經烹煎，則非生水。此廝役輩大率飲冷，故尤蹈其患。"（《嶺南衛生方》卷中）《唐書·地理志七上》廣州南海郡南海縣下注云："山峻水深，民不井汲，都督劉巨麟始鑿四井。"《輿地紀勝》卷一百十《廣南西路·潯州·古蹟》："井一十三所，咸平六年（1003年）以澗水毒惡，飲者多病，於是開鑿井一十三所。"《嶺外代答·風土門·瘴地》："橫、邕、欽、貴，皆無石井，唯欽江水有一泉，乃上泉，非石泉也。而地產毒藥，其類不一，安得無水毒乎？"

長江流域也極為常見。北宋石介《記永康軍（今四川灌縣）老人說》稱："永康舊無井，賴而食之者，導江而已。冬則江水凍涸，人去永康城二十里，就有水而取資焉。其艱也如此。"[110]《梁書·良吏·何遠傳》："遷武昌太守……武昌俗皆汲江水。"劉禹錫《劉夢得文集》卷二七《機汲》："瀕江之俗，不飲於鑿，而皆飲之流。"[111]張籍《江南曲》也說："江南人家"的情形是"無井家家飲潮水。"陸游《入蜀記》卷三："江水渾濁，每汲用，皆以杏仁澄之，過夕乃可飲……"即生活在船上的人亦飲江水。北宋李端叔《卜算子》詞云："我住長江頭，君住長江尾，日日思君不見君，共飲長江水……"[112]透露了當時長江流域人民生活的一個重要的側面。[113]

這些牽連到水的日常生活活動、生產勞作所以有危險，是由於這些水有時受到污染，成了危害人們健康的疫水。上文所述潯州十三井即因居民飲用澗水多疫病而開鑿的；周去非也擔心橫、邕等四州的飲用水受到毒物的污染。章傑也說嶺外的江河水難免沒有毒害。沈括《夢溪補筆談》卷三則明白地宣稱嶠南的溪澗水都有毒："嶺南深山中有大竹，有水甚清澈；溪澗中水皆有毒，唯此水無毒，土人

110　見《徂徠石先生文集》（陳植鍔點校本，北京，中華書局，1984年），卷九，頁105。

111　《劉夢得文集》（《四部叢刊》初編本），卷二七，頁162。

112　李之儀《姑溪詞》（景印文淵閣《四庫全書》本），葉九至十。

113　這樣取得飲用水的方式在有些地區一直晚到當代還是沒有改變。見《元史·良吏·楊景行傳》："授贛州路會昌州判官。會昌民素不知井飲，汲于河流，故多疾癘"。黃叔筠《海南島白沙縣少數民族瘧疾調查》（《中華醫學雜誌》38卷5期，1952年5月）說海南白沙縣"黎區沒有水井，喝的是河裡的生水"。見頁423。又鄭偉如等《日本血吸蟲病之臨床觀三五五例病案之分析》（《中華醫學雜誌》37卷10期，1951年10月）頁829："江南農村的河流為飲水及洗滌用水之重要來源。"

陸行多飲之……王彦祖知雷州日，盛夏之官，山溪間水皆不可飲，唯剖竹取水；烹飪飲啜，皆用竹水。"[114]他們這種顧慮絕不是過敏的杞憂。上引《左傳》已說"川澤納污"，《論語・子張》也說："紂之不善，不如是之甚也。是以君子惡居下流，天下之惡皆歸焉。"河川在古代不只匯集各段落與支流沖刷來的泥沙、雜物，也容受人們所拋棄的各種廢物或垃圾。[115]《淮南子・要略》："夫江河之腐齒不可勝數，然祭者汲焉，大也；一杯酒，白蠅漬其中，匹夫弗嘗者，小也。"即人們認爲江河廣大，人們的廢棄物不足以使其全面或嚴重污染。但實際上，有些污染的嚴重後果並不是基於古代科學水平所做的過低估計能夠預料得到的。譬如受到有血吸蟲病的患者所排泄的含有血吸蟲卵的糞便的污染，這樣的水就有可能使飲用者以及在這些水中、水畔活動或經過的人受到血吸蟲病的侵襲。[116]湖南長沙馬王堆一號漢墓墓主，第一代軑侯夫人可能就是因爲在受污染的疫水上泛舟遊玩而感染了日本血吸蟲的。[117]

　　而古代人們的一些生活習俗正製造出了這一重要的環節。最遲自漢代以來，已有記載說南方有一些終身居住、生活在船上的水上人家："吳地以船爲家，以魚爲食"（《漢書・五行志中之上》）東漢桓帝永興二年（154年）但望上疏說巴郡郡治江州（今四川重慶）的居民有"結舫水居五百餘家"。（《華陽國志・巴志》）唐李肇《國史補》卷下："江湖語云：'水不載萬'，言大船不過八、九千石。然大曆、貞元間，有俞大娘航船最大，居者養生送死、嫁娶悉在其間。開巷爲圃，操駕之工數百。南至江西，北至淮南，歲一往來，其利甚博。此則不啻載萬也。洪、鄂之水居頗多，與屋邑殆相半。"[118]這些水上居民或船上的乘客在舟上活動所產生的垃圾或排泄物就是河川湖沼的污染源之一。《論衡・雷虛》給了我們重要的訊息："舟人洿溪上流，人飲下流。"這裡所說的"洿"，即"污"，究

114　據胡道靜《夢溪筆談校證》本（上海，上海古籍出版社，1987年），頁1029。

115　《宋史・河渠七》說孝宗淳熙七年（1180年）"守臣吳淵言：'萬松嶺兩旁古渠多被權勢及百司公吏之家造屋侵占，及內砦前石橋、都亭驛橋南北河道，居民多拋糞土、瓦礫，以致填塞，流水不通'。"就是一個例子。

116　湖南湘陰縣血吸蟲病防治工作者勸導人們要注意的事項中，就有"不喝生冷水"、"不屙野糞"兩件事。見湘陰縣委防治血吸蟲病領導小組，前引文，頁279。

117　見談正吾《西漢女屍怎麼會患血吸蟲病》，《歷史大觀園》1988年3期，頁23。

118　據汲古閣本，卷下，葉二十二。

竟指什麼，不易確定，依《雷虛》篇上下文來看，極可能指排泄糞便而言。[119]明末徐霞客與僧靜聞相約偕往雲南雞足山一遊，途中舟行路程甚多，《徐霞客遊記》卷二下《楚遊日記》記靜聞在湘南夜泊時曾"因小解涉水登岸"，自注云："靜聞戒律甚嚴，一吐一解，必俟登涯，不入于水。"卷三下《粵西遊日記》又記載靜聞抱病在舟中的情形："靜聞以病後成痢，堅守夙戒，恐污穢江流，任其積垢遍體，遺臭滿艙，不一浣濯；一舟交垢（按：當是"訴"之誤字）而不之顧。"[120]靜聞堅守佛教戒律，不嘔吐或排泄糞便於江河水中，而他人則並不如此。這樣，王充所說的"人飲下流"或在下流活動的人就有染病的危險了。

其次，廁所建在靠近水邊之處也造成水的污染。宋王質《雪山集》卷六《玉淵龍記》記廬山五老峰傍有瀑布，下墜於深潭，"是爲玉淵"，"其中不知其幾百萬丈。相傳有龍居之，往往夜靜月明，或見有婦人立於潭際者，即之輒入于淵。有僧負溪爲廁，夢有婦人訶責：'安得污我室！'比夕再夢，僧懼，亟去之，乃止。故以爲是雌龍也……"[121]這個故事說明了當時已有人利用河岸來興建廁所。這種設想並非絕無僅有的念頭。岳珂《桯史》卷十一《番禺海獠》提到當時留居中國的阿拉伯商人也有類似的做法："番禺有海獠雜居，其最豪者蒲姓，號白蕃人，本占城之貴人也……願留中國，以通往來之貨……定居城中……居無溲匽，有樓高百餘尺，下瞰通流，謁者登之。以中金爲版，施機蔽其下，奏廁鏗然有聲。"直到近年的調查研究表明不論是在中國南方，還是在菲律賓，這種水邊的廁所都是污染水源，傳播血吸蟲病的一個重要環節。[122]

七世紀後半期唐沙門義淨《南海寄歸內法傳》卷二《便利之事》談論僧侶們便後"洗手洗身"的事，說："江淮地下，瓫（瓮）廁者多，不可於斯即爲洗淨。

---

119 又可參見拙作《關於兩漢魏晉時期養豬與積肥問題的若干檢討》，《中央研究院歷史語言研究所集刊》57本4份，1986年。

120 引文據褚紹唐等整理本《徐霞客遊記》（上海，上海古籍出版社，1980年），頁201、445。五十年代湖南湘陰縣血吸蟲病防治工作者展開管糞工作，始將全縣的水上居民，即船民、漁民的船上裝上馬桶，設了糞罐，"作到了船船有馬桶（或糞罐），改變了過去糞便入河、飲用疫水的現象"。見湘陰縣委防治血吸蟲病領導小組，前引文，頁280。

121 引文據景印文淵閣《四庫全書》本，卷六，葉三至四。

122 見張國高《看江南鄉村的環境》，《大衆醫學》1950年6月號，4卷2期，頁80。

宜應別作洗處，水流通出爲善。"[123]其實，這麼做也免不了會污染土壤和水。

另外，上引《冊府元龜》李皋在江陵一帶爲民開井的事提及江陵一帶的居民用水"悉汲陂澤，至夏與牛畜同潦"。這也是極不衛生的，由於牛等家畜同樣可以自然感染日本血吸蟲病，成爲保蟲宿主，其糞便同樣可使陂澤成爲疫水。[124]

在近年展開的血吸蟲病防治運動中，加強糞便管理是一不可或缺的環節，而管制人們在河邊洗刷馬桶、糞具則是其中的重要工作之一。這種習俗起源於何時，很難考察出來，值得注意的是吳自牧《夢粱錄》卷十三："杭城戶口繁夥，街巷小民之家，多無坑廁，只用馬桶，每日自有出糞人瀽去，謂之'傾腳頭'。各有主顧，不敢侵奪；或有侵奪，糞主必與之爭，甚者經府大訟，勝而後已。"[125]雖有人收去，但馬桶勢必常清洗，估計清洗的地點就在河湖水渠岸邊。則最遲在宋代已有大量城鎮人口年年日日地因洗刷糞具而嚴重地污染著水源。

人畜隨地大便而產生的野糞也是當代醫學工作者在致力於糞便管理時所不能輕易放過的水土污染源。范成大《驂鸞錄》說"大抵湘中率不治道，又逆旅漿家皆不設圊溷，行客苦之。"[126]明末徐霞客也提到湖南永州愚溪橋附近"石甚森

123　據台北，白馬精舍印經會景印日本大正新修《大藏經》本，2125號，頁218下欄。

124　《太平御覽》卷八百九十九引《抱朴子》："南方水牛，無冬夏，常臥水中"。梅堯臣《江畔》詩："江畔菱蒲碧無主，吳牛夜驅江干歸"。《玉編》："𤘘，馬轉臥土中"即指牛在江畔泥水中翻身打滾。陸游也有幾首詩敘述牛在水中、水邊活動的情形。《十二月八日步自西村》："牛跡重重野水濱"。《遊雲門諸蘭若》："牛行響白水，鷺下點青秧"。《牧牛兒》："溪深不須憂，吳牛自能浮"。鄭偉如等前引文，頁830："著者在鄉間常見牧童牽牛至溪中，牛即排糞排尿。查我國鄉間牛群之患血吸蟲病屢見各家報告，任牛糞沾污河水之惡習，其有利於人類血吸蟲病之傳播，無可置疑"。徐秉錕等《廣東的地理環境同血吸蟲病流行的關係》一文指出在廣東的血吸蟲病流行地區，"秋冬水位退落後，大批的牛隻放牧在草塘裡，牛糞占這時期及春水剛開始漲時期污染水源的主要地位"。見《中華醫學雜誌》1958年11號，1038頁。又，中華醫學會《新中國血吸蟲病調查研究的綜述》也說"根據調查"，感染日本血吸蟲病的家畜以"耕牛的感染率最高，耕牛感染後，不但每天排出大量糞便，對人的危害很大……"，見《人民保健》1959年第1號，頁14。近年血吸蟲病防治工作者也說："水牛糞中〔血吸〕蟲卵數較黃牛爲少，但水牛喜排糞于河邊及水田中，故水牛血吸蟲感染的流行病學意義不亞于黃牛。"見毛守白等《血吸蟲病防治手冊》，頁20，上海，上海科學技術出版社，1964年1版，1982年第5次印刷。

125　引文據上海，上海古典文學出版社點校本《東京夢華錄（外四種）》，頁245。1956年。

126　據《叢書集成初編》本，頁13至14。

幻"，但"行人至此以爲溷圊，污穢靈異，莫此爲甚。"[127]估計在古代，野糞也是十分常見的。

這些都是導致土壤及水源污染的因素。

再則是南土居民，包括非漢人的少數民族在內，雖然也有醫藥知識，也採用醫藥治病，如唐《新修本草·菜部》卷十八，《蒜》條下自註："與胡蔥相得，主惡䗜毒、山溪中沙蝨、水毒，大效。山人俚獠時用之也。"[128]《嶺外代答》卷四："間有南人熱瘴挑草子而愈者。南人熱瘴發一、二日，以針刺其上、下脣，其法捲其脣裡，刺其正中，以手捻去脣血，又以楮葉擦舌，又令病人並足而立，刺兩足後腕橫縫中青脈，出血如注，乃以青蒿和水服之，應手而愈。冷瘴與雜病不可刺矣。熱瘴乃太陽傷寒證，刺出其血，是亦是得汗法耳。人之上、下脣是陽明胃脈之所經，足後腕是太陽膀胱脈之所經，太陽受病三日而陽明受病。南人之針可以暗合矣。"足見南方人有病亦用針、藥治療，而且在相當程度上還是有效的。

然而在文獻中，特別是南來的北方人心目中，南方人有病不訴諸醫藥而祈求鬼神或施行巫術，或置病人於不顧的習俗卻是極其普遍的現象。如《唐書·循吏·羅珦傳》："擢廬州（今安徽中西部）刺史，民間病者，捨醫藥，禱淫祀。珦下令止之。"《豫章黃先生文集》卷四《次韻定國聞蘇子由臥病績溪》："炎洲冬無冰，十月雷虺虺。及春瘴癘行，用人祭非鬼。巫師司民命，藥石不入市。"[129]南宋初王之道《故李公孝先墓誌》記李孝先爲無爲縣（今安徽無爲）令，當時"南方信機，雖至父母癘疫，子棄不敢侍。里中有蹈此者，公責以大義，且曰：冬傷於寒，春必病瘟，理也。爾乃不問醫而問巫，愚亦甚矣！"[130]宋李覯《邵氏神祠記》："江南地熱濕，四時多癘疾。其病者，謝去醫藥，閉門不與親戚通，而歸死

127　《徐霞客遊記》卷二下《楚遊日記》，頁213。按野糞在水源污染、傳播血吸蟲病上有重要意義，見血吸蟲病研究委員會《湖沼地區防制血吸蟲病的經驗》，《人民保健》1960年第2號，頁89。波爾德列夫，《關於消滅血吸蟲病措施的幾點意見》，《中華醫學雜志》1956年第4號，頁401。《湘陰縣血吸蟲病個人防護工作的經驗》，《人民保健》1959年第3號，頁278。《血吸蟲病防治手冊》，頁69。

128　按原文"山溪中"缺"山"字，據《經史證類大觀本草》卷二八，葉三引文補。台南，正言出版社據光緒甲辰武昌柯氏刊本影印，1977年。

129　引文據《四部叢刊》初編本，卷四，頁三十四上。

130　王之道《相山集》（景印文淵閣《四庫全書》本，卷二九，葉五。

於神。"[131]曾敏行《獨醒雜志》卷二："夏英公帥江西日，時豫章大疫，公命醫製藥，分給居民。醫請曰：'藥雖付之，恐亦虛設。'公曰：'何故？'醫曰：'江西之俗，尚鬼信巫，每有疾病，未嘗親藥餌也。'公曰：'如此則民死於非命者多矣'……"又卷三："劉執中彝知虔州，以其地近嶺下，偏在東南，陽氣多而節候偏，其民多疫，民俗不知（智），因信巫祈鬼。"

一○四六年蔡襄《太平聖惠方後序》："閩俗左醫右巫，疾家依巫索祟，而過醫門十纔二、三，故醫之傳益少。"[132]南宋梁克家說："慶曆中，蔡公襄爲守，尤深惡疾家依巫索祟之弊，蓋非獨古田然也……然不擇貴賤，愚者常易惑；不問富貧，弱者常易欺。故風俗至今未能盡革。每一鄉率巫媼十數家，姦民與爲道地，遇有病者相爲表裏，既共取其貨賮，又使其不得訪醫問藥以死。如是者可痛也。"[133]

《唐書・李德裕傳》："出德裕爲浙西觀察使……南方信禨巫，雖父母癘疾，子棄不敢養。"宋蘇頌《蘇魏公文集》卷六十四《潤州州宅後亭記》："吳、楚之俗，大抵信禨祥而重淫祀，潤介其間，又益甚焉。民病且憂，不先醫而先巫。"[134]

兩湖也有這類風俗。北宋劉摯《荊南府圖序》說鄂西江陵一帶的居民"尚鬼，病者先巫後藥。"[135]宋范致明《岳陽風土記》："荊湖民俗……疾病不事醫藥，惟灼龜、打瓦，或以雞子占卜，求祟所在，使俚巫治之。親族不相視病，而鄰里往往問勞之。謂親戚視之則傳染，鄰里則否。"[136]周必大說湘西"俗病，屠牛祭鬼。"（《文忠集》卷七十四）《梁書・止足・顧憲之傳》說衡陽"土俗，山民有病，輒云先人爲禍，皆開冢剖棺，水洗枯骨，名爲'除祟'。"

四川也有報導，《舊唐書・高士廉傳》："蜀土俗薄，畏鬼而惡疾，父母病有危殆者，多不親扶侍，杖頭挂食，遙以哺之。"《續資治通鑑長編》太宗太平興國八年（983年）十二月："李惟清……下邑人，嘗爲涪陵（今四川涪陵）尉，民尚

131　據王國軒校點本《李覯集》（北京，中華書局，1981年），卷三十，頁337。
132　見宋梁克家《淳熙三山志》（景印文淵閣《四庫全書》本），卷三九《土俗類一・戒論・勸用醫》。
133　《淳熙三山志》卷九《公廨類三・諸縣祠廟》末自注。
134　據管成學等點校本，北京，中華書局，1988年。
135　見《忠肅集》（景印文淵閣《四庫全書》本）卷十，葉1至3。
136　據景印文淵閣《四庫全書》本，葉十九。

淫祀，疾病不療治，聽命於巫。"王安石《虞部郎中晁君墓誌銘》稱開州（今四川開縣）"氓疾不治，謁巫代醫。"[137]范鎮《東齋記事》卷四："廣安軍（今四川廣安）俗信巫，疾病不加醫藥。康定中（1040年）大疫，壽安縣太君王氏家婢疫染相枕藉，他婢畏不敢近，且欲召巫以治之。"[138]程顥《華陰侯先生墓誌銘》："調知巴州化成縣（今四川巴中），巴俗尚鬼而廢醫，惟巫言是用，雖父母之疾皆棄去弗視。"[139]《宋史·周湛傳》："通判戎州（今宜賓市一帶），俗不知醫，病者以祈禳巫祝為事。"又，"壁山（今四川壁山縣）有淫祠，民病輒解牛以祭。"（《文忠集》卷三十四）李石《皇甫孺人墓誌》："掌蜀學……弟子員至千餘。春煽疫，同舍畏厲鬼，不肯視病。"（《方舟集》卷十七）

　　至於嶺南則更為著名。《獨醒雜志》卷三："廣南風土不佳，人多死於瘴癘，其俗又好巫尚鬼，疾病不進藥餌，惟與巫祝從事，至死而後已。方書、藥材未始見也。"宋太宗雍熙二年（985年）九月"覽《邕管雜記》，歎其風俗乖異"於是下詔"嶺南諸州"長吏，要求對當地人民"病不求醫"等習俗，"深宜導化，使之悛革"。（《續資治通鑑長編》卷二六雍熙二年九月）《嶺外代答》也說"深廣不知醫藥，唯知設鬼而坐致殂殞。"《續資治通鑑長編》太祖開寶四年（971年）十月："邕州俗重祠祭，被病者不敢治療，但益殺雞豚，徼福於淫昏之鬼。"南宋張栻在靜江軍（今廣西桂林市）所發《諭俗文》說"管下舊來風俗不美"，其中有兩項，一是："愚民無知，遇有災病等事，妄聽師巫等人邪說，輒歸罪父祖墳墓不吉，發掘取棺，栖寄它處，謂之'出祖'"；另一項是："愚民無知，病不服藥，妄聽師巫，淫祀諸禱，因循至死。反謂祈禱未至，曾不之悔。甚至臥病在床，至親不視。"[140]又"瓊州言：俗無醫，民疾病，但求巫祝"。（《續資治通鑑長編》卷十六太祖開寶八年十一月己巳條）秦觀《雷陽書事》詩說："駱越風俗殊，有病皆勿藥。束帶趨祀房，瞽史巫紛若。絃歌薦繭栗，奴主洽觴酌。呻吟殊未央，更把雞骨灼。"（《淮海集》卷六）南宋初章傑《嶺表十說》之八云："俚俗有病，必召

137　《臨川先生文集》（《四部叢刊》初編本），卷九十六，頁603。

138　《叢書集成初編》本，卷四，頁二六。

139　見《二程集·河南程氏文集》（王孝魚點校本，北京，中華書局，1981年），卷四，頁504。

140　《南軒集》（景印文淵閣《四庫全書》本），卷十五，葉十五、十七。

巫覡而祭鬼神。士大夫咸笑其信巫不信醫。"[141]

　　與病不求醫相關的就是南土缺醫少藥。在交通不便的山區尤其如此，元稹《敘詩寄樂天書》說自己"授通之初，有習通之熟者曰：通之地……夏多陰霾，秋爲痢瘧，地無醫巫，藥石萬里，病者有百死一生之慮。"[142]杜牧《祭周相公文》也說桐廬（今浙江桐廬）"晝有毒霧，病無與醫。"[143]南宋王棐說"過桂林以南無醫藥。"（《嶺南衛生方》卷上《指迷方瘴瘧論》）蘇東坡在嶺南也屢言無藥。[144]即使有少數醫師，也是醫術十分有限的，而市場上則很難買到藥材。上引蔡襄《太平聖惠方後序》已表明醫藥的傳布因人們"左醫右巫"而受到顯著的影響，章傑檢討嶠南信巫不信醫的習俗時也指出"蓋嶺外良醫甚鮮，凡號爲醫術者，率皆淺陋。又郡縣荒僻，尤乏藥材；會府大邦，間有醫藥，且非高價不售，豈閭閻所能辦？況於山谷海嶼之民，何從得之？彼既親戚有疾，無所控告，則不免投誠於鬼，因此而習以成風者也。"信巫不信醫與缺醫少藥兩者之間形成了惡性循環。章傑並說"近歲北醫漸至"，但在嶺南醫藥的普及還是相當緩慢的。[145]長久以來南方常見的這種"信巫不信醫"和缺醫少藥的情況，所可能產生的嚴重後果是耽擱延誤了病人救治的時機，加重了患者的病情，助長了疾病的蔓延，導致更高的疾病死亡率。

　　總之，南方的氣候或地理特徵、醫藥衛生條件、居民的一些生活習俗和信仰，使得許多適應當地自然環境的病原體和疾病傳播媒介生物獲得了理想的生存空間，得以大肆繁殖、活動，導致人們產生一種普遍而深刻的現象，即南土的地

141　關於這類的記載還有不少，不必一一列舉，筆者將另撰文討論。

142　《元稹集》，卷三十，頁353。又白居易《得微之到官後備知通州之事，悵然有感，因成四章》之三說："人稀地僻醫巫少，夏旱秋霖瘴瘧多"。

143　見《樊川文集》，頁205至206。

144　《與王庠》尺牘之一："寄遺藥物并方，皆此中無有，芎䓖奇味，得日食以禦瘴也"。第二首："海隅風土不甚惡，亦有佳山水……無醫藥"。《與姪孫元老四首》之一："海南連歲不熟……及泉、廣海舶絕不至，藥物、酢醬等皆無。"《與參寥子》第十七首："瘴癘病人，北方何嘗不病，是病皆死得人，何必瘴氣？但苦無醫藥。"所撰《藥誦》："吾始得罪遷嶺表……地無醫藥，有亦不效。"

145　萬曆四年（1576年）廣東布政司右布政使鄒善重刊《嶺南衛生方》時命婁醫安道附以八證及李東垣《藥性賦》於後，安道按語云："北人初至百粵，及於遐荒絕域之地，其業醫者，既鮮且繆。"（鄒善《原序》及卷下按語）可見醫藥在嶺表的傳布到這時還在許多地點存在著不少困難。

方病十分猖獗，而北方則不如此。

四、幾種主要的南方疾病

(一)瘧疾

據上文所述，南土是多疾病的。瘧疾就是南方的一種主要的流行疾病。陳邦懷先生認爲在殷墟甲骨文中已經有了"瘧"字[146]，這一主張並沒有得到古文字學者的普遍接受。[147]但學者認爲殷墟甲骨文中已有了"虐"字，並且與"蠱"字連用，作"蠱虐"。[148]則可能當時假借"虐"爲"瘧"字。據《說文解字》七篇下，"瘧"是"寒熱休作病"。許慎還告訴我們另外兩個瘧病的字，一是："痁，有熱瘧……春秋傳曰：齊侯疥，遂痁。"另一個是："痎，二日一發瘧也。"鄭玄注《禮記‧月令》"民多瘧疾"說："瘧疾，寒熱所爲也。"劉熙《釋名》說："瘧，酷虐。凡疾，或寒或熱耳；而此疾，先寒後熱，兩疾，似酷虐者也。"三國魏張揖《廣雅》卷五《釋言》："痎、痁，瘧也。"[149]晉杜預《春秋經傳集解》也說："痁，瘧疾。"此外，還有一個"瘴"字，唐代王燾《外台祕要》卷五："《備急》：'夫瘴與瘧分作兩名，其實一致。或先寒後熱，或先熱後寒。嶺南率稱爲瘴，江北總號爲瘧。此由方言不同，非是別有異病。'"

按中國傳統醫學的診斷主要是根據病患的體徵，所診斷的疾病名稱也多是證候的名稱，因而中國古代醫學的治療也是根據臨床病理現象來著手進行的。[150]像上引許慎、劉熙對瘧的解釋，又如《素問‧至眞要大論》所說："惡寒發熱如瘧"

146　見所著《甲骨文零拾》中第139片之考釋。葉42至43。天津，天津人民出版社，1959年。

147　袁庭棟、溫少峰贊同其說，見所撰《殷墟卜辭研究——科學技術篇》，頁326至327。成都，四川省社會科學院出版社，1983年。但考古研究所所編《甲骨文編》（北京，中華書局，1965年）卷七‧十一，頁304只將陳先生所釋爲"瘧"之字隸定爲"虓"，而非"瘧"。又李孝定先生亦只將該字收入《甲骨文字存疑》中，見頁4527至4528。台北，中央研究院歷史語言研究所，1965年。

148　見裘錫圭《甲骨文字考釋（八篇）‧釋虐》，《古文字研究》第四輯，頁161至162。北京，中華書局，1980年12月。

149　《叢書集成初編》本，卷五，頁54。

150　參考朱顏《中國古典醫學症候治療的一般性規律（續）》，《中華醫學雜誌》1954年第11號，頁865至868。葉橘泉《如何研究中醫中藥治療血吸蟲病》，頁296，《中華醫學雜誌》1956年第4號。沈悟岐《瘧疝與絲蟲病》，頁168，《浙江中醫雜誌》1958年4月號。

等都是以症候名病的例子。然而以現代醫學的認識而言，具有周期性的發冷、發熱臨床證候的疾病，並不限於由瘧原虫所引起的瘧疾病。例如早期的黑熱病表現的臨床證候不夠典型，其中的瘧疾型病人可每日或隔日發作一次發冷、發熱、出汗；其中的雙峰熱型病人則每天有兩次發作。這些症狀，在沒有實驗室診斷的情況下，即使在今天也可能誤診爲瘧疾，在古代當是包含在瘧疾一名之內的。[151]古代醫家所說的“癉瘧”一名爲我們提供了重要的線索。按《內經》說：“其但熱而不寒者，陰氣先絕，陽氣獨發，則少氣煩冤，手足熱而欲嘔，名曰‘癉瘧’。”其後《傷寒論》、《諸病源候論》、《備急千金要方》在敍述癉瘧時均沿相而不改。但北宋徽宗勅臣下編撰的《聖濟總錄》卷三十四在此之外提到了另一種癉瘧的症狀說：“癉瘧發作有時，但熱不寒，頭痛不安，通身俱黑，大腸祕結，小便黄赤。”其中“通身俱黑”或許就是黑熱病患者臨床表現的面部、四肢及在某種程度上軀幹的皮膚因色素沈著而逐漸變爲黑暗的症狀。[152]結合黑熱病在中國，特別是北方的廣泛分布來看，在傳統醫學的癉瘧裡包含著有由利什曼原蟲所引起的黑熱病並不是不可能的。

對於得病之因，古醫家有許多說法，各家之間也不全一致。《素問・瘧論》：“痎瘧皆生于風”；“温瘧者，得之冬中於風。”又《陰陽應象大論》篇說：“夏傷于暑，秋必痎瘧。”《諸病源候論》敍述山瘴瘧說：“此病生於嶺南帶山瘴之氣……皆由山溪源嶺嶂濕毒氣故也……原其所歸，大略有四：一、山溪毒氣，二、風温痰飲，三、加之鬼厲，四、發以熱毒。”關於“瘴氣”的感染，《聖濟總錄》卷三七有相當具體的說明：“七、八月之間，山嵐烟霧蛇虺郁毒之氣尤甚。故當是時，瘴疾大作，不論壯老……或衝烟霧，或涉溪澗，但呼吸斯氣，皆成瘴疾。”[153]《外臺祕要方》卷五引許仁則之說：“此病之候，乃有數種。亦有宿患

151　見高鏡朗編著《古代兒科疾病新編》，頁144至145。上海，上海衛生出版社，1956年。又可參考鍾惠瀾主編《熱帶醫學》，頁687。北京，人民衛生出版社，1986年。

152　見應元岳著《熱帶病學》，頁36至37。北京，人民衛生出版社，1954年。按有些記載說瘴病患者全身發黑，不知是否是黑熱病或同時患有黑熱病。

153　更晚的《明醫雜著》也說：“春秋時月，人感山嵐瘴霧毒氣，發寒熱，脇膈飽悶，不思飲食。此毒氣從鼻口入內也”。見明朱崇正附遺於楊士瀛《仁齋直指方論》（台北，新文豐出版公司景印明嘉靖庚戌刊本），卷三，葉四十三。又，按上引《呂氏春秋・盡數》及下文所述：古代人普遍認爲霧有害於健康。但也有少數道士認爲“霧氣是山澤水火之華精、金石之盈氣也，久服之則能散形入空，與雲氣合體”，因而有“服霧之道”或“服霧法”。見梁陶弘景《眞誥》（《學津討原》本），卷十三，葉四。

痃癖，飲食失宜，因節氣初交，亦生此病。亦有痰澼積聚，久不通散，冷熱相攻，亦生此疾。亦有地居卑濕，時屬暑熱，內有宿病，外感惡氣，亦生此疾。亦有盛夏蒸熱飲冷，冷熱間隔，秋夏氣交，亦生此疾。以要言之，終由飲食失常，寒暑乖宜，上熱下繫。"至於南宋陳言《三因極一病症方論》則主張瘧病的"外因"有"傷寒"、"傷風"、"傷於暑熱"、"因汗出復浴，濕舍皮膚及冒雨濕"、"陽虛陰盛，多感陰濕"等；總之，是"外感風、寒、暑、濕"。其"內因"則是以"蓄怒傷肝"、"喜傷心"、"思傷脾"、"憂傷肺"、"失志傷腎"等；總之，是"臟氣不和，鬱結涎飲所致"。另外，還有"不內外因"，例如"胃瘧"是由於"飲食飢飽所傷胃氣而成。"《太平惠民和劑局方》卷八，寶慶新增方，勝金圓條下說："一切瘧病，發作有時，蓋因外邪客于臟腑，生冷之物內傷脾胃"。[154]章傑《嶺表十說》之一指出："夫瘴瘧之作，率因飲食過度，氣痞痰結。"又說："回頭瘴，大率得之道途間冒暑氣，與夫飲食居處失度也。"

當然在這些因素之中，一個估計是最古老的病因，就是"瘧鬼"。衛宏《漢舊儀》："顓頊氏有三子，生而亡去為疫鬼：一居江水，是為虐（瘧）鬼。"[155]上引《諸病源候論》也說"鬼厲"是瘧病的病因之一。孫思邈《金千翼方》中更詳細地開列了十二種不同的"瘧鬼"。（《外臺祕要方》卷五《十二時瘧方一十二首》引）《聖濟總錄》也說："本於鬼神"是瘧疾的病因之一，即在人們身體虛弱的情況下，"鬼邪投間而入"也可使人發瘧病。（卷三十四《諸瘧統論》，卷三十五《鬼瘧》）梅堯臣《聞刁景純侍女瘧已》詩也說："醫師尤飲食，冷滑滯在脾。次聞有鬼物，水火陰以施。"（《梅堯臣集編年校注》卷二十三）人鬼之外，葛洪還指出"獼猴之鬼，令人疾瘧。"（《太平御覽》卷七百四十三引《抱朴子》）

此外，《嶺表錄異》及唐代鄭熊《番禺雜記》都記載了一個令人難以理解的病因，即所謂的"瘴母"："或見物自空而下，始如彈丸，漸如車輪，遂四散，人中之即病。謂之瘴母。"[156]盛弘之《荊州記》也提到一則十分特殊的致瘧病因："

154　《三因極一病證方論》（北京，人民衛生出版社，1957年點校本）頁78至81。《太平惠民和劑局方》（劉景源點校本，北京，人民衛生出版社，1985年），卷八，頁277。

155　《後漢書‧禮儀志中》注引。又《論衡‧訂鬼》篇："禮曰：顓頊氏有三子，生而亡去為疫鬼，一居江水，是為虐鬼……"宋曾慥《類說》卷三十五所錄《事始》"疫鬼條：祀紀曰：顓頊氏有二子，生而亡者，為疫鬼，一居江水中為瘧。"

156　鄭熊所記瘴母見宋曾慥《類說》（台北，新興書局景印《筆記小說大觀》第三十一編，第一冊），卷四。

始興含洭（按：當是"洭"之誤字）縣（今廣東英德西北）有翁水，下流有聖鼓，橫在川側，上下船人刺篙有撞之者，皆得瘧疾。"[157]

在浩如煙海的中國傳統醫學文獻當中，對瘧疾所以感染發病的病因、病理、臨床證狀以及治療，最早的有系統的論述，見於《素問‧瘧論》篇。論云："瘧之始發也，先起於毫毛，伸欠乃作，寒慄鼓頷，腰脊俱痛；寒去則內外皆熱，頭痛如破，渴欲冷飲"，"瘧者之寒，湯火不能溫也；及其熱，冰水不能寒也。"又《素問‧刺瘧》篇說："令人先寒，洒淅寒甚，久乃熱，熱去汗出。"[158]

現代醫學將人類所患的四種瘧疾（間日瘧、三日瘧、惡性瘧、卵／蛋形瘧）所共有的典型臨床發作分爲四期。首先，是前驅期，患者有疲乏、不適感。等到瘧原蟲在人體內進行的無性生殖發展出明確的節奏性之後，臨床體證才會顯現出接下來的三期。按鄭玄注《儀禮‧士相見禮》"君子欠伸"一句說："志倦則欠（打哈欠），體倦則伸（伸懶腰）"。又注《禮記‧曲禮上》"君子欠伸"句說："君子有倦意也"。則"欠伸"指精神、身體均感疲倦而言。《內經》所說的"伸欠乃作"就是指在出現疲倦不適的體證之後，周期性的寒熱發作就開始了。即《太平惠民和劑局方‧治雜病》"剋效餅子"條所說："一切瘧病發作有時，先覺伸欠，乃作寒慄。"第二期是發冷期或寒戰期，患者全身發抖，下巴抖動；即所謂的"寒慄鼓頷"。接下來是發熱期，有高熱，頭痛劇烈，口渴，多想喝涼水，即《內經》所說"頭痛如破，渴欲冷飲"。最後是出汗期，就是《刺瘧》篇所說的"熱去汗出"。可見《素問》的作者已經清楚地認識到瘧疾典型發作的四個階段。

《瘧論》篇也指出瘧疾的發作有其周期性，有"日作"，有"間日而作"，有"間二日或至數日發"等。間日瘧和蛋形瘧是"間日而作"的，也就是上引《說文解字》所說的"痎"；當然，今日醫學告訴我們，發熱期不規則的惡性瘧也可以隔天發作一次。"間二日"發的則是三日瘧。至於"日作"的就比較複雜些，即可能包括下列幾種情形，有每天發作的惡性瘧，無免疫力病人初次感染發作的間日瘧，還有間日瘧、蛋形瘧、三日瘧的雙重、三重感染所造成的每日發作，以及同

157　《太平御覽》卷七百四十三引。按《水經‧洭水注》："翁水……西南流注于洭，謂之翁水口。口已下東崖有聖鼓杖，即陽山之鼓杖也。橫在川側，雖衝波所激，未嘗移動，百鳥翔鳴，莫有萃者。船人上下以篙撞者，輒有瘧疾。"與此稍有不同。

158　引文據《黃帝內經素問校注語譯》，頁220，刪去"洒淅"二衍字。

時感染或混合感染了兩、三種瘧原蟲時所產生的“日作”。當然最後一種情形，其寒熱休作的臨床表現就更複雜了。

金張從正《儒門事親》卷一《瘧非脾寒及鬼神辯》說“瘧病除嵐瘴一、二發必死，其餘五臟六腑瘧皆不死”。[159]或許由於他居住在北方，對“嵐瘴”（當然是其中的惡性瘧）的證狀無法多接觸，知道得不夠詳細，未能多加敘述。但南方的醫家或好事者就有比較細緻的觀察了。南宋王棐《指迷方瘴瘧論》說瘧“輕者，寒熱往來，正類痎瘧，謂之‘冷瘴’；重者蘊熱沈沈，晝夜如臥炭火中，謂之‘熱瘴’；其尤重者，一病則失音，莫知其所以然，謂之‘瘂瘴’。冷瘴必不死，熱瘴久而死，瘂瘴無不死者。”《嶺外代答·風土門·瘴》所載與此略有不同：“南方凡病，皆謂之瘴，其實似中州傷寒……輕者，寒熱往來，正類痁瘧，謂之‘冷瘴’；重者，純熱無寒；更重者，蘊熱沈沈，無晝無夜，如臥炭火，謂之‘熱瘴’；最重者，一病則失音，莫知所以然，謂之‘瘂瘴’。冷瘴未必死，熱瘴久必死，瘂瘴治得其道，間亦可生。”宋太醫助教許洪《指南總論·論瘴瘧證候》也提到“瘴瘧病”“有啞不能言者”。[160]釋繼洪《治瘴續說》也說：“瘂瘴即熱瘴之甚者。”（《嶺南衛生方》卷中）章傑《嶺表十說》之九告訴我們瘂瘴病患的病程一般十分短促，很快即可導致死亡：“瘴類不一，而土人以瘂瘴最爲危急，其狀初得之即失音，不過一、二日不救。”據今日醫學的認識來看，惡性瘧凶險型中的腦型或昏迷型以及腦型間日瘧病例的病程中有時會出現語言困難或失語現象·即使是在治癒之後，還可能殘留失語的後遺症。瘂瘴當即指出現失音或語言困難證候的上述幾種類型的瘧疾。周去非所說的“重者”和“更重者”或“熱瘴”當都是惡性瘧，惡性瘧一般沒有寒戰，只有畏寒感，高熱者多見，即所謂“純熱無寒”、“蘊熱沈沈，無晝無夜，如臥炭火”；其中的“更重者”當是惡性瘧中出現持續高熱的病例或凶險型中的超高熱型，持續高熱的發熱期往往可以長達二十至三十六小時以上。[161]

159　引文據景印文淵閣《四庫全書》本。

160　見《太平惠民和劑局方》所附《指南總論》卷中，頁448。

161　以上所述有關瘧疾之各點，可參考鍾惠瀾主編《熱帶醫學》，頁662至663。“衛生部地方病防治局”編《瘧疾防治手冊》（北京，人民衛生出版社，1988年第二版），頁17至20。吳征鑒、毛守白等主編《中國醫學百科全書·寄生蟲學與寄生蟲病學》（上海，上海科學技術出版社，1984年），頁10至11。

　　《本草經》中還有"鬼瘧"一名[162]，《聖濟總錄》卷三十五："論曰：鬼瘧者，外邪之所乘也。人眞氣內虛，神守不固，則鬼邪投間而入。故恍惚喜怒，寒熱更作，若有所持而屢發屢止也。治法宜禳去之，而兼以祛邪安神之劑。"[163]又，《三因極一病證方論》說："病者寒熱日作，夢寐不祥，多生恐怖，名曰鬼瘧。"又南宋朱佐《類編朱氏集驗醫方》卷二《傷寒門・諸瘧》中"五苓飲子"一方能"治瘧疾發作，譫言妄語，如惑鬼神，或時大叫"的證狀。[164]按在發熱期中，病情較重的患者可以出現譫妄的現象，特別是在惡性瘧凶險型的腦型或昏迷型以及超高熱型中，常有昏迷、精神錯亂或譫妄等症狀；腦型間日瘧也有少數病例表現出定時性昏迷、尖叫亂語等症狀。許洪在論瘴瘧證候時也表示患者有時會表現"發熱不寒，渾身似火，頭痛煩渴"、"譫語亂言"的情況。[165]鬼瘧當即指此而言。義淨《南海寄歸內法傳・先體病源》："八醫者：……四論鬼瘴……鬼瘴謂是邪魅……"鬼瘴無疑即鬼瘧的別稱。

　　《金匱要略・瘧病》："病瘧以月一日發，當以十五日愈；設不瘥，當月盡解；如其不瘥，當云何？師曰：此結爲癥瘕，名曰'瘧母'"。孫思邈《備急千金要方・傷寒方・溫瘧》："瘧歲歲發，至三歲，或連月發不解者，以脇下有痞也。"《仁齋直指方論》卷十二《痎瘧方論》也說瘧疾"彌年閱歲"之後，'邪氣伏藏脇間，結爲癥癖，謂之'瘧母'。"[166]《三因極一病證方論》卷六："病者經年不差（瘥），差後復發，遠行久立，下至微勞，力皆不任，名曰'勞瘧'。亦有數年不差，不藥不斷，結成癥癖在腹脇，名曰'老瘧'，亦曰'母瘧'。"又《嶺南衛生方》卷中："癖瘧者，胸脇間有氣癖一塊。"所謂"癥瘕"、"氣癖"、"痞"、"瘧母"，當是指病患有肝、脾腫大的體證。脾腫在瘧疾發作次數增加時，

162　《本草經》，《草部下品》："莞華，味苦溫有毒。主治……蠱毒、鬼瘧……"。

163　《千金要方》卷三十五有"禳瘧法"、"治瘧符"。《千金翼方》治"十二時瘧"的方法也近乎壓勝巫術；《外台秘要方》所錄"禳瘧法"中有"書瘧法"、"咒瘧法"。

164　朱佐書據北京人民衛生出版社，1983年校點本，頁33。

165　譫妄症狀，見鍾惠瀾，前引書，頁663。吳征鑒、毛守白等，前引書，頁11。《瘧疾防治手冊》頁18、20。趙叔惠《惡性瘧的惡型發作》，《中華醫學雜誌》，1957年第7號，頁544。翁德立《間日瘧的特殊臨床表現和并發症》，《中華醫學雜誌》1973年5期，頁301。按《傷寒論・辨太陽脉證并治下》已提到譫妄的情形是可以像看到鬼一樣："婦人傷寒……晝日明了，暮則譫語，如見鬼狀者。"（《四部叢刊》初編本）

166　這一"瘧母"與上述瘧病病因的"瘧母"不同。

會逐漸增大，質地變硬；肝腫則發生在脾腫之後；在發作幾次之後，病患會出現貧血現象，長期患者可導致嚴重營養不良和嚴重貧血。"勞瘧"所說的當即嚴重營養不良或貧血的情況。《儒門事親》卷一《瘧非脾寒及鬼神辯》："又有痎瘧，連歲不已，此肝經肥氣之積也，多在左脇之下，狀如覆杯，是爲痎瘧，猶瘧也，久而不已，令人瘦也。"[167]說的也是上述的病情。梅堯臣的兩首詩則給了我們一個具體的例子，《聞刁景純侍女瘧已》："前時君家飲，不見吹笛姬。君言彼娉婷，病瘧久廛治，隔日作寒熱，經時銷膏脂……今雖病且已，皮骨尚尫羸。"又《景純以侍兒病期與原甫月圓爲飲》詩也說刁氏侍女："渠今纏瘧尚苦羸。"

按照今日醫學的瞭解，間日瘧和蛋形瘧可以"復發"，而惡性瘧、三日瘧則有"復燃"的問題。古代醫學則不及於此而均視爲再發。如《仁齋直指方論·治證提綱·瘧後調理》說："瘧之爲屬，大抵連綿。有病瘥以後，或飲食失節，或恚怒傷中，或梳洗感風，又再發者。"另外還有所謂的"回頭瘴"。釋繼洪《衛生補遺回頭瘴說》："舊傳出嶺有'回頭瘴'者，大概與在廣而發瘴及方入廣而不伏水土者不異。"即在北歸出嶺之後發瘴，因而稱爲"回頭瘴"。"回頭瘴"極可能是在嶺表已經感染了瘧疾，等到出嶺之後，潛伏期剛好結束，於是症狀就開始發作了；或者是曾患過瘧疾，已經治愈，出嶺之後，剛巧復發或復燃。

上引《金匱要略》說瘧疾十五天或一個月即可自"愈（瘉）"。確實蛋形瘧症狀較輕，發作次數一般在六次以內，易於自瘉。而間日瘧在不加治療的情況下，其周期性的症狀發作，頭一、二次較輕，而後加重，隨著患者免疫力的產生，症狀又逐漸減輕。患者約經六到八次或多至十次的反復發作，即可自行緩解，不治而愈。"[168]那麼《金匱要略》的作者在間日瘧的預後上和今日醫學的認識大體上是相當一致的。李覯《聞女子瘧疾偶書二十四韻寄示》詩："昨日家人來，言汝苦寒熱，想由卑溼地，頗失飲食節，脾官驕不治，氣馬癡如綫，乃致四體煩，故當雙日發。江南多此疾，理不憂顚越……"即基於這一預後的論斷而說的。張從正以及《指迷方瘴瘧論》及《嶺外代答》中"冷瘴"、"熱瘴"、"痖瘴"的預後，從當時的醫藥科學水平來衡量，大體上也是精到可信的。[169]

167　脾腫大、貧血等症候可參考鍾惠瀾上引書，頁663。《瘧疾防治手冊》，頁11至13。

168　見鍾惠瀾上引書，頁663。應元岳，前引書，頁7。

169　應元岳，前引書，頁13。

　　瘧疾在地球上的分布非常廣泛，其範圍大致介在北緯60度和南緯40度線之間。[170]端拱元年（988年）宋眞宗"謂宰相曰：'今歲炎暑尤甚。流俗有言：人生如病瘧，於大寒大暑中過歲，寒暑迭變，不覺漸成衰老'。"[171]劉禹錫《湖南觀察使故相國袁公挽歌》詩云："丹旐發江臯，人悲膚亦號。湘南罷瘧市……"（《劉夢得文集》卷十）稱湖南南部的定期集市爲"瘧市"。宋吳處厚《青箱雜記》卷三交代了"瘧市"的義意："蜀有瘧市而間日一集，如瘧瘧之一發，則其俗又以冷熱發歇爲市喩。"[172]用瘧疾的冷熱發作來比人生裡的年年歲歲的寒暑更替和集市的熱絡與冷清，又用瘧疾病患的羸弱來比喩老齡的衰弱，可見古代中國人對它並不陌生。歷史所載受瘧疾之苦的人爲數相當可觀。《左傳》昭公十九年"夏，許悼公瘧。五月戊辰，飲太子止之藥卒。"二十年："齊侯疥，遂痁，期而不瘳。"[173]哀公二年記載晉國趙氏與鄭戰於鐵，將戰之時，晉"繁羽御趙羅，宋勇爲右。羅無勇，麇之。吏詰之，御對曰：痁作而伏。"可見瘧疾在春秋時代的中國北方是相當常見的。漢光武帝雲臺二十八將之一的景丹極可能就是因瘧而致命的。《後漢書・景丹傳》記建武二年（26年）"陝賊蘇況攻破弘農，生獲郡守。丹時病，帝以其舊將，欲令強起領郡事，乃夜召入，謂曰：'賊迫近京師，但得將軍威重，臥以鎭之足矣。'丹不敢辭，乃力疾拜命，將營到郡，十餘日薨。"注引《東觀漢記》說："丹從上至懷，病瘧，見上在前，瘧發寒慄。上笑曰：'聞壯士不病瘧，今漢大將軍反病瘧邪？'使小黃門扶起，賜醫藥。還歸洛陽，病遂加。"魏晉之際皇甫謐《玄晏春秋》自述說："夏四月，予瘧於河南，歸于新安不瘳。"（《太平御覽》卷七百四十三引）那麼這位長年羸疾的處士也曾受過瘧疾的折磨。《隋書・柳機傳》附子《柳述傳》：煬帝"徙述于龍川郡（今廣東惠州）……述在龍川數

<hr>

170　吳征鑒、毛守白等，前引書，頁9。

171　《續資治通鑑長編》卷29太宗端拱元年。又李綱《苦熱行》詩："人生寒暑爲寇仇，何異瘧癘脂髓搜。"亦有此意。

172　據李裕民點校本，頁30。北京，中華書局，1985年。

173　按《左傳》襄公七年，鄭國"子駟使賊夜殺僖公，而以瘧疾赴于諸侯"。俞樾《群經平議》以爲"瘧疾"古本止作"虐疾"，猶言暴疾。可參考楊伯峻，《春秋左傳注》，頁953。北京，中華書局，1981年。按余巖《古代疾病名候疏義》卷八《十三經病疏・左傳病疏》，頁348。對此"瘧"亦以爲可疑。北京，人民衛生出版社，1953年。余巖又認爲"齊侯疥，遂痁"或是因化膿菌所成之瘡癤引起間歇性寒熱休作的化膿熱，而不必是瘧疾。見同書，頁131至134。

年，復徙寧越（今欽州北），遇瘴癘而死，時年三十九。"極可能也是因惡性瘧而喪生的。劉智才也因"遘厲虐（瘧）疾，終于雲安郡奉節縣（今四川奉節）之里第。"[174]杜甫在長安時（約在754年），有《病後過王倚飲贈歌》一首說："王生怪我顏色惡，答云伏枕艱難遍，瘧癘三秋熟可忍，寒熱百日相交戰。"可見他受了長達百日的瘧疾之苦，病癒後還相當虛弱。後來他西走洮隴，仍然沒有擺脫瘧疾的糾纏："三年猶瘧疾，一鬼不銷亡，隔日搜脂髓，增寒抱雪霜。"（《寄彭州高三十五使君適虢州岑二十七長史參三十韻（原註：時患瘧疾）》這次的病當是間日瘧。764年在四川又作《哭台州鄭司戶蘇少監》詩末四句說："瘧病餐巴水，瘡痍老蜀都。飄零迷哭處，天地日榛蕪。"仍然困於寒熱之苦。杜甫遷居夔州之後，《寄薛三郎中璩》詩有句云："峽中一臥病，瘧癘終冬春"。可見他在十多年間飽嘗了瘧疾之苦。[175]韓愈《納涼聯句》："炎湖度氛氳，熱石行犖碻，瘠飢夏尤甚，瘧渴秋更數。"又有《譴瘧鬼》詩一首，這樣看來，他也曾患過瘧病。[176]柳宗元《與史官韓愈致段秀實太尉逸事書》說自己"孤囚廢錮，連遭瘴癘羸頓，朝夕就死。"估計他也困於瘧疾之苦。他的親戚裴墐"謫道州、循州爲佐掾，會赦，量移吉州長史，元和十二年秋七月日病痁泄卒。"（《唐故萬年令裴府君墓碣》）呂溫之弟呂恭爲桂管都防禦副使，離職後"至廣州，病痎瘧加瘄，六月二十八日卒。"（《柳河東集》卷十《呂侍御恭墓誌》）唐憲宗元和五年（810年）元稹貶爲江陵士曹參軍[177]，白居易有《聞微之江陵臥病以大通中散碧腴垂雲膏寄之因題四韻》詩云："已題一帖紅消散，又封一合碧雲英，憑人寄向江陵去，道路迢迢一月程，。未必能治江上瘴，且圖遙慰病中情……"元稹亦有答詩題爲《予病瘴樂天寄通中散碧腴垂雲膏仍題四韻以慰遠懷開拆之間因有酬答》，他又有詩描述自己的病狀說："脈腹看成鼓，羸形漸比柴。"（《痁臥聞幕中諸公徵樂會飲因有戲呈三十韻》）身體是瘦弱了，而且還出現了腹水，但元稹這次瘴病看來還不算嚴重。元和十年（815年）春，元稹量移通州司馬，到後，瘧疾再度發作，這次則十

174　其碑今在洛陽關林。

175　杜甫各詩之著作年代、地點均依仇兆鰲《杜詩詳注》。

176　參考錢仲聯《韓昌黎詩繫年集釋》，頁264至265，又頁427注五九。

177　《元稹集》卷十一有《泛江玩月十二韻序》："予以元和五年自監察御史貶授江陵士曹掾"。

分危險了。其《酬樂天東南行詩一百韻・序》云：“元和十年三月二十五日予司馬通州，二十九日與樂天於鄂東蒲池村別，各賦一絕。到通州後，予又寄一篇，尋而樂天既予八首。予時病瘴將死……”又自注詩云：“元和十年閏六月至通州，染瘴危重。八月聞樂天司馬江州。”他的《聞樂天授江州司馬》詩也說：“殘燈無焰影憧憧，此夕聞君謫九江。垂死病中仍悵望，暗風吹雨入寒窗。”他並爲自己安排了後事。[178]劉禹錫也曾在嶺表染瘴發瘧，其《謝上連州（今廣東連縣）刺史表》說：“臣自發柳州，便染瘴癘，扶策在道，不敢停留。”（《劉夢得文集・外集》卷九）符載在江西旅途中也得過瘴病，其《寄南海王尚書書》說自己“一昨徑理扁舟，遠離潯陽，不畏道路，時伸賀禮。屬船隘熱劇，飲食江水，度盧陵百餘里，防護無術，痁疾動作，藥物荒乏，鄰於委踣。以今月十八日達南康，使醫工診視，了未蠲愈……”[179]。

　　蘇轍在知績溪縣（今安徽績溪）時，也曾苦於瘴疾。他得的是三日瘧：“偶成三日寒兼熱”（《病中郭尉見訪》）他又有《復病》三首，由此推測他這次的瘴病已經痊癒或緩解，但在經過一段時期後，他的瘴病又再次發作了，發病時間則在早晚：“肝脾得寒熱，冰炭迫晨暝”（《答王定國問疾》），他形容說：“寒作埋冰雪，熱攻投火湯”（《復病三首》之二）。由《復病》第三首來看，他的病程還相當長：“一病五十日，復爾當解官。”[180]二程的母親可能就是死於惡性瘴，程頤《上谷郡君家傳》：“夫人自少多病，好方餌修養之術，甚得其效。從先公官嶺外，偶迎涼露寢，遂中瘴癘。及北歸，道中病革。”[181]宋嚴用和《濟生方・諸瘴門・諸瘴論治》說：“或乘涼過度，露臥濕處……遂成此疾。”透露了有不少瘴病患者有乘涼露宿的經驗。南方夏秋之間，蚊蚋猖獗，因露宿而爲蚊蟲叮咬，感染

178　白居易《與微之書》：“僕初到潯陽時，有熊孺登來，得足下前年病甚時一札，上報疾狀，次敘病心，終論平生交分。且云：危惙之際，不暇及他，唯收數帙文章，封題其上，曰：他日送達白二十二郎，便請以代書。”

179　符載《寄南海王尚書書》，見《文苑英華》（北京，中華書局，1966年）。

180　按《復病三首》云：“病作日短至，病消秋氣初”。“日短至”通常指冬至，但在冬至時染疾的機會較小，又其三云：“一病五十日”，則此處“日短至”不可能是冬至，而是夏至，夏至到立秋（“秋氣初”）約四十五日有餘，因此說“一病五十日”。

181　若二程之母發病的時間再遲些，發作於北歸道中，就是所謂的“回頭瘴”了。

瘧疾並不足為異。這種致病的途徑在今日的流行病學上還是屢見不鮮的。[182]二程
之母極可能就是這樣致瘧的。秦少游有《譴瘧鬼文》一篇，云"邗溝處士秋得痎
瘧之疾"（《淮海集》卷三十一），據此推測他可能也患過瘧疾。北宋末范致祥任
官南安軍（今江西大庾），病瘧死於當地。1986年河南方城縣古莊店鄉金湯寨村
范致祥墓出土的第4號石刻《宋故亡弟南安軍判官范仲和哀挽詞》有云："嗟汝平
生最可傷，少年丹桂早芬芳，一門春色生常棣，萬里秋風起雁行。何事遠官留庾
嶺，竟罹煙瘴殂蠻荒。"[183]那麼，他極可能是因惡性瘧而喪命的。兩宋之際王
洋《食鱠》詩："老妻生過計，為我鱠鮮鱗……瘧餘病尚在，欲飫嫌羶腥。"[184]可
見他吃過瘧疾的苦頭。王之道《譴瘧鬼文》："予歲在甲寅（1134年）夏五月病
瘧，踰十日良已，而兒女輩自是多苦此疾，至丙辰（1136年）夏而不能去。其熱
焦火，其寒凝冰……自少以至長，由內以及外，一日而臥床者八人……九月予復
苦寒熱，危與死鄰……"（《相山集》卷二八）則是王家大小八口都遭受了瘧鬼肆
虐。李綱也有過痁瘧的經驗。[185]趙鼎也曾苦於痁瘧。[186]洪适的第三子也生過瘧
病。[187]胡宏的"長兄亡于瘴毒"[188]，陸九齡任"全州（廣西全州）州學教授，夏中
得寒熱之疾，繼以脾泄，屢止屢作，竟不可療"[189]，都可能是因惡性瘧而導致死

182　見何琦《近年來我國的瘧疾研究》說："在某些地區，如河南及山東等省，當地許多居
　　　民在夏季有露宿習慣。當中華按蚊達到足夠數量的時候，也可以引起嚴重的後
　　　果。"（《科學通報》1965年5月號，頁403）。《中國醫學百科全書·寄生蟲與寄生
　　　蟲病學》，頁9。《瘧疾防治手冊》，頁97："夏秋露宿戶外，增加了人蚊接觸的機會
　　　……這些都可加劇瘧疾的傳播"。

183　見《文物》1988年11期，頁61。南陽地區文物隊等《河南方城金湯寨北宋范致祥墓》一
　　　文。

184　《東牟集》（景印文淵閣《四庫全書》本），卷一，葉十八。

185　《梁谿集》卷七四，《乞宮祠奏狀》："臣仰迫天威，力疾就道，衝冒暑熱，得痢瘧之
　　　疾，久不痊愈"。卷一一五，《與呂相公第六書別幅》："道途擾擾，且苦痁疾"。卷
　　　一百二十，《與張柔直左司書》："區區行次南豐，被旨徑赴長沙，遂此改途。至清
　　　江，適瘧痢大作梗，羸劣殆不能支"。尚有其他記載，不必多引。

186　宋林季仲《竹軒雜著》（景印文淵閣《四庫全書》本），卷四，葉八，《與趙參政
　　　書》："某拜覆少傅相公丈鈞座……未知沿路勞頓，痁疾不至再作否？"

187　《盤洲文集》，卷七十五，《第三子墓銘》。又卷七十二《祭鄧提舉妻恭人文》稱其妻
　　　致死之病因為"嵐熏霧染"，估計也是因瘧致死。

188　《胡宏集》（吳仁華點校本），頁一九五，《被召申省劄子》。北京，中華書局，1987
　　　年。

189　《陸九淵集》，卷二七，《全州教授陸先生行狀》，頁316。

亡的。陸游在淳熙八年（1181年）秋得了瘧疾，有《病瘧後偶書》一詩，病情也是纏綿不斷，正如其《病中夜興》詩所說那樣：“病瘧秋來久未平”。兩年後他又寫了《予秋夜觀月得瘧疾，枕上賦小詩自戲》一首。[190] 周密《癸辛雜識續集》卷上《江西術者奇驗》條說：“咸淳甲戌（1274年）之春，余爲豐儲倉，久以病痁不出。”[191] 那麼他也受過寒熱之苦了。

當然還有更多在歷史上無名的瘧病患者。古代人已經對疾病在人群中的分布作過一些值得注意的流行病學的觀察。曹植的眼光是相當銳利的，他看出來在疫癘流行期間，疫死的人們多具有特別的身分或屬於特殊的社會階層：“建安二十二年（217年）癘氣流行，家家有僵尸之痛，室室有號泣之哀。或闔門而殪，或覆族而喪。或以爲疫者鬼神所作，人罹此者，悉被褐茹藿之子，荊室逢戶之人耳；若夫殿處鼎食之家，重貂累蓐之門，若是者鮮焉。”（《太平御覽》卷七百四十二《疾病部・疫癘》引）即大體上在傳染病爆發流行時，感疾喪命的多是些下層社會的窮苦人家。估計即因這些人生活條件較差，日常起居的環境較不衛生，而又因生活勞動的需要不得不暴露在疫區的範圍之內，以致個人及全家傳染而喪失了性命。曹植所提供的信息是很有意義的。就瘧疾的感染而言，從梅堯臣的《聚蚊》詩可以看出，確實富貴人家是比較不易染病的：“貴人居大第，蚊蚋圍枕席，嗟爾於其中，寧夸觜如戟？”而廣大的農民、貧戶就不同了。三國魏傅巽《蚊賦》：“水與草其漸茹，育茲孽而蚊□。噆味銳於秋毫，刺鋸利於芒錐，無胎卵而化孕生，搏物翼而能飛。肇孟夏以明起，訖季秋而不衰。衆繁熾而無數，動群聲而成雷。肆慘毒於有生，迺搶膚體以療飢，妨農功於南畝，廢女工於杼機。”[192] 雖然不知道蚊子叮咬爲人們帶來的可能的病害，只注意到它對農工生產的負面作用，但卻特別指出了男耕女織的這些下層社會的勞動生產者嚴重地受到蚊蟲的侵擾。北宋陸佃《埤雅》卷十一《蚊》說：“蟲，民蟲；蟲，虻蟲；田牧者病焉。”[193] 指出蚊蟲叮咬的受害者主要是農民。由此可推測，瘧疾患者當亦以農民爲最多。

190　各詩繫年據錢仲聯《劍南詩稿校注》，第三冊，頁1051、1055、1199。

191　《津逮祕書》，14集，169冊。

192　見《藝文類聚》卷九十七，《蟲豸部・蚊》引。作者名爲“傅選”。《三國志・魏書・傅嘏傳》稱嘏“伯父巽，黃初中爲侍中尚書”。今從《三國志》作“巽”。

193　引文據《益雅堂叢書》本，卷十一，葉十。

上引羅願《新安志》說歙縣農民袒身耕作，蚊蟲撲綠，亦不得避。按《宋書·孝義·郭世道傳》附子《郭原平傳》說其母"墓前有數十畝田，不屬原平，每至農月，耕者恒裸袒。原平不欲使人慢其墳墓，乃販質家貨，貴買此田。"[194]看來在南方，這種習俗由來已久。裸身勞作，更易於爲蚊蟲侵犯，而農民實在也沒有空去管蚊子的叮咬，宋洪舜俞《平齋文集》卷八《憫農》詩云："麥黃蠶登簇，秧青雨催耕，農家竭作時，無工搏蚊蝱。"[195]今日流行病學提供給我們的訊息是：感染發病的瘧疾病患，絕大多數是農民。[196]看來這現象是由來已久，自古已然。農夫之外，奴婢僕使等勞動者也一樣有較高的機會感染疾疫。蘇東坡在惠州《與林天和》尺牘第十五首說"瘴疫橫流，僵仆者不可勝計，奈何！奈何！某亦旬浹之間，喪兩女使。"李綱《海康與許崧老書》："自抵嶺海，幸與小子無恙。然從者物故過半，瘴癘之鄉眞可畏也。"又《與李蕭遠郎中書》："自寓瘴海，隨行使令者物故過半。"[197]章傑《嶺表十說》之七說："北人之來嶺南，婢僕多病瘴。蓋勞役之人，飲食乖度，晝多冒暑，夜多寢地；又凡事不能忌憚，故先受甚弊。既與之同休戚，宜加意戒之。"歸咎於婢僕的生活條件差，又不多加留意。實際上是因爲他們勞作奔走，接觸致病因素的機會較高的緣故，但"先受其弊"則是確切的報導。

　　在不同性別人群的疾病分布上，現代醫學工作者指出瘧疾的發病率是男多於女，這是由於暴露於致病因子的機會男高於女而產生了這一結果。[198]古人對於這點也有相當精到的觀察。釋繼洪《治瘴用藥七說》之七："《攝生方》謂南方男子多瘠，而婦女多肥；男子多弱，婦人多力。此亦陽泄陰盛之驗也。故本土婦人不甚染瘴。"按鄭樵《通志》卷六九《藝文略》第七《醫方類》第十有《廣南攝生方》三卷，釋繼洪所引當即此書。《嶺外代答》卷三《惰農》條說"深廣"地區"廣人皆半羸長病，一日力作，明日必病，或至死耳。"卷四《風土門·廣右風氣》也說桂林之南"人生其間，率皆半羸而不耐作苦。"卷十《蠻俗門·十妻》："南方盛熱，不宜男子，特宜婦人。蓋陽與陽俱則相害，陽與陰相求而相養也。余觀

194　《宋書·孝義·郭世道傳》："郭世道，會稽永興人也。"

195　《四部叢刊續編》本，卷八。

196　《瘧疾防治手冊》，頁97。

197　見《梁谿集》，卷一百十、一百十四。又卷二十四《初發雷陽有感二首》之一："父子相隨幸良厚，僕奴半死涕空潸。"

198　《中國醫學百科全書·流行病學》，頁5。上海，上海科學技術出版社，1984年。

深廣之女,何其多且盛也。男子身形卑小,顏色黯慘;婦人則黑理充肥,少疾多力。"即大致上嶺表地區男性較多疾,而婦女則較少疾。

古代人們已知道瘧疾是可以傳染的,《東觀漢記》:"吏士常大病瘧,轉易至數十人,〔鄧〕訓身爲煮湯藥,咸得平愈。"(《後漢書‧鄧禹傳》附子《鄧訓傳》注引)《三因極一病證方論》卷六還記載有"疫瘧"一詞:"病者發寒熱,一歲之間,長幼相若;或染時行,變成寒熱,名曰疫瘧。以歲運推之。"按《說文解字》:"疫,民皆病也。"《論衡‧命義》:"溫氣疫癘,千戶滅門。"呂忱《字林》說疫是"病流行也。"[199]"疫瘧"當是包含瘧疾在內的傳染病暴發流行。今日的流行病學告訴我們:一個人群移入一個新的地區,對該地區原存在的疾病没有抵抗力,一旦感染,就可能會發生流行;在瘧區的人由于早年多患過瘧疾,均獲得相當程度的免疫力,而外地人,由於不具備免疫力,進入全瘧區後,不被感染的十分罕見。[200]古代人常用水土不服來解釋,即所謂"民易水土,必至疾疫"(《三國志‧吳書‧陸遜傳》),可以說和現代醫學的認識正相暗合。從王棐所述方書說廣南地區"南人生長其間,與水土之氣相諧。外之人入南者必一病,但有輕重之異。若久而與之俱化則可免矣。"(《嶺南衛生方‧指迷方瘴瘧論》)及周去非所說:"北人至其地莫若少食而頻餐,多衣而屢更,惟酒與色不可嗜也。如是則免乎瘴。然而腑臟日與惡劣水土接,毒氣浸淫,終當有疾,但有淺深耳。久則與之俱化。"(《嶺外代答‧風土門‧廣右風氣》)都可以看出這意思。

戰爭或大規模的調動民工和逃難所造成的大量人口的流動、遷移或聚集,往往可以引起瘧疾暴發流行或蔓延。這也是今日流行病學中的普遍認識。[201]張從正指出:"治平之時,常瘧病少;擾攘之時,常瘧病多……蓋擾攘之時,政令煩亂,徭役紛冗,朝戈暮戟,略無少暇……余親見泰和六年丙寅(1206年)征南師旅大舉,至明年軍回。是歲瘴癘殺人,莫知其數‧昏瞀懊憹,十死八九,皆火之化也。次歲瘧病大作,侯王官吏上下皆病,輕者旬月,甚者彌年。""故瘧常與酷吏之政

199　司馬光《類編》(上海,上海古籍出版社據汲古閣影宋鈔本影印,1984年),卷七下引。

200　徐恩霑等主編,《流行病工作手冊》,頁175。北京,人民衛生出版社,1986年。中華醫學會,《新中國瘧疾調查研究綜述》,《人民保健》1959年第4號,頁306。鍾惠瀾,前引書,頁651。

201　《中國醫學百科全書‧寄生蟲學與寄生蟲病學》,頁9。

並行、或酷政行于先，而瘴氣應于後；或瘴氣行于先，而酷政應于後。昔人有詩云：'大暑去酷吏'。此言雖不爲醫設，亦于醫巫之旨有以暗相符者也。以前人論瘴者未嘗及于此，故予發之。及知聖人立瘴之名，必有所謂云。"（《儒門事親·瘴非脾寒及鬼神辯》）他的看法跟現代的醫學知識可謂若合符節。按《金史·章宗紀》泰和六年"冬十月戊申朔，平章政事僕散揆督諸道兵伐宋"。這次起兵南下，據說是動員了全金國的力量："泰和舉天下全力，驅糺軍以爲前鋒"。（《金史·楊雲翼傳》）可見這次聚集、流動的人口是極可觀的。金軍越過淮水，深入今安徽、湖北境內。次年初僕散揆"以方春地濕，不可久留，且欲休養士馬，遂振旅而還，次下蔡，遇疾……泰和七年二月薨。"（《金史·僕散揆傳》）他死於什麼疾病，史書失載。而由元帥完顏匡統率道出唐、鄧的部隊，因"久圍襄陽，士卒疲疫"（《金史·完顏匡傳》），傳染病在戰地已經蔓延開來。因此回到北方後終於引起了張從正所報導的瘴疫暴發流行。我們可以確定，這是一次明顯的由南方瘴區帶回傳染源而引起的暴發流行。

　　歷史上在南方因戰爭、戍邊而徵調大量士兵以及從事配合軍事行動所必需的運輸等徭役的民夫，由於出入疫區而產生的嚴重的疾病（包括瘴疾在內）流行是相當多的。現將漢宋之間所發生的較明確的事件的有關記錄依時間的先後開列如下：

1　呂后七年（前181年）趙"佗乃自尊號爲南越武帝，發兵攻長沙邊邑，敗數縣而去焉。高后遣將軍隆慮侯竈往擊之。會暑濕，士卒大疫，兵不能踰嶺。"（《史記·南越列傳》）

2　漢武帝元光五年（前130年）"唐蒙已略通夜郎，因通西南夷道，發巴、蜀、廣漢卒，作者數萬人。治道二歲，道不成，士卒多物故。"（《史記·司馬相如傳》）"當是時，巴蜀四郡通西南夷道，戍轉相饟，數歲道不通，士罷餓、離溼死者甚衆。"（《史記·西南夷列傳》）

3　王莽天鳳元年（14年）"遣平蠻將軍馮茂發巴、蜀、犍爲吏士……擊益州，出入三年，疫疾死者什七。""吏士離毒氣死者什七。"（《漢書·西南夷傳》、《王莽傳》）

4　天鳳三年（16年）"更遣寧始將軍廉丹與庸部牧史熊大發天水、隴西騎

士、廣漢、巴、蜀、犍爲吏民十萬人，轉輸者合二十萬人，擊之。始至頗斬首數千，其後軍糧前後不相及，士卒飢疫，三歲餘死者數萬。"（《漢書・西南夷傳》）

5   漢光武建武十八年（42年）"遣伏波將軍馬援、樓船將軍段志發長沙、桂陽、零陵、蒼梧兵萬餘人""南擊交阯，軍至合浦而志病卒"。"交阯土多瘴氣"，"在浪泊、西里間，虜未滅之時，下潦上霧，毒氣重蒸，仰視飛鳶跕跕墮水中"。"二十年（44年）秋，振旅還京師，軍吏經瘴疫死者十四、五。"（《後漢書・南蠻傳》、《馬援傳》）

6   建武二十四年（48年）"武陵蠻寇沅陵……馬援率四將軍""將十二郡募士及弛刑四萬餘人征五溪"。次年"暑甚，士卒多疫死，援亦中病"，"卒於師。軍士多溫溼疾病，死者太半。"（《後漢書・光武帝紀》、《馬援傳》、《宋均傳》）

7   漢獻帝建安十三年（208年）"曹公入荆州"，"自江陵征〔劉〕備"。周瑜曰：操"驅中國士衆遠涉江湖之間，不習水土，必生疾病"。"公至赤壁"，"時曹公軍衆已有疾病"，"於是大疫，吏士多死者"。"大破曹公軍，公燒其餘船引退，士卒飢疫，死者大半。"（《三國志・周瑜傳》、《魏武帝紀》、《吳主傳》）又，"孫權率衆圍合肥。時大軍征荆州，遇疾疫，唯遣將軍張喜單將千騎，過領汝南兵以解圍，頗復疾疫。"（《蔣濟傳》）

8   建安十四年（209年）曹操令曰：自"頃已來，軍數征行，或遇疫氣，吏士死亡不歸。"（《魏武帝紀》）

9   建安二十年（215年）甘寧"從攻合肥，會疫疾，軍旅皆已引出。"（《三國志・甘寧傳》）

10   建安二十二年（217年）司馬朗"與夏侯惇、臧霸等征吳，到居巢，軍士大疫，朗躬巡視，致醫藥，遇疾卒，時年四十七。"（《三國志・司馬朗傳》）

11   吳大帝黃龍二年（230年）"遣將軍衞溫、諸葛直將甲士万人浮海求夷洲……得夷洲數千人還。""權欲遣偏師取夷洲及朱崖，皆以諮〔陸〕遜，

遜曰'：……民易水土，必致疾疫'……權遂征夷州，得不補失。'"“初，權將圍珠崖及夷州，皆先問〔全〕琮，琮曰'……殊方異域，隔絕障海，水土毒氣，自古有之，兵入民出，必生疾病，轉相污染，往者懼不能反……'權不聽，軍行經歲，士衆疾疫死者十有八、九。"（《三國志·吳主傳》、《陸遜傳》、《全琮傳》）

12　吳大帝赤烏五年（242年）"秋七月遣將軍聶友、校尉陸凱以兵三万討珠崖、儋耳。是歲大疫。"（《吳主傳》，又參上條《陸遜傳》及《全琮傳》）

13　魏少帝芳嘉平五年（253年）"吳大傅諸葛恪"“大發州郡二十万衆”“圍合肥新城"，"攻守連月，城不拔，士卒疲勞，因暑飲水，泄下流腫，病者大半，死傷塗地。"（《三國志·三少帝紀》、《諸葛恪傳》）

14　晉武帝太康元年（280年）交州牧陶璜上言："臣所統之卒本七千餘人，南土暑溼，多有毒氣，加累年征付，死亡減耗，其見在者二千四百二十人。"（《晉書·陶璜傳》）

15　隋文帝開皇九年（589年）"甯氏，世爲南平渠帥，陳末以其帥猛力爲寧越（今廣西欽州北）太守。陳亡，自以爲與陳叔寶同日而生，當代爲天子，乃不入朝。隋兵阻瘴，不能進。"（《唐書·南蠻傳下》）

16　開皇平陳之後，厙狄士文任貝州（今河北清河一帶）刺史，"發摘姦吏，尺布斗粟之贓，無所寬貸。得千人奏之，悉配防嶺南。親戚相送，哭聲遍於州境。至嶺南，遇瘴厲死者十八、九。"（《北齊書·厙狄干傳》附子《厙狄士文傳》）

17　開皇十七年（597年）"桂州人李光仕舉兵作亂，令〔周〕法尚與上柱國王世積討之。法尚馳往桂州發嶺南兵，世積出岳州徵嶺北軍，俱會于尹州。光仕來逆戰，擊走之。世積所部多遇瘴，不能進，頓於衡州，法尚獨討之。"（《隋書·周法尚傳》）

18　隋煬帝大業四年（608年）"遣武賁郎將陳稜、朝請大夫張鎮州率兵自義安（廣東潮州）浮海"“擊流求，得虜數万。士卒深入，蒙犯瘴癘，餒疾而死者十八、九。"（《隋書·東夷·流求國傳》、《食貨志》）

19　唐玄宗天寶十二年（753年）"劍南節度使楊國忠執國政，仍奏徵天下
　　兵，俾留後侍御史李宓將十餘万，犨餉者在外，涉海瘴死者相屬於
　　路。"（《舊唐書·南蠻·南詔蠻》）

20　"廣德（763至764年）、建中（780至783年）間，吐蕃再飲馬岷江，常
　　以南詔爲前鋒……蜀兵折刃吞鏃，不能斃一戎。戎兵日深，疫死日衆，
　　自度不能留，輒引去。"（《唐書·突厥傳上》）

21　憲宗元和十五年（820年）"山谷諸黃，世自聚爲豪……或叛或從。容、
　　桂二管利其虜掠，請合兵討之……遂斂兵江西、岳、鄂、湖南、嶺南，會
　　容、桂之吏以討之，被霧露毒相枕籍死，百無一還。""邕、容兩管因此
　　凋弊，殺傷疾患，十室九空……所發諸道南討兵馬，例皆不諳山川，不
　　伏水土，遠鄉羈旅，疾疫殺傷。臣自南來，見說江西所發共四百人，曾
　　未一年，其所存者，數不滿百；岳、鄂所發都三百人，其所存者，四分纔
　　一；續添續死，每發倍難。"（韓愈《唐正議大夫尚書左丞孔公墓誌
　　銘》、《黃家賊事宜狀》、《唐書·孔巢父傳》附從子《孔戣傳》）

22　"南蠻自大中（十二年，858年）以來，火邕州，掠交阯，調華人往
　　屯"，"安南久屯，兩河銳士死瘴毒者十七，懿宗咸通六年（865年）宰
　　相楊收議罷北軍。"（《唐書·南蠻傳中》、《楊收傳》）

23　盧攜說僖宗："咸通（860至873年）以來，蠻始叛命，再入安南、邕管，
　　一破黔州，四盜西川，遂圍盧耽，召兵東方，戍海門，天下騷動，十有五
　　年……中藏空虛，士死瘴癘。"《唐書·南蠻傳中》）

24　僖宗乾符六年（879年）黃巢在嶺南，"會賊中大疫，衆死什四，遂引北
　　還"。《唐書·逆臣下·黃巢傳》）

25　僖宗廣明元年（880年）淮南高"駢令大將張璘渡江討賊，屢捷"。"巢
　　數卻，乃保饒州（今江西鄱陽），衆多疫。""春末，賊在信州（今江西
　　上饒）疫癘，其徒多喪。"（《舊唐書·僖宗紀》、《唐書·逆臣下·黃
　　巢傳》）

26　昭宗大順元年（890年）陳敬瑄"將士皆爲〔王〕建俘，城中謀降者，〔
　　田〕令孜支解之以怖衆。會大疫，死人相藉。"《唐書·叛臣下·陳敬瑄

傳》）

27　昭宗景福元年（892年）"楊行密屢敗孫儒兵……儒食盡，士卒大
疫"，"儒病痁"。"六月行密聞儒疾瘧"，"病甚，股弁不能興"，"
戊寅，縱兵擊之……儒軍大敗。"（《資治通鑑》卷二五九，《唐紀》七
十五，昭宗景福元年、《唐書·孫儒傳》）

28　宋太宗太平興國六年（981年）"交州行營破賊于白藤江口……會炎
瘴"，"士卒死者十二、三"。"轉運使許仲宣驛聞，詔班師。"（《宋
史·太宗紀一》、《許仲宣傳》）

29　仁宗慶曆四年（1044年）"帝謂輔臣曰：'湖廣擊蠻吏士，方夏瘴熱，而
罹疾者衆，宜遣醫往爲胗視。'"（《宋史·兵志十》）

30　仁宗"皇祐三年（1051年）五月二十六日內降劄子，臣寮上言：臣昨南
方州軍連年疾疫瘴癘，其尤甚處，一州有死十餘萬人。"（林億等進《外
台祕要方》表）

31　英宗治平二年（1065年）"詔：頃以東兵戍嶺南，冒犯瘴癘，得還者十
無五、六。自今歲滿，以江、淮教閱忠節、威果代之。"（《宋史·兵志
十》）

32　神宗熙寧九年（1076年）"交趾寇廣南，陷邕、欽、廉"，"郭逵敗交趾
於富良江，獲其僞太子洪眞"。"凡征安南兵十萬、夫二十萬，冒暑涉
瘴，死亡過半，存者皆病瘁。"其中"運糧死者八萬，戰士瘴死十一萬，
餘得二萬八千人生還，尚多病者。"（《宋史·郭逵傳》、范祖禹《范太
史集·檢校司空左武衛上將軍郭公墓誌銘》、程頤《河南程氏遺書·洛
陽議論·正叔論安南事》）

33　神宗熙寧十年（1077年）沈披"任閩中，嘗擁兵捕山寇，過漳浦，軍人
皆感瘴。用此〔方〕治之，應時患愈。"[202]

34　"郭逵南征，建所得廣源峒爲順州"，陶弼"留知順州。州去邕二千里，
多毒草瘴霧，戍卒死者十七、八，弼亦疾甚"，"終於官"。（《宋史·
陶弼傳》、《外國·交趾傳》）

202　見沈括《蘇沈良方》（影印文淵閣《四庫全書》本）卷三《治瘴》。

35　神宗元豐三至五年（1080至1082年）"瀘州（今四川瀘州）夷乞弟侵擾，詔邊將討之"。"乞弟平，班師。""軍士屯瀘州歲餘，罹瘴疫物故者六、七千人。"（《宋史・神宗紀》、司馬光《涑水紀聞》。黃庭堅《朝奉郎致仕王君墓誌銘》："討乞弟師還，以瘴癘不能隨師者萬人，且棄死夷地矣。君請以運糧虛舟載之，分責使臣將護醫粥，以卒之存亡爲殿最，所全活者十七、八。"，《豫章黃先生文集》卷二十二）

36　孝宗淳熙七年（1180年）"黎州（今四川漢源北）五部落蠻"之變，"調綿、潼（今四川綿陽、三台）之軍二千八百人，急於星火，夜行百三、四十里。蠻人已退，而官軍冒暑遠涉，疲勞病瘴……敗死者四百餘人，瘴疫死者不在其數。"（《建炎以來朝野雜記》卷十九《庚子五部落之變》）

37　理宗寶祐六年（1258年）李曾伯《可齋續藁後・奏邊報及乞兵》："得邕倅趙立十四日書，其辭頗急迫。本司今年調兵萬人在邕，苦於瘴癘，立以爲可用之兵僅千餘人。"[203]

38　理宗開慶元年（1259年），"江淮諸路官兵入嶺……炎方煙瘴，易至染疾，斃者相枕藉。桂林雖號清淑，今亦有氣候矣。如邕、欽、宜，則毒霧熏蒸，有全軍而損其半者。"（《可齋續藁後・回奏庚遞宣諭》"敵人去冬及邕境，瘴死者固多……今聞敵之斃於瘴者固自不少；然我師去冬以瘴而故，只邕管一處，亦三千餘人。自古南方用兵，上霧下潦，蓋所共苦。"（《回奏庚遞宣諭》）

39　度宗咸淳七年（1271年）劉敏中《平宋錄・撫勞戰士》："襄陽之役，以數十萬衆頓於堅城下，經有四年，暑天炎瘴，攻守暴露，不戰而疫死者，無歲無之。"[204]

40　端宗景炎二年（1278年）《湖海新聞夷堅續志・符讖門・兵讖・永新兵禍》："永新（今江西永新）稱兵，安福（今江西安福）有胡秀才季立……中夜親見有緋衣神坐於城樓上，指揮鬼卒等去永新救援善良，毋使刀

203　引文據影印文淵閣《四庫全書》本，卷七，葉64。
204　引文據影印文淵閣《四庫全書》本，卷下，葉4。

兵、瘴痢泛及。未幾，劉泗洲槊統軍經過，去征永新，閭邑罹禍，兵後所
存民戶，百不及一，瘴痢又復盛行，死者無數，慘矣哉！"[205]

當然戍邊在非戰爭時期，即平時也是不斷的、長期進行的軍事活動，受調派往南
方邊疆的戍卒大量地染疾致死的情況，因而也是長年不斷的。《唐書‧張柬之
傳》："出爲合、蜀二州刺史。故事，歲以兵五百戍姚州（今雲南北部），地險
瘴，到屯輒死。柬之論其弊，曰：⋯⋯宜罷姚州⋯⋯"他這建議意在藉著罷州而
撤除這支戍邊的部隊，以免除子弟兵年年疫死不歸的悲劇，但他的提議沒有被武
則天所採納。於是這長久以來剝奪子弟兵性命的慣例也就延續了下去。

另外，南方在唐宋時期還發生過城市或軍隊駐紮營區因嚴重的瘴疫流行，而
不得不搬遷移徙到另一個新地點的事件。《元和郡縣圖志》卷二十九《江南道
五》記載說漳州"初置於今漳浦縣西八十里，開元四年（716年）改移就李澳川，
即今漳浦縣東二百步舊城是。⋯⋯乾元二年（759年）緣李澳川有瘴，遂權移於龍
溪縣置，即今州理是也。"在漳州西邊的汀州則係唐玄宗"開元二十四年（736
年）開福、撫二州山洞置"，"州初置在雜羅（今福建龍岩），以其地瘴，居民多
死。大歷十四年（779年）移理長汀（今福建長汀）白石村，去舊州理三百里。福
州觀察使承昭所奏移也"。（《太平寰宇記》卷一百二《江南東道十四‧汀州》）

在西南方則有雅州。王象之《輿地紀勝》卷一百四十七《成都府路‧雅州‧景
物下》雅安山條云："州治舊在其上，以有瘴，皇祐、景德間徙治山下"。按皇
祐（1049至1053年）爲仁宗年號，景德（1004至1007年）爲眞宗年號，二者相隔
四十餘年；且皇祐在後，景德在前。此處當有誤，疑"祐"或是"朝"字之誤。

在嶺外，則有欽州遷進了新建的州城，《續資治通鑑長編》卷一百仁宗天聖
元年（1023年）四月："欽州深在山谷間，土煩鬱，人多死瘴毒。推官建安徐的獻
策於轉運使，請徙瀕水。轉運使以聞，且留的再任辦役。辛酉詔從其請，的短衣
持挺，與役夫均食。築城郭，立候樓，爲戰守備。畫地居軍民，治府舍、倉庫、溝
渠、廛肆。皆徐所爲"。到天聖三年（1025年）五月己丑又"徙廣南宜州懷遠軍
（今廣西三江南）於江口寨，以舊城多瘴癘，而江口可控扼安化蠻人出入也。"（同
上，卷一百三）雖然徙邑的目的在於取得軍事形勢上的優越位置，但疾病衛生因

205　引文據金心點校本，頁61。北京，中華書局。1986年。

素也是極重要的考慮。次年五月"癸未詔徙南儀州（今廣西岑溪南）於岑雄驛，以舊州地險，中多瘴霧之毒，吏民歲死者衆故也。"（同上，卷一百四）

按《宋史‧仁宗本紀三》記載慶曆六年（1046年）"春正月戊申徙廣南戍兵善地，以避瘴毒"。"善地"即沒有或瘴毒稀少的處所。蘇軾在黄州《答畢仲舉》尺牘亦云："羅山素號善地，不應有瘴癘"。這是遷移駐軍戍所，以避瘴害。陳仁璧給了我們一個時代更早的具體事例，《興化軍（今福建莆田）廳壁記》："皇宋太平興國八年（983年）秋七月，詔移軍於茲而建之……舊軍之地，山崗晝暝，溪流夏寒，屯彼師徒，時多瘴癘。旋聞上詔移之莆邑。"[206]

城市或軍營正是人口集中，往來或流動頻繁的聚落，較易於引起疾疫的暴發流行，導致人口的大量死亡。

瘧疾流行的時間和地域的分布，無疑地和媒介蚊蟲的種類、地形、地勢、温度、溼度等因素有極密切的關係。瘧疾的傳播媒介是按蚊（Anopheles），近年的調查和研究顯示，在我國境內存在的近60種按蚊中，具有流行病學意的媒介蚊種只有中華按蚊（An. sinensis）、雷氏按蚊嗜人亞種（An. lesteri anthropophagus）、微小按蚊（An. minimus）、大劣按蚊（An. dirus），舊稱巴拉巴蚊（An. balabacensis）、日月潭按蚊（An. candidiensis）、溪流按蚊（An. fluviatilis）等幾種，其中又以前四者尤其重要。中華按蚊除新疆、青藏高原外，遍布全國各地，也最常見，主要孳生在水稻田及其灌溉系統的水域中，湖沼、池塘、窪地積潦也是其適宜的孳生場所。陸游《熏蝨效宛陵先生體》詩："澤國故多蝨"，正是湖沼地區真實情況的寫照。其數量在五、六月急迅增加，到七、八月時期到最高峰。雷氏按蚊嗜人亞種主要分布在北緯33度以南，西起四川，東到沿海的廣大地區。最常見孳生於有水草或植物的水坑、溝渠、稻田、池塘中，在八、九月間數量最多。微小按蚊分布在北緯33度，特別是北緯25度以南的山地丘陵地區，孳生在流速緩慢、水質清涼的溪流岸邊雜草中，由於對孳生場所的要求較嚴，因此就限制了它的分布，只見於山區，而不見於平原地區。大劣按蚊分布在桂南、海南島、滇南、藏東南等地，多孳生在遮蔭良好的山澗岩石溪床凹陷所形成的窪地淺水中，雨後的積潦中也有。雨季後的九、十月是大劣按蚊數量的高峰期。日月潭按蚊的分布地域大致與微小按

206　見明弘治癸亥（1503年）周瑛等著，清同治十年（1871年）刊《重刊興化府志》，卷二十六《禮記‧藝文志‧紀載類‧城府》，葉十四。

蚊相近。多生在雜草叢生的荒田積水中，其次在多草（或稻）可遮蔭的稻田、灌溉溝、溪溝和小片積水中。蚊口數量的多少與稻作季節和降雨季節的分布有密切關係，在熱帶水稻可以兩作的地區，一年中甚至可以出現兩次數量的高峰。適宜瘧疾傳播的平均相對溼度在60％以上，當相對濕度降到52％以下時，蚊蟲就停止了吸血活動。[207]

而我國的瘧區則可以分爲四個不同的地帶。（一）自然無瘧區，包括東南隅除外的青藏高原、東北的山區、乾旱的黃土高原、以及伊黎河、喀什噶爾河流域的水稻區除外的西北邊疆荒漠高原地區。在這地區以外，則是其它三個瘧區。（二）北緯33度（大致上即秦嶺、淮河一線）以北地區，是一非穩定性的低瘧區，通常只有間日瘧，傳瘧媒蚊最主要是中華按蚊，發病高峰多在八至九月。（三）北緯25度到33度之間的地帶，是非穩定性的中低度瘧區，間日、三日、惡性瘧都有，而以間日瘧爲主，山區較平原地區嚴重，傳播期可長達六到八個月，發瘧高峰期也在八至九月。（四）北緯25度（大致上即五嶺一線）以南的地帶，平原地區是非穩定的中、低瘧區，山區則是穩定的高瘧區和全瘧區。四種瘧疾都有，幾乎全年都可傳播瘧疾，八到十月是發病高峰期，地屬熱帶的海南島則在五到六月。[208]

根據上述的訊息，我們就可以比較明確有效地掌握古人對瘧疾流行的時間和地域分布的認識。我們可以確定，古代人已經清楚地瞭解到瘧疾的傳染或蔓延具有季節性的升高現象。《左傳》定公四年（前506年）春三月，晉荀寅說：“水潦方降，疾瘧方起。”春季間已有瘧疾爲害，而秋季才是發病的高峰期。《周禮·天官·疾醫》：“掌養萬民之疾病。四時皆有癘疾：春時有痟首疾，夏時有痒疥疾，秋時有瘧寒疾，冬時有嗽上氣疾。”《禮記·月令》說在“孟秋之月”“行夏令……則民多瘧疾。”《素問·金匱真言論》也說“秋善病風瘧。”都表示瘧疾最爲流行的季節是在秋天。《桂海虞衡志·雜志》說“邕州（今廣西南寧）兩江，水土尤惡，一歲無時無瘴，春曰青草瘴，夏曰黃梅瘴，六、七月曰新禾瘴，八、九月曰黃茅瘴。土人以黃茅瘴爲尤毒。”與今日的調查瘧疾傳播期幾乎全年都是，而八到

207　《瘧疾防治手冊》，頁96。

208　《中國醫學百科全書·寄生蟲學與寄生蟲病學》，頁9。《瘧疾防治手冊》，頁102至104。

十月是發病高峰期正相符合。上引王安石《送李宣叔倅漳州（福建漳州，正在北緯25度線南）》詩說"瘴癘春冬作"正說明了當地瘧疾傳播期長，即使在冬季也可以發病。宋陳復齋有詩說福建惠安（今福建惠安，北緯25度線稍北）"藍水秋來八九月，芒花山瘴一齊發。"[209]以及往來嶺南者常稱"黃茅瘴"也都表明了秋季是發病最多的時期。

楊億說："嶺南諸州多瘴毒，歲閏尤甚。"（《宋朝事實類苑》卷六十一《風俗雜誌》引《楊文公談苑》）洪适在嶺南所撰《禱東廟文》："說者謂閏歲多瘴"。又《秋饗諸廟文》也說："說者謂：逢閏必瘴。"則當時人們認爲在嶺表地區的瘧疾流行還存在著較明顯的周期性的大流行或暴發。如以古代曆法的置閏方式，即十九年七閏來看，則平均約每兩年八個半月就有一次嚴重的瘧疾流行出現。但這種看法是否精確可靠，目前還沒有辦法判斷。

在流行地域方面，上引《漢舊儀》說"顓頊氏有三子，生而亡去爲疫鬼，一居江水是爲虐（瘧）鬼"。這則神話交代了瘧疾的病因，也透露了遠古時代的江南或南方就是遠甚於北土的瘧疾流行地區。上引孫萬壽"江南瘴癘地"句及李覯《聞女子瘧疾偶書二十四韻寄示》"江南多此疾"句也都可以跟這一神話互相發明。而上引《後漢書・楊終傳》則表示淮水流域已是"障毒"爲患的地帶。上述古人認爲是致瘧之因的瘴氣或嵐霧的分布主要在南方，這點無疑也迂迴間接地告訴了我們，古代人已明白地觀察到：南方，相對於北土來說，是個瘧疾盛行的地區。新石器時代的考古發掘工作揭露了長江流域及其南方地區遠古以來的農作物就是水稻。[210]《周禮・夏官・職方氏》："東南曰揚州……其穀宜稻"，"正南曰荊州……其穀宜稻"。（《逸周書》卷八《職方》篇與此相同）《淮南子・地

209　寧波天一閣藏明嘉靖刊《安溪縣志》，卷一，《輿地類・風俗・氣候》葉十六引。上海，上海古籍出版社影印本。1982年重印。

210　新石器時代中期長江中游的大溪文化，杭州灣地區的河姆渡文化，太湖流域的馬家浜文化以及新石器時代晚期長江中游的屈家嶺文化、青龍泉三期文化，修水山背遺址，太湖流域的良渚文化，東南沿海地區的曇石山文化、石峽文化、雲南賓川白羊村遺址等均發現人工種植的稻的遺存。見《新中國的考古發現和研究》，頁125至169。最近在湖南澧縣彭頭山新石器時代早期遺址，發現了距今8200至7800年之間的稻穀、稻殼遺存，雖尚待鑒定是否人工栽培的稻，但當時已有稻作農業是極可能的。見湖南省文物考古研究所，《湖南澧縣彭頭山新石器時代早期遺址發掘簡報》、《湖南澧縣彭頭山遺址孢粉分析與古環境探討》二文，均刊於《文物》，1990年8期。

形》：“江水肥仁而宜稻”，“南方……其地宜稻”。《史記・貨殖列傳》記“江”、“淮以南”的“楚、越之地”的居民多是“飯稻羹魚”的。《漢書・地理志下》說“巴、蜀、廣漢”也是“民食稻魚”的地區。上述中華按蚊等傳瘧媒蚊等與稻作有關，從這點也可以瞭解江、淮以南的南方被古代北方人視爲瘧疾流行的地區，並不足爲異。

長江流域的一些山區，如上引《後漢書》所說長沙零道春陵鄉有“山林毒氣”之害，又《梁書》卷二十一《殷鈞傳》：“出爲……臨川（今江西東部）內史……郡舊多山瘴，更暑必動，自鈞在任，郡境無復瘴疾。”這些當多是微小按蚊在傳播瘧疾，多少也意謂山區的瘧疾流行程度較平原地區的要高些。方勺《泊宅編》卷中：“虔州龍南（江南龍南）、安遠（江西安遠）二縣有瘴。”曾敏行則指出這裡的瘴害極嚴重：“贛之龍南、安遠嵐瘴甚於嶺外”。（《獨醒雜志》卷十）在西南富順監（四川富順）、瀘州（四川瀘州）、淯井監（四川珙縣）也是以“地多瘴疫”著稱的。（《續資治通鑑長編》卷八二，大中祥符七年九月甲辰條；卷八四，大中祥符八年四月己巳條）可以看出越靠南邊瘧疾流行越嚴重。

許洪《指南總論・論瘴瘧證候》說“此一證，二廣及漳州界上多有之，餘處無。”又《聖濟總錄》說：“瘴氣獨盛於廣南”。這兩家的說法大致上跟近年北緯25度以南瘧區的劃分相符。在這個以惡性瘧爲主的高度流行區中，微小按蚊是主要的傳瘧媒介，其孳長生息的環境只限於山地及其附近，上述的“山瘴瘧”、“山毒”、“山溪毒氣”、“山林瘴霧”等引起的瘧疾實際上就是山溪間微小按蚊叮咬的結果。

然而在嶺嶠以南，瘴瘧流行的程度，因地點的不同，還有高低之分。例如《舊唐書・地理志》容州北流縣（廣西北流）條：“縣南三十里有兩石相對，其間闊三十步，俗號‘鬼門關’……其南尤多瘴癘，去者罕得生還，諺曰：‘鬼門關，十人九不還’。”[211]則認爲北流之南的地區，疾疫流行較爲嚴重。自然，古代文獻所提供給我們的流行情報，有時是相當不可靠的。例如白居易曾有詩說江西有瘴，在離開江西時更有“共嗟炎瘴地，盡室得生還”之感歎，給人的印象是：江州

211　按《太平寰宇記》卷167，《嶺南道十一・容州》北流縣條下云：“其南尤多瘴癘，去者罕得生，諺云：‘鬼門關，十人去，九不還’……”“十人”下多一“去”字。

是個危險的瘴疫流行地區。但他在江州時給元稹的信裡卻說"江州風候稍涼，地少瘴癘，乃至蛇虺蚊蚋，雖有甚稀"。[212] 又使人產生江州是個不錯的地方的感覺，前後自相矛盾若此。白居易《和陽城驛》說"道州炎瘴地，身不得生歸"，而《太平寰宇記》一百一十六卻說道州"大抵炎熱，元無瘴氣"。二者也大相牴牾。對嶺表的記錄也一樣。如杜甫《寄楊五桂州譚》詩："五嶺皆炎熱，宜人獨桂林。"其後白居易又有《送嚴大夫赴桂州》詩說："桂林無瘴氣"。自此以還，後人幾乎都說桂林無瘴，如張栻說："靜江氣象開廓，風氣疏通，覺得無瘴癘。寒暄之候，殊不異湘中。"范成大《桂海虞衡志・雜志・瘴》："二廣惟桂林無之。自是而南，皆瘴鄉矣。"然而《宋史・兵志十》記神宗熙寧年間，"桂林以瘴癘，間徙軍於全、永（廣西全州、湖南零陵）"上引李曾伯奏稿也說桂林"今亦有氣候矣。"又宋人胡珵《道護錄》："人言：'春、循、梅、新，與死爲鄰；高、竇、雷、化，說著也怕'（分別在今廣東陽春、龍川西、梅州、新興、茂名東北、信宜南、海康、化州）。八州惡地，〔劉〕安世歷遍七州。"[213]。《劉安世言行錄》記安世於"二廣間甲令所載稱遠惡州軍者，無所不至。"（《三朝名臣言行錄》卷十二《諫議劉公》引）按《慶元條法事類》卷七十五《刑獄門・編配流役》中"名例勅"說："諸稱遠惡州者，謂南恩（廣東陽江）、新、循、梅、高、雷、化、賓（廣西賓陽）、容（廣西容縣）、瓊（海南瓊山）州，昌化（海南儋縣西北）、萬安（海南萬寧）、吉陽（海南崖縣西北）軍"。[214]共十三個州、軍。而周去非卻說："嶺外毒瘴，不必深廣之地。如海南之瓊管，海北之廉（廣西合浦）、雷、化，雖曰深廣，而瘴乃稍輕。昭州（廣西平樂）與湖南、靜江（桂林）接境，士夫指以爲大法場，言殺人之多也。若深廣之地，如橫（廣西橫縣）、邕（廣西南寧）、欽（廣西欽州）、貴（廣西貴縣），其瘴殆與昭等。獨不知小法場之名在何州……廣東以新州爲大法場，英州（廣東英德）爲小法場。"（《嶺外代答・風土門・瘴地》）則對雷、化二州及海南各州、軍的看法與向來通行的意見又不相同；值得注意的是英州也沒有列在上引法典所刊載的"遠惡州軍"名單當中。另外，趙汝适《諸蕃志》卷下也說："昌化……地無煙瘴、水潦之患"。[215]

212　元和十三年（818年）四月十日《與微之書》，見《白居易集》卷四十五。

213　《三朝名臣言行錄》（《四部叢刊》初編本），卷十二，《諫議劉公》引。

214　據台北，新文豐出版公司影印靜嘉堂文庫抄本。1976年。

215　引文據馮承鈞撰，《諸蕃志校注》，頁147。長沙，商務印書館，1940年。

　　按《續資治通鑑長編》卷一二〇，仁宗景祐四年（1037年）六月"壬午廣南東、西路轉運使言：所部梅、春、循、新、邕、欽、融（廣西融水）、桂、昭、容、白（廣西博白）、瓊、崖等州皆煙瘴之地。"與上述各瘴害嚴重州軍相提並論的還多出了融、桂、白三州。李綱《乞差撥諸項人兵奏狀》則稱"梅、循、惠、廣、端、康、封、梧、昭、賀等州，皆煙瘴深處。"（《梁谿集》卷六十五）又揭出了惠、廣、端、康、封、梧等州。而南宋末番禺人李昴英却說："廣〔州〕山寬海鉅，嵐霧散泄，故無瘴。"[216]

　　在這些"遠惡州軍"當中，春州這"大法場"是沒有什麼人懷疑的。李符說："朱崖雖遠在海中，而水土頗善。春州稍近，瘴氣甚毒，至者必死。"（《續資治通鑑長編》卷二四太平興國八年四月壬子條）又《宋史·刑法志三》："廣南轉運司言：春州、瘴癘之地，配隸至者，十死八、九，願停配罪人。"而英州雖稱"小法場"，殆與春州實不相上下："廣東路瘴癘惟英德府爲最甚，謂之'人間生地獄'。諸司公事欲速成者多送之。自非死罪，至即誣伏，亟就刑責以出。"（《宋史·刑法志二》）欽州也十分著名："欽州深在山谷間，土煩鬱，人多死瘴毒"。（《續資治通鑑長編》卷一百仁宗天聖元年四月，《宋史·徐的傳》）我們推測大致上這是由於外來無免疫力的人到了這些地區，和帶蟲免疫的當地人雜處，因而引起嚴重的暴發流行而導致大量外來人的死亡的結果。這樣，也給人們留下了這些地方是瘧癘高度流行地區的印象。

　　上文提葛洪《肘後方》裡有"度瘴散"一方，他認爲這藥方具有"辟山瘴惡氣"的效用，並指點了觀察瘴氣的要點。又說這藥"辟毒、諸惡氣，冒霧行尤宜服之。"不論這藥方是否眞實有效，它說明了當時已經有意識地下功夫來配製藥劑，進行瘧疾的預防工作。白居易在江州《東南行一百韻寄通州元九侍御、澧州李十一舍人、果州崔二十二使君、開州韋大員外、庾三十二補闕、杜十四拾遺、李二十助教員外、竇七校書》詩有句云："防瘴和殘藥，迎寒補舊襦。"又《十二年（817年）冬江西溫暖喜元八寄金石凌到因題此詩》："今冬臘候不嚴凝，暖霧溫風氣上騰。山腳巉中纔有雪，江流慢處亦無冰。欲將何藥防春瘴？只有元家金

216　見《文溪集》卷二，《壽安院記》，葉十一。道光二十年（1840）刊《粵十三家集》本。

石凌。”則元氏有防瘴瘧藥名“金石凌”。按元稹有《遣病十首》，第一首云：“服藥備江瘴，四年方一瘳。豈是藥無功？伊予久留滯。滯留人固薄，瘴久藥難制。”則在江陵時元稹曾服藥防瘴，所服或即“金石凌”。其配方是什麼，已難考出。但結果在第四年時元稹還是得了瘴瘧，而且還不算輕。至於檳榔、酒等防瘴的作用，容後再敘。

在治瘧方面，《素問》有《刺瘧》一篇，提出了對各種不同症狀的瘧病的各種不同的刺法、取穴；並指明病患如果是“脈緩大虛”的，就“宜用藥”，而“不宜用針”。更揭示了針刺治療必須掌握準確的時機：“凡治瘧，先發如食頃，乃可以治，過之則失時也。”今日醫學科學工作者的實驗已經證明針刺治瘧確實有效，同時《內經》首先揭舉的這一刺療時機更是不可違背的眞實經驗。而《內經》所指出的合谷穴，孫思邈《千金要方》“灸瘧法”所舉出的大椎穴，以及宋王執中《針灸資生經》所說的：“大椎治痎瘧久不愈”，“陶道治痎瘧，寒熱洒淅”，“合谷”“治寒熱痎瘧”、“治身寒熱瘧病”，“大椎”“治溫瘧、痎瘧”[217]等穴都是今日臨床證明有效的治瘧穴位。[218]

在服用藥物治療方面，自漢至宋已發展出針對各種不同症候的幾百種不同的藥方，使用的藥物種類的數量十分可觀。《本草經》已表示有些藥如蕘華“主治……溫瘧”。但最值得注意的是常（恆）山、蜀漆（或蜀漆葉）及青蒿三味藥。《本草經》：“恆山，味苦寒。主治傷寒寒熱，熱發溫瘧”。“蜀漆，味辛平，有毒。主治瘧及逆道寒熱，腹中癥堅痞結”。《吳普本草》：“蜀漆葉，一名恆山。”《名醫別錄》：“恆山……生益州山谷及漢中”，“蜀漆……生江林山及蜀、漢中，恆山苗也。”按常山，別名黃常山、鷄骨常山，爲虎耳草科、黃常山屬植物黃常山（Dichroa febrifuga Lour.）的根，其苗或嫩枝葉稱蜀漆。[219]自一九四〇

217　見《鍼灸資生經》（影印文淵閣《四庫全書》本），卷三，《瘧》，葉六十三至六十四。

218　見羅榮翹，《瘧疾的針灸治療法》，《北京中醫》，第3卷，11期，頁27至28，1954年11月。呂世琦《祖國醫學對瘧疾的認識和治療》，見《浙江中醫雜誌》，1957年，7月號，頁27。孫心楚、彭學川，《針刺治療瘧疾22例臨床觀察》；又，王翹楚，《針灸治療瘧疾的療效與辨證論治》。均見《浙江中醫雜誌》1958年8月號，頁5至6；頁7至8。

219　見樓之岑，《常山的生藥鑑定》，《中華醫學雜誌》，1954年第11號，頁869至870。高德明，《涌吐藥（上）》，第（3）“常山”，《浙江中醫雜誌》，1957年9月號，頁43。中國醫學科學院藥物學研究所等，《中藥志》第二冊，頁515。北京，人民衛生出

年代以來，化學、藥理、臨床醫學科學工作者已經證實常山所含的甲、乙、丙三種常山鹼的抗瘧療效，甲種與奎寧相等，乙、丙二種是奎寧的四○至一百五十倍。[220]《金匱要略》所載治瘧的三個藥方中就有一個"蜀漆散方"，方以所用的蜀漆為名；《肘後方》中三十二個治瘧藥方中，使用常山的就有十四個；《千金要方》的四十個療瘧方中，使用常山、蜀漆，或兩者兼用的有十九個，用常山或蜀漆命名的藥方有五個；《外台祕要方》所列治瘧九十四藥方中，用常山或蜀漆，或兼用兩者的共有六十一個，以常山或蜀漆為名的則有三十七個；《聖濟總錄》所收二百六十二個療瘧藥方內，含有常山或蜀漆或兩者的，共有一百三十四個，藥方名用常山或蜀漆的有四十二個。足見漢宋間已常用這味有效的藥來進行治瘧了。陶弘景注《本草經》說蜀漆："云是常山苗，而所出又異者，江林山即益州江陽山名，故是同處爾"。（《經史證類大觀本草》卷十引）他不但注意到常山的產地，而且還特別揭示出其形狀和效用："出宜都（湖北宜都）、建平（四川巫山），細實黃者呼為雞骨常山，用最勝。"（同上）宋寇宋奭《本草衍義》也說："常山，蜀漆根也……如雞骨者佳"。[221]釋繼洪所列"截瘧散"也說常山要用"雞骨樣者良。"（《嶺南衛生方》卷中）唐代甄權《古今錄驗方》"療一切瘧大有驗朱砂丸方"特別指明要用"蜀常山"，都強調了產地的重要性。夏侯拯"桃人常山丸方"也說"其常山須蜀者始堪使用"。（《外台祕要方》卷五）

北宋蘇頌《本草圖經》說蜀漆、常山："此二味為治瘧之最要。"（《經史證

　　　版社，1982年第二版。又《全國中草藥匯編》（上），頁744。北京，人民衛生出版社，1983年。王浴生主編，《中藥藥理與應用》，頁1024。北京，人民衛生出版社，1983年。但曹元宇所輯注的《本草經》，頁194"恆山"條注一却稱常山的學名為Orixa japonica, Thunb.。按這是芸香科植物"和常山"或"日本常山"，又稱"臭常山"的拉丁學名。可參考高德明，上引文，頁43及上引《中藥志》第二冊，頁515，518至519。樓之岑，前引文。姜周行，《幾種中藥研究的近況》，《中華醫史雜誌》，1954年第1號，頁31。

220　姜達衢，《常山的化學》；金蔭昌，《常山的藥理研究》；分別見《中華醫學雜誌》1954年第11號，頁871至872；873。高德明，前引文，頁43。唐汝愚等《常山鹼乙與檳榔鹼的抗瘧試驗》，《上海中醫藥雜誌》，1958年2月號，頁37至39。上引《中藥志》第二冊，頁517。王浴生，上引書，頁1025。《四川中藥志》（成都，四川人民出版社，1980年），第一卷，頁261。又薛愚主編《中國藥學史料》（北京，人民衛生出版社，1984年）頁430至431。

221　引文據顏正華等點校本，卷11，頁70。北京，人民衛生出版社，1990年。

類大觀本草》卷十引）李璆也極力強調常山治瘴的功效。釋繼洪《治瘴續說》：“常山乃瘴瘧要藥。李待制（璆）云：‘欲去根本，非常山不可’。此說最當……如上二方（截瘧散）並有神效，其功正在常山”。

在傳統醫學的療瘴藥物中，常山之外，另一經現代科學實驗、臨床研究證明有效的是青蒿。青蒿是菊科植物黃花蒿(Artemisia annua L.)，目前最早的記載見於1973年長沙馬王堆三號漢墓出土的帛書《五十二病方》中，用“青蒿大把二”來治牝痔，並說：“青蒿者，荊名曰萩。”[222]《本草經》：“草蒿……一名青蒿。”沒有說它主治瘧疾，其後陶弘景以迄唐、宋各本草都未記載用青蒿療瘴。倒是葛洪的一個藥方只用青蒿一味藥來治瘴。（《肘後方》卷三《治寒熱諸瘧方》）其後《聖濟總錄》有八個治療藥方用了青蒿，另兩個用了青蒿子；前者中有七個也同時用了常山，而不用常山的那個藥方名爲“青蒿湯方”。青蒿的療瘴效用到南宋才進一步受到人們的注意。汪南容《治冷熱瘴瘧脈證方論・熱瘴治法》說熱瘴“只用挑草子之法”，即用針刺治療，然後“乃以青蒿水與服，應手而愈。”（《嶺南衛生方》卷上）他指出“南方挑草子之法不可廢也”。又建議“士大夫不幸而染熱瘴，亦只得求南人針法以刺之”。周去非《嶺外代答・風土門・瘴》也記錄了同樣的針刺和服青蒿水的治瘴瘧法，但他還提到“青蒿散”這藥方：“昔靜江府唐侍御家，仙者授以青蒿散。至今南方瘴疾，服之有奇驗。”[223]

總之，到宋代爲止，古代中國人確實已經發展出了有效的物理抗瘴療法，即針刺及藥物療法，發現了抗瘴生藥的有效品種。[224]

(二)日本血吸蟲病及恙蟲病

血吸蟲病和恙蟲病也是南土流行或較爲流行的疾病。血吸蟲病在世界上也是爲害甚劇的寄生蟲病。目前在中國境內只存在日本血吸蟲，即Schistosoma japanica

---

222　馬王堆漢墓帛書整理小組，《五十二病方》，頁88。北京，文物出版社，1979年。又，《馬王堆漢墓帛書》〔肆〕（北京，文物出版社。1985年），頁55。

223　近年利用青蒿療瘴，甚有成效。見李蔚普《青蒿的抗瘴療效》，《北京中醫》，第三卷，第九期，頁17至18。1954年9月號。范太濤《青蒿素栓治療惡性瘧疾的臨床觀察》，《新中醫》1988年1期，頁35。青蒿研究組《抗瘧新藥青蒿素的研究》，又中藥研究所藥理研究室《青蒿的藥理研究》，均見《中國中醫研究院三十年論文選》，頁366至369；370至381。北京，中醫古籍出版社，1986年。

224　見陸淵雷、何雲鶴《中醫治瘧的經驗》（《中醫雜誌》，1955年第一號），其摘要刊於《中華醫學雜誌》，1955年第三號，頁288至289。

Katsurada，因而把日本血吸蟲病簡稱爲血吸蟲病。當患有血吸蟲病的人、家畜如牛、豬等，以及野生動物如鼠類等的含有血吸蟲卵的糞便排放或施用至湖澤、江河、溝渠、水田中後，蟲卵遇水很快就孵化出毛蚴，游動於水中，並迅速找到其獨特的中間宿主，即湖北釘螺（ Oncomelania hupensis ），鑽入螺體內發育成爲尾蚴。尾蚴從螺體逸出後，浮游於水面，再鑽入其最終宿主體內。這樣，就導致了其最終宿主的血吸蟲感染或血吸蟲病。本世紀初，古病理學家在古埃及第二十王朝時代（ 前1250年至前1000年 ）的兩具木乃伊的腎藏內發現了已經鈣化了的埃及血吸蟲卵，人們才得以知悉，19世紀中葉發現的肆虐埃及多年的埃及血吸蟲病的歷史可以上溯到三千多年前。[225]無獨有偶，在中國境內於1905年確診出了第一個血吸蟲病例。在50年代末，有人據此宣稱在中國境內血吸蟲病已有約六十年的流行歷史。[226]但在此之前，醫學史工作者早已提出了血吸蟲病自三千多年前已經在中國流行的說法。[227]到1972年和1975年先後在長沙馬王堆一號漢墓及江陵鳳凰山168號漢墓出土的兩具古尸內都檢出了日本血吸蟲卵，證實了在長江中游兩湖地區血吸蟲病至少已有二千多年的流行歷史。[228]

　　由於日本血吸蟲對其中間宿主的特異性要求極爲嚴格，只有湖北釘螺一種。而湖北釘螺不能在寒冷、乾燥的環境中生存、繁殖，只存活在北緯33度以南的地區。在這條地理分布界線之北，是没有血吸蟲病的，因此血吸蟲病只流行於淮河

225　Marc Armand Ruffer, Studies in Paleopathology of Egypt. pp.18-19. Chicago: University of Chicago Press, 1921.

226　見《五年來我國衛生事業大發展》，《上海中醫藥雜誌》1958年2月號，頁1轉載1958年元旦《人民日報》。

227　見范行準《中國預防醫學思想史》，頁3至4，19至21。北京，人民衛生出版社。1955年。

228　1972年湖南長沙馬王堆一號漢墓出土古屍的肝臟、直腸及乙狀結腸組織中均發現了成堆的日本血吸蟲卵，每堆蟲卵數目從幾個到幾十個不等，最多的可達一百多個。見湖南醫學院主編，《長沙馬王堆一號漢墓古屍研究》，頁202至213，288至289。北京，文物出版社，1980年。1975年在湖北江陵縣鳳凰山168號西漢初期墓出土古屍的肝臟、迴腸末端、乙狀結腸和直腸壁內也發現了成堆的日本血吸蟲卵沈著，並形成蟲卵結節，導致死者生前出現日本血吸蟲性肝硬變。見武忠弼主編，《江陵鳳凰山一六八號墓西漢古屍研究》，頁20至21，162至189，216。北京，文物出版社，1982年。

以南的南方也不是偶然的。[229]到50年代末，在醫學工作者的努力下，發現北自淮河南岸的江蘇寶應縣，南到兩廣，西起川、滇，東到浙、台的三百幾十個縣市都有血吸蟲病的流行或有血吸蟲病病例的報導。估計約有近一千萬人的病患，而受到此病威脅的人口可高達約一億人左右。[230]醫學史工作者在此之前已經瞭解到血吸蟲病在中國境內的廣泛流行，設想這樣一個廣泛流行的疾病在傳統文獻中不可能一點踪影都沒有，他們在龐大的古代醫學資料中極力搜尋，企圖找出能夠確定是關於日本血吸蟲病的記載。大致上在學者之間有下列幾種看法。

　　范行準先生據傳統醫學中"蠱毒"、"水腫"部門的下血痢、吐血、腹水等記載認爲有一些血吸蟲病被劃入了古典醫學的蠱毒和水腫門中去了。他雖然注意到"蠱"有許多不同的意義，也把其中的生殖系統疾病、迷信或巫術等部分和血吸蟲病區分開來，但他在沒有較充分的其他資料的支持下，把代表血吸蟲病的蠱跟殷虛甲骨文中的蠱字和《山海經》中的蠱聯繫了起來，主張在紀元前十五、六世紀時已經發現了這一疾病，並且這種疾病盛行在古中國的西北地區，隨著南方的被征服，北土的人群南侵而向南傳播，到了晉代、南朝時，血吸蟲病在長江流域已相當猖獗，唐宋以降，更蔓延到了福建、嶺南、雲貴地區；而在血吸蟲病南移的同時，北方的地理的變動卻使得它在當地失去了立足之地。[231]日本學者宮下三郎也指出南宋楊士瀛《仁齋直指方論・蠱毒・蠱毒方論》："其候：面目青黃，力乏身痛，唇口乾焦，煩燥而悶，胸脇妨滿，肚脹皮堅，腹中聊聊，切痛如蟲齧，

229　按湖北釘螺"孳生地區1月份平均氣温都在0℃以上，全年降雨量都在750毫米以上。"（《血吸蟲病防治手冊》，頁11。上海，上海科學技術出版社，1982年第2版）1月份平均氣温0℃的等温線正在北緯33度左右，我國的"日本血吸蟲病有嚴格的地理分布界線，在北緯33度以北沒有此病，因爲日本血吸蟲病的中間宿主釘螺不能在乾燥寒冷的環境裡生存繁殖。沒有釘螺的地區或已消滅了釘螺的地區，就不可能有血吸蟲病流行。"（《中國醫學百科全書・流行病學》），頁4。

230　錢信忠《總結群眾性的學術經驗爲迅速消滅五大寄生蟲病而奮鬥》，《人民保健》，1959年第1號，頁3。《當代中國的衛生事業》（上），頁227。北京，中國社會科學出版社，1986年。按本世紀一〇年代日本人曾在台灣濁水溪流域從事調查，但只在牛、羊、狗等動物的糞便中找到血吸蟲卵，而沒有發現血吸蟲病患者。見Kaoru Morishita, Yoshitaka Komiya and Hisakichi Matsubayashi (ed.) Progress of Medical Parasitology in Japan, Vol.1 p.197.

231　范行準《有關日本住血吸蟲病的中醫文獻的初步探討》，《中華醫學雜誌》，1954年第11號，頁862。又范氏，前引書，頁3至4，19至21。

又如蟲行，唾吐鮮血，小便淋瀝，大便膿血雜下……"中有許多類似日本血吸蟲病的證候。[232]范行準先生這說法影響相當可觀，有不少的追隨者。例如姜春華先生大抵沿用其說，但在感染的途徑上作了補充，據《肘後方》、《千金要方》所載沙蝨、水毒病的因涉水或入水洗浴而得病，以及感染後的皮膚症狀與受血吸蟲尾蚴侵入後所出現的皮炎症相近似而認為這兩者其實就是血吸蟲病。[233]其後李益三先生從感染途徑、流行地區、疾病症狀等方面進行了分析，宣稱《肘後方》等醫籍所記載的射工毒、溪（水）毒病就是今日的血吸蟲病。[234]蔡景峰先生也表示《肘後方》所記載的中溪毒或水毒、射工等病實際上就是血吸蟲病。贊同這種意見的學者也很多。[235]

為了討論的方便起見，現把有關沙蝨、水毒、射工等病的有關文獻摘錄如下。

關於射工，據上文引《漢書》等記載，它有蜮、短狐、短弧、水弩、狐蜮、鬼蜮等名，下列資料顯示，它還有射影、射蜮、水狐等別名。

《詩・小雅・何人斯》："為鬼為蜮，則不可得。"毛傳："蜮，短狐也。"陸德明《經典釋文》卷六《毛詩音義中》："蜮……狀如鱉，三足，一名'射工'，俗呼'水弩'，在水中，含沙射人。一云射人影。"孔穎達《正義》："《洪範五行傳》云："蜮如鱉，三足，生於南越。南越婦人多淫，故其地多蜮。淫女或亂之氣所生也。陸機《疏》云：'一名"射影"，江、淮水皆有之。人在岸上，影見水中，投人影則殺之，故曰"射影"。南人將入水，先以瓦石投水中，令水濁，然後入。或曰：含沙射人皮肌，其瘡如疥是也'。"

《山海經・大荒南經》："大荒之中……有蜮山者，有蜮民之國，桑姓，食

232　見宮下三郎，前引文，頁131。

233　見所作《祖國醫學對血吸蟲病的認識及其防治方法》一文，《大眾醫學》1956年10月號，頁447至448。

234　見所著《祖國醫學對于血吸蟲病的認識及其治療藥物的探討》，《浙江中醫雜誌》1958年7月號，頁13至15。

235　其所撰《肘後備急方的科學成就》（《新醫學雜誌》，1979年1月）一文未見，其中有關血吸蟲病的討論，轉引自薛愚主編《中國藥學史料》頁187附注。持同一意見的相當多，如上引《長沙馬王堆一號漢墓古屍研究》（頁288），《江陵鳳凰山168號漢墓西漢古屍研究》（頁172至173），《當代中國的衛生事業》上冊（頁226）等。前二者也將"沙蝨"列為血吸蟲病。

黍，射蜮是食。有人方挀弓射黃蛇，名曰蜮人。”

　　東漢服虔《春秋左氏傳解》：“短狐，南方盛暑所生，其狀如鼈。古無今有，含沙射人，入皮肉中，其瘡如疥，徧身中，濊濊蜮蜮，故曰灾。禮曰惑君則有。”（《周禮・秋官》序官《蜩氏》賈公彥疏引）

　　《搜神記》：“漢光武中平中，有物處於江水，其名曰蜮，一曰短狐。能含沙射人。所中者，則身體筋急，頭痛，發熱，劇者至死。江人以術方抑之，則得沙石於肉中。《詩》所謂‘爲鬼爲蜮，則不可測（按，當作“得”）’也。今俗謂之溪毒。先儒以爲男女同川而浴，淫女爲主，亂氣所生也。”

　　《玄中記》：“水狐者，視其形，蟲也，見其氣乃鬼也。長三、四寸，其色黑，廣寸許。背上有甲，厚三分許。其口有物向前如角狀。見人則氣射人，去二、三步即射人。中十人，六、七人死。”（《太平御覽》卷九百五十）

　　又唐人撰《郡國志》云：“建州（今福建建甌）夢水有涉虱，又云獨蟲，一名蜮，似龜，射人。所中之處生瘡。”（《太平寰宇記》卷一百一《江南東道十三・建州・建安縣》）

　　《抱朴子・登涉》：“或問：‘江南山谷之間，多諸毒惡，辟之有道乎？’抱朴子答曰：‘中州高原，土氣清和，上國名山，了無此輩。今吳楚之野，暑溼鬱蒸，雖衡霍正岳，猶多毒蠚也。又有短狐，一名蜮，一名射工，一名射影，其實水蟲也。狀如鳴蜩，狀似三合盃，有翼能飛，無目而利耳，口中有橫物角弩，如聞人聲，緣口中物如角弩，以氣爲矢，則因水而射人，中人身者即發瘡，中影者亦病，而不即發瘡。不曉治之者煞人。其病似大傷寒，不十日皆死。又有沙蝨，水陸皆有，其新雨後及暮前跋涉必著人，唯烈日草燥時差稀耳。其大如毛髮之端，初著人，便入其皮裏，其所在如芒刺之狀，小犯大痛，可以針挑取之，正赤如丹，著爪上行動也。若不挑之，蟲鑽至骨，便周行走入身，其與射工相似，皆煞人。”

　　《肘後方・治卒中射工水弩毒方》：“江南有射工毒蟲……常在山間水中，人行及水浴，此蟲口中橫骨角弩唧以射人形、影則病。其診法：初得或如傷寒，或似中惡，或口不能語，或惡寒熱，四肢拘急，旦可暮劇，困者三日齒間血出，不療即死。”巢元方《諸病源候總論・蠱毒病諸候・射工候》：“初始證候，先寒熱，惡冷，欠欨筋急，頭痛目疼，狀如傷寒，亦如中尸，便不能語，朝旦小蘇，晡

夕輒劇，寒熱悶亂是也。始得之，四日可治，急者七日皆死；後者二七日，遠不過三七日皆死。其毒中人，初未有瘡，但惡風瘮瘰寒熱，或如針刺。及其瘡成，初如豆粒黑子，或如火燒，或如蠼螋尿瘡，皆肉內有空，如大針孔也。其射人中頭面尤急，腰以上去人心近者多死；中人腰以下者小寬，不治亦死。雖不死，皆百日內乃可保瘥。又云瘡有數種，其一種中人瘡正黑如黶子狀，或周徧悉赤，衣被犯之，如有芒刺痛；其一種作瘡，久即穿陷，或鎮寒熱；其一種如火灸人肉，燺起作瘡，此最疾，數日殺人；其一種突起如石癰狀。俱能殺人，但有遲速耳。大都此病多令人寒熱，欠伸，張口，閉眼。此蟲冬月蟄在土內……"

《肘後方·治卒中沙蝨毒方》："山間水多有沙蝨，甚細，略不可見。人入水浴及以水澡浴，此蟲在水中著人身，及陰天雨行草中亦著人，便鑽入皮裏。其診法：初得之，皮上正赤，如小豆、黍米粒，以手摩赤上，痛如刺。三日之後，令百節強、疼痛，寒熱，赤上發瘡。此蟲漸入，至骨則殺人。自有山澗浴畢，當以布拭身數徧，以故帛拭之一度乃傅粉之也。""今東間水無不有此……比見嶺南人初有此者，即以茅葉茗茗刮去……已深者針挑取蟲子，正如疥蟲，著爪上映光方見行動也"。又："雜用前中溪毒、射工法急救，七日中宜差，不爾則仍變成溪毒。"

郭義恭《廣志》："沙蝨，色赤，大不過蟣，在水中，入人皮中殺人。"（《太平御覽》卷九百五十）

《肘後方·治卒中溪毒方》："水毒中人，一名中溪，一名中灑，一名水病。似射工而無物。其診法：初得之，惡寒，頭微痛，目注（《諸病源候總論》作"匡"，《外台祕要方》引作"眶"，當據改）疼，心中煩懊，四肢振淅，骨節皆強，筋急，但欲睡。旦醒暮劇，手逆冷。三日則復生蟲食下瘡，不痛不痒……覺得急，當深視下部，若有瘡正赤如截肉者，爲陽毒，最急；若瘡如蠱魚齒者，爲陰毒，猶小緩。要皆殺人，不過二十日。欲知是中水毒，當作數升湯，以小蒜五寸（按當是"升"之誤字），㕮咀，投湯中，莫令大熱，熱即無力。捩去滓滓，適寒溫以浴身，若身體發赤斑文者是也（'是也'二字據《諸病源候總論》，又《外台祕要方》卷40引《肘後方》補）。"《諸病源候總論》卷二五《水毒候》："自三吳已東及南諸山郡、山縣有溪源處，有水毒病。春秋輒得，一名中水，一名中溪，一

名中瀼，一名水中病，亦名溪溫。令（按：當是"今"之誤）人中溪，以其病與射工診候相似，通呼溪病。其實有異，有瘡是射工，無瘡是溪溫……又云：若有發瘡處，但如黑點，繞邊赤，狀似雞眼，在高處難治，下處易治。無復餘異診。但同覺寒熱、頭痛，腰背急強，手腳冷，欠欬，欲眠，朝瘥暮劇，便判是溪病，不假蒜湯及視下部瘡也。此證者，至困時亦不皆洞利，及齒間出血。惟熱勢猛者，則心腹煩亂，不食而狂語……十餘日至二十餘日則死。"

《廣記》云："水弩之虫，常自四月一日上弩，至八月卸之。見人影則射。"[236]

據昆蟲學者的考證，蜮實際上就是半翅目田鼈科的昆蟲田鼈（Belostoma deyrollii Vuill.）。[237]這種昆種棲息在池沼等水中，靠捕食小魚、小蟲為生，夜間則出水。當然田鼈是不會含沙（或氣）射人（或人影）而給人們帶來什麼疾病的。

主張上述沙蝨、水毒、射工病是血吸蟲病的一項重要根據是感染的途徑，如"入水"、"入水浴"、"以水澡浴"，以及"水毒"、"中溪"、"水中病"、"溪溫"、"涉虱"等名稱都表明了入水或涉水的活動使人染病，這與血吸蟲病患者因與疫水接觸，水中的血吸蟲尾蚴鑽進皮膚而得病是一致的。但上引資料，又有"射影"，"人在岸上，影見水中"，又"沙蝨水陸皆有""陰天及雨行草中亦著人"等記載，則沙虱、射工病病人沒有下水或未與疫水接觸，卻也能染病。這又怎麼解釋呢？其實我們認為要說明這點也並不困難。當代醫學工作者的報告說，媒介血吸蟲病的湖北釘螺是一種水陸兩棲的螺類，它們既能浸處在水中，也可以爬行到岸上，附著於稻莖上以及岸邊雜草的葉上，或攀附棲息於水邊淺灘的蘆葦之上。[238]在釘螺體中尾蚴大量逸出，水中尾蚴密度極高的情況下，即使在潮溼的洲灘上或沾有露水的河湖岸草地上行走，或采集蘆葉、捆扎、運送濕草，也可以感染血吸蟲病。[239]

236　宋葉廷珪《海錄碎事》卷二十二下，《雜虫門・水虫卸弩》引。

237　胡經甫《圖書集成昆蟲名考》，燕京大學《文學年報》，第6期，頁328。1940年，11月。

238　Asa C. Chandler, Introduction to Human Parasitology, 4th ed.,p.233. New York: John Willey and Sons, 1930.又見小宮義孝，《關於血吸蟲病防治工作的意見書》，《中華醫學雜誌》，1957年第4號，頁297，徐國清等《血吸蟲病在四川之分布及其流行因素》，《中華醫學雜誌》1957年第7號，頁533。

239　血吸蟲病研究委員會《湖沼地區防治血吸蟲病的經驗》，《人民保健》1960年第2號，頁89。《血吸蟲病防治手冊》，頁19。

其次發病的症狀，如"初得之，皮上正赤，如小豆、黍米粒"，"含沙射人，入皮肉中，其瘡如疥，徧身中，濩濩蝛蝛"，又唐孟詵《孟氏必效方》說："初著有赤點如米。"按《史記·司馬相如傳》所載《上林賦》："布濩閎澤，延曼太原"，又所載相如言封禪事遺札："非唯濡之，氾專濩之。""濩"有流散、流布之意。那麼，服虔之意當是說短狐所射之瘡，就像疥一樣，流布徧身。疥正是粟米粒般的丘疹，引起劇烈瘙痒，可以曼延於身體大部分的皮膚病。[240]而在血吸蟲尾蚴侵入皮膚之後所引起的皮炎，正是紅點密布，成爲丘疹，大小如綠豆，使患者感到奇癢的症狀。[241]而"身體發赤斑文"則類似尾蚴在人體內引起的過敏性體徵，即蕁麻疹或風疹塊。[242]

再則是惡寒、發熱、頭痛等症候，也與急性血吸蟲病的證候相同；加上上述各資料所說的流行地區，在江淮水、南方、南越、嶺南、及在今江蘇、浙江、福建的山區郡縣，也正是在當代血吸蟲病流行區域的範圍之內。因此據而主張沙虱、射工、水毒等病就是今日的急性血吸蟲病，並不是完全沒有根據的生搬硬套。

然而，再進一步地分析上列的相關資料，我們就會發現，問題並沒有這麼簡單。當代的醫學病例報告表示恙蟲病（或沙蝨熱）的早期臨床體徵一樣可以出現全身皮膚上散布有大小不等的紅色丘疹或斑疹，而且一樣發癢。同時也有明確的發冷、寒顫、發高熱，頭痛劇烈等症狀，而當代的流行病學資料顯示，浙江、福建、台灣、廣東、廣西、海南、四川、貴州、雲南等南方地區是恙蟲病的主要分布地區。[243]

這樣，只憑上述的討論，我們把沙蝨、射工、水毒病判斷爲今日的恙蟲病，也不能說是毫無道理。當然，我們還得就感染途徑做出交代來。

按恙蟲病或沙蝨熱又名叢林斑疹傷寒，是由恙蟲立克次體所引起的急性發熱

240　見《中醫大辭典·外科骨傷五官科分冊》，頁166。北京，人民衛生出版社。1987年。

241　江蘇省無錫血吸蟲病防治所等《急性血吸蟲病的臨床觀察（96例）》，《中華醫學雜誌》1956年第5號，頁463至464。《血吸蟲病防治手冊》，頁85。鍾惠瀾，前引書，頁896。

242　徐紀法《紹興蘭亭區血吸蟲病防治工作隊報告》，《中華醫學雜誌》37卷10期，頁872。1951年10月。劉約翰等《急性血吸蟲病》，《中華醫學雜誌》，1956年第4號，頁336。江蘇無錫血吸蟲病防治所等，前引文，頁464。《血吸蟲病防治手冊》，頁86。

243　《中國醫學百科全書·傳染病學》，頁72。鍾惠瀾，前引書，頁380，1252。

性斑疹傷寒狀傳染病。它是自然疫源性疾病，我國的主要傳染源是田鼠、溝鼠、黃胸鼠、家鼠、食蟲鼠等鼠類；傳染媒介則是以恙蟎（或稱沙蟎），以地里恙蟎和紅恙蟎為主，多為紅色。恙蟎主要孳生在陰暗、潮溼的叢林邊綠、溪溝、江河沿岸的灌木雜草叢生、鼠類活動出沒的場所。當人經過這些潮溼的水邊灌叢草地時，恙蟎的幼蟲因人呼氣中二氧化碳的刺激作用而感覺出有宿主正在接近，於是爬到人身上短期寄生，叮咬吸取人體的組織液及淋巴液，幾天後離開宿主而去。[244]上列文獻提及“水陸皆有”、“人在岸上，影見水中”，“入水浴”或“以水澡浴”，或涉水。其實我們不應只注意是否入水或在水中，而重要的是在或經過水畔、水邊，即入水或在溪流岸邊取水都得經過濕度較高的岸邊地帶，這樣就提供給恙蟎侵襲的機會而導致疾病。

　　然則根據同樣的一批資料，我們可以把沙蝨、射工、水毒病看成是現代醫學所說的恙蟲病。而急性血吸蟲病和恙蟲病是絕不容相混的兩種不同的疾病。那麼，這問題該如何解決呢？1955年朱師晦先生從上引《抱朴子》、《肘後方》的沙蝨病的資料中進行了感染途徑、恙蟎的鑑別、“百節強痛、寒熱、赤上發瘡”等臨床症狀、流行地區的檢討，主張“沙蝨”病就是今日的恙蟲病。[245]朱氏已指出“赤上發瘡”即恙蟲叮咬處發生潰瘍。雖然他沒有、而他所徵引的《肘後方》有關沙蝨的這段文字也不容許他使用“焦痂”這一恙蟲病診斷學上的關鍵語詞，但他的論斷當是不容置疑的。次年康白先生對古代恙蟲病這一課題作了更細緻的討論，就提出了“焦痂”這一診斷恙蟲病所依據的最重要的臨床症狀，雖然他引用的也是《肘後方》的同一段記載。[246]不過，無論如何“沙蝨”病就是今天的恙蟲病，也就成了大多數學者都普遍接受的看法。

　　按康氏的論文已提到李時珍把溪毒、射工、沙蝨毒三者通稱為“沙病”。但這沒有引發他的注意，他沒有將三者一並探討，只單獨地將沙蝨挑出來進行了鑽研。我們將三者合起來檢討就可以發現這三者大致上是同一種病。據上引葛洪、

244　佐佐學，《恙蟲病及恙蟲之研究》，《中華醫學雜誌》，1956年第11號，頁1047。鍾惠瀾，前引書，頁380。

245　朱師晦，《我國古代嶺南的恙蟲病》，《中華醫史雜誌》，1955年第4號，頁251至253。

246　康白，《論我國古代在沙蟲熱方面的成就》，《中華醫學雜誌》，1956年第11號，頁1027至1031。

巢元方的記載，射工病和水毒病有極相近的臨床證狀，都有“寒熱”，“目疼”（或“目眶疼”），“四肢拘急”、“筋急”或“骨節皆強”、“筋急”、“要背急強”，“旦可暮劇”等。其實這些都是恙蟲病的常見臨床症候。目疼或眼眶疼是由於眼球結膜充血造成的；周身疼痛，四肢酸痛，抽搐即“四肢拘急”、“骨節皆強”、“筋急”等徵候；恙蟲病患者體溫可高達39到40攝氏度以上，而下午比上午要高，也就是所謂的“旦可暮劇”；另外患者有疲倦思睡或嗜睡、煩躁不安、惡心，不想進食、譫妄等體徵，即水毒病的“但欲睡”、“欲眠”、“心腹煩亂”、“心中煩懊”、“不食”、“狂語”及射工病的“欠伸”、“閉眼”、“悶亂”等病狀；病患的氣促、心力衰竭、失語或言語不利等臨床表現即射工病的“或似中惡”、“口不能語”等證狀。[247]

　　另外孫思邈提到兩個藥方：“五香散，治江南毒氣惡核射工中人暴腫生瘡方”和“野葛膏，治射工惡核卒中惡毒方”。按北周姚僧垣《集驗方》：“惡核病者，肉中忽有核，小者如豆粒，皮中慘痛，左右走，身中壯熱療惡寒是也。此病卒然如（另本作‘而’）起，有毒入腹殺人。南方多有此患。”按在絲蟲病的急性期內也常出現淋巴結炎症腫大的臨床徵候，發作時疼痛，並有壓痛感，即“肉中忽有核”，“皮中慘痛”；淋巴結節是可以移動的，因此說它會“左右走”。但絲蟲病一般預後尚可。從“有毒入腹殺人”可以判斷“惡核病”不是絲蟲病，而當是恙蟲病。[248]即“射工惡核”實際上就是恙蟲病的重要病徵之一的淋巴結腫大。“南方多有此患”說明了常見流行的地域在南土。按姚僧垣父菩提，“留心醫藥”，僧垣“年二十四，即傳家業”，爲梁武帝所重，“後領太醫正”。其後西魏取荊州，僧垣因隨于謹北入長安。（《周書·藝術·姚僧垣傳》）因此他說“南方多有此患”當是有親身聞見經驗爲據的。這是射工病即恙蟲病的又一明證。

247　關於由恙蟲立克次體（Rickettsia tsutsugamushi）所引起的恙蟲病〔在英語世界裡的名稱有scrub typhus（叢林斑疹傷寒或草莽斑疹傷寒）、Japanese river fever（日本江河熱）、flood fever（洪水熱）等名〕，其臨床證狀見吳英俊等《海南島的恙蟲病（沙蟲熱）二例報告》，《中華醫學雜誌》，1956年第11號，頁1044至1045。符任才等，《祖國華南的恙蟲病（65例臨床分析報告）》，《中級醫刊》，1957年第12號，頁4至7。《中國醫學百科全書·傳染病學》，頁72至73。鍾惠瀾，前引書，頁381至383。

248　按急性血吸蟲病的臨床表現也可以有淋巴結腫大的體徵，但十分罕見；而恙蟲病淋巴結腫大的發生率可高達病例的三分之一。因此“惡核病”當也不是急性血吸蟲病。鍾惠瀾，前引書，頁381, 897。

　　但更緊要的則是所發的瘡了，巢元方所錄醫書說射工的一種瘡是“正黑如靨子狀，或周徧悉赤”。按《備急千金要方》卷七六《治三種射工毒方》作“正黑如黛子，皮周邊悉赤”，而《外台祕要方》卷四十引《備急》作：“正如黑子而皮繞四邊突赤”。《千金方》“黛”當是“靨”之壞字而致誤。而巢元方在《水毒候》裡也提到“發瘡處，但如黑點，繞邊赤，狀似雞眼”。無疑地，這兩種病的瘡正是恙蟲病的“焦痂”。恙蟎叮咬處最初並不引人注意，到潛伏期末，叮咬處出現小紅丘疹，而後形成水泡，中央部位壞死、出血，並結成黑色痂皮，也就是所謂的“焦痂”，焦痂邊緣稍稍隆起，周圍繞有紅暈，界線十分清楚，即所謂的“皮繞四邊突（隆起）赤”。痂皮脫落之後，中央凹陷形成潰瘍。焦痂可見於36.9～98％的恙蟲病人，是診斷本病最具價值的體徵。[249] 上文說朱、康兩氏引用的葛洪所述沙蝨病的資料“赤上發瘡”並沒有述及“黑點”、“黑子”或“正黑如靨子狀”，因此不當據此四字就說是焦痂。但“赤上發瘡”無疑當指沒有焦痂的潰瘍。又《肘後方》說治沙蝨要用治中溪毒、射工的方法來急救，同時說不這樣做，沙蝨病會變成“溪毒”病。這也可以說明沙蝨病就是射工、溪毒病，也就是恙蟲病。當然很重要的一點是恙蟎的發現，郭義恭和葛洪都指出了它是紅色的，形體極小，“大不過蟣”，或“大如毛髮之端”。要放在指甲上，“映光方見行動”。由於恙蟎在人身上寄生幾天，因此要捉住它，並不是不可能的。

　　此外，恙蟲病的來勢急，預後不佳，病死率相當高。上引《玄中記》說射工病死者是十之六、七；葛洪說射工病“不十日皆死”，而沙蝨若不挑出，“與射工相似，皆煞人”。這也有助於我們把射工病等視為恙蟲病。

　　根據上面的討論，我們認為，古代醫學文獻裡的射工、水毒病，儘管沒有像沙蝨病那樣提出了疾病的傳播者，或提出的是不可靠的傳播者——射工蟲，但把它們看成跟沙蝨病一樣，都是今日的恙蟲病是比較可靠的。當然我們也不排除有一些急性血吸蟲病被劃分到水毒、射工病中去的可能性。

　　由於文獻不足，我們很難確認歷史上的某些人的疾病就是血吸蟲病。曾有學者主張對漢末三分天下局勢的形成具有關鍵性意義的赤壁之戰中，曹操一軍的失

249　《中國醫學百科全書・傳染病學》，頁73。

敗，很重要的因素就是急性血吸蟲病在曹軍中的流行。[250]但戰役的時間正處冬季，並非急性血吸蟲病的發病的時間，因此這一說法尚難成立。[251]

古人南行，不只擔憂瘴癘，對射工、沙蝨也不得不加意提防。上引楚辭《大招》就是較早的一個例證。雖然這是對死者而發，但實際上是現實世界生活的反映。長沙馬王堆三號漢墓出土的木簡《雜療方》就記錄了好幾則在"荊南"地區旅行預防蟲射侵襲或祝詛蟲的法術。[252]《抱朴子·登涉》篇也是應在東南山區的旅行者想要預防這些疾病感染之求而作的。宋之問《早發大庾嶺》詩就以嶺表"含沙緣澗聚"爲憂。[253]白居易《送客南遷》詩特別警告這位朋友說："水蟲能射影"。又《送人貶信州（江西上饒）判官》詩也要他小心"溪畔毒砂藏水弩"。元稹懷疑他病亡的小女兒是在南方遭"沙蟲毒潛嬰"的。（《哭女樊四十韻》）在四川通州時他又擔心"滿身沙蟲無防處"（《酬樂天得微之詩知通州事因成四首》）。熙寧年間張方平指出殺害華北戰士的南方病害之一就是水弩、沙蟲之類的疾病："秦、渭馬軍、弓箭手，本備羌戎，皆是捍邊銳兵勁騎，有到京師，猶爲不服水土，輒生疾病。而乃驅之瘴霧沮洳之中……水多沙毒，草無藥秸。"（《樂全集·論討嶺南利害九事》）而在宋仁宗天聖二年（1024年）披露了在湖南發生過大批戰士因感染"水弩"病死亡的事故："湖南轉運使言：澧州（湖南澧縣）水南寨地多水弩射人，戍兵歲死者衆，請徙於臺宜林。從之，仍改寨名曰'臺宜'。"（《續資治通鑑長編》卷一〇二）按恙蟲病的流行特點，雖然多屬散在性，呈點狀分布，少有爆發流行，但當易感人群大批進入疫區時，也可能產生爆發流行。[254]澧州水南寨戍兵大量病死或許就是這種情況。當然，由於缺乏戍兵病症的記錄，我們也不排除這次的"水弩"病是急性血吸蟲病的可能性，因爲考古學上的證據顯示，荊湖一帶自西漢以來，就有血吸蟲病的流行。而當代的調查也

250　李友松，《曹操兵敗赤壁與血吸蟲病關係之探討》，《中華醫史雜誌》1981年第11卷第2期，頁37至38。

251　《中華醫史雜誌》1982年第12卷第3期有三篇論文或札記對李友松的說法提出了討論和批判，分別是初德維《曹操赤壁兵敗與血吸蟲病無關》（頁116），季始榮《對（曹操兵敗赤壁與血吸蟲病關係之探討）一文的商榷》（頁124至125），田樹仁《也談曹操兵敗赤壁與血吸蟲病之關係》（頁126至128）。

252　見《馬王堆漢墓帛書（肆）》，頁127至129。

253　宋之問《宋之問集》（《四部叢刊》續編本），卷上，葉14至15。

254　見徐恩霛，前引書，頁203。

揭露了荆湖一帶，包括洞庭湖在內的大小湖泊周圍和長江及其支流沿岸居民的感染率非常高，媒介的釘螺數量也十分可觀。[255]

㈢絲蟲病

　　在中國境內寄生於人體的絲蟲只有斑氏絲蟲（ Wuchereria bancrofti）和馬來絲蟲（ Brugia malayi）兩種，分別引起斑氏絲蟲病和馬來絲蟲病。前者的主要傳播媒介是致倦庫蚊（ C. pipiens fatigans Wiedemann ）和淡色庫蚊（ C. pipiens pallens Coquillett ）；其當代的分布主要是在山東、河南、蘇、皖、鄂、湘、浙、贛、閩、粵、川、桂、貴、台、滬等地區。馬來絲蟲病則主要由雷氏按蚊嗜人亞種及中華按蚊傳播；據近年的調查，主要流行在湖北、浙江、安徽、江西、福建、廣東、四川、廣西、湖南、貴州、上海、江蘇、河南等地區。馬來絲蟲多寄生在四肢的淺部淋巴系統，特別多出現在下肢，所引發的病症是四肢淋巴系統的炎症，產生淋巴結腫大和象皮腫，象皮腫多出現在下肢小腿、足背，見於上肢及生殖器者都很少。斑氏絲蟲的成蟲雖也寄生在淺部淋巴系統中，但大多數均寄生於深部淋巴系統，主要在下肢、精索及腰骶部，除了可使患者發生淋巴結、淋巴管發炎，產生淋巴結腫大、下肢（上肢較少見）淋巴液腫以至於象皮腫外，還可產生泌尿生殖系統的病變，如陰囊象皮腫、鞘膜積液與乳糜尿等。[256]

　　清光緒年間吳庚生爲重刊本趙學敏所輯《串雅》一書作了補註，說：“水腫腳氣一症，即俗稱大腳風、沙木骹是也，水鄉農人多患之。一腫不消，與尋常腳氣發過即消者迴別……病初起必跨間結核而痛，憎寒壯熱，漸而下行至足，即腫脹，木硬，終身不便，誠可憫也。”[257]學者以爲這是傳統醫學文獻中描述絲蟲病最詳細的記錄。[258]確實這則箋記揭示了常見的發病地區——“水鄉”，正是傳病

255　《當代中國的衛生事業》，上冊，頁228。

256　見中華醫學會，《新中國絲蟲病調查研究的綜述》，《人民保健》，1959年第1號，頁28至31。史宗俊等編寫《絲蟲病防治手冊》，頁149至152，154至156，頁36至47。福州，福建科技出版社，1984年。鍾惠瀾，前引書，頁823至824，827至830，843至844。

257　吳平格補註，趙學敏《串雅內編》卷4，《單方・外治門・水腫腳氣》，葉十七。北京，中國書店據上海掃葉山房1914年石印本影印，1987年。

258　李仁衆，《血絲蟲病在祖國醫學中的記載》，《浙江中醫雜誌》1958年5月號，頁41。按“血絲蟲病”是舊稱，現已不用，只用“絲蟲病”一名。

媒蚊常見的地區；患者的行業——農作，正是暴露於蚊蟲叮咬機會最多的行業；"跨間結核而痛"，即絲蟲病引起的最常見的腹股溝淋巴結發炎腫大、疼痛；"憎寒壯熱"則是絲蟲寄生引起的淋巴系統急性炎症的表現，即突然寒戰，發熱；"漸而下行至足"是指絲蟲病的離心性淋巴管炎，即沿大腿內側淋巴管有一紅線自上而下蔓延；"即腫脹"、"一腫不消"則係由於淋巴管炎長期反復發作，腿部腫脹的消退日漸緩慢，而腿圍亦因而逐漸增粗。淋巴系統因阻塞導致淋巴液長期滯留在皮下組織內，刺激了皮下結締組織增生，使已粗腫的部位日益堅實、出現麻木感，形成了"象皮腫"，即所謂的"木硬"。《詩·小雅·巧言》："彼何人斯，居河之麋（湄）。無拳無勇，職為亂階。既微且尰，爾勇伊何？"毛傳："骭瘍為微，腫足為尰。"鄭玄箋："此人居下溼之地，故生微腫之疾。"孔穎達疏："孫炎曰：'皆水濕之疾也。'郭璞曰：'骭，腳脛也；瘍，瘡也。'然則膝脛之下有瘡腫，是涉水之所為。故箋亦云：'此人居下濕之地，故生微腫之疾。''居河之麋'，是居下濕也。"看來這也是一個"水鄉"居民的小腿腫病。元稹《酬翰林白學士代書一百韻》："窪坳饒尰矮"。觀察到湖北的低窪地區多病尰的患者。《諸病源候總論·四肢諸病候·足尰候》："尰病者，自膝以下至踝及趾俱腫直是也……亦言江東諸山縣人多病尰，云彼土有草名其草，人行誤踐觸之，則令病尰。"指出發病較多的地區在江東諸山縣，這是很值得注意的，當代的調查正顯示馬來絲蟲病主要流行於南方山區、丘陵及長江流域的平原地帶。[259] 按《一切經音義》卷六十五《佛阿毘曇論》卷下，玄應云："《爾雅》腫足為尰。今巴蜀極多此疾。手臂有者，亦呼為尰也。"[260] 則這種病也常見於四川，不但有下肢腫的情形，也有上肢腫的體徵。巢元方對四肢，特別是下肢的離心性淋巴管炎有更清楚的描述："膈病者……其狀赤脈起如編繩，急痛，壯熱。其發於腳者，患從鼠膜起，至踝，赤如編繩，故謂膈病也；發於臂者，喜腋下起至手也。可即治，取消其潰，洗勝則筋攣也。其著腳若置不治，不消復不潰，其熱歇，氣不散，變作尰腫，緩濇相搏，腫膈已成膿也。"（《諸病源候總論·癭疽病諸候·膈病候》）

　　在泌尿生殖系統的體徵方面，余雲岫先生已指出，古代醫學記載裡的"癲

<hr>

259　史宗俊等，前引書，頁158。《中國醫學百科全書·寄生蟲學與寄生蟲病學》，頁86。
260　《大正新修大藏經》第2128號，740頁，下欄，"尰血"條。

疝"當包含有陰囊象皮腫在其中。[261]長沙馬王堆三號墓出土的帛書《陰陽十一脈灸經》甲本及《五十二病方》分別記載了"隤（癩）山（疝）"和"膏瘣（癃）"、"膏弱（溺）"、"穜（腫）囊"、"穨（癩）"、"穨（癩）尢"；出土竹簡《天下至道談》也提到"穜（腫）囊"。[262]膏癃及膏溺當即乳糜尿，其餘均與陰囊腫大有關。而在《五十二病方》中，腫囊、及癩等方緊接在膏溺方之後；又提到癩者行動需要人"抱"、"挾提"，並稱之為"癩尢"，按《說文解字》十篇下又"尢，尳也，曲脛人也。"從尢部的字多表示"行不正"，走路姿式因病而不便利之義，則"癩尢"意謂因癩腫而行走不便。學者據此認為這些病當包含有絲蟲病引起的睪丸腫大症狀在內。[263]

《靈樞・刺節真邪》："岐伯曰……'飲食不節，喜怒不時，津液內溢，乃下留于睪，水道不通，日大不休，俯仰不便，趨翔不能。此病滎然有水，不上不下，鈹石所取，形不可匿，常（裳）不得蔽，故命曰去爪'……"睪丸日漸腫大，排尿困難，俯仰不便，非但不能行走，連衣服都已不能遮掩了。學者指出這是傳統醫學對睪丸鞘膜積液的認識與治療的最早記載。[264]

丹波康賴《醫心方》卷十《治水腫方》引陳延之《小品方》說："四肢腫如皮囊盛水，晃晃如老蠶色，陰卵堅腫如斗。"從"堅腫"來看，當是包括象皮腫在內的病症。[265]

1973年長沙馬王堆3號漢墓出土的甲本《陰陽十一脈灸經》云："厥陰脈……是動則〔病：丈〕夫隤（癩）〔山（疝）〕，婦人則少腹穜（腫），要（腰）痛〕，不可以卬（仰）"。[266]《靈樞・經脈》的記載與此大致相同："肝足厥陰之脈……是動則病，腰痛不可以俯仰，丈夫癩疝，婦人少腹腫"。金張從正對此頗有發揮，所撰《儒門事親》卷二《疝本肝經宜通勿塞狀》說："癩疝，其狀陰囊腫縋，如升如

261　余巖，《古代疾病名候疏義・釋名病疏》，頁225至227。

262　《馬王堆漢墓帛書（肆）》，頁48至52，164。

263　馬繼興、李學勤《我國現已發現的最早醫方——帛書五十二病方》，附於《五十二病方》之後，見《五十二病方》，頁184。

264　余自漢《我國最早對睪丸鞘膜積液的認識和療法》，《中華醫史雜誌》1988年第18卷3期，頁189。

265　引文據日本東京，日本古典全集刊行會1935年刊本。

266　《五十二病方》，頁17。

斗，不痒不痛者是也。得之地氣卑溼所生，故江淮之間，湫塘之處，多感此疾……
……”又：“殄寇鎮一夫病瘄瘤……水道不行，陰道不興，陰囊腫墜，大于升斗。”
透露了江、淮地區的湖沼低濕地帶多見這種病症，這無疑地是絲蟲病引起的症
狀。宮下三郎認爲陳言《三因極一病症方論》：“陰癩偏大，上攻臍腹疞痛，膚囊
腫脹，或生瘡瘍，時出黃水，腰腿沈重，足脛腫滿，行步艱辛”也是絲蟲病的體
徵。他並推測“黃水”是乳糜尿。[267]但我們看來，“黃水”當是鞘膜積液。鞘膜積
液一般呈“草黃色”或“琥珀色”。[268]與“黃水”正相合，而乳糜尿呈乳白色，說
成“黃水”是不妥當的。

　　《五十二病方》所載膏癃和膏溺當是目前所發現的中國傳統醫學文獻中有關
乳糜尿的最早的記錄。1972年甘肅武威旱灘坡漢墓出土的漢代醫簡中有“治諸
癃”方，其中也有“膏瘃（癃）出膏”一證。[269]《說文解字》四篇下：“膏，肥
也。”又：“肪，肥也。”膏即脂肪。晉范汪所撰醫方中有“療五淋方”，據姚僧
垣《集驗方》說：“五淋者，石淋、氣淋、膏淋、勞淋、熱淋也……膏淋之爲病，
尿似膏白出，少腹膀胱裏急。”（《外台祕要方》卷二十七《諸淋方·五淋方》）
巢元方《諸病源候論》卷十四《膏淋候》：“膏淋者，淋而有肥，狀似膏，故謂之
膏淋。亦曰‘內淋’。此腎虛，不能制於肥液，故與小便俱出也。”按班氏絲蟲病
引起的乳糜尿呈乳白色，尿液靜止時，上層浮起膠狀凝塊的脂肪，中層爲乳白色
的液體，下層爲沈澱物。由於乳糜尿中脂肪及蛋白質的含量很高，常凝結成塊
狀，造成尿道阻塞，排尿困難，引起尿液瀦留，排尿疼痛，即所謂“少腹膀胱裏
急”。據此膏溺、膏淋當是絲蟲病所導致的乳糜尿無疑。[270]

　　綜上所述，瘧疾、血吸蟲病、恙蟲病、絲蟲病等疾病大體自古以來即較流行
於江、淮以南的南方。

267　宮下三郎，前引文，頁130至131。

268　史宗俊等，前引書，頁41。又世界衛生組織編，劉翠珍等譯，《淋巴絲蟲病》，頁23。
　　北京，人民衛生出版社，1986年。

269　甘肅博物館等，《武威漢代醫簡》，“摹本、釋文、注釋”部分，葉二。北京，文物出
　　版社，1975年。

270　史宗俊等，前引書，頁41至44。

五、南方環境、疾病對南行北人的影響

由上所述，自遠古以來，北方的居民對南土疾病較爲流行已有相當的認識。在他們的印象裡，南方的水土是不利健康的，南方有許多不見或罕見於北地的致命性的疾病，總之，南土是危險的"炎瘴地"、"瘴癘地"。

南方的居民因而壽命不長，上引《史記》、《漢書》說今長江中下游一帶"丈夫早夭"。唐張謂《長沙風土碑序》："郡臨江湖，大抵卑溼，修短疵癘，未違天常，而云家有重腿之人，鄉無班白之老。談者之過也。"（《方輿勝覽》卷二三）姑不論張謂所駁斥之說是否失實，可以肯定的是人們，特別是北人對湖南懷有一歷時久遠的刻版印象，即當地多下溼之疾，人多不壽。嶠南居民早夭更是人們所熟悉的事。《隋書・地理志下》："自嶺已南二十餘郡，大率土地下溼，皆多瘴癘，人尤夭折。"沈佺期《入鬼門關》詩云："昔傳瘴江路，今到鬼門關。土地無人老，流移幾客還。"（《全唐詩》卷九十七）白居易《送客春遊嶺南二十韻》也說："土民稀白首"。劉禹錫在嶺表時也有《南中書來》詩答嶺北友人之問："君書問風俗，此地接炎洲，淫祀多青鬼，居人少白頭。"（《劉夢得文集・外集》卷八）

因此在北人看來，南土的許多地區都是致命的鬼域，上文述兩廣的"大法場"、"小法場"或"人間生地獄"、"鬼門關"等名稱或"春、循、梅、新，與死爲鄰"之類的諺語十足地反映了這一點。即使在嶺嶠之北，也不乏這類地方。黃山谷謫居黔南，路經峽州時，有《竹枝詞》二首，其一云："撑崖拄谷蝮蛇愁，入箐攀天猿掉頭。鬼門關外莫言遠，五十三驛是皇州"。宋人任淵等注云："鬼門關在峽州路。"[271]山谷又說"予既作《竹枝詞》，夜宿歌羅驛，夢李白相見於山間，曰：'予往謫夜郎，於此聞杜鵑，作《竹枝詞》三疊。世傳之不子細，憶集中無有。'請三誦，乃得之。"其三云："命輕人鮓甕頭舩，日瘦鬼門關外天。北人墮哭南人笑，青壁無梯聞杜鵑。"（《豫章黃先生文集》卷五）

這樣，北人通常是不樂南行的。例如宋眞宗景德四年六月："三班院以幽州

271　宋人任淵、史容等注《黃山谷詩集注》（台北，世界書局，1960年），頁16。

歸明三班奉職張希正爲賓州（今廣西賓陽）監押，上曰：'南北風土異宜，此行必非所樂，可改任荆湖北路州軍'。"（《續資治通鑑長編》卷六五）白居易在四川忠州時，有《桐花》詩："況吾北人性，不耐南方熱。"可見即使在長江流域，北人也不見得感到適應；張耒也有《齊安（今湖北黃崗）行》報導自己的親身體驗："最愁三伏熱如甑，北客十人八九病，百年死生向中州，千金莫作齊安游。"（《張右史文集》卷六）嶺外則更難感到安適："水土疾疫之爲厲，豈華人之所能安也哉？"（《斜川集》卷五《論海南黎事書》）嶠南州縣甚至成了忌諱，韓愈《順宗實錄》卷五：說韋執誼"自卑嘗諱不言嶺南州縣名。爲郎時嘗與同舍郎詣職方觀圖，每至嶺南圖，執誼皆命去之，閉目不視。至拜相還，所坐堂北壁有圖，不就省，七、八日試就觀之，乃崖州圖也。以爲不祥，甚惡之，憚不能出口。至貶，果得崖州焉。"[272]

因此北人也多不樂官宦於南土，特別是嶺外地區。梅堯臣《送臨江軍監軍李太傅》："三江卑溼地，北客宦游稀。"《晉書·良吏·吳隱之傳》："廣州包山帶海，珍異所出，一篋之寶，可資數世。然多瘴疫，人情憚焉。唯貧窶不能自立者求補長史（當作"吏"）。"元稹自注《和樂天送客游嶺南二十韻》云："南方去京華絕遠，冠冕不到。"據北宋楊億的估計，由中央選派赴嶺南任官的人，"生還者十無二、三"。（《宋朝事實類苑·風俗雜誌·仕宦嶺南》）兩宋之際朱弁《曲洧舊聞》也說："嶠南山水極佳，而多奇產。說似中州，人則犖犖，莫有領其語者。以其有瘴霧，世傳十往無一、二返也。"[273]南宋周必大提供了十二世紀後半葉的一個具體地點，即封州（廣東封開）的情形是："地苦瘴癘，三歲郡官死四十餘人"。（《文忠集》卷三十五《提轄文思院葉君楠墓誌銘》）這些數字所代表的精確意義不容易把握到，但對當時將赴南土任官的人來說，無疑是具有極高的嚇阻力的。

在任命爲南國卑溼、瘴疫地區的地方官、監察官、特使時，辭不之官或設法迴避的情況也不時出現在歷史文獻中。如《宋書·良吏·阮長之傳》："遷臨川內史，以南土卑溼，母年老，非所宜，辭不就。"《梁書·王亮傳》："出爲衡陽太守，以南土卑溼，辭不之官。"《舊唐書·良吏·宋慶禮傳》："充嶺南採訪使。

272　《韓昌黎文集校注》，頁422。

273　引文據《叢書集成初編》本，卷四，頁30。

時崖、振等五州首領更相侵掠，荒俗不安，承前使人，懼其炎瘴，莫有到者。”《唐書・宋慶禮傳》則說“使者至，輒苦瘴癘，莫敢往。”又《柳公綽傳》：“出爲湖南觀察使，以地卑溼，不可迎養，求分司東都。”又按《舊唐書・職官志二》：“其嶺南、黔中，三年一置選補使，號爲‘南選’。”《唐書・選舉志下》：“高宗上元二年（675年）以嶺南五管、黔中都督府得即任土人。而官或非其才，乃遣郎官、御史爲選補使，謂之‘南選’”。《唐會要》卷七五“南選”一目，文宗開成五年（840年）“十一月嶺南節度使盧鈞奏：當道伏以海嶠擇吏與江淮不同。若非諳熟土風，即難搜求民瘼。且嶺中往日之弊是南選，今日之弊是北選。臣當管二十五州，唯韶、廣兩州官寮每年吏部選授，道途遙遠，瘴癘交侵。選人若家事任持，身名眞實，孰不自負，無由肯來。”則長久以來中央選派到炎瘴之鄉的官員不願接受任命的難題始終沒有獲得有效的解決。宋太宗太平興國二年（977年）二月也有“所擬竇州錄事參軍孟蠻避遠宦不之任，詣匭自陳”而受到嚴厲處置的事件。（《續資治通鑑長編》卷十八）《續資治通鑑長編》卷八七，眞宗大中祥符九年（1016年）七月“己酉殿直、新欽州咄步寨主王素配刺荆南。是寨久闕官⋯⋯三班以素充選，仍令馳驛赴任。素以地多瘴毒，不欲行，托疾，在道二百餘日，至襄州，又稱病甚，求免。故黜之。”宋仁宗甚至不得不採取行動來對付這些規避者：“詔審官院：京朝官當入西川、廣南、福建路差遣，而用荐舉規避者，委本院執奏之。”（《續資治通鑑長編》卷一九一）北宋劉敞《送楊鬱林（今廣西玉林）序》：“鬱林，名郡也；太守，尊官也。其任不輕矣。然而當拜者輒以炎瘴霧露爲解。天子以謂：此皆全軀保妻子之臣，無憂國之風。皆置不用，而詔丞相擇刺史之賢者，使舉奇偉倜儻之士以充其選。于是大人部荆州，詔書先至，則以楊侯聞。天子可焉。”[274]嶺南的一個郡守沒有人願意就任，還要皇帝特別下詔甄選“奇偉倜儻之士”來充任。由上述這些記載可以看出，採用制度化的方式來解決嶺表官吏的選授問題是絕對有必要的。

　　唐代南選制度施行的範圍只限於嶺表、黔中等瘴癘地，而拔擢的對象則係當地的“土人首領”（《唐會要》卷七五“南選”上元三年條），據此可以推測這一制度所以採行的背景，除了少數民族或地方勢力等政治社會因素外，無疑也有風

274　見《公是集》（影印文淵閣《四庫全書》本），卷三十五，葉六。

土氣候、疾病醫藥衛生條件的考慮在內。從宋代的一些措置，我們也看到了這一因素所起的作用。宋太祖開寶五年（972年）閏二月："初平嶺南，命太子中允周仁俊知瓊州，以儋、崖、振、萬安四州屬焉。上謂宰相曰：逖荒炎瘴，不必別命正官，且令仁俊擇偞官，因其俗治之'。"（《續資治通鑑長編》卷十三）宋太宗淳化四年（993年）十二"詔：舊制選人年六十不任川、峽、廣南官。或有非本土人而願者，聽之。"（《續資治通鑑長編》卷三四）天禧四年（1018年）"六月甲申右諫議大夫李應機言：'嶺南惠州河源、韶州翁源、循州興寧（今廣東河源、曲江南、興寧）錫場、梅州（今廣東梅州）管界縣分，屬嵐瘴多處。其令佐及梅州知州、監押，望並用廣南人充。所冀習其風土。'從之。"（《續資治通鑑長編》卷九五）包拯《請廣南添差職官一》："臣先曾上言廣南東、西兩路諸州，原無職官處，各令置一員，關掌郡事。尋蒙降指揮下銓司，至今未聞有人注擬。雖該赦恩放選，又例注家便及次遠，以嶺外遐僻，憚其地遠。兼訪聞兩路闕員甚多，其十數年無正官處，並差土人充攝官。"[275]足見這一問題解決十分不易。有時採取特殊的優待也是必要的：神宗熙寧七年（1074年）四月："梓夔路察訪司言：'瀘州江安、合江縣（今四川江安、合江）深在瘴地，夷漢事多。乞自今知縣並依戎、瀘州通判例酬獎。如無第二任知縣人，候到任三年，與減磨勘三年。'從之。"（《續資治通鑑長編》卷二五二）《楊文公談苑》："嶺南諸州多瘴毒，歲閏尤甚。近年多選京朝官知州，及吏部選授三班使臣，生還者十無二、三……舊日小郡及州縣官，率用土人攝官莅之，習其水土。後言事者以爲輕遠任，朝廷重違其言，稍益俸入，加以賜賚。貪冒之徒，多亦願往，雖喪軀不悔也。"（《宋朝事實類苑》卷六十一引）又，《宋史·地理志》："廣南東、西路……大率……山林翳密，多瘴毒。凡命官吏，優其秩奉，春、梅諸州，炎癘頗甚，許土人領任。"《泊宅編》卷中："虔州龍南、安遠二縣有瘴。朝廷爲立賞添俸甚優，而邑官常缺不補。他官以職事至者，率不敢留，甚則至界上移文索案牘行遣而已。"

封國或封邑在南方的貴族也希望自己家人或封地能夠遷往北方。《後漢書·宗室四王三侯列傳》：城陽恭王祉"光武族兄舂陵侯敞之子也。敞曾祖父節侯買，以長沙定王子封零道縣之舂陵鄉……〔孫〕仁以舂陵地埶下溼，山林毒氣，

275　引文據《包拯集》（北京，中華書局，1963年），頁39。

上書求減邑內徙。元帝初元四年（前45年）徙封南陽之白水鄉，猶以舂陵爲國名，遂與從弟鉅鹿都尉回及宗族往家焉。”又《馬援傳》附子《馬防傳》：“防及〔馬〕廖子遵皆坐徙封丹陽，防以江南下溼，上書乞歸本郡，和帝聽之。”

　　另一方面歷代也因而把南土當成貶斥放逐或流徙尤其是北人的地方。西漢長沙定王發“以其母微無寵，故王卑溼貧國”。（《史記・五宗世家》）反之，由南而北徙則是嘉獎。《漢書・淮南王傳》：“吳楚已破，衡山王朝，上以爲貞信，乃勞苦之，曰：‘南方卑溼’。徙王於濟北以褒之。”有時貶逐到瘴鄉，實際上是處死刑的另一種方式，如梅堯臣《書竄》詩所說的：“立貶嶺外春，速欲爲異物。”

　　然而在許多情況下，北人又不得不南徙。貶斥放逐或流徙即是其中的一種。逃難避地常常導致成批的大量人口南遷。每當在北方的中央政權崩潰、發生戰爭、劫掠，或塞外異族入侵中原的時節，逃難的南下人口就一波又一波的往南遷移。兩漢末葉，兩晉之際，南北朝時期，晚唐五季，兩宋之間，無不如此。這是讀史者所熟知的事。南遷人口不只是遷移到發展較先進、距離較接近北方的長江流域，也深入到瘴疫流行的嶺嶠之南去安家落戶。例如“士燮，字威彥，蒼梧廣信人也。其先本魯國汶陽人，至王莽之亂，避地交州。”（《三國志・吳書・士燮傳》）《新五代史・南漢世家》：“是時天下已亂，中朝士人以嶺外最遠，可以避地，多遊焉。”南方因發生戰爭或民變時，也常把大量的北地戰士、民夫引向南土；戍邊、徭役也迫使大量的北土居民不得不南行；沈重的賦役負擔也可以導致大批農民逃亡到南方去，例如東晉時，長江下游的農民逃亡嶺外的就爲數不少，《晉書・庾亮傳》附《庾翼傳》：“時東土多賦役，百姓乃從海道入廣州，刺史鄧嶽大開鼓鑄，諸夷因此知造兵器。翼表陳：東境國家所資，侵擾不已，逃逸漸多，夷人常伺隙，若知造鑄之利，將不可禁。”《宋史・周湛傳》則提到掠賣人口到嶠南的事：“〔湛〕知虔州、提點廣南東路刑獄。初江、湖民略良人鬻嶺外爲奴婢。湛至，設方略搜捕，又聽其自陳，得男女二千六百人，給飲食還其家。”另外當然還有因貶謫、任官、遊覽、經商而南行的人口了。[276]

────────────────

276　白居易有《送客春遊嶺南》詩，有句云：“須防盃裡蠱，莫愛囊中珍。北與南殊俗，身將貨孰親？嘗聞君子誡：憂道不憂貧”。所送之客看來是一企圖到嶺外做買賣的人。王棐指出有不少商人到嶺表去做生意：“商於此者，以貨出而有厚息”。（《嶺南衛生方》卷上，《指迷方瘴瘧論》）

　　大量人口的遷移，常因移入者對某些疾病的免疫力的缺乏而導致病疫的流行，造成移民人口的大量死亡。東漢王符《潛夫論・實邊》篇說："民之於徙，甚於伏法，伏法不過家一人死爾；諸亡失財貨，奪土遠移，不習風俗，不便水土，類多滅門，少能還者。"[277]雖然他企圖處理的是東漢西北邊區的問題，但他所說的卻是不局限於西北邊疆的普遍情況。對移徙於南土來說，這種情形尤其顯著。北人不但是不樂南行，還更怕南行，上引《論衡・言毒》篇即說："温氣天下有，路畏入南海。"李覯《送流人》詩也說："人情自古怕遷移，更去南方路險巇"。有些路段對南行者而言是有致命的危險性的："廣、英路自吉河趣板步二百里，當盛夏時瘴起，行旅死者十八、九"。（《宋史・凌策傳》）《續資治通鑑長編》卷一一一，仁宗明道元年（1032年）二月"丙午詔：入廣南官者毋得過兩任。初監察御史蔣堂言：'五嶺炎瘴之地，人所憚行。而比部員外郎江澤三仕皆願官廣南，若非貪黷，何以至此？'故條約之。"提出這種彈劾的理由，竟得到皇帝及大臣的同意，並據以制定法令，足以說明當時人們普遍認為南行至嶺表留處是極其可怕的事。

　　南行等於前往就死，就像鼂錯所說的那樣："楊粵之地，少陰多陽……秦之戍卒不能其水土，戍者死於邊，輸者償於道。秦民見行，如往棄市……秦之發卒也，有萬死之害。"（《漢書・鼂錯傳》）《三國志・魏書・郭嘉傳》裴注引《傅子》曰："太祖……又與〔荀〕彧書：'……又人多畏病，南方有疫，常言："吾往南方，則不生還"。然與共論計，云當先定荊，此為不但見計之忠厚，必欲立功，分棄命定。事人心乃爾，何得使人忘之'？"因此不得已，南行者多作了思想的準備，預先和祖先、親人告別。《後漢書・馬援傳》："出征交阯，土多瘴氣，援與妻子生決。"又《公孫瓚傳》記公孫瓚曾為郡吏，後太守坐事"當徙日南，瓚具豚酒於北芒上，祭辭先人，酹觴祝曰：'昔為人子，今為人臣。當詣日南，日南多瘴氣，恐或不還，便當長辭墳塋'。慷慨悲泣，再拜而去"。蘇軾啟程往海南島之前也作了最壞的打算："某垂老投荒，無復生還之望，昨與長子邁訣，已處置後事矣。"（《與王敏仲》尺牘，第十六首）

277　引文據《潛夫論箋校正》（彭鐸校正，北京，中華書局，1985年）卷二十四，頁281至282。

　　出發前或南行之初，也設法張羅醫藥，有時親友也會贈送或指點應備的藥物。上文已提及白居易在江州接獲元八所贈防瘴的藥物。如宋不著撰人《翰苑新書・前集》卷五三，《太守下》："向敏中知廣州，兼掌市舶，前後郡守多涉外議。敏中始至荊南，即市所須藥物以往。在任無所須。"又如蘇東坡答章援書："海康風土不甚惡，寒熱皆適中。舶到時四方物多有。若昆仲先於閩客川廣舟中準備家常要用藥百千去，自治之餘，亦可及鄰里鄉黨。"（趙彥衛《雲麓漫鈔》卷九）李綱說自己出入嶺表而能保全性命，就是因爲他攜帶了葛洪的《肘後方》前去："深入循梅瘴癘鄉，煙雲浮動日蒼涼。踰年踏徧嶠南去，賴有仙翁肘後方。"（《梁谿集》卷二十六）

　　來到南土，則提心吊胆，惟恐舉手投足之間即有所差錯。白居易《送客南遷》詩有句："客似驚弦雁"，韓愈任陽山縣令時《縣齋讀書》詩："南方本多毒，北客恒懼侵"都描寫了北人處在南土的心理狀態。南方卑溼，他們穿上特製的鞋子來作防範。《嶺表錄異》："枹木，其輕如通草。夏月著之，隔卑溼地氣如杉木。今廣州諸郡牧守初到任，檐下皆有油畫枹履。"（《太平御覽》卷二十二《時序部七・夏中》引）嚼檳榔也是禦溼的手段："南海地氣暑濕，人多患胸中痞滯，故常啖檳榔，日數十口。"（《宋朝事實類苑》卷六十引《倦遊雜錄》）

　　南土多毒草，元稹提醒友人要特別注意，"毒草莫親芟"。（《送崔侍御之嶺南二十韻》）當代的調查工作顯示微小按蚊及大劣按蚊均常棲息在草叢或雜草叢、灌木叢間[278]。十分可能是人們因割草、除草而易於被叮咬感染瘧疾，卻誤以爲是受了草毒之害。

　　對於水，則更須謹愼處置。飲水必須特別小心。陳藏器《本草拾遺》說："陰地流泉，二月、八月行途之間勿飲之。令人夏發瘴癘。"（《經史證類大觀本草》卷五引）即瘴癘所以感染發病可以由飲水而起。這一看法並非陳藏器個人所獨有的見解。周去非也說："嘗謂瘴重之州，率水土毒爾，非天時也。昭州有恭城（今廣西恭城），江水並城而出，其色黯慘，江石皆黑；橫、邕、欽、貴皆無石井，唯欽江水有一泉，乃土泉，非石泉也。而地產毒藥，其類不一，安得無水毒乎？"（《嶺外代答・風土門・瘴地》）《夢溪筆談》卷二四："漳州界有一水，

278　《瘧疾防治手冊》，頁85，87。

號烏腳溪，涉者足皆如墨，數十里間水皆不可飲。飲皆病瘴。行人皆載水自隨。"[279] 又上引《補筆談》也說嶺南"溪澗中水皆有毒"，當地人路行多剖取大竹中水飲用，王彥祖連烹飪都用這種"竹水"。方勺也說"虔州龍南、安遠二縣有瘴……大抵此地惟水最毒。嘗以銅盆貯水，須臾銅色微黑。予每以大錫瓶挈佳泉以自隨。捐二夫之力，足了數日之食。(《泊宅編》卷中)章傑《嶺表十說》爲預防飲水致疾，特別提倡喝開水："若經烹煎，則非生水。"

過河也得十分留意，必須把握適當的時機。有瘴氣的水面應當避開。《水經·若水注》："又東北至犍爲朱提縣西，爲瀘江水。有瀘津，東去縣八十里，水廣六、七百步，深十數丈，多瘴氣，鮮有行者。"(《合校水經注》卷三十六)估計就是行人都儘量避開渡過這處水面的結果。行旅渡河應選擇在津渡水面或岸邊不發瘴氣或少發瘴氣的季節。《若水注》說："禁水……水傍瘴氣特惡，氣中有物，不見其形。其作有聲，中木則折，中人則害，名曰'鬼彈'。惟十一月、十二月差可渡。正月至十月逕之，無不害人。"又說："禁水又北注瀘津水，又東逕不韋縣北而東北流。兩岸皆高山數百丈，瀘峰最爲傑秀……水之左右，馬步之徑裁通，而時有瘴氣，三、四月逕之必死；非此時猶令人悶吐，五月以後行者差得無害。故諸葛亮表言：'五月渡瀘'。"指點了瘴害嚴重的危險季節。一般而言，掌握發瘴的時辰是很重要的。元稹《表夏十首》之三："江瘴炎夏早，蒸騰信難度。"水面在炎夏蒸起瘴霧時，不宜過渡，因此他要友人注意渡水的時刻，應趕在江面霧氣未起之前："瘴江乘早度。"(《送崔侍御之嶺南二十韻》)如要涉水而過，除了上述《雜療方》的那些法術或投石入水等防備射蜮的手段之外，葛洪也爲南遊者提供了預防射工、沙蝨之害的藥物："八物麝香丸、及度世丸、及護命丸、及玉壺丸、犀角丸、及七星丸"和其他的方法。(《抱朴子·登涉》)對長期停留在水畔、常下水或涉水的人，他則建議："居射工之地，當養鵝，鵝見此物能食之，故鵝辟此物也。"(《齊民要術·養鵝鴨》引《葛洪方》)

梁蕭子顯《南齊書·州郡志上》云："越州……土有瘴氣殺人。漢世交州刺史每暑月輒避高處。今交土調和，越瘴獨甚。"在瘴疾發作最爲頻繁的時節遷移處

279　又，葉適《周鎮伯墓誌銘》："授漳浦主簿……龍巖瘴毒深厚，號'烏腳溪'者，左足未投，右脛已駢黑"。見劉公純等點校，《葉適集》，頁473。北京，中華書局，1961年。

所以免感疾，是從空間上避開疾疫較流行的地區；到了宋代則制定出法令，允許由外地赴嶺表就職的官吏在上任的時間上來避開疾疫最嚴重的季節。按《續資治通鑑長編》卷十七，太祖開寶九年（976年）三月“上將西幸……遣〔錢〕俶歸國，上謂俶曰：‘南北風土異宜，漸及炎暑，卿可早發’。”已注意到京城與浙江的風土有異，及早返回，可以避開炎夏，減少染病的機會。這一體恤的顧慮在眞宗在位時終於普遍地霑及到仕宦廣南的外地人身上。《宋史・地理志六》：“廣南東、西路……大率……山林翳密，多瘴毒。凡命官吏，優其秩奉。春、梅諸州，炎瘴頗甚，許土人領任。景德中，令秋冬赴治；使職巡行，皆令避盛夏瘴霧之患。”《宋史・眞宗紀二》：景德四年（1007年）“詔嶺南官除赴以時，以避炎瘴。”又《續資治通鑑長編》卷六五眞宗景德四年夏四月癸酉條：“詔嶺南官並於春、夏除授，聽秋、冬赴治，以避炎瘴。”

干欄式的居室是南土自新石器時代以來即流行的建築形式。[280]人們認爲這種設計形式有防避瘴疫的功效。《太平寰宇記》卷一六一《嶺南道・賀州》“風俗”條：“又俗多搆木爲巢，以避瘴氣。”又卷一六九《雷州》“風俗”條：“地濱大海，人雜夷獠，多居欄，以避時疫。”南遷北人有時也採用這一少數民族的傳統居室形式，以防瘴害。如《獨醒雜志》卷二：“寇萊公謫居道州，初至，不諳風土，欲得樓居，以御嵐瘴之氣，而力不能舉。一日與客言之，客曰：‘此易事’。乃以語郡人，於是爭爲出力營建，不日落成。”

在日常的飲食、生活起居方面，來到南方瘴癘地的外人也必須密切注意。北宋虞策“處瘴鄉有詩云：‘避色如避難，冷暖隨時換。少飲卯前酒，莫喫申後飯’。”方勺評論說：“予謂果能如此，何所往而不可？豈獨禦瘴癘而已哉！”（《泊宅編》卷中）確實這首詩成了後世特別是嶺南地區人們在日常飲食生活起居上常見的座右銘。[281]這當然是脫胎自傳統醫學的濃縮的養生、衛生知識。簡鍊的語言使它易於記憶，便於傳誦，它能夠廣泛地流傳當不是偶然的。[282]《後

280　在浙江餘姚河姆渡文化遺址發現的干欄式房屋遺跡是目前我國所發現的最早的干欄式建築遺存。見浙江省文物管理委員會，《河姆渡遺址第一期發掘報告》，《考古學報》1978年1期，頁39至48，93。

281　章傑，《嶺表十說》之二已改此詩句爲“莫飲卯時酒，莫食申後飯”，並說是“嶺南諺”。（《嶺南衛生方》卷中）。

282　明人鄺露所撰《赤雅》一書抄錄了虞策這首詩，稱之爲“瘴中要訣”，足以說明其便於記憶、傳誦。

漢書‧馬援傳》："初，援在交趾常餌薏苡實，用能輕身省慾，以勝瘴氣。"已表明漢人已有在瘴鄉生活需要節欲的看法。北宋劉安世的事蹟也是一個著名的例子。宋馬永卿編《元城語錄》："先生與僕言行己出處，且曰：紹聖初，某謫嶺表，既到嶺上，北望中原，慨然自念，奉父母遺體而投炎荒，恐不生還。忽憶老先生（按：即劉安世對其師司馬光的尊稱）語云：'北人在煙瘴之地，唯絕嗜慾，可以不死'。是日遂絕。"[283]以通醫理著稱的蘇軾在惠州時《與錢濟明》第四首尺牘也說："瘴鄉風土，不問可知。少年或可久居，老者殊畏之。唯絕嗜欲、節飲食，可以不死。此言已書之紳矣。餘則信命而已。"王棐《指迷方瘴瘧論》說自己在嶠南防瘴"但用修養之法"，其中須遵循的一項就是"重節色欲，以固眞氣"。汪南容《治冷熱瘴瘧脈證方論‧瘴病後將息法》也指示："瘴病纔住……可記初發幾日，依前日數，十分畏謹。大率瘴不發後……一、兩月後戒房室事，能戒百日尤好。"（《嶺南衛生方》卷上）釋繼洪《治瘴續說》也要人"避風寒，戒房室"。

上文已表明嶺外多霧，多大霧、濃霧。前引《呂氏春秋‧盡數》篇說"大霧""動精則生害"，是"養生"者必須防範的。王充也指出："今人行，觸繁霧、蛻氣，無從（縱）、橫、負（背）、鄉（向），皆中傷焉"。（《論衡‧難歲》）葛洪所提出的"養生之方"也要人"大風大霧，皆不欲冒之。"（《抱朴子‧極言》）上引《聖濟總錄》也說人"衝煙霧"，"呼吸斯氣，皆成瘴疾"。因此陸路行旅也應盡力避免觸冒、呼吸霧氣。《水經‧延江水注》："至巴郡涪陵縣注更始水……其水注引濆口石門，空岫陰深，邃間闇密，傾崖上合，恆有落勢。行旅避瘴，時有經之，無不危心于其下。"報導了當時瘴地行旅避瘴的實際情形。

按《名醫別錄》："酒，味若，甘辛，大熱，有毒……殺百邪惡毒氣"。《經史證類大觀本草》卷二五引陶弘景《本草經集注》："昔三人晨行觸霧，一人健，

283　引文據明王崇慶《元城語錄解》（影印文淵閣《四庫全書》本），卷上，葉十。按周密《癸辛雜識前集》有"寡欲"一章，云："劉元城南遷日，嘗求教於涑水翁曰：聞南地多瘴，設有疾以貽親憂，奈何？翁以絕欲少疾之語告之，元城時盛年，乃毅然持戒惟謹。趙清獻、張乘崖至撫劍自誓，其以父母影象設之帳中者……"實際上劉安世南遷之日，司馬光已去世多年，根本沒有行前求教之事。而清褚人穫《堅瓠祕集》卷三《忍欲》一條不察其非，仍沿其誤。

一人病，一人死。健者飲酒，病者食粥，死者空腹。此酒勢辟惡，勝於作食”。[284]
這是醫藥專著第一次提出來酒可以抵禦霧氣的毒害。這一意見得到後世的普遍地
信任。前引蘇轍詩云：“山深瘴重多寒勢，老大須將酒自扶”就是一個認爲酒可
以禦瘴的例子。又，蘇過《冬夜懷諸兄弟》詩：“下床但藥餌，遣瘴煩樽俎。何須
駕墮時，方念平生語。”（《斜川集》）也是一例。《宋史・食貨下・酒》：“惟
夔、達、開、施、瀘、黔、涪、黎、威州、梁山、雲安軍，及河東之麟府州，荊湖
之辰州，福建之福、泉、汀、漳州、興化軍，廣南東、西路不禁”。這些不施行榷
酤或不禁止私釀的地區，除了河東之外，川、閩、廣、湖西都是著名的炎瘴之鄉。
梅堯臣以爲朝廷不在嶺表施行榷酤，是一種安撫遠民的政策：“萬室通釀酤，撫
遠無禁律”。（《書竄》）所以如此是由於當時流行的看法認爲在嶺南等瘴癘之
地，酒是不可或缺的禦瘴藥物，因而不宜在這些地區榷酒。北宋梅摯在昭州時曾
賦“我愛昭州好”詩十首，中有“千家不禁燒”一句。王象之《輿地紀勝》卷一百
七說：“此亦唐人燒春之意。國朝以南方瘴霧，特弛其禁，家自市魯酒。務多而賤
售，人以其廉而引滿，不知反以得疾。”南宋眞德秀《西山先生眞文忠公文集》卷
九《潭州奏役稅酒狀》也指出：“……竊聞惟酒之有榷，本朝家藉以佐經費，其來
尚矣。然後行於江浙（按：當是“浙”之誤字）諸路，而不可行於廣南、福建者，
蓋瘴鄉炎嶠，疾癘易乘，非酒不可以禦嵐霧。而民貪俗獷，其勢不能使之必酤於
官，故特弛其禁，以從民俗之所便。若重湖以南，雖未閩、廣之比，然其密鄰桂
莞，旁接連、賀，風土氣候，往往相似。故全、永、郴、道等州，或聽民自釀而輸
稅於官，或於夏秋二賦併輸酒息。未有專行禁榷如江浙諸路者也。獨潭州在城，
或稅或榷，前後屢變……”[285]元世祖至元十五年（1278年）“以川、蜀地多嵐
瘴，弛酒禁。”（《元史・世祖紀七》）仍舊承襲了這種見解和政策。

　　南方卑溼，古人也認爲酒可以禦溼或在這樣的環境中用來養生。如上引《史
記・袁盎傳》記盎爲吳相，其姪袁種對他說：“南方卑溼，君能，日飲。”又，梅

284　《藝文類聚》（汪紹楹校本，北京，中華書局，1965年），卷二《天部下・霧》引《博
　　　物志》曰：“王蕭（《太平御覽》十五作‘爾’）、張衡、馬均昔俱冒霧行，一人無
　　　恙，一人病，一人死。問其故，無恙者云：我飲酒，病者飽食，死者空腹。”雖不一定
　　　可靠，但當是陶氏所本。
285　見《西山先生眞文忠公文集》（《四部叢刊》初編本），卷九。

堯臣《送邵戶曹隨侍之長沙》詩云："……風土雖卑溼，醇醪可養生。"

　　然而劉安世則主張瘴地養生必須戒酒："先生曰：'天下之事不可以一概論。且以飲酒一事言之。《本草》言三人早行，內一人獨生者，以飲酒故也。且冬月早行，冒寒必疾，故藉酒酷烈之氣以敵之。某初到南方，有一高僧教余，言：'南方地熱，而酒性亦大熱。《本草》所謂大海雖凍而酒不冰。今嶺南煙瘴之地，而加以酒，必發大疾。故疾之狀，使人遍身通黃，此熱之極也。'故余過嶺即斷酒。雖遍歷水土惡弱，他人必死之地，某獨無恙。今北歸已十年矣。未嘗一日患瘴者，此其效也。故某多與人言此事，欲盡知之。若此輩或有言酒可以避瘴者，但見初到炎鄉，藉此以禦瘴氣，似乎有驗；不知積久，積熱於五臟之間，不可救也。若北人能絕酒、色兩事，雖在炎方，何害？"（《元城語錄解》卷上）王棐《指迷方瘴瘧論》也說：'外人之至此者，飲食有節，皆不病。若因酒食之賤而狼餐，必不免於病矣"。釋繼洪《指要方續論》謂："更有病方作時，便飲大蒜酒數升，謂可避瘴。殊不知惟感冷氣滯及夏月閉汗，或可飲之。若正受熱瘴，加以酒發，百脈熱，蒜發虛陽，是乃以火益火耳。"（《嶺南衛生方》卷上）都不贊成以酒禦瘴，章傑《嶺表十說》之二講得更詳細："《本草》載三人冒霧晨行，飲酒者獨不病。故北人度嶺，必相勉以飲酒。且遷客羈士往往醺酣以自適。而嶺外弛榷酤之禁，異時酒價尤廉。販夫役卒亦得肆意杯酌，咸謂可以辟瘴。殊不知乃瘴病之源也。何以言之？南土暑溼，嗜酒則多中暑毒；兼瘴瘧之作，率因上膈痰飲；而酒尤能聚痰飲。嶺外諺曰：'莫飲卯時酒，莫食申後飯'。此誠攝生之要也。然忌夕食者，人所易曉；戒卯時酒，則多以爲疑。蓋嶠南氣候不常，雖盛夏陰雨必寒；雖窮冬日出則燠。一日之間寒燠或屢變。要之，晝多燠，夜多寒。飲酒過度，固非所宜，而卯酒尤甚。方其朝寒而飲，遇暴熱則必爲病也。"

　　檳榔也是人們相信可以禦寒的一味藥。按在醫書中檳榔用爲藥始見於《名醫別錄》，但述其"除痰癖"，而未直接言其禦瘴之功效。其後各家論其效用，亦復如此。到北宋時才有人明白聲稱檳榔可以除瘴，《清異錄》卷二，《藥·藥譜》："洗瘴丹：賓（檳）郎（榔）"。[286]蘇頌《本草圖經》："嶺南人噉之，以當果實。其俗云：南方地溫，不食此，無以祛瘴癘。"（《經史證類大觀本草》卷

286　引文據台北新興書局影印《筆記小說大觀》4編，冊三，卷二，葉十。關於《清異錄》
　　作者的問題，可參考余嘉錫《四庫提要辨證》卷18。中華書局香港分局，1974年。

十三引）南宋羅大經《鶴林玉露》卷一，"檳榔"條也說："嶺南人以檳榔代茶，且謂可以禦瘴。"[287]

　　而章傑對此亦持相反的意見："嶺表之俗，多食檳榔，多者日至十數。夫瘴癘之作，率因飲食過度，氣痞痰結。而檳榔最能下氣、消食去痰。故人狃於近利，而闇於遠患也……嶠南地熱，食檳榔，故臟氣疏洩，一旦病瘴，當下則虛羸而本不能堪。所以土人多體瘠色黃，豈盡氣候所致？蓋亦檳榔爲患。殆弗思耳。"（《嶺表十論》之一）周去非也不認爲吃檳榔對瘴病有益："自福建下四川，與廣東、西路皆食檳榔者。客至，不設茶，唯以檳榔爲禮……詢之於人，何爲酷嗜如此？答曰：'辟瘴，下氣，消食。'食久，頃刻不可無之。無則口舌無味，氣乃穢濁……實無益於瘴。彼病瘴紛然，非不食檳榔也。"（《嶺外代答》卷六《食用門・食檳榔》）

　　此外，陳藏器《本草拾遺》說："茗、苦檨，寒，破熱氣，除瘴氣……"（《經史證類大觀本草》卷十三引）因此也有人用茶來防禦瘴害的。例如李綱《飲修仁茶》詩："北苑龍團久不嘗，修仁茗飲亦甘芳。誇研鬥白工夫拙，辟瘴消煩氣味長……"（《梁谿集》卷二十三）

　　曾在廣西多處任官的王棐指出在瘴鄉生病"不可全咎於風土，皆不攝不節，有以自致之。"從他自述在廣西的養生方法，我們就可以瞭解大致上在飲食生活起居方面該怎麼做："間自入廣來，但用修養之法。晨興盥漱後，先服平胃散，間或投以不換金正氣散。洗面後啜少粥，巳時早食，申時晚食，夜間服消食等藥。時一聚會，少飲不妨，不宜大醉及頻數耳。但天氣不常，一日之間寒暖數變，卻須脫著似時，稍稍失節，亦無深害。所甚急者，宜加意焉。省食生、冷，則脾胃自壯；省餐油膩，則胸膈自快。無大忿怒，以傷天和。重節色欲，以固眞氣。如此將攝，決可保其無恙也。"

　　導引行氣是戰國以來養生者所常採行的方術。身處瘴地而以此養生者不乏其人。蘇軾說："揚州有武官侍其者，偶忘其名。官于二廣惡地十餘年，終不染瘴。面紅盛，腰足輕快，年八十九乃死。初不服藥，唯用一法。每日五更起坐，兩掌相

287　近年的實驗表明檳榔鹼不具抗瘧的功效。見唐汝愚等《常山鹼乙與檳榔鹼的抗瘧試驗》，《上海中醫藥雜誌》1958年2月號，頁37至39。

鄉，熱摩湧泉穴無數，以汁出爲度。"[288] 蘇軾也透過章援向其父，即貶居雷州的章惇，建議應行氣養生："丞相知養內外丹久矣，所以未成者，正坐大用故也。今茲閑放，正宜成此。然可自內養丹，切不可服物也。"（《雲麓漫鈔》卷九）

身入瘴鄉，難保不會染疾發病。因此留意醫方也常是南行者的當務之急。既可以藉以保全自身及家人，又可救人濟物。南朝宋顏延之說："……余祖世已來，務敦藥方。本有《范汪方》一部，斟酌詳用，多獲其效。內護家門，傍及親族。其有虛心告請者，不限貴賤，皆摩踵救之，凡所救活數百千人。自余投纓宅嶺（《宋書·顏延之傳》："出爲始安太守"），猶不忘此，日夜翫味，常覺欣欣。今亦撰方三卷，并《效驗方》五卷，又補葛氏《肘後方》三卷，蓋欲承嗣善業，令諸子姪不敢失墜，可以輔身濟物者也。"（《重修政和經史證類備用本草》卷一《序例》上）

唐王燾曾"以婚姻之故，貶守房陵（湖北房縣），量移大寧（山西大寧）郡，提攜江上，冒犯蒸暑，自南徂北，既僻且陋，染瘴嬰痾，十有六、七，死生契闊，不可問天。賴有經方，僅得存者。神功妙用，固難稱述，遂發憤刊削，庶幾一隅。"（《外台祕要方序》）在今湖北一帶的瘴疫經驗促使他發憤編纂了這部著名的醫方。

《舊唐書·陸贄傳》："貶贄爲忠州（四川忠縣）別駕……贄在忠州十年……家居瘴鄉，人多癘疫。乃抄撮方書，爲《陸氏集驗方》五十卷行於代。"這也是一個著名的例子。按《唐書·藝文志三》有"韓景晦《古今集驗方》十卷"，自注："元和刑部郎中，貶道州刺史"。不知這部醫書的纂集是否也有貶處道州這一"炎瘴地"的背景。此外，《外台祕要方》所輯錄治"山瘴瘧方"中有下列幾首："療瘴瘧常山丸方"自注云："桂廣州家傳，已用有效"。"麻黃散方……此許仁則五方。元比部云在嶺南服得力大驗。""《近效》療瘴瘧、孟補闕嶺南將來極效常山丸方"；在療"間日瘧方"中又有"桂廣州法醇醨湯方"。這些都爲我們留下了曾居嶺外的官吏留心醫藥的活動的痕跡。

然而特別值得注意的是從唐代開始，出現了針對嶺表地區風土、疾病或南遷北人的特殊需要而編撰、蒐集的地方病醫方專著。《唐書·藝文志之三》所收錄

288　見《蘇軾文集》，卷73，頁2334，《侍其公氣術》。

的有：《嶺南急要方》二卷，李暄《嶺南腳氣論》一卷、又《方》一卷，李繼皋《南行方》三卷，鄭景岫《南中四時攝生論》一卷等數種。按唐人常稱嶺南爲“南中”，《宋史・藝文志六》錄此正作“鄭景岫《廣南四時攝生論》一卷”，二者無疑是同一書。又兩唐書、《宋史・藝文志》、《通志・藝文略》所不載，而蘇頌《本草圖經》及金楊用道《附廣肘後方》均引有“楊炎《南行方》”一書。[289] 按《舊唐書・楊炎傳》，楊炎曾貶爲“道州司馬”，後又貶爲“崖州司馬同正”，而“去崖州百里賜死”。則此醫方若是楊炎所輯，當在謫居道州之時，或自道州返回之後所撰。

鄭樵《通志》卷六九《藝文略》第七《醫方類》第十始專有“嶺南方”一目，除唐志所收各書之外，又有《治嶺南衆疾經效方》一卷。《宋史・藝文志》則又較唐志多出“李璆、張致遠《瘴論》二卷”及“董常《南來保生回車論》一卷”兩種。

王棐在廣南時“嘗觀《嶺南衛生方》乃李待制、張給事所集”（《指迷方瘴瘧論》），則當時已有人將李、張二《瘴瘧論》合刊而名爲“嶺南衛生方”了。今日的《嶺南衛生方》無疑是經過釋繼洪的撰集而成書的，他彙集了王棐、汪南容、章傑及自己所撰的各篇，附於李、張二論之後。釋繼洪所寫各篇，据其自注，多在宋末，因此這書大體上也在當時編成。

据李璆說：“紹興庚戌（按，當作“戌”）年蒼梧瘴癘大作。王及之郎中、張鼎郎中、葛彖承議三家病瘴，悉至滅門。次年余居於彼，復見北客與土人感瘴，不幸者不可勝數……其年余染瘴疾特甚，繼而全家臥疾。”[290] 至於張致遠，他也曾知廣州。（《宋史・張致遠傳》）王棐据其自述，曾到過嶺南多處：“就辟入南……至桂林”，又“始至蒼梧，繼宰柳城，後攝宜陽，今守南容。”（《指迷方瘴瘧論》）按《宋會要輯稿》卷一六四《刑法》一之三六記紹興四年“四月二十四日

289　見《重修政和經史證類備用本草》卷十二，楮實條引。又《葛洪肘後備急方》，卷五，頁155引。

290　見所著《瘴論》（《嶺南衛生方》卷上）。按宋高宗建炎四年（1130年）爲庚戌，次年改元紹興，因此紹興無庚戌年。下一庚戌年爲光宗紹熙元年（1190年）。《宋史・李璆傳》，璆爲政和（1111年至1117年）進士，《建炎以來繫年要錄》卷162云紹興二十一年（1151年）五月“戊申徽猷閣直學士、四川安撫制置使兼知成都府李璆卒”。則李璆絕不可能活到光宗紹熙時。李璆所記蒼梧大疫及其居蒼梧之年尚待進一步之考定。

前廣南東路轉運判官章傑言……"[291]撰《嶺表十說》者或許即是其人。汪南容與王棐不知是否爲同一人，尚待考。[292]釋繼洪自記其所撰諸篇的所在地點有柳州、五羊、封川（廣東封開）、熙平郡（廣東連縣），按南宋無熙平郡，而隋代有，繼洪所用當係古名。這樣看來，這醫方的撰輯，都和撰寫者親歷嶺表，自身、家人曾遭瘴癘或親身接觸過許多北來的人和當地人感染瘴疾的經驗有分不開的關係。

　　宋代頗有些仕宦瘴鄉的外地士大夫在努力改變當地信巫不信醫的風俗的同時，也爲醫藥在當地的傳播作出了貢獻。如上述劉彝在知虔州時"集醫作《正俗方》，專論傷寒之疾，盡籍管下巫師，得三千七百餘人，勒之，各授方一本，以醫爲業"。（《獨醒雜志》卷三）效果如何？按《宋史·劉彝傳》說是"俗遂變"。我們估計這種改造在短期內是不會出現很高的成功率的，但其在傳布有病當用醫藥治療的觀念上當是功不唐捐的。

　　在嶺南則范旻與陳堯叟的事蹟最爲人知。《宋史·范質傳》附子《范旻傳》："遷知邕州，兼水陸轉運使。俗好淫祀，輕醫藥，重鬼神，旻下令禁之。且割己奉市藥以給病者，愈計千人。復以方書刻石，置廳壁，民感化之。"《宋史·陳堯佐傳》附兄《陳堯叟傳》："遷廣南西路轉運使。嶺南風俗，病者禱神，不服藥。堯叟有《集驗方》，刻石桂州驛。"則不但供當地居民採用，也針對南行的過路北人的需要提供了服務。但陳堯叟傳布醫藥於嶠南的努力並不僅止於此。他上言眞宗說："嶺表炎蒸，又多瘴癘，請官給紙墨，寫攝生藥方，散付諸州。從之。"（《續資治通鑑長編》）

　　在這方面邵曄也有不少的貢獻。《獨醒雜志》卷三："廣南風土不佳，人多死於瘴癘。其俗又好巫尚鬼，疾病不進藥餌，惟與巫祝從事，至死而後已。方書、藥材未始見也。景德中，邵曄出爲西帥，兼領漕事，始請於朝，願賜《聖惠方》與藥材之費，以幸一路。眞宗皆從其請，歲給五百緡。今每歲夏至前，漕臣製藥以賜一路之官吏，蓋自曄始。"按《宋史·邵曄傳》，當時曄任"交趾安撫國信使……

<hr>

291　引文據北京，中華書局據北平圖書館影印本重印，1957年。

292　見中醫古籍出版社所出《嶺南衛生方》之《前言》。按《嶺南衛生方》中稱各篇著者均使用其官職，《指迷方瘴瘧論》著者王棐自述云："今守南容"。而釋繼洪《治瘴續說》云："況汪南容有言：瘴病後調攝又倍於外方之難"與王棐之說："病後將攝，則比之外方尤難"。幾乎完全相同。《前言》疑二者實係同一人是極有可能的。

駐嶺表”，而非帥廣右。又《眞宗紀》言“賜廣南《聖惠方》，歲給錢五萬市藥療病者”。則賜醫方及藥錢又不限於廣西一路。這事在景德三年（1006年）七月。按《續資治通鑑長編》卷一一八，眞宗景德三年二月已經“詔：廣南地多瘴霧之毒。凡軍民有疾者，給官錢市藥療治之。”則邵曄也不是官給藥錢治疾者的創意人，但他的建議或請求使這一臨時性的救濟有了常規性的長年經費。另一方面，在此之前，皇帝已將《太平聖惠方》一書賜給過淮南地區的地方官。[293] 而自這次邵曄要求賜書之後，《聖惠方》及“嶺南方”或“南行方”等醫書也漸流布於各瘴癘之地，則邵曄在這事上曾起過提醒、促進的作用。《續資治通鑑長編》卷八四眞宗大中祥符八年（1015年）夏四月“己巳賜戎、瀘、富順監《聖惠方》各一部，其地多瘴疫也。”又卷九二眞宗天禧二年（1018年）八月“丁未，內出鄭景岫《四時攝生論》、陳堯叟所集方一卷示輔臣，上作序，命刊板模印付閤門，賜授任廣南臣僚，仍命分給諸道州軍”。又卷二三七，神宗熙寧五年（1072年）八月“辛丑詔：文臣京朝官至幕職、州縣官，武臣諸司使副以下，至三班使臣，期辭日並罷賜誡勵敕，並《七條》、《攝生論》，其賜《儒行篇》亦罷之。內《攝生論》並藥方，惟廣南州軍各賜一本，與《聖惠方》同頒之。”

《聖濟總錄》卷三七《瘴氣》有“治瘴木香檳榔丸方”，說：“昔人嘗刻石于大庾嶺，蒙效者不可勝數”。[294] 又廣西臨桂劉仙崖摩崖：“按《廣南攝生論》載養氣湯方……皇祐（1049～1053年）、至和（1054～1055年）間，劉君錫以事竄嶺南，至桂州遇劉仲遠先生，口授此方。仲遠是時已百餘歲。君錫服此湯，間關嶺表數年，竟無嵐瘴之患。後還襄陽，壽至九旬。嘗云：‘聞之仲遠曰：“凌晨盥櫛訖，未得議飲食，且先服此湯，可保一日無事。旦旦如此，即終身無疾（？）病

293　王禹偁《小畜集》卷二十一有《謝賜聖惠方表》一文，中云：“陛下之述作，功參化源……豈區區小郡，碌碌下臣能謳頌於聖德歟！當州地居僻左，路遠京師，授敕數年，引頸以日……獲此大賚，謹當抽俸金以市藥，給官本以救人。資聖祚於無疆，流聖惠於不朽。盡納淮甸，歸於華胥……”則本文當作於任職淮畔地方長官時。按《小畜集序》云出守滁州，在太宗至道二年（996年），其年十二月又“移知廣陵”，均在淮南，而揚州大邦，不得云“地居僻左”。又《序》文作於眞宗咸平三年（1000年），則賜《太平聖惠方》當在守滁州之時，而次年冬，王禹偁徙守蘄州，卒於道。（《宋史》卷293《王禹偁傳》）不及見景德賜書之事。

294　據沈括說，刻石於大庾嶺的是“李校理敦裕”，見《蘇沈良方》，卷三，葉六至七。但稱“十五味”，“五”當爲“七”之誤。

矣"。'宣和四年（1122年）上巳日朝請郎提舉廣南西路常平等事晉江呂渭記。"
[295] 兩者也都是爲嶺北人南行而備的南行方。

上述這些多是仕官南土的士大夫的有關活動的記錄。在歷史上，南行北人中，當以戰士、戍卒、轉輸民工等爲最多數，然而有關他們的活動的細節，卻罕見報導。他們與南遷的士大夫不同的是，士大夫多因個別的授官任職或貶謫而與家人、婢僕同行，到達後也自擇居室獨住；而士卒、民工則不僅人數眾多，同時還成批的、集體的南下，抵達後，又集中居住、勞動，而生活條件、衛生環境都遠不能與一般士大夫的相比。由於缺乏或沒有免疫力，因此在進入疫區之後，常易引起疾病的暴發流行，造成大量的人員發病、死亡。其情況，已見上文。關於神宗熙寧九年（1076年）的安南戰役，《續資治通鑑長編》有不少詳細的記錄。對戰士們的健康、疾病等問題，神宗屢有詔書過問、指揮防治，現摘錄如下：

> 詔：安南諸軍過嶺，有疾病寄留者，令所寄州軍專選官管勾醫治，提點刑獄往來提舉。如能用心醫治，痊損數多，候師還日比較分數，當議優獎。

> 詔：安南行營軍士如疾病，將官宜親撫視，嚴責醫療，逐將月具平安及疾病死亡人數以聞。

> 又批：聞安南兵過嶺多疾病，其令宣撫司曉告勿食生、冷，嚴立酒禁。

> 詔：安南行營兵士以不習水土，多病瘴瘴致死，至宜令隨所在州縣，即時依編敕及移牒住營州縣，依廣勇例給孝贈。

> 上批：安南行至邕州四將下諸軍，九月上旬死病近四、五千人。此乃將、副全不約束，恣令飲食北人所忌之物，以致生疾，可火急嚴誡勵，仍切責醫用藥治之。

> 詔太醫局合治瘴藥三十種，差使臣齎付安南行營總管司。上批：已差入內供奉官梁從政齎文字往邕州宣撫司，聞將士被疾者極眾，可下醫官院，選習知治瘴者五七人，令從政率領之，乘驛速往。如治療多癒，當不次優賞。

> 詔：安南行營將士疾病者眾，遣同知禮院王存禱南嶽，遣中使齋香，建祈福道場一月。

295　摩崖拓本見耿鑑庭，《醫藥金石過眼錄》，《中華醫史雜誌》1955年第4號，頁286至287。

又詔：安南諸軍及應募人病死者，常賜外，加賜絹二匹，當得糧食亦併給其家。

次年，六月“丁酉手詔：今歲嶺外大熱，病瘴者多。方屯兵未解，官吏將校在彼者衆，深慮難於醫藥，枉致死傷。醫官院選差醫學三人，賜絹五十匹，遣赴桂州，委趙卨分擘差使。候一年差替，經略司具所愈人數，保明聞奏。”

七月丙子“詔：河東、永興、秦鳳等三路就糧諸軍及漢蕃弓箭手、蕃兵，常經召募赴安南行營，染有瘴癘者，御藥院以安南軍前治瘴藥方下逐路經略司修合，隨病證給賜。”

可以看出最高統治者對南下的戰士們不能算不關切、不加照顧、救治，然而如上所述，這次戰役所動員的軍士、民工三十萬人，“死亡過半，存者皆病瘁”。李師中所說：“嶺南自古不利戍兵”（《續資治通鑑長編》仁宗嘉祐三年九月丙子條）當是確有根據的經驗之談，但不只是戍卒如此，戰士、民工也一樣。

六、結　語

自司馬遷《貨殖列傳》以來，在歷史文獻中，對廣大南方的許多地域的描述，一直不斷地重複著“地廣人希”、“無積聚而多貧”、“無千金之家”之類的字句。所以如此，我們認為主要並不是由於後人對前代記錄的因襲，而是有事實依據的。

秦嶺、淮河一線以南的南土，特別是五嶺以南的地區，由於氣候炎熱、多雨潮溼，爲衆多的疾疫病原或傳病媒介生物提供了適宜的孳長、繁殖、活動的環境。而居住在其中的南土人民的生活方式、風俗習慣、宗教信仰及醫藥衛生條件等因素正爲各種疾病對人們的侵害製造了大量的機會。這導致南方相對地比北土流行著較多的疾病；或同一種疾病，在南土流行的程度常比北方要嚴重得多。而在生產勞動或日常生活中，廣大的農民最常暴露在各種致病因素的威脅之下，因此文獻紀錄中所說的南方“丈夫早夭”、男子“半嬴長病”，“不耐作苦”等，並不是偶然的，這也是長久以來南方相對地比較貧窮落後的重要原因。由北方南遷

的農民，自然可以增補南方農業的生產勞動力，有助於南於的墾殖發展。但是他們也必須面對南方那不可完全避免的染病致疾、甚至死亡的危險。明末徐霞客在雲南西部所採訪到的一則消息，對於瞭解南土長期而緩慢的進展是頗有幫助的：＂永昌之水，出洞而南流，其中開塢……是塢南北二坳，北都魯，南哈思，相距四、五十里，甚狹而深；瀕江兩岸俱田，惟僰彝、儸儸居之，漢人反不敢居，謂一入其地，即＇發擺＇，寒戰頭痛也（按：當即瘧疾或打擺子），故雖有膏腴而讓之彝人焉。＂（《徐霞客遊記》卷十上，《滇遊日記十二》）

北方人由於較缺乏或不具免疫力，下行南國，就難免感染發病，甚至死亡。這不但造成北地居民不願意、並恐懼南行的心理，也給歷代政權在統治南方的工作中帶來了許多問題，導致困擾、不便、損失、挫敗和大量的生命犧牲。例如由於北人不樂南遷或仕宦於南土，導致南方的炎瘴地區大量職位長期無人擔任，雖然優厚其待遇，也常無法補足；另一方面因而願往任官南方的人素質常較差或多不能廉潔；或不得不任用＂習其水土＂或有免疫力的＂土人＂來任官，形成特別的＂南選＂制。這樣就難免影響到行政的效率和吏治政風。

生活衛生及醫藥條件的嚴重不足以及瘧疾的流行，不但使南遷的戰士、戍卒、民夫大量的疾疫、死亡，使得戰鬥力大爲減弱，軍事行動受到極大的限制，對外不能有效地、徹底地對付入侵生事的外族或國家；對內也常無力解決叛變的少數民族或暴動、劫略的民衆。如《宋史・兵志十》：宣和七年（1125年）三月＂詔：廣南東西路地遠山險，盜賊間有竊發。內郡戍兵往彼屯守，多緣瘴癘疾病，不任捕盜；又不諳知山川道里、林塹曲折，故盜不能禁。＂又李綱《申督府密院相度措置虔州盜賊狀》說：＂虔之諸縣多是瘴煙之地＂，而＂盜賊＂所處的＂巢穴深遠，山多瘴癘，官兵憚於窮討＂。（《梁谿集》卷一百七）西漢元帝時棄珠崖的重要考慮也是當地＂霧露氣溼，多毒草、蟲蛇、水土之害，人未見虜，戰士自死＂。（《漢書・賈捐之傳》）這樣，使得統治者在處理南土的外來入侵或境內的民變、少數民族叛變等問題上常傾向於採取以夷制夷、招安等策略。例如東漢順帝時交趾、九眞二郡兵士反叛，＂召公卿百官及四府掾，問其方略，皆議遣大將，發荊、揚、兗、豫四萬人赴之＂，當時李固駁斥衆議，他所提出的重要理由之一是：＂南州水土溫暑，加有瘴氣，致死亡者十必四、五＂。他並建議＂還募蠻夷，

使自相攻”。在唐宋時代也有許多人建議，就像在瘴區選用習其水土的土人來出任當地地方官那樣，徵調與瘴鄉風土氣候類似的鄰近地區的人民，或當地的土人或少數民族來充當戍卒。例如《唐書・楊收傳》：“南蠻自大中以來，火邕州，掠交趾。調華人往屯，涉氛瘴死者十七，戰無功，蠻勢益張。收議豫章募士三萬，置鎮南軍以拒蠻。”宋包拯《論蠻賊事二》也不贊同朝廷“差撥禁軍”赴嶺南討蠻，他說：“緣北人乍到，不諳風土，多染瘴疫之疾。竊見唐時，或嶺南叛擾，並自江西起兵進討。況虔、吉等州疆境相接，民俗頗同，若選差使臣往彼抽發兵士，或召募就近應副，事體至便”。[296] 上引張方平《論討嶺南利害九事》也說應將秦渭馬軍、弓箭手”自嶺外撤回，而“使荊湖多募壯丁，蒐補諸土軍，其將士服習土風，諳識山川地利，其騎亦止用南馬”。而英宗治平三年（1066年）確實曾“詔：頃以東兵戍嶺南，冒犯瘴癘，得還者十無五、六。自今歲滿，以江、淮教閱、忠節、威果代之。”（《宋史・兵志十》）上述李師中說自古嶺南不利戍兵，他因而建議“置土丁”。蘇過《論海南黎事書》指出當時有“朱崖屯師千人”，他也主張“戍卒可省，民兵可用。何則？編戶之家……耐其風土瘴癘”。（《斜川集》卷五）張田知桂州時確曾以“京師禁兵來戍，不習風土，往往病於瘴癘。田以兵法訓峒丁而奏罷戍。”（《宋史》卷三百三十三《張田傳》）《宋史・兵志五》：“熙寧中，王安石言：‘……今中國募禁軍往戍南方，多死，害於仁政’……於是蘇緘請訓練二廣峒丁。……〔元豐六年〕提點廣西路刑獄彭次雲言：‘邕苦瘴癘，請量留兵更戍，餘用峒丁，以季月番上，給禁軍錢糧。’詔許彥先度之。彥先等言：‘若盡以代正兵，恐妨農。請計戍兵三之一代以峒丁，季輪二千赴邕州肄習武事。’從之。大觀二年（1108年）詔：‘熙寧團集左、右江峒丁十餘萬衆，自廣以西賴以防守’。”宣和七年詔：“可令每巡檢下招置土人健勇輕捷者參戍兵之半，互相關防，易於擒捕（嶺南盜賊）。令樞密院行之。”（同上）這樣就使邊防以及兵役制度也發生了變化。

　　在國家財政制度上也受到南土瘴疾的影響，即上述南土邊區不行酒榷的制度。

　　總之，南土的上述政治、軍事、財政制度或措施的歧異以及南方居民與北人

296　《包拯集》，頁127。

相較之下大相逕庭的若干生活習俗，都反映了南方自然環境、醫藥衛生條件對南方發展的深刻影響。在南方緩慢的發展過程中，人爲的努力也能使衛生環境得到局部的改進，如《續資治通鑑長編》仁宗嘉祐七年（1062年）秋七月甲寅條所載：「先是，嶺南多曠土，茅菅茂盛，蓄藏瘴毒，〔廣西轉運使、度支員外郎李〕師中募民墾田，縣置籍，期永無稅，以種及三十頃爲田正，復科役。於是地稍開闢，瘴毒滅息」。按在農業墾殖生產活動中，塡平水坑、窪地；或平整田地以利灌溉和排水，可以減少灌溉餘水或雨水瀦積而形成的淺水窪地，這樣就減少了媒瘧按蚊的孳生地。砍伐林木、灌叢、清除茅菅雜草，可以使大劣按蚊賴以生存的環境受到破壞。這樣就可能在某種程度上降低了瘧癘的傳播。[297]然而在另一方面，農田水利灌溉的建設，水田面積的擴大，卻又能增加蚊蟲孳長的空間，擴大瘧區的範圍。因此在古代的科學技術水平之下，衛生條件的改進總是相當緩慢的。

（本文於一九九一年八月十五日通過刊登）

---

[297]　《瘧疾防治手冊》，頁134。

漢隋之間的車駕制度

劉 增 貴

　　器物是社會結構的反映，器物史的研究，不應只注目於名物度數的考證，也要探明其政治社會意義。古車形制復原的研究雖然很多，但車駕與社會的關係尚乏系統的論述，本文即爲補足此一缺憾而作。

　　秦漢以下，古代象徵身份地位的器物如鼎彝等失去重要性，車服、印綬取而代之，《輿服志》的出現即其明徵。皇帝被稱爲「車駕」、「輿駕」，士大夫也期望能「朱丹其轂」、「致輻輳」，漢磚中的車馬行列、魏晉以下的鹵簿圖都說明了車的象徵意義。等級分明的車制用意在「列等威」、「別士庶」與「抑僭奢」。但制度的變遷往往不只是「逾制」所造成，「不及」亦其一因，中古牛車之取代馬車，即與漢末清流士風密切相關。而乘肩輿、騎馬之風的漸盛，造成了另一變化，唐以下士大夫多騎馬坐轎，車駕制度也失去了其重要性。

一、前　　言

　　在人類社會生活中，器物除了具有實用的工具價值外，也往往是權力、財富、身份地位的象徵，在一定程度上反映了社會的結構及其變遷。作爲交通工具的車正是明顯的例子。周代封建社會中，車馬與宮室衣裳、尊爵俎豆同爲禮之重器，[1]也是征伐、祭祀、燕享、賞賜所常用。所以荀子在強調禮的區別身份作用時，以「大路（輅）越席」作爲天子的象徵[2]。這種別貴賤、序尊卑的作用，在封建制度崩潰之後依然存在。

　　事實上，車駕制度在漢隋之間具有特殊的地位。首先，秦漢一統帝國的凝

1　歐陽修等，《新唐書》卷一一一〈禮樂志〉：「古者，宮室車輿以爲居，衣裳冕弁以爲服，尊爵俎豆以爲器，金石絲竹以爲樂，以適郊廟，以臨朝廷，以事神而治民。」此處所謂古者是指三代。

2　見《荀子・禮論》。

成，出現了車同軌的局面以及全國性的道路建設，使車的使用更爲廣泛，勞榦指出，漢代漢人之所至，即車之所至，與後世江淮以南少用車者不同[3]。這種情況六朝猶然。[4]其次，自封建制度崩潰以後，象徵身份地位的器物如鼎彝等逐漸退出歷史舞臺，而車服、宮室、印綬等取得了新的地位，尤其車服最爲重要，後漢以下史書中〈輿服志〉的出現說明了這點。[5]漢隋之間的車駕制度又較後世重要，因爲唐以下官吏多騎馬坐轎，車駕制度雖存，僅供典禮儀式之用，其重要性遠遜於前。

隨著考古發掘的進展，我們對車制的認識也增進了不少，然而大部份的研究都從科技史的的角度出發，偏重車身結構的復原，對車制與社會的關係尚乏系統的論述。本文主要討論車駕制度所具的政治社會意義，尤其注重其區別身份的作用，對車身結構變化僅就其具社會意義者討論，至於車在各種典禮中的應用，留待另文處理。

漢隋之間車制的重要性如何？車制等級如何區劃？定制的考慮何在？制度與實際情況是否符合？這些都是本文討論的主題。車制的一大變化是牛車的興起，漸與馬車並駕齊驅，在日常生活中的應用甚至超過馬車，何以有這種變化？這種變化具有什麼社會意義？也是本文嘗試解答的。

二、車的政治社會意義

在近代機械文明之前，仰賴畜力的車是傳統中國的重要交通工具，在古代社會中，其作用又不止於交通工具而已，梁朝甄玄成的〈車賦〉說得非常清楚：[6]

3　勞榦，〈論漢代之陸運與水運〉，頁72-73。

4　南朝士大夫多乘車，顏之推，《顏氏家訓》（王利器集解本）卷四〈涉務〉：「梁世士大夫，皆尚褒衣博帶，大冠高履，出則車輿，入則扶持，郊郭之內無乘馬者。」（頁295）雖是比較車與馬，但亦可見南方乘車者之普遍。

5　史書中的〈輿服〉一志，始於司馬彪《續漢書》，然其所本則爲漢末蔡邕之〈車服意〉（即《東觀漢記》中之〈車服志〉，見劉知幾，《史通》卷一二〈古今正史〉，頁294。〈車服意〉現存只九條，本文及考證詳見吳樹平，〈蔡邕撰修的《東觀漢紀》十志〉，頁172-221，收於所著《秦漢文獻研究》。

6　見嚴可均校輯，《全梁文》，卷六八，頁7。

爾其車也，名稱合于星辰，圓方象乎天地，夏言以庸之服，周曰聚焉之器，……古今貴其同軌，華夷獲其兼利。爾其利也，天子以郊祀田伐，諸候以朝聘會盟，庶人以商農工賈，夷狄以致蓄遷生。

由此看，車除了是交通工具外，又具有廣泛的政治社會及文化意義，自先秦以迄六朝皆然，這裡稍作疏釋。首先，古人認爲車制上應天文，下合地理。天有「軫」星，主車，又有「庫星五車」。[7]〈孝經援神契〉云：「斗曲杓橫，象成車。房爲龍馬，華蓋覆鉤」，宋均注曰：「房星既體蒼龍，又象駕駟馬，故兼言之也。」[8] 從車的結構看，《續漢書·輿服志》云：「後世聖人觀於天，視斗周旋，魁方杓曲，以攜龍、角爲帝車，於是迺曲其輈，乘牛駕馬，……」[9] 是輈有仿於天文。又《周禮·考工記·輈人》：「軫之方也，以象地也，蓋之圜也，以象天也，輪輻三十以象日月也，蓋弓二十有八，以象星也。」是車體之軫、蓋、輪、弓亦仿天地。這類說法雖屬附會，亦可見古人對車的重視。[10]

製車需要高度的工藝水準，精密的分工，衆多的人力，《周禮·考工記》：「有虞氏上陶，夏后氏上匠，殷人上梓，周人上輿，一器而工聚焉者，車爲多。」製車用到木、毛、革、銅、金銀、漆等不同的材料及技術，從考古發現的車來看，一車零件有多至三千件者[11]，因此車不是一般人所能有，有車者大多是統治者。事實上，車在古代社會正是政治權力的象徵。從戰爭形態上看，古代戰爭以車爲主，車轍所及即是勢力所及，所謂「日月所照，舟輿所載」。雖然古代的車可大別爲兩類，即「乘車」與「兵車」，但就實際結構言，兩者並無不同。後世乘車制度

---

7 見司馬遷，《史記》卷二七〈天官書〉，頁1304。

8 司馬彪，《續漢書》志卷二九，〈輿服〉（附於范曄，《後漢書》後，以下簡稱《續漢志》），頁3642-3643，劉昭注所引。

9 同上書，頁3641。

10 考古發現的車，與周禮所說未必符合，以輪輻論，戰國以前的輪輻多不及三十，（參考許倬雲，〈周代的衣食住行〉。）又如秦陵銅車馬，輪輻雖有三十，但蓋弓卻有三十六。（參袁仲一、程學華，〈秦陵二號銅車馬〉，收於陝西省秦俑考古隊、秦始皇兵馬俑博物館，《秦陵二號銅車馬》）北京大葆台漢墓（據考爲元帝時廣陽頃王劉建之墓），出土的三輛車（實物），其車輪之輻在二十四至二十六間。參考大葆台漢墓發掘組、中國社會科學院考古研究所，《北京大葆台漢墓》，頁77-79。

11 見袁仲一、程學華，前揭文。又袁仲一，〈秦陵二號銅車馬的形制及系駕方法〉（收於袁仲一等編，《秦始皇兵馬俑博物館論文選》），頁265。

中的鹵簿儀仗，實際上是起於兵車。先秦國力大小以兵車計，所謂萬乘、千乘、百乘之國即指兵車而言。一乘的大小，《管子・乘馬》、《司馬法》等各有不同的說法[12]，這裡試舉班固的說法。《漢書》卷二三〈刑法志〉：[13]

> 甸，六十四井也，有戎馬四匹，兵車一乘，牛十二頭，甲士三人，卒七十二人，干戈備具，是謂乘馬之法。一同百里，提封萬井，除山川沈斥，……定出賦六千四百井，戎馬四百匹，兵車百乘，此卿大夫采邑之大者也，是謂百乘之家。一封三百一十六里，……兵車千乘，……是謂千乘之國。天子畿方千里，……兵車萬乘，故謂萬乘之主。

天子諸侯勢力的大小，以兵車之數計，六十四井才出得起一乘兵車。古代的賦，主要爲車馬之費（迄漢猶然），可見其重要性。

　　古代軍事與政治原不可分，車是國力的表現，也是政治地位的象徵，可說是一種政治符號。《尚書・堯典》云：「五載一巡守，群后四朝；……明試以功，車服以庸。」天子賜車服予諸侯，表顯其功。西周以下的銅器銘文中，常有給予身份職事，同時錫以車服的記載[14]。《左傳・成二年》：「唯器與名，不可以假人。」杜預注：「器，車服；名，爵號。」車服與爵號都象徵政治地位，故不可以假人。《國語・魯語上》載孟文子答魯文公：「夫位，政之建也；署，位之表也；車服，表之章也；宅，章之次也；祿，次之食也。君議五者以建政，爲不易之故也。」根據孟文子的說法，車服是地位的表章，宮室是有車服者的居所。一直到漢代，車尚與宮室相提並論，劉熙在《釋名》中還說：[15]

> 車，古者曰車，聲如居，言行所以居人也，今曰車，車舍也，行者所處若車舍也。

12　《管子・乘馬》：「六里爲一乘之地也，一乘者，四馬也。……其甲二十有八，其蔽二十，白徒三十人，奉車兩器制也。」《司馬法》則有兩說，一是「革車一乘，士十人，徒二十人。」一是「長轂一乘，戎馬四匹，牛十二頭，甲士三人，步卒七十二人。」後說即下文引班氏所本。杜正勝認爲此兩說反映兵制的不同階段，前者在春秋前期，後說則在春秋中期以下。參考杜正勝，《編戶齊民——傳統政治社會結構之形成》，頁62-72。

13　《續漢志》卷二八，〈百官五〉，頁3631-3632注引劉劭〈爵制〉及《晉書》卷一四〈地理志〉頁412-413略同。

14　參考杜正勝，〈周禮身分制之確立及其流變——特從隨葬禮器論〉。

15　見劉熙，《釋名》卷四〈釋車〉，頁九。按註一所引《唐書》「宮室車輿以爲居」亦以車爲居處。

車即是流動的屋子（秦漢王者之車猶稱「黃屋」），與宮室雖有動靜之分，其作用相同，這個說法反映了古人對車的觀念。古代「車」「居」通假互用，劉熙的解釋有相當的根據。[16]

車既是身份地位的象徵，則自具有較嚴格的等級區劃。《逸禮‧王度記》曰：「天子駕六馬，諸侯駕四，大夫三，士二，庶人一。」以所駕馬數爲別。[17]所乘的「車輿」也不同，《周禮‧巾車》載王有玉、金、象、革、木「五路」，王后也有五路，至於卿以下制度如下：

孤乘夏篆，卿乘夏縵，大夫乘墨車，士乘棧車，庶人乘役車。

鄭玄注：「夏篆，五彩畫轂約也；夏縵，亦五彩畫，無瑑爾；墨車，不畫也；棧車，不革鞔而漆之；役車，方箱，可載任器以共役。」這種以車飾、材料、馬數等劃分等級的規定，在於使「尊卑上下，各有等級」[18]，可說是秦漢以下車駕制度的遠源。

就社會上看，乘車者的社會地位甚高。統治階級不可無車，《論語‧先進篇》記載了一則故事：顏淵死，其父顏路請賣孔子之車以爲之槨。孔子說：「鯉也死，有棺而無槨；……以吾從大夫之後，不可徒行也。」孔子爲大夫，故必須有車。楚莊王時，楚國好乘庳車，王以爲不便馬，欲下令高其車，孫叔敖認爲只要下令加高閭里的梱（門限）即可，因爲「乘車者皆君子，君子不能數下車」，有車者都是統治階層，所謂「古者必有命（指爵命）然後乃得衣繒絲而乘車馬」[19]。《禮記‧曲禮下》：

問士之富，以車數對。問庶人之富，數畜以對。

可見車具有象徵階級身份與財富的雙重意義。

16　「車」「居」上古音同屬見母魚部字，故相通。《毛詩‧北風》：「攜手同車」，1977年在阜陽所發現的漢簡《詩經》中作「攜手同居」，校釋者指出：「《莊子‧徐旡鬼》：『乘日之車』《莊子釋文》：『司馬云，以日爲車也，元嘉本車作居。』」（見胡平生，〈阜陽漢簡《詩經》異文初探〉，收於胡平生、韓自強編著，《阜陽漢簡詩經研究》）又參胡念耕，〈「車」、「居」同音可以假借〉。

17　《續漢志》卷二九〈輿服〉，頁3645劉昭注所引。

18　同上，頁3640-3641。

19　孫叔敖言見《史記》卷一一九，〈循吏列傳〉，頁3100。有命始得乘車爲王符之言，見《後漢書》卷四九本傳，頁1635。李賢注：「尚書大傳曰：『古之帝王者必有命，……命於其君得乘飾車軿馬，……」

春秋以下，禮壞樂崩，從考古發現看，周代早期、中期墓葬車馬器多少，與銅器多少成比例，是身份階級的表徵，但到了晚期，一鼎之墓亦有車馬器，正說明有車馬者的普遍。[20] 隨著庶人的興起，其經濟能力亦足以擁有車馬，士庶之界限漸泯。然而大體而言，秦漢六朝，車仍然是重要的政治符號與社會指標，這可從幾點來看。

首先，秦統一天下之後，採取了「車同軌」的措施，規定輿六尺（指車廂寬，據實測，輪在外側故更寬，軌七尺二寸，仍是六的倍數，約當今二公尺[21]）車制的統一正是一統帝國的象徵。此外，秦繼承了六國繼續發展的制度，「攬其輿服」，建立了一套新的車駕制度，作為劃分身份尊卑的工具。這套制度雖不同於周禮，但也沿襲了其中不少的制度，對後世產生深遠的影響。[22]

車作為一政治符號，也可於對皇帝的稱呼中見之。秦漢皇帝被稱為「車駕」、「輿駕」、「乘輿」、「輦轂」，何以有此稱呼呢？蔡邕《獨斷》云：[23]

漢天子正號曰皇帝，……史官記事曰上，車馬衣服器械百物曰乘輿，所在曰行在所，所居曰禁中，……天子至尊，不敢褻瀆言之，故託言於乘輿

20　杜正勝，前揭文。

21　軌寬據秦陵二號銅車馬按比例放大，為秦尺七尺二寸，（約二公尺）也是六的倍數，參考秦俑考古隊，〈秦始皇陵二號銅車馬初探〉，頁19。另滿城漢墓出土的十輛車實測，也得到同樣的寬度。見中國社會科學院考古研究所、北京儀器廠工人理論組編寫，《滿城漢墓》，頁30。最近發表的大葆台漢墓出土三輛車的實測，其軌寬皆約當二公尺，與上述相合。見前揭《北京大葆台漢墓》，頁77。

22　秦的車制多是總攬古代及六國之制，例如皇帝之金根車，是採殷的瑞山車，與《周禮》王之玉路不同，又其屬車八十一乘，是綜合六國諸王後車所得。再以警蹕之制言，《周禮》蹕而不警，秦則出警入蹕，這些都不同於周。（參考馬非百，《秦集史》，〈輿服志〉，頁501-508。）但是金根車上的樊纓、旗斿都與《周禮・巾車》的玉路相同。見《續漢志》卷二九〈輿服上〉，頁3640。《唐書》卷一一〈禮樂志〉指出：「及三代已亡，遭秦變古，後之有天下者，自天子百官名號位序、國家制度、宮車服器，一切用秦，……」。

23　見蔡邕《獨斷》，頁1-2。乘輿不但是習稱，也見諸漢律，蔡氏云：「乘輿出於律，律曰：敢盜乘輿服御物，謂天子所服食者也。」是則乘輿是天子服御物之代稱，因不敢指斥天子，故復以之為天子代稱。另「車駕」等常見，不備舉。「輦轂」見《漢書》卷六十二（司馬遷傳），頁2727-2728、同書卷九八（元后傳）頁4021-4022。輦為天子之所乘，故以為代稱，《晉書》卷二五（輿服志）：「輦，案自漢以來為人君之乘，魏晉御小出即乘之。」（頁755）「輦轂」又簡稱「轂」，《漢書》卷七六（王尊傳）：「賊數百人在轂下」，顏師古注：「在天子輦轂之下，明其逼近也。」（頁3233）。

也。……天子以天下爲家，不以京師宮室爲常處，則當乘車輿以行天下，
故群臣託乘輿以言之，或謂之車駕。

天子當巡行天下，後漢胡騰也指出：「天子無外，乘輿所至，即爲京師。」[24]可與
蔡邕之言相證。但京師畢竟爲天子所居，所以被稱爲「京輦」或「轂下」。天子
崩，謂之「晏駕」或「宮車晚出」[25]。以車駕指統治者，雖可能有更早的淵源，但
作爲天子之代稱是秦漢以下之制。元代方回指出：

　　史記書（車）駕入都關中，不敢指斥天子，以駕書、以車書始此。然駕又
　　曰行，……（始皇）三十五年書曰：「行所幸有言其處者罪死」，於是以天
　　子之車駕曰行，……近世南渡後呼臨安曰行都，又曰行在所者，此也。
此說大體可信。[26]

　　就官爵言，秦漢有二十等爵，爵位高低與車關係密切。如民爵的最高爵爲「
公乘」（屬第八爵），意謂可乘公家之車。十七等曰「駟車庶長」，出得駕駟。[27]
太守上任曰「下車」，刺史稱「傳車」，刺史之屬官有「別駕」[28]，而官吏退休，
仍稱「懸車」，從前漢薛廣德懸其安車看來，古代懸車之制仍存。[29]這些都是以車

24　《後漢書》卷六九〈竇武傳〉，頁2245。
25　「京轂」見《後漢書》卷六一〈周舉傳〉，頁2030；卷七四上〈袁紹傳〉，頁2387；卷
　　七七〈周紆傳〉，頁2495。胡廣《漢官解詁》頁8云：「轂下，喻在輦轂之下，京師之
　　中。」「晏駕」，《史記》卷七九〈范睢傳〉，頁2415集解引韋昭曰：「凡初崩爲『晏
　　駕』者，臣子之心猶謂宮車當駕而晚出。」
26　見方回《續古今考》卷二三〈附論車駕並行在所〉條，頁4。
27　見《續漢志》卷二八〈百官志〉頁3631-3632，注引劉劭〈爵制〉。
28　「下車」熟語，如前漢成帝時班伯爲定襄太守，郡人畏其下車作威（《漢書》卷一○○
　　上，〈敘傳〉，頁4199），此太守上任。光武時趙憙爲懷令，下車即收考大姓李子春（《
　　後漢書》卷二六，〈趙憙傳〉，頁913-914），此縣令上任。「傳車」是刺史所乘之車，
　　駢駕，赤帷裳（《續漢志》卷二九〈輿服志〉，頁3648注引《謝承書》），刺史所以稱「
　　傳車」，可能因爲刺史具有使者身份，代表皇帝巡行，初無固定居所，相對於下車任官
　　者，故稱「傳車」，參考《三國志》卷九〈夏侯玄傳〉，頁298，司馬懿報玄書。別駕爲
　　刺史之屬官，其名稱似亦取義於此。
29　班固，《白虎通義》六，「致仕」：「臣年七十懸車致仕者，……所以長廉恥也，懸車示
　　不用也。」，見頁207。《漢書》卷七一〈薛廣德傳〉：「（爲御史大夫）……與丞相于
　　定國、大司馬車騎將軍史高俱乞骸骨，皆賜安車駟馬、黃金六十斤，罷。……沛以爲榮，
　　縣其安車傳子孫。」顏師古曰：「致仕縣車，蓋亦古法。」（頁3048）東漢的陳寔、張儉
　　晚年也都縣車不出。參考《後漢書》卷六二及六七，兩人本傳。

代表權力之例。

　　皇帝仍常以車馬賞賜大臣，不只是作爲財物相贈，也表示地位之尊崇。例如前漢梁孝王車騎皆帝所賜，後漢的杜林、郭賀、張酺皆被賜車馬。獻帝賜司徒淳于嘉以玄纁駟馬，孫權賜賀齊以軺車駿馬，皆其著例。[30]漢迄六朝，大臣退休，例皆賜以安車駟馬以示尊崇，[31]至於封爵時錫以車馬，猶有先秦遺風。[32]異族君長入朝，也常賜以車馬，如漢宣帝賜呼韓邪單于安車駟馬，和帝賜北匈奴谷蠡王羽蓋車，順帝賜南匈奴單于「青蓋駕駟、鼓車、安車、駙馬騎、王具刀劍、什物。」袁紹賜烏桓三王爲單于，「皆安車、華蓋、羽旄、黃屋、左纛。」[33]其最具政治象徵意義的是易代之際及九錫之禮中車的作用。如劉焉欲自立，先造乘輿車具千餘乘，史評其「圖竊神器」。曹操之王，漢獻帝命其「設天子旌旗，出入稱警蹕，……王冕十有二旒，乘金根車，駕六馬，設五時副車。」[34]其後司馬懿、桓玄、石勒、劉裕、蕭道成、蕭衍、陳霸先等篡位之前，都經過此一備具天子車乘的階段。[35]至於九錫，據《禮含文嘉》，是指車馬、衣服、樂器、朱戶、納陛、武賁、鈇鉞、弓矢、秬鬯。車馬仍爲重要項目，王莽、曹操皆行之，晉以下遵行不替。[36]。

　　社會方面，車馬仍有標示身份之作用。董仲舒云：「乘車者君子之位也，負

30　見《史記》卷一〇八〈韓長孺列傳〉，頁2857-2858。《後漢書》卷二六〈郭賀傳〉，頁908-909；同書卷二七〈杜林傳〉，頁936；同書卷四五〈張酺傳〉，頁1528-1529。淳于嘉見《續漢志》卷四〈禮儀上〉，頁3105注引〈獻帝傳〉。賀齊見《三國志》卷六〇本傳，頁1379。

31　如前漢的杜延年、黃霸、趙廣漢、于定國、史丹、史高、薛廣德、張禹等皆其著例（見各本傳），其有不賜者，有特殊原因，如彭宣於王莽時求退，莽不悅，故不賜安車駟馬（《漢書》卷七一本傳，頁3051－3052）。《晉書》卷二五〈輿服志〉：「三公、九卿、中二千石、二千石、河南尹、謁者僕射……其去位致仕告老，賜安車駟馬。」（頁762）。

32　如欒大封侯，賜甲第及乘輿斥車馬（《史記》卷一二〈孝武本紀〉，頁463-464）；後漢城陽恭王祉、卓茂、杜林、桓榮、張酺等皆於封爵或除官時受賜，見《後漢書》各本傳。

33　見《漢書》卷八〈宣帝紀〉，頁271；《後漢書》卷四〈和帝紀〉，頁173注引《東觀記》；同書卷八九，〈南匈奴列傳〉，頁2962-2963；《三國志》卷三〇〈烏丸傳〉，頁834-835。

34　《三國志》卷三一〈劉二牧傳〉，頁867，870。頁同書卷一，〈武帝紀〉，頁49。

35　見《晉書》、《宋書》、《南齊書》、《梁書》、《陳書》（皆新校標點本）各本紀及本傳。

36　《漢書》卷九九上〈王莽傳〉，頁4073、4075；《後漢書》卷七〇〈荀彧傳〉，頁2290-2291；同書卷九〈獻帝紀〉，頁387注引〈含文嘉〉。

擔者小人之事也。」[37]《晉書‧五行志上》亦云：「夫乘者，君子之器。」這些觀念雖沿自先秦，但仍有其作用。例如漢靈帝駕驢，即被史家評爲「野人之所用」[38]正如東漢的張衡所指出的：「器賴彫飾爲好，人以輿服爲榮。」[39]《後漢書》卷三七〈桓榮傳〉：

> ……而以榮爲少傅，賜以輜車、乘馬，榮大會諸生，陳以車馬、印綬曰：「今日所蒙，稽古之力也，可不勉哉！」

車馬、印綬皆漢代象徵身份之器，猶周之鼎彝，爲時人追求之目標。故士人之願，在於能「朱丹其轂」或「致輜軿」。[40]司馬相如初入長安，題其門：「不乘赤車駟馬，不過汝下。」[41]東海于公冀望後世昌盛，命高大閭門，令容駟馬高蓋車[42]。孔融爲北海相，特改鄭玄所居爲「鄭公鄉」，出教謂：「……乃鄭公之德，而無駟牡之路！可廣開門衢，令容高車，……」[43]劉備幼時戲樹下云：「吾必當乘此羽葆蓋車！」[44]晉代蘇彥的《蘇子》中提到世俗之所謂榮華富貴，是擁有印綬官爵而遊五里之衢，「走卒警蹕，叫呼而行。」[45]南齊的王融也曾說：「車中乃可無七尺，車前豈可乏八騶。」[46]都可見當時人的願望。做官不可無車，西漢司馬相如久宦不遇，唯餘車馬；貢禹被徵，賣田百畝以供車馬；[47]吳時唐滂《唐子》云：「（君子）出門不冠則不敢行，行非輿則不可步。」[48]南齊高帝卒，王琨聞訊，牛不在宅，步行入宮，朝士認爲「故宜待車，有損國望。」[49]上文孔子君子「不可徒行」的觀念仍存。

37 《漢書》卷五六〈董仲舒傳〉，頁2521。

38 《後漢書》卷八〈靈帝紀〉，頁346。

39 同上書卷五九〈張衡傳〉，頁1879。

40 《漢書》卷八七下〈揚雄傳〉，頁3566；《南史》卷六〇〈徐勉傳〉，頁1483-1484。

41 見常璩，《華陽國志》，卷三〈蜀志〉，頁227。

42 《漢書》卷七一〈于定國傳〉，頁3046。

43 俞紹初輯校，《建安七子集》，卷一〈告高密縣立鄭公鄉教〉，頁一三。

44 《三國志》卷三二〈先主傳〉，頁871-872

45 蘇彥，《蘇子》，頁1。

46 《南史》卷二一〈王融傳〉，頁576。

47 《史記》卷一一七〈司馬相如列傳〉，頁3000；《漢書》卷七二，〈貢禹傳〉，頁3073。

48 唐滂，《唐子》（《玉函山房輯佚書》本），頁一。

49 《南史》卷二三〈王琨傳〉，頁628。

　　從考古發現來看，先秦大墓葬前常有車馬坑，規模大的車坑與馬坑通常是分開的，車體也常拆散分置（例如將輪置於一處），坑中很少發現車轄，有些墓只有拆下的車馬飾，因此，這些車馬中有許多顯然不完全是供死後世界使用的，而是作爲象徵身份的器具。[50]秦漢以下，車馬坑逐漸消失，陪葬眞車馬的也愈來愈少，[51]但車馬形象幾乎是陪葬品中不可少的內容，它以三種形式顯現：一是車馬模型（銅、木、陶等），二是車馬飾與車馬零件，三是車騎行列圖畫（畫像石、畫像磚、壁畫等）。第一種雖可說爲死後世界之用，但第二種以車飾及零件陪葬，顯然不可乘坐，仍是表章身份的傳統。事實上，車之等級正是以車飾來表現的（見下節）。第三種常是畫死者生前出行的情形，其誇耀身份的作用更是明顯。

　　車仍爲經濟地位的象徵。漢武帝時即特別「算軺車」，一車要繳一算（一百二十錢），與人頭稅相等，商人則加倍。《史記・平準書》：「異時算軺車、賈人緡錢皆有差，請算如故。……非吏比者三老、北邊騎士，軺車以一算，商賈人軺車二算；……」據此則可能武帝以前即已算軺。有軺車者不是商人就是官吏，皆有相當貲產。[52]從上文所引貢禹賣田百畝，即可見車馬雖普遍，價格仍高。田百畝，合十金，約爲當時中家之產，這是內地的價格。從漢簡中看，一馬的軺車值九千，田則百畝一萬，與貢禹之例相較，其價雖因邊郡與內地相距甚遠，但一輛車馬都約當於百畝田。[53]當時邊塞官吏的奉錢，侯官三千，尉及塞尉月二千，尉史

50　參考林巳奈夫，〈後漢時代の馬車（下）〉，頁12，註9。

51　漢代車馬坑很少見，1978年在安徽六安發現西漢的車馬坑，有二車四馬，並有人殉，據推測很可能屬附近某封君墓（六安縣文物管理所，〈安徽六安發現西漢車馬坑〉）。事實上，漢代以眞車馬葬者已很少，只有在諸侯王或封君墓中才有，且以車馬室（耳室）代替車馬坑，如滿城的中山王夫婦墓、曲阜九龍山的魯王墓、洛陽東關的殉人墓皆是。北京大葆台廣陽王墓的車馬則出現於墓道中。見前揭《滿城漢墓》，頁28-31；《北京大葆台漢墓》，頁74；山東省博物館，〈曲阜九龍山發掘簡報〉；余扶危、賀官保，〈洛陽東關東漢殉人墓〉。

52　《史記・平準書》：「異時算軺車、賈人緡錢皆有差，請算如故。」則元狩四年緡錢令之前早已算軺車，「異時」或以爲指武帝元光六年的「初算商車」，但以元狩四年算軺所及不只商買看，則異時之政並非只指商車，可能更早即已算軺。

53　此據居延漢簡中編號37・35的「禮忠簡」估計，軺車價是將簡中軺車與馬價合計而得（軺車二乘直萬，用馬五匹直二萬）。簡見勞榦，《居延漢簡・考釋之部》，頁57，圖137葉。唯釋文中「軺車一乘」據原簡爲「軺車二乘」之誤。

九百，下層的書佐月僅三百六十，[54]具馬車仍不易，相較之下，一兩牛車約值五千[55]，故爲庶民常乘，這也是其後牛車盛行的原因之一。

總之，車作爲政治社會地位的象徵，在漢隋之間非常重要，尤其在古代鼎彝等器失去作用之後，其重要性更爲凸顯。以下試作進一步的討論。

三、車之形制與等級區劃

《隋書》卷一〇〈禮儀五〉：「輿輦之別，蓋先王所以列等威也。」一語道出了車駕制度的作用。秦承六國之變，兼有天下，也建立了一套車駕制度，並爲漢所沿襲。這套制度大體上可分爲兩部分，一是規定皇帝、各級官吏至平民所乘車之形製，二是規定了車隊行列的制度，兩者都具有「列等威」的作用。本節先討論第一點。

漢隋間的車是依乘坐方式、車形、駕畜種類及數目、車馬飾、應用場合分爲許多不同的等級。乘坐方式有兩種，《晉書・輿服志》云：「坐乘者謂之安車，倚乘者謂之立車，亦謂之高車。」立車起於古之戰車，因爲立乘，蓋高，所以又稱高車，其形制可見於1980年發現的秦陵一號銅車馬（形如軺車而蓋高，見附圖二，據考爲皇帝五時副車之一）。立車駕駟或二馬（所謂「立軺併馬」），是漢代高官在出席正式場合（「法出」）時所乘，所以「高車」幾乎是高官的代名詞[56]，上文引東海于公高大閭門「令容駟馬高蓋車」即是。至於安車，則上至天子，下至平民皆用爲常乘，有許多不同的車形。高級的如皇帝的駟馬安車（見圖三之秦陵二號銅車馬），是輜軿類車，普通的則爲吏所乘「蓋卑坐乘」的小車[57]。

以車形來看，可分爲輜、軿、軺、軒、輂、露車、棧車等。輜、軿等級較高，

---

54 參考陳直，〈居延漢簡綜論〉（收於所著《居延漢簡研究》），頁21-22。

55 牛車價見前揭禮忠簡是將牛與牛車箱合計。

56 《後漢書》卷二七〈郭丹傳〉：「後從師長安，買符入函谷關，乃慨然歎曰：「丹不乘使者車，終不出關。」……更始二年，三公舉丹賢能，徵爲諫議大夫，持節使歸南陽，安集受降。丹自去家十有二年，果乘高車出關，如其志焉」。這是因使節車立乘之故。

57 關於安車的類型，據考有大小兩種，大型可坐乘亦可臥息，如皇帝的安車或輜軿車，小型的則有高官所乘，可施帷帳的安車以及一般吏所乘「蓋卑坐乘」的小車，參袁仲一、程學華，前揭文，頁47。又武伯綸〈秦漢車制雜議〉亦有考證。

輬、軒爲官吏常乘，而一般人則乘「輦」、露車或棧車。輜、軿是有蔽的車（見圖四），兩者的差別是軿車四面都有衣蔽，而輜車則前無衣蔽，軿車大多是女子所乘，而輜車則男女通乘[58]。輬車無蔽，《釋名・釋車》所謂「輬，遙也，遠也，四向遠望之車也。」是吏民都可乘坐的輕便車，在漢畫中出現也最多。（圖五、六、七）「軒」是兩邊有藩板的車，古代大夫乘之，秦漢亦官吏所乘（圖四）。「輦」（圖五）是大車，有卷棚，據考是馬拉牛車箱者，故或謂之「方箱」或「方相」，可載物兼載人[59]。漢制規定，天子駕車有乘輿、金根、耕根等特別形制，是六馬或四馬駕的有蓋、無衣蔽大車，不在上列。天子常御的安車，皇太后、太皇太后常御（非法駕）的紫罽軿車，長公主的赤罽軿車，大貴人、貴人、公主、王妃、封君的油畫軿車，都是輜軿類的安車。皇太子、皇子的「王青蓋車」，皇孫的「綠車」，公、卿、二千石的安車都屬於輬車類的安車。公、列侯、中二千石、二千石夫人朝會乘其夫的安車，加交絡帷裳，平常則乘漆布輜軿車[60]。官吏所服多是輜軿輬軒，至於賤者所服的車除輦外，又有柴車、葦車、棧車、露車、鹿車。柴車、葦車、棧車等，大多是載物兼載人，且用駕馬或牛駕[61]。《漢舊儀》載：「丞相有它過，使者奉策書，即時步出府，乘棧車歸田里。」[62]可見即使丞相有過免官，成爲平民，也只乘棧車。顏師古云：「柴車即棧車」[63]，大體就其構成之材料以柴而言。至於露車是無頂的車，鹿車則爲手推車，《風俗通義》：「窄小裁容一鹿也。」[64]《後漢書》卷七四上〈袁紹傳〉：「士無貴賤，與之抗禮，輜軿柴轂，填接街陌。」輜軿柴轂有貴賤之分，紹雖俱與抗禮，但其身份表現於車制上畢竟

58　參趙化成，〈漢畫所見漢代車名考辨〉。

59　諸車可參趙化成，前揭文。方相考見勞榦，《居延漢簡・考釋之部》，頁20。

60　皆見《續漢志》卷二九〈輿服上〉。

61　《漢書》卷九九〈王莽傳〉載唐尊爲太傅，「乘牝馬柴車」，顏師古曰：「柴車即棧車」，是柴車、棧車猶以馬。但後漢末的士大夫多貧簍，所乘柴車已多用牛，《後漢書》卷八三〈韓康傳〉：「（亭長）及見康柴車幅巾，以爲田叟也，使奪其牛。康即釋駕與之。」可證。

62　《漢書》卷八一〈孔光傳〉，頁3358-3359注顏師古引。

63　引見註六一。

64　應劭著，王利器校注，《風俗通義校注》〈佚文〉頁614：「鹿車，窄小裁容一鹿也。」但接著的文字是「或云樂車，乘牛馬者到斬飲伺達曙，今乘者雖爲勞極，然入傳舍，偃臥無憂，故曰樂車。」此又一說法。

不同。上述諸車中只有「軺」最普遍，無論貴賤都有乘軺者，不過其馬數、車飾等仍有嚴格的區劃。

漢代對不同等級之馬數皆有規定。例如皇帝所駕六馬，而副車則駕駟。皇太后、太皇太后法駕亦金根四馬。紫罽軿車三馬，長公主以下之赤罽軿車、油畫軿車駕二馬，皇太子皇子、皇孫安車皆三馬，公、列侯安車，中二千石以上二馬，以下一馬（包括其妻在內），只有在大典禮中，公、卿、中二千石、二千石才得乘立乘之駟馬，平常乘安車。此外使節車（大使車）因代表皇帝，故駕駟。皇帝也常以「安車駟馬」來特賜給退休官吏、公卿或以供有名望的士人乘坐以示尊崇。[65]不過前漢規定並不嚴格，例如呂后時陸賈病免家居，常安車駟馬，而武帝時會稽太守朱買臣，上任時也駕四馬車[66]。

馬數並非最重要的標準，東漢服虔即指出：「大路，總名也，如今駕駟高車矣。尊卑俱乘之，其采飾有差。」[67]按駕駟高車（立乘）通用於皇帝、大臣及使者，駕駟與否無法別其等級，所以更重要的是采飾，即車馬裝飾及佩件。采飾是分別等級最重要的標誌。例如天子的金根車是以金玉爲飾，其樊（鞶馬之大帶）以金塗十二重，纓（馬胸前飾）則旄尾，建旗十二斿，長九仞（六丈三尺）曳地，上畫日月升龍，輪是朱班重牙，貳轂、兩轄，較上倚金薄繆龍，文虎伏軾（所謂「倚龍伏虎」）龍首銜軛、鸞雀立衡，左右有吉陽筩，虡文畫輈（鹿頭龍文），羽蓋華蚤（翠羽蓋黃裡），象鑣鏤錫（象牙鑣、金當盧）、金鍐方釳（金馬冠及馬冠後之物）插翟尾，以氂牛尾在左騑馬輈上爲纛，大如斗，叫「左纛」，有四時馬色，白馬尾則染紅爲「朱纛」。這就是「黃屋左纛」之車。另有飛軨，以緹油布畫左蒼龍右白虎繫軸頭，（二千石亦有，但無畫）。皇帝之下，各級車也都有裝飾，[68]試表列其等級如下：

65　以上見《續漢志》卷二九〈輿服上〉。

66　見《史記》卷九七〈陸賈傳〉，頁2699-2700；《漢書》卷六四上〈朱買臣傳〉，頁2792。

67　《續漢志》卷二九〈輿服下〉，頁3644劉昭注引服虔。

68　見《續漢志》卷二九〈輿服上〉。

表一　東漢車飾等級

身份／車飾	皇帝	太皇太后	諸侯王太子	公、列侯	卿	中二千石	二千石	千石	六百石	三百石	二百石下	吏	民	買人
斿、旄	12斿 9仞 日月升龍	12斿 9仞 日月升龍	9斿 7仞 降龍	9斿 7仞 降龍	5斿 降龍									不得乘馬車
樊纓	12就	12就												
輪	朱輪班牙	朱輪班牙	朱班輪	朱班輪										
飛軨	蒼龍白虎	蒼龍白虎	鹿文	鹿文	鹿文	無畫								
較軾	倚龍伏虎	倚龍伏虎	倚鹿伏鹿	倚鹿伏熊										
衡	鸞	鸞												
蓋	羽蓋華蚤	羽蓋華蚤	青蓋華蚤	皁繒	皁繒	皁繒	皁繒	皁布	皁布	白布				
轓	文畫 *	文畫	文畫	黑	朱	朱		朱左	朱左					

軶	龍首衡 吉陽箭	吉陽箭	吉陽箭	吉陽箭	吉陽箭	吉陽箭	吉陽箭	吉陽箭				
鞃	文	雲文	文畫									
杠	四維杠衣	四維杠衣	四維杠衣	四維杠衣	四維杠衣	四維杠衣	四維杠衣	四維杠衣	四維杠衣	四維杠衣	赤畫	青
五末	金	金	金	銅	銅	銅	銅	銅				
纛	左											

＊天子車文畫轃據《晉書·輿服志》
＊＊五末·據徐廣云指轄、兩轂頭及衡端。

表中車飾或圖案不同表現在車的各部構件中，關於車各部的構件名稱何指，研究者甚多，這裡不贅述（可參考圖一）[69]。表中制度可與考古發現相參證，如秦陵一號銅車及二號銅車馬，兩輪牙的內側與左右兩側涂朱色，輻亦局部涂朱，轂、軸亦然。[70]。大葆台漢墓（漢元帝時廣陽頃王墓）出土的三輛「王青蓋車」，周身塗黑漆，輪牙兩側的一半、及容輻的一面塗紅漆，使輪牙紅黑各半，輻條兩端亦塗紅漆，轂彩繪鋸齒文。[71]這些就是所謂的「朱輪華轂」，漢人往往以「朱輪」爲高官的代稱。[72]武威磨咀子發現的西漢末年墓中（M48）其銅車馬（明器）合乎上表皂繒蓋、銅五末、朱一轃等千石官員的規定，不過其杠（車蓋柄）黑色、塗朱之轃

69　參考袁仲一、程學華前揭文；楊英杰，〈先秦古車挽馬部分鞁具與馬飾考辨〉；林巳奈夫，《漢代の文物》，頁297-357及圖版頁131-149。孫機，〈始皇陵二號銅車馬對車制研究的新啟示〉。

70　見袁仲一、程學華前揭文，頁5；陝西省秦俑考古隊，〈秦始皇陵一號銅車馬清理簡報〉。

71　前揭《北京大葆台漢墓》，頁75-77。

72　《漢書》卷三六〈劉向傳〉：「今王氏一姓朱輪華轂者二十三人，青紫貂蟬充盈幄內。」，楊惲家盛時，「乘朱輪者十人」（同書卷六六〈楊惲傳〉）。《續漢志》卷二九〈輿服上〉，頁3648，劉昭注引《古今注》：「武帝天漢四年，令諸侯王大國朱輪，……小國朱畫輪，……卿車者也。」

爲右輗與制不合，是否制度變遷，或因屬明器，較簡陋，或有其他原因不可知。[73]
漢畫中官吏的車許多都有四維杠衣（見圖五、七）與制相合。另外，曲阜九龍山
魯王墓、安徽六安的西漢大型墓之隨葬馬車（真車，非明器）均有銅衡箯，[74]這些
都說明輿服制度仍有相當作用。

　　值得注意的是，這套制度層階分明。首先，官吏的車制明顯的分成幾個階
層：皇室、公卿、二千石、千石至六百石、四百石至三百石、二百石以下等數層。
其中六百石爲一大分界點，六百石始得有輗，其上的被稱爲「輗車以上」。輗即
車耳，車輿兩側向外反卷者，可郭輪泥並作扶手。（見圖五之四及圖七）[75]輗車以
上始得有吉陽箯及銅五末，這與六百石以上被稱爲長吏相符合。揚雄《太玄經》
卷五〈積〉云：「君子積善至于車耳，測曰：君子積善至于蕃也。」蕃即輗，即車
耳，意謂君子積善而得高位。[76]漢代里語云：「仕宦不止車生耳」。[77]，類似的話
在漢代鏡銘中出現甚多，如青蓋鏡：「爲吏高官車生耳」，許氏鏡銘：「作吏高遷
車生耳」[78]皆可見車耳是身份地位的指標。其次，車飾的分別不但在於區分各級
官吏，並且也在分別吏民。其中較明顯的是一般人的車杠青色，爲吏後才能用赤
畫杠，吏的「四維杠衣」（可施帷裳）也是一大特徵。其他表中各種裝飾也有區別
吏民的用意。如輗的始用即是鑒於吏民無別，《漢書》卷五〈景帝紀〉：

> （詔）夫吏者，民之師也，車駕衣服宜稱。吏六百石以上，皆長吏也，亡
> 度者或不吏服，出入閭里，與民亡異。令長吏二千石朱兩輗，千石至六百
> 石朱左輗。車騎從者不稱其官衣服，下吏出入閭巷亡吏體者，二千石上其
> 官屬，三輔舉不如法令者，皆上丞相御史請之。

73　甘肅省博物館，〈武威磨咀子三座漢墓發掘簡報〉。

74　參考註五一各文。

75　《漢書‧景帝紀》：「令長吏二千石車朱兩輗」，注應劭曰：「車耳反出，所以爲之藩
　　屏，翳塵泥也。」。「輗車以上」見《續漢志》卷二九〈輿服志〉，頁3653。同卷頁
　　3648：「輗長八尺，下屈廣八寸，上業廣尺二寸，九文，十二初，後謙一寸，若月初
　　生，示不敢自滿也。」

76　見揚雄，〈太玄經〉（司馬光注，四部備要本），卷五，頁六。司馬光云：「小宋曰，
　　蕃，車耳也，敷衰切。光謂車兩輗也。」

77　語見《太平御覽》卷四九六〈人事部‧諺下〉，頁6引應劭《漢官儀》。

78　見羅振玉，《漢兩京以來鏡銘集錄》，頁11-12。

因此自景帝後輜即成爲常制。此外，制度規定商賈不能乘車，特加賤視，顯現社會等級的區劃。

　　魏晉以下車駕制度仍沿漢代的傳統，以駕畜種類及數目、車形、車飾等來分別等級，但在制度上也隨時代而有不同。茲表列如下。

表二　晉宋公侯朝車及安車[79]

身　分	車　別	馬	黑　耳	後　戶	旒	旂　畫
諸　公	朝　車	4			8	降　龍
	安　車	3	有		8	降　龍
王公世子	安　車	3	有		7	降　龍
特進至大將軍	安　車	2	有			降　龍
	輜　車		施　耳	有		降　龍
郡　縣　公	安　車	2	有		8	降　龍
郡　縣　侯	安　車	2	有		7	降　龍
侯世子	安　車	2	有		5	降　龍
卿	安　車	1	有		5	降　龍

表三　晉至齊輜車等級[80]

身　分	黑　耳	後　戶	輪
三品將軍以上、尚書令	有	有	皁
尚書僕射	無	有	皁
中書監、令	無	有	皁
四品將軍、尚書	無	無	漆轂

79　《晉書》卷二五〈輿服志〉，頁761-762。

80　《晉書》卷二五〈輿服志〉，頁763。《宋書》卷一八〈禮五〉，頁498-499。《南齊
　　書》卷一七〈輿服志〉於引晉宋之制後云：「今猶然」（頁339），是至齊未改。

表四　晉宋牛車表[81]

身 分	車 別	牛	望數	油幢	絲絡	交路	輪畫	轂畫	幰
皇帝、太子	畫輪		4	綠	朱	青	綵漆	綵漆	無
諸王、三公	皁輪	4	4或3	青	朱絲繩		皁漆	皁漆	無
王公大臣有功	油幢		4或3	青	朱絲繩		皁漆	無漆	無
諸王三公常乘	通幰								通幰
皇帝副車	*衣書			綠	朱	青			通幰
特賜王公	雲母	以雲母飾犢車							

＊衣書車，即御衣車、御書車等，此據《南齊書・輿服志》

表五　南齊公侯安車[82]

身 分	馬	蓋	轓＊	耳	輪	副 車
諸王	1	青	朱		漆班	通幰車
三公	1	皁	朱		漆班	通幰牛車
國公列侯	1	皁	朱	黑		牛車
太子二傅	1		赤屏			軺車施後戶
九卿、領、護、二衛 驍游、四軍、五校	1					

＊按，此轓字當爲「藩」，指屏藩，與耳不同

81　《晉書》卷二五〈輿服志〉，頁756、761；《宋書》卷一八〈禮五〉，頁497。
82　《南齊書》卷一七〈輿服志〉，頁339。

表六　南齊牛車表[83]

身　分	車　別	轙	絡	輪	轂	校飾	牛
皇帝、太子	漆畫輪		絳系			金	
尚書令至散騎侍郎	油絡輯						1
貴臣（加禮）	四望（皁輪）	通轙	油幢	班漆	班漆	銅	
貴臣（加禮）	三望車	通轙	油幢	班漆	班漆	銅	
王公（加禮）	油幢絡	通轙	油幢	班漆	班漆	銅	
王公諸王	平乘車	通轙				銅	
庶人	平乘車	無					

表七　梁軺車牛車表[84]

身　分	車　別	駕畜	耳	後戶	軛	轂	油幢	絡
二千石四品以上及列侯	軺車	牛			黑	黑	青	朱絲
三公、開府尚書令	鹿幡軺	牛	施耳	有	皁			
尚書僕射侍中光祿大夫中書監令秘書監	鳳轓軺	牛		有	皁			
領、護、國子祭酒、太子詹事、尚書、侍中、列卿、散常	聊泥軺	牛		無	漆			
車騎、驃騎諸王除刺史帶將軍	龍雀軺	牛						
御史中丞	方蓋軺	牛						
畫輪車、皁輪車、通轙平乘車制同齊。								

83　同前註。

84　《隋書》卷一〇〈禮儀五〉，頁192-193。

表八　北魏天興車制[85]

身　分	車　別	馬	車　廂	輈	輪	轂	蓋	斿
皇帝*	輦輅			龍輈16	朱斑	繡	圓蓋華蟲	12
太子皇子	鸞輅	4		龍輈	朱	繡	綵蓋朱裡	9
太子皇子	軺車（副）	1	緇漆				紫蓋朱裡	9
公	安車	3	緇漆	畫輈			紫蓋朱裡	8
公	軺車（副）	1	緇漆	畫輈			紫蓋朱裡	8
侯	安車	2	緇漆	畫輈			紫蓋青裡	7
侯	（副）		緇漆	畫輈			紫蓋青裡	7
子	安車	1	緇漆				皂蓋青裡	6
子	（副）	1	緇漆				皂蓋青裡	

*皇帝車輅甚多，這裡以輦輅爲代表。

表九　北魏熙平車制（北齊沿之）[86]

身　分	車　別	駕畜	蓋、屋	扇	塗飾
皇帝	五輅	馬5			
皇太子	金輅	馬4	朱蓋赤質		
三公、王	高車	馬3	朱屋青表		
庶姓王侯、尚書令僕至列卿	軺車	馬1			
	或四望通幰	牛1			
正從一品、儀同、親公主	油色朱絡網	牛			金銀
二品、三品	卷通幰車	牛			金
四品至七品	偏幰車	牛			銅
王、庶姓王、儀同已上、親公主			紫傘	雉尾	
皇宗及三品以上			青傘朱裡		
三品下及士人			青傘碧裡		

85　《魏書》卷一〇八之四，〈禮志四〉，頁2811-2813。

86　《隋書》卷一〇〈禮儀五〉，頁195-196。

表十　北周輅制[87]

身　分	馬	輈	鸞	輿廣	輪高	轂輪輈衡	箱畫	軾	較
君	4	3	6	6.6尺	7	畫雲牙	虞文雜獸	伏獸	倚鹿
卿大夫	3	2	5	6.2	6.6	轂畫雲牙	虞文雲華		倚鹿
士	2	1	4			不畫	不畫	不畫	不畫

**輅　數：皇帝、后12，諸公9，侯8，伯7，子6，男5，三公9，三孤8，六卿7，上大夫6，中大夫5，下大夫4，士3。

此外，當盧、鞶纓、旌、旒皆有規定，從略。

表十一　隋大業元年車制（輅）[88]

身　分	質	車　別	馬	馭　士	飾	輪	輿　箱	幢蓋
皇帝	青	玉　輅	6	28人	玉	朱斑重牙	重箱盤輿	青蓋黃裡
皇太子	赤	金　輅	4	20	金	朱斑重牙	重箱盤輿	朱蓋黃裡
皇嫡孫	綠	金　輅	4	18	金		去盤輿重轂	
親王	赤	金　輅	4	18	金		去盤輿重轂	
三品	朱	革　輅	4	16	革			
四品方伯	赤	木　輅	4	14	漆			

表十二　隋大業元年車制（安車輣車）

身　分	車　別	馬	飾	輪	輿　箱	幢蓋	通幰	絡網
皇帝	安　車	4	金	畫輪	重輿曲壁	紫油幢絳裡	有	朱絲
皇太子	安　車	4	金	斑輪			有	朱絲
王侯、五品	輣　車	2					青	
司隸刺史及縣令、詔使品六七	輣　車	1						

87　同上，頁196-199。

88　表十一至十三見《隋書》卷一〇〈禮儀五〉，頁204-212。

表十三　隋大業元年車制（牛車）

身　分	車　別	牛	飾	蓋	幰	絡　網
皇帝	四　望	1	金	青油幢朱裡	紫通幰	紫絲
皇帝	屬　車	1	金		紫通幰	朱絲
九嬪	犢　車	1	金		青通幰	朱絲
太子	四　望	1	金	綠由幢	青通幰	朱絲
太子妃	犢　車	1	金		紫通幰	朱絡網
良娣以下	犢　車	1			青幰朱裡	
三公至三品 *	犢　車	1	白　銅		青幰朱裡	
五品以上 *	犢　車	1	白　銅		紺幰碧裡	
六品以下 **	犢　車	1			不許施幰	

* 有慘及弔喪則不張幰而乘鐵裝車。
** 五品以上皆給犢車，六品以下不給，任自乘。

　　車制中皇帝、皇后、皇太子等車制最爲繁複，但大體陳陳相因，北魏王延業指出：「案周、秦、漢、晉車輿儀式，互見圖書，雖名號小異，其大較略相依擬。」[89] 以上表中南朝各朝未詳列者以此。這裡不打算詳細討論皇帝車制本身的變化，而將重點放在各階層間的差異上，以彰顯其「列等威」的作用。

　　以上各表有幾點可以看出車制的變遷。首先，車制南北略有不同。南朝車制主要沿襲秦漢舊制漸有變化。例如在分別等級的車構件中，南朝特別重視是否有耳（轓）及後戶，並以黑耳後戶爲地位象徵。這仍是漢代重視車耳的傳統（漢代公侯黑耳）。後戶也是漢末之制，爲南朝所沿襲[90]，而北朝則不重視車耳後戶。北朝在車制上有較大的變化，列如北魏之制，皇帝車駕中曾出現十六輅之車（表八），甚至有駕二十四馬的乾象輦、二十牛的大樓輦等奇製[91]；北周據周禮所定輅制，以輅數多少爲階級之分，又強調輧數、輪高的等級；隋以駁士人數分等級，這些都不見於漢晉南朝。

89　引見《魏書》卷一〇八之四，〈禮志四〉，頁2814-2815。
90　參尚秉和，《歷代社會風俗事物考》，卷九，〈漢末車有後戶旁戶爲西漢所未有〉條，頁143。
91　見《隋書》卷一〇〈禮儀五〉，頁200。

　　其次，就車類來說，也有一些變化。《傅子》曰：「漢代賤乘輻，今則貴
之。」[92]《晉書・輿服志》則指出：「輻車，古之時軍車也。……漢世貴輻軿而賤
輻車，魏晉重輻車而賤輻軿。」《宋書・禮志五》也說：「犢車，軿車之流也。…
…漢代賤輻車而貴輻軿，魏晉賤輻軿而貴輻車。」輻車在漢代是貴賤通乘，魏晉
以下則是高官者所乘，一般不得乘。晉齊尚書以上給輻，梁御史中丞以上給輻（
表五、表七），石季龍規定「散騎常侍以上得乘輻」[93]皆可見乘輻者地位之高。宋
孝武時，江夏王義恭表改車服，令「車輿不得油幢，輻車不在其限。」[94]油幢是區
分地位的重要配備（見上列各表），反映了乘輻者的地位。

　　相對的，輻軿車漸賤。漢代輻軿地位甚高，原非一般人所得乘，漢代王侯夫
人，「出有輻軿之飾」[95]楚王英被廢，仍賜「得乘輻軿」，[96]上文曾引桓榮爲少
傅，特賜輻車皆是。然而魏晉何以轉賤輻軿呢？這要從牛車的興起來瞭解。上
引《宋書・禮志》論賤輻軿是在敘述「犢車，軿車之流也」後，可知其意指。漢末
以下牛車興起成爲常乘，馬車漸少，無論輻車、輻軿都轉以牛駕（見下文）。東漢
劉熙在《釋名・釋車》中云：「軿車，軿，屏也，四面屏蔽，婦人所乘牛車也。」
將軿車釋爲牛車，可說反映了當時的實情。民間牛車原即是有棚的車，載物兼載
人，是輻軿類車，魏晉上層階級之牛車或以輻爲輿、或張幰以表彰身分，相對之
下，民間所得乘的原來輻軿形式之車遂被賤視。

　　牛車興起，成爲車駕制度的另一系統，確是車駕制度的一大變化。表四可見
晉以下，皇帝的車駕中即有許多牛車，如畫輪車，「駕牛，以綵漆畫輪轂。上起四
夾杖，左右開四望，綠油幢，朱絲絡，青交路，其上形制事事如輦，下猶犢車
耳。」又有御衣車、御書車、御輻車、御藥車、陽遂四望繐窗皁輪小形車，皆駕
牛。皇后、皇太子非法駕則乘畫輪車，王公有勳德的可乘雲母車、皁輪車、油幢
車、通幰車，都是牛車。而輻車也漸以牛，晉皇帝的御輻車是其例。又《宋書・禮

92　見《史記》卷三〇〈平準書〉，頁1430-1431，《索隱》引《傅子》。

93　見《晉書》卷一〇六〈石季龍上〉，頁2763。

94　見《宋書》卷一八〈禮五〉，頁521-522。同書卷六一〈江夏五義恭傳〉：「車非輻車，
　　不得油幢。」

95　《後漢書》卷一四〈齊武王縯傳〉，頁553-554。

96　《後漢書》卷四二〈楚王英傳〉，頁1429。

五》：「追鋒車，去小平蓋，加通縵，如輣車，而駕馬。」云如輣而駕馬，可見此輣指牛車，南齊諸車中，油絡輣即駕一牛。（表六）到了梁，所有的輣車都已是牛車了（表七）。北朝迄隋，輣車雖仍爲馬，但另有牛車制。（表九、表十三）大體而言，牛車在車駕制度中的作用，一是作爲正式儀式中的副車，如南齊公侯安車之副車已全是牛車（表五），又隋皇帝屬車八十一兩，全是牛車（秦漢皇帝屬車八十一兩皆馬車）皆是；一是作爲日常上朝、出外所乘，如南齊的油絡輣車，是尚書令、僕射、中書監令、尚書、侍中、常侍、中黃門、中書、散騎侍郎朝直所乘[97]，可見已漸取代馬車。

關於牛車的應用，及其興起的原因，將於第六節討論。需要說明的是，牛車用以劃分等級的與馬車有別。如以「望」（窗子）的多少劃分高低。「油幢」（幢，車帷幕）也是一個重要的分別。而是否有「轙」，更是重要的分界。《釋名・釋車》：「轙，憲也，禦熱也。」轙是在牛車上更張一大帳，用於禦熱。轙有通轙、偏轙、卷通轙等區別。《晉書・輿服志》：「通轙車，駕牛，猶如今犢車制，但舉其轙通覆車上也。」（圖二〇、二一）偏轙車是只在車前面張轙，（圖二二），卷通轙車轙卷曲。（圖二六）晉宋王公始得通轙，南齊通轙者亦王公貴臣，庶人牛車無轙；（見上各表）北魏、北齊卿以上四望通轙，二、三品乘卷通轙車，四品到七品可乘偏轙車，八品以下無轙；隋原規定五品以上乘偏轙，後嫌其不美，從王公到五品，一律改成通轙，只以材料及顏色分別貴賤，六品以下不得張轙（表十三）。「油幢」與「轙」本是牛車之制，發展到北朝後期迄隋，連馬車也用以標誌身分。（表十二）[98]。

綜觀上述，車駕制度所分別的等級，其重點明顯的放在官僚階級，以標榜其身分，其中以六品爲一大界限（魏、北齊以七品），（表九、十三）[99]庶人更是不能有這些車飾。不過關於士庶良賤在車制上的區別，其直接的史料不多，這點將

97　《隋書》卷一〇〈禮儀五〉，頁209。《南齊書》卷一七〈輿服志〉，頁339。

98　王令棟，《中國古代車馬》，頁132錄有北朝敦煌壁畫之張轙馬車。見本文附圖二四。

99　按張鵬一，《晉令輯存》七〈服制令〉：「安車，紫油通轙，紫油繡朱裡，四望車，清（青）油通轙，清油繡，並朱繡絡網。……諸車，一品清油繡，道（通）轙，朱裡，朱絲絡網。三品以上清（青）道（通）轙朱，五品以上，青褊轙，碧裡。六品以下，皆不得用。」張氏引自《御覽》，不言何代，唯觀其內容，不應爲晉令，而與隋之規定符合，當爲北朝之制。

在第五節討論，此處不贅。

四、車駕行列

車的規制反映身份，而車隊更是身份地位的象徵，古代的統治者出有車馬之飾，其巡狩、出行除了具有鎮撫、統治的意味外，也藉著儀仗隊伍的喧赫場面、華麗裝飾宣示其政治社會地位。因此對車騎行列制度極爲重視。先秦有爵者自大夫以上都有「貳車」（副車），《禮記·少儀》：「貳車者，諸侯七乘，上大夫五乘，下大夫三乘。」[100]，燕昭王賜樂毅「輅車、乘馬、後屬百兩。」[101]即其例。春秋戰國諸子也都車從衆多，「表威」是其一因。[102]秦統一天下之後，「兼其車服」，統合諸侯後車之制，屬車竟有八十一乘，又有五時安車、立車（上文所引秦陵銅車馬，據考即爲五時安、立車之模型），在不斷的巡行中又建立了警蹕、前驅、參乘等制度，爲後世所沿襲。[103]

秦漢皇帝有「三駕」，即大駕、法駕及小駕，《獨斷》云：

> 天子出，車駕次第謂之鹵簿，有大駕、有小駕、有法駕。大駕則公卿奉引，大將軍參乘，太僕御，屬車八十一乘，備千乘萬騎。……中興以來不常用，先帝時，特備大駕上原陵，他不常用，唯遭大喪乃施之。法駕，公卿不在鹵簿中，唯河南尹、執金吾、洛陽令奉引，侍中參乘，奉車郎御，屬車三十六乘。北郊、明堂，則省諸副車。小駕，祠宗廟用之。每出，太僕奉駕上鹵簿于尚書，侍中、中常侍、侍御史主者、郎令史皆執注以督整諸軍車騎。春秋上陵，令又省于小駕，直事尚書一人，從令以下先行。

這段文字大體爲司馬彪《續漢志》卷二九〈輿服志〉所沿襲。根據他們的說法，三駕是用於不同的場合，車數、負責人、及排場各不同。大駕是備「千乘萬騎」，在

100　各級貳車之數，古書中有不同的說法，詳見陳槃，〈春秋列國的交通〉頁916，註一一。

101　董說，《七國考》，卷八〈燕器服〉，頁263。

102　參考尚秉和，《歷代社會風俗事物考》卷八〈周末貴人車從之多因是證明數事〉條，頁133。

103　見馬非百，《秦集史》，頁506－508。王學理，〈五時副車銅偶所反映的秦代變駕制度〉，收於前揭《秦陵二號銅車馬》。

皇帝死時用。法駕稍次，但場面亦不小。由河南尹、執金吾、洛陽令奉引，奉車郎御，侍中參乘，屬車三十六乘，前驅有九斿雲罕，鳳凰闟戟，皮軒鸞旗，後有金鉦黃鉞，黃門鼓車。接著是屬車，由尚書、御史所載。屬車之末車懸豹尾，豹尾前比「省中」。法駕用於祠天、郊等祭祀。祀地、明堂省什三，祠宗廟尤省，即是小駕。[104]

漢代三駕制度的記載不多，但此制爲歷代所沿襲，我們尚可於《晉書・輿服志》中的「中朝大駕鹵簿」見其大略。《晉書》對大駕各鹵簿人數有詳細記載，總觀整個車隊，包括了奉迎者、驂乘者、旗車、黃鉞車、鼓車、屬車、騎兵、步卒、戟吏、夾輿人（中黃門）、清道者（式道侯）、鼓吹（樂隊）、各式車輛（象車、武剛、九斿、雲罕等）以及河南尹、洛陽令、朝廷各官屬及其導從，所謂「千乘萬騎」，並非虛語。

前引《獨斷》指出漢代天子車駕次第稱爲鹵簿，《漢官儀》中也有同樣的說法。鹵（同櫓）是大楯，鹵簿指天子出行時之儀衛導從。[105]然而天子以下的官吏也都有儀衛導從，茲表列漢代制度如下：[106]

104　以上見《獨斷》，頁二七。

105　見應劭，《漢官儀》卷下，頁七。按唐封演《封氏聞見記》五：「輿駕行幸，羽儀導從謂之鹵簿。……按字書：『鹵，大楯也』……甲楯有先後部伍之次，皆著之簿籍，故謂之鹵簿耳。」

106　《續漢志》卷二九〈輿服志〉。

表十四　車騎行列等級（東漢）

身　分	騎吏	導車	從車	導斧車	前後并馬立乘	前後兵車	亭長	璪弩車前伍伯	辟車	其他
諸侯王	4	傅相以下		?	?	?	?	?	?	有
列侯	4	家丞庶子		?	?	?	?	?	?	有
公	4	3	2	1	有			8		有
二千石	4	3	2	1				4		有
千石	2	3	2	1				4		有
長安洛陽令	2	3	2	1		有	有	4		有
王國都縣令	2	3	2	1		有	有	4		有
六百石	2	3	2	1				4		有
四百石	2	3	2					2		有
三百石縣長	2	3	2					2		有
二百石								2		有
大使（持節）	?	6	4	2				12	4	?
大使（無節）	?	3	2	1				6	2	?
小使	?	3	2	無						?
近小使	從騧騎 40 人									

說明　1.騎吏帶劍、持棨戟，三導車指賊曹、功曹、督盜賊，兩從車主簿、主記。
　　　2.其他一項包括鈴下、侍閣、門闌、部署、街里卒等。

　　上表中，導從車方面，三百石以上車數並無不同，但騎吏、伍伯、亭長數有別，所乘車也不同（見前節）。而縣令（六百石）以上始有像徵權力的導斧車（圖八、九），顯示六百石為一大界線，與上節車形之分劃相合。這種前導後從的出行隊伍表現在漢畫與畫像磚中甚多。以畫像磚論，據王愷估計蘇、魯、皖、豫交界地區的四十座漢畫象墓中，三分之一都刻有車馬出行圖。[107]四川德陽出土之伍

107　王愷，〈蘇魯豫皖交界地區漢畫像石墓的分期〉。

伯畫象磚，畫四人，二人荷長矛，一手執刀，鳴聲開道，後二人手持棨戟，健步飛奔。郫縣出土的「伍伯前驅畫像磚」，包括四伍伯，兩騎吏，另兩人迎車（據上表爲六百石至千石之制）。[108]成都市郊出土的「斧車」畫像磚，一車無蓋，中樹一斧，兩旁各斜插一羽飾長矛，車兩側各有一橫扛旌旗者，[109]皆可與上表相印證。在壁畫中的更爲清楚。例如望都漢墓有辟車五伯八人，密縣打虎亭的壁畫兩輛輻車各有從騎五人。[110]河南偃師墓出土車騎出行圖，共九乘安車，七十餘個人物，五十餘匹馬，最前是徒步而行，手持旌旄的兩列人，接著騎吏八人，馬后一卒護衛一帶傘之安車，後六名騎吏一步卒衛第二乘安車，第三乘前騎吏九人，伍伯兩人。第四乘爲墓主人安車，前後騎吏十二人，車前伍伯六人，車有四維及幡，彩飾蓋斗，後又有五輛安車，十名單騎，當爲屬吏或眷屬[111]。和林格爾之東漢護烏桓校尉墓（二千石）之巨幅出行圖，有車十乘，馬一二九匹，屬吏、侍僕、兵卒一二八人。車騎分三行，左翼五騎爲首爲「雁門長史」，右六騎，中擁前後兩車，題「校尉（行部）」，接著爲兩排導騎，接兩導車，白蓋，導車之後在兩邊衆多的車馬擁護中，又有兩黑輻車，皆兩馬，書「功曹衆事」「別駕衆事」，又有許多從騎。從騎後有前衛七騎之主車，書「使持節護烏桓校尉」，爲立乘、黑蓋、施耳之輻車，車後有赤節，駕三黑馬，還有許多車從。[112]

　　漢墓中的這類圖像，其用途爲何？其中一部份圖形曾被指爲與送葬隊伍有關，但這類只是一小部份，且尚有爭論，[113]絕大部分還是用以像徵其生前身份地位，或記其生前經歷。畫像石或壁畫來自畫工，有一定的格套，也不無誇大墓主地位或逾制、或不及之處，自然無法直接作爲墓主身分的證據。[114]不過就圖像本

108　劉志遠、余德章、劉文杰，《四川漢代畫象磚與漢代社會》，頁11-13。

109　高文，《四川漢代畫像磚》，圖七五。

110　參考北京歷史博物館、河北省文物管理委員會編，《望都漢墓壁畫》，頁13。安金槐、王與剛，〈密縣打虎亭漢代畫像墓和壁畫墓〉。

111　參考洛陽古墓博物館，《洛陽古墓博物館》，頁20-21。

112　內蒙古文物工作隊、內蒙古博物館，〈和林格爾發現一座重要的東漢壁畫墓〉。

113　《南陽漢代畫像石》（南陽漢代畫像石編輯委員會編，）第224幅爲出行圖，三輛輻車前有三騎，各扛一長條形、下有分岔的旗幟，釋者謂爲分別死者的「銘旌」，若然，則此類出行圖當爲送葬圖，但同書第5、6圖僅稱之爲「幡」，尚有待研究。

114　邢義田，〈漢代壁畫的發展和壁畫墓〉（收於所著《秦漢史論稿》），頁472-480。吳曾德，〈漢代的車騎出行〉。

身而言，無疑的是有制度的根據。李發林研究漢代山東畫像石，發現與制度大體
相合；[115]林巳奈夫比對畫像石中車馬的配置與制度的異同，也得到同樣的結論。[116]
從實際的例子來看，如前面提到的偃師出行圖，其第四輛車爲主車，合乎一般前
有三導車的規定，山東嘉祥紙坊畫像石第五石，前三輛爲導車，第四輛爲有交絡
的主車，後有二從車，與三導二從的制度完全符合。[117]值得注意的是，許多畫也
標明是描寫墓主生前車騎。如武梁祠石刻上有「爲督郵時」、「君爲郡□時」；魯
峻刻石上有「爲九江太守時」；和林格爾墓上有從「舉孝廉時」到「使持等護烏桓
校尉」各階段的車馬行列，雖然其駕三馬之車，與制度中持節的駟馬「大使車」
不同，但其黑蓋、施耳諸制與規定相同。公元151年蒼山墓的出行圖，前有迎者和
二導騎，其後有輜車兩輛，又有斧車一輛，再後爲一騎吏和軺車，在「墓志」中
有「君出行，車馬導，從騎吏，留都督在前，後賊曹」的記載爲其圖作了註解。[118]
孝堂山石祠畫像的車馬出行圖，（圖一一）共一百一十五人，根據其車隊排列、
特殊的車子（如鼓車）及其「相」「大王車」等題榜，學者考證與諸侯王出行從其
傅、相的制度相合。[119]這些例子說明了出行圖之類的圖畫仍有相當根據。

　　最近發表的安平東漢壁畫墓，爲車駕制度提供了豐富的資料，可以看出制度
與實際的異同。墓有熹平五年紀年，墓主疑爲當地宦官趙忠一族（墓磚有「趙」
字）。大墓中室的四壁，以黃色格線上下分爲四層，每層四壁相連，各是一幅完
整的車馬出行圖。這四幅圖共有車八十二輛，駕、乘者164人，步行者96人，騎
吏94人，駕、騎的馬合計179匹，車馬人物之多尤過和林格爾壁畫。考釋者認爲
四幅出行圖可能代表墓主任高官的四次升遷，但都與二千石以上官吏的情況大體
相合。例如各層圖之主車前都有辟車四人，上三層圖璏弩伍伯前又各有騎吏四
人，都與二千石以上之制相合。再以車的配置來說，其基本配置順序爲：[120]

　　　　持棨戟伍伯2人——門下賊曹白蓋車——斧車——門下督盜賊白蓋車——

115　李發林，《山東漢畫像石研究》，頁28-29。
116　林巳奈夫，〈後漢時代の車馬行列〉，頁183-226。
117　嘉祥縣文管所，〈山東嘉祥紙坊畫像石墓〉，頁33。
118　王愷，前揭文，頁53-54。
119　夏超雄，〈孝堂山石祠畫像、年代及主人試探〉。
120　以上參考河北省文物研究所，《安平東漢壁畫墓》，頁13-24。

　　　　持棨戟伍伯2人——門下功曹白蓋車——持棨戟伍伯2人——

　　　　持棨戟騎吏4人——車前瓛弓伍伯6人——辟車4人——主車——騎吏8人——

　　　　門下主簿白蓋車——門下主記白蓋車——持棨戟伍伯2人

這個配置前後各以二持棨伍伯與其他車輛分開，其順序基本上與上表中斧車及門
下五吏（三導二從）的制度相合。五吏之白蓋車與其二百石以下之身分符合，而
主車所乘的皂繒蓋緱絡朱幡車，也合乎制度。但也有些與制未盡合的地方，例如
其主車之杠與輪皆黑色，與制之朱輪赤杠不同，而其車前瓛弓伍伯六人，介於二
千石之四人與公之八人間，是否爲僭越逾制，或實有此一級（例如卿一級）？記
載缺略，已不可知。

　　漢墓中大量出現這類車馬出行圖，意在誇耀其生前身份地位，所謂「人以輿
服爲榮」也。這在實際社會中如宣帝時，黃霸被命爲潁川太守，「賜車蓋，特高一
丈，別駕主簿車，緹油屏泥於軾前，以章有德。」[121]王莽爲宰衡，位上公，「出從
期門二十人，羽林三十人。前後大車十乘。」直事尚書郎、侍御史、謁者、中黃門
等都隨行。[122]諸官署中如執金吾，車騎最盛，《漢官》曰：「執金吾緹騎二百人，
持戟五百二十人，輿服導衆，光滿道路，群僚之中，斯最壯矣。世祖嘆曰：『仕宦
當作執金吾』」[123]漢末邊郡長吏車從亦衆。士燮在交州，兄弟並爲列郡，雄長一
州，「出入鳴鐘磬，備具威儀，笳簫鼓吹，車騎滿道，胡人夾轂焚燒香者常有數
十，妻妾乘輜軿，子弟從兵騎，」[124]都可看出以車騎自誇之風。

　　三國以下的車騎出行制度，史志中缺乏像《續漢志》那樣等級分明的記載（
如《晉書・輿服志》中所載規定，許多是抄襲漢代，不能視爲當時制度）。不過，
從零星的資料中，也有幾點值得注意。首先，車騎鹵簿仍極重視。當時「鹵簿」一
詞並非如蔡邕、應劭所說專指皇帝車駕次第，王公大臣之儀從也叫鹵簿。如晉太
尉賈充向夏統炫耀其文武鹵簿，八王亂時寧朔將軍王浚欲與幽州刺史和演合鹵簿
皆是[125]。宋世顏延之好乘羸牛笨車，其子顏竣爲中書令，延之逢竣鹵簿，即屏往

121　《漢書》卷八九〈黃霸傳〉，頁3629。

122　以上見《漢書》卷九九上〈王莽傳〉，頁4068。

123　《續漢志》卷二七〈百官志〉，頁3606劉昭注引。

124　《三國志》卷四九〈士燮傳〉，頁1192。

125　《晉書》卷九四〈夏統傳〉，頁2429-2430；同書卷三九〈王浚傳〉，頁1146-1147。

道側；齊永明八年大水，散騎常侍虞悰朱衣乘車鹵簿，於宣陽門外行馬內驅逐人，被劾；梁世呂僧珍爲本州刺史，常導從鹵簿到其姊之宅，亦皆其例。[126]根據記載，有鹵簿者之範圍甚廣，諸侯王、公卿、侍中、刺史下及縣令都可有[127]。這個範圍基本上與漢代有導從者相當。百官的鹵簿中，御史中丞與中尉的威勢最盛。《南齊書》卷一六〈百官志〉：

> （中丞）專道而行，驊輻禁呵，加以聲色，……宋孝建二年制，中丞與尚書令分道，雖丞郎下朝相值，亦得斷之，餘內外衆官，皆受停駐。

梁朝王僧孺幼年隨母入市，遇中丞鹵簿，被驅迫溝中，及自任中丞，拜官日引驊清道，悲不自勝。[128]《北齊書・琅玡王儼傳》亦載中丞與皇太子分道，其出行，「王公皆遙住車，去牛，頓輄於地，以待中丞過。」皆可見中丞聲勢。北魏之〈御史令〉云：「中尉出行，車輄前驅，除道一里，百辟避路。」[129]大約因爲中丞與中尉督司百僚，故鹵簿較盛。

出行導從人數，皇帝固然是「萬騎天行，千乘電動。」[130]，諸侯王導從亦多。宋孝武間爲限制諸王，規定：「諸鎭常行，車前後不得過六隊，白直夾轂，不在其限。」南齊豫章王嶷自言：出行省去儀刀及捉刀（捉刀十餘人），身所牽仗有二俠轂、二白直，共七八十人，在邊境時則有三百人。三公如陳顯達爲太尉，「車乘朽敗，導從鹵簿，皆用羸小，不過十數人。」這是「深自貶匿」的結果，應不只此數。《北齊書》載文宣備三公鹵簿待陸法和，給通幰油絡網車，仗身百人。[131]一般官吏出行鹵簿，車前有導驊，猶如漢車前伍伯，負責清道。《南史・王僧祐

126　《宋書》卷七三〈顏延之傳〉，頁1903-1904；《南齊書》卷三七〈虞悰傳〉，頁655；《梁書》卷一一〈呂僧珍傳〉，頁213。

127　諸侯王見〈陳書〉卷二八〈長沙王叔堅〉，頁366-367。公卿如陳顯達，見《南齊書》卷二六〈陳顯達傳〉，頁491；刺史見註一二五及《北齊書》卷二三〈崔㥄傳〉頁334；《周書》卷三二〈陸通傳〉頁560；縣令鹵簿見《南齊書》卷四二〈蕭誕傳〉，頁747。至於《梁書・朱异傳》說他「自右衛率至領軍，四職並驅鹵簿，近代未之有也。」並非說其他官沒有鹵簿，而是指此四官皆主皇帝之鹵簿言。

128　《梁書》卷三三〈王僧孺傳〉，頁470-471。

129　《魏書》卷一四〈神元平文諸帝子孫列傳〉，頁353。

130　見簡文帝，〈南郊頌〉，收於《全梁文》卷一二，頁8。

131　《宋書》卷一八〈禮志五〉，頁521-522。《南齊書》卷二二〈豫章文獻王嶷〉，頁410-411；同書卷二六〈陳顯達傳〉，頁491。《北齊書》卷三二〈陸法和傳〉頁430-431。

傳》:「雅爲從兄儉所重,每鳴笳列騶到其門侯之。」《北齊書·畢義雲傳》:「鳴騶清路,盛列羽儀」。騶的人數,似仍守漢代傳統。上文曾引南齊王融之言:「車中乃可無七尺,車前豈可乏八騶。」《南齊書》卷四七〈王融傳〉:

> 融自恃人地,三十內望爲公輔。直中書省,夜歎曰:「鄧禹笑人。」行逢大開,渲泲不得進。又歎曰:「車前無八騶卒,何得稱爲丈夫!」

王融冀至公位,故云八騶,此與漢代公之璅弩車前伍伯八人相合。《南齊書》卷四二〈蕭誕傳〉云:

> 永明中爲建康令,與秣陵令司馬迪之同乘行,車前導四卒,左丞沈昭略奏:「凡有鹵簿官,共乘不得兼列騶寺,請免誕等官。」詔贖論。

兩令導四卒,則一人兩卒,亦與漢略同。其餘可考的有尚書左右丞、治書侍御史,車前皆三騶。[132]

　　晉隋間的出行儀仗,與漢代也有不同的地方。隨行的夾轂、白直等隊伍,不見於漢代[133],隊伍又多有鼓吹[134],更重要的是,漢代的導車與從車都漸消失,而馬車的行列,成爲以牛車爲主的形態,這在墓葬中也有反映[135]。這種變遷中,牛車取代馬車留待後論,其餘的隨從隊伍則與軍隊形態的改變有關。基本上,用以導從儀衛的本是軍隊,漢代沿襲古代車戰的傳統,戰車仍甚重要,所以用戰車、斧車以象徵權力。但車戰在戰爭中的地位已在減退之中,魏晉以後,南方習水

132　《梁書》卷五〇〈謝幾卿傳〉:「停車褰幔,與車前三騶對飲。」同卷〈何思澄傳〉:「遷治書侍御史,,宋齊以來,此職稍輕,天監初始重其選,車前依尚書二丞給三騶,執盛印青囊,……」是則治書侍御史在天監前可能非三騶。

133　夾轂是護衛於車旁的部伍,是特別挑選出來的精銳。如王敬則以善跳刀補俠轂隊主。(《南齊書》卷二六〈王敬則傳〉,頁49。)白直則專供使役,《隋書》卷二七〈百官志中〉提及北齊官制:「自州、郡、縣,各因其大小置白直,以供其役。(頁763)

134　六朝鹵簿高者多有鼓吹,《宋書·樂志一》:「應劭漢鹵簿圖,唯有騎執筑。筑即筇,不云鼓吹。而漢世有黃門鼓吹,……魏晉世給鼓吹甚輕,牙門督將五校,悉有鼓吹。……」

135　魏晉以下墓中畫像磚已很少,壁畫墓也不多,有畫及儀仗者,多是步卒或騎士,如東魏茹茹公主墓之儀仗圖壁畫即是。(湯池,〈東魏茹茹公主墓壁畫試探〉)東晉時期的(北方約爲十六國)在遼寧的壁畫墓中的車騎圖則是以牛車爲中心。(遼寧省博物館文物隊、朝陽地區博物館文物隊、朝陽縣文化館,〈朝陽袁子台東晉壁畫墓〉。)更多的是車中無圖畫,而以陶牛車爲中心,配以騎馬、執仗、鼓吹等俑。見寧夏固原博物館,〈彭陽新集北魏墓〉。

戰，北方多騎兵，取代了車的地位，[136]用以儀衛者改變，導車、從車遂逐漸消失。

　　整個說來，魏晉迄隋，出行鹵簿仍是身份的重要象徵，雖然由於墓葬型態的改變，像漢代畫像磚、壁畫之類的車馬行列圖在墓葬中已漸消失，但形諸圖卷者仍有不少。張彥遠在《歷代名畫記》三〈述古之秘畫珍圖〉云：「諸鹵簿圖，不備錄，篇目至多。」又有「大駕鹵簿圖」，這兩條列在曹魏時畫前後，應是魏晉作品。[137]《宋書》卷五一〈宗室傳〉：

> （劉）韞人才凡鄙，以有宣城之勳，特為太宗所寵。在湘州及雍州，使善畫者圖其出行鹵簿羽儀，常自披玩。嘗以此圖示征西將軍蔡興宗，興宗戲之，陽若不解畫者，指韞形象問曰：「此何人而在舉上？」韞曰：「此正是我。」其庸鄙如此。

可見以鹵簿自誇的情形。這類圖卷直至唐代都可看到[138]，誇耀儀仗之習相沿甚久，只是唐以下圖中以馬、肩輿為主，車已不如前重要了。

五、科品與逾制

　　從以上對車的形制、車馬行列制度的討論中，可以看出車駕制度的具體內容及其變遷，但是這些制度的作用何在？與實際情形是否相合？都值得進一步討論。首先略述歷代制定車駕科品的情形。

　　秦漢以下歷代都有定車服制度之舉。秦一統天下之後，改輿為六尺，乘六馬，形成「車同軌」的局面，又制屬車八十一乘；漢景帝始制官吏車輜之制，這些都已見上文。平帝元始三年夏，王莽奏車服制度，及養生、送終、嫁娶、奴婢、田宅、器械之品；始建國元年，又法古改制，「車服黻冕，各有差品」[139]，但時方動亂，到後漢初，猶未能行。到明帝時才又定制。《續漢志》卷三〇〈輿服下〉劉昭

136　參考袁庭棟、劉澤模，《中國古代戰爭》，〈車戰〉、〈騎戰〉、〈水戰〉三章，頁305-388。

137　張彥遠，《歷代名畫記》，頁46。

138　參考周一良，《魏晉南北朝史札記》，頁165-166，〈鹵簿圖〉條。

139　見《漢書》卷一二〈平帝紀〉，頁355；同書卷九九中〈王莽傳〉，頁4103-4104。

注引蔡邕〈表志〉云：

> 永平初，詔書下車服制度，中宮皇太子親服重繒厚練，浣已復御，率下以儉化起機，諸侯王以下至于士庶，嫁娶被服，各有秩品，當傳萬世，揚光聖德。

永平是東漢制度較嚴的時代，其提倡儉德含有壓抑諸侯王、防止反側等政治目的。永平秩品，成了東漢一代遵循的制度，到了桓帝時還加重申。[140] 此後代有改變。晉義熙時徐廣奉詔撰車服儀注；宋孝武二年，江夏王義恭及竟陵王誕上表改革諸王車服制度。[141] 北朝方面，北魏孝文帝延興中，曾令李韶修改車服羽儀制度；北齊文宣帝也曾詔改吉凶車服制度，「各為等差，具立條式，使儉而獲中。」至於北周，由蘇綽依周禮立制，後由盧辯續成「車服器用，多依古禮，革漢、魏之法。」可說有了較大的變遷。[142] 到了隋，承齊周之制加以改革，煬帝時，閻毗立議，對輦輅車輿多所增損。大業二年又命尚書令楊素、吏部尚書牛弘、大將軍宇文愷、內史侍郎虞世基、禮部侍郎許善心「制定輿服，始備輦輅及五時副車。……五品已上，給犢車通幰，三公、親王加油絡。……下至胥吏，服色各有差。」[143]

定制的目的與作用，可分幾點討論。

第一，科品制度具有宗教性與儀式性，象徵新王朝之新時代。如秦即為其例，王莽的車服差品也有宣告新朝的意義。此外，歷代王朝車服制度中，有一大半是偏重於皇帝之祭祀、郊天、祭祖、婚喪等禮節，其車服形制之爭議，如「輅」制，一大半集中於此。這種儀式關係政權的正當性、是否受天命等觀念。自然是定制的動機之一。又如北魏世祖真君三年，親至道壇，從寇謙之言，備法駕，旗幟盡青，「以從道家之色也，自後諸帝繼位皆如之。」[144] 北周宣帝改元大象，自比上帝，「車服旗鼓皆以二十四為節」，「倍前王之數」[145]這些都含有宗教及儀式的作用，但對實際政治社會影響不大。

140　《後漢書》卷七〈桓帝紀〉，頁299。
141　《晉書》卷八二〈徐廣傳〉，頁2158；《宋書》卷一八〈禮五〉，頁521-522。
142　《北史》卷三九〈李韶傳〉，頁886；同書卷七〈齊本紀・文宣帝〉，頁245-246。《周書》卷二四〈盧辯傳〉，頁404。
143　《北史》卷六一〈閻毗傳〉，頁2184；《隋書》卷三〈煬帝〉，頁65。
144　《魏書》卷一一四〈釋老志〉，頁3053。
145　《周書》卷七〈宣帝〉，頁一二五；《北史》卷一〇〈周本記下・宣帝〉，頁375。

第二，基於嚴禁奢侈的立場。例如以上永明定制，在於「率下以儉化起機」，齊文宣時所謂「儉而獲中」皆是。李斯云：「凡古聖王，飲食有節，車器有數，宮室有度，出令造事，加費而無益於民利者禁，故能長久治安。」谷永也指出：「……天下乃天下之天下，非一人之天下也。王者躬行道德，……宮室車服不踰制度。」[146]他們都認爲車服制度是對統治者的一種限制，是對上而言的。然而對下而言，上之所定制，往往不在限制臣下之「奢」，尤在著眼於其「僭」。例如《史記‧始皇本紀》：「始皇帝幸梁山宮，從山上見丞相車騎衆，弗善也。」[147]始皇之所以不善，恐不在其奢，而在其僭，政治忌諱應該是重要因素，故以車服制度來分別尊卑才是最重要的考慮。

第三，防僭越、序尊卑、別士庶。漢成帝詔云：「聖王明禮制以序尊卑，異車服以章有德，雖有其財，而無其尊，不得踰制。」因此車服制度是配合身分地位而有。當時王吉也指出：「古者衣服車馬，貴賤有章，以褒有德而別尊卑，今上下僭差，人人自制，……」強調了車制甄別尊卑的作用。[148]東漢馬援認爲馬的作用「安寧則以別尊卑之序，有變則以濟遠近之難。」[149]晉李重提到漢代何以特重車服的理由，他說：「降及漢魏，因循舊跡，王法所峻者，唯服物車器有貴賤之差，令不僭擬以亂尊卑耳。至於奴婢私產，則實皆未嘗曲爲之立限也。」宋孝武帝建元二年，有司奏言中也說：「漢有嚴律，諸侯竊服，雖親必罪，降于頃世，下僭滋甚」[150]《北史‧李彪傳》載彪上封事云：「第宅車服，自百官下至於庶人，宜爲其等制。使貴不逼賤，卑不僭高，不可以稱其侈意，用違經典。」車制中許多規定都是基於此一理由。例如前述宋江夏王義恭上疏「車輿非軺車不得油幢；平乘船皆下兩頭作露平形，不得擬象龍舟」。[151]北周宣帝甚至規定：「天下車皆渾成爲輪（按，即不得有車輻），禁天下婦人皆不得施粉黛，唯宮人得乘有輻車，加粉

146　《史記》卷八七〈李斯傳〉，頁2560__2561；《漢書》卷八五〈谷永傳〉，頁3466-3467。
147　《史記》卷六〈秦始皇本紀〉，頁257。
148　《漢書》卷一〇〈成帝紀〉，頁324-325；同書卷七二，〈王吉傳〉，頁3064-3065。
149　《後漢書》卷二四〈馬援列傳〉，頁840。
150　《晉書》卷四六〈李重傳〉，頁1310-1311；《宋書》卷一八〈禮五〉，頁521-522。
151　同註九四。

黛焉。」[152]雖然極不合理，遭致民憤，但反映了貴賤等級對車制的影響。

六朝由於嚴士庶之分，更加強了等級的分割。如晉護軍將軍羊琇乘羊車，爲劉毅所彈，詔曰：「羊車雖無制，猶非素者所服」。[153]《晉書‧王宏傳》載宏代爲司隸校尉：「於是檢查士庶，使車服異制。」士庶異制的具體內容不詳。不過符堅與張祚都曾有極端的規定，符堅下令：「非命士已上，不得乘車馬於都城百里之內。金銀錦繡，工商、皂隸、婦女不得服之，犯者棄市。」北涼之張祚自署涼王，下令「禁四品以下不得衣繒帛，庶人不得畜奴婢、乘車馬。」[154]庶人不得乘車馬的規定過嚴，其他政權似尚無此規定，但從第三節官吏車飾看來，一般人民不得以銅飾車、不得張幰、也不能有表中的其他車飾是可斷言的。至於良賤之別，也被強調，如宋即規定騎士、卒、百工不得「以銀飾器物、張帳、乘犢車。」[155]

第四，爲維持身份與地位。這與上述抑奢侈之考慮恰相反，爲恐其「不及」，同樣是爲了甄別身份。漢代要有一定的資產才能擔任官吏，其用意之一，即在維持與其身份相符的配備。《史記‧禮書》提及禮的作用，除了「防其淫侈」之外，還要「救其彫敝」。《漢書》卷五〈景帝紀〉所說：「吏者，民之師也，車駕衣服宜稱。」景帝鑒於吏出入閭里「無吏體」，爲使吏的車服能稱其位，命六百石以上以朱車轓的方式來標明身分。哀帝時黃門郎任猶等上書，認爲哀帝既尊生母爲「共皇太后」，車馬衣服就應符合「皇」的身分，不應不及。（註一五六）仲長統在《昌言》中說：[157]

> 彼君子居位爲士民之長，固宜重肉累帛，朱輪四馬。今反謂薄屋者爲高，藿食者爲清，既失天地之性，又開虛僞之名，……

因此科品的作用在於使車服符合身分，上文提及貢禹要賣田以備車馬，其因在此。

152　《北史》卷一〇〈周本紀下〉，頁380。

153　《宋書》卷一八〈禮五〉，頁501。

154　《晉書》卷一一三〈符堅載記〉，頁2888-2889；《魏書》卷九九〈張祚傳〉，頁2196。

155　《宋書》卷一八〈禮五〉，頁518。按《太平御覽》卷七七五〈車部四〉引《晉令》：「百工不得服大絳紫、假髻眞珠、璫珥文犀、玳瑁越疊以飾路張乘犢車。」此段文字頗多缺文，如與宋書比對，當爲「張帳、乘犢車」，是晉時已有此令。

156　《漢書》卷八六〈師丹傳，頁3505-3506。

157　《後漢書》卷四九〈仲長統傳〉，頁1654-1655。

　　以上四點中，儀式性姑且不論，僭奢與不及皆在所禁，而其實際，是否能行呢？上文提及漢之嚴制，雖親必誅，可見僭越者常被抑，實際例子中也有不少。例如漢景帝時梁孝王「車服擬於天子」被劾。武帝時淮南王「爲黃屋蓋乘輿，出入擬於天子。」宣帝時霍禹亦作乘輿輦，爲被誅罪名之一。[158]《漢書》卷七六〈韓延壽傳〉：

> 延壽在東郡時，試騎士，治飾兵車，畫龍虎朱爵。延壽衣黃紈方領，駕四馬，傅總，建幢棨，植羽葆，鼓車歌車。功曹引車，皆駕四馬，載棨戟。五騎爲伍，分左右部，軍假司馬、千人持幢旁轂。歌者先居射室，望見延壽車，嗷咷楚歌。延壽坐射室，騎吏持戟夾陛列立，騎士從者帶弓鞬羅後。令騎士兵車四面營陳，被甲鞮鍪居馬上，抱弩負蘭。

延壽飾兵車以龍虎朱爵，植羽葆，連功曹引車也用駟馬，故以「上僭不道」罪名處死。漢武帝拜江充爲「直指繡衣使者」，禁察踰侈，貴戚近臣多被舉，充請沒收車馬，並將違者充軍，貴戚叩頭求哀，以錢自贖，得數千萬。[159]東漢陳留太守富宗以車服侈縱被誅，[160]董卓於郊天時乘諸侯王所乘的金華青蓋車，蔡邕直陳：「遠近以爲非宜。」卓於是改乘公卿所乘的皁蓋車。[161]宋張劭鹵簿過盛，被王華所劾。南齊高帝自述殺黃回的原因：「啟請御大小二輿，吾乃不惜爲其啟開，政恐得輿，復求畫輪車。」北魏李彪被劾「坐輿省禁，輒駕乘黃⋯⋯」除名。齊文襄帝下令禁斷第宇車服婚姻送葬奢僭無限者。[162]，從這些例子看，僭侈之禁曾不斷被強調，不能說沒有實際作用。此外，也有不合體制而被處罰的例子。如前漢韋玄成在祀孝惠廟日，以天雨淖，不駕駟馬車而騎至廟下，有司奏削列侯爲關內侯；鮑宣爲豫州牧，出外乘傳行部時，去法駕（駟馬），駕一馬，舍宿鄉亭，爲郭欽所奏免官；陳遵除汝南守，以「乘藩車入閭巷」被陳崇奏免，皆其例。[163]

158　《史記》卷五八〈梁孝王世家〉，頁2089；同書卷一一八〈淮南衡山列傳〉，頁3077-3078；《漢書》卷六八〈霍禹傳〉，頁2950。

159　《漢書》卷一五〈江充傳〉，頁2177

160　《後漢書》卷三三〈虞延傳〉，頁1151-1152。

161　《後漢書》卷六〇下〈蔡邕傳〉，頁2005。

162　《宋書》卷六三〈王華傳〉，頁1676；《南齊書》卷二九〈王廣之傳〉，頁547。《魏書》卷六二〈李彪傳〉，頁1391；《北史》卷六〈齊本紀〉，頁233-234。

163　《漢書》卷七三〈韋玄成傳〉，頁3110；同書卷四二〈鮑宣傳〉，頁3086；同書卷九二〈陳遵傳〉頁3711-3712。

　　從上述的例子中，可見科品還是有相當的作用。不過制度的實行常是與時推移。例如漢初高祖規定「賈人不得衣絲乘車」，[164]這是賤商政策，所謂「雖有其財，而無其尊，不得逾制」。但是車是財富的象徵，商人不可能無車。武帝時，命令商賈軺車比一般人多收一倍的稅（二算），可見商人有不少軺車，而《史記・貨殖列傳》也明白指出：「軺車百乘，牛車千兩，……亦比千乘之家。」後漢末的商賈，更是「牛馬車輿，填塞道路」[165]可見此令推行的時間甚短。車作為一種財富象徵，具有經濟能力者皆得擁有，逾制的情形也就普遍了。

　　前漢以來，逾制的記載不斷。武帝時「公卿大夫以下爭於奢侈，屋廬車服，僭上亡限。」西漢的京師，「列侯貴人，車服僭上」，嚴安也上疏說：「今天下人民，用財侈靡，車馬衣裘宮室皆競修飾，……臣願為民制度以防其淫，……」大臣如辛慶忌，「性好輿馬，號為鮮明，唯是為奢。」王吉一族，「皆好車馬衣服，其自奉養極為鮮明。」[166]富人陰氏「輿馬僕隸，比於邦君。」[167]皆前漢著例。後漢明帝在申明科禁詔中指出：「車服制度，恣極耳目。」李固被奏「出入踰侈，輜軿曜日」。[168]王符指出：「今京師貴戚，衣服、飲食、車輿、文飾、廬舍皆過王制，僭上甚矣。」[169]崔寔在〈政論〉中提及輿服隳壞的情形：[170]

　　　　律令雖有輿服制度，然斷之不自其源，禁之又不密，而欲絕之，……戶蹈
　　　　僭奢矣。……法度既隳，輿服無限。

可見輿服制度遭嚴重破壞。當時宦官之黨「車馬服玩擬於天家」，權貴對法度也多陽奉陰違，如劉祐為司隸，為權貴所懼，「時權貴子弟罷州郡還入京師者，每至界首，輒改易輿服，隱匿財寶，威行朝廷。」類似的例子如袁紹，罷官歸汝南，車徒甚盛，將入郡界，才辭去賓客云：「吾輿服豈可使許子將（許劭）見！」以單

164　《史記》卷三〇〈平準書〉，頁1418。

165　《後漢書》卷四九〈王符傳〉，頁1633。

166　《史記》卷三〇〈平準書〉，頁1240。《漢書》卷二八下〈地理志下〉，頁1642-1643；同書卷六四下〈嚴安傳〉，頁2809-2810；卷六九〈辛慶忌傳〉，頁2997；卷七二〈王吉傳〉，頁3086。

167　《後漢書》卷三二〈陰興傳〉，頁1133。

168　《後漢書》卷二〈明帝紀〉，頁114-115。同書卷六三〈李固傳〉，頁2084。

169　王符，《潛夫論》（汪繼培箋本，台北，世界書局，1975），〈浮侈〉，頁54。

170　崔寔〈政論〉（收於嚴可均輯，《全後漢文》卷四六），頁4-5。

車歸家[171]曹魏以下逾制者也不少，如曹爽「飲食車服，擬於乘輿」；何曾「帷帳車服，窮極綺麗，」；阮佃夫「室宇豪麗，車服鮮明」；魚弘「玩服車馬，皆窮一時之絶。」何晏、孟靈休並以肴膳、器服、車馬相尚。謝靈運「車服鮮麗」。皆爲例證[172]傅咸云：「古者大夫乃不徒行，今之賤隸乘輕驅肥。」周朗云：「見車馬不辨貴賤，視冠服不知尊卑。」[173]可見當時逾制情況已嚴重混淆了貴賤尊卑的界線。

逾制的情況如此多，然則「制」的作用何在呢？大體上，法度只對具有政治忌諱的僭越特別注意，前面提到的梁孝王、霍禹、韓延壽諸例都是觸及政治忌諱，甚至有謀反之嫌，因此其重點尤在於「僭」，只奢而不僭不構成大罪。從前兩節所述看來，輿服制度的另一重點是官僚等級的區劃，只要不用代表官僚身份高低的飾件及標幟、不用官方規定的儀仗（如伍伯之類），政府是無從管起的。故民間在政府儀仗之外，出入連車騎的例子也很多。[174]尤其政府對民間典禮，如婚、喪、祭等場合一向不大干涉，如婚禮，「車軿數里，緹帷竟道，騎奴侍童，夾轂並引」的情形不易禁絶[175]。送葬數千輛亦然。祭祀如《三國志》卷一注引《魏書》載漢末青州城陽景王之祀，「賈人或假二千石輿服導從作倡樂，……歷世長吏無敢禁絶者，太祖到，皆毀壞祠屋，止絶官吏民不得祠祀。……」可見甚至採

---

171 《後漢書》卷七八〈宦者列傳・曹節〉，頁2526-2527；同書卷六七〈黨錮列傳〉，頁2199；同書卷六八〈許劭傳〉，頁2234。

172 《三國志》卷九〈曹爽傳〉，頁284-285。《晉書》卷三〈何曾傳〉，頁989。《宋書》卷三〇〈五行志〉，884。《梁書》卷二八〈魚弘傳〉，頁422。《南史》卷一五〈徐湛之傳〉，頁436；同書卷一九〈謝靈運傳〉，頁538。

173 《晉書》卷四七〈傅咸傳〉，頁1324-1325。《宋書》卷八二〈周朗傳〉，頁2098。

174 例如司馬相如去官歸蜀，「從車騎，閒雅甚都。」周暉兄弟，「出入從車常百餘乘。」見《史記》卷一一七〈司馬相如列傳〉，頁3000-3001；《後漢書》卷四五〈周暉傳〉，頁1539。

175 王符，前揭書，頁55。按，婚禮是人生大事，往往允許逾制，稱爲「攝盛」。俞正燮《癸巳存稿》卷二〈婚禮攝視議〉：「《儀禮・士婚禮》云：『主人爵弁，……乘墨車，從車二乘，……』注云，『主人，婿也，墨車，漆車也，士而乘車墨車，攝盛也。』……《唐書・車服志》云：『庶人昏，假絳公服，百官女嫁廟見，攝母服。』《明史・輿服志》云：『庶人婚，許假九品服。』亦攝盛也。《大清會典・禮部・婚禮》云：『……士昏禮得視九品官，庶民輿服采飾均得視士，』是亦視九品官，皆攝盛也。」按禮，士當乘棧車，故乘大夫所乘之墨車爲攝盛。漢代有無攝盛的規定不可知，但觀俞氏所引，歷代皆有類似的規定。

用官方儀仗也久未被禁止。

　　如前所說，就輿服制度而言，原則上過與不及皆在所禁，但事實上政府對逾制問題較爲注意，即輿服只可不及而不可過。一般也將制度的破壞歸因於「逾制」，卻往往忽略了「不及」也會帶來制度的變遷。其實有能力「僭越」者畢竟是少數，整體士風的「薄屋者爲高，霍食者爲清」影響更大，牛車之取代馬車與此有相當關係。

六、牛車的興起

　　從漢末到魏晉以下，車駕制度發生了很大的變化，其特點之一，是「以賤入貴」的現象，以往平民所用的驢車、牛車都爲上層階級所用，[176] 牛車甚至進入車騎行列（鹵簿）制度中（見上），成爲士大夫的常乘。這種變化需要從牛車興起的過程及時代背景來理解。以下先敘述牛車興起的情形。

　　古代的「車」大多指馬車而言，而牛車是大車，常用以載物，也是一般平民所乘。前漢乘牛車者，如游俠朱家，「衣不完采，食不重味，乘不過駒牛。」蔡義家貧，「常步行，好事者乃爲義買犢車，令乘之。」朱雲居田間，「時出乘牛車從諸生」。宣帝外祖母家破敗隱匿，帝後求得，時乘黃牛車，百姓謂之「黃牛嫗」。[177] 除了貧者乘牛車外，基層官吏也有乘牛車者。秦簡《秦律十八種》中的〈金布律〉規定，都官有秩吏及其分支機構的嗇夫、佐、史，每十人分配牛車一兩，並配有趨車的「僕」，十人以下也各有規定，這些牛車應是下層官吏執行公務所共用，至於是用以乘坐或用以載物已不可知。[178] 不過從漢簡中看，一般民衆與下層官吏乘牛車者，可能是載物兼載人。[179] 至於上層階級乘坐牛車都有特別原因，例

176　關於驢，《續漢志》卷一三〈五行一〉：「靈帝於宮中西園駕四白驢，躬自操轡，……於是公卿貴戚轉相放效，至乘輜軒以爲騎從，互相侵奪，買與馬齊。」是當時皇帝公卿亦流行駕驢。《後漢書》卷三六〈張霸傳〉：「常乘驢車至縣賣藥」。

177　以上見《史記》一二四〈游俠列傳〉，頁3184。《漢書》卷六六〈蔡義傳〉，頁2898；同書卷六七〈朱雲傳〉，頁2916；同書卷九七上〈外戚傳〉，頁3961。

178　睡虎地秦墓竹簡整理小組，《睡虎地秦墓竹簡》，頁58-59。

179　例如居延漢簡43.13：「□部吏陽里大夫封辣年廿八長七尺二寸黑色牛一車一兩五月戊戌出□□一□□」280.3：「□書佐忠時年廿六長七尺三寸黑色牛車一乘第三百九十八

如漢初，在秦末大亂之後，民生凋敝，「自天子不能具鈞駟，而將相或乘牛車」。武帝削諸侯之權後，諸侯及其後代「貧者或乘牛車」。始元五年，有一男子乘黃犢車詣闕，自稱是失蹤的衛太子。東漢光武提倡節儉，法禁甚嚴，以至使宗室諸王、外家諸親「至或乘牛車，齊於編人。」皆其著例。[180]總之，牛車不是窮人下吏所乘，就是破落的諸侯所乘。上層階級除了特殊情況外，大部份乘的是馬車。

但到了東漢後期，牛車逐漸流行，乘坐者已不只是一般平民，還包括許多富貴之家。例如劉寬爲順帝時司徒劉崎之子，曾出行，有人失牛，就寬車中認之，寬下駕步歸，是三公子亦乘牛車。[181]《後漢書》卷七八〈單超傳〉載桓帝時的宦官：

其後四侯轉橫，⋯⋯其僕從皆乘牛車而從列騎。

呂思勉認爲其駕牛車而不駕馬車，是因爲屬僕從身分，[182]但如比較其他例子，則此一說法難以成立。例如同時代的北海人孫賓碩也是「乘犢車，將騎入市」，孫賓碩是北海大族，「闔門百口」[183]，而亦如此。這種以牛車爲中心，騎馬者爲隨從的出行隊伍（「乘牛車而從列騎」），正與魏晉以下車駕出行的新形態相合。乘坐者並非無馬，但卻駕牛車，馬則用以從行，說明牛車已漸取代馬車。官吏方面，如魯肅自云若投降曹操，「獨不失下曹從事，乘犢車，從吏卒，交游士林，累官故不失州郡也。」呂虔檄王祥爲別駕，祥弟覽替他準備車牛才應召。[184]。其實當時乘牛車的不只這些「下曹從事」。漢獻帝被挾持遷都安邑時乘牛車姑且不論；其他如曹操贈太尉楊彪駕二牛的「畫輪四望通幰七香車」，其妻卞氏亦贈彪妻袁氏以自己常乘的七香車。[185]操又賜奉車都尉谿弘車牛。[186]孫權也有「車中八

出」；334.33：「驪軒萬歲里公乘兒倉年卅長七尺二寸黑色劍一已入牛車一兩」關於漢簡中的車馬問題，將於〈漢簡中的車馬〉一文中討論，此處不贅。

180　《史記》卷三〇〈平準書〉，頁1417；同書卷五九〈五宗世家〉，頁2104；《漢書》卷七一〈不疑傳〉，頁3037；《後漢書》卷三三〈朱浮傳〉，頁1141-1144。

181　《後漢書》卷二五〈劉寬傳〉，頁886。

182　呂思勉，《秦漢史》，頁559。

183　《三國志》卷一八〈張就傳〉，頁551-552，裴注引《世語》。

184　《三國志》卷五四〈魯肅傳〉，頁1269-1270。《晉書》卷三三〈王祥傳〉，頁987-988。按，王祥事在漢末。

185　獻帝牛車見《三國志》卷六〈李傕傳〉。曹操及其妻贈楊彪夫婦牛見《曹操集》《文集》卷三〈與太尉楊彪書〉，頁63及殷芸，《小說》，頁105-106。

186　《三國志》卷八〈公孫淵傳〉，頁257，裴注引《魏名臣奏》。

牛」。[187]。趙岐被徵，自乘車牛南說劉表；丁斐從曹操南征，以家牛私易官牛；[188]
是牛車普遍流行於上層階級。《晉書・輿服志》總結其發展云：

　　　古之貴者不乘牛車，漢武帝推恩之末，諸侯寡弱，貧者至乘牛車，其後稍
　　　見貴之。自靈獻以來，天子至士遂以爲常乘。……

可見牛車的地位已完全建立。

　　晉至隋牛車的使用，宋程大昌、清錢大昕都已舉了一些例證[189]，這裡再稍加
說明。車駕鹵簿中有不少牛車，已見上文。其極端的例子是隋皇帝屬車八十一
乘，全是牛車。《晉書・武帝紀》：「有司嘗奏御牛青絲紖斷，詔以青麻代之。」
是皇帝不只屬車用牛，亦嘗自乘。北魏天興五年，牛大疫，輿駕所乘巨犗數百頭
亦同日斃於路側，可見魏室輿駕用牛甚多。[190]北齊皇帝納后也是以牛車相迎。[191]
漢代賞賜臣下常用馬車，而此時常用牛車。例如晉魏舒被賜陽燧四望繐戶皁輪車
牛一乘；晉明帝賜劉超官外廄牛；劉裕賜吳隱之車牛；南齊武陵昭王因牛羸弱，
給副御牛一頭；南齊高宗並以常所乘白輸牛賜蕭穎冑；北魏時高允被賜蜀牛一
頭，四望蜀車一乘；趙黑卒，贈車牛二十乘；齊獻武王給常景車牛四乘。[192]王公
大臣乘牛車的記載很多。《晉書・王衍傳》：「遷太尉，……時洛陽危逼，……而
衍獨賣車牛以安衆心。」同書〈王導傳〉載導妻曹氏性妒，知導在外密營別館，將
往，導恐衆妾被辱，遽登車，急以所執塵尾柄驅牛而進。《南齊書・謝超宗
傳》：「司徒褚淵送湘州刺史王僧虔，閣道壞，墜水；僕射王儉嘗牛驚，跣下車，
超宗撫掌笑戲曰：「落水三公，墮車僕射。」」褚淵曾將所乘黃牛給招提寺，死後

187　《三國志》卷四七〈吳主權〉，頁1132-1133。
188　《後漢書》卷六四〈趙岐傳〉，頁2124；《三國志》卷九〈諸夏侯曹列傳〉，頁289，
　　　裴注引《魏略》。
189　程大昌說見於馬端臨，《文獻通考》卷一一九，頁1072。但程氏將「服牛乘馬」之「
　　　乘」說成騎馬，因而說「上古駕車則皆用牛，無用馬者。」是一種誤解，其實「乘馬」
　　　即是以馬駕車。錢大昕之說見《廿二史考異》，卷二○〈晉書三・輿服志〉條，頁409-
　　　411。
190　見《魏書》卷九一〈晁崇傳〉，頁1943-1944。
191　《隋書》卷九〈禮儀四〉頁177-178。
192　《晉書》卷四一〈魏舒傳〉，頁1188；同書卷七○〈劉超傳〉，頁1875-1876；同書卷
　　　九○〈吳隱之傳〉，頁2342；《南齊書》卷三五〈武陵昭王曄〉，頁625-626；同書卷
　　　三七〈蕭穎冑傳〉，頁666；《魏書》卷四八〈孫綽傳〉，頁1088-1089；同書卷八二〈
　　　常景傳〉，頁1806；同書卷九四〈趙黑傳〉，頁2017。

由其弟贖回；是三公輩多乘牛車。[193]梁宗室蕭曄爲晉陵太守，常乘折角牛；蕭琛爲吳興太守，郡有項羽廟，前後太守到任都殺軥下牛以祭，琛獨禁止，可見歷任太守也都乘牛車。[194]北朝方面如北魏北海元王詳與咸陽王禧、彭城王勰並被召入，共乘犢車；宗室元仲景爲中尉，每向臺，駕赤牛，號「赤牛中尉」；爾朱世隆封王，亦駕牛車。[195]若照《北齊書‧琅玡王儼傳》所說見御史中丞出行「王公皆遙住車，去牛，頓軥於地，以待中丞過。」則王公無不乘牛。至於士大夫乘牛車的例子甚多，不備舉。

牛車的發展，也反映在當時墓葬陪葬品及裝飾的變化上。前漢墓中偶有牛車，但多是用爲馬車的陪襯，用以載物。例如西漢前期江陵鳳凰山八號墓的遣策載：「牛車一乘，載□□三束」，[196]同地的一六七號墓有明器木輀車二乘，牛車一兩，牛車載薪用[197]西漢末的武威磨咀子墓中有木輀車、牛車，牛車內有穀物，顯然也是用以載物[198]到了東漢，墓葬中的牛車如武威雷台墓中銅車馬之外，已有載人的銅牛車，旱灘坡的木俑牛車更有窗子，並以紙糊窗，內坐一俑。（圖一四）[199]濟南城南張的畫像石，一牛車坐三人，後從三人。（圖一三）山東滕縣西戶口畫像石，一牛車坐二人，從一騎。（圖一五）山東滕縣大郭村畫像石牛車坐二人，（圖一二）這些車的車廂都不長，顯然專供坐乘，而非載物之車，其車廂及兩扶手，形制已與北魏出土的載人牛車無別。（圖一七）山東濟寧的一組畫像石，除了馬車行列外，也有了牛車行列，顯然風氣已有改變。[200]魏晉以下的墓葬中，馬車幾已消失，大多是牛車。例如江蘇金壇縣方麓的東吳墓即有陶牛車，南京象山東晉琅玡王氏的墓、濟南市東八里洼北朝墓、河北護鹿的北魏東梁州刺史閭靜

193　事見《南齊書》卷二三〈褚澄傳〉，頁432。

194　《南史》卷五二〈蕭曄傳〉，頁1304；《梁書》卷二六〈蕭琛傳〉，頁397。

195　《魏書》卷二一上〈北海王詳〉，頁561-562；同書卷一九上〈景穆十二王上〉，頁444；同書卷七六〈爾朱世隆傳〉，頁1670-1671。

196　見李均明，何雙全編，《散見簡牘合集》，頁五九。

197　江陵鳳凰山一六七號漢墓發掘整理小組，〈鳳凰山一六七號漢墓發掘簡報〉。

198　見甘肅省博物館前揭〈武威磨咀子三座漢墓發掘簡報〉，頁13。

199　見甘博文，〈甘肅武威雷台東漢墓清理簡報〉。党壽山，〈甘肅省武威縣旱灘坡東漢墓發現古紙〉。

200　夏忠潤，〈山東濟寧發現一組漢畫像石〉。

墓也都有牛車。[201]，北魏元劭墓出土陶牛車側有兩窗（圖一九），彭陽新集北魏墓中出土的牛車是與一大批騎馬、步行、鼓吹等俑一起，顯然構成以牛車爲中心的行列，牛車輪轂及兩側擋板塗朱，象徵其身分。[202]這種以牛車爲中心，以步、騎、鼓吹相從的形態，也可在西安草場坡北朝墓的明器中看出。[203]在壁畫方面，遼寧朝陽袁子台東晉的壁畫墓也是以牛車爲中心，與此時、地相近高句麗冬壽墓（安岳三號墓）中的大行列圖，（圖二五）以張幰牛車爲中心，步、騎爲從，清楚的顯現當時的風氣。[204]北齊馮翊郡王高潤墓東壁的壁畫有牛車出行圖，[205]而東安郡王婁叡墓的壁畫其墓道兩側是騎馬出行及歸來隊伍、軍樂儀仗，甬道有門衛儀仗，墓室中則畫有牛車儀從。牛車張卷通幰，赤輪華轂，金飾諸末，有卷棚及帷帳。（圖二六）[206]墓葬所顯示的牛車行列，基本上與當時乘牛車的情況相合。

從魏晉以下人對牛車的觀念及風尚，也可看出牛車的發展。例如潘岳用牛車來影射當時的政治，《晉書》卷五五〈潘岳傳〉：

> 時尚書僕射山濤、領吏部王濟、裴楷等並爲帝所親遇，岳內非之，乃題閣道爲謠曰：「閣道東，有大牛。王濟鞅，裴楷軸，和嶠刺促不得休。」

這與以往用駕馭馬車來作譬者不同。[207]牛車的形制代表身份地位，陸雲在〈牛責季友〉一文中即假牛之口道出一般人的願望：[208]

> 今子之滯，年時云暮。而冕不易物，車不改度。子何不使玄貂左弭、華蟬右顧，令牛朝服青軒，夕駕輻輅，望紫微而風行，踐蘭塗而安步？

201　常州市博物館、金壇縣文管會，〈江蘇縣方籠東吳墓〉。南京市博物館，〈南京象山5號、6號、7號墓清理簡報〉。山東省文物考古研究所，〈濟南市東八里洼北朝壁畫墓〉。河北省正定縣文物保館所，〈河北護鹿發現北魏東梁州刺史閭靜遷葬墓〉。

202　新集北魏墓見寧夏固原博物館，前揭文。

203　閻磊，〈西安南郊草場坡北朝墓的發掘〉。

204　袁子台東晉壁畫墓見註一三五。冬壽墓大行列圖部分鉤摹圖見土居淑子，《古代中國の畫象石》，圖頁21。

205　見湯池，〈北齊高潤墓壁畫簡介〉。

206　參考山西省考古研究所、太原市文物管理委員會，〈太原市北齊婁叡墓發掘簡報〉頁1-23。王天麻、鄧林秀、陶正剛，〈婁叡墓壁畫略說〉頁5-15。

207　例如《尚書・五子之歌》：「予臨兆民，懍乎若朽索之馭六馬。」漢代崔駰的〈車左銘〉、〈車右銘〉、〈車後銘〉三文皆以御馬車爲喻，見《崔亭伯集》，頁4-5。

208　陸雲，《陸雲集》，卷六，頁123。

當時名士清談則用牛來評論人物。《世說新語・品藻篇》載龐統評陸績、顧劭：[209]

> 「陸子所謂駕馬有逸足之用，顧子所謂駕牛可以負重致遠。」或問：「如
> 所目，陸爲勝邪？」曰：「駕馬雖精速，能致一人耳。駕牛一日行百里，所
> 致豈一人哉？」

如龐統之言，則牛車勝過馬車。同書又載：[210]

> 明帝問周伯仁：「眞長（即劉惔）何如人？」答曰：「故是千斤犢特。」王
> 公笑其言。伯仁曰：「不如捲角牸，有盤辟之好。

伯仁以千斤騧牛不如牸牛之從容雅步，固是士族風氣，但當時人愛好牛車，希望
得到的不是「駕牛」，而是「快牛」。例如王濟有牛名「八百里駁」[211]王愷與石崇
賽牛車，愷不及，遂賄崇之都督及御車人，取得駕馭密訣。[212]晉人賽牛，亦猶周
人賽馬，故馬有千里，牛號八百。[213]苟晞也有千里牛，往來兗州與洛陽。[214]石勒
母語勒：「快牛爲犢子時，多能破車。」[215]宋時宗愨有佳牛堪進御，不肯賣，竟坐
免官。[216]當時人對車牛講究極精，宋劉德願善御車，可以打牛從狹窄的兩柱間穿
過，孝武帝聞其能，使御畫輪車；南齊陳顯達諸子與王敬則諸兒並精車牛，而「
當世快牛稱陳世子青，王三郎烏，呂文顯折角，江年瞿曇白鼻，而皆集陳舍。」梁
時宗室西豐侯正德及樂山侯正則皆好牛馬，號「西豐駱馬，樂山烏牛」。[217]皆可
見尚牛之風。

綜觀上述，可以看出牛車自後漢漸興，魏晉以下有取代馬車的趨勢。這個變
化的原因何在呢？尚秉和指出：[218]

209　見余嘉錫，《世說新語箋證》，頁500。
210　同上書，〈排調篇〉，頁797。
211　《晉書》卷四二〈王濟傳〉，頁1206。
212　見前揭《世說新語箋證》，頁881。
213　見尚秉和前揭《歷代社會風俗事物考》，頁145，〈晉世因尚牛車故貴人賽牛〉條。
214　《晉書》卷六一〈苟晞傳〉，頁1667。
215　同上書，卷一○六〈石季龍上〉，頁2761-2762。
216　《宋書》卷七六〈宗愨傳〉，頁1972。
217　劉德願事見《宋書》卷三○〈五行志〉，頁891及同書卷四五本傳，頁1376。陳顯達諸
　　　子見《南齊書》卷二六〈陳顯達傳〉，頁490及《南史》卷四五〈陳顯達傳〉，頁
　　　1134。蕭正德見《南史》卷五一本傳，頁1280。
218　尚秉和前揭《歷代社會風俗事物考》卷九，頁140，〈西漢士大夫因貧始乘牛車〉條。

　　蓋自武帝征匈奴後，馬少，貧者不能置，故乘牛車。而諸侯王尤國之貴
　　族，亦乘牛車，於是社會慕之，乘者漸多，演爲風俗。

尚氏將此一變化歸因於馬少及對貴族的倣效兩點。關於諸侯王乘牛車的問題，從
上文的引證可知，是少數沒落的貴族因貧而乘，恐怕不能造成整個社會風氣的改
變。至於馬少，則可能是原因之一，但東漢正是車馬出行最爲講究之時，馬少在
當時似乎並不明顯。勞榦指出：「漢末大亂，馬數驟減，牛車之用漸廣，遂代馬車
而作乘人之車。」余嘉錫也有類似的看法，[219]將馬少歸因於漢末以下之動亂較爲
合理。東晉南朝地處江南，不產馬，而多牛。馬的供應有賴掠奪、對外貿易、外交
餽贈以及西南山區所產，[220]少數的馬又多用於戰爭，雖然政府鼓勵養馬，但仍不
敷需要，[221]甚至有時自衛仍用牛車。宋世何承天提出安邊之策，第三點是「纂耦
車牛，以飾戎械，⋯⋯參合鉤連，以衛其衆。」[222]可見馬的缺乏。在此情況下，日
常所乘自然用牛，這是時代需要、地域客觀環境之不得不然。

　　但是牛車的流行南北並無不同，正如李劍農指出的，當時南北都以牛爲主要
交通動力。[223]北方並不缺馬，北朝畜牧業發達，[224]《魏書・食貨志》載世祖平統
萬，以河西爲牧地，馬至二百餘萬匹，牛羊無數，高祖即位，復以河陽爲牧場，恆
置戎馬十萬匹。在不缺馬的情況下，何以也用牛車？何況再缺馬，也不至連皇帝
都無馬可用，而必須用牛來充副車。事實上，如前所說，漢末以下車隊行列是「
乘牛車而從列騎」，主人乘牛車，馬則用爲隨從，無論南北，官吏出行隊伍中並
不缺馬，上述晉迄南北朝墓葬中步、騎儀衛的牛車行列即其明證。所以馬少、用
於戰爭也許是牛車流行的部份原因，可以解釋一般人爲何乘牛車，卻無法完全解

219　見勞榦，前揭書，考證之部，頁20，〈車馬一〉。余嘉錫，前揭書，頁37之箋證。

220　參考黎虎，〈六朝時期江左政權的馬匹來源〉，頁101-111。

221　《宋書》卷八二〈周朗傳〉載朗上書以爲馬少，「令重車弱卒，與肥馬悍胡相逐」，自
　　　然失敗。所以主張「募天下使養馬一匹者，蠲一人役，三匹者，除一人爲吏，自此以進
　　　階賞有差。」（頁2096）。孝武孝建三年五月下令：「荆、徐、兗、豫、雍、青、冀七
　　　州統內，家有馬一匹者，蠲復一丁。」可說採取了周朗之策。（見同書卷六〈孝武帝
　　　紀〉，頁118）。

222　《宋書》卷六四〈何承天傳〉，頁1707-1708。

223　李劍農，《魏晉南北朝經濟史稿》，頁92，及115-117。

224　參考陳文華，〈中國古代畜牧業的主要成就〉，頁259-323，收於所著《論農業考
　　　古》。

釋上層階級車制的變化。其實馬少，正可以顯示有馬者地位之高，何以馬車反失其重要性呢？

佛道思的想盛行似乎也可解釋部份事實。佛道都尚牛，道教有老子騎青牛（駕青牛車）的傳說。[225] 在東漢的一些畫像磚中，西王母圖像下每有牛車，如山東滕縣大郭村畫像石中，西王母像下層有牛車載二人，後隨羊車亦載二人，羊身有翅；（圖一二）滕縣西戶口西王母像磚下層牛車載三人，後隨一輛載三人羊車及雙馬車，山西離石一石，一牛輻車在雲霧間，[226] 這些都顯示當時人觀念中牛車的地位已不低。至於佛教，來自尚牛的印度，佛為「牛王」，佛跡為「牛跡」，佛教對牛至為重視。《妙法蓮華經》（《法華經》）曾以羊車、鹿車、牛車三品象徵聲聞乘、緣覺乘與菩薩乘，牛車即菩薩乘，是佛教徒追求的目標。《法華經》的譯本有幾種，一是西晉太康七年竺法護口授記錄的《正法華經》，另一種是姚秦弘始八年鳩摩羅什所譯的《妙法蓮華經》，還有更晚的譯本，但其影響力都不及鳩摩羅什的譯本大。當時的佛教徒熟悉三乘之說，如謝靈運的〈緣覺聲聞合贊〉云：「肇元三車，翻乘一道。」[227] 北朝盛行造像，佛像下往往刻供養人與牛車，（圖二二、二三）[228] 可能是受此影響。牛車的地位並不低似乎可以解釋何以高官也乘牛

---

225 《史記》卷六三〈老子韓非列傳〉，頁2141，集解引《列仙傳》：「老子西遊，關令尹望見有紫氣浮關，而老子果乘青牛而過也。」按此處所謂乘青牛，當指乘青牛車，不是騎牛。皇甫謐《高士傳》卷上〈老子李耳〉條：「以周德衰，乃乘青牛車去。」《太平御覽》卷七七三〈車部二〉引〈關令內傳〉：「果見老君乘青牛車來過。」皆云牛車。六朝甚崇尚青牛，例如宋宗室劉德嗣弟名青牛、智藏，顯然與道家有關。（《宋書》卷三九〈桂陽王休範傳〉，頁2051-2052）。又《陳書》卷五〈宣帝本紀〉：「監豫州陳桃根於所部得青牛，獻之。」青牛在當時人觀念中，似具辟邪之效，晉代裴齊的《裴子語林》有一則故事：宗岱為青州刺史，禁淫祀，著〈無鬼論〉甚精，有一書生與之辯，不能勝，憤然說：「君絕我輩血食二十年，君有青牛髯奴，所以未得相困耳；奴已叛，牛已死，今日得相制矣。」言絕不見，不久而岱亡。又梁劉孝威有〈辟厭青牛畫贊〉，收於《全梁文》卷六一，頁一二。

226 見中國美術全集編輯委員會，《中國美術全集·繪畫編》第18冊《畫像石畫像磚》，圖32及圖187。

227 顧紹柏校注，《謝靈運集校注》，頁309。

228 這種例子很多，例如陝西臨潼的北周造像碑，其碑陰即刻有牛拉篷蓋車，車前一人執杖前導，車後隨二人。見趙康民，〈陝西臨潼的北朝造像碑〉。又如北周王令猥造像碑下部刻兩牛車，其一有「忘息女□乘車供養佛時」等字，另一則刻五個供養者的同樣字句。見吳怡如，〈北周王令猥造像碑〉。

車，不過，這種說法不能解釋何以牛車在佛教尚非十分普遍的東漢末已流行，也無直接證據證明牛車流行與此有關。

從實際的角度看，交通工具的使用，方便應是重要考慮之一。牛車重心較低，較易駕御，具有較大的載負力及耐力，車廂寬敞舒適[229]，價格也比馬車低，也許是流行原因之一。不過由漢迄隋，牛車駕系方法似乎沒有太大的改變，我們沒有足夠的資料從技術上解釋這種變化。但是，相對於牛車的發展，當時對馬的使用卻有相當的突破。魏晉南北朝時期，由於騎戰的發展、馬具的改良（例如馬鐙的出現[230]），都使騎馬風氣逐漸普遍，這種情形北朝更為明顯。對當時北方游牧民族而言，馬用於騎乘可能比用於駕車更為方便。例如上述婁叡墓壁畫中，除了牛車外，也有墓主騎馬的出行圖[231]。騎馬風氣使馬的使用觀念發生改變，用於駕車者相對減少，牛車遂漸比馬車為普遍。

但是技術上的原因也並不充分，因為在騎馬風氣之前牛車即已流行於上層社會。如果回顧上述牛車興起的經過，則不能不承認東漢是關鍵時期，牛車的發展是透過東漢長期的蘊釀，尤其東漢後期更值注意。因此要探究其興起原因，不能不在東漢社會中尋求，而其關鍵的問題則是東漢的士風。如前所說，牛車在民間的使用本即較馬車為廣，我們要探究的不是其在民間的應用，而是它如何進入上層階級，並影響了車駕制度，因此魏晉士族的前身——漢末名士的風尚特別值得注意。

東漢自光武倡名節之後，逐漸形成優美的士風。選舉必採名譽，而名譽以「清」為最高標準，「羸車敗馬」本是其特徵。尤其中期以下，主荒政謬，士子奮起，力糾時弊，形成了「清流」。這些士人在入仕之後，仍保留了清儉之風，其標榜民間常乘之柴車犂轂（大多是牛車）是很自然的，車駕的變化因此而生。根據學者研究，東漢的許多士人之家，即使是歷世二千石的世家，也都標榜清白，多

229　一輛馬車最多載三人，而牛車可載多人，其車箱較馬車為寬敞。根據上文所引龐統的話，牛車所載較馬車為多。又《九章算術》第六卷（均輸）頁52有牛車載粟二十五斛，六人共車的記載。

230　馬鐙的發展在魏晉以以後，而同時馬鞍及其他馬具也改進不少，更便騎乘，參考楊泓，〈中國古代馬具的發展和對外影響〉。

231　參考前揭〈太原市北齊婁叡墓發掘簡報〉，頁16–18。

陷貧困。[232]如楊震之卒，以牛車載歸。靈帝時太尉李咸，退休由其子駕敝牛車返家。[233]清流領袖如任司隸校尉的李膺，曾與郭泰共載薄笨車（牛車）。[234]許荊爲吏無船車。王暢爲南陽守，豪族相尚奢靡，暢車馬羸敗，以糾其弊。[235]初平中，袁忠爲沛相，乘葦車到官。[236]建安初，時苗爲壽春令，乘薄軬車、黃牸牛，離任時留其所生犢，云：「令來時本無此犢，犢是淮南所生有也。」[237]士大夫愈窮苦，名愈高，如趙壹乘柴車，名動京師。名士郭泰之卒，自函谷關以西，河內湯陰以北，「二千里笈荷擔彌路，柴車葦裝塞塗，蓋有萬數來赴。」韓康伯賣藥不二價，被徵，乘柴車（牛車）至亭，亭長方發人牛修橋以待「韓徵君」，見他柴車幅巾，以爲田叟，便奪其牛，康釋駕與之。仲玉爲部從事，柴車駕牛，以荊爲屏。[238]許慶爲督郵，家貧乘牛車，鄉里號曰「軺車督郵」，是牛車已被稱爲「軺車」，牛車軺之稱，無待於晉。[239]這些例子皆可見當時士風。相反的，凡是車馬鮮麗者，皆得惡評，如東漢汝南袁、弘農楊並爲名族，但袁氏車馬衣服極爲奢僭，因此當時認爲不及楊氏。[240]即使車服奢麗的袁氏，亦不敢輕視寒士，前引表紹「士無貴賤，與之抗禮，輜軿柴轂，塡接街陌」，可見一時風氣。

這種風氣至魏初猶然。《三國志》卷二三〈和洽傳〉：

> （洽爲丞相掾屬）時毛玠、崔琰並以忠清幹事，其選用先尚儉節。洽言曰：「……儉素過中，……以此節格物，所失或多。今朝廷之議，吏有著新衣，乘好車者，謂之不清；……形容不飾，衣裘敗壞者，謂之廉潔。至令士大夫故汙辱其衣，藏其輿服；……凡激詭之行，則容隱僞矣。」

232　見矢野主稅，《門閥社會成立史》，〈序章〉，頁4-15。
233　楊震事見《後漢書》卷五四〈楊震傳〉，頁1767，李賢注引《謝承書》。李咸事見同書卷四四〈胡廣傳〉，頁1511，李賢注引〈謝承書〉。
234　事見前揭殷芸《小說》，頁101。
235　《後漢書》卷七六〈許荊傳〉，頁2471注引《謝承書》。同書卷五六〈王暢傳〉，頁1825。
236　《後漢書》卷四五〈袁忠傳〉，頁1526。
237　《三國志》卷二三〈常林傳〉，頁662注引《魏略》。
238　《後漢書》卷八〇下〈趙壹傳〉，頁2632。同書卷六八〈郭泰傳〉，2227。韓康事見註六一。仲玉事見《太平御覽》七七六，頁七引〈郭林宗別傳〉。
239　事見《太平御覽》卷七七五，頁2〈軺車〉條引《謝承書》。
240　《後漢書》卷五四〈楊震傳〉，頁1790注引《謝承書》。

《三國志》〈徐邈傳〉載盧欽之言：「往者毛孝先、崔季珪等用事，貴清素之士，于時皆變易車服以求名高」此可見虛僞之弊，但也反映了士大夫的崇尚。這種名位與衣服「不稱」的情況，正是造成車駕制度中「以賤入貴」變化的原因之一。以下一例值得注意。《後漢書》卷八二上〈謝夷吾傳〉：

> （謝爲鉅鹿太守）後以行春乘柴車，從兩吏（柴車，賤車也）冀州刺史上其儀序失中，有損國典，左轉下邳令。

「國典」即在漢末的士風中逐漸改變。

　　總之，牛車的興起，原因非常複雜，除了外在環境的變遷外，東漢中葉以下的士風使牛車流行於上層社會也是不可忽視的原因。擴大的說，牛車的發展，是民間原已普遍使用的交通工具，以漢末清流士風爲媒介，而逐漸普及於上層社會。漢末清流是魏晉士族的前身，牛車之進入車駕制度，與士族的發展恰相一致。魏晉以下隨著士族的貴族化，牛車也愈華麗，新的等級區劃因而出現。

七、結　語

　　明代的王世貞在《藝苑厄言》中指出[241]：

> 凡三代、兩漢皆用馬車，魏晉至梁、陳皆用牛車。元魏君臣有乘馬及牛車者。唐雖人主妃后非乘馬即步輦，自郊祀之外，不乘車也。

從以上引文，可以看出車駕制度變遷的大勢。從漢代的馬車到晉隋的牛車，社會的變動與器物的發展密切相關。在這段時期內，車駕作爲社會地位的象徵，具有相當的重要性。但車駕盛行之同時，另有兩種新的交通工具也已出現，逐漸代替了車的地位，即「肩輿」以及王氏所說的騎馬之風。關於兩者的興起，有待另文討論，這裡僅略述其發展，以爲本文的結束。

　　肩輿是由「輦」變來的。輦原亦爲車的一種，《宋書・禮五》：「輦車，……漢制乘輿御之，或使人挽，或駕果下馬。……未知何代去其輪。」《宋書・鄧琬傳》載琬將乘車除腳以爲輦，可見其與車的關係。輦以人挽，即是步輦，去其輪，則變爲肩輿。肩輿由於東晉南朝處江南，多山區，士大夫出遊坐乘較便，逐漸流

241　見王世貞《藝苑厄言附錄》四，頁9。收於《弇州山人四部稿》。

行。士大夫之乘者，如陶淵明，使一門生與二兒舁之；王獻之經吳郡，乘平肩輿
入顧辟疆園，皆其例。[242] 不過由於肩輿以人代畜，爲士大夫所反對。所以入唐以
後，只有貴戚大臣經特旨才能乘，眞正流行要到南宋以後[243]，其對車的地位影響
較小。

　　與肩輿相較，騎馬風氣的發展影響較大。漢代士大夫基於體制，出必乘車，
少有騎馬者（騎者多是下吏），偶有騎者則受糾彈（如前引韋玄成之例）南朝猶
然。這種情形唐代的劉知幾曾加討論。他在唐景龍二年主張恢復乘車的上奏中
說：[244]

　　　　古者自大夫以上皆乘車，而以馬爲騑服。魏、晉已降，迄于隋代，朝士又
　　　　駕牛車，……至如李廣北征，解鞍憩息；馬援南伐，據鞍顧盼。斯則鞍馬
　　　　之設，行於軍旅，戎服所乘，便於貴習者也。案江左官至尚書郎而輒輕乘
　　　　馬，則爲御史所彈。又顏延之罷官後，好騎馬出入閭里，當代稱其放誕…
　　　　…

知幾所說與《顏氏家訓・涉務篇》所言梁世士大夫「出則車輿，入則扶持，郊郭之
內無乘馬者」相合。但由於戰爭頻仍，戎服常用，士大夫之習於騎者也逐漸多起
來。如晉的王湛、王濟叔侄皆善騎術，類似例子見於《世說新語》者亦復不少。[245]
至於北朝，起於代北，更善騎射，騎馬風行，不但使馬車的使用漸少，也逐漸影
響了車（包括牛車）在出行隊伍中的地位。到了唐除了特殊場合，已不用車。知
幾續云：

　　　　自皇家撫運，沿革隨時。至如陵廟巡幸，則盛服冠履，乘彼輅車。其士庶
　　　　有衣冠親迎者，亦時以服箱充馭。在於他事，無復乘車，貴賤所行，通鞍
　　　　馬而已。

可見到了唐，士庶已少有乘車，被騎馬所取代。雖然劉知幾呼籲恢復乘車，已不
可行，車的黃金時代可說已完全過去了。（本文於一九九二年二月二十日通過刊登）

242　《晉書》卷九四〈陶潛傳〉，2462。同書卷八〇〈王獻之傳〉，頁2105。

243　關於肩輿（後世之轎）的發展，可參考陳登原，《國史舊聞》卷四六，頁1415〈轎子〉
　　　條。歷代轎子禁令的探討參考瞿同祖《中國法律與中國社會》，頁117-118。

244　《舊唐書》卷四五〈輿服志〉，頁1949-1951。

245　詳見余嘉錫，前揭《世說新語箋證》，頁37余氏箋證所引各例。

引用書目

《左傳》，阮刻《十三經注疏》本。

《周禮》，阮刻《十三經注疏》本。

《尚書》，阮刻《十三經注疏》本。

《詩經》，阮刻《十三經注疏》本。

《論語》，阮刻《十三經注疏》本。

《禮記》，阮刻《十三經注疏》本。

韋　昭，《國語韋氏解》，台北，世界書局影嘉慶讀未見書齋重刊天聖明道本，
　　　　1968。

安井衡，《管子纂詁》，台北，河洛圖書出版社，1976。

司馬遷，《史記》，新校標點本。

班　固，《漢書》，新校標點本。

劉珍等撰，吳樹平校注，《東觀漢記校注》，中州古籍出版社，1987。

范　曄，《後漢書》，新校標點本。

司馬彪，《續漢書》，附於范曄，《後漢書》後，新校標點本。

陳　壽，《三國志》，新校標點本。

房玄齡等，《晉書》，新校標點本。

沈　約，《宋書》，新校標點本。

蕭子顯，《齊書》，新校標點本。

姚思廉，《梁書》，新校標點本。

姚思廉，《陳書》，新校標點本。

魏　收，《魏書》，新校標點本。

李百藥，《北齊書》，新校標點本。

令狐德棻，《周書》，新校標點本。

李延壽，《南史》，新校標點本。

李延壽，《北史》，新校標點本。

魏徵等，《隋書》，新校標點本。

歐陽修等，《唐書》，新校標點本。

揚　雄，《太玄經》，司馬光注，四部備要本，台北，中華書局，1974。

班　固，《白虎通義》，陳立疏證，台北，商務印書館《國學基本叢書》本，
　　　　　1968。

崔　駰，《崔亭伯集》，張溥，《漢魏六朝百三名家集》本。

王　符，《潛夫論》，汪繼培箋本，台北，世界書局，1975。

胡　廣，《漢官解詁》，台北，中華書局，《四部備要》所收《漢官六種》本。

劉徽注，《九章算術》，上海，古籍出版社，1990。

蔡　邕，《獨斷》，嚴秉衡校，增訂漢魏叢書本，台北，大化書局影印。

應　劭，《漢官儀》，收於《漢官六種》中，台北，中華書局《四部備要》本。

王利器，《風俗通義校注》，北京，中華書局，1981。

劉　熙，《釋名》，增訂漢魏叢書本，台北，大化書局影印。

中華書局編輯部，《曹操集》，北京，中華書局，1959。

俞紹初輯校，《建安七子集》，北京，中華書局，1989。

唐　滂，《唐子》，《玉函山房輯佚書》本。

陸　雲，《陸雲集》，黃葵點校本，北京，中華書局，1988。

常　璩，《華陽國志》，劉琳校注本，成都，巴蜀書社，1984。

皇甫謐，《高士傳》，四部備要本，台北，中華書局，1978。

裴　齊，《裴子語林》，周樹人《古小說鉤沈》本，台北，盤庚出版社，1978。

蘇　彥，《蘇子》，馬國翰《玉函山房輯佚書》輯本。

顧紹柏校注，《謝靈運集校注》，河南，中州古籍出版社，1987。

余嘉錫，《世說新語箋證》，台北，華正書局，1984年9月。

殷　芸，《小說》，周樹人輯校，《古小說鉤沈本》，台北，盤庚出版社，1978。

王利器，《顏氏家訓集解》，上海，古籍出版社，1980。

張彥遠，《歷代名畫記》，收於《美術叢刊》第二輯，台北，中華叢書編審委員
　　　　　會，1964。

封　演，《封氏聞見記》，曹秋岳《學海類編》本，台北，文海出版社。

劉知幾，《史通》，台北，華世出版社《史通釋評》本，1975。

李昉等，《太平御覽》，台北，商務印書館，《四部叢刊三編》本，1974。

方　回，《續古今考》，《雜著秘笈叢刊》本，台北，學生書局景萬曆十二年王圻校刊本，1971。

馬端臨，《文獻通考》，上海，商務印書館《萬有文庫》本，1936。

王世貞，《弇州山人四部稿》，台北，偉文圖書公司影世經堂本，1976。

俞正燮，《癸巳存稿》，台北，商務印書館，1971。

睡虎地秦墓竹簡整理小組，《睡虎地秦墓竹簡》，北京，文物出版社，1978。

錢大昕，《廿二史考異》，收於台北，鼎文出版社《錢大昕讀書筆記廿九種》。

羅振玉，《漢兩京以來鏡銘集錄》，收於《遼居雜著》，第七冊。

嚴可均校輯，《全上古三代秦漢三國六朝文》，北京，中華書局影印，1987。

張鵬一，《晉令輯存》，徐青廉校補，西安，三秦出版社，1989。

大葆台漢墓發掘組、中國社會科學院考古研究所，《北京大葆台漢墓》，北京，文物出版社，1989。

山東省文物考古研究所、山東省博物館，《山東漢畫像石選集》，濟南，齊魯書社，1982。

中國社會科學院考古研究所、北京儀器廠工人理論組編寫，《滿城漢墓》，文物出版社，1978。

中國美術全集編輯委員會，《中國美術全集・繪畫編》第1冊《原始社會至南北朝繪畫》，北京，人民美術出版社，1986。

中國美術全集編輯委員會，《中國美術全集・繪畫編》第18冊《畫像石畫像磚》，上海，人民美術出版社，1988。

中國美術全集編輯委員會，《中國美術全集・雕塑編》第3冊《魏晉南北朝雕塑》，北京，民美術出版社，1988。

王子雲，《中國古代畫像石選集》，北京，中國古典藝術出版社，1957。

王今棟，《中國古代車馬》，河南人民出版社，1984。

不著撰人，《漢唐壁畫》，北京，外文出版社，1974。

北京歷史博物館、河北省文物管理委員會，《望都漢墓壁畫》，北京，中國古典藝術出版社，1955。

呂思勉，《秦漢史》，台北，台灣開明書店，1967。

李均明、何雙全，《散見簡牘合集》，北京，文物出版社，1990。

李發林，《山東漢畫像石研究》，濟南，齊魯書社，1982。

李劍農，《魏晉南北朝經濟史稿》，北京，三聯書店，1959。

杜正勝，《編戶齊民——傳統政治社會結構之形成》，台北，聯經出版社，1990。

周一良，《魏晉南北朝史札記》，北京，中華書局，1985。

尚秉和，《歷代社會風俗事物考》。台北，商務印書館，1975。

南京博物館、山東省文物管理處，《沂南古畫像石墓發掘報告》，北京，文化部文
　　　　物管理局出版，1956。

南陽漢代畫像石編輯委員會，《南陽漢代畫像石》，北京，文物出版，1985。

洛陽古墓博物館，《洛陽古墓博物館》，洛陽，朝華出版社，1987。

袁庭棟、劉澤模，《中國古代戰爭》，四川省社會科學院出版社，1988。

馬非百，《秦集史》，北京，中華書局，1982。

高　文，《四川漢代畫像磚》，上海，上海人民美術出版社，1987。

陳文華，《論農業考古》，南昌，江西教育出版社，1990年。

陳登原，《國史舊聞》，台北，明文書局，1984年3月影版。

勞　榦，《居延漢簡·考釋之部》，史語所專刊之四十，台北，1968。

董　說，《七國考》，台北，世界書局，1973。

劉志遠、余德章、劉文杰，《四川漢代畫象磚與漢代社會》，北京，文物出版社，
　　　　1983。

瞿同祖，《中國法律與中國社會》，台北，台灣崇文書店，1974影版。

土居淑子，《古代中國の畫象石》，京都，同朋社，1986。

矢野主税，《門閥社會成立史》，東京，國書刊行會，1976。

林巳奈夫，《漢代の文物》，京都，京都大學人文科學研究所，1976。

山西省考古研究所、太原市文物管理委員會，〈太原市北齊婁叡墓發掘簡報〉，《
　　　　文物》，1983年10期。

山東省文物考古研究所，〈濟南市東八里洼北朝壁畫墓〉，《文物》，1989年4
　　　　期。

山東省博物館，〈曲阜九龍山發掘簡報〉，《文物》，1972年5期。

內蒙古文物工作隊、內蒙古博物館，〈和林格爾發現一座重要的東漢壁畫墓〉，《
　　　　文物》，1974年1期。

六安縣文物管理所，〈安徽六安發現西漢車馬坑〉，《考古》，1991年1期。

王天麻、鄧林秀、陶正剛，〈婁叡墓壁畫略說〉，《中國藝術》，創刊號，
　　　　1985.7。

王　愷，〈蘇魯豫皖交界地區漢畫像石墓的分期〉，《中原文物》，1990年1期。

王學理，〈五時副車銅偶所反映的秦代鑾駕制度〉，收於《秦陵二號銅車馬》。

甘博文，〈甘肅武威雷台東漢墓清理簡報〉，《文物》，1972年2期。

甘肅省博物館，〈武威磨咀子三座漢墓發掘簡報〉，《文物》，1972年12期。

安金槐、王與剛，〈密縣打虎亭漢代畫像墓和壁畫墓〉，《文物》，1972年10期。

余扶危、賀官保，〈洛陽東關東漢殉人墓〉，《文物》，1973年2期。

吳怡如，〈北周王令猥造像碑〉，《文物》，1988年2期。

吳曾德，〈漢代的車騎出行〉，《考古與文物》，1985年2期。

杜正勝，〈周禮身分制之確立及其流變——特從隨葬禮器論〉，中央研究院第二屆
　　　　漢學會議論文，1986，未刊。

邢義田，〈漢代壁畫的發展和壁畫墓〉，收於所著《秦漢史論稿》，台北，東大圖
　　　　書公司，1987。

岳鳳霞、劉興珍，〈浙江海寧長安鎮畫像石〉，《文物》，1984年3期。

武伯綸，〈秦漢車制雜議〉，《西北大學學報・哲學社會科學版》，1984年1期。

河北省正定縣文物保館所，〈河北護鹿發現北魏東梁州刺史閻靜遷葬墓〉，《文
　　　　物》，1986年5期。

金維諾，〈北齊繪畫遺珍〉，《中國藝術》，創刊號，1985.7。

南京市博物館，〈南京象山5號、6號、7號墓清理簡報〉，《文物》，1972年11
　　　　期。

胡平生，〈阜陽漢簡《詩經》異文初探〉，收於胡平生、韓自強編著，《阜陽漢簡
　　　　詩經研究》，上海古籍出版社，1988。

胡念耕，〈「車」、「居」同音可以假借〉，《文物》1985年3月。

夏忠潤，〈山東濟寧發現一組漢畫像石〉，《文物》，1983年5期。

夏超雄，〈孝堂山石祠畫像、年代及主人試探〉《文物》，1984年8期。

孫　機，〈始皇陵二號銅車馬對車制研究的新啟示〉，《文物》，1983年7期。

秦俑考古隊，〈秦始皇陵二號銅車馬初探〉，《文物》，1983年7期。

袁仲一，〈秦陵二號銅車馬的形制及系駕方法〉，收於袁仲一等編，《秦始皇兵馬
　　　　俑博物館論文選》，西北大學出版社，1989。

袁仲一、程學華，〈秦陵二號銅車馬〉，收於陝西省秦俑考古隊、秦始皇兵馬俑博
　　　　物館，《秦陵二號銅車馬》，《考古與文物》編輯部出版，1983。

陝西省秦俑考古隊，〈秦始皇陵一號銅車馬清理簡報〉，《文物》，1991年1期。

党壽山，〈甘肅省武威縣旱灘坡東漢墓發現古紙〉，《文岉》，1977年1期。

參考黎虎，〈六朝時期江左政權的馬匹來源〉，《中國史研究》，1991年1期。

常州市博物館、金壇縣文管會，〈江蘇縣方薘東吳墓〉，《文物》，1989年9月。

許倬雲，〈周代的衣食住行〉，《史語所集刊》，四十七本三分，1976。

陳　直，〈居延漢簡綜編〉，收於所著《居延漢簡研究》，天津古籍出版社，
　　　　1986。

陳　槃，〈春秋列國的交通〉，《史語所集刊》，三十七本下冊，1967。

勞　榦，〈論漢代之陸運與水運〉，《史語所集刊》，第十六本，1948。

湯　池，〈北齊高潤墓壁畫簡介〉，《考古》，1979年3期。

湯　池，〈東魏茹茹公主墓壁畫試探〉，《文物》，1984年4期。

楊　泓，〈中國古代馬具的發展和對外影響〉，《文物》，1984年9期。

楊英杰，〈先秦古車挽馬部分鞁具與馬飾考辨〉，《文物》，1988年2期。

嘉祥縣文管所，〈山東嘉祥紙坊畫像石墓〉《文物》，1986年5期。

寧夏固原博物館，〈彭陽新集北魏墓〉，《文物》，1988年9期。

趙化成，〈漢畫所見漢代車名考辨〉，《文物》，1989年3期。

趙康民，〈陝西臨潼的北朝造像碑〉，《文物》，1985年4期。

鳳凰山一六七號漢墓發掘整理小組，〈鳳凰山一六七號漢墓發掘簡報〉，《文
　　　　物》，1976年10月。

遼寧省博物館文物隊、朝陽地區博物館文物隊、朝陽縣文化館，〈朝陽袁子台東

　　　晉壁畫墓〉，《文物》，1984年6期。

閻　磊，〈西安南郊草場坡北朝墓的發掘〉，《考古》，1959年6期。

林巳奈夫，〈後漢時代の馬車（下）〉，《考古學雜誌》，49卷4號，1964。

林巳奈夫，〈後漢時代の車馬行列〉，京都大學，《東方學報》37，1966。

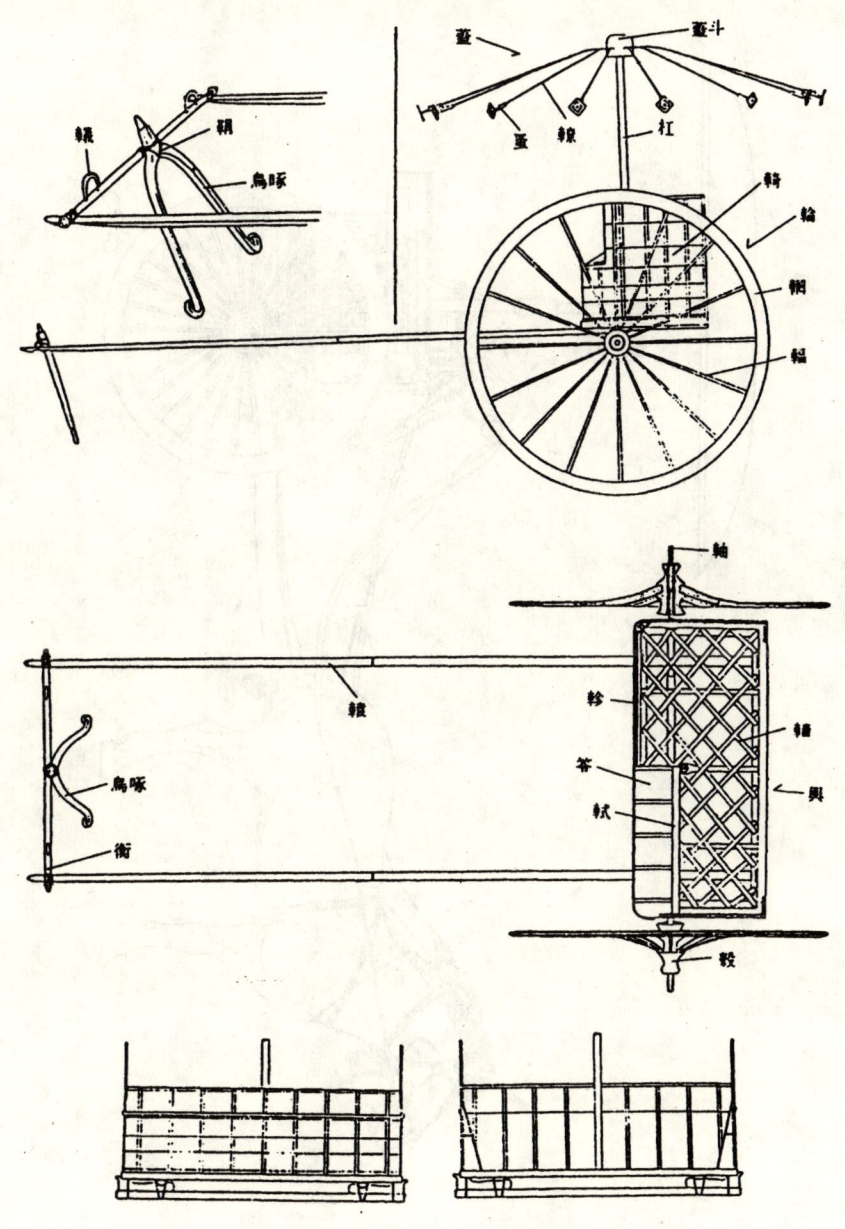

圖一　車之各部構件圖取自林巳奈夫，《漢代の文物》圖版1頁131。

唯圖中輈（轅）爲直輈，不確，當爲曲輈。

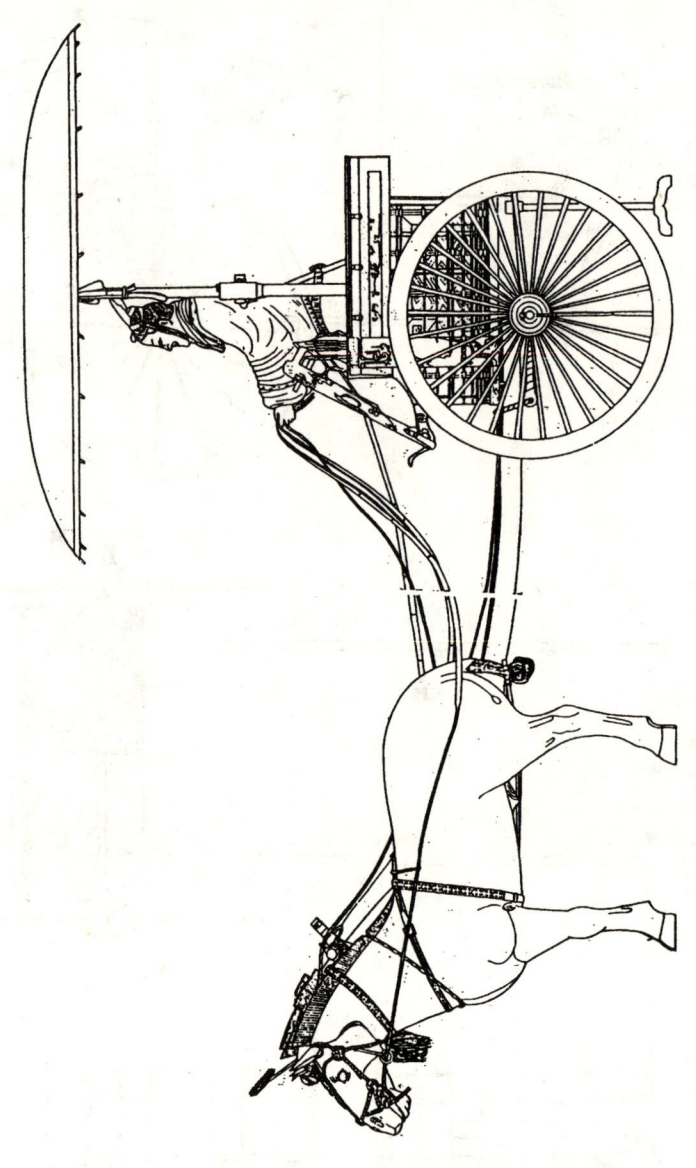

圖二　秦陵一號銅車馬側視圖（《文物》1991年1期）

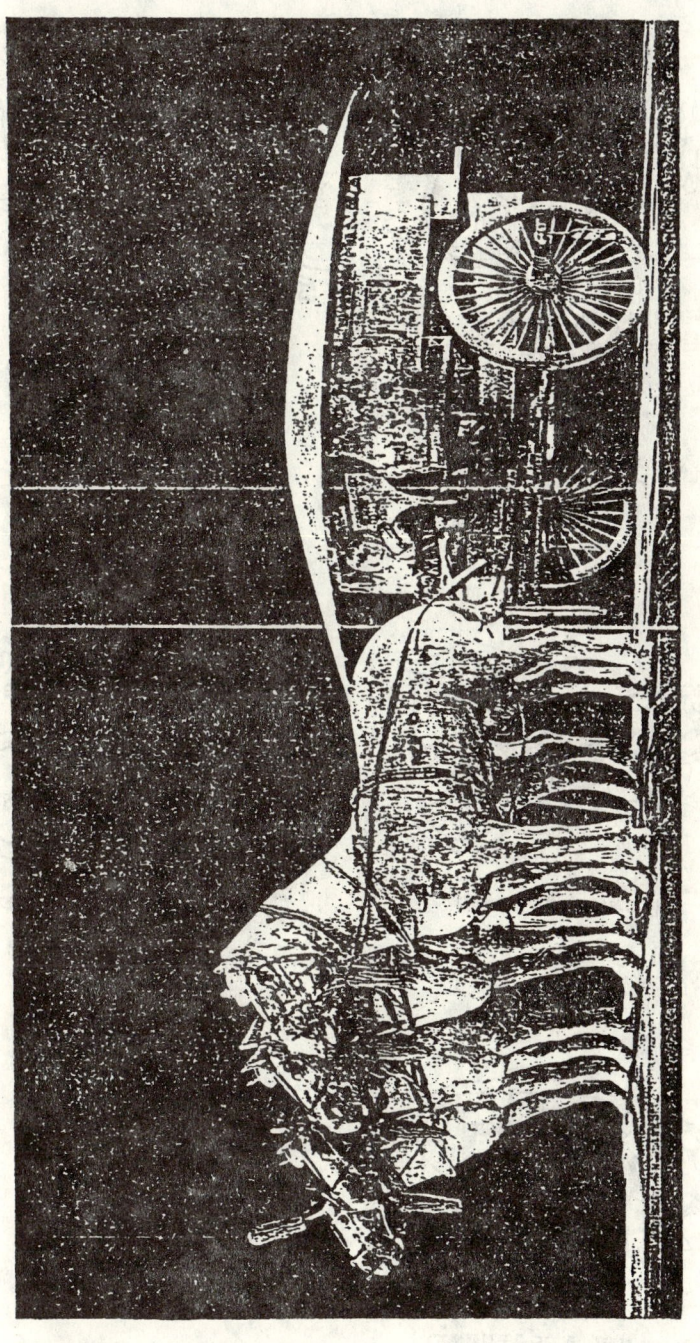

圖三　秦陵二號銅車馬，取自陝西省秦俑考古隊、秦始皇兵馬俑博物館，《秦陵
　　　二號銅車馬》圖版貳

軿车(内蒙古和林格尔汉墓壁画从繁
阳迁度属国大出行图下层中车)

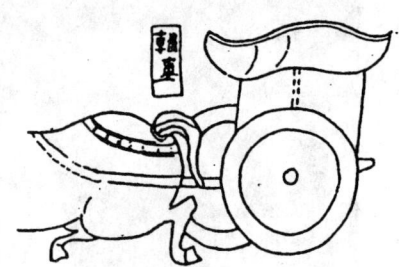

辎车(山东嘉祥县画像石,《全集》
初编197图, 车中座线为笔者所加)

辎车(山东福山县东留公画像石)

軿车(山东苍山县兰陵画像石)

轩车(山东安丘县玉封画像石)

圖四　輜車、軿車與軒車

取自趙化成，《漢畫所見漢代車名考辨》《文物》1989.3

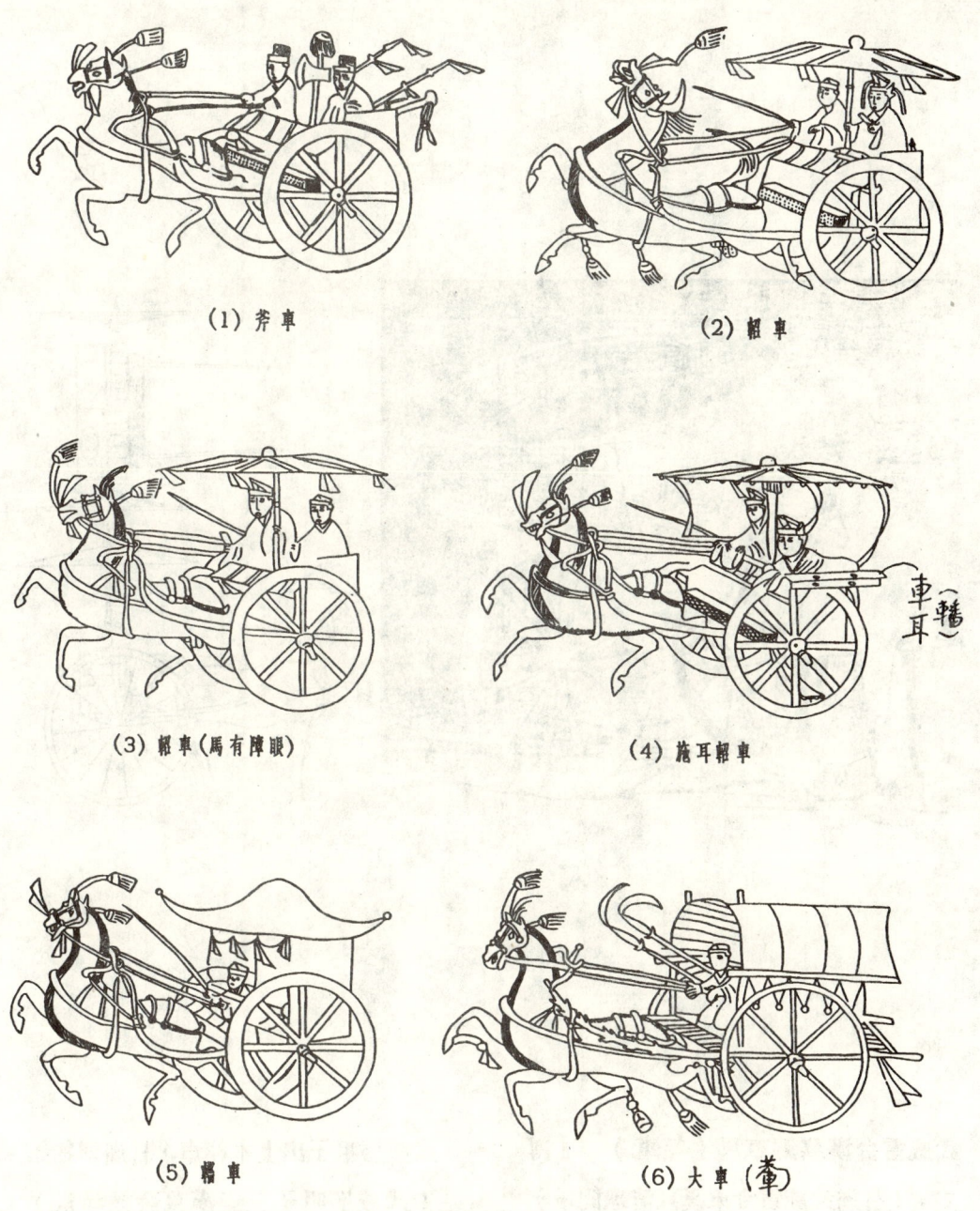

(1) 斧車　　　　　　　　　　　(2) 軺車

(3) 軺車（馬有障眼）　　　　　(4) 施耳軺車

(5) 軿車　　　　　　　　　　　(6) 大車（輂）

圖五　沂南畫像石所見車輛類型

採自《沂南古畫像石墓發掘報告》，圖版102。

武威雷台漢墓銅車馬（輜車），甘博　　　　武威磨咀子出土木輜車，甘肅博物館，

文，〈甘肅武威雷台東漢墓清理簡報〉　　　〈武威磨咀子三座漢墓發掘簡報〉，

《文物》1972.2　　　　　　　　　　　　　《文物》1972：12

圖六　出土漢代輜車模型

圖七　四維有幡（耳）軺車，東漢，四川彭縣出土畫像磚
《中國美術全集‧繪畫編》18，圖199。

圖八　斧車，東漢・四川彭縣，《中國美國全集・繪畫編》18，圖200。

圖九　東漢末‧馬廐圖‧浙江海寧長安鎮
　　　畫像石
　　　墓室前室南壁上方。五種車，由右至
　　　左：輅，赤闒軺車，斧車、輜車、
　　　棚車，收於〈浙江海寧長安鎮畫像
　　　石〉，文物1984.3。

圖十　車馬出行，《山東漢畫像石
　　　選集》，圖371。臨沂白莊出
　　　土。

圖一一　孝堂山石室車馬出行圖（摹本）

採自林巳奈夫，〈後漢時代の車馬行列〉京都大學《東方學報》37號，
1966。

圖一二　山東滕縣大郭村出土，東漢，西王母畫像
　　　　下欄牛車坐二人，羊車坐二人，羊身有翅。《中國美術全集・繪畫編》
　　　　18，圖25。

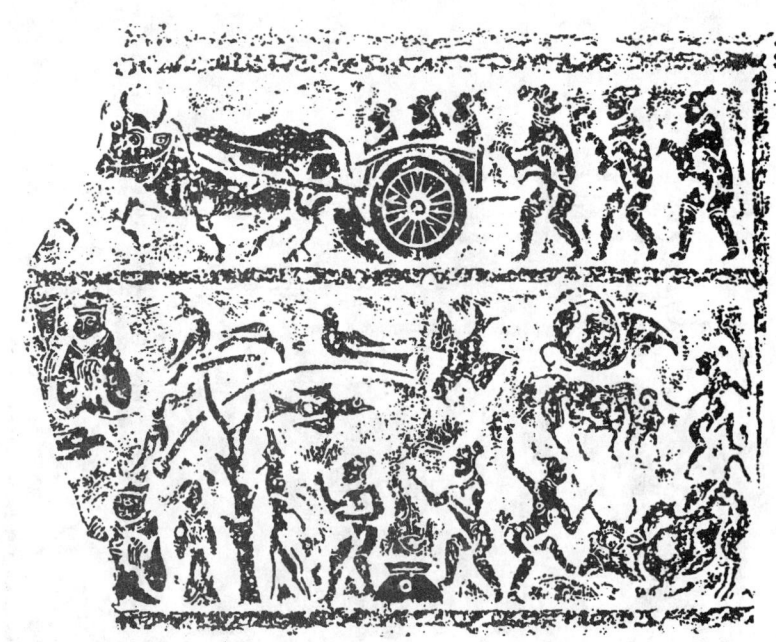

圖一三　東漢・濟南城南張出土，牛車坐三人，隨三人，《山東漢畫像石選集》，
　　　　圖153。

圖一四　東漢・甘肅武威旱灘波木牛車模型，收〈甘肅省武威縣旱灘坡東漢墓發
　　　　現古紙〉，文物1977.1。

圖一五　東漢·山東滕縣出土，延光元年。第六層二人乘牛車，從一騎。《中國美術全集·繪畫編》18，圖40。

圖一六　魏晉時期墓磚，甘肅嘉峪關6號墓，取自《漢唐壁畫》。

圖一七　牛車。收於〈彭陽新集北魏墓〉，文物1988.9頁39。

圖一八　收於〈南京象山5號、　　　　　圖一九　北魏元邵墓出土陶牛車，側有兩窗、
　　　　6號、7號墓清理簡報〉　　　　　　　　　輪幅以塗朱表示。《中國美術全集‧
　　　　文物1972.11。　　　　　　　　　　　　　雕塑編》3，圖110。

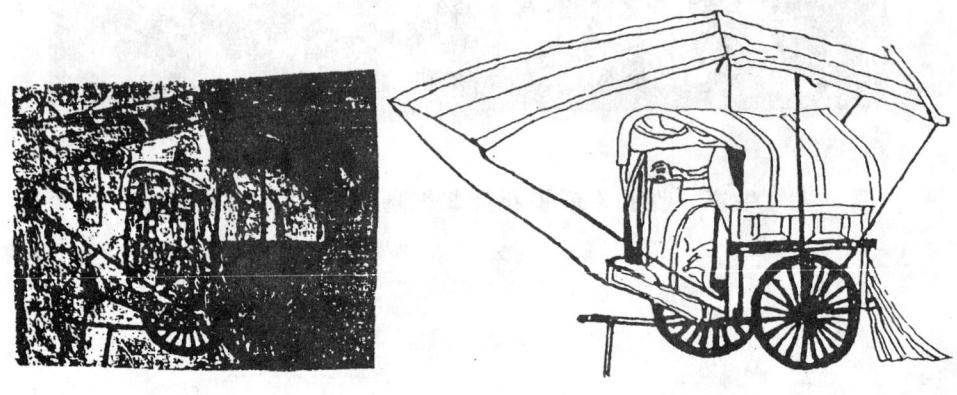

圖二〇　左、北魏・司馬金龍墓漆屏風列女圖上的通幰車，取自《中國美術全集・
　　　　繪畫編》第一冊，頁158。右爲王今棟據圖所繪見王氏《中國古代車馬》，
　　　　頁130。

圖二一　通幰牛車，北魏河南洛陽出土。收於王子雲《中國古代畫像石選集》。

圖二二　北魏・佛座裝飾畫像，女供養人及牛車，收於王子雲，《中國古代畫像
　　　　石選集》。

圖二三　北周，供養人及牛車〈北周王令狼造像碑〉文物1988：2

圖二四　北朝，敦煌壁畫中的有轓馬車，王今棟摹繪，見所著《中國古代車馬》，
　　　　頁132。

圖二五　冬壽墓　西元357年左右，高句麗‧北朝鮮黃海道發現。此爲鉤摹圖，見
土居淑子，《古代中國の畫像石》，圖版頁21。

圖二六　北齊婁叡墓壁畫中的牛車。金維諾，〈北齊繪畫遺珍〉摹本。《中國藝
　　　　術》創刊號，頁21。

漢隋之間的車駕制度跋

勞　榦

在古代車制之中，馬車大致可分爲輯車及輜車兩大類，輯車爲戰車所改變（論文中的"車之形制與等級區劃"也談到此事），輜車也應爲輜重車所改變。古代戰車之制，是立乘三人，中爲主將，左爲御者，右爲車右（左傳閔公元年，"趙夙御戎，畢萬爲右"）。原始的戰車是不用蓋（車傘）的，到變爲乘車就加上蓋。但蓋是富人才買得起的，凡是不夠多資的人，就不一定有蓋（禮記檀弓，"仲尼之畜狗死……曰……敝帷不棄，爲埋馬也，敝蓋不棄，爲埋狗也，丘也貧無蓋，於其封也，亦爲之席，毋使其首陷焉。"可見孔子乘車亦不曾有蓋。）秦銅車及漢畫的車都有蓋，不過漢代一般庶民的輯車，是否有蓋，就成問題了。車有蓋，較一般車高，所以稱做高車。釋名釋車，"高車，其蓋高，立乘之車也。"所以高車的高，不僅因爲立乘，而有高蓋更爲重要。一般的輯車原則上都是立乘，如其無蓋，就不是"高車"。這種車蓋一直成爲權威的象徵，直到清末爲止，凡是各地的主管官員，從督撫到知縣，出來時是乘轎（道員以上爲綠色，知府以下爲藍色），在轎子前面，一定有人持一個紅色車蓋，作爲儀仗。這種車蓋，俗稱爲日罩子，到民國時才廢除。

輯車四馬，有蓋有帷（四馬用單轅駕，駕車二馬爲服馬，旁列二馬爲驂馬），這是輯馬的標準形製。但在漢代卻有許多變化，其中最重要的就是把單轅改爲雙轅（但雙轅仍用曲轅，與牛車用直轅的，還是很不一樣），用來駕一馬，如用驂馬，就成爲三馬了。林巳奈夫"漢代の車制"所附的圖，就是雙轅車，在漢畫中也時常看到，只是單轅的還是定制。其次，輯車是立乘的，但在漢畫上顯然已有坐乘的輯車。輯車坐乘，這就形制要有所改變。也就是車輿要增大（前後加長，左

右不改）而車軨要變低。車茵的設置，也是爲了坐乘的原故。既然從立乘變爲坐乘，這就可以從前面進出，而後面可以封閉。在本論文中曾特別注意到晉宋以來公卿輜車的後戶，表示是從前方進去的，倘若依照傳統形製的輜車，都是從後面上車，就不可以再多一個後戶了。

輜車中這些演變，是可以溯原到兵車的制度，和常用車制認爲便利的不一樣。兵車的形式，是單轅（輈）駕二馬，從後上車，前方的軨較高（參閱希臘陶瓶，即vase，上的戰車，和中國古代戰車，也是一樣），這些都是爲了作戰的方便。用單輈而不用雙轅，爲的是單輈牽的兩馬較雙轅下的一馬，在行動上更爲自由，可以盡情的馳騁，而增加攻擊的效用。漢書五十二"竇田灌韓傳"，武帝說諸臣"局趣（即局促）效轅下駒"，駒仍是一般的馬（見史記會注引中井積德說），只是雙轅下的馬，受到限制，不能行動的十分方便。這是在戰場上用馬的條件，至於在平時，這種條件是不必需的。其實一般乘人的車，一馬即已夠用。爲了節省，漢代採用雙轅一馬制（仍是曲輈，與牛車或輂車直轅的，還是不一樣），也是一種合理的發展。

至於從後上車，那也是爲了兵車在前面要裝配防禦性的板或革，而較高的軨也一樣爲了保護直立的戰士。所以也要加高，但對於平時乘車的人，就不必這樣了。至於從後上車，爲了慣性（inertia）的原因總是從後墜車，韓安國就因此耽誤了丞相的任命。如其從前面上車，墜車的機會就減了，這也可能是變更的原因。

論文中詳細的討論過從馬車的廣泛使用，變爲以牛車來代馬車的問題。其中論據都是很好的。現在再來補充一下。論文中特別拿出一部分來討論牛車的被重視，極有見識，所引材料也甚爲充足。對於牛車在魏晉以來社會中重視的原因，也一一舉出，加以分析，在方法上也是正確的。爲了這個問題還有許多難以解決的疑點，因而討論還是必要的。

在西漢時代，牛車和馬車相比，牛車爲貧賤人所乘，那是沒有爭論的。漢書三十八齊悼惠王傳，說，"其後諸侯唯得衣食租稅，貧者或乘牛車"，這是說原來有分裂趨向的"諸侯"垮了，"貧者或乘牛車"意思明白，所有其他解釋都是錯的。漢書五十九張湯傳："載以牛車，有棺而無椁"和後漢書五十四楊震傳：章懷注引謝承書："震臨歿謂諸子，以牛車薄簀載柩還歸。"張湯和楊震的路線，雖然

很不相同，但爲了表示清廉和冤抑，情況或有些類似。雖然一在西漢中期，一在東漢晚期，牛車不是華貴車乘，還是同樣的。至於兩漢之際，馬匹缺乏情形，可由後漢書光武紀（後漢書一，上）"光武初騎牛，及殺新野尉，迺得馬。"表示馬匹缺乏情形，但依據後漢書二十四馬援傳："從容謂官屬曰，吾從弟少游，常哀吾慷慨多大志，曰士生一世，但取衣食裁足，乘下澤車，御款段馬，爲郡掾吏，守墳墓，鄉里稱善人，斯可矣。"這可能是西漢末年的事。當時郡中掾史，歸里以後，還可以"乘下澤車，御款段馬"款段馬指慢馬（不是良駒），下澤車大約指下鄉的車（不是盛飾的車）。馬援是扶風人，屬於西北區域，和光武在南陽，屬於中原區域的不一樣。但馬少游和馬援談話時，也可能早一點，是在天下動亂以前。這就論文中引用的東漢時期，比較普遍使用牛車的，多少有些區別。

　　習慣上的改變，光武帝的提倡節儉，可能是一個催化劑，卻不敢認定爲主要因素，因爲光武並無禁止一般士庶用馬車的證據。在漢高帝時曾禁賈人"衣絲乘馬"可是後來商人還是違禁的"衣絲乘馬"。禁令尚且不能支持久遠，提倡恐怕不一定能形成決定的力量。我覺得論文中引證過的世說新語，品藻篇：

　　　　陸子所謂駕馬有逸足之用，顧子所謂駕牛可以負重致遠，或問，如所目，

　　　　陸爲勝耶？曰駕馬雖精速，能致一人耳，駕牛一日行百里，所致豈一人

　　　　哉？

在應用上，牛比馬更爲經濟實用。馬較快速，牛有持久力量。東漢時代，正是南方加速開發時代，本來馬匹已大量減少，再加上長江中下游氣候對於養馬是不適的，東漢開國以來國力已大非昔比，所能控制的邊疆地帶大爲縮小，也影響到馬的來源。漢代也是車制的變革時代，輜車的變化，前文已略爲敘述，牛車系統也是在變化之中，在實用方面走去，漢代兵車已就廢棄，輜車只留一個形式。對於缺乏馬匹狀況之下，一般人家中假如還有馬，寧可以採取可以兩用的輦車作爲"下澤車"而不必保留只有虛文的輜車。這種一步一步轉變，經過了幾個世代，到了漢末時期，如論文引後漢書七十八單超傳："其後四侯轉橫，……其僕從皆乘牛車而從列騎"那是本人仍乘馬車，僕從乘牛車，再以騎馬的人隨從牛車，其貴賤之序爲馬車，牛車，單騎，牛車的地位已經升高，再進一步貴冑之士也乘牛車了。

(1)漢代單轅（輈）車的標準形式依林巳奈夫〝漢代の車制〞圖改

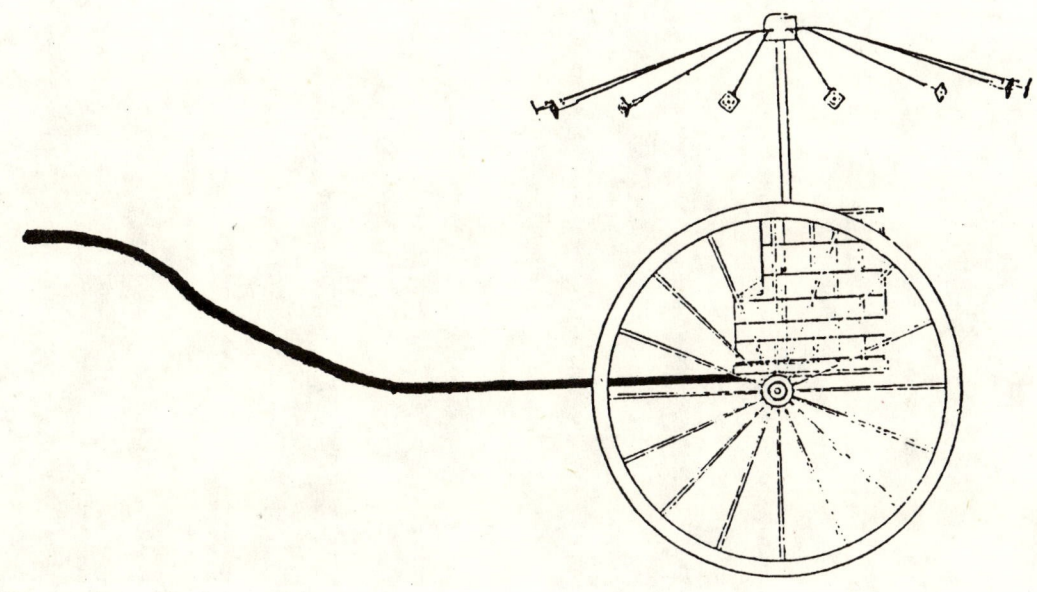

(2)漢代單轅（輈）車的標準形式

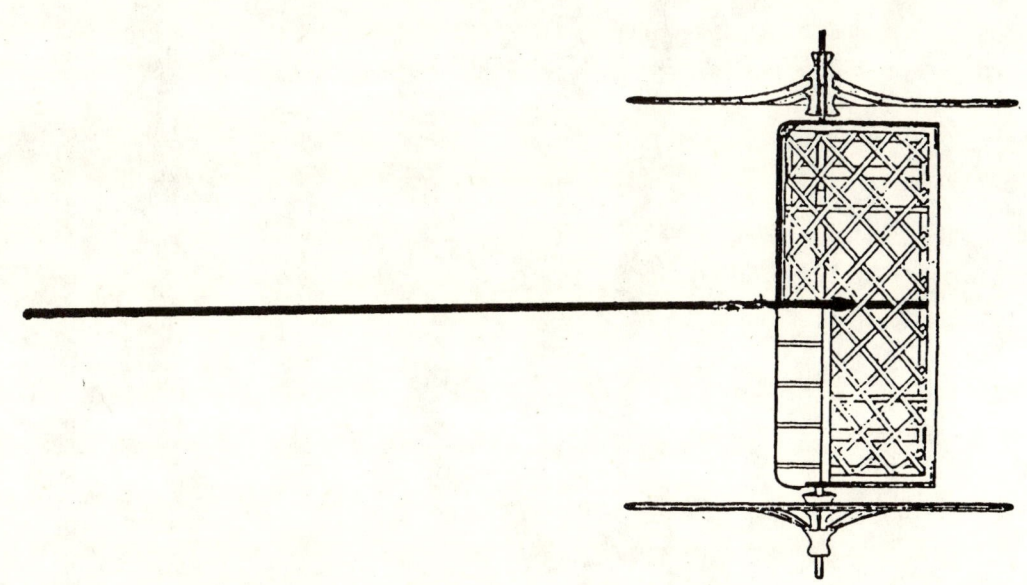

漢官休假雜考

廖 伯 源

「洗沐」有休假之義，蓋爲官員供職若干日有一日之休假，可以歸家沐浴而生之衍義，故「洗沐」又稱「休沐」。其後含義擴大，官員之其他休假亦可稱爲洗沐或休沐。漢代中官任職於宮中，每五日有一日休假，乃得出宮歸家。

漢官之休假，又有「予告」、「賜告」之名目，予告爲獎勵功勞之休假，賜告則爲皇帝恩賜之休假。官員之病假以三月爲限，滿三月依例當免，得賜告者可延長其病假，有延長數年乃至帶官銜歸家養病，至死乃罷其官者。

漢初大臣已有喪假，喪假之長短無考，唯不得長過三年。光武中興，廢除大臣喪假之制；至於無行政責任之官員，如郎官，似仍有喪假。東漢後期，士大夫行三年之喪者日多，然官員無長達三年之喪假，故官員欲爲父母行三年之喪者，除上書辭職外，唯有棄官歸家一途。

漢代亦有節日例假，政府官署關門休息。唯可考者僅夏至與冬至各休假五日，及伏日在東漢和帝永元六年之後爲政府規定之例假；此外，歲首、上元、上巳、春社、秋社、臘日等亦社會遊宴飲樂之節日，然政府是否有例假，無考。

本文詳細考述有關漢代官員休假之問題，或有助於了解漢代之官制。

一、洗　沐

漢代史料有「洗沐」之名目，今考其義有二：其一爲該詞之本義，意謂「沐浴」；[1] 其二爲衍義，意謂「休假」，蓋休假可以歸家沐浴；故又作「休

1　如《史記》〈田儋列傳〉：高祖使人徵田橫，橫從使者來，距洛陽三十里，謂使者曰：「『人臣見天子當洗沐。』」（94／2648）又《漢書》〈宣帝紀〉：昌邑王廢，群臣議立已淪爲庶人之武帝曾孫。「奏可，遣宗正德至曾孫尚冠里舍，洗沐，賜御府衣…」（8／238）又《後漢書》〈耿弇列傳〉：戊己校尉耿恭在西域爲北匈奴

沐」。[2] 本節就其第二義討論漢官之休假。

以是否在皇宮當差，可大致分漢官爲二類，是爲中官與外廷諸官署之官吏。在皇宮內當差服務的官員，稱爲中官，或稱中臣、內官、內臣、宮官。徐復觀謂中官「是在內廷日常生活上當差，及當皇帝侍從的大小臣工。」[3] 由於各官職掌前後有變化，不易完全無遺漏地列舉中官之官名，今粗略言之，中官包含少府、光祿勳、詹事、太子少傅及其全部屬官與衞尉、太常之部份屬官；數量甚多。

中官因在皇宮內值班工作，爲使其得出宮歸家，必有休假。今所見漢官洗沐之資料，多是指中官而言；請見下例。

《史記》〈曹相國世家〉曰：相國曹「參子窋爲中大夫，惠帝怪相國不治事。」使窋問之。「窋既洗沐歸，閒侍，自從其所諫參。」（54／2030）

《史記》〈佞倖列傳〉：「孝文時中寵臣，士人則鄧通……通亦愿謹，不好外交；雖洗沐，不欲出。」（125／3192）按時鄧通爲郎。

《史記》〈日者列傳〉：「宋忠爲中大夫，賈誼爲博士，同日俱洗沐。」（126／3215）

《漢書》〈張安世傳〉：「安世……少以父任爲郎。用善書給事尚書，精力於職，休沐未嘗出。」（59／2647）

《漢書》〈董賢傳〉：哀帝寵幸董賢，拜「爲駙馬都尉侍中，出則參乘，入御左右……賢……善爲媚以自固。每賜洗沐，不肯出，常留中視醫藥。」（93／3733）

所困，守疏勒城踰年。章帝建初元年「三月（返）至玉門，唯餘十三人……形容枯槁，中郎將鄭衆爲恭已下洗沐易衣冠。」（19／720-723）此三例之「洗沐」俱是「洗澡」之意。本文引用正史皆用點校本。

2　《史記》〈吳王濞傳〉：吳王起兵反，遺諸侯書曰：「『…楚元王子、淮南三王或不洗沐十餘年，怨入骨髓…』」（106／2828）《漢書》〈荊燕吳傳〉同。師古注曰「言心有所懷，志不在洗沐也。」（35／1910-1911）此例之「洗沐」，甚至可廣義地解釋爲休息。

3　參見徐復觀師著〈漢代一人專制政治下的官制演變〉，《周秦漢政治社會結構之研究》，二四三頁，香港新亞研究所，民國六十一年。

《漢書》〈王莽傳〉：「王莽……遷騎都尉光祿大夫侍中……莽休沐出。」（99上／4040）

《後漢書》〈宋均傳〉：「均以父任爲郎，時年十五，好經書，每休沐日，輒受業博士。」（41／1411）

《後漢書》〈韓棱傳〉：韓棱爲尚書令。「及竇氏敗，棱典案其事，深竟黨與，數月不休沐，（和）帝以爲憂國忘家。」（45／1535）

《後漢書》〈宦者列傳〉：蔡倫「建初中，爲小黃門。及和帝即位，轉中常侍……每至休沐，輒閉門絕賓。」（78／2513）

上列九例，言及有休沐或洗沐者，其官職分別爲中大夫、郎、博士、郎給事尚書、駙馬都尉侍中、騎都尉光祿大夫侍中、尚書令、小黃門、中常侍。其中小黃門爲宦官，侍於宮內，其中官之身份可不必討論。中常侍在東漢後期是宦官之官職；在和帝世，「中常侍猶參用士人」。[4] 蔡倫爲中常侍在和帝時，但其人宦者，是爲常識，無庸贅言。中大夫、郎是光祿勳之屬官，光祿勳（郎中令）府在皇宮圍牆之內。[5]「大夫掌論議」，「郎掌守門戶，出充車騎」，俱侍從宿衛於宮中。[6] 尚書令爲少府之屬官，尚書爲皇帝之祕書，尚書令與郎給事尚書俱在宮中辦公。[7] 博士爲太常之屬官。博士之基本職掌是「掌通古今」，顧問應對；[8]

4　《後漢書》〈竇憲傳〉：竇憲弟「景、瓌並中常侍。」（23／813）陳啓雲據此而謂和帝之世「中常侍猶參用士人」。見所撰〈略論兩漢樞機職事與三台制度之發展〉，《新亞學報》四卷二期，142頁，一九六二年。

5　參見陳樹鏞《漢官答問》，2／4a，振綺堂叢書。亦參見廖伯源〈西漢皇宮宿衛警備雜考〉，《東吳文史學報》第五號，12-13, 23頁，民國七十五年，台北。

6　參見《漢書》〈百官公卿表〉（19上／727）、《後漢書》〈續百官志〉（續志25／3574-3575）及嚴耕望師〈秦漢郎吏制度考〉，《史語所集刊》第二十三本，89-105頁，民國四十年。

7　參見勞榦〈漢代尚書的職任及其和內朝的關係〉，《史語所集刊》五十一本一分，41-50頁，民國六十九年。

8　《漢書》〈百官公卿表〉曰：「博士，秦官，掌通古今。」（19上／726）《後漢書》〈續百官志〉本注謂博士「掌教弟子。國有疑事，掌承問對。」（續志25／3572）「掌教弟子」是在武帝元朔五年（西前一二五年）爲博士官置弟子後所新加的職掌；（參見徐復觀師《中國經學史的基礎》，69-80頁，學生書局，台北，民國七十一年）兩漢博士最基本的職掌是以其知識輔佐皇帝。

故亦入值宮中。《漢書》〈百官公卿表〉曰：「駙馬都尉掌駙馬」，師古注曰：「駙，副馬也。非正駕車，皆爲副馬。」（19上／739）駙馬都尉亦是皇帝近身之宿衛官員。侍中則是加官，〈百官公卿表〉謂加官侍中者得入禁中。（19上／739）禁中是皇宮的一部份，皇帝后妃皇子等居住之地方，[9] 得入禁中的官員是中官之最親近者。董賢爲駙馬都尉侍中，是其本職爲駙馬都尉，指揮皇帝出行之副車隨從；加官侍中，則得入禁中，侍於左右。駙馬都尉侍中是親近的中官，與供職於宮中，但不得入禁中之一般中官不同。上引〈王莽傳〉謂莽「遷騎都尉光祿大夫侍中」。[10] 按光祿大夫本名中大夫，武帝太初元年更名。（《漢書》〈百官表〉19上／727）騎都尉亦光祿勳之屬官；《漢書》〈百官表〉曰：「羽林掌送從……宣帝令中郎將、騎都尉監羽林。」（19 上／727-728）《後漢書》〈續百官志〉曰：「騎都尉，比二千石。本注曰：無員，本監羽林騎。」（續志25／3577）騎都尉是宮庭宿衛之官員，亦是中官。騎都尉、光祿大夫、侍中俱是中官。上文九例言及有洗沐或休沐者俱是中官。[11]

又《漢書》〈萬石君傳〉：「長子建爲郎中令，少子慶爲內史。建老白首，萬石君尚無恙，每五日洗沐歸謁親。」注引文穎曰：「郎官五日一下。」（46／2195）《補注》引劉奉世曰：「建爲郎中令，慶爲內史，非郎官也。按霍光秉政亦休沐，然則漢公卿以下皆有休沐也。」[12] 按劉奉世此注有錯誤。首先，其誤解上引《漢書》原文。上引文僅謂郎中令石建每五日洗沐。參見《史記》，其意更明。《史記》〈萬石張叔列傳〉曰：「乃以長子建爲郎中令，少子慶爲內史。

9　參見前引廖伯源〈西漢皇宮宿衛警備雜考〉，22-25頁。

10　《漢書》〈王莽傳〉謂王莽「遷騎都尉光祿大夫侍中」，其文意有二解，其一是莽先遷爲騎都尉，後調爲光祿大夫侍中；其二是莽同時爲騎都尉光祿大夫侍中。今考《漢書》〈成帝紀〉曰：永始元年五月，「封舅曼子侍中騎都尉光祿大夫王莽爲新都侯。」（10／319）又〈元后傳〉曰：「遂擢莽從侍中騎都尉光祿大夫爲大司馬。」（98／4027）則王莽同時爲此三官，可以無疑。

11　《漢舊儀》曰：「侍中…得舉非法，白請及出省戶休沐，往來過直事。」（《漢舊儀》卷上／2a，四部備要本孫星衍輯《漢官六種》，標點參考周天游點校本《漢官六種》32頁，中華書局，北京，1990年。）此條明顯謂侍中「出省戶休沐」。

12　《漢書補注》〈萬石君傳〉46／2b。本文引用《漢書補注》及《後漢書集解》俱採用藝文印書館景印本。

建老白首，萬石君尙無恙。建爲郎中令，每五日洗沐歸謁親。」（103／2765）
明指郎中令石建每五日洗沐，不及內史石慶。按郎中令（光祿勳）府在宮內；郎
中令「掌宮殿掖門戶」，爲諸郎、大夫之長官，在宮內執行職務，亦五日一洗沐
歸家。郎中令亦是中官，此條史料亦可爲「漢中官有洗沐」說法之證據。文穎注
謂「郎官五日一下」，[13] 蓋以郎官包含郎中令及諸郎；其說正確。劉奉世則以
爲郎中令非郎官，又誤以爲內史石慶亦每五日洗沐，加以霍光秉政亦有休沐，因
得出「漢公卿以下皆有休沐」之結論。此結論是否正確，下文再論；今先審查其
證據。上引〈萬石君傳〉不言內史石慶洗沐，已解釋清楚，不可以此條謂漢九卿
有洗沐。其次，檢討「霍光秉政亦休沐」事。據《漢書》〈霍光傳〉，武帝崩，
昭帝立，年八歲；霍光以大司馬大將軍領尙書事輔政。（68／2932-2936）「領尙
書事」因霍光主領尙書之事務而成爲一新官銜；尙書爲皇帝之祕書，昭帝年幼，
霍光領尙書事是代昭帝審閱尙書呈上之行政公文及吏民上書，然後代爲決策，亦
即是在宮內代昭帝行使政權。[14] 霍光在宮內工作，亦是中官，故亦有洗沐。霍
光此例亦僅能證明漢中官有洗沐，不可作爲「漢公卿以下皆有休沐」的說法之證
據。

漢中官每五日一休沐，上引《史記》及〈漢書〉之〈萬石君傳〉已見之。又
《史記》〈汲鄭列傳〉：鄭當時「孝景時爲太子舍人，每五日洗沐。」（120／
3113）亦可爲證。然《漢書》〈蕭望之傳〉《補注》王先謙曰：「漢制自三署郎
以上入直禁中者，十日一出休沐。」（78／11a）此作「十日」者當有誤，十當
作五。[15] 至謂自三署郎以上入直禁中者皆有休沐，則大致不錯，唯稍嫌不夠周

13　《漢書》注：「文穎曰：『郎官五日一下。』」（46／2195）《史記集解》：「文
　　穎曰：『郎五日一下。』」（103／2765）少一「官」字，當是傳抄之誤。

14　參見廖伯源〈試論漢初功臣列侯及昭宣以後諸將軍之政治地位〉，《徐復觀先生紀
　　念論文集》，150-151頁，學生書局，台北，民國七十五年。

15　《漢書》〈霍光傳〉曰：「光時休沐出。」《補注》王先謙曰：《通鑑》胡注：「漢
　　制，中朝官五日一下里舍休沐。」（68／3a）《資治通鑑》胡注曰：「漢制，中朝
　　官五日一下里舍休沐，三署諸郎亦然。」（23／754）王先謙於此引《通鑑》胡注謂
　　「五日」，而於〈蕭望之傳〉則謂「十日」，於二者之矛盾並無解釋，當是忙中有
　　誤。漢代中官五日一出休沐數見於史書，而十日一出休沐則僅見於王先謙此注，當是
　　錯誤。

延。蓋秩位在三署郎以下入直禁中者亦有洗沐。如「太子舍人，二百石。」
（《後漢書》續志27／3608），比三署郎中秩「比三百石」（《後漢書》續志
25／3574-3575）爲低，然太子舍人亦以入直宮中而有洗沐；此其一。其次，
「入直禁中者」改爲「入直宮中者」，意義較爲周全；蓋禁中爲皇宮之一部份，
入直宮中者就是中官，中官除包含入直禁中者外，尚有其他入直宮中，但不得進
入禁中之官員。僅謂入直禁中者有洗沐，遺漏不言不得進入禁中之中官亦有洗
沐。

　　又《漢書》〈楊敞傳〉曰：

　　　「（敞子惲）遷中郎將。郎官故事，令郎出錢市財用，給文書，迺得出，
　　　名曰『山郎』。移病盡一日，輒償一沐，或至歲餘不得沐。其豪富郎，日
　　　出遊戲，或行錢得善部。貨賂流行，傳相放效。惲爲中郎將，罷山郎，移
　　　長度大司農，以給財用。其疾病休謁洗沐，皆以法令從事。」（66／
　　　2890）

謂昭、宣間郎官故事，賄賂流行，有財行賄者得常出宮休假，貧窮無由買通者乃
至歲餘不得出宮洗沐。然此皆違法亂紀之作爲。中官洗沐，每五日一次爲規矩；
故楊惲爲中郎將，轄諸郎，得盡革弊端，以法令從事。

　　上引文謂「移病盡一日，輒償一沐」，則一次洗沐當是一日。中官供職宮
中，當是在宮內五日，輪值工作，第六日休假，得出宮歸家，次日又再入宮，如
此周而復始。

　　中官連續在宮內五日；上文引《後漢書》〈韓棱傳〉，尚書令韓棱數月不休
沐；而上引《漢書》〈楊敞傳〉謂有郎「歲餘不得沐」。則在宮內必有宿舍供其
休息。《漢書》〈董賢傳〉，董賢爲長留宮中侍人主以自固，洗沐不肯出。哀帝
以賢難歸家，「詔令賢妻得通引籍殿中，止賢廬，若吏妻子居官寺舍。」師古注
曰：「廬謂殿中所宿止處也。」（93／3733-3734）是董賢在宮中有「廬」以作
宿止之用。在皇宮圍牆之內，有「區廬」，或稱「周廬」，是衛尉屬下衛兵之宿
舍。[16] 又《史記》〈直不疑傳〉：直不疑「爲郎，事文帝。其同舍有告歸。」

16　參見前引廖伯源〈西漢皇宮宿衛警備雜考〉，10-11頁。

（ 103 ／ 2770 ）《後漢書》〈陳重傳〉：陳重爲郎，「同舍郎有告歸寧者。」
（ 81 ／ 2687 ）郎在兩漢俱有宿舍，史有明文。上引〈楊敞傳〉謂有郎「或至歲
餘不得沐」，則郎之宿舍在皇宮之內。

　　部份中官參與政事於內廷，其間之鬥爭，乃有利用一方洗沐出宮而陷害之
者。《漢書》〈霍光傳〉曰：蓋長公主、左將軍上官桀等詐使人以燕王旦名義上
書，「候司光出沐日，奏之。桀欲從中下其事，（御史大夫）桑弘羊當與諸大臣
共執退光。」（ 68 ／ 2935 ）又〈蕭望之傳〉曰：元帝初，蕭望之以前將軍領尚
書事輔政，與中書令弘恭、中書僕射石顯相爭不和。「恭、顯令二人（鄭朋、華
龍）告望之等謀欲罷車騎將軍（史高），疏退（外戚）許、史狀。候望之出沐
日，令朋、龍上之。事下弘恭問狀。」（ 78 ／ 3286 ）蓋霍光、蕭望之皆領尚書
事，先閱天下上書之副本；若於其在宮內時上書告之，當爲所知，其或得屏去不
奏，[17] 或得自訟於帝前以明是非。故陷害者候其休假出宮乃上書告之，欲其不
知而無法自衛也。

　　《後漢書》〈酷吏陽球傳〉：中常侍王甫等宦官弄權，陽球發憤掃除之。
「光和二年，（球）遷爲司隸校尉。王甫休沐里舍，球詣闕謝恩，奏收甫……
等……送洛陽獄。」杖殺王甫父子於獄中。（ 77 ／ 2499-2500 ）陽球奏收王甫是
在其新拜司隸校尉入宮謝恩之時；其時正好王甫休沐出宮，到其宮外之住宅度
假。或是因其人不在宮內，故陽球對其之彈劾容易成功。又〈黨錮李膺傳〉：膺
爲司隸校尉，以中常侍張讓弟朔貪殘無道，捕殺之。「讓訴冤於帝」，膺正辭以
對，桓帝是之。「自此諸黃門常侍皆鞠躬屏氣，休沐不敢復出宮省。帝怪問其
故，並叩頭泣曰：『畏李校尉。』」（ 67 ／ 2194 ）諸宦官休沐不敢出宮，蓋爲
避禍也。

　　綜上所述，漢代中官供職宮內，每五日有一日休假，出宮休息，此一日休假

17　《漢書》〈魏相傳〉曰：「故事諸上書者皆爲二封，署其一曰副，領尚書者先發副
　　封，所言不善，屏去不奏。相復因許伯白，去副封以防雍蔽。宣帝善之，詔相給事
　　中，皆從其議。」（ 74 ／ 3135 ）宣帝去副封之制是否臨時措施，僅爲對付霍氏專
　　權，待考。此例最少可以說明在霍光秉政時領尚書事是可以屏去其所認爲不善之上
　　書。

稱爲洗沐，或稱休沐。

　　外廷官署之官吏及地方官吏是否如中官一般，每五日有一日休假，則不能確定。上引《史記》〈日者列傳〉謂中大夫宋忠、博士賈誼同日俱出洗沐。注張守節《正義》曰：「漢官五日一假洗沐也。」（127／3216）按上文已述中大夫、博士俱中官，不得以其洗沐而謂所有漢官每五日有一日休假。張守節唐人，其謂漢官五日一假洗沐或別有所據；然僅以此條肯定漢官每五日有一日休假，似嫌證據不足。

　　《史記》〈張丞相列傳〉載：安國侯王陵對張蒼有救命之恩。「及蒼貴，常父事王陵。陵死後，蒼爲丞相，洗沐，常先朝陵夫人上食，然后敢歸家。」（96／2681）《漢書》〈張蒼傳〉同。（42／2099）此條史料似謂西漢丞相有洗沐，若其洗沐之意義與上文所述相同，是供職五日有一日休假，則有不可解之處。蓋王陵夫人當居於安國侯國，離長安甚遠，張蒼不可能在一日內往朝王陵夫人。據《史記》〈高祖功臣侯者年表〉：王陵封安國侯，呂后七年薨；其子哀侯忌嗣，明年薨；其孫終侯游嗣，[18] 終侯游在位凡四十年，[19] 薨於景帝後元三年。（18／924）則終侯游初嗣侯時必甚爲年輕，年少而孤，王陵夫人當與此孤孫居以撫養之。且王陵封安國侯，陵夫人當與其直系子孫居於安國侯國。蓋文帝有感於功臣列侯群居於京師，同功一體，干預政治；爲分解此政治勢力，最好的辦法是令諸列侯各歸其封國。故於即位之初，就下詔使列侯之國，除任官職及詔所止者得遣其太子代其之國外，其他列侯俱得居於其封國。此政策終文帝之世不

18　終侯游，《漢書》作「終侯斿」。（16／572）
19　據《史記》〈高祖功臣侯者年表〉：文帝元年，「終侯游元年」。則其父哀侯忌當薨於高后八年，終侯游嗣侯，以明年，即文帝元年爲元年。終侯游薨，其子安侯辟方嗣，「建元元年，三月，安侯辟方元年。」（18／924，按「三月」當爲衍文，據侯者年表，列侯非始封者其元年不書月。）則終侯游當薨於建元元年之前一年，即景帝後三年。計終侯游於高后八年（-180）嗣侯，景帝後三年（-141）薨，爲安國侯凡四十年。《漢書》〈高惠高后文功臣表〉曰：「孝文元年，終侯斿嗣，三十九年薨。」（16／572）所言亦不誤，蓋從終侯游元年起計；實則終侯游於其父薨後即嗣侯，明年始改元。

變。[20] 張蒼爲丞相在文帝四年至文帝後元二年（-176—— -162 ）。（《漢書》〈百官公卿表〉19下／756-759 ）在其爲丞相期間，除任官之列侯外，其他列侯例居其國；終侯游與其祖母亦當居於安國侯國。

張蒼封北平侯，按安國縣與北平縣俱屬中山王國。[21] 據譚其驤主編之《中國歷史地圖集》第二册，西漢時之北平縣在今保定市之西北北約二十五公里，安國縣則在今保定市之東南南約六十公里，二地之直線距離約爲七十五公里。[22] 若丞相張蒼休長假返其封國，繞道數十公里到安國侯國去拜候王陵夫人，倒是合理可信。上引〈張丞相列傳〉謂「蒼爲丞相，洗沐，常先朝陵夫人上食，然後敢歸家」之「洗沐」，解作休長假，於理較順。而胡廣休沐南歸，恆飲菊水而疾癒事，亦可解通。《後漢書》〈胡廣傳〉注引盛弘之《荊州記》曰：

> 「菊水出穰縣，芳菊被涯，水極甘香⋯太尉胡廣所患風疾，休沐南歸，恆飲此水，後疾逐瘳。」（ 44 ／ 1510 ）

太尉爲東漢三公，任職於京師洛陽，太尉胡廣休沐到荊州，以恆飲菊水而風疾痊癒。則其逗留荊州之時間相當長，其休沐亦當是休長假。

下列二例謂郡縣小吏亦有休沐。[23]

> 《後漢書》〈种拂傳〉：「拂⋯⋯拜宛令，時南陽郡吏好因休沐，游戲市里，爲百姓所患。拂出逢之，必下車公謁，以愧其心，自是莫敢出者。」(56 ／ 1829-1830)

> 《三國志・魏書》〈華歆傳〉：「華歆⋯⋯平原高唐人也，高唐爲齊名都，衣冠無不游行市里。歆爲吏，休沐出府，則歸家闔門。」（ 13 ／ 401 ）

20　參見廖伯源，〈試論西漢時期列侯與政治之關係〉，《新亞學報》第十四卷，138-140頁，香港，新亞研究所，1984 年。

21　參見《史記》〈高祖功臣侯者年表〉《索隱》，（ 18 ／ 924，928 ）《漢書》〈地理志〉，（ 28下／ 1632 ）及《漢書補注》王先謙曰。（ 28下／ 18a，19a ）

22　譚其驤主編《中國歷史地圖集》第二册，26頁，上海，地圖出版社，1982 年。

23　此二例中，〈种拂傳〉明謂郡吏休沐。〈華歆傳〉謂歆爲吏休沐，不明言歆爲郡吏抑爲縣吏。按華歆是平原郡高唐縣人，平原郡郡治在平原縣，（《後漢書》〈續郡國志〉，志22 ／ 3472 ）歆在高唐爲吏，當是高唐縣縣吏。

至其「休沐」之確切意義爲何，至少可作下列二種可能之推測：

其一，其休沐是在郡縣府中供職五日（或若干日）後，得出府休沐一日，在工作期間，不得離開府衙，[24] 一如上文所述中官之休沐。若是如此，則郡府、縣府之範圍當甚廣，並在其中建有甚多宿舍以安置人數衆多之掾、屬、史、書佐等吏員，[25] 以今比古，此可能性恐不大。且郡縣府中之工作似不必強制吏員居住在府衙之內。

其二，官吏於上班時間到府衙工作，下班後可自由離開府衙，每工作若干日有一日假期，或每年有若干日假期；[26] 其不在府衙上班之時間皆可說是「休沐」。此說似於理較順。

下文第四節述漢代有節日例假，其時官署關門，百官休息，然在皇宮服役之中官，尤其是宿衞及服侍皇室日常生活之侍從廝役等官吏，則不得休假。上文謂

24　《三國志》注引《魏略》〈苛吏傳〉：王思，魏「正始中，爲大司農…性少信，時有吏父病篤，近在外舍，自白求假。思疑其不實…遂不與假，吏父明日死，思無恨意。」（《三國志・魏書》〈梁習傳〉 15／471）所謂「外舍」，是否意謂吏於府衙內又有宿舍，以供其上班之用，雖不能肯定，但亦不能說無可能。

25　漢代郡府吏員數百人，多者上千；縣府吏員亦數百人。考詳嚴耕望師《中國地方行政制度史上編----卷上：秦漢地方行政制度》，111-112頁，222-223頁，中央研究院歷史語言研究所專刊之四十五，民國六十三年再版。

26　漢代邊防軍吏戍卒之休假，居延簡中有若干資料，請見下列數簡：

第二十一隧卒杜詡	休二十日		E.P.T.65:51
第二十八隧長張駿	休二十日		E.P.T.65:136
第二十五隊卒鮑永	♀ 休三十日		E.P.T.65:323
鄣卒蘇寄	九月　日封符休居家十日往來二日會月十五日		E.P.T.17:6
第十候長彭詣官	十月旦休　十月☒		E.P.T.44:23
●告尊省卒作十日輙休一日于獨不休尊何解□☒			E.P.T.59:357
☒六月二十二休●秦月十二日休十日●八月八日休盡……			E.P.T.65:72

（《居延新簡——甲渠候官與第四燧》，甘肅省文物考古研究所、甘肅省博物館、文化部古文獻研究室、中國社會科學院歷史研究所編，文物出版社，1990 年 7 月，北京。）

漢簡中有關邊防吏卒休假者有數十簡，然簡文過於簡單，又脫落不連續，且多殘缺不全，不易據之以言漢戍卒之休假制度。就以上引數條而言，既有謂戍卒休假二十日、三十日者，又有謂省卒作十日輙休一日者，其休假制度當甚複雜。而邊防軍吏戍卒與朝廷官員之休假制度又恐非相同，不可以此證彼。

中官服勤五日，有一日洗沐之輪休，此或是其例假不得休，故用輪休以補償之。若此，則外庭官署之百官當無輪休之洗沐。然此僅爲推測之言。

　　總結此節，謂「洗沐」爲休假，其初恐是由供職若干日有一日之休假歸家洗澡而生之衍義，後又稱「休沐」。日久其含義擴大，官員之休假乃至休長假亦可稱爲洗沐或休沐。漢代史料中「洗沐」、「休沐」二詞之意義當考究其前後文方可確定。

　　中官任職於宮中，每工作五日，有一日休假，乃得出宮歸家。外廷之官員亦有休假，可以肯定；然外廷之官員是否在官府中工作居住若干日，至休假時乃得離開官府歸家，則以史料太少，不能有所斷定。以理推之，當是上班時間到官署執行公務，下班後可自由離開官署，而上班若干日有一日休假，或每年有若干日假期。

二、「予告」與「賜告」

　　漢代官員之休假，又有「予告」、「賜告」之名目。《漢書》〈高帝紀〉注引孟康曰：

　　　「古者名吏休假曰『告』……漢律，吏二千石有『予告』、有『賜告』。
　　　予告者，在官有功最，法所當得者也。賜告者，病滿三月當免，天子優賜
　　　其告，使得帶印綬，將官屬，歸家治病。」[27]

　　謂「告」爲官吏之休假，按此爲「告」之一義；「告」尚有告假、請假之意義。《漢書》〈高帝紀〉注：「告者，請謁之言，謂請休耳。或謂之謝，謝亦告也……《左氏傳》曰：『韓獻子告老』，《禮記》曰：『若不得謝』。《漢書》諸云謝病皆同義。」（1上／6）按「告」之原義爲告訴、報告、申請之意，所謂「告者，請謁之言」是也。因請假必須報告，故「告」衍生出告假、請假之義。《後漢書》〈薛包傳〉注曰：「告，請假也。」（39／1295）「告」字告

27　《漢書》〈高帝紀〉注（1上／6）。此條史料又見於《史記》（8／346）、《後
　　漢書》〈陳忠傳〉注引《漢書音義》（46／1561），文字稍有出入，意義相同。

假之義早於休假之義，且休假之義或從告假之義而衍生；其後二義並行。今推究
「予告」、「賜告」二詞之產生，可能是官吏告假，在上者准其所告，或「予」
或「賜」所告，因有予告、賜告之名歟？

　　上引文又謂二千石官員有予告、賜告爲漢律。今驗證史傳，其說疏闊；史書
中不乏賜告之例，上至萬石之丞相，下至六百石之諫議大夫，均有賜告之例；不
限於二千石。如丞相公孫弘以病請辭，武帝「因賜告、牛酒雜帛。居數月，病有
瘳，視事。」[28] 《漢書》〈谷永傳〉曰：永爲大司農，病。「故事，公卿病，
輒賜告，至永獨即時免。」（ 85 ／ 3473 ）則在成帝時，公卿有病賜告爲常例，
唯谷永爲大司農不得賜告而免，史家以爲破例，書之於史册。[29] 公卿中丞相秩
萬石，御史大夫及太常等十卿秩中二千石，其秩皆高於二千石。而秩低於二千石
之官員得賜告者，又有侍中、大夫。《後漢書》〈薛包傳〉：包於安帝建光中
「拜侍中……稱疾不起……有詔賜告歸。」（ 39 ／ 1295 ）東漢侍中秩比二千
石。（志 26 ／ 3593 ）以光祿大夫賜告者，見於史文，在西漢哀帝時有龔舍；
（〈龔舍傳〉 72 ／ 3084 ）在東漢順帝時有樊英。（〈樊英傳〉 82 上／ 2723 ）又
東漢章帝時，江革「轉拜諫議大夫，賜告歸。」（〈江革傳〉 39 ／ 1303 ）光武
時，牟長以中散大夫「賜告一歲。」（ 79 上／ 2557 ）兩漢光祿大夫秩比二千
石，東漢之諫議大夫及中散大夫俱秩六百石。[30] 上引各例俱中央官，馮野王則

28　見《史記》（ 112 ／ 2952 ）、《漢書》（ 58 ／ 2622 ）〈公孫弘傳〉。

29　三公賜告之例如公孫弘。九卿賜告之例如《史記》〈汲黯傳〉：黯於武帝時「爲主爵
　　都尉，列於九卿……黯多病，病且滿三月，上常賜告者數。」（ 120 ／ 3105-3107 ）
　　據《漢書》〈百官公卿表〉：主爵都尉後更名爲右扶風，秩二千石。（ 19 上／ 736-
　　737 ）徐復觀師考證以爲西漢九卿凡十四官，主爵都尉在其中。（見徐復觀，〈漢代
　　一人專制政治下的官制演變〉，《周秦漢政治社會結構之研究》，214-216 頁，香港
　　新亞研究所，一九七二年。）上引〈汲黯傳〉且明謂主爵都尉「列於九卿」；則主爵
　　都尉之秩雖比太常等卿之秩中二千石稍次，然在西漢武帝時，主爵都尉爲九卿之一，
　　則無疑。《後漢書》〈續百官志〉在太常、光祿勳、衛尉、太僕、廷尉、大鴻臚、宗
　　正、大司農、少府九官之下，皆明言「卿一人」，故東漢之九卿無疑問。《後漢書》
　　〈趙孝傳〉曰：「永平中……（孝）遷長樂衛尉……（其後）復以衛尉賜告歸。」
　　（ 39 ／ 1299 ）趙孝爲長樂衛尉，史文稱其爲衛尉，蓋省文。

30　《漢書》〈百官公卿表〉，19 上／ 727 ；《後漢書》〈續百官志〉志 25 ／ 3577 。參
　　見廖伯源，〈漢代大夫議郎制度試釋〉，待刊稿。

以地方長吏賜告。《漢書》〈馮野王傳〉，野王於成帝時爲琅邪太守，稱病，「滿三月賜告。」（79／3304）則漢代得賜告者，上至萬石，下至六百石，皆有其例，且無中央地方官之限制。所謂「賜告」，是皇帝所賜，杜欽謂「病滿三月賜告，詔恩也。」（《漢書》79／3304）皇帝之恩賜可以遍及任何官員，則得賜告者當無官職大小之限制。惟旣是皇帝之恩賜，則其事必須上達天子，故史書所見賜告之例子多是高級或親近之官員。

予告之史料甚少，是否如孟康所言吏二千石乃有予告，無考。然以賜告例之，恐予告亦不限二千石。

予告爲獎勵功勞之休假。賜告則爲皇帝恩賜之休假，其中以病假居多。

先言予告。上引孟康曰：「予告者，在官有功最，法所當得者也。」所謂功最，《漢書》〈馮野王傳〉杜欽上言大將軍王鳳曰：「夫三最予告，令也。」師古注曰：「在官連有三最，則得予告也。」（79／3305）所謂「最」，是漢代官員考績之等第名目，最高一等爲「最」。連續三年考績爲最，依法當得予告。至於予告之假期長短，無考。《史記》〈汲黯傳〉，《集解》引如淳曰：「或曰賜告，得去官歸家；與告，居官不視事。」（120／3017）與告即予告。謂予告不得去官歸家，仍當居官，僅不視事而已。所謂「居官不視事」，並非上班而不辦公；當是指居留於官職所在地，不必上班。而「去官歸家」，當指離開官職所在之處而歸故鄉。然下文所引〈馮野王傳〉杜欽上言王鳳又曰：「今有司以爲予告得歸。」則成帝時予告得去官歸家爲有司所肯定，與如淳注釋牴牾。予告是否得去官歸家，或前後有改變。今不能詳。

賜告是皇帝恩賜之休假，主要是病假。官員有病，請病假滿三月，依例當免職，皇帝下詔恩賜休假。上引孟康曰：「賜告者，病滿三月當免，天子優賜，復其告，使得帶印綬，將官屬，歸家治疾也。」其例如《史記》〈汲黯傳〉：黯爲主爵都尉，「黯多病，病且滿三月，上常賜告者數。」（120／3107）《漢書》〈谷永傳〉：谷永「爲大司農。歲餘，永病三月，有司奏請免。故事，公卿病，輒賜告，至永獨即時免。」（85／3473）又《漢書》〈疏廣傳〉：宣帝時，疏廣爲太子太傅，其兄子受爲太子少傅，二人「俱移病，滿三月，賜告。」（71／

3039-3040）

　　賜告雖以病假爲主，而亦有以政治理由而賜告者，如《史記》〈萬石君傳〉
曰：

　　　「（武帝）元封四年中，關東流民二百萬口，無名數者四十萬，公卿議欲請
　　　徙流民於邊以適之。上以爲丞相老謹，乃賜丞相告歸，而案御史大夫以下議
　　　爲請者。」（103／2768，《漢書》〈石奮傳〉同，46／2197-2198）

　　武帝欲追究大臣議請處理流民不當事，以丞相石慶老謹，不欲罰之，因先賜
告使歸，[31] 然後處罰其他議事之大臣。又《史記》〈衛綰傳〉曰：

　　　衛綰爲中尉。「上廢太子，誅栗卿之屬，上以爲綰長者，不忍，乃賜綰告
　　　歸，而使郅都治捕栗氏。」（103／2770，《漢書》〈衛綰傳〉同，46／
　　　2201-2202）

景帝既廢栗太子，遷怒於外戚栗氏，欲窮治之；中尉掌京師之治安，主治三輔宗
室豪強之犯法。[32] 以中尉衛綰有不忍之心，乃賜告，使其休假，而別使酷吏郅
都治捕栗氏。

　　賜告既爲皇帝之恩賜，則其假期之長短，因人而異。《史記》〈公孫弘
傳〉，弘爲丞相，「賜告治病……居數月，有瘳，視事。」（112／2964）則公
孫弘之賜告假期長達數月。而東漢的牟長「賜告一歲。」（本傳79上／2557）
又有病久不起，賜告期滿後再賜告，連續數次者。如《史記》〈汲黯傳〉：「黯

31　按〈萬石君傳〉謂「乃賜丞相告歸」，及下文引〈衛綰傳〉謂「乃賜綰告歸」，僅
　　就此二句而言，似亦可解「賜告歸」爲令其致仕。然考其後文，此二句之意義亦是賜
　　告。據〈萬石君傳〉，武帝「乃賜丞相告歸」，並無免丞相石慶官職，石慶爲此事上
　　書「願歸丞相侯印，乞骸骨歸，避賢者路。」，武帝怒，「以書讓慶，慶甚慚，遂復
　　視事。」（103／2768）則武帝「賜丞相告歸」非使丞相石慶致仕甚明。〈衛綰傳〉
　　曰：「乃賜綰告歸，而使郅都治捕栗氏。既已，上立膠東王爲太子，召綰，拜爲太子
　　太傅。久之，遷爲御史大夫。五歲，代桃侯舍爲丞相。」（103／2770）武帝之「賜
　　綰告歸」亦非使衛綰致仕，蓋稍後即任新職，官至丞相。

32　《漢書》〈百官公卿表〉曰：「中尉，秦官，掌徼循京師。」（19上／732）主管京
　　師之治安警備。武帝打擊京師之貴戚豪強，多用酷吏爲中尉。如《史記》〈酷吏列
　　傳〉曰：「郅都死，後長安左右宗室多暴犯法，於是上召寧成爲中尉，其治效郅都，
　　其廉弗如，然宗室豪桀皆人人惴恐。」（122／3134）

多病，病且滿三月，上常賜告者數，終不愈。最後病，莊助爲請告。」《集解》
引如淳曰：「數者，非一也。」（120／3107）《漢書》〈龔舍傳〉：舍不欲爲
官，「固稱病篤……拜舍爲光祿大夫，數賜告。舍終不肯起，乃遣歸。」（72／
3084）武帝數賜告予汲黯，是否連續，難於斷言；至哀帝賜告予龔舍，則明顯爲
連續數次賜告。乃至有特別加恩，賜告終身者。請見下兩例：

> 《後漢書》〈江革傳〉曰：革遷五官中郎將。「後上書乞骸骨，轉拜諫議
> 大夫，賜告歸，因謝病稱篤。元和中……制詔齊相曰：『諫議大夫江革，
> 前以病歸，今起居何如……縣以見穀千斛賜「巨孝」，（按江革以孝
> 著名，時人稱之爲江巨孝。）常以八月長吏存問，致羊酒，以終厥
> 身……』」（39／1303）

> 《後漢書》〈樊英傳〉曰：「拜五官中郎將，數月，英稱疾篤；詔以爲光
> 祿大夫，賜告歸。令在所送穀千斛，常以八月致牛一頭、酒三斛；如有不
> 幸，祠以中牢。英辭位不受，有詔譬旨勿聽。」（82上／2723）

江革與樊英，似是掛大夫官銜以長假居原籍，至死乃罷。

上引孟康曰又謂賜告是「使得帶印綬，將官屬，歸家治疾。」按賜告是病
假，其官職尚在身，帶印綬歸家治病，或有可能。[33] 至於將官屬歸家治病，當
是將其親近屬官如私人祕書、隨從之類從其歸家。[34] 而無屬官之冗散官如光祿

---

33 《漢書》〈馮野王傳〉：野王爲大鴻臚，於九卿中行能第一，當補御史大夫；元帝以
其是昭儀兄，故不用。「野王雖不爲三公，甚見器重，有名當世。」成帝時，出爲琅
邪太守。「是時，成帝長舅陽平侯王鳳爲大司馬大將軍，輔政八九年矣。時數有災
異，京兆尹王章譏鳳顓權不可任用，薦野王代鳳。上初納其言，而後誅章……於是野
王懼不自安，遂病，滿三月賜告，與妻子歸杜陵就醫藥。（按野王杜陵人）大將軍鳳
風御史中丞劾奏野王賜告養病而私自便，持虎符出界歸家，奉詔不敬。」（79／
3302-3304）野王假病求去避禍，必小心行事，以免貽人口實。其賜告歸家，持虎符
出界；則郡國二千石賜告歸家似可持虎符與俱。以虎符例印綬，官員賜告歸家得帶印
綬，或可用此例作旁證。然此例涉及朝廷之權力鬥爭，其事難以理喻，野王是否持虎
符出界歸家，或持虎符出界歸家是否合法，均不能用此例證明。

34 按若官員賜告，官屬全部從其歸家治病，恐於理不順。蓋主官有疾告假，官署之事務
仍須辨理，官屬各有所司，似當於署中辦公；而長官之職務，由代行者處理。若官屬
俱從長官歸家，即使所歸之「家」是長官在官職所在地之住宅，亦必荒怠公事。至若
所歸者是長官之原籍，可能性更小。

大夫、諫議大夫、中散大夫等大夫官與侍中等，[35] 則無屬官可將歸家。

《漢書》〈高帝紀〉注引孟康曰：「至成帝時，郡國二千石賜告不得歸家。至和帝時，予、賜皆絕。」（1上／6）

成帝時，郡國二千石賜告不得歸家。其事起因於外戚大將軍王鳳鎮壓對其有潛在威脅之馮野王。《漢書》〈馮野王傳〉曰：

> 野王出爲琅邪太守。「野王懼不自安，遂病，滿三月賜告，與妻子歸杜陵就醫藥。（按野王杜陵人）大將軍鳳風御史中丞劾奏野王賜告養病而私自便，持虎符出界歸家，奉詔不敬。杜欽……奏記於鳳，爲野王言：『竊見令曰，吏二千石告，過長安謁，不分別予賜。今有司以爲予告得歸，賜告不得，是一律二科，失省刑之意。夫三最予告，令也；病滿三月賜告，詔恩也。令告則得，詔恩則不得，失輕重之差。又二千石病賜告得歸有故事，不得去郡亡著令。傳曰：「賞疑從予，所以廣恩勸功也；罰疑從去，所以慎刑，闕難知也。」今釋令與故事而假不敬之法，甚違闕疑從去之意。即以二千石守千里之地，任兵馬之重，不宜去郡，將以制刑爲後法者，則野王之罪，在未制令前也……』鳳不聽，竟免野王。郡國二千石病賜告不得歸家，自此始。」（79／3302-3304）

據杜欽所言，吏二千石病賜告得歸家爲故事，至馮野王以此免官，始有更改；此後郡國二千石病賜告不得歸家。上引孟康曰又謂「至和帝時，予、賜皆絕。」則和帝時郡國二千石予告、賜告俱不得歸家。或郡國二千石守千里重職，朝廷特重之而有此規定。至於中央官員，尤其是冗散官，賜告當仍得歸家。今考《後漢書》〈薛包傳〉：包於安帝建光中「拜侍中……稱疾不起，以死自乞。有詔賜告歸。」（39／1295）又〈樊英傳〉：英於順帝永建四年三月「拜五官中郎將。數月，英稱疾篤，詔以爲光祿大夫，賜告歸。」（82上／2723）二例皆在和帝之後。則成帝時絕郡國二千石賜告得歸家之慣例，和帝又規定郡國二千石予告亦不得歸家。予告、賜告不得歸家之禁令，當不及其他官員。然資料太少，

35　參見《後漢書》〈續百官志〉志26／3593；廖伯源，〈漢代大夫議郎制度試釋〉，待刊稿。

不能詳。

三、告　歸

　　上節已述「告」之意義，與休假有關者有申請假期與休假二義。「告休」亦有此二義。至於「告歸」，望文生義，可解作申請假期以歸家或休假歸家。此前人注史已言之。《後漢書》〈張湛傳〉注曰：「告，請也，告歸謂請假歸。」（27／929）〈樊宏傳〉注則曰：「告歸謂休假歸也。」（32／1126）所謂「歸」，是指歸其故里、其父母宗族之故居。

　　以告歸原因之不同，可分漢官告歸之休假爲幾種。

　　一、病假，上文謂「告」有告訴、報告、申請之意義，故告歸亦有辭官歸故里之義。官員辭官歸故里通常以老病爲理由乞骸骨，准其所請，則其告歸爲致仕，致仕不在本文討論之列。若不准其所請，而恩賜休假歸家養病，則爲告歸之病假。其例如鄭均官至尙書，「後以病乞骸骨，拜議郎，告歸，因稱病篤。」（《後漢書》〈鄭均傳〉27／946）鄭均蓋以議郎請病假歸家，後又稱病篤而辭官。[36] 《三國志‧魏書》〈武帝紀〉謂曹操於漢末「拜議郎，常託疾病，輒告歸鄉里。」（1／4）上文述賜告，引孟康曰：「賜告者，病滿三月當免，天子優賜，復其告，使得帶印紱，將官屬，歸家治疾也。」則一般之病假期限爲三月，[37] 期滿不能上班履職者當免其官職，唯天子優待，再賜與特別之病假，即

36　《後漢書》〈鄭均傳〉：鄭均官至尙書，「後以病乞骸骨，拜議郎，告歸，因稱病篤，帝賜以衣冠。」（27／946）此處之「告歸」，以史文過簡，有二解。其一是鄭均請求致仕，於其奏章中「因稱病篤」。若此，其告歸與病假無關。其二是鄭均請求致仕，准以議郎休病假歸家，返家之後，又稱病篤而辭官。又《東觀漢記》〈鄭均〉曰：「（均）遷尙書，蕭宗敬重之。後以病告歸。均遣子英奉章詣闕，詔召見英，問均所苦，賜以冠幘錢布。」（四部備要本《東觀漢記》18／4a）鄭均遣子奉章詣闕時，似是已臥病在家；則其前之「告歸」，似爲「休病假歸家」之成分爲大。

37　《風俗通義校注》〈過譽〉曰：「漢典，吏病百日，應免。」（應劭撰，王利器校注，《風俗通義校注》，4／178，明文書局印行本，台北，民國七十一年。）又《後漢書》〈蔡邕傳〉注引《漢書音義》曰：「吏病滿百日當免。」（60下／2002）謂百日，然兩漢書謂三月者亦數見，詳見正文所引。兩存於此。

賜告者例外。賜告之期限較長，得賜告者往往可歸其故里養病，故告歸之病假多為賜告。至一般之病假，病癒即消假視事，且不得超過三個月，除特別情形如故里距離任所甚近外，當是多在職務所在地之居所治病，此種不離開職務所在地之病假不屬告歸之休假。

　　二、喪假，喪假又稱寧，或稱告寧、寧告、寧喪、告歸寧[38] 等。《後漢書》卷四十六注引《漢書音義》曰：「告、寧，休謁之名，吉曰告，凶曰寧。」（46／1561）其例如《鹽鐵論》〈復古〉第六：「大夫曰：『故肩水都尉彭祖寧歸…』」[39] 《後漢書》〈獨行列傳・陳重傳〉：「同舍郎有告歸寧者，誤持鄰舍郎絝以去…後寧喪者歸，以絝還主。」（81／2687）又如《三國志・魏書》〈鍾會傳〉甘露二年，「時會喪寧在家。」（28／785）又居延漢簡亦有其例：[40]

　　　　永光二年三月壬戌朔己卯甲渠士吏彊以私印

　　　　行候事敢言之候長鄭赦父望之不幸死癸巳

　　　　予赦寧敢言之　　　　　　　　　　　　　　　　57.1A

　　　　元年七月己丑父死取寧☐　　　　　　　　　　　100.10

喪假除父母之喪外，他如大父母、妻、子等喪，當亦有假，然以史料簡單，多語焉不詳。[41] 今所見史料，多指父母之喪而言，故今所論亦僅為父母大喪之喪假。

38　歸寧較為普通之意義為已出嫁之女子歸其娘家。如《後漢書》〈桓曄傳〉：曄「姑為司空楊賜夫人。初（曄父）鸞卒，姑歸寧赴哀。」（37／1259）又如《後漢書》〈列女傳〉劉長卿妻，長卿卒，「妻防遠嫌疑，不肯歸寧。」（84／2797）又董祀妻，蔡邕女也。初適衛仲道，「夫亡無子，歸寧於家。」（84／2800）諸侯朝天子後歸國，亦可稱為歸寧。《後漢書・東平憲王蒼傳》注引《儀禮》曰：「覲禮…天子辭於侯氏曰：『伯父無事，歸寧乃邦。』侯氏再拜稽首而出。」（42／1440，又參閱台北藝文印書館印行十三經注疏本《儀禮・覲禮》27／4a）

39　台灣中華書局出版四庫備要本《鹽鐵論》1／12b。「肩水都尉」原文作「扇水都尉」，今據勞榦「審查意見」改。

40　謝桂華、李均明、朱國炤，《居延漢簡釋文合校》，文物出版社，北京，一九八七，頁106、165。

41　請見《居延新簡》之下列三簡：

兩漢四百餘年，官員之喪假，前後有變化。《後漢書》〈陳忠傳〉，忠於安帝建光年間上疏曰：

「…高祖受命，蕭何創制，大臣有寧告之科，合於致憂之義。建武之初，新承大亂，凡諸國政，多趣簡易，大臣旣不得告寧，而群司營祿念私，鮮循三年之喪，以報顧復之恩者…」（46／1561）

據此，則西漢自初年始即有大臣喪假之規定，至東漢初乃廢其制。然西漢大臣喪假時間之長短，史書並無明言；至清人何焯始謂：「漢制之失，莫大于仕者不爲父母行服三年…其予寧者不過自卒至葬後三十六日而已。」[42] 所謂仕者之喪假是「自卒至葬後三十六日」，蓋據成帝時丞相翟方進服後母喪事而言。《漢書》〈翟方進傳〉曰：

「方進爲丞相…而後母尚在。方進內行修飾，供養甚篤。及後母終，旣葬三十六日，除服起視事，以爲身備漢相，不敢踰國家之制。」師古注曰：「漢制自文帝遺詔之後，國家遵以爲常…方進自以大臣，故云不敢踰制。」（84／3416-3417）

翟方進行母喪服，所謂「不敢踰國家之制」，其制是文帝遺詔爲自己所定之喪葬禮儀。文帝遺詔曰：

「以下，服大紅十五日，小紅十四日，纖七日，釋服。」《補注》先謙曰：以與已同，下葬也。」劉邠曰：「文帝制此喪服，斷自已葬之後，其未

重追木中隊長徐忠同產姊不幸死寧日盡移居延　一事一封　正月丙戌尉史忠封
　　　　　　　　　　　　　　　　　　　　　　E.P.T.50:9
隧長賀嫂死私歸積九日　　　　　　　　　　　E.P.T.52:367
　延都□德謂甲渠塞候移鰈得令建書曰延壽
☑同里楊合衆病死猛爲居延甲渠候長愿以令取寧　E.P.T.59:53、54

此三簡之第一簡謂隊長徐忠姊死有寧假；第二簡則謂賀嫂死私歸，邊防吏卒之嫂死是否無喪假，史料過簡，不敢下論斷。第三簡謂同里之戍卒病死，候長猛「愿以令取寧」，其意或謂袍澤死亡，同里者可自愿以令申請假期，護其靈柩返鄉。非謂戍卒死，同里者有喪假也。然史料疏簡，此亦不能確定。

42 參見何焯《義門讀書記》（台灣商務印書館出版《四庫全書》珍本二集）第三册，「博士弟子父母死予寧三年」條。（15／25b-26a）

　　葬之前則服斬衰，漢諸帝自崩至葬有百餘日者，未葬則服不除矣。〈翟方
　　進傳〉：後母終，旣葬三十六日起視事，此其證也…考之文帝意，旣葬，
　　除重服制，大紅、小紅所以漸即吉耳…」何焯曰：「《史記索隱》：『以
　　下』謂柩已下於壙，[43] 語尤分明，足明三十六日斷自已葬之後矣…」
　　（《漢書補注》 4／20 ）

謂下葬之後，「服大紅十五日，小紅十四日，纖七日」，共三十六日而後釋服。
依文帝之遺詔所言，文帝之喪服期是從崩至下葬後三十六日。何焯因文帝遺詔之
言及〈翟方進傳〉有「旣葬三十六日，除服起視事」之文，乃推言漢代（西漢）
官員之喪假是「自卒至葬後三十六日」。按文帝節儉，遺詔自定短喪，翟方進仿
文帝之喪期行母喪，何焯僅據翟方進一例即推言西漢官員之喪假是「自卒至葬後
三十六日」。以孤證立論，其證據不足，甚爲明顯。且文帝爲天子，翟方進爲大
臣，翟方進仿文帝喪期行母喪，甚爲不類，恐非當時官員之習俗。又上引〈翟方
進傳〉師古注曰：「漢制自文帝遺詔之後，國家遵以爲常。」謂文帝所定之喪期
爲後代皇帝所遵守。然下文考漢代皇帝之喪期，長短不一，無相同者。師古所謂
「國家遵以爲常」，恐非當時事實。此其一。

　　漢代皇帝之喪期，長短不一，蓋自崩至葬之日期長短不定，其中最短者爲文
帝，後元七年六月己亥崩，六月乙巳葬，前後七日。其他皇帝之崩葬日期相隔或
十餘日，或二十餘日，或數十日；最長者爲哀帝，元壽二年六月戊午崩，九月壬
寅葬，前後凡一百又五日。[44]　前文所引《漢書補注》劉邠曰所謂「漢諸帝自崩

43　《史記》〈孝文本紀〉，10／435。
44　請參考下表。崩葬日期相隔最久者爲獻帝，唯獻帝薨在易代之後，不計在內，則漢代
　　諸帝之崩葬日期相隔最久者爲哀帝，凡一百零五日。
　　　附表一：　漢諸帝崩葬日期表

	崩	葬	崩葬相隔	出處
高祖	十二年四月甲辰	五月丙寅	23日	《漢書》1下／79-80
惠帝	七年八月戊寅	九月辛丑	24日	1下／92
文帝	後元七年六月 己亥	六月乙巳	7日	4／131-132
景帝	後元三年正月	二月癸酉	11日	5／152

至葬有百餘日者」，可謂信而有徵。漢代諸帝之崩葬日期相隔既然長短不一，且相差甚大，則漢代皇帝之喪期並無定制，官員之服喪期欲比照皇帝之喪期亦無從

		甲子		
武帝	後元二年二月 丁卯	三月甲申	18日	6／211-212
昭帝	元平元年四月 癸未	六月壬申	50日	7／232
宣帝	黃龍元年 十二月甲戌	初元元年 正月辛丑	28日	8／274，278
元帝	竟寧元年五月 壬辰	七月丙戌	55日	9／298
成帝	綏和二年三月 丙戌	四月己卯	54日	10／330
哀帝	元壽二年六月 戊午	九月壬寅	105日	11／344
平帝	元始五年 十二月丙午			12／360
光武帝	中元二年二月 戊戌	三月丁卯	34日	《後漢書》1下／85 2／95
明帝	永平十八年 八月壬子	八月壬戌	11日	2／123 3／129
章帝	章和二年二月 壬辰	三月癸卯	12日	3／159 4／166
和帝	元興元年 十二月辛未	延平元年 三月甲申	14日	4／194 4／196
殤帝	延平元年 八月辛亥	九月丙寅	16日	4／199 5／205
安帝	延光四年三月 丁卯	四月己酉	43日	5／241-242
順帝	建康元年八月 庚午	九月丙午	37日	6／274-275
沖帝	永熹元年正月 戊戌	正月己未	22日	6／276-277
質帝	本初元年 閏六月甲申	七月乙卯	32日	6／282 7／288
桓帝	永康元年 十二月丁丑	建寧元年 二月辛酉	45日	7／320 8／328
靈帝	中平六年四月	六月辛酉	66日	8／357-358

比照。西漢官員之喪假爲「自卒至葬後三十六日」之說恐不能成立，此其二。

　　即使何焯所言漢代官員之喪假爲「自卒至葬後三十六日」是西漢之制度，然自卒至葬之久暫無考，西漢官員喪假之長短亦不能確言。可確言者爲西漢官員無行三年之喪之長假。[45] 《漢書》〈薛宣傳〉曰：宣弟修，「歷郡守、京兆尹、少府……後母常從修居官……後母病死，修去官持服。宣謂修三年服少能行之者，兄弟相駁不可，修遂竟服。」（83／3394）薛修爲母行服三年，得「去官」，時官員無三年之喪假甚明。薛宣謂「三年服少能行之者」，蓋爲當時實情。《漢書》〈游俠傳・原涉傳〉曰：「涉父哀帝時爲南陽太守…時又少行三年喪者。及涉父死，讓還南陽賻送，行喪冢廬三年，繇是顯名京師。」（92／3714）《後漢書》〈銚期傳〉：銚期父「爲桂陽太守，卒，期服喪三年，鄉里稱之。」（20／731）《漢書》〈景十三王傳・河間獻王德傳〉曰：「（河間惠王良）母太后薨，服喪如禮。哀帝下詔襃揚曰：『河間王良，喪太后三年，爲宗室儀表，其益封萬戶。』」（53／2412）以當時甚少行三年之喪，故行之者可「顯名京師」、而「鄉里稱之」，諸侯王行之則「爲宗室儀表」，而得「益封萬戶」。若其時已有三年之喪假，百官俱行三年之喪，則原涉、銚期及河間惠王良之孝行安得見異而爲儀表？

		丙辰			
獻帝	魏青龍二年	八月壬申	165日	9／391
		三月庚寅			

45　《漢書》〈文帝紀〉顏師古注：「三年之喪，其實二十七月，豈有三十六月之文。」（4／133）《儀禮》〈喪服〉賈公彥疏：「則三年之喪，二十五月而畢。」（台北藝文印書館印行十三經注疏本《儀禮注疏》28／1b）按喪服制度之發展至爲複雜而牽涉甚廣，各家異說又多，非簡單說明可了，本文考述漢官休假制度，述喪假而不及喪服禮儀。上列引文謂三年之喪，有二十七月與二十五月之異，顏、賈俱唐代人，其所言與漢制是否相合，尚有待證。按禮制於漢代多尚在形成階段，漢儒往往人言人殊，漢代是否已有爲社會普遍接受之喪服禮儀，仍是疑問。就以本文所述，西漢末年行三年之喪者尚少，而官員亦無行三年之喪之假期；東漢有行六年之喪者，而趙宣更行父母之喪二十餘年，「鄉邑稱孝，州郡數禮請之，」陳蕃則以其非禮而瀆鬼神，「遂致其罪」。（《後漢書》〈陳蕃傳〉66／2160）則謂漢代並無一套社會普遍實行之喪服制度，當接近事實。本文謂西漢官員無行三年之喪之長假，非謂必爲三年，蓋就「三年之喪」而籠統言之。

又《居延漢簡釋文合校》有下列釋文：

　　第卅八隧長蒲母死詣官寧三月▢　　　　　　　　　59.39

此簡文之意似謂「第卅八隧長蒲以母死，詣官請假，得喪假三月」。然簡文過於簡單，「三月」之下又缺文，或可作其他解釋，不敢以此簡而謂漢邊疆軍吏父母大喪有三月之喪假，記於此作參考之用。

光武中興，廢大臣喪假之制，此上引〈陳忠傳〉忠於建光元年上疏已見之。至安帝元初三年（西元116年），大臣不得請喪假之規定始有改變，其改變之原委，亦可稍得而言之。按時安帝年幼，和帝鄧太后臨朝。永初四年（西元110年）十月，太后母新野君陰氏薨，太后兄大將軍鄧騭兄弟四人以母憂，上書乞身行服，太后初不許，騭等請之者再，曹大家班昭又為之言，乃許之。[46] 此事對太后日後詔聽大臣行三年之喪當有影響，故數年之後，「元初中，鄧太后詔長吏以下不為親行服者，不得典城選舉。」（39／1307）有議者以為此詔當推及牧守。《後漢書》〈劉愷傳〉曰：

　　「時有上言牧守宜同此制，詔下公卿，議者以為不便。愷獨議曰：『…今刺史一州之表，二千石千里之師，職在辨章百姓，宣美風俗，尤宜尊重典禮，以身先之…』太后從之。」（39／1307）

故太后於元初三年十一月下詔曰：

　　「初聽大臣、二千石、刺史行三年喪。」（5／226）

《後漢書》〈陳忠傳〉亦曰：

　　「元初三年有詔，大臣得行三年喪，服闋還職。」（46／1560）服喪三年後得復職，則行喪三年是給予喪假。然重要之行政職位空懸三年，決無是理，當是准予三年喪假，其職位則任用他人，至其服闋回朝，另行任用。桓焉之事例提供一可能之辦法：

　　《後漢書》〈桓焉傳〉曰：焉「永初元年，入授安帝…永寧中，順帝立為皇太子，以焉為太子少傅，月餘，遷太傅，以母憂自乞，聽以大夫行喪，

46　參見《後漢書》〈安帝紀〉5／216，〈鄧騭傳〉16／615，〈列女傳・曹世叔妻〉84／2785。

踰年，詔使者賜牛酒，奪服，即拜光祿大夫，遷太常。」（37／1257）據〈安帝紀〉，順帝之爲太子在永寧元年四月。（5／231）其年桓焉以大夫行母喪。按時在元初三年詔大臣得行三年喪之後四年，正是此詔實行之時，則大臣行三年之喪，其法有免其原職，拜冗散官，使得領冗散官銜請假行喪。明年，即建光元年，鄧太后崩，安帝親政，「斷大臣二千石以上服三年喪」，（詳下文）故桓焉不得竟三年之喪服。[47]

大臣、二千石、刺史得請三年之喪假，此制施行不過五年，建光元年（西元121年）三月，鄧太后崩，「尚書令祝諷、尚書孟布等奏，以爲『孝文皇帝定約禮之制，光武皇帝絕告寧之典，貽則萬世，誠不可改，宜復建武故事。』（陳）忠上疏…（反駁）宦豎不便之，竟寢忠奏而從諷、布議，遂著於令。」（〈陳忠傳〉46／1560-1561）故〈安帝紀〉曰：

「（建光元年十一月）復斷大臣二千石以上服三年喪。」（5／234）此後復行建武故事，二千石以上大臣無喪假。俟三十三年之後，於桓帝永興二年（西元154年）乃再有變化。

《後漢書》〈趙岐傳〉曰：「永興二年，辟司空掾，議二千石得去官爲親行服，朝廷從之。」（64／2122）故〈桓帝紀〉曰：

「（永興二年）二月辛丑，初聽刺史、二千石行三年喪服。」（7／299）此詔給予三年喪假者僅爲刺史、二千石，公卿仍無喪假。然此詔僅行之五年，延熹二年（西元159年），又廢之。〈桓帝紀〉曰：

「（延熹二年）三月，復斷刺史、二千石行三年喪。」（7／304）此後當仍復行光武建武故事，故延熹九年（西元167）或稍後荀爽對策有言「今公卿群寮皆政教所瞻，而父母之喪不得奔赴。」（《後漢書》〈荀爽傳〉62／2051）史書不載朝廷對荀爽對策之反應，而此後亦不復見有漢官喪假之變化。

47　按安帝建光元年，「斷大臣二千石以上服三年喪」之詔令頒布後，是否前此據元初三年詔行三年喪之大臣二千石俱提前結束其喪假？史料缺乏，無考。桓焉之例固是提前結束喪假，然桓焉是安帝之師傅，鄧太后崩，安帝親政，需親信之長者輔佐，或因此而急召桓焉返京，亦有可能。〈桓焉傳〉謂安帝召焉是「詔使者賜牛酒，奪服，即拜光祿大夫。」則桓焉事爲特異可知。

　　上文謂除約有十年例外，東漢大臣無喪假。主要之依據爲上引陳忠上書謂
「建武之初⋯大臣旣不得告寧」，及祝諷、孟布等奏謂「光武皇帝絕告寧之典」
以反對鄧太后詔大臣得行三年之喪，故上文之討論是對大臣而言。至於不負行政
責任之小官在東漢是否有喪假，上文並無涉及，今於此稍論之。《後漢書》〈陳
重傳〉曰：

　　　　「（陳重爲郎，）同舍郎有告歸寧者，誤持鄰舍郎絝以去⋯後寧喪者歸，
　　　　以絝還主。」（81／2687）

陳重爲順帝時人，此例謂順帝前後郎官得告歸寧，則其時郎官似有喪假。按郎官
之階級低，不負行政責任，人數又多，多至千人，部份郎官告寧對政府之行政運
作並無防礙。以此例之，東漢之郎官及其他不負行政責任之官員當有喪假。然僅
此孤證，此說僅可視作推測之辭。

　　綜而言之，漢初大臣已有喪假，喪假之長短無考，唯不得長至三年。光武中
興，廢除大臣喪假之制。安帝元初三年，大臣、二千石、刺史得請假行三年之
喪，建光元年斷之。桓帝永興二年，復予刺史、二千石三年喪假，延熹二年，復
斷之。兩次改易，施行俱不過五年，即廢斷之而復光武帝建武故事，故可謂東漢
之大臣無喪假爲常制。至於無行政責任之官員如郎官，則似有喪假。除上文所述
兩次予大臣三年喪假外，東漢大小官員之喪假似無長達三年者，故官員欲爲父母
行三年之喪者，除上書辭職外，唯有棄官歸家一途。上書辭職如上引大將軍鄧騭
兄弟數請乞身行母喪事。又如《後漢書》〈陰識傳〉，識於光武帝時「遷侍中，
以母憂辭歸。」（32／1130）此兩例爲請辭得准者，或以二人外戚有關。〈趙
熹傳〉，熹爲太尉，「後遭母憂，上疏乞身行喪禮，顯宗不許，遣使者爲釋
服。」（26／915）此爲不准者。又有准以冗散官行服者。如《後漢書》〈鄧彪
傳〉曰：「永平十七年，徵入爲太僕。數年，喪後母，辭疾乞身，詔以光祿大夫
行服，服竟，拜奉車都尉。」[48] 至於棄官行喪者，其例甚多。如《後漢書》
〈循吏列傳・劉矩傳〉，矩「稍遷雍丘令⋯在縣四年，以母憂去官。」（76／

48　《後漢書》〈鄧彪傳〉44／1495。按某些尊重之官員拜冗散官職以行喪事，參閱廖
　　伯源〈漢代大夫議郎制度試釋〉，待刊稿。

2476）又如〈陳蕃傳〉，蕃「除郎中，遭母憂，棄官行喪。」（66／2159）棄官行喪者當亦上呈辭職，唯其不管辭職是否照准，送出辭呈即離職奔喪。

漢代朝廷吝予官員喪假，此與漢人之崇尚孝道矛盾，下例最可見之。《後漢書》〈虞延傳〉：明帝以鄧衍儀容出衆，特加徵用，「遷玄武司馬。衍在職不服父喪，帝聞之，乃歎曰：『「知人則哲，惟帝難之」信哉斯言！』衍慚而退。」（33／1153）朝廷之制度不予喪假，但對個人之道德要求則是應行父母之喪。制度之所以不能配合道德規範，蓋三年之喪假太長，防礙政府之行政運作，朝廷不得不如此。而對非朝廷命官，其放長假行喪不防礙政府行政或防礙較小，朝廷則給予三年喪假乃至鼓勵其行三年之喪。如綏和二年，成帝崩，哀帝即位，六月，下詔多所興作，其中有「博士弟子父母死，予寧三年。」（《漢書》〈哀帝紀〉11／336）按博士弟子爲太學生，尚未入仕。又如《漢書》〈揚雄傳〉注應劭曰：「漢律以不爲親行三年服不得選舉。」（87下／3569）應劭是東漢末年時人，其所言漢律，當曾於東漢晚年實行者。按漢代之選舉包含郡國察舉孝廉、州舉茂才、公卿府掾屬察舉及諸特科察舉，爲漢代最主要之仕進途徑。[49]「不爲親行三年服不得選舉」，則天下之待仕者不敢不行三年之喪，政府鼓勵民間依禮行喪之態度至爲明顯。選舉之對象包括公卿府、州郡縣府之屬吏，則最少在漢末時，官府之屬吏爲仕進之前途，多行三年之喪，而朝廷之命官，反限於無喪假之制度，不得行三年之喪。

三、其他，請假理由無考之「告歸」皆列於此。《史記》〈陳豨傳〉謂代相國陳豨監趙、代邊兵。「豨常告歸過趙。」[50] 陳豨告歸之理由無考。《史記》〈直不疑傳〉：直不疑於文帝時爲郎，「其同舍有告歸。」（103／2770）此郎告歸之理由亦史無明文。此類例子尚多，下文所舉多屬之。

49　參見嚴耕望師，〈秦漢郎吏制度考〉，《史語所集刊》第二十三本上冊，一九五一年，頁113-127。又參見黃留珠，《秦漢仕進制度》，西北大學出版社，西安，一九八五年，頁81-157。

50　按《史記》、《漢書》之〈陳豨傳〉俱作「（陳豨）以趙相國將監趙、代邊。」是趙相國抑是代相國，注史者多所辯論，文長不錄，今取王先謙之說，以代相國爲是。又《史記》作「豨常告歸過趙」，《漢書》則作「常告過趙」。參見《史記》93／2639-2640，《漢書》34／1891-1892，及《漢書補注》34／22。

　　郡國守相告歸得將其屬官自隨。如《史記》〈袁盎傳〉：盎爲吳相，「告
歸，道逢丞相申屠嘉，下車拜謁，丞相從車上謝袁盎。袁盎還，愧其吏。」
（101 ／ 2741）按袁盎爲右扶風安陵縣人，安陵爲惠帝陵，鄰近長安，盎以告
歸鄉里，到長安而道逢丞相，以丞相禮疏而自覺「愧其吏」。則袁盎休假歸家時
將官屬自隨。又《後漢書》〈張湛傳〉曰：

> 「建武初，（張湛）爲左馮翊…後告歸平陵，望寺門而步。主簿進曰：
> 『明府位尊德重，不宜自輕。』湛曰：『…父母之國，所宜盡禮，何謂輕
> 哉？』」（27 ／ 929）

隨從張湛歸家之屬官有其主簿。按「公府郡府之主簿皆爲屬吏中之最親近者…西
漢時主簿地位甚低」，然以其親近，故日益重要。[51] 郡府之主簿蓋太守之親近
祕書，故張湛之主簿隨其歸故里。

　　上文述官員賜告，「將官屬，歸家治疾」。所將官屬或是其親近屬官如私人
祕書、隨從之屬，其他屬官當留署辦公，蓋主官告假，官署之事務仍須辦理。官
員賜告歸家，亦爲告歸之一種。袁盎、張湛二人告歸，是否賜告，史無明文。無
論如何，二人告歸以吏自隨，與上文所述官員賜告，「將官屬，歸家治疾」，可
以互證。

　　至於無屬官之低級官員，其告歸則無官府之隨從。《後漢書》〈趙孝傳〉謂
「孝爲郎，每告歸，常白衣步擔」（39 ／ 1298-1299）是也。

　　官員告歸，其休假者因有官職在身，受當地地方長官之禮敬，或得影響地方
之施政用人。《後漢書》〈杜密傳〉曰：

> 「後密去官還家，每謁守令，多所陳託。同郡劉勝，亦自蜀郡告歸鄉里，
> 閉門埽軌，無所干及。太守王昱謂密曰：『劉季陵清高士，公卿多舉之
> 者。』密知昱激己，對曰：『劉勝位爲大夫，見禮上賓，而知善不薦，聞
> 惡無言，隱情惜己，自同寒蟬，此罪人也。今志義力行之賢而密達之，違
> 道失節之士而密糾之，使明府賞刑得中，令問休揚，不亦萬分之一乎？』

51　參見嚴耕望師《秦漢地方行政制度》124-125頁，中央研究院史語所專刊之四十五，
　　台北，一九七四年版。

昱慚服，待之彌厚。」（67／2198）

杜密「去官歸家」，並非休假，其無官職在身亦受地方長吏之尊重，則帶職歸家者受地方禮遇可以想像。

上文所述俱爲朝廷命官之告歸。至官府之屬吏，亦得告歸。如《漢書》〈魏相傳〉：魏相於宣帝時爲丞相，「相敕掾史案事郡國及休告從家還至府，輒白四方異聞，或有逆賊風雨災變，郡不上，相輒奏言之。」（74／3141-3142）此丞相府屬官告歸之例。其他公卿府及郡縣政府之屬吏亦當有告歸。[52]

「告休」或「休告」之意義，除包含「告歸」之外，尙包含不歸家鄉之短期請假；此種不歸其故鄉之短假又可分爲事假與病假。如下文引《三國志》注，吏以父病，「近在外舍，自白求假」，是爲申請事假。而《漢書》〈張安世傳〉：宣帝時，安世以大司馬衞將軍領尙書事輔政，欲匿名跡，「每定大政，已決，輒移病出，聞有詔令，乃驚，使吏之丞相府問焉。自朝廷大臣莫知其與議也。」（59／2649）張安世之「移病」是「移書言病」，即請病假。以理推之，不歸故鄉之事假與病假當比「告歸」頻繁。

丞相府掾史之休告得丞相之批准即可。《漢書》〈丙吉傳〉：丙吉爲丞相，「掾史有罪臧，不稱職，輒予長休告，終無所案驗。」師古注曰「長給休假，令其去職也。」（74／3145）以此例之，其他公卿府掾史之休告亦是由長官批准。

> 《三國志》〈魏書・梁習傳〉注引《魏略》〈苛吏傳〉：「正始中，（王思）爲大司農…性少信，時有吏父病篤，近在外舍，自白求假。思疑其不實，發怒曰：『世有思婦病母者，豈此謂乎！』遂不與假。吏父明日死，思無恨意。」（15／471）

此例爲謂大司農操其屬吏休假之批准權。此例時在曹魏正始中，去漢未遠，其事

52　《三國志》〈胡質傳〉：質於曹魏初爲荊州刺史，其帳下都督「請假還家」。（27／743）《史記》〈高祖本紀〉：「高祖爲亭長時，常告歸之田。」（8／346）此二例一在秦代，一在曹魏時，非漢代之例，然時代近漢，以此例之，漢代之地方屬吏亦當有告歸。

或沿襲漢制。

漢代地方政府屬吏之休假亦是由長官批准。請見下例：

《漢書》〈張敞傳〉：「（敞守京兆尹，召）偷盜酋長數人…敞皆以為吏，遣歸休。」（76／3221）

《後漢書》〈蔡邕傳〉載：蔡邕被告劾，謂其請託於濟陰太守劉郃，欲劉郃批准濟陰太守府屬吏張宛長休百日。劉郃僅予假五日。[53]

《三國志》〈魏書・梁習傳〉注引《魏略》〈苛吏傳〉：「（劉類）嘉平中，為弘農太守。吏二百餘人，不與休假。」（15／471）

《三國志》〈魏書・杜恕傳〉注引《魏略》曰：「孟康…正始中，出為弘農，領典農校尉。郡領吏二百餘人，涉春遣休，常四分遣一。」（16／506）

以上是郡太守批准郡吏休假之例。兩漢書之兩例已足於證明。後兩例俱在曹魏時，顯示其時郡太守可以完全不准郡吏休假，而同時休假之人數，太守亦可決定，曹魏去漢未遠，此兩例對漢吏之休假制度，或亦有參考價值。

漢代縣府屬吏休假亦由縣令長批准，可見下例：

《後漢書》〈鍾離意傳〉：「（意）後除瑕丘令。吏有檀建者，盜竊縣內，意屏人問狀，建叩頭服罪，不忍加刑，遣令長休。」（41／1407）

《後漢書》〈獨行列傳・王忳傳〉：「王忳…廣漢新都人…縣署忳大度亭長…州從事因告新都令，假忳休。」（81／2680-2681）

又《睡虎地秦墓竹簡》中〈秦律十八種〉之「倉律」有如下簡文：

53　《後漢書》〈蔡邕傳〉：蔡邕被告劾以私事請託於劉郃，「邕上書自陳曰：『臣被召，問以大鴻臚劉郃前為濟陰太守，臣屬吏張宛長休百日…』」注曰「邕集其奏曰：『邕屬張宛長休百日，郃假五日，郃為司隸，又託河内郡吏李奇為州書佐…』」注引「邕集其奏曰：『邕屬張宛長休百日，郃假宛五日；復屬河南李奇為書佐，郃不為召…』」（60下／2001-2003）《蔡邕集》其奏所謂「邕屬張宛長休百日…復屬河南李奇為書佐」，其中之二「屬」字俱是「囑託」之意。則〈蔡邕傳〉中邕自陳謂「臣屬吏張宛長休百日」，是謂蔡邕囑託濟陰太守准予濟陰太守府之屬吏張宛長休百日。此亦郡屬吏之休假由太守批准之例證。

月食者已致稟而公使有傳食，及告歸盡月不來者，止其後朔食，而以其來

日致其食；有秩吏不止。　倉（四十六簡）[54]

　　此爲秦郡縣小吏亦有告歸之證；可證「高祖爲亭長時，常告歸之田」[55] 事

之不誣。且秦之制度，有秩吏告歸，不停發其俸糧，至非有秩吏，若到月底不

歸，則停發其下月之俸糧，其俸糧由其報到消假之日始計算。至於何謂「有秩

吏」，資料過少，不敢確言。[56]　漢承秦制，亦當承襲此非有秩吏告歸停發俸糧

之制，然無資料可考其事。

四、例　假

　　漢代當有節日例假，官署關門，休假賀節；唯可考者，僅夏至、冬至與伏

日。尙秉和著《歷代社會風俗事物考》有「漢冬夏至放假」條，引《漢書》〈薛

宣傳〉謂漢代冬至、夏至休吏。[57]　〈薛宣傳〉曰：

　　「（宣爲左馮翊）及日至休吏，賊曹掾張扶獨不肯休，坐曹治事。宣出敎

　　曰：『…日至，吏以令休，所繇來久。曹雖有公職事，家亦望私恩意。掾

　　宜從衆，歸對妻子，設酒肴，請鄰里，壹笑相樂，斯亦可矣！』扶慚愧

　　。」師古注曰：「冬夏至之日不省官事，故休吏。」（83 ／ 3390）

是西漢元成之際，夏至、冬至爲法令規定之假期，官吏休假，可以確定。至於夏

至、冬至假期之長短，居延漢簡[58] 可見一些消息：

54　《睡虎地秦墓竹簡》丙辰年戊午年合刊本，里仁書局印行，民國七十年，台北。此條
　　釋文採用戊午年本之釋文，328-329頁，圖片見〈秦律十八種〉四十六簡，22頁。

55　《史記》〈高祖本紀〉曰：「高祖爲亭長時，常告歸之田」。（8 ／ 346）

56　《漢書》〈百官公卿表〉曰：「百石以下有斗食、佐史之秩，是爲少吏。大率十里一
　　亭，亭有長。十亭一鄉，鄉有三老、有秩、嗇夫、游徼…皆秦制也。」（19上 ／
　　742）謂「斗食、佐史之秩」，鄉官又有「有秩」，則所謂「有秩吏」，或是佐史以
　　上之吏，或鄉官「有秩」以上之吏。推測之辭，不敢備一說，僅記於此以便他日之查
　　考。

57　參見尚秉和，《歷代社會風俗事物考》，台北，民國六十年台三版，（初版日期不
　　詳，唯其書有杜琨〈歷代社會風俗事物考敍〉，寫於民國二十六年三月，則此書初版
　　當在民國二十六年或稍後。）353頁。

58　見前引《居延漢簡釋文合校》16、8頁。

御史大夫吉昧死言丞相相上太常昌書言太史丞定言元康五年五月二日壬子
　　日夏至宜寢兵大官抒

井更水火進鳴雞謁以聞布當用者●臣僅案比原泉御者水衡抒大官御井中二
　　千石二千石令官各抒別火　　　　　　　　　　　　　　　10.27

官先夏至一日以除隧取火授中二千石二千石官在長安雲陽者其民皆受以日
　　至易故火庚戌寢兵不聽事盡

甲寅五日臣請布昧死以聞　　　　　　　　　　　　　　　5.10

勞榦《居延漢簡考證》謂此二簡「余讓之先生察其字跡相同，合爲一奏。（時在
〔民國〕二十四年。）前後完整無缺文。」又謂「有元康五年四月至五月歷譜。
（179.10）自四月廿九日庚戌寢兵，至五月四日甲寅盡，其中五月二日壬子爲夏
至，與此簡相符。」[59] 今查閱居延漢簡第179.10號簡之釋文，[60] 所言甚是。[61]
據此，則夏至休假五日，從夏至前二日始，至夏至後二日止。按此簡之日期爲宣
帝元康五年，則西漢最遲在宣帝時，已有夏至、冬至放假五日之制。此制在東漢
爲一代之制度。《後漢書》〈續禮儀志中〉曰：

「冬至前後，君子安身靜體，百官絕事，不聽政，擇吉辰而後省事。」注
引《白虎通》曰：「至日所以休兵，不興事，閉關，商旅不行何？此日陰
陽氣微，王者承天理物，故率天下靜，不復行役，以扶助微氣，成萬物
也。夏至陰氣始動，冬至陽氣始萌。《易》曰：『先王以至日閉關，商旅
不行。』」（續志5／3125）

〈續禮儀志中〉又述冬至迎氣之儀，畢，又曰：

「日夏至禮亦如之。」注引蔡邕《獨斷》曰：「冬至陽氣始動，夏至陰氣
始起，麋鹿角解，故寢兵鼓。身欲寧，志欲靜，故不聽事，迎送五日。臘

59　見勞榦，《居延漢簡考釋》12頁，《居延漢簡》考釋之部，中央研究院歷史語言研
　　究所專刊之四十，台北，1960年。

60　見前引《居延漢簡釋文合校》286-287頁。

61　大庭脩以此爲基礎，把此二簡與其他六簡接合而成所謂的「元康五年詔書册」。參
　　見大庭脩著，林劍鳴等譯《秦漢法制史研究》197-200頁，上海人民出版社，1991
　　年。

者，歲終大祭，縱吏民宴飲。非迎氣，故但送不迎。正月歲首，亦如臘儀。冬至陽氣起，君道長，故賀。夏至陰氣起，君道衰，故不賀。」（續志5／3125-3127）

夏至、冬至「百官絕事，不聽政，」「休兵，不興事，閉關，商旅不行」，上自皇帝、百官，下至兵卒，俱不辦公。關卡閉門休息，商旅不得通過，亦不得不休息。所不得休息者，唯有送氣迎氣之太史令等官。送迎五日，故夏至、冬至之假期亦當是五日，與上引漢簡所顯示之西漢宣帝以後之至日休假相同。

至日休假，其制起於何時，無考。西漢宣帝時已實行，至日前兩日始，後兩日止，前後放假五日。東漢沿襲此制。

伏日為例假，則在東漢和帝永元六年正式形成制度。《後漢書》〈和帝紀〉曰：永元六年，「六月己酉，初令伏閉盡日。」注引《漢官舊儀》曰：「伏日萬鬼行，故盡日閉，不干它事。」（4／179）所謂「伏閉盡日」，當是謂宮殿、官署在伏日整日關閉，官吏亦休假一日。

夏至、冬至與伏日之外，是否尚有其他節日例假，無考。上引蔡邕《獨斷》謂「臘者，歲終大祭，縱吏民宴飲，非迎氣，故但送不迎，正月歲首，亦如臘儀。」正月歲首及臘俱是大節日，且「縱吏民宴飲」，當亦有休假。《後漢書》〈張酺傳〉：和帝永元中，酺為太尉。「酺雖在公位，而父常居田里…嘗來候酺，適會歲節，公卿罷朝，俱詣酺府奉酒上壽，極歡卒日。」（45／1532）所謂「歲節」，或是歲首，公卿放假，多到太尉張酺府中賀節飲酒。又《歷代社會風俗事物考》有「兩漢時所行之節令」條，言漢代之節令，除正月歲首、臘日、夏至、冬至、伏日外，有上元、三月上巳、春社、秋社等節，「皆社會遊宴飲樂之時」。[62] 然史亦無明文是否政府之例假。

　　（一九九二年三月五日初稿，承本所同事劉增貴、陳鴻森兩位先生指正，六月十八日二稿。七月十二日三稿。九月二十三日四稿。）

　　　　　　　　　　　　　　　　　　（本文於一九九二年八月十三日通過刊登）

62　參見前引尚秉和，《歷代社會風俗事物考》435頁。

中研院歷史語言研究所集刊論文類編

歷史編·秦漢卷 四

中華書局

從漢代郎將職掌之發展論官制
演變的一些特徵

廖 伯 源

　　郎中將與中郎將是光祿勳之屬官，在光祿勳之領導下，指揮諸郎宿衛宮禁，出充車騎；並考覈銓選諸郎出補政府之行政官職。此為郎將之本職。東漢省郎中將，而中郎將之官職增加。

　　此外，郎將因為是皇帝禁衛軍之官員，得侍從左右，親信；故常受皇帝派遣擔任某些非其本職的額外工作，是為臨時差遣。郎將受臨時差遣多有皇帝使者之身份；其使命十分歧異，范圍包含極廣。

　　西漢成帝時始，朝廷經常派遣中郎將出使匈奴，處理匈奴事務，東漢沿習此慣例。及光武帝建武二十六年，南匈奴內附，漢廷安置南單于於西河美稷；需要有官員駐在單于廷以監護、安集南匈奴，故改稱前此派出安置南匈奴之中郎將為使匈奴中郎將。使匈奴中郎將是政府編制之官職，非臨時差遣，而是長期駐在單于廷處理南匈奴事務。使匈奴中郎將不是光祿勳之部屬，亦非宮廷宿衛官員，而是一新的官職。

　　自漢初始，就有郎將外派領兵作戰，東漢較西漢更多；西漢郎將外出領兵征伐，多為將軍之部將，東漢領兵出征之郎將則多為一軍之主帥，或為使者監軍。由於經常派遣中郎將外出領兵主征伐，日久而成為習慣，至東漢桓、靈、獻之世，出現因事立名之主征伐中郎將，如討寇中郎將、破鮮卑中郎將、鎮賊中郎將、北中郎將等。這些新的中郎將不隸屬於光祿勳，非復宮廷之宿衛官員，其官職是新設置者，因事任命，執行軍事任務。董卓亂政之後，割據一方者封拜由心，隨意任命中郎將，中郎將之名號濫用，可考之中郎將名號多至四十餘；且有名號與職掌俱與軍事無關之中郎將出現，顯示中郎將之職掌從領兵典軍事擴展至掌理其他事務。

　　同一類的官員受臨時差遣，若經常擔任某一相同的任務，久之，可能衍生出一新官職，其職掌是專門擔任該任務。使匈奴中郎將與主征伐的中郎將之產生可為例證。從漢代中郎將官職之發展，可見皇朝時期官制演變之一途徑是新官職從舊官職演變而成：舊官職之職掌擴大或轉移，但仍保留舊名不變或官名之改變遠遲於職掌之改變。故同一名稱之官職，在不同時期，其職掌或有很大的差異。

　　使匈奴中郎將爲使者，持節長期駐南單于廷。使者本是臨時派遣，事畢即罷；今使
匈奴中郎將爲正式的官員，卻一直保持使者之身份，與漢代之司隸校尉及州刺史一樣，
可謂是使者之變態。此變態顯示使者轉變爲行政官員過程中之某一階段。假如使者轉變
爲行政官員之一途徑是：使者轉變爲有固定職掌之專職使者，再轉變爲完全沒有使者性
格的行政官員。則如使匈奴中郎將之類的專職使者可謂是此轉變過程尚未完成的型態。

一、郎將之名稱、統隸與職掌

　　漢代郎將，西漢有郎中將與中郎將之別，且於西漢中葉以後，中郎將分爲五
官中郎將、左中郎將、右中郎將，郎中將則分爲郎中車將、郎中戶將與郎中騎
將。東漢省郎中將，僅有中郎將，然中郎將之名目轉繁，除五官中郎將、左中郎
將、右中郎將外，又有虎賁中郎將、羽林中郎將。以上中郎將、郎中將皆是光祿
勳（九卿之一，武帝太初元年以前稱爲郎中令）之屬官。東漢置使匈奴中郎將，
至東漢末年，又有北中郎將、東中郎將、南中郎將、討寇中郎將、破鮮卑中郎
將、護烏桓中郎將、鎮賊中郎將、平難中郎將、征東中郎將、鎮夷中郎將等四十
二種名目。[1]　此或漢末中郎將已成爲領兵征伐長官的官銜，因事立名，故有各種
不同名號之中郎將。自使匈奴中郎將以下，皆不屬光祿勳。

　　《漢書》〈百官公卿表〉和《後漢書》〈續百官志〉對光祿勳及諸郎之職掌
均有說明，惟於郎將之職掌，僅謂其主領諸郎。[2]　郎將隸屬於光祿勳而下領諸
郎，則郎將之職掌當是上承光祿勳，受其指揮而下轄諸郎，以協助光祿勳履行其
職掌，並領導督促郎執行其職務。《漢書》〈百官公卿表〉謂光祿勳「掌宮殿掖
門戶」（19上／727）《後漢書》〈續百官志〉本注則曰：「光祿勳，卿一人，
中二千石。本注曰：掌宿衛宮殿門戶，典謁署郎更直執戟，宿衛門戶；考其德行
而進退之。」（續志25／3574）諸郎之職掌，《漢書》〈百官公卿表〉謂「郎

1　此各種不同名目之中郎將，將於後文討論或列於附表之中，故於此不注明其出處。

2　郎將主領諸郎，《漢書》〈百官公卿表〉曰「中郎有五官、左、右三將，秩皆比二千
　石；郎中有車、戶、騎三將，秩皆比千石。」（19上／727）《後漢書》〈續百官
　志〉本注則謂五官中郎將「主五官郎」，左中郎將「主左署郎」，右中郎將「主右署
　郎」，虎賁中郎將「主虎賁宿衛」，羽林中郎將「主羽林郎」。（續志25／3574-
　3576）本文所引正史，除特別說明者外，俱用點校本。

掌守門戶，出充車騎。」（19上／727）《後漢書》〈續百官志〉則曰：「凡郎官皆主更直執戟，宿衛諸殿門，出充車騎。」（續志25／3575）是郎將之職掌為受光祿勳領導，指揮諸郎宿衛宮闈，輪值執戟，守衛諸殿門及宮殿廊道乃至侍從左右；在皇帝出宮時，又領諸郎為護從，騎馬或駕車在乘輿的前後左右保護。此為光祿勳及其屬下最初亦最基本的職掌。

其次，自漢初以來，政府行政官員多從郎中、中郎升任；董仲舒在武帝初年對策謂「夫長吏多出於郎中、中郎」（《漢書》56／2512）是也。郎中、中郎在宮內服役，然後按其年資、功勞、才行之差次而先後派出充任政府行政官職，而郎中、中郎之功過賞罰，年資、才行之審定，由光祿勳及郎將主其事。《後漢書》〈陳蕃傳〉曰：「自蕃為光祿勳，與五官中郎將黃琬共典選舉，不偏權富。」（66／2163）此事在東漢末桓帝時，則終兩漢之世，光祿勳與郎將實際上擔任政府行政官員候選人的銓選工作。

西漢之五官、左、右中郎將及車、戶、騎郎中將皆有此二方面的職掌。

武帝建元三年，初置期門，掌「執兵送從」，與諸郎之宿衛宮闈，出充車騎職同。期門本有僕射為其長官，至平帝元始元年，期門更名虎賁郎，置中郎將領轄之。（《漢書》19上／727）東漢置虎賁中郎將，主虎賁宿衛侍從。（〈續志〉25／3575）又武帝太初元年置羽林，「掌送從」，「宣帝令中郎將、騎都尉監羽林，秩比二千石。」（《漢書》19上／727-728）當是在既有之五官、左、右中郎將之外，另外設置中郎將監之。至東漢正式置羽林中郎將，主羽林郎，亦「掌宿衛侍從」。（〈續志〉25／3576）自期門（虎賁）、羽林出現之後，郎中、中郎宿衛護從之職漸為所奪。東漢省郎中將，五官、左、右中郎將分領五官署、左署、右署等所謂三署，皆轄有侍郎、中郎、郎中。三署郎輪值執戟宿衛侍從之職轉輕，漸成冗散，等候出補官職。[3] 而五官、左、右中郎將之職掌

3　諸郎之職掌制度，考詳嚴耕望師撰，〈秦漢郎吏制度考〉《史語所集刊》第二十三本上册，頁89-143，民國四十年。郎將為諸郎之長官，故郎將之職掌亦為〈秦漢郎吏制度考〉所考論。本文考述不在郎將之經常職掌制度，而專注於郎將之臨時差遣及因此而衍生之演變發展。

亦漸偏重於在光祿勳之領導下選舉三署郎出補官職。

　　概略言之，西漢郎將掌領諸郎宿衛護從，領轄諸郎及其選舉。東漢省郎中將，而中郎將分職；五官、左、右中郎將掌領轄三署郎及其選舉，虎賁中郎將與羽林中郎將則分領虎賁郎與羽林郎，宿衛護從。

二、郎將之臨時差遣

　　郎將本宮廷禁衛軍之官員，親近，往往因此受信任而外派擔任臨時性之任務。如皇帝崩，立外藩為嗣，派中郎將為徵召護衛繼嗣者入京的官員之一。 如《漢書》卷六十三〈昌邑王賀傳〉曰：

　　　「昭帝崩，無嗣⋯⋯徵王賀典喪。璽書曰：『制詔昌邑王，使行大鴻臚事

　　　少府樂成、宗正德、光祿大夫吉、中郎將利漢徵王⋯⋯』」（63／2764）

宿衛侍從皇帝及其家屬為中郎將之本職，往迎皇帝之繼承人，當有負責保護之意，是其本職所應為。而其他臨時委任之工作或與其本職完全無關。下文分項舉例述之。

　　1. 拜官封爵。中郎將奉使命往拜官封爵，[4] 其例如下：[5]

　　　《漢書》卷一百上〈敘傳〉：「（河平中，成帝）遣侍中中郎將王舜馳

4　往拜官封爵者必為使者，考詳廖伯源，〈漢代使者考論之一 —— 使者的封拜賞罰及溝
　　通上下之使命〉《中央研究院第二屆國際漢學會議論文集》，台北，民國七十八年六
　　月，頁 457-467.

5　除正文所引之例證外，下例亦可見其事：
　　　《漢書》卷九九下〈王莽傳〉：「（地皇三年，更始將軍廉丹、太師王匡擊反
　　　叛有功，）莽遣中郎將奉璽書勞丹、匡，進爵為公，封吏士有功者十餘人。」
　　　（99下／4177）
　　　《後漢書》卷十六〈寇恂傳〉：「（光武帝使待詔馬援招降隗囂將高峻。）由
　　　是河西道開，中郎將來歙承制拜峻通路將軍、封關內侯。」（ 16／625 ）
　　　《後漢書》卷十六〈鄧騭傳〉：「（車騎將軍鄧騭領兵擊羌，班師。）朝廷以
　　　太后故，遣五官中郎將迎拜騭為大將軍。」（ 16／614 ）
　　　《後漢書》卷七十二〈董卓傳〉注引《獻帝起居注》曰：「天子使左中郎將李
　　　國持節拜（李）傕為大司馬。」（ 72／2338 ）

傳……並奉璽書、印綬，即拜（班）伯爲定襄太守。」（100上／4199）

《後漢書》卷二十三〈竇憲傳〉：「（憲於和帝時爲車騎將軍領兵大破北匈奴而還。）詔使中郎將持節即五原拜憲大將軍，封武陽侯。」（23／817）

2. 贈賜官爵諡號。某些地位特別的大臣死後，爲表示特別的崇敬，皇帝贈予官爵諡號，派中郎將主持贈賜之禮儀。其例如下：[6]

《後漢書》卷二十四〈馬援傳〉：「（馬援女爲明帝皇后。）建初三年，肅宗使五官中郎將持節追策，諡援曰忠成侯。（24／852）

《後漢書》卷四十四〈胡廣傳〉：「（胡廣歷任三公，於靈帝熹平元年薨。）使五官中郎將持節奉策，贈太傅、安樂鄉侯印綬……諡文恭侯。」（44／1511）

3. 使監諸侯王喪事。其例如下：

《後漢書》卷四十二〈東平王蒼傳〉：「（東平王蒼薨。）遣大鴻臚持節，五官中郎將副，監喪。」（42／1441）

4. 使往令行喪之大臣釋服。其例如下：

《後漢書》卷十九〈耿恭傳〉：「（耿恭在車師立功還，拜爲騎都尉。）

6　除正文所引之例證外，尚有下列數例：

《後漢書》卷三十二〈陰興傳〉：「（光武陰皇后弟陰興前卒。章帝建初五年，）興夫人卒，肅宗使五官中郎將持節即墓賜策，追諡興曰翼侯。」（32／1132）

《後漢書》卷七十八〈宦者列傳〉：「（宦者孫程卒，）使五官〔中〕郎將（校勘記謂據殿本補「中」字）追贈車騎將軍印綬，賜諡剛侯。」（78／2517）

《後漢書》卷四十五〈袁逢傳〉：「（袁逢嘗爲九卿、司空，卒。）朝廷以逢嘗爲三老，特優禮之……使五官中郎將持節奉策，贈以車騎將軍印綬，加號特進，諡曰宣文侯。」（45／1523）

《後漢書》卷五十四〈楊賜傳〉：「（司空楊賜薨。靈帝）策曰：『…使左中郎將郭儀持節追位特進，贈司空驃騎將軍印綬。』」（54／1785）

《後漢書》卷六十六〈王允傳〉：「（王允謀誅董卓，後爲李傕所殺。）後遷都於許，帝思允忠節，使改殯葬之。遣虎賁中郎將奉策弔祭，賜東園祕器，贈以本官印綬。」（66／2178）

恭母先卒，及還，追行喪制。有詔使五官中郎將齎牛酒，釋服。」（19／723）

　　5. 使往求雨。其例如下：

　　　　《後漢書》卷八〈靈帝紀〉《集解》引惠棟曰：堂谿典嵩高山闕曰：「中郎將堂谿典伯并，熹平四年來請雨嵩高廟。」[7]

　　6. 使行風俗。蓋爲使者巡行天下，觀察地方吏治及民間疾苦，其事在兩漢甚多。[8] 亦有以中郎將使行風俗者。如《漢書》卷十八〈外戚恩澤侯表〉謂常鄉侯王惲，「以太僕與閻遷、陳崇、（李翕、郝黨、謝殷、逸普、陳鳳）等八人使行風俗，齊同萬國功侯，各千戶。」其中郝黨、謝殷、陳鳳三人皆以中郎將使行風俗。[9]

　　7. 使治明堂辟雍。如《漢書》卷十八〈外戚恩澤侯表〉謂五官中郎將孔永，與其他三人使治明堂辟雍。（《漢書》18／716）

　　8. 使問學術之異同，其例如下：

　　　　《後漢書》卷三〈章帝紀〉：「（建初四年，白虎觀會議，講論五經異同。）使五官中郎將魏應承制問。」（3／138）〈魏應傳〉謂「使應專掌問難。」（79下／2571）

　　　　《後漢書》〈續志〉卷二〈續律曆志〉中曰：「（章帝）使左中郎將賈逵問治曆者衛承、李崇、太尉屬梁鮪……等十人。」（志2／3027）蓋承制問諸天文學者曆法事宜。

　　9. 派往校書。其例如下：

　　　　《漢書》卷一百上〈敘傳〉：「（班斿爲）中郎將，與劉向校祕書。」

　　100上／4203）

　　10. 教授太子、諸王。其例如下：[10]

　　　　《後漢書》卷三十七〈桓榮傳〉曰：「顯宗始立爲皇太子，選求明經，

　　　　迺擢榮弟子豫章何湯爲虎賁中郎將，以《尙書》授太子。」（37／1249）

　　　　《後漢書》卷七十九下〈鐘興傳〉：「（鐘興於建武時）遷左中郎將，詔

　　　　令定《春秋》章句，去其復重，以授皇太子。又使宗室諸侯從興受章句。

　　　　（79下／2579）

　　11. 監軍。秦漢之監軍制度，另有專文討論。[11] 於此僅述中郎將受派遣外出

監督軍事。

　　中郎將監軍，僅見於東漢初年；以來歙之事例最爲明顯。《後漢書》〈來歙

傳〉謂歙爲光武帝表兄弟，建武五年爲中郎將；八年，討隗囂有功，「詔使留屯

長安，悉監護諸將。」（15／587）九年，「詔歙率征西大將軍馮異、建威大將軍

耿弇、虎牙大將軍蓋延、揚武將軍馬成、武威將軍劉向入天水。」（15／588）來

歙以中郎將率五將軍，以小率大，蓋監護之也。故〈光武紀〉述此事曰：「八

月，遣中郎將來歙監征西大將軍馮異等五將軍討隗純於天水。」（1下／55）來

歙與所監護諸將軍之關係可以下事見之：

　　　　《後漢書》〈來歙傳〉曰：「（建武十一年，來歙監蓋延、馬成進攻公孫

　　　　述將王元、環安；蜀人懼，使刺客刺歙。歙臨死，）馳召蓋延，延見歙，

　　　　因伏悲哀，不能仰視。歙叱延曰：『虎牙何敢然！今使者中刺客，無以報

　　　　國，故呼巨卿（蓋延之別字），欲相屬以軍事，而反效兒女子涕泣乎！刃

10　除正文所舉例證外，尚有下例：

　　　　《後漢書》〈桓榮傳〉附子郁事：「（郁）以侍中監虎賁中郎將，永平十五

　　　　年，入授皇太子經。」（37／1255）

　　　　《後漢書》〈魏應傳〉：「（魏應）建初四年拜五官中郎將，詔入授千乘王

　　　　伉。」（79下／2571）

　　　　《後漢書》〈召馴傳〉曰：「肅宗拜（召馴）左中郎將，入授諸王。」（79

　　　　下／2573）

11　請參閱廖伯源，〈漢代監軍制度試釋〉，《大陸雜誌》第七十卷三期，頁15-30，民

　　　國七十四年。

雖在身，不能勒兵斬公邪！』延收淚強起，受所誡。」（15／589）
來歙被刺，臨死，召所監護之虎牙大將軍蓋延。歙自稱使者，而謂力能勒兵斬蓋
延；蓋來歙爲使者監軍，代表皇帝，可以陣前誅殺將軍。而來歙又謂相屬軍事與
蓋延，則其可以干預將軍之軍事甚明。

又〈馬成傳〉：馬成「九年，代來歙，守中郎將，率武威將軍劉尙等破河
池，遂平武都。」（22／779）蓋守中郎將而監軍也。

〈馬援傳〉：建武二十四年，遣伏波將軍馬援「率中郎將馬武、耿舒、劉
匡、孫永等」征五溪蠻，困不得進。「帝乃使虎賁中郎將梁松乘驛責問援，因代
監軍。」（24／842-844）按馬援爲主帥，「因代監軍」似有代替馬援指揮其軍
隊之意。與上引來歙之監諸將類似。

〈明帝紀〉：建武中元二年，「冬十一月，遣中郎將竇固監捕虜將軍馬武等
二將軍討燒當羌。」（2／97）〈馬武傳〉詳其事曰：「顯宗初，西羌寇隴右，
覆軍殺將，朝廷患之。復拜武捕虜將軍，以中郎將王豐副，與監軍使者竇固、右
輔都尉陳訢」將兵合四萬人擊之。（22／786）竇固以中郎將爲監軍使者，監二
將軍討西羌。二將軍其一爲捕虜將軍馬武，另一爲揚鄉侯王賞。見〈續天文志
上〉：「中郎將竇固、揚虛侯馬武、揚鄉侯王賞將兵征西也。」（志10／
3224）上引〈馬武傳〉諸人，除竇固外，王豐、陳訢皆馬武之部將。〈馬武傳〉
不語及王賞所領軍，竇固監二將軍，二將軍當獨立作戰。

監軍使者（包括爲監軍使者之中郎將）本官之秩位低於將軍，然監軍使者代
表皇帝，監督軍事，彈劾將軍，故監軍往往能干預將軍之指揮權，特殊情形下監
軍且得誅殺將軍或代將軍領兵。[12]

其後地方盜賊反叛流竄，州郡討之，州郡各有長吏領兵，事權不一，朝廷常
派遣使者監督州郡協力討伐，其中使者亦有中郎將。

《後漢書》卷三十八〈滕撫傳〉：桓帝初，「拜撫中郎將，督揚、徐二州
　　事，」討賊。（38／1279）

12　參閱前引廖伯源，〈漢代監軍制度試釋〉，頁19-21。

　　〈趙彥傳〉：桓帝延熹三年，「朝廷以南陽宗資爲討寇中郎將，杖鉞將
　　兵，督州郡合討」琅邪、太山賊。（82下／2732）

　此類督州郡討賊之使者，監察地方長吏討賊；爲使其互相協調，且可發布命
令，指揮地方長吏。[13]

　12.出使外國。自武帝時始，郎將常見派遣出使外國。其例如下：

　　《史記》卷一一六〈西南夷列傳〉：武帝元光五年，發巴、蜀通南夷道。
　　「拜（唐）蒙爲郎中將，將千人，食重萬餘人，從巴、蜀、筰關入，遂見
　　夜郎侯多同；蒙厚賜，喻以威德，約爲置吏，使其子爲令。夜郎旁小邑皆
　　貪漢繒帛……乃且聽蒙約。還報，乃以爲犍爲郡；發巴、蜀卒治道……蜀
　　人司馬相如亦言西夷邛、筰可置郡。使相如以郎中將往喻，皆如南夷。爲
　　置一都尉，十餘縣，屬蜀。」[14]

　　《史記》〈大宛列傳〉：張騫上言謂可連烏孫、大夏之屬以斷匈奴右臂。
　　「天子以爲然，拜騫爲中郎將，將三百人，馬各二匹，牛羊以萬數，齎金
　　幣帛直數千巨萬，多持節副使，道可使，使遣之他旁國。」（123／3168）

　　（《漢書》〈李廣利傳〉：李廣利征大宛還，武帝下詔曰：「匈奴爲害久
　　矣，今雖徙幕北，與旁國謀共要絕大月氏使，遮殺中郎將江……危須以西
　　及大宛皆合約殺期門車令、中郎將朝及身毒國使。」（61／2703）此中
　　郎將江、中郎將朝皆失其姓，都是武帝派爲使者往使西域者。

　　〈王莽傳〉：王莽時，爲建四海歸心之假象，「迺遣中郎將平憲等多持金
　　幣誘塞外羌，使獻地，願內屬。」（99上／4077）

13　參閱前引廖伯源，〈漢代監軍制度試釋〉，頁22-24。

14　《史記》〈西南夷列傳〉，116／2994，《漢書》〈西南夷傳〉同，95／3839。然
　　《史記》〈司馬相如傳〉：唐蒙通夜郎、僰中，發巴、蜀吏卒治道，乃以中郎將爲使
　　者。（117／3044）其後司馬相如說武帝通西夷。天子以爲然，「乃拜相如爲中郎
　　將，建節往使，副使王然于、壺充國、呂越人馳四乘之傳，因巴、蜀吏幣物以賂西
　　夷。」（117／3046-3047）《漢書》〈司馬相如傳〉同。57下／2577-2581）唐蒙，
　　司馬相如出使時之官職，《史》《漢》〈西南夷傳〉皆作「郎中將」，而〈司馬相如
　　傳〉皆作「中郎將」，何者爲正，王先謙謂「未知孰是」。（《漢書補注》57下／
　　4a）今且不論，謂其以郎將往使可也。

13. 安輯屬國。自武帝時始，又常派遣郎將至奉漢正朔之國家爲使，或立其國王。

　　《漢書》卷九五〈兩粵傳〉：武帝初，閩粵擊南粵，武帝派兵干預，閩粵人殺其王降。「乃使郎中將立（繇君）丑爲粵繇王，奉閩粵祭祀。」（95／3860-3861）

　　〈段會宗傳〉：成帝時，烏孫亂。「徵會宗爲左曹中郎將光祿大夫，使安輯烏孫；立小昆彌兄末振將，定其國而還。」（70／3030）〈西域傳〉曰：後小昆彌刺殺大昆彌雌栗靡。漢「遣中郎將段會宗持金幣，與都護圖方略，立（大昆彌）雌栗靡季父公主孫伊秩靡爲大昆彌。」（96下／3909）

或處理在該國所發生之事變。

　　《漢書》卷九六下〈西域傳〉：宣帝時，烏孫狂王尚楚主解憂，與主失和。主與漢使衛司馬魏和意、副候任昌等謀誅狂王；「狂王傷，上馬馳去。其子細沈瘦會兵圍和意、昌及公主於赤谷城。數月，都護鄭吉發諸國兵救之，乃解去。漢遣中郎將張遵持醫藥治狂王，賜金二十斤、采繒。因收和意、昌係瑣，從尉犂檻車至長安，斬之。」（96下／3906）

　　匈奴爲西漢帝國最大的邊患，亦爲最重要之外國，南匈奴內屬之後則爲漢朝最大之屬國，二者之信使往來，也最爲頻繁；漢朝派遣出使匈奴之使者有不少是郎將，其例詳附表一。

　　上文分郎將之臨時差遣爲十四類，加上下文討論之「領兵征伐」，凡十五類，除了「校書」、「敎授太子、諸王」二類外，其餘多是爲皇帝的使者。從上列之分類看，郎將爲使者之使命十分歧異，范圍包含極廣；蓋使者的性格之一是使命無所不包，因爲皇帝掌握最高的權力，可派人做任何工作。

三、郎將官職之發展

　　郎將受遣出臨時任務，如經常執行某項任務，久之，發展出一新的官職，即

一種新的郎將，其職掌專門執行該項任務，如使匈奴中郎將及主征伐之中郎將。
下文依次討論之。

（一）使匈奴中郎將

自武帝以來，有派遣中郎將爲使者出使匈奴者。如武帝天漢元年，匈奴遣歸
其前所扣留之漢使者，並使使來獻。[15] 「漢遣中郎將蘇武厚幣賂遺單于。」
（《漢書·匈奴傳》94 上／3777）此事詳〈蘇武傳〉：「（漢）乃遣武以中郎
將使持節送匈奴使留在漢者，因厚賂單于…武與副中郎將張勝及假吏常惠等募士
斥候百餘人俱。」（54／2460）蓋前此漢匈敵對，互相扣留使者相當數；今單
于釋漢使者歸，武帝亦使中郎將蘇武送前所扣留之匈奴使者北返；同時厚遺單
于，欲修好也。又如蕭育於成帝時爲「中郎將使匈奴。」（《漢書·蕭望之傳》
78／3289）又綏和元年，「漢遣中郎將夏侯藩、副校尉韓容使匈奴。」（《漢
書·匈奴傳》94 下／3810）亦是其例。

宣帝甘露元年，呼韓邪單于稱臣內屬。其後單于入朝，有遣中郎將迎護單于
者。如《漢書·敘傳》曰：

「河平中，單于來朝…上遣侍中中郎將王舜…護單于。」（100 上／4199）
單于朝罷歸，有遣中郎將護送單于者。如《漢書·匈奴傳》曰：

「元壽二年，單于來朝…旣罷，遣中郎將韓況送單于。」（94 下／3817）
單于死，有遣中郎將爲使者往弔喪者。如《漢書·天文志》曰：

「鴻嘉元年正月，匈奴單于雕陶莫皋死。五月甲午，遣中郎將楊興使
弔。」（26／1310-1311）
亦有以中郎將爲使，向匈奴單于傳達詔令者。如《漢書·匈奴傳》曰：

「（平帝時，設四條約束匈奴：）中國人亡入匈奴者，烏孫亡降匈奴者，
西域諸國佩中國印綬降匈奴者，烏桓降匈奴者，皆不得受。遣中郎將王
駿、王昌、副校尉甄阜、王尋使匈奴，班四條與單于。雜函封，付單于，

15　《漢書》〈武帝紀〉曰：天漢元年三月，「匈奴歸漢使者，使使來獻。」（6／
202）

令奉行，因收故宣帝所爲約束封函還。」（94下／3819）

匈奴有違漢約束，亦有遣中郎將爲使以糾正之者。如《漢書・匈奴傳》曰：

　　「（哀帝建平二年，烏孫入寇匈奴界，爲匈奴所破，乃遣子質於匈奴。）
　　單于受，以狀聞。漢遣中郎將丁野林、副校尉公乘音使匈奴，責讓單于，
　　告令還歸卑援疐質子。單于受詔，遣歸。」（94下／3811）

　　又曰：「（平帝時，西域車師後王句姑、去胡來王唐兜怨恨都護、校尉，
　　亡降匈奴。）單于受置左谷蠡地；遣使上書言狀曰：『臣已謹受。』詔遣
　　中郎將韓隆、王昌、副校尉甄阜、侍中謁者帛敞、長水校尉王歙使匈奴。
　　告單于曰：『西域內屬，不當得受。今遣之』…單于叩頭謝罪，執二虜還
　　付使者。詔使中郎將王萌待西域惡都奴界上逆受。」（94下／3818-
　　3819）

乃至有遣中郎將爲使者往拜立單于者。如《漢書・匈奴傳》曰：

　　「（王莽篡位，與匈奴失和。）莽於是大分匈奴爲十五單于，遣中郎將藺
　　包、副校尉戴級將兵萬騎，多齎珍寶至雲中塞下，招誘呼韓邪單于諸子，
　　欲以次拜之。」（94下／3823）

　　又曰：「更始二年多，漢遣中郎將歸德侯颯、大司馬護軍陳遵使匈奴，授
　　單于漢舊制璽綬，王侯以下印綬。」（94下／3829）

而涉及匈奴之事務，亦遣中郎將問狀。其例如《漢書・匈奴傳》：

　　「（成帝河平元年，）單于遣右皋林王伊邪莫演等奉獻朝正月…（伊邪莫
　　演欲降漢不歸匈奴，公卿議論不決。）遣中郎將王舜往問降狀。」（94
　　下／3808）

　　今據附表一：「漢代出使匈奴事例表」，漢代出使匈奴之使者，官名可考者
凡五十八人，其中使者之官銜爲郎將者二十二人，[16] 超過三分之一。若以成帝

16　參見本文附表一。計算之標準如下：出使者不論正使、副使或隨行之官員，只要其
　　官銜可考，即計算在內。但只知其爵位，其官銜無考者，不計算。如武帝天漢元年，
　　匈奴歸前所扣留之漢使者，來獻。中郎將蘇武持節，副以中郎將張勝及假吏常惠等，
　　募斥候百餘人送匈奴使者留在漢者，厚幣賂遺單于。此次出使，蘇武、張勝、常惠三
　　人之官銜可考，計三人。又如王莽天鳳元年，王昭君兄子和親侯王歙，歙弟騎都尉展

時計起至東漢光武帝建武二十六年止，出使匈奴使者之官銜可考者凡三十六人，其中官銜為中郎將者共二十人，超過一半。又自成帝時計起至建武二十六年止，可考出使匈奴之事例凡二十五次，其中二次之正使者無考，[17] 則此期間正使者可考之出使匈奴事例共二十三次，其中正使者為中郎將之事例有十八次，二十人。[18] 可見自成帝始，派遣中郎將處理匈奴事務成為慣例。

由於經常派遣中郎將處理匈奴之事務，形成慣例，以至東漢專置使匈奴中郎將負責南匈奴事務；而其他官員受派遣辦理與匈奴有關之事務，乃至先加銜「行中郎將事」，然後遣之。如《後漢書・班固傳》：和帝永元初，大將軍竇憲擊北匈奴。及北單于請入朝天子，憲上書請以大將軍中護軍班固「行中郎將事，將數百騎與虜使俱出居延塞迎之。」（40下／1385）可謂辦理匈奴之事務成為中郎將之職責。

東漢置使匈奴中郎將，專門負責南匈奴之事務。

上文已述自武帝以來，出使匈奴者其中不少為中郎將。由於常派遣中郎將出使匈奴，乃至有稱出使匈奴幹事之中郎將為「匈奴中郎將」者：《漢書・金日磾傳》附金參事曰：「參使匈奴，匈奴中郎將。」師古注曰：「以其出使匈奴，故拜為匈奴中郎將也。」（68／2964）《補注》周壽昌曰：「使匈奴下應有拜字，各本俱脫，惟凌本有，宜從之。」[19] 金參使匈奴當在成帝或哀帝時，此時「匈奴中郎將」是否正式官名，難以確言；且不論。又西漢之中郎將出使匈奴，有副校尉為其副貳。

《漢書・蕭望之傳》附子育事曰：「（育為）使匈奴副校尉。」（78／

德侯王颯使匈奴，賀單于初立。僅知和親侯王歙之爵位，不知其官銜，不計算，歙弟王颯為騎都尉，計一人。同一人前後出使若干次，計若干人。如某人前後出使三次，計三人。

17　成帝時，校尉蕭育為副使出使匈奴。其後蕭由亦是以校尉為副使出使匈奴。此二次出使之正使者無考，參見本文附表一。

18　其中在平帝時有二次遣使者出使匈奴，正使者俱是二人，其官職皆是中郎將（中郎將韓隆、王昌及中郎將王駿、王昌）。參見附表一：「漢代出使匈奴事例表」。

19　《漢書補注》68／21b。（本文所引《漢書補注》俱引自台北藝文印書館影印光緒庚子長沙王氏校刊本《漢書補注》）

　　3289）《補注》引沈欽韓曰：「此專設之官，爲使匈奴中郎將之副。」
　　（ 78 ／ 12b ）

使匈奴之副校尉，史書不乏其例，如成帝綏和元年，中郎將夏侯藩、副校尉韓容使匈奴。（《漢書・匈奴傳》94下／3810）哀帝時，中郎將丁野林、副校尉公乘音使匈奴。（ 94下／3811）又平帝時，中郎將韓隆、王昌、副校尉甄阜使匈奴。（ 94下／3818）後又遣中郎將王駿、王昌、副校尉甄阜、王尋使匈奴。（ 94下／3819）王莽篡位，與匈奴失和，遣中郎將藺包、副校尉戴級將兵萬騎，誘招呼韓邪單于諸子，立爲單于。（ 94下／3823）是在西漢末葉，已漸成習慣，出使匈奴之使者常爲中郎將，以副校尉爲副使。至東漢建武中，由於南匈奴內附，漢遣中郎將、副校尉爲使，往安置之；使匈奴之中郎將因留駐單于庭，設官府，置從事、掾、史，成爲常置之正式官職「使匈奴中郎將」。茲據《後漢書・南匈奴傳》以述其設置之經過。

　　呼韓邪單于之孫名比者，爲匈奴右薁鞬日逐王，領南邊諸部及烏桓，以不得繼承且受猜忌，欲降漢。「密遣漢人郭衡奉匈奴地圖，（建武）二十三年，詣西河太守求內附。」及事覺，比領其南邊八部反叛單于。二十四年春，「八部大人共議立比爲呼韓邪單于，以其大父嘗依漢得安，故欲襲其號。於是款五原塞，願永爲蕃蔽，扞禦北虜。帝用五官中郎將耿國議，20 乃許之。」於是匈奴始分南北，各有單于。二十五年，南單于大敗北單于。「南單于復遣使詣闕，奉藩稱臣，獻國珍寶，求使者監護，遣侍子，修舊約。二十六年，遣中郎將段郴、副校尉王郁使南單于，立其庭，去五原西部塞八十里。」及郴等返，「詔乃聽南單于入居雲中…秋，南單于遣子入侍，奉奏詣闕。詔賜單于冠帶、衣裳、黃金璽、盭緺綬…令中郎將置安集掾、史，將弛刑五十人（《集解》先謙曰：『官本十作千』21 ）持兵弩隨單于所處，參辭訟，察動靜。單于歲盡輒遣奉奏，送侍子入朝。中郎將從事一人將領詣闕。漢遣謁者送前侍子還單于庭，交會道路。」冬，南匈奴與北匈奴戰，不利。「於是復詔單于徙居西河美稷，因使中郎將段郴及副

20　耿國所議詳《後漢書》〈耿國傳〉，19／716。
21　《後漢書集解》89／4b。按五十人似太少，當從官本，以五千人爲是。

校尉王郁留西河擁護之。爲設官府、從事、掾、史，令西河長史歲將騎二千、弛
刑五百人助中郎將衛護單于，冬屯夏罷，自後以爲常。」（ 89 ／ 2941-2945 ）

　　是使匈奴中郎將之設置在建武二十六年。其年秋天令中郎將置安集掾領兵隨
南單于居雲中；其年冬，以南匈奴兵敗，乃遷南單于庭至西河美稷，並使中郎將
及副校尉留駐護衛，以後恆居此地。故〈光武紀〉注引《漢官儀》曰：「使匈奴
中郎將屯西河美稷縣。」[22]　留駐於南單于廷之中郎將不再是諸郎之長官，亦不
復轄於光祿勳，而是一新官職，即「使匈奴中郎將」。此所以〈續百官志〉述使
匈奴中郎將不置於光祿勳屬官之中，而別置於郡縣官吏之後，諸侯王之前，與護
烏桓校尉、護羌校尉同在一處。[23]

　　關於使匈奴中郎將之秩祿職掌與官屬，《後漢書‧續百官志》曰：

　　　　「使匈奴中郎將一人，比二千石。本注曰：主護南單于。置從事二人，有
　　　　事隨事增之，掾隨事爲員。」（ 志28 ／ 3626 ）

又〈光武紀〉注引《漢官儀》曰：

　　　　「使匈奴中郎將，擁節，秩比二千石。」（ 1下 ／ 51 ）

使匈奴中郎將又稱「護匈奴中郎將」，蓋以其主護南單于，故名。史家往往互用
兩名。如《後漢書》〈張奐傳〉：奐以桓帝永壽元年「遷使匈奴中郎將」，後以
梁冀故吏免官。延熹九年，「復拜奐爲護匈奴中郎將」，（ 65 ／ 2139 ）是其顯
例。又有稱使匈奴中郎將爲「北中郎將」者，其例爲張奐與王柔。上引〈張奐
傳〉謂奐延熹九年，復爲護匈奴中郎將。〈桓帝紀〉亦曰：延熹九年「六月，南
匈奴及烏桓、鮮卑寇緣邊九郡。秋七月…遣使匈奴中郎將張奐擊南匈奴、烏桓、

22　《後漢書》〈光武紀〉1下／78。按南單于廷在西河郡美稷縣，使匈奴中郎將亦駐
　　屯美稷以護之，此前後文之引文言之甚確。然〈續百官志〉「使匈奴中郎將」條下注
　　引應劭《漢官》曰：「…屯中步南…」（志28／3626）標點本以地名號標明「中
　　步」是地名。然不知其地在何處。亦不知使匈奴中郎將是否曾徙屯其地。

23　〈續百官志〉述光祿勳及其屬官在卷二十五，志25／3574-3578，而述使匈奴中郎將
　　則在卷二十八，志28／3626。

鮮卑。」（7／317）〈南匈奴列傳〉則曰：「延熹九年，[24] 南單于諸部並畔，
遂與烏桓、鮮卑寇緣邊九郡，以張奐爲北中郎將討之，單于諸部悉降。」（89／
18a）此三條所述爲同一事，而分別作「護匈奴中郎將」、「使匈奴中郎將」、
「北中郎將」，蓋使匈奴中郎將有此二異名。王柔事亦可見之。《後漢書》〈郭
太傳〉曰：「王柔字叔優…柔爲護匈奴中郎將」。（68／2231）《三國志・魏
書》〈王昶傳〉注引《郭林宗傳》曰：「叔優至北中郎將」。（27／744）按郭
太字林宗，《三國志》注所引之《郭林宗傳》是那一本東漢史書之〈郭泰傳〉，
或郭泰之別傳，不可考。然上引二傳，一謂王柔爲護匈奴中郎將，一謂王柔官至
北中郎將，顯示史家互用兩名。使匈奴中郎將所以又稱爲「北中郎將」者，當是
因其主北邊之邊防而名。[25] 使匈奴中郎將持節，蓋其爲皇帝之使者，代表皇
帝，保護南匈奴單于。此點後文再詳論。今先言使匈奴中郎將之屬吏。

　　使匈奴中郎將本來有副校尉爲副貳，此蓋在西漢後期已形成如下的慣例：遣
中郎將爲出使匈奴之使者，而以副校尉爲其副貳。及以出使匈奴之中郎將留駐單
于庭爲使匈奴中郎將，其副貳亦自然隨之留駐。《後漢書・南匈奴傳》曰：二十

24　《後漢書》〈南匈奴列傳〉曰：「延熹九年，南單于諸部並畔，遂與烏桓、鮮卑寇緣
　　邊九郡，以張奐爲北中郎將討之，單于諸部悉降。」（89／2963）此條之「延熹九
　　年」，點校本及《後漢書集解》本（89／18a）俱作「延熹元年」，今改作「九
　　年」，其理由如下：南單于諸部叛，與烏桓、鮮卑寇緣邊九郡，其事在延熹九年。
　　《後漢書》〈桓帝紀〉曰：延熹九年「六月，南匈奴及烏桓、鮮卑寇緣邊九郡。秋七
　　月…遣使匈奴中郎將張奐擊南匈奴、烏桓、鮮卑。」（7／317）《後漢書》〈張奐
　　傳〉亦曰：延熹「九年，鮮卑…遂招結南匈奴、烏桓數道入塞，或五六千騎，或三四
　　千騎，寇掠緣邊九郡。」（65／2139）此三條所述爲同一事，〈桓帝紀〉、〈張奐
　　傳〉俱謂事在延熹九年，〈南匈奴列傳〉則謂延熹元年。今考點校本〈南匈奴列傳〉
　　校勘記曰：「『延熹元年』按『元』原 『九』，逕改正。」（89／2976）點校本
　　以「紹興本」作底本，據校勘記所言，則「紹興本」原作「延熹九年」，校點者以爲
　　錯誤，而改爲「元年」。則今復改爲「九年」，是還「紹興本」之本來面目。
25　使匈奴中郎將又稱爲「北中郎將」，除見於〈後漢書〉〈南匈奴列傳〉此條外，《後
　　漢書》〈郭太傳〉與《三國志・魏書》〈王昶傳〉注引《郭林宗傳》互稱王柔爲「護
　　匈奴中郎將」與「北中郎將」。（引文詳正文）其例不多，漢代以「北中郎將」稱使
　　匈奴中郎將，當非習慣，而是偶一爲之。（或此習慣是魏晉以後始形成）故漢末討黃
　　巾之役，任命「北中郎將」爲領兵長官，此「北中郎將」與使匈奴中郎將完全無關。

六年冬，徙南單于於西河美稷，「因使中郎將段郴及副校尉王郁留西河擁護之，爲設官府、從事、掾史。」（89／2945）後省副校尉，置從事二人，有事隨事增其員額。其例如永元二年，漢大發兵擊北匈奴，「南部連剋獲納降，黨衆最盛，領戶三萬四千，口二十三萬七千三百，勝兵五萬一百七十。故事中郎將置從事二人，（使匈奴中郎將）耿譚[26] 以新降者多，上增從事十二人。」（89／2953-2954）是隨南匈奴之人口增多，使匈奴中郎將之從事亦增加員額。

其他掾、史亦隨事增減員額。唯使匈奴中郎將屬吏之其他掾史可考者僅有安集掾、史。上引〈南匈奴傳〉謂初置使匈奴中郎將，「令中郎將置安集掾、史。」（89／2944）又永元六年，亭獨尸逐侯鞮單于師子立，「降胡五六百人夜襲師子，安集掾王恬將衛護士與戰，破之。」（89／2955）《集解》引《通鑑》胡注曰：「使匈奴中郎將置掾隨事爲員，安集掾以安集匈奴爲稱也。」[27]

使匈奴中郎將之職掌爲護南單于，[28] 蓋匈奴分爲南北部，互相戰爭，南部內屬稱臣，漢立南單于，乃以夷制夷，以南匈奴牽制北匈奴，使不能爲患中國。此袁安所謂「欲安南定北之策…故匈奴遂分，邊境無患。」（《後漢書·袁安傳》45／1520）然爲維持此一親附中國之力量，則在其衰弱時須扶持之。故初立南單于時，即徙之於雲中郡，其地在長城以南，黃河以北，已是塞內。其年冬（建武二十六年），南匈奴爲北匈奴所敗，又徙南單于於西河郡之美稷縣，其地在黃河以南。以後又每年供給財物糧食，「費直歲一億九十餘萬」。（45／

26　《後漢書》〈南匈奴傳〉曰：「（和帝永元二年，）南單于復上求滅北庭，於是遣左谷蠡王師子等將左右部八千騎出雞鹿塞，中郎將耿譚遣從事將護之。」（89／2953）此中郎將耿譚遣從事將護南匈奴軍隊往擊北匈奴。又正文引〈續百官志〉謂使匈奴中郎將「置從事二人，有事隨事增之」，今耿譚請增從事爲十二人；而宮廷之中郎將，其屬吏無從事之名，則耿譚當是使匈奴中郎將。

27　《後漢書集解》〈南匈奴傳〉，89／13a。又參閱點校本《資治通鑑》和帝永元六年事，48／1542。

28　使匈奴中郎將掌護南單于。北匈奴不內屬，不在使匈奴中郎將保護之內。唯竇憲勢盛時曾專置中郎將領護北匈奴單于如南單于故事。事見《後漢書》〈南匈奴傳〉、（89／2954）〈耿夔傳〉、（19／719）〈袁安傳〉。（45／1520-1521）竇憲以永元四年請立北匈奴右谷蠡王於除鞬爲北單于，使中郎將耿夔拜立並持節護之，後又遣中郎將任尚代耿夔。永元五年，於除鞬叛去，爲任尚等追斬。

1521）國家花費如此之大，當然要南匈奴對中國北邊的安定能有所助力。使匈奴中郎將即是爲此目的而置。一方面在南匈奴與北匈奴對敵時，給予軍事支援；另方面監察約束南單于，使其作爲符合中國的利益。南單于是外國君主，故護南單于者必須爲皇帝之持節使者。才能約束指揮南單于。所以使匈奴中郎將是正式的官員，有固定之職掌，而非臨時差遣，卻一直保持使者的身份。

　　使匈奴中郎將旣是皇帝的使者，故能指揮南單于，其甚者乃至逼迫南單于自殺，或擅誅殺南單于。〈南匈奴傳〉曰：

　　「（永和五年夏，南匈奴左部句龍王吾斯、車紐等背叛，攻寇郡縣，圍美稷。使匈奴中郎將梁並等發邊兵及烏桓、鮮卑、羌胡擊之。吾斯、車紐等轉寇他處。）天子遣使責讓單于，開以恩義，令相招降。單于本不豫謀，乃脫帽避帳，詣並謝罪。並以病徵。五原太守陳龜代爲中郎將，龜以單于不能制下，逼迫之，單于及其弟左賢王皆自殺…龜又欲徙單于近親於內郡。（後龜坐下獄，免官）」（89／2960-2961，又見〈陳龜傳〉51／1692）「（靈帝光和二年，）中郎將張脩與單于不相能，脩擅斬之，更立右賢王羌渠爲單于。脩以不先請而擅誅殺，檻車徵詣廷尉，抵罪。（下獄，死。）[29]」（89／2964）

可見使匈奴中郎將在單于庭的權威甚重，有類太上單于。

　　單于對使匈奴中郎將不滿，可以上書告之。然上書之途徑大概只有二條。一爲由使匈奴中郎將代上，其次是由邊郡太守代上。使匈奴中郎將有利用其權力阻斷單于上書者：和帝永元間，「時單于與中郎將杜崇不相平，迺上書告崇。崇諷西河太守令斷單于章，無由自聞。」後杜崇以失胡和，「又禁其上書，以致反畔」，下獄死。（事見〈匈奴傳〉89／2955-2956）

29　《後漢書》〈匈奴傳〉但言張脩「徵詣廷尉抵罪」。〈靈帝紀〉則曰：「秋七月，使匈奴中郎將張脩有罪，下獄死。」（8／343）前引陳龜事，陳龜僅坐下獄，免官，「後再遷，拜京兆尹」。（〈陳龜傳〉51／1692）當是兩人處置匈奴單于事之情節不同，故朝廷之刑罰有異。陳龜以南匈奴內亂而責南單于不能制下，使其自殺，過於苛嚴。張脩則與南單于相處不好，擅斬之而別立右賢王爲南單于，以個人之喜惡而擅殺廢立南單于。

使匈奴中郎將在南單于廷權勢如此重大，除其爲皇帝之使者，代表皇帝外，其置府於南單于庭，干預控制南匈奴內部之事務，亦有關係。上文引〈南匈奴傳〉及〈續百官志〉謂使匈奴中郎將從事二人，有事隨事增其從事之員額。永元二年，南匈奴擄獲北匈奴人衆甚多，乃增加從事至十二人。從事管轄匈奴人民之事務。〈南匈奴傳〉又曰：元和元年，漢許北匈奴與漢商客交易，南單于遣騎出塞遮掠生口牛馬，北匈奴謂漢欺之。朝廷爲慰其意，乃下詔曰：「『…敕度遼及領中郎將龐奮倍雇南部所得生口，以還北虜。其南部斬首獲生，計功受賞如常科…』」（《後漢書》89／2950-2951）以此推測，一般南匈奴爲安定中國北疆戰爭之斬首擄獲等軍功，由使匈奴中郎將之從事負責計算，並按功依朝廷之法令給予賞賜。又使匈奴中郎將初置時，「令中郎將置安集掾、史…隨單于所處，參辭訟，察動靜。」（〈南匈奴傳〉89／2944）所謂「參辭訟，察動靜」，明顯爲使匈奴中郎將干預匈奴社會之司法，偵察其內部之動態。南匈奴旣入居塞內，每年又仰給漢政府之糧食物資供應，使匈奴中郎將又以使者領兵在單于庭監察督促，故南單于受制於使匈奴中郎將。

使匈奴中郎將最主要的職掌是軍事的。前引〈續百官志〉本注謂其「主護南單于」。〈南匈奴傳〉則謂其麾下之「安集掾、史將弛刑五【千】（十）人持兵弩隨單于所處」；南單于徙居西河美稷後，「又令西河長史歲將騎二千，弛刑五百助中郎將衛護單于，多屯夏罷，自後以爲常。」（89／2944-2945）此七千五百人當是使匈奴中郎將指揮的基本武力；至有危急，另可就近調邊郡之軍隊或向朝廷請派軍隊或徵發內附之蠻夷。護南單于之工作除平常之屯護外，遇南匈奴諸部有反叛不服，使匈奴中郎將領兵擊之：

《後漢書》〈安帝紀〉曰：延光三年五月，「南匈奴左日逐王叛，使匈奴中郎將馬翼討破之。」（5／239，又見〈南匈奴傳〉89／2959）

〈順帝紀〉曰：永和五年四月，「南匈奴左部句龍大人吾斯、車紐等叛，圍美稷…九月…句龍吾斯等東引烏桓，西收羌胡，寇上郡，立車紐爲單于。多十一月辛巳，遣使匈奴中郎將張耽擊破之，車紐降。（此事亦見〈烏桓、鮮卑傳〉90／2983）至漢安二年十一月，「使匈奴中郎將馬寔

遣人剌殺句龍吾斯。」建康元年夏四月，馬寔又「擊南匈奴左部，破之，
於是胡羌、烏桓悉詣寔降。」（6／269-274）

〈桓帝紀〉曰：延熹九年六月，「南匈奴及烏桓、鮮卑寇緣邊九郡。秋七
月，」遣使匈奴中郎將張奐擊之。多十二月，「南匈奴、烏桓率眾詣張奐
降。」（7／317-318）

此外，使匈奴中郎將之設置是爲執行以夷制夷，「安南定北」之政策，故在南匈
奴附近之諸民族如北匈奴、烏桓、鮮卑、羌等反叛侵寇時，使匈奴中郎將亦有領
兵往征伐者。

《後漢書》〈順帝紀〉曰：永和六年夏五月，「使匈奴中郎將張耽大破烏
桓、羌胡於天山。」（6／271）此蓋烏桓、羌胡與匈奴左部反叛連兵，
故張耽擊烏桓、羌胡，亦爲平匈奴左部之亂也。

〈桓帝紀〉曰：永康元年多十月，「先零羌寇三輔，使匈奴中郎將張奐擊
破之。」（7／319）

或有親率南單于或南匈奴諸部往征伐。

《後漢書》〈鮮卑傳〉曰：安帝元初六年，「鮮卑入馬城塞，殺長吏，度
遼將軍鄧遵發積射士三千人，及中郎將馬續率南單于，與遼西、右北平兵
馬會，出塞追擊鮮卑，大破之。」（90／2987）馬續爲使匈奴中郎將。

《後漢書》〈桓帝紀〉曰：延熹元年十二月，「鮮卑寇邊，使匈奴中郎將
張奐率南單于擊破之。」（7／304）

〈鮮卑傳〉曰：靈帝熹平六年，鮮卑寇三邊，朝廷遣兵分三路出塞，其
中，「匈奴中郎將臧旻率南單于出雁門」擊鮮卑。（90／2990-2993）參
見〈靈帝紀〉8／339）

〈順帝紀〉曰：陽嘉二年三月，「使匈奴中郎將王稠率左骨都侯等擊鮮
卑，破之。」（6／262）

也有使匈奴中郎將派遣從事將護南單于或南匈奴諸部出征戰。

《後漢書》〈南匈奴傳〉曰：和帝永元二年，「南單于復上求滅北庭，於
是遣左谷蠡王師子等將左右部八千騎出雞鹿塞，中郎將耿譚遣從事將護

之。」（89／2953）

　　〈鮮卑傳〉曰：順帝永建元年秋，「鮮卑其至鞬寇代郡…明年春，中郎將
張國遣從事將南單于兵步騎萬餘人出塞，擊破之…（陽嘉）二年春，匈奴
中郎將趙稠遣從事將南匈奴骨都侯夫沈等，出塞擊鮮卑，破之。」（90／
2988）

使匈奴中郎將可謂是東漢帝國北邊固定設置的軍事將領，領兵監護指揮南匈奴，
捍衞北方邊境。

　　綜上所述，西漢後期，漢廷常遣中郎將爲使者往處理與匈奴有關之事務，漸
成習慣。及光武建武中，南匈奴內屬，必須經常有皇帝之全權代表監護指揮南單
于及其部衆，乃把前此臨事而遣之中郎將留駐在南單于廷，使匈奴中郎將之新官
職於然產生。使匈奴中郎將專門負責南匈奴事務，「主護南單于」，領屯兵與南
單于同駐西河郡之美稷縣，在南匈奴與北匈奴對敵時，給予軍事支援，而又監察
約束南單于，使其作爲符合中國之利益。故使匈奴中郎將設置官府從事掾史，
「參辭訟，察動靜」，干預南匈奴社會內部之事務。使匈奴中郎將並常領南單于
及其部衆防衞或出擊寇邊之北匈奴及其他北方邊疆民族，保護中國北邊之安寧。
南匈奴雖內屬，南單于仍是一國之君主，入朝天子時位在諸侯王上。[30] 爲了使
使匈奴中郎將能夠有效地指揮、監察、約束南單于，故使匈奴中郎將持節爲使
者。使者本是臨時派遣，事畢即罷；今使匈奴中郎將爲正式的官員，卻一直保持
使者之身份，可謂是使者之變態。此變態顯示使者轉變爲行政官員過程中之某一
階段。假如使者轉變爲行政官員之一途徑是：使者轉變爲有固定職掌之專職使
者，再轉變爲完全沒有使者性格的行政官員。則如使匈奴中郎將之類的專職使者
可謂是此轉變過程尙未完成的型態。[31]

　　使匈奴中郎將爲宮庭之宿衞官員中郎將所衍生，然其職掌與中郎將完全不

30　參見《漢書》〈宣帝紀〉，8／270。

31　專職使者爲使者轉變爲行政官員之一過渡型態，參閱廖伯源，〈漢代使者考論之二
　　——使者與行政官員之關係及使者演變爲行政官員的一些跡象〉，《漢學研究》第五
　　卷第二期，頁419-428。

同，亦不如中郎將之隸屬於光祿勳，使匈奴中郎將是一新官職。

東漢末年，有護烏桓中郎將。《後漢書》〈盧植傳〉：「中平元年，黃巾賊
起。四府舉植，拜北中郎將，持節，以護烏桓中郎將宗員副，將北軍五校士，發
天下諸郡兵征之。」（64／2118）護烏桓中郎將之職掌當類於使匈奴中郎將
（又稱護匈奴中郎將），監護烏桓，使不為亂，亦不使其他邊疆民族侵害之。按
漢本有「護烏桓校尉，一人，比二千石。本注曰：主烏桓胡。」（〈續百官志〉
志28／3626）《集解》李祖楙曰：「前書護烏桓校尉，武帝初置，秩二千石，
擁節，以護內附烏桓，使不得與匈奴通…建武中從班彪議，復屯上谷甯城，後或
以中郎將護之，見〈盧植傳〉。」（志28／10a）是護烏桓中郎將與護烏桓校尉
為同一官，多為護烏桓校尉，間中有地位特殊而稱為護烏桓中郎將。護烏桓中郎
將亦如使匈奴中郎將，不隸屬於光祿勳，非宮廷之宿衛官員，而是從中郎將衍生
出來之新官職。

（二）　領兵征伐之郎將

郎將本為皇宮之武官，職掌領轄諸郎，宿衛皇帝。漢初，高祖常親自領兵征
伐，在前線指揮作戰，乃至親身陷陣，其時郎將參與征戰。

今可考漢初郎將參與戰事者，如《史記》卷十八〈高祖功臣侯者年表〉所
載：昌武靖侯單寧「以郎中將擊諸侯。」（18／920；《漢書》作「單
究」、「郎騎將軍」，16／568）棘陽莊侯杜得臣，「以郎將迎左丞相軍
以擊項籍。」（18／932）煮棗靖侯赤，「以郎將入漢，擊諸侯。」
（18／973；《漢書》作「煮棗端侯革朱」、「以越將入漢，擊諸侯。」
16／616）張節侯毛澤，「以郎將入漢，從擊諸侯。」（18／974；《漢
書》作「毛釋之」、「以郎騎入漢，還，從擊諸侯。」16／616）以上稱
為郎中將或簡稱郎將者。又有專稱郎中騎將或郎騎將，如《史記》〈樊噲
傳〉：「遷郎中騎將，從擊秦車騎壤東，卻敵。」（95／2655）又《史
記》〈高祖功臣表〉：魏其莊侯周定，「遷為郎中騎將，破籍東城。」
（10／916；《漢書》作「魏其嚴侯周止」、「以為郎騎將，破項籍

東城。」16／563）吳房莊侯楊武，「以郎中騎將，漢王元年從起下邦，擊陽夏。」（18／943）又《漢書》〈功臣表〉：宣曲齊侯丁義，「爲郎騎將，破鐘離眛軍。」（16／569-570；《史記》作「郎騎」，校書者補「將」字。18／922）此外，清陽定侯王吸，「爲騎郎將入漢。」（《史記》18／883；《漢書》作「清河」，16／534）無語及征戰，然〈功臣表〉封侯記功，其爲騎郎將（或當作郎騎將）作戰有功無疑。

其後，間中亦有遣郎將領兵出征，或爲將軍之副貳。

《漢書》〈衛青傳〉：元朔五年，中郎將縮隨車騎將軍衛青伐匈奴，有功，賜爵關內侯。（55／2475）（按《史記》無「中郎將縮」四字。（111／2926）見《補注》齊召南說。55／6a）

〈西南夷傳〉曰：「會越已破…中郎將郭昌、衛廣引兵還，行誅隔滇道者且蘭。」（95／3841）按所謂「越破」，乃元鼎六年滅南越之役；（95／3857-3858）郭昌、衛廣當在是役中以中郎將爲伏波將軍路博德、樓船將軍楊僕之部將；及還，又領兵擊服南夷且蘭也。

〈武帝紀〉曰：元封二年，「又遣將軍郭昌、中郎將衛廣發巴、蜀兵平西南夷未服者。」（6／194）

〈張安世傳〉曰：「安世長子千秋與霍光子禹俱爲中郎將，將兵隨度遼將軍范明友擊烏桓。」（59／2656）時在昭帝元鳳三、四年。

〈趙充國傳〉曰：昭帝時，充國「遷中郎將，將屯上谷。」（69／2972）宣帝時，充國以後將軍擊羌，「充國子右曹中郎將印，將期門、佽飛、羽林孤兒、胡越騎爲支兵，至令居。」（69／2976）

西漢征伐屯戍之領兵長官，前期（武帝崩以前）絕大多數爲將軍，後期將軍則只佔一半。[32] 而郎將爲軍事行動之領兵長官在西漢僅有一例，[33] 即前引〈武帝

32　「西漢前期領兵征戰之長官共一百一十七人任，其中一百零三人任爲將軍…後期領兵征戰之軍事長官二十六人任，只有十三人任爲將軍。」參見廖伯源，〈試論漢初功臣列侯及昭宣以後諸將軍之政治地位〉，《徐復觀先生紀念論文集》，頁146-147，台北，學生書局，民國七十五年。

33　參閱前引廖伯源〈試論漢初功臣列侯及昭宣以後諸將軍之政治地位〉，附表「西漢時期軍事行動之領兵長官表」，頁159-170。此表「收錄之領兵長官以主將爲限，不及

紀〉：元封二年，將軍郭昌、中郎將衛廣發兵平西南夷未服者。可以說，西漢尚少以郎將領兵征伐，少數數例則多為偏裨，為主將者僅一例。

光武中興，定天下之功臣亦有以中郎將領兵者。

　　《後漢書》〈杜茂傳〉曰：光武即位，拜杜茂為大將軍。建武二年，茂「與中郎將王梁擊五校於魏郡、清河、東郡，悉平諸營保。」(22／776)

　　〈李忠傳〉曰：建武二年，「徵拜五官中郎將，從平龐萌、董憲等。」(21／756)

又光武帝用其表兄弟來歙為中郎將監督諸將征伐，事詳前文所述中郎將為使者監軍。

及天下平定，仍有派遣中郎將領兵，征討反叛不服。

　　《後漢書》〈光武紀〉曰：建武十七年，「秋七月，妖巫李廣等群起據皖城，遣虎賁中郎將馬援、驃騎將軍段志討之。」(1下／68)

　　〈劉隆傳〉曰：建武十八年，伏波將軍馬援領兵擊交趾反者徵側，劉隆「以中郎將副伏波將軍」擊之。(22／781)

　　〈馬援傳〉曰：建武二十四年，武陵五溪蠻夷反，勢盛。「遂遣援率中郎將馬武、耿舒、劉匡、孫永等，將十二郡募士及弛刑四萬餘人征五溪。」及軍事不利，「帝乃使虎賁中郎將梁松乘驛責問援，因代監軍。」(24／843-844)

　　又據〈明帝紀〉、〈馬武傳〉、〈續天文志〉上，明帝初，遣中郎將竇固監捕虜將軍馬武、揚鄉侯王賞二將軍征西羌，馬武之部將有中郎將王豐，右輔都尉陳訢。[34]

上列四例，事在光武、明帝時。其中〈光武紀〉一例，虎賁中郎將馬援、驃騎將軍段志當各領一部，獨立作戰。[35]　〈劉隆傳〉、〈馬援傳〉之中郎將劉隆、馬

　　偏裨，故原則是只取本紀明列其名者。只在列傳所紀者恐多為偏裨，故不列入。」(頁159) 所以本文所引武帝時郎將領兵出征數例，而又謂西漢之郎將為軍事行動之領兵長官僅一例，蓋其他諸例只見於列傳，本紀不紀其名，故視其為偏裨。

34　引文及解釋見本文第二節「郎將之臨時差遣」述郎將為使者監軍。

35　虎賁中郎將馬援、驃騎將軍段志二人領兵擊妖巫李廣事，俱紀於本紀，當是各領一部，獨立作戰。但亦有可能是虎賁中郎將馬援為監軍，監護驃騎將軍段志征伐，史文不詳，難以確言。

武、耿舒、劉匡、孫永五人則俱為伏波將軍馬援之部將，而虎賁中郎將梁松為使者監軍，代伏波將軍馬援指揮軍隊。至於第四例，中郎將竇固為監軍使者，而中郎將王豐則為將軍馬武之部將。則其時中郎將受遣出征伐，其地位因人而異。

安、順以後，中郎將漸成為主要的領兵征伐將領。

《後漢書》〈梁慬傳〉曰：安帝永初三年，「南單于與烏桓大人俱反，以大司農何熙行車騎將軍事，中郎將龐雄為副，將羽林、五校營士，及發緣邊十郡兵二萬餘人…共擊之。」（47／1592）

〈王堂傳〉曰：「永初中，西羌寇巴郡，為民患。詔書遣中郎將尹就攻討。連年不剋。」（31／1105）

〈西羌傳〉曰：安帝元初二年，「零昌種衆復分寇益州，遣中郎將尹就將南陽兵，因發益部諸郡屯兵」擊之。（87／2889）

〈安帝紀〉曰：元初二年十月，「遣中郎將任尚屯三輔。（5／224）

〈西羌傳〉謂「遣任尚為中郎將，將羽林、緹騎、五營子弟三千五百人，代（屯騎校尉）班雄屯三輔。」（87／2889-2890）

〈安帝紀〉又曰：元初三年，「六月，中郎將任尚遣兵擊破先零羌於丁奚城…十二月丁巳，任尚遣兵擊破先零羌於北地。」（5／225-226）

〈西羌傳〉曰：順帝永和六年，東西羌大合。「遣中郎將龐浚募勇士千五百人頓（當作屯）美陽，為涼州援。」（87／2896）

〈質帝紀〉曰：永熹元年十一月，「丙午，中郎將滕撫擊廣陵賊張嬰，破之。丁未，中郎將趙序坐事棄市。」（6／279）據〈滕撫傳〉，初使御史中丞馮緄將兵督揚州刺史等討賊，後又使滕撫為九江都尉「與中郎將趙序助馮緄合州郡兵數萬人共討之。」撫有功。「拜撫中郎將，督揚、徐二州事。撫復進擊…趙序坐畏懦不進，詐增首級，徵還棄市。」（38／1279）〈皇甫規傳〉：「梁冀被誅…時太山賊叔孫無忌侵亂郡縣，中郎將宗資誅之未服。」（65／2132）

〈桓帝紀〉：永壽二年七月，「太山賊公孫舉等寇青、兗、徐三州。遣中郎將段熲討，破斬之。」（7／302）〈段熲傳〉詳其事曰：段熲「徵拜

議郎。時太山、琅邪賊東郭竇、公孫舉等…破壞郡縣，遣兵討之，連年不
克。永壽二年…司徒尹頌薦頎，乃拜爲中郎將。擊竇、舉等，大破斬
之。」（65／2145-2146）

〈桓帝紀〉又曰：延熹四年十月，「諸種羌寇幷、涼二州。十一月，中郎
將皇甫規擊破之。」（7／309，事亦見〈西羌傳〉87／2897-2898）

〈桓帝紀〉又曰：延熹八年六月，「桂陽胡蘭、朱蓋等復反，攻沒郡縣，
轉寇零陵，零陵太守陳球拒之；遣中郎將度尙、長沙太守徐抗等擊蘭、
蓋，大破斬之。」（7／315）〈陳球傳〉則曰：賊轉攻零陵，太守陳球
率衆拒之，「相拒十餘日，不能下。會中郎將度尙將救兵至…共破」之。
（56／1831-1832）

〈西羌傳〉曰：「永康元年，東羌岸尾等脅同種連寇三輔。中郎將張奐追
破斬之。」（87／2898）

上列諸例之中郎將出征伐，或爲將軍之副貳，如〈梁慬傳〉之龐雄；或爲監軍使
者督州郡兵討賊，如〈滕撫傳〉之滕撫；其他多爲一軍之主將。地方有叛亂，刺
史、太守有責任防守轄區，清剿反叛，而朝廷亦派兵支援，援兵或以中郎將爲領
兵長官，如〈陳球傳〉所言者是。而〈段頎傳〉，朝廷派段頎領兵擊賊，先拜爲
中郎將，則東漢後期，派遣中郎將領兵討伐已成習慣。

靈帝中平元年，黃巾起；領兵討伐黃巾之主將皆掛中郎將銜，並持節。

〈盧植傳〉曰：「中平元年，黃巾賊起。四府舉植，拜北中郎將，持節，
以護烏桓中郎將宗員副，將北軍五校士，發天下諸郡兵征之。」（64／
2118）

〈朱雋傳〉曰：「及黃巾起，公卿多薦雋有才略，拜爲右中郎將，持節，
與左中郎將皇甫嵩討潁川、汝南、陳國諸賊。」（71／2309）

〈皇甫嵩傳〉曰：「以嵩爲左中郎將，持節，與右中郎將朱雋共發五校、
三河騎士及募精勇合四萬餘人，嵩、雋各統一軍。」（71／2300）

〈董卓傳〉曰：中平元年，又「拜（董卓）東中郎將，持節，代盧植擊張
角。」（72／2320）

蓋持節者得指揮地方長吏配合作戰。[36]

〈王允傳〉曰：允爲豫州刺史，「討擊黃巾別帥，大破之。與左中郎將皇甫嵩、右中郎將朱儁等受降數十萬。」（66／2172-2173）

〈徐璆傳〉曰：璆爲荊州刺史，「中平元年，與中郎將朱儁擊黃巾賊於宛，破之。」（48／1621）

王允、徐璆皆以州刺史領兵配合作戰。

朱儁、皇甫嵩二人後以軍功，始拜將軍。

〈朱儁傳〉曰：儁破黃巾。「於是進封西鄕侯，遷鎭賊中郎將。」後又有戰功，「明年（中平二年）春，遣使者持節拜儁右車騎將軍，振旅還京師，以爲光祿大夫。」（71／2309-2310）

〈皇甫嵩傳〉曰：嵩斬張角弟梁、寶。朝廷「即拜嵩爲左車騎將軍，領冀州牧，封槐里侯。」（71／2301-2302）

其後天下紛亂，討伐滋多，領兵者地位高拜爲將軍，其次拜中郎將、校尉之屬。

〈董卓傳〉曰：羌胡反，寇三輔。中平二年三月，「詔以（董）卓爲中郎將，副左車騎將軍皇甫嵩征之。」（72／2320）

〈靈帝紀〉曰：中平五年九月，「遣中郎將孟益率騎都尉公孫瓚討漁陽賊張純等。」（8／356）

及董卓亂政，兵爲私有；然其部將多領中郎將銜。

〈董卓傳〉曰：白波賊流轉三輔。初平元年，「卓遣中郎將牛輔擊之，不能卻。」及卓遷天子西都，山東諸郡兵起討卓，明年，董卓「乃使東中郎將董越屯黽池，中郎將段煨屯華陰，中郎將牛輔屯安邑，其餘中郎將、校尉布在諸縣，以禦山東。」（72／2326-2328）

〈續五行志〉曰：初平三年夏，「司徒王允使中郎將呂布殺太師董卓，夷三族。」（志13／3275）按呂布亦董卓之部將。

〈董卓傳〉又曰：董卓死後，其部曲李傕等攻陷長安。「興平元年，馬騰

36　請參閱前引廖伯源，〈漢代監軍制度試釋〉，頁22-26。

從隴右來朝…遂與侍中馬宇、右中郎將劉範、[37] 前涼州刺史种劭、中郎
將杜稟合兵攻催。」（72／2335）按〈董卓傳〉注謂劉範爲益州牧劉焉
之子，焉宗室重臣，範等又攻擊李催，則劉範、杜稟二中郎將非董卓之部
曲。

此類中郎將已純爲領兵征伐之將領，無復宮廷侍衛之官員矣。

上引討伐黃巾之將率，北中郎將盧植、左中郎將皇甫嵩、右中郎將朱雋、東
中郎將董卓四人俱稱中郎將，其中左、右中郎將是舊名，尙可說仍是官廷宿衛官
員臨時受命領兵征伐；至北中郎將、東中郎將，則是新職；在中郎將之上加北、
東等方位，而成新官名。創設新官職以領兵征討，而仍稱之爲中郎將者，蓋自西
漢初年以來，間中派遣郎將外出領兵征伐；東漢安、順以後，中郎將漸成爲主要
的征討將率，其例已見上文。今統計東漢安帝以來軍事行動之領兵長官官銜，以
見中郎將所佔之份量。[38]

據「東漢時期軍事行動之領兵長官表」[39]，統計自安帝即位（延平元年八
月）至靈帝中平六年底軍事行動之領兵長官官銜，以其官銜之不同，分爲如下數
類：

1）將軍19人任[40]。其中度遼將軍6人任。

2）宮庭的官員：御史中丞3，侍御史5，謁者1，共9人任。

3）主領邊疆民族及西域事務之官員：護羌校尉23，護烏桓校尉4，使匈奴中郎
將10，西域長史2，車師後部司馬1，副校尉1，共41人任。

---

37 《後漢書集解》引惠棟曰：本紀（9／375）及〈种邵傳〉（56／1830）皆云左中郎
將。（72／11b）按〈劉焉傳〉亦作「左中郎將」。（75／2432）俱與正文所引
〈董卓傳〉作「右中郎將」不同。

38 此統計之所以從安帝即位開始，蓋此後中郎將爲領兵征伐之將率漸多，比較容易看出
問題。安帝之前，光武帝時期所用將帥多開國功臣，其人多掛將軍銜，明、章、和三
帝以中郎將領兵征伐尚少。其詳見「東漢時期軍事行動之領兵長官表」，廖伯源，
〈東漢將軍制度之演變〉之附表二，《中央研究院歷史語言研究所集刊》第六十本第
一分，頁197-214，民國七十九年三月。

39 參閱前引「東漢時期軍事行動之領兵長官表」，〈東漢將軍制度之演變〉，頁197-
214。

40 一人一任爲一人任，一人二任爲二人任，其他類推。

4）宿衛官員：中郎將 16，騎都尉[41] 3，共 19 人任。

5）地方政府官員：州刺史 17，郡太守 31，郡都尉[42] 5，屬國都尉 2，州從事 1，共 56 人任。

6）中級軍官：征西校尉 2，下軍校尉 1，上將軍別部司馬 1，共 4 人任。

7）中郎將之新官職：破鮮卑中郎將 1，北中郎將 1，共 2 人任。

　　上列七類，共有 150 人任，其中地方政府官員與主領邊疆民族及西域事務之官員（包括度遼將軍，蓋度遼將軍亦長期屯駐於北邊，防禦北方民族之侵寇，非為戰事臨時委任[43]）領兵擊討其轄區之寇亂，非為戰事而臨時委任平亂，可以除去不計。減去此 103 人任，尚餘 47 人任之領兵長官是在有戰事時，朝廷臨時任命領兵討伐者。在此 47 人任領兵長官中，將軍僅佔 13 人任；中郎將則有 16 人任，加上中郎將之新官職，破鮮卑中郎將及北中郎將各一人任，中郎將共有十八人任，佔全部 47 人任的百分之三十八點三。

　　又使匈奴中郎將亦是宮廷宿衛之中郎將所衍生，則上列統計中，中郎將及中郎將所衍生之新官職共有二十八人任。

　　新創設之官職以中郎將為名者，今凡考得四十二種。[44] 除上引文之破鮮卑中郎將、北中郎將、東中郎將、鎮賊中郎將外，尚有討寇中郎將、平難中郎將、征東中郎將、鎮夷中郎將等名號。此四十二種新中郎將名號俱在東漢末年，桓

41　《漢書》〈百官公卿表〉不言騎都尉之隸屬，然於郎中令（光祿勳）之部屬羽林條曰：「羽林掌送從…宣帝令中郎將、騎都尉監羽林，秩比二千石。」（19 上／10）似在宣帝時，騎都尉為光祿勳部下之官員。《後漢書》〈續百官志〉則謂騎都尉秩比二千石，「文屬」於光祿勳。（志 25／6-7）資料不足，不敢下斷語；然騎都尉是宿衛官員，當無疑問。

42　郡都尉五人任，內含京兆虎牙都尉一人任。京兆虎牙都尉為京兆尹之郡都尉，兼領虎牙營。考詳嚴耕望師，《中國地方行政制度史》上編，卷上，〈秦漢地方行政制度〉，頁 154，中央研究院歷史語言研究所專刊之四十五，民國六十三年再版（民國五十年初版）。

43　參見前引廖伯源，〈東漢將軍制度之演變〉，頁 137-145。

44　參見本文附表四：「東漢郎將表」。使匈奴中郎將始置於東漢初年，職掌主護南匈奴單于，與漢末因事立名之中郎將不同，不計在內。護烏桓中郎將與使匈奴中郎將類似，已於前文討論。亦不計算在內。又更始時有「五威中郎將」，亦不計算在內。

帝、靈帝、獻帝時出現，其中最早出現者爲討寇中郎將。[45]

> 《後漢書》〈方術列傳・趙彥傳〉曰：「延熹三年，琅邪賊勞丙與太山賊
> 叔孫無忌…攻沒琅邪屬縣…朝廷以南陽宗資爲討寇中郎將，杖鉞將兵，督
> 州郡合討無忌。」（82下／2732）

其次爲破鮮卑中郎將，始見於靈帝熹平六年。

> 〈靈帝紀〉曰：熹平六年八月，以鮮卑屢寇邊，「遣破鮮卑中郎將田晏出
> 雲中，使匈奴中郎將臧旻與南單于出雁門，護烏桓校尉夏育出高柳，並伐
> 鮮卑。」（8／339，又見〈鮮卑傳〉90／2990-2993，〈續五行志〉志
> 15／3319）

北中郎將與東中郎將始見於靈帝中平元年。[46]　北中郎將見上引〈盧植傳〉，盧
植於中平元年拜北中郎將，領兵討黃巾。東中郎將見上引〈董卓傳〉，董卓於中
平元年爲東中郎將領兵討黃巾。又董卓之部將董越於獻帝初平二年爲東中郎將屯
黽池。鎮賊中郎將見上引〈朱儁傳〉：右中郎將朱儁討黃巾有功，遷鎮賊中郎
將，封侯。平難中郎將亦見〈朱儁傳〉，時在靈帝中平年間。

> 《後漢書》〈朱儁傳〉曰：中平年間，河北諸郡寇賊爲亂，號爲黑山賊，
> 其渠帥張燕。「朝廷不能討。燕乃遣使至京師，奏書乞降。遂拜燕平難中
> 郎將，使領河北諸山谷事，歲得舉孝廉、計吏。」（71／2311）

鎮夷中郎將[47]與征東中郎將則遲至獻帝時始見。

> 〈劉焉傳〉曰：張魯之祖陵、父衡以五斗米道聚衆。魯攻陷漢中，「朝廷

45　《後漢書》〈劉玄傳〉曰：更始二年，大封諸王，立「五威中郎將李軼爲舞陰王」。
　　（11／471）此爲所見最早之雜號中郎將，蓋更始打天下，隨意封拜，濫用官銜。光
　　武中興後不復沿用。漢朝廷任命之雜號中郎將，最早者爲桓帝延熹三年所拜之討寇中
　　郎將宗資。

46　《後漢書》〈南匈奴列傳〉：張奐於桓帝延熹九年爲北中郎將，討南匈奴、烏桓、鮮
　　卑。然此北中郎將是使匈奴中郎將之異名，不計。參見本文【注二十四】與【注二十
　　五】。

47　《三國志》〈魏書・張魯傳〉曰：張魯「雄據巴、漢垂三十年。漢末，力不能征，遂
　　就寵魯爲鎮民中郎將。」（8／263）張魯之官銜，《三國志》作「鎮民中郎將」，
　　范曄《後漢書》則作「鎮夷中郎將」，必有一誤。按官職以「鎮民」爲名，甚失父母
　　官牧民之意，當以「鎮夷中郎將」爲是。

不能討，遂就拜魯鎮夷中郎將，領漢寧太守。」（ 75 ／ 2432-2436 ）《後漢書集解》引錢大昕曰：「《魏志》建安二十年復漢寧郡爲漢中郡。」（ 75 ／ 4b-5a ）蓋其年「曹操破漢中，張魯降。」（〈獻帝紀〉9 ／ 388 ）〈劉焉傳〉又曰：益州牧劉焉卒，「州大吏趙韙等貪（焉子）璋溫仁，立爲刺史。詔書因以璋爲監軍使者、領益州牧，以韙爲征東中郎將。」（ 75 ／ 2433 ）

　　上述新的中郎將官職，或以方位命名，如北、東中郎將，或以任務命名，如討寇、破鮮卑、鎮賊、平難、征東、鎮夷中郎將，明顯爲因事立名，以在出事之地區執行任務，完全不是宮廷之宿衛官員。其中張燕本是盜賊，張魯則是亂黨之首領；二人攻陷地方而成勢力，朝廷不能討，乃拜以官職；其爲中郎將更不可能是宮廷宿衛官員。又趙韙本益州屬吏，於益州牧劉焉卒後，立焉子璋爲刺史，朝廷拜韙爲征東中郎將，蓋爲安撫地方勢力。前文謂董卓之部將多拜中郎將。董卓之後，擁兵自雄一方者任意以中郎將官職授人，中郎將之名號濫用。曹操、袁紹爭戰，紹宣檄譴責曹操，謂操使人挖掘梁孝王武墓；「又署發丘中郎將，摸金校尉，所過毀突，無骸不露。」（ 74 上 ／ 2396 ）此類戰爭中宣傳醜詆敵方之檄文，所言未必眞實，然此亦可作爲中郎將名號濫用之一旁證。

　　漢末可考之四十二新設置中郎將，其名稱顯示其職掌武事，領兵征伐者佔絕大多數，如揚武、征東、威寇、軍議中郎將等是。有少數中郎將，其名目不能顯露其職務之性質者，如昭義、昭信、建忠中郎將等是。今考其事，此三中郎將俱領兵。[48] 又有典農中郎將、司金中郎將，其官名顯示其職掌似與軍事無關。先

---

48 昭義中郎將見《三國志》〈吳書・宗室傳〉：孫堅之季弟孫靜，從孫策征伐，定會稽。策「表拜靜爲奮武校尉，欲授之重任，靜戀墳墓宗族，不樂出仕，求留鎮守。策從之。權統事，就遷昭義中郎將，終於家。」（ 51 ／ 1205 ）建忠中郎將見《三國志》〈吳書・駱統傳〉：「孫權以將軍領會稽太守，統年二十，試爲烏程相…名爲功曹，行騎都尉…出爲建忠中郎將，領武射吏三千人。及凌統死，復領其兵。」（ 57 ／ 1335 ）昭信中郎將見《三國志》〈吳書・呂岱傳〉：呂岱事孫權，以督軍校尉與將軍蔣欽等將兵平定會稽五縣，「拜昭信中郎將。建安二十年，督孫茂等十將取長沙三郡。」（ 60 ／ 1384 ）後二人領兵之事實明顯。至昭義中郎將孫靜「戀墳墓宗族，不樂出仕，求留鎮守。」靜爲孫權之叔父，其留守故鄉，當亦領兵。

考典農中郎將，《三國志》〈魏書・任峻傳〉曰：

　　「是時歲飢旱，軍食不足，羽林監潁川棗祗建置屯田，太祖以峻爲典農中
　　郎將，〔募百姓屯田於許下，得穀百萬斛，郡國列置田官〕，數年中所在
　　積粟，倉廩皆滿。官渡之戰，太祖使峻典軍器糧運。」（16／489）

任峻爲典農中郎將，所典者爲軍屯抑是民屯，[49] 不易明說。上引文謂任峻爲典
農中郎將，募百姓屯田云云，則任峻所典者當爲民屯。然上引文中，典農中郎將
下有「〔募百姓屯田於許下，得穀百萬斛，郡國列置田官〕」十九字。此十九字
點校本置於括弧之內，意謂是校書時所增補。[50] 校書者所增補是否正確，不能
確定。若所補不確，則典農中郎將任峻所典者可能爲軍屯，典農中郎將仍是領
兵。若任峻所領者爲民屯，則建安初年，[51] 典農中郎將不是領兵官，而是田官
（或稱農官）。則中郎將之因事立名，從典領軍事擴展到其他事務。建安二十三
年，有潁川典農中郎將嚴匡。亦不能確定嚴匡是否領兵。[52] 而潁川典農中郎將
之名目，可爲上引文之「郡國列置田官」提供一證據。

　　司金中郎將爲財務官。《三國志》〈魏書・王脩傳〉曰：

　　「（曹操平冀州，辟王脩）爲司空掾，行司金中郎將。」注引《魏略》
　　曰：「脩爲司金中郎將，陳黃白異議…太祖…與脩書曰：『…察觀先賢之
　　論，多以鹽鐵之利，足贍軍國之用。昔孤初立司金之官，念非屈君，餘無

49　唐長孺認爲曹魏之屯田制有軍屯與民屯；而民屯之「屯田戶直屬農官，不屬地方官管
　　理」。見氏著〈晉書趙至傳中所見的曹魏士家制度〉及〈西晉田制試釋〉，《魏晉南
　　北朝史論叢》，頁33，37，北京三聯書店，一九五五年。

50　按〔募百姓屯田於許下，得穀百萬斛，郡國列置田官〕，此十九字置於括弧之內，蓋
　　據點校本之原文。查盧弼《三國志集解》〈任峻傳〉，無此十九字。《三國志集解》
　　曰：「官本考證云：中郎將下，《太平御覽》引此有『募百姓屯田於許下…郡國列置
　　田官』十九字。（弼按《通鑑》作「例置田官」）」（《三國志集解》16／1b，北
　　京中華書局影印本，一九八二年）

51　按曹操之屯田，始於建安元年。（《三國志》1／14）任峻爲典農中郎將，當在建安
　　元年或稍後。

52　《三國志》〈魏書・武帝紀〉曰：「（建安）二十三年春正月，漢太醫令吉本等攻燒
　　丞相史王必營。「必與潁川典農中郎將嚴匡討斬之。」（1／50）按時爲平亂，文武
　　官員俱可與其事。此事並不證明潁川典農中郎將領兵。

　　　　可者…』」（ 11 ／ 347-348 ）

可以確定司金中郎將是爲財務而因事立名之中郎將。上引文曹操自謂「昔孤初立
司金之官」云云，可知司金中郎將是曹操所置。按王脩本事袁譚，建安十年袁譚
死，脩乞葬譚，始歸曹操。司金中郎將之設置在建安十年之後。

　　劉備治蜀，亦置司金中郎將。《三國志》《蜀書·張裔傳》曰：

　　　　「先主以裔…爲司金中郎將，典作農戰之器。」（ 41 ／ 1011 ）

劉備置司金中郎將，不必沿襲曹操，蓋各因事立名，而蜀漢司金中郎將之職掌，
與曹魏司金中郎將之職掌亦不必相同。

　　總結本節：自西漢初年始，就有郎將外派領兵作戰。其後之發展，是派出領
兵征伐之郎將，東漢較西漢爲多，此其一。郎將領兵征伐，在西漢多爲將軍之部
將，在東漢則多爲獨當一面之大將，或爲監軍使者，此其二。西漢領兵征伐之郎
將俱是宮廷之宿衛官員，臨時差遣；東漢則除此之外，末年又衍生出新的中郎
將，因事立名，領兵執行軍事任務，完全不是宮廷宿衛官員，此其三。獻帝時，
群雄各據一方，隨意任命中郎將，中郎將之名號濫用，名目多至四十有餘。且有
中郎將之名號與職掌俱與軍事無關者，此其四。

四、結　論

　　郎中將與中郎將是光祿勳之屬官，在光祿勳之領導下，指揮諸郎宿衛宮禁，
出充車騎；並考覈銓選諸郎出補政府之行政官職。此爲郎將之本職。東漢省郎中
將，而中郎將之官職增加。

　　此外，郎將因爲是皇帝禁衛軍之官員，得侍從左右，親信；故常受皇帝派遣
擔任某些非其本職的額外工作，是爲臨時差遣。郎將受臨時差遣多有皇帝使者之
身份；其使命十分歧異，范圍包含極廣。

　　西漢成帝時始，朝廷經常派遣中郎將出使匈奴，處理匈奴事務，東漢沿習此
慣例。及光武帝建武二十六年，南匈奴內附，漢廷安置南單于於西河美稷；需要
有官員駐在單于廷以監護、安集南匈奴，故改稱前此派出安置南匈奴之中郎將爲

使匈奴中郎將。使匈奴中郎將是政府編制之官職，非臨時差遣，而是長期駐在單于廷處理南匈奴事務。使匈奴中郎將不是光祿勳之部屬，亦非宮廷宿衛官員，而是一新的官職。

自漢初始，就有郎將外派領兵作戰，東漢較西漢更多；西漢郎將外出領兵征伐，多爲將軍之部將，東漢領兵出征之郎將則多爲一軍之主帥，或爲使者監軍。由於經常派遣中郎將外出領兵主征伐，日久而成爲習慣，至東漢桓、靈、獻之世，出現因事立名之主征伐中郎將，如討寇中郎將、破鮮卑中郎將、鎮賊中郎將、北中郎將等。這些新的中郎將不隸屬於光祿勳，非復宮廷之宿衛官員，其官職是新設置者，因事任命，執行軍事任務。董卓亂政之後，割據一方者封拜由心，隨意任命中郎將，中郎將之名號濫用，可考之中郎將名號多至四十餘；且有名號與職掌俱與軍事無關之中郎將出現，顯示中郎將之職掌從領兵典軍事擴展至掌理其他事務。

同一類的官員受臨時差遣，若經常擔任某一相同的任務，久之，可能衍生出一新官職，其職掌是專門擔任該任務。使匈奴中郎將與主征伐的中郎將之產生可爲例證。從漢代中郎將官職之發展，可見皇朝時期官制演變之一途徑是新官職從舊官職演變而成：舊官職之職掌擴大或轉移，但仍保留舊名不變或官名之改變遠遲於職掌之改變。故同一名稱之官職，在不同時期，其職掌或有很大的差異。

使匈奴中郎將爲使者，持節長期駐南單于廷。使者本是臨時派遣，事畢即罷；今使匈奴中郎將爲正式的官員，卻一直保持使者之身份，與漢代之司隸校尉及州刺史一樣，可謂是使者之變態。[53] 此變態顯示使者轉變爲行政官員過程中之某一階段。假如使者轉變爲行政官員之一途徑是：使者轉變爲有固定職掌之專職使者，再轉變爲完全沒有使者性格的行政官員。則如使匈奴中郎將之類的專職使者可謂是此轉變過程尚未完成的型態。

（本文於一九九三年十一月十八日通過刊登）

---

53 漢代之州刺史及司隸校尉爲專職之使者，考詳前引廖伯源，〈漢代使者考論之二——使者與行政官員之關係及使者演變爲行政官員的一些跡象〉，頁420-422。

　　附表一：　漢代出使匈奴事例表

　　本表僅列漢代臨時派遣使者出使匈奴之事例。東漢光武帝建武二十六年，置使匈奴中郎將，專職負責南匈奴事務，不復臨時差遣。使匈奴中郎將別詳「漢代使匈奴中郎將表」。

　　本表所列使匈奴之事例，以使者之姓名稱呼可考者爲限，（有姓無名或有名無姓及雖無姓名而有稱呼官銜者亦在收錄之列）僅言遣使使匈奴，不知使者姓名稱呼之事例，不收錄。如《史記》〈劉敬傳〉高帝七年，欲北擊匈奴，「使人使匈奴。匈奴匿其壯士肥牛馬，但見老弱及羸畜。使者十輩來，皆言匈奴可擊。上使劉敬復往使匈奴。」（99／2718）則高祖擊匈奴前，曾多次遣使使匈奴交涉及探其虛實，然史書僅言「使人使匈奴」，或「使者十輩」，俱不知使者之姓名官銜，此類事例俱不收錄。又有使匈奴之事實，而不知其使者爲何人者。如《漢書》〈惠帝紀〉曰：「三年春…以宗室女爲公主，嫁匈奴單于。」（2／89）漢以宗室女和親，必遣使者護送交涉，然此例不書有使者，此類事例亦不收錄。

　　本表所列資料出處之頁碼，據點校本之正史。

時間	使者之姓名官銜及隨從人員	出使原因及使命	出處
高祖七年	郎中劉敬	使匈奴觀察虛實	史99／2718
高祖七年	郎中劉敬	使匈奴結和親約	史99／2719
高祖時	劉敬	奉宗室女和親，約爲兄弟，歲奉絮繒酒	漢94上／3754
惠帝 高后時	大謁者張澤	單于遺高后書。報書	漢94上／3755
文帝時	中大夫朱某（平原君朱建之子）	使匈奴，單于無禮，遂死匈奴中	史97／2703
文帝 前六年	中大夫意、謁者令肩	遺單于黃金錦繡等物	漢94上／3758
文帝時	宦者中行說	傅宗室女和親	漢94上／3759

文帝時	中大夫宋忠	使匈奴，不至而還，抵罪	史127／3220
武帝 建元中	博士公孫弘	使匈奴	史112／2949
武帝初	郎枚皋	使匈奴	漢51／2366
元朔 五年？	丞相長史任敞	使匈奴	漢94上／3771
元封元年	郭吉	使匈奴，告單于謂漢已滅 南越	漢94上／3771
元封 二年？	王烏	闚匈奴	漢94上／3772
元封三年	楊信	使匈奴，說單于臣服	漢94上／3773
元封 三年？	王烏	使匈奴	漢94上／3773- 3774
元封四年	路充國	匈奴使者在漢病死。送 其喪，厚幣直數千金。 單于以爲漢殺其使者， 乃扣留路充國	漢94上／3774
武帝 天漢元年	中郎將蘇武持節，副 以中郎將張勝及假吏 常惠等，募斥候百餘 人 【注一】	匈奴歸前所扣留之漢使者，來 獻。送匈奴使者留在漢者，厚 幣賂遺單于。以副使張勝與匈 奴叛者通，事發，匈奴留武等	漢54／2460 漢94上／3777
武帝後期	謁者江充	使匈奴	漢45／2177
武帝 征和中	衞律	使匈奴	漢54／2457
宣帝初	冉弘等	使匈奴還	94上／3786
宣帝甘露 二年	車騎都尉韓昌	呼韓邪單于朝三年正月。發所 過七郡郡二千騎，爲陳道上，	94下／3798

		迎單于	
甘露三年	長樂衛尉董忠、車騎都尉韓昌	將萬六千騎，又發邊郡士馬以千數，送單于出塞，留衛單于，助誅不服，	94下／3798
元帝初元五年	衛司馬谷吉	郅支單于遣使上書求遣質子，送其使還，郅支殺吉	漢9／287 94下／3801
元帝時	車騎都尉韓昌、光祿大夫張猛	送呼韓邪單于侍子，因擅與單于盟約互不侵犯	漢61／2698 94下／3801
元帝竟寧元年	大司馬車騎將軍許嘉	單于入朝，元帝以王昭君賜單于。單于上書願保塞，請罷邊備塞吏卒。口諭單于勿議罷邊塞事	94下／3803-3805
成帝建始元年	右將軍長史姚尹等	使匈奴	漢10／303
成帝時	校尉蕭育為副使【注二】	使匈奴	漢78／3289
成帝時？	校尉蕭由為副使【注三】	使匈奴	漢78／3291
成帝時	中郎將蕭育	使匈奴	漢78／3289
成帝時？	中郎將蕭咸	使匈奴	漢78／3291
河平元年	中郎將王舜	單于使者右皋林王伊邪莫演來朝，欲降不歸。往問降狀（按此條非往使匈奴，而是為使者在長安問匈奴使者之欲降狀，亦屬臨時差遣為使者處理匈奴事務。）	94下／3808
河平中	侍中中郎將王舜	單于來朝，迎護單于	100上／4199
鴻嘉元年	中郎將楊興	單于雕陶莫皋死，使弔	漢26／1311

綏和元年	中郎將夏侯藩副校尉韓容	使匈奴	94下／3810
哀帝 建平二年	中郎將丁野林副校尉公乘音	匈奴受烏孫質子，以狀聞。責讓單于，令歸還質子（單于受詔，遣歸質子）	94下／3811
元壽二年	中郎將韓況	單于來朝，返。送單于	94下／3817
哀帝時	匈奴中郎將金參（其時無使匈奴中郎將，當是爲中郎將使匈奴，故名）	使匈奴	漢68／2964
平帝時	中郎將韓隆、王昌、副校尉甄阜、侍中謁者帛敞、長水校尉王歙	單于受西域車師後王句姑、去胡來王唐兜降。告單于：西域內屬，不得受（單于執二西域王付使者）	94下／3818
平帝時	中郎將王萌	待西域惡都奴界上逆受匈奴送回之二西域王（此例非使匈奴，然亦處理與匈奴相關之事務，亦列於此）	94下／3819
平帝時	中郎將王駿、王昌、副校尉甄阜、王尋	頒四條約束與單于，因收故宣帝所爲約束	94下／3819
王莽始建國元年	五威將王駿率甄阜、王颯、陳饒、帛敞、丁業	多寶金帛，重遺單于，諭曉以受命代漢狀，因易單于璽印	94下／3820
始建國三年	中郎將藺包，副校尉戴級將兵萬騎	（莽欲分封十五單于）多寶珍寶至塞下招誘呼韓邪單于諸子欲以次拜之	94下／3823
天鳳元年	王昭君兄子和親侯	使匈奴，賀單于初立。單于遣	94下／3827

	王歆，歆弟騎都尉展德侯王颯	廚唯姑夕王富等四十餘人送歆、颯等歸	
天鳳二年	和親侯王歆與五威將王咸率伏黯、丁業等六人	送匈奴使者及匈奴侍子貴人喪返，多遺單于金珍	94下／3928
更始二年	中郎將劉颯、大司馬護軍陳遵	使匈奴，授單于漢舊璽綬，王侯以下印綬	漢94下／3829
光武帝建武六年	歸德侯劉颯	使匈奴	《後漢書》89／2940
建武六年	中郎將韓統	匈奴遣使來獻。報命，賂遺金帛，以通舊好	《後漢書》89／2940
建武十四年	中郎將劉襄	匈奴遣使來獻。報命	1下／63
二十二年	中郎將李茂	匈奴遣使求和親。報命	89／2942
二十六年春	中郎將段郴，副校尉王郁	立單于廷去五原西部塞八十里，段郴等返命，詔乃聽南單于入居雲中	89／2943

　　二十六年秋，令中郎將置安集掾史將弛刑五十〔千〕人，持兵弩隨單于所處，參辭訟，察動靜。單于歲盡輒遣奉奏，送侍子入朝，中郎將從事一人將領詣闕。漢遣謁者送前侍子還單于庭，交會道路。元正朝賀，拜祠陵廟畢，漢乃遣單于使，令謁者將送…歲以為常。（89／2944）二十六年冬，南單于與北匈奴戰，不利。於是詔單于徙居西河美稷，因使中郎將段郴及副校尉王郁留駐擁護單于，設官府、從事、掾史。令西河長史歲將騎二千，弛刑五百人，助中郎將衛護單于，冬屯夏罷，自後以為常。（89／2945）（是為使匈奴中郎將之設置）

明帝永平八年	越騎司馬給事中鄭衆	北匈奴遣使求和親。使北匈奴	36／1224 89／2949
和帝永元初	大將軍中護軍行中郎將事班固將數百騎	與北匈奴使者俱出居延塞，迎北單于入朝（以南匈奴破北匈奴而罷）	40下／1385
永元四年	中郎將耿夔持節	北單于亡不知所在，其弟於除鞬自立爲單于，遣使稱臣。授璽綬，護衛之如南單于故事	19／719 89／2954
永元四年五年	中郎將任尙持節	護衛北單于於除鞬屯伊吾，於除鞬叛去，任尙追斬之	89／2954

附表一注釋：

注一　蘇武以中郎將出使匈奴，見《史記》〈匈奴列傳〉（110／2917）、《漢書》〈蘇武傳〉（54／2460）、〈匈奴傳〉（94上／3777）及〈武五子傳・燕刺王旦傳〉（63／2755）。然《漢書》〈昭帝紀〉（7／223）及〈常惠傳〉（70／3003）又謂栘中監蘇武使匈奴。據〈蘇武傳〉，武以父任爲郎，「稍遷至栘中廐監，」而後以中郎將使匈奴。則武使匈奴時官中郎將。其使匈奴之前嘗爲栘中監，故〈昭帝紀〉及〈常惠傳〉有此稱呼。

注二：《漢書》〈蕭育傳〉謂育「遷謁者，使匈奴副校尉」（78／3289）按西漢後期漸成慣例，常以中郎將使匈奴，以校尉爲副使。蕭育之「使匈奴副校尉」，蓋其以校尉爲副使，隨使者出使匈奴。此正使者不見於史書。

注三：《漢書》〈蕭由傳〉謂由「遷謁者，使匈奴副校尉」（78／3291）蕭由亦是以校尉爲副使，隨使者出使匈奴。

附表二 漢代使匈奴中郎將表

本表所列，除史書明言其為使匈奴中郎將者外，凡跡其行事，當是使匈奴中郎將者，亦收入。如《後漢書》〈南匈奴傳〉曰：「（和帝永元二年）南單于復上求滅北庭，於是遣左谷蠡王師子等將左右部八千騎出雞鹿塞，中郎將耿譚遣從事將護之」。（89／11a）此中郎將耿譚遣從事將護南匈奴軍隊往擊北匈奴。前文考使匈奴中郎將之屬吏，有從事二人，且可隨事增員額。此年南匈奴大破北匈奴，「耿譚以新降者多，上增從事十二人。」（89／11b）而宮庭之中郎將，其屬吏無從事之名。耿譚當是使匈奴中郎將。又如〈鮮卑傳〉曰：「（安帝元初六年）鮮卑入馬城塞，殺長吏。度遼將軍鄧遵發積射士三千人，及中郎將馬續率南單于與遼西、右北平兵馬會，出塞追擊鮮卑，大破之。」（90／6b）漢發北邊各路軍隊合擊鮮卑，中郎將馬續率南單于部與其事。此中郎將馬續當是使匈奴中郎將，俱收入本表。

本表所列資料出處之頁碼，凡無寫明書名者，據台北藝文印書館印行之乙卯長沙王氏校刊本《後漢書集解》。其他所引書之書名、版本如下：《三國志》，點校本，中華書局印行（書名簡注作《三》）。《東觀漢紀校注》，吳樹平校注，中州古籍出版社出版（書名簡注作《東》）。《八家後漢書輯注》，周天游輯注，上海古籍出版社出版（書名簡注作《八》）。

	姓名	時間	事跡	出處
1	段郴	建武二十六年	留屯西河美稷護南單于，設官府從事掾史（是為使匈奴中郎將設置之始）	1下／19a 89／4a-5b
		三十一年	單于比薨。將兵赴弔。祭以酒米，分兵衛護之。	89／7b
2	郭丹	建武末，永平初	遷左馮翊	27／9a
3	耿譚	和帝永元二年	遣從事將護南匈奴擊北匈奴	89／11a
4	杜崇	永元六年	南單于安國從弟子逢侯率叛	4／8

		胡亡出塞。討之	
	七年	下獄死	志11／5a
5	耿种 安帝永初三年	南單于叛，圍耿种於美稷	5／7a 89／14b
6	鄭戠 永初中	行度遼將軍事耿夑數侵陵 匈奴中郎將鄭戠（標點本 補「使」字）	19／13
7	馬續 元初六年	率南單于部與諸路兵會， 擊鮮卑	90／6b
8	馬翼 延光三年	南匈奴左日逐王反，討破 之	5／18a 89／15b
9	張國 順帝永建二年	遣從事將南單于兵擊鮮卑	90／7b 志11／10b
10	趙稠 陽嘉二年春 （〈順帝紀〉作「王 稠」，二者當是一人）	遣從事將南匈奴擊鮮卑 （〈鮮卑傳〉作「匈奴中 郎將」，〈順帝紀〉作「使 匈奴中郎將」）	90／7b 6／8a
11	梁並 永和五年	發邊兵及烏桓鮮卑羌胡擊 南匈奴左部反者	89／16a
12	陳龜 永和五年五月	以五原太守爲使匈奴中郎 將。逼迫南單于自殺	6／11a 51／7b 89／16a
13	張耽 永和五年十一 月	擊破南匈奴左部反者車紐 等	6／11a 90／4a
	永和六年五月	大破烏桓羌胡於天山	6／12a
14	馬實 漢安二年	使人刺殺匈奴叛者句龍吾 斯	6／13b

		建康元年	擊南匈奴左部，破之，羌	89／17
			胡烏桓悉詣實降	
15	張奐	桓帝永壽中	擊朔方烏桓	90／4a，65／8a
		延熹元年	率南單于擊鮮卑	7／8b，90／8b；
		二年八月	以梁冀故吏免	《東》17／750
16	皇甫規	延熹四年	擊羌，破之	7／10b，87／22
		五年	持節監關西兵討零吾	65／3，65／5b
		延熹中	遷度遼將軍	
17	燕瑗	延熹中		54／10b
18	張奐	延熹九年	復拜護匈奴中郎將，以九卿	65／8b
			秩督幽、幷、涼三州及度遼	7／14b
			、烏桓營，兼察刺史二千石	7／15b
		永康元年	擊破寇三輔之諸羌	87／22
		桓帝末	擊漢陽叛羌	72／1a
		靈帝建寧元年	率五營士討竇武	69／4b
19	臧旻	熹平六年	率南單于擊鮮卑	8／6b，58／13b
				89／18b，90／11a；
				志15／8b；謝承《後漢
				書》，《八》101
20	張修	光和二年	以擅斬南單于，徵下獄	8／8b，89／18b
21	王柔			68／5b，《三》注27／744

　　附表三　　　西漢郎將表

　　西漢之郎將分爲郎中將與中郎將二大類，郎中將有車、戶、騎三將，中郎將
有五官、左、右三將，則本表當只有六項。然史文多缺，書郎中車、戶、騎將多
簡書爲郎中將，而書五官、左、右中郎將亦多簡寫爲中郎將，本表所蒐集之資
料，闕郎中車將、左中郎將，右中郎將，故本表所列郎將爲郎中騎將、郎中戶
將、郎中將、中郎將、五官中郎將五項。本表時代之斷限始自高帝元年，終於新
莽地皇四年。除特別注明者外，本表所據《史記》爲點校本，《漢書》爲台北藝
文印書館印行之清光緒庚子長沙王氏校刊《漢書補注》本。

郎中騎將：

　　楊　武　　吳房嚴侯楊武，以郎中騎將元年從起下邳。（16／41b）

　　樊　噲　　爲郎中，從入漢中，還定三秦，有功，遷爲郎中騎將。從擊秦車騎
　　　　　　　壤東，卻敵，遷爲將軍。（41／3b-4a）

　　王　吸　　爲騎郎將入漢中。（《史》18／883，《漢》16／6b）

　　周　定　　定三秦，遷爲郎中騎將。（《史》18／916）《漢書》作「周
　　　　　　　止」、「騎郎將」。（16／24b）

　　丁　義　　定三秦，破籍軍滎陽，爲郎騎將。（16／28a）

　　辛慶忌　　元帝初，補金城長史。舉茂材，遷郎中車騎將（軍）。《補注》劉
　　　　　　　敞、齊召南、沈欽韓皆以爲衍「軍」字。劉敞又謂除衍「軍」字
　　　　　　　外，又衍「車」字或「騎」字，當作郎中車將或郎中騎將。齊召南
　　　　　　　贊成其說。（69／17b）按或亦可謂僅衍「軍」字，作郎中車騎
　　　　　　　將。蓋爲郎中車將，遷郎中騎將，史家省文，合寫爲郎中車騎將，
　　　　　　　後人誤增一「軍」字。

郎中戶將

　　蔡千秋　　宣帝時，拜蔡千秋爲郎中戶將，選郎十人從受穀梁春秋。
　　　　　　　（88／24a）

　　蓋寬饒　　遷諫大夫行郎中戶將事，蓋在宣帝時。（77／1a）

尊　　蓋亦在宣帝時。（66／10b）

郎中將（郎將附於此）

單　甯　定三秦，以郎中將擊諸侯。（18／920）《漢書》作「單究，定三
　　　　秦，以郎騎將軍擊諸侯。」（16／27a）

杜得臣　入漢，以郎將迎左丞相軍以擊項籍。（18／932）（16／37a）

棘　赤　別以郎將入漢，擊諸侯。（18／973）《漢書》作「革朱，別以越
　　　　將入漢」（16／60a）

毛　澤　以郎將入漢。（《史》18／974）《漢書》作「毛釋之，以郎騎入
　　　　漢」。（16／59b）

灌　夫　破吳有功，及七國之亂平，「夫爲郎中將，數歲。」（《漢》
　　　　52／2383）《史記》作「爲中郎將，數月」。（107／2846）

唐　蒙　唐蒙、司馬相如通西南夷，其官職或作郎中將，（《史》〈西南夷
　　　　傳〉116／2994，《漢》〈西南夷傳〉95／3839）或作中郎將
　　　　（《史》〈司馬相如傳〉117／3044-3047，《漢》〈司馬相如
　　　　傳〉57下／2577-2581）。

司馬相如　（見唐蒙條）

中郎將

季　布——高祖時爲郎中，孝惠時爲中郎將，後爲河東太守。（37／2a）

爰　盎——文帝六年，淮南屬王廢遷蜀，盎時爲中郎將，諫文帝。（49／2a）

張釋之——拜爲中大夫，傾之至中郎將。後拜廷尉。（50／2b-3a）蓋在
　　　　文帝時。

衛　綰——以戲車爲郎，事文帝。功次遷中郎將，景帝時遷河間王大傅。
　　　　（46／6）

郅　都——以郎事文帝，景帝時爲中郎將。（90／2a）

郭　昌——元鼎六年，南越破，中郎將郭昌、衛廣引兵還，行誅隔滇道者且
　　　　　蘭。（95／4）

衛　廣——元鼎六年，南越破，中郎將郭昌、衛廣引兵還，行誅隔滇道者且
　　　　　蘭。（95／4）元封二年，遣將軍郭昌、中郎將衛廣發巴蜀兵平
　　　　　西南夷未服者。（6／27b）

王　恢——浩侯王恢，以故中郎將將兵捕得車師王，元封四年封侯。（《漢
　　　　　書》17／21b）

張　騫——元狩中，拜騫爲中郎將，將三百人，往使西域。（61／5b）元
　　　　　鼎二年，中郎將張騫爲大行令。（19上／19b）

　　　縉——從大將軍衛青有功。（55／6a）

　　　江——武帝時，奉使西域，爲匈奴遮殺。（61／13b）

　　　朝——武帝時，奉使西域，爲匈奴遮殺。（61／13b）

蘇　武——天漢元年，使持節送匈奴使者留在漢者返。（54／16b，94上／
　　　　　24a）

唐　蒙　　（見郎中將唐蒙條）

司馬相如　（見郎中將唐蒙條）

趙充國——昭帝初，以大將軍護軍都尉遷中郎將將屯上谷，還，元鳳元年爲
　　　　　水衡都尉。（69／1，19上／28b）

范明友——元鳳三年，爲度遼將軍、衛尉。（7／8a，9下／29a，94上／
　　　　　29a）

利　漢——元平元年，昭帝崩，往迎昌邑王賀。（63／17b，68／4b）

霍　禹——霍光子，以中郎將從度遼將軍范明友擊烏桓。（59／13a）以中
　　　　　郎將爲右將軍。（19下／32a）

霍　雲——霍光兄孫。（68／11a-12b）

張千秋——以侍中中郎將從度遼將軍范明友擊烏桓。（59／8a，13a）

任　勝——霍光婿，地節四年，以諸吏中郎將羽林監出爲安定太守。（8／
　　　　　11，68／14a）

王　漢——霍光孫婿，地節四年，以中郎將爲武威太守。（68／14）

金安上——侍中中郎將，傳言止內霍氏禁省，以防謀反。（17／29a）

張延壽——侍中中郎將。（59／8a）

張彭祖——宣帝元康三年，封侍中中郎將彭祖爲陽都侯。（8／14b，59／8a）

張　霸——宣帝舊恩張賀孫，七歲爲散騎中郎將。（59／10）

許　舜——太子外祖父弟。（71／3b）

史　曾——宣帝元康三年，以外戚舊恩封爲將陵侯。（8／14b，18／16b）

史　玄——宣帝元康三年，以外戚舊恩封爲平臺侯。（8／14b，18／17a）

楊　惲——宣帝神爵元年，中郎將楊惲爲諸吏光祿勳。（66／8b-9a，19下／34a）

趙　卬——宣帝時，右曹中郎將趙卬將期門佽飛羽林胡越騎爲支兵擊羌。（69／2）

王　商——諸曹侍中中郎將王商爲右將軍。（82／1a，19下／38b）

張　遵——宣帝時，中郎將張遵持醫藥治烏孫狂王。（96下／7a）

于　永——宣帝時，爲侍中中郎將。（71／8a）

王　舜——元帝初元元年，封皇太后兄侍中中郎將王舜爲安平侯。（9／2a，18／16b）

王　章——元帝初，左曹中郎將王章。（76／27b）

丙　禹——建昭四年，中郎將丙禹爲水衡都尉。（19下／39b）

金　岑——元帝時，諸曹中郎將。（68／21a）

金　明——元帝時，諸曹中郎將。（68／21a）

金　敞——元帝時，侍中中郎將。（68／21a）

辛慶忌——成帝初，左曹中郎將辛慶忌，至執金吾。（69／17）

王　音——侍中中郎將王音爲太僕。（19下／42b）

王　舜——成帝河平元年，遣中郎將王舜往問欲降之匈奴使者狀。（94下／9b-10a）河平中，匈奴單于來朝，遣侍中中郎將王舜往護

　　　　　　單于。（100上／2b）

班　斿——右曹中郎將班斿校祕書。（100上／5a）

段會宗——左曹中郎將光祿大夫段會宗安輯烏孫。（70／20a，96下／10a）

蕭　育——使匈奴。（78／12b）

楊　興——鴻嘉元年，使弔匈奴單于。（26／58a）

張　放——鴻嘉中，爲侍中中郎將監平樂屯兵，置莫府儀比將軍。（59／
　　　　　12a）

丙　昌——鴻嘉元年，封丙吉孫中郎將關內侯昌爲博陽侯。（74／11b）

夏侯藩——綏和元年，中郎將夏侯藩使匈奴。（94下／10b）

劉　岑——諸曹中郎將。（36／5）

丁野林——哀帝建平二年，使匈奴責讓單于。（94下／11b）

金　參——使匈奴。（68／21b）（史文作「參使匈奴，匈奴中郎將。」按
　　　　　其時尚無「使匈奴中郎將」之名，當是參以中郎將使匈奴，故
　　　　　稱。）

韓　況——元壽二年，送匈奴單于返國。（94下／15a）

甄　豐——元壽二年，左曹中郎將甄豐爲光祿勳。（19下／51a）

蕭　咸——使匈奴。（78／14a，93／11a）平帝元始元年，中郎將蕭咸爲
　　　　　大司農。（19下／51b）

任　岑——元始元年，中郎將任岑爲執金吾。（19下／51b）

辛　茂——元始二年，中郎將幸成爲水衡都尉。王先謙補注以爲「幸成」爲
　　　　　「辛茂」之誤。（19下／52a）

郝　黨——元始五年，中郎將郝黨爲左馮翊。（19下／52b-53a）以中郎
　　　　　將使行風俗，封亭鄉侯。（18／31a）

謝　殷——元始五年，以中郎將使行風俗，封章鄉侯。（18／31a）

陳　鳳——元始五年，以中郎將使行風俗，封盧鄉侯。（18／31b）

韓　隆——使匈奴。（94下／15）

王　昌——使匈奴。（94下／15，96下／33b）

　王　萌——匈奴受西域降者，詔不得受，單于執西域降者付使者，詔使中郎
　　　　　　將王萌待西域惡都奴界上逆受。（94下／15）

　王　駿——使匈奴。（94下／15b）

　寶　兄——王莽居攝，中郎將寶兄爲奮威將軍，與擊翟義。（84／11b）

　李　棽——居攝中，中郎將李棽爲厭難將軍，擊反者。（84／18b）

　黃　顯——王莽時。（《後漢書》15／2a）

　平　憲——中郎將平憲持金幣誘外羌，使獻地內屬。（《漢書》99上／23b）

　藺　包——將兵招匈奴之欲降者。（94下／18a，99中／14）

　戴　級——召拜當爲單于者。（99中／14）

　廉　丹——中郎將廉丹爲太子師友。（99中／17）

五官中郎將

　公孫祿——哀帝建平二年，爲執金吾。（19下／49a）

　房　鳳——與劉歆共校書。（88／24b）

　孔　永——平帝元始元年，中郎將孔永以前與建策東迎即位功，賜爵關內侯
　　　　　　食邑。（12／3a）元始五年，以治明堂辟雍功，以侍中五官中
　　　　　　郎將封寧鄉侯。（18／29b）

　劉　疊——侍中五官中郎將劉疊以父歆謀反免官。（99下／23）

附表四　　東漢郎將表

東漢省郎中將，僅有中郎將，而中郎將之名目轉繁。今可考之中郎將名目有五官中郎將、左中郎將、右中郎將、羽林中郎將、虎賁中郎將、使匈奴中郎將、護烏桓中郎將、北中郎將、東中郎將、破鮮卑中郎將、討寇中郎將、鎮賊中郎將、平難中郎將、鎮夷中郎將、征東中郎將等，使匈奴中郎將另列專表，（請見附表二）其他中郎將俱列於此表，各在其官名之項下以時間之先後排列。史書言及某中郎將，常不書其全名，僅省書爲中郎將，凡其官名全稱無考而僅稱爲中郎將者，別列一項，亦以時間之先後排列。本表之時代斷限始自更始元年，終於獻帝建安二十五年（延康元年）禪魏。自董卓亂政，權臣把持朝廷，而各地方割據者亦各自爲政，封拜隨心，其時拜免中郎將多非朝廷之意，然爲見郎將官職之發展，可考之郎將俱列入本表。除特別注明者外，本表所據史料之版本如下：

《漢書補注》，清光緒庚子長沙王氏校刊本，台北藝文印書館印行。（書名簡注作《漢》）

《後漢書集解》，乙卯長沙王氏校刊本，台北藝文印書館印行。（本表所注出處凡僅注卷數、頁數，不注明書名者，俱出自此書。）

《三國志》，點校本，中華書局印行。（書名簡注作《三》）

《東觀漢紀校注》，吳樹平校注，中州古籍出版社出版。（書名簡注作《東》）

《八家後漢書輯注》，周天游輯注，上海古籍出版社出版。（書名簡注作《八》）

中郎將

　　趙　熹——更始元年，爲五威偏將軍與破王尋、王邑之役，有功，還拜中郎
　　　　　　　將，封勇功侯。（ 26 ／ 13b ）

　　劉　颯——更始二年，使匈奴授單于印綬。（《漢》94下 ／ 22a ）

　　王　梁——光武帝建武二年，以爲中郎將，行執金吾事。三年，拜前將軍。
　　　　　　　（ 22 ／ 4b ）「王梁爲中郎將。」（《東》11 ／ 401 ）

　　韓　統——建武六年，中郎將韓統報命匈奴。（ 1下 ／ 3a，89 ／ 1b ）

　　馬　成——建武九年，守中郎將率武威將軍等破河池。（ 22 ／ 6b ）

來　歙——建武五年至十一年，以中郎將監諸將軍征伐。（1下／5-6，13
　　　　／19b，15／9a，87／7a）

劉　襄——建武十四年。（1下／10b）

李　茂——建武二十二年，報命匈奴。（1下／16b，89／3a）

陰　嵩——建武二十三年後，爲中郎將監羽林十餘年，顯宗即位，拜長樂衛
　　　　尉。（32／10b）

耿　舒——建武二十四、五年，從伏波將軍擊武陵五溪蠻。（24／11b）

劉　匡——建武二十四、五年，從伏波將軍擊武陵五溪蠻。（24／11b，86
　　　　／3a）

孫　永——建武二十四、五年，從伏波將軍擊武陵五溪蠻。（24／11b，86
　　　　／3a）

馬　武——建武二十四、五年，從伏波將軍擊武陵五溪蠻。（24／11b，22
　　　　／11b）

耿　廣——耿弇弟。（19／8b）

耿　舉——耿弇弟。（19／8b）

竇　固——建武中元二年至明帝永平初，監二將軍討羌。（2／3a，志10／
　　　　8b，23／10b，87／8a；又參見《東》12／413）

王　豐——明帝初，從捕虜將軍馬武擊羌。（22／11b，86／3a）

吳　棠——永平八年，以中郎將行度遼將軍事。（89／8a）

鄭　衆——永平末建初初，從虎賁中郎將馬廖擊車師，至敦煌，拜爲中郎
　　　　將，使護西域。（36／6a，19／16a）

馬　防——肅宗即位，拜防中郎將，稍遷城門校尉。（24／19a）

劉　尙——和帝永元元年，以中郎將劉尙爲車騎將軍。（4／3b）

班　固——永元二年九月，北匈奴遣使稱臣，十月，遣大將軍中護軍行中郎
　　　　將班固報命。（4／4a，40下／15b，23／15b）

耿　夔——爲大將軍左校尉，從擊北匈奴。北單于弟於除鞬自立爲單于，率
　　　　八部二萬餘人來居蒲類海上，以夔爲中郎將持節護之。及竇憲

敗，襲亦免官。（19／13a）

龐　　雄——永初三年多，南單于與烏桓大人俱反，以大司農何熙行車騎將軍
　　　　　事，中郎將龐雄爲副，往擊之。（47／16）

任　　尙——永元四年，中郎將任尙持節衛護北單于於除鞬屯伊吾。（89／
　　　　　12a）五年，於除鞬叛，遣中郎將任尙討滅之。（4／7a）元初
　　　　　二年，遣任尙爲中郎將將羽林緹騎五營子弟三千五百人代班雄屯
　　　　　三輔。（87／16a）三年，中郎將任尙遣兵擊破先零羌於丁奚
　　　　　城。五年十二月，中郎將任尙有罪棄市。（5／12a-13b）

尹　　就——永初中，詔書遣中郎將尹就攻討，連年不剋。（31／10b）元
　　　　　初二年，零昌種羌寇益州，遣中郎將尹就將南陽兵及益州諸郡屯
　　　　　兵擊之。（5／11a，87／15b）

龐　　浚——順帝永和六年，東四羌大合，掠關中。遣中郎將龐浚募勇士千五
　　　　　百人爲涼州援。（87／21a）

趙　　序——質帝永熹元年，中郎將趙序等討廣陵賊，十一月，趙序坐事棄
　　　　　市。（38／4，6／16b）

滕　　撫——質帝永熹元年，拜九江都尉滕撫爲中郎將督揚徐二州事，擊廣陵
　　　　　賊。（38／4，6／16b）

皇甫規——皇甫規爲中郎將，討叛羌。（謝承《後漢書》，司馬彪《續漢
　　　　　書》，《八》117，462）

段　　熲——桓帝永壽二年七月，泰山賊公孫擧等寇青兗徐三州，遣中郎將段
　　　　　熲討破斬之。（7／7b，65／12b）延熹二年，以中郎將段熲
　　　　　爲護羌校尉。（87／22a）

度　　尙——桓帝延熹八年，桂陽胡蘭。朱蓋等復反，攻沒郡縣，轉寇零陵。
　　　　　遣中郎將度尙等擊破斬之。（7／13a，38／9，56／13a）

董　　卓——靈帝中平二年，遣中郎將董卓討先零羌。（8／12b）北宮伯
　　　　　玉、韓遂等率羌胡群盜數萬人寇三輔，以卓爲中郎將，副左車騎
　　　　　將軍皇甫嵩征之。（72／1b，《三》6／171）

孟　　益——中平五年，遣中郎將孟益率騎都尉公孫瓚討漁陽賊張純等。
　　　　　　（8／15a）

公孫瓚——討張純等有功，遷騎都尉，又遷中郎將，屯屬國。（《三》8／
　　　　　　139，32／872）

孫　　堅——孫堅為長沙太守，討董卓。「袁術表堅假中郎將。」（《三》注
　　　　　　引《獻帝春秋》46／1097）

徐　　榮——為董卓中郎將，薦同郡公孫度為遼東太守。（《三》8／252）

呂　　布——董卓以布為騎都尉，稍遷至中郎將。（75／10a，《三》
　　　　　　7／219）初平三年夏，司徒王允使中郎將呂布殺太師董卓。
　　　　　　（志13／8a）

段　　煨——初平元年，董卓使中郎將段煨屯華陰。（72／7b）建安三年，
　　　　　　遣謁者裴茂率中郎將段煨討李傕，夷三族。（9／8a）

牛　　輔——初平元年，董卓使中郎將牛輔擊白波賊。（72／6a）董卓使中
　　　　　　郎將牛輔屯安邑。（72／7b）「卓女婿中郎將牛輔典兵別屯
　　　　　　陝。」（《三》6／180，8／327）

杜　　稟——興平元年，中郎將杜稟等合兵攻李傕。（72／11b）

樊　　稠——為中郎將。（注引袁山松書，72／11a）

楊　　密——興平二年，郭汜欲殺太尉楊彪，中郎將楊密諫汜乃止。（《集
　　　　　　解》惠棟引袁宏《後漢紀》，72／13a；又見華嶠《漢
　　　　　　後書》，《八》586-587；《三》注引華嶠《漢後書》6／
　　　　　　184）

王　　忠——三輔亂，忠聚眾千人歸曹操，「拜忠中郎將，從征討。」
　　　　　　（《三》注引《魏略》，1／18）

郭　　祖——「袁紹所置中郎將郭祖、公孫犢等數十輩，（於泰山郡）保山為
　　　　　　寇。」（《三》18／540）

公孫犢——同上「郭祖」條。

許　　耽——建安元年，劉備之麾下有中郎將丹陽許耽。（《三》注引《英雄

記》，7／223）

張　遼——建安三年，歸降曹操，拜中郎將，遷裨將軍。（《三》17／
　　　　517）

高　順——建安三年，呂布遣中郎將高順等擊劉備。（《三》注引《英雄
　　　　記》32／874）

張　飛——建安三年，劉備從曹操破呂布，「隨還許，曹公拜飛爲中郎
　　　　將。」（《三》36／943）

程　昂——曹操平冀州，使朱靈將冀州新兵，中郎將程昂等反，靈即斬昂。
　　　　（《三》引《魏書》17／530）

龐　——以校尉從馬超擊袁紹餘黨高幹等有功，拜中郎將。（《三》
　　　　18／545）蓋曹操所拜。

徐　盛——孫權「以爲校尉，蕪湖令…徙中郎將，督校兵。」（《三》
　　　　55／1298）按確定時間無考，當在建武六年至十三年之間。

金　旋——「拜議郎，遷中郎將，領武陵太守，爲（劉）備所攻劫死。」
　　　　（《三》注引《三輔決錄》注32／880）

黃　忠——「荆州牧劉表以爲中郎將，與表從子磐共守長沙攸縣，及曹公克
　　　　荆州，假行裨將軍，仍就故任。」（《三》36／948）

陰　溥——建安十三年，曹操自將征荆州，益州牧劉璋遣中郎將陰溥致敬。
　　　　（《集解》惠棟引《華陽國志》，75／3a）

韓　當——「以中郎將與周瑜等拒破曹公，又與呂蒙襲取南郡。」（《三》
　　　　55／1285）

霍　峻——領部曲屬荆州牧劉表，「表卒，峻率衆歸先主，先主以峻爲中郎
　　　　將。」（《三》41／1007）按劉表卒於建安十三年八月。

范　先——中郎將范先請司隸校尉鐘繇留河東太守王邑。（《三》注引《魏
　　　　略》13／394）

李　典——徙潁陰令，爲中郎將，將從兄整兵，遷離狐太守。（《三》
　　　　18／533）

吳　壹——「隨劉焉入蜀，劉璋時，爲中郎將，將兵拒先主於涪，詣降。」
　　　　　（《三》45／1083）

袁　龍——吳中郎將袁龍反，據醴陵，孫權遣昭信中郎將呂岱破斬龍。
　　　　　（《三》60／1384）

士　匡——建安末年，士燮、士壹兄弟諸子在南者，孫權皆拜爲中郎將，壹
　　　　　子匡亦爲中郎將。（《三》49／1192-1193）

五官中郎將

李　忠——光武帝建武二年，拜五官中郎將，從平龐萌、董憲等，六年，遷
　　　　　丹陽太守。（《後漢書》21／4a）

張　純——建武五年，遷五官中郎將，後又兼虎賁中郎將，二十年爲太僕。
　　　　　（35／1-2；司馬彪《續漢書》，《八》390）爲虎賁中郎
　　　　　將。（《東》15／603）

宋　伯——建武初。（41／14a）

耿　國——建武二十四年。（19／10a，89／3a）

董　鈞——明帝時。（79下／7a）

張　奮——章帝建初元年，拜左中郎將，轉五官中郎將，遷長水校尉。
　　　　　（35／4b）

馬　嚴——章帝建初元年，爲五官中郎將行長樂衛尉事，二年，拜陳留太
　　　　　守。（24／23a；參見《東》10／357，12／443）

魏　應——建初四年，以光祿大夫拜五官中郎將，入授千乘王。（79下／
　　　　　2a）諸儒會白虎觀講議五經異同，使五官中郎將魏應承制問。
　　　　　（3／6b，37／10b；《東》18／802）

江　革——爲司空長史，肅宗甚崇禮之，遷五官中郎將。（39／7b；參見
　　　　　《東》15／648）

何　敞——永元十二年，復徵，三遷五官中郎將。（43／21a）

周　章——舉孝廉，六遷爲五官中郎將，延平元年爲光祿勳。（33／14a）

樊　英——順帝永建四年，拜五官中郎將方數月，英稱疾篤，詔以爲光祿大
　　　　　夫，賜告歸。（ 82 上／ 14a ；謝承《後漢書》，謝沈《後漢
　　　　　書》，《八》185,611 ）

王　苞——靈帝王美人祖父，爲五官中郎將。（ 10 下／ 10a ）

袁　成——袁紹父，五官中郎將。（ 74 上／ 1a ）

黃　琬——桓帝時，爲五官中郎將。（ 61 ／ 20a ， 66 ／ 4a ）

爰　延——桓帝時，徵博士，再遷爲侍中，拜五官中郎將，轉長水校尉。
　　　　　（ 48 ／ 16a ，《集解》引汪文臺曰：「《御覽》十一，謝承
　　　　　《書》云：『奚延轉議郎…拜五官中郎將。』奚疑爰字之誤。」
　　　　　又參見謝承《後漢書》，《八》73 ）

堂谿典——靈帝熹平四年，五官中郎將堂谿典等奏求正定六經文字。（ 60
　　　　　下／ 7b ）中郎將堂谿典伯幷熹平四年來請雨嵩高廟。（〈堂谿
　　　　　典嵩高山石闕銘〉，《隸釋》 25 ／ 9a ，《石刻史料叢書》甲
　　　　　編，藝文印書館，台北）

楊　彪——光和中，以京兆尹徵還爲侍中五官中郎將　，　遷潁川太守　。
　　　　　（ 54 ／ 19a ）

陳　紀——董卓入洛陽　，乃使就家拜五官中郎將　，到京師　，遷侍中　。
　　　　　（ 62 ／ 15a ）

牛　亶——劉焉於興平元年卒，子璋繼位，領益州牧。其後益州亂，漢朝
　　　　　「遣五官中郎將牛亶爲益州刺史；徵璋爲卿，不至。」（《三》
　　　　　注引《漢獻帝春秋》 31 ／ 869 ）

曹　丕——建安「十六年春正月，天子命公（曹操）世子丕爲五官中郎將，
　　　　　置官屬，爲丞相副。」二十二年十月，「以五官中郎將丕爲魏太
　　　　　子。」（《三》 1 ／ 34 ， 49 ， 2 ／ 57 ，）

右中郎將

　張　邯——建武十一年。（ 29 ／ 6b 注）

包　咸——建武中，入授皇太子經，拜諫議大夫、侍中、右中郎將，永平五
　　　　年遷大鴻臚。（79下／2a）

周　澤——建武中元元年，遷睢池令，明帝永平五年，遷右中郎將，十年，
　　　　拜太常。（79下／8b）

朱　儁——靈帝中平元年，黃巾起，拜爲右中郎將，持節討潁川汝南黃巾。
　　　　（71／2a，8a，66／10b，8／11a，48／17b，志12／4a；
　　　　司馬彪《續漢書》，《八》477，479）

左中郎將

劉　隆——建武十七年，以中郎將副伏波將軍馬援擊交阯蠻夷。（22／8b）
　　　　二十年，以左中郎將爲驃騎將軍行大司馬事。（1下／15b；
　　　　《東》11／403）

臧　宮——以城門校尉轉左中郎將。（《東》10／346）建武十九年，爲
　　　　左中郎將，擊武谿賊。（18／14b；司馬彪《續漢書》，
　　　　《八》346）

鐘　興——建武中，拜郎中，稍遷左中郎將，授皇太子經。（79下／9b）

承　宮——永平中，拜博士，遷左中郎將，十七年，拜侍中祭酒。（27／
　　　　11b；又參見《東》14／529，司馬彪《續漢書》，《八》
　　　　372）

張　奮——章帝建初元年，拜左中郎將，轉五官中郎將。（35／4b）

樓　望——建初五年，左遷太中大夫，後爲左中郎將。（79下／10a）

楊　政——建初中，官至左中郎將。（79上／6a）

賈　逵——爲衛士令，永元三年，以逵爲左中郎將，八年，復爲侍中領騎都
　　　　尉。（36／16a）章帝使左中郎將賈逵問治曆者。（志2／3b）

召　馴——建初元年，稍遷騎都尉，侍講肅宗，拜左中郎將，入授諸王，出
　　　　拜陳留太守。（79下／4b）

韋　彪——爲魏郡太守，肅宗即位，以病免，徵爲左中郎將，長樂衛尉。

26／16b）

何　敞——永元十五年之前，左中郎將何敞訟太尉張酺公忠。（45／13a）

魯　丕——永初二年見舉，再遷，復爲侍中左中郎將，再爲三老，五年卒。
　　　　　（25／11a）

李　充——遷侍中，不附外戚鄧騭，遷左中郎將。（81／15a）

楊　秉——桓帝即位，拜太中大夫、左中郎將，遷侍中尙書。（54／8a）

袁　成——爲左中郎將。（45／5b，按史文作「左中郎」《集解》引何焯
　　　　　謂當作「左中郎將」。《集解》又引惠棟曰，謂華嶠《書》言袁
　　　　　成爲左中郎將。又按《三國志》〈袁紹傳〉注引華嶠《書》曰：
　　　　　太尉袁湯子成，左中郎將。見《三》6／188）

郭　儀——靈帝中平二年，司空楊賜薨，使左中郎將郭儀持節追位特進，贈
　　　　　司空驃騎將軍印綬。（54／18）

皇甫嵩——靈帝中平元年，黃巾起，與嵩爲左中郎將，持節領兵討潁川黃
　　　　　巾。（71／2a,8a，66／10b，8／11a，58／7a,志12／
　　　　　4a；司馬彪《續漢書》，《八》477）

祝　融——獻帝興平中，李傕以劉表爲鎮南將軍荆州牧，復遣左中郎將祝融
　　　　　援節以增威重。（《集解》惠棟引「鎮南碑」74下／9a）

蔡　邕——邕爲侍中，初平元年，拜左中郎將，從獻帝遷都長安。（60
　　　　　下／19a，志9／7a；《三》注引張璠《後漢紀》6／180，
　　　　　《三》21／597；司馬彪《續漢書》，《八》446）

劉　範——興平元年，左中郎將劉範等攻李傕、郭氾，戰歿。（9／5a，
　　　　　56／12b，《三》6／182）左中郎將範爲益州牧劉焉子。
　　　　　（75／2a，《三》31／867）〈董卓傳〉謂劉範爲右中郎
　　　　　將。（72／11b）

李　國——天子使左中郎將李國持節拜李傕爲大司馬。（注引《獻帝起居
　　　　　注》72／13b，《三》注引《獻帝起居注》則作「李固」。
　　　　　6／185）

楊　宣——建安十九年三月，「天子使魏公位在諸侯王上，改授金璽、赤
　　　　紱、遠遊冠。」注引《獻帝起居注》曰：「使左中郎將楊宣、亭
　　　　侯裴茂持節、印授之。」（《三》1／43）

李　伏——左中郎將李伏表魏王言禪代事。（《三》注引《獻帝傳》，2／
　　　　62，63）

虎賁中郎將

馬　援——建武十六年，以隴西太守徵入為虎賁中郎將，十七年，拜伏波將
　　　　軍。（24／7b；又參見《東》12／421）

梁　松——建武二十五年，代伏波將軍馬援監軍。（24／12b，10上／7b，
　　　　36／5a，34／4b）

梁　松——建武三十年。（志7／6a）

戴　憑——建武中，拜憑虎賁中郎將，以侍中兼領之。（79上／7a；參見
　　　　謝承《後漢書》，《八》162；《東》18／797）

桓　郁——以侍中監虎賁中郎將，永平十五年，入授皇太子經，遷越騎校
　　　　尉。（37／4b）

何　湯——明帝永平中，為虎賁中郎將，以尚書授太子。（37／1b）

馬　廖——永平中，拜為羽林左監、虎賁中郎將。（24／17b；《東》及
　　　　注，11／385，12／433）擊車師。（36／6a）

任　隗——明帝時，遷羽林左監，虎賁中郎將。（21／2b；參見《東》及
　　　　注11／384，12／433）

馬　防——馬皇后不以私家干朝廷，兄馬防為虎賁中郎將，訖永平世不遷。
　　　　（《東》6／193）

馬　敦——馬嚴弟，官至虎賁中郎將。（24／23b）

張　酺——肅宗即位，擢酺為侍中虎賁中郎將，數月出為東郡太守。
　　　　（45／9b）

竇　憲——建初二年，女弟立為皇后，拜憲為郎，稍遷侍中虎賁中郎將。

　　　　　　（ 23 ／ 11b，41 ／ 5a ）

竇　篤——和帝即位，章帝遺詔，以篤爲虎賁中郎將。（ 23 ／ 12b ）

鄧　騭——妹立爲和帝皇后，騭三遷虎賁中郎將。（ 16 ／ 11a；《東》9 ／
　　　　　299 ）殤帝延平元年四月，虎賁中郎將鄧騭爲車騎將軍。（ 4 ／
　　　　　16b ）

鄧　悝——和帝鄧后弟。延平元年，兄騭遷車騎將軍，悝以黃門侍郎拜虎賁
　　　　　中郎將，安帝立，遷城門校尉。（ 16 ／ 11a ）

鄧　弘——和帝鄧后弟。安帝立，以侍中爲虎賁中郎將。（ 16 ／ 11a ）

謝　惲——延光四年，安帝崩，閻皇后爲太后，清除大將軍耿寶黨與，虎賁
　　　　　中郎將謝惲等下獄死。（ 10下 ／ 2a ）

閻　崇——延光四年，北鄉侯崩，宮中政變，閻顯以太后詔虎賁中郎將閻崇
　　　　　屯朔平門。（ 78 ／ 6a ）

岑　熙——尚安帝妹涅陽長公主，少爲侍中虎賁中郎將，遷魏郡太守。
　　　　　（ 17 ／ 17b ）

梁　冀——初爲黃門侍郎，轉侍中虎賁中郎將，越騎校尉。（ 34 ／ 10a ）

來　定——來歷子，尚安帝妹平氏長公主。順帝時爲虎賁中郎將。（ 15 ／
　　　　　14b ）

羊　陟——遷虎賁中郎將、城門校尉。（ 67 ／ 18a ）

鄧　會——桓帝延熹八年，皇后鄧氏廢死，宗親虎賁中郎將安陽侯鄧會繫暴
　　　　　室死。（ 志12 ／ 2b，7 ／ 12b，10下 ／ 6b-7a ）

竇　紹——竇武女延熹八年之爲皇后，武兄子紹，爲虎賁中郎將。（ 59 ／
　　　　　1a ）

劉　淑——桓帝時，遷侍中虎賁中郎將。（ 67 ／ 6b ）

竇　唐——唐父章，順帝時官至少府、大鴻臚。唐官至虎賁中郎將。
　　　　　（ 23 ／ 18a ）

何　進——妹爲靈帝貴人，拜進郎中，再遷虎賁中郎將，出爲潁川太守。
　　　　　（ 69 ／ 6a ）

崔　　鈞——靈帝時，爲虎賁中郎將。（52／19a）

袁　　紹——爲侍御史，虎賁中郎將，中平五年，以紹爲佐軍校尉。（74
　　　　　　　上／1b-2a）按「佐軍校尉」，〈靈帝紀〉（8／14b）及〈何
　　　　　　　進傳〉注（69／6b）作「中軍校尉」。

袁　　術——累遷至河南尹、虎賁中郎將，時董卓將欲廢立，以術爲後將軍。
　　　　　　　（75／6a，《三》6／207）中平六年八月，宦官殺大將軍何
　　　　　　　進，於是虎賁中郎將袁術燒東西宮，攻宦者。（8／16a，
　　　　　　　69／7b-10a，72／4a，《三》6／189）

孔　　融——拜中軍候，在職三日，遷虎賁中郎將，會董卓廢立，融忤卓旨，
　　　　　　　轉爲議郎。（70／5a；《三》注引《續漢書》12／371；司
　　　　　　　馬彪《續漢書》，《八》475）

桓　　階——「遷趙郡太守。魏國初建，爲虎賁中郎將侍中…遷尚書。」
　　　　　　　（《三》22／632）按魏建國在建武十八年。

糜　　威——糜竺子，官至虎賁中郎將。（《三》38／970）時間不確定，
　　　　　　　或在先主稱帝之前，或在之後。

羽林中郎將

桓　　郁——「和帝永元三年，西謁園陵，桓郁兼羽林中郎將從。」（《東》
　　　　　　　15／625）

馮　　定——母爲明帝女獲嘉長公主，嗣父爵列侯，官至羽林郎將。（33／
　　　　　　　8b）按東漢之郎將俱爲中郎將，史文當闕一「中」字。

耿　　承——耿寶子。順帝陽嘉三年，以承爲羽林中郎將。（19／9b）

竇　　章——順帝初，章女選爲貴人，擢章爲羽林郎將。（23／18a）按東
　　　　　　　漢之郎將俱爲中郎將，史文當闕一「中」字。

桓　　典——爲郎，靈帝崩，與大將軍何進同心，三遷羽林中郎將。（37／
　　　　　　　6b-7a）

護烏桓中郎將

　　宗　　員——靈帝中平元年，黃巾起，護烏桓中郎將宗員爲北中郎將盧植副
　　　　　　　貳，討黃巾帥張角。（ 64 ／ 13a ）

五威中郎將

　　李　　軼——更始二年，大立諸王，五威中郎將李軼爲舞陰王。（ 11 ／ 4a ）

討寇中郎將

　　宗　　資——桓帝延熹三年，琅邪賊勞丙與太山賊叔孫無忌攻沒郡縣，以南陽
　　　　　　　宗資爲討寇中郎將，杖鉞將兵，督州郡合討。（ 82 下 ／ 3a，
　　　　　　　7 ／ 10a，38 ／ 10a ）

破鮮卑中郎將

　　田　　晏——靈帝熹平六年四月，鮮卑寇三邊，八月，遣破鮮卑中郎將田晏出
　　　　　　　雲中，伐鮮卑。（ 8 ／ 7a，90 ／ 9a，志 15 ／ 8b，《三》注引
　　　　　　　《魏書》 30 ／ 838 ）

北中郎將

　　盧　　植——靈帝中平元年，黃巾起，四府舉植，拜北中郎將，持節，以護烏
　　　　　　　桓中郎將宗員副，將北軍五校士，發天下諸郡兵征之。（ 64 ／
　　　　　　　13a，8 ／ 11a，71 ／ 2b；《三》注引《續漢書》 22 ／ 650；
　　　　　　　司馬彪《續漢書》；《八》 460，461 ）

　　曹　　彰——建安二十三年，代郡烏桓反，以彰爲北中郎將，行驍騎將軍，北
　　　　　　　征。（《三》 19 ／ 555 ）

鎮賊中郎將

　　朱　　儁——靈帝中平元年，右中郎將朱儁討黃巾有功，遷鎮賊中郎將。

（71／8a）

東中郎將

董　卓——靈帝中平元年，以河東太守拜東中郎將，持節代盧植擊張角於下
　　　　曲陽，軍敗抵罪。（72／1b，71／2b，8／11b）《三》
　　　　〈魏書・董卓傳〉則謂拜「河東太守，遷中郎將，討黃巾，軍敗
　　　　抵罪。」（《三》6／171）闕一「東」字。

董　越——初平二年，董卓使東中郎將董越屯澠池。（72／7b）中郎將董
　　　　越來就董卓女婿牛輔，見殺。（《三》注引《魏書》，6／
　　　　181）

程　昱——「天子都許，以昱為尚書…復以昱為東中郎將，領濟陰太守，都
　　　　督兗州事。」（《三》14／428）

平難中郎將

張　燕——黑山賊張燕為害河北諸郡，朝廷不能討，燕乃遣使乞降，遂拜燕
　　　　平難中郎將，使領河北諸山谷事，歲得舉孝廉計吏。（71／9b，
　　　　《三》8／261）

建義中郎將

陶　升——初平三年，袁紹領兵與公孫瓚戰於界橋，鄴城空虛失陷，陶升護
　　　　紹家屬及諸衣冠在州者至紹營，紹「以陶升為建義中郎將」。
　　　　（《三》6／194）

揚武中郎將

曹　洪——從魏武帝起兵，積功拜鷹揚校尉，遷揚武中郎將，天子都許，拜
　　　　諫議大夫。（《三》8／278）

征東中郎將

趙　韙——興平元年，益州牧劉焉卒，州大吏趙韙等立焉子璋爲益州刺史，
　　　　詔書因以璋領益州牧，以韙爲征東中郎將。（75／2b，《三》
　　　　31／867）

督軍中郎將

吳　景——孫策舅吳景爲丹陽太守。興平中，袁術與揚州刺史劉繇爭雄，
　　　　「更以景爲督軍中郎將，與（孫）賁共將兵擊（劉繇將張）英
　　　　等。」（《三》46／1102，50／1195）

徐　琨——建安初，孫策以琨爲督軍中郎將，領兵。（《三》50／1197）

撫軍中郎將

張　昭——「孫策創業，命昭爲長史，撫軍中郎將。」（《三》52／
　　　　1219）

振威中郎將

李　通——建安初，通率衆歸曹操於許，拜通振威中郎將，屯汝南西界，後
　　　　有軍功，拜裨將軍。（《三》18／535）

折衝中郎將

太史慈——太史慈爲揚州刺史劉繇部屬。建安初，孫策執慈而釋之「即署門
　　　　下督，還吳授兵，拜折衝中郎將。」（《三》49／1188）

建威中郎將

周　瑜——建安三年，孫策授周瑜建威中郎將。（《三》54／1260）四
　　　　年，孫策討黃祖，所部諸將有領江夏太守行建威中郎將周瑜。
　　　　（《三》注引《吳錄》載〈孫策表〉46／1108）

征虜中郎將

> 呂　範——從孫策征伐，拜征虜中郎將。（《三》56／1310）建安四年，
> 孫策討黃祖，所部諸將有領桂陽太守行征虜中郎將呂範。
> （《三》注引《吳錄》載〈孫策表〉46／1108）

蕩寇中郎將（盪寇中郎將）

> 程　普——程普從孫策征伐有功，「後拜盪寇中郎將，領零陵太守。」
> （《三》55／1283）建安四年，孫策討黃祖，所部諸將有領零
> 陵太守行蕩寇中郎將程普。（《三》注引《吳錄》載〈孫策表〉
> 46／1108）

> 淩　統——淩統爲孫權校尉。「又從破皖，拜盪寇中郎將，領沛相。」
> （《三》55／1296）按確定時間無考，當在建安十三年之後。

討越中郎將

> 蔣　欽——從孫策征伐有功，「遷西部都尉 … 徙討越中郎將」。（《三》
> 55／1286）按確定時間無考，暫置於此。

定武中郎將

> 孫　賁——「（孫）策薨，權統事。定武中郎將賁，策之從兄也。」
> （《三》注引《吳書》57／1319）

昭義中郎將

> 孫　靜——孫堅之季弟。策「表拜靜爲奮武校尉 … 權統事，就遷昭義中郎
> 將。」（《三》51／1205）按孫權統事在建安五年孫策卒後。
> 靜爲昭義中郎將事在建安五年之後。

威寇中郎將

孫　河——孫堅族子。「從權討李術，術破，拜威寇中郎將，領廬江太
　　　　　守。」（《三》注引《吳書》51／1214）按據注引《江表
　　　　　傳》，策表李術爲廬江太守，策亡，術不肯事權，權討破之。
　　　　　（《三》47／1116）其事當在建安五、六年間。

寧國中郎將

張　郃——爲袁紹校尉，破公孫瓚功多，遷寧國中郎將。（《三》17／
　　　　　525）

典農中郎將

任　峻——「羽林監潁川棗祗建置屯田，太祖以峻爲典農中郎將。」
　　　　　（《三》16／489）事在官渡之戰前數年，當在建安初年。

嚴　匡——建安二十三年春，丞相長史王必與潁川典農中郎將嚴匡討斬反者
　　　　　少府耿紀等。（《三》1／50）

建忠中郎將

駱　統——「孫權以將軍領會稽太守，統…爲烏程相…召爲功曹，行騎都尉
　　　　　…出爲建忠中郎將，領武射吏三千人。」（《三》57／
　　　　　1335）按曹操表權爲討虜將軍，領會稽太守，時在建安五年。
　　　　　駱統爲建忠中郎將當在此後數年。

劉　基——「（孫）權爲驃騎將軍，辟（劉基）東曹掾，拜輔義校尉、建忠
　　　　　中郎將。權爲吳王，遷基大農。」（《三》49／1186）按曹操
　　　　　於建安二十四年表權爲驃騎將軍。魏黃初二年十一月策命權爲吳
　　　　　王。（《三》47／1121-1122）

綏南中郎將

　　士　燮——士燮兄弟並領交阯諸郡，漢「賜燮璽書曰：『⋯今以燮爲綏南中
　　　　　　　郎將，董督七郡，領交阯太守如故。』」（《三》49／1192）
　　　　　　　按時荆州牧劉表亦遣人至交州，爲刺史、太守。則其事當在建安
　　　　　　　十三年表卒之前。

鎮夷中郎將

　　張　魯——張魯據巴、漢中，朝廷不能討，遂就拜魯鎮夷中郎將。建安二十
　　　　　　　年，曹操破張魯。魯在漢川垂三十年。（75／3a-5a）《三》
　　　　　　　作「鎮民中郎將。（8／263）當誤，說見本文【注四十七】。

司金中郎將

　　王　脩——曹操滅袁氏，辟王脩爲司空掾，「行司金中郎將，遷魏郡太
　　　　　　　守。」注引《魏略》，謂王脩爲司金中郎將，曹操與脩書有「昔
　　　　　　　孤初立司金之官，念非屈君，餘無可者」等語。（《三》11／
　　　　　　　347-348）則司金中郎將爲曹操所置。王脩事袁譚，建安十年袁
　　　　　　　譚死，王脩乞葬袁譚，始歸曹操。司金中郎將之設置在建安十年
　　　　　　　之後。

　　張　裔——劉備定蜀，「以裔爲巴郡太守，還爲司金中郎將，典作農戰之
　　　　　　　器。」（《三》41／1011）

威武中郎將

　　賀　齊——建安元年從孫氏，歷任縣令、都尉，平定地方，拜平東校尉。
　　　　　　　「十三年，遷威武中郎將，」領兵討亂。（《三》60／1378）

奮武中郎將

芮　玄——玄兄良，從孫策平定江東，拜會稽東部都尉。「（良）卒，玄領
　　　　良兵，拜奮武中郎將。」（《三》61／1398）時間無考，當在
　　　　建安中。

橫野中郎將

呂　蒙——建安十三年，從孫權征黃祖，有功。「以蒙爲橫野中郎將」。
　　　　（54／1273）

軍師中郎將

諸葛亮——建安十三年，曹操敗於赤壁，「先主遂收江南，以亮爲軍師中郎
　　　　　將，使督零陵、桂陽、長沙三郡。」（《三》35／915，37／
　　　　　954）

龐　統——「先主領荆州…以爲治中從事，親待亞於諸葛亮，遂與亮並爲軍
　　　　師中郎將。亮留譓荆州，統隨從入蜀。」（《三》37／954）

武鋒中郎將

黃　蓋——赤壁之戰有功，「拜武鋒中郎將。武陵蠻夷反亂…乃以蓋領太
　　　　守。」（《三》55／1285）

立武中郎將

步　騭——「建安十五年，出領鄱陽太守。歲中，徙交州刺史、立武中郎
　　　　將，領武射吏千人，便道南行。」（《三》52／1237）

征南中郎將

步　騭——建安十五年，孫權拜步騭爲交州刺史、立武中郎將。「明年，追
　　　　拜使持節，征南中郎將。」討撫交州。（《三》52／1237）

武衛中郎將

　　　許　　褚——拜都尉，宿衛曹操，建安十六年，從操大破馬超、韓遂等，「遷
　　　　　　　　武衛中郎將，武衛之號，自此始也。」（《三》1／34，18／
　　　　　　　　543）

昭信中郎將

　　　呂　　岱——孫權統事，呂岱事之。岱後以督軍都尉討會稽賊，亂平，「拜昭
　　　　　　　　信中郎將。建安二十年，督孫茂等十將從取長沙三郡。」有功，
　　　　　　　　遷廬陵太守。（《三》60／1384）

奉車中郎將

　　　劉　　循——建安十九年，劉備平蜀，劉璋降。劉備以璋子循為奉車中郎將。
　　　　　　　　（《三》31／870）按循拜奉車中郎將之時間當在劉備平蜀之
　　　　　　　　稍後，蓋其時劉備尚以璋領益州牧銜，駐秭歸。

掌軍中郎將

　　　董　　和——先主定蜀，徵和為掌軍中郎將，與軍師將軍諸葛亮並署左將軍大
　　　　　　　　司馬府事。（《三》39／979）

副軍中郎將

　　　劉　　封——本姓寇氏，先主養子，入蜀有軍功，「益州既定，以封為副軍中
　　　　　　　　郎將。（《三》40／991）

軍議中郎將

　　　射　　援——建安二十四年，劉備自立為漢中王，其群臣上表於漢帝，中有
　　　　　　　　「議曹從事中郎軍議中郎將臣射援」。（《三》32／884）

南中郎將

　　曹　植——建安二十四年，「曹仁爲關羽所圍。太祖以植爲南中郎將，行征
　　　　　　虜將軍…呼有所敕戒，植醉不受命，於是悔而罷之。」（《三》
　　　　　　19／558）

輔軍中郎將

　　潘　濬——本爲劉備所任荆州治中從事。「孫權殺關羽，幷荆土，拜濬輔軍
　　　　　　中郎將，授以兵，遷奮威將軍。」（《三》61／1397）按孫權
　　　　　　幷荆州在建安二十四年。

建武中郎將

　　胡　綜——幼從孫策，後事孫權，與軍國密事。建安二十五年，綜領右部
　　　　　　督，有功，加建武中郎將。（《三》62／1413）

馬王堆漢墓帛書「禹藏埋胞圖」箋証

李 建 民

本文旨在討論漢代埋胞之禮俗，以馬王堆三號漢墓出土帛書「禹藏埋胞圖」爲討論對象。結論如下：(1)「禹藏圖」屬於古代房中書之性質。雖然，後世術數家或醫家產婦科作品亦收錄這一類產圖，但「禹藏圖」是馬王堆房中養生書的一部份。(2)胞至少有胞宮、胞腒與胞衣三意，「埋胞圖」所指之胞當指胞衣而言。而胞衣(Afterbirth)可能是指胎膜與胎盤等產後遺物之泛稱。(3)古代產後必須埋胞有幾種可能原因。其中，以嬰兒與胞衣關係這一點最爲密切。易言之，埋胞禮俗是建立在胎兒與胞衣一體，以及胞衣爲胎兒生命之源等觀念之上。(4)「禹藏圖」的內容有三：時間、方位與數字。圖之結構，大圖呈現上南下北、左東右西的方位，屬於地形圖之性質，這可由其托名於「禹藏」得到佐證。其次，十二月圖皆以「二繩四鉤」宇宙圖式所組成，這種圖式與漢代栻盤、日晷盤面、規矩紋鏡、六博局盤等圖案之間疑有相通之處。而數字則象徵人的壽命。所以，「禹藏圖」形成了天（產月、太歲、北斗）── 地（場所、方位）── 人（壽限）感應的關係。

「禹藏圖」的圖本身及相關解說，有唐蘭、李學勤、周一謀、蕭佐桃、馬繼興、張寅成等學者作注解，本文企圖以上述學者注解作基礎，甄錄相關說法，略加補充、訂正與闡釋，並嘗試鉤索「禹藏圖」之原貌。

一、前　　言

一九七三年底至一九七四年初，湖南長沙馬王堆三號漢墓出土了大量的帛書與竹木簡。根據三號墓出土的一件木牘「十二年二月乙巳朔戊辰」推測，其年代爲漢文帝初元十二年二月二十四日，即公元前一六八年。[1] 這批文獻，包括醫學

1　有關馬王堆三號漢墓發掘的情況，請參看陳舜華：《馬王堆漢墓》（香港，香港中華
　　書局，1973）；〈馬王堆二、三號漢墓發掘簡報〉，《文物》1974 年 7 期；〈馬王堆

佚書十五種，計帛書十一種，竹木簡四種。內容涉及古經脈學、古方藥學、早期房中養著作及內、外、婦、兒等臨床學說。[2] 「禹藏埋胞圖」（以下簡稱「禹藏圖」）有圖和使用方法的說明，分別載錄於《胎產書》、《雜療方》。

「禹藏圖」，原題作「南方禹藏」，見於《胎產書》（圖一所示）。根據帛書整理小組云：「本圖在帛書左上部，名《禹藏（藏）》，圖上『南方』係標明方位，以上為南，與同墓古地圖同。」[3] 「以上為南」係古圖通例，應無疑義。若由「南方」兩字在原圖書寫的位置與方式來看，疑「南方」代表著不同系統或地域性之標示。史料有闕，暫不深論。

二、三號漢墓發掘的主要收獲〉，《考古》1975年1期；何介鈞、張維明：《馬王堆漢墓》（北京，文物出版社，1982）；Jeffery K. Riegel: "A Summery of Some Rerent Wenwu and Kaogu Articles: Mawangdui Tombs Two and Three," *Early China* 1 (1975)。綜合性的初步研究見湖南省博物館編：《馬王堆漢墓研究》（長沙，湖南人民出版社，1981）。關於馬王堆漢墓墓主的討論，參見：馬雍：〈軑侯和長沙國丞相——談長沙馬王堆一號墓主人身份和墓葬年代的有關問題〉，《文物》1972年6期；傅舉有：〈關于長沙馬王堆三號漢墓的墓主問題〉，《考古》1983年2期；王利器：〈試論軑侯利蒼的籍貫〉，《中國文化》4期（1991）；劉曉路：〈馬王堆漢墓若干史實鉤沈〉，《中華文史論叢》50輯（1992）。另蕭璠：〈從漢初局勢看馬王堆文物〉，《故宮文物月刊》1卷10期（1984）分析這批文物的歷史背景，可以參看。近有 Wu Hung: "Art in a Ritural Context: Rethinking Mawangdui" *Early China* 17 (1992) 及松崎つね子：〈戰國秦漢の墓葬に見る地下世界の變遷——馬王堆漢墓を手がかりに——〉，《古代文化》45卷5號（1993）等二文，對此墓葬的相關問題有進一步之討論。

2　關於這批古醫書的介紹與討論，請參看：〈馬王堆帛書四種古醫學佚書簡介〉，《文物》1975年6期；Donald Harper: "Mawangdui Tomb Three: Documents, I. The Medical Texts," *Early China* 2 (1976)；赤井清美：〈馬堆三號墓出土醫書遺冊（併解說）〉，《漢簡》12卷，收入《書道資料集成》1期（東京，東京堂，1977）；戴應新：〈解放後考古發現的醫藥資料考述〉，《考古》1983年2期；侯良：〈考古發掘擴大了醫學研究範圍〉，《江漢考古》1984年3期；周一謀：〈古墓醫書澤綿後世〉，《醫古文知識》1989年3期；傅芳：〈考古發掘中出土的醫學文物〉，《中國科技史料》11卷4期（1990）。另外，藪內清：《中國、科學、文明》梁第、趙煒宏譯（台北，淑馨出版社，1989）第二部第四章〈新出土資料和醫學〉；廖育群：《岐黃醫道》（瀋陽，遼寧教育出版社，1992）第二章〈馬王堆出土醫籍〉。

3　馬王堆漢墓帛書整理小組編：《馬王堆漢墓帛書〔肆〕》（北京，文物出版社，1985）。承杜正勝師示知，「禹」字在原圖加有硃點，此硃點可能有祓除避邪的性質。

　　至於托名「禹藏」的原因，《醫心方》卷廿三引《產經》云：「昔禹於雷澤之上，有一婦人悲哭而來。禹問其由，答曰：『妾數生子而皆夭死，一無生在，故哀哭也。』禹教此法，子皆長壽，無復夭失也。」[4] 按《產經》一書，《隋書・經籍志》有著錄，今佚。丹波元胤《醫籍考》疑《醫心方》所引《產經》，殆此書也。[5] 大概晚至隋代，有關埋胞之類的方伎多托名於禹，故曰「禹藏」。[6] 原圖有若干殘損，如有些方位與數字已模糊難辨。周一謀、蕭佐桃等人補出缺文，復原埋胞圖（圖二）。本帛書有圖無文，文另見《雜療方》。

　　《雜療方》全文抄為一卷帛書。全書殘泐嚴重，多處甚整片文字缺失，內容無法得知。現存文字可考者大約有七十九行，自四○行自四二行，即產後埋胞之法，原文大多清晰可辨。帛書整理小組將其隸定，異體字、假借字隨文注出，外

4 丹波康賴：《醫心方》（台北，新文豐出版公司影印，1976）卷廿三，頁19。按《醫心方》三十卷，於日本平安時代圓融天皇天元五年（982）由當時典藥頭、針博士丹波康賴，費數年之力，援引隋唐醫籍與仙術書於永觀三年（984）編撰而成。是書分門名目次第，大致與《千金方》相類；纂集舊說，皆著書名，與《外台秘要》同例。《四庫提要續編》云，其「所引方書凡八十餘種，今世所存者不及十分之二三」，「是書所系一鱗片甲，為嗜古者所珍貴，不特已佚之書籍存梗概，即未佚者亦可互校文字之異同，而音注皆可見唐以前舊音舊訓，其有資考据者非尠也。」主要版本有半井家本，仁和寺本，宮內廳本，安政版，淺倉屋版等。詳見：富士川游：〈本朝醫人傳・丹波康賴〉，《中外醫事新報》835號，1915；吳涵冰：〈丹波一家對中醫學術的貢獻〉，《中華醫史雜誌》14卷2期（1984）；藪內清：〈《醫心方》所引古文獻〉，《醫譚》71號，1985；馬繼興：〈《醫心方》中的古醫學文獻初探〉，《日本醫史學雜誌》31卷3期，1985；杉立義一：《醫心方の傳來》（京都，思文閣，1991）第一章〈《醫心方》序說〉。

5 丹波元胤：《醫籍考》（高雄，平凡出版社影印，1961）卷七十二，〈方論五十〉，頁1233。按《醫籍考》或作《中國醫籍考》，八十卷，日・丹波元胤（1789～1827）編。其父元簡編《醫籍考》未成而逝，元胤繼之。是書編成於1826年（道光六年），收中國歷代醫籍二千六百多種。每種書籍，均注明出處卷數、存佚、序跋、著者傳略、考證按語。關於丹波氏，請參見：森潤三郎：《多紀氏の事蹟》（京都，思文閣，1985）；松井舉堂：《丹波史年表》（東京，臨川書店，1987）。

6 《馬王堆漢墓帛書〔肆〕》，頁126；周一謀、蕭佐桃：《馬王堆醫書考注》（台北，樂群文化事業公司影印本，1989），頁328；馬繼興：《馬王堆古醫書考釋》（長沙，湖南科學技術出版社，1992），頁763。事實上，古代不少方伎皆托名于禹，如禹符、禹步、禹須臾等，此疑與巫的傳統有密切關係。見：饒宗頤、曾憲通：《雲夢秦簡日書研究》（香港，香港中文大學出版社，1982），頁20～頁24。

加（　　）號，不能識別或無法補出的殘缺字，釋文中用□表示：

〔●〕禹臧（藏）貍（埋）包（胞）圖法：貍（埋）包（胞），避小時、
大時所在，以產月，視數多者貍（埋）包（胞）□。

字者已，即以流水及井水清者，孰酒靳（澣）（洒爲酒之誤植，據裘錫圭
《釋讀瑣議》改）其包（胞），孰捉，令毋（無）汁，以故瓦甒毋（無）
無（蕪）者盛，善密蓋以瓦甌，令虫勿能入，貍（埋）清地陽處久見日所。
使嬰兒良心智，好色，少病。[7]

這段文獻的內容有四：(1)處理胞衣的方法。字即分娩之意。《說文》云，字，
乳也。段玉裁《注》：「人及鳥生子曰乳，獸曰𤟭。」[8] 字者已，指婦人生產之
後。用清潔的流水或井水將胞衣洗滌乾淨，再以乾淨的舊瓦甒盛胞衣。(2)選擇
適當時間藏胞，上文只提到「以產月」。胞衣保存不易，產月恐怕就是指生產後
的一個月內。但以產月的那一日，則未說明。《產經》即云：「甲辰乙巳丙丁午
未戊申戊戌，右日勿藏胞，淨洗十餘過，置甕中，須待良日乃藏之。」（見附錄
二第七條）(3)選擇適當場所，上文提及「貍（埋）清地陽處久見日所」。清
地，帛書整理小組認爲應讀爲「靜地」，全句指僻靜向陽，不易被人畜毀壞的地
方。[9] (4)選擇方位。埋胞的方位必須考慮到「避小時、大時所在」，而且，該
方位又是「數多」之位。埋胞者選擇上述之方位就要參考「禹藏圖」。

本文即欲討論「禹藏圖」的內容與結構。古人認爲利用此圖選擇適當的時間、
場所與方位埋胞，將影響嬰兒的吉凶、愚智與夭壽。《產經》即云：「夫生之與
死，夭之與壽，正在產乳藏胞。凡在產者，豈可不愼。」（附錄二第二六條）可
見藏埋胞衣之重要。在進入主題前，本文嘗試對「禹藏圖」的性質及本文研究取
向先作交待。

7　《馬王堆漢墓帛書〔肆〕》，頁126。又，裘錫圭：〈馬王堆醫書釋讀瑣議〉，收入
　　氏著：《古文字論集》（北京，中華書局，1992），頁535。

8　段玉裁：《說文解字注》（台北，蘭臺書局影印，1983），頁750。

9　《馬王堆漢墓帛書〔肆〕》，頁126。

（一）、「禹藏圖」之性質——經方、五行還是房中？

「禹藏圖」著錄於《胎產書》，似乎可以將其歸類為產科作品。不過，由原帛書抄錄方式，圖與文分開的情形來看，「禹藏圖」原來也許並不屬於《胎產書》的一部份。根據周一謀、蕭佐桃等的說明：「《胎產書》與「禹藏埋胞圖」、「人字圖」為一卷帛書。帛書分上下兩部分，上部為二幅彩圖，左為埋胞圖，右為人字圖（圖三）。下部抄載《胎產書》。本卷帛書兩圖無文字說明。」[10] 事實上，馬王堆這批佚書是帛書整理小組根據各書內容，分別定名，前後曾經多次變動。[11] 與「禹藏圖」抄在一起的「人字圖」，亦見於湖南睡虎地雲夢秦簡《日書》甲種，是術數之類的作品。[12]「禹藏圖」之性質或亦屬術數之書。事實上，在古代經方、五行甚至房中家之著作都曾經搜錄這一類的產圖。

漢代婦產科的作品，據《漢書·藝文志》記載，有《婦人嬰兒方》十九卷，今佚。[13] 原書是否有載錄埋胞圖，不得而知。張仲景《金匱要略》有「婦人妊娠」、「婦人產後」和「婦人雜病」三篇，內容包括月經病、帶下病、妊娠病、產後病、婦科雜病等，具有理、法、方、藥，但不見埋胞相關的資料。[14] 不過，

10　周一謀、蕭佐桃：《馬王堆醫書考注》，頁 344。

11　例如，所謂《養生方》最早有甲、乙編之分，甲編內容《十問》、《合陰陽方》；乙編內容包括《雜禁方》、《黃帝問于左神》、《天下至道談》等，與現在各書的命名略不同，參見：周世榮：〈馬王堆竹簡《養生方》與中國古代養生學〉，《考古與文物》1986 年 6 期，頁 100～頁 104。另參看：李學勤：〈記在美國舉行的馬王堆帛書工作會議〉，《文物》1979 年 11 期，頁 72；裘錫圭：〈馬王堆三號漢墓《養生方》簡文釋讀瑣議〉，《湖南考古輯刊》4 集（1987），頁 132～頁 136。裘文後經增訂收入氏著：《古文字論集》，頁 132-頁 136。

12　睡虎地秦墓竹簡整理小組編：《睡虎地秦墓竹簡》（北京，文物出版社，1990），頁 206。張寅成似乎傾向將「禹藏圖」視為術數之類的作品。見氏著：《戰國秦戰時代的禁忌：以時日禁忌為中心》（台北，國立台灣大學歷史研究所博士論文，1992），頁 20～頁 22 的討論。

13　陳國慶編：《漢書藝文志注釋彙編》（台北，木鐸出版社影印本，1983），頁 229。關于《漢書·藝文志》〈方技略〉的分類理念，參見石田秀實：《中國醫學思想史：もう一つの醫學》（東京，東京大學出版社，1992），頁 104～頁 111。

14　宋代林億等校理《金匱方略方論》，有云：「張仲景為《傷寒雜病論》，合十六卷，今世但傳《傷寒論》十卷，雜病未見其書，或于諸家方中載一二矣。翰林學士王洙在館閣日，于蠹簡中得仲景《金匱玉函要略方》三卷，上則辨傷寒，中則論雜病，下

筆者曾整理歷來中國婦、產科書（見附錄一、〈歷代婦、產科著作書目〉），中古時代產書大部份亡佚，現存最早的產科專著《產寶》，是唐代咎殷所撰。[15] 自宋以後，朝廷醫事行政有婦產之分科，有關產書的專著亦日益豐富。[16] 大量的產圖（包括埋胞圖）的確出現在宋以後的產科著作之中。如果按照有些學者的

則載其方，並療婦人。乃錄而傳之士流，才數家耳。」（《金匱要略方論. 序》）這就是現代流傳的《金匱要略方論》，簡稱《金匱要略》或《金匱》。其中婦人的相關篇章由第二十到二十二篇。歷來注家不少，吳考槃曾于1929年輯《金匱要略五十家注》，可參考。詳見：謝利恒：《中國醫學源流論》（台北，古亭書屋影印，1970），頁9～頁10；顧保群：《中醫文獻源流論》（台北，啓業書局重排，1980），頁84～頁85；楊百弗主編：《金匱集釋》（沔陽，湖北科學技術出版社，1984），頁748～頁855；何任主編：《金匱要略注釋》（北京，人民衛生出版社，1990），頁133～頁151；楊向輝：《金匱要略注釋》（台北，正中書局），頁253～頁275；伍卓琪《金匱婦科研究》（北縣，國立中國醫藥研究所，1981）。

15　《經效產寶》又稱《產寶》。謝利恒云：「今世所傳女科書，始於唐咎殷之《產寶》」，「《產寶》久佚，近人乃得之日本重刻之。書凡三卷，分四十一門，每門皆前有短論，後刊方藥，其體例與《千金》略相似，眞古書也。」見氏著：《中國醫學源流論》，頁三十八。咎殷，蜀人，生平記述甚少。鄭樵以爲「成都醫博士」，陳自明以爲「朱梁時節度處官」，均未知何据。是書成于大中六年至九年之間（852～856）。上卷載經閉、帶下以及妊產期諸病；中卷論述坐月、難產；下卷爲產後各証。後人于書末附有續編，收宋代周頤、郭稽中等醫家之方論。有光緒三年（1877）影宋刻本（二卷本），日本影宋刊本，婺源張金城購得原版于光緒七年（1881）印行，1955年人民衛生出版社鉛印本。參見：賈維誠：《三百種醫籍錄》（台北，啓業書局重排，1986），頁458～頁461；羅元愷：《中國婦科學》（台北，知音出版社重排，1991），頁9～頁14〈歷代婦產科主要著作簡介〉。

16　早在《周禮・天官》已有疾醫（內科）、瘍醫（外科）、食醫（營養科）、獸醫等分科。自此以下也有若干發展，不過，醫學分科眞正成熟完備要到宋代以後。宋代醫學分九科，即大方脈（內科）、風科、眼科、產科、小兒脈科、瘡腫兼折瘍科（外科）、口齒兼咽喉科、針兼灸科、金鏃兼書禁科。金元又在宋代分科基礎上由九科擴爲十三科，除了上述各科之外，多了雜醫科、正骨科，而口齒兼咽喉科析爲口齒科、咽喉科、禁科亦析爲祝由科、禁科等。這十三科的劃分使古代醫學分科基本趨於定型。以上詳見：陳邦賢：《中國醫學史》（台北，台灣商務印書館，1981），頁131～頁142；劉伯驥：《中國醫學史》（台北，華岡出版部，1974）上册，頁267；王樹岐、李經緯、鄭金生：《古老的中國醫學——中國醫學編年史研究》（台北，緯揚文化事業公司，1990），頁187～頁191；另外，有二文值得參考：鄭金生：〈宋代政府醫藥發展所起的作用〉，《中華醫史雜志》18卷4期（1988）；李經緯：〈北宋皇帝與醫學〉，《中國科技史科》10卷3期（1989）。

說法，馬王堆漢墓《胎產書》是中國最早編著的婦產科專書的話，[17] 產書中收錄埋胞圖之類的方伎也許是相當久遠的傳統。若用《漢書・藝文志》的分類，「禹藏圖」疑是經方家的作品。

不過，由附錄一所示，傳統產、婦科著作之中，又有一類以圖譜爲主的作品，例如《生產符儀》一卷，《產圖》二卷，《雜產圖》四卷，崔知悌《產圖》（《崇文總目》作《產鑑圖》）一卷，《產科經眞環中圖》一卷等，以上各書皆佚。[18] 《生產符儀》可能是著錄安胎符、押煞符等。據載，如孕婦有犯胎神甚危時，可將符化火調水食，則胎自安；或符能起殺制壓土殺神禳胎神之用，後世產書多有收錄。[19] 另有所謂《產科經眞環中圖》，大概是指生產的藏象圖；「經眞環中」乃古臟象之專有名詞，僧幻雲云：「存眞，五藏六府圖也；環中，十二經圖也。」[20] 而《產圖》、《雜產圖》，按宋代以下之產書所見即「月產圖」、「十二月產圖」（包括埋胞圖）也。[21] 這些圖譜，《隋書・經籍志》、《新唐書・藝文志》皆列爲「五行」類，爲術數家之作品。[22] 筆者懷疑，早期的埋胞圖恐怕大部份皆屬於五行家的著作。《漢書》雖載有《婦人嬰兒方》，嚴格而言，並非產科專著，其與《五藏六府痺十二病方》、《金創瘲瘈方》、《湯液經法》等皆爲「經方」家。《金匱要略》所載婦人諸病，內容已具備了婦科學的規模，然而，產婦科逐漸獨立成爲醫學的一支，恐怕要宋代以後之事。[23] 所以，「產圖」之類的作品，早期可能存於術數著作之內較爲普遍。後

17　羅元愷：《中醫婦科學》，頁3；馬大正：《中國婦產科發展史》（溫州，山西科學教育出版社，1991），頁18。

18　丹波元胤：《醫籍考》，頁1234～頁1235；頁1242。

19　郭立誠：《中國生育禮俗考》（台北，文史哲出版社，1971），頁82～頁84。

20　嚴世芸主編：《中國醫籍通考》（上海，上海中醫學院出版社，1990），頁714。

21　丹波元胤：《醫籍考》，頁1240，頁1242。

22　丹波元胤：《醫籍考》，頁1234～頁1235。

23　傅維康云：「宋金元時期，婦產科已從其立學科中脫胎出來，成爲專門學科」，這一時期也產生了許多婦產科專著，例如李師聖《產論》，郭稽中《產育保慶集》，朱端章《衛生家寶產科備要》，薛仲軒《坤元是保》，齊仲甫《女科百問》，陳素庵《陳秘蘭婦科》、《素庵醫要》，陸子正《胎產經驗方》，虞流《備產濟用方》，楊子健《十產論》，陳自明《婦人大全良方》等。參見：傅維康：《中國醫學史》（上海，上海中醫學院出版社，1990），頁249～頁252；顧保群：《中醫文獻源流論》，頁

世的產書，集諸家驗方，亦多採「產圖」或符儀術數之文字，然而有些醫家則刻意不錄。如明代醫家王肯堂《女科證治準繩》即云：「夫安產藏衣，吉凶方位，皆非醫家事，故削不載云」。[24] 推究王氏不取產圖之因，也許與這類圖譜主要源自民間術數有關。

　　除經方、五行家作品之外，房中書亦曾經收錄此類圖譜。《漢書・藝文志》載房中八家，百八十六篇。其中有《三家內房有子方》十七卷，可知房中書除講究陰陽衛生之道，「有子」亦為其主要目的之一。可惜漢代房中書皆佚，有些學者則從《醫心方》卷二十八〈房內〉輯出不少古房中佚書。[25] 如《玉房秘訣》[26] 論及受胎及相關禁忌即云：

　　96；馬大正：《中國婦產科發展史》，第八章第三節〈宋代婦產科的獨立分科與理論臨床的崛起〉。

24　丹波元胤：《醫籍考》，頁 1254。

25　中國古代房中專著大多散佚，而《醫心方》卷廿八〈房內〉則保存中古房中書多種。根据山原太明的考證：〈房內篇〉在第四次中日戰爭後，才被中國人發現，而肇始了中國近代性理學復興的開端。光緒廿八年（1902）長沙考据學家葉德輝之門徒，在日本上野帝國圖書館發現《醫心方．房內》引用中國早已失傳的房中術書，乃將其抄送其師，於是葉氏重訂編成《素女經》、《素女方》、《玉房秘訣》、《洞玄子》各一卷，於光緒廿九年（1903）與其他稀見古書九部，均收在《雙梅景闇叢書》中。另日本醫學自明治時期始，即由東洋醫學轉向德國的新式醫學，漢方漸受歧視。但若干漢醫典籍仍時被翻刻、研究。《醫心方》卷廿八則因涉及猥褻而被禁止發行，以致明治末期以後的幾個版本皆刪去此篇。詳見：山原太明：《古代中國の性理學——《醫心方》房內部釋義》（東京，醫學書院，1953）；飯田吉郎、石原明：《醫心方卷第廿八〈房內〉》（東京，至文堂，1967）；Akira Ishihara and Howard S. Levy: *The Tao of Sex*（New York, Harper and Row,1970）；吉田隆、伊澤凡人：《醫心方・房內篇，現代譯付原文》（東京，出版科學總合研究所，1978）；杉立義一：《醫心方の傳來》，第六章七節〈中國への紹介〉。

26　葉德輝云：「嘗考《隋書・經籍志》子部醫家類，載有《玉房秘訣》十卷，又重出八卷，均不題撰人。《唐書・經籍志》作《房秘錄訣》八卷，云沖和子撰。《新唐書・藝文志》作《沖和子玉房秘訣》十卷，云張鼎撰。此書每稱沖和子曰，則為張鼎無疑。」沖和子另有《太清璇璣文》七卷，亦見《隋書・經籍志》。姚振宗《隋書經籍志考証》云：「張鼎有《補孟詵食療本草》，初唐時人，似神仙家流。」另唐釋法琳《辨正論》卷六〈內異方同制指八〉云：「沖和子與陶隱居，常以敬重佛法為業。」疑張鼎與梁陶弘景是同時代之人也。詳見：嚴世芸主編：《中國醫籍通考》，頁1596；另此書著錄及版本，見岡西為人：《宋以前醫籍考》（台北，古亭書屋影印，1969），頁1899。

人生溺死者，父母過。藏胞於銅器中，覆以銅器，埋於陰垣下，入地七尺，

名曰童子裏，溺死水中。[27]

此即因父母處理胞衣不當而導致其子不幸「溺死水中」。當時人相信是小孩父母

將其胞衣「埋於陰垣，入地七尺」之故。《醫心方》亦將此段抄入〈房內〉的

〈求子〉章。[28] 〈求子〉的內容除了受胎理論，大多是有關於求子禁忌事項，

包括埋胎、胎教等。[29] 李零推測，馬王堆《胎產書》「主要是講養胎、埋胎和

求子之法。這些內容與產科知識有關，但在古代亦屬房中書的研究範圍。」[30]

余意《胎產書》性質似乎就類於《醫心方・房內》的〈求子〉之章。

　　按馬王堆十五種古醫書，分別題為《足臂十一脈灸經》、《陰陽十一脈灸

經》甲本、《脈法》、《陰陽脈死候》、《五十二病方》、《卻穀食氣》、《陰

陽十一脈灸經》乙本、《導引圖》、《養生方》、《雜療方》、《胎產書》、

《十問》、《合陰陽》、《雜禁方》、《天下至道談》等。自《養生方》以下七

書，大致可歸為房中養生書。「禹藏圖」分別載於《雜療方》、《胎產書》，此

二書之內容亦多涉及房中之事。其中所載有關胎孕求子的方法，大約可以分為兩

27　收入葉德輝輯：《雙梅景闇叢書》（京都，中文出版社影印清光緒宣統間長沙葉氏郎
　　園刊本，1986），頁73。

28　丹波康賴：《醫心方》卷廿八，頁21。

29　根據太田典禮的解說，《醫心方》卷廿八〈房內〉共三〇篇。其中的〈求子〉篇中關
　　於「受胎的理論與方法，以及有關禁忌的項目占大部分，從神仙家思想的五行說，諸
　　子百家的論點、《易》、占到迷信皆有。」參見：〈《醫心方》中日文解說〉，收入
　　《醫心方》（台北，新文豐出版公司影印本）第六冊，頁256；另其他各篇內容參見
　　頁260～頁269。

30　李零：〈馬王堆房中書研究〉，《文史》35輯(1992)，頁28；Li Ling and Keith
　　McMahon: " The Contents and Terminology of the Mawangdui Texts on the Arts of the
　　Bedchamber," Early China 17 (1992), pp. 154～155。另外，相關之研究可以參見：
　　Donald Harper: "The Sexual Arts of Ancient China as Described in a Manuscript of the
　　Second Century B.C." *Harvard Journal of Asiatic Studies*, Vol.47 No.2 (1987)，此文是馬
　　王堆房中書《合陰陽》之研究；Douglus Wile: *Art of the Bedchamber: The Chinese Sex-
　　ual Yoga Classics Including Women's Solo Meditation Texts* (N.Y., State University of New
　　York Press, 1992) 的Ⅷ部份 "The Han Classics Rediscovered", 有《合陰陽》、《天下
　　至道談》的譯文及導論；石田秀實：〈初期の房中養生思想と僊說〉，《東方宗教》
　　77號 (1991)，此文對馬王堆房中書有較為全面的討論。

大類，一是通過飲食或藥物的調理，以求胎兒的性別、健康，或治療產婦不孕之疾；另外一種，是用埋胞等方術來達成前述的目的。前者如：

> (1) ●懷子者，爲享（烹）白牡狗首，令獨食之，其子美晳，有（又）易出。欲令子勁者，口時令食母馬肉。[31]

> (2) ［●］懷子未出三月者，呻（吞）爵罋二，其子男殹（也）。一曰：取爵罋中虫青北（背）者三，產呻（吞）之，必產男，萬全。[32]

> (3) ●欲產女，〔取〕烏雌雞煮，令女人獨食肉潛（歠）汁，席☒。[33]

> (4) ●求子之道曰：求九宗之草，而夫妻共以爲酒，飲之。[34]

由上面的記載得知，產婦企圖服用某些藥物或藉由飲食改變胎兒性別（以欲產男較多）；再者，希望藉此達到順產（「易出」）或新生嬰兒的健康（「美晳」、「萬全」）之目的。

另外一種，是產婦經由象徵性的儀式行爲（或語言）來祈求母子平安。例如：

> (1) ●字者，且垂字，先取市土濡請（清）者，口之方三四尺，高三四寸。子既產，置土上，勿庸口，令嬰兒口上，其身盡得土，乃浴之，爲勁有力。[35]

> (2) ●字者已，即燔其蓐，置水中，口口嬰兒，不疕騷（瘙）。及取嬰兒所已浴者水半桮（杯）飲母，母亦毋（無）餘病。[36]

第(1)例，大意是在產婦分娩之前，事先準備「市土濡清（清）者」。市土濡清者，即草木茂盛處之濕潤而潔淨的泥土。[37] 俟嬰兒出生，用前取之土「浴之」，使新生兒得市土之氣而「勁有力」。第(2)例，爲保母子產後健康，即以產蓐燒

31　《馬王堆漢墓帛書〔肆〕》，頁138。

32　《馬王堆漢墓帛書〔肆〕》，頁138。

33　《馬王堆漢墓帛書〔肆〕》，頁139。

34　《馬王堆漢墓帛書〔肆〕》，頁139。

35　《馬王堆漢墓帛書〔肆〕》，頁139。

36　《馬王堆漢墓帛書〔肆〕》，頁139。

37　周一謀、蕭佐桃：《馬王堆醫書考注》，頁360；另馬繼興：《馬王堆古醫書考釋》，頁812另有解釋，亦可參考。

灰漬水浴洗嬰兒，然後，母親又飲嬰兒所浴之水，據說可以使母子無餘病。「禹藏圖」大約屬於此類之方伎。換言之，透過撰擇方位埋藏胞衣以求嬰兒長壽、無病。

　　總結上說，「禹藏圖」之類產圖的性質，可能有三：即屬於經方產科、五行術數或者房中衛生之書。不過，就馬王堆醫書本身脈絡而言，「禹藏圖」可能係房中家之作品。這是本文首先必須釐清的一個觀念。

（二）、研究取向

　　如前所說，「禹藏圖」係馬王堆房中著作的一部份。馬王堆房中書目前有兩種釋文，一是由周世榮發表的早期釋文，內容僅包括《十問》、《合陰陽》、《雜禁方》及《天下至道談》四種，當時被視爲一書，定名爲《養生方》。[38]日本學者麥谷邦夫將馬王堆房中養生書翻譯爲日文，即根據此種釋文。[39]另一種釋文，是唐蘭、李學勤、馬繼興、周世榮等組成的馬王堆帛書整理小組發表的釋文，內容除上述四種，又加上《養生方》、《雜療方》、《胎產方》等。[40]本文所引用的釋文，以後者爲準。

　　在注釋方面，馬王堆帛書整理小組對釋文內容有簡單加注說明。之後，周一謀、蕭佐桃等十四位學者在一九八八年出版《馬王堆醫書考注》，除對各書原文逐字逐句予以考證之外，並用通俗的語言對文意進行串講。[41]該書對「禹藏圖」給予初步的復原、注釋，並附有「十二月建順序」、「每月十二方位順序」兩圖，但沒有進一步之研究。一九九〇年，吳長新出版《馬王堆房中養生學》一書。內容分二大部份，一是收錄馬王堆房中書五種（《胎產書》、《雜禁方》除外），其中注釋多採周一謀的《考注》；該書後半部是收錄大陸首屆馬王堆醫書會議的

38　早期的釋文及注解，收入湖南中醫學院：《長沙馬王堆醫書研究專刊》第2輯（1981）。參與考釋者如易建純、蕭佐桃、彭堅、胡天雄、鄧磐石等人。

39　麥谷邦夫的譯注，收入山田慶兒編：《新發現中國科學史資料的研究・譯註篇》（京都，京都大學人文科學研究所，1985），頁297～頁362。

40　《馬王堆漢墓帛書〔肆〕》，〈出版說明〉。

41　周一謀、蕭佐桃：《馬王堆醫書考注》，〈前言〉。

論文共十一篇，其中並無關於「禹藏圖」的論文。[42] 另外，周一謀又有《中國古代房事養生學》、《馬王堆漢墓出土房中養生著作釋譯》二書，主要是講男女陰陽交接之道及對《十問》、《合陰陽》、《天下至道談》三篇進行釋譯。[43]一九九二年，馬繼興的《馬王堆古醫書考釋》一書出版，對前人的研究多所補正。這也是目前較好的注本。[44] 所以，以下的討論即參考《考注》與《考釋》的注釋爲主。

　　《考注》認爲「按圖埋胞是一種迷信活動」，「這種迷信的做法不僅盛行於西漢以前，而且影響遠及於後世」，又說：「此種迷信方法也可能曾對產婦起過某種心理安慰作用，但總的來說是應當加以批判和揚棄的。」[45] 可是，產後爲什麼要埋胞（若從比較的觀點來看，埋胞並不是產後處理胞衣的唯一方式，詳下）？埋胞的時間、場所與方位又何以能影響嬰兒？這必須了解古人對胞衣的觀念，以及「禹藏圖」本身內容與結構所流露的信息。

　　本文根據幾種材料進行討論，第一、在天文方面，以時代相近的《淮南子・天文》爲主。第二、對人生理臟象的解說，皆從《內經》，[46] 後世相關醫書可

42　吳長新主編：《馬王堆房中養生學：中國最古老的性氣功醫學》（台北，氣功雜誌社，1990）。

43　周一謀：《中國古代房事養生學》（北京，中外文化出版公司，1990）；周一謀：《馬王堆漢墓出土房中養生著作釋譯》（香港，海峰出版社；北京，今日中國出版社，1992）。

44　馬繼興：《馬王堆古醫書考釋》，〈前言〉。

45　周一謀、蕭佐桃：《馬王堆醫書考注》，頁327，頁329。

46　今本《內經》包括《素問》、《靈樞》兩部份所組成。二者或分或合，版本不一。有的學者以爲《素問》、《靈樞》即《漢書・藝文志》所著錄的《黃帝內經》十八卷；有的學者則以爲未必，而主張《靈樞》、《素問》應是兩部獨立著作，與所謂的《黃帝內經》十八卷無關。前說見龍伯堅：《黃帝內經概論》（上海，上海科學技術出版社，1984），頁1～頁12；後者意見詳范行準：《中國醫學史略》（北京，中醫古籍出版社，1986），頁27。在成書時代方面，一般認爲《內經》大致成書于戰國晚期，個別的篇章時代則有不同，例如，龍伯堅即將《素問》分爲四種不同時期的作品，不過基本上，他亦以爲此係周秦人傳述之書（詳龍伯堅：《黃帝內經概論》，頁12～頁23）。廖育群近年的研究指出，《素問》、《靈樞》年代大致在《七略》之後，但又特別強調兩書內容皆有古近之分，實際上反映了戰國到東漢前期醫學發展的過程（詳廖育群：〈今本《黃帝內經》研究〉，《自然科學史研究》7卷4期，

供參考者，亦錄之。第三、「禹藏圖」對應之資料極爲缺乏。大量產圖見於宋代以後，時間相近者只有《醫心方》還保存了中國中古埋胞的資料（見附錄二〈《醫心方》埋胞資料輯佚〉）。由附錄二得知，當時埋胞必須用「十二月圖」，今本《醫心方》已無是圖，可能是傳鈔時亡佚或原先就沒有收錄。然而，從使用「十二月圖」的說明，可以提供我們解答「禹藏圖」若干的線索。「禹藏圖」有唐蘭、李學勤、周一謀、蕭佐桃、馬繼興、張寅成等學者等作注解，本文企圖以上述學者注解作基礎，略加補充、訂正與闡釋。

二、釋胞衣

胞至少有三意。一曰胞宮，或稱爲女子胞，大約即指女子之子宮。[47] 二曰

1988，頁 367～頁 374）。近幾年，《內經》的研究趨勢即嘗試由其中君臣問答體裁來分析當時醫學學派，山田慶兒以爲：「我從這問答形式看到黃帝學派中存在著若干流派的痕跡」。此外，廖育群亦由類似的研究取徑，得出了「通過對這些問答關係的考察，可以看出他們在論述醫學問題時，各自有不同的立足點。也就是說，《靈樞》、《素問》並不存在統一的、貫徹全書的理論核心。不過是由一些不同觀點、不同派別的不同著作匯集而成，在某一歷史時期，由某人或某些人加以改編，冠之以黃帝諸臣問答的形式而成書。」當然，這種學派分類的研究方法，亦有持異議者，如石田秀實。以上各家之討論詳見：山田慶兒：〈《黃帝內經》的形成〉，收入任應秋、劉長林主編：《內經研究論叢》（湖北，湖北人民出版社，1984）；山田氏又有二文，〈九宮八風說と少師派の立場〉，《東方學報》（京都）52 冊（1980）；〈伯高派の計量解剖學と人體計測の思想〉，收入山田慶兒、田中淡編：《中國古代科學史論・續篇》（京都，京都大學人文科學研究所，1991）；廖育群：《岐黃醫道》，頁 56～頁 64；石田秀實：〈由身體生成過程的認識來看中國古代身體觀的特質〉，收入楊儒賓編：《中國古代思想中的氣論及身體觀》（台北，巨流圖書公司，1993），頁 178～頁 183。本文所引《內經》之文，即以《素問》、《靈樞》爲主，至於個別引文到底屬於那一種學派或那一個時代，暫時無法詳考。歷來對《內經》的校正、注釋及研究的著作極多，參見：許半龍：〈《內經》研究之歷程考略〉，收入《近代中醫珍本集・醫經分冊》（浙江，浙江科學技術出版社，1990），頁 476～頁 512。

47　《素問．五臟別論》：「腦、髓、骨、脈、膽、女子胞，此六者，地氣之所生也，皆藏於陰，而象於地，故藏而不寫，名曰奇恒之府。」王冰《注》：「腦髓骨脈，雖名爲府，不正與神藏爲表裡。」而所謂「奇恒」者，言異於常也。按《內經》對臟象的

胞脂，或稱爲尿胞，即膀胱。[48] 三曰胞衣。三者在古醫籍或一般書籍皆名爲
「胞」，有時極難分辨其所指爲何。例如，胞有膀胱之意，與脬字通，《釋名・
釋形體》云，脬，「或曰膀胱」。畢沅以爲：「脬今本作胞。案《說文》云，胞，
兒生裹也。乃別一字，俗以音同便借用。」[49] 《金匱要略》有婦人「轉胞」一
疾，胞者乃謂尿胞，非胞衣或胞宮也。[50] 又，胞有胞衣之意，亦常常與胞宮混

分類，「藏精氣而不寫，滿而不能實」者，稱之爲藏，如心、肝、脾、肺、腎。凡
「傳化物而不藏，實而不能滿」者，稱之爲腑，如胃、大腸、小腸、膀胱、三焦、膽。
此外，還有一類「奇恒之府」，如上所述。其中女子胞，郭靄春主編：《黃帝内經素
問校注》以爲：「即子宮，亦稱胞宮」，又引森立之之說云：「女子胞者，即爲寫出
有餘之血之處，其用亦多」。按《内經》的記載，女子胞與腎、沖任二脈的關係密切。
因腎主人的生殖機能，與女子胞有絡脈相關係，而沖任二脈都起于胞中，有「沖爲血
海」、「任主胞胎」之說。參見：郭靄春主編：《黃帝内經素問校注》（北京，人民
衛生出版社，1992）上冊，頁 168～頁 169；頁 9～頁 10 。另參考《素問》的〈奇病
論〉、〈評熱病論〉、及《靈樞》的〈水脹〉、〈五音五味〉、〈邪氣藏府病形〉各
篇等相關材料。

48　　《靈樞・淫邪發夢》：「厥氣……客于胞脂，則夢溲便。」按本篇主要說明各種夢境
的發生，與臟腑的功能、屬性及虛實情況有關。這裡所謂的胞指膀胱，脂指直腸。張
景岳云：「胞，溲脬也；脂，大腸也。」兩者往往連稱。又《素問・痺論》有「脬
痺」、「膀胱痺」等証：「胞痺者，少腹膀胱按之内痛，若沃以湯，澀於小便，上爲
清涕。」此多因膀胱虛寒，氣化失常所致。另《史記・倉公傳》：「齊王太后病，召
臣意入診脈，曰『風癉客脬，難于大小溲，溺赤。』」《史記正義》「脬，膀胱
也。」以上各條參見：河北醫學院：《靈樞經校釋》（北京，人民衛生出版社，
1982）下冊，頁 21；郭靄春主編：《黃帝内經素問校注》上冊，頁 559。另關於
〈淫邪發夢〉一篇的討論，見柴文舉、蔡濱新：《中醫釋夢辨治》（北京，學苑出版
社，1991），頁 6～頁 10；劉文英：《夢的迷信與夢的探索》（北京，中國社會科
學出版社，1989），頁 186～頁 201，〈《内經》的「淫邪發夢」說〉、〈夢象與藏
象〉等篇。

49　　畢沅：《釋名疏證》（台北，廣文書局影印，1979），頁 16 。

50　　伍卓琪：《金匱婦科研究》，頁 17～頁 19。按《金匱・婦人雜病脈證并治》云：
「問曰：婦人病，飲食如故，煩熱不得臥，而反倚息者，何也？師曰：此名轉胞，不
得溺也。以胞系了戾，故致此病」。轉胞原因，有因妊娠胎壓膀胱；或因忍溺致胞
系了戾；或中焦脾虛，不能散精歸於胞；或上焦肺虛，不能下輸布於胞。本節所述轉
胞之胞字，歷代註家多解作脬，亦有解爲胞宮者，其實此乃尿胞，非血也。陸淵雷
云：「《巢源》小便候之胞轉，多指男子，不但婦人。《外臺》有胞轉方一十五首，
亦在小便門，不在婦人門」，又引《說文》以爲脬乃旁光，胞則指兒生裹。實則這兩
者之間常致混淆。詳見：《金匱教學參考資料》（台北，啓業書局重排本，

淆。如《周易參同契・養性立命》形容人的胚胎：「類如雞子，黑白相扶，縱廣一寸，以爲始初。四肢五臟，筋骨乃俱。彌歷十月，脫出其胞，骨弱可卷，肉滑若飴。」[51] 這裡以胚胎的生長過程來比喩丹法。其中，提及胎兒經歷十月，乃「脫出其胞」，所謂胞是指產婦的子宮或是胞衣，似乎都可以說的通。又如同書〈姹女黃芽〉云：「男生而伏，女偃其軀，稟乎胞胎，受氣之初。」[52] 此段係指男女先天之性在受精之初就已決定，「胞胎」應指子宮，但理解爲胞衣似無不可。另〈兩孔穴法〉云：「水爲金子，子藏母胞」[53] 亦然。

　　要之，胞宮、胞衣皆婦女之臟器，並與胎孕密切相關。不過，「禹藏圖」所謂「貍（埋）包（胞）」之「胞」，當爲胞衣。

　　胞衣，又稱人胞，或作胎衣、水衣、子衣、兒衣、紫河車、混元母（丹）、混沌衣（皮）、佛架裟、仙人衣等。李時珍云：「人胞，包人如衣，故曰胞衣，

　　　　1989），頁 406～407；陳修園：《金匱要略淺註》（台北，文光圖書公司，1981，頁 200；陸淵雷：《金匱今釋》（台北，樂群出版公司，1976）卷七，頁 134～頁135；大塚敬節：《金匱要略講話》（大阪，創元社，1980），頁 552。

51　潘啓明：《周易參同契通析》（上海，上海翻譯出版公司，1991），頁 91。按《周易參同契》，簡稱《參同契》。後蜀彭曉《周易參同契通眞義序》以爲，是書係後漢魏伯陽所著。魏伯陽之事歷，未見范曄《後漢書》、袁宏《後漢記》、吳樹平所輯《東觀漢記》及周天游所輯《八家後漢書》等書。据彭曉〈序〉云，魏伯陽大致生活于桓帝時代，曾向淳于叔通傳授該書。晉葛洪《神仙傳》云：魏伯陽「本高門之子，而性好道術。」疑其爲官宦子弟。此書至《舊唐書・經籍志》始著錄。鄭樵《通志・藝文略》立有《參同契》一門，載注本十九部，除彭曉之注本外，餘皆佚。自宋至清，又有許多注本。其中，以朱熹、俞琰、陳致虛、仇兆鰲的注本較佳。再者，《參同契》有二種不同編次，一是彭曉注本之編次，另一類則据明代杜一誠、楊慎等的編次。本文所引以前者爲主，引用文字則採近人潘啓明的《通析》一書。相關討論請參見：王明：〈周易參同契考證〉，《史語所集刊》19 本（1948）；此文後收入氏著：《道家和道教思想研究》（北京，中國社會科學出版社，1984）；石島快隆：〈魏伯陽と葛洪との道家思想について〉，《集刊東洋學》NO.3（1960）；周士一、潘啓明：《周易參同契新探》（長沙，湖南人民出版社，1981）；胡孚琛：〈《周易參同契》研究瑣談〉，《齊魯學刊》1985 年 2 期；孟乃昌：《周易參同契考辨》（上海，上海古籍出版社，1993）。

52　潘啓明：《周易參同契通析》，頁 106。
53　潘啓明：《周易參同契通析》，頁 41。

方家諱之，別立諸名焉。」[54]　這些別名的含意如何？方家又爲何諱之？

　　王勳臣〈懷胎說：兼記難產、胎衣不下方〉言胞衣的形成，有云：

　　結胎一月之內，並無胎衣。一月後兩月內，胎衣既成，兒體已定。胎衣分
　　兩段，一段厚，是雙層，其內盛血；一段薄，是單層，其內存胎。厚薄之
　　間，夾縫中長一管名曰臍帶，下連兒臍，母血入胎衣內盛血處，轉入臍帶。
　　長臟腑肢體，周身齊長，並非先長某臟，後長某腑。一月小產者，並無胞
　　衣。兩月小產者，有胎衣，形如秤錘，上小下大，不過三指長短。三月小
　　產者，耳目口鼻俱備，惟手足有拳不分指。至月足臨生時，兒蹬破胎衣，
　　頭轉向下而生，胎衣隨胎而下，胎衣上之血，隨胎衣而下，此其常也。最
　　關緊要是難產。[55]

胎兒大致懷胎三月之後成形，耳目口鼻俱備，此爲歷來產書之通說，最早見於馬
王堆《胎產書》。[56]　《醫心方》卷廿二現存的產婦十月懷胎圖，共十張，一月
一張。其中前三月之圖，第一月懷胎，結之形僅以一黑子表示，二月胚胎稍大，
三月之圖即有兒形，頭部四肢俱備（圖四：a、b、c）。三月小產，則可見胎
兒之形。胚胎化成胎兒及胞衣之形，王勳臣以爲在「一月後兩月內」，事實上，
胞衣獨立發展爲一器官，大約要十二週左右（圖五）。胞衣分兩段，一厚一薄，
「其內存胎」，包兒如衣，所以有人胞、胞衣、佛袈裟、仙人衣之稱。方家將之
名爲「佛」、「仙人」，似有特殊之意。這必須先了解胞衣另一個別名「紫河車」
的涵意。

　　陳嘉謨《本草蒙筌》卷十二〈人部〉云：「名河車者，蓋以天地之先，陰陽
元祖。乾坤之橐籥，鉛汞之匡廓。胚胎將兆，九九數足。兒則載而乘之，故取象

54　李時珍：《本草綱目》（北縣，國立中國醫藥研究所影印，1981）卷52〈人部〉，
　　頁1615。

55　王勳臣：《醫林改錯》（台北，集文書局，1975），頁110～頁111。關于王氏的醫
　　事與著作，參見：任應秋主編：《中醫各家學說》（上海，上海科學技術出版社，
　　1989），頁260～頁265。

56　《馬王堆漢墓帛書〔肆〕》，頁136。

而立名也。」[57] 李時珍《本草綱目》卷五二〈人部〉引《丹書》云：「天地之先，陰陽之祖。乾坤之橐籥，鉛汞之匡郭。胚胎將兆，九九數足，我則載而乘之，故謂之河車，其色有紅、有綠、有紫，以紫者爲良。」[58] 各家的解釋相類。所謂「九九數足」，意河車成形約八十一日左右（也就是上說的十二週）。又據李時珍所引，胞衣除有「紫河車」之名，似應還有綠河車、紅河車，只是「以紫者爲良」，故採之入藥。

　　胞衣名「河車」，「河車」始見《周易參同契》。上引「乾坤」、「橐籥」、「鉛汞」、「匡廓」等，亦見於該書。[59] 《周易參同契・兩孔穴法》云：

　　　　水者道樞，其數名一。陰陽之始，玄含黃芽，五金之主，北方河車。[60]

意思是說，丹道最主要的關鍵係在坎（腎）水，它的數字是一。按五行與數字相配的關係，水是一與六，木是三與八，水是二與七，金是四與九，土是五與十。一至五諸數稱生數，六至十諸數稱成數。所以，上文「一」字，義爲原始。陰卵陽精結合之後，生成的就是水。坎戊（所謂「玄」）代表金精（黃芽），存在于

57　陳嘉謨：《本草蒙筌》，收入《新安醫籍叢刊：本草類》（合肥，安徽科學技術出版社，1991），頁 359。本書爲明・陳嘉謨（1485～1565）所撰，又名《圖像本草蒙筌》，十二卷。主要是在《大觀本草》、王綸《本草集要》與汪石山《本草會編》等書基礎，附以己意，于嘉靖 44 年（1566）編纂而成。有明書林劉氏刻本、明萬歷元年（1573）刻本、明崇禎元年（1628）劉孔敦增補刻本。

58　李時珍：《本草綱目》，頁 1615。

59　關於「乾坤」、「橐籥」、「鉛汞」、「匡郭」等術語在《參同契》的意涵，以及歷來各家之注解，此處不擬細談，詳參：蕭漢明：〈論《周易參同契》的人體生命模型〉收入《衆妙之門——道教文化之謎》（湖南，湖南教育出版社，1992）；張其成主編：《易學大辭典》（北京，華夏出版社，1992），頁926～頁945，〈乾坤用施行〉、〈以類相求〉、〈河上姹女〉、〈牝牡四卦〉、〈坎离匡郭〉、〈橐籥〉、〈乾坤二用〉、〈經營養鄞鄂〉、〈乾坤德洞虛〉、〈金爲水母〉等條的討論。

60　潘啓明：《周易參同契通析》，頁41。按引文中的黃芽，疑是丹道、眞人、聖德、神明等之隱語。玄即坎 ☵ 也，則黃芽即坎中一陽。五金即土也。參見：朱元育：《周易參同契闡幽》（台北，自由出版社影印，1987），頁85～頁88；董德寧：《周易參同契正義》（台北，自由出版社影印，1986），頁35～頁36；俞琰：《周易參同契發揮》（台北，自由出版社影印，1986），頁165。

北方坎水之中。[61]　方家以爲，元陰元氣交融之後，腎中產生一種眞氣，能在經絡中上下循環，起交通運轉作用，如車在河（水）之中，載物返還，此曰「河車」，或指人腎間之動氣。[62]　之所以稱爲「北方河車」，按五臟、五行、五方

61　按《靈樞・本神篇》：「生之來謂之精」。張介賓：「所謂精者，天之一，地之六也，天以一生水，地以六成之，而爲五行之最先，故萬物初生，其來皆水。如果核未實，猶水也。胎卵未成，猶水也」。水爲河圖生數「一」，水爲至陰，爲生命之源，萬物之祖。又張志聰云：「蓋未成形，而先受天一之精，故所生之來謂之精。」張氏以爲「精」是人之水，生命來自此水之中。此即《參同契》所謂「水者道樞」、「陰陽之始」意。詳見：吳國定：《內經解剖生理學》（北縣，國立中國醫藥研究所，1991），頁439；頁383～頁384。

62　按《鍾呂傳道集．論河車》云：「蓋人身之中，陽少陰多，言水之處甚衆。車則取意搬運，河乃主象于多陰，故此河車，不行于地而行于水」，「河車者，起于北方正水之中，腎藏眞氣之所生之正氣，乃曰河車」。依功之深淺有三車，即小河車、大河車、紫河車。《西山群仙會眞記．識物》亦云：「河車者，取意於人身之內、萬陰之中，有一點元陽上升，薰蒸胞絡，上生元。自腎傳肝肝傳心心傳肺肺傳腎而曰小河車也。肘後飛金晶，自尾閭穴起，從下關過中關，中關過上關；自上田至中田，中田至下田，而曰大河車也。純陰下降，眞水自來；純陽上昇，眞火自起，一昇一沉，相見於十二樓，顆顆還丹，而出金光萬道則曰紫河車也。故車行於河，如在血絡之中，中暗藏眞水，如車載物。」按上二書所述，河車者意腎中正氣之運行，亦即「元陽」、「眞氣」在任督兩脈的周流運轉。其運轉路線爲：由尾閭穴上升，經夾脊穴、玉枕穴至泥丸，然後下降鵲橋、重樓，納入丹田。凡築基百日之內運行者稱「小河車」或「小周天」；在坎離交媾後運行者稱「大河車」或「大周天」。紫河車指練功最高階段內氣運氣之景象。而方伎之士以河車來稱胞衣，甚至服此物來練功。蕭天石引元眞子董德寧之言，提及當時之人「用胞衣爲紫河車，鍊小便爲秋石」，又引《性命圭旨》說修道者或「有煉小便爲秋石者，有採女經爲紅鉛者，有扶陽服胞衣而謂紫河車者」等。這種風氣最早始於何時，在此不能詳考。不過將胞衣視爲元陽、眞氣的觀念大概是不晚的。至於其功用，清人熊伯龍《無何集》有云：「服河車，可以成仙。狄人攻哀公而殺之，盡食其肉，楚圍宋，宋人易子而食。又，歲欺或人相食。河車乃人之肉，服之可以成仙，彼何以不仙乎？」（〈醫書不可盡信〉條）。以上各說參見：《鍾呂傳道集》（台北，自由出版社影印，1992），頁142；《西山群仙會眞記》（台北，自由出版社影印，1985），頁10；以上二書的成書時代及性質，見朱越利：《道經總論》（瀋陽，遼寧教育出版社，1992），頁90，頁94；任繼愈主編：《道藏提要》（北京，中國社會科學出版社，1991），頁177～頁178。此外，關於河車搬運的討論，見胡孚琛：〈道教史上的內丹學〉，《世界宗教研究》1989年2期；馬濟人：〈道教內丹學〉，收入牟鍾鑒、胡孚琛、王葆玹編：《道教通論——兼論道家學說》（濟南，齊魯書社，1991）。另外，以胞衣爲紫河車一事，見蕭天石：《道家養生學概要》（台北，自由出版社，1990），頁147，頁150及熊伯龍：《無何集》（北京，中華書局，1979），頁415。

的關係（圖六），北方即是腎、水的位置。方家認爲，元氣來自先天，藏于腎間，是爲一身之根本。[63]《本草綱目》引吳球之說：「紫河車即胎衣。兒孕胎中，臍系于胞。胞系母脊，受母之蔭。父精母血，相合生成。眞元所鍾，故曰河車。雖稟後天之形，實得先天之氣，超然非他金石草木之類可比。」[64] 此將胞衣視爲「眞元」、「先天之氣」，故以「河車」隱喻之。熊叔陵〈中風論〉論諸藥不如紫河車之妙，更以爲胞衣即由兩腎所生：

　　蓋人身結胎時，其形如兩甲，即兩腎也。此衛氣受生之始，河車即從兩甲而生。[65]

熊氏指出，人身結胎，最初的形狀如兩甲，兩甲即兩腎，就是先天之氣的來源，河車就由兩腎而生。而胞衣又稱爲「混元母」、「混沌衣」，意義疑與「河車」相類。所謂「混」，可能指人在母胎中精氣未漏的先天狀態。陳嘉謨以爲，「稽諸古方，又曰混沌衣，又曰混元丹。所加混字，抑非與紫同一意乎？是則河車雖成後天之形，實稟先天之氣。」[66] 故其又有「佛袈裟」、「仙人衣」的尊諱，

63　按《難經·八難》：「所謂生氣之原者，謂十二經之根本也，謂腎間動氣也。此五藏六府之本，十二經脈之根，呼吸之門，三焦之原，一名守邪之神。」滑壽以爲：「腎間動氣，人所得於天以生之氣也。腎爲子位，位乎坎，北方卦也，及天一之數，而火木金土之先也，所以爲生氣之原，諸經之根本，又爲守邪之神也。」又《難經·六十六難》：「齊下腎間動氣者，人之生命也，十二經之根本也，故名曰原。」葉霖則云：「三焦之根，起於腎間命門，人之生命之原，十二經之根本，皆繫乎此。」張君房《雲笈七籤》卷56〈諸家氣法·元氣論〉云：「夫元氣者，乃生氣之源，則腎間動氣是也。」詳見：滑壽：《難經本義》（台北，文光圖書公司，1984），頁10；葉霖：《難經正義》（北京，人民衛生出版社，1990），頁127；張君房輯：《雲笈七籤》（台北，自由出版社影印明正統道藏本，1991），頁779。關於《難經》的成書時代的性質，見廖育群：〈《難經》醫學理論的時代特徵〉，《中華醫史雜誌》23卷1期（1993）。

64　李時珍：《本草綱目》，頁1616。

65　熊叔陵：《中風論》（光緒二十二年醉經閣刻本）。此書爲清熊笏所撰。熊笏，字叔陵，安義（今江西）人。《中風論》一書首論臟象、經絡次序、總論天地之氣與人的關係、脈訣、病因等基本理論，次論中風、八風、輕重、寒熱、証侯、風脈、治法、藥餌等十八篇，一卷，近二萬字左右。成於道光元年（1821）。有關胞衣的討論見中風藥餌的部份。

66　陳嘉謨：《本草蒙筌》，頁359。

大致就不難理解了。要之，古人視胞衣爲生命的來源，比之爲腎間動氣，喻之爲「仙」、「佛」，這也關乎他們選擇用埋藏的方式來處理胞衣（詳下節）。

再者，「禹藏圖」所言之胞衣，若與西說相質證，範圍可能有二：第一、胚胞初成，而有胎膜（embryonic and fetal membranes）與胎盤（placenta）等物保育胎兒。上述的胎膜，包括羊膜（amnion）、絨毛膜（chorion）、尿囊（allantois）與卵黃囊（yolk sac）等，而其由接合子（zygote）所形成。而胎盤則是由胚胎的組織與母體子宮內膜的組織結合而成的。胎兒出生時，胎盤、臍帶、羊膜、污血等隨胎兒之後以「胞衣」（Afterbirth）的形式排出母體。上引王勳臣〈懷胎說〉之論，胞衣「分兩段，一段厚，是雙層，其內盛血。一段薄，是單層，其內存胎。厚薄之間，夾縫中長一管，名曰臍帶」。筆者懷疑，所謂兩層「厚」處，即胎盤；單層「薄」者係羊膜之類。《莊子・外物》云：「胞有重閬」，疑即指此乎？[67]胞衣也許是指所有產後排泄物之泛稱。

第二、胞衣僅指胎盤而言，並不包含臍帶、羊膜、產後污血等物。李時珍《本草綱目》卷五二〈人部〉即將「人胞」、「胞衣水」與「初生臍帶」等，分項敘述，各爲一種藥材。[68]而一般本草書的繪圖所見之「人胞」、「紫河車」，殆爲胎盤無疑（如圖七）。Bernard E. Read 的 *Chinese Materia Medica: Animal*

67　按《莊子》「胞有重閬」句，《釋文》云：「胞，腹中胎。」《一切經音義》一六、三〇並引有司馬彪《注》：「胞，腹內兒衣也。」卷二引作「胞者，腹肉衣也。」肉蓋內之誤。另成玄英《疏》云：「人腹內空虛，故空藏胃；藏胃空虛，故通氣液。」余疑應以司馬彪《注》爲確。胞爲胞衣，非指人腹或腹中胎也。又閬，郭象《注》：「閬，空曠也。」似古人略識胞衣之形狀構造，厚薄之間，尚有空曠之處。林希逸《南華眞經口義》以爲：「人身胈膜，空曠之地，所以行氣者。」劉鳳苞《南華雪心編》以爲：「胞膜中緊密相承，尚有重重空曠之地。此句乃陪襯『心有天遊』句。」以上胈膜、胞膜疑與司馬彪說相類，皆可參看。另王叔岷另有別解，以胞當作庖，意「庖廚之間有較空曠之處也」。又引于鬯之言：「腹中胞何以云『重閬』乎」！然而，若以胞衣相關記載來看，胞衣容有「重閬」之處。故胞可以解爲腹內兒衣，從司馬彪舊注，應該是說的通的。近人楊柳橋即將此句譯爲：「胞衣有多層的間隙」。參見：郭慶藩：《莊子集釋》（台北，木鐸出版社影印，1983），頁941；王叔岷：《莊子校註》（台北，中研院史語所，1988）中冊，頁1078～頁1079；楊柳橋：《莊子譯詁》（上海，上海古籍出版社，1991），頁572。

68　李時珍：《本草綱目》，頁1615～頁1617。

Drugs 一書即將「人胞」翻譯爲 human placenta ，[69] 可作參考。

「禹藏圖」的胞衣，包含今人所謂的胎盤應無疑義。但當時人處理產後排泄物，是否僅僅處理胎盤一物而已？事實上，如臍帶、汚血之類，在當時恐怕亦不能隨意棄置。[70] 本草之類的藥書，將「人胞」、「胞衣水」、「初生臍帶」等分別載錄，主要站在用藥之立場，胎盤、臍帶等各自有不同的氣味用途。一般人處理產後排泄之物，疑不能如此分明。故胞衣的內容，雖有兩種可能，我個人則較傾向於後者，亦即，將其視爲所有產後遺物的泛稱。

胞衣的名義及範圍，如上所述。一般正史或子書相關記載極爲罕見，與「禹藏圖」時代相近者僅有三例。

一是睡虎地秦墓竹簡《封診式》關於「出子」的記錄。出子，即流產，或稱爲墮胎，專指由外傷所引起的流產。本例是戰國時期診斷外傷性流產的產科醫案，也是典型法醫學活體檢驗案例：

> 出子　爰書：某里士五（伍）妻甲告曰：「甲懷子六月矣，自晝與同里大女子丙鬥，甲與丙相捽，丙償仆甲。里人公士丁救，別丙、甲。甲到室即病發（腹）痛，自宵子變出。今甲裹把子來詣自告，告丙。」即令令史某往執丙。即診嬰兒男女、生髮及保之狀。有（又）令隸妾數字者，診甲前血出及癃狀。有（又）訊甲室人甲到室居處及復（腹）痛子出狀。●丞乙爰書：令令史某、隸臣某診甲所詣子，已前以布巾裹，如衃（衃）血狀，大如手，不可智（知）子。即置盎水中榣（搖）之，衃（衃）血子殹（也）。其頭、身、臂、手指、股以下到足、足指類人，而不可智（知）目、耳、鼻、男女。出水中有（又）衃（衃）血狀。[71]

69　Bernard E. Read: *Chinese Materia Medica: Animal Drugs* （台北，南天書局影印，1982），第436條。此書爲《本草綱目》之英譯。

70　參見 Emily M. Ahern: " The Power and Pollution of Chinese Women," in Margery Wolf and Roxane Witke (ed.) *Women in Chinese Society* (Stanford, Stanford University Press, 1975), pp.169-175; Charlottee Furth: "Concepts of Pregnancy, Childbirth, and Infancy in Ch'ing Dynasty China," *Journal of Asian Studies,* Vol.46, No.1,1987, pp. 7-35 。

71　《睡虎地秦墓竹簡》，頁161～頁162。

甲、丙兩婦互毆,其中甲懷孕六個月,結果傷孕小產,胎死腹中。有司檢驗的項目有二:一是檢查流產婦人甲受傷及出血的狀況,一是檢驗甲送來的「血塊」是否確爲胎兒。[72] 其中胎兒的部份有「診嬰兒男女、生髮及保之狀」,竹簡整理小組云:「保,讀爲胞,胞衣。」[73] 甲婦懷孕六月,應有胞衣無疑。而且據簡文所示,胞兒的頭、身、臂、手指、大腿以下到腳、腳趾都可清楚的辨識。婦人甲保留胞衣除作爲證物之外,依照當時禮俗可能事後還必須妥爲處理(案二可爲證)。因甲傷孕夭子,如前引《產經》所說「數生子而皆夭死,一無生在」,必須依法埋胞,而後「子皆長壽,無復夭也」。

　　案二,是漢成帝因溺愛趙昭儀殘滅繼嗣之事。按成帝壯年無子,繼承無人,故希望得子。趙飛燕姊弟顓寵十餘年,卒皆無子。趙氏姊弟又恐掖庭其他美人生子,動搖其地位,故凡御幸生子者輒死,飲藥傷墮者亦不可勝數。其中,曹宮一案與本文有關:

> ……元延元年(公元前十二年)中(曹)宮語(道)房曰:「陛下幸宮。」後數月,曉入殿中,見宮腹大,問宮。宮曰:「御幸有身。」其十月中,宮乳掖庭牛官令舍,有婢六人。中黃門田客持詔記,盛綠綈方底,封御史中丞印,予(籍)武曰:「取牛官令舍婦人新產兒,婢六人,盡置暴室獄,母問兒男女,誰兒也!」武迎置獄。(曹)宮曰:「善臧我兒胞,丞知是何等兒也!」後三日,客持詔記與武,問「兒死未?手書對牘背。」武即書對:「兒身在,未死。」有頃,客出曰:「上與昭儀大怒,奈何不殺?」[74]

掖庭獄丞籍武受命置曹宮母子於死地,一時心軟留其後路,並請田客將其心意轉

72　賈靜濤:《中國古代法醫學史》(北京,群眾出版社,1984),頁14～頁15。按胞衣在法醫檢復的角色,詳見:許槤:《洗冤錄詳義》(光緒庚辰雲南書局重刊本)卷一〈驗婦女屍〉以下各條;羅時潤等:《洗冤集錄譯釋》(福州,福建科學技術出版社,1992),頁67～頁71。

73　《睡虎地秦墓竹簡》,頁162。

74　《漢書》(台北,洪氏出版社影印,1975)卷九十七下〈外戚傳〉,頁3990～頁3991。關於曹宮一事,另見拙作:〈胞衣——關於它的傳說、咒術與禮俗〉,《北縣文化》36期(1993)。

奏於上，但成帝似乎無動於衷。不久，田客奉帝告訴籍武，將嬰兒交給中黃門王舜，由王舜攜回宮中擇一乳母哺育，其時約兒生八九日左右。而曹宮則令其自繆。最後，「宮長李南以詔書取兒，不知所置」．恐怕亦遭不測。[75]

　　成帝弒子案中，曹宮於暴室獄曾託籍武一事：「善藏我兒胞，丞知是何等兒也！」顏師古《注》：「胞謂胎之衣也」，又云：「意言是天子兒耳。」[76] 曹宮在牛官令舍生下小兒，並沒有將胞衣丟棄，而且一直到身繫囹圄之中始終帶在身邊。曹宮為何請籍武代為藏胞呢？當然，最可能的一個理由即其身在暴室獄，無法親自處理。然所謂「善藏」又是何意？是暫時代為收藏保管抑是請其妥為埋胞？今不得而知。由曹宮的口氣推測，似以胞衣為証，故曰：「丞知是何等兒也！」即暗示這不是普通人的小孩，請其三思而行。按籍武受詔殺其母子之時，疑尚未得知曹宮之子的身份，田客曾囑籍武「毋問兒男女，誰兒也」。但是，曹宮出示其子胞衣如果只為証明此「是天子兒」，似不必再交待籍武「善藏」之。而「善藏」之意，若僅是請其代為保管，以當時保存物質之條件，胞衣極易腐壞，恐不宜久存。古人重視產後胞衣之處理，曹宮也許請籍武代為依法埋胞。倘藏胞一事，可決定新生嬰兒之生死夭壽，曹宮似有保留胞衣、俟時埋藏的可能性。

　　類似曹宮的例子，漢代並不多見。但像曹宮一樣，產後不棄置胞衣，甚至身繫囹圄猶請人代埋，恐怕不是極端的個案。產後埋胞在當時應是相當普遍之禮俗。

　　案三，資料出處時代稍晚。《南齊書‧王敬則傳》載：「王敬則，晉陵南沙人也。母為女巫，生敬則而胞衣紫色，謂人曰：『此兒有鼓角相。』」[77] 中國古代相術之源流，已有學者作詳細的討論。[78] 相人的依據，大多以人的外表、

75　《漢書》，頁3991。

76　《漢書》，頁3992。

77　《南齊書》卷二十六〈王敬則傳〉（北京，中華書局，1978），頁479。

78　祝平一：《漢代的相人術》（台北，學生書局，1990）。漢代以下相人之術，見張榮華：《中國古代民間方術》（安徽，安徽人民出版社，1991），頁1～頁100。從上二書的研究得知，古代相人術並無相胞衣之傳統，但王敬則之母相胞衣應非響壁虛構之事。晉‧嚴助有《相兒經》一書，今佚。《千金要方》卷五〈相兒命短長法〉收

聲音、行止爲主。胞衣是產後之遺物，除產婦、穩婆（即接生婆）或嬰兒家屬之外，一般人並不容易得見。相胞衣疑不在相術的主流之中，抑或，敬則之母別有根據？資料有闕，今暫勿論。然而，值得注意的是，敬則之母將胞衣與嬰兒未來的命運（「有鼓角相」）連繫起來。此外，如上所述，胞衣有紅、紫、綠三色，紫色爲良，敬則之母相胞衣亦在其顏色之上。「紫色爲良」這個傳統也許是相當久遠的。若胞衣的形色即可顯示嬰兒的某些特質，疑前例曹宮出示籍武之胞衣亦紫色耶？

縱上所說，胞衣稱爲「紫河車」、「混元母」或「仙人衣」之類，方家推爲「天地之先」，醫家比爲「眞元所鍾」，足証胞衣與嬰兒的關係密切，古人亦視胞衣甚重。其次，「禹藏圖」所說之胞衣，包括今人所理解的胎盤。然就實際處理而言，胞衣（Afterbirth）似指胎盤、臍帶、羊膜、產後污血之泛稱。第三、由前舉三件案例來看，前二案皆以胞衣爲証據。胞衣一般人可能皆不隨意丟棄，外人取得不易，所以作假的可能性不大。其中曹宮囑籍武「善藏」胞衣之例，尤值得玩味。以下，筆者欲進一步討論爲何要「善藏」胞衣。

三、爲何要埋胞？

埋胞並不是處理產後遺物唯一的方法。若以比較的觀點來看，据《隋書》載，「琉球國婦人產乳，必食子衣。」即產婦生產之後，即自己將胎兒的胞衣吃掉。也有的民族將之當成菜餚，如宋人張師正《倦游錄》云：「八桂獠人產男，以五味煎調胞衣，會親啖之。」八桂疑即廣西、湘南一帶；獠人是指仡佬族。李時珍在《本草綱目》即引用上述二種不同民族處理胞衣的風俗，批評道：「此則諸獸生子，自食其衣之意，非人類也！」[79] 古人應該很早就觀察到，有些正常的草

有佚文三十二條。內容如「兒初生，叫聲連延相屬者，壽」；「臍中無血者，好」；「自開目者，不成人」；「頭四破，不成人」；「額上有旋毛，早貴，妨父母」；「陰囊下白者死，赤者死」等等。上述相嬰兒初生叫聲，或相臍中有無血等，一般相術之中亦無。相初生嬰兒之胎衣疑是這個傳統。參見：《千金小兒方校釋》（西安，陝西科學技術出版社，1992），頁62～頁65。

[79]　李時珍：《本草綱目》，頁1615。

食性動物如母牛會吃下牠們剛產下的胞衣。所以，就不同文化處理胞衣的方式，不論是琉球國產婦自食子衣或八桂獠人作人胞筵宴客，對古代中國人而言，無異是「諸獸生子，自食其衣」的非人行為。一般來說，中國處理產後遺物以埋藏的方式為主。以下，筆者嘗試由四個不同方向來探究埋藏胞衣的可能原因。

第一、由生產本身來看，漢人視乳子為忌諱，「以為不吉」。甚至，「將舉吉事，入山林，遠行，度川澤者，皆不與之交通。乳子之家，亦忌惡之，舍丘墓廬道畔，逾月乃入，惡之甚也。」[80] 當時將舉吉事或有遠行者，忌與產婦來往、接觸，以免沾染不吉。乳子之家甚讓產婦住於丘墓廬道的茅舍，滿月之後才接之回家。

由於視乳子不吉，連帶的亦視「胞為不吉」。王充以為，人含精微之元氣而生，有何不吉？六畜產子與人一樣，諱人而不諱六畜，不知何理？《論衡・四諱篇》云：

夫婦人之乳子也，子含元氣而出。元氣，天地之精微也，何凶而惡之？人，物也；子，亦物也。子生與萬物之生何以異？諱人之生謂之惡，萬物之生又惡之乎？生與胞俱出，如以胞為不吉，人之有胞，猶木實之有柎也。包裹兒身，因與俱出，若鳥卵之有殼，何妨謂之惡？如惡以為不吉，則諸生物有柎、殼者，宜皆惡之。[81]

這裡提及「諸生物有柎、殼者」，按柎同柎，指保留在果實上的花萼。王充以為，人之有胞衣，就如木之有柎、鳥卵之有殼一樣，何惡之有？然而，漢人卻以為「胞衣不吉」。王充解釋「諱忌產子」，「卻使人常自潔清，不欲使人被污辱也。」[82] 當時之人視胞衣為不吉，或許亦基於類似的理由，即胞衣是不潔的。接觸或看到胞衣則「被污辱」之，所以，產後必妥為理藏，以免他人沾染污穢。

第二、胞衣對產婦之影響主在生產一事。由產婦與胞衣的關係來看，胞衣原

80　黃暉：《論衡校釋》（台北，台灣商務印書館，1983），頁971。
81　黃暉：《論衡校釋》，頁972。
82　黃暉：《論衡校釋》，頁974。另參見北京大學歷史系《論衡》注釋小組：《論衡注釋》（北京，中華書局，1979），頁1334～頁1337的注釋。

非產婦所有，因結胎而始生，產後又隨胎具出。若胞衣不下，將危及產婦，甚至嬰兒。

　　《詩經・大雅・生民》載周之始祖棄誕生之傳說。姜嫄懷子，

　　　誕彌厥月，先生如達。不坼不副，無菑無害。以赫厥寧，上帝不寧。不康禋祀，居然生子。[83]

鄭玄《箋》：「達，羊子也，大矣。后稷之在其母，終人道十月而生。生如達之生，言易也。」[84] 意指姜嫄十月懷胎，頭生卻如「羊子」之易生。其中「不坼不副，無菑無害」，異說頗多。[85] 胡承珙《毛詩後箋》引《虞東學詩》云：「人之初生，皆裂胎而出，驟失所依，故墮地即啼。惟羊連胞而下，其產獨易，詩以如達爲比，恐稷未出胎，故無坼副菑害之事，而啼聲亦不聞也。坼副，謂破裂其胎。菑害，謂難產。皆主稷言，非言其母。」又引姜氏《廣義》云：「親見里人有產此者，剝去胞，兒方能啼。」又，馬瑞辰《毛詩傳箋通釋》亦引虞東之說，又引陶元淳曰：「凡嬰兒在母腹中，皆有皮裹之，俗所謂胞衣也。生時其衣先破，兒體手足少舒，故生之難。惟羊子之生，胞仍完具，墮地而後母爲破之，故其生易。后稷生時蓋藏於胞中，形體未露，有如羊子之生者，故言如達。」馬氏又云：「蓋連胞而生，異於常兒，疑其或有菑害，故詩又言無菑無害也。」近人余巖《詩病疏》以爲，其實羊生非連胞而下，虞東有此說法可能是爲了遷就鄭玄「羊子」之箋。不過，他卻認爲：「胎兒之連胎而下，在產科學中非絕無之事，今謂之幸帽兒（Glüks-haube, caul），姜氏《廣義》謂親見里人產此，非虛言也，

83　鄭玄：《毛詩箋》（台北，新興書局影印校相臺岳氏本，1981），頁113。

84　鄭玄：《毛詩箋》，頁113。

85　例如，「不坼不副」句，毛《傳》：「凡人在母，母則病，生則坼副，菑害其母，橫逆人道。」孔穎達《疏》云：「橫逆人道，謂不由人所生之道也，《史記・楚世家》云，陸終娶於鬼方氏，曰女潰，孕三年不乳，乃剖其左脇，獲三人焉，剖其右脇，獲三人焉。〈帝王世紀〉云，簡狄剖背生契。如此之類，是橫逆人類也。」又《史記・楚世家》，《集解》引干寶曰：「原詩人之旨，明古之婦人，嘗有坼剖而有產者矣，又有因產而遇菑害者，故美其無害也。」將坼副解爲坼剖，王充《論衡・奇怪篇》斥爲「妄也」。邱述堯：《史記新探》（台北，明文書局，1992），頁326～頁333收集了相關的材料，可以參考。又棄母姜嫄的故事，見王照圓：《列女傳補注》（台北，台灣商務印書館，1976），頁3～頁4。

惟產後急須爲之破坼，少緩，即窒息死矣。故謂后稷連胞而生，可也」。[86] 要
之，各家之說，旨在后稷生之易也，連胞而下，不坼不副，無有菑害。[87] 換言
之，胞衣在生產過程是可能會造成危害的。

周棄出生之事是否如此，不在本文討論之列。余巖以爲胎兒連胎而下非絕無
之事，但究非常態也。一般而言，胞衣必俟小兒產出之後，約數分鐘至十餘分鐘
左右，產婦即當發生後陣縮，而後順利產出。若胞衣遲不產出，古稱爲息胞、息
胎、胞衣不出、胞脹不下等（圖八）。胎衣不下，多數伴有出血現象，甚而大量
出血或出血不止，導致虛脫，嚴重者死亡。[88] 歷代醫籍或產書皆有「胞衣不下」
一項。

茲摘引數家之說如下。巢元方《諸病源候總論》卷四十三〈胞衣不下候〉條
云：

> 有產兒下苦胞衣不落者，世謂之息胞。由產婦初時用力，比產兒出而體已
> 疲頓，不能更用氣產胎。經停之間，外冷乘之，則血道否澀，故胞久不出。
> ……舊方胞衣久不出恐損兒者，依法截臍，而以物繫其帶一頭。亦有產而
> 看產人不用意愼護，而挽牽甚，胞系斷者，其胞上掩心，則斃人也。縱令
> 不死，久則成病也。[89]

86 見余巖：《古代疾病名候疏義》（台北，自由出版社影印，1972），頁312。由西方
世界一些相關材料看，連胞而下的嬰兒一般都具有某種的神聖性，見 Carlo Ginzburg:
Ecstasies: Deciphering the Withches' Sabbath (N.Y., Pantheon Books, 1991), pp.160～161,
167～168, 264～265 等。此條資料由康豹(Paul Katz)先生示知。

87 〈生民〉一篇，見岑仲勉：〈周初《生民》之神話解釋〉，收入氏著：《兩周文史論
叢》（上海，商務印書館，1958）；田倩君：〈說棄〉，收入《中國文字叢釋》
（台北，台灣商務印書館，1968）；陳炳良：〈《生民》新解〉，收入氏著：《神
話、禮儀、文學》（台北，聯經出版公司，1985）。

88 時逸人：《中國婦科病學》（台中，昭人出版社，1980），頁190～頁192；朱鶴臯：
《朱氏女科》（台北，文光圖書公司，1989），頁106。

89 巢元方：《諸病源候總論》（台北，宇宙醫藥出版社影印，1975）卷四十三，頁2。
巢元方，隋醫家。大業中（605～616）任太醫博士，主持集體編成《諸病源候論》。
是書成於大業六年（610），共五十卷。《四庫全書總目提要》云：「蓋其時去古未
遠，漢以來經方脈論存者尚多，又裒集衆長，共相對討論，故其言深密精邃，非後人
之所能及。《內經》以下，自張機、王叔和、葛洪數家書外，此爲最古」。

陳自明《婦人良方》卷十八〈胞衣不出方論〉引郭稽中云：

　　　胞衣不下者，因氣力疲憊，不能努出。或血入衣中，脹大而不能下，以致
　　　心胸脹痛喘息。速服奪命丹，血散脹消，其衣自下。牛膝散亦效。[90]

張景岳《婦人規》下卷〈胞衣不出〉條云：

　　　胞衣不出，有以氣血疲弱，不能傳送，而停擱不出者。……有以惡露流入
　　　胞中，脹滯不出者。蓋兒既脫，胞帶必下墜，故胞在腹中形如仰葉，仰則
　　　盛聚血水，而脹礙難出。惟老成穩婆多識者，但以手指頂其胞底，以便血
　　　散，或以指摸上口，樊開一角，使惡露傾瀉，則腹空自落矣。[91]

傅山《女科》卷下〈正產〔血瘀〕胞衣不下〉條云：

　　　產婦有兒已下地，而胞衣留滯于腹中，二、三日不下，心煩意躁，時欲昏
　　　暈，人以爲胞衣之蒂未斷也，誰知是血少乾枯，粘連于腹中乎？世人見胞
　　　衣不下，未免心懷疑懼，恐其衝之于心，而有死亡之兆，然而胞衣究何能
　　　上衝于心也？但胞衣不下，〔而〕瘀血未免難行，恐有血暈之慮耳。[92]

　　各家之說，大同小異。按胞衣遲滯不下，多因產婦分娩後元氣大虛，無力排
出，敗血流入胞中，作脹不下，或感邪而氣血凝滯所致也。巢氏以爲，處理不慎
甚至有「胞上掩心」的危險，歷來醫家都信之。惟傅山認爲胞衣不能「上衝於
心」，但久滯不下，仍有血暈之虞。以上所引，多爲隋代以下的醫書，但胞衣不
下（或因胞衣先破或前置等）導致的種種難產，恐怕是自人類有產事以來便有的
問題。所以，《詩經・大雅・生民》會以胞衣「不坼不副」引爲美事（或奇事）。

90　陳自明：《婦人良方》（台北，文光圖書公司影印，1984）卷十八，頁3。陳自明
　　（1190～1270），宋醫家。本書撰於宋嘉熙元年（1237），共八門，二十四卷。明
　　代薛己《醫案》曾以己意刪訂，逐篇附以按語及治驗，自成一書。

91　張景岳：《婦人規》，收入氏著：《景岳全書》（台北，台聯國風出版社影印，
　　1980），頁644。張景岳（1563-1640），明醫家。本書于天啓四年（1624）撰成，共
　　分九類，二卷。

92　見何高民：《傅青主女科校釋》（北京，中醫古籍出版社，1992），頁132。傅山
　　（1607～1684）。傅世醫書有《傅青主女科》、《傅青主男科》、《傅氏幼科》等。
　　一說傅氏《女科》係鈔陳士鐸之《辨証錄》等醫書，見上引書，頁1～頁11〈《傅青
　　主女科》考述〉一文的討論。

不過，連胞而生，畢竟是少之又少的個案。前面提到漢代人視「胞為不吉」，就產婦而言，胞衣確為不吉之物。[93]

胞衣不下引起難產，而順利產下之後的胞衣，仍繼續對婦女有若干作用。馬王堆漢墓《胎產書》云：

(1) ●字而多男毋（無）女者而欲女，後□□□□包（胞）貍（埋）陰垣下。多毋（無）男，亦反〈取〉〔胞〕貍（埋）陽垣下。[94]

(2) ●女子鮮子者產，令它人抱其□，以去□□濯其包（胞），以新布裹之，為三約以斂之。入□中，令其母自操，入谿谷□□□之三，置去，歸勿顧，即令它人善貍（埋）之。[95]

第 (1) 例，是透過埋胞改變產婦日後受孕胎兒的性別，「多男毋（無）女者」，埋於陰垣；「多女毋（無）男」者，埋於陽垣。這裡的陰、陽配置，也許與男陽女陰之類的概念有關。第 (2) 例，「女子鮮子者」，是指不易受孕，或子嗣鮮少的婦人，[96] 透過特殊的方術以求日後多孕。其法為，將初產後的胞衣以新布纏緊（「為三約以斂之」），再由產婦親自拿此胞衣「入谿谷」，並藉由象徵性的行動「置去，歸勿顧」，達成求子之目的。儀式結束，再令他人找回胞衣善埋之。值得注意的是，胞衣對產婦的影響似不在產婦本身的吉凶夭壽，而是在於日後生產這件事。換言之，產婦與胞衣的關係，無論從生產過程或產後的處理來看，似僅限於產事一環。

第三、由嬰兒與胞衣的關係來看，兩者原為一體。彼此分開之後，仍有感應。按馬王堆漢墓《胎產書》記載胚胎變化成長的過程，第一個月稱「留（流）刑」，留刑意同流形，象徵胚胎流動而模糊的形象。第二個月稱「始膏」、三個月稱

93　傅山即以為：「夫胞衣是包兒之一物，非依于子，即依于母，子生而不隨子俱下，以子之不可依也，故留滯于腹，若有回顧其母之心。母胞雖已生子，而其蒂間之氣原未遽絕〔也〕，所以留連欲脫而未脫〔耳〕。」胞衣雖依于母、子之間，但胞衣畢竟是與胎兒一體，留滯母體終是有害。見何高民：《傅青主女科校釋》，頁 132。

94　《馬王堆漢墓帛書〔肆〕》，頁 137。

95　《馬王堆漢墓帛書〔肆〕》，頁 139。

96　周一謀、蕭佐桃：《馬王堆醫書考注》，頁 361；馬繼興：《馬王堆古醫書考釋》，頁 813。

「始脂」，所謂膏、脂仍舊是指尚未成形的狀態，「當是之時，未有定義（儀），見物而化」。這個時期，胎兒的性別、美醜、賢愚似乎還未完全決定，而且，胎兒可能隨孕婦所遇之人事物而發生變化。在這個階段，胎兒與胞衣的發育也逐漸完成。第四個月以後，藉著稟受水、火、金、木、土等外界的精氣逐漸生成身體各個臟器。[97] 茲將《胎產書》與相關資料的胎兒生成說，列爲表一所示：[98]

類型	資料＼月份	一	二	三	四	五	六	七	八	九	十	備　考
	馬王堆《胎產書》	（留流刑形）	始膏	始脂	水成受（血授）之	火成受（氣授）之	金成受（筋授）之	木成受（骨授）之	土成受（膚革授）之	石成受（毫毛授）之	氣陳	
（Ｉ）	《醫心方》《產經》(1)	始形	始膏	始胎	受盛水血精脈	受盛火血精氣	受成金筋精骨	受成木骨精髓	受成土膚精革	受成石皮精毛	己成子	胎疑即胎衣。
	《諸病源候總》《論》	始形	始膏	始胎	受盛水血精脈	受成火其精氣	受成金其精筋	受成木精骨	受成土膚精革	受成石皮精毛	五六藏腑俱齊備通	
	《千金要方》(1)	始胚	始膏	始胎	受盛水血精脈	受成火其精氣	受成金其精筋	受成木其精	受成土膚精精	受成石皮精毛	五六藏腑俱齊備通	
（ＩＩ）	《醫心方》《產經》(2)	胚	胎	血脈	具骨	動	形成	毛髮生	瞳子明	穀入胃	兒出生	

97　石田秀實：〈由身體生成過程的認識來看中國古代身體觀的特質〉，頁183～頁192。

98　赤堀昭：〈胎教說の成立〉（日本醫史學會關西支部春季大會講演資料，1986）；
　　　杉立義一：《醫心方の傳來》，頁170，表2。

《千金要方》(2)	始胚	始膏	始胞	形體成	能動	筋骨立	毛髮生	臟腑具	穀氣入胃	日滿產	胞疑即胞衣。
（Ⅲ）《淮南子》	膏	胅	胎	肌	筋	骨	成	動	躁	生	
《太素》《醫心方》(3)	膏	脈	胞	胎	筋	骨	成	動	臊	生	胞疑即胞衣。
（Ⅳ）《耆婆五臟論》	如珠露	如桃花	男女分	形象具	筋骨成	毛髮生	游動其左魂手	游動其右魄手	三動身	受氣足	受氣疑即《胎產書》「氣陳」。
《顱囟經》	胎精血胞疑	胎成形胚	陽爲三神魂	陰爲七靈魄	五分五行臟	六定六律腑	精通開光竅明	元神具降	以定生人	受氣足	

　　歷來述胎兒成長者，大致不出以上四種類型。例如《醫心方》即同時引用三種不同說法。[99]《千金要方》則收錄二種不同的說法。[100] 以時代來看，《胎

99　丹波康賴：《醫心方》卷廿二，頁2；又卷廿四，頁6。

100　孫思邈：《千金要方》（台北，宏業書局影印，1987），頁21～頁24。孫思邈（約581～682），唐醫家。是書成于約公元625年左右，共三十卷，232 門，合方5300餘首。而後又撰《千金翼方》三十卷，作爲《要方》之續篇。《千金方》成書之後，流傳甚廣，版本頗雜，据統計至少有28種版本。馬繼興考証其主要有五個版本系統：南宋初刊本（宏業書局即据此影印）、元刊本、道藏本、左卷子本與新雕本。此外，宋代以後出現不少關於《千金要方》的評注、類編及節選本。如張璐《千金方衍義》、黃恩榮《唐千金類方》、郭思《千金寶要》等。又《千金要方》有若干佚文不戴于今本，散見《外臺秘要》、《醫心方》等書。以上參看：《千金小兒方校釋》，頁1～頁5〈孫思邈生平事跡及著作簡介〉一文；另任育才：〈唐代醫學家孫思邈生年考辨〉，《文史學報》21期（1991）；任育才：〈論孫思邈之年壽及其醫學思想〉，《興大歷史學報》2期（1992）。

產書》最早，其說在《諸病源流總論》[101] 等書尚得以見，流傳最廣。[102] 其次，是《淮南子・精神》[103] 所載之胚胎說，並見《尹文子・九守篇》、《廣雅・釋親》、[104] 《太素》[105] 等書。此外，《耆婆五臟論》、[106] 《顱囟經》[107] 之

101 巢元方：《諸病源候總論》卷四十一，頁2～頁5。

102 例如葉桂：《女科全書》（台北，力行書局影印，1991），頁47～頁51。葉桂（1667～1746），清醫家，是書又名《女科證治》，四卷，分調經、安胎、保產、求嗣、保嬰等篇。

103 劉文典：《淮南鴻烈集解》（台北，文史哲出版社，1985）卷七，頁59～頁60。

104 劉文典：《淮南鴻烈集解》卷七，頁60。《尹文子・九守篇》作一月而膏，二月而脈，三月而胚，四月而胞。《廣雅・釋親》則作一月而膏，二月而脂，三月而胎，四月而胞。這些名詞的解釋，見范行準：《中國新史新義》（北京，中醫古籍出版社，1989），頁628～頁637〈胎兒發育的過程〉；王明輝：《中醫性醫學》（台北，旺文社重排，1993），頁111～頁119；馬繼興：《馬王堆古醫書考釋》，頁781～頁802。

105 《太素》有關胎兒成長之說，不見於今本。此條疑是《內經》之佚文。按《內經》是一部綜合性著作，故每篇不只是涉及一個主題或內容。因此醫家便比類分次，將《內經》原文打散，進行分類匯編。楊上善的《太素》便是最早一部《內經》分類研究。是書共三十卷，共分十九類。大約南宋時已佚。現所見《太素》是日本所藏唐人卷子抄本影寫，僅存二十三卷，近幾年在日本又發現了三卷。《太素》改編經文，名歸其類，取法《甲乙經》。其相承舊本有可疑者，于注中破其字，定其讀，不輒改易其文。《太素》之文，同全元起本；其為注，依經立訓，學者或以為其有勝于王冰之注。參見：丸山敏秋：〈楊上善と王冰——楊、王兩注の比較論的考察〉，收入《東洋醫學善本叢書》卷七（東京，東洋醫學研究會，1980）；松木きか：〈《黃帝內經素問》〈全元起注本〉の復元と〈王冰注本〉の構成〉，《集刊東洋學》66號（1991）；王玉興、趙靜：〈《黃帝內經太素》成書年代研究述評〉，《中華醫史雜誌》23卷1期（1993）。

106 《耆婆五藏論》，《崇文總目》一卷，存。丹波元胤云：「按《醫方類聚》所載《五藏論》，篇首生育說，與陳（自明）氏《婦人良方》所引同。其藥名之部，及五常之體，其文理殆類《雷公炮炙論・序》，體製古樸，似非唐以後之書也。」耆婆者，據陳竺同之考証似即印度之耆域，典出《女耆因緣經》。魏晉六朝托其名之醫籍有《耆域術經》、《耆域術四經》、《弟子慢為耆域述經》、《耆婆八十四問》、（《宋志》作六四問）、《耆婆五藏論》、《耆婆所述仙命論》、《耆婆脈經》等七種。陳氏認為，《耆婆五臟論》為印度、西域輸入之著作。而且當與晉裴璩、唐裴靈、吳兢、劉清、張文懿以及偽托黃帝、神農等《五藏論》有關。丹波以為《耆婆五藏論》「似非唐以後之書」，應該是可信的。詳見：丹波元胤：《醫籍考》，頁232；陳竺同：〈漢魏南北朝外來的醫術與藥物的考證〉，《暨南學報》1卷1號（1936），頁65～頁78。

107 見舊題師巫：《顱囟經》（光緒戊寅泉唐丁氏當歸草堂刊本），〈原序〉，頁2。按

胚胎說則受佛教影響較深。[108]

其中，類型 (I) 的特色有二：以三個月爲一分水嶺，是時胎兒成形，性別也能識別。其次，胎兒的生長要與天地之氣如自然界木、火、土、金、水五行之氣相適應。《靈樞・本神篇》提及人之始生，「天之在我者，德也；地之在我者，氣也。德流氣薄而生者也。」即生命藉由「德」、「氣」兩種力量而成長，張介賓注云：「人稟天地之氣以生」，[109] 皆是基於相同的想法。

胎兒與胞衣本是一體，上述胚胎各說言之甚明。所謂三月「始胎」或「始胞」，這裡的「胎」或「胞」應指胎衣或胞衣。上一節提及胞兒與胞衣乃「胚胎將兆，九九數足」而成，亦約三月之數。三個月以後，兩者大致成爲獨自的個體，藉臍帶保持這種一體的關係。然而在角色上，胎衣成爲供養者，是生命之源。上一節筆者解釋胞衣有「河車」之名時，方家以其爲「天地之先」、「陰陽之祖」，甚至用「兒則載而乘之」來比喻胞衣之角色。茲舉王宏翰《醫學原始》論胚胎成長的過程，進一步說明胞衣與胎兒的關係：

> 夫男女交媾之始，皆動元火、元氣，而後精聚，兩火氣感，則兩精滲洽，凝于子宮。如爐煉金，如漿點腐，兩精凝結細皮，即成胚胎之胞衣矣。兩

師巫又作巫方或巫妨。巢元方云：「中古有巫方，立小兒《顱囟經》，以占夭壽，判疾病死生，世所相傳，有小兒方焉。」孫思邈《千金方》則曰：「中古有巫妨者，立小兒《顱囟經》，以占壽夭，判疾病死生，世相傳授，始有小兒方焉。」此書巢元方、孫思邈有提及，但据《四庫全書提要》考証「疑是唐末宋初人所爲，以王冰《素問註》等七卷內，有師氏藏之一語，遂託名師巫，以神其說耳。」淺田宗伯云：此書「不著撰人名氏，即《宋志》所謂師巫《顱囟經》也。錢乙爲幼科之聖，而《宋史》稱其出於此經」。丹波元胤則以爲：《諸病源流論》所謂巫方《顱囟經》即是書也。是編非据王冰師氏藏之一語，而托名者也。另有所謂東漢衛汎《顱囟經》二卷（一作三卷）。衛氏好醫術，知識淵博，曾師張仲景，擅婦、兒科。撰有《四逆三部厥經》、《婦人胎藏經》。原書皆佚。詳見：淺田宗伯：《醫學讀書規》，收入《日本書目大成》（東京，古典研究會，1979）4 卷，頁 451；丹波元胤：《醫籍考》，頁 1267 ～ 頁 1269；熊秉眞：〈明代的幼科醫學〉，《漢學研究》9 卷 1 期（1991），頁 53 ～ 頁 56〈明代以前的中國傳統幼科〉。又顱囟之意，見沈彤：〈釋骨〉，收入《近代中醫珍本集．醫經分冊》，頁 466 ～ 頁 471。

108　如陳自明云：「《五臟論》者，類皆淺鄙，妄託其名，至於三藏佛書，且涉怪誕，漫不可考。」詳氏者《婦人良方》卷十，頁 2。

109　吳國定：《內經解剖生理學》，頁 438。

精既相感凝，猶如哺雞之蛋，雖未變未熟，而在將變之時，其內體尚未盡凝，猶如汁包，即有多線相接合，其外白而內紅，如以血酒之，中見小雞將變，其臍與細皮，并化成胞衣矣。人之胚胞子宮概相似也。夫兩精凝結細皮，變爲胞衣，此細皮不但爲胞衣褌益凝結之體，更爲胚胎脈絡之系，乃先生一血絡與一脈絡，以結成臍與命門。但臍絡乃九日後結成，而臍系於胚，以代口之用，吸取母血以養，漸化爲胚胎也。……人之始生，先臍與命門，故命門爲十二經脈之主。一曰眞火，一曰眞氣，一曰動氣。眞火者，人身之太極，無形可見，先天一點之元陽，兩腎之間是其息所，人無此火，則無以養生。曰眞氣者，稟于有生之初，從無而有，即元氣之本體也。曰動氣者，蓋動則生，亦陽之動也。命門具而兩腎生，兩腎者，靜物也，靜則化，亦陰之靜也。命門者，立命之門，乃元火、元氣之息所、造化之樞紐、陰陽之根蒂，即先天之太極，四行由此而生，臟腑以繼而成。[110]

按王氏之說以爲，人之始生，最早出現的臟器是臍與命門，此時五臟六腑尚未完具。命門有幾種說法：(1) 五臟中大多爲單一臟器，唯腎有兩枚，醫家或以左者爲腎，右者爲命門；(2) 或主張兩腎總號爲命門；(3) 有的根據命門穴在十四椎下陷中之部位，認爲其在兩腎之間，具體體現爲「腎間動氣」（此亦河車之本意），亦指兩腎之間所產生人體動力之來源。[111] 命門具則兩腎生，胎兒的「臟腑以繼而成」。而生成的管道則在於臍，「臍系于胚，以代口之用，吸取母血以養」。胞衣則由兩精凝結細皮所成，稟受父母之元火、元氣。後世方家修煉之道，欲回胎兒的先天狀態，關鍵亦繫乎臍與命門。[112] 這種觀念可上溯馬王堆房中養生書，《十問》屢言所謂「玉閉」之秘術，据饒宗頤考證此即言「丹田」（正確的說是

110　王宏翰輯：《醫學原始》（上海，上海科學技術出版社，1989），頁51～頁55。王宏翰（？—約1700），清醫家。《醫學原始》撰於1688年，四卷。是書取醫學經典及宋諸家之說而成，又兼采西學，摻以性理之說，以明人體生理病理。

111　姜春華：《相火考略》（台北，啓業書局重排本，1988），頁299～頁314；丁光迪主編：《金元醫學》（江蘇，江蘇人民出版社，1987），頁41～頁49。

112　石田秀實：《氣：流れる身體》（東京，平河出版社，1992），頁200～頁241。

「下丹田」），這個部位爲男之精室、女之胞宮所在之處。[113] 而胞衣即由此而生，此說與前引熊叔陵以爲胞衣生於「兩腎」是相類的觀念。

　　要之，胞衣、胎兒爲一體，而胞衣又爲胎兒生命之源。兩者分離之後，似能感應，而主要的是胞衣能繼續對嬰兒造成影響。崔知悌《纂要方》云：

　　　　凡胎衣宜藏于天德、月空、吉方。深埋緊築，令男長壽。若爲豬狗食，令
　　　　兒顚狂；虫蟻食，令兒瘡癬；鳥鵲食，令兒惡死；棄于火中，令兒瘡爛；
　　　　近于社廟污水井灶街巷，皆有所禁。按此亦銅山西崩，洛鐘東應，自然之
　　　　理也。[114]

相對於胞衣影響產婦大致限於生產一事，胞衣影響嬰兒可謂全面而徹底。甚至胞衣一有某種事故，即能感應嬰兒，如「棄（胞衣）于火中，令兒瘡爛」之類。崔氏認爲，這種關係乃「銅山西崩，洛鐘東應」之理，亦即胞衣爲「銅山」，嬰兒爲「洛鐘」。按此說典出《世說新語・文學》，原文係「銅山西崩，靈鐘東應」：

　　　　殷荊州曾問遠公：「《易》以何爲體？」答曰：「《易》以感爲體。」殷
　　　　曰：「銅山西崩，靈鐘東應，便是《易》耶？」遠公笑而不答。[115]

余嘉錫《箋疏》引〈東方朔傳〉云：

　　　　孝武皇帝時，未央宮前殿鐘無故自鳴，三日三夜不止。詔問太史待詔王朔，
　　　　朔言恐有兵氣。更問東方朔，朔曰：「臣聞銅者山之子，山者銅之母，以
　　　　陰陽氣類言之，子母相應，山恐有崩弛者，故鐘先鳴。《易》曰：『鳴鶴

113　饒宗頤：《老子想爾注校證》（上海，上海古籍出版社，1991），頁142 ～頁143，
　　　〈漢初馬王堆養生方言「合氣」爲張陵所本〉條。

114　引自李時珍：《本草綱目》，頁1615～頁1616。原引文作「崔行功《小兒方》」。
　　　按《本草綱目》書前〈引据古今醫書目〉，稱崔行功《纂要方》。《纂要方》，丹波
　　　元胤《醫籍考》引《舊唐志》以爲唐・崔知悌所撰，然《新唐志》稱崔行功所撰。蘇
　　　沈《内翰良方》云「西晉崔行功方」，丹波氏疑是書「非晉人所著」，應爲崔知悌書
　　　矣。考崔知悌（約615～685），唐許州鄢陵（今河南鄢陵）人，中書令崔知溫之兄。
　　　著有《產圖》一卷，《骨蒸病灸方》一卷，《纂要方》十卷，均佚。佚文見于《外產
　　　秘要》（《舊唐書・崔知溫傳》、《舊唐書・經籍志》、《新唐書・崔知溫傳》、
　　　《新唐書・藝文志》、《宋史・藝文志》）。參見：丹波元胤：《醫籍考》，頁693。

115　余嘉錫：《世說新語箋疏》（台北，仁愛書局影印，1984），頁240～頁241。

在陰，其子和之。』精之至也。其應在後五日內。」居三日，南郡太守上
書言山崩，延袤二十餘里。[116]

又引〈樊英別傳〉云：

漢順帝時，殿下鐘鳴，問（樊）英。對曰：「蜀岷山崩。山於銅爲母，母
崩子鳴，非聖朝災。」後蜀果土山崩，日月相應。[117]

這似乎爲埋胞提供了理論基礎。銅山與銅鐘之所以會相應，因「銅者山之子，山
者銅之母」，換言之，胞衣與胎兒相應，胞衣似爲胎兒之母，「以陰陽氣類言之，
子母相應」。所以棄胞衣于火中，小兒瘡爛，即是「母崩子鳴」的結果。這裡所
說的「感」，用漢代人的術語即是「類感」或「感類」。[118]

　　第四、由胞衣的用途來看，在本節一開始提及，中國古代並不食胞衣，甚至
以食胞衣爲獸行。但在一種情況例外，即以胞入藥。人胞爲藥材最早見於唐代陳
藏器《本草拾遺》：

人胞，主血氣羸瘦，婦人勞損，面黯皮黑，腹內諸病，漸瘦瘁者。[119]

不過，以胞入藥當時恐怕尚不普及。[120]　一直到元代朱震亨的提倡，才廣爲人

116　余嘉錫：《世說新語箋疏》，頁241。

117　余嘉錫：《世說新語箋疏》，頁241。

118　漢代「類感」、「感類」思想，如《呂氏春秋》〈應同〉；《淮南子》〈覽冥〉；
　　　《春秋繁露》〈同類相動〉；《論衡》〈感類篇〉等。

119　陳藏器：《本草拾遺》（台中，華夏文獻資料出版社，1988），頁169。按原書早佚，
　　　本文所引爲那琦、謝文全、林麗玲之輯本。陳藏器，唐醫家。「以《神農本草經》雖
　　　有陶、蘇補集之說，然遺逸尚多，故爲〈序例〉一卷，〈拾遺〉六卷、〈解紛〉三卷，
　　　總曰《本草拾遺》，共十卷」（掌禹錫語）。是書成于開元二十七年（739）。丹波
　　　元胤《醫籍考》云：「《藝文略》有四明人《本草拾遺》二十卷，恐系是書復出，陳
　　　氏蓋四明人也。二十是十字誤文，仍不著錄。」又是書除載人胞之外，亦載人肉等諸
　　　藥，李時珍云是書「膚譾之士，不察其詳核，惟詗其僻怪，宋人亦多刪削」。岡西爲
　　　人曰：「中言人肉可療羸疾，故後之孝子多行之」，影響大矣。見丹波元胤：《醫籍
　　　考》，頁116；岡西爲人：《宋以前醫籍考》，頁1207。

120　關於以胞衣入藥的歷史背景，見桑原騭藏：〈支那人間に於ける食人肉の風習〉，收
　　　入《桑原騭藏全集》~（東京，岩波書店，1968）卷二，尤其是頁196～頁202；
　　　William C. Cooper and N. Sivin: "Man as a Medicine: Pharmacological and Ritual As-
　　　pects of Tradional Therapy Using Drugs Derived from the Human Body", Shigeru
　　　Nakayama and N. Sivin ed.: *Explorations of an Ancient Tradition* (Cambridge, Mass., MIT
　　　East Asian Science Series, 2, 1973), pp. 203～272。

知。[121] 明代吳球用胞衣製「大造丸」，頗有驗效，風氣乃為大開。[122] 胞衣既能影響胎兒，後世之人又以胞衣入藥，李時珍便質疑云：「今復以之蒸、煮、炮、炙，和藥搗餌，雖曰以人補人，取其同類，然以人食人，獨不犯崔氏之禁乎？」[123] 崔氏即前引的崔知悌。所以，為恐他人取己子胞衣為藥餌，藏胞之事，尤為產後要事。

以胞入藥之風甚晚，疑不存「禹藏圖」出土之時代。考《神農本草經》[124] 中有關人藥僅髮髮一項，馬王堆漢墓《五十二病方》所見之人藥稍多，但亦不見人胞一藥。[125] 据李時珍考證云：「《神農本草》人物惟髮髮一種，所以別人于物也。後世方伎之士，至于骨、肉、膽、血，咸稱為藥，甚哉不仁也」，又云：「人胞雖載于陳氏《本草》，昔人用者猶少。近因丹溪朱氏言其功，遂為時用。

121　朱震亨（1282～1358），元醫家。婺州義烏（今浙江）人，世居丹溪，又稱丹溪先生。為金元四大家之一，「滋陰派」的代表人物。朱氏論胞衣效用見《丹溪心法》。如補腎丸、補天丸、太上混元丹等皆用之。

122　吳球，明醫家。活動時代約十六世紀上半葉。著有《諸証辨疑》、《用藥玄機》、《活人心統》、《方脈主意》、《食療便民》等，均佚。李時珍《本草綱目》中有佚文。按大造丸出自吳氏《諸証辨疑》。用紫河車、敗龜版、酥炙黃、黃藥、杜仲、牛膝、肥生地黃、砂仁、白茯苓、天門冬、麥門冬、人參等組成。為末米糊丸如小豆大，空心鹽湯下。有奪造化之功，故曰。又云：「一人病弱，陽事大痿，服此二料，體貌頓異，連生四子。一婦人年六十，已衰憊，服此壽九十，尤強健。一人病後，不能作聲，服此氣壯聲出。一人病痿，足不任地者半年，服此後能遠行。」吳氏之後，河車之用遂廣。見李時珍：《本草綱目》，頁1616。關於中國古代對胎盤組織的認識及大造丸成份之分析，見李約瑟：〈中世紀對性激素的認識〉，收入秦學詩主編：《房中養生》（成都，巴蜀書社，1993），頁231～頁233。

123　李時珍：《本草綱目》，頁1616。

124　《神農本草經》，又稱《本草經》、《本經》，四卷，撰人不詳。「神農」為其托名。成書時代，大約總結戰國以來的用藥經驗，經秦漢醫家不斷抄錄增補而成。《本經》內容据後代一般通行四卷輯本，共分序例（藥物學之總論）一卷和本文三卷。《本經》人藥僅髮髮一項，收入〈蟲獸部〉上品：「髮髮，味苦溫。主治五癃關格不通，利小便水道，療小兒癇，大人痓，仍自還神化。」見曹元宇：《本草經輯注》（上海，上海科學技術出版社，1987），頁265；另參見大形徹：〈《神農本草經》の神仙觀〉，《東方宗教》77號（1991）的討論。

125　村上嘉實：〈五十二病方の人部藥〉，收入山田慶兒編：《新發現中國科學史資料の研究：論考篇》（京都，京都大學人文科學研究所，1985），頁167～頁223。

而括蒼吳球創大造丸一方，尤爲世行。」[126] 据此，人胞廣爲時用，大概是元明以後的事。

　　雖然以胞入藥之風不存於「禹藏圖」之時代，但旣能透過埋胞來改變嬰兒之命運，若有人欲加害於嬰兒，而其胞衣又落於此人之手，即可能不利小兒。《淮南萬畢術》云：

　　(1) 赤布在戶，婦人流連。取婦人月事布，七月七日燒爲灰，置楣上，即不復去。勿令婦人知。[127]

　　(2) 磁石懸入井，亡人自歸。取亡人衣裏磁石，懸室中，亡者自歸矣。取亡人衣帶裏磁石，懸井中，亡人自歸。[128]

第 (1) 例，似乎是一種迷惑婦人的方術。「流連」、「不復去」的確切意含，今不得知。但爲了達此目的，可取婦人之「赤布」或「月事布」，燒灰置於門楣。例 (2)，是取亡人衣或衣帶裏磁石，懸在井或室之中，亡人自回。亡人可能指離家之人或死去之人，疑以前者稍近。然而，無論是施術於「赤布」或「亡人布」，這些衣物皆須本主所有。試設想：嬰兒的胞衣若不善加埋藏，不幸落入方伎之士或懂得方伎的一般人手中，其後果大概不是小兒之親屬所樂見的。

　　其實不僅是小兒之胞衣，古人對已經剪下的頭髮、指甲等都要進行非常謹愼的處理。處理的方法，一是埋於適當的地方，「凡梳頭髮及爪，皆埋之，勿投水

126　李時珍：《本草綱目》，頁 1597，頁 1615。

127　《淮南萬畢術》（道光十四年梅瑞軒逸書十種本），頁 2。按《漢書・淮南王傳》載劉安著《內書》二十一篇，《外書》甚衆，又有《中篇》八卷，多言神仙、黃白之事。《漢書．藝文志》著錄有淮南《內篇》、《外篇》，而不言《中篇》。又《萬畢》之名《隋志》有《淮南萬畢經》、《淮南變化術》。《唐志》有《淮南王萬畢術》，今佚其書。佚文散見《初學記》、《藝文類聚》、《太平御覽》等。褚少孫補《史記》已用其說，葛洪《神仙傳》、《拾遺記》、《白帖》皆稱是書爲淮南之書。輯本極多，除本文引用之本外，就個人所知閩有黃奭（黃氏逸書本）、葉德輝（郎園先生全書本）、孫馮翼（問經堂叢書本）、王仁俊（經籍佚文稿本）等輯本。參見楠山春樹：〈淮南中篇と淮南萬畢〉，收入秋月觀映編：《道教と宗教文化》（東京，平河出版社，1987），頁 27～頁 44；又萬畢之意，見沈曾植：《海日樓札叢》（台北，河洛圖書出版社，1975），頁 231〈萬畢〉條。

128　《淮南萬畢術》，頁 3。

火」。另一種是精心收藏起來，等到喪葬時埋於適當地方或隨棺埋入墓裡。《儀禮·士喪禮》、《禮記·喪大記》所載，王和大夫死後，要把生前收藏的毛髮和指甲以及死後沐浴修剪遺存的髮、甲之物，將入一小囊放於棺內角上。士則挖一個長二尺、寬一尺、深三尺的坑，埋在其中。後世喪禮的規定大致相同。[129]　總之，為避免胞衣被人移作他用（不一定是作為藥材），產後必須慎為藏胞。由此我們可以理解，曹宮何以產後還一直帶著其子之胞衣，臨死之前猶再三囑咐籍武「善藏」的原因。

胞衣放在不同脈絡呈現相異多樣的面貌。就產事的角度言，它是不潔的，是「不吉之物」；在產事過程危及產婦，甚而影響婦女下一次之生產。另一方面，它又是孕育胎兒之源，產後也持續影響嬰兒的夭壽禍福。然而，無論基於上述何種理由，「善藏我兒胞」成為當時所有產婦的共同願望或壓力。

四、埋胞圖的內容與結構

「禹藏圖」包括三個組成部分：(1)全圖為一大方環，由十二個月的小方框依左行排列而成，每月的月份如「正月」、「二月」等皆有標示；(2)每月的方框內有十二個方位，以一個「十」字及四個小鉤「∟」標示這些方位；(3)月框內容以兩個〔死〕位及從廿到百廿的數字組成，〔死〕位與數字的位置每月不同。又根据「禹藏埋胞圖法」的說明，在埋胞的過程中，有幾項因素是必須被嚴格遵守的，即時間、方位與數字的規律。[130]　其中以時間因素較為複雜，以下先討論

129　江紹原：《髮鬚爪：關於它們的風俗》（上海，上海文藝出版社影印，1987），頁122～頁137〈死者的髮鬚爪被認為有埋藏的必要〉一節。近年關於頭髮、指甲巫術之研究，可以參看 Philip A. Kuhn: Soulstealers: *The Chinese Sorcery Scare of 1768* (Cambridge, Mass., Harvard University Press, 1990), pp.102～103；高國藩：《敦煌巫術與巫術流變》（南京，河海大學出版社，1993）第八、九章。

130　山田慶兒即將馬王堆醫書的治療方法，粗分為醫術療法與咒術療法。前者係指用藥物的服用、洗滌、入浴、薰蒸、炙法、簡單的外科手術等。所謂咒術療法的性質雖與之有重疊之處，但是，他以為有兩點構成其決定性的差異：第一、在咒術療法中，構成其治療行為之所有因素均被嚴格限定。第二、是物質性的手段與非物質手段等價，可

「禹藏圖」的時間問題。

（一）、時間

「埋胞圖法」云：「埋胞，避小時、大時所在，以產月」。埋胞時間，以產婦分娩之月爲宜。按埋胞圖有十二月之圖，各人依產月不同擇圖埋胞。埋胞又避產月大時、小時的所在位置，此應即不可埋胞之凶位；從圖中看，每一個月的十二方位中均標明兩個〔死〕位，可知這兩個方位可能即是大時、小時在該月的位置。

何謂大時、小時？《淮南子・天文》云：「大時者，咸池也；小時者，月建也。」又云：「斗杓爲小歲」、「咸池爲太歲」。[131]《外臺秘要》卷三十五〈攘謝法〉云：「大時者，兌神；小時，北斗使者。犯之令兒腹脹下痢」。[132] 故大時爲太歲、咸神、或兌神；小時爲斗杓、月建，或北斗使者。《星曆考原》引《神樞經》云，大時者，將軍之象也，所直之日忌出軍、攻戰、築室、會親；小時乃郎將之象，其日忌結親姻、開倉庫。[133] 要之，兩者所直之日皆有所避忌。

以互換。例如，排列石塊這樣的動作可以由說「排列石塊」這樣的語言所代替。換言之，可以藉由象徵性的行爲（或語言）而達到實際效果，山田慶兒稱之爲「物質——非物質的互換」原則。若按山田氏的分類，「禹藏圖」可能較近於後者。在埋胞的儀式性行爲中，有幾項因素是必須被嚴格限定的：時間、方位及數字的排列規律。詳見山田慶兒：〈夜鳴く鳥〉，《思想》No.736（1985），頁2。

131　劉文典：《淮南鴻烈集解》（台北，文史哲出版社，1985）卷三，頁67。太歲、月建等相關資料及解說，見允祿、梅毂成、何國宗等編：《協紀辨方書》（南寧，廣西人民出版社，1993），頁94～頁97；頁151～頁155；頁217～頁218。

132　王燾：《外臺秘要》（北縣，國立中國醫藥研究所影印，1985），頁980。王燾（約670～755），唐郿（今陝西郿縣）人。宰相王珪之孫。歷給事中、鄴郡太守，並任職于尚書蘭臺二十餘載，得以博覽弘文館圖籍方書，采集緒家醫方。書名爲「外臺」者，《四庫全書總目提要》云：「是編則成于守鄴時，其結銜持節鄴郡諸軍事，兼守史，故曰外臺。」丹波元胤則以爲：外臺乃「取《魏志》蘭台爲外臺之謂者也。」是書撰于公元752年（唐天寶十一年）。分一千一百四門，皆先論而後方，其論采巢元方之《病源》，每條下必詳注原書在某卷，《四庫提要》以此例「創于燾」。徐靈胎《醫學源流論》云：「其人本非專家之學，故無所審擇以爲指歸，乃醫方之類書也。然唐以前之方，賴此書以存」。詳見：丹波元胤：《醫籍考》，頁697～頁703；岡西爲人：《宋以前醫籍考》，頁661～頁686。

133　張培瑜：〈出土漢簡帛書上的曆注〉，收入《出土文獻研究續集》（北京，文物出版社，1989），頁138。

　　大時源自古人對歲星的觀察。歲星，又稱爲木星，是五星中最大的行星。木星在星空中繞行一周年約 11.8622 年，即十二年左右。因此，每積八十六年就要會發生超次的現象。如果有一個人在某星域中找到木星的位置，大約十二年之後，可以再次於同一星域發現木星的行蹤。於是，古人把將行經天赤道附近一周按西向東的順時針方向分爲：星紀、玄枵、娵訾、降婁、大梁、實沈、鶉首、壽星、大火、析木等十二次即十二辰，每辰都可以二十八宿的某些星宿爲標志。十二次是等分的，二十八宿的距離廣狹不一，所以，十二次的起止不能和宿與宿的分界完全一致。《淮南子・天文》云：「太陰在四仲，則歲星行三宿；太陰在四鈎，則歲星行二宿。二八十六，三四十二，故十二歲而行二十八宿。」[134] 太陰，也叫歲陰、太歲，是假設的星體，與歲星相應，但運行方向相反。按歲星在星空運行的速度不均勻，「其趨舍而前曰贏，退舍曰縮」，[135] 由於這種贏縮及前述的超辰的現象，古人又設計了一個理想的天體，方向是由東向西，也是以十二年爲一周天，但速度均勻（圖九）。《詩・大雅・小弁》孔穎達疏引服虔云：「歲，歲星之神也。左行於地，十二歲而一周。」[136] 《周禮・春官・馮相氏》亦云：「馮相氏掌十有二歲」，鄭玄注，「歲，謂太歲」，賈公彥疏：「此太歲在地，與天上歲星相應而行。」[137] 又上文四仲，高誘以爲：「謂太陰在卯、酉、子、午四面之中也」。假令歲星在卯，星守須女、虛、危，故曰三宿。又太陰四鈎，即「太陰在四角」，就方位上是丑寅爲一鈎，辰巳爲一鈎，未申爲一鈎，戌亥爲一鈎（圖一〇），假令歲陰在寅，歲星在斗、牛，故曰二宿。即歲星每一次，有的舍二宿，有的舍三宿。[138]

　　太歲運行方式如《淮南子・天文》所述，「二月建卯，月從右行四仲，終而

134　劉文典：《淮南鴻烈集解》卷三，頁 58。另參看夏鼐：〈從宣化遼寧的星圖論二十八宿和黃道十二宮〉，收入氏著：《考古學與科技史》（北京，科學出版社，1979）。

135　高平子：《史記天官書今註》（台北，中華叢書編委會，1965），頁 28～頁 29。

136　孔穎達：《毛詩正義》（台中，藍燈出版社影印），頁 421。

137　孫詒讓：《周禮正義》（北京，中華書局，1987）第八冊，頁 2103～頁 2105。

138　劉文典：《淮南鴻烈集解》卷三，頁 58～頁 59。

復始。」四仲，在十二辰即子、午、卯、酉之位，一月一方，終而復始，終歲運行三周。[139] 「禹藏圖」大時運行也是自東而南、而西、而北，每月一易，四個月一周，一年運行三周。這與「歲星出，東行十二度」，「十二歲而周天」[140] 的說法不同，曾憲通認為：「前者是地球上人們對歲星運行的直觀感覺，後者則為歲星在天體星座上的實際行度，二者有所不同」，這一類方伎之書，「不記歲星行度，只記行向，并以其所在方位預測災祥吉凶。」[141]

前面提到歲星運行並不規律，有贏縮等現象，對一般人而言，單用肉眼不僅實際觀察歲星的行度有困難，要了解其每月之行向、方位所在恐怕亦非易事。所以，為了讓擁有「禹藏圖」這一類方伎書的人便於使用、操作，通常將某些因素（如時間）給予規律化。換言之，「禹藏圖」所呈現大時（小時亦然）的行向或方位所在，未必是其實際的行向或方位所在。而使用「禹藏圖」的人，亦不必親自觀看天象以確認圖中所記載的星曜方位。就操作上而言，天文知識並不是必需的一門學問。

這種規律化的傾向，亦見於湖北雲夢出土秦簡《日書》中的《歲》篇與〈家（嫁）子〉篇，這兩篇皆記載歲星運行與行事災祥的關係。其中，〈歲〉篇經曾憲通的整理，歲星的運行與月份的搭配如下：

---

139 劉文典：《淮南鴻烈集解》卷三，頁 67。關于十二辰的討論，見傅運森：〈十二辰考〉，收入《張菊生先生七十生日紀念文集》（上海，商務印書館，1937），頁 369 ～頁 407。

140 高平子：《史記天官書今注》，頁 29。

141 曾憲通：〈秦簡日書歲篇講疏〉，收入饒宗頤、曾憲通：《雲夢秦簡日書研究》，頁 69～頁 70。關於歲星的討論，參見劉坦：《中國古代之星歲紀年》（北京，科學出版社，1957）；何幼琦：〈評乾嘉間關于太歲太陰的一場爭論〉，《學術研究》1979 年 5 期；陳久金：〈關于歲星紀年若干問題〉，《學術研究》1980 年 6 期；王勝利：〈星歲紀年管見〉，收入《中國天文學史文集》第 5 集（北京，科學出版社，1989）；此外，歲星相關討論有劉雲友：〈中國天文史上的一個重要發現：馬王堆漢墓帛書中的《五星占》〉，《文物》1974 年 11 期；藪內清：〈馬王堆三號漢墓出土の「五星占」について〉，收入《東方學論集：小野勝年博士頌壽紀念》（京都，龍谷大學東洋史學研究會，1982）；席澤宗：〈馬王堆漢墓帛書中的《五星占》〉，收入《中國古代天文文物論集》（北京，文物出版社，1989）。

正月、五月、九月　　　　　歲在東方

二月、六月、十月　　　　　歲在南方

三月、七月、十一月　　　　歲在西方

四月、八月、十二月　　　　歲在北方 [142]

其月份、方位與「禹藏圖」完全一致。另外，〈家（嫁）子〉篇今按睡虎地竹簡整理小組對其脫字及錯簡部份的說明，製成表二：[143]

月份 ＼ 方位	東	東南	南	西南	西	西北	北	東北	備考
正月 五月 （九月）	歲在正東	夬麗	缺文	執辱	郂逐	續光	吉富	（反鄉）	東南應爲「斲」（鬥），南應爲「夬麗」。東北有脫文。
二月 六月 十月	吉富	反鄉	歲在正南	斲（鬥）	夬麗	執辱	郂（逐）	續光	北、東北皆有脫文。
三月 七月 十一月	郂逐	續光	吉富	反鄉	歲在正西	斲（鬥）	夬麗	執辱	
四月 八月 十二月	夬麗	執辱	郂逐	續光	吉富	反鄉	歲在正北	斲（鬥）	東北方位脫文。東南方位脫文。

〈家（嫁）子〉篇的方位，即《淮南子·天文》所說的四仲、四鈎八個方位。歲星每一年自正月至十二月按東南西北方位運行，「終而復始」。而每月的吉凶亦按斲（鬥）、夬麗、執辱、郂逐、續光、吉富、反鄉等規律的排列運作。[144] 其中，大時所在可能即兇煞之方位，也就是「禹藏圖」的〔死〕位。

小時，即斗柄、月建，源自古人對北斗的觀察。用以紀時，也根據斗柄的指向來確定季節。[145] 按北斗由天樞、天璇（一作璿）、天璣、天權、玉衡、開陽、

142　曾憲通：〈秦簡日書歲篇講疏〉，頁 78～頁 79。

143　《睡虎地秦墓竹簡》，頁 248～頁 249。据曾憲通推測，〈家（嫁）子口〉一篇其内容「當與歲星占之類有關」。見曾憲通：〈秦簡日書歲篇講疏〉，頁 79。

144　參見《睡虎地秦墓竹簡》，頁 249 之注釋。

145　月建、季節、斗柄、夜時之相互關係一般的說法如下：

搖光（一作瑤）所組成，其形如斗，故曰北斗。又因其每日環極而運，又有帝車之稱。其中，樞、璇、璣、權四星組成斗身，稱做斗魁；而玉衡、開陽、搖光三星組成斗柄，稱爲柄或標（標、杓通）。[146]　斗星在紫微垣的位置如圖十一所示。

它是北方的標誌，不同季節和夜晚不同的時，斗杓的方位和指向不一。所以，古人根據斗柄的指向來定四時。《鶡冠子・環流》：「斗柄東指，天下皆春；斗柄南指，天下皆夏；斗柄西指，天下皆秋；斗柄北指，天下皆冬。」[147]　斗柄的方位與季節的關係是：東一春、南一夏、西一秋、北一冬。除了用斗杓以定四時之外，又以斗杓每月在十二辰所指之位來定時，稱爲月建。《淮南子・天文》云：「斗杓爲小歲，正月建寅，月從左行十二辰」，又云：「帝張四維，運之以斗，月徙，復反其所。正月指寅，十二月指丑。一歲而匝，終而復始。」[148]　這裡提及「正月建寅」、「正月指寅」，是爲夏正，即以農曆正月爲歲首。[149]　正月斗

月建	子	丑	寅	卯	辰	巳	午	未	申	酉	戌	亥
季節	冬至	大寒	雨水	春分	穀雨	小滿	夏至	大暑	處暑	秋分	霜降	小雪
斗柄所指	在下	下右	右下	右	右上	上右	上	上左	左上	左	左下	下左
時間	6	5	4	3	2	1	0	23	22	21	20	19

146　馬繼興：《馬王堆古醫書考釋》，頁818。

147　陸佃：《鶡冠子解》（台北，台灣商務印書館影印，1978），頁21。

148　劉文典：《淮南鴻烈集解》卷三，頁67，頁72。

149　春秋戰國各國曆法的區別主要在年首、曆元及閏月設置的年份或月份的不同。例如，有以含冬至之月爲正月的「周正」；有以此後一月爲正月的「殷正」；有以此後二月爲正月的「夏正」。由于夏正切合生產和生活的實際需要，一般民間使用較廣。王勝利以爲楚曆是以夏正十月爲正月，但「以夏正十月爲首月，節氣正當立冬、小雪，這于農業生產似無多大意義」，可能主要著眼宗教上的考慮。所以，「楚國民間仍普遍使用夏正曆法」。張正明則推測楚用顓頊曆，是夏曆的變種。詳見：楊寬：〈月令考〉，《齊魯學報》2期（1941），頁11；徐世昌：《清儒學案》（台北，世界書局，1962）卷八十一，〈春秋時列國多用夏正〉條；張正明主編：《楚文化志》（湖北，湖北人民出版社，1988），頁297～頁302；張正明：《楚文化史》（上海，上海人民出版社，1987），頁231～頁233；另外，關於楚曆的討論，詳見：曾

杓所指爲寅，則寅爲建，二月則卯爲建，以此類推，至十一月則子爲建，十二月則丑爲建。「禹藏圖」即按此而製作（圖十二 a、b）。《周易參同契・四者混沌》：「二月楡落，魁臨于卯；八月麥生，天罡据酉。」[150] 二月斗杓指卯，八月指酉，與「禹藏圖」完全相同。

要之，太歲行於四仲之位，月行三辰；而月建一月一辰，兩者關係如圖十三所示。「禹藏圖」所避大時、小時之所在，即太歲、月建每月所居之方位。不過，《淮南子・天文》所述，大時、小時的運行方向不同，一從右行，一從左行，而「禹藏圖」的大時、小時運行方向一致，皆從左行，即從斗柄所指的運行方向。其次，《淮南子・天文》云，大時當始于「二月建卯」，小時「正月建寅」，而「禹藏圖」則大時、小時皆始於夏曆正月建寅，亦從月建之月。對於以上兩個問題：第一、大時、小時運行方向，有的學者推測：「《淮南子》之太歲運行乃遵實際歲星運行方向；而帛書之太歲運行，則是遵太歲爲假設星體，運行方向與歲星相反。」[151] 然而，太歲之所以從斗柄所指的運行方向左行，可能也是爲操作上的方便。龐樸以爲，「它被假設爲與斗柄按同一方向旋轉，這樣一來，太歲紀年、斗建紀月、太陽紀日，這三大紀時物的方向便一致起來了，人們從感覺上和觀念上和觀念上，都得到了統一與和諧的滿足。」[152] 第二、大時「二月建卯」疑是「正月起卯」之誤，因太歲並非斗杓，用「建」表示方位日辰似有未安，而且，《淮南子・天文》也沒有指出太歲正月從何辰開始，唐人李鼎祚即云：「大時者正月起卯，逆行四仲」，[153] 此說正與「禹藏圖」同。以上的推測有兩則佐

憲通：〈楚月名初探〉，《中山大學學報》1980 年 1 期；何幼琦：〈論楚國之曆〉，《江漢論壇》1985 年 10 期；平勢隆郎：〈楚曆小考〉，《中山大學學報》1981 年 2 期；曾憲通：〈秦簡日書歲篇講疏〉，頁 73；王勝利：〈關於楚國曆法的建正問題〉，《中國史研究》1988 年 2 期；王勝利：〈再談楚國曆法的建正問題〉，《文物》1990 年 3 期。

150　潘啓明：《周易參同契通析》，頁 109。

151　潘遠根：〈馬王堆帛書埋胞圖考証〉，《中華醫史雜誌》19 卷 4 期（1989 ），頁 249。

152　龐樸：〈「火曆」續探〉，收入氏著：《稂莠集——中國文化與哲學論集》（上海，上海人民出版社，1988 ），頁 177。

153　張培瑜：〈出土漢簡帛書上的曆注〉，頁 138。

證。居延漢代遺址新出土的簡冊有殘簡一枚（ E.P.S4.　　T2: 105 ）：

　　　大時　　　　　北方　西方

　　　　　　　幷在東方

　　　小時　　　　　東方　南方。[154]

又，敦煌漢簡亦云：

　　　正月大時在東方害卯小時丑在東方害寅子朔巳反支辰解律。[155]

　　　這二枚殘簡指出：(1)居延新簡提及大時、小時「幷在東方」，敦煌簡亦云
「大時在東方」、「小時丑在東方」（丑或衍字）。根据後者，大時、小時幷在
東方是爲「正月」，此正與「禹藏圖」正月大時、小時之方位相同。(2)敦煌簡
提及大時「害卯」，小時「害寅」，卯、寅是大時、小時正月所直之位，害是兇
或不利之意。「禹藏圖」正月的兩個〔死〕位亦在卯、寅的方位，也就大時、小
時之所在。所以，大時，小時運行方向一致，兩者皆以夏曆正月爲始，恐怕流行
於漢代一般的曆注之中。

　　　大時、小時如上所述。「禹藏圖」以爲埋胞要避開這兩個方位。《論衡・調
時篇》提及對付歲、月之神的方法：

　　　假令太歲在子，歲食于酉，正月建寅，月食于巳，子、寅地興功，則酉、
　　　巳之家見食矣。見食之家，作起厭勝，以五行之物懸金木水火。假令歲月
　　　食東家，東家懸炭。設祭祀以除其凶，或空亡徒以辟其殃。[156]

就上而論，對付太歲、月建之神的方法有三：一是厭勝，二是祭祀，三是用逃避
（「辟」）的方式。「空亡」即全家出走，徒即搬遷。王充又引述當時人之觀念：
「歲月惡其不避己之位，怒之也」。[157] 「禹藏圖」的性質大致屬於第三類，即
「辟」大時、小時之「衝位」，埋胞圖稱之爲〔死〕之方位。《論衡》亦云：歲

154　甘肅省文物考古研究所等編：《居延新簡》（北京，文物出版社，1990 ），頁 562 。

155　羅振玉：〈流沙墜簡〉，收入氏著《羅雪堂先生全集續編》（台北，文華出版公司，
　　　1965 ）冊七，頁 2811 。

156　黃暉：《論衡校釋》，頁 978 。

157　黃暉：《論衡校釋》，頁 978 。

月「所食之地，必有死者」。[158]

其次，太歲、北斗逐漸被神格化。《淮南子・天文》「天神之貴者，莫貴於青龍，或曰天一，或曰太陰」，又云：「北斗之神有雌雄」。[159] 大概遲至西漢，人們已將太歲之神每年所行經的方位，與動工興功、遷徙、嫁娶等禁忌連繫起來。由「禹藏圖」所示，埋胞亦必須考慮太歲的因素。而北斗的信仰，到了東漢晚期，甚有「南斗注生，北斗注死，凡人受胎，皆從南斗過北斗。所有祈求，皆向北斗」的說法，[160] 換言之，北斗主掌人的夭壽。有趣的是，這裡提到「凡人受胎，皆從南斗過北斗」，埋胞圖為祈嬰兒長壽亦要避其衝位。北斗注死的信仰起源較晚，然而，人的壽限受星宿影響的觀念應該是相當早的。

（二）、方位

上一小節解釋大時、小時的觀念時，事實上已經牽涉其運行方位的問題。在這一節，我將進一步討論「禹藏圖」本身的方位。

埋胞圖基本上包括大圖、小圖二部份。大圖圖上有「南方」二字，即上南下北的方位，與今日輿圖上北下南的通例不同。方位在古代又稱「準望」。同墓出土的駐軍圖，上亦清楚標有「南」，左標有「東」的方位字樣（圖十四）；另外，稍早的河北平山中山王墓出土的「兆域圖」（圖十五）也是呈現這種方位，据研究者指出：「兆域圖上雖然沒有標出方向，但是從圖的內容和表示形式，可以看出它是有一定方位的。例如，圖上四個宮的門表示在上方，据中山王墓發掘表明，

158　黃暉：《論衡校釋》，頁 978。

159　劉文典：《淮南鴻烈集解》卷三，頁 83，頁 82。

160　「南斗注生，北斗注死」的想法，如《後漢書・趙壹傳》云：「乃收之於斗極，還之於司命」；《搜神記》卷三〈管輅教顏超延命〉條亦可參考。人之壽夭受星宿影響，如王充所云：「人稟氣而生，含氣而長，得貴則貴得賤則賤，貴或秩有高下，富或貲有多少，皆星位尊卑大小之所授也。」（《論衡・命義篇》）又，《抱朴子・辨問篇》引《玉鈐》云：「人之吉凶修短，於結胎受氣之日，皆上得列宿之精。」見《後漢書》（台北，樂天書局影印，1978）卷八十下，頁 2628；干寶：《搜神記》（台北，洪氏出版社影印，1982），頁 33～34；黃暉：《論衡校釋》，頁 45。另關於斗星之崇拜，見蕭登福：《道教星斗符印與佛教密宗》（台北，新文豐出版公司，1993）。

墓室門朝南開，無疑本圖的上方是南，下方是北。」[161] 這種上南下北的方位有
兩種可能形式：（1）上南、下北、左東、右西；（2）上南、下北、左西、右東。後
者是從觀測者面向北，仰看天北極周圍而來的方位系統。天北極之下，是地平方
位的正北；由天北極向上，經過天頂，觀測者背後即是正南。從天北極向觀測者
右側平指出去是正東，而與之相對的另一邊即是正西（圖十六：a）。前者則是
從觀測者面向南，俯視地平面，正北在身後，左側爲地平面東，右側爲西（圖十
六：b），上舉的禹藏圖、駐軍圖與兆域圖等皆屬於這個方位系統。[162] 王成組
以爲：「這是我國古代制圖的傳統——上南下北、左東右西，這和指南針『南面
稱王』等古代觀念相符合。」[163]

161　中國科學院自然科學史研究所地學史組：《中國古代地理學史》（北京，科學出版社，
　　　1984），頁286～頁287；楊鴻勛：〈戰國中山王陵及兆域圖研究〉，《考古學報》
　　　1980年1期；孫仲明：〈戰國中山王墓兆域圖及其表示方法的研究〉，收入曹婉如等
　　　編：《中國古代地圖集》（北京，文物出版社，1990）；劉來成：〈戰國時代中山
　　　王譽兆域圖銅版釋析〉，《文物春秋》1992年增刊。

162　王立興：〈方位制度考〉，收入《中國天文學史文集》5集（北京，科學出版社，
　　　1989），頁16～頁19。

163　王成組：《中國地理學史》（北京，商務印書館，1988），頁74～頁75。關于古代
　　　上南下北的方位傳統，再舉若干實例討論：第一、以馬王堆出土地圖爲例，其呈現之
　　　方位，李學勤以爲以南爲上「這應該是古圖，至少是楚地出現的古圖的傳統」。而海
　　　野一隆則推測，這或許與長沙候國處于漢帝國南部邊境有若干關係。第二、再以長沙
　　　子彈庫的楚帛書爲例，帛書文字共分三篇，位于帛書中間的兩篇（八行、十三行）書
　　　寫方向互倒，四周排列附有圖形的十二段，爲第三篇。三篇的次第，與帛書擺法的理
　　　解有關。蔡季襄、蔣玄怡、饒宗頤等主張以上夏、下冬、左春、右秋的方位；而董作
　　　賓、李學勤則主張上冬、下夏、左秋、右春的方位爲正。後來，李學勤根據整理帛書
　　　的經驗而改爲以南（即夏）爲上，所以，三篇次第應以八行、十三行、邊文爲先後。
　　　饒宗頤又指出，「帛書以代表夏五月之神像爲三首神祝融，當正南之位，是爲楚先
　　　祖，故得以南爲上。」第三、八卦方位，無論是所謂先天卦位或後天卦位，基本上是
　　　上南下北的方位。馬王堆帛書《周易》的卦位亦然，李學勤說：「馬王堆帛書裡面的
　　　圖，不管是地圖還是數術性質的圖，一律上南下北。後天卦位圖采取上南下北的表示
　　　法，說明它的產生年代不會很晚」。第四、又如《靈樞・九宮八風篇》的九宮圖其卦
　　　位亦是离在上、坎在下，標明上南下北之方位。第五、相面術士的人面圖，王立興指
　　　出：「相面術士的人面圖，額頭是南，鼻準是中央，右耳爲東，左耳爲西，下巴是
　　　北。相書中的人面八卦部位圖、人面九州部位圖、人面干支部位圖、人面五星部位圖
　　　全都如此」。我懷疑以南爲上的方位觀可能與術數、宗教有關。不過限于材料，目前

　　然而，上南下北的方位是不是所有古圖的慣例呢？甘肅天水放馬灘秦墓出的一幅地圖（圖十七），即不是這種方位。何雙全認爲：「圖下方寫有『上』字，指示本圖的正讀方向。從有關帶方向性的地名來看，此圖方位是上北下南，左西右東，與現在地圖方位相同。」[164] 但是，有的學者以爲，「此方位清初以前，古人甚少用之。」[165] 無論如何，我們得知古代方位的標示不只一種系統。李零曾經復原《管子》的《玄宮》、《玄宮圖》等材料指出，其實古代方位概念主要

僅是推測，有待日後加以證明。以上，馬王堆地圖的討論請參見：〈長沙馬王堆漢墓出土地圖的整理〉，《文物》1975 年 2 期；譚其驤：〈二千一百多年前的一幅地圖〉，《文物》1975 年 2 期；傅舉有：〈馬王堆三號漢墓出土駐軍圖〉，收入曹婉如等編：《中國古代地圖集》；海野一隆：〈地圖學的見地とりする馬王堆出土地圖の檢討〉，《東方學報》（京都）51 冊（1979）。另楚帛書相關討論，見李學勤：〈論楚帛書中的天象〉，《湖南考古輯刊》1 集（1982），頁 68；饒宗頤、曾憲通：《楚帛書》（香港，中華書局，1985），頁 194～頁 198；李零：〈長沙子彈庫戰國楚帛書研究〉，（北京，中華書局，1985），頁 29～頁 30。卦位的討論見：李學勤：〈馬王堆帛書《周易》的卦序卦位〉，收入氏著：《李學勤集》（哈爾濱，黑龍江教育出版社，1989），頁 351～頁 361；韓仲民：《帛易說略》（北京，北京師範大學出版社，1992），頁 88～頁 91；中島和歌子：〈八卦法管見〉，《文化學年報》12 號（1993），頁 89～頁 133。另《靈樞・九宮八風篇》的討論，見河北醫學院：《靈樞經校釋》下冊，頁 373～頁 376；王旭、徐昭玉：〈《靈樞・九宮八風篇》的九宮圖非其所固有〉，《中華醫史雜誌》22 卷 2 期（1992），頁 95～頁 96。面相圖的方位，見王立興：〈方位制度考〉，頁 17。

164　何雙全：〈天水放馬灘秦墓出土地圖初探〉，《文物》1989 年 2 期，頁 13 。這種上北下南的方位，亦見于馬王堆漢墓的「辟兵圖」（一說，「神祇圖」或「社神圖」）。周世榮以爲此圖之方位應參照馬王堆帛書《地形圖》和漢代四神鏡銘文所見的方位來定，即上南下北，左東右西。圖形自南至北，可分爲上、中、下三層。而李零卻主張此圖實屬上北下南方位，並指出：「中國唐以來的地圖是取上北下南，但早期往往作上南下北。近來學者往往以爲早期地圖只有後一種方向，其實不對，如近出放馬灘秦地圖即取上北下南。」討論詳見：周世榮：〈馬王堆漢墓的「神祇圖」帛書〉，《考古》1990 年 10 期，頁 925；李零：〈馬王堆漢墓「神祇圖」應屬辟兵圖〉，《考古》1991 年 10 期，頁 940～頁 942。關于此圖的性質，參見最近李學勤：〈「兵避太歲」戈新証〉，《江漢考古》1991 年 2 期；李零：〈湖北荊門「兵避太歲」戈〉，《文物天地》1992 年 3 期；陳松長：〈馬王堆漢墓帛畫「太一將行」圖淺論〉，《美術史論》1992 年 3 期；李學勤：〈古越閣所藏青銅兵器選粹〉，《文物》1993 年 4 期，頁 25 討論神人紋劍部份；陳松長：〈馬王堆漢墓帛畫「神祇圖」辨正〉，《江漢考古》1993 年 1 期。關于「辟兵圖」我將另文討論。

165　王立興：〈方位制度考〉，頁 19。

有二種系統，一種是按日照而取的方位（背陽、向陽），即上南下北；另一種是按斗極和斗旋順序而取的方向，即上北下南。大致而言，前者用於地形，後者主要是用於天文、時令。[166] 古代的方位系統應不只一種，但筆者懷疑，中國古代時間、空間應該是結合在一起的，恐怕沒有如此截然的分別。[167]

　　不過，「禹藏圖」大圖的性質基本上屬於地形圖應該是可以確定的。這由其托名於「禹」，可作爲一項佐證。禹爲假託，應該沒有異議。但假託的古聖賢與作品內容之間有沒有一定程度的連繫呢？顧頡剛發現古代不少有關地理、輿圖等作品皆托名禹的名下，如《禹貢》、《山海經》以至於後世的「禹九州圖」、「禹跡圖」等。[168] 而大量禹的傳說，如禹遠方圖物之說；《尚書・立政》：「陟禹之跡」；[169]《詩經・韓奕》：「奕奕南山，維禹甸之」；[170]《淮南子・

166　李零 ：〈楚帛書與「式圖」〉，《江漢考古》1991年1期，頁61；李零：〈「式圖」與中國古代宇宙模式〉（上），《九州學刊》4卷1期（1991），頁42～頁43；李零：〈「式」與中國古代的宇宙模式〉，《中國文化》4期（1991），頁13。

167　例如，元代張理《大易象數鈎深圖》有「仰觀天文圖」、「俯察地理圖」。明代來知德《易經來注圖解》採此圖稍異。按此二圖是解釋八卦來源之圖式，本于《周易・繫辭下》。其中，「仰觀天文圖」，呈現上南下北，左東右西之方位，八卦方位則是上離下坎，四周附麗二十八宿等。而「俯察地理圖」，方位同於天文圖，以子午、卯酉定四方之位，並畫九州等以配合卦位。這二圖，一個或可稱之天圖，另一或可稱爲地圖，兩者方位是一致的（來知德：《易經來注圖解》，台南，大千世界出版社影印，1987），頁538。換言之，古代地形之圖與天文時令之圖是否截然爲二個系統，值得進一步研究。又如，式盤上所見之二十八宿排列圖，並非實際上其在天上的排列方式，龐樸說：「後世的種種二十八宿排列圖，都只能叫做『地圖』，而不是天圖；它們是堪輿家的作品，不是天文家的記錄」，而且爲了使用上的方便，紀年的太歲、紀月的年建、紀日的日行都安置在地上，天文時令與輿地之間，並不是完全割裂的。見龐樸：〈火曆續探〉，頁178；另馮友蘭：《中國哲學史新編》（北京，人民出版社，1985）三冊，頁187～頁207〈緯書中的世界圖式〉對此問題亦間有觸及，可一併參考。

168　顧頡剛：《中國上古史研究講義》（北京，中華書局，1988），頁88；顧頡剛：《顧頡剛讀書筆記》（台北，聯經出版社，1990）卷二，頁983；卷四，頁2182～頁2183；卷七，頁5607等條。按地理著作多托名於禹，此顧頡剛已發其覆。除本文所提及之書，唐代杜佑《通典》注引《禹受地統書》，清代王謨輯《禹受地記》收錄古地理佚書，亦托名禹，凡此可証余之推測。另禹之形象，見丁山：《中國古代宗教與神話考》（上海，上海文藝出版社影印，1988），頁32～頁34；袁珂：《中國神話史》（上海，上海文藝出版社，1988），頁351。

169　孔穎達：《尚書正義》（台中，藍燈出版社影印），頁265。

170　鄭玄：《毛詩箋》，頁129。

齊俗》：「禹令民聚土積薪，擇丘陵而處之」；[171]　《呂氏春秋・齊初篇》：
「禹行水，竊見塗山之女，禹未之遇而巡省南土」[172]　等等。凡此種種記載，都
將禹形容成巡省各地，而且熟知天下山川形勢、風土所宜的古賢。余意「禹藏圖」
似乎即如「禹九州圖」、「禹跡圖」一樣，其作品性質與上述禹的傳說取得連繫。

　　這個地形、方位之圖又包括十二個小圖，或可以稱爲「月圖」或「十二月圖」
〔見附錄（二）〕。現在將小圖中的月份、數字的部份暫時除去（如圖十八），
即是由子午、卯酉二條直線所構成的「十」字，以及丑寅、辰巳、未申、戌亥等
四個不同方位的「凵」形成結合而成的。

　　這種圖式，是如何形成的？只是爲了劃分十二等次以配合月建的數目，抑或，
這種圖式的結構是基於某種宇宙觀？我以爲可能是後者。這種圖式，我暫定名爲
「二繩四鈎」宇宙圖式。《淮南子・天文》云：

　　　子午、卯酉爲二繩，丑寅、辰巳、未申、戌亥爲四鈎。東北爲報德之維也，
　　　西南爲背羊之維，東南爲常羊之維，西北爲蹏通之維。[173]

子午卯酉是辰次。就方位來看，子爲北，午爲南，卯爲東，酉爲西，所謂二繩即
由子午、卯酉交叉所形成的二條直線。《說文》云：「十，數之具也。一爲東西，
丨爲南北，則四方中央備矣。」[174]　此亦可謂爲「經緯」或「縱橫」。[175]　子午
繩、卯酉繩所構成的圖式，即如埋胞圖的小圖所見。二繩所劃分的「四方」之位，
在田地的周邊可稱之「四至」，在住宅的周邊則可稱之「四鄰」。其次，丑寅、

171　劉文典：《淮南鴻烈集解》卷十一，頁64。

172　陳奇猷：《呂氏春秋校釋》（台北，華正書局影印，1985），頁334。

173　劉文典：《淮南鴻烈集解》卷三，頁63。這種二繩四鉤圖式的應用，亦見近年發現
　　　之《日書》，見劉信芳：〈《日書》四方四維與五行淺說〉，《考古與文物》1993
　　　年2期。另外，馬王堆《刑德》乙本所附的九宮圖，其基本結構亦然。《刑德》云：
　　　「卯酉，二根也。」又云：「二根司殺」，因卯酉是對衝。見傅舉有、陳松長：《馬
　　　王堆漢墓文物》（長沙，湖南出版社，1992），頁133～頁135；饒宗頤：〈馬王堆
　　　《刑德》乙本九宮圖諸神釋〉，《江漢考古》1993年1期，頁84～頁87。

174　段玉裁：《說文解字注》，頁89。

175　姜亮夫：《楚辭通故》（濟南，齊魯書社，1985）4輯，頁856: Stephen Field:
　　　"Cosmos, Cosmograph, and the Inquiring Poet: New Answers to the Heaven Questions",
　　　Early China 17 (1992), pp. 98～100。

辰巳、未申、戌亥等亦爲辰次。丑寅即丑與寅之間，爲東北；辰巳即辰與巳之間，
爲東南；未申即未與辰之間，爲西南；戌亥即戌與亥之間，爲西北。此謂爲「四
鉤」。四鉤交叉又構成四維，以方位來看，《淮南子・天文》云：「東北爲報德
之維也；西南爲背陽之維；東南爲常羊之維；西北爲蹏通之維」，又云：「兩維
之間九十一度十六分之五」。[176] 古分周天爲三百六十五度又四分度之一，合以
現時三百六十度之說，即相當於九十度左右。這「二繩四鉤」之說，即漢代早期
的宇宙圖式，劉復、林巳奈夫曾將其復原（圖十九：a、b）。如果我們將圖十
九的若干線條除去，這個圖式正是埋胞圖小圖的基本結構了。

　　我們觀看這個「二繩四鉤」圖式時，可以由下往上，想像它是在我們頭頂之
上一個圓形的穹蒼。如果再由側面看去，就如圖二〇所示。這也就是「蓋天說」
的宇宙模型。《天問》云：「斡維焉系？天極焉加？」斡，洪興祖《楚辭考異》
云：「一作筦」，即轉也。維，即繩索；斡維似爲轉動著的繩索。[177] 孫作雲云：
「古人認爲，天體如蓋，上有繩栓繫，所以不墜；又因爲這繩索轉動，故天蓋也
跟著轉動，這就是所謂蓋天說」。[178] 而《天問》所說的「維」，程嘉哲以爲就
是上述報德之維等所謂「四維」。[179] 四維支撐所造成的「四鉤」，正是周天的
四個角落，我們也可以確定「禹藏圖」所用的宇宙模型是屬於「蓋天說」（圖二
一）。漢代出土栻盤上所標示的子午、卯酉等辰次、方位似亦反映著這種宇宙模
型（圖二二）。

　　與本文相關的是，二繩、四鉤與方位之間的關係是如何確定的？《淮南子・
天文》云：

　　　　東方木也，其佐句芒，執規而治春，其神爲歲星，其獸蒼龍，其音角，其
　　　　日甲乙。南方火也，其帝炎帝，其佐朱明，執衡而治夏，其神爲熒惑，其
　　　　獸朱鳥，其音徵，其日丙丁。中央土也，其帝黃帝，其佐后土，執繩而制

176　劉文典：《淮南鴻烈集解》卷三，頁63，頁64。
177　臺靜農：《楚辭天問新箋》（台北，藝文印書館，1972），頁4～頁5。
178　孫作雲：《天問研究》（北京，中華書局，1989），頁120。
179　程嘉哲：《天問研究》（成都，四川人民出版社，1984），頁21～頁22。

四方，其神爲鎮星，其獸黃龍，其音宮，其日戊己。西方金也，其帝少昊，
其佐蓐收，執矩而治秋，其神爲太白，其獸白虎，其音商，其日庚辛。北
方水也，其帝顓頊，其佐玄冥，執權而治多，其神爲辰星，其獸玄武，其
音羽，其日壬癸。[180]

以上，將五星、五帝、季節、音律、二十八宿與方位結合起來，並予以系統化。
這樣的結合，或許有其一定的道理，例如，東方、春、歲星等幾位因素的聯繫，
似乎是建立在古人對自然現象的觀察。「禹藏圖」所見歲星的方位，是「正月建
寅」（春），東方的位置。但是，這一類的圖式爲求其系統的完整性，不免會附
會或雜夾了其他的一些因素進來。[181] 劉復曾嘗試解釋上文之中繩、維、鉤名稱
的由來，以及東—規，南—衡，西—矩，北—權，中—繩等之間聯繫在一起的可
能原因。他說：

> 我以爲在比較近於原始的時候，即人類剛開始研究天文的時候，所用以經
> 天緯地的東西，是一大幅布（或一大張牛皮之類）。這一大幅布，不用的
> 時候，可以捲起或疊起，用的時候卻並不是平攤在地上，而是直立，或是
> 斜立的。因其如此，所以必須要有維繫的東西。於是先用兩條較大一點的
> 繩，相交作十字形，靪於布上，而交點於全幅的中心，這就叫做繩，次取
> 四條較小的繩，繫於四角，使不往下掉，這就叫維。但要把這樣一大幅東
> 西常用幾個人握在手裡是很不方便的，必須設法將它拴系在什麼地方才好，
> 於是又借用當時的科學儀器權、衡、規、矩四物，分扣於上下左右四個繩
> 頭上，以爲拴系之具：衡直而長，置之上方（南）；權小而重，置之下方
> （北）；規矩則分置於左（東）右（西）；至於四維頭上所用的，卻是普
> 通日用品中的鉤子。因爲在很古的時候有過這樣的事實，所以後來才有東
> 方之神執規而治春，南方之神執衡而治夏……那一套神話；其謂中央之神

180　劉文典：《淮南鴻烈集解》卷三，頁 57～頁 58。

181　參見李澤厚：〈秦漢思想簡議〉，收入氏著：《中國古代史論》（台北，漢京文化有
限公司重排本，1987），頁 139～頁 167；金春峰：〈「月令」圖式與中國古代思維
方式的特點及其對科學、哲學的影響〉，收入《中國文化與中國哲學》（北京，東方
出版社，1992），頁 126～頁 159。

執繩而制四方者，謂子午、卯酉二繩之交點在中央也。[182]

劉復的推測，主要是在疏解繩、鈎及權衡規矩四物與方位的關係（圖二三）。這是他個人的意見，未必能据爲定論。不過，《易緯通卦驗》云：「冬至日，置八神，樹八尺之表，日中視其影，如度者歲美人和，曷不如度者歲惡人僞，言政令爲之不平。」《注》：「神，讀如引。言八引者，樹杙於地，四維、四中（仲）引繩以正之，故因名之曰引。」[183] 亦即樹立測日影的八尺之表要從八個方向以八條繩來栓系，以此模擬天體之象，求歲之美惡。換言之，在古代似乎存在以繩所構成的四維、四仲的圖式來測量日影的事實（或觀念）。

再者，權衡規矩等計量器，除了實用之外，亦具有象徵意義。《淮南子・天文》：「規生矩殺，衡長權藏，繩居中央，爲四時根。」[184] 這裡提到，「規」使萬物生存，「矩」使萬物凋零，「衡」使萬物成長，「權」使萬物隱藏。上面的種種計量器表示天地運行的時序。而「繩居中央」的繩應指子午、卯酉之繩，從「禹藏圖」的小圖來看，大時與小時行於二繩所形成四維、四仲之位，月月不同，故云：二繩「爲四時根」。《史記・龜策列傳》：「規矩爲輔，副以權衡」，[185]《漢書・律曆志》：「準繩連體，衡權合德」，[186]《鶡冠子・道端篇》：「鈎繩相布，衡橛相制」[187] 等，要之，由鈎、繩來定四方之位，而其所構成的圖式亦成爲天文宇宙的象徵。

埋藏胞衣必須參考小圖上的方位，而使用「禹藏圖」的人是以何爲確定方向的基準？馬繼興說：

這種方位首先是以產婦居室爲中心，在其四周外方的十二個方位即：東方（東北、東、東南），南方（南東、南、南西），西方（西南、西、西北），北方（北西、北、北東）。選擇必須避忌埋胞的方位，和埋胞最佳

182　劉復：〈西漢時代的日晷〉，《國學季刊》3卷4期（1932），頁21～頁22 。

183　引自孫詒讓：《周禮正義》第八册，頁2109 。

184　劉文典：《淮南鴻烈集解》卷三，頁74 。

185　《史記》（台北，鼎文書局影印，1984）卷一百二十八，頁3229 。

186　《漢書》卷二十一上，頁970～頁971 。

187　陸佃：《鶡冠子解》，頁26 。

　　的方位。[188]

即方位是以個別「產婦的居室爲中心」，[189] 換言之，「禹藏圖」所避忌太歲與
北斗的方位可能因人的居所而異，形成了「東家之西，即西家之東」的情況。王
充即批評說：

　　　　令正言在子位，觸土之中直子午者不得南北徙耳，東邊直丑、巳之地，西
　　　　邊直亥、未之民，何爲不得南北徙？丑與亥地之民，使太歲左右通，不得
　　　　南北徙及東西徙。何則？丑在子東，亥在子西，丑亥之民東西徙，觸歲之
　　　　位；巳未之民東西徙，忌歲所破[190]

王充以子午線立論，破避忌太歲方位之說，即假令太歲所處在子位，那麼，應該
只有子午位置的人家不能向南北搬遷，然而，在「土之中」東部丑、巳位置的人
家，與西部亥、未位置的人家，假使太歲左右能左右移動，則他們不但不能南北
徙，而且也不能東西徙。然而避忌太歲是以個人爲中心，則王充的質疑就不能成
立了。這指出方位應人的所在而異。也就是說，太歲的方位是以個別產婦的居室
爲準的話，則子家應該避忌埋胞的方位，對丑家而言可能是埋胞最佳的方位。

　　縱合本節所論，「禹藏圖」大圖的方位是上南下北，可能屬於地形圖。小圖
的方位乃「二繩四鈎」的宇宙圖式，其上又分置大時、小時，其方位隨月而易，
在實際使用時，上述的方位則又以產婦居室爲準。值得一提的是，「二繩四鈎」
的圖式，亦見於漢代的栻盤、日晷、規矩紋鏡（或稱之「博局紋鏡」）、六博局
盤等器物上（圖二四），討論這幾種器物的學者多矣，基本上都認爲它們應有一
個共同的來源。至於，這個共同的來源爲何，性質又爲何，各家異說。我個人以

188　馬繼興：《馬王堆古醫書考釋》，頁764。
189　如羅盤的使用亦然，「以官老爺而論，按羅盤的中心設在公堂的公座上爲準，來定太
　　　歲方位。以庶民而論，按羅盤的中心設在家主本人睡的床上爲準，來定太歲方位。」
　　　詳見王立興：〈方位制度考〉，頁13～頁14。另見《協記辨方書》，頁670～頁674
　　　〈論用盤針〉、〈定方隅法〉諸條之討論。
190　黃暉：《論衡校釋》，頁1015。

爲「二繩四鉤」的宇宙圖式也許是一條線索，值得進一步探究。[191]

191　關於漢代的栻盤、日晷、規矩紋鏡（TLV 紋鏡）、六博局盤等器物之間的關係，論
　　　者極多，今摘其要，並略加評述如下。第（一）、漢代日晷迄今發現三件。分別爲端
　　　方、懷履光（W. White）、周進所藏。三者圖紋基本相同，李約瑟（Joseph Needham）推
　　　測說：「吾人可暫時假定這 TLV 記號的原來目的是一個實用的和天文的。這些記號
　　　之刻在鏡鑑上乃十分自然的。尤其那些上面有精巧的宇宙象徵。六博版可能是這些圖
　　　案的變化，或者是從此推演出來。既然和占卜有關，當然用日晷面作六博版乃極其自
　　　然之事，因爲這面上表現了天象的形象。鏡面上的花紋是爲裝飾用的」，我前有一舊
　　　文亦從此說。劉復則以爲日晷圖紋是由二繩四鉤所構成，孫機亦以爲「晷面上刻出的
　　　TLV 紋，則是象徵天宇的記號」，「與測影的功能無關」，換言之，晷面上的圖紋是
　　　象徵性的，不是實用的（李約瑟：《中國之科學與文明》第五冊，台北，台灣商務印
　　　書館，1985，頁 213～頁 214，相關討論見頁 203～頁 214，李建民：〈漢代局戲的起
　　　源與演變〉，《大陸雜誌》77 卷 3 期，1988，頁 102～頁 108；劉復：〈西漢時代的
　　　日晷〉，頁 21～頁 22；孫機：《漢代物質文化資料圖說》，北京，文物出版社，
　　　1991，頁 290　；郭寶鈞：〈古玉新詮〉，《史語所集刊》20 本下，1948，頁 27）。
　　　第（二）、規矩鏡的 TLV 圖紋，各家說法分歧，其中林巳奈夫以爲是《淮南子・天
　　　文》的二繩四鉤之說，孫機亦有類似看法。李學勤則說：「如果把規矩紋的 T 看成連
　　　通的✙形，即表示二繩，而 V 恰是把丑寅等鉤連起來，即表示四鉤。再如將 V 形用交
　　　叉直線連通，像石日晷上的樣子，即表示四維。所以，這種圖紋之作 TLV 形，絕不是
　　　偶然的。」另外，有人發現新莽時期四神規矩鏡的銘文有「刻婁（鏤）博局去不羊
　　　（祥），家常大富宜君王」之句，故主張將 TLV 鏡改稱「博局鏡」。按銘文所說，這
　　　種圖紋擁有「去不羊（祥）」之作用，故亦見於漢代厭勝錢之中（關於 TLV 紋鏡的各
　　　家解說，見孔祥星、劉一曼：《中國古代銅鏡》，北京，文物出版社，1988，頁 80
　　　～頁 83；孫機：《漢代物質文化資料圖說》，頁 270～頁 272；李學勤：〈論含山凌
　　　家灘玉龜、玉版〉，《中國文化》6 期，1992，頁 147；周錚：〈「規矩鏡」應改稱
　　　「博局鏡」〉，《考古》1987 年 12 期，頁 1116～頁 1118；西田守夫：〈「方格規矩
　　　鏡」の圖紋の系譜――刻婁博局去不羊の銘文をもつ鏡について〉，《東京國立博物
　　　館美術誌》No. 427, 1986；李零：〈跋石板村栻圖鏡〉，《文物天地》1992 年 1 期；
　　　徐力民：〈論宗教與我國古代的厭勝錢〉，《中原文物》，1988 年 3 期，頁 76）。第
　　　（三）、六博局紋上亦有 TLV 紋，勞榦以爲源於古代亞字形的宮室建築，張光直的說
　　　法近之。而孫機主張其來自栻盤，Michael Loewe 亦有類似的說法（見勞榦：〈六博及
　　　博局的演變〉，《史語所集刊》35 本，1964，頁 25～頁 26　；張光直：〈說殷代的
　　　「亞形」〉，收入氏著：《中國青銅時代》二集，北京，三聯書局，1990，頁 88～
　　　頁 94；孫機：《漢代物質文化資料圖說》，頁 394; Michael Loewe: *Ways to Paradise:*
　　　The Chinese Quest for Immortality, London, George Allen & Unwin, 1979, p.82）。事實
　　　上，六博局面的圖紋與前述日晷、規矩鏡都是一脈相承的，如李學勤所說「体現的中
　　　國遠古以來的宇宙觀念」，亦即二繩四鉤的宇宙圖式。這種圖式，在安徽含山凌家灘
　　　M4 出土的帶四方八位的玉片亦可見，學者多以爲與上述幾種圖式有關連（參見：陳

（三）、數　字

「禹藏埋胞圖法」云：「視數多者埋胞」，埋胞圖的小圖的十二個方位，以兩個死位及數字標示。其中數字的部份，茲按月鈔列如下：

正月：20、30、50、60、70、80、90、100、110、120、〔死〕、〔死〕。

二月：20、30、〔死〕、40、30、40、50、60、70、80、90、〔死〕。

三月：20、30、40、50、〔死〕、20、30、40、50、60、70、〔死〕。

四月：20、30、40、50、60、70、〔死〕、20、30、40、50、〔死〕。

五月：20、30、40、50、60、70、80、90、〔死〕、20、30、〔死〕。

六月：20、30、40、50、60、70、80、90、100、110、〔死〕、〔死〕。

七月：20、30、40、50、60、70、80、90、100、110、〔死〕、〔死〕。

八月：20、30、40、50、60、70、80、90、〔死〕、20、30、〔死〕。

九月：20、30、40、50、〔死〕、30、40、50、60、70、〔死〕、〔死〕。

十月：20、30、40、50、60、〔死〕、20、30、40、50、〔死〕、〔死〕。

十一月：20、30、40、50、60、70、80、90、〔死〕、20、30、〔死〕。

久金、張敬國：〈含山出土玉片圖形試考〉，《文物》1989 年 4 期；饒宗頤：〈未有文字以前表示「方位」與「數理關係」的玉版〉，《文物研究》1990 年 6 輯；李學勤：〈論含山凌家灘玉龜、玉版〉等文）。這些器物基本上呈現亞字形，Sarah Allen 推測亞字形是殷人心目中宇宙中心之象徵，此說可與含山凌家灘玉版的可能的象徵意義合參（Sarah Allan：〈亞形與殷人的宇宙觀〉，《中國文化》4 期，1991，頁 31～頁 47；Sarah Allan: The *Shape of the Turtle: Myth, Art, and Cosmos in Early China*, N.Y., State University of New York, 1991, Chapter IV）。第（四）、栻（式）盤。漢代栻盤有幾種型式，其中安徽阜陽雙古堆 M1 出土漆木式（西漢初）之栻盤，地盤即呈現二繩四鉤之結構。Donald J. Happer 認為栻盤中心的十字交叉的雙線可能與二繩（四維）的思維有關（參見：〈阜陽雙古堆西漢汝陰侯墓發掘簡報〉，《文物》1978 年 8 期；殷滌非：〈西漢汝陰侯墓出土的占盤和天文儀器〉，《考古》1978 年 5 期；嚴敦杰：〈式盤綜述〉，《考古學報》1985 年 4 期；Donald J. Harper: "The Han Cosmic Board" *Early China* 4, 1978-9; 成家徹郎：〈中國古代占星術和古星盤〉，《文博》1989 年 6 期；Denis Twitchett and Michael Loewe eds.: *The Cambridge History of China*, Vol. I,N.Y., Cambridge University Press, 1986, p.678, p.724）。總結來說，上面這幾種器物上之圖案，關係是一脈的，即源於二繩四鉤的宇宙模式。其先後關係可能是栻→博局→TLV 鏡，或者日晷→博局→TLV 鏡。其間的源流變化，限於材料，目前僅是一種推測，有待日後證明。

十二月：20、30、40、50、60、70、80、90、100、110、〔死〕、〔死〕。

由上所示，可以得知：一、數的範圍大約在20～120之間，二、排列的規律，由

20始，依次增加，每遇〔死〕位再從20開始，其中，正月疑有脫文，二月有錯

字，九月遇〔死〕位從30開始，亦不合上述之規律。茲校正如下（下面列原帛書

之〔數〕）：

正月：20、30、<u>40、50、60、70、80、90、100、110</u>、〔死〕、〔死〕。
     50、60、70、80、90、100、110、120

二月：20、30、〔死〕、<u>20</u>、30、40、50、60、70、80、90、〔死〕。
       (40)

九月：20、30、40、50、〔死〕、<u>20、30、40、50、60、70</u>、〔死〕。
       30、40、50、60、70、80

改訂這三個月的〔數〕，基本上是假定這一類方技之書是有規律可循。而且，在

十二個月之中，絕大部份的月份皆按上述規律排列，唯正月、二月、九月略有出

入，故以爲這三個月部份數字的脫錯可能是傳鈔時所造成的。每月數字的排列具

有規律性，我們可以東、南、西、北的方位將數字重新排列如下，其中兩個〔死〕

位，皆改成月建、太歲（數字下面列改訂後的「數」）：

正月：<u>月建</u>、太歲、<u>20、30、50、60、70、80、90、100、110、120</u>。
      40、50、60、70、80 90、110、120

二月：<u>90</u>、月建、20、30、太歲、<u>40</u>、30、40、50、60、70、80。
        (20)

三月：<u>60、70、月建</u>、20、30、40、50、太歲、20、30、40、50。

四月：<u>30、40、50、月建</u>、20、30、40、50、60、70、太歲、20。

五月：<u>90、太歲</u>、20、30、月建、20、30、40、50、60、70、80。

六月：<u>80、90、100、110、太歲、月建</u>、20、30、40、50、60、70。

七月：<u>60、70、80、90、100、110、月建</u>、太歲、20、30、40、50。

八月：<u>30、40、50、60、70、80、90、月建</u>、20、30、太歲、20。

九月：<u>50、太歲</u>、30、40、50、60、70、80、月建、20、30、40。

　　　　　　　　20、30、40、50、60、70

十月：40、50、60、70、<u>太歲</u>、20、30、40、50、<u>月建</u>、20、30。

十一月：30、40、50、60、70、80、90、<u>太歲</u>、20、30、<u>月建</u>、20。

十二月：20、30、40、50、60、70、80、90、100、110、<u>太歲</u>、<u>月建</u>。

如上表所示，月建一月一移，所以正月在首，至十二月在尾；而太歲行四仲之位，每月移動二格，一年循環三次。每逢月建、太歲之位，數字皆從20重排，只有正月、二月、九月有誤。

　　其次，這20～120（應為110）的「數」代表什麼？完全沒有意義，還是如有些學者指出的是一種「神祕數字」呢？聞一多、楊希枚等即以為像72或所謂「天地數」之類是古代的神祕數字。[192]　我推測這些「數」象徵人的壽限。它不是「天地數」之類的神秘數字，然而卻是有意義的。《呂氏春秋・盡數》云：

　　　　天生陰陽寒暑燥溼，四時之化，萬物之變，莫不為利，莫不為害。聖人察

　　　　陰陽之宜，辨萬物之利以便生，故精神安乎形，而年壽得長焉。長也者，

　　　　非短而續之也，畢其數也。畢數之務，在乎去害。

這裡所謂「盡數」的數，即盡其天年，故云：「年壽得長」。[193]　本文附錄二中《醫心方》的埋胞資料也提到按圖埋胞，有云：「笇（算）多處者有壽，笇（算）少處者不壽」（第二七條），此處的「笇」字，六朝《老子想爾注》的寫本亦見之，饒宗頤以為即「筭」也，並引《枹朴子》之文曰：「凡人之受命，得壽自有本數，數本多者則紀筭難盡而遲死，若所稟本少，而所犯者多，則紀筭速盡而早死」。[194]　所以，「禹藏圖」的數，疑即〈盡數〉篇所言之「年壽」，或與「笇」字同義。

　　古時以百歲或一百二〇歲為「天年」，天年即一個人應有的壽命之限。《尚書・洪範》云：「五福，一曰壽」，《傳》云：「百二十年」，孔穎達《疏》：

　　　　人之大期，百年為限。世有長壽云百二十年者，故《傳》以最長者言

192　楊希枚：〈中國古代的神秘數字論稿〉，《民族所集刊》33期（1972）。

193　陳奇猷：《呂氏春秋校釋》，頁136～頁137。

194　饒宗頤：《老子想爾注校證》，頁71。

之。[195]

百二十年是壽之最長者，一般皆曰「百年」。《禮記・曲禮上》云：

> 人生十年曰幼，學；二十曰弱，冠；三十曰壯，有室；四十曰強，而仕；
> 五十曰艾，服官政；六十曰耆，指使；七十曰老，而傳；八十、九十曰耄；
> 七年曰悼，悼與耄，雖有罪，不加刑焉；百年曰期，頤。[196]

又，《內經・靈樞・天年》亦以「百歲」爲壽限：

> 人生十歲，五臟始定，血氣已通，其氣在下，故好走。二十歲，血氣始盛，
> 肌肉方長，故好趨。三十歲，五臟大定，肌肉堅固，血脈盛滿，故好步。
> 四十歲，五臟六腑十二經脈，皆大盛以平定，腠理始疏，榮華頹落，髮鬢
> 斑白，平盛不搖，故好坐。五十歲，肝氣始衰，肝葉始薄，膽汁始滅，目
> 始不明。六十歲，心氣始衰，苦憂悲，血氣懈墮，故好臥。七十歲，脾氣
> 虛，皮膚枯，故四肢不舉。八十歲，肺氣衰，魄離，故言善。九十歲，腎
> 氣焦，四臟經脈空處。百歲，五臟皆虛，神氣皆去，形骸獨居而終矣。[197]

《禮記》是以人的社會責任或義務來劃分年齡，《內經》則根据人體血氣及內臟
的盛衰和年齡的關係，把人生自然衰退的過程分成幾個階段。所謂「天年」，是
上天給人的壽命，它是有一定期限。而以上兩者都是以「百年」、「百歲」爲數，
「百二十年」大概是其極限。

　　百歲爲正常人所應得之「數」，然能善盡數者畢竟不多，因此產生種種延壽
之術，或有種種性命之學以解釋人無法得此「百歲」之數的原因。例如，《白虎
通・壽命》即有「三命」之義：

> 命者何謂也？人之壽也，天命已使生者也。命有三科以記驗：有壽命以保
> 度，有遭命以遇暴，有隨命以應行。[198]

195　孔穎達：《尚書正義》，頁 179。

196　王夢鷗：《禮記校禮》（台北，藝文印書館，1976），頁 19。相關考證見頁 19～頁
　　 23。

197　吳國定：《內經解剖生理學》，頁 516～頁 517。歷代考證見頁 525～頁 526。

198　陳立：《白虎通疏證》（台北，廣文書局影印光緒元年春淮南書局刊本，1987），
　　 頁 463～頁 464。

此即將「命」解釋爲「人之壽」。[199] 其中，壽命爲正命，隨命是「隨行爲命」，而遭命是「逢世殘賊，若上逢亂君，下必災變暴至，夭絕人命」。陳立《疏證》引《援神契》云：「受命謂年壽也，遭命謂行善而遇凶也，隨命謂隨其善惡而報之」。[200] 因此，人雖皆稟百歲之數，但隨個人所遭、隨而有所不同。王充《論衡・氣壽篇》則云：「若夫強弱夭壽，以百爲數，不至百者，氣自不足也」，[201] 他認爲人的壽命長短，取決于人在母體時受氣的厚薄，但無論所受之氣的厚薄，基本上是以百歲爲衡量標準的：「百歲之命，是其正也。不能滿百者，雖非正，猶爲命」。[202] 一百歲，是正常的壽限。《內經》稱之爲「天年」；若不然，則稱爲「夭」。[203] 在〈命義篇〉，他也提及「三命」之說：

正命者至百而死。隨命者五十而死。遭命者初稟氣時遭凶惡也，謂妊娠之

---

199 參見劉翔：《中國傳統價值觀念詮釋學》（台北，桂冠圖書公司，1993），頁190～頁199〈命〉條。

200 陳立：《白虎通疏證》，頁464。按三命之說，壽命爲正命，隨命、遭命爲變命也。《孟子・盡心章》趙岐《注》：「命有三名，行善得善曰受命，行善得惡曰遭命，行惡得惡曰隨命。」《音義》又云：「丁云：『三命事出《孝經援神契》。』」按《禮記・祭法》注云：「司命主督察三命。」孔穎達《正義》引《考經援神契》云：「命有三科，有受命以任慶，有遭命以謫暴，有隨命以督行。受年，謂年壽也。遭命，謂行善而遇凶也。隨命，謂隨其善惡報之。」《春秋繁露・重政篇》云：「人始生有大命，是其體也；有變命存其間者，其政也。政不齊，則人有忿怒之志；若將施危難之中，而時有隨遭者，神明之所接，絕續之符也。」又，《太平御覽》三百六十引《春秋元命苞》云：「壽命，正命也，起九九八十一。有隨命，隨命者，隨行爲命也。有遭命，遭命者，行正不誤，逢世殘賊，君上逆亂，辜咎下流，災譴並發，陰陽散忤，暴氣需至，滅日動地，絕人命，沙鹿襲邑是。」漢儒言三命，大同小異。黃暉以爲：「三命之說，義並相近，惟趙岐論隨命略異耳。」又焦循以爲：「《論衡》全本《孝經諱》，以年壽得諸自然，不由善報，與趙氏爲異也。」參見：黃暉：《論衡校釋》，頁46～頁47；焦循：《孟子正義》（台北，文津出版社影印本，1988）下册，頁879～頁880。另參見森三樹三郎：《上古より漢代に至る性命觀の展開―― 人性論と運命觀の歷史》（東京，創文社，1987）；廖果：《自養之道―― 中國古代個體差異養生學說》（台北，明文書局，1993），頁9～頁15〈古代對年齡差異的劃分〉一節。

201 黃暉：《論衡校釋》，頁26。

202 黃暉：《論衡校釋》，頁28。

203 夭，短折也。不盡天年之意，與壽字對舉。黃暉：《論衡校釋》，頁31。

時遭得惡也，或遭雷雨之變，長大夭死。此謂三命。[204]

王充反對當時對「隨命」的解釋，而認爲「富貴貧賤皆在初稟之時，不在長大之後隨行而至也」。[205] 一個正常人可以活一百歲左右稱「正命」。活五十歲左右而死稱「隨命」，只是人承受氣的不同，而與道德無關。同樣的，遭命是指人在承受氣的時候遭到外界環境不良影響而形成的一種命，具有這種命的人，注定會遭到外來的、不可預測的兇禍而死亡。不管如何，「百歲爲正」的觀念，恐怕是當時相當普遍的。葛洪《彭祖傳》亦云：「人之受氣，雖不知方術，但養之得宜，常至百二十歲，不及此者，傷也」。[206]

要之，百歲雖是「天年」，但一般人的年壽往往不及於此，兇死、夭折者亦常有聞見。所以，《白虎通》等書或以「行善而遇凶」、「隨其善惡而報」來解釋，或完全歸於人出生稟受氣的厚薄來決定。不過，以當時養生的條件而言，就算在正常的情況之下，得以盡數的人也許不多。清儒金鶚《求古錄禮說》有云：

　　人生以百年爲期，然不必盡百年也。五十以下爲夭折，五十以上爲壽考。約而言之，壽有三等：百歲爲上壽，八十爲中壽，六十爲下壽，〈魯頌〉所謂三壽也。人自少而壯而老，分爲三限。惟少則二壽皆同，壯、老各異。上壽，三十至六十爲壯，七十至百歲爲老；中壽，三十至五十爲壯，六十至八十爲老；下壽，三十、四十爲壯，五十、六十爲老。是則上壽七十始衰，爲老；中壽六十始衰，爲老；下壽，五十始衰爲老。天下下壽最多，中壽已少，上壽尤罕覯。故養老之典，必始于五十。〈曲禮〉「五十曰艾，六十曰耆」，艾者已訓爲老，蓋以中下壽爲率也。[207]

204　黃暉：《論衡校釋》，頁49。

205　黃暉：《論衡校釋》，頁48～頁49。

206　關於《彭祖經》，參見坂出祥伸：〈彭祖傳說と《彭祖經》〉，收入氏著：《道教と養生思想》（東京，ぺりかん社，1992），頁23～頁105。李零以爲《彭祖經》是漢代古書，見李零：〈馬王堆房中書研究〉，頁26。

207　金鶚：《求古錄禮說》（清光緒二年刊本）卷六，頁十五，〈七十曰耆說〉條。又《魯頌・閟宮》三壽，參姜昆武：《詩書成詞考釋》（濟南，齊魯書社，1989），頁253～頁256。另關於中國年齡觀，參見石山隆：〈古代中國人の年齡觀〉，《東洋學論叢：飯田利行博士古稀紀念》（東京，國書刊行會，1981），頁363～頁369。

天下之人殆以中壽、下壽爲多也。五十以上已經可稱爲「壽考」。因此，一般人或備衛生之具，或求諸方伎之術（如埋胞），以去害而畢其「數」。

　　至於爲什麼「禹藏圖」的數是二〇歲爲始呢？有兩種可能：第一、埋胞圖的小圖共十二等分，除去兩個「死」位，若從二〇開始排起，雖然每個月排列組合皆不同，但基本上都可排到九〇歲以上；除了三月、四月、十月等三個月份較低以外，都爲上壽、中壽。其中，百歲以上的「正命」佔四個月之多。假使是從《禮記・曲禮》、《內經》的分法，以十歲爲始，則大部份月份的最高之「數」多在六〇～八〇之間。第二、《靈樞・衛氣失常篇》云：「人年五十已上爲老，二十已上爲壯，十八已上爲少，六歲已上爲小。」[208] 馬蒔以爲「十八已上，六歲已上之上字，俱當作下。」又引王弘義之說云：「二十者，陰陽之生數始也。五十者，五行之生數終也。」[209] 按《靈樞》的說法，二十以上謂之「壯」年，以下稱爲少小。古時一般平均壽命可能不高，二十歲稱「壯」年或許並不過份。而埋胞既爲求嬰兒長壽，當然不會希望自己的小孩尚在「少」、「小」時就夭折了。埋胞圖以二〇爲始，難道是基於上述的考慮嗎？再者，王弘義的說法，將二〇與陰陽觀念結合，恐怕是較晚的事，「禹藏圖」的數始於二〇，未必是因其爲「陰陽之生數始」的原故。

　　當然，也有一種可能：即以二〇歲開始，根本沒有任何含義。不過，埋胞圖的設計者若只是一味求「數多」，例如每月皆以三〇爲始，按上述規律排列，則將有半數以上的月份超過「百歲」，如此一來，似乎更能迎合使用埋胞圖的產婦或其家屬的需求。然而，該圖既不採用漢代十歲爲始（如《禮記》、《內經》）的慣例，也不爲了求數多而以三〇以上的「數」爲始，或許有其用意吧。

　　再者，爲何數一遇到「死」位就要從頭重新排列呢？以三月爲例，埋胞圖原排列順序是：20、30、40、50、[死]、20、30、40、50、60、70、[死]。可是，爲何不是20、30、40、50、[死]、60、70、80、80、100、110、

208　吳國定：《內經解剖生理學》，頁516。一說，三十歲已上爲壯，前引書，頁525；又，《千金小兒方校釋》，頁31。

209　吳國定：《內經解剖生理學》，頁525。

［死］這樣的排列方式？後者的排列方式，數的範圍仍然在20～110之間，爲什麼要用前者的排法而不用後者？這樣的設計是任意的嗎？也許不是。《淮南子・天文》云：「太歲迎者辱，背者強，左者衰，右者昌」，又云太歲「不可迎也，而可背也，不可左也，而可右也。」[210] 小時月建亦然，「不可迎也，而可背也，不可左也，而可右也。」[211] 此即以迎背論吉凶。《淮南子》以太歲右行，故其右爲迎，左爲背；而帛書大、小時皆左行，所以，當左爲迎，右爲背。小圖之「數」由小而大，左升右降，始於「死」位，自二〇起漸增，至另一個「死」位又自小而大。左爲背，愈背而接近「死」位者數愈大，此所謂「可背也」；右爲迎，愈迎而接近「死」位者數愈小，此所謂「不可迎也」。所以，迎辱數小，背強數大。由於大時、小時都必須附合這個迎背論吉凶的原則，所以遇到「死」位必須由數小的二〇從新排列。換言之，數的排列必須顧及大時、小時兩者。茲以三月爲例，圖解如圖二五a、b。如圖所示，圖二五：a就完全附合大時、小時迎背的原則。若是按我的排法（圖二五：b），就只有太歲合乎上述的原則，而月建則違反了迎辱、背強的原則了。

　　最後，牽涉到選擇適當的「數」埋胞的問題。「禹藏埋胞圖法」云「視數多者」的方位埋胞，意思是說：以小圖中最大之數埋胞，例如上面三月小圖，以70之數最大時，所以就埋於「卯」位；還是除了考慮數的大小之外，也要關照數與大時、小時的相關方位？本文附錄二《醫心方》引《產經》的埋胞資料提供我們若干的線索：

　　　凡欲藏胞胎（胎疑作衣），可先視十二月圖。笄（算）多處者有壽，笄
　　　（算）少處者不壽，或笄（算）多地者忌神併者，亦當避之。次取笄（算）
　　　多，亦吉（第二七條）。

由上文可知，六朝埋胞亦有「十二月圖」，圖的內容與結構不得而知，今本《醫心方》未見（可能最初沒收月圖，附錄二第二八條有：「今案藏胞衣法，不載月圖」云云）。但可以推測，當時的埋胞圖之上亦有「數」，而且數的多寡關係嬰

210　劉文典：《淮南鴻烈集解》卷三，頁67。
211　劉文典：《淮南鴻烈集解》卷三，頁67。

兒未來之壽夭。埋胞原則亦是擇數多處者埋之，但是數多處與神相沖者，「亦當避之」。循此原則，上舉三月小圖，雖以 70 爲最大之數，但其與大時之方位正好相沖，故比較合適的埋胞方位也許是 60 之數，「寅」這個方位。《產經》以爲：「次取笄（算）多，亦吉」。筆者嘗試將十二月適合埋胞的方位與其相對應數的大小製成表三：

月份	正月		二月		三月		四月		五月		六月		七月		八月		九月		十月		十一月		十二月		備考
大時、小時	太歲	月建	太歲	月建	太歲	月建	太歲	月建	太歲	月建	太歲	月建	太歲	月建	太歲	月建	太歲	月建	太歲	月建	太歲	月建	太歲	月建	
	東	東北	南	東	西	東南	北	東南	東	南	南	西南	西	西南	北	西	東	西北	南	西北	西	北	北	東北	
	卯	寅	午	卯	酉	辰	子	巳	卯	午	午	未	酉	申	子	酉	卯	戌	午	亥	酉	子	子	丑	
數	110		90		60		70		90		110		110		90		60		70		90		110		數指年壽
埋胞方位	丑		寅		寅		亥		寅		巳		未		申		申		巳		申		亥		參考方位

　　若以漢代「百歲爲正」的觀念來衡量，其實也只有正月、六月、七月及十二月符合；而介於六十～七十歲之間的月份佔所有月份的三分之一。所以，這雖然是一種祈求嬰兒長壽的活動，但不同產月出生的嬰兒壽限各有不同，並不是所有人都能達到「正命」的，這也多少反映了當時人對「數」與「時」之間關係的一些看法。在方位方面，子、午、卯、酉是太歲運行的方位，所以不適合埋胞；適合埋胞者，「寅」位出現三次，「申」位也出現三次，「亥」二次，「巳」二次，「丑」、「未」各一次。所以，是似以東北，以及與其相應的西南爲最佳埋胞方位。當然，上述的方位也必須考慮產婦的居室及相關場所等條件。

　　現在我仿照宋代的埋胞圖，重新整理「禹藏圖」。按後世的埋胞圖，標出神

名、方位及適合埋胞之方位（圖二六）。準此原則，我將每月兩個「死」位代以
「太歲」、「北斗」之名，適合埋胞處亦標出「▲」的符號（箭頭所示處），並
校正圖中正月、二月、九月的若干數字，重建如圖二七所示。馬繼興先生亦有一
復原圖（圖二八），讀者可一併參考。[212]

五、結　語

　　本文旨在討論古代的埋胞禮俗，以「禹藏圖」爲討論對象。結論如下：

(1)　「禹藏圖」屬於古代房中書之性質。雖然，後世術數家或醫家產婦科的
　　　作品亦收錄了這一類產圖，但「禹藏圖」是馬王堆房中養生書的一部份。
　　　後世房中書如《玉房秘訣》、《醫心方・房內》都有提及埋胞之避忌。

(2)　胞衣（Afterbirth）殆指胎膜與胎盤等產後遺物之泛稱。

(3)　古代產後必須埋胞有幾種可能的原因。其中，以嬰兒與胞衣關係這一點
　　　最爲密切。換言之，埋胞是建立在胎兒與胞衣一體，以及胞衣爲胎兒生
　　　命之源等觀念上。

(4)　「禹藏圖」的內容有三：時間、方位與數字。時間、方位是結合在一起
　　　的。圖的結構，大圖爲輿地之圖，呈現上南下北、左東右西的方位；十
　　　二月圖皆以「二繩四鈎」宇宙圖式組成；而數字則象徵人的壽命。所以
　　　「禹藏圖」形成了天（太歲、北斗）——地（方位）——人（壽限）感
　　　應的關係。而透過「埋胞」這樣的活動將胞衣與嬰兒未來的命運連繫起
　　　來。

　　馬王堆三號漢墓的墓主利豨（一說，利豨之兄弟），据醫學鑒定其遺骸，死
時僅僅三十多歲。其母軑侯夫人辛追，也就是一號墓之女尸，生前大概是使用過
「禹藏圖」的。据推算，她生利豨時只十五歲上下。試想：她新乳不久，在產月
的某個吉日，手持瓦甂，裡面裝著洗滌清潔利豨之胞衣，另一手可能就持著產圖，

212　　馬繼興：《馬王堆古醫書考釋》，頁820～頁821。

或許，就在她居所不遠之處，找到了一塊所謂向陽「清地」，而後將胞衣深埋緊築。而她所祝禱的內容大概也是當時天下所有母親共同的心願，如「禹藏埋胞圖法」說的，願子：「良心智」、「好色」、「少病」與長壽。

謹以此文悼念去世的友人：楊邠棻、張裕盟、吳順朋。

93.3.25 一稿；7.2 二稿；10.8 三稿；94.1.9 四稿。

（本文於一九九四年二月十七日通過刊登）

附錄（一）歷代婦、產科著作書目

一、本書目自以下各書輯出：黑田源次：《中國醫學書目》、丁福保：《中國歷
　　代醫學書目》、岡西爲人：《宋以前醫籍考》、丹波元胤：《醫籍考》、岡
　　西爲人：《續中國醫學書目》、李經緯、孫學威：《四庫全書總目提要・醫
　　家類及續編》、賈維誠：《三百種醫籍錄》、余瀛華、傅景華：《中國古籍
　　珍本提要》、莊樹藩：《中華古文獻大辭典・醫藥卷》。

一、本書目體例，每書先揭其名，撰者，次示其卷第，詳其存佚或未知。至於諸
　　家之序跋，撰者之履歷，版本之考證等，非本書目之重點，有意於此者或取
　　上述各書參稽之。又所收歷代醫籍，大略以時代爲先後。

一、按黑田源次所收歷代婦產科之書六〇種，岡西爲人同。丹波元胤所收爲諸家
　　之冠，約一百二十餘種。莊樹藩所收書亦在百種以上。余瀛華所列約四〇餘
　　種，賈維誠不過八種之多。本書目綜合各家，計收二五〇餘種。欲研究宋代
　　以後之產圖或歷代產圖之變化者，請由以下各書著手。

《婦人嬰兒方》，撰者未詳，十九卷，佚。

《婦人胎藏經》，衛汎，三卷（一說，一卷），佚。

《張仲景療婦人方》，撰者未詳，二卷（一說，一卷），佚。

《范氏療婦人藥方》，撰者未詳（或爲范汪），十一卷，佚。

《雜湯丸散酒煎薄貼膏湯婦人少小方》，撰者未詳，九卷，佚。

《黃帝素問女胎》，撰者未詳，一卷，佚。

《黃帝養胎經》，撰者未詳，一卷，佚。

《療婦人產後雜方》，撰者未詳，三卷，佚。

《徐文伯療婦人瘕》，撰者未詳，一卷，佚。

《推產婦何時產法》，王琛，一卷，佚。

《推產法》，撰者未詳，一卷，佚。

《生產符儀》，撰者未詳，一卷，佚。

《雜產書》，撰者未詳，六卷，佚。

《雜產圖》，撰者未詳，四卷，佚。

《產圖》，撰者未詳，二卷，佚。

《產乳書》，劉祐，二卷，佚。

《產經》，撰者未詳，一卷，佚。

《產經》，德貞常，十二卷，佚。

《產圖》，崔知悌，一卷，佚。

《產經圖》，撰者未詳，三卷，佚。

《粧臺記》，宇文士及，一卷，佚。

《楊氏粧臺寶鑑集》，撰者未詳（一說，南陽公主），三卷，佚。

《亡名氏婦人方》，撰者未詳，十卷，佚。

《婦人方》，撰者未詳，二十卷，佚。

《治婦人方》，撰者未詳，二卷，佚。

《小女節療方》，兪寶，一卷，佚。

《亡名氏小女方》，撰者未詳，十卷，佚。

《小女雜方》，撰者未詳，二十卷，佚。

《產乳集驗方》，楊歸厚（歸一作師），三卷，佚。

《樂產神樞靈轄》，撰者未詳，十卷，佚。

《子母秘錄》，許仁則（又云巢安世、張傑所撰，諸家說不一），十卷，佚。

《產寶》（又名《經效產寶》），咎殷，三卷（又有一卷、二卷本），殘。

《產寶諸方》，撰者未詳，一卷，存。

《產經》，時賢，一卷（又有二卷、三卷本），存。

《產後論》，楊全迪、李壽，一卷，佚。

《產前後論》，王守愚（愚一作忠），一卷。

《集產後十九論》，撰者未詳，一卷，佚。

《家寶義囊》，撰者未詳，一卷，佚。

《產書》，王嶽，一卷，存。

《產宜秘要方》，撰者未詳，一卷，佚。

《胎教論》，撰者未詳，一卷，佚。

《注解胎產大通論》，楊子建，不分卷，存。

《七說》，楊子建，佚。

《十產論》，楊子建，存。

《產科經驗寶慶集》（或作《婦人產育保慶集》），郭稽中，一卷，佚。

《婦人方》，郭稽中，佚。

《產經》，郭稽中，二卷，佚。

《附益產育保慶集》，杜荍，一卷，佚。

《產乳備要》，趙瑩，佚。

《增校產乳備要》，趙瑩，佚。

《校附產育保慶集》，冀致君，二卷，存。

《胎產眞經》，鄭汝明，二卷，存。

《衛生產科方》，沈虞卿，一卷，佚。

《產乳十八論》，沈炳（或作柄），佚。

《胎產經驗方》，陸子正，一卷，佚。

《備產濟用方》，撰者未詳，佚。

《女科濟陰要語萬金方》，鄭春敷，二卷，存。

《女科萬全方》，薛古愚，一卷，存。

《產寶諸方》，撰者未詳（一說，王卿月撰），一卷，存。

《衛生家寶產科方》，朱端章，八卷，存。

《女科百問》（或作《產寶百問》、《產保百問》），齊仲甫，卷數不一，存。

《婦人大全良方》，陳自明，二十四卷，存。

《婦人良方補遺大全》，熊宗立，二十四卷，存。

《校注婦人良方》，薛己，二十四卷，存。

《產科經眞環中圖》，撰者未詳，一卷，佚。

《濟生產寶》，徐明善，二卷，存。

《產育保生方》，張元素，佚。

《胎產救急方》，李辰拱，存。

《坤元是保》，薛軒（一說姓李），二卷，存。

《產寶百問》，朱震亨（疑假託），五卷，存。

《產寶》，朱震亨（疑假託），一卷，存。

《陳秘蘭婦科》，陳沂，五卷，存。

《素庵醫要》，陳沂，十五卷，存。

《產科大通論方》，張聲道，一卷，存。

《胎產》，徐守貞，一卷，存。

《仙傳濟陰方》，撰者未詳，三卷，存。

《便產須知》，顏漢，二卷，存。

《濟世女科經驗全方》，劉倫，一卷，存。

《廣嗣要語》，俞橋，三卷，存。

《女科撮要》，薛己，二卷，存。

《嗣產法論》，撰者未詳，一卷，存。

《胎產須知》，趙輝，二卷，佚。

《女科樞要》，撰者未詳，四卷，佚。

《辨疑集》，撰者未詳，三卷，佚。

《婦人秘科》，撰者未詳，三卷，存。

《廣嗣紀要》，萬全，五卷（或有十六卷本），存。

《婦人科》，萬全，三卷，存。

《廣嗣精要》（資料未詳，僅存目以俟考）。

《婦科心鏡》，徐春甫，三卷，存。

《螽斯廣育》，徐春甫，一卷，存。

《螽斯集》，蔡龍陽，一卷，存。

《香奩潤色》，胡文煥，一卷，存。

《濟陰方》，胡氏（闕名），資料未詳。

《亡名氏婦人明理論》，資料未詳。

《婦人千金家藏方》，資料未詳。

《婦人經驗方》，資料未詳。

《保生集要》，張文遠，一卷，存佚未詳。

《亡名氏產科大全》，資料未詳。

《產寶百問附產寶雜錄》，齊仲甫，二卷，存佚未詳。

《女科證治準繩》，王肯堂，五卷，存。

《女科要論》，許兆禎，資料未詳。

《衍嗣寶訓》，資料未詳。

《胤產全書》，王肯堂，四卷，存。

《女醫雜言》，楊談允賢，一卷，存。

《玉泉子金閨祕方》，張文介，一卷，存。

《胤嗣全書》，李盛春，一卷，存。

《產鑑》，王化貞，三卷（一作二卷），存。

《婦人規》，張介賓，二卷，存。

《婦人規古方》，張介賓，一卷，存。

《宜麟策》，張介賓，一卷，存。

《保產萬全書》，陳治道，一卷，存。

《女科百病問答》，錢國賓，四卷，存。

《女科百病補遺》，撰者未祥，一卷，存。

《胎產護生篇》，李長科，一卷，存。

《亡名氏廣嗣秘旨》，十卷，存佚未詳。

《產寶》，皇甫泰，資料未詳。

《濟陰舉要》，陳鶴溪，資料未詳。

《濟陰綱目》，武之望，十四卷（又五卷本），存。

《亡名氏保室方》，三卷，存佚未詳。

《繡閣寶生書》，錢養庶，一卷，存。

《集驗廣嗣珍奇》，資料未詳。

《濟生婦人方》，卿均，存佚未詳。

《亡名氏保產育嬰》，二卷，存佚未詳。

《求嗣秘書》，錢大義，四卷，存佚未詳。

《祈嗣眞詮》，袁黃，一卷，存佚未詳。

《問答十四門》，鄭氏，存佚未詳。

《種子類纂》，一卷，存佚未詳。

《亡名氏大生方論》，資料未詳。

《胎產遺論》，趙獻可，一卷，存。

《胎產全書》，單養賢，一卷，存。

《廣嗣要語》，兪橋，不分卷，存。

《胎產方書》，鄭五全，二卷，存。

《內府祕傳經驗女科》，龔定國，一卷，存。

《達生編》，亟齋居士，一卷，存。

《濟陰綱目》，武之望，十四卷，存。

《妙一齋醫學正印種子編》，岳甫嘉，二卷，存。

《女科全編》，資料未詳。

《保產機要》，湯處士，一卷，存。

《婦人諸證辨覽》，李春茂，存佚未詳。

《女科微論》，李中梓，存佚未詳。

《性原廣嗣》，王宏翰，存佚未詳。

《女科機要》，資料未詳。

《女科經論》，蕭壎，八卷，存。

《種嗣玄機》，程雲鵬，存佚未詳。

《濟陰近編》，陳治，五卷，存。

《女科宜今》，吳儀洛，存佚未詳。

《大生要旨》，唐千頃，五卷，存。

《女科切要》，秦之禎，存佚未詳。

《女科精要》，馮兆張，存佚未詳。

《婦科玉尺》，沈金鰲，六卷，存。

《女科要訣》，舒詔，一卷，存。

《大生集成》，王繩武，五卷，存。

《女科輯要》，沈又彭，二卷，存。

《女科輯要》，周紀常，八卷，存。

《女科旨要》，雪岩禪師，四卷，存。

《女科醫案》，徐大椿，一卷，存。

《女科指要》，徐大椿，一卷，存。

《種子要方》，徐大椿，一卷，存。

《女科指掌》，葉其蓁，五卷，存。

《女科要旨》，陳念祖，四卷，存。

《女科要略》，潘霨，一卷，存。

《女科秘旨》，輪應禪師，八卷，存。

《女科秘要》，靜光禪師，八卷，存。

《女科歌訣》，邵登瀛，六卷，存。

《女科醫案選粹》，嚴鴻志，四卷，存。

《女科圻衷纂要》，凌德，不分卷，存。

《女科秘訣大全》，陳蓮舫，五卷，存。

《生生寶錄》，袁于江，三卷，存。

《寧坤秘籍》（又名《竹林寺女科》），竹林寺僧，三卷，存。

《新產証治》，王實穎，不分卷，存。

《達生眞訣》，王實穎，不分卷，存。

《種子心法》，王實穎，不分卷，存。

《廣嗣五種備要》，王實穎，存。

《達生保赤編》，寄湘漁父，四卷，存。

《竹泉生女科集要》，彭遜之，一卷，存。

《產寶》，倪枝維，一卷，存。

《產孕集》，張曜孫，二卷，存。

《產科心法》，汪哲，二卷，存。

《產科四十三症》，傅山（疑假託），一卷，存。

《婦科雜証》，文晟，一卷，存。

《婦科冰鑒》，柴得華，八卷，存。

《婦科指歸》（又名《婦科宗旨》），曾鼎，四卷，存。

《婦科采珍》，馮鄞，不分卷，存。

《婦科秘方》，李小有，一卷，存。

《胎產護生篇》，李小有，一卷，存。

《婦科心法要訣》，吳謙等，六卷，存。

《婦科胎產經驗良方》（又名《胎產輯萃》），汪家謨，四卷，存。

《鄭氏秘傳萬金方》（又名《女科萬金方》），鄭玉峰，一卷，存。

《詳要胎產問答》，亟齋居士，一卷，存。

《臨產須知》，周莘農，一卷，存。

《保產金丹》，劉文華，四卷，存。

《保產要旨》，許廷哲，四卷，存。

《胎產心法》，閻純璽，三卷，存。

《胎產指南》，單南山，八卷，存。

《胎產症治錄》，單南山，二卷，存。

《胎產秘書》（又名《胎產金針》），陳笏庵（一說佚名），二卷（又作三卷、四卷），存。

《胎產集要》，黃惕齋，三卷，存。

《秘診濟陰》，周詒觀，三卷，存。

《難產神驗良方》，姚文田，一卷，存。

《繡閣保產良方》，沈二榆，一卷，存。

《盤珠集胎產症治》，嚴潔、施雯、洪煒，三卷，存。

《女科》，傅山，二卷，存。

《女科仙方》（又名《仙方便覽》），傅山，四卷，存。

《急救仙方》，撰者未詳，十一卷，存。

《槐茂堂婦人科經驗良方》，賈弘祚，三卷，存。

《婦科凍鑒》，柴得華，不分卷，存。

《胎產至寶》，蔡璘，三卷，存。

《保生集要》，黃陽杰，一卷，存。

《坤中之要》（又名《秘傳內府女科》），伊精阿，不分卷，存。

《求嗣指要》，永福氏，二集，存。

《婦科摘抄要訣》，撰者未詳，一卷，存。

《旃檀保產萬全經》，田浩然，二卷，存。

《秘傳女科》，劉有忠，存。

《婦科集說》，醒道人，二卷，存。

《閨門寶鑑》，李榮，不分卷，存。

《紅線女博識摘腴》，撰者未詳，不分卷，存。

《醫學纂要婦人科》，朱斅，不分卷，存。

《催生安胎良方》，高要梁，不分卷，存。

《胎產合壁》，永思堂主人，三卷，存。

《婦科約囊萬金方》，撰者未詳，二卷，存。

《婦嬰方書》，撰者未詳，存。

《胎產秘方》（又名《胎前產後神效秘方》），方金山，四卷，存。

《坤寧集》，撰者未詳，不分卷，存。

《長生草婦科》，劉榮枝，四卷，存。

《女科揭要》（又名《女科要旨》），趙廷玉，一卷，存。

《產育案》（又名《葉氏產育醫案》），葉氏，存。

《婦科秘方》，陳桂圓，不分卷，存。

《錢氏秘傳產科方——試驗錄》，錢少楠，不分卷，存。

《婦科問答》，撰者未詳，不分卷，存。

《女科原旨》，程文囿，一卷，存。

《張氏婦科》，撰者未詳，不分卷，存。

《毓麟驗方》，撰者未詳，不分卷，存。

《濟陰近編》，陳治，五卷，存。

《產後十八論》，撰者未詳，不分卷，存。

《女科精要》，馮兆張，三卷，存。

《家傳女科經驗摘奇》，撰者未詳，不分卷，存。

《女科證治約旨》，嚴鴻志，四卷，存。

《女科精華》，嚴鴻志，三卷，存。

《中西合纂婦科大全》，顧鳴盛，七卷，存。

《產論》，賀川子玄，四卷，存。

《產論翼》，賀川玄迪，二卷，存。

《產科發蒙》，片倉元周，六卷，存。

《產航》，桑原惟親，二卷，存。

《產科養草》，佐佐井玄敬，一卷，存。

《產科發明》，奧川岐庸，三卷，存。

《坐婆必研》，池田御年，二卷，存。

《產育全書》，水原義博，十卷，存。

《產科探頷圖式》，水原義博，一卷，存。

《達生圖說》，近藤直義，三卷，存。

《產科手術秘祿》，劣齋先生，一卷，存。

《醫學三藏辨解》，岡本爲竹，三卷，存。

《安產手引草》，橫地見碩，一卷，存。

《產科摘要》，小林義直，三卷，存。

《婦嬰新說》，合信，二卷，存。

《產科》，密爾，一卷，存。

《婦科精蘊圖說》，妥瑪，五卷，存。

附錄（二）《醫心方》埋胞資料輯佚（共三〇條）

一、《產經》云：凡欲藏胞衣，必先以清水好洗子胞，令清潔。以新瓦甕，其蓋亦新。畢乃以眞絳繒裹胞訖，取子貢錢五枚，置甕底中羅列，令文上向，乃取所裹胞盛內甕中，以蓋覆之，周密泥封，勿令入諸蟲畜禽獸得食之。畢，案隨月圖，以陽人便埋之，掘深三尺二寸，堅築之，不欲令復發故耳。能順從此法者，令兒長生、鮮潔、美好、方高、心善、聖智、富貴也。且以欲令兒有父才者，以新筆一柄著胞上，藏之，大吉。此《黃帝百廿占》中之秘文也。且藏胞之人，當得令名佳士者，則令兒辨慧多智；有令名美才，終始無病，富貴長壽矣。

二、又云：一法，先以水洗胞，令清潔訖，復用清酒洗胞。以新瓦甕盛胞，取雞雛一枚，以布若繒纏鷄置胞上。以瓦甌蓋其口，埋之。案十二月圖於筭（算）多上藏之，吉。其地向陽之處，深無過三尺，堅築之，勿令發也。大吉。男用雄鷄，女用雌鷄（一說云：如來云，我不煞生，故得壽長；何煞生求壽命？故不疏之）。

三、又云：數數失子藏胞衣法：昔禹於雷澤之上，有一婦人悲哭而來。禹問其由，答曰：「妾數生子而皆夭死，一無生在，故哀哭也。」禹教此法，子皆長壽，無復夭失也。取產胞衣，善擇去草塵，洗之清。作一土人，生兒男者作男像，生兒女者作女像，以絳衣裹土人。先以三錢置新甕中，已，取土人著錢上，復取子胞置錢上，以蓋新甌，令周密封泥之。案筭（算）多地上，使兒公（按：兒公者兒父也）自掘埋之。畢，祝曰：「一錢爲汝領地主，一錢爲汝壽領筭（算），一錢爲汝領口食。」訖，以左足踏之，堅築如上法。（以上藏胞衣斷埋法）

四、《產經》云：正月亥子，二月丑寅，三月巳午寅，四月申酉卯，五月亥酉，六月寅卯辰，七月午，八月未申，九月巳亥，十月寅申，十一月未午，十二月申酉（吉日）。

五、又云：甲乙生，丙丁藏；丙丁生，戊己藏；戊己生，庚辛藏；庚辛生，壬癸藏；庚辛生，壬癸藏；壬癸生，甲乙藏（吉日）。

六、《產經》云：春無以甲乙，夏無以丙丁，秋無以庚辛，冬無以壬癸。右四時忌日，皆惡，不避身（生）子俱亡（忌日）。

七、又云：甲辰乙巳丙丁午未戊申戊戌。右日勿藏胞，淨洗十餘過，置甕中，須待良日乃藏之（忌日）。

八、又云：避月十日、廿日，月未盡一日，不可埋胞，大凶。

九、又云：當避月一日、十一日、廿一日，凶。又云：避建、除、破、厄、閉日，大凶。又云：勿以兒生日，令兒不壽。又云：藏胞以牢日，小兒死（又牢日法在《湛餘經》中）。

十、又云：旡以八魁日、復日、伯日、小兒生相剋日，皆忌。（以上藏胞衣吉凶日法）

十一、《產經》云：藏胞陰地不見日月，若垣壁下，若糞水中，水瀆坑坎之旁，若清溷旁，皆不宜藏之。令兒多氣疾，瘡疥癰腫也。

十二、藏胞當道中，若四衢對間，令兒屢逢縣官、飛官，遇疫疾。藏胞近故井，若社稷旁，冢墓之邊，祠神處所，所居近者，皆令兒狂癲不壽。

十三、藏胞故器瓦甕者，兒令（疑應作令兒）五罪，凶。

十四、藏胞火燒之處者，令兒則燒死，凶。

十五、藏胞勿令入蟲蛾草等入者，令兒醜惡，多死瘍創病，凶。

十六、藏胞近社祠，若故社處旁，鬼神祭所，令兒魂魄飛揚，不具惡夢（不疑衍字），奔走如狂癡癲，兒脈易驚，恐啼，喜見鬼，生惡瘡腫，腸癰。

十七、藏胞勿令犬鼠豬食之，令兒驚癇多疾。

十八、藏胞故垣墟下，令兒常病腹腸。

十九、藏胞中道，令兒戮死、不壽，後無子孫。

二〇、藏胞故墳井處，令兒耳目不聰、害孔竅。

二一、藏胞當門戶，令兒癡、失明、瘖聲。

二二、藏胞水旁故池處，令兒以為溺死，不葬。

二三、藏胞溜中，令兒失精明而盲。

二四、藏胞牛蘭，若穿窔處，令兒癃。

二五、又云：勿以小兒行年上（男寅女申爲行年上），又避小兒禍害絕命之地（天門，絕命地；鬼門，禍害地）。（以上藏胞惡處法）

二六、《產經》云：生之與死，正在產乳藏胞。凡在產者，豈可不慎。敬神畏天者，典墳之所崇；避難推禍者，諸賢之所務也。是以順天道者昌，違地理者亡，古之常道也。余以闇塞，究搜百家之要，藏胞之道術於此備矣。使產生之場，幾得無咎也。

二七、凡欲藏胞胎（胎疑作衣）者，可先詳視十二月圖。筭（算）多處者有壽，筭（算）少處者不壽，或筭（算）多地者忌神併者，亦當避之。次取筭（算）多，亦吉。又既得壽地，其日惡者，待以良日乃埋之，吉。又雖爲壽處，必得高燥向陽之地。能者壽長、智高、富貴無極也。其高燥地者，達近自在無苦。又云，《經》曰：欲藏產子胞胎者，先視十二月神圖，八神、諸神在方不可至犯，犯之咎重，不可不慎。

二八、又云：未央子曰，凡欲藏子胞，直就天德、月德之地者，子必富貴壽老無疾。最吉之地，故其利萬倍也。若不得天德、月德者，天道人道地亦吉，其利百倍。又不得此地者，亦可用反向大吉之地，亦吉利。若雖是吉地，而與惡神併者，此爲凶地，宜慎擇之。今案藏胞衣法，不載月圖，但避八神等所在之凶地，取天德、月德等吉方。

二九、正月藏胞衣，丁地吉，年一百（是天德地）。丑地，年百十而月煞併在，亦小兒禍害地，故不成其善。他皆效此。又曰，虛月德在丙，天道在辛。

二月藏胞衣，人門地吉，年九十（是天德、人道地）。天門、鬼門雖有吉神，而是小兒禍害絕命之地，故不吉。丑地，壽多而小兒行年所立之地，故不可犯，至兇也。又乙丁辛地，無惡神，可用之。

三月藏胞衣，庚地吉，年九十二（是天德、人道地）。又壬地大吉（是天道地）。又丁地吉。

四月藏胞衣，辛地吉，年八十（是天德、人道地）。又丁地（是天道）。

五月藏胞衣，乾地吉，年九十一（是天德、人道地）。又乙辛地，無惡神。

六月藏胞衣，壬地吉，年七十八（是天德、人道地）。又乙辛地，無惡神。

七月藏胞衣，癸地吉，年七十八（是天德、人道地）。又辛地（天道）壬
　　地，大吉。

八月藏胞衣，艮地鬼門吉，年八十六（是天德、人道地）。又乙丁辛地，
　　無惡神。

九月藏胞衣，甲地吉，年八十五（是天德、人道地）。又丙地（天道、大
　　吉），癸地無惡神。

十月藏胞衣，乙地吉，年八十四（是天德、人道地）。又甲地（月德，大
　　吉），癸地（天道）、丁地，無惡神。

十一月藏胞衣，巽地、戶地吉，年百廿（是天德、人道地）。又乙辛癸地，
　　無惡神。

十二月藏胞衣，丙地吉，年百（天德、人道地）。又乙辛地，無惡神。

（以上藏胞衣吉方）

三十、人生溺死者，父母過。藏胞於銅器中，覆以銅器，埋於陰垣下，入地七尺，
　　名曰童子裏。溺死水中。

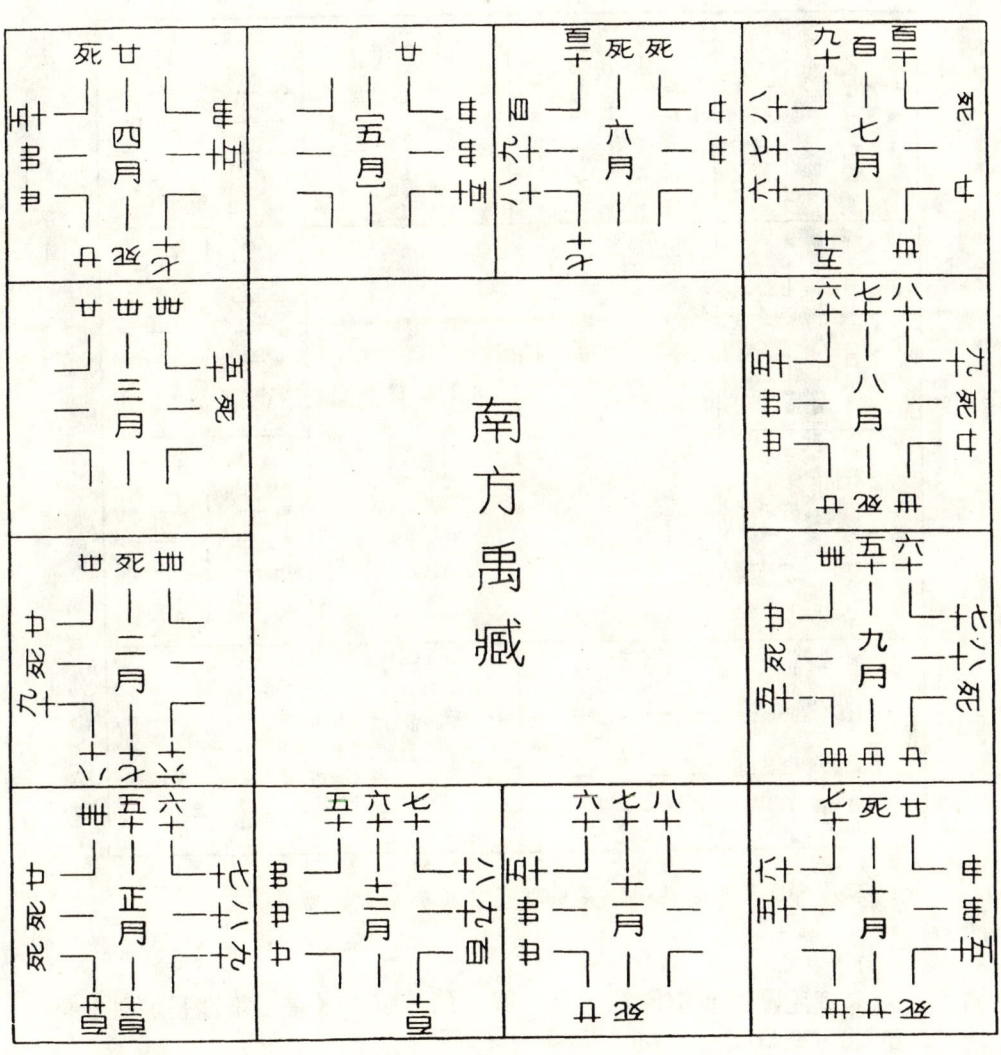

圖一 禹藏埋胞圖，原題「南方禹藏」，見於《胎産書》。
《馬王堆漢墓帛書〔肆〕》，北京，文物出版社，1985，頁134。

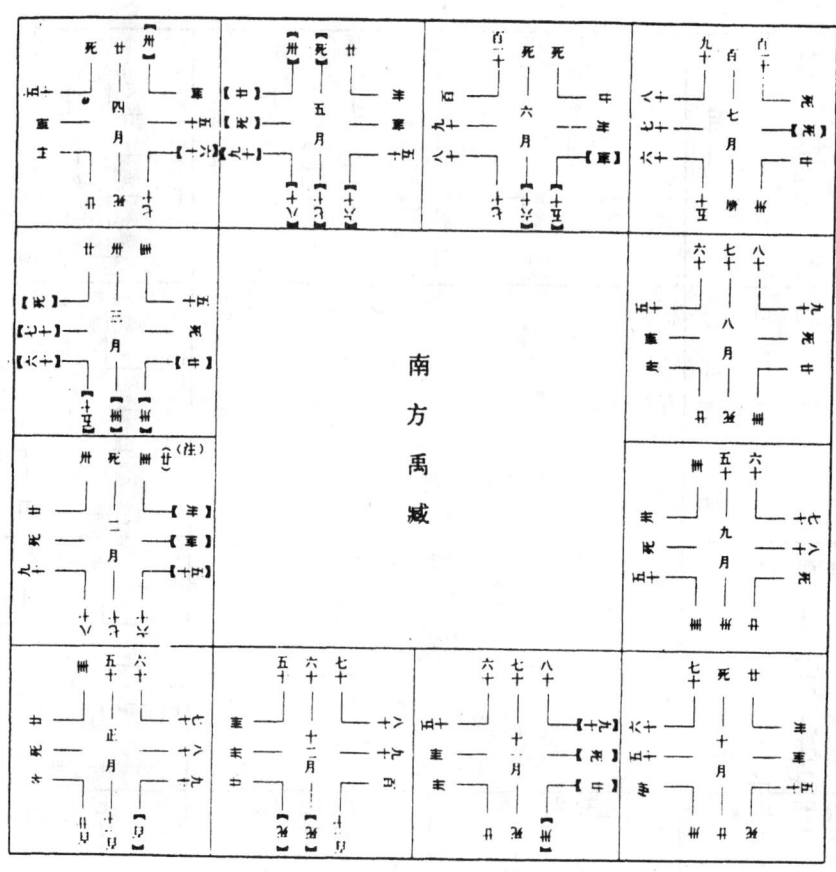

注：二月未位帛書原爲卅、按數與死位排列規律，當爲廿。

圖二　禹藏埋胞圖初步復原圖。周一謀、蕭佐桃：《馬王堆醫書考注》台北，樂群文化公司，1989，頁347。

圖三　《胎産書》之書影。帛書分上下二部分，上爲埋胞圖。
　　　　下抄載《胎産書》。埋胞圖之文字説明另見《雜療方》。
　　　　《馬王堆漢墓帛書〔肆〕》，彩色圖版部分。

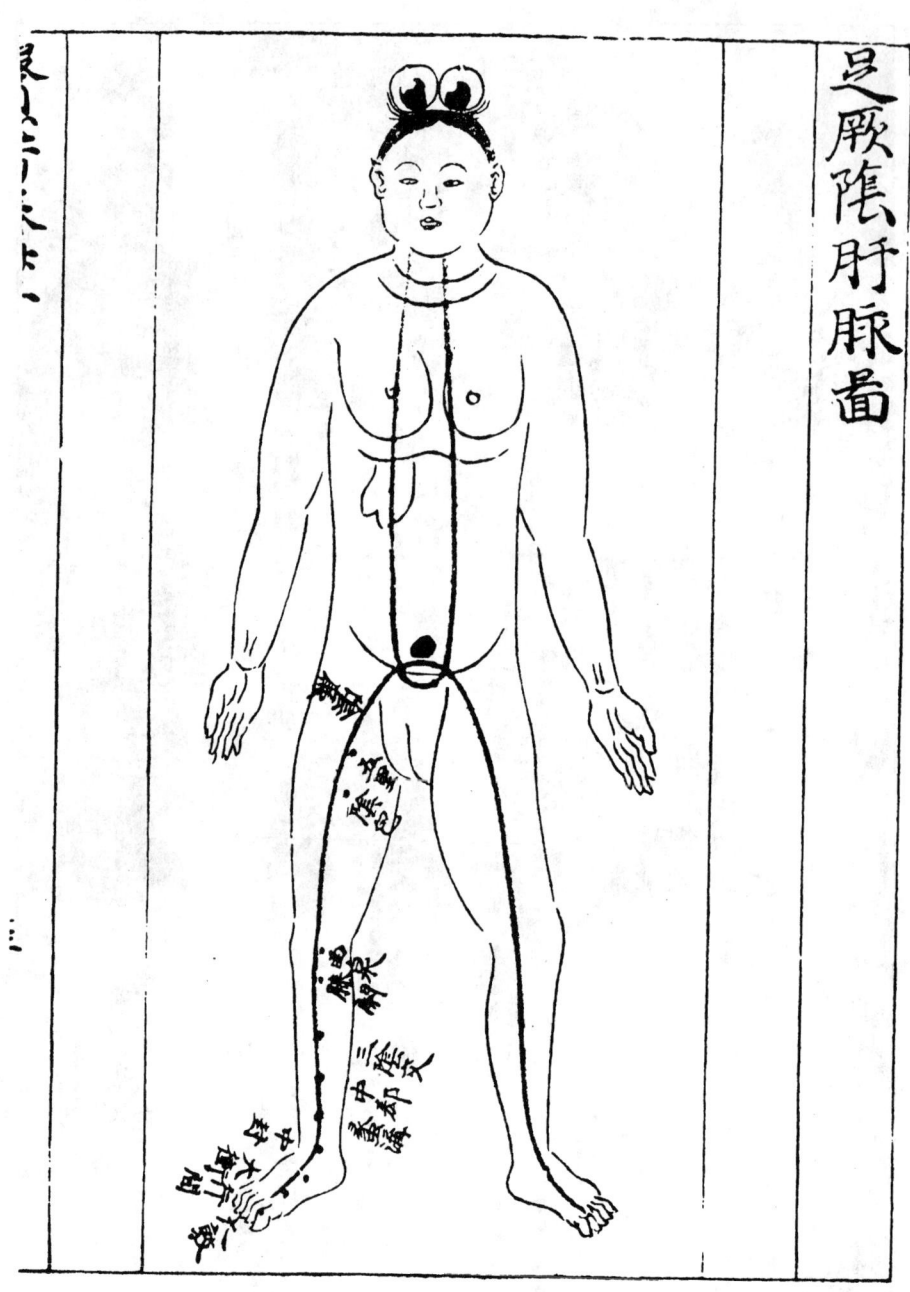

圖四 a　婦人懷胎一月圖。胚胎以一黑子表示。丹波康賴：《醫心方》，
　　　　台北，新文豐出版社公司影本，1976，卷廿二。

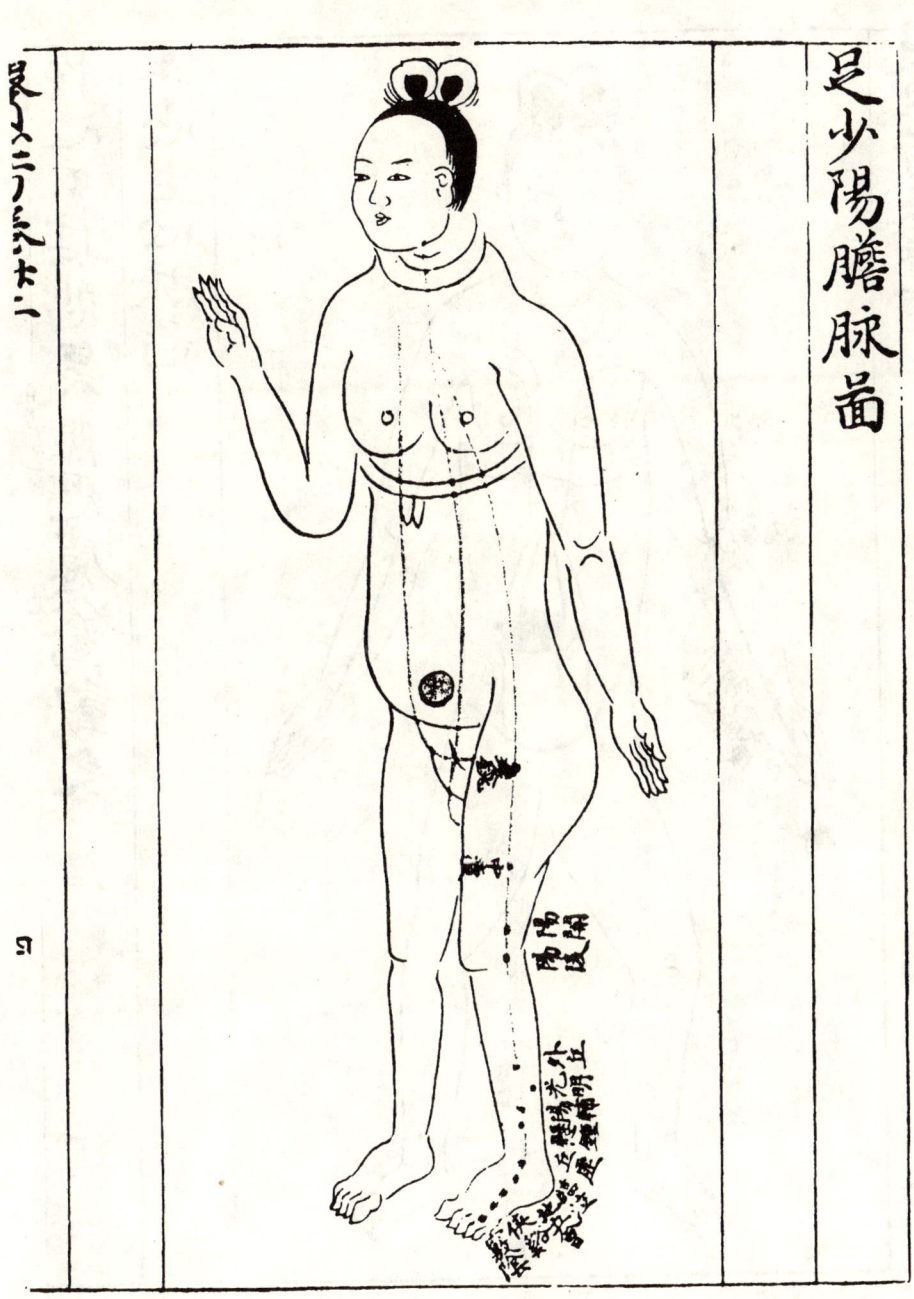

圖四b　懷胎二月圖。

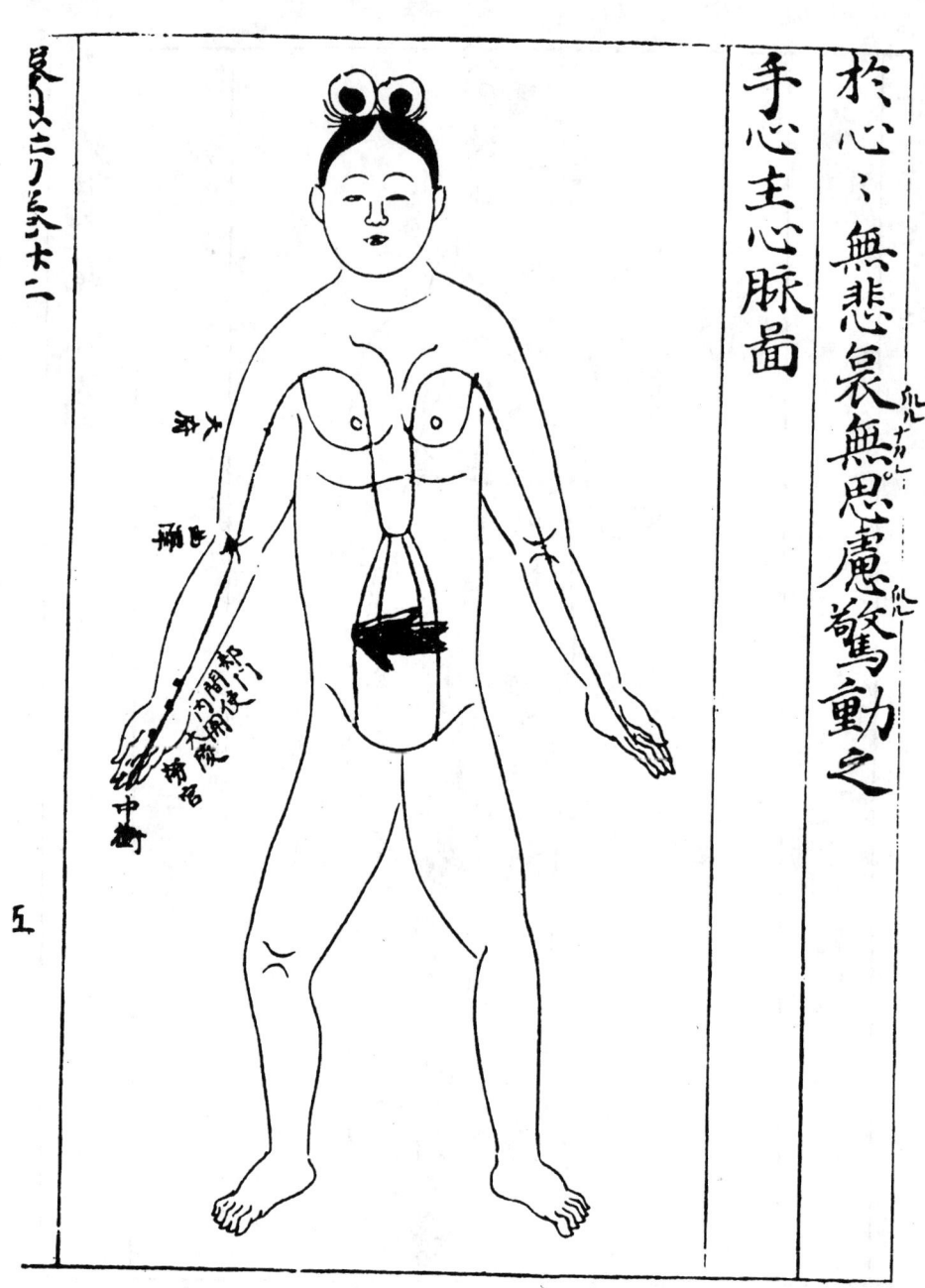

圖四c　懷胎三月圖，始有兒形。

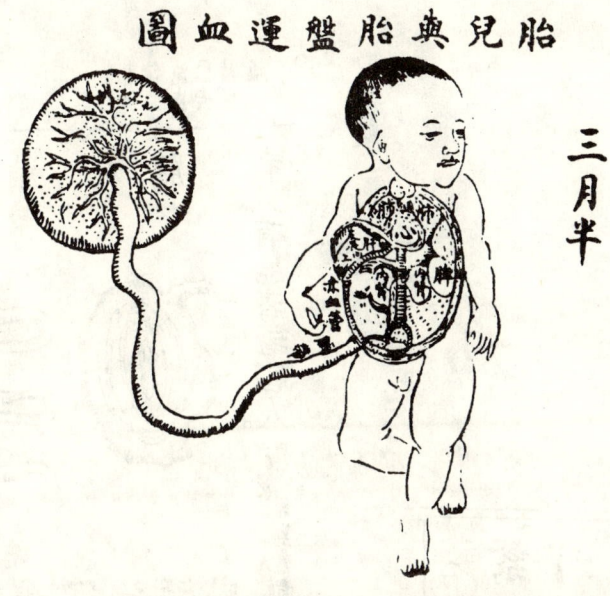

圖五　胎兒與胞衣。閻純璽：《增補繪圖胎産心法》，
　　　台北，國泰文化事業公司影本，1984，附圖頁二。

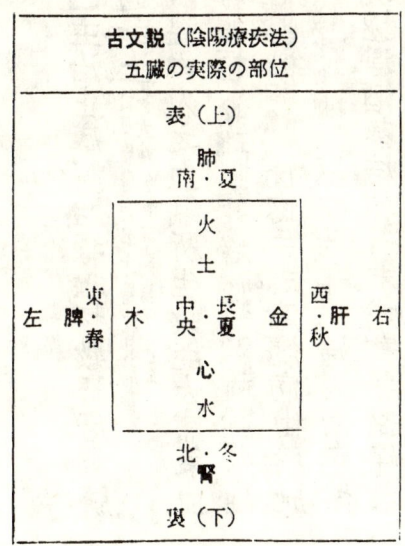
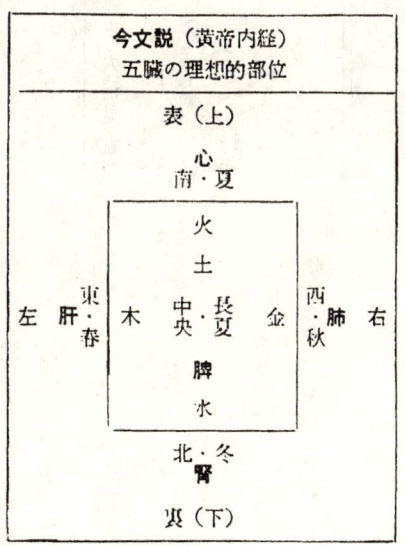

※　この両図は北側に坐って南側を向いた場合の排列で，左は東，右は西となっている。

圖六　五行、五方、五臟配置圖。北方即腎、水之位。
　　　龍伯堅：《黃帝內經概論》，千葉，東洋學術出版社，1986，頁99。

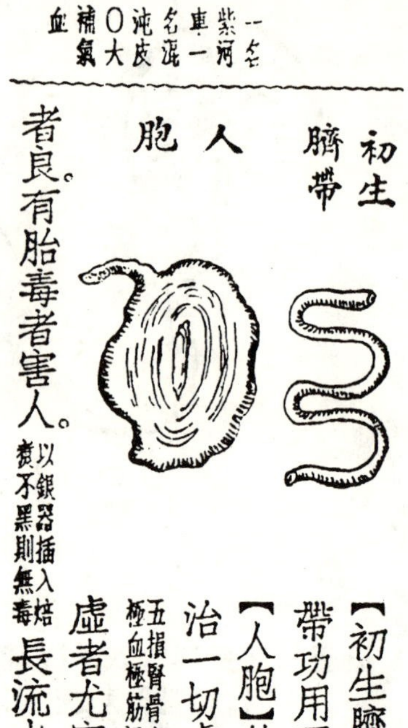

血補　〇沌名車紫一
氣大　皮混一河名

初生臍帶

人胞

【初生臍帶】主治止瘧解胎毒。燒末敷臍瘡。臍帶功用不過如上。近日庸醫妄名之爲坎氣用以大補氣血不知出於何典

【人胞】甘鹹溫本人之血氣所生故能大補氣血治一切虛勞損極　五損腎骨痿不起六極日氣極血極筋極肌極骨極精極　少二損肺皮槁毛落二損心血脈衰三損脾肌肉消脫四損肝筋緩不收　恍惚失志癲癇病由膀胱虛者尤宜用　取其以胞補胞之義　以初胎無病婦人而色紫者良。有胎毒者害人。以銀器插入焙炙不黑則無毒　長流水洗極淨酒蒸焙乾研末或煮爛搗碎入

紫河車
（即胞衣一各混胞皮大補氣血）

圖七　本草書中之胞衣圖。左爲《本草備要》，胞衣似爲今人所謂胎盤。右圖取自《本草從新》，人胞亦僅指胎盤，其與臍帶各自一藥。

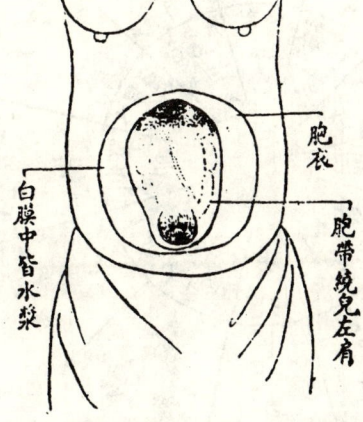

正産懷孕圖

胞衣

胞帶繞兒左肩

白膜中皆水漿

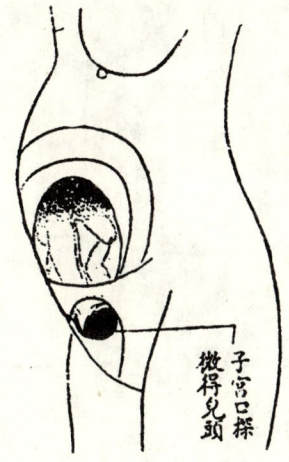

正産冒子宮圖

子宮口探

微得兒頭

圖八　分娩圖。胞衣俟嬰兒産出之後隨之共出，若滯留不出，稱「息胞」。
　　　賀川玄迪：《産論翼》，台北大新書局影本，1972，
　　　〈諸産懷孕圖三十二〉。

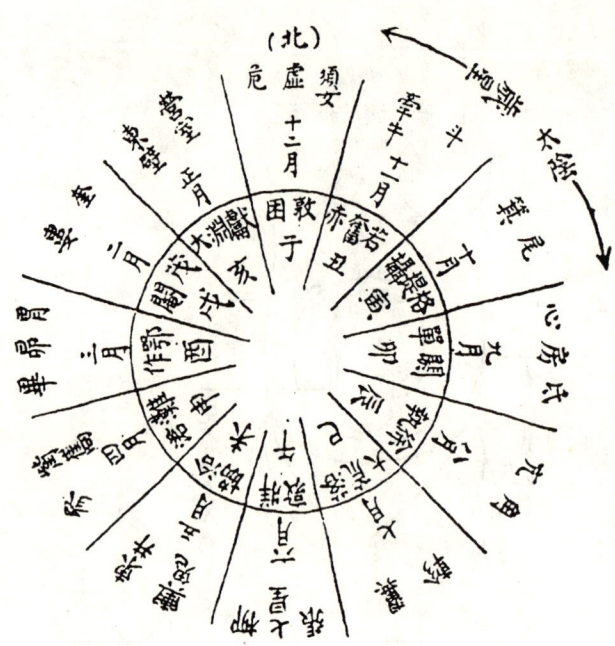

圖九　歲星與太陰。劉坦：《中國古代之星歲紀年》，北京，
　　　科學出版社，1957，頁 3。

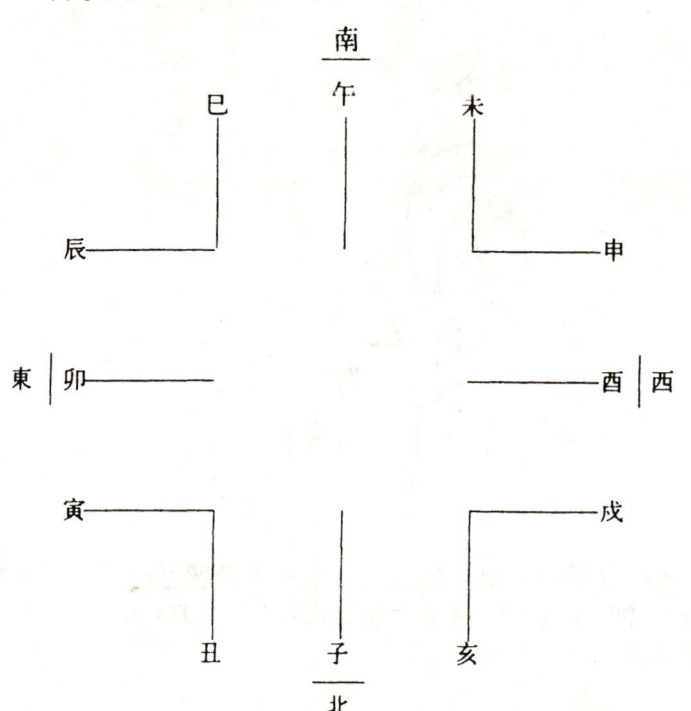

圖一〇　十二方位圖。子、午、卯、酉謂之四仲，即太歲所在。
　　　　周一謀、蕭佐桃：《馬王堆醫書考注》，頁 342。

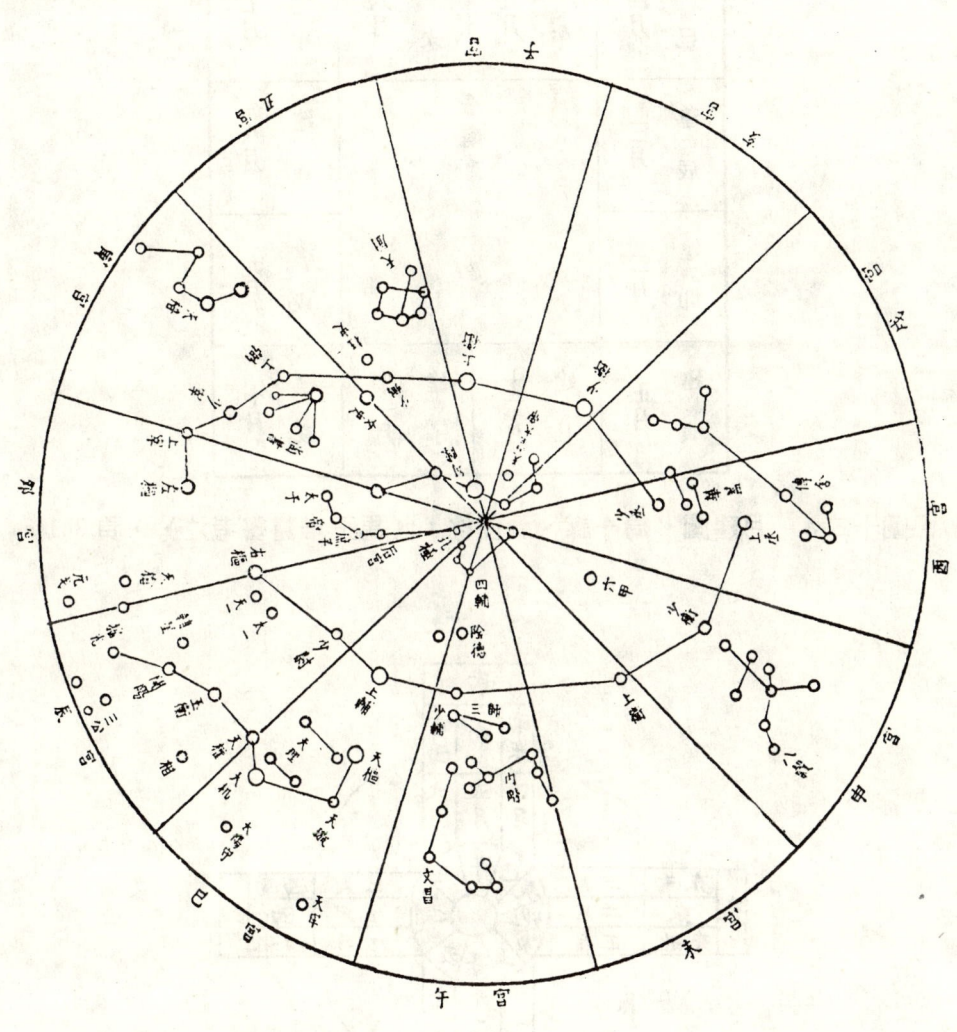

圖十一　紫微垣與斗星（左下）。高魯：《星象統箋》，
中研院天文研究所，1933，頁2。

建巳 四月	建午 五月	建未 六月	建申 七月
建辰 三月	↑南		建酉 八月
建卯 二月			建戌 九月
建寅 正月	建丑 十二月	建子 十一月	建亥 十月

圖十二 a　月建圖。周一謀、蕭佐桃：《馬王堆醫書考注》，頁 341。

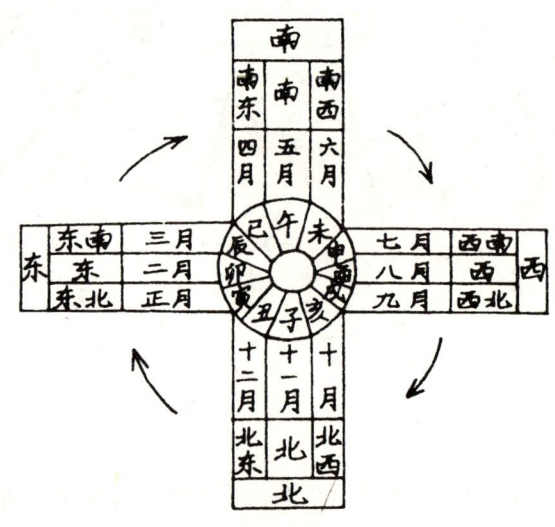

月建方位示意图

圖十二 b　月建方位示意圖。馬繼興：《馬王堆古醫書考釋》
長沙，湖南科學技術出版社，1992，頁 819。

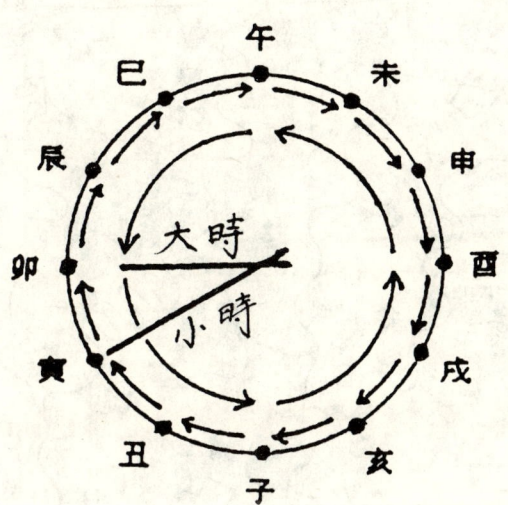

圖十三　大時、小時關係圖。《九州學刊》4 卷 1 期，1991，頁 48。

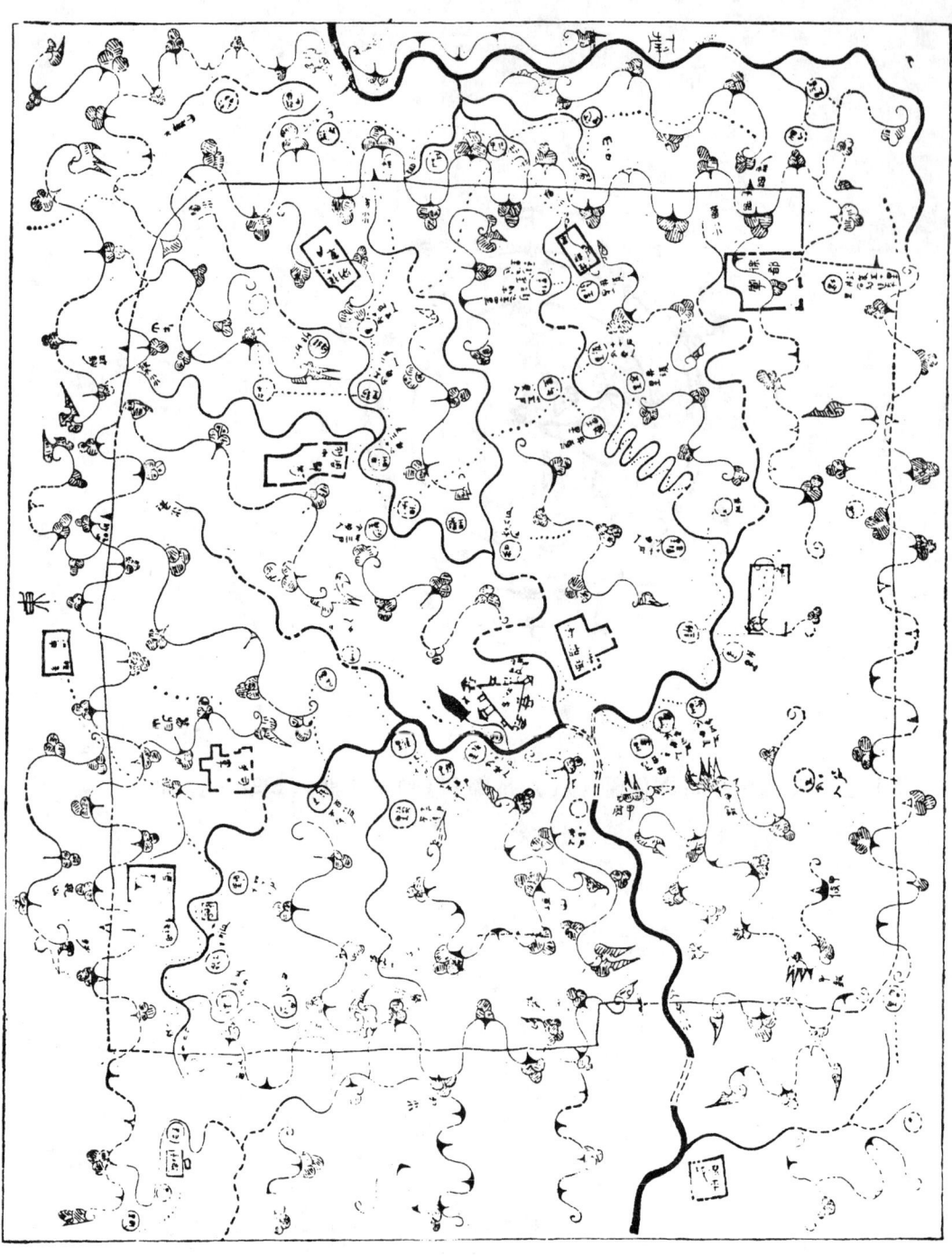

圖十四　馬王堆三號漢墓出土帛書駐軍圖復原圖。
　　　　王成組：《中國地理學史》，北京，商務印書館，1988，圖5。

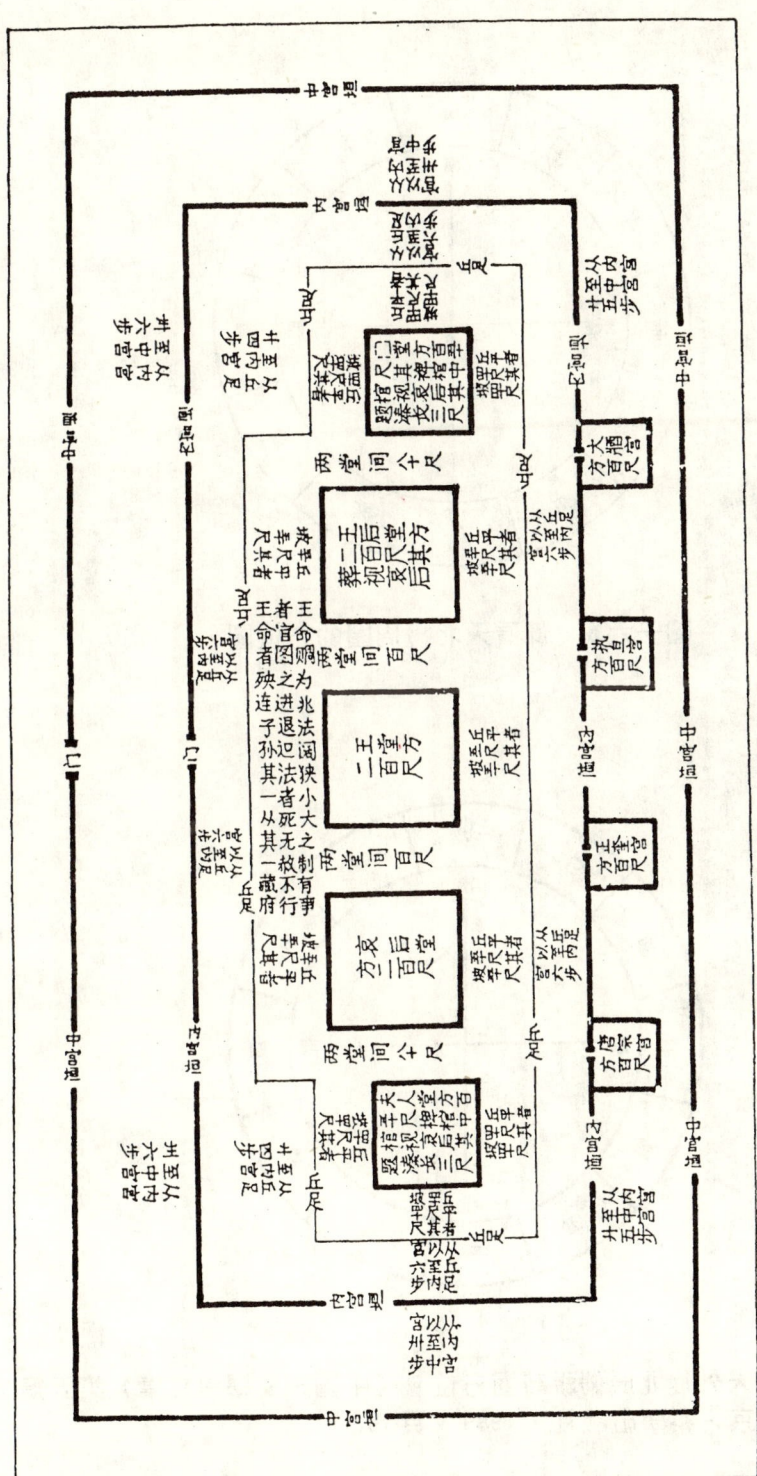

圖十五　兆域圖（銅版銘文釋文）。曹婉如等編：《中國古代地圖集》
北京・文物出版社，1990。

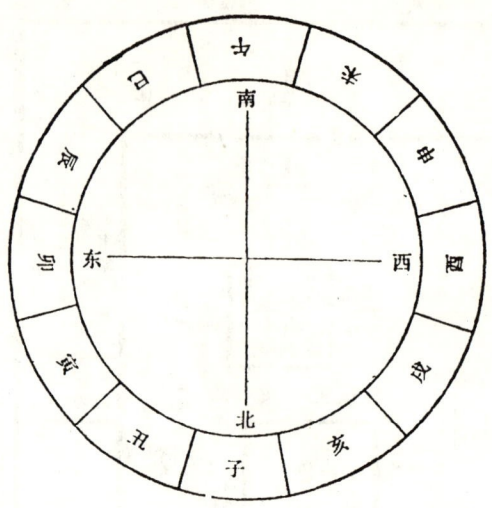

圖十六a　仰看天北極周圍的方位圖。

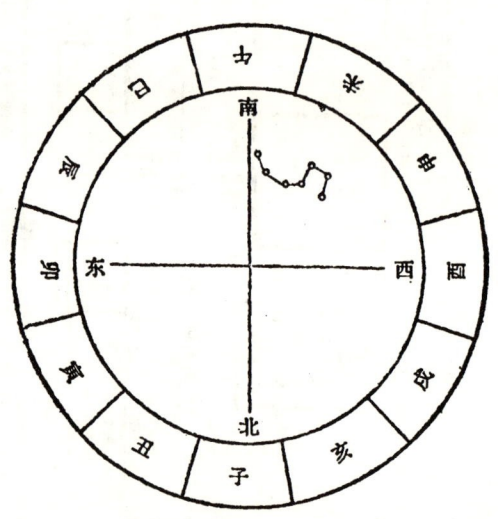

圖十六b　在天外從北辰俯視時圈方位。《中國天文學史文集》第五集，
　　　　北京，科學出版社，1989，頁18。

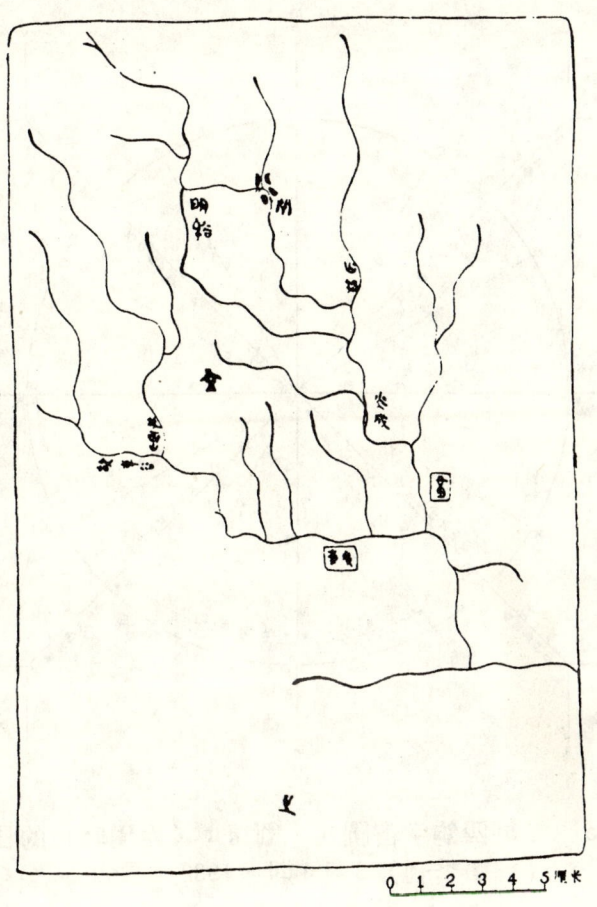

圖十七　天水放馬灘秦墓出土地圖(M1:7.8.11)。《文物》1989年2期，頁14。

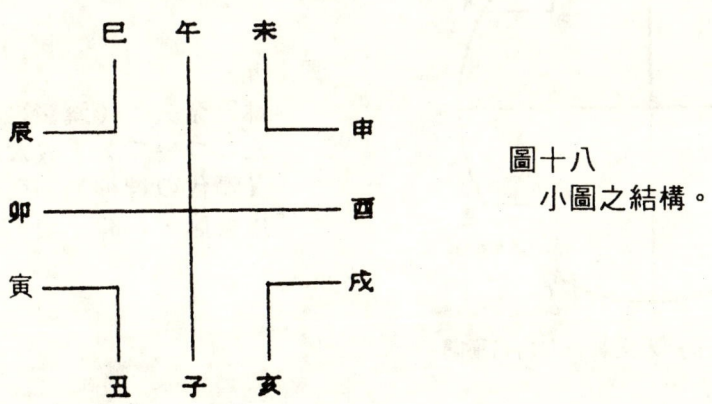

圖十八
小圖之結構。

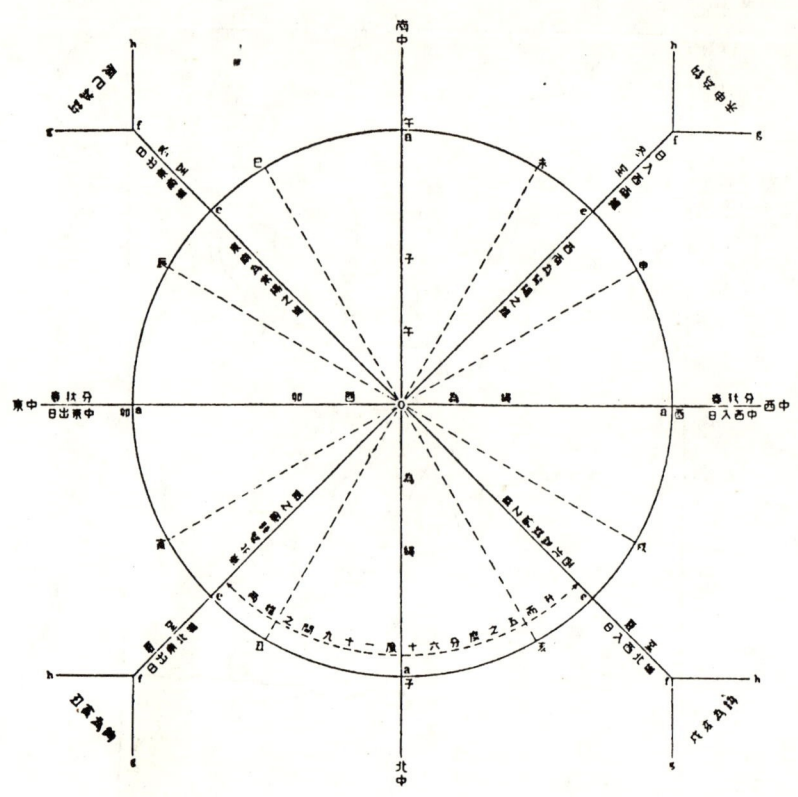

圖十九a　　二繩四鉤宇宙圖式，劉復：〈西漢時代的日晷〉，
　　　　　　《國學季刊》3卷4期，1932，頁20。

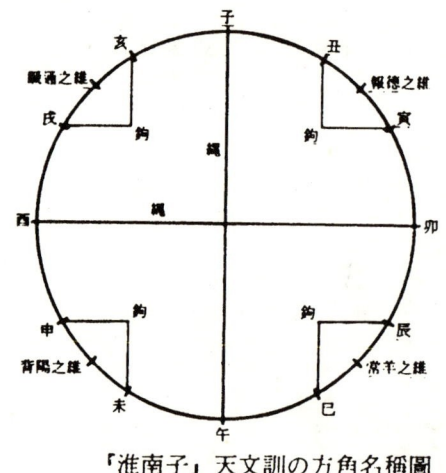

「淮南子」天文訓の方角名稱圖

圖十九b
　　林巳奈夫：〈漢鏡の圖柄二、
　　三について〉，收入氏著：
　　《漢代の神神》，京都，臨
　　川書店，1989，頁13。

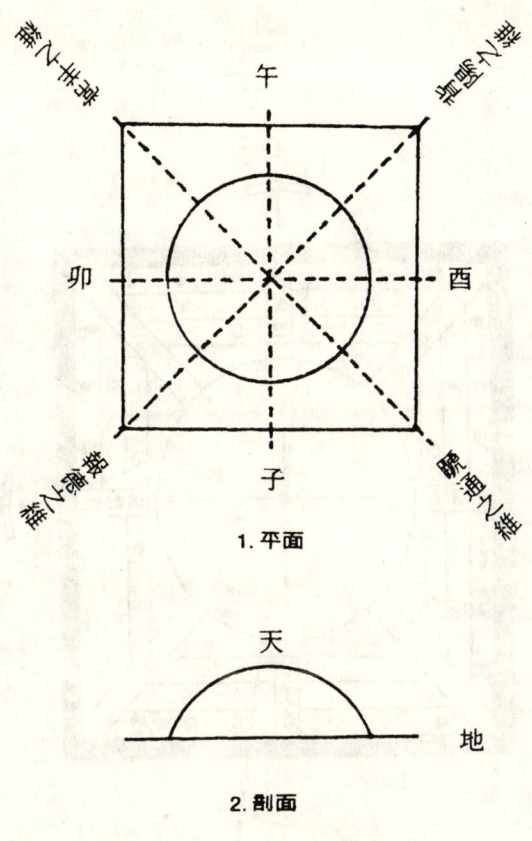

1. 平面

天

地

2. 剖面

蓋天圖

圖二〇　蓋天説剖面圖。古人認爲天體如蓋，上有繩索拴繫。
　　　　《九州學刊》4卷1期，頁38。

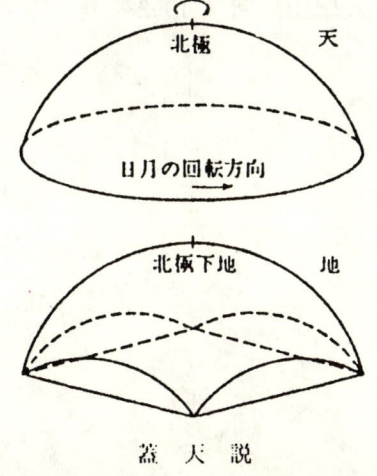

蓋 天 説

圖二一　蓋天宇宙模型。山田慶兒：
　　　　《朱子の自然學》，東京，
　　　　岩波書店，1978，頁17。

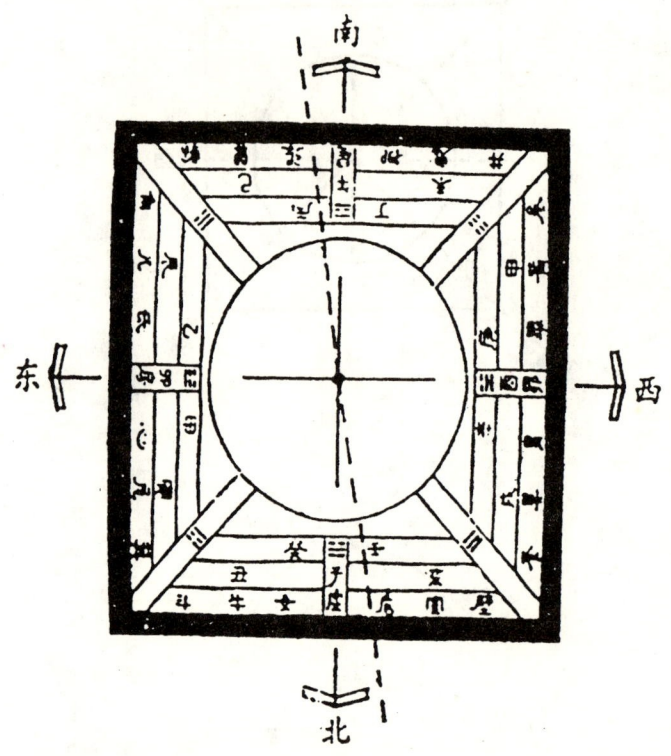

圖二二　漢代栻盤。盤面上子午、卯酉辰次，及上南下北，
　　　　左東右西的方位基本上與禹藏圖的小圖一致。王其亨主編：
　　　　《風水理論研究》，天津，天津大學出版社，1992，頁225。

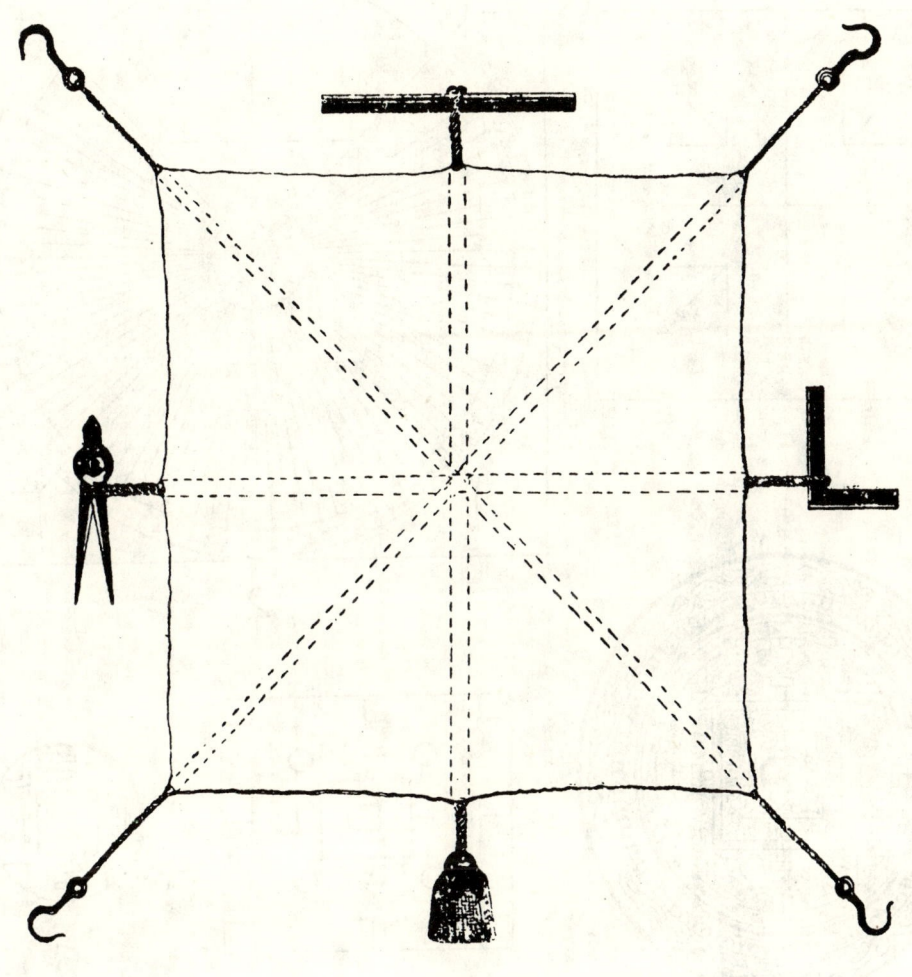

圖二三　二繩四鉤與方位關係推想圖。劉復：《西漢時代的日晷》，頁21。

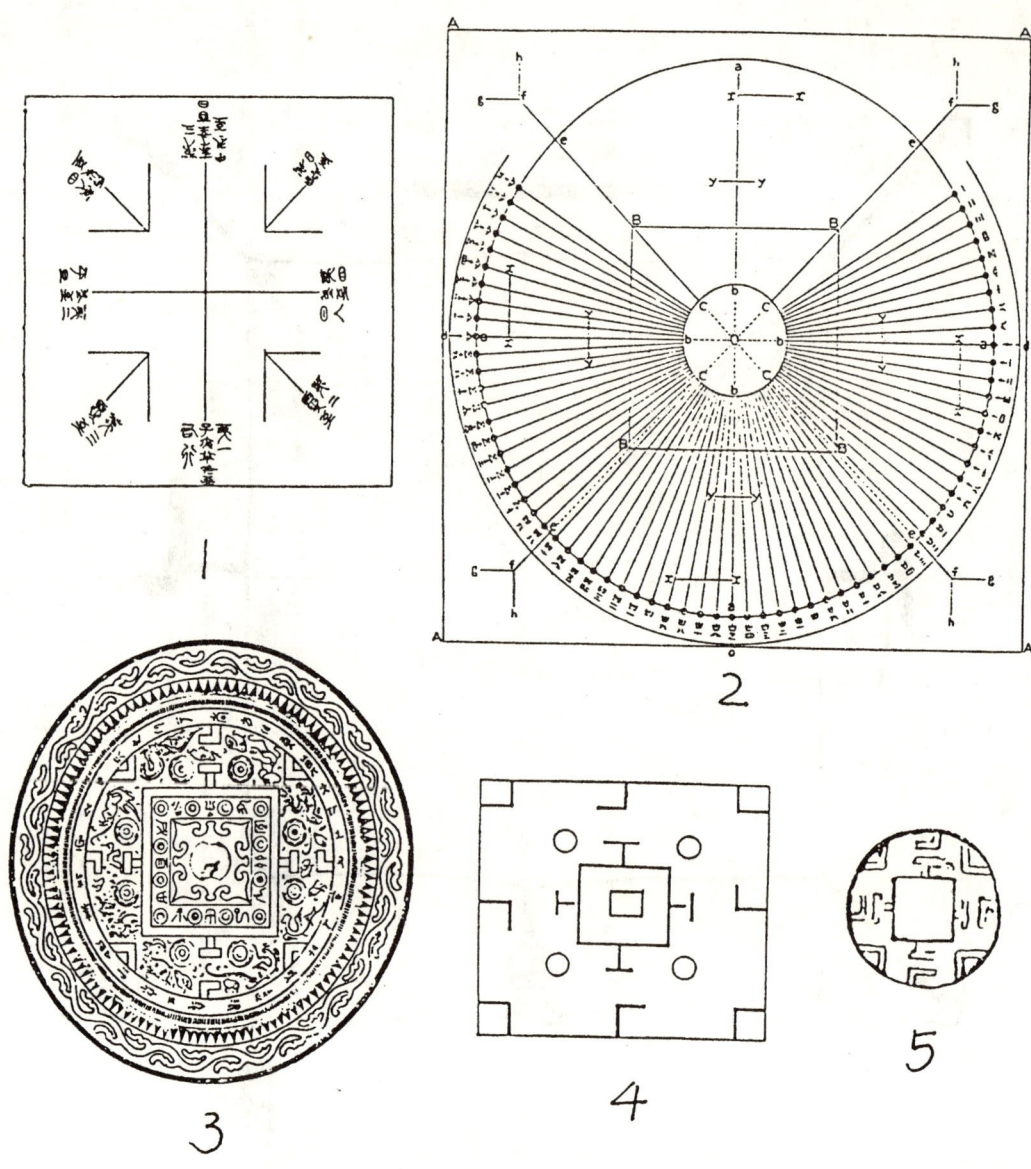

圖二四　二繩四鉤宇宙圖式相關器物。
1.栻盤（《九州學刊》4:(1)，頁8）；
2.日晷盤面（劉復：〈西漢時代的日晷〉，頁16）；
3.規矩鏡（孫機：《漢代物質文化資料圖說》，
　北京，文物出版社，1991，頁271）；
4.六博盤面（《考古學報》1986:(1)，頁24）；
5.漢代厭勝錢上的TLV紋（《中原文物》1988:(3)，頁79）。

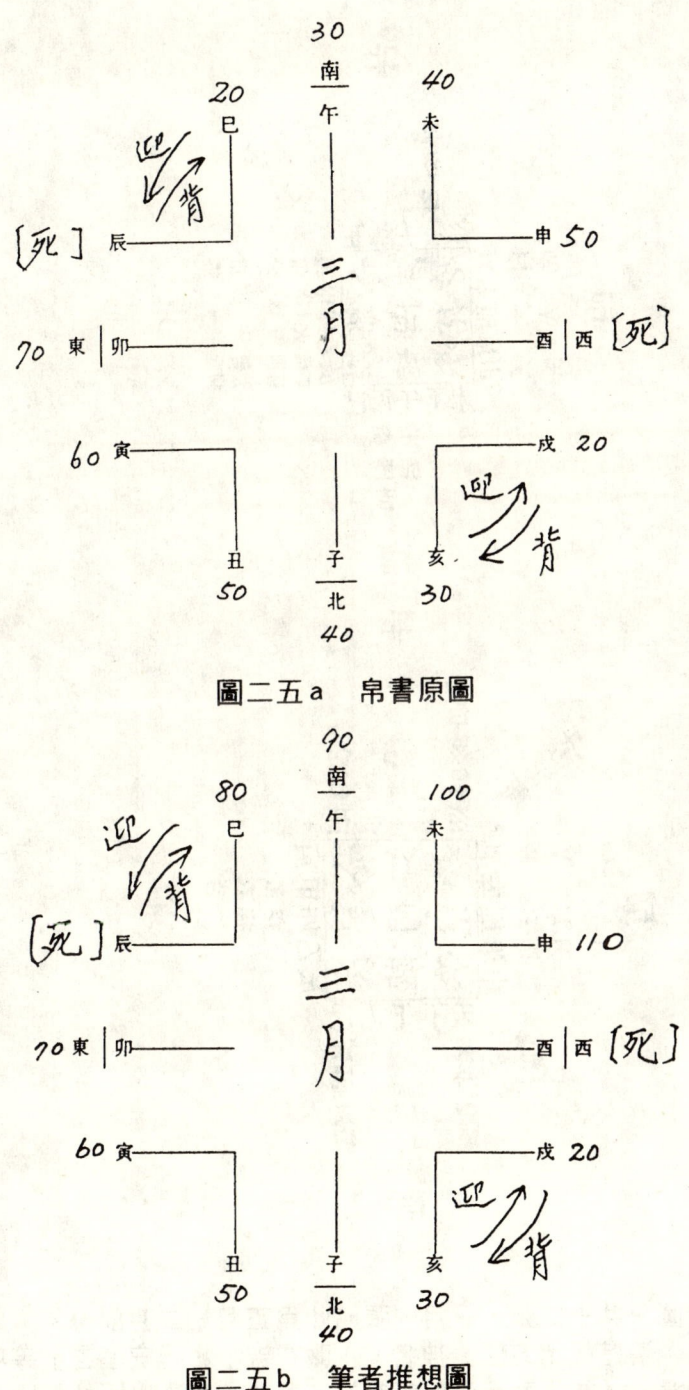

圖二五 a　帛書原圖

圖二五 b　筆者推想圖

圖二五　數字排列規律與迎辱背強原則（以三月爲例）

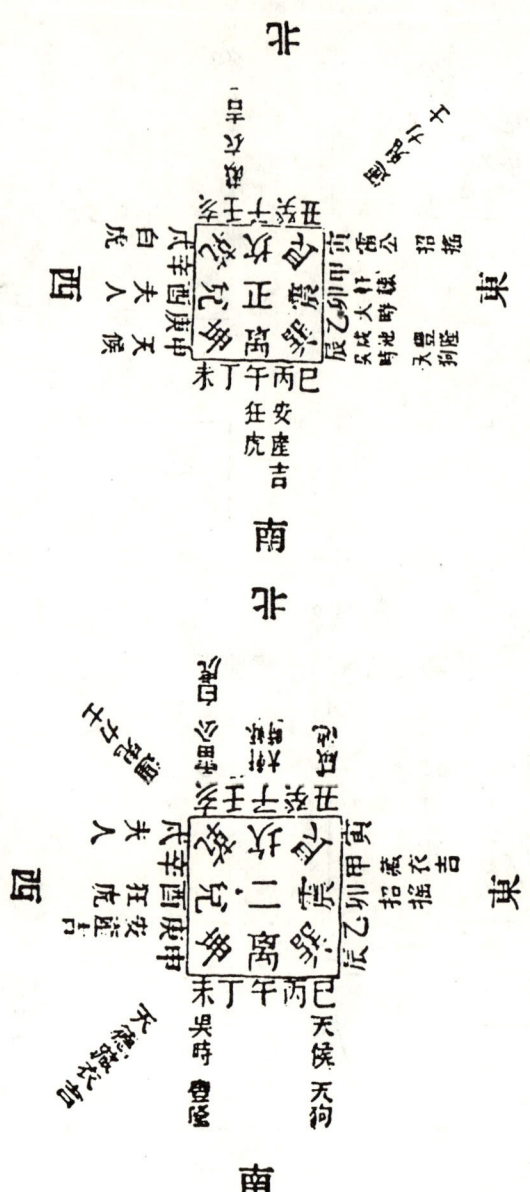

圖二六　宋代產圖。共十二張，一月一張。此為正月、二月部份。
　　　　其特色：清楚標示方位、神名、「藏衣吉」、「安產吉」等項目。
　　　　宋朱瑞章：《衛生家寶產科備要》，台北，萬人出版社影印，卷1，
　　　　〈產圖〉，頁5。

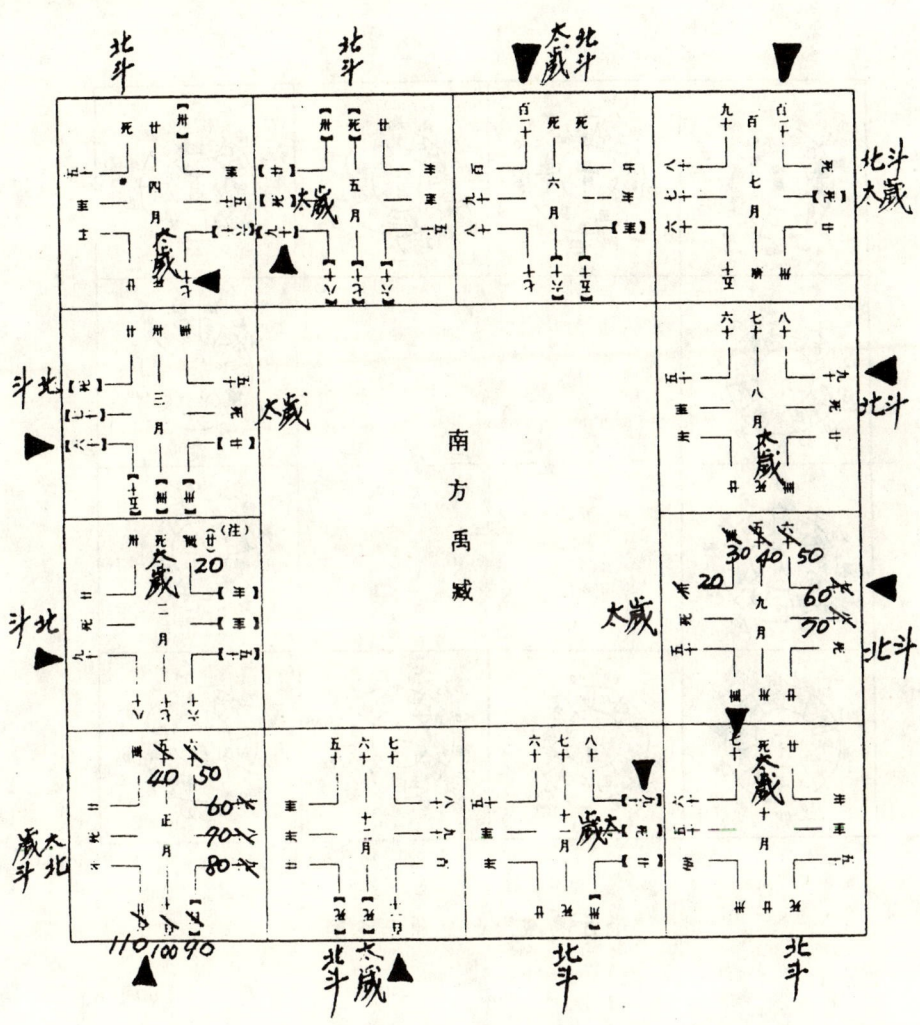

圖二七　禹藏圖之復原（適合埋胞處以▲標出，箭頭所示）。

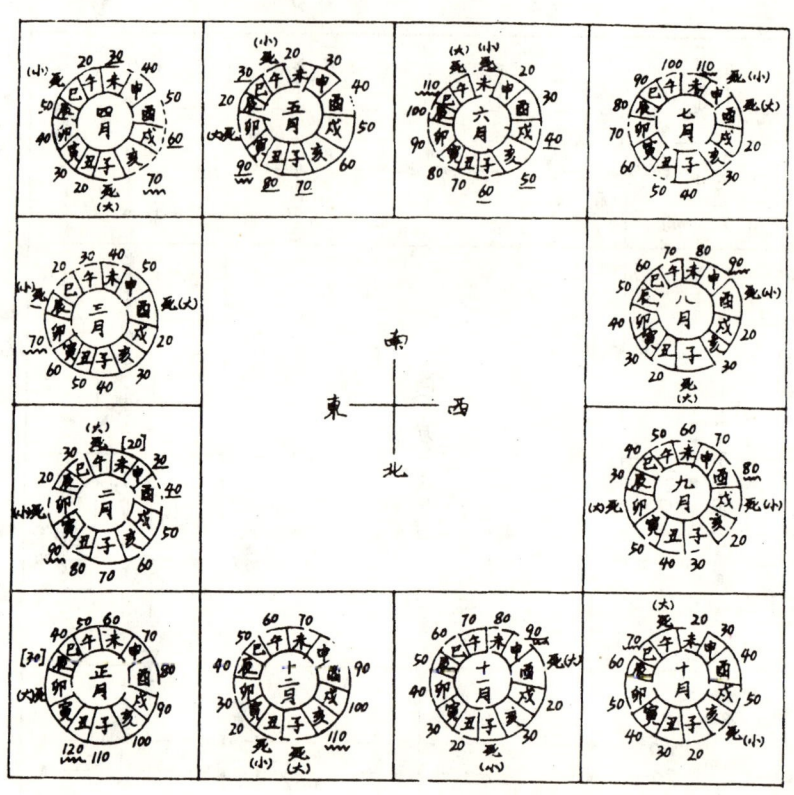

"南方禹藏" 的复原示意图

圖二八　適合埋胞處以～～～表之。馬繼興：《馬王堆古醫書考釋》，頁821。

漢隋之間的「生子不舉」問題

李 貞 德

漢隋之間,民間生子不養,除因產育禁忌外,最主要是為了節制養育人口。產育忌諱包括分娩月日和新生兒的生理狀況等。棄養之法,漢魏時大多採丟置或活埋,至南北朝時,則或以改姓、出繼或寄養來解決「妨剋」的問題。因貧困無力養活過多兒女時,女嬰可能先遭棄養。而六朝政治分裂,各國邊地屯兵小民生活不易,兩國接壤之境生子不舉的情形特別嚴重。

漢魏晉南北朝的地方官常以嚴法治殺子之罪,少數輔以私囊救助。中央政府方面,則只有南朝齊帝曾採寬政峻法並重,企圖解決生子不舉的問題。學者的譴責,在早期有針對「禁忌迷信」所做的「闢邪」言論,至佛道盛行後,則或置於戒律之中。傳統家庭雖重視子嗣,但在家庭結構、經濟力和倫理等因素的多重影響下,生子不舉的父母卻可能受到讚譽褒揚。江南大多仍為主幹家庭,宗族力量緩不濟急,倘若貧家力不兼舉,只有棄此保彼,以孝以義之名,埋己子而養他人。見棄之嬰,欲得生路,實賴鄰里仁愛之人與宗教機構之救濟。

既有刑律懲處,復受宗教儆戒,漢隋之間人們仍不得不以生子不舉限制人口,實由於婦產科學的精準性和普遍性不足之故。在缺乏避孕知識、有效驗孕和安全人工流產的情況下,婦女一再懷孕、生育,然後再以棄養的方式節制家庭人口。此時,政治與社會力量若僅鼓勵早婚早育多產,而無救濟之寬政或輔助之機構,則勸阻棄養不易,嬰兒求生亦難,而婦女也在生育一事上,危機重重,辛苦萬分。

一、前 言

一般人常認為傳統中國社會觀念以多子多孫為福氣,以不孝有三,無後為大。然而在研究生育禮俗,閱讀史籍資料時,卻不難發現許多「生子不舉」的事例。「舉」者「養」也。《史記》司馬貞索隱釋「舉」:「謂浴而乳之」(《史記》〈孟嘗君列傳〉75/2352)。「生子不舉」不論是消極地棄之不顧,或積極地置

諸死地，都是不乳養從己所出的子女。[1] 在避孕、墮胎和絕育技術不發達的傳統中國，棄殺嬰兒的情形可能存在於各個時代。不舉的原因和方式，也因時空而有異。日本學者曾我部靜雄的〈溺女考〉說明宋代南方，尤其是華南地區，主要因經濟問題而溺殺嬰兒的情形。[2] 北京大學教授臧健也爲文說明，即使在宋代無子者身喪戶絕，資產沒官的法律規定下，南方人民因生計考量，仍然「生子不舉」，造成男女人口比例嚴重失調和買賣婦女等社會問題。[3] 台灣學者劉靜貞除專從經濟性理由探討宋代生子不舉的現象外，並討論殺嬰的性別選擇和報應傳說；梁其姿則曾通論宋元以降中國境內棄嬰、殺嬰及其救濟的情形。[4] 其實，棄殺新生兒並非宋代初始，最近 Anne Behnke Kinney 有專文討論先秦兩漢的棄嬰問題。[5] 而吾人在研究六朝生育禮俗，閱讀漢隋之間的史料時，也不難發現「生子不舉」

1　Anne Behnke Kinney 近有一文討論漢代的生子不舉問題。在文中她雖努力區分棄嬰與殺嬰，並將文章劃限於探討棄嬰現象，卻不得不承認二者實難截然而分。並且由於棄嬰經常是殺嬰的方法之一，她仍必須引用並討論關於殺嬰的個案。本文則根據傳統文獻對「舉」的解釋，將棄、殺新生兒皆列入「不舉」的範圍內討論。至於「生子不舉」，究竟指棄殺多大的小孩，殊難斷定。Anne B. Kinney 根據《禮記》〈內則〉「子生……三日，始負子」「三日，卜士負之」，班昭《女誡》「古者生女三日，臥之床下，弄之瓦塼，而齋告焉」等語，以及漢代趙飛燕、田無嗇子皆初生見棄，過三日不死復被收養的例子，認爲舉或不舉，當在出生後三日內決定。此說相當有說服力，唯有幾點必須注意。第一、《禮記》所載士大夫家之生育禮儀是否普遍爲秦漢平民百姓所遵行，值得考慮。平民生子占卜吉凶，當爲常態（見下討論《日書》〈生子〉），但是否在初生三日內爲之，則不能確定。第二，趙、田二例，雖曰「三日不死」，有可能指剛好三天，也有可能泛指數天，並且除此二例之外，很難再找到確切三日的記載。我認爲大部分「生子不舉」的行動，極爲可能在分娩後不久即已決定，但確切天數，則或因人因地而異。此外，有些家庭，雖曾嘗試撫養而不果，乃至決定棄養尚無法自存之新生兒，實亦屬不舉從己所出之例，故本文亦一併列入討論。Anne B. Kinney 之論點，見其 "Infant Abandonment in Early China"。

2　曾我部靜雄，鄭清茂譯〈溺女考〉

3　臧健，〈宋代南方農村「生子不舉」現象之分析〉。前此，亦有陳廣勝〈宋人生子不育風俗的盛行及其原因〉一文。

4　見劉靜貞，〈殺子與溺女—宋人生育問題的性別差異〉，〈宋人生子不育風俗試探—經濟性理由的檢討〉，以及〈從損子壞胎的報應傳說看宋代婦女的生育問題〉。梁其姿，〈棄嬰，殺嬰與育嬰堂〉

5　Anne Behnke Kenny, "Infant Abandonment in Early China".

的事例。其原因不止一端，與宋代相類，然而「不舉」的行為，或棄或埋，卻非如宋代以後以溺嬰進行，此外，救濟的資源亦有異。

「生子不舉」的事例既然無代無之，則社會上各種力量亦頗起而勸阻與救濟。六朝的中央和地方政府也曾針對「生子不舉」的社會現象提出解決之道。然而「不舉」的原因和分佈有其地域性，以致遏抑之效各地不一。刑律懲處之外，宗教道德也是勸阻殺嬰的力量之一。漢隋之間學者對「生子不舉」的譴責，在早期有針對「禁忌迷信」所做的「闢邪」言論，至佛道盛行後，則或置於戒律之中。傳統家庭倫理既重視生養子嗣，對於棄殺嬰兒的現象當亦有救濟之意。然而由於家庭結構的轉變，某些家庭倫理的提倡，與解決既存的社會問題之間，常存在著複雜微妙的關係，非救濟一言可以蔽之。[6] 在此情況之下，收養與節育似不失為防範疏解之道。收養的援手，或來自親族鄰里，或來自宗教機構，但史料記載皆不多見。至於節育的可能性，傳說自漢代以來後宮即已有墮胎之法，而六朝醫書中亦出現墮胎絕育之方。但「生子不舉」的現象卻似乎反應了此時中國婦產科在避孕、節育方面的知識仍十分不足。

做為一種社會現象，「生子不舉」或與宋代以降的溺嬰有類同之處，但深究其情況卻有相異的所在。本文基於以上種種考慮，擬對漢隋之間的「生子不舉」問題做一深入探討，先說明「生子不舉」的現象，政府政策、輿論倫理與宗教救濟所能矯正的程度，然後嘗試從婦產科知識的角度解釋「生子不舉」繼續存在的根本原因。一方面期望延續過去對於家庭倫理與律令施行的探討，另方面對於傳統中國棄嬰殺嬰問題的研究做點彌縫補缺的工作。本文所採資料除正史、文論外，亦包括筆記、小說和醫書等。文章結構雖以前半重敘事，後半重分析，但為避免行文上的重複，相同史料的引用盡量採前詳後略的辦法。

6　例如漢代復仇風尚的問題，便顯示出政府一方面讚譽孝弟倫理，另方面提倡人民生命權屬於國家時的矛盾。見 Lee," Conflict and Compromise between Legal Authority and Ethical Ideas" 。

二、「生子不舉」的現象

　　研究宋元以降的諸位學者雖然承認產子不養的因素甚夥，但大多仍以經濟問題爲歷代殺嬰溺女的最主要原因，而研究也以此爲重心。[7] 漢魏六朝的史料則顯示，造成人們「生子不舉」的情境多端。或因家庭不和、妻妾妒忌，[8] 或因亂倫、通姦而懷孕，[9] 或爲避免子貴母死，[10] 或在政爭中求自保，[11] 或爲干譽以

7　日人西山榮久觀察中國民間殺嬰現象，歸納出十三項不同的因素，包括迷信、奇蹟懷孕、孝道、自利媚人、一時激情、家庭不和、妻妾妒忌、危急之際、亂倫、畸形兒、子女過多、飢餓、考慮將來負擔等，參西山氏著〈支那民間の Infanticide について〉，原刊《東亞經濟研究》13：1，此處轉引自曾我部靜雄，〈溺女考〉。西山氏所列十三項中有些重複，有些可歸納成類。而曾我部則認爲其實最重要的因素在於經濟問題與家族制度。梁其姿則認爲亂倫與因姦受孕較不具社會普遍性，故仍以經濟問題爲主要討論對象，見〈棄嬰、殺嬰與育嬰堂〉。

8　因後宮爭寵以致產子不育的情形，自漢代以來即十分嚴重。史稱趙飛燕立爲成帝后，專寵懷忌而皇子多橫夭（《後漢書》〈譙玄傳〉81/2666）。又說許美人、曹宮皆曾蒙御幸產子，但子隱不見，恐爲趙氏姊妹所殺害。（《漢書》〈孝成趙皇后傳〉97下/3990）趙氏姊妹乃因爭寵妒忌，或擅殺皇子，或說服成帝非她二人之子便不養，以殺他人之子而專寵後宮。曹魏時，王朗因明帝「屢失皇子，而後宮就館者少」，而勸帝御幸應務廣而誠意，似乎亦暗示後宮因爭寵而殺子的情形。晉惠帝賈后亦曾因妒忌，而「以戟擲孕妾」，使惠帝之妾重傷流產，較之產後殺嬰更先發制人（《晉書》〈惠賈皇后傳〉31/964）。然而，後宮妒忌爭寵，皆以棄殺對手之嬰兒，斷絕其資源爲手段，與本文所欲探討之不舉己子稍有不同。

9　史稱匈奴人唯恐新娘與人先交懷孕而後婚己，混淆了父系血統，因此有棄殺頭胎的風俗，稱爲「蕩腸」。惟不聞漢人有此習俗。見《漢書》〈元后傳〉98/4021-4023。六朝被姦棄女的例子，則有北齊文宣李后。北齊武成帝以「若不許，當殺爾兒」恐嚇逼迫文宣李后淫亂。后懼而從之，後有娠，大慚而生女不舉。（見《北齊書》〈文宣李后傳〉9/125-126）

10　北魏「故事，後宮產子將爲儲貳，其母皆賜死」（《魏書》〈道武宣穆皇后劉氏傳〉13/325），致使後宮懷孕者忐忑不安，唯恐所誕育者爲長男。宣武靈皇后胡氏被召入掖庭爲承華世婦時，「椒掖之中，以國舊制，相與祈祝，皆願生諸王、公主，不願生太子。」當胡氏身懷肅宗時，後宮中「同列猶以故事相恐，勸爲諸計。」而胡氏「固意確然，幽夜獨誓云：但使所懷是男，次第當長子，子生身死，所不辭也。」及至肅宗出生，世宗「爲擇乳保，皆取良家宜子者。養於別宮，皇后及充華嬪皆莫得而撫視焉。」（《魏書》〈宣武靈皇后胡氏傳〉13/337）

　　這裡所謂「國之舊制」，實爲北魏自道武帝起援用漢武帝立子殺母而設的辦法。

奪嫡，[12] 不一而足。此雖多屬私人個案，卻不時發生於世家大族之中。而最具社會普遍性的，則屬產育禁忌與家計考量之下的生子不舉。

（一）因產育禁忌而「生子不舉」

1. 產孕異常

因產育忌諱而生子不舉的，包括異常受孕，分娩不順、誕辰相剋、和嬰兒異形等各種原因。且此種風俗自遠古已然，至秦漢不衰。[13] 傳說周的始祖之所以名叫「棄」，正因其母姜嫄在助祭郊禖時，「屢帝武敏歆」，受孕有身而生男，懼時人不信，於是棄子於阨巷。（《詩經》，〈大雅·生民〉）祀郊禖是求子的活動，姜嫄既在助祭之後有身，似應為靈驗感恩，卻棄子不養，顯然是認為「徒以禮祀，而無人道，居默然自生子」（同上《鄭箋》），懷孕過程過於奇特所致。

秦漢以降，亦不乏因誕育之子異於常人而遭棄的例子。《雲夢秦簡》的法律書便顯示生子若異形「有怪物其身」，父母殺之則無罪。（《睡虎地秦墓竹簡》，〈法律答問〉，頁181）[14] 「有怪物其身」，其意不明，或謂身上長有異物，因其異於常人，父母殺之而無罪。其次，胎兒尚未出生便在腹中啼，屬異常現象，漢人亦因此而不舉子：

參蔡幸娟，〈北魏立后立嗣故事與制度研究〉。從上述引文中，世宗「頻喪皇子」，肅宗一出生便養於別宮，皇后嬪妃皆不得視，以及「同列勸為諸計」的情形看來，似即隱藏著以墮胎或殺嬰避免子貴母死的消息。

11　晉廢帝海西公在政敵監察環伺下，為表示自己無意於復辟政權，以「有子不育」做為自保的手段，史稱「帝知天命不可再，深慮橫禍，乃杜塞聰明，無思無慮，終日酣暢，耽於內寵，有子不育，庶保天年。時人憐之，為作歌焉，朝廷以帝安于屈辱，不為虞。」（《晉書》〈廢帝海西公傳〉8/215）

12　海西公以「有子不育」自保，楊廣則以「不育妾子」奪嫡。隋文獻皇后獨孤氏以性忌妾媵著名，曾殺文帝御幸之尉遲迥孫女，譖毀使妾生男的鰥夫高熲，勸文帝貶斥「諸王及朝士有妾孕者」。（《北史》〈隋文獻皇后獨孤氏傳〉14/533）因此，當「皇太子勇內多嬖，以此失愛」時，晉王楊廣便以「後庭有子皆不育之，示無私寵，取媚於后」。以奪其兄楊勇的太子名份。（《北史》〈隋煬帝本紀〉12/471）

13　張寅成，《戰國秦漢時代的禁忌--以時日禁忌為中心》，頁15-25

14　〈法律答問〉實非此批簡之原標題。依照簡文解釋律文的性質，應正名為〈律說〉。以下註引時仍稱〈法律答問〉，行文中則稱〈律說〉。參杜正勝，〈傳統法典之始原〉，收入《編戶齊民——傳統政治社會結構之形成》，頁229-260。

哀帝建平四年四月，山陽方與女子田無嗇生子。先未生二月，兒啼腹中，及生，不舉，葬之陌上，三日，人過聞啼聲，母掘收養。（《漢書》〈五行志〉27下之上/1473）

此外，《風俗通義》列舉許多當時人視爲忌諱的新生兒。包括多胞胎、生而開目、生即有鬚的嬰兒：[15]

不舉併生三子。俗說：生子至於三，似六畜，言其妨父母，故不舉之也。（《太平御覽》，卷361引）

不舉寤生子。俗說：兒墮地便能開目視者，謂之寤生；舉寤生子，妨父母。（《太平御覽》，卷361引）[16]

不舉生鬚鬢子。俗說：人十四五，乃當生鬚鬢，今生而有之，妨害父母也。（《太平御覽》，卷374引）

「妨」的觀念牽涉頗廣，不僅透過產育忌諱影響父母對子女的態度，甚至涉及牲畜誕育。魏晉南北朝民間便有「耕牛兩角亂毛起妨主」的忌諱。[17] 造成「妨害」的項目並非一成不變，卻可能因時空而異。例如在獎勵生育的政府看來，多胞胎不但無妨，反而值得賞賜。後趙黎陽民妻產三男一女，石勒便賜乳母、穀帛，以爲休祥。（《太平御覽》，卷361引《後趙書》）而《魏書》中則記錄西域「疏勒國，……人手足皆六指，產子非六指者即不育。」（《魏書》〈疏勒國傳〉102/2268）此種記載，十分可能是當時人對西域的偏見，非謂疏勒國果眞人皆六指。然而，卻可見《魏書》作者了解「產孕異常，則生子不舉」的情境，並投射在西域風俗的記錄中。

2.時日禁忌

認爲異常的新生兒有「妨害父母」的神秘力量，是以禁忌棄子的主要原因，

15　見王利器《風俗通義校注》，頁560-562所輯佚文。

16　「寤生」一說爲「牾生」，是逆生，足先頭出，難產之類。《左傳》隱公元年「莊公寤生，驚姜氏，故名曰寤生，遂惡之。」《史記・鄭世家》所謂「生之難」也。見楊伯峻《春秋左傳注》本條討論，頁10。此說雖較爲學者所接受，然應劭稱漢俗不舉生而開目之子，似亦有所本，故暫留置本文中。

17　見周一良，《魏晉南北朝史札記》〈妨〉條，頁108。

並且不易以法律、道德之類的力量扼止。產孕異常之外，人們亦或因分娩時日不吉而棄子不養。秦簡《日書》中有〈生子〉一篇（簡869-878），專門預測生子的吉凶未來。其中有些日子，只通稱生子不吉，如丙子（簡871）、辛亥、辛酉（簡876）、癸卯（簡878），有些則明言當日生子，子將少孤（簡869、870）。《日書》中又有一日被視爲「生子毋弟，有弟必死。」（簡731）似乎此日所生之子，將剋死自己的弟弟。這些預測是否會造成人們棄養凶日所生之子，僅從簡文，難以得知。[18]

應劭《風俗通義》中另外提及了兩個因分娩時日忌諱而不舉的風俗，一爲「不舉同父月子。俗說：妨父也。」（《太平御覽》，卷361引）另一則是「俗說：五月五日生子，男害父，女害母。」[19] 史料中不舉同父月子的案子並不多見，然而應劭既稱當時風尚如此，想來其批判亦非無的放矢。至於嬰兒因五月五日出生而險遭棄絕的事例則不一而足。

戰國齊威王時（356-320 B.C）出生的田文，後爲勢力顯赫的孟嘗君，便曾因出生的日子不好，其父欲不舉：

> 初，田嬰有子四十餘人，其賤妾有子名文，文五月五日生，嬰告其母曰：「勿舉也。」其母竊舉生之。及長，其母因兄弟而見其子文於田嬰，田嬰怒其母曰：「吾令若去此子，而敢生之，何也？」文頓首，因曰：「君所以不舉五月子者，何故？」嬰曰：「五月子者，長與戶齊，將不利其父母。」（《史記》〈孟嘗君列傳〉75/2352）

田嬰不欲舉田文，在於俗信五月子長成將不利父母，後來雖因田文敏對而終長養之（見下討論），並且成爲五月五日子並無不妥的有利反証，但民間俗尚仍以五月五日子爲不吉。西漢時王鳳，劉宋時王鎮惡的故事便足以說明：

> 《西京雜記》曰：王鳳以五月五日生，其父欲勿舉，其母曰：「田文五月五日生，父嬰敕其母勿舉，母竊舉之，後爲孟嘗君。以占事推之，非不

18　此處所引簡文皆依《雲夢睡虎地秦墓》所編定之簡號爲準。《日書》〈生子〉篇中的吉凶預測及其意義，參蒲慕洲，〈睡虎地秦簡《日書》的世界〉。

19　王利器《風俗通義校注》輯自司馬貞《史記孟嘗君傳索隱》，見王利器，1982，頁561。

祥。」遂舉之。（《太平御覽》，卷 361 引）

　　（王）鎮惡，北海劇人也。祖猛，字景略，苻堅僭號關中，猛爲將相，……
　鎮惡以五月五日生，家人以俗忌，欲令出繼疏宗。猛見奇之，曰：「此非
　常兒，昔孟嘗君惡月生而相齊，是兒亦將興吾門矣。」故名之爲鎮惡。
　（《宋書》〈王鎮惡傳〉 45/1365）

王鳳之母，王鎮惡祖父王猛，都舉孟嘗君故事爲例來反對五月五日有所妨害的觀
念，終於生身父家得以存養新生兒。然而二王皆爲當世顯貴將相之家，初時尚或
相信俗忌，則平民百姓若無人及時提醒，因禁忌棄兒或不可避免：

　　《宋躬孝子傳》曰：紀邁，廬江人，本姓舒，以五月五日生，母棄之，村
　人紀淳妻趙氏養之。年六歲，本父母時來看，語曰：汝是我生。邁泣涕告
　趙，趙乃具言始末。及年十歲，傭力所得，輒分二母各半。淳亡無子，邁
　乃斬衰三年。本父母繼亡，又並齋心喪三年。（《太平御覽》，卷 411
　引）

　　紀邁傭力供養，顯爲一般勞動百姓，其母生子不舉，可見對俗忌之深信。事
實上，因時日禁忌而生子不舉的情形，自先秦兩漢以至魏晉南北朝皆不絕如縷。
且不止五月五日而已，又有包括正月、二月、五月出生者。王充批評流俗「諱舉
正月、五月子。以爲正月、五月子，殺父與母，不得已舉之，父母禍死。」
（《論衡・四諱篇》）田瓊〈四孤議〉也說：「有俗人五月生子妨忌之，不舉
者。」（《通典》，卷 69 引）可見漢晉以來皆有這樣的風俗。而在史料中，也不
難發現父母不舉二月、五月出生嬰兒的事例：

　　《世說》曰：胡廣本姓黃，五月生，父母惡之，乃置於甕，投於江湖。翁
　見甕流下，聞有小兒啼聲，往取，因長養之，以爲子。登三司，流中庸之
　號。廣後不治其本親服，云：「我於本親已爲死人也。」世以此爲深譏焉。
　（《太平御覽》，卷 361 引）

　　（張奐）復拜武威太守，平均徭賦，率屬散敗，常爲諸郡最，河西由是而
　全。其俗多妖忌，凡二月、五月產子及與父母同月生者，悉殺之，奐示以
　義方，嚴加賞罰，風俗遂改，百姓生爲立祠。（《後漢書》〈張奐傳〉

65/2139　）

煬帝愍皇后蕭氏，梁明帝巋之女也。江南風俗，二月生子者不舉。后以二月生，由是季父岌收養之。未幾，岌夫妻俱死，轉養舅張軻家。（《北史》，〈隋煬愍皇后蕭氏傳〉14/535；《隋書》〈煬帝蕭皇后傳〉36/1111　同）

所謂正月、二月、五月產子及與父母同月生者，皆不舉，究竟是指整個月份中的所有日子，還是僅指某一天，值得推敲。倘若月中所生，全為不吉，則一年中恐怕有將近半年不宜生產，難以想像。以王充批評田嬰不舉「五月子」田文，而《史記》標明田文生於五月五日來看，推測所謂不舉五月子，當即指五月五日出生者。那麼正月、二月是否也有一天特別不宜產育呢？史料闕如，難以驗證。[20]

從上述幾個例子來看，首先，五月忌生子似乎是普遍性的，二月的禁忌，則或在河西（如張奐例），或在江南（蕭后例）。其次，雖然正月、二月都有為俗所忌之日，但五月五日生者，禁忌傳言最多。在北齊甚至有「俗云：五月五日生者腦不壞」的傳說（《北齊書》〈琅邪王儼傳〉12/160）。[21] 最後，在產育禁忌之下，似乎沒有性別之分，不論嬰兒是男是女，只要出生情境異常或月日不祥，一概不欲存養。但若由於貧困苦役等社會因素，必須以棄子殺嬰節制家庭人口時，則可能有性別選擇的差異。

20　《四民月令》以二月祠太社之日「非家良日」，《荆楚歲時記》說正月初一「先於庭前爆竹，以辟山臊惡鬼」。是否正月初一與二月祠太社之日，即為不宜生產的日子呢？史料闕如，難以驗證。二月祠太社之日，「其非家良日」，石漢聲以為應為「祀家良日」，（校注，頁19）繆啟愉則以為應為「其非家祀良日」（輯釋，頁26）。現暫從繆說。又，王毓榮，《荆楚歲時記校注》，頁19。

21　實則，以五月為惡月，又非僅止於誕育之事。漢代有「五月到官，至免不遷」的說法，勸人避免在五月上任（《風俗通義》輯自《意林》，見王利器校注，頁564。）至北齊時人們仍相信「五月不可入官，犯之，卒於其位。」（《北齊書》〈宋景業傳〉49/675）。《風俗通義》又有「五月蓋屋，令人頭禿」和「五月五日，不得曝床薦席」等各種說法。（王利器校注，頁564-565）顧炎武則認為對五月的忌諱，與正月九月相似，皆由於古人喜偶憎奇之故。見《日知錄》卷30，〈正五九月〉條，頁872。

（二）以「生子不舉」節制家庭人口

1.貧困不舉

除了產育禁忌之外，民間又有因長年貧困或歲飢時荒而陷於絕境，以致棄殺子女的貧家。在漢代，王吉就曾抨擊由於嫁娶花費太大，造成貧人困擾而生子不舉的情形：

> 吉意以「夫婦，人倫大綱，夭壽之萌也。世俗嫁娶太早，未知爲人父母之道而有子，是以教化不明而民多夭。聘妻送女亡節，則貧人不及，故不舉子。」（《漢書》〈王吉傳〉72/3064）。[22]

然而眞正的貧困之人，恐不及考慮到子女長成之後的嫁娶花費，而是一出生即因缺乏衣食，無法養活而不舉子。東漢賈彪補新息縣長時，便有「小民困貧，多不養子」的情形，待賈彪嚴爲其制，禁民殺子後，「數年間，人養子千數」。可見原來不養子者，或亦以千數（《後漢書》〈王吉傳〉77/2501）。宋度在長沙，也面臨類似的問題：

> 宋度遷長沙太守，人多以乏衣食，產乳不舉。度切讓三老，禁民殺子，比年之間，養子者三千餘人，男女皆以「宋」爲名也。（謝承《後漢書》，卷7，《八家後漢書輯注》，頁227）。

宋度出任長沙太守，一年之間活三千人，以長沙郡約一〇五萬人口來算，每三百五十人中就有一遭棄殺的嬰兒，生子不舉的情況不可謂不嚴重。[23]　漢末多事，國用不足，產子一歲，輒出口錢，致使泉陵縣白土鄉民「多不舉子」。《零陵先賢傳》載鄭產爲白土鄉嗇夫，「勑民勿得殺子，口錢當自代出，產言其郡縣，爲表上言」結果「錢得除，更名白土爲更生鄉。」（《水經注箋》38/1191引《零陵先賢傳》）梁武帝天監二年（503），任昉出爲義興太守（《梁書》〈任昉

22　漢人嫁娶花費大，如富人卓王孫給女兒文君僅百人，錢百萬（《史記》〈司馬相如傳〉，117/3001）；東漢議曹史展允結婚，需靠朋友湊錢幫忙（《全後漢文》卷48，李固〈助展允婚教〉）。討論並見葛劍雄《西漢人口地理》，頁39-40。

23　人口按東漢順帝永和五年（140）之戶口調查資料，見《後漢書・郡國志四》，頁3485。

傳〉14/253），由於歲荒民散，亦有產子不舉的悲劇。史稱任昉對「孕者供其
資費，濟者千室」，由此不難想見原本棄嬰殺子的狀況慘烈。（《南史》〈任昉
傳〉59/1454）

　　事實上，對於無力養育的貧家，若無鄰里或親族及時援助，見棄之子大多性
命不保。漢魏六朝史書中不乏因貧困而棄殺子女的故事。南朝宋的開國皇帝劉裕
就曾差點成為棄嬰：

> （劉）懷肅次弟懷敬，澀訥無才能。初，高祖產而皇妣殂，孝皇帝貧薄，
> 無由得乳人，議欲不舉高祖。高祖從母生懷敬，未期，乃斷懷敬乳，而自
> 養高祖。（《宋書》〈劉懷肅傳〉47/1404）。

　　孕婦因難產或產疾而死亡，可能是許多貧家生子不舉的決定因素。宋高祖劉
裕此例，因其母「以產疾殂」（《宋書》〈孝穆趙皇后傳〉，41/1280），顯然
是出生即將見棄。則貧人若母親分娩而死，又無錢僱請乳母，新生兒便將遭棄養
的命運。如此看來，是否許多天災人禍時代所記錄的「生子不舉」其實也暗示了
產婦死亡頻繁？[24]　倘若正值飢荒，更有可能因「慮不相存」，乾脆不養：

> 嚴世期，會稽山陰人也。好施慕善，出自天然，同里張邁三人，妻各產子，
> 時歲飢儉，慮不相存，欲棄而不舉，世期聞之，馳往拯救，分食解衣，以
> 贍其乏，三子並得成長。（《宋書》〈嚴世期傳〉91/2247）

在此例中，張邁等三人得蒙嚴世期及時「分食解衣」，才能養育新產。一般貧人，
或經年荒，若無人及時賑贍，在「慮不相存」的情況下，最佳的撰擇也只有棄此
保彼了。

　　2. 棄此保彼

　　不論因長年貧困或歲飢時荒，一個家庭無力養活過多人口，以致生子不舉，
都是典型因家庭資源分配的考量，而探的一種節制撫養人口的手段。通常，棄殺
新生兒是為了保全家中其他子女；但有時，則是為了撫養老年成人。

24　利用六朝墓誌所做的壽年分佈來看，十八歲到二十二歲是婦女死亡人數較多的年齡，
　　且墓誌銘中亦提及產褥疾病致命的情形。關於六朝婦女墓誌與壽年，見 Lee,"The Life
　　of Women in the Six Dynasties"。關於產疾與產亡的討論，見李貞德，〈從漢到隋分
　　娩禮俗試探〉。

秦律中對擅殺子的罰則，顯示當時以殺嬰節制家庭人口：

> 擅殺子，黥為城旦舂，其子新生而有怪物其身及不全而殺之，勿罪。今生
> 子，子身全殹（也），毋（無）怪物，直以多子故不欲其生，即弗舉而殺
> 之，可（何）論？爲殺子。（《睡虎地秦墓竹簡》，〈法律答問〉，頁
> 181）

「以多子故不欲其生」列入秦律律說的參考中，可見殺嬰節育之事，或非僅見。
然而貧困之家生子不舉，有時卻非爲了自己的其他骨肉，而是爲了養育親族的子
女。東晉餘杭婦人，賣子活夫之兄子；武康男子，棄己子以活弟子：

> 太和中，（孔嚴）拜吳興太守……餘杭婦人經年荒，賣其子以活夫之兄子。
> 武康有兄弟二人，妻各有孕，弟遠行未反，遇荒歲，不能兩全，棄其子而
> 活弟子。嚴並褒薦之。（《晉書》〈孔嚴傳〉78/2061）

而鄭休之妻石氏，則三不舉子，以養翁之庶子與夫之前妻女：

> 鄭休妻石氏，不知何許人也。少有德操，年十餘歲，鄉邑稱之。既歸鄭氏，
> 爲九族所重。休前妻女既幼，又休父布臨終，有庶子沈生，命棄之，石氏
> 曰：「奈何使舅之胤不存乎！」遂養沈及前妻女。力不兼舉，九年之中，
> 三不舉子。（《晉書》〈鄭休妻石氏傳〉96/2511-2512）

更有貧困之人，雖僅有一子，卻爲了孝養母親，亦不得不忍痛埋兒。漢代孝子郭
巨，便欲棄兒保母。

> 《劉向孝子圖》：郭巨，河內溫人，甚富。父沒，分財二千萬爲兩份，與
> 兩弟，己獨取母供養……妻產男，慮養之則妨供養，乃令妻抱兒，欲掘地
> 埋之，於土中得金一釜，上有鐵券云：賜孝子郭巨……遂得兼養兒。
> （《太平御覽》，卷411引）。

劉宋的郭世道亦然：

> 郭世道，會稽永興人也。生而失母，父更娶，年十四，又喪父，家貧無產
> 業，傭力以養繼母。婦生一男，夫妻共議曰：「勤身供養，力猶不足，若
> 養此兒，則所費者大。」乃垂泣瘞之……元嘉四年（427），遣大使巡天
> 下……敕郡牓表閭門，蠲其稅調……（《宋書》〈郭世道傳〉91/2243-

2244）

　　棄子保姪與棄兒養母，都是貧困之家在力不兼存的情況下，所做的倫理抉擇。除了倫理因素之外，重男輕女的觀念和重賦苦役的政策，也造成人們以嬰兒性別爲決定棄殺的標準。

　　3. 棄殺女嬰

　　重男輕女使選擇棄嬰不養時，以女兒爲先棄之對象。生女不養的例子，自古即所在多有。《韓非子·六反篇》：「產男則相賀，產女則殺之。」是描繪戰國以來殺女嬰的名句。韓非指出兒女「俱出父母之懷衽，然男子受賀，女子殺之者」，是「慮其後便，計之長利也。」由於「養兒防老，積穀防饑」的觀念，養育女嬰顯得特別浪費。漢代醫者淳于意以刑罪傳送長安時，面對緹縈等五個女兒，怒罵曰：「生子不生男，緩急無可使者！」（《史記》〈扁鵲倉公列傳〉105/2795）。由於女性的社會地位低，生養女兒，益顯無謂。女嬰遭棄，並不稀見。以爭寵殺嬰著名的趙飛燕本人，就曾經是一個棄嬰。史稱其「初生時，父母不舉，三日不死，乃收養之。」（《漢書》〈孝成趙皇后傳〉97下/3988）

　　漢末亂世棄殺女嬰的情況更爲嚴重，根據《太平經》的批評看來，可能已造成人口性別比例失調的現象：

　　　　今天下失道以來，多賤女子，而反賊殺之，令使女子少於男，故使陰氣
　　　　絕，不與天地法相應……然天下所以殺女者，凡人少小之時，父母自愁
　　　　苦，絕其衣食共養之……少者還愁苦老者，無益其父母，父母故多殺之
　　　　也。（《太平經》〈分別貧富法〉350/33-35）

《晉書》也有生女不養的紀錄：

　　　　義熙中，東陽人莫氏生女不養，埋之數日，於土中啼，取養遂活。（《晉
　　　　書》〈五行志〉29/901）

南朝劉湛「生女輒殺之，爲士流所怪」（《宋書》〈劉湛傳〉69/1819）。顏之推描繪其疏親家中殺嬰的情形，則點出六世紀時棄殺女嬰的普遍現象，並將之歸咎於女兒是「賠錢貨」的流行觀念：

　　　　太公曰：「養女太多，一費也。」陳蕃曰：「盜不過五女之門。」女之爲累，

亦已深矣。然天生蒸民，先人傳體，其如之何？世人多不舉女，賊行骨肉，
豈當如此，而望福於天乎？吾有疏親，家饒妓媵，誕育將及，便遣閽豎守
之。體有不安，窺窗倚戶，或生女者，輒持將去；母隨號泣，使人不忍聞
也。（《顏氏家訓》，卷1，〈治家第五〉，王利器集解，頁62-63）

　　遭世倉卒，亡命棄女，未必皆刻意做性別的選擇。[25] 趙飛燕和莫氏之女見
棄原因不詳，或因家貧無以取養，或因性別歧視，史書皆未解釋，而二例後皆因
女嬰不死而復養之。《太平經》和《顏氏家訓》中的評論則顯示生女不養是由於
衡量家庭資源的分配，以棄殺女嬰節制撫養人口。《太平經》明白地指責殺女在
於「多賤女子」的性別歧視。顏之推疏親所棄之女，為妓媵所生，或因「河北鄙
於側出」而遭逢較悲慘的命運（《顏氏家訓》卷1〈後娶〉，頁47）。正妻之女，
待遇或不至此。然而顏氏論述，旨在批評時人「賊行骨肉」，僅此一例，已呈現
了「養女太費」以致「世人多不舉女」的慘狀，與韓非對「父母之於子也，猶用
計算之心以相待也」的觀察，遙相呼應，令人唏噓。

　　4. 生男勿舉

　　棄殺女嬰並非唯一的性別選擇。當戰禍頻仍，徵役繁數，以致民不堪其擾之
時，也會造成苦役難當而生子不舉的情形。此種現象，自秦已然，而遭棄的，則
可能為長成後必須服勞役兵役的男嬰。秦始皇築長城，死者相屬，遂有民歌曰：
「生男慎勿舉，生女哺用脯。不見長城下，尸骸相支柱。」[26] 這種民歌的主題
和用語，在後代戰役相隨的社會中，常被援用以形容人民的辛苦。曹魏時陳琳的
〈飲馬長城窟行〉就用了完全相同的詩句。[27] 漢武帝時「征伐四夷，重賦於民，
民產子三歲則出口錢，故民重困，至於生子輒殺，甚可悲痛。」元帝時貢禹上書
便建議：「宜令兒七歲去齒乃出口錢，年二十乃算。」（《漢書》〈貢禹傳〉，
72/3075）可見「生子不舉」的情形，並不止於長城邊上。

25　　兩漢之際，戰禍頻仍，「敬隱宋后以王莽末年生，遭世倉卒，其母不舉，棄之南山
　　　下。」（《東觀漢紀》，卷6，頁46）或因正在逃難，無法養育初生嬰兒，或因考慮
　　　亂世難以全活，乾脆棄女於南山之下，似非故意以女嬰而棄之。

26　　逯欽立輯校《先秦漢魏晉南北朝詩》，頁32。

27　　逯欽立，《先秦漢魏晉南北朝詩》，頁367。

　　東漢末年，戰禍頻仍，至三國鼎立，則各國疆域之沿邊多役民防禦。役民的
次數、年數累增而年齡遞減，造成少年死傷，幼子憂恐的情況。百姓見此，乾脆
產子不養。吳大帝孫權時駱統上疏，指出在「三軍有無已之役，江境有不釋之備，
徵賦調數，由來積紀」的情況下，「又聞民間，非居處小能自供，生產兒子，多
不起養；屯田貧兵，亦多棄子。」（《三國志‧吳書》〈駱統傳〉57/1335）

　　吳國為防備曹魏，故在長江邊境長期戍守，造成當地居民、屯兵苦役而棄子。
吳國如此，江北的政權亦然。西晉自代魏至統一全國期間（265-280），鄰吳邊
境的巴郡，同樣有兵士苦役，生男多不養的情形：

　　　　（王濬）除巴郡太守。郡邊吳境，兵士苦役，生男多不養。濬乃嚴其科條，
　　　　寬其傜課，其產育者皆與休復，所全活者數千人。（《晉書》〈王濬傳〉
　　　　42/1208）

此事發生在晉武帝伐吳之前的晉、吳邊境。巴郡因臨邊，兵士苦役，人民一則不
願養兒受苦（此由「生男多不養」可知），再則或因苦役亦無力幹活養活小孩
（此由後言「休復」可知）。以巴郡三千三百戶，可能不足二萬七千口數的情況
來看，王濬全活數千人，可見原先生子不舉與產育死傷的人數頗為可觀。[28]

　　苦役傷民的原因，包括役事太多和役齡太幼。南北對峙的局勢抵定之後，南
方朝臣相繼上疏建言寬政活民。然而從東晉中期到劉宋初葉的五、六十年間，情
況似乎並未好轉。東晉孝武帝時（373-396）范寧上疏，指陳役民太過，造成生
子不舉的現象：

　　　　「古者使人，歲不過三日，今之勞擾，殆無三日休停，至有殘刑翦髮，要

28　按太康元年（280）的戶口統計，全國約二百四十五萬九千八百四十戶，一千六百一
　　十六萬三千八百六十三口，平均一戶八口。雖然各地戶口比例可能不盡相同，但無論
　　如何，巴郡在西晉平吳時政府所能掌握的戶口數似乎並不高。雖然真正人口與政府戶
　　籍可能有差異，但在無法確知人口實數的情況下，以戶籍資料討論，一則可了解政府
　　所能掌握的民數，再則可推估棄養問題對政府之嚴重性。太康戶口數，見《晉書‧地
　　理志上》，頁415。占著之數與生齒之實的差距討論，見呂思勉，《兩晉南北朝史》，
　　頁934-946。一戶口數的討論，見杜正勝，〈傳統家族結構的典型〉，收入《古代社
　　會與國家》，頁779-853。

　　　　求復徐，生兒不復舉養，鰥寡不敢妻娶，豈不怨結人鬼，感傷和氣？」

　　　　（《晉書》〈范寧傳〉75/1985）

東晉南朝役之種類繁多，殆難盡述。東晉穆帝升平年間（357-361）庾龢代孔嚴
為丹楊尹，「表除重役六十餘事」（《晉書》〈庾龢傳〉73/1926）。表除之役
已有六十多項，百姓平日力役負擔可想而知。除兵役、工役之外，南朝又有運役、
雜役等多種徵用民力之事。在徵發之時，常以三五取丁，亦即戶有三丁取一，五
丁則取二。倘若軍事緊急，也會發生「戶留一丁，餘悉發之」的情況。[29] 由於
一般服役，多以男丁為主，[30] 在勞役難堪的壓力下，平民百姓便以「生兒不復
舉養」來應付。

　　　　除役事太多之外，役齡太幼也是一嚴重問題。漢初因秦之制，以十五周歲為
成丁的年齡標準，到景帝時「令天下男子二十始傅」（《漢書》〈景帝紀〉5/
141），以二十歲為成丁。昭帝時，又提高三歲，「二十三始傅，五十六而免」
（《鹽鐵論》〈未通篇〉），從此以後，形成定制。東漢末年，人口銳減而兵役、
徭役增加，學者研究指出，曹魏和西晉初，或即以十七歲為成丁之制。至西晉平
吳之後，訂出「丁、中、老、小」的役齡標準，太康（280-289）初年武帝詔曰：
「男女年十六以上至六十為正丁；十五以下至十三，六十一以上至六十五為次丁；
十二以下，六十六以上為老小，不事。」（《晉書》〈食貨志〉26/790）丁年
的標準，比曹魏和西晉初又低了一歲，並且增加了次丁，使真正始役年齡降到十
三歲。[31] 此後相襲沿用，徭寬役輕的年代或可忍受，若值「庸宰苛政」之時，十
三歲男雖為次丁半役，已不堪負荷之苦。范寧上疏曾建議提高始役年齡而不果
（《晉書》〈范寧傳〉75/1987-1988）。至劉宋時，王弘又上言，認為十三以上，

29　東晉南朝役之繁瑣和徵發情形，見李劍農，《中國古代經濟史稿》第二卷，《魏晉南
　　　北朝隋唐部分》，以下稱《魏晉南北朝隋唐經濟史稿》。

30　兵役限於男性。運役，據《隋書・食貨志》載南朝之制「其男丁……又率十八人出一
　　　運丁役之」，則亦以男性為主。至於少數工役，如「百工醫寺」若係舉家應役，則女
　　　性或亦參與。討論見李劍農，《魏晉南北朝隋唐經濟史稿》，頁140。

31　討論見高敏《魏晉南北朝社會經濟史探討》，頁330-342「關於丁、中、老、小制度
　　　的年齡界限與歷史演變」。秦漢賦役演變狀況，並見黃今言《秦漢賦役制度研究》所
　　　附〈秦漢賦稅徭役記事年表〉。

「體有強弱，不皆稱年」「況值苛政，豈可稱言」，以致「逃竄求免」和「胎孕不育」之事疊生（《宋書》〈王弘傳〉42/1321；朝臣上言並見下章討論）。倘若役齡太幼而賦役太重，則產子不養的情事便會發生，劉宋文帝元嘉初年始興郡的沈重米課即為一例：

> 元嘉初，（徐豁）為始興太守。三年，遣大使巡行四方，并使郡縣各言損益，豁因此表陳三事，其一曰：「郡大田武吏年滿十六，便課米六十斛，十五以下至十三，皆課米三十斛，一戶內隨丁多少，悉皆輸米。且十三歲兒，未堪田作，或是單迥，無相兼通，年及應輸，便自逃逸，既遏接蠻、俚，去就益易。或乃斷截支體，產子不養，戶口歲減，實此之由。謂宜更量課限，使得存立。今若減其米課，雖有交損，考之將來，理有深益。」（《宋書》〈徐豁傳〉92/2266）。

劉宋時始興郡為今廣東北部韶關市附近，屬嶺南地區。郡大田之武吏，舉家以應役，其耕種大田以輸米，實類軍屯之納租，役與課合而為一。[32] 然而，以當時一成人月食米二斛，年食二十四斛，[33] 卻需繳納米課六十斛，而十三歲丁食量或更小，亦需繳三十斛，可見其負擔之重。當地人民無力繳交，或逃亡蠻俚，或產子不養，以免日後成為「不堪田作」卻需輸米的十三歲男丁。雖然徐豁的重點在說明「一戶內隨丁多少，悉皆輸米」所造成的困擾，王弘則強調「十三半役」的不切實際。一重課，一重役，頗有不同，但人民以「生子不舉」來回應賦役之壓力卻是一致。

綜上所述可知不論是棄殺女嬰、生男不養，或是力不兼存而棄此保彼，都顯

32　李劍農研究南朝之賦役，稱劉宋時有武吏課米奇重的現象，即根據此條資料。據他的研究，「大田」源自曹操行屯田收租之制（《三國志‧魏書》〈任峻傳〉16/489），郡大田即郡之公田。晉於平吳之後，「天下罷軍役，示海內大安。州郡悉去兵，大郡置武吏百人，小郡五十人。」（《晉書》〈山濤傳〉43/1227）至東晉時應詹上表言：「都督可課佃二十頃，州十頃，郡五頃，縣三頃。皆取文武吏醫卜，不得擾亂百姓。」（《晉書》〈應詹傳〉70/1860）武吏成為生產力來源。參李劍農，前引書，頁131-132。

33　周一良，《魏晉南北朝史札記》〈南北朝時口糧數〉條，頁124-127。李劍農，前引書，頁132。

示以生子不舉爲節制家庭撫養人口的手段；和導因於產育禁忌的棄殺一樣，是漢隋之間的一種社會現象。相對於宋元以降的發展，由於處境和原因不一，發生產子不養的地域和方式亦有異。

（三）「生子不舉」的地域性、方式轉變與時代分佈

從以上討論生子不舉的各種現象中，也發現關於地域、方式與時代分佈等幾個值得注意的現象。（見附表一、二及地圖）第一，生子不舉似有其地域性，而此或又與當代的政治狀況相關。就禁忌言，從前引《隋書》、《北史》和張奐之例，可知江南與武威都有二月生子者不舉的風俗。此外，因時日禁忌而險遭不舉者，孟嘗君爲齊人（山東），王鳳爲濟南人，胡廣爲南郡華容人，在今江陵東邊雲夢沼澤的北端。王鎮惡爲北海人，在今山東濰坊市南。可見產育禁忌造成的生子不舉，地域較廣，時代亦長。

至於平民因飢貧苦役而生子不舉，史料可稽者似集中於江淮地區及其南。東漢宋度在長沙郡（今湖南長沙），賈彪在新息縣（今河南息縣），晉孔嚴在吳興郡（今江蘇湖州市）。而晉王濬在巴郡、宋嚴世期在會稽郡（今浙江紹興）、徐豁在始興郡（今廣東韶關）、梁任昉在義興郡（今江蘇宜興），都曾以公權或私財處置，救濟過生子不舉的困苦之民。若更仔細觀察，則發現六朝例案大多發生在揚州治下諸郡縣（吳興、東陽、義興、會稽皆屬之）。揚州在六朝爲軍事要地，對抗北方政權所在，稅役皆重，或即小民產子不養的主要激素。[34]

第二，不舉的方式似與宋代溺嬰相異。宋代以降殺嬰方式多採溺死，或利用爲新生兒洗拭產褥汙穢時，或利用「三日洗兒」的儀式時將其浸溺於水盆之中（曾我部靜雄、臧健與梁其姿皆有描述，見前揭文）。漢魏六朝的生子不舉記載，不常提及「不舉」之法，但若言及處，則少見以水溺死者。除胡廣一例是將小兒置於甕中，投於江湖之外，其他例案皆未提及以水處理者。一般來說，若非棄之不顧，便是活埋土中。倘若經人勸阻，則可能寄養他所。遭棄之不顧者，如傳說中的周棄（於阨巷）、漢之趙飛燕、敬隱宋皇后（於南山下）等。遭活埋者，如

34　參周一良，《魏晉南北朝史札記》〈東晉南朝地理形勢與政治〉條。

漢山陽方與田無嗇之子（葬於陌上），晉東陽莫氏之女（埋於土中），郭世道之子（垂泣瘞之）等。而出繼與寄養他所者，則有劉宋王鎮惡（欲令出繼疏宗），高祖劉裕（養於從母）與隋煬帝皇后蕭氏（季父岌收養之）。

　　第三，不論因禮法、禁忌或節育而殺子者自漢至隋皆不絕，但因重賦苦役而棄養者，則明顯地從東漢政局混亂之後激增，而以《宋書》記錄最夥。劉宋以後，除齊武帝曾下詔重申禁殺子之科外（《南齊書》〈武帝本紀〉3/55-56），南北朝各史似皆不再出現大量類似記載。《宋書》中例案特多，或因其作者沈約的社會關懷，或因《宋書》篇幅較《南齊書》《梁書》《陳書》爲大。然此不足以抹殺「生子不舉」在梁代以前爲社會問題之事實，且朝廷並無有效之救濟嚇阻措施。梁陳以降，棄養例案稍減，只是史籍選材有異，還是其他原因？是因中央與地方政府之寬貸養息措施奏效？宗教道德之嚇阻成功？親族收養所致？還是避孕、墮胎技術稍有增進造成？換言之，漢隋之間對於生子不舉的現象有哪些對策，其效果如何？此皆有待進一步考察。以下先考慮政府與民間對生子不舉的懲處與譴責。

三、「生子不舉」的懲處與譴責

　　生子不舉，或棄或殺，置新生兒於危境，而無益於國家人口之增益。政府基於掌握人民生命的權力，並關切做爲經濟基礎的民數，必然有所對策。而士人學者視產育禁忌爲迷信，佛徒道人視棄女爲惡行，對漢魏六朝的生子不舉亦有所勸戒，以下便先討論這兩方面的嚇阻情形。

（一）殺子刑律

　　自秦代承襲戰國以來的統治技術，以法律施政，透過刑罰掌握對人民的生殺之權後，人民相殺，固需懲處，父擅殺子，也在禁止之列。政府爲了掌握人民的生命權，而收取父親教訓子女的最後權力，雖容許謁殺，卻禁止擅殺。《白虎通德論》中有「人皆天所生，託父母氣而生耳，王者以養長而教之，故父不得專也」之語（卷4，〈誅伐〉）。秦漢以降的歷代政府都有律令處罰殺子之罪。前引雲

夢秦簡之律說，可知除非嬰兒先天畸形或異常，否則擅殺子者，將處其父「黥為城旦舂」的罪刑。秦簡中且有「人奴擅殺子，城旦黥之，畀主」（〈法律答問〉，頁183），及「人奴妾治（笞）子，子以肪死，黥顏頟，畀主」等條（〈法律答問〉，頁183），顯示不論自由人或人奴擅殺子，至少都須受黥刑處分。秦律殺人者死，而擅殺子只處黥為城旦舂，可知殺子罪較殺一般人為輕。生子不舉，倘若殺之，則為擅殺；倘若棄之，或視情況量刑？秦代無明確資料，而漢代酷吏則可能視其與殺人同罪。[35]

　　漢代殺子亦需處刑。前引宋度在長沙「禁民殺子」，賈彪任新息縣長，小民困貧，多不養子，史書說他「嚴為其制，與殺人同罪」（《後漢書》〈賈彪傳〉67/2216）酷吏王吉為沛相時「若有生子不養，即斬其父母，合土棘埋之。」（《後漢書》〈王吉傳〉77/2501）不養子者，或棄之不顧，未必皆殺之。然嬰兒若無人及時接養，必死無疑，此或賈彪、王吉嚴為其制之故。然須注意的是，漢法故殺人處棄市，而王吉判案卻是「凡殺人皆磔屍車上，隨其罪目，宣示屬縣」（同上），處罰較常律來得苛重。書又稱其「其餘慘毒刺刻，不可勝數」（同上），可見生子不養即斬父母，未必符合常律。賈彪傳中亦明白表示其判生子不養「與殺人同罪」，是在「嚴為其制」的情況下，倘按常律，或不至死？則漢律與秦法一樣，殺子罪較殺一般人稍輕。儘管如此，擅棄殺子仍需負刑責，則無庸置疑。

　　三國時代，殺子律文因史料闕如而難徵。然高貴鄉公甘露五年（260），太后詔中有「夫人有子不孝，尚告治之」之語（《三國志》〈高貴鄉公髦傳〉4/147），可見謁殺或仍存在，而擅殺當仍為法所禁？兩晉之時，亦有禁殺子之律。前引西晉武帝時王濬在巴郡，「有生男不養者，濬乃嚴其科條」（《晉書》〈王

35　秦代律令對於殺子的處置，有「擅」「謁」之分。父謁殺子，即父告子、訟子罪而請官府殺之，官府不但不處父親之罪，並照父親所請去辦。秦簡中便有二例言及。第一個例子，某人告子不孝，謁殺，官府表示此罪不應三宥，應「亟執勿久」（秦簡〈法律答問〉）。第二個例子則顯示官府將其子逮捕後，確有依照父親謁請而殺的意思（秦簡〈封診式〉）。至於擅殺，即不透過官府而自殺其子，則必須處刑。秦漢律令對殺子處置的擅謁之分，參李貞德，〈西漢律令中的家庭倫理觀〉頁12-13。

濬傳〉12/1208）。東晉孝武帝（373-396）時殷仲堪任晉陵太守，亦有「禁產子不舉」的命令（《晉書》〈殷仲堪傳〉84/2194），但不知量刑輕重如何。東晉有兩個殺子的案子，殺子之母原都判處棄市。其一是子有癇病：

> 義熙十四年（518），軍人朱興妻周生子道扶，年三歲，先得癇病。周因其病發，掘地生埋之，爲道扶姑雙女所告，周棄市。（徐）羨之議曰：「自然之愛，豺狼猶仁；周之凶忍，宜加顯戮。臣以爲法律之外，尙弘通理……愚謂可特申之遐裔。」從之。（《南史》〈徐羨之傳〉15/432）[36]

其二則是打死前妻之子：

> 《三十國春秋》曰：晉安帝時（397-418）郭逸妻以大竹杖打逸前妻之子，子死妻因棄市，如常刑。（《太平御覽》卷51引）

朱興之子朱道扶年已三歲，郭逸前妻子未言年紀，杖打至死，大約亦非新生兒，二例皆非殺嬰事件。但道扶有病，若在秦代，不知是否可以「怪物其身及不全而殺之，勿罪」的觀念減免其母罪刑？至少在東晉，埋三歲病兒於地下，不被發現則已，一旦被告發，按律當處棄市。徐羨之雖建議改爲流刑，但從其「法律之外」一語來看，殺子棄市應是常刑，郭逸妻棄市案也可輔証。則東晉律令或與秦漢不同，殺子無減輕之條。[37] 如此看來，王濬、殷仲堪亦可能以殺子或殺人之罪刑處置產子不養者。

北魏鬥律：「祖父母，父母忿怒，以兵刃殺子孫者，五歲刑；毆殺者，四歲刑；若心有愛憎而故殺者，各加一等。」（《魏書》〈刑罰志〉111/2886）將「忿怒」與「愛憎」相對而言，突顯「故」「誤」之別。[38] 然生子不舉，顯爲故意，但即使加罪一等，或亦不至死。南朝殺子，亦有擅謁之別。《宋書》〈何

36　《太平御覽》引《續晉陽秋》作「愚謂可特原母命，投之遐裔」，文意似較清晰。見《太平御覽》卷739引。

37　參程樹德，《九朝律考》卷11，〈晉律考〉卷中，頁4。章太炎《五朝法律索隱》亦認爲五朝法律重生命，「而父母殺子同凡論」即其表現之一。見呂思勉《讀史札記》，丙帙，〈父母殺子同凡論〉條，頁874-876。

38　量刑時的故誤之別，自漢律即然。漢代故殺棄市，誤殺則減死。見孫詒讓，《周禮正義》卷68，頁683，鄭衆引律。

承天傳〉稱：「母告子不孝，欲殺者許之；法云謂違犯教令，敬恭有虧，父母欲殺，皆許之。」（《宋書》〈何承天傳〉64/1702）可見謁殺存在。至於擅殺，是否亦減死，史料無徵。至少依劉宋孝武帝初年（454-464）周朗上書中所言，知「法有禁殺子之科」，而前引梁代任昉爲義興太守，正值歲荒，「時產子者不舉，昉嚴爲其制，罪同殺人」（《南史》〈任昉傳〉59/1454），可見產子不舉，按南朝常律當較殺人之刑稍輕。

　　綜上所述，可知秦漢以來，凡生子不舉，依律當有懲處。若爲殺嬰，或可減死（如秦漢時），但亦有處棄市者（如東晉時）；倘在酷吏治下，或地方官以嚴爲其制來禁止時，則難免與殺一般人同罪。雖然如此，在力不兼舉的貧困之家，在官府不知情的情況下，棄嬰埋兒等生子不舉事例依然發生，一方面顯示刑律的罰效有時而窮，另方面不免引起吾人好奇：難道棄子殺嬰者沒有受到倫理、輿論或良心上的責備嗎？

（二）士人輿論與宗教勸戒

　　對於生子不舉的評論，除去刑律的懲處外，還有來自士人輿論和宗教戒律的譴責。然而有趣的是，在漢隋之間的史料中，除了士人學者對產育迷信所造成的不舉現象加以指斥外，宗教戒律對產子不育的反應似乎不甚熱烈，反而將批判的矛頭指向墮胎。

　　士人輿論除漢代的王充和應劭外，北齊的顏之推亦曾在其家訓中提及。王、應二人皆以舉例說明的方式來「破除迷信」，顏氏則訴之於「天」以譴責棄殺女嬰之人。王充以孟嘗君的例子，指責由於時日禁忌和產育迷信所造成的棄子不養。王充不信鬼神，目的在破除吉凶之言，他先從人的生成本質談起，認爲「人之含氣，在腹腸之內」，既然都是懷胎十月而產，是「共一元氣」，本質相類，吉凶與出生月日無關。然後舉田嬰與田文的對話說明五月子妨父的俗說不可靠：

　　　　嬰曰：「五月子者長至戶，將不利其父母。」文曰：「人生受命於天乎？將受命於戶邪？」嬰嘿然。文曰：「必受命於天，君何憂焉？如受命於戶，即高其戶，誰能至者？」嬰善其言，曰：「子休矣！」其後使文主家待賓

客，賓客日進，名聞諸侯。文長過戶而嬰不死。以田文之說言之，以田嬰
不死效之，世俗所諱，虛妄之言也。田嬰俗父，而田文雅子也。（《論衡‧
四諱篇》，頁229）

最後則設法溯源，「理性化」諱舉正月五月子的原因：

實說，世俗諱之，亦有緣也。夫正月歲始，五月盛陽。子以生精熾熱烈，
厭勝父母；父母不堪，將受其患，傳相倣效，莫謂不然。有空諱之言，無
實凶之效，世俗惑之，誤非之甚也。夫忌諱非一，必託之神怪，若設以死
亡，然後世人信用……若夫曲俗微小之諱，衆多非一；咸勸人爲善，使人
重愼，無鬼神之害，凶醜之禍。（《論衡‧四諱篇》，頁229-230）

王充提出此正月五月所生之子因「精熾熱烈」，可能「厭勝父母」的「實說」，
可見他仍接受時日與人世相感的看法，只是認爲世俗之人以神怪死亡加油添醋，
以至變成流俗鬼神吉凶之言。[39]

應劭在《風俗通義》所採取的，也是企圖以實例推翻禁忌之說的方法，故而
每釋一忌，便舉古來之例說明吉凶禁忌之不可信。除與王充一樣舉田文例反駁五
月五日子妨父母之說外，針對不舉併生三子，應劭指出：

越王句踐，令民生二子者，與之餼；生三子者，與之乳母……所以人民繁
息……行霸於中國也。古陸終氏娶於鬼方……是生六子，皆爲諸侯。今人
多生三子，子悉成長，父母完安，豈有天所孕育而害其父母兄弟者哉？
（《御覽》361引）

針對不舉寤生子。他說：

鄭武公娶於申，曰武姜，生莊公……莊公寤生，驚姜氏……武公老終天年，
姜氏亦然，安有妨其父母乎？（《御覽》361引）

至於不舉父同月子，應劭舉例：

《左氏傳》：「桓公之子，與父同月生，因名子同。」漢明帝亦與光武同
月生。（《御覽》361引）

39　關於「厭勝」的討論，參見張寅成〈戰國秦漢時代的禁忌——以時日禁忌爲中心〉，
　　頁170-176。

而世人不舉生鬢鬚子，其實

> 《周書》：「靈王生而有髭，王甚神聖，克修其職，諸侯服享，二世休
> 和。」安在其有害乎？（《御覽》374 引）

應劭批評不舉多胞胎的言論，除說明人民繁息對國家強盛的助益外，也訴之於天，
認爲天所孕育的人，不可能有害於自己的父母兄弟。「人皆天所生」的觀念自漢
以來便十分盛行（見前引《白虎通德論・誅伐》）。至北齊顏之推譴責棄殺女嬰
者爲「賊行骨肉」時，亦告誡他們不要想「望福於天」（見前「棄殺女嬰」節引
《顏氏家訓・治家》）。

惡行致禍的觀念自古已然。古言「天道無親，常與善人」（《史記》〈伯夷
列傳61/2124〉），「積善之家，必有餘慶，積不善之家，必有餘殃。」（《易
經》1/11坤卦〈文言〉）不論是陳平自省「我多陰謀，是道家之所禁，吾世即
廢，亦已矣，終不能復起。」（《史記》〈陳丞相世家〉56/2062）或葛洪所謂
「天地有司過之神，隨人所犯輕重，以奪其算……算盡則死……若算未盡而自死
者，皆殃及子孫」（《抱朴子》內篇〈微旨〉6/27），都顯示人們對報應的信
仰。「報」的觀念可說是中國社會關係的一個重要的基礎。[40]

針對殺嬰棄子，以「天道」之名加以譴責者，《太平經》的「舉證」最爲直
接。漢末亂世殺女嬰的情況嚴重，道教《太平經》便以「一男當配二女」的「天
道」倡言保護女嬰，並以命運分擔的「承負」觀念警告殺女嬰造成男多女少將帶
來的惡果：

> 然天法，陽數一，陰數二……故二陰當共事一陽，故天數一而地數二也，
> 故當二女共事一男也……今天下失道以來，多賤女子，而反賊殺之，令使
> 女子少於男，故使陰氣絕，不與天地法相應。天道法，孤陽無雙，致枯，
> 令天下時雨。女者應地，獨見賤，天下共賤其眞母，共賊害殺地氣，令吏
> 地氣絕也不生，地大怒不悅，災害益多，使王治不得平……今天下十家殺
> 一女，天下幾億家哉？或有一家乃殺十數女者，或有妊之未生出，反就傷

40　楊聯陞，〈報─中國社會關係的一個基礎〉。

之者，其氣冤結上動天，奈何無道理乎？……懼吾書言，以示凡人，無肯
復去女者也，是則且應天地之法也，一男者得二女也。故天制法，陽數者
奇，陰數者偶。大中古以來，人失天道意，多賊殺之，迺反使男多而女少
不足也。大反天道，令使更相承負，以爲常俗。後世者劇天下惡過，甚痛
無道也。夫男者迺承天統，女者承地統；今迺斷絕地統，令使不得復相傳
生，其後多出絕滅無後世，其罪何重也！（《太平經》〈分別貧富法〉
350/33-36）

《太平經》利用一男須御二女始合陰陽天道的說法，譴責殺女嬰的行爲直接導致
社會中陰陽無法相配，間接則造成天乾地旱等災變。[41]

事實上，宗教勸戒的對象，並不僅是生子不舉之家，反而多針對墮胎落子之
人。[42] 前引《太平經》中所謂「或有妊之未生出，反就傷之者」即是。六朝末
道教的《三洞奉道科誡儀範》中則數度警告墮胎殺子者：[43]

經曰，生孤獨貧寒者，從犯出家法身及墮胎害子中來。

經曰，風邪癲病狂言者，從布施不還及墮子落胎中來。

41　《太平經》中惡行致病的觀念，見林富士，〈試論《太平經》的疾病觀念〉。
42　《法苑珠林》卷69〈生報部第六〉引晉竺法護譯《修行道地經》說明自受胎至生產，
　　胚胎與胎兒在母腹中每七日的發育情形。雖然吾人尚無法得知六朝時人所理解的懷孕
　　現象是否受佛經影響，然而因輪迴信仰而來「自受胎即有生命」的觀念，卻能支持對
　　墮胎者的譴責。至於何以落胎將遭果報，而「生子不舉」者較少見於戒律，殊難解釋，
　　或因「不舉」者嬰兒未必皆死，而下胎則胎兒無一生存機會所致。然而這種說法卻不
　　排斥佛教戒殺果報觀念對扼止「生子不舉」的部分作用。學者比較南北朝佛教信仰異
　　同，常指出北朝佛教信仰著重持戒修行，與南朝重義理論辯不同。北統又重修寺造像，
　　祈福還願，甚至「愚夫愚婦相率造像，以冀福佑。」與南朝僧尼混跡宮廷稍異，以致
　　華北佛教信仰藉由義邑造像在鄉村傳佈流行。此外，南朝佛教至梁而大盛。從史料記
　　錄上看來，生子不舉的事例南盛於北，不舉的方式從棄殺逐漸轉爲寄養，而齊梁之後
　　生子不舉事例似有減少的趨勢。雖說無直接證據證明佛教戒殺在此事上的影響，但生
　　子不舉問題的演變，似乎和佛教傳播的時空有相應的發展。關於南北朝的佛教發展，
　　見湯用彤，《漢魏兩晉南北朝佛教史》第十四章〈佛教之北統〉；任繼愈，《中國佛
　　教史》卷三，第一章〈南北朝時期的社會與佛教〉；劉淑芬，〈五至六世紀華北鄉村
　　的佛教信仰〉。
43　吉岡義豐，〈三洞奉道科誡儀範の成立について——道教學成立の一資料——〉。

將墮胎殺子的超自然罰則列於誡律中，對於奉道修習之人當有勸阻警惕的作用。戒殺果報的思想，於墮胎落子一事，歸咎罪責，益加細微，致有譴責貨賣墮胎藥者：

> 《雜寶藏經》云：有一鬼白目連言：我身常如塊肉，無有手腳眼耳鼻等，恆爲蟲鳥所食，罪苦難堪何因緣故爾？答言：汝前世時常與他藥墮他兒，是故受如此罪。此是華報地獄，苦果方在後身。[44]

士人輿論針對時日禁忌而發，宗教戒律則企圖嚇阻墮胎落子者，然而生子不舉事例不斷，譴責恐嚇卻似難貫徹。此是否因社會上此類事例太多，且多情有可原者，出於對貧困產家的同情所致？史料闕如，難以證明。然而，社會對棄此保彼者的倫理困境有所同情，卻可從前面「棄此保彼」一節中所引數例得到輔證。

（三）家庭倫理

骨肉至親，而竟棄殺，違背家庭倫理，顯然應受責備，顏之推稱「賊行骨肉，豈可望福於天」，即出於此。然而倫理觀念，複雜微妙，有時某一違背倫常的行動，實爲達成另一倫常關係的責任。[45] 力不兼存的棄此保彼行爲，即顯示倫理上的抉擇。前引漢代郭巨與劉宋的郭世道埋兒，皆爲供養母親。郭巨夫妻在掘地時，得金一釜，上有鐵券云「賜孝子郭巨」，顯然因孝感動天而獲得天助（《太平御覽》卷411引《劉向孝子圖》）。郭世道傭力所養者，乃其繼母，因考慮「若養此兒，則所費者大」，於是「垂泣瘞之」。此事後來在宋文帝元嘉四年（427）遣使巡天下時顯然爲官府得知。宋既有「禁殺子之科」（周朗語），且產子不舉也可能罪同殺人，若按律處置，郭氏夫婦就算不死，也應接受懲罰。然而朝廷的反應，卻是「敕郡牓表閭門，蠲其稅調」，顯然亦因世道埋兒，意在孝養。

44　宋代小說中有因售下胎藥維生，以致忽患腦痛，自言「夜夜數百小兒咂我腦袋」，言訖遂死的婦人（張杲《醫說》卷10〈下胎果報〉條）。與《雜寶藏經》故事類似，皆顯示貨藥致禍的可怕，可見墮胎被視爲殺子，確在佛教禁誡之列。《雜寶藏經》，北魏吉迦夜共曇曜譯，此處引自《法苑珠林》卷70　，頁2，總頁1027。

45　例如大義滅親，顯示忠孝不能兩全時的移孝作忠抉擇；爲親報仇，雖違國法，卻符私恩，見 Lee, "Conflict and Compromise"；而割股療親，或被稱爲「不孝之孝」，見邱仲麟，〈不孝之孝—唐以來割股療親現象的社會史初探〉。

　　以倫理之名棄子而受到褒揚的，又不僅止孝養而已。東晉餘杭婦人賣己子以活夫之兄子，武康男子棄己子而活弟之子，在孔嚴拜吳興太守時，不但沒有以棄兒或殺子名義追究，反而皆加以褒薦（《晉書》〈孔嚴傳〉78/2061 ）。至於鄭休之妻石氏為養育公公的庶子和丈夫前妻之女，九年之內，三不舉子。其實休父布臨終前已命棄養沈生，石氏的舉止，一來可見貧家婦人在無力兼養和頻頻懷孕的兩難中，所面臨的困境，二來亦可見其「存舅之胤」的意志堅決。而《晉書》的作者既稱譽她「少有德操」，又以其不舉子事錄於〈列女傳〉中，亦可見褒揚之意。（《晉書》〈列女傳〉96/2511-2512 ）

　　為了對家庭倫理的某個面相表示執著，而做出極端的行為，可能是漢末以來名教高漲時代的一種風氣。或為表現思母之情，而供養路人；[46] 或為極盡兄弟之義，而奪財自污；[47] 至於一般服喪過禮，兄弟讓財之例，更是不勝枚舉。此種行為固曾引起學者愆禮、過譽之譏，[48] 也曾導致自然與名教衝突的討論。[49] 然而價值觀念使然，即使東晉過江時，仍有鄧攸棄己子活弟子的慘劇：

> 石勒過泗水，攸乃斫壞車，以牛馬負妻子而逃。又遇賊，掠其牛馬，步走，擔其兒及其弟子綏，度不能兩全，乃謂其妻曰：「吾弟早亡，唯有一息，理不可絕，止應自棄我兒耳。幸兒得存，我後當有子。」妻泣而從之，乃棄之。其子朝棄而暮及。明日，攸繫之於樹而去。（《晉書》〈鄧攸傳〉90/2339 ）

46　應劭《風俗通義》載：東漢九江太守陳子威，生不識母，常自悲感；遊學京師，還於陵谷中，見一老母，年六十餘，因就問：「母姓為何？」曰：「陳家女李氏」「何故獨行？」曰：「我孤獨，欲依親家。」子威再拜長跪自白曰：「子威少失慈母，姓陳，舅氏亦李，又母與亡親同年，會遇於此，乃天意也。」因載歸家，供養以為母。見《風俗通義》卷3，〈愆禮〉，頁138。

47　東漢許武「以二弟晏、普未顯，欲令成名…於是共割財產以為三分，武自取肥田廣宅奴婢強者，二弟所得並悉劣少。鄉人稱弟克讓而鄙武貪婪，晏等以此並得選舉。」有趣的是，事成之後，許武會宗親，說明心意與實情，大家不但不以其欺騙為非，反而「郡中翕然，遠近稱之」。見《後漢書》〈許荊傳〉76/2471。

48　見應劭《風俗通義》〈愆禮〉〈過譽〉二卷。

49　見余英時，〈名教危機與魏晉士風的演變〉。

小兒遭棄，追及父母，鄧攸「繫之於樹而去」，與前述「妻泣而從之」參看，當時景況悲痛淒慘，可以想見。而鄧攸存弟之胤的決心，亦可爲石氏存舅之胤的意志參佐輔証。

有時，爲了表現特殊禮法觀念而生子不舉，即使處境並不困難，也未必受到處罰，反而受到輿論稱揚。三國時代吳國的諸葛瑾便以不舉妾子而被視爲「篤慎」：

> 初，瑾爲大將軍……才略雖不及弟，而德行尤純，妻死不改娶，有所愛妾，生子不舉，其篤慎皆如此。（《三國志・諸葛瑾傳》引《吳書》，52/1235）

史稱諸葛瑾雖有二子恪、融名盛當世，但「瑾常嫌之，謂非保家之子，每以憂。」（《三國志・吳書》〈諸葛瑾傳〉52/1235）儘管如此，有愛妾生子，卻仍不舉。由此看來，六朝大家族中納妾的目的並不全爲廣嗣，否則不會不舉妾子。[50] 而漢代嚴妻妾之防，六世紀末顏之推（531-591）觀察南北兩方對妻妾分野的不同態度，卻發現「江左不諱庶孽」，而「河北鄙於側出」的現象。（《顏氏家訓》〈後娶〉1/47）諸葛瑾是三國時代吳國（222-280）之人，或正處於從漢代禮法轉變至「不諱庶孽」的南方新風氣之間。他以妻死不改娶，而不舉妾子，顯示其維護傳統妻妾倫理的意志，因而獲致「德行尤純」的讚譽。[51]

綜上所述，可知秦漢以來士人輿論雖對產育迷信提出批評，宗教信徒亦勸阻

50　對於六朝時代納妾功能的討論，見劉增貴，〈魏晉南北朝時代的妾〉。

51　從漢嚴防妻妾到六世紀末的南北差異，參 Lee, "Women and Marriage in China during the Period of Disunion", Chapter IV。此外不舉妾子庶孫，未必皆受讚譽，實視其動機而定。北魏盧度世不舉庶孫，「爲識者所非」：

> 初，玄有五子，嫡唯度世，餘皆別生，崔浩事難，其庶兄弟常欲危害之，度心常深忿恨。及度世有子，每誡約令絕妾孽，不得使長，以防後患。至淵兄弟，婢賤生子，雖形貌相類，皆不舉接，爲識者所非。《魏書》〈盧度世傳〉47/1046）

盧度世因自己曾受庶兄弟迫害而決定誡絕妾孽。其動機出於「常深忿恨」「以防後患」，乃至即使相貌相類的庶孫亦殺之，行爲過狠，或因此而遭識者所非。更顯示諸葛瑾被譽爲德行篤慎的家庭倫理意義。值得注意的是，無論諸葛瑾或盧度世皆未受法律制裁，亦未提及道德、宗教之不安。

棄殺，然終究不足以嚇阻生子不舉的現象。政府雖然常設殺子刑律，屢申產子不
舉之禁，然而民間因力不兼舉，或埋卑幼以養尊老，或棄己子以活兄弟之子，朝
廷不但未予懲處，反而依家庭倫理之價值觀而加以褒讚。在刑律、戒命皆只能收
一時之功，而難達永久之效的情況下，生子不舉的問題便須從救濟和防範來著手
解決。實則，前引嚴殺子之科的地方官，亦不乏輔以寬政恤民者。六朝的政府與
民間對於生子不舉有什麼救濟和防範之法，以下便就寬政胎養、接濟收養和節育
絕育等幾個角度來看。

四、「生子不舉」的救濟與防範

（一）寬政與胎養令

　　漢晉以降面臨產子不育問題的地方官，除徵引殺子刑律之外亦有輔以寬政而
績效頗佳者。前引王濬「使產育者得休復」，任昉「孕者供其資費」，一「全活
數千人」，一「濟者千室」。漢魏之際，鄭渾任下蔡長與邵陵令時，更以改革當
地民生財政型態，來解決生子不舉的社會問題：

> 鄭渾……太祖曹操聞其篤行，召爲掾，復遷下蔡長，邵陵令，天下未定，
> 民皆剽輕，不念產殖；其生子無以相活，率皆不舉，渾所在奪其漁獵之具，
> 課使耕桑，又兼開稻田，重去子之法。民初畏罪，後稍豐給，無不舉贍；
> 所育男女，多以鄭爲字。（《三國志》〈鄭渾傳〉16/508-509）

　　「生子不舉」顯然是當地民眾面臨生計問題時的節育措施，而政府則以經濟
政策和重法嚇阻，以達人口增殖之目的。史書指其地方民情導因於「天下未定」
的不安全感。實則，下蔡在今安徽鳳台縣，東漢時屬揚州刺史部，九江郡治下，
在淮水邊上。《漢書·地理志》稱九江爲故吳地，形容「其民至今好用劍，輕死
易發」，下蔡附近「壽春、合肥受南北湖皮革、鮑、木之輸」（《漢書》〈地理
志〉28下/1666-1668），可見鄭渾所面對的「漁獵輕剽」之民情，或非自漢末
始。然而，不論是如《魏志》所言導因於天下未定，或是自古以來不念產殖的結
果，此地人們「生子無以相活，率皆不舉」的現象是確定的。而鄭渾使耕桑、開

稻田，可謂自民生財政著手以達移風易俗之效。《魏志》清楚描繪平民百姓「初
畏罪，後稍豐給，無不舉贍」的心理轉變，也說明輔以相關經濟措施的人口政策
較能奏效。

　　針對因賦役太重而引起的生子不舉現象，中央官吏也曾嘗試矯正。吳大帝時
駱統指出江境苦役，產子不育的問題後，建議孫權「與民消息」、「育殘餘之民，
阜人財之用」（《三國志》〈駱統傳〉57/1336）。東晉孝武帝時，范寧上書指
出役齡太幼的弊病後，也建議提高始役的年齡：

> 禮，十九爲長殤，以其未成人也。十五爲中殤，以爲尙童幼也。今以十六
> 爲全丁，則備成人之役矣。以十三爲半丁，所任非復童幼之事矣。豈可傷
> 天理，違經典，困苦萬姓，乃至此乎！今宜修禮文，以二十爲全丁，十六
> 至十九爲半丁，則人無夭折，生長滋繁矣。（《晉書》〈范寧傳〉75/
> 1985-1988）

對於范寧更改役齡的意見，孝武帝雖然「善之」，但根據劉宋初年的討論來看，
顯然並未聽從：

> （王）弘又上言：「舊制，民年十三半役，十六全役。當以十三以上，能
> 自營私及公，故以充役。而考之見事，猶或未盡。體有強弱，不皆稱年。
> 且在家自隨，力所能堪，不容過苦。移之公役，動有定科，循吏隱恤，可
> 無其患，庸宰守常，已有勤劇，況值苛政，豈可稱言。乃有務在豐役，增
> 進年齒，孤遠貧弱，其敝尤深。至令依寄無所，生死靡告，一身之切，逃
> 竄求免，家人遠討，胎孕不育，巧避羅憲，實亦由之。今皇化惟新，四方
> 無事，役召之宜，應存乎消息。十五至十六，宜爲半丁，十七爲全丁。」
> 從之。（《宋書》〈王弘傳〉42/1321）

　　王弘上疏在宋文帝元嘉六年（西元429），距劉宋開國僅九年時間，之所以
討論役齡問題，或和元嘉三年（426）文帝下詔派遣特使巡行四方，「博採輿誦，
廣納嘉謀」有關（《宋書》〈文帝本紀〉5/75）。當時始興太守徐豁就曾針對
米課太重和役齡太低說明弊害（《宋書》〈徐豁傳〉92/2266）。所謂十三半役，
十六全役的「舊制」，即前引遭東晉范寧批評的規定。而疏中亦未指稱苦役發生

在特定地區，或爲整個江南。疏中形容百姓胎孕不育，原因在避苦役。生下十三歲半即可能受苦役，離家而亡，故不育。因此王弘建議改役丁的年齡下限爲十五至十六歲。此條與晉武帝時王濬領巴郡不同：當時欲伐吳，故苦役，一百五十年後的宋文帝時，已「皇化惟新，四方無事」，並且王弘要求的役齡比范寧建議的來得小，或因此而使皇帝「從之」，情況得以改善。

地方官在轄區內施以寬政，政府針對百姓苦役修法，都是事後補救的措施，治本之法，實賴胎養詔令。此則牽涉歷代政府的人口政策。

「編戶齊民」是秦漢以降政府的經濟來源與統治基礎。國家透過戶籍掌握人力資源，以爲課徵賦役的對象。[52] 此即建安七子之一的徐幹在《中論・民數》中所謂「國之本也」：

> 故民數者，庶事之所自出也，莫不取正焉。以分田里，以令貢賦，以造器用，以制祿食，以起田役，以作軍旅。國以之建典，家以之立度，王禮用脩，九刑用措者，其惟審民數乎！（徐幹，《中論・民數》）

歷代政府對於人戶，亦即「民數」皆甚重視，至過於土田，即因政權的經濟基礎多來自人身。[53] 鼓勵人口的增殖與繁衍，於是成爲漢代以來中央政府之主要人口政策。或提倡早婚，或優惠產家，或嚴懲殺子，各代政府做法不一，但目標卻相似。人口繁息的工具爲及笄（十五歲）可婚嫁之女子，其目的在於「勝兵滿野」。駱統稱人民爲孫權「開基建國」的基礎（《三國志》〈駱統傳〉57/1336）。此種觀點由魏文帝時王朗的上疏更可一目瞭然：

> （王朗）上疏勸育民省刑曰：「……嫁娶以時，則男女無怨曠之恨；胎養

52　從戰國到秦漢，透過編戶的過程，人民身分由不齊而齊，擔負起課賦力役的責任，成爲政府統治的經濟基礎。見杜正勝《編戶齊民——傳統政治社會結構之形成》〈序〉和第一章〈編戶齊民的出現〉。

53　以西漢爲例，政府七項物資來源：田租、芻稿、算賦、口賦、獻、貢與力役，除田租芻稿外，皆以人頭計算。因此，以人身爲本的徵斂比以土地爲本者重，而獲得減免的機會則較少。魏之屯田、晉之課田、北魏隋唐的均田及租庸調課，無不以人戶爲準。參王毓銓，〈"民數"與漢代封建政權〉。並見杜正勝《編戶齊民》〈編戶齊民的出現〉。

必全，則孕者無自傷之哀；新生必復，則孩者無不育之累；壯而後役，則
幼者無離家之思；二毛不戎，則老者無頓伏之患。醫藥以療其疾，寬緜以
樂其業，威罰以抑其強，恩仁以濟其弱，賑貸以贍其乏。十年之後，既笄
者必盈巷。二十年之後，勝兵者必滿野矣。」（《三國志》〈王朗傳〉
13/408-409）

倘若適齡而不嫁娶，則有法令加以懲罰：

（漢惠帝）六年，令女子年十五以上至三十不嫁，五算。（《漢書》〈惠
帝本紀〉2/91）

劉宋孝武帝時周朗上書中亦稱「法設早娶之令」，他本人更建議用刑律連坐來強
制執行，令女子早婚早育以增加人口：

法雖有禁殺子之科，設蚤娶之令，然觸刑罪，忍悼痛而爲之，豈不有酷甚
處邪。今宜家寬其役，戶減其稅。女子十五不嫁，家人坐之。特雉可以娉
妻妾，大布可以事舅姑，若待禮足而行，則有司加糾。凡宮中女隸，必擇
不復字者。庶家內役，皆令各有所配。要使天下不得有終獨之生，無子之
老。所謂十年存育，十年敎訓，如此，則二十年間，長戶勝兵，必數倍矣。
（《宋書》〈周朗傳〉82/2094）

然而，嚴法若不輔以寬政，徒法不足以自行。從周朗上疏中得知劉宋已有「早娶
之令」，可見朝廷未嘗不以提倡女子早婚早育多產來增殖人口。然而在無相關經
濟措施的救濟下，早婚早育多產只會令小民生子不舉，於人口增殖無益。因此胎
養詔令的頒佈，便益顯重要。

　　漢魏六朝，中央政府時或頒佈詔令優惠產家。胎養復除的詔書，大多在朝代
初興之時，或爲表示德政，安定民心，或爲恢復前代戰亂時失喪減少的人口：[54]

54　自古即有統治者以鼓勵早婚及胎養法令增殖人口的例子。《國語‧越語上》：句踐
　　「令壯者無取老婦，令老者無取壯妻。女子十七不嫁，其父母有罪；丈夫二十不取，
　　其父母有罪。將免者以告，公令醫守之。生丈夫，二壺酒，一犬；生女子，二壺酒，
　　一豚。生三人，公與之母；生二人，公與之餼。」此外，鄭玄注《周禮‧地官‧大司
　　徒》「以保息六養萬民：一曰慈幼……」則曰：「保息，謂安之使蕃息也。慈幼，謂
　　愛少小也。產子三人，與之母；二人，與之餼。」

漢高祖七年春，令……民產子，復勿事二歲。（《漢書》〈高祖本紀〉
1下/63）

光武寬仁……及得隴望蜀……民有產子者，復以三年之算。（《晉書》
〈食貨志〉，26/780-781）

劉邦劉秀之令，僅止復事，未言給養。東漢章帝時，始有胎養詔令：

章帝元和二年詔曰：「令云『人有產子者復，勿算三歲』。今諸懷孕者，
賜胎養穀人三斛，復其夫，勿算一歲，著以爲令。」（《後漢書》〈章帝
本紀〉3/148）

章帝此詔在元和二年（西元85年），既「著以爲令」，終漢之世，應爲常規。且
元和三年又有詔稱：「其嬰兒無父母親屬，及有子不能養食者，廩給如律。」
（《後漢書》〈章帝本紀〉3/154）然而前引王吉、賈彪、宋度傳中皆未提及，
不知施行狀況如何？東漢末戰亂以來，經三國、兩晉、以迄劉宋，生子不舉事例
不斷，朝臣上疏建言不絕，卻未再見中央政府以詔令形式做全國性的輔助與救
濟。[55]

南朝賦役頗重，學者已有討論。自東晉孝武帝太元二年（377）廢除度田收
租之制而改以口稅，但實際上大戶蔭庇之人口，並不在配賦之內，而只以戶口冊
中之口爲徵稅對象，則編戶小民負擔更重。[56] 揚州一帶既爲南朝沿江軍備的重

---

[55] 在南齊武帝詔令之前，僅石勒優惠多胞胎產婦，於史可徵：
石勒時，堂陽人陳豬妻一產三男，賜其衣帛廩食，乳婢一口，復三歲勿事。黎陽人
陳武妻一產三男一女，武攜其妻子詣襄國上書自陳。石勒下書以爲二儀諧暢，和氣
所致、賜其乳婢一口，穀一百石，雜綵四十匹。（《晉書・載記》105/2737）
視一胎多子爲吉祥，並賜平民乳母的情況，一來可見羌胡並不以多胞胎爲忌諱，二來
亦可見統治者鼓勵人民繁息的態度。關於歷代「戶口保養」的討論，可見宋昌斌《中
國古代戶籍制度史稿》。

[56] 東晉成帝咸和五年（330）「始度百姓田，取十分之一，率畝稅米三升」（《晉書》
〈食貨志〉），哀帝即位（362）減田租，畝收二升。但大戶原有土地不願按畝納稅，
新占土地亦不肯及時登記，則政府徵稅困難，乃於孝武帝太元二年改畝稅制爲口稅制。
大戶占田之討論，見谷霽光，〈漢唐間「一丁百畝」的規定與封建占有制〉；唐長孺
《三至六世紀江南大土地所有制的發展》；唐長孺，〈南朝的屯、邸、別墅及山澤佔
領〉。畝稅改爲口稅的討論，見李劍農，前引書，頁129-130。

心之一,是首都建康所在的政治中心,三吳又爲富足之區,財政仰賴,故南朝政權視之爲根本之地,賦役最爲嚴重。[57] 稅重役繁而無胎養復除,令致百姓無法維生。揚州治下吳興、義興、東陽、會稽諸地,都有生子不舉風氣。前引會稽人郭世道「家貧無產業」,乃無地貧民,「傭力以養繼母」,並至埋兒的地步,但在元嘉四年,劉宋朝廷蠲其稅調之前,只要戶籍上有名,無地亦須納稅調。(《宋書》〈郭世道傳〉91/2244)此一來可見人口民數爲政府徵收稅役之基礎,二來亦可見無胎養優惠的救濟,貧民無以自存的景況。

　　東漢章帝胎養詔令之後,一直到南朝齊、梁之時才又有優恤產家的全國性補助:

> 南齊武帝永明七年(489)春正月,……詔曰:「春頒秋斂,萬邦所以惟懷,柔遠能邇,兆民所以允殖。鄭渾宰邑,因姓立名,王濬剖符,戶口殷盛。今產子不育,雖炳常禁,比聞所在,猶或有之。誠復禮以貧殺,抑亦情由俗淡。宜節以嚴威,敦以惠澤,主者尋舊制,詳量附定,蠲岫之宜,務存優厚。」(《南齊書》〈武帝本紀〉3/55-56)

《南齊書》未言如何「尋舊制」、「存優厚」,《南史・齊本紀》則說明齊武帝此詔(西元498)除「申明不舉子之科」外,同時「若有產子者,復其父」(《南史》4/122)。而不到十年,明帝復下詔補助產家,梁武帝時之優蠲亦屬此類:

> 南齊明帝建武四年(西元498)詔「民產子者賜米十斛,蠲其父母調役一年,新婚者,蠲其夫役一年」(《南齊書》〈明帝本紀〉6/89)
> 梁武帝天監十六年(517)春正月辛未,輿駕親祠南郊,詔曰:「……尤貧之家,勿收今年三調……若有民產子,即依格優蠲。」(《梁書》〈武帝本紀〉2/56)

復除之外,又賜米糧,並且蠲新婚男子之役,更可見鼓勵生育的人口政策。

57　南朝沿江三大軍事重心,自西而東爲益州、荊州與揚州,而揚州爲首善之區,更屬重要。參周一良,《魏晉南北朝史札記》〈東晉南朝地理形勢與政治〉條,頁75-82。三吳會稽賦役之重,見劉淑芬,〈六朝建康的經濟基礎〉。

　　中央政府胎養令的效用究竟如何，可從人民口糧與所賜穀米的比例來看。漢
代吏卒廪食，每月約穀三石三斗，[58]　周一良認爲稻穀與稻米的比例，大致爲二
比一，即一石稻穀可舂出五斗稻米，[59]　則三石三斗穀約十七斗米。按《太平御
覽・器物解》：「十升爲斗，十斗爲斛。（注）三斗爲一大斗」[60]　則漢成年勞
動力每月約食米一斛七斗（小斗）。南朝時一般平民與士兵或日廪米五升，或七
升，月食亦約在米一斛五斗與二斛之間。[61]

　　以上述標準來看各代胎養令，可得幾點意見。第一、東漢章帝胎養令，懷孕
者賜穀人三斛，則約米一斛五斗，約僅一般人一月口糧。或因此乃針對孕婦，故
較平均口糧稍低，但亦可見所賜不豐。第二、石勒時人產多胞胎（三男一女），
所賜除乳婢、布帛外，純口糧即「穀一百石」。（參前註55）一百石穀，約五百
斗之米，即合五十斛米。倘給一人，可食二十五個月以上，約兩年時間。但此爲
賜一家，初生嬰兒不計，至少父母與乳婢三大口，以人月食二斛計，足八個月口
糧。此事在漢隋之間雖屬特例，卻可見石勒鼓勵生育，並不忌多胞胎的態度。第
三、南齊明帝「民產子者賜米十斛」，亦足供產婦一人至少五個月口糧，倘若夫
婦新產皆計，則足供兩大口二、三個月食用。雖不如石勒獎勵多胞胎之豐，也較
東漢章帝時寬裕許多。由此看來，若胎養米穀之頒賜確實施行，南齊產家應能得
到及時補助，此與南齊無一生子不舉記載，或非全然無關。然而詔賜米穀，既非
常制，佈施情形亦不明朗。力不兼舉的產家，似乎須有其他出路配合，而因產育
禁忌不舉子者，或亦非經濟補助可解決。

（二）接濟與收養

　　王充、應劭等學者以破除迷信的態度，舉例反証的方法批評產育禁忌，功效
如何，有待稽考。其實，宗教信仰上的勸說除果報嚇阻外，亦有可能以改姓消災

58　參楊聯陞，〈漢代丁中、廩給、米粟、大小石之制〉；林甘泉，〈養生與送死：漢代
　　家庭的生活消費〉。
59　周一良《魏晉南北朝史札記》〈南北朝時口糧數〉條，頁124-127。
60　大小斗討論，見李劍農，前引書，頁132；周一良，〈南北朝時口糧數〉。
61　周一良，〈南北朝時口糧數〉。

來解除產父母心理上的障礙：

> 陳元達，本姓高，以生月妨父，故改云陳。（《晉書》〈陳元達傳〉
> 102/2679）

學者稱妨父改姓之俗未詳。[62] 然而此條顯示生月妨父，若能疏解，亦未必皆遭棄養。陳元達改姓過程不明，但似與前秦王鎮惡出繼疏宗、隋煬帝蕭后養於外戚家的想法類似：既出繼、寄養或改姓，則已非本家人，自然亦不妨其生父了。[63]

養於外家，對於孤兒，誠為重要之救濟。梁代的顧協「幼孤，隨母養於外氏」（《梁書》30/444），顏協亦「幼孤，養於舅氏」（《梁書》50/727）。二例皆未提及伯叔照顧撫養的可能性。究竟南朝以孤兒寡婦或遭棄之子而由伯叔撫養的機會有多大？劉宋時蔡興宗「家行尤謹，奉宗姑，事寡嫂，養孤兄子，有聞於世」（《宋書》〈蔡興宗傳〉57/1584）；南齊時，「又有何伯璵，弟幼璵，俱屬節操，養孤兄子，及長為婚，推家業盡與之」（《南齊書》〈孝義傳〉55/962）。至若前引棄此保彼的武康男子和鄭休妻石氏，對於自己的骨肉，雖是棄子之父母，但於兄弟和庶叔之子，卻有撫養救濟之恩。劉裕之母因產而亡，裕在貧薄無乳人的危機時，經從母乳養才得存活，也是親族救濟見棄之子的例案。

以上幾個養兄弟之子的例子，或「有聞於世」（如蔡興宗），或列於孝義（如何伯璵兄弟、鄭休妻石氏），或受到褒揚（如武康男子），似乎顯示此種行為的特出性。此固由於某些家庭在經濟能力有限的情況下尚勉力兼顧孝義，值得重視，卻也涉及六朝家庭結構的問題。也就是說，成年已婚的兄弟同居共財，或非當時普遍的家庭模式。

傳統儒家對家族範圍的理想，是以「大功之親」為同居共財的極限，包括從

62　周一良《魏晉南北朝史札記》〈妨〉條，頁108。

63　此外，亦有作法消災的辦法，如梁武帝郗后：

> 及生后，有赤光照于室內，器物盡明，家人皆怪之。巫言此女光采異常，將有所妨，乃於水濱祓除之。（《梁書》〈高祖郗皇后傳〉7/157）

郗后「將有所妨」未言明妨害的對象。巫以水濱祓除之術破解了妨的困擾，使郗氏得以存活生長，顯示宗教信仰對產育禁忌造成的生子不舉所可能有的救濟。此種做法，在六朝佛道盛行之世，或非僅有。

父昆弟（堂兄弟），即同祖父的親人，成員大約三、四代。[64] 漢代家庭眞正同居共財的範圍並未到大功之親，較普遍的情形是：年輕的夫婦與未成年子女同居，若父母年事過高，或同產年紀太小，不能勞動獨立生活則同居，否則大多異居。[65] 至於大功之親，「可能只是近親的關係，情感密切，可以服喪報仇，但未必同戶共籍」。[66] 也就是說，漢代以核心家庭爲主要模式，偶或有直系三代同居的主幹家庭，而非成年已婚的兄弟，甚至堂兄弟都同居的共祖家庭。[67]

六朝時代的江南，此種家庭型態或仍持續頗長一段時間。劉宋的周朗批評當時風俗：

> 教之不敦，一至於是，今士大夫以下，父母在而兄弟異計，十家而七矣。庶人父子殊產，亦八家而五矣，凡甚者，乃危亡不相知，饑寒不相恤，又嫉謗讒害，其間不可稱數。（《宋書》〈周朗傳〉82/2097）

周朗的言論，一方面暗示：仕宦人家父母在而兄弟同居共財雖然不多，父子分異的情形大概已較少見，而平民也有將近四成的家庭改變秦漢父子分異的風俗。[68] 然而從另一方面看，即使直系三代同居共財的主幹家庭，在士人階層稍有增加之勢，成年已婚兄弟以至大功之親同居共財的共祖家庭，或仍屬少數。[69] 而平民中則仍以核心家庭爲主。《隋書・地理志》稱四川「小人薄於情禮，父子率多異居」，江南則「父子或異居」，甚至即使同居，亦非共財。《魏書》敘述裴植顯官之後，「雖自州送祿奉母及贍諸弟，而各別資財，同居異爨，一門數灶」，而

64　關於傳統「家」「族」的範圍和結構，學者已曾詳論，大要依《儀禮・喪服傳》中的服制來講，以爲第一，喪服輕重顯示生人與死者的親疏關係，其大別有斬衰三年、齊衰期、大功九月、小功五月和緦麻三月等五類，稱爲「五服」。而五服之內，便是以父系爲主的「族」的範圍。第二，服內親疏明顯的界線在大功，它是家族共財的極限。見杜正勝，《古代社會與國家》伍、〈禮制、家族與倫理〉；「五服」的範圍見附表三；服制的討論，參李貞德，〈西漢律令中的家庭倫理觀〉。

65　李貞德，〈西漢律令中的家庭倫理觀〉。

66　許倬雲，〈漢代家庭的大小〉。

67　杜正勝，〈禮制、家庭與倫理〉。

68　杜正勝，〈禮制、家庭與倫理〉。

69　唐長孺認爲周朗之論正足以証明分居之俗盛行於江南，而非北方常態。見唐，〈門閥的形成及其衰落〉。

稱其「蓋亦染江南之俗也」（《魏書》〈裴植傳〉71/1571-1572）。及至隋代盧
思道聘陳嘲南人詩，亦曰：「共甑分炊飯，同鐺各煮魚」（顧炎武《日知錄》，
卷17〈分居〉條）。

　　從漢魏六朝家庭範圍與結構的背景來看前引生子不舉或養兄弟之子數例，便
不難理解貧家的困境及其贏得嘉譽的原因。漢人郭巨「父沒，分財二千萬爲兩分，
與兩弟，己獨取母供養」。雖然父在時未生分，但父沒之後，顯然兄弟別居異財，
以致郭巨貧困得必須掘地埋兒之時，亦無兄弟之助。晉代石氏，「旣歸鄭氏，爲
九族所重」，然而當她力不兼舉而三次棄子的時候，卻未聞家族之中大功之親有
援助之事。劉宋郭世道傭力以養繼母，力不足以養子而瘞埋新產兒。此皆顯示漢
晉以來核心與主幹家庭出現經濟困境時，無大功之親相救助的情況。而餘杭婦人、
武康男子雖表現了共祖家庭互助相存的意願，卻都只能棄此保彼，而不能兩全。

　　北方風俗與江南不同，學者討論頗多。[70] 中土宗族親黨臨危互助，史論可
稽：

> 北土重同姓，謂之骨肉，有遠來相投者，莫不竭力營贍，若不至者以爲不
> 義，不爲鄉里所容。（《宋書》〈王懿傳〉46/1391）

北魏盧淵、盧昶兄弟「遠親疏屬敍爲尊行長者，莫不畢拜致敬，爲世所推。」
「父母亡，然同居共財，自祖至孫，家內百口。」（《魏書》〈盧昶傳〉47/
1062）高允對待遠道而至的流徙族人，雖「率皆飢寒」而「徒步造門」，仍「散
財竭產，以相瞻賑」（《魏書》〈高允傳〉48/1089）。由此看來，北方較少生
子不舉的記載，或非偶然。[71]

70　唐長孺認爲孫吳時江南宗族的鄉里凝聚，仍然緊密而勢力龐大，與東晉南渡後士族門
　　閥衰落不同，見氏著〈孫吳建國及漢末江南的宗部與山越〉。至於南北朝時代，北方
　　異族統治下的漢人大姓，以同宗家族爲出仕之政治資本，故宗族情感濃厚；而南渡大
　　姓，中央政權旣賴之以抗抑土著大族，政治社會地位不受皇權威脅，不必以同宗做後
　　盾而宗族情感淡薄。討論見杜正勝，〈禮制、家族與倫理〉；唐長孺，〈門閥的形成
　　及其衰落〉。北朝世家大族的凝聚力吸引異族統治者的注意，也可從北魏孝文帝
　　（477-499）漢化改革時大力推行五服制得知，見康樂，〈孝道與北魏政治〉。
71　北方較少生子不舉記載，或因史書選材有異，或源於賦役制度之不同。李劍農認爲北
　　魏均田制奴婢牛隻皆授田，可見維護大地主之意，但計口授田再行徵調，使貧者亦有

　　親族間的救濟收養，旣受限於家庭範圍與經濟能力等因素，力不兼舉的貧家只有另謀出路。貧家子或有送往世家大族中養育者，如博陵崔孝芬嘗養貧家子賈氏爲養女（《北齊書》〈孫騰傳〉18/235）。而鄉里間仁愛之人，如前引村人趙氏養棄兒紀邁，嚴世期分衣解食以救濟之外，亦有乾脆收養孤兒者：

> 永明元年（483），會稽永興倪翼之母丁氏，少喪夫，性仁愛，遭年荒，分衣食以飴里中饑餓者……同里陳穰父母死，孤單無親戚，丁氏收養之，及長，爲營婚娶……州郡上言，詔表門閭，蠲租稅。（《南齊書》〈孝義傳〉55/959）

　　親族里人之外，魏晉南北朝的道觀佛寺在收養棄嬰方面可能曾扮演一定的角色。《高僧傳》和《續高僧傳》中有許多幼年出家者，雖未言明是否自出生即寄養寺廟中，但寺廟卻頗有可能收養見棄之子。[72] 南朝佛寺中多養白徒、養女，在帝王崇佛的風氣下，成爲人們避籍逃役的身分掩護。郭祖深曾指出白徒養女「皆不貫人籍」，以致「天下戶口幾亡其半」（《南史》〈郭祖深傳〉70/1721-1722）。旣爲避籍逃役，南朝白徒養女的來歷或不止一端，是否有棄子寄養情事，史文闕如，難以確知。不過，從北朝片斷的記錄中，似可一窺佛寺收養私度之事。

　　北魏孝明帝熙平二年（517），攝政靈太后曾禁止私度：

> 自今奴婢悉不聽出家，諸王及親貴，亦不得輒啓請。有犯者，以違旨論，其僧尼輒度他人奴婢者，亦移五百里外爲僧。僧尼多養親識及他人奴婢子，年大私度爲弟子，自今斷之。有犯還俗，被養者歸本等。寺主聽容一人，出寺五百里，二人千里。（《魏書》〈釋老志〉114/3042-3043）

北朝僧尼養親識及他人奴婢子而後私度，雖經靈太后下詔禁止，但或並不影響僧尼養子。敦煌藏文文書中有一則「比丘尼爲養女事訴狀」即可說明：

　　相當耕作之地。見氏著《魏晉南北朝隋唐經濟史稿》，頁157-168。然由本節的討論來看，生子不舉的嚴重與否，與家族範圍及其倫理之間，亦不無關連。

72　梁，慧皎《高僧傳》與唐，道宣《續高僧傳》中載「弱年從道」或「少年出家」者，不下數十例。法顯因「有三兄，並髫齓而亡，父恐禍及顯，三歲便度爲沙彌。」（《高僧傳》〈譯經下〉3/87）此雖因避禍而剃度幼兒，與棄養新生兒不同，但可見佛寺接受幼兒剃度，亦可能收養棄嬰爲僧。

　　往昔，兔年，於蕃波部落與退渾部落附近，多人飢寒交迫，行將待斃。沙
州城降雪時，一貧窮人所負襁褓之中，抱一周歲女嬰，來到門前，謂：
「女嬰之母已亡故，我亦無力撫養，此女明後日即將斃命。你比丘尼如能
收養，視若女兒亦可，傭爲女奴亦可。」我出於憐憫，將她收容撫養，瞬
間已二十年矣。此女已經二十歲。如今……彼女亦不似以往賣力幹活。爲
此，呈請將此女判歸我有，如最初收養之律令……批示：「按照收養律令，
不得自尋主人；主人，仍照原有條例役使。」[73]

可見僧尼之親識、他人奴婢子，或無依無靠的孤兒，都有可能寄養於寺廟之
中。[74]

　　總括上述的討論可知，政府的寬政與胎養對於力不兼舉的貧家，或有一定程
度的幫助，然而其施行績效卻難以核考。傳統家族倫理雖主張大功之親以內爲同
居共財的對象，然而漢隋之間因時空不同，家庭結構與範圍各異，似乎不易發揮
救助棄養的功能。在宋代慈幼局和明清育嬰堂之類的專門救濟機構尚未出現前，
寺廟或許是親戚、世家之外最可能收養棄嬰的所在。此外，不同信仰系統之間也
可疏解一些導因於「妨父母」觀念的棄子現象。從兩漢不舉便棄殺到六朝末年以
改姓、寄養或出繼方式解決來看，似乎因時日禁忌而殺嬰的行爲也受到了某種程
度的遏止。

　　然而，除了事前補助和事後收養之外，避免「生子不舉」也牽涉到醫學的節
育手段。因出生時日不吉而導致的生子不舉，是發生於分娩之後的行爲，無法以

73　王堯、陳踐譯註，《敦煌吐蕃文獻選》，四川民族出版社，1983，頁48。

74　西歐中古的修道院亦曾是收養棄嬰的一個主要機構，見John Boswell, *The Kindness of
Strangers: the Abandonment of Children in Western Europe from Late Antiquity to the Re-
naissance*，中國對棄嬰的處理在宋代有舉子倉和慈幼局的設置，見王德毅，〈宋代的
養老與慈幼〉；但其意義與成效如何，說法不一，見劉靜貞，〈宋人生子不育風俗試
探—經濟性理由的檢討〉。至於明清對棄嬰殺子的救濟措施，士人基於道德意識亦曾
於長江下游諸城鎮設育嬰堂，見梁其姿，〈十七、十八世紀長江下游之育嬰堂〉，
〈棄嬰、殺嬰與育嬰堂〉，及其近著 "Relief Institutions for Children in 19th Century
China"。但在六朝無慈幼局與育嬰堂的時代，社會救濟或仍以寺院爲主。

避孕或中止懷孕來制衡。但是對於無力或無意撫養新生兒的家庭而言，如若可能，是否曾考慮以避孕、絕育或墮胎來解決呢？傳說漢代後宮即有墮胎之藥，六朝醫書中亦收絕育之方，因姦成孕以致棄女的北齊文宣李后，與九年之內三不舉子的晉代婦人石氏，可否以避孕或人工流產做為「生子不舉」之外的另一疏解管道？此則牽涉六朝婦產科醫學的發展，以下便討論。

（三）避孕、絕育與人工流產

　　歷來學者大多認為，在二十世紀醫學突飛猛進，新式避孕、墮胎技術風行之前，世界各地的婦女皆無法有效地控制自己的生殖功能。因此，對於棄嬰、殺嬰等議題，比較習於放在社會史和經濟史的脈絡中來考慮，而不認為二十世紀以前婦產科學史的知識與「生子不舉」等類的社會問題之間，有可深入討論之處。晚近的研究則顯示，環地中海區域的各古代文明，有以樹脂 (Silphium, Asafoetida)，沒藥（myrrh，亦樹脂之一種）、歐薄荷 (pennyroyal)、芸香 (rue) 和野胡蘿蔔種籽等製藥墮胎、絕育的明確記錄。而學者或認為此種知識，是在西歐中古末期和文藝復興時代，當由大學中的男性學者所主導掌控的過程中，才逐漸失傳的。[75] 此種說法，質疑過去一向以棄嬰、殺嬰來解釋中古家庭人口不多的成說。一方面點出了科技史與社會史之間的關係，另方面也說明「生子不舉」的研究，如果資料允許，應當考慮以避孕、墮胎防範的可能性。

　　避孕、絕育與人工流產應是避免生子之後再棄殺不舉的最根本作法。力不兼舉的產家，倘能獲致避孕與墮胎針方，當能防患於未然，既不待胎養，亦無需接濟。從技術層面言，實為棄嬰殺嬰等社會問題的重要疏解之途。根據史文記載，漢魏六朝的孕婦確曾有不生的意圖，而傳世醫書也顯示確實有不生的可能。既然如此，何以不舉的事例仍舊不斷，此則牽涉醫學技術的普及性和有效性。

　　漢魏六朝以至隋代的人們是否有避孕的觀念，有待商榷。自漢以來，婦女的

75　環地中海沿岸各文明，及西歐中古社會的避孕、墮胎知識及相關倫理問題，見John M. Riddle, *Contraception and Abortion from the Ancient World to the Renaissance*，以及 John M. Riddle et al, "Ever Since Eve ... Birth Control in the Ancient World".

平均婚齡大多約在十三到十九歲之間，[76] 而早婚早育和多產的婦女則受到肯定。[77] 前面討論六朝的人口政策也顯示因戰爭和財政的需要，朝廷鼓勵人民生育繁息。現存六朝醫書並不多，而其中關於婦產科的針、方亦多著重於求子保胎，不在避孕墮胎。但若從醫書中討論不孕症、房中養生和絕育手段等記載來看，當時人雖無「避孕」或相關的詞彙，卻未必沒有類似節育的觀念和方法。而求子保胎的資料若反過來看，未嘗不可一窺當時人對避孕和墮胎所能掌握的知識。

隋代巢元方為治療無子而說明男人無子之原因時，曾提及：「泄精、精不射出。但聚於陰頭，亦無子。」（《諸病源候論》卷3，〈虛勞病諸候上〉「虛勞無子」）反過來說，忍精不泄很可能被不欲生子的夫婦用來做為避孕的手段之一。有關房中養生的書中亦有許多「御女不泄」、「還精補腦」的技術，只是由於違背生理自然，以之避孕似難奏效。

醫書如戰國《胎產書》，隋代巢元方《諸病源候論》，房中書如《玉房秘訣》都認為以行房求子最適宜的時間，是在婦人月事斷絕後的三日或五日之內：

    (1) 禹問幼頻曰：「我欲殖人生子，何如而有？」幼頻答曰：「月朔，已去汁□，三日中從之，有子。其一日男，其二日女也。」（《胎產書》，見馬繼興，《馬王堆古醫書考釋》，頁778）

    (2) 勿數施捨，以婦人月事斷絕潔淨三五日而交，有子，則男聰明才智……（《玉房秘訣》，引自《醫心方》28/32a）

    (3) 凡婦人月候來時，候一日至三日，子門開，若交會則有子，過四日則閉，便無子也。（《諸病源候論》〈虛勞無子候〉，頁9）

然而這種看法正好與今日醫學對受孕的了解大相逕庭。[78] 婦女生理期結束後三五日內，正屬下次排卵前的安全期，不易受孕，而五日之後則正是下次排卵開始。

76　劉增貴，《漢代婚姻制度》；Lee, "The Life of Women in the Six Dynasties".

77　六朝婦女墓誌銘中不乏此類稱頌，見 Lee, "The Life of Women in the Six Dynasties", 頁64。

78　唐代孫思邈的《千金方》中亦稱「唯經後一日男，二日女，三日男，此外皆不成胎。」此種意見與現代受孕知識相左的觀察，亦參高世瑜，〈中國傳統生育文化與女姓〉。

六朝不願懷孕的夫婦若參考當時醫學知識而等待生理期結束五日後才行房，似乎不但不能避孕，反而有可能增加懷孕生子的機會。

自古以來，即有藉草藥絕育的說法。《山海經》中記載「蟠冢山」中的「蓍蓉」和「苦山」上的「黃棘」皆有此效（《山海經校注》〈西山經〉2/33；〈中山經〉5/172。人們因「蓍蓉」不結果實而相信食之將會不孕，顯然是受感應思想的影響。《管子》中亦提及食用「胥容」使人不孕，但不知「蓍蓉」與「胥容」是否爲一物？（《管子‧地員篇》19/312）至於「黃棘」爲何種植物，何以能絕育，就更神秘不可知了。[79]

六朝醫書中也有斷產絕育，令婦人終生不孕的方子：

> 《小品方》云婦人欲斷生方：故布方員一尺，燒作屑，以酒飲之，終身不
> 生產。（《醫心方》21/29ab）

陳延之的《小品方》是劉宋的作品[80]，其中所言「故布」，《醫心方》此處引《小品方》作「蠶子故布」，而現存《千金方》本則稱：「婦人斷產，蠶子故紙一尺，燒爲末，酒服，終身不產。」（《備急千金要方》3/52）很可能即李時珍《本草綱目》中所言老蠶所蛻之皮。[81] 然而不論是將舊布，還是蠶紙燒成屑，混酒飲用，似皆未與婦女生殖系統產生任何關聯，是否會影響生育機能，目前尚難判定。[82] 倘若沒有奏效的避孕絕育方式，人工流產似乎是企圖「生子不舉」

79　伊藤清司稱「蓍蓉」令致不孕的傳說，是基於「感染咒術」的思想，並推測古代民間
　　女子或有配帶「黃棘」以避孕者，見其〈中國古代の妊娠祈願に關する咒的藥物--
　　《山海經》の民俗學的研究〉。

80　《小品方》的著作時代，湯萬春《小品方輯錄箋注》訂爲南北朝時代。任旭〈《小品
　　方》殘卷簡介〉和廖育群〈陳延之與《小品方》研究的新進展〉則確定爲劉宋時期。

81　湯萬春引《本草綱目》卷39〈蟲部、蠶蛻、蠶連〉條說明，見其《小品方輯錄箋
　　注》，頁112，頁5。

82　湯萬春說：「然核其（上引《本草》）主治條中，并未言及『斷產』、『絕育』之效…
　　…換布以紙……究竟功效如何？至今未得驗證。」見湯萬春，前引書，同上註。除上
　　引斷產方外，孫思邈另有兩條建議，一爲刺針斷產：「炙右踝上一寸三壯即斷。」引
　　自《醫心方》21/29b。一爲服食水銀：「油煎水銀一日勿息，空肚服棗大一枚，永
　　斷，不損人。」引自《備急千金要方》卷3，總頁52。刺針引產，晉王叔和《脈經》
　　曾提及，南朝亦有例案，見本節討論。水銀下胎，《小品方》中亦提到。見湯萬春，
　　前引書，頁117-118，註9。但以二者爲斷產絕育方則不知效用如何。

者的另一選擇。

人工流產今稱墮胎，在漢魏六朝「墮胎」或指人工流產，或指一般性自然流產。醫書中有時則以「去胎」稱呼人工流產。從漢代後宮鬥爭的故事看來，可知漢代已經施行藥物去胎的方法。成帝時趙飛燕姊妹專寵，採用各種手段以防止其他嬪妃育子得寵。史稱「掖庭中御幸生子者輒死，又飲藥傷墮者無數。」(《漢書》67/3995)

前引道、佛經典戒律，顯示墮胎落子確有其事。批評釋教者，則稱僧尼有墮胎殺子之惡：

> 釋教……復假揉醫術，託雜十數，延姝滿室，置酒浹堂，寄夫託妻者不無，殺子乞兒者繼有。(周朗〈上書獻讜言〉《全宋文》卷48)

> 佛妖僧僞，姦詐爲心，墮胎殺子，昏淫亂道。(荀濟〈論佛教表〉《全後魏文》卷51)

僧尼獨身守貞，或因破戒懷孕，必須去胎，或僅因不信者之詆毀而蒙汙名，眞相如何，不得而知。從周朗的評論看來，似乎印度醫學傳入中土，亦增補了中土醫學的墮胎技術。但這些紀錄中並未留下藥方，且其「藥效」除令致去胎外，可能亦兼殺孕婦。

現知最早的去胎藥方，可能是劉宋陳延之《小品方》所載。《小品方》中有七條中止懷孕的藥方，但主要是針對羸弱患病的孕婦施用的：

(1) 《小品方》：療羸人欲去胎方：甘草炙，乾薑、人參、芎藭、生薑、桂心、蟹爪、黃芩各一兩。右八味，切，以水七升，煮取二升，分三服。忌海藻、菘菜、生蔥。

(2) 《小品方》：療妊娠得病，事須去胎方：麥蘗一升末，和煮二升服之，即下神效。

(3) 又方：七月七日法麴三升煮兩沸，宿不食，旦頓服即下。(以上三條并引自唐王燾《外臺秘要》，卷33)

(4) 又方：療妊身欲去之，並斷產方：栝樓、桂心各三兩，豉一升。右三味，切，以水四升，煮取一升半，分服之。

(5) 又方：附子二枚，擣爲屑，以淳苦酒和塗右足，去之大良。（以上二
　　條並見《外臺秘要》，卷34）[83]

(6) 又云：婦人得溫病，欲去腹中胎方：取雞子一枚，和之，以三指撮鹽，
　　置雞子中服之，立出。

(7) 又方：取井底泥，手書其腹，立出，神良。（以上二條並見《醫心方》
　　22/35b）

湯萬春研究《小品方》這幾條墮胎方，注意到歷來醫書皆以蟹爪、麥芽（藥）和
麥麴有助於催生落胎。蟹爪被視爲有「破胞墮胎」的功效，並能「墮生胎下死
胎」，不知是其成份有去胎之效，還是取利爪形狀的象徵意義。[84] 至於麥芽和
麥麴，隋代德貞常的《產經》也肯定麥麴的墮胎功效，且說明至懷孕二、三個月
都可用：

> 治妊身胎二、三月欲去胎方：大麥麵五升，以清酒一斗合煮，令三沸，去
> 滓，分五服。當宿不食，服之，其子即糜腹中，令母不疾，千金不易。
> （引自《醫心方》22/35b）

唐孫思邈《千金方》「妊身得病事煩去胎方」亦稱「麥藥一升末，和蜜一升，服
之，神效。」（《醫心方》22/35b-36a）

　　明代程敬通在上面（2）《外臺秘要》引《小品方》的文中加按語，則稱
「麥芽、神麴墮胎如神，凡有孕者，不可妄用。」湯萬春則質疑此說「未詳其何
所據」，並表示「愚臨床親試也無一驗」。湯同時指出《本草綱目》在卷25〈女
麴條〉下引蘇頌說「下胎」，在〈小麥麴〉引《日華》說「落胎」。然而同條附
方又引《肘后》生麴餅治「動胎不安」。認爲「落胎」、「安胎」二說不無矛盾，
故以麥芽和麴下胎之效「實未經見」。[85] 至於以井底泥敷塗孕婦腹上，湯萬春

83　《醫心方》此方：「附子二枚，治作屑，以好苦酒和塗左足心，即去，大良驗。」
　　（22/356）李時珍《本草綱目・草部・附子》中〈附方・斷產下胎〉亦云「涂右足
　　心」，則「足下」當有一「心」字。

84　李時珍，《本草綱目》卷45〈介部〉；湯萬春的討論，見《小品方輯錄箋注》，頁
　　112。

85　見湯萬春，《小品方輯錄箋注》，頁112，註2、3。此外，西方歷史中有以 麥角

亦引李時珍《本草綱目》卷七〈土部說〉：「療妊娠熱病，取（井底泥）敷心下及丹田可護胎氣。」認爲也與墮胎之說相左。[86]

　　除去藥方之外，刺針當是人工流產的重要手段。三國魏神醫華佗便有刺針下死胎的紀錄：

> 有李將軍者，妻病，呼佗視脈。佗曰：「傷身而胎不去。」將軍言聞實傷身，始已去矣。佗曰：「案脈，胎未去也。」將軍以爲不然。妻稍差百餘日復動，更呼佗。佗曰：「脈理如前，是兩胎。先生者去，血多，故後兒不得出也。胎既已死，血脈不復歸，必燥著母脊。」乃爲下針，並令進湯。婦因欲產而不通。佗曰：「死胎枯燥，勢不自生。」使人探之，果得死胎，人形可識，但其色已黑。佗之絕伎，皆類此也。（《後漢書》〈華佗傳〉82/2738）[87]

雖然此處華佗之方是用於引下已死之胎，但此種針藥或也可用於去胎。然而史書既稱此「佗之絕技」，料想若華佗不用以中止懷孕，當時其他醫者大約也沒有能力以此施行人工流產。

　　以刺針落胎，除前引華佗下死胎外，晉王叔和《脈經》亦說明妊娠各月份皆應當心不要因針炙而墮胎：

（ergot）墮胎的資料，據說這種引起黑麥等穀類病變的麥角菌菌核，質堅，呈黑紫色，具有止血與刺激子宮收縮的功用。不知中醫對麥麵墮胎的認識與 ergot 有無任何關聯？Ergot 和其他藥用植物在西歐傳統社會中的墮胎故事，見 Edward Shorter, *A History of Women's Bodies*, 頁 178-188。

86　其他服本草和敷塗的方式，尚有：（1）《葛氏方》云或不以理欲去胎方：瑰（豌？）苗燒末服一枚，即下。（2）《錄驗方》云：煮中脿根服之。（3）《如意方》云去胎術：以守宮若她（蛇？）肝醋（醃？），和塗齊，有子即下，永無復有。（4）又煮桃根，令極濃，以浴及漬膝，胎下。四條並見《醫心方》22/36a。除《葛氏方》或爲託名東晉葛洪所作醫書外，《錄驗方》爲北周至隋的甄權所著，《如意方》失作者名而載於《隋書・經籍志》中。各書中草藥未詳爲何物，而敷塗外用的墮胎方亦尚未經實證驗效。

87　在此例中，華佗針湯並進，而在另一例中，華佗則是「爲湯下之」：
故甘陵相夫人有娠六月，腹痛不安，佗視脈，曰：「胎已死矣。」使人手摸知所在，在左則男，在右則女。人云「在左」，於是爲湯下之，果下男形，即愈。（《三國志》〈華佗傳〉29/799）

婦人懷胎，一月之時，足厥陰脈養。二月，足少陽脈養。三月，手心主脈養。四月，手少陽脈養。五月，足太陰脈養。六月，足陽明脈養。七月，手太陰脈養。八月，手陽明脈養。九月，足少陰脈養。十月，足太陽脈養，諸陰陽各養三十日，活兒。手太陽少陰不養者，下主月水，上為乳汁，活兒養母。懷娠者不可灸刺其經，必墮胎。（《脈經》卷9，〈平妊娠胎動血分水分吐下腹痛証第二〉，頁176）

劉宋時的徐文伯曾有一例，顯示刺針引產的可能性：

宋後廢帝出樂遊苑門，逢一婦人有娠，帝亦善診，診之曰：「此腹是女也。」問文伯，曰：「腹有兩子，一男一女，男左邊，青黑，形小於女。」帝性急，便欲使剖。文伯惻然曰：「若刀斧恐其變異，請針之立落。」便寫足太陰，補手陽明，胎便應針而落。兩兒相續，如其言。（《南史》〈徐文伯傳〉32/838）

然而神醫出診的刺針引產特例，不比藥方，對於從漢魏六朝以至隋代必須中止懷孕的婦女，實在難說能有什麼普遍助益。

事實上，中止懷孕的可行與否，也和驗孕的有效程度息息相關。綜觀以上諸藥方和醫案，可引發幾點考慮。第一，看似最有效的落胎方式「刺針引產」是用於胎兒已成形，性別可辨，或甚至已胎死腹中的情形，並且需名醫出診方可行。以徐文伯針刺「足太陰」「手陽明」的例子比照王叔和《脈經》來看，所下胎兒或在懷孕五個月到八個月之間。第二，中止懷孕的藥方大多以「立出」「胎下」為有效，唯《產經》一條保證「其子即糜腹中，令母不疾」，而《產經》此條也是唯一指孕期在二、三月有效者，似乎透露：若懷孕三個月以後以湯藥施行人工流產，因已成形之胎兒被強迫驅出體外，對孕婦造成極大的傷害和危險。第三，以六朝婦產科醫學的知識，認為胎兒在孕期三月時成形，產生性別之分，[88] 而以上諸方中唯一提及孕期的只有《產經》一條，指出其墮胎藥方在孕期二、三月時有效，由此看來，魏晉南北朝以至隋代醫者對於妊娠與否的判斷，或許以孕期

---

88 見李建民，〈馬王堆漢墓帛書「禹藏埋胞圖」箋證〉，表一。

三個月左右較有把握。[89] 且即使宮廷中的名醫也未必準確：

> （王）顯少歷本州從事，雖以醫術自通，而明敏有決斷才用。初文昭皇太
> 后之懷世宗也，夢爲日所逐，化而爲龍而繞后，后寤而驚悸，遂成心疾。
> 文明太后敕召徐謇及顯等爲后診脈。謇云是微風入藏，宜進湯加針。顯云：
> 「案三部脈非有心疾，將是懷孕生男之象。」果如顯言。（《魏書》〈王
> 顯傳〉91/1968-1969）

懷孕與微風入藏之表象類似，而以脈象驗孕，在懷孕初期或仍以猜測爲主。
可見北魏時宮廷中判斷懷孕還不太準。一般村婦農婦是否能在妊娠初期即確知因
爲懷孕而非其他病變造成生理期的變化，以致及早尋求（未必有效的）墮胎藥
方，實在值得懷疑。[90] 何況墮胎不論針、方，常是既能傷胎，「復賊母也」的

---

89 醫書中可見的驗孕方式，通常是觀察婦女的脈象，偶或參考她的膚色、氣血、食欲
和月水。西晉王叔和《脈經》云：

> 診其手少陰脈動甚者，妊子也。少陰，心脈也。心主血脈，又腎名胞門子戶，尺中
> 腎脈也。尺中之脈，按之不絕，法妊娠也。三部脈沈浮正等，按之無絕者，有娠也。
> 妊娠初時，寸微小，呼吸五至，三月而尺數也。脈滑疾，重，以手按之散者，胎已
> 三月也。脈重手按之不散，但疾不滑者，五月也。（《脈經》卷9，〈平妊娠分別
> 男女將產諸證〉頁175-176）

《醫心方》引隋德貞常《產經》云「凡婦人三部脈浮沈正等者，此謂有子。」（《醫
心方》24/5b-6a）並稱「婦人妊身，十二經脈主（胎養）胎，當月不可針灸其脈也。
不禁，皆爲傷胎，復賊母也，不可不愼，宜依月圖而避之。」（《醫心方》22/2ab引）
《產經》所指出與懷胎月分相對的各個經脈，內容與《脈經》相同。（《醫心方》
22/2a-12a）然而《產經》並未指出如何以脈象判斷孕期。隋代巢元方抄錄並總結過去
醫書中關於妊娠的各種說法，而在驗孕方面，仍不出《脈經》的三個月孕期：

> 妊娠三月……手心主養之。手心主穴在掌後橫文是。診其妊娠脈滑疾，重以手按之
> 散者，胎已三月也……妊娠五月………足太陰養之。足太陰穴在足內踝上三寸也。
> 診其脈重，手按之不散，但疾不滑者，五月也。（《諸病源候論》，卷41〈妊娠
> 候〉，頁2-3）

由上可知，從西晉到隋，中國傳統醫者對於驗孕，大約都要到孕期三個月時才較有把
握。

90 學者或認爲明清醫書中的調經藥方，其實多具墮胎之效。見 Francesca Bray, "Abortion
in China, 1600-1900: Ethics and Identity"。明代以後中國醫學在多方面確有長足的進
步，婦產科發展概論，見馬大正，《中國婦產科發展史》。漢魏六朝的墮胎藥方，亦
有爲後代醫書所承抄者。然而從醫案來看，藥效或未達後世之功，或雖奏效而兼殺孕
婦。

不安全選擇。東漢末靈帝妃王美人妊娠，畏何皇后權勢，「乃服藥欲除之，而胎安不動」，後生獻帝劉協。（《後漢書》〈靈思何皇后傳〉10下/449-450）史書雖以異象奇事附會，但墮胎藥未必有效，卻是事實。否則前引晉代鄭休妻石氏當不必「九年之中，三不舉子」，而因被姦亂倫的北齊文宣李后應可利用人工流產中止懷孕，而非「大慚」再「生子不舉」（《北齊書》〈文宣李后傳〉9/125-126）。至於人工流產在六朝功效不彰，可由徐孝嗣母親的例子得到傳神而深刻的印象：

> 父被害，孝嗣在孕，母年少，欲更行，不願有子，自床投地者無算，又以擣衣杵春其腰，幷服墮胎藥，胎更堅。及生，故小字遺奴。（《南史》〈徐孝嗣傳〉15/438）

綜上所述，可知漢魏六朝的婦女，確有企圖以葯方去胎者，然而藥效或許並不理想。至於效果明確的刺針引產，因需神醫出診，難以普遍施行、用以預防因姦成孕、或力不兼舉的產家先生後棄。換言之，在缺乏清楚的避孕觀念、有效的早期驗孕，和安全的人工流產等情況下，人們較難以婦產科學的知識做為節育的主要方法。如此看來，即使在有絕育藥方和墮胎故事的漢魏六朝，生子不舉仍然是節制家庭撫養人口的重要手段。並且，見棄之子或無生路可言，除非胎養米糧、親族鄰里或宗教救濟機構及時伸出援手。

五、結　論

「生子不舉」，既違背道德倫常，又牽涉刑罰懲處，然而傳統中國卻一直有這個問題，六朝也不例外。宋代以降，常因經濟考量，加以重男輕女，「生子不舉」多屬溺女。除政府慈幼局之輔助外，民間又有育嬰堂之類的機構企圖救濟。漢隋之間，民間生子不養，除因產育禁忌外，最主要則是做為節制撫養人口的一種手段。產育忌諱包括分娩月日和新生兒的生理狀況等；由於「男妨父，女害母」的觀念，新生子女都有被棄養的可能。就地域而言，各種禁忌分佈各地，尤其二月五月出生不祥的觀念，東西南北皆有例案，似乎並無特殊地域性。就方式而言，

棄養之法，漢魏時大多採丟置或活埋，少有以水溺死者；至南北朝時，則或以改姓、出繼或寄養的方法來解決「妨尅」的問題。

　　因家庭生存策略之考量而以生子不舉來節制人口者，其壓力大多來自政治經濟等環境，因此棄養的性別、地域和方式亦稍有不同。因「養女太費」「養兒防老」的觀念影響，女嬰可能先遭棄養；而因兵役勞役造成少年死傷的情況，則令父母有「生男勿舉」的慨嘆。由於六朝政治分裂的局面，造成各國邊地屯兵小民的生活不易，因此兩國接壤之境生子不舉的情形特別嚴重。這種困境有地域性，不養的風氣若瀰漫一郡一鄉，很難以出繼或寄養解決，除非有公權力等嚇阻力量介入，否則嬰兒被棄埋的可能性較高。

　　嚇阻的力量，除了刑律，也包括宗教。六朝地方官常以嚴法治殺子之罪，少數輔以私囊救助。雖然中央政府的人口政策是鼓勵生殖繁息，但只有南朝齊帝曾以詔書形式，採寬政峻法並重，企圖解決生子不舉的問題。史書雖然稱道地方官活人無數的政績，但重複出現的讚譽和數以千計的活口，也顯示問題持續並大量存在。宗教誡律反對生子不舉，甚至譴責墮胎落子之人。《太平經》視殺女嬰為逆天大惡，從其中論述可知殺女已造成人口的性別比例失調。佛教戒殺生，殺女更不在話下。然而從思辯與學理的論證說明男女一樣重要，人命無比寶貴，似乎不如因果報應的故事具有恐嚇阻抑的效果。六朝志怪小說和菩薩顯靈的傳說甚多，卻甚少提及棄子殺嬰者的報應，亦頗可怪。

　　子嗣身負延續家族的重任，生子不舉顯然應受傳統家庭倫理的譴責。然而在漢魏六朝的特殊時空下，嬰兒卻可能成為棄埋的對象，而父母也可能受到讚譽褒揚。此實牽涉家庭結構、經濟力和倫理等因素的多重影響。江南大多仍為主幹家庭，宗族力量緩不濟急，倘若貧家力不兼舉又無伯叔兄弟等之援助，只有棄此保彼，以孝以義之名，埋己子而養他人。見棄之嬰，欲得生路，實賴鄰里仁愛之人與宗教機構之救濟。

　　既有刑律懲處，復受宗教儆戒，漢隋之間人們仍不得不以生子不舉為節育之重要手段，實由於避孕、驗孕和人工流產等婦產科學的技術和普及性不足之故。雖然企圖人工流產者無代無之，而醫書中亦頗有去胎絕育之方，但藥力不一，難

收防患棄嬰之效。在缺乏避孕知識、有效驗孕和安全人工流產的情況下，婦女一再懷孕、生育，然後再以棄養的方式節制家庭人口。此時，政治與社會力量若僅鼓勵早婚早育多產，而無救濟之寬政或輔助之機構，則勸阻棄養不易，嬰兒求生亦難，而婦女也在生育一事上，危機重重，辛苦萬分。

1993 年 11.15 初稿；1994 年 1.15 二稿；3.15 三稿；6.19 四稿；12.30 五稿

（本文於一九九四年十一月十七日通過刊登）

表一　　因產育禁忌而生子不舉

個案	時代	導因	方式	地域	結果
田嬰子文 （孟嘗君）	戰國齊威王 （356-320 B.C.）	五月五日生	不舉	齊（山東）	母竊舉生之
田無嗇女	西漢哀帝 建平四年 （3B.C）	兒啼腹中	葬之陌上	山陽方與 （山東魚台縣 西）	不死，母掘收 養
王鳳	西漢 （206B.C- A.D8）	五月五日生	不舉	濟南 （山東）	以孟嘗君爲例 ，遂舉之
張奐治下	東漢桓帝 延熹 （157-166）	二月五月生， 與父母同月生	殺之	武威 （甘肅）	張奐嚴加賞罰
胡廣	東漢 （A.D25- 220）	五月生	投於江湖	南郡華容（湖 北江陵東雲夢 沼澤北端）	老翁取而長養 之
王鎭惡	前秦符氏敗 前13年 （ca.381）	五月五日生	欲出繼疏宗	北海劇縣 （山東昌樂縣 西濰坊市南）	以孟嘗君爲例 ，遂仍自養
紀邁	劉宋 （420-479）	五月五日生	棄之	廬江 （安徽舒城縣）	村人趙氏收養
蕭皇后	後梁孝明帝 （562-585）	二月生	不舉	江南	養於季父與舅 氏

表二　以生子不舉節制家庭人口

個案	時代	導因	方式	地域	結果
郭巨	西漢 (206B.C-8A.D)	貧困(爲孝養 母親)	埋之	河內溫縣 (河南溫縣西)	得金一釜,遂 得養兒
賈彪治下	東漢桓帝 (147-167)	困貧	不養	新息 (河南息縣)	彪嚴爲其制, 與殺人同罪
宋度治下	東漢 (25-220)	乏衣食	不舉	長沙 (湖南長沙)	宋度禁民殺子
鄭渾治下	東漢獻帝 (190-220)	戰亂 (天下未定)	不舉	下蔡 (安徽鳳台)	鄭渾重去子之 法,教民墾殖
小民貧兵	吳大帝 (222-251)	苦役	棄養	江境 (長江沿岸)	駱統建言與民 休息
王濬治下	晉武帝伐吳前 (265-280)	苦役	生男不養	巴郡 (四川)	王濬嚴刑寬徭
鄭布庶子沈	晉 (265-420)	臨終庶子生	棄之	?	鄭布子鄭休妻 石氏養之
鄭休妻石氏三 子	晉	力不兼舉	不舉	?	死?
劉裕	東晉哀帝興寧 元年(363)	母死,貧, 無乳母	不舉	彭城縣 (江蘇徐州市)	從母乳養之
孔嚴治下 餘杭婦人	東晉海西公太和 年間(366-370)	年荒	賣己子 活夫兄之子	吳興 (浙江湖州市)	孔嚴襃薦之
孔嚴治下 武康男子	東晉海西公太和 年間	年荒	棄己子 養弟之子	吳興	孔嚴襃薦之
范寧上疏	東晉孝武帝 (373-396)	苦役	生子不舉		范寧建言提高 始役年齡
莫氏女	東晉安帝義熙 (405-418)	生女不養	埋之	東陽 (浙江金華)	三日不死, 取養遂活

續表二

徐豁治下	劉宋文帝元嘉3年(426)	米課太重	產子不養	始興(廣東韶關)	徐豁建言改善
王弘上疏	劉宋文帝元嘉6年(429)	苦役	胎孕不育	?	王弘建言提高始役年齡
周朗上疏	劉宋孝武帝(454-464)	嚴刑天災苦役	生子不舉	?	周朗建言禁殺子之科，設早娶之令
郭世道	劉宋(420-479)	爲孝養繼母	埋兒(垂泣瘞之)	會稽永興(浙江蕭山)	牓表門閭，蠲租調
張邁等三人	劉宋元嘉四年以前(420-427)	貧困(歲飢)	不舉	會稽山陰(浙江紹興)	同里嚴世期救助
任昉治下	梁武帝天監2-6年(503-507)	貧困(歲荒)	不舉	義興(江蘇宜興)	不舉罪同殺人孕者供其資費
顏之推疏親	北齊(550-577)	養女太費	生女不舉		母號泣隨之

表三　本宗五服圖

△右肩數字表示現行民法親等

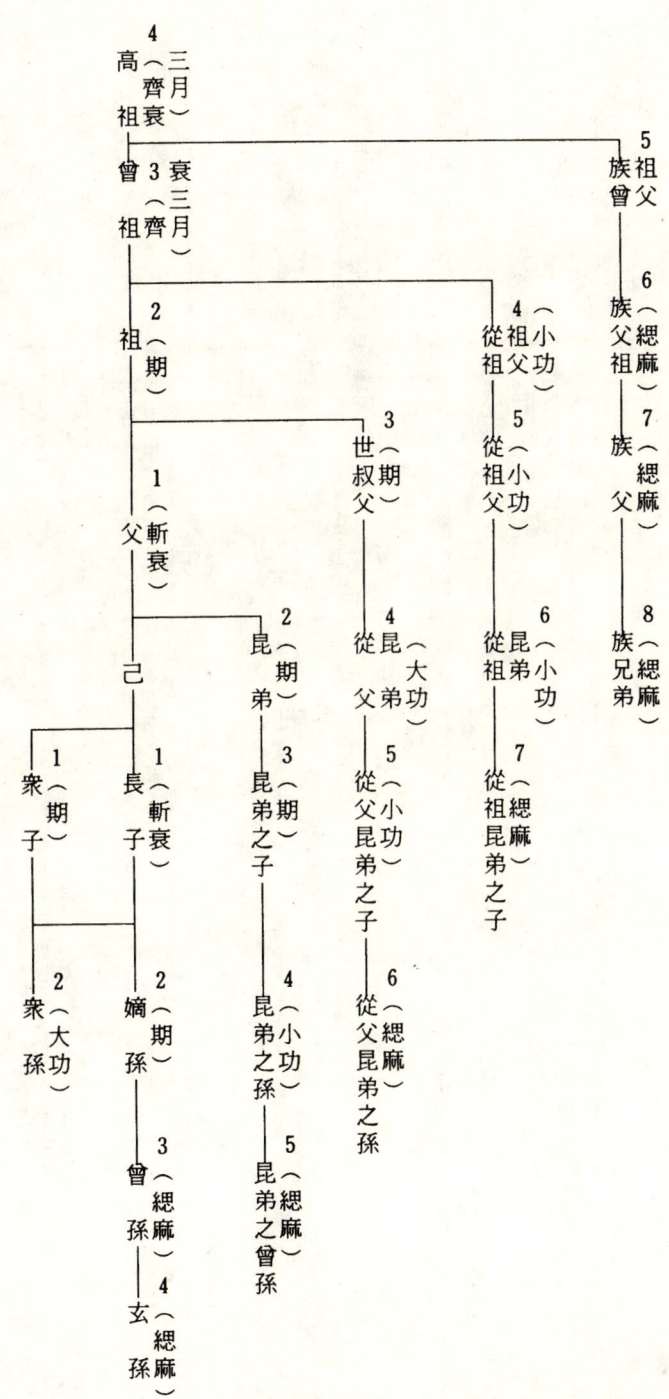

徵引書目

一、文獻史料

《易經》十三經注疏本，台北藝文印書館。

《詩經》十三經注疏本，台北藝文印書館。

《周禮》十三經注疏本，台北藝文印書館。

《禮記》十三經注疏本，台北藝文印書館。

《國語》，四部刊叢初編 45。

《春秋左傳》，楊伯峻注，北京中華書局，1990 年再版。

《睡虎地秦墓竹簡》，北京文物出版社，1978。

《雲夢睡虎地秦墓》，北京文物出版社，1981。

《管子》新編諸子集成，台北世界書局。

《山海經》，袁珂校注，成都巴蜀書社，1992。

（漢）司馬遷《史記》北京中華書局新校本。

（漢）桓　寬《鹽鐵論》新編諸子集成，台北世界書局。

（漢）班　固《漢書》北京中華書局新校本。

（漢）班　固《白虎通德論》四部叢刊初編本。

（漢）應　劭《風俗通義》，王利器校注，台北明文書局，1982。

（漢）王　充《論衡》台北世界書局。

（漢）徐　幹《中論》，四部叢刊初編 59。

（漢）崔　寔《四民月令》，石漢聲校注，北京中華書局，1965。

（漢）崔　寔《四民月令》，繆啓愉輯釋，北京農業出版社，1981。

《太平經》王明合校，台北鼎文書局影印。

（吳）謝　承《後漢書》，收入《八家後漢書輯注》，周天游輯注，上海古籍出
　　　　　　版社，1986。

（晉）陳　壽《三國志》北京中華書局新校本。

（晉）王叔和《脈經》台北大孚書局印行。

（晉）葛　洪《抱朴子》台北世界書局。

（北魏）酈道元《水經注》，王國維注校，台北新文豐出版公司。

（劉宋）范　曄《後漢書》北京中華書局新校本。

（梁）釋慧皎《高僧傳》，湯用彤校注，北京中華書局，1992。

（梁）宗　懍《荊楚歲時記》，王毓榮校注，台北文史哲出版社，1988。

（梁）沈　約《宋書》北京中華書局新校本。

（梁）蕭子顯《南齊書》北京中華書局新校本。

（北齊）魏　收《魏書》北京中華書局新校本。

（北齊）顏之推《顏氏家訓》，王利器集解，台北明文書局，1990。

《先秦漢魏晉南北朝詩》逯欽立輯校，台北木鐸出版社，1988。

（隋）巢元方《巢氏諸病源候總論》，台北宇宙醫藥出版社，1975。

（隋・唐）姚　察、姚思廉《梁書》北京中華書局新校本。

（隋・唐）姚　察、姚思廉《陳書》北京中華書局新校本。

（唐）釋道宣《續高僧傳》，上海古籍出版社，1991。

（唐）房玄齡等《晉書》北京中華書局新校本。

（唐）李百藥《北齊書》北京中華書局新校本。

（唐）令狐德棻《周書》北京中華書局新校本。

（唐）李延壽《南史》北京中華書局新校本。

（唐）李延壽《北史》北京中華書局新校本。

（唐）魏　徵《隋書》北京中華書局新校本。

（唐）杜　佑《通典》台北新興書局。

（唐）孫思邈《備急千金要方》台北宏業書局印行。

（唐）釋道世《法苑珠林》台北新文豐出版公司影印。

（宋）李昉等《太平廣記》北京人民文學出版社點校本，1959。

（宋）李昉等《太平御覽》宋蜀刊本，台北商務影印，1974。

（明）李時珍《本草綱目》北京人民衛生出版社，1975。

（清）顧炎武《日知錄》點校原抄本，台北明倫出版社，1971。

（清）嚴可均《全上古三代秦漢三國六朝文》光緒刻本，北京中華書局影印，
　　　　　1958。

（清）孫詒讓《周禮正義》，台北中華書局。

（日）丹波康賴《醫心方》台北新文豐印行，982。

二、近人著作

1. 中、日文

王德毅，1971〈宋代的養老與慈幼〉，《宋史研究集》第六輯，頁399-428。

王堯、陳踐譯註，1983《敦煌吐蕃文獻選》，四川民族出版社。

王毓銓，1979〈"民數"與漢代封建政權〉，原刊《中國史研究》1979：3收
　　　　　入《中國社會經濟史參考文獻》，台北華世，1984，頁223-256。

任繼愈，1988《中國佛教史》第三卷，北京，中國社會科學出版社。

吉岡義豐，1965〈三洞奉道科誡儀範の成立について--道教學成立の一資料--〉，
　　　　　收入吉岡義豐等編修，《道教研究》第一册，東京，昭森社，
　　　　　頁5-108。

伊藤清司，1973〈中國古代の妊娠祈願に關する咒的藥物--《山海經》の民俗學
　　　　　的研究〉，《中國學誌》第七本，頁21-54。

任　旭，1987〈《小品方》殘卷簡介〉，《中華醫史雜誌》17：2，頁71-73。

宋昌斌，1991《中國古代戶籍制度史稿》，西安，三秦出版社。

谷霽光，1963〈漢唐間「一丁百畝」的規定與封建占有制〉，原載《江西大學學
　　　　　報》第一輯，收入《中國社會經濟史參考文獻》，台北華世，頁
　　　　　293-317。

呂思勉，1969《兩晉南北朝史》，台北開明書局影本。

呂思勉，1982《讀史札記》，上海古籍出版社。

余英時，1980〈名教危機與魏晉士風的演變〉，收入《中國知識階層史論》，台

　　　　　　　北聯經，頁 330-372。

杜正勝，1990《編戶齊民——傳統政治社會結構之形成》，台北，聯經。

杜正勝，1992《古代社會與國家》，台北，允晨文化。

李劍農，1990《中國古代經濟史稿》第二卷《魏晉南北朝隋唐部分》，武漢大學。

李貞德，1987〈西漢律令中的家庭倫理觀〉，《中國歷史學會史學集刊》19，
　　　　　　　頁 1-54。

李貞德，1995〈從漢到隋分娩禮俗試探〉，第一屆全國歷史學學術討論會論文，
　　　　　　　國立臺灣大學歷史系主辦。

李建民，1994〈馬王堆漢墓帛書「禹藏埋胞圖」箋證〉，《中央研究院歷史語言
　　　　　　　研究所集刊》，65:4，頁 725-832。

周一良，1985《魏晉南北朝史札記》，北京中華書局。

林甘泉，1994〈養生與送死：漢代家庭的生活消費〉，中國考古學與歷史學整合
　　　　　　　國際研討會論文，台北中央研究院歷史語言研究所。

林富士，1993〈試論《太平經》的疾病觀念〉《中央研究院歷史語言研究所集刊》
　　　　　　　62：2，頁 225-263。

邱仲麟，1995〈不孝之孝—唐以來割股療親現象的社會史初探〉，《新史學》6:
　　　　　　　1，頁 49-94。

唐長孺，1954〈南朝的屯、邸、別墅及山澤佔領〉，原載《歷史研究》1954：3，
　　　　　　　收入《中國社會經濟史參考文獻》，台北華世，1984，頁 409-
　　　　　　　430。

唐長孺，1955〈孫吳建國及漢末江南的宗部與山越〉，收入氏著《魏晉南北朝史
　　　　　　　論叢》，頁 3-29。

唐長孺，1957《三至六世紀江南大土地所有制的發展》，上海，人民出版社。

唐長孺，1959〈門閥的形成及其衰落〉，原載《武漢大學人文科學學報》，收入
　　　　　　　《中國社會經濟史參考文獻》，台北華世，1984，頁 365-407。

馬大正，1991《中國婦產科發展史》，山西科學教育出版社。

馬繼興，1992《馬王堆古醫書考釋》，湖南科學技術出版社。

高世瑜，1992〈中國傳統生育文化與女性〉，收入《北京大學婦女問題首屆國際研討會論文集》，頁161-175。

高敏，1987《魏晉南北朝社會經濟史探討》，北京，人民出版社。

許倬雲，1982〈漢代家庭的大小〉，收入氏著《求古編》，台北，聯經，頁515-541。

黃今言，1988《秦漢賦役制度研究》，南昌，江西教育出版社。

梁其姿，1984〈十七、十八世紀長江下游之育嬰堂〉，《中國海洋發展史論文集》，中央研究院三民主義研究所，頁97-130。

梁其姿，1988〈棄嬰、殺嬰與育嬰堂〉，《歷史月刊》3，〈歷史中的兒童專號〉，頁42-45。

康樂，1993〈孝道與北魏政治〉，《中央研究院歷史語言研究所集刊》64：1，頁51-87。

張寅成，1992《戰國秦漢時代的禁忌--以時日禁忌爲中心》，國立台灣大學博士論文。

陳廣勝，1989〈宋人生子不育風俗的盛行及其原因〉，《中國史研究》1989：1。

程樹德，1965《九朝律考》，台灣商務印書館。

葛劍雄，1986《西漢人口地理》，北京，人民出版社。

曾我部靜雄，1943〈溺女考〉，《支那政治習俗論考》，頁375-417；鄭清茂譯，載於《文星》55期，1962，頁52-57。

湯用彤，1938《漢魏兩晉南北朝佛教史》，台灣商務印書館重印，1991。

湯萬春，1990《小品方輯錄箋注》，安徽科學技術出版社。

蒲慕州，1993〈睡虎地秦簡《日書》的世界〉，《中央研究院歷史語言研究所集刊》62：4，頁623-675。

楊聯陞，1950〈漢代丁中、廩給、米粟、大小石之制〉，原載《國學季刊》7：1，收入《楊聯陞論文集》北京中國社會科學出版社，1992，頁1-8。

楊聯陞，1976〈報—中國社會關係的一個基礎〉，段昌國、劉紉尼、張永堂譯
　　　　《中國思想與制度論集》，台北聯經，頁349-372。

廖育群，1987〈陳延之與《小品方》研究的新進展〉，《中華醫史雜誌》17：
　　　　2，頁74-75。

蔡幸娟，1990〈北魏立后立嗣故事與制度研究〉，《成功大學歷史學報》，16，
　　　　頁257-309。

劉淑芬，1992〈六朝建康的經濟基礎〉，原刊《食貨》12：10，11；收入氏著
　　　　《六朝的城市與社會》台北，學生書局，頁81-109。

劉淑芬，1993〈五至六世紀華北鄉村的佛教信仰〉，《中央研究院歷史語言研究
　　　　所集刊》63：3，頁497-544。

劉增貴，1982《漢代婚姻制度》，台北華世。

劉增貴，1991〈魏晉南北朝時代的妾〉，《新史學》2：4，頁1-36。

劉靜貞，1994〈殺子與溺女——宋人生育問題的性別差異〉，《中華民國歷史學
　　　　會史學集刊》26，頁99-106。

劉靜貞，1994〈宋人生子不育風俗試探—經濟性理由的檢討〉，《大陸雜誌》
　　　　88：6，頁1-23。

劉靜貞，1995〈從損子壞胎的報應傳說看宋代婦女的生育問題〉，《大陸雜誌》
　　　　90：1，頁1-15。

臧　健，1992〈宋代南方農村「生子不舉」現象之分析〉，《北京大學婦女問題
　　　　首屆國際研討會論文集》，北京大學中外婦女問題研究中心，頁
　　　　217-231。

謝重光，1990《漢唐佛教社會史論》，台北，國際文化。

2. 西文

Boswell，John，

　　1988　*The Kindness of Strangers:the Abandonment of Children in Western
　　　　Europe from Late Antiquity to the Renaissance*, New York: Pantheon

Books.

Bray, Francesca,

　　1990　"Abortion in China, 1600-1900: Ethics and Identity", International
　　　　　Conference on the Construction of Gender and Sexuality in East
　　　　　and Southeast Asia, University of California, Los Angeles. 收入氏著
　　　　　Fabrics of Power: Technology and the Construction of Gender in Im-
　　　　　perial China, Part 3, University of California Press, forthcoming.

Kinney, Anne Behnke

　　1993　"Infant Abandonment in Early China", *Early China* 18, pp.107-138.

Lee, Jen-der

　　1988　"Conflict and Compromise between legal Authority and Ethical Ideas:
　　　　　On the Perspectives of Revenge in Han Times" *Journal of*
　　　　　Social Sciences and Philosophy, Vol.I, No.1, Sun Yat-Sen Institute
　　　　　for Social Sciences and Philosophy, Academia Sinica, Taipei, pp.359-
　　　　　408.

Lee, Jen-der

　　1992　"Women and Marriage in China during the Period of Disunion", Ph.
　　　　　D. dissertation, Seattle: University of Washington.

Lee, Jen-der

　　1993　"The Life of Women in the Six Dynasties" ；台大人口研究中心婦女
　　　　　研究室《婦女與兩姓學刊》，4，頁47-80。

Leung, Angela Ki Che,

　　　　　"Relief Institutions for Children in 19th-century China" ，收入 *History of*
　　　　　Children in Pre-modern China, Hawaii University, forthcoming.

Riddle, John M.

　　1992　*Contraception and Abortion from the Ancient World to the Renais-*
　　　　　sance, Cambridge: Harvard University Press.

Riddle, John M. Worth Estes, and Josiah C. Russell

    1994   "Ever Since Eve...Birth Control in the Ancient World", *Archaeology* 1994:3/4, pp.29-35.

Shorter, Edward

    1982   *A History of Women's Bodies*, Basic Books.

Infanticide and Child Abandonment
from Han to Sui

Lee Jen-der

It is often assumed that offspring symbolizes one's fortune in traditional Chinese society, and Chinese people consider heirless the most unfilial thing. However, due to various reasons, cases are found throughout Chinese history that new-borns were either abandoned or killed. Parents of the Six Dynasties period gave up their babies mostly because of childbirth taboos and economic desperation of the families. Infants that were born with unusual features or on the bad dates, the fifth of May as the worst, were perceived as harmful to their parents. As for desperate families, babies, especially female ones, were often given up to reduce financial burden of the families. During the political chaos in this period of disunion, peasants and their children living along the borders of different regimes were most often victimized by heavy taxation and fatal corvée labor.

The government and the society both tried to solve this problem. Both the central court and the local officials either applied severe punishment or provided childbirth subsidies to curtail child abandonment and infanticide. Scholars condemned baby-killing caused by childbirth taboos. Religious texts warned parents of retribution, and religious institutions may have played an important role in taking care of the deserted. Curiously enough, relatives within the ta-kung mourning obligations, who were thought to bear the responsibility of support according to traditional Confucian ethics, were often not in the scene of help. On the one hand, since nuclear families and stem families were more prevalent than lineal families throughout Han times and the Six Dynasties, desperate families hardly received support from kinship members. On the other hand, when poor people had to give up their new-borns to support their own parents or nephews, they would be honored and sometimes awarded for their acts of filial piety and fraternal love.

The fundamental reason for people to apply such severe means even under the pressure of legal and religious penalties was the lack of effective methods in contraception and abortion. Although contemporary doctors recommended late childbirth and rare pregnancy, and medical texts suggested the knowledge of induced abortion, the under-developed gynecological techniques were still unable to serve the need. Under such circumstances, desperate women were pregnant, giving birth and then forced to give up their babies over and over again.

東漢晚期的疾疫與宗教

林 富 士

本文主旨在於探討東漢晚期疾疫流行的情形，及其與當時宗教情勢之間的關係。

據范曄《後漢書》的記載，中國社會在桓、靈二帝時期（147-189 A.D.）飽受「疾疫」的侵害，其後，在獻帝期間（189-220 A.D.），則似乎只有建安二十二年（217 A.D.）有「大疫」發生。然若綜合各種不同的史料來看，則一種或多種不知名的「疾疫」（即現代醫學所說的「流行病」），在東漢王朝最後的三十多年間，仍不斷侵襲中國社會，儘管可能只是間歇性的肆虐於某些區域。

造成東漢晚期疾疫流行的原因已很難考定，但其帶來的衝擊和影響，卻可加以評估。單以宗教而論，巫祝的活躍、若干祠廟的興建、厲鬼信仰的熾盛、新興道教團體的崛起、佛教在中國境內的勃興，其實都和疾疫衝擊下，人心格外顯得憂懼疾病、多人渴求醫護的社會情境有緊密的關係。而巫祝、道士、與僧人，針對當時人的需求，適時提供了心理或生理上的醫療與救護，也使他們各自吸引了不少的信徒，因而形成三者鼎足而立的局面。

當然，單以疾疫流行的社會情境，並不足以解釋巫、道、佛三種宗教勢力在東漢晚期的發展。但是，疾疫流行與宗教情勢二者之間在當時的緊密交纏，卻也不能忽視。

一、引　言

桓帝元嘉元年（151 A.D.）「春正月，京師疾疫」、「二月，九江、廬江大疫」。

桓帝延熹四年（161 A.D.）「春正月，大疫」。

桓帝延熹九年（166 A.D.）正月己酉詔曰：「比歲不登，民多飢窮，又有水旱疾疫之困」。

靈帝建寧四年（171 A.D.）三月「大疫」。

　　靈帝熹平二年（ 173 A.D. ）「春正月，大疫」。

　　靈帝光和二年（ 179 A.D. ）「春，大疫」。

　　靈帝光和五年（ 182 A.D. ）「二月，大疫」。

以上所引的七條史料出自范曄（ 398-445 A.D. ）《後漢書》的〈孝桓帝紀〉及
〈孝靈帝紀〉，[1] 雖然只是寥寥數語，卻深受近代學者注目。一般來說，學者大
多把靈帝中平元年（ 184 A.D. ）的「黃巾之亂」視爲東漢政治社會史的重要分水
嶺之一。因爲從此之後，一則盜賊蜂起、流民四竄的情形便連年不息，二則刺史
與郡守擁兵自重、軍閥割據、交相攻戰的局勢成形。[2] 而前此二、三十年之間頻
頻爆發的疾疫之災則被認爲是「黃巾之亂」產生的主要因素之一，因爲「黃巾」
的首領張角乃以「大醫」自居，並且透過醫療活動傳佈信仰、吸引徒眾。[3] 因此，
對於流行於東漢末年的疾疫，我們除了該評估其損傷人口、破壞經濟、蹂躪社會
的程度之外，也應考察其與當時宗教發展之間的關係。

　　然而，有關這項課題的研究，大多局限於探索桓、靈二帝時期的疾疫及其與
張角「太平道」興起的關聯。這種局限主要是受制於史料。因爲，從「黃巾之亂」
起一直到東漢覆亡爲止的三十七年間（ 184-220 A.D. ），有關「大疫」的記載，
在范曄的《後漢書》中只有靈帝中平二年（ 185 A.D. ）及獻帝建安二十二年 (217

1　范曄，《後漢書》（北京：中華書局，1965 ），卷 7，頁 296-297，308，317，卷 8，
　　頁 322，334，342，346。

2　有關「黃巾之亂」的史料，詳見安作璋，《秦漢農民戰爭史料彙編》（北京：中華書
　　局，1982 ），頁 336-374。通論性的著作，參見羅秉英，《黃巾起義－歷史知識讀物》
　　（北京：中華書局，1974 ）；福井重雅，《古代中國の反亂》（東京：教育社，1982）；
　　木村正雄，《中國古代農民叛亂の研究》（東京：東京大學出版會，1983，二版）。
　　相關的研究書目，參見福井重雅，前引書，「參考文獻」，頁 229-239。

3　參見 Werner Eichhorn, "Description of the Rebellion of Sun En and Earlier Taoist Rebel-
　　lions," *Mitteilungen des instituts für Orientforschung*, 2:1 (1954)，頁 325-352; Paul Michaud,
　　"The Yellow Turban," *Monumenta Serica*, 17 (1958)，頁 47-127; Howard S. Levy, "Yellow
　　Turban Religion and Rebellion at the End of Han," *Journal of the American Oriental Soci-
　　ety*, 76 (1959)，頁 214-224；秋月觀暎，〈黃巾の亂の宗教性－太平道教法との關連を
　　中心として－〉，《東洋史研究》，第 15 卷第 1 期（ 1956 ），頁 43-56；大淵忍爾，
　　《道教史の研究》（岡山：岡山大學共濟會，1964)，頁 1-63；福井重雅，前引書，頁
　　28-46。

A.D.）兩次，[4] 而有關宗教的活動更是絕少見於「正史」的記載。但是，范曄以及諸家《後漢書》（以今存之內容來看）對於獻帝時期疫災的記載可能有所疏漏，因爲，獻帝時期，東漢都城曾二度搬遷（初平元年自洛陽遷長安、建安元年自長安遷許昌），中央政府常處流寓狀態，且又失去對各地的控制，原有的「上計」和「監察」制度不再能實際運作，宮廷所藏的典冊簿籍又頻遭戰火，因此，史官（或有志寫史者）能否獲得完備的檔案和資料以記當時之事甚爲可疑。故而，在東漢最後的三十二年間，「疾疫」流行旳次數是否僅止於建安二十二年一次，實有待細察。其次，這段時間，其實正是中國宗教史上一個新階段的開端。綿延至今的「天師道」便是在這段期間形成其基本教義和教團組織。佛教入華之後，雖於桓、靈二帝之時已有重大發展，但論「造像立寺」之始以及佛法傳佈對象的擴大，或應在獻帝之時。即使是古老的巫祝信仰，在這段期間也有了若干新的變化。因此，本文旨趣便在綜合各種不同性質的史料，重新考察東漢晚期（以獻帝時期爲主）疾疫流行的情形，並且評估其與當時宗教情勢之間的關係。而所以以獻帝時期爲主要的時間斷限，一則是受限於篇幅，二則是爲詳人所略而略人所詳。然而，歷史現象少有驟然起滅，因此文中也將前溯桓、靈二帝時事，並約略論及獻帝之後的發展。

二、釋「疾疫」

在進行考察疾疫流行的情形之前，似須先釐清傳統文獻常用的「疫」、「疾癘」、「癘氣」、「疫氣」、「疾疫」這些字眼的含意。一般以爲，古籍所載的「疫」（疫癘、疾疫等），即今日所謂的「傳染病」。[5] 這個說法雖然大致不差，

4　范曄，《後漢書》，卷8，頁351，卷9，頁389。

5　參見陳邦賢，《中國醫學史》（上海：商務印書館，1936），第五篇，第一章「傳染病史」，頁361-367；余巖，《古代疾病名候疏義》（台北：自由出版社翻印，1972），頁148-149；鄭曼青、林品石編著，《中華醫藥學史》（台北：臺灣商務印書館，1982），頁168-170；范行準，《中國醫學史略》（北京：中醫古籍出版社，1986），頁43-47。

但是「疫」所指的疾病，似乎並不全指具有傳染性的疾病而言。如《說文》對「疫」字的解釋即為：「民皆疾也。」[6] 這個定義其實較近似現代西方醫學所謂的「流行病」（epidemic），即流行於某一時期、某一地域、某些人群（有時及於整個社群）間的疾病，這包括傳染病與非傳染性疾病（如癌症、糖尿病、營養不良所造成的各類疾病）而言。[7] 即以張仲景所言，造成其宗族成員大量死亡的「傷寒」而言，雖然現代學者大多認為是指某種「傳染病」，但是根據《傷寒論》本文及傳統醫書所載，似又不然。《傷寒論》〈傷寒例〉即言：

> 《陰陽大論》云：春氣溫和，夏氣暑熱，秋氣清涼，冬氣冷冽，此則四時正氣之序也。冬時嚴寒，萬類深藏，君子固密則不傷於寒，觸冒之者，乃名傷寒耳。其傷於四時之氣，皆能為病，以傷寒為毒者，以其最成殺厲之氣也。中而即病者，名曰傷寒。不即病者，寒毒藏於肌膚，至春變為溫病，至夏變為暑病。暑病者，熱極重於溫也。是以辛苦之人，春夏多溫熱病，皆由冬時觸寒所致，非時行之氣也。凡時行者，春時應暖，而復大寒，夏時應大熱，而反大涼，秋時應涼，而反大熱，冬時應寒，而反大溫，此非其時，而有其氣，是以一歲以中，長幼之病，多相似者，此則時行之氣也。夫欲候知四時正氣為病，及時行疫氣之法，皆為按斗曆占之。[8]

此雖區別「傷寒」（按其發病時節又可細分為「傷寒」、「溫病」、「熱病」三種）與「時行疫氣」，然其差異僅在一傷於四時正氣（正常之氣候），另一傷於異常之天候。其以「長幼之病，多相似者」定義「時行之疫」，和《說文》頗為類似，蓋泛指「流行病」，而不單指傳染病。隋代巢元方於《諸病源候總論》〈傷寒病諸候〉亦曰：

> 傷寒之病，但人有自觸冒寒毒之氣生病者，此則不染著他人。若因歲時不

6　許慎撰，段玉裁注，《說文解字注》（台北：黎明文化事業有限公司，1985），七篇下，頁 355。

7　詳見 Abraham M. Lilienfeld and David E. Lilienfeld, *Foundations of Epidemiology*, second edition (New York and Oxford: Oxford Univ. Press, 1980)。中文譯文，參見毛文秉譯，《流行病學》（台北：茂昌圖書有限公司，1982）。

8　張仲景著，成無已註，《註解傷寒論》（上海：商務印書館，1955），卷 2，頁 37-38。

和，溫涼失節，人感其乖戾之氣而發病者，此則多相染易。[9]

此即區分「傷寒」爲傳染性與非傳染性二類。其〈疫癘病諸候・疫癘病候〉亦云：

> 其病與時氣、溫、熱等病相類。皆由一歲之內，節氣不和、寒暑乖候、或
> 有暴風疾雨，霧露不散，則民多疾疫病，無長少率皆相似，如有鬼厲之氣，
> 故云：疫癘病。[10]

由此可知，醫籍中所謂的「傷寒」、「時氣」、「溫病」、「熱病」、「疫癘」
等，往往都是某種或某些「流行病」的泛稱。而一般典籍有關流行病的用語和概
念也和醫籍相似，如《周禮》〈天官・疾醫〉云：

> 疾醫，掌養萬民之疾病，四時皆有癘疾。春時有痟首疾，夏時有痒疥疾，
> 秋時有瘧寒疾，冬時有漱上氣疾。[11]

鄭玄注此云：「癘疾，氣不和之疾。」賈公彥則疏曰：「 言癘疾氣不和之疾者，
癘謂癘疫，人君政教失所，則有五行相剋，氣敘不和，癘疫起，故云氣不和之
疾。」[12] 由《周禮》本文及鄭玄、賈公彥之注疏對「癘」或（「癘疾」、「癘
疫」）的解釋來看，其意也泛指一般的流行病而不特指某種傳染性疾病。《字林》
釋「疫」爲「病流行也」，[13] 大致可視爲傳統文獻所載「疫」、「疾癘」、
「癘氣」、「疫氣」、「疾疫」這些字詞的基本含意。[14]

9　巢元方，《巢氏諸病源候總論》（台北：宇宙醫藥出版社，1975 ），卷8，頁 17。
10　同上，卷 10，頁 12。
11　《周禮》（《十三經注疏》三）（台北：藝文印書館翻印，1981)，卷 5，頁 4a-4b。
12　同上。
13　司馬光，《類篇》（《景印文淵閣四庫全書》第225 冊），卷 21，頁 16a，引。
14　有關「疫」、「疾癘」、「癘氣」、「疫氣」、「疾疫」這些字眼的釋義，是研究中
　　國疾病觀念史最基本的工作，應做全面而深入的探討。不過，本文研究重點並不在此，
　　而且已有若干相關的研究成果問世，因此本文不再贅述。然而，細密的分析疫、癘這
　　些字眼，在各種材料（如字書、經史、道書、佛經、志怪、小說、醫藥書等）、各個
　　時代、以及各個撰述者筆下的各種含義，仍是一項有待完成的工作。初步的研究成果，
　　詳見范行準，《中國預防醫學思想史》（北京：人民衛生出版社，1953 ）；范行準，
　　《中國醫學史略》，頁 217-241；李豐楙，〈《道藏》所收早期道書的瘟疫觀〉，
　　《中央研究院中國文哲研究集刊》，第 3 期（ 1993 ），頁 417-454；林富士，〈試釋
　　睡虎地秦簡中的「癘」與「定殺」〉，《史原》，第 15 期（ 1986 ），頁 5-14；林富
　　士，〈試論《太平經》的疾病觀念〉〉，《中央研究院歷史語言研究所集刊》，第
　　62 本第 2 分（ 1993 ），頁 225-263。

三、獻帝時期疾疫考

獻帝時期的疾疫之災最爲學者所習知者有二：一在建安十三年，另一在建安二十二年。故本文擬以此二年爲定點，將這段時期疾疫流行的情形分成五段加以探討：一爲建安十三年以前（189-207 A.D.）；二爲建安十三年（208 A.D.）；三爲建安十四年至建安二十一年（209-216 A.D.）；四爲建安二十二年（217 A.D.）；五爲建安二十三年至延康元年（218-220 A.D.）。

（一）永漢元年至建安十二年（189-207 A.D.）

獻帝初期的十九年間，疾疫之事，見於文獻者有五。第一，張仲景〈傷寒卒病論序〉載曰：

> 余宗族素多，向餘二百，建安紀年以來，猶未十稔，其死亡者，三分有二，傷寒十居其七。感往昔之淪喪，傷橫夭之莫救，乃勤求古訓，博采衆方，……爲傷寒雜病論合十六卷。[15]

張仲景雖爲中國醫學史上的名人，但其所引發的爭議卻也不少，[16] 這篇「序文」即爲其中之一。或以爲此文全文都不是張仲景所作；或以爲前半爲仲景之作，後半爲晉代王叔和所增；或以爲全文都出自仲景之手。[17] 無論如何，本文所引這段文字大多學者都認爲是張仲景記實之言。依此，則張仲景一族二百餘人在建安元年至建安十年間（196-205 A.D.）至少有130人左右亡故，而其中約有90人死於「傷寒」。有些學者認爲張仲景這裏所說的「傷寒」是指「傳染性的疾病」。[18] 無論如何，張仲景的宗族在短短十年之內，約一半人口死於某類疾病

15　《註解傷寒論》，頁7。

16　有關張仲景及其著述的材料和近人的考證，詳見岡西爲人，《宋以前醫籍考》二（台北：南天書局，1977），頁311-390。另見任應秋，〈研究《傷寒論》的流派〉，《張仲景研究》，1981年第1期，頁3-13。

17　詳見大塚敬節著，何志鋒譯，《臨床應用傷寒論解說》（台北：國立中國醫藥研究所出版，1972），〈綜說〉，頁10-14。

18　同上，頁11。另見范行準，《中國醫學史略》（北京：中醫古籍出版社，1986），頁43-47。

應無可疑。由此可推知：在 196-205 A.D. 之間，至少在張仲景的家鄉地區，即南陽郡一帶（大致爲河南與湖北交界之地），[19] 似曾有疾疫流行。

其次，《三國志》〈吳書・朱桓傳〉曰：

朱桓字休穆，吳郡吳人也。孫權爲將軍，桓給事幕府，除餘姚長。往過疫癘，穀食荒貴，桓分部良吏，隱親醫藥，餼粥相繼，士民感戴之。[20]

孫權爲將軍，其事在建安五年（200 A.D.），[21] 故知此年（或其後不久），餘姚地區應有「疫癘」流行。

第三，干寶《搜神記》載一神異故事云：

漢建安四年二月，武陵充縣婦人李娥，年六十歲，病卒，埋於城外，已四十日。娥比舍有蔡仲，聞娥富，謂殯當有金寶，乃盜發冢求金，以斧剖棺。斧數下，娥於棺中言：「蔡仲，汝護我頭。」仲驚，遽便出走。……娥兒聞母活，來迎出，將娥回去。武陵太守聞娥死復生，召見，問事狀。娥對曰：「聞謬爲司命所召，到時，得遣出，過西門外，適見外兄劉伯文，驚相勞問，涕泣悲哀。……與伯文別，伯文曰：『書一封，以與兒佗。』娥遂與（李）黑俱歸，事狀如此。」……乃致伯文書與佗，佗識其紙，乃是父亡時送箱中文書也，……而書不可曉，乃請費長房讀之，曰：「告佗：我當從府君出案行部，當以八月八日日中時，武陵城南溝水畔頓，汝是時必往。」到期，悉將大小於城南待之，須臾果至。……伯文以次呼家中大小，……良久，謂佗曰：「來春大病，與此一丸藥，以塗門戶，則辟來年妖癘矣。」言訖，竟不得見其形。至來春，武陵果大病，白日皆見鬼，唯

---

19 張仲景之籍貫究竟是指何地，素有爭論，然大多認爲應在「南陽」（大致爲河南與湖北交界之地），有的學者甚至確指今河南省南陽地區鄧縣糧東公社（東漢時之南陽郡涅陽縣）即張仲景的故里。詳見岡西爲人，《宋以前醫籍考》二，頁 312-326；廖國玉，〈東漢大醫家張仲景故里涅陽考〉，《張仲景研究》，1981 年第 1 期，頁 67-69；李浩澎，〈張仲景里貫考〉，《張仲景研究》，1981 年第 1 期，頁 69-71；馬俊乾等，〈南陽醫聖祠新發現晉碑及其有關問題〉，《中原文物》，1982 年第 2 期，頁 66-68。

20 陳壽（233-297 A.D.），《三國志》（北京：中華書局，1959），卷 56，頁 1312。

21 同上，卷 47，頁 1116。

伯文之家，鬼不敢向。費長房視藥丸，曰：「此『方相』腦也。」[22]
故事內容雖然涉及鬼怪，然其言建安五年（ 200 A.D. ）春武陵地區「大病」，
恐怕不是「志怪」的作者所能杜撰。[23] 因此，這則故事或許正透露出當時武陵
地區有疾疫（妖癘）流行之實情。

　　第四，《三國志》〈魏書‧王朗傳〉云：

> 孫策渡江略地。（王）朗功曹虞翻以爲力不能拒，不如避之。朗自以身爲
> 漢吏，保城邑，遂舉兵與策戰，敗績，浮海至東冶。策又追擊，大破之。
> 朗乃詣策。[24]

孫策之擊破會稽太守王朗，乃建安元年（ 196 A.D. ）之事。[25] 裴松之注此事引
《獻帝春秋》曰：

> 孫策率軍如閩、越討（王）朗。朗泛舟浮海，欲走交州，爲兵所逼，遂詣
> 軍降。策令使者詰朗曰：「……」。朗稱禽獲，對使者曰：「朗以瑣才，
> 誤竊朝私，受爵不讓，以邅罪網。前見征討，畏死苟免。因治人物，寄命
> 須臾。又迫大兵，惶怖北引。從者疾患，死亡略盡。獨與老母，共乘一艡。

22　干寶撰，胡懷琛標點，《搜神記》（台北：鼎文書局，1980，翻印），卷15，頁110-
　　111。

23　有些學者或以爲這類「志怪」故事多涉鬼神詭異之事，故不可信。然而，這類作品實
　　與後代純屬想像杜撰的「傳奇」、「小說」不同，故《隋書‧經籍志》將這類作品劃
　　入「史部」，而裴松之注《三國志》時更是大量援引「志怪」的材料以考史。有關這
　　項課題的討論，詳見 Kenneth J. DeWoskin, "The Six Dynasties Chih-kuai and the Birth
　　of Fiction," in Andrew Plaks, ed., *Chinese Narrative: Critical and Theoretical Essays*
　　(Princeton: Princeton University Press, 1977)，頁 21-52；逯耀東，〈魏晉志異小說與
　　史學的關係〉，《食貨月刊》（復刊），第12卷第4、5期（ 1982 年 8 月），頁14-
　　26。

24　《三國志》，卷13，頁407。

25　孫策攻取會稽、追擊王朗之年代，應在建安元年（ 196 A.D. ），其據有二。第一，
　　《三國志》〈吳書‧賀齊傳〉明言：「建安元年，孫策臨（會稽）郡，察（賀）齊孝
　　廉。時王朗奔東冶」（卷60，頁1377）；第二，《三國志》〈吳書‧吳主傳〉云：
　　「兄（孫）策既定諸郡，時（孫）權年十五」（卷47，頁1115），案：孫權死於吳
　　太元二年（ 252 A.D. ），時年七十一，故其十五歲那年應在建安元年（ 196 A.D. ）。
　　此外，司馬光，《資治通鑑》（台北：樂天書局，1980，翻版），亦繫此事於建安
　　元年（ 196 A.D. ）八月條下（卷62，頁1985-1987），年代相符，唯是否確在八月則
　　不可知。

流矢始交，便棄欄就俘，稽顙自首於征役之中……」。[26]

由文中王朗所言「從者疾患，死亡略盡」，可知當時王朗和其部屬從會稽「泛舟浮海，欲走交州」，爲孫策大軍所逼，轉而北上時，或曾遭逢疾疫之侵害，地點則可能在會稽沿海一帶。

第五，漢末名士許靖避亂交阯十年之後，曾有一信給曹操，其信言：

> 世路戎夷，禍亂遂合，駑怯偷生，自竄蠻貊，成闊十年，吉凶禮廢。昔在會稽，得所貽書，辭旨款密，久要不忘。迫於袁術方命圮族，扇動群逆，津塗四塞，雖懸心北風，欲行靡由。正禮師退，術兵前進，會稽傾覆，景興（王朗）失據，三江五湖，皆爲虜庭。臨時困厄，無所控告。便與袁沛、鄧子孝等浮涉滄海，南至交州。經歷東甌、閩、越之國，行經萬里，不見漢地。漂薄風波，絕糧茹草，飢殍薦臻，死者大半。既濟南海，與領守兒孝德相見，知足下忠義奮發，整飭元戎，西迎大駕，巡省中嶽。承此休問，且悲且熹，即與袁沛及徐元賢復共嚴裝，欲北上荊州。會蒼梧諸縣夷、越蠭起，州府傾覆，道路阻絕，元賢被害，老弱並殺。靖尋循渚岸五千餘里，復遇疾癘，伯母隕命，幷及群從，自諸妻子，一時略盡。復相扶持，前到此郡，計爲兵害及病亡者，十遺一二。生民之艱，辛苦之甚，豈可具陳哉！懼卒顛仆，永爲亡虜，憂瘁慘慘，忘寢與食。[27]

這封信確切的寫作年代很難考定。不過，由其信中所提到的流亡歷程，仍可推斷出概略的時間範圍。由此信判斷，許靖流亡的歷程可以分成二截。首先，是在「會稽傾覆，景興失據」之後，和袁沛等人由海路到交州，再轉由陸路，經「東甌、閩、越之國」，至南海。景興即指王朗，其爲孫策所破，事在建安元年。故知許靖南下乃建安元年之事。而在流亡的路途上，因「漂薄風波、絕糧茹草、飢殍薦臻」，以致「死者大半」。至於許靖等人抵達南海的時間，應在同年九月或九月以後，因其信中曾謂「與領守兒孝德相見，知足下……西迎大駕，巡省中

26　《三國志》，卷13，頁407，注文。

27　同上，卷38，頁964-965。

獄」，此當指曹操於建安元年九月間迎獻帝都許昌之事。[28] 也因此事，許靖又再嚐流離之痛。因他們得知消息後，便整裝北上，不巧路上碰到夷、越兵起，道路阻絕，其同伴多人遇害。許靖乃轉而沿「渚岸」而走，卻「復遇疾癘，伯母隕命，幷及群從，自諸妻子，一時略盡」，當其抵達交阯之時，其親友、隨從「計爲兵害及病亡者，十遺一二」，可見其慘。這段流離的經過，究竟同樣發生於建安元年或其後，已不可考，然其抵達交阯的時間應在建安三年之前，甚或可能是在建安元年歲末。因其信末曾謂「張子雲昔在京師，志匡王室，今雖臨荒域，不得參與本朝，亦國家之藩鎮，足下之外援也。」[29] 張子雲即張津，故知此信應寫於張津鎮交州之時。《三國志》〈吳書・士燮傳〉云：

> 朱符死後，漢遣張津爲交州刺史，津後又爲其將區景所殺，而荆州牧劉表遣零陵賴恭代津。是時蒼梧太守史璜死，表又遣吳巨代之，與恭俱至。[30]

文中所述諸事的確切年代雖然不易考定，然劉表死於建安十三年（ 208 A.D. ），故知張津任交州刺史的年限不能晚於建安十三年。[31] 這封信的寫作也應在建安十三年或十三年之前，而由信首可以知道許靖寫這封信時是在他抵達交阯十年後之事，因此，其由南海北上不成，流轉至交阯的時間，最早不會早於建安元年九月，最晚則不會晚於建安三年。至於其遇「疾癘」之地，或當在交州境內。

28　曹操迎獻帝至許都的時間，或謂建安元年八月，或謂九月，不易辨明，故本文只約略而言。相關材料詳見《資治通鑑》，卷 62，頁 1985；范曄，《後漢書》，卷 9，頁 380；《三國志》，卷 1，頁 13。

29　《三國志》，卷 38，頁 965。

30　同上，卷 49，頁 1192。

31　張津任交州刺史的年代很難考定。據王範於晉太康八年（ 287 A.D. ）所呈上的《交廣二州春秋》言，「建安六年（ 201 A.D. ），張津猶爲交州牧」（《三國志》，卷 36，頁 1110，裴松之案語），則至遲在建安六年，張津已任交州牧。然而，《晉書・地理志》卻言：「建安八年（ 203 A.D. ），張津爲刺史，士燮爲交阯太守，共表立爲州，乃拜（張）津爲交州牧」（卷 15，頁 464-465 ），依此，則張津在建安八年才出任首任的交州牧，在這之前則爲交阯刺史。而據上引《三國志》〈吳書・士燮傳〉的記載，則張津係接替朱符出任交州刺史，可知設立交州或應在建安八年之前。總之，上述材料的內容，彼此之間有些牴迕，不易釐清。因此，本文採取劉表死年（建安 13 年 [208 A.D.]，事見《三國志》，卷 6，頁 213 ）爲張津任交州刺史的年代下限。

由上述資料來看，189-207 A.D. 之間，漢帝國境內或許不曾爆發全面性的疫癘流行，也非年年有疫，但是在若干地區，如南陽、武陵、會稽、餘姚、交州等地，似曾有區域性的疾疫之災。至於流行的時間，較爲明確切的有建安元年和建安五年。其他則或發生於建安元年至建安三年之間，或發生於建安元年至建安十年間。

（二）建安十三年（208 A.D.）

建安十三年（208 A.D.）疾疫流行之事，可說是因「赤壁之戰」而爲後人所熟知。學者雖對當時流行的究竟是「血吸蟲病」或「瘧疾」或「斑疹傷寒」有所爭論，然對於爆發疾疫流行一事則無異議。[32] 在沒有新資料出現之前，何種疾病之爭恐怕不易解決，唯當時疾疫流行波及的範圍及時間，似仍可細論。因既有資料顯示，該年的疾疫不僅發生於赤壁（今湖北省嘉魚東北、武昌西南）一地，也不僅流行於赤壁之戰雙方軍隊接觸之際。如《三國志》〈吳書‧周瑜傳〉即云：

> 其年（按：指建安十三年）九月，曹公入荆州，劉琮舉衆降，曹公得其水軍，船兵步數十萬，將士聞之皆恐。……（孫）權遣（周）瑜及程普等與（劉）備幷力逆曹公，遇於赤壁。時曹公軍衆已有疾病，初一交戰，公軍敗退，引次江北。[33]

依此，則曹操軍隊在與孫、劉聯軍接觸之前，其內部已有疾疫流行，這也正是周瑜勸孫權聯合劉備對抗曹操的理由之一，因爲他料到曹操「驅中國士衆遠涉江湖之閒，不習水土，必生疾病。」[34] 此外，曹操在其謀臣郭嘉（郭奉孝）死後

32　詳見范行準，《中國預防醫學思想史》，頁 3-4；李友松，〈曹操兵敗赤壁與血吸蟲病關係之探討〉，《中華醫史雜誌》，第 11 卷第 2 期（1981），頁 87-88；初德維，〈曹操赤壁兵敗與血吸蟲病無關〉，《中華醫史雜誌》，第 12 卷第 3 期（1982），頁 116；季始榮，〈對「曹操兵敗赤壁與血吸蟲病關係之探討」一文的商榷〉，《中華醫史雜誌》，第 12 卷第 3 期（1982），頁 124-125；田樹仁，〈也談曹操兵敗赤壁與血吸蟲病之關係〉，《中華醫史雜誌》，第 12 卷第 3 期（1982），頁 126-128；陳勝崑，〈疾病與戰爭——赤壁之戰與傳染病〉，收入氏著，《赤壁之戰與傳染病——論中國歷史上的疾病》（台北：明文書局，1983），頁 19-24。

33　《三國志》，卷 54，頁 1261-1262。

34　同上，頁 1262。

（按：其死當在建安十二年末或建安十三年初），[35] 曾寫信給荀彧表達其追念
之意，信中提道：

> 追惜奉孝，不能去心。其人見時事兵事，過絕於人。又人多畏病，南方有
> 疫，常言「吾往南方，則不生還」。然與共論計，云當先定荆。此爲不但
> 見計之忠厚，必欲立功分，棄命定，事人心乃爾，何得使人忘之！[36]

由這封信可以知道，曹操在征荆州之前，其內部對於是否南征意見似乎有些分歧，
而反對者的理由是「南方有疫」，這或許是因當時南方（荆州一帶）已有疫情傳
出，致使曹操陣營內部對於是否揮軍南下有所憂懼。倘若當時荆州地區眞有疫情
存在，而且是某種傳染性的疾病，那麼，在降服荆州之後不久，曹操的軍隊恐怕
就已遭致感染。無論如何，其爆發大流行，則或在與孫劉聯軍於赤壁對陣交鋒之
時，如《江表傳》即云：

> （周）瑜之破魏軍也，曹公曰：「孤不羞走。」後書與權曰：「赤壁之役，
> 值有疫病，孤燒船自退，橫使周瑜虛獲此名。」[37]

文中所提到的書信，收錄於《文選》，其文云：

> 昔赤壁之役，遭離疫氣，燒船自還，以避惡地，非周瑜水軍所能抑挫
> 也。[38]

而裴松之論曹操赤壁之役敗戰的原因時，也說：

> 至於赤壁之敗，蓋有運數。實由疾疫大興，以損凌厲之鋒，凱風自南，用
> 成焚如之勢。天實爲之，豈人事哉？[39]

由此可知，雖不能將曹操敗戰的原因單純的歸諸於疾疫之興，但雙方交戰之時及
交戰之後，曹軍之困於疾疫，應屬不虛。事實上，即使是自赤壁撤軍之後，曹操
的軍隊仍然不能免於疾疫的侵害，《三國志》〈魏書・武帝紀〉載建安十三年十

35　同上，卷1，頁29；卷14，頁435。

36　同上，卷14，頁436，裴注引《傅子》。

37　同上，卷54，頁1265，裴注引。

38　蕭統編，李善等注，《增補六臣注文選》（以下簡稱《文選》）（台北：漢京文化事
　　業有限公司，翻印，1983），卷42，「阮元瑜爲曹公作書與孫權」，頁5a。

39　《三國志》，卷10，頁330，裴注。

二月之事云：

> （曹）公至赤壁，與備戰，不利。於是大疫，吏士多死者，乃引軍還。備遂有荊州、江南諸郡。[40]

《三國志》〈吳書・吳主傳〉亦云：

> （建安十三年），荊州牧劉表死，魯肅乞奉命弔表二子，且以觀變。肅未到，而曹公已臨其境，表子琮舉衆以降。……（劉）備進住夏口，使諸葛亮詣權，權遣周瑜、程普等行。是時曹公新得表衆，形勢甚盛，諸議者皆望風畏懼，多勸權迎之。惟瑜、肅執拒之議，意與權同。瑜、普爲左右督，各領萬人，與備俱進，遇於赤壁，大破曹公軍。公燒其餘船引退，士卒飢疫，死者大半。備、瑜等復追至南郡，曹公遂北還。[41]

這段文字指出曹操於赤壁敗戰之後，其軍中仍有「疫」的情形。而隨著曹軍之撤離赤壁（當時屬江夏郡），疾疫似有擴散到其他地方的情形。《三國志》〈蜀書・先主傳〉云：

> 先主遣諸葛亮自結於孫權，權遣周瑜、程普等水軍數萬，與先主并力，與曹公戰於赤壁，大破之，焚其舟船。先主與吳軍水陸並進，追到南郡，時又疾疫，北軍多死，曹公引歸。[42]

這段材料可以證明，赤壁戰後南郡境內也有疾疫發生。至於其具體地點，則《三國志》〈魏書・郭嘉傳〉有云：

> 後太祖征荊州還，於巴丘遇疾疫，燒船，歎曰：「郭奉孝在，不使孤至此。」[43]

這是巴丘一地（當時屬南郡，位處赤壁西南方，今湖南省岳陽市洞庭湖畔）有疫之證。再者，《三國志》〈魏書・蔣濟傳〉曰：

> 蔣濟字子通，楚國平阿人也。……建安十三年，孫權率衆圍合肥。時大軍征荊州，遇疾疫，唯遣將軍張喜單將千騎，過領汝南兵以解圍，頗復疾

40　同上，卷1，頁31。
41　同上，卷47，頁1117-1118。
42　同上，卷32，頁878。
43　同上，卷14，頁435。

疫。[44]

這是赤壁之戰的同時或其稍後，發生於合肥一地（當時屬揚州九江郡，位處赤壁東北方，今安徽省巢湖北邊的合肥市）的疾疫。上述各地的疾疫究竟是由赤壁擴散傳染而有，或是同時併起，已不可考。無論如何，由以上所述可知，建安十三年的疾疫，不僅流行於赤壁一隅，其他可考知者尙有南郡境內（尤其是巴丘）、合肥等地，至於其流行的時間，也不僅限於曹軍與孫劉聯軍交鋒於赤壁之時。

（三）建安十四年至建安二十一年（209-216 A.D.）

有關這八年期間的疾疫記載，首先可見於阮瑀爲曹操所作的「與孫權書」，其文云：

> 離絕以來，于今三年，無一日而忘前好。…… 昔赤壁之役，遭離疫氣，燒船自還，以避惡地，非周瑜水軍所能抑挫也。江陵之守，物盡穀殫，無所復據，徙民還師，又非瑜之所能敗也。…… 聞荊楊諸將並得降者，皆言交州爲君所執，豫章距命，不承執事，疫旱並行，人兵損減，各求進軍，其言云云。孤聞此言，未以爲悅。然道路旣遠，降者難信，幸人之災，君子不爲。[45]

這應是建安十三年赤壁之役後三年，即建安十六年（211 A.D.）左右所寫的信。由信中可知，曹操一直認爲疾疫才是他當年赤壁之役敗戰的首因。此外，曹操也由吳的降人得知，當時孫權轄管之地，「疫旱並行」。雖然信中也說「降者難信」，然而吳降人之言或許不虛。亦即：在建安十四年至建安十六年期間，吳國境內不僅有旱災，也有疾疫發生。例如：周瑜病後，臨死前，曾有一信給孫權，其信言：

> 瑜以凡才，昔受討逆殊特之遇，委以腹心，遂荷榮任，統御兵馬，志執鞭弭，自效戎行。規定巴蜀，次取襄陽，憑賴威靈，謂若在握。至以不謹，道遇暴疾，昨自醫療，日加無損。人生有死，修短命矣，誠不足惜，但恨

44　同上，頁450。

45　《文選》，卷42，頁1a-9b。

微志未展，不復奉教命耳。[46]

周瑜死於建安十五年（210 A.D.），年方三十六歲。[47] 以三十六歲的盛年，「道遇暴疾」，忽然而亡，其所遭遇之疾，或為急性傳染病一類的疾病。這和上引信中吳之降人所說的「疫旱並行」之事，似可互證。

其次，《三國志》裴松之注云：

時有隱者焦先，河東人也。《魏略》曰：先字孝然。中平末（184-189 A.D.），白波賊起。時先年二十餘，與同郡侯武陽相隨。武陽年小，有母，先與相扶接，避白波，東客揚州取婦。建安初（196 A.D.？）來西還，武陽詣大陽占戶，先留陝界。至十六年（211 A.D.），關中亂。先失家屬，獨竄於河渚間，食草飲水。無衣履。時大陽長朱南望見之，謂為亡士，欲遣船捕取。武陽語縣：「此狂癡耳！」遂注其籍。給廩，日五升。後有疫病，人多死者，縣常使埋藏，童兒豎子皆輕易之。然其行不踐邪徑，必循阡陌；及其捃拾，不取大穗；飢不苟食，寒不苟衣，結草以為裳，科頭徒跣。每出，見婦人則隱翳，須去乃出。……後歲餘病亡，時年八十九矣。[48]

這是漢末典型的亂離故事。其中值得注意的是，焦先在建安十六年移居大陽之後，大陽縣長給他的工作便是埋藏因「疫病」而死的屍體。因此可知在建安十六年，或其後數年之間，大陽地區必有疫病流行。

此外，《三國志》〈吳書・甘寧傳〉云：

建安二十年（215 A.D.），從攻合肥，會疾疫，軍旅皆已引出，唯車下虎士千餘人，并呂蒙、蔣欽、凌統及（甘）寧，從（孫）權逍遙津北。[49]

這是建安二十年（215 A.D.）合肥一地發生疾疫的記載。

再者，《三國志》裴松之注曰：

《魏略》又載焦累及寒貧者。累字伯重，京兆人也。初平中（190-193

46　《三國志》，卷54，頁1271，裴注引《江表傳》。
47　據《資治通鑑》，卷66，頁2103，〈考異〉。
48　《三國志》，卷11，頁363-364，裴注。
49　同上，卷55，頁1294-1295。

A.D.），山東人有青牛先生者，字正方，客三輔。……初，累年四十餘，
隨正方遊學，人謂之得其術。有婦，無子。建安十六年（211 A.D.），三
輔亂，又隨正方南入漢中。漢中壞，正方入蜀，累與相失，隨徙民詣鄴，
遭疾疫喪其婦。至黃初元年（220 A.D.），又徙詣洛陽，遂不復娶婦。[50]
這是另一則流離的故事。由這則故事可以知道，於建安二十年（215 A.D.）或建
安二十一年（216 A.D.），鄴城應有疾疫發生。因文中所言「漢中壞」，當指曹
操於建安二十年七月征服巴與漢中二地之事。[51] 不過，張魯及其餘衆遲至該年
十一月才投降，曹操回師至鄴則已是建安二十一年春二月之事。[52] 因此，扈累
及其妻之徙鄴，當在建安二十年歲末或建安二十一年初，而其妻之遇疾疫而亡或
應在抵達鄴城之後。故知，當時鄴城一帶曾有疾疫流行。

　　由上述可知，從建安十四年至建安二十一年期間，雖無有關全國性的「大疫」
的記載，然而，無論是孫吳境內，或是曹魏轄內的大陽、合肥、鄴城，至少都曾
有疾疫流行。

（四）建安二十二年（217 A.D.）

　　范曄《後漢書》〈孝獻帝紀〉載建安二十二年事曰：「是歲大疫。」[53] 這
是獻帝時期疾疫唯一見載於范曄書者。其疫情之重可由曹操於建安二十三年
（218 A.D.）所下的命令得知。其令云：

> 去冬天降疫癘，民有凋傷，軍興於外，墾田損少，吾甚憂之。其令吏民男
> 女：女年七十以上無夫子，若年十二以下無父母兄弟，及目無所見，手不
> 能作，足不能行，而無妻子父兄產業者，廩食終身。幼者至十二止，貧窮
> 不能自瞻者，隨口給貸。老耄待養者，年九十以上，復不事，家一人。[54]

這道命令不僅證明建安二十二年的大疫確實存在，且說明當時的疫情已影響到經

50　　同上，卷 11，頁 365，裴注。
51　　同上，卷 1，頁 45。
52　　同上，頁 46-47。
53　　《後漢書》，卷 9，頁 389。
54　　《三國志》，卷 1，頁 51，裴注引《魏書》。

濟生產，故有「墾田損少」之言，並且造成許多孤寡老弱待養的局面。曹植〈說疫氣〉一文，談及該年疫情亦言：

> 建安二十二年，癘氣流行，家家有僵尸之痛，室室有號泣之哀。或闔門而殖，或覆族而喪。或以為疫者，鬼神所作。夫罹此者，悉被褐茹藿之子，荊室蓬戶之人耳。若夫殿處鼎食之家，重貂累蓐之門，若是者鮮焉。此乃陰陽失位，寒暑錯時，是故生疫，而愚民懸符厭之，亦可笑也。[55]

由文中所言「或闔門而殖、或覆族而喪」，可知當時疫情之重。至於曹植以社會經濟地位的高下或生活條件的優劣（衣、食、住之條件）論述當時人感染疫癘機會的不均等，雖然不無道理，但是，事實上，當時高官厚祿者染疫而亡者似乎也不在少數，如曹丕於建安二十三年（218 A.D.）寫給其友朝歌令吳質的信中便說：

> 昔年疾疫，親故多離其災。徐陳應劉，一時俱逝，痛可言邪？[56]

曹丕的「親故」離其疫災者，怎可能「悉被褐茹藿之子、荊室蓬戶之人」呢？而其中所言「徐陳應劉」即指文學史上名垂不朽的「建安七子」中的徐幹、陳琳、應瑒、和劉楨，這四人皆官宦之家，亦難逃其害。此外，建安七子中的王粲，其實也在建安二十二年因「從征吳」，南下途中「道病卒」。[57] 王粲所遭遇者雖然和上述四子不一定為同一波大疫，但其為疾病奪去性命則無可疑。至此，則建安文壇中曹氏父子之外最燦爛的七顆明星乃全告殞滅，而疾疫則扮演了致命殺手的角色。

再者，《三國志》〈魏書‧王朗傳〉曰：

> 建安二十二年，（王朗）與夏侯惇、臧霸等征吳。到居巢，軍士大疫，朗躬巡視，致醫藥。遇疾卒，時年四十七。[58]

《魏書》載王朗臨終之言云：

> 朗臨卒，謂將士曰：「刺史蒙國厚恩，督司萬里，微功未效，而遭此疫

55　丁晏，《曹集詮評》（台北：台灣商務印書館，1978），卷9，頁65-66。

56　《文選》，卷42，頁12a-12b。

57　《三國志》，卷21，頁599。

58　同上，卷15，頁468。

癘，既不能自救，辜負國恩。身沒之後，其布衣幅巾，斂以時服，勿違吾
志也。」[59]

這是建安二十二年發生於居巢的「大疫」(疫癘)，其殺傷所及並不分一般軍士
或將領，其兇猛似乎也不遜於上述「徐陳應劉」所遭逢者。

　　由上述可知，建安二十二年確有「大疫」流行，然其波及的地理範圍究竟多
廣則不詳，僅知除一般百姓和士卒之外，尚有多位名人及將領遇害。其殺傷所及，
絕非如曹植所言僅限於某一特定人群或階層。

(五)建安二十三年至延康元年 (218-220 A.D.)

　　在東漢王朝的最後三年期間，疾疫似乎仍肆虐於中國社會。如《三國志》
〈吳書・吳主傳〉即載曰：

　　　　(建安)二十四年 (219 A.D.)，……遂定荊州。是歲大疫，盡除荊州民
　　　　租稅。[60]

文中並未明言疫區範圍，或指孫吳全境，或指其境內部份地區，也可能僅指荊州
境內。

　　其次，《魏略》載建安二十五年 (220 A.D.)曹操崩於洛陽之情事云：

　　　　時太子在鄴，鄢陵侯未到，士民頗苦勞役，又有疾癘，於是軍中騷動。群
　　　　寮恐天下有變，欲不發喪。(賈)逵建議為不可祕，乃發哀，……而青州
　　　　軍擅擊鼓相引去。[61]

由此可知建安二十五年洛陽地區曾有疾癘流行。

　　此外，《三國志》〈吳書・駱統傳〉云：

　　　　駱統字公緒，會稽烏傷人也。……孫權以將軍領會稽太守，統年二十，試
　　　　為烏程相，民戶過萬，咸歎其惠理。權嘉之，召為功曹，行騎都尉。……
　　　　出為建忠中郎將，領武射吏三千人。及凌統死，復領其兵。是時徵役繁數，

59　同上，裴注引。
60　同上，卷47，頁1120-1121。
61　同上，卷15，頁481-482，裴注引。

重以疫癘，民戶損耗，統上疏曰：「……今彊敵未殄，海內未乂，三軍有
無已之役，江境有不釋之備，徵賦調數，由來積紀，加以殃疫死喪之災，
郡縣荒虛，田疇蕪曠，聽聞屬城，民戶浸寡，又多殘老，少有丁夫。……
思尋所由，小民無知，既有安土重遷之性，且又前後出爲兵者，生則困苦
無有溫飽，死則委棄骸骨不反，是以尤用戀本畏遠，同之於死。……」以
隨陸遜破蜀軍於宜都，遷偏將軍。……年三十六，黃武七年卒。[62]

本文所述孫吳境內「疾癘」、「殃疫死喪之災」流行的年代，因陳壽所記過於疏
略，且又有誤，[63] 因此不易考定。唯一可確定者爲駱統上此疏文時，當在凌統
死後，其任「偏將軍」之前。其遷「偏將軍」乃因「隨陸遜破蜀軍於宜都」，事
在建安二十四年（ 219 A.D. ）十一月。[64] 可惜凌統的死期不易考定。僅知凌統
曾於建安二十年（ 215 A.D. ），在合肥逍遙津北因護衛孫權突圍身受重傷未
死，[65] 此後，吳國對外的大小戰役，便未見凌統列名其間，其本傳僅說他「病
卒，時年四十九」，而未言明年月。[66] 故其死期僅可斷爲約在建安二十一年至
建安二十四年間。而駱統上疏所言的「殃疫死喪之災」也應發生於這段時間之內。
總之，無論南方、北方，在這段期間，疾疫之災並未完全消聲匿跡。

62　同上，卷 57，頁 1334-1336。

63　陳壽《三國志》本文於史事的記載，語焉不詳及誤失之處不少，裴注雖多所補正，仍
　　難盡補其闕，趙翼《廿二史劄記》（台北：華世出版社，1977 ），雖特立「三國志
　　誤處」一條以列出其誤失（詳見卷六，頁 126-128 ），卻不曾指出本傳之誤。本傳最
　　明顯的錯誤在於記駱統的年歲。駱統卒於黃武七年（ 228 A.D. ），若無誤，則死時
　　之年歲應爲四十八，而非三十六。因傳中云「孫權以將軍領會稽太守，統年二十」，
　　其時爲建安五年（ 200 A.D. ），至 228 A.D. 亡，應年四十八。又，其本傳云：「父
　　（駱）俊，官至陳相，爲袁術所害，統母改適，爲華歆小妻，統時八歲。」（頁
　　1334 ）此亦不確，因袁術殺駱俊事在建安二年（ 197 A.D. ）（詳見《三國志》，頁
　　1334-1335，裴注引謝承《後漢書》；又見《資治通鑑》，卷 62，頁 1999 ），其妻改
　　嫁，最快也該在次年，即建安三年，其時駱統當是十八歲而不是八歲。

64　《三國志》，卷 47，頁 1121；卷 58，頁 1344-1345。

65　同上，卷 55，頁 1296-1297。

66　同上，頁 1297。此外，唐代許嵩所撰的《建康實錄》（北京：中華書局，1986 ），
　　卷一，〈太祖上〉，將凌統之死繫於建安二十二年條下，又言其死時「年二十九」
　　（頁 19 ），與《三國志》所載有所出入，不知所據爲何。

　　由以上所述可知，范曄《後漢書》所記建安二十二年「大疫」一事，絕非獻
帝時期僅有的一次疾疫之災，其流行的地區也不僅限於某一地。桓、靈二帝期間
頻年發生的疾疫，在獻帝在位的三十二年間，似乎仍不斷的侵襲中國社會。可惜
的是，僅憑現有的材料，我們實在無法推斷當時所流行的究竟是一種或多種疾病，
也無法確知是傳染性或非傳染性的疾病。[67] 由於這個緣故，我們也很難論斷造
成這段時期疾疫流行的原因。不過，根據相關的材料以及我們對人類疾病史的認
識來看，當時的疫災似乎與氣候的變異、[68] 饑荒、[69] 戰爭、[70] 以及大規模的

67　W. H. McNeill 曾大膽推測：西元最初數世紀（大約是一至四世紀）中國境內所流行
　　的疾疫應和同時在羅馬帝國境內流行者相同（即天花或麻疹），而中國境內所流行者，
　　應是由外地傳入（東漢中晚期之時，係由西北陸路傳入）；詳見 W. H. McNeill,
　　Plagues and Peoples (New York: Doubleday, 1976)，頁 117-119。日本學者加納喜光也
　　有類似的說法，詳見氏著，《中國醫學の誕生》(1987；東京：東京大學出版會，
　　1988)，頁 61-66。這種說法雖然不無可能，但臆斷之處太多。

68　西方學者，如 H. H. Lamb 及 Jean-Noel Biraben 等，曾提出所謂「小冰河期」(the
　　little ice age) 的概念，並謂：在 1550-1700 A.D. 這段「小冰河期」間，因氣候寒冷
　　及變化不定而促成當時歐洲社會各種疾病（黑死病、天花、小兒驚風或痙攣……等）
　　之流行。此一理論，深為美國學者 Andrew B. Appleby 所質疑。Appleby 認為，氣候
　　變異雖可促使某些「微生物」（或病原體）在特定的溫度和濕度之下，產生突變或大
　　量增殖，以致大規模侵襲人類社群而爆發疾疫流行，但是，變乾變冷有時也可抑制或
　　終止某些病原體或病媒（如跳蚤、蚊蟲等）的活動，故而，小冰河期的氣候型態不見
　　得必然會直接導致疾疫流行。然而，「小冰河期」間，疾疫流行卻又是不爭的事實，
　　因此，他也不全然否認氣候變異確為促使疾疫流行的原因之一，不過，他認為其影響
　　是間接的，亦即氣候變異所帶來的災害是農作物的欠收，及隨之而來的「饑荒」
　　(famine)。而因「饑荒」所引發的種種政治、經濟、社會問題（如生活條件變劣、
　　都市貧民窟之出現、移徙等），則往往成為擴散或加重疾病流行的要因。無論如何，
　　上述學者都不否認氣候變異（尤其是「小冰河期」型態的氣候）與疾疫流行的緊密關
　　聯。相關的討論，詳見 Andrew B. Appleby, "Disease, Diet, and History," *Journal of
　　Interdisciplinary History*, vol.8, no.4 (Spring, 1978), 頁 725-735; Andrew B. Appleby,
　　"Epidemics and Famine in the Little Ice Age," *Journal of Interdisciplinary History*, vol.10,
　　no.4 (Spring, 1980), 頁 643-663。至於獻帝時期的中國氣候類型，也有人認為就是所
　　謂的寒而旱的「小冰河期」，至少是比較乾冷及多變的一段時期；詳見劉昭民，《中
　　國歷史上氣候之變遷》（台北：台灣商務印書館，1982），頁 69-84；許倬雲、孫曼
　　麗，〈漢末至南北朝氣候與民族移動的初步考察〉，收入嚴文郁等編著，《蔣慰堂先
　　生九秩榮慶論文集》（台北：中國圖書館學會，1987），頁 235-256；陳良佐，《從
　　春秋到兩漢我國古代的氣候變遷—兼論《管子・輕重》著作的年代》，《新史學》第
　　二卷第一期（1991），頁 1-49。

人口遷徙[71] 這些自然與社會情境有著直接或間接的關係。至於其對當時社會所造成的衝擊和影響，雖可詳加討論，但因限於篇幅，因此本文僅先析論其與當時宗教發展的關聯，其餘則另文處理。

四、宗教與疾疫

疾病與人類的宗教信仰和宗教活動有著密不可分的關係。[72] 一般來說，疾

---

69 氣候變異、饑荒、與疾疫，在歐洲史上往往同時並存，前二者也往往被認爲是導致疾疫流行的直接或間接因素；詳見 Andrew B. Applyby，前引文，暨 John Walter and Roger Schofield, eds., *Famine, Disease and the Social Order in Early Modern Society* (1989; Cambridge: Cambridge Univ. Press, 1991); John D. Post, *Food Shortage, Climatic Variability, and Epidemic Disease in Preindustrial Europe: The Mortality Peak in the Early 1740s* (Ithaca and London: Cornell Univ. Press, 1985) ; Robert Dirks，"Famine and Disease," in Kenneth F. Kiple, ed., *The Cambridge World History of Human Disease* (New York: Cambridge University Press, 1993)，頁 157-163。至於有關獻帝時期饑荒情形的記載，屢屢可見，此處不具引。

70 戰爭與疾疫流行之間的緊密關係，已爲中西史家所熟知，在此不細論，可參 Friedrich Prinzing, *Epidemics Resulting from Wars* (Oxford: Oxford Univ. Press, 1916) ; W. H. McNeill, *Plagues and Peoples*，頁 47-49；蕭璠，〈漢宋間文獻所見古代中國南方的地理環境與地方病及其影響〉，《中央研究院歷史語言研究所集刊》，63:1（1993），頁 67-171。

71 有關遷徙與人類疾疫的關係的探討，參見 Philip D. Curtin, *Death by Migration: Europe's Encounter with the Tropical World in the Nineteenth Century* (Cambridge: Cambridge Univ. Press, 1989); Alfred W. Crosby, *Ecological Imperialism: The Biological Expansion of Europe, 900-1900* (1986; Cambridge: Cambridge Univ. Press, 1990)，頁 195-216; B. A. Kaplan, "Migration and Disease," in C. G. N. Mascie-Taylor and G. W. Lasker, eds., *Biological Aspects of Human Migration* (Cambridge: Cambridge Univ. Press, 1988)，頁 216-245 ; W. H. McNeill, *Plagues and Peoples*，頁 176-207；David E. Stannard, "Disease, Human Migration, and History," in Kenneth F. Kiple, ed., *The Cambridge World History of Human Disease*，頁 35-42。至於漢代人口遷徙的情形，詳見羅彤華，《漢代的流民問題》（台北：學生書局，1989）；James Lee, "Migration and Expansion in Chinese History," in William H. McNeill and Ruth S. Adams, eds., *Human Migration: Patterns and Policies* (Bloomington and London: Indiana Univ. Press, 1978)，頁 20-47。

72 有關這個課題的一般性論述，參見 H. E. Sigerist, *Civilization and Disease* (Ithaca : Cornell University Press，1945)，頁 131-147。

疫的流行往往有利於某些宗教的傳佈和發展。例如，本文在引言部份便曾指出：
東漢桓、靈二帝時期的大疫應是「太平道」得以興起的重要因素。美國史家麥克
尼爾（ William H. McNeill ）也曾指出：基督教和佛教所以能在西元最初數世紀
間，分別在羅馬帝國和中國境內吸引許多信徒，關鍵就在於當時正流行傳染病，
因爲基督教與佛教都能針對當時人所受到的痛苦提出解釋，予以慰解。[73] 此外，
一些研究近代中國瘟神信仰的學者也認爲這種信仰的興起與傳佈和當時瘟疫流行
的社會情境有很大的關係。[74] 因此，我們似乎可以大膽推測：倘若東漢晚期自
桓帝起一直到獻帝時期眞有一波波或大或小的疾疫侵襲中國社會，那麼，當時的
宗教活動和宗教信仰勢必和疾病的預防及醫療有密切的關聯。以下先述舊有的巫
祝信仰，次論新興的道、佛二教。

（一）巫祝與祠廟

　　一般而言，漢人頗信鬼神能使人罹病，因此，病人或病家在尋求醫療救助之
時，雖然不見得都會「信巫不信醫」（太史公語），但是，巫醫並用的情形應不
少見。[75] 因此，大疫之時，若干巫術性的醫療法和預防措施，如「避疾」、
「禱解」、「祝除」、「逐疫」（儺）、「辟除」（佩剛卯、繫綵絲、懸符籙、
掛桃印）等，紛紛出籠，乃是意料中事。[76] 例如，應劭（大約死於 204 A.D.）
描述當時的流俗信仰時便曾提到：

　　　夏至著五綵，辟兵，題曰游光。游光，厲鬼也，知其名者無溫疾。五綵，
　　　避五兵也。案：人取新斷織繫戶，亦此類也。……又永建中（ 126-132
　　　A.D. ），京師大疫，云厲鬼字野重、游光。亦但流言，無指見之者。其後

73　詳見 W. H. McNeill, *Plagues and Peoples*，頁 108-109，121。

74　參見劉枝萬，〈台灣之瘟神廟〉，原載《中央研究院民族學研究所集刊》，22 期
　　（ 1966 ），頁 53-95，收入氏著，《臺灣民間信仰論集》（台北：聯經出版事業公司，
　　1983 ），頁 225-284；Paul Katz, *Demon Hordes and Burning Boats: The Cult of Marshal
　　Wen in Late Imperial Chekiang* (Albany, NY: SUNY Press, 1995)。

75　詳見林富士，《漢代的巫者》（台北：稻鄉出版社，1988 ），頁 63-67，114-118。

76　詳見林富士，〈試論漢代的巫術醫療法及其觀念基礎〉，《史原》，第 16 期 (1987)，
　　頁 29-53。

歲歲有病，人情愁怖，復增題之，冀以脫禍。今家人織新縑，皆取著後縑
二寸許，繫戶上，此其驗也。[77]

這段文字一則提醒我們漢人相信瘟疫流行和「厲鬼」（尤其是兵死之鬼）作祟有
所關聯，[78] 二則告訴我們這種信仰和習俗與當時的「大疫」、「歲歲有病」的
社會情境有關。此外，曹植〈說疫氣〉一文也說：

建安二十二年，癘氣流行，家家有僵尸之痛，室室有號泣之哀，……此乃
陰陽失位，寒暑錯時，是故生疫，而愚民懸符厭之，亦可笑也。[79]

因此，在東漢晚期，那些能書符唸咒、祈禱解禳的術士，或許會因疾疫流行而有
更多活動的機會，如《後漢書》〈方術列傳〉即言：

徐登者，閩中人也。本女子，化為丈夫。善為巫術。又趙炳，字公阿，東
陽人，能為越方。時遭兵亂，疾疫大起，二人遇於烏傷溪水之上，遂結言
約，共以其術療病。各相謂曰：「今既同志，且可各試所能。」登乃禁溪
水，水為不流，炳復次禁枯樹，樹即生荑，二人相視而笑，共行其道
焉。[80]

這段文字所記載的或即獻帝時事，因《抱朴子》〈內篇・至理〉有言：

吳越有禁咒之法，甚有明驗……知之者可以入大疫之中，與病人同床而己
不染，又以群從行數十人皆使無所畏。……近世左慈、趙明等，以禁水，
水為之逆流一二丈……。[81]

依王明校釋，引文中提到的趙明其實即《後漢書》〈方術列傳〉所載的趙炳，而

77　應劭撰，王利器校注，《風俗通義校注》（台北：明文書局，翻印，1982），「佚
　　文」，頁605。

78　《淮南子》（四庫備要本），卷17，〈說林訓〉云：「戰兵死之鬼憎神巫。」（頁
　　6a）東漢末高誘注此即言：「兵死之鬼善行病人，巫能祝劾殺之。」其觀念和應劭
　　此處所載有互通之處。有關瘟疫流行和厲鬼之間的關係，詳見林富士，〈試釋睡虎地
　　秦簡中的「癘」與「定殺」〉。另見下文有關蔣子文信仰的討論。

79　丁晏，《曹集詮評》，卷10，頁66-67。

80　《後漢書》，卷82，頁2741。

81　葛洪（fl. 317-350 A.D.）著，王明校釋，《抱朴子內篇校釋》（北京：中華書局，
　　1985），卷5，頁114。

左慈即獻帝時爲曹操網羅於麾下的著名術士之一，故其活動年代應約略一致。[82]

　　無論如何，在這時期，最引人注目的巫祝信仰是若干與疾疫、治病有關的「神祠」之繁盛與興建。即以上引的趙炳爲例，這位擅長以「禁架」（「禁咒」）療病的術士，後來「東入章安」，《後漢書》載其抵達章安（屬會稽郡）之後事云：

> 百姓神服，從者如歸。章安令惡其惑衆，收殺之。人爲立祠室於永康，至今蚊蚋不能入。[83]

百姓爲他立祠的原因可能有二：一則希望趙炳死後能夠顯靈，一如生前一樣醫療衆人之疾；二則希望趙炳不要成爲「作祟」（造成疾疫流行便是方式之一）的「厲鬼」。

　　除了主祀趙炳的「趙侯祠」之外，[84] 當時江南地區所興起的「厲鬼」信仰，還有其後非常興盛的「蔣侯神」，[85] 其興起的年代或即在獻帝建安年間，而且立祠的經過也和疾疫的背景息息相關。《搜神記》載其事云：

> 蔣子文者，廣陵人也。嗜酒，好色，挑撻無度。常自謂：「己骨清，死當爲神。」漢末，爲秣陵尉，逐賊至鍾山下，賊傷擊額，因解綬縛之，有頃遂死。及吳先主之初，其故吏見文於道，乘白馬，執白羽，侍從如平生。見者驚走。文追之，謂曰：「我當爲此土地神，以福爾下民。爾可宣告百姓，爲我立祠，不爾，將有大咎。」是歲夏，大疫，百姓竊相恐動，頗有竊祠之者矣。文又下巫祝：「吾將大啓祐孫氏，宜爲我立祠；不爾，將使

82　同上，頁 120。有關這則故事的時代，宮川尚志認爲應訂在 272-274，然而他也無法合理解釋趙炳何以會被列入《後漢書》、或何以會被葛洪將之與獻帝時期的左慈並提；詳見宮川尚志，〈三國時代の道教史拾遺二則〉，收入氏著，《中國宗教史研究，第一》（京都：同朋舍，1983），頁 131-140。

83　《後漢書》，卷 82，頁 2742。

84　據唐人言，這座祠廟在當地「俗呼爲趙侯祠」；見《後漢書》，卷 82，頁 2743，注文。

85　有關六朝的蔣侯（蔣子文）信仰，詳見宮川尚志，《六朝宗教史》（東京：國書刊行會，1974 年，改訂版），第七章，〈民間の巫祝道と祠廟の信仰〉，頁 213-231；梁滿倉，〈論蔣神在六朝地位的鞏固與提高〉，《世界宗教研究》，1991 年第 3 期，頁 58-68。

蟲入人耳爲災。」俄而小蟲如塵虻，入耳，皆死，醫不能治。百姓愈恐。
孫主未之信也。又下巫祝：「吾〔若？〕不祀我，將又以大火爲災。」是
歲，火災大發，一日數十處。火及公宮。議者以爲鬼有所歸，乃不爲厲，
宜有以撫之。於是使使者封子文爲中都侯，次弟子緒爲長水校尉，皆加印
綬，爲立廟堂。轉號鍾山爲蔣山。今建康東北蔣山是也。自是災厲止息，
百姓遂大事之。[86]

文中「吳先主之初」所指的年代可能有二：一爲獻帝建安十六年（211 A.D.）孫
權「徙治秣陵」並於次年「改秣陵爲建業」之時。另一爲孫權於黃龍元年（229
A.D.）稱帝並正式奠都於建業之時。[87] 不過，以巫祝宣言「吾將大啓祐孫氏」
一語來看，其年代似乎是在孫權正式稱帝之前。此外，據本文第三節考證，曹操
於建安十六年致孫權書中曾提到吳國境內「疫旱並行」，而黃龍元年前後數年則
未見其境內有任何疾疫流行的記載。因此，將這則故事發生的背景置於獻帝建安
十六、或十七年的建業，並非不可能。無論如何，蔣子文本質上爲一兵死的「厲
鬼」，其用以脅迫百姓爲其立廟的主要手段則是降下「大疫」使人生病。因此，
「蔣子文信仰」的出現，很有可能是巫祝利用當時「大疫」的機會，恐動百姓和
朝廷，使之奉祀蔣子文、爲其立祠。而此一信仰自此後即長久風行於建業及江南
地區，歷六朝而不衰，其信徒更是廣及各個社會階層，上自皇帝、后妃、王公將
相，下及庶民百姓，莫不奉祀。值得注意的是，這雖然是自先秦以來便流傳不絕
的「厲鬼」（厲神；瘟神）信仰，但是，利用「敗軍死將」這類的厲鬼，以疾病
及其他災禍相威嚇，要求民眾祭祀其「神」，並爲之建立祠廟，卻是漢末六朝時
期江南地區巫覡信仰的主要特色之一。[88] 相對於早先巫者活動主要以社祀和山
川之祠爲基盤的情形，這種以奉祀人鬼（尤其是厲鬼）爲主而興起的祠廟，雖然

86　《搜神記》，卷5，頁35。

87　詳見宮川尚志，《六朝宗教史》，頁213-216。

88　詳見 Fu-shih Lin, "Chinese Shamans and Shamanism in the Chiang-nan Area During the
Six Dynasties Period (3rd-6th Century A.D.)," Ph.D. dissertation, Princeton University
(Princeton, 1994), 第三章討論「祠廟」(shrines) 的部份暨第四章討論「厲鬼」
(malicious spirits) 信仰的部份。

不是史無前例，但其蔚為主流卻是漢末六朝巫覡信仰的新發展。[89]

不過，在東漢晚期聲名最著、勢力最盛的神祠應該是「城陽景王祠」。應劭《風俗通義》〈怪神・城陽景王祠〉載曰：

> 朱虛侯劉章，齊悼惠王子，高祖孫也。……尊立文帝，封城陽王，……立二年薨。城陽今莒縣是也。自琅邪、青州六郡，及渤海郡邑鄉亭聚落，皆為立祠，造飾五二千石車，商人次第為之，立服帶綬，備置官屬，烹殺謳歌，紛籍連日，轉相誑曜，言有神明，其譴問禍福立應，歷載彌久，莫之匡糾，唯樂安太守陳蕃、濟南相曹操，一切禁絕，肅然政清。陳、曹之後，稍復如故，安有鬼神，能為病者哉？予為營陵令，以為章本封朱虛，并食此縣，……餘郡禁之可也，朱虛與莒，宜常血食。於是乃移書曰：「到聞此俗，舊多淫祀，靡財妨農，長亂積惑，其侈可忿，其愚可愍。昔仲尼不許子路之禱，晉悼不解桑林之祟，死生有命，吉凶由人，哀我黔黎，漸染迷謬，豈樂也哉？莫之徵耳。今條下禁，申約吏民，為陳利害，其有犯者，便收朝廷；若私遺脫，彌彌不絕，主者髡截，嘆無及已。城陽景王，縣甚尊之，……其歆禋祀，禮亦宜之；於駕乘烹殺，倡優男女雜錯，是何謂也？……自今聽歲再祀，備物而已，不得殺牛。……」[90]

城陽景王之祀起源很早，且和巫者的倡導有關。例如，在王莽天鳳年間（ 14-19 A.D.）起兵反叛，來自山東（青、徐二州）一帶的「赤眉軍」中，便有鼓舞祭祀城陽景王的「齊巫」，劉盆子之稱帝便與其有關，且當時即有城陽景王能令「笑巫者

---

89 由《史記・封禪書》、《漢書・郊祀志》、《漢書・地理志》、《續漢書・禮儀志》的記載來看，兩漢官方祠廟所祀之鬼神，可說是以天神和自然神（尤其是山川之神）為主，人鬼之祀則又以古帝王、聖賢、名人、仙人為主，即使是民間所立的人鬼之祠也以祖靈或有功德的官吏為要。可以歸入「厲鬼」（無後乏祀或冤死強死之鬼）範疇的，似乎只有西漢初年的「杜主」（主祀被周宣王所冤殺的杜伯）和「秦中」（主祀被趙高逼迫自殺的秦二世皇帝）以及武帝時的「長陵神君」（奉祀因難產而死的長陵女子）。而其中和巫祝的活動有直接關聯的祠廟，也是以社和山川之祠居多。然而，從東漢末年起，我們逐漸可以看的一些奉祀厲鬼的祠廟在江南地區興起，而其建立又大多由巫祝所推動，這種現象似乎可說是巫祝信仰的一種變遷。詳見上引文，另見林富士，《漢代的巫者》，頁 100-110， 192-199。

90 《風俗通義校注》，卷 9，頁 394-395。

輒病」的傳說。[91] 而由應劭本文來看，城陽景王祠在東漢中晚期的琅邪、青州、
勃海一帶似乎更為普遍，其祭祀活動也更為繁盛，故有「都邑鄉亭聚落，皆為立
祠，及「烹殺謳歌、紛籍連日」之語。當時地方官吏對這種盛行的「淫祀」敢加以
禁絕的只有樂安太守陳蕃、濟南相曹操和營陵令應劭。陳蕃初任樂安太守應該是在
144 至 146 A.D. 之際，[92] 而其遷任他官則在桓帝延熹二年（ 159 A.D. ）梁冀被誅
之前。[93] 至於曹操任濟南相、「禁斷淫祀」之事，當在靈帝光和末年（ 184
A.D.？）之後。[94] 應劭任營陵令則在他於靈帝中平六年（ 189 A.D. ）任太山太守
之前五月。[95] 由此可知，以城陽景王為核心對象的信仰，至遲從 144 A.D. 起一直
到獻帝即位前（ 190 A.D. ），在琅邪、青州、渤海、濟南一帶便已傳佈甚廣、信
徒甚眾。其間，雖經陳蕃、曹操整頓，但二人所轄僅樂安、濟南兩地，在這兩地之
外，他們恐怕也無力管束，而且據應劭言，二人離任之後，其舊俗又「稍復如
故」。應劭雖也曾下令約束其轄內（營陵；營丘）祭祀城陽景王的活動，卻也不
曾企圖完全予以禁斷，且其在任僅五個月，其命令是否曾被執行，實為可疑。因
此，這個以城陽景王為信仰中心的「祠廟群」，在獻帝時期似乎仍然屹立不廢，
這由焦和任青州刺史時的表現也可知其梗概。《九州春秋》載曰：

> 初平中（ 190-193 A.D. ），焦和為青州刺史。是時英雄並起，黃巾寇暴，
> 和務及同盟，俱入京畿，不暇為民保障，引軍踰河而西。……黃巾遂廣，
> 屠裂城邑。和不能禦，然軍器尚利，戰士尚眾，而耳目偵邏不設，恐動之
> 言妄至，望寇奔走，未嘗接風塵交旗鼓也。……禱祈群神，求用兵必利，
> 蓍筮常陳於前，巫祝不去於側；入見其清談干雲，出則渾亂，命不可知。
> 州遂蕭條，悉為丘墟也。[96]

91　詳見林富士，《漢代的巫者》，頁 158-159。
92　陳蕃任樂安太守，是因太尉李固表薦之故（見《後漢書》，卷 66，頁 2159 ），李固
　　任太尉則始於沖帝建康元年（ 144 A.D. ）終於質帝太初元年（ 146 A.D. ）（見《後漢
　　書》，卷 6，頁 275，282 ），因此，陳蕃初任樂安太守應該是在 144 至 146 A.D. 之際。
93　同上，卷 7，頁 304-305；卷 66，頁 2160。
94　見《三國志》，卷 1，頁 3-4；頁 4，裴注引《魏略》。
95　詳見《風俗通義校注》，頁 397-398，注 25。
96　《三國志》，卷 7，頁 232，裴注引。

青州爲城陽景王祠遍佈之地，焦和旣然「巫祝不去於側」，當不致禁斷此一信仰。
而且，獻帝初平三年（192 A.D.），當青州黄巾爲曹操所討擊之時，曾移書曹操
言：

> 昔在濟南，毀壞神壇，其道乃與中黄太乙同，似若知道，今更迷惑。漢行
> 已盡，黄家當立，天之大運，非君才力所能存也。[97]

這封書信指出：黄巾道徒因曹操曾禁斷城陽景王祠的信仰而引爲同道。由此可知，
黄巾的「太平道」與「城陽景王祠」應爲二個不同、且互相敵對的信仰派別，焦
和之親近巫祝而與黄巾攻戰，似乎與其信仰有所關聯。至少，他應當不致於禁絕
這個同爲巫祝信仰的祠廟群。事實上，「城陽景王祠」一直到晉代仍然存而不廢，
可知其延續之久。[98] 至於這座神祠的性格，由應劭文中所言「安有鬼神，能爲
病者哉」、「昔仲尼不許子路之禱、晉悼不解桑林之祟，死生有命，吉凶由人」
數語觀之，當時人所以崇信城陽景王，似乎和他被認爲能使人生病及能癒人之病
有關。[99] 總之，在桓、靈及獻帝三朝期間，以城陽景王爲核心的巫祝信仰能在
特定的地域裡蓬勃發展，和當時疾疫流行所造成的社會恐慌或有某種程度的關係。

其次，在汝南地區更興起三處以「治病」神蹟爲基礎的祠廟（或「神域」）。
應劭《風俗通義》〈怪神〉記載「鮑君神」的故事云：

> 汝南鮦陽有於田得麕者，其主未往取也，商車十餘乘經澤中行，望見此麕
> 著繩，因持去，念其不事，持一鮑魚置其處。有頃，其主往，不見所得，
> 反見鮑君，澤中非人道路，怪其如是，大以爲神，轉相告語，治病求福，

97　同上，卷1，頁10，裴注引《魏書》。

98　詳見《搜神記》，卷7，頁60。另參瞿兌之，《中國社會史料叢鈔》（台北：台灣商
　　務印書館，1965年，台一版），甲集中册，頁415。

99　「仲尼不許子路之禱」指「（孔）子疾病，子路請禱」而爲孔子所拒一事；見《論語》
　　（十三經注疏本），卷七，〈顏淵〉，頁11b-12a。「晉悼不解桑林之祟」指魯襄公
　　十年（563 B.C.）宋平公以「桑林」之樂舞饗晉悼公於楚丘，晉悼公觀賞樂舞表演時
　　因受到驚嚇以致在返國途中病倒於著雍，經由卜問，得知是桑林之神作祟，因此其臣
　　下荀偃等想要奔回宋國請禱於桑林之神，但因荀罃的反對而作罷，晉悼公則不禱而愈；
　　見《左傳》（十三經注疏本），卷31，頁5b-7a。這兩則典故都和疾病時請禱於鬼神
　　有關，可知在應劭之時，百姓信奉城陽景王神的主要目的之一是爲療治疾病。

多有效驗，因爲起祀舍，衆巫數十，帷帳鐘鼓，方數百里皆來禱祀，號鮑
君神。其後數年，鮑魚主來歷祠下，尋問其故，曰：「此我魚也，當有何
神。」上堂取之，遂從此壞。[100]

又記「李君神」的故事云：

汝南南頓張助，於田中種禾，見李核，意欲持去，顧見空桑中有土，因殖
種，以餘漿溉灌，後人見桑中反復生李，轉相告語，有病目痛者，息陰下，
言李君令我目愈，謝以一豚。目痛小疾，亦行自愈。衆犬吠聲，因盲者得
視，遠近翕赫，其下車騎常數千百，酒肉滂沱。閒一歲餘，張助遠出來還，
見之，驚云：「此有何神，乃我所種耳。」因就斫也。[101]

又記「石賢士神」曰：

汝南汝陽彭氏墓路頭立一石人，在石獸後。田家老母，到市買數斤餌，暑
熱行疲，頓息石人下小瞑，遺一片餌去，忽不自覺。行道人有見者，時客
適會，問何因有是餌？客聊調之：「石人能治病，愈者來謝之。」轉語：
「頭痛者摩石人頭，腹痛者摩其腹，亦還自摩，他處放此。」凡人病自愈
者，因言得其福力，號曰賢士；輻輳轂擊，帷帳絳天，絲竹之音，聞數十
里，尉部常往護視，數年亦自歇，沫復其故矣。[102]

上述三則「神話」發生的確切年代雖不可考，但大致應不出桓、靈、獻三帝在位
期間。因應劭之死，或在獻帝建安九年（204 A.D.），而其撰述《風俗通義》的
年代則應在興平元年（194 A.D.）歸附袁紹之後，成書則在其於建安元年（196
A.D.）獻上《漢儀》之後。[103] 在序文中，應劭交待了撰述此書的目的：

今王室大壞，九州幅裂，亂靡有定，生民無幾。私懼後進，益以迷昧，聊
以不才，舉爾所知，方以類聚，凡一十卷，謂之《風俗通義》，言通於流
俗之過謬，而事該之於義理也。[104]

100　《風俗通義校注》，卷9，頁403。
101　同上，頁405。
102　同上，頁406-407。
103　同上，〈風俗通義序〉，頁2，注4。
104　同上，頁4。

由此可知，他撰寫此書意在批判當時之「流俗」，書中所引用的事例則大多是他耳聞或目見之事。而應劭爲汝南南頓人，[105] 且曾任汝南主簿，[106] 因此上引三則故事，或許是他任汝南主簿期間親自獲知之事。果眞如此，則其時代似不會早於桓帝在位（ 147-167 A.D. ）之前。[107] 不過，也有可能是其後應劭在他地爲官期間，或撰寫《風俗通義》時才由其親友或鄉黨告知。至於其最晚的時間下限或在獻帝興平元年（ 194 A.D. ）左右。[108]

　　無論如何，細察上述三則故事的內容，可知其立祠或成爲衆人雲集禱祀的場所，雖都因以訛傳訛而成，所奉祀的對象也只是精怪之流的小神，但衆人堅信其能治人之病則爲其中關鍵。至於能在短期之內蔚然成風，以「鮑君神」的例子來看，當有巫者乘機推波助瀾以鼓動祀拜風潮，而疾疫流行的背景則使巫者更容易吸引信徒。總之，無論是這類乍起乍落的精怪小祠，還是前述幾座綿延久遠、香火鼎盛的人鬼厲鬼之祠，從其建立或興盛的緣由來看，若說東漢晚期的人心格外顯得畏懼疾病、渴求醫療，似乎並不爲過。

（二）道團的崛起

　　何謂「道教」？其起源如何？研究中國宗教史的學者對這一類的問題歷年來一直爭論不休。[109] 無論如何，大多學者似乎都同意：東漢晚期出現的許多「道

105　同上，頁1，注3。

106　詳見《三國志》，卷52，頁1219，裴注。

107　其年代最晚似不應晚於靈帝熹平二年（ 173 A.D. ），因該年應劭已在京師爲郎官（見《續漢書五行志一》，頁3346，注引），其後似不可能回任可由郡守直接辟召任用的屬吏之職。而由應劭死年（ 204 A.D. ）前推，則其任汝南主簿之時最早也不會早於桓帝在位（ 147-167 A.D. ）之前。

108　這三則故事發生的年代最晚應不至於晚於應劭動筆撰寫《風俗通義》之時，而《風俗通義》的撰寫年代，據王利器言，應在興平元年（ 194 A.D. ）左右。這個推斷，應當可信，因《風俗通義》所記之事，有明確年代可考者，最晚之事似是靈帝崩後（ 189 A.D. ）、董卓握權、天下大亂的情形（約當190-192 A.D. 期間）；詳見《續漢書五行志一》，頁3273，3284，注引。

109　參見 N. Sivin,"On the Word 'Taoist' as a Source of Perplexity with Special Reference to the Relations of Science and Religion in Traditional China," *History of Religions*, 17: 3&4 (1978), 頁303-330；酒井忠夫、福井文雅，〈道教とは何か〉，收載福井康順

團」（如「太平道」、「五斗米道」），其性格旣不同於佛教，也有異於傳統的
巫祝團體。這些道團所以能順利崛起，和當時因疾疫流行及其他因素所造成的社
會危機與社會變動可說息息相關，而其共同的特質之一，便是以治療疾病做爲吸
引群眾、傳佈信仰的主要手段。若干學者對於這些道團的崛起和疾疫流行之間的
關聯已有所認識，但是，其討論的焦點往往只集中於靈帝時的「太平道」和「五
斗米道」，其實，「五斗米道」（「天師道」）的發展和傳佈主要是在獻帝時期，
而除了「五斗米道」之外，當時還有一些較小的道派也以類似的手法崛起，值得
一併考論。

　　先就「五斗米道」而論，其基本道法在魚豢的《典略》中有簡要的敘述如下：

　　　熹平中（ 172-178 A.D. ），妖賊大起，三輔有駱曜。光和中（ 178-184
　　　A.D. ），東方有張角，漢中有張脩。駱曜教民緬匿法，角爲太平道，脩爲
　　　五斗米道。太平道者，師持九節杖爲符祝，教病人叩頭思過，因以符水飮
　　　之，得病或日淺而愈者，則云此人信道，其或不愈，則爲不信道。脩法略
　　　與角同，加施靜室，使病者處其中思過。又使人爲姦令祭酒，祭酒主以老
　　　子五千文，使都習，號爲姦令。爲鬼吏，主爲病者請禱。請禱之法，書病
　　　人姓名，說服罪之意。作三通，其一上之天，著山上，其一埋之地，其一
　　　沈之水，謂之三官手書。使病者家出米五斗以爲常，故號曰五斗米師。實
　　　無益于治病，但爲淫妄，然小人昏愚，競共事之。後角被誅，脩亦亡。及
　　　魯在漢中，因其民信行脩業，遂增飾之。教使作義舍，以米肉置其中以止
　　　行人；又教使自隱，有小過者，當治道百步，則罪除；又依月令，春夏禁
　　　殺；又禁酒。流移寄其地者，不敢不奉。[110]

根據這段文字，則「五斗米道」的發展可分二個階段。前一階段起源於靈帝光和
年間，其領導人爲張脩。後一階段則是張魯於獻帝時期佔據漢中時加以增飾改造

　　　等監修，《道教・第一卷・道教とは何か》（東京：平河出版社，1983 ），頁5- 29；
　　　福永光司，〈道教とは何か〉，〈道教について〉，收入氏著，《道教思想史研究》
　　　（東京：岩波書局，1987 ），頁437-471 。

110　《三國志》，卷8，頁264，裴注引。

而成後來六朝「天師道」的雛形。[111]　至於其基本的佈道方式則和「太平道」相似，亦即以符水、祝禱替人治病，以吸引徒衆，其與巫祝療病的主要區別則在於強調「悔過」、「守戒」、「行善」的重要性。這個特色，無論是從史籍（《三國志》、《典略》、《華陽國志》等）所載，或從和該道團有密切關聯的經典（如《老子想爾注》和《太平經》）的內容來看，都可獲得印證。[112]　不過，「五斗米道」組織的強化、教義的補充和脩正、以及教法之能充分施行於一地，都是在張魯於獻帝之時割據漢中、創立其宗教王國之後（大約是從 194 至 215 A.D.）才告完成。[113]　在建安二十年（ 215 A.D.）之後，張魯及其家屬雖因投降曹操而北遷至鄴，張魯本人也可能在建安二十一年便逝世，但其五子皆封侯，其

111　這段材料的眞實性，因與《三國志》〈魏書・張魯傳〉所載「五斗米道」的傳承系譜（由張陵創教，傳其子張衡，張衡再傳其子張魯），以及六朝道教經典自述的道教「歷史」不同，備受爭議，爲調和其間矛盾所作的解釋也紛紜不一。綜合諸家說法，其意見基本上可分成二種：(1)採信裴松之注文之說，認爲《典略》所載「張脩應是張衡（即張魯之父），非《典略》之失，則傳寫之誤」。基本上，認爲五斗米道的領導權始終在張陵、張衡、張魯一家之中傳遞，縱有張脩其人，且奉其道，也只是張魯家族的同黨或徒衆。此說大致係信從後期道經之載。(2)基本上，相信《典略》的記載，認爲道經所說的傳承系譜係出自張魯或其後人所捏造，以掩蓋其襲殺張脩、篡奪五斗米道領導權的事實。此說雖不盡否認張陵、張衡之存在，但以爲，張魯之前，五斗米道係在張脩控制之下（且認爲此人可能即於靈帝中平元年起兵反叛的「巴郡妖巫張脩」）。詳見陳國符，《道藏源流考》（北京：中華書局，1949 年初版，1963 年增訂版），「附錄二」，〈天師道與巫覡有關〉，頁 260-261；唐長孺，〈魏晉期間北方天師道的傳播〉，收入氏著，《魏晉南北朝史論拾遺》（北京：中華書局，1983），頁 218-232；呂思勉，《讀史札記》（台北：木鐸出版社，翻印，1983），〈太平道、五斗米道〉，頁 776-778；熊德基，〈太平經的作者和思想及其與黃巾和天師道的關係〉，《歷史研究》，1962 年第 4 期，頁 8-25；卿希泰，〈有關五斗米道的幾個問題〉，《中國哲學》，第 4 輯（1980），頁 325-336；湯一介，《魏晉南北朝時期的道教》（台北：東大圖書公司，1988），頁 82-86；福井康順，〈五斗米道〉，收入氏著，《道教の基礎的研究》（東京：理想社，1952 年初版。東京：書籍文物流通會，1958 年再版），頁 2-61。

112　同上。另見饒宗頤，《老子想爾注校箋》（香港：香港大學，1956）；林富士，〈試論《太平經》的疾病觀念〉。

113　有關漢中「五斗米道」王國的組織和行事，除史籍所載之外，六朝道經，如《老君音誦誡經》、《三天內解經》、《陸先生道門科略》、《玄都律文》、《太眞科》等，亦頗載其事。詳細的析論，參見大淵忍爾，〈後漢五斗米道の組織について〉，《東方宗教》，第 65 號（1985），頁 1-19。

女則嫁曹操之子曹宇（彭祖）爲妻，其部衆則開始在北方重建組織、傳佈信仰，
也因此天師道才得以在黃河流域慢慢傳佈開來。[114] 這個道團以療病爲手段、藉
疾疫流行之機而興起一事，在道教本身的經典中也有所論述。例如，南朝劉宋時
期「三天弟子」徐氏所撰的《三天內解經》便云：

> 下古僭薄，妖惡轉興，酌祭巫鬼，眞僞不分。太上於瑯琊以太平道經付干
> 吉、蜀郡李微等，使助六天檢正邪氣。微等復不能使六天氣正，反至漢世，
> 群邪滋盛，六天氣勃，三道交錯，癘氣縱橫，醫巫滋彰，……天民夭橫，
> 暴死狼籍。……太上以漢順帝時選擇中使，平正六天之治，分別眞僞，顯
> 明上三天之氣，以漢安元年（142 A.D.）壬午歲五月一日，老君於蜀郡渠
> 亭山石室中，與道士張道陵，將詣崑崙大治新出太上。……即拜張爲太玄
> 都正一平氣三天之師，付張正一明威之道、新出老君之制，罷廢六天三道
> 時事，平正三天，……到永壽三年（157 A.D.），歲在丁酉，與漢帝朝臣，
> 以白馬血爲盟、丹書鐵券爲信，與天地水三官太歲將軍共約永用三天正法：
> 不得禁固天民，民不得妄淫祀他鬼神。……疾病者但令從年七歲有識以來
> 首謝所犯罪過，立諸跪儀，章符救療。久病困疾，醫所不能治者，歸首則
> 差。[115]

這段文字或有「神話」的成份，但其敘述天師道的起源和道法時著眼於「癘氣縱
橫，醫巫滋彰」、「天民夭橫，暴死狼籍」的社會背景，並強調天師道以「首謝
罪過」和「章符」爲其主要療病手段，可說和其他材料所載、以及本文研究所得
深相符契。

　　獻帝時期的道團，除了巴、漢及北方的天師道之外，在江南地區，另有于吉
（或干吉）的道派。西晉虞溥《江表傳》云：

> 時有道士琅邪于吉，先寓居東方，往來吳會，立精舍，燒香讀道書，制作
> 符水以治病，吳會人多事之。策嘗於郡城門樓上，集會諸將賓客，吉乃盛
> 服杖小函，漆畫之，名爲仙人鏵，趨度門下。諸將賓客三分之二下樓迎拜

114　參見唐長孺，〈魏晉期間北方天師道的傳播〉。
115　《三天內解經》（《正統道藏》，滿字號，no. 876），卷上，頁 4b-6b。

之，掌賓者禁呵不能止。策即令收之。諸事之者，悉使婦女入見策母，請
救之。母謂策曰：「于先生亦助軍作福，醫護將士，不可殺之。」策曰：
「此子妖妄，能幻惑眾心，……不可不除也。」諸將復連名通白事陳乞之，
策曰：「……今此子已在鬼籙，勿復費紙筆也。」即催斬之，縣首於市。
諸事之者，尚不謂其死而云尸解焉，復祭祀求福。[116]

這則故事的內容是否完全可信、文中的于吉是否和順帝時獻上《太平清領書》的
宮崇之師同一人、于吉是否真為「太平道」的創始人，雖然都有爭議之處，但是，
以于吉傳說在六朝典籍、道經中記載之多、流傳之久來看，約於建安五年（ 200
A.D. ）被孫策所殺的于吉，其人其事應該不是純粹出於虛構。[117] 倘若上引《江
表傳》所載大致可信，則于吉於獻帝初年在孫吳境內的傳教活動可說極為成功，
其信徒人數在其生前、死後都極為可觀。而其佈道方法則是「燒香讀道書、制作
符水以治病」，孫策母為其說情也說于吉能「助軍作福，醫護將士」，可知于吉
所以能吸引眾多信徒，其所仗恃的法術之一即其醫療能力。

于吉之外，當時江南地區又有所謂「李家道」。《抱朴子》〈內篇‧道意〉
云：

又諸妖道百餘種，皆煞生血食，獨有李家道無為為小差。然雖不屠宰，每
供福食，無有限劑，市買所具，務於豐泰，精鮮之物，不得不買，或數十
人廚，費亦多矣。復未純為清省也，亦皆宜在禁絕之列。或問李氏之道起
於何時。余答曰：吳大帝時，蜀中有李阿者，穴居不食，傳世見之，號為
八百歲公。人往往問事，阿無所言，但占阿顏色。……後一旦忽去，不知
所在。後有一人姓李名寬，到吳而蜀語，能祝水治病頗愈，於是遠近翕然，
謂為李阿，因共呼之為李八百，而實非也。自公卿以下，莫不雲集其門，…
…於是避役之吏民，依寬為弟子者恆近千人，而升堂入室高業先進者，不

---

116 《三國志》，卷46，頁1110，裴注引。
117 參見福井康順，《道教の基礎的研究》，〈干吉の行跡とその師承〉，頁62-71；卿
希泰，《中國道教思想史綱‧第一卷‧漢魏兩晉南北朝時期》（成都：四川人民出
版社，1980 ），〈于吉和南方道教活動〉，頁160-165；前田繁樹，〈六朝時代に於
ける干吉傳の變遷〉，《東方宗教》，第65號（ 1985 ），頁 44-62。

過得祝水及三部符導引日月行炁而已，……吞氣斷穀，可得百日以還，亦不堪久，此是其術至淺可知也。……吳曾有大疫，死者過半，寬所奉道室，名之為廬，寬亦得溫病，託言入廬齋戒，遂死於廬中，而事寬者猶復謂之化形尸解之仙，非為真死也。……天下非無仙道也，寬但非其人耳，余所以委曲論之者，寬弟子轉相教授，布滿江表，動有千許，不覺寬法之薄，不足遵承而守之，冀得度世，故欲令人覺此而悟其滯迷耳。[118]

葛洪對「李家道」道法的批評或許是出自伐異之心，但由其敘述仍可想見，這個道派自孫權（182-252 A.D.）時起，一直到葛洪（fl. 317-350 A.D.）之時，始終盛行不衰，應當有其引人之處，[119] 其中最值得注意的是，李寬所以能使公卿以下雲集其門、弟子恆近千人，主要關鍵在於他「能祝水治病頗愈」，而吳的「大疫」雖有可能確實使李寬隕命，但其道法已傳，大疫流行，或許反而使其弟子更有活動的機會，以致能「轉相教授，布滿江表」。這個道派崛起的時間雖然不一定是在獻帝期間，但其利用「療病」的手段、利用「大疫」的社會情境以傳教佈道，和獻帝時其他道團如出一轍，故詳引葛洪的記載做為說明當時道團活動的例證。

　　上述道團的療病法雖說是以悔過、祝禱、符水為主，但以上引「李家道」的材料來看，當時道士似乎也傳授其信徒「導引」、「行氣」、「吞氣」、「斷穀」這類的養生術。即以《太平經》所載的幾種療病手段來看，事實上也包含了「方藥」和「灸刺」的使用，以及「服食」（辟穀、食氣）和「守一」、「思神」這類養生術的鍛鍊。[120] 到了六朝時期，醫藥學（含養生術）所以會成為道教知識體系的重要內涵，而道教醫學能蔚為當時中國醫學的主流，其根源便在這個時期的發展。[121]

118　王明，《抱朴子內篇校釋》，卷9，頁158-159。

119　參見山田利明，〈李家道とその周邊〉，《東方宗教》，第52號（1978），頁15-27。

120　詳見林富士，〈試論《太平經》的疾病觀念〉，頁242-244。

121　有關六朝道教醫學及其與中國傳統醫學之關係的研究，詳見陳寅恪，〈天師道與濱海地域之關係〉，《中央研究院歷史語言研究所集刊》，第三本（1933），頁439-466；鍾兆鵬，〈道教與醫藥及養生的關係〉，《世界宗教研究》，1987：1，頁

　　除此之外，道教的興起和疾疫流行之間的緊密關係，事實上也可從一些神仙
故事中獲得一些訊息。毫無疑問的，一個中國中古時期的道士或道徒，其修煉的
最終目的應該就是成爲神仙。成爲一個神仙，除了不死之外，還可擁有凡人所無
的種種異能和法術，其中之一便是能免於疾病或疫癘的侵害。[122]　此外，仙人替
人治病或使人免遭疫癘的傷害，也常常是神仙故事中主要的情節之一。[123]　仙傳
中的人物雖然往往介於虛構與實存之間，但仍有若干要角似乎不是撰述者憑空捏
造而生。其中，被認爲係活躍於漢末的若干神仙人物，大多具有神奇的醫療技術
或辟除疾疫的能力，頗值得注意。

　　以《神仙傳》的記載來說，大約活躍於東漢桓、靈、獻三帝時期的王遠（王
方平），除本身成仙之外，並能令供養他的陳耽一家四十餘年「曾無疾病死喪」，
此外，並曾傳授一張「可以禳災治病」的符給其徒陳尉，而陳「以此符治病有效，
事之者數百家」。[124]　其次，主要活躍於獻帝時期的董奉，更是以擅於醫療、
「日爲人治病，亦不取錢」聞名。據云，他曾以「藥三丸」救活「得毒病死」的
交州刺史士燮，並以神奇的療法和咒術治癒「癘疾」和「精邪所魅」之病。[125]
再者，獻帝時期曹操曾向其請教養生之道的封衡，其行事則爲「聞有病死者，識
與不識，便以腰間竹管藥與之，或下鍼，應手立愈」，又「有二侍者，一負書笈，
一攜藥筍」。[126]　他如《桂陽列仙傳》則載有漢末蘇耽，仙去之前，因預知「年
將大疫，死者略半」，故指示其母「穿一井飲水，可得無恙」。[127]　凡此記載，

　　　　39-50；胡孚琛，《魏晉神仙道教》（北京：人民出版社，1989），頁266-305；吉
　　　　元昭治著，楊宇譯，《道教與不老長壽醫學》（成都：成都出版社，1992），頁1-
　　　　35，201-292。

122　詳見胡孚琛，《魏晉神仙道教》，頁123-185；蒲慕州，〈神仙與高僧--魏晉南北朝
　　　　宗教心態試探〉，《漢學研究》，第8卷第2期（1990），頁149-176。

123　詳見蒲慕州，〈神仙與高僧--魏晉南北朝宗教心態試探〉，頁161-163。

124　詳見《神仙傳》（《增訂漢魏叢書本》），卷2，頁2b-7a。有關王方平的生平和事
　　　　蹟，詳見宮川尚志，〈三國時代の道教史拾遺二則〉，頁131-136。

125　詳見《神仙傳》，卷6，頁9b-12b。

126　同上，卷10，頁12a-12b。

127　詳見酈道元著，戴震校，《水經注》（台北：世界書局翻印，1983），卷39，〈耒
　　　　水〉，頁485引。此一材料蒙本文審閱人（隱名）賜告，特此致謝。

即使有所虛誇之處，然旣能流傳一時，則至少反映出道徒面對疾病（疾疫）時之恐慌及其渴望醫護之熱切。而道教之所以創造（或記錄）、並宣揚這種神仙信仰和神奇故事，其著眼似乎不會與當時疾疫流行的社會情境全然無涉。

（三）佛教的勃興

　　佛教傳入中國究竟始於何時，因傳說紛歧，很難確定。截至目前爲止，無論是利用史籍所載、或是佛教經籍資料、抑或是新出土的考古資料，似乎都無法提出令人滿意的答案。[128]　不過，東漢末年（桓、靈、獻三朝）應可說是佛敎入華之後開始蓬勃發展的一個時期。在此之前，或有漢哀帝元壽元年（ 2 B.C. ）大月氏王使伊存來華口授《浮屠經》於博士弟子景盧之事，但此事似乎不曾在中國社會造成太大影響。[129]　其後，東漢明帝永平年間（ 58-75 A.D. ）遣使赴西域之事，雖然不完全是傳說或虛構，《四十二章經》也有可能在明帝時譯出（至遲也不會晚於桓帝之時），而且明帝時有楚王劉英「爲浮屠齋戒祭祀」之事，然而，自明帝之後一直到桓帝之前，流傳於中國社會的佛教經典大概只有《四十二章經》，漢人對佛敎的認識，也只是視其爲諸種鬼神方術之一，當時，佛敎在中國境內幾乎無任何勢力可言。[130]

　　佛敎在中國社會的勃興，要到漢末桓、靈之時才有蹤跡可尋。這可由三事明之。第一，桓帝於宮中「立黃老浮屠之祠」一事，雖因桓帝個人「好神僊事」所致，但由此可知佛敎當時在洛陽的聲勢想必不凡，才能直達政治權力的核心。[131]

128　詳見湯用彤，《漢魏兩晉南北朝佛教史》，頁 1-15。近數十年來，雖有若干漢代佛敎文物陸續出土，但學者從其中所獲得的訊息，實與傳統文獻所載沒有太大差異。詳見 E. Zürcher, "Han Buddhism and the Western Region," in W. L. Idema and E. Zürcher, eds., *Thought and Law in Qin and Han China* (Leiden: E. J. Brill, 1990)，頁 158-182；吳焯，《佛教東傳與中國佛教藝術》（杭州：浙江人民出版社，1991），頁 86-176。

129　湯用彤，《漢魏兩晉南北朝佛教史》，頁 47-51。

130　同上，頁 16-57。晉代釋道安〈注經錄序〉也說：「佛之著教，眞人發起，大行於外國，有自來矣。延及此土，當漢之末世，晉之盛德也。」見釋僧祐，《出三藏記集》（《大正新修大藏經》，卷 55，no. 2145），卷 5，頁 39 中。

131　參見湯用彤，《漢魏兩晉南北朝佛教史》，頁 55-56。

第二，襄楷於桓帝延熹九年（166 A.D.）上書時雜引《四十二章經》、《老子》
及《太平經》以相比附，[132] 可見當時已有術士留心或研讀佛經，佛教經典應已
逐漸爲人所知。第三，外國僧侶陸續來華、大量譯經，並講授經典、傳佈佛法。
其中最有名者爲安息人安世高（安清），他於漢桓帝建和二年（148 A.D.）至靈
帝建寧中（168-171 A.D.）二十餘年間，共譯出三十餘部經，共數百萬言（或曰
百餘萬言），並親自在洛陽講授佛法，聽講者頗衆，且有多位門徒。安世高所譯
的經典及所傳的禪法實爲漢魏二代最爲通行者。[133] 其次，有安息人安玄於靈帝
末至洛陽，與華人嚴浮調共譯《法鏡經》，嚴浮調不僅是已知的漢人中最早出家
者，其《沙彌十慧章句》更是中國佛教徒著述之始。[134] 再者，有月支國人支婁
迦讖（支讖）於桓帝末遊於洛陽，並於靈帝光和、中平之間（178-189 A.D.）傳
譯胡文，出《般若道行品》、《首楞嚴》、《般舟三昧》等經，又有《阿闍世
王》、《寶積》等十部經。此外，有康居人康巨（康臣）於靈帝時出《問地獄事
經》、支曜譯《成具光明三昧經》、支讖再傳支越（支謙）續譯《首楞嚴
經》，[135] 這些經典雖然有一部份可能到獻帝時才問世，但仍可視爲靈帝時的譯
經事業之一。

　　由以上所述可知，湯用彤謂「及至桓靈之世，安清支讖等，相繼來華，出經
較多，釋迦之教，乃有所據」，及謂「佛學在我國獨立而爲道法之一大宗，則在
桓靈之世。」[136] 應是實情。不過，當時的譯經、傳經活動，大致都集中於首都
洛陽，且參與者似乎大多爲士人階層。然而，到了獻帝時期，佛教在中國的佈教
活動似乎又有了新的進展。當時，洛陽雖然仍有譯經活動（如康孟詳之譯《中本
起經》），[137] 但譯經之處已不再限於洛陽，如《般舟三昧經》即成於許昌的佛

132　同上，頁57-61，104-113。
133　同上，頁61-64，96-98。
134　同上，頁64-66。按：安玄於靈帝末至中國或無可疑，但其譯出經典之時，及嚴浮調
　　　出家、撰《沙彌十慧章句》之日，或許已在獻帝之時。因爲，漢末翻譯佛經，常歷
　　　數年或數十年乃成。
135　同上，頁71。
136　同上，頁61，63。
137　同上，頁71。

寺。[138] 此外，佛法的傳佈對象也有漸形擴大之勢。例如《三國志》〈吳書·劉繇傳〉便載：

> 笮融者，丹楊人，初聚衆數百，往依徐州牧陶謙。謙使督廣陵、彭城運漕，遂放縱擅殺，坐斷三郡委輸以自入。乃大起浮屠祠，以銅爲人，黃金塗身，衣以錦采，垂銅槃九重，下爲重樓閣道，可容三千人，悉課讀佛經，令界內及旁郡人有好佛者聽受道，復其他役以招致之，由此遠近前後至者五千餘戶。每浴佛，多設酒飯，布席於路，經數十里，民人來觀及就食且萬人，費以巨億計。[139]

這是中國境內「造像立寺」見於記載的首例，其事則大約在陶謙於獻帝初平三年（193 A.D.）任徐州牧之後、獻帝興平二年（195 A.D.）笮融被殺之前。[140] 笮融用以吸引群衆的方式之一可說是以「實利」（免除徭役、布施酒飯）相誘，但是「造像」與「立寺」所產生的吸引力也不可忽視，而其使容身寺內之人（可容三千人）「悉課讀佛經」，對於傳佈佛教信仰應有不小的助益。然則，當時所傳佈的佛法又是什麼呢？

據湯用彤言，漢末至三國之初，流傳於中國境內的佛教有二大系統。一爲安世高的禪學，偏於小乘，其重要典籍爲《安般守意經》、《陰持入經》、安玄的《法鏡經》、及吳初康僧會的《六度集經》等。安世高的弟子有臨淮人嚴浮調、南陽人韓林、潁川人皮業、以及會稽陳業。名僧康僧會則曾從韓、皮、陳三人問學。二爲支婁迦讖的「般若」，乃大乘學，其重要典籍有《道行經》、《首楞嚴經》，以及吳初支謙所譯的《大明度無極經》（《道行經》之異譯）、《維摩詰經》等。支謙（又名支越，字恭明）爲支亮的弟子，支亮則爲支婁迦讖傳人。此外，獻帝時撰《理惑論》的牟子，也屬於這個系統。安世高、康僧會一系的學說，主「養生成神」，重視禪定、強調神通。支讖、支謙一系，則主「神與道合」，重視智慧（般若）、強調「如來禪」，而鄙視以「避世安己、持想守一」、「存

138　見釋僧祐，《出三藏記集》，卷7，〈般舟三昧經記〉，頁48下。

139　《三國志》，卷49，頁1185。

140　參見湯用彤，《漢魏兩晉南北朝佛教史》，頁72。

神道氣、養性求昇、惡消福盛、思至五通、壽命久長」爲目的的「外道五通禪」。
不過，當漢末之時，實以安世高一脈之學爲盛，支讖一脈的大乘般若要到晉代才
大興。[141]

　　然則，上述的「佛法」何以能於桓、靈、獻三帝時期逐漸傳佈開來？讀佛經、
崇信佛敎者又何以會在這段時期顯著增加呢？撇開複雜的政治、社會、文化因素
不論，純就當時疾疫流行所造成的社會危機和當時人身心上的苦痛來看，漢末在
華的僧人及傳道者事實上掌握了良好的契機，一方面以具體的醫術、養生術贏得
信賴，另一方面則翻譯與養生（禪定）、醫療、神通有關的典籍以敎授其信徒，
並宣揚佛的智慧、神力、和慈悲，以解釋當時人的苦痛由來，並提供救贖之道。
以下茲據佛典所載，略述其事。

　　來華的佛敎僧侶精通醫術者，代有名家，這類醫僧對於佛敎的傳佈應有不小
的貢獻。[142] 歷代「高僧」中，不乏「大顯神通」、「以術數弘敎」者，而其中
常爲僧人藉以彰顯「神通」的方術之一即其醫術。[143] 以安世高爲例，他在桓、
靈二帝時期所以能吸引衆多信徒，便和其精通方術有所關聯。康僧會（安世高的
再傳弟子）在其〈安般守意經序〉中曾言：

> 有菩薩者安清字世高，……博學多識，貫綜神摸，七正盈縮，風氣吉凶，
> 山崩地動，鍼龢諸術，覩色知病，鳥獸鳴啼，無音不照。懷二儀之弘仁，
> 愍黎庶之頑闇。先挑其耳，卻啓其目，……徐乃陳演正眞之六度，譯安般
> 之祕奧。[144]

由此可知，安世高來華之初，首先用以吸引徒衆的是其方術（醫術爲其中之一）。
此外，安世高又譯出《佛說㮈女耆域因緣經》。這部經典主要記載神醫耆域（或

141　同上，頁 138-149。

142　參見 Paul Demiéville, *Buddhism and Healing*, trans. by Mark Tatz (1937; Lanham, MD: University Press of America, 1985)，頁 51-53。

143　參見陳竺同，〈漢魏南北朝外來的醫術與藥物的考證〉，《暨南學報》，第 1 卷第 1 號（1936），頁 59-105；村上嘉實，〈高僧傳の神異につい〉，《東方宗敎》，第 17 號（1961），頁 1-17。

144　《安般守意經》（《大正新修大藏經》，卷 15，no. 602），頁 163 中。

以爲即耆婆)的故事。[145] 根據這部經典的記載,耆域不僅飽讀「本草、藥方、經脈諸經」,還擁有一株可用以「從外照內、見人腹臟」的「藥王樹」,而且精通各種神奇醫術(尤其是外科手術)。然而,該經也指出,耆域所能醫治的只是人的「外病」,至於「內病」則有賴佛的救護。[146] 安世高所以會翻譯這部經典,一則應該和其本身「洞曉醫術」有關,二則可能是爲滿足當時疾疫大起之際漢人期待「神醫」救助的心理需求。此後,佛敎僧侶所譯的醫藥書冠以耆域(或耆婆、耆潑)之名者,累代不絕,其源頭或許都可溯自安世高之譯此經。[147] 其次,漢末佛法的另一系傳人支謙(支越),似乎也是素習醫術之人。僧祐《出三藏記集》載云:

> (支謙)博覽經籍,莫不究練,世間藝術,多所綜習,……其本奉大法,
> 精練經旨。獻帝之末,漢室大亂,與鄉人數十共奔於吳。[148]

所謂「世間藝術,多所綜習」或即包括醫術在內,他在吳大帝黃龍二年(230 A.D.)與印度僧人竺律炎譯出《佛醫經》(或即《醫王經》),[149] 應非偶然。這部經典主要論述疾病之因,其文云:

> 人身中本有四病,一者地,二者水,三者火,四者風。……人得病有十因
> 緣:一者久坐不飯,二者食無貸,三者憂愁,四者疲極,五者婬妷,六者
> 瞋恚,七者忍大便,八者忍小便,九者制上風,十者制下風。佛言,命未
> 當盡爲橫盡,有九因緣:一不應飯爲飯,二爲不量飯,三爲不習飯,四爲
> 不出生,五爲止熟,六爲不持戒,七爲近惡知識,八爲入里不時不爲法行,
> 九爲可避不避。[150]

---

145 參見陳竺同,〈漢魏南北朝外來的醫術與藥物的考證〉,頁 65-75。

146 詳見安世高譯,《佛說㮈女耆域因緣經》(《大正新修大藏經》,卷 14, no. 553),頁 896 下-902 上。《大正新修大藏經》另收有《佛說㮈女耆婆經》(卷 14, no. 554,頁 902 中-906 中),二經內容大同小異。

147 參見陳竺同,〈漢魏南北朝外來的醫術與藥物的考證〉,頁 65-75。

148 僧祐,《出三藏記集》,卷 13,〈支謙傳〉,頁 97 中。

149 參見陳竺同,〈漢魏南北朝外來的醫術與藥物的考證〉,頁 67。

150 竺律炎、支越譯,《佛說佛醫經》(《大正新修大藏經》,卷 17 , no. 793),頁 737 上-737 中。

文中雖然主要以一般人的飲食、情緒、起居、及其他生活習慣解釋病因，但所謂
的「九因緣」中其實也包含了佛教所強調的道德和行爲戒律（尤其是所謂的「五
戒」）。[151] 除此之外，安世高所譯的《道地經》、[152] 支曜所譯的《小道地
經》[153] 中也都有類似的觀念。由此可知，當時來華僧侶所譯介的這類經典，其
中雖然不乏實際的醫療知識，但也含藏佛敎本身的敎義。

　　而以世人的惡行來來解釋疾病（及其他災禍）的發生，更是屢屢見於當時的
譯經。例如，安世高所譯的《佛說罪業應報敎化地獄經》論述二十種受罪衆生的
因緣時即歸諸前世種種罪惡，其中，言癩病病人即云：

> 第二復有衆生：身體頑痺、眉鬚墮落、舉身洪爛，鳥棲鹿宿，人跡永絕，
> 沾污親族，人不喜見，名之癩病。何罪所致？佛言，以前世時坐不信三尊、
> 不孝父母、破壞塔寺、……故獲斯罪。[154]

安世高所譯的《分別善惡所起經》也載：

> 今見有短命人，若形瘢瘡、身體不完、跛蹇禿僂。或盲聾瘖啞、䶩鼻塞壅，
> 或無手足、孔竅不通，皆由故世宿命屠殺射獵、羅網捕魚、殘殺蚊虻、龜
> 鱉蚤虱所致。[155]

支謙所譯的《佛說阿難四事經》亦言：

> 國中多有盜賊、水火，災異變生，毒氣流布，疾病縱橫，悉是海中龍神鬼
> 王之所爲也。……此諸鬼神龍者，皆是世人所爲。射獵、屠殺、魚網、中
> 毒死者，其魂神或墮海中爲龍，……忿怒宿怨，因作霧露吐惡毒氣，雨其
> 國中。其時人民，或中毒者，或但得病者，有相鞏污者，皆由世人所作不

151　同上，頁737中-738中。

152　詳見安世高譯，《道地經》（《大正新修大藏經》，卷15，no. 607），頁233上-
　　　233中。

153　詳見支曜譯，《小道地經》（《大正新修大藏經》，卷15，no. 608），頁236下-
　　　237上。

154　安世高譯，《佛說罪業應報敎化地獄經》（《大正新修大藏經》，卷17，no. 724），
　　　頁451上。

155　安世高譯，《分別善惡所起經》（《大正新修大藏經》，卷17，no. 729），頁518
　　　上。

仁，殘殺物命，展轉相怨。[156]

此外，在安世高所譯的《佛說鬼問目連經》、[157] 支謙所譯的《佛說孛經抄》[158] 中也有類似的概念。而除了解釋病因之外，佛教僧侶也提供了救護之道。他們大力宣揚佛陀（和菩薩）為「醫王」（或「大醫王」），並謂佛法能療人間一切病苦。例如，支婁迦讖所譯的《佛說純眞陀羅所問如來三昧經》即言：

> 其聞佛音，莫不得脫，其垢便除。十方諸醫不能除人心之垢，佛則是醫，
> 所語聞者心垢則除、便得安隱。[159]

同書又云：

> 譬如醫王悉愈人病，菩薩持經法，悉愈十方天下人生死老病。[160]

支謙所譯的《維摩詰經》亦言：

> （佛）生五道為大醫王，以慧以善救眾生病，應病與藥，令得服行。[161]

類似的概念尚可見於支婁迦讖所譯的《般舟三昧經》。[162] 同時，他們也告誡佛弟子，一旦有病，絕對不可、也不必求諸佛教之外的鬼神或術士，例如安世高所譯的《佛說阿難問事佛吉凶經》即言：

> 若有疾病，了不唸佛，便呼巫師卜問祠祀、請乞邪神，天神離遠不得善護，
> 妖魅日進、惡鬼屯門。[163]

至於具體的修練、養護之道，當時來華僧侶也有所傳授。例如在漢末桓、靈、獻三帝時期，安世高及其弟子（韓林、皮業、陳慧）所傳習的禪法便頗為流行，

156　支謙譯，《佛說阿難四事經》（《大正新修大藏經》，卷14，no. 493），頁757中。

157　詳見安世高譯，《佛說鬼問目連經》（《大正新修大藏經》，卷17，no. 734），頁535中-535下。

158　詳見支謙譯，《佛說孛經抄》（《大正新修大藏經》，卷17，no. 790），頁735下。

159　支婁迦讖譯，《佛說純眞陀羅所問如來三昧經》（《大正新修大藏經》，卷15，no. 624），頁355下。

160　同上，頁358上。又見頁359下。

161　支謙譯，《維摩詰經》（《大正新修大藏經》，卷14，no. 474），頁519上。

162　詳見支婁迦讖譯，《般舟三昧經》（《大正新修大藏經》，卷13，no. 418），頁916上。

163　安世高譯，《佛說阿難問事佛吉凶經》（《大正新修大藏經》，卷14，no. 492），頁753上。

而其重點便在於講求呼吸吐納之術、人身生死疾病之因，以及以禪定去除情欲、陰蔽、病厄，而得神通之道。[164]　其所依據的主要經典如《安般守意經》便云：

　　問佛何以敎人數息守意報。有四因緣：一者用不欲痛故，二者用避亂意故，三者用閉因緣、不欲與死會故，四者用欲得泥洹道故。[165]

另一重要經典《陰持入經》亦云：

　　爲一切天下人有二病。何等爲二？一爲癡，二爲愛，是二病。故佛現二藥。何等爲二？一爲止，二爲觀。[166]

　　所謂「安般」、「守意」、「止觀」基本上就是一種呼吸吐納、冥思觀想之法。

　　另一方面，當時偏屬大乘學一系的傳承者雖然不重呼吸吐納這類的養生之術，可是對於醫療之道似乎並不輕視。例如，牟子雖然痛斥辟穀以求成仙的行爲，卻仍認爲人不能無病，有病則當用針藥，其《理惑論》云：

　　問曰：「爲道之人云『能卻疾不病，不御針藥而愈』，有之乎？何以佛家有病而進針藥耶？」牟子曰：「……武王居病，周公乞命。仲尼病，子路請禱。吾見聖人皆有病矣，未覩其無病也。神農嘗草，殆死者數十。黃帝稽首，受針於歧伯。此之三聖，豈當不如今之道士乎？察省斯言，亦足以廢矣。」[167]

牟子的主張，實符大乘佛敎的基本精神。因爲，佛敎僧侶雖視佛陀爲「醫王」（或「大醫王」），並認爲佛法能療人間一切病苦，但在其傳敎過程，卻往往以

164　參見湯用彤，《漢魏兩晉南北朝佛敎史》，頁95-98，139-144。

165　安世高譯，《大安般守意經》（《大正新修大藏經》，卷15，no. 602），頁166上。

166　安世高譯，《陰持入經》（《大正新修大藏經》，卷15，no. 603），頁176上。

167　《弘明集》，卷一，頁6中。案：雖說有不少中外學者如（梁啓超、法人 Henri Maspero、日人常盤大定）曾疑《理惑論》係「東晉劉宋間人所作」，但據其序文考繹，現今大多學者皆謂該書應出自東漢末牟子之手無疑，周一良先生甚至考定其成書約當在195-201 A.D 之間；詳見湯用彤，《漢魏兩晉南北朝佛敎史》，頁73-80；周一良，〈牟子理惑論時代考〉，收入其《魏晉南北朝史論集》，頁288-303。此外，張曼濤主編的《現代佛敎學術叢刊》中有《四十二章經與牟子理惑論考辨》（台北：大乘文化出版社，1978）一書，收有多篇考辨《理惑論》及牟子年代的文章，可參看。

實際的醫藥和護理工作救助病患，視醫療他人之疾苦爲大功德，並鼓勵其信徒醫護他人。學者以爲這就是大乘佛教在在東亞地區得以順利傳佈的要因之一。[168]例如，支婁迦讖所譯的《佛說純眞陀羅所問如來三昧經》便說：

> 常教導一切人，……所行隨所樂喜，不失其意，而作醫王之德，療於老病死已。[169]

支曜所譯的《佛說成具光明定意經》亦言：

> 若見老羸疾病瘦尪，傷念扶護，至心不飾。[170]

即如被認爲偏屬小乘一脈的安世高，其所譯的《處處經》也勸說：

> 見人得疾病無瞻視者，當給與供養，令得安隱。[171]

安世高又譯有《佛說溫室洗浴衆僧經》，其書亦云：

> 佛告耆域，澡浴之法，當用七物除去七病，得七福報。何謂七物？一者然火，二者淨水，三者澡豆，四者蘇膏，五者淳灰，六者楊枝，七者內衣。此是澡浴之法。何謂除去七病？一者四大安隱，二者除風病，三者除濕痺，四者除寒冰，五者除熱氣，六者除垢穢，七者身體輕便。是爲除去衆僧七病。如是供養，便得七福。……佛告耆域，作此洗浴衆僧開士七福如是，從此因緣，或爲人臣，或爲帝王，或爲日月四天神王，或爲帝釋轉輪聖王，或生梵天，受福無量。[172]

　　總之，漢末（桓、靈、獻三帝）時人在一波波疾疫的衝擊下，身心均需醫療與慰解，而無論是譯授和醫藥、禪定、神通有關的經典，或是宣揚佛陀爲大醫王

168　參見道端良秀，〈中國における佛教醫學〉，原載《宗教研究》一八五號，收入氏著，《中國佛教史全集第三卷：中國佛教思想史の研究》（東京：書苑，1985），頁 290-318；Paul Demiéville, *Buddhism and Healing*; Raoul Birnbaum, *The Healing Buddha*, revised edition (1979; Boston: Shambhala Publications, Inc., 1989)。

169　支婁迦讖譯，《佛說純眞陀羅所問如來三昧經》，頁 348 下。

170　支曜所譯的《佛說成具光明定意經》（《大正新修大藏經》，卷 15，no. 630），頁 457 中。

171　安世高譯，《處處經》（《大正新修大藏經》，卷 17，no. 730），頁 524 中。

172　安世高譯，《佛說溫室洗浴衆僧經》（《大正新修大藏經》，卷 16，no. 701），頁 802 下-803 上。

能療人間一切病苦，還是鼓勵以實際的針藥醫療、救助病者，當時來華的僧侶所傳佈與實踐的種種佛法，可說正是整個社會人心所渴求者。其能漸次吸引衆多信徒走上佛陀之道，至六朝時蔚爲當時最大的宗敎、社會勢力，可說是肇興於此。

五、結　論

由以上的論述可以知道，在東漢中晚期肆虐於中國社會的疾疫，根據范曄《後漢書》的記載，似乎以桓、靈二帝時期最爲盛行，其後則只有獻帝建安二十二年的大疫見於記載。但是，根據其他材料，我們發現，獻帝時期即使少有全國性的大疫，但是區域性的疾疫之災仍屢屢可見。值得一提的是，文獻所載的「疫」、「大疫」、「疾疫」、「疫癘」等，並不僅指傳染性的疾病，而是「流行病」的泛稱，因此，往往很難斷定爲某種特定的疾病。由於這個緣故，我們幾乎無法查考造成這一波波疾疫流行的原因。但是，其對東漢社會所造成的種種衝擊卻可推想而知。

姑且不論綿延多年的疾疫對於東漢晚期的政治局勢、經濟活動、社會結構、乃至思想文化造成多大的衝擊，單以心理層面而言，疾疫之災所造成的喪亡帶給生者的痛苦和恐懼應當極爲激烈。例如，建安十四年（ 209 A.D. ）曹操就曾下令言：

> 自頃已來，軍數征行，或遇疫氣，吏士死亡不歸，家室怨曠，百姓流離，而仁者豈樂之哉？不得已也。其令死者家無基業不能自存者，縣官勿絕廩，長吏存恤撫循，以稱吾意。[173]

其實，痛苦怨曠的不只是百姓之家。在建安二十二年大疫之後，曹丕於次年致吳質書中便云：

> 二月三日丕白：歲月易得，別來行復四年。三年不見，東山猶歎其遠，況乃過之，思何可支？雖書疏往返，未足解其勞結。昔年疾疫，親故多離其

173　《三國志》，卷1，頁32。

災，徐、陳、應、劉，一時俱逝，痛何可言邪！昔日游處，行則連輿，止則接席，何嘗須臾相失！每至觴酌流行，絲竹並奏，酒酣耳熱，仰而賦詩。當此之時，忽然不自知樂也。謂百年己分，可長共相保，何圖數年之閒，零落略盡，言之傷心。頃撰其遺文，都爲一集。觀其姓名，已爲鬼錄，追思昔遊，猶在心目，而此諸子化爲糞壤，可復道哉！⋯⋯年行已長大，所懷萬端，時有所慮，至通夜不瞑。志意何時復類昔日，已成老翁，但未白頭耳。⋯⋯恐永不復得爲昔日遊也。少壯眞當努力，年一過往，何可攀援。古人思炳燭夜遊，良有以也。頃何以自娛？復有所述造否？東望於邑，裁書敘心，丕白。[174]

曹丕所以能和吳質「敘心」，乃因二人不僅有過共同歡樂的經驗，而且也有共同悲慟的時光，當時，其交游圈中，因疫癘亡故多人，所存無幾，因此對於這樣一個可以「敘心」的朋友更覺得可貴。 吳質的答書讀來也情切感人，其文云：

二月八日，庚寅，臣質言：奉讀手命，追亡慮存，恩哀之隆，形於文墨。日月冉冉，歲不我與。昔侍左右，側坐衆賢。出有微行之游，入有管絃之歡，置酒樂飲，賦詩稱壽。自謂可終始相保，並騁材力，效節明主。何意數年之間，死喪略盡。臣獨何德，以堪久長。陳徐劉應，才學所著，誠如來命，惜其不遂，可爲痛切。⋯⋯今質已四十二矣，白髮生鬢，所慮日深，實不復若平生之時也。但欲保身敕行，不蹈有過之地，以爲知己之累耳。游宴之歡，難可再遇，盛年一過，實不可追。⋯⋯不勝慺慺，以來命備悉，故略陳至情，質死罪死罪。[175]

這封信言昔日之歡、言友人喪亡略盡之痛、言己垂垂老矣及生命將逝之悲、言己欲謹身愼行以免有累「知己」，可謂至情之作。[176]

174　嚴可均校輯，《全上古三代秦漢三國六朝文》（北京：中華書局，1991），第二册，《全三國文》，卷7，頁5b-6b。

175　同上，卷30，頁8a-8b。

176　曹丕和吳質二人酬答之際，悲慟之外，隱含戒懼和自我惕勵之意，據云係與曹丕和曹植之間的嗣位之爭有關；參見王夢鷗，〈從典論殘卷看曹丕嗣位之爭〉，收入《傳統文學論衡》（台北：時報文化出版事業公司，1987），頁23-25。

上引曹丕和吳質的這兩封信，可說把當時疫癘之後生者的痛切和憂慮描寫得最為淋漓盡致。但是，在憂懼與傷慟之餘，如何在疾疫流行的年代裡倖免於難，似乎是當時人最為關切的問題。例如，曹丕《典論》即云：

> 潁川郤儉能辟穀，餌伏苓。甘陵甘始亦善行氣，老有少容。廬江左慈知補導之術。並為軍吏。初，儉之至，市伏苓價暴數倍。議郎安平李覃學其辟穀，餐伏苓，飲寒水，中泄利，殆至隕命。後始來，衆人無不鴟視狼顧，呼吸吐納。軍謀祭酒弘農董芬為之過差，氣閉不通，良久乃蘇。左慈到，又競受其補導之術，至寺人嚴峻，往從問受。閹豎真無事於斯術也，人之逐聲，及至於是。[177]

郤儉、甘始、左慈都是被曹操網羅於都城的方術之士，[178] 他們所傳授的各種養生之術（辟穀、服餌、行氣、導引、房中補導）雖然只是早先神仙養生家的舊技，卻能激起當時人競相學習的狂熱風潮，其中緣由，或許和疾疫流行所帶來的死亡陰影有關。

除了求助於養生、神仙之術外，當時人其實也尋求其他的救助之道，醫藥便是其中之一。例如，張仲景在解釋其創作《傷寒卒病論》的動機時便謂：

> 余每覽越人入虢之珍〔診〕，望齊侯之色，未嘗不慨然歎其才秀也。怪當今居世之士，曾不留神醫藥，精究方術，上以療君親之疾，下以救貧賤之厄，中以保身長全，以養其生。……卒然遭邪風之氣，嬰非常之疾，患及禍至，而方震慄，降志屈節，欽望巫祝，告窮歸天，束手受敗。賚百年之壽命，持至貴之重器，委付凡醫，恣其所措。……余宗族素多，向餘二百，建安紀年以來，猶未十稔，其死亡者，三分有二，傷寒十居其七。感往昔之淪喪，傷橫夭之莫救，乃勤求古訓，博采衆方，撰用素問、九卷、八十一難、陰陽大論、胎臚藥錄、并平脈辨證，為傷寒雜病論合十六卷。雖未能盡愈諸病，庶可以見病知源，若能尋余所集，思過半矣。[179]

177　《三國志》，卷29，頁805，裴注引。

178　見丁晏，《曹集詮評》，卷9，〈辨道論〉，頁53-56。

179　《註解傷寒論》，頁7。

由此可知，在疫癘的侵襲下，「感往昔之淪喪，傷橫夭之莫救」正是張仲景勤研醫藥的動力。

　　然而，生病時巫醫並用（甚至棄醫求巫）旣是漢人的社會習尙，[180] 則鬼神之力在疾疫流行的時代裡成爲救助的希望，應是自然之事。而這種社會情境也因此成爲各種宗教信仰崛起的最佳舞臺。由本文的研究來看，佛教來華之後，在東漢晚期，因逢疫癘之災所造成的痛苦與不安正瀰漫整個社會，而僧侶又能適時提供療治身心的佛法，故能勃然而興。同樣的，許多新興的道團也掌握了這個絕佳的契機，以醫療疾病做爲吸引群衆的手段，並且趁機傳佈其信仰。至於舊有的巫祝信仰，在新興的佛、道二教競爭之下，仍屹立不搖，但也因應疾疫流行的情勢做了若干調整。比如，強調其所奉祀神祇的治病或造成疫災的能力、並爲之興建祠廟，便是其中較爲明顯的新面貌。

　　總之，影響宗教興衰與變化的因素極多，本文並不以爲單以疾疫流行的社會情境就足以解釋佛教在中國的興盛、道教的崛起、以及巫祝信仰的發展。但是，疾疫的流行與東漢晚年嶄新的宗教情勢之間的緊密關聯，也不能忽視。

（本文於一九九五年二月十六日通過刊登）

後記：本文初稿完於 1990 年 8 月 12 日，原題 "Epidemic: A Fact Cannot be Ignored in Chinese Society During Chien-an Period (A.D. 196-220)"，係於普林斯頓大學求學期間的一篇學期報告，蒙余英時師教誨，無限感懷。

　　　　二稿改題「東漢獻帝時期的疾疫與社會」，係 1992 年 12 月 7 日「中央研究院」歷史語言研究所講論會講稿。發表前後，承評論人柳立言先生和本所邢義田先生、蕭璠先生、廖伯源先生、劉淑芬女士、康樂先生、劉增貴先生、王道還先生、李貞德女士、李建民先生，以及 Marty Powers 先生

180　詳見林富士，《漢代的巫者》，頁 63-67，114-118。

惠賜意見，特此致謝。

三稿改題「東漢獻帝時期的疾疫與宗教」，完於 1994 年 10 月 7 日，蒙杜正勝師與蒲慕州先生指正，在此申謝。

四稿改題「東漢晚期的疾疫與宗教」，完於 1994 年 10 月 19 日，投稿本刊後，承蒙二位審閱人慷慨賜告資料和寶貴意見，無限感激。

五稿，完於 1995 年元月 25 日。

Epidemics and Religions in Late Han China

Lin Fu-shih

This essay attempts to investigate the spread of epidemics and their impact on the religious development of the late period of the Eastern Han Dynasty. According to Fan Yüeh's *Hou Han-shu*, Chinese society suffered from rampant outbreaks of epidemics between 147 and 189. This work also indicates that from 189 until the fall of Later Han Dynasty in 220, probably only one epidemic occurred, in 217. However, if we examine other available sources, we find that an unknown epidemic(s) still sporadically attacked some regions of China in the last few decades of Later Han Dynasty.

It is difficult to ascertain the causes of the epidemics that prevailed in late Han China, but we can make some preliminary conclusions as to their impact. In terms of religious activities, we find that the prevalence of shamans, the establishment of shrines, the prevalence of cults of malicious ghosts, the rise of religious Taoism, and the successful spread of Buddhism were all linked to the social crises caused by these epidemics. During this time of crisis, shamans, Taoist priests, and Buddhist monks provided necessary assistance to fulfill people's psychological and/or physical needs, thereby attracting numerous followers. As a result, shamanism, Taoism, and Buddhism became the three most dominant religious forces at the end of Later Han Dynasty and during ensuing dynasties.

Although we should not overemphasize the role of epidemics in the development of Chinese religions, we still cannot ignore their direct or indirect impacts on religious movements during the waning years of Later Han Dynasty.

出自第六十六本第三分(一九九五年九月)

漢唐之間醫書中的生產之道

李貞德*

　　自古娩乳大故，有如就死，對產婦而言，是存亡關頭，對產家而言，則爲成敗之機。在宋代婦產科形成專科之前，醫者產家對生產有何因應之道，事關重大，而研究者寡。本文先以醫書資料爲主，重建漢唐之間婦女在入月滑胎、設帳安廬、臨產坐草、難產救治，以及產後處理等各方面的情形。然後配合正史、筆記等其他資料，嘗試探討生產相關行爲的社會文化意涵。

　　漢唐之間，婦女早婚、早育，醫家勸戒而俗風難改。面對生產大事，人們在入月、分娩和產後都有因應之道。滑胎湯藥，漢魏六朝時對於服用的月份或尚未有清楚的意見，唐宋以後則標定各種湯藥的服用時間。由於產孕不吉的觀念，產婦生產的地點選擇不易。寄產安廬，便是以隔離爲前題，爲產婦尋找一適合分娩的場所。唐代以前，分娩或在戶內，或在戶外，大多有帳以避風邪。生產依產圖行事，包括設帳、安廬、向坐、埋胞。隋唐之際，產圖經歷一重整的過程，由分門別類逐漸統合爲一圖。貴賤之別，在產前準備與產後照顧中，表現較爲明顯。至於分娩當下，不論社會階層，多眾治齊下，但求順產速效。

　　臨產坐草，或攀繩倚衡，或由人抱腰，大多以蹲坐爲主要分娩姿勢。漢唐之間，醫家對於難產的解釋，已超越觸忌犯神的範圍，對於橫生逆產亦有刺縮回順的處理。而難產救治的過程，顯示人們相信應及早干預、眾治齊下、和物物相感等諸觀念。丈夫被視爲責無旁貸，而鄰里的參與亦不無可能。坐草之時，助產者、親友可能聚集發表意見，男性醫者認爲將影響產婦的自然生產時間，故而加以指責。然因女性助產者向來沒有自己的聲音，男性醫者又多在難產時才被召至，兩者之間的恩怨，不免成爲醫療史與婦女史上的的公案。

---

* 「中央研究院」歷史語言研究所

胎兒胞衣皆出之後，產婦的辛苦雖暫告一段落，卻因防避風邪和產乳不吉的觀念，仍須與日常生活暫時隔離。婦女雖由於血露污穢和社會角色轉換等因素，被視爲不潔，但在醫書療傷補虛的觀念下，富貴人家的產婦，或因而得以休養月餘。在此期間，親友持滋補之物相賀，醫者謂「補養五內，非慶其兒也」，又勸婦女晚嫁少產，以免「血枯殺人」，也算是對女性本身，而非其作爲生育工具的一種關懷吧！

關鍵詞：漢唐之間 醫書 生產 婦女 生育

一、前言

生育是婦女生命中的大事，而生產可說是孕婦的生死關頭。倘若成功，產母不但自己重獲平安，也爲家庭提供繼承人和勞動力。分娩順利，在家庭、鄰里來說是一件喜事，也是對參與助產之人能力和努力的肯定。倘若失敗，情況則大不相同。母死子存，則新生兒失去母親，家庭失去主婦，存活之子處境堪慮，貧家更可能頓失支柱。母存子死，則懷胎十月，功虧一簣，對產婦身心打擊巨大。胎死腹中亦影響產母安全。倘若母子俱死，則不但家庭、鄰里悲痛，助產者亦難免遭怨謗。

生產是母親與其懷孕十月的胎兒分離的過程，在生物現象而言，古今中外大同小異。但環繞此一過程的醫療行爲、儀節禁忌和思想觀念，卻可能因時空文化而有差別。傳統中國社會中分娩的情形究竟如何，值得深入探討。然而，或因文獻蒐羅較不易，或因學者興趣待開發，至今關於傳統生育禮俗和婦產科醫學的專著仍屬少見，細部討論斷代生育文化的作品也不多，並且大多集中在宋明以後的發展。唐代以前的情形，研究成果較少。至於生產本身，更尚未有專文討論。[1]

---

[1] 郭立誠，《中國生育禮俗考》（台北：文史哲出版社，1971），概論傳統社會生育文化，如求子、胎教、和產育等各方面的禮俗。馬大正，《中國婦產科發展史》（山西：科學教育出版社，1991），則綜述自先秦至民初中國婦產科醫學的發展。杜芳琴，〈生育文化的歷史考察〉，見《性別與中國》，李小江、朱虹、董秀玉編（北京：三聯書店，1994），305-22，以生育主體、生育的價值取向、和生育手段爲基準，爲中國生育

　　我曾研究漢隋之間的「生子不舉」問題，發現貧家因產母死亡而不得不考慮棄養新生兒，於是懷疑當時棄養之例既多，是否暗示婦女產死之事亦夥？[2] 又因研究漢魏六朝的婦女生活，發現婦女的婚年大多集中於十四歲到十八歲之間，而婦女壽年的統計，則顯示二十歲到三十歲是婦女的死亡高峰之一，故而懷疑以產疾而亡，可能是當時婦女的重要死因之一。[3] 古代避孕和墮胎的技術尚不夠精準和普及，使婦女懷孕的機會增加。[4] 倘若十五歲結婚，四十五歲停經，生育

文化斷代，並考察各個分期的特色。斷代的討論，如Patricia Ebrey簡述宋人對婦女生育的照顧能力，見Ebrey, *The Inner Quarters: Marriage and the Lives of Chinese Women in the Sung Period*, Chapter 9 "Motherhood" (Berkeley, Los Angeles, London: University of Califormia press , 1993), 172-76。Charlotte Furth的專文則較詳盡地討論了明清兩代懷孕分娩的觀念，並觸及婦產科醫學與性別建構的議題。見Furth, "Concepts of Pregnancy, Childbirth, and Infancy in Ch'ing Dynasty China," *Journal of Asian Studies* 46.1 (1987): 7-35及 "Ming-Qing Medicine and the Construction of Gender," *Research on Women in Modern Chinese History* 2 (1994): 229-50. 游鑑明，〈日據時期台灣的產婆〉，《近代中國婦女史研究》1（台北：中央研究院近代史研究所，1993），49-89，則提及台灣婦女分娩的情形。李建民，〈馬王堆漢墓帛書「禹藏埋胞圖」箋證〉，《中央研究院歷史語言研究所集刊》65.4（1994）：725-832，討論漢代埋胞禮俗和天人相應的觀念。熊秉眞曾撰數文，利用明清以降醫書等資料討論產科與幼科醫學的發展，唯李、熊諸文重心以新生兒及幼兒的存活與發育爲主，較少觸及產婦的問題。見熊秉眞，〈清代中國兒科醫學之區域性初探〉，《近代中國區域史研討會論文集》上册（台北：中央研究院歷史語言研究所，1987），17-39；〈明代的幼科醫學〉，《漢學研究》9.1（1991）：53-69；〈傳統中國醫界對成長發育現象之討論〉，《國立台灣師範大學歷史學報》20（1991）：1-15；〈中國近世的新生兒照護〉，《中國近世社會文化史論文集》（台北：中央研究院歷史語言研究所，1992），387-482；〈傳統中國的乳哺之道〉，《中央研究院近代史研究所集刊》21（1992）：123-46；〈變蒸論：一項傳統生理假說的興衰始末〉，《漢學研究》11.1（1993）：253-67；〈中國近世士人筆下的兒童健康問題〉，《中央研究院近代史研究所集刊》23（1994）：1-29；及其專著《幼幼—傳統中國的襁褓之道》（台北：聯經出版社，1995）。

[2] 李貞德，〈漢隋之間的「生子不舉」問題〉，《中央研究院歷史語言研究所》66.3（1995）：747-812。

[3] Jender Lee, "The Life of Women in the Six Dynasties", *Journal of Women and Gender Studies* 4 (1993): 47-80, Table I & Table V.

[4] 有關唐代以前避孕墮胎針藥的討論，見李貞德，〈漢隋之間的「生子不舉」問題〉第四

十個子女的婦女，幾乎長年處於生育的情境中，平均每三年即生產一次。除去自己分娩，婦女亦觀察、談論、甚至協助其他女性親友分娩，生產可說是女性生活中的重要經驗。

此外，生育亦影響婦女的身心健康。早嫁、早經產，劉宋醫家陳延之認爲「腎根未立，而產傷腎」，以致少婦「有病難治」，而「無病者亦廢也」。[5] 南齊醫家褚澄更明確指出「產乳眾則血枯殺人」，規勸婦女晚嫁少產，主張「男雖十六而精通，必三十而娶，女雖十四而天癸至，必二十而嫁」，否則「交而不孕，孕而不育，育而子脆不壽」。[6]

事實上，史書中亦不乏因產而卒的記載。自漢以來，有祠「神君」者，據說是「長陵女子以乳死，見神於先後宛若。宛若祠之其室，民多往祠。」[7] 晉代諸

章第三節「避孕、絕育與人工流產」。李銀河研究現代中國農村的生育文化，發現目前七、八十歲的人當中，生過七、八個到十來個孩子的，大有人在。而五、六十歲未趕上計劃生育政策的婦女，即使不算流產或夭折，平均亦約有五個子女。見其《生育與中國村落文化》（香港：牛津大學出版社，1993），109。Ebrey則推測宋代婦女一生平均生育子女數約6.1人，而未成功分娩的懷孕次數應更多。見其*The Inner Quarters*, 172。我根據趙超，《漢魏南北朝墓誌彙編》中提及婦女及其子女的墓誌銘做粗略的統計，發現漢隋之間的貴族婦女一生所生子女平均約爲5人。子女數似乎略低的原因，除婦女早卒、早寡之外，亦因有些墓誌銘只提兒子，不提女兒，無法作全面的統計。婦女卒年及寡年統計，見 Lee, "The Life of Women in the Six Dynasties"。也有學者認爲，長期哺乳有助於避孕，見熊秉眞，〈傳統中國的乳哺之道〉。儘管如此，漢魏六朝婦女生育子女在10人左右者亦不在少數。一般平民，若無妾爲主婦分擔生育責任，則婦女懷孕分娩，面對生死關頭的機會，或更甚於此。

[5] 《醫心方》21/2a引陳延之《小品方》。《小品方》著作時代，馬繼興，〈『醫心方』中的古醫學文獻初探〉，《日本醫史學雜誌》31.1（1985）：326-71，訂爲晉代。馬大正，《中國婦產科發展史》訂爲兩晉之際，四世紀初。湯萬春，《小品方輯錄箋注》（安徽：科學技術出版社，1990）訂爲南北朝時期。但三者皆未說明判斷標準。任旭，〈《小品方》殘卷簡介〉，《中華醫史雜誌》17.2（1987）：71-73，廖育群，〈陳延之與《小品方》研究的新進展〉，《中華醫史雜誌》17.2（1987）：74-75，則訂爲劉宋時期。今暫從任、廖二人之說。

[6] 褚澄，《褚氏遺書》〈精血〉，33，〈問子〉，57。

[7] 「先後」者，姊妹也。見《漢書‧郊祀志》25a/1216。

顯姨嫁爲米元宗妻，產亡於家。[8] 南朝宋武帝劉裕母因產疾，於生產當日卒，裕
差點遭棄養命運。[9] 宋孝穆趙皇后，生產當日，「以產疾卒於丹徒官舍，時年二
十一」。[10] 陳吳興王胤之母孫姬「因產卒」，胤改由沉皇后撫養。[11] 北魏薛慧
命以產後殤子嬰疾而卒。[12] 類此之例，不一而足。古代婦女對於生產的危險，
頗有自覺。漢代名臣霍光的夫人顯就曾表示：「婦人娩乳大故，十死一生。」[13]
陳延之則形容婦女分娩時「下地坐草，法如就死也。」[14] 可見生產危險確爲當時
人的共識。而對生產過程及其意義的探討，便成爲瞭解婦女生活史的一個重點。

　　生產攸關產婦生死，但其影響卻不止於產婦本身。對於分娩大事，漢唐之間
的人們採取什麼因應之道？分娩的過程如何進行？生產何時結束？相關的醫療
和儀式行爲有何社會文化意義？這些課題對瞭解中古的婦女生活非常重要，然
而由於史料難尋，研究成果寥寥可數。我雖盡力蒐羅與生產相關的各種文獻，
但截至目前爲止，仍以醫書中所獲訊息最多。因此，本文將先以醫書資料爲
主，重建漢唐之間婦女在入月滑胎、設帳安廬、臨產坐草、難產救治，以及產
後處理等各方面的情形。[15] 然後配合正史、筆記等其他資料，嘗試探討生產相
關行爲的社會文化意涵。

　　在研究和寫作的過程中，有幾點因課題與史料性質所帶來的限制，必須事先
說明。首先，由於生活史與醫療傳統的連續性，使研究無法以政治史的朝代區

8　《太平廣記》276/2186引干寶《搜神記》。

9　《宋書・劉懷敬傳》47/1404。

10　《宋書・后妃傳》41/1280。

11　《陳書・後主諸子列傳》28/376。

12　趙萬里，《漢魏南北朝墓誌集釋》4/32b。

13　《漢書・外戚傳》97a/3966。

14　《醫心方》23/25a引《小品方》。

15　唐代以前醫籍大多散佚，所幸藉考古和傳抄得以保存部份。本文所徵引資料，大部份依
　　據十世紀日本醫者丹波康賴所輯《醫心方》、唐孫思邈《千金方》，和王燾《外台秘
　　要》。各醫書之年代斷定，除少數例外，大致參考長澤元夫、後藤志朗，〈引用書解
　　說〉，見《醫心方中日文解說》，李永熾譯，張禮文校訂（台北：新文豐出版公司，
　　1973），馬繼興，〈『醫心方』中的古醫學文獻初探〉，和李建民，〈馬王堆漢墓帛書
　　「禹藏埋胞圖」箋證〉附錄（一）「歷代婦產科著作書目」。

隔。本文題目，雖然依照主要徵引之醫書的出現時間，訂爲漢唐之間，但所討論的生產禮俗與醫療文化，實以醫書所錄自先秦到唐初的情形爲主。[16] 其次，中國幅員遼闊，各地風俗或異，加以魏晉南北朝政治分隔，區域差別本應考慮。唯因生育文化的相關資料蒐集不易，除非史料本身明確指出地區特色，否則以少數例證區分地域之別，似乎不妥。不如通觀當時人對生育的共同想法，較能呈現完整面貌。而在資料允許的情況下，再觀察不同區域間互相影響的現象。[17]

除了時空的影響之外，社會階層不同的婦女與產家，在面臨生產時的措施可能相異。傳世醫書既爲讀書人所作，大抵亦針對貴族而發。一方面可能有醫者「想當然耳」的情形，另方面亦難免階層限制。從現存醫書的內容看來，官宦之家與平民百姓在面對生產時的差異，究竟是因爲資源貧富而造成精密與粗陋之別，還是觀念本身不同，頗難一概而論。[18] 但在隋唐之際，醫者似乎逐漸不滿

---

[16] 首先，馬王堆漢墓出土的《胎產書》，其中對胚胎發育的認識，與北齊徐之才《逐月養胎方》和隋唐醫書如《產經》《諸病源候論》《千金方》一脈相承。其次，《錄驗方》和《千金方》等書雖成於唐初，但其作者甄權（540-643）、孫思邈（581-682）等人，卻歷經北周、隋、唐三代。書中所錄應亦反應南北朝以來婦產科的論述與方藥。最後，唐代中葉王燾（約713-755）的《外台秘要》中，收錄許多已經散佚的六朝和唐初醫書，也在本文的徵引之列。有時爲比較和補充說明，亦稍引宋代醫書爲輔證，則屬例外。關於馬王堆《胎產書》與後代胎養觀念的關係，見馬繼興，〈胎產書考釋〉，《馬王堆古醫書考釋》（湖南：科學技術出版社，1992）；李建民，〈馬王堆漢墓帛書「禹藏埋胞圖」箋證〉：754-55附表。

[17] 草藥的栽種似有擴張交流的現象，或因此縮減了地域間的差異。然一般而言，此時期醫書藥方中所用草藥，大多仍以巴蜀、西北及北方所產爲主。見以下討論。

[18] 譬如產後埋胞以期子壽，可能是普遍的觀念，但平民百姓埋胞，卻未必依馬王堆的「禹藏埋胞圖」如此繁複的手續。爲新生兒占卜吉凶，或亦普遍現象，卻未必皆如《禮記・內則》所言，在三日內「卜士負之」。就分娩本身而言，助產的本草、器物雖或有地域出產和階層的差異，但服藥、持器及符咒禁忌卻顯示「快速少痛即順產」和「物物相感」的普遍觀念。詳細見以下討論。關於埋胞習俗，參李建民，〈馬王堆漢墓帛書「禹藏埋胞圖」箋證〉；新生兒占卜吉凶，見蒲慕州，〈睡虎地秦簡《日書》的世界〉，《中央研究院歷史語言研究所集刊》62.4（1993）：623-75，Kinney, "Infant Abandonment in Early China", *Early China* 18 (1993): 107-38.

當時的生產觀念與方式，而思有所改善。究竟醫書表現了何種生產之道？與當時社會中的生產禮俗與婦女形象有何關聯？以下就分入月、分娩、產後三部份討論。

二、入月

進入妊娠的第十個月，宋代以後的醫書通稱之為「入月」，並對產婦特別調理。[19] 唐代以前的助產方藥中亦有「入月」一詞，然而入月護理的整套體系和規則似乎尚未明朗化，只有服藥滑胎和設帳安廬較為明確。

1. 服藥滑胎

服湯藥促進順產的觀念，自先秦以來即有，而所服湯藥似乎隨著時代日趨繁複。有些方藥的服用時機，在早期各種醫書中說法互異，後來則逐漸統一。馬王堆漢墓出土《胎產書》中載：「懷子者，為烹白牡狗首，令獨食之。其子美皙，又易出。」（附錄A1）「牡狗首」，一解作「牡螻首」，即螻蛄，是先秦以來民間公認治兒衣不出的配方。[20] 或謂從「烹」和「獨食」兩句來看，所指非螻蛄之類的小形昆蟲，而是白色雄狗的頭，此或與狗血治產難橫生，而狗毛

---

[19] 北宋《太平聖惠方》76/20-21稱分娩預備藥物應於「入月一日皆需收足」，並且「產婦入月切不得飲酒」，「入月門前不得停留形跡客宿」等。陳自明《婦人大全良方》卷十六亦有「入月預備藥物」條。南宋朱端章《衛生家寶產科備要》收集各種胎產醫書，亦特別說明「入月」應準備臨盆及產後所需用的各種湯藥、選擇產婆、整理產房、貼產圖、瞭解埋胞方位、讓產婦日進保生圓一服（6/65；1/1），並且有不能洗頭等種種規定（1/3）。Ebrey亦指出宋代婦產科醫書特別重視「入月」的現象，見其 The Inner Quarters, 173.

[20] 自漢以來，民間即相信螻蛄有治療兒衣不出的效果。《四民月令》說五月五日，「可作醢……取……東行螻蛄」，注引北魏賈思勰《齊民要術》稱「螻蛄有刺，治去刺，療產婦難生，兒衣不出。」見繆啟愉，《四民月令輯釋》（北京：農業出版社，1981），馬繼興，《馬王堆古醫書考釋》，806。

治產難的說法有關。[21]

　　漢代醫家張仲景和晉代王叔和則建議孕婦宜常服當歸散。[22] 將當歸、黃芩、芍藥、芎藭、和白朮杵散，一日兩次，以酒配服，稱「妊娠常服，即易產，胎無疾苦。產後百病悉主之。」（A2）此外，妊娠身重，小便不利，應服葵子伏苓散，徐忠可稱「葵能滑胎兒不忌」。[23] 陶宏景說：「以秋種葵，覆養經多，至春作子者，謂之冬葵，入藥性至滑利。」[24] 劉宋陳延之《小品方》則稱「貝母令人易產」。（A4）[25] 然而上引醫書中，皆未言明何時可服、何時當服滑胎湯藥。雖說當歸，「妊娠常服，即易產」，但其實與葵子、貝母等本草

---

[21] 周一謀、蕭佐桃採此說，見《馬王堆醫書考注》（天津：科學技術出版社，1989），355 引《名醫別錄》和唐蘇敬語。馬繼興則釋「獨食」爲「只吃」螻蛄「這一種藥」，倘眞如此，應爲妊娠末期的助產良方，見《馬王堆古醫書考釋》，806。

[22] 漢張仲景《金匱要略》，清徐忠可論註，20/304，以下稱《金匱要略》。王叔和《脈經》9/4b。《別錄》曰：當歸生隴西川谷；蘇頌曰：今川蜀陝西諸郡及江寧府滁州皆有之，以蜀中者爲勝。《本草綱目》〈草部〉14/2-5。現代中草藥研究指出，當歸主要化學成分在藥理作用與臨床應用顯示：1.對子宮含興奮和抑制兩種成分；可能有促進子宮增生的作用。2.有擴張血管和抑制血小板聚集的作用，臨床用於治療血栓閉塞性脈管炎有效，可治療血栓-栓塞性疾病。見《中藥誌》（北京：人民衛生出版社，1982-1989）（一），417-23，71「當歸」條。

[23] 《金匱要略》20/302-303。

[24] 唐代咎殷《產寶》亦以冬葵子治倒生。李時珍《本草綱目》，卷十六「葵」條則謂葵能「利竅通乳、消腫滑胎」，並且「其根葉與子功用相同。」產地，《別錄》曰：冬葵子生少室山；宋代蘇頌則曰：葵處處有之。見《本草綱目》〈草部〉16/88-91。現代中草藥研究則認爲，葵根可用於高熱不退、肺熱咳嗽、乳汁不通、便秘、阿米巴痢疾、尿路結石。葉，外用治癰瘡腫毒、瘭疽、骨折。花，外用治燙傷。見《中國本草圖錄》（北京：人民衛生出版社；香港：商務印書館合作出版，1987-1989），卷五，105，2207「麝香秋葵」條，據《全國中草藥匯編》下，551。

[25] 《外台秘要》33/921引《小品方》並稱若「妊娠臨月，因風發痓」，悶憒吐逆，也可以貝母入藥服用。北周甄權《錄驗方》則稱貝母「作末酒服，治產難及胞衣不出」，湯萬春《小品方輯錄箋注》21/109-110引。現代中草藥研究指出，由川貝母分出的貝母素丙（Fritimine）用於豚鼠，有促進子宮收縮的作用。見《中藥誌》（一），98-106，17「川貝母」條。《錄驗方》，《舊唐書・經籍志》47/2050：「古今錄驗方五十卷，甄權撰。」甄權，《舊唐書・方技傳》191/1089-1090載爲許州扶溝人，歷經北周、隋和唐初，貞觀十七年卒，年一百零三歲（540-643）。

一樣，亦常出現於救助難產的藥方中。（見附錄）如此看來，若妊娠初期服用，或有墮胎之虞，則只能於妊娠末期服用。[26]

除了螻蛄、當歸和葵子之外，南朝宋、齊間的醫書《僧深方》又稱「丹參膏」能養胎易生。丹參膏的成分包括丹參、人參、當歸、芎藭、蜀椒、白朮，以豬膏煎成，以溫酒服之。《僧深方》稱「任身七月便可服，至坐臥忽生不覺，又治生後於（瘀）痛也。」(A5)[27]《產經》也稱「任身垂七月，常可服丹參膏，坐臥之間，不覺忽生也。」(A7)[28] 然而北齊徐之才《逐月養胎方》卻認為妊娠第十個月才可服。（A6）七月、十月二說不一。北宋《太平聖惠方》卷76助產藥方中，則稱「丹參膏」應於妊娠時預服，以利滑胎。到了南宋朱端章《衛生家寶產科備要》中，則明確採用徐之才入月始服「丹參膏」的看法，《僧深方》和《產經》七月便服之說則不復見。[29] 除丹參膏外，妊娠末期孕婦亦可預服以甘草、黃芩、大豆黃卷、粳米、麻子人、乾薑、桂心和吳茱萸合製而成的「甘草散」。《小品方》建議應在「未生一月日前預服，過三十日，行步動作如故，兒生墮地，皆不自覺。」（A3）[30]《千金方》則錄以車前子、阿膠、滑

---

[26] 南宋朱端章《衛生家寶產科備要》6/65引《虞氏備產濟用方》：「妊娠五個月後，宜服滑胎枳殼湯」。但同書6/73又稱「此方神妙，滑胎易產，他藥所不及，但其胎緊小，微帶黑色，百日後肉色方漸變白。唯產婦素虛怯者，更宜斟酌，緣枳殼性寒，恐難多服也。」《衛生家寶產科備要》7/95：「枳殼散，妊娠至五月以後，能順氣，瘦胎易產。」同書7/96又有「陳逍遙水酒散……自五六個月以後，常服，至產時，草蓐之間，痛當減半。」如此看來，滑胎湯藥至少應在懷孕五六個月之後才能服用。

[27]《醫心方》22/18ab。《僧深方》，《隋書·經籍志》34/1042載「釋僧深藥方三十卷」。《醫心方》〈引用書解說〉稱「深師為宋齊人」。現代中草藥書籍雖然仍稱丹參有活血祛瘀、消腫止痛、養血安神的功能，但臨床研究似乎尚未涉及與生產相關的療效，僅指出丹參有擴張冠狀動脈增加血流量的作用。見《中藥誌》（一），339-49，58「丹參」條。

[28]《醫心方》23/9a，22/18b引。《產經》的著作年代，依長澤元夫、後藤志朗之說，訂為隋代德貞常作品。

[29] 朱端章《衛生家寶產科備要》2/24。

[30] 甘草產地，《別錄》曰：甘草生河西川谷積沙山及上郡；陶宏景曰：今出蜀漢中；蘇頌則曰：今陝西河東州郡皆有之。見《本草綱目》〈草部〉12/81-85。現代中草藥學對甘草的研究豐富，《中藥誌》（一），355-66，60「甘草」條。

石合治的滑胎藥，其中亦強調「至生月乃服，藥利九竅，不可先服。」（A9）
二者皆是入月才服用的滑胎助產藥方。

　　富貴之家可依照醫書指示，於妊娠末期對孕婦加強護理。平民百姓或亦有草
藥滑胎的觀念，但能否按方服藥，則不得而知。除去入月以後以滑胎藥方促進
順產之外，富貴人家亦較可能爲孕婦臨盆預備場地。

2. 設帳安廬

　　爲妊娠末期的孕婦尋找和預備分娩的場地，也是入月以後的一項重要工作。
現存醫書中提及爲孕婦預備產房者，始於隋代德貞常的《產經》。產房可能特
別搭設於室外，也可能置於室內某間房屋。置於室外的產房，或稱產廬，《產
經》云：「按月之方安產廬吉」，並稱「凡作產廬……禁居生麥稼大樹下，大
凶。勿近灶祭，亦大凶。」[31] 可見產廬可能離住屋有一點距離。

　　室外的產房有時又稱「產帳」，但「產帳」卻未必皆指室外產房。唐代王燾
《外台秘要》建議尋找分娩場所，認爲「若神在外，於舍內產，若在內，於舍外
產，令於福德及空地爲產帳，其舍內福德處，亦依帳法。」[32] 似乎「產帳」亦
可用於指稱室外分娩時所搭設的產房。[33] 北齊武成胡后產後主之日，有「鴞鳴

---

[31] 《醫心方》23/8a引。《產經》並謂「正月、六月、七月、十一月，作廬一戶，皆東南向吉。
　　二月、三月、四月、五月、八月、九月、十月、十二月，作產廬一戶，皆西南向吉。」

[32] 《外台秘要》33/927，並見圖。隋代蕭吉《五行大義》釋「福德」曰：「德有四德，三者
　　從干支論之，一者從月氣論之。支干三種者，一曰干德，二曰支德，三曰支干合德。」
　　見中村璋八，1984《五行大義校注》2/66「第七、論德」。

[33] 「廬」與「帳」，原來似非指同一物。《說文》：「廬，寄也，秋冬去，春夏居。」
　　《詩・小雅・信南山》：「中田有廬。」鄭箋云：「中田，田中也，農人作廬焉，以便其
　　田事。」唐段成式《酉陽雜俎・禮異》：「北朝婚禮，青布幔爲屋，在門內外，謂之青
　　廬，於此交拜。」「廬」應指爲特殊需要，於戶外搭設之棚舍。「帳」從巾部，《說
　　文》：「帳，張也。」劉熙《釋名》：「帳，張也，張施於床上也。」然而從王燾所言
　　看來，有時似亦稱戶外「產廬」爲「產帳」。

於產帳上」，³⁴ 看來產帳並不一定設於室內，亦可能設於室外，和宋代以後專指設於產婦床上的幕帳不同。³⁵ 而且並非指平時睡床上或設有之帳幕，而是臨產時特別爲產婦準備的：

> 《俗說》曰：「桓玄在南州，妾當產畏風，應須帳。桓曰：不須作帳，可以到夫人故帳與之。」³⁶

從桓玄妾產的例子看來，產帳是專爲產婦預備的設施，目的或在防風。但以設帳的講究來看，醫者所顧慮的又不止防風而已。

設帳的方法，當依產圖選定。前引《產經》和《外台秘要》指導產家按月之方安廬設帳，可見設帳至少應注意月份和方位。生產依產圖行事，先秦以來即然。但各種產圖在漢唐之間可能經歷一段內容逐漸整合、規格逐漸統一的過程。從《胎產書》中殘存的埋胞方位圖看來，埋胞似有獨立的一份圖。根據學者研究，認爲應以產婦個人居室爲中心，在其四周外方的十二個方位中，選擇吉地。³⁷

《隋書・經籍志》錄有《產圖》二卷，《雜產圖》四卷，但不知其確實內容爲何，涵蓋項目多少。³⁸ 至於分娩前產婦的方位，在德貞常著《產經》之前，便已有教導產家如何安置臨產婦蹲坐方向的圖解手冊。然而據德貞常觀察，一般此類手冊大多文字繁複，難以理解，因此採用上有困難。德貞常重新採撰易懂好用的向坐法手冊，稱爲「十二月圖」。《產經》表示「一切所用，曉然易解，凡在產者，宜皆依此，且餘神圖，無復所用。」³⁹ 顯然做了一次整合的努力。《醫心方》引《產經》沒有載月圖本身，而根據《產經》的說法，這些圖

---

³⁴ 《北齊書・武成胡后傳》9/126。然而《太平御覽》701/7a引《搜神記》載：「長安有張氏者，獨處一室，有鳩自外入止于床。」可見鳥禽飛入室內，亦不無可能。

³⁵ 「產帳」一詞，在宋代以後或專指設於產婦床上的幕帳。北宋《太平聖惠方》76/31b謂「入月一日，即寫（產圖）一本，貼於床帳正北壁上。」南宋朱端章《衛生家寶產科備要》1/1則建議「凡產，於入月一日，貼（產圖）在臥閤內正北壁上。」

³⁶ 《太平御覽》699/4b。

³⁷ 馬繼興，《馬王堆古醫書考釋》，764；李建民，〈馬王堆漢墓帛書「禹藏埋胞圖」箋證〉。

³⁸ 《隋書・經籍志》34/1037。

³⁹ 《醫心方》23/2b。

「亦不可不解，故以備載例焉」。[40] 依《醫心方》收載的解說來看，十二月圖主要以臨產月份、方位、和待產姿勢三者的搭配，避諸神所在，尋找吉地分娩。例如「正月，天氣南行，產婦面向於南，以左膝著丙地坐，大吉也。」[41]

---

[40]　《醫心方》23/2b。

[41]　《醫心方》23/3a-5a條列正月至十二月產婦向坐方位：

正月，天氣南行，產婦面向於南，以左膝著丙地坐，大吉也。（即日虛月德地）又天道在辛，天德在丁。（是亦吉地）

二月，天氣西行，產婦面向於西，以右膝著辛地坐，大吉（雖無吉神，本書載之）。又乙丁地無惡神，可用之。（按唐代《外台秘要》引崔氏產圖、宋代《太平聖惠方》所收「十二月產圖」，及朱端章《衛生家寶產科備要》所收產圖，當以左膝著庚地坐。見附圖一、二。）

三月，天氣北行，產婦面向於北，以右膝著癸地坐，大吉（雖無吉神，本書載之）。又日虛天道天德在壬，又丁地無惡神吉也。（按前註所引唐宋三產圖當以左膝著壬地坐。見附圖一、二。）

四月，天氣西行，產婦面向於西，以左膝著庚地坐，大吉（即日虛月德地）。又天道在丁，天德在辛。

五月，天氣北行，產婦面向於北，以右膝著癸地坐，大吉（無吉神而本書載之）。又乙丁辛地無惡神，可用之。（按前註所引唐宋三產圖當以左膝著壬地坐。見附圖一、二。）

六月，天氣東行，產婦面向於東，以左膝著甲地坐，大吉（即日虛天道地）。又乙辛地無惡神。

七月，天氣北行，產婦面向於北，以左膝著壬地坐，大吉（即日虛月德地）。又天德在癸，天道在辛。

八月，天氣東行，產婦面向於東，以左膝著甲地坐，大吉（雖有日虛月空，又□鬼道可忌）。又乙丁辛地無惡神。（前註所引唐宋三產圖未標明安產帳吉之地，但言月空在甲庚，而庚則藏衣吉。見附圖一、二。）

九月，天氣南行，產婦面向於南，以左膝著丙地坐，大吉。（即日虛天道天德地）。又丁癸地無惡神。

十月，天氣東行，產婦面向於東，以左膝著甲地坐，大吉（即日虛月德地）。又天道在癸，又丁地無惡神。

十一月，天氣南行，產婦面向於南，以右膝著丁地坐，大吉。（無吉神而本書載之）。又乙辛癸地無惡神。（崔氏產圖以丙地有狂虎，而謂巳地安產婦帳吉；朱端章則謂向北左膝壬地安產吉，狂虎在子。見附圖一、二。）

十二月，天氣西行，產婦面向於西，以右膝著辛地坐，大吉（雖無吉神，本書載之）。又乙辛地無惡神。（崔氏產圖以面向東，以左膝著甲地坐；朱端章則謂面向西，以左膝著庚地安產吉。見附圖一、二。）

　　《產經》的「十二月圖」是否只錄產婦向坐方位，而不標示設帳、埋胞的吉地，因《產經》已佚，而《醫心方》未收月圖，故不得而知。倘若《產經》的月圖只標示蹲坐方位，則或與馬王堆《胎產書》所收「禹藏埋胞圖」相似，為類別獨立的一份產圖。然而若將《產經》的解說與唐代王燾《外台秘要》、北宋《太平聖惠方》、和南宋《衛生家寶產科備要》收錄的產圖比較，則可發現兩個現象。第一，《產經》與唐宋三圖基本上屬於同一系統，各月所擇吉向大致相同。[42] 第二，唐宋三組十二月圖將設帳、安產和埋胞統合於一份圖中（見附圖一、二）。《太平聖惠方》指出「安置產婦及藏衣，並於堂內布方位，取吉地。若藏衣、諸藏污，即於宅內分位。凡安置產婦地，即是月空，宜以此准之。仍先做一坑，事畢覆蓋。」[43] 《衛生家寶產科備要》更言明「凡安產藏衣方位，並於臥閤內分佈」。[44] 顯示最晚到了唐代，已有包括分娩諸事的統一產圖，而最遲到宋代，產圖已貼於產房內，安產、埋胞皆依圖在房內進行。

　　由上所述可知，醫者認為產家在時間、經濟和人力負擔得起的理想狀況下，應在入月之後，依照分門別類或統一規格的產圖，為孕婦尋找並佈置生產的場所。然而分娩的時機在天不在人，其實無法照章行事。倘若過月不產，醫書建議更換為次月的產圖，重新安排；[45] 而有時突然分娩，令人措手不及。一旦陣痛開始，醫書的教導又如何呢？以下便分坐草、助產和救難三方面，討論漢唐之間婦女分娩的情形。

三、分娩

　　人們以戒慎恐懼的心情面對分娩，富貴之家或自入月後即做多項準備。然而一旦分娩開始，也只有依照當下狀況來處理。究竟如何確定此重要時日的到

---

[42] 但須注意的是，三者雖屬同一系統，《外台秘要》所言「安產婦帳」的吉地，在《產經》中是產婦蹲坐之地，而在宋代二圖中，則稱為「安產」吉地。究竟產帳是施於室內床上，或地上，可能並不一定。

[43] 《太平聖惠方》76/32。

[44] 《衛生家寶產科備要》1/1。

[45] 《衛生家寶產科備要》1/1。

來，《隋書・經籍志》收有王琛《推產婦何時產法》一卷，另有《推產法》一卷，所推測的，當即預產期。[46] 據說北齊的許遵曾教授其子暉「以婦人產法，預言男女及產日，無不中。」但以許暉在武成帝時「以此數獲賞」的情形看來，預產期的推測究屬特殊技藝，非常人所能。[47] 徐之才《逐月養胎方》和孫思邈《千金方》在妊娠十月的部份，只說「日滿即產」、「俟時而生」，可見預產期難測，大多數人只能耐心等待。[48] 一旦分娩開始，當如何行呢？前引《產經》的解圖說明，不但指出方位宜忌，且要求產婦以一膝著地待產，似乎臨盆時產婦並不仰臥床上，而是著地蹲跪分娩。以下便先討論古代婦女生產的體位。

1. 下地坐草

下地坐草的資料，自先秦以來即若隱若現。河北灤平縣后台子遺址出土石雕女像，學者認爲其中之一便是表現蹲踞臨產姿態。[49] 至於醫書資料，馬王堆出土《五十二病方》「嬰兒索痙」條，稱「索痙者，如產時居濕地久，其肯直而口拘，筋攣而難以伸。」「嬰兒索痙」之病，雖然病主是誰，學者說法不一，或謂產婦，或謂嬰兒，但從「居者坐也」的解釋看來，先秦分娩似即以下地坐產爲主。[50] 劉宋醫家陳延之嘗謂「古時婦人產，下地坐草，法如就死也。」[51]

---

[46] 《隋書・經籍志》34/1037。

[47] 《北史・許遵傳》89/2936。

[48] 《千金方》2/44。

[49] 挖掘報告及婦女石雕像，見承德地區文物保管所、灤平縣博物館，〈河北灤平縣后台子遺址發掘簡報〉，《文物》3（1994）：53-74；石雕女像的意義，見湯池，〈試論灤平后台子出土的石雕女神像〉，《文物》3（1994）：46-51。

[50] 馬繼興認爲，此爲婦女在產孕時因逗留在濕地太久而造成產後的痙病，見《馬王堆古醫書考釋》，368-69。周一謀等則以爲，此乃嬰兒出生時久居濕地而患的疾病，見《馬王堆醫書考注》，71-72。

[51] 《醫心方》23/25a。

一方面道出分娩的危險，另方面似乎也暗示古代分娩以坐產爲主。[52] 然而稱此爲「古時」產法，是否六朝時另有產法出現？《產經》以一膝著地，似爲跪產。巢元方《諸病源候總論》（以下簡稱《病源論》）則說婦人產「有坐有臥」：

> 婦人產有坐有臥，若坐產者須正坐，旁人扶抱助腰持捉之，勿使傾斜，故兒得順其理。臥產者亦待臥定，背平著席，體不傴曲，則兒不失其道。[53]

依現代產科醫學對分娩的認識來看，臥產易使子宮壓迫到腹主動脈和下腔靜脈，造成胎兒壓迫感和產母低血壓及出血。[54] 並且腹痛時想排出胎兒，會想蹲下而非仰臥，因此臥產似乎較不符合生理本能。《病源論》的文字，與其視爲對生產體位的要求，不如視爲針對不同體位建議最佳姿勢。亦即倘若坐產應「正坐不傾斜」，臥產則應「背平著席不傴曲」。《外台秘要》中有一段敘述分娩過程的醫案，顯示產婦「坐臥任意」，但仍以蹲坐用力爲主：

> 兒婦腹痛，似是產候，余便叫屏除床案，遍一房地，布草三四處，懸繩繫木做衡，度高下，令得蹲當腋，得憑當衡，下敷侵甑，恐兒落草□傷之。如此佈置訖，令產者入位，語之坐臥任意，爲其說方法。[55]

事實上，蹲坐分娩，腿可能會麻，持續的時間也無法太長。因此產婦也可能採取任何她覺得舒服或平常習慣的姿勢，或蹲坐、或站立，甚至各種姿勢互換以便用力，但仍以蹲踞爲主，並且必須有所憑藉。[56]《外台秘要》中的產婦倚

---

[52] 古人席地而坐，亦有各種姿勢，學者認爲至少有「跪坐」，包括膝蓋以上全身成一條直線的「跪」，和臀部以上全身成一條直線的「坐」；此外，又有被周人視爲無禮的「蹲踞」和「箕踞」。而人類最自然的休息狀態，是以蹲居及坐地最普遍，不是以跪爲主的任何體相。見李濟，〈跪坐蹲居與箕踞〉，《中央研究院歷史語言研究所集刊》24（1953）：283-301。分娩中產婦雖然可能以膝著地，但似以蹲踞和箕踞在內的坐地姿勢最多，詳見以下討論。

[53] 《巢氏諸病源候總論》43/4。

[54] Michel Odent, *Birth Reborn* (New Jersey: Birth Works Press, 1984), 96.

[55] 《外台秘要》33/924。

[56] 現代產科醫學指出，陰道內運動爲不對稱，故產母換姿勢有助於胎兒在產道內往下移。見 Odent, *Birth reborn*, 98.

衡；北宋楊子建《十產論》的產母則攀巾：

　　楊子建《十產論》：十曰坐產。坐產者，言兒之欲生，當從高處牢繫手巾
　　一條，令產母以手攀之，輕輕屈坐，令兒生下，不可坐砥兒生路。[57]

有時或因產日禁忌而攀倚不同物件。特殊產日，《外台秘要》稱：「不可攀
繩，宜懸馬轡攀之吉。」[58] 可見一般或不做衡而直接攀繩，但亦有攀馬轡者。
倘若不然，便有人從後抱腰助產，即《病源論》所謂「旁人扶抱助腰持捉
之」。《外台秘要》亦稱：「又凡產法，爲須熟忍，不得逼迫，要須兒痛欲
出，然後抱腰。旁人不得驚擾，浪做形勢。」[59] 馬轡非平民小農日常所有之
物，或較適用於富貴之家。懸繩繫木必須室內有足夠的空間，並且事先預備。
一般而言，產婦或仍賴他人抱腰協助。助產者從後抱腰支撐，便於產婦用力，
因此「抱腰」即代表準備施力產兒，與蹲坐可謂相輔相成。此種分娩體位，宋
代依然，並且在二十世紀之前，似爲古今中外婦女生產時最常採用的方式。[60]

---

[57] 陳自明《婦人良方》17/3 引楊子建《十產論》。

[58] 《外台秘要》33/927 引《崔氏年立成圖法》。

[59] 《外台秘要》33/924。

[60] 朱端章《衛生家寶產科備要》6/67引《虞氏備產濟用方》說：「產婦腹痛雖甚，且須令人
扶持，徐徐不住行動，若倦亦且扶立，時時令行……待子逼生，方得蹲坐。」直到清
代，醫者仍認爲分娩以蹲坐爲佳。見Charlotte Furth, "Concepts of Pregnancy, Childbirth,
and Infancy in Ch'ing Dynasty China", 17。清康熙年間東軒主人《述異記（下）・鬼交產
蛇》：「汝已有妊，然異類也……至後圃中掘一土坑，坐其上，可免也。母如其言，至
夜半坐坑中，腹痛異常，俄產十數蛇。」日據時代的台灣產婦則蹲坐於生子桶中或生子
草上分娩。生子桶爲嫁妝之一，生子草則爲平鋪於地上的稻草，見游鑑明，〈日據時期
台灣的產婆〉，71。今日香港華人的傳統婚俗中，女方嫁妝仍包括稱爲「子孫桶」的馬
桶，或亦與此有關。見何漢威編撰，《本地華人傳統婚俗》（香港：香港市政局，
1986），32。日本到近代以前，亦以蹲踞式分娩爲主，到平安朝仍有「抱腰」的記載，
橫臥式分娩則爲例外。某些村落，則又有因應難產而倚梯起立式的分娩姿勢。見中山太
郎，〈古代の分娩法と民俗〉，《歷史と民俗》（東京：パルトス社，1941），272-
94。西歐到近代以前，亦以蹲跪站坐等垂直式生產爲主。見Gelis, *History of Childbirth:
Fertility, Pregnancy and Birth in Early Modern Europe* (Cambridge: Polity press), 121-33. 抱腰
助產，古今中外都有圖像資料可見。五代到宋代的大足石刻〈說父母恩重經〉中，「臨
產」一景的刻像，產婦便是站著，一人從後抱持相助，一人挽袖待接新生兒。（見圖

　　蹲坐生產，雖然方便用力，但若時間太長，產婦恐怕會體力不濟，而抱腰耗力，或亦需換人接手。此時產婦便可能躺下臥產。臥產時，究竟臥地或臥床，有待細考。宋代楊子建的《十產論》說明橫產、倒產、偏產、礙產等難產諸狀的處理方式時，都先指示應「令產母於床上仰臥」，顯示若非難產，產婦大約並不仰臥床上。自先秦以迄兩漢，一般人雖大多席地而坐，但仍有當作臥具，高出地面的睡床，此所以陳延之稱古時婦人坐草爲「下地」。[61] 魏晉南北朝時，床的形制與功用頗有變化。[62] 有時登床需靠坐凳；《續搜神記》載「王蒙長才三尺，似爲無骨，登床輒令人抱上。」[63] 不經榻凳下床，史稱「自床投地」或「自投床下」。南朝徐孝嗣之母，即以「自床投地」企圖墮胎，看來有些睡床可能頗高。[64] 是否因床高不便，臥產時仍鋪席臥地而非臥床，待產後休養或難產救治才上床，史料闕如，難以確知。[65]

　　產婦既然蹲坐生產，而非臥床，分娩排洩物便極可能流到地上。鋪草灑灰，

　　三）西元前六世紀希臘陶俑，亦顯示助產者從後抱腰。（見圖四）一九八〇年代，法國婦產科醫生Michel Odent主張開創新的生產意象（或謂恢復古風），亦有抱腰助產婦蹲踞分娩的情事。（見圖五）「抱腰」與蹲坐產可謂一體的兩面。

[61]　但當時床或頗高，馬王堆《雜禁方》中有「多惡夢，塗床下方七尺」的記載。馬繼興，《馬王堆古醫書考釋》，1008，釋爲「容易在睡眠中作惡夢者，可以把地上的土七尺塗抹在床下」，不知實際上如何運作。周一謀、蕭佐桃，《馬王堆醫書考注》，410-11，未注此句，但對同書「塗井上方五尺」來防治犬吠的方法，則釋爲「即在井的上方塗抹五尺，以示戒束」。倘若厭勝之法如周、蕭所釋，需將厭勝之物塗於井上或床下數尺之處，則當時床頗高。

[62]　見瞿宣穎，《中國社會史料叢鈔》甲集中冊（台灣：商務印書館1965年重印，1937），260-63，討論南北朝坐床之俗，及崔詠雪，《中國家具史—坐具篇》，第三章「論床榻」（台北：明文書局，1989）。

[63]　《太平御覽》378/4a。

[64]　見《南史·徐孝嗣傳》15/438，及《新唐書·高祖太穆竇皇后傳》76/3468。

[65]　西方研究生育文化的學者，或認爲過去婦女不願躺在乾淨疏適的床上生產，可能是避免自己產後還需清理大量穢物，寧願「下地坐草」而產。見Edward Shorter, *A History of Women's Bodies* (New York: Basic Books, 1982), 56-57。也有學者認爲垂直式(vertical)生產，包括蹲、跪、站、坐，除方便用力外，並可以自由活動，比水平式(horizontal)臥倒使產婦有主導分娩過程的參與感和重要感。見Gelis, *History of Childbirth*, 121-33.

應是保持清潔與乾爽最常採用的辦法。[66]「坐草」一詞即由此而來。鋪草厚薄，
難以確知，但以《外台秘要》所稱「下鋪侵氈，恐兒落草傷之」看來，大概並
不太厚。若產日遇上反支等禁忌月日，則除草、灰之外，又須加上獸皮：

> 《產經》云：「反支者，周來害人，名曰反支。若產乳婦人，犯者十死，
> 不可不慎。若產乳在反支月者，當在牛皮上，若灰上，勿令污水血惡物著
> 地，著地則煞人。又浣濯皆以器盛之，過此忌月乃止。」[67]

《外台秘要》亦指出反支月若使血露污地，則令「子死腹中，或產不順」，因此
必須「先布草灰，然後敷馬驢牛皮，於其上產吉。」[68] 從醫書的種種建議，可
知人們在面對生產時戰戰兢兢的心情，一方面用牛皮或灰處理血水，另方面以
容器盛水洗濯產婦衣物，不令著地，都是因爲害怕生產的血水惡物觸犯神明禁
忌。事實上，觸犯禁忌是人們解釋難產的重要原因之一。[69] 然而除禁忌外，對
於難產的造成和處理，隋代的醫書已逐漸出現多種解釋。其中之一，便是產婦
與助產者對分娩開始的判斷錯誤，造成欲速則不達的結果。

---

[66] 古時「草」的作用便包括清理善後，如廁之後用草即一例。見《太平御覽》186/7a引《幽
明錄》「建德民虞敬上廁，輒有一人授草」條。附錄B30《千金方》治難產，亦取「廁前
已用草」。

[67] 《醫心方》23/5a引。所謂「反支」，實爲自先秦以來即有的禁忌之日。雲夢秦簡《日
書》中便云：「一日當有三反枳。」即指「反支」日。743和742簡背面的簡文：「子丑
朔六日反枳，寅卯朔五日反枳，辰巳朔四日反枳，午未朔三日反（枳），申酉朔二日反
枳，戌亥朔一日反枳。」《後漢書・王符傳》：「明帝時，公車以反支日不受章奏。」
李賢注云：「凡反支日用月朔爲正，戌亥朔一日反支，申酉朔二日反支，午未朔三日反
支，辰巳朔四日反支，寅卯朔五日反支，子丑朔六日反支，見陰陽書也。」與《日書》
簡文同。《產經》日反支條文內容亦同。而《產經》除日反支外，又分列「年立反支」
「年數反支」和「生年反支」，說明各年份中不同年齡產婦，各在何月日忌反支。《日
書》簡文，見《雲夢睡虎地秦墓》。「反枳」即「反支」的討論，見饒宗頤、曾憲通，
《雲夢秦簡日書研究》（香港：香港中文大學出版社，1982）（無頁碼）「反枳」條。

[68] 見《外台秘要》33/927 引〈崔氏年立成圖法〉。

[69] 《病源論》卷43/2-5〈婦人難產病諸候〉中，幾乎各種難產的解釋，都不排除觸犯禁忌的
可能。

2. 助產失理

兒婦腹痛，似是產候，但何時才應蹲坐用力，醫者、產婦和助產者的反應可能不同。王叔和《脈經》稱「婦人懷妊離經，其脈浮，設腹痛引腰脊，爲今欲生也。」又說「婦人欲生，其脈離經，半夜覺（按《千金方》有痛字），日中則生也。」是以脈象配合痛感來判斷分娩的進程。[70]

一旦感覺疼痛，助產者可能會給產婦抓持各種器物，包括「馬銜」、「飛生毛」、「槐枝」，甚至「鷓鴣頭」。（B6, B8, B16）持器助產，一方面或使產婦在疼痛時有著力之處，另方面這些器物的名稱、形狀或特性都帶有「快速」的象徵意義。六朝時人相信鷓鴣鳥胎生而非卵生，「胎從口出，如兔吐兒，故產婦執之易生。」[71]「飛生」即雷鼠，又名鼯鼠，因「能飛走且乳子隨其後」而得名，因此握持其毛，被認爲有順產之效。[72]《小品方》還建議給產婦服用以飛生、槐子和故弩箭羽合製的「飛生丸」；箭羽應也是取其速去之義。[73]

分娩盡快結束，應是產婦、助產者和產家的共同願望。並且快速而不覺疼痛的分娩，也被視爲最順利的一種。滑胎助產藥散即標榜「兒生墮地，皆不自覺」的功效（A3）。然而從「快產即順產」到「順產即快產」之間，卻只有一線之隔。根據醫者的看法，產婦和助產者爲了使分娩盡快結束，在疼痛初期便過早施力，有造成難產之嫌。

《病源論》說明難產的諸種情形，包括橫生逆產，胎死腹中，和產母已死而胎兒不出，皆不排除「驚動傷早」的問題。橫逆導因於「初覺腹痛，產時未至，驚動傷早，兒轉未竟，便用力產之」。[74]以現代婦科醫學孕期四十週來計算，一般認爲頭胎胎兒會在懷孕第三十六到三十八週時，在子宮中轉身至頭下

---

[70] 《脈經》9/2a。

[71] 李時珍《本草綱目》47/66〈禽部〉引陶宏景和陳藏器之說；並引宗奭之言正陶、陳之誤。

[72] 湯萬春，《小品方輯錄箋注》，114-15，引《別錄》。

[73] 湯萬春，《小品方輯錄箋注》，114-15。

[74] 《巢氏諸病源候總論》卷43/3〈婦人難產病諸候‧橫產候〉；〈婦人難產病諸候‧逆產候〉。

足上的待產位置，第二胎以後的胎兒，則在陣痛開始時才開始轉身進入產位。[75]
由此看來，《病源論》認爲「兒轉未竟」，用力過早，以致橫逆的說法，並非
毫無依據。驚動過早，也可能使產婦因「產時未到，穢露已盡，而胎枯燥，故
子死腹中。」[76]

　　產婦因驚動而太早用力，看產抱腰之人是否有責任，巢元方並未明言，但他
也不排除助產失理的責任：

> 產婦已死而子不出，或觸犯禁忌，或產時未到，驚動傷早，或傍看產人抱
> 腰持捉失理，皆令產難而致胎上掩心悶絕，故死也。[77]

即使胎兒已經產出，醫者認爲也可能因爲看產人急於拉出胎盤，結束分娩，而
造成意外：

> 舊方，胞衣久不出，恐損兒者，依法截臍，而以物繫其帶一頭。亦有產而
> 看產人不用意慎護，而挽牽甚，胞系斷者，其胞上掩心，則斃人也。[78]

由此看來，若胎盤未隨胎兒之後娩出，助產者的一般作法是先截臍，然後將臍
帶繫於產母腿上或旁邊器物，等待胎盤自然產出。但若助產者心急不慎，也可
能使產婦斃命。

　　敘述助產情況，並以助產失理解釋難產，目前所見最早的資料，應屬唐代王
燾的描述：

> 其產死者，多爲富貴家，聚居女婦羣，當由兒始轉時覺痛，便相告，傍人
> 擾擾，令其驚怖。驚怖畜結，生理不和，和氣一亂，痛切唯甚。傍人見其
> 痛甚，便謂時至。或有約醫者，或有力腹者，或有冷水潠面者，努力強
> 推，兒便暴出。畜聚之氣，一時奔下不止，便致運絕。[79]

---

[75] 大衛・哈維編，《新生命：懷孕、分娩、育嬰》（香港：星島出版社中文編譯，
1980），62。

[76] 《巢氏諸病源候總論》卷43/5〈婦人難產病諸候・產難子死腹中候〉。

[77] 《巢氏諸病源候總論》卷43/4-5〈婦人難產病諸候・產已死而子不出候〉。

[78] 《巢氏諸病源候總論》卷43/2〈婦人難產病諸候・胞衣不出候〉。療包衣不出諸方，見李
建民，〈馬王堆漢墓帛書「禹藏埋胞圖」箋證〉，附錄二，803-6

[79] 《外台秘要》33/924。

王燾聲稱印象中「姪女偷生，賤婢獨產，未聞有產死者」，因此認為生產順利在於「無人逼佐，得盡其分理」，而難產致死，則因多人擾嚷，助產不當。[80]

在醫者看來，產婦和助產者最大的問題，在誤以為「兒轉腹痛」便是「兒逼欲生」。此所以王叔和指出「腹痛引腰脊，為今欲生也」，而巢元方更明確分別「產婦腹痛而腰不痛者，未產也。若腹痛連腰甚者，即產。」[81] 王燾認為臨產之時女輩聚集有害分娩，為了避免混亂中的錯誤，主張由產婦一人順其生理較佳（見下討論）。孫思邈亦告誡產家「凡欲產時，特忌多人瞻視，惟得三二人在傍待攝。產訖乃可告與諸人也。若人眾看之，無不難產耳。」[82]

3. 難產救治

快速而少痛的分娩，是順產的理想。反之，分娩時間過長，生不出來，則為難產的重要指標之一。然而，在草多久，才算難產，產婦、助產者和醫者之間，可能沒有一致的意見。醫書中若提及時間，大多以在草「數日」或「歷日」形容難產（B3, B4, B17），也有明確指出「三日」或「三五日」者（B29, B31）。前引王燾記載懸繩繫木的助產故事中，產婦在「日晡」之時開始腹痛，五更將末產兒：

> 日晡時見報云：兒婦腹痛，似是產候⋯⋯（見前引布草作衡之文）為其說方法，各有分理⋯⋯此產亦解人語。語訖閉戶，戶外安床，余共慶（產婦的公公）坐，不令一人得入。時時隔戶問之何似，答言小痛可忍。至一更，令爛煮自死牝雞，取汁作粳米粥⋯⋯勸令食三升許，至五更將末便自產兒。聞兒啼聲，始聽人入。產者自若，安穩不異。[83]

「日晡」是天將暮之時，大約五點左右。一更為戌時，晚上七點到九點之間。五

---

[80] 《外台秘要》33/924。

[81] 《巢氏諸病源候總論》卷43/2-3〈婦人難產病諸候・產難候〉。

[82] 《千金方》2/56。

[83] 《外台秘要》33/924a。

更則爲寅時，清晨三點到五點之間。[84] 以王燾敘述的語氣來看，產婦從腹痛到產兒之間，經歷十二個小時，似屬相當正常平順的分娩。醫書中所謂「三日」，可能是醫者認爲產婦生命陷入危境，必須處理的極限。而從十二小時到三天之間，醫者認爲應當介入的程度可能不一。在介入助產之時，則或方藥、符咒，和各種儀式性行爲多管齊下，試圖縮短分娩時間。

醫書中針對難產，有諸多催生藥方，成分大多包括葵子、瞿麥、當歸、牛膝、蒲黃、芎藭、甘草等。或以酒煮，或以豬膏煎成、以酒服用。葵子性滑利，能滑胎，前已言及。[85] 瞿麥，醫書皆言利下，據說能通小便、下閉血，具有排除膿癰的特性。[86] 當歸調血，自古即爲婦女要藥。[87] 牛膝據說能下瘀血，[88] 陶宏景則曰蒲黃亦有療血之效，[89] 作用或與當歸類似。芎藭主治各種頭痛，對漫長分娩過程中辛苦的產婦，最大的助益或在安神。[90] 甘草，甄權謂「治七十

---

[84] 「晡」爲申時，午後三點到五點，又分上中下三晡。申末爲下晡，指日已欲暗之時，史書中所謂「日晡」也。「晡」和時間的討論，參顧炎武，《日知錄》21/576-579「古無一日分爲十二時」條；周一良，《魏晉南北朝史札記》，135-37「公主自有居第」條。

[85] 見附錄B14, B31, C17, C27, E15, E20, E24, E25。葵子產地、作用、及現代研究成果，見前註24。

[86] 見附錄B31, C5, C17, C27, E6, E15, E24。瞿麥，陶宏景曰：子頗似參故名瞿參。《別錄》曰：瞿麥生太山山谷；蘇頌則曰：今處處有之。《本草綱目》〈草部〉16/107-108。現代中草藥書籍則稱瞿參具有清熱利水、破血通經的性能，用於小便不通、淋病、水腫、經閉、臃腫、目赤障醫、浸淫瘡毒等。見《中藥大辭典》下，5667條，轉引自《中國本草圖錄》，卷三，61，1102「瞿參」條。

[87] 見附錄B26, C31, E15, E24。當歸產地、作用、及現代研究成果，見前註22。

[88] 見附錄C11, C21, E15, E20, E24, E25。《別錄》曰：牛膝生河內川谷及臨朐；蘇頌則曰：今江淮閩粵關中亦有之。見《本草綱目》〈草部〉16/79-82。現代中草藥研究則指出牛膝對子宮的作用，會因動物種類與是否懷孕，而有促進收縮和造成弛緩的兩種不同作用。古代醫書用之於救治難產，功效或未可卜。見《中藥誌》（一），121-27，21「牛膝」條。

[89] 見附錄B15, B19, C19, C27, E16。蒲黃爲香蒲花花蕊。《別錄》曰：蒲黃生河東池澤也；蘇頌則曰：處處有之，以秦州者爲良。見《本草綱目》〈草部〉19/98-101。《中藥大辭典》下，3448，稱蒲黃有涼血、止血、活血消瘀的性能。用於經閉腹痛、瘡癤腫毒。轉引自《中國本草圖錄》，卷五，191，2382「水燭香蒲（蒲黃）」條，其中並未提及主要化學成分，也不知現代臨床實驗效果如何。

[90] 見附錄B23, C6, C10。《別錄》曰：芎藭葉名蘼蕪，生武功川谷斜谷西嶺；陶宏景曰：武

二種乳石毒，解一千二百般草木毒，調和眾藥有功。」陶宏景曰：「此草爲眾
藥之主，經方少有不用者。」[91] 此外，又有吞服各種大小豆、[92] 雞子、[93] 和水
銀的方法。水銀劇毒，墮胎方中有時亦用，一般而言醫者多不鼓勵。[94] 吞服雞
子，或爲保持產婦體力，或與吞服麻油相似，取其滑溜之狀，希望能滑胎助
產。

　　從秦漢到隋唐的殘存醫書中，其他救治難產的本草方藥，尚有許多。（見附
錄）而從南朝陶宏景、唐代蘇恭、和北宋蘇頌對各種草藥產地的介紹看來，西
元五到十世紀之間，許多藥用本草的栽種區域，或因通市、或因文化交流而不
斷擴張。[95] 但在不能獲得某些特定藥用本草，或認爲不應單依賴草藥功效時，
醫者也建議採取其他類似物理治療的方式，例如熱敷按摩、噴嚏嘔吐，和令兒
回縮等。

　　熱敷按摩或以「蟻室土三升，熬令熱，袋盛拽心下」（C7），或以「牛屎
塗母腹上」（C24），或以「鹽摩婦腹上」（D1, D7, D22），或以「桃根煮濃，
用浴膝下」（D33）。敦煌出土的「藏醫雜療方」則建議以獐子尾、鹿尾碾碎，
塗於女陰；或用野牛角、羚羊角和公馬鞭上的污垢，塗於產婦的髖骨上。甚至
主張讓產婦騎在牛鞍上，由大力士從產婦肩部用力壓（B33）。按摩產婦腹部有

　　功針谷西嶺俱近長安，今出歷陽處處亦有人家多種之；蘇頌則曰：關陝川蜀江東山中多
　　有之。見《本草綱目》〈草部〉14/5-7。現代中草藥研究指出，川芎（芎藭生於四川者）
　　根莖所含揮發油，有鎮靜作用。川芎嗪（四甲基吡嗪Tetramethyl pyrazine）則有增加冠狀
　　動脈血液流量的效果。大劑量的川芎浸膏溶液，能抑制小腸及妊娠動物子宮的收縮。見
　　《中藥誌》（二），257-61，52「川芎」條。

[91]　見附錄C18, C1, C27。甘草產地、作用、及現代研究成果，見前註29。

[92]　吞服豆類，見附錄B2, B3, B31, B32, C1, C22, C27, C31, E6, E19。

[93]　見附錄B15, B20, C5, C16, C19, C27, E12。

[94]　《本草綱目》〈石部〉9/56-59。

[95]　關於藥用本草的流通和產地擴張，是一有趣而複雜的問題。例如在南朝撰成流通的《小
　　品方》、《僧深方》，若以西北或北方的草藥，如當歸、牛膝、蒲黃、芎藭等救難，產
　　家應如何獲得這些草藥？是高價購買？或是以當地較廉價的藥材替代？或因草藥取得不
　　易而改用其他儀式與物理療法？這些問題，雖然有意義，但以目前所能掌握的資料，尚
　　無法回答。

助生產，此或即王燾所謂「有力腹者」。噴嚏和嘔吐刺激腹部的肌肉收縮，助產者或以皂莢納鼻中，令產婦噴嚏；或以頭髮搔刺喉中，令產婦欲嘔，認爲有助胎盤排出（E2）。由於產婦陣痛時或有欲嘔的生理反應，助產者也可能以引發嘔吐來確認「兒逼欲生」。由此推測，醫書中多載給產婦灌醋（C26），燒廁所用草，令產婦以水服（B30），及令產婦飲夫小便（C2, D24）等各種奇方異法，倘若有效，或也在於令產婦欲嘔而刺激生產。

在救治各種難產時，運用草藥最少的，便是橫生逆產。（見附錄D）或許由於胎位不對，醫者擔心催生方藥不但不能滑胎助產，反而可能使「子上迫心」，危害產婦。因此除按摩產婦腹部外，又有許多看似令兒回縮，重新生過的方法。或以鹽、粉、眞丹、黑煤、車肚中膏，塗兒足底、腋下，或急搔爪之（D7, D10, D15, D17）。而《小品方》所提出以針刺的方法，最爲明確：

　　療橫產及側，或手足先出方：可持粗針刺兒手足，入二分許，兒得痛，驚轉即縮，自當迴順。（D9）

除此之外，醫書中亦載錄許多救治難產的儀式性行爲。其中「開門戶、窗瓮、瓶釜一切有蓋之類」，最能顯示人們對物物相感的信仰，認爲開啓外在事物，有利於開啓產門產戶（B24）。有時製藥亦被視爲儀式行爲的一部份，規定必須以「東流水」、「東向灶」來煎煮草藥（C17, C18）。儀式行爲有時也配合符咒文字。文字或寫於剝開的大豆上（B28）、桃仁中（D18），或寫於橫生逆產的小兒足下（D2）。有時寫就，令產婦持之（B4），有時吞之（B25, C23, D18, E5, E21），有時則燒作灰以水服（B25）。所寫除特殊符文外，也包括「日」「月」「千」「黑」「可」「出」等單字，或「速出速出」、「出其胞及其子，無病其母」等文句，甚或書寫小兒父親的名字（D17），顯示人們相信文字的神秘力量。

生產是男女性行爲的結果，而在救治難產的諸方中，亦不乏與男女性徵相關的奇方，例如燒月水布讓產婦服用（E1）。[96] 懷孕分娩雖爲婦女的事，但助產

---

[96] 此外，又有燒炊蔽或炊箄給產婦服用以療胞衣不出的方子，如E14。蔽，當即蔽膝，箄爲盛飯之竹器。炊蔽、炊箄皆爲婦女日常生活中操勞家務的重要物品。燒末服用救治產

諸方卻顯示丈夫責無旁貸的觀念。丈夫的衣服（尤其是內衣）「覆井」，則胎兒與兒衣「立出」（B11, E3）；丈夫褲帶燒成灰，產婦以酒服之「良」（B28）；丈夫的小便，產婦喝一、二升，有助於排出死胎（C2, C25）；丈夫的指甲燒末服之，或丈夫的陰毛若干燒後和朱膏，令產婦吞下，則治橫生倒產（B33, D3, D12）。丈夫的名字「書兒足下，即順」（D17）；丈夫「從外含水著婦口中」若干次，則難胎「立出」（D18）。凡此種種，不一而足，丈夫的角色舉足輕重。

　　至於剖腹生產，完全不見於漢唐之間的醫書中。六朝志怪小說中錄有幾則從脅或腋下生子的故事，顯示當時人具有剖腹生產的想法。但是否可視爲解剖活人取出胎兒的證明，則有待商榷。[97] 依據沛國林氏的故事推敲，則剖腹產若爲事實，施行於已死的孕婦，或比解剖活人來得可能：

> 《異苑》曰：沛國武標之妻林氏，元嘉中懷身得病而死。俗忌含胎入柩中，要須割出，妻乳母傷痛之，乃撫屍而咒曰：若天道有靈，無令死被擘裂。須臾，屍面赧然上色，於是呼婢共扶之，俄須兒墮而屍倒也。[98]

林氏得免「死被擘裂」，究竟眞是「天道有靈」，還是並未眞正死亡，經乳母撫屍而一息還復，雖不得而知，卻涉及當時人對死亡的判定標準和能力。[99] 難產時產婦暴下暈厥多時，可能令助產者難以判定其生死。《集驗方》、《病源論》等醫書中便敎導助產之人如何判斷：

> 產難死生候：若母面赤舌青者，兒死母活；脣口青，口兩邊沫出者，子母

　　難，則此類醫方的象徵意義或不限於性(sex)本身，更涉及婦女在社會中的性別角色 (gender role)？

[97] 《太平御覽》361/5a引〈玄中記〉謂子從背脅出；361/7b引〈列仙傳〉謂老子母割左腋生老子，顯爲神話故事。但《三國志・魏志》載黃初中汝南屈雍妻王氏「生男兒，從右腋出，其母自若無他異痛，今瘢已癒合，母子平安無災無害。」馬大正認爲很可能是剖腹產，並引《晉書・四夷》97/2542「安夫人獝胡之女，妊身十二月，剖脅生子。」證明妊娠過期剖腹生產。見其《中國婦產科發展史》，68。

[98] 《太平御覽》361/9b。

[99] 六朝志怪小說及史書中多有孕婦死後在墓中生子的故事，也引起類似質疑。

　　俱死；面青舌赤沫出者，母死兒活。[100]

倘若子死母活，當依胎死腹中之法救助，若子母俱死而無含胎入柩之忌，是否
母子一併埋葬？而若母死子活，或許便是剖腹取出胎兒的時機？史料闕如，難
以確知，卻不能不令人好奇。[101]

四、產後

　　胎兒產下，胞衣娩出之後，生產告一段落，卻尚未完全結束。助產者除了照
顧新生兒，爲之洗浴斷臍之外，也必須注意產婦的狀況。現代中醫婦科學將
「產後」分爲「新產」和「產褥」兩期，前者指分娩之後的七天之內，後者則指
從分娩到產婦生殖器官恢復正常的時間，一般約需六到八週，不同時期必須注
意不同問題。[102] 從先秦到唐代的醫書中，對於分娩後的各種不適，皆以「產
後」病稱之。至於「產後」所指爲何，則有三日、七日（H18, H33）、三十日
（H21, K20, M61）、滿月、[103] 百日（G21）、半年甚至一年的各種說法
（H21）。事實上，婦女一經產孕，體質改變，終生都可能與各種產乳後遺症爲
伍，但有些在分娩後不久即發生的病變，卻有致命的危險，與一般長期理療或
補虛養身不同。以下，便分急救與保健兩方面來談產後問題的處理。

1. 新產安危

　　胎兒產下，胞衣娩出之後，產婦可能被抱到較乾淨的地方休息。分娩時所用

---

[100] 《醫心方》23/10b引《醫門方》並引《集驗方》。唯其引文作「面赤舌青沫出者，母死兒
　　　活」；疑爲筆誤，依《病源論》43〈產難候〉改爲「面青舌赤沫出者，母死兒活」。
　　　《集驗方》，馬繼興，〈『醫心方』中的古醫學文獻初探〉訂爲北周姚僧垣撰。《醫門
　　　方》，則訂爲唐或唐以前的著作。

[101] 墓中生子的故事不少，不論是否涉及死亡判定，都顯示當時人相信婦女可於死後生產。
　　　由此看來，漢魏六朝時人對於生死之間的斷續關係，或別有看法。此不在本文討論範圍
　　　內，日後有機會或另文探究。

[102] 羅元愷主編，《中醫婦科學》（台北：知音出版社，1989），260。

[103] 《病源論》43/9。

的草蓐，則以燔燒處理。馬王堆《胎產書》認爲以燔燒的草蓐給新生兒洗浴，可以預防新生兒染上皮膚病；若給母親喝半杯嬰兒洗浴完畢的水，則「母亦毋餘病」。[104] 新產當下，爲了保障產婦心情平靜，《產經》主張「凡婦人初生兒，不需自視。已付邊人，莫問男女。」[105]《千金方》也說：「兒出訖，一切人及母，皆忌問是男是女。」[106] 漢唐醫書並未說明這種作法的理由，宋代醫者則指出其目的在避免產婦因新生兒的性別不符期望，情緒受到影響。[107] 這種作法，和藏醫主張「孩子生下後，睡在產婦懷中」，十分不同（M62）。《千金方》又說：「勿令母看視穢污。」產婦穢惡，醫書直言不諱。僅管如此，醫者主張「然將產之時，及未產已產，並不得令死喪家之人來。視之則生難，若已產則傷兒。」[108]

安靜心神之外，醫書也特別照顧產婦的身體健康。《千金方》指出：「凡婦人非止臨產須憂，至於產後，大須將愼。」[109] 宋代醫者主張，爲預防血暈血逆，產婦臨盆後三日之內應「上床倚高，立膝仰臥」。[110] 漢唐之間的醫書並無相同規定，但亦頗以三日爲一個段限：

> 《小品方》云，夫死生皆有三日也，古時婦人產，下地坐草，法如就死也。既得生產，謂之免難也。親屬將豬肝來慶之，以豬肝補養五內傷絕也，非慶其兒也。[111]

產婦臨盆後的安危，首要防範血暈和痙病。《病源論》將產後血運（暈）氣悶分爲去血過多和下血過少兩種，並指出「煩悶不止則斃人」。[112] 下血過少，

---

[104] 馬繼興，《馬王堆古醫書考釋》，812。

[105] 《醫心方》23/25a。

[106] 《千金方》2/56。

[107] 陳自明，《婦人大全良方》18/1-2。

[108] 《千金方》3/67。

[109] 《千金方》3/67。

[110] 陳自明《婦人大全良方》18/1。

[111] 《醫心方》23/25a。

[112] 《病源論》43/6。

現代中醫婦科學或以「因產感寒，血爲寒凝」，加以「元氣虛虧，運行失度」
解釋，和因去血過多所引起的「血崩」不同。[113] 血崩大多發生於產後數小時之
內，新產婦可能因大量出血而昏厥死亡。[114] 現存先秦到唐代的醫書中，則以心
悶氣絕（F6, F7, F12）、眼不得開（F4, F5）、昏迷不醒（F3, F8, F14, F15, F16,
F17）等描繪血暈的現象。[115]

爲了使產婦轉醒，醫書建議或以冷水潠面（F6, F7），或強牽頭髮（F4）和
膝蓋（F17）。爲了以氣味刺激產婦，也可能以醋或酒塗其口鼻、噴潑其面（F2,
F6），甚至灌以小便（F3, F9）、產血（F6, F17）、馬糞（F18）等。一方建議
服以洗兒水（F17），則與前引《胎產書》的說法一脈相承。處理血暈和救治難
產相仿，有不少類似物理治療的辦法。而以草藥救急者，則以地黃爲主。地黃
主治婦女傷中下血，不論生地黃或乾地黃，在治療血崩暈厥或惡露不盡的藥方

---

[113] 現代中醫婦科學認爲應仔細分辨因「亡血復汗，感寒而致」，可發生於新產後、滿月內
　　　的鬱冒，和因大量出血而造成的暈厥現象。見羅元愷主編，《中醫婦科學》，第十章
　　　「產後病」，264-65；453-54。

[114] 產後持續性出血，現代中醫婦科學至少從四個角度診斷：子宮收縮無力，胎盤滯留或殘
　　　留，產道損傷，和凝血機制障礙。處理原則仍以活血化瘀爲主。西醫針對子宮收縮無
　　　力，則或按摩子宮或給子宮收縮劑；針對胎盤殘留，則可能施以人工剝離或鉗刮術；針
　　　對產道損傷，則縫合修補；若爲凝血機制障礙，則服以抗凝或抗纖溶藥物。見羅元愷，
　　　《中醫婦科學》，267。有時難產歷日，好不容易胎兒娩出，產家、助產者太過興奮，只
　　　顧料理新生兒，忽略了失血過多而暈厥的產婦，也會造成悲劇。見Edward Shorter, "Pain
　　　and Death in Childbirth", *A History of Women's Bodies*, Chapter 5.

[115] 或謂「血暈」應和「心悶」「氣絕」並列，而不應統稱。然而，我考查歷代醫書，雖亦
　　　有單言「煩悶」之狀者，但在討論「血暈」時則多以「心悶」「氣絕」形容血暈之狀。
　　　亦即以「血暈」爲病，而以「心悶」「氣絕」爲血暈之狀。例如《病源論》43/5「產後
　　　血運悶候」中，「運悶」「氣欲絕」「煩悶」「氣逆」等，依文意看來，皆指血暈所造
　　　成的現象，而非與血暈並列之病。《醫心方》23/25b-27a「治產後運悶方」中諸方，提及
　　　「心悶」「氣絕」時，以行文順序和內容看來，似也指血暈的狀況。唐代王燾《外台秘
　　　要》34/946-947「產後血暈心悶方十一首」亦然。宋代陳自明《婦人良方大全》「產後
　　　門」，以及今人羅元愷《中醫婦科學》「產後病」章之中，都只列「血暈」，而無「心
　　　悶」「氣絕」之病；「血暈」中則多提及「心悶」「氣絕」之狀。

中，都一再出現。[116] 其中，《醫門方》「療產後血泄不禁止方」，稱「急以乾地黃末，酒服一匙，二三服即止」（F9），以及《廣濟方》以地黃配合他藥，療「崩血不可禁止，腹中絞痛，氣息急」（H35），最可看出血崩時的緊急狀況。

血崩之外，醫者最擔憂的便是「病痙」。「痙」的症狀包括牙關緊咬、四肢抽搐、項背強直、肌肉難伸，傳統醫書多認為是感受風寒所致。前引《五十二病方》「嬰兒索痙」條，說明病因在於「居濕地久」。張仲景說新產婦人有三病，一者病痓（痙），二者病鬱冒，三者大便難。[117] 而認為病痙就是受風，所謂「新產血虛，多汗出，喜中風」，[118] 有致命的危險。《病源論》則稱之為「產後中風痙」，認為係因「風氣得入五臟……復感寒濕，寒搏於筋則發痙」。一旦發痙，則「口急噤，背強直，搖頭馬鳴，腰為反折。須臾十發，氣急如絕，汗出如雨，手拭不及者，皆死。」[119] 而《千金方》形容患者身反強直、猶如角弓反張，稱之為「蓐風」，並警告「若似角弓，命同轉燭」。[120]

中風病痙，醫書中療法甚多，而以獨活、生薑、乾薑、桂心、葛根、白朮、大豆和防風等最常入藥（見附錄G）。獨活，因形狀「一莖直上，不為風搖」而得名，主治各種風寒，或做湯、或煮酒，醫書稱「虛人不可服他藥者」亦可用。[121] 生薑、乾薑，皆為逐風去濕之菜。[122] 桂心為肉桂去內外皮者，醫書稱治

---

[116] 見附錄F9, F10, F11, F14, H7, H8, H10, H15, H16, H18, H19, H22, H26, H31, H33, H34, H35, H41。《別錄》曰：地黃生咸陽川澤黃土地者佳。陶宏景曰：生渭城者，乃有子實如小麥。今以彭城乾地黃最好，次歷陽，近用江寧板橋者為勝。蘇頌曰：今處處有之，以同州者為上。見《本草綱目》〈草部〉13/73-79。現代中草藥研究指出，地黃的主要化學成分有降血糖、緩和瀉下、強心等作用。雖然現代中醫書仍稱地黃有涼血、止血及補血的功用，卻未見臨床實驗，也未說明是何種化學成分造成的效果。見《中藥誌》（二），337-40，67「地黃」條。

[117] 《金匱要略》21/307；《脈經》9/7a同。產婦可能因便秘而食慾不振，富貴之家的產婦，若自產前臥床至產後休養都不活動，情況可能更為嚴重。

[118] 徐忠可註稱「身熱惡寒，足寒面赤，卒口噤，背反張也。」《金匱要略》21/307。

[119] 《病源論》43/15。

[120] 《千金方》3/67。

[121] 見附錄G4, G6, G7, G9, G10, G13, G14, G17, G18, G21, G22, G26, G27, G28, G29, G30, G31,

一切風氣。[123] 葛根主治諸痹，自漢代即用以療傷寒中風頭痛。[124] 白朮主治風寒濕痹、死肌痙疽。[125] 大豆入藥者爲黑大豆，又名烏豆，據說亦治風痙、風痹、口噤等，醫書多建議以炒熱、濾酒，做大豆紫湯給產婦飲用。[126] 防風，顧名思義，主治各種惡風風邪。[127] 北齊徐之才稱「療婦人子臟風」。[128] 草藥之外，熱

G35, G36, G39, G42, G45, G46, G48。《別錄》曰：獨活生雍州川谷，或隴西南安，陶宏景曰：此州縣並是羌地，羌活形細而多節軟潤，氣息極猛烈；出益州北部西川者爲獨活。蘇頌曰：獨活、羌活，今出蜀漢者佳。見《本草綱目》〈草部〉13/49-51。《中藥誌》（二），397-401，80「羌活」條，453-62，91「獨活」條，皆謂具有解表散熱，除濕止痛的功能，但未見藥理作用和臨床實驗的説明。

[122] 生薑入藥，見附錄G2, G3, G13, G18, G22, G24, G27, G31, G32, G35, G39, G40, G41, G42, G48。乾薑入藥，見附錄G3, G16, G26, G30, G44, G45, G46。《別錄》曰：生薑乾薑，生犍爲山谷及荆州揚州。蘇頌曰：處處有之，以漢溫池州者爲良。見《本草綱目》〈菜部〉17/72-78。現代中草藥研究指出，乾薑生薑的揮發油臨床上多用於治療風濕痛、關節炎等。見《中藥誌》（二），228-32，45「乾薑（附生薑）」條。

[123] 見附錄G7, G16, G18, G24, G27, G29, G30, G31, G35, G40, G42, G44, G45, G46, G48。桂心產地，蘇恭曰：出融州桂州交州甚良。見《本草綱目》〈木部〉19/90-91。現代中草藥研究認爲肉桂有溫中補陽、散寒止痛的性能。用於腎陽不足、胃寒痛、肺寒喘咳、虛寒泄瀉等。見《全國中草藥匯編》上，358，轉引自《中國本草圖錄》，卷二，51，576「肉桂」條。

[124] 見附錄G2, G13, G18, G22, G23, G24, G26, G29, G30, G31, G35, G42。《別錄》曰：葛根生汶山山谷。陶宏景曰：南康廬陵間最勝。蘇頌曰：今處處有之，江浙尤多。見《本草綱目》〈草部〉15/33-35。現代中草藥研究指出，葛根的主要成分爲葛根素(puerarin)、黄豆貳(daidzin)、黄豆貳元(daidzein)，臨床實驗顯示能改善高血壓病人的項強、頭暈、頭疼、耳鳴症狀。葛根黄酮則能增加麻醉狗的冠狀動脈血流量，降低血管阻力，減少心肌耗氧量。見《中藥誌》（一），563-68，98「葛根」條。

[125] 見附錄G11, G17, G24, G30, G35, G39, G44, G46, G48。《別錄》曰：朮生鄭山山谷，漢中南鄭。陶宏景曰：今處處有，以蔣山白山茅山爲勝。見《本草綱目》〈草部〉11/4。現代中草藥研究指出白朮的主要化學成分對若干動物有明顯的利尿作用；對食道癌細胞有抑制作用，至於治療風寒濕痹，則未見説明。見《中藥誌》（一），152-55，26「白朮」條。

[126] 見附錄G10, G12, G15, G19, G20, G21, G29, G39, G44, G46。《別錄》曰：大豆生太山平澤；蘇頌曰：今處處有之。《本草綱目》〈穀部〉24/89-93。

[127] 見附錄G2, G16, G24, G26, G35, G36, G48。《別錄》曰：防風生沙苑川澤，及邯鄲、瑯瑯、上蔡。陶宏景曰：今第一出彭城蘭陵，即近瑯瑯者，鬱州百市亦有之，次出襄陽義

敷足下、腹上的作法（G3, G5），也顯示「中風受寒」被視爲痙病的主要原因。

　　醫書對痙病的發生時間，或泛稱產後（G8, G11, G20, G30, G35），或言在蓐（G23），或謂產後百日（G21）。究竟漢唐醫書中所謂病痙、蓐風，所指爲何？今日中醫婦科學認爲有可能是陰血虧虛、受寒感冒，也可能便是產傷感染破傷風。[129] 倘爲破傷風，以當時的醫藥水準看來，產婦很可能在產後數日即告死亡，無法熬到產後百日。若爲虧虛受寒，則滋補防風便成爲重要措施。

　　事實上，「感受風邪」是漢唐醫書中理解產後諸病的重要角度。《病源論》卷43〈婦人產後病諸候〉，以「當風取涼」、「宿有風冷」、「爲風邪所乘」解釋大部份的病症，並認爲寒冷邪氣若流滯腰脊，「後有娠，喜墮胎」，甚至影響日後的生育能力。[130] 職是之故，醫書中對於產婦的照顧，並不止於產後數日的救急而已。《千金方》有「新產」（H19）、「初產」（H20）、「蓐中」、「在蓐」和「出蓐」等用語（G23, G29, G32, H35, J40, M18, M20, M52），並將產後七日當作滋補的起點：

> 凡產後七日內，惡血未盡，不可服湯……後三兩日消息，可服澤蘭丸，比至滿月，丸盡爲佳……凡在蓐必須服澤蘭丸補之，服法必七日外，不得早服也。[131]

對照前引《小品方》死生三日之說，和宋代臥床三日的規定，似乎產後三日是產婦性命安危的關鍵。而三日到七日之間，則爲觀察期，倘若無致命病變，便可開始滋補調護。

陽縣界。蘇恭曰：今出齊州龍山最善，淄州克州青州者亦佳。蘇頌曰：今汴東淮浙州郡皆有之。見《本草綱目》〈草部〉11/47-49。現代中草藥臨床實驗顯示，以防風煎劑及乙醇浸劑灌胃，對家兔有解熱作用。但對傳統醫書中所謂祛風濕痺痛和治療破傷風等功效，似尚未見臨床證實。見《中藥誌》（二），364-68，73「防風」條。

[128] 見《本草綱目》〈草部〉11/47-48。同頁並引北周甄權稱防風花，療「四肢拘急，行履不得，經脈虛羸，骨節間痛，心腹痛」。唐代蘇恭稱，防風子「療風更優」。

[129] 參考羅元愷主編，《中醫婦科學》第十章「產後病」。

[130] 《病源論》43/9。《千金方》以羊肉湯治產後中風，亦針對「久絕不產」的問題。見附錄G34。

[131] 《千金方》3/67-68。

2. 在蓐保健

　　新產婦的身心健康，確實是醫書關懷的重點。針對產後種種不適，例如惡露不盡（附錄H）、大小便異常（附錄I）、心腹疼痛（附錄J）、無乳、妒乳、溢乳（附錄K）、陰脫腫痛瘍（附錄L）和各種虛損狀況（附錄M），醫書中都載有理療藥方。其中，除了乳病與陰痛，較常使用敷塗、洗浴等方式處理外，一般產後病變，仍以服用本草藥方爲主。而隋唐醫書中滋補的湯藥，則多加入各種肉類。

　　妒乳、溢乳，醫書建議或以溫石熨乳（K3），或以醋封乳（K4），或以雞子白和小豆冷敷（K6, K15），或先洗浴，再敷塗藥散（K7, K18, K20, K21）。陰脫腫痛，則多用熱療。或以鐵精、鱉血（L1）、熱鼠壤（L4）、蛇床子（L3, L7, L16）、桃仁末（L14）熨陰塗陰，或以硫磺（L2）、枸杞、桃葉（L8）、當歸（L13）等製湯洗陰，或以坐藥納陰中（L5, L8, L12）。至於治療產後諸病，以及補虛養身的各種草藥，大多仍採用甘草、生薑、當歸、地黃、桂心等。除此之外，人參和芍藥最爲常見。人參「補五臟」、「治一切虛證」。[132] 芍藥，醫書稱「通順血氣」、「治風補勞」，療「女人一切病，胎前產後諸疾」。[133]

　　肉類滋補，則隨著時代發展與貴賤階層而不同。自漢以來，便有以羊、酒祝賀生產的習俗。《史記・盧綰傳》記載劉邦與盧綰同日生，「里中持羊酒賀兩

---

[132] 人參，《別錄》曰：人參生上黨山谷及遼東。蘇恭曰：人參見用多是高麗百濟者，潞州太行紫團山所出者，謂之紫團參。蘇頌曰：今河東諸州及泰山皆有之，又有河北榷場及閩中來者，名新羅人參，俱不及上黨者佳。見《本草綱目》〈草部〉12/88-96。現代中草藥研究指出，人參中的人參皂甙對中樞神經有鎮靜作用；人參二醇、人參三醇則有抗疲勞之效。見《中藥誌》（一），1-10，1「人參」條。

[133] 芍藥，《別錄》曰：芍藥生中岳川谷及丘陵。陶宏景曰：今出白山蔣山茅山最好。蘇頌曰：今處處有之，淮南者勝。見《本草綱目》〈草部〉12/14-17。現代中草藥研究則指出，芍藥中的芍藥甙(paeoniflorin)對大鼠子宮平滑肌表現抑制作用，並能拮抗催產素所引起的收縮；並對血小板聚集有抑制作用。見《中藥誌》（一），182-85，31「白芍」條。

家」。[134] 前引陳延之則稱生產有如遭遇死難，一旦結束，親屬會帶豬肝來慶賀。[135] 唐代醫書如《千金方》、《廣濟方》的理療補虛湯藥中，除羊肉外，更有鹿肉（G27, J17, M22）、麋肉（K36）、獐肉、獐骨（J17, M23）等珍饈，顯爲富貴人家設計，非一般平民百姓能輕易獲得。

除去服用湯藥之外，產婦亦須以行動配合療傷補身。「中風受寒」既是傳統醫書對產後諸病的主要解釋，新產婦的行動便因防風而受到限制。古時廁所設於屋外，爲了預防受風，產婦「特忌上廁便利，宜室中盆上佳」。[136] 孫思邈認爲過早行房將使婦人「背患風氣，臍下虛冷」，因此主張「產後百日，乃可行房」，並將不忌行房所引起身反強直，角弓反張的病症，稱爲「蓐風」。[137]

休養期間不宜行房的看法，《小品方》亦曾言及，但是以產婦分娩，身體破損，需要時間恢復爲理由：

> 婦人產時，骨分開解，是以子路開張，兒乃得出耳。滿百日，乃得完合平
> 復也。婦人不自知，唯滿月便云是平復，合會陰陽，動傷百脈，則爲五勞
> 七傷之疾。[138]

陳延之雖未將行房視爲受風的原因，卻和孫思邈一樣要求產婦休養一百天左右。宋代婦產科醫者認爲行房會影響乳汁的品質，故而要求婦女哺乳時不得行房。《產經》亦曾提及乳母若「房室喘息乳兒者……能煞兒，宜愼之」。[139] 但以陳延之和孫思邈的說法來看，似乎行房禁忌的重點在於新產婦的健康，而非哺乳的問題。[140]

---

[134] 《史記‧盧綰傳》93/2637。

[135] 《醫心方》23/25a 引。

[136] 《千金方》3/67。

[137] 《千金方》3/67。

[138] 《醫心方》23/25ab。

[139] 《醫心方》25/8b。

[140] 《醫心方》25/8b引《產經》，孫思邈《千金方》5/74，和王燾《外台秘要》35/980都曾提及「擇乳母法」，考慮乳母的面貌、性情、與健康。但因「乳母形色所宜，其候甚多，不可求備」，故而相當簡要，不如後世醫書和禮俗所要求的繁密與週備。傳統中醫的哺乳知識，見熊秉眞，〈傳統中國的乳哺之道〉，123-46。

　　從保健的角度來看，部份滋補之方，如服澤蘭丸等，或在滿月時告一段落，但恢復行房則應再等一陣子。倘若產婦身體不佳，則需繼續調養。《病源論》所謂：產傷血氣，「輕者節養將攝，滿月便得平復；重者其日月雖滿，氣血猶未調和」也。[141] 從習俗禁忌的角度來看，則滿月是一個重要分野：

> 《小品方》曰：婦人產後滿月者，以其產生，身經閭穢，血露未淨，不可出戶牖至井灶所也，亦不朝神祇及祠祀也。滿月者，非爲數滿卅日，是跨月故也。若是正月產，跨二月，入三月，是跨月耳。[142]

由此看來，或爲保健，或因禁忌，婦女在分娩後大約有三十天以上的時間，仍然待在產房內，而在滿月之後，才恢復正常生活。生產一事，從入月至此，終告結束。

五、生產之道的社會意義

　　如此辛苦的生產過程，難怪被視爲女性的生死關頭。然而，生產雖然攸關產婦存亡，其成敗的影響卻不止於產婦本身。產婦、胎兒、丈夫、助產者、甚至醫者，各種人物因對生產的觀念或同或異，彼此之間或互助、或折衝，在生產的過程中形成多重的互動關係，並且共同分享或承擔生產的結果。分娩雖在胎兒產下、胞衣排出之後告一段落，生產卻未完全結束，產婦和她周圍的社會恢復關係，仍須一段時間。其中涉及父系家族的親子倫理，產家的社會地位，醫者對助產者的批評，以及婦女在生產中的形象。以下便配合正史、筆記等其他資料，分別從上述四點，試探漢唐醫書中生產之道的社會意義。

1. 分娩中的產婦、胎兒與丈夫

　　在妊娠的十個月中，胎兒受母體的照顧而成形發育，二者有如一體。日滿月

---

[141] 《病源論》43/11。

[142] 《醫心方》23/25a。

足，分娩時至，則二者必須分開。頓時，母子有如敵體，甚至胞衣此一與胎兒命脈相繫的產餘之物，都可能威脅產婦平安。[143] 所謂順產，即指此分離過程平順，否則產婦與胎兒皆面臨危險。分娩的過程影響母子感情，尤以橫生逆產為著。《左傳》隱公元年「莊公寤生，驚姜氏，故名寤生，遂惡之。」「寤生」，一說為「牾生」，足先頭出，亦即逆產。[144] 在漢代，惡之甚也，成為民間「生子不舉」的原因之一。[145]

　　出生經驗是否影響小兒將來對父母的態度，現存資料不足以評估。范曄的母親如廁時生曄，措手不及而范曄的額頭「為磚所傷」。《宋書·范曄傳》記載曄觸法臨刑前，生母以手擊曄頸及頰，泣曰：「不念我老，今日奈何」，而曄「顏色不怍」。處決後收曄家，妓妾盛飾，而「母住止單陋，唯有一廚盛樵薪」。范曄的不孝行為，與出生經驗是否相關，可惜資料不夠，否則此類心理歷史的研究，當頗引人入勝。[146]

　　分娩的過程究竟由誰主導，從漢唐之間的醫書看來，無法有單一的答案。《逐月養胎方》和《千金方》認為「日滿則生」、「俟時而生」，至少產婦無法左右分娩的起迄。腹痛，究竟是子宮想要排出胎兒而收縮，還是胎兒以子宮已不敷使用，故而向外擴張的結果，現存醫書資料不足以提供答案。[147] 胎死腹中和兒衣不出的救治方藥，重疊之處甚多，顯示醫者相信子宮收縮為分娩的重要動力之一。下地坐草和坐臥任意的方式，亦顯示產婦主導幫助分娩。[148] 然而在

---

[143] 關於胞衣與胎兒、產婦的關係，見李建民，〈馬王堆漢墓帛書「禹藏埋胞圖」箋證〉。

[144] 見楊伯峻，《春秋左傳注》，10本條討論。應劭《風俗通義》解為「生即開目」，見王利器校注輯自《太平御覽》361。

[145] 同註2，752。

[146] 《宋書·范曄傳》69/1828-1829。

[147] 西方婦產科學史的研究，顯示自古至中世紀，醫者相信分娩是由已成長欲出母腹的胎兒主導，而由產婦的子宮收縮協助。見 Gelis, *History of Childbirth*, 141 引 Hippocrates 和 Galen.

[148] 現代生產，大多進入醫院，產婦仰臥，由醫護人員主導生產過程。剖腹產的流行，更徹底剝奪產婦主動參與的機會。與之相較，古代社會的直立式生產，反而表現了婦女在生育過程中的積極角色。分娩姿勢的轉變，與醫療系統對女性的控制，是西方醫療史與婦

其他情況下，胎兒仍被視爲分娩的主要動源。產婦的安危，絕大部份取決於胎兒向產門運動的情形。橫生逆產時，醫者擔心「子上迫心」，以搔爪、針刺等各種方式企圖使兒自動回順。尤其認爲將父親的名字書於胎兒足下，胎兒便會順出（D15），或認爲將丈夫陰毛以朱膏和丸給產婦吞下，「兒手即持丸出」（D12），似乎相信胎兒能因辨識自己的父親而主動調整運動方向。

胎兒能辨識父親的觀念，無形中提高了產婦之夫在分娩中的重要性。自古以來產孕不潔的觀念，和近人丈夫不進產房的印象，使丈夫在分娩的圖像中，僅止於在屋外緊張踱步而已。然而，漢唐之間救治難產的各種努力，卻顯示至少在民間，產婦的丈夫，亦即胎兒的父親，可能扮演重要角色。在農村核心家庭中，陣痛伊始，丈夫或需協助產婦布草安頓，並尋求他人支援。待女性親友、鄰居或產婆來到，他即使不在產房內，也必須在附近待命，以便緊急時提供協助。在某些情況中，爲了「含水著婦口中」救治難產，也可能數度進出產房（B18）。[149] 然而若母子難以兩全時，究竟由產婦或丈夫作最後決定，則可能依情況而定。

《齊東野語》收錄唐代的生產故事：

> 唐長孫后懷高宗，將產，數日不能分娩。詔醫博士李洞玄候脈，奏后曰：「緣子以手執母心，所以不產。」太宗問：「當何如？」洞玄曰：「留子母不全，母全子必死。」后曰：「留子，帝業永昌。」……遂隔腹鍼之，透心至手，后崩……龐安常視孕婦難產者，亦曰：「兒雖已出胞，而手執母腸胃不復脫衣。」[150]

女史的重要議題。參見Shorter, *A History of Women's Bodies*, 56-57；Odent, *Birth Reborn*；Gelis, *History of Childbirth*, 121-33等。不過，在中國史的範疇內，才剛剛引起注意。

[149] 圖三大足石刻「臨產」一景中，有一男子立於左方。由於一般分娩除非難產，未必有醫者在場，此男子或即產婦的丈夫，在一旁待命？Gelis研究法國農村生育史，指出丈夫力氣大，有時擔任「抱腰」，有時則負責將產婦抱回床上。但由於丈夫多於難產時加入助產之列，因此丈夫出現在產房，對產婦而言，也是危險和恐慌的徵兆。見*History of Childbirth*, 101-3.

[150] （宋）周密《齊東野語》14/250-252「鍼砭」條。針刺兒手的情形，見前註引。

這些故事一方面說明胎兒在分娩中的影響力，另方面也顯示產婦、胎兒與丈夫之間，因父系家業而產生的權力關係。長孫后決定犧牲性命，以存帝業，似乎婦女也認定自己只是傳宗接代的生育工具。然而，在諸多難產狀況中，產婦可能虛脫昏迷，無法清楚表達留子或留母的意見。此時，丈夫應是最後決定之人。關於此點，幾乎沒有任何史料可供討論。然而，漢魏六朝的平民百姓，似不可與唐代帝室或官宦之家相提並論。主婦為民間核心家庭中的重要勞動力，雖然求子心切，或未必採取「留子母不全」的方案，否則民間也不會以瘤生棄子了。[151]

2. 醫護行為與貴賤之別

社會階層造成生產差異的假設，涉及的問題多，而可用的史料少。王燾根據自己的觀察，提出「賤婢獨產」不難，而「產死者多為富貴家」的階層差異說。雖頗有價值，卻無法涵蓋各個層面。

首先，不同階層產家在妊娠末期所能提供給產婦的資源，多寡不一。漢魏六朝的平民百姓以核心家庭為主，主婦為家中重要勞動力，不能因懷孕而休息不工作，很可能持續勞動到分娩徵兆之前。至於士人階層，主幹和共祖家庭漸增，親友加上僕役，人力較多，孕婦在妊娠末期或有休養的機會。[152] 入月準備，富貴之家或能按圖設帳、寄產安廬，平民百姓以至貧賤之人，則精密齊備的程度遞減。《國語・晉語》記載太姒懷文王，「少溲於豕牢，而得文王不加疾焉。」《越絕書》載「勾踐入宦於吳，夫人從，道產女於亭。」[153] 曹操卜皇

---

[151] 婦女在求子文化中的角色與地位，是一重要問題，我目前正著手進行此一研究。

[152] 漢魏六朝家庭型態及其轉變，學者已有詳論。見唐長孺，〈門閥的形成及其衰落〉，原載《武漢大學人文科學學報》，收入《中國社會經濟史參考文獻》（台北：華世出版社，1984），365-407；許倬雲，〈漢代家庭大小〉，收入氏著《求古編》（台北：聯經出版社，1982），515-41；杜正勝，〈禮制、家族與倫理〉，《古代社會與國家》（台北：台晨文化，1992）。

[153] 《太平御覽》194/9b。

后，本倡家，《魏書》稱其生於「齊郡白亭」。[154] 顯然產婦並未因臨盆在即而受到特別照護。《搜神記》更載因出身低賤，分娩前仍在勞動的婦女，「取薪而生子於野」的故事。[155]

其次，隋唐之際，醫者對於分娩的進程、所需時間、助產人數，有了較爲系統的看法，而富貴之家（如王燾的友人），可能便比平民百姓，較早接觸並獲得新的分娩觀念。不論滑胎或救難，在草藥栽種逐漸擴張的過程中，富貴之家亦較平民容易獲得生長於特定地區的本草。在照顧新產婦時，也能提供較多滋補營養食品。

然而，對於產育之事，不論貧富貴賤，也可能有一些共識：例如天人相應、物物相感，「快速少痛即爲順產」的觀念。而在分娩過程中，平民百姓雖或無親戚圍觀，卻未必沒有鄰友相助。救難諸方中數度出現取「三家雞卵」、「三家鹽」、「三家水」（C15），和「三家飯」（D20）做爲藥方，企圖幫助順產，顯示分娩或爲鄰里共同參與之事。鄰家之物被視爲具有救難之效，鄰家之人即使不入產房，亦不無進出產家造成喧鬧的可能。並非皆如王燾想像「賤婢獨產」的情形。

最後，倘若發生難產，產家大概都是眾治齊下，但求速效，未必會因社會階層而有「信巫」或「信醫」的差別。晉代于法開以刺針救產的故事，顯示產家「眾治不驗，舉家遑擾」的混亂情形：

> 晉剡白山于法開，不知何許人。事蘭公爲弟子，深思孤發，獨見言表。善放光及法華，又祖述耆婆，妙通醫法。嘗乞食投主人家，值婦人在草危急，眾治不驗，舉家遑擾，開曰：「此易治耳。」主人正宰羊，欲爲淫祀，開令先取少肉爲羹，進竟，因氣針之，須臾羊膜裹兒而出。[156]

這個故事出自《高僧傳》，收錄的目的顯爲宣教，故將佛僧與代表理性的醫學相連，而與代表迷信的淫祀對立。從兒隨針下的敘述看來，與曹魏時華佗和

---

154 《三國志》《魏志‧后妃傳》5/156引《魏書》。
155 《太平御覽》362/9b-10a。
156 《高僧傳》4/167-168。

劉宋時徐文伯的故事一樣，凸顯了刺針引產的功效。[157] 然而刺針究屬神技，一般產家難得受益。文中謂「眾治不驗」，雖未言明包括哪些，料想為求產婦平安，或亦醫巫並進，諸方合用吧！倘若並未發生難產，男性醫者是否會在分娩現場，則頗值得懷疑。

3. 婦產科發展與助產問題

古代孕婦或無定期產前檢查。三國魏名醫華陀曾替文武大官的懷孕夫人檢查，而發現胎死腹中的案例。甘陵相夫人有娠六月，腹痛不安，陀視脈曰：「胎已死矣。」[158] 李將軍妻病，呼陀視脈，陀曰：「死胎枯躁，勢不自生」，為下針，並令進湯。[159] 二位夫人雖然在孕期中召醫診脈，卻都是因身體不適。倘若孕中無病，即使貴為夫人，是否會定期就醫檢查，值得推敲。[160] 待至分娩，

---

[157] 華佗以刺針下死胎，見《三國志》〈華佗傳〉29/799；徐文伯以刺針引產，見《南史》〈徐文伯傳〉32/838。刺針引產，參李貞德，〈漢隋之間的「生子不舉」問題〉「避孕、絕育與人工流產」。前引宋代周密《齊東野語》14/250-252「鍼砭」條，記載唐長孫皇后生高宗時難產，醫博士李洞玄診斷為「子以手執母心，所以不產」，遂「隔腹鍼之，透心至手，后崩，太子即誕。後至天陰，手中有瘢。」而龐安常救治因胎兒「手執母腸胃」所造成的難產，亦「捫兒手所在，鍼其虎口，即縮手而生，及觀兒虎口，果有鍼痕。」二例皆為透過母腹，直接鍼於兒手，與前引《小品方》以刺針回縮救治橫生逆產，以及華佗、徐文伯、于法開等之刺針引產似乎皆不相同。

[158] 《魏志‧華陀傳》，29/799。

[159] 《後漢書‧華陀傳》，82/2738。

[160] 古代婦女就醫情形，頗難確知。但從少數資料推測，婦女自往男醫師處就診，在魏晉時期或並不忌諱。晉王叔和《脈經》卷九中，許多條以「有一婦人來診」之語啓始。而前來就診婦女，可能大多為社會中上階層。王叔和或稱其「夫人」，或形容為「好裝衣來診」。從其中一條並可得知母親攜女就醫的情形：

> 師曰：有一婦人將一女子，年十五所來診，言女子年十四時經水自下，今經反斷，其母言恐怖。師曰：言此女為是夫人親女非耶？若親女者，當相為說之。婦人因答曰：自是女爾。師曰：所以問者無他，夫人年十四時，亦以經水下，所以斷此為避年，勿怪，後當自下。（《脈經》9/8b）

由此看來，母親十四歲時已來診，至今女兒十五歲亦來診，頗有「家庭醫師」的味道。

若無難產，亦未必召醫診視。《病源論》中屢言抱腰之人應如何，助產者應如何，顯示分娩中的主要助產者不是醫生。然而醫生對於一般分娩卻頗有意見，並且不排除助產失理造成產婦危殆的看法。

　　婦產科的發展，在隋代時有理論性的突破。《病源論》在編排上，首次將經、帶等內容安排於胎、產之前，對於後代婦產科經、帶、胎、產體例的確立，當有影響。[161] 而漢唐之間，醫者對於婦女分娩的看法，亦有一系統化的過程。第一、滑胎助產方藥的服用，從並未言明何時當服，到逐漸標定各種湯藥的服用月份。第二、產圖的形制、內容，經過醫者的努力，從分門別類且眾說紛紜，到逐漸出現統一的規格。第三、醫書中對產後理療的時間趨於明確，由泛稱「產後」，到三日、七日、滿月、百日，各有重點。同時，醫者對難產也提出觸忌犯神之外的解釋。[162] 而《病源論》、《千金方》和《外台秘要》不約而同地出現對助產者的批評。其中最主要的責難，在於醫者認為助產者的喧擾影響產婦心情，而助產者急於結束分娩的態度，適足以造成產難。[163]

　　醫者認為，一般產婦、產家和經驗不足的助產者，大多試圖縮短時間，使分娩盡快結束，而醫者則主張「順其生理」。為了讓產婦能夠順其生理，巢元方要求助產者等產婦腹腰皆痛，才可抱腰，將臍帶繫於一旁，待其自降；孫思邈主張產時只應有二三人在旁協助；而王燾則以為產婦一人生產，更能安穩自

又，醫師記得其母十四歲時的症狀，可能醫病為舊識，也可能有病歷存檔。《周禮》中已有建立病歷的記載，漢代淳于意則有編輯醫案而成的《診籍》，王叔和若有特殊病歷存檔，似並不足為奇。

[161] 馬大正，《中國婦產科發展史》，90。

[162] Charlotte Furth認為「滿月」和「百日」是兩個不同系統的觀點。前者出現較早，重點在於產乳不潔，屬儀式系統。後者出現較晚，重點在於休養生息，屬醫藥系統。而儀式為主的生產之道，首重避免觸忌犯神。見其 "Ming-Qing Medicine and the Construction of Gender", 232. 本文指出隋唐之間各種系統消長與規格化的情形，顯示醫藥系統亦將「滿月」視為產婦滋補的一個階段，並非只是儀式禁忌的斷限而已。

[163] 產婦過早用力，助產者多方干預，是否因婦女向來被視為應努力工作，以致在分娩時亦勤奮不懈，從漢唐資料尚無法斷定。Charlotte Furth研究清代的分娩則曾提及此種可能，見其 "Concepts of Pregnancy, Childbirth and Infancy in Ch'ing Dynasty China".

若,根本不需要「聚居女婦輩」,造成不適任的助產行為。

事實上,雖然一般看產者,未必皆受過專業訓練之人,但自漢以來應當已有以看產為職業者。助產者可能是因為貧困需要收入而幫人助產,也可能是較有經驗的婦人,「善看產」的名聲在鄉里間逐漸傳開,而被公認為地方上的產婆。漢代鉅鹿南郊鄉人木羽的母親,便曾因「貧,主助產」。[164] 晉代廬陵郡(今江西吉水東北)婦人蘇易,則以「善看產」有名於鄉里,甚至有「牝虎當產,不得解,匍匐欲死,輒仰視。易悟之,乃為探出之」的神奇故事。[165] 宮廷中后妃分娩,女醫或為主要看產者。[166] 一般平民婦女分娩,可能並無醫者在場,而是由有生產經驗的女性親友協助。從蘇易的故事看來,發生難產時,鄉里間仍靠「善看產」的婦人協助救治。[167]

醫者多為男性,其實甚少直接參與生產,頂多在難產時才被請來,對女性看產者能力的評估是否公允,向來是婦產科學史的懸案。產婆既無文字流傳、記載接生技術,在婦產科學史的研究中,便沒有自己的聲音。因此醫者指責助產者造成難產之說,或許只能當作參考。[168] 漢唐之間,在產前預備、產後調理方

---

[164] 《太平御覽》,卷三六一,引《列仙傳》。

[165] 干寶《搜神記》20/237〈蘇易〉條。

[166] 漢宣帝許皇后臨產,女侍醫淳于衍入宮前,受霍光夫人顯的威脅利誘,在皇后免身後,以附子和大丸毒殺皇后。事見《漢書》8/251, 97a/3966。

[167] 像王燾所錄因「一妹二女,並皆產死,有兒婦臨月,情用憂慮」,而入山尋醫坐鎮家中助產的事蹟,應屬特例。見《外台秘要》33/923-924。

[168] 此類討論,甚或辯論,在西方婦產科學史已行之經年,助產學(midwifery)及其歷史,並成為重要研究領域。見Shorter, "A History of Birth Experience", in *A History of Women's Bodies*, 及Moscucci, "Men-midwives and medicine: the origins of a profession", *The Science of Women: Gynaecology and Gender in England, 1800-1929* (Cambridge and New York: Cambridge University press, 1990). 中國史方面由於著作不多,尚未有激烈辯論。醫學史的研究指出,醫者在宋代攀附儒士階層,企圖提升自己的社會地位。而婦產醫學也在宋代逐漸形成專科,醫者和產婆之間的競爭,不難想見。產婆自元代以降即被列入「三姑六婆」之中,社會地位和評價都不高,與醫者的偏見和責難或不無關係。醫儒關係及其研究,見陳元朋,〈宋代的儒醫─兼評Robert P. Hymes有關宋元醫者地位的論點〉,《新史學》6.1(1995):194-202。婦產科在宋代的發展,見馬大正,《中國婦產科發展史》第八章〈宋金元時代的婦產科學〉,142-200。

面，醫書中草藥和補湯皆隨時代發展而更加豐富。但坐草分娩，變幻莫測，安危難卜，醫者責備助產者，或不過在禁忌之外，力求新解。

生產涉及超自然的力量，其實產家、助產者和醫者，皆深信不移。漢代帝室、民間皆祠神君，除表達對產難的害怕之外，亦表現產死者具有救難能力的信仰。而漢唐之間，醫者一方面藉著產圖系統化、批評助產者、和介紹新湯藥，來引導生產的醫護行為；另方面卻也透過隔離與禁忌，傳達了與民間相似的生產文化。

4. 隔離、禁忌與產乳不吉

分娩雖為生產的主戲，但生產的開演與落幕卻不止於分娩而已。對於產婦自己和她的親友鄰里而言，從入月安廬到滿月出蓐，隔離與禁忌標示了生產的起迄。隔離始於寄產安廬。婦女在分娩之前，必須離開日常生活的空間，進入為她特別安排的場所。隔離的目的，主要在於產乳不吉。

雖然現存醫書在安廬方面的資料始於《產經》，但寄產之事，春秋時代可能便已存在。《左傳》昭公二十九年「公衍、公為之生也，其母偕出」，杜注稱為「出之產舍」。[169] 二母同入產舍，待分娩後偕出，顯然婦女不在自己原來的生活空間生產。漢代則有到乳舍寄產的習俗，應劭的《風俗通義》提到兩個例子，顯示乳舍之中，可能傈婦與屠婦並比而臥：

(1) 潁川有富室，兄弟同居，兩婦皆懷任，數月，長婦傷胎，因閉匿之；產期至，同到乳舍，弟婦生男，夜因盜取之，爭訟三年，州郡不能決。[170]

(2) 汝南周霸，字翁仲，為太尉掾，婦於乳舍生女，自毒無男，時屠婦比

---

[169] 《左傳》，十三經注疏本，53/922。孔穎達疏認為杜預所謂產舍，即《禮記・內則》中之側室，見同頁引疏。但側室是家中原有的房間，和專作寄產之用的乳舍不同。杜預所說的產舍，若為乳舍，則晉代仍和漢時一樣，有寄產乳舍之俗。孔穎達釋產舍為側室，或唐代已無寄產專用的乳舍。

[170] 王利器，《風俗通義校注》，590輯。

　　　　臥得男，因相與私貨易，裨錢數萬。[171]

潁川兄弟既爲富室，應非家中無房可用，無僕可使。屠婦亦至乳舍，與椽婦比臥，則乳舍亦非上層階級的特殊醫療待遇。至乳舍生產，所爲何來？令人好奇。

　　王充曾經批評江南「諱婦人乳子，以爲不吉，將舉吉事、入山林、遠行、度川澤者，皆不與之交通。乳子之家，亦忌惡之，丘墓廬道畔，逾月乃入，惡之甚也。」並說明江北則不如此。[172] 上述二例，潁川在今河南禹縣，汝南在今河南上蔡縣東南平輿縣西北，皆在江北。四個婦人不在家中生產，而到乳舍，或江北雖不如江南般忌惡乳子婦人，亦有令產婦寄產他處之俗？[173]

　　雖然產婦需脫離日常生活的空間，甚或寄產他處，卻「不宜歸生」。漢人認爲出嫁女不宜回娘家生產。《風俗通義》說：「不宜歸生。俗云：令人衰。案：婦人好以女易他男，故不許歸。」[174] 從案語來看，由於生育上重男輕女的觀念，使產婦可能以己女易他男，於是產家盡量防範。[175] 然而應劭和王充一

---

[171] 王利器，《風俗通義校注》，591輯。此故事有下文：「後翁仲爲北海相，吏周光能見鬼，署爲主簿，使還致敬於本郡縣……往到於冢上，郎君沃酹，主簿俛伏在後，但見屠者弊衣蟲結，踞神坐，持刀割肉，有五時衣帶青墨綬數人，徬徨陰堂東西廂，不敢前來……翁仲……問嫗……嫗辭窮情竭，泣涕具陳其故。時子年已十八，呼與辭決曰：「凡有子者，欲以承先祖，先祖不享血食，無可奈何。」應劭結論曰：「神不歆非類明矣，安得養他人子乎？」

[172] 《論衡·四諱》，228。

[173] 此外，寄產之事，似又不止於漢。西晉惠帝八王之亂時，「忽有婦人詣大司馬門求寄產」，並稱「我截臍便去耳。」見《晉書·五行志下》，29/907；南齊東昏侯施行暴政，史稱「乳婦婚姻之家，移產寄室」，見《南齊書·東昏侯本紀》7/103。但前者重點在於預言齊王冏將遭斬戮，後者則在形容苛政擾民之狀，不足説明寄產之風自漢不衰。《三國志》引〈列異傳〉故事，稱華歆爲諸生時，「嘗宿人門外，主人婦夜產」，可見分娩未必寄產。見《三國志·華歆傳》13/405。唯前引杜注「偕出」爲「出之產舍」語，或可佐證晉代寄產之事。

[174] 王利器，《風俗通義校注》，562輯佚文。

[175] 漢人重男輕女，見劉增貴，《漢代婚姻制度》（台北：華世出版社，1982），21；李貞德，〈漢隋之間的「生子不舉」問題〉，759-60。前引周霸婦與屠婦以女換男的故事，正說明父系家族祖先崇拜的信仰之下，婦女生男的壓力。並可爲前引唐高宗之母犧牲自

樣，慣以理性批判當時人的俗信，或因此而爲不許歸生的忌諱，尋求理性的現實解釋。若自俗說觀之，可知人們的眞正顧慮，在於歸生令娘家之人衰。顯然和王充所批評的江南風俗類似，也是產乳不吉的觀念所致。

即使不到乳舍，不回娘家，漢代以來仍有爲產婦另外安置產房的習慣。產房可能設於室內，也可能設於室外。在室內者，如《禮記·內則》所謂：「妻將生子，及月辰，居側室。」在入月後便爲產婦選擇正寢、燕寢等主臥室之外的房間爲產房。[176] 在室外者，或如《產經》所言，搭於距離井灶較遠的所在，目的亦在避免「大凶」。

產乳不吉，主要來自分娩血水污穢，容易觸忌犯神。敦煌變文〈父母恩重經講經文〉形容婦女生產時，「如煞豬羊，血流遍地」。[177] 前引《產經》及《外台秘要》皆建議產家鋪草灑灰、張設獸皮，或以器皿盛物洗滌等方式，避免血水著地犯禁。《產經》又主張鋪草時應一面念咒，請求諸神「來此護我」，以使「諸惡魍魎莫近」。[178] 《子母秘錄》則有借地法、禁水法，臨盆時爲產婦向諸神借一方地分娩；[179] 並在儲存洗滌用水時誦念咒語，使用水能「以淨持濁」。[180] 《外台秘要》引崔氏產圖，亦講究避諸神所在。神明的形象極具能力，既能保護產婦，又可能因被冒犯而加害於人。

道書《元始天尊濟度血湖眞經》，描繪血湖地獄情景，說明世間男女犯神下獄，顯示婚姻生活中的平民婦女，幾乎難以倖免：

> 是故生產有諸厄難，或月水流行，洗浣汙衣，或育男女，血汙地神，汙水傾注溪河池井，世人不知不覺，汲水飲食，供獻神明，冒觸三光……或致子死腹中，母亡產後，或母子俱亡，至傷性命……橫傷非命，死入酆都地獄，備受諸苦，由積血以成湖，認幻緣而有獄……元始天尊曰：吾觀慾界

己性命來保全夫家帝業的事作一註腳。

[176] 《禮記》〈內則〉28/11a。

[177] 王重民等編《敦煌變文集》下，卷五，679，699。

[178] 《醫心方》23/8b。

[179] 《醫心方》23/7b-8a。

[180] 《醫心方》23/8b-9a引《子母秘錄》。

眾生，女人造種種罪業，身墮血湖受苦，沉淪動經億劫，永無出期。吾今
開琅函寶藏，出金籙赦文……。[181]

《產經》中諸般措施，大多僅限於反支等特殊禁忌月日。《外台秘要》亦明言各
項準備，目的在於避免「子死腹中，或產不順」。醫書中的重點在保護產母與
胎兒，並且防範的對象和時間明確。《濟度血湖真經》對婦女下血湖地獄的解
釋，除表達對女性身體排出物的厭惡之外，也顯示女性因生育責任和家務勞動
等社會角色，以致背負罪責，無所逃於天地之間。

　　《產經》與《濟度血湖真經》的不同，或因方書與道書寫作目的相異，或因
時代越後，婦女的困境越明顯。[182] 然而，方書雖未直接說明女性的罪責，其中
種種預防觸忌犯神的措施，卻在試圖救助產婦脫離罪責的同時，亦分享了禮俗
觀念，確認了女性從社會角色而來的不潔形象。

　　不潔的力量，即使在分娩結束後仍未停止，產婦行動依然受到限制。自漢以
來，便有產婦不宜見人的禁忌。《神仙傳》形容麻姑拜訪蔡經母及經弟婦，
「弟婦新產十數日，麻姑望見之，曰：噫！且止勿前。」[183] 新產十數日，尚在禁
見範圍內。前引王充描述江南風俗忌惡乳子婦人，以致「逾月乃入」。《小品
方》則明確指出所謂滿月除穢，其實不只三十天，主要在於產婦「身經閨穢，
血露未盡」之故。

　　婦女因產乳而不潔，除了產血惡露污穢之外，或亦因婦女的角色轉換所致。
自周代父系家族確立以來，結婚生子，為夫家廣嗣繼祖，成為女性的重要社會
角色。無子為男性出妻或取妾的正當理由，而女性則藉著生育，由妻子、媳

---

[181] 《元始天尊濟度血湖真經》，正統道藏洞真部本文類（宿），卷上/3-4，卷中/2，上海涵
　　芬樓館藏影本32冊。

[182] 任繼愈編，《道藏提要》（北京：中國社會科學出版社，1991），55，稱此經「假託元
　　始天尊為眾仙所說」。「元始天尊」神名，最早見於南朝梁陶宏景的《真靈位業圖》，
　　假託元始天尊之名所作的道經，唐代起大增。《元始天尊濟度血湖真經》的時代，說法
　　不一，或謂在唐宋之際。ミシェル・スワミエ，〈血盆經の資料的研究〉，見《道教研
　　究》，吉岡義豐、ミシェル・スワミエ編修（東京：昭森社，1965），109-66。道藏三
　　洞的討論，見陳國符，《道藏源流考》（北京：中華書局，1963），4-7。

[183] 《太平御覽》803/6b。

婦，變成母親，並確立她在夫家的地位。[184] 生產正是此一角色與地位轉換的關鍵。學者指出，人類社群面臨此種角色或關係的轉換，時常視之爲「脫序」與「不潔」，而將主角加以隔離一段時間。[185] 前引《酉陽雜俎》描寫「北朝婚禮，靑布幔爲屋，在門內外，謂之靑廬，於此交拜。」嫁娶亦是人們生命角色轉換的重要典禮，北朝婚禮爲交拜儀節特設靑廬，似亦有將此暫時的脫序現象隔離的意味。漢唐之間醫書中爲生產安廬設帳，除了防風之外，或亦傳達產婦社會角色即將轉變的信息。倘若如此，則婦女不潔，並非只是產血骯髒，也在於生產象徵著社會關係破（改變家庭成員的角色）、立（重建家庭成員的位置）之間的影響力。[186]

---

[184] 父系家族婚姻制度中的女性角色與地位，見杜正勝，〈女性在父系家族中的角色〉，《古代社會與國家》，869-76；劉增貴，〈琴瑟和鳴－歷代的婚禮〉，中國文化新論、宗教禮俗篇《敬天與親人》（台北：聯經出版社，1982）、〈魏晉南北朝時代的妾〉，《新史學》2.4（1991）、《漢代婚姻制度》（台北：華世出版社，1982）等諸文；以及 Jender Lee, "Conflicts and Termination of Marriage", *Women and Marriage in China during the Period of Disunion*, (Ph. D. dissertation. University of Washington, 1992) Chapter IV；以及 Lee, "The Life of Women in the Six Dynasties".

[185] 見 Van Gennep, *The Rites of Passage*, English trans. by Monika B. Vizedom and Gabrielle L. Caffee (Chicago: University of Chicago press, 1960), 10-11; Emily M. Ahern, "The Power and Pollution of Chinese Women", in *Women in Chinese Society* (Stanford: Stanford University Press, 1975), 199, 207；翁玲玲，〈漢人婦女產後作月子儀式的行爲探討〉，國立清華大學社會人類學研究所碩士論文（新竹：清華大學社會人類學研究所，1992），48-59，則綜述人類學者在這方面的理論。

[186] 人類學家對現代中國社會的研究又指出，婦女在父系家族中，經由締結深厚的母子情而形成 Magery Wolf 所謂的「子宮家庭」，對父系家族的團結造成威脅。因此，生產使婦女一方面具有傳宗接代的貢獻，另方面亦具有使父系家族脫序的破壞力。對此種「脫序」情形的忌憚與規範，亦是視產乳婦人爲「不潔」或「不吉」並加以隔離的社會因素之一。討論見 Emily M. Ahern, "The Power and Pollution of Chinese Women, " 199, 207；翁玲玲，〈漢人婦女產後作月子儀式的行爲探討〉，74-81。歷史學家則稱明清家庭中的母子關係，爲「受苦的母親和她那身負重任的兒子」。見熊秉眞，〈明清家庭中的母子關係－性別、情感及其他〉，見《性別與中國》，527-28。古代中國不潔觀念的社會因素研究，至今尚不多見，參 Edward Schafer, "The Development of Bathing Customs in Ancient and Medieval China and the History of the Floriate Clear Palace", *Journal of American Oriental*

六、結論

自古娩乳大故，有如就死，對產婦而言，是存亡關頭，對產家而言，則爲成敗之機。漢唐之間，婦女早婚、早育，醫家勸戒而俗風難改。面對生產大事，人們在入月、分娩和產後都有因應之道。滑胎湯藥，漢魏六朝時對於服用的月份或尚未有淸楚的意見，唐宋以後則標定各種湯藥的服用時間。由於產孕不吉的觀念，產婦生產的地點選擇不易。寄產安廬，便是以隔離爲前題，爲產婦尋找一適合分娩的場所。唐代以前，分娩或在戶內，或在戶外，大多有帳以避風邪。生產依產圖行事，包括設帳、安廬、向坐、埋胞。隋唐之際，產圖似經歷一重整的過程，由分門別類逐漸統合爲一圖。貴賤之別，在產前準備與產後照顧中，表現較爲明顯。至於分娩當下，不論社會階層，或皆衆治齊下，但求順產速效。

臨產坐草，或攀繩倚衡，或由人抱腰。由於「快而少痛，即爲順產」的觀念，助產者可能驚動產婦或持捉失理。漢唐之間，醫家對於難產的解釋，已超

Society, 76.2 (1956): 57-82和Robin Yates, "Purity and Pollution in Early China", 《歷史與考古整合之研究》（台北：中央研究院歷史語言研究所，1996）兩文。至於母子情是否造成父系家族脫序，以致成爲生產不潔的社會因素，要回答這個問題，似應先瞭解漢唐之間，家庭中的母子關係與母親角色。這是婦女生活史的重要問題，但本文因重點與篇幅所限，尚無法討論，只有俟諸日後。截至目前，僅有學者從「列女傳」傳統的研究中，或指出母子私情常成爲敎化和公義的犧牲品，或表示母親有時也不排除以絕食等自虐方式，要求兒子遵從自己的意思。討論見邢義田，〈從《列女傳》看中國式母愛的流露〉，《歷史月刊》5（1988）；Jennifer Holmgren, "Widow Chastity in the Northen Dynasties --the Lieh-nü Biographies in the Wei-shu", *Papers on Far Eastern History* 23 (1981): 165-86，對北朝婦女的研究。最近，專研列女傳的日本學者下見隆雄，利用劉向《列女傳》、《後漢書·列女傳》、和《晉書·列女傳》的資料，檢討漢魏晉儒敎社會中「母性」的角色和功用，值得參考。但其著眼點似仍以「母性」支持父系家族倫理爲主，並不涉及任何與生育文化相關的議題。下見隆雄，《儒教社會と母性—母性の威力の觀點でみる漢魏晉中國女性史》（東京：研文出版，1994），介紹見坂本具償，〈母性の威力—中國女性史研究への新たな視點—〉，《東方》171（1995）：24-27。漢唐之間產乳不吉與子宮家庭的關係，在目前史料和研究皆尚不足的情況下，只能旁敲側擊，至於細致而有系統的討論，則有待日後深入的研究。

越觸忌犯神的範圍，對於橫生逆產亦有刺縮回順的處理。而難產救治的過程，顯示人們相信應及早干預、眾治齊下、和物物相感等諸觀念。丈夫被視爲責無旁貸，而鄰里的參與，或因時因地而異。坐草之時，助產者、親友可能聚集發表意見，也影響產婦的自然生產時間。男性醫者對於不適任的助產行爲，非但指責，甚或認爲完全不需要。然因女性助產者向來沒有自己的聲音，男性醫者又多在難產時才被召至，兩者之間的恩怨，不免成爲醫療史與婦女史上的公案。

　　胎兒胞衣皆出之後，產婦的辛苦雖暫告一段落，卻因防避風邪和產乳不吉的觀念，仍須與日常生活暫時隔離。婦女雖由於血露污穢和角色轉換等因素，被視爲不潔，但在醫書療傷補虛的觀念下，富貴人家的產婦，或可休養一個月以上。農村核心家庭的主婦，大約產後不久即需工作。然而親友持滋補之物相賀，醫者謂「補養五內，非慶其兒也」，又勸婦女晚嫁少產，以免「血枯殺人」，也算是對女性本身，而非其作爲生育工具的一種關懷吧！

　　　　　　　　　　　　　　　（本文於一九九六年二月二十六日通過刊登）

附錄：從先秦到唐代醫書中滑胎助產、救治難產、與產後保健諸方

A、滑胎助產

1. 《胎產書》：懷子者，爲烹白牡狗首，令獨食之。其子美皙，又易出。（《馬王堆古醫書考釋》，806）

2. 《金匱要略》：婦人妊娠，宜常服當歸散主之。當歸散方，當歸一觔、黃芩一觔、芍藥一觔、芎藭一觔、白朮半觔，右五味，杵爲散，酒服方寸匕，日再服。妊娠常服，即易產，胎無疾苦。產後百病悉主之。（20/303-304；《脈經》9/179亦引）

3. 《小品方》：預服散，令易生，母無疾病。未生一月日前預服，過三十日，行步動作如故，兒生墮地，皆不自覺。甘草散方：甘草八分炙、黃芩、大豆黃卷、粳米、麻子人、乾薑、桂心各二分、吳茱萸二分，右八味擣散，酒服方寸匕，日三。（《外台秘要》34/941引。《千金》同）

4. 《小品方》：貝母令人易產。（《外台秘要》33/921引）

5. 《僧深方》：養胎易生丹參膏方：丹參四兩、人參二分（一方二兩）、當歸四分、芎藭二兩、蜀椒二兩、白朮二兩、豬膏一斤，凡六物，切，以眞苦酒漬之，夏天二三日於微火上煎，當著底校之，手不得離，三上三下，藥成絞去滓，以溫酒服如棗核，日三，稍增可加。若有傷動見血如雞子黃者，晝夜六七服之神良。任身七月便可服，至坐臥忽生不覺，又治生後餘腹痛也。（《醫心方》22/18ab引）

6. 《逐月養胎方》：十月諸神備，日滿即產矣，宜服滑胎藥。入月即服。養胎臨月服，令滑易產，丹參膏方：丹參（半斤），芎藭、當歸（各三兩），蜀椒（五合，有熱者以大麻人五合代）。右四味㕮咀。以清酒溲

-581-

濕，停一宿以成，煎豬膏四升，微火煎膏，色赤如血。膏成，新布絞去滓。
每日取如棗許，納酒中服之。不可逆服，至臨月乃可服。舊用常驗。（《備
急千金要方》2/44引）

7. 《產經》：任身垂七月，常可服丹參膏，坐臥之間，不覺忽生也。以溫酒
服如棗核日三。丹參一斤、當歸四兩，芎藭八兩，白朮四兩，蜀椒四兩、
豬肪四斤。（《醫心方》23/9a，22/18b引）

8. 《千金方》：治妊娠養胎令易產，蒸大黃丸，方：大黃三十銖蒸、枳實十
八銖、芎藭十八銖、白朮十八銖、杏仁十八銖、芍藥十二銖、乾薑十二
銖、厚朴十二銖、吳茱萸一兩，上九味末之，蜜丸如梧桐子大，空腹酒下
二丸，日三，不知稍加之。（2/44-45）

9. 《千金方》：滑胎令易產，方：車前子一升、阿膠八兩、滑石二兩，上三味治
下篩，飲服方寸匕，日再。*至生月乃服，藥利九竅，不可先服*。（2/45）。

B、一般難產狀況

1. 《葛氏方》云：密取馬□毛繫衣中，勿令知耳。（《醫心方》23/9a引）

2. 《葛氏方》云：吞大豆三枚；又方，吞槐子三枚；又方，戶根下土三指撮，
酒服；又方，以水銀如彈丸大，格口內喉中，捧起令下，子立出。（《醫心
方》23/12b引）

3. 《小品方》：療難產歷日，氣力乏盡，不能得生，此是宿有病，方，赤小豆
二升，阿膠二兩。右二味，以水九升煮豆令熟，取汁內膠令烊，一服五合，
不覺，不過再即產。（《外台秘要》33/933a引；《崔氏》、《千金》同）

4. 《小品方》：產難數日欲絕秘方：書奏作兩行凡二十字文，「日帝乙生
子，司命勿止，即出其胞及其子，無病其母」，封其中央，以朱印之，令
產婦持之。（《外台秘要》33/933b引《備急》並引，《崔氏》同）

5. 《小品方》：療婦人易生產，飛生丸方，飛生一枚，槐子，故孚箭羽各十
嗣枚，右三味，搗末，蜜丸桐子大，以酒服二丸，即易產。

6. 又方，取蛇蛻皮著衣帶中，鑑鼻系衣帶，臨欲產時，左手持馬啣，右手持飛生毛，令易產。

7. 又方，燒藥杵令赤，內酒中飲之。《千金》同。（以上三條幷《外臺秘要》34/941引）

8. 《小品方》：取馬銜一枚，覺痛即令左手持之。（《醫心方》23/9a則作「右手」）《小品方》：取槐東引枝手把之。（《崔氏》同）《小品方》：手捉鸕鷀頭，甚驗。（《崔氏》同）（《外臺秘要》33/933a引）

9. 《小品方》：療難產，又方：吞皂莢子二枚，亦效。（《外臺秘要》33/933a引《廣濟方》並引）

10. 《小品方》：蛇蛻皮頭尾完具者，一枚，覺痛時，以絹囊盛繞腰，甚良。（《醫心方》23/9ab引）

11. 《小品方》云：取其父衣以覆井，即出。神良。（《醫心方》23/12b引）

12. 又方，小麥二七枚吞之即出。又方，出蠶種布三寸，燒作散，酒服方寸匕，立出。又方，蘇一合，以酒和服即出。又方，燒兔毛末服方寸匕，即生。（《醫心方》23/12b引）

13. 《小品方》：燒大刀鐶令熱，以酒沃之，取一升服之，救死。（《醫心方》23/13a引《千金方》並引）

14. 《小品方》：陳葵子三指撮酒服（《醫心方》23/13b引《新錄方》：「葵子二七枚服之」並引）

15. 《僧深方》云：取豬肪煎吞如雞子者，一枚即生，不生復吞之。又方，蒲黃大如棗，以井華水服之，良驗。又方，取灶中黃土末，以三指撮酒服，立生。土著兒頭出良。又方，滑石末三指撮酒服。（《醫心方》23/13a引）

16. 《陶景本草注》云：鼺鼠皮毛，以與產婦持之，令易產。（《醫心方》23/9b引）

17. 《刪繁方》：治產難或半生，或胎不下，或子死腹中，或著脊及在草數日不產，血氣上蕩心，女面無色，氣欲絕方：煎成豬膏一升、白蜜一升、淳酒二升，右三味合煎，取三升，分五服，極驗。（《醫心方》23/16b-17a引；《外台秘要》33/936a引《文仲》並引，《備急》、《千金》、《崔

氏》同）

18. 《集驗方》：令夫從外含水著婦口中二七過，立出。（《醫心方》23/13b引；
　　《外台秘要》33/934a亦引）

19. 《集驗方》：槐子十四枚，蒲黃一合，納酒中溫服，須臾不生，更服之。（《外
　　台秘要》33/932b引《廣濟》並引，《千金》、崔氏同）

20. 《集驗方》：吞生雞子黃三枚，並少苦酒。（《外台秘要》33/932b引《廣
　　濟》並引，崔氏、《備急》、文仲同）

21. 《錄驗方》：（貝母）作末酒服治產難及胞衣不出（湯萬春，《小品方輯
　　錄箋注》，109-110引）

22. 《錄驗方》云：取鑿柄入鐵裏者，燒末酒服之，立下。（《醫心方》23/12b引）

23. 《經心方》云：芎藭爲屑，服方寸匕，神良。（《醫心方》23/13b引）

24. 《產經》云：產難時，皆開門戶、窗瓮、瓶釜一切有蓋之類，大效。

25. 又方，產難時，祝曰：上天蒼蒼，下地□□（鬱鬱），爲帝王臣，何故不
　　出，速出速出，天帝在戶，爲汝著名，速出速出。又方，□（符文），以
　　朱書吞之良。又方，□（符文），燒作灰以水服即生。

26. 又方，取眞當歸，使產者左右手持之，即生。一云用槐子矣。

27. 又方，胡麻油服之，即生。又方，以大麻子二七枚吞之，立生。

28. 又方，取弓弩弦令帶產者腰中良。又方，取大豆中破書，左作日字，右作
　　月字，合吞之，大吉。又方，取夫褲帶燒末酒服良。（以上五條《醫心
　　方》23/11b-12a引）

29. 《千金方》：治產難三日不出方，取鼠頭燒做屑，井花水服方寸匕，日
　　三。（2/57；《外台秘要》引《廣濟》同，崔氏、《救急》同）

30. 《千金方》：治產難方，取廁前已用草二七枚，燒作屑，水調服之。（2/57）

31. 《子母秘錄》云：古方蘇膏。有難產者，或經三日五不得平安，或橫或
　　豎，或一手出，或一腳出，百方千計，終不平安，服此蘇膏。其膏惣在孩
　　兒身上，立出。其方無比，初服半匙，漸加至一匙，令多恐嘔逆。好蘇一
　　斤、秋葵子一升，滑石、瞿麥、好蜜半升、大豆黃卷皮二兩，右六物先用
　　清酒一升細研，葵子納蘇中惣，相和□（微）火煎，可取強半升爲度，忌

生冷，餘無忌。（《醫心方》23/11b引）

32. 《極要方》：取赤小豆二枚，吞之，立兒手持出。（《醫心方》23/13a引）

33. 《助產方》：媳婦分娩時，嬰兒和胎盤不分離，用獐子尾、鹿尾（碾碎），塗於女陰。用野牛角、羚羊角、公馬鞭上的污垢諸藥，塗於左右髖骨，嬰兒一定能產下。加以丈夫或小叔之陰毛，燒後就在食內喝下，則癒。或喝下酥油後，於腹部纏以濕皮，騎於平穩的黃牛鞍上，讓一位大力士從產婦肩部往牛鞍上用力壓，亦能分娩。此法如無效，騎於駿馬上，在房屋周圍，來回走動，屋內發出「敵人來了」喊叫之聲，人馬俱驚，當即分娩。（P.T.1057「藏醫雜療方」，《敦煌吐蕃文獻選》，頁174引）

C、胎死腹中

1. 《葛氏方》：治月未足，胎死不出，母欲死方。大豆醋煮服三升，死兒立出，分二服之。（《醫心方》22/34a引《小品方》並引，《千金》同之。）

2. 又方，飲夫小便一升。（《醫心方》23/16a引）

3. 《小品方》：桃白皮如梧子大，服一丸立出。

4. 又方，好書墨三寸，末，頓服。

5. 又方，鹽一升，雞子二枚，和，頓服之。又方，瞿麥一把，煮令二三沸，飲其汁立產。一方下篩，服方寸匕。（以上三條《醫心方》22/34ab引。《產經》同）

6. 《小品方》：治子死腹中方：吞水銀二兩，立出。又方，搗芎藭，酒服方寸匕，神良。（《醫心方》23/16a引）

7. 《小品方》：蟻室土三升，熬令熱，袋盛拽心下，胎即下。（《醫心方》23/16b引《千金方》並引；《千金方》2/63則作「急取蟻蛭土三升，熬之令熱，囊盛熨心下，令胎不得上搶心，甚良。」）

8. 《小品方》：灶中黃土三指撮酒服之，立出。（《醫心方》23/16b引《集驗方》並引）。

9. 《小品方》：療母子俱死者，產難及胎不轉動者方：榆白皮三兩，葵子五

合，甘草炙，桂心各一兩，右四味，切，以水四升，煮取二升，服一升，須臾不產，更服一升。忌海藻、菘菜、生蔥。（《外台秘要》33/933b引《備急千金藥方》並引，崔氏同）。

10. 《小品方》：療子死腹中方，服水銀三兩立出。（《外台秘要》33/936b引《救急》並引，《千金》、《備急》、《文仲》同）

11. 《僧深方》云：取牛膝根兩株，拍破，以沸湯□（潑）之，飲之，兒立出。又方，以酒服蒲黃二寸匕。

12. 又方，好書墨三寸末，一頓飲之，即下。（以上二條《醫心方》23/16a引）

13. 《龍門方》云：桃根煮濃，用浴膝下，立出。（《醫心方》23/16a引）

14. 《集驗方》：療子死腹中方，眞珠二兩酒服盡，立出。《崔氏》同。

15. 又方：取灶下黃土三指撮，酒服之立出，當著兒頭上。《千金》、《崔氏》、《文仲》同。

16. 又療胎死在腹方：取三家雞卵各一枚，三家鹽各一撮，三家水各一升，合煮，令產婦面東向飲之，立出。《千金》、《備急》、《崔氏》同。

17. 又方：取瞿麥一斤，以水八升，煮取二升，分再服，不出更服。《文仲》、《千金》、《崔氏》同。又方：葵子一升，阿膠五兩，水五升，煮取二升頓服出，間日又服。《崔氏》、《千金》、《文仲》、《備急》同。（以上并見《外台秘要》33/935引）

18. 《集驗方》：又療子死腹中，又妊兩兒，一兒活，一兒死，令腹中死者出，生者安，此方神驗，萬不失一。蟹爪一升、甘草二尺炙切、阿膠三兩炙，右三味以東流水一斗先煮二味，取三升，去滓內膠令洋，頓服。不能頓服，分再服。若人困，按口下藥入即活。煎藥，東向灶以茅葦薪煮之。（《外台秘要》33/935b-936a引《崔氏》並引，《廣濟》、《千金》、《備急》、《文仲》同；《醫心方》23/16b-17a亦引）

19. 《集驗方》：又療子胎在腹內已死方，甘草一尺炙，蒲黃一合，筒桂四寸，香豉二升，雞子一枚，右五味切，以水六升，煮取一升，頓服。胎胞穢惡盡去，大良。（《外台秘要》33/936a引《崔氏》並引。《千金方》2/32a則作「蒲黃二合」，並稱亦治「子生胞衣不出，腹中引腰背痛」。）

20. 《集驗方》：子死腹中不出方，榆皮切一兩，珍珠一兩，右二味，以苦酒三升，煮取一升頓服，死兒立出。（《外台秘要》33/936b引《文仲》並引，《千金》、《備急》、《崔氏》同）

21. 《產經》云：治妊身子死腹中不出方。取赤莖牛膝根，碎以沸湯□（潑）之，飲汁兒立出。（《醫心方》22/34b引）

22. 《產經》又云：周德成婦，懷身八月，狀□緣□，其腹中兒背折，胎死腹中三日，困篤方：取黑大豆一升，熬以清酒一斗，漬之須臾，釋去豆可得三升汁，頓服，即下胎。（《醫心方》22/35a引）

23. 《產經》：治胎死腹中符文：□□（符文），此二符以朱書吞之即生。（《醫心方》23/17a引）

24. 《千金方》：以牛屎塗母腹上，立出。（《外台秘要》33/936b引《文仲》同）

25. 又方：取夫尿二升，煮令沸飲之。（《外台秘要》33/936b引《救急》同）

26. 《千金方》：吞槐子二七枚；亦治逆生。又方：酢二升拗口開灌之即生。（2/59）

27. 《千金方》：治產難子死腹中方：瞿麥一斤以水八升，煮取一升服，一升不出再服。治胎死腹中乾燥著背方：葵子一升，阿膠五兩，右二味，以水五升，煮取二升，頓服之。未出再煮服。（2/59）

28. 《千金方》：治妊娠未足月，而胎卒死不出，其母欲死方：以苦酒濃煮大豆，一服一升，死胎立出，不能頓服，分再服。一方用醇酒煮大豆，亦治積聚成瘕。（2/59）

29. 《千金方》：治妊娠胎死腹中，若子生胞衣不出腹中引腰背痛方：甘草一尺，蒲黃二合，筒桂四寸，香豉二升，雞子一枚。右五味以水六升，煮取一升，頓服之，胎胞穢惡盡去，大良。（2/59）

30. 《蘇敬本草注》云：伏翼矢灰酒服方寸匕。（《醫心方》23/16b引）

31. 《醫門方》云：療胎死腹中，不出，其母欲絕方。水銀二兩，吞之，兒立出。又方，伏龍下**去**下篩三指撮以酒服即出。（《醫心方》22/34b引）

32. 《博濟安眾方》：醋煮赤豆，服三升，兒立出。又方，騂醋一升，格口灌之。又方，當歸末酒服方寸匕，立出。（《醫心方》23/16a引）

D、橫生逆產

1. 《葛氏方》云：鹽以湯和塗兒蹠下，幷摩婦腹上。

2. 又方，眞丹塗兒蹠下。又方，取釜底墨以交牙書兒蹠下。又方，丹書左足下作千字，右足下作黑字。（《醫心方》23/14a引）

3. 《小品方》：燒兒父手足十指爪甲，治末服之。

4. 又方，取生艾半斤，清酒四升，煮取一升，頓服之，則順生。若不引酒用水。（以上二條《醫心方》23/14ab引）

5. 《小品方》治橫生方：栝蔞實中子一枚，削去尖者，以水漿吞之，立產。（《醫心方》23/14b-15a引）

6. 《小品方》云：子上迫心方，取孶絃縛心下，即出。（《醫心方》23/15a引）

7. 《小品方》：療逆產方：鹽塗兒足底。又可急搔爪之。並以鹽摩產婦腹上，即瘥。（《崔氏》、《集驗》、《千金》同）又方，鹽和粉塗兒兩足下，即順矣。（《千金》、崔氏同）

8. 又方，彈丸二枚，搗末，三指撮，溫酒服。（《集驗》、崔氏同；《千金方》2/32a「彈丸」作「彈殼」）（以上三條幷《外臺秘要》33/934ab引）

9. 《小品方》：療橫產及側，或手足先出方：可持粗針刺兒手足，入二分許，兒得痛，驚轉即縮，自當迴順。（《外臺秘要》33/935a引；《集驗》、《備急》、《千金》、《文仲》、《崔氏》同）

10. 《小品方》：療逆產方，取車肚中膏，面腋下及掌心。（《外台秘要》33/935a引《刪繁方》並引，《集驗》、《崔氏》、《文仲》、《備急》同。《千金》2/61「車肚中膏」作「車釭中脂」，並書兒腳下掌中）。

11. 《集驗方》：療逆產方，燒鐵令赤，納酒中服之。《崔氏》同。

12. 又方：夫陰毛二七枚燒，以朱膏和丸如大豆，吞，兒手即持丸出，神驗。《千金》、崔氏同。

13. 又方：朱書左足下作千字，右足下作黑字。崔氏同。

14. 又方：生不出，手足先見，燒蛇脫皮末，服刀圭，亦云三指撮，面向東酒服即順。崔氏、《千金》同。

15. 又方：眞丹刀圭塗兒腋下。崔氏同。又方：以手中指取釜底黑煤，交畫兒足下，順出。《千金》、文仲、崔氏、《備急》同。（以上五條《外台秘要》33/934b引）

16. 《集驗方》：療橫生方，取梁上塵三指撮，酒服之。《千金》、文仲、崔氏同。（《外台秘要》33/935a引）

17. 《集驗方》：其父名書兒足下，即順。又方，以鹽塗兒足底。又可急搔爪之。（《醫心方》23/13b引；《千金》2/61同）

18. 《刪繁方》：療逆產難產，數日不出者方，取桃人中破，書一片作可字，一片作出字，還合吞之。崔氏同。

19. 又療逆產，胞衣不出方：取灶屋上黑塵，酒服之。《千金》、崔氏同。（以上二條《外台秘要》33/934b-935a引）

20. 《產經》：方，取三家飯疊（疊）兒手內，即順。又方，丹書，左足下作千字，右足下作黑字。（《醫心方》23/14引）

21. 《千金方》：治縱橫生不可出者方，菟絲子末，酒若米服之方寸匕，即生。車前子亦好服如法上。（《外台秘要》33/935a引《文仲》同）

22. 《千金方》：治產時子但趣穀道者方：熬鹽熨之自止。（2/61）

23. 《千金方》：千金丸，主養胎及產難顛倒，胞不出，服一丸，傷毀不下，產餘病，汗不出，煩滿不止，氣逆滿，以酒服一丸良。一名保生丸，方：甘草六銖、貝母六銖、秦椒六銖、乾薑六銖、桂心六銖、黃芩六銖、石斛六銖、石膏六銖、粳米六銖（一作糯米）、大豆黃卷六銖、當歸十三銖、麻子三合，上十二末之，蜜和丸如彈子大，每服一丸，日三，用棗湯下。一方用蒲黃一兩。（2/44）

E、兒衣不出

1. 《葛氏方》云：月水布燒末以服少少。（《醫心方》23/17b引）

2. 又方，末皀莢內鼻中得嚏即下。（《醫心方》23/17b引；《外台秘要》33/937a引《小品方》、《崔氏》同）又方，解髮刺喉中，令得嘔之良。

（《醫心方》23/17b引）

3. 《小品方》：取夫單衣蓋井上，立出。（《外臺秘要》33/936b引《廣濟》並引，《集驗》、《救急》、崔氏同。《醫心方》23/18a引《僧深方》同；《千金方》2/63則作「夫內衣」。）

4. 《小品方》：療胞衣不出方：鹿角末三指撮，酒服之。（《外台秘要》33/937a引，《崔氏》同）

5. 又方：兒衣不出吞此符吉。□（符文）。（《外台秘要》33/937a引）

6. 《小品方》：療胞衣不出，幷兒橫倒死腹中，母氣欲絕，方：半夏二兩、洗，白斂二兩，右二味，搗篩，服方寸匕。小難一服，橫生二服，倒生三服，兒死四服。亦可加代赭、瞿麥各二兩。（《外臺秘要》33/937b引《救急》並引，《集驗》、《廣濟》、《備急》、《千金》、《文仲》、《崔氏》同）。

7. 《小品方》：小豆小麥相和，濃煮汁飲之，立出。（《外臺秘要》33/937b引《救急》並引，《備急》、崔氏同；《醫心方》23/18a同；《千金方》並謂「亦治橫逆生者」）。

8. 《小品方》：井中土如梧子大吞之。（《醫心方》23/18a引；《千金方》2/63同，並謂「又治兒不出」）

9. 《僧深方》云：水銀服如小豆二枚。（《醫心方》23/18a引）

10. 《陶景本草注》云：吞胡麻油少少。

11. 又方，取弓弩弦縛腰。（以上二條《醫心方》23/17b引）

12. 《龍門方》云：取灶中黃土末著臍中。今按《廣濟方》三指撮水服之。（《醫心方》23/18a引）

13. 《集驗方》：取苦酒服赤米一兩。（《外台秘要》33/936b引《廣濟》並引，《千金》、《崔氏》同。）又方：雞子一枚，苦酒一合，和飲之即出。（《外台秘要》33/936b引《廣濟》並引，《千金》、《崔氏》同。）

14. 《集驗方》：又療胞衣不出方：取炊箅當戶前燒之。（《外台秘要》33/937b引《救急》並引，《廣濟》、《崔氏》同；《千金方》2/63則作「取炊蔽當戶前燒服之」。）

15. 《集驗方》：療胞衣不出，令胞爛，牛膝湯方：牛膝四兩、滑石八兩，當歸三兩，通草六兩，葵子一升，瞿麥四兩，右六味切，以水九升煮取三升，分三服。忌牛狗肉（《外台秘要》33/937b引《必效》並引，《廣濟》、《崔氏》同。《千金方》2/61亦引，但計量不同，見下引文。）

16. 《集驗方》：又方，服蒲黃如棗大良，（《外台秘要》33/937b引《救急》並引，《崔氏》同。《千金方》2/62則作「以井花水」服之。）

17. 《集驗方》：又方：生地黃汁一升，苦酒三合，令暖服之，不能頓服，分再服亦得。（《外台秘要》引《救急》並引，《千金方》2/62、《崔氏》同）

18. 《集驗方》：又方：澤蘭葉三兩，滑石五合，生麻油二合，右三味，以水一升半，煮澤蘭取七合，去滓，內麻油滑石，頓服之。（《外台秘要》引《救急》並引，《千金方》2/62、《崔氏》同）

19. 《集驗方》：男吞小豆七枚，女吞十四枚。（《醫心方》23/18a引《千金方》並引；《外台秘要》33/937b引《必效》同）

20. 《集驗方》：牛膝半斤，葵子三升，切，以水七升，煮取三升，分三服。《醫門方》同之。（《醫心方》23/18a引）

21. 《產經》：□□（符文），胞衣不出時吞之，立下，大吉。（《醫心方》23/17b引）

22. 又方，以水煮弓弦，令少少沸，飲之一升許。（《千金方》作「飲其汁五合」，《千金方》2/62）

23. 又方，多服豬肪。（以上二條《醫心方》23/17b）

24. 《千金方》：治產兒胞衣不出，令胞爛，牛膝湯方：牛膝、瞿麥各一兩，滑石二兩（一方用桂心一兩），當歸一兩半，通草一兩半，葵子半升，右六味㕮咀，以水九升煮取三升，分三服。（2/61）

25. 《千金方》：治胎死腹中，若母病欲下之方：取榆白皮細切，煮汁三升，服之即下。難生者亦佳。又方：牛膝三兩，葵子一升，右二味，以水七升，煮取三升，分三服。又方：生地黃汁一升，苦酒三合，令暖服之，不能頓服，分再服亦得。又方：澤蘭葉三兩，滑石五合，生麻油二合，右三味，以水一升半，煮澤蘭取七合，去滓，內麻油滑石，頓服之。（2/61-62）

26. 《千金方》：治胞衣不出方：取瓜瓣二七枚，服之立出，良。又方：苦酒服眞朱一兩。又方：墨三寸末之，酒服。又方：取宅中所埋柱，掘出，取坎底當柱下土，大如雞子，酒和服之，良。（2/62）

27. 《千金方》：治產後胞不時出方：井底土如雞子中黃，以井花水和服之，立出。（2/63）

F、血暈煩悶

1. 《葛氏方》：治血氣逆心煩滿者，方：生竹皮一升，水三升，煮取一升半，分三服。（《醫心方》23/26b引）

2. 《經心方》：治產後忽悶冒汗出不識人者，是暴虛故也。取驗醋以塗口鼻，仍置醋於前，使聞其氣，兼細細飲之，此爲上法。今案，《子母秘錄》云：如覺暈，即以醋噴其面，甦來即令飲醋。（《醫心方》23/26a引；《外台秘要》34/947a亦引《崔氏》）

3. 《經心方》：又云，破雞子吞之便醒，若不醒者，可與男子小便灌口，得一升入腹，大佳。若與雞子等不醒者，可急與竹瀝汁一升，一服五合。（《醫心方》23/26a引；《外台秘要》34/947a亦引《崔氏》同，並謂「可與童子小便一升，甚驗。丈夫小便亦得，切不得用病人者。」）

4. 《集驗方》：治產後心悶眼不得開，方：即當頭頂上取髮，如兩指大，強人遷之，眼即開。（《醫心方》23/27a引）

5. 《產經》：治產後心悶眼不得開，方：赤小豆爲散，東流水和方寸匕服之。（《醫心方》23/26b引）

6. 《千金方》：治產後血運心悶氣絕，方：驗醋一升和所產血如棗大，服，兼潠面。又方：大豆熬令煙絕熱，以清酒一升潑之，承其汁飲之。（《醫心方》23/26b引；今本《千金方》不見）

7. 《孟說方》：治產後血運心悶氣絕，方：以冷水潠面即醒。（《醫心方》23/27a引）

8. 《子母秘錄》云：產後但迷不醒，唇口冷，已脈絕，面靑不語，此是運鬼所

出血氣上衝心，方：取騄醋二合，雞子一顆，右先破雞子於碗中，煮醋一沸，投醋於雞子中，熟攪，與產者頓服之，立定。（《醫心方》23/27a引）

9. 《醫門方》：療產後血泄不禁止，方：急以甘地黃末，酒服一匙，二三服即止。（《醫心方》23/27a引）

10. 《博濟安眾方》云：產後心悶不語，心煩熱，方：地黃汁五合，當歸一兩末，清酒五合，薑汁二合，右童子小便一升和煎，去滓，分服。（《醫心方》23/27a引）

11. 《廣濟方》：療產後血暈心悶不識人，或神言鬼語，氣欲絕，方：荷葉二枚炙，蒲黃一兩，甘草二兩炙，白蜜一匙，地黃汁半升，右五味切，以水三升，煮取一升，絞去滓，下蒲黃蜜地黃汁，暖服立瘥止。

12. 《廣濟方》：又療產後心悶血氣衝上血暈，羚羊角散，方：取羚羊角一枚燒成灰末，以東流水服方寸匕，若未瘥，更服瘥。（二上條並見《外台秘要》34/946b）

13. 《救急方》：產暈心悶大困，方：鯽魚剝皮作鱠，以韭食三兩口止。（《外台秘要》34/946b引）

14. 《文仲方》：暈絕方：藕方木三兩，碎以水五升煎，取二升，分再服。或無藕木，煮緋色衣服，取汁服甚驗。又方：取牆上青衣一抄，以水四小升，煮取二升，分服。又生薑汁二小升，地黃汁一小升，酒一大相和，煎五六沸，分再服，每劑和大黃末一匙，此方甚良。（《外台秘要》34/946b-947a引）

15. 《文仲方》：療產乳暈絕，方：半夏一兩洗擣篩，丸如大豆，內鼻中即瘥。（《外台秘要》34/947b引；《崔氏》同）

16. 《救急方》：療產乳暈絕，方：生赤小豆，擣為散，取東流水和方寸匕，服之，不瘥再服。（《外台秘要》34/947b引；《崔氏》同）

17. 《崔氏》：療產乳暈絕，方：以惡血服少許良。又方：以服洗兒水三合良。又方：覺暈，即用三股麻繩，長五六尺，繫產婦右腳膝上，令人捉兩頭急挽，得醒，徐徐解之。（《外台秘要》34/947b引）

18. 《近效方》：療血暈不識人煩悶，方：紅藍花三兩，新者佳，以無灰清酒半

升，童子小便半大升，煮取一大盞，去滓，稍冷服之，新汲水一大升，煮之良久。又方：赤父馬糞，絞取汁一大盞，濕者良，若乾者，取新汲水半大盞和研，絞取汁頓服，亦主人血不止，神驗。（《外台秘要》34/947ab引）

G、中風病痓

1. 《金匱要略》：產後（中）風，續續數十日不解，頭微疼，惡寒，時時有熱，心下悶，乾嘔，汗出，雖久，陽旦證續在耳，可與陽旦湯，即桂枝加黃芩。（《金匱要略》21/312；《脈經》9/7b同）

2. 《金匱要略》：產後中風，發熱，面正赤，喘而頭痛，竹葉湯主之。竹葉湯，方：竹葉一把，葛根三兩，防風一兩，桔梗一兩，人參一兩，甘草一兩，附子一枚，炮，大棗十五枚，生薑五兩，右十味，以水一斗，煮取二升半，分溫三服，溫覆使汗出。頸項強，用大附子一枚，破之如豆大（人），前藥揚去沫。嘔者，加半夏半升洗。（《金匱要略》21/313；《脈經》9/7b同；《千金方》3/75-76同）

3. 《葛氏方》云：若中風，若風痓，通身冷直，口噤不知人，方：做沸湯納薼中，令生婦以足踏薼上，冷復易之。又方：吳茱萸一升，生薑五累，以酒五升，煮三沸，分三服。今案《錄驗方》乾薑，生薑累數用者，以其一支爲累，取肥大者。（《醫心方》23/33a引）

4. 《葛氏方》：治產後若中柔風，舉體疼痛，自汗出者，方：獨活四兩，以清酒二升，合，煮取升半，分二服。（《醫心方》23/34b引；見下《小品方》、《千金方》加當歸）

5. 《小品方》：治產後中風冷，成腫欲死，方：取鼠壤四升，熬令熱，以囊儲著腹上，亦著陰上下，使熱氣入腹中良。（《醫心方》23/31b引）

6. 《小品方》：療產後中風，虛人不可服他藥者，一物獨活湯主之。及一物白鮮湯主之。亦可與獨活合煮之。方：獨活三兩，以水三升，煮取一升，分服，耐酒者，亦可酒水等煮之。用白鮮皮亦依此法。（《外台秘要》34/952a引）

7. 《小品方》：治產後中柔風，舉體疼痛，自汗出者，及餘百疾，方：獨活
   八兩，當歸四兩，右二味，㕮咀，以酒八升，煮取四升，去滓分四服，日
   三夜一。取微汗。（《千金方》3/78引；並引《葛氏方》曰：「單行獨
   活」。又曰：「若上氣者，加桂心二兩。不瘥更作。」）

8. 《小品方》：產後忽痙，口噤面青，手足強，反張者，與竹瀝汁一升，即
   醒。中風者尤佳。今案：勘《葛氏方》多飲。（《醫心方》23/33a引）

9. 《小品方》：治產後中風，語泣，四肢拘急。　薑活三兩，為末，每服五
   錢，水酒各半盞煎、去滓，溫服。（《證類本草》6；轉引自湯萬春《小品
   方輯錄箋注》21/126）

10. 《小品方》：大豆紫湯，主婦人產後中風、困篤或背強口噤，或但煩熱苦
    渴，或頭身皆重，或身癢，劇者嘔逆直視，此皆因風冷濕所為，方：大豆
    三升、炒，預取器盛清酒五升，沃熱豆中訖，漉去豆，得餘汁盡服之，溫
    服取微汗出，身體才潤則瘥。一以去風，二則消血結云。周成德妻妊胎，
    因蝕傷，胎死在腹中三日，困篤，服此酒即瘥，後療無不佳。（《醫心
    方》23/32b引，《外台秘要》34/953ab亦引，並謂《千金方》用大豆五升，
    酒八升。又云：更合獨活湯，所以爾者，產後多虛著風，以獨活消風去血
    也。重者十劑。崔氏云：如中風口噤，加雞矢白二升，和豆熬更佳。《千
    金方》引文見下）

11. 《小品方》：又，療產後中寒風，痙，通身冷直，口噤不知人，方：白朮
    四兩，酒二升，煮取一升，去滓頓服。忌如常法。（《外台秘要》34/引）

12. 《小品方》：產後中風，身如角弓反張，口噤不語，川烏頭五兩，剉塊，
    黑大豆半升，同炒半黑。以酒三升，傾鍋內急攪，以絹濾取酒，微溫服一
    小盞，取汗。若口不開，拗開灌之。未效，加烏雞糞一合，炒納酒中服，
    以瘥為度。（《本草綱目》17/37〈草部〉「烏頭附方」引）

13. 《僧深方》：治產後中風口噤，方：獨活八兩、葛根六兩、甘草二兩、生
    薑六兩、四物，水七升，煮取三升，分四服。今案《博濟安眾方》：獨活
    二兩、葛根一兩、甘草一兩、生薑二兩，右以水二升，煮取八合，分五六
    服之。（《醫心方》23/34a引；《外台秘要》34/953a亦引，但言「以水九

　　升，煮取三升，分三服。」）

14. 《錄驗方》：治產後中風及飲痛，方：當歸二兩、獨活四兩、凡二物，以水八升，煮取三升，分服一升。（《醫心方》23/33b引）

15. 《錄驗方》：治產後餘痛，及血兼風腫，方：眞當歸一物，切之，以酒一斗，煮取七升，以四升大豆熬。夕燋及酒熱，豆中去滓多少，服日二。（《醫心方》23/31b引）

16. 《產經》：治產後中風口噤獨活湯，方：獨活三兩、防風二兩、乾薑二兩、桂心二兩、甘草二兩、當歸二兩，凡六物，以清酒三升，水七升，合煮，取二升半，分三服。（《醫心方》23/34a引）

17. 《產經》：治產後諸大風中緩急腫氣百病獨活湯，方：獨活，當歸，常陸，白朮，各二兩，凡四物，水一斗，煮取四升，服且覆取汗。（《醫心方》23/32a引）

18. 《產經》：治產後中柔風，舉體疼痛，獨活湯，方：凡獨活三兩，葛根三兩，甘草二兩，炙，麻黃一兩，桂心三兩，生薑六兩，夕藥三兩，乾地黃二兩，凡八物，以清酒二升，水八升，煮取三升，分五服。一方無夕藥。（《醫心方》23/34b引）

19. 《千金方》：論曰：產後角弓反張及諸風病，不得用毒藥，惟宜單行一兩味，亦不得大發汗，特忌轉瀉吐利，必死無疑，大豆紫湯，產後大吉。（3/74）

20. 《千金方》：治產後百病及中風痱瘈，或背強口噤，或但煩熱苦渴，或頭身皆重，或身癢，劇者嘔逆直視，此皆因虛風冷濕，及勞傷所爲，大豆紫湯，方：大豆五升、清酒一斗，右二味以鐵鐺猛火熬豆，令極熱，焦煙出，以酒沃之，去滓，服一升，日夜數過服之盡，更合小汗則癒。一以去風，二則消血結。如妊娠傷折，胎死在腹中三日，服此酒即瘥。（3/74）

21. 《千金方》：治產後百日，中風瘈口噤不開，並治血氣痛，勞傷，補腎，獨活紫湯，方：獨活一斤，大豆五升，酒一斗三升，上三味，先以酒漬獨活再宿，微火煮之，令減三升，去滓，別熬大豆極焦，使煙出，以獨活酒沃之，去豆，服一升，日三夜二。（3/75）

22. 《千金方》：小獨活湯，治如前狀，方：獨活八兩，葛根六兩，甘草二

兩，生薑六兩，上四味㕮咀，以水九升，煮取三升，去滓，分四服，微汗佳。（3/75）

23. 《千金方》：甘草湯，治在蓐中風，背強不得轉動，名曰風痙，方：甘草二兩，乾地黃二兩，麥門冬二兩，麻黃二兩，芎藭三兩，黃芩三兩，栝樓根三兩，杏仁五十枚，葛根半斤，上九味㕮咀，以水一斗五升，酒五升，合煮葛根，取八升，去滓，內諸藥，煮取三升，去滓，分再服，一劑不瘥更合良。《千金翼》崔氏有前胡三兩。（3/75）

24. 《千金方》：獨活湯，治產後中風口噤不能言，方：獨活五兩，防風二兩，秦艽二兩，桂心二兩，白朮二兩，甘草二兩，當歸二兩，附子二兩，葛根三兩，生薑五兩，防己一兩，上十一味㕮咀，以水一斗二升，煮取三升，去滓分三服。（3/75）

25. 《千金方》：雞糞酒，主產後中風及百病，並男子中一切風神效，方：雞糞一升熬令黃，烏豆一升熬令聲絕勿焦，上二味，以清酒三升半，先淋雞糞，次淋豆取汁，一服一升，溫服取汗，病重者凡四五日服之，無不癒。（3/75）

26. 《千金方》：防風湯，治產後中風，背急短氣，方：防風五兩，當歸二兩，芍藥二兩，人參二兩，甘草二兩，乾薑二兩，獨活五兩，葛根五兩，上八味㕮咀，以水九升，煮取三升，去滓，分三服，日三。（3/76）

27. 《千金方》：鹿肉湯，治產後風虛頭痛，狀熱言語邪僻，方：鹿肉三斤，芍藥三兩，半夏一斤，乾地黃二兩，獨活三兩，生薑六兩，桂心一兩，芎藭一兩，甘草一兩，阿膠一兩，人參四兩，茯苓四兩（《千金翼》作茯神），秦艽三兩，黃芩三兩，黃耆三兩，上十五味㕮咀，以水二斗，煮肉得一斗二升，去肉，內藥煎取三升，去滓，內膠令烊，分四服，日三夜一。（3/76）

28. 《千金方》：治產後中風獨活酒，方：獨活一斤，桂心三兩，秦艽五兩，上三味㕮咀，以酒一斗半，漬三日，飲五合，稍加至一升，不能多飲，隨性服。（3/76）

29. 《千金方》：大豆湯，主產後卒中風發病，倒悶不知人，及妊娠挾風，兼治在蓐諸疾，方：大豆五升炒令微焦，葛根八兩，獨活八兩，防己六兩，

上四味㕮咀，以酒一斗二升，煮豆取八升，去滓，內藥煮取四升，去滓，分六服，日四夜二。（3/76）

30. 《千金方》：五石湯，主產後卒中風，發疾口噤，倒悶吐沫，癥瘕眩冒不知人，及濕痹緩弱，身體瘀，妊娠百病，方：白石英二兩，鍾乳二兩，赤石脂二兩，石膏二兩，紫石英三兩，牡蠣二兩，人參二兩，黃芩二兩，白朮二兩，甘草二兩，栝樓根二兩，芎藭二兩，桂心二兩，防己二兩，當歸二兩，乾薑二兩，獨活三兩，葛根四兩，上十八味末五石，㕮咀諸藥，以水一斗四升，煮取三升半，分五服，日三夜二。一方有滑石寒水石各二兩，棗二十枚。（3/76-77）

31. 《千金方》：四石湯，治產後卒中風，發疾口噤，癥瘕悶滿不知人，並緩急諸風，毒痹身體瘀強，及挾胎中風婦人百病，方：紫石英三兩，白石英三兩，石膏三兩，赤石脂三兩，獨活六兩，生薑六兩，葛根四兩，桂心二兩，芎藭二兩，甘草二兩，芍藥二兩，黃芩二兩，上十二味㕮咀，以水一斗二升，煮取三升半，去滓，分五服，日三夜二。（3/77）

32. 《千金方》：治婦人在蓐得風，蓋四肢苦煩熱，皆自發露所為。若頭痛，小柴胡湯；頭不痛，但煩熱，與三物黃芩湯。小柴胡湯，方：柴胡半斤，黃芩三兩，人參三兩，甘草三兩，生薑二兩，大棗十二枚，半夏半升，上七味㕮咀，以水一斗二升，煮取六升，去滓，服一升，日三服。三物黃芩湯，方：黃芩、苦參各二兩、乾地黃四兩，右㕮咀，以水八升，煮取二升，去滓，適寒溫，服一升，日二，多吐下蟲。（3/77）

33. 《千金方》：治產後腹中傷絕，寒熱恍惚，狂言見鬼，此病中風內絕，臟氣虛所為，甘草湯，方：甘草五兩，芍藥五兩，通草三兩（《產寶》用當歸），羊肉三斤，上四味㕮咀，以水一斗六升，煮肉取一斗，去肉內藥，煮取六升，去滓，分五服，日三夜二。（3/77）

34. 《千金方》：羊肉湯，治產後中風，久絕不產，月水不利，乍赤乍白，及男子虛勞冷盛，方：羊肉二斤，成擇大蒜去皮切三升，香豉三升，上三味，以水一斗三升，煮取五升，去滓，內酥一升，更煮，取三升，分溫三服。（3/77-78）

35. 《千金方》：葛根湯，治產後中風，口噤瘈瘲，氣息迫急，眩冒困頓，並產後諸疾，方：葛根六兩，生薑六兩，獨活四兩，當歸三兩，甘草二兩，桂心二兩，茯苓二兩，石膏二兩，人參二兩，白朮二兩，芎藭二兩，防風二兩，上十二味㕮咀，以水一斗二升，煮取三升，去滓，分三服，日三。（3/78）

36. 《千金方》：治產後中風，防風酒，方：防風一斤，獨活一斤，女萎二兩，茵芋一兩，石斛五兩，上六味㕮咀，以酒二斗，漬三宿，初服一合，稍加至三四合，日三。（3/78）

37. 《千金方》：治產後中風木防已膏，方：木防已半升，茵芋五兩，上二味㕮咀，以苦酒九升，漬一宿豬膏四升，煎三上三下膏成，炙手摩千遍瘥。（3/78）

38. 《千金方》：治產後中風流腫浴湯，方：鹽五升熬令赤，雞毛一把燒作灰，上二味以水一石，煮鹽作湯，內雞毛灰著湯中，適冷暖以浴，大良，又浴婦人陰冷腫痛。凡風腫面欲裂破者，以紫湯一服瘥，神效，紫湯是炒黑豆作者。（3/78）

39. 《千金方》：治產後中風，頭面手臂通滿，方：大豆三升，以水六升，煮取一升半，去豆澄清，更煎取一升，內白朮八兩，附子三兩，獨活三兩，生薑八兩，添水一斗，煎取五升，內好酒五升，合煎，取五升，去滓，分五服，日三夜二，間粥頻服三劑。（3/78-79）

40. 《千金方》：茯神湯，治產後忽苦心中衝悸，或志意不定，恍恍惚惚，言語錯謬，心虛所致，方：茯神四兩，人參三兩，芍藥一兩，甘草一兩，當歸一兩，桂心一兩，生薑八兩，大棗三十枚，上九味㕮咀，以水一斗，煮取三升，去滓，分三服，日三甚良。（3/79）

41. 《千金方》：遠志湯，治產後忽苦，心中衝悸不定，志意不安，言語錯誤，惚惚憒憒，情不自覺，方：遠志二兩，人參二兩，甘草二兩，當歸二兩，桂心二兩，麥門冬二兩，芍藥一兩，茯苓五兩，生薑六兩，大棗二十枚，上十味㕮咀，以水一斗，煮取三升，去滓，分三服，日三。羸者分四服，產後得此，正是心虛所致。無當歸用芎藭。若其人心胸中逆氣加半夏三兩。（3/79）

42. 《千金方》：茯苓湯，治產後暴苦，心悸不定，言語謬錯，恍恍惚惚，心中憒憒，此皆心虛所致，方：茯苓五兩，甘草二兩，桂心二兩，生薑六兩，當歸二兩，麥門冬一升，大棗三十枚，上八味㕮咀，以水一斗，煮取三升，去滓，分三服，日三。無當歸可用芎藭，若苦心志不定，加人參二兩，亦可內遠志二兩。若苦煩悶短氣，加生竹葉一升，先以水一斗三升，煮竹葉取一斗，內藥。若有微風，加獨活三兩，麻黃二兩，桂心二兩，用水一斗五升。若頸項苦急，背膊強者，加獨活、葛根各三兩，麻黃、桂心各二兩，生薑八兩，用水一斗半。（3/79）

43. 《千金方》：安心湯，治產後心衝悸不定，恍恍惚惚，不自知覺，言語錯誤，虛煩短氣，志意不定，此是心虛所致，方：遠志二兩，甘草二兩，人參三兩，茯神三兩，當歸三兩，芍藥三兩，麥門冬一升，大棗三十枚，上八味㕮咀，以水一斗，煮取三升，去滓，分三服，日三。若苦虛煩短氣，加淡竹葉二升，水一斗二升，煮竹葉，取一斗，內藥。若胸中少氣者，益甘草為三兩善。（3/79-80）

44. 《千金方》：甘草丸，治產後心虛不足，虛悸，心神不安，吸吸乏氣，或若恍恍惚惚不自覺知者，方：甘草三兩，人參二兩，遠志三兩，麥門冬二兩，菖蒲三兩，澤瀉一兩，桂心一兩，乾薑二兩，茯苓二兩，大棗五十枚，上十味末之，蜜丸如大豆，酒服二十丸，日四五服，夜再服。不知稍加。若無澤瀉，以白朮代之。若胸中冷，增乾薑。（3/80）

45. 《千金方》：人參丸，治產後大虛心悸，志意不安不自覺，恍惚恐畏，夜不得眠，虛煩少氣，方：人參三兩，甘草三兩，茯苓三兩，麥門冬二兩，菖蒲二兩，澤瀉二兩，薯蕷二兩，乾薑二兩，桂心一兩，大棗五十枚，上十味末之，以蜜棗膏和丸如梧子，未食酒服二十丸，日三夜一，不知稍增。若有遠志，內二兩為善。若風氣內當歸、獨活三兩。亦治男子虛損心悸。（3/80）

46. 《千金方》：大遠志丸，治產後心虛不足，心下虛悸，志意不安，恍恍惚惚，腹中拘急痛，夜臥不安，胸中吸吸少氣，內補傷損益氣，安定心神，亦治虛損，方：遠志三兩，甘草三兩，茯苓三兩，麥門冬三兩，人參三

兩，當歸三兩，白朮三兩，澤瀉三兩，獨活三兩，菖蒲三兩，薯蕷二兩，阿膠二兩，乾薑四兩，乾地黃五兩，桂心三兩，上十五味末之，蜜和如大豆，未食溫酒服二十丸，日三，不知稍增至五十丸。若太虛，身體冷，少津液，加鍾乳三兩爲善。（3/80）

47. 《博濟安眾方》：產後中風角弓反倒口不語，方：蒜廿瓣，右以水一升半，煎取五合，灌之，極驗。（《醫心方》23/34a引）

48. 《許仁則產後方》：第十二，產後覺患風，手足不多隨和，言語不多流利，恍惚多忘，精神不足，宜依此方：獨活三兩，當歸，芍藥，防風，芎藭，玄參各二兩，桂心一兩半，右七味切，以水八升，煮取二升半，去滓，分三服。如一劑覺安穩，隔三日又服一劑。若一兩劑後漸瘥，但須適寒溫將息。如未全瘥，即以此方作丸，有熱加乾葛五兩；有冷加白朮五兩；有氣加生薑六兩；有痛加當歸、芍藥各二兩；不能食加人參二兩、玄參四兩；覺手足不穩加牛膝、五加皮、草薢各三兩、黃耆四兩；丸服，忌如常法。（《外台秘要》34/958ab引）

H、惡露不盡

1. 《葛氏方》：治產後惡血不除，方：生薑三斤，吹咀，以水一斗，煮取三升，分三服，當下惡血。（《醫心方》23/27b引）

2. 《葛氏方》：療血露不絕，方：以鋸截桑木，取屑五指撮，酒服，日三，瘥。（《外台秘要》34/948b-949a引，《文仲》同）

3. 《小品方》：治產後漏血不息，方：蜂房、故捏（捏）船竹茹，凡二物，等分，皆燒末，以酪及漿服方寸匕，日三。（《醫心方》23/27b-28a引）

4. 《深師方》：療產後虛冷下血，及水穀下痢，晝夜無數，兼療惡露不絕，龍骨丸，方：乾薑，甘草炙，桂心，各二兩，龍骨四兩，右四味擣篩，蜜丸如梧桐子，以酒下二十丸，日三。忌如常法，此方甚良。（《外台秘要》34/948b引）

5. 《錄驗方》：治產後餘血不盡，多結成瘕（疹），吳茱萸散方：吳茱萸一

兩，暑預二兩，凡二物，治下，篩，酒服方寸匕，日三。（《醫心方》23/28b引）

6. 《產經》：療產後腹中穢汁不盡，腹滿不減，小豆湯方：小豆五升，以水一升，煮熱盡服，其汁立除。（《醫心方》23/28a引）

7. 《醫門方》：療產後餘血做疼痛兼塊者，方：桂心，干地黃，分等，末，酒服方寸匕，日二三。（《醫心方》23/27a引）

8. 《千金方》：乾地黃湯，治產後惡露不盡，除諸疾，補不足，方：乾地黃三兩，芎藭二兩，桂心二兩，黃耆二兩，當歸二兩，人參一兩，防風一兩，茯苓一兩，細辛一兩，芍藥一兩，甘草一兩，上十一味㕮咀，以水一斗，煮取三升，去滓，分三服，日再夜一。（3/85）

9. 《千金方》：桃人湯，治產後往來寒熱，惡露不盡，方：桃仁五兩，吳茱萸二升，黃耆三兩，當歸三兩，芍藥三兩，生薑八兩，醍醐八兩百煉酥，柴胡八兩，上八味㕮咀，以酒一斗，水二升，合煮取三升，去滓，適寒溫先食服一升，日三。（3/85-86）

10. 《千金方》：澤蘭湯，治產後惡露不盡，腹痛不除，小腹急痛，痛引腰背，少氣力，方：澤蘭二兩，當歸二兩，生地黃二兩，甘草一兩半，生薑三兩，芍藥一兩，大棗十枚，上七味㕮咀，以水九升，煮取三升，去滓，分三服，日三。墮身欲死，服亦瘥。（3/86）

11. 《千金方》：甘草湯，治產乳餘血不盡，逆搶心胸，手足逆冷，脣乾腹脹短氣，方：甘草三兩，芍藥三兩，桂心三兩，阿膠三兩，大黃四兩，上五味㕮咀，以東流水一斗，煮取三升，去滓，內阿膠令烊，分三服，一服入腹中，面即有顏色，一日一夜盡此三升，即下腹中惡血，一二升立瘥，當養之如新產者。（3/86）

12. 《千金方》：大黃湯，治產後惡露不盡，方：大黃三兩，當歸三兩，甘草三兩，生薑三兩，牡丹三兩，芍藥三兩，吳茱萸一升，上七味㕮咀，以水一斗，煮取四升，去滓，分四服，一日令盡，加人參二兩，名「人參大黃湯」。（3/86）

13. 《千金方》：治產後往來寒熱，惡露不盡，柴胡湯，方：柴胡八兩，桃仁

五十枚，當歸三兩，黃耆三兩，芍藥三兩，生薑八兩，吳茱萸二升，上七
味㕮咀，以水一斗三升，煮取三升，去滓，先食服一升，日三。《千金
翼》以清酒一斗煮。（3/86）

14. 《千金方》：蒲黃湯，治產後餘疾，有積血不去，腹大短氣，不得飲食，
    上沖胸肋，時時煩憒逆滿，手足惕疼，胃中結熱，方：蒲黃半兩，大黃二
    兩，硝硝二兩，甘草二兩，黃芩二兩，大棗三十枚，上六味㕮咀，以水五
    升，煮取一升，清朝服，至日中下若不止，進冷粥半盞即止。若不下，與
    少熱飲自下。人羸者半之。《千金翼》名「大黃湯」，而不用硝硝。
    （3/86-87）

15. 《千金方》：治產後餘疾，惡露不除，積聚作病，血氣結搏，心腹疼痛，銅
    鏡鼻湯，方：銅鏡鼻十八銖燒末，大黃二兩半，乾地黃二兩，芍藥二兩，芎
    藭二兩，乾漆二兩，硝硝二兩，亂髮如雞子大燒，大棗三十枚，上九味㕮
    咀，以水七升，煮取二升二合，去滓，內髮灰鏡鼻末，分三服。（3/87）

16. 《千金方》：小銅鏡鼻湯，治如前狀，方：銅鏡鼻十銖燒末，大黃二兩，
    甘草二兩，黃芩二兩，硝硝二兩，乾地黃二兩，桃仁五十枚，上七味㕮
    咀，以酒六升，煮取三升，去滓，內鏡鼻末，分三服。亦治遁尸心腹痛，
    及三十六尸疾。（3/87）

17. 《千金方》：治產後兒生處空，流血不盡，小腹絞痛，梔子湯，方：梔子
    三十枚，以水一斗，煮取六升，內當歸芍藥各二兩、蜜五合、生薑五兩、
    羊脂一兩於梔子汁中，煎取二升，分三服，日三。（3/87）

18. 《千金方》：治產後三日至七日，腹中餘血未盡，絞痛強滿，氣息不通，
    生地黃湯，方：生地黃五兩，生薑三兩，大黃、芍藥、茯苓、細辛、桂
    心、當歸、甘草、黃芩、各一兩半，大棗二十枚，右十一味㕮咀，以水八
    升，煮取二升半，去滓，分三服，日三。（3/87）

19. 《千金方》：治新產有血，腹中切痛，大黃乾漆湯，方：大黃二兩，乾漆
    二兩，乾地黃二兩，桂心二兩，乾薑二兩，上五味㕮咀，以水三升，清酒
    五升，煮取三升，去滓，溫服一升，血當下。若不瘥，明旦服一升，滿三
    服，病無不瘥。（3/87-88）

20. 《千金方》：治產後血不去麻子酒，方：麻子五升擣，以酒一斗漬一宿，明旦去滓，溫服一升，先食服不瘥，夜服一升，不吐下，<u>忌房事一月，將養如初產法</u>。（3/88）

21. 《千金方》：治產後惡露不盡，或經一月、半歲、一歲，升麻湯，方：升麻三兩，以清酒五升，煮取二升，去滓，分再服，當吐下惡物，勿怪，良。（3/88）

22. 《千金方》：治產後惡血不盡，腹中絞刺痛不可忍，方：大黃三兩，黃芩三兩，桃仁三兩，桂心二兩，甘草二兩，當歸二兩，芍藥四兩，生地黃六兩，上八味㕮咀，以水九升，煮取二升半，去滓，食前分三服。

23. 《千金方》：治產後漏血不止，方：露蜂房，敗舡茹，上二味等分作灰，取酪若漿服方寸匕，日三。又方：大黃三兩，硭硝一兩，桃仁三十枚，水蛭三十枚，虻蟲三十枚，甘草二兩，當歸二兩，䗪蟲四十枚，上八味㕮咀，以水三升酒二升，合煮取三升，去滓，分三服，當下血。又方：桂心二兩，蠐螬二兩，栝樓根三兩，牡丹三兩，豉一升，上五味㕮咀，以水八升，煮取三升，去滓，分三服。（3/88）

24. 《千金方》：治產後血不可止者，方：乾昌蒲三兩，以清酒五升漬，煮取三升，分再服，即止。（3/88）

25. 《千金方》：治產後惡血不除，四體並惡，方：續骨木二十兩，破如棋子大，以水一斗，煮取三升，分三服，相去如人行十里久，間食粥，或小便數，或惡血下即瘥。此木得三遍煮。（3/88-89）

26. 《千金方》：治產後下血不盡，煩悶腹痛，方：羚羊角燒成炭刮取三兩，芍藥二兩熬令黃，枳實一兩細切熬令黃，上三味治下篩，煮水作湯，服方寸匕，日再夜一，稍加至二匕。又方：鹿角燒成炭搗篩，煮豉汁，服方寸匕，日三夜再，稍加至二匕。不能用豉，清煮水作湯用之。（3/89）又方：搗生藕取汁飲二升，甚驗。（3/89；《外台秘要》34/949a引《廣濟方》同）又方：搗地黃汁一升，酒三合，和溫頓服之。又方：赤小豆搗散，取東流水和服方寸匕，不瘥更服。（3/89）

27. 《千金方》：治產後血瘕痛，方：古鐵一斤，秤，鎚，斧頭，鐵杵亦得，

炭火燒令赤，內酒五升中，稍熱服之神妙。（3/89）

28. 《千金方》：治婦人血瘕心腹積聚，乳餘疾絕生小腹堅滿，貫臍中熱，腰背痛，小便不利，大便難，下不食，有伏蟲，臚脹癥疝腫，久塞留熱，胃管有邪氣，方：半夏一兩六銖，石膏十八銖，藜蘆十八銖，牡蒙十八銖，蓯蓉十八銖，桂心一兩，乾薑一兩，烏喙半兩，巴豆六十銖研如膏，上九味末之，蜜丸如小豆，服二九，日三，及治男子疝病。（3/89）

29. 《千金方》：治婦人血瘕痛，方：乾薑一兩，烏賊魚骨一兩，上二味治下篩，酒服方寸匕，日三。又方：末桂溫酒服方匕，日三。（3/89-90）

30. 《耆婆方》：治產後惡露不盡，方：生薑一斤，蒲黃三兩，以水九升，煮取三升，分三服，得惡血出即瘥。（《醫心方》23/28b引）

31. 《許仁則產後方》：第二，產後若覺惡露下多，心悶短氣，貼然無力，不能食，宜依此方：當歸，艾葉，生薑各二兩，乾地黃四兩，人參一兩，地榆二兩，右六味切，以水七升，煎取二升四合，去滓，分溫服八合，日三。（《外台秘要》34/956b-957a引）

32. 《許仁則產後方》：第六，產後惡露雖下，不甚通利，遂覺心腹滿悶，脅肋脹妨，養咳喘，息急不能食飲，大便不通，眼澀，坐起不穩，心腹時時痛，宜服此方：白朮，當歸，桑白皮，大黃各三兩，生薑四兩，細辛，桂心各二兩，右七味切，以水八升，煮取二升六合，去滓，分溫三服。此湯當得利，利又不宜過多，事不獲已，所以取微利。緣初產，舉體皆虛，尚藉藥食補之，豈宜取過利，脫未即止，須斷之，取三兩匙酢飲，飲之即止。適寒溫將攝佳，忌如常法。如利後諸候不減，宜依後方：當歸十分，白朮八分，甘草炙七分，生薑六分，桑根白皮六分，桂心三分，人參三分，細辛四分，右八味擣篩，蜜丸桐子大，以酒下十五至二十九，忌如常法。（《外台秘要》34/957b引）

33. 《廣濟方》：療產後三日患腰疼，腹中餘血未盡，並手腳疼，不下食，生地黃湯，方：生地黃汁一兩，芍藥，甘草各二兩炙，丹參四兩，蜜一合，生薑汁半合，右六味切，以水三升，煮取一升，去滓，內地黃汁蜜薑汁，微火煎一兩沸，一服三合，日二夜三，利一兩行中間進食，與藥更進服。（《外台

秘要》34/947b-948a引）

34. 又，療產後惡露不多下，方：牛膝，大黃各八分，牡丹皮，當歸各六分，
    芍藥，蒲黃，桂心各四分，右七味擣散，以生地黃酒服方寸匕，日二，血
    下止。（《外台秘要》34/948a引）

35. 《廣濟方》：療婦人產後血露不絕，<u>崩血不可禁止，腹中絞痛，氣息急，
    療蓐病</u>三十六疾，方：亂髮燒灰，阿膠各二兩，炙，代赭，乾薑各三兩，
    馬蹄一枚燒，乾地黃四兩，牛角䚡五兩，炙，右七味，擣篩，蜜和爲丸，
    如梧桐子，空腹以飲下二十五丸，日二，至四十九良。（《外台秘要》
    34/948b引）

36. 《救急方》：療婦人產後餘血不盡，血流入，腰腳疼痛，胃急氣滿，兩脅
    痛，方：生薑一斤，淡竹葉一升，並切，右二味，以水二升，煮取一升，
    去滓，分再服。

37. 又，療產後血不盡，血痛悶，方：取荷葉燒作灰，暖水和服，煮取汁亦良。

38. 又，惡露不盡，腹脹痛，方：取亂髮如雞子大，灰汁洗淨，燒末酒服。

39. 又方：取百斤秤錘一枚，燒赤，投酒五升中，用此秤錘酒煮當歸三兩，取
    二升，去滓，分再服。《千金》同。

40. 又，療一切宿血，及損傷瘀血在腹內，不問新久，並婦人月經不通，產後
    惡血不下，皆良，方：大黃，芒消各三兩，桃仁四十枚，去尖皮，右三
    味，芒消，桃仁，合擣四五百杵，以酢漿二升半，漬一宿，空腹攪調頓服
    之。不能頓服者，分作兩服，良久先下糞，次下如豆泥汁或黑血爲驗。強人
    日別服一劑，弱人兩日服之，下血盡便止，不過三兩劑。忌生冷茶葵。（上
    五條並引自《外台秘要》34/948ab）

41. 《文仲方》：又隱居效方澤蘭湯，療產後惡露不盡，腹痛往來兼滿少氣，
    澤蘭八分，當歸三分，生地黃三分，芍藥十分，甘草六分炙，生薑十分，
    大棗十四枚，右七味切，以水九升，煮取三升，分爲三服，欲死塗身得
    瘥。（《外台秘要》34/949a引）

I、大小便異常

1. 《金匱要略》：產後下痢虛極，白頭翁加甘草阿膠湯主之。白頭翁加甘草阿膠湯，方：白頭翁二兩，甘草二兩，阿膠二兩，秦皮三兩，黃連三兩，蘗皮三兩，右六味，以水七升，煮取二升半，內膠令消盡，分溫三服。（《金匱要略》21/315；《脈經》9/7b同）

2. 《小品方》：治產後小便數，方：取衣書中白魚蟲卅枚，末之，以錦裹，納陰中，良。（《醫心方》23/42b引）

3. 《小品方》：療產後小便不禁，方：取雞子燒作灰，酒服，日三。又，療產後遺尿，不知出，方：白薇、白芍各等分，右二味擣散，以酒服方寸匕，日三。《千金翼方》：各十分。（《外台秘要》34/956a引）

4. 又方：取胡燕巢中草，燒末服半錢匕，水酒無在，亦治男子。（《醫心方》23/43a引；《外台秘要》34/959引《廣濟方》同）又方：取礬石、牡蠣分等，下篩，酒服方寸匕，日三。（《醫心方》23/43a引）

5. 《深師方》：療產後下痢，膠蠟湯，方：粳米一合，蠟如雞子一枚，阿膠，當歸各六分，黃連十分，右五味切，以水六升半，先煮米，令蟹目沸，去米內藥煮，取二升，入阿膠蠟消洋，溫分三兩服。（《外台秘要》34/954a引；《千金方》3/90同，並加黃蘗）

6. 《深師方》：療產後冷熱痢，黃連丸，方：黃連，烏梅肉一升，乾薑二兩，右三味擣末，蜜丸如桐子，以飲下二十至三十丸，日再服，忌豬肉。（《外台秘要》34/954引；《醫心方》23/44b-45a引《子母秘錄》同）

7. 《集驗方》：治產後卒淋、氣淋、血淋、石淋，石韋湯，方：石韋二兩，榆皮五兩，黃芩二兩，大棗三十枚，通草二兩，葵子二升，白朮三兩（《產寶》用芍藥），上七味㕮咀，以水八升，煮取二升半，分三服。（崔氏同。《千金方》加甘草、生薑。《產寶》不用薑、棗。）（《千金方》3/94引；《外台秘要》34/955b同）

8. 《集驗方》：產後小便數兼渴，栝樓湯，方：桑螵蛸炙，甘草炙，黃連，生薑各二兩，栝樓，人參各三兩，乾棗五十枚，右七味切，以水七升，煮

取二升半，分三服。（《外台秘要》34/956a引；《千金方》3/93亦引，並加一味「麥門冬」）

9. 《集驗方》：療產後遺糞，方：取礬石，牡蠣熬，各等下篩，酒服方寸，日三，亦治男子。又療產後遺糞，不知出時，方：白斂，芍藥各二分，右二味擣爲散，以酒服方寸匕。（《外台秘要》34/959a引）

10. 《產經》：治產後遺尿，方：龍骨，末，以酒服方寸匕，日三。又方：夕藥，末，以酒服方寸匕，日二夜一。（《醫心方》23/43a引）

11. 《產經》：治產後溲有血不盡，已服朴消，煎，宜服此蒲黃散，方：蒲黃一升，生薊葉曝令乾，成末，二升，凡二物，治下篩，酒服方寸匕，日三。（《醫心方》23/43b-44a引）

12. 《產經》：下痢，理仲湯主之：乾薑，人參，白朮，甘草，各二兩，以水六升，煮取三升，分三服。又方：藥各一兩，水三升，煮取一升半，分二服。（《醫心方》23/44ab引）

13. 《醫門方》：療產後痢不禁止，困乏氣欲絕，無問赤白水穀，方：黃連，厚朴，各三兩，□□（艾葉），黃蘗，各二兩，水六升，煮取二升，去滓，分二服。（《醫心方》23/44b引）

14. 《千金方》：治產後餘寒下痢，便膿血赤白，日數十行，腹痛，時時下血，桂蜜湯，方：桂心二兩，蜜一升，附子一兩，乾薑二兩，甘草二兩，當歸二兩，赤白脂十兩，上七味㕮咀，以水六升，煮取三升，去滓，內蜜煎一兩沸，分三服，日三。（3/90）

15. 《千金方》：治產後下赤白，腹中絞痛湯，方：芍藥四兩，乾地黃四兩，甘草八兩，阿膠八兩，艾葉八兩，當歸八兩，上六味㕮咀，以水七升，煮取二升半，去滓，內膠令烊，分三服。（3/90）

16. 《千金方》：治產後赤白下久不斷，身面悉腫，方：大豆一升微熬，小麥一升，吳茱萸半升，蒲黃一升，上四味以水九升，煮取三升，去滓，分三服。此方神驗，亦可以水五升酒一斗，煎取四升，分四服。（3/90）

17. 《千金方》：治產後痢赤白，心腹刺痛，方：韭白一兩，當歸二兩，酸石榴皮三兩，地榆四兩，粳米五合，上五味㕮咀，以水六升，煮取二升半，

去滓，分三服。《必效方》加厚朴一兩，阿膠，人參，甘草，黃連各一兩半。（3/90-91）

18. 《千金方》：治產後下痢赤白，腹痛當歸湯，方：當歸三兩，乾薑二兩，白朮二兩，芎藭二兩半，甘草一兩，白艾熟者一兩，附子一兩，龍骨三兩，上八味㕮咀，以水六升，煮取二升，去滓，分三服，一日令盡。（3/91）

19. 《千金方》：治產後下痢兼虛極，白頭翁湯，方：白頭翁二兩，阿膠二兩，秦皮二兩，黃連二兩，甘草二兩，黃蘗三兩，上六味㕮咀，以水七升，煮取二升半，去滓，內膠令烊，分在一服，日三。（3/91）

20. 《千金方》：治產後早起中風冷，泄痢及帶下，鱉甲湯，方：鱉甲如手大，當歸二兩，黃連二兩，乾薑二兩，黃蘗長一尺廣三吋，上五味㕮咀，以水七升，煮取三升，去滓，分三服，日三。《千金翼》加白頭翁一兩。（3/91）

21. 《千金方》：龍骨丸，治產後虛冷下血，及穀下晝夜無數，兼治產後惡露不斷，方：龍骨四兩，乾薑二兩，甘草二兩，桂心二兩，上四味末之，蜜和暖酒服二十九如梧子，日三。一方用人參，地黃各二兩。（3/91）

22. 《千金方》：阿膠丸，治產後虛冷洞下，心腹絞痛兼泄瀉不止，方：阿膠四兩，人參二兩，甘草二兩，龍骨二兩，桂心二兩，乾地黃二兩，白朮二兩，黃連二兩，當歸二兩，附子二兩，上十味末之，蜜丸如梧子，溫酒服二十九，日三。（3/91）

23. 《千金方》：澤蘭湯，治產後餘疾，寒下凍膿裏急，胸脅滿痛，咳嗽嘔血，寒熱，小便赤黃，大便不利，方：澤蘭二十四銖，石膏二十四銖，當歸十八銖，遠志三十銖，甘草十八銖，厚朴十八銖，藁本十五銖，芎藭十五銖，乾薑十二銖，人參十二銖，桔梗十二銖，乾地黃十二銖，白朮九銖，蜀椒九銖，白芷九銖，柏子仁九銖，防風九銖，山茱萸九銖，細辛九銖，桑白皮九銖，麻子仁半升，上二十一味㕮咀，以水一斗五升，先內桑白皮，煮取七升半，去之，內諸藥，煮取三升五合，去滓，分三服。（3/91-92）

24. 《千金方》：治產後下痢，乾地黃湯，方：乾地黃三兩，白頭翁一兩，黃連一兩，蜜蠟一方寸，阿膠如手掌大一枚，上五味㕮咀，以水五升，煮取二升半，去滓，內膠蠟令烊，分三服，日三。《千金翼》用乾薑一兩。（3/92）

25. 《千金方》：治產後忽著寒熱下痢，生地黃湯，方：生地黃五兩，甘草一
兩，黃連一兩，桂心一兩，大棗二十枚，淡竹葉二升（一作竹皮），赤石
脂二兩，上七味㕮咀，以水一斗，煮竹葉，取七升，去滓，內藥，煮取二
升半，分三服，日三。（3/92）

26. 《千金方》：治產後下痢，藍青丸，方：藍青一兩半熬，附子一兩半，鬼臼一
兩半，蜀椒一兩半，厚朴二兩，阿膠二兩，甘草二兩，艾葉三兩，龍骨三兩，
黃連三兩，當歸三兩，黃檗一兩，茯苓一兩，人參一兩，上十四味末之，蜜和
丸如梧子，空腹，每服以飲下二十九。一方用赤石脂四兩。（3/92）

27. 《千金方》：治產後虛冷下痢，赤石脂丸，方：赤石脂三兩，當歸二兩，
白朮二兩，黃連二兩，乾薑二兩，秦皮二兩，甘草二兩，蜀椒一兩，附子
一兩，上九味末之，蜜丸如梧子，酒服二十九，日三。《千金翼》作散空
腹飲服方寸匕。（3/92-93）

28. 《千金方》：治產後下痢，赤散，方：赤石脂三兩，桂心一兩，代赭三
兩，上三味治下篩，酒服方寸匕，日三，十日瘥。（3/93）

29. 《千金方》：治產後下痢，黑散，方：麻黃一兩，貫眾一兩，桂心一兩，
甘草三兩，乾漆三兩，細辛二兩，上六味治下篩，酒服五撮，日再，五日
瘥。麥粥下尤佳。（3/93）

30. 《千金方》：治產後下痢，黃散，方：黃連二兩，黃芩一兩，蟅蟲一兩，
乾地黃一兩，上四味治下篩，酒服方寸匕，日三，十日瘥。（3/93）

31. 《千金方》：治產後痢，龍骨散，方：五色龍骨一兩半，黃檗根皮一兩半
蜜炙令焦，代赭一兩半，赤石脂一兩半，艾一兩半，黃連二兩，上六味治
下篩，飲服方寸匕，日三。（3/93）

32. 《千金方》：治產後小便數，雞膍胵湯，方：雞膍胵二十具，雞腸三具
洗，乾地黃二兩，當歸二兩，甘草二兩，麻黃四兩，厚朴三兩，人參三
兩，生薑五兩，大棗二十枚，上十味㕮咀，以水一斗，煮膍胵及腸大棗，
取七升，去滓，內諸藥，煎取三升半，分三服。（3/93）

33. 《千金方》：治婦人結氣成淋，小便隱痛，上至小腹，或時溺血，或如豆
汁，或如膠飴，每發欲死，食不生肌，面目萎黃，師所不能活，方：貝齒

四枚燒作末，葵子一升，石膏五兩碎，滑石二兩末，上四味，以水七升，煮二物，取二升，去滓，內二末，及豬脂一合，更煎三沸，分三服。日三，不瘥再合服。（3/94）

34. 《千金方》：治產後淋澀，葵根湯，方：葵根二兩，車前子一升，亂髮一兩燒末，大黃一兩，冬瓜絲七合（一作汁），通草三兩，桂心一兩，滑石一兩，生薑六兩，上九味㕮咀，以水七升，煮取二升半，分三服。《千金翼》不用冬瓜絲。（3/94）

35. 《千金方》：治產後淋，茅根湯，方：白茅根一斤，瞿麥四兩，地脈二兩，桃膠一兩，甘草一兩，鯉魚齒一百枚，人參二兩，茯苓四兩，生薑三兩，上九味㕮咀，以水一斗，煮取二升半，分三服。（3/94）

36. 《千金方》：治產後淋，滑石散，方：滑石五兩，通草四兩，車前子四兩，葵子四兩，上四味治下篩，醋漿水服方寸匕，稍加至二匕。（3/94；《醫心方》23/43b引《子母秘錄》同）

37. 《千金方》：治產後虛竭少氣力，竹葉湯，方：竹葉三升，甘草一兩，茯苓一兩，人參一兩，小麥五合，生薑三兩，大棗十四枚，半夏三兩，麥門多五兩，上九味㕮咀，以水九升，煮竹葉小麥，取七升，去滓，內諸藥更煎，取二升半，一服五合，日三夜一。（3/94）

38. 《許仁則產後方》：第七，產後患水痢，宜依此方：神麴末五合六月六日者，人參四兩，枳實炙六分，赤石脂十分，白朮六分，右五味擣散，飲下方寸匕，漸漸加之，忌如常法。（《外台秘要》34/957b引）

39. 《許仁則產後方》：第八，產後患血痢，宜依此方：艾葉虎掌者三月三日五月五日者，黃蘗，芍藥，甘草炙，各六分，阿膠十七分，黃連七分，地榆五分，右七味擣散，以飲下方寸匕，甚妙，忌如常法。（《外台秘要》34/957b-958a引）

40. 《許仁則產後方》：第九，產後患膿痢，宜依此方：附子炮，蜀椒汗，乾薑各五分，甘草炙六分，赤石脂，黃耆各十分，白朮七分，右七味擣散，飲服方寸匕，加一匕半，日再，忌如常法。（《外台秘要》34/958a引）

41. 《許仁則產後方》：第十，產後諸痢，方：取韭白煮食之，唯多益好；肥

羊肉去脂，作炙食之，唯多益好；以羊腎炒韭白食之，良。（《外台秘
要》34/958a引；《醫心方》23/44b引《極要方》同）

42. 《許仁則產後方》：第十六，產後膿血痢相兼，宜依此方：赤石脂，五色
龍骨，黃連各十分，阿膠炙，黃耆各六分，黃蘗四分，白朮五分，右七味
擣末，蜜丸桐子大，飲下三十丸，散服亦妙，如前服，忌如常法。（《外
台秘要》34/959a引）

43. 《廣濟方》：療產後小便不禁，方：取雞毛燒作灰，酒服方寸匕，日三。
（《醫心方》23/42b引；《外台秘要》34/956a亦引，並言「雞尾」）

44. 《廣濟方》：療產後腹痛氣脹，肋下妨滿不能食，兼之微痢，方：茯苓，
人參，厚朴，炙，各八分，甘草，炙，橘皮，當歸，黃芩，各六分，右七
味，擣散，以飲下方寸匕，日三度，漸加至一匕半。

45. 又療產後下痢，赤石脂丸，方：赤石脂三兩，甘草炙，當歸，白朮，黃
連，乾薑，秦皮各二兩，蜀椒汗，附子炮各一兩，右九味擣篩，蜜和為丸
如桐子，酒服二十丸，日三良，忌如常法。（《外台秘要》34/953b引）

46. 《廣濟方》：療產後赤白痢，臍下絞痛，方：當歸，芍藥，地榆，龍骨，
黃連各八分，艾葉八分，甘草炙八分，厚朴炙八分，黃芩，乾薑各六分，
右十味切，以水八升，煮取二升半，去滓，分溫三服，即瘥止，忌如常
法。（《外台秘要》34/954a引）

47. 又療產後赤白痢，臍下氣痛，方：當歸八分，厚朴炙，黃連各十二分，豆
蔻五枚去皮，甘草六分炙，右五味切，以水五升，煮取二升，去滓，分溫
三服瘥止，忌如常法。（《外台秘要》34/954a引）

48. 《廣濟方》：療產後卒患淋，小便磣痛，乃至尿血，方：冬葵子一升，石韋
去毛，通草各三兩，滑石四兩末湯成下，茯苓，子芩各二兩，右六味切，以
水九升，煮取三升，絞，去滓，一服七合瘥止，忌熱麵酢物。（《外台秘
要》34/955b引）

49. 《文仲效方》：療產後赤白下痢，腹中絞痛，不可忍者，黃連四兩，黃蘗三兩，阿
膠炙，梔子，蒲黃各一兩，當歸一兩半，黃芩二兩，右七味擣篩，蜜和丸，飲服六
十丸，日三夜一服，立定，破血止痢，忌如常法。（《外台秘要》34/954b引）

50. 《救急方》：療產後下痢赤白，腹中絞痛，方：芍藥，乾地黃各四兩，甘草炙，阿膠，艾葉，當歸各二兩，右六味切，以水一升，煮取一升半，去滓，溫分三服，忌如常法。（《外台秘要》34/954b引）

51. 《必效方》：療產後痢，日五十行者，方：取木裏蠹蟲糞，鐺中炒之令黃，急以水沃之，稀稠得所服之，瘥止。獨孤祭酒訥方。（《外台秘要》34/955a引）

J、心腹疼痛

1. 《金匱要略》：產後腹中㽲痛，當歸生薑羊肉湯主之，並治腹中寒疝，虛勞不足，方見寒疝。當歸生薑羊肉湯，方：當歸三兩，生薑五兩，羊肉一觔，右三味，以水八升，煮取三升，溫服七合，日三服。若寒多者加生薑成一觔，痛多而嘔者，加橘皮二兩，白朮一兩，加生薑者，亦加水五升，煮取三升二合，服之。（《金匱要略》21/309；10/139；《脈經》9/7b同；《千金方》3/81稱「當歸湯」，加芍藥）

2. 《金匱要略》：產後腹痛，煩滿不得臥，枳實芍藥散主之。枳實芍藥散，方：枳實，燒令黑勿太過，芍藥，等分，右二味，杵為散，服方寸匕，日三服，並主癰膿，以麥粥下之。師曰：產婦腹痛，法當以枳實芍藥散。假令不癒者，此為腹中有瘀血著臍下，宜下瘀血湯主之，亦主經水不利。下瘀血湯，方：大黃三兩，桃仁十枚，蟅蟲二十枚去足，右三味，末之，煉蜜和為丸，以酒一升，煮取八合，頓服之，新血下如豚肝。（《金匱要略》21/310-311；《脈經》9/7b同）

3. 《金匱要略》：產後七八日，無太陽證，少腹堅痛，此惡露不盡，不大便，煩躁發熱，切脈微實，再倍發熱，日晡時煩躁者，不食，食則譫語，至夜即愈，宜大承氣主之。熱在裏，結在膀胱也。　大承氣湯，方：大黃四兩，酒洗，厚朴半觔，炙去皮，枳實五枚，炙，芒硝三合，右四味，以水一斗，先煮枳、朴二物，取五升，去滓內大黃，煮取二升，去滓，內芒硝，更上微火一兩沸，分溫再服，得下，餘勿服。（《金匱要略》21/311；《脈經》9/7b同）

4.　《葛氏方》：治產後腹瘕痛，方：末桂溫酒，服方寸匕，日三。又方：燒
　　斧令赤，以染酒中，飲之。（《醫心方》23/29a引）

5.　《僧深方》：治產後心悶腹痛，方：生地黃汁一升，酒三合，和，溫服。
　　今案：《博濟安眾方》無酒。（《醫心方》23/26b引）

6.　《僧深方》：治產後餘寒，令腹中絞痛幷上下，方：吳茱萸、乾薑、當歸、
　　夕藥、獨活、甘草，各一兩，凡六物，水八升，煮取三升，分三服。（《醫
　　心方》23/29b引）

7.　《經心方》：治產後腹滿，方：黑豆一升，水五升，煮取三升，□清酒五
　　升，合煎，取三升，分三服。（《醫心方》23/30b引）

8.　《經心方》：治產後胸脅及腹□熱煩滿，方：零羊角燒爲末，以冷水服
　　之。（《醫心方》23/31a引）

9.　《經心方》：蜀椒湯，療產後心痛，此大寒冷所爲，方：蜀椒二合汗，芍
　　藥三兩，半夏洗，當歸，桂心，人參，甘草炙，各二兩，生薑汁五合，蜜
　　一升，茯苓二兩，右十味切，以水九升，煮椒令沸，下諸藥，煮取二升
　　半，去滓，下薑汁、蜜等更煎，取三升，一服五合，漸至六合，盡，勿冷
　　食。（《外台秘要》34/949b引《千金方》3/81同）

10.　《集驗方》：治產後腹痛，方：當歸一斤，切，酒一斗，煮取七升，以大
　　豆四升熬酒洗熱，豆去滓，隨多少服，日二。（《醫心方》23/29a引）

11.　《集驗方》：大巖蜜湯，療產後心痛，方：乾地黃，當歸，獨活，甘草
　　炙，芍藥，桂心，小草，細辛各一兩，吳茱萸一升，乾薑三兩，右十味
　　切，以水九升，煮取三升，分三服，良。《千金》同。（《外台秘要》
　　34/949b引；《千金方》3/81同，並言「胡洽不用獨活、桂心、甘草，《千
　　金翼》不用蜜。」）

12.　《產經》：治產後腹中絞痛臍下堅滿，方：以清酒煮白粘（飴），令如濃
　　白酒，頓服二升，不瘥復作，不過三神良。（《醫心方》23/29b引）

13.　《產經》：治產後腹中虛冷，心腹痛，不思飲食，嘔吐厥逆，補虛除風冷，
　　理仲當歸湯，方：甘草三兩、當歸二兩、人參一兩、白朮一兩、乾薑半兩，
　　凡五物，水七升，煮取二升半，分三服，神良。（《醫心方》23/30a引）

14. 《千金方》：乾地黃湯，治產後兩脅滿痛，兼除百病，方：乾地黃三兩，芍藥三兩，當歸二兩，蒲黃二兩，生薑五兩，桂心六兩，甘草一兩，大棗二十枚，上八味㕮咀，以水一斗，煮取二升半，去滓，分服，日三。（3/81）

15. 《千金方》：治產後苦少腹痛，芍藥湯，方：芍藥六兩，桂心三兩，甘草二兩，膠飴八兩，生薑三兩，大棗十二枚，上六味㕮咀，以水七升，煮取四升，去滓，內膠飴令烊，分三服，日三。

16. 《千金方》：治產後腹中疾痛，桃仁芍藥湯，方：桃仁半升，芍藥二兩，芎藭二兩，當歸二兩，乾漆二兩，桂心二兩，甘草二兩，上七味㕮咀，以水八升，煮取三升，分三服。（3/81）

17. 《千金方》：羊肉湯，治產後及傷身，大虛上氣，腹痛兼微風，方：肥羊肉二斤，如無用獐鹿肉，茯苓三兩，黃耆三兩，乾薑三兩，甘草二兩，獨活二兩，桂心二兩，人參二兩，麥門冬七合，生地黃五兩，大棗十二枚，上十一味㕮咀，以水二斗，煮肉取一斗，去肉內藥煮，取三升半，去滓，分四服，日三夜一。《千金翼》無乾薑。（3/82）

18. 《千金方》：羊肉當歸湯，治產後腹中心下切痛，不能食，往來寒熱，若中風乏氣力，方：羊肉三斤，當歸二兩，黃芩二兩（《肘後》用黃耆），芎藭二兩，甘草二兩，防風二兩（《肘後》用人參），芍藥三兩，生薑四兩，上八味㕮咀，以水一斗二升，先煮肉熟，減半，內餘藥，取三升，去滓，分三服，日三。胡洽《百病方》以黃耆代黃芩，白朮代芍藥，名「大羊肉湯」。《子母秘錄》以桂心代防風，加大棗十七枚。（3/82）

19. 《千金方》：羊肉杜仲湯，治產後腰痛咳嗽，方：羊肉四斤，杜仲三兩，紫菀三兩，五味子二兩，細辛二兩，款冬花二兩，人參二兩，厚樸二兩，芎藭二兩，附子二兩，萆薢二兩，甘草二兩，黃耆二兩，當歸三兩，桂心三兩，白朮三兩，生薑八兩，大棗三十枚，上十八味㕮咀，以水二斗半，煮肉取汁一斗五升，去肉內藥，煎取三升半，去滓，分五服，日三夜二。（3/82-83）

20. 《千金方》：內補當歸建中湯，治產後虛羸不足，腹中疞痛不止，吸吸少氣，或苦小腹拘急，痛引腰背，不能飲食，產後一月，日得服四五劑爲善，

令人丁壯，方：當歸四兩、芍藥六兩、甘草二兩、生薑三兩、桂心三兩、大棗十枚，右六味咬咀，以水一斗，煮取三升，去滓，分三服，一日令盡。若大虛，內飴糖六兩，湯成納之於火上，飴消。若無生薑，則以乾薑三兩代之。若其人去血過多，崩傷內竭不止，加地（原「內」字，依《醫心方》改爲「地」）黃六兩、阿膠二兩、合八種湯成，去滓，納阿膠。若無當歸，以芎藭代之。（3/83）

21. 《千金方》：內補芎藭湯，治婦人產後虛羸及崩傷過多，虛竭，腹中絞痛，方：芎藭四兩，乾地黃四兩，芍藥五兩，桂心二兩，甘草三兩，乾薑三兩，大棗四十枚，上七味咬咀，以水一斗二升，煮取三升，去滓，分三服，日三，不瘥復作至三劑。若有寒苦微下，加附子三兩，治婦人虛羸少氣傷絕，腹中拘急痛，崩傷虛竭，面目無色，及唾吐血甚良。（3/83）

22. 《千金方》：大補中當歸湯，治產後虛損不足，腹中拘急，或溺血少腹苦痛，或從高墮下犯內，及金瘡血多內傷，男子亦宜服之，方：當歸三兩，續斷三兩，桂心三兩，芎藭三兩，乾薑三兩，麥門冬三兩，芍藥四兩，吳茱萸一升，乾地黃六兩，甘草二兩，白芷二兩，大棗四十枚，上十二味咬咀，以酒一斗，漬藥一宿，明旦以水一斗，合煮，取五升，去滓，分五服，日三夜二。有黃者入二兩益加。（3/83）

23. 《千金方》：桂心酒，治產後疹痛，及卒心腹痛，方：桂心三兩以酒三升，煮取二升，去滓，分三服，日三。（3/83）

24. 《千金方》：生牛膝酒，治產後腹中苦痛，方：生牛膝五兩，以酒五升，煮取二升，去滓，分二服。若用於牛膝根，以酒漬之一宿，然後可煮。（3/83-84）

25. 《千金方》：治產後腹中如弦當堅痛無聊賴，方：當歸末二方寸匕，納蜜一升煎之，適寒溫頓服之。（3/84；《外台秘要》34/950a引《廣濟方》同，並言「新產後」）

26. 《千金方》：吳茱萸湯，治婦人產後先有寒冷，胸滿痛，或心腹刺痛，或嘔吐食少，或腫，或寒，或下痢，氣息綿憊欲絕，產後益劇，皆主之，方：吳茱萸二兩，防風十二銖，桔梗十二銖，乾薑十二銖，甘草十二銖，細辛十二銖，當歸十二銖，乾地黃十八銖，上八味咬咀，以水四升，煮取

一升半，去滓分再服。（3/84）

27. 《千金方》：蒲黃湯，治產後餘疾，胸中少氣，腹痛頭疼，餘血未盡，除
　　腹中脹滿欲死，方：蒲黃五兩，桂心一兩，芎藭一兩，桃仁二十枚，芒消
　　一兩，生薑五兩，生地黃五兩，大棗十五枚，上八味㕮咀，以水九升，煮
　　取二升半，去滓，內芒消，分三服，日三，良驗。（3/84）

28. 《千金方》：敗醬湯，治產後疹痛引腰，腹中如錐刀所刺，方：敗醬三
　　兩，桂心一兩半，芎藭一兩半，當歸一兩，上四味㕮咀，以清酒二升水四
　　升，微火煮，取二升，去滓，適寒溫服七合，日三服，食前服之。《千金
　　翼》只用敗醬一味。（3/84）

29. 《千金方》：芎藭湯，治產後腹痛，方：芎藭二兩，甘草二兩，蒲黃一兩
　　半，女萎一兩半，芍藥三十銖，當歸十八銖，桂心一兩，桃仁一兩，黃耆
　　一兩（《千金翼》作黃芩），前胡一兩，生地黃一升，上十二味㕮咀，以
　　水一斗酒三升，合煮取二升，去滓，分四服，日三夜一。（3/84）

30. 《千金方》：獨活湯，治產後腹痛引腰，背拘急痛，方：獨活三兩，當歸三
　　兩，桂心三兩，芍藥三兩，生薑三兩，甘草二兩，大棗二十枚，上七味㕮咀，
　　以水八升，煮取三升，去滓，分三服，服相去加人行十里久進之。（3/84-85）

31. 《千金方》：芍藥黃耆湯，治產後心腹痛，方：芍藥四兩，黃耆二兩，白
　　芷二兩，桂心二兩，生薑二兩，人參二兩，芎藭二兩，當歸二兩，乾地黃
　　二兩，甘草二兩，茯苓三兩，大棗十枚，上十二味㕮咀，以酒水各五升，
　　合煮取三升，去滓，先食服一升，日三。《千金翼》無人參、當歸、芎
　　藭、地黃、茯苓，爲七味。（3/85）

32. 《千金方》：治產後腹脹，痛不可忍者，方：煮黍粘根爲飲，一服即瘥。（3/85）

33. 《千金方》：治婦人心痛，方：布裹鹽如彈丸，燒作灰酒服之瘥。又方：
　　燒秤槌投酒中服亦佳。又方：炒大豆投酒中服佳。（3/85）

34. 《耆婆方》：治人心腹痛，此即產後血瘀，方：生薑三斤，以水小三升，
　　煮取一升半，分三服，當下血及惡水，即瘥。（《醫心方》23/30b引）

35. 《子母秘錄》：治產後心腹痛，方：當歸、芎藭、夕藥、乾薑，各六分，
　　爲散，空腹溫酒服一方寸匕，日二。（《醫心方》23/30ab引）

36. 《子母秘錄》：治產後腹中穢汁不盡，腹滿不減，小豆湯方：小豆三升，以水一斗，煮熱盡服，其汁立除。（《醫心方》23/30b引）

37. 《許仁則產後方》：第一，產後若覺血氣不散，心腹刺痛脹滿，喘急不能食飲，宜依此方：鬼箭羽，折之如金色佳，當歸，白朮，生薑各三兩，細辛，桂心各二兩，生地黃汁五合，右七味切，以好無灰酒三升，水四升，和煎，暖火煎，取二升三合，去滓，溫分服三合，忌如常法。（《外台秘要》34/956b引）

38. 《許仁則產後方》：第三，產後惡露下多少得所，冷熱得調，更無餘狀，但覺腹內切痛，可而復作，宜依此方：當歸五兩，生薑六兩，桂心三兩，芍藥二兩，右四味切，以水酒各三升半，煮取二升三合，去滓，分三服之，忌生蔥。（《外台秘要》34/957a引）

39. 《許仁則產後方》：第五，產後更無他狀，但覺虛弱，欲得補氣力，兼腹痛，宜羊肉當歸湯，方：肥羊肉一斤去脂膜，當歸五兩，生薑六兩，黃耆四兩，右四味切，以水一斗，緩火煮羊肉，取八升，澄清，內藥，煮取二升半，去滓，溫分服。若覺惡露下不盡，加桂心三兩；惡露下多覺有風，加芎藭三兩；覺有氣，加細辛二兩；覺有冷，加吳茱萸一兩；覺有熱，加生地黃汁二合。（《外台秘要》34/947a引）

40. 《許仁則產後方》：第十五，產後血氣不多通散，當時不甚覺之，在蓐雖小不和，出則成痼結，少腹疼硬，乍寒乍熱，食飲不爲肌膚，心腹有時刺痛，口乾唾粘，手足沈重，有此狀，宜依此方：當歸，芍藥，人參，甘草炙，鬼箭羽，牛膝各五分，牡丹皮六分，白朮六分，桂心，白薇，烏梅熬各四分，大黃八分，虻蟲熬去翅足，水蛭熬各三分，蒲黃三分，朴消，赤石脂各十分，乾地黃七分，虎杖六分，右十九味擣末，蜜丸桐子大，酒服二十九，日再加，二十五九良，忌如常法。（《外台秘要》34/958b-959a引）

41. 《廣濟方》：療產後腹中絞刺痛不可忍，方：當歸，芍藥，乾薑，芎藭各六分，右四味擣散，以酒方匕日二服。（《外台秘要》34/950a引）

42. 《必效方》療產後腹痛，方：羌活四兩切，酒二升，煮取一升，分服。

43. 又方：兔頭炙令熱，以熨產婦腹，如刀絞痛者，熨之立定。又療痛不可忍，方：取一苦瓢蘆未經開者，開之去子訖，以沸鹹酢投中，蒸熱，隨痛熨，冷即換，極甚效。（上三條並引自《外台秘要》34/950b）

K、無乳、妒乳、溢乳

1. 《華佗方》：治妒乳，方：生蔓菁根和鹽，搗漿水煮合，日五服，或淬封之。（《醫心方》23/40a引）

2. 《葛氏方》云：凡去乳汁，勿置地，蟲蟻食之，令乳無汁，可以潑東壁上。又云：治產後而乳無汁者，方：燒鵲巢末三指撮，酒服之。又方，末蜂房，服三指撮。（《醫心方》23/38a引）

3. 《葛氏方》云：乳汁溢滿急痛者，但溫石以熨之。又云：若曰乳兒汁不可止者，燒雞子黃食之。（《醫心方》23/39b引）

4. 《葛氏方》治妒乳，方：梁上麠醋和塗之，亦治陰腫。又方：榆白皮搗醋和封之。（《醫心方》23/40a引）

5. 《小品方》：下乳散方，最驗。鍾乳五分、通草五分、漏蘆二分、桂心二分、栝蔞一分、甘草一分，凡六物，搗篩，飲服方寸匕，日三。又方：石膏三兩，以水三升，主三沸，一日飲，令盡良。（《醫心方》23/38a引）

6. 《小品方》：治妒乳，方：以雞子白和小豆散，塗乳房令冷以消結也。（湯萬春《小品方輯錄箋注》頁122稱引自《醫心方》23，今查不見此條。）

7. 又云：宜以赤龍皮湯、天麻草湯洗之，傅黃連胡粉膏。 赤龍皮湯：櫸樹皮切，三升，以水一斗，煮取五升，夏月冷用之，秋冬溫之，分以洗乳。 天麻草湯：天麻草切，五升，以水一斗五升，煮取一斗，隨寒溫分洗乳。今案：《耆婆方》：「茺蔚」，一名天麻草。（湯萬春書稱引自《醫心方》23，今查不見；《外台秘要》34/943b-944a亦引《集驗》同）

8. 《小品方》：治乳癰，方：大黃二分、䓵草二分、伏龍肝二分、生薑二分，凡四物，合篩，以薑幷舂治，以醋和塗乳，有驗。（湯萬春書稱引自《醫心方》23，今查不見。）

9. 《小品方》：治妒乳，方：生地黃汁以薄之。又方：葵根，搗爲末，服方寸匕，日三。（《醫心方》23/39b-40a引）

10. 《小品方》：妒乳，方：黃芩、白斂、芍藥各等分，右三味，下篩，漿水服一錢五匕，日三，若右乳結，將去左乳汁；左乳結，即將去右乳汁服，即消。（《千金》同）又方：柳白皮，酒煮令熱，以熨上即消。又方：苦酒磨生麻，若靑木香，或紫檀香以摩上，幷良。一味即得，佳。又方：已入腹者，麝香、熏乳香、靑木香、鴨舌香，以水四升煮，取二升，分再服。忌蒜、麵、酒、牛、馬、豬肉。（以上四條引自《外台秘要》34/1994）

11. 《僧深方》：治乳不下，方：取生栝樓根，燒作炭治下篩食，已服方寸匕，日四五服。又方：治下栝樓干者爲散，勿燒，忽（炒）方寸匕，井華水服之。（《醫心方》23/38b-39a引）

12. 《經心方》：治婦人無乳汁，方：赤小豆三升，煮取汁，頓服之。又方，搗蓲一把，取汁服，多用根。（《醫心方》23/38b引）

13. 《集驗方》：治乳無汁，方：取栝樓根，切一升，酒四升，三沸，去滓，服半升，日三。（《醫心方》23/38b引）

14. 《集驗方》：論療婦人妒乳，乳癰，諸產生後，宜勤擠乳，不宜令汁蓄積不去，便不復出，惡汁於內引熱，溫壯結堅掣痛，大渴引飲，乳急痛，手不得近，成妒乳，非癰也，方：始妒乳，急炙兩手魚際各二七壯，斷癰脈也。便可令小兒手肋捋之，則乳汁大出，皆如膿狀，內服連翹湯，汁自下，外以小豆散薄塗之癰處，當瘥。（《外台秘要》34/943a引；《千金方》同）

15. 《集驗方》：又產後不自飲兒，及失兒，無兒飲乳，乳蓄喜結癰，不飲兒令乳上腫者，方：以雞子白和小豆散塗之乳房，令消結也。若飲兒不泄者，數捻去之，亦可令大者子含水，使漱口中冷，爲嗍取乳汁吐去之，不含水漱，令乳頭作瘡，乳孔寒也。（《外台秘要》34/943ab引；《千金》同）

16. 《集驗方》：又療妒乳，乳癰，連翹湯，方：連翹，生麻，杏人去皮尖，射干，防已，黃芩，大黃，芒消，柴胡各三兩，芍藥，甘草炙各四兩，右

十一味切，以水九升煮取三升，分服，忌海藻菘菜。（《外台秘要》
34/943b引；《千金》同）

17. 又方：取葵莖燒灰擣散，服方寸匕，日三，即癒。又方：療妒乳生瘡，
方：蜂房，指甲中土，車轍中土各等分末，苦酒和塗之，良。（《外台秘
要》34/943b引）

18. 《集驗方》：又療婦人女子乳頭生小淺熱瘡，搔之黃汁出，侵婬爲長，百
療不瘥者，動經年月，名爲妒乳病。婦人飲兒者，乳皆欲斷，世論苟抄乳
是也。宜以赤龍皮湯及天麻湯洗之，傅二物飛鳥膏及飛鳥散佳。始作者可
傅以黃芩漏蘆散及黃連胡粉散並佳。方如左。赤龍皮湯，方：欆皮切三
升，以水一斗，煮取五升，夏冷用之，秋冬溫之，分以洗乳，亦洗諸深敗
爛久瘡，洗畢傅膏散。（《外台秘要》34/943b引；《千金》同）

19. 又天麻草湯方（見前《小品》引）

20. 又飛鳥膏散，方：用燒硃砂作水銀上黑煙（一名細粉者三兩），礬石三兩
燒粉，右二味，以絹篩了，以甲煎和之，令如脂，以傅乳瘡，日三。作散
者不需和，有汁自著，可用散。亦傅諸熱瘡，黃爛侵婬汁瘡蜜瘡，丈夫陰
蝕癢濕，諸小兒頭瘡疕蝕，口邊肥瘡，蝸瘡等，並以此傅之。（《外台秘
要》34/944a引；《千金》同）

21. 又黃連胡粉膏散，方：黃連二兩，胡粉十分，水銀一兩同研令消散，右三
味，擣黃連爲末，三物相和，合皮裹熟按之自和合也。縱不成一家，且得水
銀細散入粉中也。以傅乳瘡，諸濕癢，黃爛肥瘡，若著甲煎爲膏。（《外台
秘要》34/944a引；《千金》同）

22. 《產經》云：凡產後婦人宜勤泄去乳汁，不令蓄積。蓄積不時泄，內結
痛，發渴曰（因）成膿也。又治妒乳腫，方：車前草熟擣，以苦酒和塗
之。（《醫心方》23/39b引）

23. 《千金方》：治婦人乳無汁鍾乳湯，方：石鍾乳、白石脂、各六銖，通草
十二銖、桔梗半兩切、消石六銖（一方用滑石），右五味，㕮咀，以水五
升，煮三沸，三上三下，去滓，納消石，令烊，分服。（2/63）

24. 《千金方》：治婦人乳無汁漏蘆湯，方：漏蘆、通草、各二兩，石鍾乳、

黍米一升，右四味，㕮咀，米宿漬揩撻，取汁三升，煮藥三沸，去滓，作飲之，日三。（2/63）

25. 《千金方》：治婦人乳無汁，單行石膏湯，方：石膏四兩研，以水二升，煮三沸，稍稍服，一日令盡。又方：通草，石鍾乳，上二味各等分末，粥飲服方寸匕，日三。後可兼養二兒。通草橫心者是，勿取羊桃根，色黃勿益。一方二味，酒五升，漬一宿，明旦煮沸，去滓，服一升，日三，夏冷服，冬溫服。（2/63-64）

26. 《千金方》：治婦人乳無汁，麥門冬散，方：麥門冬，石鍾乳，通草，理石，上四味各等分，治下篩，先食，酒服方寸匕，日三。（2/64）

27. 《千金方》：治婦人乳無汁，漏蘆散，方：漏蘆半兩，石鍾乳一兩，栝樓根一兩，蠐螬三合，上四味，治下篩，先食，糖水服方寸匕，日三。又方：麥門冬，通草，石鍾乳，理石，土瓜根，大棗，蠐螬，上七味等分，治下篩，食畢用酒服方寸匕，日三。（2/64）

28. 《千金方》：治乳無汁，方：石鍾乳四兩，甘草二兩（一方不用），漏蘆三兩，通草五兩，栝樓根五兩，上五味㕮咀，以水一斗，煮取三升，分三服。一云用栝樓實一枚。又方：母豬蹄一具，精切，以水二斗煮熟，得五六升汁飲之，不出更作。又方：豬蹄二枚，熟炙槌碎，通草八兩細切，上二味以清酒一斗浸之，稍稍飲盡，不出更作。（《外台》豬蹄不炙，以水一斗，煮取四升，入酒四升，更煮飲之。）又方：栝樓根切一升，酒四升，煮三沸，去滓，分三服。又方：取栝樓子尙青色大者一枚熟搗，以白酒一斗，煮取四升，去滓，溫服一升，日三。黃色小者用二枚亦好。又方：石鍾乳一兩，通草一兩，漏蘆半兩，桂心六銖，甘草六銖，栝樓根六銖，上六味治下篩，酒服方寸匕，日三，最驗。又方：石鍾乳二兩，漏蘆二兩，上二味治下篩，飲服方寸匕，即下。又方：燒鯉魚頭末，酒服三指撮。又方：燒死鼠作屑，酒服方寸匕，日三，立下，勿令知。（2/64-65）

29. 《千金方》：下乳汁鯽魚湯，方：鯽魚長七吋，豬脂半斤，漏蘆八兩，石鍾乳八兩，上四味切，豬脂魚不須洗治，清酒一斗二升合煮，魚熟藥成，絞去滓，適寒溫分五服，即乳下。飲其間相去須臾，一飲令藥力相及。（2/65）

30. 《千金方》：治婦人乳無汁，單行鬼箭湯，方：鬼箭五兩，以水六升，煮取四升，一服八合，日三。亦可燒作灰，水服方寸匕，日三。（2/65）

31. 《千金方》：治婦人乳無汁，方：栝樓根三兩，石鍾乳四兩，漏蘆三兩，白頭翁一兩，滑石二兩，通草二兩，上六味治下篩，以酒服方寸匕，日三。（2/65）

32. 《千金方》：治婦人乳無汁，甘草散，方：甘草一兩，通草三十銖，石鍾乳三十銖，雲母二兩半，屋上散草二把燒成灰，上五味治下篩，食後，溫漏蘆湯，服方寸匕，日三，乳下止。又方：土瓜根治下篩，服半錢匕，日三，乳如流水。（2/66）

33. 《醫門方》：療乳無汁，方：母豬蹄二枚、切，通草六兩、錦裹，和煎作羹食之。今案《廣利方》：母豬蹄一具，通草十二分，切，以水大四升，煎取二大升，去滓食，後服一盞，並取此汁作羹粥。（《醫心方》23/39a引）

34. 《枕中方》：治婦人無乳汁，方：<u>取母衣帶燒作灰</u>，三指撮酒服，即多汁。（《醫心方》23/39a引）

35. 《廣濟方》：療婦人乳無汁，方：以母豬蹄四枚，治如食法，以水二斗煮，取一斗，去蹄。土瓜根，通草，漏蘆各三兩，以汁煮，取六升，去滓，內蔥白豉如常法，著少米煮作稀蔥豉粥，食之。食了或身體微微熱，有少許汗佳。乳未下，更三兩劑，甚驗。（《外台秘要》34/942a引）

36. 《崔氏》療乳汁不下，方：鼠肉五兩，羊肉六兩，麋肉八兩，右三味合作之，<u>勿令食者知</u>。（《外台秘要》34/943a引）

L、陰脫腫痛癢

1. 《小品方》：治產後陰脫，方：以鐵精傳上，多少令調，以火炙布令暖，熨肛上漸納之。又方：用鱉血，燒地令熱，血著上，使病人坐之，良。（《醫心方》23/41a引）

2. 《集驗方》：療婦人產後冷，玉門開不閉，硫黃洗，方：石硫黃研，蛇床

子各四分，菟絲子五分，吳茱萸六分，右四味擣散，以湯一升投方寸匕，以洗玉門，瘥止。（《外台秘要》34/959b引；《千金方》3/98亦引）

3. 《集驗方》：療婦人產後陰下脫，方：蛇床子一升，布裹炙熨之。亦療產後陰中痛。（《外台秘要》34/959b引；《千金方》3/98-99同）

4. 《錄驗方》：治產後陰腫痛，方：取鼠壤四升，熬令熱，以囊儲，置陰上，使氣入中，良。（《醫心方》23/42a引）

5. 《古今錄驗方》療產後陰下脫，方：蜀椒一升，吳茱萸一升，戎鹽半雞子大，右三味擣，以綿裹如半雞子大，內陰中，日一易，二十日瘥。（《外台秘要》34/959b引；《千金方》3/99同）

6. 又方：䔖頭陰乾二枚，葛根一斤，右二味擣散，酒服方寸匕，日三。（《外台秘要》34/960a引）

7. 《產經》：治產後陰脫下痛，方：取蛇床子，搗末，布囊盛之，炙令熱，熨陰，大良。（《醫心方》23/41a引）

8. 《產經》：治產後陰中如虫行癢，方：枸杞一斤，以水三斗，煮十沸，適寒溫，洗之，良。又方：煮桃葉若皮洗之。又方：燒杏人作灰，錦裹，納陰中，良。（《醫心方》23/42a引）

9. 《千金方》：治勞損產後無子，陰中冷溢出，子門閉，積年不瘥，身體寒冷，方：防風一兩半，桔梗三十銖，人參一兩，菖蒲十八銖，半夏十八銖，丹參十八銖，厚朴十八銖，乾薑十八銖，紫菀十八銖，杜衡十八銖，秦艽半兩，白斂半兩，牛膝半兩，沙參半兩，上十四味末之，白蜜和丸如小豆，食後服十五丸，日三服，不知增至二十丸，有身止。夫不在勿服之，服藥後七日，方合陰陽。（3/97）

10. 《千金方》：治產後癖瘦，玉門冷，五加酒，方：五加皮二升，枸杞子二升，乾地黃二兩，丹參二兩，杜仲一斤，乾薑三兩，天門冬四兩，蛇床子一升，乳床半斤，上九味㕮咀，以絹袋子盛，酒三斗，漬三宿，一服五合，日再，稍加至十合佳。（3/97-98）

11. 《千金方》：治產後陰道開不閉，方：石灰一斗熬令燒草，以水二斗投之，適寒溫，入汁中坐漬之，須臾復易。坐如常法，已效，千金不傳。（3/98；《醫

心方》23/40b並引《醫門方》：石灰一斗，水二斗，澄取一斗三升；《外台秘
要》34/959b引《廣濟方》同）

12. 《千金方》：治產後陰下脫，方：燒人屎爲末，酒服方寸匕，日三。又
　　方：燒弊帚頭爲灰，酒服方寸匕。又方：皂莢半兩，半夏十八銖，大黃十
　　八銖，細辛十八銖，蛇床子三十銖，上五味治下篩，以薄絹囊盛，大如
　　指，內陰中，日二易，即瘥。又方：鱉頭五枚燒末，以井花水服方寸匕，
　　日三。（3/99）

13. 《千金方》：治產後藏中風，陰腫痛，當歸洗湯，方：當歸三兩，獨活三
　　兩，白芷三兩，地榆三兩，敗醬二兩（《千金翼》不用），礬石二兩，上
　　六味㕮咀，以水一斗半，煮取五升，適冷暖，稍稍洗陰，日三。（3/99）

14. 《千金方》：治產後陰腫痛，方：熟搗桃仁敷之良，日三度。（3/100）

15. 《極要方》：治產後陰脫，方：流黃二分，烏賊魚骨三分，五味子三株，
　　爲散，粉陰上，日三。（《醫心方》23/41b引）

16. 《廣濟方》：療產後子臟挺出數寸痛，方：蛇床子一升，酢梅二七枚，
　　切，以水五升，煮取二升半，洗，日夜十度。（《醫心方》23/41b引）

M、其他產後虛損

1. 《金匱要略》：產婦鬱冒，其脈微弱，嘔不能食，大便反堅，但頭汗
　　出……小柴胡湯主之，方在嘔吐中。小柴胡湯，方：柴胡半斤，黃芩三
　　兩，人參三兩，甘草三兩，半夏一升，生薑三兩，大棗十二枚，右七味，
　　以水一斗，煮取六升，去滓，再煎，取三升，溫服一升，日三服。胃反嘔
　　吐者，大半夏湯主之。病解能食，七八日更發熱者，此爲胃實，大承氣湯
　　主之，方見痙病。（《金匱要略》21/308-309；2/265；2/33；《脈經》9/7a
　　同；大承氣湯方見前）

2. 《金匱要略》：婦人乳，中虛煩亂嘔逆，安中益氣，竹皮大丸主之。竹皮
　　大丸，方：生竹茹二分，石膏一分，桂枝一分，甘草七分，白微一分，右
　　五味，末之，棗肉如丸，彈子大，以飲服一丸，日三夜二服。有熱倍白

微，煩喘者加枳實一分。（《金匱要略》21/314-315；《脈經》9/182同）

3. 《葛氏方》：治產後虛羸，日汗出，鯉魚湯，方：鯉魚肉三斤，蔥白一斤，香豉一升，凡三物，水六升，煮取二升，分再服，微汗即止。（《醫心方》23/35ab引；《千金方》3/72加乾薑和桂心，並言勿用生魚。）

4. 《葛氏方》：若產後虛煩不得眠者，方：枳實，夕藥，分等，並炙之，末，服方寸匕，日三。（《醫心方》23/35b引）

5. 《葛氏方》：治產後煩熱若渴，或身重癢，方：熬大豆，酒淋，及熱，飲二升，溫覆取汗。（《醫心方》23/36b引）

6. 《葛氏方》：產後月水不通，方：桂心爲末，酒服方寸匕。又方：鐵杵鎚燒，納酒中服之。（《醫心方》23/45b引）

7. 《小品方》：產後虛羸，令人肥白健壯。羊脂二斤、生地黃汁一斗、薑汁五升、白蜜三升，煎如飴，溫酒服一杯，日三。（《本草綱目》50，羊脂附方；《千金方》3/68則言「取雞子大一枚，投熱酒中服。」《外台秘要》34/953a引《古今錄驗方》同）

8. 《經心方》：治產後腫滿，方：烏豆一斗，水五升，煮取五升，以酒五升，煎取五升，分五服。（《醫心方》23/32a引）

9. 《集驗方》：療產後血氣煩悶，方：取生地黃汁一升，酒三合相和，微溫頓服之。《千金》同。（《外台秘要》34/949a引）

10. 《集驗方》：療產後渴，栝樓湯，方：栝樓四兩，麥門冬去心，人參各三兩，乾地黃三兩，甘草二兩炙，乾棗二十枚，土瓜根五兩，右七味切，以水八升，煮取二升半，分三服良。（《外台秘要》34/956b引；《千金方》3/95亦引，並言甘草「崔氏不用」；土瓜根「崔氏用蘆根」）

11. 《刪繁方》：療產婦勞虛，或本來虛寒，或產後血脈虛竭，四肢羸弱，飲食減少，經水斷絕，血脈不通，虛實交錯，澤蘭補虛丸，方：澤蘭葉九分，石膏八分研，芎藭，甘草炙，當歸各七分，白芷，防風，白朮，藁木，蜀椒，厚朴炙，乾薑，桂心，細辛各五分，右十四味擣篩，蜜丸如梧桐子，酒下二十九至三十九，日再，忌如常法。（《外台秘要》34/951b引）

12. 《錄驗方》：治產後虛勞，汗出不止，牡蠣散，方：牡蠣二兩，乾薑二
　　兩，麻黃根二兩，凡三物，治，篩，雜白粉，粉身，不過三四，便止。
　　（《醫心方》23/37a引）

13. 《錄驗方》：治產後通身生瘡，狀如灼瘡，熱如火，方：桃人搗和，以豬
　　膏傅瘡上，日二三，過便癒。（《醫心方》23/45b引）

14. 《古今錄驗方》：澤蘭丸，療產後風虛勞羸，百病必效，方：澤蘭葉六
　　分，白芷，椒汗，蕪荑人，藁本，細辛各四分，白朮，柏子人，人參，桂
　　心，防風，厚朴炙，丹參各五分，芎藭，甘草炙，當歸各七分，乾地黃十
　　分，右十七味搗篩，蜜和丸如梧桐子，服二十九至三十九，日再服。忌如
　　常法。（《外台秘要》34/951b引）

15. 《千金方》：已產訖，可服四順理中丸，方：甘草二兩，人參一兩，白朮
　　一兩，乾薑一兩，上四味末之，蜜和丸如梧子，服十九，稍增至二十九。
　　新生臟虛，此所以養臟氣也。（3/68）

16. 《千金方》：桃人煎，治婦人產後百疾，諸氣補益悅澤，方：桃人一千二
　　百枚，搗令細熟，以上好酒一斗五升研濾三四遍，如作麥粥法，以極細為
　　佳。納長項瓷瓶中，密塞以麵封之。納湯中煮一伏時，不停火，亦勿令火
　　猛，使瓶口常出在湯上，勿令沒之。熟訖出，溫酒服一合，日再服。丈夫
　　亦可服之。（3/68）

17. 《千金方》：治婦人虛羸短氣，胸逆滿悶，風氣，石斛地黃煎，方：石斛
　　四兩，生地黃汁八升，桃仁半升，桂心二兩，甘草四兩，大黃八兩，紫菀
　　四兩，麥門多二升，伏苓一斤，醇酒八升，上十味為末，於銅器中炭火上
　　熬，內鹿角膠一斤，耗得一斗，次內飴三斤，白蜜三升和調，更於銅器
　　中，釜上煎微耗，以生竹攪，毋令著耗令相得。藥成先食酒，服如彈子一
　　丸，日三。不知稍加至二九。一方用人參三兩。（3/68）

18. 《千金方》：地黃酒治產後百病，未產前一月當預釀之，產迄蓐中服之，
　　方：地黃汁一升、好麵一斗、好米二升、右三味，先以地黃汁清麵，令
　　發，準家法醞之，至熟，封七日，取清服之。常使酒氣相接，勿令斷絕，
　　慎蒜生冷酢滑豬雞魚，一切婦人皆須服之，但夏三月熱不可合，春秋冬並

得合服。地黃幷滓納米中炊合用之。一石十石一準此一外爲率，先服羊肉當歸湯三劑，乃服之佳。（3/68）

19. 《千金方》：治產後虛羸喘乏，自汗出，腹中絞痛，羊肉湯，方：肥羊肉三斤去脂，當歸一兩（姚氏用蔥白），桂心二兩，芍藥四兩（《子母秘錄》作蔥白），甘草二兩，生薑四兩，芎藭三兩（《子母秘錄》作豉一升），乾地黃五兩，上八味㕮咀，以水一斗半，先煮肉，取七升，去肉，內餘藥，煮取三升，去滓，分三服，不瘥重作。《千金翼》：有蔥白一斤。《子母秘錄》：胸中微熱加黃芩，麥門多各一兩，頭痛加石膏一兩，中風加防風一兩，大便不利加大黃一兩，小便難加葵子一兩，上氣咳逆加五味子一兩。（3/69；《外台秘要》34/950a引《廣濟方》同）

20. 《千金方》：治產後虛羸喘乏，乍寒乍熱，病如瘧狀，名爲蓐積，豬腎湯，方：豬腎一具，去脂四破，無則用羊腎代，香豉錦裹，白粳米一斗，蔥白一斗，上四味以水三斗，煮取五升，去滓，任情服之，不瘥更作。《廣濟方》有人參，當歸，各二兩，爲六味。（3/69）

21. 《千金方》：羊肉黃耆湯，治產後虛乏補益，方：羊肉三斤，黃耆三兩，大棗三十枚，茯苓一兩，甘草一兩，當歸一兩，桂心一兩，芍藥一兩，麥門多一兩，乾地黃一兩，上十味㕮咀，以水二斗煮羊肉，取一斗，去肉內諸藥，煎取三升，去滓，分三服，日三。（3/69）

22. 《千金方》：鹿肉湯，治產後虛羸，勞損補乏，方：鹿肉四斤，乾地黃三兩，甘草三兩，芎藭三兩，人參三兩，當歸三兩，黃耆二兩，芍藥二兩，麥門多二兩，茯苓二兩，半夏一升，大棗二十枚，生薑二兩，上十三味㕮咀，以水二斗五升，煮肉取一斗三升，去肉內藥煎，取五升，去滓，分四服，日三夜一。（3/69-70）

23. 《千金方》：治產後虛乏五勞七傷，虛損不足，臟腑冷熱不調，獐骨湯，方：獐骨一具，遠志三兩，黃耆三兩，芍藥三兩，乾薑三兩，防風三兩，茯苓三兩（一作伏神），厚朴三兩，當歸三兩，桔皮二兩，甘草二兩，獨活二兩，芎藭二兩，桂心四兩，生薑四兩，上十五味㕮咀，以水三斗，煮獐骨，取二斗，去骨內藥煎，取五升，去滓，分五服。（3/70）

24. 《千金方》：當歸芍藥湯，治產後虛損，逆害飲食，方：當歸一兩半，芍藥一兩，人參一兩，桂心一兩，生薑一兩，甘草一兩，大棗二十枚，乾地黃一兩，上八味㕮咀，以水七升，煮取三升，去滓，分三服，日三。（3/70）

25. 《千金方》：治產後虛氣杏仁湯，方：杏仁三兩，桔皮三兩，白前三兩，人參三兩，桂心四兩，蘇葉一升，半夏一升，生薑十兩，麥門冬一兩，上九味㕮咀，以水一斗二升，煮取三升半，去滓，分五服。（3/70）

26. 《千金方》：治產後上氣及婦人賁豚氣，積勞臟氣不足，胸中煩躁，開元以下如懷五千錢狀，方：厚朴三兩，桂心三兩，當歸三兩，細辛三兩，芍藥三兩，石膏三兩，甘草二兩，黃芩二兩，澤瀉二兩，吳茱萸五兩（《千金翼》作大黃），乾地黃四兩，桔梗三兩，乾薑一兩，上十三味㕮咀，以水一斗二升，煮取三升，去滓，分三服，服三劑佳。（3/70）

27. 《千金方》：治產後七傷，虛損少氣不足，並主腎勞寒冷，補益氣，乳蜜湯，方：牛乳七升（無則用羊乳），白蜜一升，當歸三兩，人參三兩，獨活三兩，大棗二十枚，甘草二兩，桂心二兩，上八味㕮咀，諸藥以乳蜜中，煮取三升，去滓，分四服。（3/70-71）

28. 《千金方》：治產後虛冷七傷，時寒熱，體痛乏力，補腎並治百病。五石湯，方：紫石英二兩，鍾乳二兩，白石英二兩，赤石脂二兩，石膏二兩，茯苓二兩，白朮二兩，桂心二兩，芎藭二兩，甘草二兩，韭白六兩，人參三兩，當歸三兩，生薑八兩，大棗二十枚，上十五味，五石並末之，諸藥各㕮咀，以水一斗二升，煮取三升六合，去滓，分六服。若中風加葛根，獨活各二兩，下痢加龍骨一兩。（3/71）

29. 《千金方》：三石湯方，主病如前，方：紫石英二兩，白石英二兩半，鍾乳二兩半，生薑二兩，當歸二兩，人參二兩，甘草二兩，茯苓三兩，乾地黃三兩，桂心三兩，半夏五兩，大棗十五枚，上十二味，三石末之，㕮咀諸藥，以水一斗二升，煮取三升，去滓，分四服，若中風加葛根四兩。（3/71）

30. 《千金方》：內補黃耆湯，主婦人七傷，身體疼痛，小腹急滿，面目黃黑，不能食飲，並諸虛乏不足少氣，心悸不安，方：黃耆三兩，當歸三兩，芍藥三兩，乾地黃三兩，半夏三兩，茯苓二兩，人參二兩，桂心二

兩，遠志二兩，麥門冬二兩，甘草二兩，五味子二兩，白朮二兩，澤瀉二
兩，乾薑四兩，大棗三十枚，上十六味㕮咀，以水一斗半，煮取三升，去
滓，一服五合，日三夜一服。（3/71）

31. 《千金方》：治產後虛羸，盜汗濇濇惡寒，吳茱萸湯，方：吳茱萸三兩，
以清酒三升，漬一宿，煮如蚊鼻沸，減得三升許，中分之，頓服一升，日
再，間日再作服。亦治產後腹中疾痛。（3/71；並見「心腹疼痛」項）

32. 《千金方》：治產後體虛寒熱自汗出，豬膏煎，方：豬膏一升，清酒五
合，生薑汁一升，白蜜一升，上四味煎令調和，五上五下，膏成隨意以酒
服方寸匕，當炭火上熬。（3/72）

33. 《千金方》：治產後風虛汗出不止，小便難，四肢微急，難以屈伸者，桂
枝加附子湯，方：桂枝三兩，芍藥三兩，甘草一兩半，附子二枚，生薑三
兩，大棗十二枚，上六味㕮咀，以水七升，煮取三升，分爲三服。（3/72）

34. 《千金方》：韭白湯，治產後胸中煩熱逆氣，方：韭白二兩，半夏二兩，
甘草二兩，人參二兩，知母二兩，石膏四兩，栝樓根三兩，麥門冬半升，
上八味㕮咀，以水一斗三升，煮取四升，去滓，分五服，日三夜二。熱甚
即加石膏、知母各一兩。（3/72）

35. 《千金方》：竹根湯，治產後虛煩，方：甘竹根細切一斗五升，以水二斗，煮
取七升，去滓，內小麥二升，大棗二十枚，復煮麥熱三四沸，內甘草一兩，麥
門冬一升，湯成去滓，服五合，不瘥更服取瘥，短氣亦服之。（3/72）

36. 《千金方》：人參當歸湯，治產後煩悶不安，方：人參一兩，當歸一兩，
麥門冬一兩，桂心一兩，乾地黃一兩，大棗二十個，粳米一升，淡竹葉三
升，芍藥四兩，上九味㕮咀，以水一斗二升，先煮竹葉及米，去滓，內藥
煮取三升，去滓，分三服，若煩悶不安者，當取豉一升，以水三升煮，取
一升，盡服之，甚良。（3/73）

37. 《千金方》：甘竹筎湯，治產後內虛煩熱短氣，方：甘竹筎一升，人參一
兩，茯苓一兩，甘草一兩，黃芩三兩，上五味㕮咀，以水六升，煮取二
升，去滓，分三服，日三。（3/73）

38. 《千金方》：知母湯，治產後乍寒乍熱，通身溫壯，胸心煩悶，方：知母

三兩，芍藥二兩，黃芩二兩，桂心一兩，甘草一兩，上五味㕮咀，以水五升，煮取二升半，分三服。一方不用桂心，加生地黃。（3/73）

39. 《千金方》：竹葉湯，治產後心中煩悶不解，方：生淡竹葉一升，麥門多一升，甘草二兩，生薑三兩，茯苓三兩，大棗十四枚，小麥五合，上七味㕮咀，以水一升，先煮竹葉、小麥，取八升，內諸藥煮取三升，去滓，分三服。若心中虛悸者，加人參二兩。其人食少無穀氣者，加粳米五合。氣逆者，加半夏二兩。（3/73）

40. 《千金方》：淡竹茹湯，治產後虛煩，頭痛短氣欲絕，心中悶亂不解必效，方：生淡竹茹一升，麥門多五合，甘草一兩，小麥五合，生薑三兩，（《產寶》用乾葛），大棗十四枚（《產寶》用石膏三兩），上六味㕮咀，以水一升，煮竹茹、小麥，取八升，去滓，乃內諸藥，煮取一升，去滓，分二服，羸人分做三服。若有人參入一兩，若無人參，內茯苓一兩半亦佳。人參、茯苓皆至心煩悶及心虛驚悸，安定精神，有則為良，無則依方服一劑，不瘥更作。若氣逆者，加半夏二兩。（3/73）

41. 《千金方》：赤小豆散，治產後煩悶不能食，虛滿，方：赤小豆三七枚燒作末，以冷水和頓服之。（3/73-74）

42. 《千金方》：治產後煩悶蒲黃散，方：蒲黃以東流水和方寸匕服極良。（3/74）

43. 《千金方》：蜀漆湯，治產後虛熱往來，心胸煩滿，骨節疼痛及頭痛壯熱，晡時輒甚，又如微瘧，方：蜀漆葉一兩，黃耆五兩，桂心一兩，甘草一兩，黃芩一兩，知母二兩，芍藥二兩，生地黃一斤，上八味㕮咀，以水一斗，煮取三升，分三服。此湯治寒熱，不傷人。（3/74）

44. 《千金方》：芍藥湯，治產後虛熱頭痛，方：白芍藥五兩，乾地黃五兩，牡蠣五兩，桂心三兩，上四味㕮咀，以水一斗，煮取二升半，去滓，分三服，日三。此湯不傷損人，無毒，亦治腹中拘急痛。若通身發熱，加黃芩二兩。（3/74）

45. 《千金方》：增損澤蘭丸，療產後百病，理血氣，補虛勞，方：澤蘭，甘草炙，當歸，芎藭各七分，附子炮，乾薑，白朮，白芷，桂心，細辛各四分，防風，人參，牛膝各五分，柏子人，乾地黃，石斛各六分，厚朴炙，

藁本，蕪黃各二分，麥門冬八分去心，右二十味擣末，蜜丸，以酒下十五
九至二十九良，忌如常法。（《外台秘要》34/951a引）

46. 《子母秘錄》：治產後遍身腫，方：生地黃汁一升，酒二合，溫頓飲之。（《醫
心方》23/32a引）

47. 《子母秘錄》：產後諸狀亦無所異，但若不能食，方：白朮四兩，生薑六
兩，右二味，細切，以水酒各三升，暖火煎藥，取一升半，校，去滓，分
溫再服，許仁則與女。（《醫心方》23/36a引；《外台秘要》34/957a亦
引，作《許仁則產後方》第四條）

48. 《子母秘錄》：產後渴，方：新汲水和蜜飲之，仍不論多少，李溫，與大
新婦服之。（《醫心方》23/37a引）

49. 《子母秘錄》：治產後汗出不止，兼腹痛虛乏勞，方：通草，夕藥，當
歸，各三兩，生地黃，切一升，右四味，切，以水六升，煮取二升半，去
滓，分溫三服。今案：《博濟安眾方》：夕藥，當歸，各一兩，生地黃切
半升，右，水二升，煮取一升，分服。（《醫心方》23/37b引）

50. 《子母秘錄》：云產後月水閉，乍在月前，或在月後，腰腹痛，手足煩
疼，脣口乾，連年月水不通，血乾著脊，牡丹丸，方：苦參十分，牡丹五
分，貝母三分，右三物，搗篩，蜜丸如梧子，先食以粥清汁，服七丸，日
三。（《醫心方》23/45a引）

51. 《子母秘錄》：產後月事不通，方：厚朴皮三大兩，以水三大升，煮取一
升，分三服，空腹服之，神驗。（《醫心方》3/45b引）

52. 《許仁則產後方》：第十一，產後腹內安穩，惡露流多少得所，但緣產後
日淺，久坐視聽言語多，或運勞力，遂覺頭項及百肢節皮肉疼痛，乍寒乍
熱，此是蓐勞，宜依此方：豬腎一具去脂，當歸，芍藥，生薑各三兩，桂
心一兩，蔥白三合，右六味切，以水八升，緩火煮腎取六升，澄清，內諸
藥，煮取二升，分溫再服。（《外台秘要》34/958a引）

53. 《許仁則產後方》：第十三，產後更無餘苦，但覺體氣虛，宜服此方：當
歸，乾地黃各十分，澤蘭八分，防風，黃耆，續斷各六分，桂心，人參，
地骨皮，芍藥各七分，乾薑六分，右十一味擣末，蜜丸桐子大，酒下二十

　　丸，忌如常法。（《外台秘要》34/958b引）

54. 《博濟安眾方》：產後嘔逆不能食，方：厚朴二兩，炙，白朮一兩，炒，
　　　右以水二升，煎取一升，分四五服。（《醫心方》23/36a引）

55. 《醫門方》：療產後少氣無力困乏虛煩者，方：人參，伏苓，各十分，甘
　　　草，炙，桂心，夕藥，各八分，生麥門冬，生地黃，各廿分，水九升，煮
　　　取三升，分三服。（《醫心方》23/35b引）

56. 《醫門方》：療產後大渴不止，方：蘆根切一升，栝樓三兩，人參，甘草
　　　炙，伏苓，各二兩，生麥門各四兩，去心，大棗十二枚，水九升，煮取三
　　　升，分三服。（《醫心方》23/36b-37a引）

57. 《延年方》：增損澤蘭丸，主產後風虛勞損黃瘦，方：澤蘭七分，防風，
　　　乾地黃，當歸，細辛，桂心，茯苓，芍藥，人參，甘草炙，藁本，烏頭
　　　炮，麥門冬去心，石斛，紫菀，芎藭各五分，乾薑，柏子人，蕪薑人，厚朴
　　　炙，蜀椒汗各四分，白朮，黃耆各六分，紫石英研，石膏研各八分，右二十
　　　五味擣篩，蜜和丸如梧桐子，以酒下二十至三十丸，忌如常法。（《外台秘
　　　要》34/951ab引）

58. 《延年方》：澤蘭丸，主產後風虛損瘦不能食，令肥悅，方：澤蘭七分，
　　　當歸十分，甘草七分炙，藁本三分，厚朴三分炙，食茱萸三分，蕪薑三
　　　分，白芷三分，乾薑三分，芍藥三分，石膏八分，人參四分，柏子人四
　　　分，桂心四分，白朮五分，右十五味擣篩，蜜和丸如梧桐子大，酒服十五
　　　丸，日二，加至二十五丸，忌如常法。（《外台秘要》34/952b引）

59. 《廣濟方》：治產後心胸中煩悶，血氣澀肋下坊，不能食，方：生地黃汁
　　　一升，當歸一兩，末，清酒五合，生薑汁五合，右和煎，三四沸，去滓，
　　　溫四五合，服之，中間進少食。（《醫心方》23/30a引；《外台秘要》
　　　34/949a亦引，但加「童子小便二升」，並言「一日令盡」）

60. 《廣濟方》：療產後患風虛冷氣，腹內不調，補益肥白悅澤，方：澤蘭七
　　　分，厚朴炙，人參，石斛，蕪薑人，續斷，防風，桂心各三兩，芎藭，白
　　　朮，柏子人，五味子，黃耆，遠志皮各四分，赤石脂六分，乾地黃六分，
　　　甘草六分炙，右十七味，擣末，蜜丸如桐子，以酒下二十丸至三十丸，日

再，忌如常法。（《外台秘要》34/952a引）

61.　《救急方》：療產後羸瘦不復，令肥白，方：烏豆肥大者淨拭，熬熟，如造豆黃法，去皮，擣爲屑，下篩，以臘月豬脂成練者和，丸如梧桐子，以酒下五十九，日再服，一月內肥白也，無所禁。（《外台秘要》34/953a引）

62.　《助產方》：孩子生下後，睡於產婦懷中。*產婦多吃肉食，和以佐料，母親少病，孩子體壯*。服一切癒合藥，即癒。多以肉和酥油爲食，則癒。（P.T.1057「藏醫雜療方」，《敦煌吐蕃文獻選》，頁174引）

參考書目

一、文獻史料

《詩經》十三經注疏本，台北藝文印書館，1955。

《禮記》十三經注疏本，台北藝文印書館，1955。

《左傳》十三經注疏本，台北藝文印書館，1955。

《春秋左傳注》，楊伯峻注，北京：中華書局，1990再版。

《國語》，四部叢刊初編45。

《雲夢睡虎地秦墓》，北京：文物出版社，1981。

（漢）司馬遷，《史記》，北京：中華書局，1959。

（漢）班固，《漢書》，北京：中華書局，1962。

（漢）張仲景，《金匱要略》，清徐忠可論註，北京：人民衛生出版社，1993。

（漢）崔寔，《四民月令》，繆啓愉輯釋，北京：農業出版社，1981。

（漢）應劭，《風俗通義》，王利器校注，台北：明文書局，1982。

（漢）王充，《論衡》，台北：世界書局《新編諸子集成》，1983。

（漢）許慎，《說文解字》，段玉裁注，台北：藝文印書館，1989。

《漢魏南北朝墓誌集釋》，趙萬里集釋，北京：科學出版社，1956。

《漢魏南北朝墓誌彙編》，趙超彙編，天津：古籍出版社，1992。

（晉）陳壽，《三國志》，北京：中華書局，1959。

（晉）干寶，《搜神記》，汪紹楹校注，台北：里仁書局影印點校本，1982。

（晉）王叔和，《脈經》，四部叢刊初編65，上海：上海書店，1989。

（劉宋）陳延之，《小品方》，湯萬春輯錄箋注，安徽：科學技術出版社，1990。

（劉宋）范曄，《後漢書》，北京：中華書局，1965。

（南齊）褚澄，《褚氏遺書》，趙國華校釋，河南：科學技術出版社，1986。

（梁）沈約，《宋書》，北京：中華書局，1974。

（梁）蕭子顯，《南齊書》，北京：中華書局，1972。

（隋）巢元方，《巢氏諸病源候總論》，台北：宇宙醫藥出版社，1975。

（隋）蕭吉，《五行大義》，中村璋八校註，汲古書院，1984。

（隋・唐）姚察、姚思廉，《陳書》，北京：中華書局，1972。

（唐）孫思邈，《千金方》（《備急千金要方》），吉林：人民出版社新校宋刻本，
　　1994。

（唐）房玄齡等，《晉書》，北京：中華書局，1974。

（唐）李百藥，《北齊書》，北京：中華書局，1972。

（唐）李延壽，《南史》，北京：中華書局，1975。

（唐）李延壽，《北史》，北京：中華書局，1974。

（唐）王燾，《外台秘要》，台北：國立中國醫藥研究所出版，1964。

（唐）魏徵、長孫無忌等，《隋書》，北京：中華書局，1973。

（唐）段成式，《酉陽雜俎》，叢書集成初編，台北：源流出版社1982影印。

（後晉）劉昫等，《舊唐書》，北京：中華書局，1975。

《敦煌變文集》，王重民、王慶菽、向達、周一良、啓功、曾毅公編，北京：人民文
　　學出版社，1984。

《元始天尊濟度血湖眞經》，道藏洞眞部（宿），上海：涵芬樓影印北京白雲觀所藏
　　明刊本32冊，1924-1926。

（宋）周密，《齊東野語》，《唐宋史料筆記叢刊》，北京：中華書局，1983。

（宋）歐陽修、宋祁，《唐書》，北京：中華書局，1975。

（宋）李昉等，《太平御覽》宋蜀刊本，台北：商務印書館影印，1967。

（宋）李昉等，《太平廣記》，北京：人民文學出版社點校本，1959，

（宋）王懷隱等，《太平聖惠方》，東洋醫學善本叢書16-21冊，據日本名古屋市蓬
　　左文庫藏宋版鈔配本影印，大阪：オリエント出版社，1991。

（宋）陳自明，《婦人大全良方》，（明）薛己補註，揚州：江蘇廣陵古籍刻印社據
　　嘉靖刊本縮印，1982。

（宋）朱端章，《衛生家寶產科備要》，上海：三聯書店，上海中醫學院朱邦賢、王
　　若水主編《歷代中醫珍本集成》，《婦科類》（一），1989。

（明）李時珍，《本草綱目》，北京：人民衛生出版社點校本，1975-1981。

（清）顧炎武，《日知錄》，台北：明倫書局排印手抄本，1971。

（清）東軒主人，《述異記》，《筆記小說大觀》第三編第十冊，台北：新興書局影
　　印本，1988。

（日）丹波康賴《醫心方》，台北：新文豐印行，1982

二、近人著作

下見隆雄，《儒教社會と母性—母性の威力の觀點でみる漢魏晉中國女性史》，東

京：研文出版，1994。

大衛·哈維編，《新生命：懷孕、分娩、育嬰》，David Harvey ed. 香港：星島出版社中文編譯，1980。

王堯、陳踐譯注，《敦煌吐蕃文獻選》，成都：四川民族出版社，1983。

中山太郎，〈古代の分娩法と民俗〉，《歷史と民俗》，東京：パルトス社，1941，272-94。

《中國本草圖錄》編寫委員會，《中國本草圖錄》五卷，北京：人民衛生出版社，香港：商務印書館合作出版，1987-1989。

中國醫學科學院藥物研究所等編，《中藥誌》四冊，北京：人民衛生出版社，1982-1988。

永川地區文化局、大足縣文物保管所，四川攝影學會永川支會，《大足石刻》，成都：四川人民出版社，1981。

任　旭，〈《小品方》殘卷簡介〉，《中華醫史雜誌》17.2（1987）：71-73。

任繼愈主編，《道藏提要》，北京：中國社會科學出版社，1991。

邢義田，〈從「列女傳」看中國式母愛的流露〉」，《歷史月刊》5（1988），收入鮑家麟編，《中國婦女史論集三集》，台北：稻香出版社，1993，19-28。

杜正勝，《古代社會與國家》，台北：允晨文化，1992。

杜芳琴，〈生育文化的歷史考察〉，見《性別與中國》，李小江、朱虹、董秀玉主編，北京：三聯書店，1994，305-22。

李　濟，〈跪坐蹲居與箕踞〉，《中央研究院歷史語言研究所集刊》24（1953）：283-301。

李建民，〈馬王堆漢墓帛書「禹藏埋胞圖」箋證〉，《中央研究院歷史語言研究所集刊》65.4（1994）：725-832。

李貞德，〈漢隋之間的「生子不舉」問題〉，《中央研究院歷史語言研究所集刊》66.3（1995）：747-812。

李銀河，《生育與中國村落文化》，香港：牛津大學出版社，1993。

坂本具償，〈母性の威力──中國女性史研究への新たな視點──〉，《東方》171（1995）：24-27。

何漢威編撰，《本地華人傳統婚禮》，香港：香港市政局，1986。

周一良，《魏晉南北朝史札記》，北京：中華書局，1985。

周一謀、蕭佐桃，《馬王堆醫書考注》，天津：科學技術出版社，授權樂群文化事業公司出版，1989。

承德地區文物保管所、灤平縣博物館，〈河北灤平縣后台子遺址發掘簡報〉，《文
　　物》3（1994）：53-74。

長澤元夫、後藤志朗，〈引用書解說〉，見《醫心方中日文解說》，李永熾譯，張
　　禮文校訂，台北：新文豐出版公司，1973。

唐長孺，〈門閥的形成及其衰落〉，原載《武漢大學人文科學學報》（1959），收
　　入《中國社會經濟史參考文獻》（台北：華世出版社，1984），365-
　　407。

馬大正，《中國婦產科發展史》，山西：科學敎育出版社，1991。

馬繼興，〈『醫心方』中的古醫學文獻初探〉，《日本醫史學雜誌》31.3（1985），
　　326（30）-371（75）。

馬繼興，《馬王堆古醫書考釋》，湖南：科學技術出版社，1992。

翁玲玲，〈漢人婦女產後作月子儀式的行為探討〉，國立清華大學社會人類學研究
　　所碩士論文，新竹：清華大學社會人類學研究所，1992。

陳元朋，〈宋代的儒醫——兼評Robert P. Hymes有關宋元醫者地位的論點〉，《新
　　史學》6.1（1995）：179-203。

陳國符，《道藏源流考》，北京：中華書局，1963。

許倬雲，〈漢代家庭大小〉，收入氏著《求古編》，台北：聯經出版社，1982，
　　515-41。

崔詠雪，《中國家具史一坐具篇》，台北：明文書局，1989。

郭立誠，《中國生育禮俗考》，台北：文史哲出版社，1971。

湯萬春，《小品方輯錄箋注》，安徽：科學技術出版社，1990。

湯　池，〈試論灤平縣后台子出土的石雕女神像〉，《文物》3（1994）：46-51。

蒲慕州，〈睡虎地秦簡《日書》的世界〉，《中央研究院歷史語言研究所集刊》
　　62.4（1993）：623-675。

游鑑明，〈日據時期台灣的產婆〉，《近代中國婦女史研究》1（1993）：49-89。

廖育群，〈陳延之與《小品方》研究的新進展〉，《中華醫史雜誌》17.2（1987）：
　　74-75。

熊秉眞，〈清代中國兒科醫學之區域性初探〉，《近代中國區域史研討會論文集》
　　上冊，台北：中央研究院歷史語言研究所，1987，17—39。

熊秉眞，〈明代的幼科醫學〉，《漢學研究》9.1（1991）：53-69。

熊秉眞，〈傳統中國醫界對成長發育現象之討論〉，《國立台灣師範大學歷史學
　　報》20（1991）：1-15。

熊秉眞，〈中國近世的新生兒照護〉，《中國近世社會文化史論文集》，台北：中
　　　央研究院歷史語言研究所，1992，387-428。

熊秉眞，〈傳統中國的乳哺之道〉，《中央研究院近代史研究所集刊》21（1992）：
　　　123-46。

熊秉眞，〈變蒸論：一項傳統生理假說的興衰始末〉，《漢學研究》11.1（1993）：
　　　253-67。

熊秉眞，〈中國近世士人筆下的兒童健康問題〉，《中央研究院近代史研究所集
　　　刊》23（1994）：1-29。

熊秉眞，〈明清家庭中的母子關係—性別、感情及其他〉，見《性別與中國》，李
　　　小江、朱虹、董秀玉編，北京：三聯書店，1994，514-544。

熊秉眞，《幼幼—傳統中國的襁褓之道》，台北：聯經出版社，1995

劉增貴，《漢代婚姻制度》，台北：華世出版社，1982，411-472。

劉增貴，〈琴瑟和鳴——歷代的婚禮〉，中國文化新論、宗教禮俗篇《敬天與親
　　　人》，台北：聯經出版社，1982。

劉增貴，〈魏晉南北朝時代的妾〉，《新史學》2.4（1991）：1-36。

瞿宣穎纂輯，《中國社會史料叢鈔》三集，台灣：商務印書館，（1937）1965重印。

羅元愷主編，《中醫婦科學》，台北：知音出版社，1989。

饒宗頤、曾憲通，《雲夢秦簡日書研究》，香港：中文大學出版社，1982。

ミシェル・スワミエ，〈血盆經の資料的研究〉，見《道教研究》第一冊，吉岡義
　　　豐、ミシェル・スワミエ編修，東京：昭森社，1965，109-166。

Ahern, Emily M., The Power and Pollution of Chinese Women, in Margery Wolf &
　　　Roxane Witke, *Women in Chinese Society*. Stanford: Stanford University Press,
　　　1975, 193-214.

Bourdillon, Hilary. *Women as Healers: A History of Women and Medicine*. Cambridge:
　　　Cambridge University Press, 1988.

Douglas, Mary. *Purity and Danger:An Analysis of the Concepts of Pollution and Taboo*.
　　　London: Routledge & Paul, 1966.

Ebrey, Patricia. *The Inner Quarters: Marriage and the Lives of Chinese Women in the Sung
　　　Period*. Berkeley, Los Angeles & London: University of California Press, 1993.

Furth, Charlotte. Concepts of Pregnancy, Childbirth, and Infancy in Ch'ing Dynasty China,
　　　Journal of Asian Studies 46.1 (1987): 7-35.

Furth, Charlotte. Ming-Qing Medicine and the Construction of Gender, *Research on Women in Modern Chinese History*（《近代中國婦女史研究》）2 (1994): 229-50.

Gelis, Jacques. *History of Childbirth: Fertility, Pregnancy and Birth in Early Modern Europe.* Cambridge: Polity Press, 1991.

Holmgren, Jennifer. Widow Chastity in the Northen Dynasties --the Lieh-nü Biographies in the Wei-shu, *Papers on Far Eastern History* 23 (1981): 165-86.

Kinney, Anne Behnke. Infant Abandonment in Early China, *Early China* 18 (1993): 107-38.

Lee, Jender. Women and Marriage in China during the Period of Disunion, Ph. D. dissertation. University of Washington, UMI,1992.

Lee, Jender. The Life of Women in the Six Dynasties, *Journal of Women and Gender Studies*（《婦女與兩性學刊》）4 (1993): 47-80.

Martin, Emily. *The Women in the Body: A Cultural Analysis of Reproduction.* Boston: Peacon Press, 1987.

Moscucci, Ornella. *The Science of Women: Gynaecology and Gender in England 1800-1929.* Cambridge and New York: Cambridge University Press, 1990.

Odent, Michel. *Birth Reborn*, second edition. New Jersey: Birth Works Press, 1994.

Schafer, Edward. The Development of Bathing Customs in Ancient and Medieval China and the History of the Floriate Clear Palace, *Journal of American Oriental Society* 76.2 (1956): 57-82.

Shorter, Edward. *A History of Women's Bodies.* New York: Basic Books, 1982.

Van Gennep, Arnold. *The Rites of Passage*, English trans. by Monika B. Vizedom and Gabrielle L. Caffee. Chicago: University of Chicago Press, 1960.

Yates, Robin. Purity and Pollution in Early China，《歷史與考古整合之研究》（台北：中央研究院歷史語言研究所，1996）。

Childbirth in Late Antiquity and Early Medieval China

Lee, Jen-der

Institute of History and Philology, Academia Sinica

Childbirth may have been the most important experience of women in traditional society. The behaviors and their interpretations before, during and after the delivery not only indicated medical development of a certain period, but also revealed women's place in the patrilineal society. From late antiquity to early medieval China, it was gradually agreed in medical texts that the process of childbirth started from the last month of pregnancy and lasted at least till one month after the delivery.

In the last month of pregnancy, the expecting mother was advised to take herbal medicine to enhance a quick and safe delivery, while her family should prepare a place for the childbirth according to the "delivery charts". The exact month for pregnant women to take such medicine varied in ancient medical texts, but was fixed to the last month of pregnancy by the eighth century. There may have been separate charts that demonstrated proper locations and directions of the delivery tents, the squatting positions, and the placenta-burying. By the eighth century, however, medical texts indicated an integration of all these items in one chart that included twelve sub-charts for each month of the year.

Women usually took vertical positions, most often squatting, during delivery, either clinging to fastened ropes or being supported under the arms by midwives. Methods to solve complications such as breech included ritual techniques and manual manipulations. Such methods often implied the father's importance in delivery and the resonant relations between him, his wife and her baby. Male-authored medical texts after the six century sometimes accused female attendants of hasty and unnecessary interventions. Nevertheless, deliveries were usually handled successfully by women, including the pregnant mother, her female relatives and the midwives.

During the month right after the delivery, the new mother would be restrained from social contact, both due to the need of care and the concept of pollution. Although she was considered polluting, either for her shedding blood in the delivery or for her changed role from wife to mother, the seclusion did give her a chance to rest. Friends and relatives then would bring over precious and nutritious food to "nourish her body", said the medical texts, "not just to celebrate the child".

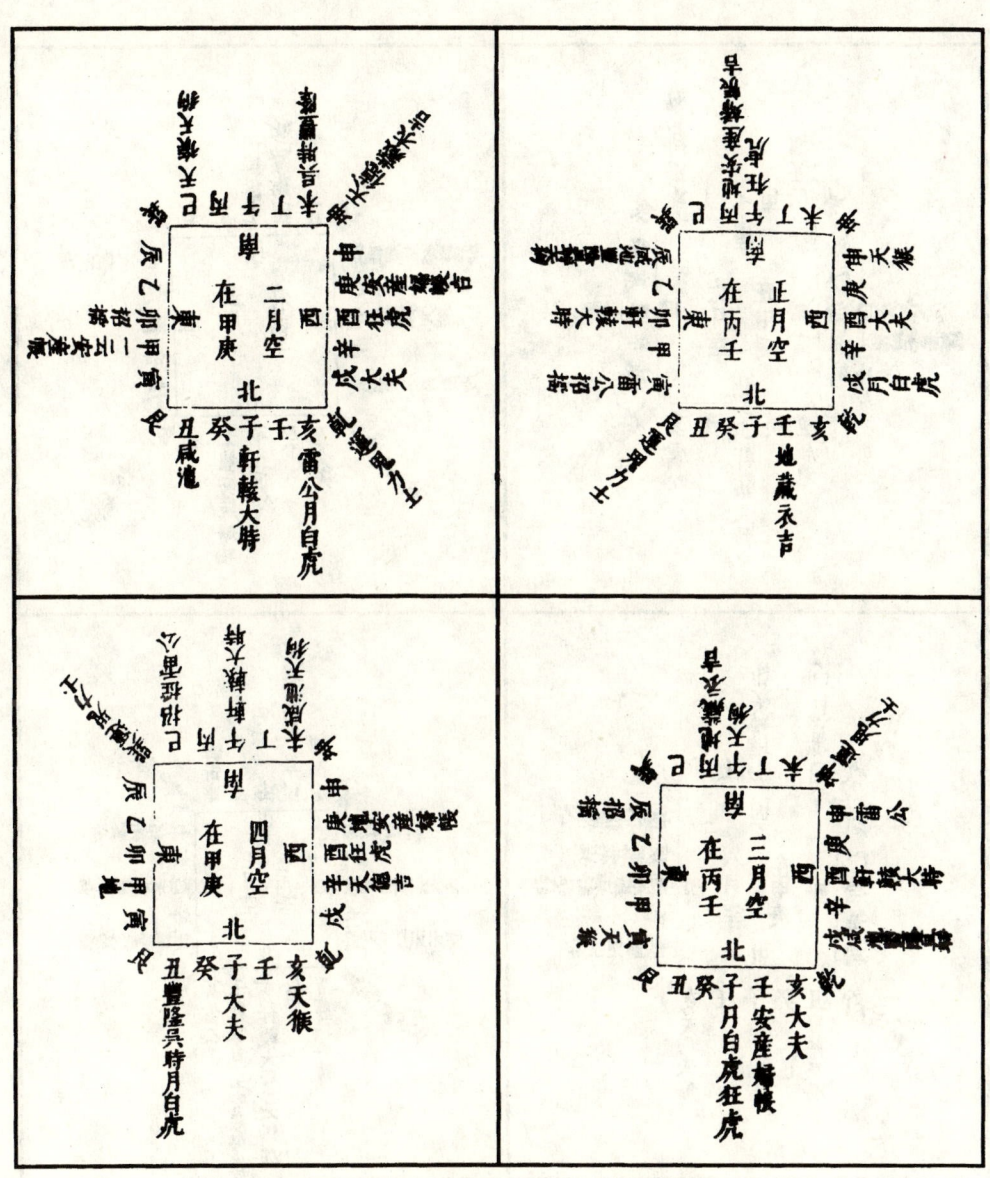

圖一：《外台秘要》引〈崔氏產圖〉

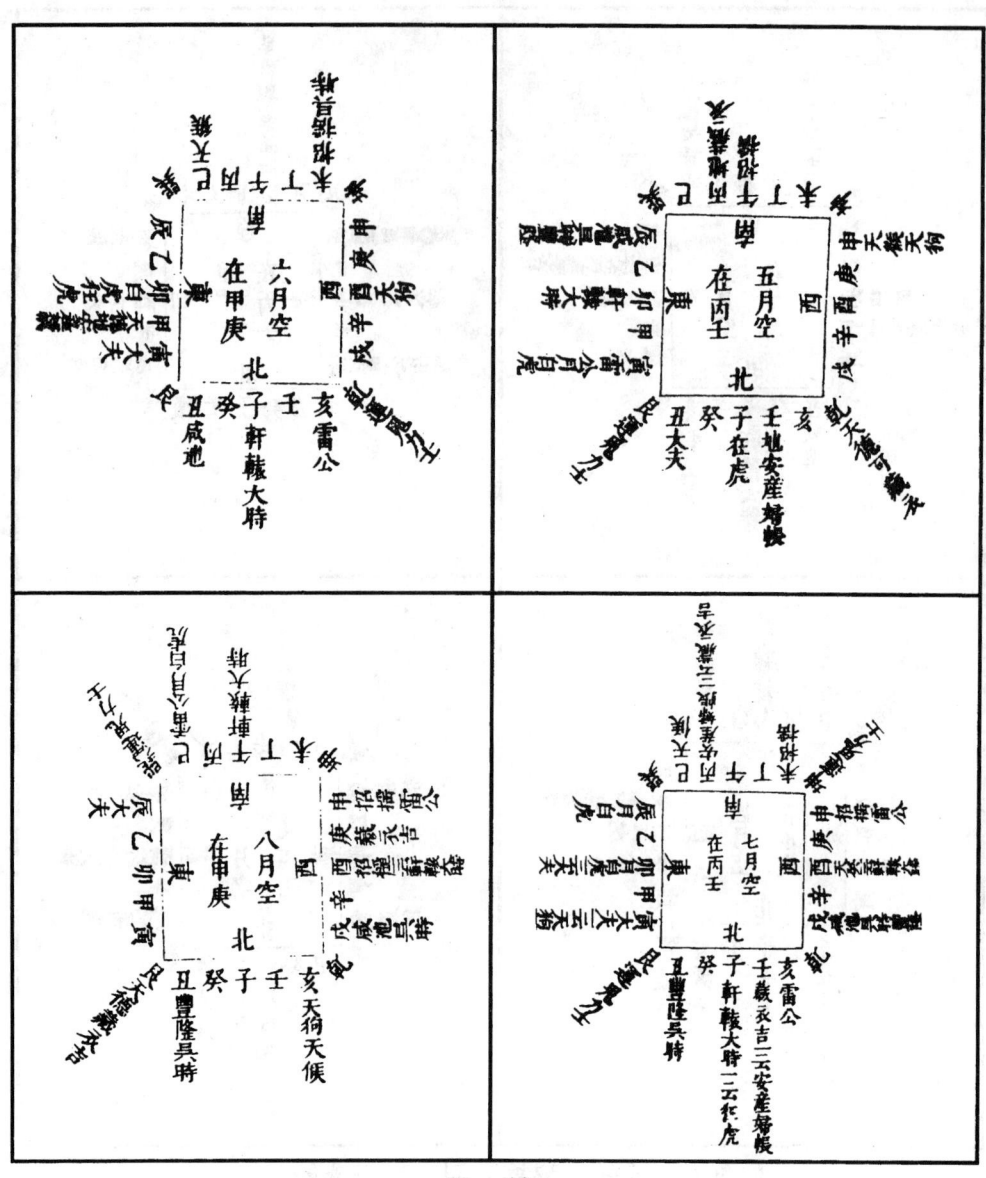

圖一續

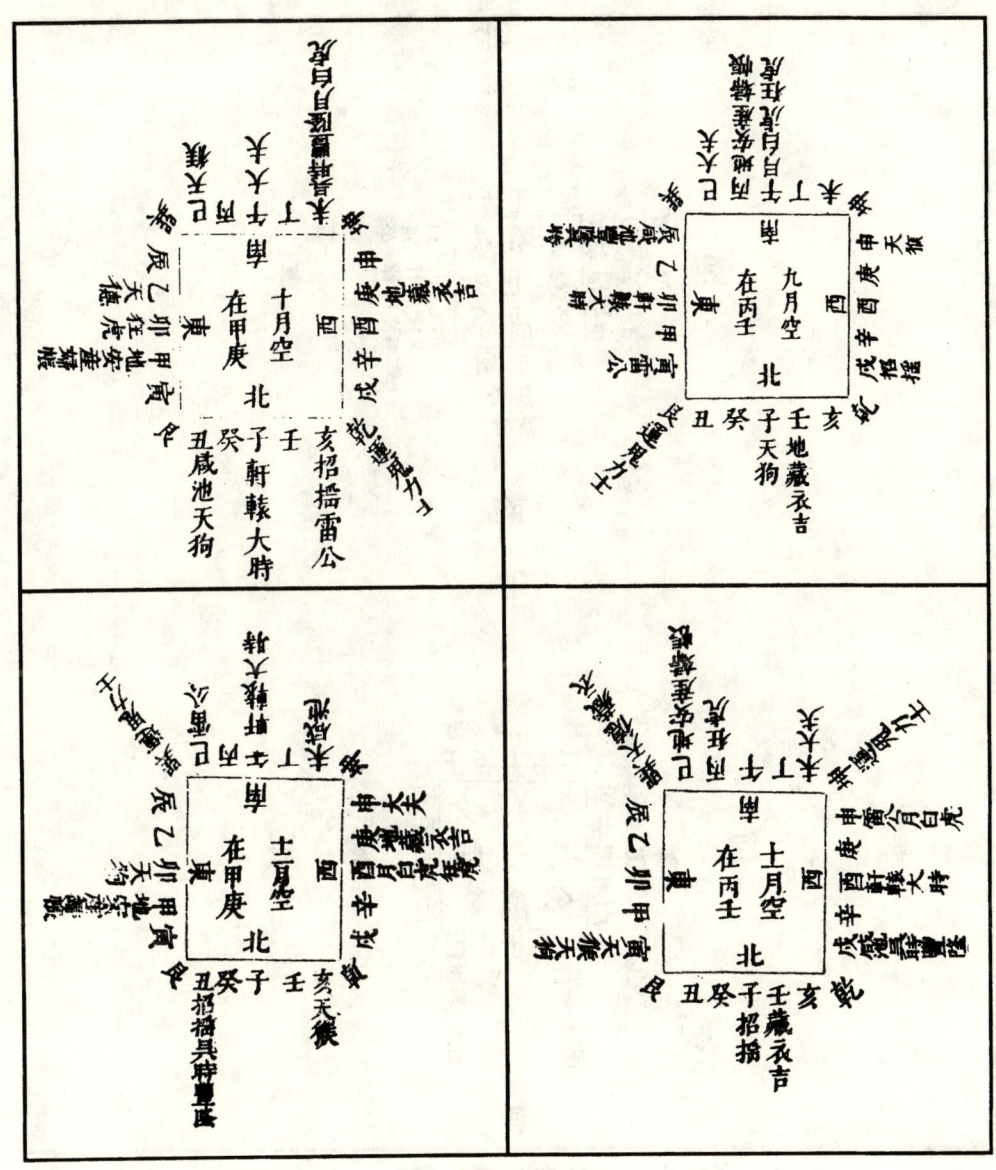

圖一續

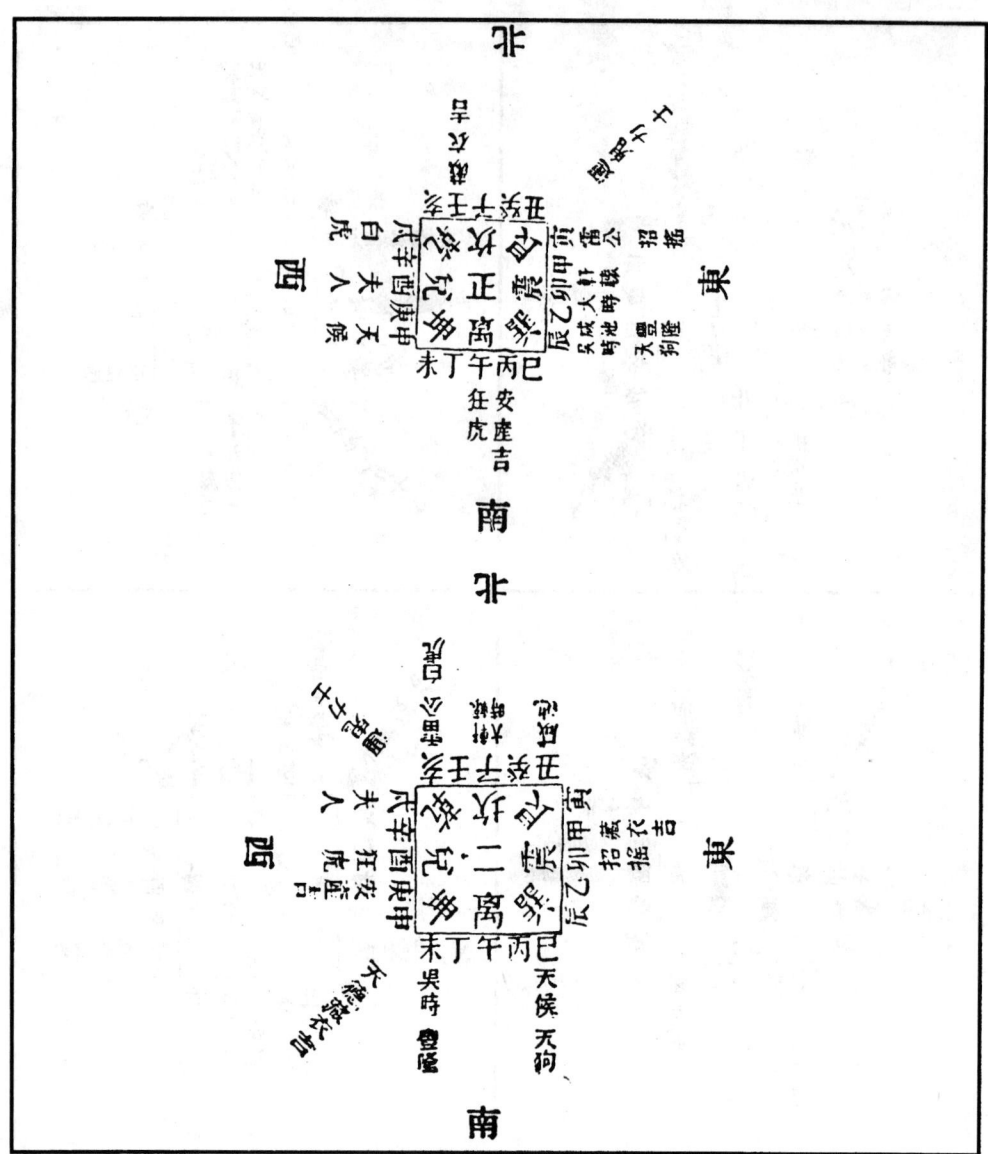

圖二：《衛生家寶產科備要》所收〈十二月圖〉

附：《太平聖惠方》卷七六所收「十二月產圖」，除十二月之外，其餘月份皆與此圖相同。
　　《聖惠方》所載十二月之圖，安產帳吉地在庚，藏衣吉地在甲，與〈崔氏產圖〉對調。

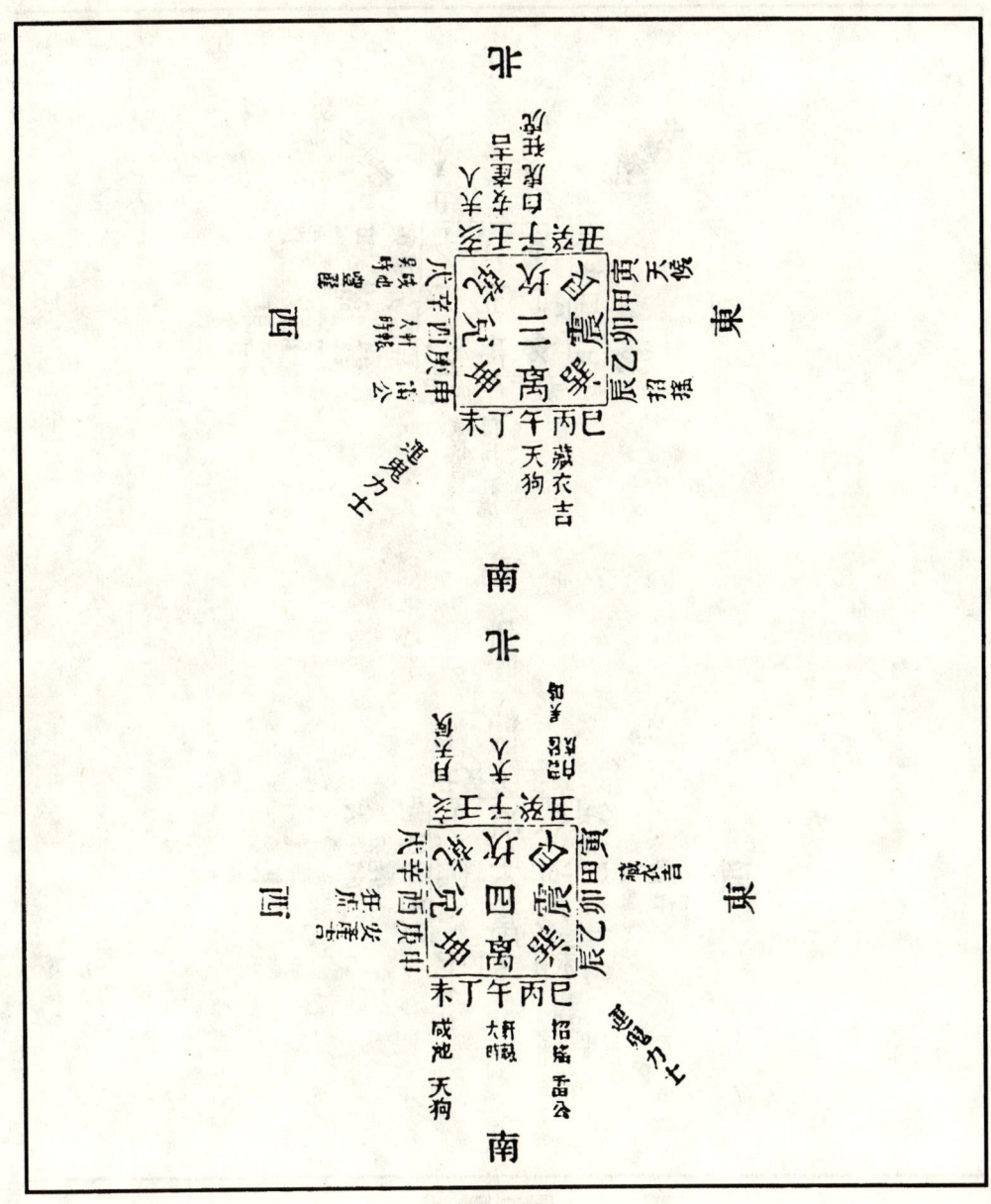

圖二續

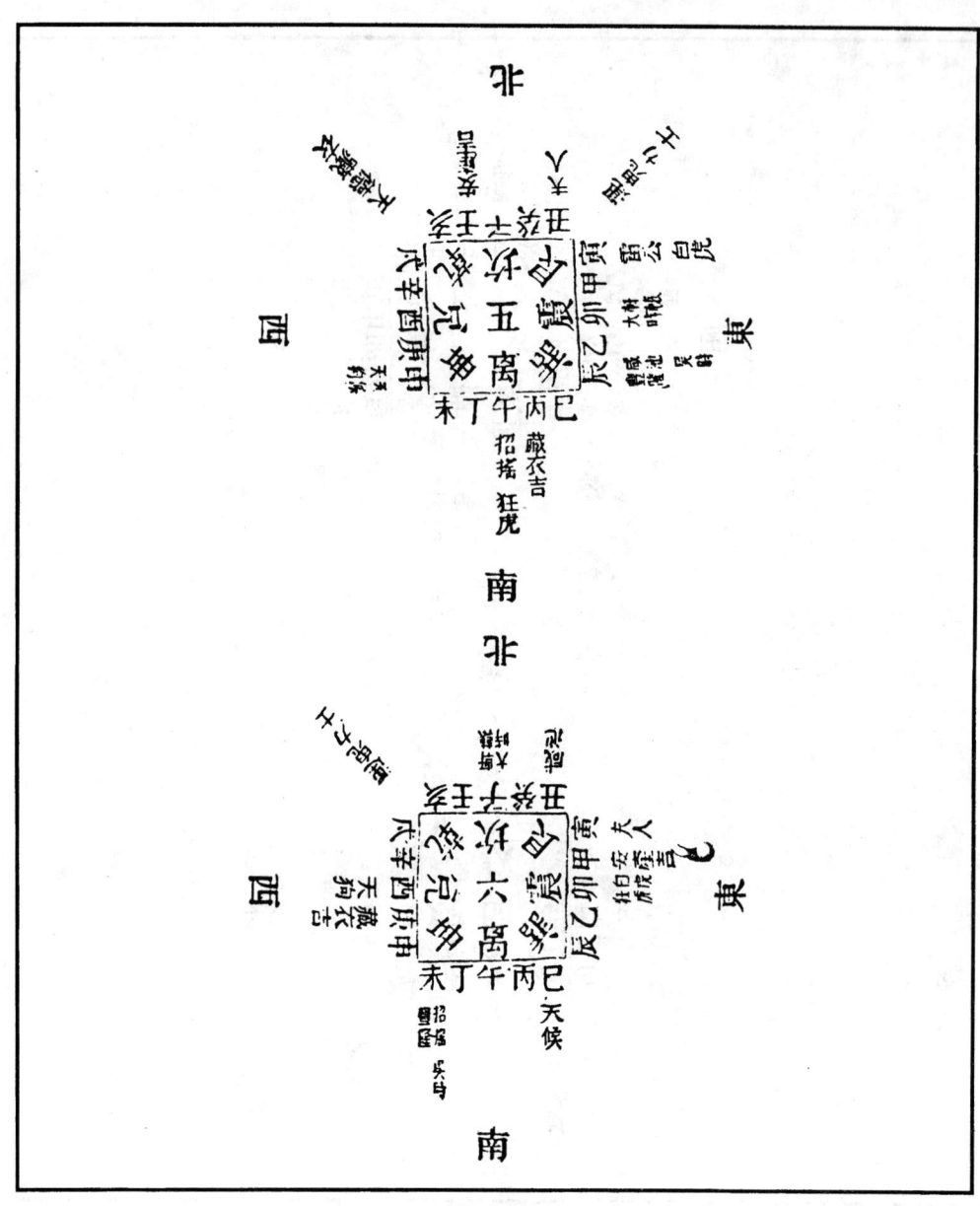

圖二續

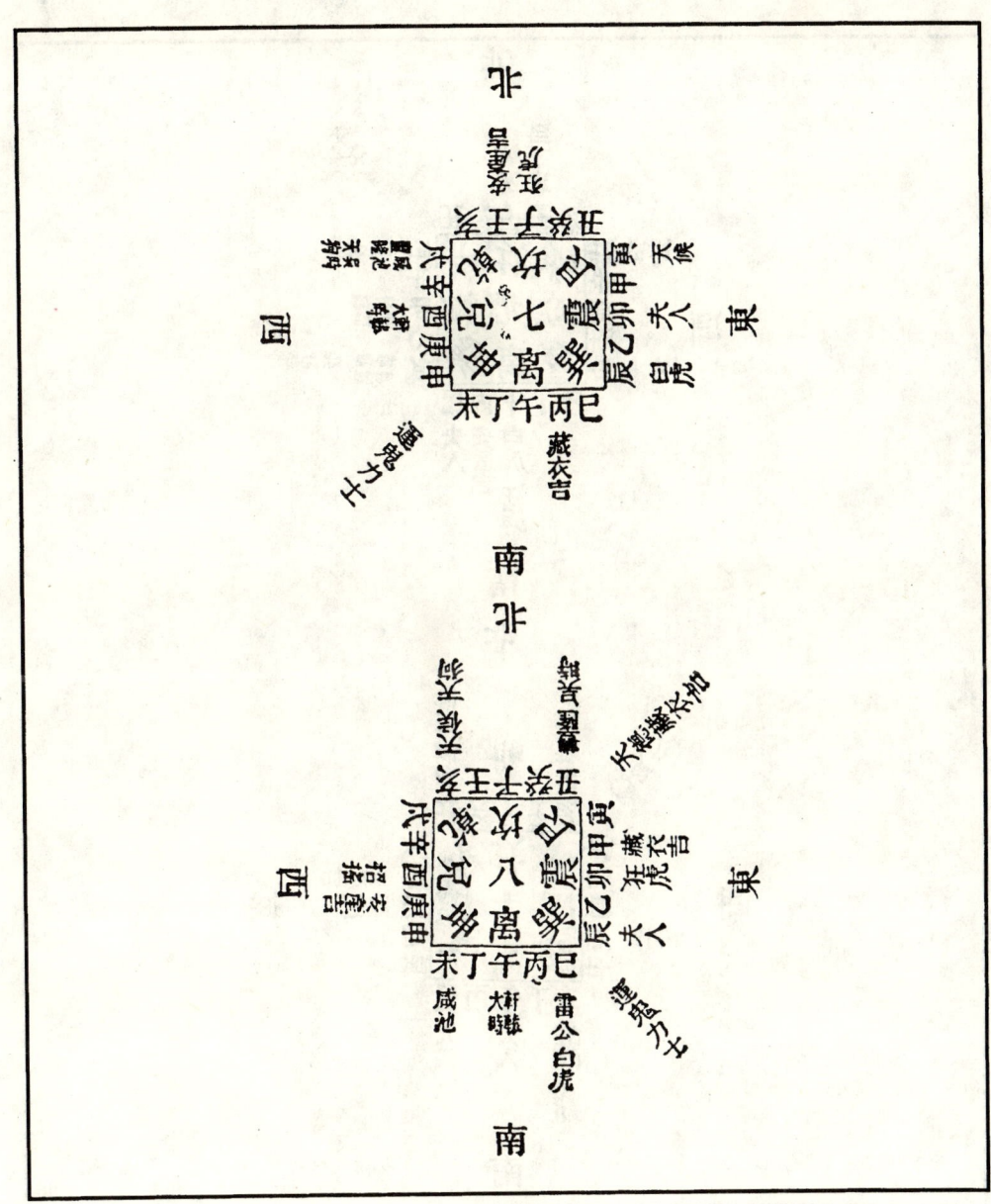

圖二續

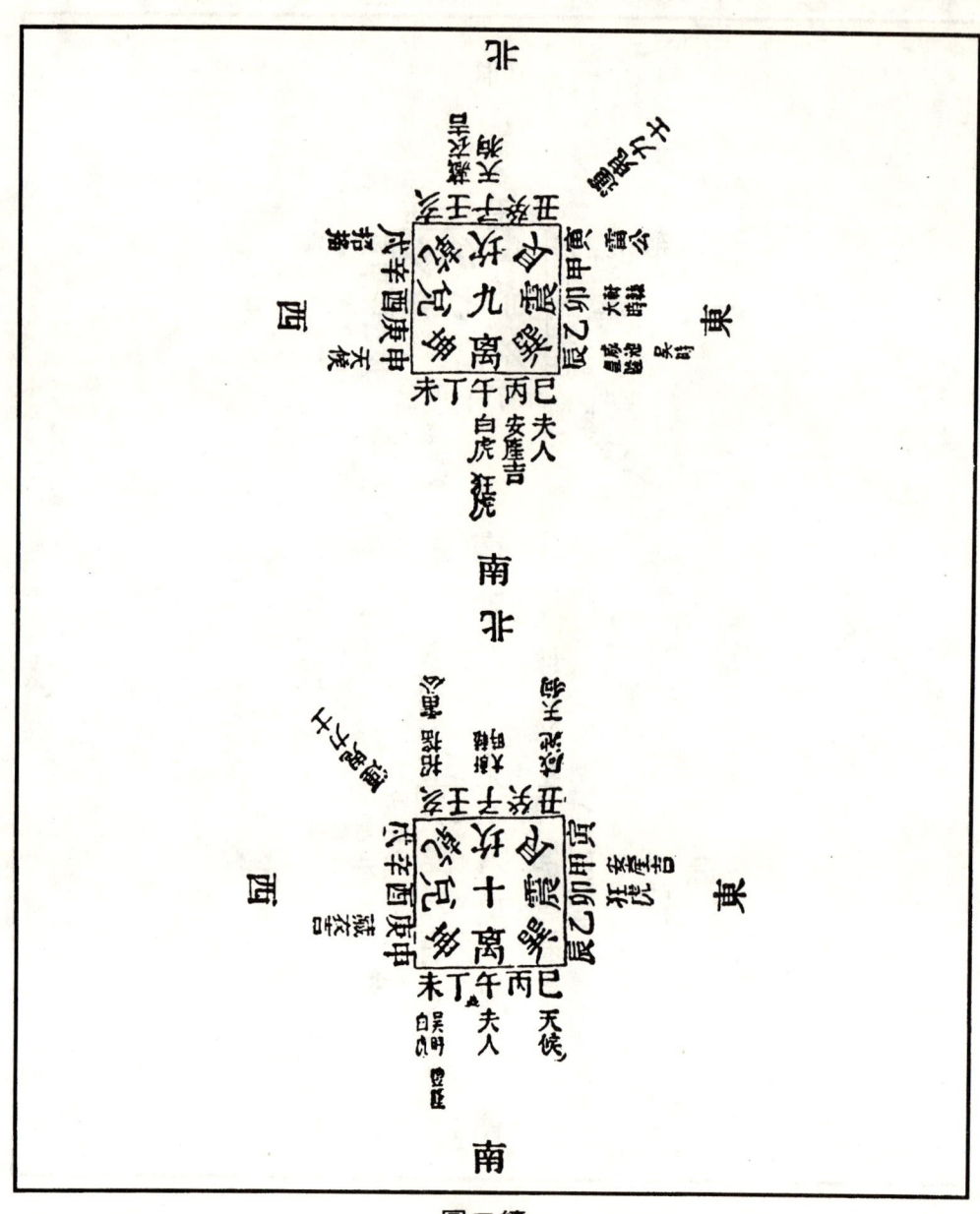

圖二續

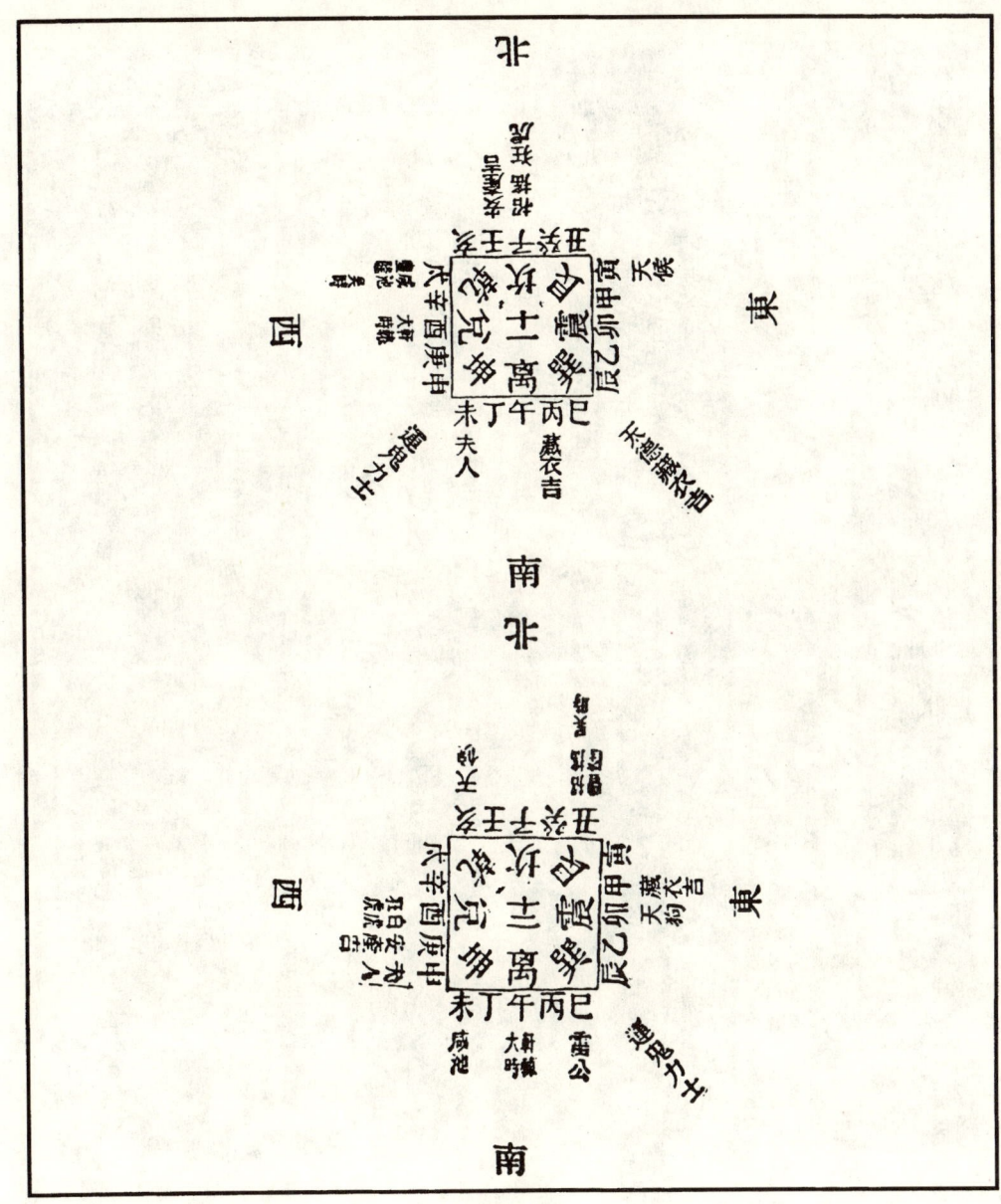

圖二續

圖三：大足石刻《説父母恩重經》「臨產」

轉自永川地區文化局、大足縣文物保管所，四川攝影學會永川支會，《大足石刻》

圖四：希臘抱腰陶俑

轉自 Bourdillon, Women as Healers, p. 7

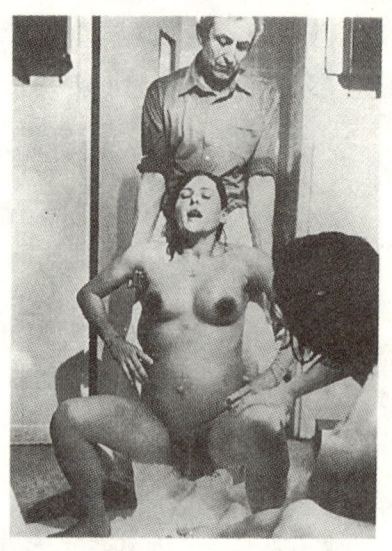

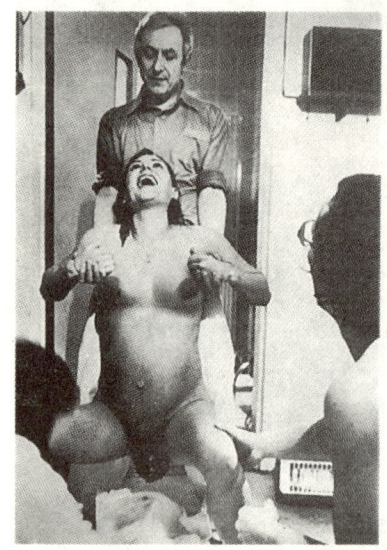
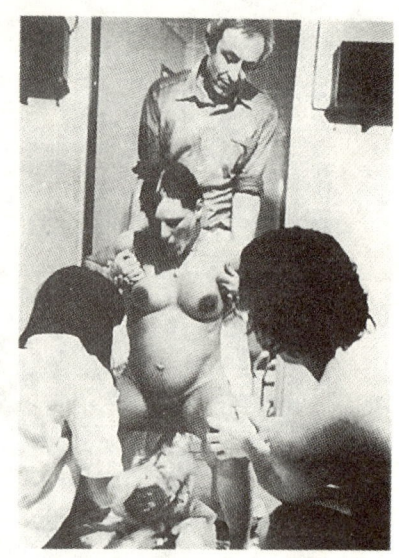

圖五：法國產科抱腰蹲踞生產圖

轉自 Odent, Birth Reborn, p. 48

-654-

Yen t'ieh lun (鹽鐵論 Discourses on Salt and Iron) as a Historical Source

Tao Tien-yi *

We try to examine the work *Yen t'ieh lun* with two questions: the information supplied by this source and the reliability of these information.

(a) Information: *Yen t'ieh lun* was the record of a court conference which took place in 81B.C. The subjects discussed in the conference cover very wide range: political, economical, military, foreign relations, social, intellect etc. It supplies valuable data on Han China. (b) Reliability of these information: After close examination, we can be assured that 1. being the actual record of the court debate, *Yen t'ieh lun* supplies us with first hand information. 2. the copy of this work in our hand today did not suffer serious corruption during its two thousand years of transmission. We can recommend *Yen t'ieh lun* as a highly reliable and valuable first hand source in the study of the Han period.

This article is based on lectures used to teach a course on Chinese historical sources in 1968. The author is most grateful to the Institute of History and Philology for the opportunity to publish these materials.

Key words: *Yen t'ieh lun*, historical sources, records of conferences,
Han dynasty, government monopolies

* University of Hawaii at Manoa, Department of History

In evaluating *Yen t'ieh lun* as a historical source, we try to examine it in two aspects: 1. historical data supplied by this work and 2. the reliability of these historical data.

Yen t'ieh lun is the record of a court debate which took place in 81 B.C. during the reign of Chao-ti (昭帝始元六年) of the Former Han dynasty.[1]　It was a common practice for the Han government to have various kinds of issues deliberated in court conferences.　In 81 B.C. the government, intending to sound out people's grievances, called this conference into session.　There was a heated debate between the leading government officials and the hsien-liang delegates and the wen-hsüeh delegates (賢良文學) sent from the provinces.[2]　The debate covered extensively the various aspects of government policies: military, economic, social, political, intellectual and so on. For example, it was argued for and against whether China should launch an attack against Hsiung-nu (匈奴); whether the government should launch campaingns in all the four directions and expand China's territory; whether the government should solve its financial crisis and control the prices of various commodities by actively taking part in the commercial activities of society by monopolizing the manufacture and sale of certain commodities, such as salt and iron; whether the government should adopt Confucian or Legalist teachings in formulating its policy; whether legal punishment or moral persuasion should be the means used by government in molding the people and achieving a good society; whether taxes, and the military and corvee duties which the government imposed on the people were at reasonable levels; and whether Confucianists were good government officials and capable in carrying out government responsibilities. The record of this debate, *Yen t'ieh lun*, supplies valuable information on the Former Han period.

---

[1] Pan Ku, *Ch'ien han shu* (Shanghai: T'ung wen shu chü reprint of 1736 edition, 1884; hereafter referred to as HS), vol. 66, 7b, 19a-20b.

[2] *HS (Han shu)*, vol. 66, 7b, 19a-20b.

Reliability of *Yen t'ieh lun* as a historical source.

As to the problem of how reliable are the data supplied by *Yen t'ieh lun*, we have to examine this source with two sets of questions in mind.   (1) Who was the author? Can he supply us with first hand information?   (2) How was the information handed down to us?   Were there changes made to the work during its two thousand years of transmission.

(I) Authorship: was the author in a position to supply us with first hand or second hand information, or was he in a position to supply us any information at all?

It is well documented that Huan Kuan (桓寬) was the author.   For Han period documents, authorship is no longer a serious problem as with the works before Ch'in (秦).   The authorship of *Yen t'ieh lun* is mentioned in the following sources.

Works of the Later Han period:

1. *Han shu* (漢書): Pan Ku (班固) in his *Han shu* described *Yen t'ieh lun* in detail. The bibliographical section of *Han shu* is an especially good source in solving questions of authorship of Han works.   In the bibliographical section, Pan Ku recorded this work and unmistakebly attributed its authorship to Huan K'uan.   It says.   "Huan K'uan, Yen t'ieh lun, liu shih p'ien (桓寬鹽鐵論六十篇)".[3]   In its biographical section it says that in the 6th year of Shih Yüan (始元六年81 B.C), the emperor, by decree, ordered the provinces and vassal kingdoms to recommend hsien liang (賢良) delegates and Wen hsüen (文學) delegates to the government in order to investigate the people's sufferings.   This brought about the discussion of salt and iron policies.[4]   Again it says that Huan K'uan, an official in the provincial government of Lu chiang province (廬江太守丞) developed the debate of the (conference on) salt and iron, adding subheadings (to the discussion), showing its fullness of argument, and wrote (a work) of scores of thousands of words (推衍鹽鐵之議增廣條目極

---

[3] *HS*, vol. 30, 19a.

[4] *HS*, vol. 66, 7b, 19a-20b.

其論難著數萬言).[5]　Huan Kuan was the author of *Yen t'ieh lun*.

2. *Lun hun* (論衡): Wang Ch'ung (王充) in his *Lun hun* also shows his familiarity with *Yen t'ieh lun* and unmistakably names Huan K'uan as its author.[6]

The establishment of Huan K'uan as the author leads us to the question as to whether he could supply us with first hand information of the conference?　The debate took place in the 6th year of Shih Yüan of Chao-ti (81 B.C.), while Huan K'uan wrote his book during the regin of Hsüan-ti (宣帝).　Hsüan-ti's reign lasted from 73-49 B.C..　It means that *Yen t'ieh lun* was written between eight to thirty-two years after the court conference.　Huan K'uan was not a participant of the court debate, and he wrote his book at a much later time.　It is problematic whether Huan Kuan was in a position to supply us with first hand information.

Two pieces of crucial data established *Yen t'ieh lun* as a work which supplies us with first hand information.　(1) In *Han shu*, Pan Ku, after mentioning the 81 B.C. debate, told us that at that time there were quite a lot of records of the debate circulating (當時相詰難頗有其議文) and that during the reign of Hsüan-ti (宣帝), Huan Kuan, developing the discussion of the government policy on salt and iron provided at that debate, wrote a work of several scores of thousands words.　(汝南相 (桓)寬…至廬江太守丞…推衍鹽鐵之議增廣條目極其論難著數萬言).[7]　It tells us that Huan Kuan wrote *Yen t'ieh lun* based on the record of the debate.　(2) Huan Kuan himself also told us in the *Yen t'ieh lun*, "the guest (Huan Kuan) says that he saw the record of the discussion on the policy of salt and iron" (客曰余覩鹽鐵之義).[8]　Here he clearly stated that his source was a record of the conference.

---

[5] *HS*, vol. 66, 19a-20b.

[6] Wang Ch'ung, *Lun hun*, vol. 29, 5b, in *Han wei ts'ung shu*, comp. by Ch'eng Yung (Taipei: Hsin hsing shu chü, 1966), 1957.

[7] *HS*, vol. 66, 19a-20b.

[8] Huan K'uan, *Yen t'ieh lun* (Shanghai: Shang wu yin shu kuan, 1929. SPTK ed.; Hereafter referred to as YTL), vol. 10, 12b.

Two more factors have to be taken into consideration before we can accept *Yen t'ieh lun* as a reliable record of the 81 B.C. debate.   (1) Was the record of the meeting which came into the hands of Huan Kuan an accurate one of the discussion of the conference?   (2) Did the editing work done by Huan Kuan on that record change it substantially?

On the first question, one item of data deserves our attention.   In the section where *Han shu* quoted *Yen t'ieh lun*, it says "···examining the discussion of the ministers, the hsien liang delegates and the wen-hsüeh delegates, it was different from what I heard" (其辭曰觀公卿賢良文學之議異乎吾所聞).[9]   It means that the record of the debate which came into Huan Kuan's hands was different from what he heard about the debate.   It casts a doubt on the accuracy of the record of the debate. However, at a closer examination, the doubt can be removed.   The same sentence in *Yen t'ieh lun* was written differently.   "The guest said, 'I read the salt and iron discussion and looked at the debate of the ministers, the wen hsüeh delegates and the hsien liang delegates, ...What I heard was extraordinary."   (客曰余觀鹽鐵之對觀乎 公卿文學賢良之論···異哉吾所聞).[10]   The important difference between these two versions is caused by one word.   *Han shu* used the character "hu" (乎), 「異乎吾所 聞」, while *Yen t'ieh lun* used the character "tsai" (哉), 「異哉吾所聞」.   The difference in one character renders two completely diferent sentence.   *Han Shu* says "it was different from what I heard", while *Yen t'ieh lun* says " What I heard was extraordinary ".   We tend to accept *Yen t'ieh lun'*s version as true to what was originally written by Huan Kuan.   The passage following the above controversial sentence was in praise of various candidates' performance in the debate, not the elaboration on the differences between what Huan Kuan heard about the debate and

---

[9] *HS*, vol. 66, 16b.

[10] Wang Li-ch'i, *Yen t'ieh lun chiao chu* (Tien ching: Tien ching ku chi chu pan she, 1983. Hereafter referred to as *YTLCC*), 629.

what he learned from the record of the debate. The version "What I heard was extraordinary" fits very well with its following passage, while the version "it was different with what I heard" does not. Moreover, another highly relevant factor in making a choice between"tsai" and "hu" is that only *Han shu* used the character "hu", while all other independent editions of *Yen t'ieh lun* used the character "tsai".[11] The word "哉 extraodinary" is a better choice.[12]

On the second question, about the way Huan Kuan wrote his work *Yen t'ieh lun*, *Han shu* mentioned that Huan Kuan developed the debate of the conference, added subheadings (to the discussion), developed the argument to its fullness, and wrote (a work) of scores of thousand of words. Thus Pan Ku had the impression that Huan Kuan did modify the original record. But we can assume that what Huan Kuan did to the document, such as developing the debate, adding subheadings and presenting the argument in its fullness were editing jobs which did not alter the meaning of the debate.

---

[11] (a) *YTLCC*, 629,630. (b) Lao Kan, "Yen t'ieh lun chiao chi," *Bulletin of the Institute of History and Philology* 5.1 (1953): 13-51.

[12] As to whether the character in the lost original text was "hu" or "tsai", one scholar who reviewed this paper suggested that it had to be "hu" and that "tsai" was a corruption of the original text. The reason he advanced was that in the work of *Li chi* (禮記), in the chapter *T'an kung* (檀弓) there was such a sentence, "i hu wo so wen", and that Huan Kuan was quoting this sentence. I was advised by the reviewer to accept "hu" rather "tsai" as the correct word.

When we say such a sentence like "chi so pu yüeh wu shih yü jen 己所不欲勿施於人", we have to attribute it to Confucius. However, the particular sentence in question, " i tsai wo so wen", is just a common expression like the weather is fine today. There is no way to prove that when Huan Kuan wrote this sentence, he is quoting from *Li chi*. It is quite arbitary to say that after *Li chi* saying "i hu wo so wen" all sentences "i tsai wo so wen" must be the corrupted version of the quoted sentence "i hu wo so wen" of *Li chi, T'an kung*.

The original text of *Yen t'ieh lun* was lost. It is impossible to prove wheater "hu" or "tsai" or even some other word is the word in the original version. While keeping in question whether it is "hu" or "tsai", I would rather read the sentence in the context of the whole passage. If we do that, it seems to me that the word "tasi" (extraordnary)" is a better choice.

　　Moreover, two circumstantial factors further suggest to us that the record of the conferance which Huan Kuan had was an accurate one of the debate and that what Huan Kuan did to the record in turning it into his work *Yen t'ieh lun* was only editing work which did not alter the meaning of the debate.　　(1) It was a common practice for the Han government to have issues of various kinds to be discussed in conferences and the Han government had an elaborate system of keeping records.　　(2) The 81 B.C. debate and the book *Yen t'ieh lun* were both well known.　　Contemporaries, especially some of those who participated in that debate, were still alive.　　For example, the author told us that he still heard people mentioning things about the conference.　　Chu tzu po (朱子伯), who supplied information of the conference to Huan Kuan likely was one who took part in the debate.[13]　　They had opportunities to point out discrepancies, if there was any, between the work *Yen t'ieh lun* and the debate.　　The *Yen t'ieh lun* can be taken as a reliable record of the debate.　　If this is the case, those who engaged in that debate, not Huan Kuan, are our sources of information.

　　Two groups of people participated in this debate: the hsien liang delegates and the wen hsüeh delegates sent from provinces and the leading officials of the government. The hsien liang and the wen hsüeh delegates were outstanding scholars selected by porvincial governments.　　They came from all over the country and were well informed about governmental affairs, while the leading officials were an excellent source of first hand information on government policy.　　*Yen t'ieh lun* can thus supply us with first hand information.

　　(II) The second question fosits whether during its two thousands years of transmission was there any changes made to the work.　　Several issues deserve our attention: (a.) During its two thousand years of transmission did *Yen t'ieh lun* ever drop from sight.　　If the work has never dropped from sight, the possibility of corruption to the text will be greatly reduced.　　(b.) The history of its transmission and

---

[13] *YTLCC*, 629.

the surviving earliest text of the work.　From surviving rare early editions, we have actual copies of this work in our hands and know exactly the contents of this work when these early editions were made.　(c.) Another way to detect corruption in the work, if there is any, is by checking passages of the *Yen t'ieh lun* preserved in quotations in other works of different periods with the *Yen t'ieh lun* in our hands for textual variations.　If there are no serious discrepancies, it strongly suggests that there might be no corruption.

(A) During its two thousand years of transmission, did *Yen t'ieh lun* ever drop from sight.　The answer is a negative one.　It was included in various bibliographies and mentioned by scholars all the way from the Han dynasty to the present.　For example:

(a) The Han period: it was recorded in the bibliography of the Former Han period, Pan Ku's *Han shu, i wen chih* (班固 漢書藝文志),[14] and was mentioned by Wang Chung (王充) in his work, *Lung hen* (論衡).[15]　(b) The Southern and Northern dynasties: it was mentioned in a Hsiao tai-wei's (蕭太尉) memorial in Chiang Yen's *Chiang wen t'ung chi* (江淹 江文通集).[16]　(c) The Sui period: *Sui shu, ching chi chih* (隋書經籍志) recorded it.[17]　(d) The T'ang period: *Chiu t'ang shu, ching chi chih* (舊唐書經籍志),[18] *T'ang shu, i wen chih* (唐書藝文志)[19] and Ma Tsung's (馬總) *I ling* (意林)[20] recorded it.　(e) The Sung period: *Sung shih, i wen chih* (宋史藝文

---

[14] *HS*, vol. 30, 19a.

[15] *Lun hun*, vol. 29, 5b.

[16] *YTLCC* (Appendix), 198.

[17] Ch'ang-sun Wu-chi, *Sui shu* (Taipei: I wen yin shu kuan, reprint of 1739 Wu ying tien ed.), vol. 34, la.

[18] Liu Hsü, *Chiu t'ang shu* (Taipei: I wen yin shu kuan, reprint of 1739 Wu ying tien ed.), vol. 47, la, 1b.

[19] Ou-yang Hsiu, *T'ang shu* (Taipei: I wen yin shu kuan, reprint of 1739 Wu ying tien ed.), vol. 59, la, 1b.

[20] *YTLCC* (Appendix), 799.

志),[21] Ch'ao Kung-wu's *Chün chai tu shu chih* (晁公武 郡齋讀書志),[22] Ch'en Chen-sun's *Chih chai shu lu chieh t'i* (陳振孫 直齋書錄解題),[23] Wang Ch'in-jo's *Ch'ung wen tsung mu* (王欽若 崇文總目)[24] recorded it.   (f) The Ming period, Fang Hsiao-ju's *Hsün chih chai chi* (方孝孺 遜志齋集)[25] recorded it.   (g) The Ch'ing period, *Ssu ku ch'uan shu chung mu t'i yao* (四庫全書總目提要),[26] Lu Wen-chao's *Ch'ün shu shih pu* (盧文弨 群書拾補),[27] Ting Shih- ch'ang's *Chih ch'ing ch'a shu mu* (丁日昌 持靜齋書目),[28] Mu Yu-chih's *Chih ch'ing ch'a ch'ang shu chi yao* (莫友芝 持靜齋藏書紀要),[29] Mu Yu-chih's *Sung yüan chiu peng shu ching yen lu* (宋元舊本書經眼錄)[30] recorded it.   The fact that the work has never dropped from sight greatly reduces the possibility of corruption.

(B) The history of the transmission of the work *Yen t'ieh lun* and the earliest surviving text we have today, hand copied or printed.

Before the T'ang dynasty, books were circulated in hand copied form.   After T'ang, books began to be published in engraved block printing.   This gave books a much wider circulation and greatly reduced the possibility of corruption.   *Yen t'ieh lun* began to be published in engraved block printing during the Sung dynasty, but none of the Sung editions survive today.   The earliest copy extant today is most likely a block printing of the Ming dynasty which was a reprint of a Sung edition.   Thus, from this Ming edition, we know how the text of *Yen t'ieh lun* looked like at the Sung period.

---

[21] T'o T'o. *Sung shih* (Taipei: I wen yin shu kuan, reprint of 1793 Wu ying tien ed.), vol. 205, 1b.

[22] *YTLCC* (Appendix), 799.

[23] *YTLCC* (Appendix), 800, 801.

[24] *YTLCC* , 826.

[25] *YTLCC* (Appendix), 802.

[26] *YTLCC* (Appendix), 814.

[27] Lu Wen-chao, *Ch'ün shu shih pu* (Pao ching t'ang, 1787), vol. 6.

[28] *YTLCC* (Appendix), 834.

[29] *YTLCC* (Appendix), 834.

[30] *YTLCC* (Appendix), 835.

We tried to trace the different past editions of this work by checking the bibliographies of the various periods and the prefaces of various editions. Some of the early block printing editions of *Yen t'ieh lun* are the Sung editions, for example, Shun hsi edition of the year A.D.1174, Chia t'ai edition of the year A.D.1202.

(a) Chia t'ai (嘉泰壬戌 A.D.1202) edition: We learn of this edition from T'u Chen (涂禎) of the Ming dynasty. When T'u Chen published the *Yen t'ieh lun*, he included a preface. The preface was dated to A.D.1501 (the Hsin yu year of the Hung chih reign 弘治辛酉). In the preface he clearly stated that he obtained a *Yen t'ieh lun* published in A.D. 1202 (the Jen hsü year of the Chia tai reign of the Sung dynasty...始得宋嘉泰壬戌刻本), and based on this Chia tai edition he published his Hung chih edition.[31] Thus, from this Ming Hung chih edition we can trace back to the Sung Chia t'ai edition. The A.D. 1202 Chia tai edition preserved in the Hung chih edition is likely the earliest one we have today.

(b) Shun hsi (淳熙改元A.D. 1174) edition: We learn of this edition from several bibliographies: Ting Shih-ch'ang's *Chih ch'ing ch'a shu mu* (丁日昌 持靜齋書目), Mu Yu-Chih's *Chih ch'ing ch'a ch'ang shu chih yao* (莫友芝 持靜齋藏書紀要) and Mu's another bibliography *Sung yuan chiu peng shu ching yen lu* (宋元舊本書經眼錄).

Ting Shih-ch'ang, in his above bibliography, described the *Yen t'ieh lun* in his own collection as a Sung edition. At the end of the last volume of the work there were two lines of characters saying that this fine edition was published by the family of tax collector Chang of Chin shi, in the year when the reign title was changed to Shun hsi (淳熙改元錦谿張監宅善本).[32] On the front page of the book, there are some comments written by Fung Wu of Hu han in the year of chi-szu (己巳孟春馮武).[33]

---

[31] T'u Chen's preface to his Hung chih edition, included in *YTLCC* (Appendix), 803, 804.
[32] *YTLCC* (Appendix), 834.
[33] *YTLCC* (Appendix), 834.

Mu Yu-chih in his *Chih ch'ing ch'ai ch'ang shu chih yao* had a similar description of the above Shun hsi edition.　He mentioned that it was a Sung edition.　He also mentioned that, at the end of the last volumn of the work, there were two lines of characters saying that this fine edition was published in the year when the reign year was changed to Shung hsi by the family of tax collector Chang of Chin shi (淳熙改元 錦谿張監稅宅善本).　He also mentioned, as Ting did in the above bibliography, that on the front page of the book, there were some comments written by Fung Hu of Hu han in the year of chi-szu.[34]

Mu Yu-chih, in his another bibliography, gave a little more information on that book than did the above two bibliographies.　He named this edition as a Sung edition, and also mentioned the two lines of characters at the last page of the tenth volume (the last volume) saying that this fine edition was published, in the year when the reign year was changed to Shung hsi, by the family of tax collector Chang of Chin shi (淳熙改元 錦谿張監稅宅善本).　He mentioned also the comment written by Fung Hu at the front page of the book, but in much more detail.　Fung Wu said that his ancestor, the t'ai-shih (太史) had a large collection of ten thousand volumes.　His descendants neither knew how to read nor valued them.　His family eventually even lost those fine editions of the Sung and Yüan periods.　He had a *Yen t'ieh lun* of ten volumes which was mentioned as a Sung edition.　At the end of the book, there were characters which stated that this fine edition was published, in the year when the reign year was changed to Shung hsi, by the family of Chang tax collector of the place of Chin shi.　He valued and loved this work.　Then he obtained another edition of a block-printed *Yen t'ieh lun*.　Therefore he gave this book (from his own family collection) to Wen Hu of P'ing-yüan.　Fung Wu of Ho-han (河漢馮武) wrote this passage in the late Spring of the year of chi-szu (己巳年暮春).[35]

---

[34] *YTLCC* (Appendix), 834, 835.

[35] *YTLCC* (Appendix), 835.

The above three bibliographies mentioned the Shung hsi edition. Yeh Te-huei (葉德輝) even went further to suggest that the above Chia tai edition was based on the Shen-hsi edition. In his work *Shi yuan tu shu chih* (郋園讀書志) he mentioned that in A.D. 1896 (the Ping sheng year of Kuang-hsü 光緒丙申) he saw the above Shen-hsi work at Ting Su-ya's (the son of Ting Jih-ch'ang) place. He believed that the above Sung dynasty Chia tai edition was based on the Shen hsi edition. However, he did not back up his statement with evidence.[36]

Then, Fu Cheng-hsiang (傅增湘), in his *hsuang chien lou chuang shu hsü chi* (雙鑑樓藏書續記), commented that this Sung edition was not dependable and dated it to the Ming dynasty, sometime between the Cheng (Cheng te 正德 A.D.1506-1521) and Chia (Chia Ching 嘉靖 A.D. 1522-1566) periods. He pointed out that the two lines saying that this fine edition was published in the year when the reign year was changed to Sheng-hsi by the Chang tax collector's family was printed on a separate piece of paper and was pasted on at the end of the book.[37]

This edition in Ting Shih-ch'ang's collection is now in the Peking Library.[38]

(c) *Hsin k'an Yen t'ieh lun* (新刊鹽鐵論) of the Sung and Yüan period: This edition was printed in the format of thirteen lines to each half-page, and twenty five characters to each line. In A.D.1935 it was in Fu Yüan-shu's collection.[39]

(d). Two Sung editions recorded in the bibliography *P'ang hsi chai sung yüan pen shu mu* (滂憙齋宋元書目): The above bibliography only mentioned that there were two Sung editions, without supplying any further information on these two editions. Knowledge about these two editions is lacking.[40]

Among the yüan editions, for example, there is one called Ma sha edition (元麻沙

---

[36] *YTLCC* (Appendix), 837, 839.

[37] *YTLCC* (Appendix), 844.

[38] *YTLCC*, 848.

[39] Lao Kan, *chiao chi*, 13.

[40] *YTLCC* (Appendix), 834.

本).　Yeh Te-hui (葉德輝) in his *Shi yuan tu shu chih* (郋園讀書志) mentioned that he copied this work from the Yüan edition collected by Chiang Chien-ya (江標字建霞), and he also mentioned that this was a very poor edition with all kinds of mistakes and missing sentences, paragraphs and sections.[41]　Fu Cheng-hsiang also pointed out the fact that this edition had a lot of missing parts.[42]　Wang Li ch'i in his *Yeh t'ieh lun chiao chu* (鹽鐵論校注) wrote that this edition is now kept in the Peking Library (北京圖書館) and that it has been dated to the early Ming period.[43]

Among the Ming editions: (1) The most important one we should mention here is Tu Chen's *Yen t'ieh lun*.　As we mentioned above, this edition was based on the Sung Chia-tai edition.　Two prefaces of the Tu Chen's work established this important fact. In his A.D.1501 preface (Hung chih reign, Hsin yu year 弘治辛酉), he mentioned that he got the Sung dynasty Chia-tai reign Jen hsü year block printing edition (A.D.1202) at a place called Chiang ying (江陰) and published it.[44]　Besides his own preface, this book also includes a preface written by Tu Mu (都穆), one who passed the ching shih (進士) examination in the same year as Tu Chen.　The preface maintains that during the Sung dynasty there were still block printing editions of the work *Yen t'ieh lun*. However, after a long period of time, the Sung editions passed from sight and not too many people knew about them.　Tu Chen in the second year of his serving as the magistrate at Chiang ying (江陰) corrected this work and published it.　Thus people had an opportunity to see the complete text of this ancient work.[45]　The Hung chih edition was based on the Chia tai edition.

Scholars praised this edition.　For example, Yeh Ch'an-chih (葉昌熾) in his comment in the copied edition of the Ying ning chai (櫻寧齋鈔本) mentioned that it

---

[41]　*YTLCC* (Appendix), 835, 836, 838, 840.

[42]　*YTLCC* (Appendix), 840, 844.

[43]　*YTLCC*, 837.

[44]　Tu Chen's preface, included in *YTLCC* (Appendix), 804.

[45]　Tu Mu's preface is included in *YTLCC* (Appendix), 803.

was impossible to get the Sung Chia t'ai edition at his time and that the Tu Chen's Hung chih edition should be considered as the oldest one.[46]   Wang Hsien-ch'ien (王先謙) mentioned that Tu Ch'en's Ming dynasty Hung chih edition, which was based on the Sung dynasty Chia t'ai edition, should be considered as the best one.[47]

This Hung chih edition was important because (a.) it enables us to trace *Yen t'ieh lun* to its A.D.1202 edition.   (b.) it was praised as the best and the oldest edition. (c.) it is still available today in the rare book collections at both the Peking Library and the Palace Museum in Taipei.[48]

Several later editions were based on this one.   For example, the A.D. 1551 Ni Pang-yen's edition (明嘉靖三十年倪邦彥刻本);[49] the A.D.1582 *Liang ching i pien* edition (萬曆十年兩京遺編本);[50] and the A.D.1807 Chang Teng-jen's edition (嘉慶丁卯張敦仁重雕涂本).[51]

(2) The Ying-ning chai hand copied edition (明櫻寧齋鈔本).   This one was based on Tu Chen's edition and was a very fine one, better than other Ming period

---

[46] Yeh Ch'an-chih's comment was included in *YTLCC* (Appendix), 822.

[47] Wang Hsien-ch'ien's notes on collation of the *Yen t'ieh lun* of A.D. 1891 edition, included in *YTLCC* (Appendix), 831.

[48] (a) Pei ching tu shu kuan, *Pei ching tu shu kuan ku chi shan pen shu mu* (Peking: shu mu wen hsien, 1987), 1185, 1186. (b) Kuo li ku kung pu wu yüan, *Kuo li ku kung pu wu yüan shan pen chiu chi tsung mu* (Taipei: Kuo li ku kung pu wu yüan, 1983), 640, 641. (c) In A.D. 1935, Lao Kan used one copy of this edition from Fu Yüan-shu's collection in collating various editions of the *Yen t'ieh lun* (Lao Kan, *chiao chi*, 13).

[49] Ni Pang-yen's preface, included in *YTLCC* (Appendix), 804; Yeh Te-hui's comment, included in *YTLCC* (Appendix), 838, 839.

[50] Yeh Te-hui's comment, included in *YTLCC* (Appendix), 837-39.

[51] Chang Teng-jen's preface, included in *YTLCC* (Appendix), 819; Fu cheng-hsiang's comment, included in *YTLCC* (Appendix), 840. The above two sources tell us that Chang's edition was based on Tu Chen's. However, Yeh Te-hui maintained that the one which Chang Teng-jen considered as Tu Chen's original edition and used in publishing his edition was actually not Tu Chen's, but Ni Pang-yan's. Ni Pang-yan's edition was based on Tu Chen's (Yeh's comment was included in *YTLCC* (Appendix), 838, 839).

reproductions of Tu Chen's work.[52]   Moreover, there is a line written in the book which reads, "Hung chih sui chai chung kuang chu ngo" (弘治歲在重光作噩) which indicates that the book was copied during the same Hung chih reign when Tu Chen's edition was published.[53]   It is not available now.   However, Huang Pei-li used this edition in collating his hand copied Wa family movable type edition.   Thus from Huang Pei-li's hand copied Wa family edition, we can get some idea about the contents of the Ying-ning chai edition.[54]

(3) The A.D.1551 Ming edition (the 30th year of Chia ching, Ni Peng-yan edition 明嘉靖三十年倪邦彥刻本).   Ni Peng-yan included his preface in this work.   In the preface, he mentioned that he had Tu Chen's work and collated it in publishing this edition.[55]   In A.D.1935, Fu Yüan-shu had this work in his collection.[56]

(4) The A.D.1554 Ming (Chia ching reign, Chia yin year 嘉靖甲寅春) Chang family Ch'i lan t'ang edition (張氏猗蘭堂刻本).   Chang Chih-hsiang (張之象) published this edition.   In his preface, he mentioned that he had added a commentary to it.[57]   This work was subject to quite a lot of criticism.   First, he rearranged the original ten chapters into twelve.[58]   Second, there were quite a lot of words printed

---

[52] Huang P'ei-li (黃丕烈), Yeh Chang-chih (葉昌熾), Wu Yü-sheng (吳郁生) and Ku Ch'ien-li's (顧廣圻字千里) comments on this edition were included in *YTLCC* (Appendix), 822-24.

[53] *YTLCC* (Appendix), 848

[54] Lao Kan, *chiao chi*, 13, 20.

[55] Ni Peng-yan's preface was included in *YTLCC* (Appendix), 804. Fu Chen-hsiang (傅增湘) of the late Ch'ing and early Republic period mentioned that Ni's edition was not readily available at his time (*Shuang chien lou ch'ang shu hsu chi*, included in *YTLCC* (Appendix), 842, 846).

[56] Lao Kan, *chiao chi*, 13.

[57] Chang Chih-hsiang's preface, included in *YTLCC* (Appendix), 805, 806.

[58] (a) Ch'ai Jung's *T'ieh ching tung chien lou chang shu mu lu* (瞿鏞鐵琴銅劍樓藏書目錄). included in *YTLCC* (Appendix), 833, (b) Chang Tun-jen's (張敦仁) preface to his A.D.1807 edition, included in *YTLCC* (Appendix), 819. (c) Wang Mu's (王謨) comment, included in *YTLCC* (Appendix), 815. (d) Chou Chung-fu's *Cheng t'ang tu shu chi*, included in *YTLCC* (Appendix), 826.

wrongly.[59]　For example, Lu Wen-chao (盧文弨), Wang Hsien-ch'ien (王先謙), Ch'ai Jung (瞿鏞), Yeh Te-hui (葉德輝)and Chang Tun-jen (張敦仁), all voiced their reservations about this edition.　There were favorable comments too.　For example, Lu Wen-chao described Chang's commentary as detailed and complete.　He also indicated the possible reason for the many wrong characters contained in this edition. He mentioned that after the printing blocks were carved, they were set up for print without being subjected to proof-reading.[60]　*Ssu ku ch'üan shu* (四庫全書)[61] and Chou Chung-fu (周中孚)[62] also commented favorably about Chang's commentary.

This edition was reproduced in Wang Mu's *Han wei ts'ung shu*.[63]　Moreover, some original copies are still surviving today as rare books in various libraries.　For example, there are five copies in the National Central Library in Taipei;[64] one copy in Princeton University Library;[65] one copy at the Library of Congress;[66] one in T'ung Ti-te's

---

[59]　(a) Lu Wen-chao's *Pao ching t'ang wen chi* (盧文弨 抱經堂文集), included in *YTLCC* (Appendix), 818, 819. (b) Chou Chung-fu's *Cheng t'ang tu shu chi* (周中孚 鄭堂讀書記), included in *YTLCC* (Appendix), 826. (c) Wang Hsien-ch'ien's (王先謙) notes on collation included in his 1891 Shih hsien chiang she edition, included in *YTLCC* (Appendix), 832. (d) Ch'ai Jung's *T'ieh ching tung chien lou chang shu mu lu* (瞿鏞 鐵琴銅劍樓藏書目錄), included in *YTLCC* (Appendix), 833. (e) Yeh Te-hui's *Shi yüan tu shu chih* (葉德輝 郎園讀書志) included in *YTLCC* (Appendix), 387. (f) Chang Tun-jen's preface in his A.D.1807 edition, included in *YTLCC* (Appendix), 819.

[60]　*YTLCC* (Appendix), 818, 819.

[61]　*YTLCC* (Appendix), 833, 834.

[62]　*YTLCC* (Appendix), 826.

[63]　(a) Wang Mu's comment, included in *YTLCC* (Appendix), 815. (b) Wang Hsien-ch'ien's comment on his collation of *Yen t'ieh lun*, included in *YTLCC* (Appendix), 832. (c) *YTLCC* (Appendix), 826. (d) Lao Kan, *chiao chi*, 29.

[64]　Kuo li chung yang tu shu kuan, *Kou li chung yang tu shu kuan shan pen shu mu*, 427.

[65]　Ch'ü Wan-li, *Pu ling shih tun ta hsüeh ke shih te tung fang tu shu kuan chung wen shan pen shu mu* (Taipei: Yi wen ying shu kuan, 1974), 215.

[66]　*A Descriptive Catalog of Rare Chinese Books in the Library of Congress*, compiled by Wang Chung-min, edited by T.L, Yuan (Washington: Library of Congress, 1957), 447; Wang Chung-min, *Chung kuo shan pen shu ti yao* (Taipei: Ming wen shu chü, 1984), 220.

(童第德) collection;[67] one at the Institute of History and Philology;[68] one at the Palace Museum, Taipei;[69] and three at the Peking Library.[70]

(5) The hand copied Wa family movable type edition (Wa shih wo chih pen 華氏活字本): According to Ku Ch'ien -li's (顧千里) and Huang Pei-li's (黃丕烈) notes, Ku copied the Wa family movable type edition and Huang again copied from him.   Both copied the previous one by tracing over it (影寫本).[71]   What we have here is Huang Pei-li's hand copied edition, with the name of Huang's library, Hsiao chien ch'ing t'ang (小千頃堂) written on its cover.[72]   The importance of this edition is that on the Wa family movable type edition there was an indication that the book was printed during the reign of Hung chih (弘治, A.D.1488-1505).[73]   The Wa family movable type edition was a Ming edition.

This hand-copied Hsiao ch'ing t'ang edition is kept in the Peking library.[74]

(6) The A.D.1582 Yüan I-kuei, Hu Wei-hsin *Liang ching i pien* edition.   In the 10th year of Wan li (萬曆十年) Yüan I-kuei (原一魁) published the collection of works *Liang ching i pien*.   He included *Yen t'ieh lun* in it and Hu wei-hsin (胡維新)

---

[67] Wang Li-ch'i, *Yen t'ieh lun chiao chu* (Shanghai: Ku chi wen hsüeh ch'u pan she, 1958, hereafter referred to as *YTLCC* 58), 6, 9.

[68] *Chung yang yen chiu yüan li shih yü yen yen chiu so shan pen shu mu* (Taipei: Chung yang yen chiu Yüan li shih yü yen yen chiu so, 1986), 114.

[69] Kuo li ku kung pu wu yüan, *Kuo li ku kung pu wu yüan shan pen chiu chi tsung mu* (Taipei: Kuo li ku kung pu wu yün, 1983), 640, 641.

[70] *Pei ching tu shu kuan ku chi shan pen shu mu* (Peking: Shu mu wen hsien, [1987, preface]), 1185, 1186.

[71] (a) Huang Pei-li's note, in *YTLCC* (Appendix), 824. (b) Ku Ch'ien-li's note, in *YTLCC* (Appendix), 823. (c) Fu Chen-hsiang's note, in *YTLCC* (Appendix), 841, 842. (d) Wang Ch'ung-ming, *Chung kuo shan pen shu t'i yao* (Taipei: Ming wen shu chü, 1984), 220.

[72] Wang Ch'ung-ming, *Chung kuo shan pen shu t'i yao*, 220.

[73] (a) Huang Pei-li's note, in *YTLCC* (Appendix), 822, 823. (b) Wang Ch'ung-ming, *Chung kuo shan pen shu t'i yao*, 220.

[74] (a)Ibid. (b) Lao Kan, *chiao chi*, 13.

wrote a preface.[75]   Yeh Te-hui (葉德輝) told us that this edition was based on Tu Chen's edition (涂禎) and considered it a very fine one, as good as the famous Sung and Yüan editions.[76]

Two copies are kept at the Taipei Palace Museum,[77] two at the National Central Library,[78] one at the Institute of History and Philology, Academia Sinica,[79] one in Kuo Mo-je's (郭沫若) collection[80] and one at the Harvard Yenching Library.[81]   In A.D. 1935, Lao Kan used one copy of this edition from Fu Yüan-shu's collection in collating various editions of Yen t'ieh lun.[82]

(7) The A.D.1586 (14th year of Wan-li) Hsin chü tang edition (星聚堂), or T'ai-yüan shu-she (太玄書室) edition.   Chang Chih (張袠) collated and published this edition.[83] Huang Pei-li mentioned that this edition was quite similar to the Ying-ning-chai hand copied edition mentioned above.[84]   One copy is kept at the Harvard Yenching library,

---

[75]   (a) Hu Wei-hsin' preface to Liang ching i pien, in YTLCC (Appendix), 808; Yen I-p'ing, Pai pu tsung shu chi ch'eng (Taipei: I wen yin shu kuan, 1966), no. 11, Liang ching i pien, no. 6. (b) Yüan I-kuei's preface to Liang ching i pien, in Pai pu tsung shu chi ch'eng, no. 11, Liang ching i pien, no. 5. (c)Yeh Te-hui's comment in his Hsi yüan tu shu chih, YTLCC (Appendix), 837. (d) Fu Chen-hsiang's comment in his Hsuang chien lu ch'ang shu hsü chi, YTLCC (Appendix), 842.

[76]   Yeh Te-hui's comment in his Shi yüan tu shu chi, included in YTLCC (Appendix), 838, 839.

[77]   Kuo li ku kung pu wu yüan, Kuo li ku kung pu wu yüan shan pen chiu chi tsung mu (Taipei: Kuo li ku kung pu wu yüan, 1983), 640, 641.

[78]   Kuo li chung yang t'u shu kuan t'e tsung chu, Kuo li chung yang t'u shu kuan shan pen shu mu (Taipei: Kuo li chung yan t'u shu kuan, 1986), 427.

[79]   Kuo li chung yang t'u shu kuan, Tai wan kung tsang shan pen shu mu shu ming so yin (Taipei: Kuo li chung yang t'u shu kuan, 1971), 1836, 1837.

[80]   YTLCC 58, 6, 9.

[81]   Cataloques of the Harvard-Yenching Library, Chinese Cataloque, Author/Title (New York: Garland Publishing, Inc., 1986), 104-6.

[82]   Lao Kan, chiao chi, 13, 30.

[83]   Chang Chih's preface, included in YTLCC (Appendix),.809, 810.

[84]   Huang Pei-li's comment, included in YTLCC (Appendix), 825.

one at the National Central Library and one at the Peking Library.[85]

(8) Shen Yen-ch'üan's edition (沈延銓).　Shen collated and published this edition.[86]　Fu Chen-hsiang (傅增湘) suggested that its publishing date was some time after the Wan li period (萬曆 A.D.1573-1619).[87]

One copy is kept at the Peking Library, and one in Hsieh Kuo-chen's (謝國楨) collection.[88]

(9) A certain early Ming edition.　The bibliography published by the Peking Library recorded an edition of the early Ming (明初) in its rare book collection.　It is in two volumes, with thirteen lines to each half page and twenty six characters to each line.[89]

(10) Yeh Huan-ping (葉煥彬) edition with nine lines to each half a page and eighteen characters to each line: Yeh Huan-ping had a copy of *Yen t'ieh lun* of the Ming dynasty.　He thought that it was Tu Chen's edition and published it.　In fact, the original Ming copy was based on Ni Pang-yan's edition and collated with the Tu Chen's edition.　It was published during the Chia-ching period.　In A.D.1935 Lao Kan borrowed it from Fu Yüan-shu's collection.[90]

Among the Ch'ing editions, (1) the first to be introduced is Chang Tun-jen's edition (張敦仁).　In A.D.1807 (嘉慶丁卯) Chang reproduced Tu Chen's A.D.1501

---

[85] (a) *Cataloques of the Harvard-Yenching Library, Chinese Cataloque, Author/Title* (New York: Garland Publishing, Inc. 1986), 104-106. (b) *Kuo li chung yang tu shu kuan shan pen shu mu*, 427. (c) *Pei ching tu shu kuan ku chi shan pen shu mu*, 1185, 1186. (d) A.D.1935, Lao Kan used one copy from Fu Yüan-shu's collection in collating various editions of *Yen t'ieh lun* (Lao Kan, *chiao chi*), 13, 30.

[86] Li Yüan-ting's preface for Shen's edition, included in *YTLCC* (Appendix), 811, 812.

[87] Fu Chen-hsiang's comment, included in *YTLCC* (Appendix), 842.

[88] (a)*Pei ching tu shu kuan ku chi shan pen shu mu*, 1185, 1186. (b)*YTLCC* 85, 6, 9. (c) In A.D.1935, Fu Yüan-shu had a copy in his collection (Lao Kan, *chiao chi*, 13).

[89] Pei ching tu shu kuan, *Pei ching tu shu kuan ku chi shan pen shu mu* (Peking: Shu mu wen hsien, [1987, preface]), 1185, 1186.

[90] (a) Lao Kan, *chiao chi*, 13, 28. (b)*YTLCC* (Appendix), 839, 842, 843.

Hung-chih edition and also included in it one volume of his collation.[91]   This edition served as the basis for Wang Li-ch'i in publishing his *Yen t'ieh lun chiao chu*.[92]   The University of London, School of Oriental and African Studies, has a copy.[93]

(2) The A.D.1891 (光緒辛卯) Shih hsien chiang she edition (思賢講舍刊本). Wang Hsien-ch'ien (王先謙) incorporated collations of other scholars into his edition. For example, (a.) Lu Wen-chao's (盧文弨) collation.   Lu checked the passages of *Yen t'ieh lun* quoted in *Yung lu ta tien* (永樂大典) and Tu Chen's edition with the A.D.1554 Chang Chih-hsiang's edition and included the result of his collation in his work *Chun shu shih i* (群書拾補).   (b.) Chang Tun-jen's collation (張敦仁).   (c.) Sentences of *Yen t'ieh lun* which were found by Wang Ch'i-yüan (王啓源) and Hu Yü an-ch'ang (胡元常) in other works, and (d.) Parts of *Yen t'ieh lun* which Wang he himself found in the encyclopedias of the T'ang and Sung dynasties.   Wang published his collation in the Shih hsien chiang she edition.[94]   The Harvard Yenching library, and the University of California, Berkeley, each has a copy in its collection.[95]

Among the Republic period editions, Wang Li-ch'i's *Yen t'ieh lun chiao chu*: It was published in A.D.1958.   He based his edition on Chang Tun-jen's reproduction of

---

[91] (a.) Chang's preface, included in *YTLCC* (Appendix), 819. (b.) Ku Ch'ien-li's preface for this edition, included in *YTLCC* (Appendix), 820, 821. (c.) Fu Cheng-hsiang's comment, included in *YTLCC* (Appendix), 840. (d.) Wang Hsien-ch'ien's comment, included in *YTLCC*, 832. Yeh Te-hui suggested that the copy which Chang Tun-jen used in reproducing his edition was not Tu Chen's original one, but the A.D. 1551 Ni Pang-yen's edition which was reproduced on the basis of Tu Ch'en's edition. Ni's edition had ten lines to each half a page, and twenty characters to each line. (Yeh Te-hui's comment, included in *YTLCC*, 838, 839).

[92] *YTLCC*, 849.

[93] *School of Oriental and African Studies, University of London, Library Catague, Chinese Cataloque, Titles* (Boston: G.K.Hall & Co., 1963), 595.

[94] Wang Hsien-ch'ien's preface and his comment, included in *YTLCC* (Appendix), 831, 832.

[95] (a.) Harvard-Yenching Library: *Cataloques of the Harvard-Yenching Library, Chinese Cataloque, Author/Title*, 104-106. (b.) University of California Berkeley: *East Asiatic Library, University of California Berkeley, Author-Title Catalog* (Boston: G.K.Hall & Co., 1968), 201, 202.

Tu Chen's A.D.1501 edition.   He checked the Chang Tun-jen's edition with (a.) eleven other editions and (b.) the *Yen t'ieh lun* quoted in various encyclopedias and commentaries.

Of the various editions mentioned above, some are still surviving to-day.   For example:

(1) A certain early Ming edition: one copy is kept at the Peking Library.[96]

(2) The A.D.1501 Tu Chen's edition: a copy is kept at the National Palace Museum, in Taipei;[97] four copies at the Peking Library, in Peking,[98] and a copy at the National Normal University, in Taipei.[99]

(3) The A.D.1501 Ying ning chai hand-copied edition: a copy is kept in the Peking Library.[100]

(4) The A.D.1506-1566 (Cheng te, Chia ching) edition, with two lines indicating that the work was published in the year when the reign year Shun hsi was changed: this edition was originally in Ting Shih-ch'ang's private collection, and now is kept in the Peking Library.[101]

---

[96] Pei ching tu shu kuan, *Pei ching tu shu kuan ku chi shan pen shu mu* (Peking: Shu mu wen hsien, [1987, preface]), 1185, 1186.

[97] *Kou li ku kung pu wu yüan shan pen chiu chi tsung mu*, 640, 641. (b.) Ku li chung yang tu shu küan, *Tai wan kung tsang shan pen shu mu shu ming so yin* (Taipei: Kuo li chung yang tu shu küan, 1971), 1836, 1837.

[98] *Pei ching tu shu kuan ku chi shan pen shu mu*, 1185, 1186.

[99] (a.) *Tai wan kung tsang shan pen shu mu shu ming so yin*, 1836. (b.) Kuo li tai wan ta hsüeh tai wan sheng li tai pei tu shu kuan kuo fang yen chiu yüan kuo li shih fan ta hsüeh shih li tung hai ta hsüeh, *Kuo li tai wan ta hsüeh tai wan sheng li tai pei tu shu kuan Kuo fang yen chiu yüan kuo li shih fan ta hsüeh shih li tung hai ta hsüeh shan pen shu mu* (Taipei: Kuo li tai wan ta hsüeh tai wan sheng li tai pei tu shu kuan kuo fang yen chiu yüan kuo li shih fan ta hsüeh shih li tung hai ta hsüeh, 1968), 7. The fact whether this copy is Tu Chen's original A.D.1501 print still has to be confirmed.

[100] *Pei ching tu shu kuan ku chi shan pen shu mu*, 1185, 1186.

[101] *YTLCC*, 848.

(5) The Chia ching (A.D.1522-1566) edition: The Institute of History and Philology, Academia Sinica published the bibliography of its rare book section. It included a *Yen t'ieh lun* of the Chia ching reign (A.D.1522-1566).[102]

(6) The A.D.1551 Ni Pang-yen edition: One copy is kept at the Peking Library,[103] one at the Palace Museum in Taipei.[104]

(7) The A.D.1554 Chang Chih-hsiang edition: one copy is kept in the Library of Congress,[105] one copy at Princeton University Library,[106] one copy at the Institute of History and Philology, Academia Sinica,[107] one copy at the Palace Museum, Taipei,[108] five copies at the National Central Library, Taipei,[109] one copy at T'ung Ti-te's (童第 德) collection,[110] and three copies at the Peking Library.[111]

(8) The A.D.1573-1615 (Wan li) Shen Yen-ch'üan edition: one copy is kept at the Peking Library,[112] one in Hsieh Kuo-chen's (謝國楨) collection.[113]

(9) The A.D.1573-1615 (Wan li) Chin Chang's Yung wan t'ang (金閶擁萬堂) edition, commented by Chung Hsing (鍾惺): one copy is kept at the Palace Museum, Taipei.[114]

---

[102] *Chung yang yen chiu yüan li shih yü yen yen chiu so shan pen shu mu*, 114.

[103] *Pei ching tu shu kuan ku chi shan pen shu mu*, 1185, 1186.

[104] *Tai wan kung tsang shan pen shu mu shu ming so yin*, 1836, 1837.

[105] *A Descriptive Catalog of Rare Chinese Books in the Library of Congress*, 447.

[106] Ch'ü Wan-li, *Pu ling shih tun ta hsüeh ke shih te tung fang tu shu kuan chung wen shan pen shu mu*, 215.

[107] *Chung yang yen chiu yüan li shih yü yen yen chiu so shan pen shu mu*, 114.

[108] *Kuo li ku kung pu wu yüan shan pen chiu chi tsung mu*, 640, 641.

[109] *Kuo li chung yang t'u shu kuan shan pen shu mu*, 427.

[110] *YTLCC* 58, 6, 9.

[111] *Pei ching tu shu kuan ku chi shan pen shu mu*, 1185, 1186.

[112] *Pei ching tu shu kuan ku chi shan pen shu mu*, 1185, 1186.

[113] *YTLCC* 85, 6, 9.

[114] *Kuo li ku kung pu wu yüan shan pen chiu chi tsung mu*, 640, 641; *Tai wan kung tsang shan pen shu mu shu ming so yin*, 1836, 1837.

(10) The A.D.1582 Yüan I-kuei and Hu Wei-hsing's *Liang chin i pien* edition (原一魁、胡維新 兩京遺編): two copies are kept at the Taipei Palace Museum,[115] two copies at the National Central Library,[116] one copy at the Institute of History and Philology, Academia Sinica,[117] and one copy in Kuo mo-je's (郭沫若) collection.[118]

(11) The A.D.1586 Chang family Hsing chü t'ang (張氏星聚堂) edition: one copy is kept at the National Central Library,[119] one at the Peking Library[120] and one at the Harvard Yenching Library.[121]

(12) The Early Ming, Ma sha (麻沙本) edition: one copy is kept in the Peking Library.[122]

(13) The Late Ming edition, with Chang Chih-hsiang's and Chung Hsiung's commentary: one copy is kept at the National Central Library,[123] one at the Chinese Academy of Sciences, Peking.[124]

(13) The end of Ming, Ho Yung-chung's *Han wei tsung shu* (漢魏叢書) edition: one copy is kept at the National Central Library.[125]

(14) The A.D.1721 hand copied Huang family Shih li chü (黃氏士禮居) edition: one copy is kept at the National Central Library, Taipei.[126]

(15) The A.D.1736-1795 Ch'ien lung Ssu ku chüan shu edition, with Chang Chih-

---

[115] *Kuo li ku kung pu wu yüan shan pen chiu chi tsung mu*, 640, 641.

[116] *Kuo li chung yang t'u shu kuan shan pen shu mu*, 427.

[117] *Tai wan kung tsang shan pen shu mu shu ming so yin*, 1836, 1837.

[118] *YTLCC* 85, 6, 9.

[119] *Kuo li chung yang t'u shu kuan shan pen shu mu*, 427.

[120] *Pei ching tu shu kuan ku chi shan pen shu mu*, 1185, 1186.

[121] *Cataloques of the Harvard-Yenching Library, Chinese Cataloque, Author/Title*, 104-106.

[122] *YTLCC*, 837.

[123] *Kuo li chung yang tu shu kuan shan pen shu mu*, 427.

[124] Chinese Academy of Sciences, Library catalog, information supplied by Ms Mao Ching-hua of Academy of Sciences.

[125] *Kuo li chung yang t'u shu kuan shan pen shu mu*, 427.

[126] *Kuo li chung yang t'u shu kuan shan pen shu mu*, 427.

hsiang commentary: one copy is kept at the Palace Museum, Taipei.[127]

(16) The A.D.1736-1795 Ch'ien lung Ssu ku chüan shu selected edition, with Chang Chih-hsiang commentary: one copy is kept at the Palace Museum, Taipei.[128]

(17) The Ch'eng Jung edited, *Han wei ts'ung shu* edition: University of Michigan has a copy.[129]

(18) The A.D.1795 hand copied Wa family movable type (華氏活字本) edition: one copy is kept at the Peking Library.[130]

(19) The A.D.1807 Chang Tun-jeng's edition: the University of London has a copy.[131]

(20) The A.D.1891 Shih hsien chiang she edition (思賢講舍刊本): Harvard-Yenching Library and University of California Berkeley each has a copy.[132]

Of the above extant editions, the most important one is the Tu Ch'en's edition. As we mentioned above, Tu Chen's A.D.1501 Hung chih edition of the Ming dynasty is not only the best and one of the oldest editions we have today, but also enables us to trace *Yen t'ieh lun* to the A.D.1202 Chia tai edition of the Sung dynasty. Thus, the A.D.1202 Chai tai edition which was preserved in the A.D.1501 Hung chih edition, is the earliest text of *Yen t'ieh lun* we have.

(C) Another way to detect corruptions in the work done during the thousand years of transmission is by checking for textual variations passages of the *Yen t'ieh lun* preserved

---

[127] *Kuo li ku kung pu wu yüan shan pen chiu chi tsung mu*, 640, 641.

[128] *Kuo li ku kung pu wu yüan shan pen chiu chi tsung mu*, 641.

[129] *Catalogs of the Asia Library, The University of Michigan, Ann Arbor, Chinese Catalog* (Boston: G.K.Hall & Co., 1978), 530, 531.

[130] (a.) Wang Ch'un-ming, *Chung kuo shan pen shu t'i yao* (Taipei: Ming wen shu chü, 1984), 220. (b.) *YTLCC*, 390, 392.

[131] *School of Oriental and African Studies, University of London, Library Cataloque, Titles*, 595.

[132] (a.) Harvard-Yeching Library: *Cataloques of the Harvard-Yenching Library, Chinese Cataloque, Author/Title*, 104-106. (b.) University of California Berkeley: *East Asiatic Library, University of California Berkeley, Author, Title Catalog*, 201, 202.

in quotations in other works of different periods with the *Yen t'ieh lun* in our hand.

   Yen t'ieh lun was quoted by other works in various periods.   For example, Pan ku's *Han shu* (班固 漢書) of the Later Han dynasty, Li, Tao-yüan's *Shui ching chu* (酈道元 水經注), Chia, Ssu-hsüeh's *Ch'i min yao shu* (賈思勰 齊民要術) of the Wei dynasty, Liu Chao's commentary on *Hsü han shu pai kuan chih* (劉昭 續漢書百官志) of the Southern and Northern dynasties; Tu Yu's *T'ung tien* (杜佑 通典), Wei Cheng's *Chün shu chih yao* (魏徵 群書治要), Ou-yang Hsün's *I wen lei chü* (歐陽詢 藝文類聚), Yü Shih-nan's *Pei t'ang shu ch'ao* (虞世南 北堂書鈔), Pai Chü-i's *Pai shih liu t'ieh shih lei chi* (白居易 白氏六帖事類集), Ma Tsung's *I lin* (馬總 意林) of the T'ang dynasty; Li Fang's *T'ai p'ing yü lan* (李昉 太平御覽), Wang Ying-lin's *Yü hai* (王應麟 玉海), Ma Tuan-lin's *Wen hsien t'ung k'ao* (馬端臨 文獻通考), Sung Feng-chi's *Chih kuan fen chi* (孫逢吉 職官分紀) of the Sung dynasty; Yao Kuang-hsiao's *Yung-lo ta tien* (姚廣孝等 永樂大典), Chu T'ing-li's *Yen cheng chih* (朱廷立 鹽政志), Shen Chin's *Pai chia lei tsuan* (沈津 百家類纂), Chen Shen's *Chu tzu p'ing chieh* (陳深 諸子品節), Feng Ch'i's *Ching chi lei pien* (馮琦 經濟類編), Yeh Hsiung-kao's *Pai tzu lei han* (葉向高 百子類函), Kuei Yu-kuang's *Chu tzu hui han* (歸有光 諸子彙函), Li Yün-hsiang's *Chu tzu pa ts'ui* (李雲翔 諸子拔萃), Huang Chu and Yeh shao-t'ai's *Liang han wen pieh chieh* (黃澍 葉紹泰 兩漢文別解), and Kuo Wei's *Pai tzu chin tan* (郭偉 百子金丹) of the Ming dynasty.

   Two kinds of works especially attracted our attention.   First, those works which were written close in time to *Yen t'ieh lun*.   The writers of these works had the opportunity to see the original text of *Yen t'ieh lun* when it was first made available to the public.   For example, Pan ku, lived close in time to Huan Kuan, and had the opportunity to have access to *Yen t'ieh lun* when it was first written.   When he quoted *Yen t'ieh lun* in his *Han shu*, he was likely in the position to supply us with *Yen t'ieh lun* in its original form.   If there is no serious difference between the *Yen t'ieh lun* quoted in *Han shu* and the *Yen t'ieh lun* which we have today in our hand, it strongly suggests that there might be no serious corruption in *Yen t'ieh lun* dispite its years of transmission.　　Second, encyclopedias of various periods.　　Chinese encyclopedias organize Chinese knowledge on all subjects by collecting passages from extant literature on each subject.　　They quote passages from extant literatures in their original words without alteration.　　Thus encyclopedias preserve many works, including *Yen t'ieh lun*. We can check passages of *Yen t'ieh lun* quoted in encyclopedias of various periods with the *Yen t'ieh lun* in our hands to search for corruption done to *Yen t'ieh lun* during its years of transmission, especially the encyclopedias of the T'ang and Sung periods and *Yung-lo ta-tien* of the Ming dynasty.　　The gigantic work *Yung-lo ta-tien* tried to preserve the sum total of Chinese written knowledge.　　Moreover, at the time when the *Yung-lo ta-tien* was compiled, many ancient texts of Chinese books were still extant.

Pan Ku in *Han shu* vol. 66 quoted the 60th section of *Yen t'ieh lun*.

Quoted section of *Yen t'ieh lun* in *Han shu*, vol. 66.[133]

　…其辭曰、觀公卿賢良文學之議、異乎吾所聞、聞汝南朱生言、當此之時、英俊並進、賢良茂陵唐生、文學魯國萬生之徒、六十有餘人、咸聚闕庭、舒六藝之風、陳治平之原、知者贊其慮、仁者明其施、勇者見其斷、辯者騁其辭、斷斷焉、行行焉、雖未詳備、斯可略觀矣、中山劉子推、言王道、撟當世、反諸正、彬彬然、弘博君子也、九江祝生、奮史魚之節、發憤懣、譏公卿、介然直而不撓、可謂不畏彊圉矣、桑大夫、據當世、合時變、上權利之略、雖非正法、鉅儒宿學、不能自解、博物通達之士也、然攝公卿之柄、不師古始、放於末利、處非其位、行非其道、果隕其性、曰及厥宗、車丞相、履伊呂之列、當軸處中、括囊不言、容身而去、彼哉、彼哉、若夫、丞相御史兩府之士、不能正議曰輔宰相、成同類、長同行、阿意苟合、曰說其上、斗筲之徒、何足選也。

　　…Huan Kuan said that examining the discussion of the ministers, the hsien liang delegates and the wen hsüeh delegates, it was different from what I heard. I heard Mr. Chu of Ju nan saying that, at that time, many superior scholars came

---

[133] *HS*, vol. 66, 16b-17b.

together.　Over sixty of them, such as the hsien liang delegate, Mr. T'ang of Mu ling, and the wen hsüeh delegate, Mr. Wan of the kingdom of Lu, all gathered in the court, spreading the influence of the six Classics and presenting the causes which brought about good governing.　Those who had wisdom illuminated their thought.　Those who were benevolent manifested their kindness.　Those who were brave displayed their decisiveness.　Those who were versed in debate released the full force of their argument.　All earnestly and strongly engaged in debate.　Although their deliberation and arguments were not comprehensive and detailed, they were worth observing.　Mr. Liu of Chung shan, expounding the kingly way, suggested how to return society of to-day to its correct course.　He was a refined gentleman of extensive learning. Faithfully following the moral integrity of the historian Yü, Mr. Chu of Chiu chiang bursted with anger and bitterly criticized the ministers with satires.　His determined, unbending straightforwardness could be described as without fear of the powerful ministers.　Yü-shih ta-fu (御史大夫) Shang, examining the situation of his time, adapting his consideration to the circumstances of the day, presented a policy expedient at that time.　Although the laws he promoted were not orthodox, the great Confucianists and seasoned scholars could not expound their opinions to win the argument with him.　Minister Shang could be called a scholar of broad knowledge and versed in the ways of the world. However, holding the authority of a minister, he did not follow the ancient ways but indulged instead in pursuing commercial profits.　He occupied a position which was not suitable to him.　He did not act according to the way.　He did finally bring death to himself and disaster to his clan.　Cheng hsiang Ch'e (車 丞相 Chancellor) who stood in history among such famous statemen as Yi Ying (伊尹) and Lü Shang (呂尚), controlled the pivot of the government and occupied the central position of the state.　However, he kept complete silence in the debate, protected himself and left the conference.　That one!　That one!

He was not worth a mention.　As for the officials in the offices of the chancellor's and the vice chancellor's, they could not assist the chancellor by offering the right opinions.　They gathered around them men of the same kind and they aided each other.　They bent their own judgment so as to be in conformity with their superiors and to please their superiors.　Being men of small capacities, they were not worth being selected to participate in this debate.

The 60th Section of *Yen t'ieh lun* in the *Yen t'ieh lun* which is in our hands today.[134]

客曰、余睹鹽鐵之義、觀乎公卿文學賢良之論、意指殊路、各有所出、或上仁義、或務權利、異哉吾所聞、周秦粲然、皆有天下而南面焉、然安危長久殊世、始汝南朱子伯爲予言、當此之時、豪俊並進、四方輻湊、賢良茂陵唐生、文學魯國萬生之倫、六十餘人、咸聚闕庭、舒六藝之風、論太平之原、智者贊其慮、仁者明其施、勇者見其斷、辯者陳其詞、閭閭焉、侃侃焉、雖未能詳備、斯可略觀矣、然蔽於雲霧、終廢而不行、悲夫、公卿知任武可以辟地、而不知廣德可以附遠、知權利可以廣用、而不知稼穡可以富國也、近者親附、遠者説德、則何爲而不成、何求而不得、不出於斯路、而務畜利長威、豈不謬哉、中山劉子雍、言王道、矯當世、復諸正、務在乎反本、直而不徼、切而不燦、斌斌然、斯可謂弘博君子矣、九江祝生、奮由路之意、推史魚之節、發憤懣、刺譏公卿、介然直而不撓、可謂不畏強禦矣、桑大夫、據當世、合時變、推道術、尚權利、辟略小辯、雖非正法、然巨儒宿學惡然不能自解、可謂博物通士矣、然攝卿相之位、不引準繩、以道化下、放於利末、不師始古、易曰、燋如、棄如、處非其位、行非其道、果隕其性、以及厥宗、車丞相即周呂之列、當軸處中、括囊不言、容身而去、彼哉、彼哉、若夫群丞相御史、不能正議以輔宰相、成同類、長同行、阿意苟合、以説其上、斗筲之人、道諛之徒、何足算哉。

---

[134] *YTLCC*, 629, 630.

The guest says, "I saw the discussion that took place about salt and iron. Examining the arguments of the ministers, the delegates of wen hsüeh and of hsien liang, each one's intention and viewpoint led in different directions and each one's opinion was based on a different motive.   Some emphasized jen and i (仁義 benevolence and righteousness).   Some indulged in pursuing power and profit.   What I heard was extraordinary.   Chou and Ch'in, both dynasties, were brilliant and glorious and had the whole world under their rule. However, the two belonged to two completely different worlds: one enjoyed longevity, security and peace, while the other had a short life span and was threatened with dangers.   Mr. Chu Pu of Ju nan told me that, at that time, many superior talented scholars came together from the four directions like the spokes centering at the hub.   Over sixty of them, such as the hsien liang delegate, Mr. T'ang of Mu ling, and the wen hsüeh delegate, Mr. Wan of the kingdom of Lu, all gathered in the court, spreading the influence of the six Classics and presenting the causes which brought about good governing. Those who had wisdom brought to light their thoughtful thinking.   Those benevolent ones manifested their kindness.   Those brave ones displayed their decisiveness.   Those versed in debate presented their argument forcefully and with great aplomb.   All earnestly and strongly engaged in debate.   Although their deliberation and arguments were not comprehensive and detailed, they were worth observing.   However, the ministers, as if they were blinded by cloud and mist, discarded the delegates' suggestions and did not carry them out. Alas, the ministers knew that one could expand the territory by relying on military force, but did not know that one could have people in far away lands attached to you by extending your virtue.   They knew that commercial profits could increase the government's wealth, but did not know that agriculture could enrich the country.   If those close to you followed you intimately and if those who were far away were attracted to your virtue, what deeds could not be accomplished and what goal could not be achieved?   The ministers did not take this path in formulating their policy, instead they concentrated on accumulating profits and augmenting awesome power.   Was not it utterly absured?   Mr. Liu Yung of Chung shan, expounding the kindly way, wanted to bring society of to-day to a correct course and to its important fundamental principles.   He was straitforward, and did not seek for fame.   He was earnest, severe and not timid.   He was refined and ornamental and could be called a gentleman of extensive learning.   Mr. Chu of Chiu chiang, tried hard to follow Yu lu's (Chung yu) idea of bravely accepting death in carrying out one's duty and promoted the moral integrity of the historian Yü.   He, bursting with anger, satired the ministers.   His determined, unbending straightforwardness could be described as without fear of the powerful ministers.   Yü-shih ta-fu (御史大夫) Shang, (in formulating government policy), based his consideration on the current situation of the time, and tried to adapt policy to the circumstances of his day.   He searched into the learning (for answers) and had commercial profits and expedient solutions as his priorities.   Although his specious plans and skilful trivial debate did not follow orthodox ways and methods, the great Confucianists and seasoned scholars embarrassingly could not expound their own opinions to win the argument with him.   Minister Shang could be called a scholar of broad knowledge and versed in the ways of the world.   However, occupying the position of a minister, he did not use rules, standards and the Way to regulate and to mold those below him.   He did not follow the ancient ways but indulged instead in pursuing commercial profits.   He would be ruined by being burned and abandoned as the Book of Changes described.   He occupied a position which was not suitable to him.   He did not act according to the Way.   He finally brought death to himself and brought disaster to his clan.   Cheng hsiang Ch'e (車丞相 chancellor) who stood in history among such famous stateman as the Duke of Chou and Lü shang, controlled the pivot of the government and occupied the central position of the state.   However, he kept complete silence in the debate, protected himself and left the conference. That one!   That one!   He was not worth a mention.   As for those officials under the chen hsiang and yü shih, they could not assist the chancellor by offering the right opinions.   They gathered around them men of the same kind and they aided each other.   They bent their own judgement so as to be in conformity with their superiors and to please their superiors.   Being men of small capacities and flattery, they were not worth being counted.

After we compared the same section of *Yen t'ieh lun* in the above two works, we found that Pan Ku quoted neither the whole section of *Yen t'ieh lun*, neither did he render the passage in the form of a summary.   He quoted the 60th section word by word, but skipped sentences and changed words here and there.   There are variations between the *Yen t'ieh lun* preserved by Pan Ku in his *Han shu* vol.   66 and the 60th section of *Yen t'ieh lun* we have today.   One variation is of a serious nature.   The other difference are not important ones and do not change the meaning of the *Yen t'ieh lun*.   The serious variation is that the character "hu" in the sentence "i hu wo so wen" in *Han shu* (異乎吾所聞 it was different from what I heard) is different from the character "tsai" in the same sentence "i tsai wo so wen" in *Yen t'ieh lun* (異哉吾所聞 extraordinary was what I heard).   This variation, as we discussed in the early part of the paper, was likely caused by Pan Ku when he misquoted *Yen t'ieh lun* in his *Han shu*.   The 60th section of *Yen t'ieh lun* has not suffered serious corruption in its two thousands years of transmission.

Likewise, *Yen t'ieh lun*, as we mentioned above, was also quoted and preserved by other works of the following dynasties.   For example, *Shui ching chu* (水經注), *Chi min yao shu* (齊民要術), *T'ung tien* (通典), *Chün shu chih yao* (群書治要), *I wen lei chü* (藝文類聚), *Pei t'ang shu ch'ao* (北堂書鈔), *Pai shih liu t'ieh shih lei chi* (白氏六帖事類集), *I lin* (意林), *T'ai p'ing yü lan* (太平御覽), *Yü hai* (玉海), *Wen hsien t'ung k'ao* (文獻通考), *Chih kuan fen chi* (職官分紀), *Yung-lo ta-tien* (永樂大典),

Yen cheng chih (鹽政志), *Pai chia lei tsuan* (百家類纂), *Chu tzu p'ing chieh* (諸子品節), *Ching chi lei pien* (經濟類編), *Pai tzu lei han* (百子類函), *Chu tzu lei han* (諸子類函), *Chu tzu pa ts'ui* (諸子拔萃), *Liang han wen pieh chieh* (兩漢文別解) and *Pai tzu chin tan* (百子金丹), and so on.　The quotations of *Yen t'ieh lun* in these works are valuable to us in detecting the corruption in today's text of *Yen t'ieh lun*.

　　Many scholar did collating works of *Yen t'ieh lun*.　For example, Chang Chih-hsiang wrote a commentary (張之象) to it.[135]　Lu Wen-chao (盧文弨) collated Chang Chih-hsiang's edition by checking it with Tu Chen's (涂禎) edition and with the *Yen t'ieh lun* quoted in *Yung-lo ta-tien* (永樂大典), the monumental encyclopedia of the Ming dynasty.　He published the result in his work *Ch'ün shu shih pu* (群書拾捕).[136]　Chang Tun-jen also published one volume of his collation (張敦仁)[137].　Wang Hsien-ch'ien (王先謙) in publishing his edition included Lu Wen-chao's and Chang Tun-jen's above collations into his work.　He also checked *Yen t'ieh lun* against its quotations found in the encyclopedias of the T'ang and Sung dynasties and published the result of his collation in one volume.[138]　Lao Kan (勞榦) checked Tu Chen's edition with the other seven editions.[139]　Wang Li-ch'i published an edition.　It was based on Chang Tun-jun's reproduction of Tu Chen's edition.　He checked Chang Tun-jen's edition with eleven other editions and also with the *Yen t'ieh lun* quoted in various encyclopedias and commentaries.[140]

　　Scholars, for example the ones mentioned above, checked the *Yen t'ieh lun* text in their hands with its quotations in various work of different periods for textual

---

[135] Chang Chih-hsiang's preface, included in *YTLCC* (Appendix), 805, 806.

[136] Lu Wen-chao, *Ch'ün shu shih pu* (Pao Ching t'ang, [1787]), vol. 6, 1a.

[137] (a.) Chang Tun-len's preface, included in *YTLCC* (Appendix), 819. (b.) Ku Ch'ien-li's preface for Chang's edition, included in *YTLCC* (Appendix), 820, 821.

[138] Wang Hsien-ch'ien's comment on his volume of collation, included in *YTLCC* (Appendix), 831, 832.

[139] Lao Kan, *chiao chih*, 13-52.

[140] *YTLCC* 85, 6.

variations.   They all found variations.   However, the variations are not of importance and do not change the contents of the *Yen t'ieh lun*.   It is likely that *Yen t'ieh lun* did not suffer serious corruption during its two thousand years of transmission.

In conclusion, after the above examination of the *Yen t'ieh lun* as a historical source, we find that it supplies valuable data on the Han period.   The 81B.C. court debate presented in *Yen t'ieh lun* covered extensively the various aspects of government policies: political, economical, intellectual, social, military and so on. Moreover, being the actual record of the court debate, it supplies us with first hand information.   Then, we are further assured that the copy of this work in our hand today did not suffer serious corruption during its two thousand years of transmission. We can recommend *Yen t'ieh lun* as a reliable, valuable primary source of the Former Han period.

(Accepted for publication 23 November 1995)

References

Chang Chih-hsiang. *Yen t'ieh lun*. Taipei: Chung kuo tzu hsüeh ming chu chi cheng pien yin chi chin hui, [1977].

Chang Tun-jen. *Yen t'ieh lun fu kao cheng*. Taipei: Taiwan shang wu Yin shu kuan, 1965.

Hsü Han-ch'ang. *Yen t'ieh lun yen chiu*. Taipei: Wen shih che, 1983.

Lao kan. Yen t'ieh lun chiao chi, in *Bulletin of the Institute of History and Philology, Academia Sinica* 5.1 (1953): 13-51.

Loewe, Michael. Yen t'ieh lun, in *Early Chinese Texts: a Bibliographical Guide*, ed. by Michael Loewe. Berkely, California: Society for the Study of Early China: Institute of East Asian Studies, University of California, Berkeley, 1993.

Lu Wen-Chao. *Ch'ün shu shih pu*. Pao ching t'ang, [1787].

Tao Tien-yi. Yen t'ieh lun as a Historical Source, unpublished class notes, University of Hawaii, 1968.

Wang Hsien-ch'ien. *Yen t'ieh lun*. Ch'ang sha: Shih hsieh chiang she, [1891].

Wang Li-chi. *Yen t'ieh lun chiao chu*. T'ien ching: T'ien ching ku chi chu pan she, 1983.

鹽鐵論的史料價值

陶天翼

美國夏威夷大學歷史系

　　我們試從兩個角度去檢查鹽鐵論這份史料，（甲）它所提供的資料；（乙）這些資料的可信性。

　　（甲）資料：鹽鐵論是公元前八十一年的一次朝議的記錄，會中所討論的問題牽涉極廣，包括政治、經濟、外交、軍事、社會、思想等等問題，提供瞭解前漢很多可貴的資料。（乙）可信性：經深入的檢查，（一）鹽鐵論確實是這次會議的記錄，不是道聽塗說的傳聞或是虛構的故事，是第一手史料。（二）這份記錄經桓寬整理成書，兩千年以來流傳迄今，內容沒有受到很大的變動，這兩點確定以後我們可以推薦鹽鐵論是一份研究前漢極有價值的可信的第一手史料。

　　本文取材於一九六八年所授一門中國史料課裡的講稿，承史語所允與發表，謹致最深的謝意。

出自第六十七本第四分（一九九六年十二月）

漢唐之間求子醫方試探——
兼論婦科濫觴與性別論述

李貞德[*]

　　生育是婦女生命中的大事，對婦女的影響重大深遠。就性別角色而言，生育的能力肯定她是一個正常而沒有問題的女人；就社會角色而言，生育（尤其是生兒子）使婦女確立自己在夫家的地位。多子多孫是傳統社會父系家族繁榮昌盛的表徵；而鼓勵生養蕃息是歷代政府的人口政策。因此，不論主觀意願或客觀形勢，都使生育成爲婦女的「天職」，生好兒子更是重要。肩負重責大任，傳統中國婦女除了敬拜神佛、求助於巫和佩帶咒藥之外，又有就醫治療一途。

　　醫方求子之法，自先秦以迄隋唐頗有轉變與發展。漢魏六朝，求子論述多出現在房中書內，以行房宜忌主導求子良窳。合陰陽之影響所及，包括求孕、求男與求好男，期勉畢其功於一役。行房求子，在天時、地利等觀念上，與行房養生相去不遠，但在施術與受術的人選方面，卻頗不同。行房養生被視爲交戰，爾盈則我虛，因此女性施術，是對男性的威脅。但若爲了求子，女性便可施術，採取主導與觀察的位置。即使男性主導，仍需成熟女性互相配合，與養生時好尋「不知道」的童女相異。房中書預設的讀者既以男性爲主，求子之責似當由丈夫肩挑。訪求多男婦人以生子的作法，甚至有挑戰養生規則中處女情結的意味。然而此種觀念，卻也將能否生育的矛頭重新指向婦女。

　　婦女成爲醫方求孕、求男與求好男的焦點，可由隋唐之際的求子藥方一窺究竟。草藥求子，在先秦兩漢的醫方中難得一見。隋唐之際，求子藥方才大量增加，卻多列於婦人方中，甚少涉及男性病變。婦人方並始錄求子專章，說明無子

[*] 「中央研究院」歷史語言研究所

之因與治療之法。與前代相較，可歸納出兩項發展。第一、隋唐之前，醫方處理
婦人雜病多著重於妊娠、產後諸疾。而隋唐醫者對於產育活動的介入，似有從妊
娠、分娩，提前到行房、受孕的軌跡。而用藥則是醫者的重要自我界定。第二、
隋唐之際，男性求子之論述與藥方皆無突破。醫方言及無子，雖曰「夫病婦
疾」，但論男性病變既不設無子專章，診治藥方也少提生子之效。顯然，生育並
非醫者認識或論述男性身體的重點。反之，產育則逐漸成為醫者認識並論述女性
身體的基礎。其中，孫思邈在《千金方》〈婦人方〉中首列求子，並暢談產育與
女性的關係。從婦人胎產功能、生理結構和性格特質等三方面，一層深似一層地
說明婦人別立一方的理由，可說為婦科醫學之成立提供了性別理論依據。

　　醫方除協助女性求孕之外，又以安胎藥方確保妊娠順利，以感應方術和滋補
藥物求男及求好男。醫方視為慈戀愛憎、嫉妒優憤的女性，一旦受孕，戰戰兢
兢，謹言慎行，或為自己身體健康，或為祈求骨肉平安。胎教論述賦予女性「賢
母卒生聖子」的希望，而士人醫家，也不忘提醒「諸生子有癡疭醜惡者，其名皆
在其母也」。如此一來，女性的生育之苦，似又不限於胎產崩傷而已了。

關鍵詞：漢唐之間　求子　婦科　性別

一、前言

　　不孝有三，無後為大。生子廣嗣、傳宗接代，既是父系家族維持永續不絕的
重要手段，求子行為便無所不在。男性求子，始自擇配。古禮主張同姓不婚，
為了避免「其生不蕃」；[1] 又謂「嫁娶以時」，重點無非在於及時蕃育。[2] 對王
公貴族而言，廣嗣或在廣娶，[3] 或在納多子之女，[4] 或在求宜男婦人。[5] 平民男

---

[1] 《左傳》「僖公二十三年」有「男女同姓，其生不蕃」之語，見卷15頁252。

[2] 或謂「男三十而娶，女二十而嫁」，或謂「丈夫二十不敢不有室，女子十五不敢不事
人」，見《詩經》卷1之5〈召南〉〈摽有梅〉疏頁62。

[3] 所謂「天子諸侯……娶三國者，廣異類也，恐一國有血脈相似，俱無子也。」《白虎通
德論》卷9〈嫁娶〉頁72。

[4] 如晉武帝為太子選妻，曰：「衛公女有五可，賈公女有五不可。衛家種賢而多子，美而
長白；賈家種妒而少子，醜而短黑。」《晉書》卷31〈后妃〉上「惠賈皇后」頁963。

[5] 如南齊褚澄回答建平王求男之道，曰：「婦人有所產皆女者，有所產皆男者，大王誠能
訪求多子婦人，謀置宮府，有男之道也。」《褚氏遺書》〈問子〉頁57。褚澄稱建平王
善納其說，未再期即生六男。為生男而納已有產育經驗的婦女入宮，一來可見王室求子
心切，二來可見為了生育，則行房非必處女，與養生房中術不同，見下討論。

子，無法廣接多御，倘若無子，除非歸諸天命，[6] 否則只好去妻更娶。」婦人無子，於禮在七出之條。[8] 學者或認爲妾制補救無子缺陷，除非妻子悍妒，否則不成問題。[9] 然對女性而言，不論丈夫去妻更娶，或納妾廣接，都是對自己不孕無男的指責。[10] 女性無子，不能「廣接」，只有尋求各種助孕方法。[11] 或祈神拜

---

[6] 商瞿年三十八而無子，母欲更娶室，孔子與瞿母筮，告之曰：「瞿年過四十當有五丈夫子」，《史記》卷67〈仲尼弟子列傳〉頁2216-2217註引《家語》。梁鱣年三十未有子，欲出其妻，商瞿以自己的例子勸他，謂「吾恐子自晚生耳，未必妻之過。」見《孔子家語》卷9〈七十二弟子解〉頁89-90。但二例皆先欲出妻。以生子爲女性天職，以無子爲妻子之過，似爲一般的共識。此又與求多子宜男婦人的觀念不謀而合，皆認爲生與不生的關鍵在於女性。

[7] 東漢桓榮年四十無子，弟子何湯爲榮去妻更娶；見《後漢書》卷37〈桓榮傳〉頁1。許敬家貧親老無子，同郡應順爲敬去妻更娶，見《東觀漢紀》卷19〈應順傳〉頁177。曹子建〈棄婦詩〉云：「拊心長歎息，無子當歸寧。」說明了時人的態度，見《先秦漢魏晉南北朝詩》之《魏詩》卷7頁455。

[8] 見《孔子家語》卷6〈本命解〉，64。七出問題的討論，見劉增貴，《漢代婚姻制度》（台北：華世出版社，1980），21-24「從三從七出看夫權的確立」。

[9] 瞿同祖，《中國法律與中國社會》（台北：里仁書局重印，1954），62。實則，「妒」亦在七出之列。

[10] 學者或認爲有些女性未必眞想自己生育，或至少並不在乎養妾子以爲己子，因此生育問題未必造成壓力，見Francesca Bray, *Fabrics of Power: Technology and the Construction of Gender in Imperial China*, Part 3 "Meanings of motherhood: reproductive technologies and their uses" (Berkeley, Los Angeles, London: University of California, forthcoming). 但也有學者認爲婦女因文化、社會和經濟理由仍希望能擁有自己的子女，見Hsiung, Ping-chen, "Constructed Emotions: The Bond Between Mothers and Sons in Late Imperial China," *Late Imperial China* 15.1(1994): 87. 在納妾幾成風尚的明清時代，主母地位確定的大家族中，前述說法或可參考。但仍應考慮女性在確定不孕前的各種努力和決定養妾子時的心理狀態。以收養、過繼彌補無子之憾，歷代皆有事例可考，亦有法律可循。但並不表示女性因此而無生育的壓力。東漢明帝馬皇后無子而養賈貴人之子，史書先藉筮者之口謂其命本如此，次則描繪作此決定時明帝對馬后的勸撫，最後則稱讚皇后之盛德。魏晉南北朝婦女墓誌銘亦多大力稱揚善養妾子的主婦，凡此皆可見善養妾子對婦之不易。馬后事見《後漢書》卷10〈皇后紀〉上，頁408-409。婦女墓誌銘討論見Jender Lee, "The Life of Women in the Six Dynasties," *Journal of Women and Gender Studies* 4 (1993): 47-80。東晉散騎侍郎賀嶠妻于氏無子，養嶠仲兄群之子率爲子，後嶠妾張氏生子纂，于氏爲養子與立爲後之事上書皇帝，語多辛苦，亦可見生育對女性的社會壓力，見《通典》卷69〈養兄弟子爲後後自生子議〉頁1907-1913。至於漢魏六朝的平民，以核心與主幹家庭爲主，生子除繼嗣外，又是重要勞動力。對無力納妾的大多數家庭而言，由婦生子應是夫婦二人的共識。

佛，[12] 或求助於巫，[13] 或佩帶草藥，[14] 或就醫治療。[15] 各種辦法零星散見於史籍之中，而以醫方資料最爲豐富集中。醫方對求子夫婦各有不同建議，並且從

---

[11] 爲確保父系家族的血統純正，「淫」亦爲婦人七出之一。因此婦女無「廣接」一途可循。見陳顧遠，《中國婚姻史》（台北：台灣商務印書館重印，1936），184。

[12] 漢魏六朝以來，求子神佛包括高禖、河鼓織女、九子母和觀音等。自古以來，即有祀高禖以求者。《詩經》卷17之1〈大雅〉〈生民〉頁587稱姜嫄郊祀高禖而生后稷；《禮記》卷15〈月令〉頁299-300則稱御而有娠者，祠禖以求。《風土記》稱人們或於七夕向河鼓織女「乞富、乞壽、無子乞子」。見晉周處《風土記》，引自《玉燭寶典》卷7頁29-30；並見《太平御覽》卷31引多條七夕之俗。學者指出富貴、長壽、子孫繁榮，三種現世利益的代表，是西漢以來常套化祈求的內容。原本穿針乞巧求織女，應在祈求蠶桑順利，但到六朝以後，則爲富、壽、子孫所取代。見中村喬，《中國の年中行事》（東京：平凡社，1988），175-190「乞巧」。求九子母，見《荊楚歲時記》：「四月八日，長沙寺閣下，有九子母神，是日市肆之人，無子者，供養薄餅，以乞子，往往有驗。」《太平廣記》則記錄南朝孫道德、卞悅之等人向觀音求子而生男的故事。卞悅之的故事並說明卞妻先曾爲卞娶妾，亦積載不孕，才發願誦《觀音經》千遍，以祈求嗣。見《太平廣記》卷110〈報應九〉頁757「孫道德」條；卷111〈報應十〉頁760-761「卞悅之」條。兩條並出《冥祥記》。觀音在六朝時的神蹟，大多以救難爲主，賜子似非其主要形象，見牧田諦亮《六朝古逸觀世音應驗記の研究》（京都：平樂寺書店，1970）。求子諸神的初步介紹，見郭立誠《中國生育禮俗考》（台北：文史哲出版社，1971），1-42。

[13] 漢代鄭玄稱陳地俗好巫鬼，乃因「大姬無子，好巫覡禱祈鬼神歌舞之樂，民俗化而爲之。」見《詩經》卷7之1「陳風」頁249鄭玄《詩譜》文。討論見林富士《漢代的巫者》（台北：稻鄉出版社，1988），82。《南史》卷51〈吳昂傳〉頁1264載吳昂爲琅邪、彭城二郡太守時，「有女子年二十許，散髮黃衣，在武窟山石室中…人呼爲聖姑。就求子往往有效，造者充滿山谷。」顧炎武《日知錄》卷18頁433「女巫」條，引《魏書》〈高祖紀〉稱北魏孝文帝整頓孔廟之前，巫覡聚集孔廟。唐代封演《封氏聞見記》卷1頁3-4「儒教」條稱當時「婦人多於孔廟祈子，殊爲褻慢，有露形登夫子之榻者」。

[14] 自古即有婦女佩帶螽斯、鹿蜀、和宜男花等藥，企圖祓疾祈子的記載。《詩經》卷1之2〈螽斯〉稱螽斯「宜爾子孫，振振兮」。唐代陳藏器《本草拾遺》與明代李時珍《本草綱目》都認爲古人相信婦女佩帶處理過的螽斯，有助於懷孕生男。《山海經》「南山經」中則稱佩帶鹿蜀，多子多孫。學者認爲鹿蜀或即鹿茸。晉周處《風土記》中，又有佩帶宜男花求子的風俗。曹植並撰〈宜男花頌〉，稱讚其功效。以上各種佩帶草藥求子的討論，見伊藤清司，〈中國古代の妊娠祈願に關する咒的藥物——《山海經》の民俗學的研究〉，《中國學誌》7（1973）：21-54。

[15] 《史記》卷49〈外戚世家〉頁1980記載漢武帝陳皇后「求子，與醫錢凡九千萬，然竟無子」。

先秦到隋唐頗有轉變。其間消長，反應醫者對女性身體的認識，並涉及婦產科的發展，值得深入探討。

學者一般以宋代爲婦產科學確立的時代。專著大量出現，其中「經、帶、胎、產」的編排體例顯示婦產科理論臻於成熟，而朝廷設立產科醫學教育等措施，在在說明了婦產科醫學在宋代已形成專科。[16] 資料豐富加以學科確立，宋代以降婦產科醫學與生育文化史的相關研究，成果尚稱豐碩。[17] 相形之下，唐代以前婦產科專業不明顯，醫方涵蓋內容廣泛，若不另闢蹊徑，難以窺見婦科問題的發展。我曾探討漢唐之間的分娩、坐月禮俗，指出隋唐之際相關的婦產科知識與規範似有一整合過程。[18] 在閱讀醫方時，亦發現隋唐之際婦科論述出現，求子藥方大增，與前代頗爲不同。基於上述種種現象，本文將以漢唐之間求子方的發展爲主，討論婦科醫學的濫觴及其性別理論基礎。

醫者歷來爲方家之屬，《漢書》〈藝文志〉將醫經、經方、神僊與房中皆置於「方技類」中，並稱「方技者，皆生生之具，王官之一守也。」[19]《隋書》〈經籍志〉則將醫經、經方、房中、養生等各種書籍並列於「醫方類」中，並稱「醫方者，所以除疾疢，保性命之術者也。」[20] 而《新唐書》〈藝文志〉則將醫

---

[16] 馬大正，《中國婦產科發展史》（山西：科學教育出版社，1991），145-181「宋代婦產科的獨立分科與理論臨床的崛起」。

[17] 如劉靜貞討論宋代生育文化的宗教思想側面，見其〈從損子壞胎的報應傳說看宋代婦女的生育問題〉，《大陸雜誌》88：6（1995）：1-23；〈報償——宋人對親子關係緣起的一種解釋〉，《東吳歷史學報》2（1996）：21-54。Charlotte Furth 討論清代懷孕分娩的觀念，並觸及明清婦產科醫學與性別建構的議題，見其 "Concepts of Pregnancy, Childbirth, and Infancy in Ch'ing Dynasty China," *Journal of Asian Studies* 46.1(1987): 7-35；及 "Ming-Qing Medicine and the Construction of Gender,"《近代中國婦女史研究》2（1994）：229-50。以及Francesca Bray前引書。熊秉真則嘗試從文化和醫學兩方面因素探討明清婚內生育率，見Hsiung, Ping-chen, "More or Less: Cultural and Medical Factors Behind Marital Fertility in Late Imperial China," Paper prepared for the IUSSP/IRCJS Workshop (1994).

[18] 李貞德，〈漢唐之間醫書中的生產之道〉，《中央研究院歷史語言研究所集刊》67.3（1996）：533-654。

[19]《漢書》卷30〈藝文志〉頁1775-1780。

[20]《隋書》卷34〈經籍志〉頁1039-1050。

經列入「明堂經脈類」，將經方、養生、房中等列入「醫術類」中。[21] 唐代以前的相關資料大多亡佚，所幸藉考古和傳抄得以保存部份。學者或以「醫書」名之，或統稱之爲「醫學文獻」。[22] 但若放回漢唐之間的時代脈絡，則都不出「醫方」之屬。[23]

　　從先秦到隋唐，求子醫方或治療不孕育者，或針對專生女者，或期望生子富貴榮華，有時以不同方法分別處理，有時則欲畢其功於一役。大致而言，涉及求孕、求男與求好男等三方面。求孕方式，漢魏六朝所存房中及相關儀式行爲最多，藥方次之。至於隋唐，則藥方大量出現（見附錄A，B）。求神拜佛，除《醫心方》引一條《耆婆方》曰：「常以四月八日、二月八日，奉佛香花，令人多子多孫無病」外，醫方中尚未看見其他例子。[24] 房中術求子，歷史悠久，《漢書》〈藝文志〉「方技類」中所錄唯一的求子方《三家內房有子方》，即屬「房中家」類。但房中術最重要的目的似在養生，以之求子，有何技術與觀念上的問題？以下便先討論行房求子及其養生脈絡。

---

[21] 《新唐書》卷59〈藝文志〉頁1565-1573。

[22] 馬王堆出土文獻，包括醫經、經方、養生和房中等類，周一謀和馬繼興皆統稱之爲醫書，見周一謀、蕭佐桃《馬王堆醫書考注》（天津：科學技術出版社，1989）；馬繼興《馬王堆古醫書考釋》（湖南：科學技術出版社，1992）。日本平安朝名醫丹波康賴的《醫心方》中收錄十世紀之前中國的醫經、經方、養生和房中等各類作品，馬繼興亦統稱之爲「古醫學文獻」，見馬繼興〈『醫心方』中的古醫學文獻初探〉標題及其內文分類，《日本醫史學雜誌》31.1（1985）：326-371。

[23] 從典籍分類的發展來看，「醫」的專業性在漢唐之間似乎逐漸形成。然而，以「醫學文獻」概稱，則現代分類觀念無法包括古代醫方中的房中養生之術。本文所採用者，既爲現存自先秦至隋唐的醫方，爲了將討論主題放回適當的歷史脈絡中，配合《漢書》〈藝文志〉、《隋書》〈經籍志〉和《新唐書》〈藝文志〉的分類觀念，故於標題中稱這批材料爲求子「醫方」。本文所徵引者，大部份依據馬王堆出土戰國秦漢的方書，十世紀日本醫者丹波康賴所輯《醫心方》和唐代王燾《外台秘要》中所收錄漢魏南北朝的文獻，以及隋代巢元方《諸病源候總論》、唐初孫思邈《備急千金要方》和《千金翼方》中的資料。《醫心方》所錄各書年代之斷定，除少數例外，大致參考長澤元夫、後藤志朗〈引用書解說〉《醫心方中日文解說》，馬繼興〈『醫心方』中的古醫學文獻初探〉，和李建民〈馬王堆漢墓帛書「禹藏埋胞圖」箋證〉，《中央研究院歷史語言研究所集刊》65.4（1994）：725-832附錄（一）「歷代婦產科著作書目」。《諸病源候總論》以下簡稱《病源論》，《備急千金要方》簡稱《千金方》。

[24] 《醫心方》卷24頁4b。

二、房中術求子及其養生脈絡

1. 房中術求子

現存醫方中最早的求子記錄，可能是馬王堆《胎產書》中幼頻的行房建議：

《胎產書》：禹問幼頻曰：「我欲殖人生子，何如而有？」幼頻答曰：「月朔，已去汁Ｘ，三日中從之，有子。其一日男，其二日女也。」（A1）[25]

幼頻給禹的回答，著重適當的行房日期。漢魏以降的房中書和醫籍，亦延續此說，主要以婦人月事結束後數天內為受孕生育的重要時機。或謂月經後三日，或謂三五日，交而有子（A1, A15, A16）。或謂一日至三日有子，過四日則無子（A19）。或謂一日、三日為男，四日、五日為女，過此則徒損精力（A27）。或謂一、三日生男，二、四日生女（A21, B14），或加至五日生男，六日生女，過六則無子（A20）。此種看法雖與現代婦產科學對受孕的認識大相逕庭，卻自先秦以來轉相傳抄，少有改變。[26]

除應注意婦人月事之外，六朝房中書亦主張某些特定日期適合行房求子。或以戊子日有效（A4, A18），或以庚子、壬子日尤佳（A4, A23）。有時以日期配合行房方位，或向西北（A4），或面朝南（A25）。有時則加入其他儀式行為，如令婦蔽脛（A4），或夫婦共盜正月十五之燈盞，置於臥床下（A24），或取井中蝦蟆著戶上（A26）。事實上，行房猶如儀式行為，以之求子即為方術的運用。

---

[25] 本文行文時既為全錄醫方以便備查，又為避免過於冗長影響文氣，故將所引醫方全文皆置於附錄中。行文討論時則摘述醫方重點，並附編碼，除少數例外，不再於正文中重複抄錄醫方。

[26] 今日醫學的瞭解指出，婦女生理期結束後六日內，正屬下次排卵前的安全期，不易受孕。月事後行房求子的說法，《病源論》認為此時「子門開」，故交會有子（A19）；清代陳修園《女科要旨》則主張月事後數日內，惡血已清，胞內乾淨，正適合陽精陰血創造新生命。討論見Charlotte Furth, "Blood, Body and Gender:Medical Images of the Female Condition in China 1600-1850," *Chinese Science* 7 (1986): 43-66，註45。

　　行房求子與其他方術一樣，應配合天時地利人和。因此，方書教導人們注意行房時的身體狀況、天候現象、社會情境，和所處地點。並且這類警示，經常伴隨著求好子的願望。夫婦的身體狀況，如月水未清、父母有瘡、溫病未癒，皆令人生子不祥（A9）。飲酒飽食，因腹中鼓響，生子必癲狂（A8, A11）。勞倦重擔，筋腰苦痛；適才如廁，精氣衰竭；新沐浴而髮膚未乾，令人短氣；倘若行房，房中書警告生子必有殘廢缺陷（A11）。

　　天候現象特殊或不佳時，如日蝕月蝕、弦望朔晦、雷電霹靂、蜺虹地動、大寒大暑、大風大雨大霧，方書建議也不應行房。否則，非只百倍損於父母，並且受胎之子，會相應於當時的天候，或癰腫癲狂、或聾啞愚頑、或殘盲短壽、或不仁不孝（A8, A11, A12, A13, A20, A22）。尤其月蝕之子與母俱凶、雷電之子暴躁癲狂、晦冥之子聾啞殘盲等說法，更可見房事與天時相應的觀念。[27]

　　天人感應又不僅止於天候氣象，也包括社會情境與所處環境。房中書警告喪服未除之日、臘日齋戒之暮、燃燭未滅之時，若合陰陽，生子或爲虎狼所食，或聾啞死傷（A9, A12）。並要求慎選行房場所，強調應避免在神廟佛寺之中，井灶圜廁之側，和塚墓屍柩之旁（A20）。似乎與自古以來疾病受場所影響的觀念不無關係。[28]

　　日期無礙，還需注意行房與施瀉的時辰。《病源論》稱：「交會當用陽時，陽時從夜半至禺中是也。以此時有子，皆聰明長壽。勿用陰時，陰時從午至亥，有子皆頑暗而短命。」（A19）《千金方》則曰：「以生氣時夜半後乃施瀉，有子皆男，必壽而賢明高爵也。」（A20, B14）據《大淸經》：「從夜半至

---

[27] 行房應配合天時，是漢魏時的普遍觀念。《四民月令》強調「春分中，雷且發聲」，「五月，陰陽爭，血氣散」，「十一月，陰陽爭，血氣散」，這些節期都應「先後各五日，寢別外內」，本注稱「有不戒其容止者，生子不備。」學者認爲即指春分、夏至和冬至，應停止行房，以免爲節氣所擾。見石聲漢，《四民月令校注》（北京：中華書局，1965）；繆啓愉，《四民月令輯釋》（北京：農業出版社，1981）；渡部武，〈四民月令輯本稿〉，《東洋大學紀要文學部》45（1986）：92-132。

[28] 特殊疾病與場所的關係，見李建民，〈祟病與「場所」：傳統醫學對祟病的一種解釋〉，《漢學研究》12.1（1994）：101-148。李文中並舉婦女在神廟山林間感懷鬼胎數例。

日中爲生氣，從日中至夜半爲死氣。」[29] 則陽時與生氣無異（B14）。《千金翼方》再加細分，主張「老子曰：夜半合陰陽，生子上壽，賢明。夜半後合會，生子中壽，聰明智慧。雞鳴合會，生子下壽，剋父母。」（A22）《洞玄子》卻認爲老子以夜半得子爲上壽，夜半前得子爲中壽，夜半後得子爲下壽（A25）。如此看來，夜半雖爲最佳時機，夜半前後則利弊不一。然而《產經》卻稱：「夜半之子，天地閉塞，不瘖則聾盲。」（A8）《玉房秘訣》則稱人定之時，受胎生子不瘖則聾。並且還羅列其他時辰如黃昏、日入、日中、晡時生子的各種問題（A13）。[30] 主張「常向晨之際，以御陰陽，利身便驅，精光益張，生子富長命。」似乎只有夜半之後，日出之前的兩三個時辰適合行房求子。（A16）[31]

　　丈夫施洩的時機，不僅應配合天時，也應配合婦人的生理反應。或謂「交接洩精之時，候女快來，需與一時同洩」，爲能互相配合，應「先令女正面仰臥，端心一意，閉目內想受精氣」（A27）。南齊褚澄則主張「陰血先至，陽精後衝，血開裹精，精入爲骨，而男形成矣。陽精先入，陰血後參，精開裹血，血實居本，而女形成矣。」（A5）似乎高潮先後影響胎兒性別。[32]《玉房秘

---

[29] 《醫心方》卷28〈房內〉頁29b。《大清經》，依范行凖〈兩漢三國魏晉南北朝隋唐醫方簡錄〉列爲梁代著作。轉引自李零，《中國方術考》（北京：人民中國出版社，1993），360。

[30] 「人定」或指子時，則與夜半同義，或指亥時，則爲夜半之前。按雲夢秦簡乙種《日書》所載一日十二時制（甲種《日書》則載有一日十六時制），「人定」爲「子時」，而無「夜半」之名。但漢代所流行的一日十六時制，則既有「人定」，又有「夜半」；而晉、唐通用的一日十二時制中，「人定」爲「亥時」，「夜半」才是「子時」。故此處「人定」，可能爲夜半，也可能爲夜半前。「晡」爲申時，午後三點到五點，又分上中下三晡。申末爲下晡，指日已欲暗之時，史書中所謂「日晡」也。「晡」和時間的討論，參顧炎武《日知錄》卷21頁576-579「古無一日分爲十二時」條；饒宗頤、曾憲通，《雲夢秦簡日書研究》（香港：中文大學出版社，1982），29-31「日辰十二時異名」條；周一良《魏晉南北朝史札記》（北京：中華書局，1985），135-137「公主自有居第」條。

[31] 學者或懷疑上述各種行房禁忌，加上對受孕期的認識錯誤，很可能影響中國人口出生率。見Hsiung, "More or Less: Cultural and Medical Factors Behind Marital Fertility in Late Imperial China".

[32] 今日生殖醫學或謂女性達到高潮時，陰道內會分泌適合帶有Y染色體（決定生男者）的精子活動。雖與褚澄之說暗合，理論基礎卻迥異，不能視爲六朝醫學效驗之證。褚澄的說

訣》更精緻地描繪行房之法，肯定女性愉悅對求好子的功效：

> 素女曰，求子法自有常。清心遠慮，安定其衿袍，垂虛齋戒，以婦人月經
> 後三日，夜半之後，雞鳴之前，嬉戲令女盛動，乃往從之，適其道理，同
> 其快樂，卻身施寫，勿過遠至麥齒，遠則過子門不入子戶。若依道術有
> （子），有子賢良而老壽也。（A15）

清心齋戒，慎重其事，表現行房求子的方術性格。所挑選的日期與時辰，皆
為先秦以來房中書的共識。「令女盛動，乃往從之」，與洞玄子之說相同，亦頗
合褚澄求男理論。「適其道理，同其快樂」的建議，則顯示為求好子，必須注意
女性的生理和情緒反應。有時房中書甚至主張女性採取主動，在行房時引導並觀
察男性，以便在「聞知男人精出」的同時，吞服預備的小豆，治療無子（A14）。

為使求子奏效，房中書對於行房深淺程度也詳細指示。引文中的麥齒一詞，
亦出現在馬王堆帛書《養生方》的附圖中，學者推測當為女性器官的隱語（見
附圖一）。唐代以前的房中書皆未言明所指為何，明代《素女妙論》則稱女子
陰中有八名，「二曰麥齒，其深二寸」。[33]《外台秘要》引《千金方》行房求
子，稱「下精欲得，去玉門入半寸，不爾過子宮。」（A20, B14）究竟半寸、二
寸，何者為宜，以現存房中書所見，難以確知。但為求子有得，施洩必須拿捏
準確，則無庸置疑。

精選時機，審慎配合，交會如法，孫思邈相信「則有福德大聖善人降託胎
中，仍令父母性行調順，所作合應，家道日隆，祥瑞競集。」倘若不然，「則
有薄福愚癡惡人來託胎中，令父母性行凶險，所作不成，家道日否，咎徵屢
至。」可見影響所及，非僅個人禍福，更在整個父系家族的興衰。（A20）

法，在《病源論》和《千金方》中不見。但宋代陳自明，明代萬全，似皆接受此說。萬
全並用以教導士大夫階層的新郎耐心對待妻子。見Charlotte Furth, "Rethinking Van Gulik:
Sexuality and Reproduction in Traditional Chinese Medicine," *Engendering China: Women,
Culture, and the State* (Cambridge:Harvard University Press,1994), 125-146.

[33] 見馬繼興，《馬王堆古醫書考釋》，747-748，並見附圖一。《素女妙論》所稱陰中八名
為琴絃、麥齒、妥谿、玄珠、谷實、愈闕、昆戶、北極，見高羅佩著，楊權譯，《秘戲
圖考》（廣東：人民出版社，1992），400。房術隱語，見李零，《中國方術考》第七章
「馬王堆房中書研究」，392-399。

　　房中本為養生要術之一，自有技巧規範，但為求子，某些規則必須有所變動。最明顯的差別當在施洩與否。房術養生，為能達到採陰補陽的目的，必須忍精不洩、還精補腦。行房求子，則必須施洩。然而，男精畢竟被視為男性生命的泉源要素，並且存量有限，因此求子醫方也主張施洩必須十分謹慎。除此之外，房中術求子與養生在施術與受術的規定上，也有不同。以下便從養生的脈絡，試探行房求子的意義。

2. 求子與養生異同

　　房中術在一般觀念中，多停留在性技巧的範圍內，與其相關的研究課題，常為學者所迴避。其實，從秦漢到明清，房中術的內容、運用與定位頗有演變。前已言及，《漢書》〈藝文志〉將房中與醫經、經方、神僊並列於「方技類」中，並稱其為「生生之具」。其中房中八家，所錄共一百八十六卷，超過方技類八百六十八卷的八分之一。《隋書》〈經籍志〉則將房中與醫經、經方、養生等各種書籍並列於「醫方類」中，認為其具「除疾保命」之效。但所收房中書不過十幾卷，僅佔醫方共四千五百一十卷的一小部份。《新唐書》〈藝文志〉則將醫經列入「明堂經脈類」，而將經方、養生、房中等列入「醫術類」中。其中房中書部分，只收錄《葛氏房中祕術》一卷，和張鼎《沖和子玉房祕訣》十卷，分量與《漢書》〈藝文志〉更不可同日而語。

　　宋代以後，記載於《漢書》〈藝文志〉、《隋書》〈經籍志〉和《新唐書》〈藝文志〉中的房中書，大多亡佚，並且正史也不再收錄房中術專書。清末葉德輝自日本名醫丹波康賴所錄《醫心方》〈房內〉卷中，輯回中國古代房中書佚文，此後研究者多奉為依據。[34] 一九五○、六○年代荷蘭漢學家高羅佩據之討論中國古代房中術，認為古代房中書表現了未受宋明理學的限制之前，中國人健康的性態度，一方面並無性壓抑情結，另方面講究男女雙方的性愉悅。[35] 最近學者

---

[34] 李零，《中國方術考》，362-367。
[35] 見高羅佩著，楊權譯，《秘戲圖考》；高羅佩著，李零、郭曉惠等譯，《中國古代房內考》，（上海：人民出版社，1990）。

研究則指出，房中術的最終目的，或與性愉悅等議題無關，而在於養生與求子。[36]

　　古典社會的封建關係在春秋戰國時代逐漸瓦解，學者認爲當此之時人們將過去對於宗族綿延的期望，部份移轉爲對個人生命延長的修練。「養形」傳統漸進發展，甚至相信個人可以藉由養護身體而長生不老。[37] 養生之家所運用的方法，除導引行氣之外，也包括房中術。房中書作爲養生的手冊，預設的讀者總是男人。房中術或稱爲「接陰之道」、「御婦人之術」，其中說明行房時的反應詳於女而略於男，尤其對女性的動作、聲音、表情、甚至分泌物，描繪細膩，顯示男性的觀察位置，並且觀察入微。[38] 雖然房中書亦稱西王母與童男交而養陰得道，但總不忘提醒讀者爾盈我虧的原理，或謂西王母之事「不可爲世教」，或警告「養陽之家，不可令女人竊窺」，以免「利器假人」。[39]

　　精氣既被視爲只有一定存量，採補盈虧之際便被形容爲男女相戰。除應愼選時機與場所外，對男性而言，行房的對手最好是少不更事、情欲初動的童女。假使求之不得，能有十四歲以上，十九歲以下者，「還甚益佳」，並且人數多多益善。所謂「但接而勿施，能一日一夕，數十交而不失精者，諸病甚愈（瘉），年壽日益。」[40] 倘若年未三十，卻已經產育的女人，雖與之行房，也「不能益也」。[41] 然而，爲了求子，原本行房養生的規則卻有所變動。

---

[36] 周一謀，《中國古代房事養生學》（北京：中外文化出版社，1989），21-45；李建民，〈養生、情色與房中術：中國早期房中術之探索〉，《北縣文化》38（1993）：18-23；Charlotte Furth, "Rethinking Van Gulik," 125-146.

[37] 杜正勝，〈從眉壽到長生——中國古代生命觀念的轉變〉，《中央研究院歷史語言研究所集刊》66.2（1995）：383-487。

[38] ・「接陰之道」語見馬王堆房中書《十問》；「御婦人之術」語見《後漢書》卷72〈方術列傳〉頁2741注。女詳男略的描寫與意義，見李零，《中國方術考》，383-91。學者或稱古房中術有養陽與養陰二支，而後者可能爲「御男子之術」，所預設的讀者則爲女性。但以目前所知，最晚到漢代，養陰之家已被視爲挾邪方術的「婦人媚道」，其地位和勢力與養陽御女之術已有天壤之別。討論見李建民，〈「婦人媚道」考——傳統家庭的衝突與化解方術〉，《新史學》7.4（1996）：1-32。

[39] 見《醫心方》卷28〈房內〉頁5b-7a「養陽」，頁7a-8a「養陰」。

[40] 見《醫心方》卷28〈房內〉頁10a。討論見李建民，〈養生、情色與房中術：中國早期房中術之探索〉；Charlotte Furth, "Rethinking Van Gulik", 125-146.

[41] 《醫心方》卷28頁5-6〈房內〉。

　　求子與養生的房中規則，在時機、場所和身體狀況的要求方面，大致相同。對女性情緒的照顧稍有小異，最大的差別則在於施術者的性別與受術者的選擇。房中術求子，為使胎兒符合理想的性別與性情，更加重視女性的情緒。若能使女伴快意，「陰精」先至，方書認為生子必男，且賢良老壽。甚至，為了治療無子之疾，女性亦可在行房時採取主導的觀察位置，以便配合吞豆等方術求子（A14）。此種例子雖不多，卻非養生房中術所可望及。[42]

　　最重要的是，房中術求子，行房的對象不再是「不知道」的童女，而應選擇發育成熟的女人。醫方主張，合陰陽，男女應當其年，因此「男雖十六而精通，必三十而娶；女雖十四而天癸至，必二十而嫁」，原因在於「陰陽氣完實而交合，則交而孕，孕而育，育而為子，堅壯強壽。」否則便「交而不孕，孕而不育，育而子脆不壽。」（A7）甚至女子天癸至後十年內，也不應急於合陰陽。否則，陰血不調，「不調則舊血不出，新血誤行，或漬而入骨，或變而之腫，或雖合而無子。」（A6）此外，倘若男女一方年紀太大，則應選擇較年輕的另一半，所謂「老陽遇少陰，老陰遇少陽，亦有子之道也。」（A7）因此，與房中養生背道而馳的「男少女老配」，雖然在廣接廣娶、完實而交的建議下，未必真的實行，卻也被視為一種合理的選擇。

　　古人又認為女性有多子與少子的差別。由於男精物稀而貴，不應妄施於「不生之地」，因此不論宮廷或民間，都有不應御無子之女的看法。《漢官舊儀》記載：「御幸賜銀鐶，（掖庭）令書得鐶數，計月日無子，罷廢不得復御」。[43]《太平經》則稱：「今無子之女，雖日百施其中，猶無所生也…故古者聖賢不妄施於不生之地也」。[44] 所謂多子宜男與否，有時以相術行之。例如晉武帝為太

---

[42] 此種由女性主導的行房規則，不論為養生、或為求子，極有可能是古房中養陰一支的殘留，但在漢唐之間的房中書中已寥寥可數。並且，在婦科以藥物求子的強勢發展後，更加式微。詳見下討論。

[43] 《漢官舊儀》卷下，頁45。

[44] 王明《太平經合校》附錄「太平經佚文」，頁733。宮廷與民間雖然想法類似，但能身體力行的，大概也只有王公貴族之類的「聖賢」。房中書養生以聖君為習術施術的主角和預設的讀者，目的在於升仙，討論見Charlotte Furth, "Rethinking Van Gulik".

子選妻，曰：「衛公女有五可，賈公女有五不可。衛家種賢而多子，美而長白；賈家種妒而少子，醜而短黑。」[45] 然而史籍醫方卻暗示，也有專門尋求已生育多男者行之。戰國楚考烈王無子，春申君爲之「求婦人宜子者進之」。[46] 南齊褚澄則建議建平王：「婦人有所產皆女者，有所產皆男者，大王誠能訪求多男婦人，謀置宮府，有男之道也。」（A7）從行文看來，似乎是直接以「宜男婦人」爲後宮嬪妃，與之交接，以便生男。果然如此，則爲了求子，不但不必少女，甚至已有生育經驗的女性，也可作爲行房的對象。

　　房中術養生，以增進男子的健康與壽命；行房求子，以保障父系家族綿延不絕，女性作爲實現目的的工具，在其中佔有舉足輕重的份量。兩相比較，求子房中術對女性的發育與健康似乎照顧得較爲周到，並且有可能以「母以子貴」來回報女性在其中的貢獻。訪求多男婦人的觀念與作法，甚至有挑戰養生規則中處女情結的意味。然而也正因此，暗示了生育爲女性天職的態度。雖然男性肩負尋訪與觀察之責，但能生與否，則在女性，並不脫離將女性放在焦點位置的態度。

　　房中養生時亦兼用藥物，馬王堆房中書中所列，除補身壯陽之外，又有給男女個別或共用的媚藥。[47] 然養生藥物，甚少提及求子之效。可能是壯陽便可得子，其理不言自明。但若以馬王堆《養生方》中諸壯陽藥所宣稱的功效，如「食脯一寸勝一人、十寸勝十人」，「食脯四寸，六十五」等語來看，則壯陽目的在於多御，而非求子。[48] 《醫心方》〈房內〉卷有「用藥石」章，所錄藥石多在壯陽，效驗則在「可御數十女」，偶亦言及服藥之後又生數子，以爲佐證。[49] 顯然房中術用藥，重點在於幫助行房，多御可以養生，生子則是邊際效用。至於針對男性腎疾、腰痛、膀胱和陰中諸病所開列的藥方，除少數例外（如B3, B6, B11），多不討論生育功能。倒是在合藥時，頗好用鹿角等房中書所採壯陽配方；而在標榜治療效驗時，則稱久服輕身、不老、聰明，顯示「有病

---

[45] 《晉書》卷31〈后妃〉上「惠賈皇后」頁963。

[46] 《戰國策》卷17〈楚四〉頁575「楚考烈王無子」。

[47] 李零，《中國方術考》，425-429。

[48] 《馬王堆古醫書考釋》頁667及其後。馬繼興推測各方之末的數字，即如《玉房指要》所云「十餘不息……服之一夜行七十女」，亦即多御。

[49] 《醫心方》卷28〈房內〉頁39a-46b。

治病，無病補身」的觀念，重點仍在養生，而非求子。[50]

其實，歷來求子也有用藥者，但爲數不多。六朝醫方中偶見成對藥方，讓夫婦一同治療無子之疾。隋唐之際，求子藥方則大量出現，然而全列在婦人方中，針對女性身體和生育功能下藥。至於五世紀時丈夫求子方中的重要配藥蛇床子，在七世紀孫思邈的男性補虛方中，則被形容爲服用之後「十五日身體輕，三十日聰明，五十日可御五女。」完全未提及求子功能。[51]求子醫方從房中到草藥，從敎導男性尋訪宜男之女、愼選行房時機爲重，到針對婦人身體下藥治療爲主，頗能呈現隋唐之際婦產科發展的軌跡。其中，實牽涉醫方對於無子原因的論述。

醫方行文，多用「無子」、「求子」之語，然以上下文觀之，所論者實爲「不孕」之症，下藥則爲「求孕受胎」。一旦懷孕，則以安胎藥維持妊娠，以轉胎求男，以養胎和胎敎求好男。各種藥方作用不同，所關心者則爲誕育賢良子嗣，以下便分別論之。

三、草藥求子與安胎

1. 醫方中的無子論述

古典醫經祖述人體結構，不論說明十二經絡、五臟六腑，或分析病因、開方下藥，大多並不男女分論。[52]《素問》〈上古天眞論〉提及生育年齡，分男女而論之，稱女子「二七而天癸至，任脈通，太衝脈盛，月事以時下，故有

---

[50] 《醫心方》卷6有治腰痛、腎病、膀胱病的藥方；卷7則以治療男性各種陰瘡腫瘍爲主。《千金方》卷19〈腎臟〉爲治腎病諸方，卷20〈膀胱腑〉則爲治膀胱諸方。《外台秘要》卷17〈虛勞〉主治男性腰腎虛勞。鹿角製藥，見《醫心方》卷28〈房內〉頁39b以下；《千金方》卷19〈腎臟〉頁656「鹿角丸」，卷20〈膀胱腑〉頁679「雜補第七」等。服藥治病補身以達養生之效，見《千金方》卷19〈腎臟〉頁656-660。

[51] 《千金方》卷19〈腎臟〉頁657。

[52] 見杜正勝，〈形體、精氣與魂魄——中國傳統對「人」認識的形成〉，《新史學》2.3（1991）：1-65；及Charlotte Furth, "Ming-Qing Medicine and the Construction of Gender," 229-250.

子……七七任脈虛，太衝脈衰少，天癸竭，地道不通，故形壞而無子也。」男
子則「二八腎氣盛，天癸至，精氣溢寫，陰陽和，故能有子……八八……五藏
皆衰，筋骨解墮，天癸盡矣。故髮鬢白，身體重，行步不正，而無子耳。」其
重點在表現人體生長衰老的自然規律，而非討論無子為病的問題。[53]

　　自古醫家便有專為婦人病而開立的藥方，但恐非以求子為首務。史載扁鵲
「過邯鄲，聞貴婦人，即為帶下醫」。[54] 然趙國多歌女，療婦人帶下，目的未必
在於求孕生育。《漢書》〈藝文志〉「經方類」中載《婦人嬰兒方》十九卷，
現已不得見。漢代張仲景《金匱要略》中有三卷討論婦人諸病，除溫經湯一例
外（B5），全都止於妊娠、產後與風寒雜病，並不涉及無子之狀。[55]《隋書》
〈經籍志〉中收錄的婦產科醫方有《張仲景療婦人方》二卷、《徐文伯療婦人
瘕》一卷，和《療婦人產後雜方》三卷。以題目看來，除徐文伯書或因討論癥
瘕，可能提及無子之外，另二者是否涉及無子之症，難以確知。[56]《醫心方》與
《外台秘要》中所存六朝醫方，稍微涉及求子，並有夫婦共治之方。隋代巢元方
《病源論》首將〈無子候〉列於婦人諸病中專題討論。唐初《千金方》則大量收
錄求子藥方，並列於婦人方之首。從求子論述與藥方出現的時間來看，醫者對
於產育活動的介入，似有從妊娠、分娩，逐漸提前到行房、受孕的軌跡。而用
藥則是醫者的重要自我界定。[57]

　　《病源論》稱婦人無子，或因墳墓不祀，或因夫婦年命相剋，或因夫病婦
疾。前二者「非藥能益」，但夫病婦疾則可用藥治療，將醫者的求子功能界定

---

[53] 郭靄春主編《黃帝內經素問校注》卷1〈上古天眞論篇〉頁9-13。

[54]《史記》卷105〈扁鵲蒼公列傳〉頁2794。

[55] 張仲景《金匱要略》卷20〈婦人妊娠病脈證治〉，卷21〈婦人產後病脈證治〉，卷22
〈婦人雜病脈證并治〉。

[56]《隋書》卷34〈經籍志〉頁1045-1047。

[57] 本草藥學在傳統中國醫療發展史中，呈現「從經驗到理論，從簡單到複雜，從少到多的
過程」，並且藥方至今仍在持續增加與淘汰中。這種現象，與經脈學說在漢代即臻成熟
之境，未見增減的情況有別，亦與後世不好講針灸之法，致令逐漸失傳的問題不同。論
本草之引文，見廖育群，《岐黃醫道》（遼寧：教育出版社，1991），15。針灸失傳
論，見清代徐靈胎，《醫學源流論》，收入《徐靈胎醫書全集》，頁96-98。

在用藥方面。[58]《千金方》因襲並發揮《病源論》的說法，認為求子有成的先決條件在於夫婦本命沒有問題。[59] 倘若本命並無不利，卻未能生育，「當為夫妻俱有五勞七傷」。若能按方服藥，則「無不有子也」（B20）。

雖說夫病婦疾皆可導致無子，然而醫方論述與下藥，卻主要以無子為婦人之病。醫者向來以陽氣不足、精清冷少為男性無子的唯一理由。張仲景稱：「男子脈浮弱而澀，為無子，精氣清冷。」[60] 巢元方認為：

> 丈夫無子者，其精清如水，冷如冰鐵，皆為無子之候。又泄精，精不射出，但聚於陰頭，亦無子。無此之候皆有子。[61]

從男性求子方來看，精清冷少或由陰弱失精（B3, B4），或由陰萎不起（B6, B61），而治療之法，則多標榜補其陽氣。醫方重點在於描繪性器病變的現象，從未專列一章，深入討論男性身體與生育能力的關連。《千金方》羅列大量求子藥，但其主要對象也是婦人。男性的無子藥方，顯然繼承了前代傳統，並無突破（B20, B21, B26）。至於治療男性腰腎病變，以致「精自泄出」、「房室不舉」的藥方，雖亦增加不少，所標榜的卻仍是補腎固精、養生延年，並不討論生育之效。[62]

相形之下，女性求子藥方與日俱增，無子論述亦漸趨繁複。漢唐之間婦人求子藥方，或矯治器官缺陷，如陰寒不開（B15, B34, B60）、子門不正，以致不受子精（B40, B44, B58）；或因應特殊情境，如陰陽患痛、夢與鬼交，以致不喜行房（B44）。但絕大多數，則是針對勞損受風、患病絕產下藥。而這也是醫方無子論述的重點。

---

[58] 《巢氏諸病源候總論》卷38〈婦人雜病諸候二〉頁13「無子候」。

[59] 第一、夫婦本命相生而非相剋；第二、夫婦本命與德合而非刑殺沖破；第三、夫婦本命不在休廢死墓中。若三項都不利，則求子不可得，並且也不應求。因為即使求得子嗣，將來亦拖累家人。見《千金方》卷2〈婦人方上〉「求子第一」頁29。陳自明《婦人大全良方》卷9〈陳無擇求子論第一〉指出無子問題，夫婦可能都有責任，至於巢元方和孫思邈「墳墓不嗣」「年命相剋」的說法，則稱「理或有之」。

[60] 《金匱要略》卷6〈血痺虛勞病脈證并治〉頁90。

[61] 《巢氏諸病源候總論》卷3〈虛勞病諸候上〉頁9「虛勞無子候」。

[62] 見《千金方》卷19〈腎臟〉為治腎病諸方。

《病源論》卷38至40為《婦人雜病諸候》，卷41、42為《婦人妊娠病諸候》，卷43、44則為《婦人產後病諸候》，將女性的身體與疾病，以生育為基礎，一分為三。並且，不論說明風虛勞冷、月水不調、癥瘕帶下、或產後諸病，皆不忘警告讀者病重可導致無子。卷38《婦人雜病諸候二》之末，更有〈無子候〉專節。卷39《婦人雜病諸候三》則細論〈月水不利無子候〉〈月水不通無子候〉〈子臟冷無子候〉〈帶下無子候〉和〈結積無子候〉等諸狀。行文分類，莫不以婦人無子為念，以生育子嗣為禱。

依巢元方看來，婦人無子的主因在於胞內生病，症狀則為經血之行乖候：

> 《病源論》：然婦人挾疾無子，皆由勞傷血氣，冷熱不調，而受風寒，客於子宮，致使胞內生病。或月經澀閉，或崩內帶下，致陰陽之氣不和，經血之行乖候，故無子也。[63]

或由勞傷血氣，或因冷熱不調，致令子臟受到風寒。勞傷血氣，巢元方引《養生方》舉例說明：「少時若新產後，急帶舉重，子陰挺出，或傾邪月水不瀉，陰中激痛下寒，令人無子。」[64] 冷熱不調，醫方大多偏重於「當風取冷」。《千金方》便曾細述「寒從下入」的種種情境。舉凡「產後未滿百日，便利於懸圊上」（B40）、「與夫臥起，月經不去」（B43）、「臥濕冷地，以冷水洗浴」（B43）、「瘡痍未瘥，便合陰陽」（B43）、「起早作勞，衣單席薄」（B43），醫方主張皆足以令婦人胞內生病。除此之外，飲食不節也會造成「子臟冷」和「結積」的症狀。[65]

由於「衝任之脈皆起於胞內，為經絡之海」，而「月水是經絡之餘」，胞內生病，便造成月水不調。[66] 不調之狀，或過多過少、或瘀滯積聚，而醫者對月水不利的關注似乎超過月水過多。巢元方指出：「血得溫則宣流，得寒則凝結，故月水不通，冷熱血結，搏子臟而成病。」[67] 故此，《病源論》說明月水

---

[63] 《巢氏諸病源候總論》卷38〈婦人雜病諸候二〉頁13「無子候」。
[64] 《巢氏諸病源候總論》卷39〈婦人雜病諸候三〉頁1-2「月水不通無子候」。
[65] 《巢氏諸病源候總論》卷39〈婦人雜病諸候三〉頁2-3「子臟冷無子候」，「結積無子候」。
[66] 《巢氏諸病源候總論》卷37〈婦人雜病諸候一〉頁8-9「月水不調候」。
[67] 《巢氏諸病源候總論》卷39〈婦人雜病諸候三〉頁1-2「月水不通無子候」。

不利、不通所造成的積聚、癥瘕，甚於月水過多的病變。[68]《千金方》調經藥方亦以月水不通爲主，稍及月水過多而已。[69] 調經治療以不通、不利爲重，呼應自古「月事以時下則有子」的認識；風寒客於胞內以致無子的說法，則使求子藥方以熱腹、下惡物爲主。[70] 以下便試論草藥求子諸方。

2. 草藥求子

隋唐以前的醫方中有服用草藥求子者，但現存藥方不多。馬王堆《胎產書》教夫婦共飲以「九宗之草」製作的酒求子（B1），但不知所指爲何。漢代張仲景《金匱要略》所錄「溫經湯」，主要在治曾有半產瘀血病歷，五十歲停經後爲「下利之疾」所苦的婦人，但因具調經之效，也可用於「久不受胎」者（B5）。旱灘坡出土漢簡「白水侯方」中有一方以栝樓根等草藥治療男子陰疾，稱有此疾則「毋子」，顯然藥方亦具求子之效（B6）。晉代《葛氏方》治婦人無子，或以陰乾的桃花蓓蕾搗末酒服（B8），或以柏子人、茯苓末，和乳汁爲丸服下（B9），或以大黃、桃仁等藥通經求子（B7）。劉宋《小品方》則以附子等藥，治療男子腰痛陰萎與無子之症（B11）。[71]

五世紀的《僧深方》錄「慶雲散」專治丈夫陽氣不足，不能施化而無子（B12），和「承澤丸」治婦人不孕育及絕產（B13）。六世紀《經心錄》則收「七子散」治丈夫精氣衰少（B14），和「茱萸丸」療婦人陰寒無子（B15）。藥

---

[68] 《巢氏諸病源候總論》卷37〈婦人雜病諸候一〉及卷38〈婦人雜病諸候二〉。

[69] 《千金方》卷4除「月水不調」治療月水乍多乍少之外，並立「月水不通」一節。

[70] 調經成爲宋代以降婦產科之首務，原因即在於月經被視爲健康與疾病的徵兆。其背景又在於「血」是婦人存活的基礎，流通順暢則健康，瘀滯則生病。見陳自明，《婦人良方大全》卷1〈調經門〉。討論見Charlotte Furth, "Blood, Body and Gender," 51.

[71] 《小品方》著作時代，馬繼興〈『醫心方』中的古醫學文獻初探〉訂爲晉代。馬大正《中國婦產科發展史》訂爲兩晉之際，四世紀初。湯萬春《小品方輯錄箋注》訂爲南北朝時期。但三者皆未說明判斷標準。任旭〈《小品方》殘卷簡介〉，《中華醫史雜誌》17.2（1987）：71-73；廖育群〈陳延之與《小品方》研究的新進展〉，《中華醫史雜誌》17.2（1987）：74-75，則訂爲劉宋時期。今暫從任、廖二人之說。

方成對出現，讓夫婦搭配治療，顯示無子或因夫病，或因婦疾，兩人都有一定的責任。《錄驗方》甚至主張「但生女無男，此大夫病，非婦人過」，主張丈夫服用以馬齒和菟絲子合製而成的馬齒散治療（B18）。以馬齒散爲丈夫求子，後代醫書皆不載。《僧深方》所錄慶雲散和承澤丸，孫思邈曰：「古者求子，多用……今代人絕不用此，雖未試驗，其法可重，故述之。」（B26, B27）似乎從五世紀到七世紀的兩百年間，求子藥方已頗多變化。[72] 而最大的變化，實在於給婦人服用的求子藥方大增。

丈夫求子所用之慶雲散，以菟絲子、五味子、紫石英、和天門多爲主。其中，菟絲子和五味子亦用於療男子精氣不足而無子的七子散，收錄於《經心錄》和《千金方》之中。紫石英與天門多在《千金方》中，則不見用於男子之身，二者或合製成紫石門多丸（B20, B24, B38），或分別用於其他藥方，主治婦人無子之疾。[73]

七子散除菟絲子和五味子之外，又包括牡荆子、蒴藋子、車前子、附子、與蛇床子。菟絲子，醫方謂其養肌強陰，主治莖中寒、精自出、溺有餘瀝；甄權稱其治男女虛冷、添精益髓，則又非僅用於男子之身而已。[74] 五味子，醫方謂

---

[72] 《僧深方》作者深師，爲南朝宋（420-479）、齊（479-502）間人。《經心錄》作者爲北齊（550-577）宋俠。甄權（540-643）的《錄驗方》和孫思邈（581-682）的《千金方》雖皆成於唐初，但其作者則皆歷經北周、隋、唐三代，所錄亦包括南北朝藥方。

[73] 紫石英入求子藥，見B12, B24, B25, B26, B33, B34, B37；天門冬，見B12, B24, B26, B37, B38。紫石英，《神農本草經》謂其主治「女子風寒在子宮，絕孕十年無子」；甄權亦稱「女子服之有子」；李時珍則謂「女子虛寒不孕者宜之」。然而《本草經》亦稱其「久服溫中，輕身延年」，是修道之人服用的重金屬。見陶弘景《本草經集注》卷3〈草木上品〉頁141及《本草綱目》（一）卷8〈金石部〉頁512-514。天門冬，主治諸暴風濕偏痹，去寒熱，利小便。未言有子，多與紫石英配合製成圓丸服用。見《本草經集注》卷3〈草木上品〉頁194。

[74] 菟絲子，藥性功效，見《本草經集注》卷3〈草木上品〉頁235；《本草綱目》（二）卷18〈草部〉頁1235-1238。現代中草藥實驗，認爲菟絲子的醬油、浸劑、酊劑，能增強離體蟾蜍心臟的收縮力，降低麻醉犬的血壓，抑制腸道運動，對離體子宮表現興奮作用。但對男性生殖力的作用則未見説明。見《中藥誌》（北京：人民衛生出版社，1982-1989）（三），583-587, 113「菟絲子」條。

其強陰益男子精,並有生陰中肌的功效;[75] 故二者並見用於專治男子的慶雲散和七子散。然而,牡荊子,《名醫別錄》謂其除骨間寒熱,通利胃氣,徐之才謂其療風;二者皆未言及治療無子之效。[76] 蘵蓂子,《神農本草經》雖謂其益精光,但後世醫書多用來治療眼疾;[77] 二者對求子的功用,傳統醫方和現代中藥研究皆未說明。

附子,有大毒。史稱漢宣帝許皇后臨產,女侍醫淳于衍入宮前,受霍光夫人顯的威脅利誘,在皇后娩身後,以附子和大丸毒殺皇后。[78] 但醫方亦謂其溫中強陰、堅筋骨,可治腰脊風寒,常用以療產後風痓和下痢,是婦女產育要藥。[79] 車前子,一名芣苢,毛傳注《詩經》〈周南〉「芣苢」,便稱其「宜懷妊」。陶弘景謂其強陰益精、令人有子,並治男子傷中、女子淋瀝,醫方又稱其具滑胎易產之效,顯然認為對男女生殖都起作用。[80] 至於蛇床子,《神農本草經》

---

[75] 五味子,藥性功效,見《本草經集注》卷4〈草木中品〉頁266;《本草綱目》(二)卷18〈草部〉頁1238-1241。現代中草藥臨床實驗顯示五味子的功用非常多。其中之一即用於大鼠,能對抗睪丸酮,減輕大鼠腎上腺的重量,阻止維生素C含量的下降;見《中藥誌》(三),227-241,42「五味子」條。

[76] 牡荊子,藥性功效,見《本草綱目》(三)卷36〈木部〉頁2120-2124。

[77] 蘵蓂子,主治眼目赤腫熱痛,至於益精,僅《神農本草經》提及。見《本草經集注》卷3〈草木上品〉頁236;《本草綱目》(三)卷27〈菜部〉頁1649-1650。

[78] 事見《漢書》卷8〈宣帝紀〉頁251及卷97上〈外戚傳〉頁3966。

[79] 附子藥效,見《本草經集注》卷5〈草木下品〉頁344;《本草綱目》(二)卷17〈草部〉頁1158-1173。現代中草藥研究指出附子的特點在於炮製,其過程即在於將原來生品中所含毒性很強的雙酯類生物鹼,水解成毒性較小的單酯類鹼。臨床顯示具有促進腎上腺皮質功能,鎮痛抗炎,擴張冠狀血管和強心的作用。見《中藥誌》(一),137-141,23「附子」條。

[80] 車前子藥效,見《本草經集注》卷3〈草木上品〉頁233。然而陶弘景曰:「韓詩言芣苢,是木似李,食其實,宜子孫者,謬矣。」見《本草綱目》(二)卷16〈草部〉頁1069-1071。現代中草藥研究指出,車前子具有祛痰、利尿和使關節組織增生的作用。臨床上曾用於治療泌尿道疾病等,但對生殖的作用則未見說明。見《中藥誌》(三),242-249,43「車前子」條。至於其有助懷孕的說法,聞一多認為芣、胚皆「不」之孳乳字,苢、胎皆「以」之孳乳字,「故古人根據類似律(聲音類近)之魔術觀念,以為食芣苢即能受胎而生子。」。見其《詩經通義》「芣苢」條,收入《聞一多全集》(武漢:湖北人民出版社,1993),307-309。

謂其治男子陰痿濕癢、婦人陰中腫痛；陶弘景稱其令婦人子臟熱、男子陰強，
久服令人有子；甄權曰以之浴男子陰，「去風冷，大益陽事」；[81]《廣濟方》
和《延年方》則以之製成坐藥納於子宮中求子。顯示似乎不但男女皆可採用，
並且服食、洗浴與坐導，各有驗效（B55, B58）。[82]

　　至於婦人無子，漢唐之間的藥方主要以通經治療，作用方式則多為熱腹、開
子臟、和下惡物。所治之症，或「陰中冷溢出，子門閉」（B36）、或「緩急血
閉無子」（B37）、或「風冷在子宮，有子常墮落」（B38）、或「玉門冷如風
吹」（B39），或「少腹冷疼，氣不調」（B57），或「子藏偏僻，冷結無
子」，當以藥物「開子藏，令陰溫，即有子」（B15），而療效則以「腹中熱為
度」（B24）。熱腹、開子臟，多服藥丸，時或飲湯，或以坐藥納陰中為之
（B15, B23, B54, B55, B58）。所下惡物，或青或黃（B23, B28）、或如長蟲
（B28, B41）、或如魚子（B40）、或如雞肝米汁（B31）、豆汁鼻涕（B22,
B34），有時則下血（B28, B59）。不論如何，總是在於去瘀滯和積結。

　　《金匱要略》所錄溫經湯，主要作用在去半產之瘀血，故而少腹寒、久不受
胎者亦可用（B5）。其中要藥吳茱萸是產後調理湯藥中的重要本草，據說可以
溫中下氣、除濕血痺。《經心錄》用之求子，稱「但開子藏，令陰溫，即有子
也」。[83]《葛氏方》治月水不利以致無子的藥方，說明病源在於「結積」之

---

[81] 蛇床子，見《本草經集注》卷3〈草木上品〉頁234；《本草綱目》（二）卷14〈草部〉頁842-844。

[82] 現代中草藥指出，蛇床子流浸膏1：2濃度，對在37℃培養液中的陰道滴蟲，經17.5分鐘即可全部殺死。臨床用10%蛇床子煎劑及0.5g蛇床子提取物制成的片劑外用，經百餘例觀察，療效較好，滴蟲轉陰，癢感消失。此外，以乙醇提取物每日給小鼠皮下注射，連續32天，能延長雌性小鼠的動情期，縮短動情時間，並使子宮及卵巢的重量增加。這個發現，似與傳統醫方中治療無子的意見較為相關。見《中藥誌》（三），593-597，115「蛇床子」條。

[83] 吳茱萸，陳藏器曰：茱萸南北總有，以吳地者為好，見《本草綱目》（三）卷32〈果部〉頁1861-1866。現代中草藥研究則指出，吳茱萸除具部份鎮痛、驅迴蟲及抗菌抗病毒作用外，果實中分離出來的「N.N-二甲基-5甲氧基色胺」(N.N-dime-thyl-5-methoxytryptamine)為致幻劑，能對中樞神經產生與奮作用，大量可引起視力障礙、錯覺等；而辛內弗林(Synephrine)則具有使離體子宮肌肉鬆弛的作用；吳茱萸次鹼

故。其中要藥大黃，據說可下瘀血血閉、破癥瘕積聚，陶弘景、徐之才與甄權皆稱其具調經通血之效；隋唐醫方亦多次用於婦人求子。[84]

《千金方》更提供一套以湯、坐藥、和丸劑持續治療的醫方。婦人或立身以來全不產，或三十年不產者，孫思邈建議先喝朴消湯「蕩胞」，下「子宮內惡物」（B22）。爲恐惡物不能盡出，喝蕩胞湯後一日，再以坐藥導之（B23）。再一日，即可服紫石門冬丸，服法以「腹中熱爲度」（B24）。坐藥一日更換一次，醫書稱必下青黃冷汁，汁盡即可行房（B23）。服紫石門冬丸不禁房事，但「夫行不在不可服」（B24）。一方面處方步步精進，必爲婦人求子而後已；[85]另方面則不忘配合倫理觀念，警告婦人適當的服藥時機。[86]

服藥名爲求子，其實主在求孕。一旦受孕，就應停止服用求子藥方，否則「藥太過多，生兩子」（B44）。妊娠期間，倘若因孕婦體質不佳，或因頓仆驚恐造成胎動不安，漢代以來的醫方多錄有安胎草藥以治療之，其目的在於避免落胎。以下便試論之。[87]

(Rutaecarpine)的分解物芸香鹼(Ratamine)則對子宮有較強的收縮作用。吳茱萸在臨床上曾用於治療嘔吐流涎、劇烈頭痛、慢性頭痛及高血壓。見《中藥誌》（三），397-405，74「吳茱萸」條。用於產後補療，見李貞德〈漢唐之間醫書中的生產之道〉附錄。

[84] 大黃，見《本草綱目》（二）卷17〈草部〉頁1115-1122。現代中草藥研究指出，大黃有瀉下作用，臨床用於治療便秘。傳統醫方或即利用其瀉下功能通經求子。見《中藥誌》（一），24-35，5「大黃」條。入求子藥，見B28，B30，B31，B59。

[85] 以慶雲散、七子散治男子，蕩胞湯、坐藥、紫石門冬丸治婦人，明代薛己註宋代陳自明《婦人大全良方》則稱「愚按五方多慓悍之味，治當審察病因，不可輕用」。見《婦人大全良方》卷9〈求嗣門〉「求子服藥須知第九」。前述現代中草藥研究亦顯示七子散中不少配藥具有興奮，甚至致幻作用，與明代醫家的提醒，或不無關係。

[86] 孫思邈不只一處提醒夫不在不可服求子藥方，附錄B36亦然。附錄44並稱「當審方取好藥，寡婦、童女不可妄服。」

[87] 安胎以服湯藥爲主，殆爲唐代以來民間的共識。宋代四川大足石刻「説父母恩重經」中「安胎」一幕，亦以捧飲湯藥，而非以奉佛誦經表現。見附圖二。此外，妊娠期間的相關醫方，除安胎、轉胎、養胎與胎教外，也有墮胎藥方。漢唐之間的醫方大多表示，「妊娠去胎方」僅用於孕婦有病，不宜繼續懷孕的情況。然而史料顯示人們亦企圖以墮胎方節制生育。漢唐之間墮胎藥方及其運用，見李貞德，〈漢隋之間的「生子不舉」問題〉，《中央研究院歷史語言研究所集刊》66.3（1995）：747-812。本文以求子爲題，旨在説明漢唐之間醫方中求孕、求男與求好男的各種方法，故不討論墮胎方。

3. 安胎藥方

　　胎動不安，醫方多歸咎於妊娠期間養護不週，以用藥的時機看來，可能發生在任何月份。《病源論》稱：「胎動不安者，多因勞役氣力，或觸冒冷熱，或飲食不適，或居處失宜。輕者只轉動不安，重者便致傷墮。」因此主張：「若其母有疾以動胎，治母則胎安。若其胎有不牢固致動以病母者，治胎則母瘥。」[88] 各種醫方，或不討論胎動之由，僅言處置之法，或先說明胎動原因，再對症下藥。從主治病症看來，胎動不安至少包括漏胞、傷胎，和因頓仆、舉重、勞損、驚恐造成的問題。

　　「漏胞」的症狀，主要是妊娠期間血下不止，有如月水時來（C6, C18, C25, C46, C61）。醫方稱「血盡子死」，並且「非祇殺胞，亦損其母」，或以赤小豆作散溫酒服之（C18），[89] 或以雞子黃煮酒服之（C25），或熬豆醬以酒服之（C33），[90] 主要則以地黃合藥治療。地黃主治婦女傷中下血，不論生地黃或乾地黃，都見用於漏胞藥方中。有時「傷胞」或病因不明的妊娠下血，也用地黃治療。[91]「傷胞」或稱傷胎，專指妊娠行房，為夫所動（C3, C18, C43, C62, C64）。除地黃外，或以赤小豆酒服（C18），或飲竹瀝安胎（C43, C64）。[92]

---

[88]　《巢氏諸病源候總論》卷41〈婦人妊娠病諸候上〉「妊娠胎動候」頁8。

[89]　赤小豆，《神農本草經》謂其主下水、排癰腫膿血。陶弘景用之療寒熱、消渴，唯《小品方》用於漏胞傷胎。見《本草經集注》卷7〈果菜米穀有名無實〉頁503-504。

[90]　豆醬，陶弘景謂主除熱止煩滿。見《本草經集注》卷7〈果菜米穀有名無實〉頁514-515。

[91]　地黃用於安胎藥方，見附錄C2, C6, C14, C23, C24, C25, C36, C37, C40, C41, C42, C46, C47, C48, C61, C62。分娩血崩暈闕或產後惡露不止，亦多以地黃治之，見李貞德〈漢唐之間醫書中的生產之道〉。地黃，或謂以生成陽川澤黃土地者佳。陶弘景曰：生渭城者，乃有子實如小麥。今以彭城乾地黃最好，次歷陽，近用江寧板橋者為勝。蘇頌曰：今處處有之，以同州者為上。見《本草綱目》（二）卷16〈草部〉頁1019-1027。現代中草藥研究指出，地黃有降血糖、緩和瀉下、強心等作用。雖然現代中醫書仍稱地黃有涼血、止血及補血的功用，卻尚未見臨床實驗，也未說明是何種化學成分造成的效果。見《中藥誌》（二），337-340，67「地黃」條。

[92]　竹瀝即竹汁，以火炙竹，或炭火逼燒而得，陶弘景用以治中風、目痛。見《本草經集注》卷4〈草木中品〉頁277-279「竹葉」條；《本草綱目》（三）卷37〈木部〉頁2163-2170。

妊娠行房，利弊如何，現存漢唐之間的醫書未見討論。敦煌所見藏傳醫方主張：「分娩前與男人共床，孩子病少」（D49）。然而以漢醫數論傷胞之害、多錄安胎藥方來看，或未必贊成藏醫之見。

　　居處失宜以致胎動不安，除房室傷胞外，亦包括頓仆、舉重、驚恐、勞損等情形。除可以竹皮煮汁合藥外（C11, C19, C28, C32），醫方多以阿膠和艾葉治療。膠艾或單獨使用，或配合其他調血止血草藥，如芎藭、當歸，製成芎歸膠艾湯、安胎當歸湯等（C2, C13, C22, C53, C60）。阿膠，《神農本草經》謂煮牛皮作之，主治女子下血，陶弘景則稱具安胎之效。唐代陳藏器曰「諸膠皆能療風、止洩、補虛，而驢皮膠主風爲最，此阿膠所以勝諸膠也。」明代李時珍則謂「大要只是補血與液」。[93] 艾葉，《神農本草經》謂「主灸百病，可作煎……婦人漏血，利陰氣，生肌肉，辟風寒，使人有子。」[94] 一般多採陳久者，治令細軟，謂之熟艾，灸家用之，如孟子所謂「七年之病，求三年之艾」。但從安胎醫方看來，則多以生艾擣末，入藥服食。[95]

　　膠艾之外，蔥白、寄生、苧根亦多出現於安胎方中。蔥白即蔥莖，《神農本

---

[93] 阿膠入安胎藥，見C2, C6, C9, C13, C14, C15, C16, C22, C26, C28, C35, C37, C41, C42, C44, C45, C49, C52, C53, C60。阿膠產地，陶弘景曰「出東阿，故名阿膠，今都下亦能作之……用一片鹿角即成膠，不爾不成也。」見陶弘景《本草經集注》卷6〈蟲獸三品〉頁400「阿膠」條。酈道元《水經注》云：「東阿有井大如輪，深六七丈，歲常煮膠以貢天府者，即此也，此井乃濟水所注。」蘇頌曰：「今鄆州亦能作之，以阿縣城北井水作煮者爲眞，其井官禁，眞膠極難得。」見李時珍《本草綱目》（四）卷50〈獸部〉頁2793-2797「阿膠」條。現代中藥研究則以野驢皮製膠，謂可用於胎動下血等症，見《中國藥用動物誌》一，284；轉引自《中國本草圖錄》（北京：人民衛生出版社；香港：商務印書館，1987-1989）（一）：254，482「野驢」條。

[94] 見陶弘景《本草經集注》卷4〈草木中品〉頁316。

[95] 艾葉入安胎藥，見附錄C2, C13, C15, C21, C22, C37, C42, C53, C59, C60。諸方皆以艾葉直接入藥，C36並明言生艾。然而李時珍則主張：「入婦人丸散，需以熟艾用醋煮乾，擣成餅子，烘乾，再擣爲末用。」艾葉產地，陶弘景曰：「生田野」，蘇頌曰：「處處有之，以複道及四明者爲佳。」見《本草綱目》（二）卷15〈草部〉頁935-940「艾」條。現代中草藥研究，則稱可應用於功能性子宮出血、先兆流產、痛經、閉經、月經不調等，見《全國中草藥匯編》（北京：人民衛生出版社，1975）上，271，290「艾」條。

草經》謂其「可作湯，主治傷寒、寒熱、出汗、中風面目腫。」陶弘景稱可安
胎，主溺血。或與阿膠（C26, C35, C45, C53），或與旋覆花（C4），或與當歸
（C59）合藥，或單獨作湯（C5, C58）。[96] 寄生，《神農本草經》謂其有安胎之
效，陶弘景則稱：「治女子崩中，內傷不足」，甄權曰：「主懷妊漏血不止，
令胎牢固。」[97] 苧根，陶弘景稱具安胎之效，後世醫書亦多謂可止漏胎下血。[98]
綜上觀之，安胎湯藥，大多仍以止血、補血爲主。

　　妊娠期間養護不週，可能引起胎動不安，倘若孕婦體質不佳，也可能導致習
慣性流產。《病源論》謂：「若血氣虛損者，子臟爲風冷所居，則血氣不足，
故不能養胎，所以致胎數墮。」[99] 針對數落胎的孕婦，《錄驗方》以鯉魚煮粳
米滋補（C31），《產經》則作大麥豉羹食之（C39），《經心錄》以紫石門冬
丸調理（C34），《刪繁方》則用黃耆散酒服（C36）。而北齊徐之才的《逐月
養胎方》更將安胎與養胎並行。其中羅列由風寒、舉重、驚恐、憂愁等各種情
形引起的胎動不安，凡曾傷某月胎者，便於妊娠當月服滋補湯藥預安之並長養
之。如此一來，安胎成爲養胎之一環，而養胎則又有預安之效。

　　求孕與安胎，重點在於順利懷孕，以迄分娩。然人們求子之望，實非僅止於
斯。或即因此，醫方亦提供生育健康、聰明、賢良男兒的辦法。凡此轉胎、養
胎與胎敎之方，或如北齊徐之才《逐月養胎方》通稱之爲養胎，或如宋代陳自

---

[96] 蔥白，見《本草經集注》卷7〈果菜米穀有名無實〉頁486-487「蔥實」條。旋覆（復）
　　花又名金錢花，《神農本草經》以之主治「結氣、脅下滿，驚悸，除水，去五臟間寒
　　熱，補中下氣」；《別錄》以之通血脈；甄權則用於開胃止嘔；僅《金匱要略》用之於
　　治療半產漏下（C4），《產經》用於療六七月胎動不安（C27）。見《本草經集注》卷5
　　〈草木下品〉頁333-335；《本草綱目》（二）卷15〈草部〉頁961-963。現代中草藥研究則
　　稱旋覆花可治痰多咳喘、嘔吐等症。見《全國中草藥匯編》上，731，773「旋覆花」條。
[97] 李時珍曰：此物寄寓他木而生，如鳥立于上，故曰寄生。《別錄》：桑上寄生生弘農川
　　谷桑樹上。陶弘景謂亦有生於松上、楊上、楓上者，「各隨其樹名之」。見《本草綱
　　目》卷37〈木部〉（三）頁2158-2159。
[98] 蘇頌曰：「苧麻舊不著所出州土，今閩蜀江浙多有之……其根黃白而輕虛。」見《本草
　　綱目》（二）卷15〈草部〉頁977-979。現代中草藥研究亦稱用於胎動不安、先兆流產、
　　尿血等症，見《中藥誌》（二）：385-387，77「苧麻根」條。
[99] 《巢氏諸病源候總論》卷41〈婦人妊娠病諸候上〉「妊娠數墮胎候」頁11。

明《婦人大全良方》〈胎教門〉通稱之爲胎教。但若仔細分疏，可知三者之間
目的並不完全相同。轉胎在於性別（轉女爲男），養胎期之形貌（健康、美
好），胎教則著重道德性情（忠孝仁義）。並且不論方術或服藥，其機制皆爲
見物而化、外象內成。以下便試論之。

四、外象內成的轉胎、養胎與胎教

　　轉胎或行方術、或服藥物，大要爲求轉女爲男，而有效期限則以懷孕三個月
之前爲主。[100] 方術轉胎，歷代醫方一脈相承，馬王堆《胎產書》、北齊徐之才
《逐月養胎方》、隋代《產經》與巢元方《病源論》皆稱妊娠三月，未有定儀，
見物而化。欲生男者，應操弓矢、射雄雉、乘牡馬、觀虎豹；欲生女者，則應
著簪珥、紳珠子、施環佩（D1, D11, D34, D39）。相信孕婦的言行若與特定的性
別相關，胎兒便能相應轉化。除此之外，孕婦或溺於雄雞浴處（D6）、或佩帶
宜男花（D10）、[101] 或將弓弦帶在左臂、繫在腰下（D30, D42）、或以絳囊盛
雄黃帶之（D42）、或以雄鴨毛置於席下（D10）、或將大刀、斧頭擺在床下
（D6, D9, D36, D42），便能生男。似乎不論天生雄性的生物，或社會上代表男性
的用品，都有轉女爲男之效。《如意方》和《千金方》並稱斧頭之功，試用於

---

[100] 馬王堆《胎產書》除建議女子獨食烏雌雞求女外（B2），亦教導產婦以埋胞之法影響下
　　次懷孕，指出若欲生女，則埋胞陰垣下，欲生男，則埋胞陽垣下（A2）。然而，大部份
　　的醫方，不論方術或服藥，重點仍在轉女爲男。馬王堆《胎產書》中埋胞問題的研究，
　　見李建民，〈馬王堆「禹藏埋胞圖」箋証〉。

[101] 以宜男花求男，在漢魏六朝民間似乎頗爲普遍。晉《風土記》稱宜男花又名鹿葱、萱
　　草，「懷妊婦人佩之，必生男。」《錄異記》說同。三國時曹植撰〈宜男花頌〉，晉代
　　傅玄和夏侯湛都曾撰〈宜男花賦〉，嵇含〈宜男花賦序〉則曰：「荊楚之土，號曰鹿
　　葱，根苗可以薦於組。世人多女欲求男者，取此草服之，尤良也。」《風土記》、《錄
　　異記》見《太平御覽》卷994〈百卉部一〉頁8a「鹿葱」條和卷996〈百卉部三〉頁3
　　「萱」條；曹植、傅玄、夏侯湛、嵇含作品，分別見《全三國文》卷17頁4，《全晉文》
　　卷45頁8，卷68頁4，卷65頁5，皆收入嚴可均編《全上古三代秦漢三國六朝文》。佩帶草
　　藥求子的討論，見伊藤清司，〈中國古代の妊娠祈願に關する咒的藥物──《山海經》の
　　民俗學的研究〉。

雞窠而有驗（D36, D42），顯示人們不但相信胎兒與外在事物互相感應，並且認爲在生育之事上，人類與動物適用相同的感應機制。

服藥求男，亦包括各種奇方。前引宜男花，又名鹿蔥、萱草，除佩帶之外，方書說孕婦服用也可以生男（D10）。此外，孕婦或生吞雀甕中蟲（D3）、或服原蠶矢（D9, D42）、或喝蒿、杜、蜱蛸合製的藥、或飲幼蜂與狗陰搏成之劑（D3）、或以男子冠纓燒成灰酒服（D38），或取丈夫衣帶燒灰，以井花水服之（D37），都被視爲有得男之功。《千金方》更提供具有養胎和轉女爲男功效的丹參丸，其中除採用丹參、芍藥等十六種婦女養身要藥之外，並加入冠纓、犬卵和東門上雄雞頭一枚（D41）。其作用顯然和狗陰、丈夫衣帶等配方相同，皆企圖以服用象徵男性意義的物件，影響胎兒的性別。如此看來，服藥和方術，在轉胎上的機制差別不大。

轉胎是否成功，醫方認爲可在妊娠四個月胎已成形時檢驗得知。檢驗之法，或令丈夫從孕婦背後呼喚，視其轉身方向，左回首是男，右回首是女（D5）；或檢查丈夫身體，若丈夫左乳房有核則孕婦將生男，右乳房有核則生女（D5）。[102] 要之，以男左女右爲準，並且夫、婦、胎兒，三者有如一體，互相感應。

轉胎應於妊娠三月之前行之，養胎則自初孕至分娩，皆需注意。養胎之方，著重飲食調理，可分爲積極養護和消極迴避二種。積極養護，《胎產書》、《逐月養胎方》和《病源論》一脈相承，根據對胎兒成長的認識，逐月給予孕婦適當的飲食（見附表一）。[103] 合藥時，除採用前述調血、止血、補血之本草外，亦不時加入烏雌雞（D12, D14, D18, D20, D22, D24, D26, D27, D28）、雄雞（D16）、豬腎（D29）等滋補之物。

消極迴避，則歷代醫方皆條列各種不宜食用的禽、畜、果、菜和藥物（D8, D35, D44, D45, D46及附表一）。諸多食禁之間，或互相矛盾。如《養生要集》主張不可食鱔魚、鯉鱠，認爲「令兒多瘡」（D8），但《胎產書》建議四月宜

---

[102] 此外，或測孕婦左右手之脈象，以左手沈實尺脈偏大爲男，右手浮大尺脈偏大爲女。見附錄D5。

[103] 唐代以前醫方中對胎兒發育認識的幾種類型，見李建民，〈馬王堆帛書『禹藏埋胞圖』箋証〉，754-755附表。

食鱔魚，《產經》則表示三月食鯉魚，「令子多智有力」（D34），且前引《錄驗方》亦以鯉魚安胎。建議禁食，或因魚鱗之狀；主張多智，或因鯉能神變之說。[104] 不論如何，皆不脫外象內感的觀念。事實上，醫方中不乏因感應觀念所產生的禁品。如驢騾令難產（個性），兔令缺唇（形狀），豆醬令面黑（顏色），鱉令短項（形狀）。而醫方認為不好的品質，以五官缺陷和體弱多病為主，顯示胎兒健康是養胎的主要目的。

求好男之法，除以養胎修好胎兒形貌之外，醫方亦主張以胎教培育胎兒性情。現存醫方中最早的胎教建議，見於北齊徐之才《逐月養胎方》，其中稱妊娠三月，「欲子賢良，端坐清虛。」（附表一）此後，隋代《病源論》、《產經》和稍後的《千金方》、《洞玄子》皆論述胎教之法，以掌控孕婦的言行舉止來影響胎兒的道德性情。消極方面，孕婦應不視惡色，不聽邪聲，口不妄言，心無憂喜，坐必端席，立不邪住，行必中道，臥無橫變。積極方面，則應彈琴瑟，調心神，和情性，節嗜欲，居處簡靜，焚燒名香，觀禮樂鐘鼓俎豆軍旅陳設，口誦詩書古今箴誡（D32, D33, D43, D48及附表一）。醫方認為如此則「卒生聖子」，頭腦聰明智慧，性情忠孝仁義（D33, D43, D48）。

胎教的觀念歷史悠久，漢代士人便多主張古代聖王即有胎教之法。賈誼《新書》、戴德《大戴禮記》皆載「青史氏」曰：「古者胎教之道，王后有身之七月而就蔞室⋯⋯此三月者，王后所求聲音非禮樂，則太師撫樂而稱不習；所求滋味者非正味，則太宰荷斗而不敢煎調，而曰：『不敢以侍王太子』。」[105] 劉向更引文王之母大任為例，說明孕婦應寢不側，立不跛，目不視惡色，耳不聽淫聲，口不出惡言，席不正不坐，割不正不食。[106] 北齊顏之推家訓亦承襲漢人

---

[104] 鯉魚，陶弘景曰鯉為諸魚之長，形既可愛，又能神變，乃至飛越江湖，所以仙人琴高乘之也，山上水中有此，不可食。或因神變特異，《產經》等以為食之多智。而張湛《養生要集》謂妊娠食鯉鱠令兒多創，或因魚鱗形狀之故。但歷代醫方頗多以鯉療妊娠諸疾者，《集驗》以之治胎氣不長，《秘錄》以之治妊娠感寒，《聖惠方》以之治胎動不安，大部份醫方似乎認為妊娠食鯉並無不妥。見《本草綱目》（四）卷44〈鱗部〉頁2423-2425。

[105] 賈誼《新書》卷10〈胎教第五十五〉；《大戴禮記》〈保傅篇〉青史氏之語。

[106] 劉向《列女傳》卷1「周室三母」頁4-5。

之說，唯以古聖王胎教之法，乃「懷子三月，出居別宮……音聲滋味，以禮節之。」[107] 所說月份與有身七月方才居於蔞室的舊說有別，卻與醫方中三月之前未有定儀，見物而化的論點相同。[108]

所謂生子優良，究竟有何特質，秦漢異代，可能有不同的標準。嬴秦尙武，社會中對子嗣的期望，或以勇武爲主。[109] 兩漢之際，儒學漸興，士大夫稱許並推廣的是孝悌仁愛等倫理道德。從漢代士人胎教的內容來看，所標榜的不外賢良盛德、忠孝仁義。從要求孕婦的事項來看，則不出儒家鍛鍊聖賢君子的教訓。非禮勿言、勿聽、勿視、勿動，口誦詩書、觀聽禮樂，乃至割不正不食、席不正不坐，都是孔子教導學生的規矩。敬本愼初，古代貴族要求孕婦舉措得當，顯然有意將教化新生兒的過程提早自母腹中開始。兩漢之時，封建貴族的禮法觀念向民間社會延伸，對子嗣性格的期望，也以傳統君子教育爲模範。隋唐醫方並將胎教內容納入，稱賢母愼之，卒生聖子（D32, D33），則原本難登君子之列的女性，也可經由產育獲得肯定。

轉胎、養胎與胎教之所以可行，即在於古代以氣爲主的身體觀與生命觀。戰國以來，論者便相信氣既充滿於人體之內，又通於天地之間。漢代以降，士人方家更力求將人的形體、臟腑和性情，與天地相對應。[110] 人既與天地相應，從行房合氣，[111] 經妊娠孕育，乃至誕生成長，[112] 皆無所逃於感應機制，並且夫、婦、胎兒相互影響。

---

[107] 盧辯注則稱「王后以七月就宴室，夫人婦嬪，即以三月就其側室。」並見《顏氏家訓》卷1〈教子第二〉頁25。

[108] 胎教傳統的討論，見喬衛平、程培杰，《中國古代幼兒教育史》（合肥：安徽教育出版社，1989）。

[109] 學者研究雲夢秦簡《日書》中的世界，證實此種看法。見蒲慕州，〈雲夢秦簡日書的世界〉，《中央研究院歷史語言研究所集刊》62.4（1994）：623-675。

[110] 杜正勝，〈形體、精氣與魂魄－中國傳統對「人」認識的形成〉。

[111] 行房求子，前引房中書論其宜忌，包括天時、地利、人和，並附帶說明違背規範的下場，顯示行房時夫婦的狀況都能影響胎兒。其中如喪服未除而行房，則生子不祥，或因不潔，或因不孝（A9）。房中書亦明白指出生子瘖聾、癲狂、爲虎狼所食，都可能是因爲特殊時日，「君子齋戒，小人私合陰陽」所致（A12），將感應機制延伸至道德的範疇內。

[112] 漢唐之間救治難產的醫方，常利用丈夫的衣物、毛髮和姓名，企圖引導順產。或以丈夫的內衣覆井，或以其褲帶燒灰調酒，或讓產婦喝丈夫的小便，醫方以爲有助於排出死

　　雖然感應關係並存於夫、婦、胎兒之間，漢唐之間的士人學者仍不乏將責任置於婦人肩上者。劉向主張「人生而肖萬物者，皆其母感於物」之故，因此稱「文王母可謂知肖化矣。」[113] 將求好男的感應，限定在母子之間。王充則進一步指出「受氣時，母不謹慎，心妄慮邪，則子長大，狂悖不善，形體醜惡」。[114] 與歷來房中書警告行房夫婦皆應戒慎恐懼的說法相比，王充對女性的要求顯得益發嚴苛。而隋代《產經》更明言：「諸生子有癡疵醜惡者，其名皆在其母。」（D32）與劉、王之說前後呼應。不但接受傳統胎教觀點，並且加以推演。言下之意，生子的面貌、健康和性情良窳，都由懷孕的婦女所左右；同時，也可以用來檢驗婦女從受孕到分娩的品行。發展至此，醫方實以產育為基礎，從求孕、求男與求好男等各方面，形成了對女性身體與性情的一番論述。

五、結論：婦科醫學之濫觴

　　綜上可知，醫方求子之法，自先秦以迄隋唐頗有轉變與發展。漢魏六朝，求子論述多出現在房中書內，以行房宜忌主導求子良窳。合陰陽之影響所及，包括求孕、求男與求好男，期勉畢其功於一役。行房求子，在天時、地利等觀念上，與行房養生相去不遠，但在施術與受術的人選方面，卻頗不同。行房養生既被視為交戰，爾盈則我虛，因此女性施術，被視為對男性的威脅。但若為了求子，女性便可施術，採取主導與觀察的位置。即使男性主導，仍需完實成熟的女性互相配合，與養生時好尋「不知道」的童女相異。房中書預設的讀者既以男性為主，求子之責似當由丈夫肩挑。訪求多男婦人以生子的作法，甚至有挑戰養生規則中處女情結的意味。然而此種觀念，卻也將能否生育的矛頭重新指向婦女。

　　胎。或以丈夫的指甲燒末服之，或令產婦吞服以丈夫陰毛合成的豬膏，或將丈夫的名字寫在胎兒足下，醫方以為皆可治橫生倒產，尤其顯示父子之間的感應關係。討論見李貞德，〈漢唐之間醫書中的生產之道〉。

[113] 劉向《列女傳》卷1「周室三母」頁4-5。

[114] 王充《論衡》〈命義篇〉頁12。

　　婦女成爲醫方求孕、求男與求好男的焦點，可由隋唐之際的求子藥方一窺究竟。草藥求子，在先秦兩漢的醫方中難得一見。隋唐之際，求子藥方才大量增加，卻多列於婦人方中，甚少涉及男性病變。婦人方並始錄求子專章，說明無子之因與治療之法。與前代相較，似可歸納出兩項發展。第一、隋唐之前，醫方處理婦人雜病多著重於妊娠、產後諸疾。而隋唐醫者對於產育活動的介入，似有從妊娠、分娩，提前到行房、受孕的軌跡。而用藥則是醫者的重要自我界定。第二、隋唐之際，男性求子之論述與藥方皆無突破。醫方言及無子，雖曰「夫病婦疾」，但論男性病變既不設無子專章，診治藥方也少提生子之效。顯然，生育並非醫者認識或論述男性身體的重點。反之，產育則逐漸成爲醫者認識並論述女性身體的基礎。其中，孫思邈在《千金方》〈婦人方〉中首列求子，並暢談產育與女性的關係。從婦人胎產功能、生理結構、和性格特質等三方面，一層深似一層地說明婦人別立一方的理由，可說爲婦科醫學之成立提供了性別理論依據。

　　　《千金方》〈婦人方上・求子第一〉：論曰：夫婦人之別有方者，以其胎妊生產崩傷之異故也。是以婦人之病，比之男子十倍難療。經言婦人者，眾陰所集，常與濕居，十四以上，陰氣浮溢，百想經心，內傷五臟，外損姿顏。月水去留，前後交互，瘀血停凝，中道斷絕，其中傷墮，不可具論。生熟二臟，虛實交錯，惡血內漏，氣脈損竭。或飲食無度，損傷非一，或瘡痍未瘉，便合陰陽，或便利於懸廁之上，風從下入，便成十二痼疾，所以婦人別立方也。若是四時節氣爲病，虛實冷熱爲患者，故與丈夫同也。惟懷胎妊而挾病者，避其毒藥耳。其雜病與丈夫同，則散在諸卷中，可得而知也。然而女人嗜欲多於丈夫，感病倍於男子，加以慈戀愛憎，嫉妒憂恚，染著堅牢，情不自抑，所以爲病根深，療之難瘥。故養生之家，特須教子女學習此三卷婦人方，令其精曉，即於倉促之秋，何憂畏也。夫四德者，女子立身之樞機，產育者，婦人性命之長務，若不通明於此，則何以免於夭枉者哉！故傅母之徒，亦不可不學，常宜繕寫一本，懷

挾隨身，以防不虞也。[115]

醫方為養生之具，預設的讀者即為孫思邈所謂「養生之家」。從一方面來說，《千金方》在提供求子藥方時，或告誡讀者合藥需先齋戒，並不得令小兒、女人與奴婢窺知，或指示讀者慎秘其方，不可妄傳，流露了方術的禁秘傳統（B31）。[116] 然而，另一方面，孫思邈又指出「婚姻養育者，人倫之本，王化之基」，可惜常人多不措意。為了避免「臨事之日，昏爾若愚」，他建議養生者教導子女學習婦人方。[117] 尤其是照顧女性的傅母，更「常宜繕寫一本，懷挾隨身」，有推廣婦科醫方的意味。為了使人們能夠求子有法，孫思邈特別在婦人方中納入求子之章。從「產育者，婦人性命之長務」一語看來，雖然婚姻養育，凡人皆有責任，但醫者卻視生育為女性的天職。生育也使婦女在疾病與醫療上與男子不同。

劉宋醫家陳延之曾指出「早嫁、早經產，腎根未立，而產傷腎」，以致少婦「有病難治，無病者亦廢也」，因而建議晚嫁少產。[118] 可謂與前引褚澄完實而交的說法一脈相承，亦與孫思邈正視胎產崩傷的嚴重性相呼應。但孫思邈的論述並不僅止於早經產所帶來的問題，而是進一步主張婦女病的特色即來自於胎產，而胎產的能力與象徵，即十四歲月水來。由於月事，婦女集合陰、濕等易於致病之原於一身。由於胎產，婦女經常面對崩傷之危。甚至因生理結構所形成的如廁習慣，也導致婦女易受風疾。簡而言之，是婦人自然的生理構造，而非早婚等社會行為，造成婦人病特別複雜的現象。

然而，生理特色並非生病難治的唯一原因。孫思邈認為婦女的心理特質，如嗜欲多、慈戀愛憎、嫉妒憂憤、情不自抑等，使婦女病更加棘手。心理情緒影

---

[115] 《千金方》卷2〈婦人方上〉頁28「求子第一」。「生熟二臟」，依書末〈考異〉當為「五臟」；「附女之徒」依宏業書局印行影宋本《備急千金要方》卷2頁16b改為「傅母之徒」。

[116] 古代方家所謂「禁方」，具有禁而不傳、秘而不宣的性質，並認為禁秘與否可以影響方技之驗與不驗，見李建民，〈中國古代「禁方」考論〉，《中央研究院歷史語言研究所集刊》68.1（1997）：117-166。

[117] 《千金方》卷2〈婦人方上〉「求子第一」頁28-29。

[118] 《醫心方》卷21頁2a引陳延之《小品方》。

響生理健康的觀念，一直存在於養生傳統中。《養生方》曾以「憂憤泣哭，以令陰陽結氣不和」，解釋婦人月水不調、形枯體瘦；又以夫婦爭吵，「訟意未和平，強從，子臟閉塞，留結爲病」，解釋婦人漏下之疾。[119] 但此類心身症的觀察，因附有特定時空情境的說明，不必被視爲女性的特有傾向。

　　相形之下，《千金方》不討論女性心身症的原因，是來自特殊的社會處境（如陳延之早嫁早經產之語），或人際關係中的特殊情況（如《養生方》所謂訟意未平而被迫行房），卻以陳述事實的語氣，道出女性的心理特質，並主張有損於婦女的生理健康。此種論述方式，似乎暗示婦科別立一方的緣由，非僅胎產所造成的崩傷，也在於女性的本質與男子不同。古典醫經在描述人體結構時，並不強調男女之別。漢代以來的醫方對婦女辨證下藥時，也與孫思邈類似，認爲「若是四時節氣爲病，虛實冷熱爲患者，故與丈夫同也」。然而，《千金方》中「生育天職」與「性情脆弱」的說法，將女性在醫方中的角色突顯出來，可說爲婦科醫學之濫觴奠定了性別理論基礎。

　　生育是婦女生命中的大事，對婦女的影響重大深遠。就性別角色而言，生育的能力肯定她是一個正常而沒有問題的女人；就社會角色而言，生育（尤其是生兒子）使婦女確立自己在夫家的地位。多子多孫是傳統社會父系家族繁榮昌盛的表徵；而鼓勵生養蕃息是歷代政府的人口政策。[120] 因此，不論主觀意願或客觀形勢，都使生育成爲女性的「天職」。面對沈重壓力，肩負重責大任，傳統中國社會的婦女除了敬拜神佛、求助於巫、和佩帶草藥之外，又有就醫治療一途。隋唐之際，婦人別立一方，產育爲其首務。醫方除協助女性求孕之外，又以安胎藥方確保妊娠順利，以感應方術和滋補藥物求男及求好男。醫方視爲慈戀愛憎、嫉妒憂憤的女性，一旦受孕，戰戰兢兢，謹言愼行，或爲自己身體

---

[119] 見《巢氏諸病源候總論》卷37〈婦人雜病諸候一〉，頁9「月水不調候」及《巢氏諸病源候總論》卷38〈婦人雜病諸候二〉，頁2「漏五色俱下候」引《養生方》。

[120] 人民的賦稅和力役是傳統中國政府的統治基礎，因此歷代政府皆以民數爲念，以增產爲人口政策。討論見杜正勝，《編戶齊民》（台北：聯經出版事業公司，1990）〈序〉；王毓銓，〈"民數"與漢代封建政權〉，《中國社會經濟史參考文獻》（台北：華世出版社，1984），223-256；李貞德，〈漢隋之間的「生子不舉」問題〉，775-781。

健康，或爲祈求骨肉平安。胎敎論述賦予女性「賢母卒生聖子」的希望，而士
人醫家，也不忘提醒「諸生子有癡疵醜惡者，其名皆在其母也」。如此一來，
女性的生育之苦，似又不限於胎產崩傷而已了。

※　本文初稿部份曾以〈從漢到隋求子文化試探—以醫方爲主的討論〉爲題，於
　　國際科學史與科學哲學聯合會台灣委員會主辦之「第四屆科學史硏討會」上
　　宣讀（1996年3月30-31日）；三稿曾於台灣大學婦女硏究室主辦之「神話、
　　歷史與傳說—先秦兩漢魏晉南北朝的婦女與兩性學術硏討會」上宣讀（1996
　　年11月8-9日）。感謝與會學者之匡正。撰寫和修改期間，承蒙杜正勝先生、
　　蕭璠先生、熊秉眞女士、梁其姿女士、劉增貴先生、林富士先生、祝平一先生、
　　李建民先生，和集刊匿名審查人惠賜寶貴意見，謹此致謝。

　　　　　　　　　　　　　　　　　　　　　　　　　1996年3月21日初稿
　　　　　　　　　　　　　　　　　　　　　　　　　　　4月30日二稿
　　　　　　　　　　　　　　　　　　　　　　　　　　10月16日三稿
　　　　　　　　　　　　　　　　　　　　　　　　　1997年1月15日四稿

（本文於一九九六年十一月二十一日通過刊登）

附錄：從先秦到隋唐醫方中求子、安胎、轉胎、養胎與胎教
諸方

A、行房與儀式求子

1.　《胎產書》：禹問幼頻曰：「我欲殖人生子，何如而有？」幼頻答曰：
　　「月朔，已去汁×，三日中從之，有子。其一日男，其二日女也。」（《馬
　　王堆古醫書考釋》《胎產書考釋》頁780）

2.　《胎產書》：字而多男毋女者而欲女，後□□□□胞埋陰垣下。多女毋
　　男，亦取胞埋陽垣下。（《馬王堆古醫書考釋》《胎產書考釋》頁805）

3.　《胎產書》：女子鮮子者產，令他人抱其□，以去□□濯其胞，以新布裹
　　之，爲三約以斂之，入□中，令其母自操，入谿谷□□□之三，置去，歸
　　勿顧，即令他人善埋之。（《馬王堆古醫書考釋》《胎產書考釋》頁813）

4.　《葛氏方》：治婦人不生子，方：以戊子日，令婦蔽脛臥上西北首交接，
　　五月、七月庚子、壬子日尤佳。（《醫心方》24/4b引）

5.　《褚氏遺書》：男女之合，二情交和。陰血先至，陽精後衝，血開裹精，
　　精入爲骨，而男形成矣。陽精先入，陰血後參，精開裹血，血實居本，而
　　女形成矣……陰陽均至，非男非女之身，精血散分，駢胎品胎之氣。父少
　　母老，產女必羸，母壯父衰，生男必弱，古之良工，必察乎此。補羸女先
　　養血壯脾，補弱男則壯脾節色。羸女宜及時而嫁，弱男宜待壯而婚，此疾
　　外所務之本，不可不察也。（《褚氏遺書》〈受形〉頁1）

6.　《褚氏遺書》：男子爲陽，陽中必有陰，陰之中數八，故一八而陽精升，
　　二八而陽精溢。女子爲陰，陰中必有陽，陽之中數七，故一七而陰血升，
　　二七而陰血溢……精未通而御女以通其精，則五體有不滿之處，異日有難
　　狀之疾。陰已痿，而思色以降其精，其精不出，內敗，小便道澀而爲淋。

精已耗而復竭之，則大小便道遷疼，愈疼則愈欲大小便，愈便則愈疼。女人天癸既至，逾十年無男子合，則不調；未逾十年，思男子合，亦不調。不調則舊血不出，新血誤行，或漬而入骨，或變而之腫，或雖合而無子。合男子多則瀝枯虛人，產乳眾則血枯殺人。觀其精血，思過半矣。（《褚氏遺書》〈精血〉頁32-33）

7. 《褚氏遺書》：建平王妃姬等，皆麗而無子。擇良家女未筓者入御，又無子。問曰：「求男有道乎？」澄對之曰：「合男女必當其年，男雖十六而精通，必三十而娶；女雖十四而天癸至，必二十而嫁。皆欲陰陽氣完實而交合，則交而孕，孕而育，育而爲子，堅壯強壽。今未筓之女，天癸始至，已近男色，陰氣早洩，未完而傷，未實而動，是以交而不孕，孕而不育，育而子脆不壽。此王之所以無子也。然婦人有所產皆女者，有所產皆男者，大王誠能訪求多男婦人，謀置宮府，有男之道也。」王曰：「善」。未再期，生六男。夫老陽遇少陰，老陰遇少陽，亦有子之道也。（《褚氏遺書》〈問子〉頁56-57）

8. 《產經》云：黃帝曰：人之始生，本在於胎，合陰陽也。夫合陰陽之時，必避九殃。九殃者，日中之子，生則歐逆，一也。夜半之子，天地閉塞，不瘖則聾盲，二也。日蝕之子，體戚毀傷，三也。雷電之子，天怒興威，必易服狂，四也。月蝕之子，與母俱凶，五也。虹蜺之子，若作不祥，六也。冬夏日至之子，生害父母，七也。弦望之子，必爲亂兵風□（盲？），八也。醉飽之子，必爲病癲，疽痔有瘡，九也。（《醫心方》28/29b-30a 引）

9. 《產經》又云：有五觀，子生不祥。月水未清，一觀也。父母有瘡，二觀也。喪服未除有子，三觀也。溫病未愈，有子身親喪，四觀也。任身而憂恐，重復驚惶，五觀也。（《醫心方》28/30a 引）

10. 《玉房秘決》：陽精多則生男，陰精多則生女，陽精爲骨，陰精爲肉。（《醫心方》24/6b引）

11. 《玉房秘訣》云：合陰陽有七忌。第一之忌晦朔弦望，以合陰陽，損氣，以是生子，子必刑殘，宜深慎之。第二之忌雷風天地感動，以合陰陽，血

脈踊，以是生子，子必臃腫。第三之忌新飲酒飽食，穀氣未行，以合陰陽，腹中鼓享（響），小便白濁，以是生子，子必顛狂。第四之忌新小便，精氣竭，以合陰陽，經脈得澀，以是生子必夭孽。第五之忌勞倦重擔，志氣未安，以合陰陽，筋腰苦痛，以是生子，（子）必夭殘。第六忌新沐浴，髮膚未燥，以合陰陽，令人短氣，以是生子，子必不全。第七忌兵堅盛怒，莖脈痛，當合不合，內傷有病，如此為七傷。（《醫心方》28/30a-30b 引〉

12. 《玉房秘訣》：人生瘖聾者，是臘月暮之子。臘暮百鬼聚會，終夜不息，<u>君子齋戒，小人私合陰陽</u>，其子必瘖聾。

人生傷死者，名曰火子。<u>燃燭未滅，而合陰陽</u>，有子必傷死市人。

人生顛狂，是雷電之子。四月五月大雨霹靂，<u>君子齋戒，小人私合陰陽</u>，有子必顛狂。

人生為虎狼所食者，重服之子。孝子戴麻不食肉，<u>君子羸頓，小人私合陰陽</u>，有子必為虎狼所合。

人生溺死者，父母過，藏胞於銅器中，覆以銅器，埋於陰垣下，入地七尺，名曰童子裏，溺死水中。（《醫心方》28/31ab引）

13. 《玉房秘訣》又云：大風之子多病，雷電之子狂顛，大醉之子必癡狂，勞倦之子必夭傷，月經之子兵亡，黃昏之子多變，人定（之）子不暗（瘖）則聾，日入之子口舌不祥，日中之子顛病，晡時之子自毀傷。（《醫心方》28/31b引）

14. 《玉房秘訣》：治婦人無子，令婦人左手持小豆二七枚，右手扶男子陰頭內女陰中，左手內豆著口中，女自男陰同入，聞男陰精下，女仍當咽豆，有效，萬全，不失一也。女人自聞知男人精出，不得失時候。（《醫心方》24/5ab; 28/32b引）

15. 《玉房秘訣》又云：素女曰，求子法自有常。清心遠慮，安定其衿袍，垂虛齋戒，以婦人月經後三日，夜半之後，雞鳴之前，嬉戲令女盛動，乃往從之，適其道理，同其快樂，卻身施寫（瀉），勿過遠至麥齒，遠則過子門不入子戶。若依道術有（子），有子賢良而老壽也。（《醫心方》28/31b-32a引）

16. 《玉房秘訣》：彭祖曰：求子之法，當蓄養精氣，勿數施捨，以婦人月事斷絕，潔淨三五日而交，有子，則男聰明才智、老壽高貴，生女清賢配貴人。又云：常向晨之際，以御陰陽，利身便軀，精光益張，生子富長命。（《醫心方》28/32a引）

17. 《玉房秘訣》：素女曰，夫人合陰陽，當避禁忌，常乘生氣，無不老壽，若夫婦俱老，雖生化有子，皆不壽也。又云：男女滿百歲，生子亦不壽，八十可御十五十八女，則生子不犯禁忌，皆壽老。女子五十，得少夫亦有子。（《醫心方》28/32ab引）

18. 《新錄方》：常以戊子日日中時合陰陽，解髮振立得。（《醫心方》24/5a引）

19. 《病源論》：丈夫無子者，其精清如水，冷如冰鐵，皆爲無子之候。又泄精，精不射出，但聚於陰頭，亦無子。<u>無此之候皆有子</u>。交會當用陽時，陽時從夜半至禺中是也。以此時有子，皆聰明長壽。勿用陰時，陰時從午至亥，有子皆頑暗而短命。切宜審詳之。凡婦人月候來時，候一日至三日，子門開，若交會則有子，<u>過四日則閉，便無子也</u>。男子脈得微弱而澀，爲無子，精氣清冷也。（《諸病源候總論》卷3頁9「虛勞無子候」）

20. 《千金方》：御女之法，交會者當避丙丁日，及弦、望、晦、朔、大風、大雨、大霧、大寒、大暑、雷電霹靂、天地晦冥、日月薄蝕、虹蜺地動。若御女者，則損人神，不吉。損男百倍，令女得病，有子必顛痴、頑愚、瘖瘂、聾聵、攣跛、盲眇、多病、短壽、不孝不仁。又避日月星辰，火光之下，神廟佛寺之中，井灶圊廁之側，塚墓屍柩之傍，皆悉不可。夫交合如法，則有福德大聖善人降託胎中，仍令性行調順，所和合，家道日隆，祥瑞競集。若不如法，則有薄福愚癡惡人來託胎中，仍令父母性行凶險，所作不成，家道日否，殃咎屢至。雖生成長，家國滅亡。夫禍福之應，有如影響，此乃必然之理，可不再思之。<u>若欲求子者，但待婦人月絕後一日、三日、五日，擇其王相日及月宿在貴宿日，以生氣時夜半後乃施瀉，有子皆男，必壽而賢明高爵也</u>。以月經絕後二日、四日、六日、施瀉，有子必女。過六後，勿得施瀉，既不得子，亦不成人。（《外台秘要》卷33〈婦人上〉頁905b引至此，並稱「<u>下精欲得，去玉門入半寸，不爾過子宮。</u>」）

王相日：春甲乙、夏丙丁、秋庚辛、冬壬癸。

月宿日：

正月一日、六日、九日、十日、十一日、十二日、十四日、二十一日、二十四日、二十九日。

二月四日、七日、八日、九日、十日、十二日、十四日、十九日、二十二日、二十七日。

三月一日、二日、五日、六日、七日、八日、十日、十七日、二十日、二十五日。

四月三日、四日、五日、六日、八日、十日、十五日、十八日、二十二日、二十八日。

五月一日、二日、三日、四日、五日、六日、十二日、十五日、二十日、二十五日、二十八日、二十九日、三十日。

六月一日、三日、十日、十三日、十八日、二十三日、二十六日、二十七日、二十八日、二十九日。

七月一日、八日、十一日、十六日、二十一日、二十四日、二十五日、二十六日、二十七日、二十九日。

八月五日、八日、十日、十三日、十八日、二十一日、二十二日、二十三日、二十四日、二十五日、二十六日。

九月三日、六日、十一日、十六日、十九日、二十日、二十一日、二十二日、二十四日。

十月一日、四日、九日、十日、十四日、十七日、十八日、十九日、二十日、二十二日、二十三日、二十九日。

十一月一日、六日、十一日、十四日、十五日、十六日、十七日、十九日、二十六日、二十九日。

十二月四日、九日、十二日、十三日、十四日、十五日、十七日、二十四日。

若合春甲寅、乙卯、夏丙午、丁巳、秋庚申、辛酉、冬壬子、癸亥，與此上件月宿日合者尤益。

　　黃帝雜禁忌法曰：……運行疲乏來入房，爲五勞虛損少子。（《千金
　　方》卷27〈養生〉「房中補益第八」頁914-916）

21. 《千金翼方》：行房法，一依素女經：女人月信斷，一日爲男，二日爲
　　女，三日爲男，四日爲女，以外無子，每日午時夜半後行事，生子吉，餘
　　時生子不吉。（5/60a）

22. 《千金翼方》：老子曰：凡人生多疾病者，是風日之子。生而早死者，是
　　晦日之子。在胎而傷者，是朔日之子。生而母子俱死者，是雷霆霹靂之
　　子。能行步有知而死者，是下旬之子。兵血死者，是月水盡之子，又是月
　　蝕之子。雖胎不成者，是弦望之子。命不長者，是大醉之子。不癡必狂
　　者，是大勞之子。生而不成者，是平曉之子。意多恐悸者，是日出之子。
　　好爲盜賊貪慾者，是禺中之子。性行不良者，是日中之子。命能不全者，
　　是日昳之子。好詐反妄者，是晡時之子。不盲必聾者，是人定之子。天地
　　閉氣不通，其子死。夜半合陰陽，生子上壽，賢明。夜半後合會，生子中
　　壽，聰明智慧。雞鳴合會，生子下壽，剋父母。此乃天地之常理也。
　　（12/142a）

23. 《本草拾遺》：夫溺處土令有子；壬子日婦人取少許水和服之，是日就
　　房，即有娠也。（《醫心方》24/5b引）

24. 《本草拾遺》：又云：正月十五日燈盞令人有子。夫妻共於燈下，盜取置
　　臥床下，勿令人知，當此月有娠。（《醫心方》24/5b引）

25. 《枕中方》：欲得生子，子日日正午時，面向南臥合陰陽，即有驗。
　　（《醫心方》24/5a引）

26. 《枕中方》：老子曰：「取井中蝦蟆著戶上，生子必貴」。（《醫心方》
　　24/5a引）

27. 《洞玄子》云：凡欲求子，候女之月經斷後則交接之，一日三日爲男，四
　　日五日爲女，五日以後，徒損精力，終無益也。交接洩精之時，候女快
　　來，需與一時同洩，洩必須盡，先令女正面仰臥，端心一意，閉目內想受
　　精氣。故老子曰：夜半得子爲上壽，夜半前得子爲中壽，夜半後得子爲下
　　壽。（《醫心方》28/32b-33a引）

B、針藥求子

1. 《胎產書》：求子之道曰：求九宗之草，而夫妻共以爲酒，飲之。（《馬王堆古醫書考釋》《胎產書考釋》頁811）

2. 《胎產書》：欲產女，取烏雌雞煮，令女子獨食肉□汁，席……。（《馬王堆古醫書考釋》《胎產書考釋》頁811）

3. 《金匱要略》：<u>男子脈浮弱而濇，爲無子，經氣清冷</u>……男子失精，女子夢交，桂枝龍骨牡蠣湯主之。桂枝加龍骨牡蠣湯，方：桂枝三兩、芍藥三兩、甘草二兩、大棗十二枚、龍骨三兩、牡蠣三兩，右七味，以水七升，煮取三升，分溫三服。《小品》云：虛弱浮熱汗出者，除桂，加白薇、附子各三分，故曰二加龍骨湯。（6/92）

4. 《金匱要略》：脈弦而大，弦則爲減，大則爲芤，減則爲寒，芤則爲虛，虛寒相搏，此名爲革。婦人則半產漏下，<u>男子則亡血失精，虛勞裏急</u>，悸，衄，腹中痛，夢失精，四肢痠疼，手足煩熱，咽乾口燥，小建中湯主之。小建中湯，方：桂枝三兩去皮、甘草三兩炙、大棗十二枚、芍藥六兩、生薑三兩、膠飴一升，右六味，以水七升，煮取三升，去滓，內膠飴，更上微火消解，溫服一升，日三服。（6/92-95）

5. 《金匱要略》：問曰：婦人年五十所，並下利，數十日不止，暮即發熱，少腹裏急，腹滿，手掌煩熱，唇口乾燥，何也？師曰：此病屬帶下。何以故？曾經半產，瘀血在少腹不去，何以知之？其證唇口乾燥，故知之。當以溫經湯主之。溫經湯，方：吳茱萸三兩、當歸二兩、芎藭二兩、芍藥二兩、人參二兩、桂枝二兩、阿膠二兩、牡丹皮二兩、生薑二兩、甘草二兩、半夏一升、麥冬一升去心，右十二味，以水一斗，煮取三升，分溫三服。<u>亦主婦人少腹寒，久不受胎，兼治崩中去血，或月水來過多，及至期不來</u>。（22/329-331）

6. 《白水侯方》：白水侯所奏治男子有七疾方：<u>何謂七疾？一曰陰寒，二曰陰萎，三曰苦衷，四曰精失，五曰精少，六曰睪下癢濕□□……不卒，名曰七疾</u>。令人陰□小，睪下癢濕盈之，黃汁出，……運行，小便時難溺，

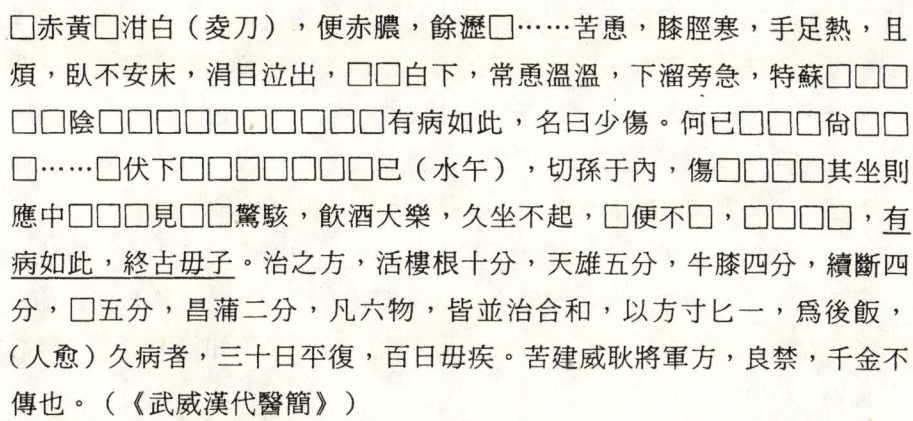

□赤黃□泔白（夋刀），便赤膿，餘瀝□……苦恚，膝脛寒，手足熱，且煩，臥不安床，涓目泣出，□□白下，常恚溫溫，下溜旁急，特蘇□□□□□陰□□□□□□□□□有病如此，名曰少傷。何已□□□尚□□□……□伏下□□□□□□巳（水午），切孫于內，傷□□□□其坐則應中□□□見□□驚駭，飲酒大樂，久坐不起，□便不□，□□□□，有病如此，終古毋子。治之方，活樓根十分，天雄五分，牛膝四分，續斷四分，□五分，昌蒲二分，凡六物，皆並治合和，以方寸匕一，爲後飯，（人愈）久病者，三十日平復，百日毋疾。苦建威耿將軍方，良禁，千金不傳也。（《武威漢代醫簡》）

7. 《葛氏方》：治婦人月水不利，結積無子，方：大黃、桃人、桂心各三兩，搗末食服方寸匕，日三。又云：或至兩三月、半年、一年不適者，桃人二升、麻子人二升，合搗，酒一斗，漬一宿，服一升，日三夜一。（《醫心方》21/18b引）

8. 《葛氏方》：治婦人不生子，方：桃花未舒者，陰于百日，搗末，以戊子日，三指撮酒服。（《醫心方》24/4b引）

9. 《葛氏方》：治婦人無子，方：柏子人一升、茯苓末一升，搗合乳汁，和服如梧子十九。（《醫心方》24/5a引《錄驗方》並引）

10. 《黃帝針灸甲乙經》：絕子灸臍中令有子。
女子……絕子……陰交主之。
女子絕子……關元主之。
婦人無子及少腹痛刺氣衝主之。絕子商丘主之，穴在內踝前宛宛中。
婦人絕產，若未曾生產，陰廉主之，刺入八分，羊矢下一寸是也。
婦人無子湧泉主之。（10/282-284）

11. 《小品方》：療腰痛少氣，陰弱寒冷，小便清冷瀝滴，陰下濕癢，少腹急，無子息，方：甘草十四分，炙，續斷三分，麥門多三分，薯蕷三分，附子三分，炮，乾薑二分，棘刺四分，右七味，搗篩，酒服方寸匕，日三。忌豬肉，冷水，海藻，菘菜。《必效》同。一方無乾薑。（《外台秘要》17/469ab引）

12. 《僧深方》：慶雲散治丈夫陽氣不足，不能施化，施化無所成，方：天門
　　冬九兩去心、菟絲子一升、桑上寄生四兩、紫石英二兩、覆盆子一升、五
　　味子一升、天雄一兩炮、石斛三兩、尤三兩熬令反色、素不耐冷者去寄生
　　加細辛四兩，凡九物治令下篩，以酒服方寸匕，先食日三。陽氣少而無子
　　者，去石斛加檳榔十五枚。（《醫心方》24/3b-4a引）

13. 《僧深方》：承澤丸治婦人下焦卅六疾，不孕育及絕產，方：梅核一升、
　　辛夷一升、藁本一兩、澤蘭十五合、溲疏一兩、葛上亭長七枚，凡六物治
　　下篩，和以蜜丸如蜱豆，先食，服二九，日三，不知稍增。（《醫心方》
　　24/4a引）

14. 《經心錄》：七子散治丈夫風虛目暗，精氣衰少無子，補不足，方：五味
　　子，牡荊子，菟絲子，車前子，乾地黃，薯蕷，石斛，杜仲，鹿茸炙，遠
　　志去心，蕲莫子各八分，附子炮，蛇床子，芎藭各六分，山茱萸，天雄
　　炮，黃耆，人參，茯苓，牛膝各五分，桂心十分，巴戟天十二分，蓯蓉七
　　分，鐘乳三分。右二十四味擣篩爲散，酒服方寸匕，日二，不知增至二
　　七，以知爲度。忌生冷酢滑，豬雞魚，蒜，油膩。不能酒者，蜜和丸服亦
　　佳。行房法，一依素女經，女人月信斷，一日爲男，二日爲女，三日爲
　　男，四日爲女，已外無子。仍每日午時前，夜半後，陽時爲男。下精欲
　　得，去玉門入半寸，不爾過子宮。一方加覆盆子八分，忌蕪荑生蔥。
　　（《外台秘要》卷33〈婦人上〉頁905b引《千金方》並引）

15. 《經心錄》：茱萸丸，療婦人陰寒，十年無子，方：吳茱萸一升，蜀椒一
　　升去目汗末，右二味蜜丸如彈子丸，綿裹導子腸中，日再易。無所下，但
　　開子藏，令陰溫，即有子也。（《外台秘要》卷33〈婦人上〉頁907b引）

16. 《新錄方》：正月始雨水，男女各飲一杯，有子。（《醫心方》24/4b引）

17. 《新錄方》：灸中極穴在臍下四吋：（《醫心方》24/5a引）

18. 《錄驗方》：治但生女無男，此大夫病，非婦人過，馬齒散，方：馬齒二
　　分熬，菟絲子一分，凡二物，用駁馬齒治合下篩，先食，服方寸匕，日
　　三，用井花水服之。（《醫心方》24/10b引）

19. 《古今錄驗方》：淮南八公石斛萬病散，療五勞七傷，大風緩急，濕痺不

仁，甚則偏枯，筋縮拘攣，胸脅支滿，引身彊直，或頸項腰背疼痛，四肢酸煩，陰萎，臨事不起，癢濕，臥便盜汗，心腹滿急，小便莖中疼痛，或時便血，咽乾口燥，飲食不消，往來寒熱，羸瘦短氣，肌肉損減，或無子，若生男女，纔欲及人便死。此皆極勞傷血氣，心神不足所致，藥悉主之，令人康健多子，方：牛膝二分、遠志二分去心、續斷二分、蛇床子三分、菟絲子三兩酒漬、蓯蓉二分、茯苓二分、杜仲二分、桂心二分、乾薑一分、蜀椒一分汗、細辛二分、附子二分炮、天雄二分炮、防風二分、乾地黃二分、白朮二分、萆（艸解）二分、石斛二分、雲母粉二分、菊花二分、菖蒲二分，右二十二味隨病倍其分，擣篩爲散，先食，以酒服方寸匕，日三，以知爲度，神良。忌豬羊肉、冷水、桃李、雀肉、生蔥、生菜、大酢餳等。《千金》有人參、山芋、巴戟天、五味子、山茱萸，爲二十七味。（《外台秘要》17/465ab引）

20. 《千金方》〈婦人方上・求子第一〉：論曰：凡人無子，當爲夫妻俱有五勞七傷，虛羸百病所致，故有絕嗣之殃。夫治之法，男服七子散，女服紫石門冬丸，及坐藥蕩胞湯，無不有子也。（2/29）

21. 《千金方》〈婦人方上・求子第一〉：七子散治丈夫風虛目暗，精氣衰少無子，補不足，方：五味子八銖，牡荊子八銖，菟絲子八銖，車前子八銖，菥蓂子八銖，石斛八銖，薯蕷八銖，乾地黃八銖，杜仲八銖，鹿茸八銖，遠志八銖，附子六銖，蛇床子六銖，芎藭六銖，山茱萸三銖，天雄三銖，人參三銖，茯苓三銖，黃耆三銖，牛膝三銖，桂心十銖，巴戟天十二銖，蓯蓉十銖，鐘乳粉八銖。上二十四味，治下篩酒服方寸匕，日二，不知增至二七，以知爲度，禁如藥法。不能酒者，蜜和丸服亦得。一方加覆盆子八銖。求子法，一依後房中篇。（2/29）（《外台秘要》卷33〈婦人上〉頁905b亦引，並稱「求子法」爲「行房法」，見行房求子附錄A20）

22. 《千金方》〈婦人方上・求子第一〉：朴消蕩胞湯，治婦人立身以來全不產，及斷緒久不產三十年者，方：朴消生用三銖，牡丹生用三銖，當歸生用三銖，大黃生用三銖，桃仁生用三銖，細辛一銖，厚朴一銖，桔梗一銖，赤芍藥一銖，人參一銖，茯苓一銖，桂心一銖，甘草一銖，牛膝一

銖，桔皮一銖，䗪虫十枚，水蛭十枚，附子六銖，上十八味㕮咀，以清酒五升，水五升合煮，取三升，分四服，日三夜一，每服相去三寸，更服如常。覆被取少汗，汗不出，多日著火籠之，<u>必下積血及冷赤膿如赤小豆汁，本爲婦人子宮內有此惡物令然</u>。或天陰臍下痛，或月水不調，爲有冷血，不受胎，若斟酌下盡，氣力若大困，不堪更服，亦可二三服即止。如大悶不堪，可食酢飯冷漿，一口即止。然恐去惡物不盡，不大得藥力，若能忍服盡大好，一日后仍著導藥。《千金翼》不用桔梗甘草。（2/30；《外台秘要》33/905-906亦引）

23.　《千金方》〈婦人方上‧求子第一〉：治全不產及斷緒，服前朴消湯後，著坐導藥，方：白茨一兩，山茱萸一兩《千金翼》作苦瓠，當歸一兩，細辛二兩，五味子二兩，乾薑二兩，大黃半兩，礬石半兩，戎鹽半兩，蜀椒半兩，上十味末之，<u>以絹袋盛，大如指長三寸，盛藥令滿，內婦人陰中，坐臥任意，勿行走急，小便時去之，更安新者，一日一度，必下青黃冷汁，汁盡止即可幸御，自有子</u>。若未見病出，亦可至十日安之。一本別有葶藶砒霜各半兩。此藥爲服朴消湯恐去冷惡物出不盡，以導藥下之。值天陰冷不疼，不須著導藥，亦有著鹽爲導藥者，然不如此藥。其服朴消湯後即安導藥，經一日外，服紫石門多丸。（2/30）

24.　《千金方》〈婦人方上‧求子第一〉：紫石門多丸，治全不產及斷緒，方：紫石英三兩，天門多三兩，當歸二兩，芎藭二兩，紫葳二兩，卷柏二兩，桂心二兩，烏頭二兩，乾地黃二兩，牡蒙二兩（《千金翼》作牡荊，《外台》作牡蒙），禹餘糧二兩，石斛二兩，辛夷二兩，人參二十銖，桑寄生二十銖，續斷二十銖，細辛二十銖，厚朴二十銖，乾薑二十銖，食茱萸二十銖，牡丹二十銖，牛膝二十銖，柏子仁一兩，薯蕷一兩半，烏賊骨一兩半，甘草一兩半，上二十味末之，蜜和丸，酒服如梧桐子大，十丸，日三，漸增至三十丸，<u>以腹中熱爲度</u>。<u>不禁房室，夫行不在不可服</u>。禁如藥法，比來服者，不至盡劑即有娠。（2/30-31）

25.　《千金方》〈婦人方上‧求子第一〉：白薇丸主令婦人有子，方：白薇一兩，細辛一兩，防風一兩，人參一兩，秦椒一兩，白斂（一云白芷一

兩），桂心一兩，牛膝一兩，秦艽一兩，蕪荑一兩，沙參一兩，芍藥一兩，五味子一兩，白僵蠶一兩，牡丹一兩，蠐螬一兩，乾漆二十銖，柏子仁二十銖，乾薑二十銖，卷柏二十銖，附子二十銖，芎藭二十銖，紫石英一兩半，桃仁一兩半，鐘乳二兩，乾地黃二兩，白石英二兩，鼠婦半兩，水蛭十五枚，蝱蟲十五枚，吳茱萸十八銖，麻布叩複頭一尺燒，上三十二味末之，蜜和丸，酒服如梧子大，十五丸，日再，稍加至三十丸，當有所去，小覺有異即停服。

26. 《千金方》〈婦人方上·求子第一〉：論曰，古者求子，多用慶雲散、承澤丸，今代人絕不用此，雖未試驗，其法可重，故述之。

慶雲散，主丈夫陽氣不足，不能施化，施化無成，方：覆盆子一升，五味子一升，天雄一兩，石斛三兩，白朮三兩，桑寄生四兩，天門冬九兩，菟絲子一升，紫石英二兩，上九味治下篩，酒服方寸匕，先食，日三服。素不耐冷者，去寄生，加細辛四兩。陽氣不少而無子者，去石斛，加檳榔十五枚。

27. 承澤丸，主婦人下焦三十六疾，不孕絕產，方：梅核仁一升，辛夷一升，葛上亭長七枚，澤蘭子五合，溲疏二兩，藁本一兩，右六味末之，蜜和丸，先食，服如大豆二丸，日三，不知稍增。苦腹中無堅癖積聚者，去亭長，加通草一兩。惡甘者，和藥先以苦酒溲散，乃內少蜜和為丸。（2/31）

28. 《千金方》〈婦人方上·求子第一〉：大黃丸，主帶下百病無子，服藥十日下血，二十日下長蟲及清草汁，三十日病除，五十日肥白，方：大黃一升破如米豆熬令黑，柴胡一升，朴消一升，芎藭五兩，乾薑一升，蜀椒二兩，茯苓如雞子大一枚，上七味末之，蜜和丸如梧桐子大，先食，服七丸，米飲下，加至十九，以知為度，五日微下。（2/31-32）

29. 《千金方》〈婦人方上·求子第一〉：治女人積年不孕，吉祥丸，方：天麻一兩，五味子二兩，覆盆子一升，桃花二兩，柳絮一兩，白朮二兩，芎藭二兩，牡丹一兩，桃仁一百枚，菟絲子一升，茯苓一兩，楮實子一升，乾地黃一兩，桂心一兩，上十四味末之，蜜和丸如豆大，每服空心飲若酒下五丸，日中一服，晚一服。（2/32）

30. 《千金方》〈婦人方上‧求子第一〉：消石大黃丸，治十二瘕癖，及婦人帶下絕產無子，幷服寒食藥而腹中有癖者，當先服大丸下之，乃服寒食藥耳。大丸不下水穀，但下病耳，不令人虛極，方在第十一卷中。（2/32）

31. 《千金方》〈肝臟‧堅症積聚第五〉：消石大丸，治十二症瘕，及婦人帶下，絕產無子，幷欲服寒食散，而腹中有症癖實者，當先服大丸下之，乃服寒食散。大丸不下水穀，但下病耳，不令人困，方：消石六兩（朴消亦得），大黃八兩，人參，甘草各二兩，上四味末之，以三年苦酒三升置銅器中，以竹筋柱器中，一升作一刻，凡三升，作三刻。以置火上，先納大黃，常攪不息，使微沸盡一刻，乃納餘藥。又盡一刻，有餘一刻，極微火，使可丸如雞子中黃。欲合藥，當先齊戒一宿，勿令小兒、女人、奴婢等見之。欲下病者，用二丸。若不能服大丸者，可分作小丸，不可過四丸也。欲令大，不欲令細，能不分爲善。若人羸者，可少食，強者不須食。二十日五度服，其和調半日乃下。若婦人服之，下者或如雞肝，或如米汁，正赤黑，或一升，或三升，下後慎風冷，作一杯粥食之，然後作羹臛，自養如產婦法，六月則有子。禁生魚豬肉辛菜。若寒食散者自如藥法，不與此同日一服。（11/392）

32. 《千金方》〈婦人方上‧求子第一〉：治月水不利，閉塞絕產十八年，服此藥二十八日有子。金城太守白薇丸，方：白薇三十銖，人參十八銖，杜蘅十八銖（《古今錄驗》用牡蠣），牡蒙十八銖，牛膝半兩，細辛三十銖，厚朴十八銖，半夏十八銖，沙參半兩，乾薑半兩，白僵蠶十八銖，秦芁半兩，蜀椒一兩半，當歸十八銖，附子一兩半，防風一兩半，紫菀十八銖，上十七味末之，蜜和，先食，服如梧子大三丸，不知稍增至四五丸。此藥不長將服，覺有娠則止，用之大驗。（《崔氏》有桔梗丹參十八銖）。（2/32）

33. 《千金方》〈婦人方上‧求子第一〉：白薇丸主久無子或斷緒，上熱下冷，百病皆治之，方：白薇十八銖，紫石英三十銖，澤蘭二兩，太一餘糧二兩，當歸一兩，赤石脂一兩，白芷一兩半，芎藭一兩，藁本二十銖，石膏二十銖，菴䕡子二十銖，卷柏二十銖，蛇床子一兩，桂心二兩半，細辛

三兩，覆盆子二兩半，桃仁二兩半，乾地黃十八銖，乾薑十八銖，蜀椒十八銖，車前子十八銖，蒲黃二兩半，人參一兩半，白龍骨二兩，遠志二兩，麥門多二兩，茯苓二兩，桔皮半兩，上二十八味末之，蜜和，酒服十五丸如梧子大，日再，漸增，<u>以知為度</u>，亦可至五十九。慎豬、雞、生冷、酢、滑、魚、蒜、驢馬、牛肉等，<u>覺有娠即停。三月正擇食時，可食牛肝及心，至四月五月不須，不可故殺，令子短壽</u>，遇得者大良。（2/32-33）

34. 《千金方》〈婦人方上・求子第一〉：治婦人絕產，生來未產，<u>蕩滌腑臟，使玉門受子精</u>，秦椒丸，方：秦椒十八銖，天雄十八銖，玄參一兩，人參一兩，白斂一兩，鼠婦一兩，白芷一兩，黃耆一兩，桔梗一兩，露蜂房一兩，白僵蠶一兩，桃仁一兩，蠐螬一兩，白薇一兩，細辛一兩，蕪荑一兩，牡蒙二十銖，沙參二十銖，防風二十銖，甘草二十銖，牡丹皮二十銖，牛膝二十銖，卷柏二十銖，五味子二十銖，芍藥二十銖，桂心二十銖，大黃二十銖，石斛二十銖，白朮二十銖，柏子仁一兩半，茯苓一兩半，當歸一兩半，乾薑一兩半，澤蘭一兩十八銖，乾地黃一兩十八銖，芎藭一兩十八銖，乾漆二兩，白石英二兩，紫石英二兩，附子二兩，鐘乳二兩半，水蛭七十枚，䗪虫百枚，麻布叩複頭七寸燒，上四十味末之，蜜丸，酒服十九如梧子，日再，稍加至二十九。<u>若有所去如豆汁鼻涕，此是病出，覺有異即停</u>。（2/33）

35. 《千金方》〈婦人方上・求子第一〉：婦人絕子，灸然谷五十壯，在內踝前直下一寸，婦人絕嗣不生，胞門閉塞，灸關元三十壯報之。
婦人妊子不成，若墮落，腹痛，漏見赤，灸胞門五十壯，在關元左邊二寸是也。右邊二寸名子戶。
婦人絕嗣不生，灸氣門穴，在關元傍三寸各百壯。
婦人子臟閉塞，不受精，疼，灸胞門五十壯。
婦人絕嗣不生，漏赤白，灸泉門十壯，三報之，穴在橫骨當陰上際。
（2/33-34）

36. 《千金方》〈婦人方中・雜治第八〉：治勞損產後無子，<u>陰中冷溢出，子門閉</u>，積年不瘥，身體寒冷，方：防風一兩半，桔梗三十銖，人參一兩，

菖蒲十八銖，半夏十八銖，丹參十八銖，厚朴十八銖，乾薑十八銖，紫菀十八銖，杜衡十八銖，秦艽半兩，白斂半兩，牛膝半兩，沙參半兩，上十四味末之，白蜜和丸如小豆，食後服十五丸，日三服，不知增至二十丸，有身止。夫不在勿服之，服藥後七日，方合陰陽。（3/97）

37. 《千金方》〈婦人方下・補益第一〉：大澤蘭丸，治婦人虛損及中風餘病疝瘕，陰中冷痛，或頭風入腦，寒痹筋攣，緩急血閉無子，面上游風去來，目淚出，多涕唾，忽忽如醉，或胃中冷逆，胸中嘔不止，及泄痢淋灕。或五臟六腑寒熱不調，心下痞急，邪氣欬逆。或漏下赤白，陰中腫痛，胸肋支滿。或身體皮膚中澀如麻豆。若癢，痰癖結氣。或四肢拘攣，風行周身，骨節疼痛，目眩無所見。或上氣惡寒，灑淅如瘧。或喉痹鼻齆，風癇癲疾。或月水不通，魂魄不定，飲食無味，幷產後內衄，無所不治，服之令人有子。澤蘭二兩六銖，藁本，當歸，甘草各一兩十八銖，紫石英三兩，芎藭，乾地黃，柏子仁，五味子各一兩半，桂心，石斛，白朮一兩六銖，白芷，蓯蓉，厚朴，防風，薯蕷，茯苓，乾薑，禹餘糧，細辛，卷柏各一兩，蜀椒，人參，杜仲，牛膝，蛇床子，續斷，艾葉，蕪荑各十八珠，赤石脂，石膏各二兩，一有枳實十八銖，門冬一兩半，上三十二味爲末，蜜和丸如梧子大，酒服二十丸至四十丸。久赤白痢，去乾地黃，石膏，麥門冬，柏子仁，加大麥糵，陳麴，龍骨阿膠，黃連各一兩半，有鐘乳加三兩良。（4/106-107）

38. 《千金方》〈婦人方下・補益第一〉：紫石英天門冬圓，主風冷在子宮，有子常墮落，或始爲婦，便患心痛，仍成心疾，月水都未曾來，服之肥充令人有子，方：紫石英，天門冬，禹餘糧各三兩，蕪荑，烏頭，蓯蓉，桂心，甘草，五味子，柏子仁，石斛，人參，澤瀉（一作澤蘭），遠志，杜仲各二兩，蜀椒，卷柏，寄生，石南，雲母，當歸（一作辛夷），烏賊骨各一兩，上二十二味爲末，蜜和爲丸梧子大，酒服二十丸，日二服，加至四十丸。（4/107-108）

39. 《千金方》〈婦人方下・月水不通第二〉：鱉甲圓，治女人小腹中積聚，大如七八寸盤面，上下周流，痛不可忍，手足苦冷，咳噫腥臭，兩肋熱如

火炙，玉門冷如風吹，<u>經水不通，或在月前，或在月後，服之三十日便</u><u>瘥，有孕。此是河內太守魏夫人方</u>：鼈甲，桂心各一兩半，蜂房半半，玄參，蜀椒，細辛，人參，苦參，丹參，沙參，吳茱萸各十八銖，䗪虫，水蛭，乾薑，牡丹，附子，皁莢，當歸，芍藥，甘草，防葵各一兩，蠐螬二十枚，䗪虫，大黃各一兩六銖，上二十四味爲末，蜜和丸如梧子大，酒下七九，日三，稍加之，以知爲度。（4/112）

40. 《千金方》〈婦人方下‧月水不通第二〉：牡蒙圓，治婦人產後十二症病。<u>帶下無子，皆是冷風寒氣。或產後未滿百日，胞胳惡血未盡，便利於</u><u>懸圊上，及久坐</u>，濕寒入胞裏，結在小腹牢痛，爲之積聚，小如雞子，大者如拳，按之跳手隱隱然，或如蟲齧，或如針刺，氣時搶心，兩肋支滿，不能食，飲食不消化，上下通流。或守胃管，痛連玉門背膊，嘔逆短氣汗出，少腹苦寒，胞中創，咳引陰痛，小便自出，<u>子門不正，令人無子</u>。腰胯疼痛，四肢沉重洸躍，一身盡腫，乍來乍去，大便不利，小便淋瀝。或月水不通，<u>或下如腐肉，青黃赤白黑等如豆汁</u>，夢想不祥，方（亦名紫蓋丸）：牡蒙，厚朴，消石，前胡，乾薑，蟅蟲，牡丹，蜀椒，黃芩，桔梗，茯苓，細辛，葶藶，人參，芎藭，吳茱萸，桂心各十八銖，大黃二兩半，附子一兩六銖，當歸半兩，上二十味爲末，蜜和，更搗萬杵，丸如梧子大。空心酒服三丸，日三，不知則加之，至五六丸。<u>下赤白青黃物如魚</u><u>子者，病根出矣</u>。（4/113-114）

41. 《千金方》〈婦人方下‧月水不通第二〉：遼東都尉所上圓，<u>治臍下堅</u><u>瘕</u>，無所不治，方：恆山，大黃，巴豆各一分，天雄二枚，苦參，白薇，乾薑，人參，細辛，狼牙，龍膽，沙參，玄參，丹參各三分，芍藥，附子，牛膝，茯苓各五分，牡蒙四分，藋蘆六分（一方云二兩三分），上二十味爲末，蜜丸，宿勿食服五丸，日三。大羸瘦，月水不調，當二十五日服之。<u>下長蟲，或下種種病</u>，出二十五日，服中所苦悉瘥，肌膚盛，五十日萬病除，<u>斷緒者有子</u>。（4/116）

42. 《千金方》：諸方說三十六疾者，十二症、九痛、七害、五傷、三痼、不通是也……何謂三痼？一曰羸瘦不生肌膚、二曰絕產乳、三曰經水閉塞。

病有異同。白堊圓治女人三十六疾，方：白堊、龍骨、芍藥各十八銖、黃連、當歸，茯苓、黃芩、瞿麥、白斂、石韋、甘草、牡蠣、細辛、附子、禹餘糧、白石脂、人參、烏賊骨、藁本、甘皮、大黃，以上各半兩，上二十一味爲末，蜜和丸如梧子大，空腹飲服十九，日再，不知加之。二十日知，一月百病除⋯⋯若三瘤，倍人參，加赤石脂、礜石、巴戟天各半兩，合藥時隨病增減之。（4/117-118）

43. 《千金方》：治女人腹中十二疾⋯⋯六曰絕無子⋯⋯凡此十二病得之時，<u>因與夫臥起，月經不去。或臥濕冷地，及以冷水洗浴，當時取快而後生百疾。或瘡痍未瘥，便合陰陽，及起早作勞，衣單席薄，寒從下入</u>，方：半夏、赤石脂各一兩六銖、乾薑、吳茱萸、當歸、桂心、丹參、白斂、防風各一兩、藋蘆半兩，上十一味爲末，蜜和丸如梧子大，每日空心酒服十九，日三，不知稍加，以知爲度。（4/118）

44. 《千金方》：龍骨散，治婦人淳下（《千金翼》作縵下）十二病絕產，<u>一曰白帶，二曰赤帶，三曰經水不利，四曰陰胎，五曰子臟堅，六曰臟僻，七曰陰陽患痛，八曰內強（《千金翼》作腹強），九曰腹寒，十曰五臟閉，十一曰五臟酸痛，十二曰與鬼交</u>，宜服之。淳下一作腹下。龍骨三兩、黃蘗、半夏、灶中黃土、桂心、乾薑各二兩、石韋、滑石各一兩、烏賊骨、代赭各四兩、白僵蠶五枚，上十一味治下篩，酒服方寸匕，日三。白多者加烏賊骨、僵蠶各二兩。赤多者加代赭五兩。小腹冷加黃蘗二兩。子臟堅加乾薑、桂心各二兩。以上各隨病增之。服藥三月有子即住藥，藥太過多，生兩子，當審方取好藥，寡婦、童女不可妄服。（4/119）

45. 《千金方》〈婦人方下・赤白帶下崩中漏下第三〉：治女人漏下，或瘥或劇，常漏不止，身體羸瘦，飲食減少，或赤或白或黃，<u>使人無子者</u>，方：牡蠣，伏龍肝，赤白脂，白龍骨，桂心，烏賊骨，禹餘糧各等分，上七味治下篩，空心酒服方寸匕，日二。白多者加牡蠣，龍骨，烏賊骨；赤多者加赤白脂，禹餘糧；黃多者加伏龍骨，桂心，隨病加之。張文仲同。亦療崩中。《肘後》無白龍骨，以粥飲服。（4/126）

46. 《千金方》〈針灸下・婦人病第八〉：女子疝瘕，按之如以湯沃，兩股

中，少腹腫，陰挺出痛，經水來下，陰中腫或癢，漉靑汁如葵羹，血閉，<u>無子不嗜食</u>，刺曲泉在膝內，輔骨下，大筋上，小筋下，陷中屈膝乃得之，刺入六分灸三壯。（30/1013）

47. 《千金方》〈針灸下・婦人病第八〉：<u>絕子瘭疝</u>，寒熱，陰挺出不禁，白瀝痠脊反折，刺上窌，入二寸，留七呼，灸三壯，在第一空腰髁下一寸俠脊。（30/1014）

48. 《千金方》〈針灸下・婦人病第八〉：拘攣腹滿疝，月水不下，乳餘疾，<u>絕子陰癢</u>，賁豚，上臚腹堅痛下引陰中，不得小便。刺陰交入八分，灸五壯。在臍下一寸。（30/1014）

49. 《千金方》〈針灸下・婦人病第八〉：腹滿疝積，乳餘疾，<u>絕子</u>陰癢賁豚上臚少腹堅痛，下引陰中，不得小便。刺石門入五分，在臍下二寸，忌灸絕孕。（30/1014）

50. 《千金方》〈針灸下・婦人病第八〉：<u>絕子</u>壞血在內不下，胞轉不得尿，小腹滿，石水痛。刺關元，入二寸灸七壯。在臍下三寸。又主引肋下脹，頭痛身背熱，賁豚寒，小便數，泄不止。（30/1014）

51. 《千金方》〈針灸下・婦人病第八〉：<u>女子無子</u>，咳而短氣。刺涌泉入三分灸三壯。在足心陷者中。乳難子上沖心陰疝。刺沖門入七分灸五壯。在府合下上去大橫五寸。（30/1015）

52. 《千金翼方》：地黃酒酥，令人髮白更黑，齒落更生，髓腦滿實，還年卻老，足及奔馬，久服有子，方：癯肥地黃拾石切，擣取汁三石，麻子壹石擣作末，以地黃汁研取汁二石七斗，杏仁壹石去皮尖，兩仁者擣作末，以麻子汁研取汁貳石五斗，麴末參斗，右四味，以地黃等汁，浸麴七日後沸，以米參石，分作參分，投下饋一度，以藥汁五斗合饋，釀酒如家醞酒法，三日一投，九日三投，熟訖密封三七日。酥在酒上，其酥色如金，以物接取，可得大升九升酥。然後下芻，取酒封之，其糟令服藥人食之，令人肥悅，百病除愈。食糟盡乃服藥酒及酥，一服酒壹升，壹匙酥，溫酒和服之。惟得吃白飯菁蕪，忌生冷酢滑豬雞魚蒜。其地黃滓暴使乾，更以酒參升，和地黃滓擣之，暴乾作餅服之。（12/143a）

53. 《千金翼方》：茅山仙人服質多羅方，出益州導江縣並茂州山中…第五
　　方：暖牛乳一升，和方寸匕服之，日一服，主女人絕產無子，髮白更黑。
　　（12/145a）

54. 《廣濟方》：療無子，令子宮內炙丸，方：麝香二分，研，皂莢十分，塗
　　酥，炙，削去黑皮子，蜀椒六分汗，右三味擣篩，蜜丸酸棗人大，以綿裹
　　內產宮中，留少綿線出。覺憎寒不淨下多，即抽綿，線出卻丸藥。一日一
　　度換之，無問晝夜皆內，無所忌。（《外台秘要》33/905a引）

55. 《廣濟方》：又方：蛇床子，石鹽，細辛，乾薑，土瓜根各四兩，右五味
　　擣散，取如棗核大，以綿裹內子宮中，以指進之依前法。中間病未可。必
　　不得近丈夫，餘無所忌。（《外台秘要》33/905a引；謂並出《千金方》第
　　三卷中）

56. 《廣濟方》：療久無子白薇丸，方：白薇、牡蒙、藁本各五分，當歸、乾
　　地黃各七分，芎藭、人參、柏子人、石斛、桂心、附子炮、五味子、防
　　風、吳茱萸、甘草炙、牛膝、桑寄生各六分，薑黃七分，禹餘糧八分，秦
　　椒二分汗，右二十味擣篩，蜜丸如梧桐子，空腹酒下二十九，加至三十
　　九，日再服，不利。忌生蔥、生菜、熱麵、蕎麥、豬肉、葵菜、蕪荑、菘
　　菜、海藻、粘食、陳臭物等。（《外台秘要》33/906-907引）

57. 《廣濟方》：療久無子斷緒，少腹冷疼，氣不調，地黃湯，方：乾地黃、
　　牛膝、當歸各八兩，芎藭、卷柏、防風各六分，桂心、牽牛子末各三分，
　　右八味切，以水六升，煮取二升三合，去滓，分三服。服別和一分牽牛子
　　末服，如人行四五里，更進一服，以快利止。忌熱麵、蕎麥、炙肉、生
　　蔥、蕪荑、蒜、粘食等物。（《外台秘要》卷33〈婦人上〉頁907a引）

58. 《延年方》：療婦人子藏偏僻，冷結無子，坐藥，方：蛇床子三兩，芫花
　　三兩，右二味擣篩，取棗大，紗袋盛，內產門中，令沒指。袋少長，便時
　　須去。任意臥著，慎風冷。（《外台秘要》33/906b引；並謂出《千金方》
　　第四卷中）

59. 《拯要方》：療婦人月水不利，血瘀不通，或一月或一歲，令人無子，腹
　　堅如石，亦如妊娠之狀，方：大黃四兩、芍藥二兩、土瓜根一兩、右為散
　　酒服方寸匕，日三，血下痛，即癒。（《醫心方》21/18ab引）

60. 《拯要方》：療無子，<u>不受精，精入即出，此子門閉</u>也。山茱萸一兩、酸棗二兩、柏子人二兩、五味子二兩、右下篩以好淳酒丸如麻子，先食，吞下二九。潁川都尉張君夫人年四十八，無子，服此藥，即生二男，藥無禁。（《醫心方》24/ 4a-4b 引）

61. 《范汪方》：<u>療男子虛勞，陰萎不起，無子</u>，方：杜仲十分、蛇床子八分、菟絲子五分酒漬、遠志五分去心、茯苓四分、天雄五分炮、澤瀉五分、石斛五分、蓯蓉四分、五味子四分，右十味擣篩爲散，酒服方寸匕，日再，效。忌豬肉、冷水、酢物。（《外台秘要》17/485a引）

C. 安胎

1. 《金匱要略》：婦人宿有癥病，經斷未及三月，而得漏下不止，胎動在臍上者，此爲癥痼害。妊娠六月動者，前三月經水利時，胎也（該是動字）。下血者，後斷三月，衃也。所以血不止者，其癥不去故也，當下其癥，桂枝茯苓丸主之。桂枝茯苓丸，方：桂枝、茯苓、牡丹皮、桃仁去皮尖熱、芍藥各等分，右五味末之，煉蜜丸如兔屎大，每日食前服一九，不知加至三九。（20/297-299）

2. 《金匱要略》：師曰婦人有漏下者，有半產者，因續下血都不絕者，有妊娠下血者，假令妊娠腹中痛，爲胞阻，膠艾湯主之。芎歸膠艾湯，方：芎藭、阿膠、甘草各二兩、艾葉、當歸各三兩、芍藥四兩、乾地黃六兩，右七味，以水五升，清酒三升，合煮取三升，去滓，內膠，令消盡，溫服一升，日三服，不差更作。（20/399-300）（《外台秘要》33/916a引《集驗方》同，並稱「療妊娠二三月至七八月，頓仆失踞，胎動不安，傷損腰腹，痛欲死者，若有所見，及胎奔上搶心短氣。」又言忌海藻、菘菜、蕪荑。《千金方》2/51同）

3. 《金匱要略》：婦人傷胎，懷身腹滿，不得小便，從腰以下重，如有水氣狀。懷身七月，太陰當養不養，此心氣實，當刺瀉勞宮及關元，小便微利則愈。（20/305）

4. 《金匱要略》：寸口脈弦而大，弦則爲減，大則爲芤，減則爲寒，芤則爲虛，寒虛相搏，此名曰革。婦人則半產漏下，旋覆花湯主之。旋覆花湯，方：旋覆花三兩、蔥十四莖、新絳少許，右三味，以水三升，煮取一升，頓服之。（22/332-333）

5. 《葛氏方》云：任身卒胎動不安，或胎轉搶心，或下血不止，方：蔥白一把，以水煮三升，令蔥熟，飲其汁。今案《本草》云：蔥一把者，二兩爲正。
又方：生魚二斤，秫米一升，調作臛頓食之。（《醫心方》22/20ab引）

6. 《葛氏方》云：<u>任身月水不止，名爲漏胞</u>，治之，方：阿膠五兩、乾地黃五兩、酒五升、煮取一升半，未食溫再服。（《醫心方》22/24a引）

7. 《葛氏方》：任婦時病，令子不落，方：灶中黃土水和塗腹上。
又云：取井中泥塗心下三寸。（《醫心方》22/33b引）

8. 《葛氏方》云：灶中黃土末以雞子白丸如梧子，吞一丸。（《醫心方》22/34a引）

9. 《葛氏方》：若由頓仆及舉重，致胎動去血者，方：搗黃連下篩，酒服方寸匕，日三，愈，血乃止。忌豬肉、冷水等物。
又方：赤小豆二升熬令香，著雞子十四枚破內小豆中，更熬令黃黑，末合酒服一匕，日三服。
又方：膠三兩炙，當歸二兩，甘草二兩炙，右三味切，以水五升，煮取二升，分再服。忌菘菜、海藻。（《外台秘要》33/916ab引，《文仲》同）

10. 《小品方》云：治妊身腹中冷，胎不安，方：甘草、當歸各三兩，乾薑三兩，大棗十二枚，凡四物，以水五升，煮取三升，分三服。（《醫心方》22/20a引）

11. 《小品方》又云：母有勞熱動胎，胎不安，去血，手足煩，方：生乾竹皮二升，當歸二兩，芎藭一兩，黃芩半兩，凡四物，以水一斗，煮竹皮取六升汁，去滓內煎，取三升，分三服。（《醫心方》22/20a引）

12. 《小品方》云：治妊婦日月未至欲產，方：搗知母和蜜爲丸，如梧子，服一丸。痛不止，更服一丸。（《醫心方》22/34a引）

13. 《小品方》：療妊娠五月日，舉動驚愕，動胎不安，下在小腹，痛引腰胳，小便疼，下血，安胎當歸湯，方：當歸、阿膠炙，芎藭，人參各一兩，大棗十二枚，擘，艾一虎口，右六味，切，以酒水各三升合煮，取三升，去滓，內膠令烊，分三服，腹中當小便緩差也。《古今錄驗》《救急》同。（《外台秘要》33/913a引）

14. 《小品方》：療妊娠重下，痛引腰脊，安胎止痛湯，方：當歸、阿膠炙，乾地黃、黃連、芍藥各兩，雞子一枚，秫米一升，右七味，切，以水七升，攪雞子令相得，煮秫米令如蟹目沸，去滓，內諸藥煮，取三升，分四服。忌蕪荑。《經心錄》同。（《外台秘要》33/914b引）

15. 《小品方》：又，膠艾湯，療損動母去血腹痛，方：阿膠二兩炙，艾葉二兩，右二味，以水五升，煮取二升半，分三服。《經心錄》同。（《外台秘要》33/914b引）

16. 《小品方》：苧根湯，療勞損動胎，腹痛去血，胎動向下，方：苧根、乾地黃各二兩、當歸、芍藥、阿膠炙，甘草炙各一兩，右六味，切，以水六升，煮取二升，去滓，內膠烊，分三服。忌海藻、菘菜、蕪荑。（《外台秘要》33/915b-916a引）

17. 《小品方》：安胎寄生湯，療流下，方：桑上寄生五分，白朮五分，茯苓四分，甘草十分，炙，右四味，切，以水五升，煮取二升半，分三服。若人壯者可加芍藥八分，足水二升，若胎動不安腹痛，端然有所見，加乾薑四分即安。忌海藻、菘菜、酢物、桃、李、雀肉等。（《外台秘要》33/915b引《文仲》並引，《崔氏》《經心錄》同）

18. 《小品方》：療妊娠數月日，猶經水時時來者，名曰「漏胞」。若因房室勞有所去，名曰傷胎。視說要之如此。小豆散，療數傷胎，將用之，方：赤小豆五升，濕地種之，令生芽，乾之。右一物。下篩，懷身數月日，經水尚來，以溫酒服方寸匕，日三。得效便停。《千金》《救急》《經心錄》同。（《外台秘要》33/919a引）

19. 《僧深方》云：治任身由頓仆及舉重去血，方：搗黃連，下篩，以酒服方寸匕，日三乃止。

又云：取生靑竹薄刮取上靑皮，以好酒一升和三合許一服。（《醫心方》
22/25a引）

20.　《僧師方》：胎動下血，病痛搶心，用蔥白煮濃汁飲之，未死即安，已死
　　即出，未效再服。一方加川芎，一方用銀器同米煮粥及羹食。（《本草綱
　　目》26/46引）

21.　《集驗方》云：治任身胎動，晝夜叫呼，禁脣寒及下痢不息，方：已治艾
　　葉一筥，以好酒五升，煮取四升，去滓，更煎取一升一服。口閉者開口灌
　　之，藥下即安。今檢《僧深方》云：艾及葉物一簍者，以二升爲正。
　　（《醫心方》22/20b引；《千金方》2/45同）

22.　《集驗方》又云：治任身二三月至八九月，胎動不安，腰痛，已有所見，
　　方：艾葉三兩，阿膠三兩炙，芎藭三兩，當歸三兩，甘草一兩半炙，切，
　　以水八升，煮取三升，去滓，內膠更上火，膠消，分三服。（《醫心方》
　　22/20b-21a引；《外臺秘要》33/915a亦引，並謂《千金》《文仲》《備
　　急》同）

23.　《集驗方》云：療妊娠下血如月水來，若胞乾，非祇煞胎，亦損其母，
　　方：乾地黃四兩、乾薑二兩、酒服方寸匕，日三。（《醫心方》22/23b-24a
　　引《醫門方》並引；《醫門方》作乾薑、乾地黃各五兩末，酒服一匙，日
　　夜三四服，即止。《千金方》2/46同。《外臺秘要》33/919a引《崔氏》亦
　　引，並稱《文仲》《經心錄》同）

24.　《集驗方》：治任身血下不止，血盡子死，方：乾地黃搗末，以三指撮酒
　　服，不過，再三服。（《醫心方》22/24ab引；《外臺秘要》33/919a引《崔
　　氏》同，並稱《千金》同）

25.　《集驗方》：療妊娠血下不止，名曰漏胞，血盡子死，方：雞子十四枚取
　　黃，以好酒二升，煮使如餳，一服之。
　　又方：生地黃汁一升，酒四合，合煮三四沸，頓服之，不止頻服。《救
　　急》《千金》《文仲》《備急》《古今錄驗》《經心錄》同。（《外臺秘
　　要》33/919a引）

26.　《集驗方》：療妊娠胎動不安，腹痛，蔥白湯，方：蔥白切一升，阿膠

炙，當歸，續斷，芎藭各三兩，銀隨多少，右六味，切，以水一斗，先煮銀，取七升，去銀，內餘藥，煎取二升半，內膠令烊，分三服，不瘥更作。《千金》同。（《外台秘要》33/915a引）

27. 《集驗方》：療妊娠六七月，胎動不安常處，旋復花湯，方：旋復花一兩，厚朴炙，白朮、枳實炙、黃芩、茯苓各三兩，半夏洗十遍，芍藥、生薑各二兩，右九味，切，以水一斗，煮取二升半，先食分五服，日三夜二。忌羊肉、餳、醋、桃、李、雀肉。《千金》同。（《外台秘要》33/915a引）

28. 《集驗方》：療妊娠動胎去血，腰腹痛，方：芎藭、阿膠炙、當歸、青竹筎，右四味切，以水一斗半，煮銀二斤，取六升，去銀，內藥，煎取二升半，分三服，日再夜一，不差更作一劑。（《外台秘要》33/916a引《救急》並引，又稱《千金》《文仲》《古今錄驗》《備急》《經心錄》同）

29. 《集驗方》：療婦人懷胎不長，方：鯉魚長一尺者，水漬沒，內鹽如棗，煮令熟，取汁稍稍飲之。當胎所腹上當汗如（？）狀，雖有所見，胎雖不安者，十餘日輒一作此，令胎長大甚平安。（《外台秘要》33/916b引）

30. 《錄驗方》：治胎不安，生鯉魚湯，方：生鯉魚一頭重五斤，乾薑二兩，吳茱萸一兩，凡三物，切，以水一升（？）煮鯉魚五沸，出魚內藥，煎取三升，服一升，日三。（《醫心方》22/21b引）

31. 《錄驗方》云：治任身數落胎，方：以生鯉魚二斤，粳米一升，作臛，少與鹽嚽之，日三過，食至兒生。（《醫心方》22/22a引；《外台秘要》33/916b引《廣濟方》則謂「勿著蔥豉醋」。）

32. 《錄驗方》云：治任身頓仆舉重去血，方：取淡竹斷頭燒中央，以器乘取汁一升飲之。（《醫心方》22/25a引）

33. 《古今錄驗方》：療妊娠下血，豆醬散，方：豆醬二升，漉去汁，熬令燥末，酒服方寸匕，日五六服。（《外台秘要》33/919b引）

34. 《經心錄》：紫石門冬丸，主風冷在子宮，有子常落，或始為婦便患心痛，乃成心疾，月水都未曾來，服之肥悅，令人有子，方：遠志去心、澤瀉、肉蓯蓉、桂心各二兩、紫石英、天門冬去心、五味子三兩、禹餘糧、

蜀椒汗、烏頭炮、卷柏、烏賊骨、寄生、石南、當歸各一兩、杜仲、甘草
炙、石斛、柏子人、辛夷、人參各二兩、雲母一兩燒，右二十二味，末之
以蜜丸，酒服二十九如梧桐子，稍加至三十四十九，日三。忌海藻、菘菜、
豬肉、冷水、生蔥、鯉魚。《千金》同。（《外台秘要》33/922b-923a引）

35. 《刪繁方》：療女人懷妊胎動不安，蔥豉安胎湯，方：香豉一升熬，蔥白
切一升，阿膠二兩炙，右三味，切，以水三升煮二物，取一升，去滓，下
阿膠更煎，膠烊服，一日一夕可服三四劑。《經心錄》同。（《外台秘
要》33/915ab引）

36. 《刪繁方》：療婦人懷胎數落而不結實，或寒冷熱，百病之源，黃耆散，
方：黃耆、吳茱萸、乾薑、人參、甘草炙、芎藭、白术、當歸、乾地黃各
二兩，右九味擣散，清酒服一匕半，日再服，加至兩匕爲劑。忌海藻、菘
菜、蕪荑、桃、李、雀肉等。《經心錄》同（《外台秘要》33/922b引）

37. 《產經》云：治任身七八月腰腹痛，胎不安，汗出逆冷，飲食不下，氣上
煩滿，四肢疲僵，當歸湯，方：當歸三兩，夕藥二兩，乾地黃三兩，生艾
一把，甘草一兩，膠四兩炙，生薑一兩，橘皮二分，右八物，切，以水一
升，煮得三升，去滓，內膠令烊，分四服之。（《醫心方》22/21a引）

38. 《產經》又云：任身臨生月，胎動不得生，方：桑上寄生五分，甘草二
兩，桂心五分，茯苓五分，右四物，以水七升，煮得二升，分三服。
（《醫心方》22/21a引）

39. 《產經》云：治數落胎，方：作大麥豉羹，食之即安胎。
又方：取母衣帶三寸燒末酒服，即安。（《醫心方》22/21b-22a引）

40. 《產經》云：治任身血出不止，方：乾地黃十兩，以酒三升，煮得二升，
分二服良。
又方：炙胞門七壯關元左右各二寸是也。（《醫心方》22/24b引）

41. 《產經》：妊娠下黃汁如膠及小豆，方：搗地黃取汁，以酒合煎，頓服
之。（《醫心方》22/24b引）

42. 《產經》云：治任身婦人卒起，從高墮下，暴大去血數斗，馬通湯，方：
馬通汁三合，絞取，乾地黃二兩，當歸二兩，阿膠四兩，艾葉三兩，右五

物，切，以水五升，煮得二升半，去滓，內膠，更上火令洋，分三服，大
良。（《醫心方》22/25ab引；《千金方》2/51同）

43. 《產經》云：治任身為夫所傷動欲死，方：取竹瀝汁與飲一升則愈，不瘥
後作。《千金方》云立驗。（《醫心方》22/25b引）

44. 《產經》云：治任身腹痛，心胸漲滿不調，安胎當歸丸，方：乾薑一分、
當歸二分、芎藭二分、膠四分、右四物下篩、蜜丸如小豆，服五丸，日
三。（《醫心方》22/26a引）

45. 《產經》云：治任身中惡心腹痛，遂動胎，少腹急，當歸蔥白湯，方：當
歸四兩、人參二兩、厚朴二兩、蔥白一虎口、膠二兩、芎藭二兩，右六
物，以水七升，煮取二升，分三服。
又云：茱萸酒方：吳茱萸五合，以酒三升，煮三沸，分三服良（《醫心
方》22/33a引）

46. 《千金方》：治妊娠下血如故，名曰漏胞，胞乾便死，方：生地黃半斤㕮
咀，以清酒二升煮三沸，絞去滓，服之無時，能多服佳。姚大夫加黃雌雞
一頭，治如食法。崔氏取雞血和藥中服。（2/46）

47. 《千金方》：治妊娠忽暴下血數升，胎燥不動，方：榆白皮三兩、當歸二
兩、生薑二兩、乾地黃四兩、葵子一升（《肘後》不用），上五味㕮咀，
以水五升，煮取二升半，分三服，不瘥更作，服之甚良。（2/51）

48. 《千金方》：治妊娠卒下血，方：葵子一升，以水五升，煮取二升，分三
服，瘥止。又方：生地黃切一升，以酒五升，煮取三升，分三服。亦治落
身後血。又方：葵根莖燒作灰，以酒服方寸匕，日三。（2/51）

49. 《千金方》：治妊娠僵仆失據，胎動轉上搶心，甚者血從口出，逆不得
息，或注下血一斗五升，胎不出。子死則寒熨人腹中，急如產狀，虛乏少
氣，困頓欲死，煩悶反覆，服藥母即得安，下血亦止，其當產者立生，蟹
爪湯，方：蟹爪一升、甘草二尺、桂心二尺、阿膠二兩，上四味㕮咀，以
東流水一斗，煮取三升，去滓內膠烊盡，能為一服佳，不能者食頃再服
之。若口急不能飲者，格口灌之，藥下便活也，與母俱生。若胎已死，獨
母活也。若不僵仆，平安妊娠，無有所見，下血服此湯即止。或云桂不安
胎，亦未必爾。（2/51-52）

50. 《子母秘錄》云：妊娠下黃汁如膠及小豆汁，方：糯米一升、黃耆五兩，右二物，切，以水七升，煮取三升，分四服。（《醫心方》22/24b引）

51. 《子母秘錄》：孕八九月，或墜傷，牛馬驚傷，心痛，用青竹茹五兩，酒一升，煎五合服。（《本草綱目》37/18引）

52. 《廣濟方》：主安胎，胎病漏，肚痛，方：當歸、芎藭、阿膠炙、人參各一兩，大棗十二枚擘，右五味，切，以水三升，酒四升，合煮，取二升半，分三服，五日一劑，頻服三四劑，無所忌。（《外台秘要》33/914b引）

53. 《廣濟方》：療婦人妊娠動胎，腰腹痛，及血下，方：當歸三兩、蔥白切一升、芎藭三兩、艾葉二兩、鹿角膠二兩炙、苧根三兩，右六味切，以銀汁一斗煮取三升，絞取滓，內膠上火，膠烊，分三服。服別相去，如人行六七里，未好差，停一日，更進一劑，無所忌。（《外台秘要》33/915b引）

54. 《救急方》：療損娠方：取硃砂末一錢匕，生雞子三顆，打取白，和硃砂頓服。胎若死即出，若未死則安。（《外台秘要》33/922a引）

55. 《文仲方》：徐王效神驗胎動，方：當歸六分，芎藭四分，右二味，切，以水四升，酒三升半，煮取三升，分三服。若胎死即出，比用神驗，血上心腹滿者，如湯沃雪。《救急》《經心錄》同，《崔氏》用米醋二升煎二十沸服。（《外台秘要》33/915b引）

56. 《文仲方》：療妊娠下血，方：取黍膏燒末，服一匕，日三。《千金》云黍莖。（《外台秘要》33/919b引）

57. 《崔侍郎方》云：戶根下土三指撮酒服之。（《醫心方》22/34a引）

58. 《醫門方》云：凡候胎動法，母唇口青者，兒死母活。唇口中青沫出者，子母俱死。口赤舌青沫出者，母死兒活。
又云：夫胎動不安，方：煮好銀取汁，主蔥羹服之佳。（《醫心方》22/19a引）

59. 《醫門方》又云：療妊娠腹內冷致胎動不安，方：乾薑三兩、芎藭四兩、艾二兩，水六升，煮取二升半，分二服。
又方：蔥白切一升、當歸四兩、清酒五升，煮取二升半，分溫二服，大效。（《醫心方》22/19b引）

60. 《醫門方》又云：療妊娠忽被驚愕，胎向下不安，腹痛連腰，並下血，
　　方：當歸、芎藭各八分，阿膠炙，大棗十二枚，艾葉八分，茯苓十分，水
　　七升，煮取二升半，分三服，相去八九里。（《醫心方》22/19b-20a引）

61. 《醫門方》云：夫漏胞者，妊娠下血如故，血下不絕，胞乾便死，宜急
　　治，方：生地黃汁一升，酒五合，合煮一沸，分二服。《廣利方》同。
　　（《醫心方》22/23b引）

62. 《醫門方》云：若因房室下血，名曰傷胞，治之，方：乾地黃十兩末，酒
　　服方寸匕，日三夜一，若腹內冷，加乾黃服之。（《醫心方》22/25b引）

63. 《博濟安眾方》：治胎動欲墮腹痛不可忍，方：苧根去皮切一升，銀五
　　兩，右以清酒一升，水一升，煮取一升，溫分四服即止。（《醫心方》
　　22/19b引）

64. 《產寶》：妊娠因夫所動，困絕，以竹瀝飲一升，立愈。（《本草綱目》
　　37/19引）

D、驗男女、轉胎、養胎與胎教

1. 《胎產書》：（見附表一）
　　（《馬王堆古醫書考釋》《胎產書考釋》頁781-803）

2. 《胎產書》：懷子者，為烹白牡狗首，令獨食之，其子美皙，又易出。欲
　　令子勁者，□時食母馬肉。
　　一曰：遺溺半升，□□，堅而少汁。（《馬王堆古醫書考釋》《胎產書考
　　釋》頁806-808）

3. 《胎產書》：懷子未出三月者，吞雀甕二，其子男也。
　　一曰：取雀甕中蟲靑背者三，生吞之，必產男。
　　一曰：以方咀時，取蒿、杜、蜱蛸三，治。飲之，必產男。已試。
　　一曰：取蜂房中子，狗陰，乾而治之，以飲懷子，懷子者產男。（《馬王
　　堆醫書考釋》《胎產書考釋》頁807-809）

4.　《金匱要略》：妊娠養胎，白朮散主之。白朮散，方：白朮、芎藭、蜀椒
三分去汗、牡蠣，右四味杵爲散，酒服一錢匕，日三服，夜一服。但苦腹
痛，加芍藥。心下毒痛，倍加芎藭。心煩吐痛不能食飲，加細辛一兩，半
夏大者二十枚。服之後，更以醋漿水服之，復不解者，小麥汁服之。已後
渴者，大麥粥服之。病雖愈，服之勿置。（20/304-305）

5.　《脈經》：婦人妊娠四月，欲知男女法。左疾爲男，右疾爲女，俱疾爲生
二子。又法，得太陰脈爲男，得太陽脈爲女。太陰脈沈，太陽脈浮。又
法，左手沉實爲男，右手浮大爲女。左右手俱沉實猥生二男。左右俱浮大
猥生二女。又法，尺脈左偏大爲男，右偏大爲女。左右俱大產二子，大者
如實狀。又法，左右尺俱浮爲產二男。不爾則女作男生。左右尺俱沈爲產
二女。不爾則男作女生也。又法，遣妊娠人面南行，還復呼之，左迴首者
是男，右迴首者是女也。又法，看上圊時，夫從後急呼之，左迴首是男，
又迴首是女也。又法，婦人妊娠，其夫左乳房有核是男，右乳房有核是女
也。（《脈經》卷9〈平妊娠分別男女將產諸證第一〉頁176。《醫心方》
卷24頁7a引《產經》同。《諸病源候總論》卷41〈婦人妊娠病諸候上〉
「妊娠候」頁1-2，《千金方》卷2〈婦人方上〉「妊娠惡阻第二」頁35亦
同；並有「又左手尺中脈浮大者男，右手尺脈沈細者女」一語。）

6.　《葛氏方》云：覺有任三月，溺雄雞浴處。
　　又方：密以大刀置臥蓆下。（《如意方》同之）（《醫心方》24/10a引）

7.　《養生要集》云：婦人任身，大小行勿至非常之地，逆產煞人。
　　又云：婦孕三月，不得南向洗浴，胎不安。
　　又云：婦孕三月，不得南向小便，令兒瘖瘂。
　　又云：婦孕三月，不得兩鏡相照，令兒倒產。（《醫心方》22/13b-14a引）

8.　《養生要集》：婦人任身不得食六畜肉，令兒不聰明。
　　又云：勿食豬肝，令胎不生。
　　又云：勿食兔肉，令子脣缺，亦不須見之。
　　又云：勿食雞子，于鱔魚，使子多創。
　　又云：勿不得食魚頭，胎損。

又云：勿食鯉鱠，令兒多瘡。勿食生薑，令子盈指。勿食于薑桂甘草，胎消胎不安。勿食冰漿，令胎不生。勿食杏人及熱飴，破損傷子。勿以炙雀幷大豆醬食，令胞漏使兒多骭皰。勿飲酒，多食雀肉，使子心淫精亂。勿食雀肉，令兒多所欲。勿食雀肉，幷雀脂，令人雀盲。勿食雀幷梨子，令子短舌。糵幷梅李實，食之令人清盲。（《醫心方》22/14a-15a引）

9. 《如意方》云：未滿三月，取斧著婦人床下，即及成男。試著雞窟下皆雄。（《醫心方》24/10b-11a引《靈奇方》案語）

10. 《如意方》食宜男草花即生男：

一云：任身帶之（宜男花）即生男。今案：《本草警戒》云：萱草一名宜男草。《博物志》云：懷妊婦人配之即生男。

又方：用烏雞左翼毛廿枚，置女人席下即男。

又方：取雄鴨翅毛二枚，著婦人臥蔣下，勿令知。（《醫心方》24/11a引）

11. 《逐月養胎方》：（見附表一）（《千金方》卷2〈婦人方上〉「養胎第三」頁37-44引）

12. 《逐月養胎方》：妊娠一月，陰陽新合為胎，寒多為痛，熱多卒驚，舉重腰痛，腹滿胞急，卒有所下，當預安之，宜服烏雌雞湯，方：烏雌雞一只治如食法，茯苓二兩，吳茱萸一升，芍藥三兩，白朮三兩，麥門冬五合，人參三兩，阿膠二兩，甘草一兩，生薑一兩，上十味㕮咀，以水一升煮雞取汁六升，去雞下藥，煎取三升，內酒三升，並膠，烊盡取三升，放溫每服一升，日三。（《千金方》2/38引）

13. 《逐月養胎方》：若曾傷一月胎者，當預服補胎湯，方：細辛一兩、乾地黃三兩、白朮三兩、生薑四兩、大麥五合、吳茱萸五合、烏梅一升、防風二兩、上八味㕮咀，以水七升，煮取二升半，分三服，先食服。寒多者，倍細辛、茱萸。若熱多渴者，去細辛、茱萸，加栝樓根二兩。若有所思，去大麥，加柏子人三合。一方有人參一兩。（《千金方》2/38引）

14. 《逐月養胎方》：妊娠二月，使陰陽踞經，有寒多懷不成，有熱即萎悴，中風寒有所動搖，心滿臍下懸急腰背強痛，卒有所下，乍寒乍熱，艾葉湯主之，方：艾葉二兩、丹參二兩、當歸二兩、麻黃二兩、人參三兩、阿膠

三兩、甘草一兩、生薑六兩、大棗十二枚，上九味㕮咀，以酒三升，水一斗，煮減半，去滓，內膠，煎取三升，分三服。一方用烏雌雞一只宿肥者，治如食法，割頭取血，內三升酒中相和，雞以水一斗二升先煮，取汁，去雞內藥煎，取三升，內血酒並膠煎，取三升，分溫三服。（《千金方》2/38-39引）

15. 《逐月養胎方》：若曾傷二月胎者，當預服黃連湯，方：黃連一兩、人參一兩、吳茱萸五合、生薑三兩、生地黃五兩（一方用阿膠），上五味㕮咀，以酢漿七升，煮取三升，分四服，日三夜一，十日一作。若頗覺不安，加烏梅一升。加烏梅者，不用漿，直用水耳。一方用當歸半兩。（《千金方》2/39引）

16. 《逐月養胎方》：妊娠三月，爲定形，有寒大便青，有熱小便難，不赤即黃，卒驚恐、憂愁、嗔怒、喜頓仆，動於經脈，腹滿繞臍苦痛，或腰背痛，卒有所下，雄雞湯，方：雄雞一只，治如食法，甘草二兩，人參二兩，茯苓二兩，阿膠二兩，黃芩一兩，白朮一兩，麥門多五合，芍藥四兩，大棗十二枚擘，生薑一兩，上十一味㕮咀，以水一斗五升煮雞，減半，出雞，內藥，煮取半，內清酒三升，並膠煎，取三升，分三服，一日盡之，當溫臥。一方用當歸、芎藭各二兩，不用黃芩、生薑。（《千金方》2/39引）

17. 《逐月養胎方》：若曾傷三月胎者，當預服茯神湯，方：茯神一兩、丹參一兩、龍骨一兩、阿膠二兩、當歸二兩、甘草二兩、人參二兩、赤小豆二十一粒、大棗二十一枚，上九味㕮咀，以醋漿一斗，煮取三升，分四服，先食服，七日後服一劑。腰痛者加桑寄生二兩。《深師》有薤白二兩、麻子一升。（《千金方》2/39引）

18. 《逐月養胎方》：妊娠四月，有寒心下，愠愠欲嘔，胸膈滿不欲食，有熱小便難，數數如淋狀，臍下苦急，卒風寒頸項強痛寒熱，或驚動身軀腰背腹痛，往來有時，胎上迫胸，心煩不得安，卒有所下，菊花湯，方：菊花如雞子大一枚、麥門多一升、麻黃三兩、阿膠三兩、人參一兩半、甘草二兩、當歸二兩、生薑五兩、半夏四兩、大棗十二枚，上十味㕮咀，以水八

升，煮減半，內清酒三升並阿膠煎，取三升，分三服，溫臥。當汗以粉粉之，護風寒四五日。一方用烏雌雞一只煮水煎藥。（《千金方》2/40引）

19. 《逐月養胎方》：若曾傷四月胎者，當預服調中湯，方：白芍藥四兩、續斷一兩、芎藭一兩、甘草一兩、白朮三兩、柴胡三兩、當歸一兩半、烏梅一升、生薑四兩、厚朴三兩、枳實三兩、生李根白皮三兩，上十二味㕮咀，以水一斗，煮取三升，分四服，日三夜一，八日後復服一劑。（《千金方》2/40引）

20. 《逐月養胎方》：妊娠五月，有熱苦頭眩，心亂嘔吐，有寒苦腹滿痛，小便數，卒有恐怖，四肢疼痛，寒熱，胎動無常處，腹痛悶頓欲仆，卒有所下，阿膠湯主之，方：阿膠四兩、旋復花二合、麥門冬一升、人參一兩、吳茱萸七合、生薑六兩、當歸二兩、芍藥二兩、甘草二兩、黃芩二兩，上十味㕮咀，以水九升煮藥減半，內清酒三升並膠，微火煎，取三升半，分四服，日三夜一，先食服便愈，不瘥再服。一方用烏雌雞一只，割取咽血內酒中，以水煮雞，以煎藥減半，內酒並膠煎，取三升半，分四服。（《千金方》2/40-41引）

21. 《逐月養胎方》：曾傷五月胎者，當預服安中湯，方：黃芩一兩、當歸二兩、芎藭二兩、人參二兩、乾地黃二兩、甘草三兩、芍藥三兩、生薑六兩、麥門冬一升、五味子五合、大棗三十五枚、大麻仁五合，上十二味㕮咀，以水七升清酒五升，煮取三升半，分四服，日三夜一，七日復服一劑。（《千金方》2/41引）

22. 《逐月養胎方》：妊娠六月，卒有所動不安，寒熱往來，腹內脹滿，身體腫驚怖，忽有所下，腹痛如欲產，手足煩疼，宜服麥門冬湯，方：麥門冬一升、人參二兩、甘草二兩、黃芩二兩、乾地黃三兩、阿膠四兩、生薑六兩、大棗十五枚，上八味㕮咀，以水七升煮減半，內清酒二升並膠，煎取三升，分三服，中間進麋粥。一方用烏雌雞一只，煮水以煎藥。（《千金方》2/41引）

23. 《逐月養胎方》：若曾傷六月胎者，當預服柴胡湯，方：柴胡四兩、白朮二兩、芍藥二兩（一方作紫葳）、甘草二兩、蓯蓉一兩、芎藭二兩、麥門

多二兩、乾地黃五兩、大棗三枚、生薑六兩，上十味㕮咀，以水一斗，煮取三升，分四服，日三夜一，中間進糜粥，勿食生冷及堅硬之物，七日更服一劑。（《千金方》2/41-42引）

24. 《逐月養胎方》：妊娠七月，忽驚恐搖動腹痛，卒有所下，手足厥冷，脈若傷寒，煩熱腹滿短氣，常苦頸項及腰背強，蔥白湯主之，方：蔥白長三四寸十四莖、半夏一升、生薑八兩、甘草三兩、當歸三兩、黃耆三兩、麥門冬一升、阿膠四兩、人參一兩半、黃芩一兩、旋復花一合，上十一味㕮咀，以水八升煮減半，內清酒三升及膠，煎取四升，服一升，日三夜一，溫臥，當汗出。若不出者，加麻黃二兩，煮服如前法，若秋後勿強責汗。一方以雌雞一只，割咽取血，內酒中煮雞取汁以煎藥。（《千金方》2/42引）

25. 《逐月養胎方》：若曾傷七月胎者，當預服杏仁湯，方：杏仁二兩、甘草二兩、麥門冬一升、吳茱萸一升、鍾乳二兩、乾薑二兩、五味子五合、紫菀一兩、粳米五合，上九味㕮咀，以水八升，煮取三升半，分四服，日三夜一，中間進食，七日服一劑。一方用白雞一只，煮汁煎藥。（《千金方》2/42引）

26. 《逐月養胎方》：妊娠八月，中風寒有所犯觸，身體盡痛，乍寒乍熱，胎動不安，常苦頭眩痛，繞臍下寒，時時小便白如米汁，或青或黃，或使寒慄，腰背苦冷而痛，目䀮䀮，芍藥湯主之，方：芍藥四兩、生薑四兩、厚朴二兩、甘草三兩、當歸三兩、白朮三兩、人參三兩、薤白切一升，上八味㕮咀，以水五升，清酒四升合煮，取三升，分三服，日再夜一。一方用烏雌雞煮之以煎藥。（《千金方》2/42-43引）

27. 《逐月養胎方》：若曾傷八月胎者，當預服葵子湯，方：葵子二升、生薑六兩、甘草二兩、芍藥四兩、白朮三兩、柴胡三兩、大棗二十枚、厚朴二兩，上八味㕮咀，以水九升，煮取三升，分三服，日三，十日一劑。一方用烏雌雞一只煮水以煎藥。（《千金方》2/43引）

28. 《逐月養胎方》：妊娠九月，若卒得下痢，腹滿懸急，胎上衝心，腰背痛不可轉側，短氣，半夏湯，方：半夏五兩、麥門冬五兩、吳茱萸三兩、當歸三兩、阿膠三兩、乾薑一兩、大棗十二枚，上七味㕮咀，以水九升，煮

取三升，去滓，內蜜八合，微火上溫，分四服，痢即止。一方用烏雌雞一只煮汁以煎藥。（《千金方》2/43引）

29. 《逐月養胎方》：若曾傷九月胎者，當預服豬腎湯，方：豬腎一具、白朮四兩、茯苓三兩、桑寄生三兩、乾薑三兩、乾地黃三兩、芎藭三兩、麥門冬一升、附子中者一枚、大豆三合，上十味㕮咀，以水一斗煮腎令熟，去腎，內諸藥煎，取三升半，分四服，日三夜一，十日更一劑。（《千金方》2/43引）

30. 《集驗方》云，取弓弦一枚，絳囊盛帶婦人左臂。（《醫心方》24/10a引）

31. 《古今錄驗方》：療妊娠養胎，白朮散，方：白朮、芎藭各四分，蜀椒三分汗，牡蠣二分，右四味，擣下篩，酒服備一錢匕，日三夜一。但苦痛，加芍藥。心下苦痛，倍加芎藭。吐唾不能食飲，加細辛一兩、半夏大錢二十枚服之，復更以醋漿水服之。若嘔亦以醋漿水服之。復不解者，小麥汁服之。已後其人若渴，大麥粥服之。病雖愈盡服之，勿置。忌桃、李、雀肉等。（《外台秘要》33/916b-917a引）

32. 《產經》云：凡任身之時，端心正坐，清虛如一，坐必端廉，立不耶住，行必中道，臥無橫變，舉目不視邪色，起耳不聽邪聲，口不妄言，無喜怒憂患，思慮和順，卒生聖子。產無橫難也。而諸生子有癡疵醜惡者，其名皆在其母，豈不（此不字疑為衍文）可不審詳哉。（《醫心方》22/12b引）

33. 《產經》又云：文王初任之時，其母正坐，不聽邪言惡語，口不妄語，正行端坐，是故生聖子，諸賢母宜可慎之。（《醫心方》22/13a引）

34. 《產經》又云：任身三月，未有定儀，見物而為化，是故應見王公、后妃、公主、好人，不欲見傴者、醜惡、瘁人、猿猴。其欲生男者，操弓矢，射雄雉，乘牡馬，走田野，觀虎豹及走馬。其欲生女者，著簪珥，施環珮。欲令子美好者，數視白玉、美珠，觀孔雀，食鯉魚，欲令子多智有力者，當食牛心，御大麥，欲令子賢良者坐無邪席，立無偏行，是謂以外像而內化者也。（《醫心方》22/13a引）

35. 《產經》：女人胎任時，多食鹹，胎閉塞。任身多食苦，胎乃動。任身多食甘，胎骨不相著。任身多食酸，胎肌肉不成。任身多食辛，胎精魂不

守。今案任婦不可服藥八十二種，其名目在《產經》。（《醫心方》
22/15b引）

36.　《產經》云：伊尹曰，蓋賢母，任身當靜，安居脩德，不常見凶惡之事，
宜弄文武兵器，捺弓矢射雉，觀牡虎走馬犬，生子必爲男也。

又法：任身三月，取楊柳東向枝二寸，繫著衣帶，不失子爲男。

又法：任身三月，取五茄置床下，無令母知，子爲男。

又法：始覺有胎，服原蠶矢一枚，勿令母知之。（丹波康賴案，《千金
方》：以井花水服，日三，必得男。）

又法：取石南草四株，著鷹下，勿令知之，必得男。

（《醫心方》24/9b-10a引）

37.　《產經》云：初覺時灸臍中。

又方：妊身三月求男，取夫衣帶三寸，燒作灰，井花水二升，東南向服，
大良。（《醫心方》24/10b引）

38.　《玉房秘訣》：婦人懷子未滿三月，以戊子取男子冠纓燒之，以取灰，以
酒盡服之，生子富貴明達，秘之秘之。（《醫心方》24/5b;28/32b引）

39.　《病源論》（見附表一）（《巢氏諸病源候總論》卷41〈婦人妊娠病諸候
上〉頁1-5）

40.　《病源論》：陰陽和調，二氣相感，陽施陰化，是以有娠。而三陰所會，
則多生女。但妊娠二月，名曰始藏，精氣成於胞裏。至於三月，名曰始
胎，血脈不流，象形而變，未有定儀，見物而化。是時男女未分，故未滿
三月者，可服藥方術轉之，令生男也。（《巢氏諸病源候總論》卷41〈婦
人妊娠病諸候上〉「妊娠轉女爲男候」頁5-6；《千金方》卷2〈婦人方
上〉「求子第一」頁34同）

41.　《千金方》〈婦人方上・求子第一〉：治婦人始覺有娠，養胎並轉女爲男
丹參丸，方：丹參二兩，續斷二兩，芍藥二兩，白膠二兩，白朮二兩，柏
子仁二兩，人參三十銖，芎藭三十銖，乾薑三十銖，當歸一兩十八銖，橘
皮一兩十八銖，吳茱萸一兩十八銖，白芷一兩，冠纓燒灰一兩，蕪黃十八
銖，乾地黃一兩半，甘草二兩，犬卵一具乾，東門上雄雞頭一枚，上十九
味末之，蜜和丸，酒服十九，日再，稍加至二十九如梧子大。（2/34）

42. 《千金方》又方：取原蠶矢一枚，幷井花水服之，日三。

又方：取弓弩弦一枚，絳囊盛帶婦人左臂。一法以繫腰下，滿百日去之。

又方：取雄黃一兩，絳囊盛帶之，要女者帶雌黃。

又方：以斧一柄，於產婦臥床下置之，仍繫爲（刃）向下，勿令人知。如不信者，待雞抱卵時，依此置於窠下，一窠兒子盡爲雄也。（2/34）

43. 《千金方》〈婦人方上‧養胎第三〉：論曰：舊說凡受胎三月，逐物變化，稟質未定。故妊娠三月，欲得觀犀象猛獸珠玉寶物，欲得見賢人君子盛德大師，觀禮樂鐘鼓俎豆軍旅陳設，焚燒名香，口誦詩書古今箴誡，居處簡靜，割不正不食，席不正不坐，彈琴瑟，調心神，和情性，節嗜欲，庶事清靜，生子皆良，長壽，忠孝仁義，聰慧無疾。斯蓋文王胎教者也。（2/37）

44. 《千金方》〈婦人方上‧養胎第三〉：論曰：兒在胎，日月未滿，陰陽未備，腑臟骨節皆未成足，故自初訖於將產，飲食居處，皆有禁忌。

妊娠食羊肝，令子多厄。

妊娠食山羊肉，令子多病。

妊娠食驢馬肉，延月。

妊娠食騾肉，產難。

妊娠食兔肉犬肉，令子無音聲並缺唇。

妊娠食雞子及乾鯉魚，令子多瘡。

妊娠食雞肉糯米，令子倒出心寒。

妊娠食雀肉並豆醬，令子滿面多䵟䵮黑子。

妊娠食雀肉飲酒，令子心淫情亂，不畏羞恥。

妊娠食鱉，令子項短。

妊娠食冰漿，絕胎。

妊娠勿向非常地大小便，必半產殺人。（2/37）

45. 《朱思簡食經》：任身不可食鳩，其子門肥充病，於產難故也。

勿食諸肉，令子瘖啞無聲。

又云：飲酒醉，令兒癲癇。（《醫心方》22/15a引）

46. 《本草食禁》：任身食雞肉幷糯米，使子腹中多蟲。（《醫心方》22/15a引）

47. 《枕中方》治婦人欲得轉女爲男法：有身二月中，炙臍下三壯，即有男。
（《醫心方》24/10b引）

48. 《洞玄子》云：凡女子懷孕之後，須行善事，勿視惡色，勿聽惡語，省婬
慾，勿咒咀，勿罵詈，勿驚恐，勿勞倦，勿妄語，勿憂愁，勿食生冷醋滑
熱食，勿乘車馬，勿登高，勿臨深，勿下坡，勿急行，勿服餌，勿針炙。
皆須心正念，常聽經書，遂令男女，如是聰明智惠，忠眞貞良，所謂教胎
者也。（《醫心方》28/33a引）

49. 《助產方》：女子懷孕易上火，疲倦，消瘦，氣色不好，發懶不想幹活，
想飲酒，此時孕婦想吃什麼就給什麼。殺一只羊，<u>多給肉食，一個月裡以</u>
<u>肉爲食，孩子不會有大病。分娩前與男人共床，孩子病少</u>。（P.T.1057
「藏醫雜療方」，《敦煌土蕃文獻選》，頁174。

附表一：逐月養胎諸方

資料/月份	《胎產書》	《逐月養胎方》	《病源論》
一	飲食必精，酸羹必熟，毋食辛腥。	足厥陰脈養，不可針灸其經。不爲力事，寢必安靜，無令畏恐。	飲食精熟，酸每受御，宜食大麥，無食腥辛之物。足厥陰養之。
二	毋食辛臊，居處必靜，男子勿勞。	足少陽脈養，不可針灸其經。慎護驚動。	無食腥辛之物。居必靜處，男子勿勞。足少陽養之。
三	毋使侏儒，不觀沐猴，不食蔥薑，不食兔羹。□欲生男，置弧矢，□雄雉，乘牡馬，觀牡虎。欲生女，配簪珥，紳珠子。	欲生男者，操弓矢。欲生女者，弄珠璣。欲子美好，數視璧玉。欲子賢良，端坐清虛。手心主脈養，不可針灸其經。無悲哀、思慮、驚動。	欲令見貴盛公王好人端正莊嚴。不欲令見佝僂侏儒醜惡形人及猿猴之類。無食薑兔，無懷刀繩。欲得男者，操弓矢射雄雉乘肥馬於田野觀虎豹及走犬。欲得女者，著簪珂環珮，弄珠璣。欲令子美好端正者，數視白璧美玉，看孔雀，食鯉魚。欲令兒多智有力，噉牛心，食大麥。欲令子賢良盛德，端心正坐，清虛和氣，坐無邪席，立無偏倚，行無邪徑，目無邪視，耳無邪聽，口無邪言，心無邪念，無妄喜怒，無得思慮。食無到嚼，無邪臥，無橫足。思欲果瓜，噉味欲酸菹。好芬芳，惡見穢臭。手心主養之。

四	其食稻、麥、鱓魚。	食宜稻粳，羹宜魚雁。手少陽脈養，不可針灸其經。當靜形體，和心志，節飲食。	其食宜稻秔，其羹宜魚雁。洗浴遠避寒暑。手少陽主之。（診脈知男女），慎勿瀉之，必致產後之殃。靜形體，和心志，節飲食。
五	晏起□沐，厚衣居堂，朝吸天光，避寒殃，其食稻、麥，其羹牛、羊，和以茱萸，毋食□，以養氣。	臥必晏起，沐浴浣衣。深其居處，厚其衣裳，朝吸天光，以避寒殃。其食稻麥，其羹牛羊，和以茱萸，調以五味。足太陰脈養，不可針灸其經。無大飢，無甚飽，毋食乾燥，無自炙熱，無勞倦。	臥必晏起，洗浣衣服。深其屋室，厚其衣裳，朝吸天光，以避寒殃。其食宜稻麥，其羹宜牛羊，和以茱萸，調以五味。一本云宜食魚鱉。足太陰養之。
六	勞□□□，出遊於野，數觀走犬馬，必食□□也。	身欲微勞，無得靜處。出遊於野，數觀走犬及視走馬。宜食鷙鳥猛獸之肉。足陽明脈養，不可針灸其經。調五味，食甘美，無大飽。	身欲微勞，無得靜處。出遊於野，數觀走犬及視走馬。宜食鷙鳥猛獸之肉。足陽明養之。
七	居燥處，無使定止，飲食避寒，□□美齒。	勞身搖肢，無使定止，動作屈伸，以運血氣。居處必燥，飲食避寒。常食稻粳，以密腠理。手太陰脈養，不可針灸其經。無大言，無號哭，無薄衣，無洗浴，無寒飲。	勞躬搖支，無使定止，動作屈伸。居處必燥。飲食避寒。常宜食稻秔，以密腠理。手太陰養之。

八		和心靜息，無使氣極。手陽明脈養，不可針灸其經。無食燥物，無輒失食，無忍大起。	合心靜息，無使氣極。手陽明養之。
九	伺之。	飲醴食甘，緩帶自持而待之。足少陰脈養，不可針灸其經。無處濕冷，無著炙衣。	飲醴食甘。緩帶自持而待之。足少陰養之。
十		但俟時而生。宜服滑胎藥。入月即服。養胎臨月服，令滑易產，單參膏方。	預修滑胎方法。

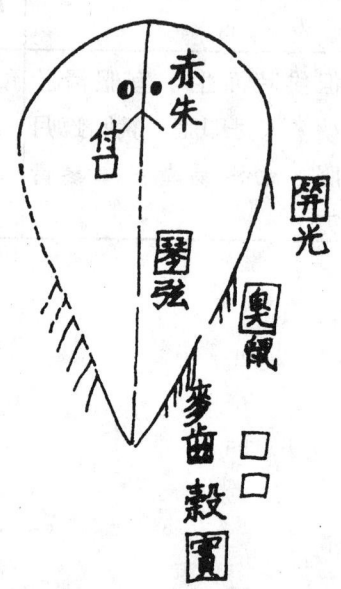

附圖一：馬王堆《養生方》中女性器官隱語
轉自《馬王堆古醫書考釋》

附圖二：大足石刻《父母恩重經變相》「安胎」
轉自中國外交出版社，《大足石刻藝術》，圖版七十「懷胎守護恩」

引用書目

一、文獻史料

《詩經》，十三經注疏本，台北：藝文印書館，1955。

《左傳》，十三經注疏本，台北：藝文印書館，1955。

《禮記》，十三經注疏本，台北：藝文印書館，1955。

《戰國策》，新校增補本，台北：里仁書局，1990。

《山海經》，袁珂校注，成都：巴蜀書社，1992。

睡虎地秦墓竹簡整理小組編，《睡虎地秦墓竹簡》，北京：文物出版社，1990。

《黃帝內經素問》，郭靄春等校注，北京：人民衛生出版社，1992。

（漢）賈誼《新書》，明萬曆新安程氏刊本《漢魏叢書》，吉林：吉林大學出版社影
　　　　印，1992。

（漢）司馬遷《史記》，北京：中華書局，1959。

（漢）戴德《大戴禮記》，明萬曆新安程氏刊本《漢魏叢書》，吉林：吉林大學出版
　　　　社影印，1992。

（漢）劉向《列女傳》，四部備要本，台北：台灣中華書局，1983。

（漢）張仲景《金匱要略》，清徐忠可論註，北京：人民衛生出版社，1993。

（漢）班固《漢書》，北京：中華書局，1962。

（漢）班固《白虎通德論》，四部叢刊初編子部，上海：商務印書館縮印江安傅氏雙
　　　　鑑樓藏元刊本，1929。

（漢）王充《論衡》，新編諸子集成，台北：世界書局，1983。

（漢）崔寔《四民月令》，石聲漢校注，北京：中華書局，1965。

（漢）崔寔《四民月令》，繆啓愉輯釋，北京：農業出版社，1981。

（漢）劉珍等《東觀漢紀》，北京：中華書局，1965。

（漢）衛宏《漢官舊儀》，叢書集成初編811，北京：中華書局，1985。

甘肅省博物館、武威縣文化館編，《武威漢代醫簡》，北京：文物出版社，1975。

（晉）皇甫謐《黃帝針灸甲乙經》，台北：台聯國風出版社，1991。

（劉宋）范曄《後漢書》，北京：中華書局，1965。

（南齊）褚澄《褚氏遺書》，趙國華校釋，河南：科學技術出版社，1986。

（梁）釋寶唱《比丘尼傳》，高楠順次郎編《大正新修大藏經》，東京：大正一切經
　　　　刊行會，1924-1934。

（梁）陶弘景《本草經集注》，尚志鈞、尚元勝輯校，北京：人民衛生出版社，1994。

（梁）宗懍《荊楚歲時記》，王毓榮校注，台北：文津出版社，1988。

（北魏）王肅注《孔子家語》，新編諸子集成，台北：世界書局，1983。

（北魏）賈思勰《齊民要術》，繆啓愉校釋，繆桂龍參校，北京：農業出版社，
　　　　1982。

（北魏）酈道元《水經注》，王國維校，台北：新文豐出版公司印行，1987。

（北齊）顏之推《顏氏家訓》，王利器集解，台北：明文書局，1990。

（北齊）魏收《魏書》，北京：中華書局，1974。

《先秦漢魏晉南北朝詩》，逯欽立輯校，台北：木鐸出版社，1988。

（隋）杜台卿《玉燭寶典》，收入《歲時習俗資料彙編》，台北：藝文印書館據日本
　　　　尊經閣文庫藏前田家藏舊鈔卷子本影印，1970。

（隋）巢元方《巢氏諸病源候總論》，台北：宇宙醫藥出版社，1975。

（唐）孫思邈《千金方》，吉林：人民出版社新校宋刻本，1994。

（唐）孫思邈《備急千金要方》，台北：宏業書局影印宋刻本，。

（唐）孫思邈《千金翼方》，台北：宏業書局影印宋刻本，。

（唐）房玄齡等《晉書》，北京：中華書局，1974。

（唐）李延壽《南史》，北京：中華書局，1975。

（唐）魏徵、長孫無忌等《隋書》，北京：中華書局，1973。

（唐）王燾《外台秘要》，台北：國立中國醫藥研究所出版，1964。

（唐）杜佑《通典》，北京：中華書局校點本，1988。

（唐）封演《封氏聞見記》，雅雨堂叢書本，台北：新文豐出版公司影印，1984。

《敦煌土蕃文獻選》，王堯、陳踐譯注，成都：四川民族出版社，1983。

（宋）李昉等《太平御覽》，宋蜀刊本，台北：台灣商務印書館影印，1967。

（宋）李昉等《太平廣記》，北京：人民文學出版社點校本，1959。

（宋）陳自明《婦人大全良方》，（明）薛己補註，江蘇廣陵古籍刻印社據嘉靖刊本
　　　　縮印，1982。

（宋）歐陽修、宋祁《新唐書》，北京：中華書局，1975。

（明）李時珍《本草綱目》，北京：人民衛生出版社點校本，1975-1981。

（清）顧炎武《日知錄》，台北：明倫書局原抄本，1971。

（清）嚴可均《全上古三代秦漢三國六朝文》，北京：中華書局，1958。

（清）姚之駰輯《東觀漢紀》，北京：中華書局，1965。

（清）徐靈胎，《醫學源流論》，收入江忍庵增批、林直清校堪《徐靈胎先生醫書全
　　　　集》，台北：五洲出版社印行，1990。

（日）丹波康賴《醫心方》，台北：新文豐出版社影印日本安政元年刊本。

二、近人著作

1. 中、日文

王毓銓，〈"民數"與漢代封建政權〉，原刊《中國史研究》1979.3（1979），收入
　　　　《中國社會經濟史參考文獻》，台北：華世出版社，1984，頁223-256。

中村喬，《中國の年中行事》，東京：平凡社，1988。

《中國本草圖錄》編寫委員會，《中國本草圖錄》五卷，北京：人民衛生出版社，香
　　　　港：商務印書館合作出版，1987-1989。

中國外交出版社編集，《大足石刻藝術》，京都：株式會社美乃美，1981。

中國醫學科學院藥物研究所等編，《中藥誌》四冊，北京：人民衛生出版社，1982-
　　　　1988。

《全國中草藥匯編》編寫組編，《全國中草藥匯編》上下二冊，北京：人民衛生出版
　　　　社，1975。

伊藤清司，〈中國古代の妊娠祈願に關する咒的藥物──《山海經》の民俗學的研
　　　　究〉，《中國學誌》7（1973）：21-54。

任　旭，〈《小品方》殘卷簡介〉，《中華醫史雜誌》17.2（1987）：71-73。

杜正勝，《編戶齊民──傳統政治社會結構之形成》，台北：聯經出版事業公司，
　　　　1990。

杜正勝，〈形體、精氣與魂魄──中國傳統對「人」認識的形成〉，《新史學》2.3
　　　　（1991）：1-65。

杜正勝，〈從眉壽到長生──中國古代生命觀念的轉變〉，《中央研究院歷史語言
　　　　研究所集刊》66.2（1995）：383-487。

李建民（鄒亭），〈養生、情色與房中術：中國早期房中術之探索〉，《北縣文
　　　　化》38（1993）：18-23。

李建民，〈祟病與「場所」：傳統醫學對祟病的一種解釋〉，《漢學研究》12.1
　　　　（1994）：101-148。

李建民，〈馬王堆漢墓帛書「禹藏埋胞圖」箋證〉，《中央研究院歷史語言研究所
　　　　集刊》65.4（1994）：725-832。

李建民，〈「婦人媚道」考──傳統家庭的衝突與化解方術〉，《新史學》7.4
　　　　（1996）：1-32。

李建民，〈中國古代「禁方」考論〉，《中央研究院歷史語言研究所集刊》68.1
　　　　（1997）：117-166。

李貞德，〈漢隋之間的「生子不舉」問題〉，《中央研究院歷史語言研究所集刊》
　　　　66.3（1995）：747-812。

李貞德，〈漢唐之間醫書中的生產之道〉，《中央研究院歷史語言研究所集刊》
　　　　67.3（1996）：533-654。

李　零，《中國方術考》，北京：人民中國出版社，1993。

林富士，《漢代的巫者》，台北：稻鄉出版社，1988。

周一良，《魏晉南北朝史札記》，北京：中華書局，1985。

周一謀，《中國古代房事養生學》，北京：中外文化出版公司，1989。

周一謀、蕭佐桃，《馬王堆醫書考注》，天津：科學技術出版社授權樂群文化事業
　　　　公司出版，1989。

長澤元夫、後藤志朗，〈引用書解說〉，李永熾譯，張禮文校訂《醫心方中日文解
　　　　說》，台北：新文豐出版公司，1973。

牧田諦亮，《六朝古逸觀世音應驗記の研究》，京都：平樂寺書店，1970。

宮川尚志，《六朝史研究──宗教篇》，京都：平樂寺書店，1977。

高羅佩（R.H. Van Gulik）原著，《中國古代房內考》，1961，李零、郭曉惠等譯，
　　　　上海：人民出版社，1990。

高羅佩（R.H. Van Gulik）原著，《秘戲圖考》，1967，楊權譯，廣東：人民出版
　　　　社，1992。

馬大正，《中國婦產科發展史》，山西：科學教育出版社，1991。

馬繼興，〈『醫心方』中的古醫學文獻初探〉，《日本醫史學雜誌》31.3
　　　　（1985）：326(30)-371(75)。

馬繼興，《馬王堆古醫書考釋》，長沙：湖南科學技術出版社，1992。

陳顧遠，《中國婚姻史》，1936，台北：台灣商務印書館重印，1987。

郭立誠，《中國生育禮俗考》，台北：文史哲出版社，1971。

喬衛平、程培杰，《中國古代幼兒教育史》，合肥：安徽教育出版社，1989。

湯萬春，《小品方輯錄箋注》，合肥：安徽科學技術出版社，1990。

渡部武，〈『四民月令』輯本稿〉，《東洋大學紀要文學部》45（1986）：92-132。

蒲慕州，〈睡虎地秦簡《日書》的世界〉，《中央研究院歷史語言研究所集刊》
　　　　62.4（1993）：623-675。

費俠莉著，趙紅譯，張猛校，〈中國傳統醫學裡的性與生殖——對高羅佩的反
　　　　思〉，收入李小江，朱虹，董秀玉主編《性別與中國》，北京：三聯書
　　　　局，1994，323-347。英文原本，見下 Charlotte Furth。

聞一多，《詩經通義》，收入《聞一多全集》，王建槐等編，武漢：湖北人民出版
　　　　社，1993。

廖育群，〈陳延之與《小品方》研究的新進展〉，《中華醫史雜誌》17.2
　　　　（1987）：74-75。

廖育群，《岐黃醫道》，瀋陽：遼寧教育出版社，1991。

熊秉真，〈明清家庭中的母子關係——性別、感情及其他〉，《性別與中國》，李
　　　　小江、朱虹、董秀玉主編，北京：三聯書店，1994，514-544。英文本
　　　　見下Hsiung Ping-chen。

劉增貴，《漢代婚姻制度》，台北：華世出版社，1980。

劉靜貞，〈從損子壞胎的報應傳說看宋代婦女的生育問題〉，《大陸雜誌》88.6
　　　　（1995）：1-23。

劉靜貞，〈報償——宋人對親子關係緣起的一種解釋〉，《東吳歷史學報》2
　　　　（1996）：21-54。

瞿同祖，《中國法律與中國社會》，1945，台北：里仁書局重印。

饒宗頤、曾憲通，《雲夢秦簡日書研究》，香港：中文大學出版社，1982。

2. 西文

Bray, Francesca. *Fabrics of Power: Technology and the Construction of Gender in Imperial China.* University of California Press, forthcoming.

Furth, Charlotte. Blood, Body and Gender: Medical Images of the Female Condition in China 1600-1850. *Chinese Science* 7(1986): 43-66.

Furth, Charlotte. Ming-Qing Medicine and the Construction of Gender, *Research on Women in Modern Chinese History* （《近代中國婦女史研究》）2 (1994): 229-250.

Furth, Charlotte. Rethinking Van Gulik: Sexuality and Reproduction in Traditional Chinese Medicine, in Gilmartin, Hershatter, Rofel, and White eds. *Engendering China: Women, Culture, and the State*. Cambridge: Harvard University Press, 1994, 125-146. 本文中譯，見前引費俠莉。

Hsiung, Ping-chen. Constructed Emotions: The Bond Between Mothers and Sons in Late Imperial China. *Late Imperial China* 15.1 (1994): 87-117. 中文本見上熊秉眞。

Hsiung, Ping-chen. More or Less: Cultural and Medical Factors Behind Marital Fertility in Late Imperial China. Paper prepared for the IUSSP/IRCJS Workshop on "Abortion, Infanticide and Neglect in Population History" in Conference on Japanese Studies, Kyoto, Japan, Oct. 17-22, 1994.

Lee, Jender. The Life of Women in the Six Dynasties, *Journal of Women and Gender Studies*（《婦女與兩性學刊》）4 (1993): 47-80.

Van Gulik, R.H., *Erotic Colour Prints of the Ming Period with An Essay on Chinese Sex Life from the Han to the* Ch'ing *Dynasty, B.C.206-A.D.1644*, 1951. 中譯本見前引高羅佩《秘戲圖考》。

Van Gulik, R.H., *Sexual Life in Ancient China: A Preliminary Survey of Chinese Sex and Society, from ca.1500 B.C. till 1644 A.D.*, 1961. 中譯本見前引高羅佩《中國古代房內考》。

Reproductive Medicine in Late Antiquity and Early Medieval China: Gender Discourse and the Birth of Gynecology

Lee Jen-der

Institute of History and Philology, Academia Sinica

Reproduction may have been the most expected function of women in traditional Chinese society. Procreative ability confirmed a woman's sex role, and giving birth to a son assured her status in her husband's family. Fertility not only represented fortune in a patriarchal society, but also fulfilled the population policy of most dynastic governments. Burdened with such duty, barren women resorted to all kinds of remedies, medical help as one of them.

Reproductive medicine underwent several transformations in China between the 3rd century B.C. and the 7th century A.D. First was the change of methods. In the early stage, most advice of begetting a child, a find boy as the best, were sexual techniques that appeared in texts for the arts of bedchamber. In the 7th century, however, herbal medicine to enhance pregnancy became abundant and was mostly recorded in medical texts. Since both the arts of bedchamber and medicine were considered divisions of the scholarship called "recipes and techniques" in ancient and early medieval Chinese categorization, the shift between the two showed a rising concern on fertility in the medical profession.

Secondly, while the arts of bedchamber were usually performed by men and herbal medicine was mainly recorded in various "recipes for women," the shift before the 7th century also indicated a growing focus on women as the primary agency of reproduction. Such shift of focus could also be detected in the contents and arrangements of medical texts. While medical prescriptions for male diseases in the 7th century still emphasized their efficacy on sexual virility as the arts of bedchamber did before, hardly any word on fertility was mentioned. On the contrary, the "recipes for women" began to include chapters such as "(how to) beget a son," followed by chapters on pregnancy and post-partum care to form the major parts of the texts. Reproduction thus became the viewpoint for the medical profession to perceive a female body, but not a male one, in the 7th century.

Thirdly, the emergence of the "recipes for women" as an independent entity in medical texts demonstrated the connection between gender discourse and the birth of gynecology in China. The 7th century doctor Sun Ssu-miao stated bluntly in his book that women needed to have their own section of medicine not only because they had to experience childbirth which caused numerous disorders different from men's, but also because their body structure was delicate and subject to more problems than men's. Moreover, in his treatise on the "recipes for women," he proposed that women required separate treatment also due to the fact that they were emotionally weak and hard to be cured.

Reproductive medicine in ancient and early medieval China provided women with recipes and techniques not only to enhance conception but also to protect and to instruct the fetus so that a fine boy could be born. Once a woman, considered delicate and weak, was pregnant, she had to behave in a careful and moral manner to preserve the health and reputation both of herself and of her son. Since the quality of her child testified to her virtue according to the theories on fetus education, apparently a woman's burden would not be lifted even after the childbirth.

門戶與中國古代社會

劉增貴[*]

　　本文根據漢以前的文獻與考古資料，從空間通道、人群分界、社會表徵三個角度闡述門在中國古代的政治社會意義。就空間結構而言，「七舍」（室、堂、庭、門、巷、術、野）是中國古代空間最具體的形象，在這種由內而外，層次分明的空間結構中，層層的門戶具有分界與通貫的雙重作用，因此門是空間控制與社會控制的重要設施，所謂「門戶之政」有其實際意義。

　　配合這種層次分明空間區劃的，是層次分明的人群分界。家門、閭門、城門代表了家族、閭里、國人三個不同的人群範圍，清楚的反映了公私、尊卑、親疏、華夷等人群關係。以政教言，宮門、官府門是政權軍權的象徵，政令宣示、刑罰示眾、人物旌顯、士人教育，皆行於門，這與門為公共出入之所，為人群所聚集有關。

　　社會階層的分劃，也顯示於門。「門戶」是家族的同義語，古代貴族稱門，平民稱戶，「門」「戶」之別，劃分了家族地位的高下。這種情況戰國以下雖漸改變，但門大戶小的意義猶存。至於門戶的高卑顏色，也是家族地位高低的象徵，所以「高門大戶」，「朱門」「朱戶」成為上層階級的代稱。

　　在人倫關係上，門是重要界線，家門尤為關鍵。家門既是家族與社會的分界，也是二者的接觸點。至於內寢門限，是男女內外的分界。就喪禮言，奔喪之望國門、望家門、至家門而哭；哭喪有在寢門、廟門、城門內外之異，都反映了不同的倫理關係。

　　門作為政權、鄉里、階層、家族、個人的代表，其象徵意味十分濃厚。所以衛滅於狄，遺民另立門戶，春秋伐國，攻戰多燒城門。而古代軾門拜闕之

[*]「中央研究院」歷史語言研究所

禮，犯門斬關之罰，以及古人對門災的解釋，都顯示門不只是一個建築設施而已，更具有深刻的政治與社會文化意含，與當時的政治社會結構，以及生活禮俗都密切相關。

關鍵詞：門戶　古代社會　空間　家族　象徵系統

一、前言

　　人群、空間與時間構成了人類的歷史。空間是歷史的舞台，空間規劃雖然是適應環境的產物，但也往往反映了社會結構與人際關係；尤其建築空間，更是社會秩序的具體表徵。關於中國古代宮室與社會的關係，學者已有分析，[1] 本文以建築物的門戶爲線索，對漢代以前的空間格局與社會關係稍作討論。至於門的禮俗與宗教內涵，更爲豐富，筆者已另文處理，[2] 這裡就不多贅述。

　　「門」是所有建築物的出入口，具有豐富的社會意義，其意義至少可從以下三方面來理解。

　　第一，它是不同空間的界線與通道。中國古代的建築物，從居室，閭里、到城市，雖然未必規整，但大體都採取類似的方形或矩形格局，外圍以牆，而以門相通貫。因此門既是建築空間的分界點，也是不同空間的通道，其重要性不言而喻。《詩經・鄭風・將仲子》：「將仲子兮，無踰我里，……無踰我牆……無踰我園」，可以看出里垣、家牆分割了不同的空間。在重重牆垣間的門，具有分界與通貫的雙重作用。由室戶、家門、里閭而城門，不同的門形成了中國古代層次分明的空間區劃，也連繫了不同的社會空間。

　　其次，由於所劃分的空間各自代表不同的社會範圍，因此門不但是空間的界線，也是人倫關係的界線。不同的門所劃定的人倫關係，也像空間區劃一樣層次分明。其中家門代表了家族與社會的分界，尤其具有關鍵的地位。《禮記・

---

[1] 杜正勝，〈宮室、禮制與倫理──古代建築基址的社會史解釋〉，頁1-32。

[2] 參考拙稿，〈中國古代「門」的禮俗與信仰〉，未刊。最近出版的王子今，《門祭與門神崇拜》對此也有較詳的討論。

喪服四制》云：「門內之治恩揜義，門外之治義斷恩。」恩與義是兩種不同的人倫關係，門所區隔的內外、親疏、尊卑、公私關係極爲明顯。此外，宮門、官府門所代表的統治關係，閭閻（里門）、國門（城門）所反映的鄉里關係，也都十分清楚。

　　第三，門不但具有分割空間與人群的作用，有時也是空間與人群的表徵。以建築物言，也常以門代表全體。例如宮門前有「闕」，「闕」即爲整個皇宮甚至朝廷之省稱（漢人常言「詣闕」、「闕廷」、「闕下」即是）。廟門謂之「祊」，而「宗祊」即指宗廟。[3] 里門爲「閭」，里中門爲「閻」，「閭閻」則爲里及里人的代稱。家宅內室之門爲「戶」，外部之門爲「門」，而「門戶」更是家族的別名。至於城門，也代表了一城，甚至一國。例如長安等城門，道路通達，稱爲「通門」，漢人遂以「通門」代表京師。[4] 國里之盛衰，家族的升降，都可從門看出。《史記‧天官書》提到判斷一國吉凶的根據之一是「城郭室屋門戶之潤澤」，[5] 所以門的形式、數目、配備、顏色、位置、方向都具體象徵了居於其中的人群之性質、活動、興衰與地位。

　　由以上空間通道、人群分界、社會表徵三個角度，可以看出門的重要性。本文即以此爲線索，探討門在中國古代的社會意義。至於其實際功能，如社會控制、安全防衛、公共彰示等作用亦稍作陳述。需要說明的是，本文許多方面偏重上層階級，對一般平民建築涉及較少，一些討論也限於制度或思想層面，未能兼顧個別及地域差異。這些都受限於資料，不得不然，問題的釐清，仍存在相當的困難。

---

[3] 《國語》卷二〈周語中‧陽人不服晉侯〉：「今將大泯其宗祊」，韋昭注：「廟門謂之祊，宗祊，猶宗廟也。」（頁57-58）按《禮記‧郊特牲》：「索祭祝于祊」鄭注：「廟門曰祊」，即韋注所本。《爾雅‧釋宮》：「閍謂之門」。

[4] 按《昭明文選》卷一，班固，〈兩都賦〉：「立十二之通門」，漢代爲官京肇，稱「委質通門」，見《風俗通義校注》，卷五〈十反〉，頁214。

[5] 《史記》卷二七〈天官書〉，頁1339。

二、門與中國古代的空間格局

（一）空間格局與門戶結構

在中國古代建築中，門究竟佔什麼地位？要解答這個問題，首先要瞭解中國古代的空間格局。《淮南子・天文訓》云：

> 陰陽刑德有七舍。何謂七舍？室、堂、庭、門、巷、術、野。……德在室則刑在野，德在堂則刑在術，德在庭則刑在巷，陰陽相德，則刑德合門。
>
> 德南則生，刑南則殺。故曰：二月會而萬物生，八月會而草木死。

漢簡中也有以下三簡：[6]

> □術巷門庭堂內中堂庭門巷術野（EPT43.185）
>
> 德堂庭門巷術野術巷門庭堂內中（EPT65.48）
>
> ☑德所在　堂　☑（EPS4.T2.80）

以上漢簡與《淮南子》所說應是一事。這幾條資料顯示了古人對時序推移及空間結構的理解。照當時人的說法，中國古代的空間結構層次分明，也反映了陰陽之氣的運行。《淮南子》指出，隨著時序的推移，陽氣由內而外，再由外而內；同時陰氣由外而內，再由內而外，兩者於二月及八月交會於門。根據當時十二月與十二支配合的理論，二月為卯，八月為酉。《說文》釋卯酉二字，指出卯酉古文皆象門形，一為開門，一為閉門：「卯（卯）為春門，萬物已出，丣（酉）為秋門，萬物已入。」雖未必合文字原意，但代表當時人的理解。因此家門除了在空間上是內外分界外，在時序上又是陰陽消長的分界點。古代〈月令〉系統的春祀戶、秋祀門，也是基於類似的理由。[7]

---

[6] 見甘肅省文物考古研究所、甘肅省博物館、中國文物研究所、中國社會科學院歷史研究所合編，《居延新簡——甲渠侯官》（以下簡稱《居延新簡》），頁47，186，249。

[7] 《禮記・月令》孟春「其祀戶」鄭注：「春，陽氣出，祀之於戶內，陽也」。孟秋「其祀門」注：「秋，陰氣出，祀之於門外，陰也。」孫希旦，《禮記集解》云：「戶奇，陽也。且春時主出，出從內始，故祀戶。門偶，陰也，且秋時主內，內從外始，故祀門。」（頁409）

　　刑德七舍的理論，在古代流傳久遠，牽涉的天文及數術問題十分複雜，這裡不打算討論。[8] 值得注意的是，「七舍」所顯示的空間結構，正是中國古代空間格局最完整的圖像。而每一空間的分割，門也仍是重要的界線。七舍由內而外，從室到堂、庭、門是一家的範圍。出了門即是巷，巷是里中的道路，里中之宅對巷開門，故巷又稱「里巷」，這是另一個範圍了。由里巷通過閭（里門），就是「術」。術是城內的大路，通到別的閭里、市廛或城門。過了城門或郭門，就是「野」了。中國古代的「國」常指一城及其鄰近區域，故城門謂之「國門」道路謂之「國行」。從室到野，大體上可劃分為幾個社會範疇：家族、閭里、國人，而其反映在建築上的界線及通道就是不同的門——宅門、里門、城門。

　　「七舍」是古代隨著國家形成過程而出現的空間結構，其基本布局自周迄漢沒有太大的改變。它反映了中國古代社會中，人們聚居而非散居的事實。在層層方牆分割的空間中，門閭與道路就是流通的血脈，古代〈月令〉系統特別強調門戶開合的「門閭之政」，有其實際的意義。

A、城門閭閻

　　七舍格局是在中國古代城市發展的背景下出現的。城是古代政治社會的重心，也是人口集中之處。中國古代城市的形成，論者已多，[9] 這裡不打算討論，祇就城門閭閻稍作說明。

　　考古發現的早期城址中，龍山時期的山東壽光邊線王城址，其內城發現東西城門門道各一。[10] 淮陽平糧台南牆的城門，兩側有土築的門衛房，已具有後世

---

[8] 刑德之論源自戰國時代（參考饒宗頤、曾憲通，《雲夢秦簡日書研究》，頁63-65，81-87），經兩漢至《太平經》產生的時代，都還盛行，見《太平經合校》丙部之十，卷四四《窊書明刑德法》，頁104-108。

[9] 參考杜正勝，〈周秦城市——中國第二次城市革命〉（收於所著《古代社會與國家》）；楊寬，《中國古代都城制度史研究》。

[10] 高廣仁，〈山東史前考古的幾個新課題〉，收於中國社會科學院考古研究所編著，《中國考古學論叢——中國社會科學院考古研究所建所40年紀念》，頁68-69。

城門的雛形。[11] 其後河南鄭州的商城，城牆共有十一個缺口，其中有些可能與城門有關。[12] 由於資料缺乏，我們無法推論這些城門與城內空間結構的關係。不過較鄭州商城稍早的偃師尸鄉溝商城，則有較詳細的資料。偃師商城已發現的城門有七座，城內已探明的道路十一條，多與城門及宮殿相通。[13] 早期的城多以宮殿爲主體，城門與宮殿通路有關。這點在西周以下的考古發現中看得更清楚。如曲阜魯國故城，至遲形成於西周晚期，目前發現的十一座城門，都與城內大道相通，城內東周時期的宮殿遺址前，也有大道直通南東門（可能即是史書中所說的「南門」「稷門」或「高門」）。門外有「兩觀」和「雩台」遺址。宮殿區的東、北、西皆爲手工業作坊與居住遺址，各有三座城門。[14] 齊臨淄十三門，已發現十一座，城內探出十條幹道，絕大多數與城門相通。趙的邯鄲，其宮城的城門已發現八處，大多通向主要宮殿。楚的郢都，城垣約建於春秋晚期，城門已發現五處，水門二處。已發掘的西垣靠北一門，有三個門道，中門道比兩側的寬一倍，而水門也有三個門道，這與古代馳道之制符合，顯示城內幹道與城門的密切關係。[15]

這種城門與宮殿、道路的關係從漢代都城中看得更清楚。考古發掘證實了文獻對漢代長安的記載。漢代的長安城四面各三門，共有十二城門，每個城門與前述楚的郢都一樣，各有三個門道，中間爲高官及皇室所行，兩邊供一般使用。據實測，每個門道寬六米，可容四車，故一門可容十二車並行，這與《三輔決錄》所說：「三涂洞開」及張衡〈西京賦〉的「三途夷庭，方軌十二」相

---

[11] 〈河南淮陽平糧台龍山文化城址試掘簡報〉，《文物》3（1983）。按後世城門兩旁也有門房，例如楚國的紀南城，已發掘的西垣北門，門內兩側即有門房各一。參考〈楚都紀南城的勘查與發掘〉，《考古學報》3、4（1982）。

[12] 《新中國的考古發現和研究》，頁220。

[13] 參考中國社科院考古所漢魏故城工作隊，〈偃師商城的初步勘探和發掘〉，《考古》6（1986）；中國社科院考古所河南第二工作隊，〈1983年秋季河南偃師商城發掘簡報〉，《考古》10（1986）。

[14] 山東省文物考古研究所、山東省博物館、濟寧地區文物組、曲阜縣文管會，《曲阜魯國故城》，頁7-21，213-214。

[15] 以上見《新中國的考古發現和研究》，頁270-278。

合。整個城門非常壯觀。這些門道中，西面的章城門、南面的西安門與復盎門、東面的霸城門都直接連接未央宮、長樂宮，其餘的八門形成縱橫各四條大路，是城內的主要幹道，也劃分了宮殿、閭里、市等區域。所謂「披三條之廣路，立十二之通門，內則街衢洞達，閭閻且千。」[16] 宮門、市門、里門都與大路相接，連通城門。洛陽的情形也與此類似。

中國古代築城，多經周詳規劃。《詩·大雅·綿》描寫定居周原，從水土選擇到築城建屋，層層分明。《周禮·夏官司馬·量人》載「量人」專負規劃城的「市朝道巷門渠」之責。西漢晁錯在實邊策中提到徙民建城，要先察陰陽水泉，草木土宜，然後「營邑立城，制里割宅。……先為築室，家有一堂二內，門戶之閉」，[17] 從城邑、閭里到家門做完整規劃。至於城門的數目，《周禮·考工記·匠人》提到「匠人營國，方九里，旁三門。（鄭注：天子十二門，通十二子。）」天子十二門，諸侯以下，當有降殺，但已無法確證。從稍晚實際門數看，如戰國齊臨淄外郭多至十三門，是長期發展的結果，似與禮制無關。只有漢代長安洛陽十二門，符合《周禮》之論，漢人亦每以十二子相配。[18] 但武帝時立成都十八門，其數遠踰長安，[19] 城門之數似尚無制度的規範。

西周時代，城內的閭里結構已經出現。春秋以下，隨著外郭的發展，里擴展到城外郭內。下迄戰國秦漢，獨立的邑也都改稱里了。[20] 相傳春秋時齊臨淄有三百閭，[21] 漢長安城的一百六十里，都是「門巷修直」；[22] 成都則有里門（「閭」）四百。[23] 里四周有牆，不得踰越，越垣要受處罰。[24] 里中的道路稱為

---

[16] 班固，〈西都賦〉，見《昭明文選》卷一，頁3。

[17] 《漢書》卷四九〈晁錯傳〉，頁2287-2288。

[18] 長安城一面三門，共十二門。洛陽雖亦十二門，但南四門，北二門，不完全符合《周禮》，不過漢代人仍以十二子相擬。見《續漢志》二七〈百官志〉，頁3610-11注引李尤〈門銘〉。

[19] 關於成都的城門，參考馬先醒，〈漢代成都之城池與人口〉。

[20] 參考杜正勝，〈古代聚落的傳統與變遷〉。

[21] 《晏子春秋》卷六〈內篇雜下〉，頁389。

[22] 見陳直，《三輔黃圖校證》，頁32；張澍輯，《三輔舊事》，頁19。

[23] 揚雄，〈蜀都賦〉：「尒乃其都門二九，四百餘閭。」收章樵注、錢熙祚校，《古文苑》卷四，頁106。

[24] 參考杜正勝，《古代聚落的傳統與變遷》，頁229。

「巷」，一般居民只能對巷開門，由里門與城內的大街相通，不能破壞里牆，直接對街開門。只有住在「第」中的高官，才可以當街開門，不經里門。（詳後文）

里內外都有門《說文》：「閭，里門也。……閻，里中門也。」《風俗通義》：「閈，城外郭內里門也」。[25] 關於里的門數及結構，有許多不同的說法。李劍農主張四面有門，[26] 馬先醒亦主張此說，但認為里中尚有「閻」。[27] 張春樹則認為閭閻之數，並無定制。這個說法也許比較合乎實情，但他根據漢簡里的「東入」、「北入」等推測，認為或許有的里無牆，[28] 似乎尚可爭論。漢簡資料如：[29]

　　　　舍上中門第二里三門東入（287.13）

　　　　舍人里五門東入舍居延▨（340.33）

其中「三門」等，張氏以為為里內各戶之門牌號碼，「東入」為從東門進入。但細讀簡文，「三門」等似為里門，而「東入」等為入里門後進行之方向。若然，則一里門數也有多至三門五門者，而有門自然也有牆了。我們可以想像，居所隨地形而異，有的里由於地形限制，可能確實無牆，但此二條漢簡資料，似尚難證為無牆。

　　無論如何，城內之里應是有牆的。里門與城門，同為重要的空間通道，需常加修治維護，《管子・問》：「若夫城郭之厚薄，溝壑之深淺，門閭之尊卑，宜修而不修者，上必幾之。」[30] 顯示門閭修葺，極受重視。事實上，破壞門閭訂有罰則。秦律規定失火延燒里門，當罰一盾；如燒城門，則罰一甲。[31] 門閭是管制出入、頒布政令、推行教化的主要場所。《管子・八觀》：「州里不鬲，閭

25　《風俗通義校注》〈佚文・宮室〉，頁576。

26　李劍農，《先秦兩漢經濟史稿》，頁209。

27　參考馬先醒，〈漢代長安里第考〉。不過馬氏認為「閻」是指「里內居家之門」，恐怕不確。按上引《說文》云「閻，里中門也」，里中門很難解為居家之門，很可能里中的通道仍有門。

28　張春樹，〈漢代邊地上鄉和里的結構〉，頁137-139。

29　勞榦，《居延漢簡・圖版之部》，頁145，336。

30　安井衡，《管子纂詁》卷九〈問〉，頁25。

31　睡虎地秦墓竹簡整理小組，《睡虎地秦墓竹簡》，〈法律答問釋文注釋〉，頁130。

閞不設，出入無時，早晏不禁，則攘奪竊盜，攻擊殘賊之民，毋自勝矣。」這些
通道的掌握對對政教推行，社會控制極為重要，這點後文將有較詳的討論。

B、室戶家門

　　古代居室，大體上可粗分為兩種不同的種類，一是平民居住的地穴、半地穴
式（春秋已下較少見）或地上居室，一是統治階層的高台宮室建築。平民建築
大多構造簡單，只具一二室戶，這裡不打算討論。「七舍」中的室戶家門，指的
是具層次分明、具堂室結構的宮室，此種結構在戰國秦漢之際也影響到民居。

　　中國古代的宮室，撇開引人爭議的明堂問題，就廟與寢而言（二者同制），
學者根據禮經所作的復原雖有小異，大體略同。簡單的說，即一有圍牆的院
落。其基本結構是坐北朝南，正面有門，門旁有塾，入門後是庭，庭再入為堂
室。堂高起，兩側有階，堂側或有廂夾，或無。堂的後半有室，室左右或一側
有房，房後為北堂（圖一）。[32] 禮經所載除文獻史實外，也已獲得早商下迄戰
國宮室遺址的證明。[33] 根據禮制，士以上才有堂室結構，但戰國秦漢間，平民
有些也採類似形式。秦簡《封診式・封守》載查封某里士伍甲居室財產：「一
宇二內，各有戶，內室皆瓦蓋。」[34] 這種「一宇二內」是一般住宅的格局。秦
簡《封診式》中另一條「穴盜」爰書，描述士伍乙的堂室及被盜情形，其結構
可簡化如下圖：

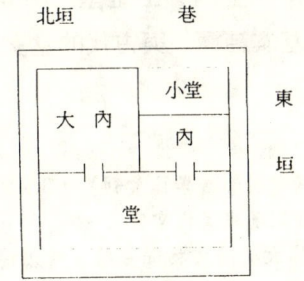

---

[32] 本圖由林會承據清張惠言《儀禮圖》重繪，較原圖清晰，見林會承，《先秦時期中國居
　　住建築》，頁130。
[33] 詳細的討論參考杜正勝，〈宮室、禮制與倫理——古代建築基址的社會史解釋〉，頁1-32。
[34] 《睡虎地秦墓竹簡》〈封診式釋文注釋〉「封守」條，頁149。

　　若將此與張惠言〈鄭氏大夫士堂室圖〉（圖二）[35] 比較，非常相近。小堂即北堂，大內即室，內即房。而屋周以垣，垣外即閭里之巷，室戶南向，南牆亦當有門，其前堂後室與禮相合。這種一宇二內之結構，也見於漢。上文曾引文帝時晁錯徙民之奏：「先爲築室，家有一堂二內，門戶之閉，……」即是。學者認爲這種一堂二內、外門內戶的結構，可說是禮經大夫士堂室的縮影。[36]

　　漢代的大型院落，其單體建築物與前頗異，例如樓房的普遍使用即其一例，但是整體結構仍沿古代堂室傳統，稍微加繁而已。史書所載門、庭、堂、戶、牖、室悉與禮經合。[37] 例如淮陽于庄漢墓發現的陶製院落模型（圖十二），雖多樓房，但其基本結構由外而內依次是：大門、二門、中庭、殿堂（建於高臺上，有兩階梯）、後院。[38] 從漢畫看，如山東曲阜舊縣村的畫象，前爲大門，入門後經庭至一堂，再後爲另一庭及另一大堂（圖三）。[39] 河北安平東漢壁畫墓的建築圖，其院落結構複雜，具有多重門庭，但基本上，其中軸第二道門（中門）後之庭堂最爲寬大，且高於餘屋（圖四）。[40] 山東沂南漢畫的三進院落，經兩道門庭而至堂（圖五）。[41] 四川成都羊子山畫象磚也有兩道門庭，外庭有雞，內庭舞鶴，兩側有廂，堂上賓主正在酬酢，右下一院爲東廚（圖六）。[42] 這與相和歌辭〈相逢行〉所描寫的「黃金爲君門，白玉爲君堂，……中庭生桂樹，華鐙何煌煌，……入門時左顧，但見雙鴛鴦……鶴鳴東西廂。」〈古歌〉：「延貴客，入金門；入金門，上金堂，東廚具肴膳……」[43] 可以相證。其門、堂、庭、廂、廚等基本結構，與古代的堂室可說沒有太大的不同。

---

[35] 見林會承，前揭書，頁130。

[36] 劉敦楨，〈兩漢第宅雜觀〉，《中國營造學社彙刊》，3.3：132。

[37] 劉敦楨，前揭文；勞榦，〈禮經制度與漢代宮室〉。

[38] 周口店地區文化局文物科、淮陽太昊陵文物保管所，〈淮陽于庄漢墓發掘簡報〉，《中原文物》1（1983）年期（見附圖12）。

[39] 山東省博物館、山東省文物考古研究所，《山東漢畫像石選集》，圖165。

[40] 河北省文物研究所，《安平東漢壁畫墓》，頁27-28。

[41] 曾昭燏、蔣寶庚、黎忠義，《沂南古畫象石墓發掘報告》，拓片三十六。

[42] 劉志遠，《四川漢代畫象磚藝術》，圖64。

[43] 《全漢詩》卷四〈相逢行〉，頁69；同卷〈古歌〉，頁85。

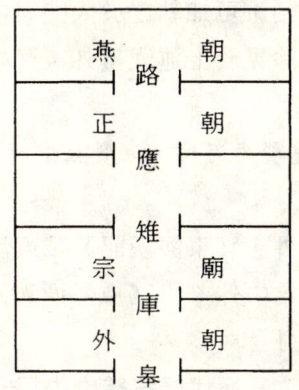

上述漢畫建築中的兩道以上的門庭，並非起於漢，堂室結構中的門戶，原本即是多重。禮書「室堂庭門」只是就單一的廟寢言，故只有廟門或寢門一層。古代士之廟、寢常共圍於一個更大的牆內，牆門即大門。相對而言，寢門即是中門、內門了。[44] 至於上層統治階層門數更多。鄭玄根據禮經，提出天子五門三朝之說，五門由外而內是臯、庫、雉、應、路，其中門爲雉門。三朝是臯庫之間的外朝，應路之間的正朝，及路門內的燕朝（《周禮‧閽人》及〈朝士〉注）。宋劉敞、清戴震則認爲天子諸侯都只有三門三朝，依次爲最外層的大門（天子之臯門，諸侯之庫門）、中門（天子應門，諸侯雉門，又稱闕門），廟或寢門（天子、諸侯之路門）。[45] 不過，天子五門在考古遺址中似有可徵。如鳳翔馬家庄發現了春秋中晚期秦國的朝寢建築，深進五門，有的學者即推斷此爲諸侯僭天子之制，[46] 這些目前猶有爭論。至於大夫，也有三門，士有二門。[47]

古代中門的存在也見於史實。《公羊‧宣六年》載晉靈公使勇士殺趙盾，勇士經其大門，入閨，上堂，再從堂上闞其戶，閨是內之小門，此處有二道門。晉景公夢到大厲，壞大門及寢門而入，景公入室，又壞戶（《左‧成八年》），有大門、寢門二道。臧氏使人逐臧會，「執諸季氏中門之外」，從季

---

[44] 江永，《儀禮釋宮增註》，《皇清經解續編》卷五七，頁1。

[45] 見《禮記集解》卷三一〈明堂位〉第十四，頁847注。

[46] 韓偉，〈秦公朝寢鑽探圖考釋〉，《考古與文物》2（1985）。

[47] 金鶚，《求古錄禮說》卷六六三〈大夫三門考〉，頁3。

平子「何故以兵入我門」的問話，可知執之於大門與中門之間的庭中（《左・昭二十五年》）。漢代的中門除見於上述漢畫外，又如《漢書》卷九三〈董賢傳〉載丞相孔光迎接董賢的情形：

> 光警戒衣冠出門待，望見賢車乃卻入。賢至中門，光入閣，既下車，乃出拜謁，送迎甚謹，……

這裡提到外門、中門與閣。此外，《東觀漢記》載東漢梁商，得到租奉及宮中賞賜，便置中門外，悉分與昆弟中外。[48]《風俗通義》提到橋玄爲司徒長史，在五月末睡在中門外。[49] 都是例證。

〈董賢傳〉中所說的「閣」是漢代居室結構中另一種重要的門戶。閣是小門，一般住宅的閣是指前堂之後，牆上的小門，可通到後堂。前堂治事，後堂燕處，閣可說是公私的界線。閣也可指旁門，即《說文》所說「閣，門旁戶也。」古詩〈上山采蘼蕪〉：「新人從門入，故人從閣去」即此種小門。不過就整個孔光迎接董賢的過程來看，〈董賢傳〉的閣，恐怕不是指入後堂之門或側門，而是指進入前堂的門而言。[50] 堂原是沒有門的，到了漢代，有些已有門，如《漢書・趙廣漢傳》載廣漢率將吏至擄人者之家「自立庭下，使長安丞襲奢叩堂戶曉賊」。山東四川滎經石棺的畫象，上有一大堂，堂中有一門（見圖十五）。[51] 閣指入堂之門還可從漢代官署結構中看出。漢代官署上至丞相，下至郡縣，其聽事之門都稱爲閣，如丞相府聽事叫黃閣，聽事之屋爲一大堂，也稱殿，因是大殿堂，所以有門，且不只一門。如東側之門，即稱東閣。郡府

---

[48] 《東觀漢記》卷一五〈梁商傳〉，頁598-599。

[49] 《風俗通義校注》卷九〈怪神〉，頁441，〈世間人家多有見赤白光爲變怪者〉條。

[50] 按劉敦楨認爲此閣是後堂入口之門，但孔光爲對董賢恭敬，竟穿過前堂，退到後堂，不易理解。勞榦認爲閣爲東廂房，即「閤」，但「閤」是小門，似與「閣」所指不同，漢代官署之閣，是通往堂而非廂。此外，日本學者佐原康夫論董賢之事，把「中門」解釋爲大門正中之門（即正門），而閣是正門旁邊的小戶，完全誤解了古代「中門」一詞的意義。例如《風俗通義》卷九〈怪神〉載橋玄爲司徒長史，五月末在中門外臥，照佐原之說，竟成睡在大門外，不可通，「閣」解爲大門邊之小門也不正確。見劉敦楨及勞榦，前揭文；佐原康夫，〈漢代の官衙と屬吏について〉，《東方學報》61（1989）。

[51] 見高文，《四川漢代畫像石》，頁60。

聽事之所稱黃堂，[52] 若與相府黃閣相比，可知閣即堂門。以官屬論，負責門、閣儀衛者各不相同，如東漢太尉府有閣下令史主閣下威儀事，門令史主府門，地方政府則有侍閣與門闌。[53] 大體門廷兩側是門下及諸曹治事之處，閣則爲首長治事之處。望都一號漢墓前室繪有掾吏圖（圖七），[54] 其前室通往中室的通道上繪有侍閣小史，一般說來墓室前室爲庭，中室爲堂，後室爲寢，閣正是入堂的門戶。

第宅官府除了層層門閣，還有許多邊門旁門。史書稱之爲掖門、閨門、側戶、小門等。[55] 西漢的丞相府，本有四出門，到東漢，三公府都有東西二門。[56] 一般言，官府門都不只一門，例如漢簡有甲渠鄣守侯，詣府東門之記載。（EPT65·39），而和林格爾漢墓壁畫的幕府東、南皆有門。[57] 住宅中甲第門也多，《西京雜記》載哀帝爲董賢起大第於北闕下，「南門三重·署曰南中門、南上門、南更門。東西各三門·隨方面題署亦如之。」[58] 至於宮殿更多，未央宮「門闥凡九十五」，[59] 武帝建章宮「千門萬戶」，[60] 皆其例。

重重門戶，加上邊門、旁門、後門，分割了不同的空間，如漢代官署在閣議事，在東閣待客，屬僚則居門下。戰國時門下則爲養客之處。[61] 各門中，正門最爲尊重，是迎賓、行禮之處，側門旁戶，則爲出入之便門，或供不重要的賓

---

[52] 以上參考劉敦楨，〈兩漢官署〉，頁137-138。

[53] 《續漢志》卷二一〈百官一·太尉〉，頁3559-3560；卷二九〈輿服上〉，頁3651。

[54] 北京歷史博物館、河北省文物管理委員會編，《望都漢墓壁畫》，圖版2。

[55] 漢代宮中的側門爲掖門。禮書中，宮室東北角之門爲閨。《左傳·哀公十四年》載子我「攻闈與大門」。側戶見《左·襄二十五》。昌邑王「閉大門，開小門」（《漢書》卷六三〈昌邑哀王〉，頁2767-2768。

[56] 以上見衛宏，《漢舊儀》卷上，頁67、73；應劭，《漢官儀》卷上，頁123。

[57] 《和林格爾漢墓壁畫》，頁15-16。

[58] 《西京雜記》卷四，頁1082。

[59] 《西京雜記》卷一，頁1071。

[60] 《漢書》卷二五下〈郊祀志〉，頁1244-1245。

[61] 如晉平公云：「吾食客門左千人，門右千人。」見《韓詩外傳》卷六，頁16。按《說苑》卷八〈尊賢〉，頁11引爲趙簡子之言。

客出入。[62] 層層門戶，也起著防衛作用，「重門擊柝，以待暴客」（《易繫辭下》），空間控制正是門的主要功能之一。

C、門戶結構

　　門戶的結構可以從門戶本身，以及其附屬構造兩方面瞭解，先就前者討論。中國古代門戶結構，從字形可得到簡單的概念。門是象形文字，一扇曰戶，兩扇為門。[63] 甲骨文戶字，象立柱上置一單扇門，門字則象對立二柱，各置一扇門。門大戶小，門外戶內。[64] 禮書中的大門據考從三丈（天子）到一丈二尺（士），戶則從四尺到二尺。[65] 從漢代《九章算術・勾股》篇來看，漢代人對門與戶仍加區別，稱門的都是兩扇，稱戶則只一扇。其中提到一門，其寬度為一丈一寸，約合二公尺餘，與上述士之門相合，應可代表一般的門。戶則一戶廣二尺八寸，高九尺六寸，是只有六十多公分的窄門，與上述三尺相近。另一戶較寬，廣六尺，約合一公尺半。[66] 這些都是住屋，至於閭里、城門更寬，上述漢長安城的每一門道即寬六公尺左右。

　　門的結構，常是木制，城門亦然，史有燒城門記載。[67] 也有以鐵製者，如公孫瓚造作高樓，以鐵為門。[68] 門有門樞與門梱，門樞或用金屬製作，亦有鐵

---

[62] 如晏子使楚，楚以因其矮小故開大門側之小門以延之，事見《晏子春秋》卷六〈內篇雜下〉，頁389；《說苑》卷一二〈奉使〉，頁11略同。

[63] 《說文》：「戶，……半門曰戶，象形。……門，從二戶，象形。」

[64] 許進雄，《中國古代社會──文字與人類學的透視》，頁247。

[65] 據金鶚，《求古錄禮說（二）》，〈廟寢宮室制度考〉，頁26-27，收於《皇清經解續編》卷六六四。

[66] 《九章算術》卷九〈勾股〉，頁88-89。

[67] 《三國志》卷一，頁12，裴注引袁《獻帝春秋》，載曹操燒城門。

[68] 按《續漢志》卷一七〈五行五〉，頁3345：「更始二年二月，欲入長安，司直李松奉引，車奔，觸北宮鐵柱門，三馬皆死。」鐵柱門是否整個門都是鐵鑄，不詳。較可靠的是公孫瓚之例。見《後漢書》卷七三〈公孫瓚傳〉，頁2363-2364；《三國志》卷八〈公孫瓚傳〉，頁245-246。

製者。[69] 門梱又寫作「閫」，顏師古曰：「閫，門橛也」，[70] 又有作「閾」、「切」者，[71] 即是門限。門限是門的重要結構，故大小之門皆有門限，城門亦有。[72] 有的沒有門限，但兩門中有一止門之木，即「闑」，漢畫中也有例證。[73] 門限具有分界點的作用，在古代空間區劃中非常重要。

以關閉設施言，關門的設施橫木稱爲關，直木稱植。《墨子·非儒》云：「季孫與邑人爭門關，決植。」《說文·關》：「以木橫持門戶也」，至於植，《爾雅·釋宮》邢疏：「植木爲之」。《墨子·備城門》云：「門關植必環錮，……門關再重，鍱之以鐵，必堅；梳關，關二尺。」據孫詒讓的解釋，「植，持關直木；關，持關橫木。」梳字是「桄」之誤，《說文》：「桄，……楗距門也」。所以「桄關」就是「楗」，「今之木鎖是也」。[74] 關門之法，是植與關交錯處又以木鎖控之。楗是距門之物，古書中又多作「鍵」，《方言》指出「戶鑰，自關之東陳、楚之間謂之鍵，自關之西謂之鑰。」，[75] 所以楗即鑰，也就是漢簡之「籥」，孫氏釋爲木鎖有其根據。孫氏又認爲「閉」字中的「才」，正象關植橫互，而鍵以一木之形。[76] 由此看，楗、閉、桄關、鑰似皆爲一物。不過《禮記·月令》云「修鍵閉，慎管籥」則其間微有差別。鄭注：「鍵，牡；閉，牝也。管籥，搏鍵器也。」孔疏云：「凡器，入者謂之牡，受者謂之牝。搏鍵器以鐵爲之，似樂器之有管籥搢於內，以搏取其鍵也。」鍵閉有

---

[69] 孫机，《漢代物質文化資料圖說》，頁176。其鐵製者如王符所説：「貴戚願其宅吉而制爲令名，欲其門堅而造作鐵樞」，見《後漢書》卷四九〈王符傳〉，頁1632。

[70] 《漢書》卷九九〈王莽傳〉，頁4049-4051顏注。

[71] 以上見《史記》卷一〇二〈馮唐傳〉，頁2759-2760，集解章昭曰；同書卷一一九，頁3100，索隱；《漢書》卷二七下之上〈五行志〉，頁1477，顏師古註；同書卷七六〈王尊傳〉，頁3228-3229顏注；卷八一〈匡衡傳〉，頁3340-3341；卷九七下〈外戚傳〉，頁3989。

[72] 《東觀漢記》卷一〇〈臧宮傳〉，頁345-346，載宮斷城門限，以便委輸牛車出入。

[73] 參考孫机，前揭書，頁176。

[74] 《定本墨子閒詁》，頁307。

[75] 《方言》，頁83。

[76] 《定本墨子閒詁》，頁307。

牡牝之異，所以《廣雅‧釋宮室》稱鍵爲「戶牡」。是則鍵閉是鎖的一部份，而管籥則是開關鎖的工具。桄關（鍵）的長度，城門是二尺，一般住宅之鍵則約一尺，至於關植與門的高、寬相等。[77] 按《淮南子‧主術訓》：「五寸之鍵，制開闔之門。」[78] 這是更小的門鍵。另一鎖門的措施是「扃」，《說文‧戶部》：「扃，外閉之關也」，漢畫常見穀倉門外有橫木爲關，可能就是「扃」。（見圖十六）[79] 此外，西漢南越王墓前室及主室的雙扇石門下之正中，還設有石製的自動頂門器，兩扇石門合上後，頂門器自動翹起，自內將門頂住，從門外無法開啓，設置非常精巧。[80] 當時還出現了裝有輪子的拉門，[81] 然而這類特殊設施是否普遍使用，目前還無法推論。

　　漢簡提到的「諸塢門戶具」（324.12A），據「守禦器簿」（506.1），有「戶關」、「戶戊」及「籥」等。其中「戶關」已見前，「戶戊」應即「戶牡」，[82] 此外尚有「戶直（植）」（EPT59‧456A及EPT59‧530）。至於「籥」即是門「鑰」。秦簡〈爲吏之道〉中提到爲吏之責，除了除害興利，均縣去暴之外，還要注意城郭官府之「門戶關籥」，[83] 可見其重要性。門戶開合，關係安全甚大，須常加檢查修治。漢簡中檢查門戶的記錄很多，檢查的範圍包括塢門戶及其關、戊是否調利，有否損壞。此外一般門樞等相關部位，都要時常上油，以利關閉。[84]

---

[77] 《定本墨子閒詁》，頁307，孫氏據《淮南子‧繆稱訓》云：「匠人斲戶，無一尺之楗不可以閉藏」。推斷一般住宅楗只一尺，此墨子所載爲，城門之楗，故倍之。至於門植與關，長皆竟門，不只一二尺。

[78] 《淮南子》卷九〈主術訓〉，頁144。

[79] 圖見林巳奈夫，《漢代の文物》，圖頁63，4-11圖。

[80] 見廣州市文物管理委員會、中國社會科學院考古研究所、廣東省博物館編輯，《西漢南越王墓》，頁12-14。

[81] 參考孫机，前揭書，頁176-177。

[82] 參考初師賓，〈漢邊塞守禦器備考略〉，頁199-209。

[83] 《睡虎地秦墓竹簡》，〈爲吏之道〉，頁170。

[84] 《淮南子‧説山訓》：「人有少言者，猶不脂之戶也。」尚秉和認爲是塗脂於門樞，參所著《歷代社會風俗事物考》卷一〇，頁163，〈古戶樞塗油〉條。

　　城門上的措施較常門嚴密，除關植籥閉外，又有「縣門」之制。根據《墨子・備城門》，縣門是城門內的另一道門，平常以機關懸住，有敵人來，發機關使門落在地上的塹中來關門。[85]《左傳》莊公二十八年秋，襄公十年圍偪陽之役，襄公二十六年十二月都有縣門的記載。

　　門另有其他的附屬配備。一般的門上畫的門神、虎、或勇士，裝有桃符、鋪首銜環，宮殿門外列有有銅人、天祿、蝦蟆、辟邪等，[86] 都具有守衛辟除的作用。這些配備與當時的信仰有關，已另文討論，此處不贅。

　　門不是單獨的建築物，還有許多附屬建築，顏師古指出：「廊，堂下周屋也。廡，門屋也。」[87] 門屋之外還有門旁的塾、門外的屏、闕。門上的樓等。屏是門前的牆，鳳雛周代宮室門前即有屏。不過漢代的資料中尚未見門外之屏。古代閭里門、上層階級的宅門都有「塾」，其結構大體相似。甲骨文中已提到門塾，[88] 根據禮經，塾是夾門之堂，門兩旁各一塾，每一塾又以牆各分爲內外兩堂（見圖一）。考古資料中如鳳雛西周宮室門道兩側有塾（見圖八）。[89]鳳翔馬家庄秦宗廟建築之大門兩旁之塾，且有入堂之階（見圖九），[90] 秦都雍城的「市」遺址，其四周都發現門塾，[91] 漢代杜陵陵園已發掘的東門、北門兩側都有門塾，每塾以牆分爲內外二堂，各有便門，與禮經所載相合（圖十）。[92]山東諸城前涼臺出土畫像石建築圖，其門兩側，也是塾類的建築。[93]（見圖十一）

---

[85]《定本墨子閒詁》，頁300。

[86] 見《史記》卷六〈秦始皇本紀〉，頁239-340《索隱》引《三輔舊事》；《後漢書》卷八〈靈帝紀〉，頁353，李賢注。《張璠後漢紀》，頁709；輯自《御覽》949。

[87]《漢書》卷五二〈竇嬰傳〉，頁2376，顏注。

[88] 裘錫圭，〈釋殷墟卜辭中與建築有關兩個詞——「門塾」與「𠂤」〉。

[89] 王恩田，〈岐山鳳雛村西周建築群基址的有關問題〉，《文物》1（1981）。

[90] 陝西省雍城考古隊，〈鳳翔馬家庄一號建築群遺址發掘簡報〉，《文物》2（1985），頁2；韓偉，〈馬家庄秦宗廟建築制度研究〉（同上），頁36。

[91] 王學理、尚志儒、呼貴林等，《秦物質文化史》，頁90-91。

[92] 中國社會科學院考古研究所，《漢杜陵陵園遺址》，頁9-17。劉慶柱、李毓芳，〈漢宣帝杜陵陵寢建築研究〉，頁363。

[93] 任日新，〈山東諸城縣前涼臺漢墓出土畫象石〉，《文物》10（1981）。

閭里之塾尙未發現，但文獻的記載甚多。《禮記・學記》：「古之教者家有塾」《漢書・食貨志》云：「春將出民，里胥平旦坐於右塾，鄰長坐於左塾，畢出然後歸，夕亦如之」。顏師古認爲里吏坐塾，在督勸民眾，防其怠惰。[94]塾具有管理里巷出入及教育之作用。王莽聞伯升圍宛，使長安中官署鄉亭皆畫伯升像於塾，且起射之。[95]是則官署鄉亭皆有塾。其亭門之塾如東漢趙孝爲郎，每告歸，寄止於亭門塾。[96]

此外城門有亭。東漢的洛陽城十二門皆有亭。[97]地方城門亭見於記載的也不少，如薊城、穎川郡、汝陽等。[98]亭之外，還有門樓。春秋之吳小城、吳大城、無錫城都有門樓。[99]陳勝舉兵攻陳，與守丞戰譙門中，顏師古認爲譙門是「門上爲亭樓以望者耳。樓一名譙，故謂美麗之樓爲麗譙。」[100]成帝爲太子時，元帝曾有急召，太子出龍樓門。張晏曰：「門樓上有銅龍，……」是宮門上也有樓。[101]此外也有一些大型院落有門樓，如上述淮陽于庄陶院落模型之中門即爲一例。武威雷台東漢陶院落大門上門樓殘失，但斗栱猶存。[102]城門樓的情形，見函谷關東門圖畫象石（見圖十三）。[103]

宮殿、廟宇、墳墓門口則有闕。闕是門前的一對高聳建築。建章宮鳳闕高二十餘丈，非常壯觀。許多學者根據漢畫居室建築之闕，認爲官吏宅第前都有闕，這個看法，並無充分證據。事實上，墓葬中的闕是天門的象徵，不能作爲生前住宅的實錄，崔豹《古今注》說闕用以「標表宮門」，淸楚的指出了它的

---

[94] 《漢書》卷二四上〈食貨志上〉，頁1121-1122注引。

[95] 《後漢書》卷一四〈齊武王縯〉，頁551。

[96] 《東觀漢記》卷一五〈趙孝傳〉，頁640-641。

[97] 《後漢書》卷一〇下〈宋后紀〉，頁448，李賢注。按蔡質的《漢官典職儀式選用》云：「洛陽二十街，街一亭，十二城門，門一亭。」（頁211）。

[98] 司馬彪，《續漢書》卷二〈耿弇傳〉，頁347，收《八家後漢書》輯自范書本傳李賢注。《後漢紀》卷二一〈桓帝紀〉永興二年條，頁575；《風俗通義校注》卷九〈怪神〉，頁425。

[99] 以上皆見《越絕書》卷二〈越絕外傳記吳地傳〉，頁2，4。

[100] 《漢書》卷三一〈陳勝傳〉，頁1788-1789。

[101] 《漢書》卷一〇〈成帝紀〉，頁301-302。

[102] 甘博文，〈甘肅武威雷台東漢墓淸理簡報〉，《文物》2（1972）。

[103] 林已奈夫，《漢代の文物》，圖版，頁68。

使用範圍，只有皇帝與諸侯王有宮室，[104] 才能有闕。關於闕及其附屬的罘罳之
性質與作用，已另文討論，這裡不贅。[105]

門及其附屬結構，如關植鍵閉、塾亭樓闕，除了具有裝飾、標示等作用外，
防衛及管理出入是其主要功能，以下稍作陳述。

（二）門關管理

如上所述，中國古代的空間規劃，城牆之內又有里牆，而以層層門戶相通
貫，楊寬稱之為「封閉的都城制度」，[106] 其實都城以外的城市也都如此。在封
閉的空間之下，門戶的掌握與管理就成為社會控制的重要關鍵。

A、門關啓閉

古代的門，從宮門、城門、到閭里門，都按時啓閉。《周禮·天官·閽人》
鄭注：「司昏晨以啓閉者。」孫詒讓認為：[107]

> 説文門部云：閽，常以昏閉門隸也。……昏時閉門，則名此閽人也，晨時
> 啓門，則論語謂之晨門也。

「閽人」與「晨門」一晚一早，恰好相對，門者的命名正是由其啓閉功能而來。
關於宮門啓閉，漢代有較詳的記載。西漢宦官石顯受命出外，預先請求「恐漏
盡宮門閉，請使詔吏開門。」[108] 可見漢時宮門至夜間漏盡而閉，其開合管理嚴
格。《漢舊儀補遺》卷下：[109]

> 夜漏起，宮中、宮城門擊柝，擊刁斗，傳五夜，百官徹，直符行，衛士周
> 廬擊木柝，傳呼備火。

---

[104] 王隆撰，胡廣注《漢官解詁》「列侯」條，頁21-22。
[105] 拙稿，《漢代闕的一些問題》，未刊。
[106] 楊寬，《中國古代都城制度史研究》，〈序言〉，頁1。
[107] 孫詒讓，《周禮正義》，卷一，頁30。
[108] 《漢書》卷九三〈石顯傳〉，頁3728-3729。
[109] 《漢舊儀補遺》卷下，頁96-97。

所謂五夜，是將夜間時間分爲甲乙丙丁戊。又《漢官典職儀式選用》：[110]

> 凡中宮漏夜盡，鼓鳴則起，鐘鳴則息。衛士甲乙徼相傳，甲夜畢，傳乙
> 夜，相傳盡五更。……（續漢志補注）

可見漢代宮中作息是以鐘鼓爲節。

　　京城城門的開合，也以宮城鐘鼓爲準。安帝永寧年間詔：「鐘鳴漏盡，洛陽城中不得有行者。」[111] 至於一般城市的城門開合，掌於城內的太守府或縣署。這點早在《墨子・號令》中已有記載：[112]

> 宿鼓在守大門中。莫，令騎若使者操節閉城者皆以執毚。昏鼓，鼓十，諸
> 門亭皆閉之，行者斷，必繫問行故，乃行其罪。晨見，掌大鼓縱行者，諸
> 城門吏各入請籥開門已，輒復上籥。有符節不用此令。

由此可以看出，官署大門之鼓，掌握了全城諸門亭的晨昏開合。閉門之後，除非有符節，不得夜行。此外，門吏要到官署請籥，顯示門籥也是掌於府署。《墨子》的這套開合制度並非空想，可從漢代史實得到證明。漢代官府門前即有建鼓，作爲召集開閉的號令；[113] 四川彭縣出土的「寺門擊鼓」畫象磚，生動的描繪了擊鼓的情形。[114] 和林格爾漢墓的幕府東門圖也繪有建鼓。[115] 至於門籥置於官署，岑仲勉指出，到清代還是如此。[116]

　　古代城門之按時開合，有的執行得非常嚴格。如《韓非子》載：「梁車新爲鄴令，其姊往看之，暮而後門閉，因踰郭而入，車遂刖其足。」[117] 可見暮閉之制，而踰城牆之罰極重，至於刖足。《呂氏春秋》載戎夷違齊至魯國，沒趕上

---

[110] 《漢官典職儀式選用》，頁205。

[111] 《文選》卷二八，鮑照，〈放歌行〉注引崔寔，〈政論〉，頁395。

[112] 《墨子城守各篇簡注》酉〈號令〉，頁107-108。

[113] 《漢書》卷七七〈何並傳〉，頁3266-3267，顏師古注：「具有此鼓者，所以召集號令，爲開閉之時。」

[114] 劉志遠、余德章、劉文杰，〈四川漢代畫象磚與漢代社會〉（北京：文物出版社，1983），頁4。

[115] 《和林格爾漢墓壁畫》，頁106。

[116] 《墨子城守各篇簡注》酉〈號令〉，頁107-108。

[117] 《韓非子集釋》卷一二〈外儲說左下〉，頁709。

閉門之前進城，只有宿於郭外，因天大寒，又將衣物予其弟子，以至凍死。[118]
秦國的「關法」規定，雞鳴時開關門，孟嘗君因門客學雞鳴，始得逃出關，[119]
都可看出門戶啓閉的情形。漢代城門守者稱爲「門候」，「主侯時而開閉
也」。[120] 東漢初郅惲爲洛陽上東城門侯，光武夜出返，詔開門，惲不接受。[121]
以皇帝之尊，也不能任意出入。

　　至於閭里之門，也是依時啓閉，與城門相同。先秦時期，踰里垣者，要受臏
刑，[122] 這與上述踰城牆受刖刑相類，顯示里垣與城垣性質不異。《墨子・號
令》云：「門有吏，主諸門、里，筦閉必須太守之節」。[123] 〈旗幟〉云：[124]
「巷術通周道必爲之門，門二人守之，非有符信，勿行，不從令者斬。」巷術通
周道之門是里街門之類。此外夜間也要循行稽查。[125] 《墨子》所說的雖是戰時
之制，但平時的開合管理，也相差不遠。《管子》提到閭門管理，門龠置於里
尉處，由「閭有司」以時開閉。[126] 所謂「閭有司」，大約指里正、里監門之
類。漢代里門也按時開合，例如漢武帝得知其異父姊家在長陵，由小市西入
里，「里門閉，暴開門，乘輿直入此里。」武帝在夜間入里，所以里門關閉。[127]

　　由上可知，古代城市的作息起居，在門戶啓閉上顯示得非常清楚。至昏時鐘
或鼓一起，宮門、里門、街亭門、城門相繼關閉，就斷絕通行，上引永寧詔書
即其一證。爲了維持夜禁，並有官吏負責夜間巡查。《周禮・秋官・司寤
氏》：「掌夜時，以星分夜以詔夜士夜禁，禦晨行者，禁宵行者、夜游者。」

---

[118] 《呂氏春秋》覽部二〇〈長利〉，頁1337。

[119] 《史記》卷七五〈孟嘗君列傳〉，頁2354-2355。

[120] 《漢書》卷六六〈蔡義傳〉，頁2898；卷七八〈蕭望之傳〉，頁3272-3273顏師古注。

[121] 《東觀漢記》卷一四〈郅惲傳〉，頁561。

[122] 杜正勝，〈古代聚落的傳統與變遷〉，頁229。

[123] 《墨子城守各篇簡注》酉〈號令〉，頁125。

[124] 《墨子城守各篇簡注》申〈旗幟〉，頁94-95。

[125] 《墨子城守各篇簡注》酉〈號令〉，頁101-102。

[126] 《管子纂詁》卷一〈立政〉第四，頁24。

[127] 《史記》卷四九〈外戚世家〉，頁1981，褚先生曰。按武帝尋得其姊後，直驅長樂宮謁
太后，太后曰：「帝倦矣，何從來？」由此推測可能是夜間。

鄭注:「夜士主行夜徼候者,如今都候之屬。」西漢李廣曾夜出,還至霸陵亭,被霸陵尉呵止,從騎答以「故李將軍」,尉曰:「今將軍尚不得夜行,何乃故也!」[128] 犯夜禁者有罪,魏世田豫曾說:「年過七十而以居位,譬猶鐘鳴漏盡而夜行不休,是罪人也。」[129] 罪重者甚至處死。漢末曹操爲洛陽北部尉,靈帝愛幸小黃門蹇碩的叔父夜行,即殺之。[130] 此事可與上引《墨子》無符不得夜行,「不從令者斬」相證。

B、門關出入

門關出入,有種種限制,其中以宮廷的出入控制最密。[131] 《獨斷》云:「禁中者,門戶有禁,非侍御者不得入,故曰禁中。」[132] 出入宮廷者,在漢代有「門籍」,以便檢核。如景帝時梁孝王入朝,而梁之侍中、郎、謁者「著籍引出入天子殿門,與宦官無異。」[133] 武帝時,竇太后憎竇嬰,除竇嬰門籍,不得入朝請。[134] 宣帝霍皇后母霍顯及其諸女皆通籍長信宮,「或夜詔門出入」。[135] 所謂「門籍」,《集解》以爲是名簿,顏師古也認爲是名籍。[136] 應劭則有較詳的說明:[137]

　　　爲二尺竹牒,記其年紀、名字、物色,縣之宮門,案省相應,乃得入也。

---

[128] 《史記》卷一〇九〈李將軍列傳〉,頁2871。

[129] 《三國志》卷二六〈田豫傳〉,頁729。

[130] 《三國志》卷一〈武帝紀〉,頁3,注引《曹瞞傳》。關於夜禁可參考程樹德,《九朝律考》卷一,《漢律考》五〈律令雜考〉下〈夜行〉條,頁144。

[131] 關於漢代宮庭的警備,參考廖伯源,〈西漢皇宮宿衛警備雜考〉。

[132] 蔡邕,《獨斷》卷上,頁3。

[133] 《史記》卷五八〈梁孝王世家〉,頁2084;《漢書》卷四七〈梁孝王傳〉,頁2209。

[134] 《史記》卷一〇七〈魏其武安列傳〉,頁2839;《漢書》卷五二〈竇嬰傳〉,頁2375。

[135] 《漢書》卷七四〈魏相傳〉,頁3134-3135。

[136] 《史記》卷五八〈梁孝王世家〉,頁2084,注《集解》;《漢書》卷七四〈魏相傳〉,頁3134-3135,顏注。

[137] 《漢書》卷九〈元帝紀〉,頁286注引。

漢武帝時尋得其異父姊脩成君，令通名狀於門使，至太后所，[138] 所謂「名狀」即應氏所說的名字物色。根據《漢官解詁》及《續漢志・百官志》的記載，居宮中及前述經常出入宮廷的，日夜各有不同的門籍，門籍是配合符使用的。符長二寸，以所屬宮名兩字為鐵印，具通行許可證件性質。案籍畢，復齒符，才能進入。至於外人以事當入，則需所屬的官署為他封棨傳，蓋印信以證明身份事由。[139] 居宮中者有時也要棨傳，例如漢末竇武被誅事件中，宦官曹節等「取棨信，閉諸禁門」。[140] 門籍符傳之外，又有節。漢初誅除呂氏事件中，劉章與持節謁者同載，才得以進入長樂宮門，馳斬長樂宮衛呂更始。[141]

無符籍妄入官府的叫「闌」。漢成帝建始三年十月丁未，關內大水，小女陳持弓走入橫城門，闌入上方掖門。[142] 王嘉以射策甲科為郎，坐戶殿門失闌免。[143]

有資格出入宮殿者，在有罪及必要時，可以取消其其門籍，或禁止其出入。上述竇太后除竇嬰門籍即是一例。漢武帝時江充為直指繡衣使者，列出踰侈的貴戚近臣侍中，移書掌宮省門戶的光祿勳中黃門，令門衛禁其出入。[144] 宣帝時霍氏反，金安上命令門闥，不讓霍氏親屬進宮。[145] 注張晏指出：「故事，有所劾奏，並移宮門禁止不得出入。」[146] 韓延壽為馮翊，奏劾御史大夫蕭望之放散官錢事，移殿門禁止望之。[147]

宮殿之外，一般官署是否有出入者門籍，缺乏資料說明。《戰國策》載春申

---

[138] 《史記》卷四九〈外戚世家〉，頁1982。

[139] 《漢官解詁》，頁14。《續漢志》卷二五〈百官・衛尉〉，頁3580。

[140] 《後漢書》卷六九〈竇武傳〉，頁2242-2244。以上參楊泓，〈漢晉的節〉（北京：中華書局，1983），頁67-71。

[141] 《漢書》卷三〈高后紀〉，頁103。

[142] 事見《漢書》卷一〇〈成帝紀〉，頁306-307，注引應劭曰：「無符籍妄入宮曰闌。」見秋七月條。按卷二七下之上〈五行志〉，頁1474-1475則作十月丁未，漢代七與十的寫法近似，是年九月成帝為此下詔，故當以七月為是。

[143] 《漢書》卷八六〈王嘉傳〉，頁3488。

[144] 《漢書》卷四五〈江充傳〉，頁2177。

[145] 《漢書》卷六八〈金安上傳〉，頁2963。

[146] 《漢書》卷九〇〈嚴延年傳〉，頁3667-3668。

[147] 《漢書》卷七六〈韓延壽傳〉，頁3214。

君敬汗明，「召門吏爲汗先生著客籍，五日一見。」[148] 這是由於經常召見，故使門吏管理客籍以通接。漢代各級府寺門籍之例未見記載，但有門闌。東漢車服制度規定不同官吏的「鈴下、侍閣、門闌、部署、街里走卒，皆有程品。」[149] 其中門闌，應是指負責門關出入的門吏門卒。晉代的荀綽在其〈百官表注〉中說：「漢丞相府門無闌，不設鈴，不警鼓，言其深大闊遠，無節限也。」[150] 按此，可知相府之外，一般官府門皆有門闌。永平五年十月，漢明帝行幸鄴，下詔復元氏縣田賦六歲，勞賜縣掾史，及門闌走卒。[151] 章帝幸鄴，上自魏郡太守，下至三老、門闌走卒都有勞賜。[152] 劉平爲全椒長，罷門闌卒署，各遣就農。[153]

　　城門、里門的出入，在開門時間內，對當地人應無太大限制。但外來者似乎不能隨意進出，例如墨子過宋，想進入里門躲雨，被守門人所拒。[154] 此外，夜間、戰時、邊境及出入關（如函谷關）也需要證件符傳才能通行。《周禮・秋官司寇・小行人》及〈地官司徒・掌節〉都提到「門關用符節」。《墨子》載出入城門、閭里，對符傳檢查極爲嚴密。[155] 漢代出入關津門亭，也需要符傳。大體言之，符與傳是出入門戶的兩類信物，符類包括符、繻，傳類包括傳、棨、過所等，二者不同。《說文》：「符，信也。漢制以竹，長六寸，分而相合。」，符是兩片，出入者與門吏各執其一，分而相合。居延漢簡中如編號65.7的簡，是出入居延與金關的符，上有齒（凹槽）用以比對，符文載明爲六寸兩片，左留居延，右移金關以相合，可與《說文》相證。有些符上載有通行者姓名年貌，上有墨畫用以比對（見居延漢簡29.1及29.2）。漢代出入函谷關所用之繻，以帛爲之，裂爲二，一留關，一予入關者回程出關時相合，與符的作用相似。至於「傳」類的證件，《周禮・司關》鄭注：「傳，如今移過所文書。」

---

[148] 《戰國策》卷一七〈楚四・汗明見春申君〉，頁573。

[149] 《續漢志》卷二九〈輿服上〉，頁3651。

[150] 《續漢志》卷二四〈百官志〉，頁3561，劉昭注引。

[151] 《後漢書》卷二〈明帝紀〉，頁108。

[152] 《後漢書》卷三〈章帝紀〉，頁143。

[153] 《華嶠後漢書》卷二〈劉平傳〉，頁551，輯自《御覽》287及《書鈔》78。

[154] 《定本墨子閒詁》卷一三〈公輸〉，頁296。

[155] 《墨子城守各篇簡注》酉〈號令〉，頁116。戌〈雜守〉，頁150。

《漢書・文帝紀》李奇注：「傳，棨也。」過所與傳、棨都是類似的文書。居延漢簡中的過所文書，上載年月日，持證者身份，有無犯罪，發文機關，預定目的地，移過所官署等（15.19），有的書明「得過門如律令」（346.31）、「塢辟市里毋苛留止如律令」（EPT50・171）「門亭毋苛留如律令」（EPF22・698B）等字樣。[156] 這些制度顯示古代對人民行動的掌握、社會秩序的維持，門關擔任了重要的角色。

C、門關控制

閉門大搜，屢見記載。〈月令〉所載，秋冬皆有閉門之事。《春秋繁露》云：「水用事則閉門閭，大搜索。」，「水者冬，……閉門閭，大搜索。」[157]備非常時也閉門大搜，春秋時公儀休相魯，魯君死，左右請閉門，公儀休認爲早已施惠政，「吾已閉心矣，何閉於門哉。」[158] 漢武帝天漢元年秋，閉城門大搜，征和元年冬十一月，閉長安城門搜索達十一日，[159] 這些都是爲了搜索姦宄，而其在秋冬之際，猶有古代遺意。

在古代除攻城時城門爭奪外，許多政變中，門的控制也起著關鍵作用。齊桓公晚年，易牙、豎刁、常之巫相與作亂，「塞宮門，築高牆，不通人」，以致桓公病死，蟲流出戶，三月不葬。[160] 楚考烈王崩，李園伏死士於棘門內，春申君進入就被暗殺。[161] 漢初呂氏之誅，即與殿門的掌握有關。首先太尉周勃得紀通之助，以符節進入北軍之門而掌握了北軍，接著令朱虛侯監南軍之門，令平

---

[156] 關於符、傳、繻、棨、過所，參考大庭脩著，林劍鳴等譯，《秦漢法制史研究》第五篇第一章，〈漢代的關所與通行證〉，頁475-501。近年薛英群從漢簡資料，對這些通行證件作了較詳的分析，他指出符用於軍事系統，傳則用於無軍籍之吏民，過所類似於傳，而棨則爲特別通行證。參所著《居延漢簡通論》，頁410-447。

[157] 《春秋繁露》篇六〇〈五行順逆〉，頁312-313；篇六一〈治水五行〉，頁315。

[158] 《說苑》卷七〈政理〉，頁8。

[159] 《漢書》卷六〈武帝紀〉，頁203，208及注。

[160] 《呂氏春秋・覽部》卷一六〈知接〉，頁968-970。

[161] 《戰國策》卷一七〈楚四〉，頁580。

陽侯告衛尉禁止相國呂產進入殿門。呂產不得入殿，就被趕來的朱虛侯所殺。[162]
東漢竇武被誅事件中，宦官曹節取得璽信，閉諸禁門，脅迫尚書屬官作詔以王
甫為黃門令，收殺尹勳等。又令中謁者守南宮，閉門。王甫等屯於朱雀掖門，
軍於闕下，因此殺了竇武。[163] 何進袁紹謀誅宦官，令虎賁二百人進入禁中代黃
門階守門戶，但因事機不密，何進被誘入而誅。[164]

D、門者地位

　　中國古代的守門系統非常複雜，宮門、城門、里門、軍門、官署門各不相
同，因不同的時代及所守各異，門者各有不同的名稱。這裡不打算討論各個系
統，只對最基層的守門者稍加說明。從防衛系統來看，門是守備的重要關鍵，
《墨子》討論守城，首列〈備城門〉一篇，詳細說明了官府門、里街亭門、城門
的防衛。《孫子·用間》提到攻城除了要知道守將之外，還要知其親近及「謁
者、門者」，可見門者的工作之重要。防守外，他們也掌握了進出之權，尤其
是官署門者，負責賓客通謁，有時具有很大的權勢，例如東漢求見梁冀者多，
門者納賂，竟累千金。[165] 門者的地位如此重要，但是他們的社會地位卻非常
低，茲以「監門」及「閽者」為例。

　　古代城門、市門、里門皆有監門。如戰國侯嬴、史舉都是城門之監門。[166]
秦末張耳、陳餘、酈食其、西漢路溫舒之父，都做過里監門。[167] 不過在漢代，
監門之稱，似已只限於守里門者。《史記·酈生陸賈列傳》說酈生為「里監門

---

[162] 《史記》卷〈呂后本紀〉，頁409-410；《漢書》卷三〈高后紀〉，頁102。

[163] 《後漢書》卷六九〈竇武傳〉，頁2243-2244。

[164] 《三國志》卷六〈袁紹傳〉，頁189。

[165] 參《日知錄》卷一七〈閽人〉，頁401-402。

[166] 《史記》卷七七〈魏公子列傳〉，頁2378-2379；《史記》卷七一〈甘茂傳〉，頁2317-2318
云為下蔡監門，《索隱》提到《戰國策》及《韓子》都作「上蔡」事見《戰國策》卷一
四〈楚一·楚王問於范環〉，頁497-498及《韓非子集釋》〈內儲說下〉，頁604-605。

[167] 《史記》卷八九〈張耳陳餘列傳〉，頁2572；《史記》卷八〈高祖本紀〉，頁357-358及
卷九七〈酈生陸賈列傳〉，頁2691；《漢書》卷五一〈路溫舒傳〉，頁2367-2368。

吏」，《漢書》蘇林注則認爲：「監門，門卒也。」，[168] 一稱吏，一稱卒。同
樣的，張耳、陳餘之事也有不同說法。《集解》引張晏曰：「監門，里正衞
也。」顏師古注則以爲：「監門，卒之賤者」。如果門卒之說可從，則丞相府
之門卒，[169] 太守府之門卒，[170] 市門之卒，[171] 在漢雖無監門之稱，也都與監
門相類。

　　無論爲吏爲卒，其地位都很低，自先秦以來即已如此。《孟子·萬章下》：
「辭尊居卑，辭富居貧，惡乎宜乎？抱關擊柝。」抱關者是卑而貧。《韓非子·
八說》云：「萬金之家、必不用其富厚而與監門同資。」[172] 萬金之家與監門對
舉，代表貧富之兩極。秦王封姚賈千戶，韓子則以其爲梁監門子而短之，[173] 齊
宣王之左右謂顏斶：「下則鄙野、監門、閭里，士之賤也，亦甚矣」[174] 監門待
遇也最低，《荀子》云：「或監門御旅，抱關擊柝，而不自以爲寡。」[175]《韓
非子》又指出，堯之王天下，「雖監門之服養，不虧於此矣」，[176] 酈食其是因
爲「家貧落魄，無衣食業」才做監門。[177] 史書用「監門戍卒，見之如舊」，[178]
來形容漢高祖的平易近人，監門抱關，都是士之最下層。

　　事實上，不只監門，門者的地位都不高。《禮記·祭統》：「閽者，守門之
賤者也」。《莊子》云：「是故大人之行，……不賤門隸。」[179] 莊之所謂不
賤，適足以顯示一般對門隸之賤視。

---

[168]　《漢書》卷一〈高帝紀〉，頁18，注引蘇言。
[169]　《漢書》卷七六〈趙廣漢傳〉，頁3204-3205。
[170]　《漢書》卷七六〈韓延壽傳〉，頁3212。
[171]　《漢書》卷六七〈梅福傳〉，頁2927。
[172]　《韓非子》卷一八〈八說〉，頁976-977。
[173]　《戰國策》卷七〈秦五·四國爲一將以攻秦〉，頁294-296。
[174]　《戰國策》卷一一〈齊四·齊宣王見顏斶〉，頁408。
[175]　《荀子集解》卷上〈榮辱〉，頁27。
[176]　《韓非子集釋》卷一九〈五蠹〉，頁1041。
[177]　《漢書》卷四三〈酈食其傳〉，頁2105。
[178]　《漢書》卷一下〈高帝紀下〉，頁80-81。
[179]　《莊子集釋》卷六下〈秋水〉，頁574-575。

守門者被賤視，可能與此職務階職最低，古代好用刑人擔任有關。〈禮・祭統〉之文云：

> 夫祭有畀，煇、胞、翟、閽者，惠下之道也。……能以其餘畀其下者也。……閽者，守門之賤者也，古者不使刑人守門。此四守者，吏之至賤者也。

鄭注指出：「不使刑人守門，謂夏殷時」，是周用刑人。閽者是怎樣的刑人？《周禮・秋官司寇・掌戮》：「墨者使守門，劓者使守關，宮者使守內，刖者使守囿。」不同的門用不同的刑人，孫詒讓認爲門用刑人可能是城郭宮府皆然。[180] 其中「墨者」使守門，有不同的說法。《周禮・秋官司刑》云：「刖者使守門」，這個說法較〈掌戮〉所說更合於先秦史實。

按《春秋》經文載襄公二十九年「閽弒吳子餘祭」，此閽據《左傳》僅知爲吳伐楚所得俘虜，施刑後以爲閽。[181] 至於所受何刑，不詳。但《左傳》另載楚鬻拳自刖，楚人以爲「大閽」[182] 則爲刖刑。這在子書中也有記載。《莊子・徐無鬼》載：「莊子曰：齊人蹢子於宋者，其命閽也不以完」，蹢即躑，謂殘其足以爲宋閽人。[183] 《管子・揆度》：「自言能爲官而不能爲官者，劓以爲門父」[184] 張佩綸認爲「劓」爲「刖」字之誤。[185] 其說可從。《韓非子》載齊中大夫夷射飲於王，醉倚郎門，門者刖跪請其餘瀝事，[186] 與上述〈祭統〉之說可相證。按刖跪即刖足者（跪即足）。[187] 《晏子春秋》提及另一刖跪事，齊景公正晝被髮

---

[180] 《周禮正義》一，卷一〈閽人〉，頁31。

[181] 《左傳》襄公二十九年。《公羊傳》則據此推論君子不近刑人之義。

[182] 《左傳》莊公十九年。

[183] 《莊子集釋》卷八〈雜篇・徐无鬼〉，頁840。

[184] 《管子纂詁》卷二三〈揆度〉，頁9。

[185] 馬非百，《管子輕重篇新銓》，頁436引。

[186] 《韓非子集釋》卷一〇篇三一〈內儲說下〉，頁587。按此事可能是春秋時邾莊公之閽與夷射姑事之訛。《左傳》定公二年十月、三年二月條載邾莊公與夷射姑飲酒，私出，閽乞肉，不與並以杖敲之，其後閽告莊公夷射姑小解於門。

[187] 參考《韓非子集釋》卷一二〈外儲說左下〉，頁679，陳奇猷注11。

乘六馬，御婦人以出正閨，刖跪擊馬阻止云：「爾非吾君也」。[188] 此外，刖者
守門尚有多例。孔子相衛，其弟子子皋爲獄吏，刖人足，孔子被譖而逃，子皋
逃出門，所刖者適守門，引而至門下室中得免。[189]《呂氏春秋》載夏后氏孔甲
取民子，長大成人，因意外而斷足，「遂爲守門者」。[190] 西周有刖刑刑徒守門
鼎，可以證明。

　　由以上各例，當時門者的來源當爲刖者。不過所謂「墨者使守門」雖與先秦
史實不合，在秦漢卻有其例。如河南方城縣發見榜題「胡奴門」的漢畫象石，
門者左面頰上刻有圓刑印記，河南扶溝縣吳橋村漢墓出土畫象磚上執盾、執棨
戟亭長，頰上也有印記，說者認爲是漢代黥刑的例證，合於墨者守門的記載。[191]

　　爲何古代好用刑人爲門者？這個問題目前還無法解答。按《禮記‧曲禮
上》：「禮不下庶人，刑不上大夫。」據呂思勉推測，上古的肉刑可能先施之
於異族，所以刑人多異族人，其後才及士以下之同族。[192] 而古代又有以異族威
制本族，以罪人壓伏良人的情況，如《周禮》「師氏」之職：「居虎門之
左……使其屬帥四夷之隸，各以其兵服守王之門外，且蹕」，是以異族守王門
鎮本族；漢之司隸校尉，也可能是以徒隸懾良人。[193] 門者之用刑人，或者也是
如此？史料不足，姑置此存疑。無論如何，漢代刑人守門已經很少，不過門者
的地位仍然很低。

　　總之，門關的啓閉、出入的控制、門道的守衛可說是門的基本而具體的作
用，然而門的意義絕不止於控制出入而已，其所反映出來的政治社會結構，以
及所衍伸出的象徵意味更值得我們注意，以下稍加說明。

---

[188]《晏子春秋》卷五〈內篇‧雜上〉，頁315-316；《說苑》卷九〈正諫〉，頁11略同。

[189] 事見《韓非子集釋》卷一二〈外儲說左下〉，頁677；《說苑》卷一四〈至公〉，頁12，
載此事作「子羔」。

[190]《呂氏春秋‧紀部》卷六篇三〈音初〉，頁334。

[191] 劉玉生，〈淺談「胡奴門」漢畫像石〉，頁287。

[192] 呂思勉，《呂思勉讀史札記》甲帙〈象刑〉條，頁336-344。

[193] 呂思勉，《呂思勉讀史札記》甲帙〈以夷隸守王門〉條，頁247-248。

三、門戶與政教

（一）門與政治秩序

如前所說，門是不同空間的通道，也是不同社會單位的界線，大體而言，可分爲家族、閭里、國人三個層次，而不同的門也具有不同的政治社會義意。

門戶與政教關係密切。天子之門，上文曾提及五門三朝之說，外朝治百姓國人，正朝與公卿論政，燕朝則治宗族之事，再進去則爲燕寢，這是門所劃分的不同空間，代表了由內而外的不同層次。至於明堂之位也清楚的呈現了內外的觀念。《禮記・明堂位》：

> 昔者周公朝侯于明堂之位：天子負斧依南鄉而立；三公……諸子之國，門東，北面東上。諸男之國，門西，北面東上。九夷之國，東門之外，西面北上。八蠻之國，南門之外，北面東上。六戎之國，西門之外，東面南上。五狄之國，北門之外，南面東上。九采之國，應門之外，北面東上。
> 四塞，世告至。此周公明堂之位也。明堂也者，明諸侯之尊卑也。

明堂之說，爭論紛紜，這不打算說明，如果就上述引文看來。至少當時一部份儒者的構想中，明堂之位可說是統治秩序的縮影。五等爵在應門內，要服在應門外，藩國則在更外層的四門之內，四門之外爲蠻夷，門內門外分別了尊卑、遠近、親疏、與華夷。[194] 《國語》載周定王之言：「夫戎狄，……若禽獸焉。……故坐諸門外。」[195] 《白虎通》言：「合歡之樂舞於堂，四夷之樂陳於右」，所謂「右」一作「門外之右」。[196]

門是政令所出，故《管子・明法解》引〈明法〉云：「威不兩錯，政不二門。」[197] 意謂法政獨出於主，威權不假予臣。《左》昭三年：「政在家門」，

---

[194] 解見《禮記集解》卷三一〈明堂位〉第十四，頁841。
[195] 《國語》卷二〈周語中〉，頁62-63。
[196] 《白虎通義》卷三〈論四夷之樂〉，頁88。按《後漢書》卷五一〈陳禪傳〉載陳忠上疏云：「古者合歡之樂舞於堂，四夷之樂陳於門」正作「陳於門」。
[197] 《管子纂詁》卷一五〈明法〉，頁15。

皆以門政令所在之門爲言。事實上，門正是權力的象徵。這點可由廷的統治意義來了解。在古代建築空間中，門廷是政令所出。古代朝見之處在門內之廷，也就是上文所說的「朝」。《尚書・盤庚》載盤庚命眾於庭。庭爲朝見之處，因此具有臣服的意義，臣服爲「來庭」，不服爲「不庭」[198] 古代的冊命之禮多在廷中舉行，這在金文中非常多。白川靜指出，這些儀式常在祖廟或當地的聖所舉行，是因爲當時人認爲必需神明臨監，具有神前詛盟的意味。[199]

　　至於軍事方面，門也是軍令所出。古代軍隊出兵立營，營門即是軍門。漢文帝之後六年，匈奴入寇，周亞夫軍細柳，文帝往勞軍，軍門都尉不讓天子的先驅入壁門，得亞夫之命始開。[200] 此駐防固定的區域，所以有固定的壁門。至於出外行軍，則有轅門。《周禮・天官・掌舍》：「設車宮轅門」，鄭注：「次車以爲藩，則仰車以其轅表門。」是以車相衛以備非常。[201] 《戰國策・趙策》云：「張孟談因朝知伯而出，遇知過轅門之外。」[202] 項羽破秦軍，召見諸侯將，諸將「入轅門，無不膝行而前。」集解張晏曰：「軍行以車爲陳，轅相向爲門，故曰轅門。」[203] 軍門是軍令所出。《六韜》云：「大將設營而陣，立表轅門。……諸將吏至者，校其先後，……」[204] 《尉繚子》：「將軍告曰：『出國門之外，期日中設營，表置轅門，期之，如過時則坐法。」[205] 軍門爲號令所出，故有旗幟。魯昭公八年秋狩，「艾蘭以爲防，置旃以爲轅門。」[206] 葵丘之會，齊桓公「渠門赤旂」，韋昭云：「渠門，兩旗所建，以爲軍門。」[207]

---

[198] 《詩・大雅・常武》：「四方既平，徐方來庭」《左傳・隱公十年六月》：「以王命討不庭」。

[199] 白川靜著，蔡哲茂、溫天河合譯，《金文的世界》，第六章「廷禮與貴族制」，頁109。

[200] 《史記》卷五七〈絳侯周勃世家〉，頁2074-2075。

[201] 《周禮正義》三，卷三一，頁102-103。

[202] 《戰國策》卷一八〈趙一〉，頁590。又見《韓非子集釋》卷三〈十過〉，頁179-180。

[203] 《史記》卷七〈項羽本紀〉，頁307。

[204] 《六韜》卷三〈分合〉，頁3。

[205] 《尉繚子》十九篇〈將令〉，頁215。

[206] 《穀梁傳》昭公八年秋。

[207] 《國語》卷六〈齊語〉，頁244-245。

（二）布告：政令、象魏、刑罰

由於門為出入必經之處，它在政令的佈告上具有重要地位，《周禮・秋官・士師》云：

> 士師之職，掌國之五禁之法，以左右刑罰，一曰宮禁，二曰官禁，三曰國禁，四曰野禁，五曰軍禁，皆以木鐸徇之于朝，書而縣于門閭。

據此，國家的各種禁令都公布於門閭，門閭在政令傳達上具有重要作用。同書又提到公布政令於「象魏」，〈天官・大宰〉：「正月之吉，始和布治于邦國都鄙，乃縣治象之法于象魏，使萬民觀治象，挾日而斂之。」挾日即十日，即佈告十天而才收起來。除天官外，其餘各官也各懸其所掌於象魏，如大司馬縣「政象之法」，大司徒縣「教象之法」，大司寇縣「刑象之法」。[208] 這些法令布於邦國都鄙，從上述士師五禁之「縣于門閭」看，也包括鄉邑閭門。[209] 象魏究竟何指？《左傳》載哀公三年夏五月司鐸火，「季桓子至，御公立於象魏之外。……命藏象魏，曰：『舊章不可亡也』」。杜預認為「象魏」就是「門闕」，其上所而釋「命藏象魏」云：「《周禮》，正月縣教令之法於象魏，使萬民觀之，故謂其書為『象魏』」，是「象魏」既為公布之文書之處，也可指文書本身，即「舊章」。[210] 按周禮的象魏，是縣書之處，鄭注引鄭司農云：「象魏，闕也」，象魏就是門闕，但門闕之所以稱為「象魏」，與公布的文書有關。古代凡書諸文字，通謂之「象」，上文的「治象」、「政象」、「法象」、「刑象」都是文書。「魏」是「巍」之省，即高大之意，門闕高大，所以古書中又往往稱為「魏闕」，《莊子・天下》所謂「心居乎魏闕之下」。[211] 文書公布於高大的門闕上，門闕因此有象魏之名，而所公布之書亦得謂之象魏。由此看，政令文書的公布與門闕關係密切。

---

[208] 見《周禮》〈大司馬〉〈大司徒〉〈大司寇〉各篇。

[209] 《周禮正義》二，卷四疏云：「始宣布治典於畿外邦國，畿內都鄙，不及鄉遂公邑者，亦宣布之可知，經舉外以包內，文不具也」，頁1。

[210] 《春秋左傳注》，頁1622。

[211] 《周禮正義》二，卷四，頁2-3。

　　《墨子・城守》載有公布命令於門閭事，而據漢簡，漢代的詔令書教等，也都公布於門閭顯見處。[212] 春秋時鄭之子孔當國，作載書，引起普遍不滿，子產勸他焚書安眾，遂焚書於倉門外（鄭城門）。[213] 師經以琴撞魏文侯進諫，文侯納之，下令：「懸琴於城門以爲寡人符」，[214] 這都是立信城門。此外，市門也是公布之處。商鞅立法未布，先立三丈之木於國都市南門，募能徙至北門者予賞金，[215] 呂不韋成呂氏春秋，布咸陽市門，能增損一字者予千金，[216] 這都是立信於市門。至於大臣之家也有書令於門版者，例如孟嘗君書於門版：「有能揚文之名，止文之過，私得寶於外者，疾入諫。」[217] 漢代守令書教於門版，也還是這個傳統。

　　門也是行刑示眾之處，《左傳》宣公十一年，楚子因夏氏亂故伐陳，殺夏徵舒，「轘諸栗門」，這是殺人示眾於城門。僖公二十二年，魯邾之戰，魯敗，邾人獲僖公之冑，縣諸魚門。雖非斬首，也有示眾的用意。傳說孔子誅少正卯於兩觀（即闕）下。[218] 傳說魯定公十年的夾谷之會罷後，齊人使優施舞於魯君之幕下，孔子使司馬行法，優施「手足異門而出」。[219] 也有示眾於宮闕官府門者，如前漢元鳳四年，傅介子刺殺樓蘭王，馳傳詣闕，縣首北闕下。[220] 元帝時，陳湯等斬匈奴郅支單于及其他名王首，傳詣京師，懸於蠻夷邸門。[221] 東漢末張濟爲河南尹，中常侍段珪奴乘犢車於道，濟收捕，梟首懸尸珪門，[222] 這些

[212] 例如居延漢簡139.13提到居延都尉下達文書：「書到令長丞候尉明白大扁書鄉市里門亭顯見☒。」敦煌酥油土出土簡云：「知令重寫令移書到各明白大扁書市里官所寺舍門亭隧堠中令吏卒民盡訟知之。」（敦1365）。另參陳槃，《漢晉遺簡識小七種》，頁95〈扁書〉條。

[213] 《春秋左傳注》，頁981，襄公十年。

[214] 《說苑》，第一卷，〈君道〉，頁16。

[215] 《史記》卷六八，〈商君列傳〉，頁2231。

[216] 《史記》卷八五，〈呂不韋列傳〉，頁2510。

[217] 《戰國策》，卷一〇，〈齊策三〉，頁387-388。

[218] 前漢劉向上疏中提到：「孔子有兩觀之誅」，應劭認爲指孔子誅少正卯事。見《漢書》卷三六〈劉向傳〉，頁1946-1947及注。

[219] 《穀梁傳》，定公十年條。

[220] 《漢書》卷九六〈西域傳〉，頁3878。

[221] 《漢書》卷九〈元帝紀〉，頁295；同書卷七〇〈陳湯傳〉，頁3015。

[222] 《司馬彪續漢書》卷四〈張醺傳・曾孫濟〉，頁417，《八家後漢書》本。

或因有特殊的警戒對象，故示眾於特殊的門。至於一般行刑，雖多在市門，城門也很重要。尤其東漢洛陽，其北面城門的穀門與夏門，都是刑場所在。張俊為人所陷，廷尉將出穀門，臨行刑，鄧太后詔減死論。永初六年，討漢陽賊王信，破斬之傳首洛陽，梟穀城門外。[223] 李尤有銘云：「穀門北中，位當于子，太陰主刑，殺伐為首。」[224] 是穀城門之所以為行刑之所，與其方位有關。夏城門可能也因位在北方而為行刑示眾之所，質帝時，九江賊馬勉稱帝，討平之，傳首洛陽，「詔懸夏城門外，章示百姓。」[225] 至於一般地方官府寺有時亦為行刑之所，如東漢周紆為召陵侯相，其廷掾擅行威殺人，斷手足，立寺門，[226] 即為一例。

漢代人私下辭官，也有以門為昭示之所者，如西漢之末，王莽殺其子宇，逢萌謂其友人：「三綱絕矣！…」解冠掛長安東都門而去。[227] 胡廣六世祖胡剛，辟大司徒馬宮掾，值王莽居攝，也解衣冠懸府門而去。[228] 漢末袁紹不滿董卓，懸節洛陽之上東門，奔冀州。[229]

（三）旌表門閭・殊其門戶

古代表揚人物，有旌表門閭之制。《逸周書・克殷》[230]《荀子・大略》都有武王入殷，「表商容之閭」的記載，古書提到此事者頗多。[231]《六韜》云：「帝堯王天下之時，……旌別淑慝，表其門閭。」[232]《韓非子》《列女傳》都

---

[223] 張俊事見《後漢書》卷四五〈袁敞傳〉，頁1524；王信事見同書卷五〈安帝紀〉，頁219 注引《續漢志》。

[224]《藝文類聚》卷六三〈居處部・門〉，頁1129-1130。

[225]《後漢書》卷六〈質帝紀〉，頁277注引《東觀漢記》，《東觀漢記》卷三《孝質皇帝》，頁124，輯自御覽卷九二。

[226]《東觀漢記》卷一八〈周紆傳〉，頁782。

[227]《東觀漢記》卷一八〈逢萌傳〉，頁822

[228]《後漢書》卷四四〈胡廣傳〉，頁1504。

[229]《張璠後漢紀》，〈靈帝紀〉，頁710。

[230] 朱右曾，《逸周書集訓校釋》卷四〈克殷〉，頁92。

[231] 見《呂氏春秋》〈覽部〉卷一五〈慎大〉，頁844-845。《史記》卷五〈留侯世家〉，頁2040-2041。《新序》卷十〈善謀下〉，頁7。

[232]《六韜》卷一〈盈虛〉，頁1。

載公子重耳伐曹，表負羈之閭。[233] 這裡有幾個問題值得特別注意：什麼是
「表」？何以要表於閭里？

　　崔浩云：「表者，標榜其里門也。」顏師古指出：「里門曰閭，表謂顯異
之。」，李賢則云：「表，旌顯也；閭，里門也。」[234] 他們都同意立表之處是
里門，至於何謂表，則有「標榜」與「旌顯」二說。古代之「旌」其形製已不
可考，漢代雖有旌表之名，其形製已不同。按漢代旌表門閭之詔，見於東漢安
帝時，《後漢書》卷五〈孝安帝紀〉：[235]

　　乙卯，詔曰：「……其賜……貞婦有節義十斛，甄表門閭，旌顯厥行。」
李賢注此段指出：「旌表者，若今樹闕而顯之。」[236] 是不以旌表為旗幟，但漢
代之闕為宮廟墓道天門之象徵，李賢是以唐代情形比擬，恐不合漢代實情。
《後漢書》志卷二八〈百官志〉：[237]

　　三老掌教化，凡有孝子順孫，貞女義婦，讓財救患，及學士為民法式者，
　　皆扁表其門，以興善行。

此處云扁表其門，是於門上用木扁，即前所說「標榜」，[238] 應是官方旌表門閭
常用的方式。按《說文》：「扁，署也，從戶冊，戶冊者，署門戶之文也。」
以木署題門戶，在漢代常見。其作法是題字於扁上，置之於門。中國古代的城
門、宮門、閭閣、官府門上常有題署，例如丞相府「門署用梗板，方圓三尺，
不堊色，不郭邑，署曰『丞相府』」，御史大夫寺「門署用梓板，不起郭邑，
題曰『御史大夫寺』」。[239] 漢末洛陽宮殿門題，多是大篆，傳為蔡邕所書。[240] 扁
表大約就是採取類似的方式，署題文字，置門上以作表揚。

---

[233] 《韓非子集釋》卷三〈十過〉，頁200-201。《列女傳》卷三〈仁智傳・曹僖氏妻〉，頁54-55。
[234] 崔浩言見《史記》卷五〈留侯世家〉，頁2041-2042，索隱引。顏師古言見《漢書》卷四〇
　　〈張良傳〉注，頁2030-2031。李賢之言見《後漢書》卷二五，〈卓茂傳〉注，頁871-872。
[235] 《後漢書》卷五〈孝安帝紀〉，頁229-230。
[236] 《後漢書》卷五〈孝安帝紀〉，頁230，李賢注。
[237] 《後漢書》志卷二八〈百官五〉，頁3624。
[238] 陳槃先生即以為「標榜」與「扁表」為一事，見《漢晉遺簡識小七種》，頁96-97，〈扁書〉條。
[239] 以上見衛宏，《漢舊儀》卷上，頁36，41，67，73。
[240] 《水經注》卷一六〈榖水〉，頁215。

漢魏之間，這類題署的記載頗多。例如沛郡劉長卿妻，守節不嫁，沛相王吉上奏高行，「顯其門閭，號曰『行義桓楹』」。[241] 汝南袁秘爲郡門下議生，在黃巾之亂中與功曹封觀等七人犧牲生命救了太守趙謙，「詔秘等門閭號曰『七賢』」。[242] 鄭玄爲漢末大儒，孔融爲北海相，爲其特立一鄉，爲之「廣開門衢，令容高車，號爲『通德門』」。[243] 三國時隱士張臶卒，廣平太守王肅命吏勞問其家，「顯題門戶」[244] 這幾個忠臣貞女學士，正是上述官方旌表之對象。大體上，官方之所謂「旌表」是採取扁表顯題之方式，但是一般民間有採刻石方式者，如龔勝不仕王莽，絕食而死，勝居彭城廉里，東漢初刻石表其里門。[245] 漢末龐淯母手刃親仇，當時人爲之刊石立碑，顯其門閭。[246]

何以要旌表於里門？可能與古代平民眾皆居閭里，不得對街開門有關。只有里門才面對大路，若表於其家，只顯於里人，意義不大。表於閭里，才能眾所周知。上述之所謂「顯其門閭」，包括「門」與「閭」，有題榜的不只是里門，或也包括家門，故或謂「扁表其門」，或謂「顯題門戶」，，除扁表顯題或刻石外，是否尚有其他方式則不詳。

（四）門與學

門與學的關係密切，《禮記‧學記》云：「古之教者，家有塾，黨有庠，術有序，國有學」。所謂家有塾，根據鄭注及孔疏，是指里門之塾而言。由致仕者歸教於閭里。[247] 由於門爲出入之處，故爲設教之所。這是基層社會里塾之學。至於統治階層，則明堂四門也是立學之處。蔡邕〈明堂論〉指出，古之明

---

[241] 《後漢書》卷八四〈列女傳〉，頁2797。

[242] 《後漢書》卷四五〈袁安傳〉，頁1527。

[243] 《後漢書》卷三五〈鄭玄傳〉，頁1208。

[244] 《三國志》卷一一〈張臶傳〉，頁361-362。

[245] 《漢書》卷七二〈龔勝傳〉，頁3084-3085。

[246] 《東觀漢記》卷一八〈龐淯母〉，頁837-838及《三國志》卷一八〈龐淯傳〉注引皇甫謐《列女傳》，頁549-550。

[247] 《禮記集解》卷三六〈學記〉，頁957-958。

堂、太廟、太學合一，明堂是「大教之宮」，具有「教幼誨稚」的功能。學校
設於明堂四門：[248]

> 明堂者，天子太廟，……取其四門之學，則曰太學。……其實一也。……
> 《易傳》〈太初篇〉曰：「天子旦入東學，晝入南學，暮入西學，在中央
> 曰太學，天子之所自學也」。《禮記》〈保傅篇〉曰：「帝入東學，上親
> 而貴仁；入西學，上賢而貴德；入南學，上齒而貴信；入北學，上貴而尊
> 爵；入太學，承師而問道。」與《易傳》同。魏文侯《孝經傳》曰：「太
> 學者，中學明堂之位也。」……，故《周官》有門闈之學，師氏教以三德
> 守王門，保氏教以六藝守王闈，然者師氏居東門、南門，保氏居西門、北
> 門也。

這一套明堂、太廟、太學合一的制度也許只是古人的理想，但顯示了古人觀念
中門與學的關係。按《周禮‧師氏》：「居虎門之左……凡國之貴遊子弟學
焉……使其屬帥四夷之隸，各以其兵服守車王之門外，且蹕。」〈保氏〉：
「使其屬守王闈」，是師氏、保氏正是以守門者與守闈者的身份而從事教育的。

所謂「門闈之學」，在漢代亦有可徵，除了前述所說地方門塾之學外，前漢
武帝時，聚集文學之士的金馬門，雖非學校，但為講論之所。後漢靈帝時之鴻
都門文學，與前漢之金馬門相類，[249] 到光和元年，下令設「鴻都門學」，鴻都
門從講論之地，成為授學之所，學生至千人，[250] 此皆設學宮門。此外城門亦為
論學之處，這在先秦史傳中已見其例，如齊國的稷下學派，就是論學者聚於齊
西側的稷門而得名，[251] 據考亦各有弟子受其學，為後世博士之先驅。[252] 西漢太
學在長安正南門（「安門」）外，東漢太學在洛陽的開陽門外，[253] 亦皆其著例。

---

[248] 《續漢志》卷八〈祭祀中〉注引，頁3178。
[249] 馬端臨指出：「靈帝之鴻都門學，即西都孝武時待詔金馬門之比也。」見《文獻通考》
卷四〇《學校考》，頁387之3。
[250] 《後漢書》卷八〈靈帝紀〉，頁341，李賢注僅云為「門名」，未詳何宮。
[251] 《史記》卷四六〈田敬仲完世家〉，頁1895《集解》引劉向《別錄》。
[252] 錢穆，《秦漢史》，頁23-25。
[253] 《後漢書》卷一上〈光武紀〉，頁40，李賢注引陸機《洛陽記》。

官學設在門闈，至於私人授學，大體言之，也在門堂。六朝之前，都守「禮有來學，而無往教」之義，學徒學於師處，有「門人」「門徒」「門生」之稱。這與後世師入館於徒家，被稱「門客」恰相反。俞正燮指出：「來學則學徒爲門人，往教則師爲門客，以學在門也。」[254] 所以上至城門宮闈，下至里塾私學，都可看出門與學的關係。

四、門戶與社會階層

門是身份、家族的象徵，代表家族的社會地位。不同的身份在周代封建制度中，有不同的門制。例如孔子評管仲：「邦君樹塞門，管氏亦樹塞門。……管氏而知禮，孰不知禮？」樹即門屏，鄭玄指出：「禮，天子外屏，諸侯內屏，大夫以簾，士以帷。」[255] 管氏之門，在制度上只能用簾，卻僭樹邦君之屏，故被批評。[256] 禮書中天子有五門三朝，諸侯、大夫三門，士二門，門數愈多，地位愈高。鄭玄注《禮記》，更提出天子九門（路門、應門、雉門、庫門、皋門、國門、近郊門、遠郊門、關門[257]）的說法。此外，「闕」也是地位的象徵，《公羊傳》指出：「設兩觀，乘大路，天子之禮也。」「禮，天子諸侯壇門，天子外闕兩觀，諸侯內闕一觀。」

漢代門屏、門數之制不詳，只有「洞門」、「青瑣」等天子之制，見諸記載。西漢王氏五侯爲洞門、高廊、閣道，被人所批評。哀帝爲董賢起大第北闕下，重殿洞門，顏師古指出：「重殿謂有前後殿，洞門謂門門相當也。皆僭天子之制度者也。」[258] 東漢的梁冀家有「連房洞戶」[259] 桓帝時中常侍侯覽起第，

---

[254] 俞正燮，《癸巳存稿》卷四〈門客正義〉條，頁113。

[255] 《禮記注疏》卷二五〈郊特牲〉，頁15。頁16疏以爲鄭玄所引之《禮》爲《禮緯》。

[256] 《四書集注·論語·八佾》，頁58-59。

[257] 《禮記注疏》卷一五〈月令〉，「毋出九門」鄭注，頁303。

[258] 《漢書》卷九三〈董賢傳〉，3733-3735；同書卷九八〈元后傳〉，頁4023-4024。按《西京雜記》卷四，頁1082，載董賢之第「重五殿，洞六門，……南門三重，署曰南中門，南上門，南更門。東西各三門，隨方面題署亦如之。」

[259] 《後漢書》卷三四〈梁冀傳〉，頁1182-1183。

有「連閣洞門」爲張儉所奏。[260] 另有靑瑣之制。五侯中曲陽候驕奢僭上，赤墀靑瑣，所謂靑瑣是指門上裝飾，孟康云：「以靑畫戶邊鏤中，天子門制也。」顏師古進一步解釋靑瑣是在門戶邊「刻爲連環文，而靑塗之也。」不過如淳有不同的說法：「門楣格再重，如人衣領再重，裡者靑，名曰靑瑣，天子門制也。」無論如何，靑瑣是天子之制，非臣下所應有。當時司隸校尉解光奏曲陽侯之罪云：「殿上赤墀，戶靑瑣」[261] 東漢時梁冀僭奢，大起第舍，「堂寢皆有陰陽奧室，連房洞戶，窗皆有綺疏靑瑣……」[262] 是靑瑣亦施之於窗。據史書所載，洛陽、長安宮中皆有門名靑瑣。《漢舊儀》：「黃門郎屬黃門令，日暮入對靑瑣門拜，名曰夕郎。」靑瑣門在南宮。漢末袁氏兄弟誅宦官之役中，袁術曾燒南宮嘉德殿靑瑣門，此洛陽宮內門。[263] 《三輔黃圖》載未央宮有金馬靑瑣門，[264] 而呂布兵敗，駐馬靑瑣門外，此長安之靑瑣門。[265]

此外有門施行馬之制，所謂行馬，是一種木製的架欄，放在門前，用以隔阻閒人。[266] 漢代光祿勳門外特施行馬，以旌別之。[267] 魏晉以下，不限於光祿勳，許多高官都有行馬。魏文帝詔拜楊彪爲光祿大夫，「又爲門施行馬，致吏卒，以優崇之。」即一例。[268] 按《漢舊儀補遺上》：「光祿勳門外特施行馬，以旌別之。」[269] 像這類門外的特殊配備，當有定制，可惜沒有資料可供進一步的討論。以下只就門戶的意義、大小、顏色稍作分析。

---

[260] 《張璠後漢紀》〈桓帝紀〉，頁704。

[261] 《漢書》卷九八〈元后傳〉，頁4025-4026注及頁4028。

[262] 《後漢書》卷三四〈梁冀傳〉，頁1182-1183。

[263] 《三國志》卷六〈袁紹〉，頁189。

[264] 《後漢書》志二六〈百官〉，頁3593，劉昭注引《宮閣簿》載靑瑣門在南宮。《三輔黃圖校證》，頁39。

[265] 見《後漢書》卷六六〈王允傳〉，頁2176。《三國志》卷六〈董卓傳〉，裴注引張璠《漢紀》，頁182；同卷〈袁紹傳〉，頁189。

[266] 《演繁露》云：「晉魏以後，官至貴品，其門得施行馬。行馬者，一木橫中，兩木互穿，以成四角，施之於門，以爲約禁。周禮謂之陛梐，今官府前叉子是也。」轉引自《世說新語箋疏》中卷上〈方正〉，頁330-331。

[267] 見應劭，《漢官儀》卷上，頁131；衛宏，《漢舊儀補遺》卷上，頁89。

[268] 司馬彪，《續漢書》卷四〈楊彪傳〉，頁428-429，《八家後漢書》輯本。引見《三國志》卷二〈文帝紀〉，頁78-79。

[269] 見《漢舊儀補遺》上，頁3。

（一）門戶爲家族之代稱

　　門戶是家族的象徵，所以門戶又轉爲家族代稱，此自春秋已然。但是值得注意的是，門與戶是有別的。上文提及，門是兩扇的大門，多是指有室堂庭結構單位之外門，戶則爲單扇的小門或內門（室門），士以上才有門，平民沒有宮室結構，只有戶。所以凡家族稱門的，都是上層階級，至少是士以上，一般平民則稱戶。除了里內貴族自有門外，一般平民共居一里，里門兩扇，爲里人所共，是以同里之人，又稱「同門」[270] 《禮記・祭法》天子七祀，諸侯五祀，大夫三祀，士二祀，都包括了「門」與「行」。至於庶人一祀，則不祀門，只祀「戶」或「灶」。可見門戶之別。門與戶象徵了家族地位的高低，而門戶也就成爲家族代稱。

　　貴族之家稱門者如《左傳・襄公九年》十一月己亥，晉國領導的伐鄭諸國同意與鄭講和，「將盟，鄭六卿……及其大夫門子皆從鄭伯。」此處「門子」杜注以爲是「卿之適子」。《左・襄十年》載鄭子孔當國，爲載書，將誅不順從的「大夫諸司門子」，也是同樣的意義。《國語・晉語》云：「立百官，育門子」，韋注以爲是大夫適子。[271] 按《周禮・春官・小宗伯》云：「掌三族之別，以辨親疏，其正室皆謂之門子」鄭注認爲：「正室，適子也，將代父當門者也。」門子執一家之門，是未來的家長。禮書中以「中道」「中門」爲家長之位，可以說明門爲家長象徵。孫詒讓指出，「門子」是「大門宗子」的省稱，《周書・皇門》的「大門宗子勢臣」即指此。[272] 由於貴族之家稱「門」，所以當春秋之季諸侯失政時，史書即以「政在家門」「晉政多門」稱。[273] 至於地位較低的士，即使是窮到「篳門圭窬」，[274] 也仍有門，種種士禮，都是在堂

---

[270] 《韓非子集釋》卷五〈亡微〉（頁282）：「公壻公孫與民同門」陳奇猷注引物雙松曰：「同門，同里閈也。」

[271] 《國語》卷一三〈晉語・欒武子立悼公〉條，頁431。

[272] 《周禮正義》第十冊，卷三六〈春官・小宗伯〉，頁40孫氏疏。

[273] 見《左傳》昭公三年及十三年條。

[274] 《禮記・儒行》：「儒有一畝之宮，環堵之室，篳門圭窬，蓬戶甕牖。」

室門庭的格局中舉行的。姑以孔子之例言之。《禮記・檀弓》載：「孔子蚤作，負手曳杖，消搖於門，……既歌而入，當戶而坐」接著提到夢奠兩楹之間。孔子之居，有門有戶，有堂，是其一證。

相反的，庶人之家則以戶稱。《周易・訟》：「九二，不克訟，歸而逋其邑人三百戶。」此處三百戶顯然指庶民家數。《左傳・襄公二十九年》鄭飢，子皮餼國人粟，「戶一鍾，是以得鄭國之民」這裡國人指一般百姓。《左傳・成公二年》載楚令尹子重在出兵前「大戶，已責」，杜注認為「大戶」是「閱民戶口」，都以戶數為家數。《論語》載孔子所謂「十室之邑」，正如王國維所說，室是最基本的居住單位。室門謂之戶，十室，即是十戶。故一般以戶稱。

以上可知，春秋時代門戶之分，即士庶之別。其實下及於漢，如江陵鳳凰山漢墓出土鄭里廩簿中，平民仍有「戶人」之稱。[275] 不過隨著社會階層的流動，戰國以下士庶之分漸泯，門戶之別也就不甚分明。呂不韋語子楚「吾門待子門而大」即其一例。而由於戶籍制度的建立，百姓同為「編戶齊民」，戶也成為家的普遍代稱。戰國時以戶數代表人民家數，已是一般習慣，例如蘇秦提到臨淄城民「七萬戶」若「戶三男子」則已有二十一萬人。[276] 秦簡釋同居相坐云：「何謂同居？戶為同居」同一戶出入者，具相連坐的法律責任。而「戶賦」亦已出現於秦簡。到了漢代「門戶」連稱成詞，泛指家族。例如東方朔指出當時之士，賢與不肖無別，「悉力慕義」之士「困於衣食，或失門戶。」[277] 這是指家族地位失墮。東漢末蔡邕上書陳冤，指出當時有人欲加陷害，「破臣門戶」，[278] 其女蔡文姬詩云：「家族殄兮門戶單」。[279] 古詩〈隴西行〉：「健婦持門戶，亦勝一丈夫。」。[280] 這些例子中，「門戶」一詞泛指家族。但是門與戶雖已合詞混用，二者之別並未全泯，相對而言，戶代表的仍是小家庭，而門代表的則

[275] 裘錫圭，〈湖北江陵鳳凰山十號漢墓出土簡牘考釋〉，《文物》7（1974）。

[276] 《戰國策》卷八〈齊策一〉，頁337。

[277] 《史記》卷一二六〈滑稽列傳〉，頁3206-3207。

[278] 《後漢書》卷六○下〈蔡邕傳〉，頁2001-2002。

[279] 《後漢書》卷八四〈列女傳〉，頁2802-2803。

[280] 黃節箋釋，《漢魏樂府風箋》，頁26-27。

是一姓一族，二者仍有差別。漢武帝時因巫蠱之故，「以破族滅門者，不可勝數。」[281] 這是指一族。西漢後期李尋致書王商：「將軍一門九侯，二十朱輪，漢興以來臣子貴戚，未嘗至此。」[282] 王氏五侯，各有府第，但其兄弟子姪，闔族被視爲一門。漢代戶籍單位之「戶」平均一戶五口，但漢末的大家族，則「闔門百口」。[283] 門大戶小的觀念似乎仍存。

門戶代表家族，也顯示家族間的關係。例如婚姻關係中，嫁女謂之「出門」，娶婦則爲「入門」，相婚之兩家，稱爲「對門九族」[284] 魏文帝郭皇后敕其外親：「諸親戚嫁娶，自當與鄉里門戶匹敵者。」[285] 所謂門戶匹敵，也就是家族地位相當。門成爲家族的象徵是有其實際根據，即家門之大小、形狀、顏色與配備，以下再稍加疏釋。

（二）蓬戶桑樞

民間貧者，其戶卑陋。如原憲居魯「環堵之室，茨以生草，蓬戶不完，桑以爲樞；而甕牖二室，褐以爲塞；上漏下溼，匡坐而弦。」[286] 蓬戶桑樞，可見簡陋。《禮記‧儒行》：「蓽門圭窬，蓬戶甕牖」，反映了貧士的狀況，貧士雖亦有門，但爲簡陋的「蓽門」。史書中記有許多這類例子。如秦時陳平「家乃負郭窮巷，以弊席爲門。」[287] 陳涉是「甕牖繩樞之子」，[288] 東方朔提到養壽之

---

[281] 《史記》卷一二八〈龜策列傳〉，頁3223-3224。

[282] 《漢書》卷七五〈李尋傳〉，頁3180。

[283] 《後漢書》卷六四〈趙岐傳〉，頁2122。

[284] 《後漢書》卷六○下〈蔡邕傳〉，頁2001-2002謂「與（羊）陟姻家」李賢注引蔡邕原奏，則作「太山黨魁羊陟與邕季父衛尉質對門九族」，「對門九族」與「姻家」同義。

[285] 《三國志》卷五〈文德郭皇后傳〉，頁165。

[286] 見《莊子集釋》九下，〈雜篇‧讓王〉，頁975。《淮南子‧原道訓》（頁15）及《新序》（卷七〈節士〉，頁9）略同《莊子》，《韓詩外傳》則作：「蓬戶甕牖，桷桑而無樞。」（卷一，頁4）。言無樞，極言其陋。

[287] 《史記》卷五六〈陳丞相世家〉，頁2051-2052。

[288] 《史記》卷四八〈陳涉世家〉，頁1964。

士居山,「編蓬爲戶」,[289] 東漢的竇章居貧,也「蓬戶疏食」。[290]

簡陋矮小的門戶,不但是貧窮的象徵,也反映了家族身份低下。東周靈王時,王叔陳生與伯輿爭政,王叔之宰對著伯輿的大夫瑕禽罵伯輿:「篳門閨竇之人,而皆陵其上,其難爲上矣。」瑕禽反駁指出,平王東遷時,伯輿的祖先是從王七姓大臣之一,爲王所賴,盟賜世守其官,絕非門戶低下,「若篳門閨竇,其能來東底乎?且王何賴焉?……」杜預注:「篳門,柴門。閨竇,小戶;上銳下方,狀如圭也,言伯輿微賤之家。」[291]《戰國策》謂蘇秦「窮巷掘門,桑戶棬樞之士耳。」[292] 謂其出身貧賤,上述史書對陳平、陳涉的描述也都有同樣的意味。後世又常以「繩樞」與「朱戶」相對,代表了貧賤與富貴之不同,《抱朴子》〈暢玄〉卷一:「朱戶變爲繩樞」。[293]

(三)高門大戶

相對於蓬門篳戶,社會地位高的,其門戶高大,門上又有象徵身份地位的配備。門戶大小與社會地位關係密切。《史記》卷七四〈孟子荀卿列傳〉:[294]

於是齊王嘉之,爲開第康莊之衢,高門大屋尊崇之。

此言有兩點值得注意。一是開第康莊之衢,意謂第門直接開向大路,而不經里門。這自然是特權,與一般平民之門只能向著里巷開者不同。漢代的列侯公卿封萬戶以上之住宅,才可以當街開門,不由里門出入,其餘皆住里內,出入由里門。即使是大官,居里內者只能稱「舍」,不能稱「第」[295] 張衡〈西京賦〉:「北闕甲第,當道直啓」。[296] 二是門戶高大。「高門大屋」是富貴的象徵。《莊子·達生》提到「有張毅者,高門縣薄,无不走也。」此處高門,疏

---

[289] 《漢書》卷六五〈東方朔傳〉,頁2869-2870。

[290] 《後漢書》卷二三〈竇章傳〉,頁821-822。

[291] 《春秋左傳注》卷一五,襄公傳十年,頁983-984。

[292] 《戰國策》卷三〈秦一〉,頁88。

[293] 《抱朴子內篇》卷一〈暢玄〉,頁3。

[294] 《史記》卷七四〈孟子荀卿列傳〉,頁2347-2348。

[295] 見《初學記》卷二四引〈魏王奏事〉。

[296] 收於《昭明文選》卷二,頁22。

釋爲「富貴之家」，郭慶藩注引呂覽云：「張毅好恭，過宮室廊廟必趨，見門
閭聚眾必下。」[297] 按「薄」即「簾」，高門垂簾，不同平民。高門不論釋爲富
貴之家或宮室門閭，皆非常人所得有。

　　高門既是富貴的象徵，「大其門」也就成爲人們的願望了。《史記》卷八五
〈呂不韋列傳〉：[298]

　　　　（呂不韋說子楚）說曰：「吾能大子之門」，子楚笑曰：「且自大之門，
　　　　而乃大吾門！」呂不韋曰：「子不知也，吾門待子門而大。」

這一番問答，雖以門爲喻，也反映了門制。《大戴禮記》提及「卿設如大門，
大門顯美，大小尊卑中度」，[299] 門的大小與社會身份相稱，追求「高門」「大
門」也就成人生理想之一。《說苑・貴德篇》：[300]

　　　　（西漢于公）築治盧舍，謂匠人曰：「爲我高門，我治獄未嘗有所冤，我
　　　　後世必有封者，令容高蓋駟馬車。」

《說苑》的盧舍之門，《漢書》載爲閭門，[301] 高大的閭門表示里內居有可乘駟
馬的高官，都反映了當時人「高門」的願望。按高大閭門也是古代表揚的方式
之一。《管子・輕重丁》：「令左右州曰：『表稱貸之家，皆堊白其門而高其
閭。』」堊白其門，是以白色塗飾其門，[302] 高閭塗門都有旌表的用意。有趣的
是表揚方式是塗門爲白色，此與統治階層之「朱門」仍是有別。

（四）朱戶朱門

　　「朱戶」表地位之高，早見於九錫的記載。九錫傳爲周制，亦爲漢以下所沿
襲。《韓詩外傳》載天子賜有德之諸侯車馬、衣服、虎賁、樂器、納陛、朱

---

[297] 《莊子集釋》卷七上〈達生〉，頁646-647。
[298] 《史記》卷八五〈呂不韋列傳〉，頁2506。
[299] 見《大戴禮記》卷九〈千乘〉，頁1。
[300] 《說苑》卷五〈貴德〉，頁11。
[301] 《漢書》卷七一〈于定國傳〉，頁3046。
[302] 馬非百，《管子輕重篇新銓》，頁659-660。

戶、弓矢、鈇鉞、秬鬯，這就是「九錫」。[303] 關於九錫的內容，具見於經史注釋所引《禮·含文嘉》文中，所載與韓詩外傳只有順序及文字的差異，沒有太大的不同。[304] 其中也都包括了「朱戶」一項。在《漢書》卷九九〈王莽傳〉賜莽九錫，令治安漢公第，「祖禰廟及寢皆爲朱戶納陛。」[305]《白虎通義》云：[306]

民眾多者賜朱戶，……朱盛色也，戶所以紀民數也。

這個解釋顯示漢人對古代朱戶的理解，白虎通指出戶所顯示的民戶意義，可與上文戶的意義相證。

所謂「朱戶」，是指內室的門爲紅色，《穀梁》疏引舊說云：「謂所居之室朱其戶也。」如前所說，門才是族勢的象徵，何以九錫特賜「朱戶」而非「朱門」？這是值得進一步討論的問題。按古代統治階層大門之色，雖無明文，但從許多方面可以推知應爲朱色。《禮記·檀弓》云「周人尙赤」雖指車服之制，施之於門不無可能。旁證之一是古代的宮殿以朱紫稱。如《九歌》詠河伯所居：「紫貝闕兮朱宮」秦漢天子宮闕。漢代宮廷或稱「朱闕」「紫闥」「絳闕」「紫宮」，崔駰的〈達旨〉云：「不於此時攀台階，闚紫闥，據高軒，望朱闕，……蒙竊惑焉。」[307] 順帝時霍諝上書：「吁嗟紫宮之門，泣血兩觀之下」[308] 桓帝時政事敗壞，劉陶等議云：「……敢懸書象魏，聽罪絳闕。」[309] 這

---

303 《韓詩外傳》卷八，頁8。

304 見《禮記·曲禮》孔疏引〈含文嘉〉載「九賜」（即九錫）爲：車馬、衣服、樂則、朱戶、納陛、虎賁、斧鉞、弓矢、秬鬯，《漢書》卷九九上〈王莽傳〉傳顏師古注引〈含文嘉〉作「車馬、衣服、樂懸、朱戶、納陛、武賁、鈇鉞、弓矢、秬鬯」（頁4073）。同書卷六〈武帝紀〉注引應劭語，「樂懸」作「樂器」，「武賁」作「虎賁」。至於李賢注《後漢書》卷九〈獻帝紀〉，頁387、卷七〇〈荀彧傳〉，頁2290-2291、卷七四上〈袁紹傳〉，頁2389-2390，除作樂器、虎賁外，「鈇鉞」作「斧鉞」。

305 《漢書》卷九九上〈王莽傳〉，頁4075，提及歷代九錫之禮。

306 《白虎通義疏證》卷七〈論九錫〉，頁251。

307 《後漢書》卷五二〈崔駰列傳〉，頁1709。

308 以上見《後漢紀校注》卷一八〈順帝紀〉陽嘉四年，頁516-517；同書卷二一〈桓帝紀〉元壽三年，頁581。

309 《後漢紀校注》卷二一〈桓帝紀〉元壽三年，頁581。

些名稱也被後世所沿襲。曹魏時曹植上書：「注心皇極，結情紫闥」曹冏上書
也說：「思獻丹誠，貢策朱闕」。[310] 以上資料中，「紫闥」「紫宮」之類，可
能與「紫微垣」星座象徵人主有關，但所載門闕之色，卻不只是泛言，也有實
據。曹植〈五遊〉詩云：「閶闔啓丹扉，雙闕曜朱光。」[311] 所謂「丹扉」「朱
光」都是紀實。晉崔豹《古今注》：「闕，觀也，……所以標表宮門，……其
上皆丹堊。」是天子宮門可能爲朱色。至於一般高官，其外門是否爲朱色，漢
代雖無具體記載，但是漢代的墓葬之門，如南陽所發現之墓門，大多漆成紅
色。[312] 或可作爲旁證。而魏晉以下，高官之家被稱爲「朱門」，已是通例。如
《世說新語》載：[313]

> 竺法深在簡文坐，劉尹問：「道人何以游朱門？」答曰：「君自見其朱
> 門，貧道如游蓬戶。」

「朱門」與「蓬戶」對舉，代表了不同的家族地位。「朱門」云云，並非只是抽
象的詞語，而是對門的具體描述。《南史》卷四六〈周盤龍傳〉：

> 上遣軍主成買戍角城，辭於王儉曰：「今段之行，必於死報。衡門蓬戶，
> 不朱斯白。……」儉問其故，答曰：「若不殺賊，便爲賊殺，弱息不爲世
> 子，便爲孝子；孝子則門加素堊，世子則門施丹赭。」

可見只有高官才可以「門施丹赭」。

　　從另一角度看，「朱門」「素門」雖劃分了門戶高寒，「朱門」本身卻不限
一階層。天子與高官之門皆得施丹赭，周之尙赤，也是通貫統治階層，形制上
雖上下有別，門色上似無不同。九錫之所以特賜「朱戶」而不「朱門」，其因
或在此。可能當時只有天子可以朱戶，其餘階層，室戶或不塗色，或爲其他顏
色，賜臣下朱戶，是以天子之禮相加。《文選》注引服虔云：「朱戶，天子之

---

[310] 《三國志》卷一九〈陳思王植〉，頁569-570；卷二〇〈武文世王公〉注引《魏氏春
　　　秋》，頁591-592。此外尙有數例見同書卷四二〈郤正傳〉，頁1034-1035；卷六一〈陸凱
　　　傳〉，頁1405；卷六五〈華覈傳〉，頁1469。

[311] 《漢魏樂府風箋》卷一五，頁207。

[312] 《南陽漢代墓門畫研究》，頁4。

[313] 《世說新語箋疏》上卷上〈言語〉，頁108-109。

禮也。」這在漢以下「黃閤」之制中也可得到旁證。《漢舊儀》載丞相「聽事
閤曰黃閤」[314]《續漢志》卷二四〈百官·太尉〉條，太尉有「黃閤主簿」，[315]
《宋書》卷一五〈禮〉二：[316]

> 三公黃閤，前史無其義。史臣按，禮記「士韠與天子同，公侯大夫則無」
> 鄭玄注：「士賤，與君同，不嫌也。」夫朱門洞啓，當陽之正色，三公之
> 於天子，禮秩相亞，故黃其閤，以示嫌不敢斥天子，蓋是漢來制也。張超
> 與陳公箋，「拜黃閤有日月」是也。

黃閤是漢制，爲六朝所沿襲。[317] 所謂閤，是堂戶或內堂之戶（見上文），與室
戶皆在大門以內，但也只有天子是紅色，三公只能黃色。[318]

　　無論如何，「朱門」「朱戶」都顯示家族地位之高。但是，爲何以「朱」爲
尙？似可更進一解。我認爲可能與上述「當陽之正色」有關。古代宮廟等之堂
室結構，都是坐北朝南，門與戶都是南開，這點也已經考古發掘的證明。如果
就《周禮》所說的四方之色來看，南方爲朱色，所以用朱色爲正門之色也就理
所當然。《三輔黃圖》載武帝在甘泉宮「造赤闕於南，以象方色。」[319] 可見門
闕之色，確與方色有關。古明堂之門，南門之「赤綴戶」即是如此。由於有堂
室者皆統治階層，進一步在後世演變爲統治階層門户之色皆以朱，而不論其方
向了。以四色配四方之說至少在戰國已然，可能反映了更早的制度，加以前述
「周人尙赤」之說，「朱門」「朱戶」之制可說是源久流長。

---

[314] 衛宏，《漢舊儀》卷上，頁67。

[315] 《後漢志》卷二四〈百官·太尉〉，頁3558-3559。

[316] 《宋書》卷一五〈禮〉二，頁412。

[317] 按六朝三公及儀同三司者皆得開黃閤，如南齊張敬兒將得開府儀同三司，謂妓妾：「我
拜後，應開黃閤。」「開黃閤」又作「啓黃扉」，《南史》〈武陵王傳〉載武帝諸子唯
武陵王紀以功業著，「先啓黃扉」。按漢代另有「黃門」，是屬於少府的官署。其得名
是否因門黃，並無可考。

[318] 按《洛陽伽藍記》一〈建中寺〉：「寺，朱門黃閤，所謂僭居也。」是當時寺廟有模仿
三公府第者。

[319] 《三輔黃圖校證》，頁48。

五、門戶與人倫關係

　　門不但在空間分劃、政治表徵、階級標幟方面具有重要意義，其所分割的不同空間，也反映不同的人倫關係。關於這點，由於資料的限制，只能以禮經為主展開討論。禮經中談到建築空間與人倫關係者甚多，門只是其中一項，但卻是非常重要的一項。在各層門戶中，家宅大門具有關鍵的地位，〈喪服四制〉云：「門內之治恩揜義，門外之治義斷恩。」[320] 門內門外代表了兩種不同的喪服標準，也顯示了兩種不同的人倫關係。門內門外的差別是很大的，即使親族，如果透過一定的儀式出門或入門，也就改變了人倫關係。如女子出嫁，就本家言，稱為「出門」，就夫家而言，稱為「入門」。一旦出門或入門，就建立了新的人倫關係。〈郊特牲〉提到親迎禮之禮「出乎大門而先，男帥女，女從男也，夫婦之義由此始也。」未出大門，夫婦關係尚未形成，一出大門，夫婦關係就告開始。《列女傳・貞順傳・衛宣夫人》載齊侯之女嫁於衛，至城門而衛君死，保母勸還，不聽，遂入。這是諸侯有國，以國門為家界。衛宣夫人認為已入夫門，所以要守夫婦之倫。門作為人群的界線與象徵，具有豐富的人倫意義。

（一）尊者之位

　　就一家而言，門代表了主人。《禮記・曲禮》云：「為人子者，居不主奧，坐不中席，行不中道，立不中門。」這是因為奧（室內西南角）與中席、中道、中門都是尊者所居，為人子者不得僭越。所謂「中門」，據鄭玄的解釋，是指「棖」、「闑」之中，也就是門一出一入的兩個門道各自正中。門的結構是，中間有闑，兩旁有棖，形成左右兩個門道。按同篇後文提到居喪之禮「升降不由阼階，出入不當門隧」，門隧即門外的中道，而阼即東階，都是主人之位。在喪禮既吉之後，人子代為家主，就可以立中門，出入門隧，升降阼階

---

[320] 《大戴禮記》卷一三〈本命〉，頁10，也有同樣的話，唯揜作掩。

了。又〈玉藻〉云：「君入門，介拂闑，大夫中棖與闑之間，士介拂棖。」鄭
玄指出，這是兩君相見之禮。君、大夫出入得由中門，而隨從的介、士介則不
得中門。〈曲禮〉云：「大夫士出入君門，由闑右，不踐閾」這是爲臣統於
君，不敢以賓客自居。所以《論語・鄉黨》載孔子入公門「立不中門，行不履
閾」。又〈玉藻〉續云：「賓入不中門，不履閾，公事自闑西，私事自闑
東。」所謂入不中門，鄭云「辟尊者所從」。這是尊重主人。凡是古代聘弔之
賓，多立於門外之西，不當門。[321]

　　門是主人的象徵，還可從一家之主的死亡中看出。《禮記・曾子問》提到曾
子問：君如果死在外時，如何返宮，孔子認爲如果已大斂，就「入自闕，升自
西階。」如果只有小斂，則「入自門，升自阼階」。所謂「闕」，並不是指門
前樹立的闕，而是在門西牆（「宗」）上打一缺口，即所謂「毀宗」，柩由此
入。《禮記・檀弓》提到殷人之俗，出殯時，柩「毀宗滅行」而出，鄭玄云：
「殷柩出毀宗，周柩入毀宗，禮相變也。」，無論是柩出或柩入，都是由缺口，
而不是門。小斂尚未有柩，是以尸入，視同生者，所以仍由門進入，以主人身
份升自阼階。但大斂以柩入，即以死者身份入，只能由「闕」與客人所走的西
階了。[322] 按〈禮記・雜記〉載諸侯、大夫士行而死於外，其入家以車載尸，到
廟門（殯宮之門）不毀牆而入。這是以尸入，所以不毀牆。由此可知，此禮通
貫上下，不只國君而已。「門」「闕」之分，象徵了生死之別。值得注意的另
一點是，西方是客人之位，也是鬼神之位。《禮記・禮器》：「設祭於堂，爲
祊乎外」，「祊」的位置是在廟門外之西方，所以孔子批評了魯人「祊之於東
方」之失，鄭注指出「神位在西也」。[323]

---

[321]《禮記集解》卷四〇〈雜記〉，頁1074-1075。

[322] 參考阮刻本《禮記注疏》卷一九，頁8；孫希旦氏《禮記集解》卷一九〈曾子問〉七之
　　二，頁535-536。

[323]《禮記注疏》卷二五〈郊特牲〉，頁19；《禮記集解》卷二五〈郊特牲〉第十一之
　　一，頁683。

(二)門戶進出

在進出之禮上,門戶也顯示了內外、尊卑、公私的差別。年幼者與年長者同行,進出門戶時,要讓長者先行。〈內則〉:「八年,出入門戶,及即席飲食,必後長者,始敎之讓。」古人在堂室內都脫鞋。《莊子》載楊朱侍老子,脫屨戶外,膝行而前。又載請益於列禦寇的人很多,以至戶外脫滿了鞋。[324] 在進入堂上時,如果賓主地位相等,則兩人都脫屨於堂下,若一人較尊,則尊者的鞋子解於堂下。所謂「侍坐於長者,屨不上於堂,解屨不敢當階。」[325] 進入內室時,地位相等,則兩人皆脫鞋戶外,如果一人較尊,則尊者脫屨戶內,卑者脫屨戶外,所以門戶內外也劃分了尊卑。[326] 〈少儀〉說:「排闥脫屨於戶內者,一人而已矣」。至於進入戶內尚有許多禮節,〈曲禮〉云:

> 將上堂,聲必揚,戶外有二屨,言聞則入,言不聞則不入。將入戶,視必下。入戶奉扃,視瞻毋回。戶開亦開,戶闔亦闔,有後入者,闔而勿遂。

因爲戶內是另一空間,可以說是具有私密性,所以進入之前,要出聲警告,視必下,以免窺人私秘。[327] 進入之後也要奉扃表示恭敬,並保持門戶原來的開闔狀態。由此看,戶內外的分別又是公私空間的分界。《韓詩外傳》及《列女傳》都提到孟子闖進私室中,看到其妻袒於內而不悅,其妻求去,孟母認爲錯在孟子不遵守進門入戶之禮,沒做到「將入門,問孰存」以及上堂揚聲、入戶視下的禮節,因此沒讓他們離異。[328]

至於大門的出入,與戶又有不同。戶在內,其私秘性濃,而大門在外,爲社會與家族之分界,也是二者的接觸點,所以是迎賓行禮之處。禮書所說的迎客之禮,是隨著身份與場合而有不同。如客的身份相當或高於主人,則主人要出門相迎。如客之身份低於主人,則在門內相迎。[329] 在婚禮的納采、問名、納

---

[324] 《莊子集釋》卷九〈寓言〉,頁962及卷一○上〈列禦寇〉,頁1039。

[325] 孫希旦,《禮記集解》,〈曲禮〉上第一之二,頁42。

[326] 見孫希旦,《禮記集解》,頁27。

[327] 鄭玄注云:「不干人之私也」。

[328] 《列女傳》卷一篇一一〈母儀傳・鄒孟軻母〉,頁21-22;《韓詩外傳》卷九,頁8。

[329] 按鄭玄云:「敵者迎於大門外,聘禮曰:君迎賓於大門內。」見〈曲禮〉「每門讓於客」注。

吉、納徵、請期、親迎六禮中，女方的主人都要拜迎女方於門外，[330] 這是因為
婚姻是兩個家族的事，女方使者與女婿親迎都代表女方家族。此外，對君的使
者，雖身份不如己，也要迎送於門外。所謂「君言至，則主人出拜君言之辱。
使者歸，則必拜送於門外。」（〈曲禮〉）而「客車不入大門」以示尊重主
人。至於入門之後，主人則要讓客。〈曲禮〉云：

> 凡與客入者，每門讓於客。客入於寢門，則主人請入為席，然後出迎客，
> 客固辭，主人肅客而入。主人入門而右，客入門而左……

這裡所說的「每門」是從大門到寢門。入門後，主客各在門之東西。有一番辭
讓。[331]

在各種禮中，大多以進門始，以出門結束。例如喪禮奔喪時，奔喪者皆入門
左，升自西而即位於東。主人出送賓，「眾主人、兄弟皆出門，出門哭止。」[332]

（三）內外之界與男女之別

門限具有重要的象徵意義。上文曾引〈玉藻〉：「賓入不中門，不履閾。」
〈曲禮〉云：「大夫士出入君門，由闑右，不踐閾。」兩段，何以不踐閾？孔穎
達以為「踐閾者，一則自高，二則不淨，並為不敬。」大門門限代表了主人，
所以不可不敬，至於內寢的門限，則另有意義。

〈內則〉云：「禮始於謹夫婦。為宮室，辨外內，男子居外，女子居內。深
宮固門，閽、寺守之，男不入，女不出。」可見內外之分以宮室之門為界。外
內，孫希旦解為「燕寢在內，正寢在外。」[333] 〈曲禮〉又云：「男女不雜
坐，……外言不入於梱，內言不出於梱。」所謂「梱」，又稱閫，就是門限。
這道門限若照孫氏的解釋，應是燕寢門。左傳僖公二十二年載鄭文夫人芊、姜
氏勞楚子，君子曰：「非禮也，婦人迎送不出門，見兄弟不踰閾」所指亦同。

---

[330] 《禮記集解》卷五八〈婚義〉，頁1416-1417。
[331] 《禮記集解》，頁30-31。
[332] 《禮記集解》卷五三〈奔喪〉。
[333] 《禮記集解》卷二八〈內則〉第十二之二，頁759。

《國語》載公父文伯之母（季康子的從祖叔母）見季康子一事，最可見男女內外之別：[334]

> 公父文伯之母如季氏，康子在其朝，與之言，弗應，從之及寢門，弗應而入。康子辭於朝而入見，曰：「肥也不得聞命，無乃罪乎？」曰：「子弗聞乎？天子及諸侯合民事於外朝，合神事於內朝，自卿以下，合官職於外朝，合家事於內朝；寢門之內，婦人治其業焉。上下同之。夫外朝，子將業君之官職焉；　內朝，子將庀季氏之政焉，皆非吾所敢言也。

公父文伯之母認爲外朝、內朝都不是婦人當言之處，寢門之內，則是婦人所治。同書又載康子訪公父文伯之母：「門與之言，皆不踰閾。」據韋昭解釋，二人語於寢門，敬姜在閾內，康子在閾外。[335] 這個寢門，就是燕寢之門。《大戴禮記・本命》亦云婦女「敎令不出閨門」，《列女傳》載齊孝公華孟姬之言：「妾聞妃后踰閾必乘安車輜軿，下堂必從傅母保阿，……」[336] 閨門是內中的小門，婦女的活動空間，被限於閨內、閾內或梱內。〈曲禮〉：「婦諱不出門」，由於其活動範圍所限，只有在門內才諱其名，出門即不諱。漢代詩歌〈隴西行〉描寫隴西婦女操持門戶迎客之狀云：「好婦出迎客，……請客北堂上，……送客亦不遠，足不過門樞。」[337] 北堂是婦女之位，因爲婦女之出入是在側階，北堂在東房之北，與禮相合。而其足不過門樞，也與禮之迎送不出門相合。

總之，門限分隔了男女內外。事實上，從出生開始，男女之別就已經表現於門了。〈內則〉載男女之始生：

> 妻將生子及月辰，居側室，……夫齊，則不入側室之門。子生，男子設弧於門左，女子設帨於門右。三日，始負子，男射女否。

按弧與帨是男與女的象徵，而其置於門左及門右，表示男居主位，女居客位。

除了門限外，男女之別也表現在「門」與「闈」的差別上。如果說「門」是主人的象徵，則闈代表了主婦。婦女出入雖亦可由正門，但常由闈門（東北角

---

[334] 《國語》卷五〈晉語下〉，頁203-204。
[335] 《國語》卷五〈晉語下〉，頁209。
[336] 《後漢書》卷一四〈齊武王傳〉，頁554李賢注引。
[337] 《全漢詩》卷四，頁70。

之門），經側階升降北堂，北堂正是婦女活動之處。《禮記・雜記下》載以女兒身份致弔：「夫人至，入自閨門，升自側階。」《曾子問》載：「『女婿親迎，女未至，而有齊衰、大功之喪，則如之何？』孔子曰：『男不入，改服於外次，女入，改服於內次，然後即位而哭。』」所謂外次、內次是指所奔喪之家的大門外及閨門內，由於男子奔喪由大門，而女子則由閨門，所以更衣之所不但有門內外之別，也分屬不同的門。[338]

（四）門與遠近與親疏

不同層次的門，常用以表示親疏遠近。這點在婚喪上表現得特別清楚。《春秋穀梁傳》：「禮，送女，父不下堂，母不出祭門，諸母兄弟不出闕門。」[339] 送女是卑者送得遠，尊者送得近。《說苑》載嫁女時送女的情形，女受母命之後：[340]

> 乃親引其手，授夫乎戶，夫引手出戶；夫行女從，拜辭父於堂，拜諸母於大門。

由戶而堂而門，層次分明。《列女傳》載齊孝公之娶華孟姬：[341]

> 乃脩禮視迎於華氏之室。父母送孟姬不下堂，母醮房之中，……父誡之東階之上，……諸母誡之兩階之間，……姑姊妹誡之門內。

在國外奔喪，其哭的遠近，也是隨不同的門而親疏分明。對父母之喪要「過國至竟，哭，……望其國竟哭。」，其他則依次降殺：「齊衰望鄉而哭，大功望門而哭，小功至門而哭，緦麻即位而哭。」[342] 這裡可以看到不同的親等在奔喪時哭的遠近，由不同的門劃分了不同的親等關係。按〈雜記〉：「聞兄弟之喪，大功以上，見喪者之鄉而哭。」是指不待及門才哭。這種到不同的門而哭之禮漢世猶存。《漢書・昌邑王傳》載昌邑王賀在昭帝薨後被徵爲帝：[343]

---

[338] 《禮記集解》，頁520，孔疏以爲是男女皆爲婿家之大門內外，孫氏不贊成此説。

[339] 《春秋穀梁傳》桓公三年九月條。

[340] 《説苑》卷一九〈脩文〉，頁5。

[341] 《列女傳》卷四〈貞順傳・齊孝孟姬〉，頁78-79。

[342] 《禮記集解》卷五三〈奔喪〉，頁1336，1345。

[343] 《漢書》卷六三〈昌邑哀王劉髆〉，頁2765。

> 王使僕壽成御，郎中令遂參乘。旦至廣明東都門，遂曰：「禮，奔喪望見
> 國都哭。此長安東郭門也。」賀曰：「我嗌痛，不能哭。」至城門，遂復
> 言，賀曰：「城門與郭門等耳。」且至未央宮東闕，遂曰：「昌邑帳在是
> 闕外馳道北，未至帳所，有南北行道，馬足未至數步，大王宜下車，鄉闕
> 西面伏，哭盡哀止。」王曰：「諾。」到，哭如儀。

這段記載可以看出，昌邑王奔喪，被要求以禮制為規範，以門代表不同的親
等。昌邑之哭於闕是不守禮，而仍合哭於門外之禮。所謂昌邑帳在闕外，與禮
所規定的喪廬在中門（闕門）外相合。

　　哭喪之位也有講究。孔子哭子路於中庭，鄭玄指出這是指寢的中庭，與哭師
同。[344] 鄭玄的說法可能是根據下引資料〈檀弓上〉：

> 伯高死於衛，赴於孔子。孔子曰：「吾惡乎哭諸？兄弟，吾哭諸廟；父之
> 友，吾哭諸廟門之外；師，吾哭諸寢；朋友，吾哭諸寢門之外；所知，吾
> 哭諸野。於野則已疏，於寢則已重。夫由賜也見我，吾哭諸賜氏。」

這裡根據親疏輕重，所哭之處有廟、廟門之外、寢、寢門之外及野的差別。以
空間遠近表示人際關係。按〈奔喪〉：「哭父之黨於廟，母、妻之黨於寢，師
於廟門外，朋友於寢門外，所識於野張帷。」這段話與上引有幾點不同。禮家
有不同的解釋，[345] 但值得注意的是不同的門（廟門、寢門、城門）的內外劃分
了不同的人倫範圍。上文所引〈檀弓〉及〈奔喪〉都說哭朋友於寢門之外，〈喪
服小記〉也說：「哭朋友者於門外之右，南面。」具體指出寢門外之西的地方。

　　〈檀弓〉又云：「有殯，聞遠兄弟之喪，哭于側室；無側室，哭於門內之
右。同國則往哭之。」孫希旦指出，遠兄弟不如兄弟，哭於側室。哭於門內之
右，而不在門外，是因為遠兄弟為內親，不像師、父友、朋友都是外親，哭於
寢、廟門外。[346] 門內門外的差別是明顯的。

---

[344] 《禮記集解》〈檀弓上〉，頁169。

[345] 《禮記集解》卷五三〈奔喪〉，頁1345注鄭指出「黨」謂族類無服者。孫氏認為：「愚
謂母之黨哭於寢，謂母在也。哭諸廟，謂母沒也。〈檀弓〉「師哭諸寢」，由己事之者
也。此言「師於廟門外」謂奉父命事之者也，若父在則亦哭之於寢也。

[346] 《禮記集解》，頁249。

至於送喪的遠近，《禮記‧雜記下》：「相趨也，出宮而退。相揖也，哀次
而退。相問也，既封而退。相見也，反哭而退。朋友，虞、附而退。」愈親近
者送愈遠，這是以情之親疏爲主，若以位之貴賤則又不同。《左傳》襄公二十
九年夏四月，楚人葬楚康王，「（襄）公及陳侯、鄭伯、許男送葬，至於西門
之外，諸侯之大夫皆至于墓。」幾個國君送葬只到城門外，而大夫則到墓，則
隨身份而不同。

六、門戶的象徵意義

（一）國門象徵

如上所說，門是政令所出，也是人群的象徵，這裡再從幾方面討論。茲先從
城門說起。

古代城即是國，城門即國門，是國的象徵，常是會盟、祭祀、征伐之處，甚
爲重要。春秋時秦師伐鄭，過周北門，左右免冑下車行禮。這是過天子之門，
向其致敬。[347] 春秋時衛國爲狄所滅，衛人立戴公，寄居於曹，齊侯使公子無虧
率兵護衛，除了送衛人乘馬、祭服、祭牲外，還送了「門材」。祭服祭牲表祀
統，乘馬表身份，門材則是國家的象徵。杜預注：「門材，使先立門戶」。[348]
又桓公十四年冬，宋人以諸侯伐鄭，焚渠門，「以大宮之椽，歸爲盧門之
椽。」杜預以爲渠門爲鄭城門，盧門則爲宋城門，大宮是鄭祖廟。宋人燒鄭國
門，並將鄭祖廟的門椽拆了，做爲自己國門的材料，這種措施具有濃厚的象徵
意義。[349] 將敵人城門燒毀是戰爭中常用的手段，例如春秋時楚伐陳，陳西門

---

[347] 《左傳》僖公三十三年春條。傳載秦師雖免冑而下，但「超乘者三百人」王孫滿指爲無
　　禮，無論如何，此記載都反映了過城門行禮的情形。

[348] 《左傳》閔公二年十二月條。

[349] 《左傳》桓公十四年冬條。

燔，孔子過而不軾。[350] 揚拒、泉皋、伊雒之戎伐京師，焚王城東門。[351] 皆其
例。學者指出，楚漢相爭時，項羽「燒夷齊城郭」，其實就是破壞城門。[352] 此
一戰爭手段具有悠久的傳統。至於臣子如果破壞了城門則有大罪。魯襄公二十
三年冬十月乙亥，魯國季孫氏攻臧氏，臧孫斬斷鹿門（魯國南城牆東門）的門
關出奔到邾，季孫氏召掌惡臣的外史氏，書寫與諸大夫的盟辭以彰其罪，盟辭
的內容是：「無或如臧孫紇干國之紀，犯門斬關。」犯門斬關雖非極大的罪
名，也夠得上記上一筆。[353] 出土秦律有云：「火延燔里門，當貲一盾；其邑邦
門，貲一甲。」[354] 雖非有意，而破壞城門及里門，罰皆甚重。這些除了與城門
作在守備上的重要性有關外，從上述春秋時衛立門戶與宋人伐鄭之例來看，也
反映了城門的象徵意義。

（二）軾門拜闕

　　古代有向門闕致敬之禮，門的象徵意義在此更為明顯。致敬的方式有三，一
是在車上行兩手憑軾俯首行禮，稱為「式」，[355] 二是下車致敬，較式禮為重。
三是急步通過，即所謂「趨」。《禮記・曲禮上》：「國君下齊牛，式宗廟，
大夫士下公門，式路馬。」國君過宗廟之門，要行式禮，大夫過公門，則較式
更進一步，需下車致敬。其實，不但經廟門、公門，即經閭里之門，亦須行
禮。同卷又謂：「君子式黃髮，下卿位，入國不馳，入里必式」。國君「入里
必式」，臣下自然要更進一步過閭下車，隨行車右勇士的「門閭、溝渠必步」
即由於此。這些禮在古代史實中亦有可徵。史載「武王入殷，表商容閭，式箕

---

[350] 《説苑》卷四〈立節〉，頁2。

[351] 《左傳》僖公十一年夏。

[352] 杜正勝，〈周秦城市──中國第二次城市革命〉，頁719。

[353] 《左傳》襄公二十三年傳冬十月條。按當時為被逐者盟，必數其罪。

[354] 《睡虎地秦墓竹簡》的《法律答問》，頁130。

[355] 按古車結構，車箱兩旁叫較，前方叫式，較高式低，行禮時雙手扶式必須俯首。見《禮
記集解》卷三〈曲禮上〉第一之三，頁74-75。

子門，封比干墓」[356] 式門特表尊重。《呂氏春秋》載魏文侯過段干木之閭而軾之。[357] 春秋時衛靈公與夫人夜坐，聞車聲，至闕而止，過闕復聞。夫人認爲能於夜間無人時尙能謹守「下公門」之禮的，必定是蘧伯玉，遣人觀之，果爲伯玉。[358] 戰國時期的張毅，「過宮室廊廟必趨，見門閭聚衆必下。」[359] 皆其例。

在禮壞樂崩的時代，禮不具強制性，如上述蘧伯玉與張毅之守禮者可能不多，到了漢代亦然。漢代過公門而下車之禮尙存，例如前漢景帝時萬石君爲人恭謹，過宮門闕必下車趨，見路馬必式，史家特加贊揚。[360] 東漢初的張湛爲左馮翊，告歸平陵，望平陵縣門即下門步行，主簿進言：「明府位尊德重，不宜自輕。」湛答：「禮，下公門，軾輅馬，……父母之國，所宜盡禮，何謂輕哉。」[361] 主簿之言，顯示當時人並不謹守「下公門」之禮，尤其高官對下級官府之門致敬者當更少，不過此二例仍說明了向宮闕門閭致敬之禮猶存，也仍有踵行者。例如漢明帝時，鮑永爲汝南太守，門下掾周獲善占天文，永每次行縣，皆軾其閭，即是另一例證。[362]

過公門下車只是一種禮節，也許並不爲當時人普遍遵守，但是進入公門前必須下車，則不只是禮節，也見諸法律。早在春秋時，楚莊王有「茅門之法」。「茅門」又作「茆門」，此法規定車不得進入茅門，「群臣大夫諸公子入朝，馬蹄踐霤者，廷理斬其輈，戮其御。」當時太子入朝，因爲下雨故入門，就受到斬輈戮御之罰。太子泣陳，莊王告以法爲敬宗廟、尊社稷而設，應當遵守。[363]

漢代宮中則有止車門。《史記》載武帝時武安侯罷朝，「出止車門，召韓御

---

[356] 《漢書》卷四〇〈張良傳〉，頁2029-2030。

[357] 《呂氏春秋》卷二一〈期賢〉，頁1447。

[358] 《列女傳》卷三〈仁智傳・衛靈夫人〉，頁57-58。

[359] 《淮南子・人間訓》，頁325。《呂氏春秋・必己》，頁829-830，則作「門閭帷薄聚衆無不趨」。

[360] 《史記》卷一〇三〈萬石張叔列傳〉，頁2764。

[361] 《後漢書》卷二七〈張湛傳〉，頁929；《東觀漢記》卷一四〈張湛傳〉，頁506。

[362] 謝承《後漢書》卷五〈周獲傳〉，頁182。

[363] 《韓非子集釋》卷一三〈外儲說右上・說三說六〉，頁742兩次提及此事。又見《說苑》卷一四〈至公〉，頁10-11。

史大夫載」，當時車不能入殿門，故有此門。[364] 東漢汝郁被徵，載病乘輦到止車門，然後由尙書臺遣兩當關扶郁入。[365] 「止車門」之名在魏晉以宮門中仍沿用。高貴鄉公被迎爲帝，入洛陽，至止車門下輿，左右曰：「舊乘輿入。」但他自認尙爲人臣，仍下車步行入太極東堂。[366] 因此人臣常制不得乘車入殿門。有乘車者爲特例。後漢章帝時叔父以家人之禮「車入殿門」，鍾離意以爲不可。勸帝「以義斷恩」[367] 在此情況下，違者常被劾以不敬。例如早在西漢文帝時，太子與梁王共車入朝，不下司馬門，被張釋之所制止，不許入，並劾以「不下公門不敬」。集解如淳曰：[368]

宮衞令：「諸出入殿門公車司馬門，乘軺傳者皆下，不如令，罰金四兩。蓋寬饒行郎中戶將事，劾奏衞將軍張安世子侍中陽都侯彭祖不下殿門，雖然查爲誣告，但可見此規定之作用。[369] 魏黃初二年，曾派使者邢貞拜孫權爲吳王，貞入門不下車，張昭謂：「夫禮無不敬，故法無不行。而君侯敢自尊大，豈以江南寡弱，無方寸之刃故乎？」貞即遽下車。[370]

官府之外，進入里門而下車亦有其例。萬石君因其子內史慶醉歸，入外門（里門）不下車，憤而不食，舉宗及諸子肉袒請罪，被他切責一番才作罷，從此慶及諸子弟入里門就下車，然後快步（「趨」）走回家。[371]

「趨」是過公門及入公門的另一種禮節。萬石君不但過宮門必下車趨，其子入里門也是用趨的。入門而趨，是古代通行之禮。賈誼論古禮，提到「入正門則趨」，[372] 這是入公門表示尊敬。《說苑》載伯禽與康叔見周公，「入門而

---

[364] 《史記》卷一〇七〈魏其武安列傳〉，頁2853。

[365] 《東觀漢記》卷一五〈汝郁傳〉，頁616。

[366] 《三國志》卷四〈高貴鄉公髦〉，頁131-132。

[367] 《後漢書》卷四一〈鍾離意傳〉，頁1414-1415。

[368] 《史記》卷一〇二〈張釋之傳〉，頁2753。

[369] 《漢書》卷七七〈蓋寬饒傳〉，頁3243。

[370] 《三國志》卷五二〈張昭傳〉，頁1220。

[371] 《史記》卷一〇三〈萬石張叔列傳〉，頁2764，2766；《漢書》卷四六〈萬石君傳〉，頁2194，2196。

[372] 《新書》卷二篇五〈階級〉，頁19。

趨，登堂而跪」，[373] 孔子「入宮門，鞠躬如也；趨進，翼如也。」[374] 到了漢代，此禮仍沿襲下來。叔孫通為漢制禮，朝見而趨，[375] 進宮門不趨，是一種特權。如漢初蕭何曾得到「入朝不趨」的優遇，周緤則被賜「入殿門不趨」。[376] 東漢初年博士范升提到漢高祖寵功臣以殊禮，「奏事不名，入門不趨。」。[377] 東漢明帝時，包咸以帝師而「入屏不趨」，[378] 梁冀、董卓、曹操都得到「入朝不趨」的特權。[379] 皆其例。宮廷之外，入一般官府也要趨，例如東漢初孫堪曾為縣令，謁太守府時，趨步遲緩，其隨從被門亭長所譴，堪便解印而去。[380] 這是小官進謁上級衙門的例子。武威磨咀子先後發現漢代的王杖簡，都提到年七十受王杖者的特權之一是，「入官廷不趨」。[381] 說明了入官府門而趨不只是禮，也是法。事實上，除了入公門要趨外，在私人門庭遇長輩也要趨。《論語·季氏》就載有孔鯉「趨而過庭」的事，說明了禮制由家而國的一致性。

此外，屬官進入上級府門，要持版修敬。漢桓帝延熹中，宦官唐衡之弟為京兆虎牙都尉，不敬京兆尹，入門不持版，功曹趙息呵於廊下：「何得放臂入府門？」要收拿他的主簿，[382] 即是一例。

---

[373] 《說苑》卷三〈建本〉，頁4。

[374] 《史記》卷四七〈孔子世家〉，頁1939-1940。

[375] 《史記》卷九九〈叔孫通傳〉，頁2723。

[376] 《史記》卷九八〈周緤傳〉，頁2712。

[377] 《後漢書》卷二〇〈祭遵傳〉，頁741-742。

[378] 《後漢書》卷七九下〈包咸傳〉，頁2579。

[379] 見《後漢書》卷三四〈梁冀傳〉，頁1183；同書卷七二〈董卓傳〉，頁2325；《三國志》卷一〈武帝紀〉，頁36。三國以後「入朝不趨」仍是特權。如司馬昭、曹真、曹爽皆曾被賜不趨。見《三國志》卷四〈高貴鄉公髦〉，頁132；卷九〈曹真傳〉，頁282。

[380] 《後漢書》卷七九下〈周澤傳〉，頁2579。

[381] 此1959年發現的王杖十簡簡文，1981年發現的《王杖詔書令》冊「官廷」作「官府」見〈甘肅武威磨咀子18號漢墓王杖10簡〉及〈甘肅武威磨咀子漢墓《王杖詔書令》冊〉，收入李均明、何雙全編，《散見簡牘合輯》，頁3-4，15-18。

[382] 《三國志》卷一八〈張恭傳〉注，頁551-552。

（三）犯門之罰

何以要向門致敬？主要是因爲門是政權的象徵，侵犯了門，就等於對政權的反抗或不敬。其象徵意義，可由吳子胥之例看出。據說伍子胥爲父兄復仇，領吳兵攻入郢都，子胥親射宮門作爲報復。[383] 漢代對官府門不敬或冒犯是大罪，像射門這樣的行爲罪至於死。漢武帝時咸宣爲右扶風，與其吏成信結怨，信藏上林苑中，宣派人格殺信，格鬥中，吏卒誤射中上林苑門，宣坐大逆，要受族誅，因而自殺。[384] 漢昭帝時，渭城令胡建因爲圍捕藏於蓋長公主廬的凶手，被蓋長公主告他侵辱長公主，射甲舍門，後至自殺。此例中射甲第門雖非唯一罪名，然也是重要罪名之一。[385] 這兩個例子，一是上林苑門，一是甲第之門，都還不是皇宮之門，即已判如此重罪。後漢則「射闕」事件是另一個例子。靈帝光和中，洛陽男子夜龍以弓射北闕，當時爲太尉議曹掾的應劭白事於太尉鄧盛：[386]

> 夫禮設闕觀，所以飾門，章於至尊，懸諸像魏，示民禮法也。故車過者下，步過者趨。今龍乃敢射闕，……次於大逆。

夜龍的射闕，被視爲對「至尊」的侵犯，結果以大逆處死。

（四）門災

門既是不同社會層階的分界及其表徵，門的成毀變異，也常被視爲居其中者命運的反映，這可從當時人對門的災異解釋中看出。大體言，古代關於門的災異可分爲三種，第一種是門的毀壞，包括火災、風災或無故自崩等。如春秋時代魯定公二年五月，雉門及兩觀災，漢代劉向認爲門闕是「號令所由出」，兩觀之災是號令錯亂之徵。[387] 第二種是門受到直接人爲衝撞，如漢宣帝時，高昌

383　《說苑》卷一二〈奉使〉，頁12。

384　《史記》卷一二二〈酷吏列傳〉，頁3152；《漢書》卷九〇〈酷吏列傳〉，頁3661-3662略同。

385　《漢書》卷六七〈胡建傳〉，頁2911-2912。

386　《風俗通義校注》〈佚文・服妖〉，頁570-571。北闕作「玄武東闕」。

387　《漢書》卷二七上〈五行志〉上，頁1329。

侯車奔入北掖門，有人告楊惲私論此事：「聞前曾有奔車抵殿門，門關折，馬死，而昭帝崩。今復如此，天時，非人力也」[388] 更始從洛陽赴長安，出發時車奔，觸北闕鐵柱門，三馬皆死，也被視爲其後敗亡之徵。[389] 第三種是門上出現妖異變怪。如《左傳》載魯莊公十四年有內蛇與外蛇鬥於鄭南門中，內蛇死。史家以爲這是反映了鄭的內亂。鄭厲公逐其兄昭公代立，後厲公出奔，昭公復入而死，其弟子儀代立，厲公又自外入，殺了子儀，所謂外蛇殺內蛇指此。《京房易傳》曰：「立嗣子疑，厥妖居國門。」[390] 又如後漢桓帝熹平中，宮省內流行狗載冠及綬，一狗跑入司徒府門，見者驚怪，史家認爲當時在位者如狗，所以才有冠綬狗入府門之事。[391] 以上三種災異，或以門代表政令，或以門代表君主，或以門代表在位者，都具有強烈的象徵意義，而這些象徵常因不同的門而不同。

　　國門城門的異象通常代表了一國一城的命運。劉向曾指出，秦亡的徵兆之一是「都門內崩」。[392] 無論此記載是否屬實，至少可見當時人相信城門的徵兆與國運相關。漢代城門毀壞的記載甚多，常被視爲非常現象。漢景帝三年十二月，吳二城門自傾，史家指出，「城猶國也」，當時吳楚謀反，這兩個門一名「楚門」，一名「魚門」，吳以船爲家，以魚爲食，兩門的傾壞正象徵吳楚之謀「傾國覆家」的命運。《景房易傳》也指出：「上下咸誖，厥妖城門壞。」。[393] 昭帝元鳳元年，燕城南門災，劉向認爲南門是通漢之道，當時燕王遣使與漢邪臣來往，南門的火災正是警告。[394] 成帝元延元年正月，長安章城門及函谷關邊門的門牡，都無故自亡，谷永奏對指出：「章城門通寢之路，函谷關距山東之險，城門關守國之固，固將去焉，故牡飛也。」此一事件，亦爲其後宰相翟方進被迫自殺的災異之一。[395] 平帝時，出現了長安城東門屋瓦爲大風吹盡的記

[388] 《漢書》卷六六〈楊惲傳〉，頁2891。

[389] 《東觀漢記》卷八〈劉玄傳〉，頁257-258。

[390] 《漢書》卷二七下之上〈五行志〉七下之上，頁1467。

[391] 《後漢志》卷一三〈五行一〉，頁3272。

[392] 《説苑》卷一八〈辨物〉，頁3；《漢書》卷三六〈劉向傳〉，頁1963。

[393] 《漢書》卷二七中之上〈五行志〉七中之上，頁1375-1376。

[394] 《漢書》卷二七上〈五行志〉上，頁1335。

[395] 《漢書》卷二七中之上〈五行志〉中之上，頁1401；卷八四〈翟方進傳〉，頁3422。

載。[396] 東漢桓帝元年十月及靈帝光和元年，都發生洛陽南宮平城門內屋自壞的情形，前者事後兩個月桓帝駕崩，後者被指與其後的黃巾之亂、何進與宦官的鬥爭等相關。蔡邕在光和元年對策中對平城門屋毀壞提出看法：[397]

> 平城門，正陽之門，與宮連，郊祀法駕所由從出，門之最尊者也。……易傳曰：「小人在位，上下咸悖，厥妖城門內崩。」……皆小人顯位亂法之象也。

特別強調平城門作為都城正門的象徵意義。獻帝初平二年三月，長安宣平城門外屋無故自壞，被指為次年董卓被殺的前兆。[398] 這些都是都城之門，也有非都城門，卻被指與國運相關者。如和帝永元十五年六月，漢中城固南城門災，史家指與後二年帝崩，殤帝及平原王皆早夭，和帝絕世之事有關。[399] 這種解釋，可能由南門為正門，以及城名「城固」及其所在之郡名「漢中」引起聯想，然史闕有間，只能存疑。

　　宮門的災異常與後宮及外戚聯想起來。和帝永元十三年八月，北宮盛饌門閣火，據說反映了其後和帝廢陰后，立鄧后之事。[400] 桓帝建和二年五月，北宮掖庭中德陽殿火，及左掖門，為外戚梁氏誅滅之兆。[401] 都反映了外戚的升沈。但也有宮門災異所涉不只後宮外戚，而與政事關係關切，如文帝七年六月，未央宮東闕罘罳災，由於東闕是朝諸侯之門，罘罳在門外，是諸侯的象徵，所以代表了諸侯為亂。[402] 另靈帝中平二年的一場大火，也具有不同的意義。火從雲臺，樂成門（南宮中門），延及北闕、白虎、威興門，到尚書、符節、蘭臺，不只宮掖，更含臺門祕府，所涉者大，因此被視為宦官亂政、董卓繼起，京都丘墟之徵。[403]

---

[396] 《漢書》卷一二〈平帝紀〉，頁358。
[397] 以上皆見《續漢志》卷一三〈五行一〉，頁3274-3275。
[398] 《續漢志》卷一三〈五行一〉，頁3275。
[399] 《續漢志》卷一四〈五行二〉，頁3293。
[400] 《後漢書》卷四〈和帝紀〉，頁188；《續漢志》卷一四〈五行二〉，頁3293。
[401] 《續漢志》卷一四〈五行二〉，頁3295。
[402] 《漢書》卷二七上〈五行上〉，頁1331。
[403] 《續漢志》卷一四〈五行二〉，頁3297。

　　除了城門宮門之外，廟門、陵園門闕、市門、學門也各有其象徵意義。廟門
代表宗嗣皇統。平帝元始五年七月，高祖原廟殿門爲火燒盡，被認爲與當時王
莽將篡漢統，墮高祖宗廟有關。[404] 至於陵園布局一如宮殿，所以其門闕與宮門
具有類似的意義。元帝元光四年六月，宣帝杜陵園東闕南方災，劉向認爲「園
陵小於朝廷，闕在司馬門中，內臣石顯之象也。」桓帝延熹四年五月，一連串
的宮殿火災，原陵長壽門也起火，被認爲與亳后因賤人得幸，其家屬無功而封
有關。[405] 市門象徵「市朝」，漢文帝五年十月，楚王戊初繼位，就發生了楚都
彭城市門被東南風吹毀的災異，史家以爲東南風代表在楚東南的吳，這是對楚
隨吳反，「將敗市朝」的警告。[406] 獻帝興平元年十月，長安市門無故自壞，次
年春，就發生了李傕郭氾之亂，盡毀宮室城門，天子東遷，[407] 也是市朝將空的
表徵。學門代表教化文德，桓帝延熹五年，太學門無故自壞，當時襄楷上書，
認爲太學是天子教化之宮，學門之壞，是文德將喪，教化將廢之兆。[408]

　　家門宅門則象徵了一家及個人的命運。如春秋時晉景公夢到厲鬼壞大門及寢
門而入，他躲到室，又壞戶，不久他就死了。[409] 昭帝時的燕王旦被控謀反事
件，據說燕稍早即有種種異象。表現在門的有：「鼠舞殿端門中，殿上戶自
閉，不可開。天火燒城門」三項，[410] 「殿端門」即王宮正門，[411] 宮門、殿門、
城門三者都出現了凶兆。漢宣帝時，霍光的兒子霍禹、光兄之孫霍雲，所居第

---

[404] 《漢書》卷二七上〈五行志〉上，頁1338。

[405] 以上見《漢書》卷二七上〈五行志〉上，頁1336；《續漢志》卷一四〈五行二〉，頁3295。

[406] 《漢書》卷二七下之上〈五行志〉下之上，頁1444。

[407] 《續漢志》卷一三〈五行志〉，頁3275。

[408] 《後漢書》卷七〈桓帝紀〉，頁309-310；卷三〇下〈襄楷傳〉，頁1080；《續漢志》卷
一三〈五行一〉，頁3274。

[409] 《左傳》成公十年五月。

[410] 《漢書》卷六三〈燕剌王旦傳〉，頁2757。

[411] 《漢書》卷二七中之上〈五行志〉中之上，頁1374鼠舞「殿端門」作「宮端門」，吏以
酒脯祀之，一日一夜鼠死。同月（元鳳元年九月）王亦誅。並引京房《易傳》：「誅不
原情，厥妖鼠舞門」以釋。同書卷二七下之上〈五行志〉，頁1449略同。

宅之門都無故自壞，不久皆被誅滅。[412] 哀帝時，大司馬董賢也是第門自壞，後因罪自殺。[413] 以上數例中，門的損壞、緊閉以及妖異，代表了家族的破滅，例如王充論燕王旦殿戶自閉事，即指出，「閉戶」象徵死亡，[414] 這可能代表當時人一般想法。

此外，門上出現血跡，也是不祥之兆，《淮南子・俶眞訓》：「夫歷陽之郡，一夕反而爲湖。」據高誘的說法，歷陽之沈爲湖，是在城門閫上出現了血跡之後。[415] 前漢平帝時，王莽子王宇無法勸止王莽，就利用王莽的迷信心理，夜間使人以血灑莽門前，以爲鬼神之戒，但被查到，飲藥自殺。[416]

由上可知，由城門、官府門、廟門、里門到家門，這層層的門戶，不但有其實際作用，也各有其象徵意義，甚或被認爲與居住其中人群的命運息息相關，至少當時一些人對此是深信不疑。

七、結語

本文主要從空間通道、人群分界、社會表徵三個角度對門的政治社會意義加以闡述。就空間結構而言，「七舍」（室、堂、庭、門、巷、術、野）是中國古代空間最具體的形象，這種由內而外，層次分明的空間結構，透過層層的門戶相連結，因此門作爲空間控制與社會控制的重要設施，有其實際的作用，中國古代國家對人民的控制，如果從居住空間及其門戶通道上看，遠較我們想像的更爲嚴密。

配合這種層次分明的空間區劃的，是層次分明的人群分界。家門、閭門、城

---

[412] 《漢書》卷二七中之上〈五行志〉中之上，頁1376；同書卷六八〈霍光傳〉，頁2955-2956。

[413] 《漢書》卷二七中之上〈五行志〉中之上，頁1376。

[414] 《論衡集解》卷一三〈別通〉，頁273。

[415] 《淮南子・俶眞》高注載有一則故事。人告老嫗，門閫有血則城當陷，嫗日往視，爲門吏所知，門吏殺雞，以血塗之，城果陷。這雖只是一個傳說，但流傳甚廣，其後在《搜神記》中也載了此事，並衍化出另一個秦代長水縣的故事，見《搜神記》卷一三及卷二〇。

[416] 《漢書》卷六七〈云敞傳〉，頁2927-2928；同書卷九九上〈王莽傳〉，頁4065-4066。

門代表了家族、閭里、國人三個不同的人群範圍。門作爲不同社會範疇的分界，清楚的反映了公私、尊卑、親疏、華夷等人群關係。以政敎言，宮門、官府門是政令所出，軍門是軍令所出，因此成爲政權軍權的象徵。政令的頒布，刑罰的執行、人物的表揚、敎育機構的設立，都在門上施行，這與門爲公共出入之所，爲人群所聚集有關。但是不同的門，各代表了不同的意義。古代士人爲官，出入於公門及閭里之間，其公私之界至爲分明。表揚人物於里閭，則顯示一里之人休戚相關，榮辱與共，彼此關係密切。

社會階層的分劃，也在門上顯示出來。「門户」是家族的同義語，古代貴族有堂室之制，所以內有室户，外有兩扇的大門，其家族也稱門。一般平民沒有堂室結構，若干家共居於里中，共一閭門（同閭又稱「共門」），而各家只有單扇的户，所以稱户。「門」「户」之別，劃分了家族地位的高下。這種情況戰國以下雖漸改變，但門大户小的意義猶存。至於門户的高卑顏色，自然也是家族地位高低的象徵，所以「高門大户」，「朱門」「朱户」成爲上層階級的代稱。

在人倫關係上，門是重要界線，其中家門尤爲關鍵。家門代表家長，只有家長才能立中門、行中道。家門既是家族與社會的分界，也是二者的接觸點。至於內寢的門限，是男女內外的分界。就喪禮言，不同的層次的門更代表了不同的尊卑親疏。親者奔喪到國門而哭，疏者望家門而哭，更疏遠的到家門才哭。至於哭喪之處，在寢門、廟門、城門等處也代表了不同的倫理關係。

由上所述，門作爲政權、鄉里、階層、家族、個人的代表，其象徵意味十分濃厚。所以衛滅於狄，遺民先立門户，春秋伐國，攻戰多燒城門。而古代軾門拜闕之禮，犯門斬關之罰，以及古人對門災的解釋，都顯示門不只是一個建築設施而已，更具有深刻的政治與社會文化意含，它與當時的政治社會結構，以及生活禮俗都密切相關。當然，古代的空間與社會結構，不是僅就門的情況即可瞭解，本文僅揭其一端，聊爲空間結構與社會的關係作一註腳而已。進一步的探索還寄望於將來。

（本文於一九九七年五月二十九日通過刊登）

附記：

　　本文是筆者關於中國古代門的系列研究之一，構思於1992年底，屢經修改，倏忽五年。撰修期間，先父疾篤，猶囑以學爲重，至今本文刊布，已孝養無由。往事歷歷，思之泫然，謹以此文以爲紀念。

　　本文的完成，要感謝管東貴先生、杜正勝先生的批評，邢義田、蕭璠、廖伯源、劉淑芬先生提供了許多寶貴的意見，黃清連、林素清、柳立言、蒲慕州、李建民、陳昭容、陳韻珊、蔡哲茂、柯嘉豪諸先生或有所是正，或提供資料協助。此外，傅斯年圖書館、哈佛燕京圖書館的豐富藏書，爲本文提供了極大的便利。兩位匿名審查人也指正了一些誤謬，在此都一併申謝。

引用書目

《尚書正義》，清阮元勘刻《十三經注疏》本。

《毛詩正義》，清阮元勘刻《十三經注疏》本。

《周易正義》，清阮元勘刻《十三經注疏》本。

《春秋公羊注疏》，清阮元勘刻《十三經注疏》本。

《春秋穀梁傳注疏》，清阮元勘刻《十三經注疏》本。

《爾雅疏》，清阮元勘刻《十三經注疏》本。

《周禮注疏》，清阮元勘刻《十三經注疏》本。

《禮記注疏》，清阮元勘刻《十三經注疏》本。

《大戴禮記》，台北：商務印書館《景印文淵閣四庫全書》第128冊。

《白虎通義》，陳立疏證，台北：商務印書館，1968。

《國語》，上海師範大學古籍整理組校點本，台北：九思出版社，1978。

朱　熹，《四書集注》，台北：台灣書店，1961。

朱右曾，《逸周書集訓校釋》，台北：世界書局，1980。

楊伯峻，《春秋左傳注》，台北：源流出版社，1982再版。

孫詒讓，《周禮正義》，上海：商務印書館，1934。

孫希旦著，沈嘯寰、王星賢點校，《禮記集解》，台北：文史哲出版社，1990。

安井衡，《管子纂詁》，台北：河洛圖書出版社，1976。

馬非百，《管子輕重篇新銓》，北京：中華書局，1979。

孫詒讓，《定本墨子閒詁》，台北：世界書局，1975。

岑仲勉，《墨子城守各篇簡注》，北京：中華書局，1958。

郭慶藩，《莊子集釋》，台北：河洛圖書出版社，1974。

楊倞注，謝墉訂正，《荀子集解》，台北：廣文書局，1965。

陳奇猷，《韓非子集釋》，台北：河洛圖書出版社影本，1974。

陳奇猷，《呂氏春秋校釋》，上海：學林出版社，1984。

高誘注，莊逵吉校，《淮南子》，台北：世界書局，1974。

吳則虞，《晏子春秋集釋》，北京：中華書局，1961。

劉仲平，《尉繚子今注今譯》，台北：商務印書館，1975。

佚　名，《六韜》，台北：新興書局，《筆記小說大觀五編》本。

董仲舒，《春秋繁露》，台北：世界書局影南菁書院皇清經解續編本，1975。

賈　誼，《新書》，台北：世界書局，1975。

劉　向，《新序》，台北：世界書局，1970。

劉　向，《說苑》，台北：世界書局，1970。

揚雄著，周祖謨校箋，《方言校箋》，台北：鼎文出版社，1972。

朱　熹，《楚辭集注》，台北：河洛圖書出版社，1980。

袁　康，《越絕書》，台北：中華書局，四部備要本，1980。

劉徽注，《九章算術》，上海：上海古籍出版社，1990。

張澍輯，《三輔舊事》，上海：商務印書館《叢書集成初編》本，1936。

趙　岐，《三輔決錄》，台北：世界書局，1984。

陳　直，《三輔黃圖校證》，西安：陝西人民出版社，1980。

崔　豹，《古今注》，台北：新興書局《筆記小說大觀三編》本，1974。

張　揖，《廣雅》，台北：商務印書館，1966。

王　明，《太平經合校》，北京：中華書局，1960。

王　明，《抱朴子內篇校釋》，北京：中華書局，1985。

蕭統編，李善注，《昭明文選》，台北：文化圖書公司影嘉慶十四年胡克家刻本，1975。

干寶撰，汪紹楹校注，《搜神記》，台北：里仁書局，1982。

許慎著，段玉裁注，《段氏說文解字注》，台北：宏業書局，1973。

王充著，劉盼遂集解，《論衡集解》，台北：世界書局，1962。

韓　嬰，《韓詩外傳》，台北：商務印書館景印《景印文淵閣四庫全書》第89冊。

歐陽詢，《藝文類聚》，點校本，台北：木鐸出版社，1974。

劉向集錄，《戰國策》，台北：九思出版社，1974。

司馬遷，《史記》，新校標點本。

班　固，《漢書》，新校標點本。

劉珍等撰，吳樹平校注，《東觀漢記校注》，中州古籍出版社，1987。

范　曄，《後漢書》，新校標點本。

謝　承，《後漢書》，周天游，《八家後漢書輯注》本，上海：上海古籍出版社，1986。

袁宏撰，周天游校注，《後漢紀紀校注》，天津：天津古籍出版社，1987。

華　嶠，《華嶠後漢書》，周天游，《八家後漢書輯注》本。

司馬彪，《續漢書》，周天游，《八家後漢書輯注》本。

張　瑤，《張瑤後漢紀》，周天游，《八家後漢書輯注》本。

陳　壽，《三國志》，新校標點本。

沈　約，《宋書》，新校標點本。

李延壽，《南史》，新校標點本。

徐　堅，《初學記》，上海：商務印書館，1930。

應　劭著，王利器校注，《風俗通義校注》，北京：中華書局，1981。

應　劭，《漢官儀》，收孫星衍輯、周天游點校，《漢官六種》，北京：中華書
　　　　局，1990。

蔡　質，《漢官典職儀式選用》，收孫星衍輯、周天游點校，《漢官六種》，北
　　　　京：中華書局，1990。

衛　宏，《漢舊儀》，收孫星衍輯、周天游點校，《漢官六種》，北京：中華書
　　　　局，1990。

衛　宏《漢舊儀補遺》，收孫星衍輯、周天游點校，《漢官六種》，北京：中華書
　　　　局，1990。

王隆撰，胡廣注《漢官解詁》，收孫星衍輯、周天游點校，《漢官六種》，北京：
　　　　中華書局，1990。

楊衒之著，范祥雍校注，《洛陽伽藍記校注》，上海：上海古籍出版社，1978。

丁福保編纂，《全漢三國晉南北朝詩》，台北：世界書局，1962。

劉向著，王照圓補注，《列女傳補注》，台北：台灣商務印書館《國學基本叢書》
　　　　本，1968。

劉　歆，《西京雜記》，《增訂漢魏叢書》本。

蔡　邕，《獨斷》，《四部叢刊三編》，上海：商務印書館，1936。

酈道元，《水經注》，點校戴震校本，台北：世界書局，1983台三版。

黃節箋釋，《漢魏樂府風箋》，台北：台灣學生書局，1972。

余嘉錫，《世說新語箋疏》，台北：華正書局，1984。

任啓運，《朝廟宮室考》，《皇清經解續編》本。

江　永，《儀禮釋宮增註》，《皇清經解續編》本。

金　鶚，《求古錄禮說》，《皇清經解續編》本。

俞正燮，《癸巳存稿》，台北：商務印書館，1971。

張惠言，《儀禮圖》，《皇清經解續編》本。

馬端臨，《文獻通考》，上海：商務印書館，1936。

章樵注、錢熙祚校，《古文苑》，台北：台灣商務印書館，1968。

顧炎武著，徐文珊點校，《原鈔本日知錄》，台南：平平出版社，1974再版。

山東省博物館、山東省文物考古研究所，《山東漢畫像石選集》，濟南：齊魯書
　　　　社，1982。

內蒙古自治區博物館文物工作隊，《和林格爾漢墓壁畫》，北京：文物出版社，1978。

北京歷史博物館、河北省文物管理委員會編，《望都漢墓壁畫》，北京：中國古典
　　　藝術出版社，1955。

任日新，〈山東諸城縣前涼臺漢墓出土畫象石〉，《文物》1981年10期。

河北省文物考古研究所，《安平東漢壁畫墓》，北京：文物出版社，1990。

高文，《四川漢代畫像石》，成都：巴蜀書社，1987。

曾昭燏、蔣寶庚、黎忠義，《沂南古畫象石墓發掘報告》，北京：文化部文物管理
　　　局，1956。

劉玉生，〈淺談「胡奴門」漢畫像石〉，收於南陽漢代畫像石學術討論會辦公室
　　　編，《漢代畫像石研究》，北京：文物出版社，1987。

劉志遠，《四川漢代畫象磚藝術》，北京：中國古典藝術出版社，1958。

劉志遠、余德章、劉文杰，〈四川漢代畫象磚與漢代社會〉，北京：文物出版社，1983。

劉興懷、閔修山編著，《南陽漢代墓門畫研究》，上海：百家出版社，1989。

睡虎地秦墓竹簡整理小組，《睡虎地秦墓竹簡》，北京：文物出版社，1990。

勞榦，《居延漢簡・圖版之部》，台北：中央研究院歷史語言研究所，1977年再版。

甘肅省文物考古研究所、甘肅省博物館、中國文物研究所、中國社會科學院歷史研
　　　究所合編，《居延新簡——甲渠侯官》，北京：中華書局，1994。簡稱
　　　《居延新簡》。

甘肅省文物考古研究所編，《敦煌漢簡》，北京：中華書局，1991。

陳槃，《漢晉遺簡識小七種》，台北：中央研究院史語所，1975。

薛英群，《居延漢簡通論》，蘭州：甘肅教育出版社，1991。

李均明、何雙全編，《散見簡牘合輯》，北京：文物出版社，1990。

裘錫圭，〈湖北江陵鳳凰山十號漢墓出土簡牘考釋〉，《文物》1974年7期。

河南省文物研究所、周口地區文化局文物科，〈河南淮陽平糧台龍山文化城址試掘
　　　簡報〉，《文物》1983年3期。

湖北省博物館，〈楚都紀南城的勘查與發掘〉，《考古學報》1982年3、4期。

山東省文物考古研究所、山東省博物館、濟寧地區文物組、曲阜縣文管會，《曲阜
　　　魯國故城》，濟南：齊魯書社，1982。

中國社科院考古所河南第二工作隊，《1983年秋季河南偃師商城發掘簡報》，《考
　　　古》1986年10期。

中國社科院考古所漢魏故城工作隊，〈偃師商城的初步勘探和發掘〉，《考古》
　　　1986年6期。

中國社會科學院考古所編，《新中國的考古發現和研究》，北京：文物出版社，1984。

中國社會科學院考古研究所，《漢杜陵陵園遺址》，北京：科學出版社，1993。

劉慶柱、李毓芳，〈漢宣帝杜陵陵寢建築研究〉，收於中國社會科學院考古研究所，《中國考古學論叢》，北京：科學出版社，1995。

王恩田，〈岐山鳳雛村西周建築群基址的有關問題〉，《文物》1981年1期。

甘博文，〈甘肅武威雷台東漢墓清理簡報〉，《文物》1972年2期。

周口地區文化局文物科、淮陽太昊陵文物保管所，〈淮陽于庄漢墓發掘簡報〉，《中原文物》1983年1期。

陝西省雍城考古隊，〈鳳翔馬家庄一號建築群遺址發掘簡報〉，《文物》1985年2期。

廣州市文物管理委員會、中國社會科學院考古研究所、廣東省博物館，《西漢南越王墓》，北京：文物出版社，1991。

大庭脩著，林劍鳴等譯，《秦漢法制史研究》，上海：上海人民出版社，1991。

中國社會科學院考古研究所編著，《中國考古學論叢——中國社會科學院考古研究所建所40年紀念》，北京：科學出版社，1995。

王子今，《門祭與門神崇拜》，上海：上海三聯書店，1996。

王仲殊，《漢代考古學概說》，北京：中華書局，1984。

王學理、尚志儒、呼貴林等，《秦物質文化史》，西安：三秦出版社，1994。

白川靜著，蔡哲茂、溫天河合譯，《金文的世界》，台北：聯經出版社，1989。

佐原康夫，〈漢代の官衙と屬吏について〉，《東方學報》61，1989。

呂思勉，《呂思勉讀史札記》，上海：上海古籍出版社，1982。

李劍農，《先秦兩漢經濟史稿》，北京：三聯書店，1957。

杜正勝，《古代聚落的傳統與變遷》，收於許倬雲、毛漢光、劉翠溶主編，《第二屆中國社會經濟史研討會論文集》，台北：漢學研究資料及服務中心，1983。

杜正勝，〈周秦城市——中國第二次城市革命〉，收於所著《古代社會與國家》，台北：允晨文化出版社，1992。

杜正勝，〈宮室、禮制與倫理——古代建築基址的社會史解釋〉，收於《陶希聖先生九秩榮慶祝壽論文集——國史釋論》，台北：食貨出版社，1987。

尚秉和，《歷代社會風俗事物考》，台北：商務印書館，1971。

林已奈夫，《漢代の文物》，京都：京都大學人文科學研究所，1976。

林會承，《先秦時期中國居住建築》，台北：六合出版社，1984。

初師賓，〈漢邊塞守御器備考略〉，收於甘肅省文物工作隊、甘肅省博物館編，《漢簡研究文集》，蘭州：甘肅人民出版社，1984。

孫　机，《漢代物質文化資料圖說》，北京：文物出版社，1991。

馬先醒，〈漢代成都之城池與人口〉，收於所著《中國古代城市論集》，台北：簡
　　　　牘學會，1980。

馬先醒，〈漢代長安里第考〉，收於所著《中國古代城市論集》，台北：簡牘學
　　　　會，1980。

張春樹，〈漢代邊地上鄉和里的結構〉，收於所著《漢代邊疆史論集》，台北：食
　　　　貨出版社，1977。

許進雄，《中國古代社會——文字與人類學的透視》，台北：商務印書館，1990二版。

勞　榦，〈禮經制度與漢代宮室〉，《勞榦學術論文集甲編》，台北：藝文印書
　　　　館，1976。

程樹德，《九朝律考》，台北：商務印書館，台二版，1973。

楊　泓，〈漢晉的節〉，文史知識編輯部，《禮制風俗漫談》，頁67-71，北京：中
　　　　華書局，1983。

楊　寬，《中國古代都城制度史研究》，上海：上海古籍出版社，1993。

裘錫圭，〈釋殷墟卜辭中與建築有關兩個詞——「門塾」與「自」〉，收於國家文物局
　　　　古文獻研究室編，《出土文獻研究續集》，北京：文物出版社，1989。

廖伯源，〈西漢皇宮宿衛警備雜考〉，《東吳大學文史學報》5，1986。

劉敦楨，〈兩漢官署〉，《中國營造學社彙刊》3卷3期，1932。

劉敦楨，〈兩漢第宅雜觀〉，《中國營造學社彙刊》3卷3期，1932。

劉敦楨主編，《中國古代建築史》，北京：中國建築工業出版社，1980。

劉增貴，〈中國古代「門」的禮俗與信仰〉，未刊。

劉增貴，〈漢代闕的一些問題〉，未刊。

錢　穆，《秦漢史》，台北：三民書局，1969。

韓　偉，〈秦公朝寢鑽探圖考釋〉，《考古與文物》1985年2期。

韓　偉，〈馬家庄秦宗廟建築制度研究〉，《文物》1985年2期。

饒宗頤、曾憲通，《雲夢秦簡日書研究》，香港：中文大學出版社，1982。

Gates and Ancient Chinese Society

Liu Tseng-kuei

Institute of History and Philology, Academia Sinica

Based on pre-Han literary and archeological evidence, this article examines the political and social significance of the gate in ancient China. The gate, or door, served as a spacial connection, a division between communities, and as a social symbol. The gate was one of the most concrete divisions among what were known in ancient China as the "seven structures" (*ch'i-she*). The seven structures marked spacial divisions from within the most intimate chamber, to the larger hall in front of it, the courtyard, the gate of the family compound, the alley in front of the house, the nearest large avenue, and finally the surrounding countryside. Within this clearly demarcated, layered universe, in which the "inner" is carefully distinguished from the "outer," each door was at once a barrier and an entry. Hence the door was an important device for both spacial and social control--in short, state policy concerning the opening and closing of gates reflected certain social realities.

Corresponding to these clear demarcations of space, were clear demarcations of social groups. The gates of the home, the village, and the city represented the boundaries among families, communities, and the state. Gates clearly reflected social divisions between public and private, superior and inferior, relative and stranger, Chinese and non-Chinese. Politically, palace gates and the gates of official offices were symbols of military and political power. Official proclamations, administration of punishment and reward, and education of the literati all involved passage through or gathering around gates. These are all related to the gate as a public passage and gathering site.

Divisions of social class are also manifest in gates. "Gate and door" (*men-hu*) was a synonym for family: the ancient noble family was known as a "Gate", while the family of a commoner was known as a "Door". In this way the distinction between a gate and a door marked the division between those of high and low status. Although this situation gradually changed after the Warring States period, the significance of the superiority of the gate over the door remained. The size and color of the gate was also assigned symbolic significance indicating social status. For this reason, expressions such as "a high, large door", "a vermilion gate", and a "vermilion door" were all used as metaphors for families of high social status.

In the network of human relations, the door was a key marker of boundaries. The gate to the family house marked the division between the family and society, and was at the same time the point at which the two met. Within the home, the door to the inner quarters marked a division between male and female. As a part of funerary rituals, mourners away from home were to weep at the "gate of the state", at the family gate, or on reaching the family gate. During the mourning rituals, distinctions were drawn between weeping within and without the door of the inner chambers, the gate of the temple, and the city gate, reflecting distinctions in social relations.

Variously perceived as an emblem of political power, social class, the village, family, and individual, the gate was rich in symbolic significance. Hence, when the Wei were defeated by the Ti, the survivors quickly erected a new gate, and when attacking a rival state during the Spring and Autumn period, armies usually assaulted and burned the city gate. Further, the ancient custom of "paying respects before gates and bowing before pavilions" (*shih-men pai-cheh*), the punishment for those who "climbed over closed gates or smashed the bolt of a gate" (*fan-men chan-kuan*), as well as ancient interpretations of disasters that befell gates, all disclose that, more than a simple architectural device, the gate was invested with profound political, social, and cultural significance, and was closely related to social-political structure as well as the rituals and customs of everyday life.

Keywords: Gates and doors, Ancient society, Space, Family, Symbols

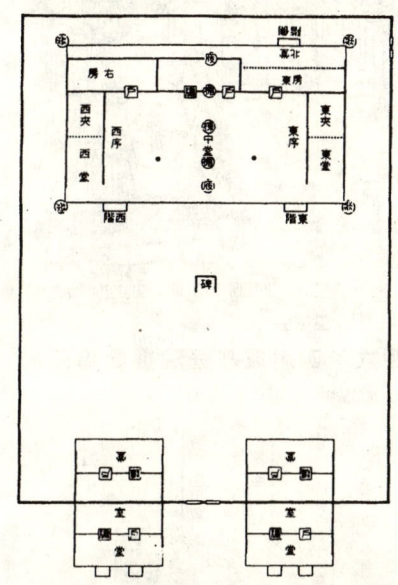

圖一：張惠言〈大夫士房室圖〉

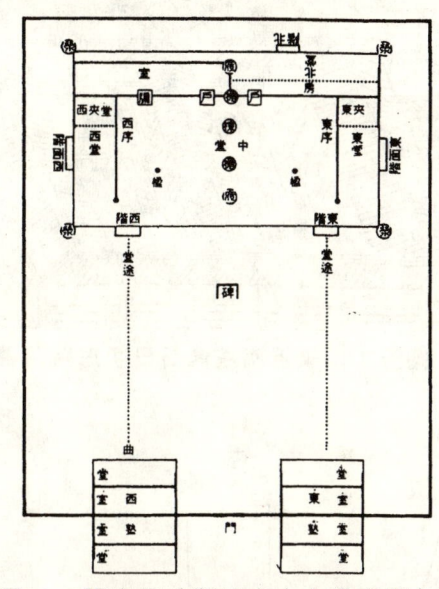

圖二：張惠言〈鄭氏大夫士堂室圖〉

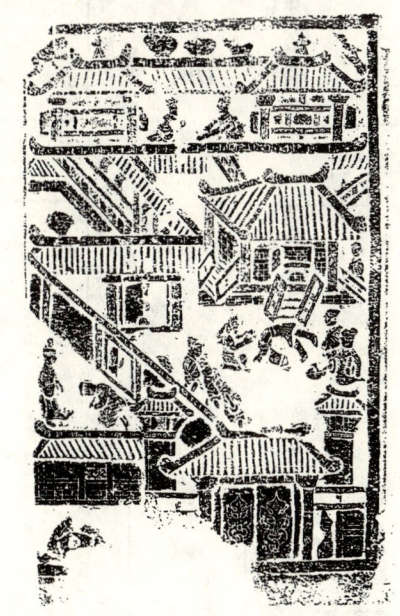

圖三：山東曲阜舊縣村門闕庭院畫像石

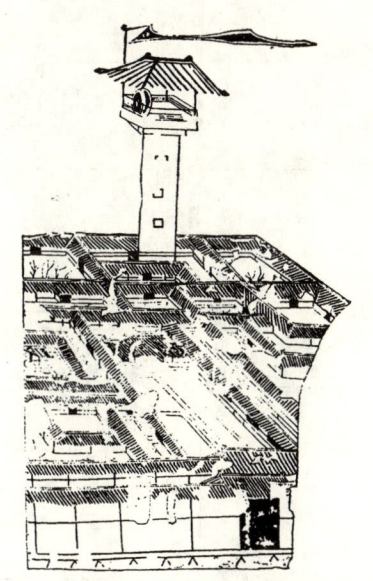

圖四：河北安平東漢壁畫建築圖摹本

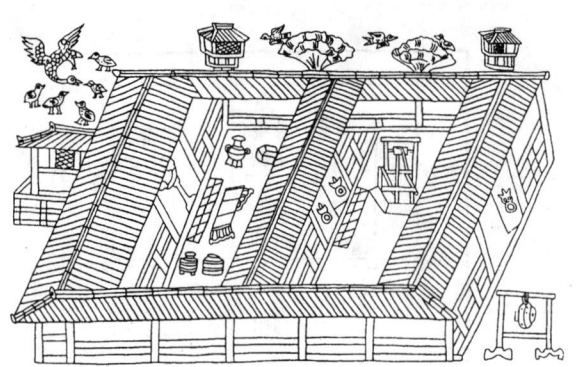

圖五：山東沂南畫像石日字形院落摹本

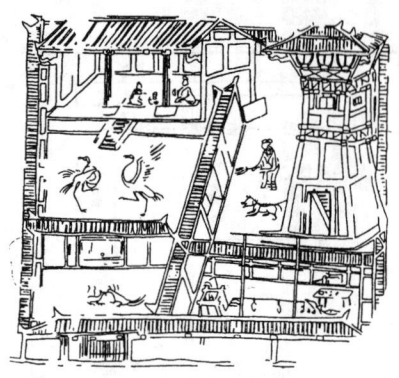

圖六：四川成都庭院畫像磚墓本

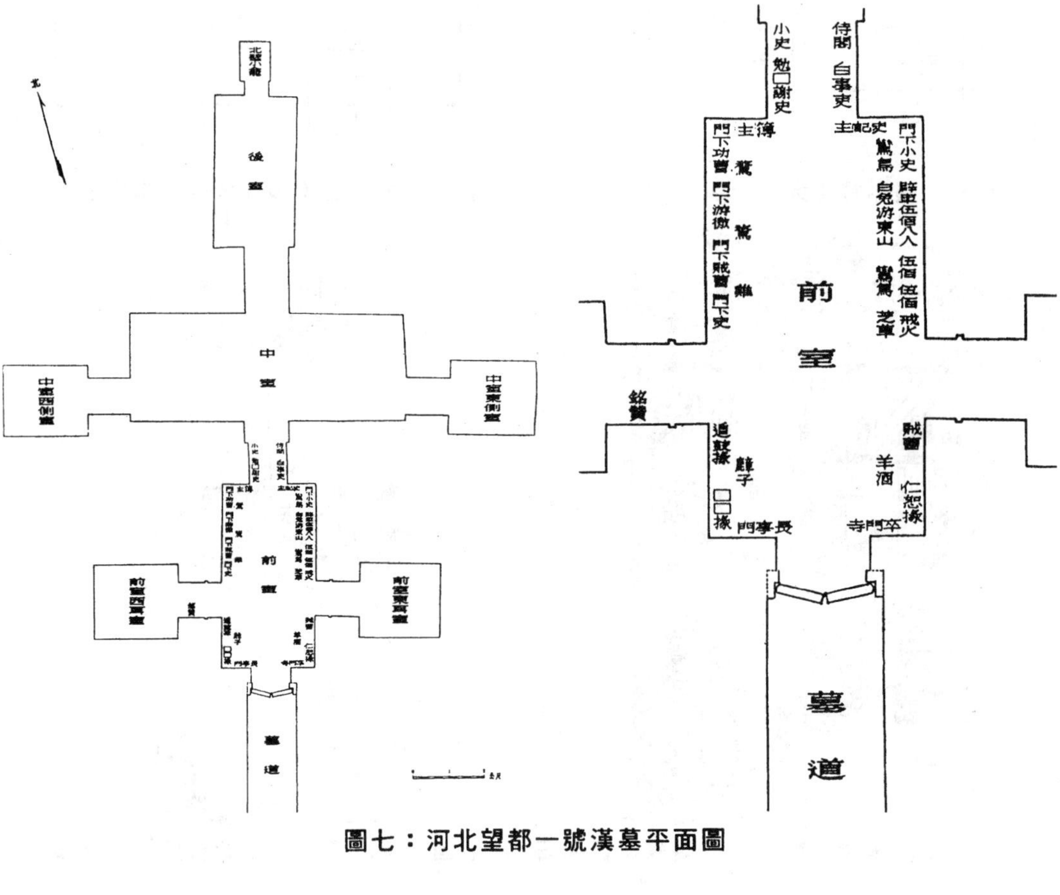

圖七：河北望都一號漢墓平面圖

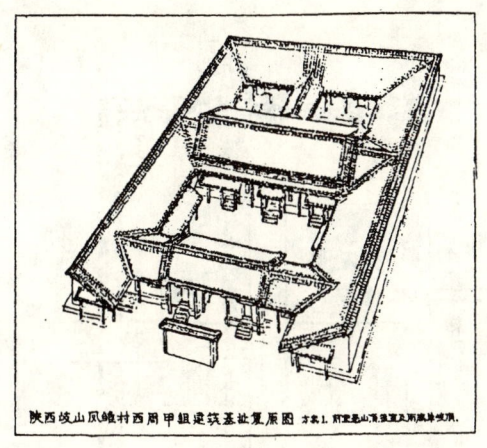

陝西岐山鳳雛村西周甲組建築基址復原圖

8-1

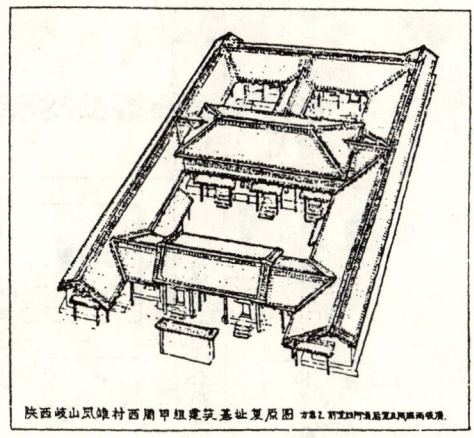

陝西岐山鳳雛村西周甲組建築基址復原圖

8-2

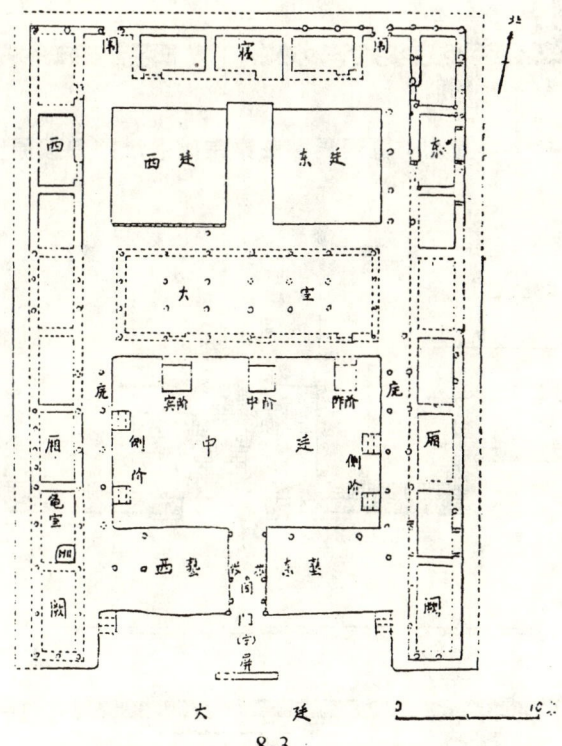

8-3

圖八：陝西岐山鳳雛村西周甲組建築復原圖

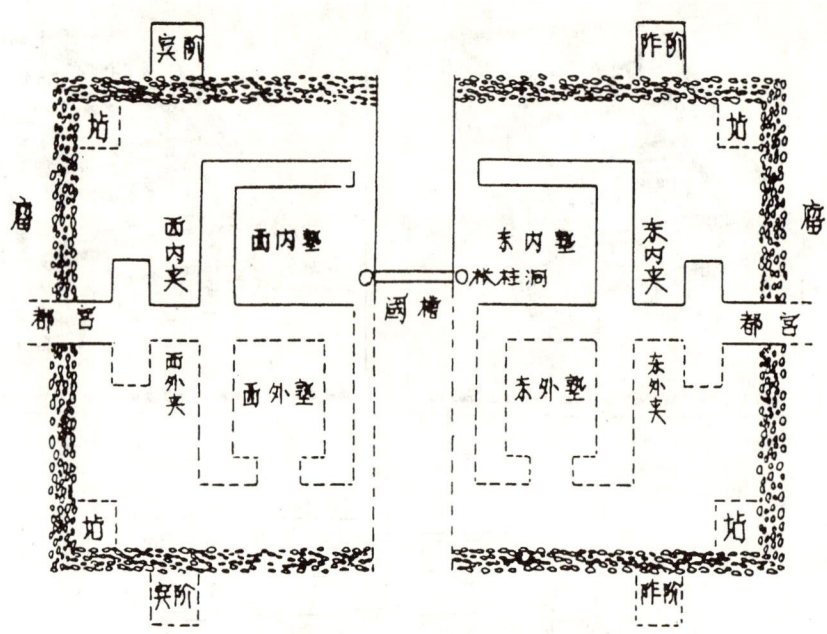

圖九：鳳翔馬家莊秦宗廟遺址門塾復原圖

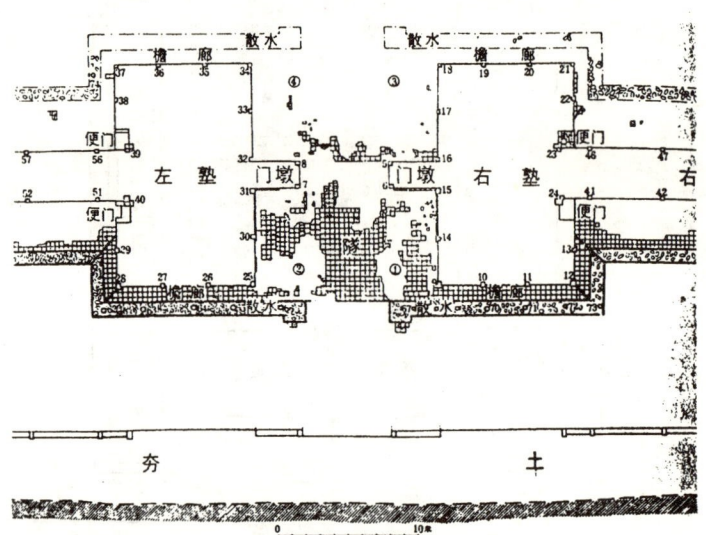

圖十：杜陵陵園東門遺址平面圖

圖十一：山東諸城前涼臺漢墓畫像石摹本

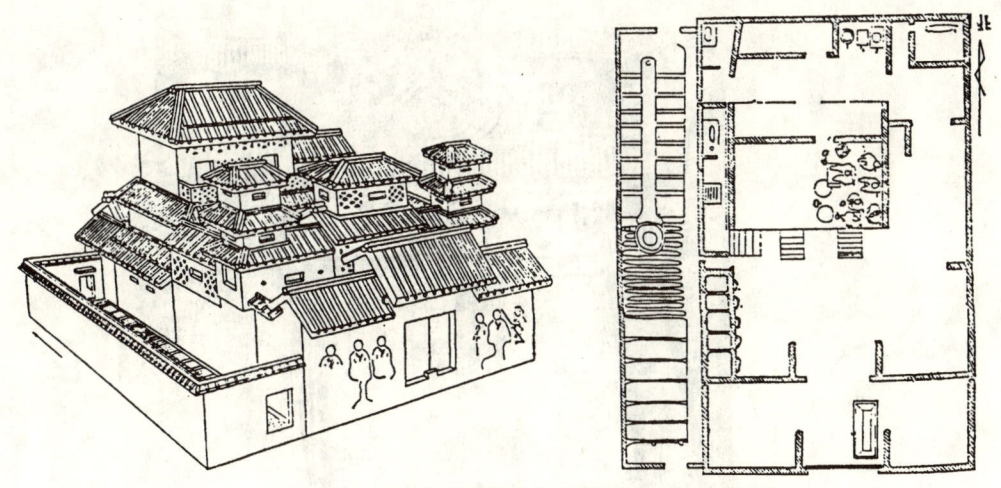

圖十二：河南淮陽于莊漢墓出土陶屋摹圖

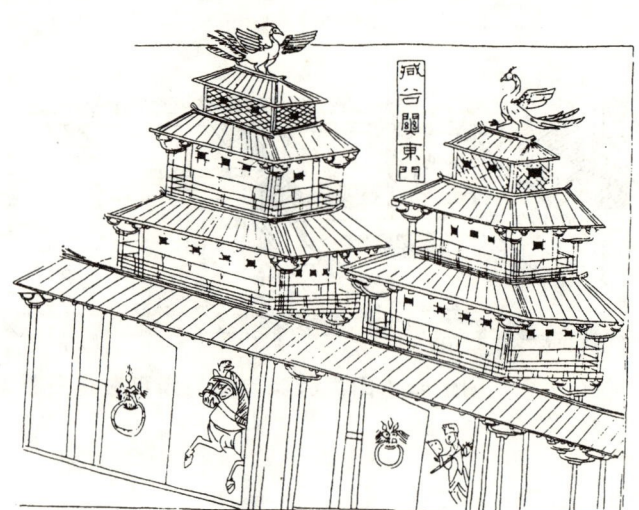

圖十三：函谷關東門畫像石摹本

圖十四：成都市郊出土鳳闕畫像磚

圖十五:四川榮經石棺秘戲圖

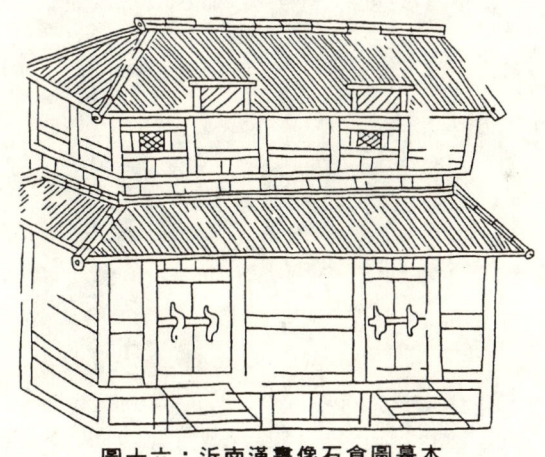

圖十六:沂南漢畫像石倉圖摹本

出自第六十八本第四分(一九九七年十二月)

漢魏六朝的乳母

李貞德*

　　乳母的問題，涉及女性的職業營生、社會流動、當代對母職角色的認定，乃至於婦幼醫學的發展，是值得深入探究的問題。漢魏六朝皇室、貴族多用乳母乳哺新生嬰兒。乳母出身，雖有平民良家之例，大多則爲僕婢。六朝醫方擔心乳母血氣影響乳汁，進而左右新生兒的發展，但其重點不在出身，而在挑選溫順健康的婦女，然後嚴加督導，調節飲食，防其酒醉與行房。不適任或與主人相處情況不佳的乳母，可能遭致嚴重懲罰。但也有乳母因乳哺照護、經年相處而成爲主人、乳子的親信之人。乳母的影響力在這種乳子顧念恩情的氣氛中發展，一方面成爲攀龍附鳳者的重要管道，另方面也成爲士大夫批評的對象。

　　以現存史料來看，漢魏六朝士人之所以反對乳母，並非因爲乳母來自低下階層，血氣乳汁有瘝劣之虞，也非針對產母未能克盡母職；而是擔心在宮廷政爭中，將皇子皇孫交由乳母照顧，有安全上的顧慮。對乳母角色的批評，一般也非以乳母的乳養職務爲焦點，而是環繞在乳母的待遇和影響力方面。史籍記載中，評價好的乳母被形容爲對乳子和主人之家盡忠保護，兼具忠僕和慈母的角色；而評價差的乳母則被形容爲逾越了她原本所屬的階級和性別界線。最明顯的例子有二：魏晉士人反對爲乳母服喪，是因她出身卑賤，不配有「母」之名。至於東漢士大夫反對皇帝爵封乳母，則除了乳母出身卑賤之外，又包含了男性官僚對女性參與政治的嫌惡與恐懼，所謂「專政在陰」將引起山崩地震等災異。

　　乳母以婢僕而受封爵賞、列登官家，所仰賴者，初則爲女性的生理特質——健康的乳汁，繼則爲比擬於母親的照顧之情。乳子之於乳母，生時「憐焉悲之」，死則「追念號咷」。至於乳母之於乳子，雖不乏救命保護的故事，其中原因，卻可能錯綜複雜。漢魏六朝宮廷和貴族政爭頻繁，乳母和乳子禍福相倚，兩者關係難以感情深厚一言以蔽之。當一個身爲婢僕的女性，被選來餵養主人的子女時，一方面她被迫出讓自己的乳汁，減少或放棄對自己兒女的付出，必須戰戰兢兢，避免犯錯導致主人家新生兒的病變死亡；另方面卻也藉此提升自己在主人家婢僕中的地位，並使自己的兒女得以攀龍附鳳。由於歷史從來不是由低下階層的婦女所撰寫、紀錄，究竟乳母的心思意念如何，千古之下，我們也只能努力揣摩而難以確知了。

關鍵詞：漢魏 六朝 乳母 性別 階級

*「中央研究院」歷史語言研究所

一、前言

　　西晉開國重臣賈充，前後兩妻，而無男胤。前妻李氏僅生一女。後妻郭槐雖誕育二男二女，然其中二男皆夭殤。至於二女，不但成長，並且賈南風成爲晉惠帝皇后，賈午則成爲驃騎將軍韓壽之夫人。其中，嬰兒的死生夭壽，乳母似扮演著重要角色。《世說新語》〈惑溺篇〉載：

　　　　賈公閭後妻郭氏酷妒，有男兒名黎民，生載周，充自外還，乳母抱兒在庭
　　　　中，兒見充喜踊，充就乳母手中鳴之。郭遙望見，謂充愛乳母，即殺之。
　　　　兒悲思啼泣，不飲它乳，遂死。郭後終無子。[1]

《晉書》〈賈充傳〉則稱郭槐「後又生男，過期，復乳母所抱，充以手摩其頭。郭疑乳母，又殺之，兒亦思慕而死，充遂無胤嗣。」[2]

　　一九五〇年代洛陽出土晉墓中，則有賈南風乳母徐義的墓誌銘：

　　　　晉賈皇后乳母美人徐氏之銘。美人諱義，城陽東武城人也。其祖禰九族，
　　　　出自海濱之寓。昔以鄉里荒亂，父母兄弟終亡，遂流離迸竄司川河內之
　　　　土。娉處大原人徐氏爲婦。美人……溫雅閑閑，容容如也……憮育群子，
　　　　勳導孔明……晉故侍中行大子大保大宰魯武公賈公，平陽人也。公家門姓
　　　　族，鮮於子孫。夫人宜城君郭，每產輒不全育。美人有精誠篤爽之志，規
　　　　立福祚，不顧尊貴之門，以甘露三年歲在戊寅，永保乳賈皇后及故驃騎將
　　　　軍南陽韓公夫人。美人乳侍，在於嬰姟。抱勖養情若慈母，恩愛深重過其
　　　　親。推燥居濕，不擇冰霜，貢美吐飡，是將寢不安枕，愛至貫腸。勳語未
　　　　及，導不毗匡。不出閨閣，戲處庭堂。聲不外聞，顏不外彰。皇后……年
　　　　十三，世祖武皇帝……泰始六年……娉爲東宮皇大子妃。妃以妙年，託在
　　　　妾庶之尊。美人隨侍東宮，官給衣裳，服冕御者。見會處上待禮，若賓有
　　　　所。論道非美人不說，寢食非美匪臥匪食，遊觀非美人匪涉不行，技樂嘉
　　　　音非美人匪睹不看。潤洽之至，若父若親。大康三年……武皇帝發詔，拜
　　　　爲中才人。息烈，司徒署軍謀掾。大熙元年……武皇帝薨。皇帝陛下踐
　　　　祚。美人侍西官，轉爲良人。永平元年三月九日，故逆臣大傅楊駿委以內

---

[1] 《世說新語》卷下〈惑溺第三十五〉，頁490，徐震堮校箋（香港：中華書局，1987）。以下稱《世說新語校箋》。
[2] 《晉書》卷四〇〈賈充傳〉，頁1170。

授舉兵，圖危社稷。楊大后呼賈皇后在側，視望契候，陰爲不軌……美人設作虛辭，皇后得棄離。元惡駿伏罪誅。聖上嘉感功勳。元康元年拜爲美人。賞絹千匹，賜御者廿人。奉秩豐重，贈賜隆溢……元康五年二月，皇帝陛下中詔，以美人息烈爲大子千人督……美人以元康七年……寢疾，出還家宅，自療治。皇帝陛下、皇后，慈仁衿愍，使黃門旦夕問訊，遣殿中大醫……就家瞻視。供給御藥、飲食眾屬……疾病彌年，增篤不損，厥年七十八……皇后追念號咷，不自堪勝。賜祕器衣服，使宮人女監宋端臨親終殯。賜錢五百萬，絹布五百匹，供備喪事……。[3]

　　郭槐「每產輒不全育」，按《世說》與《晉書》的說法，是因其妒殺乳母所致。[4] 妒忌乳母如妒妾婢，殺之而喪子。即使如此，賈南風和賈午出生之後，郭槐仍將之交由乳母照顧。徐氏爲流離之人，無父母兄弟，既稱「娉處太原人徐氏爲婦」，則連本家姓氏都不可知。[5] 墓誌中稱她「不顧尊貴之門」而任賈家乳母，當爲過譽之辭。何以過譽如此？應和當時一般乳母的出身有關。根據墓誌，她性情溫和，自有子女，並且經驗豐富（憮育群子）。按元康七年 (297) 以七十八歲疾沒算來，甘露三年 (258) 她到賈家之時已是三十九歲的中年婦人了。未知先前是否已有擔任乳母的經驗與口碑，或因年長而未引起郭槐的妒情？[6] 徐氏的工作，包括賈后嬰幼時的乳侍、抱勖、推燥居濕、貢美吐飱，以及出嫁時的隨侍東宮、教誨監督。並在宮廷政爭時，協助賈后鬥倒楊駿。徐氏先後因乳保身份和

---

[3] 趙超，《漢魏南北朝墓誌彙編》（天津：古籍出版社，1992），頁8-10。徐義墓誌見圖一，發掘報告見〈洛陽晉墓的發掘〉，《考古學報》1957.1：169-186。

[4] 然傅暢《晉諸公贊》稱郭氏「爲性高朗，知后無子，甚憂愛愍懷，每勤屬之。」劉孝標注《世說》此段，引之而論郭氏「向令賈后撫愛愍懷，豈當縱其妒悍，自斃其子。然則物我不同，或老壯情異乎？」傅暢記載與劉孝標注，俱見《世說新語校箋》卷下〈惑溺篇第三十五〉，頁490。

[5] 婦女姓字不顯，以夫姓冠於名字之前，漢代已然。見劉增貴，〈漢代婦女的名字〉，《新史學》7.4 (1996)：33-94。

[6] 古代醫書論述女性一生，多從十四歲天癸至、可生育，到四十九歲「地道絕而無子」，三十九歲的婦人可謂正當中年。又依現存墓誌資料來看，六朝女性的平均壽命約五十五歲，三十九歲亦當中年。醫書論述女性一生，見郭靄春主編，《黃帝內經素問校注》卷一〈上古天真論篇〉，頁9-13，討論見李貞德，〈漢唐之間求子醫方試探——兼論婦科濫觴與性別論述〉，《中央研究院歷史語言研究所集刊》68.2(1997)：283-367。六朝墓誌所呈現的女性平均壽年，見 Lee, Jen-der, "The Life of Women in the Six Dynasties," *Journal of Women and Gender Studies* 4(1993): 47-80.

救難有功，不但自己拜爲中才人和美人，其子徐烈亦累遷司徒署軍謀掾和大子千人督，其餘人力、物資的賞賜更不在話下，終其一生，受賈后優遇。

郭槐、賈南風與徐美人的故事，是漢魏六朝有關乳母的史料中最爲完整者，其中透露中古早期貴族家庭慣用乳母的情形。《世說》的記載顯示乳母地位卑微，在主人家的處境並不安全穩定。而徐氏墓誌卻顯示乳母和乳子關係密切，若能獲得主人家的信賴，她的任務不僅是乳哺，所獲待遇不全是金錢，而她的影響力也將不限於乳子的血氣之軀。以流離之女而任職豪門，自身及子嗣並因而屢獲爵賞，所以寄託者，初則爲女性的生理特質——乳汁，繼則爲溫婉照護的母親角色。以性別特質而逾越階級的限制，乳母在傳統家庭與社會中的定位，令人好奇。

乳母現象，涉及女性的職業營生、社會階層的流動、當代對母職角色的認定，乃至於婦幼醫學的發展，是值得深究的問題。歐美史學界基於醫學史和性別研究的發展，對此主題已探討多時。[7] 中國史方面，截至目前，則只有少數討論育嬰史的著作提及，一來不以乳母爲主要對象，二來僅限於宋元以降。[8] 唐代以前的情況，或因資料有限而乏人問津。然而有限的資料卻不能抹煞漢魏六朝乳母活動的情形。我曾研究漢唐之間的生育文化，發現其間政權多遷、社會階層分化，各種思想競爭的同時，也正是婦科醫學理論逐漸形成的階段。世家大族以婢僕爲乳母撫育嬰幼，下層女性則以乳汁爲進身階，實在展現了乳母在漢魏六朝社會中的特殊意義。基於此，本文將蒐集漢魏六朝的正史、禮說、醫方、墓誌資料等，探討當時與乳母相關的種種議題，包括乳母的背景、選擇、職務、待遇和影響力，乃至當代對乳母的評價及其所展現的性別與階級意義。一方面延續我過去對漢唐之間生育文化的探討，另方面嘗試開拓女性醫療照顧者的研究新領域。行文之時爲避免贅語重複，相同史料的引用盡量採取前詳後略的辦法。

---

[7] Valerie Fildes, *Wet Nursing: A History from Antiquity to the Present* (New York: Basic Blackwell Inc., 1988) 一書是截至目前介紹乳母研究最完整的專書。書後羅列學者研究歐亞非各地乳母歷史的專門著作，超過一百種，其中三分之二以上爲討論歐洲者。

[8] 熊秉眞，〈傳統中國的乳哺之道〉，《中央研究院近代史研究所集刊》21(1992)：123-146，其中有「擇乳母」一節，唯其重點在宋元明清家庭中長養嬰孺的情形，而非以乳母爲主要討論對象。梁其姿研究明清的育嬰堂，亦討論堂中乳母的來源與待遇，唯不及唐宋以前的狀況，見梁其姿，〈十七、十八世紀長江下游之育嬰堂〉，《中國海洋發展史論文集》（臺北：中央研究院中山人文社會科學研究所，1984），頁97-130。西文著作亦不多，見 Victoria Cass, "Female Healers in the Ming and the Lodge of Ritual and Ceremony," *Journal of American Oriental Society* 106 (1986): 233-240.

二、乳母現象

　　產母不親自哺乳而以乳母代之，自古以來即有記載。先秦貴族家庭選用乳母餵養新生兒，似爲一無庸置疑的成規。《禮記》〈內則〉稱諸侯之妻生子之後，以「士之妻、大夫之妾使食子」。[9] 除此之外，又於眾妾與傅御之中，擇其「寬裕、慈惠、溫良、恭敬、愼而寡言者，使爲子師，其次爲慈母，其次爲保母」。鄭玄注稱此乃人君養子之禮：「子師教示以善道者，慈母知其嗜欲者，保母安其居處者，士妻食乳之而已。」[10] 而大夫之子亦有「食母」，鄭玄注稱：「選於傅御之中，〈喪服〉所謂乳母也。」[11] 唯有士之妻「自養其子」，鄭玄謂：「賤，不敢使人也。」[12] 似乎古代貴族家庭照顧嫡生嬰兒的婦女眾多，且各有職司，餵乳只是其中之一。並且選用乳母的主要背景，並非由於產母病變或死喪等特殊狀況，而是因其地位高貴，家饒妾婢之故。

　　漢魏六朝醫方中之順乳藥多以療妒乳、乳腫爲主，[13] 而其病因則在於「產後不自飮兒，及失兒，無兒飮乳」之故。[14] 醫方言論除暗示當時代的嬰兒死亡率頗高之外，是否亦暗示漢魏六朝之貴族產母多不自飮兒，而以乳母代之？證諸史料，可知漢代以降，皇室與貴族家庭大多選用乳母。漢文帝時名醫淳于意便曾診療濟北王阿母之病。「阿母」，張守節《正義》引服虔注云：「乳母也。」[15] 史稱漢武帝少時，「東武侯母常養帝，帝壯時，號之曰『大乳母』」。[16]

---

[9] 《禮記》卷二八〈內則〉，頁12a。

[10] 《禮記》卷二八〈內則〉，頁13ab。

[11] 《禮記》卷二八〈內則〉，頁18a。

[12] 《禮記》卷二八〈內則〉，頁18b-19a。

[13] 參考李貞德，〈漢唐之間醫書中的生產之道〉，《中央研究院歷史語言研究所集刊》67.3(1996)：533-654，附錄k：「無乳、妒乳、溢乳」。

[14] 《外臺秘要》卷三四〈婦人方〉，頁943ab引《集驗方》。

[15] 《史記》卷一〇五〈扁鵲倉公列傳〉，頁2805。張守節《正義》並引鄭玄注乳母乃：「慈己者。」漢代乳母又稱阿母，例如楊震稱東漢安帝乳母王聖、左雄稱順帝乳母宋娥皆稱阿母，范曄著《後漢書》亦稱袁閎乳母爲阿母。見《後漢書》卷五四〈楊震傳〉，頁1761；卷六一〈左雄傳〉，頁2021-2022；卷四五〈袁閎傳〉，頁1525。細節見下討論。

[16] 《史記》卷一二六〈滑稽列傳〉，頁3204。張守節《正義》注此段引〈高祖功臣表〉云：「東武侯郭家，高祖六年封。子他，孝景六年棄市，國除。蓋他母常養武帝。」查〈高祖功臣侯者年表〉，東武侯名郭蒙。見《史記》卷一八，頁905-906。

　　即使因宮廷政爭，皇子無法經由正常管道採用乳母，救難之臣爲保存皇胤，亦多盡心選用乳母。漢宣帝始生數月，以皇曾孫坐衛太子巫蠱事繫獄。丙吉時奉武帝詔治巫蠱於郡邸獄，見宣帝而憐之，史稱其「擇謹厚女徒，令保養皇曾孫……曾孫病，幾不全者數焉，吉數敕保養乳母，加致醫藥」。[17]漢成帝時官婢曹宮以皇帝臨幸而懷孕，於掖庭牛官令舍產子。皇后趙飛燕專寵，遣人取兒殺之。掖庭獄丞籍武欲救曹宮之子，將他交給中黃門王舜，史載王舜擇官婢張棄爲乳母。[18]東漢靈帝王皇后於光和四年三月癸巳生獻帝，庚子日因渴飲米粥而暴薨，獻帝遂歸掖庭。自癸巳至庚子，其間不過八日，而嬰兒已然離開母親，史稱：「暴室嗇夫朱直擁養，獨擇乳母。」[19]其餘未明言出身但有跡可考之漢代皇室乳母，尚包括哀帝乳母王阿舍、[20]安帝乳母王聖、[21]順帝乳母王男、[22]宋娥、[23]桓帝乳母馬惠、[24]靈帝乳母趙嬈、[25]獻帝乳母呂貴等。[26]

　　魏晉南北朝皇室乳母的資料不多，參照前後朝代皇室和貴族家庭的情形來看，想必亦以選用乳母協助照顧新生兒爲常態。孫皓時，陸凱上書指陳皓之不遵先帝舊制二十事，便提到對諸王乳母的家庭照顧不周的問題：

> 先帝在時，亦養諸王太子，若取乳母，其夫復役，賜與錢財，給其資糧，時遣歸來，視其弱息。今則不然，夫婦生離，夫故作役，兒從後死，家爲空戶，是不遵先帝十二也。[27]

劉宋明帝寢疾危殆之時，召吳興太守褚彥回返京，託以後事，稱欲使著「黃羅襦」。李延壽謂「黃羅襦，乳母服也。」[28]明帝欲託年幼太子於彥回，故比彥回爲乳母。可見乳母責任重大，並在宮中有特定服飾。南北朝時期其餘有名可考的

[17]《漢書》卷七四〈丙吉傳〉，頁3142。

[18]《漢書》卷九七〈外戚傳〉，頁3991。但三天之後，仍爲皇后發覺，「以詔書取兒去，不知所置」，看來凶多吉少。

[19]王皇后之死，或爲何進之女何皇后所爲。獻帝由朱直所擇乳母養至歲餘，才由桓帝之后、竇武之女竇太后保護。見司馬彪，《續漢書》卷一〈后妃傳〉，頁325。

[20]《後漢書》卷七七〈毋將隆傳〉，頁3264。

[21]《後漢書》卷五〈安帝紀〉，頁242。

[22]《後漢書》卷一五〈來歷傳〉，頁590-591。

[23]《後漢書》卷五一〈左雄傳〉，頁2021-2022。

[24]袁宏，《後漢紀》卷二一〈桓帝紀〉，頁577。

[25]《後漢書》卷六六〈陳蕃傳〉，頁2169。

[26]袁宏，《後漢紀》卷二八〈獻帝紀〉，頁787。

[27]《三國志》卷六一〈陸凱傳〉，頁1406。

[28]《南史》卷二八〈褚彥回傳〉，頁750。

乳母，尚包括東晉成帝乳母周氏、[29] 陳後主乳母吳氏、[30] 北魏太武帝保母竇氏、[31] 文成帝乳母常氏、[32] 和北齊後主乳母陸令萱等。[33] 有趣的是，六朝時代的乳母大多和漢代者相似，她們之所以進入史籍記載，並非因其長養主人之子、功不可沒，而是因為逾制弄權或參與政爭而引起士大夫的注意與批評。[34]

至於士大夫家，其實亦多用乳母，鄭玄注《儀禮》〈士昏禮〉之「姆」字，稱：「婦人年五十無子，出而不復嫁，能以婦道教人者，若今時乳母矣。」[35] 史籍記載列傳人物幼年之事，常透露乳母隨侍在旁的訊息。《搜神記》載羊祜尋金鐶，顯示乳母是日常照顧之人：

> 羊祜，年五歲時，令乳母取所弄金鐶，乳母曰：「汝先無此物。」祜即詣鄰人李氏東垣桑樹中，探得知。主人驚曰：「此吾亡兒所失物也，云何持去！」乳母具言之，李氏悲悁。時人異之。[36]

東晉名相謝安之八世孫謝蘭年五歲時，「每父母未飯，乳媼欲令蘭先飯，蘭曰：『既不覺飢。』強食終不進。」[37] 謝蘭母親健在，卻有乳母，並且至蘭五歲時仍為家中照顧之人。[38] 即使境遇不豐的家庭，似乎亦不例外。南朝齊開國皇帝蕭道

---

[29] 《晉書》卷八三〈顧和傳〉，頁2164。

[30] 《陳書》卷二八〈高宗二十九王傳〉，頁366。

[31] 《魏書》卷一三〈皇后列傳〉，頁326；《北史》卷一三〈后妃傳〉，頁494同。

[32] 《魏書》卷一三〈皇后列傳〉，頁327-328；《北史》卷一三〈后妃傳〉，頁495同。

[33] 《北齊書》卷五○〈恩倖傳〉，頁689。

[34] 至於《魏書》記載竇氏、常氏則似乎有不同的背景因素。北魏自道武帝始，「後宮產子將為儲貳，其母皆賜死」，是否因此太武帝、成帝才由保母、乳母撫養呢？查諸《魏書》，明元帝生於道武帝登國七年 (392)，其母劉皇后於道武帝末年賜死，明元帝已逾十歲；明元帝之子太武帝生於道武帝天賜五年 (408)，其母杜貴嬪於明元帝泰常五年賜死，太武帝已十二歲；太武帝之嫡長孫文成帝生於真君元年 (440)，其母郁久閭氏於太武帝末年薨，文成帝亦近十歲。如此看來，三位生母死時，太子皆已十歲上下，非必乳母方能存活之年。《魏書》不載明元帝之乳母，獨錄竇氏、常氏之事，應是由於竇、常後被尊為太后，得享殊榮之故（見下討論），既非由於太子之母賜死，方才另擇乳保，也非因皇帝尊崇乳母而遭士人批評，值得大書特書。三帝與三乳母事，見《魏書》卷三〈太宗紀〉，頁49、卷四〈世祖紀〉，頁690、卷一三〈皇后列傳〉，頁325-327。

[35] 《儀禮》卷五〈士昏禮〉，頁16。

[36] 干寶，《搜神記》卷一五，頁114。《晉書》則稱「時人異之，謂李氏子則祜之前身也。」見《晉書》卷三四〈羊祜傳〉，頁1023-1024。

[37] 《梁書》卷四七〈孝行傳〉，頁658。

[38] 逮至唐代，官宦之家亦多用乳母。唐代詩人白居易自稱：「僕始生六、七月時，乳母抱弄於書屏下，有指『之』字、『無』字示僕者，僕口未能言，心已默識。」則乳母是白居易自幼聰慧的見証人。見《舊唐書》卷一六六〈白居易傳〉，頁43-46。

成的母親陳道止生道成時，其夫蕭承之任濟南太守。[39]《南齊書》稱：「太祖（蕭道成）二歲，乳人乏乳，后（陳道止）夢人以兩甌麻粥與之，覺而乳大出，異而說之。」[40] 陳道止少家貧，即使蕭承之、道成父子先後爲官，《南齊書》仍稱其「家業本貧」。[41] 即使如此，道止生產，仍有乳人代爲乳兒。

而隋文帝楊堅於西魏文帝大統七年 (541) 生於同州大興國寺時，據說「赤光照室」、「紫氣滿庭」，而「婤母以時炎熱而就扇之，寒甚幾絕，困不能啼。」直到被神尼智仙所養，才得其所哉。楊堅生母尚在，卻先有乳母，後有神尼代爲養兒。[42] 其餘士家大族乳母有名可考者，又包括東漢梁節王劉暢乳母王禮、[43] 曹魏時曹洪乳母當、[44] 隋末獨孤師仁乳母王蘭英。[45] 而前引賈充家三用乳母養育四兒，更爲貴族家庭普遍採用乳母的最佳範例。

乳母既爲上層社會家庭哺育新生兒的重要人物，勢必應謹慎揀選。從正史、典制與醫籍看來，皇室、貴族在選擇乳母時，大致上有出身、性情和健康等三方面的考慮。至於平民百姓，倘因一胞多產而照顧不及，或因產母病變死喪而不克乳兒時，無力傭買乳母，只能依靠政府幫忙或仰賴親友協助，不能挑剔乳母的品質。以下便依序討論乳母的來源、選擇，及其主要職務。

三、乳母的來源、選擇與職務

（一）乳母的來源與出身

《漢官舊儀》稱：「乳母取官婢」。[46] 漢代時諸官署皆有官婢，供給令使。其來源或由私奴婢募入，或由俘虜，或以自願，最主要則來自連坐沒入，如鄭玄

---

[39]《南齊書》卷一〈高帝本紀〉，頁2-3。

[40]《南齊書》卷二〇〈皇后傳〉，頁390。

[41]《南齊書》卷二〇〈皇后傳〉，頁390。

[42]《廣弘明集》卷二六〈感通〉，頁667之2- 667之3。

[43]《後漢書》卷五〇〈梁節王暢傳〉，頁1676。

[44]《三國志》，《魏書》卷一二〈司馬芝傳〉，頁388。

[45]《舊唐書》卷一九三〈列女傳〉，頁5139-5140。

[46] 衛宏，《漢官舊儀》卷下〈中宮及號位〉，頁46。雖然《漢官舊儀》顯示漢宮中的規定如此，但在實際生活中或亦有以良民婦女甚至諸侯之妻爲皇室乳母者。如漢武帝少時，東武侯郭他之母常養武帝之例，見前註16引。

注《周禮》〈天官〉「酒人」稱：「古者從坐男女沒入縣官爲奴，其少才知以爲奚，今之侍史官婢。」[47] 趙飛燕追殺皇子，王舜爲曹宮之子擇官婢張棄爲乳母，雖然當時情勢緊急，事關機密，或以近水樓臺之便，卻仍符合漢宮制度。[48] 前引獻帝生八日而母王皇后死，獻帝歸於掖庭。以朱直爲暴室嗇夫的身份來看，乳母或亦選自官婢。[49]

　　孫吳諸王子則似取乳母於平民之家。前引陸凱指責孫皓不顧乳母家庭，顯示吳景帝孫休在位時，皇室選用乳母之後，「其夫復役，賜與錢財，給其資糧，時遣歸來，視其弱息」，因而乳母之家亦得保全。烏程侯孫皓主政，乳母之夫仍需服徭役，乃至「兒從後死，家爲空戶」。如此看來，皇室所用乳母，當爲核心家庭之平民婦女，而非如漢宮舊制以選於官婢爲規範。[50]

　　至於北朝，北魏太武帝保母竇氏、文成帝乳母常氏，和北齊後主乳母陸令萱，則似皆出身坐罪沒入之官婢：

> 先是世祖（太武帝）保母竇氏，初以夫家坐事誅，與二女俱入宮。操行純備，進退以禮。太宗（明元帝）命爲世祖保母。性仁慈，勤撫導，世祖感其恩訓，奉養不異所生。及即位，尊爲保太后，後尊爲皇太后，封其弟漏頭爲遼東王……眞君元年崩……謚曰惠。[51]

> 高宗（文成帝）乳母常氏，本遼西人。太延中，以事入宮，世祖選乳高宗。慈和履順，有勛勞保護之功。高宗即位尊爲保太后，尋爲皇太后，謁於郊廟。和平元年崩……謚曰昭……依惠太后故事，別立寢廟，置守陵二百家，樹碑頌德。[52]

[47] 鄭玄注，見孫詒讓《周禮正義》卷一〈天官冢宰第一〉，頁39b「酒人」。募民爲奴婢，如《漢書》〈食貨志〉：武帝「募民能入奴婢得以終身復，爲郎增秩。」《漢書》卷二四〈食貨志〉，頁1158。俘虜，如金日磾以休屠太子，爲渾邪王所虜，沒入黃門養馬是也。見《漢書》卷六八〈金日磾傳〉，頁2959-2966。自願，如緹縈願沒入爲官婢以贖父罪，見《漢書》卷二三〈刑法志〉，頁1097-1098。漢代官私奴婢的來源，見勞榦，〈漢代奴隸制度輯略〉，《中央研究院歷史語言研究所集刊》5.1(1935)：1-11；瞿宣穎，《中國社會史料叢鈔》甲集（臺北：臺灣商務印書館，1965臺一版），頁637-639。

[48] 《漢書》卷九七〈外戚傳〉，頁3991。

[49] 司馬彪，《續漢書》卷一〈后妃傳〉，頁325。

[50] 《三國志》卷六一〈陸凱傳〉，頁1406。

[51] 《魏書》卷一三〈皇后列傳〉，頁326；《北史》卷一三〈后妃傳〉，頁494同。

[52] 《魏書》卷一三〈皇后列傳〉，頁327-328；《北史》卷一三〈后妃傳〉，頁495同。

穆提婆，本姓駱，漢陽人也。父超，以謀叛伏誅。提婆母陸令萱嘗配入掖
庭，後主襁褓之中，令其鞠養，謂之乾阿嬭，遂大爲胡后所昵愛。[53]

常氏「以事入宮」，或因家人犯罪，連坐入宮，史籍未明載。竇氏和陸令萱則皆
因丈夫有罪誅死，以妻坐夫入宮爲婢，並且入宮時已有子女。可能因有生育經驗
而被選爲皇子之乳保。[54] 不論如何，皆可見北朝沿用漢宮舊制之跡。唯北魏宣武
帝，因先前頻喪皇子，得胡氏才生孝明帝，故而「深加慎護，爲擇乳保，皆取良
家宜子者。養於別宮，皇后及充華嬪（胡氏）皆莫得而撫視焉。」[55] 顯然認爲沒
入之官婢尚不足取。

　　皇室乳母或選自官婢，或取良家宜子者；世家大族則可能以家婢擔任乳母。
漢代蓄奴之風頗盛，即使中貲以下亦然，如馮衍自稱「家貧無僮……唯一婢」；[56]
而魏晉南北朝貴族豪強家中更不乏奴客婢妾，供給役使。[57] 曹魏時討論爲乳母服
喪的問題，便顯示世族以婢爲乳母的情形：

> 劉德問田瓊曰：「乳母緦。注云：『養子者有他故，賤者代之慈己。』今
> 時婢生口，使爲乳母，得無甚賤不應服也？」瓊答曰：「婢生口故不服
> 也。」[58]

晉代袁準表示支持，主張乳保不過「婢之貴者」，不必爲之服喪：

> 保傅，婦人輔相，婢之貴者耳。而爲之服，不亦重乎！先儒欲使公之庶子
> 爲母無服，而服乳母乎？此時俗之名，記者集以爲禮，非聖人之制。[59]

---

[53] 《北齊書》卷五〇〈恩倖傳〉，頁689。《北史》卷九二〈恩幸傳〉，頁3047則稱「提婆母
陸令萱配入掖庭，提婆爲奴。」

[54] 漢魏六朝妻坐夫罪的處置方式，頗有演變，見李貞德，〈西漢律令中的家庭倫理觀〉，
《中國歷史學會史學集刊》19(1987)：1-54。Lee, Jen-der, "The Death of a Princess: Codifying
Classical Family Ethics in Early Medieval China," in Sherry Mou ed., *Presence and
Presentation: Women in the Chinese Literati Tradition* (New York: St. Martin's Press, 1999).

[55] 《魏書》卷一三〈皇后列傳〉，頁337。

[56] 馮衍例見《後漢書》卷二八〈馮衍傳〉注，頁1003引。此外，史稱黃香家貧，謂「無僕
妾」，則是以蓄奴婢爲常，而以不蓄奴婢爲變例也，見《後漢書》卷八〇〈文苑傳〉，頁
2614。漢代蓄奴之風及私奴婢之來源，見勞榦，〈漢代奴隸制度輯略〉，頁1-11。

[57] 討論見許輝、蔣福亞編，《六朝經濟史》（江蘇：古籍出版社，1993），「奴婢」一節，
頁185-189。關於賤妾侍婢的來源與地位，見劉增貴，〈魏晉南北朝時代的妾〉，《新史
學》2.4(1991)：1-36。

[58] 《通典》卷九二〈禮五十二〉「緦麻成人服三月」，頁2512。

[59] 《通典》卷九二〈禮五十二〉「緦麻成人服三月」，頁2512。

　　前引羊祜令乳母爲其取金鐶、謝蘭乳母爲其備飯，都可見乳母雖有母名，實爲家中婢僕。或正因乳母乃以婢僕爲之，晉代賈充之妻郭槐兩殺乳母而不聞其受刑罰，而賈南風乳母徐氏以良民任乳母，其墓誌作者稱其爲「不顧尊貴之門」。如此看來，漢魏六朝皇室、貴族家庭的乳母出身，並非按先秦禮書中所言：以大夫之妻乳諸侯之子，大夫之妾乳大夫之子，士之妻自乳其子。而是皇室在一般情況下採自官婢，特殊情況時則採自平民婦女。貴族家庭則極可能以生口之婢爲乳母。[60]

　　至於平民百姓，一般產家應無乳母。倘有特殊情況，需要乳母，則只有仰賴政府賞賜或親友協助。《吳越春秋》記載越王勾踐爲伐吳復國而鼓勵人民生育以增加人口，曾制曰「將免者以告於孤，令醫守之⋯⋯生子三人，孤以乳母。」[61]後趙石勒之時，堂陽人陳豬妻一產三男，黎陽人陳武妻一產三男一女，勒除賜其衣食之外，並各賜乳婢一口。[62]凡此，皆因統治者鼓勵人民生育，賜多產者乳母以協助撫養新生兒，顯爲特例，而非常態。從乳婢之稱看來，政府所賜乳母，或亦出自官婢。

----

[60] 四川彭山漢代崖墓中曾出土婦人乳兒俑，從婦人衣著樸素看來，或亦貴族家婢乳兒之狀，見圖二，討論見賈瑞凱，《四川彭山漢代崖墓》（北京：文物出版社，1991）。漢代既有以胡虜爲婢之事，則不免以外族擔任保傅，照顧嬰幼。漢代陶製燭臺有以成人懷抱幼兒爲主題者，學者或謂此成人乃土耳其種之僕人，見圖三，討論見 E. Schloss, *Arts of the Han* (China Institute of America, 1979), p.52. Schloss 書中亦收類似燭臺圖像。漢人以胡虜爲奴婢，見勞榦，〈漢代奴隸制度輯略〉，頁9。北魏陶俑則顯示家中女僕處理內務情形，包括照顧嬰兒等，見圖四，收入 Annette L. Juliano ed., *Art of the Six Dynasties: Centuries of Change and Innovation* (New York: China House Gallery, 1975). 唐代史料則顯示貴族士大夫亦多買婢爲乳母。唐中宗韋后「微時乳母王氏，本蠻婢也」，後因韋氏立后，乳母則「封莒國夫人，嫁爲（竇）懷貞妻。」則唐代既有外族奴婢，乳母亦不免有選自外族者。見《舊唐書》卷一八三〈外戚傳〉，頁4724。唐代奴婢來源，見李季平，《唐代奴婢制度》（上海：人民出版社，1986），頁115-162；外族奴婢，見李季平，《唐代奴婢制度》，頁74-86。以外族爲乳母，顯然不擔心其異族血氣乳汁影響新生兒之發展。唐武宗時，前彭州刺史李鈇因「買本州龍興寺婢爲乳母，違法」，遭劾奏而貶爲隨州長史。或因唐代地方官雇買乳母亦有迴避之制，或因不得買賣寺婢爲乳母？見《舊唐書》卷一八〈武宗本紀〉，頁609。不論如何，與前韋后乳母蠻婢參看，唐代乳母似亦多選自婢僕。但盧氏，《逸史》（涵芬樓說郛本）卷二四，頁21b「蕭氏乳母」條卻顯示蕭家雇用乳母的情形，見黃清連，〈唐代的雇傭勞動〉，《中央研究院歷史語言研究所集刊》59.3(1978)：393-438，註92。則在唐代雇傭勞動漸興的情況下，乳母或亦有以備雇行之者。

[61] 《吳越春秋》卷一〇〈勾踐伐吳外傳〉，頁235-238。

[62] 《晉書》卷一〇五〈載記第三〉，頁2737。

　　我曾研究漢隋之間的「生子不舉」問題，發現貧家因產母死亡，又無力傭買乳母，而不得不考慮棄養新生兒。[63] 事實上，產母病變、死喪，很可能是漢魏六朝平民產家尋求乳母的唯一原因，卻也可能因財力不足而作罷。史稱晉武帝皇后楊瓊芝，「母天水趙氏早卒，后依舅家，舅妻仁愛，親乳養后，遣他人乳其子。」[64] 楊瓊芝本非貧家，[65] 然父母皆早卒，楊氏宗族並未領養之而讓她依賴舅家而生。[66] 舅母仁愛親自乳養，而「遣他人乳其子」，可見富貴之家似乎隨時有乳母可用。然而倘為貧家，則只能靠親友相助。劉宋開國皇帝劉裕「產而皇妣殂，孝皇帝貧薄，無由得乳人，議欲不舉高祖（劉裕）。高祖從母生懷敬，未期，乃斷懷敬乳，而自養高祖。」[67] 劉裕家貧，乃至無法傭買乳母，而懷敬未期斷乳，顯然家中亦無乳母可用。

　　一般平民雖無乳母，卻可能因皇室、貴族之採擇或雇用而成為豪門之乳母。此時，若無法攜子前往，又無他人代為照顧，則自己的子女便可能面臨不舉之困。然而，皇室、貴族在選用乳母之時，卻未必歡迎乳母舉家遷入。尤其乳母丈夫更是不宜，此實與漢魏六朝醫方對乳母身心狀況的要求有關。以下便討論乳母的選擇與規範。

（二）乳母的選擇與規範

　　皇室、貴族的乳母，或為妾婢，或為平民，不論如何，皆以選擇性情慈惠溫良，寡言慎行者為上。[68] 官婢則選「慈和履順」（北魏文成帝乳母常氏）、或「操行純備、進退以禮」者（北魏太武帝保母竇氏）；平民則選「良家宜子者」（北魏孝明帝乳母）、或「溫雅閑閑，容容如也」的婦人（西晉賈后乳母徐美

---

[63] 討論見李貞德，〈漢隋之間的「生子不舉」問題〉，《中央研究院歷史語言研究所集刊》66.3(1995)：747-812。

[64] 《晉書》卷三一〈武元楊皇后傳〉，頁952。

[65] 楊瓊芝之父楊文宗，「其先事漢，四世為三公。文宗為魏通事郎，襲封蓨亭侯。早卒，以后父，追贈車騎將軍。」見《晉書》卷九三〈外戚傳〉，頁2412-2413。

[66] 六朝孤兒常不依父系家族大功之親生活，而賴鄰里、舅家救濟。此或與當時家庭結構有關。討論見李貞德，〈漢隋之間的「生子不舉」問題〉，頁781-787。

[67] 《宋書》卷四七〈劉懷肅傳〉，頁1404。

[68] 《禮記》卷二八〈內則〉，頁12a載應以「寬裕、慈惠、溫良、恭敬、慎而寡言者」為乳保。

人）。這類判準，和六朝醫方擇乳母的要求相符。劉宋陳延之《小品方》乃現存醫方中最早提及乳母品質者，認爲「乳兒者，皆宜慎喜怒。」[69] 而隋唐醫方如《千金方》亦沿襲此說，[70]《崔氏》則稱「乳兒者，皆須性情和善」，說法皆大同小異，一脈相承。[71]

由於傳統醫方相信乳母的身心皆能影響乳汁的品質，進而左右乳兒的健康，因此對乳母的要求又不僅止於性情而已，還包括身體方面：

> 《小品方》云：乳母者，其血氣爲乳汁也。五情善惡，氣血所生也。乳兒者，皆宜慎喜怒。夫乳母形色所宜，其候甚多，不可悉得。今但令不胡臭、瘦瘤、腫瘻、氣味、蝸蚧、癬瘙、白禿、癊瘍、瀋唇、耳聾、齆鼻、癲眩，無此等病者，便可飲兒也。師見其故灸瘢，便知其病源。[72]

《千金方》和《崔氏》之說與《小品方》大同小異，顯爲承襲傳鈔。[73] 其中所言注意事項，雖說「形色所宜，其候甚多」，但主要似在避免選用有皮膚病的婦人。[74] 即使當下不見病徵，也應仔細檢查過去患病所遺留的疤痕。此外，唇口漸瀝、[75] 耳聾、鼻塞、[76] 氣喘咳嗽、胡臭、氣味之人，也不宜採用。醫方多以之爲血氣不佳的現象，而隋代《產經》則以之爲「醜疾相也」。[77]

---

[69] 《醫心方》卷二五，頁17 ab引。

[70] 《千金方》卷五〈少小嬰孺方〉，頁136。《千金方》雖成於唐初，但其作者孫思邈 (581-682) 則歷經北周、隋、唐三朝，書中所錄當可顯示六朝時代的醫學發展與觀念。

[71] 《外臺秘要》卷三五，頁980b。

[72] 《醫心方》卷二五，頁17 ab引。

[73] 《千金方》卷五〈少小嬰孺方〉，頁136有擇乳母之法：「凡乳母者，其血氣爲乳汁也。五情善惡，皆是血氣所生也。其乳兒者，皆宜慎於喜怒。夫乳母形色所宜，其候甚多，不可求備。但取不胡臭、瘦瘤、氣敷、瘑、疥、癬、瘻、白禿、癊、瘍、沈唇、耳聾、齆鼻、癲癇，無此等疾者，便可飲兒也。師見其故灸瘢，便知其先疾之源也。」《外臺秘要》卷三五，頁980b則引《崔氏》擇乳母法：「乳母者，其血氣爲乳汁也。五情善惡，悉血氣所生。其乳兒者，皆須性情和善，形色不惡，相貌稍通者。若求全備，不可得也，但取不胡臭、瘦瘻、氣嗽、瘑疥、癊瘻、白禿、癊瘍、瀋脣、耳聾、齆鼻、癲癇，無此等疾者，便可飲兒。師見其身上舊灸瘢，即知其先有所疾，切須慎耳。」兩書在用字行文及注意內容方面皆與《小品方》相同。

[74] 瘦，《說文》：「頸瘤也」；瘻，《說文》：「頸腫也」；瘑，《玉篇》：「疽瘡也」；白禿，《本草》「羊蹄」附方：「頭上白禿」，爲頭部之皮膚病；癊，與瘻同，《說文》：「癊，瘻也」。

[75] 《說文》：「瀋，汁也。」

[76] 齂，《說文》：「齂，病寒鼻窒也。」齆，《字彙》：「鼻塞曰齆。」

[77] 《醫心方》卷二五〈小兒方〉，頁9a。

　　除「醜疾」之外，《產經》還從面貌與體態方面列舉「淫邪」、「勝男」、「多病」等不宜擔任乳母之婦女，爲醫方所謂「其候甚多，不可悉得」的「形色」提出了補充說明：

> 《產經》：夫五情善惡，七神所稟，無非乳渾而生化者也。所以乳兒，宜能慎之。其乳母黃髮黑齒、目大雄聲、眼睛濁者，多淫邪相也。其椎項節、高鼻長口、大臂、脛多毛者，心不悅相也。其手醜惡，皮厚骨強，齒齘口臭，色赤如絳者，勝男相也。其身體恆冷，無有潤澤，皮庢無肌而瘦瘠者，多病相也。[78]

並且乳母本命生年，需「與兒無剋」，否則將「害兒不吉。」[79]

　　有趣的是，《產經》對乳母面貌體態的要求，與擇女爲妻的看法並無二致。《產經》「相女子形色吉凶法」稱：「女子不可娶者，黃髮黑齒，息氣臭，曲行邪坐，目大雄聲。」又稱：「厚皮、骨彊，色赤如絳，煞夫，勿娶……身體恆冷，瘦多病者，無肥完，無潤色，臂脛多毛，槌項結喉，鼻高，骨節高顆，心意不和悅，如此之相皆惡相也，慎勿娶。必欺虛氣夫，妨煞夫，貧窮多憂之相也。」[80]其中描繪詳盡，說明體溫、胖瘦、骨骼狀況，觀察細密，並多涉及陰私，包括對肱、脛、陰、乳、毛的大小與質地的要求。除與產育相關之外，亦防其貧窮、欺夫、煞夫。雖然，男子娶妻，終將希望她生育子嗣成爲母親，但妻子總是來自類似階層，而乳母則爲雇買之婢僕，選擇之時條件竟如此相似，不免令人驚嘆。乳母血氣、情志影響乳汁，「淫邪」、「多病」、「心不和悅」固然不宜，至於「勝男」之相，內容既與「煞夫」類同，則似乎非妻子或乳母的特殊條件，而是凡女人皆不宜也。[81]

---

[78]《醫心方》卷二五〈小兒方〉，頁8b-9a。

[79]《醫心方》卷二五〈小兒方〉，頁9a。

[80]《醫心方》卷二四，頁31b-33b引。

[81] 相妻子與相乳母類同，卻與相男子大異，更可見以男子觀看、選擇女子時，性別差異貫穿階級的現象。《產經》〈相男子形色吉凶法〉所言，只包括身材體格、面貌聲音、舉措應對，大多在一般「望聞」即可明瞭的範圍內，不需脫衣，不涉及陰私，亦與產育無關。而相女子則不但著重產育，並需防其欺夫、煞夫。《產經》中所言其他不可娶者，尚包括「虎顏蛇眼，目多白少黑，嬈邪欺夫。黑子在陰上多嬈，及口上愛他人夫，勿娶。大肱而陰水，甲夾而乳小，手足惡，必貧賤夫，勿娶。」「蛇行雀走，財物無儲，勿娶。小舌煩頭鵝行，欺夫，口際有寒毛似鬢。」以上《產經》之言皆引自《醫心方》卷二四，頁31b-33b。

　　精挑細選之後，對乳母的飲食起居亦應加以監控。《產經》指出「凡兒初生，乳母食諸雞鮮魚胞美以乳兒者，令兒傷喜洞泄也」。則乳母的飲食應有所調節，不宜太過豐盛鮮美。[82] 此外，乳母新飽、新怒、新吐、有熱、有疾，都不宜乳兒，否則兒將「喘熱腹滿」、「發氣疝病」、「虛羸」、「變黃不能食」、和「病癲狂」。尤其醉酒及行房而後乳兒，「此最爲劇，能煞兒，宜慎之。」[83] 正因爲此，醫方對於「乳母有夫不能謹卓者」，更是特別防備。[84]

　　倘若乳母有虧職守，則可能遭受鞭笞處罰。茲再引丙吉養宣帝之事爲例。《漢書》稱丙吉爲人深厚，絕口不道前恩。宣帝即位後，便引起乳母宮婢則邀功之事：

> 掖庭宮婢則令民夫上書，自陳嘗有阿保之功。章下掖庭令考問，則辭引使者丙吉知狀。掖庭令將則詣御史府以識吉，吉識，謂則曰：「汝嘗坐養皇曾孫不謹督笞，汝安得有功？獨渭城胡組、淮陽郭徵卿有恩耳。」[85]

照顧不謹可能遭到督笞，倘若與乳子之生母、主人家之主婦相處不善，則可能如賈充家之乳母一般遭殺身之禍。《漢書》並未明言宮婢則「坐養皇曾孫不謹」是指何事，賈家故事卻顯示乳母職務及其與主人家的關係複雜。究竟乳母都擔任何種工作？以下便試論之。

（三）乳哺、教養與救難盡忠

　　顧名思義，乳母的主要工作即在乳養新生兒。但從史籍醫方的記載來看，其職務似又不止於此。嬰兒初生，洗浴斷臍，皆需人手。醫方以爲嬰兒洗浴以每隔一二日洗一次爲度。[86] 斷臍裏衣之後，《小品方》和《千金方》皆認爲應先讓嬰兒吸吮甘草湯，使其「吐去胸中惡汁」，然後給與朱蜜，「以鎮心神、安魂魄

---

[82] 《醫心方》卷二五〈小兒方〉，頁8b引。宋代醫書《聖惠論》則謂：「乳母忌食諸豆及醬、熱麵、韭、蒜、蘿蔔等。可與宿煮羊肉、鹿肉、野雞、雁、鴨、鯽魚、葱、薤、蔓菁、萵苣、菠菜、青麥、蓍蓮、冬瓜等食。若兒患疳，即不得食羊肉及魚，否則，到於兒前，惡氣觸兒，兒若得疾，必難救療也。」見《衛生家寶產科備要》卷八，頁115引。

[83] 《醫心方》卷二五〈小兒方〉，頁8b引《產經》；《千金方》卷五〈少小嬰孺方〉，頁138同。

[84] 《衛生家寶產科備要》卷八，頁115引《聖惠論》。

[85] 《漢書》卷七四〈丙吉傳〉，頁3144。

[86] 《醫心方》卷二五〈小兒方〉，頁10a引《產經》。

也」。[87] 乳母倘由家中婢僕爲之，則可能在分娩過程中或隨後即參與照料的工作。《千金方》並稱：「新生三日後，應開腸胃，助穀神。可研米作厚飲，如乳酪厚薄，以豆大與兒咽之，頻咽三豆許止，日三與之，滿七日可與哺也。」[88] 又稱：「凡新生小兒一月內常飲豬乳大佳。」[89] 則乳母除自身乳汁之外，或亦以豬乳和米漿哺食新生兒。至於乳兒之時，《產經》認爲：

> 當枕臂與乳頭平，當乳，不然，則令兒噎。凡乳兒，當先施去宿乳，以乳兒之。不然，令兒吐呃下利。凡乳兒，先以手按乳，令散其熱，乃乳兒之。若不然，乳汁奔走於兒咽，令兒奪息成疾也。凡乳兒，母欲寐者，則奪其乳，恐覆兒口鼻，亦不知飽，令致兒困也。凡乳兒，須不欲大飽，大飽則令兒吐呃。若吐呃，當以空乳乳之則消。夏不去熱乳以乳，令兒嘔逆；冬不去寒乳，令兒咳下利。[90]

餵乳期間應當多久，唐代以前之醫方並未明言。以前引劉懷敬之母「未期，斷懷敬乳」以養劉裕而被視爲仁義的故事看來，餵食母乳至少一年以上。蕭道成兩歲時「乳人乏乳」尚造成其母陳道止之憂慮，則餵乳兩年者亦有之。[91] 乳哺期間，乳母之職當亦包括懷抱教養。[92] 其實，乳母的工作並不止於嬰兒周歲，前引

---

[87] 《醫心方》卷二五，頁7b引《千金方》並引《小品方》。熊秉眞曾討論明清幼科醫學對初生二十四小時的嬰兒照護，特別說明斷臍法的進步有助於嬰兒存活率增加，並提及隋唐醫書以甘草法取代朱蜜法。見熊秉眞，〈中國近世的新生兒照護〉，《中國近世社會文化史論文集》（臺北：中央研究院歷史語言研究所，1992），頁387-482。然而，若《醫心方》所載不誤，則甘草法在劉宋時已有陳延之倡言，而不待孫思邈。

[88] 《千金方》卷五〈少小嬰孺方〉，頁138。

[89] 《千金方》卷五〈少小嬰孺方〉，頁138。

[90] 《醫心方》卷二五〈小兒方〉，頁7b-8a引：《千金方》卷五〈少小嬰孺方〉，頁138同。宋代以後乳兒的方式似大多承襲隋唐之說，惟陳自明曾提出兩點修正性意見，一則建議乳兒之人爲嬰兒準備幾個填有豆子的袋子做枕頭，夾托嬰兒以乳之，二則主張夜間餵乳應起床坐好，不宜以臥姿餵乳。討論見熊秉眞，〈傳統中國的乳哺之道〉，頁129。

[91] 亦有學者主張傳統中國嬰兒多半在兩足歲時才眞正斷乳，見熊秉眞，〈傳統中國的乳哺之道〉，頁140。

[92] 宋代《衛生家寶產科備要》卷八，頁113引張渙論曰：「嬰兒生後兩滿月，即目瞳子成，能笑，識人，乳母不得令生人抱之，及不令見非常之物。百晬任脈生，能反復，乳母當存節喜怒，適其寒溫。半晬尻骨已成，乳母當教兒學坐，二百日外掌骨成，乳母當教兒地上匍匐。三百日臏骨成，乳母當教兒獨立。周晬膝骨已成，乳母當教兒行步。上件並是定法，蓋世之人不能如法存節，往往抱兒過時，損傷筋骨，切宜謹之爲吉」。由此看來，自嬰兒出生兩個月到周歲之間，乳母除了乳哺之外，要注意嬰兒勿令驚嚇或受涼，並應按著

羊祜與謝蘭故事可知，幼兒五歲時乳母仍在左右，爲日常照顧之人。[93] 而徐美人墓誌更表示徐氏除「推燥居濕」、「貢美吐飧」之外，對賈后亦勤加輔導匡正。

教養之責，按古典禮書的說法，應由傅姆擔任，即前引《禮記》〈內則〉所稱「子師」、「慈母」、「保母」也。其中子師負責教導，慈母負責餵養，而保母負責照顧。然而鄭玄以「乳母」釋「姆」，並稱其爲「婦人年五十無子，出而不復嫁，能以婦道教人者，若今時乳母矣。」因此賈公彥認爲漢時乳母與古時乳母有別。古時若「慈母闕，乃令有乳者養子，謂之爲乳母。」分工的方式，乃「師教之，乳母直養之而已」；而「漢時乳母，則選德行有乳者爲之，并使教子。」[94] 漢人是否真擇出婦有德者，乳養並教育嬰孩，難以確知。鄭注與賈疏之論，與其視爲古時與漢時之別，或不如視爲經說與實況之異。

經說乳保有別，實況則可能乳保之分並不明顯。首先，婦人年五十無子而出，即使有德能教人，又怎能有乳？[95] 然而鄭玄以之釋「姆」，並等同於當時的乳母。其次，《魏書》稱太武帝保母竇氏之功在於「勤撫導」、「恩訓」，文成帝乳母常氏之功則在「劬勞保護」。如此看來，稱爲保母者，功在教導，稱爲乳母者，功在保護，而二人卻同尊爲「保太后」。蕭子顯《南齊書》〈魏虜傳〉形容此事則稱「佛狸（太武帝）以乳母爲太后」，在他看來，顯然乳母和保母的差別也並不太大。[96] 最後，乳母又稱「阿母」，唐李賢注《後漢書》稱「保，安

嬰兒身體發育的順序，教他學坐、爬行、站立和走路。由於六朝醫方遺佚不少，醫方又多有承襲傳鈔的現象，因此即使此種説法不見於現存唐代以前的資料，卻未必是宋代才發展出來的育兒之法。文中「晬」，指一周。半晬即半歲，周晬即一歲。以行文順序來看，「百晬」疑爲「百日」之誤。

[93] 唐太宗時太子承乾之乳母遂安夫人常白長孫皇后曰：「東宮器用闕少，欲有奏請。」由乳母爲太子宮中奏請器用之物，可見乳母爲太子日常生活的負責人。承乾後不循法度，東宮侍講孔穎達每犯顏進諫，史載「承乾乳母遂安夫人謂曰：『太子成長，何宜屢次面折？』」則乳母與保傅之間時或亦溝通太子教養之道。見《舊唐書》卷七三〈孔穎達傳〉，頁2602。

[94] 《儀禮》卷五〈士昏禮〉，頁16賈公彥疏。

[95] 未曾懷孕生育是否可能有乳，説法不一。東晉散騎侍郎賀嶠妻于氏無子，養嶠仲兄羣之子率爲子，後嶠妾張氏生子纂，于氏爲養子與立爲後之事上書皇帝，文中稱自己初收養子時「服藥下乳」。見《通典》卷六九〈養兄弟子爲後後自生子議〉，頁1907-1913。但一般醫方下乳之藥皆錄於產後之篇，顯然不以未孕產者爲對象。或稱以現代吸乳器長時間刺激乳腺，可能導致未孕產者分泌乳汁，此説目前尚未獲得證實，暫時存疑。

[96] 《南齊書》卷五七〈魏虜傳〉，頁986。

也；阿，倚也。言可依倚以取安，傅姆之類也。」[97] 則又將乳保與傅姆並稱。東
晉王獻之保母李如意去世，獻之書其墓誌，稱其「在母家志行高秀，歸王氏柔順
恭勤。善屬文，能草書，解釋老旨趣。」[98] 名爲保母，未必沒有師傅的功能。顯
然自漢至唐在實際生活上，「子師」、「慈母」與「保母」的人選和職務，並非
如禮經所言截然分明，而是有許多重疊的現象。事實上，以史籍中的事例看來，
乳母與孩童自幼相處，朝夕與共，不論是有意「以婦道教人」，或無意之潛移默
化，都不免對嬰幼產生影響。

　　乳母既爲家中婢僕，除乳養新生兒之外，似亦參與其他家務勞動。前引醫方
稱小兒新生三日即可研米作漿飲之，未必須要人乳才能存活。如此說來，乳母的
工作和功能除了乳汁之外，或更在於她所提供的人力資源。東漢袁閎「少勵操
行，苦身修節。父賀，爲彭城相。閎往省謁，變名姓，徒行無旅。既至府門，連
日吏不通，會阿母出，見閎驚，入白夫人，乃密呼見。」[99] 可見乳母在乳兒成年
之後，隨主人夫婦在相府服侍，仍然是貴族家中的勞動人口。[100]

　　乳母既爲家中婢僕，一般而言皆隨乳兒之所居住，但也有例外。[101] 東晉王恭
有庶兒未舉，養在乳母之家，王恭在政變中遇害，臨死前託故人將庶兒交由桓玄

[97] 《後漢書》卷六〈順帝沖帝質帝紀〉，頁282引。

[98] 王獻之，〈保母磚志〉，《全晉文》卷二七，頁11b，收入嚴可均編，《全上古三代秦漢
三國六朝文》。

[99] 《後漢書》卷四五〈袁閎傳〉，頁1525。謝承《後漢書》形容此事，則稱「乳母從內出，
見在門側，面貌省瘦，爲其垂泣。」見《後漢書》卷四五〈袁閎傳〉，頁1525註引。

[100] 魏晉南北朝貴族豪強蔭下的勞動人口，前輩學者研究甚爲豐富，但多集中在農業勞動人口
部份，專門討論家中僕役者不多，女性家僕的研究則幾乎不見。相關研究，參見勞榦，
〈漢代奴隸制度輯略〉；高敏，〈兩漢時期的"客"和"賓客"的階級屬性〉，原載《秦
漢史論集》，收入《中國社會經濟史參考文獻》（臺北：華世出版社，1984），頁257-
292。唐長孺，〈魏晉南北朝時期的客和部曲〉，《魏晉南北朝史論拾遺》（北京：中華
書局，1983），頁1-24。李季平，《唐代奴婢制度》。

[101] 漢魏六朝的乳母採自婢僕並居住家中，此點與羅馬帝國的乳母情形相似，而和歐洲中古末
期以降，將乳子送至簽約之乳母家中撫養不同。羅馬時代的乳母研究，見 Bradley, K.R.,
"Wet-nursing at Rome: a Study in Social Relations," B. Rawson ed., *The Family in Ancient
Rome* (London: Croom Helm, 1986), pp.201-209；Joshel, Sandra R., "Nurturing the Master's
Child: Slavery and the Roman Child-nurse," *Signs* 12(1986): 3-22。歐洲中古乳母研究，見 C.
Klapisch-Zuber, "Blood Parents and Milk Parents: Wet-nursing in Florence, 1300-1530," L.G.
Cochrane tr., *Women, Family, and Ritual in Renaissance Italy* (Chicago: University of Chicago,
1985), pp.132-164.

撫養，得以保存一線血脈。[102] 王恭之事亦顯示乳母與乳子關係密切，或因「愛至貫腸」，或因禍福相倚，在漢魏六朝宮廷政爭或戰亂流離中，便常成爲保孤救難之人。東漢章帝之子慶，宋貴人所生，原立爲皇太子，後因宋貴人遭竇皇后誣爲挾邪媚道而自殺，廢慶爲清河王。史稱慶「常以貴人葬禮有闕……竇氏誅後，始使乳母於城北遙祠。」[103] 乳母顯爲廢太子的至親至信之人。三國吳廢帝孫亮遭孫綝起兵圍宮時，本欲帶鞭執弓而出，被「侍中近臣及乳母共牽攀止之，乃不得出。」[104]

在南朝，劉宋冠軍將軍、雍州刺史袁顗，於明帝泰始初年 (466-472) 舉兵奉晉安王子勛，事敗誅死，其子袁昂年才五歲，「乳媼攜抱匿於廬山，會赦得出」，得以逃過一劫。[105] 劉宋末年，袁粲鎮石頭城以禦蕭道成之兵，事敗而死。史稱：「粲小兒數歲，乳母將投粲門生狄靈慶。」誰知靈慶以蕭道成有厚賞而出賣了袁粲之子，終爲乳母所咒詛。[106] 梁簡文帝之子大摯幼年時見侯景陷京城，歎曰：「大丈夫曾當滅虜屬」，史載：「嬭媼驚，掩其口。」[107] 陳宣帝之子始興王叔陵欲篡位，伺宣帝小斂，後主服喪時，以剉藥刀斫後主，「中項，後主悶絕于地，皇太后與後主乳母樂安君吳氏俱以身捍之」，待長沙王叔堅來援，吳媼更扶後主避賊。[108]

在北朝，北魏趙琰幼年時當符氏之亂，「爲乳母攜奔壽春，年十四乃歸。」則乳母不僅爲保孤救難之人，更有長養之恩。[109] 孝莊帝之姪元韶，年幼時避爾朱榮之亂，與乳母共寄滎陽太守鄭仲明家。[110] 隋末群雄並起，獨孤武都謀叛王世充歸李淵，事覺誅死，武都之子師仁，年僅三歲，世充使禁掌之，史稱「乳母王

---

[102] 王恭嫡生五男及弟爽、爽兄子等皆死，見《晉書》卷八四〈王恭傳〉，頁2186-2187。

[103] 《後漢書》卷四五〈清河孝王慶傳〉，頁1801。宋貴人自殺事，見《後漢書》卷一〇〈皇后紀〉，頁4150。

[104] 《三國志》《吳書》卷六四〈孫綝傳〉，頁1448引〈江表傳〉。

[105] 《梁書》卷三一〈袁昂傳〉，頁451。

[106] 此故事有下文。史稱：「乳母號泣呼天曰：『公昔於汝有恩，故冒難歸汝，奈何欲殺郎君以求小利。若天地鬼神有知，我見汝滅門。』此兒死後，靈慶常見兒騎大觥狗戲如平常，經年餘，門場忽見一狗走入其家，遇靈慶於庭嚙殺之，少時妻子皆沒。此狗即袁郎所常騎者也。」見《南史》卷二六〈袁粲傳〉，頁706-707。

[107] 《梁書》卷四四〈太宗十一王傳〉，頁618。

[108] 《陳書》卷二八〈高宗二十九王傳〉，頁366, 495。

[109] 《魏書》卷八六〈孝感傳〉，頁1882。

[110] 《北齊書》卷二八〈元韶傳〉，頁388。

氏,號蘭英,請髡鉗,求入保養」。當時喪亂年饑,人多餓死,而蘭英扶路乞食以養師仁。之後,更藉採拾之機會,「竊師仁歸於京師」。李淵嘉其義,封蘭英爲永壽郡君。[111]

　　乳母對乳子及主人家盡忠保護,乳母有難,主人家亦可能設法相救。曹魏明帝時,禁絕淫祠,而曹操從弟曹洪之乳母當,與臨汾公主之侍者共事無澗神,因而繫獄。卞太后爲相救,曾遣黃門詣府傳令,唯遭司馬芝所拒。[112]曹洪爲曹操從弟,魏之開國重臣,家富而吝嗇。文帝曹丕時曾欲殺之,因卞太后施壓而不果。[113]無澗神之案時,曹洪已是老人,乳母當更老,卻仍在洪家,並勞卞太后相救,可見乳母與主人家關係密切。[114]

　　凡此種種,皆顯示貴族家庭中乳母對主人及其子嗣的盡忠保護。乳母在乳子斷乳之後,可能仍是家中的重要勞動人口,負責照顧並保護幼子,因而在政治鬥爭中佔關鍵性位置。然而,雖然都是乳養劬勞,各護其主,乳母所獲得的待遇與評價卻未必相同。儘管卞太后救援乳母當的例子確曾存在,類似郭槐兩殺乳母之事卻可能更爲頻繁。郭槐未聞遭受懲罰,而卞太后卻爲司馬芝所拒。乳母難以獲得法律等正式管道的保護,卻可能透過乳養之恩與近水樓臺之便,發揮其非正式的影響力,而這常是她們引起當代議論並留名史籍的原因。

四、乳母的待遇與評價

　　關於漢魏六朝乳母的一般待遇,由於缺乏直接史料,實在難以細述。[115]前引孫吳諸王取乳母於民間,「其夫復役,賜與錢財,給其資糧」。乳母既離家而隨

---

[111]《舊唐書》卷一九三〈列女傳〉,頁5139-5140。

[112]《三國志》《魏書》卷十二〈司馬芝傳〉,頁388。

[113]《三國志》《魏書》卷九〈曹洪傳〉,頁278。

[114]唐天寶年間,高仙芝乳母之子鄭德詮爲郎將,史載「德詮母在宅內,仙芝視之如兄弟,家事皆令知之,威望動三軍。」仙芝出外征討時,德詮因對留後使封常清無禮,遭常清所縛,時「仙芝妻及乳母於門外號哭救之」,然常清不理,終於杖死德詮。見《舊唐書》卷一〇四〈封常清傳〉,頁3208。

[115]關於乳母待遇的問題,明清育嬰堂之類的機構聘用乳母,偶有約定規範,可一窺究竟;西方則自羅馬帝國乃至中古歐洲皆有雇傭乳母的契約殘存,以供研究。明清事例,見梁其姿,〈十七、十八世紀長江下游之育嬰堂〉;西歐事例,見 Bradley, "Wet-nursing at Rome: a Study in Social Relations"; Klapisch-Zuber, "Blood Parents and Milk Parents: Wet Nursing in Florence, 1300-1530."

乳子居住，則應「時遣歸來，視其弱息」。[116] 此當爲皇室採用平民乳母的基本待遇，孫皓因未能執行而遭陸凱批評。貴族之家倘若傭雇良民爲乳母，其待遇是否亦包括錢財與休假，史料闕如，難以確知。以徐美人之例看來，乳母亦可能攜子前往任職。如前所述，漢魏六朝皇室、貴族之乳母，既多爲官婢或家中婢僕，其正式的待遇除和一般奴婢相同，得享主人家的食宿之外，恐難有其他薪資。然而，非正式的待遇和影響力，卻可能經由長年累月與乳子及其家庭相處而發展累進。[117] 實則，此種待遇和影響力也正是士人學者批評乳母，乃至史籍資料中乳母形象的基礎。以下先談乳母的待遇及其影響力。

（一）乳母的待遇和影響力

乳子基於恩義，乳母生時，可能賜她錢帛、田宅、人力，乃至爵賞；乳母死後，則或爲之服喪。物質方面的賞賜，大多未聞有反對者，名號方面的優待，則常引起議論紛紛。在此先討論乳母所受物質方面的待遇，而將名位問題引起的批評留待下節。

皇室乳母所受恩遇最爲明顯，前引漢武帝少時，東武侯母常養帝，及帝成長，恩賞不絕：

> 帝壯時，號之曰「大乳母」，率一月再朝。朝奏入，有詔使幸臣馬游卿以帛五十匹賜乳母，又奉飲糒飧養乳母。乳母上書曰：「某所有公田，願得假倩之。」帝曰：「乳母欲得之乎？」以賜乳母。乳母所言，未嘗不聽。有詔得令乳母乘車行馳道中。當此之時，公卿大臣皆敬重乳母。乳母家子孫奴從者橫暴長安中，當道擊頓人車馬，奪人衣服，聞於中，不忍致之法。有司請徙乳母家室，處之於邊，奏可。乳母當入至前，面見辭，乳母先見郭舍人，爲下泣，舍人曰：「即入見辭去，疾步數還顧。」乳母如其言，謝去，疾步數還顧，郭舍人疾言罵之曰：「咄！老女子！何不疾行！陛下已壯矣，寧尚須汝乳而活邪？尚何還顧！」於是人主憐焉悲之，乃下詔無徙乳母，罰謫譖之者。[118]

---

[116]《三國志》卷六一〈陸凱傳〉，頁1406。

[117] 西方學者亦曾討論羅馬時代乳婢與主人之子間所發展出的親密關係及其社會意義，見 Joshel, "Nurturing the Master's Child: Slavery and the Roman Child-nurse."

[118]《史記》卷一二六〈滑稽列傳〉，頁3204。《西京雜記》卷二，頁1075-1則將此計歸於東方朔之名下。

武帝雄才之主，有殺妻戮子之跡，然而優遇乳母，定期接見，不論衣帛、飲食，乃至田宅皆有求必應。甚至乳母家奴從者犯罪，亦不忍將乳母繩之以法，究其原因，即在幼時乳哺之恩，令成長之乳子「憐焉悲之」之故。皇室乳母影響力大，亦可從寧平公主乳母之奴白日殺人，酷吏董宣殺之而惹惱皇帝看出。[119]

錢帛田宅之外，西漢哀帝並曾「使中黃門發武庫兵，前後十輩，送董賢及上乳母王阿舍。」此舉曾經引起毋將隆的反對，稱：「武庫兵器，天下公用，國家武備，繕治造作，皆度大司農錢。大司農錢自乘輿不以給共養，共養勞賜，壹出少府。」[120] 然而毋將隆之奏諫，主要在於大司農與少府的公私之分，並非反對賞賜乳母。

乳母儼然至親之人，其言常能取信於皇帝。東漢末年幼君繼立，對乳母之依賴甚深。宮廷政爭，除太后、外戚與宦官之外，乳母亦時常成為重要角色。東漢安帝十三歲即位，和帝鄧皇后以皇太后臨朝。史稱安帝乳母王聖「見太后久不歸政，慮有廢置，常與中黃門李閏候伺左右」，共譖太后兄執金吾鄧悝等，言欲廢帝。及建光元年 (121)，鄧太后崩，安帝遂誅鄧氏，鄧氏宗族多人免官、自殺。史稱「內寵始橫，安帝乳母王聖，因保養之勤，緣恩放恣；聖子女伯榮出入宮掖，傳通姦賄。」[121]

安帝延光三年 (124)，皇太子（後之順帝）因驚病不安，而「避幸安帝乳母野王君王聖舍。」太子乳母王男、廚監邴吉等認為王聖之舍「新繕修，犯土禁，不可久御。」結果造成「聖及其女永與大長秋江京及中常侍樊豐、王男、邴吉等互相是非，聖、永遂誣譖男、吉，皆幽囚死，家屬徙比景。」太子懷念乳母王男，數為歎息。江京、樊豐懼有後患，遂構讒太子及東宮官屬，導致安帝怒而廢太子為濟陰王。[122] 由此看來，不但皇帝乳母與太子乳母互相構陷，並且乳母子女亦參與其中。王聖之女似又不止永一人。《後漢書》〈宗室傳〉中載泗水王劉護無子封絕，其從兄瓌與王聖之女伯榮私通，「遂取伯榮為妻，得紹護封為朝陽侯，位侍中。」[123] 則沒落宗室，仍得依憑皇帝乳母之女而攀升封爵。

---

[119] 司馬彪，《續漢書》卷五〈酷吏董宣傳〉，頁485-486。

[120] 《後漢書》卷七七〈毋將隆傳〉，頁3264。

[121] 《後漢書》卷五〈安帝紀〉，頁233；《後漢書》卷十六〈鄧寇列傳〉，頁616-617；《後漢書》卷七八〈宦者傳〉，頁2514。

[122] 《後漢書》卷十五〈來歷傳〉，頁590-591。

[123] 《後漢書》卷十四〈宗室四王三侯傳〉，頁564。

安帝延光四年 (125) 三月丁卯崩，十九天後北鄉侯立爲少帝，二十五天之後，四月辛卯時，王聖等人即遭整肅，或誅或徙。[124] 及北鄉侯薨，閻太后之兄車騎將軍閻顯及大長秋江京等白太后，祕不發喪；而更徵立諸國王子，乃閉宮門，屯兵自守。中黃門孫程等十九人，共斬江京等，迎濟陰王即皇帝位，即順帝。[125] 謀立過程中，順帝乳母宋娥曾參與，順帝以娥有功，遂封娥爲山陽君，邑五千戶。[126]

桓帝無子而崩，皇太后與父竇武定策禁中，迎解瀆亭侯宏爲靈帝。靈帝乳母趙嬈亦隨帝入宮。竇太后非靈帝生母，趙嬈亦初來乍到，二人似乎互相需要。〈陳蕃傳〉稱「帝乳母趙嬈，旦夕在太后側」，〈竇武傳〉則稱「趙夫人及女尚書，旦夕亂太后。」[127]《後漢紀》〈靈帝紀〉則稱「趙夫人旦夕亂政，其患最甚。」而其「惡行」，據〈靈帝紀〉所載，則爲「與中常侍曹節求諂於太后，太后信之，數出詔命，有所封拜。蕃、武每諫，不許。」[128] 竇武、陳蕃欲誅宦官，反爲宦官曹節、王甫等縛殺，事發之時，曹節「令帝拔劍踊躍，使乳母趙嬈等擁衛左右，取棨信，閉諸禁門。」[129] 而靈帝開鴻都門榜賣官爵時，「常侍」「阿保」即爲收費授官的管道。史稱崔烈「時因傅母入錢五百萬，得爲司徒。及拜日，天子臨軒，百僚畢會。帝顧謂親倖者曰：『悔不小靳，可至千萬。』程夫人於傍應曰：『崔公冀州名士，豈肯買官？賴我得是，反不知姝邪！』」[130] 則傅母之徒不僅被動收賄，並且主動運作。

乳母在朝廷的影響力至六朝而未衰，並且於公於私皆有跡可尋。東晉孝武帝時，會稽王司馬道子當政，史稱：「于時孝武帝不親萬機，但與道子酣歌爲務，姆姆尼僧，尤爲親暱，並竊弄其權。」[131] 而弄權的方式則是「僧尼乳母，競進親黨，又受貨賂，輒臨官領眾。」[132] 以接近權力核心之便發揮其非正式的政治力量。而劉宋明帝以諸公主妒忌爲患，使人作書批評時將之歸咎於「姆媼爭媚，相

---

[124] 《後漢書》卷五〈安帝紀〉，頁242。

[125] 《後漢書》卷六〈順帝紀〉，頁249。

[126] 《後漢書》卷五一〈左雄傳〉，頁2021-2022。

[127] 《後漢書》卷六六〈陳蕃傳〉，頁2169；《後漢書》卷六九〈竇武傳〉，頁2242。

[128] 《後漢紀》卷二三〈靈帝紀〉，頁636。

[129] 《後漢書》卷六九〈竇武傳〉，頁2243。

[130] 《後漢書》卷五二〈崔駰列傳〉，頁1731。

[131] 《晉書》卷六四〈會稽文孝王道子傳〉，頁1733。

[132] 此許榮上疏痛陳亂政五患之語，見《晉書》卷六四〈會稽文孝王道子傳〉，頁1733。

勸以嚴，尼媼競前，相詔以急」。[133] 可見乳母與公主關係親密，對公主的婚姻生活也具影響力。[134]

至於貴族家庭，乳母既為長居家中之婢僕，則其所生子女，一方面可能成為家中的人力資源，另方面亦可能因主人之家而攀龍附鳳。西漢元帝初即位時，史高以外屬而任大司馬車騎將軍，領尚書事，其所舉薦「不過私門賓客，乳母子弟」。[135] 前引賈后乳母徐美人之子亦為一例。西魏時的毛遐，有二弟鴻賓、鴻顯，而鴻顯即「遐乳母所產也，一字七寶，遐養之為弟，因姓毛氏。」[136] 毛鴻顯雖為乳母之子，卻藉由主人家的收養而位至散騎侍郎，封縣侯，更因「勁悍多力，後隨諸兄戰鬥，多先鋒陷陣」，而於文帝大統四年，任廣州刺史。[137]

錢帛田宅的賞賜之外，漢魏六朝的乳母也可能因帝王恩寵而受爵封，或乳子報義為之服喪。帝王爵封乳母似從東漢安帝始。安帝封乳母王聖為野王君、[138] 順帝封乳母宋娥為山陽君、[139] 靈帝封乳母趙嬈為平氏君、[140] 獻帝則追號乳母呂貴為平氏君。[141] 凡此爵賞，大多引起士人非議。而為乳母服喪，涉及「母」名的問題，從前引劉德和田瓊的討論，可知魏晉以降士人的意見紛歧。乳母出身微賤，卻因乳養之功備受乳子恩遇。然而，錢帛田宅之類的賞賜再多，也不會改變乳母

---

[133] 《宋書》卷四一〈后妃傳〉，頁1290-1291。

[134] 在史籍記載中，東漢皇室乳母常和宦官並列，如王聖與江京、李閏共詔；趙嬈與曹節、王甫同謀；而魏晉南朝乳母則常和僧尼並列，成為士人批評朝政的焦點。僧尼列登「弄權」榜，究其原因，當與六朝帝王崇信佛教有關。《晉書》評論孝武帝不理政事，便稱他：「又崇信浮屠之學，用度奢侈，下不堪命。」見《晉書》卷六四〈會稽文孝王道子傳〉，頁1733。

[135] 《漢書》卷八一〈匡衡傳〉，頁3332。

[136] 《北史》卷四九〈毛遐傳〉，頁1809。

[137] 《北史》卷四九〈毛遐傳〉，頁1810。此外，《舊唐書》卷一五二〈高固傳〉載高固「為叔父所賣，展轉為渾瑊家奴，號曰黃苓，性敏惠，有膂力，善騎射，好讀左氏春秋。瑊大愛之，養如己子，既娶乳母之女妻之，遂以固名，取左氏傳高固之名也。」高固乃家奴而為主人養如己子，既娶乳母之女，一來可見乳母乃家中「婢之貴者耳」，二來亦可見乳母子女皆可為主人家所用。

[138] 《後漢書》卷五〈安帝紀〉，頁242。

[139] 《後漢書》卷六一〈左雄傳〉，頁2021。

[140] 袁松山，《後漢書》卷一〈靈帝紀〉，頁625：「建寧二年，爵乳母趙堯為平氏君」。與獻帝乳母呂貴封號同，未知是否有誤。

[141] 袁宏，《後漢紀》卷二八〈獻帝紀〉，頁787：「興平二年，追號乳母呂貴為平氏君」。與靈帝乳母趙嬈封號同，未知是否有誤。

出身婢僕的事實。爵封與服喪等名號上的優待，卻將乳母自婢僕的地位，於公提升到貴族的階層，於私提升到「慈母」的位置。此種逾越階級身份的情形，才是士人無法接受的理由；乳母的評價與形象，便因此越界現象而低落不良。

（二）乳母的評價與定位

漢魏六朝士人學者針對乳母問題而發的議論不少，但站在乳母立場，如陸凱批評孫皓未能善待乳母者，則屬絕無僅有。對於皇室與貴族之家多用乳母乳哺照顧新生兒，反對之聲也不強烈，並且反對的重點似非乳母本身的問題。目前所見僅三例。其一、東漢順帝即位十餘年而未有皇嗣，李固建議應「兼採微賤宜子之人，進御至尊，順助天意。若有皇子，母自乳養，無委保妾醫巫，以致飛燕之禍。」[142] 一方面認為皇帝為求子嗣，不必介意社會地位較低女子，[143] 另方面則主張生產之後，產母應親自乳養，而非如漢宮舊制交由保傅巫醫。其立論基礎並非母乳對嬰兒健康有益，而是擔心有專寵嬪妃藉機掠殺皇子。

其二、劉宋明帝封征北公劉昶之子燮為晉熙王，卻下詔數劉昶之母晉熙太妃謝氏之過，遣還本家。詔書中稱「謝氏食則豐珍，衣則文麗，奉己之餘，播覃群下；而諸孫纏不溫體，食不充飢，付於姆嬭之手，縱以任軍之路。」[144] 乍看之下似乎以乳母育兒，是虧缺母職的表現，應當受罰。然而以上下文觀之，謝氏之被責，或不因僱請乳母，而在寬待自己，酷遇子孫。[145]

其三、北魏孝明帝尚在襁褓中時，出入宮中，「左右乳母而已，不令宮僚聞之」，詹事丞楊昱因而諫曰：「（太子）進無二傅撫導之美，退闕群僚陪侍之

---

[142] 《後漢書》卷六三〈李固傳〉，頁2078。

[143] 以微賤宜子之人求子的觀念，見李貞德，〈漢唐之間求子醫方試探——兼論婦科濫觴與性別論述〉，《中央研究院歷史語言研究所集刊》68.2(1997)：283-367。

[144] 《宋書》卷七二〈晉熙王劉昶傳〉，頁1870。劉昶於前廢帝時因被誣謀反而棄母妻北投鮮卑。明帝即位始得平反，號征北公。

[145] 劉宋明帝實以打擊婦女著名。史稱明帝「嘗宮內大集，而裸婦人觀之，以為歡笑」，因皇后「以扇障面」抗議而大怒。以妒忌之由賜死湖熟令袁慆之妻，又使近臣虞通之撰《妒婦記》。左光祿大夫江湛孫江斆當尚孝武帝女，宋明帝乃使人為斆作表讓婚，抗議公主善妒。事見《宋書》卷四一〈皇后傳〉，頁1290-1292, 1295。晉熙太妃謝氏是否果真酷遇子孫，不得而知，但宋明帝顯然以皇權介入諸侯之家，以其無為母之道而將之遣還本家。而將子孫付諸姆嬭，雖然是漢魏六朝貴族家庭的常態，卻也被視為「沈刻無親」的一種表現。

式，非所謂示民軌儀，著君臣之義。」[146] 前引宣武帝先是頻喪皇子，得胡氏才生孝明帝，因而「深加慎護，爲擇乳保，皆取良家宜子者。養於別宮，皇后及充華嬪（胡氏）皆莫得而撫視焉。」[147] 宣武帝頻喪皇子，或因北魏「後宮產子將爲儲貳，其母皆賜死」的故事，[148] 爲嚴加保護計，孝明帝不但由乳保照顧，嫡母（皇后）、生母（胡氏）皆不得撫視，且乳母並不循例選自官婢，而是「取良家宜子者」。[149] 然而楊昱的批評，重點卻不在乳母、生母之別，而在太子教育的問題。

乳母與乳子關係密切，潛移默化在所難免，便經常因乳子行爲不端而成爲眾矢之的。東漢和帝時，梁節王暢乳母王禮自言能見鬼神，聲稱神言暢當爲天子。暢因此遭豫州刺史舉奏不道，和帝不忍重罰，暢於是上疏辭謝，將自己的過失歸咎於「生在深宮，長養傅母之手」。[150] 前引劉宋明帝責備公主善妒，則形容「姆嬪敢恃耆舊，唯贊妒忌，尼媼自倡多知，務檢口舌」，認爲公主制夫嚴妒，是受了僧尼乳母等人的壞影響。[151] 乳母出身微賤，與乳子的關係多爲恩情，其影響策略便多採甘言悲辭，在士大夫眼中實與邪臣並列，連帶地被視爲天災的罪魁禍首。西漢哀帝時李尋解釋當時水出地動、日月失度、星辰亂行等災異，便主張皇帝應「強志守度，勿聽女謁邪臣之態」，並且「諸保阿乳母甘言悲辭之託，斷而勿聽」。[152] 《宋書》〈五行志〉解釋晉孝武帝太元十七年秋旱至冬的天象時，亦以「丘尼乳母親黨及婢僕之子，皆緣近習，臨民領眾」爲人間禍患。[153]

其實，士人學者對乳母的批評，大多不在乳汁品質的良窳或乳養之時盡責與否，而是以乳母逾越階級和性別的界限爲主。[154] 東漢安帝封乳母王聖爲野王君，

---

[146] 《魏書》卷五八〈楊昱傳〉，頁1292-1292。

[147] 《魏書》卷十三〈皇后列傳〉，頁337。

[148] 李貞德，〈漢隋之間的「生子不舉」問題〉，頁750，註10。

[149] 史書特加說明，更顯示魏宮舊制或以官婢任乳母爲常態。

[150] 《後漢書》卷五〇〈梁節王暢傳〉，頁1676。

[151] 《宋書》卷四一〈后妃傳〉，頁1290-1291。

[152] 《漢書》卷七五〈李尋傳〉，頁3184。前已言及，哀帝曾因發武庫兵送董賢及乳母王阿舍而爲毋將隆所諫。

[153] 《宋書》卷三一〈五行志〉，頁911。

[154] 漢魏六朝士人對乳母的批評集中在政治面而非醫療面，可能與史料性質有關。由於現存唐代以前的醫書和筆記資料有限，學者較難從中細究醫者與士人對乳母的態度。然而，以現存的醫書資料來看，醫者關心的重點在於如何選擇乳母，而非鼓勵產母親自乳養。學者研究宋元以降的情形，也指出士人與醫家大多對備乳之事無嚴重異議，唯需注意「不可置乳母，以饑人之子。」重點在於人道主義的社會面，而非血氣營養等生物面。見熊秉真，〈傳統中國的乳哺之道〉，頁132，註37引《鄭氏家範》。

順帝封乳母宋娥爲山陽君，亦皆引起朝臣爭議。楊震反對王聖之封，上疏說明乳母地位的基礎和限制：

> 阿母王聖出自賤微，得遭千載，奉養聖躬，雖有推燥居溼之勤，前後賞惠，過報勞苦，而無厭之心，不知紀極，外交屬託，擾亂天下，損辱清朝，塵點日月。書誡牝雞牡鳴，詩刺哲婦喪國……易曰：『無攸遂，在中饋。』言婦人不得與於政事也。宜速出阿母，令居外舍，斷絕伯榮，莫使往來，令恩德兩隆，上下俱美。[155]

對前引劉瓌以妻王聖女伯榮而獲襲爵事，亦加批評：

> 臣聞高祖與群臣約非功臣不得封，故經制父死子繼，兄亡弟及，以防篡也。伏見詔書封故朝陽侯劉護再從兄瓌襲護爵爲侯，護同產弟威，今猶見在，臣聞天子專封封有功，諸侯專爵爵有德，今瓌無佗功行，但以配阿母女，一時之間，既位侍中，又至封侯，不稽舊制，不合經義。[156]

左雄反對宋娥之封，則引王聖之事爲歷史見證，主張爵封乳母將導致災異：

> 高皇帝約，非劉氏不王，非有功不侯。孝安皇帝封王聖、江京等，遂致地震之異。臣伏見詔書顧念阿母舊德宿恩，欲特加顯賞。案尚書故事，無乳母爵邑之制，唯先帝時阿母王聖爲野王君，聖造生讒賊廢立之禍，生爲天下所咀嚼，死爲海內所歡快……今阿母躬蹈約儉，以身率下，群僚蒸庶，莫不向風，而與王聖並同爵號，懼違本操，失其常願……乞如前議，歲以千萬給奉阿母，內足以盡恩愛之歡，外可不爲吏民所怪。[157]

雄上書後，適逢地震、山崩之異，便再諫言：

> 今封山陽君而京城復震，專政在陰，其災尤大。臣前後瞽言封爵至重，王者可私人以財，不可以官，宜還阿母之封，以塞災異。[158]

　　楊震、左雄皆以漢高祖非劉氏不王、非有功不封的傳統立論。其實漢代婦人有封爵者，蔡邕《獨斷》曰：「漢異姓婦人以恩澤封者曰君，比長公主。」西漢景帝王皇后之母封平原君，武帝母王太后之前夫金氏之女封修成君。王莽時，崔駰之曾祖母師氏，能通經學百家之言，王莽賜號儀成夫人。東漢和帝鄧后臨朝，爵其太夫人爲新野君，薨，贈長公主，諡曰敬君；梁冀妻孫壽，封襄城君，比長

---

[155] 《後漢書》卷五四〈楊震傳〉，頁1761。
[156] 《後漢書》卷五四〈楊震傳〉，頁1761-1762。
[157] 《後漢書》卷六一〈左雄傳〉，頁2021-2022。
[158] 《後漢書》卷六一〈左雄傳〉，頁2021-2022。

公主；梁商夫人陰氏薨，追號開封君。[159] 觀楊、左之論，其實重點有二。其一、
乳母出身微賤，不應接受封爵。據楊震之語，王聖想必亦選自官婢。左雄則主張
對乳母可以賜以私財，卻不可授封爵號。其二、婦人不得干預政事。楊震明白言
之，而左雄對宋娥名褒實貶，所防忌者，亦無非「專政在陰」。楊、左批評乳母
之封，實因乳母採自官婢，出身微賤，且爲私僕，而非公職，與宦官同列，爲側
近之屬。而東漢皇室乳母突破階級與性別的雙重界線，顯然造成男性官僚的不
悅。

　　乳保封爵之議，在東晉時復起。東晉成帝 (326-342) 以保母周氏有阿保之
勞，欲假其名號。雖然群臣皆已奉詔，唯獨顧和上書反對。他的論點承襲楊震、
左雄，以爲「周保祐聖躬，不遺其勳，第舍供給擬於戚屬，恩澤所加已爲過
隆。」主張第舍恩澤便已足夠，「若假名號，記籍未見明比」。他並舉漢靈帝封
乳母趙嬈爲平氏君之例，認爲「此末代之私恩，非先代之令典」，不合典章，不
足師法，而成帝亦未堅持。[160]

　　漢晉之時士人對乳母待遇的爭議，除了爵賞，還有服喪。《儀禮》〈喪服〉
稱「爲乳母服緦麻三月」。[161] 漢鄭玄注〈喪服〉，釋「乳母」爲「養子者有他
故，賤者代之慈己。」[162] 服虔注濟北王阿母引鄭注，直稱乳母爲「慈己者」。而
唐賈公彥疏則稱「三母（即前引子師、慈母、保母）之內，慈母有疾病或死，則
使此賤者代之養子，故云乳母也。」[163] 言下之意，鄭玄所謂「養子者有他故」
者，非指生母，而是父命慈己之妾，若此慈母有故，復以婢慈己，才稱乳母。[164]

---

[159] 《通典》卷三四〈職官十六〉，頁948-949。

[160] 《晉書》卷八三〈顧和傳〉，頁2164。其實魏晉以降，亦多婦人封爵之例，如前引晉賈充
之妻郭槐爲宜城君。《通典》討論后妃及內官命婦，稱晉武帝封羊祜妻夏侯氏爲萬歲鄉
君，對鄭沖、何曾，皆假夫人、世子印綬，如郡公侯比。又，「王導妻卒，贈金章紫
綬。」「虞潭母亦拜爲武昌侯太夫人，加金章紫綬。」「韋逞母宋氏，其父授以周官音
義。逞仕符堅爲太常，乃就宋家立講堂，置生員一百二十人，隔絳紗幔受業，號宋爲宣文
君。」唯劉宋時，鄡陽縣侯孟懷玉上母檀氏拜國太夫人，有司雖奏許，但御史中丞袁豹以
爲婦人從夫之爵，懷玉父緯見任大司農，其妻不宜從子，奏免尚書右僕射劉柳、左丞徐羨
之及郎何邵之官。以上引文皆見《通典》卷三四〈職官十六〉，頁949。

[161] 《儀禮》卷三三〈喪服〉，頁8b。

[162] 《儀禮》卷三三〈喪服〉，頁8b。

[163] 《儀禮》卷三三〈喪服〉，頁8b。

[164] 《儀禮》卷三〇〈喪服〉，頁3a：「慈母如母」，傳曰：「慈母者何也？妾之無子者，妾子
之無母者，父命妾曰：『女以爲子』，命子曰：『女以爲母』。若是，則生養之終其身如
母，死則喪之三年。如母貴父之命也。」

之所以會有這一番迂迴的解釋，實因漢魏以降，乳母多爲家中婢僕，出身低賤，引起士大夫質疑，認爲其不配得母之名。

　　〈喪服〉說明爲乳母服，乃「以名服也」，[165] 馬融釋爲「以其乳養於己，有母名也」，[166] 漢《石渠禮議》所謂「報義之服」。[167] 晉代賀循亦主張：「爲乳母緦三月，士與大夫皆同，不以尊卑降功服故也。」[168] 梁氏稱乃因「服乳母緦者，謂母死莫養，親取乳活之者，故服之報功。」[169] 由此看來，主張服緦者，重點多在「恩」、「功」與「義」，而馬融則以「乳養於己」認可「母」名。然而前引曹魏時的田瓊和晉代的袁準顯然都認爲鄭玄所謂賤者，非指婢僕。倘爲婢僕，則不必爲之服喪，將重點放在乳母的出身，顯然並不以乳汁、抱養或教導爲「母」名的要素。[170]

　　有趣的是，在鮮卑統治的北魏，爵封與服喪似皆未曾引起爭議。更有甚者，皇帝乳母被尊爲太后，其家屬亦以外戚之故屢受封賞：

　　　先是高宗（文成帝）以乳母常氏有保護功，既即位，尊爲保太后，後尊爲皇太后。興安二年太后兄英，字世華，自肥如令遷爲散騎常侍、鎮軍大將軍，賜爵遼西公。弟喜，鎮東大將軍，祠曹尚書、帶方公。三妹皆封縣君，妹夫王睹爲平州刺史、遼東公。追贈英祖、父，苻堅扶風太守玄爲鎮西將軍、遼西簡公，渤海太守澄爲侍中、征東大將軍、太宰、遼西獻王，英母許氏博陵郡君。遣兼太常盧度世持節改葬獻王於遼西，樹碑立廟，置守冢百家。[171]

太武帝尊保母竇氏爲惠太后。文成帝依其故事於興安元年（453）即位之時便尊常氏爲皇太后，並且常氏之異母兄及其母、同母弟妹、妹夫、已逝之祖、父等都在封賜之列。太安年間又多次擢拔，擴及常氏從兄及其子弟，並於太安五年詔以常太后母宋氏爲遼西王太妃。[172]

---

[165] 《儀禮》卷三三〈喪服〉，頁8b。
[166] 《通典》卷九二〈禮五十二〉「緦麻成人服三月」，頁2512。
[167] 《通典》卷九二〈禮五十二〉「緦麻成人服三月」，頁2512。
[168] 《通典》卷九二〈禮五十二〉「緦麻成人服三月」，頁2512。
[169] 《通典》卷九二〈禮五十二〉「緦麻成人服三月」，頁2512。
[170] 此實牽涉漢唐之間對於母職角色的認定問題，值得細究，也是我即將展開的研究之一。
[171] 《魏書》卷八三〈外戚傳〉，頁1817；《北史》卷八〇〈外戚傳〉，頁2675同。
[172] 《魏書》卷八三〈外戚傳〉，頁1817；《北史》卷八〇〈外戚傳〉，頁2675同。

　　太武帝保母竇氏、文成帝乳母常氏皆以連坐入宮，以官婢入選爲乳保，並尊
爲皇太后，卻未遭遇群臣反對。北魏自道武帝始，師法漢武帝立子殺母故事，
「後宮產子將爲儲貳，其母皆賜死」。[173] 竇、常二人或許因適逢北魏立嗣殺母的
太后空檔中，才得以脫穎而出。而蕭子顯著《南齊書》卻認爲「佛狸（太武帝）
以乳母爲太后，自此以來，太子立，輒誅其母。」[174] 顯然倒果爲因，並且未提效
法漢武帝之事，似乎有意以尊乳母爲太后的行爲，凸顯鮮卑胡虜義近禽獸，非我
族類之情。[175]

五、結論

　　漢魏六朝皇室、貴族多用乳母乳哺新生嬰兒。乳母出身，雖有平民良家之
例，大多則爲「婢之貴者」。以女婢擔任乳母，在社會條件方面，必須有大量奴
婢勞動人口，而雇傭勞動尚不發達；在醫學觀念上，則必須不忌諱乳母的族裔與
階級影響其性情與形貌。六朝醫方擔心乳母血氣影響乳汁，進而左右新生兒的發
展，但其重點不在出身，而在挑選溫順健康的婦女，然後嚴加督導，調節飲食，
並且防其酒醉、行房。

　　不適任或與主人相處情況不佳的乳母，可能遭致嚴重懲罰，甚至處死。平民
婦女擔任皇室乳母，也可能因缺乏休假回家的機會，導致親生兒女死亡。然而，
也有乳母因乳哺照護、經年相處而成爲主人、乳子的親信之人。不論皇室或貴族
對於親信乳母大多賞賜有加，甚至言聽計從，澤及乳母子女。而乳母的影響力也
在這種乳子顧念恩情的氣氛中發展，一方面成爲攀龍附鳳者的重要管道，另方面
也成爲士大夫批評的對象。

---

[173] 《魏書》卷十三〈皇后列傳〉，頁325。此「故事」的源起、發展與意義，見蔡幸娟，〈北
　　魏立后立嗣故事與制度研究〉，《成功大學歷史學報》16 (1990)：257-309。

[174] 《南齊書》卷五七〈魏虜傳〉，頁986。

[175] 但北魏傳統顯然未爲唐代宮廷所承襲。唐中宗初即位時 (684)，欲與乳母子五品官，爲裴
　　炎所固爭。《舊唐書》卷八七〈裴炎傳〉，頁2843-2844。唐哀帝時 (904-907)：「內出宣
　　旨：『姆婆楊氏可賜號昭儀，姆婆王氏可封郡夫人，第二姆婆王氏先帝已封郡夫人，准楊
　　氏例改封。』中書奏議言：『乳母古無封夫人賜內職之例，近代因循，殊乖典故。昔漢順
　　帝以乳母宋氏爲山陽君，安帝乳母王氏曰野王君，當時朝議，猶或非之。今國祚中興，禮
　　宜求舊。臣等商量，楊氏望賜號安聖君，王氏曰福聖君，第二王氏曰康聖君。』從之。」
　　見《舊唐書》卷二〇〈哀帝紀〉，頁799。

　　以現存史料來看，漢魏六朝士人之所以反對乳母，並非因爲乳母來自低下階層，血氣乳汁有窳劣之虞，也非針對產母未能克盡母職；而是擔心在宮廷政爭中，將皇子皇孫交由乳母照顧，有安全上的顧慮。對乳母角色的批評，一般也非以乳母的乳養職務爲焦點，而是環繞在乳母的待遇和影響力方面。史籍記載中，評價好的乳母被形容爲對乳子和主人之家盡忠保護，兼具忠僕和慈母的角色；而評價差的乳母則被形容爲逾越了她原本所屬的階級和性別界線。

　　乳子成年之後對乳母的賞賜，包括錢帛田舍等物資。這類待遇較少引起非議，究其原因，或因賞賜畢竟是主人對待婢僕的方式，沒有逾越階級的分際。但若對乳母的待遇超過婢僕的身份，便可能引起爭論。魏晉士人反對爲乳母服喪，是因她出身卑賤，不配有「母」之名。至於東漢士大夫反對皇帝爵封乳母，則除了乳母出身卑賤之外，又包含了男性官僚對女性參與政治的嫌惡與恐懼，所謂「專政在陰」將引起山崩地震等災異。

　　皇室乳母以官婢而受爵封，貴族乳母及其子女自婢僕而列登官家，所仰賴者，初則爲女性的生理特質——健康的乳汁，繼則爲比擬於母親的照顧之情。乳子之於乳母，生時「憐焉悲之」（漢武帝爲大乳母），死則或「數爲嘆息」（順帝爲王男）、或「悲思啼泣」（賈充子黎民爲其乳母）、或「追念號咷」（賈后爲徐美人）。正由於乳子成年之後顧念舊恩，使得乳母得以展現出突破自身性別和階級的側近權力，而士人學者對此無不大加撻伐。

　　至於乳母之於乳子，雖不乏救命保護的故事，其中原因，卻可能錯綜複雜。文獻或形容乳母對其乳子「愛至貫腸」，極盡照顧之能事。然而若放在漢魏六朝宮廷和貴族政爭的脈絡中來看，乳子的禍福生死與乳母利害相關，乳母盡忠護衛，似不能以感情深厚一言以蔽之。當一個身爲婢僕的女性，被選來餵養主人的子女時，一方面她被迫出讓自己的乳汁，減少或放棄對自己兒女的付出，必須戰戰兢兢，避免犯錯導致主人家新生兒的病變死亡；另方面卻也藉此提升自己在主人家婢僕中的地位，並使自己的兒女得以攀龍附鳳。由於歷史從來不是由低下階層的婦女所撰寫、紀錄，究竟乳母的心思意念如何，千古之下，我們也只能努力揣摩而難以確知了。

　　　　　　　　　　　　　　　　（ 本文於一九九八年七月二日通過刊登 ）

附記：

本文曾於本所主辦之「醫療與中國社會」學術研討會上宣讀（1997年6月26-28日），感謝評論人劉增貴先生和與會學者之匡正。撰寫和修改期間，承蒙熊秉真女士、蔡哲茂先生、林富士先生、祝平一先生、李建民先生、林崇熙先生、Bridie Andrews 女士，和集刊匿名審查人惠賜寶貴意見，謹此致謝。

引用書目

一、傳統文獻

《周禮》，孫詒讓正義，藝文印書館影印楚學社本，1955。

《黃帝內經素問》，郭藹春等校注，北京：人民衛生出版社，1992。

《漢魏南北墓誌彙編》，趙超彙編，天津：古籍出版社，1992。

《儀禮》十三經注疏本，臺北：藝文印書館，1955。

《禮記》十三經注疏本，臺北：藝文印書館，1955。

漢・司馬遷，《史記》，北京：中華書局，1959。

漢・班固，《漢書》，北京：中華書局，1962。

漢・許慎，《說文解字》，段玉裁注，臺北：藝文印書館，1989。

漢・劉歆，《西京雜記》，清・王謨輯，增訂漢魏叢書（二），1791。

漢・趙曄，《吳越春秋》，四部叢刊本，上海：上海書店，1989。

漢・衛宏，《漢官舊儀》，孫星衍等輯，周天游點校，北京：中華書局，1985。

晉・干寶，《搜神記》，汪紹楹校注，臺北：里仁書局影印點校本，1982。

晉・司馬彪，《續漢書》，清・汪文臺輯，《新校本後漢書附補編十三種》，臺
　　　　北：鼎文書局，1977。

晉・袁宏，《後漢紀》，周天游校注，天津：古籍出版社，1987。

晉・袁松山，《後漢書》，清・汪文臺輯，《新校本後漢書附補編十三種》，臺
　　　　北：鼎文書局，1981。

晉・陳壽，《三國志》，北京：中華書局，1959。

劉宋・范曄，《後漢書》，北京：中華書局，1965。

劉宋・劉義慶，《世說新語》，徐震堮校箋，香港：中華書局，1989。

梁・沈約，《宋書》，北京：中華書局，1974。

梁・蕭子顯，《南齊書》，北京：中華書局，1972。

北齊・魏收，《魏書》，北京：中華書局，1974。

隋、唐・姚察、姚思廉，《梁書》，北京：中華書局，1973。

隋、唐・姚察、姚思廉，《陳書》，北京：中華書局，1972。

唐・王燾，《外臺秘要》，臺北：國立中國醫藥研究所出版，1964。

唐・李百藥，《北齊書》，北京：中華書局，1972。

唐・李延壽，《北史》，北京：中華書局，1974。

唐・李延壽，《南史》，北京：中華書局，1975。

唐・杜佑，《通典》，北京：中華書局，1988。

唐・房玄齡等，《晉書》，北京：中華書局，1974。

唐・孫思邈，《千金方》（《備急千金要方》），吉林：人民出版社新校宋刻本，
　　　　1994。

唐・釋道宣，《廣弘明集》，高楠順次郎編，《大正新脩大藏經》No. 2103，東京：
　　　　大正一切經刊行會，1924-1934。

後晉・劉昫等，《舊唐書》，北京：中華書局，1975。

宋・朱瑞章，《衛生家寶產科備要》，上海：三聯書店，上海中醫學院朱邦賢、王
　　　　若水主編，《歷代中醫珍本集成》，《婦科類》（一），1989。

宋・顧野王，《玉篇》，臺北：臺灣商務印書館，1983。

明・梅膺祚，《字彙》，上海：上海辭書出版社，1991。

清・嚴可均編，《全上古三代秦漢三國六朝文》，光緒刻本，北京：中華書局影
　　　　印，1958。

日・丹波康賴，《醫心方》，臺北：新文豐出版公司，1982。

二、近人論著

蔣若是、郭文軒
　　1957　〈洛陽晉墓的發掘〉，《考古學報》1957.1：169-186。
李季平
　　1986　《唐代奴婢制度》，上海：人民出版社。
李貞德
　　1987　〈西漢律令中的家庭倫理觀〉，《中國歷史學會史學集刊》19：1-54。
　　1995　〈漢隋之間的「生子不舉」問題〉，《中央研究院歷史語言研究所集
　　　　　　刊》66.3：747-812。
　　1996　〈漢唐之間醫書中的生產之道〉，《中央研究院歷史語言研究所集
　　　　　　刊》67.3：533-654。
　　1997　〈漢唐之間求子醫方試探──兼論婦科濫觴與性別論述〉，《中央研
　　　　　　究院歷史語言研究所集刊》68.3：283-367。
唐長孺
　　1983　〈魏晉南北朝時期的客和部曲〉，《魏晉南北朝史論拾遺》，北京：
　　　　　　中華書局，頁1-24。
高敏
　　1984　〈兩漢時期的"客"和"賓客"的階級屬性〉，原載《秦漢史論
　　　　　　集》，收入《中國社會經濟史參考文獻》，臺北：華世出版社，頁
　　　　　　257-292。

梁其姿
　　1984　〈十七、十八世紀長江下游之育嬰堂〉，《中國海洋發展史論文
　　　　　　集》，臺北：中央研究院中山人文社會科學研究所，頁97-130。
許輝、蔣福亞編
　　1993　《六朝經濟史》，江蘇：古籍出版社。
勞榦
　　1935　〈漢代奴隸制度輯略〉，《中央研究院歷史語言研究所集刊》5.1：
　　　　　　1-11。
黃清連
　　1978　〈唐代的雇傭勞動〉，《中央研究院歷史語言研究所集刊》59.3：
　　　　　　393-438。
賈瑞凱
　　1991　《四川彭山漢代崖墓》，北京：文物出版社。
熊秉真
　　1992　〈中國近世的新生兒照護〉，《中國近世社會文化史論文集》，臺
　　　　　　北：中央研究院歷史語言研究所，頁387-428。
　　1992　〈傳統中國的乳哺之道〉，《中央研究院近代史研究所集刊》21：
　　　　　　123-146。
劉增貴
　　1991　〈魏晉南北朝時代的妾〉，《新史學》2.4：1-36。
　　1996　〈漢代婦女的名字〉，《新史學》7.4：33-94。
蔡幸娟
　　1990　〈北魏立后立嗣故事與制度研究〉，《成功大學歷史學報》16：257-
　　　　　　309。
瞿宣穎
　　1965　《中國社會史料叢鈔》甲集，臺北：臺灣商務印書館。
Bradley, K.R.
　　1986　"Wet-nursing at Rome: a Study in Social Relations." B. Rawson ed. *The*
　　　　　　Family in Ancient Rome. London: Croom Helm, pp.201-209.
Cass, Victoria
　　1986　"Female Healers in the Ming and the Lodge of Ritual and Ceremony."
　　　　　　Journal of American Oriental Society 106: 233-240.
Fildes, Valerie
　　1988　*Wet Nursing: A History from Antiquity to the Present.* New York: Basic
　　　　　　Blackwell Inc.

Hobson, R.L.

 1925-1928 *The George Eumorfopoulos Collection: Catalogue of Chinese, Corean and Persian Pottery and Porcelain.* London: E. Benn, Ltd.

Joshel, Sandra R.

 1986 "Nurturing the Master's Child: Slavery and the Roman Child-nurse." *Signs* 12: 3-22.

Juliano, Annette L.

 1975 *Art of the Six Dynasties: Centuries of Change and Innovation.* New York: China House Gallery.

Klapisch-Zuber, C.

 1985 "Blood Parents and Milk Parents: Wet-nursing in Florence, 1300-1530." L.G. Cochrane tr. *Women, Family, and Ritual in Renaissance Italy.* Chicago: University of Chicago, pp.132-164.

Lee, Jen-der（李貞德）

 1993 "The Life of Women in the Six Dynasties." *Journal of Women and Gender Studies*（臺大婦女研究室，《婦女與兩性學刊》）4: 47-80.

 1999 "The Death of a Princess: Codifying Classical Family Ethics in Early Medieval China." in Sherry Mou ed., *Presence and Presentation: Women in the Chinese Literati Tradition.* New York: St. Martin's Press.

Schloss, E.

 1979 *Arts of the Han.* China Institute of America.

Wet-nurses in Late Antiquity and Early Medieval China

Jen-der Lee

Institute of History and Philology, Academia Sinica

Lower-class women have been employed to breast-feed and rear upper-class children in societies around the world. The blurring or crossing of class and gender boundaries that this practice produces has frequently invited critical evaluation of contemporary moralists and intellectuals. The specific attention such debates draw to issues of gender, of status, and of social advancement through the female body, have provided historians with many insights into broader politics and culture. Previous studies have shown the practices and meanings of wet-nursing in China from the Sung. This article extends our knowledge and understanding of this significant institution back to medieval China.

Historical records, medical texts, and iconography are used in this article to reconstruct the selection, tasks, and treatment of the wet-nurses in imperial and aristocratic households; legal documents and stelae are applied to discuss these women's chances and limits to power. Medieval moralists and intellectuals criticized the application of wet-nursing not because upper-class women disregarded breast-feeding as the obligation of motherhood, nor because lower-class women carried inferior milk and emotions that would probably corrupt their charges. The principal reason for scholar-officials to object to the institution was in fact the shattering of conventional gender and status boundaries which resulted if a former wet-nurse was enfeoffed with aristocratic title or if her former nursling wore mourning for her.

Court bureaucrats detested the idea that political dangers could arise if powerful men confided in and were influenced by these women to whom they considered they owed the debt of life. Although the bond between the wet-nurse and her charges was often depicted as a kind of mutual devotion, the reality was perhaps more complicated in view of the frequent political struggles in early medieval courts. Once a woman, slave or servant, was selected as a wet-nurse of the aristocratic new-born, she was forced to overlook her own children for the care of her master's. Meanwhile, however, she was given the opportunity to promote her families and herself through her female dispositions of milk and mothering care. Since history was never written by lower-class women, the true emotions and thoughts of the wet-nurses are probably forever beyond our grasp.

Keywords: late antiquity and early medieval China, wet-nurse, gender, status

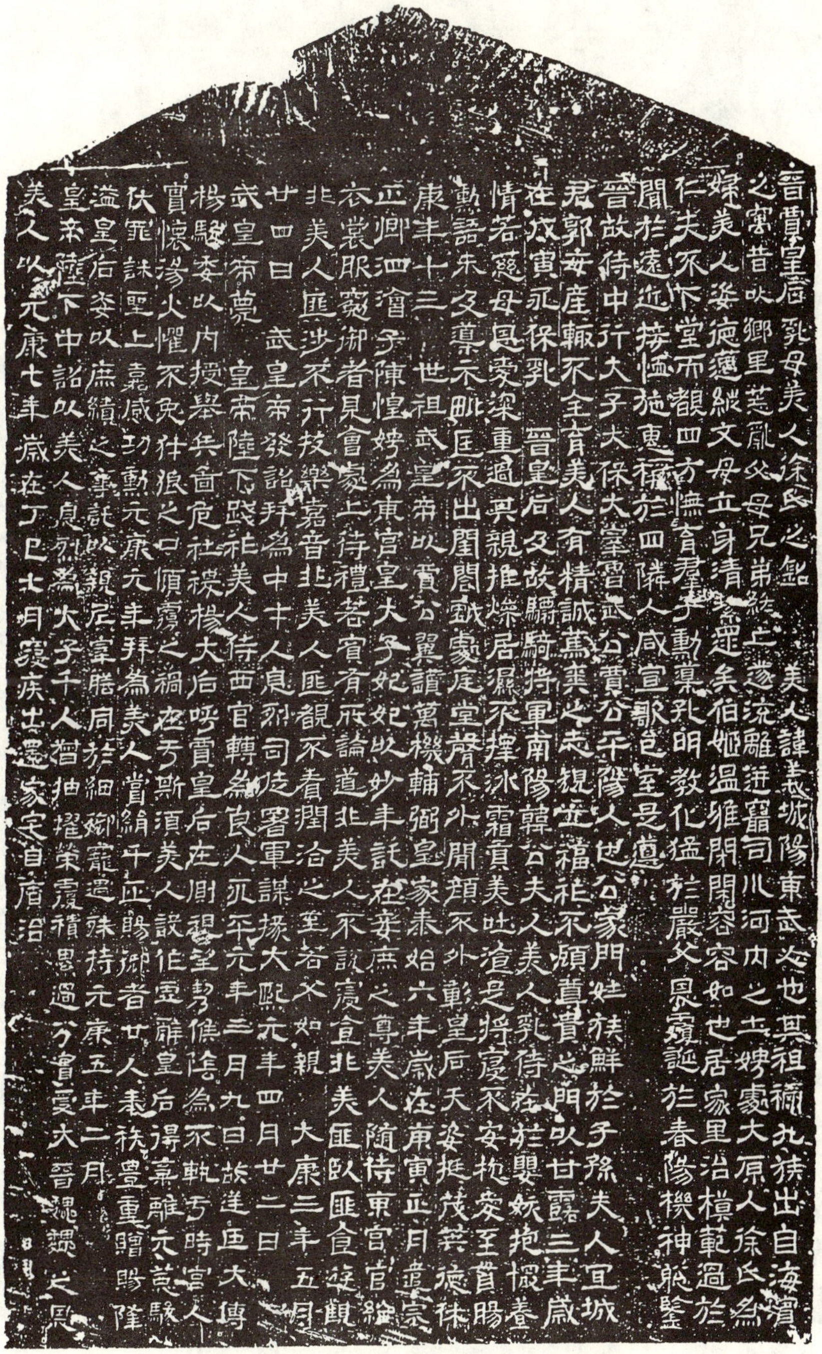

圖一：晉賈皇后乳母美人徐氏之銘

錄自〈洛陽晉墓的發掘〉，《考古學報》1957.1。

圖一續

圖二：婦人乳兒圖

錄自賈瑞凱，《四川彭山漢代崖墓》

圖三：漢代抱兒燭臺

錄自 Hobson, *The George Eumorfopoulos Collection* Vol.I, Plate 9, No.60.

圖四：北魏家務陶俑

錄自　Juliano, Annette L., *Art of the Six Dynasties*.

漢代書佐、文書用語「它如某某」及「建武三年十二月候粟君所責寇恩事」簡冊檔案的構成

邢義田[*]

　　本文主要討論漢代邊塞公文的書寫者、文書用語「它如某某」和「建武三年十二月候粟君責寇恩事」簡冊檔案構成的問題。結論如下：

1. 漢代邊塞公文書的主要書寫者應是書佐或王莽時的書吏。

2. 「它如律令、爰書、約束…」意謂「其它如律令、爰書、約束…」的公文末尾用語。在文書所涉的事件中，如有不依慣常程序，須要特別處理，或調整改變之處，文書會特別具體說明調整改變的部分，其它仍依既有規定辦理的部分則不再費辭，以「它如某某」一語帶過。

3. 基於以上兩點認識以及書體上的辨識，本文認爲「建武三年十二月候粟君責寇恩事」的三十五簡並不構成同一件文書冊，而是同一事件檔案中的兩份文書。此外，這兩份文書應該只是候粟君責寇恩訟案文件的一小部分，而不是此案的全部文件。

關鍵詞：漢代　書佐　候粟君所責寇恩事爰書

[*]「中央研究院」歷史語言研究所

一、書佐——漢代公文書的主要繕寫者

　　書佐一職常見於漢代文獻、石刻和簡牘資料。漢代中央和地方郡縣官府都有人數不一的書佐。新近尹灣出土西漢末東海郡下轄長吏名籍木牘。其中太守府屬吏即有書佐九人，都尉府有四人。[1] 書佐的職司，據《續漢書‧百官志》州郡條：「閣下及諸曹各有書佐、幹，主文書」。「主文書」一語甚爲簡略。嚴耕望先生明確指出書佐「職主文書之繕寫」，又謂「書佐不但繕寫，且起草矣」。[2] 嚴先生曾引《漢書‧朱博傳》中朱博口占檄文，由書佐筆記一事爲證。以下另補充王莽時河南太守陳遵的一個例子：

> 王莽素奇其材，在位多稱譽者，繇是起爲河南太守。既至官，當遣從史西，召善書吏十人於前，治私書謝京師故人。[陳]遵馮几，口占書吏，且省官事，書數百封，親疏各有意，河南大驚。（《漢書‧游俠傳》陳遵條）

嚴先生未引此例，可能是因爲此例所言之書吏，或爲書手泛稱，非必即書佐。現在新出土的漢簡可以證實王莽、光武初年的書吏就是書佐。[3] 一九八三年在四川昭覺縣四開區好谷鄉出土的光和四年邛都安斯鄉石表上有「正月十二日乙巳，書

---

[1] 參連雲港市博物館、社科院簡帛研究中心、東海縣博物館、中國文物研究所編，《尹灣漢墓簡牘》（北京：中華書局，1997），頁79。同出集簿牘則分作書佐十人和五人。

[2] 嚴耕望，《中國地方行政制度史》甲編（臺北：中央研究院歷史語言研究所專刊，1990年三版），頁114。

[3] 依據居延出土的簡牘文書可知王莽時書佐稱作書吏：

　1.三月己丑張掖庫宰崇以近秩次行大尹文書事長史丞下部大尉官縣承書從事下當用者有＝
　　　犯者輒言如詔書到言
　　　　　　兼掾義兼史曲書吏遷金　　　　　　　　　　　（EPT59:160）
　2.新始建國地皇上戊三年五月丙辰朔乙巳襌將軍輔平居成尉仮丞謂…（EPT65:23A）
　　甲溝　　　　　　掾閎兼史憲書吏獲　　　　　　　　　（EPT65:23B）
　3.書吏胡豊私從者零縣宜都里胡駿年三十丈尺二寸　　　　（《敦煌漢簡》280）
　三簡或有王莽時的官名「大尹」，或有王莽紀年，或有王莽時以「泰」代「七」之特殊書法，其爲王莽時簡無疑。1、2簡末有掾或兼掾、兼史和書吏的署名。居延簡牘公文末常由掾、史、書佐等簽署（詳見後文），王莽時簡於書佐簽署的位置著作「書吏某某」，可知書吏即書佐。李均明、劉軍已指出這一點，參所著《漢代屯戍遺簡法律志》（劉海年等編，《中國珍稀法律典籍集成》甲編第二冊，北京：科學出版社，1994），頁51。又從EPF22:56A紀年簡可知，最少建武五年以前仍有書吏。

佐昌延寫」一句。[4] 書佐昌延後的「寫」字證明書佐確是擔任繕寫。

　　居延、敦煌簡牘中，除了少數私人書信，有成千上萬的官方文書。這些官方文書由誰所繕寫？應是一個值得卻少有人討論的問題。日本學者角谷常子在檢討秦漢時代的簡牘研究時，曾由字體筆跡的角度，討論到建武三年候粟君責寇恩事簡冊中的書法，並曾比較F22所出的其它文書的筆跡 (EPF22:37-55)，認為責寇恩事簡冊中的爰書A（EPF22:1-20，或稱作乙卯爰書）有很大的可能是甲渠候的「掾譚」所書。她將「掾譚」稱作是甲渠候官的「書記官」（頁217-218）。漢代邊塞「能書」的人很多。現在所看見的簡牘文書，當然不全然由書佐所寫，一定層級以上的邊吏大概都須要親自動筆，處理公文。但如果說「掾」是「書記官」，如果書記官的意思是指職司繕寫之文書、錄事，[5] 推測爰書A由掾譚所繕寫，就須要商榷了。

　　我們先來看看由掾譚署名的文書是不是就是由譚所書寫。居延簡中有掾譚署名的相當不少。我們只要檢查一下《居延新簡》圖版，比對「掾譚」署名簡字體的異同即不難得出結論。依檢查結果，「掾譚」二字最少有三種不同的書法（參附圖一‧一至一‧三：「掾譚」簡字體比較表）：

　　（1）掾譚單獨署名，「譚」字末筆拉得甚長，譚的言字偏旁寫得較完整規矩，如：EPF22:45B, EPF22:48B, EPF22:413B, EPF22:460B, EPF22:532B, EPF22:54AB, EPF22:55AB, EPF22:652。

　　（2）掾譚與令史嘉、尉史堅或與造史業、尉史寧一起署名，譚字末筆甚短，譚的言字偏旁寫得較簡省，言的三橫劃省為兩劃並與口連筆，如：EPF22:38B, EPF22:51B, EPF22:53B, EPF22:187B, EPF22:250B, EPF22:254B, EPF22:301B, EPF22:334B, EPF22:359B, EPF22:379B, EPF22:430B, EPF22:506, EPF22:673。

「譚」字末筆是否拉長，或許不是判定是否同一人所書的關鍵。因為我們可以看見同一位書手，可以在字的末筆上有變化（例如EPF22:129-150諸簡的「中」字，EPF22:45A、22:50A簡之「年」字）。其次，值得注意的是署名的除了掾譚，還有令史嘉、尉史堅或造史業。可是從署名的字體，看不出他們是分別自行簽名，比較像是由同一人代署三個名字。第三，署名的字體有些和文書正文字體一致

----

[4] 參吉木布初、關榮華，〈四川昭覺縣發現東漢石表和石闕殘石〉，《考古》1987.5：434-437。釋文又參永田英正編，《漢代石刻集成》119（東京：同朋舍，1994），頁228。

[5] 日文「書記官」、「書記」一詞可泛指秘書，也可指文書、錄事（《現代日漢大詞典》，1987）。不知此處確實的含意為何。

（如：EPF22:334AB, EPF22:430AB, EPF22:460AB），有些則字體和墨色都不同
（如：EPF22:38AB, EPF22:359AB, EPF22:379AB）。這表明文書繕寫和簽名有時
是分別爲之，有時即由繕寫者代勞。

（3）EPF22:247AB一簡的背面有掾譚的單獨署名。「掾譚」二字與正面文書
字體一致，字體筆劃皆極瘦細，譚字筆劃比（1）、（2）類的譚字更爲簡省，一
望可知與（1）、（2）類的字體都不相同。即使（1）、（2）類文書本身字體也
有明顯不同，例如EPF22:38、EPF22:187、EPF22:334即明顯是三個不同人的筆
跡。如果再加上EPF22:247一例，我們可以判定有掾譚署名的簡最少有四種不同的
筆跡（參附圖一‧四）。

如果掾譚負責抄寫，這些文書由他所書，又由他簽名，則不該有簽名字體不
一，文書本身字體也不一致的情形。角谷常子對這種差別不是沒有注意到。她指
出EPF22:247AB一簡上的簽名和文書字體一致，卻又和其它有掾譚署名的文書在
字體上完全不一樣。她無法決定「掾譚」這兩個字是由譚所寫，「或是由其他人
使用他的名字」，也就是說是由他人代爲署名。[6] 她沒有解釋爲何作爲抄寫文書
的書記官，卻要由別人代爲簽名？又爲何會出現這麼多不同的筆跡？

根本原因是「掾」本非職司繕寫。[7] 漢代地方郡、縣政府的掾是各屬曹之
長，地位甚高。[8] 掾譚是地位相當於縣一級甲渠候官的掾，乃候官之候丞、塞尉
之下地位較高的幕僚長。文書由掾署名，應是表示由他負責文書之行政和製作，
卻非必由他來繕寫。

文書如果不是由掾書寫，那可能是誰？一九七三至七四年出土的居延簡可以
提供一些線索。以下三簡的簡末，分別有這樣的署名：

1.掾陽、守屬恭、書佐況（EPF22:68）

2.掾陽、守屬恭、書佐豐（EPF22:71A）

3.掾陽、守屬恭、書佐參（EPF22:462AB）

這三簡都是居延都尉府發出的文書，署名者都是都尉府的屬吏。既然由掾、守屬
和書佐三種職位的人署名，理論上他們都有可能是文書的書寫者。掾陽和守屬恭
是同樣的人，如果三簡是由掾或守屬所寫，或依角谷常子之說，掾才是書記官，

---

[6] 角谷常子，〈秦漢時代の簡牘研究〉，《東洋史研究》55.1(1997)：223，注（8）。

[7] 另比較由居延縣掾黨署名，建武三年和五年的簡EPF22:35、EPF22:56AB上的不同筆跡，
也可以證明掾黨絕非這兩簡的繕寫者。

[8] 嚴耕望，前引書，頁119, 222。

那麼由掾陽所寫的文書，其字體應該一致才是。字體是否一樣呢？這三簡的字體乍看似乎接近，經仔細分辨，即可看出例如三簡皆有的「居延」、「丞」、「書佐」，以及兩簡同有的「張掖」、「司馬」、「都尉」、「律令」等字實出於不同人之手，而且是出於三位不同人之手（參附圖二：簡及字體比較表）。換言之，它們不可能由掾陽或守屬恭所書，只可能分別出自三位書佐——況、豐、參的手筆。

簡牘文書末尾署名有時列有書佐或書史，有時不列，不列的情況還比較多。不列是否表示不是書佐所繕寫？現在無法確知。我相信候官以上單位的書佐應負繕寫的主要責任。[9] 或許因為他們職位較低，名字有時即被省略掉。

《漢書》記載朱博、陳遵親自口占檄文或書信，應該是較特殊的情況。一般來說，公文書是由官府的幕僚（包括書佐）草擬。擬妥，由書佐抄寫，再經長官認可，簽署後發出。這樣的文書作業過程，可以從以下EPF22:430AB和EPF22:460AB兩簡窺見線索：

    1.建武柒年三月甲午朔庚申甲渠鄣守候＿敢言之謹移三月　（EPF22:430A）

       掾譚　　　　　　　　　　　　　　　　　　　　　　（EPF22:430B）

    2.漢元始廿六年十一月庚申朔甲戌甲渠鄣候獲敢言之

      謹移十月盡十二月完兵出入簿一編敢言之　　　　　（EPF22:460A）

       掾譚　　　　　　　　　　　　　　　　　　　　　　（EPF22:460B）

這兩簡的形式和性質一致。照籾山明氏的分類，它們是標準形式的送達文書。[10]兩簡都由「掾譚」署名在簡背。EPF22:430一簡的「甲渠鄣守候」之下空有位置，尚未填上守候的名；EPF22:460同樣格式文書的「甲渠鄣候」之下，很明顯有一個

9　敦煌漢簡中曾出現「…戊戌左部書史…」（《敦煌漢簡》2399B〔北京：中華書局，1991〕）。此簡無年號，時代難以查考。「書史」二字基本清晰可辨。史與吏相通假，居延漢簡中即有「尉史」寫作「尉吏」（EPT65:291）、既有「將軍從史」（72.4，勞圖版167）也有「將軍從吏」（275.22，勞圖版490）的例子。疑此書史或即書吏。是否有職位較書佐更低的抄手呢？因缺少資料，尚難斷言。如以月奉錢而言，書佐月奉360錢（居延簡303.21、303.49）是可考佐吏中月奉最低者。陳夢家曾指出漢簡中也有月奉低於360者，唯身份皆不明。參所著〈漢簡所見奉例〉收入《漢簡綴述》（北京：中華書局，1980），頁145-146。因此目前無法證實是否有更低於書佐之抄手，但也不能排除其可能。

10　籾山明，〈爰書新探——兼論漢代的訴訟〉（中譯）《簡帛研究譯叢》第一輯（長沙：湖南出版社，1996），頁145。原文見《東洋史研究》51.3(1992)：1-42。

字體和墨色都不同的「獲」字。這個「獲」字是甲渠鄣候之名。當文件備妥，甲渠鄣候認可後，即在空處簽上名，然後發出。以上兩簡表示一件已經簽名，一件還待簽名。

其所以推測是獲自己的簽名，是因爲在居延簡中還可以找到筆跡相同的其它三個甲渠鄣候獲的簽名（見：EPF22:273AB、EPF22:532AB、76.15〔勞圖版180〕）。以上這些文書或由掾譚 (EPF22:430、EPF22:460、EPF22:532)，或由掾常 (EPF22:273) 署名在簡背，都在「甲渠鄣候」之下空出一字的位置，由筆跡相同的同一人塡上名字——獲。如果「獲」這一個字是由掾所寫，其字體理應與「掾譚」或「掾常」的署名相同，但墨色和筆跡明顯不同，不可能是他們所寫。如此，署名的應比較可能是獲本人，也就是從地皇四年十一月開始到建武四年十一月以前擔任甲渠鄣守候和候的張獲。[11] 大庭脩研究漢簡中上級長官的署名，根據同樣的現象，找出「肩水關嗇夫成」、「甲渠鄣候誼」、「肩水守候槀他塞尉舉」、「肩水候房」等例，認爲「成」、「誼」、「舉」、「房」筆跡不同於簡上其它的字是這些長官的自署，這個判斷應該是合理的。[12]

掾譚和掾常是甲渠鄣候前後任的行政幕僚長。在簡牘文書中，常常見到或由掾單獨署名，或由掾、屬署名，或由掾、屬、書佐署名，或掾、卒史、書佐，或由掾、令史、尉史等不同官吏共同副署的情形。其間的區別和規則有待進一步研究。[13] 不論如何，他們或親自署名，有時或由負責繕寫的人代簽（文書中長官的名銜和文書其它部分的字體常常相同）。幕僚副署的意義似乎是在表示他們對行政程序和文書製作負責，對文書中具體事務負全責或者說負最後責任的，則是他們的長官——以候官爲例，也就是最後簽名的候。

從上述諸簡都將候獲的簽名處空出，可以窺見漢代邊塞文書的一種製作過程。[14] 既已證明掾譚負責幕僚作業，並不是文書繕寫員，因此建武三年候粟君責

---

[11] 有關張獲的研究，可參李振宏、孫英民編，《居延漢簡人名編年》（北京：中國社會科學出版社，1997），頁307-311。鵜飼昌男也曾注意到甲渠鄣候獲的署名和他在王莽末至東漢初的任職情形，參所著〈建武初期の河西地域の政治動向〉，《古代文化》1996.12：730-731。

[12] 大庭脩，《漢簡研究》（東京：同朋舍，1992），頁247-252。

[13] 詳參陳夢家，《漢簡綴述》（北京：中華書局，1980），頁104-109；署名的初步研究可參大庭脩，前引書，頁247-267。

[14] 同樣將供長官簽名位子空出的文書製作法，還可見證於例如 EPF22:38AB, EPF22:51AB, EPF22:53AB, EPF22:250AB, EPF22:254AB 以及大庭脩在《漢簡研究》頁247-252舉出之例。

寇恩事簡中的爰書A，應不是出自掾譚之手，而較可能是出自甲渠候官的某位書佐。

此外有兩點要補充：第一，我們還須要分辨上述文書中，那些是在不同單位間移送的正式文書，那些可能是單位保留下來供存檔或參考的副本。正式文書和副本的一個不同，很可能即在簽名。正式文書由長官簽名和副署，留底的副本即可能由書佐或書吏包辦謄抄，包括簽名。這個問題很值得作更進一步全面的探討。

其次，書佐如果是繕寫文書的人，一份文書除非極長或有較多的附件，否則似應由一位書佐繕寫和署名。目前可考的簡牘，不論居延或敦煌出土的，一般的確都只有一位書佐署名。可是也有一個例外，就是16.4B：「掾習屬沈書佐橫寶均」（勞圖版 305）。有的學者將此句點讀成「掾習，屬沈，書佐橫、寶（疑應作寶）、均」，亦即視橫、寶、均三人爲書佐。[15] 這枚簡正反兩面字體基本一致，無疑出於同一人之手。這樣就產成一個問題：文書到底是由三位中的那一位所寫的呢？爲何會有一人以上署名？經查圖版，發現「寶均」二字的字體筆勢和其餘部分並不一樣，文書原來可能只到「書佐橫」爲止，亦即繕寫者就是橫。爲何在「書佐橫」之下又加上「寶均」二字？尚不得其解。

二、「它如某某」和「如某某」慣用語的意義和區別

一九九二年日本學者籾山明氏發表「爰書新探——漢代訴訟論のために」一文。[16] 該文詳細檢討了近人自陳槃以來，大庭脩、劉海年、高敏等有關爰書性質的研究，並依據簡牘，對爰書的形式與內容作了更深一層的討論。文中頗多新義，指出名稱明確的爰書可有七類，形式上一般冠以「爰書」二字，末尾有「它如爰書」或「如爰書」字樣。他又認爲官吏爲了公證某事而作成的文書，就是爰書。因此爰書具有公證書的功能。前賢諸說中，他認爲陳槃說最爲近實，但也有不足之處。

這篇對爰書的研究最爲晚出，可以利用不少新材料，意見有所不同，值得重視。唯其論及漢代文書用語「它如爰書」、「它如律令」等，對「它如」的理解

---

[15] 李均明、劉軍編，《中國珍稀法律典籍集成》甲編第二册〈漢代屯戍遺簡法律志〉（北京：科學出版社，1994），頁51。

[16] 《東洋史研究》51.3：1-42；中譯見中國社會科學院簡帛研究中心編，《簡帛研究譯叢》第一輯（長沙：湖南出版社，1996），頁142-183。

須要釐清。也因爲對這一用語的理解有誤，導致他其它的一些說法也還須要商権。「它如」用語的問題，我過去曾經討論過，[17] 現在再就籾山氏提出的問題，補充資料，進一步說明，請大家指教。

籾山氏文有一段（原文頁16-17，中譯頁156-157）引用侍廷里父老僤買田約束石券，石券末尾有「它如約束」四字。籾山氏討論這四字說：

> 乍看起來，似乎可以解釋爲「其他均如約束」，但其實并非如此。爲何這樣説呢？這是因爲如此解釋的話，無論是「其他」也好，或者是「約束」也好，其所指內容就過于曖昧不清，作爲規約便失去了意義。只要通讀全文就可明白，文中先前便已準確地敍述了應該商定的約束內容，在此之後再加上「其他均如約束」這樣漠然的條文，不是產生不必要的混亂嗎？因此，不如完全從另外的思路，即將它理解爲「以上爲約束」（日文原文：「以上、約束とする」）也就是理解成以「它如約束」一句來作「約束」的結束語。

接著，他將「它如爰書」和「如爰書」當作作用相同的爰書文末慣用語。在檢討寇恩爰書的五部分時，他說：「B部分文書中『它如爰書』或『如爰書』所云的『爰書』，只可能是指B部份文書本身，而不可能是指它以外的文書。也就是說，『它如爰書』和『它如約束』一樣，是『以上爲爰書』（「以上、爰書とする」）的意思，是爰書末尾的結束語。即爰書的文末用『它如爰書』或『如爰書』作結。」（頁16-17）

以上的引文基本依據中譯本，經核對原文，只增加了括號中的原文和改動了一二字，譯文應合乎原意。作者不將「它如約束」理解爲「其它均如約束」，最主要是因爲他認爲這樣似乎會使石券約束的內容「曖昧不清」，「失去意義」，甚至產生不必要的混亂。因此他將「它如約束」理解爲「如約束」，也就是「以上爲約束」的意思，約束即指石券上的內容。

姑不論「它如某某」和「如某某」在秦漢時代的漢語語法上是否可以等同起來，其實只要注意一下秦漢時代行政的特色，這個問題就不難得到答案。秦漢時代的官僚行政是在極爲細密的法令規章之下運作的。[18] 居延、敦煌出土的大量文

---

[17] 〈漢侍廷里父老僤買田約束石券再議——兼與俞偉超先生商権——〉，《中央研究院歷史語言研究所集刊》61.4(1990)（實際出版1992.12）：761-782。

[18] 請參拙著，〈從「如故事」和「便宜從事」看漢代行政中的經常與權變〉，《秦漢史論稿》（臺北：東大圖書公司，1987），頁333-410。

書就是最好的證明。邊防軍隊的任何方面幾乎都牽涉到極爲繁複的文書作業。這些作業的規定和程序，我們到今天都還不完全清楚。可以確定的是其中有很多格式和程序是固定的，日常行政通常是依據頗爲固定的形式和程序在進行。

　　固定的形式和程序一部分反映在許多文書的慣用辭語上。在漢代的文書慣用語中，有大家所熟知的「如律令」、「如故事」以及加上「它（他、佗）」字的「它如律令」、「它如故事」、「它如約束」兩種。秦漢行政主要以律令爲據，對法律及行政中的用語極爲注意。許多行政程序和行政機構之間的等級尊卑關係，往往就由公文使用的慣用語來表現。一個要學習爲吏的人，除了識字，知算，還必要熟知這些公文慣用語辭的明確意義。雲夢睡虎地秦簡中就有許多有關專門用語的問答，清楚反映了秦漢時代所謂「循名責實」的思想。東漢王充曾任地方小吏，非常熟悉吏事。他說「五曹自有條品，簿書自有故事」（《論衡‧程材》），基本上也反映了當時日常行政的特色。在《論衡》〈謝短〉等篇中，他還喜歡以考問某某用語的意義，來取笑時人之不知爲吏。

　　由此我們可以推想，在許多依正常程序處理的文書中，並不須要一一引錄相關的法令、規定、條品或故事依據，而是用「如律令」、「如府記律令」、「如詔書律令」、「如詔書」、「如故事」等簡單化的語句來簡化一份文書。以上這些措詞的用意，原本應有不同，如「府記」和「詔書」當然不同。但這些一旦成爲慣用語，原本嚴格的界限有時即可能趨於模糊。例如「律」和「令」原本不同，各有所指，可是一旦連用，成爲慣用語，它的意義就變得十分寬泛，可以泛指一切法令規章。[19] 這時的「如律令」變成無非就是「依相關律令規定辦理」的意思。

　　在個別的事件中，如果有不依程序，須要特別處理，或有調整改變的部分，就會特別具體說明作了那些調整，而其它仍照慣常辦法處理的部分，則在文書末加上一句「它如律令」等等，表示「其它依相關的律令規定」。「它如爰書」、「它如約束」的「它如」意義上都相同。

　　可考的文獻、石刻或簡牘文書都可以證明「它如爰書」、「它如律令」、「它如約束」、「它如故事」中的「它如」只可能如顔師古所說是「此外並如…」的意思（《漢書‧儒林傳》公孫弘條注）。這和漢代文書中常出現的「如律令」、「如故事」、「如約束」有明顯意義和作用上的區別。由於「它如某某」和「如某某」有根本語意上的不同，因此從不見它們有混用不分的情形。

---

[19] 請參拙著，〈秦漢的律令學〉，收入《秦漢史論稿》，頁247-316。

　　在討論這個問題以前，容我再以《史記・秦始皇本紀》中秦始皇議帝號的一段記載爲例，[20] 進一步澄清「它如某某」和「如某某」用語在秦漢文書中的不同意義：

> 秦初幷天下，令丞相、御史曰：「…今名號不更，無以稱成功，傳後世。其議帝號。」丞相綰、御史大夫劫、廷尉斯等皆曰：「…臣等謹與博士議曰：『古有天皇，有地皇，有泰皇，泰皇最貴。』臣等昧死上尊號，王爲『泰皇』。命爲『制』，令爲『詔』，天子自稱曰『朕』。」王曰：「去『泰』，著『皇』，采上古『帝』位號，號曰『皇帝』。他如議。」制曰：「可。」

始皇令臣下議名號，丞相等和博士商議以後，提出三點建議：

(1) 王改稱最尊貴的「泰皇」；

(2) 命爲「制」，令爲「詔」；

(3) 天子自稱爲「朕」。

始皇不滿意「泰皇」一名，主張改稱「皇帝」。從這裡可以看出秦代對「名」的重視。從此以後，「制」、「詔」、「朕」、「皇帝」都成爲與皇帝有關的專用語，任何其他人都不可以使用。這裡更引起我們注意的是這段記錄末尾有「他如議」三字。什麼是「他如議」？如果依照籾山氏的理解應是「以上如議」，也就是說「以上(1)、(2)、(3)如諸位所議定的」。事實上不是如此。秦始皇並不同意他們對(1)「泰皇」的議定，而是同意其它(2)「制」、「詔」和(3)「朕」用語的議定。因而我們可以清楚知道「他如議」的「他」是指(2)、(3)，不可能有別解。

　　雲夢睡虎地秦律的出土，使得秦代文書用語中「它如」的意義更形清楚。睡虎地秦律存在的時間在秦始皇稱帝以前，因此它爲慣用語「它如」提供了一個比《史記》更早的第一手證據。在整理爲〈效律〉的律簡中，有一支原文如下：

> 實官佐、史被免徙，官嗇夫必與去者效代者。節(即)官嗇夫免而效不備，代者(與)居吏坐之。故吏弗效，新吏居之未盈歲，去者與居吏坐之，新吏弗坐；其盈歲，雖弗效，新吏與居吏坐之，去者弗坐，它如律。[21]

---

[20] 此例我在〈漢侍廷里父老僤買田約束石券再議〉一文已經提到，但未細論，見《中央研究院歷史語言研究所集刊》61.4(1990)：764。

[21] 睡虎地秦墓竹簡整理小組編，《睡虎地秦墓竹簡》(北京：文物出版社，1990)，頁57。

這支簡的內容和整理爲〈秦律十八種〉中另一支題有「效」字的簡完全一樣。但是這一支的內容顯然並不完整,應該還有書寫在別簡上的前文。姑不論前文爲何,這支簡的內容是針對貯糧單位之佐、史免職或調任時,其長官嗇夫與離任、接任者及同一官署留任者,在不同情況下職務交接上的責任問題。簡中提到佐、史免職或調任時,官府嗇夫須與離任者一起向接任者核驗交代,也就是校核相關的物資。其中有三種情況,責任歸屬有所不同:

(1) 如果官嗇夫免職時已經核驗,其後發現數有不足,這時須由接任者及留任的吏承擔罪責;

(2) 如果留任之吏未辦交代核驗,接任者上任不滿一年,則由離職者及留任者負罪責,接任者不負責;

(3) 如果接任者上任已滿一年,雖未核驗,也應由接任者和留任者負責,離職者即不再有責任。

關於新舊任官吏的職務交接,如何釐清彼此的責任,必然還有更多不同的情況,也還有更多相關的規定。以上的一條僅及長官免職,佐、史新舊任交接在不滿一年或滿一年的不同情況下,財物核驗的責任應如何歸屬。由於還有其它的情況和其它相關的規定,因此末尾加上「它如律」三字,表示其它的即依既有的成規辦理。《睡虎地秦墓竹簡》的譯文將「它如律」譯作「其餘都依法處理」(頁57),是完全正確的。

「他如議」的「他如」和秦漢簡牘中所見的「它如」一樣。由於簡牘中「它」和「也」兩字書法不易分別,我曾經誤認有些文件中的「它」字爲「也」字。現在謹作以下修正:凡簡文「如」字前的「也」字應一律釋爲「它」。「它如」是漢承自秦,文書中有特定意義的慣用語。「它如某某」和「如某某」的作用清楚有別。籾山氏提到爰書末尾有以「它如爰書」或以「如爰書」作結的兩種情形。其實目前可考的例證都是「它如爰書」,並沒有「如爰書」的例子。所謂的「如爰書」都是將「如」字前的「它」字誤讀成「也」所造成。漢代公文中並不存在「皆證也,如爰書」和「皆證。它如爰書」兩可的情形。

以下再舉幾個漢代文獻和簡牘中的例證。第一個例子見《漢書・儒林傳》。武帝時,公孫弘爲丞相,奏請興儒學。他在上奏中先引用了一件武帝要禮官太常議勸學的制書,接著報告他與太常博士討論置博士弟子員,令郡國察選人材受業如弟子,考課優劣,以定擢用黜罷的辦法。這部分原文甚長,不俱引。重要的是接著下來的一段:

> 臣謹案詔書律令下者，明天人分際，通古今之誼，文章爾雅，訓辭深厚，
> 恩施甚美。小吏淺聞，弗能究宣，亡以明布諭下。以治禮掌故以文學禮義
> 爲官，遷留滯。請選擇其秩比二百石以上及吏百石通一藝以上補左右内
> 史、大行卒史，比百石以下補郡太守卒史，皆各二人，邊郡一人。先用誦
> 多者，不足，擇掌故以補中二千石屬，文學掌故補郡屬，備員。請著功
> 令。它如律令。

公孫弘在這部分清楚提到，當時的小吏並不能領會「詔書律令」的美意，爲了使
以治禮掌故、文學禮義爲官的人，不致留滯難以升遷，他特別提出了不同等級通
藝補官的改善辦法。他請求將新訂的辦法著於功令，其它的部分則依既有的律令
處理（「請著功令。它如律令」）。顏師古注「請著功令」曰：「新立此條，請
以著於功令。功令，篇名，若今選舉令。」其注「它如律令」曰：「此外並如舊
律令。」這都是十分正確的解釋。這裡如果將「它如律令」理解爲「如律令」或
「以上爲律令」，則扞格難通。

其次，在《漢書・匈奴傳》也有幾個十分明顯的例證。征和三年，貳師將軍
李廣利投降匈奴：

> 其明年，單于遣使遺漢書云：「南有大漢，北有強胡…今欲與漢闓大關，
> 取漢女爲妻，歲給遺我蘖酒萬石，稷米五千斛，雜繒萬匹，它如故約，則
> 邊不相盜矣。」（新校標點本，下同）

李廣利降匈奴，使漢朝面對匈奴時，陷於十分不利的地位。單于立即以十分強悍
的態度增加對漢廷的需索。所謂「蘖酒萬石，稷米五千斛，雜繒萬匹」，都是
「故約」之外的。除了這些額外的，單于要求其它的部分如故約，則匈奴不侵漢
邊。這裡的「它如故約」，意義十分清楚，同前例一樣不能作「如故約」或「以
上如故約」解。又同傳，成帝河平四年，復株絫若鞮單于入朝：

> 加賜錦繡繒帛二萬四，絮二萬斤，它如竟寧時。

「它如竟寧時」的語意十分清楚，亦即除了「加賜」的錦帛二萬匹、絮二萬斤，
「其它如竟寧時的先例」。又哀帝元壽二年，單于來朝：

> 加賜衣三百七十襲，錦繡繒帛三萬匹，絮三萬斤，它如河平時。

「.它如河平時」的語意和「它如竟寧時」是一樣的，都不可能理解爲「如河平
時」、「如竟寧時」。正如我在舊文中已指出的，「它如」二字都是在有所改變
的情況下（單于提新的要求、漢帝主動加賜），除了改變的部分，表明其餘的如

故事或舊的約束。[22] 我們再補充一個《後漢書》中的例子。《後漢書・章帝紀》元和二年九月壬辰詔：

> 鳳皇、黃龍所見亭部無出二年賦。加賜男子爵，人二級；先見者帛二十四，近者三匹，太守三十匹，令、長十五匹，丞、尉半之。詩云：「雖無德與汝，式歌且舞。」它如賜爵故事。

以上記載的是壬辰詔「加賜」的內容，詔尾以「它如賜爵故事」作結。如果將這個結尾慣用語，像籾山氏所主張的，理解爲「如賜爵故事」或「以上爲賜爵故事」，亦即認爲這個詔書提到的內容即「賜爵故事」的本身，和賜爵故事一樣，就有困難了。

　　同樣的情形在一九九三、一九九五年刊佈的江陵張家山247號漢初墓出土的竹簡「奏讞書」中可以看得更清楚。[23] 奏讞書包括春秋至漢初的法律案例二十餘件。這些案例記錄短則二十餘字，多則上千言。在較長的記錄中，包含有相關原告、被告好幾個人的供辭和官府詰問的內容。這些供辭常見的結束語就是「它如某某」。以下試舉一例，以槪其餘：

> ・十年七月辛卯朔甲寅，江陵余、丞鷔敢讞之。乃五月庚戌，校長池曰：
> 士五軍告池曰：大奴武亡，見池亭西，西行。池以告，與求盜視追捕武。
> 武格鬥，以劍傷視，視亦以劍傷武。
>
> ・今武曰：故軍奴。楚時去亡，降漢，書名數爲民，不當爲軍奴。視捕
> 武，誠格鬥，以劍擊傷視，<u>它如池</u>。
>
> ・視曰：以軍告，與池追捕武，武以劍格鬥，擊傷視，視恐弗勝，誠以劍
> 刺傷武而捕之，<u>它如武</u>。
>
> ・軍曰：武故軍奴，楚時亡，見池亭西。以武當復爲軍奴，即告池所，
> 曰：武軍奴，亡。告誠不審，<u>它如池、武</u>。
>
> ・詰武：武雖不當受軍弩（奴），視以告捕武。武宜聽視而後與吏辯是不
> 當狀。乃格鬥，以劍擊傷視，是賊傷人也，何解？
>
> ……

---

[22] 同註2，頁763。

[23] 江陵張家山漢簡整理小組，〈江陵張家山漢簡《奏讞書》釋文（一）、（二）〉，《文物》1993.8：22-25；1995.3：31-36。

　　以上是漢高祖十年七月，一位江陵地方負責捕盜的小吏校長池率手下追捕亡
奴，發生格鬥傷害的案例的前半供辭部分。[24] 先是一位士伍軍到負責治安的校長
池處報告：他的一名名叫武的奴逃亡而去，出現在池所轄亭的西面，往西而去。
池因報案，即率求盜名叫視的去追捕。結果發生格鬥，亡奴武以劍擊傷視，視也
以劍傷了武。江陵縣令和縣丞在讞辭裡先記錄校長池的報告，接著又記錄了亡奴
武的供辭。武在供辭中承認自己傷了視，但是辯解自己的身份並不是軍的奴。供
辭末尾有「它如池」三字。其餘視、軍二人的供辭也都以「它如武」、「它如
池、武」作結。江陵縣在調查此案，詢問各當事人時，本應各有完整的供辭記
錄。江陵縣因疑難決，要「讞之」廷尉，不可能將全案原件上呈，只可能節略要
點。爲免記述情節太過重覆，凡池已說過，武和池的說辭無不同的，即不再照錄
武的話，而以「它如池」一語帶過。接著摘錄視、軍二人供辭的要點，也以「它
如武」、「它如池、武」帶過。軍的供辭和池或武的供辭不知爲何仍有些重覆
（如見池亭西，楚時亡去），或許這些是值得重覆的要點吧。不論如何，「它如」
之意爲「其它如」，無論就文法或語意都十分明確，不可能像籾山明氏那樣去理
解。

　　我想以上的例證已經足夠說明「它如某某」的慣用語在秦漢兩代的文書中有
一致明確的意義。「它如某某」和「如某某」意義不同，用在不同的情況，發生
著不同的作用。

三、「建武三年十二月候粟君所責寇恩事」簡册檔案的構成

　　現在回到「建武三年十二月候粟君責寇恩事」簡册，看看應如何理解這份簡
册中的「它如爰書」四字，以及爰書中各部分的關係是否如籾山氏所理解的那
樣。討論之前，不可避免要先考慮以下幾項問題：

　　（1）「建武三年十二月候粟君責寇恩事」諸簡是在甲渠候官所在地編號F22
的房屋遺址中出土。F22一般假定是甲渠候官的檔案室。此室曾出土許多較完整
的文書册。由於責寇恩事的原告是甲渠候粟君，因此相關的文書會以「建武三年
十二月候粟君所責寇恩事」爲楬（標籤牌），出現在甲渠候官的檔案室裡。問題
是我們目前所見的文件是否是與責寇恩事相關的全部文件？或者是其中的一部分？

---

[24]〈江陵張家山漢簡《奏讞書》釋文（一）〉，頁23。

（2）以「建武三年十二月候粟君所責寇恩事」為楬的相關文書簡在出土時原編繩已不存在，呈散亂的狀態。依過去學者和籾山氏一致的一個分法，除了楬，這份文書分為五個部分，並產生A、B、C、D、E和A、B、D、C、E兩種文書排列順序的意見：

A.（EPF22:1-20）：建武三年十二月癸丑朔乙卯（12月3日）都鄉嗇夫宮驗問寇恩的供辭記錄。有學者也稱之為乙卯爰書。

B.（EPF22:21-28）：建武三年十二月癸丑朔戊辰（12月16日）都鄉嗇夫宮再度驗問寇恩的供辭記錄。有學者稱之為戊辰爰書。

C.（EPF22:29-32）：建武三年十二月癸丑朔辛未（12月19日）都鄉嗇夫宮給居延縣廷的呈文。有學者稱之為辛未文書。

D.（EPF22:33）：尾題簡「右爰書」。

E.（EPF22:34-35）：十二月癸丑朔己卯（12月27日）居延縣廷移甲渠候官文。

兩種意見不同的關鍵在所謂的「爰書」，應包含A、B、C三部分，或僅指A、B這兩部分？籾山氏同意爰書僅指A、B，而認為C是送達文書，並不能當作爰書的本文看待。這兩種看法的一個共同基本假設是將這三十五支簡視為一份完整的簡冊，共有一個標題楬。[25] 基於這樣的假設才會產生這五部分簡原本應如何排序，以及「右爰書」一簡應排在什麼位置的問題；而「右爰書」一簡的排列又決定了簡冊中那些部分才能算作爰書的爭論。將五部分當作一份完整的簡冊看待是否恰當？這是須要重新思考的另一個問題。

如果我們換一個角度考慮，所見可能就有不同。例如，從筆跡和文書製作的時間看，可以清楚發現它們是由不同的人在不同的時間所寫。這些簡墨色清晰，筆跡各有特徵，不難辨識。以筆跡來說，即可分為下列四組：

1. 乙卯爰書（EPF22:1-20）二十支簡的筆跡書法墨色一致，毫無疑問出於同一人之手。和戊辰、辛未文書部分比較，這一部分的書法用筆較粗獷潦草，運筆的筆勢和筆劃特徵自成一格。就抄寫而言，它應是和其它部分不同的二十支簡。

值得注意的是乙卯爰書的全文在語氣和形式上都是都鄉嗇夫應居延縣廷的要求，驗問被告寇恩後作成的口供記錄。這原本是都鄉嗇夫交給縣廷的記錄才對。

---

[25] 例如大庭脩即明白地說：「既然認為C和E是不可分離的，那麼，A、B、D、C、E就成為縣廷向甲渠候官傳達的一個文書，這樣看來，便初次現實地領會到這冊書是作為一個簡冊出土，可以理解為全篇是用一筆寫成的。」《秦漢法制史研究》中譯本，頁536；中譯本小有脫誤，據原書頁665修改。

爲什麼它會出現在甲渠候官的檔案中呢？如果縣廷在接到都鄉嗇夫的驗問記錄報告後，要答覆原告候粟君，依我們對漢代移送文書形式的了解，覆文應不僅僅是一份口供原文，最少還應附有以「謹移一編某某」爲形式的移送文書。文書的開頭似也不可能保留「某年某月某日都鄉嗇夫宮以廷所移甲渠候書召恩詣鄉…」的語氣。從較潦草的字體猜測，乙卯爰書可能僅僅是甲渠候粟君保留的一份抄件，並不是正式的公文書。候粟君是原告，企圖抄存被告的供辭應在情理之中。

候粟君得知被告寇恩的供辭，認爲與實情不符，於是採取進一步行動——「奏記府：願詣鄉，爰書是正」。據裘錫圭先生對這一段的理解是「甲渠候把事情捅到了府裡」。「奏記府」的「府」是指甲渠候的上司都尉府，候粟君表示供辭不實，自己願意到鄉裡去辨正爰書。那時，居延縣係歸居延都尉府管。[26] 都尉府因而下令居延縣再處理（「府錄：令明處」）。居延縣遵令，行文都鄉嗇夫要求再行驗問。都鄉嗇夫於是再行驗問，修正了第一次驗問中一些不夠清楚的地方，[27] 再回覆縣廷，於是產生了下述的戊辰爰書和辛未移送文書。

2. 戊辰爰書、辛未移送文書（EPF22:21-32）及「右爰書」（EPF22:33）一簡共十三簡的格式字體書法一致，毫無疑問出於同一人之手，應是同時寫成。如果比較EPF22:21、28、30、32、33各簡的「爰書」二字的書法，即可發現在特徵上基本相同，應可判定屬於同一人的手跡。尤其值得注意的是EPF22:32簡第一行下欄的「受爰書」三字筆劃粗細和字體大小比辛未文書的其它字稍粗、稍大，卻和「右爰書」三字幾乎一樣。從圖版我們無法判定「受爰書」三字是否曾經削改重寫，但是既和「右爰書」三字一樣，可以證明「右爰書」一簡應是和戊辰、辛未文書同時由同一人抄寫而成的。

或許有人會懷疑「右爰書」一簡只寫一行，其餘諸簡皆書兩行，簡寬又較其餘諸簡爲窄，怎可能屬於同一簡冊？幸好前不久敦煌懸泉置的「陽朔二年懸泉置傳車宣輿簿」一個保留有原編繩的簡冊圖影已經公布。[28] 這個簡冊清楚證明寬窄不同，和單雙行書寫都有的簡可以編成同一個冊子。因此，「右爰書」一簡構成戊辰、辛未文書簡冊的一部分，應無簡冊形制上的問題。

---

[26] 裘錫圭，〈新發現的居延漢簡的幾個問題〉，收入《古文字論集》（北京：中華書局，1992），頁613及注10。

[27] 兩次驗問的差異和修正可參徐蘋芳的討論，見〈居延考古發掘的新收穫〉，《文物》1978.1，收入《中國歷史考古學》（臺北：允晨文化實業股份有限公司，1995），頁12-26。

[28] 見《中國文物精華》（北京：文物出版社，1997），圖112。

又從文件的構成而言，徐蘋芳、大庭脩和籾山明認爲「右爰書」一簡應在戊辰爰書之後，這是正確的。所謂的辛未文書應是在移送爰書時附加的移送文書，並不是爰書本身。同樣地，我們比較前述「陽朔二年懸泉置傳車亶輿簿」的尾簡（「陽朔二年閏月壬申朔癸未，縣泉置嗇夫尊敢言之，謹移傳車亶輿簿一編敢言之」）和辛未文書的內容和形式，也可以證明辛未文書應在簡册的末尾。

我雖然同意前賢之說，但在認識上也有不同。基本上我將乙卯、戊辰、辛未和己卯幾個日期的文件視爲「同一個檔案」中的「不同文件」，不將它們當作一份文件，合在一起排序。「右爰書」一簡所指涉的爰書僅是戊辰爰書，也就是再度驗問寇恩的供辭部分。較戊辰爰書爲早的乙卯爰書也是爰書，但不是「右爰書」一簡所指涉者。乙卯爰書是獨立的抄件，和戊辰爰書並非同時到達甲渠候的手裡。

其次，辛未文書雖爲移送文書，但在文書的開頭，如徐蘋芳先生指出，摘錄了甲渠候的「劾狀」，這部分劾狀原本也具有爰書性質。在秦漢兩代司法程序上，訴訟一般是由「告」或「劾」這一程序開始。告是針對平民，劾是針對官吏。[29] 寇恩是一介平民，甲渠候粟君要告他，所謂的劾狀似應稱爲「告」。現在所見的簡册中稱之爲「甲渠候書」，似非告狀的原件。睡虎地出土秦律〈封診式〉中常見有「告」。在秦的司法程序上，「告」的文件很清楚是因告而引起一連串爰書的一部分。[30] 這一點在漢代應無不同。如果要考察漢代爰書的樣式和內涵，辛未移送文書也具有一定的參考價值。

最後還可提出討論的一點是，這份文書在形式上較爲完整，包括：（1）爰書本身、（2）「右爰書」一簡表示文書的構成，以及（3）末尾的移送文書。在書寫上，雙行分三欄，書法最爲工整，看來應該是一份正式的公文。它是如何出現

---

[29] 有關告與劾的區別，請參徐世虹，〈漢劾制管窺〉，《簡帛研究》第二輯（北京：法律出版社，1996），頁313。

[30] 封診式的「盜自告」、「告臣」、「奪首」、「黥妾」、「遷子」、「告子」、「出子」、「毒言」、「奸」等凡由人向官府提出告訴、告發或自告的，這些告辭和官府的相關處理，都被放在爰書的標題之下。參《睡虎地秦墓竹簡》（北京：文物出版社，1990），頁150-163。相關研究可參籾山明，〈秦代審判制度的復原〉，《日本中青年學者論中國史》上古秦漢卷（上海：上海古籍出版社，1995），頁249-253。籾山明對爰書的定義是：「它是記錄對事件原委的控告、供述及承辦官吏的相應措施以備上級官府監察的職務報告書。」（頁273）

在甲渠候官的檔案室裡的？由於在F22找不到相同筆跡的其它文書，[31] 暫時假設是由居延縣送來的。而且誠如許多學者已經指出，這應該是居延縣移送下述己卯文書給甲渠候時的附件。

3. 己卯文書（EPF22:34-35）由兩枚簡構成，格式上和戊辰、辛未文書同，但字體較粗圓均勻，和戊辰、辛未文書的書寫者不同，角谷常子已比對證明，其說可信。[32] 己卯文書末有「掾黨、守令史賞」的署名，他們都是居延縣的屬吏。這兩簡上的文字，如依前文所論，則可能即由他們手下的書佐所繕寫。戊辰和辛未文書由居延縣的書佐抄寫，要發出以前則由承辦的掾、守令史加上文書的最後部分（說明寫移被告寇恩的供辭（置辭），並要求原告「爰書自證」）並署名負責。[33] 換言之，戊辰、辛未和己卯文書，原分別由書佐和負責發文的掾、守令史備文，再合在一起成冊，以同一份文件的形式送達甲渠候官。

4. 楬（EPF22:36）一枚，此楬的墨色較淡，[34] 和前述幾部分不一致，應不是同時所書。有趣的是這個圓頭的楬如果和F22同一遺址所出的其它的楬（EPF22:408：「建武五年十一月以來告部檄記算卷」、EPF22:409：「建武柒年四月以來府往來書卷」）比較，可以知道這些楬應是在建武三至七年間所作。楬頭花紋用略帶弧形的線條交叉而成，其外框以寬粗的黑邊。這樣的楬頭花紋和邊框，如果和F22出土其它的楬頭（EPF22:468AB, 22:469AB, 22:577, 22:703AB, 22:747AB, 22:822）比較（參附圖三），就可以知道這三楬的製作和其它楬小有不同，而很可能是由同一人所製作。其次，楬上的字體由於可比之字較少，EPF22:409的圖版又較模糊，由一人或數人所寫不易確定。從楬製作的形式特徵，我們或可假設EPF22:36、22:408、22:409三楬是甲渠候官在整理文書時，由某一人所製作，再由整理的人在楬上標記內容，加在不同的檔案上。從「建武五年十一月以來告部檄記算卷」、「建武柒年四月以來府往來書卷」楬上某年某月以來的用語可知，相關文書是經過一段時間後才分類集中，成卷建檔。「建武三年候粟君責寇恩事」一楬應該是用來標示一份被集中的文書檔案。檔案中的文件都關係到同一件事，存檔時才被放置在一起。

---

[31] 在F22出土的文件中，書寫格式相同，筆跡較爲相近，年代屬建武四年一份驗問隧長秦恭的爰書殘冊（EPF22:328-332），看起來似有可能和戊辰、辛未爰書出於同一人書寫。但我仔細比較後，覺得仍有差別，仍難認定出於同一人之手。

[32] 見角谷常子，前引文，頁216-218。

[33] 關於己卯文書的解釋可參裘錫圭，前引文，頁613-614。

[34] 關於墨色濃淡可參日本大阪府立近つ飛鳥博物館編，中國木簡古墓文物展圖錄《シルクロードのまもり》，頁36-37。

綜合以上的分析，這個檔案似應包括以下兩份文件：

1. 乙卯爰書（抄件）
2. 己卯居延令移甲渠候官文書（正式文書，包括：戊辰爰書和辛未文書）

在此有一點還須要進一步說明，所謂的辛未文書在形式上如籾山氏所指出的是移送文書，不過一旦成為居延縣發出的己卯文書的一部分，辛未文書發生的作用已不再是移送，而主要在傳達兩個要點：一是居延縣向地位相同的甲渠候表態，表示已經根據甲渠候粟君的要求，要都鄉嗇夫重新驗問了被告；其次是居延縣藉都鄉嗇夫的報告提醒甲渠候，他曾表示「願詣鄉，爰書是正」，現在是他再一次說明自己的立場和案情的時候了。

接著要問的一個大問題是：這兩份文件是否就是候粟君責寇恩訟案的全部相關文件？答案是否定的。徐蘋芳先生曾指出這些文件只關係到當時全部訴訟程序的前半段，也就是告或劾、驗治和傳爰書的部分。[35] 我們要進一步指出：即使是前半段，相關文書也應該比我們現在所見到的為多才是。徐先生曾指出現存的簡册中未見原告的狀子，只在辛未文書中見到狀辭的摘要。這個狀子必然曾經存在。或許因為狀子交給了居延縣，或許因為狀子的副本遺失或尚未出土，因此在甲渠候的檔案裡才未出現。另外我們從司法程序看，在過程中應該還會產生下列的文書：

1. 縣廷接到狀子（簡册中稱之為「甲渠候書」）後，必曾移文都鄉嗇夫宮說明狀子內容或附上「甲渠候書」，並要求嗇夫宮召被告寇恩進行驗問。因為接到這個文件，都鄉嗇夫宮才有了召寇恩進行驗問的依據。這個文件應該是不可少的。
2. 這個案件牽涉到甲渠令史華商、尉史周育。華商、周育不克代粟君去賣魚，兩人才各出牛、穀僱寇恩代行，引出一場是非。為明瞭案情，華、周兩人和寇恩之間的僱庸關係，按理應該也在案情調查的範圍之內。這項調查不可避免會產生調查報告。
3. 這個案件還關係到粟君妻業、寇恩子欽。除了驗問寇恩，沒有理由不以適當的官吏去驗問這兩位關係人並作成報告。這些驗問報告也是爰書。只有將上述關係人都作了調查，才能知道候粟君提出的控訴是否有理，而寇恩的供辭是否屬

---

[35] 徐蘋芳，〈居延考古發掘的新收穫〉，《文物》1978.1，收入《中國歷史考古學》，頁19。

實。前文提到江陵張家山出土的奏讞書，即清楚證明凡案件的關係人（校長池、士伍軍、亡奴武、求盜視）都會受到調查，也都有供辭記錄。寇恩的案子似不可能例外。

4. 居延縣在取得各種調查報告後，作成判決，理應通知原告。這份通知不可能只是一份寇恩的供辭而已。這份通知書現在也未見。

5. 甲渠候得知結果，不滿，將案子告到都尉府去，辛未文書中稱之為「奏記」。這份奏記應存在都尉府。甲渠候不知為何未留副本，或者有副本而未出土，總之未出現於F22。

6. 都尉府根據甲渠候的奏記，應曾進一步行文要求居延縣再查。要求再查應該也會產生一份文件。

7. 居延縣接到都尉府的文件，應又行文都鄉嗇夫宮，要求再次召寇恩進行驗問。這些和訟案相關的往來文書，依據籾山明對爰書的定義，因為和「承辦官員的相應措施」有關，[36] 都可稱為爰書。如果以上的推想成立，我們可以說在F22見到的責寇恩事檔案，只是整個案子相關爰書的一小部分而已。我們實難想像這樣一個牽涉多人（候粟君、寇恩、寇恩子欽、粟君妻業、華啇、周育）的訟案，只詢問一個被告的口供就完事。我們也很難想像這樣一個訟案，依當時的司法程序只曾產生在F22出土的文件。

　　這個認識十分重要。因為這樣，我們才能覺悟目前文書中一些令人不解之處，其實可能曾在其它爰書中有所交代，也才能正確了解文書中「它如爰書」的意義。具體地說，都鄉嗇夫宮接到縣廷轉來的甲渠候書，召寇恩來鄉驗問，作成供辭報告，末尾以「皆證。它如爰書」作結的意思是說：「皆證」指都鄉嗇夫宮表示對供辭皆曾驗證，對供辭的虛實表示負責。[37]「它如爰書」則指除了他所驗證的，其它則如縣廷送來的爰書所言（甲渠候書應是其中的一部分）。可惜甲渠候書的全文未能得見，否則我們就有可能更清楚了解全部的情況。舉例來說，甲渠令史華周、尉史周育是在什麼情況之下「當為候粟君載魚之觻得賣」？又為何由他們兩人出資僱寇恩代行？寇恩供辭中提到甲渠候妻業曾隨寇恩從觻得到居延。她是曾隨寇恩同去同回？還是業原在觻得，寇恩到觻得賣完魚，才偕她同回居延？這是不是當僱用寇恩時，雙方契約的一部分？寇恩的兒子是在什麼情況下

---

36 同注24。

37 「皆證。它如爰書」在其它文書中或作「皆證，所置辭審。它如[爰書]」(3.35)、「皆證所言，它如爰書」（EPT57:85），意思就更清楚了。

爲粟君捕魚？他的兒子捕魚和寇恩受僱賣魚之間有什麼樣的關係？這些問題單看寇恩供辭得不到答案，但在縣廷交給都鄉嗇夫的爰書（包括甲渠候書）以及其它的往來爰書中可能曾有較完整的說明。由於寇恩供辭有些部分和縣廷爰書所說並無出入，因此都鄉嗇夫在答覆縣廷時無須重覆，只消說「它如爰書」即可。

　　過去學者討論建武三年候粟君責寇恩事檔案，注意到簡的排序，但除了裘錫圭先生等少數，較少人考慮書體的異同以及各部分由誰而寫的問題。[38] 也少有人將這份檔案文書的書體和甲渠候官出土的其它文書加以比對。這是因爲在《居延新簡》出版以前，只有候粟君責寇恩事的簡冊圖版可據，沒有同地所出其它文書的圖版可以比對。現在經過比對，可知乙卯爰書可能是甲渠候保留的抄本。這一點，我的想法和角谷常子基本相同。所不同的是角谷以爲可能是甲渠候掾譚所書，我以爲可能是甲渠候的某位書佐。[39] 如果這樣的推論成立，則過去學者相信建武三年十二月候粟君責寇恩事的三十五支簡屬於同一份簡冊的看法恐怕就難以成立了。

96.1.25初稿，98.6.17寫定

（本文於一九九九年五月一日通過刊登）

後記

　　完稿後，紀安諾以日本學者宮宅潔文〈秦漢時代的裁判制度〉（《史林》81.2[1998]：47-49）見示，得知他對「它如某某」一詞的意見和我相同，特此註明。又文稿曾承周鳳五、林素清伉儷、裘錫圭先生及匿名審查人斧正，謹此誌謝。

99.4.10

---

[38] 裘錫圭，前引文，頁612提到「乙卯爰書的簡型和字體都與其他文書不同，似非一次所移。」角谷常子注意到建武三年責寇恩爰書的書法，並得出和我類似的結論。例如他也指出乙卯爰書應是甲渠候的copy，不是居延縣送來的原件。見角谷常子，前引文，頁219。

[39] 我曾列表比對乙卯爰書和F22出土其它文書的筆跡，疑心乙卯爰書和EPF22.126-150諸簡出於同一人之手，但幾經考慮，仍難完全肯定。筆跡鑑定十分不易，或應求助於現代化的鑑定儀器。

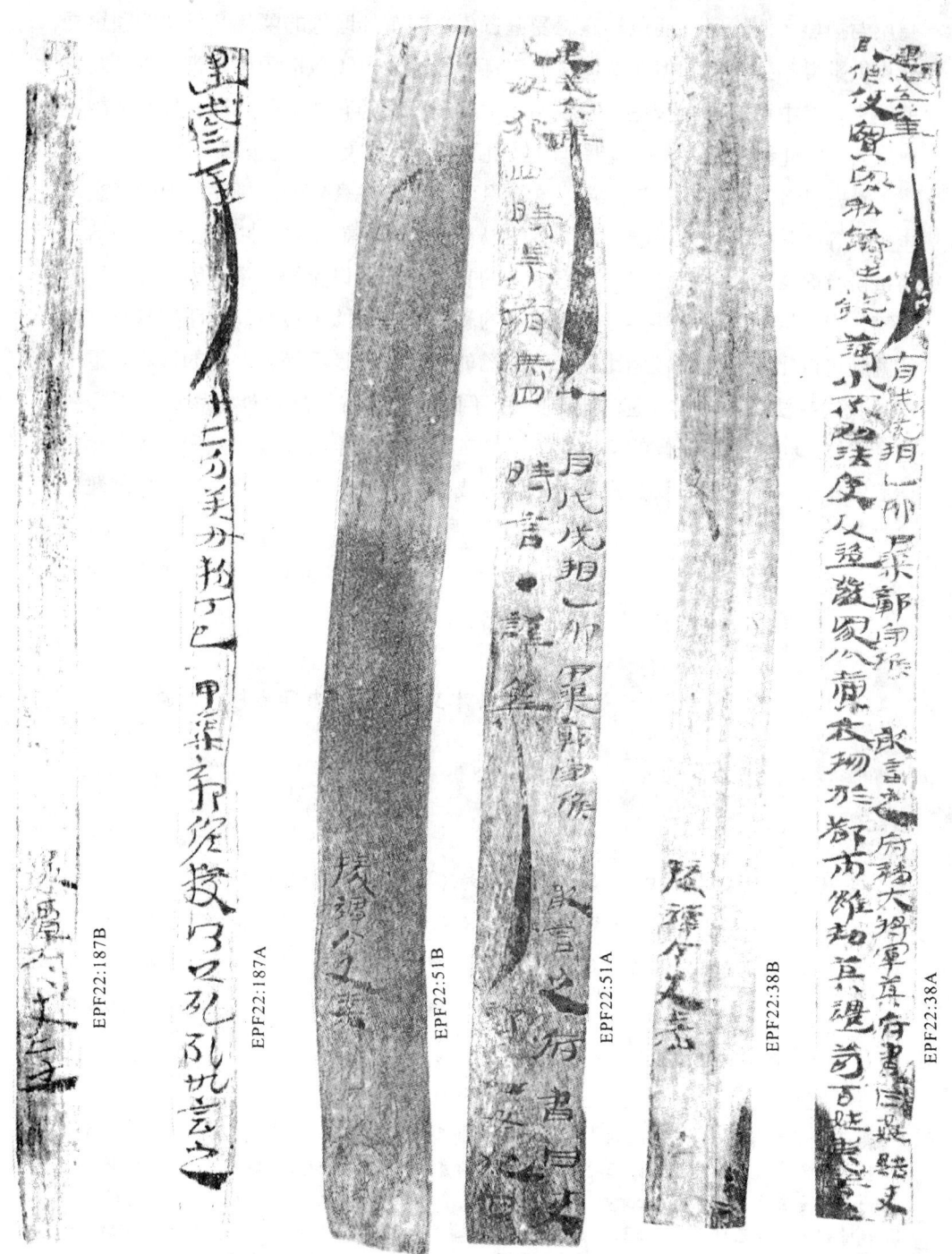

附圖一・一：「掾譚」簡字體比較表

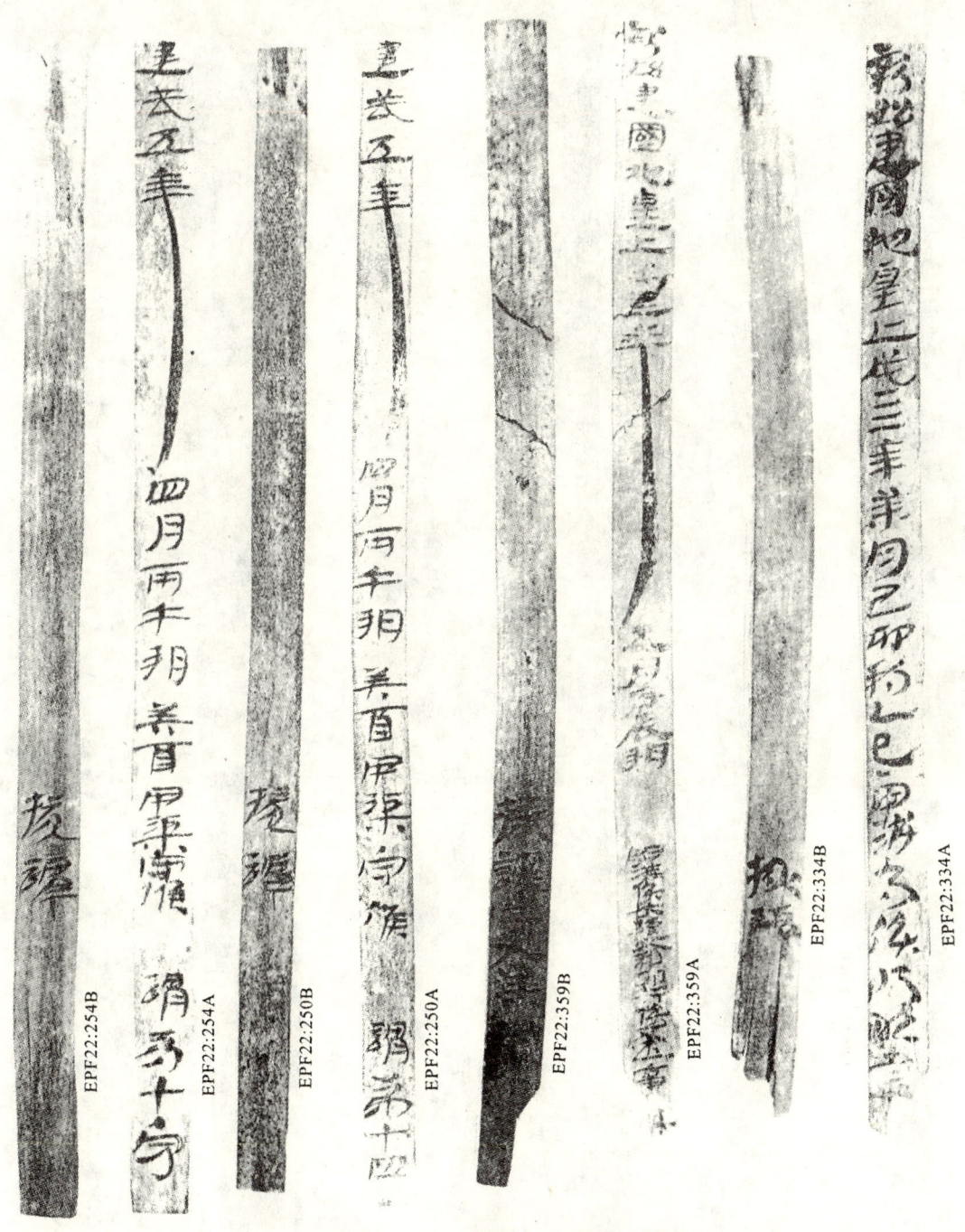

EPF22:254B

EPF22:254A

EPF22:250B

EPF22:250A

EPF22:359B

EPF22:359A

EPF22:334B

EPF22:334A

附圖一・二：「掾譚」簡字體比較表

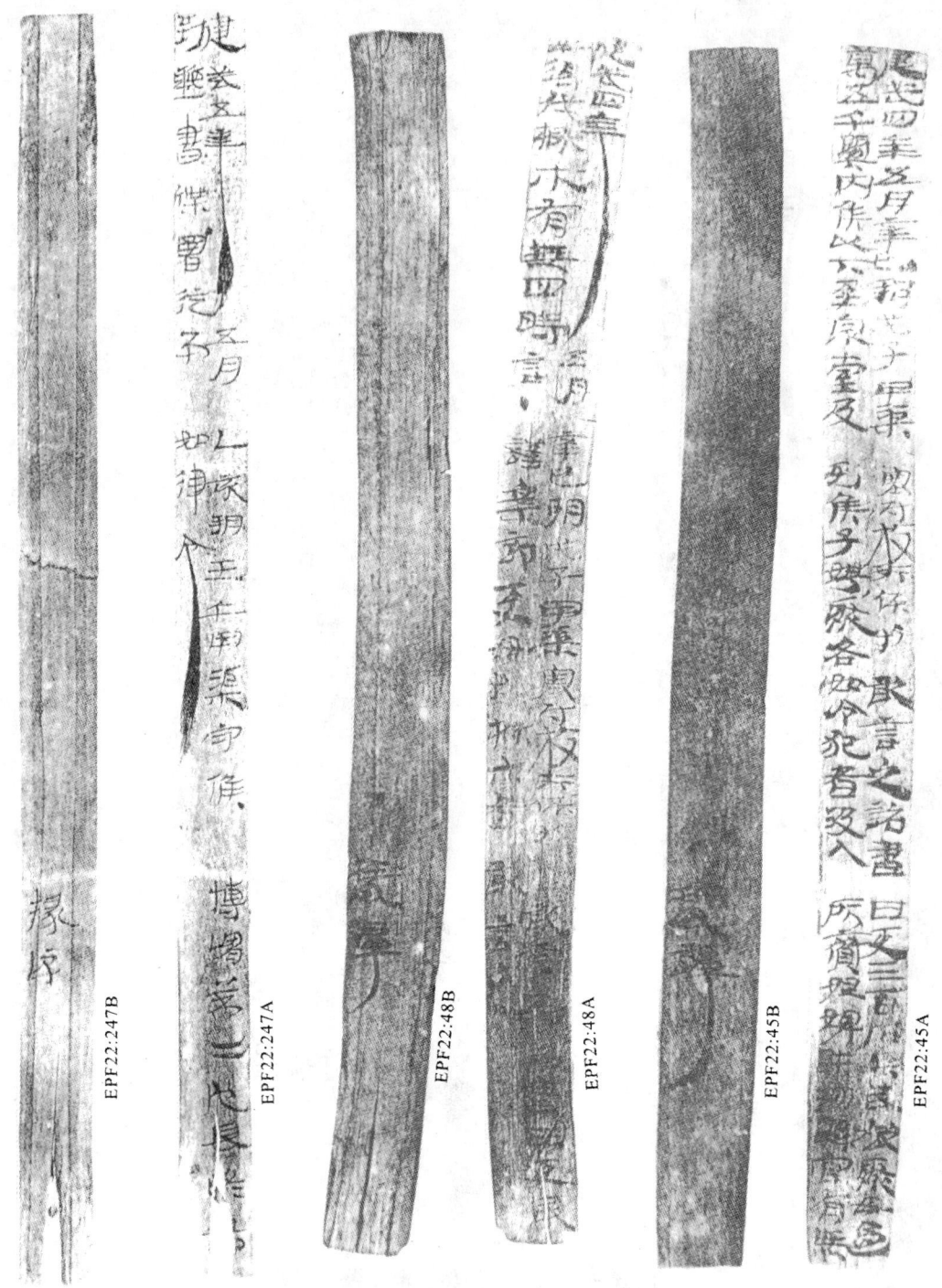

EPF22:247B EPF22:247A EPF22:48B EPF22:48A EPF22:45B EPF22:45A

附圖一・三：「掾譚」簡字體比較表

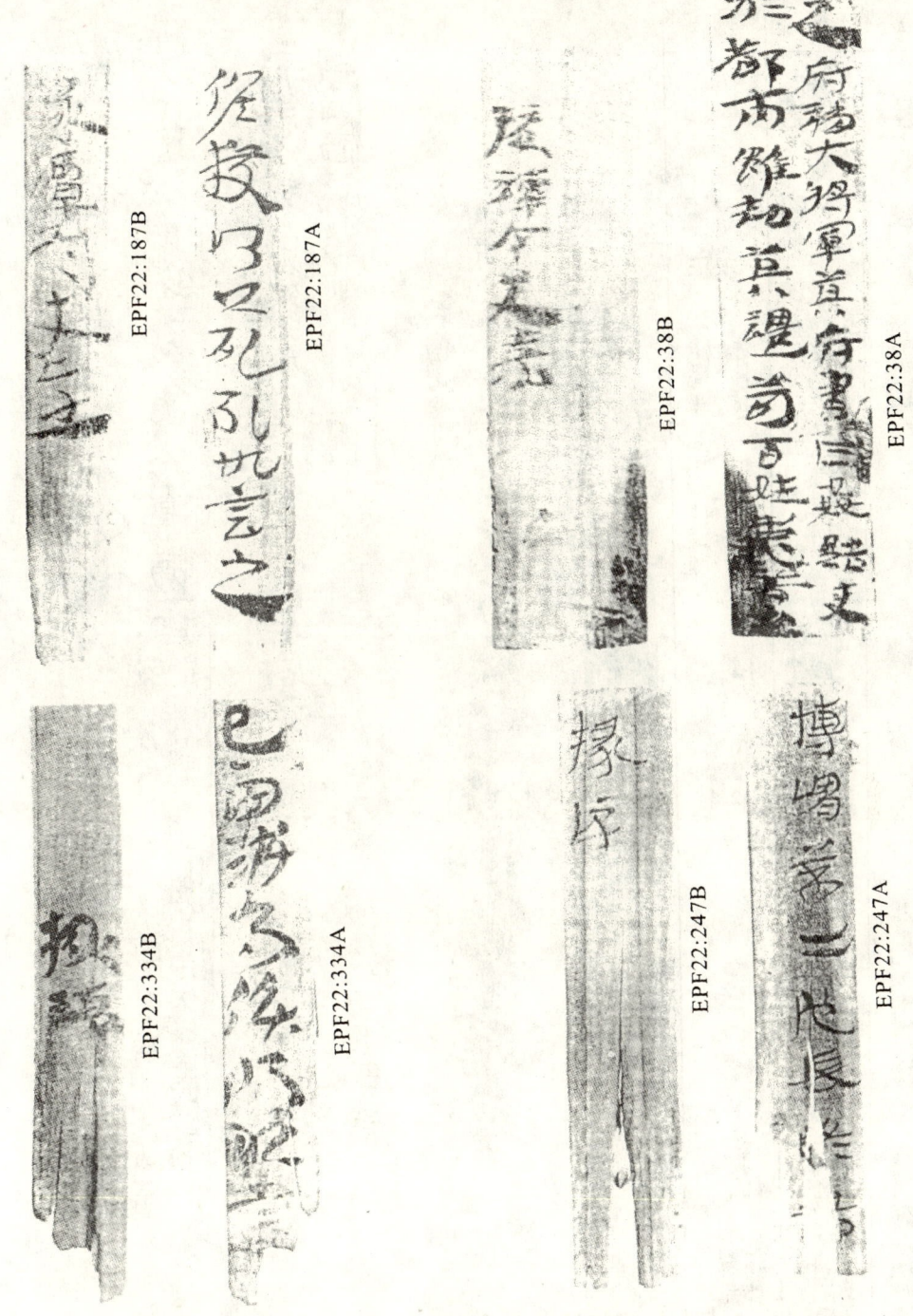

EPF22:187B

EPF22:187A

EPF22:38B

EPF22:38A

EPF22:334B

EPF22:334A

EPF22:247B

EPF22:247A

附圖一・四：「掾譚」簡字體比較表

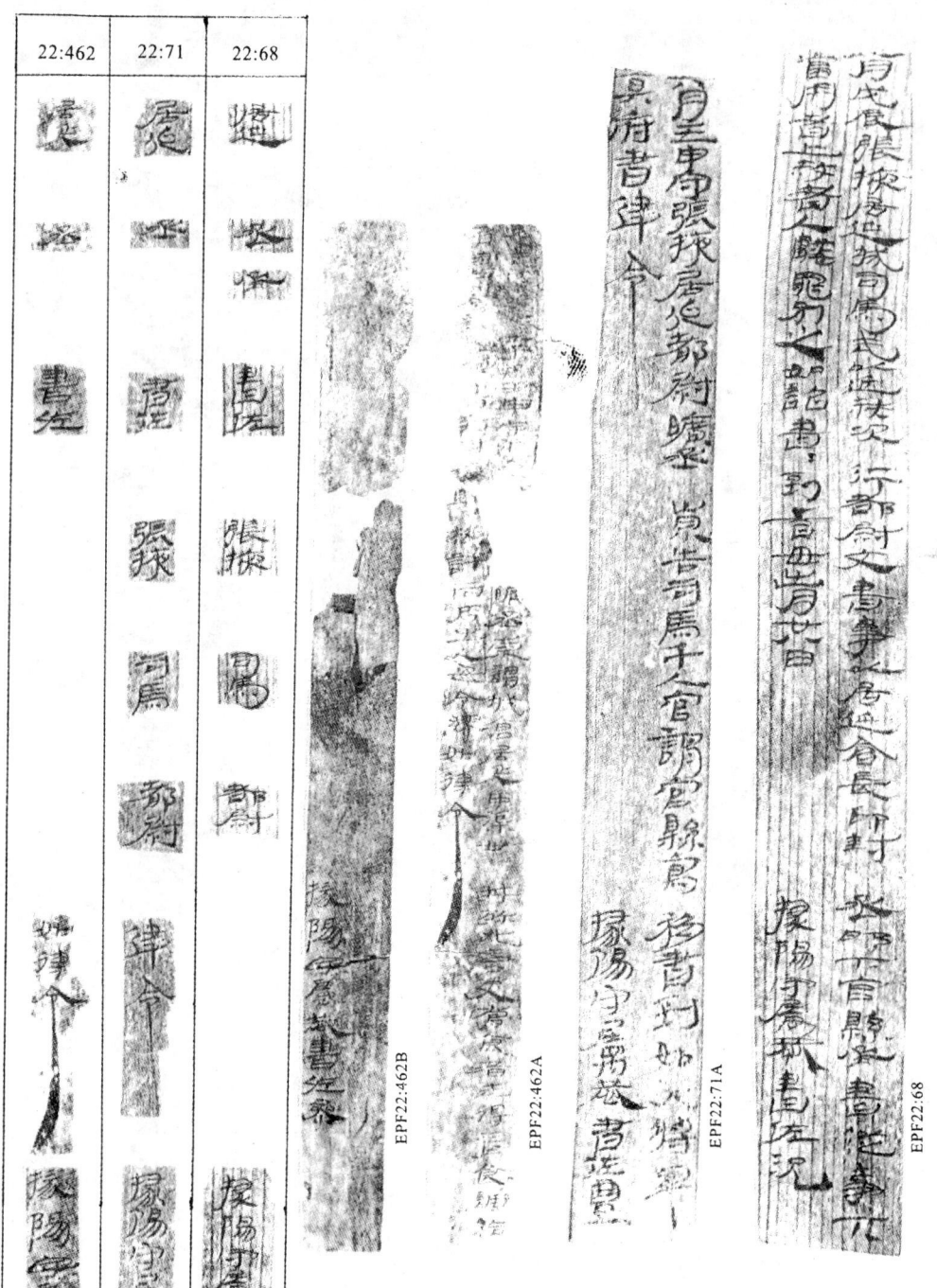

附圖二：EPF22:68、71A、462AB簡及字體比較表

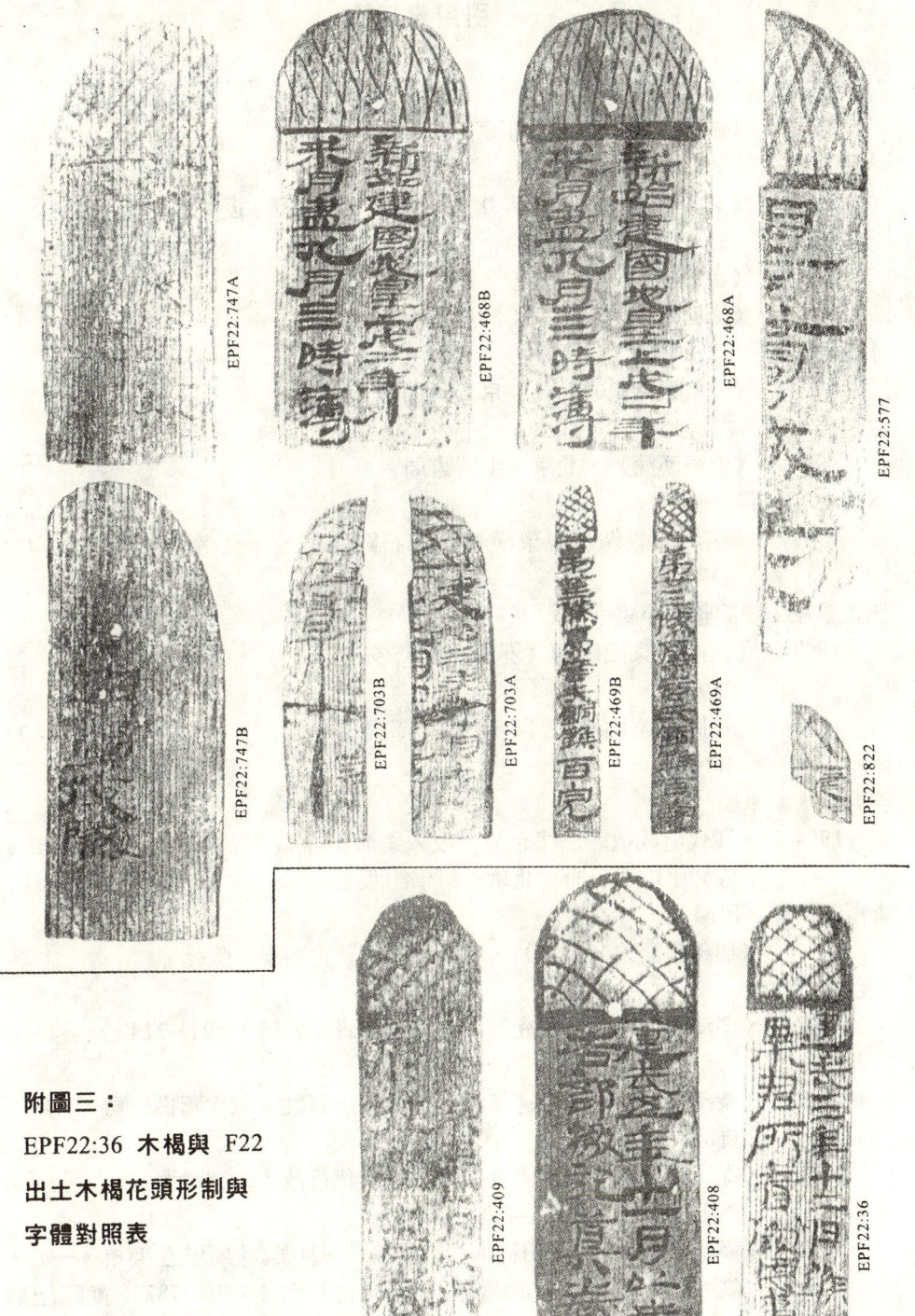

附圖三：

EPF22:36 木楬與 F22

出土木楬花頭形制與

字體對照表

引用書目

《中國文物精華》編輯委員會編

　　1997　　《中國文物精華》，北京：文物出版社。

大阪府立近つ飛鳥博物館編

　　1994　　《シルクロードのまもり》，大阪：大阪府立近つ飛鳥博物館。

大庭脩

　　1982　　《秦漢法制史の研究》，東京：創文社。

　　1992　　《漢簡研究》，東京：同朋舍。

永田英正編

　　1994　　《漢代石刻集成》，東京：同朋舍。

甘肅省文物考古研究所編

　　1991　　《敦煌漢簡》，北京：中華書局。

吉木布初、關榮華

　　1987　　〈四川昭覺縣發現東漢石表和石闕殘石〉，《考古》1987.5：434-
　　　　　　437。

江陵張家山漢簡整理小組

　　1993　　〈江陵張家山漢簡《奏讞書》釋文（一）〉，《文物》1993.8：22-
　　　　　　25。

　　1995　　〈江陵張家山漢簡《奏讞書》釋文（二）〉，《文物》1995.3：31-
　　　　　　36。

李均明、劉軍編

　　1994　　《漢代屯戍遺簡法律志》，收入劉海年等編，《中國珍稀法律典籍集
　　　　　　成》甲編第二冊，北京：科學出版社。

李振宏、孫英民編

　　1997　　《居延漢簡人名編年》，北京：中國社會科學出版社。

角谷常子

　　1997　　〈秦漢時代の簡牘研究〉，《東洋史研究》55.1：211-224。

邢義田

　　1983　　〈秦漢的律令學〉，《秦漢史論稿》，臺北：東大圖書公司，1987，
　　　　　　頁247-316。

　　1987　　〈從「如故事」和「便宜從事」看漢代行政中的經常與權變〉，《秦
　　　　　　漢史論稿》，頁333-410。

　　1990　　〈漢侍廷里父老僤買田約束石券再議——兼與俞偉超先生商榷——〉，
　　　　　　《中央研究院歷史語言研究所集刊》61.4：761-782（實際出版
　　　　　　1992.12）。

籾山明

　　1992　　〈爰書新探——兼論漢代的訴訟〉，《簡帛研究譯叢》第一輯，長
　　　　　　　沙：湖南出版社，1996，頁142-183；原文〈爰書新探——漢代訴訟
　　　　　　　論のために〉見《東洋史研究》51.3：1-42。

　　1995　　〈秦代審判制度的復原〉，《日本中青年學者論中國史》上古秦漢
　　　　　　　卷，上海：上海古籍出版社，頁246-295。

徐世虹

　　1996　　〈漢劾制管窺〉，《簡帛研究》第二輯，北京：法律出版社，頁312-
　　　　　　　323。

徐蘋芳

　　1994　　〈居延考古發掘的新收穫〉，《文物》1978.1，收入《中國歷史考古
　　　　　　　學》，臺北：允晨文化實業股份有限公司，1995，頁12-26。

連雲港市博物館、
中國社會科學院簡帛研究中心、
東海縣博物館、
中國文物研究所編

　　1997　　《尹灣漢墓簡牘》，北京：中華書局。

陳夢家

　　1980　　《漢簡綴述》，北京：中華書局。

裘錫圭

　　1992　　〈新發現的居延漢簡的幾個問題〉，收入《古文字論集》，北京：中
　　　　　　　華書局，頁610-619。

睡虎地秦墓竹簡整理小組編

　　1990　　《睡虎地秦墓竹簡》，北京：文物出版社。

鵜飼昌男

　　1996　　〈建武初期の河西地域の政治動向〉，《古代文化》1996.12：726-
　　　　　　　739。

嚴耕望

　　1990　　《中國地方行政制度史》甲編，臺北：中央研究院歷史語言研究所專
　　　　　　　刊，1990年三版。

Notes on Copyists, the Administrative Terminology "它如 T'a Ju…(the others as... ,)" and the Make-up of the Lawsuit Files of Officer Su-chüen in A.D. 27

I-tien Hsing

Institute of History and Philology, Academia Sinica

There are different opinions on the composition of the lawsuit files of officer Su-chüen in A.D. 27. This essay attempts to re-examine the make-up of the files on the basis of clarifying the handwriting, and the role of copyists in preparing administrative and legal documents during the time of Han. It also attempts to clarify the meaning of the terminology "t'a-ju-yuan-shu, 它如爰書," which appears in the files of officer Su-chüen, and in many other Han official documents.

The result of re-examination shows that the extant files of officer Su-chüen, consisting of 35 wooden slips unearthed at site F22, are far from complete. They are made up of two separate documents instead of one as some scholars have suggested.

Keywords: Han Dynasty, copyist, lawsuit files of officer Su-chüen in A.D. 27

從尹灣漢墓簡牘看中國社會的擇日傳統

黃一農*

　　選擇術或爲中國社會所流傳各類術數當中內容最龐雜者，此術透過時空的制約曾影響及歷代億萬中國人的日常生活，但先前卻很少獲得學術界足夠的關注。

　　本文即先理清尹灣漢墓簡牘中涉及選擇術的內容，以掌握該術早期的型態，並透過個案研究與後世的選擇術規則相比較，藉以析探中國術數的發展模式及其與社會之間的互動關係，並嘗試探討選擇術何以能在華人社會存留兩千餘年而不被時代所淘汰。透過類似的研究，不僅可以增進我們對術數史的了解，更有機會具體豐富我們對古代通俗文化和古人生活禮俗的認識。

關鍵詞：術數史　選擇術　通俗文化　日常生活　尹灣簡牘

* 臺灣清華大學歷史研究所
　本文完稿於筆者在「中央研究院」史語所擔任訪問學人期間，撰寫過程書大量使用該院所開發的「二十五史全文資料庫」以及「簡帛金石資料庫」，此外，浩然基金會亦曾贊助蒐集術數史原典，桃園的朱勝麒和陳國富兩位先生也慨然借覽其私人收藏的擇日文獻，特此一併誌謝。筆者同時感謝兩位匿名評審所提供的寶貴意見。

一、前言

一九九三年，江蘇連雲港市近郊的尹灣發掘出六座漢墓，其中第六號墓中出土的文物最豐富，共有一百餘件竹簡和木牘，逾半或爲曆譜，或與術數相關，包含元延元年 (12 B.C.)、二年和三年五月之曆日，以及神龜占、六甲占雨、博局占、刑德行時、行道吉凶等內容。該墓主人師饒爲東海郡的功曹史，雖僅百石小吏，但地位重要，是太守的心腹股肱，主要負責一郡吏員的考績和升遷等業務。[1]

師饒做爲一功曹史，必須經常至郡下所轄的各縣、邑、侯國洽公，此情形明顯見於墓中所出土的元延二年 (11 B.C.) 大事記，師饒在這一冊預先編製的曆譜上，逐日記載他何日出行、住宿何地以及其它重要公私事務，偶亦記當日氣象，惟因簡冊的殘破，該年日記約有六十餘日的文字缺損，而在其餘各日的記事當中，知師饒至少有一百三十多天均外宿。無怪乎選擇出行時日、方位以及占雨的內容，在師饒陪葬的簡牘中佔有相當大的篇幅。

選擇術或爲中國社會所流傳的各類術數當中內容最龐雜者，歷代曾著錄的相關文獻逾千百種。這些文獻的使用者或訴求對象並不局限於下層社會，而是廣及各個階層，並往往由政府加以主導。在官方天文機構的執掌中也明白記載相關的內容，如東漢的太史令就必須「掌奏良日及時節禁忌」，[2] 即使至清末，欽天監中也有漏刻科官生負責「諏吉日、辨禁忌」之事。[3]

事實上，選擇術透過時空的制約曾影響及歷代億萬中國人的日常生活，甚至還流傳至鄰近的朝鮮和日本等國。即至今日，選擇術仍活躍於各華人社會。以臺灣爲例，每年印行的各式黃曆和通書，至少在數百萬冊以上，[4] 民間以擇日爲業者更不下十幾萬人。

拜中國社會對選擇術的篤信之賜，目前還有相當比例的擇日原典存世，但這些書籍多被視同秘笈而藏諸民間術家之手，海峽兩岸各大圖書館或因鄙夷其中的

---

[1] 連雲港市博物館等，《尹灣漢墓簡牘》（北京：中華書局，1997）。

[2] 《後漢書》（北京：中華書局，1975年點校本，本文所引用其它正史的版本均同此），〈志〉25，頁3572。

[3] 《清史稿》（北京：中華書局，1976年點校本），卷一一五，頁3324。

[4] 呂理政、莊英章，〈臺灣現行農民曆使用之檢討〉，收入李亦園、莊英章主編，《「民間宗教儀式之檢討」研討會論文集》（臺北：中國民族學會，1985），頁103-129。

迷信內容，反而收藏不多。近年來因利之所趨，臺灣許多書局開始大量重印這些原典，惟購買者多出自對趨吉避凶的現實興趣，少有學者利用現存的這些豐富材料來進行較深入的學術研究。[5]

衡諸尹灣漢墓陪葬簡牘的內容，可知師饒應頗信乎術數，故或可提供我們一很好的基點，以掌握選擇術的早期型態並析究其演變的歷程。本文即先嘗試理清尹灣簡牘中涉及選擇術的部份內容，[6] 並進一步探究其對時人日常生活行事的影響，更將透過個案研究與後世的選擇術規則相比較，藉以析探中國術數的發展模式及其與社會之間的互動關係。[7] 類似的討論先前往往被學術界所忽略，事實上，它不僅可對術數史的研究做出貢獻，更有機會具體豐富我們對古代通俗文化 (popular culture) 和古人生活禮俗的認識。[8]

二、行道吉凶術

尹灣第六號漢墓中出土一組行道吉凶竹簡（簡90-113），以天干為準，用十枝簡將六十干支排成一個橫行的六甲表，並在每個干支下註明該日為幾陽幾陰，以及最適合出行的方位。經究查這些簡的內容，可以在表一中歸納出其原理如下：此術將十干中的甲、丙、丁、戊、庚、壬、癸，定為二陽，餘為二陰；十二支中的子、丑、寅、午、未、酉、戌，定為一陽，餘為一陰。至於各紀日干支屬幾陽幾陰，即由該干支的陰陽數相加而成。而各日宜出之方位，則由地支決定，其中逢子、巳、未日，宜出西門（此處的「門」乃泛指方向）；[9] 逢丑、午、亥日，宜出東門；逢寅、辰、酉日，宜出南門；逢卯、申、戌日，宜出北門。原簡之中有四處文句與此一規則不合，疑均為抄寫時的訛誤。[10]

---

[5] 筆者近年來致力於購求或複印清代以前出版的選擇術文獻（包含曆日和通書），已得約兩百餘種，希望將來能詳考並著錄各書的作者、版本和流傳過程，提供學者研究時初步之參考。

[6] 其中〈神龜占〉、〈六甲占雨〉等內容，因尚未能具體掌握其術法，只有留待異日再討論。至於〈博局占〉，則可參見李學勤，〈《博局占》與規矩紋〉，《文物》1997.1：49-51。

[7] 有關中國傳統術數的概括性介紹，可參見 Richard J. Smith, *Fortune-Tellers & Philosophers, Divination in Traditional Chinese Society* (Boulder, Colorado: Westview Press, 1991).

[8] 透過選擇術文獻的內容，往往能充實我們對古人社會生活的了解，參見蒲慕州，〈睡虎地秦簡《日書》的世界〉，《中央研究院歷史語言研究所集刊》62.4(1993)：623-675。

[9] 感謝中研院史語所劉增貴先生的提示。

[10] 如「（乙）酉，二陽一陰，南門」，應作「（乙）酉，二陰一陽，南門」；「（乙）巳，

表一：行道吉凶之規則，用以推求各干支日適宜出行的方位

干\支	甲 二陽	乙 二陰	丙 二陽	丁 二陽	戊 二陽	己 二陰	庚 二陽	辛 二陰	壬 二陽	癸 二陽
子 一陽	西		西		西		西		西	
丑 一陽		東		東		東		東		東
寅 一陽	南		南		南		南		南	
卯 一陰		毋		北		毋		毋		北
辰 一陰	南		南		南		南		南	
巳 一陰		毋		西		毋		毋		西
午 一陽	東		東		東		東		東	
未 一陽		西		西		西		西		西
申 一陰	北		北		北		北		北	
酉 一陽		南		南		南		南		南
戌 一陽	北		北		北		北		北	
亥 一陰		毋		東		毋		毋		東

二陰一陽，西門」，應作「（乙）巳，三陰，毋門」；「（丁）酉，三陽，東門」，應作「（丁）酉，三陽，南門」；「（辛）丑，二陰一陽，南門」，應作「（辛）丑，二陰一陽，東門」。參見劉樂賢，〈尹灣漢簡《行道吉凶》初探〉，《中國史研究》1997.4：50-53。

行道吉凶簡末還記有相關的規則，其文曰：

> 行得三陽，又得其門，百事皆成，不辟執、舀之日。
>
> 行得三陽，不得其門，行者憂，事亦成。
>
> 行得二陽一陰，唯得其門，以行，其物不全。
>
> 行得二陰一陽，唯得其門，以行，必繫、束縛。
>
> 行得三陰，毋門，不可行，行必死亡。

使用時，或多先在較方便出行的日子中，選擇干支屬三陽者（六十干支中共有二十六日），並從最合宜的方位出行，時人相信如此即可「百事皆成」，而縱使當日不得其方而出，也僅有小憂，其事仍可成。如果非得在二陽一陰或二陰一陽之日出行，則必須行得其方，否則就會有「其物不全」或「必繫、束縛」的際遇。

當時的選擇家將每日均對應到建除十二神之一，[11] 其中的「執（或作摯）日」，被認為不利在該日出行者，如湖北雲夢睡虎地所出土的秦簡中即有云：「摯日，不可以行。以亡，必摯而入公、而止」。至於舀日，雲夢秦簡日書嘗記其規則為：「正月壬舀，二月癸舀，……五月乙舀，……十二月己舀」，並稱：「凡舀日，可以取婦、家女，不可以行，百事凶」，認為該日宜嫁娶，但不宜出行。[12] 換句話說，尹灣漢簡前引「行得三陽……不辟執、舀之日」之文，即是告知欲擇吉之人，只要選擇在三陽之日出行，就不需特別去避執日或舀日。

但如果非得在不屬三陽的日子出行，前術認為很可能會出現不吉，而在乙卯、乙巳、乙亥、己卯、己巳、己亥、辛卯、辛巳、辛亥等九個所謂的「三陰」之日出行，甚至還有死亡之虞，亦即一年當中將有15%的日子極不適宜出遠門，比例不可謂不高。倘若時人均十分信賴此術，則每逢這些日子，各交通要衢就將出現人車絕跡的景象。

然而實際的情形恐非如此，如以應頗相信術數的師饒為例，從其元延二年 (11 B.C.) 大事記現存的諸簡當中，我們共可見到二十八個三陰之日載有行程，其中約有十五天，前後各一日的居停地均同，亦即他當日很可能並不曾出遠門，其

---

[11] 指建、除、滿、平、定、執、破、危、成、收、開、閉等十二神，其規則多見黃一農，〈敦煌本具注曆日新探〉，《新史學》3.4(1992)：1-56。

[12] 饒宗頤、曾憲通，《雲夢秦簡日書研究》（香港：香港中文大學出版社，1982），頁4-11；劉信芳，〈《日書》四方四維與五行淺說〉，《考古與文物》1993.2：87-94；劉樂賢，《睡虎地秦簡日書研究》（臺北：文津出版社，1994），頁175-179。惟饒、曾二氏初誤以舀日就是建除十二神中的定日。

餘之日則大多曾明顯轉赴它地。可見此一推求行道吉凶之術，並非師饒擇日所遵循的絕對準則。師饒以職務所需，必須經常至各地出差，想必無法完全依照此術來決定公幹與否，他很可能在必要時會採取其它方法來趨吉轉凶。

時人出行如不暇選日，或改用所謂的禹步之法，其術可見於雲夢秦簡日書甲、乙種，或天水放馬灘秦簡日書甲種，各文獻雖略有不同，但大致的過程可描述如下：先投禹符於地，次以特殊步伐行「禹步」，[13] 口念咒言：「皋，敢告曰：某行毋咎，先爲禹除道」，接著在地上劃北斗狀，並拾取中央之土而懷之，旋即上車，勿反顧。[14]

類似的術法，甚至流傳至近世，稱之爲「縱橫法」，此除見於明清兩代風行一時的術數書籍《玉匣記》外，亦被收錄在《居家必用事類》等通俗出版物中。[15] 依術，當事人應正立門內，先叩齒三十六通，[16] 次以右手大拇指劃四縱，再劃五橫，隨後口念咒語：「四縱五橫，吾今出行，禹王衛道，蚩尤避兵，盜賊不起，虎狼不行，還歸故鄉。當吾者死，背吾者亡。急急太上老君律令」，念畢即行，切勿反顧。另法，則面對欲出行的方向，口誦前述咒言七遍，再於地上劃四縱五橫，並以土塊壓之，隨即出行，仍不可反顧。此一四縱五橫的格子狀圖式，又稱作「九龍符」，民間傳說在遠行時，如望空劃此符，即可辟邪魅精怪。[17]

前述所提及的行道吉凶法則，其原理或亦可歸於當時相當風行的刑德之術。如魏世祖欲擊蠕蠕，朝臣多持反對態度，乃請太史張淵上言曰：「今年己巳(429)，三陰之歲，歲星襲月，太白在西方，不可舉兵。北伐必敗，雖克，不利於上」，世祖心意不決，遂召崔浩與淵等論辯，浩曰：「陽者，德也；陰者，刑也。故日蝕修德，月蝕修刑。夫王者之用刑，大則陳諸原野，小則肆之市朝。戰

---

[13] 禹符的形制不詳，至於有關禹步的討論，可參見藤野岩友，〈禹步考〉，收入氏著，《中國の文學と禮俗》（東京：角川書店，1976），頁302-316；工藤元男，〈雲夢睡虎地秦墓竹簡「日書」と道教的習俗〉，《東方宗教》76(1990)：43-61。

[14] 此見饒宗頤、曾憲通，《雲夢秦簡日書研究》，頁20-22。

[15] 許真君，《增補選擇通書玉匣記》（脈望齋藏道光十四年聚三堂刊本），卷上，頁51；《居家必用事類》（北京：書目文獻出版社，《北京圖書館古籍珍本叢刊》景印明刊本），丙集，頁20-21。脈望齋爲筆者書齋名，又，筆者過眼的《玉匣記》，即超過十幾種版本。

[16] 叩齒的具體做法，可參見南宋・周守中原著、胡文煥校刊，《養生類纂》（《北京圖書館古籍珍本叢刊》景印明刊本），卷上，頁57-58。

[17] 姚廣孝等編，《永樂大典》（北京：中華書局，1960年重編本，永樂五年成書），卷八六二八，頁7。

伐者，用刑之大者也。以此言之，三陰用兵，蓋得其類，修刑之義也」，世祖於是決定攻打蠕蠕。[18] 經查表一中各干支所代表的陰陽數，可發現己巳正屬三陰，故張淵或根據類似師饒所曾使用過的刑德之術，直指三陰爲大凶，而建議該年不應舉兵，崔浩在此提出完全不同的詮釋，認爲：「陰者，刑也」，而三陰爲陰者之最，戰伐又是「用刑之大者」，故若選在三陰之歲用兵，恰可符合王者的「修刑之義」。[19]

從此一事例，可知尹灣漢墓中所記載的行道吉凶規則，很可能與同一墓中所出土的刑德行時法則（見後），都同屬某種刑德之術，前者協助選擇某一干支之日最合宜的方位，後者則判斷某一日干最合宜的時辰。張淵與崔浩兩人對三陰之歲所提出的說辭大相逕庭，則突顯出術家在詮釋時所擁有的廣大自由度。崔浩或具備極細緻的政治敏感度，遂能以一自圓其說的論理，反駁對手並迎合上意。

後世的選擇書籍中似未見前述的行道吉凶之術流傳，如明清兩代十分風行的《玉匣記》中，列舉各種有關出行的法則，其中「出行通用吉日」共有二十六個干支，雖然其數目恰與表一中干支屬三陽者相同，但兩者僅有十四個干支重疊，前者甚至還有三個屬於三陰的大凶之日。[20]

事實上，近代術家所行用的許多出行擇吉的法則，不僅與尹灣行道吉凶術的具體內容有異，且其架構更是日趨複雜！如其中的「周公出行吉凶方」，臚列各日支往東、南、西、北四方出行的吉凶，其占辭就擴展到得財、自如、倍利、刑獄、生病、口舌、失脫、酒食、死亡、公事、刀兵、失耗、大吉、大凶、小吉、小凶、大利等各種內容。至於「日家八門定局」，則是將六十干支日在八卦方位的吉凶分別以休、生、傷、杜、景、死、驚、開等八門表示，術中並附奇門剋應的占辭。如欲往北方出門求財，由於休門乃「仕宦、高遷、求財、買賣、得利、百事謀爲，皆吉」，故依術可選在甲子、乙丑、丙寅、戊子、己丑、庚寅、壬子、癸丑、甲寅等日出行，因這幾天坎（北）方恰爲休門所在。[21]

---

[18] 《魏書・崔浩傳》卷三五，頁815-816。

[19] 對術數的了解往往有助於我們對史書內容的通讀，如見何丙郁，〈太乙術數《南齊書・高帝本紀上》史臣曰章〉，《中央研究院歷史語言研究所集刊》67.2(1996)：383-413。

[20] 許眞君，《增補選擇通書玉匣記》卷上，頁50。

[21] 楊翰，《選擇約編》（脈望齋藏光緒二十八年重刻本，初刊於嘉慶二年），卷六，頁20-21。

三、刑德行時術

　　除了選擇最合宜的日名干支外，行事當天究竟何段時間最吉，亦是相信此術之人頗爲關切的。而師饒墓中所出土的十三枚刑德行時簡，即是提供擇時的法則。該術首將天干分成甲乙、丙丁、戊己、庚辛、壬癸等五部份，並將一天區隔成雞鳴至蚤食、蚤食至日中、日中至餔時、餔時至日入、日入至雞鳴等五時段，[22] 次以端、令、罰、刑、德五字，分別對應於各日干的五個時段（見表二）。簡首以「刑德行時」名之，即或取用其中的刑、德二字。[23]

表二：刑德行時之法則，用以推求各日干最宜行事的時段

日干 時段	甲、乙	丙、丁	戊、己	庚、辛	壬、癸
雞鳴至蚤食	端	德	刑	罰	令
蚤食至日中	令	端	德	刑	罰
日中至餔時	罰	令	端	德	刑
餔時至日入	刑	罰	令	端	德
日入至雞鳴	德	刑	罰	令	端

---

[22] 雞鳴相當於丑時，蚤食（或作食時）相當於辰時，日中（或作正中）相當於午時，餔時相當於申時，日入相當於酉時。參見尚民杰，〈雲夢《日書》十二時名稱考辨〉，《華夏考古》1997.3：68-75, 79。

[23] 《漢書・藝文志》中嘗云：「陰陽者，順時而發，推刑德、隨斗擊、因五勝、假鬼神，而爲助者也」，並收錄有《刑德》七卷和《五音奇胲刑德》二十一卷，知刑德爲陰陽之學的一部份，並衍生出許多複雜的內容，此外，在馬王堆和銀雀山漢墓中也曾出土有關刑德的內容，知本文所論或僅爲其中之一分支。參見饒宗頤，〈馬王堆《刑德》乙本九宮圖諸神釋——兼論出土文獻中的頡項與攝提〉，收入李學勤主編，《簡帛研究》第一輯（北京：法律出版社，1993），頁89-95；陳松長，〈帛書《刑德》略說〉，收入《簡帛研究》第一輯，頁96-107；卡林諾斯基（Marc Kalinowski），〈馬王堆帛書《刑德》試探〉，收入饒宗頤主編，《華學》第一輯（廣州：中山大學出版社，1995），頁82-110；陳松長，〈帛書《刑德》乙本釋文訂補〉，收入《簡牘學研究》第二輯（蘭州：甘肅人民出版社，1997），頁51-61。

在刑德行時簡之末，另有數枚簡說明應如何使用此術，其文曰：

> 以端時，請謁、見人，小吉；以行，有喜；繫者，毋罪；疾者，不死；生子，大吉。

> 以令時，請謁、見人，小吉；以行，莫敢禁止；疾者，不死；繫者，毋罪；亡人人，不得；生子，必貴。

> 以罰時，請謁、〔見〕人，小凶；以行，不利；繫者，有罪；疾者，死；生子，凶。

> 以刑時，請謁、見人，大凶；以行，不利；繫者，有罪；亡者，必得；生子，子死。

> 以德時，請謁、見人，喜成；以行，大利；繫者，毋罪；疾者，不死；亡盜，不得；生子，必吉。

以出行爲例，如當事人先依行道吉凶術擇取了性屬三陽的癸未日，由於在端時和德時遠行，一爲有喜，一爲大利，而癸日的德時在餔時至日入，端時在日入至雞鳴，故依術應選在當日餔時至雞鳴之間出行。

與先前討論的行道吉凶術相同，「刑德行時」之術亦罕見近世流傳。替代地，在《玉匣記》之類的選擇術暢銷書中，出現類似「出行十二時吉凶方向」的規則（見表三），[24] 該術的吉時選擇較方便且直接，因使用者不再需要去記憶或查詢刑德五時相應的意義，且依據此術，出遠門時，不論前往任何方向，至少可趕早在寅時（相當於今制上午三至五時）啓程，此外，隨著出行方向的不同，他還可以依表三選擇其它的吉時，自由度因此增大許多。

表三：《玉匣記》中的「出行十二時吉凶方向」

時辰 方位	子時	丑時	寅時	卯時	辰時	巳時	午時	未時	申時	酉時	戌時	亥時
吉方	西南	西北	四方	南方	北方	西南	北方	西北	其它	四方	西北	四方
凶方	東北	東南	無	其它	其它	東北	其它	東南	北方	無	東南	無

---

[24] 許眞君，《增補選擇通書玉匣記》卷上，頁51。

　　然而，前述選擇出行方位的方法，在術家之間並未獲得共識，如在題爲明初
劉基所輯的《多能鄙事》中，亦出現「十二時出行吉凶方」一表，[25] 列出各時辰
往四方出行的吉凶預測，但其休咎往往與《玉匣記》中的「出行十二時吉凶方
向」表相背，如辰時北方、辰時東方、辰時西方、午時南方、申時南方等時辰方
位，即出現一爲吉、一爲凶的情形。類似的矛盾狀況，亦可見於宋代《新編陰陽
足用選擇龜鑑》、明代的《多能鄙事》以及清代的《選擇約編》等書之間（詳見
表四）。[26]

表四：各時辰不同出行方向之吉凶

時辰 方位	子時	丑時	寅時	卯時	辰時	巳時	午時	未時	申時	酉時	戌時	亥時
東方	財 吉 得財	平 凶 自如	財 得財 得財	萬倍 有財 倍利	小吉 吉 小吉	刑獄 凶 刑獄	財 病 得財	病 病 生病	財 得財 大吉	口舌 口舌 口舌	失財 吉 失脫	小吉 吉 小吉
南方	吉 吉 大吉	凶 吉 大凶	吉 吉 大吉	財 吉 得財	酒肉 得財 酒食	財 吉 得財	病 吉 生疾	吉 病 大吉	凶 吉 大凶	酒食 酒食 酒食	死 病 死亡	萬倍 得財 倍利
西方	酒肉 酒食 酒食	吉 吉 大吉	凶 吉 大凶	病 凶 主病	凶 吉 大凶	口舌 凶 主病	死 凶 大吉	萬倍 吉 倍利	公事 官事 公事	財 有財 得財	吉 吉 大吉	大利 吉 大利
北方	兵 凶 刀兵	吉 吉 得財	財 有財 得財	死 凶 死亡	財 凶 得財	小吉 小衰 大吉	財 吉 倍利	大利 有財 大利	吉 凶 大吉	吉 吉 大吉	吉 酒食 大吉	失財 吉 失耗

　　所鋪註內容的上欄取自宋代《新編陰陽足用選擇龜鑑》中的「逐日出行吉凶
方」，中欄取自明代《多能鄙事》中之「十二時出行吉凶方」，下欄取自清代
《選擇約編》中之「周公出行吉凶方」。

---

[25] 劉基，《多能鄙事》（臺南：莊嚴文化事業公司，《四庫全書存目叢書》景印明嘉靖四十
　　二年刊本），卷一〇，頁6。

[26] 楊翰，《選擇約編》卷六，頁20。不著撰人，《新編陰陽足用選擇龜鑑》（臺北國家圖書
　　館藏元刊本），後集，卷一，頁1。

　　刑德行時術雖然在中土已不再風行，但在大量因襲中國擇日傳統的日本，仍可見到其流傳的痕跡。如筆者在日本室町時代 (1336-1573) 成書的《三寶吉日》中，見有一「五時立命次第」的規則（見表五），[27] 就明顯源自中國的刑德行時之術，惟已爲了因應十二時辰制的興起而略作修改。經與表二相較，可以發現該書將原先的「端」時，取偏旁讀成「立」時，且誤「令」時爲「命」時。雖然刑德五時的含意，未見此書說明，但其所對應的時辰，則近於尹灣漢墓所出土的刑德行時表，如原先的雞鳴（相當於丑時）至蚤食（辰時），被改作寅、卯時；蚤食（辰時）至日中（午時）被改作巳、午時；餔時（申時）至日入（酉時）被改作申、酉時；日入（酉時）至雞鳴（丑時）被改作亥、子時，只有日中（午時）至餔時（申時）的變化較大，被改成丑、辰、未、戌時。即使在日本文政二年 (1819) 重刊的《文政大雜書》中，亦仍載有各日干與刑德五時的對照表，並註明：「德、命，吉；立，半吉；罰、刑，凶」。[28] 亦即刑德行時之術在近代日本或仍流傳。

表五：日本《三寶吉日》一書中的「五時立命次第」規則

日干＼時辰	甲、乙	丙、丁	戊、己	庚、辛	壬、癸
寅、卯	立	德	刑	罰	命
巳、午	命	立	德	刑	罰
丑、辰、未、戌	罰	命	立	德	刑
申、酉	刑	罰	命	立	德
亥、子	德	刑	罰	命	立

[27] 不著撰人，《三寶吉日》，收入（東京：平文社，《續群書類從》標點本），卷九一〇，頁44。

[28] 須原屋善五郎，《文政大雜書》（脈望齋藏日本文政二年耕文堂重刊本），頁9-12。

四、曆譜中之選擇術

尹灣漢墓所出土的曆譜有幾種不同形式，如其中的第10號木牘，雖然長僅23公分、寬7公分，但卻巧妙地將元延元年 (12 B.C.) 曆日的重要資料均臚列其上。編寫者首沿逆時針方向將六十甲子依序排成長方形，其上下兩邊各六個干支，左右兩邊各二十四個干支。接著，將每月的月名及月份大小，依其朔日干支所在，以大字書於上下兩邊的十二個干支之上。最後，再將二分、二至、四立、三伏、臘日和十二月晦日，分別寫於相應干支之下。[29] 其曆注內容與銀雀山元光元年 (134 B.C.) 曆譜或敦煌永光五年 (39 B.C.) 曆譜均相近，但排列方式則迥異，[30] 在目前已公開的簡牘中，僅甘肅金關出土的五鳳三年 (55 B.C.) 曆日與之相類。[31]

在此一長方木牘上所記載的各個時節當中，有許多日子應行祭祀之事，如《漢官儀》中有云：「諸陵寢皆以晦、望、二十四氣、三伏、社、臘及四時上飯」，[32] 而《說文解字》亦稱：「臘，冬至後三戌祭百神」。[33] 正史中也可見到一些具體實例，如漢章帝時，太子清河孝王劉慶在竇皇后的毀譖之下遭廢，其母宋貴人也被迫飲藥自殺，慶以其母葬禮有闕，竊自感恨，故每至四節或伏、臘之日，即於私室中偷偷祭拜。[34]

除了祭祀之外，前述木牘上所記載的時節往往諸事不宜，如《漢官舊儀》稱：「伏日萬鬼行，故盡日閉，不干它事」，[35] 而南宋趙師俠於紹熙四年 (1193) 成書的《趙氏拜命曆》中亦稱：「月節日、中氣日、朔日、上弦、望日、下弦、晦日、滅日、沒日、二社日、三伏日、臘日……皆陰陽交會之辰……不可興動，

---

[29] 其中在癸未日之下，《尹灣漢墓簡牘》一書的編者誤將「三月十六日立夏」釋作「三月十九日立夏」（頁127）。

[30] 陳夢家，〈漢簡年曆表敘〉，《考古學報》1965.2：103-149；張培瑜，〈出土漢簡帛書上的曆注〉，收入國家文物局古文獻研究室編，《出土文獻研究續編》（北京：文物出版社，1989），頁135-147。

[31] 劉樂賢，〈尹灣漢墓出土曆譜及其相關問題〉，收入饒宗頤主編，《華學》第三輯（北京：紫禁城出版社，1998），頁247-257。

[32] 《後漢書》卷二，頁99。

[33] 許慎，《說文解字》（臺北：華世出版社，景印日本東洋文庫藏宋刊本，漢建光二年成書），卷四下，頁5。

[34] 《後漢書》卷五五，頁1801。

[35] 《後漢書》卷四，頁179。

百事皆凶」。[36] 趙氏前引書乃據其家舊藏諸書增益而成，亦即其中的內容或淵源久遠。故前述的曆日木牘，除列陳當年的朔閏資料外，很可能主要在提供擇日的參考，目的是提醒使用者應行祭祀的日子，或進行它事時所應儘量避免的干支。[37]

　　類似元延元年 (12 B.C.) 曆日木牘的編寫方式，並非僅適用於該年。此因中國傳統曆法僅有三十日和二十九日大小兩種月長，而漢代行用平朔法，故通常小、大月是相間分佈，惟每隔十五或十七個月，必須安排一個連大月。在此一推曆的法則之下，每年各月的朔日干支，將分成兩群，每群的數目（五至七個）頂多相差一個，且每群各月朔干支的序號（如以甲子爲1，乙丑爲2，……，癸亥爲60）是連續的，有時亦會出現兩個月的朔日干支相同的情形，又，此兩群起始干支的序號必定相隔在29至31之間。故在編寫當年的曆譜時，即可將此兩群干支沿逆時針方向分別置於木牘的上下兩邊。又由於此一排列爲逆時針，遂將當年最末一個月的朔日干支固定於木牘下邊最左的位置。[38] 至於介於此兩群之間的干支，則可分別依序排列在左右兩邊，而兩邊的數目（二十三至二十五個），或相等，或差一。

　　尹灣漢墓中還出土元延三年 (10 B.C.) 五月的殘曆木牘乙方（編號爲第11號），其形式乃將該月排列成上下兩欄，分別從丙辰一日至庚午十五日以及從辛未十六日至甲申二十九日，木牘的上方並以大字記：「五月小。建日：午；反支：未；解衍：丑；復：丁、癸；皀日：乙；月省：未；月殺：丑；□□：子」，各日之下偶亦可見師饒的記事。

　　在曆日之上按月列出重要神煞的傳統，亦可見於敦煌出土的具注曆中，但其具體內容已有相當大的改變，如以後唐明宗長興四年 (933) 的曆日 (S. 276) 爲例，在各月鋪註之前，即分別列出該月天道、天德、月德、合德、月空、月厭、月煞、月破、月刑等神煞的方位，其中僅有月煞（亦名月殺）同於尹灣漢簡。惟此一傳統在元代以後的曆日中則已完全消失。

---

[36] 轉引自《居家必用事類》，丙集，頁24。

[37] 惟其中被《趙氏拜命曆》歸類爲「百事皆凶」的日子，要較尹灣曆日木牘中所記載者爲多，此或爲歷代術家不斷附益的結果。

[38] 此爲五鳳三年和元延元年兩曆日木牘的共同點。劉樂賢以元延元年十一月朔日爲甲子，而該月朔干支又恰好位於木牘的最右上角，在不解其原因的情形下，他遂懷疑此一排列具有意義尚待考的「數術含義」；參見氏著〈尹灣漢墓出土曆譜及其相關問題〉一文。

　　從尹灣漢墓所出土的文獻，知當時該地或流行以十三、四方木牘合編成一整年之曆日，[39] 其中首頁乃記當年朔閏和八節、三伏、臘日等時節，其格式和內容應同於尹灣第10號木牘，接著，每月單獨有一方木牘，列出各日序干支和該月重要的神煞所在，各日之下並留有記事空間，此應同於尹灣第11號木牘所示。由於尹灣漢墓第10號及第11號木牘的大小形狀完全相同，且其上文字的書寫方式（曆日的內容用隸體，個人記事則用草體）和大小字的編排比例，均如出一轍，亦增強此一說法。這種以十三、四方木牘合編而成的曆日，應就是現今月曆最早的表現形式。

　　前述木牘上所記的建日、反支、解衍、復日、臽日、月省和月殺等名詞，均為選擇術中的神煞，其在秦漢的宜忌規則雖多相當零散，[40] 但我們或仍可參見乾隆六年 (1741) 成書的《欽定協紀辨方書》，根據這本中國歷代官方所編纂的最大型選擇術百科全書上的記載，知建日諸事多吉，惟忌結姻親、開倉庫；反支忌上表章；復日忌為凶事，利為吉事；月殺忌停賓客、興穿掘、營種植、納群畜，其中建日、反支和月殺的鋪註方式，千餘年來幾乎無甚變化。[41] 至於解衍和月省，尚未見於筆者過眼的幾十種選擇書籍，其規則與宜忌皆不詳。下節則以變動最劇烈的復日為例，詳究在過去近兩千年間，該神煞規則與名稱的演變歷程，嘗試深入了解中國術數的發展模式。

五、復日及相關神煞

　　有關復日的鋪註方式，《欽定協紀辨方書》引《曆例》一書稱：「正、七月，甲、庚；二、八月，乙、辛；四、十月，丙、壬；五、十一月，丁、癸；三、九、六、十二月，戊、己日也」，[42] 知第11號木牘中所謂的「復：丁、

---

[39] 有關出土各種漢代曆譜的形制，可參見陳夢家〈漢簡年曆表敘〉一文。

[40] 其中建日和反支，可參見饒宗頤、曾憲通，《雲夢秦簡日書研究》，頁4-11, 17-18；劉樂賢，《睡虎地秦簡日書研究》，頁300-307。

[41] 允祿等，《欽定協紀辨方書》（臺北：臺灣商務印書館，景印文淵閣《欽定四庫全書》本，成書於乾隆六年），卷四，頁9-11、卷五，頁61、卷六，頁16, 72-73。有關神煞規則歷久未變的個案討論，可參見張培瑜〈出土漢簡帛書上的曆注〉一文。

[42] 允祿等，《欽定協紀辨方書》卷五，頁61。《曆例》一書的作者不詳，由於日本賀茂在方在應永二十一年 (1414) 成書的《曆林問答》（東京：經濟雜誌社，《群書類從》標點本）中，嘗摘引《曆例》一書，知其成書下限應在十四世紀之前。

癸」，乃指該月的復日在丁、癸兩天。早在破城子探方出土的漢簡中，即已出現
類似的規則：「復日：甲庚、乙辛、戊己、丙壬、丁癸、未：戊己、甲庚、乙
辛、戊己、丙壬、丁癸」，[43] 其內容顯然是依序鋪陳正月至十一月復日所在的日
干，原簡最末應缺「戊己」兩字。至於當中的「未」字，則或指建未之月（亦即
夏正之六月），依據《曆例》的規則，該月的復日恰在戊、己日，惟其它各月之
名爲何未註明，則不詳。

　　前述的復日規則，或一直行用至宋代。如以敦煌出土的《雍熙三年 (986) 丙
午歲具注曆日》（伯3403）爲例，該曆在曆首的說明中，有「復日不爲凶事」
句，而在各日下的鋪註內容中往往夾雜一「復」字，以表示復日所在，如稱：
「歲位、地囊、復，祭祀、加官、拜謁、裁衣吉」，經查其安排規則，恰與《曆
例》同，惟各月起始點的定義，並非曆法中的朔日，而指的是各月節氣，[44] 此
故，二月就定義成從驚蟄（二月節）至清明（三月節）前一日，餘類推。[45] 由於
敦煌出土的五十餘件唐末、五代殘曆，大多不見鋪註復日，知此一神煞在當時或
並不太爲當地術家所重。

　　敦煌具注曆在鋪註神煞時以節氣爲各月之始的規矩，或已有相當久遠的歷
史，此因我們從現存各漢簡殘曆中，即可見到不以朔日做爲各月鋪註起點的情
形。[46] 但由於目前我們尚未發現任何一本宋代（含）之前的曆日記有各節氣的確
切時刻，故受實際條件之限，早期的鋪註很可能均以天爲單位。後世選擇家或爲
增強其術的「精密度」，才逐漸改用各月節的瞬間做爲鋪註的分際，如南宋掌禹

---

[43] 編號爲 E.P.T27: 2，參見甘肅省文物考古研究室等編，《居延新簡》（北京：文物出版
　　社，1990），頁78。

[44] 劉樂賢或不解此，且不知當時術家如達魁、罡等極凶之神煞時，即不再鋪註復日的規矩
　　（詳見後文），遂誤稱雍熙三年曆日中鋪陳復日的規則與《曆例》不同；參見氏著〈尹灣
　　漢墓出土曆譜及其相關問題〉一文。

[45] 近代許多通書都將各月節當天的鋪註分成節前和節後兩部份。但或因篇幅的限制，有些內
　　容較簡略的通書（如在香港出版的《辛酉年（民國十年）三篇通勝》和在成都出版的《民
　　國二十九年集福堂授時通書》），即未做此劃分。

[46] 如在敦煌出土的永元六年 (94) 曆簡（沙畹537號）中，我們可以發現十二月二日甲寅和十
　　七日己巳均註八魁，經查李賢注《後漢書》有云：「春三月，己巳、丁丑；……；冬三
　　月，甲寅、壬戌，爲八魁」（卷三〇上，頁1045），知十七日乃因己巳入正月節立春，故依
　　春三月的規則鋪註所致。

錫即稱：「凡擇日，皆取月節氣應爲正，氣應時刻隨曆日用之」。[47] 大約在元、明之後，因官本曆日多已在書首明記二十四氣的時刻，此一鋪註的法則遂更容易具體施行，並沿用迄今。

　　據《欽定協紀辨方書》的記載，約在十一世紀左右由掌禹錫編寫的《地理新書》中，復日的安排開始出現新的變革：「正月，甲；七月，庚；二月，乙；八月，辛；四月，丙；十月，壬；五月，丁；十一月，癸；三月、九月，戊；六月、十二月，己」，[48] 其鋪註方式較先前的分劃更加細緻。然而，此一新的復日規則，似乎一時並未能獲官方天文學家接受，如在《大宋寶祐四年 (1256) 丙辰歲會天萬年具注曆》鈔本中，所有復日即仍依循《曆例》的法則，惟某些原應出現復日的日子，卻不見鋪註，此或因該日另出現其它極凶的神煞而遭略去。[49]

　　掌禹錫的《地理新書》現僅存金明昌三年 (1192) 由張謙所刊刻之本，名爲《重校正地理新書》。惟經查其復日的鋪註方式，卻仍同於《曆例》。[50] 張謙在重刊此書時，很可能爲順應當時司天臺實際行用的復日鋪註規則，而擅將掌氏書中的文字校正還原成了舊說。[51] 亦即，允祿等人在編纂《欽定協紀辨方書》時，或根據的是《地理新書》的初刊本。

---

[47] 所謂的「氣應時刻」，其字面意義乃指以律管候氣之法所確定的二十四氣時刻，在此則直指各氣的起始瞬間。參見黃一農、張志誠，〈中國傳統候氣説的演進與衰頹〉，《清華學報》新23.2(1993)：125-147；Huang, Y.-L. and Chang Chih-Ch'eng, "The Evolution and Decline of the Ancient Chinese Practice of Watching for the Ethers," *Chinese Science* 13(1996): 82-106; 掌禹錫，《重校正地理新書》（臺北國家圖書館藏金明昌三年刊本），卷十一，頁5。

[48] 允祿等，《欽定協紀辨方書》卷五，頁61-62。

[49] 此一情形亦見於清初的許多通書中，如在劉春沂的《劉氏家藏闡微通書》卷八〈日時篇〉中，我們可以發現少數依該書之術應註復日之日，因該日已有如爭雄受死、月大耗、月破大耗、天罡、鈎絞、荒蕪、正四廢或河魁等極凶之神煞，即不再註復日。類似情形亦可見於康熙年間刊行的另兩本大部頭通書——魏鑑的《象吉備要通書大全》（卷二九，頁2）以及陳應選的《陳子性藏書》（卷八，頁73）中。此外，在清欽天監於康熙間奉敕編纂的《欽定選擇曆書》中，有少數干支日依術應註復日而未見，這些日子均記：「凶神：月破（或作月建、或河魁、或天罡），餘事皆忌」，其中月破、月建、河魁或天罡全屬大凶，只要達值其一，即已諸事不宜，故原應加註的復日或因此被略去。

[50] 掌禹錫，《重校正地理新書》卷十一，頁3-5。

[51] 《金史・選舉志》中稱當時在考選司天臺學生時，乃以《婚書》、《地理新書》測試考生的合婚、安葬、易筮法、六壬課以及三命五星之術（卷五一，頁1152-1153），然因掌禹錫在其《地理新書》中所定出的新復日規則，並未被宋、元的官曆所採用，故張謙在重刊此一官方天文機構之重要參考書籍時，很可能必須對此一鋪註規則加以「校正」。

　　在十二、三世紀間編撰的《三曆撮要》中，我們還可見到復日名稱的突變，[52]
如該書正月安葬吉日條下即稱：「癸酉、丁酉、己酉三日，不犯重復、重賵諸凶
殺，大利」，雖然此書並未明記這些神煞的宜忌和鋪註規則，但從稍後的選擇書
中，知重賵即重葬（亦與復日相關，詳見後）之別名，[53] 而《三曆撮要》十月安
葬吉日條下，記當月丙午和壬午兩日均「值重復」，又恰與《曆例》中鋪註復日
的法則相合，疑此「重復」或源自先前所述的復日。

　　在約十三世紀成書的《臺司妙纂選擇元龜》中，我們也可發現除了復日之
外，另出現有性質相近的重日和重葬兩神煞，其中重日早見於漢簡，其鋪註規則
是繫於每月的巳、亥兩日。[54] 或因重、復二字均有「吉者愈吉、凶者愈凶」的寓
意，故前引書稱復日「宜一切吉事，不宜凶兆」，而若在重喪日殯葬，亦被認為
可能再發生喪事。惟經查該書不同章節中所記各神煞的鋪註規則，卻發現同一神
煞往往前後有差，[55] 此一情形亦同樣見於表六中的《臺司妙纂選擇元龜》、《臞
仙肘後經》、《新刻趨避檢》、《曆法大旨通書》、《發微曆正通書大全》、
《永寧通書》等書。

表六：各書（大致依成書先後次序排列）中所記每月復日、重喪、重復、
　　　重日、天地重復日、復喪等神煞的鋪註規則

月份　　書名	正	二	三	四	五	六	七	八	九	十	十一	十二
復日												
《曆例》	甲庚	乙辛	戊己	丙壬	丁癸	戊己	甲庚	乙辛	戊己	丙壬	丁癸	戊己
《地理新書》	甲	乙	戊	丙	丁	己	庚	辛	戊	壬	癸	己
《曆事明原》	甲	乙	戊	丁	丙	己	庚	辛	戊	癸	壬	己

---

[52] 不著撰人，《三曆撮要》（臺北：藝文印書館，《百部叢書集成》景印光緒十四年據宋板
　　重刊之本），頁2, 37。

[53] 上官震，《臺司妙纂選擇元龜》（臺北國家圖書館藏明弘治十三年重刊本），丙集，頁
　　2。

[54] 饒宗頤，〈記建興廿八年"松人"解除簡——漢"五龍相拘絞"說〉，收入李學勤主編，
　　《簡帛研究》第二輯（北京：法律出版社，1996），頁390-394。

[55] 上官震，《臺司妙纂選擇元龜》，甲集，頁39、丙集，頁2, 13-60。

《臺司妙纂選擇元龜》	甲	乙	戊	丙	丁	戊	庚	辛	己	壬	癸	己
《臞仙肘後經》	甲	乙	戊	丙	丁	戊己	庚	辛	戊己	壬	癸	己
《新刻趨避檢》	甲庚	乙辛	戊己	丙壬	丁癸	戊己	甲庚	乙辛	戊己	丙壬	丁癸	戊己
《發微曆正通書大全》	甲	乙	戊	丙	丁	戊	庚	辛	己	壬	癸	己
《劉氏家藏闡微通書》	庚	辛	戊	壬	癸	戊	甲	乙	戊	丙	丁	戊
《陳子性藏書》	庚	辛	戊	壬	癸	戊	甲	乙	戊	丙	丁	戊
《象吉備要通書大全》	庚	辛	戊	壬	癸	戊	甲	乙	戊	丙	丁	戊
《欽定協紀辨方書》	甲	乙	戊	丙	丁	己	庚	辛	戊	壬	癸	己
重葬（重服、重賻）												
《陰陽足用選擇龜鑑》	甲	乙	戊己	丙	丁	戊己	庚	辛	戊己	壬	癸	戊己
《臺司妙纂選擇元龜》	甲庚	乙辛	戊己	丙壬	丁癸	戊己	甲庚	乙辛	戊己	丙壬	丁癸	戊己
《臺司妙纂選擇元龜》	甲	乙	戊己	丙	丁	戊己	庚	辛	戊己	壬	癸	戊己
《臞仙肘後經》	甲	乙	戊己	丙	丁	戊己	庚	辛	戊己	壬	癸	戊己
《臞仙肘後經》	甲庚	乙辛	戊己	丙壬	丁癸	戊己	甲庚	乙辛	戊己	丙壬	丁癸	戊己
《玉匣記》	甲	乙	己	丙	丁	己	庚	辛	己	壬	癸	己
《便民圖纂》	甲庚	乙辛	戊己	丙壬	丁癸	戊己	甲庚	乙辛	戊己	丙壬	丁癸	戊己
《擇日便覽》	甲	乙	己	丙	丁	己	庚	辛	己	壬	癸	己
《新刻趨避檢》	甲	乙	己	丙	丁	己	庚	辛	己	壬	癸	己
《新刻趨避檢》	甲庚	乙辛	戊己	丙壬	丁癸	戊己	甲庚	乙辛	戊己	丙壬	丁癸	戊己

《曆法大旨通書》	甲	乙	己	丙	丁	己	庚	辛	己	壬	癸	己
《曆法大旨通書》	甲	乙	戊	丙	丁	己	庚	辛	戊	壬	癸	己
《發微曆正通書大全》	甲	乙	己	丙	丁	己	庚	辛	己	壬	癸	己
《發微曆正通書大全》	甲庚	乙辛	戊	丙壬	丁癸	己	甲庚	乙辛	戊	丙壬	丁癸	己
《諏擇曆眼》	甲	乙	己	丙	丁	己	庚	辛	己	壬	癸	己
《日用集福通書》	甲	乙	戊	丙	丁	己	庚	辛	戊	壬	癸	己
《劉氏家藏闡微通書》	甲	乙	己	丙	丁	己	庚	辛	己	壬	癸	己
《陳子性藏書》	甲	乙	己	丙	丁	己	庚	辛	己	壬	癸	己
《象吉備要通書大全》	甲	乙	己	丙	丁	己	庚	辛	己	壬	癸	己
《永寧通書》	甲	乙	己	丙	丁	己	庚	辛	己	壬	癸	己
《永寧通書》	甲	乙	戊己	丙	丁	戊己	庚	辛	戊己	壬	癸	戊己
《選日燃犀》	甲	乙	戊	丙	丁	己	庚	辛	戊	壬	癸	己
《選吉易知》	甲庚	乙辛	戊己	丙壬	丁癸	戊己	甲庚	乙辛	戊己	丙壬	丁癸	戊己
重復												
《曆法大旨通書》	甲	乙	戊	丙	丁	戊	庚	辛	己	壬	癸	己
《發微曆正通書大全》	甲	乙	戊	丙	丁	戊	庚	辛	己	壬	癸	己
《玉匣記》	庚	辛	己	壬	癸	戊	甲	乙	己	壬	癸	戊
《便民圖纂》	巳亥	巳亥	巳亥	巳亥	巳亥	巳亥	巳亥	巳亥	巳亥	巳亥	巳亥	巳亥
《擇日便覽》	甲	乙	戊	丙	丁	己	庚	辛	戊	壬	癸	己

重日												
《臺司妙纂選擇元龜》	甲	乙	戊	丙	丁	戊	庚	辛	己	壬	癸	己
《臺司妙纂選擇元龜》	巳亥	巳亥	巳亥	巳亥	巳亥	巳亥	巳亥	巳亥	巳亥	巳亥	巳亥	巳亥
《曆法大旨通書》	巳亥	巳亥	巳亥	巳亥	巳亥	巳亥	巳亥	巳亥	巳亥	巳亥	巳亥	巳亥
《曆法大旨通書》	甲	乙	戊	丙	丁	己	庚	辛	戊	壬	癸	己
《發微曆正通書大全》	巳亥	巳亥	巳亥	巳亥	巳亥	巳亥	巳亥	巳亥	巳亥	巳亥	巳亥	巳亥
天地重復日（天地重複日）												
《臞仙肘後經》	巳亥	巳亥	巳亥	巳亥	巳亥	巳亥	巳亥	巳亥	巳亥	巳亥	巳亥	巳亥
《新刻趨避檢》	巳亥	巳亥	巳亥	巳亥	巳亥	巳亥	巳亥	巳亥	巳亥	巳亥	巳亥	巳亥
《陳子性藏書》	巳亥	巳亥	巳亥	巳亥	巳亥	巳亥	巳亥	巳亥	巳亥	巳亥	巳亥	巳亥
復喪												
《陳子性藏書》	庚	辛	戊	壬	癸	戊	甲	乙	戊	丙	丁	戊

　　事實上，從宋迄明的選擇家，對復日及其所衍生各神煞（如重喪、重復、重日、天地重復日、復喪等）的定義和鋪註，往往言人人殊（見表六）。如在十三世紀上半葉成書的《新編陰陽足用選擇龜鑑》中，僅出現重喪之名，而不見復日，然而在官方編纂的《大宋寶祐四年 (1256) 丙辰歲會天萬年具注曆》中，則只見復日和重日，而不見重喪。此外，在弘治十五年 (1502) 編印的《便民圖纂》中，則稱安葬忌重葬、重復、重日等神煞，全書未見復日之名，亦不見重日的鋪註規則，雖然該書所記重葬的規則同於《臺司妙纂選擇元龜》，但其所列重復日的規則，卻又與後書中的復日完全不同，而是和重日一致。[56] 至於大約十

---

[56] 鄺璠編，《便民圖纂》（北京：中華書局，1959年景印萬曆二十一年刊本，初刊於弘治十五年），卷九，頁3, 23, 28。

五、六世紀成書的《擇日便覽》中，亦不見復日，惟其所記重復的規則與《地理新書》中的復日相同，而重喪除三、六月在己日外，餘月的鋪註則同於重復。[57]

或因元代以後官方大幅修訂曆日中的內容，各日之下的鋪註僅記載宜忌諸事，而取消了如宋代曆日中的神煞，[58] 民間術家在不易查考印證的情形之下，對復日的規則遂更加莫衷一是（見表六），甚或為推陳出新，而依照己意修改前人之說。

然而，不顧民間術家之間的分歧，尹灣漢墓簡牘中所行用的復日鋪註規則，很可能被官方一直沿用至清初。此因韓國漢城大學奎章閣藏有《大統曆註》一書，記明代推步曆日所用的大統曆術，該書的復日條下即仍摘引《曆例》。此外，在欽天監於康熙間奉敕編纂的《欽定選擇曆書》中，亦採用同法鋪陳復日，[59] 而該書主要乃參考明欽天監於洪武九年 (1376) 刊行天下的《選擇曆書》。

除了規則出現變動之外，相關神煞的本質亦曾發生重大變化，如復日和重日早期均被視作吉神，重喪為凶神，此可明白見於約在十三世紀初成書的《臺司妙纂選擇元龜‧逐月擇日圖》，或明寧獻王朱權 (1378-1448)《臞仙肘後經》書首的〈天運星煞值日圖目錄〉中。然而，在十五世紀下半葉成書的《新刻趨避檢》中，我們卻發現復日已被改歸入凶神，明末之後所出版的選擇書，幾乎全都因襲此一分類方式。

選擇家為因應復日所可能帶來的厄運，還發展出相關的禳災之術，如在晉建興二十八年 (340) 所書寫的一方木牘上，我們可以看到一段為某王氏之家「解復」的文字，[60] 此因王氏之子於十一月丙申朔亡故，當日恰逢復日，[61] 為免再遭死喪之事，遂請人作法去邪，文中詳細敘及如何以松人或柏人當災的方法。

在十五世紀以後，相應的禳災之術已有頗多改變，如《臞仙肘後經》和《擇日便覽》二書中，即稱人死之日恰逢重喪的話，應施法如下：「用小白紙函一個，內用黃紙硃書四字於內，安於棺上」，至於書寫在黃紙上的四字，每月不

---

[57] 周於德原撰、萬邦孚增補，《擇日便覽》（《北京圖書館古籍珍本叢刊》景印明刊本），卷上，頁12。

[58] 張培瑜、盧央，〈黑城出土殘曆的年代和有關問題〉，《南京大學學報（哲學、人文、社會科學版）》1994.2：170-174。

[59] 安泰等，《欽定選擇曆書》（臺北國家圖書館藏康熙二十四年刊本），卷五，頁61-62。

[60] 簡上的文字可參見饒宗頤，〈記建興廿八年"松人"解除簡——漢"五龍相拘絞"說〉。

[61] 由於十一月節大雪在該月三日戊戌日，故十一月丙申朔應依十月的規則鋪註，亦即復日在丙、壬。

同，如正、三、六、九、十二月，皆書：「六庚天刑」；二月書：「六辛天庭」；四月書：「六壬天年」；五月書：「六癸天獄」；七月書：「六甲天福」；八月書：「六乙天德」；十月書：「六丙天威」；十一月書：「六丁天陰」。若犯重日（又名天地重復日），則需：「用桑木一段、甘草一兩，安棺內，又於歲德方上取土，造泥人五個，同殮棺內」。[62]

　　入清之後，部份編印通書的民間術家，似乎曾嘗試將這些神煞的混亂情形加以整合。此故，在大英圖書館所藏的《康熙二十九年 (1690) 庚午日用集福通書》、《康熙三十年 (1691) 歲次辛未六螭集七政便覽通書》以及臺北故宮博物院所藏的《大清雍正五年 (1727) 歲次丁未溪口全書》中，均不見鋪註復日、重復或重日，但其安排重葬的規則則完全同於《地理新書》的復日。然而，術家們對此的看法也並非完全一致，如在大英圖書館所藏的《大清康熙四十一年 (1702) 歲次壬午便民通書》中，雖亦不見復日或重日，但書中唯一鋪註重喪的五月二十四乙巳日，卻與表六中任一已知的規則均不符。

　　或因受到康熙曆獄等涉及選擇術的大案影響，[63] 清初曾數度以政府的力量編輯官訂的選擇書，希望能整合畫一術家之間的分歧，此舉亦對復日等神煞造成重大影響。康熙二十四年 (1685)，欽天監監正安泰等奉敕編纂完成《欽定選擇曆書》十卷，但因此書並不曾「考究根源」，故大學士李光地於康熙五十二年 (1713) 又奉旨將曹震圭的《曆事明原》重加考訂，撰成《御定星曆考原》六卷。乾隆四年 (1739)，因官刻的《欽定選擇曆書》和編製時憲書用的《萬年書》中，仍有內容不一「參差錯誤」的情形，更動員了近五十名官員和欽天監官生，以兩年多時間對先前流傳的各種選擇神煞進行詳細的整理與辨析，並於乾隆六年十二月 (1742) 完成《欽定協紀辨方書》三十六卷。

　　在《御定星曆考原》或《欽定協紀辨方書》二書中，曹震圭的《曆事明原》均為論述各神煞鋪註義理最主要的參考依據，然而有關曹氏其人其書的資料，卻幾乎不見後世術家或學者談及。[64] 經查正史，僅《元史》出現一次曹震圭之名，

---

[62] 朱權，《臞仙肘後經》卷下，頁98；周於德原撰、萬邦孚增補，《擇日便覽》卷下，頁42-43。

[63] 黃一農，〈擇日之爭與康熙曆獄〉，《清華學報》新21.2(1991)：247-280；黃一農，〈擇日之爭と康熙曆獄〉，《中國——社會と文化》（日本）6(1991)：174-203；Huang, Y.-L., "Court Divination and Christianity in the K'ang-Hsi Era," *Chinese Science* 10(1991): 1-20.

[64] 僅張培瑜在未註明出處的情形下，稱其為「元至元年間司天台官員」，參見氏著，〈吐魯番新出土的唐代寫本曆書〉，《考古與文物》1988.4：91-94。

稱此人嘗因替姦臣阿合馬推命，而於至元十九年 (1282) 遭世祖剝皮處死，[65] 惟並未言及其生平、職銜或著述。

筆者近在韓國漢城大學的奎章閣中，赫然見到《曆事明原》五卷，卷首題稱曹氏爲「司天籌曆科管勾」，由於該書在〈三元太歲立成〉條下有「皇統甲子爲上元，泰和甲子爲中元，今正甲子爲下元」句，[66] 其中皇統甲子乃金熙宗四年 (1144)，泰和甲子爲金章宗四年 (1204)，而上、中、下三元各相隔六十年，[67] 因知「今正甲子」乃指元世祖至元元年 (1264)，亦即《曆事明原》應成於至元元年至十九年間。由於書中使用金朝年號，知曹氏原或是金朝遺民。做爲元司天監算曆科的負責官員，[68] 他應有機會參考官方豐富的藏書，此故，在其書中即援引了幾十種選擇書，並加註大量的個人按語。

有關復日的義理和規則，《曆事明原》中有云：

> 《天寶曆》曰：「復日者，爲魁、罡所擊之辰也，故曰復其日，忌爲凶事，利爲吉事」。《曆例》事【曰】：「正、七月，甲、庚；二、八月，乙、辛；四、十月，壬、丙；五、十一月，丁、癸；六、十二月，戊、己也」。震圭謂：「復日者，重見也。爲遇本建之辰，有所忌之干同也。假令正月建寅，即甲也，又如辰、戌月，戊也，丑、未者，己也，做此」。又按：「《地理新書》云：正月，甲；七月，庚；二月，乙；八月，辛；四月，丁；十月，癸；五月，丙；十一月，壬也」。[69]

其中魁、罡均爲極凶的選擇神煞，[70] 但或因《天寶曆》的論理並無從說明復日的鋪註法則，曹震圭遂提出個人的解釋。由於干支各有陰陽五行之性（見表七），[71] 以正月建寅爲例，寅屬陽木，而甲亦屬陽木，故曹氏認爲正月值甲日才是所謂的「重見」，依照該新說法，正月復日應在甲，二月在乙，三月在戊，四月在丁，五月在丙，六月在己，七月在庚，八月在辛，九月在戊，十月在癸，十一月在壬，

---

[65] 《元史》卷二〇五，頁4564。

[66] 曹震圭，《曆事明原》（韓國漢城大學奎章閣藏元刊本），卷五，頁29。

[67] 有關三元的安排規則，可參見黃一農，〈敦煌本具注曆日新探〉。

[68] 參見《元史·百官志》卷九〇，頁2296-2297；《金史·百官志》卷五六，頁1270。元代襲金朝官制，天文機構下設天文、算曆、三式、測驗和漏刻等科，各有管勾二員負責，均爲從九品。歷代僅有金、元兩朝用算曆科之名。

[69] 曹震圭，《曆事明原》卷三，頁24-25。

[70] 有關魁、罡的鋪註方式，可參見黃一農，〈敦煌本具注曆日新探〉。

[71] 何丙郁，《子平推命法》（香港：香港大學出版社，1988），頁14。

十二月在己。此一安排復日的方式，其實與《地理新書》稍異，如兩書中所列的
復日所在，四月和五月相反，十月和十一月亦相反，但曹氏很可能爲增強己說的
可信度，而逕改《地理新書》的文字。

表七：干支與陰陽五行對照表

五行		木	火	土	金	水
天干	陽	甲	丙	戊	庚	壬
	陰	乙	丁	己	辛	癸
地支	陽	寅	午	辰、戌	申	子
	陰	卯	巳	丑、未	酉	亥

　　曹震圭或爲目前已知最早爲復日規則提出「合理」解釋者，李光地在《御定
星曆考原》一書中所記復日的內容，幾乎全摘抄自曹氏所集註的《曆事明原》，
但李氏或未能確實理解曹震圭的論證，此故，僅據《地理新書》原書將復日的規
則作了校改，而未對兩者之間的異同詳加辨正。[72]
　　欽天監監正進愛在乾隆四年 (1739) 請旨重修《欽定選擇曆書》和《萬年
書》時，嘗上奏曰：
　　　　復日乃月建所同之干，如正月建寅爲陽木，而甲亦陽木，故正月以甲日爲
　　　　復日；七月建申爲陽金，而庚亦陽金，故七月以庚日爲復日。世俗作爲歌
　　　　訣云：「正七月連甲庚」，通書因誤以正月之庚日、七月之甲日皆爲復
　　　　日，逐月皆誤，俱宜改正。[73]
在此，曹震圭的論理被全盤接受。然而，經查稍後實際編纂完成的《欽定協紀辨
方書》中，復日的鋪註規則卻仍採依《地理新書》，原因待考。

---

[72] 李光地，《御定星曆考原》（文淵閣《欽定四庫全書》本，成書於康熙五十二年），卷
　　四，頁32。
[73] 允祿等，《欽定協紀辨方書》卷首奏議，頁4。

在《欽定協紀辨方書》的復日條中，[74] 內容除照抄李光地的《御定星曆考原》外，還附加了一大段考辨，批判先前有關復日宜忌的說法，如稱：「俗則以爲犯此，則致重喪，益無是理」，並指正月甲日、二月乙日或三月戊日雖爲復日，但依據《選擇宗鏡》，這些日子均屬葬課中的吉日，故該書總結稱：「復日之忌，固不可從，而世俗相傳已久，今定爲鳴吠遇復日則忌，德、赦、六合遇復日則不忌，庶存其名，不害於義云」，其中選在鳴吠日安葬，被認爲可使「亡靈安穩、子孫富昌」；而德指天德、月德、天德合和月德合等神煞，赦指天赦，所值之日皆上吉；六合者，其日宜會賓客、結婚姻、立契券、合交易。[75] 亦即官方雖以復日乃一無多大道理的俗忌，但因相傳已久，故仍姑存其規則，並未依曹震圭之說加以改訂。惟建議在處理安葬等凶事時，所選的鳴吠日如恰逢復日，則應避忌，在處理婚姻等吉事時，所選的德、赦或六合日如恰逢復日，則毋需避忌，但亦不註宜。

乾隆十六年 (1751) 以後，由於官方弛私印曆日之禁，民間擇日館開始公開大量編印通書，以謀取厚利，[76] 術家並強調各自的特色以增強競爭力，在此一風潮之下，復日遂又被各通書收入。雖然術家均傾向採納《欽定協紀辨方書》中的復日規則，但具體的鋪註卻異同互見。如在廣東出版的《崇道堂羅傳烈通書》和《集福堂羅傳燁通書》中（參見表八），均完全依照各月復日所繫的日干鋪註，惟刻工爲求簡便，大多刻作讀音相近的「伏日」。[77]

至於近代其它大多數的年度通書中，則往往有部份日干依術應註復日而未註，此因該日恰值某些屬於大凶的神煞，故復日遂被略而不記，但對何種凶煞不需再加註復日，各家看法卻頗多差異（參見表八）。以民國八十三年 (1994) 甲戌歲爲例，如單純依《地理新書》上的規則鋪註，當年共應有三十四個復日，但在港臺各擇日館所出版的通書中，所見到的復日卻分別有三、九、十五和二十七等不同天數。

---

[74] 允祿等，《欽定協紀辨方書》卷五，頁61-62。

[75] 有關鳴吠、德、赦、六合之義，詳見允祿等，《欽定協紀辨方書》卷五，頁4-9, 20-22, 64-65、卷六，頁26-27、卷一〇，頁8-10, 64-65。

[76] 黃一農，〈通書——中國傳統天文與社會的交融〉，《漢學研究》14.2(1996)：159-186。

[77] 由於通書中的圖表和文字十分龐雜，且甚具時效性，僅當年適用，故出版商爲求便捷省錢，往往大量使用俗字、簡體字或同音字來刊刻。在這些通書中，「伏日」因此替代了「復日」，至於名稱類似的三伏日，則直接記作初伏、中伏和末伏。

表八：筆者過眼年度通書中的復日鋪註情形

通書年份（西元）	通書名稱	藏書處	復日鋪註情形
康熙二十九年 (1690)	日用集福通書	大英圖書館	完全未見鋪註復日
康熙三十年 (1691)	六螭集七政便覽通書	大英圖書館	完全未見鋪註復日
康熙四十一年 (1702)	便民通書	大英圖書館	完全未見鋪註復日
雍正五年 (1727)	溪口全書	臺北故宮博物院	完全未見鋪註復日
嘉慶十二年 (1807)	繼成堂洪潮和通書	荷蘭萊頓大學	僅兩天未依術鋪註
嘉慶十九年 (1814)	攀丹桂大全通書	英國倫敦大學	僅有十天鋪註復日
嘉慶二十年 (1815)	廣賢堂大全通書	英國倫敦大學	僅有三天鋪註復日
嘉慶二十一年 (1816)	繼成堂洪潮和通書	荷蘭萊頓大學	完全未見鋪註復日
嘉慶二十四年 (1819)	攀丹桂大全通書	英國倫敦大學	僅十四天鋪註復日
道光十六年 (1836)	彤桂堂大全通書	大英圖書館	僅一天未依術鋪註
道光十九年 (1839)	集福堂羅傳燁通書	脈望齋	完全依術鋪註復日
道光三十年 (1850)	崇道堂羅傳烈通書	脈望齋	完全依術鋪註復日
咸豐七年 (1857)	崇道堂羅傳烈通書	荷蘭萊頓大學	完全依術鋪註復日
同治十二年 (1873)	大字三篇通書	大英圖書館	完全未見鋪註復日
光緒十年 (1884)	崇道堂羅傳烈通書	脈望齋	完全依術鋪註復日
光緒二十一年 (1895)	集福堂羅傳燁通書	脈望齋	僅一天未依術鋪註
民國十年 (1921)	三篇通勝	大英圖書館	僅兩天未依術鋪註
民國十一年 (1922)	通勝	大英圖書館	僅有一天鋪註復日
民國十六年 (1927)	繼成堂洪潮和通書	日本國會圖書館	僅十四天鋪註復日
民國十八年 (1929)	繼成堂洪潮和通書	日本國會圖書館	僅十二天鋪註復日
民國二十二年 (1933)	繼成堂洪潮和通書	日本國會圖書館	僅有九天鋪註復日
民國二十八年 (1939)	廣東選擇便覽通書	脈望齋	僅有五天鋪註復日
民國二十九年 (1940)	集福堂授時通書	脈望齋	僅有兩天鋪註復日
民國三十一年 (1942)	多文堂新通勝	馬以工教授	僅有一天鋪註復日
甲戌歲 (1994)	香港天寶樓大字通勝	脈望齋	有廿七天鋪註復日
民國八十三年 (1994)	呂逢元通書便覽	脈望齋	僅十五天鋪註復日
民國八十三年 (1994)	蔡炳圳七政經緯通書	脈望齋	僅有九天鋪註復日
民國八十三年 (1994)	林先知通書便覽	脈望齋	僅有三天鋪註復日

近代所行用復日規則的文字，雖可溯源自宋代的《地理新書》，然而，兩者之間仍有實質上的差異，此因清代欽天監在耶穌會天文家的主導之下，聲言爲與天行密合，乃改傳統的平氣推曆之法爲定氣，而此兩種方法所求得的節氣時刻，往往可差至一、兩日。[78]

雖然在官版的《欽定協紀辨方書》中，對復日的存在價值頗多保留，但近世術家當中，僅少數人敢對復日等神煞提出進一步質疑。青江子在其於乾隆初年所撰的《選時造命》中，嘗尖苛地批判重葬俗忌，稱己曾於八月辛日葬墳，年久卻安然無恙。又譏重日、復日「行吉事則再吉，行凶事則再凶」之說，曰：「此日娶親，明日又娶乎？此日中科，明日又中乎？此日生男，明日又生乎？」對於類似《臞仙肘後經》中的禳災之術，青江子亦深不以爲然，認爲死生有命，「一小匣即可轉死爲生，命何若是之易轉也！」他並舉實例稱己於數十年間遇重日死、重日葬者不計其數，但卻未聞有重複出現死亡之事實者。[79] 然而，從現今刊行的年度通書中均仍鋪註相關神煞的事實，可知類似的批評顯然並無太大效力。

漢簡中所行用的復日規則，雖曾隨時代而發生明顯變化，但日本在傳承中國早先的規則後，卻一直因襲未改，此從該國十至十八世紀現存的十來個具注曆日的鋪註中，即可明顯發現。[80] 至於應永二十一年 (1414) 成書並於十七世紀數度重刊的《曆林問答》中，亦引中國的《曆例》一書以說明復日的義理與規則。[81]

此外，筆者在日本正德二年 (1712) 序刊、文政六年 (1823) 補刊的《循環曆》中，也可見到如下的文字：「復日：正、七，甲、庚；二、八，乙、辛；三、六、九、雪，戊、己；四、十，丙、壬；五、霜，丁、癸」，[82] 其中「雪」乃指十二月，「霜」指十一月，該復日條下並同引《曆例》一書以析釋其義理，知漢代鋪註復日的法則，直至十八、九世紀都還仍在日本流傳。

---

[78] 黄一農，〈從湯若望所編民曆試析清初中歐文化的衝突與妥協〉，《清華學報》新26.2(1996)：189-220。

[79] 青江子，《選時造命》（脈望齋藏乾隆七年序刊本），卷四，頁76。

[80] 如見《續群書類從》所收錄的永久三年 (1115)、建曆四年 (1214)、貞永二年 (1233)、延慶三年 (1310)、應永十八年 (1411) 以及長祿三年 (1459) 等曆（卷九一二，頁84-136），韓國漢城大學奎章閣現藏的延應二年 (1240) 具注曆，以及佐藤政次《曆學史大全》（東京：駿河台出版社，1977年增補本）收錄的長德四年 (998)、應安七年 (1374)、永和三年 (1377)、寶曆五年 (1755) 等曆（頁143-145, 167-174, 1115-1116）。

[81] 賀茂在方 (?-1444)，《曆林問答》（《群書類從》標點本，日本應永二十一年成書），卷五〇六，頁316。

[82] 小泉松卓，《循環曆》（脈望齋藏日本文政六年補刊本），卷二，頁28-29。

六、結論

　　尹灣漢墓中豐富的選擇術內容，使我們有機會掌握到該術早期的型態，而透過本文的討論，我們可以發現選擇神煞的鋪註規則，雖有延亘兩千年不變者，但也有未幾即遭淘汰或更易者。或因對外在世界的陌生恐懼，古人從東周或秦漢以來對出行一事就極為慎重，[83] 此故，相關的神煞不斷增添積累，至明代時，即已逾二十幾種，在明刊的《新刻趨避檢》一書中，記出行的規則更達十七葉之多，當中還包含許多頗為有趣的術文，如稱：「甲子、丙子、戊子、庚子、壬子此五日，用卯時出行，向東去，至二、三里，見一女人抱兒來，主人在家，有酒食，求財大吉」，[84] 很難想像時人據此以占卜吉凶。

　　事實上，如對所有出行神煞均確實加以避忌的話，很容易造成「無吉辰可用」的狀況，[85] 無怪乎，元代擇日家魏天祐嘗稱：「出行涉遠，日辰散在諸曆，最是參錯不齊」，他並舉例指出不同書中同一干支日往往吉凶互見的事實，又因每日之下通常均吉神與凶神混雜，故魏氏亦建議：「或不能盡去其凶，得吉多凶少，亦皆可用……是日子不可太求全也」。[86] 此外，如事急不暇擇日，亦有術家認為即使恰值凶日也可從權，只要選擇在黃道吉時由吉門出行即可。[87]

　　在此一紛亂繁雜的情形之下，一般民眾或術家常必須依循各自的判斷，選擇所欲遵循的派別或決定所欲採用的神煞。是故，有些人雖相信擇日之術，但或因此無所適從，如宋儒邵雍出行時往往不擇日，然而若有人告之以不利，則不行，他所持的理由就是：「人未言，則不知；既言，則有知。而必行，則鬼神敵也」。[88]

---

[83] 湖北省文物考古研究所編，《江陵九店東周墓》（北京：科學出版社，1995），頁506-512；工藤元男，〈埋もれていた行神──主として秦簡「日書」による〉，《東洋文化研究所紀要》106(1988)：163-207；王子今，〈睡虎地秦簡《日書》所見行歸宜忌〉，《江漢考古》1994.2：45-49。

[84] 胡泰撰、胡文煥重修，《新刻趨避檢》（臺北國家圖書館藏明刊本），卷下，頁26-42。

[85] 上官震，《臺司妙纂選擇元龜》，甲集，頁32-34。

[86] 魏天祐，《涓吉成書》（臺北國家圖書館藏元世祖至元十八年刊本），總類，頁20。

[87] 楊翰，《選擇約編》卷六，頁19。

[88] 邵伯溫，《河南邵氏聞見前錄》（《百部叢書集成》本，宋紹興二年成書），卷十九，頁8。

　　此外，由於早先的擇吉之術只與年月日的干支相關，亦即所推得的吉方、吉日或吉時均不因人而異，此一狀況很容易受到日常實際經驗的挑戰。近世的選擇家或為增強說服力，遂開始在擇吉的過程中考慮入個人因素，如欲出行求財，就強調必須「於宜出行日中，擇本命生旺，或天財、地財、月財、三合、五合、六合、祿馬、貴人，再擇吉時」，[89] 引文中的本命即隨人而定，但有許多不同的類別，如出生的年支稱作本命元神，假令子年出生之人，其本命元神就是子神；至於生年的干支，則為本命日，假令甲子年生，其本命日就是甲子日。[90] 亦即在出行擇吉之時，有的術家會建議當事人儘量選用與其出生年的地支相同甚或干支皆同之日，而不是僅僅參照各神煞之所在。至於前引文中所提及的祿馬與貴人，其方位亦是隨本命元神而改變。[91]

　　正文中還以復日做為一重要的個案研究，對其名稱和規則的演變歷程，做了詳盡的爬梳，此或為學界迄今對選擇術中之具體內容所進行最深入的探討之一，希望這種模式能對術數史學術研究的深耕略有拋磚引玉之效。

　　中國歷代官方天文家對復日的鋪註規則，很可能從漢代沿用至清初而未曾有所更易。南宋掌禹錫雖創新規則，但一時並未能取代千餘年來的傳統。入元之後，因曆日的表達方式出現重大變革，亦即在各日之下的鋪註不再臚列神煞，而僅註記宜忌諸事，在無從比對驗證的情形下，民間術家遂提出各種不同的主張，並衍生出重喪、重復、天地重復日、復喪等眾多相關的神煞，甚至將原屬吉神的復日亦轉變成凶神。

　　復日的鋪註規則在缺乏論理基礎的情形下，遂出現人言言殊的結果。即使，元初曹震圭曾利用陰陽五行學說為復日的鋪註提出一「合理」解釋，但其所修訂的鋪註規則，卻始終未能取代眾說。此一事實亦突顯出「理性」判斷往往並不足以影響中國術數的發展。

　　不同擇日派別之間的矛盾，終在清初因關涉康熙曆獄等大案，而引發官方的介入。清廷於是數度以政府的力量編輯官訂的選擇書，乾隆初年完成的《欽定協紀辨方書》三十六卷，即是官方為整合畫一選擇術義理與規則的最重要的努力。

---

[89] 姚承輿，《擇吉會要》（臺南：大正書局，景印道光二十九年刊本），頁149-150。

[90] 此可參見日人所撰之《本命抄》（《續群書類從》標點本），卷九〇八，頁435-438。

[91] 王維德，《永寧通書》（臺北：集文書局，景印光緒十二年重刻康熙五十年初刊本），天集之三，頁14-15。

該書雖對復日等神煞的存在並不十分認同，但因其術的歷史悠遠，亦不敢輕言革除，只好姑存其說，惟書中標舉掌禹錫所提出的鋪註規則以替代舊法。

乾隆十六年 (1751) 以後，由於清律不再禁止民間印行通書，選擇家爲豐富各自的內容以增強市場競爭力，遂又開始在各日之下的鋪註中鉅細靡遺地臚列包含復日在內的各種神煞，許多原被《欽定協紀辨方書》指名批判甚至遭到刪除的神煞，亦重新被收入。雖然各術家均仍採納官方在《欽定協紀辨方書》中所訂定的復日規則，但對復日到底在同值何種凶神時可略而不記，卻各有看法，導致各個通書中的鋪註結果常異同互見。

至於日本的選擇術，雖有許多內容因襲中國，但演變的模式卻並不相近，如尹灣漢代簡牘中所行用的復日規則，在日本即一直維持到十八、九世紀而不變，此雖或因無相關配合環境使然，但也可能主要是因中日兩國重洋遠隔，術數界並未能持續交流，而該國術家又不願輕言改變來自術數「發源地」的傳統所致。[92]

神煞的演化遞增、吉凶程度的引進以及本命觀念的出現，均大大擴展了選擇術的複雜性與自由度。在前述復日的個案研究中，我們也可見到後世的選擇家爲增加其術的「精密度」，並營造出上應天行的形象，乃強調鋪註規則中的月份，是從該月節氣的起始瞬間至下月節氣之前。這些發展增強了許多民眾對選擇術的篤信程度，另一方面，也提供了選擇術新的動力來面對外界的挑戰與質疑，令其得以不被近代社會的劇烈變動所淘汰，並成爲華人通俗文化中相當特出的一部份。

一九九八年十月撰成初稿
一九九九年一月定稿於風城脈望齋

（本文於一九九九年二月二十日通過刊登）

---

[92] 類似的情形亦發生在曆法的交流之上，如日本自唐朝傳入麟德曆後，行用約六十多年，其間中國曆家曾以進朔法略加修正，但日本則仍遵用原術推算，以致兩國曆日中的朔閏頗多相異之處。參見黃一農，〈中國史曆表朔閏訂正舉隅——以唐《麟德曆》行用時期爲例〉，《漢學研究》10.2(1992)：305-332。

引用書目

一、選擇術原典（依作者筆劃次序排列）

不著撰人，《三曆撮要》，臺北：藝文印書館，《百部叢書集成》景印清光緒十
　　四年 (1888) 據宋板重刊之本。由於此書引用北宋沈括 (ca. 1031-
　　1095) 的《夢溪筆談》，知《三曆撮要》成書必在之後。

不著撰人，《三寶吉日》，東京：平文社，《續群書類從》標點本，日本室町時
　　代 (1336-1573) 成書。

不著撰人，《本命抄》，《續群書類從》標點本。此本作者不詳，原抄於日本保
　　元二年 (1157)，故成書應更早。

不著撰人，《新編陰陽足用選擇龜鑑》，臺北國家圖書館藏元刊本。由於後一書
　　在「三元年方九星方圖」條下，記：「天聖二年甲子歲入中元，元豐
　　七年甲子歲入下元，紹興十四年甲子復入上元，嘉泰四年甲子歲入中
　　元」（卷五，頁7），知其成書時間應在從宋嘉泰四年 (1204) 起算的
　　一甲子（六十年）間。

上官震，《臺司妙纂選擇元龜》，臺北國家圖書館藏明弘治十三年 (1500) 重刊
　　本。由於明永樂五年 (1407) 成書的《永樂大典》中，在諸家選日的
　　部份，曾多次引用此書，知其初刊應在永樂五年之前。又，此書所記
　　的逐月擇日圖，有「謹按具注統天萬年曆」字樣，由於統天曆乃楊忠
　　輔於南宋慶元五年 (1199) 所造，知《臺司妙纂選擇元龜》應成書於
　　之後。

小泉松卓，《循環曆》，脈望齋藏日本文政六年 (1823) 補刊本。

允祿等，《欽定協紀辨方書》，臺北：臺灣商務印書館，景印文淵閣《欽定四庫
　　全書》本，成書於清乾隆六年 (1741)。

天覎生，《選吉易知》，脈望齋藏景印民國七年 (1918) 刊本。

王維德，《永寧通書》，臺北：集文書局，景印清光緒十二年 (1886) 重刻清康
　　熙五十年 (1711) 初刊本。

王醇業，《選日燃犀》，脈望齋藏景印清康熙五十九年 (1720) 刊本。

安泰等，《欽定選擇曆書》，臺北國家圖書館藏清康熙二十四年 (1685) 刊本。

朱權，《臞仙肘後經》，臺南：莊嚴文化公司，《四庫全書存目叢書》景印明刊
　　本。

李光地，《御定星曆考原》，文淵閣《欽定四庫全書》本，成書於清康熙五十二
　　年 (1713)。

周於德原撰、萬邦孚增補，《擇日便覽》，《北京圖書館古籍珍本叢刊》景印明
　　　刊本。由於此書內文出現明宣德八年 (1433) 之年號，而《明史・藝
　　　文志》中亦收入多本萬邦孚之著作，因知增補本大約成於宣德至明末
　　　間。

青江子，《選時造命》，脈望齋藏清乾隆七年 (1742) 序刊本。

姚承輿，《擇吉會要》，臺南：大正書局，景印清道光二十九年 (1849) 刊本。

胡泰撰、胡文煥重修，《新刻趨避檢》，臺北國家圖書館藏明刊本。由於此書在
　　　「起造正屋之法」條下，記：「洪武十七年甲子起中元，正統九年甲
　　　子起下元，未來甲子起上元，六十年一轉」（卷中，頁70），知其成
　　　書時間應在從明正統九年 (1444) 起算的一甲子間。

曹震圭，《曆事明原》，韓國漢城大學奎章閣藏元刊本。

許真君，《增補選擇通書玉匣記》，脈望齋藏清道光十四年 (1834) 聚三堂刊
　　　本，初刊於明代。

陳應選，《陳子性藏書》，《四庫全書存目叢書》景印清乾隆四十七年 (1782)
　　　刊本，初刊於清康熙二十三 (1684) 年。

掌禹錫，《重校正地理新書》，臺北國家圖書館藏金明昌三年 (1192) 刊本。
　　　《宋史・藝文志》中將此書作者繫爲王洙（卷二〇六，頁5259），但
　　　據國家圖書館藏本，知王氏應只是「奉敕管勾刪修」，從《宋史・掌
　　　禹錫傳》，知《地理新書》實爲掌氏所撰（卷二九四，頁9808）。

賀茂在方，《曆林問答》，東京：經濟雜誌社，《群書類從》標點本，初刊於日
　　　本應永二十一年 (1414)。

須原屋善五郎，《文政大雜書》，脈望齋藏日本文政二年 (1819) 耕文堂重刊本。

黃汝和，《諏擇秘典》，北京大學圖書館藏明天啓三年 (1623) 刊本。

黃汝和，《諏擇曆眼》，北京大學圖書館藏明天啓三年 (1623) 刊本。

楊翰，《選擇約編》，脈望齋藏清光緒二十八年 (1902) 重刻本，初刊於清嘉慶
　　　二年 (1797)。

劉春沂，《劉氏家藏闡微通書》，臺北：武陵出版社，景印清康熙二十三年
　　　(1684) 重刊本。惟該出版社擅將此書分成《吉凶神煞全書》、《陰陽
　　　宅秘旨》和《修造吉凶秘傳》三冊刊行。

魏天祐，《涓吉成書》，臺北國家圖書館藏元世祖至元十八年 (1281) 刊本。由
　　　於此本卷首殘缺，故該館藏書目稱此書不著撰人，然據《永樂大典》
　　　可核實其作者名（卷二〇一二二，頁8）。

魏鑑，《新鐫曆法便覽象吉備要通書大全》，臺北：武陵出版社，景印清康熙六
　　　十年 (1721) 序刊本。惟該出版社將書名簡稱作《新增象吉通書大
　　　全》。

二、年度通書或具注曆日（依成書先後次序排列）

《長興四年 (933) 具注曆》，大英博物館藏。

《雍熙三年 (986) 具注曆》，法國國家圖書館藏。

《（日本）永久三年 (1115) 具注曆》，收入《續群書類從》。

《（日本）建曆四年 (1214) 具注曆》，收入《續群書類從》。

《（日本）貞永二年 (1233) 具注曆》，收入《續群書類從》。

《（日本）延應二年 (1240) 具注曆》，韓國漢城大學奎章閣藏。

《寶祐四年 (1256) 會天萬年具注曆》，臺北國家圖書館藏。

《（日本）延慶三年 (1310) 具注曆》，收入《續群書類從》。

《（日本）應永十八年 (1411) 具注曆》，收入《續群書類從》。

《（日本）長祿三年 (1459) 具注曆》，收入《續群書類從》。

《康熙二十九年 (1690) 日用集福通書》，大英圖書館藏。

《康熙三十年 (1691) 六螭集七政便覽通書》，大英圖書館藏。

《康熙四十一年 (1702) 便民通書》，大英圖書館藏。

《雍正五年 (1727) 溪口全書》，臺北故宮博物院藏。

《嘉慶十二年 (1807) 繼成堂洪潮和通書》，荷蘭萊頓大學藏。

《嘉慶十九年 (1814) 攀丹桂大全通書》，英國倫敦大學藏。

《嘉慶二十年 (1815) 廣賢堂大全通書》，英國倫敦大學藏。

《嘉慶二十一年 (1816) 繼成堂洪潮和通書》，荷蘭萊頓大學藏。

《嘉慶二十四年 (1819) 攀丹桂大全通書》，英國倫敦大學藏。

《道光十六年 (1836) 彤桂堂大全通書》，大英圖書館藏。

《道光十九年 (1839) 集福堂羅傳燁通書》，脈望齋藏。

《道光三十年 (1850) 崇道堂羅傳烈通書》，脈望齋藏。

《咸豐七年 (1857) 崇道堂羅傳烈通書》，荷蘭萊頓大學藏。

《同治十二年 (1873) 大字三篇通書》，大英圖書館藏。

《光緒十年 (1884) 崇道堂羅傳烈通書》，脈望齋藏影本。

《光緒二十一年 (1895) 集福堂羅傳燁通書》，脈望齋藏影本。

《辛酉年 (1921) 三篇通勝》，大英圖書館藏。

《民國十一年 (1922) 通勝》，大英圖書館藏。

《民國十六年 (1927) 繼成堂洪潮和通書》，日本國會圖書館藏。

《民國十八年 (1929) 繼成堂洪潮和通書》，日本國會圖書館藏。

《民國二十二年 (1933) 繼成堂洪潮和通書》，日本國會圖書館藏。

《民國二十八年 (1939) 廣東選擇便覽通書》，脈望齋藏。

《民國二十九年 (1940) 集福堂授時通書》，脈望齋藏。

《民國三十一年 (1942) 多文堂新通勝》，馬以工教授藏。

《甲戌歲 (1994) 香港天寶樓大字通勝》，脈望齋藏。

《民國八十三年 (1994) 呂逢元通書便覽》，脈望齋藏。

《民國八十三年 (1994) 蔡炳圳七政經緯通書》，脈望齋藏。

《民國八十三年 (1994) 林先知通書便覽》，脈望齋藏。

三、其它（依作者筆劃次序排列）

《永樂大典》，姚廣孝等編，北京：中華書局，1960年重編本，明永樂五年
　　　(1407) 成書。

《多能鄙事》，劉基，臺南：莊嚴文化事業公司，《四庫全書存目叢書》景印明嘉
　　　靖四十二年 (1563) 刊本。

《居家必用事類》，不著撰人，北京：書目文獻出版社，《北京圖書館古籍珍本叢
　　　刊》景印明刊本。

《河南邵氏聞見前錄》，邵伯溫，《百部叢書集成》本，宋紹興二年 (1132) 成書。

《便民圖纂》，鄺璠編，北京：中華書局，1959年景印明萬曆二十一年 (1593) 刊
　　　本，初刊於明弘治十五年 (1502)。

《清史稿》，北京：中華書局，1976年點校本。

《漢書》、《後漢書》、《魏書》、《金史》、《元史》，北京：中華書局，
　　　1975年點校本。

《說文解字》，許慎，臺北：華世出版社，景印日本東洋文庫藏宋刊本，漢建光二
　　　年 (121) 成書。

《養生類纂》，南宋・周守中原著、胡文煥校刊，《北京圖書館古籍珍本叢刊》景
　　　印明刊本。

工藤元男

　　1988　　〈埋もれていた行神──主として秦簡「日書」による〉，《東洋文
　　　　　　化研究所紀要》106：163-207。

　　1990　　〈雲夢睡虎地秦墓竹簡「日書」と道教的習俗〉，《東方宗教》76：
　　　　　　43-61。

王子今

　　1994　　〈睡虎地秦簡《日書》所見行歸宜忌〉，《江漢考古》1994.2：45-49。

卡林諾斯基 (Marc Kalinowski)

　　1995　　〈馬王堆帛書《刑德》試探〉，收入饒宗頤主編，《華學》第一輯，
　　　　　　廣州：中山大學出版社，頁82-110。

甘肅省文物考古研究室等編
    1990   《居延新簡》，北京：文物出版社。

何丙郁
    1988   《子平推命法》，香港：香港大學出版社。
    1996   〈太乙術數《南齊書・高帝本紀上》史臣曰章〉，《中央研究院歷史語言研究所集刊》67.2：383-413。

佐藤政次
    1977   《曆學史大全》，東京；駿河台出版社，1977年增補本。

呂理政、莊英章
    1985   〈臺灣現行農民曆使用之檢討〉，收入李亦園、莊英章主編，《「民間宗教儀式之檢討」研討會論文集》，臺北：中國民族學會，頁103-129。

李學勤
    1997   〈《博局占》與規矩紋〉，《文物》1997.1：49-51。

尚民杰
    1997   〈雲夢《日書》十二時名稱考辨〉，《華夏考古》1997.3：68-75, 79。

張培瑜
    1988   〈吐魯番新出土的唐代寫本曆書〉，《考古與文物》1988.4：91-94。
    1989   〈出土漢簡帛書上的曆注〉，收入國家文物局古文獻研究室編，《出土文獻研究續編》，北京：文物出版社，頁135-147。

張培瑜、盧央
    1994   〈黑城出土殘曆的年代和有關問題〉，《南京大學學報（哲學、人文、社會科學版）》1994.2：170-174。

連雲港市博物館等
    1997   《尹灣漢墓簡牘》，北京：中華書局。

陳松長
    1993   〈帛書《刑德》略說〉，收入李學勤主編，《簡帛研究》第一輯，北京：法律出版社，頁96-107。
    1997   〈帛書《刑德》乙本釋文訂補〉，收入《簡牘學研究》第二輯，蘭州：甘肅人民出版社，頁51-61。

陳夢家
    1965   〈漢簡年曆表敘〉，《考古學報》1965.2：103-149。

湖北省文物考古研究所編
    1995   《江陵九店東周墓》，北京：科學出版社。

黃一農

1991　〈擇日之爭與康熙曆獄〉，《清華學報》21.2：247-280；黃一農著，
　　　伊東貴之譯，〈擇日之爭と康熙曆獄〉，《中國——社會と文化》
　　　6(1991)：174-203；Huang, Y.-L.,"Court Divination and Christianity in
　　　the K'ang-Hsi Era," translated by Nathan Sivin, *Chinese Science*
　　　10(1991): 1-20.

1992　〈敦煌本具注曆日新探〉，《新史學》3.4：1-56。

1992　〈中國史曆表朔閏訂正舉隅——以唐《麟德曆》行用時期爲例〉，
　　　《漢學研究》10.2：305-332。

1996　〈從湯若望所編民曆試析清初中歐文化的衝突與妥協〉，《清華學
　　　報》26.2：189-220。

1996　〈通書——中國傳統天文與社會的交融〉，《漢學研究》14.2：159-
　　　186。

黃一農、張志誠 (Huang, Y.-L. and Chang Chih-Ch'eng)

1993　〈中國傳統候氣說的演進與衰頹〉，《清華學報》23.2：125-147；
　　　"The Evolution and Decline of the Ancient Chinese Practice of
　　　Watching for the Ethers," translated by Chu Pingyi and Samuel Gilbert,
　　　Chinese Science 13(1996): 82-106.

蒲慕州

1993　〈睡虎地秦簡《日書》的世界〉，《中央研究院歷史語言研究所集
　　　刊》62.4：623-675。

劉信芳

1993　〈《日書》四方四維與五行淺說〉，《考古與文物》1993.2：87-94。

劉樂賢

1994　《睡虎地秦簡日書研究》，臺北：文津出版社。

1997　〈尹灣漢簡《行道吉凶》初探〉，《中國史研究》1997.4：50-53。

1998　〈尹灣漢墓出土曆譜及其相關問題〉，收入饒宗頤主編，《華學》第
　　　三輯，北京：紫禁城出版社，頁247-257。

藤野岩友

1976　〈禹步考〉，收入氏著，《中國の文學と禮俗》，東京：角川書店，
　　　頁302-316。

饒宗頤

1993　〈馬王堆《刑德》乙本九宮圖諸神釋——兼論出土文獻中的顓頊與攝
　　　提〉，收入李學勤主編，《簡帛研究》第一輯，北京：法律出版
　　　社，頁89-95。

1996　〈記建興廿八年"松人"解除簡——漢"五龍相拘絞"說〉，收入李
　　　學勤主編，《簡帛研究》第二輯，北京：法律出版社，頁390-394。

饒宗頤、曾憲通

　　1982　《雲夢秦簡日書研究》，香港：中文大學出版社。

Smith, Richard J.

　　1991　*Fortune-Tellers & Philosophers, Divination in Traditional Chinese Society*, Boulder, Colorado: Westview Press.

A Study of the Tradition of Selection of Auspicious Time and Space in Chinese Society through the Strips Excavated at Yinwan Han Tomb

Yi-Long Huang

Institute of History, Tsing-Hua University

Xuanze shu (method to select auspicious time and space) may be the most complicated branch and occupy the most abundant part of Chinese pseudo-science. Through the constraint of space and time, it affected the daily life of billions of Chinese during the last two thousand years; however, it has attracted little attention from scholars.

This article tries to clarify the content of strips related to *xuanze shu* excavated at Yinwan Han tomb in order to gain a better understanding of the early form of this method. The author also investigates through detailed case studies the evolution pattern of *xuanze shu* through history and its interaction with society. The reason why *xuanze shu* has survived the dramatic changes of the modern society is analyzed. This paper provides an excellent example of how studies of pseudo-science can also enrich our knowledge of the popular culture and daily life of ancient Chinese.

Keywords: pseudo-science, popular culture, daily life, Han strips

睡虎地秦簡《日書》「楚除」的性質及其他

李家浩[*]

　　睡虎地秦墓竹簡《日書》甲、乙種各有兩篇「除」，第一篇「除」即本文所說
的「楚除」。本文對秦簡「楚除」的性質進行了討論，據九店楚簡《日書》的有關
內容，指出「楚除」可能是楚國的建除、叢辰發展到戰國晚期後，把這兩種數術糅
合在一起的一種形式。此外，還對《睡虎地秦墓竹簡》一書，在「楚除」的斷簡拼
接、釋文、注釋和標點等方面的問題進行了討論，糾正了該書中的若干失誤。

關鍵詞：日書　楚除　建除　叢辰

[*] 北京大學中國語言文學系

　　一九七五年雲夢睡虎地一一號秦墓出土的竹簡中，有《日書》甲、乙兩種，全部收入在《睡虎地秦墓竹簡》（以下簡稱《睡虎地》）一書裡。[1] 一九八二年江陵九店五六號楚墓出土的竹簡中，也有《日書》，其中有許多內容見於秦簡《日書》。[2] 我在整理九店楚簡的過程中，經常參考秦簡《日書》，對秦簡《日書》跟楚簡《日書》的相關部分有一些看法。這些看法既有對簡文本身的，又有對竹簡整理的。我先把對「楚除」的看法寫出來，供大家參考。

　　秦簡「楚除」有兩個本子，分別見於《日書》甲種一正至一三正，乙種一至一七、一八壹至二五壹。對於這兩本「楚除」的看法，擬從五個方面來談：

　　　　一、秦簡「楚除」的性質
　　　　二、《睡虎地》在斷簡拼接方面的問題
　　　　三、《睡虎地》在釋文方面的問題
　　　　四、《睡虎地》在注釋方面的問題
　　　　五、《睡虎地》在標點方面的問題

已有人講過的，本文一般不再重複。

一、秦簡「楚除」的性質

　　秦簡《日書》甲、乙種裡，每種都有兩種「除」。第一種就是本文所說的「楚除」，《日書》甲種一正標題爲「除」，乙種無標題。第二種《日書》甲種一四正標題爲「秦除」，乙種二七壹標題爲「除」。第二種的「秦除」大概是對第一種的「除」而言的。有學者指出，第一種「除」應屬楚人。[3] 從下面將要談到第一種「除」的內容見於九店楚簡《日書》來看，這一意見是正確的。值得注意的是，《日書》甲種一正標題「除」字所在的位置，低於相鄰簡文一字，原來「除」字之上，似有文字。張聞玉先生懷疑這個殘去的字是「楚」字，[4] 蒲慕州先

[1]《睡虎地秦墓竹簡》（北京：文物出版社，1990）。
[2] 九店楚簡釋文初稿見《江陵九店東周墓》，頁506-512，竹簡照片見該書圖版一〇三至一二五頁。此書一九九五年由北京科學出版社出版。九店楚簡釋文修訂稿及其考釋，見《九店楚簡》。此書即將由北京中華書局出版。
[3] 李學勤，〈睡虎地秦簡《日書》與楚、秦社會〉，《江漢考古》1985.4：61。劉信芳，〈秦簡中的楚國《日書》試析〉，《文博》1992.4：52。
[4] 張聞玉，〈雲夢秦簡《日書》初探〉，《江漢論壇》1987.4：69。

生從之。[5] 本文據此，把第一種「除」稱爲「楚除」，把《日書》甲、乙種「楚除」分別稱爲「楚除」甲、「楚除」乙。

「秦除」的性質是秦人的建除，這是沒有問題的。那麼，跟「秦除」相對的「楚除」既然屬於楚人，按理來說，它應該是楚人的建除。事實上，有許多學者就是這樣認爲的。其實秦簡「楚除」的性質並非如此簡單，祇要我們把它跟九店楚簡《日書》的有關文字比較一下，就會看出這一點。

眾所周知，秦簡「楚除」有兩套十二名。第一套以「澳」、「媚」等爲名的十二名，[6] 第二套以「結」、「陽」等爲名的十二名。爲了區別這兩套十二名，暫且把第一套稱爲十二名A，第二套稱爲十二名B。秦簡「楚除」乙分爲十二辰表和占辭兩個部分，在十二辰表之下和占辭之上，都寫有十二名A和十二名B。「楚除」甲的形式跟「楚除」乙不同，它是把十二辰表寫在十二名A與十二名B之間，占辭寫在十二名B之下。《睡虎地》釋文把「楚除」甲仿照「楚除」乙的形式，分爲壹、貳兩欄釋寫是有問題的，說見下文三（一）。

秦簡「楚除」的十二名A和十二名B，分別見於楚簡《日書》一三至二四號和二五至三六號。秦簡《日書》甲種的〈稷辰〉篇（二六正壹至三一正壹、三二正至四六正）有「秀」、「結」等八名，與「楚除」十二名B中的「秀」、「結」等八名相合，唯文字寫法略有出入。現在把秦簡「楚除」兩套十二名，〈稷辰〉八名和楚簡兩套十二名，分別列成表一、表二。[7]

表一：「楚除」十二名A對照表

楚除甲	澳	媚	建	陷	彼	平	寧	空	坐	蓋	成	甬
楚除乙	怨	嬴	建	窨	作	平	成	空	鬌	蓋	成	復
楚簡	荀	微	建	韢	敔	坪	窓	工	坐	盉	城	復

[5] 蒲慕州，〈睡虎地秦簡《日書》的世界〉，《中央研究院歷史語言研究所集刊》62.4(1993)：674。

[6] 「澳」、「媚」二字，《睡虎地》誤釋爲「濡」、「嬴」，說見下文三（二）（1）、（2）。

[7] 爲印刷方便，本文所引竹簡釋文，一般用通行字寫出，不嚴格隸定。

表二：「楚除」十二名B與〈稷辰〉八名對照表

稷　辰	結	正陽	敫	羣	陰	徹	危陽				秀
楚除甲	結	陽	交	害	陰	達	〔外〕陽	外害	外陰	□□	夬光	秀
楚除乙	結	陽	交	羅	陰	達	外陽	外遺	外陰	絕紀	決光	秀
楚　簡	結	陽	交	□	陰	達	外陽	外害	〔外〕陰	絕	□	秀

　　對這兩個表有兩點情況需要說明一下。第一，十二名A的順序是按照秦簡排列的，十二名B的順序秦簡、楚簡相同。第二，〈稷辰〉八名是以「秀」、「正陽」、「危陽」、「敫」、「羣」、「陰」、「徹」、「結」為序的，為了跟「楚除」十二名B對照，對其次序作了相應的調整。

　　李學勤先生曾經指出，「楚除」與「秦除」「雖然有差別，但從日名看又有一定的淵源關係」。[8] 這是就十二名A與秦人建除十二名有相合之處來說的，如文字相同的有「建」、「平」、「成」，音近的有「媚」與「閉」、「寧」與「定」、「蓋」與「危」等。[9] 這是值得重視的一個意見。再結合秦簡《日書》甲種把有十二名A的文字名為「楚除」來看，把十二名A定為楚人的建除十二名，大概是沒有問題的。但問題是十二名B。從表二看，十二名B中有八名與〈稷辰〉八名相合，文字相同的有「結」、「陰」、「秀」，音近通用的有「敫」與「交」、「羣」與「害」、「危陽」與「外陽」，音近義通的有「徹」與「達」，繁簡的有「正陽」與「陽」。[10] 這說明十二名B與〈稷辰〉的關係十分密切。饒宗頤先生說，「稷辰」即「叢辰」。[11] 李學勤先生說，「『稷』字或為『稷』字之誤，而『稷』、『叢』音近可相通假」。[12] 劉樂賢先生贊同這些意見，並且還

　8　李學勤，〈睡虎地秦簡《日書》與楚、秦社會〉，《江漢考古》1985.4：61。

　9　參看劉信芳，〈秦簡中的楚國《日書》試析〉，《文博》1992.4：51-52；〈九店楚簡日書與秦簡日書比較研究〉，《第三屆國際中國古文字學研討會論文集》（香港：香港中文大學中國文化研究所、中國語言及文學系，1997），頁520-521；劉樂賢，《睡虎地秦簡日書研究》（臺北：文津出版社，1994），頁30。

　10　參看裘錫圭，《古文字論集》（北京：中華書局，1992），頁12-13；饒宗頤、曾憲通，《楚地出土文獻三種研究》（北京：中華書局，1993），頁412-413。

　11　《楚地出土文獻三種研究》，頁412。

　12　李學勤，〈睡虎地秦簡《日書》與楚、秦社會〉，《江漢考古》1985.4：61。

舉出「夏」、「夒」二旁之字因形近互訛的例子。[13] 我們在這裡再補充二例。《莊子・則陽》「是稷稷何爲者耶」，陸德明《釋文》說「稷」「本又作『穆』」。《說苑・反質》：「夫衛國雖貧，豈無文履一奇，以易十稷之繡哉？」孫詒讓說：「『稷』當爲『稷』，形近而誤。《說文》云『布之八十縷爲稷』。」[14]「稷」、「叢」古音都屬東部，可以通用。《玉篇》米部「稷」字重文作「粽」。《莊子》的〈齊物論〉「堯問於舜曰：我欲伐宗、膾、胥敖」；〈人間世〉「昔者堯攻叢、枝、胥敖」。許多學者指出，「宗膾」即「叢枝」。[15]此是「稷」、「叢」可以通用的例子。據此，秦簡「稷辰」應該釋讀爲「稷（叢）辰」。〈稷（叢）辰〉篇還見於秦簡《日書》乙種（四七壹至五二壹、五三至六三），但標題爲「秦」。整理小組對這一標題所作的注釋說：「此當爲秦人之說，《日書》甲種也有這樣一段，題爲〈稷辰〉，兩者大體相同，可以校正本節脫文。」[16] 可見秦簡〈稷（叢）辰〉是秦叢辰家言。那麼，跟〈稷（叢）辰〉關係十分密切的「楚除」十二名B，有可能是楚叢辰十二名。

　　建除和叢辰是兩種不同的數術。《史記・日者列傳》褚先生曰，談到漢孝武帝時聚會七占家問某日可娶婦乎，其中就有建除家和叢辰家。楚簡建除十二名和叢辰十二名各自爲篇，它們都各自有自己的十二辰表和占辭。這兩篇當是楚建除家言和叢辰家言。秦簡「楚除」是把建除十二名和叢辰十二名合在一起的，讓它們共用一個十二辰表和一種占辭；其占辭內容與楚簡「叢辰」篇的占辭相合，當採自叢辰。不僅如此，秦簡「楚除」十二名的次序也是按照叢辰排列的。

　　楚簡建除十二名是從「建」開始的，它在第一月所值日辰是辰；叢辰十二名是從「結」開始的，它在第一月所值日辰是寅。秦簡「楚除」正月，叢辰的「結」和建除的「建」所值日辰與楚簡相同。楚簡建除有月名，而叢辰沒有月名。楚簡建除第一月名「刏尿」。「刏尿」是楚國特有的月名，睡虎地秦簡《日書》作「刑尸」、「刑夷」等，[17] 相當夏曆的正月。[18] 於此可見，楚簡建除、叢辰用

---

[13] 劉樂賢，《睡虎地秦簡日書研究》，頁58。

[14] 孫詒讓，《札迻》（北京：中華書局，1989），頁260-261。

[15] 孫詒讓，《札迻》，頁148。陳鼓應，《莊子今注今譯》（北京：中華書局，1983），頁79注[二]、頁111注[二〇]。

[16] 《睡虎地》，釋文注釋頁234。

[17] 《睡虎地》，釋文注釋頁190, 197。

[18] 參看王勝利，〈關於楚國曆法的建正問題〉，《中國史研究》1988.2：139-141；〈再談楚國曆法的建正問題〉，《文物》1990.3：66-67。

的曆法都是夏曆，祇是月名仍然用楚曆特有的月名而已。這跟秦簡「楚除」用的曆法是周曆，而月名卻是夏曆的月名同類。眾所周知，夏曆建寅，周曆建子，即以夏曆的十一月爲歲首。上面說過，楚簡建除十二名是從「建」開始的，它在夏曆正月（楚名爲刑夷）所值日辰是辰，秦簡「楚除」建除十二名是從「澳」開始的，它在夏曆正月所值日辰是寅，兩者的次序不同。據秦簡「楚除」，叢辰十二名與建除十二名有嚴格的對應關係。楚簡叢辰跟楚簡建除用的曆法相同，也是夏曆，按理講，楚簡叢辰十二名的次序應該跟楚簡建除十二名的次序一樣，從跟「建」相應的「交」開始。但是，楚簡叢辰十二名的次序卻是跟建除十二名的「澳」相應的「結」開始的，秦簡「楚除」叢辰十二名的次序與之相同。秦以來的建除十二名所值日辰，是根據月建來確定的。例如夏曆月建，正月建寅，二月建卯，就定建除第一名建在正月所值日辰也是寅，二月所值日辰也是卯。[19] 這樣確定建除十二月所值日辰有一個好處，即建除第一名所值日的十二地支名與月建的十二地支名是一致的。從楚簡的建除十二名和叢辰十二名在十二月所值日辰看，建除十二名所值日辰不符合上述方法，其原因有待進一步研究。但是，叢辰十二名所值日辰符合上述方法。大概是由於這個原因，秦簡「楚除」把建除十二名與叢辰十二名合併在一起時，就把建除十二名的次序也按照叢辰十二名的次序排列，以便推算、使用。

　　據考古工作者的意見，九店五六號楚墓的年代爲戰國晚期早段，睡虎地一一號秦墓的年代爲秦代。大概是因爲楚人的建除和叢辰都是以十二名所值日辰來占吉凶的，形式相同，所以到了秦代的秦簡「楚除」裡，就把建除和叢辰合併在一起，讓建除十二名和叢辰十二名共同占卜吉凶，其十二辰表和占辭既可以作爲建除占來用，又可以作爲叢辰占來用。

　　根據以上所說，秦簡《日書》「楚除」可能是楚國的建除、叢辰發展到戰國晚期後，把這兩種數術糅合在一起的一種形式。

---

[19] 《協紀辨方書》卷四「建除十二神」引《歷書》曰：「歷家以建、除、滿、平、定、執、破、危、成、收、開、閉凡十二日，周而復始，觀所值以定吉凶。每月交節，則疊兩值日。其法從月建上起建，與斗杓所指相應，如正月建寅，則寅日起建，順行十二辰是也。」

二、《睡虎地》在斷簡拼接方面的問題

（1）秦簡《日書》乙種「楚除」一六，是由「建交之日……鑿井」斷片A和「吉生男女□」斷片B拼接的，兩斷片之間尚缺約三字。

按：《睡虎地》的拼接，並沒有多大根據。同篇一九壹是由「平達之日……入邦□」斷片A和「罔獵獲作事吉」斷片B拼接的，據下文（2）所說，一九B片應該跟二〇壹殘簡拼接。一九A片文字是平、達之日占辭。秦簡「楚除」甲平、達日占辭有「以祭，上下皆吉。生子，男吉，女必出於邦」之語；楚簡「叢辰」篇達日占辭有「以祭，小大吉。生子，男吉，女必出其邦」之語。據此，疑一六B片的文字屬於平、達之日占辭，它應該跟一九A片拼接。改拼之後的簡文，可以釋寫如下：

平、達之日，利以行帥〈師〉徒，見人，入邦，皆＿一九A吉。生男女必▢＿一六B

原文「邦」下一字僅殘存左上角筆畫，「女」下一字僅殘存上部筆畫，從殘畫看，當是「皆」、「必」二字。根據上引秦簡「楚除」甲平、達日占辭或楚簡「叢辰」達日占辭，疑「男」下漏寫一「吉」字，「女必」下缺文可據之補出「出於邦」或「出其邦」三字。

（2）秦簡《日書》乙種「楚除」一九壹，是由「平達之日……入邦□」斷片A和「罔獵獲作事吉」斷片B拼接的。

按：從圖版竹簡照片看，《睡虎地》的拼接是有問題的。A、B兩斷片拼接後，其拼接處並不密合，B片略向右錯出一點。此是其一。A片「邦」下之字殘存左上角筆畫，B片「罔」剛好殘缺左上角筆畫，但拼接後，兩者的筆畫並不相合。此是其二。B片在「獲」與「作」之間有組痕，跟同類竹簡的三道組痕比較，當屬中間組痕。按照《睡虎地》的拼接，其組痕高於相鄰簡的中間組痕一個字的位置。此是其三。此外，據上文（1）所說，一九A片應該跟一六B片拼接。這些情況都足以說明《睡虎地》把一九A片跟一九B片拼接，是錯誤的。九店楚簡「叢辰」篇，外陽日占辭有「埶罔得」之語（三一號）。秦簡《日書》乙種二〇壹殘簡也是外陽日占辭，殘簡末尾有一「熱」字。「熱」從「埶」聲。據此，疑二〇壹末尾的「熱」和一九B開頭的「罔」，即楚簡的「埶罔」，一九B片應該跟二〇壹殘簡拼接。改拼之後的簡文，可以釋寫如下：

成、外陽之日，利以祭，之四旁（方）野外。熱＿二〇壹罔（網）獵，獲。作事，吉。＿一九B

這樣拼接，不僅其文字與九店楚簡「叢辰」外陽日占辭相合，而且一九B片的組痕跟相鄰簡的中間組痕高低一致。關於秦簡「熱」和楚簡「埶」的意思，見下文四（一）（4）。

三、《睡虎地》在釋文方面的問題

《睡虎地》在釋文方面的問題，可以分爲「誤分欄」、「誤釋」和「缺釋」三個方面來談。「誤分欄」是指該書把不該分欄的簡文分欄釋寫，「誤釋」是指該書釋錯了的字，「缺釋」是指該書沒有釋出的字。

（一）誤分欄

《睡虎地》一八〇、一八一頁把《日書》甲種「楚除」一正至一三正分爲壹、貳兩欄釋寫。這裡引其中一正、六正兩簡釋文作爲代表：
除：

十一	十二	正月	二月	三月	四月	五月	六月	七月	八月	九月	十月	
月斗	月須	營	奎	胃	畢	東	柳	張	角	氐	心	一正壹
彼	辰	巳	午	未	申	酉	戌	亥	子	丑	寅	卯　六正壹

凡不可用者，秋三月辰，冬三月未，春三月戌，夏三月亥。一正貳
陰日，利以家室。祭祀、家（嫁）子、取（娶）婦、入材，大吉。以見君上，數達，毋（無）咎。六正貳

按：《睡虎地》釋文這樣分欄釋寫是錯誤的。上文一已經指出，「楚除」甲十二辰表之上的十二名和之下的十二名，分別是建除十二名和叢辰十二名。「楚除」篇是楚國的建除、叢辰發展到戰國晚期後，把這兩種數術糅合在一起的一種形式，讓建除十二名和叢辰十二名共同占卜吉凶，其十二辰表和占辭，既可以作爲建除占來用，又可以作爲叢辰占來用。按照《睡虎地》釋文把「楚除」甲分爲壹、貳兩欄釋寫，那麼壹欄祇是建除十二名所值的十二辰表，貳欄祇是叢辰十二名所用的占辭，成爲互不相關的兩個獨立部分。我們認爲「楚除」甲應該按照原簡文字形式釋寫。這裡仍然以前面所舉的一正、六正兩簡作爲代表：

除：

十一月斗	十二月須	正月營	二月奎	三月胃	四月畢	五月東	六月柳	七月張	八月角	九月氐	十月心

凡不可用者，秋三月辰，冬三月未，春三月戌，夏三月亥。一正

彼	辰	巳	午	未	申	酉	戌	亥	子	丑	寅	卯

陰日，利以家室。祭祀、家（嫁）子、取（娶）婦、入材，大吉。以見君上，數達，毋（無）咎。六正

六正「彼」與「陰日」之間是建除十二名和叢辰十二名共同所值的十二辰表，其下是建除十二名和叢辰十二名共同所用的占辭。這樣釋寫就不存在像《睡虎地》釋文那樣的問題了。

　　《睡虎地》爲什麽會把「楚除」甲簡文分爲壹、貳兩欄釋寫呢？推測是受到「楚除」乙簡文書寫形式的影響。「楚除」乙簡文分爲十二辰表和占辭兩個部分，在十二辰表之下和占辭之上，都寫有建除十二名和叢辰十二名，它們能各自獨立地反映出建除十二名、叢辰十二名及其所值十二辰和建除十二名、叢辰十二名及其所用占辭。「楚除」甲跟「楚除」乙的情況不同。「楚除」甲的建除十二名和叢辰十二名分別位於十二辰表之上下，祇有把十二辰表和占辭連起來看，才能反映出建除十二名、叢辰十二名及其所值十二辰和所用占辭。因此，「楚除」甲的釋文不能按照「楚除」乙的形式分爲壹、貳兩欄釋寫。

（二）誤釋

（1）《睡虎地》一八〇頁《日書》甲種「楚除」二正壹釋文「㝮」。

　　按：此字是建除名，《日書》乙種「楚除」作「㝥」、「㝎」。「㝥」，《說文》以爲「宛」字的異體，《玉篇》以爲冤枉之「冤」的本字，《集韻》以爲「怨」字的異體。「㝎」不見於字書，當是「㝥」字的異體。上古音「宛」、「安」都是影母元部字，故從「宛」聲的「㝥」可以寫作從「安」聲的「㝎」。「㝮」的古音屬日母侯部，與「㝥」的讀音相隔甚遠。有人說：「由㝎、㝮互文，知㝮讀如『奻』。」[20] 此說是有問題的。上古音「奻」屬日母元部，與「㝮」字

---

[20] 劉信芳，〈九店楚簡日書與秦簡日書比較研究〉，《第三屆國際中國古文字學研討會論文集》，頁519。

雖然聲母相同，但韻部不同。不過「需」、「奧」二字字形十分相似，作爲偏旁在古書中有互訛的情況。這裡以從「奧」聲的「澳」，訛作從「需」聲的「濡」爲例。《儀禮・士喪禮》：「澳濯棄于坎。」此語見於《禮記・喪大禮》，「澳」作「濡」。《漢書・地理志下》遼西郡屬縣「肥如」下班固自注和《水經注》所說的「濡水」，王念孫、段玉裁等人認爲即「澳水」之誤。[21] 從圖版竹簡照片看，疑此建除名之字本是「澳」，因形近《睡虎地》誤釋爲「濡」。「澳」、「怨」二字古音都屬元部，故可通用。

（2）《睡虎地》一八〇頁《日書》甲種「楚除」三正壹釋文「嬴」。

　　按：此字是建除名，當釋爲「媚」。《日書》乙種「楚除」「媚」作「嬴」。「媚」字原文不甚清楚，《睡虎地》把它釋爲「嬴」，大概是根據《日書》乙種「楚除」的「嬴」而釋寫的。九店楚簡「建除」篇，「媚」作「敳」。「敳」是「微」字所從的聲旁。「媚」、「微」二字古音極近，可以通用。例如：《儀禮・少牢饋食禮》「眉壽萬年」，鄭玄注：「古文……以『眉』爲『微』。」《左傳》莊公二十八年《經》「多，築郿」，《公羊傳》、《穀梁傳》「郿」皆作「微」。馬王堆漢墓木簡《雜禁方》「欲微貴人，塗門左右方五尺」，整理小組注：「微，讀爲媚，取悅。」[22] 秦簡文字「媚」、「嬴」二字字形有相似之處，[23]疑《日書》乙種的「嬴」是「媚」字之誤。

（3）《睡虎地》一八一頁《日書》甲種「楚除」八正貳釋文：「〔外〕陽日，利以建野外。」[24]

（4）《睡虎地》一八一頁《日書》甲種「楚除」一二正貳釋文：「夬光日，利以登高、飲食、邌（獵）四方野外。」

　　按：此兩條釋文中的「建」、「邌」，皆應該釋爲「遮」。《日書》乙種「楚除」成、外陽之日占辭，與（3）「利以遮野外」相當的文字作「利以祭、之

---

[21] 王念孫，《讀書雜志》卷四之七（南京：江蘇古籍出版社，1985），頁270-271「溫水、蠻夷」條。段玉裁，《說文解字注》（上海：上海古籍出版社，1981），頁561「澳」字注。

[22] 《馬王堆漢墓帛書〔肆〕》（北京：文物出版社，1985年），釋文注釋頁159注〔三〕。

[23] 參看張守中，《睡虎地秦簡文字編》（北京：文物出版社，1994），頁95-96「嬴」字和頁186「媚」字。

[24] 《睡虎地》釋文注釋頁182注釋〔一一〕，「建」誤排印作「達」。

四旁（方）野外」。兩相對照，「遮」與「之」義相同。古代「蹠」有適、至之義。《淮南子・原道》「出生入死，自無蹠有，自有蹠無，而以衰賤矣」，高誘注：「蹠，適也。」《楚辭・九章・哀郢》「心嬋媛而傷懷兮，眇不知其所蹠」，何劍熏據上引《淮南子》高注，謂「此處蹠字，亦當訓適。適，之也，往也」。[25]《淮南子・說林》「蹠越者，或以舟，或以車，雖異路，所極一也」，高誘注：「蹠，至也。」至，到也，來也。「遮」、「蹠」二字皆從「庶」得聲。秦簡「遮」當讀爲「蹠」，訓爲適。

　　像秦簡《日書》用法的「遮」，九店楚簡「叢辰」篇作「迺」：

　　　外害日，不利以行，迺四方野外……三二

「迺」字還見於包山楚簡：

　　　囗客監固迺楚之歲。一二〇
　　　其察[26] 識言市既以（已）迺郢。一二八反[27]

「庶」從「石」聲，[28] 故「石」、「庶」二字作爲聲旁可以通用。例如《說文》手部「拓」字異體作「摭」，《廣韻》卷四禡韻「柘」字異體作「樜」，卷五昔韻「蹠」字異體作「跖」。據此，「迺」當是「遮」字的異體，在此也應該讀爲「蹠」。「蹠四方野外」之「蹠」，訓爲適。「蹠楚」、「蹠郢」之「蹠」，訓爲至。

（5）《睡虎地》一八一頁《日書》甲種「楚除」一一一正貳釋文：「以生子，窶孤。」

　　按：「窶」應該釋爲「數」。「數孤」，很快地成爲孤兒。《史記・賈生傳》「淹數之度兮，語予其期」，裴駰《集解》引徐廣曰：「數，速也。」這種用法的「數」還見於《日書》甲種「楚除」六正彼（作）、陰日占辭：「以見君上，數達。」

---

[25] 何劍熏，《楚辭新詁》（成都：巴蜀書社，1994），頁221。

[26] 關於「察」字的釋讀，參看荊門市博物館，《郭店楚墓竹簡》（北京：文物出版社，1998），頁145注〔一〕、頁151注〔七〕等。

[27] 湖北省荊沙鐵路考古隊，《包山楚簡》（北京：文物出版社，1991），頁25-26，圖版五二、五六。原書釋文把「迺」字誤釋爲「迺」。

[28] 參看于省吾，《甲骨文字釋林》（北京：中華書局，1979），頁431-435。

（6）《睡虎地》二三一頁《日書》乙種「楚除」一九壹釋文：「利以行師徒。」

　　按：「師」應該釋爲「帥」。「帥」、「師」二字形近易訛，此「帥」字當是「師」字之誤。《日書》甲種「楚除」七正「利以行師」之「師」，原文作「帥」，誤與此同。根據該書凡例，應該按照《日書》甲種「楚除」七正釋文釋寫作「利以行帥〈師〉徒」。

（三）缺釋

（1）《睡虎地》一八一頁《日書》甲種「楚除」八正貳釋文：「以亡，不得，囗門。」

　　按：「門」上缺釋之字應該釋爲「毋」。九店楚簡「叢辰」篇與此相當的文字作「逃人不得，無聞」（三一號）。秦簡有無之「無」多以「毋」爲之，如上文（一）引《日書》甲種「楚除」六正的「毋（無）咎」，即其例。「聞」從「門」得聲。秦簡「毋門」，當從楚簡文字讀爲「無聞」。「以亡，不得，無聞」，意思是說：寧、外陽之日如有人逃亡，既抓不到他們，也聽不到他們的消息。

（2）《睡虎地》一八一頁《日書》甲種「楚除」一一正釋文：「囗人，不得。」

　　按：「人」上缺釋之字應該釋爲「桃」。九店楚簡「叢辰」篇與此相當的文字作「逃人不得」（三四號）。「桃」、「逃」二字皆從「兆」得聲。秦簡「桃人」，當從楚簡文字讀爲「逃人」。

四、《睡虎地》在注釋方面的問題

　　這一節分「增加注釋」和「注釋補正」兩個方面來談。「增加注釋」是指有些字詞《睡虎地》未注，我們認爲有必要增加注釋加以說明。「注釋補正」是指有些字詞《睡虎地》雖然注了，但有疏漏、錯誤之處，需要加以補充、糾正。

（一）增加注釋

（1）《睡虎地》一八〇頁《日書》甲種「楚除」一三正壹釋文「甬」。

　　按：此字是建除名，《日書》乙種「楚除」作「復」，九店楚簡「建除」篇
與之相同。上古音「甬」屬喻母四等東部，「復」屬幫母覺部，二字讀音相隔甚
遠。「甬」、「葡」二字在秦簡裡寫法十分相似，下部都作「用」字形，[29] 頗疑
「甬」是「葡」之誤。「葡」、「復」二字古音相近，可以通用。《儀禮‧特牲饋
食禮》「尸備荅拜焉」，鄭玄注：「古文『備』爲『復』。」「備」從「葡」得
聲。

（2）《睡虎地》一八一頁《日書》甲種「楚除」九正貳釋文：「外害日，不可以
　　　行作。之四方野外……」

　　按：「行作」該書未注，但後來劉樂賢先生曾作過注釋。劉氏說：

　　　行作是勞作的意思。《商君書‧墾令》：「聲服無通百縣，則民行作不
　　　顧，休居不聽。」《論衡‧辨祟篇》：「……行作、入官、嫁娶，不擇吉
　　　日，不避歲月，觸鬼逢神，忌時相害。」可與日書相參證。[30]

　　劉氏不僅對「行作」的意思作了解釋，而且還引了兩條書證。我們在這裡先
補充兩條書證，然後再說「行作」的意思。《管子‧小匡》：「居處相樂，行作
相和。」[31]《禮記‧祭法》「王爲群姓立七祀……曰國門、曰國行……」鄭玄
注：「行，主道路、行作。」舊以「行作」爲「勞作」。[32] 劉說即沿襲這一說
法。其實把「行作」解釋爲「勞作」，於文義並不十分貼切。北京大學歷史系
《論衡》注釋小組在注釋〈辨祟〉篇的「行作」時說：「行作，出門辦事。」[33]
其說可從。不過把「辦事」改從舊說「勞作」，似乎於文義更妥貼一些。[34] 上引
《商君書》以「行作」與「休居」對言，《管子》以「居處」與「行作」對言，
《禮記》鄭注以「道路」與「行作」連言，秦簡以「行作」與「之四方野外」連
言。更值得注意的是，鄭注說「行作」是由行神主管的。眾所周知，古人平時外
出遠行要祭「行」。這些情況都足以證明「行作」的意思是「出門勞作」，而不
是一般的「勞作」。

---

[29] 參看張守中，《睡虎地秦簡文字編》，頁107「甬」字和頁129「備」字所從。

[30] 劉樂賢，〈睡虎地秦簡日書注釋商榷〉，《文物》1994.10：41。

[31] 此句亦見於《鶡冠子‧王鈇》，唯二「相」字皆作「同」。

[32]《辭源（修訂本）》（北京：商務印書館，1983），冊四，頁2800。

[33] 北京大學歷史系《論衡》注釋小組，《論衡注釋》（北京：中華書局，1979），冊四，頁
　　1386注5。

[34] 此是裘錫圭先生的意見。

（3）《睡虎地》二三一頁《日書》乙種「楚除」二二壹釋文「𣪊」。

按：此字不見於字書，以秦漢文字多把「髟」旁寫作「長」例之，[35] 當是「髭」字的異體。此字見於《說文》。

（4）《睡虎地》二三一頁《日書》乙種「楚除」二〇壹、一九壹B釋文：「熱罔（網）獵，獲。」

按：上文二（1）已經指出，九店楚簡「叢辰」篇與此相當的文字作「埶罔得」。「熱」從「埶」聲，故「熱」、「埶」二字可以通用。「埶」、「設」二字音近古通。例如：武威漢簡《儀禮》「設」多寫作「埶」。[36] 《大戴禮記・五帝德》說黃帝「治五氣，設五量，撫萬民，度四方，教熊羆貔豹虎，以與赤帝戰于阪泉之野。」《史記・五帝本紀》記此事，「設五量」作「蓺五種」。《大戴禮記・文王官人》「埶之以物而速決」，《逸周書・官人》此句「埶」作「設」。「執」、「埶」二字形近，在古書中常見互訛的情況。[37] 《大戴禮記》的「執」當是「埶」字之誤。在古文字中也有以「埶」為「設」的例子。《小屯南地甲骨》2170：「其矛，于東方埶，擒。于北方埶，擒。」裘錫圭先生說此卜辭中的二「埶」字皆應該讀為「設」，「是設置捕獸之網的意思」。[38] 中方鼎：「隹（惟）王令南宮伐反（叛）虎方之年，王令中先，省南或（國）貫行，埶応。」靜方鼎：「隹（惟）十月甲子，王才（在）宗周，令師中罙靜省南或（國）相，埶応。」李學勤先生把此二器銘文中的「埶」都讀為「設」。[39] 據此，秦簡的「熱」和楚簡的「埶」，皆應該讀為「設」。「設網」，設置捕鳥獸之網的意思。賈誼《新書・諭誠》：「湯見設網者四面張，祝曰：自天下者，自地出者，自四方至者，皆罹我網。」

---

[35] 漢語大字典字形組，《秦漢魏晉篆隸字形表》（成都：四川辭書出版社，1985），頁305, 407, 639, 640等有關從「髟」之字。

[36] 甘肅省博物館、中國科學院考古研究所，《武威漢簡》（北京：文物出版社，1964），頁162七、頁168十二等校記。

[37] 參看王念孫，《讀書雜志》卷七之四，頁609「執、函」條和卷八之一，頁638「執詐」條。

[38] 裘錫圭，《古文字論集》，頁7。

[39] 李學勤，〈靜方鼎考釋〉，《第三屆國際中國古文字學研討會論文集》，頁223-230。

（二）注釋補正

（1）《睡虎地》一八一頁《日書》甲種「楚除」三正貳釋文「陽日……邦郡得
　　　年，小夫四成」，注釋〔三〕說：

　　　　《商君書・境內》：「軍爵自一級已下至小夫，命曰校、徒、操士。」小
　　　　夫，當指無爵位者。

　　　按：劉樂賢先生指出，此注對「小夫」的解釋是正確的，但證據不夠充分，
所以他補充了《莊子・列禦寇》、《潛夫論・交際》和馬王堆漢墓帛書《十大
經・前道》等一些書證。[40] 其實「小夫」除了見於上列文獻外，還見於下列資
料。一九八〇年山東龍口市石良鎮出土西周早期小夫卣：「小夫乍（作）父丁寶
旅彝。」[41] 敦煌寫本《文子・道德》：「小夫行之，身受大殃；大人行之，國家
滅亡。」[42] 據小夫卣銘文，「小夫」之稱，至少在西周早期就已出現。

（2）《睡虎地》一八一頁《日書》甲種「楚除」四正貳釋文「交日，利以實事。
　　　鑿井，吉」，注釋〔四〕說：

　　　　實，《禮記・哀公問》注：「財貨也。」

　　　按：九店楚簡「叢辰」篇交日占辭，與此相當的文字作「利以申戶秀
（牖）、[43] 鑿井」（二七號）。兩相對照，秦簡的「實事」即楚簡的「申戶
牖」。上古音「申」屬書母真部，「實」屬船母質部。船、書二母都是舌上音，
真、質二部陽入對轉。疑楚簡的「申」應該從秦簡文字讀為「實」。《廣雅・釋
詁》：「實，塞也。」《詩・豳風・七月》「塞向墐戶」，毛傳：「向，北出牖
也。」「實戶牖」猶《詩》「塞向」。秦簡的「實事」，當是楚簡所說的「實戶
牖」之事，非謂財貨之事。

（3）《睡虎地》一八一頁《日書》甲種「楚除」四正貳釋文「交日……以祭門
　　　行、行水，吉」，注釋〔六〕說：

---

[40] 劉樂賢，〈睡虎地秦簡日書注釋商榷〉，《文物》1994.10：38。
[41] 李步青、王錫平，〈建國來煙臺地區出土商周銘文青銅器概述〉，《古文字研究》第十九
　　輯（1992），頁70、頁78圖二・3。小夫卣銘文無小夫之名，這跟小臣簋（《三代吉金文
　　存》6.51.1）、小臣卣（《文物》1963.2：54）等銘文無小臣之名的情況相同。
[42] 黃永武主編，《敦煌寶藏》（臺北：新文豐出版公司，1985），冊一三〇，頁512。通行
　　本「小夫」作「小人」。
[43] 「申」字原文寫法，跟《說文》「申」字正篆相近，故將其釋為「申」。

行水，乘船。《周禮・考工記》：「作車以行陸，作舟以行水。」

　　按：「行水」在古代有五義：1.行於水上，2.使水流行，3.巡視水情，[44] 4.流動的水，[45] 5.分送給水。[46] 第三、四義的「行水」，與秦簡的「行水」意思不合。第五義的「行水」出現較晚，與秦簡的「行水」無關。所以，第三、四、五義的「行水」在此不談。第一義的「行水」，即《睡虎地》注釋所說的「乘船」。第二義的「行水」屢見於古書，指跟使水流行有關的水利之事。例如：《孟子・離婁下》「如智者若禹之行水也，則無惡於智矣。禹之行水也，行其所無事也」，趙岐注：「禹之用智，決江疏河，因水之性，因地之宜，引之就下，行其空虛無事之處。」《禮記・月令》：「季夏之月……土潤溽暑，大雨時行，燒薙行水，利以殺草，如以熱湯，可以糞田疇，可以美土彊。」《淮南子・時則》：「毋行水，毋發藏。」《漢書・溝洫志》「令吏民勉農，盡地利，平繇行水，勿使失時」，顏師古注：「平繇者，均齊渠堰之力役，謂俱得水利也。繇讀曰徭。」我們認爲秦簡的「行水」當是第二義，而不是第一義。九店楚簡「叢辰」篇交日占辭「行水」作「行水事」，似乎可以證明這一點。「行水事」古書或說成「水事」。《呂氏春秋・上農》：「奪之以水事，是謂籥。」夏緯瑛對此句的解釋，可以參考：「劉熙《釋名》：『籥，躍也，氣躍出也。』……疑此『籥』，即『躍』之借義字，該是今日之所謂『冒進』的意思。『水事』，指治水利之事，如浚河修渠等。治水事，要在農閑的時候；若當農時而治水事，就是奪於農時。治水事，本是爲農的一件好事，但若是奪去農時而爲之，這就叫作冒進了。」[47]

五、《睡虎地》在標點方面的問題

（1）《睡虎地》二三一、二三二頁《日書》乙種「楚除」二至一三釋文「窋結」等名和一四至一七、一八壹至二五壹釋文「窋結之日」等名。

---

[44] 《史記・魏世家》：「知氏……率韓、魏之兵以圍趙襄子於晉陽，決晉水以灌晉陽之城，不湛者三版。知伯行水，魏桓子御，韓康子爲參乘。知伯曰：『吾始不知水之可以亡人之國也，乃今知之。』」

[45] 《黃帝內經素問・五常政大論》「乘金則止水增，味乃咸，行水減也」，王冰注：「止水，井泉也。行水，河渠流注者也。」

[46] 參看吳金華，《世說新語考釋》（合肥：安徽教育出版社，1994），頁3-4。

[47] 夏緯瑛，《呂氏春秋上農四篇校釋》（北京：農業出版社，1979），頁22。

　　按：上文一已經指出，秦簡「楚除」有兩套十二名，「窓」等十二名是建除十二名，「結」等十二名是叢辰十二名。釋文應該在「窓」和「怨」後加頓號，標點作「窓、結」和「怨、結之日」。其他名稱標點仿此。

（2）《睡虎地》二三一頁《日書》乙種「楚除」一六釋文：「建交之日，以風鑿井……」

　　按：「風」與「鑿井」說的是兩件事情，不應該連讀。《睡虎地》對「以風鑿井」句注釋說：「以上應脫一利字。風，疑讀爲封，填塞。」其說可從。此簡文字應該釋讀如下：

　　　　建、交之日，〔利〕以風（封）、鑿井☒

《日書》甲種「楚除」四正說：

　　　　建……交日，利以實事、鑿井，吉。

把這兩條簡文對照一下，不難發現前者所說的「封」，相當後者所說的「實事」。上文四（二）（2）說過，「實事」指塞戶牖之事。「封」與「實」義近。《廣雅・釋言》：「封，塗也。」《釋名・釋宮室》：「塗，杜也，杜塞孔穴也。」《易林・震》之蹇：「蟻封戶穴，大雨將集。」《吳越春秋・句踐陰謀外傳》：「倉已封塗，除陳入新。」簡文「封」大概也是指封塞戶牖之類的事。

（3）《睡虎地》二三一頁《日書》乙種「楚除」二二壹釋文：「生子年不可遠行，遠行不返。」

　　按：釋文標點有誤。有人在「生子」後點開，把「年」屬下讀，亦誤。此簡文字是占髲、外陰之日的吉凶的，而不是占年的吉凶的。我們認爲似應該標點如下：

　　　　生子，年。不可遠行，遠行不返。

「年」、「佞」二字古音相近，可以通用。《左傳》襄公三十年《經》「天王殺其弟佞夫」，《公羊傳》「佞夫」作「年夫」。《論語》的〈憲問〉「非敢爲佞也」和〈季氏〉「友便佞」二句中的「佞」字，定州漢墓竹簡本皆作「年」。[48]馬王堆漢墓帛書《老子》乙本卷前古佚書《十六經・成法》「年辯用知（智）」，「年辯乃止」，帛書整理小組在此二句釋文的「年」下皆括注「佞」，[49] 即整理者

―――――――――

[48] 河北省文物研究所定州漢墓竹簡整理小組，《定州漢墓竹簡論語》（北京：文物出版社，1997），頁66-78。

[49] 《馬王堆漢墓帛書〔壹〕》（北京：文物出版社，1980），釋文頁72。

認爲「年」讀爲「佞」。「生子，年」，當讀爲「生子，佞」，意思是說在髡、外陰之日所生之子，巧言善辯。

除了以上所說的標點問題之外，《睡虎地》還有一些這方面的問題。例如上文三（一）引《日書》甲種六正貳釋文「利以家室」、四（一）（2）引《日書》甲種九正貳釋文「不可以行作」和（二）（2）引《日書》甲種四正貳釋文「利以實事」之後的句號，似應該改作頓號。因這類標點對文義影響不太大，在此就不談了。

（ 本文於一九九九年六月廿六日通過刊登 ）

引用書目

一、傳統文獻

王念孫，《讀書雜志》，南京：江蘇古籍出版社影印王氏家刻本，1985。

段玉裁，《說文解字注》，上海：上海古籍出版社影印經韵樓原刻本，1981。

孫詒讓，《札迻》，北京：中華書局，1989。

二、近人論著

于省吾
　　1979　　《甲骨文字釋林》，北京：中華書局。

王勝利
　　1988　　〈關於楚國曆法的建正問題〉，《中國史研究》1988.2。
　　1990　　〈再談楚國曆法的建正問題〉，《文物》1990.3。

北京大學歷史系《論衡》注釋小組
　　1979　　《論衡注釋》，北京：中華書局。

甘肅省博物館、中國科學院考古研究所
　　1964　　《武威漢簡》，北京：文物出版社。

何劍熏
　　1994　　《楚辭新詁》，成都：巴蜀書社。

吳金華
　　1994　　《世說新語考釋》，合肥：安徽教育出版社。

李步青、王錫平
　　1992　　〈建國來煙臺地區出土商周銘文青銅器概述〉，《古文字研究》第十
　　　　　　九輯。

李學勤
　　1985　　〈睡虎地秦簡《日書》與楚、秦社會〉，《江漢考古》1985.4。
　　1997　　〈靜方鼎考釋〉，《第三屆國際中國古文字學研討會論文集》，香
　　　　　　港：香港中文大學中國文化研究所、中國語言及文學系。

河北省文物研究所定州漢墓竹簡整理小組
　　1997　　《定州漢墓竹簡論語》，北京：文物出版社。

夏緯瑛
　　1979　　《呂氏春秋上農四篇校釋》，北京：農業出版社。

荊門市博物館
　　1998　　《郭店楚墓竹簡》，北京：文物出版社。
馬王堆漢墓帛書整理小組
　　1985　　《馬王堆漢帛書〔肆〕》，北京：文物出版社。
國家文物局古文獻研究室
　　1980　　《馬王堆漢帛書〔壹〕》，北京：文物出版社。
張守中
　　1994　　《睡虎地秦簡文字編》，北京：文物出版社。
張聞玉
　　1987　　〈雲夢秦簡《日書》初探〉，《江漢論壇》1987.4。
陳鼓應
　　1983　　《莊子今注今譯》，北京：中華書局。
湖北省文物考古研究所
　　1995　　《江陵九店東周墓》，北京：科學出版社。
湖北省荊沙鐵路考古隊
　　1991　　《包山楚簡》，北京：文物出版社。
黃永武主編
　　1985　　《敦煌寶藏》，臺北：新文豐出版公司。
裘錫圭
　　1992　　《古文字論集》，北京：中華書局。
漢語大字典字形組
　　1985　　《秦漢魏晉篆隸字形表》，成都：四川辭書出版社。
睡虎地秦墓竹簡整理小組
　　1990　　《睡虎地秦墓竹簡》，北京：文物出版社。
蒲慕州
　　1993　　〈睡虎地秦簡《日書》的世界〉，《中央研究院歷史語言研究所集
　　　　　　刊》62.4。
劉信芳
　　1987　　〈秦簡中的楚國《日書》試析〉，《江漢論壇》1987.4。
　　1997　　〈九店楚簡日書與秦簡日書比較研究〉，《第三屆國際中國古文字學
　　　　　　研討會論文集》，香港：香港中文大學中國文化研究所、中國語言
　　　　　　及文學系。
劉樂賢
　　1994　　〈睡虎地秦簡日書注釋商榷〉，《文物》1994.10。
　　1994　　《睡虎地秦簡日書研究》，臺北：文津出版社。
饒宗頤、曾憲通
　　1993　　《楚地出土文獻三種研究》，北京：中華書局。

A Comprehensive Study of Bamboo Slips "*Rishu*" 日書 "*Chuchu*" 楚除 from the Qin Tomb of *Shuihudi* 睡虎地

Jiahao Li

The Department of Chinese Language and Literature, Peking University

There are two kinds of "*Rishu* 日書" (or: *Almanac*, given titles *jia* 甲 and *yi* 乙) inscribed on bamboo slips from the Qin tomb at *Shuihudi* 睡虎地. Each of them comprises two chapters named "*chu* 除" (a calendar taboo). The first is "*Chuchu* 楚除" (calendar taboo spread in Chu State) to be discussed in the present paper. Comparing with "*Rishu* 日書" inscribed on bamboo slips unearthed from Chu tomb at *Jiudian* 九店, the author believes "*Chuchu* 楚除" is a superstitious form that blended calendar taboo *Janchu* 建除 with *Congchen* 叢辰 in the Chu State of the late Warring States periods.

In addition, the author is trying to answer some questions in the report "*The Bamboo Slips from Qin Tomb at Shuihudi*," correcting many errors and mistakes on deciphering, patching of broken slips, explanatory notes, and punctuation.

Keywords: *Rishu, Chuchu, Janchu, Congchen*

出自第七十本第四分(一九九九年十二月)

漢代畫象中的「射爵射侯圖」

邢義田[*]

　　漢畫的圖象構成常有一定的格套，有些甚至有榜題。個人以爲以榜題文字爲依據，解析格套的構成元件，是理解畫象寓意較可靠的出發點。理解畫象有時可從榜題出發，有時可從歸納材料，確立格套及其變化出發，再以榜題爲輔，確立內容和意義。本文即以這樣的方法，試圖將一般學者稱之爲「樹木射鳥圖」的漢畫正名爲「射爵射侯圖」。

　　本文從數十件畫象中，解析出「射爵射侯圖」構成的格套元件——（1）大樹、（2）樹上之鳥或猴、（3）樹下仰射者，並討論其組合變化。再以「立官桂樹」等榜題爲據，指出桂即貴，鳥即雀、爵，猴即侯；樹下之人射鳥或猴，象徵著射爵射侯，追求富貴。漢代畫象中經常出現「射爵射侯圖」，反映了漢代人生願望的重要一面。

關鍵詞：漢代畫象　格套　榜題　射爵射侯圖

＊「中央研究院」歷史語言研究所

　　兩年前曾爲文討論如何從榜題去理解漢代畫象的內容。在舉例時，曾談到山東、河南畫象中常出現一株大樹，樹下有人仰射樹上的鳥或猴。因爲和林格爾漢墓壁畫在類似的樹下有「立官桂[樹]」四字榜題，我曾推測這類圖的意義或許是指射官取富貴。[1]

　　近日讀信立祥君大著《中國漢代畫像石の研究》，見他討論到此圖，稱之爲「樹木射鳥圖」。[2] 土居淑子在《古代中國の畫象石》一書中稱同樣的圖爲「樹木之圖」或「巨樹之圖」。[3] 林巳奈夫、曾布川寬也曾有說，其說與土居、信君都不同。[4] 月餘之前，適巧與劉增貴兄論及此圖。增貴頗有所見，我心有戚戚焉。於是收拾材料，草此小文，一方面想證明這類圖應正名爲「射爵射侯圖」，以補正舊說；另一方面也想以此圖爲例，談談理解漢畫寓意的方法。

一、榜題、格套——理解漢畫較可靠的出發點

　　留下畫象較多的東漢時代距今已兩千年左右。當時的人以壁畫、畫象磚或石刻裝飾墓室或祠堂，背後的許多社會、政治、藝術、信仰、心理因素，現在已難有足夠的材料去掌握。如果想要了解這些畫象的寓意，從今天的眼光恣意忖度，很容易流於主觀，言人人殊。有些研究者從風格入手。解析風格有助於分辨畫象創作者個人、流派、時代或區域的特色，但對確認寓意，助益似乎較爲有限。還有些學者喜歡從神話、生死觀或宇宙觀出發，建立頗爲動人的學說。漢人這些方面的概念，的確影響到他們如何修建和裝飾墓園。要認識畫象的寓意，這些不容

---

[1] 邢義田，〈漢代畫象內容與榜題的關係〉，《故宮文物月刊》14.5(1996)：70-83。

[2] 信立祥，《中國漢代畫像石の研究》（東京：同成舍，1996），頁75-85, 177。

[3] 土居淑子，《古代中國の畫象石》（東京：同朋舍，1986），頁79-92。

[4] 林巳奈夫認爲漢畫中常見枝葉交纏的樹應是神話中具有世界樹性質的建木，也是帝休之木，並認爲樹下常有人射鳥，「鳥」與「壽」字音通，射鳥意味著獲得長壽，見所著《石に刻まれた世界》（東京：東方書店，1992），頁131-137。拙文完稿後又見林氏大文〈漢代畫像石の神話的樹木について〉，《泉屋博物館紀要》15(1998)：1-24。林氏於此文中有更詳細的陳述。曾布川寬認爲樹下有人物射鳥，乃是崑崙山西王母世界內之描述，他稱此樹爲聖樹，但未進一步討論射鳥的意義。參所著〈漢代畫像石における昇仙圖の系譜〉，《東方學報》65(1993)：62-64, 112, 159-160, 168-170。土居認爲巨樹是扶桑樹，射鳥者是射日的后羿。請詳見其書，頁83。信立祥對林、曾布川、土居之說都曾有所評論，林氏 (1998) 對信立祥的評論亦曾回應。爲免重覆，本文將僅討論信君之說。

忽視。可是我們現在對漢代神話、生死觀或宇宙觀的了解，仍多不足和不夠細緻之處，例如無法較確切地知道，不同時代、地域、階層、身份、性別或不同信仰的人，曾有怎樣想法上的差異和多大的差異。學者限於認識，常基於十分概略或以同一種生死觀、宇宙觀，以偏概全地去建構解釋。這樣引起的迷惑有時比解答還多。[5]

　　探求漢畫的寓意幸好還有其它的途徑。漢畫的圖象構成常有一定的格套，有些甚至有文字榜題，使得我們有可能依據漢人的提示，從當時人的角度，去理解他們創作的旨意。在方法上，以榜題為據以及解析格套，鄙意以為是解讀畫象寓意較為可靠的出發點。

　　漢代畫象常常附有文字榜題。榜題在壁畫、磚或石刻上都曾出現。這是畫象製作者用來幫助觀眾掌握畫象內容的一種方式。除了武氏祠等極少數的例外，漢畫榜題一般僅僅標示畫中的人物、時間、場地等，並不直接敘述故事。例如荊軻刺秦王圖，並沒有榜題作「荊軻刺秦王」，而是在人物身旁以文字注明某人為「荊軻」，某人為「秦王」，某人為「秦舞陽」。由於這些人物身份的提示，觀賞者從畫面人物的動作、裝束、人物間的相互關係、場景和其它搭配出現的物件，即可知道畫象所要表現的故事。有時標明地點、時間如「天門」、「東市」、「渭水橋」、「居庸關」、「為市掾時」、「使君從繁陽遷度關時」、「舉孝廉時」。借助榜題，觀賞者得以準確掌握製作者意欲傳達的信息，免於無謂的猜測。我們如果能先清理榜題，從榜題和畫象的對應關係中找出規律，這不僅有助於確立榜題的可靠性，[6] 也可以在較可靠的據點上，去推斷那些沒有榜題的作品。

　　如何推斷呢？解析畫象構成的格套是方法之一。漢畫格套的存在，前賢早已指出。[7] 只要稍微熟悉漢畫，就不難覺查漢畫基本上是由許多套裝的主題內容和一定的構圖方式組合而成。一般的工匠或畫匠墨守成規，依樣葫蘆，高明的可以

---

[5] 這一類的例證很多，參信立祥《中國漢代畫像石の研究》對畫象學說的評論，頁74-75及本文注8。

[6] 榜題可靠性和與畫象內容對應的問題，請參前引拙文，頁80-82。

[7] 據我所知最早討論到漢畫格套的學者可能是一九一二年 Berthold Laufer 在《通報》上發表的一篇論新近發現的五件漢畫的文章。他認為它們都是工匠依據固定的圖譜 (fixed ready-made models) 製作出來的，請參 B. Laufer, "Five Newly Discovered Bas-Reliefs of the Han Period", *T'oung Pao* 13(1912): 107-112.

作出無數複雜的變化。不過，萬變不離其宗，經過解析，套裝的基本元件多能找出。

　　就探索畫象寓意的角度而言，解析格套的一個基本工作是確立圖象構成的單元 (unit)，分析構成圖象單元的元件 (elements)，區分其中必要、次要和非必要的部分。所謂必要，是指關乎畫象主題寓意的核心元件，缺少即不足以顯示圖象的用意。核心元件也是一個畫象單元成立的要件，無之則不能構成某一有獨立意義，具有單元性的畫象。所謂次要，是指與主題意義有關，但其作用主要在使主題更爲突顯周延，無之並不會使基本主題無法呈現，也不會使其單元性喪失。非必要部分則是一些可有可無，爲豐富視覺效果而作的增飾。有些增飾有時也會延伸出新的涵義。

　　解讀畫象可從榜題出發，也可從歸納材料，確立格套及其變化出發，再以榜題爲輔，確立內容和意義。這種方法的一個基本假設是：依據同樣格套製作的畫象，其基本寓意應大致相同。格套當然不會一成不變。時代、地域、流行風氣和供求雙方的特殊意圖或個人的品味，都可能使某些格套發生形式和寓意上的變化。如果能掌握格套的基本形式和變化，則有可能依據有榜題的畫象，去推斷那些屬於同一格套卻無榜題者的寓意。以下即以信立祥所謂的「樹木射鳥圖」爲例，試作一次新的解讀。

二、所謂的「樹木射鳥圖」

　　信立祥君討論樹木射鳥圖，基本上是爲了確定山東地區漢代祠堂後壁「樓閣拜禮圖」所顯示的場所性質和意義。他以影響東漢墓葬的主導思想（道家升仙、儒教禮制）和純圖像學的分析爲出發點，先檢討了曾布川寬、林巳奈夫和土居淑子等學者的看法，正確地指出畫中的大樹只是普通的樹，不是仙界的神樹或聖樹；車和馬是普通的車、馬；射鳥的人也只是普通裝束的凡人，不是仙人或后羿之類的偉人。[8]

---

[8] 除了信立祥所評論日本學者的看法，中國學者較流行的說法是以此圖爲描寫后羿射日或羿射十日，例如《南陽漢代畫象石》（北京：文物出版社，1985），圖333、334之解說；王建中、閃修山，〈南陽漢代畫像石三圖釋證〉，《漢代畫象石研究》（北京：文物出版社，1987），頁282-284；張秀清、張松林、周到編，《鄭州漢畫像磚》（鄭州：河南美術出版社，1988），頁146；閃修山、王儒林、李陳廣編，《南陽漢畫像石》（鄭州：河

　　他又指出樓閣旁的雙闕是墓地的門闕，雙層樓閣是墓地中有寢、廟等供祭祀
之用的祠堂。樓閣中受拜者和匍匐的禮拜者是墓主和墓主的子孫，樓上的婦女則
是墓主的妻妾。漢代墓地普遍植樹，樓閣旁的樹木即是墓地的樹木。樹下停繫的
車馬是墓主的乘具，象徵墓主自地下的墓室乘坐來到祠堂，接受子孫的祭祀。射
鳥是表示孝順的子孫於祭祀前，在墓地周圍樹林射獵，以獵物為犧牲。信君認為
這樣就可以將樓、闕、馬、車、樹木和射獵幾個部分有機地聯繫在一起。祠堂後
壁的樓閣拜禮圖因此整體上是在展現祭拜祖先這一主題（以上見該書頁75-85）。
信君的說法比過去許多附會之說要合理。樓閣是祠堂。樓閣中那位通常體型較
大，受禮拜的人物即是墓主；樓上婦女為其眷屬，匍匐行禮者為其親朋子孫。這
些結論應可成立。我曾利用和信君大致相同的材料，作過類似的論證，這裡不再
多說。[9]

　　有待進一步討論的是車馬和所謂射鳥的部分。樹下的車馬是否為樓閣中墓主
所乘坐？是否象徵墓主自墓室來到祠堂的乘具？樹下彎弓射鳥是否象徵子孫為祭
祖而狩獵？確切的證據似乎不足。基本的問題是樓閣、車馬和射鳥三個部分之間
是否必然有關聯？三者是否必然形成一個有機的整體，必須合在一起解釋？

　　如果檢查一下山東、河南、江蘇、四川、陝西、遼寧等地所出相關的畫象，
就可以發現樓閣、車馬和射鳥三部分有很多不同組合的情況。如果以信君所標示
的「樹木、射鳥」為核心，最少可有下列六種類型的組合。[10] 以下從最簡單的組
合說起：

　南美術出版社，1989），頁163；李國華，〈朝聖安樂圖——沛縣栖山漢畫象石淺析〉，
　《考古與文物》1991.3：100；高文、高成剛編著，《中國畫像石棺藝術》（太原：山西人
　民出版社，1996），頁84；周到、王曉，《漢畫——河南漢代畫像研究》（鄭州：中州古
　籍出版社，1996），頁86-87。

9　參邢義田，〈武氏祠研究的一些問題——巫著《武梁祠——中國古代圖象藝術的意識型
　　態》和蔣、吳著《漢代武氏祠墓群石刻研究》讀記〉，《新史學》8.4(1997)：207-214。
　　蔣英炬和吳文祺的看法基本也相同。

10　土居淑子曾作過類似的分類解析，請參所著《古代中國の畫象石》，頁86-87。她分為八
　　種，又歸為：（A）樹木＋鳥＋馬，（B）樹木＋鳥＋弓人兩大類，後者又是前者的派生
　　型（頁86-87）。鄙意以為兩者寓意可能有別，應分開解釋，詳見下文。

（1）樹木射鳥圖單獨出現。樹、鳥和射鳥的人構成一獨立的畫象單元

1)《山東漢代畫像石選集》（以下簡稱《選集》）[11] 圖163有樹和鳥，樹下有
兩人張弓仰射；無車馬、樓閣等。（圖一）一九九八年九月二日在曲阜孔
廟得見原石，確定知道此畫象在單獨的一面石上。背面及一側另有不同內
容的畫象。另一側因砌入牆中，是否也有畫面不可知。總之，此石上的樹
木和兩人射鳥，構成獨立的畫面，我們可以將這樣的內容看成是一個獨立
的畫象單元。以下幾件的情形也是如此。

2)《漢代畫象全集》（以下簡稱《全集》）二編[12] 圖41，畫面中央爲大樹，
樹上有飛鳥，樹下左右各有一人張弓仰射。無車馬、樓閣等。（圖二）

3、4)《南陽漢代畫像石》（以下簡稱《南陽》）[13] 圖333、334，兩石上都只
有一人仰射，樹上有鳥，沒有車馬、樓閣或其它的東西。（圖三、四）

5)《鄭州漢畫像磚》[14] 頁146，磚上右側有一大樹，樹上有鳥四隻；樹旁還有
一小樹，兩樹之旁有一人腰佩一劍，張弓仰射。[15]（圖五）

6)《中國畫像石棺藝術》[16]（以下簡稱《石棺藝術》）頁104-105，四川新津
寶子山崖墓石函一側中央刻畫一樹枝蜿蜒的大樹，樹枝上左右各有一隻
鳳，樹枝間另有十隻鳥，樹下有一人彎弓仰射。（圖六）

7)《陝北漢代畫像石》[17]（以下簡稱《陝北》）圖171，綏德王得元墓前室北
壁的左豎框畫象分上下六層，最上層爲二人對立，其下爲二人與另一人相
對拱手，再下三層分別爲帶羽異獸、虎、狐逐兔（？），最下層中央有一

---

[11] 山東省博物館、山東省文物考古研究所編，《山東漢代畫像石選集》（濟南：齊魯書社，
1985）。

[12] 傅惜華編，《漢代畫象全集》（巴里大學漢學研究所，1950）。按此石原殘存相連的畫面
兩格，在郭泰碑的碑陰。《全集》收錄拓本切割爲二（圖41、42）。完整本見關野貞，
《支那山東省に於ける漢代墳墓の表飾》（東京：東京帝國大學工科大學紀要第八冊第一
號，1916），附圖181-183。相連兩格畫象之間有甚寬的紋飾帶隔開，內容並無關連，因
此可視左側一格的樹木射鳥圖爲一獨立的畫象單元。

[13] 不著編者，《南陽漢代畫像石》。

[14] 張秀清、張松林、周到編，《鄭州漢畫像磚》。

[15] 此磚之出土報告見鄭州博物館，〈鄭州新通橋漢代畫象空心磚墓〉，《文物》1972.10：
41-48。

[16] 高文、高成剛編，《中國畫像石棺藝術》。

[17] 見李林、康蘭英、趙力光編，《陝北漢代畫像石》（西安：陝西人民出版社，1995）。

盤枝大樹，左側一人揚手，右側一人持弓仰射。這六層之間各有橫線分隔，內容並無關連，因此可以將最下層視爲獨立的畫象單元。（圖七）

8) 《南陽漢代畫像磚》（以下簡稱《南陽磚》）[18] 圖109，上層有樹，樹上有鳥；樹下右側一人彎弓仰射，左側一人昂首，一手上指。中層爲二人對坐而談；下層爲樂人、百戲。此圖上層和中下層之間有橫線分隔，內容上並無關連，因此可將上層視爲獨立的畫象單元。（圖八）

9) 一九九八年九月五日參觀滕州漢畫像石館，見滕州官橋鎮善莊出土一石，畫面中央有一樹，枝葉向兩側彎曲，樹間有飛鳥。樹下左右側各有一人昂首張弓而射。他們身後又各立一人，右側者扶杖，左側者一手上舉。（圖九）

10) 在同館見另一石，兩側各有一株圖案式的柏樹，柏樹頂各立一鳥；兩樹間有三人；右側一人拱手而立，左側一人一手似上舉，中央一人張弓仰射，天上有飛鳥五隻。此石刻畫淺細，部分線條不明，但爲射鳥圖可以確識無誤。（圖一○）

（2）樹木射鳥僅和樓閣一起出現，也就是：樹木射鳥＋樓閣

1) 一九九八年九月七日參觀山東莒縣博物館，看見一方莒縣東莞出土的畫象石。其中一面最上層爲西王母，其下兩層分有站立的人物七人和五人，再下兩層分有馬兩匹（兩匹馬之間有一未穿透的方孔）和馬車、騎士。最下層右側有樹，樹上有鳥及猴，樹下有人張弓仰射，左側爲一二層建築，樓下有二舖首銜環爲飾的門。下層和上層之間用橫線隔開，上下層在內容上並無關連，因此下層可以看成是獨立的單元。（圖一一）

2) 和林格爾漢壁畫墓[19] 後室的北壁上，樹木射鳥和樓閣是自成單元的一幅畫象。它和東側的武成城圖之間以紅色豎線明顯區隔開來。大樹之下，樓闕之間有墨書「立官桂[樹]」四字。此圖內容詳見後文分析。（圖一二）

（3）樹木射鳥僅和馬一起出現，也就是：樹木射鳥＋馬

1) 《選集》圖4有樹、鳥，樹下左側有一人彎弓仰射，右側有一繫馬。（圖一三）

---

[18] 趙成甫主編，《南陽漢代畫像磚》（北京：文物出版社，1990）。

[19] 內蒙古自治區博物館文物工作隊編，《和林格爾漢墓壁畫》（北京：文物出版社，1978）。

2)《選集》圖32有樹、鳥，樹下兩人彎弓仰射，一人牽馬；無車，無樓閣。（圖一四）

3)《選集》圖479有樹和鳥，樹下一人張弓仰射，其旁有一馬；無車，無樓閣。（圖一五）

4)《選集》圖9，畫面分三層，最上層有鳥及三獸，中層爲六博圖，下層中央有一枝葉相交的大樹，樹上有鳥。樹下右側有一人持弩仰射，一人隻手上舉，一人坐；樹下左側有二立人，二人之間有一人騎在馬上。上中和下層之間有分隔線，畫象內容上下之間並無關連，因此可將下層視爲獨立的單元。（圖一六）

5)《陝北》圖512、513，綏德四十里舖出土墓室左右豎框，畫象左右對稱，內容相同。畫象分上下四層：上層共四人，左右拱手對坐；下層爲比武、百戲；再下層有立人五，中二人張手作對談狀。最下層中央有一盤枝大樹，樹上有鳥及飛鳥，樹下一側有一馬，馬前有一食槽；另一側則是一人持弓仰射。此層與上層分隔無內容上的關連，因此可視爲獨立的單元。（圖一七）

6)《全集》二編圖63，此圖拓本殘缺，不知全圖如何，暫歸入此類。中央有大樹，樹上有鳥，樹下左側有殘缺左半身的一人，正張弓仰射；右側有一人持戟騎於馬上；無車，無樓閣。（圖一八）

7) 一九九八年九月五日參觀滕州漢畫象石館，見滕州東寺院出土一石，其上左側有枝葉蜿蜒的大樹，樹下有一馬，馬上立一人，似正攀枝欲擒樹上的鳥。其右有二人，一人拱手而立，一人正張弓仰射。（圖一九）

（4）樹木射鳥和樓閣、車馬一起出現，也就是：樹木射鳥＋樓閣＋車馬

信君在書中舉出的例子，有些只有樹木、樓閣或車馬，並無射鳥。[20] 以下舉三例：

1)《選集》圖172爲曲阜西顏林村一石。此石雖將車馬、射鳥和樓閣、禮拜、車馬出行分刻在上下左右四格，從其它漢畫可知四格內容實際是相互聯繫的。四格左側還有殘畫，內容不可分辨。（圖二〇）

---

[20] 見信立祥，前引書，頁72-81，圖44, 47, 48, 49, 50。

2、3)《嘉祥漢畫像石》（以下簡稱《嘉祥》）[21] 所收嘉祥宋山第二批畫像第
14、15石，風格和武氏祠所見幾乎一致，雙層樓閣旁有馬（或和車），有
樹、鳥（或和猴），樹下有人持弓仰射。第15石射鳥者不在樹下，而在樓
闕的屋簷上（圖二一）。

（5）除了樹木射鳥、樓閣或馬、車馬，還有其它的畫象主題；主題畫面之間並無明顯分隔，也就是：樹木射鳥＋樓閣（或＋馬、車馬）＋其它

1)《河南漢代畫像磚》[22] 圖243，上層左側為行進中之馬車及騎吏一人，右側
有門衛守闕及樓閣人物；下層左端有一樹，樹上有鳥，樹下一人張弓仰
射，其右為百戲圖，有跳丸、長袖舞及樂人三人。這些不同主題的畫象本
可各自獨立，但它們之間並無明顯的分隔，尤其是百戲和射鳥圖構成左右
連續的畫面（圖二二）。同樣的情形亦見於以下三例。

2) 江蘇沛縣棲山漢畫象石墓石棺壁畫象，[23] 畫像右端有人比武，其左為雙人
擊建鼓；中央為一樹，樹上有三鳥，另有長頸長足之一鳥口銜一魚；樹下
右側有一人腰間佩劍，手持一鳥；左側一人正張弓仰射。射鳥圖之左，上
有九尾狐、三足鳥，下有四佩劍面左之神人：自右至左依序為人首蛇身、
馬首人身、鳥首人身及一人，朝向最左端之雙層閣樓。閣樓上層一人憑几
而坐，下層有一鳥，口中銜食。（圖二三）

3) 江蘇睢寧墓山漢畫像石一號墓第二石，[24] 畫象約略中央的位置有亭閣，亭
閣中有二人對坐；右側上層有飛鳥及漁人捕魚，下層右端有三人朝左著冠
拱手，其前有二人以扁擔共抬一壺、一豬腿及一大魚向亭閣而行。亭閣左
側有一樹，樹上及天空有鳥；樹右有一進食的馬，左側一人彎弓仰射，身
後另一人手持一鳥。（圖二四）

4)《選集》圖472，上層自右至左有騎鹿之仙人、鹿車、魚車、馬車、胡漢交
戰及狩獵的場面；畫象中央為樓閣，樓頂右簷有二人彎弓射鳥，樓頂兩端

---

[21] 朱錫祿編著，《嘉祥漢畫像石》（濟南：山東美術出版社，1992）。

[22] 周到、呂品、湯文興編，《河南漢代畫像磚》（上海：上海人民美術出版社，1985）。

[23] 徐州市博物館、沛縣文化館，〈江蘇沛縣棲山漢畫象石墓清理簡報〉，《考古學集刊》
1982.2：106-112；徐毅英等編，《徐州漢畫像石》（北京：中國世界語出版社，1995），
圖1。

[24] 仝澤榮，〈江蘇睢寧墓山漢畫像石墓〉，《文物》1997.9：36-40。

分有伏羲、女媧；樓下右側有一樹一馬；右闕有人釣魚，闕外有柏樹及鳥，闕上有題記；左闕外則有魚、柏樹及一人持戟搏虎。此圖射鳥人和樹馬分隔，而與其它畫面主題交織在一起的情形，頗似下文將提到的孝堂山石槨東面的畫象，我們將於下文進一步討論。（圖二五）

5) 一九四三年，李文信在遼陽北園瓦窯子村東南調查發現一座東漢晚期壁畫墓。據他一九四七年發表的報導，[25] 在墓後小室東面壁上有三組壁畫。左側一組爲屬吏圖，中間爲樓閣圖，右側爲樂舞圖。三組之間並不見區隔，實可視爲同一壁上的連續畫面。中間樓閣圖的部分，李文未附全圖，據他記述在三層樓閣的頂上有「銅鳳」及飄揚的旗幟，中層坐婦人，「上層左□□（原報告印刷不清，凡不清處以□號代之）上立一鳥，長尾□目，作回首□□欲飛狀，遠方立一人，裸而著蔽，滿弓□矢，向鳥作欲射勢，蓋『有窮氏射日』傳說之象徵描寫也。」[26] 樓閣右側則爲場面頗爲盛大的樂舞百戲圖。此圖沒有車或馬。李文沒提到樓閣旁是否有樹，Wilma Fairbank 的報導中說，樓閣右側有一株枝葉盤繞像武氏祠所見一般的大樹。[27] 又據李文報導，在屬吏圖左題有「小府史」三字，在樓閣圖左題有「教以勤化以誠」六字。不過，這六字當一九四四年日本北野正男再去調查時已杳不可見。李文對題字的位置描述不清，現在已難以確實查證題字和畫象之間的關係到底如何。[28]

---

[25] 李文信，〈遼陽北園畫壁古墓記略〉，《國立瀋陽博物館籌備委員會彙刊》1947.1：122-163。此刊印刷極劣，許多文字不清，記述樓閣圖部分，有不少字難以辨認。一九四四年，北野正男曾去調查，其簡報刊日本《世界美術全集月報》14(1952)，惜此刊不得見。相關記述轉見 Wilma Fairbank and Masao Kitano, "Han Mural Paintings in the Pei-yuan Tomb at Liao-yang, south Manchuria", *Artibus Asiae* XVII(1954): 238-264；部分壁畫可參徐秉琨、孫守道編，《東北文化》（香港：商務印書館，1996），圖104-109。

[26] 同上，李文信，頁127。

[27] 同上，Wilma Fairbank, p.262.《東北文化》所收局部壁畫有樓閣、百戲的部分，但不及 Wilma 所說的大樹。

[28] 同上，Wilma Fairbank, p.255. 李文信原文作「樓閣圖（在上圖左題有「教以勤化以誠」一行六字）」（頁127）。此「上圖」不知是指其先前所述的屬吏圖或樓閣圖，文中未再說明題字和樓閣的相關位置，Wilma Fairbank 文雖附此壁畫全圖（圖一〇），惜題字已不可見，目前已難以確知這些榜題的位置以及和畫象之間的關係，十分遺憾。因未見原畫，目前刊出的圖版或不全或不夠清晰，難以描摹，本文暫不附圖。

（6）爲了突顯樹木射鳥和樓閣之間的關係，特別將樹木射鳥和其它畫象單元 或元件（人、狗、猴、羊等）一起出現，卻無樓閣的情形別爲一類，也 就是：樹木射鳥＋其它－樓閣

1) 山東長清孝堂山石祠的石樑東面有畫面頗完整的畫象。上層係以撈鼎圖爲 中心，下層有成排的車馬。在撈鼎圖右側除雙頭怪獸，還有一株大樹，樹 前有兩隻飛鳥，一人正張弓迎面而射。在構圖上兩隻雙頭怪獸和樹木及射 鳥人兩兩交叉相對，可以說交融成一個畫面。（圖二六）

2) 《選集》圖41，畫面分三層，最上層爲四隻異獸，中層爲人首鳥身的扁鵲 針灸圖；下層大樹下有二人仰射，樹上有鳥有猴，樹旁左右有一羊、一 馬，兩樹幹中間坐一人。此圖上中和下層之間並無關連，但多了羊和樹幹 中坐著的人。（圖二七）

3) 《選集》圖537，畫面分上下兩層，上層右端有大樹，樹上有鳥，樹下左側 繫一馬，一人彎弓射鳥；樹右側有人、鳥、狗。此景左端則爲一場景盛大 複雜，有人，有獸，有狗，有山巒的狩獵圖。樹下的馬面向左側的狩獵場 景，使左右兩個原本獨立的主題畫面似乎有了連繫。下層有一隻大象，八 隻翼虎和兩位長耳帶翼仙人的神仙異獸圖。（圖二八）

4) 《全集》二編圖21，畫面上層、中層各有八位拱手坐姿的人物，下層中央 爲大樹，樹上有鳥，樹下右側有一人張弓仰射，其旁有一馬；左側坐著一 男一女，很可能是夫妻。圍繞在有頭飾的女子周圍的最少有九個小孩。其 中五人有頭有部分的身體，其餘四人在後只露出頭來。（圖二九）

5) 《全集》初編圖112，上層有大樹，樹上有鳥及飛鳥，樹下左側有一人張弓 仰射，右側地上伏著一羊或狗。中層爲孔子見項橐及老子圖，下層爲一輛 向左行的馬車。中下層和上層無關，但上層多了羊或狗。（圖三〇）

6) 《南陽磚》圖99，磚上不但有鳥，還有猴；樹下沒有車馬，卻有一隻昂首 的狗；一人仰射，另一人手提一鳥。（圖三一）

7) 《南陽磚》圖101，最上層中央有樹，樹上有鳥和爬在樹幹上的人（或 猴？），樹下左側有一人張弓仰射，右側一人一手上指，一手提一鳥。中 層有二人對坐而談，下層爲百戲場面，有長袖舞及其它表演。中下層和上 層無關，上層多了人或猴。（圖三二）

8) 《南陽磚》圖164，上層有一樹，樹上有鳥及猴；樹下右側有一人彎弓仰 射，左側有一昂首而視的狗，一人抬頭仰視，一手上指，一手提一鳥。其

下有搗藥的玉兔，一背羽仙人朝左側的西王母禮拜。這兩層之間雖無橫線分隔，但內容上毫無關連可言。再下層則有相搏的虎、熊及鳳皇；最下層則是一輛四馬的馬車和一隻雙峰駱駝。（圖三三）

9)《石棺藝術》頁84，四川新津鄧雙鄉龍岩村崖墓一號石棺棺側外壁右端刻一人帶劍面左，一人一手持幡，一手指前而行；左端有三人向左而行，左角有所刻畫但不明爲何物。左右兩端這些人物之間有一大樹，樹上有鳥有猴，樹下有一人彎弓仰射。（圖三四）

以上六類三十六例雖然沒有窮盡遼寧、山東、河南、江蘇、四川、陝西等地所有的資料，「樹木射鳥圖」單獨出現，或和馬，或與其它主題一起出現的例子（以上1、3、6類，共26例），在數量上要比樹木射鳥與樓閣一起出現的例子爲多（以上2、4、5類，共10例）。更值得注意的是，如果射鳥是爲了祭祀樓閣中的祖先，射鳥和樓閣圖有如此重要意義上的聯繫，應該常常同時出現，甚至兩者單獨一起出現才是。然而，這樣的例子目前僅能在莒縣和林格爾漢墓找到兩個。這意味著樹木射鳥和樓閣之間的關係可能不是必然的；樓閣和車馬之間的關係也不是必然的。三者可以被安排在一起，也可以分開。信君的解釋建立在三者構成一有意義的整體的假設上，這對他所舉的少數例子或許說得通。可是無法解釋三者不同時出現，或與其它畫面同時出現，反不和樓閣同時出現的多數情況。這是我對其說有所保留的第一個理由。

其次，爲什麼說信君之說只是「或許說得通」呢？樹下的人彎弓仰射，樹上依山東微山兩城山一石的榜題來說，有「烏生」、「蜚鳥」和「山鵲」。[29] 除了鳥，在前文所舉的例子中，樹上還有信君未提的猴子（圖一一、二一、二七、三一、三三、三四）。從圖象上看，樹下的人只可能是在射鳥、鵲或猴。烏、鵲或猴是漢代祭祀中所用的祭品嗎？我們從文獻、墓葬出土實物或漢畫中的描寫可知，漢代較常用的祭品不外牛、羊、豬、雞、魚、犬，不見用烏、鵲或猴之例。[30]

---

[29] 信立祥君在書中提到榜題「山鵲」刻在樹右側「人頭鳥」之旁（頁79），似乎暗示山鵲是指人頭鳥。如果仔細看，可以發現山鵲似應指人頭鳥右上方另一隻有長尾的鳥，而不是人頭鳥。可參《山東漢畫像石選集》圖32及本文所附線描圖。

[30] 依據文獻，漢從周制，祭祀仍然以牛、羊、豬三牲爲太牢，牛、羊爲少牢。一般人祭祀則常用豬、羊、雞（鴨）或魚。參 K. C. Chang ed., *Food in Chinese Culture* (Yale University Press, 1977), pp.55-62; 韓養民，《秦漢文化史》（台北：里仁書局翻印本，民國75年），頁133-142。據乙瑛碑，元嘉時祭孔子，河南尹給牛、羊、豕、雞各一。以漢畫中所見而言，徐州銅山青山泉供索石上有三盤，盤中各有一魚（《徐州漢畫像石》，1987，圖

獵取鳥、鵲或猴以供祭祀，可以說沒有文獻證據。除非如信君在書中採取的解說方式，將射鳥擴大解釋成是射獵、狩獵（頁82-85），再將射獵解釋成是爲準備祭祀用的犧牲。漢畫表現的手法中，不乏以某一部分象徵或代表全體的（例如：以柏樹或門闕象徵整個祠堂和墓地）。因此，以射鳥象徵有較全面意義的狩獵不是沒有可能。這是爲什麼說信君之說「或許說得通」的理由。

然而我們不要忘記，漢畫中有很多真正的狩獵圖。這些狩獵圖的場面或極爲浩大，或十分簡單，有些和樓閣圖一起出現（如《選集》圖47、472、473，《全集》初編，圖9、10，《陝北》圖78、186、246、476），有些和「樹木射鳥」圖一起出現（如《選集》圖472、江蘇沛縣棲山石棺之射鳥圖和狩獵圖分別出現在同一棺之東西壁）。[31] 信君在書中曾十分強調古代狩獵和軍事、祭祀之間的緊密關係，認爲漢代祠堂中的狩獵圖正淵源於此。[32] 姑不問漢代除了皇室宗廟，是否還持續著古來以獵物供祭的習慣；依信君之說，這樣的狩獵圖豈不更能表達真正的狩獵？更符合他狩獵以供祭祀的解釋？如東漢已創作出這樣的狩獵圖，又何須另外創作樹木射鳥圖，以表達同樣的寓意？兩圖寓意如果相同，又何須同時出現？

三、從榜題、格套辨識「射爵射侯圖」

「樹木射鳥圖」可以單獨存在，成爲獨立的畫象單元，就應該有它獨立存在的意義。它和其它畫面相連時，當然很可能衍生更豐富的內涵。不過，我們不妨先確定樹木射鳥圖作爲一個獨立畫象單元的意義，再談其它較複雜的組合變化。根據前文提出的方法，樹木射鳥圖的必要構成元件應包括以下三者：

165）；河南南陽市出土供案石刻有盤，盤中有魚和雞或鴨以及其它食品（《南陽漢代畫象石》，圖222）；山東嘉祥武氏祠也有一石，石上刻二耳杯，分盛兩魚，又有兩圓盤，盤中有宰殺好的雞（《漢代武氏祠墓群石刻研究》，濟南：山東美術出版社，1995，圖版50）。馬王堆漢墓出土的肉食品中雖有豬、牛、羊、狗、馬、兔、鹿、雁、野鴨、鵪鶉、天鵝、斑雞、鷸、鴛鴦、竹雞、鵲、喜鵲、麻雀等走獸和鳥禽，但這些多半裝在七十個竹笥和十一個麻袋中，主要是當作供墓主地下享用的食物看待。再者，西漢初尚無墓中行祭奠之俗，祭品不會出現在墓中。參陳愛平，〈從馬王堆文物看漢代飲食文化〉，《馬王堆漢墓研究文集》（長沙：湖南出版社，1994），頁251-252。墓內設奠始於王莽前後。從洛陽燒溝、河南陝縣劉家渠、甘肅武威磨嘴子、徐州賈汪漢墓墓中出土的祭奠之物看來，有雞、羊、豬、牛之骨，沒有鳥、鵲或猴。參李如森，《漢代喪葬制度》（長春：吉林大學出版社，1995），頁62。

[31] 見前引《江蘇沛縣棲山漢畫象石墓清理簡報》，頁109。

[32] 信立祥，《中國漢代畫像石の研究》，頁115-118。

（1）一株大樹

（2）樹上有鳥或猴

（3）樹下有張弓射箭的人

沒有這些，即不能稱之爲樹木射鳥、射猴圖。本文圖一至一〇可以說是合乎此圖要件最簡明的代表。有些圖中增添了車馬、羊、狗、魚等。這些可以有不同層次的意義（見下文），但屬次要。樹木本身或枝繁葉茂，或僅有簡單的枝葉；樹上鳥、猴同時出現，或僅有猴或鳥；鳥、猴的數目或多或少，仰射者一、二或三人，這些數量多少和描繪的繁簡，都不影響此圖的基本寓意，在圖象意義和格套的解析上似乎都可以看作是非必要的部分。

　　找出產生畫象意義的核心部分後，接著即可注意榜題，依據當時人所刻的文字，去認識畫象的確實寓意。我在舊作中已經指出和林格爾壁畫墓中有一幅枝葉纏繞的大樹，樹上的鳥獸可能因爲壁畫色彩和線條剝落，無法清楚辨識，但樹下左右清楚有兩人，其中右邊一人正彎弓仰射，左側一人也作射箭狀，但弓箭或亦因剝落而不可見。從他們的姿態，可以假設樹上應有目標物。樹前有樓閣及雙闕。此圖具有樹木射鳥圖的必要構成元件，和山東出土的樹木射鳥圖具有同樣的格套特徵。因此可以此圖爲準，推定其它樹木射鳥圖的意義。在這幅圖的樹下有「立官桂[樹]」四字榜題。據《和林格爾漢墓壁畫》頁101所附原壁畫彩色圖版，「立官桂」三字十分清晰。[33]「樹」字殘存左側偏旁「木」的部分，雖不清晰，似只可能是樹字。這是目前可考，這一類樹唯一的榜題。

　　由此榜題，應可推斷同一格套中的大樹，雖姿態有異，應該都是取義於桂樹，其義殆與「立官」有關。「立官」爲古代常詞。《商君書・算地》：「立官貴爵以稱之，論勞舉功以任之」，《呂氏春秋・孟春紀》本生：「立官者以全生也。今世惑主，多官而反以害生」，《史記・龜策列傳》：「立官置吏，勸以爵祿」，《論衡・非韓》：「重本尊始，故立官置吏」。立官意爲設官置吏。立官與桂樹連言，可見桂樹與官位、爲官有關。漢樂府古辭〈相逢行〉：「黃金爲君門，白玉爲君堂。堂上置樽酒，作使邯鄲倡。中庭生桂樹，華鐙何煌煌。兄弟兩

---

[33] 和林格爾漢墓發掘於文化大革命期間，發掘過程據說不是十分嚴謹，材料的可靠度因此也須視情況而定。此墓早已封閉回塡，發表的材料無由重新檢證。對利用材料的學者而言，這是十分無奈的情況。「立官桂」三字在攝影製成圖版前除非曾遭塗改，否則我們只能暫時以發掘報告中的原壁畫爲準。據黃展岳先生面告，主持發掘者是張郁，原壁畫圖版應可靠無誤。

三人，中子爲侍郎。五日一來歸，道上自生光…」[34] 黃金、白玉爲君之門、堂；堂上有酒，有倡，中庭有桂樹，此皆官家豪門富貴之象。桂樹之所以象富貴，蓋其象漢家，富貴之所出也。《藝文類聚》卷八九及《太平御覽》卷九五七引《春秋潛潭巴》云：「宮桂鳴下土，諸侯號有聲」，「桂好木，植於宮中，猶天子封有聲譽者爲諸侯。今乃鳴，是乃成其聲名於下土之祥也。」[35] 此謂桂樹植於宮中，宮乃漢天子之宮。宮桂以喻天子；宮桂鳴，猶天子發號令，封有賢稱者爲侯，以應賢者聲譽。得封者遂位貴而名顯。又《漢書・五行志》中之上：

> 成帝時，謠又曰：「…桂樹華不實，黃爵巢其顛。故爲人所羨，今爲人所憐。」桂，赤色，象漢家；華不實，無繼嗣也。王莽自謂黃象，黃爵巢其顛也。

這裡更明白說出是以桂樹象徵漢家，而黃爵即黃雀。黃雀巢於桂樹之頂，樹開花而不能結實，暗喻成帝久無子嗣，號稱當土德（其色黃）的王莽將奪取當火德（其色赤）之漢家天下而居之。漢人措詞用字好用諧音，以羊爲祥，以鹿爲祿，以雀爲爵，其以桂諧貴，亦可知矣。如此「立官桂樹」四字旁的大樹，必是加官進爵，成就富貴的象徵無疑。[36]

爲什麼要射樹上的猴和鳥呢？關於古代射官和射侯之義，舊作已曾解釋，[37]這裡僅就「侯」與「猴」相通假，稍作補充。揚雄《法言・重黎》：「曰：『生捨其木侯而謂人木侯，亨不亦宜乎？』」汪榮寶《義疏》引《音義》：「木侯，《漢書》作沐猴」，[38] 是「侯」與「猴」通。舊作對射鳥曾勉強解釋，須要補正。舊作和信君之書都曾用過前文提到有「烏生」、「䴏鳥」和「山鵲」榜題的那方畫象。這些榜題舊作未及討論，是一大疏漏。這方畫象出於山東微山兩城

---

[34] 逯欽立輯校，《先秦漢魏晉南北朝詩》上（北京：中華書局，1983），頁265。

[35] 參中村璋八編，《重修緯書集成》卷四下（東京：明德出版社，1992），頁76；夏劍欽、黃巽齋點校，《太平御覽》（石家莊：河北教育出版社，1994），冊八，頁631。

[36] 和林格爾漢墓壁畫報告將立官桂樹榜題解讀爲「可能是表示把棺台放在了『貴地』，古代『立』、『位』相通，『官』、『宮』相通，『立官』或許就是『位宮』，『立官桂樹』也可能是表示古代設社祭祀土地神，立樹爲位。」（《和林格爾漢墓壁畫》，頁24）土居淑子引此說，並推論此樹乃有多重意義之生命樹，也是扶桑樹，見所著《古代中國の畫像石》，頁113。「位宮」之說迂曲，於義實難通解。又原榜「官」字十分清晰，實不宜捨官而釋爲宮字。

[37] 邢義田，〈漢代畫象內容與榜題的關係〉，頁73-75。

[38] 汪榮寶，《法言義疏》（台北：世界書局，民國47年），卷一四，頁21上。又參高亨，《古字通假會典》（濟南：齊魯書社，1989），頁323。沐猴見《漢書・陳勝項籍傳》。

山，現藏曲阜孔廟，著錄見《漢代畫象全集》初編圖252及《山東漢畫像石選集》圖32（圖一四）。一九九八年九月二日特去考察原石。「蜚鳥」和「山鵲」字跡清晰可辨。「烏生」二字則較難辨識。「烏」字也有可能是「鳥」，林巳奈夫、曾布川寬即引作「鳥生」。劉敦愿引葉又新之說，認爲應作「倉生」，何者爲是，難以確認。[39]

　　以可確認的榜題而言，樹上有鳥和鵲。鵲即雀，在漢代鳥、雀二字通假十分平常。同事林素清所輯漢代鏡銘中，「朱雀」、「朱鳥」相通的有數十例。[40]「雀」與「爵」相通假也極通常，漢代鏡銘及高亨《古字通假會典》中例證極多。[41] 鵲，《說文》四上有「誰」字，段注：「誰隸變從鳥」。尹灣出土西漢晚期六號墓〈神烏賦〉簡中，雌、雄二字之「隹」皆寫作「鳥」，[42] 可見「鵲」、「誰」實爲一字。總之，樹下之人射鳥，其實是射雀（鵲）、射爵，象徵獵取官爵。《漢書·食貨志》：「學于大學，命曰造士。行同偶能，則別之以射，然後爵命焉。」師古曰：「以射試之。」按《禮記·射義》：「故天子之大射，謂之射侯。射侯者，射爲諸侯也。射中則得爲諸侯，射不中則不得爲諸侯」。射與爵命之關係，由此可見。圖中之人在桂樹下彎弓射猴或射雀、鵲，應是取其射爵、射侯，以達富貴之義。[43]

　　這類畫象的樹上，有時僅有鳥，或僅有猴，或同有鳥和猴，其義相同。鳥、猴寓意爵、侯。漢代二十等爵之最高一級曰關內侯；射爵射侯，都是象徵著追求富貴。如鄙說可通，則「樹木射鳥圖」實宜正名爲「射爵射侯圖」。

---

[39] 傅惜華在《全集》此圖的敘錄中認爲此圖的榜題和兩行題記「皆出後人偽刻」。他沒有說明理由。從題記文辭和字體看，應係原刻，傳說並無根據。一九九八年九月二日曾至曲阜孔廟大成殿東廡漢畫象石陳列室考察原石。「山鵲」、「蜚鳥」、「伯昌」、「女黃」、「長卿」榜刻字皆淺細，右側題記刻字筆劃較深，但比較題記「男女四人」和「女黃」的「女」字書法相類，「弟兄悲哀」和「蜚鳥」的「非」皆作「ヨヒ」，似可說明題記與榜題似由同一人作於同時。「烏生」兩字，筆劃清楚，唯難以確辨。林巳奈夫、曾布川寬引作「鳥生」見前引所著〈漢代畫像石の神話的樹木について〉，頁22注31；〈漢代畫像石における昇仙圖の系譜〉，頁168。劉敦愿說見所著〈扁鵲名號問題淺議〉，《美術考古與古代文明》（台北：允晨出版公司，民國83年），頁402-411。

[40] 見中央研究院歷史語言研究所文物圖象研究室，「簡帛金石資料庫」。

[41] 參高亨，《古字通假會典》，頁802「雀與爵」、「雀與鳥」條。

[42] 裘錫圭先生指出這一點，參其所著〈《神烏賦》初探〉，《文物》1997.1：54。又見連雲港市博物館等編，《尹灣漢墓簡牘》（北京：中華書局，1997），圖版及釋文簡117, 125, 126, 128。

[43] 射鳥爲射鵲、射爵之義得之於劉增貴兄，特此聲明並申謝。

四、射爵射侯圖的變化與多重寓意

　　前文分析射爵射侯圖，僅僅是從構成圖象最必要部分的本義出發。圖上有時還有其它的內容，例如樹上除了猴和鳥，有時還有鳳鳥、人首鳥身或仙人。沛縣棲山所出一石之樹梢上不但有鳥，鳥嘴中還銜有一魚；樹下有時有停繫的車、馬，有時僅有馬，或有羊，或有人騎在馬上，在河南南陽新野樊集37號墓所出畫象磚上，沒有車、馬、羊而有一隻昂首而望的狗，[44] 這些該如何理解？

　　從必要元件觀之，這些車、馬、羊、狗或魚有豐富畫面的效果，並不影響此圖基本主題的呈現。例如狗和狩獵有關，漢畫狩獵圖中經常見到獵狗。射鳥而由狗代取獵物，狗的出現使畫面更為豐富、活潑。羊表示吉祥，自不消說。鳥銜魚或鳥魚圖在漢畫、漢銅洗中經常出現，其意義乃在富貴吉祥，除災去殃。漢代銅洗習見雙魚圖，其銘常作「大吉羊」；也有魚鳥為飾的洗，其銘常作「富貴昌宜」、「富貴昌宜侯王」、「君高遷至三公」等。[45] 山東蒼山元嘉元年畫象石墓的南壁橫樑上畫有龍、鳥，兩鳥相對，口中銜魚（《選集》圖409）；而題記裡正有一段「龍爵（雀）除央（殃）鵠（鶴）噣（啄）魚」的記述。這表明除了龍，雀也可去除災殃，「鶴啄魚」當亦與此意有關。另外，此墓之門額上層有龍、虎、兔等獸，獸與獸之間有鳥，下層則是車馬出行的行列（《選集》圖406）。題記對這一段的描述是：「堂硤（牆）外，君出遊，車馬道（導）從騎吏留，都督在前後賊曹，上有虎龍銜利來，百鳥共侍至錢財」。[46] 由此可知在漢人的觀念裡，龍、虎、鳥都能帶來財利。這些增添使射爵射侯圖的畫面意義更為豐富多重，不僅意味著加官封爵，更和吉祥富貴，去災避凶聯繫起來，更完整地反映了漢人的人生夢想。

　　畫象裡的樹一般立於地上，可是山東鄒縣大故縣村發現的兩石，卻有大樹根部作雙虎共一虎頭之形的（圖三五）。雙虎共一頭或相對的雙虎在山東漢畫中常見於建鼓的鼓座（稱作「跗」）。[47] 畫匠或石工為何如此安排？目前還難確言。

[44]《南陽漢代畫像磚》，圖164。
[45] 參容庚編，《秦漢金文錄》（台北：中央研究院歷史語言研究所專刊之五，民國81年影印一版），卷五。
[46] 參信立祥，《中國漢代畫像石の研究》，頁199-203。
[47] 參孫機，《漢代物質文化資料圖說》（北京：文物出版社，1991），頁378。

一個推測是漢代官寺之前置有建鼓，[48] 和林格爾壁畫墓即於題有「莫府東門」建築的門的兩側，各畫一建鼓。據《漢書・何並傳》顏師古注，官寺前之建鼓是「所以召集號令，爲開閉之時」。官寺以鼓號令，因鼓而開閉，鼓代表著權威，因而成爲一種官寺的象徵。鼓跗常作虎形，其上本用來立鼓。好求變化的工匠將虎跗借用過來立樹，以強調這株樹與官寺、官府有關；樹下有人張弓射箭，意思仍然是求官爵富貴。虎跗不過是使畫面更爲豐富熱鬧而已。

前文所說微山兩城山的一石上，樹下仰射的兩人身旁有「長卿」、「伯昌」榜題，樹右側牽馬者旁有「女黃」榜題，他們應都是墓主的子女。題記中說他們昆弟男女四人，如何爲思念過世的父母而造祠堂。孝順之餘，沒有明說的話應該是希冀先人保祐他們晉爵封侯，享受榮華富貴。他們將題記刻在射爵射侯圖的右側邊框，用意不言可喻。另有一件兩城山所出，風格十分相近的畫象（圖二九），樹下右側有一馬，一人仰射；左側則有一對夫婦，母親的身前身後圍繞著九個小孩。這幅畫似乎蘊含了祈求先人保祐子孫富貴的心意。

射爵射侯圖中的馬可以有人乘騎（圖一六、一八），也可停繫。滕州漢畫象石館藏滕州東寺院出土一石，人甚至站在馬背上（圖一九）。車、馬或馬、羊、狗也有不同的組合變化，可見這些部分並沒有固定的構成模式，很難說有固定的寓意，可是也非毫無意義。例如車、馬，在漢代本是官員身份的重要象徵。[49] 取得官爵即可乘馬坐車。因此繫在樹下的車、馬，可能是爲射侯射爵者所準備。一九九二、九八年參觀泰安岱廟時，曾親見肥城北大留村出土的一石（《選集》圖479，圖一五拓片及照片）。這一大塊石頭上僅在中心偏右的部位刻了一樹、一鳥、一射鳥人和一馬。石面其餘的部分打製成菱形的細紋斜線，沒有任何其它刻畫。在這種情況下，這匹馬的意義似乎只可能和射爵人有關。[50]

再者，由於車、馬和大樹，或鳥、馬和大樹在漢畫中經常單獨出現，土居淑子注意到它已出現在戰國時的瓦當上；[51] 既以獨立的形式存在，應有其特定的意

---

[48] 見《漢書・何並傳》。相關討論見劉志遠，《四川漢代畫象磚與漢代社會》（北京：文物出版社，1983），頁4-5；羅哲文，〈和林格爾漢墓壁畫中所見的一些古建築〉，《文物》1974.1：33。

[49] 參劉增貴，〈漢、隋之間的車駕制度〉，《中央研究院歷史語言研究所集刊》63.2(1993)：371-449。

[50] 當然我們也不能排除這是一方尚未完工的畫象石，刻好一部分後即未繼續。這一點現在已無從證實。

[51] 土居淑子，《古代中國の畫象石》，頁86，附圖72。除了土居淑子注意到的齊瓦當，咸陽出土的秦瓦當上也有以樹、雙馬和鳥爲圖案的，參徐錫台、樓宇棟、魏效祖編，《周秦漢

義，就須要當作一種獨立的格套看待。車和馬除了少數例外，多數分在樹的兩側，車停著，馬繫於樹上；有時沒有車，而有雙馬，吃著草料，表現出一種停息的狀態。此圖寓意何在？由於缺少榜題，一時恐難斷言。[52] 樹、車或馬單獨出現或和其它主題畫面搭配時，我相信應有不同於射爵射侯的意義。這類圖很多，我曾稍作蒐集，列於文後為附錄，供今後研究。

漢代的畫匠或石工常常將一些畫象的元件作不同的組裝，以表現不同的主題。最明顯的例子是本文圖一三和三六。兩者都出土於微山兩城山，兩圖大樹的姿態和雕刻手法、風格一致，可能是同一石工集團或作坊的作品。[53] 圖一三樹旁有人仰射，表現射爵射侯的場面；圖三六樹下有灶，有俎，完全是山東漢畫中常見庖廚圖的場面。由此可以認識到，這株大樹在石工手上可能只是一個可以應用在不同場合的元件。樹本身的造形無定規，枝葉可繁可簡，姿態各異（參本文各圖），很難說它有什麼較特殊的意義。[54] 過去學者將此樹比附成扶桑、建木、通天樹、生命樹或世界、宇宙樹，都不合適。信立祥君以普通樹視之，較為可取。

瓦當》（北京：文物出版社，1988），圖30。另一個例子見一九七二年四川榮經發現的東漢石棺。石棺一側刻有一馬繫於一樹，一人餵馬，另有一人以肩擔兩籃。石刻拓影參高文、高成剛，前引書，頁18。

[52] 在歐亞草原受斯基泰文化影響的游牧民族藝術中，常見一種以樹、停息的人和馬為飾的飾牌。研究斯基泰藝術的學者多認為這是象徵生命的生命樹或宇宙中心的世界樹。這種母題以及其它一些母題是否曾影響到戰國至秦漢時中國的造型藝術，是值得注意和進一步討論的課題，本文暫不處理。土居淑子曾以《淮南子・天文》「爰止其女，爰息其馬，是謂縣車」，《楚辭・離騷》「飲余馬於咸池兮」為證，認為這是古代與太陽神話有關的扶桑樹。參前引書，頁81-83；又可參 Esther Jacobson, "A Reconsideration of the Origins of Chinese Landscape Representation", *Bulletin of the Museum of Far Eastern Antiquities (BMFEA)*, 57(1985): 133-180; E. Jacobson, "The Stag with Bird-headed Antler Tines: A Study in Image Transformation and Meaning", *BMFEA* 56(1984): 113-180; Anatoly I. Martynov, *The Ancient Art of Northern Asia* (Urbana and Chicago: University of Illinois Press, 1991), pp.49-50, 90-91, 99-111; 不同的意見辯論見 Emma Bunker, "The Steppe Connection", *Early China* 9/10(1983-85): 70-76; E. Jacobson, "Beyond the Frontier: A Reconsideration of Cultural Interchange Between China and the Early Nomads", *Early China* 13(1988): 201-240.

[53] 同樣風格的大樹還見於《選集》圖4、6，《全集》二編圖21。它們也都出於兩城山。

[54] 江蘇連雲港市尹灣六號墓出土《神烏賦》中曾形容烏所棲之樹為「高樹綸棍（輪囷，高大貌），支（枝）格相連」。這樣的樹和我們在漢畫中所見的樹形十分相似。但從賦中可知此樹毫無神秘的意義。參裘錫圭，〈《神烏傳（賦）》初探〉，《尹灣漢墓簡牘綜論》（北京：科學出版社，1999），頁1及注7。

　　漢代畫匠和石工除了對元件作不同的組裝，運用格套也十分靈活。在一定的格套中，他們會巧作變化，甚至將格套的元件分割拆散，安置在畫面不同的部位。前述孝堂山石祠石樑東面畫象中的樹、鳥和射鳥人即被一對雙頭怪獸拆開，形成相互交叉的畫面結構。如果格套拆散，觀者不能有效掌握分散後元件之間的關係，原有的寓意即有可能無法充分傳達。山東肥城欒鎮村的一石即可為例（《選集》圖472，圖二五）。此石畫面中央為樓闕，樓右側下層有一樹，樹上有鳥，樹旁繫一馬。射鳥的兩人不在樹下，而在樓右端的屋簷和屋頂上。兩人持弩向右，射向迎面而來的三隻飛鳥。（射鳥者不在樹下而在樓簷上的安排法，在前述宋山第二批畫象第15石或本文圖二一（2）也曾看到。）他們左邊有兩人正向左行，另一人在另一頭持戟朝右圍獸，佈局上是典型的狩獵圖。構圖上射鳥者與圍獸者相背對立；射鳥者似不屬於狩獵圖，只可能是射爵圖格套中的一部分。畫工卻將射鳥者和樹、馬分置於不同的地方。畫工或許是企圖將規模較小的射爵圖拆散，以便溶入較大較複雜的整體構圖中。然而這樣安排的結果，觀者是否還能掌握射鳥人和樹、馬原本有的格套關係就成了問題。

　　此外，靈活的組裝也表現在將原本不同的格套組合在一起，使組合後的畫象單元可能蘊含有多重的意義。例如「樹＋鳥（或和猴）＋馬」（齊、秦瓦當）和「樹＋鳥＋射鳥人」（曾侯乙墓漆箧，詳見下文）兩組格套在戰國時本可各自獨立存在。西漢時，在居延肩水金關出土的一方木板上，還可見到樹上有鳥、猴（？），樹下繫一馬，旁有一看馬人的圖畫[55]（圖三七）。到東漢，石刻畫象中出現了許多不同格套的多重組合，畫象的寓意遠較以前為複雜。

　　因此，漢畫中的「樹木射鳥圖」雖然是以射爵射侯為主要寓意，這並不能排除它同時蘊含其它意義的可能性。例如本文圖六、一四、和三五，在樹頂之上除了有一般的小鳥，還有較大的鳳鳥或人首鳥身，它們的身形比樹上或天空中的鳥大得多；鳳鳥口中或銜珠，或有帶羽的仙人在旁。它們也是樹下仰射者獵取的目標嗎？還是有其它的意義？由於銜珠鳳鳥和人首鳥身也常常出現在其它的場合，應該別有意義。[56] 換言之，這幾幅圖整體而言，就可能有了多重的意義。

---

[55] 較佳的圖版見大阪府立近つ飛鳥博物館，《シルクロードのまもり》（大阪府：大阪府立近つ飛鳥博物館，1994），圖38。

[56] 例如林巳奈夫即認為「珠」、「壽」古音通，鳳鳥銜珠應與鳳鳥授予人長命、長壽有關，見前引書，頁132-133。

更要注意的是，漢畫中的射鳥場面並不都適合以「射爵射侯」來理解。例如，四川成都出土著名的弋射收獲畫象磚（圖三八），[57] 其上有二人在樹旁張弓仰射飛鳥，其下有農人揮鐮收割。這應該是單純農耕漁獵生活的描繪。今日四川地區漢畫的一大特色正是諸如市井、宴飲、煮鹽、採桑、耕作等日常生活的描寫，如以射爵射侯去理解此磚畫，即不免是附會。

五、射爵射侯圖溯源

在古代的圖象藝術中，和射鳥有關的描繪可以追溯到春秋戰國之世。一九九八年九月十一日，在上海博物館看見一件戰國早期橢圓形的宴樂畫象銅杯（圖三九），器口外側邊緣刻有一圈圖畫。[58] 圖畫中有閣樓，兩側有階，有人上階，樓上有三人似在備辦食物；閣樓左側有樹，樹上有棲息的鳥，天上也有飛鳥六隻。兩樹之間有一人張弓仰射。其左有人跪著，手持一竿，似在點燃什麼東西，薰煙上騰。再向左，又有一樹，樹旁有二射手正在備弓。有趣的是在樹的上方有一中了兩箭的箭靶——「侯」。小南一郎先生以為戰國青銅器上的這類紋飾是在表現古來的射禮或鄉飲酒禮。[59] 小南之說甚有見地。愚意以為漢畫中的射爵射侯圖或即淵源於此。這件銅器上射侯的侯是寫實的箭侯，鳥在樹上，箭侯在旁，鳥和侯分開表現。[60] 到了漢代，箭侯變成以樹上的猴來象徵，人在樹下既射樹上的鳥，也射樹上的猴。

這種變化的軌跡目前還找不到十分清晰的線索。不過湖北隨州擂鼓墩出土的曾侯乙墓中有一件以射鳥為飾的漆箮（圖四〇），或許可以視為過渡時期的產物。在漆箮蓋頂的兩端，各繪有兩株樹，樹榦上有九或十一個像是太陽光芒或花瓣的花形物，樹頂有雙鳥及異獸；樹下有人弋射，被射中的大鳥正下墜之中。樹側還有兩隻交纏雙頭的蛇。此圖不見前述銅杯上的侯，卻有並立於樹端的鳥和獸。鳥獸似乎都是樹下弓手獵取的對象。

---

[57] 高文編，《四川漢代畫像磚》（上海：上海人民美術出版社，1987），圖4。

[58] 關於此器的報導見馬承源，〈漫談戰國青銅器上的畫像〉，《文物》1961.10：26-30。

[59] 小南一郎已指出上海博物館藏戰國銅杯上的射鳥圖母題後來為東漢畫像石所繼承。參氏著〈射の儀禮化をめぐって—その二つの段階—〉，《中國古代禮制研究》（京都：京都大學人文科學研究所，1995），頁47-116。

[60] 林巳奈夫，《春秋戰國時代青銅器の研究——殷周青銅器綜覽三》（東京：吉川弘文館，1989），頁340，圖8-11；小南一郎，前引文，頁99, 102, 107, 109所附圖。

　　學者過去幾乎一致認爲這幅「射鳥圖」應是后羿射日圖。樹上的花形物是太陽，被射中的是金烏，射箭的人即是后羿。[61] 雙頭蛇不少人以爲即伏犧、女媧。[62] 漆箇邊側有銘二十字。這二十字如何解讀，古文字學家意見尚未統一，或曰與古代樂論有關。這和漆箇上的畫有何關係？未見較徹底地討論。[63] 這究竟是不是后羿射日圖，個人頗覺懷疑。樹上除了花形物，明明有鳥有獸，弋射者射中下墜的明明也是鳥，被射中的鳥爲何一定是花形物所象徵的太陽呢？如果說太陽是金烏，畫工大可在樹上畫九或十隻金烏，其中一隻被射中，而不是在樹上既畫鳥又畫上象徵太陽的花形物。從圖像學上說，在同一樹上畫兩種不同造形的東西（花形物和鳥），用來象徵同樣的太陽，這會令觀賞者困惑的。如果說象徵太陽的花形物會幻化爲金烏，當時的觀賞者都能了解這一點；那麼，樹上有九或十一個花形物，加上樹頂兩隻金烏，再加被射下的一隻，就有十二至十三隻金烏，這和羿射九日、十日，在數目上並不相合。[64] 這些問題，尚未見到有令人信服的解答。因此，漆箇上所畫的是不是后羿射日，令人不無疑慮。

　　這裡提出另一個推測：我們或許可以將此器之圖當作在圖象構成上，從前述上海博物館藏銅杯到漢代射爵射侯圖之間的一個過渡代表。它的過渡性表現在以獸取代了過去實物的箭侯，而樹上的獸後來又轉變成象徵意義較明確的猴。在戰國禮壞樂崩的時代，發生這樣表現形式的變化不難理解。《周禮・司裘》謂：「王大射，則共虎侯、熊侯、豹侯，設其鵠；諸侯，則共熊侯、豹侯；卿大夫，則共麋侯，皆設其鵠。」鄭玄注曰：「侯者，其所射也。以虎、熊、豹、麋之皮飾其側，又方制之以爲𩍂，謂之鵠，著于侯中，所謂皮侯。」又謂：「鵠者，取名

[61] 郭德維，〈曾侯乙墓中漆箇上日月和伏羲、女媧圖象試釋〉，《江漢考古》1981.1：97-101；湖北省博物館，《曾侯乙墓》（北京：文物出版社，1989），頁355；陳惠明，〈漆畫圖象考〉，《曾侯乙墓文物藝術》（武漢：湖北美術出版社，1992），頁178-180；稻畑耕一郎，〈曾侯乙墓の神話世界〉，《曾侯乙墓》（東京：東京國立博物館，1992），頁50-55。

[62] 如郭德維，前引文，頁97；稻畑耕一郎，前引文，頁51。

[63] 參前引《曾侯乙墓》，頁355-357；銘文釋讀不同的意見參劉國勝，〈曾侯乙墓E61號漆箱書文字研究——附「瑟」考〉，收入《第三屆國際中國古文字學研討會論文集》下冊（香港：香港中文大學，1997），頁691-705。此一資料承顏世鉉兄檢示，謹謝。

[64] 蕭兵曾蒐集中國少數民族中有關射日月的神話，太陽數從二至十三都有，以九爲多，但和楚文化有關的記載中只見九日或十日之說，參蕭兵，《楚辭與神話》（上海：江蘇古籍出版社，1987），頁89-140。

於鵔鵖。鵔鵖小鳥而難中，是以中之者為雋。」以虎、熊、豹、麋的皮為飾做成
侯，以小鳥鵔鵖為鵠的，原本即取象於所射的大小動物。因此工匠並不難將侯、
鵠改換，以更直接的動物的形象呈現。漆箎上的人面獸，其身軀即有些像豹或
麋。隨著封建時代古禮的衰微，其原本的意義漸漸為人所遺忘。於是樹上的豹、
麋又轉變、簡化成了一般人更易想像和了解的猴子。

　　樹上的花形物則可能有我們尚不明白的意義，但也可能僅僅是裝飾。漆畫旁
的文字如確和樂論有關，似也可旁證漆箎上的此圖其實是和古代的射禮有關。
《禮記‧射義》和《周禮‧春官‧樂師》都一致提到行射禮時，天子、諸侯、卿大
夫和士須配合以不同的音樂。如〈射義〉謂：「天子以騶虞為節，諸侯以貍首為
節，卿大夫以采蘋為節，士以采繁為節。騶虞者，樂官備也；貍首者，樂會時
也；采蘋者，樂循法也；采繁者，樂不失職也」。小南一郎另曾引證金文，知西
周中期的周懿王射於射廬，即曾用「象樂」二章。[65] 比較懿王的用樂和《禮
記》、《周禮》中記載的樂名，可知射禮中的用樂顯然因時因地而可有不同。漆
箎上文字和圖畫的關係似可從這一角度再作進一步分析。[66] 關於漆箎上交纏的雙
頭蛇，前述上海博物館藏銅杯底也有交纏的蛇。小南一郎曾蒐集大量資料並指出
在表現射禮的戰國銅匜或銅盤的底部經常看到同樣蛇的裝飾。[67] 漆箎是盛衣之衣
箱和供注水洗手用的匜、盤器形不同，交纏蛇形紋飾安排的位置或許因此也有了
不同。漆箎蓋上另有「紫錦之衣」四字。[68] 這是怎樣的衣服？是否與射禮或某種
特殊的場合有關？也還須要研究。總之，射爵射侯圖的淵源問題有待更多的材
料，作更深入的探討。以上所說，不過臆測，非敢自信，盼能拋磚引玉。

---

[65] 參小南一郎，前引文，頁72。

[66] 劉國勝隸定銘文為「民祀隹此，日辰於維，與歲之四，辰尚若陳，琴瑟常和。」他引《荀
子‧樂論》「君子以鐘鼓道志，以琴瑟樂心…故樂行而志清，禮修而行成。耳目聰明，血
氣和平，移風易俗，天下皆寧」云云，證明古代音樂和政治及天道緊密關聯的意識形態。
這種樂論和荀子想要達到的「禮修而行成」或《禮記‧射義》所說射者必節以樂，「進退
周還必中禮」，「射者所以觀盛德也」的目的是相一致的，因此它出現在射侯圖之旁並非
不能理解。參劉國勝，前引文，頁692-693, 698。如果將衣箱上的畫理解為羿射十日，反
與這段樂論難以關聯。

[67] 同上，頁92-93, 96, 99-100, 102-103。又葉小燕早已曾指出同一現象，參〈東周刻紋銅
器〉，《考古》1983.2：159。

[68] 饒宗頤，〈曾侯乙墓匫器漆書文字初釋〉，《古文字研究》10(1983)：190-197。

六、結論

圖象藝術的形式和內涵會隨著時代而變化。某一個畫象傳統和主題有可能綿延甚久，但很難一成不變。數百年中的畫匠或石工，一方面追隨典型，墨守成規；一方面在不同的需求和風尚下，一點一滴增刪變易。漢代「射爵射侯圖」的樹上已不再見到花形物，樹下卻多了車馬和其它的物件。同一個格套經過變化增減，可以保有其基本寓意，也可能改變或蘊含了更多樣的意義。

漢代畫象的製作者在多重多樣的意義範疇內，依據自己和需求者的認知去製作。從需求者（造墓的墓主及其家人等）的角度看，射爵射侯圖似乎反映了漢代人一種頗爲普遍的願望。出現射爵射侯圖的墓和祠堂，其墓主的身份雖多數不明，不過和林格爾壁畫墓的墓主明確是使持節護烏桓校尉；微山兩城山有榜題及題記的一石上有昆弟男女四人，沒有提到他們或他們的父親有任何官銜；陝西綏德王得元墓前室南壁中柱上僅題「永元十二年四月八日王得元室宅」，[69] 王得元也沒有任何官銜。依漢代碑銘題記有官爵，例書官爵的習慣看，這些墓主應該是平民。換言之，射爵射侯畫象的出現似乎並不局限於某一特定的社會階層，而代表了社會各階層一種共通的願望。這和漢代鏡銘中看到普遍祈求富貴的情形是一致的。

辨識射爵射侯圖，使我體會到漢墓及祠堂畫象的構成，固然有其整體性，畫象之間意義上的有機聯繫須要注意，可是如果將原本有獨自主題寓意的畫象一味地貫串起來解釋，有時反而誤入歧途。事實上，漢墓或祠堂畫象除了少數經過刻意經營，多半無非受到一時一地流行風氣的左右，由若干格套式的畫象湊合而成。其排列組合或有約略的規律，也有不少並無章法。[70] 在這種情況下，刻意探求墓室或祠堂畫象的整體性結構和意義，有時不免緣木求魚或求之過深。

組成整體畫象的格套式單元（射爵射侯圖可爲一例），由於其本身有約定俗成，較爲固定、基本的形式和寓意，較易於確實掌握，作爲解析畫象的起點似乎較爲合適。漢代的畫匠或石工當然並非一味固守格套。他們也常常增減、分割格套中的元件或聯繫其它的主題，以營造不同的視覺效果或創造多重多樣的內涵。

---

[69]《陝北》，頁61。

[70] 現在的研究者多半努力於找出漢墓或祠堂畫象佈局的規律，較少人注意其中不規則的現象。不規則的現象其實同樣值得重視。

因此，辨識基本的格套及其變化並不是一件單純的事。我相信，借助榜題，掌握了畫象單元的意義和格套變化以後，再考慮一座墓或一座祠堂畫象的整體性，應該較有把握。

最後想要強調，這篇小文使用的方法並不能解決所有漢畫理解上的問題。它的限制十分明顯：第一，漢畫中有很多沒有榜題，造型獨特，或不易歸納出格套的。這些只能用其它的方法去探求其寓意。第二，類似的格套在不同的地域、時代，不同工匠的手中，或不同需求者的心中是否必然有一致的寓意呢？製作或需求者的用意和觀賞者的領會也許不必然一致。觀賞者是依其本身的認知，感受一幅幅的畫象。這就像一本小說，一首歌曲，儘管作者有其用意，讀者、聽者的領會可以有一致之處，卻不必盡然相同。因此拙文雖然作了寓意一致的假設，實際上除非起古人於地下，又能從製作者、需求者與觀眾等多方面去考察，恐怕很難得到真正的答案。反過來說：如果我們不假設某種程度的一致性，而如某些學者所主張一切「文本」的意義全隨觀眾或讀者而浮動，那麼所有窺探古人心意的努力都可能歸於虛幻。

（本文於一九九九年二月二十日通過刊登）

後記：

拙文先後承劉增貴、石守謙、紀安諾、曾藍瑩、丁瑞茂諸先生指教。一九九八年八月底至九月中在山東、江蘇各地參觀畫象，承蒙焦德森、蔣英炬、鄭岩、楊愛國、胡新立、馮毅、李錦山、石敬東、李世勇、萬樹瀛、劉雲濤、楊建東、邱永生諸先生協助，在此一幷致謝。又拙文成稿多得力於本所簡帛金石資料庫檢索系統及電子文獻資料庫，特此聲明。　　99/5/3
本文定稿後，又得見《考古》一九九九年第六期〈山東鄒城市臥虎山漢畫像石墓〉（頁43-51）一文。一九九一年在鄒城市郭里鎮以西臥虎山發現西漢末至東漢初石槨墓兩座。其中二號墓石槨北槨板外側右端也有射爵射侯圖。原附圖不甚明晰，據報告原文謂：「右格畫面正中立有一巨樹（扶桑），樹幹為巨人形，一臂下垂，右側上身處刻一猿作回首攀援狀。巨人頭上生長雙角，枝椏茂密，枝杈上有棲息的八隻鳥。樹下左側一人側身援弓射鳥，一人手提一隻射死的鳥，另一人跪坐仰望。樹右側刻一人側身回

首援弓射鳥，身前有一犬；其後一人跪射，另一人扶杖回首觀望。」（頁
48）內容這樣成熟、豐富的射爵射侯圖如果確實是出現在西漢末或東漢初
的石槨墓中，這無疑是一項重要的新發現，對了解此圖構成的演變發展大
有助益。　　　　　　　　　　　　　　　　　　　　　　　99/8/13又記

附錄：樹木車馬圖

這類畫面中央有一株大樹，樹上或有鳥，樹下有車或有馬，或有其它的人物、動物或活動，其旁或有樓閣，但沒有彎弓仰射的人：

1) 《選集》圖6，畫面分兩層，上層大樹上有猴有鳥，樹幹左右各有一馬一羊，右立一人但未持弓射箭，樹右側還有一異獸；下層有拱手而坐者五人。

2) 《選集》圖81，圖左上端似有一人持戟，右側有一樹，樹下繫一馬，右側立一人。

3) 《選集》圖89，上層有鳳鳥及一人正面而坐；下層自左至右有二人、樹、仙人及鳳、馬車。

4) 《選集》圖124，左側有一蜿蜒的樹，樹下有一馬。

5) 《選集》圖237，中有一大樹，樹下右側有一馬，左側有一人，樹頂有仙人及鳳鳥。

6) 《選集》圖333，上層為亭閣人物禮拜圖，下層中央有一樹，樹上有鳥，樹下左右側各有一進食中的馬。

7) 《嘉祥》圖51，上層為孔子、子路等見項橐、老子圖；中層為晉獻公與驪姬的故事；下層中有一樹，樹上有鳥；樹下右有一馬，左有一車。

8) 《嘉祥》圖102，上層有兩人比武，另兩人立於比武者之後；下層中央有一樹，一車一馬停在樹下兩旁。

9) 《嘉祥》圖138，上層為雙層樓閣及闕，下層右端有正面朝前的馬車及騎吏；左端有一樹，樹下有一馬。

10) 江蘇邳縣白山故子村二號漢墓前室南壁西邊畫象石，[71] 右側有舞人，中央為樓閣，樓閣中有人撫琴；樓閣左有一樹，樹下息一馬。樹與樓閣之間有二飛鳥。

11) 《徐州漢畫像石》[72] [以下簡稱《徐州》]圖232，上層為百戲，中層為兩人在亭閣中六博，下層中有一樹，天上有飛鳥；樹左側有一馬，右側停有一車及車夫。

---

[71] 南京博物院、邳縣文化館，〈江蘇邳縣白山故子兩座東漢畫像石墓〉，《文物》1986.5：26。

[72] 不著編者，《徐州漢畫像石》（江蘇美術出版社，1987）。

12)《徐州》圖254，上層有人物四人，下層有一樹，樹上有鳥，樹下有一馬。

13)《徐州》圖262，畫面中央有閣，閣中人物正在彈瑟；右側有人物四人；左側有樹，樹下右側繫一馬，左側有一人，未射箭。

14)《徐州》圖263，有閣及閣中人物；閣上有交龍。閣左側有樹、鳥及馬一匹樹，無人射鳥。

15)四川彭山雙河鄉崖墓出土二號石棺一側有雙闕，[73] 雙闕中間上層中央有二人並立。其左有一帶羽怪獸，其右有樹，樹下右側繫一馬，左側有一人雙膝跪地，似在料理馬食。下層兩端各有一持盾門吏，門吏之間有相對立之朱雀與帶羽仙鹿。

16)陝北米脂官莊出土墓前室南壁兩側豎框最下層有對稱之畫象：[74] 中央爲一大樹，一側爲一馬，馬前有一食槽，右側樹下多一長耳仙人，另一側有一人拱手而立。

17)陝北綏德王得元墓前室西壁左右豎框，[75] 第四層畫象爲對稱之樹及繫馬，樹上有鳥。

18)陝北綏德四十里舖墓門左右豎框，[76] 底層畫象有對稱之樹與馬，但左側另有鳥及狐（狗？），右側爲一人拱手而立。

19)陝北綏德延家岔出土墓前室北壁左右豎框，[77] 最下層有對稱之樹下繫馬，樹上有鳥。

20)陝北綏德園子溝徵收之畫象石，[78] 中有樓閣，左側有一樹，樹旁有一人騎馬，後有一馬車。

21)陝北綏德五里店徵收永元十五年郭稚文墓室左右豎框，[79] 下層有對稱之樹下息馬。

---

[73] 原石圖版見高文、高成剛，前引書，頁56-58；拓片見高文編，《四川漢代畫像石》，頁71。拓片未能拓出原石上清晰可見的馬的繫繩。

[74]《陝北漢代畫像石》，圖89, 90。

[75] 同上，圖188, 189。

[76] 同上，圖225, 228。

[77] 同上，圖297, 298。

[78] 同上，圖451。

[79] 同上，圖492, 493。

22)陝北綏德張家砭出土墓門左右豎框，[80] 右框下層爲玄武，左框下層爲樹下繫馬。

23)陝北綏德蘇家圪坨出土墓門左豎框，[81] 最下層有一樹，樹上有鳥，樹下有一馬，馬後有一人似在清除馬糞。

24)史語所傳斯年圖書館收藏一張有董作賓先生題字的漢畫殘石拓片。據題字，民國廿二年殘石存於山東臨淄縣第一小學。畫象的右側有一樹，樹上有兩鳥，一鳥立於樹梢，一鳥臥於鳥巢中。樹上還大小兩猴，正援樹而上。樹下繫一馬。樹下還有一人，手中握有一鳥。其左側則爲樂舞百戲圖。再左側有殘存的屋簷一角。（中央研究院歷史語言研究所編，《來自碧落與黃泉》，民國87年，圖71）

---

[80] 同上，圖520。

[81] 同上，圖528。

圖版出處

圖一：（1）山東曲阜孔廟，民國87年9月2日攝。

　　　　（2）《山東漢代畫像石選集》（以下簡稱《選集》），圖163。

圖二：（1）《漢代畫象全集》（以下簡稱《全集》）二編，圖41。

　　　　（2）作者線描圖。

圖三：《南陽漢代畫像石》（以下簡稱《南陽》），圖333。

圖四：《南陽》，圖334。

圖五：《鄭州漢畫像磚》，頁146。

圖六：（1）《中國畫像石棺藝術》（以下簡稱《石棺藝術》），頁104-105。

　　　　（2）作者線描圖。

圖七：（1）《陝北漢代畫像石》（以下簡稱《陝北》），圖171。

　　　　（2）作者線描圖。

圖八：《南陽》，圖109。

圖九：（1）山東滕州漢畫石像館，民國87年9月5日攝。（2）作者線描圖。

圖一〇：（1）山東滕州漢畫石像館，民國87年9月5日攝。（2）作者線描圖。

圖一一：（1）山東莒縣博物館，民國87年9月7日攝。（2）作者線描圖。

圖一二：（1）《和林格爾漢墓壁畫》，頁144。

　　　　　（2）《和林格爾漢墓壁畫》，頁101，榜題局部。

圖一三：（1）《選集》，圖4。（2）作者線描圖。

圖一四：（1）山東曲阜孔廟，民國87年9月2日攝。

　　　　　（2）作者據照片及《選集》圖32所作線描圖。

　　　　　（3）榜題局部，民國87年9月2日攝。

圖一五：（1）山東泰安岱廟，民國81年9月22日攝。（2）《選集》，圖479。

圖一六：《選集》，圖9。

圖一七：《陝北》，圖512, 513。

圖一八：《全集》二編，圖63。

圖一九：（1）山東滕州漢畫像石館，民國87年9月5日攝。（2）作者線描圖。

圖二〇：（1）山東曲阜孔廟，民國87年9月2日攝。（2）《選集》，圖172。

圖二一：（1）《嘉祥漢畫像石》14石。（2）《嘉祥漢畫像石》15石。

圖二二：《南陽漢代畫像磚》（以下簡稱《南陽磚》），圖243。

圖二三：《考古學集刊》1982.2：106。

圖二四：《文物》1997.9：36。

圖二五：（1）《選集》，圖472。（2）作者線描圖。

圖二六：（1）中央研究院歷史語言研究所藏孝堂山拓片。

　　　　（2）作者局部線描圖。

圖二七：（1）山東曲阜孔廟，民國87年9月2日攝。（2）作者線描圖。

圖二八：（1）山東安丘縣博物館，顏娟英攝。（2）《選集》，圖537。

圖二九：《全集》二編，圖21。

圖三〇：《全集》初編，圖112。

圖三一：《南陽磚》，圖99。

圖三二：《南陽磚》，圖101。

圖三三：《南陽磚》，圖164。

圖三四：《石棺藝術》，頁84。

圖三五：（1）山東鄒城市博物館，民國87年9月4日攝。

　　　　（2）作者線描圖。

　　　　（3）山東鄒城市博物館，民國87年9月4日攝。

圖三六：山東曲阜孔廟，民國87年9月2日攝。

圖三七：（1）大阪府立近つ飛鳥博物館，《シルクロードのまもり》，圖38。

　　　　（2）作者線描圖。

圖三八：《四川漢代畫像磚》，圖4。

圖三九：（1）作者線描圖。（2）作者線描圖局部。（3）作者線描圖局部。

圖四〇：（1）上海博物館，民國87年9月11日攝。

　　　　（2）據林巳奈夫，《春秋戰國時代青銅器の研究——殷周青銅器綜覽

　　　　　　三》，頁340，圖8-11線描圖調整。

（1）　　　　　　　　　　　　　　（2）

圖一

（1）

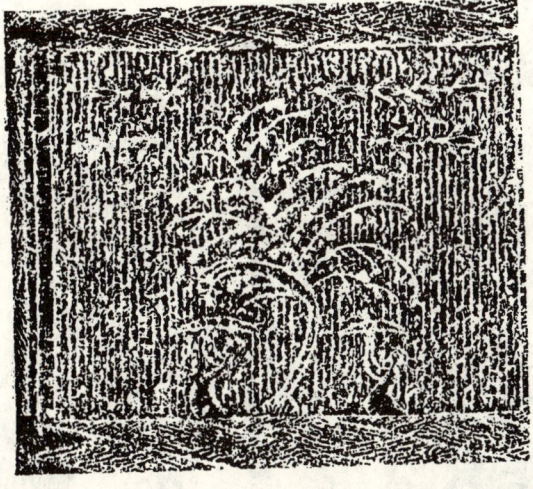

（2）

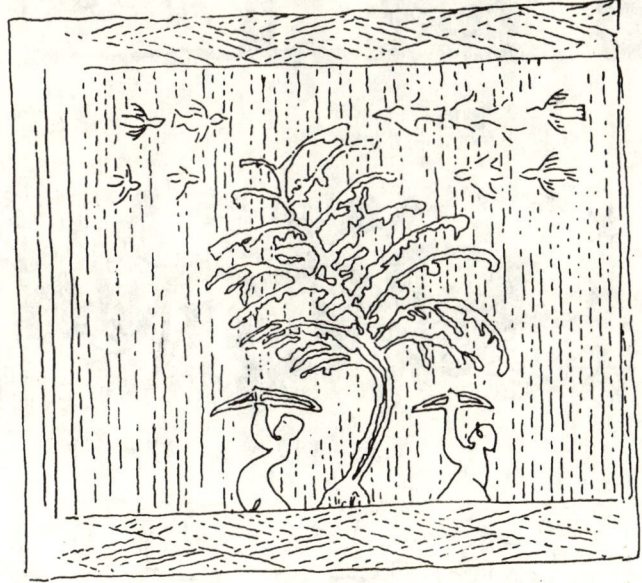

圖二

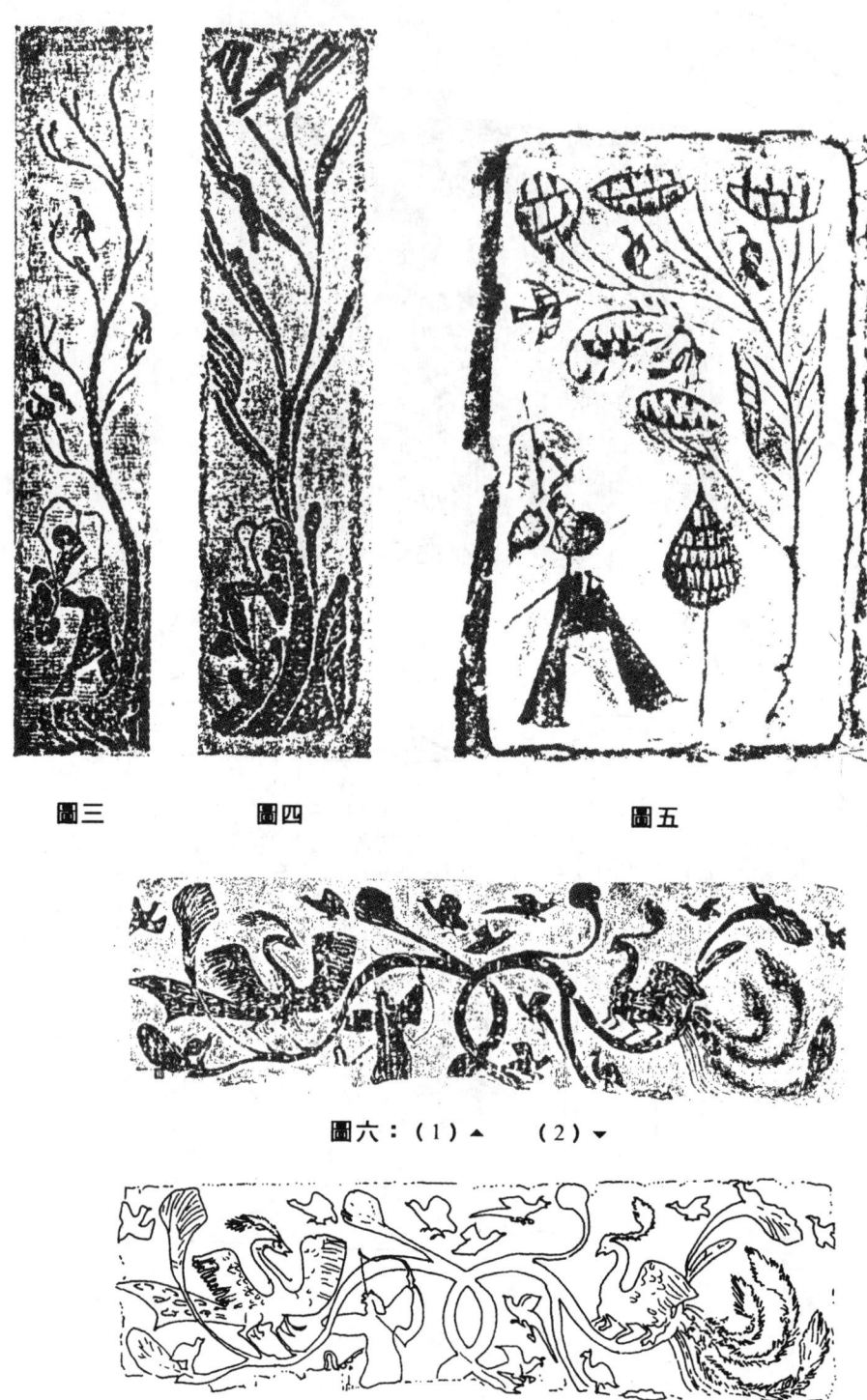

圖三　　　　圖四　　　　　　圖五

圖六：（1）▲　　（2）▼

(2)

(1)

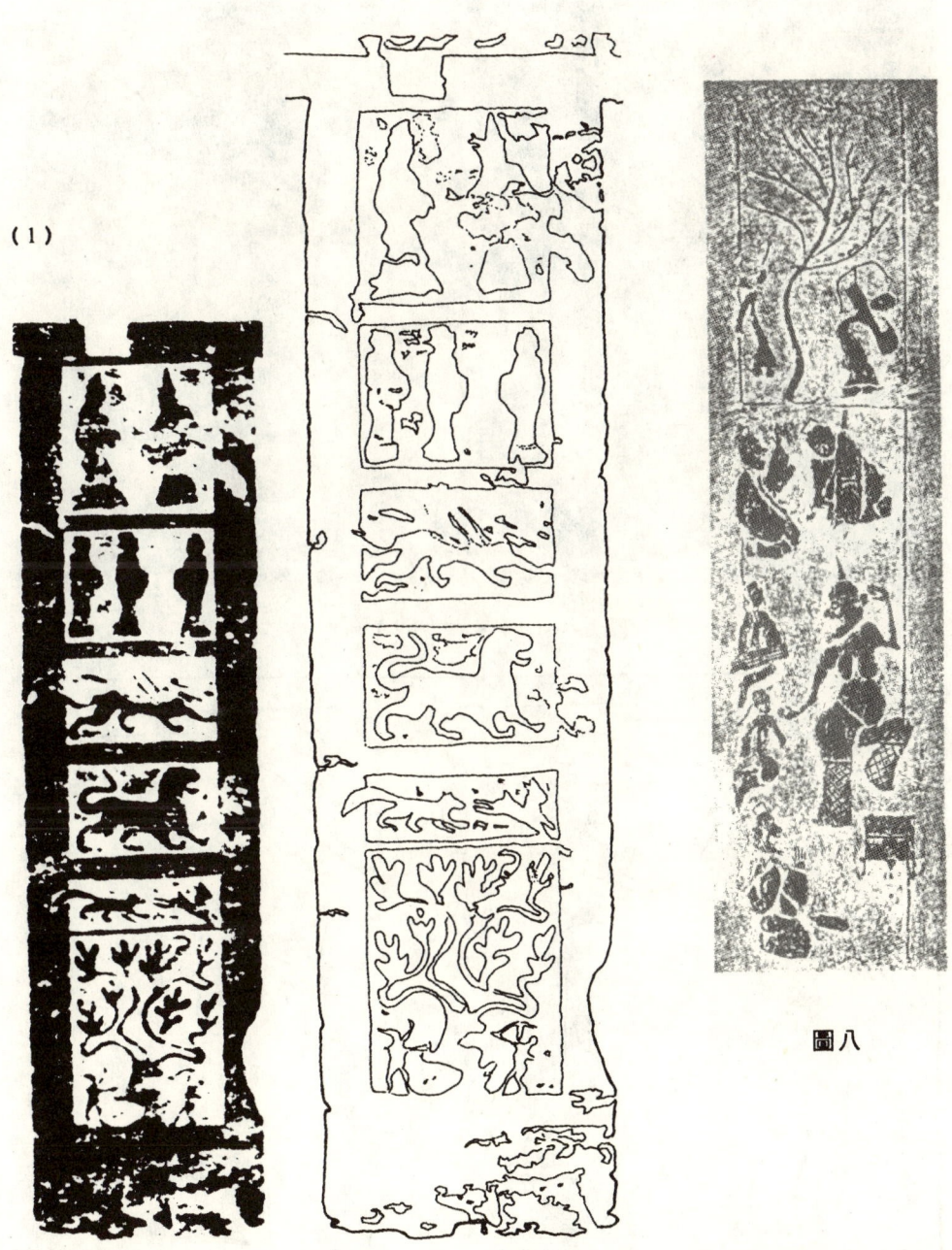

圖七

圖八

圖九：（1）▲　　（2）▼

圖一〇：(1)▲　　(2)▼

圖一一：(1) ▲　　(2) ▼

（1）▼

（2）▶

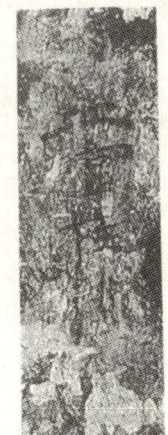

圖一二

圖一三：（1）▲　　　（2）▼

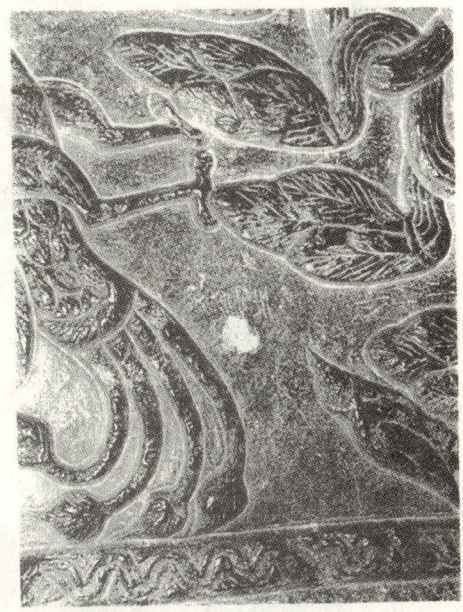

（１）▲　　　　　　（３）▶　　（２）◀

四一圖

圖一五：（1）▲　　　（2）▼

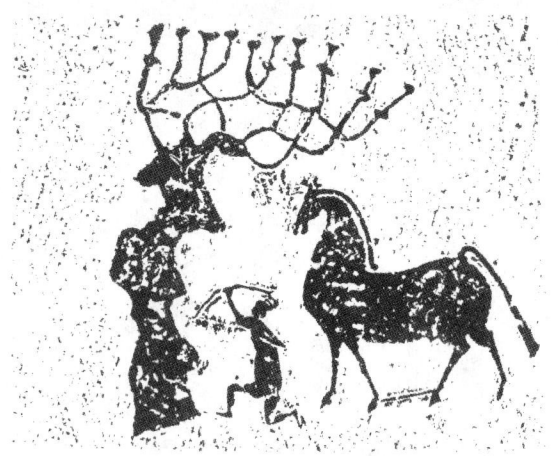

圖一六

圖一七

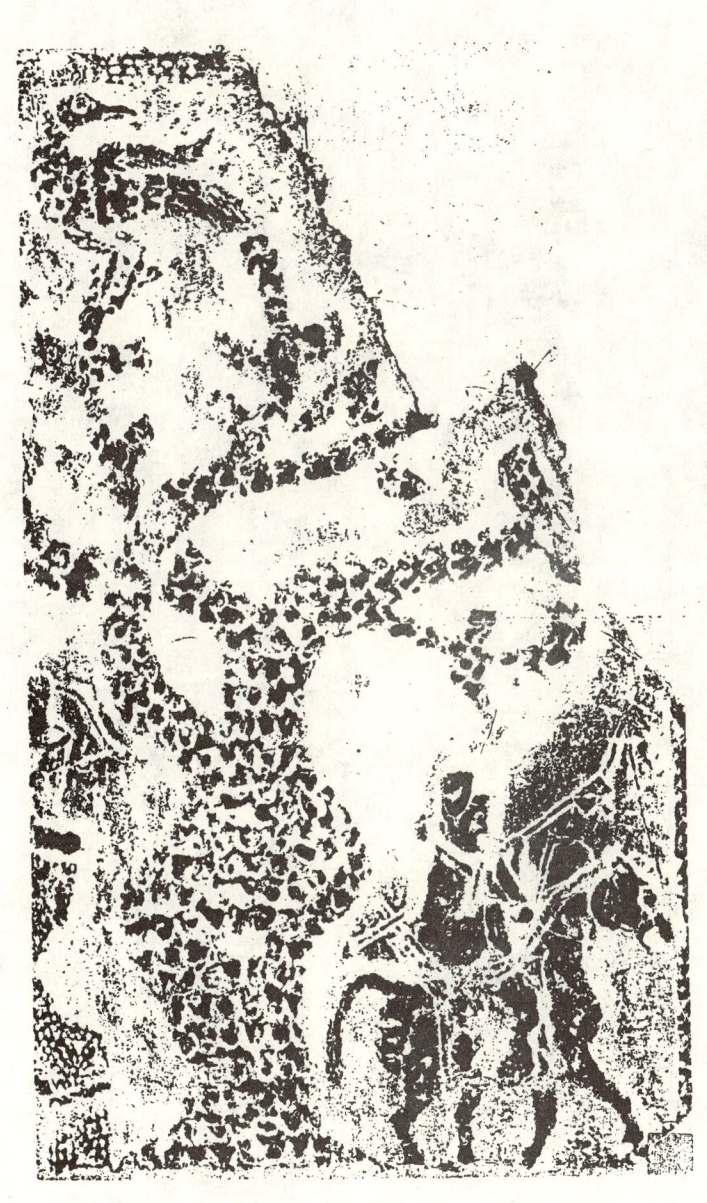

圖一八

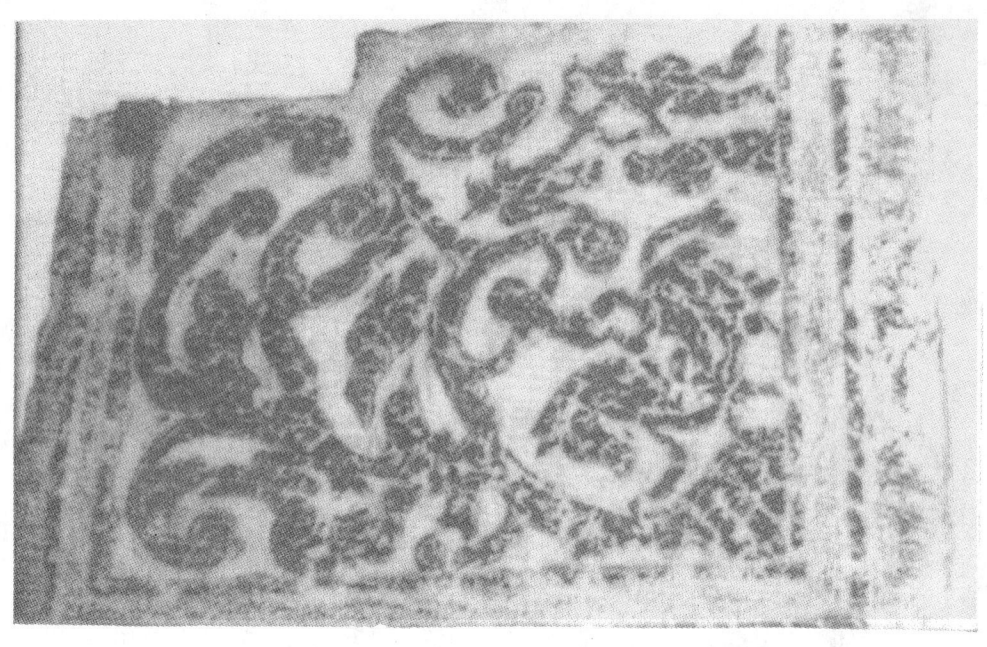

圖一九：(2) ◀　　(1) ▶

圖二〇：(1)▲　　(2)▼

圖二一：(1) ▲　　(2) ▼

圖二二

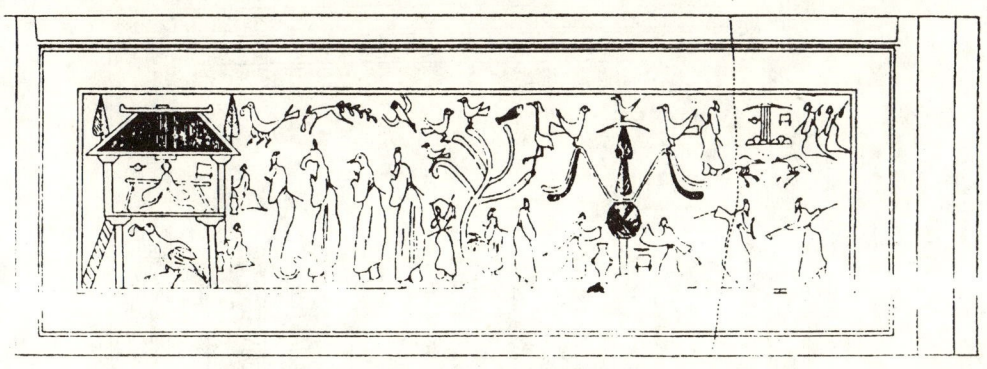

圖二三

圖二四

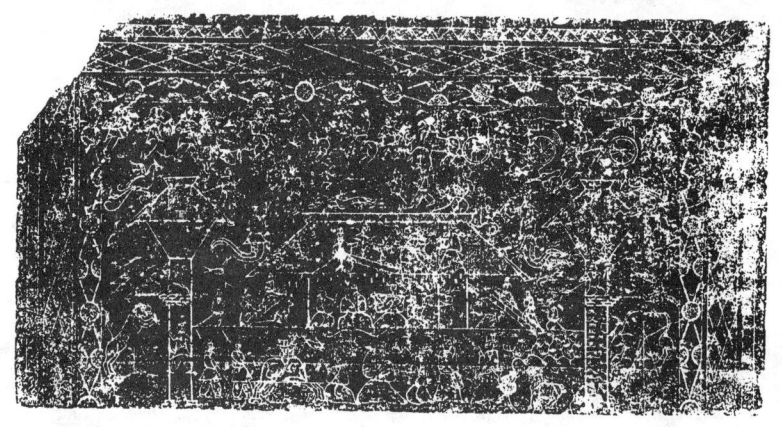

圖二五：（1）▲　　（2）▼

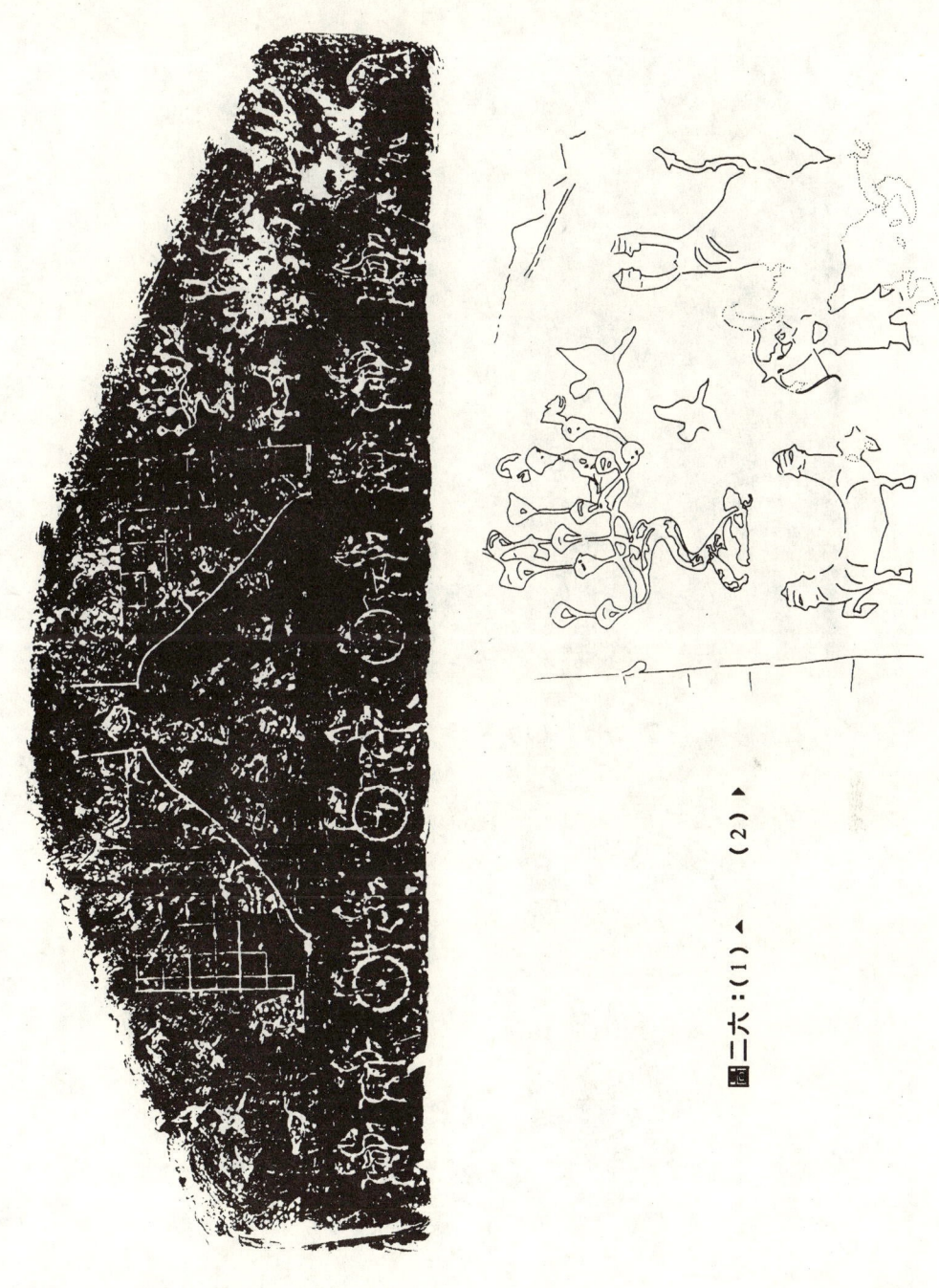

圖二六：(1)▲　(2)▶

圖二七：(1) ▲　　(2) ▼

（1）

（2）

圖二八

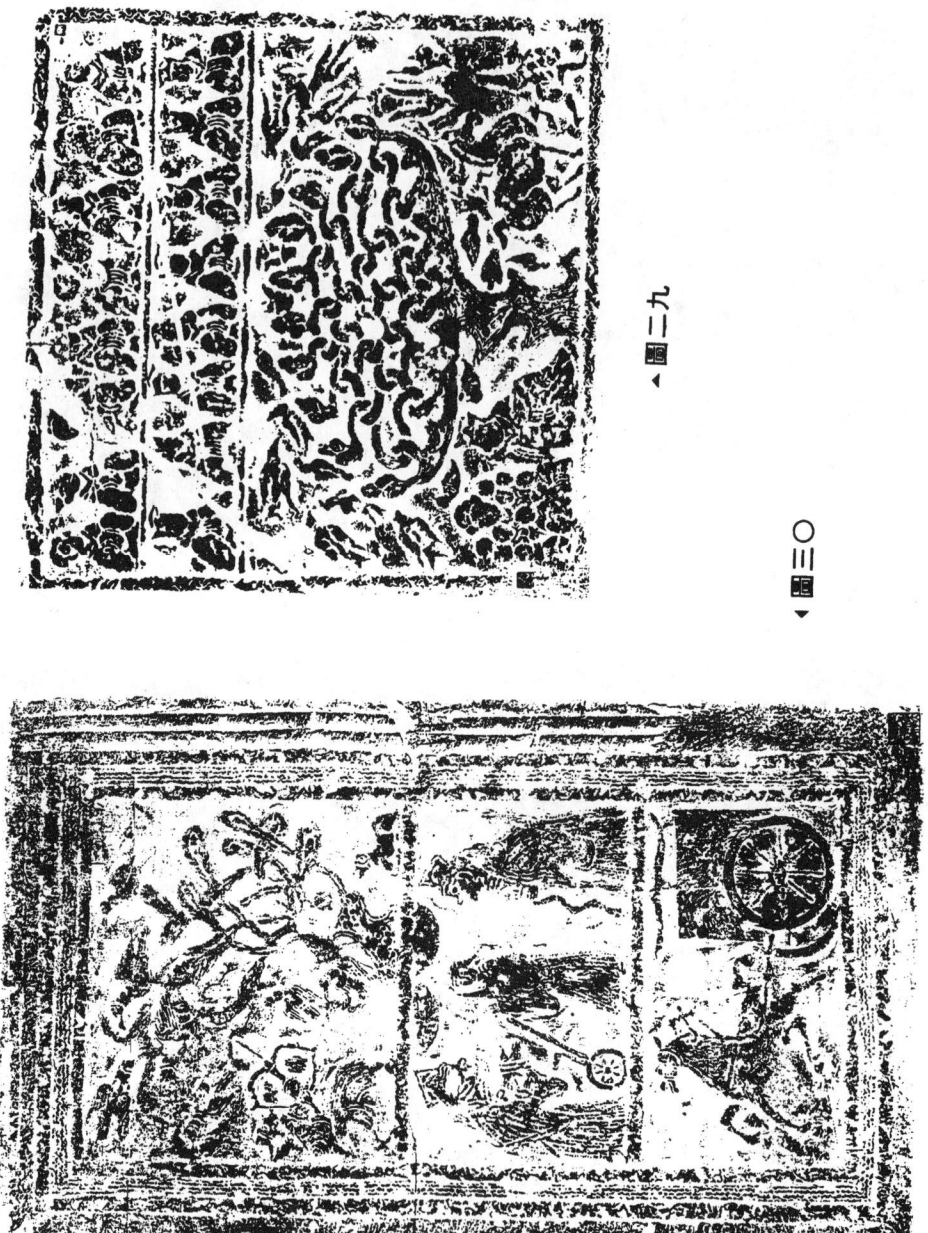

圖二九

圖三〇

圖三一

圖三二

圖三三

（1）

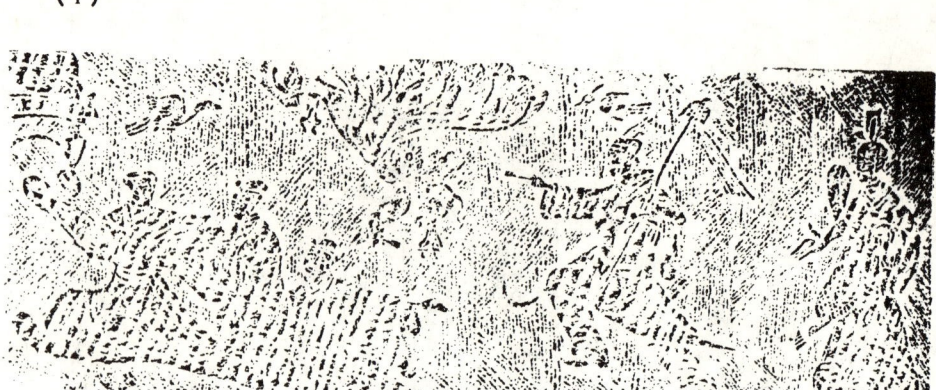

（2）

圖三四

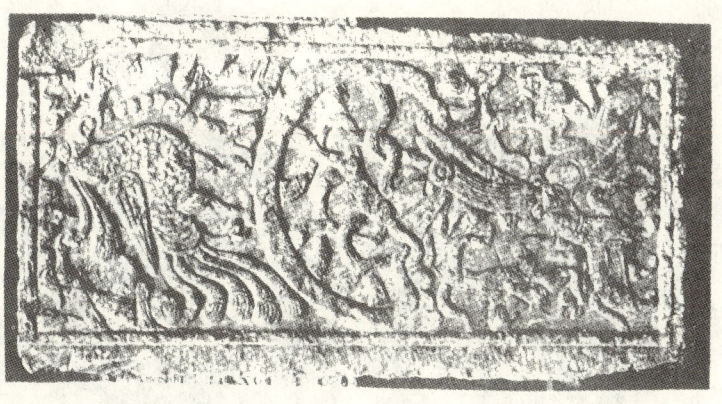

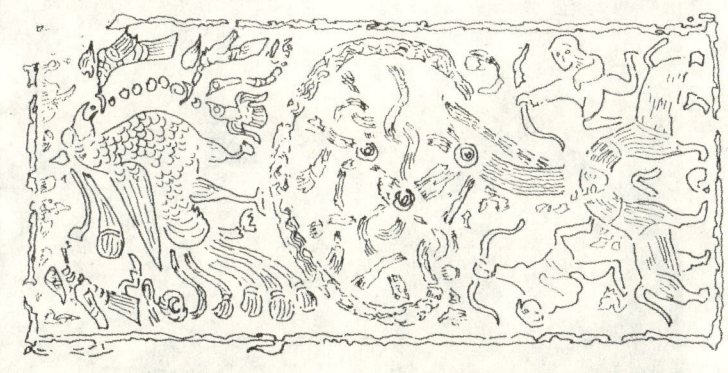

（3）◄　（2）◄　（1）◄

圖三五

圖三六

（1）

（2）

圖三七

圖三八

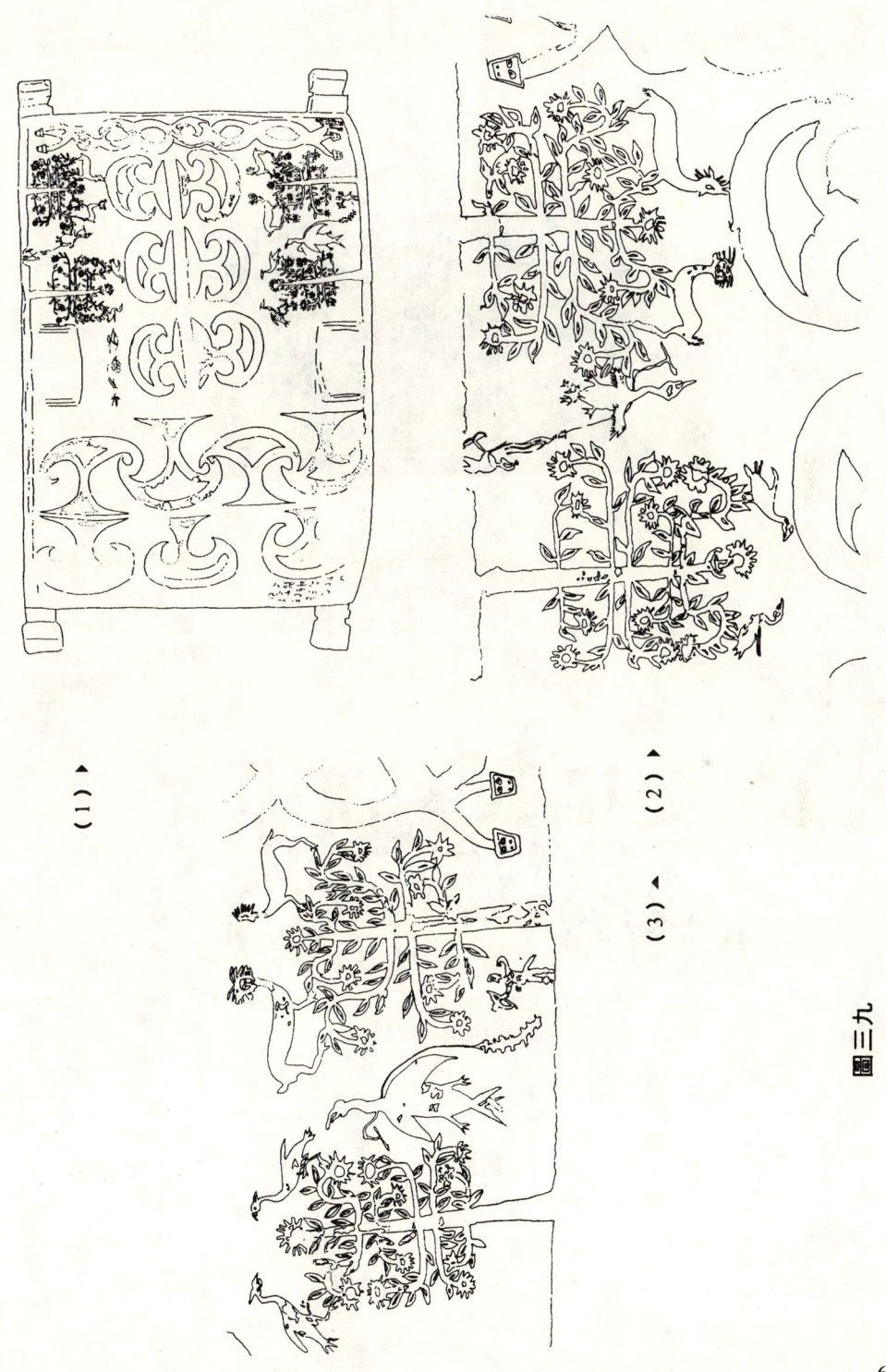

（1）▶

（2）▶

（3）◀

圖三九

（1）

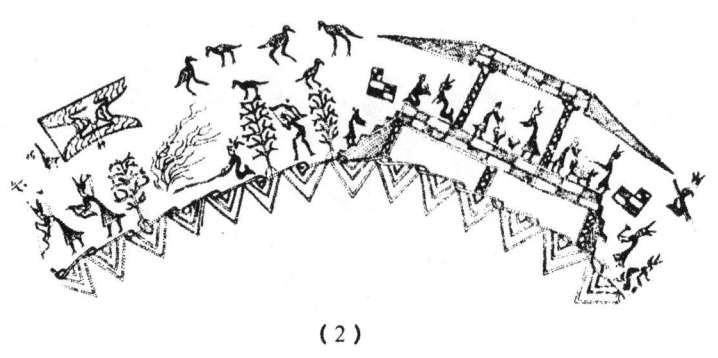

（2）

圖四〇

引用書目

大阪府立近つ飛鳥博物館編
　　1994　《シルクロードのまもり》，大阪府：大阪府立近つ飛鳥博物館。

土居淑子
　　1986　《古代中國の畫象石》，東京：同朋舍。

小南一郎
　　1995　〈射の儀禮化をめぐって—その二つの段階—〉，《中國古代禮制研
　　　　　究》，京都：京都大學人文科學研究所。

山東博物館、山東省文物考古研究所編
　　1985　《山東漢代畫像石選集》，濟南：齊魯書社。

不著編者
　　1985　《南陽漢代畫象石》，北京：文物出版社。

中村璋八
　　1992　《重修緯書集成》卷四，東京：明德出版社。

內蒙古自治區博物館文物工作隊編
　　1978　《和林格爾漢墓壁畫》，北京：文物出版社。

王建中、閃修山
　　1987　〈南陽漢代畫像石三圖釋證〉，《漢代畫象石研究》，北京：文物出
　　　　　版社。

仝澤榮
　　1997　〈江蘇睢寧墓山漢畫像石墓〉，《文物》1997.9。

朱錫祿編著
　　1992　《嘉祥漢畫像石》，濟南：山東美術出版社。

李文信
　　1947　〈遼陽北園畫壁古墓記略〉，《國立瀋陽博物館籌備委員會彙刊》1。

李如森
　　1995　《漢代喪葬制度》，長春：吉林大學出版社。

李林、康蘭英、趙力光編
　　1995　《陝北漢代畫像石》，西安：陝西人民出版社。

李國華
　　1991　〈朝聖安樂圖——沛縣栖山漢畫象石淺析〉，《考古與文物》1991.3。

汪榮寶
　　1958　《法言義疏》，台北：世界書局。

邢義田
　　1996　〈漢代畫象內容與榜題的關係〉，《故宮文物月刊》14.5。

邢義田

　　1997　　〈武氏祠研究的一些問題——巫著《武梁祠——中國古代圖象藝術的
　　　　　　　意識型態》和蔣、吳著《漢代武氏祠墓群石刻研究》讀記〉，《新
　　　　　　　史學》8.4。

周到、王曉

　　1996　　《漢畫——河南漢代畫像研究》，鄭州：中州古籍出版社。

周到、呂品、湯文興編

　　1985　　《河南漢代畫像磚》，上海：上海人民美術出版社。

林巳奈夫

　　1989　　《春秋戰國時代青銅器の研究》，東京：吉川弘文館。

　　1992　　《石に刻まれた世界》，東京：東方書店。

　　1998　　〈漢代畫像石の神話的樹木について〉，《泉屋博物館紀要》15。

信立祥

　　1996　　《中國漢代畫像石の研究》，東京：同成舍。

夏劍欽、黃巽齋點校

　　1994　　《太平御覽》，石家莊：河北教育出版社。

孫　機

　　1991　　《漢代物質文化資料圖說》，北京：文物出版社。

容庚編

　　1992　　《秦漢金文錄》，台北：中央研究院歷史語言研究所，影印一版。

徐州市博物館、沛縣文化館

　　1982　　〈江蘇沛縣棲山漢畫像石墓清理簡報〉，《考古學集刊》2。

徐秉琨、孫守道編

　　1996　　《東北文化》，香港：商務印書館。

徐毅英等編

　　1995　　《徐州漢畫像石》，北京：中國世界語出版社。

徐錫台、樓宇棟、魏效祖編

　　1988　　《周秦漢瓦當》，北京：文物出版社。

閃修山、王儒林、李陳廣編

　　1989　　《南陽漢畫像石》，鄭州：河南美術出版社。

馬承源

　　1961　　〈漫談戰國青銅器上的畫像〉，《文物》1961.10。

高文、高成剛編

　　1996　　《中國畫像石棺藝術》，太原：山西人民出版社。

高文編

　　1987　　《四川漢代畫像磚》，上海：上海人民美術出版社。

高　亨

　　1989　　《古字通假會典》，濟南：齊魯書社。

張秀淸、張松林、周到編

　　1988　　《鄭州漢畫磚》，鄭州：河南美術出版社。

連雲港市博物館

　　1997　　《尹灣漢墓簡牘》，北京：中華書局。

郭德維

　　1981　　〈曾侯乙墓中漆箧上日月和伏羲、女媧圖象試釋〉，《江漢考古》1。

陳惠明

　　1992　　〈漆畫圖象考〉，《曾侯乙墓文物藝術》，武漢：湖北美術出版社。

陳愛平

　　1994　　〈從馬王堆文物看漢代飲食文化〉，《馬王堆漢墓研究文集》，長
　　　　　　沙：湖南出版社。

傅惜華編

　　1950　　《漢代畫象全集》，巴里大學漢學研究所。

曾布川寬

　　1993　　〈漢代畫像石における昇仙圖の系譜〉，《東方學報》65。

湖北省博物館

　　1989　　《曾侯乙墓》，北京：文物出版社。

逯欽立輯校

　　1983　　《先秦漢魏晉南北朝詩》，北京：中華書局。

葉小燕

　　1983　　〈東周刻紋銅器〉，《考古》1983.2。

裘錫圭

　　1997　　〈《神烏賦》初探〉，《文物》1997.1；收入《尹灣漢墓簡牘綜
　　　　　　論》，北京：科學出版社。

趙成甫主編

　　1990　　《南陽漢代畫像磚》，北京：文物出版社。

劉志遠

　　1983　　《四川漢代畫象磚與漢代社會》，北京：文物出版社。

劉國勝

　　1997　　〈曾侯乙墓E61號漆箱書文字研究——附「瑟」考〉，收入《第三屆
　　　　　　國際中國古文字學研討會論文集》下冊，香港：香港中文大學。

劉敦愿

　　1994　　〈扁鵲名號問題淺議〉，《美術考古與古代文明》，台北：允晨出版
　　　　　　公司。

劉增貴

　　1993　〈漢、隋之間的車駕制度〉，《中央研究院歷史語言研究所集刊》
　　　　　63.2。

稻畑耕一郎

　　1992　〈曾侯乙墓の神話世界〉，《曾侯乙墓》，東京：東京國立博物館。

鄭州博物館

　　1972　〈鄭州新通橋漢代畫象空心磚墓〉，《文物》1972.10。

蕭　兵

　　1987　《楚辭與神話》，上海：江蘇古籍出版社。

羅哲文

　　1974　〈和林格爾漢墓壁畫中所見的一些古建築〉，《文物》1974.1。

關野　貞

　　1916　《支那山東に於ける漢代墳墓の表飾》，東京：東京帝國大學。

饒宗頤

　　1983　〈曾侯乙墓匫器漆書文字初釋〉，《古文字研究》10。

Bunker, Emma

　　1983　"The Steppe Connection", *Early China* 9/10.

Chang, K. C. ed.

　　1977　*Food in Chinese Culture*, New Haven: Yale University Press.

Fairbank, Wilmna and Masao Kitano

　　1954　"Han Mural Paintings in the Pei-yuan Tomb at Liao-yang, south
　　　　　Manchuria", *Artibus Asiae* XVII.

Jacobson, Esther

　　1984　"The Stag with Bird-headed Antler Tines: A Study in Image
　　　　　Transformation and Meaning", *Bulletin of the Museum of Far Eastern
　　　　　Antiquities* 56.

　　1985　"A Reconsideration of the Origins of Chinese Landscape Representation",
　　　　　BMFEA 57.

　　1988　"Beyond the Frontier: A Reconsideration of Cultural Interchange Between
　　　　　China and the Early Nomads", *Early China* 13.

Laufer, Berthold

　　1912　"Five Newly Discovered Bas-Reliefs of the Han Period", *T'oung Pao* 13.

Martynov, Anatoly I.

　　1990　*The Ancient Art of Northern Asia*, Urbana and Chicago: University of
　　　　　Illinois Press.

頭髮、疾病與醫療——以中國漢唐之間
的醫學文獻為主的初步探討*

林富士**

在傳統中國社會中，頭髮具有無比的重要性。「髮式」往往成爲族群、年齡、性別、身分、地位和文明的標幟，髮質的良窳則被認爲是衡量美麗與健康的標準，許多的法律和習俗也都和保護頭髮有關。此外，頭髮通常也是中國巫術和儀式中不可或缺的物件。然而，更值得我們注意的是，以中國的醫藥傳統來說，頭髮被認爲是構成生命的主要元素之一。因此，藉著頭髮的品質、顏色、數量和長度，便可以診斷一個人的性格和身心狀況，而種種養護頭髮的方法也屢屢見於記載。此外，頭髮還被用以治療各種疾病，同時也被認爲是造成疾病的原因。這些有關頭髮的觀念和習俗充分顯示，對於頭髮的認知，傳統中國社會與現代人似乎有非常大的差異。

關鍵詞：疾病 醫療 頭髮 身體

* 初稿原題"Medical Knowledge and Uses of Hair in Traditional China"，係以英文寫成，完稿於一九九七年七月七日，並發表於日本谷口基金會 (The Taniguchi Foundation) 主辦，「醫藥與身體表達」(Medicine and the Expressive Body) 國際研討會 (The 22nd International Symposium on the Comparative History of Medicine: East and West) (日本靜岡：富士教育研修所，1997年8月31日至9月6日)。二稿改爲今題，完稿於一九九八年五月二十日，發表於「中央研究院」歷史語言研究所主辦，「『潔淨』的歷史」研討會 (台北：「中央研究院」歷史語言研究所，1998年6月11-12日)，會中承蒙評論人李貞德博士暨康豹 (Paul Katz) 教授、蔣竹山先生惠賜意見，特此致謝。三稿完成於一九九八年十二月廿二立冬之日，投稿《「中央研究院」歷史語言研究所集刊》後，蒙匿名之審查人惠賜修改意見，無限感激。四稿完成於一九九九年三月驚蟄之後。五稿完成於一九九九年四月穀雨之後。
** 「中央研究院」歷史語言研究所

壹、引言

　　一九一一年，在日本統治下的台灣漢人開始剪去他們頭上的辮子，將滿清統治時期的傳統髮式改為「短髮」。這並不是漢人第一次改變髮式。在這之前，當女真人在十二世紀統治中國北部之時，以及蒙古人在十三世紀征服中國之時，都曾經以武力強迫在其統治下的部分漢人剃去頭頂的部分頭髮，並將束髮改成辮髮。[1] 其後，由於朱元璋將蒙古逐出中原，漢人才盡復舊時的衣冠、髮式，但是，當滿洲人於一六四四年征服中國之後，又再一次強迫所有漢人剃髮垂辮。[2] 從此之後，二百多年之間，滿清政府轄下的漢人都成了辮髮的民族，一直到一九一〇年，資政院才下令准許國民剪去辮髮，不過，當時真正剪去髮辮的人非常少，要到一九一一年，滿清王朝結束之後，在中華民國政府的強制之下，剪辮的人數才大量增加，而這一次的新髮式，並不是漢人傳統的束髮，而是西式的「短髮」。[3] 也因此，從一九一一年起，無論是在中國大陸或是在台灣的漢人，便從「長髮」變成「短髮」的民族。[4]

---

[1] 參見瞿宣穎（兌之），《中國社會史料叢鈔‧甲集》（上海：商務印書館，1937），〈辮髮〉，頁126；李思純，〈說民族髮式〉，收入氏著，《江村十論》（上海：上海人民出版社，1957），頁45-62（頁55-56）；桑原隲藏，〈支那人辮髮の歷史〉，收入《桑原隲藏全集》卷一，（東京：岩波書店，1968），頁441-453。

[2] 參見馮爾康，〈清初的剃髮與易衣冠〉，《史學集刊》1985.2：32-42。

[3] 一九一〇年，資政院議決，准許國民剪去髮辮，主要是因為留學生赴國外，髮辮常引人注目，被譏為「豚尾」，為解決留學生（和駐外使節）的窘境而特許。一九一一年的「剪辮」則不同，因革命黨將推翻滿清視為「民族革命」，因此，革命成功之後，改易代表滿人統治的「髮式」便成為首要之務，故於一九一一年建立中華民國政府之後，便屬行剪髮。有關中國在清末民初之時的「剪辮」運動，參見尚秉和，《歷代社會風俗事物考》（1937；台北：台灣商務印書館，1985年翻印），卷四二，〈髮辮之歷史〉，頁490-491；王爾敏，〈斷髮、易服、改正朔：變法論之象徵旨趣〉，收入中央研究院近代史研究所編，《中國近代的維新運動：變法與立憲研討會》（台北：中央研究院近代史研究所，1982），頁59-73；王汎森，〈清末的歷史記憶與國家建構：以章太炎為例〉，《思與言》34.3(1996)：1-18（頁14-15）；吉澤誠一郎，〈清末剪辮論の一考察〉，《東洋史研究》56.2(1997)：117-151。值得一提的是，將傳統髮式改為西式的「短髮」，其實是十九、二十世紀東亞世界（日本、朝鮮、中國、臺灣）的普遍現象；參見劉香織，《斷髮：近代東アジアの文化衝突》（東京：朝日新聞社，1990）。

[4] 必須注意的是，歷代政府強迫漢人改變髮式，事實上只限於男人而不管女人。女性通常都能自主的因應時尚的潮流而改變其髮式。

　　然而，一九一一年台灣漢人改變髮式一事，若和中國當時，以及金、元、明、清時期改易髮式的情形相較，仍有兩個特點值得一提。

　　第一，台灣的「斷髮運動」主要是由民眾所推動，其首倡者爲當時《台灣日日新報》的記者謝汝銓和台北大稻埕的中醫師黃玉階。其後，在一九一五年，日本殖民政府雖曾以公權力介入，強制執行，但其手段仍以勸導、罰款爲主，不曾動用武力，也不曾造成流血衝突。[5]

　　其次，台灣社會推動「斷髮」運動的理由，雖然和中國歷代一樣，也和民族認同、國家認同、以及文化認同有關，但是，其所提出的另一個理由，亦即辮髮（長髮）「不衛生」、「不方便」，卻是前所未有。[6]

　　總而言之，台灣的「斷髮」運動，似乎是中國歷史上首度從醫學和生理的角度主張改變髮式，將長髮改爲短髮。因此，當時人對於長髮帶來的不便和不衛生究竟指何而言，很值得查考。此外，由於首倡者之一的黃玉階是當時聞名的中醫師，因此，中國醫學對於頭髮的衛生問題是否有特定的看法，致使黃玉階醫師提倡「斷髮」，也很值得探討。

　　可惜的是，既有的研究成果無法解答這兩個困惑，而我也不是研究台灣史的專家，無法重新檢閱當時留下的相關材料。因此，我希望藉著這篇論文，以一種迂迴的方式，從中國古典的醫籍入手，先行釐清中醫對於頭髮的認識和態度，藉以揣測當時人主張或認同長髮爲「不便」、「不衛生」的可能理由。不過，基於

---

[5] 日本政府於一八九五年佔有台灣之後，便視吸食鴉片、辮髮、纏足爲台灣社會的三大「陋習」，並擬予以「改良」，不過，其手段始終是以教育、勸導爲主，稱得上是溫和而漸進。因此，至遲自一九〇二年起，便陸續有台籍的學生、老師、警察自願斷髮，到了一九一〇年，由於長期的勸導，再加上中國的資政院也已通過「斷髮案」，因此，斷髮的人數激增，但要到了一九一一年，謝汝銓與黃玉階組織「斷髮不改裝會」之後，斷髮才逐漸成爲社會運動。而在推行運動的過程中，雖是由台籍的士紳和知識分子主導，但日本殖民政府的資助和配合也扮演了重要的角色。其後，在一九一五年，總督府更是正式利用保甲制度全面推動斷髮（和放足）運動。不過，「頑執不聽」者所受到的處罰也不過是罰款，而且，六十歲以上的男子也特准保留辮髮，因此，在執行的過程中，並不曾遭遇激烈的反抗。有關此一運動的過程及其意義，詳見王一剛，〈日據初期習俗改良運動〉，《臺北文物》9.2／3(1960)：13-22；黃得時，〈天然足會與斷髮不改裝運動〉，收載《臺灣研討會記錄續集》（台北：臺灣大學文學院考古人類學系，1968），頁4-6；吳文星，〈日據時期臺灣的放足斷髮運動〉，收載瞿海源、章英華主編，《臺灣社會與文化變遷》（台北：中央研究院民族學研究所，1986），頁69-108。

[6] 同上。

篇幅上的考量，本文只能以漢唐之間的醫學文獻爲主，[7] 探討傳統中國社會對於
頭髮的認知和相關的習俗。[8]

貳、頭髮與身體

　　對於現代人而言，頭髮的有無、長短、顏色似乎都和個人身體的健康無關，
但對傳統中國的醫家來說，頭髮卻有無比的重要性。他們認爲，在生命孕育、發
展的過程中，頭髮是不可或缺的元素，例如，《黃帝內經・靈樞》（以下簡稱
《靈樞》）〈經脈〉便載：

> 人始生，先成精，精成而腦髓生，骨爲幹，脈爲營，筋爲剛，肉爲牆，皮
> 膚堅而毛髮長，穀入於胃，脈道以通，血氣乃行。[9]

在這段文字中，毛髮和精、腦髓、骨、脈、筋、肉、皮膚等並列，同被視爲胚胎
發育過程中，構成身體的主要器官。若依其順序來看，毛髮在各個主要器官中，
似乎是最晚形成的，因此，生長毛髮也被認爲是胎兒發育成熟的重要條件。唐代
孫思邈《千金翼方》〈禁經〉便透露出類似的觀點，其「禁產難方」載：

> 先禁水一杯與服之。乃禁曰：「天有陰陽，地有五行。星辰列布，日月精
> 明。四時變化，不失其常。骨肉已成，四體已強，毛髮已就，今是生時。
> 生遲何望？河伯在門，司命在庭。日月已滿，何不早生？若男若女，司命

---

[7] 醫經、經方和本草爲中國醫學著作最主要的三大類型，而其經典作品，如《黃帝內經》、
《傷寒雜病論》、《神農本草經》、《諸病源候論》、《脈經》、《千金要方》等，都是
在戰國、秦漢至隋唐期間成書，因此，討論中國醫學，勢必要以這個時期爲重。而爲了避
免題目過於冗長，在副標題中便以「漢唐之間」概括這一千多年的時間。

[8] 關於傳統中國社會對於頭髮的看法、態度和相關的習俗，近代學者很少留意，僅江紹原曾
做過比較全面的研究，在《髮鬚爪——關於它們的迷信》（上海：開明書店，1928）一書
中，他曾指出下列五點：一、髮鬚爪被認爲有藥物的功效、能治病；二、本主與其髮鬚爪被
認爲有同感關係；三、髮鬚爪被用爲全身的替代品；四、去髮鬚爪甲被認爲有擇日的必
要；五、死者的髮鬚爪被認爲有埋藏的必要。其中，和醫藥有關的篇幅也不少，不過，江
紹原基本上是從民俗學的角度來處理這個課題，並且以明、清及近代的材料爲論述的主要
依據，很少利用、分析早期醫學文獻記載。此外，他將頭髮和鬚、爪（指甲、趾甲）等量
齊觀也有所不妥，因爲，論重要性、論材料之多寡，頭髮都遠在鬚、爪之上。因此，本文
擬從醫史的角度，利用早期的醫學文獻，單獨處理頭髮的問題，略補前人研究之不足。

[9] 南京中醫學院中醫系編，《黃帝內經靈樞譯解》（上海：上海科學技術出版社，1986），
卷三，〈經脈〉，頁35。以下簡稱《靈樞》。

　　須汝，促出無遲，幷持胞衣。急急如律令！」[10]

就此而言，則毛髮生成之後，就是誕生之時。不過，根據一般醫書的記載，胎兒應該是在五月、七月或九月之時就已生長毛髮（尤其是頭髮）。例如，王燾，《外臺秘要》便說：

　　妊娠五月，毛髮初生。[11]

至於七月之說，孫思邈《千金翼方》〈小兒〉載：

　　凡兒在胎，一月胚，二月胎，三月有血脈，四月形體成，五月能動，六月諸骨具，七月毛髮生，八月藏腑具，九月穀入胃，十月百神備，則生矣。[12]

其次，孫思邈《千金要方》〈婦人方〉也載：

　　妊娠一月始胚，二月始膏，三月始胞，四月形體成，五月能動，六月筋骨立，七月毛髮生，八月藏腑具，九月穀氣入胃，十月諸神備。日滿即產矣。[13]

此外，德貞常《產經》也載：

　　任身一月曰胚，又曰胞，二月曰胎，三月曰血脈，四月曰具骨，五月曰動，六月曰形成，七月曰毛髮生，八月曰瞳子明，九月曰穀入胃，十月曰兒出生也。[14]

這三段文字的內容雖然互有出入，但都指出，七月「毛髮生」。不過，其他的記載則認為毛髮在九月才生成。[15] 無論如何，胎兒必須有頭髮才算發育完全，因此，一般認為，初生兒若是「頭毛不周匝」，則無法順利長大成人。[16]

---

[10] 孫思邈，《千金翼方》（台北：宏業書局，1987年翻印），卷二九，〈禁經〉，頁352。

[11] 王燾，《外臺秘要》（台北：國立中國醫藥研究所，1964年翻印），卷三三，〈妊娠隨月數服藥及將息法〉，頁910。

[12] 孫思邈，《千金翼方》卷一一，〈小兒〉，頁123。按：王燾，《外臺秘要》卷三五，〈小兒初受氣論〉，頁976引唐代崔氏之說，其立論與此雷同。

[13] 孫思邈，《備急千金要方》（台北：宏業書局，1987年翻印），卷二，〈婦人方〉，頁24。以下簡稱《千金要方》。

[14] 丹波康賴 (912-995)，《醫心方》（北京：人民衛生出版社，1955年翻印），卷二二，〈任婦脈圖月禁方〉，頁486引。

[15] 詳見魏啟鵬、胡翔驊，《馬王堆漢墓醫書校釋（二）‧胎產書一》（成都：成都出版社，1992），頁83；巢元方，《巢氏諸病源候總論》（台北：宇宙醫藥出版社，1975）（以下簡稱《諸病源候論》），卷四一，〈婦人妊娠病諸候〉，頁4；《千金要方》卷二，〈婦人方〉，頁24引徐之才〈逐月養胎方〉；《外臺秘要》卷三三，〈妊娠隨月數服藥及將息法〉，頁912。按：除了七月和九月之外，《外臺秘要》卷三三，〈妊娠隨月數服藥及將息法〉又有「妊娠五月，毛髮初生」的說法（頁910），不過，五月之說僅此一見。

[16] 詳見《千金要方》卷五，〈少小嬰孺方〉，頁76；《千金翼方》卷一一，〈小兒〉，頁

　　總之，頭髮在胎兒形成的階段就已開始生長，在正常的情形下，頭髮也會隨著個體的發育、成長、衰老而有所變化，而其變化的時程則男女有別。例如，《黃帝內經・素問》（以下簡稱《素問》）〈上古天真論篇〉便說：

> 帝曰：人年老而無子者，材力盡邪？將天數然也？岐伯曰：女子七歲，腎氣盛，齒更髮長。二七而天癸至，任脈通，太衝脈盛，月事以時下，故有子。三七，腎氣平均，故真牙生而長極。四七，筋骨堅，髮長極，身體盛壯。五七，陽明脈衰，面始焦，髮胎墮。六七，三陽脈衰於上，面皆焦，髮始白。七七，任脈虛，太衝脈衰少，天癸竭，地道不通，故形壞而無子也。丈夫八歲，腎氣實，髮長齒更。二八，腎氣盛，天癸至，精氣溢寫，陰陽和，故能有子。……五八，腎氣衰，髮墮齒槁。六八，陽氣衰竭於上，面焦，髮鬢頒白。……八八，則齒髮去。腎者主水，受五藏六府之精而藏之，故五藏盛乃能寫。今五藏皆衰，筋骨解墮，天癸盡矣。故髮鬢白，身體重，行步不正，而無子耳。[17]

根據這段文字，則女子在七歲時，頭髮開始增長，二十八歲時長至極限，三十五歲時頭髮開始脫落，四十二歲時則開始變白。至於男子，則是在八歲時頭髮增長，四十歲時開始掉髮，四十八歲時「髮鬢頒白」，至六十四歲則全部禿落。不過，根據《靈樞》的說法，則無論男女，都是在四十歲時，頭髮開始變白。[18]

　　由以上所述來看，頭髮本身也有其生成住壞的自然歷程，不過，其變化事實上也和身體的其他器官息息相關，其中，尤其和臟腑中的腎，以及經脈中的三陽（太陽、少陽、陽明）、足少陰直接相關。[19] 此外，由於腎又主人之精、血和

125；《外臺祕要》卷三五，〈相兒命長短法並論〉，頁978；《醫心方》卷二四，〈相生子死候〉，頁543引德貞常，《產經》。按：德貞常《產經》成書應在西晉之後，隋代之前；詳見馬繼興，〈《醫心方》中的古醫學文獻初探〉，《日本醫史學雜誌》31.3(1985)：325-371（頁350）。

[17] 郭靄春，《黃帝內經素問校注》（北京：人民衛生出版社，1992）（以下簡稱《素問》），卷一，〈上古天真論篇〉，頁9-13。類似的文字尚可見於晉皇甫謐，《甲乙經》，收入王肯堂輯，《醫統正脈全書》冊三（台北：新文豐出版公司，1975年翻印），卷六，〈形氣盛衰大論〉，頁1971-1972。

[18] 《靈樞》卷八，〈天年〉，頁130；《甲乙經》卷六，〈形氣盛衰大論〉，頁1970。

[19] 頭髮和腎、三陽脈、足少陰脈的關聯，除上引諸條材料外，尚可見於《諸病源候論》卷二七，〈髮毛病諸候〉，頁5-9；《甲乙經》卷一，〈五藏大小六府應候〉，頁1559；卷二，〈十二經脈絡脈支別〉，頁1631-1632；王九思等，《難經集註》（上海：商務印書館，1955年翻印）（以下簡稱《難經》），卷三，〈二十四難〉，頁79；《靈樞》，〈經

骨，[20] 因此，頭髮也和精、血和骨有所關聯，例如，王叔和《脈經》便說：

> 夫失精家，少腹弦急，陰頭寒，目眶痛，髮落。脈極虛，芤遲，爲清穀，
> 亡血失精。[21]

依此，則髮落、亡血、失精三者息息相關。其次，《諸病源候論》也指出，「六極」中的「血極」和「精極」都會造成頭髮墮落。[22] 再者，《千金翼方》說「精極令人無髮，髮膚枯落」，[23] 而《五臟論》則說「髮爲血餘」，[24] 除此之外，頭

脈〉，頁39；《素問》卷三，〈六節藏象論篇〉，頁149；〈五藏生成論篇〉，頁154-155；王叔和，《脈經》（上海：商務印書館，1954年翻印），卷三，〈腎膀胱部〉，頁43。按：依《素問》卷一，〈上古天眞論篇〉的説法，頭髮和三陽脈（手、足太陽脈，手、足少陽脈，手、足陽明脈）的關聯似乎僅限於女性，而據《諸病源候論》卷二七，〈令毛髮不生候〉的説法，則在三陽脈中，不分男女僅足陽明和頭髮有關（頁9）。

20 例如，《素問》卷三，〈六節藏象論篇〉便説：「腎者主蟄，封藏之本，精之處也，其華在髮，其充在骨，爲陰中之少陰，通於冬氣也。」而王冰的注文説：「腎者主蟄，封藏之本，精之處也。腦者髓之海，腎主骨髓，髮者腦之所養，故華在髮，充在骨也。」（頁149）此外，《諸病源候論》卷二七，〈髮毛病諸候〉説：「足少陰，腎之經也，其華在髮，衝任之脈，爲十二經之海，謂之血海，其別經上脣口。若血盛則榮於髮，故鬚髮美。若血氣衰弱，經脈虛竭，不能榮潤，故鬚髮禿落。」（頁5）又説：「足少陰，腎之經也，腎主骨髓，其華在髮，若血氣盛則腎氣強，腎氣強則骨髓充滿，故髮潤而黑。」（頁6）依此，則髮與腎、骨、血都息息相關。

21 《脈經》卷八，〈平血痺虛勞脈證〉，頁154。按：張仲景，《金匱要略》（上海：商務印書館，1954年翻印），卷上，〈血痺虛勞〉也載：「夫失精家，……目眩髮落」（頁20）。

22 詳見《諸病源候論》卷三，〈虛勞病諸候・虛勞候〉，頁2。

23 詳見《千金翼方》卷一五，〈補益〉，頁166。

24 詳見趙健雄編，《敦煌醫粹》（貴陽：貴州人民出版社，1988），頁88。「髮爲血餘」之説，亦見於李時珍著，甘偉松增訂，《新校增訂本草綱目》（以下簡稱《本草綱目》）（台北：宏業書局，1992年再版），卷五二，〈人部・亂髮〉，頁83。按：在六朝、隋唐時期，以《五臟論》爲名的著作多達數十種，其作者有名可考者有張仲景、吳兢、劉清海、裴瑜等，可惜原書多已散佚；參見岡西爲人，《宋以前醫籍考》（一）（台北：古亭書屋，1969年翻印），頁292-310。幸運的是，在敦煌遺書中還有四種題爲張仲景撰的《五臟論》（P.2115, P.2378, P.2755, S.5614）殘卷，至於學者對於此書的成書和抄寫年代的看法，則是紛紜不一，共有南北朝後期、隋或唐初、唐、晚唐至五代初等意見；參見叢春雨，《敦煌中醫藥全書》（北京：中醫古籍出版社，1994），頁52-88。本文所使用的是趙健雄以敦煌本的《五臟論》（S.5614）爲底本，參酌《醫方類聚》卷四所引的《五臟論》的內容所做的校釋。可惜未見馬繼興主編的《敦煌古醫籍考釋》和《敦煌醫藥文獻輯校》，無法知道其詳細意見（有關《五臟論》的問題，承蒙本文匿名之審閱人提供寶貴意見，特此申謝）。

髮似乎還和十二經脈中的手少陰，以及臟腑中的心、腸（或小腸）有關。[25]

　　由於頭髮和構成身體的經脈，以及其他器官、元素有著密切的關聯，因此，傳統中國醫者認爲，頭髮的顏色、品質和外觀可以反映一個人身體的健康情況（詳下文）。也因此，他們主張，男子選擇配偶或性伴侶時，必須注意其頭髮，例如，《玉房秘訣》便說：

　　　　欲御女，須取少年未生乳，多肌肉，絲髮，小眼，眼精白黑分明者。[26]

其次，《太清經》也說：

　　　　凡相貴人尊女之法，欲得……髮澤如漆，面目悅美，陰上無毛，語言聲細，孔穴向前，與之交會，終日不勞，……可以養性延年矣。[27]

再者，孫思邈《千金要方》論「房中補益」也主張，御女必須「選取細髮，目精黑白分明，體柔骨軟，肌膚細滑」的女子。[28] 由此可見，髮細如絲、髮黑如漆才是所謂的「好女」。至於「蓬頭」、「黃髮」、「赤髮」、「捲髮」者，則是房中家所謂的「惡女」。[29] 除此之外，選擇「乳母」時，也必須排除「黃髮」[30] 及「白禿」[31] 的婦女。由此可見，頭髮被視爲健康狀態的重要指標。

---

[25] 例如，《甲乙經》云：「手少陰氣絕，則脈不通，脈不通則血不流，血不流則髮色不澤」（卷二，〈十二經脈絡脈支別〉，頁1632）；《脈經》云：「手少陰氣絕，則脈不通。少陰者，心脈也。心者，脈之合也。脈不通則血不流，血不流則髮色不澤」（卷三，〈心小腸部〉，頁35），又云：「病人腸（一曰小腸）絕，六日死。何以知之？髮直如乾麻不得屈伸，自汗不止」（卷四，〈診五藏六府氣絕證候〉，頁55）；《外臺秘要》云：「《删繁論》曰：凡脈極者主心也。……凡脈氣衰，血焦髮墮。……扁鵲曰：脈絕不療，三日死。何以知之？脈氣空虛則衰，顏焦髮落，脈應手少陰。手少陰氣絕則脈不通。手少陰者，心脈也。心者脈之合也。脈不通則血不流，血不流則髮色不澤」（卷一六，〈脈極論〉，頁438）。以上這三種文獻都明白指出，頭髮的潤澤或枯墮和手少陰（心脈）、心臟密切相關，而《脈經》認爲病人「腸（或小腸）絕」可由「髮直如乾麻」的外觀（及其他症狀）判斷，似乎也暗示頭髮的病變和腸（或小腸）有關。

[26] 《醫心方》卷二八，〈好女〉，頁649引。按：《玉房秘訣》撰者爲沖和子，當是六朝時人；參見馬繼興，〈《醫心方》中的古醫學文獻初探〉，頁354。

[27] 《醫心方》卷二八，〈好女〉，頁649引。

[28] 《千金要方》卷二七，〈養性〉，頁488-489。

[29] 詳見《醫心方》卷二四，〈相女子形色吉凶法〉，頁545引《產經》；卷二八，〈惡女〉，頁649-650引《玉房秘訣》及《大清經》；《千金要方》卷二七，〈養性〉，頁489。

[30] 詳見《醫心方》卷二五，〈小兒初與乳方〉，頁550引《產經》。

[31] 詳見《外臺秘要》卷三五，〈撿乳母法〉，頁980引唐朝崔知悌《崔氏纂要方》；《醫心方》卷二五，〈擇乳母方〉，頁555引晉朝陳延之《小品方》。按：有關《崔氏纂要方》和《小品方》的作者之考定，參見岡西爲人，《宋以前醫籍考》（二），頁521-522, 651-652。

參、頭髮與疾病

一、病徵

　　傳統中國醫家不僅認爲頭髮是健康狀態的重要指標，還認爲身體中的許多疾病都會促使原本正常、健康的頭髮產生變化。例如，巢元方便說：

> 夫虛勞者，五勞、六極、七傷是也。……六極者，……二曰血極，令人無顏色，眉髮墮落，忽忽喜忘。……六曰精極，令人少氣嗡嗡然，內虛，五臟氣不足，髮毛落，悲傷喜忘。七傷者，……六曰風雨寒暑傷形，形傷，髮膚枯夭。[32]

由此可知，「血極」會令人「眉髮墮落」，「精極」會令人「髮毛落」，「形傷」則會令人「髮膚枯夭」。

　　其次，巢元方還認爲，「蒸病」中的「血蒸」病會令人「髮焦」；[33]「腎氣虛損」（虛勞）會令人「髮落」；[34]「五痔」中的「赤痔」會令人「頭髮焦枯」；[35]「注病」中的「風注」一年之後會令人「頭髮墮落」；「水注」在百日之後會令人「髮落目失明」；[36] 足少陰腎脈「血氣虛弱」會令人「鬚髮禿落」、「髮變白」、「髮不長」、「髮不潤澤」、「髮變黃」、「白禿」；[37] 小兒罹患「魅病」會「毫毛髮不悅」；[38] 小兒「囟塡」會「毛髮黃而短」；[39] 小兒得「無辜」病會「髮直」。[40]

　　總結巢元方所論來看，「血極」、「精極」、「形傷」、「血蒸」、「腎氣虛損」（「虛勞」）、「赤痔」、「風注」、「水注」、足少陰腎脈「血氣虛弱」、小兒「魅病」、「囟塡」、「無辜」諸病，都會導致頭髮發生變化。或禿落，或枯焦（不潤澤），或變色（黃、白），或不長，或豎直，都是病徵之一。

---

[32] 《諸病源候論》卷三，〈虛勞病諸候・虛勞候〉，頁1-2。

[33] 同上，卷四，〈虛勞病諸候・虛勞骨蒸候〉，頁1-2。

[34] 同上，頁18。

[35] 同上，卷一八，〈溼䘌病諸候・痔䘌候〉，頁3。

[36] 同上，卷二四，〈注病諸候・諸注候〉，頁1-3。

[37] 同上，卷二七，〈髮毛病諸候〉，頁5-9；卷四八，〈小兒雜病諸候〉，頁14-15。

[38] 同上，卷四七，〈小兒雜病諸候・被魅候〉，頁14。

[39] 同上，卷四八，〈小兒雜病諸候・囟塡候〉，頁2。

[40] 同上，〈無辜病候〉，頁16。

其他醫家所論，也大致和巢元方雷同。[41]

另外，《靈樞》指出，罹「皮寒熱」之病則「毛髮焦」；[42]《甲乙經》說，「癲疾，毛髮去」，[43]「肌寒熱」者「毛髮焦」；[44]《小品方》說，溫病熱未除者，腎中有熱，「頭髮禿落」；[45]《千金要方》說「小兒髮逆上」，是「癇候」；[46]《千金翼方》說「蟲癩」和「水癩」者會「眉髮墮落」。[47]根據這幾條材料，則「皮寒熱」、「癲疾」、「肌寒熱」、溫病熱未除以致腎中有熱、「癇病」、蟲癩和水癩的病徵也和頭髮的變異有關。

頭髮的變異，除了和一些特定的疾病有關之外，往往也是病重不治的徵兆。例如，《脈經》便說：

> 病人髮直者十五日死。病人髮如乾麻，善怒者死。病人髮與眉衝起者死。[48]

又說：

> 病人腸絕，六日死。何以知之？髮直如乾麻，不得屈伸，自汗不止。[49]

又說：

> 熱病，腎氣絕，……己日死。外見瞳子青小，爪甲枯，髮墮，……此五藏絕表病也。[50]

---

[41] 詳見《素問》卷三，〈五藏生成論篇〉，頁154-155；《靈樞》卷三，〈經脈〉，頁39；《金匱要略》卷上，〈血痺虛勞〉，頁20；《脈經》卷三，〈心小腸部〉，頁35；〈腎膀胱部〉，頁43；卷八，〈平血痺虛勞脈證〉，頁154；《甲乙經》卷二，〈十二經脈絡脈支別〉，頁1631-1632；《千金要方》卷五，〈少小嬰孺方・小兒魃方〉，頁83-84；卷一九，〈腎藏脈論〉，頁339；〈精極〉，頁344；〈骨極〉，頁346；卷二六，〈食治〉，頁265；《千金翼方》卷一五，〈補益・敘虛損論〉，頁166；《難經》卷三，〈二十四難〉，頁79；《外臺秘要》卷一三，〈灸骨蒸法圖〉，頁351-352引唐朝崔知拂（崔知悌？）《崔氏別錄・灸骨蒸方圖幷序》；卷一三，〈無辜方〉，頁370引《崔氏別錄》；卷一六，〈精極論幷方〉，頁452-453引《刪繁方》。

[42] 詳見《靈樞》卷五，〈寒熱病〉，頁66。按：類似的文字又可見於《難經》卷四，〈五十八難〉，頁135；《甲乙經》卷八，頁2047。

[43] 詳見《甲乙經》卷七，〈六經受病發傷寒熱病〉，頁1992。

[44] 同上，卷八，〈五藏傳病發寒熱〉，頁2047。

[45] 詳見《外臺秘要》卷四，〈溫病噦方〉，頁132引。

[46] 詳見《千金要方》卷五，〈小少嬰孺方・候癇法〉，頁78。

[47] 詳見《千金翼方》卷二一，〈萬病〉，頁253。

[48] 《脈經》卷五，〈扁鵲華陀察聲色要訣〉，頁75。按：相同的文字可見於《千金要方》卷二八，〈平脈〉，頁502。

[49] 同上，卷四，〈診五藏六府氣絕證候〉，頁55。按：相同的文字可見於《千金要方》卷二八，〈平脈〉，頁502。

[50] 同上，卷七，〈熱病五藏氣絕死日證〉，頁145。

又說：

> 小兒病，其頭毛皆上逆者，必死。[51]

另外，《靈樞》等書也都說「足少陰氣絕則骨枯」、「髮無澤」、「己（日）死」。[52]《甲乙經》和《脈經》也認爲，「手少陰氣絕則脈不通」、「血不流」、「髮色不澤」、「癸（日）死」。[53] 巢元方和孫思邈說，「腎中風」者若是「鬢髮直」，則「不可復治」。[54] 唐朝蘇遊也說，罹患「傳屍之疾」者，若是「毛髮乾聳，無有光潤」，便是「將死之證」。[55]

　　上述這些材料都可說明，傳統中國的醫家認爲，頭髮的掉落、不長、焦黃、變白、聳起、乾枯，往往是某種疾病的病徵，有時甚至是病篤不治的死候。

二、髮病

　　根據傳統中國醫家的看法，頭髮會突然或逐漸的產生各種變化，其中包括：一、數量上的改變（掉落、禿落）；二、顏色上的變化（變黃、赤、白）；三、品質上的變異（枯槁、焦、不潤澤、直、逆上、惡毛、異髮）；四、長度上的改變（變短、不長）。這些改變有時候是間接由其他疾病所造成，不過，就頭髮本身來說，其實也可以說是一種「髮病」。[56] 造成髮病的原因相當多，最常被提及

---

[51] 同上，卷九，〈平小兒雜病證〉，頁189。

[52] 詳見《靈樞》卷三，〈經脈〉，頁39；《甲乙經》卷二，〈十二經脈絡脈支別〉，頁1631-1632；《脈經》卷三，〈腎膀胱部〉，頁43；《難經》卷三，〈二十四難〉，頁79；《千金要方》卷一九，〈腎臟〉，頁339, 346。

[53] 詳見《甲乙經》卷二，〈十二經脈絡脈支別〉，頁1632；《脈經》卷三，〈心小腸部〉，頁35。按：《刪繁方》也有相同的看法，唯將這種情形視爲「脈極」之病；詳見《外臺秘要》卷一六，〈脈極論〉，頁438引。

[54] 詳見《諸病源候論》卷三七，〈婦人雜病諸候・中風候〉，頁2-3；卷四三，〈婦人產後病諸候・中風候〉，頁14；卷四八，〈小兒雜病諸候・中風候〉，頁3；《千金要方》卷八，〈諸風〉，頁153；《千金翼方》卷二六，〈針灸〉，頁319。

[55] 詳見《外臺秘要》卷一三，〈傳屍方〉，頁355-356引蘇遊之說。按：此處所引或許是蘇遊所撰之《玄感傳屍方》；參見岡西爲人，《宋以前醫籍考》（二），頁649-650。

[56] 事實上，中國傳統醫學對於「疾病」(disease) 和「病徵」（症、候）(symptom) 的區分往往含混不清，「疾病」和「病徵」往往使用同一個詞彙；參見 Nathan Sivin, *Traditional Medicine in Contemporary China* (Ann Arbor: Center for Chinese Studies, The University of Michigan, 1987), pp. 106-109.

的是身體中的某些疾病，例如，「病徵」一節中所提到的便有：「血極」、「精極」、「形傷」、「血蒸」、「虛勞」、「赤疳」、「風注」、「水注」、足少陰腎脈血氣虛弱或衰絕、小兒「魃病」、小兒「囟塡」、小兒「無辜」、「皮寒熱」、「肌寒熱」、「癲疾」、「蟲癩」、「水癩」、「瘑病」、「腸（氣）絕」、「手少陰脈氣絕」、「腎中風」、溫病熱未除以致腎中有熱和「傳屍」等二十三種。

不過，上述這些造成頭髮病變的疾病，往往不是最根本的原因。例如，大約是隋唐時期問世的《五臟論》便說：

> 只是十二經脈，上下巡還，八脈寄經，內外流轉，三焦六腑，四海七身，
> 胸膈咽喉，唇舌牙齒，……鬢眉髭髮，俱有患處，幷有所因，莫不內積虛
> 勞，外緣風濕者也。[57]

所謂「內積虛勞」、「外緣風濕」，就是中國傳統醫學討論「病因」時所說的「內因」、「外因」。

直接或間接造成髮病的「外因」，主要是不當的飲食。例如，《素問》、《甲乙經》、《千金要方》、《刪繁方》都說，「多食甘則骨痛而髮落」，[58] 而巢元方則認爲「多食甘」會「令人頭髮焦枯」。[59] 兩者之說，不僅頭髮的病變不同（一爲掉落；另一爲焦枯），對於造成病變的內在機制似乎也有不同看法。但都強調「多食甘」會造成髮病。[60]

此外，還有一些食物也會造成頭髮的病變，例如，扁鵲說：「杏人不可久

---

[57] 《敦煌醫粹》，頁87。

[58] 詳見《素問》卷三，〈五藏生成論篇〉，頁154-155；《甲乙經》卷六，〈五味所宜五藏
生病大論〉，頁1951；《千金要方》卷二六，〈食治〉，頁465；《外臺秘要》卷二二，
〈舌論〉，頁614引《刪繁方》。

[59] 《諸病源候論》卷一八，〈淫䘌病諸候‧疳䘌候〉，頁3。

[60] 以《素問》來說，其原文爲：「腎之合，骨也；其榮，髮也；其主，脾也……多食甘，則
骨痛而髮落。」依本文審查人之意見（似乎是根據王冰注文所做的解釋），「主」有主宰
者，宰制者的意味。在五臟與五行相配中，脾爲土，腎爲水；與五味相配時，則脾味甘，
腎味鹹。食甘過多，則啓動了五行相克的機制，造成脾制腎，土克水，其表現出來的體徵
即與腎密切相關的骨、髮的病變：「骨痛而髮落」。而《諸病源候論》原文則說：「人有
嗜甘味多，而動腸胃間諸蟲，致令侵食府藏，此猶是䘌也。……但蟲因甘而動，故名之爲
疳也。……又云：五疳，一是白疳，……二是赤疳，內食人五藏，令人頭髮焦枯。」這是
以食甘引發「諸蟲侵食府藏」解釋「頭髮焦枯」的病理。按：此處有關「食甘」與髮病之
關聯的討論，承蒙匿名之審查人惠賜意見，特此致謝。

服，令人目盲、眉髮落」；[61] 唐朝祠部李郎中說：「萵苣，令人寒中，久食節骨頭生冷水，令人髮鬢白」；[62] 六朝崔禹錫《食經》說，以「胡麻」練餌，若不熟，服用之後會「令人髮鬚落」；[63] 唐朝同州刺史孟詵說，「蕨菜」「多食令人髮落」，[64] 而巢元方論「諸蒸」（包括造成「髮焦」的「血蒸」）的原因時也說：

> 諸蒸患，多因熱病患愈後，食牛羊肉及肥膩，或酒或房，觸犯而成。[65]

造成髮病的「外因」還包括生活起居不慎、不當。例如，巢元方說，得「風注」者一年之後「頭髮墮落」，得「水注」者百日之後「髮落」，而各種「注病」的起因則是：

> 由陰陽失守，經絡空虛，風寒暑濕勞倦之所致也。[66]

而《養生方》說：

> 熱食汗出勿傷風，令髮墮落。[67]

《養生志》也說：

> 食熱食，汗出溫風，發頭痛、髮墮落。[68]

此外，像「火燒」會讓火燒之處「髮不生」，[69] 體內「蟯蟲發動」造成頭上生瘡以致罹患「白禿」、「赤禿」，[70]「櫛沐不時」所造成的頭蝨、頭瘡，[71] 甚至頭髮禿落，[72] 都是造成髮病的外因。

---

[61] 詳見《千金要方》卷二六，〈食治〉，頁466引。

[62] 詳見《外臺秘要》卷一一，〈敘菜等二十二件〉，頁319引。

[63] 詳見《醫心方》卷三〇，〈五穀部〉，頁688引。有關崔禹錫《食經》的討論，詳見岡西爲人，《宋以前醫籍考》（四），頁1332-1333。

[64] 同上，頁709引。按：此處所引應該出自孟詵的《食療本草》。有關孟詵《食療本草》的討論，詳見岡西爲人，《宋以前醫籍考》（四），頁1336-1337。

[65] 《諸病源候論》卷四，〈虛勞病諸候·虛勞骨蒸候〉，頁1-2。

[66] 同上，卷二四，〈注病諸候·諸注候〉，頁1-3。

[67] 同上，卷二七，〈髮毛病諸候·鬚髮禿落候〉，頁5引。

[68] 《醫心方》卷二九，〈調食〉，頁662引。

[69] 《諸病源候論》卷二七，〈髮毛病諸候·火燒處髮不生候〉，頁8-9。

[70] 同上，卷二七，〈白禿候〉，頁9；〈赤禿候〉，頁9-10；卷三九，〈婦人雜病諸候·白禿候〉，頁10；卷五〇，〈小兒雜病諸候·白禿候〉，頁6。

[71] 同上，卷五〇，〈小兒雜病諸候·頭多蝨生瘡候〉，頁6。

[72] 六朝隋唐之時，頗有一些因太久不曾「櫛沐」，以致頭髮全數禿落的例子；詳見姚思廉（557-637），《梁書》，點校本（北京：中華書局，1973），卷四七，〈孝行列傳·荀匠傳〉，頁649-650；魏收（505-572），《魏書》，點校本（北京：中華書局，1974），卷四五，〈辛紹先傳〉，頁1025；歐陽修（1007-1072），《新唐書》，點校本（北京：中華書局，1975），卷二〇五，〈列女傳·賈直言妻董氏傳〉，頁5826。

　　至於造成髮病的「內因」，醫書很少直接論及，但是，一般人似乎都認為，過度耗費精神或是過度憂慮，會造成頭髮變白或禿落。例如，王充《論衡》便說：

> 傳書或言：顏淵與孔子俱上魯太山。孔子東南望吳閶門外有繫白馬，引顏淵指以示之……，孔子撫其目而正之，因與俱下，下而顏淵髮白齒落，遂以病死。蓋以精神不能若孔子，彊力自極，精華竭盡，故早夭死。世俗聞之，皆以為然，如實論之，殆虛言也。今顏淵用目望遠，望遠，目睛不任，宜盲眇，髮白齒落，非其致也。髮白齒落，用精於學，勤力不休，氣力竭盡，故至於死。伯奇放流，首髮早白，詩云：「惟憂用老。」伯奇用憂而顏淵用睛，暫望倉卒，安能致此？[73]

此外，《舊唐書》載李日知之事說：

> （李）日知事母至孝，時母老，嘗疾病，日知調侍數日而鬢髮變白。[74]

《新唐書》載肅宗之事也說：

> 肅宗在東宮，宰相李林甫陰構不測，太子內憂，鬢髮班禿。[75]

類似的故事比比皆是，不勝枚舉。由此可見，憂慮或精神耗竭會造成白髮，似乎已是當時人的一種「常識」。

三、病源

　　雖然說頭髮常會受疾病的影響而產生病變，但是，有些時候，頭髮也會成為其他疾病的根源。其中，最為直接的就是飲食之時誤吞頭髮所造成的意外，許多的藥方書，如《小品方》、《千金要方》、《集驗方》、《肘後備急方》等，都收有以「髮灰」治療「食中吞髮繞喉不出」的方子。[76] 然而，誤吞頭髮的後果，

---

[73] 王充，《論衡》，四部備要本（台北：臺灣中華書局，1981年翻印），卷四，〈書虛篇〉，頁2上-3上。

[74] 劉昫 (887-946)，《舊唐書》，點校本（北京：中華書局，1975），卷一八八，〈孝友列傳・李日知傳〉，頁4926。

[75] 《新唐書》卷七七，〈后妃列傳・肅宗章敬吳太后傳〉，頁3499。

[76] 詳見葛洪，《葛仙翁肘後備急方》（以下簡稱《肘後備急方》），東洋醫學善本叢書，冊二七（大阪：オリエント出版社，1992），卷六，〈治卒誤吞諸物及患方〉，頁472, 475 引《姚氏方》；《醫心方》卷二九，〈治食中吞髮方〉，頁684引《小品方》；《千金要方》卷一六，〈胃腑〉，頁296；《外臺秘要》卷八，〈療食中吞髮哽不去繞喉者方〉，

不僅是「繞喉不出」，造成吞嚥困難，更嚴重的是，若是入胃，則會形成所謂的「髮癥」或「髮瘕」。例如，巢元方便說：

> 有人因食飲內誤有頭髮隨食而入成癥，胸喉間如有蟲上下來去者是也。[77]

至於治療的方法則比醫治「繞喉不出」來得麻煩。例如，《千金要方》便載：

> 治髮癥，由人因食而入，久即胃間如有虫，上下去來，惟欲飲油，一日之中乃至三二升，不欲飲食者方：
>
> 「油一升以香澤煎之，大鍾勞貯之，安病人頭邊，令口鼻臨油上。勿令得飲。傳鼻面令有香氣，當叫喚取飲，不得與之，必當疲極大睡，其髮癥當從口出飲油。人專守視之，幷置石灰一裏。見癥出，以灰粉手捉癥抽出，須臾抽盡，即是髮也。初從腹中出。形如不流水中濃菜。隨髮長短。形亦如之。」
>
> 又方：
>
> 「酒三升煮豬脂二升，三沸。一服一升，日二。白馬尿服之亦佳。無馬，白牛亦得。」[78]

此外，唐玄宗開元十一年 (723) 頒行的官修《廣濟方》（《開元廣濟方》）也載：

> 又療胃喉間覺有癥蟲上下，偏聞葱豉食香，此是髮蟲故也。方：
>
> 「油煎葱豉令香。二日不食，張口而臥。將油葱豉置口邊，蟲當漸出，徐徐以物引去之。無所忌」。[79]

至於實際的病例，至少有二。其一爲宋明帝時 (465-472) 之宮人，《談藪》載：

> 宋明帝宮人，患腰疼牽心，發即氣絕。眾醫以爲肉癥。徐文伯曰：此髮瘕也。以油灌之，則吐物如髮，稍稍引之，長三尺，頭已成蛇，能動，懸柱上，水滴盡，一髮而已，病即愈。[80]

頁250引張文仲方。按：張文仲方應即唐朝張文仲（武則天時之侍御醫）所撰之《救急方》；詳見岡西爲人，《宋以前醫籍考》（二），頁654。

[77] 《諸病源候論》卷一九，〈癥瘕病諸候·髮癥候〉，頁10。

[78] 《千金要方》卷一一，〈肝臟〉，頁215。按：「飲油方」也見於《外臺秘要》卷一二，〈髮癥方二首〉，頁337-338引《廣濟方》，另一方則也見於《醫心方》卷一〇，〈髮瘕方〉，頁224引《新錄方》。

[79] 《外臺秘要》卷一二，〈髮癥方二首〉，頁338引。有關《開元廣濟方》的討論，詳見馬繼興，〈《醫心方》中的古醫學文獻初探〉，頁345-346。

[80] 李昉 (925-996)，《太平廣記》（北京：人民文學出版社，1959），卷二一八，頁1667引。按：同一故事也見於《肘後備急方》卷四，〈治卒心腹癥堅方·附方〉，頁288。

其二爲唐初的女尼明律，《舊唐書》載：

> （甄）立言，武德中 (618-626) 累遷太常丞。……時有尼明律，年六十餘，患心腹鼓脹，身體羸瘦，已經二年。立言診脈曰：「腹內有蟲，當是誤食髮爲之耳。」因令服雄黃，須臾吐一蛇，如人手小指，唯無眼，燒之，猶有髮氣，其疾乃愈。[81]

總之，頭髮入胃之後會造成疾病，似乎普遍爲人所接受，而有些養蠱之人，甚至會以頭髮做爲「蠱毒」的主要成分之一。[82]

不僅飲食之時不慎吞入頭髮會使人生病，即連洗頭（沖髮）不慎也會導致各種疾病。例如，《千金要方》說：

> 凡居家不欲數沐浴。若沐浴必須密室，不得大熱，亦不得大冷。皆生百病。……沐浴後，不得觸風冷。新沐髮訖，勿當風。勿濕縈髻。勿濕頭臥。使人頭風、眩悶、髮禿、面黑、齒痛、耳聾、頭生白屑。飢忌浴，飽忌沐。沐訖，須進少許食飲，乃出。夜沐髮，不食即臥，令人心虛、饒汗、多夢。又夫妻不用同日沐浴，常以晦日浴，朔日沐，吉。……熱泔洗頭，冷水濯之，作頭風。飲水沐頭，亦作頭風、時行病。[83]

由此可知，依孫思邈的意見，沐（浴）稍有不當，便會「生百病」，而他所列舉的疾病則有：頭風、目眩、髮禿、面黑、齒痛、耳聾、頭生白屑（由沐浴之後觸風冷、新沐之後「當風」、濕縈髻、濕頭臥所造成）、心虛、饒汗和多夢。因此，他主張，沐髮必須嚴守一些禁忌，例如：沐髮的次數不可太頻繁；[84] 沐髮的地點必須在密室；水不可太熱或太冷；沐髮之後不可觸風寒、濕縈髻、濕頭臥；吃飽之後不可沐髮，沐髮後則必須稍進飲食；夜裡沐髮，不可不食即臥；夫妻不可同日沐髮；[85] 要以朔日沐髮；[86] 不可以熱泔沐頭後又淋以冷水；不可以飲水沐頭。

81　《舊唐書》卷一九一，〈方伎列傳・甄立言傳〉，頁5090。

82　詳見江紹原，《髮鬚爪——關於它們的迷信》，頁31-33。

83　《千金要方》卷二七，〈養性・居處法〉，頁481。

84　詳見《千金翼方》卷一二，〈養性・養性禁忌〉，頁141。

85　同上。

86　最晚從漢代起，中國社會便出現所謂的「沐書」，講求沐髮的吉日、凶日，這種信仰雖然遭致王充的強烈質疑和批判，但這個傳統自漢至清始終不絕，只是吉凶之日歷代都稍有出入；詳見江紹原，《髮鬚爪——關於它們的迷信》，頁189-192。

　　除此之外，還有許多醫家也都提及沐髮不當的後果。例如，《甲乙經》便說：「新沐中風則爲首風」。[87] 巢元方也說：

　　新沐中風，則爲首風。又，新沐頭未乾，不可以臥，使頭重身熱，反得風則煩悶，……如風在首，久不瘥，則風入腦，變爲頭眩。……《養生方》云：……飽食沐髮，作頭風。[88]

　　另外，《集驗方》、《千金要方》、《古今錄驗》等書，論「瘰癧瘻」的病源說：「得之新沐頭濕結髮，汗流入於頭所致」。[89] 其次，也有醫家認爲，所謂的「濕癲」是得之「熱沐髮，濕結腦，汗未止」；[90]「腎痹」「得之沐浴，清水而臥」；[91]「腳弱」得之「沐浴未乾而熱睡」。[92] 又其次，《玉房秘訣》論「合陰陽」的七種禁忌時說：

　　第六忌，新沐浴，髮膚未乾，以合陰陽，令人短氣，以是生子，子必不全。[93]

《素女經》論男女交合的七種禁忌時也說：

　　第六之忌，新息沐浴，頭身髮濕，舉重作事，流汗如雨，以合陰陽，風冷必傷，少腹急痛，腰脊疼彊，四肢酸疼，五藏防響，上攻頭面，或生漏瀝。[94]

　　由此可見，傳統醫者認爲，沐髮不慎會「生百病」，而其中關鍵在於沐浴會「動血脈，引外氣」。[95] 所謂的「邪氣」、「虛邪」、「賊風」之侵犯人體，首先便是由「皮膚、毛髮」進入，[96] 因此，醫家大多主張，沐髮（沐浴）不可太頻繁，且必須嚴守種種禁忌。

---

[87] 《甲乙經》卷一〇，〈陽受病發風〉，頁2144。按：類似的看法也見於《千金要方》卷八，〈諸風〉，頁154；《醫心方》卷二七，〈養形〉，頁620引《太清經》。

[88] 《諸病源候論》卷二，〈風病諸候・頭面風候〉，頁8。按：類似的看法也見於《醫心方》卷二七，〈養形〉，頁619引《養生要集》；卷二九，〈飽食禁〉，頁666引《七卷食經》。

[89] 詳見《外臺秘要》卷二三，〈九瘻方三十一首〉，頁637-639引。

[90] 詳見《千金要方》卷一四，〈小腸腑〉，頁256。

[91] 詳見《脈經》卷六，〈腎足少陰經病證〉，頁100。

[92] 詳見《中藏經》，收入王肯堂輯，《醫統正脈全書》冊四（台北：新文豐出版公司，1975年翻印），卷四，〈論腳弱狀候不同〉，頁2357。

[93] 《醫心方》卷二八，〈求子〉，頁647引。

[94] 《外臺秘要》卷一七，〈素女經四季補益方七首〉，頁459引。

[95] 詳見《醫心方》卷二七，〈養形〉，頁619引《養生外集》。

[96] 詳見《靈樞》卷一〇，〈百病始生〉，頁154；卷一二，〈歲露論〉，頁196；《甲乙經》卷六，〈八正八虛八風大論〉，頁1914；卷八，〈奔肫〉，頁2058；《外臺秘要》卷三，〈天行病發汗等方〉，頁111引唐朝張文仲《救急方》。

　　沐髮時或沐髮之後可能造成的疾病和傷害，除會因邪氣、賊風入體而引起種種病害之外，還可能招致其他疾病。例如，小兒沐浴時，「水入耳而停積」會造成「聹耳」；[97] 洗頭時「頭垢汁入目中」會造成「目曠」；[98] 於「深山有陂水久停」之處沐浴則可能被水中的「沙虱」所傷。[99]

　　除了沐髮必須小心謹慎之外，梳理頭髮也不可率意爲之，尤其在大病之後，醫家大多認爲不宜「梳頭」，以免「勞復」。例如，巢元方便說：

> 夫病新瘥者，血氣尚虛，津液未復。因即勞動，更成病焉。若言語思慮，則勞於神。梳頭洗澡，則勞於力。未堪勞而強勞之，則生熱。熱氣還經絡，復爲病者，名曰勞復。[100]

這是論「時氣」（「天行」）病的「勞復」，[101] 其他如「傷寒」、「溫病」之「勞復」也都包括「梳頭」之事。[102]

　　但是，頭髮若不梳理、洗沐，或「櫛沐不時」，也會造成疾病。例如，巢元方便說：

> 蝨者，按《九蟲論》云：蟯蟲多所變化，亦變爲蝨。而小兒頭櫛沐不時，則蝨生，滋長偏多，齧頭，遂至生瘡，瘡處蝨聚也，謂之蝨瘻。[103]

這種「櫛沐不時」所造成的頭蝨滋長，以致生瘡的情形，其實不僅限於小兒，成人也不可免。[104]

　　除此之外，頭髮還會間接造成一種奇特的疾病，也就是所謂的小兒「客忤」。例如，《千金要方》和《千金翼方》論小兒客忤之慎忌都說：

---

[97] 詳見《諸病源候論》卷四八，〈小兒雜病諸候・聹耳候〉，頁9。

[98] 詳見《醫心方》卷二七，〈養形〉，頁619引靳邵《服石論》。

[99] 同上，頁620引《養生志》。

[100] 《諸病源候論》卷九，〈時氣病諸候・時氣勞復候〉，頁12。

[101] 類似的看法尚可見於《外臺秘要》卷三，〈天行差後禁忌方二首〉，頁125引《集驗方》。

[102] 《諸病源候論》卷八，〈傷寒病諸候・傷寒勞復候〉，頁14；卷一〇，〈溫病諸候・溫病食復候〉，頁10；《千金要方》卷一〇，〈傷寒・勞復〉，頁191-192；《醫心方》卷一四，〈治傷寒洗梳勞復方〉，頁322引《醫門方》。

[103] 《諸病源候論》卷五〇，〈小兒雜病諸候・頭多蝨生瘡候〉，頁6。

[104] 例如，《淮南子》有「湯沐具而蟣蝨相弔」之語，可見蝨子應該很早就成爲中國人常見的髮病，而以沐髮除蝨也早已是常用的防治之法；詳見范行準，《中國預防醫學思想史》（北京：人民衛生出版社，1955），頁58-59。

　　　凡小兒衣裳（布）帛綿中，不得令有頭髮，屨中亦然。[105]

至於衣服、鞋子之中有頭髮會令小兒「中忤」（客忤）的原因，孫思邈並未解
釋，不過，若以其他材料來看，或當與頭髮能「神化」、「變化」爲妖邪而害人
的信仰有關。[106]

肆、頭髮之醫護

　　由於頭髮被認爲和人體的健康息息相關，並會直接或間接的造成疾病，因
此，傳統中國醫家相當注意對於髮病的防治，以及對於頭髮的保養和護理，相關
的措施也散見於各種醫藥典籍之中，然而，其主張大致不出用藥、沐髮、櫛髮、
拔髮和導引五種。

一、用藥

　　防治髮病最常用的方法，似乎是使用藥物。巢元方說，髮「不長」、「無潤
澤」，或「異毛惡髮妄生」，都需「以藥治之」。[107] 若按使用的方法再加細分，
則又可分成服食、塗染和洗沐三種。

（一）服食之藥

　　歷代醫藥文獻大多會記載可用以醫護頭髮的藥物和藥方，但往往輾轉抄錄，
雷同者多，增刪者少，因此，本文擬按文獻問世先後，僅舉其中重要典籍爲例，
對於利用服食藥物以醫護頭髮的情形略做說明。

　　首先，在「本草」的傳統中，醫護頭髮的藥物大都以「單方」的方式著錄。
例如，在《本草經》中，主治禿頭（白禿）或促進頭髮生長的有：雌黃、石流
黃、蜀羊泉、水萍、羊蹄、蓋草、松脂、桑上寄生、熊脂、馬陸等十種藥物；[108]

---

[105] 《千金翼方》卷一一，〈小兒〉，頁127；《千金要方》卷五，〈少小嬰孺方·客忤〉，頁82。

[106] 參見江紹原，《髮鬚爪——關於它們的迷信》，頁34-37, 159-160。

[107] 詳見《諸病源候論》卷二七，〈髮毛病諸候·令長髮候〉，頁7；〈令髮潤澤候〉，頁8；
〈令毛髮不生候〉，頁9。

[108] 詳見曹元宇輯注，《本草經》（上海：上海科學技術出版社，1987），頁43, 45, 162, 164,
201, 203, 214, 221, 269, 308。

防治白髮或令頭髮變黑的有：白蒿、藍實、秦皮、蜀椒等四種藥物。[109]

　　在陶弘景輯的《名醫別錄》中，主治禿頭（白禿）或促進頭髮生長的有：松葉、柏白皮、蔓荊實、辛夷、鷹肪、胡麻、麻子、瞿麥、白馬之鬐頭膏、韭、青琅玕、蜀椒、羊實、糞藍、豚之鬐膏等十五種藥物；[110] 防治白髮的有：牛膝、槐實、覆盆子等三種藥物。[111]

　　孫思邈《千金要方》〈食治〉所列的「本草」中，主治禿頭、白髮或促進頭髮生長的有：覆盆子、韭、白蒿、胡麻、白麻子、熊肉、鷹肪等七種。[112]

　　《千金翼方》中主治禿頭（白禿）或生長頭髮的有：水銀、雌黃、青琅玕、白蒿、蜀羊泉、水萍、蓋草、松脂、松葉、柏白皮、桑上寄生、辛夷、榆皮、秦椒、蜀椒、熊脂、白馬之鬐頭膏、豚之鬐膏、馬陸、胡麻、麻子、羊實、熊脂等二十三種；[113] 防治白髮或令髮變黑的有：牛膝、藍實、秦皮、蜀椒、覆盆子、熊脂等六種。[114]

　　至於「病方」則大多為「複方」，數量更多。例如，馬王堆醫書中的《養生方》中，便有主「黑髮益氣」的藥方。[115]

　　《千金要方》中，令「髮不落」或治頭髮墮落（禿頭）的藥方有：「服槐子方」、「石灰酒方」（二種）、「服黑椹汁」、「服松脂方」、「服菌豆方」、「岐伯神聖散」等七種；[116] 令「髮白更黑」的有：「琥珀散」、「九江散」、

---

[109] 同上，頁96, 101, 240, 253。

[110] 詳見陶弘景輯，尚志鈞輯校，《名醫別錄》（北京：人民衛生出版社，1986），頁18, 19, 61, 64, 78, 96, 97, 136, 177, 201, 209, 219, 272, 280, 295。

[111] 同上，頁34, 43, 88。

[112] 詳見《千金要方》卷二六，〈食治〉，頁465, 468, 470, 471, 474。

[113] 詳見《千金翼方》卷二，〈本草上〉，頁16, 17, 22, 28；卷三，〈本草中〉，頁32, 34, 35, 36, 37, 39, 41, 42, 43；卷四，〈本草下〉，頁48, 54；卷一九，〈雜病中〉，頁227。按：《千金翼方》〈本草〉的內容大致是抄錄唐初（659）官修的《新修本草》（又稱《唐新修本草》、《唐本草》），因二者時代相近，《新修本草》又已散佚（目前雖有輯佚本，但內容大多取自《千金翼方》），故本文只取《千金翼方》做為討論的材料。關於二書之間的關係，參見傅維康主編，《中藥學史》（成都：巴蜀書社，1993），頁115-128。

[114] 詳見《千金翼方》卷二，〈本草上〉，頁20, 23；卷三，〈本草中〉，頁37, 39；卷四，〈本草下〉，頁49；卷一九，〈雜病中〉，頁227。

[115] 詳見魏啓鵬、胡翔驊，《馬王堆漢墓醫書校釋（二）・養生方》，頁45。

[116] 詳見《千金要方》卷六上，〈七竅病上〉，頁108；卷一三，〈心臟〉，頁248；卷二三，〈痔漏〉，頁427-428。

「服天門多方」、「黃精膏方」、「西嶽真人靈飛散方」、「烏麻丸」等六種。[117]

《千金翼方》中治頭髮禿落、白禿的有：「石灰酒方」、「牛膝酒」、「風痺散」等四種；[118] 令「髮白更黑」的有：「隴西白芷散」、「烏麻圓」、「瓜子散」、「地黃酒酥」、「茅山仙人服質多羅方」、「服昌蒲方」、「彭祖延年柏子仁圓」、「初精散」、「白朮酒」、「靈飛散」、「琥珀散」、「馬灌酒」、「九江散」等十三種。[119]

《外臺秘要》中治療髮落、白禿的有：「練中丸」、「龍骨湯」、「枸杞酒」（二種）、「岐伯神散」、「石灰酒」（二種）、「茯苓朮散」、「天門多酒」、「服槐子方」等八種；[120] 令「白髮變黑」、「髮黑」的有：「天門多酒」、「彭祖丸」、「五補七宣丸」、「五精酒」、「白朮酒」、「隴西白芷方」、「瓜子散」、「王子喬服菊增年變白方」、「茯苓朮散」、「地黃煎」等十種。[121]

---

[117] 同上，卷一三，〈心臟〉，頁248；卷二〇，〈膀胱腑・雜補〉，頁369-370；卷二三，〈痔漏〉，頁426；卷二七，〈養性〉，頁484, 485, 488。

[118] 詳見《千金翼方》卷五，〈婦人一〉，頁71；卷一六，〈中風上〉，頁181, 189。

[119] 同上，卷五，〈婦人一〉，頁71；卷一二，〈養性〉，頁143, 145, 147, 151；卷一三，〈辟穀〉，頁156, 157；卷一五，〈補益〉，頁179；卷一六，〈中風上〉，頁181；卷一七，〈中風下〉，頁198。

[120] 詳見《外臺秘要》卷一二，〈癬及疬癬不能食方〉，頁327引《必效方》（唐朝孟詵撰）；卷一六，〈虛勞夢洩精方〉，頁456引《小品方》；卷一七，〈五勞六極七傷方〉，頁464引崔氏《纂要方》；卷三〇，〈惡疾大風方〉，頁808引《千金要方》；卷三一，〈古今諸家酒〉，頁852引《千金要方》；頁855引崔氏《纂要方》；卷三二，〈拔白髮良日并方〉，頁889引《深師方》（應即南朝宋僧深所撰之《僧深藥方》，或名《僧深集方》、《深師方》、《僧深方》）；頁890引《千金要方》；卷三八，〈石發熱目赤方〉，頁1067引《扁鵲方》（應即《隋書・經籍志》所載的《扁鵲肘後方》）。按：關於《深師方》和《扁鵲方》，詳見岡西爲人，《宋以前醫籍考》（二），頁544, 546-547。

[121] 詳見《外臺秘要》卷一五，〈風癩方〉，頁410引《千金要方》；卷一七，〈虛勞百病方〉，頁484引《古今錄驗方》（唐朝甄權撰）；卷三一，〈古今諸家丸方〉，頁846引唐代麗正殿脩書學士李子昭（雲卿）所傳方；〈古今諸家煎方〉，頁852引《近效方》；〈古今諸家酒〉，頁853-854引《千金翼方》；卷三二，〈生髮膏方〉，頁887引《千金要方》；頁888引《千金翼方》；〈拔白髮良日并方〉，頁888引《范汪方》（東晉范汪所撰，又名《范東陽方》、《范東陽雜藥方》、《范汪方》）；〈頭髮禿落方〉，頁889引《深師方》。關於《古今錄驗方》和《范汪方》，詳見岡西爲人，《宋以前醫籍考》（二），頁522-523, 649。

《醫心方》中治禿頭、髮落的有：「治一切病溫白丸」（蒼梧道士杜勝所傳）、「金泉丹」、「金髓散」、「淮南子伏苓散」等四種；[122] 治白髮、令「髮白更黑」的有：「烏麻丸」、「五茄酒」（二種）、「淮南子伏苓散」、「服松葉法」、「益多散」、「服菊法」、「服槐子法」（二種）、「服尤法」、「服天門冬法」等十一種。[123]

由以上所舉的材料來看，傳統醫者對於防治髮病的藥物可以說已有相當不錯的認識，服食的藥物不僅種類多，而且複方中已包括丹、丸、散、湯、酥（餅）、酒等類型的藥劑。此外，值得注意的是，服食的藥方中，大多是以防治白髮爲主，而且，似乎和道教的養生術有緊密的關係（詳下文）。

（二）塗染之藥

防治髮病的藥物，有些是讓患者服用，有些則是直接塗抹或染著於頭部或頭髮。例如，《肘後備急方》至少便載有二種治療禿瘡、促進頭髮生長的塗抹藥方；[124] 二種於拔白毛後塗抹於患處、令生黑髮的藥膏；[125] 二種染髮令黑的藥方；[126] 二種塗髮令生光澤的「臘澤」。[127]

其次，《千金要方》中以塗敷的方式治療小兒頭禿瘡、不生髮的藥方至少有

---

[122] 詳見《醫心方》卷一〇，〈治寒疝方〉，頁219引《新錄方》（應即隋朝魏孝澄所撰的《新錄單要方》）；卷一九，〈服金泉丹方〉，頁449-450引《服石論》（靳邵撰）；卷二五，〈治小兒誤吞竹木方〉，頁586引《候水鏡圖》（應爲亡佚之早期兒科著作）；卷二六，〈延年方〉，頁594引《金匱錄》（或即隋書・經籍志）所載京里先生所撰的《金匱錄》）。關於《新錄方》、《服石論》、《候水鏡圖》，詳見馬繼興，〈《醫心方》中的古醫學文獻初探〉，頁343, 351, 355。關於《金匱錄》，詳見岡西爲人，《宋以前醫籍考》（二），頁568。

[123] 詳見《醫心方》卷四，〈治白髮令黑方〉，頁105引《千金要方》；卷一三，〈治虛勞五勞七傷方〉，頁282引《大清經》；卷二六，〈延年方〉，頁594引《金匱錄》；頁595-598引《大清經》；〈美色方〉，頁598引《范汪方》；〈斷穀方〉，頁604引《大清經》；卷二八，〈用藥石〉，頁654引《古今錄驗方》。

[124] 詳見《肘後備急方》卷五，〈治癩癬疥漆瘡諸惡瘡方〉，頁404；卷六，〈治面皰髮禿身臭心惛鄙醜方〉，頁495-496。

[125] 同上，卷六，〈治面皰髮禿身臭心惛鄙醜方〉，頁486；卷八，〈治百病備急丸散膏諸要方〉，頁591。

[126] 同上，卷六，〈治面皰髮禿身臭心惛鄙醜方〉，頁486。

[127] 同上，頁493-494。

九種；[128]「生髮膏」和塗抹用的「生髮方」（治療「白禿」、「赤禿」、「鬼舐頭」等髮疾）多達二十七種；[129] 令髮不生的藥塗方法有三種；[130] 將白、黃、赤髮染黑的藥方有六種。[131] 值得注意的是，這些方法之中，多半是先洗髮後塗藥，或是先拔髮後塗藥。

《千金翼方》也載有治小兒頭髮不生、禿瘡的塗抹藥方五種；[132] 塗敷之用的「生髮膏」、「生髮方」十三種；[133] 令頭髮漆黑的「染髮方」四種。[134]

再者，《外臺秘要》載有療「小兒禿瘡方」八首，都是塗敷之方；[135] 塗抹用的「生髮膏」、「生髮方」多達四十七種；[136]「令髮不生方」有三種；[137] 黑髮的塗染藥方有十三種。[138]

另外，《醫心方》收錄的治小兒「髮不生方」、「白禿方」、「鬼舐頭方」

---

[128] 詳見《千金要方》卷五下，〈少小嬰孺方下〉，頁95；卷二二，〈丁腫、癰疽〉，頁409。

[129] 同上，卷一三，〈心臟〉，頁248-251。

[130] 同上，頁250。

[131] 同上。

[132] 詳見《千金翼方》卷一一，〈小兒〉，頁129-130。

[133] 同上，卷二，〈本草上〉，頁29；卷五，〈婦人一・生髮黑髮〉，頁70-71；卷一三，〈辟穀〉，頁158；卷二四，〈瘡癰下〉，頁295, 297。

[134] 同上，卷五，〈婦人一・生髮黑髮〉，頁71。

[135] 詳見《外臺秘要》卷三六，〈小兒禿瘡方七首〉，頁1014-1015引《千金要方》、《千金翼方》、《備急方》；卷四〇，頁1128引《集驗方》。

[136] 同上，卷一六，〈肺勞實熱方五首〉，頁447引《刪繁方》；卷三二，〈頭風白屑方四首〉，頁882-883引《廣濟方》、《延年方》（這或許便是《舊唐書・經籍志》所著錄的《延年秘錄》）；〈沐頭去風方五首〉，頁884-885引《集驗方》、《崔氏方》、《延年方》、《古今錄驗方》；〈生髮膏方十一首〉，頁885-887引《廣濟方》、《深師方》、《千金要方》、《千金翼方》、《近效方》；〈頭髮禿落方一十九首〉，頁889-891引《深師方》、《必效方》、《近效方》、《劉尚書方》；〈白禿方一十二首〉，頁891-893引《集驗方》、《千金要方》、《千金翼方》、《必效方》；〈赤禿方三首〉，頁893引《千金要方》；〈鬼舐頭方二首〉，頁893引《千金要方》。

[137] 同上，卷三二，〈令髮不生方三首〉，頁893引《千金要方》。

[138] 同上，卷三一，〈古今諸家膏方四首〉，頁851引《近效方》；卷三二，〈令髮黑方八首〉，頁887-888引《深師方》、《千金要方》；〈拔白髮良日并方三首〉，頁888引《千金翼方》、《備急方》；〈變白髮染髮方五首〉，頁888-889引《范汪方》、《必效方》、《近效方》（按：引《近效方》一首，王燾自注：「嚴中書處得，云驗」）；〈髮黃方三首〉，頁889引《肘後方》、《千金翼方》。

共十六種，其中十五種都是塗、敷之方；[139] 以塗抹的方式治療白禿、赤禿、髮落、鬼舐頭諸疾，以生長頭髮的藥方有二十四種；[140] 令頭髮光軟、潤澤的有一種；[141] 除去異生惡髮，塗藥使之不再生長的有五種；[142] 塗染白、黃髮使之變黑的有十三種。[143]

　　由上述可知，塗敷之藥主要是用於治療禿髮諸疾，不過，染髮的藥劑也不在少數。此外，值得注意的是，有不少例子都是先洗髮而後塗、染藥物，或是先拔除惡髮而後塗敷藥方，可見塗敷之藥往往必須配合其他療法。

（三）洗沐之藥

　　除了服食、塗染之外，以藥物洗沐也是常用的醫護頭髮的方法。在「本草」著作中，便記載有不少沐藥。例如，《名醫別錄》中所收的「沐藥」至少有：麻子、藁本、水萍、英草華、新雉木、莽草、皂莢七種。[144]《千金翼方》所收的各種「本草」中也有：藁本、水萍、皂莢、赤瓜木實、麻子、英草華、新雉木等七種沐藥。[145]

　　至於具體的藥方和使用方法，《肘後備急方》載有一則治療髭髮脫落的沐髮方。[146]《諸病源候論》也有「正月一日，取五香煮湯沐，頭不白」的記載。[147]

---

[139] 詳見《醫心方》卷二五，〈治小兒髮不生方〉，頁557-558引《小品方》、《新錄方》、《千金要方》；〈治小兒白禿方〉，頁558引《葛氏方》、《產經》、《小品方》、《極要方》、《錄驗方》、《千金要方》；〈治小兒鬼舐頭方〉，頁558引《千金要方》、《產經》。

[140] 同上，卷四，〈治髮令生長方〉，頁103-104引《僧深方》、《千金要方》、《新錄方》、《本草經》、《如意方》；〈治鬢髮禿落方〉，頁106引《經心方》、《醫門方》；〈治頭白禿方〉，頁106-107引《千金要方》；〈治頭赤禿方〉，頁107引《千金要方》；〈治鬼舐頭方〉，頁107引《千金要方》；〈治頭燒處髮不生方〉，頁107-108引《如意方》、《千金要方》；卷一八，〈治灸創腫痛方〉，頁397引《耆婆方》。

[141] 同上，卷四，〈治髮令光軟方〉，頁104引《如意方》。

[142] 同上，〈治毛髮妄生方〉，頁108引《新錄方》、《千金要方》。

[143] 同上，卷四，〈治白髮令黑方〉，頁104-105引《隋煬帝後宮香藥方》、《葛氏方》、《千金要方》、《靈奇方》、《僧深方》、《極要方》、《龍門方》、《孟詵食經》、《如意方》；〈治鬢髮黃方〉，頁105-106引《葛氏方》、《如意方》、《錄驗方》。

[144] 詳見《名醫別錄》，頁97, 120, 156, 165, 166, 221, 238。

[145] 詳見《千金翼方》卷二，〈本草上〉，頁25, 28；卷三，〈本草中〉，頁39, 40；卷四，〈本草下〉，頁52, 55。

[146] 詳見《肘後備急方》卷五，〈治卒得癩皮毛變黑方〉，頁422。

《千金要方》載有以沐頭（沐髮）防治落髮、禿瘡的藥方九種；[148] 治療「髮黃」
的藥方一種。[149]《千金翼方》治療髮落、禿瘡的洗髮有六種。[150]《外臺秘要》
收錄的洗髮、沐髮方中，防治髮落、禿瘡的有十二種；[151] 令白髮、黃髮變黑的有
二種。[152]《醫心方》中，生髮和防治髮禿的沐髮方有十九種；[153] 令髮軟的有二
種；[154] 令頭髮變黑的有二種。[155]

　　由上述三種不同的使用方式來看，服食用的藥方似乎是以令人「黑髮」爲
主，而塗染和洗沐則似乎偏重令人「生髮」，但也不盡然。而且，服食、塗染、
洗沐交互參用以治療同一髮病的情形也不少，而少數藥方則同時兼具生髮、黑髮
的功用。

二、沐髮

　　除了用藥之外，純粹以水沐髮也被認爲具有防治髮疾的功效。例如，《諸病
源候論》載：

---

147 詳見《諸病源候論》卷二七，〈髮毛病諸候‧白髮候〉，頁7。
148 詳見《千金要方》卷一三，〈心臟〉，頁248, 250, 251。
149 同上，頁250。
150 詳見《千金翼方》卷五，〈婦人一‧生髮黑髮〉，頁70-71；卷二四，〈瘡癰下〉，頁296-
　　297。
151 詳見《外臺秘要》卷一六，〈脈寒極方四首〉，頁439引《刪繁方》；卷二九，〈漆瘡方
　　二十七首〉，頁796引《古今錄驗》；卷三二，〈頭風白屑方四首〉，頁883引《延年
　　方》；〈生髮膏方一十一首〉，頁886引《千金要方》；〈頭髮禿落方一十九首〉，頁
　　890-891引《深師方》、《千金要方》；〈白禿方一十二首〉，頁892引《千金翼方》。
152 同上，卷三二，〈變白髮染髮方五首〉，頁889引《必效方》；〈髮黃方三首〉，頁889引
　　《千金要方》。
153 詳見《醫心方》卷四，〈治髮令生長方〉，頁103-104引《千金要方》、《葛氏方》、《如
　　意方》；〈治髮令堅方〉，頁104引《如意方》；〈治鬢髮禿落方〉，頁106引《葛氏
　　方》、《醫門方》、《千金要方》、《如意方》；〈治頭白禿方〉，頁107引《千金要
　　方》、《極要方》；〈治頭赤禿方〉，頁107引《千金要方》；卷二五，〈治小兒白禿
　　方〉，頁558引《千金要方》；卷三〇，〈五穀部〉，頁688引《拾遺》。
154 同上，卷四，〈治髮令光軟方〉，頁104引《如意方》。
155 同上，卷四，〈治白髮令黑方〉，頁104-105引《諸病源候論》；〈治鬢髮黃方〉，頁106
　　引《錄驗方》。

〔養生方導引法〕又云：正月十日沐髮，髮白更黑。……又云：十日沐
浴，頭不白。又云：十四日沐浴，令齒牢髮黑。[156]

這是選擇在特定的日子（正月十日、十日、十四日）沐髮，以治療白髮的特殊方
法。不過，在醫學典籍中，凡提到以沐髮療病時，大多是指在水中加入藥物。然
而，一般人似乎相信，即使是純以清水沐髮，也會有利於頭髮的健康。例如，
《韓非子》便說：

古者有諺曰：爲政猶沐也，雖有棄髮，必爲之。愛棄髮之費，而忘長髮之
利，不知權者也。[157]

這是說，沐髮雖然會令人掉一些頭髮，卻能促使更多的頭髮生長。因此，以沐髮
來增進頭髮的生長似乎是古人的一種認知。

三、櫛髮

一般認爲，若不時常櫛沐，則頭髮中容易有頭蝨，因此，櫛髮應該可以去除
或預防頭蝨。除此之外，櫛髮也被認爲具有防治髮落和髮白的功用。例如，《諸
病源候論》便載：

〔養生方〕又云：千過梳頭，頭不白。……又云：常向本命〔日〕，櫛髮
之始，叩齒九通，陰咒曰：「太帝散靈，五老返眞，泥丸玄華，保精長
存。左拘隱月，右引日根，六合清煉，百神受恩。」咽唾三過。常數行
之，使人齒不痛，髮牢不白。一云頭腦不痛。[158]

又載：

〔養生方〕又云：欲理髮，向王地。既櫛髮之始，叩齒九通，而微咒曰：
「太帝散靈，五老返眞，泥丸玄華，保精長存。左拘隱月，右引日根。六
合清煉，百神受恩。」咒畢，嚥唾三過。能常行之，髮不落而生。又云：

---

[156] 《諸病源候論》卷二七，〈髮毛病諸候・白髮候〉，頁7。

[157] 王先愼，《韓非子集解》（台北：世界書局，1980年翻印），卷一八，〈六反篇〉，頁
319。

[158] 《諸病源候論》卷二七，〈髮毛病諸候・白髮候〉，頁7。卷二九，〈牙齒病諸候・齒痛病
諸候〉也有這段文字（頁10）。按：本書此段文字有不少錯謬、脫誤之處，句讀也欠妥
當，故參酌丁光迪主編，《諸病源候論校注》（北京：人民衛生出版社，1992），卷二
七，頁765-766，加以校正。

> 當數易櫛，櫛之取多，不得使痛。亦可令侍者櫛。取多，血液不滯，髮根
> 常牢。[159]

由這兩條材料來看，巢元方對於「櫛髮」的功效，如「頭不白」、「髮牢不
白」、「髮不落」、「髮根常牢」等，都是根據所謂的「養生方」，只不知這是
指一本書或是泛指載有養生方法的書。

　　無論如何，其他典籍中也有類似的記載。例如，《養生要集》便載：

> 《中經》曰：髮，血之窮也。千過梳髮，髮不白。[160]

《延壽赤書》也載：

> 《太極經》曰：理髮宜向王地，當數易櫛。櫛之厲多而不使痛，亦可令侍
> 者櫛之。取多佳也，於是血流不滯，髮根當堅。[161]

這兩條材料的基本主張和前面所引的「養生方」並無不同，連文字也是大同小
異，且都屬於「養生」學的範圍，彼此之間或許有傳承上的關聯，而「櫛髮」似
乎被認爲是「導引」的一種。

四、導引

　　除了櫛髮（梳理頭髮）之外，還有許多「導引」的方法被認爲具有防治髮病
（主要是髮白）的功效。例如，《諸病源候論》載：

> 養生方導引法云：解髮，東向坐，握固，不息，一通。舉手左右導引，手
> 掩兩耳。以手復抒頭五，通脈也。治頭風，令髮不白。
>
> 又云：清旦初起，左右手交互，從頭上挽兩耳，舉，又引鬢髮，即〔面
> 氣〕流通。〔令頭不白，耳不聾。〕
>
> 又云：坐地，直兩腳，以兩手指腳脛，以頭至地。調脊諸椎，利髮根，令
> 長美。坐，舒兩腳，相去一尺，以扼腳兩脛，以頂至地十二通，調身脊無
> 患害，致精氣潤澤。髮根長美者，令青黑柔濡滑澤，髮恆不白。
>
> 又云：伏，解髮，東向，握固，不息，一通。舉手左右導引，掩兩耳，令
> 髮黑不白。伏者，雙膝著地，額直至地。解髮，破髻舒頭，長數在地。向

---

[159] 同上，〈髮毛病諸候・鬢髮禿落候〉，頁5。按：本書此段文字亦有不少錯謬、脫誤之處，句
　　讀也欠妥當，故參酌丁光迪主編，《諸病源候論校注》卷二七，頁763，加以校正。

[160] 《醫心方》卷二七，頁619引。

[161] 同上。按：《醫心方》卷四，頁104〈治髮令堅方〉，亦引此條。

東者，向長生之術。握固，兩手如嬰兒握，不令氣出。不息，不使息出，極悶，已，三噓而長細引。一通者，一爲之，令此身囊之中滿其氣。引之者，引此舊身內惡邪伏氣，隨引而出，故名導引。舉左右手各一通，掩兩耳，塞鼻孔三通，除白髮患也。

又云：蹲踞，以兩手舉足五趾，低頭自極，則五藏氣偏至，治耳不聞、目不明，久爲之，則令髮白復黑。

又云：思心氣上下四布，正赤，通天地自身，大且長，令人氣力增益，髮白更黑，齒落再生。[162]

這段材料中所提及的「導引」法共有八種，或「令髮不白」，或「令頭不白」，或「利髮根令長美」，或「令青黑柔濡滑澤，髮恆不白」，或「令髮黑不白」，或「除白髮患」，或「令髮白復黑」，或令「髮白更黑」，基本上都在防治白髮。

類似的方法還可見於其他典籍，例如，《千金翼方》引彭祖之說：

清旦初，以左右手摩交耳，從頭上挽兩耳，又引髮，則面氣通流，如此者，令人頭不白，耳不聾。[163]

《延壽赤書》也載：

《丹景經》曰：以手更摩髮及理櫛但熱，令髮不白也。[164]

這都是以導引防治髮白的方法。

五、拔除

針對白髮，最簡單的治療方法就是拔除，不過，爲了防止復生，往往會在拔除的部位塗抹藥物，或是選擇特定的日子拔髮，這也就是所謂的「拔白髮良日」。例如，《千金要方》說：

---

[162] 《諸病源候論》卷二七，〈髮毛病諸候‧白髮候〉，頁6-7。類似的文字也見於卷二，〈風病諸候下‧頭面風候〉，頁8-9；卷九，〈時氣病諸候〉，頁3。按：本書此段文字有不少錯謬、脫誤之處，句讀也欠妥當，故參酌丁光迪主編，《諸病源候論校注》卷二七，頁766-767，暨匿名之審查人的意見校正、標點。

[163] 《千金翼方》卷一二，〈養性‧養性禁忌〉，頁141。

[164] 《醫心方》卷二七，〈養形〉，頁619引。

> 拔白髮良日：
>
> 正月四日、二月八日、三月十二日、
>
> 四月十六日、五月二十日、六月二十四日、
>
> 七月二十八日、八月十九日、九月二十五日（一作十五日）、
>
> 十月十日、十一月十日、十二月十日。
>
> 右並以日正拔之，當日不飲酒食肉五辛。經一拔，黑者更不變。[165]

此外，唐代《延年秘錄》也提出了一份拔白髮的「良日」，唯三月爲十二、十三日，九月爲十五日。[166]

要令拔除的白髮不再生長，除了要挑「良日」之外，在適當的日子將拔下的白髮燒掉似乎也很重要。例如，《如意方》載「反白髮術」說：

> 以五八□日燒白髮。
>
> 又方：癸亥日除白髮，甲子日燒之，自斷。[167]

其次，《千金要方》也說：

> 常於正月寅日燒白髮，吉。凡寅日剪手甲，午日剪足甲，又燒白髮，吉。[168]

由此可見，有些醫家認爲，拔除白髮之後，燒髮的日子對於防止再生也很重要。

伍、頭髮與醫療

雖然頭髮被視爲是許多疾病的病源，但是，在醫治疾病或養護身體時，醫家所採取的許多方法卻又和頭髮息息相關：有時以頭髮爲藥物；有時利用沐髮和櫛髮來療治疾病；有時以頭髮做爲診斷和急救的工具；有時則以「散髮」做爲操練養生術的主要手段。許多的材料都可以說明，頭髮曾被充分運用於醫療或防治疾病。

---

[165] 《千金要方》卷一三，〈心臟〉，頁249-250。

[166] 詳見《外臺秘要》卷三二，頁888引。按：北宋王懷隱等所撰的《太平聖惠方》卷四一也載有類似的「拔白良日」，並指這是晉代陸機所創，此外，陶弘景《眞誥》中的「老子拔白日」也有近似的説法。有關傳統中國社會的「拔白」習俗及其觀念，參見蕭璠，〈長生思想和與頭髮相關的養生方術〉，《中央研究院歷史語言研究所集刊》69.4(1998)：671-726。

[167] 《醫心方》卷四，〈治白髮令黑方〉，頁105引。

[168] 《千金要方》卷二七，〈養性〉，頁480。

一、頭髮的藥物作用

「人部藥」是中國「本草學」中相當奇特的一個類型，而在現存的最古的本草書《神農本草經》中，唯一的「人部藥」就是頭髮，[169] 該書載：

> 髮髲，味苦溫。主治五癃關格不通，利小便水道，療小兒癎，大人痓，仍還自神化。[170]

其次，陶弘景輯錄的《名醫別錄》中則在「髮髲」之外，另增「亂髮」，該書載：

> 髮髲：小寒，無毒。合雞子黃煎之，消爲水，治小兒驚熱下痢。
>
> 亂髮：微溫。主治欬嗽，五淋，大小便不通，小兒驚癎，止血鼻衄，燒之吹内立已。[171]

所謂「髮髲」，應該是指剃下或剪下的頭髮，而「亂髮」則是指櫛髮時梳落的頭髮。[172]

其後，「本草」類的醫書所收的「頭髮」，便大多同時有「髮髲」和「亂髮」二種，而對藥性的描述也和《名醫別錄》類似，只是主治的疾病種類或多或少，不過，大致來說，還是隨著時代往後而不斷增多。在《本草經》中主治之病有四，《名醫別錄》增至六種（合髮髲、亂髮而言），《千金翼方》又增至八種：（1）五癃關格不通；（2）小便不通（利小便水道）；（3）小兒癎；（4）大人痓；（5）欬嗽；（6）五淋；（7）大小便不通；（8）止血，到了明代李時珍的《本草綱目》更增至七十種左右（髮髲和亂髮合計）。[173]

---

[169] 有關中國「人部藥」的研究，詳見村上嘉實，〈五十二病方の人部藥〉，收入山田慶兒編，《新發現中國科學史資料の研究・論考篇》（京都：京都大學人文科學研究所，1985），頁167-223（頁167-179）；William C. Cooper and Nathan Sivin, "Man as Medicine: Pharmacological and Ritual Aspects of Traditional Therapy Using Drugs Derived from the Human Body," in Shigeru Nakayama and Nathan Sivin eds., *Chinese Science: Explorations of an Ancient Tradition* (Cambridge, Mass.: The MIT Press, 1973), pp. 203-272.

[170] 《本草經》，頁265。

[171] 《名醫別錄》卷一，頁73。

[172] 李時珍說：「髮髲，乃剪髢下髮也。亂髮，乃梳櫛下髮也」；詳見《本草綱目》卷五二，〈人部〉，頁82。

[173] 詳見《千金翼方》卷一，〈藥錄纂要〉，頁4, 7, 10, 13；卷三，〈本草中・人獸部〉，頁40；《醫心方》卷一，〈諸藥和名〉，頁30；《本草綱目》卷五二，〈人部〉，頁81-85。

　　不過，頭髮用於治病時，除了單用（單方）之外，往往還和其他藥物一起使用（複方之膏、丸、散、湯）。至於使用的方式，或服食，或塗抹，但大都需要經過燔治、化灰才能使用。以下大致按時代先後，列舉各「經方」所載，頭髮所能療治之病及其使用方法的概略情形。

　　第一，馬王堆出土的《五十二病方》中，頭髮所能治療的疾病共有：（1）諸傷；（2）止血；（3）痂三種。[174]

　　第二，武威出土的漢代醫藥簡中，有一方是以「人髮」爲主，連同其他藥物共八種冶合，以溫酒服用。可惜簡有缺文，不知主治何病，只知與膿、血有關，也許是指瘡瘍之疾。[175]

　　第三，《素問》治「屍厥」用「左角之髮」燔治，以美酒飮服，或灌食。[176]

　　第四，張仲景《金匱要略》中頭髮所治之病有：（1）小便不利；（2）諸黃（黃疸）；（3）婦人「穀氣之實」；（4）尸蹶四種。[177]

　　第五，《肘後備急方》中頭髮主治之病有：（1）尸蹶；（2）魘寐不寤；（3）中五尸；（4）斷溫病令不相染著；（5）黃疸；（6）諸黃；（7）諸疽瘡；（8）惡瘡；（9）鼠瘻等九種。[178]

　　第六，龍門石窟藥方碑文（「龍門方」）中，用頭髮治療的疾病有：（1）冷心痛；（2）失音不語；（3）惡疰等三種。[179]

　　第七，《千金要方》中，使用頭髮治療的疾病至少有五十一種之多，[180] 若依孫思邈的分類，則涵蓋了小兒、婦人、七竅、肝臟、膽腑、脾臟、胃腑、肺臟、大腸腑、膀胱腑的疾病，以及消渴、淋閉、尿血、丁腫、癰疽、痔漏、蟲毒、外傷（猘犬齧、腕折瘀血）及尸厥等病，可見其應用範圍之廣。

　　第八，《千金翼方》所載有：（1）婦人「產後淋瀝」；（2）小兒「口傍惡瘡」；（3）小兒「緊脣」；（4）小兒「耳聾」；（5）「吐血、唾血」；（6）

---

[174] 詳見「附表一」。

[175] 《武威漢代醫簡》，收入山田慶兒編，《新發現中國科學史資料の研究・譯注篇》（京都：京都大學人文科學研究所，1985），頁363-404（頁396）。

[176] 詳見《素問》卷一八，〈繆刺論篇〉，頁783-784。

[177] 詳見「附表二」。

[178] 詳見「附表三」。

[179] 詳見《龍門石窟藥方碑文》，收入山田慶兒編，《新發現中國科學史資料の研究・譯注篇》，頁417-455（頁424, 434, 437）；「附表四」。

[180] 詳見「附表五」。

「先見血後便轉此爲遠血」；（7）「蠱毒」；（8）「刀斧所傷及冷瘡牛領馬鞍瘡」；（9）「癩病」；（10）「癰疽、痔瘻、惡瘡、婦人妬乳瘡」；（11）「鼠漏」；（12）「久疥癬」；（13）「諸惡瘡」；（14）「表裡俱熱，三焦熱實，身體生瘡，或發即大小便不利」；（15）「惡瘡黃水出流」，[181] 這十五種疾病大多屬於「癰瘡」之疾。

第九，《外臺秘要》中，提及使用頭髮治療疾病的藥方至少有七十三種之多，[182] 所能療治的疾病，若依王燾的分類，則可以歸併爲三十大類：（1）黃疸；（2）霍亂；（3）喉哽；（4）尸疰；（5）虛勞；（6）眼疾；（7）耳病；（8）唇病；（9）口病；（10）癧瘻；（11）癰疽；（12）發背；（13）痢；（14）痔病；（15）三蟲；（16）淋；（17）大小便難；（18）尸厥；（19）中蠱毒；（20）墜墮；（21）疣贅疵黑子等；（22）丁腫；（23）諸瘡；（24）疥癬；（25）食物中毒；（26）髮病；（27）婦人病；（28）小兒諸疾；（29）乳石所引發諸疾；（30）蟲獸傷觸人。

第十，《醫心方》至少收錄了三十六種使用頭髮治療疾病的藥方，[183] 所能療治的疾病，則大致不出上述《外臺秘要》的範圍。不過，值得注意的是，《醫心方》的編者所收的方子之中，似乎是以單方（頭髮灰）爲主，而且，療治小兒疾病的藥方佔有相當高的比率。至於何以會有這種現象，則有待進一步的考察。

二、櫛髮的療效

除了將頭髮當做藥物，用以治病之外，傳統醫家還認爲，梳理頭髮也有醫療上的效用。例如，本文第四節談「頭髮之醫護」時已指出，櫛髮具有療治髮病的功用。而除了髮病之外，櫛髮其實還可以用來防治其他疾病。例如，《諸病源候論》載：

> 養生方真誥云：櫛頭理髮，欲得多過，通流血脈，散風濕。數易櫛，更番用之。[184]

這是認爲，可以藉著頻頻梳髮以「散風濕」。

---

[181] 詳見「附表六」。
[182] 詳見「附表七」。
[183] 詳見「附表八」。
[184] 《諸病源候論》卷一，〈風病諸候・風濕候〉，頁14。

其次，孫思邈的《千金要方》載有治療「風頭眩惡風，吐冷水，心悶」的「防風散方」，而在其治療的程序中，首先是以酒服下「防風散」，其後則要「脫巾帽，解髮，梳頭百過」。[185] 由此可見，在治療風眩、頭風這類疾病時，櫛髮被認為可以發揮某種功效。

第三，王燾《外臺秘要》引蘇長史之言，討論治療「腳氣」病的方法時也提到：「又數須用梳攏頭，每梳欲得一百餘梳，亦大去氣」。[186] 由此可見，梳頭被認為有去除腳氣的功能。

第四，六朝人喜歡服食「寒食散」（或「五石散」），然而「服石」卻會帶來許多的後遺症，「服石發動」時更須「救解」，否則會致病或致命。而根據皇甫謐的「救解法」，當產生「腹脹欲決」的情形時，除了要飲熱酒、冷食、冷洗之外，還要「當風櫛梳而立」，[187] 其目的或許是要藉著當風梳頭，將石藥之氣快速排除，以解除腹脹的痛苦。

上述這四條材料可以說明，對於傳統醫家來說，櫛髮除了可以療治髮病之外，還可以散風濕、除腳氣、排石藥之熱，並有助於治療風眩、頭風。

三、沐髮的療效

沐髮和櫛髮一樣，除了被用於防治髮病之外，也被認為具有治療其他疾病的功用，不過，用來治療疾病時，通常並不純用清水，而是添加藥物以沐髮。例如，《千金要方》記載，治療「肺勞熱」所引起的「頭癢、多生白屑」，要用「沐頭湯」，湯中要用大麻子、秦椒、皂莢屑三物，而「風頭沐湯方」則是用豬椒根、麻黃根、防風、細辛和茵芋共五味㕮咀，以水三斗，煮取一斗，去滓，溫以沐頭，以去「頭風」。另外，像葶藶子、蜀椒、桑灰汁都可以單獨用來沐頭，以去頭風。[188] 再者，「治風，身體如蟲行」，則是「以大豆漬飯漿水，旦旦溫洗面，洗頭髮」。[189]

---

185 詳見《千金要方》卷一三，〈心臟〉，頁245。
186 《外臺秘要》卷一八，〈腳氣論二十三首〉，頁493引。按：同樣的文字也見於《醫心方》卷八，〈腳氣姑息法〉，頁182，但注文說是引自唐臨之論。
187 詳見《醫心方》卷一九，〈服石發動救解法〉，頁432引。有關六朝人「服石」風氣的研究，詳見余嘉錫，〈寒食散考〉，收入《余嘉錫論學雜著》（北京：中華書局，1963），頁181-226。
188 詳見《千金要方》卷一三，〈心臟〉，頁247。
189 同上，卷二三，〈痔漏〉，頁428。

　　其次，《千金翼方》所載的「沐頭方」也大多和治療「頭風」有關。例如，「治頭風方」是「擣葶藶子末，以湯淋，取汁洗頭」，而「沐頭主頭風方」則是「五月五日，取鹽壹升水壹升合煮，并內三匕蛇床，以陳蘆燒之，三沸，以沐頭，訖，急結密巾之四五日，以水沃之」，或是單用吳茱萸煮水沐頭。[190]

　　再者，《外臺秘要》也載有多首「沐頭方」，所療治的疾病包括：（1）骨蒸；（2）盜汗；（3）肺熱引起的頭痒、頭生白屑；（4）頭風所引起的頭痒（腫）、頭生白屑；（5）頭風；（6）頭風所引起的白屑、白髮。用來製作沐湯的藥物，或用單味（死人席緣；新生烏雞子；生柏葉），或用二味（大麻人和秦椒；杏人和烏麻子），或用三味（大麻人、秦椒、皂莢），或用四味（枯朽骨碎、柳枝、棘枝和桃枝；浮木子、鐵精、零陵香和丁香子），或用五味（豬椒根、麻黃根、茵芋、防風、細辛），或用六味（蔓荊子、防風、寄生、秦椒、大麻人、白芷），或多達十味（甘菊花、獨活、茵芋、防風、細辛、蜀椒、皂莢、桂心、杜蘅、莽草）。[191] 另外，據載，在「正月八日沐浴」可以「除目盲」。[192]

　　至於《醫心方》所記載的沐髮方，功效包括：（1）治頭風；（2）「避病」（避「時氣疫病」）；（3）緩解或治療服用寒食散或石藥後所產生的不適反應，包括眩暈、頭痛、面赤、熱悶等；（4）除百病；（5）令人長壽、不老。比較奇特的是，這些沐髮方只提「洗頭」、「沐髮」、「沐浴」，很少說明藥物的使用，所提及的藥物也只有吳茱萸、蘭花、菊花和枸杞四種。此外，沐髮（沐浴）的日子似乎也是能否發揮功效的主要因素，而被認為是良日、吉日的有：一、《靈奇方》所說的五月戊己日；二、《抱朴子》所說的月宿東井日；三、《養生要集》所提出的「正月十日、二月八日、三月六日、四月七日、五月一日、六月廿七日、七月廿五日、八月廿五日、九月廿日、十月十八日、十一月十五日、十二月十三日」、「春夏秋冬的三月旦和陰日」、以及「正月二日、二月三日、三月六日、四月八日、五月一日、六月廿一日、七月七日、八月八日、九月廿日、十月八日、十一月廿日、十二月卅日」三種沐浴的「日曆」；四、《延壽赤書》所說的「甲子及汩日」；五、《千金方》所說的「晦日」。至於忌日，《枕中方》

---

[190] 詳見《千金翼方》卷一六，〈中風上〉，頁189。

[191] 詳見《外臺秘要》卷一三，頁349, 371引《崔氏別錄》；卷一六，頁447引《刪繁方》；卷三二，頁883引《延年方》、《集驗方》、《必效方》、《廣濟方》。

[192] 同上，卷二一，頁573引《諸病源候論》。原文出自《諸病源候論》卷二八，〈目病諸候・目青盲候〉。

說「勿十一月十日沐浴」。[193]

　　由上述這些材料來看，對於傳統醫家來說，無論是否使用藥物，沐髮對於身體的健康有很大的助益，可以療治的疾病也不少，但是，若想發揮最大的功效，避免危險，似乎必須謹慎選擇沐髮的日子，並且遵守一些禁忌。

四、披髮、挽髮與摩髮的功效

　　在傳統中國社會，束髮或結髮是遵循禮教與文明的象徵，因此，「披頭散髮」者，或爲異族，或爲「異常之人」（如狂者），或是處於「異常」的狀態（如進行某些特殊的宗教儀式時）。[194] 但是，從醫家的角度來看，披髮對於衛生、養生其實相當重要。例如，前述之沐髮、櫛髮，都必須先解髮、披髮，而《素問》更說：

> 春三月，此謂發陳，天地俱生，萬物以榮，夜臥早起，廣步於庭，被髮緩形，以使志生，生而勿殺，予而勿奪，賞而勿罰，此春氣之應養生之道也。[195]

由此可見，「被髮」被認爲是一種「養生之道」。

　　其次，像馬王堆出土的《陰陽十一脈灸經》（甲本）、晉代王叔和的《脈經》和皇甫謐的《甲乙經》，也都提到要「緩帶、被髮、大杖、重履而步」，以治療和腎足少陰脈相關的各種疾病。[196]

　　此外，皇甫謐還主張，服石之後，若因藥力發作而有「百節酸痛」的現象

---

[193] 詳見《醫心方》卷三，〈治頭風方〉，頁9031引《僧深方》；卷一四，〈避傷寒病方〉，頁316-317引《靈奇方》；卷一九，〈服石發動救解法〉，頁431引「皇甫謐説」、頁437引「曹歙救解法」；卷一九，〈服丹發熱救解法〉，頁441引《大清經》；卷二〇，〈治服石頭痛方〉，頁456引「皇甫謐説」；卷二七，〈養形〉，頁620引《養生要集》、《延壽赤書》、《千金要方》、《枕中方》。

[194] 詳見林富士，〈披髮的人〉，《歷史月刊》8(1988.9)：149-150，收入氏著，《小歷史：歷史的邊陲》（台北：三民書局，2000），頁171-174；大形徹，〈被髮考〉，《東方宗教》86(1995)：1-23。

[195] 《素問》卷一，〈四氣調神大論篇〉，頁20-21。按：同樣的文字也見於《諸病源候論》卷一五，〈五臟六腑病諸候〉，頁2引《養方》。

[196] 詳見《二十世紀出土中國古醫書集成・陰陽十一脈灸經甲本》，頁32；《脈經》卷六，〈腎足少陰經病證〉，頁102；《甲乙經》卷二，〈十二經脈絡脈支別〉，頁1625-1626。

時，便必須「常常科頭受風」。[197] 就此來說，六朝名士常常披頭散髮，除了是爲了表示反抗「名教」的束縛外，恐怕和他們服石的風氣及需要有關。

再者，「解髮」也和治療「無子」有關。例如，《新錄方》便說：「常以戊子日日中之時，合陰陽，解髮振五。得」。[198]

除此之外，醫書所載的服氣、導引之法，「挽髮」、「摩髮」往往也是主要的動作之一。例如，《千金要方》論「調氣法」時便說：

> 每旦夕，面向午，展兩手於腳膝上，徐徐按捺肢節，口吐濁氣，鼻引清氣。良久，徐徐乃以手左托右托、上托下托、前托後托，瞋目張口，叩齒摩眼，押頭拔耳，挽髮放腰，欬嗽發陽振動也。……則身體悅懌，面色光輝，髮毛潤澤，耳目精明。令人……百病皆去。[199]

其次，像《服氣導引抄》也說：

> 臥起，先以手巾若厚帛拭項中四面及耳後，……順髮摩頭若理櫛之無在也。[200]

而《延壽赤書》也載：

> 《丹景經》曰：以手更摩髮及理櫛但熱，令髮不白也。[201]

這三條材料都可以說明挽、摩頭髮在這類養生術中的重要性。

值得一提的是，「披髮」施行法術，藉以療病的方法，也見於醫籍。例如，《產經》說：

> 若卒有患□命、疾病、有厄，輒披髮左祖，禹步三，仰呼所屬星名，曰：某甲未護旡思，勿令惡賊傷我，勿令邪鬼魅來病我。[202]

總而言之，看似簡單的挽髮或摩髮的動作，以及披散的髮式，對於醫家來說，若是結合了其他的導引之術或其他方法，便都能產生特定的養生或療疾的功能。

---

[197] 詳見《醫心方》卷一九，〈服石發動救解法〉，頁430引；卷二〇，〈治服石百節痛方〉，頁460引。

[198] 同上，卷二四，〈治無子法〉，頁531引。

[199] 《千金要方》卷二七，〈養性‧調氣法〉，頁483。

[200] 《醫心方》卷二七，〈導引〉，頁624引。

[201] 同上，卷二七，〈養形〉，頁619引。

[202] 同上，卷二四，〈相子生命屬十二星〉，頁541引。

五、挽髮或牽髮的急救功效

在醫療上，挽髮或牽髮還被認爲具有「急救」的功能。例如，《金匱要略》載：

> 救自縊死，旦至暮雖已冷，必可治，暮至旦小難也。恐此當言忿氣盛故也，然夏時夜短於晝，又熱，猶應可治。又云，心下若微溫者，一日以上，猶可治之。方：
> 「徐徐抱解，不得截繩，上下安被臥之。一人以脚踏其兩肩，手少挽其髮常弦，弦勿縱之。一人以手按據胸上，數動之，一人摩捋臂脛屈伸之。若已殭，但漸漸強屈之，并按其腹。如此一炊頃，氣從口出，呼吸眼開，而猶引按莫置，亦勿苦勞之。須臾可少桂湯及粥清含與之，令濡喉，漸漸能嚥，及稍止。若向冷，兩人以管吹其兩耳朵好，此法最善，無不活者。」[203]

由此可見，在急救自縊者的過程中，「用手挽其髮」是主要的步驟之一，而葛洪的《肘後方》載「療自縊死」的方法也說：

> 徐徐抱解其繩，不得斷之。懸其髮，令足去地五寸許，塞兩鼻孔，以蘆管內其口中至咽，令人噓之。……若活了能語，乃可置。若不得懸髮，可中分髮，兩手牽之。[204]

其他如《備急方》、《范汪方》的「療自縊死方」，基本方法也都是要「懸牽其頭髮」、「懸髮」。[205] 此外，《千金要方》所提出的「治自縊死方」則說：

> 尿鼻口眼耳中，并提頭髮一撮如筆管大，掣之立活。[206]

這是以拉扯頭髮令病人醒轉的方法。

除自縊外，牽扯頭髮還可用於急救產婦生產之後心悶、眼睛無法張開的情形。例如，《集驗方》說：

> 治產後心悶眼不得開方：即當頭頂上取髮如兩指大，強人牽之，眼即開。[207]

這個方法也見於孫思邈的《千金要方》和《千金翼方》。[208]

---

[203] 《金匱要略》卷下，〈雜療方〉，頁88。
[204] 《外臺秘要》卷二八，〈自縊死方一十五首〉，頁770引。
[205] 同上，頁771引。
[206] 《千金要方》卷二五，〈備急〉，頁446。
[207] 《醫心方》卷二三，〈治產後運悶方〉，頁518。
[208] 詳見《千金要方》卷二，〈婦人方上〉，頁31；《千金翼方》卷六，〈婦人二〉，頁72。

另外，《千金翼方》載有「返魂湯」，其主治及使用方法為：

> 主卒忤鬼擊飛尸，諸奄忽氣無復覺，或已死口噤，拗口不開，去齒下湯，
> 湯入口活。不下者，分病人髮，左右捉，踏肩引之，藥下，復增取盡壹
> 升，須臾立蘇。[209]

這是在病人因卒忤、鬼擊、飛尸等病而陷於昏迷，無法服藥的情形下，利用「分髮」、「捉髮」，令藥入肚以便救治的方法。

六、頭髮的醫療器具效用

頭髮除了在急救中有其功用外，有時還被用來當做一種醫療器材。例如，《肘後方》的「療卒魘寐不寤方」載：

> 以蘆管吹兩耳，並取其人髮二七莖作繩，內鼻孔中，割雄雞冠取血，以管
> 吹喉咽中，大良。[210]

這是利用頭髮導引雞血自鼻入喉的方法。

其次，《諸病源候論》將頭髮當做檢驗器材，用以檢測「注病」：

> 凡欲知是注非注，取紙覆痛處，燒頭髮令〔焦〕（熱），以簇紙上。若是
> 注，髮黏著紙，此注氣引之也。若非注，髮即不著紙。[211]

第三，婦人產後胞衣不出時，也可以利用頭髮。例如《葛氏方》說：「解髮刺喉中，令得嘔之，良」；[212]《延年秘錄》說：「吞雞子黃兩三枚，解髮刺喉中，令得嘔即出」。[213] 這是將頭髮當做催吐的器具，以利胞衣的排出。

第四，治療耳聾時，也會用到頭髮，例如，《肘後方》的「療二三十年聾方」便提到，在塞藥治療產生療效之後，還必須「常以髮塞耳，慎避風」。[214] 此外，《千金要方》和《千金翼方》的「治耳聾方」（「治二十年聾方」），是用桂心、野葛和成煎雞肪三味製成藥膏，然後塞入耳中，而最後的療程則是「以髮

---

[209]《千金翼方》卷二〇，〈雜病下〉，頁236。

[210]《外臺秘要》卷二八，〈卒魘方二十一首〉，頁757引。

[211]《諸病源候論》卷二四，〈注病諸候·諸注候〉，頁1-3。

[212] 詳見《醫心方》卷二三，〈治胞衣不出方〉，頁513引。

[213] 詳見《外臺秘要》卷三三，〈子死腹中欲令出方〉，頁937引。

[214] 同上，卷二二，〈久聾方五首〉，頁589引。

裹膏深塞，莫使泄氣，五日乃出之」。[215]

第五，治療小兒「鵝口」、「口噤」、「口瘡」時，其主要療法之一也是用頭髮（主要是用小兒之父或父母的頭髮）擦拭小兒的口、舌。[216]

七、頭髮的巫術療效

在傳統中國巫術中，使用頭髮的情形並不罕見，[217] 而在醫籍中，我們也可以看到類似的用法。例如，《如意方》說：

取婦人頭髮廿枚，燒，置所眠床蓆下，即夫婦相愛。[218]

《枕中方》也說：

老子曰：欲令女人愛，取女人髮廿枚，燒作灰，酒中服之，甚愛。[219]

又說：

夫婦相憎之時，以頭髮埋著灶前，相愛如鴛鴦。[220]

《延齡經》也說：

取未嫁女髮十四枚爲繩，帶之，見者腸斷。[221]

又說：

取己爪、髮燒作灰，與彼人飲食中，一日不見如三月。[222]

另外，《靈奇方》則說：

解怒，埋其人髮於灶前，入土三尺，令不怒。[223]

以上這六條材料都是所謂的「相愛方」，都是利用頭髮以行使「愛情巫術」，以化解憎恨，爭取情愛，並有利於孕育子女。[224]

---

[215] 詳見《千金要方》卷六下，〈七竅病下〉，頁128；《千金翼方》卷一一，〈小兒〉，頁139。

[216] 詳見《千金要方》卷五上，〈少小嬰孺方上〉，頁76；卷五下，〈少小嬰孺方下〉，頁97；《外臺秘要》卷三五，〈小兒口噤方〉，頁994引《備急方》、頁995引《千金要方》。

[217] 參見江紹原，《髮鬚爪——關於它們的迷信》，頁39-101。

[218] 《醫心方》卷一六，〈相愛方〉，頁601引。

[219] 同上。

[220] 同上。

[221] 同上，頁602引。

[222] 同上。

[223] 同上，頁603引。

[224] 參見李貞德，〈漢唐之間求子醫方試探〉，《中央研究院歷史語言研究所集刊》68.2(1997)：283-367。

陸、結論

由以上的討論可以知道，對於傳統中國的醫者而言，頭髮可以說是主要的認知和論述對象之一。他們認為，頭髮是構成生命的主要元素之一，而且和人體中的其他器官和元素（如：腎、心、精、血、足少陰脈、三陽脈等）息息相關，而頭髮的顏色、品質和外觀往往被視為一個人健康狀態的重要指標。

因此，傳統中國醫家格外注意頭髮和疾病的關係。他們認為，衰老以及身體中的許多疾病，都會促使原本健康、正常的頭髮產生變化。頭髮的掉落、短小、焦黃、變白、變赤、聳起、乾枯等，往往是某種疾病的病徵，有時甚至是病篤不治的死候。

他們也認為，頭髮在數量上、顏色上、品質上和長度上的改變，往往是一種「髮病」。至於造成髮病的原因，除了自然的衰老之外，主要是由各種疾病（如：「血極」、「精極」、「血蒸」、「形傷」、「虛勞」、「赤疵」、「風注」、「水注」、小兒「魃病」、小兒「囟填」、小兒「無辜」、「皮寒熱」、「肌寒熱」、「癲疾」、「蟲癩」、「水癩」、「癇病」、「傳屍」、「腎中風」、足少陰腎脈之血氣虛弱或衰竭等）所造成，倘若追本溯源，則可以歸之於飲食和生活起居不慎、不當，以及衰老、過度耗用精神、憂愁、恐懼和哀傷。[225]

然而，頭髮有時也會成為疾病的病源。飲食之時若不慎誤吞頭髮，可能會「繞喉不出」或是入胃形成「髮癥」（「髮瘕」）。小兒衣服或鞋子之中若有頭髮則會罹患「客忤」。沐髮不慎更會「生百病」，諸如頭風、目眩、髮禿、面黑、齒痛、耳聾、頭生白屑、心虛、饒汗、多夢、瘰癧、濕癩、腎痺、腳弱等，都可能因沐浴時「動血脈、引外氣」，導致邪氣入侵體內而造成。因此，醫家大多主張，沐髮不可太過頻繁，而且必須選擇適當的日子、時辰和地點，沐髮之時及其前後也必須遵守各種禁忌。此外，梳頭雖然是日常必行之事，但醫家認為，重病之後不可梳頭，否則病將復發（「勞復」）。

由於醫家認為頭髮和人體的健康息息相關，並會直接或間接的造成各種疾病，因此，他們非常注意防治髮病和護理頭髮，而其方法則不外用藥（按其使用方法又可分成服食、塗染、洗沐三種）、沐髮、櫛髮、導引和拔除五種，這五種方法往往可以並用。

---

[225] 有關衰老、強烈的心緒或情感變化，以及過度的勞心費神導致頭髮變白、禿落的討論，詳見蕭璠，〈長生思想和與頭髮相關的養生方術〉，頁16-20。

　　不過，他們同時也利用頭髮來治療各種疾病。他們認爲頭髮具有藥物的作用，櫛髮和沐髮可以預防、治療許多不同的疾病，披髮、摩髮和挽髮則具有養生上的功用。此外，他們還認爲挽髮、牽髮可以發揮「急救」的功能，有時則使用頭髮做爲醫療器材和巫術療法的主要工具。

　　除此之外，我們也知道，傳統中國醫家對於頭髮的認知和運用，除了有其醫學上的傳承之外，似乎還受到巫術傳統和道教醫學、養生學的影響。事實上，本文所引用的不少醫學文獻，《延壽赤書》、《大淸經》、《眞誥》、《千金要方》、《千金翼方》、《本草經》、《名醫別錄》、《肘後方》等，其編者或作者，多少都與道教有關。其中像葛洪、陶弘景和孫思邈，更是當時著名的道士，他們在醫籍之外的著作中，如葛洪的《抱朴子》、陶弘景的《眞誥》、《登眞隱訣》等，對於頭髮也都有所論述。總之，道教與中國傳統醫學的關係仍有待進一步的探討。[226]

　　無論如何，從傳統中國醫者的角度來看，長髮的確會帶來一些「不方便」，也有「不衛生」的地方。因爲，倘若不常櫛沐，則容易產生頭垢、頭蝨、頭禿等疾病，但是，若常櫛沐，不僅耗時（尤其是沐髮更需時間曝乾），而且，若有不慎，很容易招致各種疾病。因此，櫛沐的頻率、地點、日子和時辰便必須謹慎選擇，而一些相關的禁忌（例如：沐髮之前不可飽食；沐髮之後不可立刻躺臥、不可空腹等）也必須嚴格遵守。

　　但是，傳統中國醫家，似乎不會因爲長髮所帶來的不方便和不衛生而主張剪短或剃光頭髮，因爲，他們認爲頭髮是構成生命的基本元素之一，而「長髮」則是美和健康的象徵，是血氣飽滿、精神充足的表現。更何況，束髮在傳統中國社會中被視爲族群、文明、禮教的象徵，髮的長短與有無也被視爲身分尊卑、地位高下、青春或衰老、健康或疾病的重要指標。[227] 因此，在二十世紀以前，維護長

---

[226] 有關中國中古時期道教與醫學之間的緊密關係，仍待進一步探究。初步研究，參見蕭璠，〈長生思想和與頭髮相關的養生方術〉，頁3-11；林富士，〈試論《太平經》中的疾病觀念〉，《中央研究院歷史語言研究所集刊》62.2(1993)：225-263。

[227] 參見江紹原，《髮鬚爪──關於它們的迷信》；蕭璠，〈長生思想和與頭髮相關的養生方術〉，頁1-2；林富士，〈披髮的人〉；林富士，〈頭髮的象徵意義〉，《中央日報》「長河」版（1988年6月4日），收入氏著，《小歷史：歷史的邊陲》，頁165-170；Philip A. Kuhn, *Soulstealers: The Chinese Sorcery Scare of 1768* (Cambridge and London: Harvard University, 1990)。按：在中國之外，在許多不同的人類社會中，頭髮與髮式也都具有特殊的象徵意義。相關研究參見 E. R. Leach, "Magical Hair," *Journal of the Royal*

髮一直是中國的傳統，而爲了避免長髮所帶來的「不方便」、「不衛生」，傳統中國醫學也發展出一些因應之道（諸如櫛沐、用藥等），甚至利用頭髮來診察、治療疾病。因此，一九一一年起中國大陸與台灣的「剪髮」運動，似乎也宣告，傳統中國醫學和文化對於頭髮的看法，已喪失其「典範」的地位。

（本文於一九九九年六月廿六日通過刊登）

Anthropological Institute 88(1958): 147-164; P. Hersman, "Hair, Sex and Dirt," *Man*, n.s. 9(1974): 274-298; Christopher R. Hallpike, "Hair," in *The Encyclopedia of Religion*, ed. by Mircea Eliade (New York: The Mcmillan Company, 1987), pp. 154-157.

附表一：《五十二病方》所載的「髮方」

主治疾病	單或複方	劑型	使用方法	資料來源
諸傷	複方	湯液	飲服	頁48
止血	單方	灰	敷	頁49
痂	複方	灰	敷	頁152

附表二：《金匱要略》所載的「髮方」

主治疾病	單或複方	劑型	使用方法	資料來源
小便不利	複方〔滑石白魚散方〕	散	飲服	卷中，〈消渴小便利淋病〉，頁49
諸黃	複方〔豬膏髮煎方〕	膏	服食	卷中，〈黃疸病〉，頁57
婦人「穀氣之實」	複方〔豬膏煎方〕	膏	服食	卷下，〈婦人雜病〉，頁84
尸蹶	單方	灰	以美酒飲服或灌食	卷下，〈雜療方〉，頁87

附表三：《肘後備急方》所載的「髮方」

主治疾病	單或複方	劑型	使用方法	資料來源
尸蹶	單方	灰	以美酒飲服或灌食	卷一，〈救卒死尸蹷方〉，頁56
魘寐不寤	複方	髮繩	以病人的頭髮十四根作繩，納鼻孔中，將雄雞血以管吹入咽喉中	卷一，〈治卒魘寐不寤方〉，頁65
中五尸	複方	丸	酒服	卷一，〈治卒中五尸方〉，頁73
斷溫病令不相染著	單方	斷髮	斷髮，長七寸，盜著病人臥席下	卷二，〈治瘴氣疫癘溫毒諸方〉，頁168-169
黃疸	單方	灰	服食	卷四，〈治卒發黃疸諸黃病〉，頁319
諸黃	複方	膏	服食	卷四，〈治卒發黃疸諸黃病〉，頁323
諸疽瘡	複方	膏	塗	卷五，〈治癰疽妒乳諸毒腫方〉，頁377
惡瘡	複方	膏	敷	卷五，〈治癩癬疥漆瘡諸惡瘡方〉，頁404-405, 406-407
鼠瘻	複方	膏	半塗半酒服	卷五，〈治卒得蟲鼠諸瘻方〉，頁427

附表四：《龍門石窟藥方碑文》所載的「髮方」

主治疾病	單或複方	劑型	使用方法	資料來源
冷心痛	複方	粉末	酒服	頁424
失音不語	複方	不詳	服用	頁434
惡疰	複方	不詳	飲服	頁437

附表五：《千金要方》所載的「髮方」

主治疾病	單或複方	劑型	使用方法	資料來源
婦人「無故尿血」	複方	燒末	酒服	卷二，〈婦人方上〉，頁28
婦人「產後餘疾惡露不除，積聚作病，血氣結搏，心腹疼痛」	複方	銅鏡鼻湯	飲服	卷三，〈婦人方中〉，頁46
婦人「產後淋澀」	複方	葵根湯	飲服	卷三，〈婦人方中〉，頁50
童女交接，陽道違理，及爲佗物所傷，血出流離不止	複方	燒灰	敷	卷三，〈婦人方中〉，頁54
婦人「月經不通，百療不瘥」	複方	乾漆圓	酒服	卷四，〈婦人方下〉，頁60
婦人「月經不通，結成癥瘕」	複方	桂心酒	飲服	卷四，〈婦人方下〉，頁62
婦人「崩中漏下，赤白不止，氣虛竭方」	單方	亂髮灰	酒服	卷四，〈婦人方下〉，頁68
小兒舌下「血出不止」	單方	髮灰	敷	卷五上，〈少小嬰孺方上〉，頁76
小兒「卒中忤」	複方	燒灰	合乳汁服	卷五上，〈少小嬰孺方上〉，頁83
少小「見人來卒不佳，腹中作聲」	複方	燒灰	合乳汁服	卷五上，〈少小嬰孺方上〉，頁83
小兒「驚啼」	單方	亂髮灰	酒服	卷五上，〈少小嬰孺方上〉，頁84
少小「吐痢」	複方	燒末	米汁服	卷五下，〈少小嬰孺方下〉，頁92

小兒「身赤腫起」	複方	燒末	以膏和敷	卷五下，〈少小嬰孺方下〉，頁93
小兒「疥」	單方	亂髮灰	和臘月豬脂敷	卷五下，〈少小嬰孺方下〉，頁96
小兒「鸝口，兩吻生瘡」	單方	亂髮灰	和豬脂敷	卷五下，〈少小嬰孺方下〉，頁97
小兒「口傍惡瘡」	複方	散	敷	卷五下，〈少小嬰孺方下〉，頁97-98
小兒「淋」	複方	燒灰	水服	卷五下，〈少小嬰孺方下〉，頁101
鼻衄	單方	亂髮灰	吹入鼻中並水服	卷六上，〈七竅病上〉，頁112
口傍惡瘡	複方	散	敷	卷六上，〈七竅病上〉，頁114
脣黑腫痛癢不可忍及「瀋脣」	複方	燒灰	和豬脂敷	卷六上，〈七竅病上〉，頁119-120
心腹疝瘕	複方	丸	服	卷一一，〈肝臟〉，頁211-212
少腹堅大如盤，胸中脹，食不消，婦人瘦瘠	單方	髮灰	煖水服	卷一一，〈肝臟〉，頁214
忽吐血一兩口，或是心衄或是內崩	單方	亂髮灰	水服	卷一二，〈膽腑〉，頁222
赤白滯下	單方	亂髮灰	水服	卷一五下，〈脾臟下〉，頁281
久痢不差	複方	羊脂煎	飲服	卷一五下，〈脾臟下〉，頁284
小兒「赤白滯下」	複方	燒灰	水服	卷一五下，〈脾臟下〉，頁289
食中吞髮咽不去繞喉	單方	亂髮灰	酒服	卷一六，〈胃腑〉，頁296
哭疰	複方	膏	服	卷一七，〈肺臟〉，頁319
卒得尸疰毒痛往來	複方	丸	酒服	卷一七，〈肺臟〉，頁321

心勞熱傷心，有長蟲名曰蠱，長一尺，貫心爲病	複方	蜜丸	酒服	卷一八，〈大腸腑〉，頁335
蟯蟲	複方	粉末	以苦酒調服	卷一八，〈大腸腑〉，頁336
胞轉，臍下急滿不通	單方	亂髮灰	和醋服	卷二〇，〈膀胱腑〉，頁362
下焦虛寒損，或先見血後便轉，此爲近血，或利不利	複方	伏龍肝湯	飲服	卷二〇，〈膀胱腑〉，頁365
三焦虛損，或上下發泄吐唾血	複方	當歸湯	飲服	卷二〇，〈膀胱腑〉，頁365-366
小便不通	複方	燒末	飲服	卷二一，〈消渴、淋閉、尿血、水腫〉，頁379
小便出血	單方	亂髮灰	酒服	卷二一，〈消渴、淋閉、尿血、水腫〉，頁382
十三種丁	複方	粉末	酒服	卷二二，〈丁腫、癰疽〉，頁390
魚臍丁瘡	複方	燒灰	和雞溏屎敷	卷二二，〈丁腫、癰疽〉，頁391
癰疽「發背」	單方	亂髮灰	酒服	卷二二，〈丁腫、癰疽〉，頁402
瘰疽	單方	亂髮灰	酒服	卷二二，〈丁腫、癰疽〉，頁408-409
久癰瘡敗壞成骨疽	複方	膏	和鹽敷	卷二二，〈丁腫、癰疽〉，頁410
惡瘡之一	複方	膏	塗	卷二二，〈丁腫、癰疽〉，頁410-411
惡瘡之二	複方	烏膏	敷	卷二二，〈丁腫、癰疽〉，頁411
鼠漏	複方	膏	塗並以酒服	卷二三，〈痔漏〉，頁416

鼠漏及瘰癧	複方	五白膏	敷	卷 二 三 ，〈 痔 漏 〉，頁 416, 417, 421, 424
五痔眾醫所不能瘥者	複方	丸	飲服	卷 二 三 ，〈 痔 漏 〉，頁 416, 417, 421, 424
久疥癬	複方	膏	敷	卷 二 三 ，〈 痔 漏 〉，頁 416, 417, 421, 424
蠱毒	複方	湯	飲服	卷二四，〈解毒幷雜治〉，頁438
猘犬齧人	複方	燒灰	水飲	卷 二 五 ，〈 備 急 〉，頁453
腕折瘀血	複方	湯	飲服	卷 二 五 ，〈 備 急 〉，頁457
卒尸厥	單方	左角髮燔灰	酒服	卷 三 ○ ，〈 針 灸 下 〉，頁537

附表六：《千金翼方》所載的「髮方」

主治疾病	單或複方	劑型	使用方法	資料來源
婦人「產後淋澀」	複方	葵根湯	飲服	卷七，〈婦人三〉，頁87
小兒「口傍惡瘡」	複方	散	敷	卷一一，〈小兒〉，頁135
小兒「緊脣」	複方	燒末	敷	卷一一，〈小兒〉，頁136
小兒「耳聾」	複方	粉末	塞耳中	卷一一，〈小兒〉，頁138
吐血、唾血	複方	湯液	飲服	卷一八，〈雜病上〉，頁206
先見血後便轉此爲遠血	複方	伏龍肝湯	飲服	卷一八，〈雜病上〉，頁208
蠱毒	複方	湯液	飲服	卷二〇，〈雜病下〉，頁236
刀斧所傷及冷瘡牛領馬鞍瘡	複方	膏	敷	卷二〇，〈雜病下〉，頁238
癲病	複方	大黑膏	塗	卷二一，〈萬病〉，頁252
癰疽、痔瘻、惡瘡、婦人妬乳瘡	複方	野葛貼	塗	卷二三，〈瘡癰上〉，頁278
鼠漏	複方	膏	塗	卷二四，〈瘡癰下〉，頁284
久疥癬	複方	膏	敷	卷二四，〈瘡癰下〉，頁293
諸惡瘡	複方	烏頭膏	敷	卷二四，〈瘡癰下〉，頁295
表裡俱熱，三焦熱實，身體生瘡，或發即大小便不利	複方	膏	塗	卷二四，〈瘡癰下〉，頁295
惡瘡黃水出流	複方	膏	塗貼	卷二四，〈瘡癰下〉，頁296

附表七：《外臺秘要》所載的「髮方」

主治疾病	單或複方	劑型	使用方法	資料來源
諸黃	複方	豬膏髮煎	服	卷四，頁136，引張仲景《傷寒論》
黃疸	單方	亂髮灰	酒服	卷四，頁139，引《肘後方》
霍亂吐痢心煩	複方	亂髮湯	溫服	卷六，頁171，引《小品方》
霍亂煩躁	單方	亂髮灰	鹽湯和服	卷六，頁176，引《備急方》
霍亂，諸藥不能療	複方	亂髮湯	溫服	卷六，頁176，引《小品方》
霍亂轉筋不止	複方	茱萸湯	溫服	卷六，頁179，引《廣濟方》
下焦虛寒損，或先見血後便轉，此為近血，或利不利	複方	伏龍肝湯	飲服	卷六，頁187，引《刪繁方》
三焦虛損，或上下發泄吐唾血	複方	當歸湯	飲服	卷六，頁187，引《千金方》
食中吞髮哽不出繞喉	單方	梳頭髮燒灰	飲服	卷八，頁250-151，引《張文仲方》
尸疰	複方	丸	酒服	卷一三，頁362，引《姚氏方》
心勞熱傷心，有長蟲名蠱蟲，長一尺，周心為病	複方	雷丸	清白飲	卷一六，頁437，引《刪繁》
三五十年眼赤并胎赤	複方	灰	敷	卷二一，頁567，引《崔氏別錄》：太常丞昌才道勑「西域方」
耳聾	複方	丸	納耳中	卷二二，頁586，引《廣濟方》
潘脣、緊脣	複方	燒灰	以豬脂和敷	卷二二，頁611，引《集驗方》

口傍瘡	複方	粉末	敷	卷二二，頁616，引《千金方》
鼠瘻及瘰癧	複方	膏	敷	卷二三，頁634，引《集驗方》
鼠瘻	複方	膏	塗並以酒服	卷二三，頁638，引《千金方》
癰疽敗及骨疽	複方	膏	塗	卷二四，頁661，引《千金方》
瘭疽著手足肩背	複方	膏	塗	卷二四，頁662，引《千金方》
發背	單方	亂髮灰	酒服	卷二四，頁665，引《千金方》
久痢	複方	丸	服	卷二五，頁680，引《張文仲方》
五疳蒸下痢方	複方	散	敷	卷二五，頁690-691，引《古今錄驗》
下焦寒損，或先見血後便，此爲遠血，或痢不痢	複方	伏龍肝湯	飲服	卷二五，頁695，引《崔氏別錄》
五痔下血不止	複方	丸	飲服	卷二六，頁700，引《廣濟方》
五痔，大便肛邊清血出	複方	丸	酒服	卷二六，頁701，引《小品方》
三蟲	複方	粉末	以苦酒服	卷二六，頁723，引《肘後方》
淋	單方	燒頭髮灰	服	卷二七，頁728，引《集驗方》
卒大便閉塞不通	單方	亂髮灰	水服	卷二七，頁737，引《備急方》
尿血	單方	亂髮灰	水服	卷二七，頁744，引《蘇澄方》
胞轉小便不通	複方	亂髮散	飲服	卷二七，頁745，引《古今錄驗》
容忍小便令胞轉，大小便不得	複方	汁	服	卷二七，頁745，引「張苗說」
尸厥	單方	左角髮燒末	酒服	卷二八，頁760，引《張仲景方》

中蠱毒	複方	汁	飲服	卷二八，頁766，引《千金方》
墮落積瘀血	複方	消血理中膏	酒服	卷二九，頁778，引《深師方》
忽落馬墮車，及墜屋坑崖腕傷，身體頭面四肢內外切痛，煩躁呌喚不得臥	複方	粉末	酒服	卷二九，頁779，引《肘後方》
爲人所打，舉身盡有瘀血	複方	散	酒服	卷二九，頁782，引《肘後方》
瘤贅瘢痕疣痣及癧疽惡肉	複方	灰煎	敷	卷二九，頁802，引《深師方》
十三種丁腫	複方	粉末	酒服	卷三〇，頁813，引《千金方》
令丁腫內消	複方	粉末	酒服	卷三〇，頁815，引《備急方》
丁腫封藥後	複方	粉末	酒服	卷三〇，頁816，引《廣濟方》
丁腫之一	複方	粉末	酒服	卷三〇，頁816，引《備急方》
丁腫之二	複方	粉末	酒服	卷三〇，頁817，引《備急方》
丁腫之三	複方	粉末	酒服	卷三〇，頁817，引《必效方》
丁腫之四	複方	灰	酒服	卷三〇，頁817，引《古今錄驗》
丁腫之五	複方	灰	飲服	卷三〇，頁817，引《古今錄驗》，邢長史所傳
丁腫之六	複方	散	水服	卷三〇，頁818，引《古今錄驗》
犯丁腫	複方	灰	溫酒和服	卷三〇，頁818，引《古今錄驗》
魚臍瘡	複方	膏	塗	卷三〇，頁821，引《千金方》

瘑瘡之一	複方	膏	敷	卷三〇，頁827，引《集驗方》
瘑瘡之二	複方	螺殼膏	敷	卷三〇，頁827，引《刪繁方》
久瘑疥癬諸惡瘡毒	複方	五黃膏	敷	卷三〇，頁828，引《劉涓子方》
疥	複方	乾燒	薰	卷三〇，頁832，引《備急葛氏方》
食諸六畜鳥獸肝中毒	單方	髮	和土以水飲之	卷三一，頁859，引《張文仲方》
禿髮	複方	汁	先洗後敷	卷三二，頁887，引《近效方》
婦人「妬乳癰瘡」	複方	膏	塗	卷三四，頁944，引《必效方》
婦人「惡露不盡，腹脹痛」	單方	亂髮灰	酒服	卷三四，頁948，引《救急方》
婦人「產後血露不絕，崩血不可禁止，腹中絞痛，氣息急，蓐病三十六疾」	複方	丸	飲服	卷三四，頁948，引《廣濟方》
婦人「產後淋瀝」	複方	葵根湯	飲服	卷三四，頁955，引《千金方》
童女交接，陽道違理，血出不止	複方	粉末	敷	卷三四，頁971，引《集驗方》
少小見人來，卒不佳，腹中作聲	複方	燒髮散	和乳飲	卷三五，頁988，引《千金方》
小兒吐痢	複方	粉末	飲服	卷三五，頁993，引《千金方》
兒童重舌欲死	單方	亂髮灰	敷	卷三五，頁995，引《古今錄驗》
小兒䕸口，兩吻生瘡	單方	亂髮灰	以豬脂和塗	卷三五，頁995，引《救急方》
小兒淋	複方	燒灰	水服	卷三六，頁1005，引《千金方》

少小衄血	複方	散	服	卷三六，頁1011，引《深師方》
小兒鼻衄不止	單方	燒髮灰末	吹鼻孔中	卷三六，頁1011，引《古今錄驗》
小兒侵淫瘡	複方	粉	以豬膏和塗	卷三六，頁1016，引《備急方》
小兒疥瘡	複方	雄黃膏	敷	卷三六，頁1021，引《范汪方》
小兒「疥」	單方	亂髮灰	以豬膏和敷	卷三六，頁1021，引《備急方》
發背及癰疽	單方	亂髮灰	酒服	卷三七，頁1045
大熱背腫身多生瘡，下諸石	複方	粉末	酒服	卷三七，頁1048
心腑中熱甚，鼻中衄血不止	複方	灰末	吹入鼻孔中	卷三八，頁1060
狂犬咬人	複方	灰末	水服	卷四〇，頁1135，引《小品方》

附表八：《醫心方》所載的「髮方」

主治疾病	單或複方	劑型	使用方法	資料來源
鼻衄之一	單方	亂髮灰	吹入鼻中並服	卷五，頁134，引《小品方》
鼻衄之二	複方	散	服	卷五，頁134，引《極要方》
緊脣	複方	灰	以豬脂和敷	卷五，頁135，引《千金方》
吐血	單方	亂髮灰	水服	卷五，頁138，引《千金方》
五痔	複方	丸	飲服	卷七，頁175，引《醫門方》
寒疝及衝心痛	單水	亂髮灰	水服或酒服	卷一〇，頁218，引《新錄方》
諸瘕	複方	自髮爪灰	酒服	卷一〇，頁225，引《新錄方》
赤白疳利	單方	頭髮灰	水服	卷一一，頁256，引《要急方》
卒下血	單方	亂髮灰	水服	卷一二，頁273，引《葛氏方》
小便不通	單方	亂髮灰	酒服	卷一二，頁275，引《醫門方》
魘不悟	單方	髮灰	酒服	卷一四，頁302，引《新錄方》
尸注	複方	丸	酒服	卷一四，頁308，引《范汪方》
沈尸	複方	丸	服	卷一四，頁309，引《新錄方》
癬及疥	複方	亂髮膏	敷	卷一七，頁384，引《刪繁方》
疥	複方	水銀膏	塗	卷一七，頁384，引《范汪方》
諸惡瘡	複方	膏	敷	卷一七，頁385，引《葛氏方》
蝸瘡	複方	末	以豬膏和敷	卷一七，頁391，引《葛氏方》

爲人所打，舉身盡有瘀血	複方	末	酒服	卷一八，頁404，引《葛氏方》
童女交接陽道違理，及爲他物所傷，血流離不止	複方	粉末	敷	卷二一，頁478，引《集驗方》
婦人漏赤不止，晝夜上氣虛竭	單方	亂髮灰	服	卷二一，頁481，引《千金方》
任婦「尿血」	複方	末	酒服	卷二二，頁500，引《產經》
小兒斷連舌時「出血不止」	單方	髮灰	敷	卷二五，頁552，引《產經》
小兒「鬼舐頭」	複方	膏	敷	卷二五，頁558，引《產經》
小兒「重舌」	單方	亂髮灰	敷	卷二五，頁563，引《小品方》
小兒「鼻衄」	單方	髮灰	吹入鼻內	卷二五，頁563，引《極要方》
女小兒「爲物觸傷陰道，血出不止」	複方	灰	以麻油和塗	卷二五，頁568，引《產經》
小兒「客忤」	複方	灰	合乳汁服	卷二五，頁571，引《千金方》
小兒「驚啼」	單方	亂髮灰	酒服	卷二五，頁572，引《千金方》
小兒「吐利」	複方	末	以米汁服	卷二五，頁574，引《千金方》
小兒「淋病」	複方	末	水服	卷二五，頁576，引《千金方》
小兒「身有赤處」	複方	膏	塗	卷二五，頁576，引《千金方》
小兒「疥瘡」	單方	亂髮灰	以臘月豬脂和敷	卷二五，頁580，引《千金方》

小兒「浸淫瘡」	複方	灰	以豬脂和敷	卷二五，頁581，引《千金方》
小兒「惡瘡」	複方	灰	以豬膏和敷	卷二五，頁582，引《葛氏方》
小兒「食髮繞咽」	單方	梳頭髮燒灰	服	卷二五，頁585，引《產經》
童女始交接陽道違理，及爲他物所傷，血流離不止	複方	粉末	敷	卷二八，頁656，引《集驗方》
食中吞髮結喉不出	單方	梳頭髮燒灰	服	卷二九，頁684，引《小品方》、《葛氏方》

引用書目

一、傳統文獻

丹波康賴 (912-995)，《醫心方》，北京：人民衛生出版社，1955年翻印。

王九思等，《難經集註》，上海：商務印書館，1955年翻印。

王充，《論衡》，四部備要本，台北：臺灣中華書局，1981。

王叔和，《脈經》，上海：商務印書館，1954年翻印。

王燾，《外臺秘要》，台北：國立中國醫藥研究所，1964年翻印。

未名，《武威漢代醫簡》，收入山田慶兒編，《新發現中國科學史資料の研究・譯注篇》，京都：京都大學人文科學研究所，1985。

未名，《龍門石窟藥方碑文》，收入山田慶兒編，《新發現中國科學史資料の研究・譯注篇》，京都：京都大學人文科學研究所，1985。

李昉 (925-996) 編，《太平廣記》，北京：人民文學出版社，1959。

李時珍著，甘偉松增訂，《新校增訂本草綱目》，台北：宏業書局，1992年再版。

南京中醫學院中醫系編，《黃帝內經靈樞譯解》，上海：上海科學技術出版社，1986。

姚思廉 (557-637)，《梁書》，點校本，北京：中華書局，1973。

皇甫謐，《甲乙經》，收入王肯堂輯，《醫統正脈全書》冊三，台北：新文豐出版公司，1975年翻印。

孫思邈，《千金翼方》，台北：宏業書局，1987年翻印。

孫思邈，《備急千金要方》，台北：宏業書局，1987年翻印。

巢元方，《巢氏諸病源候總論》，台北：宇宙醫藥出版社，1975。

巢元方著，丁光迪主編，《諸病源候論校注》，北京：人民衛生出版社，1992。

張仲景，《金匱要略》，上海：商務印書館，1954年翻印。

曹元宇輯注，《本草經》，上海：上海科學技術出版社，1987。

郭靄春，《黃帝內經素問校注》，北京：人民衛生出版社，1992。

陶弘景輯，尚志鈞輯校，《名醫別錄》，北京：人民衛生出版社，1986。

華佗（？），《中藏經》，收入王肯堂輯，《醫統正脈全書》冊四，台北：新文豐出版公司，1975年翻印。

葛洪，《葛仙翁肘後備急方》，東洋醫學善本叢書，冊二七，大阪：オリエント出版社，1992。

趙健雄編，《敦煌醫粹》，貴陽：貴州人民出版社，1988。

劉昫 (887-946)，《舊唐書》，點校本，北京：中華書局，1975。

歐陽修 (1007-1072)，《新唐書》，點校本，北京：中華書局，1975。

韓非著，王先愼集解，《韓非子集解》，台北：世界書局，1980年翻印。

叢春雨，《敦煌中醫藥全書》，北京：中醫古籍出版社，1994。

魏收 (505-572)，《魏書》，點校本，北京：中華書局，1974。

魏啓鵬、胡翔驊，《馬王堆漢墓醫書校釋（二）・胎產書一》，成都：成都出版
　　　　社，1992。

二、近人論著

大形徹
　　　1995　〈被髮考〉，《東方宗教》86。

王一剛
　　　1960　〈日據初期習俗改良運動〉，《臺北文物》9.2 / 3。

王汎森
　　　1996　〈清末的歷史記憶與國家建構：以章太炎爲例〉，《思與言》34.3。

王爾敏
　　　1982　〈斷髮、易服、改正朔：變法論之象徵旨趣〉，收入中央研究院近代
　　　　　　史研究所編，《中國近代的維新運動：變法與立憲研討會》，台
　　　　　　北：中央研究院近代史研究所。

吉澤誠一郎
　　　1997　〈清末剪辮論の一考察〉，《東洋史研究》56.2。

江紹原
　　　1928　《髮鬚爪——關於它們的迷信》，上海：開明書店。

余嘉錫
　　　1963　〈寒食散考〉，收入《余嘉錫論學雜著》，北京：中華書局。

吳文星
　　　1986　〈日據時期臺灣的放足斷髮運動〉，收載瞿海源、章英華主編，《臺
　　　　　　灣社會與文化變遷》，台北：中央研究院民族學研究所。

李思純
　　　1957　〈說民族髮式〉，收入氏著，《江村十論》，上海：上海人民出版
　　　　　　社。

李貞德
　　　1997　〈漢唐之間求子醫方試探〉，《中央研究院歷史語言研究所集刊》68.2。

村上嘉實
　　1985　　〈五十二病方の人部藥〉，收入山田慶兒編，《新發現中國科學史資
　　　　　　　料の研究・論考篇》，京都：京都大學人文科學研究所。
尙秉和
　　1937　　《歷代社會風俗事物考》，台北：台灣商務印書館，1985年翻印。
岡西爲人
　　1969　　《宋以前醫籍考》，台北：古亭書屋，1969年翻印。
林富士
　　1993　　〈試論《太平經》中的疾病觀念〉，《中央研究院歷史語言研究所集
　　　　　　　刊》62.2。
　　2000　　〈披髮的人〉，收入氏著，《小歷史：歷史的邊陲》，台北：三民書
　　　　　　　局。
　　2000　　〈頭髮的象徵意義〉，收入氏著，《小歷史：歷史的邊陲》，台北：
　　　　　　　三民書局。
范行準
　　1955　　《中國預防醫學思想史》，北京：人民衛生出版社。
桑原隲藏
　　1968　　〈支那人辮髮の歷史〉，收入《桑原隲藏全集》卷一，東京：岩波書
　　　　　　　店。
馬繼興
　　1985　　〈《醫心方》中的古醫學文獻初探〉，《日本醫史學雜誌》31.3。
傅維康主編
　　1993　　《中藥學史》，成都：巴蜀書社。
馮爾康
　　1985　　〈清初的剃髮與易衣冠〉，《史學集刊》1985.2。
黃得時
　　1968　　〈天然足會與斷髮不改裝運動〉，收載《臺灣研討會記錄續集》，台
　　　　　　　北：臺灣大學文學院考古人類學系。
劉香織
　　1990　　《斷髮：近代東アジアの文化衝突》，東京：朝日新聞社。
蕭璠
　　1998　　〈長生思想和與頭髮相關的養生方術〉，《中央研究院歷史語言研究
　　　　　　　所集刊》69.4。
瞿宣穎（兌之）
　　1937　　《中國社會史料業鈔・甲集》，上海：商務印書館。

Cooper, William C. and Nathan Sivin

　1973　"Man as Medicine: Pharmacological and Ritual Aspects of Traditional Therapy Using Drugs Derived from the Human Body," in Shigeru Nakayama and Nathan Sivin eds., *Chinese Science: Explorations of an Ancient Tradition*. Cambridge, Mass.: The MIT Press.

Hallpike, Christopher R.

　1987　"Hair," in Mircea Eliade ed., *The Encyclopedia of Religion*. New York: The Mcmillan Company.

Hersman, P.

　1974　"Hair, Sex and Dirt," *Man*, n.s. 9 .

Kuhn, Philip A.

　1990　*Soulstealers: The Chinese Sorcery Scare of 1768*. Cambridge and London: Harvard University.

Leach, E. R.

　1958　"Magical Hair," *Journal of the Royal Anthropological Institute* 88.

Sivin, Nathan

　1987　*Traditional Medicine in Contemporary China*. Ann Arbor: Center for Chinese Studies, The University of Michigan.

出自第七十一本第一分（二〇〇〇年三月）

傅斯年、胡適與居延漢簡的運美及返台

邢　義　田

本文根據傅斯年檔案、史語所、近史所所藏檔案以及若干當事人提供之資料，記述一九三〇年代所發現之居延漢簡從香港運到美國，以及其後運回台灣的經過。依據資料，可以清楚證明居延漢簡當初自北京到香港，再從香港到美國，是爲避免戰禍，保存文物。一九四〇年八月四日居延漢簡自港運美，完全由傅斯年主導，胡適負責在美之保存。依據美國國會圖書館開給胡適之收據，可證明居延漢簡存放於美國，並非如流言所說，作爲中國政府向美貸款之抵押。本文也根據押運漢簡回台當事人的口述及提供的資料，略述漢簡在美保存及於一九六五年運回南港「中央研究院」歷史語言研究所的過程。時值傅斯年先生百年誕辰，特撰此文，以彰先生保存文物之功。

一、謎　　團

本世紀初以來，中國即成爲國內外考古家和探險家的樂園。幾千年來埋藏地下的文物，經由考古或偶然的發現，已不知有多少，在不到一百年裡重見天日。一九二五年，王國維曾將簡牘文書和殷虛甲骨、敦煌卷子、內閣大庫文書同列爲學問上最重要的新發現。[1] 當時他所知道出土的簡牘不過幾百枚。他那能想像不過五年以後 (1930)，西北科學考查團的瑞典考古家貝格曼 (F. Bergman) 在額濟納河流域的黑城附近，也就是漢代的居延邊防線上，又發掘到一萬餘枚簡牘。這就是通稱的居延漢簡。這些漢代邊防軍在木簡上遺留下來的文書，內容極爲豐富。從軍事、政治、法律、敎育、經濟、信仰、曆法到日常生活，都有旣直接，又生動的記錄。它們爲漢代史研究打開了一片新天地。

1　王國維，〈最近二三十年中中國新發見之學問〉，《學衡》，45期，1925，頁1-13。

　　漢簡出土的消息可以說轟動一時。瑞典方面希望將漢簡運往瑞典，中國方面反對。最後同意共同研究，簡牘留在中國。一九三一年五月底，漢簡運到北平，藏於北平圖書館。最初是由北大教授劉復、馬衡代表中國方面參加簡牘的整理和釋讀工作，瑞典方面爲高本漢。但是實際上，高本漢沒有參加工作，劉復不久過世，眞正工作的是馬衡。[2] 馬衡一人的工作進度似乎甚爲緩慢。引發種種對他的不滿，甚至有人指責他據簡牘爲己有。[3] 一九三三年七月北大文學院院長胡適，成爲北平圖書館委員會的委員長。副委員長是傅斯年。傅先生也是北大教授和中央研究院歷史語言研究所的所長，更是西北科學考察團的理事。胡、傅爲了攝影和研究的方便，於是和北平圖書館協商，陸續將簡牘移往北京大學文史研究院，並增加整理和釋讀的人手。從一九三四年開始，除馬衡，增加了北平圖書館的向達、賀昌群，北大史學系助教余遜和史語所助理研究員勞榦。一九三六年七月，傅斯年開始和上海的商務印書館接洽漢簡的照像和出版（傅斯年檔案 I-1224[以下將僅書檔案編號]，民國 29 年 (1940) 8 月 7 日商務印書館總管理處駐港辦事處致管理中英庚款董事會函）。但是馬衡、袁復禮、袁同禮等人對出版的方式和條件有不同的意見，尤其不滿由傅斯年主導訂約，使傅斯年和他們之間的關係頗爲不睦（I-1233-1，25 年 (1936) 10 月 31 日盧逮曾致傅斯年函；I-497，同年 11 月 2 日盧致傅函）。

　　一九三七年七月蘆溝橋事變爆發，七月二十八日日軍佔北平。因擔心簡牘等文物受損，考察團理事會幹事沈仲章，在理事徐鴻寶（森玉）的協助下，秘密將簡牘和相關資料自北平運到香港。其後，再從香港運到美國。一九六五年又自美

2　關於西北科學考察團的組成和漢簡整理中瑞雙方的交涉，可參邢玉林、林世田，《探險家斯文・赫定》，吉林教育出版社，1992，頁 212-226，281；傅振倫，〈西北科學考查團在考古學上的重大貢獻〉，《敦煌學輯刊》1989 年第 1 期，頁 1-4。

3　傅斯年曾在給不同人的信中，指責馬衡有意據簡爲己有 (I-74，I-754，I-1216)。馬衡在一九四零年九月十日，致傅斯年的信中謂：「居延漢簡得兄與森玉等諸兄之力，已能付印，快何如之。釋文延誤之咎，弟不敢辭。惟所謂秘爲己有者，大有其人，究何所指？弟亦不暇辨。」馬衡更在信中附詩一首以自我解嘲：
　　十載勞人不自由，是非場裡久沉浮；著書歲月成虛擲，伏案生涯寧強求；
　　垂白那堪聞辯難，殺青差幸減儓尤；世閒期望知多少，豁目來登更上樓。(II-36)

國運回台灣。這其中的過程一直有很多不清楚，也引起許多揣測的地方。從北平運香港的一段，因後來有勞榦和沈仲章先生的報導，較爲人知。漢簡何時從香港運往美國，在什麼情況下進了美國國會圖書館（Library of Congress），以及如何運來台灣的經過則曾引起國內外不少的謠言和攻訐。「中華民國」政府遭到以國寶抵押貸款，甚至勾搭「美帝」，「盜竊祖國文物」的污蔑。

三年前，「中央研究院」歷史語言研究所簡牘小組得到楊慶章先生的協助，在史語所的檔案室裡，找到一夾以「居延漢簡」爲檔名的卷宗。裡面收有十餘件居延漢簡歸由史語所收藏前後的原始文件及文件副本。而今年（1994）八月，我和同事王汎森聊天，無意中得知傅斯年圖書館所藏傅斯年先生檔案中也有很多與居延簡有關的文件。經過查閱，終於弄清這一批文物運美和來台的經過，可以大大澄清長久以來許多失實的報導和揣測。也終於可以看清，在民國二、三十年那個兵荒馬亂的年代，傅斯年和胡適兩位在保存文物上的鉅大貢獻。傅斯年先生百年壽辰將屆，特撰此文，以爲紀念。

二、居延漢簡在香港的情況

一九三七年八月，漢簡由沈仲章先生自北平經天津、青島、上海秘密運往香港。由於種種車船周折，漢簡到香港已是一九三八年的事。是三八年的什麼時候？沈仲章的回憶並不清楚，我從其它文件也還沒找出確切的答案，只知應在四月以前。[4]

4　徐鴻寶在漢簡運到香港，未存放在香港大學前，曾從香港致傅斯年一電（I-1237）（附圖十二）。電文云：
「菲荬園一號中央研究院傅孟眞先生鑒：木簡已全運港。擬用公及仲章、鴻寶三人名義存香港大學。務希電允。排比影印亦擬進行，並盼指示。回電由許地山轉。寶卅一」此電只知發於卅一日，月份不明，當爲廿七年事。另據沈仲章廿七年五月九日，六月四日致傅斯年（I-1217，I-1218），廿七年五月廿三日商務李伯嘉致傅斯年信（I-1232-1），知五月初以前漢簡已在港大。又據黎樹添〈馮平山圖書館簡史〉，廿七年四月在該館曾舉行「漢代木簡展覽會」。簡史見《馮平山圖書館金禧紀念論文集》，馮平山圖書館印行，1982，頁21。可見最遲四月，木簡已在港大。

　　沈先生在〈搶救居延漢簡歷險記〉一文中回憶說，當時他帶出的漢簡有兩箱，但是根據他在一九三八年五月九日自香港寫給傅斯年的信說：「所有津滬運來之簡品共八箱」（I-1217）。在同信中，他還提到原有簡品「經過多次包裝貯藏」，頗爲散亂。可能因爲如此，他在信中和回憶中提到的箱數才有了出入。但也可能在運送過程中，他曾將幾個小箱合放在兩個大箱中，以便利搬運。箱數的矛盾，現在已難確實查考。又據以上同一信，漢簡是存放在香港大學的「漢口圖書室」。信上說：

> 木簡整理工作經多次囉嗦後，終已在港大漢口圖書室中進行。校方供備鐵
> 櫃一架，容量不大。故祗得將所有津滬運來之簡品共八箱折散，塞置一起。
> 現時可辦者爲緒理品件及編製索引卡片等工作。此因原有簡品，經過多次
> 包裝貯藏，散亂不易檢取，且恐路途有差，故亟須統盤檢視及依號查對一
> 次，以利將來工作⋯⋯。

　　這個漢口圖書室應是指港大的 Hankow Collection 。這是一批英國漢口領事館蒐集有關中國的外文圖書，原存放在馮平山圖書館。根據黎樹添先生所寫的〈馮平山圖書館簡史〉，[5] 自七七事變以後，即有許多內地機關和藏書家的藏書借存在該館。國立北平圖書館即爲其一。 又從傅斯年檔案的來往信件中知道，漢簡存放香港大學，是由當時在香港大學任教的許地山教授居間連繫，連繫的過程曾有不少曲折。從沈仲章和徐鴻寶給傅斯年的信件看（I-1218 ，I-1231-1），似乎主要由於港大認爲這批簡屬北平圖書館所有，而許地山、沈仲章在與港大副校長Sloss 交涉時說辭不一，引起不少權屬和責任上的問題。不過，其中詳情仍須要更多資料才能弄清楚。[6]

　　當時沈仲章從港大提件到商務照像甚爲費時費事。又因戰局影響，物價飛漲，

5　見前引黎樹添文，頁 20。又參蘇精，〈抗戰時秘密搜購淪陷區古籍始末〉，《傳記文
　　學》，35 卷 5 期，1979，頁 109-114。

6　據港大金發根教授代詢馮平山圖書館館長，並調查該館早期檔案，發現漢簡最初抵港
　　日期及當初與港大交涉之檔案「已全無保存」，可能在香港失陷於日軍之前已燬去。
　　見金先生民國 84 年 3 月 21 日賜函。據饒宗頤教授代詢馮平山博物館，亦無所獲，見饒
　　先生 84 年 1 月下旬賜函。

沈在港生活十分困難，工作進度遲滯。商務亦因成本劇增，不堪賠累，要求調整合約。傅斯年爲此，百般奔走交涉。商得管理中英庚款董事會同意增資刊印並補助沈仲章在港的生活和整理費用。傅斯年希望簡牘在香港照像後，運到商務的上海廠，製版印刷。

　　傅斯年檔案中保留有數十件和商務印書館王雲五、李澤彰（伯嘉），北平圖書館袁同禮，英庚會杭立武、葉恭綽（公綽、玉甫、玉虎、譽虎）以及沈仲章、徐鴻寶之間的來往信件。從這些信件可以知道，當時漢簡是在人手與設備兩缺，十分匆促的情形下進行整理和照像的。一九三八年八月八日，英庚會董事葉恭綽在港曾親自查看，發現木簡因天氣過於潮濕，包裝不良，有部分發黴，主張撥款，重新包裝。甚至有意將木簡自港大提出，另覓地點存放。不過，他對紅外線玻璃片的品質尙覺滿意。一九三八至三九年，沈仲章的工作十分緩慢。因爲沈仲章是傅斯年的學生，葉恭綽曾先後於三九年十二月廿八日，四〇年一月十六日致函傅斯年，促傅寫信給沈，限期完工。爲此，傅斯年不但寫信，更請在港的葉恭綽以及商務方面的人，在一月廿八日和沈仲章一起訂下有關檢查照片、編排、重新包裝簡牘、製版印刷的八條期限規約。[7] 五月初，徐鴻寶也到香港協助工作。葉恭綽在一份四〇年八月六日給英庚會，以「保存居延漢晉木簡工作報告」爲名的報告中，對漢簡運美前的整理情況有最扼要的記述：

　　本會補助最初索爲向商務印書館訂購印本，先付價八千四百元。其時本會

7　現在傅斯年檔案中保存有這八條的沈仲章的親筆抄件 (I-1223) 和打字副本 (I-1220)，內容完全相同。抄錄如下：

影印木簡工作事，蒙葉玉甫先生關切指點。並承李伯嘉先生代表館方，慨允撥借助手及工作處所，實利進行。今將一月廿七日談話結果及所擬定之步驟及辦法，恭錄如下：

一、查檢攝片，校錄號碼，以及補照等事，儘先趕辦，定二月底前完竣。

二、依採集原圖編排次序，剪貼框式，定三月底前畢事。

三、逐條檢視，重新包裝，即指膠接斷簡烘乾，及換裹防濕紙捲等等，四月底前做妥。

四、以上三項，視工作之可能性及需要程度，准試由館方指撥員工二三名助理。

五、割製珂羅版及印刷事宜，由館方負責，自五月份起，限五個月內完畢。

六、覆校書樣，查對附號，決赴滬駐廠辦理，便與技工合作。

七、編訂序目說明及附錄索引等，亦在滬同時進行。

八、妥存簡品事，亟宜策劃辦理，另行研究之。

　　　　　　　　　　　　　　　　　　　沈仲章謹記　廿九年一月二十八日

及該館均不知付印前尚須有若干整理工作。祇知須加整理而已。及沈仲章開始工作後，以種種障礙，不能急進，致一再延期。本會不得已復屢次增付其生活費。一面與商務印書館設法減少諸種障礙。因有本年一月廿八日所定之八條辦法。厥後工作，較為順利。沈君亦勤奮逾前。滿以為可以如期竣事。但切實研究，始發現以前該館一方的工作，尚有須加補正之處。而以相聯關係，沈君因亦不能如期告竣，即本年四月止。正在躊躇間，適徐森玉先生有來港之議。因候其來此商議。及徐君抵港，逐一細勘，發覺以前雙方疏略，未及切實進行之點。與館方力謀改良協進之策。由徐君逐日在館督同辦理。兩月有半始將原底運出前所應做之工作做畢（即以後可不必再用原底）。但並非就此即可製版。蓋至今尚未能將編排剪貼二事完全做畢。僅將一月廿八日所定程序之第一項、第三項辦竣而已。且逐細［按：原報告此處似有筆誤］包裝之際，復發見以前以為無字之簡中，其實不少有字者。因復趕補照相。編排工作因之加重。即全部應印之數量亦因之增加。截至目下止，全部編次剪貼必須至本年十月底方能完整（此事至今係沈君一人負責）。據該館行政技術兩方負責人均稱該館製印工作，自本年十一月起，必須明年四月方能出版。因此，沈君于本年十一月赴滬辦理脩版校勘及編製目錄索引等事，至明年四月止。此付印前及付印時之實在情形也。(I-1226)

又據一九四〇年八月九日李澤彰致傅斯年的一封信，知道當時商務總計為木簡拍攝分色及紅外線玻璃片 719 片，包括「九千餘」簡的簡影 (I-75)。根據我們近來重新整理這批簡，[8] 知道有不少可能因為過於殘碎或以肉眼無法辨識字跡的簡，當時並未照像。

8　參簡牘小組，〈中央研究院歷史語言研究所藏居延漢簡整理工作簡報〉見大庭脩編，《漢簡研究的現狀與展望》，關西大學出版部，1993，頁 101-120。

三、傅斯年、胡適與居延漢簡之運美

居延漢簡是在什麼情況下，何時自香港運往美國？根據勞榦在《居延漢簡圖版之部》序所記，他在李莊作釋文依據的照片，「是民國二十九年時，在香港照出的照片。當時原簡尚在香港，照好洗了兩份，一份寄到上海去製版，一份寄到昆明由我來做釋文」（頁3）。勞序沒有提到原簡在民國二十九年（1940）以後，是何時離開了香港。[9] 現在我們已經可以確切地知道，居延漢簡五箱於一九四〇年八月四日離香港，於十月中旬抵華盛頓中國大使館，於十月二十六日存入美國國會圖書館。傅斯年和胡適是整個過程的關鍵人物。

首先我們先說明漢簡為什麼要由香港運往美國？我們現在可以肯定地說，完全是為避免戰火，保存文物。而不是如有些報導所說，作為國民政府向美國貸款的抵押保證。[10] 抵押之說，據說是一九五五年勞榦先生訪日，向日本最早的漢簡專家森鹿三教授提起的。可是據我一九九二年向勞先生書面求證，勞先生回信聲明並無此事。勞先生在四月十九日的回信中說：「至於漢簡運到美國，大約是胡適先生做大使時期。從香港運到美國，在國會圖書館寄存的。所有權完全為中國政府所有，並無抵借之事」。幾十年後的否認，或許仍有人不完全心服。現在我們根據原始文件，說明整個事情的經過。

9　一般報導都含混且不正確地說一九四一年太平洋戰爭爆發，香港淪於日軍，簡牘由香港大學校長蔣夢麟和圖書館館長袁同禮協助運往美國（參傅振倫，〈第一批居延漢簡的采集與整理始末記〉《文物天地》1987年第1期，頁28；鄭有國編《中國簡牘學綜論》，華東師範大學出版社，1989，頁13）。一份轉載沈仲章口述的報導，更說是在一九四一或一九四二年運往美國（《文物天地》1986年第4期〈搶救居延漢簡歷險記〉，頁33-37；天津日報社主辦〈采風報〉1990年第94期，皆轉載〈團結報〉報導，但前者作一九四一年，後者作一九四二年）。按：蔣夢麟當時是北京大學校長，袁同禮是國立北平圖書館館長。

10　大庭脩，〈漢簡の研究〉《史泉》68，（1988），頁15；此文已由胡平生譯為中文，刊於《文物天地》1（1990），頁14-18。或者如中共一度所攻擊的，蔣介石集團盜賣祖國文物給美帝。參《文物參考資料》一九五四年第十期起至一九五五年第九期；尤其一九五五年第六期〈我國文物機關工作人員聯合發表聲明堅絕反對美國陰謀掠奪我國珍貴文物〉一文明確提到藏在美國國會圖書館的居延漢簡一萬餘片（頁6-7）。

　　一九三七年七月盧溝橋事變以後，隨著戰局日趨惡化，中央研究院歷史語言研究所及擁有的文物資料陸續遷往長沙，再遷昆明。四〇年六月，徐鴻寶先生曾向傅斯年建議將漢簡自港運往昆明並開始安排船隻。這時自港往昆明須繞道越南。英庚會總幹事杭立武曾電傅斯年，建議改運馬尼剌 (I-1236，6 月 23 日杭致傅電報)。但是傅斯年和袁同禮都認爲馬尼剌天氣濕熱，不利保存，主張改運美國。當時袁同禮一心想赴美國，自薦願任護送 (I-1236，6 月 24 日傅致杭電稿；I-1239，7 月 16 日袁致傅函)。徐鴻寶在香港與中航公司交涉船位，一直沒有結果，這時得到傅斯年「送美尤佳」的指示 (I-1234，7 月 30 日徐鴻寶致傅斯年函)，因此改計，由葉恭綽兩度致電時任駐美大使的胡適，希望胡適安排一切。七月十二日徐鴻寶也另寫一航空信給胡適，說明始末。從以上的經過已不難看出，漢簡爲避戰禍，先後曾有運昆明，或運往馬尼剌的打算，最後運往美國，考慮的完全是安全問題。如果是作爲貸款的抵押，必然直運美國，不可能有上述的周折。

　　胡適雖在美國，這時卻是西北科學考察團的理事長。[11] 他任北大文學院院長時，曾參預安排這批重要的文物，對漢簡的命運極爲關心。一九三七年九月以後至三八年，胡適在美國各地旅行演講；旅行之中，不忘在給傅斯年的信中問起：「居延漢簡，當時我曾略作布置，但不知後來如何下落，千萬請兄一問毅生〔按：鄭天挺，時任北大校長秘書長〕(如他未到南方，請緩問)，給我一信」(I-1671，12 月 8 日函)。葉恭綽發電給胡適，胡適正在旅行，及得葉之第二電，胡尙不及與國會圖書館連絡，即覆電表示沒有問題，保證安全。胡又在七月卅一日寫一信給葉恭綽和徐鴻寶，並愼重地在日記中記錄給葉、徐寫信一事(《胡適的日記》手稿本，第十四册，遠流出版社，1990)。我們非常幸運地在傅斯年檔案中找到了胡適這封信的抄本 (I-1313)。現在抄錄有關部分如下：

11　據廿九年八月廿二日袁復禮致傅斯年函 (I-64)，西北科學考察團的理事名單如下：徐旭生、任叔永、梅月涵、傅孟眞、袁希淵、袁守和、徐森玉、翁詠霓、馬叔平、李仲揆、沈兼士、周養庵、胡適之。袁信在希淵、森玉、叔平名下註明爲常務理事，又在胡適名下註明爲理事長。傅斯年在覆信中指出袁信漏列陳受頤 (I-74)。馬衡和袁復禮同爲常務理事，而傅斯年以理事卻指揮一切，此亦當爲引起馬、袁與傅不睦之一因。

玉甫
森玉　兩先生：前得玉甫先生第一電，因在旅行中，未及作相當接洽，及得

第二電，當即復云「Safe Custody assured」（保證安全儲藏）。其實尚未

與國會圖書館漢文部長相見（彼在東北境上避署）。但適知其毫無問題。

適有先人鐵華公之遺稿幾十冊，現由國會圖書館代爲收藏，藏于保險庫，

由圖書館出具收條，交適保存。館長與東方部長皆與適最相熟，故木簡事

絕對無問題。寄到之日即當轉存國會圖書館，其收條當由適暫爲保存（當

攝照收條副本寄玉甫先生及森玉先生）。

前日又得森玉先生七月十二日長函，接讀後百分興奮，百分感歎！沈仲章

兄之冒險保存漢簡，森玉兄之終始護持，皆使適感歎下淚。適在當日實負

典守之責，一旦遠行，竟不能始終其事，至今耿耿。幸得仲章、森玉諸兄

保存護持，又得玉甫、孟眞諸兄大力，使漢簡全部得整理攝影，留一副本

在人間，今又得諸公之力，使此萬餘古簡得至新洲「延其壽命」，此皆足

爲適減其罪愆。以後保存之責，適當謹愼擔負，務求安全無危險，請諸兄

放心。國會圖書館中現有王重民、房兆楹、朱士嘉諸兄，皆足襄助木簡之

儲藏等事，並聞。

三箱何時出境，乞早示知。如有困難，可謁美國駐港領事，或可得其助力。

箱內可寫交適本人，可免海關檢查。

……外間時有適回國之傳說，皆無根據。漢簡啓運不可延緩。適無論如何

當留此親視木簡儲藏妥當，公等不必因謠言改計也。敬祝兩位安好，並問

仲章兄好。

　　　　　　　　　　　　　　　　　　胡適 敬上　廿九・七・卅一

　　從胡適給葉恭綽和徐鴻寶的信，可以清楚看見胡適和國會圖書館的關係。由

於胡適和圖書館長和東方部負責人的私誼，胡適在未和他們接洽以前，即極有把

握地答應葉、徐二人的要求，負責漢簡在美國的保存工作。如果漢簡是給美國貸

款的抵押品，怎可能不透過美駐港領事？又如何可能利用大使的外交豁免權，避

免美國海關的檢查？而「延其壽命」一語更積極證明漢簡運美，完全是出於避免

戰禍，保存文物。

　　徐鴻寶和葉恭綽得胡適回電，即展開漢簡裝箱託運之事。在徐鴻寶七月卅日給傅斯年的信中 (I-1234) 有以下一段：

> 由玉甫先生電商之胡適之先生，半月始得回電（雙行小字：同時寶曾寫一航信與適之先生説明始末）可以照辦。裝箱時，寶囑仲章兄將無字之簡檢出一同帶往。啓封後發現有字者尚多，選擇得四百數十件。商諸伯嘉先生，再行補照，忙迫十許日，至昨晚始竣事。共裝五大箱，重七百磅。託皮亞司總統號船運美。今晨十時上船；下月三日解纜出口。運費及保險費共約港幣千元。玉甫先生云渠可向英庚會提案請追認也……

　　但是葉恭綽在一九四〇年八月六日給英庚會的「保存居延漢晉木簡工作報告」(I-1226) 中，記載的時間不是八月三日，而是八月四日，輪船的名稱也有不同。原報告云：

> 由徐君偕同沈仲章君在商務印書館内積極工作，直至七月底，始將應辦工作辦畢。逐一包裝安放。于八月四交由美國運通公司附企利扶輪總統船運美。

　　船名不同十分費解。經查美國歷任總統名，一八五三－五七年總統名為 Franklin Pierce。「皮亞司」或即 Pierce 之譯音。而一八八五至八九，一八九三至九七年總統名為 Grover Cleveland，「企利扶輪」或即 Cleveland 之譯音。換言之，實際運送簡牘至美的輪船，可能因故改變，與預定的不同。因為徐信寫於七月卅日，信中所說的船名和日期，應是原來預定的。葉恭綽的報告寫於漢簡運美之後的八月六日。他的記載又見於正式給英庚會的報告。八月四日應該是漢簡運美的實際日期，較預定之期延後了一天。戰亂時期，臨時改船、改期是常事，不足為奇。

　　漢簡五箱於十月中旬順利運到美國華盛頓中國大使館。十月卅日胡適曾給葉恭綽和徐鴻寶一信，報告漢簡抵達及轉交國會圖書館的情形。原信 (I-1313，抄件) 說：

> 玉甫
森玉先生：漢簡五箱，十月中旬到此。木箱内外絲毫無損壞。十月廿三日，國會圖書館善本室、東方室各方主任，及在圖書館服務之房兆楹、王重民、

朱士嘉諸君，同來大使館點看。五箱均開看，然後改用新式鎖條將甲至辛
八個小箱封鎖了，交圖書館存儲。原四、五兩箱內無小箱，不易收存，故
由本館買了六隻小箱，將四、五兩箱內之各件分裝六小箱，亦封鎖交與圖
書館收存。總計共拾肆隻小箱，由圖書館出具收條，交我保管。我現將收
條照了一張影本，送交玉甫先生收存。收條上所記各箱之數字是各箱封鎖
的號數。匆匆奉告，即希便中報告騮先、孟真諸兄，使他們都好放心。仲
章現在何處？亦乞便中告知他。

廿九・十・卅・胡適

　　信中提到國會圖書館善本室。這就是此後二十五年居延漢簡保存之處。十月
廿三日善本室主任到中國大使館來，同日胡適有一正式信函給善本室主任Arthur
A. Houghton。信中提到中華民國駐美大使胡適受中英庚款董事會之託，安排美
國國會圖書館暫時保管北京大學文科研究所（Sinological Research Department）
的十四箱漢簡（本所居延漢簡檔，原函影印本）。又胡適信中提到改裝為十四
小箱，改用新式鎖條封鎖。封鎖又各有號數。胡適在一九五一年八月給朱家驊的
信中（原信見「中央研究院」，近代史研究所，朱家驊檔案新編第176函，又見
胡頌平編，《胡適之先生年譜長編初稿》第五冊，聯經，頁1712），還透露一些
封鎖和號數的消息：

　　　　當年由港運來只裝五箱。後因國會圖書館要我們每件加鎖，故我在大使館
　　　　改裝十四小箱，每箱有鎖，鎖上各有號數的火漆封印。

　　至於信中提到的國會圖書館出具的收條，我很幸運在史語所的檔案及傅斯年
的檔案中各找到一件這兩件的格式和內容相同，唯一不同是本所的一件上多打出
新到圖書部代主任的名字（Philip O. Keeney）。由於這兩件都是副本，因此雖有
打字的圖書館人員的名字，卻沒有他們的親筆簽名。這份收條上開列的保管條
件，可以明確證明十四箱漢簡絕不是抵押。這些條件是：

　　（一）暫時保管，
　　（二）胡適可隨時全部或部分取回，
　　（三）存放在圖書館的善本室，並不得自該室移出。

　　如果是貸款抵押，自然不可能以隨時取回爲條件。據後來一九四二年十二月七日，胡適在給翁文灝、王世杰、蔣夢麟、傅斯年、湯用彤、羅常培的聯合信中，提到原始收條和封鎖的鑰匙都存在胡適手中 (I-1664)。開給中國大使的收條和鑰匙應該是後來向美國國會圖書館要回漢簡最重要的根據吧。

　　漢簡的所有權和主動權在我手中的另一項證據是國會圖書館曾希望我收回漢簡，而爲我婉拒。一九五三年，國會圖書館曾一度透過台灣駐美有關部門和我交涉，是否交還保存的漢簡。當時台灣駐美外事人員崔德禮（Mr. T. L. Tsui）以時局爲由，商請國會圖書館繼續保管。國會圖書館回信同意繼續保管至時局允許運返中國爲止。（史語所檔：1953 年 1 月 9 日有關部門致國會圖書館函；同年 2 月 17 日圖書館回函影本）從這一段交涉也可以知道，漢簡的是否留在美國，主動權完全在我。如果是當作貸款保證，國會圖書館即不可能要求我收回。

　　又從以上的敘述，不難看出：傅斯年「送美尤佳」的指示，胡適本人和漢簡的淵源，以及和傅斯年、國會圖書館人員的私誼，都是促成漢簡運往美國的因素。

四、漢簡在美情況及來台經過

　　漢簡存在國會圖書館期間，情況如何呢？據高去尋先生生前見告，他於一九五八年八月至五九年九月間去美國訪問時，曾至國會圖書館看漢簡。漢簡放在善本室的十四隻箱子中，封存完好，沒人開過。這種情形一直保持到一九六五年十月廿一日，史語所技士陳仲玉先生自國會圖書館領回爲止。現在可以根據陳先生在一封信（史語所檔：1965 年 11 月 4 日陳仲玉致史語所汪和宗先生中的描述，知道存放的情形：

> 漢簡原裝在大小不同的衣箱之內。箱外加扎一條細繩。繩頭有當日打的鉛
> 盒封簽。據國會圖書館的贈品及交換部主任吳先生（Director of gifts &
> exchange, Mr. Wood）說，自一九四〇年十月送進國會圖書館後至今已經
> 二十五年，一直保藏在善本書的保險庫中。箱子的封簽未曾開過。裡面的

　　包裝情形不清楚。晚在細察之後，發現衣箱是紙質的。有的把手在輕提之
後即行斷裂，絕不能擔當長途的拔涉。箱內漢簡裝置情形不明。由一些蓋
口邊露出的紙絲可以看出，內面漢簡已用紙絲塞緊。

　　一九六五年歷史語言研究所能自國會圖書館提出漢簡，是因爲早在一九五五
年，「中央研究院」得到當年資助居延漢簡整理和運美的管理中英庚款董事會
（戰後改稱中英文敎基金會）的同意，負責保管和整理漢簡。一九五七年八月，中
研院代院長朱家驊即曾函請台灣駐美有關人員與國會圖書館接洽，將漢簡運回台
灣。據同年十一月交涉結果，國會圖書館表示「可隨時提取」（史語所檔：1965
年9月1日，「中央研究院」致中央圖書館商請一併運送善本及漢簡回台（54）臺
和字第911號公函）。但眞正提取，卻要等到八年以後，即胡適任過「中央研究
院」院長（1957. 12-1962. 2），王世杰繼任的時代。胡適是當年將漢簡交給國會
圖書館的人。爲何在他爲院長時期，不曾繼續洽運漢簡回台，我還不能明白。或
許以當時中研院的房舍和設備來說，胡先生認爲還不具備保存漢簡的條件吧。[12]

　　總之，「中央研究院」後來是利用紐約萬國博覽會參展古物及存放在國會圖書
館之善本書回台的機會，委託中央圖書館一併運回漢簡。前引陳仲玉先生的信提到，
在十月廿一日早上十時領出十四隻漢簡箱後，即交包裝公司將原封未動的十四隻
箱另分裝在三隻大木箱中，與中央圖書館收回的一百零二箱善本書同時運往美國
西海岸。這些文物於十月廿八日抵舊金山奧克蘭海軍基地。據我親訪陳仲玉先生
（1992. 5. 21），他是在十一月二日親押漢簡木箱上了美國海軍運輸船 General
Hugh J. Gaffey（T-AP 121）號。十一月三日下午五時船啓航。信上說預定十一月

12　目前在中研院近代史研究所保存的朱家驊檔案中，仍存有數封民國40年至45年間，
　　朱家驊院長與胡適來往的函件（新編第176函）。朱院長盼望胡適協助爭取經費，爲
　　中研院建造房舍及文物倉庫。後來胡適爭取到羅氏基金會及其它一些財源，中研院才
　　開始在南港建造最初的一批房舍。胡適因此十分清楚中研院在房舍和設備上的窘境。
　　民國四十六年，胡適接長中研院，實際到任前，由李濟負責院務，在房舍設備上漸有
　　改善。後來用來存放漢簡的考古館，即在該年開始興建。但在保存設備上，考古館實
　　非美國國會圖書館之匹。其大略參中央研究院秘書處編印，《中央研究院史初稿》，
　　民國77年，頁66，80。

廿三日可抵台灣。這封信是陳先生在船上所寫。結果，船經夏威夷、橫濱，按預定時日抵基隆。當日上午漢簡即運回「中央研究院」，存放在史語所考古館二樓。

　　第二年 (1966) 一月廿七日至廿九日，由「監察院」、「立法院」、「教育部」、「經濟部」、「外交部」、「中央圖書館」、中研院史語所等部門共同組成的點驗小組完成開箱點收工作，並作成「居延漢簡點收清冊」二冊。史語所現藏有該清冊的照片五十張。清冊末附有點收原則五條，十分重要：

　　1. 以箱爲大單位，以包爲小單位，以原號爲順序。

　　2. 其中有一包數號者，亦有缺號者，均在該號項下註明。

　　3. 每包的數量以現有的片數爲準。如：

　　　　(1)原爲一片而斷爲三節，未經用紙包裹者按三片計算；

　　　　(2)原件殘破曾經紙包裹者，以一小包爲一片，並註明該小包內之殘件數（例如，一包內有十片，三片曾用紙裹，甲片斷爲二節，乙片斷爲三節，丙片斷爲四節，即用墨筆記明共拾片，用原子筆註明：內碎片三包九件）；

　　　　(3)曾用小紙包裹之碎片成朽末者未記件數。

　　4. 非漢簡部份則記爲雜件，並註明每包爲若干小包或若干件。

　　5. 無號之件，按原題簽登記，並註明若干包或若干件。

　　根據以上原則，總計點收 13,405 件。據參加點收工作的陳仲玉先生回憶，點收開箱時，發現簡是用油紙包裹，若干簡爲一包。清點完，原包包妥，放回原箱。據後來將簡自考古館改放在新樓倉庫的何世坤先生回憶，原簡是先包上一層棉花，若干簡再包在一油紙包裡。

五、小　結

　　歷來戰亂，生靈爲之塗炭，古蹟文物亦每成灰燼。居延漢簡得幸免於難，除沈仲章、徐鴻寶等人冒險搶救，傅斯年、胡適更是整個過程的關鍵人物。傅斯年以西北科學考察團理事的身份，從一開始即與胡適參預漢簡的初步整理與保存。

　　據史語所莊申先生見告，他二十年前在港大任教時，曾見友人出示一份西北科學
考察團有關漢簡的開會記錄，其上即有胡適和傅斯年出席的簽名。但是這份記錄
如今安在，已不可知。漢簡自北平圖書館移至北京大學，增加余遜、向達、賀昌
群、勞榦參加整理，傅斯年尤爲主導。他更早在一九三六年開始與商務印書館接
洽，準備將漢簡南運，供商務製版印行。北平淪陷，沈、徐秘密將漢簡運至香港，
是以傅斯年、沈仲章、徐鴻寶三人名義存放香港大學（I-1237，徐致傅電文）。
此後，一直由傅指揮處理漢簡的整理和印行。徐鴻寶曾在一封給傅斯年的信中
說：「漢簡兩度移出危地，皆由先生指揮提挈，寶不過備奔走之役」（IV-215）。
這是徐的自謙，但也說出傅先生的重要角色。等到戰局轉劣，準備將漢簡自香港
轉運到其它地區時，原有昆明、馬尼剌之議。但因傅斯年的主張，漢簡才去了美
國。

　　　漢簡轉運美國保存的一個積極原因是胡適正是中國的駐美大使。傅、胡都是
當時中國學術界的領袖，他們之間關係之密切是大家都知道的。更重要的是一九
四〇年，胡適名義上仍然是西北科學考察團的理事長。將西北科學考察團發掘出
來的簡牘，交由胡適保管，可以說順理成章。胡適以學者從政，關心文物。他出
任駐美大使，與國會圖書館來往極密。他不但將自己先人的文稿存在國會圖書館，
後來北平圖書館上百箱的善本書也是經由胡適，存放在國會圖書館。[13] 簡單來
說，如果不是沈仲章和徐鴻寶的秘密搶救，傅斯年和胡適的合作，上萬的居延漢
簡是不是還能存在到今天，就會變成疑問。經過以上的說明，漢簡運美是爲保存
文物，十分清楚。貸款抵押，盜竊國寶等說，也就無須多辯了。

　　　　　　　　　　　　　　　　　　（本文於一九九五年二月十六日通過刊登）

〔後記〕：本文得以成稿，承勞榦、王汎森、陳仲玉、楊慶章、莊申、何世坤、
　　　　　劉增貴、趙綺娜、廖伯源、何漢威、饒宗頤、金發根和門田明先生以

13　參錢存訓，〈北平圖書館善本書籍運美經過--紀念袁守和先生〉，《傳記文學》，第
　　 10卷第2期（1967），頁55-57。

及中研院近史所在資料上提供協助，謹此致謝。又本文初稿曾在一九
九二年十二月日本關西大學「漢簡研究國際學術會議」中報告，並收
入去年出版的會議論文集。可惜所有相關文件影本未能刊出，當時也
不曾查閱傅斯年和朱家驊檔案。現在增補新資料，擴大一倍以上的篇
幅，重加改寫，並附出重要文件影本，請大家指教。

1994.12.17 增補於南港史語所

Fu Ssu-nien and Hu Shih's Roles in the Shipment of Chü-yen Wooden Strips to the United States and their Return to Taiwan

Hsing I-tien

This paper is based on the Fu Ssu-nien archives, on archives held at the Institute of History and Philology, and on certain materials provided by contemporaries. It discusses how Chü-yen wooden strips discovered in the 1930s were sent from Hong Kong to the United States, and later to Taiwan. These materials clearly demonstrate that at the time, the Chü-yen wooden strips were shipped from Peking to Hong Kong, and then from Hong Kong to the United States, in order to save them from the ravages of war and to preserve them. On August 4, 1940, the Chü-yen wooden strips were sent from Hong Kong to the United States by Fu Ssu-nien, with Hu Shih taking responsibility for their safety in the United States. A receipt given to Hu Shih by the Library of Congress clearly indicates that the Chü-yen wooden strips were stored in the United States, and refutes the popularly held belief that they were given to the United States as collateral. Based on the testimony of and materials provided by an individual who supervised the transportation of the Chü-yen wooden strips to Taiwan, this article also relates how these wooden strips were stored in the United States and transported to the Institute of History and Philology in Nankang, Taiwan in 1965. This year being the hundredth anniversary of Fu

Ssu-nien's birth, this article has been specially written to commemorate his contribution to the preservation of cultural artifacts.

出自第六十六本第三分（一九九五年九月）

《中研院歷史語言研究所集刊》
(1928—2000)目録

第 12 本(1948 年)

第 13 本(1948 年,即本所 1945 年出版之《六同別錄》上冊及中冊之一半)

第 14 本(1948 年,即本所 1945 年出版之《六同別錄》中冊之一半及 1946 年出版之《六同別錄》下冊)

第23本　上冊(1951年，傅斯年先生紀念論文集)

第23本　下冊(1952年，傅斯年先生紀念論文集)

第 26 本 (1955 年)

第 27 本 (1956 年)

第 28 本 上冊 (1956 年，慶祝胡適先生六十五歲論文集)

第 28 本　下册(1957 年，慶祝胡適先生六十五歲論文集)

第 29 本　上册(1957 年，慶祝趙元任先生六十五歲論文集)

第 30 本　　下册(1959 年,歷史語言研究所集刊三十周年紀念專號)

第 31 本 (1950 年)

第36本 下册(1966年,紀念董作賓、董同龢兩先生論文集)

第 37 本　上册(1967 年)

第 37 本　下册(1967 年)

第 43 本第 4 分(1971 年)

第 44 本第 1 分(1972 年)

第 44 本第 2 分(1972 年)

第 52 本第 3 分(1981 年)

第 52 本第 4 分(1981 年)

第 53 本第 1 分(1982 年,紀念趙元任先生論文集)

第 53 本第 2 分(1982 年)

第 53 本第 3 分<small>（1982 年）</small>

第 53 本第 4 分<small>（1982 年）</small>

第 58 本第 1 分 (1987 年)

第 58 本第 2 分 (1987 年)

第 58 本第 3 分 (1987 年)

第 58 本第 4 分 (1987 年)

第 59 本第 1 分 (1988 年,李方桂先生紀念論文集)

第 59 本第 2 分 (1988 年)

第 59 本第 3 分 (1988 年)

《中研院歷史語言研究所集刊
論文類編》總目

語言文字編 · 音韻卷

語言文字編・語法卷

語言文字編 · 方言卷

語言文字編・文字卷

歷史編・先秦卷

歷史編・秦漢卷

历史編·魏晉隋唐五代卷

歷史編·宋遼金元卷

歷史編·明清卷

考古編

文獻考訂編

思想與文化編

民族與社會編